BLU OLTREMARE SCURO
DEEP ULTRAMARINE BLUE

BLU OLTREMARE CHIARO
LIGHT ULTRAMARINE BLUE

BLU COBALTO
COBALT BLUE

BLU AZZURRO MANGANESE
MANGANESE BLUE

INDACO
INDIGO

BLU D'ORIENTE
ORIENTAL BLUE

BLU PAVONE
PEACOCK BLUE

BLU CERULEO
CERULEAN BLUE

CELESTE
SKY BLUE

BLU TURCHESE
TURQUOISE BLUE

BLU ZAFFIRO
SAPPHIRE

VERDE COBALTO
COBALT GREEN

VERDE CADMIO
CADMIUM GREEN

VERDE CINABRO SCURO
DEEP CINNABAR GREEN

VERDE CADMIO CHIARO
LIGHT CADMIUM GREEN

VERDE PERMANENTE CHIARO
LIGHT PERMANENT GREEN

VERDE PERMANENTE SCURO
DEEP PERMANENT GREEN

VERDE BOTTIGLIA
BOTTLE GREEN

VERDE VESCICA
BLADDER GREEN

VERDE CINABRO CHIARO
LIGHT CINNABAR GREEN

VERDE SMERALDO
EMERALD GREEN

VERDE PINO
PINE GREEN

VERDE OSSIDO DI CROMO
CHROMIUM OXIDE GREEN

VERDE VERONESE
VERONESE GREEN

VERDE MUSCHIO
MOSS GREEN

VERDE OLIVA
OLIVE GREEN

VERDE TURCHESE
TURQUOISE GREEN

VERDE LIMONE
LEMON YELLOW

VERDE ACQUA
WATER GREEN

GRIGIO VERDE
GREYISH GREEN

TERRA VERDE
TERRE VERTE

GRIGIO TORTORA
DOVE GREY

OCRA GIALLA
YELLOW OCHER

OCRA BRUNA
OCHER BROWN

GIALLO DI MARTE
MARS YELLOW

ROSSO DI POZZUOLI
POZZUOLI RED

TERRA DI SIENA BRUCIATA
BURNT SIENNA

TERRA DI SIENA NATURALE
RAW SIENNA

TERRA D'OMBRA NATURALE
RAW UMBER

TABACCO
TOBACCO BROWN

RUGGINE
RUST

OCRA ROSSA
RED OCHER

SANGUIGNA
SANGUINE

CIOCCOLATA
CHOCOLATE

BRUNO VAN DYCK
VANDYKE BROWN

TERRA D'OMBRA BRUCIATA
BURNT UMBER

MARRONE AVANA
HAVANA BROWN

SEPPIA
SEPIA

PRUGNA
PLUM

BEIGE
BEIGE

SABBIA
SAND

GRIGIO PIOMBO
LEAD GREY

GRIGIO PERLA
PEARL GREY

GRIGIO FUMO
SMOKE GREY

GRIGIO ANTRACITE
ANTHRACITE GREY

il RAGAZZINI

terza edizione

DIZIONARIO
INGLESE ITALIANO
ITALIANO INGLESE

di Giuseppe Ragazzini

ZANICHELLI

SOMMARIO - *CONTENTS*

COLLABORATORI - *CONTRIBUTORS*

Terza edizione

Il piano di revisione è stato elaborato dall'editore con la collaborazione di Giuseppe Ragazzini e Anna Ravano.
Direzione: Giuseppe Ragazzini.
Revisione generale e aggiornamento della sezione inglese-italiano: Giuseppe Ragazzini con la collaborazione di Alessandra Stefanelli e con contributi di Renata Bandini, Marco Ragazzini e Paola Ragazzini.
Revisione generale e aggiornamento della sezione italiano-inglese: Anna Ravano con la collaborazione di Stephen Hastings e di Alfredo Gualdo e Severo Mosca e con contributi di Monica Harvey Slowikowska e Domenico Pecorari.
Le trascrizioni fonematiche inglesi sono tratte da una banca dati fornita su licenza dalla Oxford University Press, *con integrazioni e revisioni di* Luciano Canepari e Alberto Venturi.
Iconografia: Alessandra Stefanelli. *Autori e fonti delle illustrazioni*: pag. 1281-1312 ©1993 Québec-Amérique inc., Montréal, Canada; pag. 1306-1307 © Quattroruote. *Foto*: pag. 1283-1284: m&ma-ima, ottobre 1992, Edagricole; pag. 1287: N. Cirani; pag. 1290: G. Heilman/NASA, 1991; pag. 1297: A. Colombo/Olympia, 1992; pag. 1299: A. Gallant/Image Bank, 1988; pag. 1301: T. Zimmermann/Marka; pag. 1304: I. Bich/G. Neri, 1992; pag. 1305: P. Gatward, 1992, C. Rizzato/Atala.
Riscontro delle bozze: Editext, Torino; Team Due, Bologna.
Sigle, abbreviazioni, simboli: Enrico Righini.
Progetto grafico, elaborazione automatica dei testi e composizione: Marco Brazzali, Roberto Cagol, Icoge, Trento.
Coordinamento della stampa e confezione: Giovanni Santi, Mauro Stanghellini.
Sovraccoperta: Anna Maria Zamboni.
Coordinamento redazionale: Alessandra Stefanelli.

Seconda edizione (1984)

Il piano di revisione è stato elaborato, per conto dell'editore, da Miro Dogliotti con la collaborazione di Giuseppe Ragazzini.
Direzione: Giuseppe Ragazzini.
Revisione generale e aggiornamento della sezione inglese-italiano: Giuseppe Ragazzini con la collaborazione di Alessandra Stefanelli, James R. Modrall e Giovanna Alessandrello Vitale e contributi di Roberta Balboni e Rosella Fiorentini Rocca.
Revisione generale e aggiornamento della sezione italiano-inglese: Adele Biagi con la collaborazione di Giovanna Alessandrello Vitale e di Laurence McGrow, James R. Modrall e Alessandra Stefanelli e contributi di Renato Ferrari, Paul Bayley, Lucia Wildt, Rosella Fiorentini Rocca e Beata Lazzarini.
Collaborazioni redazionali: Roberta Balboni, Rosella Fiorentini Rocca, Beata Lazzarini.
Riscontro delle bozze: *Maria Rosa Biagi Oliva,*; *Giovanna Mascellani.*
Coordinamento redazionale: Alessandra Stefanelli.

Prima edizione (1967)

Direttore: Giuseppe Ragazzini.
Supervisori. Per la sezione inglese: Giuseppe Ragazzini. *Per la sezione italiana*: Adele Biagi e Giuseppe Ragazzini.
Redattori. Per la sezione inglese: Giuseppe Ragazzini. *Per la sezione italiana*: Adele Biagi, Giuseppe Ragazzini, Camilla Roatta.
Contributi di: Maria Antonini, Allan Bullock, Renato Ferrari, Andrew MacKenna, Lindsay Phillips. *Per le voci di botanica e zoologia*: Giovanna Bacchi; *nautica*: Giorgio Castellani; *diritto*: Raffaele Nobili; *matematica, fisica, meccanica applicata*: David Russi.
Coordinamento redazionale: Anna Cimino.

Via Irnerio 34 – 40126 Bologna   Fax: 051-249782
[9960]

Finito di stampare nel Giugno 1998 da Rotolito - Casarile (Milano).

PRESENTAZIONE - *INTRODUCTION*

Le due precedenti edizioni del dizionario di Giuseppe Ragazzini furono pubblicate nel 1967 *e nel* 1984: *l'opera ha avuto un successo crescente, sia nella scuola che nell'uso professionale.*

Nel preparare questa terza edizione si è pensato soprattutto agli studenti principianti: si è tenuto conto delle loro esigenze nella scelta dei lemmi e dei traducenti e nell'organizzazione interna delle voci, che si è cercato di rendere chiara, facilmente riconoscibile nelle sue sezioni, accessibile anche a un lettore inesperto o in una consultazione affrettata. Questo sforzo di chiarezza e di semplicità di lettura non è giunto al punto di nuocere all'esigenza di completezza e di scientificità della trattazione. Il dizionario quindi non si rivolge solo ai principianti: il desiderio di servire a studenti impegnati in letture di autori moderni e in traduzioni letterarie, tecniche e scientifiche ha comportato un'accurata indicazione dei livelli d'uso, un'inconsueta ricchezza di fraseologia e un lessico che abbraccia l'evoluzione delle due lingue dall'Ottocento ai giorni nostri.

Per un uso più vasto di quello scolastico, il **Ragazzini** - ***terza edizione*** *è stato particolarmente arricchito di neologismi e regionalismi, di termini del lessico letterario e familiare, di parole e locuzioni di varie discipline scientifiche e tecniche.*

Il numero dei lemmi del dizionario aumenta da 128 000 *a* 138 000 *e, anche per l'inserimento di nuove accezioni e frasi idiomatiche, il numero di pagine passa da* 2112 *a* 2400. *Inoltre è stato aumentato il formato del volume: globalmente il contenuto del vocabolario cresce nel numero di caratteri tipografici di oltre il 27%.*

Le altre più importanti modifiche sono:

- *i verbi frasali inglesi sono ora trattati in modo autonomo e sono evidenziati da un rombo* (♦)
- *la trascrizione fonematica dei lemmi inglesi è stata interamente rivista sulla base di una banca dati fornita su licenza dalla Oxford University Press. Nella sezione italiana la pronuncia è indicata mediante segni diacritici*
- *in entrambe le sezioni le più comuni e difficili forme flesse irregolari, quali ad esempio* was, furono, mice *e* cossi *sono inserite come voci autonome*
- *sono state aggiunte 32 pagine con illustrazioni a colori e didascalie bilingui*
- *l'impaginazione su tre colonne (anziché due) fa sì che i caratteri di una riga siano in media 48: un valore ottimale per una rapida ricerca e una facile lettura.*

Il **Ragazzini** - ***terza edizione*** *è frutto del lavoro attento e preciso di numerosi collaboratori, i cui nomi sono elencati nella pagina a fronte e ai quali siamo grati. In modo particolare ringraziamo* Giuseppe Ragazzini, *che ha diretto l'opera e ha curato la sezione inglese*; Anna Ravano, *che ha interamente rivisto e aggiornato la sezione italiana, conservando l'impronta data da* Adele Biagi *nelle precedenti edizioni*; Luciano Canepari, Alfredo Guaraldo, Stephen Hastings, Severo Mosca, Alessandra Stefanelli.

Attendiamo con fiducia il giudizio dei lettori, grati a chi vorrà segnalarci eventuali manchevolezze o errori.

Luglio 1995 *l'Editore*

The previous editions of Giuseppe Ragazzini's dictionary were published in 1967 and 1984, and over the years it has met with growing success both in academic institutions and places of work.

In preparing this third edition we have taken particular account of the needs of student beginners, both in the choice of headwords and translations, and by making sure that the entries are clearly organized and the sections of each entry easily recognizable. This should facilitate quick reference and make the entries comprehensible for the least experienced users. Nevertheless, we have never let the importance of clarity and legibility interfere with the need for a comprehensive and accurate treatment of each entry. This is not, therefore, a dictionary aimed solely at beginners. It has been devised also for students reading modern authors or undertaking literary, technical or scientific translations. Great care has been exercised in the use of restrictive labels, in providing a wide range of examples, and in offering a language corpus that covers the evolution of both languages over the last two centuries.

The **Ragazzini** - ***terza edizione*** has also been updated to meet the needs of a wider readership. The latest neologisms have been included, as well as a larger number of regionalisms, literary and colloquial terms, and words and phrases used in a variety of scientific and technical disciplines.

The number of headwords has grown from 128,000 to 138,000; the number of idiomatic phrases has also increased, and new meanings have been added. The number of pages has thus increased from 2,112 to 2,400, and the format of the book is larger than that of previous editions. The overall contents of the dictionary, in typographical characters, have increased by more than 27%.

Other notable changes are as follows:

- the most important English phrasal verbs are now dealt with separately and are marked by a diamond (♦)
- the phonetic transcription of the English headwords has been entirely revised making use of a data bank used on agreement with Oxford University Press. In the Italian section the pronunciation is given by means of diacritical marks
- in both sections the most common and difficult inflected forms, such as *furono*, *was*, *cossi*, and *mice* have been included as headwords
- 32 pages of colour illustrations and bilingual captions have been added
- the text is now arranged in three columns instead of the previous two, with an average of 48 characters per line – ideal for quick reference and easy reading.

The **Ragazzini** - ***terza edizione*** is the result of the careful and accurate work of many contributors, whose names are listed opposite and to whom we wish to express our gratitude. We would like to thank, in particular: *Giuseppe Ragazzini*, who directed the whole work and was in charge of the English section; *Anna Ravano*, who entirely revised and updated the Italian section, along the lines set by *Adele Biagi* in the previous editions; *Luciano Canepari, Alfredo Guaraldo, Stephen Hastings, Severo Mosca*, and *Alessandra Stefanelli*.

We hope that our readers will appreciate our efforts and we welcome their suggestions for improvements or amendments.

July 1995 The Publisher

GUIDA AL DIZIONARIO - *GUIDE TO THE DICTIONARY*

Collocazione e ordine dei vocaboli. Il vocabolario registra come voci a sé stanti le cosiddette 'lessie semplici' , cioè pure e semplici parole, considerate come entità singole, avulse da ogni contesto. Naturalmente, sono incluse anche, le 'lessie composte' (nomi e verbi composti), e le 'lessie complesse' - o espressioni idiomatiche. Le lessie composte, tuttavia, trovano la loro collocazione nell'ambito della trattazione della lessia semplice (o lemma, o voce) che ne costituisce il primo componente.

I **vocaboli composti** (siano essi parole unite da trattino o no) sono dati sotto la voce del primo elemento componente (della parola, cioè, che ne forma la prima parte), e talora anche sotto il secondo elemento (la seconda parte). Così *glass-blower, glass case, glass cutter*, ecc. compaiono sotto la voce *glass*; *go-by* e *go-off* sotto *go* (sostantivo); sono però dati come lemmi autonomi gli aggettivi *go-ahead* e *go-as-you--please*, come pure i sostantivi *go-between, go-cart* e *go-kart*, i quali – per diversità di categoria grammaticale – difficilmente si potrebbero trovare sotto il verbo *to go*, alla cui trattazione logicamente apparterrebbero. Inoltre l'uso dello *hyphen* (il trattino d'unione) è in inglese incerto e soggetto a continua evoluzione: è consigliabile tenerne conto nella ricerca dei vocaboli composti inglesi. Occorrerà cercare i nomi composti sotto il lemma corrispondente al primo elemento componente; non trovandolo (perché, per esempio, è registrato come una parola sola, priva di trattino), lo si dovrà ricercare, seguendo l'ordine alfabetico generale, come lemma a sé stante. Analogamente, nella sezione italiana si troveranno alla voce *carta* le locuzioni *carta velina, carta vetrata*. *Cartamodello* e *aria-aria* sono invece voci autonome.

Avverbi in *-ly* e *-mente* e sostantivi in *-ness*. In genere, non sono registrati gli avverbi che si possono ricavare facilmente dagli aggettivi corrispondenti mediante l'aggiunta del suffisso *-ly* in inglese e del suffisso *-mente* in italiano, a meno che l'ordine alfabetico li collochi a notevole distanza dall'aggettivo stesso; ma si sono accolti tutti quegli avverbi che presentano qualche difficoltà o particolarità semantica (come *actually* e *attualmente*); e così ci si è comportati anche nel caso dei numerosi nomi astratti inglesi in *-ness*.

Per gli stessi criteri di economia generale, **suffissi** e **suffissoidi** non vengono considerati al di fuori delle parole che essi modificano; mentre per i **prefissi** e **prefissoidi**, ci si è limitati a presentare, come voci a sé, quelli più comuni (*self-, un-*, ecc.), indicandone il valore o i valori fondamentali.

Gli **omografi** (le parole, cioè, che hanno uguale grafia ma significato diverso) costituiscono voci distinte, specie se derivanti da ceppi etimologici diversi e sono contrassegnati da un numero cardinale in neretto fra parentesi, che segue il lemma: (**1**), (**2**), ... Essi sono raggruppati in base alla categoria grammaticale di appartenenza, in questo ordine: prima i sostantivi, poi i verbi dello stesso valore semantico, e così via.

Per i **nomi propri** (nomi di persona e toponimi), si è usato l'accorgimento di includere negli elenchi delle appendici quasi tutti i nomi che non si differenziano graficamente nelle due lingue (*Ada, Agricola; Aberdeen, Adelaide, Austria*); anche in questo caso, tuttavia, si è fatta eccezione per i nomi propri ai quali sono collegate locuzioni speciali (come *Africa e Africa del Sud, Asia e Asia Minore, Canossa* per *andare a Canossa, Lovelace* per il suo senso traslato, *Malacca* per *Malacca cane* e così via). Nomi propri di questo tipo, dunque, si troveranno seguendo l'ordine alfabetico generale.

Il dizionario registra come lemmi autonomi anche le più comuni o le più insidiose **forme flesse irregolari** delle due lingue, come *was* e *furono, mice* e *dogaressa*.

Ordine interno delle singole voci. Ogni singola voce è strutturata in sezioni contraddistinte dalle lettere **A**, **B**, **C**, ... in base alle categorie grammaticali (sostantivo, aggettivo, avverbio, ecc.). Nell'ambito di queste categorie, i significati fondamentali ('accezioni') sono contraddistinti da cifre arabe in neretto (***1***, ***2***, ***3***, ...) poste a segnare l'inizio della loro trattazione. (La lettera **A** e il numero ***1*** sono omessi quando c'è una sola categoria grammaticale o un'unica accezione). I traducenti sono sovente preceduti da una concisa spiegazione in italiano (in corsivo, fra parentesi), e seguiti dalla fraseologia esemplificativa, fornita in una lingua e tradotta nell'altra. Un'altra sezione della voce è quella – preceduta da un pallino (●) – che tratta le locuzioni speciali, le frasi idiomatiche, i tecnicismi, i proverbi e (nella sezione inglese-italiano) i nomi composti. Questo apparato locutivo è disposto in ordine alfabetico, ma i composti, che contengono il lemma come primo elemento (o, nella sezione italiana, le locuzioni che hanno inizio con il lemma) precedono quelli in cui il lemma è in seconda posizione.

Arrangement and order of terms. *The dictionary lists as separate headwords the so-called 'simple lexical items', that is simple words which, when taken out of context, are considered as single units. Of course it also includes 'compound lexical items' (compound nouns and verbs, etc.), as well as 'complex lexical items', that is to say idiomatic expressions. These however will be found in the entries for the simple lexical items (i.e. under the headword) that constitute their first components.*

Compound entries *(whether they be hyphenated words or not) are given under the headword of the first component, and in some cases also under the second component. Thus,* glass-blower, glass case, glass cutter, *etc., will be found under the headword* glass; go-by *and* go-off *under* go *(noun). On the other hand, adjectives such as* go-ahead *and* go-as-you-please, *and nouns such as* go-between, go-cart *and* go-kart, *though logically connected to the verb* go, *are given as separate headwords since they belong to separate grammatical categories. Moreover, anyone looking for compound words in English must be aware of the fact that the use of the hyphen in English is very uncertain and fluctuating and continuously evolving. Compound words will therefore be found under the headword which corresponds to the first component. If not, they are in fact probably single non-hyphenated words, and as such will be found as separate headwords. Similarly in the Italian section phrases such as* carta velina *and* carta vetrata *will be found under the headword* carta. Cartamodello *and* aria-aria, *on the other hand, are headwords in their own right.*

***Adverbs ending in* -ly *and* -mente *and nouns ending in* -ness.** *Generally speaking, those English and Italian adverbs which can be easily derived from their corresponding adjectives by adding the suffixes* -ly *and* -mente *respectively have not been listed in the dictionary, unless alphabetically removed from their adjectives. However, all those adverbs which present particular semantic difficulties (e.g.* actually *and* attualmente*) are listed. The same criterion has been followed for the many English abstract nouns ending in* -ness.

In the same way, to save space, ***suffixes*** *only appear in the entries of the words they modify, and only the most common* ***prefixes*** *(e.g.* self-, un-*) are given separate entries, highlighting their value and usage.*

Homographs *(i.e. words spelt the same way but having different meanings) are treated as separate entries, especially if they have different derivations. They are listed one after another according to their grammatical categories – first nouns, then verbs, and so on – and are followed by a bold-face figure in brackets:* (***1***), (***2***), *etc.*

Proper nouns *(i.e. names of people and places) spelt the same way in the two languages (e.g.* Ada, Agricola; Aberdeen, Adelaide, Austria*) appear in a special list in the appendices. Here, too, an exception has been made for those proper nouns which also appear as parts of compound terms, or of phrases or idioms (e.g.* Africa *and* Africa del Sud, Asia *and* Asia Minore, Canossa *the place name and* andare a Canossa *to eat humble pie,* Lovelace *for its figurative sense,* Malacca *for* Malacca cane*). Proper names of this type, therefore, will be found in the main sections in alphabetical order.*

Also entered as headwords are the most common or most difficult ***irregular inflected forms*** *in both languages, such as* was *and* furono, mice *and* dogaressa.

Order within each entry. *Each entry is structured in sections marked* ***A, B, C,*** *etc., according to grammatical categories (noun, adjective, adverb, etc.). Within those sections, basic meanings are numbered in bold face (****1****,* ***2****,* ***3****, etc.). (The letter* ***A*** *and the number* ***1*** *are omitted when there is just one grammatical category or meaning.) The various meanings are often preceded by a brief explanation in Italian (in brackets and in italics), and followed by examples, given in one language and then translated into the other. The part of entry preceded by a bullet (●) lists special and technical phrases, idioms, proverbs and (in the English-Italian section) compound nouns. The order within this section is alphabetical, but compound nouns having the headword as their first element (or, in the Italian-English section, phrases beginning with the headword), precede those having the headword as their second element.*

Sezione inglese-italiano. Per quanto riguarda il **plurale dei sostantivi**, si tenga presente che, se esso non viene indicato (es.: *flower, diamond, episode*), vuol dire che si forma con l'aggiunta di una *-s* (o *-es*), e che quindi è «regolare». La forma del plurale viene sempre indicata: *a*) se è «irregolare»; *b*) se esistono due plurali (es.: *leaf, fisherman, epithelium, fish*); *c*) nel caso di nomi che possono generare perplessità (es.: *ditto, Iraqi, potato*).

I verbi frasali. Nel caso dei verbi che danno luogo alla formazione di verbi frasali, cioè di verbi composti da un verbo principale seguito da una particella avverbiale o da una preposizione, è prevista una speciale rubrica alla fine della voce. Ciascun verbo è preceduto da un rombo (♦), è introdotto dall'indicazione della costruzione sintattica (ad es.: *v.t. + avv., v.t. + prep., v.t. + avv. + prep.*, ecc.) ed è trattato come un lemma autonomo.

La trascrizione fonematica. Al fine di suggerire la corretta pronuncia dei vocaboli inglesi, viene data, a fianco di ciascun lemma, la sua trascrizione fonematica mediante i simboli dell'Associazione Fonetica Internazionale. Tale trascrizione è tratta da una banca dati di cui la Oxford University Press ha concesso la licenza d'uso, con integrazione delle pronunce mancanti a opera di Luciano Canepari e di Alberto Venturi.

Sezione italiano-inglese. I **plurali dei sostantivi** sono indicati solo se irregolari (per es. *uomo, uomini*; *uovo, uova*) o nel caso di esistenza di due forme plurali, una maschile e una femminile (per es. *braccio, bracci/braccia*), delle quali, ove occorra, viene indicato l'ambito d'uso.

Le **forme femminili dei sostantivi** costituiscono lemmi a sé stanti solo quando hanno traducenti e fraseologia propri (per es. *duchessa, padrona, signora*). Negli altri casi, la desinenza della forma femminile viene data tra parentesi subito dopo il corrispondente lemma maschile, con un eventuale lemma di rimando nel caso di forme lontane fra loro alfabeticamente.

Sono inclusi quei **forestierismi** che sembrano avere ormai acquisito pieno diritto di cittadinanza nell'uso comune della lingua italiana. In particolare, per quanto concerne le parole trasferite dall'inglese in italiano senza alcuna modifica della grafia originaria, ci si è attenuti al seguente criterio: sono presenti tutti quei vocaboli che non sono facilmente sostituibili con voci italiane di eguale significato (*beat, bluff, bulldog, happening, hovercraft, poker, pop, sport, timer*, ecc.), o che rappresentano una modificazione, in un certo senso arbitraria, del significato attuale dell'etimo inglese (*flipper, footing, hostess, kart, night, pullman, smoking, tight, tilt*, ecc.). È stato ovviamente impossibile accogliere tutte le **forme alterate** di nomi (accrescitivi, diminutivi, vezzeggiativi, peggiorativi) di cui la lingua italiana è così ricca. Perciò non si troveranno parole come *bambolina, bamboletta, casetta, casona, casaccia* e così via. Sono però registrate voci come *banderuola, casupola* e *casella* che hanno significati autonomi rispetto al lemma non alterato. Per gli aggettivi che siano in effetti participi passati si rimanda generalmente al verbo da cui derivano, in calce al quale si troveranno esempi e spiegazioni. Anche qui, tuttavia, sono stati registrati come lemmi a sé stanti quegli aggettivi (come *perduto, perso, scoperto, sentito*, ecc.) i quali, per varie ragioni (omissione del verbo, presenza di accezioni secondarie, ecc.), richiedevano, a nostro avviso, una trattazione a parte.

La **pronuncia italiana** di ogni lemma è indicata dall'accento tonico: in neretto se esso è obbligatorio nella grafia, come in *città* o *più*; altrimenti in carattere più chiaro. L'accento acuto indica pronuncia chiusa della *e* e della *o*; un puntino sotto la *s* e la *z* indica suono sonoro; un puntino sotto il gruppo *gli* indica pronuncia dura della *g*.

Le **irregolarità delle forme flesse** dei traducenti sono segnalate da un asterisco (*) posto in fine parola.

G. R.

English-Italian section. *Regular* ***plural forms of nouns*** *(that is plurals formed by adding -s or -es, in nouns such as* flower, diamond, episode*) are not indicated. The plural form of a noun is given: a) if it is 'irregular'; b) if there are two plural forms (e.g.* leaf, fisherman, epithelium, fish*); c) in the case of nouns which could be confusing (e.g.* ditto, Iraqi, potato*).*

Phrasal verbs*, that is verbs followed by an adverb or by a preposition, are listed in a special section at the end of the entry for the main verb. Each phrasal verb is preceded by a diamond (♦), carries syntactical indications (e.g.* v.t. + avv., v.t. + prep., v.t. + avv. + prep.*) and is treated as a full entry.*

Phonetic transcription*. To help with the correct pronunciation of the English words, each headword is followed by its phonetic transcription in the symbols used in IPA (International Phonetic Alphabet). The transcriptions have been taken from a data bank used on agreement with Oxford University Press. Additional transcriptions are by Luciano Canepari and Alberto Venturi.*

Italian-English section. ***Plural forms of nouns*** *are indicated only when irregular (e.g.* uomo, uomini; uovo, uova*) or when two forms exist, one masculine and one feminine (e.g.,* braccio, bracci/braccia*), in which case explanations as to the difference in usage are given.*

Feminine forms of nouns *constitute headwords in their own right only when there are specifically feminine English equivalents and examples of usage (e.g.* duchessa, padrona, signora*). Otherwise, the ending of the feminine form appears in brackets after the headword of the corresponding masculine form, with recourse to cross-referencing when the two forms are alphabetically removed from each other.*

All those ***foreignisms*** *are included which appear to have gained full acceptance through common usage in the Italian language. Particularly, in the case of English words that have entered Italian without undergoing any spelling change, the following categories have been included: a) words which are not easily substituted by Italian words with equal meaning (e.g.* beat, bluff, bulldog, happening, hovercraft, pop, poker, sport, timer*); b) words whose meaning often arbitrarily differs from the original English meaning (e.g.* flipper, footing, hostess, kart, night, pullman, smoking, tight, tilt*).*

It has obviously been impossible to list all ***alternative forms*** *(augmentatives, diminutives, terms of endearment, pejoratives) which so enrich the Italian language. Therefore words like* bambolina, bamboletta, casetta, casona, casaccia, *will not be found. However, words like* banderuola, casupola, casella, casello, casino, *and many other similar nouns, which have quite independent meanings from the original unaltered headwords, appear as full headwords. For* ***adjectives*** *which are in effect past participles, reference should be made to the verbs from which they derive, where relevant examples can be found. Here again, however, those adjectives (like* perduto, perso, scoperto, sentito*) which for various reasons (omission of the verb, secondary meanings, etc.) required, in our view, separate treatment, have been listed as headwords in their own right.*

The ***pronunciation*** *of each headword is indicated by an accent, printed in bold face in the case of words in which it is obligatory in writing (e.g.* città, più*). An acute accent on* e *and* o *indicates closed pronunciation. Voiced* s *and* z *are indicated by a dot placed underneath. A similar dot under the cluster* gli *indicates that* g *is pronounced hard.*

Irregular inflections *of English words given as translations are indicated by an asterisk (*) placed at the end of the words.*

G. R.

ABBREVIAZIONI - *ABBREVIATIONS*

a. = aggettivo / *adjective*
abbr. = abbreviazione, abbreviato / *abbreviation, abbreviated*
aeron. = aeronautica / *aeronautics*
afferm. = affermativo, affermazione / *affirmative, affirmation*
agg. = aggettivo, aggettivale / *adjective, adjectival*
agric. = agricoltura / *agriculture*
amm. = amministrazione / *administration*
anat. = anatomia / *anatomy*
angl. = anglismo / *Anglicism*
anglo-ind. = angloindiano / *Anglo-Indian*
antropol. = antropologia / *anthropology*
arald. = araldica / *armory*
arc. = arcaico, arcaismo / *archaic, archaism*
archeol. = archeologia / *archaeology*
archit. = architettura / *architecture*
art. = articolo / *article*
A.-S. = anglosassone / *Anglo-Saxon*
ass. = assicurazioni / *insurance*
assol. = assoluto / *absolute*
astrol. = astrologia / *astrology*
astron. = astronomia / *astronomy*
attr. = attributo, attributivo / *attribute, attributive*
Austr. = Australia, australiano / *Australia, Australian*
autom. = automobilismo / *motor cars*
avv. = avverbio, avverbiale / *adverb, adverbial*

biochim. = biochimica / *biochemistry*
biol. = biologia / *biology*
Borsa = borsa valori / *Stock Exchange*
bot. = botanica / *botany*
bur. = burocratico / *officialese*

Can. = Canada, canadese / *Canada, Canadian*
card. = cardinale / *cardinal*
cfr. = confronta / *compare*
chim. = chimica / *chemistry*
chir. = chirurgia / *surgery*
cinem. = cinematografia / *film-making*
collett. = collettivo / *collective*
com. = comune / *common*
comm. = commercio, commerciale / *business, commercial*
comm. est. = commercio estero / *foreign trade*
compar. = comparativo / *comparative*
compl. = complemento / *complement*
condiz. = condizionale / *conditional*
cong. = congiunzione / *conjunction*
congiunt. = congiuntivo / *conjunctive*
contraz. = contrazione / *contraction*
correl. = correlativo / *correlative*
costr. = costruzioni / *construction*
crim. = criminale, criminalità / *criminal, criminality*
cronot. = cronotecnica / *time study*

def. = definizione / *definition*
demogr. = demografia / *demography*
deriv. = derivato / *derivative*
determ. = determinativo / *definite*
dial. = dialetto / *dialect*
difett. = difettivo / *defective*
dim. = diminutivo / *diminutive*
dimostr. = dimostrativo / *demonstrative*
dog. = dogana / *customs*
dubit. = dubitativo / *dubitative*

ecc. = eccetera / *etcetera*
eccles. = ecclesiastico / *ecclesiastical*
ecol. = ecologia / *ecology*
econ. = economia / *economics*
edil. = edilizia / *building industry*
elab. = elaborazione dati, informatica / *computing, information technology*
elettr. = elettricità / *electricity*
elettron. = elettronica / *electronics*
enfat. = enfatico / *emphatic*
es. = esempio / *for example*
escl. = esclamazione, esclamativo / *exclamation, exclamatory*
espress. = espressione / *expression*
estens. = estensione / *broader meaning*
etc. = etcetera / *etcetera*
etnol. = etnologia / *ethnology*
eufem. = eufemismo, eufemistico / *euphemism, euphemistic*

f. = femminile, sostantivo femminile / *feminine, feminine noun*
falegn. = falegnameria / *carpentry*
fam. = familiare, colloquiale / *colloquial*
farm. = farmacia / *pharmacy*
femm. = femminile / *feminine*
ferr. = ferrovia / *railway*
fig. = figurato / *figurative*
filol. = filologia / *philology*
filos. = filosofia / *philosophy*
fin. = finanza, finanziario / *finance, financial*
fis. = fisica / *physics*
fis. nucl. = fisica nucleare / *nuclear physics*
fisc. = fisco / *taxes*
fisiol. = fisiologia / *physiology*
fon. = fonetica / *phonetics*
form. = formale / *formal*
fotogr. = fotografia / *photography*
f. pl. = sostantivo femminile plurale / *feminine plural noun*
franc. = francese, francesismo / *French, Gallicism*
fut. = futuro / *future*

G. B. = Gran Bretagna / *Great Britain*
GB = inglese / *English*
generalm. = generalmente / *generally*
geogr. = geografia / *geography*
geom. = geometria / *geometry*
giorn. = giornalismo / *journalism*
gramm. = grammatica / *grammar*

idiom. = idiomatico / *idiomatic*
idraul. = idraulica / *hydraulics*
imper. = imperativo / *imperative*
imperf. = imperfetto / *imperfect*
impers. = impersonale / *impersonal*
ind. = industria / *industry*
indecl. = indeclinabile / *indeclinable*
indef. = indefinito / *indefinite*
indic. = indicativo / *indicative*
indir. = indiretto / *indirect*
inf. = infinito / *infinitive*
infant. = infantile / *baby-talk*
Inghil. = Inghilterra / *England*
ingl. = inglese, anglicismo / *English, Anglicism*
inter. = interiezione / *interjection*
interr. = interrogativo / *interrogative*
invar. = invariato, invariabile / *invariable*
irl. = irlandese / *Irish*
iron. = ironico / *ironic*
irr. = irregolare / *irregular*
ital. = italiano / *Italian*

lat. = latino, latinismo / *Latin, Latinism*
leg. = legale, diritto / *legal, law*
lett. = letterario / *literary*
letter. = letteratura / *literature*
letteralm. = letteralmente / *literally*
ling. = linguistica / *linguistics*
locuz. = locuzione / *idiom*

m. = maschile, sostantivo maschile / *masculine, masculine noun*
market. = marketing / *marketing*
masch. = maschile / *masculine*
mat. = matematica / *mathematics*
mecc. = meccanica / *mechanics*
med. = medicina / *medicine*
merid. = meridionale / *southern*
metall. = metallurgia / *metallurgy*
meteor. = meteorologia / *meteorology*
mil. = militare / *military*
min. = miniera / *mining*
miner. = mineralogia / *mineralogy*
miss. = missilistica / *rocketry*
mitol. = mitologia / *mythology*
m. pl. = sostantivo maschile plurale / *masculine plural noun*
mus. = musica, musicale / *music, musical*

n. = nome / *noun*
naut. = nautico, nautica / *nautical, navigation*
neg. = negativo, negazione / *negative, negation*
neur. = neurologia / *neurology*
n. pl. = nome plurale / *plural noun*
n. pr. = nome proprio / *proper noun*
num. = numero, numerale / *number, numeral*
numism. = numismatica / *numismatics*
N. Z. = Nuova Zelanda / *New Zealand*

ogg. = oggetto / *object*

oland. = olandese / *Dutch*
onom. = onomatopeico / *onomatopoeic*
ord. = ordinale / *ordinal*
org. az. = organizzazione aziendale / *management*
origin. = originariamente / *originally*

paleont. = paleontologia / *palaeontology*
part. = participio / *participle*
pass. = passato / *past*
pers. = persona, personale / *person, personal*
pitt. = pittura / *painting*
pl. = plurale / *plural*
poet. = poetico / *poetics*
polit. = politica / *politics*
pop. = popolare, gergale / *popular, slang*
poss. = possessivo / *possessive*
p. p. = participio passato / *past participle*
pred. = predicato, predicativo / *predicate, predicative*
pref. = prefisso / *prefix*
prep. = preposizione / *preposition*
pres. = presente / *present*
pron. = pronome, pronominale / *pronoun, pronominal*
prop. = proposizione / *sentence*
prov. = proverbio, proverbiale / *proverb, proverbial*
psic. = psicologia / *psychology*
pubbl. = pubblicità / *advertising*

q. = qualcuno / *someone*
q. c. = qualche cosa / *something*
q. V., q. v. = quod vide / *see*

radio = radiofonia / *radio*
rag. = ragioneria / *accounting*
recipr. = reciproco / *reciprocal*
region. = regionale, regionalismo / *regional, regionalism*
relat. = relativo / *relative*
relig. = religione, religioso / *religion, religious*
rem. = remoto / *remote*
retor. = retorica, retorico / *rhetoric, rhetorical*
ric. op. = ricerca operativa / *operational research*
rif. = riferito / *referring (to)*
rifl. = riflessivo / *reflexive*

sb. = *somebody*
scherz. = scherzoso / *jocular*
scient. = scientifico / *scientific*
scozz. = scozzese / *Scots*
scult. = scultura / *sculpture*
sett. = settentrionale / *northern*
sign. = significato / *meaning*
sim. = simile / *analogous*
sing. = singolare / *singular*
sociol. = sociologia / *sociology*
sogg. = soggetto / *subject*
sost. = sostantivo / *noun*
spagn. = spagnolo / *Spanish*
specialm. = specialmente / *especially*
spreg. = spregiativo / *derogatory*
st. = *something*
stat. = statistica / *statistics*
stor. = storia, storico / *history, historical*
suff. = suffisso / *suffix*
superl. = superlativo / *superlative*

teatr. = teatro, teatrale / *theatre, theatrical*
tecn. = tecnica / *technology*
ted. = tedesco / *German*
tel. = telecomunicazioni / *telecommunications*
telef. = telefono / *telephone*
telegr. = telegrafo / *telegraph*
teol. = teologia, teologico / *theology, theological*
tess. = tessile / *textile*
tipogr. = tipografia / *printing*
topogr. = topografia / *topography*
tosc. = toscano / *Tuscan*
trasp. = trasporti / *transports*
tur. = turismo / *tourism*
TV = televisione / *television*

U.S.A. = Stati Uniti d'America / *United States of America*
USA = americano, americanismo / *American, Americanism*

v. = verbo / *verb*
V. = vedi / *see*
vc. = voce / *word*
v. i. = verbo intransitivo / *intransitive verb*
v. i. pron. = verbo intransitivo pronominale / *pronominal intransitive verb*
v. rifl. = verbo riflessivo / *reflexive verb*
v. t. = verbo transitivo / *transitive verb*
var. = variante / *variant*
verb. = verbale / *verbal*
vet. = veterinaria / *veterinary science*
vezzegg. = vezzeggiativo / *endearing*
vocat. = vocativo / *vocative*
volg. = volgare / *vulgar, taboo*

zool. = zoologia / *zoology*

GUIDA GRAFICA ALLA CONSULTAZIONE - *QUICK REFERENCE GUIDE*

lemma
headword

categoria grammaticale
part-of-speach label

traducenti
translations or equivalents

lemmi omografi
homographs

verbi frasali
phrasal verbs

lettere alfabetiche: indicano diverse categorie grammaticali
capital letters showing different parts of speech

numeri arabi: indicano diverse accezioni del lemma
numbers showing different meanings of the headword

fraseologia esplicativa
explanatory phrase

briefing /ˈbriːfɪŋ/, *n.* ***1*** (*anche leg.*) istruzioni; ragguagli ***2*** (*mil.*) briefing; istruzioni; foglio d'istruzioni (*prima di una missione*) ***3*** (*org. az.*) briefing; conferenza informativa. ● (*aeron.*) **b. room**, sala delle istruzioni □ **b. session**, conferenza informativa (*in un'azienda, ecc.*).

bass (1) /beɪs/, *n.* (*pl.* **bass, basses**) (*zool., Perca fluviatilis*) pesce persico. ● **sea b.** (*Labrax lupus*), spigola; branzino.

bass (2) /bæs/, *n.* (*bot.*) corteccia fibrosa del tiglio. ● **b. broom**, rozza scopa.

bass (3) /beɪs/, (*mus.*) **A** *n.* ***1*** basso (*cantante*) ***2*** voce di basso ***3*** nota bassa ***4*** (*fam.*, = **double b.**) contrabbasso ***5*** (*fam.*, = **b. guitar**) basso. **B** *a.* basso. ● **b. clef**, chiave di basso □ **b. drum**, grancassa □ **b. guitar**, basso (*chitarra*) □ **b. viol**, viola da gamba; (*USA*) contrabbasso □ **thorough b.**, basso continuo.

to **dry** /draɪ/, *v. t.* e *i.* ***1*** asciugare, asciugarsi: **to dry one's hands**, asciugarsi le mani; **D. your tears**, asciugati le lacrime! ***2*** seccare, seccarsi ***3*** (*ind.*) essiccare, essiccarsi.

♦**dry out**, **A** *v. i.* + *avv.* ***1*** asciugarsi (*al sole, davanti al fuoco, ecc.*) ***2*** (*di vernice*) asciugarsi; (*del cemento*) seccarsi ***3*** (*fam.*) disintossicarsi dall'alcol ***4*** (*pop. USA*) calmarsi. **B** *v. t.* + *avv.* asciugare (*biancheria, ecc.*).

♦**dry up**, **A** *v. i.* + *avv.* ***1*** asciugarsi; seccarsi; prosciugarsi: **In summer the pond dries up**, d'estate lo stagno si prosciuga ***2*** (*fig.*) esaurirsi; finire; rimanere a secco (*fig.*): **At last our funds dried up**, alla fine i nostri fondi si esaurirono ***3*** (*teatr., fam.*) dimenticare la battuta ***4*** (*pop.*) zittirsi; ammutolire; tacere: **D. up!**, sta zitto! **B** *v. t.* + *avv.* ***1*** asciugare (*piatti, bicchieri, ecc.*) ***2*** inaridire; prosciugare ***3*** (*ind.*) essiccare.

coral /ˈkɒrəl, *USA* ˈkɔːrəl/, **A** *n.* (*zool.*) corallo. **B** *a. attr.* corallino; di (*o* simile a) corallo: **a c. necklace**, una collana di corallo. ● **c. island**, isola corallina □ **c. reef**, barriera corallina □ **c. red**, rosso corallo □ (*zool.*) **c. snake** (*Micrurus*), serpente corallo □ (*bot.*) **c. tree** (*Erythrina corallodendron*), albero del corallo.

formula /ˈfɔːmjʊlə/, *n.* (*pl.* **formulas, formulae**) ***1*** (*anche chim., mat.*) formula; (*relig.*) formula rituale ***2*** convenzione; formalità ***3*** ricetta (medica) ***4*** (*USA*) alimento in polvere; omogeneizzato (*per bimbi*) ***5*** (*sport*) formula: **a f.-one car**, una macchina di formula uno. ● (*fig.*) **a f. for trouble**, un modo sicuro di cacciarsi nei guai.

anchorman /ˈæŋkəmən/, *n.* (*pl.* **anchormen**) ***1*** (*radio, TV*) anchorman; conduttore (*di una trasmissione*) cui fan capo varie unità mobili distaccate che inviano i loro servizi ***2*** (*sport*) uomo chiave; ultimo atleta che gareggia (*di una squadra*: *specialm. nella staffetta*).

to **begin** /bɪˈgɪn/ (*pass.* **began,** *p. p.* **begun**), *v. t.* e *i.* iniziare; cominciare; incominciare; principiare: **Suddenly he began talking** (*o* **to talk**), improvvisamente cominciò a parlare; **He began by saying he would not speak long**, cominciò col dire che non avrebbe parlato a lungo. ● **to b. again**, ricominciare □ **to b. at the beginning**, cominciare dal principio □ **to b. on st.**, dare inizio a q.c.; mettersi a fare q.c. (*fam.*) □ **to b. with**, per cominciare; per prima cosa; anzitutto □ (*prov.*) **Well begun is half done**, chi ben comincia è a metà dell'opera.

voce
entry

abbreviazione del lemma
abbreviation of the headword

limiti d'uso e indicazione di appartenenza a linguaggi specialistici
usage and subject-field labels

sezione speciale preceduta da un pallino nero: elenca tecnicismi, locuzioni idiomatiche e nomi composti
special section, introduced by a bullet, listing technical phrases, idioms and compound nouns

il quadratino separa le locuzioni della sezione speciale
small square mark separating expressions in the special section

nomi scientifici latini
Latin scientific names

segnalazione di forma flessa irregolare
indication of irregular inflected forms

aberration /æbəˈreɪʃn/, *n.* ***1*** *V.* **aberrance *2*** (*scient.*) aberrazione. ● (*biol.*) **chromosome a.**, aberrazione cromosomica □ (*astron.*) **diurnal a.**, aberrazione diurna □ (*psic.*) **mental a.**, aberrazione mentale □ (*fis.*) **optical a.**, aberrazione ottica.

rinvio ad altro lemma
cross-reference to other headwords

trascrizione fonematica dei lemmi inglesi
phonetic transcription of English headwords

curiosity /kjʊərɪˈɒsətɪ/, *n.* ***1*** curiosità; desiderio di sapere ***2*** curiosità, stranezza (*di una cosa*) ***3*** oggetto raro (*o* artistico); curiosità; rarità ***4*** curiosità; individuo strano, singolare: **I was still a c. for the natives**, per gli indigeni ero ancora una curiosità. ● (*prov.*) **C. killed the cat**, tanto va la gatta al lardo che ci lascia lo zampino.

i proverbi sono riportati al termine della voce
proverbs are listed at the end of the entry

quando una parola composta va a capo, il trattino di divisione è ripetuto nella riga successiva
when a compound word is broken, the hyphen is repeated on the new line

boy /bɔɪ/, **A** *n.* ***1*** fanciullo; ragazzo; (*in senso lato*) giovanotto ***2*** figlio (*maschio*): **He has two children: a boy and a girl**, ha due figli: un maschio e una femmina ***3*** domestico, servitore, servo (*specialm. di colore, nelle colonie*) ***4*** fattorino; garzone ***5*** (*fam., al vocat.*) **old boy** (*o* **my boy**), amico mio; caro mio; vecchio mio ***6*** (*naut.*) mozzo ***7*** (*pop. USA*: *di una donna*) maschiaccio ***8*** (*spreg. USA*) negro ***9*** (*pl.*) (*pop. USA*) (i) compagni; (*anche*) (i) poliziotti; (*anche*) (i) criminali, (i) teppisti. **B** *inter.* (= **Oh boy!**) accidenti! ● **boy--scout**, giovane esploratore, boy-scout □ **bell--boy**, ragazzo d'albergo □ **delivery boy**, fattorino □ **little boy**, bambino; maschietto.

le varianti di forma del lemma sono separate da una virgola
variant spellings of the headword are separated by a comma

to **apprise**, to **apprize** /əˈpraɪz/, *v. t.* (*form.*) informare; avvertire; avvisare. ● **to be apprised of**, essere messo al corrente di: **I was apprised of the facts**, fui messo al corrente dei fatti.

compaeṣàno, *m.* (*f.* **-a**) ***1*** fellow villager ***2*** (*concittadino*) fellow townsman* (*f.* fellow townswoman*) ***3*** (*compatriota*) fellow countryman* (*f.* countrywoman*). ● **Siamo compaesani**, we come from the same village [town, country].

nella sezione italiano inglese le irregolarità delle forme flesse dei traducenti sono segnalate da un asterisco
in the Italian-English section, irregular inflected forms of the translation are marked by an asterisk

nella sezione italiano inglese la pronuncia sonora della *s* e della *z* è segnalata da un punto al di sotto del carattere
in the Italian-English section voiced 's's and 'z's are marked with a dot under the letter

conclusióne, *f.* ***1*** (*di una trattativa, ecc.*) conclusion; settlement: **la c. della pace**, the conclusion of peace; **una c. della vertenza**, a settlement of the dispute ***2*** (*fine, termine*) conclusion; end; ending; close: **la c. della questione**, the end of the affair; **Il libro non ha una vera c.**, the book hasn't got a proper ending; **Mancano tre giorni alla c. della campagna elettorale**, there are three days to go before the end of the electoral campaign; **giungere a c.**, to come to an end; **portare q.c. a c.**, to bring st. to a close ***3*** (*risultato*) conclusion; result; outcome; upshot; issue: **La c. fu che dovemmo ricominciare da capo**, the upshot was we had to start again from the beginning; **una c. soddisfacente.**, a satisfactory outcome (*o* result) ***4*** (*deduzione*) conclusion; inference: **giungere a una c.**, to come to a conclusion; **trarre una c.**, to draw a conclusion; **saltare alle conclusioni**, to jump to conclusions ***5*** (*pl.*) (*di un'inchiesta, ecc.*) findings ***6*** (*pl.*) (*leg.*) summing up. ● **in c.**, in short; to sum up; in conclusion; (*insomma*) well: **In c., volevo sapere che cosa gliene paresse**, in short, I wanted to know what he thought of it; **In c., abbiamo motivo di credere che le prove siano truccate**, to sum up, we have reason to believe that the evidence is faked; **In c., cosa te ne pare?**, well, what do you think of it? □ **senza c.**, inconclusively.

l'accento acuto o grave segnala la pronuncia chiusa o aperta delle vocali
the acute or grave accent indicates closed or open pronunciation of the vowels

SIMBOLI FONETICI - *PHONETIC SYMBOLS*

Vocali e dittonghi

/iː/	*see*	/siː/, [sɪi]
/ɪ/	*hippie*	/ˈhɪpɪ/, [ˈhɪpi]
	decided	/dɪˈsaɪdɪd/, [dɪˈsaɪdɪd, *USA* dəˈsaɪdəd]
	ticket	/ˈtɪkɪt/ [ˈtʰɪkɪt, *USA* ˈtʰɪkət]
	latest	/ˈleɪtɪst/ [ˈleɪtɪst, *USA* ˈleɪɾəst]
	houses	/ˈhaʊzɪz/ [ˈhaʊzɪz, *USA* ˈhaʊzəz]
/ɛ/	*red*	/rɛd/
/æ/	*hat*	/hæt/
/ɑː/	*car*	/kɑː(r)/, [kʰɑː, *USA* kʰɑːɹ]
/ɒ/	*got*	/gɒt/, [gɒt, *USA* gɑt]
/ɔː/	*saw*	/sɔː/, [soː, *USA* sɔː]
/ʊ/	*put*	/pʊt/
/uː/	*too*	/tuː/, [tʰʊu]
/ʌ/	*up*	/ʌp/
/ɜː/	*fur*	/fɜː(r)/, [fɜː, *USA* fɚː]
/ə/	*away*	/əˈweɪ/
/eɪ/	*day*	/deɪ/
/əʊ/	*go*	/gəʊ/, [gɜʊ, *USA* goʊ]
/aɪ/	*five*	/faɪv/
/aʊ/	*now*	/naʊ/
/ɔɪ/	*boy*	/bɔɪ/
/ɪə/	*here*	/hɪə(r)/, [hɪʌ, *USA* hɪəɹ], *here's* /hɪəz/, [hɪəz, *USA* hɪəɹz]
/ɛə/	*hair*	/hɛə(r)/, [hɛʌ, *USA* hɛəɹ], *hairs* /hɛəz/, [hɛəz, *USA* hɛəɹz]
/ʊə/	*cure*	/kjʊə(r)/, [kʰjʊʌ, *USA* kʰjʊəɹ], *cured* /kjʊəd/, [kʰjʊəd, *USA* kʰjʊəɹd]

i			u	
	ɪ		ʊ	
e		ə		o
ɛ		ɜ		ɔ
		ʌ		
æ		a	ɑ	ɒ

Consonanti

/p/	*pen*	/pɛn/, [pʰɛn]
/b/	*bad*	/bæd/
/t/	*potato*	/pəˈteɪtəʊ/, [pəˈtʰeɪtɜʊ, *USA* pəˈtʰeɪɾoʊ]
/d/	*date*	/deɪt/
/k/	*cat*	/kæt/, [kʰæt]
/g/	*get*	/gɛt/
/tʃ/	*chin*	/tʃɪn/, [tʃʰɪn]
/dʒ/	*jet*	/dʒɛt/
/f/	*fine*	/faɪn/
/v/	*voice*	/vɔɪs/
/θ/	*thin*	/θɪn/
/ð/	*then*	/ðɛn/
/s/	*say*	/seɪ/
/z/	*zag*	/zæg/
/ʃ/	*shape*	/ʃeɪp/
/ʒ/	*vision*	/ˈvɪʒn/
/m/	*man*	/mæn/
/n/	*net*	/nɛt/
/ŋ/	*sing*	/sɪŋ/
/l/	*lilt*	/lɪlt/, [lɪɫt]
/r/	*roar*	/rɔː(r)/, [ɹoː, *USA* ɹɔːɹ]
/j/	*yet*	/jɛt/
/w/	*wet*	/wɛt/
/h/	*hit*	/hɪt/
/x/	*och*	/ɒx/ (scozzese)

Un trattamento particolare, sotto il profilo fonetico, è stato riservato a una sessantina di monosillabi di frequentissimo uso (articoli, preposizioni, congiunzioni, pronomi personali, aggettivi possessivi, verbi ausiliari e modali, ecc.) le cui **forme «deboli»** (quelle cioè che ricorrono nel discorso normale) sono assai più frequenti delle **forme «forti»** (quelle che invece si sentono quando queste parole sono pronunciate con enfasi o fuori d'un contesto). Le trascrizioni fonematiche, in questi casi, sono due o più di due: la prima rappresenta la forma «forte», le altre le forme «deboli». Anche in forme non veloci, né trascurate, abbiamo: *he took her to the station* /hɪ tʊk ə tə ðə ˈsteɪʃn/ [hiˈtʰʊkə təðəˈsteɪʃn], *three of them* /θriː əv ðəm/ [ˈθɹiəvðəm, -əðəm, -əvəm].

Per illustrare le **principali differenze USA** riguardo alla preferenza d'alcuni fonemi in certi gruppi di parole consideriamo i seguenti esempi: *laugh*, *craft*, *pass*, *last*, *path*, *can't* con /ɑː, *USA* æ/, *boss*, *lost*, *cloth*, *song*, *frog*, *sorry* con /ɒ, *USA* ɔː (oltre a [ɑ])/, *hurry* /ˈhʌrɪ, *USA* ˈhɜːrɪ/, *tube*, *duke*, *new* /tjuːb, djuːk, njuː, *USA* tuːb, duːk, nuː/. Un altro gruppo importante presenta la desinenza o il secondo elemento d'un composto con vocale a timbro pieno in USA, contro /ə/ o addirittura la sua caduta; ecco alcuni esempi dei casi più frequenti in trascrizione fonetica per evidenziare meglio anche le differenze d'accentazione: *contemporary* [kənˈtʰɛmpɹəɹi, *USA* kənˈtʰɛmpəˌɹɛɹi], *articulatory* [ɑːˈtʰɪkjələtɹi, *USA* ɑːɹˈtʰɪkjələˌtɔːɹi], *compensative* [kəmˈpʰɛnsətɪv, *USA* ˈkʰɑmpənˌseɪɾɪv], *strawberry* [ˈstɹoːbɹi, *USA* ˈstɹɔːˌbɛɹi]. Ovviamente, anche in America sono (o possono essere) usate le pronunce "britanniche", come pure quelle "americane" nelle Isole Britanniche.

L'**accento** nei polisillabi è indicato, come s'è già visto, da /ˈ/ posto davanti alla sillaba su cui cade. Certi **composti** hanno due accenti, che sono segnati regolarmente: *able-bodied* /ˈeɪblˈbɒdɪd/, ma quando sono in un contesto effettivo generalmente cambiano la loro struttura accentuale: *an able-bodied guy* /ˈeɪblbɒdɪd ˈgaɪ/ [ˈeɪbɫˌbɒdid ˈgaɪ]. E ciò avviene anche in casi come *fifteen* /fɪfˈtiːn/, *fifteen days* /ˈfɪftiːn ˈdeɪz/ [ˈfɪftɪin ˈdeɪz].

Altre parole polisillabiche hanno nella trascrizione fonematica un solo accento: *individualize*, *unilaterality* /ɪndɪˈvɪdʒʊəlaɪz, juːnɪlætəˈrælətɪ/; però spesso foneticamente vanno interpretate come aventi anche uno o più accenti secondari: [ˌɪndɪˈvɪdʒuəˌlaɪz, ˌjʊunɪˌlætəˈɹæləti]. Questo è d'obbligo nel caso di composti anche se bisillabici: *hardware*, *bookmaking*, *countrywoman* /ˈhɑːdwɛə(r), ˈbʊkmeɪkɪŋ, ˈkʌntrɪwʊmən/ [ˈhɑːdˌwɛʌ, ˈbʊkˌmeɪkɪŋ, ˈkʰʌntɹiˌwʊmən]; si faccia però attenzione a casi come: *postman* /ˈpəʊstmən/ [ˈpʰɜʊs(t)mən].

Nel caso invece di polisillabi **derivati** per flessione o per affissazione (non veri composti, quindi), la struttura accentuale inglese prevede degli accenti secondari su sillabe con vocali a timbro pieno (non /ə/, né altre riducibili a /ə/, soprattutto parecchie /ɪ/ e qualche /ʊ/ – in particolare nella pronuncia americana) se c'è almeno un'altra sillaba tra loro e quella accentata, come si vede da *individualize*, *unilaterality*.

I suffissi *-ship* e *-ism* /-ɪzəm/ rientrano nella categoria che può ricevere l'accento secondario: *friendship*, *partnership* /ˈfrɛndʃɪp, ˈpɑːtnəʃɪp/ [ˈfɹɛndʃɪp, ˈpʰɑːtnəˌʃɪp], mentre *-ing*, *-ic*, *-ish*, *-ist* non lo prendono in nessun caso.

Per stabilire i gradi d'accentazione fonetica, partendo da quella fonematica delle trascrizioni, si deve quindi riflettere sulla struttura e formazione delle parole; ugualmente, in questo modo s'arriva presto a capire che in parole come *nature* e *nutshell* la trascrizione /tʃ/ indica un solo suono unitario in *nature* /ˈneɪtʃə(r)/ [ˈneɪtʃʌ], ma una sequenza di due suoni in *nutshell* /ˈnʌtʃɛl/ [ˈnʌtˌʃɛɫ].

Per mancanza di spazio non si può dire di piú qui, si rimanda quindi a un buon testo di fonetica e a un'attenta osservazione di tutti gli esempi forniti sopra e del quadrilatero vocalico.

SEZIONE INGLESE/ITALIANO - *ENGLISH/ITALIAN SECTION*

a, A

A, a /eɪ/, *n.* (*pl.* **A's, a's; As, as**) ***1*** A, a (*prima lettera dell'alfabeto ingl.*) ***2*** (*mus.*) la (*nota e scala corrispondente*): **A flat**, la bemolle ***3*** votazione (*o* classifica) di «ottimo» ***4*** (*elab.*) A (*nella numerazione esadecimale: corrisponde al decimale 10*). ● **A-bomb**, bomba atomica □ (*aeron.*) **A-bomber**, bombardiere atomico □ (*telef.*) **A. D. C. call** (*abbr. di* **advice of duration and charge**), interurbana con comunicazione del costo (*da parte del centralinista*) □ **a for Andrew** (*USA*: **a for Able**), a come Ancona □ (*pop. USA*) **A-head**, chi si droga con anfetamine □ **A level**, esame a livello superiore (*in G.B.: per accedere all'università e a vari college*) □ **A 1**, (*di nave classificata nel Registro dei Lloyds di Londra*) di prima classe; (*mil.*) idoneo; (*fam.*) ottimo, eccellente; (*fam.*) benissimo, benone: **I am A 1**, sto benissimo □ (*trasp.*, in *G.B.*) **A-road**, strada nazionale (*contrassegnata da un numero*): **the A 1**, la A 1 (*da Londra a Edinburgo*) □ **A to Z**, guida, elenco delle strade (*di una città: in ordine alfabetico*) □ **from A to Z**, dall'A alla Z □ (*sport*) **the three A's** (*abbr. di* **Amateur Athletics Association**), l'Associazione dell'Atletica Dilettantistica (e le sue gare).

a (1) /eɪ, ə/, **an** /æn, ən/, *art. indeterm.* (**an** *è usato davanti a parola con suono iniziale vocalico*) ***1*** (*generalm.*) un, uno, una: **I see a boy, an ass and a horse**, vedo un ragazzo, un asino e un cavallo; **a ewe**, una pecora; **a ewer**, una brocca; **a university**, un'università; **a one-legged man**, un uomo con una gamba sola; **a jug**, una brocca; **a jewel**, un gioiello; **an honest man**, un uomo onesto; **an heir**, un erede; **a young girl**, una ragazzina ***2*** il, lo, la: **A dog is an animal**, il cane è un animale ***3*** (*deriv. dalla prep. A.-S.* **on**) al, allo, alla (*nel senso di*: ciascuno, ogni); per: **It costs five shillings a pound**, costa cinque scellini alla (*o* per) libbra ***4*** medesimo; stesso: **They are of an age [of a size]**, sono della stessa età [delle stesse dimensioni] ***5*** un certo; un tale: **Do you know a Mr Brown?**, conosci un certo Mr Brown? ***6*** (*prima di* **few, great many, good many,** *e dopo* **what** *e* **many,** *è idiom.*): **a few tools**, alcuni arnesi; **a great** (*o* **a good**) **many presents**, moltissimi regali; **what a shame!**, che peccato!; **what a disgrace!**, che vergogna!; (*lett.*) **many a man**, parecchi uomini ***7*** (*idiom.*) **Devil of a man!**, diavolo d'uomo!; **scent of a woman**, profumo di donna; **to take a wife**, prendere moglie; (*stor.*) **dog of an unbeliever!**, cane d'infedele!

a (2) /ə/, *prep.* ***1*** (*deriv. dall'A.-S.* **of**) da: **St. Thomas a Becket**, San Tommaso da Becket ***2*** (*deriv. dall'A.-S.* **on,** *usata come pref.*) (*lett.*) **abed**, a letto; **aboard**, a bordo; **ashore**, a riva; **asleep**, addormentato; (*lett.*) **a-hunting**, a caccia; (*lett.*) **a-fishing**, a pesca.

aardvark /ˈɑːdvɑːk/, *n.* (*zool., Orycteropus afer*) oritteropo.

aardwolf /ˈɑːdwʊlf/, *n.* (*pl.* **aardwolves**) (*zool., Proteles cristatus*) protele crestato.

Aaron /ˈɛərən/, *n.* (*Bibbia*) Aronne. ● **A.'s beard** (*bot., Hypericum perforatum*) iperico; erba di San Giovanni □ **A.'s rod**, (*Bibbia*) la verga d'Aronne; (*bot., Verbascum thapsus*) tassobarbasso, verbasco, verga d'oro.

aback /əˈbæk/, *avv.* ***1*** (*arc.*) dietro; di dietro; all'indietro ***2*** (*naut.*) all'indietro; (*di vela*) accollo. ● **taken a.**, (*di nave*) colta da vento di prua; (*di persona*) colto alla sprovvista.

abacus /ˈæbəkəs/, *n.* (*pl.* **abaci, abacuses**) ***1*** abaco, abbaco; pallottoliere ***2*** (*archit.*) abaco.

Abaddon /əˈbædn/, *n.* ***1*** (*Bibbia*) l'Angelo dell'abisso; il demonio ***2*** (*poet.*) l'inferno.

abaft /əˈbɑːft, *USA* əˈbæft/, *avv.* e *prep.* (*naut.*) a poppa; verso poppa; a poppavia: **a. the beam**, a poppavia del traverso.

abalone /æbəˈləʊnɪ/, *n.* (*zool., Haliotis tuberculata*) orecchia di mare.

abandon /əˈbændən/, *n.* ***1*** abbandono; effusione; slancio ***2*** (*raro*) licenza; dissolutezza; sfrenatezza; maniere troppo libere.

to **abandon** /əˈbændən/, **A** *v. t.* abbandonare; lasciare; rinunciare a: **The sailors had to a. the sinking ship**, i marinai dovettero abbandonare la nave che affondava; **to a. all hope**, lasciare ogni speranza; **Don't a. the attempt!**, non rinunciare al tentativo! ● (*leg.*) **to a. prosecution**, desistere da un'azione. **B** to **abandon oneself (to)**, *v. rifl.* abbandonarsi (a); darsi (a): **When her son died, she abandoned herself to despair**, quando suo figlio morì, si abbandonò (*o* si diede) alla disperazione.

abandoned /əˈbændənd/, *a.* ***1*** abbandonato; desolato: **an a. village**, un villaggio desolato ***2*** sfrenato ***3*** (*raro*) licenzioso; dissoluto.

abandonee /əbændəˈniː/, *n.* (*ass., naut.*) cessionario dei diritti di proprietà (*sul relitto, ecc.; dopo un naufragio*); abbandonatario.

abandonment /əˈbændənmənt/, *n.* ***1*** (*anche leg.*) abbandono; rinuncia ***2*** (*ass., naut.*) abbandono: **notice of a.**, dichiarazione d'abbandono ***3*** abbandono; effusione; slancio. ● (*leg.*) **a. by husband** (*o* **by wife**), abbandono del tetto coniugale □ (*leg.*) **a. of action**, desistenza da un'azione □ (*leg.*) **a. of appeal**, rinuncia all'appello □ (*leg.*) **a. of contract**, recesso unilaterale dal contratto.

to **abase** /əˈbeɪs/, **A** *v. t.* ***1*** abbassare (*fig.*); umiliare: **God abases the proud**, Dio abbassa i superbi; **Whosoever exalteth himself shall be abased** (*Luca,* XIV, II), chi si esalta sarà umiliato ***2*** degradare. **B** to **abase oneself**, *v. rifl.* abbassarsi (*fig.*); umiliarsi; degradarsi: **He abased himself to the vilest practices**, si abbassò sino a usare i mezzi più abietti.

abasement /əˈbeɪsmənt/, *n.* ***1*** (= **self-a.**) umiliazione; mortificazione ***2*** degradazione.

to **abash** /əˈbæʃ/, *v. t.* confondere; sconcertare; turbare.

abashed /əˈbæʃt/, *a.* confuso; imbarazzato; sconcertato; turbato.

abashment /əˈbæʃmənt/, *n.* confusione; imbarazzo; turbamento.

to **abate** /əˈbeɪt/, **A** *v. t.* ***1*** abbassare; ribassare; diminuire; ridurre; calare: **to a. prices**, ribassare (*o* calare) i prezzi ***2*** alleviare; lenire; mitigare: **The pills will a. your pain**, le pillole ti allevieranno il dolore ***3*** por fine a, far cessare, eliminare, sopprimere: **Whe must a. air pollution**, dobbiamo eliminare l'inquinamento atmosferico ***4*** (*comm.*) defalcare; detrarre ***5*** (*fin.*) abbattere, ridurre (*un'imposta*) ***6*** (*leg.*) annullare; estinguere; eliminare ***7*** (*tecn.*) ribassare, sgrossare (*un pezzo, ecc.*). **B** *v. i.* ***1*** diminuire, ridursi, indebolirsi ***2*** (*del vento,* ecc.) calmarsi, placarsi: **suddendly the wind abated**, d'un tratto il vento si placò ***3*** (*delle acque di piena, ecc.*) abbassarsi; calare di livello ***4*** (*leg.: di un appello, ecc.*) perdere validità; diventare nullo ***5*** (*leg.: di un lascito, ecc.*) ridursi.

abatement /əˈbeɪtmənt/, *n.* ***1*** diminuzione, riduzione; calo, ribasso, riduzione (*di prezzi, ecc.*) ***2*** (*del vento, ecc.*) il calmarsi, il placarsi ***3*** (*delle acque, ecc.*) abbassamento ***4*** (*di un dolore, ecc.*) alleviamento; lenimento ***5*** eliminazione, soppressione: **a barrier for the a. of the noise of railway traffic**, una barriera per l'eliminazione del rumore del traffico ferroviario ***6*** (*comm.*) abbuono; defalco; detrazione ***7*** (*fin.*) abbattimento, riduzione (*di un'imposta, ecc.*) ***8*** (*leg.*) annullamento; estinzione; riduzione: **a. at law**, annullamento di una causa; **a. of a gift**, riduzione di una donazione ***9*** (*tecn.*) sgrosso. ● (*leg.*) **a. of a nuisance**, eliminazione unilaterale di una molestia □ (*fin.*) **a. of taxes**, sgravio fiscale.

abatis /ˈæbətɪs, ˈæbətiː/, *n.* (*pl.* **abatis, abatises**) (*mil.*) abbattuta.

abattoir /ˈæbətwɑː(r), *USA* æbəˈtwɑː(r)/ (*franc.*), *n.* macello; mattatoio.

abaxial /æbˈæksɪəl/, *a.* (*bot.*) abassiale.

abb /æb/, *n.* (*ind. tess.*) ***1*** filo della trama ***2*** (*USA*) (filo di) lana di qualità scadente.

abbacy /ˈæbəsɪ/, *n.* abbazia (*titolo e beneficio ecclesiastico*).

abbatial /əˈbeɪʃəl/, *a.* (*relig.*) abbaziale; badiale.

abbess /ˈæbɪs, -es/, *n.* (*relig.*) badessa.

abbey /ˈæbɪ/, *n.* ***1*** abbazia; badia ***2*** chiesa (*già parte di abbazia*).

abbot /ˈæbət/, *n.* (*relig.*) abate.

to **abbreviate** /əˈbriːvɪeɪt/, *v. t.* abbreviare; accorciare. ● **abbreviated address**, indirizzo telegrafico.

abbreviation /əbriːvɪˈeɪʃn/, *n.* abbreviazione.

abbreviator /əˈbriːvɪeɪtə(r)/, *n.* abbreviatore.

ABC /eɪbiːˈsiː/, *n.* ***1*** (*anche fig.*) abbiccì; (*fig.*) (i) rudimenti ***2*** orario ferroviario (*con le stazioni in ordine alfabetico*).

to **abdicate** /ˈæbdɪkeɪt/, **A** *v. t.* abdicare a; rinunciare a: **to a. the throne**, abdicare al trono. **B** *v. i.* abdicare.

abdication /æbdɪˈkeɪʃn/, *n.* abdicazione. ● (*stor., in G.B.*) l'abdicazione di Re Edoardo VIII (nel 1936).

abdomen /ˈæbdəmən/, *n.* (*anat.*) addome.

abdominal /æbˈdɒmɪnl/, *a.* addominale.

abdominous /æbˈdɒmɪnəs/, *a.* (*raro*) panciuto.

abducens /əbˈdjuːsəns, *USA* æbˈduːsenz/ (*lat.*), *n.* (*pl.* **abducentes**) (*anat.*) nervo abducente.

abducent /əbˈdjuːsnt, *USA* æbˈduː-/, *a.* (*fisiol.*) abducente.

to **abduct** /æbˈdʌkt/, *v. t.* ***1*** rapire (*donna, bimbo*) ***2*** (*fisiol.*) abdurre.

abduction /æbˈdʌkʃn/, *n.* ***1*** (*leg.*) ratto, rapimento (*in genere a scopo di violenza carnale*); sequestro (*di persona*) ***2*** (*fisiol.*) abduzione.

abductor /æbˈdʌktə(r)/, *n.* ***1*** rapitore; sequestratore (*di persona*) ***2*** (*anat.*) (muscolo) abduttore.

abeam /əˈbiːm/, *avv.* (*naut.*) al traverso: **We were a. of the warship**, eravamo al traverso della nave da guerra.

abecedarian /eɪbiːsiːˈdɛərɪən/, **A** *a.* ***1*** ordinato alfabeticamente ***2*** (*fig.*) elementare. **B** *n.* (*USA*) ***1*** scolaro che impara l'alfabeto ***2*** maestro elementare **3** (*fig.*) principiante.

abed /ə'bɛd/, *avv.* (*lett.*) a letto; sul letto.

Abel /'eɪbl/, *n.* Abele.

abele /ə'biːl/, *n.* (*bot.*, *Populus alba*) pioppo bianco; gattice.

abelmosk /'eɪbəlmɒsk/, *n.* (*bot.*, *Hibiscus abelmoschus*) abelmosco; ambretta.

aberdevine /æbədə'vaɪn/, *n.* (*zool.*, *Carduelis spinus*) lucherino.

Aberdonian /æbə'dəʊnɪən/, **A** *a.* di Aberdeen. **B** *n.* abitante (*o* nativo) di Aberdeen.

aberrance /æ'berəns/, **aberrancy** /æ'berənsɪ/, *n.* aberrazione; deviazione (*dalla normalità*).

aberrant /æ'berənt/, *a.* **1** (*zool.*, *bot.*) aberrante; atipico **2** aberrante, anormale.

aberration /æbə'reɪʃn/, *n.* **1** *V.* **aberrance 2** (*scient.*) aberrazione. ● (*biol.*) **chromosome a.**, aberrazione cromosomica □ (*astron.*) **diurnal a.**, aberrazione diurna □ (*psic.*) **mental a.**, aberrazione mentale □ (*fis.*) **optical a.**, aberrazione ottica.

to **abet** /ə'bɛt/, *v. t.* **1** appoggiare; spalleggiare (*specialm. in attività criminose o illecite*) **2** (*leg.*) istigare, rendersi complice di (*un delitto*).

abetment /ə'bɛtmənt/, *n.* (*leg.*) favoreggiamento; complicità.

abetter, **abettor** /ə'bɛtə(r)/, *n.* favoreggiatore; complice.

abetting /ə'bɛtɪŋ/, *n.* (*leg.*) istigazione; favoreggiamento.

abeyance /ə'beɪəns/, *n.* (*leg.*) **1** sospensiva (*di legge, regolamento*): **This law is in** (*o* **has fallen into**) **a.**, questa legge è in sospensiva **2** quiescenza **3** vacanza (*di eredità*). ● (*fig.*) **to be in a.**, essere messo da parte; essere lettera morta.

to **abhor** /əb'hɔː(r)/, *v. t.* aborrire; detestare; non poter soffrire (*fam.*).

abhorrence /əb'hɒrəns, *USA* -'hɔːr-/, *n.* aborrimento; avversione; ripugnanza. ● **to hold st. in a.**, avere q.c. in orrore.

abhorrent /əb'hɒrənt, *USA* -'hɔːr-/, *a.* **1** contrario (a); incompatibile (con); alieno (da): **Violence is a. to my principles**, la violenza è contraria ai miei principi **2** detestabile; disgustoso; odioso; ripugnante. ● **I am a. to compromises**, aborro i compromessi.

abidance /ə'baɪdns/, *n.* l'attenersi a (*una norma, ecc.*); osservanza, rispetto (*delle leggi, ecc.*).

to **abide** /ə'baɪd/ (*pass.* e *p. p.* **abode**), *v. t.* **1** – **to a. by**, tener fede a; mantenere; attenersi a; rispettare: **You must always a. by your promises**, devi sempre tener fede alla parola data; **A good citizen abides by the law**, il buon cittadino rispetta la legge **2** (*in frasi neg. e interr.*) soffrire, sopportare: **I cannot a. his rudeness**, non posso soffrire la sua scortesia **3** (*lett.*) aspettare; attendere **4** (*raro*) sostenere (*un attacco, ecc.*).

abiding /ə'baɪdɪŋ/, **A** *a.* (*lett.*) durevole; costante; duraturo; stabile. **B** *n.* dimora. ● **a. place**, luogo di dimora □ **law-a.**, rispettoso della legge.

Abigail /'æbɪgeɪl/, *n.* **1** Abigail, Abigaille **2** (*lett.*) domestica; ancella.

ability /ə'bɪlətɪ/, *n.* abilità; capacità; talento. ● **a. test**, test attitudinale □ (*fin.*) **a. theory**, teoria della capacità contributiva □ (*fin.*) **a. to pay**, capacità contributiva □ **I'll do it to the best of my a.**, ce la metterò tutta.

abiogenesis /eɪbaɪəʊ'dʒɛnəsɪs/, *n.* (*pl.* **abiogeneses**) (*biol.*) abiogenesi.

abiogenetic /eɪbaɪəʊdʒə'nɛtɪk/, *a.* (*biol.*) abiogenetico.

abiotic /eɪbaɪ'ɒtɪk/, *a.* (*biol.*) abiotico.

abject /'æbdʒɛkt, æb'dʒɛkt/, *a.* **1** abietto; spregevole **2** miserabile; vile. ● **to live in a. poverty**, vivere nella più nera miseria. ‖ **-ly**, *avv.* ‖ **-ness**, *sost.*

abjection /æb'dʒɛkʃn/, *n.* **1** (*raro*) abiezione **2** degradazione.

abjuration /æbdʒʊ'reɪʃn/, *n.* **1** abiura **2** ritrattazione.

to **abjure** /əb'dʒʊə(r), æb-/, *v. t.* **1** abiurare **2** ritrattare; ripudiare.

ablactation /æblæk'teɪʃn/, *n.* svezzamento, divezzamento.

to **ablate** /æb'leɪt/, *v. t.* **1** (*med.*) asportare **2** (*scient.*) asportare mediante ablazione.

ablation /æb'leɪʃn/, *n.* **1** (*scient.*) ablazione **2** (*med.*) asportazione. ● (*geol.*) **a. moraine**, morena d'ablazione.

ablative (**1**) /'æblətɪv/, *a.* e *n.* (*gramm.*) ablativo.

ablative (**2**) /æ'bleɪtɪv/, *a.* (*scient.*, *tecn.*) ablativo; d'ablazione: **a. material**, materiale ablativo; **a. shielding**, scudo d'ablazione; scudo termico.

ablator /æ'bleɪtə(r)/, *n.* **1** (*scient.*) ablatore **2** (*tecn.*) *V.* **ablative shielding**.

ablaut /'æblaʊt, *USA* 'ɑːb-, 'ɑːp-, 'æb-/ (*ted.*), *n.* (*ling.*) apofonia.

ablaze /ə'bleɪz/, *a. pred.* e *avv.* **1** in fiamme **2** (*fig.*) fiammeggiante; splendente: **The Christmas tree was a. with lights**, l'albero di Natale era splendente di luci **3** (*fig.*) acceso; infiammato: **His face was a. with enthusiasm**, il suo viso era acceso d'entusiasmo.

able /'eɪbl/, *a.* **1** capace; abile; bravo **2** atto; idoneo **3** esperto; competente. ● **to be a. to** (**do st.**), potere, sapere; esser capace di, essere in grado di, riuscire a (fare q.c.): **He is a. to meet his obligations**, è in grado di far fronte ai suoi impegni.

able-bodied /'eɪbl'bɒdɪd/, *a.* **1** robusto; sano; forte **2** (*mil.*) idoneo. ● **a.-bodied** (*abbr.* **A.B.**) **seaman**, marinaio scelto.

abloom /ə'bluːm/, *a. pred.* e *avv.* (*lett.*) fiorito; in fiore.

ablush /ə'blʌʃ/, *a. pred.* e *avv.* (*lett.*) soffuso di rossore.

ablution /ə'bluːʃn/, *n.* abluzione.

ably /'eɪblɪ/, *avv.* abilmente; con destrezza.

to **abnegate** /'æbnɪgeɪt/, *v. t.* (*raro*) **1** negarsi (q.c.); rinunciare a **2** abiurare; rinnegare.

abnegation /æbnɪ'geɪʃn/, *n.* **1** rinuncia **2** (= **self-a.**) abnegazione; spirito di sacrificio **3** abiura.

abnormal /æb'nɔːml/, *a.* **1** anormale **2** (*fig.*) eccessivo: **a. profits**, profitti eccessivi; ● (*psic.*) **a. behaviour**, comportamento anomalo.

abnormality /æbnɔː'mælətɪ/, *n.* anormalità; anomalia.

abnormally /æb'nɔːməlɪ/, *avv.* in modo anormale.

abnormity /æb'nɔːmətɪ/, (*raro*) *V.* **abnormality**.

abo /'æbəʊ/, *n.* (*spreg.*) aborigeno.

aboard /ə'bɔːd/, (*naut.*, *aeron.*) **A** *avv.* a bordo. **B** *prep.* a bordo di: **We went a. the «Queen Mary»**, salimmo a bordo della «Queen Mary». ● **all a.!**, (*naut.*) tutti a bordo!; (*ferr.*) in carrozza!, in vettura! □ **close a.**, vicino a; accostato: **The two ships were close a.**, le due navi erano accostate □ **to go a.**, imbarcarsi □ **to take a.**, prendere a bordo, imbarcare.

abode (**1**) /ə'bəʊd/, *n.* (*lett.*) **1** dimora: **to take up** (*o* **to make**) **one's a.**, prendere dimora (*o* domicilio) **2** soggiorno; residenza. ● (*leg.*) **with no fixed a.**, senza fissa dimora.

abode (**2**) /ə'bəʊd/, *pass.* e *p. p.* di **to abide**.

aboil /ə'bɔɪl/, **A** *avv.* in bollore. **B** *a. pred.* (*lett.*) bollente.

to **abolish** /ə'bɒlɪʃ/, *v. t.* abolire: **to a. a customs duty**, abolire un dazio doganale; **to a. privileges**, abolire i privilegi.

abolition /æbə'lɪʃn/, *n.* abolizione.

abolitionism /æbə'lɪʃənɪzəm/, *n.* abolizionismo.

abolitionist /æbə'lɪʃənɪst/, *n.* e *a.* abolizionista.

abomasum /æbəʊ'meɪsəm/ (*lat.*), *n.* (*pl.* **abomasa**) (*zool.*) abomaso.

abominable /ə'bɒmɪnəbl/, *a.* **1** abominevole; detestabile; odioso; obbrobrioso **2** (*fam.*) pessimo; orribile: **an a. dinner**, un pranzo pessimo; **a. taste**, pessimo gusto. ● **an a. performance**, un'esecuzione (*di musica, ecc.*) che grida vendetta □ **the A. Snowman**, l'abominevole uomo delle nevi □ **a. weather**, tempo orrendo; tempo da lupi. ‖ **-ably**, *avv.*

to **abominate** /ə'bɒmɪneɪt/, *v. t.* **1** abominare; aborrire **2** (*fam.*) detestare; non poter soffrire.

abomination /əbɒmɪ'neɪʃn/, *n.* **1** abominazione; aborrimento; abominio **2** (*fam.*) ripugnanza; disgusto. ● **an a. before God**, una cosa che grida vendetta al cospetto di Dio □ **to hold st. in a.**, aborrire q.c. □ (*fam.*) **This tea is an a.**, questo tè è uno schifo.

aboriginal /æbə'rɪdʒənl/, *a.* e *n.* aborigeno; indigeno; originario.

aborigine /æbə'rɪdʒənɪ/, *n.* aborigeno; indigeno.

abort /ə'bɔːt/, *n.* **1** (*arc.*) aborto **2** (*aeron.*, *miss.*) fallimento (*di un volo, di un lancio*); missione fallita, lancio fallito **3** (*miss.*) interruzione (di un lancio) **4** (*elab.*) arresto, interruzione dell'esecuzione (*di un programma*). ● (*miss.*) **a. zone**, zona di ricaduta per lanci falliti.

to **abort** /ə'bɔːt/, **A** *v. i.* **1** abortire (*anche fig.*) **2** (*biol.*) atrofizzarsi; arrestarsi nello sviluppo. **B** *v. t.* **1** fare abortire **2** (*aeron.*, *miss.* e *fig.*) bloccare, interrompere (*un volo, una missione, un lancio, anche pubblicitario, ecc.*) **3** (*elab.*) sospendere l'esecuzione di (*un programma*). ● **aborted firing**, (*miss.*) lancio interrotto; (*mil.*) contrordine di cessare il fuoco.

abortifacient /əbɔːtɪ'feɪʃnt/, *a.* e *n.* (*med.*) abortivo.

abortion /ə'bɔːʃn/, *n.* **1** aborto (*anche fig.*) **2** (*biol.*) atrofizzazione **3** (*elab.*) interruzione dell'esecuzione (*di un programma*); «aborto». ● (*med.*) **induced a.**, aborto procurato.

abortionist /ə'bɔːʃənɪst/, *n.* **1** chi procura aborti **2** abortista.

abortive /ə'bɔːtɪv/, *a.* **1** (*med.*) abortivo **2** (*biol.*) abortivo; rudimentale; mal formato **3** (*fig.*) abortito; fallito; vano. ‖ **-ly**, *avv.*

abortiveness /ə'bɔːtɪvnəs/, *n.* mancata riuscita; insuccesso.

abortuary /ə'bɔːtjʊərɪ, *USA* -tʃʊerɪ/, *n.* (*spreg. USA*) clinica in cui si fanno aborti.

aboulia /ə'buːlɪə/, *n.* (*med.*) abulia.

aboulic /ə'buːlɪk/, *a.* (*med.*) abulico.

to **abound** /ə'baʊnd/, *v. i.* **1** abbondare; essere in abbondanza: **Fish no longer a. in the Adriatic**, non c'è più abbondanza di pesci nell'Adriatico **2** – **to a. in**, avere in abbondanza; essere ricco di. ● **He abounds in courage**, ha coraggio da vendere.

abounding /ə'baʊndɪŋ/, *a.* che abbonda (*in q.c.*); ricco (*di q.c.*): **a. in fish**, ricco di pesce.

about (**1**) /ə'baʊt/, *avv.* **1** intorno; attorno; qua e là; in giro: **It must be somewhere a.**, deve essere qui intorno, da qualche parte; **Don't leave your things lying a.**, non lasciare le tue cose in giro **2** dietro front: **He faced a.**, fece dietro front **3** quasi; circa; pressappoco: **She's just a. ready**, è quasi pronta; **It's a. two o'clock**, sono le due circa; **Give me a. twenty**, dammene una ventina **4** (*nei verbi frasali, è idiom.*; *per es.*:) **to bring a.**, causare; determinare; provocare; essere la causa di (*V. sotto* **to bring**). ● **to be a.**, essere in giro; circolare: **There are a lot of beggars a. in London just now**, ci sono molti mendicanti in giro per Londra ora; **There's plenty of drug a. at this moment**, circola molta droga ora □ (*specialm. USA*) **a.-face**, *V.* **a.-turn** □ **a.-turn**, dietro front, inversione di marcia, voltafaccia (*anche fig.*); (*naut.*) inversione di rotta □ (*mil.*) **A. turn!** Dietro front! □ **to be a. to**, stare per; essere sul punto di: **He is a. to leave**, sta per partire □ (*demogr.*) **a. to be born**, nascituro.

about (**2**) /ə'baʊt/, *prep.* **1** circa; intorno a; di: **What can you tell me a. him?**, che cosa sai dirmi di lui? **2** per; intorno: **They were tired of walking a. the streets**, erano stanchi di camminare per le strade **3** addosso; con sé;

in: **I haven't any money a. me**, non ho denaro con me; **There is something strange a. him**, c'è qualcosa di strano in lui. ● **to be a. st.**, stare facendo q.c.; essere intento a q.c.; essere occupato in q.c.: **What the hell are the sentries a.?**, che diamine stanno facendo (*o* combinando) le sentinelle?; **While you are a. it, give me another drink**, dammi un altro drink, già che ci sei; **John is a. his business**, John è occupato nei (*o* tutto preso dai) suoi affari □ (*fam.*) **Go a. your business**, va per i fatti tuoi □ **What** (*o* **how**) **a. going to the theatre?**, che ne diresti di andare a teatro? □ **What a. him?**, e lui? (*che ne è?*; *che ne facciamo?*; *che ha detto, fatto, ecc.?*) □ (*fam.*) **He knows what he's a.**, sa il fatto suo □ **What a. it?**, e allora? □ **What is it all a.?**, di che si tratta?

to **about** /ə'baʊt/, *v. t.* (*naut.*) far virare di bordo.

to **about-face** /ə'baʊt'feɪs, ə'baʊtfeɪs/, *v. i.* (*specialm. USA*) *V.* **to about-turn**.

about gone /ə'baʊt'gɒn, *USA* -ɔːn/, *a.* (*pop. USA*) ubriaco; sbronzo.

to **about-turn** /ə'baʊt'tɜːn/, *v. i.* ***1*** fare dietro front ***2*** invertire la marcia (*o* la rotta) ***3*** (*fig.*) fare un voltafaccia; fare dietro front.

above (**1**) /ə'bʌv/, *avv.* e *a.* ***1*** sopra, di sopra; lassù (*in cielo*): **The stairway leads a.**, la scala porta di sopra; **See the notes a.**, vedi le note sopra ***2*** precedente; surriferito; surriportato: **Refer to the a. clause**, si faccia riferimento alla clausola sopra riportata ***3*** oltre: **It is 30 degrees and a.**, fa 30 gradi e oltre ***4*** (*della temperatura*) sopra lo zero: **ten degrees a.**, dieci gradi sopra lo zero. ● **a.-cited**, succitato □ **a.-mentioned**, summenzionato; suddetto □ **a.-named**, sunnominato □ **instructions from a.**, istruzioni dall'alto □ (*relig.*) **the things a.**, le cose ultraterrene; il Cielo.

above (**2**) /ə'bʌv/, *prep.* ***1*** sopra; al di sopra di; più in alto di: **The plane was flying a. the clouds**, l'aereo volava sopra le nubi; **All children a. six must go to school**, tutti i bambini sopra i sei anni devono andare a scuola ***2*** oltre; a monte di: **We cast anchor two miles a. the village**, ci ancorammo due miglia a monte del villaggio ***3*** oltre; più di: **There were a. a hundred soldiers**, c'erano più di cento soldati ***4*** (*fig.*) al di sopra di: **His conduct is a. suspicion**, la sua condotta è al di sopra di ogni sospetto ***5*** (*fig.*) al di là di: **This problem is a. my understanding**, questo problema è al di là della mia comprensione (è troppo difficile per me). ● **a. all**, più di tutto; soprattutto □ (*econ.*) **a.-average income**, reddito sopra la media □ (*fam.*) **a.-ground**, vivo (*non sottoterra*) □ (*fin.*) **a.-the-line**, corrente, ordinario: **a.-the--line payments and receipts**, entrate e spese ordinarie (*voci del bilancio dello stato*) □ (*fin.*) **a.-the-line surplus**, residuo attivo delle partite correnti □ (*fin.*) **a. par**, sopra la pari □ (*fin.*) **to be a. par**, fare aggio □ **a. sea level**, sul livello del mare □ (*della temperatura*) **a. zero**, sopra lo zero □ **to get a. oneself**, montarsi la testa □ **to keep one's head a. water**, stare a galla (*anche fig.*) □ **to swim with one's head a. water**, nuotare con la testa a fior d'acqua □ **A general is a. a colonel**, «generale» viene prima di (è un grado superiore a) «colonnello» □ **He's far a. his classmates**, è di gran lunga superiore ai suoi compagni di classe □ **Unfortunately, he isn't a. taking bribes**, purtroppo, non sa rifiutare le tangenti (non è incorruttibile).

above (**3**) /ə'bʌv/, *pron.* (il) suddetto, (il) sunnominato; quanto sopra: **in addition to the a.**, oltre a quanto (*detto, scritto, ecc.*) sopra.

aboveboard /ə'bʌvbɔːd/, **A** *a. pred.* leale; aperto; chiaro; onesto: **If this business is not a., I will have nothing to do with it**, se questo affare non è chiaro, non ci voglio avere nulla a che fare. **B** *avv.* lealmente; apertamente; chiaramente; onestamente. ● **It's all a.**, è tutto in regola.

abovestairs /ə'bʌvsteəz/, **A** *avv.* al piano di sopra. **B** *n. pl.* (*col verbo al sing.*) il piano superiore.

abracadabra /æbrəkə'dæbrə/, *n.* (*relig.* e *fig.*) abracadabra.

to **abrade** /ə'breɪd/, **A** *v. t.* ***1*** escoriare, escoriarsi, scorticarsi (*la pelle*) ***2*** (*geol.*) abradere (*rocce, ecc.*) ***3*** (*tecn.*) abradere (*con la mola, ecc.*) ***4*** (*fig.*) irritare. **B** *v. i.* ***1*** (*della pelle*) escoriarsi ***2*** (*tecn.*) abradersi: **This material abrades well**, questo materiale si abrade bene.

Abraham /'eɪbrəhæm/, *n.* (*relig.*) Abramo. ● **in A.'s bosom**, nel seno d'Abramo; (*fig.*) in uno stato di beatitudine celestiale □ **to sham A.**, fingersi malato.

abranchial /ə'bræŋkɪəl/, *a.* (*zool.*) abranchiato.

abranchiate /ə'bræŋkɪət/, *a. V.* **abranchial**.

abrasion /ə'breɪʒn/, *n.* ***1*** (*med.*) abrasione, escoriazione, scorticatura (*della pelle, ecc.*) ***2*** (*geol.*) abrasione ***3*** (*tecn.*) abrasione: **a. resistance**, resistenza all'abrasione ***4*** (*stor.*) abrasione (*di monete metalliche*).

abrasive /ə'breɪsɪv/, **A** *a.* ***1*** abrasivo: **a. belt**, nastro abrasivo; **a. cloth**, carta abrasiva ***2*** (*fig.*) irritante: **a. remarks**, osservazioni irritanti. **B** *n.* (*tecn.*) abrasivo. ● **a. blasting**, sabbiatura □ **a. milling**, lavorazione per abrasione.

abrasiveness /ə'breɪsɪvnəs/, *n.* (*tecn.*) abrasività.

abreaction /æbrɪ'ækʃn/, *n.* (*psic.*) abreazione.

abreast /ə'brest/, *avv.* ***1*** affiancati per due (*o* tre, ecc.); fianco a fianco: **The soldiers advanced four a.**, i soldati venivano avanti affiancati per quattro ***2*** (*aeron., naut.*) al traverso; di fronte. ● **a. of** (*o* **a. with**), all'altezza di (*anche naut.*); di pari passo con □ **to come a. of a car**, affiancarsi a un'automobile □ (*fig.*) **to keep a. of st.**, tenersi aggiornato su (*o* informato) di q.c. □ **to keep a. of the times**, andare al passo coi tempi □ **to keep pay a. with the cost of life**, mantenere la retribuzione al livello del costo della vita.

to **abridge** /ə'brɪdʒ/, *v. t.* ***1*** compendiare; riassumere; ridurre: **abridged edition**, edizione ridotta ***2*** abbreviare; accorciare ***3*** (*leg.*) ridurre; limitare: **The rights of citizens are abridged in time of war**, i diritti dei cittadini vengono limitati in tempo di guerra.

abridg(e)ment /ə'brɪdʒmənt/, *n.* ***1*** abbreviazione; compendio; riassunto ***2*** (*leg.*) riduzione, limitazione (*di diritti, ecc.*).

abroach /ə'brəʊtʃ/, *a. pred.* (*di botte, barile*) forato (*per spillare il liquido*). ● **to set a cask a.**, spillare una botte.

abroad /ə'brɔːd/, *avv.* ***1*** all'estero: **Our firm is well known a.**, la nostra ditta è assai conosciuta all'estero ***2*** (*specialm. USA*) fuori; all'aperto; in giro: **There are few people a. today**, oggi c'è poca gente in giro ***3*** (*sport*) fuori casa; in trasferta: **a game a.**, una partita fuori casa. ● **to be a.**, essere fuori, all'estero; (*fig. arc.*) essere in errore, fuori strada; (*di notizia, diceria*) circolare, correre.

to **abrogate** /'æbrəgeɪt/, *v. t.* ***1*** (*raro*) abrogare ***2*** (*leg.*) annullare (*in genere*).

abrogation /æbrə'geɪʃn/, *n.* ***1*** (*raro*) abrogazione ***2*** (*leg.*) annullamento (*in genere*).

abrupt /ə'brʌpt/, *a.* ***1*** improvviso; repentino: **a. death**, morte repentina ***2*** brusco; rude; sbrigativo ***3*** erto; ripido; scosceso ***4*** slegato; sconnesso: **an a. style**, uno stile sconnesso ***5*** (*d'albero, ecc.*) tronco; mozzo. ● (*di un veicolo*) **to come to an a. stop**, fermarsi all'improvviso.

abruptly /ə'brʌptlɪ/, *avv.* ***1*** improvvisamente ***2*** bruscamente ***3*** a picco; ripidamente.

abruptness /ə'brʌptnəs/, *n.* ***1*** precipitazione ***2*** rudezza (*di modi, ecc.*) ***3*** ripidezza (*di un monte, ecc.*) ***4*** sconnessione, discontinuità (*di stile, ecc.*).

Absalom /'æbsələm/, *n.* (*Bibbia*) Assalonne.

abscess /'æbses/, *n.* (*med.*) ascesso.

abscissa /æb'sɪsə/, *n.* (*pl.* **abscissae**, **abscissas**) (*geom.*) ascissa.

abscission /æb'sɪʒn, -ʃn/, *n.* ***1*** (*med.*) escissione ***2*** (*bot.*) abscissione; distacco.

to **abscond** /əb'skɒnd, æb-/, *v. i.* ***1*** (*leg.*) rendersi irreperibile; darsi alla latitanza; farsi uccel di bosco (*fam.*) ***2*** fuggire; scappare: **He absconded with the money**, scappò con il denaro. ● (*leg.*) **to a. from justice**, darsi alla latitanza; rendersi irreperibile.

absconder /əb'skɒndə(r), æb-/, *n.* (*leg.*) latitante.

absconding /əb'skɒndɪŋ, æb-/, **A** *a.* (*leg.*) latitante. **B** *n.* (*leg.*) latitanza. ● **a. debtor**, debitore irreperibile.

absence /'æbsəns/, *n.* ***1*** assenza; mancanza: **in the a. of evidence**, in mancanza di prove ***2*** (*leg.*, = **a. to appear**) mancata comparizione in giudizio; contumacia. ● (*comm.*) **a. of consideration**, mancanza di copertura □ **a. of mind**, distrazione; l'essere con la mente altrove □ (*leg.*) **a. to avoid arrest**, latitanza □ **leave of a.**, licenza; congedo.

absent /'æbsənt/, *a.* ***1*** assente ***2*** (*leg.*) contumace. ● **a.-minded**, distratto □ **a.-mindedly**, distrattamente; con la mente altrove □ **a.--mindedness**, distrazione □ **a. without leave**, assente ingiustificato □ **in an a. way**, in modo distratto, assorto, svagato.

to **absent oneself** /æb'sentwʌn'self/, *v. rifl.* assentarsi.

absentee /æbsən'tiː/, *n.* assente. ● (*econ.*) **a. landlord**, proprietario assenteista (*che non risiede nelle sue terre e non se ne occupa*).

absenteeism /æbsən'tiːɪzəm/, *n.* assenteismo.

absently /'æbsəntlɪ/, *avv.* distrattamente.

absinth(e) /'æbsɪnθ/, *n.* assenzio.

absolute /'æbsəluːt/, *a.* ***1*** assoluto; completo; totale: **a. dark**, buio completo ***2*** puro: **a. alcohol**, alcol puro ***3*** certo; reale; indiscusso: **It is an a. fact that the moon goes round the earth**, è un fatto indiscusso che la luna gira intorno alla terra ***4*** incondizionato: **An a. promise is sacred**, le promesse incondizionate sono sacre ***5*** (*leg.*) assoluto; incondizionato; illimitato. ● (*filos.*) **the a.**, l'assoluto □ (*elab.*) **a. address**, indirizzo assoluto □ (*leg.*) **a. assignment**, cessione incondizionata □ (*elab.*) **a. code**, codice assoluto □ (*leg.*) **a. discharge**, rilascio incondizionato □ (*leg.*) **a. duty**, obbligo inderogabile □ (*leg.*) **a. gift**, donazione irrevocabile □ (*diritto canonico*; *in Italia, ecc.*) **a. impediment**, impedimento dirimente □ (*leg.*) **a. liability**, responsabilità assoluta (*od* oggettiva) □ **a. monarchy**, monarchia assoluta □ (*econ.*) **a. monopoly**, monopolio perfetto □ (*leg.*) **a. owner**, proprietario assoluto □ (*fis.*) **a. pitch**, orecchio assoluto □ (*polit.*) **a. privilege**, immunità parlamentare □ (*elab.*) **a. programming**, programmazione in linguaggio macchina □ (*leg.*) **a. right**, diritto incontestabile □ (*leg.*) **a. title**, titolo (*o* diritto) di proprietà assoluta (*in G.B., solo per immobili registrati*) □ (*mat., stat.*) **a. value**, valore assoluto □ **He is an a. fool**, è un perfetto stupido □ **It's an a. mess!**, è un pasticcio enorme! □ **This is the a. limit!**, questo è il colmo!

absolutely /'æbsəluːtlɪ/, *avv.* ***1*** assolutamente; completamente; del tutto ***2*** (*fam.*) certamente!; sicuro!; senz'altro! ***3*** (*gramm.*) in senso assoluto. ● **to be a. right**, avere perfettamente ragione.

absoluteness /'æbsəluːtnəs/, *n.* assolutezza.

absolution /æbsə'luːʃn/, *n.* (*leg., relig.*) assoluzione.

absolutism /'æbsəluːtɪzəm/, *n.* assolutismo; dispotismo.

absolutist /'æbsəluːtɪst/, **A** *n.* assolutista. **B** *a.* assolutistico.

absolutory /æb'sɒljʊtrɪ, *USA* -ɔːrɪ/, *a.* assolutorio.

absolvable /əb'zɒlvəbl/, *a.* assolvibile.

to **absolve** /əb'zɒlv/, *v. t.* ***1*** (*leg., relig.*) assolvere ***2*** sciogliere (*da una promessa*); liberare (*da un obbligo*).

to **absorb** /əb'sɔːb/, *v. t.* **1** assorbire; assimilare **2** (*econ.*) assorbire (*la produzione, ecc.*).

absorbability /əbsɔːbə'bɪlətɪ/, *n.* capacità di essere assorbito.

absorbable /əb'sɔːbəbl/, *a.* assorbibile; che può essere assorbito.

absorbance /əb'sɔːbəns/, *n.* (*chim., fis.*) assorbanza.

absorbed /əb'sɔːbd/, *a.* **1** assorbito **2** (*fig.*) assorto; immerso: **He was a. in the study of Latin**, era immerso nello studio del latino.

absorbedly /əb'sɔːbɪdlɪ/, *avv.* in modo assorto.

absorbency /əb'sɔːbənsɪ/, *n.* assorbenza.

absorbent /əb'sɔːbənt/, *a.* e *n.* assorbente. ● (*USA*) **a. cotton**, cotone idrofilo.

absorber /əb'sɔːbə(r)/, *n.* **1** (*chim., fis., elettron.*) assorbitore **2** (*ind. chim.*) colonna (*o* torre) di assorbimento. ● (*autom.*) **shock-a.**, ammortizzatore.

absorbing /əb'sɔːbɪŋ/, *a.* **1** assorbente **2** avvincente; molto interessante: **an a. subject**, un argomento molto interessante. ● (*edil.*) **a. well**, pozzo perdente.

absorbingly /əb'sɔːbɪŋglɪ/, *avv.* in modo avvincente. ● **a. interesting**, sommamente interessante.

absorption /əb'sɔːpʃn/, *n.* **1** (*anche chim., fis.*) assorbimento; assimilazione; incorporazione **2** profondo interesse; impegno: **A. in one's work is very important for success**, per avere successo, è assai importante l'impegno nel proprio lavoro **3** (*econ.*) assorbimento: **a. cost**, costo d'assorbimento (*o* globale).

absorptive /əb'sɔːptɪv/, *a.* assorbente.

to **abstain** /əb'steɪn, æb-/, *v. i.* astenersi (*da q.c.*).

abstainer /əb'steɪnə(r), æb-/, *n.* **1** chi si astiene **2** astemio. ● **total a.**, persona che si astiene da ogni sorta di bevande alcoliche.

abstemious /æb'stiːmɪəs/, *a.* frugale; sobrio; temperante. || **-ly**, *avv.* || **-ness**, *sost.*

abstention /əb'stenʃn, æb-/, *n.* astensione (*specialm. dal voto*).

to **absterge** /əb'stɜːdʒ/, *v. t.* (*arc.*) astergere; detergere.

abstergent /əb'stɜːdʒənt/, *a.* e *n.* astergente; detergente.

abstersion /əb'stɜːʃn/, *n.* (*arc.*) astersione; detersione.

abstinence /'æbstɪnəns/, **abstinency** /'æbstɪnənsɪ/, *n.* astinenza; continenza: **total a.**, astinenza completa (*dalle bevande alcoliche*).

abstinent /'æbstɪnənt/, *a.* astinente nel mangiare (*o* nel bere); frugale; sobrio.

abstract (**1**) /'æbstrækt, *USA* æb's-/, *a.* astratto: **an a. noun**, un nome astratto; **a. painters**, pittori astratti. ● (*ass.*) **a. loss**, perdita derivante da un danno non materiale □ **in the a.**, in astratto.

abstract (**2**) /'æbstrækt/, *n.* **1** riassunto; sommario **2** (*leg.*) estratto: **a. of record**, estratto di verbale; **a. of title**, estratto di un certificato di proprietà. ● (*banca*) **a. of account**, estratto (di) conto.

to **abstract** /æb'strækt, 'æbs-/, *v. t.* **1** (*chim.*) estrarre; ricavare **2** (*leg.*) sottrarre: **The dishonest clerk abstracted money from the safe**, l'impiegato disonesto sottrasse del denaro dalla cassaforte **3** astrarre; fare astrazione da **4** (*tecn.*) rimuovere; separare **5** riassumere; compendiare.

abstracted /æb'stræktɪd/, *a.* **1** distratto; preoccupato **2** (*chim.*) estratto; ricavato **3** (*tecn.*) rimosso; separato **4** (*arc.*) astratto.

abstractedly /æb'stræktɪdlɪ/, *avv.* **1** astrattamente **2** distrattamente.

abstractedness /æb'stræktɪdnəs/, *n.* **1** astrattezza **2** distrazione.

abstraction /æb'strækʃn/, *n.* **1** (*chim.*) estrazione **2** (*leg.*) sottrazione (*di denaro*) **3** (*arte, filos.*) astrazione **4** distrazione **5** (*tecn.*) rimozione; separazione **6** (*idrologia*) richiamo. ● (*leg.*) **a. of books**, sottrazione dei libri contabili.

abstractionism /æb'strækʃənɪzəm/, *n.* (*arte*) astrattismo.

abstractionist /æb'strækʃənɪst/, *n.* e *a.* (*arte*) astrattista.

abstruse /əb'struːs/, *a.* **1** astruso; difficile **2** (*arc.*) recondito. || **-ly**, *avv.* || **-ness**, *sost.*

absurd /əb'sɜːd, -b'z-/, *a.* **1** assurdo; illogico **2** sciocco **3** ridicolo. || **-ly**, *avv.* || **-ness**, *sost.*

absurdity /əb'sɜːdətɪ, -b'z-/, *n.* assurdità.

abulia /ə'buːlɪə, ə'bj-/, *n.* (*med.*) abulia.

abulic /ə'buːlɪk, ə'bj-/, *a.* (*med.*) abulico.

abundance /ə'bʌndəns/, *n.* abbondanza.

abundant /ə'bʌndənt/, *a.* abbondante. ● **a. in st.**, ricco di q.c.

abuse /ə'bjuːs/, *n.* **1** abuso; cattivo uso **2** ingiurie; insulti **3** (*leg.*) abuso **4** (*leg.*) violenza; maltrattamenti (*a minori, ecc.*). ● (*leg.*) **a. of blank cheque**, abuso d'assegno in bianco □ (*leg.*) **a. of confidence**, abuso di fiducia □ **a. of power**, abuso di potere □ (*leg.*) **a. of process**, malafede processuale.

to **abuse** /ə'bjuːz/, **A** *v. t.* **1** abusare di; fare cattivo uso di: **Don't a. his kindness**, non abusare della sua gentilezza **2** ingiuriare; insultare **3** maltrattare; trattar male: **A good rider never abuses his horse**, un buon cavaliere non tratta mai male il suo cavallo. **B** to **abuse oneself**, *v. rifl.* (*eufem.*) masturbarsi. ● (*leg.*) **to a. one's office**, prevaricare □ **to a. ones's power**, abusare della propria autorità.

abusive /ə'bjuːsɪv/, *a.* **1** offensivo; ingiurioso **2** scurrile **3** (*leg.*) abusivo; scorretto: **a. commercial practices**, pratiche commerciali scorrette. ● **an a. spectator**, uno spettatore che lancia insulti. || **-ly**, *avv.*

abusiveness /ə'bjuːsɪvnəs/, *n.* **1** illegalità **2** ingiuriosità (*raro*); insolenza **3** abusivismo.

to **abut** /ə'bʌt/, *v. i.* **1** fare capo (*a*); confinare (*con*); essere a ridosso (*di*): **The church abutted on the Town Hall**, la chiesa era a ridosso del municipio **2** (*archit.*) appoggiarsi, poggiare (*su*).

abutment /ə'bʌtmənt/, *n.* **1** (*archit.*) spalla; piedritto **2** (*archit.*) appoggio **3** (*mecc.*) attestatura. ● (*edil.*) **a. stone**, copriferro.

abuttal /ə'bʌtl/, *V.* **abutment**, *def. 1* e *2*.

abutter /ə'bʌtə(r)/, *n.* (*leg.*) proprietario di terreno limitrofo; confinante.

abutting /ə'bʌtɪŋ/, *a.* confinante; contiguo; adiacente. ● (*leg.*) **a. owner**, *V.* **abutter**.

abysm /ə'bɪzəm/, *n.* (*poet.*) abisso.

abysmal /ə'bɪzml/, *a.* **1** abissale (*anche fig.*) **2** (*fam.*: *di cibo, ecc.*) pessimo. ● **a. ignorance**, ignoranza crassa.

abyss /ə'bɪs/, *n.* **1** abisso **2** (*cosmologia*) caos originario.

abyssal /ə'bɪsl/, *a.* (*anche scient.*) abissale.

Abyssinia /æbɪ'sɪnɪə/, *n.* (*geogr.*) Abissinia.

Abyssinian /æbɪ'sɪnɪən/, *n.* e *a.* abissino.

acacia /ə'keɪʃə/, *n.* (*bot., Acacia*) acacia (*il genere*). ● (*bot.*) **false a.** (*Robinia pseudo-acacia*), robinia.

academese /əkædə'miːz/, *n.* gergo accademico.

academic /ækə'demɪk/, *a.* e *n.* accademico (*anche fig.*); universitario: **a. year**, anno accademico; **an a. question**, una questione accademica.

academical /ækə'demɪkl/, *a.* accademico.

academicals /ækə'demɪklz/, *n. pl.* toga e tocco accademici.

academician /əkædə'mɪʃn, *USA* ækədə-'mɪʃn/, *n.* accademico (*membro di un'accademia*).

academicism /ækə'demɪsɪzəm/, **academism** /ə'kædəmɪzəm/, *n.* accademismo.

academy /ə'kædəmɪ/, *n.* **1** accademia **2** scuola privata (*a carattere aristocratico*). ● **a. of music**, conservatorio □ **military a.**, accademia militare.

Acadia /ə'keɪdɪə/, *n.* (*geogr., stor.*) Acadia (*un tempo, regione corrispondente a New Brunswick e Nuova Scozia*).

Acadian /ə'keɪdɪən/, *n.* e *a.* **1** (*un tempo*) (abitante) dell'Acadia (*q.V.*) **2** (*geol.*) acadiano.

acajou /'ækəʒuː, -dʒuː/, *n.* (*bot., Anacardium occidentale*) acagiù.

acanthus /ə'kænθəs/, *n.* (*pl.* **acanthuses, acanthi**) **1** (*bot., Acanthus*) acanto; acanto spinoso **2** (*archit.*) acanto.

acarids /'ækərɪdz/, *n. pl.* (*zool., Acaridae*) acaridi.

acarpous /eɪ'kɑːpəs/, *a.* (*bot.*) acarpo.

acarus /'ækərəs/, *n.* (*pl.* **acari**) (*zool., Acarus*) acaro.

acaudal /eɪ'kɔːdl/, *a.* (*zool.*) acaudato.

acaulous /æ'kɔːləs/, *a.* (*bot.*) acaule.

to **accede** /ək'siːd, æk-/, *v. i.* **1** accedere (a); acconsentire (a): **to a. to a proposal**, accedere a una proposta **2** assumere (*una carica*); salire (*al trono*) **3** (*leg.*) entrare in possesso: **to a. to an estate**, entrare in possesso di un bene immobile **4** aderire (a): **to a. to a political party**, aderire a un partito politico.

acceding /ək'siːdɪŋ, æk-/, *a.* aspirante; candidato. ● **the a. countries**, i paesi candidati (*a un'organizzazione internazionale*).

to **accelerate** /ək'seləreɪt/, *v. t.* e *i.* accelerare. ● (*econ.*) **accelerated depreciation**, deprezzamento accelerato □ (*autom.*) **accelerating power**, capacità d'accelerazione; sprint.

acceleration /əkselə'reɪʃn/, *n.* accelerazione. ● (*econ.*) **a. premium**, premio di produttività.

accelerative /ək'selərətɪv, *USA* -eɪtɪv/, *a.* accelerativo.

accelerator /ək'seləreɪtə(r)/, *n.* (*econ., chim., fis. nucl., mecc.*) acceleratore. ● (*autom.*) **a. pedal**, pedale dell'acceleratore.

accent /'æksənt, -sənt/, *n.* **1** accento; tono: **He speaks English with an Italian a.**, parla inglese con accento italiano **2** (*fig.*) rilievo; risalto; enfasi. ● (*fig.*) **to place the a. on**, mettere in evidenza; sottolineare.

to **accent** /æk'sent, 'æksent/, *v. t.* **1** accentare; mettere l'accento su **2** (*fig.*) accentuare; mettere in evidenza; dare risalto a; sottolineare.

accentual /æk'sentʃʊəl/, *a.* **1** accentuativo: **Italian poetry is a.**, la poesia italiana è accentuativa **2** accentuale (*raro*).

to **accentuate** /æk'sentʃʊeɪt/, *v. t.* **1** accentuare; dare risalto a; sottolineare **2** accentuare; dire (*o* pronunciare) con enfasi.

accentuation /æksentʃʊ'eɪʃn/, *n.* accentuazione; (*fig.*) enfasi.

to **accept** /ək'sept/, *v. t.* **1** accettare; accogliere: **I accepted his invitation**, accettai il suo invito; (*comm.*) **to a. a bill**, accettare una cambiale **2** accettare; tenere per buono (*o* per vero): **I cannot a. such a poor excuse**, non posso tenere per buona una scusa così misera **3** (*leg.*) accettare. ● **to a. a bill for discount**, ammettere una cambiale allo sconto □ **to a. oneself for what one is**, accettarsi per quello che si è □ **an accepted truth**, una verità universalmente riconosciuta.

acceptability /əkseptə'bɪlətɪ/, *n.* accettabilità.

acceptable /ək'septəbl/, *a.* **1** accettabile **2** soddisfacente **3** bene accetto; gradito; gradevole. || **-ness**, *sost.* || **-ably**, *avv.*

acceptance /ək'septəns/, *n.* **1** (*anche comm.*) accettazione; accoglienza: **in case of non-a.**, in caso di mancata accettazione **2** buona disposizione (*ad accettare*); benevolenza **3** approvazione. ● (*comm.*) **a. bill**, cambiale accettata (*o* accettazione) □ **a. for honour** (*o* **supra protest**), accettazione per intervento □ (*fin.*) **a. house**, istituto d'accettazione bancaria (*in G.B.*) □ (*fin.*) **a. market**, mercato delle accettazioni □ (*stat.*) **a. region**, regione di accettazione.

acceptation /æksep'teɪʃn/, *n.* **1** accezione; significato **2** (*arc.*) accoglienza favorevole.

accepting /ək'septɪŋ/, *a.* (*comm.*) accettante. ● **a. house**, *V.* **acceptance house**.

acceptor /ək'septə(r)/, *n.* **1** (*comm.*) accettante **2** (*chim., fis.*) accettore.

access /'ækses/, *n.* **1** accesso; adito: **difficult of a.**, di difficile accesso; **I have a. to the library at any time**, ho accesso alla biblioteca in ogni momento **2** (*arc.*) accesso; attacco:

an a. **of fever**, un attacco di febbre; **in an a. of anger**, in un accesso di rabbia *3* (*leg.*) accesso; passaggio *4* (*elab.*) accesso. ● (*elab.*) **a. mode**, modalità d'accesso □ (*TV*) **a. program**, programma dell'accesso □ (*autom.*) **a. road**, raccordo autostradale □ (*autom.*) **a. sign**, segnale di entrata □ **a. time**, tempo d'accesso (*di un calcolatore*) □ **No a. southwards** (*cartello*), manca l'accesso alla corsia sud (*di un'autostrada*).

to **access** /'æksɛs/, *v. t.* (*elab.*) aver accesso a (*dati, file, ecc.*).

accessary /ək'sɛsərɪ/, *n.* (*leg.*) *V.* **accessory**.

accessibility /əksɛsə'bɪlətɪ/, *n.* *1* (*di un luogo*) accessibilità *2* (*di una persona*) disponibilità.

accessible /ək'sɛsəbl/, *a.* *1* accessibile; raggiungibile *2* (*di una persona*) disponibile; avvicinabile *3* aperto (a); capace (di): **He is not a. to pity**, non è capace di pietà.

accession /æk'sɛʃn/, *n.* *1* entrata (*in carica*); ascesa (*al trono*) *2* (*anche leg.*) accessione *3* assenso; adesione (*a un partito, ecc.*). ● **A. Day**, anniversario dell'ascesa al trono di Elisabetta II (*6 febbraio 1952*) □ **a. number of a book**, numero di collocazione di un volume (*in una biblioteca*) □ (*demogr.*) **a. to the labour force**, inizio della vita lavorativa □ (*leg.*) **a. to an office**, assunzione di una carica pubblica.

accessorial /æksə'sɒrɪəl, -ɔːr-/, *a.* *1* accessorio *2* (*leg.*) di complicità: **a. crime**, reato di complicità.

to **accessorize** /ək'sɛsəraɪz/, *v. t.* (*specialm. USA*) provvedere d'accessori.

accessory /ək'sɛsərɪ/, *n.* e *a.* *1* accessorio: **the accessories of a motorcar**, gli accessori di un'automobile *2* (*leg.*) complice.

accidence /'æksɪdəns/, *n.* (*gramm.*) morfologia.

accident /'æksɪdənt/, *n.* *1* incidente *2* (*ass.*) infortunio; sinistro *3* accidente; caso: **a mere a.**, un puro caso *4* (*filos.*) accidente. ● (*naut.*) **an a. at sea**, un incidente marittimo □ (*org. az.*) **a. frequency rate**, tasso di frequenza degli incidenti sul lavoro □ (*ass.*) **a. insurance**, assicurazione contro gli infortuni □ **an a. of the ground**, un'irregolarità del terreno □ **a. prevention**, antinfortunistica □ (*ass.*: *di un assicurato*) **a.-prone**, che causa sinistri di frequente □ (*ass.*) **a.-proneness**, sinistrosità (*di un assicurato*) □ **by a.**, per caso □ **to meet with an a.**, avere un incidente.

accidental /æksɪ'dɛntl/, **A** *a.* *1* accidentale; casuale; fortuito *2* accessorio *3* (*leg.*) colposo: **a. injury**, lesione colposa. **B** *n.* (*mus.*) accidente. ● (*trasp.*) **a. collision**, collisione accidentale □ (*leg.*) **a. damage**, danno accidentale □ (*leg.*) **a. death**, infortunio mortale □ (*disegno*) **a. point**, punto di fuga; punto limite.

accidentally /æksɪ'dɛntəlɪ/, *avv.* accidentalmente; fortuitamente; per caso. ● (*pop. USA*) **a. on purpose**, fatto di proposito, ma facendolo apparire casuale.

acclaim /ə'kleɪm/, *n.* acclamazione; plauso.

to **acclaim** /ə'kleɪm/, *v. t.* acclamare.

acclamation /æklə'meɪʃn/, *n.* acclamazione: **The proposal was carried by a.**, la proposta fu approvata per acclamazione.

to **acclimate** /ə'klaɪmeɪt, -ət/, *V.* **to acclimatize.**

acclimation /æklɪ'meɪʃn, -laɪ-/, *n.* acclimazione; acclimatazione.

acclimatizable /əklaɪmə'taɪzəbl/, *a.* acclimatabile.

acclimatization /əklaɪmətaɪ'zeɪʃn, *USA* -tɪ-'z-/, *n.* acclimatazione; acclimazione.

to **acclimatize** /ə'klaɪmətaɪz/, *v. t.* e *i.* acclimatare, acclimatarsi; acclimare, acclimarsi.

acclivity /ə'klɪvətɪ/, *n.* (*raro*) pendio; erta; salita.

accolade /'ækəleɪd, *USA* -'leɪd/, *n.* *1* (*stor.*) accollata; abbraccio *2* (*fig.*) approvazione; lode; elogio *3* (*mus., tipogr.*) graffa.

to **accommodate** /ə'kɒmədeɪt/, *v. t.* *1* alloggiare; accogliere; ospitare: **This steamer can a. 500 passengers**, questo piroscafo può accogliere 500 passeggeri *2* adattare: **When in England, you will have to a. yourself to the English way of living**, quando sarai in Inghilterra, dovrai adattarti al sistema di vita inglese *3* fare un piacere a (q.); favorire, agevolare (*un cliente, ecc.*) *4* conciliare; comporre: **to a. a quarrel**, comporre una lite. ● **to a. sb. with a loan**, concedere un prestito a q. □ **to a. sb. with a sum of money**, prestare una somma a q.

accommodating /ə'kɒmədeɪtɪŋ/, *a.* accomodante; compiacente; servizievole. ● (*fin.*) **a. movements**, trasferimenti d'oro e valuta all'estero (*per sanare il deficit della bilancia dei pagamenti*).

accommodation /əkɒmə'deɪʃn/, *n.* *1* ospitalità; alloggio; sistemazione: **overnight a.**, sistemazione per la notte *2* (*anche comm.*) accomodamento, accordo; (*anche scient.*) adattamento *3* (*comm.*) agevolazione; facilitazione; prestito *4* (*fisiol.*) accomodazione (*dell'occhio*) *5* (*tur.*) ricettività. ● **a. agency**, agenzia immobiliare specializzata in affitti e locazioni □ (*comm.*) **a. bill**, cambiale di favore (*o* di comodo) □ (*tur.*) **a. facilities**, strutture ricettive; ricettività □ **a. for payment**, facilitazioni di pagamento □ (*naut.*) **a. ladder**, scaletta del barcarizzo □ **a. payment**, tangente, bustarella □ (*ind. petrolifera*) **a. rig**, piattaforma per il personale □ (*USA*) **a. train**, treno locale □ (*tur.*) **hotel a.**, ricettività alberghiera.

accommodative /ə'kɒmədeɪtɪv/, *a.* (*raro*) accomodante; arrendevole.

accomodator /ə'kɒmədeɪtə(r)/, *n.* (*USA*) domestico (*o* domestica) di rimpiazzo.

accompaniment /ə'kʌmpənɪmənt/, *n.* *1* cosa che si accompagna (a): **Famine is often an a. of war**, la carestia s'accompagna spesso alla guerra *2* (*mus.*) accompagnamento (*vocale o strumentale*).

accompanist /ə'kʌmpənɪst/, *n.* (*mus.*) accompagnatore.

to **accompany** /ə'kʌmpənɪ/, *v. t.* *1* (*anche mus.*) accompagnare *2* (*anche naut.*) scortare *3* (*fig.*) accompagnarsi a: **Ignorance often accompanies self-conceit**, spesso l'ignoranza s'accompagna alla presunzione □ (*trasp.*) **accompanied luggage**, bagaglio appresso.

accomplice /ə'kʌmplɪs, *USA* ə'kɒm-/, *n.* (*leg.*) complice.

to **accomplish** /ə'kʌmplɪʃ, *USA* ə'kɒm-/, *v. t.* *1* compiere; completare; portare a termine: **Did you a. your task?**, hai portato a termine il tuo compito? *2* compiere, aver passato (*una certa età*).

accomplished /ə'kʌmplɪʃt, *USA* ə'kɒm-/, *a.* *1* compiuto: **an a. fact**, un fatto compiuto *2* compito; bene educato *3* abile; esperto; finito.

accomplishment /ə'kʌmplɪʃmənt, *USA* ə-'kɒm-/, *n.* *1* compimento; completamento; realizzazione *2* opera bene compiuta; risultato *3* (*specialm. al pl.*) dote; talento; virtù. ● **Among her accomplishments were riding and fencing**, ella sapeva, fra l'altro, cavalcare e tirare di scherma.

accord /ə'kɔːd/, *n.* *1* armonia (*di suoni, colori, ecc.*) *2* accordo; consenso *3* (*mus.*) accordo. ● (*leg.*) **a. and satisfaction**, accordo (*delle parti*: *in un contratto*) e remissione del debito □ **in a. with**, in conformità con; in armonia con □ **of one's own a.**, di propria iniziativa; spontaneamente □ **with one a.**, di comune accordo; all'unanimità.

to **accord** /ə'kɔːd/, **A** *v. t.* *1* accordare; concedere *2* – (*di cose*) **to a. with**, accordarsi, concordare con: **That does not a. with what you said before**, questo non concorda con quello che hai detto prima *3* conciliare; metter d'accordo: **I cannot a. your words with your behaviour**, non mi riesce di conciliare le tue parole con il tuo comportamento. **B** *v. i.* accordarsi.

accordance /ə'kɔːdəns/, *n.* *1* concordanza *2* conformità. ● **in a. with**, in conformità con; in armonia con; secondo: **In a. with custom, football games are still played on Saturday afternoons in England**, secondo la consuetudine, le partite di calcio in Inghilterra si giocano ancora il sabato pomeriggio.

accordant /ə'kɔːdənt/, *a.* (*geol.*) concordante.

according as /ə'kɔːdɪŋæz, -əz/, *cong.* secondo che: **You will be rewarded or punished a. as you are diligent or negligent**, sarai premiato o punito secondo che sarai diligente o negligente.

accordingly /ə'kɔːdɪŋlɪ/, *avv.* in conformità; di conseguenza.

according to /ə'kɔːdɪŋtuː, -tʊ, -tə/, *prep.* *1* secondo; in base all'autorità di: **a. to the Bible**, secondo la Bibbia *2* secondo; in conformità con: **a. to plan**, secondo i piani; **a. to what we decided**, secondo quanto abbiamo stabilito; (*fam.*) **a. to one's lights**, secondo i propri lumi (*fig.*) *3* secondo; in rapporto con; in proporzione di: **You will be paid a. to the quality of your work**, sarai pagato secondo la qualità del tuo lavoro.

accordion /ə'kɔːdɪən/, *n.* (*mus.*) fisarmonica. ● **a. door**, porta a libro (*o* a fisarmonica).

accordionist /ə'kɔːdɪənɪst/, *n.* (*mus.*) fisarmonicista.

to **accost** /ə'kɒst, *USA* -ɔːst/, *v. t.* *1* avvicinare; abbordare (*per strada*); rivolgere la parola a (q.); attaccar discorso con: **I was accosted by a stranger**, fui avvicinato da uno sconosciuto *2* (*leg.*) adescare.

accostable /ə'kɒstəbl, *USA* -ɔːst-/, *a.* abbordabile; accostabile.

accosting /ə'kɒstɪŋ, *USA* -ɔːst-/, *n.* (*leg.*) adescamento.

accouchement /ə'kuːʃmɒŋ, *USA* ækuːʃ-'mɑːn, ə'kuːʃmənt/ (*franc.*), *n.* parto; degenza per parto.

account /ə'kaʊnt/, *n.* *1* (*anche comm.*) conto: **I have a current a. with the Westminster Bank**, ho un conto corrente presso la Westminster Bank; **deposit a.**, conto di deposito; **profit and loss a.**, conto profitti e perdite; **to open an a. with**, aprire un conto con; **to cast accounts**, fare i conti; **to settle an a.**, saldare un conto; **to square accounts with sb.**, sistemare i conti con q. *2* resoconto; relazione; rapporto: **Will you give me an a. of what happened?**, vuoi farmi un resoconto dell'accaduto? *3* ragione; causa; motivo: **on no a.**, per nessun motivo; **on a. of**, a causa di; **on this a.**, per questo motivo; **on his a.**, per causa sua; per amor suo; per lui *4* conto; profitto; vantaggio; tornaconto: **on a. of**, per conto di; **on one's own a.**, per conto proprio; a proprio vantaggio; **to turn st. to a.**, trarre profitto da q.c.; volgere q.c. a vantaggio; **to find one's a. in st.**, trovare il proprio tornaconto in q.c. *5* importanza; valore; considerazione: **of no a.**, senza importanza; **to make little a. of**, dare poca importanza (*o* valore) a; **to take into a.**, prendere in considerazione; tener conto di; **to take no a. of** (*o* **to leave out of a.**), non tenere in alcuna considerazione; **to hold in some a.**, tenere in qualche conto *6* (*Borsa*) ciclo operativo *7* (*Borsa*) liquidazione; termine *8* (*rag.*) conto *9* (*rag.*) esercizio *10* (*rag.*) rendiconto *11* (*econ.*) bilancia: **the long-term capital a.**, la bilancia dei capitali a lungo termine *12* (*specialm. USA*) cliente abituale; ditta che compra a credito *13* (*rag., specialm. USA*) bilancio; budget *14* (*pl.*) (*rag.*) scritture contabili; contabilità. ● (*rag.*) **a. balance**, saldo di un conto □ (*comm.*) **a. books**, libri contabili □ (*banca*) **a. current**, conto corrente □ (*Borsa*) **a. day**, giorno di liquidazione; giorno dei compensi □ (*org. az.*) **accounts department**, reparto contabilità □ (*pubbl.*) **accounts executive**, accounts executive □ (*banca*) **a. holder**, titolare di un conto □ (*rag.*) **accounts of the business**, conti aziendali □ (*rag.*) **accounts payable**, conto fornitori; «creditori diversi» □ (*rag.*) **accounts receivable**, conto clienti; «debitori diversi» □ (*banca*) **«a. rendered»**, «saldo a nuovo» □ (*comm.*) **a. sales**, conto vendite (*a provvigione*) □ **to bring** (*o* **to call**) **sb. to a.**, chiamare q. alla resa dei conti □ **by all accounts**, a detta di tutti □ **by way of a.**, come acconto □ **on a.**, in acconto □ **on all accounts**, sotto ogni aspetto □ **to give a good a. of oneself**, farsi onore.

to **account** /ə'kaʊnt/, *v. t.* e *i.* ***1*** reputare; considerare: **He was accounted a teacher of ability**, era reputato un docente di grande capacità ***2*** – **to a. for**, rendere conto di; spiegare: **His poverty accounts for his stinginess**, la sua povertà spiega la sua avarizia; **You shall a. for every penny you spend**, renderai conto di ogni penny che spendi ***3*** – **to a. for**, dar conto di; giustificare: **Can he a. for his actions?**, può dar conto delle sue azioni? ***4*** – **to a. for**, distruggere; spacciare; uccidere: **The anti-aircraft accounted for five enemy planes**, la contraerea distrusse cinque aerei nemici ***5*** – **to a. for**, scontare; pagare: **He will a. for his crime**, sconterà il suo delitto ***6*** – **to a. for**, gravare, influire, incidere su: **Oil imports a. for 30 per cent of the trade deficit**, le importazioni di petrolio incidono per il 30% sul disavanzo commerciale.

accountability /əkaʊntə'bɪlətɪ/, *n.* ***1*** (*anche leg.*) responsabilità ***2*** l'essere spiegabile (*o* giustificabile).

accountable /ə'kaʊntəbl/, *a.* ***1*** (*anche leg.*) responsabile; che è tenuto a render conto: **He is not yet a. for his actions**, non è ancora responsabile delle sue azioni ***2*** spiegabile; giustificabile; (*rag.*) contabile. ‖ **-ness**, *sost.*

accountably /ə'kaʊntəblɪ/, *avv.* naturalmente; per ovvi motivi.

accountancy /ə'kaʊntənsɪ/, *n.* ragioneria: **A. is a science, while bookkeeping is an art**, la ragioneria è una scienza, mentre la contabilità è un'arte.

accountant /ə'kaʊntənt/, *n.* ***1*** ragioniere: **chartered a.** (*USA*: **certified public a.**), ragioniere iscritto all'albo ***2*** (*fam.*) commercialista; fiscalista. ● **A. and Comptroller General**, Ragioniere Generale delle Dogane (*in G.B.*).

accountantship /ə'kaʊntəntʃɪp/, *n.* lavoro (*o* posto) di ragioniere.

accounting /ə'kaʊntɪŋ/, **A** *a.* contabile. **B** *n.* contabilità. ● **a. books**, libri contabili □ **a. data**, dati contabili □ **a. department**, ufficio (*o* reparto) contabilità □ **a. machine**, macchina contabile □ (*rag.*) **a. period**, esercizio □ **a. system**, sistema di contabilità □ **a. year**, anno contabile (*o* finanziario) □ **There's no a. for his behaviour**, il suo comportamento è inspiegabile.

to **accoutre,** (*USA*) to **accouter** /ə'ku:tə(r)/, *v. t.* ***1*** (*mil.*) equipaggiare ***2*** (*per estens.*) equipaggiare; attrezzare.

accoutrement, (*USA*) **accouterment** /ə'ku:təmənt/, *n.* (*di solito al pl.*) (*anche mil.*) equipaggiamento.

to **accredit** /ə'kredɪt/, *v. t.* accreditare; registrare a credito; rendere credibile; fornire di credenziali: **Mr A. was accredited Ambassador to London**, il Sig. A. fu accreditato ambasciatore a Londra.

accreditation /əkredɪ'teɪʃn/, *n.* accreditamento.

accredited /ə'kredɪtɪd/, *a.* ***1*** accreditato ***2*** tenuto per vero; riconosciuto ***3*** (*market.*: *di un prodotto*) riconosciuto puro; garantito. ● (*leg.*) **the a. party**, l'accreditato.

to **accrete** /ə'kri:t/, *v. i.* (*raro*) concrescere; aggregarsi.

accretion /ə'kri:ʃn/, *n.* ***1*** (*anche scient.*) accrescimento ***2*** aggiunta; aumento. ● (*leg.*) **a. by alluvion**, accrescimento per alluvione □ (*geol.*) **a. vein**, vena di accrescimento.

accrual /ə'kru:əl/, *n.* ***1*** (*econ., fin.*) accrescimento; accumulazione ***2*** (*fin., rag.*) competenza economica ***3*** (*rag.*) rateo. ● **a.-basis accounting**, contabilità secondo il criterio della competenza □ (*rag.*) **on an a. basis**, con il criterio della competenza economica.

to **accrue** /ə'kru:/, *v. i.* ***1*** derivare; provenire: **the advantages that a. to mankind from technological progress**, i vantaggi che derivano all'umanità dal progresso tecnologico ***2*** (*leg.*: *di un diritto, ecc.*) derivare; conseguire ***3*** (*econ., fin.*) accumularsi; (*di interessi e dividendi*) maturare, decorrere: **Interest accrues from January 1st**, gli interessi maturano dal 1° gennaio.

accrued /ə'kru:d/, *a.* ***1*** (*anche econ.*) accumulato ***2*** (*fin.*) maturato: **a. intrest**, interessi maturati. ● **a. asset** (*o* **income**, *o* **revenue**), rateo attivo □ **a. cost**, rateo passivo □ **a. liabilities**, ratei e risconti passivi □ (*rag.*) **«a. taxes»**, «fondo tasse».

accruing /ə'kru:ɪŋ/, **A** *a.* (*econ., fin.*) che si accumula; (*di un interesse*) che matura. **B** *n.* (*anche econ.*) accumulazione: **the a. of taxes**, l'accumularsi delle imposte.

to **acculturate** /ə'kʌltʃəreɪt/, **A** *v. t.* acculturare. **B** *v. i.* acculturarsi.

acculturation /əkʌltʃə'reɪʃn/, *n.* acculturazione.

to **accumulate** /ə'kju:mjʊleɪt/, *v. t.* e *i.* accumulare, accumularsi; ammassare, ammassarsi; mettere insieme (*per gradi*): **He accumulated great wealth**, mise insieme una grossa fortuna.

accumulated /ə'kju:mjʊleɪʃn/, *a.* accumulato. ● **a. depreciation**, (*econ.*) deprezzamento (*di beni*); (*rag.*) (fondo di) ammortamento maturato □ (*fin.*) **a. income** (*o* **profits**), utili (*di una società*) non distribuiti (*o* reinvestiti).

accumulation /əkju:mjʊ'leɪʃn/, *n.* ***1*** accumulazione ***2*** cumulo; mucchio ***3*** (*ass., fin.*) capitalizzazione ***4*** (*econ., fin.*) accumulazione ***5*** (*fin.*) premio di emissione (*di titoli*).

accumulative /ə'kju:mjʊlətɪv, *USA* -leɪtɪv/, *a.* ***1*** cumulativo ***2*** (*econ., fin.*) di (*o* della) accumulazione: **They are still in the a. stage of economy**, sono ancora nello stadio economico dell'accumulazione.

accumulator /ə'kju:mjʊleɪtə(r)/, *n.* ***1*** chi accumula; accumulatore ***2*** (*elettr., elab., mecc.*) accumulatore ***3*** (*ippica*) scommessa multipla.

accuracy /'ækjərəsɪ/, *n.* accuratezza; esattezza; precisione.

accurate /'ækjərət/, *a.* accurato; esatto; diligente; preciso.

accursed /ə'kɜ:sɪd, -st/, *a.* ***1*** maledetto ***2*** esecrando; detestabile.

accusable /ə'kju:zəbl/, *a.* accusabile.

accusal /ə'kju:zl/, *n.* (*raro*) accusa.

accusation /ækju:'zeɪʃn/, *n.* (*anche leg.*) accusa; incriminazione. ● **to bring an a. against sb.**, accusare q.

accusative /ə'kju:zətɪv/, *a.* e *n.* (*gramm.*) accusativo.

accusatorial /əkju:zə'tɔ:rɪəl/, *a.* (*leg.*) accusatorio: **a. system**, sistema accusatorio (*anche in Italia, dal 1989*).

accusatory /ə'kju:zətərɪ, *USA* -tɔ:rɪ/, *a.* ***1*** (*leg.*) accusatorio: **the a. system**, il sistema accusatorio ***2*** di accusa: **a. words**, parole di accusa.

to **accuse** /ə'kju:z/, *v. t.* (*anche leg.*) accusare; incriminare.

accused /ə'kju:zd/, *a.* e *n.* (*leg.*) accusato. ● **a. confessed guilty**, reo confesso □ **the a.**, l'imputato; gli imputati.

accuser /ə'kju:zə(r)/, *n.* (*anche leg.*) accusatore.

to **accustom** /ə'kʌstəm/, **A** *v. t.* abituare; avvezzare. **B** to **accustom oneself**, *v. rifl.* abituarsi a: **You must a. yourself to keeping your promises**, devi abituarti a mantenere le promesse.

accustomed /ə'kʌstəmd/, *a.* ***1*** abituato; avvezzo: **He was a. to sleeping after lunch**, era abituato a dormire dopo colazione ***2*** abituale; consueto; solito: **He spoke with a. ease**, parlò con la facilità che gli era consueta. ● **to get a. to doing st.**, abituarsi a fare q.c.

ace /eɪs/, *n.* ***1*** (*a carte, dadi e domino*) asso ***2*** (*fig.*) asso; campione: **a basketball ace**, un campione di pallacanestro ***3*** (*aeron., mil.*) asso ***4*** (*golf*) buca in uno ***5*** (*tennis e squash*) battuta (*o* servizio) imprendibile; ace ***6*** (*pop. USA*) amico; compagno; avventore solo (*in un bar, ecc.*); poliziotto ***7*** (*pop. USA*) pillola di droga; sigaretta alla marijuana ***8*** (*pop. USA*) biglietto da un dollaro. ● (*fig. USA*) **ace in the hole**, asso nella manica; (*pop. USA*) malloppo, risparmi □ (*pop. USA*) **ace of spades**, negro; (*volg.*) vagina □ (*fig.*) **ace up one's sleeve**, asso nella manica □ **to be within an ace of**, essere sul punto di (*o* a un pelo da) □ **to be within an ace of death**, essere in pericolo di morte □ **I was within an ace of confessing**, poco ci mancò che confessassi.

acephalous /ə'sefələs, eɪ'-/, *a.* (*zool., metrica*) acefalo.

acerbity /ə'sɜ:bətɪ/, *n.* ***1*** acerbità ***2*** (*fig.*) acredine; asprezza.

acerose /'æsərəʊs/, *a.* (*bot.*) aceroso; aghiforme.

acervate /ə'sɜ:vɪt/, *a.* (*bot.*) acervato.

acescence /ə'sesns/, *n.* (*chim.*) acescenza.

acescent /ə'sesnt/, *a.* (*chim.*) acescente.

acetabulum /æsɪ'tæbjʊləm/, *n.* (*pl.* **acetabula, acetabulums**) (*anche anat.*) acetabolo.

acetaldehyde /æsɪ'tældɪhaɪd/, *n.* (*chim.*) acetaldeide.

acetamide /æsɪ'tæmaɪd, ə'setɪm-/, *n.* (*chim.*) acetammide.

acetate /'æsɪteɪt/, *n.* (*chim.*) acetato.

acetated /'æsɪteɪtɪd/, *a.* (*chim.*) trattato con acido acetico.

acetic /ə'si:tɪk/, *a.* (*chim.*) acetico: **a. acid**, acido acetico.

acetification /əsetɪfɪ'keɪʃn/, *n.* (*chim.*) acetificazione.

to **acetify** /ə'setɪfaɪ/, *v. t.* e *i.* acetificare, acetificarsi.

acetimeter /æsɪ'tɪmɪtə(r)/, *n.* (*chim.*) acetimetro.

acetone /'æsɪtəʊn/, *n.* (*chim., med.*) acetone.

acetous /'æsɪtəs/, *a.* ***1*** (*chim.*) acetificante ***2*** (*fig.*) pungente, acido, graffiante.

acetyl /'æsɪtɪl, *USA* ə'si:tl/, *n.* (*chim.*) acetile.

acetylene /ə'setɪli:n, *USA* -tələn/, *n.* (*chim.*) acetilene.

Achaean /ə'ki:ən/, *a.* e *n.* (*stor. greca*) acheo, achea.

ache (1) /eɪk/, *n.* dolore persistente; male: **headache**, mal di testa; **stomach-ache**, mal di pancia.

ache (2) /eɪtʃ/, *n.* acca; lettera h.

to **ache** /eɪk/, *v. i.* ***1*** (*della testa, ecc.*) dolere, far male ***2*** essere indolenzito: **After sleeping on the ground, I ached all over**, dopo aver dormito per terra, ero tutto indolenzito ***3*** – (*fam.*) **to a. for**, desiderare ardentemente; morire dalla voglia di.

achene /ə'ki:n/, *n.* (*bot.*) achenio.

Acheron /'ækərɒn/, *n.* (*mitol.*) Acheronte.

achievable /ə'tʃi:vəbl/, *a.* ***1*** conseguibile; raggiungibile ***2*** fattibile; realizzabile.

to **achieve** /ə'tʃi:v/, *v. t.* ***1*** compiere; portare a termine ***2*** conseguire; ottenere; raggiungere: **You will a. your ambition if you work hard**, otterrai ciò cui ambisci se lavorerai sodo.

achievement /ə'tʃi:vmənt/, *n.* ***1*** risultato (*positivo*); conquista; scoperta; impresa: **My uncle was awarded the Nobel prize for his scientific achievements**, a mio zio fu assegnato il premio Nobel per le sue scoperte scientifiche ***2*** compimento; conseguimento: **It was impossible of a.**, era impresa che non era possibile portare a compimento ***3*** rendimento (scolastico). ● **a. quotient**, quoziente di rendimento (*a scuola*) □ **a. test**, test di profitto.

Achilles /ə'kɪli:z/, *n.* Achille: (*fig.*) **Achilles' heel**, il tallone di Achille; (*anat.*) **Achilles' tendon**, il tendine di Achille.

aching /'eɪkɪŋ/, *a.* ***1*** dolente; che fa male ***2*** (*fig.*) doloroso; penoso.

achoo /əˈtʃuː/, (*USA*) *V.* **atishoo.**

achromatic /ækrəʊˈmætɪk/, *a.* (*fis.*) acromatico: **a. lens**, lente acromatica.

achromatism /əˈkrəʊmətɪzəm/, *n.* (*fis.*) acromatismo.

acicular /əˈsɪkjʊlə(r)/, *a.* (*scient.*) acicolare, aciculare.

acid (**1**) /ˈæsɪd/, *n.* **1** (*chim.*) acido **2** (*pop.*) LSD (*dietilammide dell'acido lisergico*); acido; allucinogeno. ● (*pop. USA*) **a. dropper** (*o* **a. freak**), *V.* **acidhead** □ (*mus.*) **a. rock**, rock psichedelico □ **a. test**, prova dell'acidità, prova con la cartina al tornasole; (*fig.*) prova del nove □ (*fin., rag.*) **a.-test ratio**, liquidità secca; margine di tesoreria □ **a. tester**, acidimetro □ (*pop.*) **a. trip**, «viaggio» con l'LSD □ (*chim.*) **a. value**, indice di acidità.

acid (**2**) /ˈæsɪd/, *a.* **1** (*chim.*) acido **2** acido; aspro; acre **3** (*fig.*) caustico; mordace; pungente. ● **a. drop**, caramella al limone □ (*ecol.*) **a. rains**, piogge acide □ (*geol.*) **a. soil**, suolo acido.

acidhead /ˈæsɪdhɛd/, *n.* (*pop.*) chi si droga con l'LSD (*o* con altre droghe); tossicodipendente; tossicomane; tossico (*gergo*).

acidic /əˈsɪdɪk/, *a.* (*chim.*) acido: (*geol.*) **a. rock**, roccia acida.

acidification /əsɪdɪfɪˈkeɪʃn/, *n.* (*chim.*) acidificazione.

acidifier /əˈsɪdɪfaɪə(r)/, *n.* (*chim.*) acidificatore.

to **acidify** /əˈsɪdɪfaɪ/, *v. t.* e *i.* (*chim.*) acidificare, acidificarsi.

acidimeter /æsɪˈdɪmɪtə(r)/, *n.* (*chim.*) acidimetro.

acidimetry /æsɪˈdɪmətrɪ/, *n.* (*chim.*) acidimetria.

acidity /əˈsɪdətɪ/, *n.* **1** acidità **2** (*fig.*) causticità.

acidly /ˈæsɪdlɪ/, *avv.* acidamente; in modo pungente (*o* caustico).

acidosis /æsɪˈdəʊsɪs/, *n.* (*pl.* **acidoses**) (*med.*) acidosi.

to **acidulate** /əˈsɪdjʊleɪt, *USA* -dʒʊ-/, *v. t.* (*chim.*) acidulare.

acidulous /əˈsɪdjʊləs, *USA* -dʒʊ-/, *a.* acidulo.

aciform /ˈæsɪfɔːm/, *a.* (*bot.*) aghiforme.

aciniform /æˈsɪnɪfɔːm/, *a.* (*bot., zool.*) aciniforme.

acinose /ˈæsɪnəʊs/, *a.* (*anat.*) acinoso.

acinus /ˈæsɪnəs/, *n.* (*pl.* **acini**) (*bot., anat.*) acino.

ack-ack /ˈækæk/, *a.* (*mil., pop.*: *di un cannone, ecc.*) dell'antiaerea; antiaereo.

to **acknowledge** /əkˈnɒlɪdʒ/, *v. t.* **1** (*anche leg.*) riconoscere; ammettere **2** attestare l'autenticità di: **He acknowledged the contract**, attestò l'autenticità del contratto **3** ammettere; dichiarare (*di aver ricevuto q.c.*). ● (*leg.*) **to a. a claim**, riconoscere la validità di una rivendicazione □ **to a. a gift**, esprimere la propria gratitudine per un dono □ (*comm.*) **to a. receipt**, accusare ricevuta □ **He acknowledged my greetings**, dette segno di aver visto che lo avevo salutato (*cioè, rispose al mio saluto*) □ **He acknowledged me with a nod**, mi salutò con un cenno del capo.

acknowledge character /əkˈnɒlɪdʒkærəktə(r)/, *locuz. n.* (*elab.*) carattere di conferma.

acknowledg(e)ment /əkˈnɒlɪdʒmənt/, *n.* **1** (*anche leg.*) riconoscimento; ammissione **2** riconoscenza: **in a. of**, in segno di riconoscenza per **3** dichiarazione (*di ricevuta*); ricevuta **4** dono, regalo (*in segno di riconoscenza*): **An a. came in the morning mail**, con la posta del mattino arrivò un piccolo dono **5** (*pl.*) (*in un libro*) ringraziamenti **6** cenno di saluto. ● (*leg.*) **the a. of an illegitimate child**, il riconoscimento di un figlio illegittimo □ (*banca*) **a. slip**, scontrino (di ricevuta).

aclinic /əˈklɪnɪk/, *a.* acline. ● (*geofisica*) **a. line**, equatore magnetico.

acme /ˈækmɪ/, *n.* acme (*punto più alto*); culmine; apogeo: **the a. of one's hopes**, il culmine delle proprie speranze.

acne /ˈæknɪ/, *n.* (*med.*) acne.

acock /əˈkɒk/, *avv.* (*arc.*: *di cappello*) alla sgherra; sulle ventitré.

acolyte /ˈækəlaɪt/, *n.* **1** accolito (*anche fig.*); novizio **2** chierico.

aconite /ˈækənaɪt/, *n.* (*bot.*, *Aconitum napellus*) aconito; napello.

aconitine /əˈkɒnɪtiːn/, *n.* (*chim.*) aconitina.

acorn /ˈeɪkɔːn/, *n.* ghianda. ● (*zool.*) **a.-shell** (*Balanus*), balano.

acotyledon /ækɒtɪˈliːdn, eɪk-/, *n.* (*bot.*) acotiledone.

acotyledonous /ækɒtɪˈliːdənəs, eɪk-/, *a.* (*bot.*) acotiledone.

acoustic /əˈkuːstɪk/, *a.* acustico. ● (*mus.*) **a. bass**, basso armonico □ (*anat.*) **a. duct** (*o* **a. meatus**), canale (*o* condotto) uditivo □ (*radio*) **a. feedback**, retroazione acustica □ **a. engineer**, tecnico dell'acustica □ (*tecn.*) **a. material**, materiale fonoassorbente □ (*naut.*) **a. mine**, mina acustica.

acoustical /əˈkuːstɪkl/, *a.* acustico. ● (*tecn.*) **a. treatment**, insonorizzazione.

acoustics /əˈkuːstɪks/, *n. pl.* **1** (*parte della fis.*; *col verbo al sing.*) acustica **2** (*qualità acustiche*; *col verbo al pl.*) acustica.

acoustoelectronics /əkuːstəʊɪlekˈtrɒnɪks/, *n. pl.* (*col verbo al sing.*) acustoelettronica.

to **acquaint** /əˈkweɪnt/, *v. t.* informare; mettere al corrente; rendere edotto: **to a. sb. with st.**, informare q. di q.c. ● **to a. oneself with**, imparare; familiarizzarsi con □ **to be acquainted with**, conoscere: **I have often heard of him, but I am not acquainted with him**, ne ho sentito spesso parlare, ma non lo conosco di persona □ **to become acquainted with sb.**, fare la conoscenza di q.

acquaintance /əˈkweɪntəns/, *n.* **1** conoscenza: **to make sb.'s a.**, fare la conoscenza di q. **2** conoscente: **I have many acquaintances but few friends**, ho molti conoscenti ma pochi amici.

acquaintanceship /əˈkweɪntənʃɪp/, *n.* **1** conoscenza; persona conosciuta **2** (*collett.*) conoscenti; cerchia di conoscenze.

acquest /æˈkwɛst/, *n.* (*raro*) **1** acquisizione; acquisto **2** (*leg.*) beni acquisiti (*non ereditati*).

to **acquiesce** /ækwɪˈɛs/, *v. i.* essere acquiescente; acconsentire (*senza grande entusiasmo*). ● **to a. in**, accettare (*senza far rimostranze*): **The other members acquiesced in his resignation**, gli altri soci accettarono senza protestare le sue dimissioni.

acquiescence /ækwɪˈɛsns/, *n.* **1** (*anche leg.*) acquiescenza; tacito consenso **2** arrendevolezza, remissività.

acquiescent /ækwɪˈɛsnt/, *a.* **1** acquiescente; tacitamente consenziente **2** condiscendente; remissivo; arrendevole.

acquirable /əˈkwaɪərəbl/, *a.* acquisibile; acquistabile.

to **acquire** /əˈkwaɪə(r)/, *v. t.* acquisire; acquistare; procurarsi; farsi (*il nome, la fama*): **an acquired taste**, un gusto acquisito; **He has acquired a reputation for honesty**, si è fatto la rinomanza d'essere un uomo onesto. ● (*leg.*) **to a. st. by prescription**, usucapire q.c. □ (*miss.*) **to a. a target by radar**, trovare un bersaglio col radar □ **to a. a taste for st.**, imparare ad apprezzare q.c.; prender gusto a q.c.

acquirement /əˈkwaɪəmənt/, *n.* **1** acquisizione (*di nozioni, ecc.*) **2** (*pl.*) risultati (*conseguiti*); successi **3** (*pl.*) doti, qualità (*acquisite*).

acquirer /əˈkwaɪərə(r)/, *n.* (*anche fin.*) acquisitore.

acquisition /ækwɪˈzɪʃn/, *n.* **1** acquisizione **2** acquisto: **He is a valuable a. for the team**, egli è un buon acquisto per la squadra. ● (*leg.*) **a. by prescription**, acquisto per usucapione □ (*Borsa*) **a. offer**, offerta pubblica d'acquisto (*abbr.* OPA).

acquisitive /əˈkwɪzətɪv/, *a.* desideroso di acquisire; avido. ● (*leg.*) **a. prescription**, prescrizione acquisitiva; usucapione □ **an a. society**, una società che pensa solo ai beni materiali.

to **acquit** /əˈkwɪt/, *v. t.* **1** (*leg.*) assolvere; prosciogliere: **to a. sb. of a charge**, prosciogliere q. da un'accusa **2** liberare, esonerare (*da un obbligo, da un dovere*). ● **to a. oneself of a duty**, adempiere un dovere □ **to a. oneself well** [**ill**], assolvere un compito bene [male]; comportarsi bene [male].

acquittal /əˈkwɪtl/, *n.* **1** (*leg.*) assoluzione; proscioglimento **2** adempimento, assolvimento (*di un compito, di un dovere*). ● (*leg., in Scozia*) **a. for insufficiency of evidence**, assoluzione per insufficienza di prove.

acquittance /əˈkwɪtns/, *n.* **1** (*leg.*) esecuzione (*di un'obbligazione*); saldo, pagamento (*di un debito*) **2** dichiarazione liberatoria; quietanza; ricevuta.

acre /ˈeɪkə(r)/, *n.* **1** acro (*misura di superficie, pari a 4046 mq*) **2** (*pl.*) terreni; proprietà. ● **God's a.**, il camposanto.

acreage /ˈeɪkərɪdʒ/, *n.* superficie in acri (*di un terreno*).

acrid /ˈækrɪd/, *a.* (*anche fig.*) acre; aspro; pungente; molesto.

acridity /æˈkrɪdətɪ/, *n.* acredine; asprezza.

acrimonious /ækrɪˈməʊnɪəs/, *a.* aspro; astioso; acrimonioso.

acrimony /ˈækrɪmənɪ, *USA* -məʊnɪ/, *n.* acrimonia; asprezza; astiosità.

acrobat /ˈækrəbæt/, *n.* (*anche fig.*) acrobata.

acrobatic /ækrəˈbætɪk/, *a.* acrobatico. ‖ **-ally**, *avv.*

acrobatics /ækrəˈbætɪks/, *n. pl.* **1** acrobazie: **mental a.**, acrobazie mentali **2** (*aeron.*) acrobazie; esibizione acrobatica.

acrobatism /ˈækrəbætɪzəm/, *n.* acrobatismo.

acronym /ˈækrənɪm/, *n.* acronimo.

acropolis /əˈkrɒpəlɪs/, *n.* acropoli; cittadella.

across (**1**) /əˈkrɒs, *USA* -ɔːs/, *avv.* **1** da un capo all'altro; da una parte all'altra; in larghezza: **The river is two miles a.**, il fiume misura due miglia in larghezza **2** dall'altra parte: **You'll be soon a.**, sarete presto dall'altra parte **3** diagonalmente; in diagonale; di traverso **4** (*nelle parole incrociate*) orizzontale: **5 a.**, 5 orizzontale. ● **to go a.**, andare (*o* passare) dall'altra parte □ **to help a blind man a.**, aiutare un cieco ad attraversare la strada □ **He was standing with his arms a.**, stava in piedi a braccia incrociate.

across (**2**) /əˈkrɒs, *USA* -ɔːs/, *prep.* **1** attraverso (*nel senso della larghezza*) **2** dall'altra parte (di); oltre; di là (di): **There is a wood a. the river**, c'è un bosco oltre il fiume **3** (*nei verbi frasali, è idiom.*; *per es.*:) **to come a.**, imbattersi in, incontrare; trovare per caso; ecc. (*V. sotto* **to come**). ● **a.-the-board**, generale, indiscriminato; (*ippica, USA*) piazzato: **I backed Black Prince a.-the-board**, scommisi su Black Prince piazzato □ (*fin.*) **a.-the-board tariff cuts**, riduzioni generali delle tariffe doganali □ **a. the** (**English**) **Channel**, oltremanica □ **to live just a. the street**, abitare dirimpetto (*o* dall'altra parte della strada) □ **to run a. the street**, attraversare di corsa la strada.

acrostic /əˈkrɒstɪk/, *n.* (*poesia*) acrostico.

acrylate /ˈækrɪleɪt/, *n.* (*chim.*) acrilato; resina acrilica.

acrylic /əˈkrɪlɪk/, *a.* (*chim.*) acrilico: **a. resin**, resina acrilica.

act /ækt/, *n.* **1** atto; azione: **act of faith**, atto di fede; **in the act of doing st.**, nell'atto di fare q.c. **2** (*teatr.*) atto **3** legge (*approvata dal Parlamento ingl. o dal Congresso USA*): **the Abolition of Slavery Act**, la legge per l'abolizione della schiavitù **4** (*leg.*) provvedimento giudiziario; decreto; (= **act in law**) negozio giuridico **5** (*teatr.*) numero di varietà; (*fig.*) numero, scena: **It's only an act!**, è solo scena; finge; non fa sul serio **6** (*fam. USA*) imitazione; il fare il verso (a q.) **7** (*pop. USA*) attore; attrice **8** (*arc.*) tesi di laurea (*discussa in pubblico*). ● (*relig.*) **the Acts of the Apostles**, gli

Atti degli Apostoli □ (*leg.*) **act of bankruptcy**, azione (*del debitore insolvente*) che consente di dare inizio alla procedura fallimentare □ **Act of Congress**, legge del Congresso (*in U.S.A.*) □ (*leg.*) **act of indemnity**, legge di condono; sanatoria □ (*leg., stor.*) **act of oblivion**, amnistia □ (*leg.*) **Act of Parliament**, legge del Parlamento (*in G.B.*) □ (*leg.*) **by act of God**, per cause di forza maggiore □ (*leg.*) **by act of law**, «ope legis» (*lat.*) □ **to be caught in the act**, essere colto sul fatto (*leg.*: in flagrante) □ **to get into the act**, farsi avanti (*per avere un vantaggio, o la propria parte*) □ (*teatr.*) **one-act play**, atto unico □ **to put on an act**, fare la commedia; fingere; far scena (*fam.*).

to **act** /ækt/, *v. t.* e *i.* **1** agire: **The time has come to act**, è venuta l'ora di agire **2** comportarsi: **to act like a fool**, comportarsi da stupido; **to act one's age**, comportarsi da persona adulta (*e non da bambino*) **3** (*mecc.*) funzionare: **The brakes of my car act too quickly**, i freni della mia automobile hanno un funzionamento troppo immediato **4** (*teatr.*) recitare; fare la parte di, impersonare: **to act in «Macbeth»**, recitare nel *Macbeth*; **to act Macbeth**, fare la parte di Macbeth; impersonare Macbeth **5** fingere; fare la commedia: **I had a feeling that the boy was acting**, avevo l'impressione che il ragazzo fingesse. ● **to act the fool**, fare lo stupido □ **to act in bad faith**, agire in malafede.

♦**act as**, *v. i. + prep.* fungere da; fare da; agire in qualità di: **to act as a guide [as an interpreter]**, fare da guida [da interprete] □ (*comm.*) **to act as an agent for a firm**, rappresentare una ditta □ (*leg.*) **to act as chairman**, presiedere.

♦**act for**, *v. i. + prep.* **1** (*leg.*) rappresentare (q.) **2** sostituire, fare le veci di (q.).

♦**act on**, *v. i. + prep.* **1** (*anche med.*) agire su; avere effetto su **2** agire in base a: **to act on adviced received**, agire in base ai consigli ricevuti □ **to act on sb.'s behalf**, agire per conto di q.

♦**act out**, **A** *v. t. + avv.* mimare; rappresentare (q.c.) a gesti. **B** *v. i. + avv.* fare la commedia, recitare (*fig.*); fare finta, fingere: **The boy is just acting out**, il ragazzo sta facendo la commedia.

♦**act up**, *v. i. + avv.* (*fam.*: *di una parte del corpo*) fare i capricci (*fig.*); fare male: **My knee is acting up again**, il mio ginocchio fa di nuovo i capricci.

♦**act up to**, *v. i. + avv. + prep.* comportarsi all'altezza di: **to act up to one's reputation**, comportarsi all'altezza della propria reputazione.

♦**act upon**, *V.* **act on**.

actable /ˈæktəbl/, *a.* (*teatr.*) rappresentabile; recitabile.

acting (**1**) /ˈæktɪŋ/, *n.* **1** (*teatro*) interpretazione; recitazione **2** finzione; commedia (*fam.*) **3** (*mecc.*) funzionamento. ● **the a. company**, gli attori □ **a. copy**, copione (*per gli attori*) □ **double-a. machine**, macchina a doppio effetto □ **single-a. machine**, macchina a effetto unico □ **to go in for a.**, scegliere la carriera dell'attore (*o* dell'attrice) □ (*fig.*) **It's a piece of acting**, fa la commedia (*fig.*); finge.

acting (**2**) /ˈæktɪŋ/, *a.* facente funzione (di); incaricato; reggente; interinale: **a. headmaster**, preside incaricato; **a. manager**, facente funzione di direttore (*in un'azienda*). ● (*leg., comm.*) **a. partner**, socio attivo; (*anche*) socio accomandatario.

actinia /ækˈtɪnɪə/, *n.* (*pl.* **actiniae, actinias**) (*zool., Actinia*) attinia; anemone di mare.

actinic /ækˈtɪnɪk/, *a.* (*fis., fotogr.*) attinico: **a. ray**, raggio attinico.

actinism /ˈæktɪnɪzəm/, *n.* (*chim.*) attinismo; attinicità.

actinium /ækˈtɪnɪəm/, *n.* (*chim.*) attinio.

action /ˈækʃn/, *n.* **1** azione (*anche nel senso di*: effetto; intreccio *di opera letteraria o drammatica*); combattimento: **a man of a.**, un uomo d'azione; **the a. of drugs on man**, l'effetto degli stupefacenti sull'uomo; (*mil., leg.*) **to break off an a.**, sospendere un'azione; (*mil.*) **to put out of a.**, mettere fuori combattimento; **to clear for a.**, prepararsi al combattimento; **a. station**, posto di combattimento **2** moto, movimento, funzionamento (*di macchinario, organizzazione, ecc.*); parti meccaniche, meccanismo (*di pianoforte, fucile, ecc.*): **The machines are now in a.**, le macchine sono in moto, ora **3** mimica; gesti (*di attore, oratore*) **4** (*arte*) movimento **5** (*leg.*) azione legale; causa; processo (*o* procedimento) civile **6** (*pop. USA*) animazione; attività febbrile **7** (*pop. USA*) attività illegale **8** (*pop. USA*) attività sessuale **9** (*pop. USA*) gioco d'azzardo. ● (*leg.*) **a. at law**, azione in giudizio; causa □ (*leg.*) **a. for damages**, causa per danni □ (*leg.*) **a. for recovery**, azione di rivendica □ (*leg.*) **a. of recourse**, azione di regresso □ (*TV, sport*) **a. replay**, ripetizione □ (*mil.*) **A. stations!**, ai posti di combattimento! □ (*leg.*) **a. upon a bill**, azione cambiaria □ (*leg.*) **to bring** (*o* **to take**) **an a. against sb.**, far causa a q.; querelare q.; intentare processo contro q. □ (*mecc.*) **engine in full a.**, motore funzionante a pieno regime □ (*comm.*: *di lettere*) **for a.**, in evidenza □ (*mil.*: *di reparti, armi*) **to go into a.**, entrare in azione □ **killed in a.**, ucciso in combattimento □ **line of a.**, linea di azione; (*mecc.*) linea dei contatti □ (*mecc.*) **out of a.**, fermo; guasto □ (*mil.*) **to see a. for the first time**, ricevere il battesimo del fuoco □ **to take a.**, mettersi in moto (*o* all'opera); prendere provvedimenti.

to **action** /ˈækʃn/, *v. t.* (*leg., arc.*) far causa a; querelare.

actionable /ˈækʃənəbl/, *a.* (*leg.*) che dà il diritto di proporre un'azione in giudizio.

actionist /ˈækʃənɪst/, *n.* (*polit.*) fautore dell'azione diretta; interventista.

to **activate** /ˈæktɪveɪt/, *v. t.* **1** (*chim.*) attivare; rendere attivo **2** organizzare (*un ufficio, una formazione militare, ecc., così da metterli in grado di funzionare*) **3** (*fis. nucl.*) rendere radioattivo.

activation /æktɪˈveɪʃn/, *n.* (*fis., chim.*) attivazione.

activator /ˈæktɪveɪtə(r)/, *n.* (*fis., chim.*) attivatore.

active /ˈæktɪv/, *a.* **1** attivo; fattivo; che si dà da fare: **an a. young man**, un giovane attivo **2** efficace: **an a. law**, una legge efficace **3** effettivo: **I need a. help**, mi occorre un aiuto effettivo **4** (*econ., fin.*) attivo: **an a. balance of trade**, una bilancia commerciale attiva; **a. population**, popolazione attiva **5** (*gramm.*) attivo **6** (*elab.*) attivo; in corso di esecuzione. ● (*fin.*) **a. capital**, capitale circolante □ (*leg., comm.*) **a. partner**, *V.* **acting partner** □ **an a. volcano**, un vulcano attivo □ **to be on a. service**, essere in attività di servizio; (*mil.*) essere in servizio attivo.

activism /ˈæktɪvɪzəm/, *n.* (*filos., polit.*) attivismo.

activist /ˈæktɪvɪst/, *n.* (*filos., polit.*) attivista.

activity /ækˈtɪvətɪ/, *n.* attività (*in tutti i sensi*).

to **activize** /ˈæktɪvaɪz/, *v. t.* attivare; rendere attivo.

actor /ˈæktə(r)/, *n.* **1** attore; commediante **2** (*leg.*) autore di un illecito civile.

actress /ˈæktrɪs/, *n.* attrice; commediante.

actual /ˈæktʃʊəl, ˈæktʃəl/, *a.* **1** reale; vero e proprio; effettivo: **an a. fact**, un fatto vero; **a. cost**, costo effettivo **2** (*raro*) attuale. ● (*leg.*) **a. bad faith**, dolo effettivo □ (*ass.*) **a. loss**, perdita effettiva □ (*sport*) **a. play**, gioco effettivo □ (*econ.*) **a. prices**, prezzi reali □ (*mat.*) **a. value**, valore attuale □ **a. words**, parole testuali □ (*comm.*) **in a. cash**, in contanti □ **in a. fact**, in effetti; in realtà.

actualism /ˈæktʃʊəlɪzəm/, *n.* (*filos.*) attualismo.

actualist /ˈæktʃʊəlɪst/, *n.* (*filos.*) attualista.

actuality /æktʃʊˈælətɪ/, *n.* **1** realtà **2** (*pl.*) fatti veri; condizioni reali. ● (*cinem., TV, USA*) **a. program**, programma d'attualità.

actualization /æktʃʊəlaɪˈzeɪʃn, *USA* -lɪˈz-/, *n.* **1** realizzazione; attuazione **2** descrizione realistica **3** (*leg.*) ricostruzione (*di un delitto, ecc.*).

to **actualize** /ˈæktʃʊəlaɪz/, **A** *v. t.* **1** realizzare; attuare **2** descrivere realisticamente **3** (*leg.*) ricostruire (*un delitto, ecc.*). **B** *v. i.* realizzarsi; attuarsi.

actually /ˈæktʃʊəlɪ, ˈæktʃəlɪ, ˈækʃlɪ, ˈækʃɪ/, *avv.* **1** realmente; effettivamente **2** a dire il vero; in effetti: **A., I don't like beer**, in effetti, la birra non mi piace.

actuarial /æktʃʊˈɛərɪəl/, *a.* (*mat.*) attuariale.

actuary /ˈæktʃʊərɪ, *USA* -ʊerɪ/, *n.* attuario.

to **actuate** /ˈæktʃʊeɪt/, *v. t.* **1** mettere in moto; azionare; far funzionare (*una macchina*) **2** muovere, spingere (*ad agire*); motivare: **What motives actuated him?**, quali motivi lo spinsero ad agire?

actuation /æktʃʊˈeɪʃn/, *n.* **1** (*mecc.*) messa in moto; azionamento **2** incitamento; motivazione.

acuity /əˈkju:ətɪ/, *n.* **1** acuità: **visual a.**, acuità visiva **2** acutezza (*anche fig.*); acume; sagacia.

aculeate /əˈkju:lɪeɪt/, *a.* **1** (*bot., zool.*) aculeato **2** (*fig.*) pungente; mordace.

aculeus /əˈkju:lɪəs/, *n.* (*pl.* **aculei**) (*bot., zool.*) aculeo.

acumen /ˈækjʊmən, əˈkju:mən/, *n.* acume; perspicacia.

acuminate /əˈkju:mɪnət/, *a.* acuminato; aguzzo.

to **acuminate** /əˈkju:mɪneɪt/, *v. t.* acuminare; aguzzare.

acumination /əkju:mɪˈneɪʃn/, *n.* l'acuminare; aguzzatura.

acupuncture /ˈækjʊpʌŋktʃə(r)/, *n.* (*med.*) agopuntura. ● **a. practitioner**, agopuntore.

acupuncturist /ˈækjʊpʌŋktʃərɪst/, *n.* (*med.*) agopuntore.

acute /əˈkju:t/, **A** *a.* **1** acuto (*in tutti i sensi*); penetrante; perspicace; intenso: **an a. pain**, un acuto dolore **2** acuminato; aguzzo **3** (*fig.*) cruciale. **B** *n.* (*fon.*) accento acuto. ● (*med.*) **a. disease**, malattia acuta □ **a. dose**, dose letale (*di radiazione*). ‖ **-ly**, *avv.*

acuteness /əˈkju:tnəs/, *n.* **1** acutezza; acume; perspicacia **2** (*med.*) stadio acuto (*di una malattia*).

acyclic /eɪˈsaɪklɪk, -ˈsɪk-/, *a.* (*chim., bot., fis.*) aciclico.

A.D. /eɪˈdi:/, *locuz. avv.* (*abbr. di* **Anno Domini**) nell'anno del Signore; dopo Cristo (*abbr.* d.C.): **in A.D. 410** (*o* **410 A.D.**), nel 410 d.C.

ad /æd/, *n.* (*pl.* **ads**) (*abbr. fam. di* **advertisement**) annuncio pubblicitario; inserzione. ● (*fam.*) **ad copy**, materiale pubblicitario □ **ad writer**, scrittore di testi pubblicitari.

adage /ˈædɪdʒ/, *n.* adagio; massima; sentenza.

adagio /əˈdɑ:dʒɪəʊ, -dʒəʊ/, *avv., a.* e *n.* (*pl.* **adagios**) (*mus.*) adagio.

Adalbert /ˈædəlbɜ:t/, *n.* Adalberto.

Adam /ˈædəm/, *n.* Adamo: **A.'s apple**, il pomo di Adamo. ● **A.'s ale** (*o* **wine**), l'acqua □ **not to know sb. from A.**, non conoscere affatto q. □ (*scherz.*) **the old A.**, la debolezza umana.

adamant /ˈædəmənt/, **A** *n.* (*arc.*) diamante; adamante (*poet.*). **B** *a.* adamantino; deciso; risoluto; saldo: **He was a.**, si mostrò duro come un diamante (*cioè inflessibile*).

adamantine /ædəˈmæntaɪn/, *a.* (*anche fig.*) adamantino.

Adamic /əˈdæmɪk/, *a.* adamitico.

Adamite /ˈædəmaɪt/, *n.* **1** discendente d'Adamo **2** (*stor. relig.*) adamita.

to **adapt** /əˈdæpt/, **A** *v. t.* adattare. **B** to **adapt oneself**, *v. rifl.* adattarsi.

adaptability /ədæptəˈbɪlətɪ/, *n.* adattabilità.

adaptable /əˈdæptəbl/, *a.* adattabile; che sa adattarsi.

adaptation /ædæpˈteɪʃn/, *n.* **1** adattamento 2

riduzione: **This play is an a. of a novel**, questo dramma è la riduzione di un romanzo. ● (*med.*) **a. syndrome**, sindrome di adattamento.

adapter /ə'dæptə(r)/, *n.* *1* chi adatta; chi riduce; riduttore *2* (*elettr., elab., tecn., ottica*) adattatore *3* (*fotogr.*) riduttore *4* (*mecc.*) adattatore; raccordo. ● (*elettr.*) **voltage a.**, riduttore di tensione.

adaptor /ə'dæptə(r)/, *V.* **adapter**.

add /æd/, *n.* (*fam.*) addizione. ● **add-lister**, registratore di cassa.

to **add** /æd/, *v. t.* e *i.* *1* aggiungere: **to add insult to injury**, aggiungere l'offesa al danno *2* (*mat.*) addizionare; sommare. ● **to add a stitch**, aumentare una maglia (*lavorando ai ferri*) □ (*econ.*) **added value**, valore aggiunto.

♦**add in**, *v. t.* + *avv.* *1* aggiungere (*a una miscela, ecc.*) *2* aggiungere (*cifre, ecc.*); inserire.

♦**add on**, *v. t.* + *avv.* aggiungere (*alla fine*): **you should add on V.A.T.**, devi aggiungere l'I.V.A.

♦**add on to**, *v. i.* + *avv.* + *prep.* ampliare; allargare: **to add on to the staff**, ampliare l'organico.

♦**add to**, **A** *v. t.* + *prep.* aggiungere (q.c.) a. **B** *v. i.* + *prep.* aumentare; far aumentare; accrescere: **The music added to our pleasure**, la musica accrebbe il nostro godimento; **to add to friction between two people**, far aumentare l'attrito fra due persone □ (*fig.*) **to add fuel to the flames** (*o* **to the fire**), gettare olio sul fuoco (*fig.*).

♦**add together**, **A** *v. t.* + *avv.* addizionare; sommare. **B** *v. i.* + *avv.* sommarsi; (*fig.*) concorrere: **These data add together to give a clear picture of the situation**, questi dati concorrono a dare un quadro esatto della situazione.

♦**add up**, **A** *v. t.* + *avv.* addizionare; sommare. **B** *v. i.* + *avv.* *1* sommarsi *2* (*fam.*: *di conti e fig.*) tornare; quadrare: **The facts don't add up**, i fatti non quadrano □ (*al ristorante, ecc.*) **to add up the bill**, fare il conto.

♦**add up to**, *v. i.* + *avv.* + *prep.* *1* ammontare a; dare un totale di (*una certa cifra*) *2* (*fam.*) equivalere a, significare: **This adds up to saying that...**, ciò equivale a dire che...; **It doesn't add up to much**, ciò non significa un gran che.

addend /ə'dend/, *n.* (*mat.*) addendo.

addendum /ə'dendəm/, *n.* (*pl.* **addenda**) *1* aggiunta; supplemento *2* (*mecc.*) addendum (*delle ruote dentate*).

adder (**1**) /'ædə(r)/, *n.* *1* addizionatrice *2* (*elab.*) addizionatore; sommatore.

adder (**2**) /'ædə(r)/, *n.* *1* vipera (*in genere*) *2* (*zool., Vipera berus*) marasso *3* (*zool.*) – **horned a.** (*Cerastes cornutus*), ceraste. ● (*zool.*) **a.-fly**, *V.* **flying a.** □ (*bot.*) **a.'s tongue** (*Ophioglossum*), ofioglossa; lingua di serpente □ (*zool.*) **flying a.**, libellula.

addict /'ædɪkt/, *n.* *1* persona dedita a un vizio *2* (*specialm.*) tossicodipendente. ● **a drug a.**, un tossicomane □ **morphine a.**, morfinomane □ **opium a.**, oppiomane.

to **addict** /ə'dɪkt/, **A** *v. t.* indurre, stimolare, spingere (q.) al vizio. **B** to **addict oneself to**, *v. rifl.* abbandonarsi a; darsi a (*generalm. a cosa riprovevole*): **He has addicted himself to drink**, si è dato al bere. ● **addicted to alcohol**, alcolizzato □ **to be addicted to drugs**, essere dedito alla droga; essere un tossicodipendente □ **addicted to television**, videodipendente.

addiction /ə'dɪkʃn/, *n.* *1* condizione di chi è dedito (*a cosa riprovevole*) *2* propensione; passione: **a. to comics**, passione per i fumetti *3* (*med.*, = **drug a.**) tossicodipendenza.

addictive /ə'dɪktɪv/, *a.* (*di droga, ecc.*) che dà assuefazione.

adding /'ædɪŋ/, *n.* addizione. ● **a. machine**, addizionatrice.

addition /ə'dɪʃn/, *n.* *1* (*mat.*) addizione; somma *2* aggiunta; supplemento *3* (*chim.*) addizione: **a. compound**, composto di addizione. ● **in a. to**, oltre a □ **There was an a. to the family**, nacque un bambino.

additional /ə'dɪʃənl/, *a.* addizionale; aggiuntivo; supplementare; suppletivo. ● (*comm.*) **a. charge**, (spesa) extra □ (*leg.*) **a. proof**, prova accessoria □ (*trasp.*) **a. stop**, fermata sussidiaria □ (*econ.*) **a. tax**, (imposta) addizionale; soprattassa □ **a. worker**, operaio in aggiunta; «extra».

additionally /ə'dɪʃənəlɪ/, *avv.* in aggiunta; in più; inoltre.

additive /'ædɪtɪv/, **A** *a.* additivo; aggiuntivo. **B** *n.* (*chim.*) additivo: (*di un alimento*) **free from additives**, senza additivi.

additivity /ædɪ'tɪvətɪ/, *n.* (*mat., stat.*) additività.

addle /'ædl/, *a.* *1* (*di uovo*) guasto; marcio *2* (*di cervello*) confuso; vuoto. ● **a.-brained** (*o* **a.-headed**, *scherz.* **a.-pated**), sciocco; dalla testa vuota; svanito; svampito (*pop.*).

to **addle** /'ædl/, *v. t.* e *i.* *1* confondere, confondersi *2* (*di uova*) guastarsi; andare a male: **an addled egg**, un uovo andato a male.

add-on /'ædɒn, *USA* -ɔːn/, *n.* (*elab.*) circuito (hardware, ecc.) di complemento. ● **a. memory**, memoria aggiunta.

address /ə'dres, *USA* 'ædres/, *n.* *1* indirizzo; recapito *2* discorso; allocuzione *3* (= **social a.**) maniera di presentarsi; modo di fare (*o* di parlare) *4* modo di rivolgersi (a q.): **The correct form of a. to an English policeman is «Excuse me, officer»**, il modo corretto di rivolgersi a un poliziotto inglese è «Excuse me, officer» *5* (*elab.*) indirizzo *6* (*naut.*) raccomandazione (*in un contratto di noleggio*). ● **a. book**, indirizzario □ (*elab.*) **a. bus**, bus d'indirizzamento □ (*elab.*) **a. character**, carattere d'identificazione □ (*elab.*) **a. track**, pista (degli) indirizzi □ **a person of no fixed a.**, una persona senza fissa dimora □ **to pay one's addresses to a lady**, rendere omaggio a una signora; fare la corte a una signora.

to **address** /ə'dres, *USA* 'ædres/, **A** *v. t.* *1* indirizzare (*una lettera, un pacco, ecc.*) *2* parlare a; rivolgere la parola a; rivolgersi a: **You must a. the judge as «Your Honour»**, dovete rivolgere la parola al giudice chiamandolo «Vostro Onore»; **His words were addressed to you, not to me**, le sue parole erano rivolte a te, non a me *3* arringare; fare un discorso a (*una folla, ecc.*) *4* (*comm., naut.*) raccomandare. **B** to **address oneself to**, *v. rifl.* mettersi a; dedicarsi a; impegnarsi in. ● **Don't a. me like that!**, non parlarmi in questo modo!

addressee /ædre'siː/, *n.* *1* destinatario, destinataria (*di una lettera*) *2* (*ling.*) interlocutore, interlocutrice.

addresser /ə'dresə(r)/, *n.* *1* mittente (*di una lettera*) *2* targhettatrice.

addressing machine /ə'dresɪŋməʃiːn/, *n.* adrema; macchina stampaindirizzi. ● **addressing-machine operator**, adremista.

addressograph /ə'dresəgrɑːf, *USA* -æf/, *n.* (*marchio*) targhettatrice.

to **adduce** /ə'djuːs, *USA* ə'duːs/, *v. t.* addurre; accampare (*una ragione*); citare (*come esempio o fonte*).

adducent /ə'djuːsənt, *USA* ə'duː-/, *a.* (*fisiol.*) adduttore.

adducible /ə'djuːsəbl, *USA* ə'duː-/, *a.* adducibile; citabile.

to **adduct** /ə'dʌkt/, *v. t.* (*fisiol.*) addurre.

adduction /ə'dʌkʃn/, *n.* *1* citazione *2* (*fisiol.*) adduzione.

adductor /ə'dʌktə(r)/, *n.* (*anat.*) adduttore.

Adela /'ædɪlə/, **Adele** /ə'del/, *n.* Adele.

adenitis /ædɪ'naɪtɪs/, *n.* (*med.*) adenite.

adenoidal /ædɪ'nɔɪdl/, *a.* (*anat., med.*) adenoideo. ● **a. voice**, voce da chi soffre di adenoidi.

adenoids /'ædɪnɔɪdz/, *n. pl.* (*anat., med.*) adenoidi.

adenoma /ædɪ'nəʊmə/, *n.* (*med.*) adenoma.

adenopathy /ædɪ'nɒpəθɪ/, *n.* (*med.*) adenopatia.

adept (**1**) /'ædept, ə'dept/, *n.* esperto. ● **He is a great a. in the art of lying**, è assai abile nell'arte del mentire □ **like a musical a.**, come un esperto musicista.

adept (**2**) /ə'dept/, *a.* abile; esperto; provetto.

adequacy /'ædɪkwəsɪ/, *n.* adeguatezza.

adequate /'ædɪkwət/, *a.* *1* adeguato; sufficiente *2* passabile; discreto. ● **a. to**, all'altezza di (*esigenze, situazioni*). || **-ly**, *avv.*

to **adhere** /əd'hɪə(r)/, *v. i.* aderire: **to a. to**, essere attaccato a; aderire a; sostenere (*un partito*); essere fedele a (*un'idea*).

adherence /əd'hɪərəns/, *n.* *1* aderenza; adesione *2* (*fig.*) attaccamento; devozione; fedeltà.

adherent /əd'hɪərənt/, **A** *a.* aderente. **B** *n.* aderente; seguace.

adhesion /əd'hiːʒn/, *n.* *1* adesione *2* (*fig.*) attaccamento; devozione; fedeltà *3* (*med.*) aderenza *4* (*mecc.*) aderenza.

adhesive /əd'hiːsɪv/, **A** *a.* adesivo: **a. tape**, nastro adesivo. **B** *n.* adesivo (*il materiale*). ● **a. paper**, carta gommata. || **-ly**, *avv.* || **-ness**, *sost.*

to **adhibit** /əd'hɪbɪt/, *v. t.* (*raro*) applicare; somministrare.

ad hoc /æd'hɒk, -'həʊk, ɑːd-/ (*lat.*), *a.* e *avv.* ad hoc: **an ad hoc committee**, un comitato (creato) ad hoc.

adhocracy /æd'hɒkrəsɪ/, *n.* (*polit.*) adocrazia.

adiabatic /ædɪə'bætɪk, eɪdaɪə-/, *a.* (*fis., mecc.*) adiabatico: **a. chart**, diagramma adiabatico.

adiantum /ædɪ'æntəm/, *n.* (*solo sing.*) (*bot., Adiantum*) adianto.

adieu /ə'djuː, *USA* ə'duː/, **A** *inter.* addio. **B** *n.* (*pl.* **adieus, adieux**) addio: **to make** (*o* **to take**) **one's a.**, dire addio; congedarsi.

adipic /ə'dɪpɪk/, *a.* (*chim.*) adipico.

adipose /'ædɪpəʊs/, **A** *a.* adiposo. **B** *n.* adipe; grasso animale.

adiposity /ædɪ'pɒsətɪ/, *n.* adiposità.

adit /'ædɪt/, *n.* *1* (*raro*) adito; accesso *2* (*ind. min.*) galleria d'accesso.

adjacence /ə'dʒeɪsns/, *V.* **adjacency**.

adjacency /ə'dʒeɪsnsɪ/, *n.* adiacenza; prossimità.

adjacent /ə'dʒeɪsnt/, *a.* adiacente: **a. angles**, angoli adiacenti.

adjectival /ædʒɪk'taɪvl/, *a.* (*gramm.*) aggettivale.

adjectivalization /ədʒektɪvəlaɪ'zeɪʃn, *USA* -lɪ'z-/, *n.* (*ling.*) aggettivazione.

adjective /'ædʒɪktɪv/, **A** *a.* *1* (*gramm.*) aggettivale: **the a. use of nouns**, l'uso aggettivale dei sostantivi *2* (*raro*) accessorio; addizionale. **B** *n.* (*gramm.*) aggettivo.

to **adjoin** /ə'dʒɔɪn/, *v. t.* e *i.* *1* essere vicino (*o* contiguo) (a): **My farm adjoins the lake**, la mia fattoria è vicina al lago; **The two building lots a.**, i due lotti sono contigui *2* collegare; unire.

adjoining /ə'dʒɔɪnɪŋ/, *a.* vicino; attiguo; adiacente.

to **adjourn** /ə'dʒɜːn/, *v. t.* e *i.* *1* rimandare, rinviare; differire; aggiornare; sospendere i lavori (*di deputati, congressisti, ecc.*): **The meeting adjourned at ten sharp**, la seduta fu tolta alle dieci in punto *2* (*fam.*) spostarsi; passare (*da un luogo all'altro*): **When lunch was over, we adjourned to the library**, dopo la colazione, passammo in biblioteca.

adjournable /ə'dʒɜːnəbl/, *a.* differibile; rinviabile.

adjournment /ə'dʒɜːnmənt/, *n.* rinvio; aggiornamento.

to **adjudge** /ə'dʒʌdʒ/, *v. t.* (*leg.*) *1* giudicare *2* (*arc.*) condannare: **The criminal was adjudged to jail**, il criminale fu condannato al carcere *3* aggiudicare; assegnare con sentenza. ● **to a. legal damages to sb.**, accordare un indennizzo a q.

adjudgement /ə'dʒʌdʒmənt/, *n.* (*leg.*) *1* giudizio; sentenza *2* (*arc.*) condanna *3* aggiudicazione, assegnazione (*di un indennizzo, ecc.*).

to **adjudicate** /ə'dʒuːdɪkeɪt/, *v. t.* e *i.* (*leg.*) *1* giudicare *2* fare da giudice; decidere *3* aggiudicare, assegnare (*un indennizzo, ecc.*). ● **to a. sb. bankrupt**, dichiarare q. fallito.

adjudication /ədʒuːdɪ'keɪʃn/, *n.* (*leg.*) *1* giudizio; sentenza *2* aggiudicazione; assegnazione *3* (= **a. of bankruptcy**) dichiarazione di fallimento.

adjudicative /ə'dʒuːdɪkətɪv, *USA* -eɪtɪv/, *a.* aggiudicativo.

adjudicator /ə'dʒuːdɪkeɪtə(r)/, *n.* chi giudica; chi aggiudica; giudice; membro di una giuria (*in un concorso*).

adjudicatory /ə'dʒuːdɪkətrɪ, *USA* -tɔːrɪ/, *a.* (*leg.*) decisorio.

adjunct /'ædʒʌŋkt/, **A** *n.* *1* aggiunta; appendice *2* impiegato aggiunto; subordinato *3* (*gramm.*) attributo; epiteto *4* (*filos.*) attributo secondario. **B** *a.* aggiuntivo; accessorio.

adjunctive /æ'dʒʌŋktɪv/, *a.* aggiuntivo.

adjuration /ædʒʊə'reɪʃn/, *n.* (*raro*) *1* impegno solenne (*sotto giuramento*) *2* implorazione; supplica.

to **adjure** /ə'dʒʊə(r)/, *v. t.* *1* (*arc.*) imporre a (q.) su giuramento (*di fare q.c.*) *2* scongiurare; implorare; supplicare.

to **adjust** /ə'dʒʌst/, **A** *v. t.* *1* sistemare; aggiustare; adattare; accomodare; mettere in ordine: (*mil.*) **to a. one's aim** (*o* **to a. the gun sight**), aggiustare la mira *2* (*leg.*) comporre (*una lite*) *3* regolare, mettere a punto (*l'orologio, ecc.*) *4* (*tecn.*) regolare; mettere a punto; registrare; tarare (*strumenti, ecc.*) *5* (*fin., rag.*) rettificare; conguagliare *6* (*Borsa, econ.*) correggere; ragguagliare: **adjusted price**, prezzo ragguagliato; **to a. imbalances**, correggere squilibri *7* (*ass., naut.*) liquidare (*un'avaria*). **B to adjust oneself to**, *v. rifl.* adattarsi a. ● (*demogr.*) **adjusted rate**, quoziente normalizzato □ (*rag.*) **adjusting entry**, scrittura di rettifica.

adjustable /ə'dʒʌstəbl/, *a.* *1* adattabile; regolabile; sistemabile *2* (*leg.*: *di lite, ecc.*) componibile *3* (*tecn.*) registrabile *4* (*ass., naut.*: *d'avaria*) liquidabile. ● (*fin.*) **a. peg**, parità mobile (*o* variabile) □ (*mecc.*) **a. spanner** (*USA*: **a. wrench**), chiave inglese (*o* a rullino) □ (*autom.*) **a. steering wheel**, volante regolabile.

adjuster /ə'dʒʌstə(r)/, *n.* *1* (*leg.*) chi porta a un accomodamento; chi compone una vertenza *2* (*ass., USA*) perito *3* (*ass., naut.*) liquidatore (*d'avaria*) *4* (*mecc.*) aggiustatore; revisionatore. ● (*mecc.*) **a. screw**, vite di regolazione.

adjustment /ə'dʒʌstmənt/, *n.* *1* aggiustamento; adattamento; sistemazione *2* (*leg.*) accomodamento; composizione (*di una lite*) *3* regolazione (*dell'orologio, ecc.*) *4* (*mecc.*) registrazione; regolazione; messa a punto; taratura (*di strumenti, ecc.*) *5* (*fin., rag.*) rettifica; conguaglio *6* (*Borsa, econ.*) correzione; ragguaglio *7* (*ass., naut.*) liquidazione (*d'avaria*). ● (*rag.*) **a. account**, conto generale (*o* di riepilogo) □ (*ass., naut.*) **a. of average**, liquidazione (*o* regolamento) d'avaria □ (*econ.*) **a. of prices**, allineamento dei prezzi □ (*autom., mecc.*) **out of a.**, sregolato: **The points are out of a.**, le puntine sono sregolate.

adjustor /ə'dʒʌstə(r)/, *V.* **adjuster**.

adjutage /'ædʒʊtɪdʒ/, *n.* (*tecn.*) tubo di efflusso.

adjutancy /'ædʒʊtənsɪ/, *n.* (*mil.*) ufficio (*o* grado) di aiutante.

adjutant /'ædʒʊtənt/, *a.* e *n.* *1* assistente *2* (*mil.*) aiutante (*di stato maggiore*): **a. general**, aiutante maggiore; (*USA*) ufficiale amministratore di un'unità; (*naut.*) aiutante di bordo *3* (*zool., Leptoptilus dubius*; = **a. crane, a. stork**) marabù asiatico.

adjuvant /'ædʒʊvənt/, **A** *a.* ausiliare; che è d'aiuto. **B** *n.* *1* coadiutore; cooperatore *2* (*farm.*) coadiuvante.

ad lib /æd'lɪb/, *locuz. avv.* (*abbr. di* **ad libitum**) *1* a piacere; a volontà *2* improvvisando; «ex tempore»; là per là.

ad-lib /'ædlɪb/, *a. pred.* (*fam.*) improvvisato; estemporaneo.

to **ad-lib** /æd'lɪb/, *v. t.* (*fam.*) *1* improvvisare (*battute, musica, ecc.*) *2* suonare (*jazz*) improvvisando.

adman /'ædmæn/, *n.* (*pl.* **admen**) (*fam.*) (agente) pubblicitario.

admass /'ædmæs/, *a. attr.* della (*o* relativo alla) pubblicità massiccia. ● **our a. society**, la nostra società, vittima della pubblicità massiccia.

to **admeasure** /æd'meʒə(r)/, *v. t.* (*arc.*) *1* commisurare *2* ripartire.

admeasurement /æd'meʒəmənt/, *n.* (*arc.*) *1* misurazione; confronto *2* misura; dimensioni *3* equa distribuzione; ripartizione.

adminicle /æd'mɪnɪkl/, *n.* *1* (*arc.*) aiuto; appoggio; sostegno *2* (*leg.*) prova aggiuntiva; pezza d'appoggio (*fam.*).

to **administer** /əd'mɪnɪstə(r)/, **A** *v. t.* *1* amministrare (*la giustizia, una proprietà, i sacramenti*) *2* somministrare (*una medicina, una punizione*) *3* deferire, far prestare (*un giuramento*). **B** *v. i.* *1* fungere da amministratore *2* (*relig.*) officiare *3* – **to a. to**, essere d'aiuto, venire incontro a: **to a. to sb.'s needs**, venire incontro ai bisogni di q. ● **to a. the law**, applicare la legge □ **to a. relief**, fornire aiuti; dare assistenza □ (*econ.*) **administered prices**, prezzi amministrati.

administrable /əd'mɪnɪstrəbl/, *a.* *1* amministrabile *2* somministrabile.

to **administrate** /əd'mɪnɪstreɪt/, *v. t.* amministrare.

administration /ədmɪnɪ'streɪʃn/, *n.* *1* amministrazione (*anche nel senso di*: governo, personale di un ministero, ecc.): **the a. of justice**, l'amministrazione della giustizia *2* somministrazione (*di medicine, punizioni, ecc.*) *3* deferimento (*di giuramento*) *4* (*leg.*) curatela *5* (*USA*) governo federale; Amministrazione: **the Republican A.**, l'Amministrazione repubblicana. ● (*leg.*) **a. of a bankrupt's estate**, curatela di un fallimento □ (*USA*) **A. office**, ufficio governativo (*o* federale) □ (*leg.*) **letters of a.**, nomina di curatore (*dei beni di una persona morta «intestata»*).

administrative /əd'mɪnɪstrətɪv, *USA* -streɪtɪv/, *a.* amministrativo. ● (*rag.*) **a. audit**, revisione contabile interna □ (*rag.*) **a. costs**, costi d'amministrazione □ (*contabilità di stato*) **a. transfer**, storno (*di fondi*).

administrator /əd'mɪnɪstreɪtə(r)/, *n.* *1* amministratore *2* somministratore *3* (*leg.*) curatore testamentario provvisorio *4* (*leg.*) amministratore di eredità.

administratorship /əd'mɪnɪstreɪtəʃɪp/, *n.* *1* funzione di amministratore *2* (*leg.*) curatela testamentaria provvisoria.

administratrix /əd'mɪnɪstreɪtrɪks/, *n.* (*pl.* **administratrices**) amministratrice.

admirable /'ædmərəbl/, *a.* *1* ammirabile; mirabile; ammirevole *2* eccellente; ottimo.

admirably /'ædmərəblɪ/, *avv.* *1* mirabilmente; in modo ammirevole *2* a meraviglia; perfettamente; benissimo: **This offer suits me a.**, questa offerta mi quadra a meraviglia.

admiral /'ædmərəl/, *n.* *1* ammiraglio *2* (= **a.-ship**) nave ammiraglia. ● **a.'s flag**, insegna ammiraglia □ **A. of the Fleet**, Comandante in capo della Flotta □ **Lord High A.**, Grand'Ammiraglio (*in G.B.*) □ **Rear A.**, contrammiraglio.

admiralship /'ædmərəlʃɪp/, *n.* ammiragliato (*grado, funzione di ammiraglio*).

admiralty /'ædmərəltɪ/, *n.* *1* ammiragliato (*grado, ufficio di ammiraglio*) *2* – **the A.**, l'Ammiragliato (*il Ministero della Marina da Guerra, fino al 1964*). ● **A. Court**, Tribunale competente nelle cause marittime □ (*leg.*) **A. law**, diritto della navigazione □ **Court of A.**, Tribunale militare della Marina □ **First Lord of the A.**, Ministro della Marina (*in G.B.*).

admiration /ædmə'reɪʃn/, *n.* *1* ammirazione *2* oggetto di ammirazione: **She was the a. of the whole town**, ella era oggetto dell'ammirazione di tutta la città.

to **admire** /əd'maɪə(r)/, *v. t.* *1* ammirare *2* (*fam.*) esprimere ammirazione per (q.c.): **I forgot to a. her doggie**, dimenticai di esprimere la mia ammirazione per il suo cagnolino.

admirer /əd'maɪərə(r)/, *n.* ammiratore; (*anche*) corteggiatore.

admiringly /əd'maɪərɪŋlɪ/, *avv.* con grande ammirazione.

admissibility /ədmɪsə'bɪlətɪ/, *n.* ammissibilità.

admissible /əd'mɪsəbl/, *a.* ammissibile; accettabile.

admission /əd'mɪʃn/, *n.* *1* ammissione (*a scuola, a un circolo, ecc.*): **A. Day**, giorno dell'Ammissione (*festa di alcuni Stati americani, per celebrare l'ammissione all'Unione*) *2* riconoscimento (*che una cosa è vera o non vera*); confessione (*di colpa, ecc.*); ammissione (*di responsabilità, ecc.*) *3* entrata; ingresso: **free a.**, ingresso libero *4* (*in un ospedale, ecc.*) accettazione. ● **a. fee**, prezzo del biglietto d'ingresso □ (*leg.*) **a. of evidence**, ammissione di prova □ **a. ticket**, biglietto d'ingresso □ **to give a. to sb.**, lasciar entrare q.

admissive /əd'mɪsɪv/, *a.* che ammette; che tende ad ammettere.

to **admit** /əd'mɪt/, **A** *v. t.* *1* ammettere; far entrare: **to be admitted to Oxford university**, essere ammesso all'università di Oxford *2* ammettere; riconoscere; concedere; confessare *3* contenere; ospitare: **The hotel admits five hundred guests**, l'albergo può contenere cinquecento clienti *4* (*in un ospedale, ecc.*) accettare (*un paziente*). **B** *v. i.* – **to a. of**, ammettere; lasciare adito a: **It admits of no doubt**, non lascia adito ad alcun dubbio. ● **to a. a claim**, accogliere un reclamo □ **This ticket admits two**, questo biglietto è valido per due persone □ **«Admitting»** (*cartello*), «accettazione» (*in ospedale*).

admittable /əd'mɪtəbl/, *a.* ammissibile.

admittance /əd'mɪtns/, *n.* *1* ammissione; ingresso; entrata *2* (*elettr.*) ammettenza. ● **No a.**, (*cartello*) vietato l'ingresso.

admittedly /əd'mɪtɪdlɪ/, *avv.* per ammissione (*o* riconoscimento) generale; dichiaratamente; certamente; certo.

to **admix** /əd'mɪks, *USA* æd-/, **A** *v. t.* *1* mescolare *2* aggiungere (q.c.) a una miscela. **B** *v. i.* mescolarsi.

admixture /əd'mɪkstʃə(r), *USA* æd-/, *n.* *1* mescolanza; miscela *2* sostanza aggiunta in una miscela *3* miscuglio *4* (*ind. tess.*) mescola.

to **admonish** /əd'mɒnɪʃ, *USA* æd-/, *v. t.* ammonire; esortare; avvertire; mettere in guardia: **I admonished him against being late**, lo ammonii a non arrivare in ritardo.

admonisher /əd'mɒnɪʃə(r), *USA* æd-/, *n.* ammonitore.

admonishment /əd'mɒnɪʃmənt, *USA* æd-/, *n.* ammonimento; esortazione; avvertimento; rimprovero.

admonition /ædmə'nɪʃn/, *n.* ammonizione; rimprovero.

admonitory /əd'mɒnɪtrɪ, *USA* æd'mɒnɪtɔːrɪ/, *a.* ammonitorio.

adnominal /æd'nɒmɪnl/, *a.* (*ling.*) adnominale.

ado /ə'duː/, *n.* (*pl.* **ados**) *1* trambusto; chiasso; baccano; rumore: **much ado about nothing**, molto rumore per nulla *2* (*raro*) fatica; stento.

adobe /ə'dəʊbɪ/ (*spagn.*), *n.* *1* adobe; mattone cotto al sole *2* (*in U.S.A.*) adobe; casa di mattoni cotti al sole.

adolescence /ædə'lesns/, *n.* adolescenza.

adolescent /ædə'lesnt/, **A** *n.* adolescente. **B** *a.* *1* di (*o* da) adolescente; adolescenziale *2* (*spreg.*) infantile; puerile.

Adolph /'ædɒlf/, *n.* Adolfo.

Adonis /ə'dəʊnɪs/, *n.* *1* (*mitol.*) Adone *2* (*fig. arc.*) damerino, bellimbusto *3* (*bot., Adonis*) adonide *4* (*bot., Adonis vernalis*) adonide gialla.

to **adopt** /ə'dɒpt/, *v. t.* adottare (*un bambino, un'idea, un metodo, un provvedimento*). ● (*comm.*) **to a. a balance**, approvare un bilancio □ **one's adopted country**, la patria d'elezione; il paese d'adozione □ **adopted son**, figlio adottato (*o* adottivo).

adoptable /ə'dɒptəbl/, *a.* adottabile.

adoptee /ədɒp'tiː/, *n.* (*leg.*) adottato, adottata.

adopter /ə'dɒptə(r)/, *n.* (*leg.*) adottante.

adoption /ə'dɒpʃn/, *n.* (*anche leg.*) adozione.

adoptive /ə'dɒptɪv/, *a.* adottivo: **a. son**, figlio adottivo.

adorability /ədɔːrə'bɪlətɪ/, *n.* adorabilità.

adorable /ə'dɔːrəbl/, *a.* *1* adorabile *2* (*fam.*) delizioso.

adoration /ædə'reɪʃn/, *n.* adorazione; venerazione.

to **adore** /ə'dɔː(r)/, *v. t.* *1* adorare; venerare; amare molto *2* (*fam.*) piacere molto (*impers.*); andare pazzo per (*fam.*): **I simply a. it**, è la mia passione; ne vado pazzo.

adorer /ə'dɔːrə(r)/, *n.* adoratore; (*anche*) ardente innamorato.

to **adorn** /ə'dɔːn/, *v. t.* adornare; abbellire; ornare.

adornment /ə'dɔːnmənt/, *n.* adornamento (*raro*); ornamento.

adperson /'ædpɜːsn/, *n.* (*pl.* **adpeople**) pubblicitario (*uomo o donna*).

adrenal /ə'driːnl/, *a.* (*anat.*) surrenale: **a. glands**, ghiandole surrenali.

adrenaline /ə'drenəlɪn/, *n.* (*biochim.*) adrenalina.

Adrian /'eɪdrɪən/, *n.* Adriano.

Adrianople /eɪdrɪə'nəʊpl/, *n.* (*geogr.*) Adrianopoli.

Adriatic /eɪdrɪ'ætɪk/, *a.* e *n.* (*geogr.*) Adriatico.

adrift /ə'drɪft/, *avv.* e *a. pred.* (*anche fig.*) alla deriva: (*naut.*) **to go a.**, andare alla deriva. ● **to be morally a.**, essere uno sbandato □ **to turn sb. a.**, cacciare q. di casa; gettare q. sul lastrico.

adroit /ə'drɔɪt/, *a.* abile; accorto; destro; sagace. || **-ly**, *avv.* || **-ness**, *sost.*

adry /ə'draɪ/, *avv.* e *a. pred.* (*arc.*) *1* a secco *2* (*fig.*) assetato.

adscititious /ædsɪ'tɪʃəs/, *a.* ascitizio (*lett.*); accessorio.

to **adsorb** /æd'sɔːb/, *v. t.* (*fis., chim.*) adsorbire.

adsorbent /æd'sɔːbənt/, *a.* e *n.* (*chim., med.*) adsorbente.

adsorber /æd'sɔːbə(r)/, *n.* (*chim., fis.*) adsorbitore.

adsorption /æd'sɔːpʃn/, *n.* (*fis., chim.*) adsorbimento.

adsum /'ædsʊm, -sʌm/ (*lat.*), *inter.* presente!

to **adulate** /'ædjʊleɪt, *USA* 'ædʒʊ-/, *v. t.* adulare.

adulation /ædjʊ'leɪʃn, *USA* ædʒʊ-/, *n.* adulazione.

adulator /'ædjʊleɪtə(r), *USA* 'ædʒʊ-/, *n.* adulatore.

adulatory /'ædjʊleɪtərɪ, *USA* 'ædʒʊlətɔːrɪ/, *a.* adulatorio.

adult /'ædʌlt, ə'dʌlt/, **A** *a.* *1* adulto; maturo *2* da adulto *3* per adulti. **B** *n.* adulto. ● **a. education**, istruzione permanente.

adulterant /ə'dʌltərənt/, *a.* e *n.* adulterante.

adulterate /ə'dʌltərət/, *a.* *1* adulterato; alterato; sofisticato; spurio *2* adultero *3* di (*o* da) adultero; adulterino.

to **adulterate** /ə'dʌltəreɪt/, *v. t.* *1* adulterare; sofisticare; contraffare *2* corrompere (*un testo, ecc.*) *3* falsificare.

adulteration /ədʌltə'reɪʃn/, *n.* *1* adulterazione; sofisticazione; contraffazione *2* corruzione (*di un testo, ecc.*) *3* falsificazione.

adulterator /ə'dʌltəreɪtə(r)/, *n.* adulteratore; sofisticatore.

adulterer /ə'dʌltərə(r)/, *n.* adultero.

adulteress /ə'dʌltərɪs/, *n.* adultera.

adulterine /ə'dʌltəraɪn/, *a.* *1* adulterino *2* falso; contraffatto.

adulterous /ə'dʌltərəs/, *a.* adultero; di (*o* relativo a) adulterio.

adultery /ə'dʌltərɪ/, *n.* adulterio.

adumbral /ə'dʌmbrəl/, *a.* in ombra; ombreggiato; ombroso.

to **adumbrate** /'ædʌmbreɪt, ə'dʌmbreɪt/, *v. t.* *1* adombrare; accennare *2* far intravedere; far presagire *3* ombreggiare *4* abbozzare.

adumbration /ædʌm'breɪʃn/, *n.* *1* adombramento; accenno *2* segno premonitore; presagio *3* ombreggiamento *4* abbozzo; schizzo.

adumbrative /ə'dʌmbrətɪv, *USA* 'ædʌmbreɪtɪv/, *a.* che adombra; allusivo.

adust /ə'dʌst/, *a.* (*arc.*) adusto; abbruciato; riarso.

ad valorem /ædvə'lɔːrəm, -em/, *avv.* (*comm.*) ad valorem: **ad v. duty**, dazio doganale ad valorem.

advance /əd'vɑːns, *USA* -'væns/, *n.* *1* avanzamento; l'avanzare; marcia *2* aumento; rialzo: **There has been a considerable a. in the cost of living**, c'è stato un notevole aumento del costo della vita *3* (*banca, comm.*) anticipo; anticipazione; acconto; prestito: **I was granted an a. on current account**, ottenni un anticipo su conto corrente *4* progresso: **Technology is making great advances**, la tecnologia fa grandi progressi *5* (*pl.*) approcci; i primi passi: **to make advances**, fare approcci (*per farsi amico q.*); fare i primi passi (*per comporre una vertenza*) *6* (*pl.*) avances; approcci amorosi *7* (*mil.*) avanzata *8* (*autom., mecc.*) anticipo. ● (*comm.*) **a. against merchandise**, anticipo sulla merce □ (*banca*) **a. against security**, anticipazione su garanzia □ **a. copy (of a book)**, copia (di un libro) presentata prima della commercializzazione □ (*naut.*) **a. freight**, nolo anticipato □ (*mil.*) **a. guard**, avanguardia □ (*USA*) **a. man**, assistente (*di un uomo politico*) mandato «in avanscoperta elettorale» □ (*banca*) **advances on securities**, prestiti su titoli □ **in a.**, anticipatamente □ **in a. of**, prima di; (*di idee, ecc.*) in anticipo su (*i tempi, ecc.*) □ **payment in a.**, pagamento anticipato.

to **advance** /əd'vɑːns, *USA* -'væns/, **A** *v. i.* *1* avanzare; progredire *2* aumentare (*di grado, ecc.*); crescere, aumentare, salire (*fig*): **Prices continue to a.**, i prezzi continuano a salire. **B** *v. t.* *1* promuovere; favorire *2* anticipare (*una data*); mettere avanti (*l'orologio*) *3* esporre; far presente: **May I a. my opinion on the matter?**, posso dire la mia (sull'argomento)? *4* anticipare (*denaro*); pagare in anticipo; concedere (*come acconto o prestito*): **I will a. you a week's pay as a loan**, vi anticiperò una settimana di salario come prestito *5* (*comm.*) aumentare, alzare (*prezzi, percentuali, ecc.*) *6* (*leg.*) accampare, avanzare (*diritti, ecc.*) *7* (*autom., mecc.*) anticipare (*l'accensione*). ● **to a. a claim**, avanzare una pretesa; (*leg.*) accampare un diritto □ **to a. in price**, aumentare di prezzo □ (*mil.*) **to a. on the enemy**, muovere contro il nemico.

advanced /əd'vɑːnst, *USA* -'vænst/, *a.* *1* avanzato *2* avanzato negli anni; anziano *3* progredito; avanzato: **a. ideas**, idee avanzate (*o* progredite) *4* superiore: **a. studies**, studi superiori. ● (*econ.*) **a. countries**, i paesi progrediti □ **to be a. in years**, essere avanti con gli anni □ (*a scuola*) **a. level**, *V.* **A level**, *sotto* **A, a** □ (*ferr., in G.B.*) **a. passenger train** (*abbr.* **APT**), treno super rapido (*cfr. ital.* «*pendolino*») □ **a. students**, studenti «progrediti».

advancement /əd'vɑːnsmənt, *USA* -'væns-/, *n.* *1* avanzamento; progresso; promozione *2* (*di prezzi*) aumento, rialzo.

advantage /əd'vɑːntɪdʒ, *USA* -'vænt-/, *n.* *1* vantaggio; convenienza; beneficio; profitto: **They sold the goods to a.**, vendettero la merce con profitto *2* vantaggio; superiorità: **to gain** (*o* **to win**) **an a. over**, acquistare un vantaggio su; **to have an a. over** (*o* **to have the a. of**), essere in vantaggio su *3* (*tennis*) vantaggio. ● **to a.**, con profitto; in modo da mettere in evidenza i meriti e le qualità di q. o q.c. □ **to the best a.**, nel modo più vantaggioso □ **to have the a. of sb.**, avere la meglio su q. □ **to take a. of sb.**, approfittarsi di q.; ingannare q. □ **to take a. of st.**, approfittare di q.c.; trarre profitto da q.c. □ **to take sb. at a.**, cogliere q. alla sprovvista □ **to turn st. to a.**, volgere q.c. a proprio vantaggio; trarre profitto da q.c.

to **advantage** /əd'vɑːntɪdʒ, *USA* -'vænt-/, *v. t.* avvantaggiare; favorire.

advantageous /ædvən'teɪdʒəs/, *a.* vantaggioso; proficuo.

advent /'ædvent/, *n.* *1* avvento; venuta *2* – (*relig.*) **the A.**, l'Avvento.

Adventism /'ædvəntɪzəm, -ven-/, *n.* (*relig.*) avventismo.

Adventist /'ædvəntɪst, -ven-/, *n.* e *a.* (*relig.*) avventista. ● (*relig.*) **Seventh Day A.**, avventista del settimo giorno.

adventitious /ædvən'tɪʃəs, -ven-/, *a.* *1* avventizio; accidentale; casuale; occasionale *2* (*bot.*) avventizio.

adventure /əd'ventʃə(r)/, *n.* *1* avventura *2* spirito d'avventura: **He is full of a.**, è animato da un grande spirito d'avventura *3* (*comm.*) speculazione *4* (*comm., naut.*) viaggio (*o* rischio) marittimo. ● (*in G.B.*) **a. playground**, campo di giochi per bambini.

to **adventure** /əd'ventʃə(r)/, *v. t.* e *i.* avventurare; rischiare; correre rischi; avventurarsi: **to a. into** (*o* **in**) **a desert**, avventurarsi in un deserto; **to a. on** (*o* **upon**) **an undertaking**, avventurarsi in un'impresa.

adventurer /əd'ventʃərə(r)/, *n.* *1* avventuriero *2* (*stor.*) soldato di ventura; mercenario *3* (*piuttosto arc.*) persona avventurosa.

adventuress /əd'ventʃərɪs/, *n.* avventuriera.

adventurous /əd'ventʃərəs/, *a.* *1* avventuroso *2* rischioso.

adverb /'ædvɜːb/, *n.* (*gramm.*) avverbio.

adverbial /əd'vɜːbɪəl/, *a.* (*gramm.*) avverbiale.

adversarial /ædvə'seərɪəl/, *a.* (*leg.*) accusatorio.

adversary /'ædvəsərɪ, *USA* -serɪ/, *n.* *1* avversario; antagonista *2* – (*relig.*) **the A.**, Satana.

adversative /əd'vɜːsətɪv/, *a.* (*gramm.*) avversativo.

adverse /'ædvɜːs/, *a.* *1* avverso; ostile; contrario *2* sfavorevole: **a. weather report**, bollettino meteorologico sfavorevole *3* (*di vento*) contrario. ● (*leg.*) **the a. party**, la parte avversa; la controparte □ (*fin.*) **an a. trade balance**, una bilancia commerciale deficitaria (*o* passiva).

adversely /'ædvɜːslɪ, əd'v-/, *avv.* sfavorevolmente. ● **to be a. affected by st.**, avere un'impressione negativa di q.c.

adversity /əd'vɜːsətɪ/, *n.* avversità; sfortuna; calamità.

advert /'ædvɜːt/, *n.* (*fam. USA*) annuncio pubblicitario.

to **advert** /əd'vɜːt/, *v. i.* (*raro*) riferirsi (a); rivolgere l'attenzione (a q.c.); portare il discorso (su); passare a trattare (*un argomento nuovo*).

advertence /əd'vɜːtəns/, *n.* (*raro*) attenzione; considerazione.

to **advertise** /'ædvətaɪz/, *v. t.* e *i.* fare pubblicità (*a un prodotto*); propagandare; reclamizzare; lanciare (*fig.*); inserire annunci (*su giornali*); diffondere (*per radio, ecc.*) annunci pubblicitari: **They advertised a new product**, lanciarono un nuovo prodotto. ● **to a. for st.** (**sb.**), richiedere q.c. (l'opera di q.) mediante annuncio pubblicitario: **We advertised for a cook**, mettemmo un annuncio sul giornale per trovare una cuoca □ **to a. on the radio** [**on television**], fare pubblicità alla radio [alla televisione].

advertisement /əd'vɜːtɪsmənt, *USA* ædvə'taɪzmənt/, *n.* annuncio (*o* avviso) pubblicitario; inserzione (*sui giornali*); cartellone pubblicitario: **to put an a. in a newspaper**, mettere un annuncio su un giornale. ● **a. hoarding**, tabellone pubblicitario □ **a. rates**, tariffe pubblicitarie.

advertiser /'ædvətaɪzə(r)/, *n.* inserzionista; utente della pubblicità.

advertising /'ædvətaɪzɪŋ/, **A** *n.* pubblicità. **B** *a.* pubblicitario. ● **a. agency**, agenzia di pubblicità □ **a. agent** (*o* **a. man**), agente pubblicitario □ **a. balloon**, pallone pubblicitario □ (*radio, TV*) **a. break**, break □ **a. designer**, designer pubblicitario □ **a. manager**, direttore dell'ufficio pubblicità □ **a. media**, mezzi pubblicitari □ **a. signs**, insegne pubblicitarie.

to **advertize** /'ædvətaɪz/, e *deriv.* (*USA*) *V.* **to advertise**, e *deriv.*

advice /əd'vaɪs/, *n.* **1** (*collett.*) consiglio; consigli: **a piece** (*fam.*: **a bit**) **of a.**, un consiglio **2** (*leg.*) consulenza; parere; notifica **3** (*comm.*) avviso **4** (*raro*) comunicazione; notizia; informazione. ● (*naut., arc.*) **a. boat**, nave avviso; avviso □ (*comm., ferr.*) **a. note**, lettera d'avviso □ (*Borsa*) **a. of deal**, avviso d'operazione compiuta □ (*comm.*) **as per a.**, come da avviso □ **to take medical a.**, consultare un medico.

advisability /ədvaɪzə'bɪlətɪ/, *n.* opportunità.

advisable /əd'vaɪzəbl/, *a.* consigliabile; opportuno. ‖ **-ness**, *sost.* ‖ **-bly**, *avv.*

to **advise** /əd'vaɪz/, *v. t.* e *i.* **1** consigliare; raccomandare **2** (*comm.*) avvisare; informare. ● **to a. with sb.**, consigliarsi con q.; consultare q. □ **He advised me against it**, me lo sconsigliò.

advised /əd'vaɪzd/, *a.* **1** considerato; cauto; riflessivo **2** deliberato; intenzionale **3** informato: **to keep sb. a.**, tenere informato q., tenere al corrente q. ● **ill-a.**, sconsiderato; incauto □ **well-a.**, avveduto; giudizioso.

advisedly /əd'vaɪzɪdlɪ/, *avv.* con le dovute cautele; con la debita considerazione; dopo matura riflessione.

advisement /əd'vaɪzmənt/, *n.* attenta considerazione; lunga riflessione.

adviser, (*leg.*) **advisor** /əd'vaɪzə(r)/, *n.* consulente; consigliere.

advisory /əd'vaɪzərɪ/, *a.* che dà consigli; consultivo: **a. committee**, comitato consultivo; **a. opinion**, parere consultivo. ● **a. service**, servizio di consulenza.

advocacy /'ædvəkəsɪ/, *n.* **1** (*leg.*, *in Scozia*) avvocatura; funzione dell'avvocato **2** perorazione, patrocinio (*di una causa, di un'idea*); (*leg.*) il fare comparse in aula.

advocate /'ædvəkət/, *n.* **1** (*leg.*, *in Scozia, ecc.*) avvocato: **the Devil's A.**, l'avvocato del diavolo (*nelle cause di canonizzazione*; *anche fig.*) **2** sostenitore; fautore; propugnatore. ● (*leg., in Scozia*) **A. Depute**, pubblico accusatore.

to **advocate** /'ædvəkeɪt/, *v. t.* **1** sostenere; patrocinare; perorare; essere in favore di; propugnare **2** (*leg., in Scozia*) avocare.

advocation /ædvə'keɪʃn/, *n.* (*leg.*: *in Scozia e in diritto canonico*) avocazione (*di una causa a un tribunale superiore*).

advowson /əd'vaʊzn/, *n.* (*leg.*: *nel diritto canonico anglicano*) diritto di conferire un beneficio ecclesiastico.

adwoman /'ædwʊmən/, *n.* (*pl.* **adwomen**) (*pubbl.*) pubblicitaria.

adynamia /ædaɪ'neɪmɪə/, *n.* (*med.*) adinamia.

adynamic /ædaɪ'næmɪk/, *a.* (*med.*) adinamico.

adytum /'ædɪtəm/, *n.* (*pl.* **adyta**) (*archeol., archit.*) penetrale (*di casa o tempio*).

adz, **adze** /ædz/, *n.* **1** ascia (*a lama ricurva*) **2** (*stor.*) azza.

to **adze** /ædz/, *v. t.* tagliare; assottigliare, pulire (*con l'ascia*).

aedile /'iːdaɪl, *USA* -dl/, *n.* (*stor.*) edile (*magistrato romano*).

aedileship /'iːdaɪlʃɪp, *USA* -dl-/, *n.* (*stor.*) edilità (*V.* **aedile**).

Aegean /iː'dʒiːən/, *a.* e *n.* (*geogr.*) Egeo.

aegis /'iːdʒɪs/, *n.* **1** (*mitol.*) egida **2** (*fig.*) protezione; patronato.

Aegisthus /iː'dʒɪsθəs/, *n.* (*letter.*) Egisto.

aegrotat /'iːgrəʊtæt/ (*lat.*), *n.* (*in talune università ingl.*) certificato medico che consente di superare un esame (*anche senza aver sostenuto tutte le prove*).

Aeneas /ɪ'niːəs, iː'niːæs/, *n.* (*letter.*) Enea.

Aeneid /ɪ'niːɪd, 'iːnɪɪd/, *n.* (*letter.*) Eneide.

Aeolian /iː'əʊlɪən/, *a.* (*anche scient.*) eolio: **A. harp**, arpa eolia; (*geol.*) **A. rocks**, rocce eoliche.

Aeolic /iː'ɒlɪk/, *a.* eolico.

aeolipile, **aeolipyle** /iː'ɒlɪpaɪl/, *n.* (*fis., stor.*) eolipila.

aeolotropy /iːə'lɒtrəpɪ/, *n.* (*fis.*) anisotropia.

Aeolus /'iːələs, iː'əʊləs/, *n.* (*mitol.*) Eolo.

aeon /'iːən/, *n.* **1** (*filos.*) eone **2** (*fig.*) eternità.

to **aerate** /'ɛəreɪt/, *v. t.* **1** aerare; arieggiare; dar aria a **2** ossigenare (*il sangue, respirando*) **3** immettere anidride carbonica in (*un liquido*); gassare. ● **aerated bread**, pan buffetto (*soffice*) □ **aerated water**, acqua gassata □ **aerated wine**, vino spumante (*artificiale*) □ (*ind.*) **aerating agent**, gassificante.

aeration /eɪə'reɪʃn/, *n.* **1** aerazione **2** ossigenazione (*del sangue*) **3** immissione di anidride carbonica (*in un liquido*); (*ind.*) gassatura. ● (*chim., fis.*) **a. cell**, pila a ossigeno □ (*tecn.*) **a. tank**, vasca d'aerazione.

aerator /'eɪəreɪtə(r)/, *n.* (*tecn., mecc., metall.*) aeratore.

aerial (**1**) /'ɛərɪəl/, *a.* **1** aereo (*di o nell'aria*; *di aereo*) **2** (*arc.*) etereo; immateriale; immaginario **3** (*bot.*) aereo. ● (*mil.*) **a. bomb**, bomba d'aereo □ (*USA*) **a. ladder**, scala aerea; scala da pompieri □ **a. photogrammetry**, aerofotogrammetria □ **a. photograph**, aerofotogramma □ **a. photography**, aerofotografia □ **a. railway** (*o* **a. ropeway**), funivia; teleferica □ (*cinem., TV*) **a. shots**, riprese dall'alto □ (*USA*) **a. sickness**, mal d'aria □ **a. survey**, rilevamento aereo □ (*mil.*) **a. torpedo**, aerosiluro.

aerial (**2**) /'ɛərɪəl/, *n.* (*radio, TV*) antenna (*esterna*); aereo. ● (*radio, TV*) **a. contractor** (*o* **fitter, installer, specialist**), antennista.

aerialist /'ɛərɪəlɪst/, *n.* (*USA*) trapezista (*di circo*); acrobata.

aerie /'ɛərɪ/, *n.* **1** nido di uccello rapace **2** (*anche fig.*) nido d'aquila; fortilizio assai elevato **3** nidiata d'aquilotti (*o* di rapaci).

aeriform /'ɛərɪfɔːm/, *a.* **1** aeriforme **2** immateriale; irreale.

to **aerify** /'ɛərɪfaɪ/, *v. t.* immettere aria in; aerare.

aerobatics /ɛərə'bætɪks/, *n. pl.* **1** acrobazie aeree **2** (*col verbo al sing.*) acrobatica aerea.

aerobe /'ɛərəʊb/, *n.* (*biol.*) aerobio.

aerobic /ɛə'rəʊbɪk/, *a.* **1** (*biol.*) aerobico **2** di (*o* per) l'aerobica: **a. shoes**, scarpette per l'aerobica.

to **aerobicize** /ɛə'rəʊbɪsaɪz/, *v. i.* (*fam.*) fare della ginnastica aerobica.

aerobics /ɛə'rəʊbɪks/, *n. pl.* (*col verbo al sing.*) aerobica (*ginnastica*).

aerobus /'ɛərəbʌs/, *n.* aerobus.

aerodrome /'ɛərədrəʊm/, *n.* aerodromo.

aerodynamic /ɛərədaɪ'næmɪk/, *a.* (*fis.*) aerodinamico. ● (*autom.*) **a. drag factor**, coefficiente di resistenza aerodinamica (*o di penetrazione*) □ **a. properties**, aerodinamicità.

aerodynamics /ɛərədaɪ'næmɪks/, *n. pl.* (*col verbo al sing.*) (*fis.*) aerodinamica.

aerodyne /'ɛərədaɪn/, *n.* (*aeron.*) aerodina, aerodine.

aeroembolism /ɛərəʊ'ɛmbəlɪzəm/, *n.* (*med.*) embolia gassosa.

aero-engine /'ɛərəʊendʒɪn/, *n.* (*aeron., mecc.*) motore per aerei; motore d'aviazione.

aerofoil /'ɛərəfɔɪl/, *n.* (*aeron.*) superficie aerodinamica; superficie portante.

aerogram(**me**) /'ɛərəgræm/, *n.* **1** marconigramma; radiotelegramma **2** aerogramma; lettera per posta aerea.

aerograph /'ɛərəgrɑːf, *USA* -æf/, *n.* **1** (*meteor.*) meteorografo **2** aerografo; pistola a spruzzo.

aerographer /ɛə'rɒgræfə(r)/, *n.* aerografista.

aerography /ɛə'rɒgrəfɪ/, *n.* (*geofisica*) aerografia.

aerolite /'ɛərəlaɪt/, **aerolith** /'ɛərəlɪθ/, *n.* (*geol.*) aerolito.

aerology /ɛə'rɒlədʒɪ/, *n.* (*meteor.*) aerologia.

aeromechanics /ɛərəmɪ'kænɪks/, *n. pl.* (*col verbo al sing.*) aeromeccanica.

aerometer /ɛə'rɒmɪtə(r)/, *n.* (*fis.*) aerometro.

aerometry /ɛə'rɒmətrɪ/, *n.* (*fis.*) aerometria.

aeromodelling /ɛərə'mɒdəlɪŋ/, *n.* aeromodellismo.

aeronaut /'ɛərənɔːt/, *n.* aeronauta.

aeronautic(**al**) /ɛərə'nɔːtɪk(l)/, *a.* aeronautico.

aeronautics /ɛərə'nɔːtɪks/, *n. pl.* (*col verbo al sing.*) aeronautica.

aerophagy /ɛə'rɒfədʒɪ/, *n.* (*med.*) aerofagia.

aerophobia /ɛərə'fəʊbɪə/, *n.* (*med.*) aerofobia.

aerophotogram /ɛərə'fəʊtəgræm/, *n.* aerofotogramma; aerofotografia (*l'immagine*).

aerophotography /ɛərəfəʊ'tɒgrəfɪ/, *n.* aerofotografia (*la tecnica*).

aerophyte /'ɛərəfaɪt/, *n.* (*bot.*) aerofita.

aeroplane /'ɛərəpleɪn/, *n.* aereo; aeroplano: **commercial a.**, aereo da trasporto. ● **model a.**, aeromodello.

aerosol /'ɛərəsɒl, *USA* -sɔːl/, *n.* (*chim., med.*) aerosol.

aerospace /'ɛərəspeɪs/, **A** *n.* **1** aerospazio **2** (*fig.*) industria aerospaziale. **B** *a.* aerospaziale: **a. industry**, industria aerospaziale. ● **a. medicine**, medicina spaziale.

aerostat /'ɛərəstæt/, *n.* (*aeron.*) aerostato.

aerostatic(**al**) /ɛərə'stætɪk(l)/, *a.* aerostatico.

aerostatics /ɛərə'stætɪks/, *n. pl.* (*col verbo al sing.*) aerostatica (*parte dell'aeromeccanica*).

aerostation /ɛərə'steɪʃn/, *n.* aerostazione.

aerotherapeutics /ɛərəθɛrə'pjuːtɪks/, *n. pl.* (*col verbo al sing.*) (*med.*) aeroterapia.

aerotrain /'ɛərətreɪn/, *n.* aerotreno (*treno a cuscino d'aria*).

aeruginous /ɪə'ruːdʒɪnəs, aɪə-/, *a.* color verderame; verde-grigio.

aerugo /ɪə'ruːgəʊ, aɪə-/, *n.* verderame.

aery /'eɪərɪ/, **A** *a.* (*poet.*) aereo; etereo. **B** *n.* *V.* **aerie**.

Aesop /'iːsɒp/, *n.* (*stor. letter.*) Esopo.

aesthete /'iːsθiːt/, *n.* esteta.

aesthetic(**al**) /iːs'θɛtɪk(l)/, *a.* **1** estetico **2** dotato di senso estetico.

aesthetician /iːsθɛ'tɪʃn/, *n.* studioso di estetica.

aestheticism /iːs'θɛtɪsɪzəm/, *n.* **1** estetismo **2** gusto estetico; sensibilità estetica.

aesthetics /iːs'θɛtɪks/, *n. pl.* (*col verbo al sing.*) (*filos.*) estetica.

aestival /iː'staɪvl, ɛ-, 'ɛstɪvl, 'iː-/, *a.* (*raro*) estivo.

to **aestivate** /'iːstɪveɪt, 'ɛ-/, *v. i.* (*zool.*) passare l'estate in letargo.

aestivation /iːstɪ'veɪʃn, ɛ-/, *n.* **1** (*zool.*) estivazione **2** (*bot.*) estivazione; fioritura precoce.

aether /'iːθə(r)/, *n.* etere.

aethereal /iː'θiːrɪəl/, *a.* **1** etereo **2** (*fig.*) delicatissimo; raffinatissimo.

Aethiopia /iːθɪ'əʊpɪə/, *n.* (*geogr.*) Etiopia.

Aethiopian /iːθɪ'əʊpɪən/, **A** *n.* etiope. **B** *a.* etiopico.

aetiological /iːtɪə'lɒdʒɪkl/, *a.* (*med.*) eziologico, etiologico.

aetiology /iːtɪ'ɒlədʒɪ/, *n.* (*med.*) eziologia, etiologia.

Aetna /'ɛtnə/ (*lat.*), *n.* (*geogr.*) Etna.

afar /ə'fɑː(r)/, *avv.* lontano; lungi. ● **from a.**, di (*o* da) lontano.

afear(**e**)**d** /ə'fɪəd/, *a.* (*arc. o dial.*) impaurito; spaventato.

affability /æfə'bɪlətɪ/, *n.* affabilità.

affable /ˈæfəbl/, *a.* affabile.

affair /əˈfɛə(r)/, *n.* **1** affare; faccenda **2** fatto; avvenimento; cosa: **Mind your own affairs!**, bada ai fatti tuoi!; **It was a horrible a.**, è stata una cosa orribile **3** relazione; rapporto amoroso **4** caso; scandalo **5** aggeggio; coso (*fam.*) **6** (*pl.*) affari: **to look after one's affairs**, badare ai propri affari. ● **a. of honour**, duello □ **current affairs**, affari correnti □ **love a.**, relazione amorosa (*specialm. illecita*); relazione sentimentale (*eufem.*).

to **affect** (1) /əˈfɛkt/, *v. t.* **1** avere effetto su (q. *o* q.c.); incidere, influire su (q. *o* q.c.): **The Gulf war affected the price of oil**, la guerra del Golfo influì sul prezzo del petrolio **2** avere un effetto deleterio su (q. *o* q.c.); nuocere a; pregiudicare **3** concernere; riguardare; toccare (*il cuore, ecc.*); colpire; affliggere: **The loss of his little boy affected him deeply**, la perdita del suo figlioletto lo afflisse (*o* colpì) profondamente **4** (*di una malattia*) colpire. ● **to a. sb.'s health**, nuocere alla salute di q. □ (*econ.*) **to a. prices**, incidere sui prezzi.

to **affect** (2) /əˈfɛkt/, *v. t.* **1** affettare; ostentare; darsi arie di: **to a. the lady-killer**, darsi arie da rubacuori; **He affects noble feelings**, affetta nobili sentimenti **2** prediligere; usare (*o* indossare) volentieri: **She affected expensive fur coats**, indossava volentieri lussuose pellicce **3** fingere, simulare (*interesse, ecc.*). ● **to a. illness**, fingere d'essere ammalato; darsi ammalato.

affectation /æfɛkˈteɪʃn/, *n.* affettazione; posa; finzione.

affected /əˈfɛktɪd/, *a.* **1** affettato; non naturale; falso: **a. manners**, modi affettati; affettazione **2** disposto; incline: **well-a.**, bendisposto; propenso; **ill-a.**, maldisposto; avverso **3** (*med.*) affetto (*da una malattia*) **4** commosso; afflitto; scosso. || **-ly**, *avv.* || **-ness**, *sost.*

affecting /əˈfɛktɪŋ/, *a.* commovente; toccante.

affection /əˈfɛkʃn/, *n.* **1** affezione (*anche nel senso di malattia*); affetto **2** (*pl.*) sentimento di amicizia; viva simpatia: **to set one's affections on sb.**, provare viva simpatia per q.

affectional /əˈfɛkʃənl/, *a.* affettivo; di affetto.

affectionate /əˈfɛkʃənət/, *a.* affezionato; affettuoso. || **-ly**, *avv.* || **-ness**, *sost.*

affective /əˈfɛktɪv/, *a.* (*psic.*) affettivo; emotivo.

affectivity /əfɛkˈtɪvətɪ/, *n.* (*psic.*) affettività; emotività.

afferent /ˈæfərənt/, *a.* (*anat.*) afferente.

affiance /əˈfaɪəns/, *n.* (*arc.*) promessa di matrimonio.

to **affiance** /əˈfaɪəns/, *v. t.* (*di solito usato al passivo*) promettere in matrimonio; fidanzare: **They were affianced when only seventeen**, si fidanzarono all'età di soli diciassette anni.

affiant /əˈfaɪənt/, *n.* (*leg., USA*) autore di un «affidavit» (*q.V., cfr. ingl.* **deponent**).

affidavit /æfɪˈdeɪvɪt/, *n.* (*leg.*) «affidavit»; deposizione scritta e giurata: **to swear** (*fam.*: **to make, to take**) **an a.**, fare un affidavit; (*del giudice*) **to take an a.**, ricevere un affidavit.

affiliate /əˈfɪlɪeɪt/, *n.* **1** affiliato; iscritto; socio **2** (*fin.*) società affiliata.

to **affiliate** /əˈfɪlɪeɪt/, *v. t.* e *i.* **1** affiliare, affiliarsi; associare, associarsi **2** (*leg.*) affiliare, affiliarsi (*un bambino*) **3** (*leg.*) attribuire la paternità di **4** attribuire, ascrivere (q.c. a q.). ● (*fin.*) **affiliated company** (*o* **firm**), società affiliata.

affiliation /əfɪlɪˈeɪʃn/, *n.* **1** affiliazione; connessione; appartenenza (*a un gruppo o a un partito politico*) **2** (*leg.*) affiliazione **3** (*leg.*) attribuzione di paternità. ● (*leg.*) **a. order**, sentenza di condanna (*del padre*) al mantenimento del figlio naturale minorenne.

affined /əˈfaɪnd/, *a.* affine; congiunto.

affinity /əˈfɪnətɪ/, *n.* **1** (*leg.*) affinità; parentela acquisita **2** (*biol., chim., ecc.*) affinità: **elective a.**, affinità elettiva.

to **affirm** /əˈfɜːm/, *v. t.* e *i.* **1** affermare; asserire **2** (*leg.*) confermare; dichiarare solennemente; convalidare (*un contratto, ecc.*).

affirmable /əˈfɜːməbl/, *a.* affermabile.

affirmant /əˈfɜːmənt/, *n.* (*leg.*) chi fa una dichiarazione solenne (*in sostituzione del giuramento*).

affirmation /æfəˈmeɪʃn/, *n.* **1** affermazione; asserzione **2** (*leg.*) dichiarazione solenne (*in sostituzione del giuramento*) **3** (*leg.*) ratifica; conferma. ● (*leg.*) **a. of contract**, accettazione (*espressa o tacita*) di un contratto.

affirmative /əˈfɜːmətɪv/, **A** *a.* affermativo. **B** *n.* (*leg.*) affermativa (*risposta affermativa a un quesito*). ● (*USA*) **a. action plan** (*o* **program**), programma per assistere vittime di pregiudizi (*donne, negri, ecc.*) specialmente nel trovare lavoro □ **to answer in the a.**, rispondere affermativamente; dire di sì.

affirmatively /əˈfɜːmətɪvlɪ/, *avv.* affermativamente; in modo affermativo.

affirmatory /əˈfɜːmətrɪ, *USA* -tɔːrɪ/, *a.* affermativo.

affirmer /əˈfɜːmə(r)/, *n.* affermatore.

affix /ˈæfɪks/, *n.* **1** aggiunta **2** (*gramm.*) affisso.

to **affix** /əˈfɪks/, *v. t.* **1** affiggere; attaccare: **to a. a stamp**, attaccare un francobollo **2** aggiungere per iscritto (*in calce*); apporre (*firma o sigillo*) **3** attribuire (*una censura, ecc.*).

affixal /ˈæfɪksl/, *a.* (*ling.*) affissale.

affixation /æfɪkˈseɪʃn/, *V.* **affixture**.

affixture /əˈfɪkstʃə(r)/, *n.* **1** apposizione (*di un sigillo, ecc.*) **2** (*gramm.*) aggiunta di affissi.

afflatus /əˈfleɪtəs/, *n.* afflato; estro poetico.

to **afflict** /əˈflɪkt/, *v. t.* affliggere.

affliction /əˈflɪkʃn/, *n.* **1** afflizione; dolore; acciacco: **the afflictions of old age**, gli acciacchi della vecchiaia **2** calamità.

afflictive /əˈflɪktɪv/, *a.* afflittivo (*raro*); che affligge.

affluence /ˈæfluəns/, *n.* **1** abbondanza; ricchezza; opulenza: **He was used to living in a.**, era abituato a vivere nell'abbondanza **2** afflusso; affluenza (*di un liquido*).

affluent /ˈæfluənt/, **A** *a.* **1** abbondante; florido **2** benestante; opulento; ricco **3** che fluisce liberamente (*specialm. di pensieri, ecc.*). **B** *n.* affluente; tributario (*fiume*). ● **the a. society**, la società del benessere.

afflux /ˈæflʌks/, *n.* afflusso. ● (*econ.*) **the a. of capital**, l'afflusso di capitali.

to **afford** /əˈfɔːd/, *v. t.* **1** (*usato all'inf., preceduto da* **can, could, to be able to**) permettersi; permettersi il lusso di; poter spendere (*denaro*); poter disporre di (*tempo*): **I cannot a. a new car every year**, non posso permettermi di cambiare macchina una volta all'anno; **He cannot a. (to spend) such a lot of money**, non può spendere tanto denaro; **I cannot a. time for football games**, non posso disporre di tempo per le partite di calcio **2** dare; offrire; produrre: **Books and music a. me great pleasure**, i libri e la musica mi danno un grande piacere.

affordability /əfɔːdəˈbɪlətɪ/, *n.* disponibilità (*di tempo, di denaro, ecc.*); il potersi permettere (*una spesa, ecc.*).

affordable /əˈfɔːdəbl/, *a.* che ci si può permettere; disponibile; accessibile; alla portata (*di q.*).

affordably /əˈfɔːdəblɪ/, *avv.* accessibile; alla portata. ● (*market.*) (*di un oggetto, un articolo*) **a. priced**, dal prezzo accessibile; alla portata di tutti.

to **afforest** /əˈfɒrɪst, *USA* əˈfɔːr-/, *v. t.* imboschire; mettere (*un terreno*) a bosco.

afforestation /əfɒrɪˈsteɪʃn, *USA* əfɔːr-/, *n.* imboschimento.

to **affranchise** /əˈfræntʃaɪz/, *v. t.* affrancare; liberare.

affray /əˈfreɪ/, *n.* baruffa; rissa; mischia; tafferuglio.

to **affreight** /əˈfreɪt/, *v. t.* (*comm., naut., leg.*) noleggiare (*una nave intera o parte di essa*).

affreightment /əˈfreɪtmənt/, *n.* (*comm., naut., leg.*) noleggio (*di nave*); trasporto marittimo (*delle merci*).

affricate /ˈæfrɪkət/, *n.* (*fon.*) affricata.

affricated /ˈæfrɪkeɪtɪd/, *a.* (*ling.*) affricato.

affricative /əˈfrɪkətɪv/, *a.* (*ling.*) affricativo.

affront /əˈfrʌnt/, *n.* affronto; insulto; offesa: **to feel it an a.**, sentire come un affronto; **to put an a. upon** (*o* **to offer an a. to**) **sb.**, fare un affronto a q. ● **to take a. at st.**, offendersi per q.c.

to **affront** /əˈfrʌnt/, *v. t.* **1** offendere; insultare (*deliberatamente*); oltraggiare **2** (*arc.*) affrontare.

affusion /əˈfjuːʒn/, *n.* **1** (*med.*) affusione **2** (*relig.*) aspersione (*battesimale*).

Afghan /ˈæfgæn, -ɑːn, -ən/, *a.* e *n.* afgano. ● **A. hound**, afgano (*cane*).

aficionado /əfɪsɪəˈnɑːdəʊ, əfɪʃə-/ (*spagn.*), *n.* aficionado; tifoso (*fam.*).

afield /əˈfiːld/, *avv.* **1** nei (*o* per i, sui, verso i) campi: **The labourers were a.**, i contadini erano al lavoro nei campi **2** lontano da casa: **Don't go too far a., it looks like rain**, non andare lontano da casa, minaccia di piovere **3** sul campo (di battaglia). ● **to go a.**, andare fuori strada (*anche fig.*).

afire /əˈfaɪə(r)/, *avv.* e *a. pred.* (*anche fig.*) in fiamme; infocato. ● **to be a. with the desire to do st.**, ardere dal desiderio di fare q.c.

aflame /əˈfleɪm/, *avv.* e *a. pred.* (*anche fig.*) in fiamme; infiammato; acceso. ● **to be a. with the autumn colours**, fiammeggiare dei colori dell'autunno □ **to be a. with passion**, ardere di passione □ **to set st. a.**, incendiare q.c.

afloat /əˈfləʊt/, *avv.* e *a. pred.* **1** a galla; galleggiante; alla deriva; fluttuante (*anche in aria*): **to keep a.**, mantenere a galla (*anche fig.*); **to stay a.**, restare a galla; (*fig.*) riuscire a pareggiare il dare con l'avere; cavarsela **2** in mare; a bordo di una nave **3** (*di ponte o altra parte della nave*) allagato **4** (*di notizia*) in circolazione; in giro **5** (*banca*: *di cambiali*) in circolazione; in sofferenza **6** (*pop. USA*) libero; senza debiti **7** (*pop. USA*) ubriaco; sbronzo. ● **life a.**, vita di mare □ (*naut.*) **to get a ship a.**, disincagliare una nave □ **to set a.**, varare (*una nave e, fig., un'azienda, ecc.*).

aflutter /əˈflʌtə(r)/, *a. pred.* **1** (*di un uccello*) che batte le ali; starnazzante **2** (*fig.*) eccitato; emozionato; palpitante.

afoot /əˈfʊt/, *avv.* e *a. pred.* **1** (*arc.*) a piedi; in marcia **2** in corso; avviato: **Preparations were well a.**, i preparativi erano ben avviati.

afore /əˈfɔː(r)/, *prep.* (*naut.*) davanti a. ● **a. the mast**, a proravia.

aforecited /əˈfɔːsaɪtɪd/, *a.* succitato.

aforegoing /əˈfɔːgəʊɪŋ/, *a.* precedente.

aforehand /əˈfɔːhænd/, *avv.* anzitempo; con anticipo.

aforementioned /əfɔːˈmɛnʃnd, əˈfɔːm-/, *a.* summenzionato.

aforenamed /əˈfɔːneɪmd/, *a.* sunnominato.

aforesaid /əˈfɔːsɛd/, *a.* suddetto; predetto.

aforethought /əˈfɔːθɔːt/, *a.* premeditato. ● (*leg.*) **with malice a.**, con premeditazione.

aforetime /əˈfɔːtaɪm/, *avv.* un tempo; una volta; in passato.

afoul /əˈfaʊl/, *a.* ingarbugliato; impigliato; aggrovigliato. ● **a. of**, in contrasto con (*la legge, ecc.*); in urto con; (*naut.*) in collisione con.

afraid /əˈfreɪd/, *a. pred.* impaurito; spaventato. ● **to be a.**, aver paura; (*anche*) essere dolente, dispiacersi: **I'm a. my father is not in**, mi dispiace, ma mio padre non è in casa □ **to be a. of st.**, aver paura di q.c.

afresh /əˈfrɛʃ/, *avv.* di nuovo; da capo: **to start a.**, cominciare da capo.

African /ˈæfrɪkən/, *a.* e *n.* Africano. ● (*pop. USA*) **A. queen**, bella ragazza negra □ **A. studies**, africanistica.

Africander /æfrɪˈkændə(r)/, *V.* **Afrikander**.

Africanism /ˈæfrɪkənɪzəm/, *n.* africanismo.

Africanist /ˈæfrɪkənɪst/, *n.* africanista.

Africanization /æfrɪkənaɪˈzeɪʃn, *USA* -nɪˈz-/, *n.* africanizzazione.

to Africanize /'æfrɪkənaɪz/, *v. t.* africanizzare.
Afrikaans /æfrɪ'kɑːns, *USA* ɑːf-/, *n.* afrikaans (*lingua parlata nel Sud Africa, derivata dall'olandese parlato dai boeri*).
Afrikander /æfrɪ'kændə(r), -'kɑːn-, *USA* ɑːf-/, *n.* ***1*** (*zool.*) bue con la gobba (*d'origine sudafricana*) ***2*** (*arc.*) *V.* **Afrikaner**.
Afrikaner /æfrɪ'kɑːnə(r), *USA* ɑːf-/, *n.* (*geogr.*) africander, afrikander (*nativo del Sud Africa discendente dai boeri*).
Afro /'æfrəʊ/, *n.* (*pl.* **Afros**) (*fam.*) acconciatura femminile dei capelli ricciuti e crespi (*come quelli dei negri*).
Afro-American /æfrəʊə'merɪkən/, *a.* e *n.* afroamericano.
Afro-Asian /æfrəʊ'eɪʃn, -ʒn/, *a.* e *n.* afroasiatico.
Afro-Asiatic /æfrəʊeɪʃɪ'ætɪk, -ʒɪ-/, *a.* afroasiatico. ● **A. people**, gli afroasiatici.
Afro-Cuban /æfrəʊ'kjuːbən/, *a.* afrocubano.
aft (1) /ɑːft, *USA* æft/, *avv.* (*naut.*) a poppa; verso poppa: **fore and aft**, da prua a poppa. ● **the aft deck**, il ponte di poppa ▫ **aft wind**, vento di poppa.
aft (2) /ɑːft, *USA* æft/, *n.* (*pop. USA*) pomeriggio.
after (1) /'ɑːftə(r), *USA* 'æf-/, *prep.* ***1*** (*compl. di tempo*) dopo; dopo di: **a. all**, dopo tutto; alla fin fine; in conclusione; **day a. day**, un giorno dopo l'altro; **He came a. me**, venne dopo di me ***2*** (*stato e moto a luogo*) dietro: **men in file one a. another**, uomini in fila uno dietro l'altro; **He came (ran) a. me**, mi venne (corse) dietro ***3*** secondo; a imitazione di: **a. the Paris fashion**, secondo la moda di Parigi; **a. Milton's style**, secondo lo stile (*o* alla maniera) di Milton; **a. one's own heart**, secondo il proprio cuore (*o* desiderio, gusto) ***4*** (*nei verbi frasali, è idiom.*; *per es.*:) **to ask a.**, chiedere notizie della salute di (q.); chiedere come sta (q.) (*V. sotto* **to ask**). ● **to be a.**, stare (*o* correre) dietro a; dare la caccia a, inseguire; cercare; mirare a, avere in mente: **The police are a. him**, i poliziotti gli danno la caccia; **The two friends were a. the same girl**, i due amici stavano dietro alla stessa ragazza; **«What are you a.», «I'm looking for my lighter»**, «che cosa cerchi?» «cerco il mio accendino»; **What is he a., I wonder**, mi chiedo a che cosa miri (*o* che cosa abbia in mente) ▫ (*med.*) **a.-care**, assistenza postoperatoria ▫ **a.-clap**, evento imprevisto; contraccolpo (*di un fatto*) ▫ (*agric.*) **a.-crop**, secondo raccolto (*d'una stagione*) ▫ **a. dark**, a sera ▫ (*naut.*) **a.-deck**, ponte di poppa ▫ **a.-effect**, effetto collaterale; postumo: **the a.-effect of whisky**, i postumi del whisky ▫ **a. hours**, (*Borsa*) (il) dopoborsa; (*fam.*) «after hours» (*locali notturni che aprono alle 6 di mattina e chiudono alle 12*) ▫ (*med.*) **a.-image**, immagine residua ▫ **a.-life**, vita dopo la morte; vita futura (*o* ultraterrena) ▫ (*comm.*) **a.-sales service**, assistenza alla clientela ▫ (*banca, comm.*: *di cambiale*) **a. sight**, a certo tempo vista ▫ (*fin.*) **a.-tax**, al netto d'imposta: **a.-tax money**, denaro (*o* guadagno, stipendio) al netto delle imposte ▫ (*fin.*) **a.-tax profit**, utile netto ▫ **a. that**, dopo di ciò; poi ▫ **a.-war**, (*sost.*) dopoguerra; (*agg.*) del dopoguerra: **in the a.-war years**, negli anni del dopoguerra ▫ (*USA*) **at half a. nine**, alle nove e mezzo ▫ **the day a. tomorrow**, dopodomani; domani l'altro ▫ **time a. time**, spesso; più volte.
after (2) /'ɑːftə(r), *USA* 'æf-/, *avv.* ***1*** dopo; di poi; in seguito: **He arrived shortly a.**, arrivò di lì a poco (*o* poco dopo) ***2*** dietro: **The wounded soldier came a.**, il soldato ferito veniva dietro (*o* ci seguiva). ● **ever a.**, da allora in poi; per sempre ▫ **long a.**, molto tempo dopo ▫ **never a.**, mai più ▫ **soon a.**, poco dopo.
after (3) /'ɑːftə(r), *USA* 'æf-/, *cong.* dopo che: **A. he left, I spoke openly to her**, dopo che se ne fu andato, le parlai apertamente; **A. he has gone, I shall come and see you**, dopo che se ne sarà andato, verrò da te.
after (4) /'ɑːftə(r), *USA* 'æf-/, *a.* ***1*** seguente; successivo; futuro: **in a. years**, negli anni seguenti (*o* futuri) ***2*** (*naut.*) di poppa; poppiero.
afterbirth /'ɑːftəbɜːθ, *USA* 'æf-/, *n.* (*anat.*) placenta e annessi embrionari; seconda.
afterbody /'ɑːftəbɒdɪ, *USA* 'æf-/, *n.* (*miss.*) corpo che segue un razzo o un satellite.
afterburner /'ɑːftəbɜːnə(r), *USA* 'æf-/, *n.* (*aeron.*) postbruciatore.
afterburning /'ɑːftəbɜːnɪŋ, *USA* 'æf-/, *n.* ***1*** (*aeron.*) postcombustione ***2*** (*mecc.*) combustione ritardata.
aftercooler /ɑːftə'kuːlə(r), *USA* æf-/, *n.* (*tecn., mecc.*) postrefrigeratore.
aftercooling /ɑːftə'kuːlɪŋ, *USA* æf-/, *n.* (*tecn., mecc.*) postrefrigerazione.
afterdamp /'ɑːftədæmp, *USA* 'æf-/, *n.* (*nelle miniere*) miscela asfissiante di gas.
aftergame /'ɑːftəgeɪm, *USA* 'æf-/, *n.* (*USA*) rivincita.
afterglow /'ɑːftəgləʊ, *USA* 'æf-/, *n.* ***1*** (*meteor.*) «afterglow»; ultimo bagliore; luce diffusa a occidente (*dopo il tramonto del sole*) ***2*** (*fig.*) euforia (*che rimane dopo una sensazione piacevole*); traccia, ricordo (*di fama passata, ecc.*) ***3*** (*fotoelettricità*) bagliore residuo ***4*** (*fis. del plasma*) postluminescenza.
afterheat /'ɑːftəhiːt, *USA* 'æf-/, *n.* calore residuo (*di un reattore nucleare*).
aftermath /'ɑːftəmæθ, -mɑːθ, *USA* 'æftəmæθ/, *n.* ***1*** secondo taglio (*del fieno*); fieno di secondo taglio ***2*** conseguenza (*di solito spiacevole*); strascico (*fig.*): **the aftermaths of an economic crisis**, gli strascichi di una crisi economica ***3*** (*med.*) postumi (*di una malattia*).
aftermost /'ɑːftəməʊst, *USA* 'æf-/, *a.* ***1*** (il) più arretrato; ultimo ***2*** (*naut.*) (il) più a poppa; (il) più vicino alla poppa.
afternoon /ɑːftə'nuːn, *USA* æf-/, *n.* pomeriggio: **Good a.!**, (*dalle 12 al tramonto*) buongiorno!; (*dopo una certa ora*) buona sera! ● **a. shift**, turno pomeridiano (*di lavoro*); **a. tea**, tè del pomeriggio (*in albergo*: *con sandwich e sim.*) ▫ **in the a. of life**, nel meriggio della vita.
after(-)pains /'ɑːftəpeɪnz, *USA* 'æf-/, *n. pl.* (*med.*) dolori (*o* morsi uterini) dopo il parto.
afterpiece /'ɑːftəpiːs, *USA* 'æf-/, *n.* farsa, atto unico, balletto, ecc. (*presentati a chiusura d'uno spettacolo teatrale*).
afters /'ɑːftəz, *USA* 'æf-/, *n. pl.* (*fam.*) ***1*** secondo (piatto) ***2*** dessert.
aftershave /'ɑːftəʃeɪv, *USA* 'æf-/, **A** *a.* dopobarba: **a. lotion**, lozione dopobarba. **B** *n.* dopobarba.
aftershock /'ɑːftəʃɒk, *USA* 'æf-/, *n.* (*geol.*) scossa secondaria; scossa di assestamento.
aftertaste /'ɑːftəteɪst, *USA* 'æf-/, *n.* ***1*** sapore che resta in bocca; (*specialm. del vino*) retrogusto, retrosapore ***2*** (*fig.*) ricordo (*di solito piacevole, d'una precedente sensazione*); strascico.
afterthought /'ɑːftəθɔːt, *USA* 'æf-/, *n.* (*anche leg.*) ripensamento.
aftertime /'ɑːftətaɪm, *USA* 'æf-/, *n.* tempo a venire; futuro.
afterward /'ɑːftəwəd, *USA* 'æf-/, (*raro*) *V.* **afterwards**.
afterwards /'ɑːftəwədz, *USA* 'æf-/, *avv.* dopo; in seguito; poi; successivamente.
afterwisdom /ɑːftə'wɪzdəm, *USA* æf-/, *n.* senno di poi.
afterword /'ɑːftəwɜːd, *USA* 'æf-/, *n.* (*in un libro, ecc.*) postfazione; conclusione.
afterworld /'ɑːftəwɜːld, *USA* 'æf-/, *n.* mondo di là; oltretomba.
Aga /'ɑːgə/, *n.* (*marchio, in G.B.*) cucina a gas (*o* elettrica) nello stile delle vecchie cucine economiche.
again /ə'gen, ə'geɪn/, *avv.* ***1*** di nuovo; ancora; un'altra volta; da capo: **Do it a.!**, fallo di nuovo! ***2*** (*in frase neg.*) più: **never a.**, mai più; **He won't do that a.**, non lo farà più ***3*** inoltre; d'altra parte; e poi...?: **A., would he accept the offer?**, e poi, accetterebbe l'offerta? ● **a. and a.** (*o* **time and a.**), più volte; spesso ▫ **as much (many) a.**, altrettanto (altrettanti); due volte tanto (tanti) ▫ **never a.**, mai più ▫ **now and a.**, di tanto in tanto; talvolta ▫ **over a.**, ancora una volta ▫ **to answer a.**, far eco ▫ **to try a.**, provare di nuovo; riprovare ▫ **to be oneself a.**, essere di nuovo quello di prima; tornare a essere se stesso ▫ **Here we are a.!**, eccoci qui di nuovo!; rieccoci!; ci risiamo!
against /ə'genst, ə'geɪnst/, *prep.* ***1*** contro (*in tutti i sensi*): **He was warned a. pickpockets**, fu messo in guardia contro i borsaioli; **a. one's will**, contro la propria volontà; controvoglia ***2*** in senso contrario a: (*di un veicolo*) **to drive a. the traffic**, procedere in senso contrario al traffico; guidare contromano ***3*** su: **black a. a white background**, nero su sfondo bianco ***4*** di fronte a; dirimpetto a: **The church is a.** (*di solito* **over a.**) **the hospital**, la chiesa è di fronte all'ospedale ***5*** in previsione di; per: **to save a. a rainy day**, risparmiare in previsione dei (*o* per i) giorni di magra ***6*** (*fin.*) in cambio di; per: **The rate a. dollars is 1,150 lire**, il cambio è di 1.150 lire per dollaro ***7*** (*fin.*) rispetto a: **The dollar has fallen by 10% a. the yen**, il dollaro ha subìto una caduta del 10% rispetto allo yen ***8*** (*nei verbi frasali, è idiom.*; *per es.*:) **to run a.**, sbattere contro (q.c.); gareggiare (*o* correre) contro (q.); ecc. (*V. sotto* **to run**). ● **as a.**, in confronto a ▫ (*comm.*) **payment a. documents**, pagamento contro documenti ▫ **Are you for it or a. it?**, sei favorevole o contrario?
Agamemnon /ægə'memnən/, *n.* (*letter. greca*) Agamennone.
agami /'ægəmɪ, 'ɑː-, ə'gɑː-/, *n.* (*zool., Psophia crepitans*) agami; trombettiere.
agamic /ə'gæmɪk/, *a.* (*biol.*) agamico; asessuato.
agamogenesis /ægəməʊ'dʒenəsɪs/, *n.* (*biol.*) agamogenesi; agamia.
agamous /'ægəməs/, *a.* (*biol.*) agamico; asessuato.
agape (1) /'ægəpɪ, -eɪ, ə'gɑːpɪ, *USA* ə'gɑːpeɪ, 'ɑːgəpeɪ/, *n.* (*pl.* **agapae, agapai, agapes**) (*stor. relig.*) agape.
agape (2) /ə'geɪp/, *avv.* e *a. pred.* ***1*** a bocca aperta (*per stupore, sorpresa, ecc.*) ***2*** spalancato: **His mouth was a.**, aveva la bocca spalancata.
agar-agar /eɪgər'eɪgə(r), *USA* ɑːgər'ɑːgə(r)/, *n.* agar-agar.
agaric /'ægərɪk, ə'gærɪk/, *n.* (*bot., Agaricus*) agarico.
agate /'ægət/, *n.* ***1*** (*miner.*) agata ***2*** strumento con punta di agata ***3*** pallina da gioco ***4*** (*tipogr.*) corpo cinque e mezzo.
Agatha /'ægəθə/, *n.* Agata.
agave /ə'geɪvɪ/, *n.* (*bot., Agave*) agave.
agaze /ə'geɪz/, *avv.* e *a. pred.* fissamente; con lo sguardo fisso.
age /eɪdʒ/, *n.* ***1*** età; epoca; periodo; evo; era: **I don't know his age**, non conosco la sua età; non ne conosco l'età; **the Stone Age**, l'età della pietra; **a man of middle age**, un uomo di mezza età; **the Victorian Age**, l'era della Regina Vittoria; il periodo vittoriano; (*leg.*) **full age**, maggiore età ***2*** vecchiaia: **the weakness of age**, la debolezza della vecchiaia; **«Age after beauty»**, «la vecchiaia dopo la bellezza» (*si dice cedendo il passo a donne*) ***3*** (*pl.*) (*fam.*) secoli: **I haven't seen him for ages**, sono secoli che non lo vedo. ● (*stat.*) **age-bracket**, fascia d'età ▫ (*demogr.*) **age distribution**, distribuzione per età ▫ (*stat.*) **age-group**, gruppo d'età ▫ **age of retirement**, età pensionabile ▫ **age-old**, antichissimo; vecchio di secoli; (*di problema, ecc.*) annoso ▫ **the golden age**, (*mitol.*) l'età dell'oro; periodo aureo (*di un paese, ecc.*) ▫ **to look one's age**, dimostrare la propria età ▫ **the Middle Ages**, il medioevo; l'età di mezzo ▫ (*leg.*) **to be [to come] of age**, essere [diventare] maggiorenne ▫ **our age**, il nostro tempo; la nostra generazione ▫ **to be over age**, avere superato

i limiti d'età □ **promotion in order of age**, promozione per anzianità □ **to be under age**, essere minorenne □ **She's twenty years of age**, ella ha vent'anni □ **He is my age**, ha la mia stessa età □ (*fam.*) **Be** (*o* **act**) **your age!**, non fare il bambino!

to **age** /eɪdʒ/, *v. t.* e *i.* invecchiare; far invecchiare; stagionare.

aged **A** *a. attr.* /ˈeɪdʒɪd/ anziano; attempato: **a. people**, gli anziani. **B** *a. pred.* /eɪdʒd/ **1** dell'età di: **a girl a. six**, una bambina di sei anni **2** stagionato. **C** *n. collett.* **the a.**, gli anziani.

agedness /ˈeɪdʒɪdnəs/, *n.* età avanzata; vecchiaia.

ageing /ˈeɪdʒɪŋ/, **A** *a.* che invecchia. **B** *n.* **1** (*anche demogr.*) invecchiamento; l'invecchiare **2** invecchiamento; stagionatura **3** (*fin., rag.*) analisi per età (*di partite di credito*).

ageless /ˈeɪdʒləs/, *a.* **1** che non invecchia; senza età **2** eterno.

agelong /ˈeɪdʒlɒŋ, *USA* -ɔːŋ/, *a.* che dura a lungo; eterno.

agency /ˈeɪdʒənsɪ/, *n.* **1** (*comm., leg.*) agenzia; rappresentanza: **sole a.**, rappresentanza esclusiva **2** capacità di agire; forza; azione: **free a.**, capacità di agire senza coazione; **natural agencies**, le forze della natura; **by the a. of heat** [**of water**], per l'azione del calore [dell'acqua] **3** opera; intervento; mediazione: **through** (*o* **by**) **the a. of**, per opera di; grazie a: **Through the a. of the International Red Cross, prisoners were exchanged**, i prigionieri furono scambiati grazie alla mediazione della Croce Rossa Internazionale **4** (*USA*) ente governativo; organismo: (*econ.*) **market-support agencies**, gli organismi d'intervento (sul mercato). ● (*leg.*) **a. agreement** (*o* **a. contract**), contratto di rappresentanza □ **a. commission**, commissione d'agenzia □ (*fin.*) **a. selling**, vendita (*di titoli*) al meglio.

agenda /əˈdʒendə/, *n. pl.* **1** cose da fare **2** ordine del giorno: **The first item on the a. of the meeting is to elect a chairman**, il primo punto dell'ordine del giorno dell'assemblea è l'elezione del presidente. ● **What's on the a.?**, quali sono gli argomenti all'ordine del giorno?

agent /ˈeɪdʒənt/, *n.* **1** agente (*naturale o chimico*): **Inasmuch as it swells the sails of a boat, the wind is a natural a.**, in quanto gonfia le vele d'una barca, il vento è un agente naturale **2** (*comm., leg.*) agente; rappresentante **3** (*leg.*) mandatario **4** produttore (*di assicurazioni*). ● (*leg.*) **a.'s lien**, diritto di ritenzione dell'agente □ **commission a.**, commissionario □ **forwarding a.**, spedizioniere (*per via di terra*) □ (*USA*) **an I.R.S. a.**, un funzionario del fisco; un agente delle tasse □ **shipping a.**, spedizioniere marittimo; (*USA*) spedizioniere (*in genere*).

agentive /ˈeɪdʒəntɪv/, *a.* (*ling.*) agentivo.

agent provocateur /ˈæʒɒnprɒvɒkəˈtɜː(r), *USA* ˈɑːʒɒnprəʊ-/ (*franc.*), *n.* (*pl.* **agents provocateurs**) agente provocatore.

agglomerate /əˈglɒmərət/, *a.* e *n.* (*bot., geol.*) agglomerato.

to **agglomerate** /əˈglɒməreɪt/, *v. t.* e *i.* agglomerare, agglomerarsi.

agglomeration /əglɒməˈreɪʃn/, *n.* **1** agglomerazione **2** (*urbanistica*) agglomerato (*di edifici*).

agglomerative /əˈglɒmərətɪv, *USA* -eɪtɪv/, *a.* agglomerante.

agglutinant /əˈgluːtɪnənt/, *a.* e *n.* (sostanza) agglutinante.

agglutinate /əˈgluːtɪnət/, *a.* e *n.* agglutinato.

to **agglutinate** /əˈgluːtɪneɪt/, *v. t.* e *i.* agglutinare, agglutinarsi; incollare, incollarsi.

agglutination /əgluːtɪˈneɪʃn/, *n.* (*biol., med., ling.*) agglutinazione.

agglutinative /əˈgluːtɪnətɪv, *USA* -eɪtɪv/, *a.* agglutinante.

agglutinin /əˈgluːtənɪn/, *n.* (*biochim.*) agglutinina.

agglutinogen /ægluːˈtɪnədʒən/, *n.* (*biochim.*) agglutinogeno.

aggradation /ægrəˈdeɪʃn/, *n.* (*geol.*) sovralluvionamento.

to **aggrandize** /əˈgrændaɪz/, *v. t.* **1** ingrandire; aumentare, accrescere (*autorità, potenza, ricchezza*) **2** esagerare; esaltare.

aggrandizement /əˈgrændɪzmənt/, *n.* **1** ingrandimento; aumento **2** esagerazione; esaltazione.

to **aggravate** /ˈægrəveɪt/, *v. t.* **1** aggravare; peggiorare **2** (*fam.*) esasperare; irritare; seccare, scocciare (*fam.*).

aggravating /ˈægrəveɪtɪŋ/, *a.* **1** aggravante **2** (*fam.*) irritante; seccante, scocciante (*fam.*). ● (*leg.*) **a. circumstance**, (circostanza) aggravante.

aggravation /ægrəˈveɪʃn/, *n.* **1** aggravamento; peggioramento **2** (*fam.*) esasperazione; irritazione; seccatura, scocciatura.

aggregate /ˈægrɪgət/, **A** *a.* **1** aggregato; globale; totale: **a. production**, produzione globale **2** (*geol., mat.*) aggregato. **B** *n.* **1** aggregato, complesso **2** (*comm.*) totale, somma complessiva **3** (*edil.*) aggregato. ● (*econ.*) **a. demand** [**supply**], domanda [offerta] aggregata □ (*fin.*) **a. deficit**, disavanzo complessivo □ **in the a.**, nel complesso; in totale.

to **aggregate** /ˈægrɪgeɪt/, **A** *v. t.* **1** aggregare, unire **2** accumulare, ammassare **3** (*raro*) ammontare, assommare a. **B** *v. i.* **1** (*scient.*) aggregarsi **2** adunarsi, riunirsi.

aggregation /ægrɪˈgeɪʃn/, *n.* **1** (*scient.*) aggregazione, aggregamento **2** accumulazione, accumulo **3** conglomerato: **a. of industry**, conglomerato industriale. ● (*fisc.*) **a. of incomes**, cumulo dei redditi □ (*leg.*) **a. of sentences**, cumulo delle pene inflitte.

aggregative /ˈægrɪgeɪtɪv/, *a.* **1** aggregativo **2** complessivo. ● (*mat., stat.*) **a. index**, indice aggregativo (*o* sintetico).

aggression /əˈgreʃn/, *n.* **1** aggressione **2** atto d'aggressione.

aggressive /əˈgresɪv/, *a.* **1** aggressivo; litigioso **2** intraprendente; attivo; energico **3** (*sport*) aggressivo; grintoso. ‖ **-ly**, *avv.*

aggressiveness /əˈgresɪvnəs/, *n.* aggressività; (*sport*) grinta.

aggressor /əˈgresə(r)/, *n.* aggressore.

to **aggrieve** /əˈgriːv/, *v. t.* **1** addolorare; offendere (*nei sentimenti*) **2** ledere (*q. nei suoi diritti*); fare torto a (q.).

aggrieved /əˈgriːvd/, *a.* **1** addolorato; offeso **2** (*leg.*) leso: **the a. party**, la parte lesa.

aggro /ˈægrəʊ/, *n.* (*abbr. pop. di:*) **1 aggressiveness 2 aggression**.

aghast /əˈgɑːst, *USA* əˈgæst/, *a. pred.* **1** atterrito; inorridito: **I was a. at the thought of the victims**, ero inorridito al pensiero delle vittime **2** sorpreso; stupefatto.

agile /ˈædʒaɪl, *USA* ˈædʒəl/, *a.* agile; destro; svelto; attivo.

agility /əˈdʒɪlətɪ/, *n.* agilità; destrezza; prontezza.

aging /ˈeɪdʒɪŋ/, *V.* **ageing**.

agio /ˈædʒɪəʊ/, *n.* (*pl.* **agios**) (*fin.*) aggio.

agiotage /ˈædʒətɪdʒ/, *n.* (*fin.*) speculazione di Borsa (*cosa lecita in G.B.; cfr. ital. «aggiotaggio», in ingl. «rigging the market», che è cosa illecita*).

to **agist** /əˈdʒɪst/, *v. t.* (*leg.*) **1** ammettere al pascolo dietro pagamento (*bestiame di altri sul proprio terreno*) **2** porre una servitù (*o* un gravame) pubblico su (*una proprietà, un proprietario*).

agistment /əˈdʒɪstmənt/, *n.* **1** ammissione di bestiame al pascolo; denaro ricavatone **2** servitù (*o* gravame) pubblico (*V.* **to agist**).

to **agitate** /ˈædʒɪteɪt/, **A** *v. t.* **1** agitare; turbare; scuotere **2** (*arc.*) dibattere (*una questione*). **B** *v. i.* fare l'agitatore; promuovere un'agitazione; agitarsi; mobilitarsi: **We were agitating for new schools and hospitals**, ci agitavamo per ottenere nuove scuole e ospedali.

agitated /ˈædʒɪteɪtɪd/, *a.* agitato; turbato; scosso.

agitation /ædʒɪˈteɪʃn/, *n.* **1** agitazione (*in tutti i sensi*); turbamento; rivolta; tumulto **2** (*med.*) tremore.

agitator /ˈædʒɪteɪtə(r)/, *n.* **1** agitatore (*politico o sindacale, spesso in senso sfavorevole*); arruffapopoli **2** (*tecn.*) agitatore.

agitprop /ˈædʒɪtprɒp/, *n.* (*polit.*) agit-prop.

agleam /əˈgliːm/, *a. pred.* brillante; luccicante; splendente. ● **Her face was a. in the moonlight**, il suo viso splendeva al chiaro di luna.

aglet /ˈæglɪt/, *n.* aghetto (*punta metallica di laccio da scarpe, busto, ecc.; ornamento metallico di vestito o uniforme*); puntale.

aglow /əˈgləʊ/, *avv.* e *a. pred.* acceso; ardente; eccitato; raggiante.

agnail /ˈægneɪl/, *n.* (*med.*) **1** pipita **2** patereccio; giradito.

agnate /ˈægneɪt/, **A** *a.* **1** (*leg.*) agnato **2** (*fig.*) affine **3** (*zool.*) agnato. **B** *n.* (*leg.*) agnato.

agnatic /ægˈnætɪk/, *a.* (*leg.*) agnatizio.

agnation /ægˈneɪʃn/, *n.* (*leg.*) agnazione.

Agnes /ˈægnɪs/, *n.* Agnese.

agnostic /ægˈnɒstɪk/, *a.* e *n.* (*filos.*) agnostico.

agnosticism /ægˈnɒstɪsɪzəm/, *n.* (*filos.*) agnosticismo.

ago /əˈgəʊ/, *avv.* fa; or è; or sono: **long ago**, molto tempo fa.

agog /əˈgɒg, *USA* -ɔːg/, *avv.* e *a. pred.* impaziente; ansioso; eccitato: **to be all a.**, essere tutto eccitato. ● **He was all a. to leave**, non stava più nella pelle dal desiderio di partire.

agon /ˈægɒn, ˈeɪ-, ˈɑː-, -əʊn, -ˈg-/, *n.* (*pl.* **agones**) **1** (*stor. greca*) agone **2** (*fig.*) lotta; combattimento.

agonic /əˈgɒnɪk/, *a.* (*geom.*) agonico. ● (*geofisica*) **a. line**, agona; linea agona; linea agonica.

agonist /ˈægənɪst/, *n.* (*stor. greca*) agonista.

agonistic(al) /ægəˈnɪstɪk(l)/, *a.* **1** agonistico **2** battagliero; combattivo; polemico **3** forzato; esibizionistico; innaturale.

to **agonize** /ˈægənaɪz/, **A** *v. i.* **1** soffrire grandi pene; tormentarsi; crucciarsi **2** combattere nell'agone **3** lottare disperatamente; fare sforzi disperati **4** (*raro*) agonizzare; essere in agonia. **B** *v. t.* (*arc.*) tormentare; far soffrire.

agonizing /ˈægənaɪzɪŋ/, *a.* assai doloroso; tormentoso; angoscioso; straziante: **an a. wait**, un'attesa tormentosa.

agony /ˈægənɪ/, *n.* **1** agonia (*fig.*); angoscia; estrema sofferenza; parossismo; spasimo (*di dolore, d'ira*) **2** lotta disperata **3** emozione forte e improvvisa **4** agonia (*in senso proprio*). ● (*giorn.*) **a. aunt**, redattore che risponde alle «lettere al direttore» (*o comunque* dei lettori) □ **a. column**, rubrica per la ricerca di persone scomparse (*o* di oggetti smarriti, *ecc.*); (*anche*) rubrica delle «lettere al direttore» □ (*pop.*) **to pile on** (*o* **to pull on, to turn on**) **the a.**, fare la vittima; fare del vittimismo (*per impietosire, ecc.*) □ **to suffer agonies**, spasimare.

agora /ˈægərə/, *n.* (*pl.* **agorae, agoras**) **1** (*stor. greca*) agorà **2** (*fig.*) assemblea.

agoraphobia /ægərəˈfəʊbɪə/, *n.* (*psic.*) agorafobia.

agoraphobic /ægərəˈfəʊbɪk/, *a.* e *n.* (*psic.*) agorafobo.

agouti, **agouty** /əˈguːtɪ/, *n.* (*pl.* **agoutis, agouties**) (*zool., Dasyprocta aguti*) aguti.

agraffe /əˈgræf/, *n.* (*tecn.* e *med.*) graffa.

agraphia /əˈgræfɪə, eɪ-/, *n.* (*med.*) agrafia.

agrarian /əˈgreərɪən/, **A** *a.* **1** agrario; agricolo **2** (*bot.*) spontaneo. **B** *n.* (*polit.*) fautore della ridistribuzione delle terre. ● **an a. economy**, un'economia rurale.

agrarianism /əˈgreərɪənɪzəm/, *n.* **1** (*stor., in G.B.*) movimento per le riforme agrarie **2** (*polit.*) movimento politico in favore della ridistribuzione delle terre.

to **agree** /əˈgriː/, **A** *v. i.* **1** acconsentire; convenire; dire di sì; andare d'accordo: **to a. to a proposal**, acconsentire a una proposta **2** – **to a. with**, concordare (*anche gramm.*); essere d'accordo; mettersi d'accordo: **The story** does not a. with the facts, il racconto non concorda con i fatti; **The books do not a.**, i libri contabili non concordano *3* – **to a. with**, confarsi a; andare bene per: **A wet climate does not a. with me**, il clima umido non mi si confà *4* – **to a. on** (*o* **upon**), accordarsi su; convenire (*prezzi, condizioni*): **the terms agreed upon**, le condizioni convenute **B** *v. t.* *1* (*comm.*) fare quadrare (*un bilancio*); pareggiare (*partite di conti*) *2* accettare (*un conto come esatto, ecc.*). ● (*del fisco*) **to a. a tax return**, accettare una denuncia dei redditi □ **to a. to differ**, riconoscere il diritto altrui di dissentire; rinunciare a convincersi l'un l'altro □ (*polit.*) **to a. to an amendment**, accettare un emendamento.

agreeability /əgriːə'bɪlətɪ/, *V.* **agreeableness.**

agreeable /ə'griːəbl/, *a.* *1* piacevole; gradevole; amabile; gioviale *2* ben disposto; disponibile; consenziente; arrendevole; che è d'accordo: **We found him a. to our plan**, constatammo che era d'accordo con il nostro piano *3* confacente; conforme: **a. to all experience**, conforme a ogni esperienza. ● **to be a. to a proposal**, accettare una proposta □ (*fam.*) **I'm a.**, (sono) d'accordo; per me, sta bene.

agreeableness /ə'grɪəblnəs/, *n.* *1* piacevolezza; gradevolezza; amabilità; giovialità *2* disponibilità; arrendevolezza *3* l'essere confacente (*o* conforme).

agreeably /ə'griːəblɪ/, *avv.* *1* piacevolmente; amabilmente *2* in modo confacente (*o* conforme); conformemente (a).

agreed /ə'griːd/, **A** *a.* convenuto; pattuito. **B** *inter.* d'accordo! ● (*comm.*) **a. price**, prezzo convenuto □ **a. rate**, tariffa concordata □ **as a.**, come d'accordo.

agreement /ə'griːmənt/, *n.* *1* accordo; convenzione; intesa; patto: **He is in a. with what you wrote to him**, è d'accordo su ciò che gli scrivesti *2* (*comm., leg.*) contratto: **a. in writing**, contratto scritto *3* (*leg.*) composizione (*di una vertenza*); transazione *4* (*gramm.*) concordanza. ● (*leg.*) **a. to sell**, patto di futura vendita; compromesso (*fam.*) □ **gentleman's a.**, accordo verbale; impegno sulla parola.

agrestic /ə'grestɪk/, *a.* (*raro*) *1* agreste; rustico *2* ignorante; rozzo.

agribiz /'ægrɪbɪz/, *V.* **agribusiness.**

agribusiness /'ægrɪbɪznəs/, *n.* (*econ.*) agri-industria; agricoltura e attività connesse (*trasformazione, distribuzione, ecc. dei prodotti agricoli*); agribusiness.

agribusinessman /'ægrɪbɪznəsmən/, *n.* (*pl.* **agribusinessmen**) (*econ.*) operatore agroindustriale.

agricultural /ægrɪ'kʌltʃərəl/, *a.* *1* agricolo: **a. cooperative**, cooperativa agricola; **a. implements**, attrezzi agricoli *2* agrario: **a. credit bank**, banca di credito agrario. ● **a. bank**, banca dell'agricoltura □ **a. college**, istituto agrario; scuola superiore d'agraria □ **a. research**, ricerca agronomica □ (*econ.*) **a. support subsidies**, sussidi all'agricoltura.

agriculturalist /ægrɪ'kʌltʃərəlɪst/, *V.* **agriculturist.**

agriculture /'ægrɪkʌltʃə(r)/, *n.* *1* agricoltura *2* agraria.

agriculturist /ægrɪ'kʌltʃərɪst/, *n.* *1* agricoltore *2* perito agrario.

agrimony /'ægrɪmənɪ, ə'grɪmənɪ, *USA* 'ægrɪməʊnɪ/, *n.* (*bot., Agrimonia*) agrimonia.

agrimotor /'ægrɪməʊtə(r)/, *n.* trattore agricolo.

agriproduct /'ægrɪprɒdʌkt/, *n.* (*econ.*) prodotto agricolo.

agrobiologist /ægrəʊbaɪ'ɒlədʒɪst/, *n.* agrobiologo.

agrobiology /ægrəʊbaɪ'ɒlədʒɪ/, *n.* agrobiologia.

agrobusiness /'ægrɪbɪznəs/, *V.* **agribusiness.**

agro-industrial /ægrəʊɪn'dʌstrɪəl/, *a.* agroindustriale.

agro-industry /ægrəʊ'ɪndəstrɪ/, *n.* (*econ.*) agroindustria.

agronomic(al) /ægrə'nɒmɪk(l)/, *a.* agronomico.

agronomics /ægrə'nɒmɪks/, *n. pl.* (*col verbo al sing.*) agronomia.

agronomist /ə'grɒnəmɪst/, *n.* agronomo.

agronomy /ə'grɒnəmɪ/, *n.* agronomia.

aground /ə'graʊnd/, *avv.* e *a. pred.* (*di natante*) in secco; arenato; incagliato: **to be a.**, essere in secco (o arenato); **to run** (*o* **to go**) **a.**, dare in secco; arenarsi; incagliarsi.

ague /'eɪgjuː/, *n.* *1* febbre ricorrente (*di solito malarica, con brividi*) *2* attacco di brividi.

agued /'eɪgjuːd/, *a.* *1* colpito da febbre malarica *2* preso da forti brividi.

aguish /'eɪgjʊɪʃ/, *a.* *1* soggetto a febbre malarica *2* malarico; simile a malaria *3* corso da brividi *4* (*fig.*) saltuario; a ondate.

ah /ɑː, ɔː/, *inter.* (*di dolore, di sorpresa, piacere, ecc.*) ah!

aha /ɑː'hɑː, ə'hɑː/, *inter.* (*di trionfo, soddisfazione, ironia*) ah! ah!

ahead /ə'hed/, *avv.* e *a. pred.* *1* avanti; davanti; dritto *2* in vista (*fig.*): **There's trouble a. for him**, ci sono guai in vista per lui *3* (*fig.*) avanti, davanti; in testa; in vantaggio: **They are far a. in technology**, sono molto avanti nella tecnologia; (*sport*) **to be a. on points**, essere davanti nel punteggio; (*sport*) **to be a. by three goals**, essere in vantaggio di tre gol *4* – **a. of**, davanti a, di fronte a, in testa a; (*fig.*) più avanti di, in vantaggio su, in anticipo su: **There were enemy advanced posts a. of us**, c'erano avamposti nemici davanti a noi; **The Japanese are far a. of us in car-making**, i giapponesi sono in notevole vantaggio su di noi nell'industria automobilistica; **We are a. of our production plans**, siamo in anticipo sui nostri piani di produzione *5* anzi tempo; per tempo: **to plan a.**, fare progetti per tempo *6* (*nei verbi frasali, è idiom.*; *per es.*:) **to get a.**, andare avanti (*o* in testa); fare progressi; ecc. (*V. sotto* **to get**). ● (*autom.*) **A. only**, divieto di svolta (a destra e a sinistra) (*cartello*) □ (*naut.*) **full speed a.**, avanti a tutta forza □ (*naut.*) **half speed a.**, avanti a mezza forza □ (*naut.*) **line a.**, linea di fila.

ahem /ə'hm, m'hm/, *inter.* (*per attrarre l'attenzione, ecc.*) ehm!

ahoy /ə'hɔɪ/, *inter.* (*naut.*) ehi!; olà!: **Ship a.**, ehi, di bordo!

ai (1) /aɪ, 'aɪiː/, *inter.* (*di dolore*) ahi!

ai (2) /aɪ, 'ɑːɪ, ɑː'iː/, *n.* (*pl.* **ais**) (*zool., Bradypus tridactylus*) bradipo tridattilo (*dell'America del Sud*); ai-ai.

aid /eɪd/, *n.* *1* aiuto; assistenza; soccorso; sussidio: **first-aid station**, posto di pronto soccorso *2* aiuto; assistente *3* (*mil.*, = **aide**) aiutante di campo *4* (*leg.*) concorso (*in un reato*) *5* (*stor.*) sussidio, imposta (*votati dal parlamento a favore del sovrano*) *6* (*fin.*) contributo *7* (*pl.*) (*fin.*) erogazioni; sovvenzioni: **aids to agriculture**, sovvenzioni all'agricoltura *8* (*pl.*) accessori: (*comm.*) **kitchen aids**, accessori per la cucina (*elettrodomestici, ecc.*). ● **aids and appliances**, materiale sussidiario; attrezzatura sussidiaria □ **aids for exports**, aiuti alle esportazioni □ (*econ.*) **aid package**, pacchetto di aiuti □ **grant-in aid**, contributo statale (*o* di un ente pubblico o morale) □ (*leg.*) **legal aid**, gratuito patrocinio □ **visual aids**, sussidi visivi (*carte geografiche, tabelloni, ecc.*).

to **aid** /eɪd/, **A** *v. t.* *1* aiutare; assistere; soccorrere *2* favorire; affrettare; promuovere: **This medicine will aid his recovery**, questa medicina affretterà la sua guarigione. **B** *v. i.* esser d'aiuto; dare assistenza. ● (*leg.*) **to aid and abet**, rendersi colpevole di concorso in reato e favoreggiamento.

aide /eɪd/, **aide-de-camp** /eɪddə'kɑːmp, *USA* -'kæmp/, *n.* (*pl.* **aides-de-camp**) (*mil.*) aiutante di campo.

aider /'eɪdə(r)/, *n.* *1* chi aiuta; soccorritore *2* (*leg.*) complice (*in genere*). ● (*leg.*) **a. and abetter**, complice e istigatore.

aiding /'eɪdɪŋ/, *n.* il prestare aiuto (*o* soccorso). ● (*leg.*) **a. and abetting**, concorso in reato e favoreggiamento.

AIDS /eɪdz/, *n.* (*med.*) AIDS (*abbr.* di *Acquired Immuno-Deficiency Syndrome*); sindrome da immunodeficienza acquisita: **AIDS is spreading at an alarming rate into the heterosexual community**, l'AIDS si sta diffondendo a un ritmo allarmante fra gli eterosessuali.

aigrette /'eɪgret, eɪ'gret/ (*franc.*), *n.* *1* (*zool.*) *V.* **egret** *2* aigrette; pennacchio; aspri *3* punta (*di parafulmine*).

aiguille /'eɪgwiːl/ (*franc.*), *n.* guglia (*cima, specialm. delle Alpi*).

aiguillette /eɪgwɪ'let/, *V.* **aglet.**

aikido /aɪ'kiːdəʊ/ (*giapponese*), *n.* (*solo sing.*) (*sport*) aikido.

to **ail** /eɪl/, **A** *v. t.* addolorare; affliggere: **What ails you?**, cosa ti affligge? **B** *v. i.* essere sofferente; sentir dolore; sentirsi male.

ailanthus /eɪ'lænθəs/, *n.* (*bot., Ailanthus altissima*) ailanto.

aileron /'eɪlərɒn/, *n.* (*aeron.*) alettone; alerone (*raro*).

ailing /'eɪlɪŋ/, *a.* indisposto; malaticcio; sofferente.

ailment /'eɪlmənt/, *n.* (*med.*) indisposizione; disturbo.

aim /eɪm/, *n.* *1* mira; punto di mira: **to take aim**, prendere la mira *2* (*fig.*) mira; intenzione; aspirazione; scopo. ● **to take aim at sb.**, mirare a q.

to **aim** /eɪm/, *v. t.* e *i.* *1* mirare (a); puntare (*un'arma da fuoco*) (su): **to aim at a distant target**, mirare a un bersaglio lontano *2* assestare (*un colpo*) (a); tirare (q.c.) (a): **I aimed a shoe at him**, gli tirai una scarpa *3* indirizzare (*una critica*); rivolgere (*un'osservazione*): **He aimed his remark at me**, rivolse il suo rilievo a me *4* mirare (*fig.*); aspirare: **He doesn't a. high**, non ha grandi mire (*o* aspirazioni). ● **to aim at doing st.** (*USA*: **to aim to do st.**), aspirare, tendere a fare q.c. □ **to aim at** (*o* **for, toward**) **st.**, mirare a q.c.; aspirare a q.c. □ (*mil., ecc.*) **to aim into the air**, sparare in aria.

aiming /'eɪmɪŋ/, *n.* puntamento. ● (*mil.*) **a. point**, segno; (*aeron.*) punto di sgancio □ (*mil.*) **a. post** (*o* **a. stake**), palina di mira.

aimless /'eɪmləs/, *a.* privo di scopo; senza meta. || **-ly**, *avv.* || **-ness**, *sost.*

ain't /eɪnt/, *voce verb.* *1* (*pop.*) *contraz.* di **am not** *2* (*dial.*) *contraz.* di **are not, is not, has not, have not.**

air /ɛə(r)/, **A** *n.* aria (*anche nel senso di*: cielo, brezza, impressione, aspetto, sembiante, contegno, melodia, importanza, ecc.): **in the open air**, all'aria aperta; **to clear the air**, aerare, cambiar l'aria (*d'una stanza*); (*fig.*) chiarire una situazione; **to give oneself** (*o* **to put on**) **airs**, darsi delle arie; **to take the air**, prendere aria (*o* una boccata d'aria); uscire; partire. **B** *a. attr.* aereo: (*mil.*) **air raid**, attacco aereo. ● **air alert**, allarme aereo; (*mil.*) stato d'allarme □ (*autom.*) **air bag**, airbag; pallone anti-incidente (*che si gonfia da solo agli urti*) □ **air balloon**, palloncino di gomma (*giocattolo*); (*aeron.*) pallone, aerostato □ **air base**, base aerea □ (*aeron.*) **air beacon**, aerofaro; radiofaro □ **air bed**, materassino (*gonfiabile*) □ (*med.*) **air-bends**, embolo gassoso □ (*aeron.*) **air bill of lading**, polizza di carico aerea □ **air bladder**, (*zool.*) vescica natatoria; (*bot.*) vescica aerifera □ **air bleeder**, spurgo d'aria; sfiatatoio □ **air brake**, freno ad aria compressa □ **air-brick**, mattone forato □ **air bridge**, ponte aereo □ **air bubble**, bolla d'aria □ **air chamber**, camera d'aria (*nelle macchine idrauliche*) □ (*tecn.*) **air cleaner**, filtro dell'aria □ (*tecn., mecc.*) **air compressor**, compressore d'aria □ (*tecn., mecc.*) **air condenser**, condensatore ad aria; (*anche*) separatore di condensa □ **air conditioner**, condizionatore d'aria □ **air-conditioned**, ad aria condizionata; climatizzato □ **air conditioning**, condizionamento dell'aria □ (*aeron.*) **air controller**, controllore di volo □ (*tecn., mecc.*) **air-cooled**, raffreddato ad aria □ **air cooling**, raffreddamento ad aria □ **air corridor**, corridoio aereo □ (*trasp., aeron.*) **air courier**, corriere aereo □ (*mil.*) **air cover**, copertura (*o* protezione) aerea □ **air crash**, disastro aereo □ **air cushion**, cuscino pneumatico □ **air-cushion vehicle**, veicolo a cuscino d'aria □ (*tecn.*) **air drill**, perforatrice pneumatica, martello pneumatico; (*anche*) trapano ad aria compressa □ **air-drop**, lancio (*di materiale o uomini*) col paracadute □ **air fare**, (prezzo del) biglietto aereo □ (*autom., mecc.*) **air filter**, filtro dell'aria □ (*mil.*) **air force**, aeronautica militare; forze aeree (*di un paese*) □ **air gun**, fucile (*o* pistola) ad aria compressa; pistola a spruzzo □ **air hole**, sfiatatoio; (*aeron.*) vuoto d'aria; (*ind. min.*) fornello di ventilazione □ **air hostess**, hostess (*di aereo di linea*); assistente di volo □ (*med.*) **air hunger**, dispnea □ (*tecn.*) **air inlet** (*o* **air intake**) presa d'aria □ **air jacket**, (*aeron.*) giubbotto pneumatico; (*mecc.*) involucro per il raffreddamento ad aria □ (*aeron.*) **air lane**, corridoio aereo □ (*aeron.*) **air log**, dromografo □ **air mail**, posta aerea □ **air-mail edition**, edizione (*di giornale*) inviata per posta aerea □ (*mil.*) **air marshall**, maresciallo dell'aria □ **air mattress**, materasso pneumatico; materassino □ **air-minded**, che s'interessa d'aviazione, di volo o di aerei □ (*mil.*) **air officer**, ufficiale d'aviazione □ **air piracy**, pirateria aerea □ **air pirate**, pirata dell'aria □ (*bot.*) **air plant**, epifita □ (*aeron.*) **air pocket**, vuoto d'aria □ (*ecol.*) **air pollution**, inquinamento atmosferico □ (*mil.*) **air power**, potenziale aereo; potenza aerea (*di un paese*) □ **air-proof**, a tenuta d'aria; ermetico □ **air pump**, pompa pneumatica □ **air raid**, incursione aerea □ **air-raid shelter**, rifugio antiaereo □ **air rifle**, fucile ad aria compressa □ **air-sea**, aeromarittimo: **air--sea rescue**, soccorso aeromarittimo □ (*med.*) **air-sick**, che soffre di mal d'aereo (*o* d'aria) □ **air-sickness**, mal d'aereo □ (*aeron.*) **air sock**, manica a vento □ **air station**, stazione aeroportuale □ (*mil.*) **air strike**, incursione aerea □ **air survey**, rilevamento aereo □ **air taxi**, aerotaxi □ **air terminal**, aerostazione (*urbana*); terminal □ (*mil.*) **air-to-air**, aria-aria: **an air-to-air missile**, un missile aria-aria □ (*aeron., mil.*) **air-to-air refuelling**, rifornimento in volo □ (*mil.*) **air-to-ground** (*o* **air--to-surface**), aria-terra □ **air traffic**, traffico aereo □ **air traffic controller**, controllore di volo; uomo radar (*fam.*) □ **air tube**, camera d'aria (*di pneumatico*) □ **air umbrella**, ombrello protettivo di aerei (*in guerra*) □ (*comm.*) **air waybill**, lettera di trasporto aereo □ (*pop. USA*) **to be all up in the air**, essere confuso, perplesso; essere agitato, turbato □ **to build castles in the air**, fare castelli in aria □ **by air**, per via aerea □ (*fam.*) **to get the air**, essere licenziato; essere abbandonato □ **to give air to one's opinions**, esprimere pubblicamente le proprie opinioni □ (*pop.*) **to give sb. the air**, licenziare q.; mandare a spasso q. (*fig.*) □ (*pop. USA*) **to go up in the air**, confondersi, restare perplesso; agitarsi, turbarsi; (*teatr.*) dimenticare la battuta □ **(up) in the air**, (*di progetto*) campato in aria, incerto, non ancora deciso; (*di idee, ecc.*) diffuso, sparso □ (*radio*) **on the air**, trasmesso per radio □ **to be on the air**, essere in onda; parlare alla radio □ (*di notizie, voci*) **to take air**, diffondersi; spargersi □ **to vanish into thin air**, svanire nel nulla □ **to walk on air**, essere in uno stato euforico; essere al settimo cielo □ **I feel like some air**, vorrei prendere un po' (*o* una boccata) d'aria □ (*pop. USA*) **Take the air!**, aria (ai monti)!; fila!, vattene!

to **air** /ɛə(r)/, *v. t.* **1** arieggiare; dare aria a; aerare; ventilare **2** rendere noto; diffondere; rendere di pubblica ragione **3** (*radio*) mandare in onda **4** (*pop. USA*) abbandonare; lasciare. ● **to air the linen**, sciorinare la biancheria.

airblast /ˈɛəblɑːst, *USA* -æst/, *n.* **1** getto d'aria **2** spostamento d'aria.

airboat /ˈɛəbəʊt/, *n.* (*trasp.*) idroscivolante.

airborne /ˈɛəbɔːn/, *a.* **1** aerotrasportato; aviotrasportato **2** (*aerodinamica*) aerosostentato **3** (*di aereo o di passeggero*) in volo. ● (*mil.*) **a. alert**, allarme di decollo □ (*mil.*) **a. troops**, truppe aviotrasportate.

airbrush /ˈɛəbrʌʃ/, *n.* aerografo.

airburst /ˈɛəbɜːst/, *n.* esplosione in aria (*di una bomba, ecc.*).

airbus /ˈɛəbʌs/, *n.* (*aeron.*) aerobus.

to **air-condition** /ˈɛəkəndɪʃn/, *v. t.* fornire (*un locale*) di condizionamento dell'aria; condizionare l'aria di (*un ambiente*).

to **air-cool** /ˈɛəkuːl/, *v. t.* (*tecn., mecc.*) raffreddare ad aria.

aircraft /ˈɛəkrɑːft, *USA* -æft/, *n.* (*aeron., sing. o pl. collett.*) apparecchio; aereo; velivolo; aeromobile; aerei; velivoli. ● **a. carrier**, portaerei: **nuclear-powered a. carrier**, portaerei a propulsione nucleare □ **a. components**, ricambi di aereo □ **a. engineer**, ingegnere aeronautico □ **a. works**, fabbrica d'aeroplani □ **jet a.**, aviogetto □ **rocket a.**, aviorazzo.

aircraftman /ˈɛəkrɑːftmən, *USA* -æft-/, *n.* (*pl.* **aircraftmen**) **1** (*mil., specialm. ingl.*) aviere **2** meccanico d'aviazione; motorista.

aircrew /ˈɛəkruː/, *n.* (*aeron.*) equipaggio di volo.

airdrome /ˈɛədrəʊm/, *n.* (*USA*) aerodromo.

to **air(-)drop** /ˈɛədrɒp/, *v. t.* (*anche mil.*) paracadutare.

to **air-dry** /ˈɛədraɪ/, *v. t.* essiccare all'aria; stagionare.

Airedale /ˈɛədeɪl/, *n.* **1** (*geogr.*) Airedale **2** (= **A. terrier**) airedale (*specie di grosso terrier con pelo irsuto*).

airer /ˈɛərə(r)/, *n.* stendibiancheria a cavalletto.

airfield /ˈɛəfiːld/, *n.* campo d'aviazione.

airflow /ˈɛəfləʊ/, *n.* flusso d'aria. ● (*tecn.*) **a. meter**, flussometro.

airfoil /ˈɛəfɔɪl/ (*USA*), *V.* **aerofoil**.

airframe /ˈɛəfreɪm/, *n.* **1** (*aeron.*) cellula **2** (*miss.*) struttura.

airgap /ˈɛəgæp/, *n.* (*elettr.*) traferro.

airhead /ˈɛəhɛd/, *n.* **1** (*mil.*) testa di ponte per aerei ed elicotteri **2** (*pop. USA*) testa (*o* zucca) vuota; stupido.

airhouse /ˈɛəhaʊs/, *n.* (*edil.*) pallone pressostatico.

airily /ˈɛərəlɪ/, *avv.* **1** vivacemente **2** graziosamente **3** in modo superficiale; con leggerezza; a cuor leggero.

airiness /ˈɛərɪnəs/, *n.* **1** qualità di essere arioso (*o* ventilato) **2** gaiezza; vivacità **3** grazia; delicatezza **4** superficialità; leggerezza (*V.* **airy**).

airing /ˈɛərɪŋ/, *n.* **1** aerazione; esposizione all'aria **2** (*fig.*) divulgazione **3** passeggiata (*all'aria aperta*): **to take** (*o* **to go for**) **an a.**, fare una passeggiata (*o* cavalcata) all'aria aperta; prendere una boccata d'aria; **Give the dog an a. in the park**, fa' prendere al cane una boccata d'aria nel parco. ● **a. cupboard**, stenditoio (*riscaldato*: *per asciugare panni*).

to **air-launch** /ˈɛəlɔːntʃ, *USA* -ɔː-, -ɑː-/, *v. t.* (*mil.*) lanciare (*un missile, ecc.*) da un aereo.

airless /ˈɛələs/, *a.* **1** privo d'aria; dall'aria viziata **2** senza vento.

airlift /ˈɛəlɪft/, *n.* **1** (*aerodinamica*) aerosostentazione **2** trasporto per via aerea **3** (*aeron.*) ponte aereo.

to **airlift** /ˈɛəlɪft/, *v. t.* (*aeron., mil.*) aerotrasportare. ● **to a. st. to sb.**, rifornire q. di q.c. (*materiali, viveri, ecc.*) mediante un ponte aereo.

airline /ˈɛəlaɪn/, *n.* **1** (*trasp.*) linea aerea; aerolinea; aviolinea **2** (*tecn.*) tubo dell'aria compressa (*di un subacqueo, ecc.*). ● (*aeron.*) **a. pilot**, pilota di linea □ **a. strike**, sciopero delle linee aeree.

airliner /ˈɛəlaɪnə(r)/, *n.* (*trasp.*) aereo di linea.

airlock /ˈɛəlɒk/, *n.* **1** (*tecn.*) bolla d'aria; sacca d'aria **2** (*tecn.*) camera d'equilibrio.

to **air-mail** /ˈɛəmeɪl/, *v. t.* spedire per posta aerea.

airman /ˈɛəmən, -æn/, *n.* (*pl.* **airmen**) **1** aviatore **2** (*mil.*) aviere.

airmanship /ˈɛəmənʃɪp, -æn-/, *n.* abilità di aviatore; capacità come pilota.

airmaran /ɛəməˈræn, ˈɛəmər-/, *n.* catamarano a cuscino d'aria (*in G.B., sul Tamigi*).

airmechanic /ˈɛəmɪkænɪk/, *n.* meccanico d'aviazione; motorista.

airmiss /ˈɛəmɪs/, *n.* (*aeron.*) scontro appena schivato; forte rischio di collisione.

airmobile /ɛəˈməʊbaɪl, *USA* -bəl, ˈɛəməʊbiːl/, *a.* (*mil. USA*) trasportato in elicottero; elitrasportato.

airplane /ˈɛəpleɪn/, *n.* (*specialm. USA*) aereo; aeroplano.

airport /ˈɛəpɔːt/, *n.* aeroporto. ● **a. building**, aerostazione.

airscrew /ˈɛəskruː/, *n.* (*aeron.*) elica.

airshaft /ˈɛəʃɑːft, *USA* -æft/, *n.* (*ind. min.*) pozzo di ventilazione.

airship /ˈɛəʃɪp/, *n.* aeronave; dirigibile.

airspace /ˈɛəspeɪs/, *n.* **1** spazio aereo (*di un dato paese*) **2** (*radio, TV*) spazio per le trasmissioni; etere (*fig.*): **the fight for a.** la guerra dell'etere **3** (*miss.*) spazio aereo.

airstop /ˈɛəstɒp/, *n.* piattaforma per elicotteri; eliporto.

airstrip /ˈɛəstrɪp/, *n.* (*aeron.*) pista d'atterraggio (*anche di fortuna*).

airtight /ˈɛətaɪt/, *a.* **1** a tenuta d'aria; ermetico **2** (*fig.*) ermetico; inattaccabile: **an a. alibi**, un alibi inattaccabile.

airwaves /ˈɛəweɪvz/, *n. pl.* (*radio, TV*) (l') etere.

airway /ˈɛəweɪ/, *n.* **1** via aerea; aerovia **2** (*ind. min.*) galleria di ventilazione **3** (*radio, TV*) canale.

airwoman /ˈɛəwʊmən/, *n.* (*pl.* **airwomen**) aviatrice.

airworthiness /ˈɛəwɜːðɪnəs/, *n.* (*aeron.*) navigabilità.

airworthy /ˈɛəwɜːðɪ/, *a.* (*di aereo*) atto alla navigazione (aerea).

airy /ˈɛərɪ/, *a.* **1** (*poet.*) aereo; elevato **2** arioso; arieggiato **3** immateriale; etereo **4** gaio; vivace; lieve (*come l'aria*) **5** grazioso; delicato **6** superficiale; leggero; frivolo; irriverente **7** (*fam.*) borioso; affettato. ● (*fam.*) **a.--fairy**, immaginario; illusorio.

aisle /aɪl/, *n.* **1** (*archit.*: *di chiesa*) navata laterale **2** spazio fra due file di panche (*in chiesa*) **3** (*di teatro, carrozza ferroviaria, autobus, ecc.*) corridoio **4** passaggio (*tra due file di alberi*).

aisled /aɪld/, *a.* **1** (*di chiesa*) a navate **2** con corridoio laterale.

ait /eɪt/, *n.* (*specialm. ingl.*) isoletta (*per lo più fluviale*).

aitch /eɪtʃ/, *n.* acca; lettera h.

aitchbone /ˈeɪtʃbəʊn/, *n.* **1** (*anat.*) osso sacro **2** (*macelleria*) culatta.

ajar (1) /əˈdʒɑː(r)/, *avv. e a. pred.* socchiuso; semiaperto.

ajar (2) /əˈdʒɑː(r)/, *avv. e a. pred.* in disarmonia; in disaccordo.

ajutage /ˈædʒətɪdʒ, əˈdʒuː-/, *V.* **adjutage**.

akimbo /əˈkɪmbəʊ/, *avv.* sui fianchi: **with arms a.**, con le mani sui fianchi (*e i gomiti in fuori*).

akin /əˈkɪn/, *a.* **1** consanguineo **2** (*fig.*) simile; affine.

akinesia /ækɪˈniːzɪə, *USA* -ʒə/, *n.* (*med.*) acinesia.

à la /ˈælə, ˈɑː-, -lɑː/ (*franc.*), *prep.* nello stile di; alla: **a poem à la Kipling**, una poesia nello stile di Kipling.

alabaster /ˈæləbɑːstə(r), *USA* -bæs-/, **A** *n.*

alabastro. **B** *a.* d'alabastro; alabastrino.

alabastrine /ælə'bɑːstrɪn, *USA* -'bæs-/, *a.* (*raro*) alabastrino.

à la carte /ælə'kɑːt, ɑː-, -lɑː-/ (*franc.*), *avv.* e *a.* (*di un pasto in ristorante*) alla carta.

alack /ə'læk/, *inter.* (*arc.*) ahimè!; ohimè!

alacrity /ə'lækrətɪ/, *n.* alacrità.

Aladdin /ə'lædɪn, *USA* -dn/, *n.* Aladino.

alalia /æ'leɪlɪə/, *n.* (*psic.*) alalia.

à la mode, **alamode** /ælə'məʊd, ɑː-, -lɑː-/ (*franc.*), *avv.* **1** di moda; alla moda **2** (*USA*: *di torta, ecc.*) con gelato.

alar /'eɪlə(r)/, *a.* **1** alare **2** simile ad ala **3** (*biol.*) ascellare.

Alaric /'ælərɪk/, *n.* (*stor.*) Alarico.

alarm /ə'lɑːm/, *n.* **1** allarme: **to sound** (*o* **to ring**) **the a.**, suonare l'allarme **2** paura; preoccupazione; timore; ansia **3** (= **a. clock**) sveglia. • (*scherma*) **A.!**, all'erta!; in guardia! □ **a. bell**, campanello d'allarme (*anche fig.*) □ **a. clock**, sveglia □ **a.-radio**, radiosveglia □ **a. system**, impianto di allarme □ **to feel a.**, essere in ansia, preoccupato, agitato □ **fire a.**, segnalatore d'incendio □ **to set the a. to wake sb. at half past six**, mettere la sveglia per svegliare q. alle sei e mezzo □ **to take a. at st.**, allarmarsi per q.c.

to **alarm** /ə'lɑːm/, *v. t.* **1** dare l'allarme a; mettere in stato d'allarme **2** mettere in apprensione; spaventare; turbare; allarmare.

alarmed /ə'lɑːmd/, *a.* allarmato; in ansia; spaventato.

alarming /ə'lɑːmɪŋ/, *a.* preoccupante; allarmante.

alarmism /ə'lɑːmɪzəm/, *n.* allarmismo.

alarmist /ə'lɑːmɪst/, **A** *n.* allarmista. **B** *a.* allarmistico.

alas /ə'læs, ə'lɑːs/, *inter.* (*lett.*) ahimè!; ohimè!

Alaska /ə'læskə/, *n.* (*geogr.*) Alaska.

Alaskan /ə'læskən/, *a.* e *n.* (abitante) dell'Alaska.

alate /'eɪleɪt/, **alated** /'eɪleɪtɪd/, *a.* alato.

alb /ælb/, *n.* (*relig.*) camice (*sacerdotale*); alba (*raro*).

albacore /'ælbəkɔː(r)/, *n.* (*pl.* **albacores, albacore**) (*zool., Thunnus alalunga*) alalonga; albacora.

Alban /'ɔːlbən/, *n.* Albano.

Albanian /æl'beɪnɪən, *USA* ɔːl-/, *n.* e *a.* albanese.

albata /æl'beɪtə/, *n.* argentone.

albatross /'ælbətrɒs, *USA* -trɔːs/, *n.* (*pl.* **albatrosses, albatross**) (*zool., Diomedea*) albatro.

albedo /æl'biːdəʊ/, *n.* (*fis. nucl., ottica*) albedo.

albeit /ɔːl'biːɪt/, *cong.* (*lett.*) benché; quantunque; sebbene.

Albert /'ælbət/, *n.* Alberto.

Albertine /ælbə'taɪn/, *n.* Albertina.

albescent /æl'besnt/, *a.* (*raro*) biancheggiante.

Albigenses /ælbɪ'dʒensiːz/, *n. pl.* (*stor. relig.*) Albigesi.

Albigensian /ælbɪ'dʒensɪən/, *a.* e *n.* (*stor. relig.*) albigese.

albinism /'ælbɪnɪzəm/, *n.* albinismo.

albino /æl'biːnəʊ, *USA* -baɪ-/, *n.* (*pl.* **albinos**) albino.

Albion /'ælbɪən/, *n.* (*geogr., poet.*) Albione.

albite /'ælbaɪt/, *n.* (*miner.*) albite.

album /'ælbəm/, *n.* (*anche mus.*) album.

albumen /'ælbjʊmən, *USA* æl'bjuːmən/, *n.* **1** albume **2** (*chim.*) albumina.

albumin /'ælbjʊmɪn, *USA* æl'bjuːmɪn/, *n.* (*chim.*) albumina.

albuminate /æl'bjuːmɪneɪt/, *n.* (*chim.*) albuminato.

albuminoid /æl'bjuːmɪnɔɪd/, *a.* e *n.* (*chim.*) albuminoide.

albuminous /æl'bjuːmɪnəs/, *a.* (*chim.*) albuminoso.

albuminuria /ælbjuːmɪ'njʊərɪə, *USA* -'nʊə-/, *n.* (*med.*) albuminuria.

alburnum /æl'bɜːnəm/, *n.* (*bot.*) alburno.

Alcaeus /æl'siːəs/, *n.* (*letter. greca*) Alceo.

alcaic /æl'keɪɪk/, (*poesia*) **A** *a.* alcaico. **B** *n.* strofe alcaica.

alchemic(al) /æl'kemɪk(l)/, *a.* alchimistico.

alchemist /'ælkəmɪst/, *n.* alchimista.

alchemistic(al) /ælkə'mɪstɪk(l)/, *a.* alchimistico.

to **alchemize** /'ælkəmaɪz/, *v. t.* alchimizzare.

alchemy /'ælkəmɪ/, *n.* alchimia.

Alcibiades /ælsɪ'baɪədiːz/, *n.* (*stor. greca*) Alcibiade.

alcohol /'ælkəhɒl, *USA* -hɔːl/, *n.* **1** alcol, alcool **2** bevanda alcolica • (*di trattenimento, ecc.*) **a.-free**, senza liquori; per astemi.

alcoholic /ælkə'hɒlɪk, *USA* -hɔːl-/, **A** *a.* **1** alcolico **2** (*med.*) alcolizzato. **B** *n.* **1** (*med.*) alcolista; alcolizzato **2** (*pl.*) (gli) alcolici.

alcoholism /'ælkəhɒlɪzəm, *USA* -hɔːl-/, *n.* (*med.*) alcolismo; etilismo.

alcoholization /ælkəhɒlaɪ'zeɪʃn, *USA* -lɪ'z-/, *n.* alcolizzazione.

to **alcoholize** /'ælkəhɒlaɪz/, *v. t.* alcolizzare.

alcoholometer /ælkəhɒ'lɒmɪtə(r), *USA* -hɔː-/, *n.* alcolimetro, alcolometro.

Alcoran /ælkə'rɑːn, *USA* -'ræn/, *n.* (*relig.*) Corano.

alcove /'ælkəʊv/, *n.* **1** alcova **2** pergola **3** padiglione d'estate.

Alcuin /'ælkwɪn/, *n.* (*stor.*) Alcuino.

aldehyde /'ældɪhaɪd/, *n.* (*chim.*) aldeide.

al dente /æl'dentɪ, *USA* ɑːl'denteɪ/ (*ital.*), *avv.* e *a. pred.* (*cucina*) al dente.

alder /'ɔːldə(r)/, *n.* (*bot., Alnus*) ontano; alno.

alderman /'ɔːldəmən/, *n.* (*pl.* **aldermen**) **1** (*in G.B.*: *fino al 1974*) consigliere comunale anziano, che durava in carica più degli altri e aveva particolari attribuzioni (*corrispondeva all'incirca all'ital.*: assessore) **2** (*in G.B.*: *fino al 1977*) consigliere anziano del «Greater London Council» **3** (*in U.S.A.*) consigliere comunale.

aldermanry /'ɔːldəmənrɪ/, *n.* **1** (*stor.*) distretto che aveva un suo consigliere anziano **2** grado e dignità di consigliere anziano (*V.* **alderman**).

aldermanship /'ɔːldəmənʃɪp/, *n.* (*stor.*) carica (*o* ufficio) di «alderman».

Aldine /'ɔːldaɪn/, **A** *a.* (*tipogr.*) aldino. **B** *n.* **1** carattere aldino **2** edizione aldina.

Aldous /'ɔːldəs/, *n.* Aldo.

ale /eɪl/, *n.* **1** birra (*in origine, fatta senza luppoli*) **2** (*stor.*) festa della birra. • **ale brewer**, birraio (*fabbricante*) □ (*stor.*) **ale conner**, ispettore della qualità della birra □ **ale-house**, (*arc.*) birreria; (*fam.*) pub □ **ale-house keeper**, birraio (*venditore*) □ **ale-wife**, proprietaria di birreria; birraia.

aleatory /'eɪlɪətərɪ, *USA* -ɔːrɪ/, *a.* (*anche leg.*) aleatorio.

alee /ə'liː/, *avv.* e *a. pred.* (*naut.*) sottovento.

alegar /'eɪlɪgə(r)/, *n.* **1** birra acida **2** aceto di malto.

Alemannic /ælɪ'mænɪk/, *a.* e *n.* (*stor.*) alemanno.

alembic /ə'lembɪk/, *n.* alambicco.

alerion /ə'lɪərɪən, -ɪɒn/, *n.* (*arald.*) alerione.

alert /ə'lɜːt/, **A** *a.* **1** vigile; attento: **to keep a.**, essere vigile, stare ben attento **2** agile; pronto; intelligente. **B** *n.* allarme (*anche aereo*). • **to be on the a.**, stare all'erta. ‖ **-ly**, *avv.* ‖ **-ness**, *sost.*

to **alert** /ə'lɜːt/, *v. t.* mettere in stato d'allerta; allertare.

aleuron(e) /ə'lʊərən, ə'lj-/, *n.* (*biochim.*) aleurone.

Aleutian /ə'luːʃən, -ʃɪən, ə'lj-/, *a.* (*geogr.*) aleutino: **A. Islands**, Isole Aleutine.

alevin /'ælɪvɪn/, *n.* avannotto (*specialm. di salmone e di trota*).

Alexander /ælɪg'zɑːndə(r), *USA* -æn-/, *n.* Alessandro.

Alexandra /ælɪg'zɑːndrə, *USA* -æn-/, *n.* Alessandra.

Alexandria /ælɪg'zɑːndrɪə, *USA* -æn-/, *n.* (*geogr.*) Alessandria.

Alexandrian /ælɪg'zɑːndrɪən, *USA* -æn-/, *a.* (*stor.*) **1** alessandrino (*di Alessandria d'Egitto e della sua civiltà*) **2** di Alessandro Magno.

alexandrine /ælɪg'zændraɪn, -'zɑːn-, -iːn, -ɪn/, *a.* e *n.* (*poesia*) (verso) alessandrino.

alexia /eɪ'leksɪə/, *n.* (*psic.*) alessia.

alexipharmic /eɪleksɪ'fɑːmɪk/, *n.* (*farm.*) alessifarmaco.

Alexis /ə'leksɪs/, *n.* **1** Alessio **2** *dim. di* Alessandra; Sandra.

alfalfa /æl'fælfə/, *n.* (*bot., Medicago sativa*) erba medica.

Alfred /'ælfrɪd/, *n.* Alfredo.

alfresco, **al fresco** /æl'freskəʊ/ (*ital.*), *avv.* e *a.* all'aperto: **an a. dinner**, un pranzo all'aperto.

alga /'ælgə/, *n.* (*pl.* **algae, algas**) (*bot.*) alga. • (*ecol.*) **algae bloom**, fioritura di alghe.

algal /'ælgəl/, *a.* (*bot., geol.*) algale.

algebra /'ældʒɪbrə/, *n.* algebra.

algebraic(al) /ældʒɪ'breɪɪk(l)/, *a.* algebrico.

algebraist /ældʒɪ'breɪɪst/, *n.* algebrista.

Algerian /æl'dʒɪərɪən/, *a.* e *n.* algerino.

Algerine /'ældʒəraɪn/, *a.* e *n.* algerino.

algesia /æl'dʒiːzɪə, -ʒə/, *n.* (*med.*) algesia.

algesic /æl'dʒiːzɪk/, *a.* (*med.*) algesico.

algetic /æl'dʒetɪk/, *V.* **algesic**.

algid /'ældʒɪd/, *a.* (*poet. e med.*) algido.

algidity /æl'dʒɪdətɪ/, *n.* (*med.*) algidità.

Algiers /æl'dʒɪəz/, *n.* (*geogr.*) Algeri.

Algol /'ælgɒl/, *n.* (*elab.*) Algol.

algology /æl'gɒlədʒɪ/, *n.* (*bot.*) algologia.

Algonkian /æl'gɒŋkɪən/, *a* e *n.* **1** (*geol.*) algonchiano **2** (*etnol.*) *V.* **Algonquian**.

Algonkin /æl'gɒŋkɪn/, *V.* **Algonquin**.

Algonquian /æl'gɒŋkwɪən/, *a.* e *n.* (*etnol.*) algonchino.

Algonquin /æl'gɒŋkwɪn/, *n.* (*pl.* **Algonquins** e **Algonquin**) algonchino (*anche il dialetto*).

algophobia /ælgə'fəʊbɪə/, *n.* (*psic.*) algofobia.

algor /'ælgə(r)/, *n.* (*poet.* e *med.*) algore; freddo intenso.

algorithm /'ælgərɪðəm/, *n.* (*mat.*) algoritmo.

algorithmic /ælgə'rɪðmɪk/, *a.* (*mat.*) algoritmico.

alias /'eɪlɪəs/, **A** *n.* pseudonimo; falso nome: **The king was travelling under an a.**, il re viaggiava sotto falso nome. **B** *avv.* alias; altrimenti detto.

alibi /'ælɪbaɪ/, *n.* (*pl.* **alibis**) **1** (*leg.*) alibi **2** (*fam.*) scusa; pretesto. • (*leg.*) **an a. witness**, il testimone di un alibi.

Alicia /ə'lɪʃɪə/, *n.* Alice.

alidad /'ælɪdæd/, **alidade** /'ælɪdeɪd/, *n.* (*tecn.*) alidada.

alien /'eɪlɪən/, **A** *a.* **1** straniero **2** alieno (*anche nel senso di*: estraneo; altrui): **These principles are a. to me**, questi principi mi sono estranei (*o* mi ripugnano). **B** *n.* **1** straniero: **aliens law**, legge sugli stranieri **2** (*fantascienza*) extraterrestre; alieno. • **a. from**, lontano da; in contrasto con: **principles a. from our religion**, principi in contrasto con la nostra religione □ **a. visitors**, turisti stranieri; stranieri di passaggio.

to **alien** /'eɪlɪən/, *v. t.* **1** (*leg.*) *V.* **to alienate** **2** (*poet.*) estraniare.

alienability /eɪlɪənə'bɪlətɪ/, *n.* alienabilità.

alienable /'eɪlɪənəbl/, *a.* alienabile.

to **alienate** /'eɪlɪəneɪt/, *v. t.* **1** (*leg.*) alienare; trasferire (*specialm. beni immobili*) **2** alienare, alienarsi; estraniare (*amici, ecc.*): **to a. sb.'s affection**, alienarsi l'affetto di q.

alienation /eɪlɪə'neɪʃn/, *n.* (*leg., psic.*) **1** alienazione: **mental a.**, alienazione mentale **2** (*fig.*) alienazione; disaffezione.

alienee /eɪlɪə'niː/, *n.* (*leg.*) cessionario.

alienism /'eɪlɪənɪzəm/, *n.* **1** (*leg.*) condizione di straniero **2** (*med.*) studio delle alienazioni mentali; psichiatria.

alienist /'eɪlɪənɪst/, *n.* (*med.*) alienista; psichiatra.

alienor /eɪlɪə'nɔː(r)/, *n.* (*leg.*) alienatore; alienante; cedente.

aliform /ˈælɪfɔːm/, *a.* aliforme.

alight /əˈlaɪt/, *a. pred.* **1** acceso; che brucia **2** illuminato; (*fig.*) splendente (*in viso, per la gioia*). ● **to set st. a.**, dar fuoco a q.c.; (*fig.*) **to set sb. a.**, infiammare q.; accendere l'entusiasmo di q.

to **alight** /əˈlaɪt/ (*pass.* e *p. p.* **alighted** e **alit**), *v. i.* **1** (*form.*) smontare (*da cavallo*); scendere (*dal treno, autobus, tram, ecc.*) **2** (*di uccelli o cose dall'aria*) posarsi. ● **to a. on one's feet**, cadere in piedi (*anche fig.*) □ (*aeron.*) **to a. on land**, atterrare □ (*miss.*) **to a. on the moon**, atterrare sulla luna; allunare □ (*aeron.*) **to a. on water**, ammarare □ (*form.*) **to a. on** (*o* **upon**) **sb.**, imbattersi in q.

alighting /əˈlaɪtɪŋ/, *n.* (*aeron.*) **1** (= **a. on land**) atterraggio **2** (= **a. on water**) ammaraggio.

to **align** /əˈlaɪn/, *v. t.* e *i.* allineare, allinearsi: **to a. the sights and bull's eye**, allineare il mirino e la tacca (*del fucile*) con il centro del bersaglio. ● **to a. oneself with sb.**, allinearsi (*o* schierarsi) con q. □ (*polit.*) **non-aligned countries**, paesi non allineati.

alignment /əˈlaɪnmənt/, *n.* **1** allineamento **2** schieramento: **the new a. of political parties**, il nuovo schieramento dei partiti politici. ● **to be in a.**, essere in linea (*o* allineato) □ **out of a.**, male allineato; non allineato.

alike /əˈlaɪk/, **A** *a. pred.* simile; somigliante: **Father and son were extraordinarily a.**, padre e figlio si somigliavano in modo straordinario. **B** *avv.* similmente; parimenti; allo stesso modo; in egual misura: **He deals kindly with inferiors and superiors a.**, tratta con pari gentilezza sia gli inferiori che i superiori.

aliment /ˈælɪmənt/, *n.* **1** (*anche fig.*) alimento **2** sostentamento; nutrimento **3** (*scozz., leg.*) alimenti.

to **aliment** /ˈælɪmənt/, *v. t.* **1** (*arc.*) alimentare **2** (*leg., in Scozia*) passare gli alimenti a.

alimentary /ælɪˈmɛntrɪ/, *a.* **1** alimentare; alimentario; nutritivo **2** (*anat.*) digerente: **a. canal**, tubo digerente.

alimentation /ælɪmɛnˈteɪʃn/, *n.* alimentazione.

alimony /ˈælɪmənɪ/, *USA* -məʊnɪ/, *n.* **1** mezzi di sostentamento **2** (*leg., stor.*: *in cause di separazione*) alimenti (*cfr.* **maintenance**).

to **aline** /əˈlaɪn/, *V.* **to align**.

alinement /əˈlaɪnmənt/, *V.* **alignment**.

aliped /ˈælɪpɛd/, *a.* e *n.* (*poet.*) alipede.

aliphatic /ælɪˈfætɪk/, *a.* (*chim.*) alifatico.

aliquot /ˈælɪkwɒt, -ət/, *n.* (*mat.*) aliquota. ● (*mat.*) **a. part**, aliquota.

alit /əˈlɪt/, (*raro*) *pass.* e *p. p.* di **to alight**.

alive /əˈlaɪv/, *a. pred.* **1** vivo (*anche fig.*); in vita (*in vigore, in atto*) **2** vivace; animato; attivo **3** vitale; vivido **4** (*elettr.*) caldo; sotto tensione **5** (*radio, telef., TV*) in operazione. ● **a. and kicking**, vivo e vegeto; pieno di vigore □ **to be a. to**, essere conscio di; capire pienamente: **He was a. to his failings**, era conscio delle sue manchevolezze □ **to be a. to a problem**, essere sensibile a un problema □ **to be a. with**, essere pieno di (*specialm. di esseri viventi o cose in moto*); formicolare (*o* brulicare) di: **The rotten log was a. with ants**, il ceppo marcio brulicava di formiche □ **to be a. with hope**, essere pieno di speranza □ **any man a.**, chiunque; tutti □ **to come a.**, ravvivarsi; animarsi □ **to keep an issue a.**, mantenere l'attualità di un problema □ **Look a.!**, muoviti!; affrettati!

alizarin /əˈlɪzərɪn/, *n.* (*chim.*) alizarina.

alkahest /ˈælkəhɛst/, *n.* (*alchimia*) solvente universale.

alkalescence /ælkəˈlɛsns/, **alkalescency** /ælkəˈlɛsnsɪ/, *n.* (*chim.*) alcalescenza.

alkalescent /ælkəˈlɛsnt/, *a.* (*chim.*) alcalescente.

alkali /ˈælkəlaɪ/, *n.* (*pl.* **alkalis, alkalies**) (*chim.*) alcali; prodotto alcalino. ● **a. metal**, metallo alcalino.

to **alkalify** /ˈælkəlɪfaɪ/, *v. t.* e *i.* (*chim.*) alcalinizzare, alcalinizzarsi.

alkalimeter /ælkəˈlɪmɪtə(r)/, *n.* alcalimetro.

alkalimetry /ælkəˈlɪmətrɪ/, *n.* (*chim.*) alcalimetria.

alkaline /ˈælkəlaɪn/, *a.* (*chim.*) alcalino.

alkalinity /ælkəˈlɪnətɪ/, *n.* (*chim.*) alcalinità.

to **alkalize** /ˈælkəlaɪz/, *v. t.* (*chim.*) alcalinizzare.

alkaloid /ˈælkəlɔɪd/, *n.* (*chim.*) alcaloide.

alkanet /ˈælkənɛt/, *n.* (*bot.*) **1** (*Alkanna tinctoria*) alcanna **2** (*Anchusa*) buglossa.

alkermes /ælˈkɜːmiːz/, *n.* alchermes.

Alkoran /ælkəˈrɑːn, *USA* -æn/, *n.* (*relig.*) Corano.

all /ɔːl/ , *n., a., pron.* e *avv.* **1** tutto, tutta; tutti, tutte; tutto ciò che si possiede: **He gave his all**, donò tutti i suoi averi; **they all** (*o* **all of them**), essi tutti; tutti loro; **and all**, e tutto: **He jumped into the river, clothes and all**, si gettò nel fiume, vestiti e tutto **2** ogni; qualsiasi: **beyond all doubt**, fuor d'ogni dubbio; **all manner of men**, qualsiasi genere d'uomini **3** del tutto; completamente: **He was all worn out**, era completamente sfinito **4** ciascuno; a testa: **The score was thirty all**, il punteggio era di trenta a testa (*a tennis*: trenta pari). ● **all alone**, da solo; da sé □ **all along**, fin dal principio: **I had known it all along**, l'avevo saputo sin dal principio □ **all-American**, completamente americano, composto di soli americani, di tutte le Americhe; (*di persona*) purosangue, puro: **an all-American boy**, un americano purosangue □ **all-around**, versatile; completo; (*comm. USA*) globale: **an all-around sportsman**, uno sportivo completo □ **all at once**, tutto a un tratto; tutti in una volta; tutti insieme: **The vision disappeared all at once**, la visione sparì tutto a un tratto; **They spoke all at once**, parlarono tutti in una volta □ (*fam.*) **all the best**, tanti auguri; tante cose □ **all the better** [**the worse**], tanto meglio [peggio] □ **all but**, poco meno che; quasi: **He is all but a thief**, se non è un ladro, poco ci manca; **The hard work is all but completed**, il lavoro duro è quasi finito □ (*TV*) **all-channel tuning**, sintonia per tutte le gamme □ **all-clear**, (segnale di) cessato allarme (*specialm. aereo*) □ **all day** [**night**], tutto il giorno [tutta la notte] □ **all day long**, tutto il santo giorno □ (*fam.*) **all-dayer**, spettacolo (concerto pop, ecc.) che dura un giorno intero □ (*di un apparecchio, ecc.*) **all-electric**, che funziona solo a elettricità □ **all-English**, esclusivamente inglese; tutto d'inglesi: **an all-English eleven**, una squadra (di calcio) tutta di giocatori inglesi □ **to be all eyes** [**ears**], essere tutt'occhi [orecchie] □ (*pop. USA*) **all-fired**, *avv.* straordinariamente; moltissimo: **to be all-fired successful**, avere un successo enorme □ **All Fool's Day**, il primo d'aprile (*il giorno di tutti gli sciocchi, cioè del «pesce d'aprile»*) □ (*relig.*) **All-Hallowmas** (*o* **All-Hallows**), Ognissanti □ (*pop. USA*) **all hell broke loose**, si scatenò un putiferio □ **all-important**, di somma importanza; cruciale □ **to be all in**, (*fam.*) essere stremato (*o* esausto, sfinito); (*pop. USA*) essere sbronzo □ (*econ.*) **all-in cost**, costo complessivo □ **all-in price**, prezzo tutto incluso □ (*sport*) **all-in wrestling**, lotta libera □ **all-inclusive**, comprensivo di tutto (*o* di ogni spesa) □ (*tur.*) **all-inclusive tour**, «inclusive tour»; viaggio tutto compreso □ **all-knowing**, onnisciente □ **all-male**, per (*o* di) soli uomini □ **all the more**, tanto più: **All the more reason for coming**, una ragione di più per venire! □ **all the more so...**, tanto più che... □ **all-night**, che dura (*o* che resta aperto) tutta la notte □ **all-nighter**, avvenimento (*festa, ecc.*) che dura una notte intera; (*pop. USA*) nottata (*fatta per lavoro o divertimento*); (*volg. USA*) (la) notte (*con una prostituta*) □ **all of a sudden**, tutt'a un tratto; improvvisamente □ (*fam.*) **all-out**, *a.* completo; incondizionato: **all-out support**, appoggio incondizionato □ **all out**, *avv.* a tutta forza; mettendocela tutta: **He was running all out**, correva mettendocela tutta, a più non posso □ **all-or-nothing**, determinante; decisivo: **It is an all-or-nothing attempt**, o la va o la spacca □ **all over**, dappertutto: **I have travelled all over Europe**, in Europa, sono stato dappertutto □ **all-over**, completo, integrale; su tutta la superficie (*del corpo, ecc.*): **an all-over tan**, un'abbronzatura integrale □ (*pop. USA*) **to be all over sb.**, stare addosso a q.; stare appiccicato a q. □ (*fam.*) **to be** [**to sound**] **all over**, essere [sembrare] da cima a fondo (*o* da capo a piedi, del tutto): **From what you say, he sounds my son all over**, a quel che dici, sembra (proprio) si tratti di mio figlio da capo a piedi □ **to be all over with**, essere finito: **It is all over with our friendship**, la nostra amicizia è finita □ **all-powerful**, onnipotente; onnipossente □ **all-purpose**, multiuso: **an all-purpose tool**, un attrezzo multiuso □ (*stor.*) **all-red**, interamente britannico: **an all-red line**, una linea (*di navigazione*) interamente britannica □ **all right**, bene; proprio: **Everything turned out all right**, tutto andò a finir bene; **That's the man all right**, è proprio lui (l'uomo che cerchiamo, ecc.); (*pop. USA*) **He's an all-right guy**, è un tipo simpatico □ **all right!**, d'accordo!; bene!; (*pop.*) fantastico! □ **to be all right**, stare bene: **It's all right**, sta bene; **I'm all right**, sto bene □ (*ass.*) **an all-risk policy**, una polizza comprensiva di tutti i rischi □ **all-round**, completo; (*comm.*) globale: **He is an all-round athlete**, è un atleta completo; **all-round price**, prezzo tutto incluso; prezzo globale □ **all-rounder**, persona versatile; (*sport*) atleta (pugile, ecc.) completo □ **All Saints' Day**, Ognissanti □ **all the same**, lo stesso; ciononostante; tuttavia: **He was punished all the same**, fu punito lo stesso; **He is a rascal all the same**, ciononostante è un mascalzone □ **all-seeing**, onniveggente □ (*autom.*) **All services**, area di servizio e ristorante (*cartello autostradale in G.B.*) □ **All Souls' Day**, il giorno dei morti □ **all-star**, (*cinem., TV, teatr.*) composto di attori famosi; (*sport*) composto di campioni □ **all-terrain vehicle**, fuoristrada □ (*volg. USA*) **all that kind of crap**, e stronzate simili; e così via □ (*pop. USA*) **to be all thumbs**, essere maldestro □ (*econ., fin.*) **all-time high** [**low**], rialzo [ribasso] massimo □ (*sport*) **all-time record**, primato assoluto □ (*pop. USA*) (*di una donna*) **to be all tits and teeth**, essere soltanto bella (*ma senza cervello*) □ **all told**, in tutto: **There were twenty, all told**, ce n'erano venti in tutto □ (*aeron.*) **all-traffic service**, servizio promiscuo □ (*aeron.*) **all-up weight**, peso lordo (*di un aereo*) □ (*fam.*) **to be all up with sb.**, essere finita per q.; non esserci più speranza per q. □ (*radio*) **all-ware receiver**, ricevitore multibanda □ **all the way**, lungo tutto il cammino; (*fig.*) fino in fondo □ **all-weather**, per tutte le stagioni; (*tecn.*) ognitempo: (*aeron.*) **all-weather aircraft**, aereo ognitempo □ (*pop. USA*) **to be all wet**, essere in errore, sbagliarsi; essere sbronzo □ **all-year**, che si trova (*o* che si può fare) tutto l'anno: **an all-year sport**, uno sport che si può praticare in ogni stagione dell'anno □ **all the year** (**round**), (per) tutto l'anno □ **above all**, soprattutto □ **after all**, dopo tutto □ **at all**, minimamente; affatto; per nulla: **He is not at all clever**, non è per nulla intelligente □ (*pop. USA*) **to fall all over sb.**, sdilinquirsi per q.; fare un sacco di mosse a q. □ **to go all the way**, (*fig.*) andare fino in fondo; (*pop. USA*) avere rapporti sessuali completi □ **for all I know**, per quel che so io; a quanto ne so io □ **for all that**, nonostante tutto; con tutto ciò: **For all that, I shall go**, nonostante tutto, andrò; **For all that, you must not forget he is your brother**, con tutto ciò, non devi dimenticare che è tuo fratello □ **for good and all**, per sempre; sul serio: **I am going for good and all**, me ne vado per sempre □ **in all**, in tutto: **We were eleven in all**, eravamo undici in tutto □ (*fam.*) **not to be all there**, essere via con la testa; essere svanito (*o* svampito): **The poor old man was not all there**, il povero vecchio era via con la testa □ **on all fours**, a quattro zampe; carponi; gattoni □ **once and for all**, una volta per tutte □ **one and all**, dal primo all'ultimo □ **when all is said and done**, in fin dei conti; alla fin fine; tutto considerato □ **It is all one to me**, per me è lo stesso (*o* è tutt'uno) □ **I am not all that old**, non sono poi tanto vecchio □ **It is all up, we are defeated**, è finita, siamo sconfitti □ **I will do my all to help you**, farò di tutto (*o* l'impossibile) per aiutarti.

to **allay** /ə'leɪ/, *v. t.* ***1*** diminuire; alleviare; lenire ***2*** calmare; acquietare; placare: **He could not a. his thirst**, non riusciva a placare la sete ***3*** dissipare (*sospetti, ecc.*) ***4*** sedare (*apprensioni*).

allegation /ælɪ'geɪʃn/, *n.* ***1*** dichiarazione; affermazione; asserzione ***2*** (*leg.*) allegazione; asserzione.

to **allege** /ə'ledʒ/, *v. t.* ***1*** dichiarare; affermare; asserire ***2*** allegare, addurre (*scuse, pretesti*); produrre (*ragioni*) ***3*** (*leg.*) allegare; dichiarare. ● **The alleged murderer will be tried next week**, il presunto assassino verrà processato la settimana prossima.

allegedly /ə'ledʒɪdlɪ/, *avv.* ***1*** secondo quanto si asserisce; presumibilmente ***2*** secondo quanto viene addotto come pretesto.

Alleghenian /ælɪ'geɪnɪən/, *a.* (*geol.*) allegheniano.

Alleghenies (the) /ælɪ'geɪnɪz/, *n. pl.* (*geogr.*) gli Allegheny.

allegiance /ə'li:dʒəns/, *n.* ***1*** fedeltà (*di suddito a sovrano, di cittadino a governo*) ***2*** lealtà, devozione (*a una causa, a una persona*).

allegoric(al) /ælɪ'gɒrɪk(l), *USA* -'gɔ:r-/, *a.* allegorico.

allegorically /ælɪ'gɒrɪklɪ, *USA* -'gɔ:r-/, *avv.* allegoricamente.

allegorist /'ælɪgərɪst/, *n.* allegorista.

to **allegorize** /'ælɪgəraɪz/, **A** *v. t.* allegorizzare; interpretare allegoricamente. **B** *v. i.* allegorizzare.

allegory /'ælɪgərɪ, *USA* -gɔ:rɪ/, *n.* allegoria.

allegretto /ælɪ'gretəʊ/ (*ital.*), *n.* (*pl.* **allegrettos**) (*mus.*) allegretto.

allegro /ə'leɪgrəʊ/ (*ital.*), *n.* (*pl.* **allegros**) (*mus.*) allegro.

allele /ə'li:l/, *n.* (*biol.*) allele.

alleluia(h) /ælɪ'lu:jə/, *inter.* e *n.* alleluia.

allergen /'ælədʒen, -dʒən/, *n.* (*biol.*) allergene.

allergic /ə'lɜ:dʒɪk/, *a.* (*med.* e *fig.*) allergico.

allergy /'ælədʒɪ/, *n.* (*med.* e *fig.*) allergia.

to **alleviate** /ə'li:vɪeɪt/, *v. t.* alleviare; lenire; attenuare.

alleviation /əli:vɪ'eɪʃn/, *n.* alleviamento; lenimento.

alleviative /ə'li:vɪeɪtɪv/, *a.* che allevia; lenitivo.

alleviator /ə'li:vɪeɪtə(r)/, *n.* ***1*** alleviatore (*lett.*); chi (*o* ciò) che allevia ***2*** (*farm.*) lenitivo.

alleviatory /ə'li:vɪətrɪ, *USA* -tɔ:rɪ/, *a.* che allevia; lenitivo.

alley /'ælɪ/, *n.* ***1*** vicolo: **blind a.**, vicolo cieco (*anche fig.*) ***2*** viale, vialetto (*di giardino o parco*) ***3*** (= **bowling a.**) bocciodromo; (corsia di) bowling ***4*** (*tennis*) corridoio. ● **a. cat**, gatto randagio; (*pop. USA*) passeggiatrice, puttana □ (*fam.*: *di cosa*) **down** (*o* **up**) **one's a.**, congeniale; che va a fagiolo; che sfagiola (*pop.*).

alleyway /'ælɪweɪ/, *n.* passaggio stretto; vicolo.

alliaceous /ælɪ'eɪʃəs/, *a.* (*bot.*) agliaceo; che sa (*o* che odora) di aglio.

alliance /ə'laɪəns/, *n.* ***1*** alleanza (*di stati, ecc.*); apparentamento (*di partiti*) ***2*** unione, l'imparentarsi (*di famiglie per matrimonio*) ***3*** (*fig.*) parentela; somiglianza; affinità.

allice shad /'ælɪs'ʃæd/, *n.* (*zool.*) (*Alosa alosa*) alosa comune.

allied /'ælaɪd, ə'laɪd/, *a.* ***1*** alleato; apparentato ***2*** imparentato ***3*** simile; affine ***4*** (*biol.*) affine: **a. species**, specie affini.

alligator /'ælɪgeɪtə(r)/, *n.* ***1*** (*zool.*, *Alligator*) alligatore ***2*** (*tecn.*) arnese a ganasce dentate ***3*** (*pop. USA*) uomo combattivo; (un) duro ***4*** (*pop. USA*) fanatico di jazz; jazzista bianco. ● (*spreg. USA*) **a. bait**, «esca per alligatori»; cibo scadente; negro del sud □ (*elettr.*) **a. clip**, coccodrillo □ (*bot.*) **a. pear**, avocado □ (*tecn.*) **a. wrench**, chiave da tubista □ (*scherz.*) **«See you later, a.»**, «ciao»; «arrivederci».

allis shad /'ælɪs'ʃæd/, *V.* **allice shad**.

to **alliterate** /ə'lɪtəreɪt/, *v. i.* ***1*** usare l'allitterazione ***2*** allitterare; formare allitterazione.

alliteration /əlɪtə'reɪʃn/, *n.* allitterazione.

alliterative /ə'lɪtrətɪv, *USA* -təreɪtɪv/, *a.* ***1*** (*di una parola*) allitterante ***2*** (*di un verso*) allitterato.

allocable /'æləkəbl/, *V.* **allocatable**.

allocatable /ælə'keɪtəbl/, *a.* ***1*** (*fin., rag.*) assegnabile; stanziabile; allocabile (*angl.*) ***2*** (*elab.*) allocabile ***3*** (*mat.*) ripartibile ***4*** (*rag.*) ripartibile; distribuibile.

to **allocate** /'æləkeɪt/, *v. t.* ***1*** (*fin., rag.*) assegnare; stanziare; allocare (*angl.*) ***2*** (*elab.*) allocare ***3*** (*mat.*) ripartire ***4*** (*org. az.*) assegnare (*lavoro*) ***5*** (*rag.*) ripartire; distribuire. ● **to a. duties to an employee**, assegnare le mansioni a un impiegato □ **to a. funds to housing**, stanziare fondi per l'edilizia abitativa □ **to a. a sum of money for benefaction**, devolvere una somma di denaro per beneficenza.

allocation /ælə'keɪʃn/, *n.* ***1*** (*fin., rag.*) assegnazione; stanziamento; allocazione (*angl.*); somma stanziata ***2*** (*fin., rag.*) riparto; quota ***3*** (*elab.*) allocazione ***4*** (*mat.*) ripartizione ***5*** (*org. az.*) assegnazione (*di lavoro*) ***6*** (*rag.*) riparto, ripartizione; distribuzione. ● (*leg.*) **a. of the burden of proof**, assegnazione dell'onere della prova □ (*rag.*) **a. of costs**, allocazione dei costi □ (*fin., rag.*) **a. of profits**, ripartizione degli utili □ (*econ.*) **a. of quotas**, assegnazione di quote □ (*econ.*) **a. of resources**, allocazione delle risorse.

allocative /'æləkeɪtɪv/, *a.* (*fin., rag., ecc.*) allocativo; che riguarda l'allocazione (*V. sopra*).

allocatur /ælə'keɪtə(r)/ (*lat.*), *n.* (*leg.*) certificato con il quale il «taxing master» (*q.V.*) concede la liquidazione delle spese di giudizio.

allocution /ælə'kju:ʃn/, *n.* allocuzione.

allodial /ə'ləʊdɪəl/, *a.* (*stor.*) allodiale.

allodium /ə'ləʊdɪəm/, *n.* (*stor.*) allodio.

allogamy /ə'lɒgəmɪ/, *n.* (*bot.*) allogamia; fecondazione incrociata.

allogenic /æləʊ'dʒenɪk/, *a.* (*ecol.*) allogenico.

allograft /'æləʊgrɑ:ft, *USA* -æft/, *n.* (*med.*) allotrapianto.

allograph /'æləʊgrɑ:f, *USA* -græf/, *n.* (*ling.*) allografo.

allomerism /ə'lɒmərɪzəm/, *n.* (*chim.*) allomeria.

allomorph /'æləmɔ:f/, *n.* (*chim.* e *ling.*) allomorfo.

allonge /ə'lɒnʒ/, *n.* (*comm.*) allungo, coda (*di cambiale*).

allopath /'æləpæθ/, *V.* **allopathist**.

allopathic /ælə'pæθɪk/, *a.* (*med.*) allopatico.

allopathist /ə'lɒpəθɪst/, *n.* (medico) allopatico.

allopathy /ə'lɒpəθɪ/, *n.* (*med.*) allopatia.

allophone /'æləfəʊn/, *n.* (*ling.*) allofono.

allosaurus /ælə'sɔ:rəs/, *n.* (*paleont.*) allosauro.

to **allot** /ə'lɒt/, *v. t.* ***1*** assegnare; concedere ***2*** (*fin.*) ripartire, distribuire, assegnare (*azioni o obbligazioni*): **to a. the shares in full**, assegnare tutte le azioni sottoscritte. ● **to a. money to cover expenses**, destinare denaro alla copertura delle spese.

allotment /ə'lɒtmənt/, *n.* ***1*** (*anche leg.*) assegnazione, dotazione (*di fondi, ecc.*) ***2*** (*fin.*) ripartizione; riparto; attribuzione (*di una sottoscrizione*) ***3*** (*anche leg.*) cosa assegnata; somma destinata (*a uno scopo*) ***4*** (*rag.*) ripartizione (*di ricavi*) ***5*** (*stor., in G.B.*) orto di guerra (*durante la prima guerra mondiale*) ***6*** (*in G.B.*) orto (*o* orticello) (*su un terreno della periferia, preso in affitto dal comune o dalla contea*). ● (*fin.*) **a. letter**, avviso di riparto □ (*fin.*) **a. money**, acconto di riparto.

allotrope /'ælətrəʊp/, *n.* (*chim.*) allotropo.

allotropic(al) /ælə'trɒpɪk(l)/, *a.* (*chim.*) allotropico.

allotropy /ə'lɒtrəpɪ/, **allotropism** /ə'lɒtrəpɪzəm/, *n.* (*chim.*) allotropia.

allottable /ə'lɒtəbl/, *a.* ***1*** (*anche leg.*) assegnabile ***2*** (*fin.*) ripartibile.

allottee /ælɒ'ti:/, *n.* ***1*** (*leg.*) assegnatario ***2*** (*fin.*) assegnatario (*di titoli, in caso di riparto*).

to **allow** /ə'laʊ/, **A** *v. t.* ***1*** permettere; lasciare ***2*** ammettere: **Dogs are not allowed**, i cani non sono ammessi ***3*** ammettere, riconoscere (*un fatto, ecc.*) ***4*** concedere; elargire; dare; passare: **I a. my son ten pounds a week**, passo a mio figlio dieci sterline alla settimana ***5*** (*comm.*) accordare (*una provvigione, uno sconto*); abbonare; bonificare; dedurre ***6*** (*leg.*) accogliere; ammettere: **The judge allowed his claim**, il giudice accolse la sua richiesta; **to a. a claim**, (*anche*) accogliere un reclamo ***7*** (*USA*) affermare; asserire; sostenere. **B** to **allow oneself**, *v. rifl.* concedersi: **He allows himself no cigarettes**, non si concede (di fumare) sigarette. ● **to a. 5 per cent for cash payment**, dedurre il 5% per pagamento in contanti □ **to a. for**, tener conto di; calcolare: **You must a. for his youth**, devi tener conto del fatto che è giovane □ **to a. of**, ammettere; tollerare: **This rule does not a. of exceptions**, questa regola non ammette eccezioni.

allowable /ə'laʊəbl/, *a.* ***1*** ammissibile ***2*** accordabile ***3*** lecito ***4*** (*fin., fisc.*) detraibile; deducibile. ● **a. claim**, richiesta che si può accogliere; reclamo ammissibile □ (*fisc.*) **a. expenses**, oneri deducibili.

allowance /ə'laʊəns/, *n.* ***1*** assegno; gratifica; indennità; somma di denaro concessa (*di tanto in tanto, per un dato scopo*): **my daughter's dress a.**, il denaro che do a mia figlia per il vestiario ***2*** concessione; assegnazione: **an a. of food for the prisoners**, un'assegnazione di generi alimentari per i prigionieri ***3*** (*comm.*) abbuono; deduzione; ribasso; sconto: **a 3 per cent a.**, uno sconto del 3% ***4*** permesso; autorizzazione ***5*** ammissione, riconoscimento (*di un fatto, ecc.*) ***6*** razione (*di viveri*): **We were put on short a.**, fummo messi a razione ridotta ***7*** (*mecc.*) tolleranza; gioco ***8*** (*fisc., in G.B.*) detrazioni (*dal reddito lordo*) ***9*** (*USA*) denaro per le piccole spese; paghetta (*fam.*); argent de poche (*franc.*). ● (*rag.*) **a. for depreciation**, fondo d'ammortamento □ **a. for expenses**, detrazione per spese □ (*leg.*) **a. for separate maintenance**, alimenti a seguito di separazione legale □ (*comm.*) **a. for tare**, abbuono per tara □ (*fisc.*) **children a.**, detrazione per figli a carico □ **cost-of-living a.**, indennità di carovita; (*in Italia, detta ora*) (indennità di) contingenza □ **daily a.**, diaria □ **family a.**, assegni familiari □ **lodging a.**, indennità d'alloggio □ **the monthly a.**, la mesata □ **travelling a.**, indennità di viaggio □ **to make a.** (*o* **allowances**) **for**, tener conto di; concedere attenuanti a: **You must make allowances for the inexperience of youth**, devi concedergli qualche attenuante in considerazione della inesperienza della gioventù.

to **allowance** /ə'laʊəns/, *v. t.* ***1*** razionare; mettere a razione ***2*** assegnare una somma di denaro a (q.).

allowedly /ə'laʊədlɪ/, *avv.* per riconoscimento generale; notoriamente: **He is a. very rich**, è notoriamente molto ricco.

alloy /'ælɔɪ/, *n.* ***1*** (*metall.*) lega ***2*** lega; metallo non pregiato; (*fig.*) metallo vile, bassa lega.

to **alloy** /ə'lɔɪ/, **A** *v. t.* ***1*** fondere in una lega, legare (*metalli*) ***2*** abbassare il titolo di (*oro, ecc.*) ***3*** (*fig.*) alterare; svilire; guastare. **B** *v. i.* (*di metalli*) entrare in lega; legarsi.

allspice /'ɔ:lspaɪs/, *n.* (*bot., Pimenta officinalis*) pepe della Giamaica; pimento.

to **allude** /ə'lu:d, ə'lju:d/, *v. i.* alludere.

allure /ə'lʊə(r), ə'ljʊə(r)/, *n.* fascino; incanto; attrattiva.

to **allure** /ə'lʊə(r), ə'ljʊə(r)/, *v. t.* allettare; lusingare; affascinare; sedurre.

allurement /ə'lʊəmənt, ə'lj-/, *n.* ***1*** allettamento; adescamento; lusinga ***2*** attrattiva; fascino; incanto.

allurer /ə'lʊərə(r), ə'lj-/, *n.* allettatore, allettatrice; adescatore, adescatrice.

alluring /ə'lʊərɪŋ, ə'lj-/, *a.* allettante; affascinante; seducente.

allusion /ə'lu:ʒn, ə'lj-/, *n.* allusione.

allusive /ə'lu:sɪv, ə'lj-/, *a.* allusivo. || **-ly,** *avv.* || **-ness,** *sost.*

alluvial /ə'lu:vɪəl, ə'lj-/, (*geol.*) **A** *a.* alluvionale. **B** *n.* materiale (*o* terreno) alluvionale. ● **a. cone** (*o* **a. fan**), conoide di deiezione.

alluvion /ə'lu:vɪən, ə'lj-/, *n.* ***1*** (*geol.*) *V.* **alluvium** ***2*** alluvione; inondazione ***3*** (*leg.*) alluvione.

alluvium /ə'lu:vɪəm, ə'lj-/, *n.* (*pl.* **alluviums, alluvia**) (*geol.*) alluvione; materiale alluvionale.

ally /'ælaɪ, ə'laɪ/, *n.* ***1*** alleato ***2*** (*bot., zool.*) affine.

to **ally** /ə'laɪ, 'ælaɪ/, **A** *v. t.* ***1*** alleare: **Cavour succeeded in allying Piedmont with France**, Cavour riuscì ad alleare il Piemonte con la Francia ***2*** imparentare: **The Medici allied their family with the French dynasty**, i Medici imparentarono la loro famiglia con la dinastia francese. **B** *v. i.* allearsi: **France allied with Great Britain**, la Francia s'alleò con la Gran Bretagna.

almagest /'ælmədʒest/, *n.* (*stor.*) almagesto.

alma(h) /'ælmə/, *n.* almea (*danzatrice egiziana*).

alma mater /'ælmə'mɑ:tə(r), 'meɪtə(r)/ (*lat.*), *n.* (*pl.* **alma maters, almae matres**) ***1*** università (*detto, per lo più, di quella che si è frequentata*) ***2*** (*USA*) inno della propria università.

almanac /'ɔ:lmənæk, 'ɒl-, 'æl-/, *n.* almanacco.

almandine /'ælməndi:n, -ɪn, -aɪn/, *n.* (*miner.*) almandino.

almightiness /ɔ:l'maɪtɪnəs/, *n.* onnipotenza.

almighty /ɔ:l'maɪtɪ/, **A** *a.* ***1*** onnipotente; onnipossente (*lett.*): **the A.**, l'Onnipotente ***2*** (*fam.*) grande; estremo; enorme. **B** *avv.* (*fam.*) estremamente; enormemente.

almond /'ɑ:mənd, *USA* 'æm-, 'ælm-, 'ɑ:lm-, 'ɑ:m-/, **A** *n.* ***1*** mandorla ***2*** (= **a. tree**) (*bot., Amygdalus communis*) mandorlo. **B** *a.* di mandorla; del sapore (*o* colore, forma) della mandorla: **a. eyes**, occhi a mandorla. ● **a.-eyed**, dagli occhi a mandorla □ **a.-oil**, olio di mandorle □ **a.-tumbler**, piccione tomboliere.

almoner /'ɑ:mənə(r), *USA* 'ælm-/, *n.* ***1*** (*stor.*) elemosiniere ***2*** (*arc.*) assistente sanitario.

almost /'ɔ:lməʊst, -əst, 'ɒl-, *USA* 'ɔ:l-, ɔ:l-'məʊst/, *avv.* quasi; pressoché.

alms /ɑ:mz, *USA* ɔ:lmz/, *n. pl.* elemosina; carità: **to give a.**, fare l'elemosina. ● **a.-box**, cassetta delle elemosine □ (*relig.*) **a.-fee**, obolo di S. Pietro □ **a.-giving**, il fare la carità □ **a.-house**, ospizio di carità; ricovero di mendicità (*o* di vecchiaia).

almsman /'ɑ:mzmən, *USA* 'ɔ:l-/, *n.* (*pl.* **almsmen**) (*arc.*) uomo che vive della carità pubblica organizzata.

almuce /'ælmju:s/, *n.* (*relig.*) mozzetta; cappuccio.

aloe /'æləʊ/, *n.* ***1*** (*bot., Aloe*) aloe ***2*** (*pl., con il verbo al sing.*) aloe; lassativo estratto dalle foglie di aloe. ● (*bot.*) **American a.** (*Agave americana*), aloe americana; agave.

aloetic /æləʊ'ɛtɪk/, *a.* (*med.*) aloetico.

aloft /ə'lɒft, *USA* ə'lɔ:ft/, *avv.* e *a. pred.* ***1*** in alto; (*anche fig.*) alto, elevato ***2*** (*naut.*) sull'alberatura (*di nave a vela*); in alto; sulle sartie; in coffa: **to send sb. a.**, mandare q. in alto; **A. there!**, voi, di coffa!

alone /ə'ləʊn/, *a. pred.* e *avv.* ***1*** solo; isolato: **You can't live on bread a.**, non si vive di solo pane ***2*** soltanto; solamente: **He a. could do that**, lui solo saprebbe farlo. ● (*fam.*) **to go it a.**, fare da sé; vivere da solo (*dopo un divorzio, ecc.*) □ **to leave a.**, lasciar solo; (*fam.*) lasciar stare, lasciare in pace □ **let a.**, per non parlare di; e tanto meno: **I haven't a penny, let a. a pound**, non ho un penny e tanto meno una sterlina □ **to let a.**, lasciar stare; lasciare in pace □ **to let well enough a.**, accontentarsi (*delle cose come sono*); non cercare la perfezione □ (*prov.*) **Let well a.**, il meglio è nemico del bene.

along /ə'lɒŋ, *USA* ə'lɔ:ŋ/, **A** *prep.* lungo; per: **a. the wall**, lungo il muro; **a. the road**, per la strada. **B** *avv.* ***1*** avanti: **Move a.!**, andate avanti!; circolate! ***2*** con sé; insieme: **Take it a.**, prendilo con te; **a. with**, insieme con: **come a. with me!**, vieni con me! ***3*** (*idiom.*) – **He walked a.**, continuò a camminare; **Come a.!**, avanti, vieni! ● **to be a.**, arrivare, venire: **They'll be a. in no time**, arrivano subito (*o* tra poco) □ **a. here** [**there**], da questa [quella] parte; qui [là] □ (*dial.*) (**all**) **a. of**, a causa di; per via di: **The accident happened all a. of your impatience**, l'incidente accadde per via della tua impazienza □ **all a.**, da sempre; sin dal principio: **I told you so all a.**, te l'ho detto sin dal principio □ **to get a. well** (**together**), andar d'accordo; intendersela □ **to get a.** (**with**), andare avanti; procedere: **How are you getting a. with your work?**, come procede il tuo lavoro?

alongshore /ə'lɒŋʃɔ:(r), *USA* -ɔ:ŋ-/, *avv.* lungo la spiaggia (*o* la costa).

alongside /ə'lɒŋsaɪd, əlɒŋ'saɪd, *USA* -ɔ:ŋ-/, **A** *avv.* ***1*** (*anche fig.*) accanto; accosto ***2*** (*naut.*) lungo bordo. **B** *prep.* ***1*** al fianco di; insieme con ***2*** di fianco a; accanto a: **There is a gymnasium a. the school**, accanto alla scuola c'è una palestra. ● (*naut.*) **a.-date**, data di attracco □ **a. each other**, fianco a fianco □ **a. of**, al fianco di □ (*comm.*) **free a. ship**, franco lungo bordo (*o* sotto paranco) □ (*di un veicolo*) **to draw a.**, accostarsi □ **to go a.**, accostare; approdare □ **to go a.** (**a pier**), approdare; attraccare (a un molo) □ **Come a.!**, accostate!

aloof /ə'lu:f/, **A** *avv.* ***1*** a distanza; in disparte ***2*** (*naut.*) all'orza; al vento. **B** *a. pred.* ***1*** distante; appartato ***2*** freddo; distaccato; riservato. ● **to keep a.**, tenere (*o* tenersi) a distanza □ **to stand** (*o* **to hold oneself**) **a.**, stare (*o* tenersi) appartato □ **He kept a.**, stava sulle sue. || **-ly,** *avv.* || **-ness,** *sost.*

alopecia /ælə'pi:ʃə/, *n.* (*med.*) alopecia (*calvizie*).

aloud /ə'laʊd/, *avv.* forte; ad alta voce; a voce alta.

alow /ə'ləʊ/, *avv.* (*naut.*) sottocoperta.

alp /ælp/, *n.* ***1*** alpe; montagna ***2*** alpeggio (*pascolo estivo*).

alpaca /æl'pækə/, *n.* ***1*** (*zool., Lama pacos*) alpaca ***2*** alpaca (*la lana*).

alpenhorn /'ælpənhɔ:n/ (*ted.*), *n.* alpenhorn (*corno dei pastori svizzeri*).

alpenstock /'ælpənstɒk/ (*ted.*), *n.* alpenstock (*bastone da montagna*).

alpestrine /æl'pɛstrɪn/, *a.* (*bot.*) subalpino.

alpha /'ælfə/, *n.* ***1*** alfa (*prima lettera dell'alfabeto greco*) ***2*** (*fis., astron.*) alfa ***3*** (*fig.*) principio; inizio: **the a. and omega**, il principio e la fine; il più (di q.c.). ● (*fis. nucl.*) **a. decay**, decadimento alfa □ (*fis. nucl.*) **a. particle**, particella alfa □ (*fis. nucl.*) **a. rays**, raggi alfa □ (*fin., in G.B.*) **a. shares**, azioni alfa (*a largo flottante*) □ (*psic.*) **a. test**, test alfa.

alphabet /'ælfəbɛt, -ɪt, -ət/, *n.* ***1*** alfabeto ***2*** (*fig.*) abbiccì; rudimenti. ● (*fam.*) **a. soup**, linguaggio pieno zeppo di sigle e acronimi.

alphabetic(al) /ælfə'bɛtɪk(l)/, *a.* alfabetico.

alphabetization /ælfəbɪtaɪ'zeɪʃn, *USA* -tɪ-'z-/, *n.* alfabetizzazione.

to **alphabetize** /'ælfəbɪtaɪz/, *v. t.* alfabetizzare.

alphameric /ælfə'mɛrɪk/, *a.* (*elab.*) alfamerico.

alphanumeric /ælfənju:'mɛrɪk, *USA* -nu:-/, *a.* (*elab.*) alfanumerico: **a. keyboard**, tastiera alfanumerica.

alphanumerics /ælfənju:'mɛrɪks/, *n. pl.* (*elab.*) codici (*o* caratteri) alfanumerici.

Alphonso /æl'fɒnzəʊ, *USA* -ns-/, *n.* Alfonso.

alpine /'ælpaɪn/, *a.* ***1*** alpino ***2*** alpinistico: **a. sports**, sport alpinistici. ● (*sci*) **the A. combined**, la combinata alpina □ **a. garden**, giardino alpino □ (*geol.*) **A. orogeny**, orogenesi alpina.

alpinism /'ælpɪnɪzəm/, *n.* alpinismo.

alpinist /'ælpɪnɪst/, *n.* alpinista.

Alps (**the**) /ælps/, *n. pl.* (*geogr.*) le Alpi.

already /ɔ:l'rɛdɪ/, *avv.* già; di già; ormai.

alright /ɔ:l'raɪt/, *avv.* (*specialm. USA*) *V.* **all right.**

Alsace /æl'sæs/, *n.* (*geogr.*) Alsazia.

Alsatia /æl'seɪʃɪə/, *n.* ***1*** Alsatia (*antico nome dell'Alsazia*) ***2*** Alsatia (*quartiere di Londra, rifugio nel XVII secolo di criminali e debitori*).

Alsatian /æl'seɪʃn/, *a.* e *n.* ***1*** alsaziano ***2*** (= **A. dog**) lupo alsaziano; cane da pastore tedesco; pastore tedesco (*fam.*).

also /'ɔ:lsəʊ/, *avv.* anche; pure. ● **a.-ran**, (*ippica*) cavallo non piazzato; (*polit., ecc.*) candidato (*o* concorrente) perdente.

alt /ælt/, *n.* e *a.* (*mus.*) nota alta (*dell'ottava*); ottava alta; alto.

altar /'ɔ:ltə(r)/, *n.* altare: **high a.**, altar maggiore. ● **a. boy**, chierico (*o chi ne fa le veci*) che serve messa □ **a. cloth**, tovaglia da altare □ (*arte*) **a.-piece**, pala d'altare □ **a. rail**, balaustra d'altare □ **a. screen**, dossale □ (*fig.*) **to lead to the a.**, condurre all'altare; sposare.

altazimuth /æl'tæzəməθ/, *n.* (*astron.*) altazimut. ● **a. mounting**, sistema altazimutale □ **a. telescope**, telescopio con teodolite.

to **alter** /'ɔ:ltə(r)/, *v. t.* e *i.* ***1*** alterare, alterarsi; cambiare, modificare (*anche di carattere*); mutare, mutarsi ***2*** ritoccare; fare modifiche a (*un vestito*): **This dress must be altered**, occorre fare modifiche a questo vestito ***3*** (*edil.*) ristrutturare ***4*** (*eufem. specialm. USA*) castrare (*un animale*). ● (*naut., fig.*) **to a. one's course**, cambiare rotta; dirottare □ **to a. an entry**, alterare una scrittura contabile □ **to a. one's plans**, modificare i propri piani.

alterability /ɔ:ltərə'bɪlətɪ/, *n.* alterabilità.

alterable /'ɔ:ltərəbl/, *a.* alterabile; modificabile.

alteration /ɔ:ltə'reɪʃn/, *n.* ***1*** alterazione; mutamento; cambiamento ***2*** (*di un abito*) modifica; ritocco ***3*** (*fin.*) aggiustamento ***4*** (*edil.*) ristrutturazione.

alterative /'ɔ:ltərətɪv, *USA* -eɪtɪv/, *a.* alterativo.

to **altercate** /'ɔ:ltəkeɪt/, *v. i.* altercare; litigare.

altercation /ɔ:ltə'keɪʃn/, *n.* alterco; lite.

alternant /ɔ:l'tɜ:nənt, ɒl-, *USA* ɔ:-, æl-/, *a.* che (si) alterna; alternante.

alternate A *a.* /ɔ:l'tɜ:nət, ɒl-, *USA* ɔ:l-, æl-/, ***1*** alterno; alternato: **on a. days**, a giorni alterni ***2*** (*bot., geom.*) alterno: **a. angles**, angoli alterni. **B** *n.* /'ɔ:ltɜ:neɪt, 'ɒl-, *USA* 'ɔ:l-, 'æl-/ (*USA*) sostituto, sostituta. ● (*econ.*) **a. demand**, domanda alternativa □ (*fin.*) **a. manager**, facente funzione di direttore □ (*elab.*) **a. track**, pista alternativa.

to **alternate** /'ɔ:ltəneɪt/, *v. t.* e *i.* alternare, alternarsi; avvicendare, avvicendarsi. ● (*elettr.*) **alternating current**, corrente alternata.

alternately /ɔ:l'tɜ:nətlɪ/, *avv.* alternamente; alternativamente.

alternation /ɔːltəˈneɪʃn, ɒl-, *USA* ɔːl-, æl-/, *n.* *1* alternazione; avvicendamento *2* (*agric., biol., fis.*) alternanza. ● (*agric.*) **a. of crops**, rotazione (*o* alternanza) delle colture □ (*biol.*) **a. of generations**, alternanza di generazioni; metagenesi.

alternative /ɔːlˈtɜːnətɪv, ɒl-, *USA* ɔːl-, æl-/, **A** *a.* *1* alternativo *2* che offre un'alternativa; che offre un'altra scelta (*o* possibilità); alternativo: **His a. proposal was more appealing**, la sua proposta alternativa era più attraente. **B** *n.* *1* alternativa; dilemma *2* corno del dilemma; scelta; soluzione: **to have no (other) a.**, non avere (altra) scelta *3* (*econ.*) bene surrogabile (*o* succedaneo). ● (*econ.*) **a. commodity**, bene surrogabile □ (*econ.*) **a. cost**, costo di sostituzione; costo-opportunità □ (*leg.*) **a. obligation**, obbligazione alternativa □ **an a. offer**, un'offerta alternativa □ **a. route**, (*autom., tur.*) itinerario alternativo; (*a scuola*) uscita «laterale»; sbocco alternativo.

alternator /ˈɔːltəneɪtə(r), ˈɒl-, *USA* ˈɔːl-, ˈæl-/, *n.* (*elettr.*) alternatore.

alterne /ɔːlˈtɜːn, ɒl-, *USA* ɔːl-, æl-/, *n.* (*ecol.*) successione alterna.

alth(a)ea /ælˈθiːə, ˈælθɪə/, *n.* (*bot.*) *1* (*Althaea officinalis*) altea *2* (*Hibiscus syriacus*) ibisco.

Althea /ˈælθɪə, *USA* ælˈθiːə/, *n.* (*mitol.*) Altea.

altho /ɔːlˈðəʊ/, (*USA*) *V.* **although**.

althorn /ˈælthɔːn/, *n.* (*mus.*) saxhorn alto.

although /ɔːlˈðəʊ/, *cong.* sebbene; benché; quantunque.

altimeter /ˈæltɪmiːtə(r), ˈɔːl-, ˈɒl-, *USA* ælˈtɪmɪtə(r)/, *n.* (*aeron., topogr.*) altimetro: **sound-ranging a.**, altimetro acustico.

altitude /ˈæltɪtjuːd, *USA* -tuːd/, *n.* *1* (*topogr.*) altitudine *2* (*geom.*) altezza *3* (*aeron.*) quota; altitudine: **cruising a.**, altitudine di crociera; **to lose a.**, perdere quota *4* (*astron.*) elevazione: **a. of a star**, elevazione di un astro. ● (*tecn.*) **a. chamber**, camera a depressione □ (*med.*) **a. sickness**, mal d'altitudine; mal di montagna.

altitudinal /æltɪˈtjuːdɪnl, *USA* -ˈtuːdənəl/, *a.* (*ecol.*) altitudinale: **a. vegetation zone**, zona vegetativa altitudinale.

alto /ˈæltəʊ/, (*mus.*) **A** *n.* (*pl.* **altos**) *1* contralto (*voce e cantante*) *2* spartito per contralto *3* (= **a. horn**) saxhorn alto. **B** *a.* *1* alto *2* contralto: **a. saxophone**, sassofono contralto.

altocumulus /æltəʊˈkjuːmjʊləs/, *n.* (*pl.* **altocumuli**) (*meteor.*) altocumulo.

altogether /ɔːltəˈgɛðə(r)/, **A** *avv.* *1* del tutto; completamente *2* nel complesso; tutto considerato. **B** *n.* complesso, insieme (*di cose*). ● (*fam.*) **in the a.**, nudo □ **He was in the a.**, era come mamma l'ha fatto.

alto-rilievo /ˈæltəʊrɪˈliːvəʊ/ (*ital.*), *n.* (*pl.* **alto-rilievos, alto-rilievi**) (*arte*) altorilievo.

altostratus /æltəʊˈstreɪtəs/, *n.* (*pl.* **altostrati**) (*meteor.*) altostrato.

altruism /ˈæltruːɪzəm/, *n.* altruismo.

altruist /ˈæltruːɪst/, *n.* altruista.

altruistic /æltruːˈɪstɪk/, *a.* altruistico. || **-ally**, *avv.*

alum /ˈæləm/, *n.* (*chim.*) allume.

to **alum** /ˈæləm/, *v. t.* trattare con allume; allumare.

alumina /əˈluːmɪnə, əˈlj-/, *n.* (*chim.*) allumina.

aluminate /əˈluːmɪneɪt, əˈlj-/, *n.* (*chim.*) alluminato.

aluminiferous /əluːmɪˈnɪfərəs, əˈlj-/, *a.* (*chim.*) alluminifero.

aluminium /æləˈmɪnɪəm, æljə-/, *n.* (*chim.*) alluminio. ● **a. bronze**, cuprallluminio □ **hard a.**, duralluminio.

to **aluminize** /əˈluːmɪnaɪz, əˈlj-/, *v. t.* (*metall.*) alluminare, alluminiare. ● (*metall.*) **aluminized steel**, acciaio calorizzato.

aluminizing /əˈluːmɪnaɪzɪŋ, əˈlj-/, *n.* (*metall.*) alluminatura.

aluminose /əˈluːmɪnəʊs, əˈlj-/, *V.* **aluminous**.

aluminosis /əluːmɪˈnəʊsɪs, əlj-/, *n.* (*med.*) alluminosi.

aluminous /əˈluːmɪnəs, əˈlj-/, *a.* (*chim.*) *1* alluminoso; che contiene alluminio *2* che contiene allume.

aluminum /əˈluːmɪnəm, əˈlj-/, (*USA*) *V.* **aluminium**.

alumna /əˈlʌmnə/, *n.* (*pl.* **alumnae**) ex alunna; diplomata (*di una certa scuola*); laureata (*di una certa università*).

alumnus /əˈlʌmnəs/, *n.* (*pl.* **alumni**) ex alunno; diplomato (*di una certa scuola*); laureato (*di una certa università*).

alunite /ˈæljunaɪt/, *n.* (*miner.*) alunite.

alveolar /ælˈviːələ(r), ælvɪˈəʊlə(r)/, *a.* (*anat., fon.*) alveolare.

alveolate /ælˈviːələt/, *a.* alveolato.

alveolus /ælˈviːələs, ælvɪˈəʊləs/, *n.* (*pl.* **alveoli**) (*anat.*) alveolo.

alvine /ˈælvaɪn/, *a.* (*anat., med.*) alvino; intestinale.

alway /ˈɔːlweɪ/, (*poet.*) *V.* **always**.

always /ˈɔːlweɪz, -ɪz, -əz, ˈɔːw-/, *avv.* sempre: **He a. complains about everything**, si lamenta sempre di tutto; **I'm a. at home in the afternoon**, sono sempre a casa di pomeriggio. ● (*comm., naut.*) **a. afloat**, sempre a galla (*clausola*) □ **almost** (*o* **nearly**) **a.**, quasi sempre.

alyssum /ˈælɪsəm, *USA* əˈlɪsəm/, *n.* (*bot., Alyssum maritimum*) alisso.

a.m., **A.M.** /eɪˈɛm/, *avv.* (*abbr. di* **ante meridiem**) di mattina; antimeridiano: **It's 9 A.M.**, sono le 9 di mattina. ● **the 10 a.m. (bus) from Abingdon**, l'autobus delle 10 da Abingdon.

AM /eɪˈɛm/, *n.* (*abbr. di* **amplitude modulation**) (*elettron.*) modulazione d'ampiezza. ● **an AM radio**, un radioricevitore a modulazione d'ampiezza.

am /æm, əm/, *1ª pers. sing. indic. pres. di* **to be**.

amalgam /əˈmælgəm/, *n.* (*chim.*) amalgama (*anche fig.*).

to **amalgamate** /əˈmælgəmeɪt/, **A** *v. t.* *1* (*metall.*) amalgamare *2* (*fig.*) amalgamare; fondere; unire insieme *3* (*econ., fin.*) fondere; concentrare; incorporare. **B** *v. i.* *1* (*metall.*) amalgamarsi *2* (*econ., fin.*) amalgamarsi; fondersi; concentrarsi: **several smaller companies will a. to form a new concern**, parecchie piccole società si fonderanno per formare una nuova impresa.

amalgamated /əˈmælgəmeɪtɪd/, *a.* *1* (*metall.*) amalgamato *2* (*fig.*) amalgamato; fuso. ● **a. union**, sindacato che nasce dalla fusione di sindacati minori.

amalgamation /əmælgəˈmeɪʃn/, *n.* *1* (*metall.*) amalgamazione *2* (*fig.*) amalgamazione; fusione *3* (*econ., fin.*) fusione; concentrazione; incorporazione (*di società, ecc.*). ● (*fin., leg.*) **a. agreement**, accordo di fusione □ **the a. of races**, la fusione di razze.

amalgamative /əˈmælgəmeɪtɪv/, *a.* che tende ad amalgamare.

amalgamator /əˈmælgəmeɪtə(r)/, *n.* *1* (*metall.*) amalgamatore *2* (*fig.*) chi amalgama, fonde, ecc. *3* (*fin.*) esperto in fusioni di società.

amanuensis /əmænjʊˈɛnsɪs/, *n.* (*pl.* **amanuenses**) amanuense.

amaranth /ˈæmərænθ/, *n.* *1* (*bot., Amaranthus*) amaranto *2* (color) amaranto *3* (*poet.*) fiore che non appassisce mai.

amaranthine /æməˈrænθaɪn/, *a.* *1* di amaranto *2* amarantino; color amaranto *3* (*poet.*) eterno; immortale; imperituro.

amaryllis /æməˈrɪlɪs/, *n.* (*bot., Amaryllis belladonna*) amarilli; amarillide.

to **amass** /əˈmæs/, *v. t.* ammassare; accumulare.

amassment /əˈmæsmənt/, *n.* ammasso; accumulo.

amateur /ˈæmətə(r), -ətʃʊə(r)/, **A** *n.* *1* cultore appassionato (*di musica, ecc.*); dilettante *2* (*sport*) dilettante. **B** *a. attr.* *1* (*sport*) dilettantistico: **a. boxing**, pugilato dilettantistico *2* (*spreg.*) dilettantesco. ● (*pop. USA*) **a. night**, (*sport*) prestazione da dilettanti (*in una notturna*); rapporto sessuale occasionale; serata con numeri di nudo cui partecipano gli spettatori □ (*sport*) **a. team**, squadra di dilettanti.

amateurish /ˈæmətərɪʃ, *USA* æməˈtɜːrɪʃ, -ˈtʃʊər-/, *a.* (*spreg.*) da dilettante; dilettantesco.

amateurism /ˈæmətərɪzəm, -ətʃə-/, *n.* dilettantismo.

amative /ˈæmətɪv/, *a.* amoroso; incline all'amore. || **-ly**, *avv.* || **-ness**, *sost.*

amatory /ˈæmətərɪ, *USA* -tɔːrɪ/, *a.* (*poet.*) amatorio; erotico.

amaurosis /æmɔːˈrəʊsɪs/, *n.* (*pl.* **amauroses**) (*med.*) amaurosi.

amaurotic /æmɔːˈrɒtɪk/, *a.* (*med.*) amaurotico.

to **amaze** /əˈmeɪz/, *v. t.* stupire; meravigliare; sorprendere; sbalordire.

amazed /əˈmeɪzd/, *a.* stupito; meravigliato; sorpreso; stupefatto. ● **to be a. at st.**, stupirsi di q.c.; sbalordire per q.c.

amazement /əˈmeɪzmənt/, *n.* stupore; meraviglia; sorpresa. ● **to my a.**, con mio grande stupore.

amazing /əˈmeɪzɪŋ/, *a.* stupefacente; sorprendente; sbalorditivo.

Amazon /ˈæməzən, *USA* -zɒn/, *n.* *1* (*mitol.*) amazzone *2* (*fig.*) – **a.**, amazzone; donna molto robusta: **That stout woman is a real a.**, quella donnona è proprio un'amazzone. ● (*geogr.*) **the A.**, il Rio delle Amazzoni □ (*zool.*) **a. ant** (*Polyergus rufescens*), formica amazzone.

Amazonas /æməˈzəʊnəs/, *n.* (*geogr.*) Amazzonia.

Amazonian /æməˈzəʊnɪən/, *a.* *1* (*mitol.*) amazzonio; di (*o* da) amazzone *2* (*geogr.*) del Rio delle Amazzoni; amazzonico *3* – **a.**, di (*o* da) amazzone.

amazonite /ˈæməzənaɪt/, *n.* (*miner.*) amazzonite.

ambages /æmˈbeɪdʒiːz/, *n. pl.* (*arc.*) ambagi; ambiguità.

ambassador /æmˈbæsədə(r)/, *n.* ambasciatore. ● **a.-at-large**, ambasciatore a disposizione.

ambassadorial /æmbæsəˈdɔːrɪəl/, *a.* di (*o* da) ambasciatore.

ambassadorship /æmˈbæsədəʃɪp/, *n.* carica (*o* ufficio) di ambasciatore.

ambassadress /æmˈbæsədrɪs/, *n.* ambasciatrice.

amber /ˈæmbə(r)/, **A** *n.* *1* ambra *2* (color) ambra *3* (*autom.*, = **a. light**) giallo: **Cars must stop when the a. light shows**, le auto devono fermarsi quando c'è il giallo. **B** *a. attr.* ambrato. ● (*fig.*) **to give the a. light to a plan**, dare via libera, o quasi, a un progetto.

ambergris /ˈæmbəgriːs, *USA* -grɪs/, *n.* ambra grigia.

ambidexter /æmbɪˈdɛkstə(r)/, *a. e n.* *1* ambidestro *2* (*fig. raro*) falso; infido; doppio; ambiguo *3* (*pop.*) l'essere bisessuale.

ambidexterity /æmbɪdɛkˈstɛrətɪ/, *n.* *1* condizione di ambidestro *2* (*fig. raro*) falsità; doppiezza; ambiguità.

ambidextrous /æmbɪˈdɛkstrəs/, *a.* *1* ambidestro *2* (*fig.*) eccezionalmente abile; versatile *3* (*fig. raro*) falso; infido; doppio *4* (*pop.*) bisessuale.

ambience /ˈæmbɪəns/, *n.* (*letter.*) atmosfera.

ambient /ˈæmbɪənt/, *a.* circostante: **the a. air**, l'aria circostante. ● (*fis.*) **a. temperature**, temperatura ambiente.

ambiguity /æmbɪˈgjuːətɪ/, *n.* ambiguità.

ambiguous /æmˈbɪgjʊəs/, *a.* ambiguo; equivoco. || **-ly**, *avv.* || **-ness**, *sost.*

ambit /ˈæmbɪt/, *n.* (*lett.*) *1* adiacenza (*specialm. di edificio*) *2* ambito *3* circonferenza; giro *4* campo; raggio d'azione.

ambition /æmˈbɪʃn/, *n.* *1* ambizione: **vaulting a.**, ambizione sfrenata *2* ambizione; aspirazione: **The height of his a. was to become a**

lawyer, la sua massima ambizione era di diventare avvocato.

ambitious /æm'bɪʃəs/, *a.* ambizioso. || **-ly,** *avv.* || **-ness,** *sost.*

ambivalence /æm'bɪvələns/, *n.* ambivalenza.

ambivalent /æm'bɪvələnt/, **A** *a.* ambivalente. **B** *n.* **1** persona ambivalente **2** bisessuale; individuo bivalente (*fam.*).

ambiversion /æmbɪ'vɜːʃn, *USA* -ʒn/, *n.* (*psic.*) ambiversione; alternanza di momenti di estroversione e di altri di introversione.

ambivert /'æmbɪvɜːt/, *n.* (*psic.*) soggetto che alterna momenti di estroversione ad altri d'introversione.

amble /'æmbl/, *n.* **1** (*ippica*) ambio **2** (*fig.*) passo moderato. ● **to go at an a.**, (*ippica*) andare all'ambio; (*fig.*) prendersela comoda.

to **amble** /'æmbl/, *v. i.* **1** (*ippica*) ambiare; andare all'ambio **2** (*fig.*) camminare lentamente **3** (*fig.*) andare a zonzo.

ambler /'æmblə(r)/, *n.* **1** (*ippica*) ambiatore **2** (*fig.*) persona che cammina lentamente; posapiano (*fam.*).

amblyopia /æmblɪ'əʊpɪə/, *n.* (*med.*) ambliopia.

ambo /'æmbəʊ/, *n.* (*pl.* **ambos, ambones**) (*archit.*) ambone.

Ambrose /'æmbrəʊz/, *n.* Ambrogio.

ambrosia /æm'brəʊzɪə, *USA* -ʒə/, *n.* (*anche fig.*) ambrosia.

ambrosial /æm'brəʊzɪəl, *USA* -ʒl/, **ambrosian** /æm'brəʊzɪən, *USA* -ʒn/, *a.* ambrosio; d'ambrosia; delizioso.

Ambrosian /æm'brəʊzɪən, *USA* -ʒn/, *a.* ambrosiano (*di S. Ambrogio*): **A. chant**, canto ambrosiano. ● (*relig.*) **A. rite**, rito ambrosiano.

ambry /'æmbrɪ/, *n.* **1** armadio a muro (*per arredi sacri*) **2** (*arc.*) ripostiglio **3** (*raro*) dispensa.

ambsace /'eɪmzeɪs/, *n.* **1** ambassi, ambasso (*punto minimo ai dadi*) **2** (*fig.*) cosa infima fra tutte **3** inezia **4** sfortuna.

ambulance /'æmbjʊləns/, *n.* (*anche mil.*) ambulanza. ● (*pop. USA*) **a. chaser**, avvocato (*o* aiuto avvocato) che s'avvantaggia patrocinando le cause di vittime d'incidenti stradali.

ambulant /'æmbjʊlənt/, *a.* **1** ambulante **2** (*med.*: *di un paziente*) in grado di camminare.

to **ambulate** /'æmbjʊleɪt/, *v. i.* camminare.

ambulatory /'æmbjʊlətərɪ, *USA* -tɔːrɪ/, **A** *a.* **1** ambulatorio **2** ambulante **3** (*med.*) in grado di camminare **4** (*leg.*) modificabile; revocabile. **B** *n.* (*archit.*) ambulacro; deambulatorio.

ambuscade /æmbə'skeɪd/, *n.* imboscata.

to **ambuscade** /æmbə'skeɪd/, *v. t.* e *i.* **1** tendere un'imboscata **2** tendere un agguato (a) **3** mettere (*truppe, ecc.*) in imboscata.

ambush /'æmbʊʃ/, *n.* **1** imboscata; agguato: **to make** (*o* **to lay**) **an a.**, tendere un'imboscata (*o* un agguato); **to lie in a.** (**for sb.**), mettersi in imboscata; stare in agguato (*anche, scherz.*: essere in attesa di q.) **2** truppe (*o* armati) in imboscata.

to **ambush** /'æmbʊʃ/, *V.* **to ambuscade**.

ameba /ə'miːbə/, **amebic** /ə'miːbɪk/, (*USA*) *V.* **amoeba, amoebic**.

to **ameliorate** /ə'miːlɪəreɪt/, *v. t.* e *i.* migliorare.

amelioration /əmiːlɪə'reɪʃn/, *n.* miglioramento.

ameliorative /ə'miːlɪərətɪv, *USA* -eɪtɪv/, *a.* migliorativo.

ameliorator /ə'miːlɪəreɪtə(r)/, *n.* miglioratore.

amen /ɑː'men, eɪ-/, *inter.* e *n.* amen; così sia. ● (*fam.*) **to say a. to st.**, dichiararsi completamente d'accordo su q.c.

amenability /əmiːnə'bɪlətɪ, əmen-/, *n.* **1** l'essere assoggettabile (*o* soggetto) **2** (*di cose*) l'essere riconducibile (*a q.c.*) **3** (*di persone*) disponibilità.

amenable /ə'miːnəbl, ə'men-/, *a.* **1** assoggettabile; soggetto: **Foreigners are a. to the laws of the country**, gli stranieri sono soggetti alle leggi del paese **2** disponibile; che può essere ricondotto (*o* ridotto): **a. to reason**, che può essere ridotto alla ragione **3** suscettibile; sensibile; esposto: **a. to flattery**, sensibile all'adulazione **4** (*di cosa*) riconducibile; riducibile; che rientra in: **a. to the laws of physics**, riconducibile alle leggi della fisica. || **-ness,** *sost.* || **-bly,** *avv.*

to **amend** /ə'mend/, **A** *v. t.* **1** emendare (*anche leg., polit.*); correggere; rettificare: **to a. a law**, emendare una legge **2** migliorare **3** (*leg.*) riformare (*una sentenza*). **B** *v. i.* emendarsi; rimettersi sulla retta via. ● (*rag.*) **to a. an account**, rettificare un conto.

amendable /ə'mendəbl/, *a.* **1** emendabile; correggibile **2** migliorabile **3** (*leg.*) riformabile.

amendatory /ə'mendətərɪ, *USA* -ɔːrɪ/, *a.* (*USA*) emendativo; correttivo.

amendment /ə'mendmənt/, *n.* **1** emendamento (*anche leg., polit.*); correzione; rettifica: **the fifth a. to the U.S. Constitution**, il quinto emendamento alla costituzione americana **2** miglioramento **3** (*leg.*) riforma (*d'una sentenza*) □ (*rag.*) **the a. of entries**, la rettifica di scritture contabili.

amends /ə'mendz/, *n. pl.* (*anche col verbo al sing.*) **1** ammenda; riparazione: **to make a.** (**for**), fare ammenda (di); riparare (a) **2** compenso; indennizzo; risarcimento.

amenity /ə'miːnətɪ, ə'menətɪ/, *n.* **1** amenità; piacevolezza (*di luoghi, persone*) **2** (*pl.*) aspetti gradevoli; attrattive; (*anche*) comfort: **the amenities of a place**, le attrattive di un luogo **3** (*pl.*) cortesie; gentilezze. ● (*med., in G.B.*) **a. bed**, letto in camera singola.

amenorrhea /eɪmenə'riːə/, *n.* (*med.*) amenorrea.

ament (**1**) /ə'ment/, *n.* (*bot.*) amento; gattino.

ament (**2**) /ə'ment/, *n.* (*psic.*) amente.

amentaceous /æmen'teɪʃəs/, *a.* (*bot.*) amentaceo.

amentia /ə'mentɪə/, *n.* (*psic.*) amenza.

Amerasian /æmə'reɪʃn, -ʒn/, *n.* e *a.* (persona) di origine mista, americana e asiatica.

to **amerce** /ə'mɜːs/, *v. t.* (*arc.*) **1** multare **2** (*per estens.*) punire.

amercement /ə'mɜːsmənt/, **amerciament** /ə'mɜːsɪəmənt/, *n.* (*arc.*) **1** multa; ammenda **2** (*per estens.*) punizione.

American /ə'merɪkən/, *a.* e *n.* americano. ● **A. English**, l'inglese parlato in America; l'americano □ (*sport*) **A. football**, football americano □ **A. Indian**, amerindio; indiano d'America □ (*tur., USA*) **A. plan**, tutto compreso (*pernottamento e pasti*).

Americana /əmerɪ'kɑːnə, *USA* -ænə/, *n. pl.* **1** oggetti (*quadri, mobili, foto, ecc.*) caratteristici della vecchia America **2** documenti di americanistica.

Americanism /ə'merɪkənɪzəm/, *n.* americanismo.

Americanist /ə'merɪkənɪst/, *n.* americanista.

Americanization /əmerɪkənaɪ'zeɪʃn, *USA* -nɪ'z-/, *n.* americanizzazione.

to **Americanize** /ə'merɪkənaɪz/, **A** *v. i.* americanizzarsi; prendere la cittadinanza americana. **B** *v. t.* americanizzare.

Americanologist /əmerɪkə'nɒlədʒɪst/, *n.* (*polit.*) americanologo.

Americanophobe /ə'merɪkənəfəʊb/, *n.* (*polit.*) americanofobo.

americium /æmə'rɪsɪəm, -ɪʃɪəm/, *n.* (*chim.*) americio.

Amerind /'æmərɪnd/, *n.* amerindio.

Amerindian /æmə'rɪndɪən/, *a.* amerindio.

Amerindic /æmə'rɪndɪk/, *a.* amerindio.

amesace /'eɪmzeɪs, 'æm-/, *V.* **ambsace**.

amethyst /'æməθɪst/, *n.* (*miner.*) ametista.

amethystine /æmə'θɪstaɪn, *USA* -tɪn/, *a.* di ametista; color ametista.

Amharic /æm'hærɪk/, *a.* e *n.* amarico (*specialm. la lingua*).

amiability /eɪmɪə'bɪlətɪ/, *n.* amabilità; affabilità; affettuosità.

amiable /'eɪmɪəbl/, *a.* amabile; affabile; affettuoso. || **-ness,** *sost.* || **-bly,** *avv.*

amianthus /æmɪ'ænθəs/, **amiantus** /æmɪ'æntəs/, *n.* (*miner.*) amianto.

amicability /æmɪkə'bɪlətɪ/, *n.* amichevolezza.

amicable /'æmɪkəbl/, *a.* amichevole. ● (*leg.*) **a. agreement** (*o* **a. settlement**), accordo amichevole. || **-ness,** *sost.* || **-bly,** *avv.*

amice (**1**) /'æmɪs/, *n.* (*relig.*) amitto.

amice (**2**) /'æmɪs/, *V.* **almuce**.

amid /ə'mɪd/, *prep.* **1** tra; fra; nel mezzo di **2** durante: **a. the dances**, durante le danze; fra una danza e l'altra.

amidase /'æmɪdeɪs/, *n.* (*biochim.*) amidasi.

amide /'æmaɪd/, *n.* (*chim.*) ammide.

amidship(**s**) /ə'mɪdʃɪp(s)/, *avv.* (*naut.*) a mezza nave.

amidst /ə'mɪdst/, *V.* **amid**.

amine /'æmaɪn/, *n.* (*chim.*) ammina, amina.

amino acids /ə'miːnəʊ'æsɪdz/, *n. pl.* (*chim.*) amminoacidi, aminoacidi.

amino resin /ə'miːnəʊ'rezɪn, *USA* -zn/ *n.* (*chim.*) resina amminica.

amiss /ə'mɪs/, **A** *a. pred.* sbagliato; inopportuno; fuori luogo; difettoso. **B** *avv.* in modo sbagliato (*o* difettoso); inopportunamente; fuori luogo: **to speak a.**, parlare fuori luogo. ● **to judge a.**, giudicare male; sbagliare, sbagliarsi (su q. *o* q.c.) □ **to take it a.**, prendersela; aversene a male.

amity /'æmətɪ/, *n.* amicizia; relazioni amichevoli; amistà (*lett.*).

ammeter /'æmiːtə(r)/, *n.* (*elettr.*) amperometro.

ammo /'æməʊ/, *n. abbr. fam. di* **ammunition**.

Ammon /'æmən/, *n.* (*mitol.*) Ammone.

ammonia /ə'məʊnɪə/, *n.* (*chim.*) ammoniaca.

ammoniac(**al**) /ə'məʊnɪæk, æmə'naɪəkl/, *a.* (*chim.*) ammoniacale.

ammoniated /ə'məʊnɪeɪtɪd/, *a.* (*chim.*) ammoniacato.

ammonic /ə'məʊnɪk/, *a.* (*chim.*) ammonico.

ammonite /'æmənaɪt/, *n.* (*paleont.*) ammonite.

ammonium /ə'məʊnɪəm/, *n.* (*chim.*) ammonio.

ammunition /æmjʊ'nɪʃn/, *n.* **1** (*mil.*) munizioni **2** (*fig.*) cartucce; argomenti. ● **a. belt**, cartucciera; (*di mitragliatrice*) nastro □ **a. boots** [**hat**], scarpe [cappello] in dotazione (*o* d'ordinanza) □ **a. carrier**, portamunizioni □ **a. pouch**, giberna.

amnesia /æm'niːzɪə, *USA* -niːʒə/, *n.* amnesia.

amnesty /'æmnəstɪ/, *n.* (*anche leg.*) amnistia (*specialm. concessa a prigionieri politici*).

to **amnesty** /'æmnəstɪ/, *v. t.* amnistiare.

amnicolous /æm'nɪkələs/, *a.* (*biol.*) amnicolo; ripicolo.

amnio /'æmnɪəʊ/, *n.* (*med., fam.*) amniocentesi: **early a.**, amniocentesi precoce.

amniocentesis /æmnɪəʊsen'tiːsɪs/, *n.* (*pl.* **amniocenteses**) (*med.*) amniocentesi.

amniography /æmnɪ'ɒgrəfɪ/, *n.* (*med.*) amniografia.

amnion /'æmnɪən/, *n.* (*pl.* **amnions, amnia**) (*anat.*) amnio.

amnioscope /æmnɪə'skəʊp/, *n.* (*med.*) amnioscopio.

amnioscopy /æmnɪ'ɒskəpɪ/, *n.* (*med.*) amnioscopia.

amniotic /æmnɪ'ɒtɪk/, *a.* (*anat.*) amniotico.

amoeba /ə'miːbə/, *n.* (*pl.* **amoebas, amoebae**) (*zool., Amoeba*) ameba.

amoebaean /æmɪ'biːən/, *a.* (*poesia*) amebeo; scambievole.

amoebic /ə'miːbɪk/, *a.* (*med.*) amebico.

amoeboid /ə'miːbɔɪd/, *a.* (*zool.*) ameboide.

amok /ə'mɒk/, *avv.* (*dal malese* **amoq**; *solo nell'espress.*:) **to run a.** **1** correre intorno in preda a furore omicida **2** diventare pazzo furioso **3** (*fam.*) perdere la testa.

amomum /ə'məʊməm/, *n.* (*bot., Amomum cardamomum*) amomo.

among(**st**) /ə'mʌŋ(st)/, *prep.* **1** fra; tra; in mezzo a: **Don't quarrel a. yourselves**, non litigate fra voi; **The property was divided a.**

his children, la proprietà fu divisa fra i suoi figli; a. the trees, fra gli alberi; a. the crowd, fra la (o in mezzo alla) folla 2 fra; nel complesso: They earned a fortune a. themselves, fra loro, misero insieme una fortuna. • an artist a. artists, un artista fra i primi □ That leaves ten pounds a. us, ci restano 10 sterline a testa.

amontillado /əmɒntɪˈlɑːdəʊ/ (*spagn.*), *n.* (*pl.* **amontillados**) «amontillado» (*vino bianco secco*).

amoral /eɪˈmɒrəl, *USA* -ɔːr-/, *a.* amorale.

amorality /eɪməˈrælətɪ/, *n.* amoralità.

amoretto /æməˈretəʊ/ (*ital.*), *n.* (*pl.* **amoretti, amorettos, amorettoes**) (*arte*) amorino; puttino.

amorino /æməˈriːnəʊ/ (*ital.*), *n.* (*pl.* **amorini, amorinos**) *V.* **amoretto**.

amorous /ˈæmərəs/, *a.* **1** amoroso; affettuoso **2** innamorato **3** erotico; sensuale. • **a. poetry**, poesia d'amore. || **-ly**, *avv.* || **-ness**, *sost.*

amorphism /əˈmɔːfɪzəm/, *n.* amorfismo.

amorphous /əˈmɔːfəs/, *a.* amorfo.

amorphousness /əˈmɔːfəsnəs/, *n.* mancanza di forma.

amortisation /əmɔːtaɪˈzeɪʃn, *USA* æmətɪ-/, *V.* **amortization.**

to **amortise** /əˈmɔːtaɪz, -ɪz, *USA* ˈæmətaɪz/, *V.* **to amortize**.

amortizable /əˈmɔːtaɪzəbl, *USA* ˈæmə-/, *a.* (*comm., fin.*) ammortabile; ammortizzabile.

amortization /əmɔːtaɪˈzeɪʃn, *USA* æmətɪ-/, *n.* **1** (*comm., fin.*) ammortamento; ammortizzamento **2** somma destinata ad ammortare un debito **3** (*leg., stor.*) trasferimento (*di immobili*) in mano morta.

to **amortize** /əˈmɔːtaɪz, *USA* ˈæmətaɪz/, *v. t.* **1** (*comm., fin.*) ammortare, ammortizzare (*un debito, un prestito, ecc.*) **2** (*leg., stor.*) trasferire (*una proprietà*) in mano morta.

amortizement /əˈmɔːtaɪzmənt, *USA* ˈæmə-/, *V.* **amortization.**

amount /əˈmaʊnt/, *n.* **1** ammontare; importo; somma: **the a. invoiced**, la somma fatturata **2** valore; significato; portata **3** quantità: **a considerable a. of patience**, una notevole quantità di pazienza **4** (*mat. finanziaria*) montante. • (*rag.*) **a. brought** (*o* **carried**) **forward** (*o* **down**), somma riportata; riporto (a nuovo) □ (*comm.*) **the a. of an invoice**, l'importo d'una fattura □ (*med.*) **a. of medicine to be taken**, quantità di medicina da somministrare □ (*rag.*) **a. written off**, cifra di deprezzamento □ **a thing of little a.**, una cosa di poca importanza □ **up to the a. of**, fino alla concorrenza di (*una data somma*).

to **amount** /əˈmaʊnt/, *v. i.* **1** ammontare; sommare; ascendere (a) **2** equivalere (a); essere come; essere lo stesso che: **His act amounts to treason**, la sua azione equivale a un tradimento; **It amounts to saying he is a liar**, è come dire che è un mentitore. • (*leg.*) **to a. to a crime**, costituire reato.

amour /əˈmʊə(r)/ (*franc.*), *n.* **1** amorazzo; tresca; relazione illecita **2** amante. • **a.-propre** (*franc.*), amor proprio.

amp (**1**) /æmp/, *n.* (*abbr. fam. o tecn. di:*) **1** **ampere** **2** **amplifier,** *def.* 2.

amp (**2**) /æmp/, *n.* (*fam. USA*) chitarra elettrica.

amp (**3**) /æmp/, *n.* (*pop. USA*) **1** pillola di amfetamina **2** fiala di droga.

amped /æmpt/, *a.* (*pop. USA*) eccitato dalla droga.

amperage /ˈæmpərɪdʒ/, *n.* (*elettr.*) amperaggio.

ampere /ˈæmpeə(r), *USA* ˈæmpɪə(r)/, *n.* (*elettr.*) ampere. • **a.-hour**, amperora □ **a.-meter**, amperometro □ **a.-turn**, amperspira.

ampersand /ˈæmpəsænd/, *n.* «e» commerciale (& *in luogo di* **and**): **Messrs Jones, Wood & Co.**, la Ditta Jones, Wood e C.

amphetamine /æmˈfetəmiːn/, *n.* (*farm.*) amfetamina, anfetamina.

amphibian /æmˈfɪbɪən/, *a.* e *n.* **1** (*bot., zool.*) anfibio **2** (*mil.*) mezzo anfibio; velivolo anfibio. • (*naut.*) **a. landing force**, forza anfibia da sbarco.

amphibians /æmˈfɪbɪənz/, *n. pl.* (*zool., Amphibia*) anfibi.

amphibiology /æmfɪbɪˈɒlədʒɪ/, *n.* (*zool.*) anfibiologia.

amphibious /æmˈfɪbɪəs/, *a.* anfibio (*di animale o veicolo*). • (*mil.*) **a. tank**, carro armato anfibio □ **a. tractor**, cingolato anfibio.

amphibole /ˈæmfɪbəʊl/, *n.* (*miner.*) anfibolo.

amphibolic /æmfɪˈbɒlɪk/, **amphibological** /æmfɪbəˈlɒdʒɪkl/, *a.* anfibolo; anfibologico; ambiguo.

amphibolite /æmˈfɪbəlaɪt/, *n.* (*miner.*) anfibolite.

amphibology /æmfɪˈbɒlədʒɪ/, *n.* anfibologia; ambiguità.

amphibolous /æmˈfɪbələs/, *V.* **amphibolic**.

amphiboly /æmˈfɪbəlɪ/, *V.* **amphibology**.

amphibrach /ˈæmfɪbræk/, *n.* (*poesia*) anfibraco.

amphictyonic /æmfɪktɪˈɒnɪk/, *a.* (*stor. greca*) anfizionico.

amphictyons /æmˈfɪktɪənz/, *n. pl.* (*stor. greca*) anfizioni.

amphigean /æmfɪˈdʒiːən/, *a.* (*biol.*) anfigeo; cosmopolita.

amphioxus /æmfɪˈɒksəs/, *n.* (*pl.* **amphioxi, amphioxuses**) (*zool., Branchiostoma lanceolatum*) anfiosso; lancetta.

amphipods /ˈæmfɪpɒdz/, *n. pl.* (*zool., Amphipoda*) anfipodi.

amphiprostyle /æmfɪˈprəʊstaɪl/, *a.* e *n.* (*archit.*) anfiprostilo.

amphisbaena /æmfɪzˈbiːnə/, *n.* (*pl.* **amphisbaenae, amphisbaenas**) (*mitol., zool.*) anfisbena.

amphitheatre /ˈæmfɪθɪətə(r), -θiːə-/, *n.* anfiteatro.

amphitheatrical /æmfɪθɪˈætrɪkl/, *a.* ad anfiteatro.

Amphitrite /æmfɪˈtraɪtɪ/, *n.* (*mitol.*) Anfitrite.

Amphitryon /æmˈfɪtrɪən/, *n.* (*mitol.* e *fig.*) Anfitrione.

amphora /ˈæmfərə/, *n.* (*pl.* **amphorae, amphoras**) anfora.

ample /ˈæmpl/, *a.* **1** ampio; spazioso **2** abbondante; più che sufficiente: **There is a. evidence of his guilt**, vi sono prove più che sufficienti della sua colpevolezza **3** sufficiente; bastevole: **Supplies will be a. for two weeks**, le provviste saranno sufficienti per due settimane.

ampleness /ˈæmplnəs/, *n.* **1** ampiezza **2** abbondanza.

amplifiable /ˈæmplɪfaɪəbl/, *a.* amplificabile.

amplification /æmplɪfɪˈkeɪʃn/, *n.* **1** amplificazione; ingrandimento; allargamento **2** aggiunta (*di materiale o di particolari*) **3** (*arc.*) esagerazione.

amplifier /ˈæmplɪfaɪə(r)/, *n.* **1** chi amplifica **2** (*fis., radio*) amplificatore.

to **amplify** /ˈæmplɪfaɪ/, **A** *v. t.* **1** ampliare; allargare; integrare (*un rapporto*) **2** (*radio*) amplificare **3** (*arc.*) esagerare. **B** *v. i.* diffondersi; dilungarsi: **My opponent amplified on his remarks**, il mio avversario si dilungò nelle sue osservazioni.

amplitude /ˈæmplɪtjuːd, *USA* -tuːd/, *n.* **1** ampiezza; estensione **2** abbondanza **3** sufficienza **4** (*fis., radio*) ampiezza: **a. modulation** (*abbr.* **AM**), modulazione d'ampiezza **5** (*astron., naut.*) amplitudine.

amply /ˈæmplɪ/, *avv.* ampiamente.

ampulla /æmˈpʊlə/, *n.* (*pl.* **ampullae**) (*relig., biol.*) ampolla.

to **amputate** /ˈæmpjʊteɪt/, *v. t.* amputare.

amputation /æmpjʊˈteɪʃn/, *n.* amputazione.

amputee /æmpjʊˈtiː/, *n.* persona cui è stato amputato un membro.

to **amscray** /ˈæmskreɪ/, *v. i.* (*pop. USA*) battersela; squagliarsela.

amtrac(k) /ˈæmtræk/, *n.* (*mil., USA*; *contraz. di* **amphibious tractor**) cingolato anfibio (*da sbarco*).

Amtrak /ˈæmtræk/, *n.* (*contraz. di* **American Travel Track**: *in U.S.A.*) ente federale per i trasporti ferroviari interurbani.

amuck /əˈmʌk/, *V.* **amok**.

amulet /ˈæmjʊlət/, *n.* amuleto.

to **amuse** /əˈmjuːz/, **A** *v. t.* divertire, dilettare; svagare: **She amused her children with fairy tales**, divertiva i figli raccontando loro fiabe. **B** to **amuse oneself**, *v. rifl.* divertirsi.

amused /əˈmjuːzd/, *a.* divertito. • **to be a. at a joke**, sorridere per una barzelletta □ **to be a. by a comedian**, divertirsi alle battute di un comico.

amusement /əˈmjuːzmənt/, *n.* **1** spasso (*di chi si diverte*); divertimento: **She looked serious, but her a. was apparent**, faceva la faccia seria, ma il suo spasso era evidente **2** divertimento; svago: **a. park**, parco divertimenti; luna park. • **a. arcade**, sala giochi (*con macchine mangiasoldi*) □ **a. machines**, giochi meccanici (*biliardini, slot machine, ecc.*).

amusing /əˈmjuːzɪŋ/, *a.* divertente; spassoso; faceto.

amygdala /əˈmɪgdələ(r)/, *n.* (*pl.* **amigdalae**) (*anat.*) amigdala.

amygdalic /æmɪgˈdælɪk/, *a.* (*chim.*) amigdalico.

amygdalin /əˈmɪgdəlɪn/, *n.* (*chim.*) amigdalina.

amygdaloid /əˈmɪgdəlɔɪd/, *a.* (*anche geol.*) amigdaloide.

amyl /ˈæmɪl, ˈæml/, *n.* (*chim.*) amile. • **a. alcohol**, alcol amilico.

amylaceous /æmɪˈleɪʃəs/, *a.* (*chim.*) amilaceo; amidaceo.

amylase /ˈæmɪleɪz/, *n.* (*biochim.*) amilasi.

amylopsin /æmɪˈlɒpsɪn/, *n.* (*biochim.*) amilopsina.

amylose /ˈæmɪləʊs/, *n.* (*biochim.*) amilosio.

an /æn, ən/, *art. indeterminativo* un, uno, una (*V.* **a** (**1**)).

Anabaptism /ænəˈbæptɪzəm/, *n.* (*stor. relig.*) anabattismo.

Anabaptist /ænəˈbæptɪst/, (*stor. relig.*) **A** *n.* anabattista. **B** *a.* anabattistico.

anabas /ˈænəbæs/, *n.* (*zool., Anabas scandens*) anabate.

anabatic /ænəˈbætɪk/, *a.* (*meteor.*) (*del vento*) anabatico; ascendente.

anabolic /ænəˈbɒlɪk/, *a.* (*biol.*) anabolico. • **a. steroid**, (sostanza) anabolizzante.

anabolism /əˈnæbəlɪzəm/, *n.* (*biol.*) anabolismo.

anachronism /əˈnækrənɪzəm/, *n.* anacronismo.

anachronistic(al) /ənækrəˈnɪstɪk(l)/, *a.* anacronistico. || **-ally**, *avv.*

anacoluthon /ænəkəˈluːθɒn, -ˈljuː-, -ən/, *n.* (*pl.* **anacolutha, anacoluthons**) (*gramm.*) anacoluto.

anaconda /ænəˈkɒndə/, *n.* (*zool., Eunectes murinus*) anaconda.

Anacreon /əˈnækrɪən, -ɒn/, *n.* (*letter.*) Anacreonte.

Anacreontic /ənækrɪˈɒntɪk/, **A** *a.* anacreontico. **B** *n.* (*poesia*) **1** anacreonteo **2** anacreontica.

anacrusis /ænəˈkruːsɪs/, *n.* (*pl.* **anacruses**) (*poesia*) anacrusi.

anadiplosis /ænədɪˈpləʊsɪs/, *n.* (*ling.*) anadiplosi.

anaemia /əˈniːmɪə/, *n.* (*med.*) anemia.

anaemic /əˈniːmɪk/, *a.* (*anche fig.*) anemico.

anaerobe /æˈneərəʊb/, *n.* (*biol.*) anerobio, anaerobio.

anaerobic /ænəˈrəʊbɪk/, *a.* (*biol.*) anerobico, anaerobico.

anaesthesia /ænɪsˈθiːzɪə, -ʒə/, *n.* (*med.*) anestesia.

anaesthesiology /ænɪsθiːzɪˈɒlədʒɪ/, *n.* (*med.*) anestesiologia.

anaesthetic /ænɪsˈθetɪk/, *a.* e *n.* (*med.*) anestetico.

anaesthetics /ænɪsˈθetɪks/, *n. pl.* (*col verbo*

al sing.) (med.) anestesiologia.
anaesthetist /ə'ni:sθətɪst, æ-, USA -nɛs-/, n. (med.) anestesista.
anaesthetization /əni:sθətaɪ'zeɪʃn, æ-, USA -ɛsθətɪ'z-/, n. (med.) anestesia.
to **anaesthetize** /ə'ni:sθətaɪz, æ-, USA -nɛs-/, v. t. (med.) anestetizzare.
anaglyph /'ænəglɪf/, n. (arte e fotogr.) anaglifo.
anagoge /'ænəgɒdʒɪ, -gəʊ-, ænə'gəʊdʒɪ/, n. (relig.) anagogia.
anagogic(al) /ænə'gɒdʒɪk(l)/, a. (relig.) anagogico.
anagogy /'ænəgɒdʒɪ, -əʊdʒɪ, -ɒgɪ/, V. anagoge.
anagram /'ænəgræm/, n. anagramma.
anagrammatic(al) /ænəgrə'mætɪk(l)/, a. anagrammatico.
anagrammatism /ænə'græmətɪzəm/, n. l'anagrammare.
anagrammatist /ænə'græmətɪst/, n. anagrammista.
to **anagrammatize** /ænə'græmətaɪz/, v. t. anagrammare.
anal /'eɪnl/, a. (anat.) anale.
analecta /ænə'lɛktə/, **analects** /'ænəlɛkts/, n. pl. analecta; (raccolta di) spigolature (o frammenti) letterari; miscellanea.
analeptic /ænə'lɛptɪk/, a. e n. (farm.) analettico.
analgesia /ænæl'dʒi:zɪə, USA -ʒə/, n. (med.) analgesia.
analgesic /ænæl'dʒi:sɪk/, a. e n. (farm.) analgesico.
analog /'ænəlɒg, USA -ɔ:g/, (USA) V. **analogue** (si noti però che **analog** è la parola preferita dall'industria elettronica).
analogic(al) /ænə'lɒdʒɪk(l)/, a. (anche leg.) analogico.
analogism /ə'nælədʒɪzəm/, n. analogismo.
analogist /ə'nælədʒɪst/, n. analogista.
to **analogize** /ə'nælədʒaɪz/, **A** v. t. **1** rappresentare (o spiegare) con analogie **2** dimostrare l'analogia di. **B** v. i. usare analogie.
analogous /ə'næləgəs/, a. analogo; parzialmente simile. || **-ly**, avv. || **-ness**, sost.
analogue /'ænəlɒg, USA -lɔ:g/, n. **1** parola (o cosa) analoga **2** persona corrispondente, equivalente (a un'altra). ● (elab.) **a. computer**, elaboratore analogico □ **a. network**, circuito analogico □ **a. transducer**, trasduttore analogico.
analogy /ə'nælədʒɪ/, n. analogia (in tutti i sensi).
analphabetic /ænælfə'bɛtɪk/, **A** a. analfabetico: **a. writing**, scrittura analfabetica. **B** a. e n. (raro) analfabeta.
analysable /'ænəlaɪzəbl/, a. analizzabile.
to **analyse** /'ænəlaɪz/, v. t. **1** (anche scient.) analizzare: **to a. the causes of one's failure**, analizzare le cause del proprio insuccesso **2** (USA) psicoanalizzare.
analyser /'ænəlaɪzə(r)/, n. (anche scient.) analizzatore.
analysis /ə'næləsɪs/, n. (pl. **analyses**) **1** analisi: **the a. of economic policy problems**, l'analisi dei problemi di politica economica; **the a. of a poem**, l'analisi di una poesia **2** (scient.) analisi: (stat.) **the a. of variance**, l'analisi della varianza **3** (USA) psicoanalisi; analisi. ● (giorn., pubbl.) **a. of circulation**, analisi della diffusione □ (mat.) **differential analysis**, analisi differenziale □ (chim.) **elemental analysis**, analisi elementare □ (fin.) **financial statement analysis**, analisi dei bilanci □ **in the last a.**, in ultima analisi.
analyst /'ænəlɪst/, n. **1** (anche med. e scient.) analista **2** (USA) psicoanalista.
analytic(al) /ænə'lɪtɪk(l)/, a. analitico: **a. chemistry**, chimica analitica; **a. geometry**, geometria analitica; **a. mechanics**, meccanica analitica; **an a. experiment**, un esperimento analitico. ● (ling.) **an a. language**, una lingua analitica □ **an a. man**, un uomo dotato di mentalità analitica.
analytically /ænə'lɪtɪklɪ/, avv. analiticamente.
analyticity /ænələ'tɪsətɪ/, n. analiticità.
analytics /ænə'lɪtɪks/, n. pl. (col verbo al sing.) (filos.) analitica.
to **analyze** /'ænəlaɪz/, (USA) V. **to analyse**.
anamnesis /ænəm'ni:sɪs/, n. (pl. **anamneses**) (filos., med.) anamnesi.
anamorphosis /ænəmɔ:'fəʊsɪs/, n. (pl. **anamorphoses**) (biol., ottica) anamorfosi.
ananas /'ænənəs, ə'nɑ:nəs, USA 'ænənæs, ə'nænəs/, n. (bot., Ananas sativus) ananas; ananasso.
anandrous /ə'nændrəs/, a. (bot.) senza stami.
anapaest /'ænəpi:st/, n. (poesia) anapesto.
anapaestic /ænə'pi:stɪk, USA -'pɛs-/, a. (poesia) anapestico.
anaphase /'ænəfeɪz/, n. (biol.) anafase.
anaphora /ə'næfərə/, n. (retor.) anafora.
anaphylactic /ænəfɪ'læktɪk/, a. (med.) anafilattico: **a. shock**, shock anafilattico.
anaphylaxis /ænəfɪ'læksɪs/, n. (pl. **anaphylaxes**) (med.) anafilassi.
anaplasty /'ænəplæstɪ/, n. (med.) chirurgia plastica.
anarch /'ænɑ:k/, n. (poet.) ribelle; capo di rivoltosi.
anarchic(al) /ə'nɑ:kɪk(l)/, a. anarchico.
anarchism /'ænəkɪzəm/, n. anarchia; anarchismo.
anarchist /'ænəkɪst/, n. anarchico.
anarchy /'ænəkɪ/, n. anarchia (anche fig.).
anasarca /ænə'sɑ:kə/, n. (med.) anasarca.
anastigmat /æn'æstɪgmæt/, n. (fis., fotogr.) obiettivo anastigmatico.
anastigmatic /ænəstɪg'mætɪk/, a. (fis., fotogr.) anastigmatico.
anastigmatism /ænə'stɪgmətɪzəm/, n. (fis.) anastigmatismo.
to **anastomose** /ə'næstəməʊs/, **A** v. t. (med.) anastomizzare. **B** v. i. (anat.: di tronchi vasali o nervosi) essere comunicanti per anastomosi.
anastomosis /ænəstə'məʊsɪs/, n. (pl. **anastomoses**) (anat., med.) anastomosi.
anastrophe /ə'næstrəfɪ/, n. (retor.) anastrofe.
anathema /ə'næθəmə/, n. **1** (relig. e fig.) anatema **2** (fig.) persona (o cosa) odiata (detestata, esecrata); maledizione.
to **anathematize** /ə'næθəmətaɪz/, **A** v. t. anatematizzare, colpire con anatema. **B** v. i. scagliare anatemi.
Anatolian /ænə'təʊlɪən/, a. e n. anatolico.
Anatolic /ænə'tɒlɪk/, a. anatolico.
anatomic(al) /ænə'tɒmɪk(l)/, a. anatomico. || **-ally**, avv.
anatomist /ə'nætəmɪst/, n. (anche fig.) anatomista.
to **anatomize** /ə'nætəmaɪz/, v. t. (anche fig.) anatomizzare.
anatomy /ə'nætəmɪ/, n. **1** (anche fig.) anatomia **2** (fam.) scheletro **3** (fam.) corpo **4** (fig.) analisi **5** (fig.) struttura.
ancestor /'ænsɛstə(r), -səs-/, n. **1** antenato; avo **2** (fig.) antenato; prototipo **3** (leg.) ascendente **4** (biol.) progenitore.
ancestral /æn'sɛstrəl/, a. ancestrale; atavico; avito.
ancestress /æn'sɛstrɪs/, n. **1** antenata; ava **2** progenitrice.
ancestry /'ænsɛstrɪ/, n. **1** ascendenza; lignaggio **2** schiatta (lett.); razza; stirpe **3** (collett.) antenati; avi.
Anchises /æŋ'kaɪsi:z/, n. (letter.) Anchise.
anchor /'æŋkə(r)/, n. **1** (naut.) ancora: **The ship was at a.**, la nave era all'ancora **2** (mecc.) ancora **3** (tecn., mecc.) carro ancora **4** (fig.) ancora di salvezza **5** (fig.) appiglio. ● **a. berth**, posto di fonda; posto di ormeggio □ **a. buoy**, boa d'ancoraggio □ (comm.) **a. dues**, diritti d'ancoraggio □ **a. light**, fanale di ormeggio □ (mecc.) **a. plate**, piastra di fissaggio □ **a. stock**, ceppo dell'ancora □ **a. watch**, guardia di porto (quando la nave è all'ancora) □ **to back the a.**, appennellare l'ancora □ **bower a.**, ancora di guardia (o di posta) □ **to cast** (o **to drop**) **a.**, gettar l'ancora; dar fondo; (fig.) fermarsi, arrestarsi, stabilirsi (in un luogo) □ **to come to a.**, mettersi all'ancora, ancorarsi; (fig.) fermarsi, arrestarsi □ **to drag a.**, strascinare l'ancora sul fondo, arare con l'ancora; (fig.) perdere terreno, fallire, slittare □ **kedge a.**, ancorotto □ **to let the a. go**, mollare l'ancora □ **mushroom a.**, ancora a tazza □ **to ride** (o **to lie, to be**) **at a.**, essere all'ancora; essere alla fonda □ **sheet a.**, ancora di speranza (o di rispetto) □ **to weigh a.**, levare l'ancora, salpare; (fig.) partire, andarsene □ **The a. bites** (o **holds**), l'ancora agguanta □ **The a. drags**, l'ancora ara.
to **anchor** /'æŋkə(r)/, **A** v. t. **1** (anche fig.) ancorare, fissare **2** (radio, TV) fare da «anchorman» in (una trasmissione). **B** v. i. **1** (naut.) ancorarsi; gettare l'ancora **2** (fig.) fermarsi; fissarsi.
anchorage /'æŋkərɪdʒ/, n. **1** (naut.) ancoraggio **2** (comm.) tassa d'ancoraggio **3** (fig.) punto d'appoggio; punto fermo; appiglio. ● (comm., naut.) **a. dues**, diritti d'ancoraggio.
anchoress /'æŋkərɪs/, n. donna che vive da eremita.
anchoret /'æŋkəret/, n. anacoreta.
anchoretic(al) /æŋkə'rɛtɪk(l)/, **anchoritic(al)** /æŋkə'rɪtɪk(l)/, a. anacoretico.
anchorite /'æŋkəraɪt/, n. anacoreta.
anchorman /'æŋkəmən/, n. (pl. **anchormen**) **1** (radio, TV) anchorman; conduttore (di una trasmissione) cui fan capo varie unità mobili distaccate che inviano i loro servizi **2** (sport) uomo chiave; ultimo atleta che gareggia (di una squadra: specialm. nella staffetta).
anchorperson /'æŋkəpɜ:sn/, n. (radio, TV) chi (uomo o donna) conduce una trasmissione (V. **anchorman** e **anchorwoman**).
anchorwoman /'æŋkəwʊmən/, n. (pl. **anchorwomen**) (radio, TV) anchorwoman; conduttrice (di una trasmissione) cui fan capo varie unità mobili distaccate che inviano i loro servizi.
anchovy /'æntʃəvɪ, æn'tʃəʊvɪ, USA 'æntʃəʊvɪ/, n. (zool., Engraulis encrasicholus) acciuga, alice: **a. paste**, pasta d'acciughe.
to **anchylose** /'æŋkɪləʊz/, **A** v. t. anchilosare. **B** v. i. anchilosarsi.
anchylosis /æŋkɪ'ləʊsɪs/, n. (pl. **anchyloses**) (med.) anchilosi.
ancient /'eɪnʃənt/, **A** a. **1** antico: **a. history**, storia antica **2** antiquato: **an a. bicycle**, una bicicletta antiquata **3** (di un essere vivente) vecchio; assai vecchio: **an a. dog**, un vecchio cane. **B** n. (arc.) vegliardo. ● **the ancients**, gli antichi □ (relig.) **the A. of Days**, Dio.
ancientry /'eɪnʃəntrɪ/, n. (raro) antichità (in tutti i sensi).
ancillary /æn'sɪlərɪ, USA 'ænsəlɛrɪ/, **A** a. **1** subordinato; dipendente **2** ausiliare; sussidiario **3** (leg.) accessorio; complementare. **B** n. assistente; collaboratore; dipendente; persona di servizio. ● (econ.) **a. benefit**, indennità aggiuntiva □ (elab.) **a. equipment**, apparecchiatura periferica.
ancipital /æn'sɪpɪtl/, a. (bot.) ancipite; gladiato.
ancle /'æŋkl/, n. (anat., arc.) caviglia.
ancon /'æŋkɒn/, n. **1** (anat., arc.) gomito; ancone (arc.) **2** (archit.) ancona.
ancress /'æŋkrɪs/, (arc.) V. **anchoress**.
and /ænd, ənd, ən, n/, cong. **1** e; ed: **men and women**, uomini e donne; **for hours and hours**, per ore e ore; (arc.) **It is five and twenty to four**, sono le tre e trentacinque (minuti) **2** più: **Seven and three makes ten**, sette più tre fa dieci **3** (idiom.) – **more and more**, sempre più; **worse and worse**, sempre peggio; **better and better**, sempre meglio; **Wait and see**, non precipitare le cose; sta a vedere quel che succede e poi agisci **4** (idiom., fam.) – **Try and come tomorrow**, cerca di venire domani. ● (pop. USA) **And how!**, eccome!; altroché! □ **and/or**, e/o; o solo... o solo..., o entrambi: **We accept money and/or goods in payment**, accettiamo in pagamento o solo de-

naro o solo merci, o entrambi □ **and so forth** (*o* **on**), e così via; eccetera □ **by and by**, fra poco; di lì a poco □ **carriage and pair**, carrozza a due cavalli; tiro a due □ **now and then**, di quando in quando.

Andalusian /ændə'lu:zɪən, -ʒn/, *a.* e *n.* andaluso.

andalusite /ændə'lu:saɪt/, *n.* (*miner.*) andalusite.

andante /æn'dæntɪ, *USA* ɑ:n'dɑ:nteɪ/ (*ital.*), *n.* (*mus.*) andante.

Andean /æn'di:ən, 'ændɪən/, *a.* (*geogr.*) andino.

andesite /'ændɪzaɪt/, *n.* (*geol.*) andesite.

Andes (**the**) /'ændi:z/, *n. pl.* (*geogr.*) le Ande.

AND gate /'ændgeɪt/, *n.* (*elab.*) porta AND.

andiron /'ændaɪən, *USA* -aɪə[r]n/, *n.* alare (*da camino*).

AND operation /'ændɒpəreɪʃn/, *n.* (*elab.*) operazione AND.

Andrew /'ændru:/, *n.* Andrea.

androecium /æn'dri:sɪəm, -ʃɪ-/, *n.* (*pl.* **androecia**) (*bot.*) androceo.

androgen /'ændrədʒən/, *n.* (*biochim.*) (ormone) androgeno.

androgyne /'ændrədʒaɪn/, *n.* androgino.

androgynous /æn'drɒdʒənəs/, *a.* (*anche bot.*) androgino.

androgyny /æn'drɒdʒənɪ/, *n.* (*anche bot.*) androginia.

android /'ændrɔɪd/, *n.* androide (*automa*).

andrology /æn'drɒlədʒɪ/, *n.* (*med.*) andrologia.

Andromache /æn'drɒməkɪ/, *n.* (*letter.*) Andromaca.

Andronicus /æn'drɒnɪkəs/, *n.* (*letter.*) Andronico.

andropause /'ændrəpɔ:z/, *n.* (*fisiol.*) andropausa.

androphobia /ændrə'fəʊbɪə/, *n.* (*psic.*) androfobia.

androphobic /ændrə'fəʊbɪk/, *a.* (*psic.*) androfobico.

androsterone /æn'drɒstərəʊn/, *n.* (*biochim.*) androsterone.

anecdotage /'ænɛkdəʊtɪdʒ/, *n.* ***1*** aneddotica ***2*** (*scherz.*) loquace età senile: **He is in his a.**, è nella loquace età senile.

anecdotal /ænɪk'dəʊtl/, *a.* ***1*** aneddotico ***2*** ricco di aneddoti.

anecdote /'ænɪkdəʊt/, *n.* aneddoto.

anecdotic(al) /ænɪk'dɒtɪk(l)/, *a.* aneddotico.

anecdotist /'ænɪkdəʊtɪst/, *n.* aneddotista.

anelastic /ænɪ'læstɪk/, *a.* (*fis.*) anelastico.

anelasticity /ænɪlæ'stɪsətɪ/, *n.* (*fis.*) anelasticità.

anelectric /ænɪ'lɛktrɪk/, *a.* (*fis.*) anelettrico.

anemia /ə'ni:mɪə/, **anemic** /ə'ni:mɪk/, (*USA*) *V.* **anaemia, anaemic**.

anemochore /ə'ni:məʊkɔ:(r)/, *n.* (*bot.*) pianta anemocora.

anemograph /ə'ni:məgrɑ:f, *USA* -æf/, *n.* (*meteor.*) anemografo.

anemography /ænɪ'mɒgrəfɪ/, *n.* (*meteor.*) anemografia.

anemometer /ænɪ'mɒmɪtə(r)/, *n.* (*meteor.*) anemometro.

anemometry /ænɪ'mɒmətrɪ/, *n.* (*meteor.*) anemometria.

anemone /ə'nɛmənɪ/, *n.* (*bot., Anemone*) anemone. ● (*zool.*) **sea a.** (*Actiniaria*), anemone di mare; attinia.

anemophilous /ænɪ'mɒfələs/, *a.* (*bot.*) anemofilo.

anemophily /ænɪ'mɒfɪlɪ/, *n.* (*bot.*) anemofilia.

anemoscope /'ænɪməskəʊp/, *n.* (*meteor.*) anemoscopio.

anent /ə'nɛnt/, *prep.* (*arc., scozz.*) riguardo a; circa.

aneroid /'ænərɔɪd/, *a.* (*fis.*) aneroide: **a. barometer**, barometro aneroide.

anesthesia /ænəs'θi:zɪə, -ʒə/, e *deriv.* (*USA*) *V.* **anaesthesia**, e *deriv.*

aneurin /'ænjʊərɪn/, *n.* (*biochim.*) aneurina.

aneurism, aneurysm /'ænjʊərɪzəm/, *n.* (*med.*) aneurisma.

aneurismal, aneurysmal /ænjʊə'rɪzml/, *a.* (*med.*) aneurismatico.

anew /ə'nju:, *USA* ə'nu:/, *avv.* ***1*** di nuovo; da capo ***2*** in modo nuovo (*o* diverso). ● **to begin a.**, rifarsi da capo; ricominciare.

anfractuosity /ænfræktʃʊ'ɒsətɪ/, *n.* anfrattuosità.

anfractuous /æn'fræktʃʊəs/, *a.* anfrattuoso.

angary /'æŋgərɪ/, *n.* (*leg., naut.*) angaria; angheria.

angel /'eɪndʒəl/, *n.* ***1*** angelo ***2*** (*fig.*) messaggero: **a. of death**, messaggero di morte ***3*** (= **a.-noble**) angelo (*antica moneta d'oro ingl. sulla quale figurava l'arcangelo Michele*) ***4*** (*fam.*) finanziatore (*di un'impresa o di uno spettacolo*) ***5*** (*pop. USA*) omosessuale; finocchio (*pop.*) ***6*** (*pop. USA*) vittima (*di un ladro, ecc.*) ***7*** (*pop. USA*) cocaina ***8*** (*pop. USA*) elicottero di soccorso. ● **a.-cake** (*USA*: **a.-food cake**), pan degli angeli □ (*pop. USA*) **a. dust**, eroina sintetica □ (*zool.*) **a.-fish** (*Squatina*), pesce angelo; squadro □ **a.-like**, angelico □ (*zool.*) **a. shark**, *V.* **a.-fish** □ (*bot.*) **a.'s tears**, *V.* **moonflower**, *def.* 2 □ (*pop. USA*) **a. teat**, whisky buono; lavoro facile □ **guardian a.**, angelo custode □ (*USA*) **Hell's angels**, teppisti motorizzati.

Angeleno /ændʒə'li:nəʊ/, *n.* (*pop. USA*) abitante (*o* nativo) di Los Angeles.

angelica /æn'dʒɛlɪkə/, *n.* (*bot., Angelica*) angelica.

angelic(al) /æn'dʒɛlɪk(l)/, *a.* angelico.

Angeline /'ændʒəli:n/, *n.* Angelina.

Angelus /'ændʒələs/, *n.* (*relig.*) angelus.

anger /'æŋgə(r)/, *n.* rabbia; collera; ira; stizza.

to **anger** /'æŋgə(r)/, *v. t.* fare adirare; mandare in collera; irritare.

angered /'æŋgəd/, *a.* adirato; infuriato; furibondo.

Angevin /'ændʒəvɪn/, *a.* e *n.* (*stor.*) angioino.

angina /æn'dʒaɪnə/, *n.* (*med.*, = **a. pectoris**) angina.

angiography /ændʒɪ'ɒgrəfɪ/, *n.* (*med.*) angiografia.

angiologist /ændʒɪ'ɒlədʒɪst/, *n.* (*med.*) angiologo.

angiology /ændʒɪ'ɒlədʒɪ/, *n.* (*anat.*) angiologia.

angioma /ændʒɪ'əʊmə/, *n.* (*pl.* **angiomas, angiomata**) (*med.*) angioma.

angiosperms /ændʒɪəʊ'spɜ:mz/, *n. pl.* (*bot., Angiospermae*) angiosperme.

angle /'æŋgl/, *n.* ***1*** (*geom.*) angolo ***2*** angolazione; punto di vista; aspetto (*di un problema*): **You must consider this from all angles**, dovete considerare la cosa da tutti i punti di vista ***3*** (*fam.*) fine; scopo; interesse personale; motivo (egoistico) ***4*** (*sport*) direzione angolata (*della palla*): **to put a. on a tennis ball**, angolare una palla da tennis. ● **a. bracket**, mensola (*di sostegno: a «elle»*); (*tipogr.*) parentesi uncinata □ (*edil.*) **a. iron**, ferro a L; angolare; cantonale □ **at an a.**, obliquo; storto; in diagonale □ (*pop. USA*) **to play all the angles**, giocare tutte le carte che si hanno in mano (*fig.*).

to **angle** (**1**) /'æŋgl/, *v. t.* e *i.* ***1*** piegare (*o* piegarsi) ad angolo; formare un angolo ***2*** svoltare; piegare: **The path angled into the wood**, il sentiero svoltava nel bosco ***3*** (*fig.*) presentare in modo tendenzioso; dare una certa angolazione a, deformare (*una notizia*) ***4*** (*sport*) angolare (*una palla*): **to a. a tennis ball**, angolare una palla da tennis. ● (*cinem., TV*) **to a. a camera**, dare una certa angolazione a una cinecamera (*o* telecamera).

to **angle** (**2**) /'æŋgl/, *v. i.* ***1*** pescare con la lenza ***2*** (*fig.*) tender l'amo; adescare. ● **to a. for st.**, cercare di ottenere q.c. con l'astuzia □ **to a. for compliments**, sollecitare complimenti □ **What is he angling for?**, dove vuole arrivare?; a che cosa mira?

angled /'æŋgld/, *a.* ***1*** ad angoli; angolato ***2*** angoloso ***3*** (*arald.*) angolato ***4*** (*sport: di tiro*) angolato.

angler /'æŋglə(r)/, *n.* ***1*** pescatore con la lenza ***2*** (*fig.*) chi tende l'amo (*chi cerca di ottenere q.c. con l'astuzia*) ***3*** (*zool., Lophius piscatorius*) rana pescatrice; lofio.

Angles /'æŋglz/, *n. pl.* (*stor.*) angli.

anglesite /'æŋglsaɪt/, *n.* (*miner.*) anglesite.

angleworm /'æŋglwɜ:m/, *n.* lombrico (*verme da esca*).

Anglian /'æŋglɪən/, **A** *a.* anglico. **B** *n.* ***1*** anglo ***2*** anglico (*la lingua*).

Anglican /'æŋglɪkən/, *a.* e *n.* (*relig.*) anglicano.

Anglicanism /'æŋglɪkənɪzəm/, *n.* (*relig.*) anglicanesimo.

Anglicism /'æŋglɪsɪzəm/, *n.* ***1*** anglicismo; anglismo; inglesismo ***2*** tratto (*o* caratteristica) inglese ***3*** abitudine (*o* usanza) inglese.

Anglicist /'æŋglɪsɪst/, *n.* anglista.

to **anglicize** /'æŋglɪsaɪz/, to **anglify** /'æŋglɪfaɪ/, *v. t.* anglicizzare.

angling (**1**) /'æŋglɪŋ/, *n.* (*sport*) angolazione.

angling (**2**) /'æŋglɪŋ/, *n.* pesca con la lenza.

Anglist /'æŋglɪst/, *n.* anglista.

Anglo /'æŋgləʊ/, *n.* (*pl.* **Anglos**) (*pop. USA*) bianco d'origine non latina (*spreg.*).

Anglo-American /æŋgləʊə'mɛrɪkən/, **A** *a.* angloamericano. **B** *n.* americano di origine inglese.

Anglo-Catholic /æŋgləʊ'kæθəlɪk/, *n.* (*relig.*) anglicano che simpatizza per la Chiesa cattolica (*pur senza convertirsi*).

Anglo-French /æŋgləʊ'frɛntʃ/, **A** *a.* anglofrancese. **B** *n.* anglofrancese (*la lingua della corte e della giustizia inglesi fin verso il 1400*).

Anglo-Indian /æŋgləʊ'ɪndɪən/, *a.* e *n.* angloindiano.

Anglo-Irish /æŋgləʊ'aɪərɪʃ/, *a.* e *n.* angloirlandese. ● (*collett.*) **the A.**, gli angloirlandesi.

Anglomania /æŋgləʊ'meɪnɪə/, *n.* anglomania.

Anglomaniac /æŋgləʊ'meɪnɪæk/, *n.* anglomane.

Anglo-Norman /æŋgləʊ'nɔ:mən/, *a.* e *n.* (*stor.*) anglonormanno (*anche la lingua*).

Anglophile /'æŋgləʊfaɪl, *USA* -fɪl/, *n.* anglofilo.

Anglophilia /æŋgləʊ'fɪlɪə/, *n.* anglofilia.

Anglophiliac /æŋgləʊ'fɪlɪæk/, **Anglophilic** /æŋgləʊ'fɪlɪk/, *a.* anglofilo.

Anglophobe /'æŋgləʊfəʊb/, *n.* anglofobo.

Anglophobia /æŋgləʊ'fəʊbɪə/, *n.* anglofobia.

Anglophobiac /æŋgləʊ'fəʊbɪæk/, **Anglophobic** /æŋgləʊ'fəʊbɪk/, *a.* anglofobo.

anglophone /'æŋgləʊfəʊn/, *n.* e *a.* anglofono.

Anglo-Saxon /æŋgləʊ'sæksn/, *a.* e *n.* anglosassone (*anche la lingua*).

angora /æŋ'gɔ:rə/, *n.* angora; tessuto di lana d'angora. ● **an a. sweater**, un maglione di lana d'angora.

Angora /æŋ'gɔ:rə, 'æŋgərə/, *n.* ***1*** (*geogr., un tempo*) Angora ***2*** (= **A. cat**) gatto d'Angora ***3*** (= **A. goat**) capra d'Angora ***4*** (= **A. rabbit**) coniglio d'Angora.

angostura /æŋgə'stjʊərə, -'stʊərə/, *n.* (*bot., Cusparia officinalis*) angostura.

angrily /'æŋgrəlɪ/, *avv.* irosamente; con rabbia.

angry /'æŋgrɪ/, *a.* ***1*** adirato; incollerito; arrabbiato; in collera ***2*** collerico; irascibile ***3*** (*di ferita o taglio*) irritato, infiammato. ● **the angries**, i giovani arrabbiati; i contestatori □ **to be a. at** (*o* **about**) **st.**, essere in collera per q.c. □ **to be a. with sb.**, essere in collera con q. □ (*letter.*) **a. young man**, giovane arrabbiato (*intellettuale anticonformista*) □ **to get a.**, adirarsi; arrabbiarsi □ **to make sb. a.**, fare andare in collera q.; fare arrabbiare q.

angst /æŋst, *USA* ɑ:ŋst/ (*ted.*), *n.* (*psic.*) angoscia.

angstrom /'æŋstrəm/, *n.* (*fis.*) ångström.

anguine /'æŋgwɪn/, *a.* anguineo (*lett.*); serpentino.

anguish /'æŋgwɪʃ/, *n.* angoscia; angustia; tormento.

anguished /'æŋgwɪʃt/, *a.* **1** angosciato; angustiato **2** angoscioso; d'angoscia: **an a. cry**, un grido d'angoscia.

angular /'æŋgjʊlə(r)/, *a.* **1** (*scient.*) angolare: (*mat., naut.*) **a. distance**, distanza angolare; (*mecc.*) **a. velocity**, velocità angolare **2** angoloso (*anche fig.*); spigoloso.

angularity /æŋgjʊ'lærətɪ/, *n.* **1** angolarità **2** angolosità (*anche fig.*); spigolosità.

angulate /'æŋgjʊleɪt/, *a.* angolato; (fatto) ad angoli; spigoloso.

angulation /æŋgjʊ'leɪʃn/, *n.* angolazione.

anharmonic /ænhɑː'mɒnɪk/, *a.* (*scient.*) anarmonico: (*fis.*) **a. oscillator**, oscillatore anarmonico.

anhydride /æn'haɪdraɪd/, *n.* (*chim.*) anidride.

anhydrite /æn'haɪdraɪt/, *n.* (*miner.*) anidrite.

anhydrous /æn'haɪdrəs/, *a.* (*chim.*) anidro.

anil /'ænɪl, 'ænl/, *n.* **1** (*bot., Indigofera anil*) anile **2** indaco (*colore*).

anile /'eɪnaɪl, 'æn-/, *a.* (*detto di donna*) senile; rimbambita.

aniline /'ænɪliːn, *USA* 'ænəlaɪn/, *n.* (*chim.*) anilina. ● **a. dye**, colorante d'anilina.

anility /æ'nɪlətɪ/, *n.* (*detto di donna*) senilità; rimbambimento.

animadversion /ænɪmæd'vɜːʃn, *USA* -ʒn/, *n.* **1** osservazione (*sfavorevole*); critica **2** rimprovero; biasimo; riprovazione.

to **animadvert** /ænɪmæd'vɜːt/, *v. i.* – **to a. on st.**, fare critiche a q.c.; criticare q.c.; (*anche*) fare osservazioni su q.c.

animal /'ænɪml/, **A** *a.* animale: **a. fats**, grassi animali. **B** *n.* animale; bestia. ● **a. courage**, coraggio fisico □ **a. behaviour**, comportamento degli animali; etologia □ **a. feed stuffs**, alimenti per animali (*domestici*) □ **a. husbandry**, zootecnia □ **a. magnetism**, (*arc.*) mesmerismo; (*fam. scherz.*) sex appeal, attrazione fisica □ **a. spirits**, vivacità; slancio (*o* gaiezza) naturale □ **a. welfare society**, società per la protezione degli animali.

animalcular /ænɪ'mælkjʊlə(r)/, *a.* microbico.

animalcule /ænɪ'mælkjuːl/, *n.* microrganismo; microbo.

animalism /'ænɪməlɪzəm/, *n.* **1** animalità; comportamento (*o* indole) degli animali **2** (*talora*) sensualità **3** (*filos.*) animalismo.

animalist /'ænɪməlɪst/, *n.* (*arte, filos.*) animalista.

animality /ænɪ'mælətɪ/, *n.* **1** animalità **2** vita animale.

animalization /ænɪməlaɪ'zeɪʃn, *USA* -lɪ'z-/, *n.* **1** (*biol.*) trasformazione in sostanza organica animale **2** abbrutimento.

to **animalize** /'ænɪməlaɪz/, *v. t.* **1** (*biol.*) trasformare in sostanza organica animale **2** abbrutire **3** (*arte*) rappresentare con attributi animali.

animate /'ænɪmət/, *a.* animato; vivente; (*fig.*) vivace.

to **animate** /'ænɪmeɪt/, *v. t.* **1** animare (*in ogni senso*) **2** ravvivare; far muovere: **The wind animated the leaves**, il vento faceva muovere le foglie **3** (*fig.*) incitare; incoraggiare; stimolare. ● **to be animated by** (*o* **with**) **st.**, essere animato (*o* mosso) da q.c.

animated /'ænɪmeɪtɪd/, *a.* animato; (*fig.*) movimentato: **a. cartoons**, cartoni animati; **an a. discussion**, una discussione animata; **an a. scene**, una scena movimentata.

animation /ænɪ'meɪʃn/, *n.* **1** animazione; vivacità; calore **2** (*cinem.*) animazione.

animator /'ænɪmeɪtə(r)/, *n.* (*cinem.*) animatore.

animism /'ænɪmɪzəm/, *n.* (*filos.*) animismo.

animist /'ænɪmɪst/, *n.* (*filos.*) animista.

animistic /ænɪ'mɪstɪk/, *a.* (*filos.*) animistico.

animosity /ænɪ'mɒsətɪ/, *n.* animosità; malanimo.

animus /'ænɪməs/, *n.* (*solo sing.*) **1** spirito animatore **2** animus; intenzione **3** animosità; malanimo.

anion /'ænaɪən/, *n.* (*chim., fis.*) anione.

anionic /ænaɪ'ɒnɪk/, *a.* (*chim., fis.*) anionico.

anise /'ænɪs/, *n.* (*pl.* **anises, anise**) (*bot., Pimpinella anisum*) anice (*la pianta e il seme*).

aniseed /'ænɪsiːd/, *n.* semi di anice.

anisette /ænɪ'zet/, *n.* anisetta (*liquore*).

anisotropic /ənaɪsə'trɒpɪk/, *a.* (*fis., miner.*) anisotropo.

anisotropy /ənaɪ'sɒtrəpɪ/, *n.* (*fis., miner.*) anisotropia.

ankle /'æŋkl/, *n.* (*anat.*) caviglia. ● (*anat.*) **a. bone**, astragalo □ **a.-deep**, che arriva alle caviglie □ **a. socks**, calzini corti.

anklet /'æŋklət/, *n.* **1** ornamento (*anello, catenella, ecc.*) che si porta alla caviglia **2** cavigliera **3** (*USA*) calzino corto.

ankylosaur /æŋkɪləʊ'sɔː(r)/, *n.* (*paleont.*) anchilosauro.

to **ankylose** /'æŋkɪləʊz/, *v. t. e i.* (*med.*) anchilosare, anchilosarsi.

ankylosis /æŋkɪ'ləʊsɪs/, *n.* (*pl.* **ankyloses**) (*med.*) anchilosi.

ankylostomiasis /æŋkɪlɒstə'maɪəsɪs/, *n.* (*med.*) anchilostomiasi.

Ann /æn/, *n.* Anna.

anna /'ænə/, *n.* anna (*moneta indiana non più in uso*).

Annabel, **Annabelle** /'ænəbel/, *n.* Annabella.

annalist /'ænəlɪst/, *n.* annalista.

annalistic /ænə'lɪstɪk/, *a.* annalistico.

annals /'ænlz/, *n. pl.* annali; cronache; rassegne.

annates /'æneɪts/, *n. pl.* (*arc., leg., relig.*) annualità.

Anne /æn/, *n.* Anna.

to **anneal** /ə'niːl/, *v. t.* **1** ricuocere (*vetri, metalli*) **2** (*fig.*) fortificare; temprare.

annealing /ə'niːlɪŋ/, *n.* (*metall.*) ricottura. ● (*tecn.*) **a. furnace** (*o* **oven**), forno di ricottura.

annelids /ə'nelɪdz/, *n. pl.* (*zool., Anellida*) anellidi.

Annette /ə'net/, *n.* Annetta.

to **annex** /ə'neks/, *v. t.* **1** (*polit.*) annettere **2** aggiungere **3** allegare; accludere: **to a. clause**, allegare una clausola **4** (*scherz.*) prendere; appropriarsi di; portare via; rubare.

annexable /ə'neksəbl/, *a.* **1** che si può annettere **2** aggiungibile.

annexation /ænɪk'seɪʃn/, *n.* (*polit.*) annessione.

annexational /ænek'seɪʃənl/, *a.* (*polit.*) annessionistico.

annexationism /ænek'seɪʃənɪzəm/, *n.* (*polit.*) annessionismo.

annexationist /ænek'seɪʃənɪst/, *n.* (*polit.*) annessionista.

annex(e) /'æneks/, *n.* **1** (edificio) annesso; dipendenza (*di un albergo, ecc.*); dépendance (*franc.*) **2** allegato (*a un documento*).

to **annihilate** /ə'naɪəleɪt/, **A** *v. t.* **1** annientare; annichilire **2** (*fam.*) annullare; rendere nullo; vanificare (*uno sforzo, un tentativo, ecc.*). **B** *v. i.* annientarsi; annullarsi.

annihilation /ənaɪə'leɪʃn/, *n.* annientamento; annichilimento; annichilazione (*anche fis.*).

annihilator /ə'naɪəleɪtə(r)/, *n.* annientatore.

anniversary /ænɪ'vɜːsərɪ/, *n. e a.* anniversario.

Anno Domini /'ænəʊ'dɒmɪnaɪ/ (*lat.*), *locuz. avv.* (*di solito*, **A.D.**) nell'anno del Signore; dopo Cristo.

to **annotate** /'ænəteɪt/, *v. t.* annotare; chiosare; commentare.

annotation /ænə'teɪʃn/, *n.* annotazione; nota; chiosa.

annotator /'ænəteɪtə(r)/, *n.* annotatore; commentatore; chiosatore.

to **announce** /ə'naʊns/, **A** *v. t.* annunciare, annunziare (*in ogni senso*). **B** *v. i.* **1** (*radio, TV*) fare l'annunciatore **2** (*in U.S.A.*) annunciare la propria candidatura (*alla Presidenza, ecc.*).

announcement /ə'naʊnsmənt/, *n.* **1** annuncio, annunzio; pubblicazione; notificazione **2** avviso; dichiarazione; proclama **3** (= **wedding a.**) partecipazione (*di nozze*).

announcer /ə'naʊnsə(r)/, *n.* annunciatore (*specialm. della radio e TV*); presentatore.

to **annoy** /ə'nɔɪ/, *v. t.* importunare; molestare; disturbare; infastidire; dar noia a; seccare. ● **to be annoyed at st.**, essere seccato per q.c.

annoyance /ə'nɔɪəns/, *n.* seccatura; molestia; disturbo; fastidio.

annoyed /ə'nɔɪd/, *a.* irritato; contrariato; seccato; infastidito.

annoyer /ə'nɔɪə(r)/, *n.* persona fastidiosa; seccatore.

annoying /ə'nɔɪɪŋ/, *a.* irritante; seccante; molesto; fastidioso.

annual /'ænjʊəl/, **A** *a.* annuo; annuale. **B** *n.* **1** (*bot.*) pianta annua **2** annuario. ● **a. income**, (*econ.*) reddito annuo; (*fin.*) rendimento annuo □ **a. salary**, stipendio annuo.

annually /'ænjʊəlɪ/, *avv.* annualmente.

annuation /ænjʊ'eɪʃn/, *n.* **1** (*biol.*) variazione annuale **2** (*ecol.*) osservazione annuale.

annuitant /ə'njuːətənt, *USA* ə'nuː-/, *n.* **1** beneficiario di una rendita annuale (*o di un vitalizio*); vitaliziato **2** chi vive di rendita.

annuity /ə'njuːətɪ, *USA* ə'nuː-/, *n.* **1** (*fin.*) annualità **2** rendita annua. ● (*fin.*) **a. bond**, cartella (*o* certificato) di rendita □ (*ass.*) **a. premium**, premio di vitalizio □ **a. unit**, rata di vitalizio □ **life a.**, vitalizio.

to **annul** /ə'nʌl/, *v. t.* annullare; revocare; rescindere. ● (*leg.*) **to a. a contract**, risolvere un contratto □ (*leg.*) **to a. a judgment**, cassare una sentenza.

annular /'ænjʊlə(r)/, *a.* anulare: (*astron.*) **a. eclipse**, eclissi anulare.

annulate(d) /'ænjʊleɪt(ɪd)/, *a.* inanellato; ad anelli.

annulation /ænjʊ'leɪʃn/, *n.* formazione di anelli.

annulet /'ænjʊlət/, *n.* **1** anellino; anelluccio **2** (*archit.*) collarino.

annullable /ə'nʌləbl/, *a.* annullabile; rescindibile; risolvibile.

annulment /ə'nʌlmənt/, *n.* annullamento (*anche di un matrimonio*); rescissione, risoluzione (*di un contratto*).

annum /'ænəm/ (*lat.*), *n. solo nella locuz. avv.*: **per a.**, all'anno: **salary: £ 30,000 per a.**, stipendio: 30.000 sterline all'anno.

to **annunciate** /ə'nʌnʃɪeɪt/, *v. t.* (*raro*) proclamare; annunciare.

annunciation /ənʌnsɪ'eɪʃn/, *n.* annunciazione; annuncio. ● (*relig.*) **the A.**, l'Annunciazione.

annunciator /ə'nʌnʃɪeɪtə(r)/, *n.* **1** annunciatore **2** segnalatore elettrico, avvisatore (*delle chiamate: in alberghi, uffici, ecc.*) **3** (*fis.*) quadro di segnalazione (*specialm. di ferrovia*).

anode /'ænəʊd/, *n.* **1** (*elettr.*) anodo **2** (*elettron.*) anodo; placca.

anodic /æ'nɒdɪk/, *a.* anodico. ● **a. coating**, rivestimento anodico.

to **anodise** /'ænədaɪz/, e *deriv. V.* **to anodize**, e *deriv.*

to **anodize** /'ænədaɪz/, *v. t.* (*chim.*) anodizzare.

anodizer /'ænəʊdaɪzə(r)/, *n.* anodizzatore.

anodizing /'ænədaɪzɪŋ/, **A** *a.* (*chim.*) anodizzante. **B** *n.* (*chim.*) anodizzazione.

anodyne /'ænədaɪn/, **A** *a.* anodino. **B** *n.* **1** medicamento anodino; calmante **2** (*fig.*) conforto; sollievo.

to **anoint** /ə'nɔɪnt/, *v. t.* ungere (*un sacerdote, un re*); consacrare. ● **the a. of God**, l'unto del Signore; il sovrano per diritto divino □ (*relig.*) **the Lord's Anointed**, l'Unto del Signore; Cristo.

anointing /ə'nɔɪntɪŋ/, *n.* unzione. ● (*relig.*) **A. of the Sick**, estrema unzione; olio santo (*fam.*).

anointment /ə'nɔɪntmənt/, *n.* unzione; consacrazione.

anole /'ænəʊl/, *n.* (*zool., Anolis*) anolide.

anomalism /ə'nɒməlɪzəm/, *n.* **1** l'essere anomalo **2** anomalia.

anomalistic /ənɒmə'lɪstɪk/, *a.* (*astron.*) anomalistico.

anomalous /ə'nɒmələs/, *a.* anomalo; irregolare. ● (*ottica*) **a. dispersion**, dispersione anomala □ (*fis., chim.*) **a. water**, acqua anomala.

anomaly /ə'nɒməlɪ/, *n.* anomalia; irregolarità.

anomic /æ'nɒmɪk/, *a.* (*sociol.* e *stat.*) anomico. ● (*med.*) **a. aphasia**, afasia anomica.

anomie /'ænəmɪ/, *n.* (*sociol.* e *stat.*) anomia.

anomy /'ænəmɪ/, *n.* (*sociol.* e *stat.*) anomia.

anon /ə'nɒn/, *avv.* (*arc.*) **1** presto; tra poco **2** in altra occasione. ● **ever and a.**, di tanto in tanto.

anonym /'ænənɪm/, *n.* **1** anonimo **2** (*raro*) pseudonimo.

anonymity /ænə'nɪmətɪ/, *n.* anonimia; anonimato.

anonymous /ə'nɒnɪməs/, *a.* (*anche fig.*) anonimo. || **-ly**, *avv.* || **-ness**, *sost.*

anopheles /ə'nɒfɪliːz/, *n.* (*invar. al pl.*) (*zool., Anopheles*) anofele.

anorak /'ænəræk/, *n.* (*moda*) giacca a vento (*con cappuccio*).

anorexia /ænə'rɛksɪə/, *n.* (*med.*) anoressia.

anorexiant /ænə'rɛksɪənt/, *a.* e *n.* (*med.*) anoressante.

anorexic /ænə'rɛksɪk/, *a.* (*med.*) anoressico. ● (*med.*) **an a. patient**, un anoressico; uno che soffre di anoressia.

anosmia /ə'nɒsmɪə/, *n.* (*med.*) anosmia.

another /ə'nʌðə(r)/, *a.* e *pron.* un altro; un secondo: **Give me a.**, dammene un altro; **Garibaldi was a. Leonidas**, Garibaldi fu un secondo Leonida. ● **A.N. Other**, «innominato» (*atleta o giocatore il cui nome non è ancora in lista*) □ (*polit., in G.B.*) **a. place**, l'altra Camera (*i Comuni o i Lord*) □ **one a.**, (*pron. recipr.*) l'un l'altro □ **such a.**, un altro del genere □ **taken one with a.**, alla rinfusa □ (*fam.*) **It's a. kettle of fish**, è un altro paio di maniche □ (*idiom.*) **«You are a liar!» «You're a.!»**, «Sei un bugiardo!» «Anche tu!».

Ansaphone /'ɑːnsəfəʊn, *USA* 'æn-/, *n.* (*marchio*) segreteria telefonica.

Anselm /'ænsɛlm/, *n.* Anselmo.

anserine /'ænsəraɪn/, *a.* **1** anserino (*d'oca o simile a oca*) **2** (*fig.*) sciocco; stupido **3** (*med.*) anserino.

answer /'ɑːnsə(r), *USA* 'æn-/, *n.* **1** risposta; riscontro (*bur.*) **2** (*leg.*) comparsa di risposta; difesa (*nelle cause di divorzio*) **3** (*mat.* e *fig.*) soluzione **4** (*fig.*) reazione; risposta (*fig.*). ● (*elab.*) **a.-back**, segnale di ricezione □ **in a. to**, in risposta a; in seguito a □ (*fig.*) **to know all the answers**, sapere tutto; saperla lunga □ **to make** (*o* **to give**) **no a.**, non rispondere.

to **answer** /'ɑːnsə(r), *USA* 'æn-/, *v. t.* e *i.* **1** rispondere (*in quasi tutti i sensi*): **to a. a letter [the phone, the door, the bell]**, rispondere a una lettera [al telefono, alla porta, al campanello]; **This instrument does not a. my purpose**, questo strumento non risponde al mio scopo; **The ship wouldn't a. her rudder**, la nave non rispondeva al timone **2** pagare lo scotto; pagare di persona: **The guilt was mine and I answered for it**, la colpa fu mia e pagai lo scotto **3** (*anche* **to a. a purpose**) rispondere a uno scopo; esser utile; servire: **That won't a. at all**, ciò non servirà affatto. ● (*fam.*) **to a. back**, rispondere (*in modo impertinente e sgarbato*); ribattere; rimbeccare □ **to a. blow with blow**, ribattere colpo su colpo □ (*leg.*) **to a. a charge**, replicare a un'accusa □ **to a. for**, rispondere di; essere responsabile di; farsi garante di; fare da, servire da: **I cannot a. for his honesty**, non rispondo della sua onestà; **This will a. for a screwdriver**, questo farà da cacciavite □ (*naut.*) **to a. (to) the helm**, ubbidire al timone; sentire il timone □ **to a. to**, rispondere a; reagire a (*una sollecitazione*) □ **to a. to the name of**, rispondere al nome di; chiamarsi □ **to a. (to) one's hopes [a description]**, rispondere (*o* corrispondere) alle proprie speranze [a una descrizione] □ **He has got a lot to a. for**, ha un conto salato da pagare (*fig.*).

answerability /ɑːnsərə'bɪlətɪ, *USA* æn-/, *n.* (*leg.*) responsabilità.

answerable /'ɑːnsərəbl, *USA* 'æn-/, *a.* **1** (*anche leg.*) responsabile; garante **2** cui si può rispondere. ● **an a. argument**, un argomento che si può controbattere □ **to be a. to sb. for st.**, rispondere di q.c. a q.; essere responsabile di q.c. verso q.

answerback /'ɑːnsəbæk, *USA* 'æn-/, *n.* (*elab.*) risposta.

answerer /'ɑːnsərə(r), *USA* 'æn-/, *n.* chi risponde; chi replica (*a un'accusa, ecc.*); risponditore (*raro*).

answering /'ɑːnsərɪŋ, *USA* 'æn-/, *a.* **1** di risposta; in risposta **2** che corrisponde a: **The police arrested a man a. to the eyewitness' description**, la polizia arrestò un uomo che corrispondeva alla descrizione del testimone oculare **3** che è responsabile (*verso q.*). ● **a. machine**, segreteria telefonica (*l'apparecchio*) □ **a. service**, (servizio di) segreteria telefonica.

answerphone /'ɑːnsəfəʊn, *USA* 'æn-/, *n.* segreteria telefonica (*l'apparecchio*).

ant /ænt/, *n.* formica. ● (*zool.*) **ant bear** (*Myrmecophaga tridactyla*), formichiere gigante □ (*zool.*) **ant-eater**, (*Myrmecophaga*) formichiere; (*Tamandua*) tamandua □ **ant-fly**, formica con le ali □ **ant-hill**, formicaio; termitaio □ (*fig.*) **ant-like**, industrioso; laborioso □ (*zool.*) **ant-lion** (*Myrmeleon formicarius*), formicaleone □ (*zool.*) **ant thrush**, (*Formicarius*) formicario; (*Batara*) batara □ (*fam.*) **to have ants in one's pants**, stare sui carboni ardenti (*fig.*); essere agitato, irrequieto, in ansia □ (*zool.*) **red ant** (*Formica rufa*), formica rossa □ (*zool.*) **white ant** (*Reticulitermes, Xalotermes, ecc.*), termite; formica bianca.

an't /ɑːnt, eɪnt, *USA* ænt, eɪnt/, *voce verb.* **1** (*fam.*) *variante* di **aren't** (*contraz. di* **are not**) **2** (*pop.*) *contraz.* di **am not, is not, have not, has not**.

antacid /ænt'æsɪd, 'æntæsɪd/, *a.* e *n.* (*chim.*) antiacido.

antagonism /æn'tægənɪzəm/, *n.* antagonismo; rivalità.

antagonist /æn'tægənɪst/, *n.* **1** antagonista; avversario **2** (*anat.*) (muscolo) antagonista **3** (*fam.*) medicamento ad azione antagonistica.

antagonistic /æntægə'nɪstɪk/, *a.* antagonistico. || **-ally**, *avv.*

antagonization /æntægənaɪ'zeɪʃn, *USA* -nɪ'z-/, *n.* **1** contrapposizione **2** opposizione, resistenza (a q.).

to **antagonize** /æn'tægənaɪz/, *v. t.* **1** contrapporsi a **2** inimicarsi **3** opporsi a (q.); resistere a (q.).

antalgic /æn'tældʒɪk/, *a.* e *n.* (*med.*) antalgico.

antalkaline /ænt'ælkəlaɪn/, *a.* e *n.* (*med.*) antialcalino.

Antarctic /æn'tɑːktɪk, ænt'-, 'æn-/, *a.* e *n.* (*geogr.*) antartico.

Antarctica /æn'tɑːktɪkə, ænt'-/, *n.* (*geogr.*) Antartide.

ante /'æntɪ/, *n.* **1** (*poker*) posta (*quota minima concordata*) **2** (*poker*) invito (*quota aggiuntiva*): **The dealer called for an a. of fifty pence**, il mazziere fece un invito di cinquanta penny **3** (*fam.*) prezzo (*di azioni, titoli, ecc.*) pagato in anticipo; quota (*di un azionista*). ● **to raise the a.**, (*poker*) alzare la posta; (*fig.*) rischiare una posta più alta, correre un maggior rischio.

to **ante** /'æntɪ/, **A** *v. t.* **1** (*poker*) mettere su (*fiche, denaro*) come invito (*di solito su richiesta del mazziere*); aggiungere (*come invito*) al piatto: **to a. one chip**, fare l'invito di una fiche **2** (*fam., spesso* **to a. up**) sborsare, tirar fuori, cacciare (*denaro*); finanziare (*un'impresa*) **3** (*fam., di solito* **to a. up**) avanzare, lanciare (*idee, proposte, ecc.*). **B** *v. i.* **1** (*poker*) aprire **2** (*di solito* **to a. up**) pagare.

to **antecede** /'æntɪsiːd/, *v. t.* e *i.* (*raro*) precedere; antecedere.

antecedence /æntɪ'siːdns/, *n.* precedenza; antecedenza.

antecedent /æntɪ'siːdnt/, **A** *a.* antecedente; precedente; anteriore. **B** *n.* **1** (*gramm., mat.*) antecedente **2** (*mus.*) tema (*di una fuga*) **3** (*pl.*) (*leg.*) precedenti **4** (*pl.*) antenati. ● **a. to**, prima di.

antecessor /'æntɪsɛsə(r)/, *n.* **1** antecessore, predecessore (*in una carica, ecc.*) **2** (*leg.*) proprietario precedente.

antechamber /'æntɪtʃeɪmbə(r)/, *n.* anticamera.

antedate /'æntɪdeɪt/, *n.* antidata.

to **antedate** /æntɪ'deɪt/, *v. t.* **1** antidatare, retrodatare (*una lettera, un documento*) **2** precedere **3** (*raro*) anticipare.

antedating /æntɪ'deɪtɪŋ/, *n.* retrodatazione.

antediluvian /æntɪdɪ'luːvɪən/, **A** *a.* (*anche fig.*) antidiluviano. **B** *n.* persona (*o* cosa) antidiluviana.

antefix /'æntɪfɪks/, *n.* (*pl.* **antefixes, antefixa**) (*archit.*) antefissa.

antelope /'æntɪləʊp/, *n.* (*pl.* **antelope, antelopes**) (*zool., Antilope*) antilope.

antemeridian /æntɪmə'rɪdɪən/, *a.* antimeridiano.

antenatal /æntɪ'neɪtl/, **A** *a.* prenatale. **B** *n.* (*med.*) visita prenatale (*a donna incinta*). ● **a. clinic**, consultorio di maternità.

antenna /æn'tɛnə/, *n.* (*pl.* **antennae, antennas**) (*zool., radio, TV*) antenna: **telescopic a.**, antenna telescopica.

antenuptial /æntɪ'nʌpʃl/, *a.* prematrimoniale.

antepenult /æntɪpɪ'nʌlt, æntɪ'piːnʌlt/, **antepenultimate** /æntɪpɪ'nʌltɪmət/, **A** *a.* terzultimo; antipenultimo. **B** *n.* terzultima sillaba.

anteprandial /æntɪ'prændɪəl/, *a.* (*raro*) che precede il pranzo.

anterior /æn'tɪərɪə(r)/, *a.* anteriore (*nel tempo e nello spazio*).

anteriority /æntɪərɪ'ɒrətɪ, *USA* -ɔː-/, *n.* anteriorità.

anteriorly /æn'tɪərɪəlɪ/, *avv.* anteriormente; precedentemente.

anteroom /'æntɪruːm, -rʊm/, *n.* anticamera.

ante-war /'æntɪ'wɔː(r)/, *a.* prebellico; d'anteguerra.

anthelion /æn'θiːlɪən/, *n.* (*pl.* **anthelia, anthelions**) (*astron.*) antelio.

anthelmintic /ænθɛl'mɪntɪk/, *a.* e *n.* (*farm.*) antielmintico.

anthem /'ænθəm/, *n.* **1** (*relig.*) antifona **2** coro religioso **3** inno: **the national a.**, l'inno nazionale.

anther /'ænθə(r)/, *n.* (*bot.*) antera.

anthesis /æn'θiːsɪs/, *n.* (*bot.*) antesi; fioritura.

anthological /ænθə'lɒdʒɪkl/, *a.* antologico.

anthologist /æn'θɒlədʒɪst/, *n.* antologista; compilatore di antologie.

to **anthologize** /æn'θɒlədʒaɪz/, *v. t.* antologizzare.

anthology /æn'θɒlədʒɪ/, *n.* antologia.

Anthony /'æntənɪ, -θənɪ/, *n.* Antonio.

anthozoans /ænθəʊ'zəʊənz/, *n. pl.* (*zool., Anthozoa*) antozoi.

anthracene /'ænθrəsiːn/, *n.* (*chim.*) antracene.

anthracite /'ænθrəsaɪt/, *n.* (*miner.*) antracite.

anthracitic /ænθrə'sɪtɪk/, *a.* di antracite.

anthracosis /ænθrə'kəʊsɪs/, *n.* (*med.*) antracosi.

anthrax /'ænθræks/, *n.* (*pl.* **anthraces**) (*vet., med.*) antrace.

anthropic /æn'θrɒpɪk/, *a.* (*scient.*) antropico.

anthropization /ænθrəpaɪ'zeɪʃn, *USA* -pɪ'z-/, *n.* (*ecol.*) antropizzazione.

anthropocentric /ænθrəpə'sɛntrɪk/, *a.* (*filos.*) antropocentrico.

anthropocentrism /ænθrəpə'sɛntrɪzəm/, *n.* (*filos.*) antropocentrismo.

anthropography /ænθrə'pɒgrəfɪ/, *n.* antropografia.

anthropoid /ˈænθrəpɔɪd/, *a.* e *n.* antropoide. ● (*zool.*) **a. ape**, scimmia antropoide □ (*spreg.*) **that a. friend of yours**, quello scimmione del tuo amico.
anthropological /ænθrəpəˈlɒdʒɪkl/, *a.* antropologico.
anthropologist /ænθrəˈpɒlədʒɪst/, *n.* antropologo.
anthropology /ænθrəˈpɒlədʒɪ/, *n.* antropologia.
anthropometry /ænθrəˈpɒmətrɪ/, *n.* antropometria.
anthropomorph /ˈænθrəpəmɔːf/, *n.* antropomorfo. || **-ally**, *avv.*
anthropomorphic /ænθrəpəˈmɔːfɪk/, *a.* **1** antropomorfico **2** antropomorfo. || **-ally**, *avv.*
anthropomorphism /ænθrəpəˈmɔːfɪzəm/, *n.* antropomorfismo.
anthropomorphist /ænθrəpəˈmɔːfɪst/, *n.* (*stor. relig.*) antropomorfita.
to **anthropomorphize** /ænθrəpəˈmɔːfaɪz/, *v. t.* attribuire forma umana (*o* facoltà umane) a (q. o q.c.).
anthropomorphous /ænθrəpəˈmɔːfəs/, *a.* antropomorfo.
anthropophagi /ænθrəˈpɒfəgaɪ/, *n. pl.* (gli) antropofagi.
anthropophagite /ænθrəˈpɒfəgaɪt/, *n.* (*raro*) antropofago.
anthropophagous /ænθrəˈpɒfəgəs/, *a.* antropofago.
anthropophagy /ænθrəˈpɒfədʒɪ/, *n.* antropofagia.
anthroposphere /ˈænθrəpəsfɪə(r)/, *n.* antroposfera.
Anthropozoic /ænθrəpəˈzəʊɪk/, *a.* e *n.* (*geol.*) antropozoico; quaternario.
anti /ˈæntɪ, *USA* ˈæntaɪ/, (*fam.*) **A** *n.* (*pl.* **antis**) oppositore (di q.c.); contestatore. **B** *avv.* e *a. pred.* contro, contrario (a q.c.).
anti-abolitionist /æntɪæbəˈlɪʃənɪst, *USA* -taɪ-/, *n.* e *a.* (*stor. USA*) antiabolizionista.
antiabortion /æntɪəˈbɔːʃn, *USA* -taɪ-/, *a. attr.* antiabortista.
antiabortionist /æntɪəˈbɔːʃənɪst, *USA* -taɪ-/, *n.* antiabortista.
antiaccident /æntɪˈæksɪdənt, *USA* -taɪ-/, *a. attr.* antinfortunistico.
antiacid /æntɪˈæsɪd, *USA* -taɪ-/, *a.* e *n.* (*chim.*, *farm.*) antiacido.
anti-aircraft /æntɪˈɛəkrɑːft, *USA* -taɪˈɛəkræft/, **A** *a.* antiaereo: **a. gun**, cannone antiaereo. **B** *n.* **1** (artiglieria) contraerea **2** difesa contraerea.
antiallergic /æntɪəˈlɜːdʒɪk, *USA* -taɪ-/, *a.* e *n.* (*farm.*) antiallergico.
antianxiety /æntɪæŋˈzaɪətɪ, *USA* -taɪ-/, *a. attr.* (*farm.*) ansiolitico.
antiasthmatic /æntɪæsˈmætɪk, -sθˈm-, *USA* -taɪ-/, *a.* (*farm.*) antiasmatico.
antiatom /æntɪˈætəm, *USA* -taɪ-/, *n.* (*fis.*) antiatomo.
antiatomic /æntɪəˈtɒmɪk, *USA* -taɪ-/, *a.* antiatomico.
antiauthoritarian /æntɪɔːθɒrɪˈtɛərɪən, *USA* -taɪɔːθɔː-/, *a.* antiautoritario.
antiauthoritarianism /ˈæntɪɔːθɒrɪˈtɛərɪənɪzəm, *USA* -taɪɔːθɔː-/, *n.* antiautoritarismo.
antibacterial /æntɪbækˈtɪərɪəl, *USA* -taɪ-/, *a.* (*biol.*) antibatterico.
antiballistic /æntɪbəˈlɪstɪk, *USA* -taɪ-/, *a.* (*mil.*, *miss.*) antibalistico.
anti-bandit /ˈæntɪbændɪt, *USA* -taɪ-/, *a. attr.* antirapina: (*in una banca, ecc.*) **a. (safety) glass**, vetro antirapina (*o* antiproiettile).
antibiosis /æntɪbaɪˈəʊsɪs, *USA* -taɪ-/, *n.* (*biol.*) antibiosi.
antibiotic /æntɪbaɪˈɒtɪk, *USA* -taɪ-/, *n.* e *a.* (*farm.*) antibiotico. ● (*med.*) **a. essay**, antibiogramma; titolazione antibiotica.
antibody /ˈæntɪbɒdɪ, *USA* -taɪ-/, *n.* (*biol.*) anticorpo.
antic /ˈæntɪk/, **A** *a.* (*arc.*) bizzarro; grottesco; stravagante. **B** *n.* **1** (*di solito al pl.*) buffonata; buffoneria; comportamento stravagante; atteggiamento (*o* gesto) grottesco: **the antics of a clown**, le buffonate di un pagliaccio **2** (*arc.*) buffone.
anticancer /æntɪˈkænsə(r), *USA* -taɪ-/, *a.* (*farm.*) anticanceroso: **an a. drug**, una medicina anticancerosa.
anticatalyst /æntɪˈkætəlɪst, *USA* -taɪ-/, *n.* (*chim.*) anticatalizzatore.
anticatarrhal /æntɪkəˈtɑːrəl, *USA* -taɪ-/, *a.* (*farm.*) anticatarrale.
anticathode /æntɪˈkæθəʊd, *USA* -taɪ-/, *n.* (*elettr.*, *elettron.*) anticatodo.
antichrist /ˈæntɪkraɪst, *USA* -taɪ-/, *n.* anticristo; avversario di (*o* chi non crede in) Cristo. ● **the A.**, l'Anticristo.
antichristian /æntɪˈkrɪstʃən, *USA* -taɪ-/, *a.* anticristiano.
anticipant /ænˈtɪsɪpənt/, *a.* e *n.* (persona) che prevede (*o* si aspetta) (*che q.c. avvenga*).
to **anticipate** /ænˈtɪsɪpeɪt/, *v. t.* **1** prevedere; (*improprio*) aspettarsi: **to a. the enemy's movements**, prevedere i movimenti del nemico; **I a. they will come next week**, mi aspetto che arrivino la settimana prossima **2** prevenire: **I anticipated his blow by ducking**, prevenni il suo colpo facendo civetta; **to a. sb.'s needs**, prevenire i bisogni di q.; **He is so kind as to a. my requests**, è così gentile da prevenire le mie richieste **3** precedere: **Amundsen was anticipated by Peary, the first explorer who reached the North Pole**, Amundsen fu preceduto da Peary, il primo esploratore che raggiunse il Polo Nord **4** anticipare: **Don't a. the end of the story!**, non anticipare la fine della storia! **5** (*fin.*) anticipare; pagare in anticipo: **The bank cannot a. payment**, la banca non può anticipare il pagamento; **to a. an obligation**, pagare un debito in anticipo **6** (*fin.*) impegnare, spendere in anticipo (*denaro*): **I'll have to a. a year's salary to buy a new house**, dovrò impegnare lo stipendio di un anno per comprare una casa nuova **7** accelerare; affrettare: **Corruption anticipated the fall of the Roman Empire**, la corruzione accelerò la caduta dell'impero romano **8** pregustare; non vedere l'ora di: **I a. the pleasure of meeting my mother**, pregusto il piacere di incontrare mia madre.
anticipated /ænˈtɪsɪpeɪtɪd/, *a.* **1** previsto, sperato: (*fin.*) **a. earnings**, utili previsti; profitti sperati; **a. profit**, utile previsto **2** previsto, atteso: (*econ.*) **a. inflation**, inflazione prevista (*o* attesa) **3** (*fin.*: *di denaro, ecc.*) anticipato; pagato in anticipo **4** (*fin.*: *di denaro, ecc.*) impegnato. ● (*rag.*) **a. liabilities**, ratei passivi □ (*fin.*) **a. results**, risultati previsionali, performance prevista (*di un'impresa, ecc.*).
anticipation /æntɪsɪˈpeɪʃn/, *n.* **1** previsione; aspettazione; aspettativa; attesa: (*econ.*) **the a. of demand**, la previsione della domanda; **in a. of rain**, in attesa della pioggia **2** prevenzione (*di un'azione, di un attacco, ecc.*) **3** il precedere (*un concorrente, ecc.*) **4** anticipazione (*di una notizia, ecc.*) **5** (*fin.*) anticipazione, anticipo **6** (*fin.*) lo spendere in anticipo **7** accelerazione **8** pregustazione (*di un evento*) **9** (*mus.*) anticipazione. ● (*market*) **a. survey**, indagine previsionale □ (*comm.*, *bur.*: *nelle lettere*) **thanking you in a...**, ringraziandoVi nell'attesa...
anticipative /ænˈtɪsɪpeɪtɪv/, *a.* **1** di previsione; di attesa **2** (*di un atto*) preventivo **3** (*fin.*) di anticipazione; che anticipa.
anticipator /ænˈtɪsɪpeɪtə(r)/, *n.* **1** chi prevede o si aspetta (q.c.) **2** chi previene **3** (*fin.*) anticipatore (*raro*); chi anticipa (*denaro*) **4** (*fin.*) chi fa uso anticipato (*di denaro, ecc.*).
anticipatory /æntɪsɪˈpeɪtrɪ, ænˈtɪsɪpeɪ-, *USA* -ˈtɪsɪpətɔːrɪ/, *a.* **1** di previsione; di attesa **2** che è in attesa **3** fatto (*o* accaduto) in anticipo **4** (*ling.*) prolettico. ● (*rag.*) **a. account**, bilancio di previsione □ **a. feeling**, presentimento.
anticlerical /æntɪˈklerɪkl, *USA* -taɪ-/, *a.* e *n.* anticlericale.
anticlericalism /æntɪˈklerɪkəlɪzəm, *USA* -taɪ-/, *n.* anticlericalismo.
anticlimax /æntɪˈklaɪmæks, *USA* -taɪ-/, *n.* **1** (*retor.*) anticlimax **2** doccia fredda; delusione: **After so many lofty words, his asking me for a loan of five pounds was an a.**, dopo tante nobili parole, la sua richiesta di un prestito di cinque sterline fu una doccia fredda **3** (*in qualche caso*) distensione: **The situation had become so dramatic that his humorous words were a welcome a.**, la situazione s'era fatta così drammatica che le sue parole scherzose crearono una gradevole distensione.
anticlinal /æntɪˈklaɪnl, *USA* -taɪ-/, *a.* e *n.* (*geol.*) anticlinale.
anticline /ˈæntɪklaɪn, *USA* -taɪ-/, *n.* (*geol.*) anticlinale.
anticlockwise /æntɪˈklɒkwaɪz, *USA* -taɪ-/, *a.* e *avv.* (in senso) antiorario.
anticlotting /æntɪˈklɒtɪŋ, *USA* -taɪ-/, *a.* (*farm.*) anticoagulante.
anticoagulant /æntɪkəʊˈægjʊlənt, *USA* -taɪ-/, *a.* e *n.* (*farm.*) anticoagulante.
anticoincidence /æntɪkəʊˈɪnsɪdəns, *USA* -taɪ-/, *n.* (*fis. nucl.*) anticoincidenza.
anticommunism /æntɪˈkɒmjʊnɪzəm, *USA* -taɪ-/, *n.* (*polit.*) anticomunismo.
anticommunist /æntɪˈkɒmjʊnɪst, *USA* -taɪ-/, *a.* e *n.* (*polit.*) anticomunista.
anti-competitive /æntɪkəmˈpetətɪv, *USA* -taɪ-/, *a.* (*econ.*) anticoncorrenziale.
anticonstitutional /æntɪkɒnstɪˈtjuːʃənl, *USA* -taɪkɒnstɪˈtuː-/, *a.* anticostituzionale.
anticorrosive /æntɪkəˈrəʊsɪv, *USA* -taɪ-/, *a.* anticorrosivo: **a. paint**, vernice anticorrosiva.
anticrease /æntɪˈkriːs, *USA* -taɪ-/, *a.* (*di tessuto*) antipiega; ingualcibile.
anti-cyclical /æntɪˈsɪklɪkl, -saɪ- *USA* -taɪ-/, *a.* anticiclico.
anticyclone /æntɪˈsaɪkləʊn, *USA* -taɪ-/, *n.* (*meteor.*) anticiclone.
anticyclonic /æntɪsaɪˈklɒnɪk, *USA* -taɪ-/, *a.* anticiclonico.
antidazzle /æntɪˈdæzl, *USA* -taɪ-/, *a.* (*autom.*) antiabbagliante; anabbagliante: **a. headlights**, fari anabbaglianti.
antidemocratic /æntɪdeməˈkrætɪk, *USA* -taɪ-/, *a.* antidemocratico.
antidepressant /æntɪdɪˈpresnt, *USA* -taɪ-/, *a.* e *n.* (*farm.*) antidepressivo.
antideuteron /æntɪˈdjuːtərɒn, *USA* -taɪˈduː-/, *n.* (*fis. nucl.*) antideutone.
antidoping /æntɪˈdəʊpɪŋ, *USA* -taɪ-/, *a.* antidoping. ● **a. test**, (controllo *o* esame) antidoping.
antidotal /æntɪˈdəʊtl/, *a.* pertinente a (*o* che serve di) antidoto.
antidote /ˈæntɪdəʊt/, *n.* (*med.* e *fig.*) antidoto; contravveleno.
antidumping /æntɪˈdʌmpɪŋ, *USA* -taɪ-/, *a.* (*econ.*) antidumping: **a. duty**, dazio doganale antidumping.
antidysenteric /æntɪdɪsnˈterɪk, *USA* -taɪ-/, *a.* e *n.* (*farm.*) antidiarroico.
antielectron /æntɪɪˈlektrɒn, -ən, *USA* -taɪ-/, *n.* (*fis. nucl.*) antielettrone.
antiemetic /æntɪɪˈmetɪk, *USA* -taɪ-/, *a.* e *n.* (*farm.*) antiemetico.
anti-establishment /æntɪɪˈstæblɪʃmənt, *USA* -taɪ-/, *a.* (*polit.*) contrario (*o* ostile) al sistema (dominante).
anti-European /æntɪjʊərəˈpiːən, -jɔːrə-, *USA* -taɪ-/, (*polit.*) **A** *a.* **1** antieuropeo **2** antieuropeistico. **B** *n.* antieuropeista.
antifading /æntɪˈfeɪdɪŋ, *USA* -taɪ-/, *n.* (*radio*) antifading; antiaffievolimento: **a. antenna**, antenna antifading.
antifascism /æntɪˈfæʃɪzəm, *USA* -taɪ-/, *n.* antifascismo.
antifascist /æntɪˈfæʃɪst, *USA* -taɪ-/, *a.* e *n.* antifascista.
antifat /ˈæntɪfæt, *USA* -taɪ-/, *n.* (*farm.*) dimagrante.
antifebrile /æntɪˈfiːbraɪl, *USA* -taɪˈfiːbrəl, -ˈfeb-/, *n.* (*farm.*) antifebbrile; febbrifugo.

antifederalist /æntɪˈfɛdərəlɪst, *USA* -taɪ-/, *n.* (*stor. americana, polit.*) antifederalista.

antifeminism /æntɪˈfɛmɪnɪzəm, *USA* -taɪ-/, *n.* antifemminismo.

antifeminist /æntɪˈfɛmɪnɪst, *USA* -taɪ-/, *a.* e *n.* antifemminista.

antifermentative /æntɪfɜˈmɛntətɪv, *USA* -taɪ-/, *a.* e *n.* antifermentativo.

antifertility /æntɪfɜːˈtɪlətɪ, *USA* -taɪ-/, *a.* antifecondativo.

antifogging /æntɪˈfɒgɪŋ, *USA* -taɪˈfɔːgɪŋ/, *a.* e *n.* antiappannante.

antifouling /æntɪˈfaʊlɪŋ, *USA* -taɪ-/, *a.* (*naut.*) antincrostazione.

antifreeze /ˈæntɪfriːz, *USA* -taɪ-/, *n.* ***1*** anticongelante; antigelo ***2*** (*pop. USA*) bevanda alcolica; liquore.

antifreezing /æntɪˈfriːzɪŋ, *USA* -taɪ-/, *a.* anticongelante.

antifriction /æntɪˈfrɪkʃn, *USA* -taɪ-/, *a.* (*mecc.*) antifrizione; antiattrito.

anti-gas /æntɪˈgæs, *USA* -taɪ-/, *a.* antigas.

antigen /ˈæntɪdʒən/, *n.* (*biol.*) antigene.

antiglare /æntɪˈglɛə(r), *USA* -taɪ-/, *V.* **antidazzle**.

antigravity /æntɪˈgrævətɪ, *USA* -taɪ-/, *n.* (*fis.*) antigravità.

anti-G suit /æntɪˈdʒiːsuːt, -sjuːt, *USA* -taɪ-/, *locuz. n.* (*miss.*) tuta antigravità.

antihemophilic /æntɪhiːməʊˈfɪlɪk, *USA* -taɪ-/, *a.* e *n.* (*farm.*) antiemofilico.

antihero /ˈæntɪhɪərəʊ, *USA* ˈæntaɪhiːrəʊ/, *n.* (*pl.* **antiheroes**) antieroe.

antiheroine /ˈæntɪhɛrəʊɪn, *USA* -taɪ-/, *n.* antieroina.

antihistamine /æntɪˈhɪstəmɪn, *USA* -taɪ-/, *n.* (*farm.*) antistaminico.

antihistaminic /æntɪhɪstəˈmiːnɪk, *USA* -taɪ-/, *a.* (*farm.*) antistaminico.

antihypertensive /æntɪhaɪpəˈtɛnsɪv, *USA* -taɪ-/, *a.* e *n.* (*farm.*) antiipertensivo.

anti-icer /æntɪˈaɪsə(r), *USA* -taɪ-/, *n.* (*aeron.*) dispositivo antighiaccio.

anti-imperialist /æntɪɪmˈpɪərɪəlɪst, *USA* -taɪ-/, *a.* e *n.* antimperialista.

anti-inflammatory /æntɪɪnˈflæmətrɪ, *USA* -taɪɪnˈflæmətɔːrɪ/, *a.* (*farm.*) antinfiammatorio.

anti-inflationary /æntɪɪnˈfleɪʃənrɪ, *USA* -taɪɪnˈfleɪʃənerɪ/, *a.* (*econ.*) antinflazionistico; antiflativo: **a. measures**, provvedimenti antinflazionistici.

antiknock /ˈæntɪnɒk, *USA* -taɪ-/, *a.* e *n.* (*chim.*) antidetonante.

antileukemic /æntɪluːˈkiːmɪk, -ljuː-, *USA* -taɪ-/, *a.* e *n.* (*farm.*) antileucemico.

antilogarithm /æntɪˈlɒgərɪðəm, *USA* -taɪˈlɔːg-/, *n.* (*mat.*) antilogaritmo.

antilogy /ænˈtɪlədʒɪ/, *n.* (*filos.*) antilogia; contraddizione.

antimacassar /æntɪməˈkæsə(r), *USA* -taɪ-/, *n.* capezziera; coprischienale.

antimalarial /æntɪməˈlɛərɪəl, *USA* -taɪ-/, *a.* e *n.* (*farm.*) antimalarico.

anti-marketeer /æntɪmɑːkɪˈtɪə(r), *USA* -taɪ-/, *n.* (*econ., polit.*) oppositore dell'entrata (*o* della permanenza) della Gran Bretagna nel M.E.C.

antimasque /æntɪˈmɑːsk, *USA* -taɪˈmæsk/, *n.* (*teatr., stor.*) intermezzo.

antimatter /ˈæntɪmætə(r), *USA* -taɪ-/, *n.* (*fis. nucl.*) antimateria.

antimilitarism /æntɪˈmɪlɪtərɪzəm, *USA* -taɪ-/, *n.* antimilitarismo.

antimilitarist /æntɪˈmɪlɪtərɪst, *USA* -taɪ-/, *a.* e *n.* antimilitarista.

antimissile /ˈæntɪmɪsaɪl, *USA* ˈæntaɪmɪsl/, (*mil.*) **A** *a.* antimissile; antimissilistico: **an a. system**, un sistema antimissilistico. **B** *n.* missile antimissile.

anti-mist /æntɪˈmɪst, *USA* -taɪ-/, *a.* antiappannante.

antimonarchical /æntɪməˈnɑːkɪkl, *USA* -taɪ-/, *a.* antimonarchico.

antimonarchist /æntɪˈmɒnəkɪst, *USA* -taɪ-/, *n.* antimonarchico.

anti-monetarism /æntɪˈmɒnɪtərɪzəm, *USA* -taɪˈmʌn-/, *n.* (*econ.*) antimonetarismo.

anti-monetarist /æntɪˈmɒnɪtərɪst, *USA* -taɪˈmʌn-/, *n.* (*econ.*) antimonetarista.

antimonial /æntɪˈməʊnɪəl/, **A** *a.* (*chim.*) antimoniale. **B** *n.* ***1*** (*chim.*) composto antimoniale ***2*** medicina a base di antimonio.

antimonic /æntɪˈmɒnɪk/, *a.* (*chim.*) antimonico.

antimonious /æntɪˈməʊnɪəs/, *a.* (*chim.*) antimonioso.

antimonite /ˈæntɪmənaɪt/, *n.* (*miner.*) antimonite.

antimony /ˈæntɪmənɪ, ænˈt-, *USA* -məʊnɪ/, *n.* (*chim.*) antimonio.

antimycotic /æntɪmaɪˈkɒtɪk, *USA* -taɪ-/, *a.* (*farm.*) antimicotico.

antinational /æntɪˈnæʃənl, *USA* -taɪ-/, *a.* antinazionale.

antineuralgic /æntɪnjʊˈrældʒɪk, *USA* -taɪnʊ-/, *a.* e *n.* (*farm.*) antinevralgico.

antineutrino /æntɪnjuːˈtriːnəʊ, *USA* -taɪnuː-/, *n.* (*fis. nucl.*) antineutrino.

antineutron /æntɪˈnjuːtrɒn, *USA* -taɪˈnuː-/, *n.* (*fis. nucl.*) antineutrone.

antinoise /æntɪˈnɔɪz, *USA* -taɪ-/, *a.* contro i rumori (molesti): **a. laws**, leggi contro i rumori. ● (*autom.*) **a. paint**, (vernice) antirombo.

antinomic(al) /æntɪˈnɒmɪk(l), *USA* -taɪ-/, *a.* (*filos., leg.*) antinomico.

antinomy /ænˈtɪnəmɪ/, *n.* antinomia.

antinovel /ˈæntɪnɒvl, *USA* -taɪ-/, *n.* (*letter.*) antiromanzo.

antinuclear /æntɪˈnjuːklɪə(r), *USA* -taɪˈnuː-/, *a.* (*polit.*) antinucleare.

antinuclearist /æntɪˈnjuːklɪərɪst, *USA* -taɪˈnuː-/, *n.* (*polit.*) antinuclearista.

antinucleus /æntɪˈnjuːklɪəs, *USA* -taɪˈnuː-/, *n.* (*pl.* **antinuclei, antinucleuses**) (*fis. nucl.*) antinucleo.

antinuke /æntɪˈnjuːk, *USA* -taɪˈnuːk/, *a.* (*fam. specialm. USA*) antinucleare.

Antioch /ˈæntɪɒk/, *n.* (*geogr., stor.*) Antiochia.

Antiochian /æntɪˈɒkɪən/, *a.* e *n.* (*stor.*) antiocheno.

antioxidant /æntɪˈɒksɪdənt, *USA* -taɪ-/, *a.* e *n.* (*chim.*) antiossidante.

antipapal /æntɪˈpeɪpl, *USA* -taɪ-/, *a.* antipapale.

antiparasitic /æntɪpærəˈsɪtɪk, *USA* -taɪ-/, *a.* e *n.* antiparassitario.

antiparticle /ˈæntɪpɑːtɪkl, *USA* -taɪ-/, *n.* (*fis. nucl.*) antiparticella.

antipathetic(al) /æntɪpəˈθɛtɪk(l), *USA* -taɪ-/, *a.* ***1*** che prova antipatia ***2*** contrario; opposto; avverso: **He is a. to all liberal ideas**, è contrario a qualsiasi idea liberale ***3*** (*raro*) antipatico; inviso (a q.). ‖ **-ally**, *avv.*

antipathic /æntɪˈpæθɪk, *USA* -taɪ-/, *a.* (*med.*) che presenta (*o* che produce) sintomi contrari.

antipathy /ænˈtɪpəθɪ/, *n.* ***1*** antipatia; avversione ***2*** (*arc.*) contrasto; incompatibilità ***3*** ripugnanza; repulsione.

antiperistalsis /æntɪpɛrɪˈstælsɪs, *USA* -taɪ-/, *n.* (*pl.* **antiperistalses**) (*fisiol.*) antiperistalsi.

antipersonnel /æntɪpɜːsəˈnɛl, *USA* -taɪ-/, *a.* (*mil.*) antiuomo (*di bombe, mine e missili*): **a. weapon**, arma antiuomo.

antiperspirant /æntɪˈpɜːspɪrənt, *USA* -taɪ-/, *a.* e *n.* antisudorifico.

antiphlogistic /æntɪflɒˈdʒɪstɪk, *USA* -taɪfləʊ-/, *a.* e *n.* (*farm.*) antiflogistico.

antiphon /ˈæntɪfən/, *n.* (*mus., relig.*) antifona.

antiphonal /ænˈtɪfənl/, (*mus.*) **A** *a.* antifonale. **B** *n.* antifonario.

antiphonary /ænˈtɪfənərɪ, *USA* -erɪ/, *n.* (*mus.*) antifonario.

antiphony /ænˈtɪfənɪ/, *n.* (*mus., relig.*) ***1*** antifonia ***2*** antifona.

antiphrasis /ænˈtɪfrəsɪs/, *n.* (*pl.* **antiphrases**) (*retor.*) antifrasi.

antipitching /æntɪˈpɪtʃɪŋ, *USA* -taɪ-/, *a.* (*naut.*) antibeccheggio: **a. fin**, pinna antibeccheggio.

antipodal /ænˈtɪpədl/, **A** *a.* ***1*** che sta agli antipodi: **New Zealand is a. to Italy**, la Nuova Zelanda è agli antipodi dell'Italia ***2*** (*fig.*) diametralmente opposto. **B** *n.* (*bot.*) (cellula) antipode.

antipodean /æntɪpəˈdiːən/, **A** *a.* che sta agli antipodi. **B** *n.* ***1*** antipode ***2*** (*ingl.*) australiano.

antipodes /ænˈtɪpədiːz/, *n. pl.* (*anche fig.*) antipodi.

antipole /ˈæntɪpəʊl, *USA* -taɪ-/, *n.* polo opposto; (*geom.*) antipolo.

antipolio /æntɪˈpəʊlɪəʊ, *USA* -taɪ-/, *a.* (*farm.*) antipolio. ● **a. injection (vaccination)**, (iniezione, vaccinazione) antipolio.

antipolitical /æntɪpəˈlɪtɪkl, *USA* -taɪ-/, *a.* ***1*** antipolitico ***2*** (*improprio, ma usato*) apolitico. ● **an a. man**, un apolitico.

antipolitics /æntɪˈpɒlɪtɪks, *USA* -taɪ-/, *n. pl.* (*col verbo al sing.*) antipolitica.

antipollution /æntɪpəˈluːʃn, -ˈljuː-, *USA* -taɪ-/, *a. attr.* (*ecol.*) antinquinamento.

antipope /ˈæntɪpəʊp/, *n.* (*stor., relig.*) antipapa.

antiproton /æntɪˈprəʊtɒn, *USA* -taɪ-/, *n.* (*fis. nucl.*) antiprotone.

antipyretic /æntɪpaɪˈrɛtɪk, *USA* -taɪ-/, *a.* e *n.* (*farm.*) antipiretico; febbrifugo.

antipyrin(e) /æntɪˈpaɪərɪn, *USA* -taɪ-/, *n.* (*farm.*) antipirina.

antiquarian /æntɪˈkwɛərɪən/, **A** *a.* antiquario: **a. bookshop**, libreria antiquaria. **B** *n.* ***1*** collezionista (*o* raccoglitore, studioso) di cose antiche e di libri rari; antiquario (*lett.*) ***2*** formato maggiore della carta da disegno.

antiquarianism /æntɪˈkwɛərɪənɪzəm/, *n.* antiquaria.

antiquary /ˈæntɪkwərɪ, *USA* -kwerɪ/, *V.* **antiquarian, B**, *def. 1.*

to **antiquate** /ˈæntɪkweɪt/, *v. t.* ***1*** rendere antiquato ***2*** invecchiare; dare una patina (*o* una parvenza) d'antico a (q.c.).

antiquated /ˈæntɪkweɪtɪd/, *a.* antiquato; obsoleto. ‖ **-ness**, *sost.*

antique /ænˈtiːk/, **A** *a.* ***1*** antico ***2*** antiquato; all'antica. **B** *n.* pezzo d'antiquariato; oggetto artistico antico. ● **the a.**, l'antico (*lo stile, l'arte*) □ **a. dealer**, antiquario □ **a. finish**, finitura tipo antico □ **a. furniture**, mobili d'antiquariato □ **a. shop**, negozio d'antiquario. ‖ **-ness**, *sost.*

antiquing /ænˈtiːkɪŋ/, *n.* (*fam. USA*) l'andare per negozi di antiquari; ricerca di pezzi d'antiquariato.

antiquity /ænˈtɪkwətɪ/, *n.* ***1*** antichità (*specialm. classica*) ***2*** (*pl.*) (le) antichità (*opere d'arte, monumenti*); (i) costumi (*o* avvenimenti, fatti storici) antichi.

antirabic /æntɪˈræbɪk, *USA* -taɪ-/, *a.* e *n.* (*farm.*) antirabbico.

antirachitic /æntɪrəˈkɪtɪk, *USA* -taɪ-/, *a.* e *n.* (*farm.*) antirachitico.

antiracism /æntɪˈreɪsɪzəm, *USA* -taɪ-/, *n.* (*polit.*) antirazzismo.

antiracist /æntɪˈreɪsɪst, *USA* -taɪ-/, *a.* e *n.* (*polit.*) antirazzista.

antiradar /æntɪˈreɪdɑː(r), *USA* -taɪ-/, *a.* (*mil., tecn.*) antiradar: **a. coating**, rivestimento antiradar.

antiradical /æntɪˈrædɪkl, *USA* -taɪ-/, *a.* (*polit.*) antiradicale.

anti-recession /æntɪrɪˈsɛʃn, *USA* -taɪ-/, *a. attr.* (*econ.*) antirecessivo; anticongiunturale.

antireligious /æntɪrɪˈlɪdʒəs, *USA* -taɪ-/, *a.* antireligioso.

antirheumatic /æntɪruːˈmætɪk, *USA* -taɪ-/, *a.* e *n.* (*farm.*) antireumatico.

antiroll /æntɪˈrəʊl, *USA* -taɪ-/, *a.* (*autom., naut.*) antirollio: **a. bar**, barra antirollio; barra stabilizzatrice; **a. tank**, cassa antirollio. ● (*naut.*) **a. fin**, aletta di rollio; pinna antirollio.

antirrhinum /æntɪˈraɪnəm, *USA* -taɪ-/, *n.* (*bot., Antirrhinum*) antirrino.

antirust /æntɪˈrʌst, *USA* -taɪ-/, *a.* e *n.* antiruggine.

antisatellite /æntɪˈsætəlaɪt, *USA* -taɪ-/, *a.* (*mil.*) antisatelliti: **a. missile**, missile antisatelliti.

antiscorbutic /æntɪskɔːˈbjuːtɪk, *USA* -taɪ-/, *a.* e *n.* (*farm.*) antiscorbutico.

anti-Semite /æntɪˈsiːmaɪt, *USA* -taɪˈsemaɪt/, *n.* antisemita.

anti-Semitic /æntɪsɪˈmɪtɪk, *USA* -taɪ-/, *a.* antisemita.

anti-Semitism /æntɪˈsemɪtɪzəm, *USA* -taɪ-/, *n.* antisemitismo.

antisepsis /æntɪˈsepsɪs, *USA* -taɪ-/, *n.* (*pl.* **antisepses**) (*med.*) antisepsi.

antiseptic /æntɪˈseptɪk, *USA* -taɪ-/, **A** *a.* e *n.* (*med.*) antisettico. **B** *a.* (*anche fig.*) asettico.

antiserum /æntɪˈsɪərəm, *USA* -taɪ-/, *n.* (*pl.* **antiserums, antisera**) (*farm.*) antisiero; siero immunizzante; immunsiero.

antiskid /æntɪˈskɪd, *USA* -taɪ-/, *a.* (*autom.*) antisdrucciolevole; antislittamento. ● (*tecn.*) **a. plate**, piastra antislittamento.

antislavery /æntɪˈsleɪvərɪ, *USA* -taɪ-/, **A** *n.* antischiavismo. **B** *a. attr.* antischiavista.

antislip /æntɪˈslɪp, *USA* -taɪ-/, *a.* (*metall.*) antisdrucciolevole: **a. metal**, metallo antisdrucciolevole.

antislump /æntɪˈslʌmp, *USA* -taɪ-/, *a.* (*econ.*) anticongiunturale; antirecessivo: **an a. measure**, una misura anticongiunturale.

antismog /æntɪˈsmɒg, *USA* -taɪˈsmɔːg/, *a. attr.* antismog.

anti-smoking /æntɪˈsməʊkɪŋ, *USA* -taɪ-/, *a.* contro il fumo: **an a. compaign**, una campagna contro il fumo.

antisocial /æntɪˈsəʊʃl, *USA* -taɪ-/, *a.* antisociale; asociale.

antispasmodic /æntɪspæzˈmɒdɪk, *USA* -taɪ-/, *a.* e *n.* (*farm.*) antispasmodico; antispastico; spasmolitico.

antisplash /æntɪˈsplæʃ, *USA* -taɪ-/, *a.* antispruzzo. ● (*autom.*) **a. guard**, paraspruzzi.

antistatic /æntɪˈstætɪk, *USA* -taɪ-/, *a.* (*fis.*) antistatico.

anti-strike /æntɪˈstraɪk, *USA* -taɪ-/, *a.* antisciopero.

antistrophe /ænˈtɪstrəfɪ/, *n.* (*letter. greca*) antistrofe.

antisubmarine /æntɪsʌbməˈriːn, *USA* -taɪˈsʌb-/, *a.* (*mil.*) antisommergibile: **a. missile**, missile antisommergibile.

antisymmetric /æntɪsɪˈmetrɪk, *USA* -taɪ-/, *a.* (*mat.*) antisimmetrico.

antitail /æntɪˈteɪl, *USA* -taɪ-/, *n.* (*astron.*) anticoda.

antitank /æntɪˈtæŋk, *USA* -taɪ-/, *a.* (*mil.*) anticarro: **a. gun**, cannone anticarro; **a. obstacle**, ostacolo anticarro.

antiterrorism /æntɪˈterərɪzəm, *USA* -taɪ-/, **A** *n.* antiterrorismo. **B** *a. attr.* antiterrorismo; antiterroristico.

antiterrorist /æntɪˈterərɪst, *USA* -taɪ-/, *a. attr.* antiterroristico; antiterrorismo.

antitheft /æntɪˈθeft, *USA* -taɪ-/, *a.* antifurto: **a. device**, dispositivo antifurto; **a. lock**, serratura antifurto. ● (*autom.*) **a. column lock**, bloccasterzo.

antithesis /ænˈtɪθəsɪs/, *n.* (*pl.* **antitheses**) antitesi.

antithetic(al) /æntɪˈθetɪk(l)/, *a.* antitetico. ‖ **-ally**, *avv.*

antitoxic /æntɪˈtɒksɪk, *USA* -taɪ-/, *a.* (*med.*) antitossico.

antitoxin /æntɪˈtɒksɪn, *USA* -taɪ-/, *n.* (*biol.*, *med.*) antitossina.

antitrades /æntɪˈtreɪdz, *USA* -taɪ-/, *n. pl.* (*meteor.*) controalisei.

antitrust /æntɪˈtrʌst, *USA* -taɪ-/, *a. attr.* (*econ.*, *fin.*) antitrust; antimonopolistico: **a. legislation**, legislazione antimonopolistica.

antitubercular /æntɪtjuːˈbɜːkjʊlə(r), *USA* -taɪtuː-/, *V.* **antituberculous**.

antituberculotic /æntɪtjuːbɜːkjʊˈlɒtɪk, *USA* -taɪtuː-/, *V.* **antituberculous**.

antituberculous /æntɪtjuːˈbɜːkjʊləs, *USA* -taɪtuː-/, *a.* (*farm.*, *med.*) antitubercolare.

antitumor /æntɪˈtjuːmə(r), *USA* -taɪˈtuː-/, *V.* **antitumoral**.

antitumoral /æntɪˈtjuːmərəl, *USA* -taɪˈtuː-/, *a.* (*farm.*, *med.*) antitumorale.

antivenin /æntɪˈvenɪn, *USA* -taɪ-/, *n.* (*farm.*) antidoto; contravveleno.

antiviral /æntɪˈvaɪərəl, *USA* -taɪ-/, *a.* e *n.* (*farm.*) (sostanza) antivirale.

anti-vivisectionist /æntɪvɪvɪˈsekʃənɪst, *USA* -taɪ-/, *n.* antivivisezionista.

antiwar /æntɪˈwɔː(r), *USA* -taɪ-/, *a.* contro la guerra: **an a. demonstration**, una dimostrazione contro la guerra.

antler /ˈæntlə(r)/, *n.* **1** corno ramificato (*di cervo e sim.*) **2** ramificazione (*di corno*); palco.

antlered /ˈæntləd/, *a.* (*zool.*) che ha corna ramificate.

antocyanin /æntəˈsaɪənɪn/, *n.* (*chim.*) antocianina.

antonomasia /æntənəʊˈmeɪʃɪə, *USA* -ʒə/, *n.* (*retor.*) antonomasia.

antonomastic /æntənəˈmæstɪk/, *a.* (*raro*) antonomastico. ‖ **-ally**, *avv.*

Antony /ˈæntənɪ/, *n.* Antonio.

antonym /ˈæntənɪm/, *n.* (*ling.*) antonimo; contrario.

antonymous /ænˈtɒnəməs/, *a.* (*ling.*) antonimo; contrario.

antonymy /ænˈtɒnəmɪ/, *n.* (*ling.*) antonimia.

antrum /ˈæntrəm/, *n.* (*pl.* **antra**) (*anche anat.*) antro.

antsy /ˈæntsɪ/, *a.* (*pop. USA*) agitato; irrequieto; in ansia.

Antwerp /ˈæntwɜːp/, *n.* (*geogr.*) Anversa.

anurans /əˈnjʊərənz, *USA* əˈnʊ-/, *n. pl.* (*zool.*, *Anura*) anuri.

anuresis /ænjʊˈriːsɪs, *USA* ænʊ-/, *n.* (*pl.* **anureses**) (*med.*) anuresi; anuria.

anuria /əˈnjʊərɪə, *USA* əˈnʊ-/, *n.* (*med.*) anuria; anuresi.

anus /ˈeɪnəs/, *n.* (*pl.* **anuses, ani**) (*anat.*) ano.

anvil /ˈænvɪl, -vl/, *n.* (*anche anat.*) incudine.

anxiety /æŋˈzaɪətɪ/, *n.* **1** ansia; inquietudine; ansietà **2** (*fam.*) forte desiderio; bramosia; brama **3** (*psic.*) ansia.

anxious /ˈæŋkʃəs/, *a.* **1** ansioso; inquieto **2** inquietante; preoccupante **3** (*fam.*) vivamente desideroso; bramoso; impaziente: **I am a. to go on holiday**, sono impaziente d'andare in vacanza. ● (*USA*) **a. bench** (*o* **a. seat**), primo banco, vicino al predicatore nelle chiese revivaliste (*per i fedeli in ansia di salvezza*).

any (1) /ˈenɪ/, *a.* e *pron.* **1** (*generalm. in frasi neg., interr., dubit. e condiz.*) qualche; nessuno, nessuna; alcuno, alcuna, alcuni, alcune; un po' di; del, della, dei, delle (*partitivo*); affatto; ne: **There isn't any bread**, non c'è affatto pane; **Have you got any matches?**, hai (dei) fiammiferi?; **I haven't any**, non ne ho; **I wonder whether there is any wine**, mi chiedo se ci sia del vino; **If there is any trouble, let me know**, se c'è qualche guaio (*o* se ci sono guai), fammelo sapere; **I did not buy any of them**, non ne comperai nessuno; **without any doubt**, senza (alcun) dubbio **2** (*in frasi afferm.*) qualsiasi, qualunque; ogni; chiunque; ognuno: **Any colour will do**, qualsiasi colore andrà bene; **Come at any time**, vieni in qualunque momento (*o* quando vuoi); **Any boy knows that**, ogni ragazzo lo sa; **Any of them can tell you about it**, chiunque di loro può dirtelo. ● (*fam.*) **any amount of**, un sacco di (*fam.*) □ **any old how**, come viene viene; in un modo qualsiasi □ **at any rate**, a ogni modo; almeno □ **hardly any**, quasi nessuno; quasi niente: **Hardly any of them was there**, non c'era quasi nessuno di loro □ **if any**, se ce n'è; se ve ne sono: **There are few honest people, if any, in this world**, ci sono poche persone oneste, se pur ve ne sono, a questo mondo □ **in any case**, in ogni caso; qualunque cosa accada.

any (2) /ˈenɪ/, *avv.* (*in frasi interr., neg., dubit. e condiz.*) **1** un po'; affatto; in qualche misura: **not... any**, niente affatto; niente; **Are you any better today?**, stai un po' meglio oggi?: **I cannot walk any farther**, non posso andare oltre **2** (*specialm. USA*) affatto; per niente: **They didn't help us any**, non ci aiutarono per niente. ● **any more** (*USA*: **anymore**), ancora; più: **He doesn't live here any more**, non vive più qui □ **He doesn't know any better**, non va più in là; non sa quello che fa; non vede più in là della punta del suo naso □ **It isn't any good speaking to him**, non serve a nulla parlargli.

anybody /ˈenɪbɒdɪ, ˈenɪbədɪ/, **A** *pron. indef.* **1** (*in frasi interr., neg., dubit. e condiz.*) qualcuno (*anche nel senso di*: persona importante); nessuno: **Is there a. here?**, c'è nessuno (qualcuno) qui?; **There isn't a.**, non c'è nessuno; **a. else**, qualcun altro; nessun altro **2** (*in frasi afferm.*) chiunque: **A. can do that**, chiunque sa farlo. **B** *n.* qualcuno; una persona importante: **Everybody who is a. will be at the party**, al ricevimento ci saranno tutte le persone che contano (che hanno una certa importanza). ● **It's a.'s guess**, è (solo) una congettura; si tira a indovinare.

anyhow /ˈenɪhaʊ/, **A** *avv.* **1** (*in frasi neg., interr., ecc.*) in nessun modo; in modo alcuno: **I couldn't persuade him a.**, non riuscii a convincerlo in nessun modo **2** (*in frasi afferm.*) in un modo qualsiasi; in qualunque modo; alla meglio; ad ogni modo: **Don't do your work a.**, non fare il tuo lavoro alla meglio; **I'll see him a.**, lo vedrò ad ogni modo. **B** *cong.* comunque; tuttavia; in ogni caso: **A., it is too late to help them**, comunque è troppo tardi per aiutarli.

anyone /ˈenɪwʌn, ˈenɪwən/, *V.* **anybody**.

anyplace /ˈenɪpleɪs/, (*specialm. USA*) *V.* **anywhere**.

anyroad /ˈenɪrəʊd/, (*dial. sett. ingl.*) *V.* **anyway**.

anything /ˈenɪθɪŋ/, **A** *pron. indef.* **1** (*in frasi neg., interr., ecc.*) qualche cosa; qualcosa; alcuna cosa; alcunché; niente; nulla: **There isn't a. for you**, non c'è niente per te; **Can you see a.?**, vedi nulla (*o* qualcosa)?; **without saying a.**, senza dir niente **2** (*in frasi afferm.*) qualunque cosa; qualsiasi cosa: **A. is better than nothing**, qualunque cosa è meglio di niente; **A. for a quiet life!**, darei qualsiasi cosa per una vita tranquilla!; **I wouldn't do that for a.**, non lo farei per qualunque cosa (*o* per tutto l'oro del mondo). **B** *avv.* (*in frasi neg., interr.*) affatto; un poco; in qualche modo; in nessun modo; in alcuna misura: **He isn't a. like he used to be**, non è affatto com'era un tempo; **Is this watch a. like his?**, somiglia in qualche modo al suo, quest'orologio? ● **a. but**, tutto fuorché; altro che; tutt'altro che: **I can't give him a. but advice**, non posso dargli (altro) che consigli; **He is a. but clever**, è tutt'altro che intelligente □ **a. else** (*o* **more**), qualcos'altro; nient'altro □ **if a.**, se mai: **The patient is worse, if a.**, il malato, se mai, sta peggio □ (*fam.*) **like a.**, in modo eccessivo; moltissimo: **It hurts like a.**, fa un male del diavolo □ **They worked like a.**, lavoravano da matti (*o* a più non posso).

anytime /ˈenɪtaɪm/, *avv.* in qualunque momento; a qualsiasi ora.

anyway /ˈenɪweɪ/, **A** *avv.* **1** in qualche modo **2** in ogni modo: **You must do your work a.**, devi fare il tuo lavoro in ogni modo **3** alla meglio. **B** *cong.* comunque; almeno; ad ogni modo; tuttavia: **A., he has come**, comunque, è venuto.

anywhere /ˈenɪweə(r), *USA* -hw-/, *avv.* **1** (*in frasi neg., interr., ecc.*) in qualche luogo (*o* posto); da qualche parte; in nessun luogo (*o* posto); da nessuna parte: **Are you going a. tomorrow?**, vai in qualche posto domani? **2** (*in frasi afferm.*) dovunque; in qualsiasi luogo (*o* posto); da qualunque parte: **You can go a.**, puoi andare dovunque (*o* in qualsiasi luogo);

A. you go, it's always the same, dovunque tu vada, è sempre lo stesso (*o* la solita musica). ● **a. else**, in qualche altro luogo (*o* posto); da qualche altra parte; in qualsiasi altro luogo: **Are you going a. else?**, vai in qualche altro posto?; **A. else there is a crowd**, in qualunque altro luogo c'è folla □ (*fam.*) **not to get a.**, non approdare a nulla □ **I don't have a. to sleep**, non ho dove dormire □ **Visitors from a. are welcome**, sono bene accetti turisti di ogni nazione □ **There are a. from 200 to 300 candidates**, ci sono dai 200 ai 300 candidati, all'incirca □ (*pop. USA*) **Are you a.**, hai della droga?

anywise /ˈɛnɪwaɪz/, *avv.* (*raro*) in ogni modo.

aorist /ˈɛərɪst/, *n.* (*gramm. greca*) aoristo.

aorta /eɪˈɔːtə/, *n.* (*pl.* **aortas, aortae**) (*anat.*) aorta.

aortal /eɪˈɔːtl/, *a.* (*anat.*) aortico.

apace /əˈpeɪs/, *avv.* (*lett.*) di buon passo; velocemente; in fretta.

apache /əˈpæʃ, -ɑːʃ/ (*franc.*), *n.* apache; teppista parigino.

apagoge /ˈæpəgəʊdʒɪ, -ɒdʒɪ/, *n.* (*filos.*) apagoge.

apanage /ˈæpənɪdʒ/, *n.* (*anche fig.*) appannaggio.

apart /əˈpɑːt/, *avv.* ***1*** da (una) parte; a una certa distanza: **We live far a.**, abitiamo a una grande distanza (*l'uno dall'altro*) ***2*** separatamente; in disparte: **to live [to stand] a.**, vivere [stare] in disparte ***3*** da parte: **to set a.**, mettere da parte (*denaro, ecc.*) ***4*** a parte; a prescindere da; indipendentemente: **joking a.**, a parte gli scherzi; **considered a.**, considerato a parte (*o* per conto suo). ● **a. from**, a parte; oltre a: **A. from the M.P.'s there were many officials**, oltre ai deputati, c'erano molti funzionari □ **to come a.**, cadere a pezzi □ **to keep a.**, tener separato □ **to take a.**, separare; smontare (*una macchina*); (*fig.*) fare a pezzi, attaccare, criticare; (*pop.*) bistrattare, malmenare □ **to tell a.**, distinguere: **They are twins and I cannot tell them a.**, sono gemelli e io non distinguo l'uno dall'altro.

apartheid /əˈpɑːtheɪt, -aɪt/, *n.* (*polit.*) discriminazione e segregazione razziale (*nel Sud Africa*); apartheid.

apartment /əˈpɑːtmənt/, *n.* ***1*** camera (*di solito ammobiliata*) ***2*** (*pl.*) appartamento ammobiliato: **to take apartments**, prendere in affitto un appartamento ammobiliato ***3*** (*specialm. USA*) appartamento. ● **a. block**, casa divisa in appartamenti □ **a. building** (*o* **a. house**), condominio □ **a. hotel**, residence.

apathetic /æpəˈθɛtɪk/, *a.* apatico; indifferente. || **-ally**, *avv.*

apathy /ˈæpəθɪ/, *n.* apatia; indifferenza.

apatite /ˈæpətaɪt/, *n.* (*miner.*) apatite.

ape /eɪp/, *n.* ***1*** scimmia (*antropomorfa*: *cfr.* **monkey**) ***2*** (*fig.*) imitatore ***3*** (*fam. USA*) scimmione (*fig.*); individuo goffo, rozzo, stupido ***4*** (*pop. USA*) negro. ● **ape-man**, uomo scimmia □ (*pop. USA*) **to go ape**, incavolarsi (*pop.*), andare in bestia; perdere la testa, eccitarsi: **to go ape for girls**, andare matto per le ragazze □ **to play the ape**, fare la scimmia; scimmiottare.

to **ape** /eɪp/, *v. t.* scimmiottare; imitare (scioccamente).

apeak /əˈpiːk/, *avv.* e *a. pred.* (*naut.*) a picco; verticale: **The anchor is a.**, l'ancora è a picco.

aped /eɪpt/, *a.* (*pop. USA*) ubriaco; sbronzo.

apelike /ˈeɪplaɪk/, *a.* scimmiesco; da scimmia.

Apelles /əˈpɛliːz/, *n.* (*stor.*) Apelle.

Apennines (the) /ˈæpənaɪnz/, *n. pl.* (*geogr.*) gli Appennini.

apepsy /əˈpɛpsɪ/, *n.* (*med.*) apepsia.

aperient /əˈpɪərɪənt/, *a.* e *n.* (*farm., raro*) lassativo.

aperiodic /eɪpɪərɪˈɒdɪk/, *a.* (*fis.*) aperiodico.

aperitif /əˈpɛrətɪf, *USA* ɑpɛrəˈtiːf/ (*franc.*), *n.* aperitivo.

aperture /ˈæpətʃə(r), -tʃʊə(r)/, *n.* apertura; pertugio; spiraglio.

apery /ˈeɪpərɪ/, *n.* ***1*** contraffazione; scimmiottatura ***2*** colonia di scimmie ***3*** recinto per le scimmie.

apetalous /əˈpɛtələs/, *a.* (*bot.*) apetalo.

apex /ˈeɪpɛks/, *n.* (*pl.* **apexes, apices**) (*geom.* e *fig.*) apice; vertice; sommità: **the a. of a triangle**, il vertice di un triangolo.

aphaeresis /əˈfɪərɪsɪs/, *n.* (*pl.* **aphaereses**) (*gramm.*) aferesi.

aphagia /əˈfeɪdʒɪə/, *n.* (*med.*) afagia.

aphasia /əˈfeɪzɪə, *USA* -ʒə/, *n.* (*med.*) afasia.

aphasic /əˈfeɪzɪk/, (*med.*) **A** *a.* afasico; di (*o* da) afasia: **a. seizure**, crisi d'afasia. **B** *n.* (malato) afasico.

aphelion /æˈfiːlɪən/, *n.* (*pl.* **aphelia**) (*astron.*) afelio.

aphesis /ˈæfəsɪs/, *n.* (*pl.* **apheses**) (*gramm.*) aferesi.

aphid /ˈeɪfɪd/, *V.* **aphis**.

aphis /ˈeɪfɪs/, *n.* (*pl.* **aphides**) (*zool.*) afide.

aphonia /eɪˈfəʊnɪə, æ-, ə-/, *n.* (*med.*) afonia.

aphonic /eɪˈfɒnɪk, æ-, ə-/, *a.* ***1*** afono ***2*** (*fon.*) muto.

aphony /ˈæfənɪ/, *V.* **aphonia**.

aphorism /ˈæfərɪzəm/, *n.* aforisma, aforismo.

aphoristic /æfəˈrɪstɪk/, *a.* aforistico. || **-ally**, *avv.*

aphrodisiac /æfrəˈdɪzɪæk, *USA* -ˈdiː-/, *a.* e *n.* afrodisiaco.

Aphrodite /æfrəˈdaɪtɪ/, *n.* ***1*** (*mitol.*) Afrodite ***2*** (*zool.*) afrodite.

aphtha /ˈæfθə/, *n.* (*pl.* **aphthae**) (*med., vet.*) afta.

aphyllous /əˈfɪləs/, *a.* (*bot.*) afillo.

apiarian /eɪpɪˈɛərɪən/, *a.* relativo all'apicoltura; apistico.

apiarist /ˈeɪpɪərɪst/, *n.* apicoltore, apicultore.

apiary /ˈeɪpɪərɪ, *USA* -ɪɛrɪ/, *n.* apiario; alveare; arnia.

apical /ˈæpɪkl/, *a.* (*anche fon.*) apicale.

apiculture /ˈeɪpɪkʌltʃə(r)/, *n.* apicoltura, apicultura.

apiculturist /eɪpɪˈkʌltʃərɪst/, *n.* apicoltore, apicultore.

apiece /əˈpiːs/, *avv.* ***1*** a testa; a ognuno; per uno, per ciascuno: **We gave them a pound a.**, demmo loro una sterlina a testa ***2*** l'uno; ciascuno: **Eggs cost 10 pence a.**, le uova costano 10 penny l'una.

apish /ˈeɪpɪʃ/, *a.* ***1*** scimmiesco ***2*** che imita (scioccamente). || **-ly**, *avv.* || **-ness**, *sost.*

aplanatic /æpləˈnætɪk/, *a.* (*fis.*) aplanatico.

aplasia /əˈpleɪzɪə, -ʒə/, *n.* (*med.*) aplasia.

aplenty /əˈplɛntɪ/, *avv.* e *a. pred.* in abbondanza.

aplomb /əˈplɒm/, *n.* ***1*** appiombo; linea di caduta verticale ***2*** aplomb (*franc.*); sicurezza; padronanza di sé; disinvoltura; spigliatezza.

apnea, **apnoea** /æpˈniːə/, *n.* (*med.*) apnea.

apneic /æpˈniːɪk/, **apnoeic** *a.* (*med.*) apnoico.

apocalypse /əˈpɒkəlɪps/, *n.* apocalisse.

apocalyptic(al) /əpɒkəˈlɪptɪk(l)/, *a.* apocalittico. || **-ally**, *avv.*

apochromatic /æpəkrəˈmætɪk/, *a.* (*fis.*) apocromatico.

to **apocopate** /əˈpɒkəpeɪt/, *v. t.* (*ling.*) apocopare; troncare.

apocopation /əpɒkəˈpeɪʃn/, *V.* **apocope**.

apocope /əˈpɒkəpɪ/, *n.* (*ling.*) apocope; troncamento.

apocrypha /əˈpɒkrɪfə/, *n. pl.* ***1*** (*relig.*) libri apocrifi (*specialm. del Vecchio Testamento*) ***2*** (*relig. cattolica*) vangeli apocrifi.

apocryphal /əˈpɒkrɪfl/, *a.* apocrifo; spurio.

apodal /ˈæpədl/, *a.* e *n.* (*zool.*) apodo.

apodeictic /æpəʊˈdaɪktɪk/, *V.* **apodictic**.

apodes /ˈæpəʊdz/, *n. pl.* (*zool., Apoda*) apodi.

apodictic /æpəʊˈdɪktɪk/, *a.* (*filos.*) apodittico.

apodosis /əˈpɒdəsɪs/, *n.* (*pl.* **apodoses**) (*gramm.*) apodosi.

apogeal /æpəˈdʒiːəl/, **apogean** /æpəˈdʒiːən/, *a.* (*astron.*) (che è) all'apogeo.

apogee /ˈæpədʒiː/, *n.* (*astron.* e *fig.*) apogeo.

apolitical /eɪpəˈlɪtɪkl/, *a.* apolitico.

apollo /əˈpɒləʊ/, *n.* ***1*** (*mitol.*) Apollo ***2*** (*fig.*; *pl.* **apollos**) apollo.

apollonian /æpəˈləʊnɪən/, **apollonic** /æpəˈlɒnɪk/, *a.* (*lett.*) apollineo.

Apollyon /əˈpɒlɪən/, *n.* Satana (*letteralm.*: il Distruttore).

apologetic(al) /əpɒləˈdʒɛtɪk(l)/, *a.* ***1*** di scusa; umile; contrito: **a. behaviour**, un contegno contrito ***2*** apologetico: **an a. essay**, un saggio apologetico. || **-ally**, *avv.*

apologetics /əpɒləˈdʒɛtɪks/, *n. pl.* ***1*** scritti apologetici ***2*** (*col verbo al sing.*) apologetica.

apologia /æpəˈləʊdʒɪə/, *n.* (*pl.* **apologias, apologiae**) (*form.*) apologia; (*spesso*) autodifesa.

apologist /əˈpɒlədʒɪst/, *n.* apologista; apologeta.

to **apologize** /əˈpɒlədʒaɪz/, *v. i.* ***1*** scusarsi; chiedere scusa: **to a. to sb. for st.**, scusarsi con q. di q.c. ***2*** fare un'apologia.

apologizer /əˈpɒlədʒaɪzə(r)/, *n.* chi chiede scusa.

apologue /ˈæpəlɒg, *USA* -ɔːg/, *n.* apologo.

apology /əˈpɒlədʒɪ/, *n.* ***1*** scusa ***2*** brutta copia (*fig.*); specie di: **This is just an a. for a letter**, questa non è che una specie di lettera; questa è una lettera per modo di dire ***3*** *V.* **apologia**. ● **to make an a. to sb.**, fare le proprie scuse a q. □ **to offer an a.**, presentare le proprie scuse □ **Please accept my apologies**, La prego di volermi scusare.

apophony /əˈpɒfənɪ/, *n.* (*ling.*) apofonia.

apophthegm /ˈæpəʊθɛm/, *n.* (*retor.*) apoftegma.

apophyseal /æpəˈfɪzɪəl/, **apophysial** /æpəˈfɪzɪəl/, *a.* (*anat.*) apofisario.

apophysis /əˈpɒfəsɪs/, *n.* (*pl.* **apophyses**) (*anat.*) apofisi.

apoplectic /æpəˈplɛktɪk/, **A** *a.* e *n.* (*med.*) apoplettico: **a. stroke**, colpo apoplettico. **B** *a.* (*fam.*) furibondo; infuriato.

apoplexy /ˈæpəplɛksɪ/, *n.* (*med.*) apoplessia.

aporia /əˈpɔːrɪə/, *n.* (*filos.*) aporia.

aport /əˈpɔːt/, *avv.* (*naut.*) verso sinistra.

aposiopesis /æpəsaɪəʊˈpiːsɪs/, *n.* (*pl.* **aposiopeses**) (*retor.*) aposiopesi; reticenza.

apostasy /əˈpɒstəsɪ/, *n.* apostasia.

apostate /əˈpɒsteɪt/, **A** *n.* apostata. **B** *a.* reo di apostasia.

to **apostatize** /əˈpɒstətaɪz/, *v. i.* apostatare; diventare apostata.

a posteriori /eɪpɒsterɪˈɔːraɪ, ɑːpəʊstɪrɪˈɔːrɪ/ (*lat.*), *locuz. avv.* e *agg.* (*filos.*) a posteriori.

apostil, **apostille** /əˈpɒstɪl/, *n.* (*arc.*) postilla; nota marginale.

apostle /əˈpɒsl/, *n.* ***1*** apostolo (*in tutti i sensi*); fautore: **an a. of temperance**, un fautore della temperanza (*nel bere*) ***2*** missionario cristiano ***3*** uno dei 12 capi della Chiesa dei Mormoni.

apostolate /əˈpɒstələt/, *n.* apostolato.

apostolic(al) /æpəˈstɒlɪk(l)/, *a.* apostolico.

apostrophe (1) /əˈpɒstrəfɪ/, *n.* ***1*** apostrofe; invettiva ***2*** (*retor.*) apostrofe.

apostrophe (2) /əˈpɒstrəfɪ/, *n.* (*gramm.*) apostrofo.

apostrophic (1) /æpəˈstrɒfɪk/, *a.* (*retor.*) pertinente a (*o* che serve di) apostrofe. ● **an a. writer**, uno scrittore che fa largo uso dell'apostrofe.

apostrophic (2) /æpəˈstrɒfɪk/, *a.* (*gramm.*) dell'apostrofo; che contiene l'apostrofo.

to **apostrophize (1)** /əˈpɒstrəfaɪz/, *v. t.* e *i.* (*retor.*) apostrofare.

to **apostrophize (2)** /əˈpɒstrəfaɪz/, *v. t.* (*gramm.*) apostrofare; mettere l'apostrofo a.

apothecary /əˈpɒθəkərɪ, *USA* -kɛrɪ/, *n.* ***1*** (*arc.*) farmacista ***2*** (*leg.*) farmacista abilitato a preparare galenici (*a Londra*). ● **a. jars**, vasi da farmacia □ **apothecaries' weight**, serie di pesi da farmacia.

apothecium /æpəˈθiːsɪəm, -ʃɪ-/, *n.* (*pl.* **apothecia**) (*bot.*) apotecio.

apothegm /ˈæpəθɛm/, *V.* **apophthegm**.

apothem /ˈæpəθɛm/, *n.* (*geom.*) apotema.

apotheosis /əpɒθɪˈəʊsɪs/, *n.* (*pl.* **apotheoses**) (*anche fig.*) apoteosi; glorificazione;

esaltazione; deificazione.

to **apotheosize** /ə'pɒθɪəʊsaɪz/, *v. t.* deificare; fare l'apoteosi di (q.).

to **appal** /ə'pɔːl/, *v. t.* atterrire; spaventare.

Appalachian /æpə'leɪtʃɪən/, *a.* (*geogr., geol.*) appalachiano. ● **A. Mountains**, i Monti Appalachi.

Appalachians (the) /æpə'leɪtʃɪənz/, *n. pl.* (*geogr.*) gli Appalachi.

appalled /ə'pɔːld/, *a.* atterrito; spaventato; sgomento.

appalling /ə'pɔːlɪŋ/, *a.* terrificante; spaventoso; orripilante.

appanage /'æpənɪdʒ/, *V.* **apanage**.

apparat /æpə'rɑːt, *USA* ɑː-, 'æpəræt/ (*russo*), *n.* (*polit., stor.*) apparato del partito comunista sovietico.

apparatchik /æpə'rætʃɪk, *USA* ɑːpə'rɑːtʃɪk/ (*russo*), *n.* **1** (*polit., stor.*) uomo dell'apparato del PCUS **2** (*fig.*) uomo dell'apparato; burocrate.

apparatus /æpə'reɪtəs, *USA* -'rætəs/, *n.* (*pl.* **apparatuses, apparatus**) apparato; (*ind., fis.*) apparecchio; impianto: **central-heating a.**, impianto di riscaldamento centrale; (*anat.*) **digestive a.**, apparato digerente; **political a.**, apparato politico. ● (*filol.*) **a. criticus** (*lat.*), apparato critico (*di un testo*); (*mil.*) **smoke a.**, apparecchio fumogeno.

apparel /ə'pærəl/, *n.* **1** (*relig.*) ricamo di abito talare; paramenti **2** (*lett.*) veste: **the white a. of winter**, la veste bianca dell'inverno **3** (*naut.*) armamento; attrezzature (*della nave*) **4** (*specialm. USA*) abbigliamento; vestiario; abiti; confezioni: **children's a.**, confezioni per bambini.

to **apparel** /ə'pærəl/, *v. t.* **1** (*lett.*) vestire; rivestire **2** addobbare; ornare **3** (*naut.*) armare; equipaggiare.

apparent /ə'pærənt/, *a.* **1** evidente; chiaro; manifesto; ovvio: **It was a. that he was lying**, era evidente che mentiva **2** apparente: **Don't be taken in by his a. honesty**, non lasciarti ingannare dalla sua apparente onestà! **3** (*scient.*) apparente; vero: (*astron.*) **a. noon**, mezzogiorno vero; **a. solar time**, tempo solare vero; (*fis.*) **a. volume**, volume apparente; (*mecc.*) **a. weight**, peso apparente **4** (*leg.*) apparente: **a. defect**, vizio apparente. ● (*leg.*) **heir a.**, erede legittimo.

apparently /ə'pærəntlɪ/, *avv.* **1** a quanto pare **2** evidentemente; ovviamente.

apparition /æpə'rɪʃn/, *n.* **1** apparizione **2** spettro; fantasma **3** (*astron.*) apparizione.

apparitor /ə'pærɪtɔː(r)/, *n.* (*stor.*) apparitore; usciere; messo.

appeal /ə'piːl/, *n.* **1** appello; implorazione; supplica; invocazione: **to make an a. to the country [to reason]**, fare appello alla nazione [alla ragione] **2** (*leg.*) appello; ricorso in appello: **to file** (*o* **to lodge**) **an a.**, interporre appello **3** ricorso: **to make a. to force**, far ricorso alla forza **4** richiamo; attrazione; interesse: **That painting hasn't much a. for me**, quel dipinto non esercita molta attrazione su di me. ● (*leg.*) **a. for mercy**, ricorso in grazia □ (*leg., stor.*) **a. of felony**, incriminazione per reato grave □ **sex-a.**, attrazione del sesso; fascino sessuale; attrattiva fisica.

to **appeal** /ə'piːl/, *v. i.* **1** fare appello (a): **He appealed to me for help**, fece appello a me perché l'aiutassi; **to a. to the country**, fare appello al paese; sciogliere il parlamento e indire le elezioni **2** ricorrere (a) **3** attrarre; essere un richiamo (*per q.*); interessare; riuscire interessante; andare (a genio); dire (*molto, poco*): **His proposal appeals to me**, la sua proposta mi attrae; **Music doesn't a. to him**, la musica non gli dice molto; **Would it a. to you to come with us to the theatre?**, ti andrebbe (a genio) di venire a teatro con noi? **4** (*leg.*) appellarsi; ricorrere; presentare (*o* interporre) appello: **to a. against a judgment**, appellarsi contro (*o* appellare) una sentenza; **to a. from the trial court**, appellarsi contro il tribunale giudicante; **to a. to a higher court**, appellarsi all'autorità giudiziaria superiore. ● (*market.*: *di un articolo*) **to a. to one's customers' tastes**, incontrare i gusti della clientela.

appealability /ə'piːləbɪlətɪ/, *n.* (*leg.*) appellabilità.

appealable /ə'piːləbl/, *a.* **1** cui si può fare appello **2** (*leg.*: *di sentenza*) appellabile.

appealer /ə'piːlə(r)/, *n.* **1** chi fa appello (a q.) **2** (*leg.*) appellante.

appealing /ə'piːlɪŋ/, *a.* **1** commovente; supplichevole: **She gave him an a. look**, gli gettò un'occhiata supplichevole **2** attraente; piacevole.

to **appear** /ə'pɪə(r)/, *v. i.* **1** apparire; comparire; mostrarsi; farsi vedere: **He didn't a. until late in the evening**, non si fece vedere fino a tarda sera **2** parere; sembrare: **He appears to be better**, sembra stia meglio; **So it appears to me**, così mi pare **3** (*leg.*) comparire (*davanti al giudice*); presentarsi in giudizio: **He appeared on several charges**, si presentò alla sbarra sotto vari capi d'accusa **4** (*di attori, oratori, musicisti*) presentarsi, esibirsi (*in pubblico*): **He will a. in Hamlet**, si esibirà nell'Amleto **5** (*di libro, articolo*) essere dato alle stampe; essere pubblicato. ● (*leg.*) **to a. at the bar** (*o* **before the court**), comparire in giudizio □ (*leg.*: *di un avvocato*) **to a. for sb.**, rappresentare q. in giudizio □ (*teatr.*) **to a. upon the scene**, apparire in scena □ **So it appears**, così sembra □ **It would a.**, parrebbe; a quanto pare.

appearance /ə'pɪərəns/, *n.* **1** apparizione; atto di presenza; comparsa: **to put in** (*o* **to make**) **an a.**, fare un'apparizione fugace; fare atto di presenza; mostrarsi (*in pubblico*) **2** apparenza: **in a.**, in apparenza; **to judge by appearances**, giudicare dalle apparenze; **to keep up** (*o* **to save**) **appearances**, salvare le apparenze **3** (falsa) impressione: **He gave the a. of being busy**, dava la (falsa) impressione di essere indaffarato **4** aspetto; aria; sembianza; cera: **He has an unhealthy a.**, ha una brutta cera **5** (*leg.*) comparizione; costituzione in giudizio **6** (*di attori, ecc.*) comparsa; esibizione **7** (*di libro, articolo*) pubblicazione. ● **by** (*o* **to**) **all appearances**, a quanto pare □ (*teatr.*) **first a.**, debutto □ **for the sake of appearances**, per salvare le apparenze □ (*leg.*) **non-a.**, mancata comparizione (in giudizio) □ (*TV, cinem.*: *nei titoli di testa, ecc.*) **special appearances by...**, e con la partecipazione (straordinaria) di...

appearer /ə'pɪərə(r)/, *n.* (*leg.*) comparente.

appearing /ə'pɪərɪŋ/, *a.* **1** (*nei composti*:) che ha un dato aspetto: **a very youthful-a. woman**, una donna di aspetto assai giovanile **2** (*leg.*) che si costituisce in giudizio. ● (*leg.*) **the a. party**, il comparente.

appeasable /ə'piːzəbl/, *a.* **1** placabile **2** appagabile.

to **appease** /ə'piːz/, *v. t.* **1** placare; pacificare; calmare; appagare: **Water appeases thirst**, l'acqua calma la sete **2** (*polit.*) rappacificare (*o* rabbonire) con concessioni spesso eccessive (*un possibile aggressore*).

appeasement /ə'piːzmənt/, *n.* **1** pacificazione; acquietamento; appagamento **2** (politica di) eccessive concessioni (*a un possibile aggressore*); appeasement.

appeasing /ə'piːzɪŋ/, *a.* **1** calmante; lenitivo **2** che tende a rappacificare (*un aggressore, ecc.*) mediante concessioni eccessive.

appellant /ə'pelənt/, *n.* (*leg.*) appellante (*chi interpone appello*).

appellate /ə'pelət/, *a.* (*leg.*) di appello: **a. court**, corte d'appello; **a. jurisdiction**, giurisdizione d'appello.

appellation /æpə'leɪʃn/, *n.* appellativo; appellazione (*lett.*); denominazione.

appellative /ə'pelətɪv/, **A** *a.* **1** che serve a denominare **2** (*gramm.*) comune: **a. noun**, nome comune. **B** *n.* **1** appellativo **2** (*gramm.*) nome comune.

appellee /æpe'liː/, *n.* (*leg.*) appellato (*contrario di appellante*).

appellor /ə'pelə(r)/, *n.* (*leg., stor.*) **1** imputato che accusa i complici **2** imputato che ricusa i giurati.

to **append** /ə'pend/, *v. t.* **1** apporre (*la firma*); aggiungere (*per iscritto*) **2** (*lett.*) attaccare; appendere. ● **to a. a seal to a document**, apporre un sigillo a un documento.

appendage /ə'pendɪdʒ/, *n.* **1** aggiunta; annesso; complemento **2** (*anat.*) appendice **3** (*bot., zool.*) appendice.

appendant /ə'pendənt/, **A** *a.* **1** aggiunto; accessorio; sussidiario **2** (*leg.*) incorporato; connesso. **B** *n.* **1** cosa aggiunta (*o* connessa) **2** (*leg.*) pertinenza (*di un immobile*).

appendectomy /æpen'dektəmɪ/, *n.* (*med., USA*) appendicectomia.

appendicectomy /əpendɪ'sektəmɪ/, *n.* (*med.*) appendicectomia.

appendicitis /əpendɪ'saɪtɪs/, *n.* (*med.*) appendicite.

appendicular /æpən'dɪkjʊlə(r)/, *a.* (*anat., bot.*) appendicolare.

appendix /ə'pendɪks/, *n.* (*pl.* **appendices, appendixes**) **1** appendice; aggiunta **2** (*anat.*) appendice. ● **to have one's a. out**, farsi togliere l'appendice; farsi operare d'appendicite.

to **apperceive** /æpə'siːv/, *v. t.* (*filos.*) appercepire.

apperception /æpə'sepʃn/, *n.* (*filos.*) appercezione.

to **appertain** /æpə'teɪn/, *v. i.* **1** essere pertinente (a); essere di pertinenza (di); spettare (a): **the duties appertaining to your office**, i doveri pertinenti alla (*o* connessi con la) tua carica **2** riferirsi (a); essere in relazione (con).

appetence /'æpɪtəns/, **appetency** /'æpɪtənsɪ/, *n.* **1** brama; desiderio **2** attrazione (*verso q.c.*); inclinazione; affinità.

appetent /'æpɪtənt/, *a.* bramoso; desideroso.

appetite /'æpɪtaɪt/, *n.* appetito (*specialm. di cibo*); (*fig.*) avidità; brama: **to spoil sb.'s a.**, guastare l'appetito a q. ● **a. depressant**, anoressante.

appetition /æpɪ'tɪʃn/, *n.* (*filos.*) appetizione.

appetizer /'æpɪtaɪzə(r)/, *n.* **1** antipasto **2** aperitivo **3** (*pl.*) salatini; stuzzichini **4** (*fig.*) stimolo; stimolante.

appetizing /'æpɪtaɪzɪŋ/, *a.* **1** appetitoso **2** (*fig.*) allettante.

Appian way /'æpɪənweɪ/, *n.* via Appia.

to **applaud** /ə'plɔːd/, *v. t.* e *i.* applaudire; plaudire.

applause /ə'plɔːz/, *n.* applauso; plauso.

applausemeter /ə'plɔːzmiːtə(r)/, *n.* (*radio, TV*) applausometro.

applausive /ə'plɔːzɪv/, *a.* (*raro*) plaudente; di plauso.

apple /'æpl/, *n.* **1** mela **2** (*bot.*, *Pirus malus*, = **a. tree**) melo **3** (*pop. USA*) New York **4** (*pop. USA*) quartiere dei locali notturni **5** (*pop. USA*) tipo; tizio **6** (*pop. USA*) bomba a mano. ● **a. brandy**, brandy distillato dalle mele □ **a.-cart**, carretto di fruttivendolo □ **a. core**, torsolo di mela □ **a. corer**, levatorsoli □ **a. dumpling**, torta di mele □ **a. green**, verde mela □ (*anche fig.*) **the a. of discord**, il pomo della discordia □ **the a. of one's eye**, la pupilla dei propri occhi; il cocco (*fam.*): **He is the a. of his mother's eye**, è il cocco della mamma □ **a. orchard**, meleto □ **a.-pie**, torta di mele; (*USA*) tipico dell'America: **a.-pie patriotism**, patriottismo americano □ **a.-pie bed**, scherzo del «sacco» nel letto □ (*fam. USA*) **a. polisher**, (*fig.*) leccapiedi; adulatore □ **a. sauce**, salsa di mele; (*fam. USA*) chiacchiere, sciocchezze, parole adulatorie □ **a. tart**, torta di mele □ **Adam's a.**, il pomo di Adamo □ (*pop.*: *per antonomasia*) **the Big A.**, New York □ (*fam.*) **in a.-pie order**, in perfetto ordine □ (*fig.*) **to upset sb.'s a.-cart**, mandare tutto all'aria a q.; rompere le uova nel paniere a q.

applejack /'æpldʒæk/, *n.* (*USA*) brandy distillato dalle mele.

to **apple-polish** /'æplpɒlɪʃ/, *v. t.* (*fam. USA*) leccare i piedi a (q.); adulare; insaponare (*fam.*).

appliance /ə'plaɪəns/, *n.* ***1*** apparecchio; arnese; congegno; dispositivo; (*specialm.*) elettrodomestico: **time-saving appliances**, apparecchi che fanno risparmiare tempo; **safety a.**, dispositivo di sicurezza ***2*** (*tecn.*) applicazione ***3*** (*pl.*) attrezzature; accessori: **office appliances**, attrezzature per ufficio.

applicability /æplɪkə'bɪlətɪ, əplɪ-/, *n.* applicabilità.

applicable /'æplɪkəbl, ə'plɪkəbl/, *a.* ***1*** applicabile ***2*** appropriato; adatto.

applicant /'æplɪkənt/, *n.* ***1*** richiedente (*un impiego, l'ammissione, ecc.*); aspirante (*a un posto*); candidato; postulante ***2*** (*leg.*) istante; ricorrente.

application /æplɪ'keɪʃn/, *n.* ***1*** applicazione (*in ogni senso*); assiduità; diligenza: **the a. of an ointment**, l'applicazione di un unguento; **to work with great a.**, lavorare con grande assiduità ***2*** (*anche leg.*) domanda; istanza; richiesta: **a. for a job**, domanda d'impiego; **to make an a. to sb.**, rivolgere un'istanza a q.; **a. for legal aid**, istanza di gratuito patrocinio; (*comm.*) **samples on a.**, campioni su richiesta ***3*** (*fin.*) richiesta di sottoscrizione (*d'azioni*) ***4*** (*rag.*) imputazione (*di spesa*). ● **a. blank**, modulo d'assunzione (*di personale*) □ (*elab.*) **a.-dedicated terminal** (*abbr.* **ADT**), terminale specializzato □ **an a. for employment**, una domanda d'impiego □ **a. form**, modulo d'assunzione; (*fin.*) modulo di sottoscrizione (*d'azioni*) □ (*elab.*) **a. software**, software specializzato □ (*miss.*) **applications technology satellite**, satellite per scopi tecnologici □ (*med.*) **for external a.**, per uso esterno □ (*comm.*) **free on a.**, gratis a richiesta.

applicative /ə'plɪkətɪv, *USA* 'æplɪkeɪtɪv/, *a.* ***1*** che si applica ***2*** applicabile.

applicator /'æplɪkeɪtə(r)/, *n.* ***1*** applicatore; chi applica ***2*** (*tecn.*) applicatore.

applied /ə'plaɪd/, *a.* applicato: **a. science**, scienza applicata. ● (*rag.*) **a. cost**, costo imputato.

applier /ə'plaɪə(r)/, *n.* ***1*** richiedente; aspirante (*a un posto*); postulante ***2*** applicatore; chi applica.

appliqué /ə'pli:keɪ, *USA* æplɪ'keɪ/, *n.* (*moda*) applicazione (*in pizzo, ecc.*).

to **appliqué** /ə'pli:keɪ, *USA* æplɪ'keɪ/, *v. t.* (*moda*) ornare (*un abito, ecc.*) con applicazioni.

to **apply** /ə'plaɪ/, **A** *v. t. e i.* ***1*** – **to a. for**, fare (*o* inoltrare) domanda (*d'impiego, ecc.*); richiedere; rivolgersi (*a q. per aiuto, ecc.*): **I applied to him for help**, mi rivolsi a lui per aiuto ***2*** – **to a. to**, riferirsi a; essere rivolto a: **My remark doesn't a. to you**, la mia osservazione non si riferisce a te ***3*** applicare, applicarsi; dare: **to a. a label**, applicare un'etichetta; **to a. a rule**, applicare una regola; **to a. paint**, dare la vernice ***4*** essere valido: **This argument applies to the case**, questo argomento è valido in questo caso (è pertinente) ***5*** impiegare; adoperare; usare: **This sum of money must be applied for the payment of your debts**, questo denaro deve essere impiegato per il pagamento dei tuoi debiti; (*autom.* e *fig.*) **to a. the brakes**, usare (*o* azionare) i freni; frenare; **to a. a brake to the economy**, applicare un freno all'economia ***6*** (*rag.*) imputare (*una spesa*). **B** to **apply oneself to**, *v. rifl.* applicarsi, dedicarsi a (*lavoro, studio, ecc.*). ● **to a. to sb. for st.**, rivolgersi a q. per ottenere q.c. □ **«A. within!»** (*cartello*), «rivolgersi qui» (*per informazioni, ecc.*).

to **appoint** /ə'pɔɪnt/, *v. t.* ***1*** (*anche leg.*) nominare; designare: **They appointed him chairman**, lo nominarono presidente ***2*** stabilire; fissare; decidere; ordinare: **to a. a day**, fissare una data; **I appointed that he should come earlier**, stabilii che venisse più di buon'ora ***3*** fissare, stabilire (*una data, un luogo*): **on the day appointed**, nel giorno fissato ***4*** (*anche leg.*) assegnare: **one's appointed task**, il compito che ci è stato assegnato ***5*** (*fin.*) destinare (*fondi pubblici*) ***6*** arredare; ammobiliare (*di solito al p. p.*): **a well-appointed flat**, un appartamento arredato (*o* ammobiliato) bene.

appointee /əpɔɪn'ti:/, *n.* persona nominata (*in un posto*); persona designata (*a ricoprire un incarico*); incaricato.

appointment /ə'pɔɪntmənt/, *n.* ***1*** (*anche leg.*) nomina: **He received the a. of ambassador**, ricevette la nomina ad ambasciatore ***2*** appuntamento: **to break an a.**, mancare a un appuntamento; **to keep an a.**, mantenere un appuntamento ***3*** posto; impiego; carica; ufficio ***4*** (*pl.*) arredo; mobilio ***5*** (*leg.*) assegnazione, attribuzione (*di proprietà*) ***6*** (*arc.*) decreto; ordine ***7*** (*fin.*) destinazione (*di fondi pubblici*). ● **a. book**, agenda □ (*leg.*) **the a. of an heir**, la designazione di un erede □ (*leg.*) **a. to the Bench**, nomina a magistrato □ (*comm.*) (*di una ditta*) **by a. to the Queen**, fornitori della Casa Reale □ **«No a. necessary»**, «senza prenotazione» (*cartello: non occorre prendere appuntamento*).

to **apportion** /ə'pɔ:ʃn/, *v. t.* ***1*** ripartire; fare le parti (*o* le porzioni) di (q.c.) ***2*** distribuire; spartire ***3*** lottizzare (*terreni*).

apportionable /ə'pɔ:ʃənəbl/, *a.* ***1*** distribuibile; spartibile ***2*** lottizzabile ***3*** (*ass., fin.*) frazionato: **a. annuity**, rendita frazionata.

apportionment /ə'pɔ:ʃnmənt/, *n.* ***1*** ripartizione ***2*** (*anche leg.*) distribuzione; spartizione ***3*** lottizzazione (*di terreni*).

to **appose** /æ'pəʊz/, *v. t.* (*arc.*) ***1*** apporre ***2*** accostare; avvicinare.

apposite /'æpəzɪt/, *a.* appropriato; adatto; giusto; opportuno: **an a. example**, un esempio appropriato.

apposition /æpə'zɪʃn/, *n.* ***1*** (*gramm.*) apposizione ***2*** (*arc.*) avvicinamento; accostamento ***3*** (*leg.*) apposizione (*di sigillo*).

appositional /æpə'zɪʃənl/, **appositive** /æp'əzɪtɪv/, *a.* (*gramm.*) in apposizione; di apposizione; appositivo.

appraisable /ə'preɪzəbl/, *a.* valutabile; stimabile; periziabile.

appraisal /ə'preɪzl/, *n.* (*anche leg.*) valutazione; stima; perizia.

to **appraise** /ə'preɪz/, *v. t.* (*anche leg.*) valutare; stimare; periziare.

appraisement /ə'preɪzmənt/, *n.* ***1*** *V.* **appraisal** ***2*** (*anche leg.*) relazione di stima; rapporto peritale.

appraiser /ə'preɪzə(r)/, *n.* stimatore; (*leg.*) perito stimatore. ● **a.'s report**, perizia.

appreciable /ə'pri:ʃɪəbl/, *a.* ***1*** apprezzabile; stimabile; valutabile ***2*** considerevole; notevole; sensibile; cospicuo: **an a. difference in pay**, una sensibile differenza di paga. || **-bly**, *avv.*

to **appreciate** /ə'pri:ʃɪeɪt/, **A** *v. t.* ***1*** apprezzare; riconoscere il valore di: **He cannot a. abstract painting**, non sa apprezzare la pittura astratta ***2*** rendersi conto di; capire; comprendere: **I a. your difficulties**, comprendo le tue difficoltà ***3*** (*fin.*) aumentare il valore di; rivalutare; apprezzare (*una valuta*). **B** *v. i.* (*fin.*) aumentare di valore; salire di prezzo; (*di una valuta*) apprezzarsi, rivalutarsi: **Real estate has greatly appreciated**, il valore dei beni immobili è assai aumentato. ● **An early reply would be greatly appreciated**, vi saremmo grati se voleste risponderci con sollecitudine.

appreciation /əpri:ʃɪ'eɪʃn/, *n.* ***1*** apprezzamento; riconoscimento (*del valore di q.c.*) ***2*** comprensione (*di una difficoltà altrui, di un problema, ecc.*) ***3*** valutazione; calcolo; stima ***4*** (*fin.*) aumento di valore (*o* di prezzo); rivalutazione; apprezzamento (*di una valuta*). ● (*fin., rag.*) **a. of assets**, plusvalenza dell'attivo.

appreciative /ə'pri:ʃɪətɪv, *USA* -ɪeɪtɪv/, **appreciatory** /ə'pri:ʃɪətərɪ, *USA* -ɔ:rɪ/, *a.* ***1*** che apprezza; che valuta ***2*** che comprende; comprensivo; indulgente ***3*** elogiativo; d'apprezzamento ***4*** grato; riconoscente.

to **apprehend** /æprɪ'hend/, *v. t.* ***1*** (*leg.*) arrestare, catturare (*un ladro, ecc.*) ***2*** (*lett.*) afferrare (*con la mente*); comprendere; capire ***3*** (*lett.*) temere; paventare. ● (*ass., leg.*) **apprehended risk**, rischio putativo.

apprehensibility /æprɪhensə'bɪlətɪ/, *n.* (*lett.*) ***1*** comprensibilità ***2*** temibilità.

apprehensible /æprɪ'hensəbl/, *a.* (*lett.*) ***1*** comprensibile; percepibile ***2*** temibile.

apprehension /æprɪ'henʃn/, *n.* ***1*** apprensione; inquietudine; timore; paura ***2*** (*lett.*) comprensione; perspicacia; capacità d'intendere; intelligenza: **a boy of weak a.**, un ragazzo di scarsa intelligenza ***3*** (*leg.*) arresto; cattura: **the a. of a burglar**, l'arresto d'uno scassinatore ***4*** modo d'intendere (q.c.); opinione ***5*** (*pl.*) ansie; preoccupazioni; pensieri.

apprehensive /æprɪ'hensɪv/, *a.* ***1*** apprensivo; timoroso: **a. of st.**, che ha timore di q.c. ***2*** (*lett.*) pronto a capire; perspicace; intelligente ***3*** relativo a comprensione (*o* a percezione). ● **to be a. for sb. [st.]**, stare in pena per q. [q.c.].

apprehensiveness /æprɪ'hensɪvnəs/, *n.* ***1*** l'esser apprensivo; timore ***2*** facilità d'apprendimento; intelligenza; perspicacia.

apprentice /ə'prentɪs/, *n.* ***1*** apprendista: **to bind sb. a. (to)**, collocare q. come apprendista (presso) ***2*** principiante; novellino.

to **apprentice** /ə'prentɪs/, *v. t.* mettere a mestiere (*o* a fare pratica); collocare come apprendista: **He was apprenticed to a tailor**, fu collocato come apprendista presso un sarto.

apprenticeship /ə'prentɪsʃɪp/, *n.* apprendistato; tirocinio: **to serve one's a.**, fare il tirocinio.

to **apprise**, to **apprize** /ə'praɪz/, *v. t.* (*form.*) informare; avvertire; avvisare. ● **to be apprised of**, essere messo al corrente di: **I was apprised of the facts**, fui messo al corrente dei fatti.

appro /'æprəʊ/, *n.* (*comm.*) *abbr. fam.* di **approval** *nella locuz.*: **on a.**, in esame, salvo vista e verifica (*di merci*).

approach /ə'prəʊtʃ/, *n.* ***1*** avvicinamento; l'avvicinarsi; l'approssimarsi: **the a. of winter**, l'avvicinarsi dell'inverno ***2*** accesso; via d'accesso (*a luoghi o persone*): **easy [difficult] of a.**, di facile [difficile] accesso ***3*** (*spesso pl.*) approccio (*l'accostarsi a q. per saggiarne le intenzioni*); avance (*franc.*): **They made approaches to us for a joint venture**, ci fecero delle avances per un'impresa in partecipazione ***4*** approccio; modo di dare inizio (*a uno studio, a un lavoro*); modo di affrontare (*un problema*); introduzione; premessa: **a new a. to the study of physics**, un nuovo approccio allo studio della fisica; **a casual a. to a difficult problem**, un modo superficiale d'affrontare un problema difficile; **A knowledge of history is the best a. to the study of literature**, la conoscenza della storia è la migliore introduzione allo studio della letteratura ***5*** (*mat.*) approssimazione ***6*** (*pl.*) approcci amorosi; proposte; avances (*franc.*). ● (*naut.*) **a. course**, rotta di avvicinamento □ (*aeron.*) **a. path**, sentiero d'avvicinamento □ **Britain's western approaches**, le rotte marittime dell'Atlantico verso la Gran Bretagna □ **a new a. to foreign trade**, una nuova filosofia degli scambi con l'estero.

to **approach** /ə'prəʊtʃ/, **A** *v. i.* avvicinarsi; approssimarsi. **B** *v. t.* ***1*** avvicinarsi a: **We were approaching the mountains**, ci avvicinavamo alle montagne ***2*** avvicinare (q. *o* q.c.); rivolgere la parola a (q.): **Don't a. strangers**, non avvicinare gente che non conosci ***3*** fare un approccio con (q.); rivolgersi a (q.); parlare di (q.c.): **When can I a. him?**, quando posso rivolgermi a lui? ***4*** iniziare, affrontare (*un lavoro, un problema*): **I will a. the matter tomorrow**, affronterò la faccenda (*o* tasterò il terreno) domani ***5*** avvicinarsi a; accostarsi a;

essere simile a: **My opinion approaches yours**, i nostri due pareri si accostano; **This painting approaches perfection**, questo quadro s'avvicina alla perfezione.

approachability /əprəutʃəˈbɪlətɪ/, *n.* (*anche fig.*) accessibilità.

approachable /əˈprəutʃəbl/, *a.* **1** accessibile; avvicinabile **2** (*fig. fam.*: *di persona*) accessibile; disponibile.

approaching /əˈprəutʃɪŋ/, *a.* **1** che s'avvicina; imminente; prossimo: **the a. storm**, la tempesta che s'avvicina **2** approssimativo. ● **to be a. 70**, avere quasi 70 anni.

to **approbate** /ˈæprəubeɪt/, *v. t.* (*USA*) **1** approvare **2** sanzionare.

approbation /æprəˈbeɪʃn/, *n.* **1** approvazione **2** sanzione.

approbative /ˈæprəubeɪtɪv/, *a.* approvativo; favorevole.

approbatory /æprəˈbeɪtrɪ, əˈprɒbətrɪ, əˈprəu-, *USA* əˈprəubətɔːrɪ, əˈprɒ-, ˈæprə-/, *a.* approvativo; d'approvazione.

appropriable /əˈprəuprɪəbl/, *a.* **1** di cui ci si può appropriare **2** (*fin.*) che si può assegnare; assegnabile; stanziabile.

appropriate /əˈprəuprɪət/, *a.* **1** appropriato; adatto; proprio: **The spread eagle is the a. symbol of America's power**, l'aquila ad ali spiegate è il simbolo appropriato della potenza americana **2** (*d'ente, organismo, ecc.*) competente. ● **«Delete as a.»** (*scritto su un modulo*), «cancellare quello che non interessa».

to **appropriate** /əˈprəuprɪeɪt/, *v. t.* **1** impossessarsi di; appropriarsi **2** (*fin.*) assegnare; destinare; stanziare: **More money should be appropriated for education**, si dovrebbero stanziare maggiori somme di denaro per l'istruzione **3** (*fin., rag.*) accantonare (*fondi*); ripartire (*utili*) **4** (*leg.*) appropriarsi indebitamente di; sottrarre; rubare.

appropriateness /əˈprəuprɪətnəs/, *n.* appropriatezza; adeguatezza.

appropriation /əprəuprɪˈeɪʃn/, *n.* **1** appropriazione **2** cosa di cui ci si è appropriati **3** (*fin.*) assegnazione; destinazione (*a uno scopo*); stanziamento; impegno di spesa: **a. bills**, disegni di legge per stanziamenti in bilancio **4** (*fin., rag.*) accantonamento (*di fondi*); ripartizione, riparto: **a. account**, conto di accantonamento; prospetto di riparto (*degli utili*) **5** (*leg.*) appropriazione indebita.

appropriative /əˈprəuprɪətɪv, *USA* -eɪtɪv/, *a.* **1** incline ad appropriarsi **2** (*fin.*) che assegna, stanzia (*V.* **appropriation**).

appropriator /əˈprəuprɪeɪtə(r)/, *n.* **1** appropriatore; chi si appropria (*di q.c.*) **2** (*fin.*) chi assegna; chi stanzia **3** (*relig.*) detentore di beneficio ecclesiastico.

approvable /əˈpruːvəbl/, *a.* approvabile.

approval /əˈpruːvl/, *n.* **1** approvazione; benestare **2** (*comm.*) prova: **goods on a.**, merce in prova (*o* in esame) **3** (*leg.*) omologazione; ratifica: **a. of the court**, omologazione del tribunale; **a. of a sentence**, ratifica di una sentenza. ● **in a.**, in segno di approvazione.

to **approve** /əˈpruːv/, **A** *v. t.* **1** approvare; stimare o dichiarare soddisfacente; dare il proprio consenso a: **I a. all his plans**, approvo tutti i suoi progetti **2** sanzionare; omologare; ratificare **3** (*arc.*) dimostrare; provare: **to a. one's valour**, dimostrare il proprio valore. **B** *v. i.* – **to a. of**, approvare: **I don't a. of your behaviour**, non approvo la tua condotta.

approved /əˈpruːvd/, *a.* **1** approvato; accettato; riconosciuto: **a. society**, società riconosciuta (*per legge*) **2** provato; dimostrato. ● (*comm.*) **a. bill of exchange**, cambiale accettata □ (*ass.*) **a. policy**, polizza approvata □ (*stor.*) **a. school**, casa di correzione; riformatorio.

approver /əˈpruːvə(r)/, *n.* **1** approvatore; chi approva **2** (*leg., stor.*) reo confesso che testimonia contro i complici.

approximate /əˈprɒksɪmət/, *a.* **1** approssimato; approssimativo **2** (*fig.*) molto simile; vicino **3** (*mat., tecn.*) approssimato.

to **approximate** /əˈprɒksɪmeɪt/, **A** *v. t.* **1** avvicinarsi a; essere molto simile a: **This picture approximates reality**, questo quadro si avvicina alla realtà **2** (*mat., tecn.*) approssimare **3** ravvicinare (*punti di vista, prezzi di merci, ecc.*). **B** *v. i.* – **to a. to**, accostarsi a; avvicinarsi a: **His poems a. to musical compositions**, le sue poesie si avvicinano alle composizioni musicali.

approximation /əprɒksɪˈmeɪʃn/, *n.* **1** (*anche mat.*) approssimazione **2** (*mat.*) valore approssimato **3** ravvicinamento (*d'opinioni, prezzi, ecc.*).

approximative /əˈprɒksɪmətɪv, *USA* -eɪtɪv/, *a.* approssimativo. || **-ly**, *avv.*

appurtenance /əˈpɜːtɪnəns/, *n.* **1** cosa connessa (*ad altra*); accessorio; annesso **2** (*leg.*) pertinenza **3** (*leg.*: *di un immobile*) diritto accessorio **4** (*pl.*) (*leg.*) annessi e connessi.

appurtenant /əˈpɜːtɪnənt/, **A** *a.* **1** pertinente (a); che appartiene (a) **2** (*leg.*) annesso. **B** *n.* *V.* **appurtenance**.

après-ski /æpreɪˈskiː, *USA* ɑː-/ (*franc.*), *n.* e *a.* (*sport*) doposcì: **a. shoes**, scarpe doposcì.

apricot /ˈeɪprɪkɒt, *USA* ˈæp-/, *n.* **1** albicocca **2** (*bot., Prunus armeniaca*, = **a. tree**) albicocco **3** (color) albicocca.

April /ˈeɪprəl/, **A** *n.* aprile. **B** *a. attr.* d'aprile. ● **A. fool**, vittima di un pesce d'aprile: **We made an A. fool of him**, gli facemmo un pesce d'aprile □ **A. Fools' Day**, il primo d'aprile.

a priori /eɪpraɪˈɔːraɪ, ɑːpriˈɔːrɪ/ (*lat.*), *locuz. avv.* e *agg.* (*filos.*) a priori.

apriorism /eɪˈpraɪərɪsm, ɑːˈpriːə-/, *n.* (*filos.*) apriorismo.

aprioristic /eɪpraɪəˈrɪstɪk, ɑːpriːə-/, *a.* (*filos.*) aprioristico.

apriority /eɪpraɪˈɒrətɪ, ɑːpriː-, *USA* -ˈɔːr-/, *n.* (*filos.*) apriorità.

apron /ˈeɪprən/, *n.* **1** grembiule, grembiale **2** (*mecc.*) grembiule; riparo; piastra metallica; pannello di protezione **3** (*in un aeroporto*) piazzale; area di stazionamento **4** (*teatr.*, = **a. stage**) proscenio **5** (*ind.*) nastro trasportatore **6** (*tecn.*) platea antierosione (*di diga*) **7** (*falegn.*) zeppa fermaferro (*della pialla*) **8** (*mil.*) schermo mimetico (*di cannone*). ● **a. string**, laccio di grembiule □ (*fig.*) **to be tied to one's mother's** (*o* **wife's**) **a. strings**, essere attaccato alle sottane della madre (*o* della moglie).

apropos /æprəˈpəu, ˈæprəupəu/, **A** *a.* appropriato; adatto **B** *avv.* a proposito: **He spoke a.**, parlò opportunamente; **a. of**, a proposito di.

apse /æps/, *n.* **1** (*archit.*) abside **2** (*astron.*) abside.

apsidal /ˈæpsɪdl/, *a.* absidale; di abside.

apsis /ˈæpsɪs/, *n.* (*pl.* **apsides**) **1** (*archit.*) abside **2** (*astron.*) abside: **line of apsides**, linea degli absidi **3** (*relig.*) reliquiario.

apt /æpt/, *a.* **1** adatto; atto; appropriato: **a. behaviour**, comportamento appropriato **2** sveglio; pronto (*di mente*); intelligente: **an apt student**, uno studente intelligente **3** incline; propenso; soggetto; che ha la tendenza (a): **I am apt to catch colds**, vado soggetto a raffreddori; **He is apt to fall into debt**, ha la tendenza a indebitarsi. ● **an apt expression**, un'espressione felice □ **apt to forget**, scordevole (*raro*) □ **an apt word**, un vocabolo esatto □ **Sleeping too much is apt to make one feel sleepy all the time**, il dormire troppo può far sì che ci si senta sempre assonnati.

apteral /ˈæptərəl/, *a.* (*zool., archit.*) aptero, attero.

apterous /ˈæptərəs/, *a.* (*zool.*) aptero, attero.

apteryx /ˈæptərɪks/, *n.* (*arc.*; *zool., Apteryx*) atterige; kiwi.

aptitude /ˈæptɪtjuːd, *USA* -tuːd/, *n.* **1** appropriatezza (*raro*); opportunità; abilità: **The a. of his speech was highly admired**, l'abilità del suo discorso fu molto ammirata **2** attitudine; tendenza; proclività (*lett.*); propensione **3** prontezza (*nell'apprendere*); intelligenza; perspicacia. ● **a. test**, esame attitudinale.

aptly /ˈæptlɪ/, *avv.* in modo appropriato; a proposito.

aptness /ˈæptnəs/, *V.* **aptitude**.

Apulia /əˈpjuːlɪə/, *n.* (*geogr.*) Puglia.

Apulian /əˈpjuːlɪən/, *a.* e *n.* pugliese.

apyretic /eɪpaɪˈretɪk, æpə-/, *a.* (*med.*) apiretico.

apyrexy /eɪˈpaɪreksɪ, ˈæpə-/, *n.* (*med.*) apiressia.

aqua /ˈækwə, *USA* ˈɑː-/ (*lat.*), *n.* (*pl.* **aquae**) (*chim.*) acqua; **a. regia**, acqua regia. ● (*chim.*) **a. ammoniae**, (soluzione di) ammoniaca □ (*arc.*) **a. vitae**, acquavite.

aquabatics /ækwəˈbætɪks, *USA* ɑː-/, *n. pl.* (*col verbo al sing.*) acrobazie nell'acqua.

aquacade /ˈækwəkeɪd, *USA* ˈɑː-/, *n.* (*sport, USA*) spettacolo acquatico (*con musica e danze*).

aquaculture /ˈækwəkʌltʃə(r), *USA* ˈɑː-/, e *deriv.* *V.* **aquiculture**, e *deriv.*

aquadrome /ˈækwədrəum, *USA* ˈɑː-/, *n.* (*sport*) centro di gare di sci d'acqua.

aquafarm /ˈækwəfɑːm, *USA* ˈɑː-/, *n.* allevamento di pesci (*o* ostriche, ecc.).

aqualung /ˈækwəlʌŋ, *USA* ˈɑː-/, *n.* (*sport*) autorespiratore.

aquamarine /ækwəməˈriːn, *USA* ɑː-/, *n.* **1** (*miner.*) acquamarina **2** (color) acquamarina.

aquanaut /ˈækwənɔːt, *USA* ˈɑː-/, *n.* (*sport*) acquanauta; esploratore subacqueo.

aquanautics /ækwəˈnɔːtɪks, *USA* ɑː-/, *n. pl.* (*col verbo al sing.*) esplorazione (*o* ricerca) subacquea.

aquaplane /ˈækwəpleɪn, *USA* ˈɑː-/, *n.* (*sport*) acquaplano.

to **aquaplane** /ˈækwəpleɪn, *USA* ˈɑː-/, *v. i.* **1** (*sport*) andare sull'acquaplano **2** (*autom.*: *di pneumatico, ecc.*) subire l'effetto aquaplaning (*slittare sul bagnato*).

aquaplaning /ˈækwəpleɪnɪŋ, *USA* ˈɑː-/, *n.* **1** (*sport*) l'acquaplano (*l'attività*) **2** (*autom.*) aquaplaning.

aquarelle /ækwəˈrel, *USA* ɑː-/, *n.* (*arte*) acquerello.

aquarellist /ækwəˈrelɪst, *USA* ɑː-/, *n.* acquerellista.

Aquarian /əˈkweərɪən/, (*astrol.*) **A** *n.* a(c)quario; persona nata sotto il segno dell'A(c)quario. **B** *a.* dell'A(c)quario.

aquarist /ˈækwərɪst, *USA* əˈkweə-/, *n.* direttore di acquario.

aquarium /əˈkweərɪəm/, *n.* (*pl.* **aquariums, aquaria**) acquario.

Aquarius /əˈkweərɪəs/, **A** *n.* **1** (*astron., astrol.*) A(c)quario (*costellazione e XI segno dello zodiaco*) **2** (*astrol.*: *pl.* **Aquarii, Aquariuses**) (un) a(c)quario; individuo nato sotto il segno dell'A(c)quario. **B** *a.* (*astrol.*) dell'A(c)quario.

aquascope /ˈækwəskəup, *USA* ˈɑː-/, *n.* (*naut., tur.*) battello dal fondo in parte di vetro, per osservare il mondo subacqueo.

aquatic /əˈkwætɪk/, *a.* acquatico: **a. sports**, sport acquatici.

aquatics /əˈkwætɪks/, *n. pl.* sport acquatici.

aquatint /ˈækwətɪnt, *USA* ˈɑː-/, *n.* (*arte*) acquatinta.

aqueduct /ˈækwɪdʌkt/, *n.* **1** acquedotto **2** (*anat.*) acquedotto.

aqueous /ˈeɪkwɪəs/, *a.* acqueo; acquoso.

aquiculture /ˈækwɪkʌltʃə(r)/, *n.* **1** acquacoltura **2** idroponica.

aquiculturist /ˈækwɪkʌltʃərɪst/, *n.* acquacoltore.

aquilegia /ækwɪˈliːdʒɪə, -dʒə/, *n.* (*bot., Aquilegia*) aquilegia.

aquiline /ˈækwɪlaɪn/, *a.* aquilino: **a. nose**, naso aquilino.

aquosity /əˈkwɒsətɪ/, *n.* acquosità.

ar /ɑː(r)/, *n.* erre; lettera r.

Arab /ˈærəb/, *a.* e *n.* **1** arabo **2** cavallo arabo **3** (*pop. USA*) persona dalla pelle scura **4** (*pop. USA*) venditore ambulante. ● **the A. countries**, i paesi arabi □ (*spreg.*) **street a.**, monello, monellaccio; ladruncolo.

arabesque /ærə'bɛsk/, **A** *n.* **1** arabesco **2** (*danza*) arabesque (*franc.*). **B** *a.* arabescato.
to **arabesque** /ærə'bɛsk/, *v. t.* arabescare.
Arabian /ə'reɪbɪən/, *a.* e *n.* **1** arabo **2** cavallo arabo. ● **the A. bird**, l'araba fenice □ **the A. Nights**, le Mille e una Notte.
Arabic /'ærəbɪk/, **A** *a.* arabico. **B** *n.* arabo (*la lingua*). ● **a. numerals**, numeri arabi; cifre arabiche.
Arabism /'ærəbɪzəm/, *n.* arabismo.
Arabist /'ærəbɪst/, *n.* arabista.
arable /'ærəbl/, **A** *a.* arabile; arativo. **B** *n.* terreno arabile.
Arablish /'ærəblɪʃ/, *n.* (*fam.*) lingua araba infarcita di parole inglesi.
arachis /'ærəkɪs/, *n.* (*bot., Arachis hypogaea*) arachide.
arachnids /ə'ræknɪdz/, *n. pl.* (*zool., Arachnida*) aracnidi.
arachnoid /ə'ræknɔɪd/, *n.* **1** (*anat.*) aracnoide **2** (*zool.*) aracnide.
Aragon /'ærəgən/, *n.* (*geogr.*) Aragona.
Aragonese /ærəgə'ni:z/, *a.* e *n.* (*invar. al pl.*) aragonese.
aragonite /ə'rægənaɪt/, *n.* (*miner.*) aragonite.
Aramaic /ærə'meɪɪk/, *a.* e *n.* aramaico.
arapaima /ærə'paɪmə/, *n.* (*zool., Arapaima*) arapaima.
araucaria /ærɔ:'kɛərɪə/, *n.* (*bot., Araucaria*) araucaria.
arbalest /'ɑ:bəlɛst/, *n.* (*stor., mil.*) balestra.
arbalester /'ɑ:bəlɛstə(r)/, *n.* (*stor., mil.*) balestriere.
arbiter /'ɑ:bɪtə(r)/, *n.* (*leg.* e *fig.*) arbitro: **He is the a. of fashion**, è l'arbitro della moda.
arbitrable /'ɑ:bɪtrəbl/, *a.* che si può arbitrare.
arbitrage /ɑ:bɪ'trɑ:ʒ/, *n.* **1** (*Borsa*) arbitraggio: **a. in securities**, arbitraggio su titoli **2** (*arc.*) arbitrato.
arbitrager /ɑ:bɪ'trɑ:ʒə(r)/, **arbitragist** /ɑ:bɪ'trɑ:ʒɪst/, *n.* (*Borsa*) operatore in arbitraggi; arbitraggista.
arbitral /'ɑ:bɪtrəl/, *a.* arbitrale.
arbitrament /ɑ:'bɪtrəmənt/, *n.* **1** (*leg.*) arbitrato; arbitramento **2** (*leg.*) decisione (*o* lodo) arbitrale **3** (*sport*) arbitraggio.
arbitrary /'ɑ:bɪtrərɪ, *USA* -trerɪ/, *a.* **1** (*anche leg.*) arbitrario; dispotico **2** (*leg.*) discrezionale. ● (*fisc.*) **a. assessment**, accertamento d'ufficio. || **-ily**, *avv.* || **-iness**, *sost.*
to **arbitrate** /'ɑ:bɪtreɪt/, **A** *v. i.* arbitrare; fare da arbitro. **B** *v. t.* arbitrare; sottoporre ad arbitrato: **Nations should a. their differences**, le nazioni dovrebbero sottoporre le loro discordie ad arbitrato. ● **to a. a labour dispute**, arbitrare una vertenza sindacale □ (*fin.*) **arbitrated exchange rate**, corso di cambio indiretto; parità indiretta.
arbitration /ɑ:bɪ'treɪʃn/, *n.* **1** (*leg.*) arbitrato **2** (*sport*) arbitraggio. ● (*leg.*) **a. award**, lodo arbitrale □ **a. board**, collegio arbitrale □ **a. clause**, clausola arbitrale □ **a. fees**, diritti di arbitrato □ (*Borsa*) **a. of exchange**, arbitraggio di cambio.
arbitrator /'ɑ:bɪtreɪtə(r)/, *n.* (*leg.*) arbitratore; arbitro.
arbitrement /a'bɪtrəmənt/, *V.* **arbitrament**.
arbitress /'ɑ:bɪtrɪs/, *n.* (*raro*) donna arbitro.
arblast /'ɑ:blɑ:st, *USA* -æst/, (*arc.*) *V.* **arbalest**.
arbor (**1**) /'ɑ:bə(r)/, *n.* **1** (*mecc.*: *pl.* **arbors**) albero (*di macchina*); asse; mandrino **2** (*arald.*: *pl.* **arbores**) albero genealogico **3** (*bot.*: *pl.* **arbores**) albero: **a. Judae**, albero di Giuda. ● (*bot.*) **a. vitae**, (*Thuja occidentalis*) tuja.
arbor (**2**) /'ɑ:bə(r)/, (*USA*) *V.* **arbour**.
arboraceous /ɑ:bə'reɪʃəs/, *a.* **1** arboreo **2** boscoso.
Arbor Day /'ɑ:bədeɪ/, *locuz. n.* (*USA*) la festa degli alberi (*in aprile o maggio*).
arboreal /ɑ:'bɔ:rɪəl/, *a.* **1** arboreo **2** (*zool.*) arboricolo.
arboreous /ɑ:'bɔ:rɪəs/, *a.* **1** arboreo **2** boschivo.
arborescence /ɑ:bə'rɛsns/, *n.* (*bot.*) arborescenza.
arborescent /ɑ:bə'rɛsnt/, *a.* (*bot.*) arborescente.
arboretum /ɑ:bə'ri:təm/, *n.* (*pl.* **arboretums, arboreta**) arboreto.
arboriculture /'ɑ:bərɪkʌltʃə(r)/, *n.* arboricoltura.
arboriculturist /ɑ:bərɪ'kʌltʃərɪst/, *n.* arboricoltore.
arborization /ɑ:bəraɪ'zeɪʃn, *USA* -rɪ'z-/, *n.* **1** (*biol.*) arborizzazione **2** (*anat.*) arborizzazione, ramificazione (*di nervi, vasi, capillari, ecc.*).
arbor vitae /'ɑ:bə'vaɪti:, 'ɑ:bɔ:'vi:taɪ/, *locuz. n.* (*bot., Thuja*) tuja.
arbour /'ɑ:bə(r)/, *n.* **1** pergola; pergolato **2** recesso ombroso.
arboured /'ɑ:bəd/, *a.* **1** fornito di pergolato **2** alberato.
arbutus /ɑ:'bju:təs/, *n.* (*bot., Arbutus unedo*) corbezzolo. ● **a. berry**, corbezzola (*il frutto*).
arc /ɑ:k/, *n.* (*geom., fis., astron.*) arco: (*metall.*) **arc furnace**, forno ad arco; **arc lamp**, lampada ad arco; **arc lighting**, illuminazione con lampade ad arco; (*mat.*) **arc secant**, arcosecante; (*mat.*) **arc sine**, arcoseno; **arc welding**, saldatura ad arco; (*astron.*) **diurnal arc**, arco diurno (*di un astro*); (*geol.*) **volcanic arc**, arco vulcanico.
arcade /ɑ:'keɪd/, *n.* **1** portico; colonnato; galleria **2** (*archit.*) arcata; fila d'archi e colonne **3** (*zool.*) cellula a galleria (*d'invertebrato*). ● (*comm.*) **shopping a.**, centro commerciale.
Arcadian /ɑ:'keɪdɪən/, **A** *a.* arcadico. **B** *n.* abitante d'Arcadia; arcade.
Arcadic /ɑ:'keɪdɪk/, **A** *a.* arcadico. **B** *n.* arcadico (*la lingua dell'Arcadia*).
Arcady /'ɑ:kədɪ/, *n.* (*poet.*) Arcadia.
arcane /ɑ:'keɪn/, *a.* arcano; esoterico.
arcanum /ɑ:'keɪnəm/, *n.* (*pl.* **arcana, arcanums**) **1** arcano; mistero **2** elisir (*degli alchimisti*).
arch (**1**) /ɑ:tʃ/, *n.* **1** (*archit., anat., ecc.*) arco; arcata: **triumphal a.**, arco di trionfo; **a. of the foot**, arco del piede **2** *V.* **archway**. ● (*edil.*) **a. center**, centina □ (*tecn.*) **a. dam**, diga ad arco □ (*poet.*) **the a. of the heavens**, la volta celeste □ (*med.*) **fallen arches**, piedi piatti.
arch (**2**) /ɑ:tʃ/, *a.* **1** (*di solito nei composti*) straordinario; matricolato; di tre cotte: **an a.-knave**, un furfante di tre cotte **2** astuto; abile: **an a. villain**, un'abile canaglia **3** principale; più temibile: **our a. rival**, il nostro rivale più temibile **4** birichino; birbone; malizioso: **an a. look [smile]**, uno sguardo [un sorriso] birichino. ● **a.-enemy**, nemico acerrimo □ (*per antonomasia*) **the A.-Enemy**, Satana □ (*econ.*) **a.-monetarist**, arcimonetarista □ **a.-opponent**, principale avversario.
to **arch** /ɑ:tʃ/, **A** *v. t.* **1** fornire di arcata (*o* d'arco); coprire (*un vuoto*) con un'arcata: **The river was arched with a bridge**, si costruì un ponte sul fiume **2** inarcare; curvare ad arco: **to a. one's back**, inarcare la schiena. **B** *v. i.* formare un arco; inarcarsi.
archaeologic(**al**) /ɑ:kɪə'lɒdʒɪk(l)/, *a.* archeologico.
archaeologist /ɑ:kɪ'ɒlədʒɪst/, *n.* archeologo.
archaeology /ɑ:kɪ'ɒlədʒɪ/, *n.* archeologia.
Archaeopteryx /ɑ:kɪ'ɒptərɪks/, *n.* (*paleont.*) archeopterige, archeotterige.
Archaeozoic /ɑ:kɪəʊ'zəʊɪk/, (*geol.*) **A** *a.* archeozoico: **the A. era**, l'era archeozoica. **B** *n.* – **the A.**, l'archeozoico.
archaic /ɑ:'keɪɪk/, *a.* arcaico.
archaism /'ɑ:keɪɪzəm/, *n.* arcaismo.
archaist /'ɑ:keɪɪst/, *n.* arcaista.
archaistic /ɑ:keɪ'ɪstɪk/, *a.* arcaistico.
to **archaize** /'ɑ:keɪaɪz/, **A** *v. t.* rendere (*o* far sembrare) arcaico. **B** *v. i.* arcaizzare, arcaicizzare; usare arcaismi.
archangel /'ɑ:keɪndʒl/, *n.* arcangelo.
archbishop /'ɑ:tʃ'bɪʃəp/, *n.* arcivescovo.
archbishopric /'ɑ:tʃ'bɪʃəprɪk/, *n.* arcivescovato.
archdeacon /'ɑ:tʃ'di:kən/, *n.* arcidiacono.
archdeaconry /'ɑ:tʃ'di:kənrɪ/, *n.* **1** arcidiaconato **2** residenza di arcidiacono.
archdiocese /'ɑ:tʃ'daɪəsɪs/, *n.* arcidiocesi.
archducal /'ɑ:tʃ'dju:kl, *USA* 'du:kl/, *a.* arciducale.
archduchess /'ɑ:tʃ'dʌtʃɪs/, *n.* arciduchessa.
archduchy /'ɑ:tʃ'dʌtʃɪ/, *n.* arciducato.
archduke /'ɑ:tʃ'dju:k, *USA* -'du:k/, *n.* arciduca.
archdukedom /'ɑ:tʃ'dju:kdəm, *USA* 'du:k-/, *n.* arciducato.
Archean /ɑ:'ki:ən/, *a.* (*geol.*) archeano.
arched /ɑ:tʃt/, *a.* **1** provvisto di (*o* coperto da) un arco **2** ad arco; arcuato **3** (*del dorso di un gatto, ecc.*) inarcato.
arch(**-**)**enemy** /'ɑ:tʃ'ɛnəmɪ/, *V. sotto* **arch** (**2**).
archer /'ɑ:tʃə(r)/, *n.* **1** arciere **2** – (*astron., astrol.*) **the A.**, il Sagittario (*costellazione e IX segno dello zodiaco*).
archerfish /'ɑ:tʃəfɪʃ/, *n.* (*zool., Toxotes jaculator*) pesce arciere.
archery /'ɑ:tʃərɪ/, *n.* **1** arte del tiro con l'arco **2** arco e annessi (*frecce, ecc.*) **3** (*collett.*) (*stor.*) (gli) arcieri.
archetypal /ɑ:kɪ'taɪpl/, *a.* archetipo (*lett.*); originario; primitivo.
archetype /'ɑ:kɪtaɪp/, *n.* archetipo.
arch(**-**)**fiend** /'ɑ:tʃ'fi:nd/, *n.* (*raro*) arcidiavolo. ● **the A.**, Satana.
archiater /'ɑ:kɪeɪtə(r)/, *n.* archiatra.
Archibald /'ɑ:tʃɪbɔ:ld, -bld/, *n.* Arcibaldo.
archidiaconal /ɑ:kɪdaɪ'ækənl/, *a.* arcidiaconale.
archidiaconate /ɑ:kɪdaɪ'ækənət/, *n.* arcidiaconato.
archiepiscopal /ɑ:kɪɪ'pɪskəpl/, *a.* arcivescovile; archiepiscopale.
archil /'ɑ:tʃɪl/, *n.* (*bot., Roccella*) oricello.
Archilochian /ɑ:kɪ'ləʊkɪən/, *a.* (*poesia*) archilocheo.
Archilochus /ɑ:'kɪləkəs/, *n.* (*stor., letter.*) Archiloco.
archimandrite /ɑ:kɪ'mændraɪt/, *n.* (*relig.*) archimandrita.
Archimedean /ɑ:kɪ'mi:dɪən/, *a.* di Archimede; archimedeo. ● (*mecc.*) **A. screw**, vite d'Archimede; coclea □ (*mat.*) **A. solid**, solido archimedeo.
Archimedes /ɑ:kɪ'mi:di:z/, *n.* (*stor.*) Archimede.
archipelago /ɑ:kɪ'pɛləgəʊ/, *n.* (*pl.* **archipelagoes, archipelagos**) (*geogr.*) arcipelago.
architect /'ɑ:kɪtɛkt/, *n.* **1** architetto **2** (*fig.*) artefice.
architectonic /ɑ:kɪtɛk'tɒnɪk/, *a.* **1** architettonico **2** armonioso. || **-ally**, *avv.*
architectonics /ɑ:kɪtɛk'tɒnɪks/, *n. pl.* (*col verbo al sing.*) **1** architettura **2** (*fig.*) struttura: **the a. of Bach's sonatas**, la struttura delle sonate di Bach.
architectural /ɑ:kɪ'tɛktʃərəl/, *a.* architettonico. ● **a. concrete**, cemento per ornamentazione □ **a. engineering**, ingegneria edile.
architecture /'ɑ:kɪtɛktʃə(r)/, *n.* **1** architettura **2** (*fig.*) struttura.
architrave /'ɑ:kɪtreɪv/, *n.* architrave.
archives /'ɑ:kaɪvz/, *n. pl.* **1** archivio **2** documenti d'archivio.
archivist /'ɑ:kɪvɪst/, *n.* archivista.
archivolt /'ɑ:kɪvəʊlt/, *n.* (*archit.*) archivolto.
archlute /'ɑ:tʃlu:t, -lju:t/, *n.* (*mus.*) arciliuto.
archness /'ɑ:tʃnəs/, *n.* malizia; astuzia; furberia.
archon /'ɑ:kən/, *n.* (*stor. greca*) arconte.
archonship /'ɑ:kənʃɪp/, *n.* (*stor. greca*) arcontato.
archpriest /'ɑ:tʃ'pri:st/, *n.* arciprete.
archstone /'ɑ:tʃstəʊn/, *n.* (*archit.*) peduccio dell'arco; chiave di volta.
archway /'ɑ:tʃweɪ/, *n.* passaggio ad arco; voltone.
arctic /'ɑ:ktɪk/, *a.* **1** (*geogr.*) artico **2** polare;

molto freddo: **a. weather**, freddo polare *3* (*di vestiario*) contro il freddo polare. • **the A.**, l'Artico; l'Artide ▫ **the A. Circle**, il Circolo Polare Artico.

arctics /'ɑːktɪks/, *n. pl.* (*USA*) soprascarpe da neve.

Arcturus /ɑːk'tjʊərəs, *USA* -'tʊ-/, *n.* (*astron.*) Arturo (*stella*).

arcuate /'ɑːkjʊət/, **arcuated** /'ɑːkjʊeɪtɪd/, *a.* arcuato.

arcuation /ɑːkjʊ'eɪʃn/, *n.* arcuazione; incurvatura.

ardency /'ɑːdnsɪ/, *n.* ardore; fervore; entusiasmo.

ardent /'ɑːdnt/, **A** *a.* ardente; fervente; entusiastico. **B** *n.* – (*USA*) **the a.**, l'alcol. • **a. spirits**, bevande alcoliche; liquori.

ardour, (*USA*) **ardor** /'ɑːdə(r)/, *n.* ardore; (*fig.*) fervore.

arduous /'ɑːdjʊəs, *USA* -dʒʊ-/, *a.* *1* arduo; ripido; difficile; scabroso *2* (*raro*) (*di persona*) energico; strenuo *3* (*del clima*) rigido.

arduousness /'ɑːdjʊəsnəs, *USA* -dʒʊ-/, *n.* *1* arduità (*lett.*); difficoltà *2* (*raro*) energia; strenuità *3* ripidezza *4* (*del clima*) rigidità.

are (**1**) /ɑː(r), ə(r)/, *2ª pers. sing., 1ª, 2ª e 3ª pers. pl. del pres. indic.* di **to be.**

are (**2**) /ɑː(r)/, *n.* ara (*misura di superficie*).

area /'eərɪə/, *n.* *1* area; superficie *2* area; regione; zona: **landing a.**, zona d'atterraggio; **mined a.**, zona minata *3* (= **a.-way**) ingresso a un seminterrato; sorta di corridoio scoperto attorno a una casa (*più basso del piano stradale e separato da questo da una ringhiera*) *4* campo (*d'attività*); raggio (*d'azione*) *5* (*elab.*) area, zona di memoria. • **a. bell**, campanello di servizio ▫ (*mil.*) **a. bombing**, bombardamento a tappeto ▫ (*telef., USA*) **a. code**, prefisso teleselettivo; indicativo interurbano ▫ (*comm.*) **a. manager**, area manager; capozona ▫ **a. number**, *V.* **a. code** ▫ (*econ.*) **development a.**, area di sviluppo ▫ **disaster a.**, zona disastrata ▫ **metropolitan a.**, grande agglomerato urbano; metropoli.

areaway /'eərɪəweɪ/, *V.* **area,** *def. 3.*

areca /'ærɪkə, ə'riːkə/, *n.* (*bot., Areca*) areca.

arena /ə'riːnə/, *n.* arena; (*fig.*) agone (*lett.*): **the political a.**, l'agone politico.

arenaceous /ærə'neɪʃəs/, *a.* *1* (*geol.*) arenaceo *2* (*bot.*) arenicolo.

arenite /'ærənaɪt, ə'riː-/, *n.* (*geol.*) arenite.

arenose /'ærənəʊz/, *a.* arenoso; sabbioso.

aren't /ɑːnt, *USA* ɑːnt, 'ɑːrənt/, *voce verb.* *1* *contraz.* di **are not** *2* (*fam.*) *contraz.* di **am not.**

areography /eərɪ'ɒgrəfɪ/, *n.* *1* (*astron.*) areografia *2* (*biol.*) biogeografia descrittiva.

areola /æ'rɪələ/, *n.* (*pl.* **areolae, areolas**) (*anat.*) areola.

areometer /ærɪ'ɒmɪtə(r)/, *n.* (*fis.*) areometro.

Areopagite /ærɪ'ɒpədʒaɪt/, *n.* (*stor. greca*) areopagita.

arête /æ'reɪt/ (*franc.*), *n.* ruga di circo glaciale.

argala /'ɑːgələ/, *n.* (*zool.*) *1* (*Leptoptilos dubius*) marabù maggiore *2* (*Leptoptilos crumeniferus*) marabù d'Africa.

argali /'ɑːgəlɪ/, *n.* (*pl.* **argali, argalis**) (*zool., Ovis ammon*) argali.

argent /'ɑːdʒənt/, *n.* e *a.* (*poet. o arald.*) argento; color argento.

argentiferous /ɑːdʒən'tɪfərəs/, *a.* (*miner.*) argentifero.

argentine /'ɑːdʒəntaɪn/, **A** *a.* argentino; argenteo. **B** *n.* *1* (*metall.*) argentana; alpacca; argentone *2* (*zool., Argentina sphyraena*) argentina.

Argentine /'ɑːdʒəntaɪn/, *a.* e *n.* argentino. • (*geogr.*) **the A.**, l'Argentina.

Argentinean /ɑːdʒən'tɪnɪən/, **Argentinian** /ɑːdʒən'tɪnɪən/ *n.* e *a.* argentino.

argentite /'ɑːdʒəntaɪt/, *n.* (*miner.*) argentite.

argil /'ɑːdʒɪl/, *n.* argilla (*specialm. da vasaio*).

argillaceous /ɑːdʒɪ'leɪʃəs/, *a.* *1* argillaceo *2* argilloso.

argilliferous /ɑːdʒɪ'lɪfərəs/, *a.* (*geol.*) argillifero.

argillite /'ɑːdʒɪlaɪt/, *n.* (*geol.*) argillite.

Argive /'ɑːgaɪv/, *a.* e *n.* argivo (*della città d'Argo, o, per estens., greco*).

argle-bargle /'ɑːgl'bɑːgl/, *n.* (*scherz.*) disputa; discussione.

to **argle-bargle** /'ɑːgl'bɑːgl/, *v. i.* (*scherz.*) disputare; discutere.

argol /'ɑːgɒl, *USA* -ɔːl, -əl/, *n.* tartaro (*di vino*).

Argolis /'ɑːgəlɪs/, *n.* (*geogr., stor.*) Argolide.

argon /'ɑːgɒn/, *n.* (*chim.*) argon, argo.

Argonaut /'ɑːgənɔːt/, *n.* (*mitol.*) argonauta.

argonaut /'ɑːgənɔːt/, *n.* (*zool., Argonauta argo*) argonauta.

Argonautic /ɑːgə'nɔːtɪk/, *a.* argonautico.

argosy /'ɑːgəsɪ/, *n.* (*poet.*) nave carica di merci pregiate.

argot /'ɑːgəʊ, -ət/ (*franc.*), *n.* gergo (*di malfattori, ecc.*).

arguable /'ɑːgjʊəbl/, *a.* *1* discutibile: **an a. decision**, una decisione discutibile *2* sostenibile: **an a. theory**, una teoria sostenibile.

arguably /'ɑːgjʊəblɪ/, *avv.* opinabilmente; si può argomentare (*o* si può obiettare) che: **A., a money squeeze will hit home trade**, si potrebbe obiettare (*o* si potrebbe dire) che una stretta monetaria colpirà il commercio interno.

to **argue** /'ɑːgjuː/, *v. i.* e *t.* *1* argomentare; ragionare; sostenere *2* discutere; dibattere; disputare: **Stop arguing!**, smettila di discutere! *3* denotare; indicare; rivelare: **Her manner of speech argues a university education**, il suo modo di parlare rivela una cultura universitaria *4* fare obiezioni; sollevare eccezioni. • **to a. sb. into st.**, persuadere q. a fare q.c. ▫ **to a. st. out**, discutere q.c. a fondo ▫ **to a. sb. out of st.**, dissuadere q. dal fare q.c.: **His parents are trying to a. him out of this marriage**, i suoi genitori cercano di distoglierlo da questo matrimonio ▫ **to a. st. away**, togliere di mezzo q.c. (*un ostacolo, ecc.*) dando ragioni in contrario: **He argued away my fears**, ragionando mi liberò dei miei timori.

to **argufy** /'ɑːgjʊfaɪ/, *v. i.* (*dial.* o *scherz.*) discutere; cavillare.

argument /'ɑːgjʊmənt/, *n.* *1* (*specialm. al pl.*) argomento; ragione (*addotta o da addursi*): **The strongest a. against war is its cruelty**, il più forte argomento contro la guerra è la sua crudeltà *2* discussione; disputa; dibattito *3* argomento; sommario (*di un libro, ecc.*) *4* (*mat.*) argomento. • **for the sake of a.**, tanto per discutere (*o* per parlare) ▫ **It's beyond a.**, è fuori discussione.

argumentation /ɑːgjʊmen'teɪʃn/, *n.* *1* argomentazione; modo e metodo dell'argomentare; dialettica *2* discussione; dibattito.

argumentative /ɑːgjʊ'mentətɪv/, *a.* *1* attinente all'argomento; dialettico *2* controverso; discutibile *3* (*di persona*) polemico.

Argus /'ɑːgəs/, *n.* (*mitol.*) Argo.

argute /ɑː'gjuːt/, *a.* (*raro*) sagace; acuto; sottile.

(to) **argy-bargy** /'ɑːdʒɪ'bɑːdʒɪ, 'ɑːgɪ'bɑːgɪ/, *V.* (**to**) **argle-bargle**.

aria /'ɑːrɪə, *USA* 'ɑː-, 'eərɪə/ (*ital.*), *n.* (*pl.* **arias, arie**) (*mus.*) aria.

Ariadne /ærɪ'ædnɪ, *USA* -'ɑːd-/, *n.* (*mitol.*) Arianna.

Arian /'eərɪən/, *n.* e *a.* *1* (*stor. relig.*) ariano (*seguace della o pertinente alla dottrina di Ario*) *2* *V.* **Aryan.**

Arianism /'eərɪənɪzəm/, *n.* (*stor. relig.*) arianesimo.

to **Arianize** /'eərɪənaɪz/, **A** *v. t.* arianizzare; convertire all'arianesimo. **B** *v. i.* farsi ariano.

arid /'ærɪd/, *a.* arido (*in ogni senso*).

aridity /ə'rɪdətɪ/, **aridness** /'ærɪdnəs/, *n.* aridità (*in ogni senso*).

Ariel /'eərɪəl/, *n.* (*letter.*) Ariele.

Arien /'eərɪən/, (*astrol.*) **A** *n.* ariete; persona nata sotto il segno dell'Ariete. **B** *a.* dell'Ariete.

Aries /'eəriːz/, **A** *n.* *1* (*astron., astrol.*) Ariete (*costellazione e I segno dello zodiaco*) *2* (*astrol.*: *pl.* **Arietes**) (un) ariete; individuo nato sotto il segno dell'Ariete. **B** *a.* (*astrol.*) dell'Ariete.

aright /ə'raɪt/, *avv.* correttamente; nel modo giusto; bene.

aril /'ærəl/, *n.* (*bot.*) arillo.

to **arise** /ə'raɪz/ (*pass.* **arose,** *p. p.* **arisen**), *v. i.* *1* sorgere; levarsi; alzarsi (*di cose; raro di persone*): **The sun also arises**, il sole sorge ancora; **A new difficulty has arisen**, è sorta una nuova difficoltà; **A breeze arose**, s'alzò una brezza *2* provenire; derivare: **we must solve the problems arising from the difficult economic trend**, dobbiamo risolvere i problemi derivanti dalla difficile congiuntura economica *3* cominciare; avere inizio (*o* origine); nascere *4* presentarsi; offrirsi: **I shall do it when the occasion arises**, lo farò quando si presenterà l'occasione.

arista /ə'rɪstə/, *n.* (*bot.*) arista; resta.

Aristarch /'ærɪstɑːk/, *n.* Aristarco.

aristate /ə'rɪsteɪt/, *a.* (*bot.*) aristato.

aristocracy /ærɪ'stɒkrəsɪ/, *n.* aristocrazia.

aristocrat /'ærɪstəkræt, *USA* ə'rɪst-/, *n.* aristocratico.

aristocratic(**al**) /ærɪstə'krætɪk(l)/, *a.* aristocratico. || **-ally,** *avv.*

Aristophanes /ærɪ'stɒfəniːz/, *n.* (*stor. letter.*) Aristofane.

Aristotelean, **Aristotelian** /ærɪstə'tiːlɪən/, *a.* e *n.* (*filos.*) aristotelico.

Aristotelianism /ærɪstə'tiːlɪənɪzəm/, *n.* (*filos.*) aristotelismo.

Aristotle /'ærɪstɒtl/, *n.* (*stor.*) Aristotele.

arithmetic /ə'rɪθmətɪk/, *n.* aritmetica (*in tutti i sensi*). • **My a. is poor**, sono debole in matematica.

arithmetic(**al**) /ærɪθ'metɪk(l)/, *a.* aritmetico. • (*elab.*) **a. element**, elemento calcolatore ▫ (*stat.*) **a. mean**, media aritmetica ▫ (*elab.*) **a. statement**, istruzione di calcolo. || **-ally,** *avv.*

arithmetician /ərɪθmə'tɪʃn/, *n.* aritmetico.

arithmometer /ærɪθ'mɒmɪtə(r)/, *n.* (*stor.*) macchina calcolatrice.

Arizonan /ærɪ'zəʊnən/, **Arizonian** /ærɪ'zəʊnɪən/, *a.* e *n.* (abitante) dell'Arizona.

ark /ɑːk/, *n.* *1* (*Bibbia*) arca: **the Ark of the Covenant**, l'Arca dell'Alleanza; **Noah's ark**, l'arca di Noè *2* (*fig.*) rifugio. • (*fam.*) **out of the ark**, dei tempi di Noè; vecchio come il cucco.

Arkansan /ɑː'kænzn/, *a.* e *n.* (abitante) dell'Arkansas.

arm (**1**) /ɑːm/, *n.* *1* (*anche fig.*) braccio: **I'd give my right arm to pass the exam**, darei il braccio destro per superare l'esame; **to fold one's arms**, incrociare le braccia; **an arm of the sea**, un braccio di mare; **the arms of a balance**, i bracci d'una bilancia; **the arm of the law**, il braccio della legge *2* manica (*di giacca, ecc.*) *3* bracciolo (*di poltrona, ecc.*) *4* ramo (*di albero*) *5* (*zool.*) arto *6* (*fig.*) ramo; branca: **the legislative arm**, il ramo legislativo (*del potere*) *7* (*pop. USA*) poliziotto *8* (*pop. USA*) organizzazione criminale *9* (*volg. USA*) pene. • **arm-band**, bracciale; fascia al braccio ▫ **arm in arm** (**with sb.**), a braccetto (con q.); sottobraccio ▫ **arm--twisting**, il torcere il braccio (a q.); (*fig., polit.*) forte pressione ▫ (*pop. USA*) **arm waver**, chi si sbraccia, si agita; esagitato ▫ **arm wrestling**, braccio di ferro (*gioco che è una prova della propria forza*) ▫ **a child** (*o* **a baby**) **in arms**, un bambino in fasce (*ancora portato in braccio*) ▫ (*fig.*) **to keep** (*o* **to hold**) **sb. at arm's length**, trattare q. con freddezza; tenere q. a distanza ▫ (*pop. USA*) **on the arm**, a credito; (*anche*) gratis ▫ (*pop. USA*) **to pay an arm and a leg**, pagare un occhio della testa ▫ **to receive sb. with open arms**, ricevere q. a braccia aperte ▫ **the secular arm**, il braccio temporale (*l'autorità civile*) ▫ **to wave one's arms**, agitare le braccia; sbracciarsi ▫ **within arm's reach**, a portata di mano.

arm (2) /ɑːm/, *n.* **1** arma (*generalm. al pl., anche nel senso di*: servizio militare; mestiere del soldato; simboli araldici; insegne di città, ecc.): **the air arm**, l'arma azzurra; l'aeronautica; **the artillery arm**, l'arma di artiglieria; **to be in**, essere armato; **to be under arms**, essere in armi (*o* in assetto di guerra); **to be up in arms**, essere in armi; essere in rivolta; ribellarsi; (*fig.*) indignarsi; **to bear arms**, fare il soldato; essere sotto le armi; **to carry arms**, portare armi addosso; **to lay down arms**, deporre (*o* abbassare) le armi; **to receive a call to arms**, essere chiamato sotto le armi; **to take up arms**, prendere le armi; (*fig.*) iniziare una disputa; entrare in polemica **2** (*arald.*) arme. • **arms cache**, deposito d'armi (*specialm. segreto*) □ (*polit.*) **arms race**, corsa agli armamenti □ **coat of arms**, scudo araldico, stemma □ **fire-arms**, armi da fuoco □ **in arms**, armato: **rabble in arms**, canaglia in armi; pezzenti armati □ **man-at-arms**, uomo d'armi □ **side arms**, armi bianche □ **small arms**, armi leggere.

to **arm** /ɑːm/, **A** *v. t.* **1** armare: **to arm the rebels**, armare i ribelli **2** armare; togliere la sicura a (*un fucile, ecc.*) **3** (*fig.*) armare, munire, provvedere: **The tourists were armed with cameras**, i turisti erano armati (*o* provvisti) di macchine fotografiche. **B** *v. i.* armarsi: **The country armed**, il paese si armò. **C** to **arm oneself**, *v. rifl.* **1** armarsi **2** munirsi, premunirsi: **to arm oneself against the cold**, premunirsi contro il freddo.

armada /ɑː'mɑːdə, -'meɪ-/, *n.* flotta di navi da guerra; armata (navale): (*stor.*) **the (Invincible) A.**, l'Invincibile Armata.

armadillo /ɑːmə'dɪləʊ/, *n.* (*pl.* **armadillos, armadilloes**) (*zool., Dasypus*) armadillo.

Armageddon /ɑːmə'gɛdn/, *n.* battaglia campale decisiva (*da un luogo dell'Apocalisse*).

armament /'ɑːməmənt/, *n.* armamento: **the armaments race**, la corsa agli armamenti. • (*mil.*) **a. supply**, munizionamento.

armature /'ɑːmətʃə(r), -tʃʊə(r)/, *n.* **1** armatura (*in ogni senso*) **2** (*elettr.*) indotto (*di un motore elettrico*).

armchair /'ɑːmtʃɛə(r)/, **A** *n.* poltrona. **B** *a. attr.* (*fig.*) da tavolino: **an a. strategist**, uno stratega da tavolino. • (*spreg.*) **a. critic**, critico poco pratico (*di q.c.*) □ **a. traveller**, chi fa viaggi solo con la fantasia □ (*USA*) **long a.**, dormeuse (*franc.*).

armed /ɑːmd/, *a.* armato: **a. neutrality**, neutralità armata. • (*leg.*) **a. robbery**, rapina a mano armata □ **the A. services**, le Forze Armate □ **a. service out fitters**, fornitori militari (*o* dell'esercito, ecc.).

Armenian /ɑː'miːnɪən/, *a.* e *n.* armeno.

armful /'ɑːmfʊl/, *n.* bracciata (*quanto sta sulle braccia*).

armhole /'ɑːmhəʊl/, *n.* (*sartoria*) giro manica.

armiger /'ɑːmɪdʒə(r)/, *n.* (*pl.* **armigers, armigeri**) (*stor.*) armigero; scudiero.

armillary /ɑː'mɪlərɪ, 'ɑːmɪlərɪ, *USA* 'ɑːmɪlɛrɪ/, *a.* (*stor.*) armillare.

Arminian /ɑː'mɪnɪən/, *a.* e *n.* (*stor. relig.*) arminiano.

Arminianism /ɑː'mɪnɪənɪzəm/, *n.* (*stor. relig.*) arminianesimo.

armistice /'ɑːmɪstɪs/, *n.* armistizio. • (*in G.B.*) **A. Day**, il giorno dell'Armistizio (*11 novembre 1918*).

armless (1) /'ɑːmləs/, *a.* privo di braccia; senza braccia.

armless (2) /'ɑːmləs/, *a.* disarmato; inerme.

armlet /'ɑːmlət/, *n.* **1** bracciale; braccialetto **2** piccolo braccio (*del mare, ecc.*).

armor /'ɑːmə(r)/, e *deriv.* (*USA*) *V.* **armour** e *deriv.*

armorial /ɑː'mɔːrɪəl/, **A** *a.* araldico; stemmato. **B** *n.* armerista; armoriale; libro di araldica. • **a. bearings**, blasone; stemma.

Armorican /ɑː'mɒrɪkən, *USA* -ɔːr-/, *a.* e *n.* (*stor., geol.*) armoricano.

armorist /'ɑːmərɪst/, *n.* studioso d'araldica; araldista.

armory /'ɑːmərɪ/, *n.* araldica.

armour /'ɑːmə(r)/, *n.* **1** armatura; corazza (*di guerriero antico, animali, ecc.*) **2** corazza, blindatura (*di navi, carri armati, ecc.*) **3** (*collett.*) (*mil.*) mezzi corazzati; unità blindate **4** scafandro **5** (*arald.*) stemma. • **a.-bearer**, scudiero □ **a.-clad**, corazzato; blindato □ **a. plate**, piastra metallica di protezione; (*mil.*) blindatura □ (*mil.*) **a.-plated**, blindato; corazzato.

to **armour** /'ɑːmə(r)/, *v. t.* corazzare; blindare: **an armoured division**, una divisione corazzata; **armoured train**, treno blindato. • **armoured cable**, cavo (*elettrico*) armato □ (*mil.*) **armoured car**, autoblinda □ (*mil.*) **a. vehicles**, mezzi corazzati.

armourer /'ɑːmərə(r)/, *n.* **1** armaiolo **2** (*mil.*) armiere.

armouring /'ɑːmərɪŋ/, *n.* blindatura; corazzatura.

to **armour-plate** /'ɑːməpleɪt/, *v. t.* (*anche mil.*) blindare; corazzare.

armoury /'ɑːmərɪ/, *n.* **1** armeria; arsenale **2** (*USA*) fabbrica d'armi **3** sala d'armi.

armpit /'ɑːmpɪt/, *n.* **1** (*anat.*) ascella **2** (*pop. USA*) posto sgradevole; postaccio; buco (*fig.*); quartiere degradato.

armrest /'ɑːmrɛst/, *n.* **1** bracciolo **2** (*autom.*) appoggiabraccio.

army /'ɑːmɪ/, *n.* **1** esercito (*anche fig.*): **standing a.**, esercito permanente; **the Salvation A.**, l'Esercito della Salvezza **2** armata **3** gran moltitudine; massa; schiera; stuolo: **the a. of the unemployed**, la massa dei disoccupati. • **a. ant**, formica che viaggia in orde distruttrici (*Anomma* dell'Africa) □ **A. Club**, circolo militare □ **a. contractor**, appaltatore militare □ **a. corps**, corpo d'armata □ **a. list**, elenco degli ufficiali in servizio e della riserva □ **a. men**, soldati; militari □ **a. pensioner**, militare in pensione □ **to be in the a.**, prestare servizio militare □ **to join** (*o* **to go into**) **the a.**, entrare nell'esercito; andare sotto le armi.

arnica /'ɑːnɪkə/, *n.* (*bot., Arnica montana*) arnica.

Arnold /'ɑːnld/, *n.* Arnoldo.

aroma /ə'rəʊmə/, *n.* (*anche fig.*) aroma; fragranza.

aromatic /ærə'mætɪk/, **A** *a.* (*anche chim.*) aromatico; fragrante. **B** *n.* **1** (*bot.*) pianta aromatica **2** (*chim.*) composto aromatico. • (*cucina*) **a. vinegar**, aceto aromatico. || **-ally**, *avv.*

aromatization /ærəʊmətaɪ'zeɪʃn, *USA* -tɪ'z-/, *n.* (*chim.*) aromatizzazione.

to **aromatize** /ə'rəʊmətaɪz/, *v. t.* **1** aromatizzare **2** (*chim.*) aromatizzare.

aromatizer /ə'rəʊmətaɪzə(r)/, *n.* (*ind.*) aromatizzante.

aromatizing /ə'rəʊmətaɪzɪŋ/, *a.* (*ind.*) aromatizzante.

arose /ə'rəʊz/, *pass.* di **to arise**.

around /ə'raʊnd/, **A** *avv.* **1** attorno; intorno; in giro; da ogni parte **2** in tondo; in cerchio **3** (*fam.*) intorno; vicino; nei paraggi: **Stay a.**, sta' nei paraggi; non allontanarti **4** (*idiom.*) **Come a. and see us**, vieni a trovarci! **B** *prep.* **1** attorno a; intorno a: **a trip a. the world**, un viaggio intorno al mondo; **a. 1340**, intorno al 1340 **2** (*USA*) circa: **a. five thousand dollars**, circa cinquemila dollari **3** (*nei verbi frasali, è idiom.; per es.:*) **to get a.**, riuscire (a); ecc. (*V. sotto* **to get**). • **to be a.**, essere presente (*per rispondere al telefono, o sulla scena, ecc.*); esibirsi; arrivare, venire: **No-one was a.**, non c'era nessuno; **As a singer, she was a. in the nightclubs for ten years**, come cantante, si è esibita nei night per dieci anni; **They'll be a. tomorrow**, arrivano domani □ **a. the bend**, dietro la curva □ **a.-the-clock**, ventiquattr'ore su ventiquattro; di continuo □ **a. the corner**, dietro l'angolo □ (*fam.*) **to have been a.**, conoscere il mondo; saperla lunga; essere navigato; (*di una donna*) avere un passato: **He's been a. a lot**, è un uomo di mondo; **She's been a. a lot**, è una ragazza con un passato (burrascoso) □ **We went for a walk a. the town**, andammo a fare un giro per la città.

to **arouse** /ə'raʊz/, *v. t.* **1** destare; svegliare; risvegliare **2** suscitare; provocare; destare: **His behaviour aroused our indignation**, il suo comportamento suscitò la nostra indignazione **3** (*fig.*) eccitare; stimolare; scuotere.

arpeggio /ɑː'pɛdʒɪəʊ, -dʒəʊ/ (*ital.*), *n.* (*pl.* **arpeggios, arpeggi**) (*mus.*) arpeggio.

arquebus /'ɑːkwɪbəs/, *n.* (*stor., mil.*) archibugio.

arquebusier /ɑːkwɪbə'sɪə(r)/, *n.* (*stor., mil.*) archibugiere.

to **arraign** /ə'reɪn/, *v. t.* **1** (*leg.*) chiamare in giudizio (penale) **2** (*leg.*) contestare l'atto di accusa a (q.) **3** biasimare; criticare; mettere in dubbio (*un'affermazione*); trovar a ridire su (q.c.).

arraignment /ə'reɪnmənt/, *n.* **1** (*leg.*) contestazione dell'atto di accusa **2** (*leg.*) chiamata in giudizio penale **3** biasimo; critica.

to **arrange** /ə'reɪndʒ/, *v. t.* e *i.* **1** accomodare; disporre; riordinare; sistemare; aggiustare **2** stabilire; fissare; decidere; provvedere (a); dare disposizioni (per); fare in modo (di): **Can you a. to be back at ten?**, puoi fare in modo d'essere di ritorno alle dieci? **3** raggiungere (*un accordo*); comporre (*liti, vertenze*); appianare (*divergenze*): **Let us try to a. our differences**, cerchiamo di appianare le nostre divergenze **4** (*mus.*) adattare; arrangiare **5** adattare, ridurre (*un dramma per la radio, ecc.*) **6** (*mat.*) permutare. • **to a. for sb. to come**, prendere accordi per la venuta di q. □ **to a. with sb.**, accordarsi (*o* raggiungere un accordo) con q.; combinare con q. □ (*leg.*) **to a. a dispute**, comporre una vertenza □ **to a. a marriage**, combinare un matrimonio □ **to a. a meeting**, predisporre un incontro □ **to a. a treaty**, preparare un trattato.

arrangement /ə'reɪndʒmənt/, *n.* **1** sistemazione; disposizione; messa in ordine **2** (*di solito al pl.*) piano; progetto; preparativo **3** accomodamento; accordo; intesa; (*comm.*) concordato, compromesso **4** espediente **5** (*mus.*) adattamento; arrangiamento **6** (*stat.*) gruppo **7** (*tecn.*) congegno; dispositivo **8** (*mat.*) permutazione **9** (*fam.*) affare; aggeggio; coso: **that feather a. that you call a hat**, quel coso di penne che chiami cappellino. • (*leg.*) **a. with creditors**, concordato con i creditori; concordato preventivo □ (*fin.*) **a. with the Revenue Office**, concordato fiscale.

arranger /ə'reɪndʒə(r)/, *n.* **1** chi accomoda, riordina, ecc. **2** (*mus.*) arrangiatore.

arrant /'ærənt/, *a.* (*lett., spreg.*) completo; perfetto; famigerato; matricolato: **an a. knave**, un furfante matricolato; **an a. fool**, un perfetto cretino.

arras /'ærəs/, *n.* (*invar. al pl.*) **1** arazzo **2** (*teatr.*) tela.

arrased /'ærəsd/, *a.* adorno di arazzi.

array /ə'reɪ/, *n.* **1** (*anche mil.*) schieramento; schiera (*anche fig.*); spiegamento; ordine: **in battle a.**, in ordine di battaglia; **in loose a.**, in ordine sparso; **an impressive a. of data**, una schiera (*o* una sfilza) impressionante di dati **2** assortimento; mostra: **a. vast a. of TV sets**, un grande assortimento di televisori **3** (*lett.*) abbigliamento; abiti, vestiti; ricco vestiario: **women clad in black a.**, donne vestite di nero **4** (*leg.*) lista di persone da cui trarre i nominativi dei giurati; (*anche*) lista dei giurati **5** (*elab.*) array; schiera, insieme (*di dati, ecc.*); gruppo di elementi uguali **6** (*mat., stat.*) fila; serie numerica **7** (*tecn.*) allineamento; (disposizione a) schiera; rete: **aerial a.**, rete di antenne; **a. radar**, radar a schiera.

to **array** /ə'reɪ/, *v. t.* **1** disporre; collocare in ordine; schierare, spiegare (*truppe, specialm. in battaglia*) **2** (*lett., anche fig.*) abbigliare; adornare **3** (*leg.*) insediare, fare l'appello di (*una giuria*).

arrear /ə'rɪə(r)/, *n.* (*per lo più al pl.*) *1* arretrati (*differenza a saldo*) *2* (lavoro) arretrato *3* (*mil., arc.*) retroguardia. ● **arrears of wages**, salario arretrato; (gli) arretrati (*fam.*) □ (*leg.*) **to be in arrears**, essere moroso □ **to be in a. of sb.**, essere in arretrato rispetto a q. □ **in a.**, in arretrato (*specialm. coi pagamenti*).

arrearage /ə'rɪərɪdʒ/, *n.* *1* l'essere in arretrato (*con i pagamenti, ecc.*); morosità *2* (*spesso al pl.*) arretrati; debiti.

arrect /ə'rɛkt/, *a.* *1* (*dell'orecchio*) dritto, rizzato, teso *2* (*fig.*: *di una persona*) in guardia; vigile.

arrest /ə'rɛst/, *n.* *1* arresto (*in ogni senso, anche leg.*); fermo (*di polizia*); (*med.*) **cardiac a.**, arresto cardiaco; **under a.**, in (stato di) arresto; (*mil.*) agli arresti *2* (*leg.*) sospensione: **a. of judgement**, sospensione di giudizio *3* arresto (*di un veicolo*); fermata *4* (*mecc.*) arresto; fermo. ● (*leg.*) **a. by warrant**, arresto in base a mandato di cattura.

to **arrest** /ə'rɛst/, *v. t.* *1* (*anche leg.*) arrestare; fermare *2* (*leg.*) sospendere (*un giudizio, una sentenza*) *3* arrestare, fermare (*un veicolo*) *4* fermare, attirare (*l'attenzione di q., ecc.*).

arrestable /ə'rɛstəbl/, *a.* (*leg.*) *1* passibile d'arresto *2* che prevede l'arresto: **an a. offence**, un reato che prevede l'arresto.

arrester /ə'rɛstə(r)/, *n.* *1* persona che arresta; dispositivo d'arresto *2* (*aeron.*, = **a. hook**) gancio d'appontaggio (*su una portaerei*) *3* (*elettr.*) scaricatore a terra. ● (*aeron.*) **a. wires**, cavi d'appontaggio.

arresting /ə'rɛstɪŋ/, *a.* interessante; che fa colpo: **an a. speech**, un discorso interessante. ● (*aeron.*) **a. gear**, dispositivo d'appontaggio.

arrestive /ə'rɛstɪv/, *a.* che serve ad arrestare; che tende a fermare.

arrestment /ə'rɛstmənt/, *n.* *1* (*raro*) arresto *2* (*leg., in Scozia*) sequestro dei beni (*di un debitore*).

arrhythmia /ə'rɪðmɪə/, *n.* (*med.*) aritmia.

arrhythmic(al) /ə'rɪθmɪk(l)/, *a.* (*med.*) aritmico.

arrhythmy /'ærɪθmɪ/, *V.* **arrhythmia**.

arris /'ærɪs/, *n.* (*pl.* **arris, arrises**) (*archit.*) spigolo (*specialm. di colonna dorica*). ● (*edil.*) **a. fillet**, listello a V.

arrival /ə'raɪvl/, *n.* *1* arrivo; venuta *2* arrivato: **He is a new a.**, è fra i nuovi arrivati *3* (*pl.*) (*demogr.*) (persone) entrate; ingressi (*persone immigrate*) *4* (*pl.*) (*tur.*) arrivi (*in albergo, ecc.*). ● (*ferr.*) **a. platform**, marciapiede d'arrivo.

to **arrive** /ə'raɪv/, *v. i.* (*anche fig.*) arrivare; giungere: **to a. at**, arrivare a; raggiungere (*anche fig.*: *una conclusione, una decisione, ecc.*); **to a. in England [in London]**, arrivare in Inghilterra [a Londra]. ● (*comm., naut.*) **«to a.»**, «salvo arrivo» □ (*naut.*) **to a. at a port** (*o* **in harbour**), arrivare in un porto (*o* in porto) □ **to a. safely**, (*di una persona*) arrivare sano e salvo; (*di merce spedita*) arrivare in buone condizioni □ (*fam.*) **Her baby arrived on Monday**, il suo bambino è nato lunedì □ **He has arrived professionally**, nella sua professione, è un uomo arrivato.

arrivisme /ærɪ'vɪzəm, -iː'viːzmə/ (*franc.*), *n.* arrivismo.

arriviste /ærɪ'vɪst, -iː'viːst/ (*franc.*), *n.* arrivista.

arrogance /'ærəgəns/, **arrogancy** /'ærəgənsɪ/, *n.* arroganza; alterigia; tracotanza.

arrogant /'ærəgənt/, *a.* arrogante; altezzoso; tracotante.

to **arrogate** /'ærəgeɪt/, *v. t.* *1* arrogarsi (*un diritto, ecc.*); pretendere (q.c.) indebitamente *2* attribuire ad altri (q.c.) indebitamente. ● **to a. to oneself**, arrogarsi (*un diritto, un titolo, ecc.*).

arrogation /ærə'geɪʃn/, *n.* *1* pretesa ingiusta *2* attribuzione indebita *3* asserzione ingiustificata.

arrow /'ærəʊ/, *n.* freccia (*anche come segnale*); dardo; strale (*poet.*). ● **a.-head**, punta di freccia; (*bot., Sagittaria sagittifolia*) sagittaria, erba saetta □ (*mecc.*) **a. engine**, motore a W □ **a.-headed characters**, caratteri cuneiformi □ (*stor., mil.*) **a. slit**, feritoia □ (*aeron.*) **a. wings**, ali a freccia □ (*zool.*) **a.-worm**, chetognato.

arrowroot /'ærəʊruːt/, *n.* *1* (*bot., Maranta arundinacea*) maranta *2* arrowroot (*la fecola che se ne ricava*).

arrowy /'ærəʊɪ/, *a.* *1* di (*o* simile a) freccia *2* (*fig.*) aguzzo; acuto *3* (*fig.*) sfrecciante; veloce.

arse /ɑːs, *USA* ɑːs, æs/, *n.* *1* (*volg. specialm. ingl.*) culo (*volg.*) *2* (*pop. volg.*) scocciatore (*pop.*); rompiballe (*volg.*) *3* (*volg.*) testa di cazzo (*volg.*); stupido; imbecille. ● **a.-licker**, leccaculo (*volg.*) □ **a.-licking**, il leccare il culo (*o, meno volg.*, i piedi); adulazione sfacciata (*per la fraseologia, V. anche sotto* **ass (2)**).

to **arse about** /'ɑːsə'baʊt, *USA* 'ɑːsə-, 'æsə-/, *v. i.* (*volg.*; *anche* **to a. around**) grattarsi la pancia (*volg.*); far flanella (*fam.*); bighellonare; oziare.

arsenal /'ɑːsənl/, *n.* (*anche fig.*) arsenale.

arsenate /'ɑːsəneɪt, -ət/, **arseniate** /ɑː'siːnɪeɪt/, *n.* (*chim.*) arseniato.

arsenic (1) /'ɑːsnɪk/, *n.* (*chim.*) arsenico.

arsenic (2) /ɑː'sɛnɪk/, *a.* (*chim.*) di arsenico; arsenico.

arsenical /ɑː'sɛnɪkl/, *a.* (*chim.*) arsenicale.

arsenide /'ɑːsənaɪd, -nɪd/, *n.* (*chim.*) arseniuro.

arsenious /ɑː'siːnɪəs/, **arsenous** /'ɑːsənəs/, *a.* (*chim.*) arsenioso.

arsenopyrite /ɑːsənəʊ'paɪraɪt, ɑːsɛnə-/, *n.* (*miner.*) arsenopirite.

arsine /'ɑːsiːn, 'ɑːsɪn, ɑː'siːn/, *n.* (*chim.*) arsina.

arsis /'ɑːsɪs/, *n.* (*pl.* **arses**) (*poesia* e *mus.*) arsi.

arson /'ɑːsn/, *n.* (*leg.*) incendio doloso.

arsonist /'ɑːsənɪst/, *n.* (*leg.*) colpevole di incendio doloso; incendiario; piromane.

art (1) /ɑːt/, *n.* *1* arte: **the fine arts**, le belle arti; **the liberal arts**, le arti liberali; **an art gallery**, una galleria d'arte *2* (*pl.*) materie umanistiche; (belle) lettere: **Bachelor [Master] of Arts**, laureato [dottore] in lettere. ● **arts and crafts**, arti e mestieri □ **to be art and part in**, essere l'artefice e l'esecutore di (*un piano, ecc.*) □ **art director**, (*pubbl.*) **art director**, direttore artistico; (*teatr.*) direttore di scena □ **art paper**, carta patinata □ **art school**, scuola d'arte (*di arti figurative*) □ **an arts subject**, una materia umanistica □ **art work**, (oggetto d') artigianato □ **the black art**, la magia (nera); la negromanzia □ (*fam.*) **He's got shoplifting down to a fine art**, del taccheggio ha fatto un'arte.

art (2) /ɑːt, ʌt, ət/, *voce verb.* (*arc.*) *2ª pers. sing. pres. indic.* di **to be**.

artefact /'ɑːtɪfækt/, *n.* manufatto.

Artemis /'ɑːtɪmɪs/, *n.* (*mitol.*) Artemide.

artemisia /ɑːtə'miːzɪə, -ʒə/, *n.* (*bot., Artemisia*) artemisia.

arterial /ɑː'tɪərɪəl/, *a.* (*med.*) arterioso; arteriale (*raro*). ● (*autom.*) **a. road**, via di grande comunicazione; arteria.

arterialization /ɑːtɪrɪəlaɪ'zeɪʃn, *USA* -lɪ'z-/, *n.* (*med.*) arterializzazione, arterizzazione; trasformazione (*del sangue venoso*) in arterioso.

to **arterialize** /ɑː'tɪrɪəlaɪz/, *v. t.* (*med.*) trasformare (*il sangue venoso*) in arterioso.

arteriole /ɑː'tɪərɪəʊl/, *n.* (*med.*) arteriola (*arteria terminale*).

arteriosclerosis /ɑːtɪərɪəʊsklə'rəʊsɪs/, *n.* (*pl.* **arterioscleroses**) (*med.*) arteriosclerosi.

arteriotomy /ɑːtɛrɪ'ɒtəmɪ/, *n.* (*med.*) arteriotomia.

arteritis /ɑːtə'raɪtɪs/, *n.* (*med.*) arterite.

artery /'ɑːtərɪ/, *n.* *1* (*anat.*) arteria *2* (*trasp.*) arteria; grande via di comunicazione.

artesian /ɑː'tiːzɪən, -ʒn/, *a.* artesiano: **a. well**, pozzo artesiano.

artful /'ɑːtfl/, *a.* *1* astuto; furbo; ingannevole; scaltro *2* abile; destro; magistrale *3* artificiale; artificioso. || **-ly**, *avv.* || **-ness**, *sost.*

arthralgia /ɑː'θrældʒə, -dʒɪə/, *n.* (*med.*) artralgia.

arthritic /ɑː'θrɪtɪk/, *a.* e *n.* (*med.*) artritico.

arthritis /ɑː'θraɪtɪs/, *n.* (*pl.* **arthritides**) (*med.*) artrite.

arthropods /'ɑːθrəpɒdz/, *n. pl.* (*zool., Arthropoda*) artropodi.

arthrosis /ɑː'θrəʊsɪs/, *n.* (*pl.* **arthroses**) (*med.*) artrosi.

Arthur /'ɑːθə(r)/, *n.* *1* Arturo *2* (*letter.*) Artù.

Arthurian /ɑː'θʊərɪən, -'θj-/, *a.* (*letter.*) arturiano (*di re Artù*).

artichoke /'ɑːtɪtʃəʊk/, *n.* *1* (*bot., Cynara scolymus*) carciofo *2* (*pop. USA*) vecchia racchia; racchiona *3* (*pop. USA*) vecchia puttana *4* (*pop. USA*) borsellino; portafoglio. ● **Jerusalem a.** (*Helianthus tuberosus*), topinambur.

article /'ɑːtɪkl/, *n.* *1* articolo (*in ogni senso, anche comm.*): (*relig.*) **an a. of faith**, un articolo di fede; **an a. of the constitution**, un articolo della costituzione; **leading a.**, articolo di fondo, fondo (*di giornale*); (*gramm.*) **definite a.**, articolo determinativo; **the articles we deal in**, gli articoli che noi trattiamo *2* (*pl.*) articoli (*anche leg.*); convenzioni, regolamenti; statuto: (*leg.*) **articles of association**, statuto (*di una società di capitali*); **articles of partnership**, atto costitutivo (*di una società di persone*); **the Thirty-nine Articles**, i trentanove articoli (*dichiarazione ufficiale della dottrina della chiesa Anglicana*) *3* (*pl.*) (= **articles of apprenticeship**) contratto di apprendistato *4* (*pop. USA*) bel soggetto; bel tipo. ● (*leg.*) **articles of accusation**, capi d'accusa □ (*naut.*) **a. of gear**, attrezzo □ **articles of value**, oggetti di valore □ (*stor., in G.B. e U.S.A.*) **articles of war**, codice militare □ **in the a. of death**, in articulo mortis; in punto di morte □ (*naut.*) **shipping** (*o* **ship's**) **articles**, contratto di arruolamento (*o* d'ingaggio).

to **article** /'ɑːtɪkl/, *v. t.* *1* (*arc.*) esporre in articoli *2* impegnare con contratto (*specialm. come apprendista*). ● **articled clerk**, praticante; apprendista; giovane di studio (*specialm. notarile*).

articular /ɑː'tɪkjʊlə(r)/, *a.* (*anat.*) articolare.

articulate /ɑː'tɪkjʊlət/, *a.* *1* (*anche anat.*) articolato *2* (*di parola, discorso, suono*) distinto; chiaro *3* (*di argomento*) chiaro; ben formulato *4* (*di persona*) eloquente; che ha facilità di parola.

to **articulate** /ɑː'tɪkjʊleɪt/, *v. t.* *1* (*anat., fon.*) articolare; collegare e pronunciare distintamente (*parole, suoni*); congiungere e far muovere (*articolazioni*) *2* esprimere (*o* formulare) chiaramente *3* (*mecc.*) articolare; rendere (*un meccanismo*) snodato. ● **to a. one's anger**, sfogare la propria rabbia a parole grosse.

articulated /ɑː'tɪkjʊleɪtɪd/, *a.* articolato. ● (*mecc.*) **a. joint**, giunto snodato □ (*autom.*) **a. lorry** (*o* **a. vehicle**), autoarticolato □ (*ferr.*) **a. train**, treno articolato.

articulateness /ɑː'tɪkjʊlətnəs/, *n.* *1* qualità di essere articolato *2* chiarezza *3* eloquenza; facondia.

articulation /ɑːtɪkjʊ'leɪʃn/, *n.* *1* articolazione (*dei suoni, delle parole*) *2* (*anat.*) articolazione *3* pronuncia distinta; dizione chiara.

articulator /ɑː'tɪkjʊleɪtə(r)/, *n.* *1* persona (*o* cosa) atta ad articolare *2* (*anat.*) articolatore; organo dell'articolazione dei suoni (*lingua, glottide, ecc.*).

artifact /'ɑːtɪfækt/, *n.* (*USA*) manufatto.

artifice /'ɑːtɪfɪs/, *n.* *1* artificio; espediente; stratagemma *2* abilità; ingegnosità; destrezza *3* astuzia; scaltrezza.

artificer /ɑː'tɪfɪsə(r)/, *n.* *1* (*raro*) artigiano (*specialm. se abile*); artiere (*raro*) *2* inventore *3* (*mil.*) artificiere.

artificial /ɑːtɪ'fɪʃl/, *a.* *1* artificiale: **a. fertilization**, fecondazione artificiale; **a. light**, luce artificiale *2* artefatto; artificioso; falso: **an a.**

smile, un sorriso artefatto, falso *3* finto: **a. flowers**, fiori finti *4* (*ind.*) artificiale; sintetico. ● **a. insemination**, inseminazione artificiale □ (*elab.*) **a. intelligence**, intelligenza artificiale □ (*leg.*) **a. person**, persona giuridica.

artificiality /ɑːtɪfɪʃɪˈælətɪ/, *n.* *1* artificiosità *2* cosa artificiale.

to **artificialize** /ɑːtɪˈfɪʃəlaɪz/, *v. t.* rendere artificiale; artefare.

artificially /ɑːtɪˈfɪʃəlɪ/, *avv.* artificialmente.

artificialness /ɑːtɪˈfɪʃlnəs/, *V.* **artificiality**.

artillery /ɑːˈtɪlərɪ/, *n.* *1* artiglieria *2* balistica *3* (*pop. USA*) arma da fuoco; pistola; fucile *4* (*pop. USA*) siringa (*per bucarsi*). ● (*pop. USA*) **a. man**, tossicomane che si buca.

artilleryman /ɑːˈtɪlərɪmən/, *n.* (*pl.* **artillerymen**) artigliere.

artiness /ˈɑːtɪnəs/, *n.* (*fam.*) (l'avere) pretese artistiche; sfoggio d'interessi artistici.

artiodactyl(e) /ɑːtɪəʊˈdæktɪl/, *n.* (*zool.*) artiodattilo.

artisan /ɑːtɪˈzæn, *USA* ˈɑːtɪzən/, *n.* artigiano. ● (*leg.*) **a.'s lien**, diritto di ritenzione (*per riparazioni effettuate, ecc.*) □ (*econ.*) **a. production**, produzione artigianale.

artisanal /ɑːˈtɪzənl, ˈɑːt-/, *a.* artigianale.

artist /ˈɑːtɪst/, *n.* (*anche fig.*) artista. ● (*mus.*) **concert a.**, concertista □ **landscape a.**, paesaggista.

artiste /ɑːˈtiːst/ (*franc.*), *n.* artista (*del canto, della danza, ecc.*); cantante; ballerino, ballerina.

artistic(al) /ɑːˈtɪstɪk(l)/, *a.* *1* artistico *2* amante delle arti; dotato di senso artistico. ● **She is so a.!**, ha un tale amore per le cose belle! ‖ **-ally**, *avv.*

artistry /ˈɑːtɪstrɪ/, *n.* qualità (*o* elaborazione) artistica; abilità artistica: **The conception of the book is good, but the a. is poor**, l'idea del libro è buona, ma l'elaborazione è scadente.

artless /ˈɑːtləs/, *a.* *1* senz'arte; incolto; rozzo; grezzo *2* naturale; schietto; semplice; ingenuo; spontaneo. ‖ **-ly**, *avv.* ‖ **-ness**, *sost.*

artmobile /ˈɑːtməʊbiːl/, *n.* (*USA*) autorimorchio attrezzato per mostre d'arte.

art nouveau /ɑːnuːˈvəʊ, ɑːt-/ (*franc.*), *locuz. n.* (*stor., arte*) stile liberty.

artsy /ˈɑːtsɪ/, (*USA*) *V.* **arty**.

artwork /ˈɑːtwɜːk/, *n.* *1* iconografia *2* materiale iconografico (*o* illustrativo).

arty /ˈɑːtɪ/, *a.* (*fam.*) che ha pretese artistiche. ● **a.-crafty**, (*di persona*) che ha pretese artistiche, pseudoartistico, pretenzioso; (*spreg.*) maniaco del «far da sé»; (*scherz., specialm. di mobili*) bello ma scomodo.

arum /ˈeərəm/, *n.* (*bot., Arum*) aro; gigaro. ● (*bot.*) **a. lily** (*Zantedeschia aethiopica*), calla (dei fioristi).

aruspex /əˈrʌspeks/, *n.* (*pl.* **aruspices**) aruspice.

Aryan /ˈeərɪən/, *a.* e *n.* ariano (*di stirpe; o la lingua*).

aryl /ˈærɪl/, *n.* (*chim.*) arile. ● **a. compound**, composto arilico.

as (1) /æz, əz/, *avv., prep.* e *cong.* *1* come; così; tanto; quanto: **You are as rich as he**, tu sei tanto ricco quanto lui; **I have as much money as he**, ho tanto denaro quanto lui; **We have as many books as he**, abbiamo tanti libri quanti ne ha lui *2* come; nel modo in cui; in qualità di; da; in quanto: **as you can see**, come puoi vedere; **as I was saying**, come dicevo; **Do as I tell you!**, fa' come ti dico!; **I tell you that as a friend**, te lo dico da amico; **men as different from animals**, gli uomini in quanto diversi dagli animali *3* nelle vesti di; vestito da: **I'm going to the dress ball as Doctor Faustus**, vado al ballo in maschera vestito da Dottor Faust *4* siccome; poiché; giacché: **As it was late, we made haste**, siccome (*o* poiché) era tardi, ci affrettammo *5* come; quando; da; mentre: **As he saw him, he ran away**, come (*o* quando) lo vide, corse via; **as he was reading**, mentre leggeva; **as a child**, da bambino *6* come; sebbene, per quanto: **Rich as he is, he is not happy**, ricco com'è, non è felice; **Clever as you may be, you cannot beat him**, per quanto bravo, non sarai capace di vincerlo. ● **as against** (*o* **as compared with**), in confronto a □ **as agreed upon**, come d'accordo; secondo gli accordi presi □ **as at**, (*banca*) «valuta»; (*rag.: di un bilancio*) «chiuso al» (*segue la data*): **we have credited your account with 10,000 dollars as at March 1st**, abbiamo accreditato 10.000 dollari sul vostro conto, valuta 1° marzo □ **as the case may be**, a seconda del caso □ **as far as**, fino a (*distanza*); per quello che; per quanto: **We went as far as the station**, andammo fino alla stazione; **as far as I know**, per quel che mi consta □ **as for**, quanto a; riguardo a: **as for him**, quanto a lui □ (*comm.*) **as from**, a partire da: **as from April 1**, a partire dal 1° aprile □ **as good as**, come; quasi: **He is as good as dead**, è come fosse morto □ **as if**, come se; quasi; che: **He acted as if he were mad**, agì come se (quasi) fosse pazzo; **It isn't as if he were rich**, non che sia ricco □ (*leg.*) **as is**, nello stato in cui trovasi: **to sell property «as is»**, vendere beni immobili nello stato in cui si trovano □ **as it is**, invero (*lett.*); sta di fatto che: **As it is, things are getting worse**, invero, le cose vanno per il peggio □ **as it were**, per così dire □ **as late as**, l'ultima volta: **I saw him as late as last June**, lo vidi l'ultima volta nel giugno scorso □ **as long as**, finché (*per tutto il tempo che*); purché: **As long as he is well, he can work**, finché sta bene, può lavorare; **As long as he keeps it clean, the machine will work**, purché la tenga pulita, la macchina funzionerà □ **as many**, tanti; altrettanti □ **as a matter of fact**, effettivamente, in realtà, invero (*lett.*) □ **as much**, tanto; altrettanto □ **I thought as much!**, lo dicevo io!, me l'aspettavo! □ (*comm.*) **as per advice**, come da avviso □ (*comm.*) **as per sample**, come da campione □ **as recently as**, non più tardi di □ **as regards**, per ciò che riguarda; quanto a □ **as requested**, come da richiesta □ **as a rule**, di regola; normalmente □ **as soon as**, appena: **As soon as he saw him, he ran away**, appena lo vide, corse via □ **as soon as possible**, il più presto possibile □ **as soon** (*o* **as soon as not**), indifferentemente: **I would as soon go as stay** (*o* **I would go as soon as not**), mi è indifferente andare o restare □ **as though**, *V.* **as if** □ **as to**, quanto a; riguardo a: **as to me**, quanto a me; **No decision has been taken yet as to his appointment**, quanto alla sua nomina, non è stata presa ancora una decisione □ **as usual**, come (al) solito □ **as well**, pure; anche: **She may come as well**, può venire anche lei; **You might as well help me**, potresti anche aiutarmi □ **as well as**, come pure □ **as yet**, ancora; finora; fino a questo momento; fino ad allora: **He hasn't come as yet**, finora, non è venuto □ **so as to**, da; in modo da: **Be so kind as to help me**, sii tanto gentile da aiutarmi; **He arranged matters so as to suit everybody**, sistemò le cose in modo da accontentare tutti □ **so long as**, purché: **So long as you don't tell anybody, there's no danger**, purché tu non lo dica a nessuno, non c'è alcun pericolo □ **He is as good as his word**, è un uomo di parola □ (*mil.*) **As you were!**, al tempo!

as (2) /æz, əz/, **A** *pron. relat.* (*correl. di* **such, same**) che; quale; di: **He is not such a fool as he looks**, non è quello stupido che sembra; **They had the same difficulties as you (had)**, incontrarono le stesse difficoltà che incontraste voi (*o* le vostre stesse difficoltà); **such as don't know me**, coloro che non mi conoscono; **poets such as Milton and Marvell**, poeti quali Milton e Marvell; **He is the same as before**, è lo stesso di prima; non è mutato affatto. **B** *pron. impers.* (*idiom.*) **as is obvious**, com'è ovvio.

as (3) /æs/, *n.* (*pl.* **asses**) (*stor.*) asse (*misura e moneta romana*).

asafoetida /æsəˈfetɪdə/, *n.* *1* (*bot., Ferula assafoetida*) assafetida *2* (*farm.*) assafetida.

asbestine /æzˈbestɪn/, *a.* di (*o* simile a) asbesto; incombustibile.

asbestos /æsˈbestəs, əz-, -ɒs/, *n.* (*miner.*) asbesto; amianto. ● **a. cement** (*o* **a. lumber, a. wood**), fibrocemento; Eternit (*marchio*) □ **a. flexboard**, cartone flessibile d'amianto.

asbestosis /æzbeˈstəʊsɪs, æs-/, *n.* (*med.*) asbestosi.

ascarid /ˈæskərɪd/, *n.* (*pl.* **ascarids, ascarides**) (*zool., Ascaris*) ascaride.

to **ascend** /əˈsend/, *v. t.* e *i.* *1* (*anche fig.*) ascendere; salire; crescere di grado: **to a. the throne**, salire al trono *2* risalire: **to a. a river**, risalire un fiume; **This building ascends to the twelfth century**, questo edificio risale al secolo XII *3* scalare (*un monte*).

ascendance /əˈsendəns/, **ascendancy** /əˈsendənsɪ/, *n.* *1* influsso dominante; autorità (morale); ascendente *2* supremazia; predominio. ● **to gain a. over sb.**, acquistare ascendente su q.

ascendant /əˈsendənt/, **A** *n.* *1* ascendente; influsso dominante; autorità (morale) *2* ascendente; antenato *3* (*astron., astrol.*) ascendente. **B** *a.* *1* ascendente (*anche astron.*); nascente *2* predominante; dominante. ● (*fig.*) **in the a.**, in ascesa; emergente, rampante: **a young politician in the a.**, un giovane uomo politico rampante.

ascendence /əˈsendəns/, *V.* **ascendance**.

ascendent /əˈsendənt/, *V.* **ascendant**.

ascending /əˈsendɪŋ/, *a.* (*astron., mus.*) ascendente.

ascension /əˈsenʃn/, *n.* *1* ascensione (*anche astron.*); ascesa *2* – (*relig.*) **A.**, Ascensione: **A. day**, il giorno dell'Ascensione.

ascensional /əˈsenʃənl/, *a.* ascensionale.

ascent /əˈsent/, *n.* *1* (*anche fig.*) ascesa: **Caesar's a. to power**, l'ascesa al potere di Cesare; **The a. of the Deutschmark goes on**, continua l'ascesa del marco tedesco *2* scalata: **the a. to K 2**, la scalata al K 2 *3* salita; pendio *4* pendenza (*d'una salita*).

to **ascertain** /æsəˈteɪn/, *v. t.* accertare, accertarsi; assicurarsi di; constatare: **to a. the facts**, accertare i fatti; **to a. what really happened**, accertarsi di come sono andate davvero le cose.

ascertainable /æsəˈteɪnəbl/, *a.* accertabile.

ascertainment /æsəˈteɪnmənt/, *n.* accertamento. ● (*stat.*) **a. error**, errore non campionario.

ascesis /əˈsiːsɪs/, *n.* (*pl.* **asceses**) ascesi.

ascetic /əˈsetɪk/, **A** *a.* ascetico. **B** *n.* asceta.

ascetical /əˈsetɪkl/, *a.* ascetico. ‖ **-ly**, *avv.*

asceticism /əˈsetɪsɪzəm/, *n.* *1* ascetismo *2* ascetica (*dottrina*).

ascidians /əˈsɪdɪənz/, *n. pl.* (*zool., Ascidiacea*) ascidiacei.

ascidium /əˈsɪdɪəm/, *n.* (*pl.* **ascidia**) (*bot.*) ascidio.

Asclepiad /æˈskliːpɪæd/, *n.* (*poesia*) asclepiadeo.

asclepiad /æˈskliːpɪæd/, *n.* (*bot.*) pianta delle asclepiadacee.

Asclepiadean /æsklɪpɪəˈdiːən/, *a.* e *n.* (*poesia*) (verso) asclepiadeo.

ascorbate /əˈskɔːbeɪt/, *n.* (*chim.*) ascorbato.

ascorbic /əˈskɔːbɪk/, *a.* (*chim.*) ascorbico: **a. acid**, acido ascorbico.

ascot /ˈæskət/, *n.* ascot; plastron.

ascribable /əˈskraɪbəbl/, *a.* ascrivibile.

to **ascribe** /əˈskraɪb/, *v. t.* ascrivere; attribuire.

ascription /əˈskrɪpʃn/, *n.* l'ascrivere; attribuzione.

ascus /ˈæskəs/, *n.* (*pl.* **asci**) (*bot.*) asco.

asdic /ˈæzdɪk/, *n.* (*acronimo di Anti-Submarine Detection Investigation Committee*) (*naut.*) ecogoniometro; sonar.

asepsis /eɪˈsepsɪs, ə-, æ-/, *n.* (*pl.* **asepses**) (*med.*) asepsi.

aseptic /eɪˈseptɪk, ə-, æ-/, *a.* *1* (*med.*) asettico *2* (*fig.*) gelido; freddo.

asexual /eɪ'sɛkʃʊəl, ə-, æ-/, *a.* (*biol.*) asessuale; asessuato.
asexuality /eɪsɛkʃʊ'ælətɪ, ə-, æ-/, *n.* (*biol.*) asessualità.
ash (**1**) /æʃ/, *n.* (*bot., Fraxinus*) frassino (*anche il legno*). ● **ash key**, samara (*seme alato del frassino*) □ (*bot.*) **mountain ash** (*Sorbus aucuparia*), sorbo degli uccellatori.
ash (**2**) /æʃ/, *n.* ***1*** cenere (*anche il colore*) ***2*** (*pl.*) ceneri (*anche di morto*): **to burn** (*o* **to lay, to reduce**) **to ashes**, incenerire; ridurre in cenere; **to be reduced to ashes**, andare in cenere ***3*** (*sport*) – **the Ashes**, il trofeo del campionato internazionale di cricket. ● **ash bin** (*o* **ash pit, ash pan**), ceneratoio □ **ash-blond**, biondo cenere (*di capelli*) □ (*USA*) **ash can**, pattumiera □ (*geol.*) **ash cone**, cono di cenere (*vulcanica*) □ **ash hole**, buca per la cenere □ (*relig.*) **Ash Wednesday**, le Ceneri (*il mercoledì delle Ceneri*).
ashamed /ə'ʃeɪmd/, *a. pred.* vergognoso; che ha (*o* sente) vergogna (*anche nel senso di*: ritegno). ● **to be a. of st.**, vergognarsi di q.c. □ **to be** (*o* **to feel**) **a. to do** (*o* **of doing**) **st.**, provare vergogna di fare q.c. □ **You should be a. of yourself for telling so many lies**, ti dovresti vergognare d'aver detto tante bugie □ **He is a. to tell her**, si vergogna di dirglielo.
ashen (**1**) /'æʃn/, *a.* del frassino; di frassino.
ashen (**2**) /'æʃn/, *a.* ***1*** di cenere ***2*** cenerino; cinereo; color cenere.
ashlar, **ashler** /'æʃlə(r)/, *n.* ***1*** (*archit.*) concio; pietra squadrata (*per costruzione o rivestimento*) ***2*** (= **ashlaring**) muratura in pietra squadrata; bugnato. ● **rusticated a.**, bugnato rustico.
ashore /ə'ʃɔ:(r)/, **A** *avv.* ***1*** sulla spiaggia; a riva ***2*** sulla terraferma; a terra: **They went a. at every port**, scendevano a terra in ogni porto. **B** *a. pred.* (*naut.*) incagliato; arenato; a terra. ● **to go** (*o* **to get**) **a.**, sbarcare; scendere a terra □ **to run a ship a.**, incagliare una nave.
ashtray /'æʃtreɪ/, *n.* portacenere; posacenere.
ashwood /'æʃwʊd/, *n.* bosco di frassini; frassineto.
ashy /'æʃɪ/, *a.* ***1*** di (*o* coperto di) cenere ***2*** cenerino; cinereo.
Asian /'eɪʃn, 'eɪʒn/, *a.* e *n.* asiatico. ● (*med.*) **A. flu**, l'asiatica.
Asiatic /eɪʃɪ'ætɪk, eɪʒɪ-/, *a.* e *n.* asiatico.
aside /ə'saɪd/, **A** *avv.* a parte; da parte; in disparte; via: **Step a.!**, fatti da parte!; **Put it a.!**, mettilo via! **B** *n.* ***1*** (*teatr.*) a parte; a solo ***2*** (*fig.*) digressione; divagazione ***3*** (*nei verbi frasali, è idiom.*; *per es.*:) **to lay a.**, mettere via; posare; ecc. (*V. sotto* **to lay**). ● (*specialm. USA*) **a. from**, a parte; fatta eccezione per; a prescindere da; eccetto per: **a. from that**, a prescindere da ciò; **He owns nothing a. from his house**, a parte la casa, non possiede nulla □ **joking a.**, scherzi a parte.
asinine /'æsɪnaɪn/, *a.* da asino; asinino; asinesco; stupido.
asininity /æsɪ'nɪnətɪ/, *n.* asinità; asinaggine; stupidità.
ask /ɑ:sk, *USA* æsk/, *n.* ***1*** (*comm.*) prezzo di offerta (*chiesto dal venditore*); prezzo trattabile ***2*** (*Borsa*, = **ask price, asking price**), corso lettera (*di titoli*); cambio lettera (*di valute estere*); prezzo lettera (*di merci*). ● **ask for bids**, bando di gara d'appalto.
to **ask** /ɑ:sk, *USA* æsk/, *v. t.* e *i.* ***1*** domandare; informarsi; chiedere; richiedere: **He asked me for some money**, mi chiese del denaro; **He asked to go**, chiese di poter andare; **He asked my pardon**, mi chiese perdono; **You're asking too much for this article**, per questo articolo chiedete troppo ***2*** invitare: **They asked me to lunch**, mi invitarono a colazione. ● **to ask a question**, fare una domanda (*a voce*) □ (*fam.*) **I ask you!**, domando e dico!; ma di' un po' su! □ (*fam.*) **The bike is yours for the asking**, basta chiederla, e la bicicletta è tua; non hai che da chiedere... e la bici è tua.
♦**ask about**, *v. i.* + *prep.* informarsi su, chiedere notizie di (q. *o* q.c.): **The boss asked about my work**, il capo s'è informato sul mio lavoro; **He asked about the missing girl**, chiese notizie della ragazza scomparsa da casa.
♦**ask after**, *v. i.* + *prep.* chiedere notizie della salute di (q.); chiedere come sta (q.): **My sister asked after you**, mia sorella mi ha chiesto come stavi.
♦**ask back**, *v. t.* + *avv.* invitare (*q. di cui si è stati ospiti*): **When are we going to ask them back?**, e noi, quando li invitiamo (a nostra volta)?
♦**ask for**, *v. i.* + *prep.* ***1*** chiedere di, cercare (q.): **Ask for the manager!**, chiedi del direttore! ***2*** chiedere: **to ask for sick leave**, chiedere un congedo per malattia; mettersi in mutua (*fam.*); **to ask for an increase in pay**, chiedere un aumento (di salario) ***3*** richiedere: **That asks for a lot of patience**, ciò richiede molta pazienza ***4*** (*fam.*) andare in cerca di: **You're asking for trouble**, tu vai in cerca di guai □ (*fam.*) **You asked for it!**, te la sei voluta!
♦**ask in**, *v. t.* + *avv.* invitare (q.) a entrare.
♦**ask of**, *v. t.* + *prep.* chiedere (q.c.) a (q.): **to ask a favour of sb.**, chiedere un favore a q.
♦**ask out**, *v. t.* + *avv.* invitare (q.) a uscire insieme; invitare (q.) fuori (*a cena, ecc.*).
♦**ask over**, *v. t.* + *avv.* invitare (q.) a casa propria.
♦**ask round**, **A** *v. i.* + *avv.* chiedere (*o* domandare) in giro. **B** *v. t.* + *avv.* ***1*** chiedere in giro in: **Ask round the neighbourhood!**, chiedi in giro nel vicinato (*o* fra i vicini di casa)! ***2*** *V.* **ask over**.
♦**ask up**, *v. t.* + *avv.* invitare (q.) a salire (al piano di sopra).
askance /ə'skæns/, **askant** /ə'skænt/, *avv.* di traverso; per traverso; obliquamente: **to look a. at sb.**, guardare q. di traverso.
askari /'æskərɪ/, *n.* (*pl.* **askaris**) ascaro.
asker /'ɑ:skə(r), *USA* 'æs-/, *n.* richiedente; chi s'informa.
askew /ə'skju:/, **A** *avv.* di traverso; a sghembo; di sghimbescio; obliquamente: **to wear one's hat a.**, portare il cappello di traverso. **B** *a.* sghembo; obliquo; storto: **The picture you've hung is a.**, il quadro che hai appeso è storto.
asking /'ɑ:kɪŋ, *USA* 'æs-/, *n.* il richiedere; l'informarsi. ● (*Borsa*) **a. price**, *V.* **ask**, *def.* *2.*
aslant /ə'slɑ:nt, *USA* ə'slænt/, **A** *avv.* a sghembo; di traverso. **B** *a. pred.* sghembo; obliquo. **C** *prep.* di traverso a; attraverso.
asleep /ə'sli:p/, *avv.* e *a. pred.* addormentato (*anche nei sensi, fam. in ital., di*: pigro, tardo, ottuso; *o di parte del corpo*: intorpidito): **fast a.**, profondamente addormentato; **to be a.**, essere addormentato; dormire; **My left arm is a.**, mi si è intorpidito il braccio sinistro. ● **to fall a.**, addormentarsi □ **to be fast** (*o* **sound**) **a.**, dormire della grossa; dormire sodo.
aslope /ə'sləʊp/, *avv.* e *a. pred.* in pendio; in pendenza; inclinato.
asocial /eɪ'səʊʃl/, *a.* ***1*** asociale ***2*** egoistico; egoista.
asociality /eɪsəʊʃɪ'ælətɪ/, *n.* ***1*** asocialità ***2*** egoismo.
asp (**1**) /æsp/, (*arc.*) *V.* **aspen**.
asp (**2**) /æsp/, *n.* (*zool.*) ***1*** (*Naja haje*) aspide di Cleopatra ***2*** (*Vipera aspis*) vipera.
asparagine /ə'spærədʒi:n, -ɪn/, *n.* (*biochim.*) asparagina.
asparagus /ə'spærəgəs/, *n.* (*collett.*) (*bot., Asparagus officinalis*) asparago, asparagi. ● **a. plot**, asparageto.
aspartame /ə'spɑ:teɪm, *USA* 'æspət-/, *n.* (*chim.*) aspartame.
aspartic /ə'spɑ:tɪk/, *a.* (*chim.*) aspartico: **a. acid**, acido aspartico.
aspect /'æspɛkt/, *n.* ***1*** aspetto; apparenza: **Let's consider the problem from every a.**, consideriamo il problema sotto ogni aspetto! ***2*** esposizione (*di edificio*): **That house has a southern a.**, quella casa ha un'esposizione a mezzogiorno ***3*** (*edil.*) affaccio, vista: (*di un locale*) **having a double a.**, che gode di doppia vista; che si affaccia su due lati ***4*** (*ling.*) aspetto (verbale) ***5*** (*astrol.*) aspetto ***6*** (*astron.*) posizione apparente (*di un corpo celeste*) ***7*** (*biol.*) aspetto stagionale. ● **a. ratio**, (*aeron.*) allungamento alare; (*TV*) rapporto di formato.
aspection /ə'spɛkʃn/, *n.* (*biol.*) mutamento stagionale.
aspectual /æ'spɛktʃʊəl/, *a.* (*ling.*) aspettuale.
aspen /'æspən/, **A** *n.* (*bot., Populus tremula*) tremola, tremolo; pioppo tremulo. **B** *a.* ***1*** di (*o* simile a) pioppo tremulo ***2*** (*fig. lett.*) tremulo; timoroso.
aspergillosis /æspɜ:dʒɪ'ləʊsɪs/, *n.* (*med.*) aspergillosi.
aspergillum /æspə'dʒɪləm/, *n.* (*pl.* **aspergilla, aspergillums**) (*relig.*) aspersorio.
aspergillus /æspə'dʒɪləs/, *n.* (*pl.* **aspergilli**) (*bot., Aspergillus*) aspergillo.
asperity /ə'spɛrətɪ/, *n.* ***1*** asprezza; asperità (*di superficie, suoni, ecc.*); rudezza, durezza (*di carattere*) ***2*** inclemenza, rigore (*del clima*) ***3*** (*pl.*) rigori; sofferenze.
to **asperse** /ə'spɜ:s/, *v. t.* ***1*** denigrare; calunniare ***2*** (*relig.*) aspergere.
asperser /ə'spɜ:s/, *n.* ***1*** denigratore; calunniatore ***2*** (*relig.*) aspersorio.
aspersion /ə'spɜ:ʃn/, *n.* ***1*** denigrazione; calunnia ***2*** (*relig.*) aspersione. ● **to cast aspersions on sb.**, calunniare (*o* denigrare) q.
aspersorium /æspə'sɔ:rɪəm/, *n.* (*pl.* **aspersoria, aspersoriums**) (*relig.*) ***1*** acquasantiera ***2*** aspersorio.
aspersory /ə'spɜ:sərɪ/, *n.* (*relig.*) aspersorio.
asphalt /'æsfælt, *USA* -fɔ:lt/, *n.* asfalto. ● **a. jungle**, «giungla d'asfalto»; il quartiere della violenza criminale □ **a. layer**, asfaltatore □ **a. laying**, asfaltatura □ **a. road**, strada asfaltata □ **a. workman**, asfaltatore; asfaltista.
to **asphalt** /'æsfælt, *USA* -fɔ:lt/, *v. t.* asfaltare.
asphaltic /æs'fæltɪk, *USA* -'fɔ:l-/, *a.* (*geol.*) asfaltico.
asphalting /'æsfæltɪŋ, *USA* -fɔ:l-/, *n.* asfaltatura. ● **a. machine**, asfaltatrice.
asphaltite /æs'fæltaɪt, *USA* -fɔ:l-/, *n.* (*geol.*) asfaltite.
asphodel /'æsfədɛl/, *n.* (*pl.* **asphodel, asphodels**) (*bot., Asphodelus ramosus*) asfodelo.
asphyxia /əs'fɪksɪə, æs-/, *n.* asfissia.
asphyxial /æs'fɪksɪəl/, *a.* (*med.*) di asfissia; asfittico.
asphyxiant /əs'fɪksɪənt, æs-/, **A** *a.* asfissiante. **B** *n.* sostanza asfissiante.
to **asphyxiate** /əs'fɪksɪeɪt, æs-/, *v. t.* e *i.* asfissiare; soffocare. ● **asphyxiating gas**, gas asfissiante.
asphyxiation /əsfɪksɪ'eɪʃn, æs-/, *n.* asfissia; soffocamento.
asphyxy /æs'fɪksɪ, əs-, 'æsfɪksɪ/, *V.* **asphyxia**.
aspic (**1**) /'æspɪk/, *n.* (*poet.*) aspide.
aspic (**2**) /'æspɪk/, *n.* gelatina di carne; aspic.
aspic (**3**) /'æspɪk/, *n.* spigo; lavanda.
aspidistra /æspɪ'dɪstrə/, *n.* (*bot., Aspidistra*) aspidistra.
aspirant /ə'spaɪərənt/, **A** *a.* aspirante; che aspira; ambizioso. **B** *n.* aspirante; candidato.
aspirate /'æspərət/, **A** *a.* aspirato. **B** *n.* (*fon.*) aspirata.
to **aspirate** /'æspəreɪt/, *v. t.* (*fon., med.*) aspirare.
aspiration /æspə'reɪʃn/, *n.* (*anche fig.*) aspirazione.
aspirator /'æspəreɪtə(r)/, *n.* aspiratore (*apparecchio*).
to **aspire** /ə'spaɪə(r)/, *v. i.* aspirare; ambire; agognare: **to a. to** (*o* **after, at**) **st.**, aspirare a q.c.; ambire (a) q.c.
aspirin /'æsp(ə)rɪn/, *n.* (*pl.* **aspirins, aspirin**) (*farm.*) aspirina (*marchio*).
aspiring /ə'spaɪərɪŋ/, *a.* aspirante; che aspira; ambizioso.

asquint /ə'skwɪnt/, **A** avv. **1** di sbieco; di traverso; al modo degli strabici **2** (*fig.*) biecamente; in modo losco. **B** a. pred. storto; strabico. ● **to look a.**, guardare con occhio bieco (*o* loscamente, in modo losco); guardare di sbieco.

ass (1) /æs/, n. (*zool.*, *Equus asinus*) asino (*anche fig.*); somaro. ● **to make an ass of oneself**, fare la figura dello stupido; rendersi ridicolo □ **to play the ass**, fare lo stupido □ **she-ass**, asina □ **wild ass**, asino selvatico; onagro.

ass (2) /æs/, n. (*volg. USA*; *cfr. ingl.* **arse**) **1** culo (*volg.*); sedere, natiche **2** V. **a bit of ass 3** chiavata, scopata (*volg.*) **4** testa di cazzo (*fig. volg.*); imbecille; stupido. ● **ass-backwards**, al contrario, a rovescio: **to get st. ass--backwards**, capire q.c. a rovescio □ **ass--chewing**, grossa sgridata; sfuriata □ **ass-hole**, buco del culo (*volg.*): **to be sb.'s ass-hole buddy**, essere culo e camicia con q. □ **ass--kisser** (*o* **ass-sucker**), leccaculo (*volg.*); leccapiedi □ **ass-kissing** (*o* **ass-sucking**), adulazione servile □ **ass-peddler**, puttana (*volg.*); uomo che si prostituisce; protettore, magnaccia □ **ass-wipe**, carta igienica; (*fig.*) leccaculo (*volg.*) □ **a bit** (*o* **a piece**) **of ass**, un (bel) pezzo di fica (*volg.*); una bella ragazza □ **to get sb.'s ass**, prendere q. per il culo (*volg.*) □ **to get one's ass in gear**, darsi da fare; darci sotto; mettercisi di buzzo buono (*o* di buona lena) □ **to get one's ass fixed**, farsi conciare (*o* sistemare) per le feste; farsi fregare (*pop.*) □ **to get off one's ass**, muovere le chiappe (*volg.*); darsi una mossa (*fam.*) □ **to get sb. off sb.'s ass**, togliere q. dai piedi (*o* dalle scatole, dalle palle, *volg.*) a q. □ (*fig.*) **on one's ass**, nella merda (fino al collo) (*volg.*); in una situazione difficilissima; senza un soldo; (*anche*) sbronzo.

assagai /'æsəgaɪ/, n. zagaglia.

to **assagai** /'æsəgaɪ/, v. t. colpire con la zagaglia.

to **assail** /ə'seɪl/, v. t. **1** assalire (*anche fig.*); assaltare: **I am assailed by a doubt**, mi assale un dubbio **2** affrontare con decisione, in modo assai deciso (*una difficoltà, ecc.*). ● **to a. sb. with questions**, investire q. di domande.

assailable /ə'seɪləbl/, a. (*anche fig.*) attaccabile.

assailant /ə'seɪlənt/, n. assalitore.

assassin /ə'sæsɪn, *USA* -sn/, n. assassino; sicario (*specialm. l'autore di un assassinio politico*).

to **assassinate** /ə'sæsɪneɪt, *USA* -sən-/, v. t. assassinare.

assassination /əsæsɪ'neɪʃn, *USA* -sn'eɪ-/, n. assassinio.

assault /ə'sɔːlt/, n. **1** (*anche fig.*) assalto; attacco: **to make an a. on**, dare l'assalto a **2** (*eufem.*) stupro; violenza carnale; tentativo di stupro **3** (*leg.*) violenza; aggressione; (minaccia di passare alle) vie di fatto. ● (*leg.*) **a. and battery**, vie di fatto; percosse □ (*mil.*) **a. course**, percorso di guerra □ (*mil., naut.*) **a. craft**, mezzo d'assalto □ (*mil.*) **a. gun**, cannone semovente □ (*mil.*) **a. units**, mezzi d'assalto □ (*mil.*) **to take by a.**, espugnare (*una fortezza*).

to **assault** /ə'sɔːlt/, v. t. **1** assaltare; assalire; attaccare (*anche fig.*) **2** (*eufem.*) stuprare; tentare di stuprare **3** (*leg.*) aggredire.

assay /ə'seɪ/, n. **1** (*miner.*) saggio; assaggio (*raro*); analisi: **gold ore a.**, saggio di minerale aurifero; **wet a.**, analisi a umido; **dry a.**, analisi a secco **2** campione da saggiare **3** (*fig. arc.*) tentativo arduo. ● **a. bar**, barra campione; tocchino □ **a. master**, saggiatore ufficiale (*di metalli preziosi*) □ **a. value**, tenore (*di un minerale*) in metallo prezioso.

to **assay** /ə'seɪ/, **A** v. t. **1** (*miner.*) saggiare; assaggiare (*raro*) **2** (*fig.*) tentare; intraprendere (*q.c. di difficile*). **B** v. i. risultare al saggio (*o* all'analisi): **This ore assays high in gold**, al saggio, questo minerale grezzo risulta ricco d'oro.

assayable /ə'seɪəbl/, a. (*metall.*) saggiabile.

assayer /ə'seɪə(r)/, n. (*ind.*) saggiatore; assaggiatore (*raro*).

assaying /ə'seɪɪŋ/, n. saggiatura (*di minerali*).

assegai, to **assegai** /'æsɪgaɪ/, V. **assagai, to assagai**.

assemblage /ə'semblɪdʒ/, n. **1** adunata; accolta (*lett.*); assembramento; raduno **2** riunione, raccolta (*di cose*) **3** (*mecc.*) montaggio; assemblaggio **4** (*arte*) assemblaggio **5** insieme di piatti; coperto (*a tavola*).

assemblagist /ə'semblɪdʒɪst/, n. (*ind., arte*) assemblaggista.

to **assemble** /ə'sembl/, v. t. e i. **1** riunire, riunirsi; radunare, radunarsi **2** (*mecc.*) montare; assemblare **3** (*elab.*) assemblare.

assembler /ə'semblə(r)/, n. **1** (*mecc.*) montatore; assemblatore **2** (*elab.*) (programma) assemblatore.

assembling /ə'semblɪŋ/, n. **1** (*mecc.*) montaggio; assemblaggio **2** (*comm.*) assiemaggio: **the a. of goods**, l'assiemaggio delle merci. ● **a. bay**, reparto montaggio □ **a. line**, catena di montaggio □ **a. shop**, officina di montaggio.

assembly /ə'semblɪ/, n. **1** adunanza; riunione **2** (*mil.*) adunata; segnale d'adunata **3** assemblea (*anche legislativa*) **4** (*mecc.*) montaggio: **a. shop [hall, plant]**, officina [sala, reparto] di montaggio; **a. line**, catena di montaggio **5** (*mecc.*) insieme dei componenti (*di una macchina*) **6** (*elab.*) assemblaggio **7** (*elab.*) insieme di parti (*di programma, ecc.*). ● (*grafica*) **a. drawing**, disegno d'insieme □ (*elab.*) **a. language**, linguaggio assemblatore □ (*ind.*) **a. method**, metodo di montaggio □ **a. room**, aula per convegni; sala da ballo, concerto, ecc. □ (*leg.*) **unlawful a.**, riunione non autorizzata.

assemblyman /ə'semblɪmən/, n. (*pl.* **assemblymen**) membro d'assemblea (*anche legislativa*).

assent /ə'sent/, n. **1** assenso; consenso **2** benestare; approvazione. ● **royal a.**, sanzione sovrana □ **with one a.**, all'unanimità.

to **assent** /ə'sent/, v. i. **1** assentire; acconsentire **2** – **to a. to**, approvare: **to a. to a proposal**, approvare una proposta.

assentation /æsen'teɪʃn/, n. assentimento (*o* consenso) servile.

assentient /ə'senʃnt/, **A** a. assenziente. **B** n. chi assente.

assenting /ə'sentɪŋ/, a. consenziente.

to **assert** /ə'sɜːt/, **A** v. t. **1** asserire; affermare; sostenere: **to a. one's innocence**, affermare la propria innocenza; **to a. one's authority**, affermare la propria autorità **2** rivendicare; difendere, far valere (*un diritto*) **3** (*leg., USA*) reclamare il diritto a: **to a. immunity from prosecution**, reclamare il diritto all'immunità dall'azione penale. **B to assert oneself**, v. rifl. far valere i propri diritti; farsi valere; farsi avanti; imporsi.

assertable /ə'sɜːtəbl/, a. **1** sostenibile **2** rivendicabile.

asserter /ə'sɜːtə(r)/, n. assertore; propugnatore.

assertion /ə'sɜːʃn/, n. **1** asserzione; affermazione **2** rivendicazione, difesa (*dei propri diritti*). ● (*leg.*) **a. under oath**, asseverazione con giuramento; dichiarazione giurata.

assertive /ə'sɜːtɪv/, a. **1** assertivo (*lett.*); dogmatico **2** assertivo; che si fa valere; che si fa avanti; che s'impone **3** (*ling.*) assertivo. || **-ly**, avv. || **-ness**, sost.

assertor /ə'sɜːtə(r)/, V. **asserter**.

to **assess** /ə'ses/, v. t. **1** determinare, stimare (*il valore di q.c.*); valutare; accertare: (*ass.*) **to a. the amount of damages**, determinare l'ammontare dei danni; **to a. damages after an accident**, accertare i danni dopo un incidente **2** (*fisc.*) accertare (*un reddito*); stabilire il valore imponibile di (*un bene*): **The estate was assessed at one billion lire**, l'imponibile della proprietà fu stabilito in un miliardo di lire **3** (*fisc.*) applicare, stabilire (*un'imposta, una penale, ecc.*); tassare: **My profits were assessed under the schedule of income by trade**, i miei utili furono tassati come redditi derivanti da attività commerciali.

assessable /ə'sesəbl/, a. **1** stimabile; valutabile; accertabile **2** (*fisc.*) accertabile; imponibile **3** (*fisc.*) tassabile. ● (*fisc.*) **a. income**, reddito imponibile □ (*fisc.*) **a. profit**, utile imponibile; reddito imponibile (*d'impresa*) □ (*fisc.*) **a. value**, (valore) imponibile.

assessed /ə'sest/, a. **1** (*di un danno, ecc.*) stimato; valutato **2** (*fisc.*) accertato **3** (*fisc.*) gravato da imposta; tassato. ● (*fisc.*) **a. income**, reddito imponibile □ **a. taxes**, imposte accertate □ (*fisc.*) **a. value**, (valore) imponibile; (*di un immobile*) valore catastale.

assessment /ə'sesmənt/, n. **1** determinazione, stima, valutazione: (*ass.*) **a. of damages**, valutazione dei danni **2** (*nelle scuole ingl.*) giudizio, valutazione (*di uno studente*) **3** valutazione; giudizio: **a pessimistic a. of the situation**, un giudizio pessimistico sulla situazione **4** (*fisc.*) accertamento **5** (*fisc.*) iscrizione a ruolo (*di un'imposta*) **6** (*fisc.*) imposta ricorrente **7** (*fisc.*) contributo (*pagato a un ente locale*) per oneri di urbanizzazione. ● (*fisc.*) **a. book**, ruolo delle imposte □ (*ass.*) **a. of the loss**, regolamento (*o* liquidazione) del sinistro □ (*fisc.*) **a. of taxation**, accertamento tributario □ (*fisc.*) **a. on income**, accertamento dei redditi; (*anche*) imposta sul reddito □ (*fisc.*) **a. on landed property**, imposta fondiaria.

assessor /ə'sesə(r)/, n. **1** stimatore; valutatore; perito **2** (*in G.B.*) esaminatore; correttore (*di elaborati scolastici*) **3** (*fisc.*) funzionario del fisco; agente delle imposte (*pop.*: delle tasse) **4** (*leg.*) consulente tecnico (*di un giudice*: *nelle cause civili*).

asset /'æset/, n. **1** bene; dono (*fig.*): **Health is a great a.**, la salute è un gran dono **2** qualità; dote (*fig.*); pregio: **Patience is her main a.**, la pazienza è la sua dote principale **3** (*econ.*) attività singola. ● (*rag.*) **a. accounts**, conti elementari (*o* patrimoniali) □ (*rag., USA*) **a. and liability statement**, stato (*o* situazione) patrimoniale; bilancio annuale □ (*fin.*) **a. life**, vita di un bene strumentale □ (*fin.*) **a. ratio**, rapporto di attività.

assets /'æsets/, n. pl. **1** (*econ., leg.*) beni; patrimonio **2** (*fin., rag.*) attività (*pl.*); attivo: **a. and liabilities**, attivo e passivo; **In a balance--sheet, a. appear on the right-hand side of the sheet and liabilities on the left-hand side**, in un bilancio, l'attivo figura sul lato destro del foglio e il passivo sul lato sinistro **3** (*leg.*) asse ereditario **4** (*leg.*) (*anche* **bankruptcy a.**) attivo fallimentare. ● (*banca, fin.*) **a. administration**, gestione patrimoniale □ (*fin.*) **a. brought in** (*o* **into a business**), apporto (a un'azienda) □ (*rag.*) **a. side**, colonna delle attività; parte dell'«avere»; attivo □ (*fin.*) **a. stripping**, vendita frazionata delle attività fisse di un'azienda rilevata, con forte lucro speculativo □ (*fin.*) **a. value**, valore dell'attivo (*di una società*) □ (*fin.*) **current a.**, attività correnti □ (*fin.*) **fixed a.**, attività fisse; immobilizzazioni.

to **asseverate** /ə'sevəreɪt/, v. t. asseverare; asserire; dichiarare.

asseveration /əsevə'reɪʃn/, n. asseverazione; asserzione.

asshole /'æshəʊl/, n. (*specialm. USA*) **1** (*volg.*) buco del culo (*volg.*) **2** (*volg.*) cretino, testone, zuccone; cazzone (*volg.*).

to **assibilate** /ə'sɪbəleɪt/, v. t. e i. (*ling.*) assibilare, assibilarsi.

assibilation /əsɪbə'leɪʃn/, n. (*ling.*) assibilazione.

assiduity /æsɪ'djuːətɪ, *USA* -duː-/, n. **1** assiduità; diligenza **2** (*pl.*) attenzioni; premure.

assiduous /ə'sɪdjʊəs, *USA* -dʒʊəs/, a. **1** assiduo; diligente **2** premuroso. || **-ly**, avv. || **-ness**, sost.

assign /əˈsaɪn/, *n.* **1** (*leg.*) avente causa; avente diritto **2** (*leg.*) cessionario.

to **assign** /əˈsaɪn/, *v. t.* **1** assegnare: **to a. a seat**, assegnare un posto a sedere; **to a. a pension**, assegnare una pensione **2** assegnare; destinare: **Five men were assigned to patrol the district**, cinque uomini furono destinati al pattugliamento del quartiere **3** stabilire; fissare: **Has a day been assigned for the meeting?**, è stato fissato il giorno dell'incontro? **4** attribuire; trovare: **The doctor was unable to a. a cause for my illness**, il medico non riuscì a trovare la causa della mia malattia **5** (*leg.*) cedere, alienare, devolvere, trasferire (*beni immobili e mobili*) **6** (*leg.*) cedere, trasferire, devolvere (*diritti, brevetti, ecc.*).

assignability /əsaɪnəˈbɪlətɪ/, *n.* (*leg.*) cedibilità; alienabilità; trasferibilità.

assignable /əˈsaɪnəbl/, *a.* **1** assegnabile **2** destinabile (*a un dato compito*) **3** che si può fissare **4** attribuibile: **a. to several causes**, attribuibile a varie cause **5** (*leg.*) cedibile; alienabile; trasferibile.

assignation /æsɪgˈneɪʃn/, *n.* **1** assegnazione **2** destinazione (*a un dato compito*) **3** (*form.*) appuntamento **4** attribuzione **5** (*leg.*) alienazione (*di beni*); trasferimento, cessione (*di proprietà o di diritti*).

assignee /æsaɪˈniː/, *n.* **1** (*leg.*) avente diritto; avente causa **2** (*leg.*) cessionario **3** (*comm.*) mandatario. ● (*leg.*) **a. in bankruptcy**, curatore (*o* liquidatore) del fallimento.

assignment /əˈsaɪnmənt/, *n.* **1** assegnazione, attribuzione (*di un compito, un incarico, ecc.*) **2** (*anche mil.*) destinazione **3** compito; incarico; nomina: **to be on a special a.**, avere un incarico speciale **4** (*elab.*) assegnazione, attribuzione (*di un valore a una variabile, ecc.*) **5** (*leg.*) cessione, alienazione, trasferimento, devoluzione (*di beni, diritti, ecc.*): **a. for the benefit of creditors**, cessione dei beni (*di un debitore insolvente*) ai creditori; **a. in bankruptcy**, cessione dei beni di un fallito; **a. of a claim**, alienazione di un diritto (*da far valere in giudizio*); (*anche*) cessione di un credito; **a. of a credit** (*o* **of a debt**), cessione di un credito; **a. of a patent**, cessione di un brevetto; **a. of shares**, trasferimento di azioni **6** (*org. az.*) destinazione (*a un compito*); mansione **7** (*USA*: *nelle scuole*) compito a casa. ● (*leg.*) **a. of counsel to a defendant**, nomina del difensore d'ufficio per un imputato □ **a. of earnings**, cessione di stipendio o salario (*non ammessa per gli statali ingl.*) □ (*org. az.*) **a. record**, mansionario □ (*leg.*) **deed of a.**, atto di cessione □ (*di un funzionario, un giornalista, ecc.*) **to get a foreign a.**, essere nominato (inviato, ecc.) all'estero.

assignor /əˈsaɪnə(r)/, *n.* **1** (*leg.*) cedente; alienante **2** (*comm.*) mandante.

assimilability /əsɪmɪləˈbɪlətɪ/, *n.* assimilabilità.

assimilable /əˈsɪmɪləbl/, *a.* **1** assimilabile; assorbibile **2** incorporabile **3** paragonabile.

to **assimilate** /əˈsɪmɪleɪt/, **A** *v. t.* **1** assimilare, assorbire (*anche fig.*) **to a. food**, assimilare il cibo; **a. facts**, assimilare i fatti; **to a. immigrants**, assimilare gli immigrati **2** incorporare: **The Roman Empire assimilated many smaller states**, l'Impero Romano incorporò molti stati minori **3** confrontare; paragonare **4** (*fon.*) assimilare. **B** *v. i.* **1** assimilarsi; essere assimilato (*o* assorbito): **to a. in a new community**, assimilarsi in una nuova comunità **2** (*fon.*) assimilarsi.

assimilation /əsɪmɪˈleɪʃn/, *n.* **1** assimilazione; assorbimento **2** incorporazione **3** (*raro*) confronto; paragone.

assimilative /əˈsɪmɪlətɪv, *USA* -eɪtɪv/, **assimilatory** /əˈsɪmɪlətrɪ, *USA* -tɔːrɪ/, *a.* assimilativo (*V.* **assimilation**).

assist /əˈsɪst/, *n.* (*in vari giochi con la palla*) assist.

to **assist** /əˈsɪst/, **A** *v. t.* assistere; aiutare. **B** *v. i.* (*arc.*) – **to a. at**, assistere a; presenziare. ● **to a. sb. in doing st.**, aiutare q. a fare q.c. □ **to a. a ship in distress**, soccorrere una nave in pericolo.

assistance /əˈsɪstəns/, *n.* assistenza; aiuto: **public a.**, assistenza pubblica; **economic a.**, aiuti economici. ● **a. phone**, telefono per (richiedere) l'assistenza; (*autom.*) colonnina di soccorso.

assistant /əˈsɪstənt/, **A** *a.* che è d'aiuto. **B** *n.* **1** assistente; aiutante **2** aiuto; cosa che è d'aiuto **3** (*TV*) valletta. ● **a. accountant**, aiuto contabile □ **a. director**, (*comm.*) vicedirettore; (*cinem.*) aiuto regista □ **a. editor**, vicedirettore (*di un giornale*); (*anche*) aiuto redattore □ (*comm.*) **a. manager**, vicedirettore □ (*USA*) **a. professor**, assistente universitario (*un tempo*); (*ora*) ricercatore □ **a. secretary**, vicesegretario □ **shop a.**, commesso, commessa (*di negozio*).

assisted /əˈsɪstɪd/, *a.* assistito. ● (*econ., in G.B.*) **a. area**, zona depressa e assistita dal governo □ (*in G.B.*) **a. place**, posto (*di studente*) dotato di assegno di studio.

assize /əˈsaɪz/, *n.* **1** (*leg., USA*) seduta (*di un'assemblea legislativa, ecc.*) **2** (*leg., USA*) editto; ordinanza (*di detta assemblea*) **3** (*arc.*) calmiere **4** (*stor., in G.B.*) inchiesta; processo; verdetto **5** (*leg., in Scozia*) giuria; processo con la giuria **6** (*pl.*) (*stor., in G.B.*) Corte (*o* sessione) d'Assise (*fino al 1971, sostituite ora dalle* **crown courts**, *q.V.*).

associability /əsəʊʃəˈbɪlətɪ/, *n.* associabilità.

associable /əˈsəʊʃɪəbl/, *a.* associabile.

associate /əˈsəʊʃɪət/, **A** *a.* **1** associato; alleato; unito **2** associato; aggiunto: **a. member**, socio aggiunto; accademico associato. **B** *n.* **1** socio; collega; compagno **2** membro subordinato (*di un'associazione o di un istituto*) **3** cosa collegata (*con un'altra*): **Health is an a. to happiness**, la salute concorre a dare la felicità **4** (*USA*) diplomato (*con diploma parziale, dopo due anni d'università*): **a. in music**, diplomato in musica **5** (*leg.*) complice. ● **a. editor**, condirettore (*di giornale*) □ (*leg.*) **a. judge**, ausiliare (*di un giudice della* **Supreme Court**, *q.V.*) □ (*in U.S.A. e in Italia*) **a. professor**, professore associato.

to **associate** /əˈsəʊʃɪeɪt/, **A** *v. t.* **1** associare (*anche idee*); collegare (*anche fig.*): **Everybody associates the name of Christopher Columbus with the discovery of America**, tutti collegano il nome di Cristoforo Colombo alla scoperta dell'America **2** unire; congiungere (*cose*); mettere insieme. **B** *v. i.* **1** associarsi, collegarsi: **They want to a. (themselves) with a bigger concern**, vogliono associarsi a un'azienda più grossa **2** fare comunella; frequentare: **Don't a. with people of doubtful repute**, non frequentare persone di dubbia fama.

associated /əˈsəʊʃɪeɪtɪd/, *a.* associato; collegato. ● (*med., leg.*) **a. causes of death**, cause secondarie di morte □ (*fin.*) **a. company**, (società) consociata.

association /əsəʊsɪˈeɪʃn/, *n.* **1** (*anche leg.*) associazione (*senza personalità giuridica*); lega: **Young Men's Christian A.**, associazione cristiana della gioventù **2** associazione d'idee; collegamento: **the a. of fashion with industrial reality**, il collegamento della moda con la realtà industriale **3** colleganza; rapporti (*di lavoro*); contatti (*di vita*); frequentazione: **Boswell's long a. with Samuel Johnson**, la lunga comunanza di vita fra Boswell e Samuel Johnson **4** (*sport*) associazione. ● (*sindacalismo*) **a. agreement**, accordo di categoria □ (*sport*) **a. football** (*abbr.*: **soccer**), gioco del calcio (*cfr.* **rugby football** *e* **American football**).

associationism /əsəʊsɪˈeɪʃənɪzəm/, *n.* (*psic.*) associazionismo.

associationist /əsəʊsɪˈeɪʃənɪst/, *n.* (*psic.*) associazionista.

associative /əˈsəʊʃɪətɪv, *USA* -ɪeɪtɪv/, **associatory** /əˈsəʊʃɪətrɪ, *USA* -tɔːrɪ/, *a.* associativo. ● (*mat.*) **a. law**, principio dell'associazione □ (*elab.*) **a. memory** (*o* **storage**), memoria associativa □ (*mat.*) **a. property**, proprietà associativa.

assonance /ˈæsənəns/, *n.* **1** (*ling., poesia*) assonanza **2** corrispondenza (*o* somiglianza) approssimativa.

assonant /ˈæsənənt/, *a.* **1** (*ling., poesia*) assonante **2** approssimativamente corrispondente.

to **assonate** /ˈæsəneɪt/, *v. i.* (*ling., poesia*) assonare (*lett.*); essere in assonanza.

to **assort** /əˈsɔːt/, **A** *v. t.* **1** assortire **2** rifornire di merci varie. **B** *v. i.* essere dello stesso gruppo. ● **to a. with**, (*di cose*) armonizzare con; (*di persone*) frequentare, fare comunella con (q.).

assorted /əˈsɔːtɪd/, *a.* assortito: **a. toffees**, caramelle assortite; **ill-a. people**, persone male assortite.

assortment /əˈsɔːtmənt/, *n.* assortimento.

to **assuage** /əˈsweɪdʒ, *USA* -dʒ, -ʒ, -ɑːʒ/, *v. t.* (*form.*) **1** alleviare; lenire; mitigare **2** placare; appagare; calmare; sedare: **to a. one's thirst**, calmare la sete.

assuagement /əˈsweɪdʒmənt, *USA* -dʒ-, -ʒ-, -ɑːʒ-/, *n.* (*form.*) **1** alleviamento; lenimento; sollievo **2** appagamento.

assumable /əˈsuːməbl, əˈsj-/, *a.* presumibile; assumibile, ecc. (*V.* **to assume**).

to **assume** /əˈsuːm, əˈsj-/, **A** *v. t.* **1** assumere, prendere (*un'aria, un aspetto*; *un nome*; *il comando*; *un impegno*) **2** usurpare **3** presumere; supporre: **Let us a. he is right**, supponiamo che abbia ragione **4** assumere; accogliere; accettare: **He was assumed as a partner**, fu accettato come socio **5** fingere; affettare; simulare; darsi l'aria di: **He assumed an air of honesty**, si dava l'aria d'essere onesto. **B** *v. i.* (*in genere*, **to a. too much**) presumere; essere presuntuoso. ● **to a. a debt**, assumersi un debito □ **to a. office**, assumere una carica □ **to a. personal responsibility**, assumersi la responsabilità □ (*leg.*) **to a. a right**, arrogarsi un diritto.

assumed /əˈsuːmd, əˈsj-/, *a.* **1** finto; falso: **an a. air of incorruptibility**, un'aria falsa d'incorruttibilità; **a. name**, falso nome **2** presunto; supposto **3** affettato; ostentato. ● **a. virtues**, penne del pavone (*fig.*).

assuming /əˈsuːmɪŋ, əˈsj-/, *a.* presuntuoso; supponente; arrogante.

assumption /əˈsʌmpʃn/, *n.* **1** assunzione (*in ogni senso, eccetto quello di nomina a un impiego*): **a. of power**, assunzione del potere; **the A. of the Virgin**, l'Assunzione della Vergine **2** finzione; mostra: **His honesty was all a.**, la sua onestà era solo mostra **3** supposizione; ipotesi **4** presunzione; supponenza; arroganza **5** affettazione; ostentazione: **an a. of indifference**, un'ostentazione d'indifferenza. ● **the a. of an obligation**, l'accettazione di un obbligo □ (*leg.*) **a. of ownership**, entrata in possesso (*di un bene*) □ (*ass.*) **a. of risk**, assunzione (*o* accettazione) del rischio.

assumptive /əˈsʌmptɪv/, *a.* **1** presunto; ipotetico; supposto **2** presuntuoso; supponente; arrogante.

assurable /əˈʃʊərəbl, əˈʃɔː-, *USA* əˈʃʊə-, əˈʃɜː-/, *a.* (*ass., specialm. ingl.*) assicurabile.

assurance /əˈʃʊərəns, əˈʃɔː-, *USA* əˈʃʊə-, əˈʃɜː-/, *n.* **1** assicurazione; promessa: **She gave me her a. that she would marry me**, mi diede assicurazione che m'avrebbe sposato **2** fiducia; certezza **3** (= **self-a.**) sicurezza; fiducia in sé **4** sicumera; impudenza; sfacciataggine: **He had the a. to tell me I was wrong**, ebbe la sfacciataggine di dirmi che avevo torto **5** (*specialm. ingl., per lo più, sulla vita*; *cfr.* **insurance**) assicurazione: **life a.**, assicurazione sulla vita. ● **the a. of victory**, la certezza della vittoria; la fede nella vittoria.

to **assure** /əˈʃʊə(r), əˈʃɔː(r), *USA* əˈʃʊə(r), əˈʃɜː(r)/, *v. t.* **1** assicurare; affermare con sicurezza; promettere: **I can a. you**, te l'assicuro io *2* rassicurare: **The news assured us**, la notizia ci rassicurò *3* (*ass., specialm. ingl.*; *per lo più sulla vita*; *cfr*: **to insure**) assicurare. ● **to a. one's life**, fare un'assicurazione sulla vita.

assured /ə'ʃʊəd, ə'ʃɔːd, *USA* ə'ʃʊəd, ə'ʃɜːd/, **A** *a.* *1* sicuro; certo: **an a. income**, una rendita sicura *2* (= **self a.**) sicuro di sé *3* impudente *4* (*ass.*) assicurato. **B** *n.* (*ass., specialm. ingl.*) *1* assicurato (*per lo più, sulla vita*) *2* beneficiario (*d'una polizza*). || **-ly**, *avv.* || **-ness**, *sost.*

assurer /ə'ʃʊərə(r), ə'ʃɔː-, *USA* ə'ʃʊə-, ə'ʃɜː-/, *n.* (*specialm. ingl.*) assicuratore.

assurgent /ə'sɜːdʒənt/, *a.* *1* (*arald.*) che si eleva *2* (*bot.*) ascendente.

assy /'æsɪ/, *a.* (*volg. USA*) *1* arrogante; prepotente *2* impudente; sfacciato.

Assyria /ə'sɪrɪə/, *n.* (*geogr., stor.*) Assiria.

Assyrian /ə'sɪrɪən/, *a.* e *n.* assiro.

Assyriologist /əsɪrɪ'ɒlədʒɪst/, *n.* assiriologo.

Assyriology /əsɪrɪ'ɒlədʒɪ/, *n.* assiriologia.

ast /ɑːst, *USA* æst/, *voce verb.* (*pop. USA*) **asked** (*part. pass. di* **to ask**).

astable /eɪ'steɪbl/, *a.* (*elettron.*) astabile.

astatic /eɪ'stætɪk/, *a.* (*fis.*) astatico: **a. needle**, ago astatico.

astatine /'æstətiːn/, *n.* (*chim.*) astato.

aster /'æstə(r)/, *n.* (*bot., Callistephus chinensis*) aster; astro della Cina.

asterisk /'æstərɪsk/, *n.* asterisco; stelloncino.

to **asterisk** /'æstərɪsk/, *v. t.* segnare con un asterisco.

asterism /'æstərɪzəm/, *n.* *1* (*astron.*) asterismo; costellazione *2* (*miner.*) asterismo *3* (*tipogr.*) triangolo di tre asterischi.

astern /ə'stɜːn/, *avv.* (*naut.*) a poppa; indietro: **full speed a.!**, indietro a tutta forza!; (*di nave*) **to fall a.**, restare indietro; essere distanziata (*da altra nave*). ● **a. of**, a poppavia di □ (*naut.*) **to drop a.**, scadere di poppa; appopparsi □ (*naut.*) **to form a.**, accodarsi □ (*naut.*) **to go a.**, andare indietro.

asteroid /'æstərɔɪd/, **A** *a.* a forma di stella. **B** *n.* *1* (*astron.*) asteroide *2* (*pl.*) (*zool., Asteroidea*) asteroidei.

asteroidal /æstə'rɔɪdl/, *a.* asteroidale.

asthenia /æs'θiːnɪə/, *n.* (*med.*) astenia.

asthenic /æs'θenɪk/, *a.* e *n.* (*med.*) astenico.

asthenosphere /əs'θiːnəsfɪə(r), -'θen-/, *n.* (*geol.*) astenosfera.

asthma /'æsmə, *USA* 'æz-/, *n.* (*med.*) asma.

asthmatic /æs'mætɪk, *USA* æz-/, *a.* e *n.* (*med.*) asmatico.

asthmatical /æs'mætɪkl, *USA* æz-/, *a.* asmatico.

astigmatic /æstɪg'mætɪk/, *a.* (*med.*) astigmatico.

astigmatism /ə'stɪgmətɪzəm/, *n.* (*med., ottica*) astigmatismo.

astir /ə'stɜː(r)/, *avv.* e *a. pred.* *1* in moto; in agitazione *2* alzato; in piedi: **You are a. as such an early hour?**, sei in piedi così di buon'ora? ● **to be a. with**, brulicare di: **The river was a. with fish**, il fiume brulicava di pesci.

to **astonish** /ə'stɒnɪʃ/, *v. t.* stupire; sorprendere; meravigliare: **You really a. me!**, mi stupisci davvero!; **I was astonished by the news**, fui sorpreso dalla notizia; **She was astonished at seeing** (*o* **to see**) **me**, fu sorpresa di vedermi.

astonished /ə'stɒnɪʃt/, *a.* stupito; sorpreso. ● **an a. look**, uno sguardo di stupore □ **to be a. at st.**, essere stupito (*o* stupirsi, meravigliarsi) di q.c.

astonishing /ə'stɒnɪʃɪŋ/, *a.* stupefacente; sorprendente; straordinario. ● **an a. show**, uno spettacolo straordinariamente bello.

astonishment /ə'stɒnɪʃmənt/, *n.* stupore; sorpresa; meraviglia.

to **astound** /ə'staʊnd/, *v. t.* riempire di stupore; stordire per la meraviglia; sbalordire.

astounding /ə'staʊndɪŋ/, *a.* stupefacente; sbalorditivo.

astraddle /ə'strædl/, *avv.*, *a. pred.* e *prep.* a cavalcioni (di).

astragal /'æstrəgl/, *n.* *1* (*archit.*) astragalo (*tondino*) *2* (*USA*) *V.* **astragalus**.

astragalus /æ'strægələs/, *n.* (*pl.* **astragali**) (*anat.; bot., Astragalus*) astragalo.

astrakhan /æstrə'kæn, *USA* 'æstrəkən/, **A** *n.* astrakan. **B** *a.* d'astrakan.

astral /'æstrəl/, *a.* astrale: **a. lamp**, lampada astrale. ● **a. body**, (*astron.*) corpo celeste; (*parapsicologia*) corpo astrale □ **a. dome**, astrocupola; cupola d'aereo (*per osservare gli astri*).

astray /ə'streɪ/, *avv.* e *a. pred.* fuori strada (*anche fig.*); smarrito; sviato: **to go a.**, andar fuori strada; smarrirsi; sviarsi; traviarsi. ● **to lead sb. a.**, sviare q.; traviare q.

astride /ə'straɪd/, **A** *avv.* e *a. pred.* *1* a cavalcioni *2* a gambe divaricate. **B** *prep.* *1* a cavalcioni di: **a. (of) the chair**, a cavalcioni della sedia *2* – **a. of**, in senso trasversale; attraverso: **The soldiers were posted a. of the road**, i soldati erano schierati attraverso la strada. ● **to ride a.**, cavalcare (*a cavalcioni*; *e non all'amazzone*) □ **to stand a.**, stare (ritto) a gambe larghe.

astringency /ə'strɪndʒənsɪ/, *n.* *1* astringenza; potere astringente *2* (*fig.*) durezza; rigidità; severità.

astringent /ə'strɪndʒənt/, **A** *a.* *1* astringente *2* (*fig.*) duro; rigido; severo. **B** *n.* (*farm.*) astringente.

astrionics /æstrɪ'ɒnɪks/, *n. pl.* (*col verbo al sing.*) elettronica aerospaziale.

astro /'æstrəʊ/, (*pop.*) *V.* **astronaut**.

astrobiological /æstrəʊbaɪə'lɒdʒɪkl/, *a.* astrobiologico.

astrobiologist /æstrəʊbaɪ'ɒlədʒɪst/, *n.* astrobiologo.

astrobiology /æstrəʊbaɪ'ɒlədʒɪ/, *n.* astrobiologia.

astrochemist /æstrəʊ'kemɪst/, *n.* astrochimico.

astrochemistry /æstrəʊ'kemɪstrɪ/, *n.* astrochimica.

astrocompass /æstrəʊ'kʌmpəs/, *n.* (*aeron., naut.*) astrobussola.

astrodome /'æstrədəʊm/, *V.* **astral dome**.

astrodrome /æstrə'drəʊm/, *n.* (*miss.*) cosmodromo.

astrodynamic /æstrəʊdaɪ'næmɪk/, *a.* astrodinamico.

astrodynamicist /æstrəʊdaɪ'næmɪsɪst/, *n.* astrodinamico.

astrodynamics /'æstrəʊdaɪ'næmɪks/, *n. pl.* (*col verbo al sing.*) astrodinamica.

to **astrogate** /'æstrəgeɪt/, *v. i.* navigare nello spazio.

astrogation /æstrə'geɪʃn/, *n.* navigazione spaziale.

astrogeologic /æstrəʊdʒɪə'lɒdʒɪk/, *n.* astrogeologico.

astrogeologist /æstrəʊdʒɪ'ɒlədʒɪst/, *n.* astrogeologo.

astrogeology /æstrəʊdʒɪ'ɒlədʒɪ/, *n.* astrogeologia.

astrograph /'æstrəgrɑːf, *USA* -æf/, *n.* (*astron.*) astrografo.

astrolabe /'æstrəʊleɪb/, *n.* (*stor. naut.*) astrolabio.

astrologer /ə'strɒlədʒə(r)/, *n.* astrologo.

astrologic(al) /æstrə'lɒdʒɪk(l)/, *a.* astrologico. || **-ally**, *avv.*

astrology /ə'strɒlədʒɪ/, *n.* astrologia.

astrometry /ə'strɒmətrɪ/, *n.* (*astron.*) astrometria.

astromonkey /'æstrəmʌŋkɪ/, *n.* (*miss., stor.*) scimmia usata per esperimenti nello spazio.

astronaut /'æstrənɔːt/, *n.* astronauta; cosmonauta.

astronautess /'æstrənɔːtɪs/, *n.* astronauta, cosmonauta (*donna*).

astronautic(al) /æstrə'nɔːtɪk(l)/, *a.* astronautico; cosmonautico.

astronautics /æstrə'nɔːtɪks/, *n. pl.* (*col verbo al sing.*) astronautica; cosmonautica.

astronavigation /æstrənævɪ'geɪʃn/, *n.* (*miss.*) navigazione nello spazio.

astronomer /ə'strɒnəmə(r)/, *n.* astronomo.

astronomic(al) /æstrə'nɒmɪk(l)/, *a.* (*anche fig.*) astronomico: **a. figures**, cifre astronomiche. || **-ally**, *avv.*

astronomy /ə'strɒnəmɪ/, *n.* astronomia.

astrophotograph /æstrəʊ'fəʊtəgrɑːf, *USA* -æf/, *n.* astrofotografia (*l'immagine*).

astrophotographer /æstrəʊfə'tɒgrəfə(r)/, *n.* fotografo astronautico; astrofotografo.

astrophotography /æstrəʊfə'tɒgrəfɪ/, *n.* astrofotografia (*la tecnica*).

astrophysical /æstrəʊ'fɪzɪkl/, *a.* astrofisico.

astrophysicist /æstrəʊ'fɪzɪsɪst/, *n.* astrofisico.

astrophysics /æstrəʊ'fɪzɪks/, *n. pl.* (*col verbo al sing.*) astrofisica.

astrospace /'æstrəʊspeɪs/, *n.* astrospazio.

astrotracker /'æstrəʊtrækə(r)/, *n.* (*aeron., naut.*) sestante automatico.

astute /ə'stjuːt, *USA* ə'stuːt/, *n.* *1* avveduto; sagace *2* astuto; furbo; scaltro. || **-ly**, *avv.* || **-ness**, *sost.*

asunder /ə'sʌndə(r)/, *avv.* *1* a pezzi; in pezzi: **to fall a.**, andare in pezzi; rompersi; frantumarsi; **to tear a.**, fare a pezzi; stracciare *2* separatamente. ● **to come a.**, separarsi; disgiungersi □ **to pull a.**, separare.

asylum /ə'saɪləm/, *n.* *1* asilo; rifugio *2* (*stor.*) diritto di asilo *3* (*polit.*) asilo politico *4* ospizio; casa di ricovero. ● **lunatic a.**, manicomio.

asymmetric(al) /æsɪ'metrɪk(l)/, *a.* asimmetrico. ● (*mecc.*) **a. rotor**, rotore asimmetrico. || **-ally**, *avv.*

asymmetry /eɪ'sɪmətrɪ, æ-/, *n.* asimmetria.

asymptote /'æsɪmptəʊt/, *n.* (*geom.*) asintoto.

asymptotic /æsɪmp'təʊtɪk/, *a.* (*geom.*) asintotico.

asynchronism /æ'sɪŋkrənɪzəm/, *n.* (*fis., mecc.*) asincronismo.

asynchronous /æ'sɪŋkrənəs/, *a.* (*fis., mecc.*) asincrono.

asyndeton /æ'sɪndɪtən/, *n.* (*pl.* **asyndeta, asyndetons**) (*ling.*) asindeto.

asynergia /æsɪ'nɜːdʒɪə/, *n.* (*med.*) asinergia.

asyntactic /æsɪn'tæktɪk/, *a.* (*ling.*) asintattico.

at /æt, ət/, *prep.* *1* (*luogo, tempo, occupazione, modo, direzione, prezzo*) a, ad: **at Florence**, a Firenze; **at home**, a casa; (**near**) **at hand**, a portata di mano; **at a distance**, a una certa distanza; **at Easter**, a Pasqua; **at midday**, a mezzogiorno; **at work**, al lavoro; **at dinner**, a pranzo; **at school**, a scuola; **Let's play at being soldiers!**, giochiamo ai soldati (*o* alla guerra)!; **at will**, a volontà; **at** (**first**) **sight**, a (prima) vista; **The wolf jumped at the man's throat**, il lupo balzò alla gola dell'uomo; **He threw a stone at the dog**, tirò un sasso al cane; **It was sold at a low price**, fu venduto a basso prezzo *2* (*luogo, condizione, delimitazione*) in: **at the place where**, nel luogo in cui; **at the top of the page**, in cima alla pagina; **at peace**, in pace; **at war**, in guerra; **at rest**, in riposo; **to be clever** (*o* **good**) **at Latin**, essere bravo in latino *3* (*tempo, modo*) di; a: **at night**, di notte; **at a run**, di corsa; **at a gallop**, al galoppo *4* (*modo*) con: **at leisure**, con comodo *5* contro; addosso: **The wounded tiger rushed at the hunter**, la tigre ferita fece un balzo contro il cacciatore; (*fam.*) **At him!**, (dagli) addosso!; **to fire at sb.**, sparare contro q. *6* da; presso; per; attraverso: **at the barber's**, dal barbiere; **The burglar got in at the back door**, il ladro s'introdusse dalla porta didietro *7* (*nei verbi frasali, è idiom.*; *per es.*:) **to call at**, andare da, andare a trovare (q.); ecc. (*V. sotto* **to call**). ● **to be at**, stare facendo; combinare: **What are the children at now?**, che cosa combinano i bambini?; **Dennis is at it again**, Dennis adesso ci rifà (*fam.*); ci risiamo, con Dennis □ **at all**, affatto; punto □ **at first**, dapprima; al principio □ **at hand**, a portata di mano; vicino □ (*leg.*) **at large**, latitante □ **at last**, infine; finalmente □

at least, almeno □ **at most**, al massimo □ **at once**, subito; immediatamente □ **at present**, adesso; ora □ **at that**, a questo punto; per giunta: **Let it go at that**, lasciamo perdere (a questo punto); non voglio discutere più; **She has lost a ring, and an expensive one at that**, ha perso un anello, e costoso, per giunta □ **at a time**, alla volta: **one thing at a time**, una cosa alla volta □ **at times**, a volte; talora, talvolta □ **to be surprised [pleased] at**, essere sorpreso [lieto] di □ **to have been at st.**, aver manomesso q.c.; aver rovistato in q.c.: **They've been at my papers again**, hanno di nuovo rovistato nelle mie carte.

ataraxia /ætəˈræksɪə/, **ataraxy** /ˈætəræksɪ/, *n.* (*filos.*) atarassia.

atavic /əˈtævɪk/, *a.* atavico; atavistico.

atavism /ˈætəvɪzəm/, *n.* atavismo.

atavistic /ætəˈvɪstɪk/, *V.* **atavic**.

ataxia /əˈtæksɪə/, **ataxy** /əˈtæksɪ/, *n.* (*med.*) atassia.

ataxic /əˈtæksɪk/, *a.* (*med.*) atassico; affetto da atassia.

atchoo /əˈtʃuː/, (*USA*) *V.* **atishoo**.

ate /ɛt, eɪt, *USA* eɪt/, *pass.* di **to eat**.

atelier /əˈtɛlɪeɪ, ˈætəljeɪ, *USA* ætəlˈjeɪ/ (*franc.*), *n.* atelier (*di un artista*).

Athanasian /æθəˈneɪʃn/, *a.* e *n.* (*stor. relig.*) (seguace) di Atanasio.

Athanasius /æθəˈneɪʃəs/, *n.* (*stor. relig.*) Atanasio.

atheism /ˈeɪθɪɪzəm/, *n.* ateismo.

atheist /ˈeɪθɪɪst/, *n.* ateo; ateista.

atheistic(al) /eɪθɪˈɪstɪk(l)/, *a.* ateo; ateistico.

Athena /əˈθiːnə/, *n.* (*mitol.*) Atena.

athenaeum, (*USA*) **atheneum** /æθɪˈniːəm/, *n.* **1** ateneo; società letteraria (*o* scientifica) **2** biblioteca; sala di lettura.

Athene /əˈθiːniː/, *n.* (*mitol.*) Atena.

Athenian /əˈθiːnɪən/, *a.* e *n.* ateniese.

Athens /ˈæθɪnz/, *n.* (*geogr.*) Atene.

athermal /eɪˈθɜːml/, *a.* (*fis.*) atermico.

athermancy /eɪˈθɜːmənsɪ/, *n.* (*fis.*) adiatermanità.

athirst /əˈθɜːst/, *a. pred.* (*arc.*) **1** assetato **2** (*fig.*) avido.

athlete /ˈæθliːt/, *n.* atleta. ● (*med.*) **a.'s foot**, piede d'atleta.

athletic /æθˈlɛtɪk/, *a.* **1** atletico **2** (*sport*: *di tackle, ecc.*) vigoroso. ● (*sport*) **a. support**, sospensorio. ‖ **-ally**, *avv.*

athleticism /æθˈlɛtɪsɪzəm/, *n.* atletismo.

athletics /æθˈlɛtɪks/, *n. pl.* (*anche col verbo al sing.*) atletica.

athodyd /ˈæθəʊdaɪd/, *n.* (*acronimo di* **aero-thermodynamic duct**) (*aeron.*) statoreattore; autoreattore.

at home /ətˈhəʊm/, **A** *n.* ricevimento (*in casa privata*): **a. day**, giorno di ricevimento. **B** *avv.* a proprio agio: **Make yourself a.!**, mettiti a tuo agio; accomodati! ● **He is a. in several languages**, conosce alla perfezione varie lingue.

athwart /əˈθwɔːt/, *avv.* e *prep.* **1** di traverso (a); obliquamente (rispetto a); da un lato all'altro (di) **2** in opposizione (a); in contrasto (con) **3** (*naut.*) al traverso (di); per madiere; di traverso. ● **a.-ship bulkhead**, paratia trasversale.

atilt /əˈtɪlt/, *avv.* e *a. pred.* **1** inclinato; di sghembo **2** (*stor.* e *fig.*) con la lancia in resta. ● **to ride** (*o* **to run**) **a.**, (*stor.*) correre la giostra, giostrare, torneare; (*fig.*) combattere (a) lancia in resta, andare all'attacco.

atishoo /əˈtɪʃuː/, *inter.* (*ingl.*) eccì!; etcì!; atciù!; ecciù (*starnuto*). ● **to go a.**, fare eccì; starnutire.

Atlantean /ætlənˈtiːən/, *a.* **1** (*mitol.*) di Atlante **2** (*fig.*) possente; fortissimo **3** (*mitol.*) dell'Atlantide **4** (*geogr.*) (dei monti) dell'Atlante.

Atlantic /ətˈlæntɪk/, *a.* e *n.* (*geogr.*) atlantico. ● (*stor.*) **A. Charter**, Carta Atlantica □ (*naut.*) **an A. liner**, un transatlantico.

Atlanticism /ətˈlæntɪsɪzəm/, *n.* (*polit.*) atlantismo.

Atlanticist /ətˈlæntɪsɪst/, *n.* (*polit.*) fautore dell'atlantismo.

Atlantis /ətˈlæntɪs/, *n.* (*geogr., mitol.*) Atlantide.

atlas /ˈætləs/, *n.* **1** (*geogr., anat.*: *pl.* **atlases**) atlante **2** (*archit.*: *pl.* **atlantes**) atlante, telamone (*cariatide maschile*).

Atlas /ˈætləs/, *n.* **1** (*mitol.*) Atlante (*gigante mitico*) **2** (*geogr.*) Atlante (*catena di monti*).

atmosphere /ˈætməsfɪə(r)/, *n.* (*anche fig.*) atmosfera.

atmospheric /ætməsˈfɛrɪk/, *a.* **1** atmosferico: **a. disturbance**, perturbazione atmosferica; **a. pressure**, pressione atmosferica **2** (*fig.*) che crea un'atmosfera: **Her songs are very a.**, le sue canzoni creano un'atmosfera. ● **a. physics**, fisica dell'atmosfera.

atmospherical /ætməsˈfɛrɪkl/, *V.* **atmospheric**.

atmospherics /ætməsˈfɛrɪks/, *n. pl.* **1** (*radio, TV*) interferenza atmosferica; scariche **2** fenomeni atmosferici.

atoll /ˈætɒl/, *n.* (*geogr.*) atollo.

atom /ˈætəm/, *n.* **1** (*fis.*) atomo **2** (*fig.*) briciolo, briciola: **to blow to atoms**, ridurre in briciole (*con un'esplosione*). ● **a. bomb**, bomba atomica □ **atoms of dust**, particelle di polvere □ (*fam.*) **a. smasher**, acceleratore di particelle □ (*fig.*) **to blow** (*o* **to crush, to smash**) **to atoms**, distruggere totalmente.

atomic /əˈtɒmɪk/, *a.* **1** (*fis.*) atomico: **a. beam**, fascio atomico; **a. mass**, massa atomica; **a. number**, numero atomico **2** atomico; nucleare: **a. bomb**, bomba atomica; (*in U.S.A.*) **a. clock**, orologio atomico (*a Boulder, nel Colorado*); **a. plant**, centrale atomica; **a. warfare**, guerra atomica; (*mil.*) **a. weapon**, arma nucleare. ‖ **-ally**, *avv.*

atomicity /ætəˈmɪsətɪ/, *n.* (*fis.*) atomicità.

atomism /ˈætəmɪzəm/, *n.* (*filos.*) atomismo.

atomist /ˈætəmɪst/, *n.* (*filos.*) atomista.

atomistic /ætəˈmɪstɪk/, *a.* atomistico.

atomistics /ætəˈmɪstɪks/, *n. pl.* (*col verbo al sing.*) (*chim.*) atomistica.

atomization /ætəmaɪˈzeɪʃn, *USA* -mɪˈz-/, *n.* atomizzazione, nebulizzazione, polverizzazione (*di un liquido*).

to **atomize** /ˈætəmaɪz/, *v. t.* atomizzare, polverizzare, nebulizzare (*un liquido*).

atomizer /ˈætəmaɪzə(r)/, *n.* atomizzatore, nebulizzatore, polverizzatore (*di liquidi in genere*); spruzzatore (*di profumo*).

atonable /eɪˈtəʊnəbl/, *a.* espiabile; riparabile.

atonal /eɪˈtəʊnl/, *a.* (*mus.*) atonale.

atonality /eɪtəʊˈnælətɪ/, *n.* (*mus.*) atonalità.

to **atone** /əˈtəʊn/, *v. i.* fare ammenda; espiare; riparare: **to a. for one's wrongs**, riparare le proprie colpe; **to a. for a wrongdoer**, espiare per un colpevole.

atonement /əˈtəʊnmənt/, *n.* riparazione; ammenda; espiazione. ● (*relig.*) **the A.**, la Redenzione.

atonia /eɪˈtəʊnɪə/, *V.* **atony**.

atonic /eɪˈtɒnɪk/, **A** *a.* **1** (*fon.*) atono **2** (*med.*) atonico. **B** *n.* (*fon.*) sillaba (*o* parola) atona.

atony /ˈætənɪ/, *n.* (*fon., med.*) atonia.

atop /əˈtɒp/, *avv.* e *prep.* (*lett.*) in cima (a).

atrabiliar /ætrəˈbɪlɪə(r)/, **atrabilious** /ætrəˈbɪlɪəs/, *a.* **1** (*med.*) atrabiliare, ipocondriaco **2** (*raro*) malinconico **3** (*raro*) irascibile.

atrabiliousness /ætrəˈbɪlɪəsnəs/, *n.* (*raro*) **1** malinconia; ipocondria **2** irascibilità; irritabilità.

Atreus /ˈeɪtrɪəs, -r(ɪ)uːs/, *n.* (*mitol.*) Atreo.

atrial /ˈeɪtrɪəl/, *a.* (*anat.*) atriale.

atrip /əˈtrɪp/, *a. pred.* (*naut.*) **1** (*di ancora*) spedata **2** (*di vela*) alzata a segno **3** (*di pennone*) ghindato (*o* issato) e pronto per essere incrociato.

atrium /ˈeɪtrɪəm/, *n.* (*pl.* **atria, atriums**) **1** (*anat., archit.*) atrio **2** sagrato (*di chiesa medievale*).

atrocious /əˈtrəʊʃəs/, *a.* **1** atroce; feroce **2** (*fam.*) orribile; orrendo; pessimo; di pessimo gusto: **an a. dress**, un vestito di pessimo gusto; **a. weather**, tempo pessimo.

atrociously /əˈtrəʊʃəslɪ/, *avv.* **1** atrocemente **2** orrendamente.

atrociousness /əˈtrəʊʃəsnəs/, *n.* atrocità.

atrocity /əˈtrɒsətɪ/, *n.* **1** atrocità **2** (*fam.*) orrore; oggetto orrendo.

atrophic /əˈtrɒfɪk, æ-/, *a.* atrofico.

atrophy /ˈætrəfɪ/, *n.* (*med.*) atrofia.

to **atrophy** /ˈætrəfɪ/, *v. t.* e *i.* atrofizzare, atrofizzarsi.

atropin(e) /ˈætrəpɪn/, *n.* (*bot., med.*) atropina.

Atropos /ˈætrəpɒs, -əs/, *n.* (*mitol.*) Atropo.

attaboy /ˈætəbɔɪ/, *inter.* **1** coraggio!; forza! **2** bravo!; avanti!

to **attach** /əˈtætʃ/, **A** *v. t.* **1** attaccare; fissare; unire: **to a. the price tags on each article**, attaccare a ogni articolo il cartellino del prezzo **2** attirare; avvincere; legare a sé: **He hasn't the gift of attaching people to him**, non ha il dono di rendersi simpatico alla gente; attacca poco con tutti (*fam.*) **3** apporre: **to a. one's signature**, apporre la propria firma **4** annettere; attribuire: **to a. great importance to st.**, annettere grande importanza a q.c. **5** (*leg.*) sequestrare; pignorare **6** (*leg.*) arrestare **7** (*specialm. mil.*) assegnare; destinare: **Captain B. was attached to the 11th regiment**, il capitano B. fu assegnato all'11° reggimento **8** allegare, accludere (*documenti, ecc.*). **B** *v. i.* **1** essere annesso (*o* connesso); comportare: **the advantages that a. to the office of president**, i vantaggi connessi con la carica di presidente; **No salary attaches to this appointment**, questa nomina non comporta retribuzione alcuna **2** (*leg.*) avere effetto (*o* efficacia): **The insurance [the clause] has ceased to a.**, l'assicurazione [la clausola] ha cessato d'avere effetto. **C** to **attach oneself**, *v. rifl.* unirsi a; entrare a far parte di: **to a. oneself to a party [to an expedition]**, unirsi a una comitiva [entrare a far parte di una spedizione]. ● (*trasp., naut.*) **to a. demurrage**, far decorrere le controstallie.

attachable /əˈtætʃəbl/, *a.* **1** attaccabile; fissabile **2** che si affeziona **3** attribuibile **4** (*leg.*) sequestrabile; pignorabile.

attaché /əˈtæʃeɪ, *USA* ætæˈʃeɪ/ (*franc.*), *n.* addetto (*d'ambasciata*). ● **a. case**, borsa (*di cuoio, per documenti*).

attached /əˈtætʃt/, *a.* **1** attaccato; affezionato; devoto **2** assegnato; addetto **3** (*comm.*) accluso; allegato; annesso **4** (*edil.*) annesso; attiguo **5** (*mil.*) aggregato.

attachment /əˈtætʃmənt/, *n.* **1** l'attaccare; attaccatura; unione **2** attaccamento; affetto; devozione **3** (*specialm. mil.*) assegnazione; destinazione **4** pezzo di corredo, accessorio (*di strumento, di macchina*) **5** (*leg.*) sequestro; pignoramento **6** (*leg.*) arresto. ● (*leg.*) **a. of assets**, sequestro conservativo di beni □ (*leg.*) **a. of real property**, sequestro immobiliare □ (*mil. e sim.*) **He was on a. with the vice squad**, era assegnato alla squadra del buon costume.

attack /əˈtæk/, *n.* **1** attacco; assalto; accesso (*di malattia*): **a heart a.**, un attacco di cuore **2** avvio, inizio (*di lavoro, impresa*) **3** (*mil., sport*) attacco: **to come under a.**, subire un attacco **4** (*sport*) attacco; (gli) attaccanti **5** (*mus.*) attacco. ● (*aeron., mil.*) **a. bomber** (*o* **a. plane**), cacciabombardiere □ (*sport*) **incessant** (*o* **insistent**) **a.**, forcing □ **to make an all-out a. on sb. [st.]**, partire in quarta contro q. [q.c.] (*fig.*).

to **attack** /əˈtæk/, *v. t.* **1** attaccare; assalire: **Acids a. metal containers**, gli acidi attaccano i recipienti metallici **2** iniziare (*un lavoro, ecc.*); affrontare (*un problema*); attaccare a (*seguito da inf.*): **He attacked his meal at once**, iniziò subito il pasto; attaccò subito a mangiare **3** (*mil., sport*) attaccare.

attackable /əˈtækəbl/, *a.* attaccabile; assalibile.

attacker /ə'tækə(r)/, *n.* **1** assalitore; aggressore **2** (*mil., sport*) attaccante **3** (*calcio*) punta.

to **attain** /ə'teɪn/, **A** *v. t.* **1** raggiungere; arrivare a: **She attained the age of ninety**, arrivò all'età di novant'anni **2** conseguire; ottenere; raggiungere: **I hope he will a. his end**, spero che conseguirà il suo scopo. **B** *v. i.* – **to a. to**, arrivare a; raggiungere.

attainability /əteɪnə'bɪlətɪ/, *n.* l'essere ottenibile (*o* raggiungibile); accessibilità.

attainable /ə'teɪnəbl/, *a.* raggiungibile; ottenibile; accessibile. || **-ness**, *sost.*

attainder /ə'teɪndə(r)/, *n.* (*leg., stor.*) perdita dei beni e dei diritti civili (*come conseguenza di proscrizione*).

attainment /ə'teɪnmənt/, *n.* **1** conseguimento; raggiungimento; attuazione: **the a. of an international market**, l'attuazione di un mercato internazionale **2** risultato raggiunto; cosa conseguita; realizzazione; successo: **He is famous for his literary attainments**, è famoso per i suoi successi letterari **3** (*specialm. al pl.*) cognizioni; preparazione; cultura. ● **The ability to speak Arabic was among his attainments**, tra le altre cose, sapeva anche parlare l'arabo.

attaint /ə'teɪnt/, *n.* (*leg., stor.*) perdita dei beni e dei diritti civili; morte civile.

to **attaint** /ə'teɪnt/, *v. t.* **1** (*leg., stor.*) privare dei beni e dei diritti civili **2** macchiare; disonorare **3** (*raro*) infettare.

attar /'ætə(r)/, *n.* olio essenziale (*o* essenza) di: **a. of roses**, essenza di rose.

to **attemper** /ə'tempə(r)/, *v. t.* (*raro o arc.*) **1** temperare (*i moti dell'animo, la temperatura, ecc.*); moderare; frenare (*l'ira, ecc.*) **2** diluire; stemperare **3** accordare (*la voce*); intonare.

attempt /ə'tempt/, *n.* **1** tentativo; sforzo: **an a. at escaping** (*o* **to escape**), un tentativo d'evasione **2** attentato: **A fanatic made an a. on the President's life**, un fanatico fece un attentato contro la vita del Presidente **3** (*leg.*) tentativo di reato.

to **attempt** /ə'tempt/, *v. t.* **1** tentare; provare; sforzarsi di fare: **He attempted a task beyond his powers**, si sforzò di fare un lavoro superiore alle sue forze; **Our forces attempted the fortress**, le nostre forze tentarono di espugnare la fortezza **2** attentare a: **to a. sb.'s life**, attentare alla vita di q. ● (*leg.*) **a. crime**, tentativo di reato □ (*leg.*) **attempted murder**, tentato omicidio.

attemptable /ə'temptəbl/, *a.* tentabile.

attempter /ə'temptə(r)/, *n.* **1** chi tenta; chi si sforza **2** attentatore.

to **attend** /ə'tend/, *v. t.* e *i.* **1** frequentare; essere presente a; presenziare; presentarsi, intervenire, andare a: **They a. lectures every other day**, vanno a lezione un giorno sì e uno no; **The scenes-of-crime officer attended without delay**, il poliziotto incaricato delle indagini sul posto si presentò senza indugio **2** – **to a. to**, attendere a; applicarsi a; occuparsi di; badare a: **You should a. to your work**, dovresti attendere (*o* applicarti) al tuo lavoro; **I have my own business to a. to**, devo badare ai miei affari; **to a. strictly to business**, occuparsi solo d'affari **3** – **to a. upon**, essere al seguito (*o* al servizio) di; scortare **4** assistere; aver cura di: **Which nurse is attending him?**, qual è l'infermiera che lo assiste? **5** (*form.*) accompagnare; seguire: **Success attended his efforts**, il successo accompagnò i suoi sforzi; i suoi sforzi furono coronati dal successo **6** (*form.*) prestare attenzione; dare ascolto **7** (*arc.*) attendere; aspettare. ● **to a. a meeting**, presenziare una riunione □ **to a. sb.'s lessons**, seguire le lezioni di q. □ **to a. sb.'s orders**, eseguire gli ordini di q. □ (*leg.*) **to a. to a case**, occuparsi di una causa □ (*comm.*) **to a. to the collection of a bill**, curare l'incasso di una cambiale □ **to a. to a trial**, assistere a un processo □ **to be attended by one's bodyguard**, essere scortato dalla propria guardia del corpo □ (*in un negozio, ecc.*) **Is anybody attending to you?**, non La stanno servendo?

attendance /ə'tendəns/, *n.* **1** frequenza; presenza: **a. at school**, frequenza scolastica **2** servizio; disposizione: **to be in a. (up)on sb.**, essere al servizio (*o* a disposizione) di q.; **Is Doctor Jones still in a.?**, è ancora in servizio il Dottor Jones? **3** assistenza: **medical a.**, assistenza medica **4** pubblico; spettatori; gente presente. ● **a. book**, registro delle presenze □ (*leg., in G.B.*) **a. centre**, centro di rieducazione □ **a. check** (*o* **a. fee**), gettone di presenza □ (*leg.*) **a. in court**, comparizione in giudizio □ **a. money** (*o* **a. pay**), indennità di presenza □ **a. register**, registro delle presenze □ **a. sheet**, foglio delle presenze □ (*form.*) **to be in a.**, presenziare □ **lady-in-a.**, dama di compagnia.

attendant /ə'tendənt/, **A** *a.* **1** che è presente **2** che presta assistenza **3** che accompagna (*o* segue) (q. *o* q.c.): **war and its a. calamities**, la guerra e le sventure che l'accompagnano (*o* seguono). **B** *n.* **1** servitore; guardiano; sorvegliante; custode: **a museum a.**, il custode di un museo **2** compagno **3** (persona) presente; frequentatore (*assiduo*) **4** (*pl.*) personale (*di un negozio, ecc.*) **5** (*pl.*) seguito, seguaci (*di un sovrano*). ● **a. circumstances**, circostanze concomitanti □ **to be a. on sb.**, accompagnare (*o* scortare) q.

attention /ə'tenʃn/, *n.* **1** attenzione: **to attract** (*o* **to catch**) **sb.'s a.**, attirare l'attenzione di q.; **to pay a. to the teacher**, prestare attenzione all'insegnante **2** assistenza; prime cure: **The victim of the accident received a. at the hospital**, la vittima dell'incidente ricevette le prime cure all'ospedale **3** (*pl.*) premure; cortesie; gentilezze; attenzioni **4** (*mil.*) attenti: **A.!**, attenti!; **to come to a.**, mettersi sull'attenti; **to stand at a.**, stare sull'attenti. ● (*su una busta*) **(for the) a. of Mr X. Y.**, all'attenzione del Sig. X. Y. □ (*fam.*) **to be all a.**, essere tutt'orecchi □ (*form.*) **to pay one's attentions to a girl**, fare la corte a una ragazza.

attentive /ə'tentɪv/, *a.* **1** attento; che presta attenzione **2** assiduo; premuroso; cortese; sollecito; riguardoso: **to be a. to sb.**, essere premuroso con q. || **-ly**, *avv.* || **-ness**, *sost.*

attenuant /ə'tenjʊənt/, **A** *n.* (*med.*) sostanza diluente. **B** *a.* attenuante; diluente.

attenuate /ə'tenjʊeɪt/, *a.* **1** esile **2** rarefatto.

to **attenuate** /ə'tenjʊeɪt/, **A** *v. t.* **1** assottigliare **2** (*anche fis., elettron.*) attenuare **3** (*med.*) diluire; rarefare (*le secrezioni*) **4** (*med.*) far diminuire la virulenza di; indebolire. **B** *v. i.* assottigliarsi; attenuarsi. ● (*med.*) **attenuated vaccine**, vaccino attenuato.

attenuation /ətenjʊ'eɪʃn/, *n.* **1** assottigliamento **2** (*anche fis., elettron.*) attenuazione.

attenuator /ə'tenjʊeɪtə(r)/, *n.* (*elettron.*) attenuatore.

to **attest** /ə'test/, *v. t.* e *i.* **1** attestare; testimoniare; dimostrare; essere prova di: **He attested to my innocence**, egli attestò la mia innocenza; **The ruins of the town a. (to) the high level of civilization of its inhabitants**, le rovine della città dimostrano l'alto grado di civiltà dei suoi abitanti; **His words attested his honesty**, le sue parole erano prova della sua onestà **2** affermare (*con giuramento*); far prestare giuramento (a) **3** autenticare; legalizzare; vidimare: **to a. a signature**, autenticare una firma. ● (*leg.*) **attested affidavit**, atto notorio □ **attested copy**, copia vidimata, copia autentica (*di un documento*) □ (*in G.B.*) **attested milk**, latte a norma di legge (*pastorizzato, ecc.*).

attestable /ə'testəbl/, *a.* **1** attestabile; dimostrabile **2** legalizzabile; vidimabile.

attestant /ə'testənt/, *V.* **attester**.

attestation /æte'steɪʃn/, *n.* **1** attestazione; attestato; testimonianza; prova **2** il far prestare giuramento **3** autenticazione; legalizzazione; vidimazione.

attester, **attestor** /ə'testə(r)/, *n.* **1** attestatore (*raro*); chi fa un'attestazione, ecc. (*V.* **attestation**) **2** (*leg.*) testimone.

Attic /'ætɪk/, **A** *a.* attico: **A. salt**, sale attico (*spirito degli ateniesi*); **A. tastes**, gusti attici. **B** *n.* dialetto attico.

attic /'ætɪk/, *n.* **1** (*archit.*) attico **2** (*edil.*) soffitta; solaio.

atticism /'ætɪsɪzəm/, *n.* (*ling., letter.*) atticismo.

to **atticize** /'ætɪsaɪz/, *v. i.* atticizzare.

attire /ə'taɪə(r)/, *n.* **1** (*form.*) abito; abbigliamento; vesti **2** (*zool.*) palchi delle corna (*di cervo*).

to **attire** /ə'taɪə(r)/, *v. t.* vestire; abbigliare; adornare.

attitude /'ætɪtju:d, *USA* -tu:d/, *n.* **1** (*anche fig.*) atteggiamento: **We must maintain a firm a.**, dobbiamo tenere un atteggiamento fermo **2** posa: **to strike an a.**, assumere una posa; posare (*fig.*) **3** opinione; modo di comportarsi **4** (*aeron.*) assetto, posizione (*di un aereo*): **a. of flight**, assetto di volo. ● **a. of mind**, abito mentale □ **a. scale**, scala attitudinale (*di valutazione*).

attitudinal /ætɪ'tju:dɪnl, *USA* -'tu:-/, *a.* attitudinale.

attitudinarian /ætɪtju:dɪ'neərɪən, *USA* -tu:-/, *n.* (*raro*) posatore.

to **attitudinize** /ætɪ'tju:dɪnaɪz, *USA* -'tu:-/, *v. i.* posare; essere affettato.

attitudinizer /ætɪ'tju:dɪnaɪzə(r), *USA* -'tu:-/, *n.* posatore; persona affettata.

to **attorn** /ə'tɜ:n/, *v. i.* **1** (*stor.*) prestare omaggio (*al nuovo signore feudale*) **2** (*leg.*) rimanere affittuario (*di un nuovo proprietario*).

attorney /ə'tɜ:nɪ/, *n.* (*leg.*) **1** procuratore; mandatario; rappresentante **2** (= **a.-at-law**; *specialm. USA*; *cfr. ingl.* **barrister** *e* **solicitor**) procuratore legale; avvocato: **plaintiff's a.**, avvocato di parte civile. ● **a. general** (*in U.S.A.*) procuratore capo (*il magistrato di grado più elevato in uno Stato*); (*in taluni Stati*) pubblico accusatore □ **A. General**, (*in G.B., Scozia esclusa*) «Attorney General» (*è membro della Camera dei Comuni e del governo; appartiene al partito di maggioranza*); (*in U.S.A.*) «Attorney General», Procuratore Generale (*e, a un tempo, ministro della giustizia del governo federale*) □ (*leg., in U.S.A.*) **a.'s office**, procura (*ufficio del procuratore*) □ (*in U.S.A.*) **district a.**, procuratore distrettuale (*pubblico accusatore*) □ **letter of a.**, procura (*documento*) □ **power of a.**, procura (*autorità conferita*).

attorneyship /ə'tɜ:nɪʃɪp/, *n.* (*leg.*) carica (*o* ufficio) di procuratore (*V.* **attorney**).

to **attract** /ə'trækt/, *v. t.* **1** (*anche astron., fis.*) attrarre; attirare: **Honey attracts flies**, il miele attira le mosche; **Filings are attracted by a magnet**, la limatura (di ferro) è attratta dalla calamita **2** (*fig.*) attirare: **Her beautiful face attracts people**, il suo bel viso attrae la gente; **The first aim of advertising is to a. the attention of prospective customers**, il primo scopo della pubblicità è d'attirare l'attenzione dei probabili clienti.

attractable /ə'træktəbl/, *a.* che può essere attirato (*o* attratto).

attraction /ə'trækʃn/, *n.* **1** (*astron., fis.*) attrazione **2** attrattiva; seduzione: **the attractions of life in Paris**, le attrattive del vivere a Parigi **3** (*ling.*) attrazione.

attractive /ə'træktɪv/, *a.* **1** che attira; attraente; piacevole; affascinante; avvincente: **an a. personality**, una personalità piacevole **2** (*fis.*) attrattivo. ● **the a. power of a magnet**, la forza d'attrazione di una calamita □ (*comm.*) **an a. price**, un prezzo allettante.

attractively /ə'træktɪvlɪ/, *avv.* **1** in modo attraente; piacevolmente **2** (*fis.*) attrattivamente.

attractiveness /ə'træktɪvnəs/, *n.* **1** attrattiva; bellezza; fascino **2** (*fis.*) capacità (*o* forza) d'attrazione.

attributable /ə'trɪbjʊtəbl/, *a.* attribuibile.
attribute /'ætrɪbju:t/, *n.* **1** (*anche gramm.*) attributo **2** (*elab., stat.*) carattere qualitativo. ● (*org. az.*) **a. sampling**, campionamento qualitativo □ (*tecn.*) **attributes testing**, test della qualità.
to **attribute** /ə'trɪbju:t/, *v. t.* attribuire; ascrivere.
attribution /ætrɪ'bju:ʃn/, *n.* attribuzione.
attributive /ə'trɪbjʊtɪv/, **A** *a.* (*anche gramm.*) attributivo. **B** *n.* (*gramm.*) attributo.
attrited /ə'traɪtɪd/, *a.* logoro (*per attrito*).
attrition /ə'trɪʃn/, *n.* **1** attrito; logorio **2** logoramento: **war of a.**, guerra di logoramento **3** (*relig.*) attrizione.
to **attune** /ə'tju:n, *USA* ə'tu:n/, *v. t.* **1** accordare (*strumenti musicali*) **2** (*fig.*) mettere d'accordo; armonizzare, mettere in sintonia (*persone*).
attuned /ə'tju:nd, *USA* ə'tu:nd/, *a.* **1** (*mus.*) accordato **2** (*fig.*: *di gusti, sentimenti, ecc.*) – **a. to**, in sintonia, all'unisono con.
atypical /eɪ'tɪpɪkl/, *a.* atipico.
aubergine /'əʊbəʒi:n/, *n.* melanzana.
Aubrey /'ɔ:brɪ/, *n.* Alberico.
auburn /'ɔ:bən/, *a.* e *n.* (color) biondo rame; (colore) castano chiaro con riflessi ramati.
auction /'ɔ:kʃn, 'ɒkʃn/, *n.* (*comm.*) asta; incanto: **to put up for a.**, mettere all'asta. ● **a. bid**, licitazione □ **a. ring**, sindacato d'asta (*è illegale*) □ **a. room**, sala d'aste □ **a. sale**, vendita all'asta □ **to sell by a.**, vendere all'asta (*o* all'incanto).
to **auction** /'ɔ:kʃn, 'ɒkʃn/, *v. t.* (*anche* **to a. off**) **1** mettere (*o* vendere) all'asta (*o* all'incanto) **2** (*USA*) appaltare (*un lavoro, ecc.*).
auctioneer /ɔ:kʃə'nɪə(r), ɒk-/, *n.* banditore (*di aste*).
to **auctioneer** /ɔ:kʃə'nɪə(r), ɒk-/, **A** *v. t.* vendere all'asta. **B** *v. i.* fare il banditore (*di aste*).
audacious /ɔ:'deɪʃəs/, *a.* **1** audace; intrepido **2** temerario **3** insolente; impudente; sfacciato. ‖ **-ly**, *avv.* ‖ **-ness**, *sost.*
audacity /ɔ:'dæsətɪ/, *n.* **1** audacia **2** temerarietà **3** impudenza.
audibility /ɔ:də'bɪlətɪ/, *n.* udibilità. ● (*fis.*) **a. threshold**, soglia di udibilità.
audible /'ɔ:dəbl/, *a.* udibile; intelligibile; percepibile. ● (*fis.*) **a. tone**, tono (*o* frequenza) udibile. ‖ **-ness**, *sost.*
audibly /'ɔ:dəblɪ/, *avv.* distintamente; in modo udibile.
audience /'ɔ:dɪəns/, *n.* **1** uditorio; pubblico; spettatori; pubblico dei lettori: **That novelist has a large a.**, quel romanziere ha un vasto pubblico **2** (*form.*) udienza: **to grant an a.**, concedere (*o* accordare) un'udienza **3** (*pubbl.*) audience; udienza (*angl.*). ● **a. hall**, sala delle udienze □ (*TV*) **a. meter**, auditel □ **a. rating**, indice d'ascolto □ (*radio, TV*) **a. reactions**, le reazioni del pubblico.
audio /'ɔ:dɪəʊ/, *n.* e *a.* (*pl.* **audios**) (*radio, TV*) audio ● **a. system**, impianto stereo.
audio-engineer /ɔ:dɪəʊendʒɪ'nɪə(r)/, *n.* tecnico del suono.
audio frequency /ɔ:dɪəʊ'fri:kwənsɪ/, *n.* (*fis., radio, TV*) audiofrequenza. ● (*tecn.*) **a. meter**, misuratore di frequenze audio.
audiogram /'ɔ:dɪəʊgræm/, *n.* (*anche med.*) audiogramma.
audio-lingual /ɔ:dɪəʊ'lɪŋgwəl/, *a.* audiolinguistico.
audiology /ɔ:dɪ'ɒlədʒɪ/, *n.* (*med.*) audiologia.
audiometer /ɔ:dɪ'ɒmɪtə(r)/, *n.* (*med.*) audiometro.
audiometry /ɔ:dɪ'ɒmətrɪ/, *n.* (*med.*) audiometria.
audiotape /'ɔ:dɪəʊ'teɪp/, *n.* nastro per registrazioni.
audiotyping /'ɔ:dɪəʊtaɪpɪŋ/, *n.* dattilografia dal nastro (magnetico).
audiotypist /'ɔ:dɪəʊtaɪpɪst/, *n.* dattilografo (*o* dattilografa) che trascrive da un nastro.
audio-visual /ɔ:dɪəʊ'vɪʒʊəl/, *a.* audiovisivo. ● **a. aids** (*o* **a. media**), sussidi audiovisivi; (gli) audiovisivi.
audiphone /'ɔ:dɪfəʊn/, *n.* (*med.*) audifono.
audit /'ɔ:dɪt/, *n.* **1** (*comm., leg.*) revisione contabile; verifica ufficiale (*di conti*) **2** (*USA*) conto verificato **3** (*fig.*) controllo accurato; esame a fondo. ● **a. firm**, società di revisione contabile □ **a. report**, relazione di certificazione contabile □ **to be under a.**, essere sottoposto a revisione contabile.
to **audit** /'ɔ:dɪt/, *v. t.* **1** (*comm., leg.*) rivedere, controllare, verificare (*conti, bilanci, ecc.*) **2** (*fig., specialm. USA*) controllare: **The Internal Revenue Service audited my income tax return**, l'Ufficio Imposte controllò la mia denuncia dei redditi **3** (*USA*) seguire (*un corso di lezioni*) come uditore.
auditing /'ɔ:dɪtɪŋ/, *n.* (*comm., leg.*) revisione contabile; verifica ufficiale (*di conti*); auditing. ● **a. standards**, norme ufficiali per la revisione contabile.
audition /ɔ:'dɪʃn/, *n.* **1** udito **2** audizione (*prova di un cantante, ecc.*); (*radio, TV, teatr.*) provino.
to **audition** /ɔ:'dɪʃn/, **A** *v. t.* sottoporre a un'audizione; far fare un provino a (q.). **B** *v. i.* sostenere un'audizione; fare un provino.
auditive /'ɔ:dɪtɪv/, *a.* auditivo, uditivo: (*anat.*) **the a. canal**, il canale uditivo.
auditor /'ɔ:dɪtə(r)/, *n.* **1** (*comm., leg.*) revisore contabile; auditor; revisore di bilanci **2** (*org. az.*, = **internal a.**) revisore (di conti) interno (*funzionario di un'azienda*); sindaco revisore dei conti (*in Italia*) **3** (*raro*) uditore. ● **auditors' certificate**, attestato del parere dei revisori contabili □ **auditors' committee**, collegio dei revisori contabili □ (*in G.B.*) **A.-General**, Revisore Generale dei Conti (*dello Stato*) □ **a.'s report**, relazione del revisore contabile.
auditorial /ɔ:dɪ'tɔ:rɪəl/, *a.* (*comm., leg.*) relativo alla revisione dei conti (*o* alla verifica e certificazione dei bilanci).
auditorium /ɔ:dɪ'tɔ:rɪəm/, *n.* (*pl.* **auditoriums, auditoria**) **1** spazio riservato al pubblico (*in un teatro, ecc.*) **2** auditorio; sala per concerti **3** parlatorio (*di un convento*).
auditorship /'ɔ:dɪtəʃɪp/, *n.* (*comm., leg.*) ufficio di revisore di conti (*o* di verificatore di bilanci; *V.* **auditor**).
auditory /'ɔ:dɪtrɪ, *USA* -tɔ:rɪ/, **A** *a.* uditivo: (*anat.*) **a. canal**, canale uditivo. **B** *n.* (*raro*) **1** uditorio; pubblico **2** auditorio. ● (*anat.*) **a. nerve**, nervo acustico.
auger /'ɔ:gə(r)/, *n.* **1** trivella (*da falegname*); verrina **2** (*ind. min.*) trivella (elicoidale). ● **a. bit**, punta a tortiglione (*o* a serpentina) □ **a. boring**, perforazione a trivella.
aught /ɔ:t/, (*arc.*) **A** *pron.* alcunché; alcuna cosa: **for a. I know**, per quel che io so. **B** *avv.* affatto; in alcun modo; assolutamente. ● **for a. I care**, per quel che me n'importa; per me.
augment /'ɔ:gmənt/, *n.* (*ling.*) aumento.
to **augment** /ɔ:g'ment/, *v. t.* e *i.* aumentare; accrescere; crescere.
augmentable /ɔ:g'mentəbl/, *a.* aumentabile.
augmentation /ɔ:gmen'teɪʃn/, *n.* **1** aumento (*anche stat.*); accrescimento **2** aggiunta **3** (*mus.*) aumentazione.
augmentative /ɔ:g'mentətɪv/, **A** *a.* **1** (*stat.*) aumentativo **2** (*gramm.*) accrescitivo. **B** *n.* (*gramm.*) accrescitivo.
augur /'ɔ:gə(r)/, *n.* **1** (*stor. romana*) augure **2** (*per estens.*) indovino; profeta.
to **augur** /'ɔ:gə(r)/, *v. t.* **1** predire; presagire; pronosticare; profetizzare **2** essere di augurio (*o* auspicio, *o* presagio); promettere: **This news augurs no good**, questa notizia non promette nulla di buono; **to a. well (ill)**, essere di buon (cattivo) auspicio.
augural /'ɔ:gjʊrəl/, *a.* augurale (*V.* **to augur**).
augury /'ɔ:gjʊrɪ/, *n.* **1** arte di prevedere il futuro; divinazione **2** augurio; cerimonia degli auguri **3** pronostico; auspicio; presagio.
August /'ɔ:gəst/, **A** *n.* agosto. **B** *a. attr.* d'agosto; agostano: **A. drought**, siccità agostana; **A. holidays**, ferie d'agosto; **A. grapes**, uva agostana. ● **the A. Bank Holiday**, le ferie d'agosto (*in Inghil. e nel Galles, l'ultimo lunedì d'agosto*; *in Scozia, il primo*; *cfr. ital. ferragosto*).
august /ɔ:'gʌst/, *a.* augusto; maestoso; nobile; venerabile: **a. lineage**, nobile lignaggio; **a. presence**, augusta presenza.
Augustan /ɔ:'gʌstən/, **A** *a.* **1** (*stor., letter.*) augusteo **2** (*fig.*) classico; elegante. **B** *n.* scrittore dell'età augustea (*nella Roma antica, in Francia o in Inghil.*).
Augustin(e) /ɔ:'gʌstɪn/, *n.* Agostino.
Augustinian /ɔ:gə'stɪnɪən/, *a.* e *n.* (*relig.*) agostiniano.
Augustinianism /ɔ:gə'stɪnɪənɪzəm/, **Augustinism** /ɔ:'gʌstɪnɪzəm/, *n.* (*filos.*) agostinismo.
augustly /ɔ:'gʌstlɪ/, *avv.* augustamente.
augustness /ɔ:'gʌstnəs/, *n.* maestosità; maestà; nobiltà.
Augustus /ɔ:'gʌstəs/, *n.* (*stor. romana*) Augusto.
auk /ɔ:k/, *n.* (*zool., Alca*) alca.
auld /'ɔ:ld/, *a.* (*scozz.*) vecchio. ● **a. lang syne**, il (bel) tempo passato; i bei tempi antichi □ (*fam.*) **A. Reekie**, «la Vecchia (Città) piena di fumo»; Edimburgo.
aulic /'ɔ:lɪk/, *a.* (*raro*) aulico.
aunt /ɑ:nt, *USA* ænt/, *n.* **1** zia **2** (*pop. USA*) vecchia puttana **3** (*pop. USA*) «zia»; madama; tenutaria (*di casino*) **4** (*pop. USA*) vecchio finocchio. ● **A. Sally**, pupazzo (*in forma di vecchia, con la pipa in bocca*) da abbattere tirando palle, ecc. (*nelle fiere paesane*); (*fig.*) bersaglio, oggetto di dure critiche □ (*fam.*) **my (sainted) a.!**, mamma mia!
auntie /'ɑ:ntɪ, *USA* 'æntɪ/, **aunty** /'ɑ:ntɪ, *USA* 'æntɪ/, *n.* (*fam.*) zietta. ● **A.** (*vezzegg. fam., scherz.; in G.B.*), «la Zietta» (*la B.B.C.*).
au pair /əʊ'peə(r)/ (*franc.*), *a.* e *n.* (ragazza) alla pari.
to **au pair** /əʊ'peə(r)/, *v. i.* essere una (*o* fare la) ragazza alla pari.
aura /'ɔ:rə/, *n.* (*pl.* **auras, aurae**) **1** effluvio; emanazione **2** (*fig.*) aria; atmosfera: **an a. of peace**, un'aria di pace **3** (*fig.*) aureola; alone **4** (*med.*) aura (*nell'epilessia*) **5** (*parapsicologia*) aura.
aural /'ɔ:rəl/, *a.* **1** (*fis., fisiol.*) auricolare: **a. signal**, segnale auricolare **2** (*leg.*) auricolare: **a. witness**, testimone auricolare **3** (*elettron.*) audio: **a. radio range**, radiofaro a frequenza audio; (*TV*) **a. signal**, segnale audio **4** (*naut.*) acustico: **a. null**, zero acustico **5** (*pubbl.*) uditivo, sonoro: **a. code**, codice uditivo; **a. environment**, contesto sonoro.
aureate /'ɔ:rɪət/, *a.* (*lett.*) aurato; aureo.
aurelia /ɔ:'ri:lɪə/, *n.* (*zool.*) **1** crisalide (*di lepidottero*) **2** (*Aurelia*) medusa aurelia.
aureola /ɔ:'ri:ələ/, *n.* (*pl.* **aureolas, aureolae**) *V.* **aureole**.
aureole /'ɔ:rɪəʊl/ *n.* aureola.
Aureomycin /ɔ:rɪəʊ'maɪsɪn/, *n.* (*marchio: farm.*) aureomicina.
au revoir /əʊrə'vwɑ:(r)/ (*franc.*), *inter.* arrivederci.
auric /'ɔ:rɪk/, *a.* **1** (*raro*) d'oro; aureo **2** (*chim.*) aurico.
auricle /'ɔ:rɪkl/, *n.* **1** (*bot.*) organo auricolato **2** (*zool.*) orecchio esterno **3** (*anat.*) auricola, orecchietta (*del cuore*) **4** (*anat.*) padiglione auricolare.
auricula /ɔ:'rɪkjʊlə/, *n.* (*pl.* **auriculas, auriculae**) **1** (*bot., Primula auricula*) auricola; orecchio d'orso (*pop.*) **2** (*anat.*) padiglione auricolare.
auricular /ɔ:'rɪkjʊlə(r)/, *a.* (*anche fig.*) auricolare; dell'orecchio: **a. confession [witness]**, confessione [testimone] auricolare.
auriculate /ɔ:'rɪkjʊlət/, *a.* (*bot.*) auricolato.
auriferous /ɔ:'rɪfərəs/, *a.* (*ind. min.*) aurifero.
auriform /'ɔ:rɪfɔ:m/, *a.* a forma d'orecchio.
aurist /'ɔ:rɪst/, *n.* (*med.*) otoiatra.
aurochs /'ɔ:rɒks, 'aʊərɒks/, *n.* (*pl.* **aurochs, aurochses**) (*zool.*) **1** (*Bos primigenius*) uro

2 (*Bison bonasus*) bisonte europeo.

aurora /ɔː'rɔːrə/, *n.* (*pl.* **auroras, aurorae**) (*anche poet., fig.*) aurora: **a. borealis**, aurora boreale.

auroral /ɔː'rɔːrəl/, *a.* (*anche poet.*) aurorale; dell'aurora.

aurous /'ɔːrəs/, *a.* (*chim.*) auroso.

to **auscultate** /'ɔːskəlteɪt/, *v. t.* (*med.*) auscultare.

auscultation /ɔːskəl'teɪʃn/, *n.* (*med.*) auscultazione.

auscultator /'ɔːskəlteɪtə(r)/, *n.* (*med.*) chi ausculta.

to **ausform** /'ɔːsfɔːm/, *v. t.* (*ind., metall.*) «ausformare»; bonificare isotermicamente.

ausforming /'ɔːsfɔːmɪŋ/, *n.* (*ind., metall.*) ausforming; «ausformatura».

auspex /'ɔːspeks/, *n.* (*pl.* **auspices**) (*stor. romana*) auspice.

to **auspicate** /'ɔːspɪkeɪt/, *v. t.* (*arc.*) iniziare (q.c.) sotto buoni auspici (*o* con un atto di buon auspicio).

auspice /'ɔːspɪs/, *n.* **1** auspicio (*osservazione di uccelli fatta dall'auspice*) **2** predizione **3** (*per lo più al pl.*) auspici; patronato; protezione: **under the auspices of**, sotto gli auspici di.

auspicious /ɔː'spɪʃəs/, *a.* di lieto auspicio; fausto; propizio.

auspiciously /ɔː'spɪʃəslɪ/, *avv.* sotto buoni auspici.

Aussie /'ɒzɪ, *USA* 'ɔːsɪ/, *n.* (*abbr. pop.*) australiano.

austere /ɒ'stɪə(r), ɔː-/, *a.* **1** austero; severo; semplice **2** (*di vino*) amarognolo **3** (*di frutto*) aspretto.

austereness /ɔː'stɪənəs/, *n.* austerità.

austerity /ɒ'sterətɪ, ɔː-/, *n.* (*anche econ.*) austerità. ● (*econ.*) **a. budget**, bilancio di austerità □ **an a. programme**, un programma d'austerità.

austral /'ɔːstrəl/, *a.* (*geogr.*) australe; meridionale.

Australasian /ɒstrə'leɪʒn, -ʃn, ɔː-/, *a.* e *n.* australasiano.

Australian /ɒ'streɪlɪən, ɔː-/, *a.* e *n.* australiano.

Australopithecus /ɒstrələʊ'pɪθɪkəs, *USA* ɔːstreɪləʊ-/, *n.* (*paleont.*) australopiteco.

Austria-Hungary /'ɒstrɪə'hʌŋgərɪ/, *n.* (*stor.*) Austria-Ungheria.

Austrian /'ɒstrɪən, 'ɔː-/, *a.* e *n.* austriaco.

Austro-Asiatic /ɒstrəʊeɪʃɪ'ætɪk, 'ɔː-/, *a.* (*geogr.*) austroasiatico.

Austro-Hungarian /'ɒstrəʊhʌŋ'geərɪən, 'ɔː-/, *a.* austroungarico.

autarchic(al) /ɔː'tɑːkɪk(l)/, *a.* **1** autocratico; dispotico **2** (*econ.*) autarchico.

autarchy /'ɔːtɑːkɪ/, *n.* **1** autocrazia; governo dispotico; dispotismo **2** (*econ.*) autarchia.

autarkic /ɔː'tɑːkɪk/, *a.* (*econ.*) autarchico.

autarky /'ɔːtɑːkɪ/, *n.* (*econ.*) autarchia.

autecology /ɔːtɪ'kɒlədʒɪ/, *n.* (*ecol.*) autecologia.

authentic /ɔː'θentɪk/, *a.* **1** autentico; genuino **2** degno di fede; fondato **3** (*leg.*) autentico: **a. deed**, atto autentico **4** (*fam.*) sincero. || **-ally**, *avv.*

to **authenticate** /ɔː'θentɪkeɪt/, *v. t.* **1** (*leg.*) autenticare; legalizzare; vidimare **2** provare l'autenticità di (*un'opera*); dimostrare la verità di (*un fatto*) **3** avvalorare; accreditare; convalidare.

authentication /ɔːθentɪ'keɪʃn/, *n.* **1** (*leg.*) autenticazione; legalizzazione; vidimazione **2** riconoscimento dell'autenticità.

authenticity /ɔːθen'tɪsətɪ/, *n.* **1** autenticità; genuinità **2** fondatezza; validità; veridicità **3** (*fam.*) sincerità.

author /'ɔːθə(r)/, *n.* **1** autore; (*USA, anche*) autrice **2** artefice.

authoress /'ɔːθərɪs/, *n.* (*raro in U.S.A.*) autrice.

authorial /ɔː'θɔːrɪəl/, *a.* (proprio) dell'autore.

authoritarian /ɔːθɒrɪ'teərɪən, *USA* -ɔːr-/, **A** *a.* autoritario; dispotico. **B** *n.* fautore del dispotismo; assolutista.

authoritarianism /ɔːθɒrɪ'teərɪənɪzəm, *USA* -ɔːr-/, *n.* (*polit.*) autoritarismo.

authoritative /ɔː'θɒrətətɪv, *USA* -ɔːrəteɪtɪv/, *a.* **1** autorevole **2** autoritario. ● (*leg.*) **a. decision**, sentenza che crea un precedente □ (*leg.*) **a. precedent**, precedente vincolante.

authoritativeness /ɔː'θɒrətətɪvnəs, *USA* -ɔːrəteɪt-/, *n.* **1** autorevolezza **2** carattere (*o* tono) autoritario; perentorietà.

authority /ɔː'θɒrətɪ, *USA* -ɔːr-/, *n.* **1** autorità (*in ogni senso*); persona autorevole; specialista **2** autorizzazione: **He has my a. to do it**, ha la mia autorizzazione a fare ciò **3** fonte (*d'informazione*) **4** (*leg.*) delega (*ad agire per q.*); procura **5** ente, organismo (*pubblico o parastatale*): **the local authorities**, gli enti locali. ● **the Atomic Energy A.**, l'Ente per l'Energia Atomica (*Euratom*) □ **the health authorities**, le autorità sanitarie; il servizio d'igiene □ (*leg.*) **a. of the father**, patria potestà □ (*comm. est.*) **a. to pay**, autorizzazione di pagamento □ **Who is in a. here?**, chi comanda qui?

authorizable /'ɔːθəraɪzəbl/, *a.* autorizzabile.

authorization /ɔːθəraɪ'zeɪʃn, *USA* -rɪ'z-/, *n.* concessione; autorizzazione: (*banca*) **a. of credit**, concessione di credito; (*leg.*) **a. to proceed**, autorizzazione a procedere.

to **authorize** /'ɔːθəraɪz/, *v. t.* **1** autorizzare: **to a. the payment of travelling expenses**, autorizzare il pagamento delle spese di viaggio **2** (*fin.*) autorizzare la spesa di (*una data somma*).

authorized /'ɔːθəraɪzd/, *a.* autorizzato. ● (*fin.*) **a. capital** (*o* **a. stock**), capitale nominale □ (*fin.*) **a. issue**, emissione autorizzata.

authorless /'ɔːθələs/, *a.* senz'autore; anonimo.

authorship /'ɔːθəʃɪp/, *n.* **1** professione di scrittore **2** paternità (*di un libro, di un'idea, ecc.*) **3** fonte, origine (*d'una notizia, ecc.*).

autism /'ɔːtɪzəm/, *n.* (*psic.*) autismo.

autist /'ɔːtɪst/, *n.* (*psic.*) autista.

autistic /ɔː'tɪstɪk/, *a.* (*psic.*) autistico.

auto /'ɔːtəʊ/, **A** *n.* (*pl.* **autos**) (*fam., specialm. USA*) auto; automobile. **B** *a. attr.* (*USA*) automobilistico: **the a. industry**, l'industria automobilistica. ● (*USA*) **a. body shop**, autocarrozzeria □ **a. ferry**, traghetto per automezzi □ (*mecc.*) **a. lift**, ponte sollevatore; ponte (*fam.*) □ (*sport*) **a. rally**, autoraduno.

autoanalyzer /ɔːtəʊ'ænəlaɪzə(r)/, *n.* (*chim.*) autoanalizzatore.

autobank /'ɔːtəbæŋk/, *n.* (*banca*) Bancomat.

autobiographer /ɔːtəbaɪ'ɒgrəfə(r)/, *n.* chi scrive la propria biografia; autobiografo (*raro*).

autobiographic(al) /ɔːtəbaɪəʊ'græfɪk(l)/, *a.* autobiografico.

autobiography /ɔːtəbaɪ'ɒgrəfɪ/, *n.* autobiografia.

autobus /'ɔːtəbʌs/, *n.* (*pl.* **autobuses, autobusses**) (*USA*) autobus.

autocade /'ɔːtəkeɪd/, (*USA*) *V.* **motorcade**.

autocamp /'ɔːtəkæmp/, *n.* (*USA*) campeggio per automobilisti.

autocar /'ɔːtəkɑː(r)/, *n.* (*raro USA*) automobile.

autocatalysis /ɔːtəkə'tæləsɪs/, *n.* (*chim., stat.*) autocatalisi.

autochanger /'ɔːtətʃeɪndʒə(r), -'tʃ-/, *n.* cambiadischi (automatico).

autochory /'ɔːtəʊkɔːrɪ/, *n.* (*bot.*) autocoria; autodisseminazione.

autochthon /ɔː'tɒkθən, -ɒn/, *n.* (*pl.* **autochthones, autochthons**) **1** autoctono; aborigeno **2** (*zool.*) animale autoctono **3** (*bot.*) pianta autoctona.

autochthonic /ɔːtɒk'θɒnɪk/, **autochthonous** /ɔː'tɒkθənəs/, *a.* autoctono.

autochthony /ɔː'tɒkθənɪ/, *n.* autoctonia.

autoclave /'ɔːtəʊkleɪv/, *n.* **1** autoclave **2** pentola a pressione.

to **autoclave** /'ɔːtəʊkleɪv/, *v. t.* sterilizzare nell'autoclave.

autocorrection /ɔːtəʊkə'rekʃn/, *n.* (*elab.*) autocorrezione; correzione automatica.

autocorrelation /ɔːtəʊkɒrə'leɪʃn, *USA* -kɔːr-/, *n.* (*elettron., stat.*) autocorrelazione.

autocracy /ɔː'tɒkrəsɪ/, *n.* **1** autocrazia **2** governo autarchico.

autocrat /'ɔːtəkræt/, *n.* (*anche fig.*) autocrate.

autocratic(al) /ɔːtə'krætɪk(l)/, *a.* autocratico; dispotico.

autocrime /'ɔːtəʊkraɪm/, *n.* (*leg., fam.*) **1** furto d'auto **2** furto di cose da un'auto.

autocross /'ɔːtəʊkrɒs, *USA* -ɔːs/, *n.* (*sport*) autocross.

Autocue /'ɔːtəʊkjuː/, *n.* (*marchio*: *cinem., TV*) gobbo.

autocycle /'ɔːtəʊsaɪkl/, *n.* ciclomotore; motorino (*fam.*).

auto-da-fé /ɔːtəʊdə'feɪ, -dɑː-/ (*portoghese*), *n.* (*pl. invar.*) (*stor.*) autodafé.

autodestruct /ɔːtəʊdɪ'strʌkt/, **autodestructive** /ɔːtəʊdɪ'strʌktɪv/ *a. attr.* (*mil., miss.*: *di un dispositivo*) di autodistruzione; (*di un missile, ecc.*) capace di autodistruggersi.

to **autodestruct** /ɔːtəʊdɪ'strʌkt/, *v. i.* (*mil., miss.*) autodistruggersi.

autodidact /'ɔːtəʊdaɪdækt/, *n.* autodidatta.

autodrome /'ɔːtədrəʊm/, *n.* (*sport*) autodromo.

autodyne /'ɔːtədaɪn/, *n.* (*elettron.*) autodina.

autoeroticism /ɔːtəʊɪ'rɒtɪsɪzəm/, **autoerotism** /ɔːtəʊ'erətɪzəm/, *n.* autoerotismo.

auto-feed /'ɔːtəfiːd/, *n.* (*elab.*) alimentazione automatica.

autofinancing /ɔːtəʊ'faɪnænsɪŋ, -f(a)ɪ'næn-/, *n.* (*fin.*) autofinanziamento.

autoflare /'ɔːtəʊfleə(r)/, *n.* (*elettr.*) autoeccitazione.

autogamic /ɔːtə'gæmɪk/, **autogamous** /ɔː'tɒgəməs/ *a.* (*biol.*) autogamo.

autogamy /ɔː'tɒgəmɪ/, *n.* (*biol.*) autogamia.

autogenous /ɔː'tɒdʒənəs/, *a.* (*mecc., psic.*) autogeno: **a. training**, training autogeno; (*metall.*) **a. welding**, saldatura autogena. ● (*med.*) **a. vaccine**, autovaccino.

autogestion /ɔːtə'dʒestʃən/, *n.* (*econ.*) autogestione.

autogiro /ɔːtəʊ'dʒaɪərəʊ/, *n.* (*pl.* **autogiros**) (*aeron.*) autogiro.

autograft /'ɔːtəgrɑːft, *USA* -æft/, *n.* (*med.*) autotrapianto; autoinnesto.

autograph /'ɔːtəgrɑːf, *USA* -ræf/, *n.* **1** autografo **2** (*tipogr.*) riproduzione autografica. ● (*banca*) **a. book**, libro delle firme autografe (*dei clienti*) □ **a. letter**, lettera autografa.

to **autograph** /'ɔːtəgrɑːf, *USA* -ræf/, *v. t.* **1** scrivere (*o* firmare) di proprio pugno; provvedere di autografo **2** (*tipogr.*) autografare.

autographic(al) /ɔːtə'græfɪk(l)/, *a.* autografo; autografico.

autography /ɔː'tɒgrəfɪ/, *n.* (*anche tipogr.*) autografia.

autogravure /ɔːtəgrə'vjʊə(r)/, *n.* autofotoincisione.

autogyro /ɔːtəʊ'dʒaɪərəʊ/, *n.* (*pl.* **autogyros**) (*aeron.*) autogiro.

autohypnosis /ɔːtəhɪp'nəʊsɪs/, *n.* (*psic.*) autoipnosi.

autoignition /ɔːtəʊɪg'nɪʃn/, *n.* (*autom., mecc.*) autoaccensione.

autoimmune /ɔːtəʊɪ'mjuːn/, *a.* (*med.*) autoimmune.

autoimmunity /ɔːtəʊɪ'mjuːnətɪ/, *n.* (*med.*) autoimmunità.

autoimmunization /ɔːtəʊɪmjʊnaɪ'zeɪʃn, *USA* -nɪ'z-/, *n.* (*med.*) autoimmunizzazione.

to **autoimmunize** /ɔːtəʊ'ɪmjʊnaɪz/, *v. t.* (*med.*) autoimmunizzare.

autointoxication /ɔːtəʊɪntɒksɪ'keɪʃn/, *n.* (*med.*) autointossicazione.

autoist /'ɔːtəʊɪst/, *n.* (*fam. USA*) automobilista.

autokinesis /ɔːtəʊkaɪ'niːsɪs, -kɪ-/, *n.* (*med.*) autocinesi.

autolysis /ɔː'tɒləsɪs/, *n.* (*chim., med.*) autolisi.

automaker /ɔːtə'meɪkə(r)/, *n.* (*USA*) fabbricante d'automobili.

automat /'ɔːtəmæt/, *n.* (*specialm. USA*) ***1*** tavola calda a gettoni ***2*** distributore automatico (*di cibi o bevande*).

to **automate** /'ɔːtəmeɪt/, *v. t.* automatizzare.

automatic /ɔːtə'mætɪk/, **A** *a.* automatico. **B** *n.* ***1*** arma automatica ***2*** (bottone) automatico ***3*** (*autom., mecc.*) (automobile con il) cambio automatico ***4*** lavatrice automatica ***5*** (*fam.*) distributore automatico (*di bevande, ecc.*). ● (*tel.*) **a. answering**, servizi a risposta automatica □ (*elab.*) **a. check**, controllo automatico □ (*econ.*) **a. currency**, moneta elastica □ (*elab.*) **a. data processing**, elaborazione automatica dei dati □ (*tel.*) **a. exchange**, centralino automatico □ **a. gear change**, cambio automatico □ **a. machine**, distributore automatico □ (*econ.*) **a. pay increase**, scatto di stipendio □ (*aeron.*) **a. pilot**, pilota automatico □ (*econ.*) **a. saving**, risparmio automatico □ (*comm.*) **a. selling**, vendita mediante distributori automatici □ (*elab.*) **a. send / receive** (**set**), telescrivente ricetrasmittente □ (*autom.*) **a. starter**, autostarter □ **a. timer**, timer (*di elettrodomestico*) □ **a. vendor**, distributore automatico. ‖ **-ally**, *avv.*

automaticity /ɔːtəmə'tɪsətɪ/, *n.* automaticità.

automation /ɔːtə'meɪʃn/, *n.* (*mecc., ind.*) automazione.

automatism /ɔː'tɒmətɪzəm/, *n.* automatismo.

to **automatize** /ɔː'tɒmətaɪz/, *v. t.* automatizzare.

automaton /ɔː'tɒmətən, *USA* -tɒn/, *n.* (*pl.* **automata, automatons**) automa.

automobile /'ɔːtəməbiːl, ɔːtəmə'biːl/, *n.* (*specialm. USA*) automobile. ● **a. engineers**, meccanici d'automobili; autofficina.

automobilist /ɔːtəmə'biːlɪst/, *n.* (*specialm. USA*) automobilista.

automotive /ɔːtə'məʊtɪv/, *a.* ***1*** (*mecc., mil.*) semovente; ad autopropulsione; autopropulso ***2*** (*ferr.*) automotore ***3*** (*ind.*) automobilistico. ● (*econ.*) **the a. market**, il mercato dell'automobile e dei suoi accessori.

autonomic /ɔːtə'nɒmɪk/, *a.* autonomo.

autonomist /ɔː'tɒnəmɪst/, *n.* autonomista.

autonomous /ɔː'tɒnəməs/, *V.* **autonomic**.

autonomy /ɔː'tɒnəmɪ/, *n.* ***1*** autonomia ***2*** comunità autonoma.

autophobia /ɔːtə'fəʊbɪə/, *n.* (*psic.*) autofobia.

autopilot /'ɔːtəʊpaɪlət/, *n.* (*aeron.*) pilota automatico.

autoplasty /'ɔːtəplæstɪ/, *n.* (*med.*) autoplastica.

autopsy /'ɔːtɒpsɪ, -ə-/, *n.* (*leg., med.*) autopsia.

autorally /'ɔːtəʊrælɪ/, *n.* (*autom.*) autoraduno.

autoregulation /ɔːtərɛgjʊ'leɪʃn/, *n.* (*tecn.*) autoregolazione.

autosled /'ɔːtəslɛd/, *n.* autoslitta.

autosuggestion /ɔːtəsə'dʒɛstʃən/, *n.* (*psic.*) autosuggestione.

autotimer /'ɔːtəʊtaɪmə(r)/, *n.* regolatore automatico, timer (*del tempo d'accensione: di cucina o forno*).

auto-train /'ɔːtətreɪn/, *n.* (*ferr.*) treno navetta.

autotrophic /ɔːtə'trɒfɪk/, *a.* (*biol.*) autotrofo.

autotrophism /ɔːtə'trɒfɪzəm/, *n.* (*biol.*) autotrofismo.

autotype /'ɔːtətaɪp/, *n.* ***1*** (*tipogr.*) autotipia (*il risultato*) ***2*** (*fotogr.*) autotipo; foto al carbone ***3*** facsimile, riproduzione (*di un documento*).

to **autotype** /'ɔːtətaɪp/, *v. t.* (*fotogr.*) fotografare al carbone.

autotypy /'ɔːtətaɪpɪ/, *n.* ***1*** (*tipogr.*) autotipia (*il procedimento*) ***2*** (*fotogr.*) fotografia al carbone.

autovaccine /'ɔːtəvæksiːn/, *n.* (*med.*) autovaccino.

autowinder /'ɔːtəwaɪndə(r)/, *n.* (*fotogr.*) winder; dispositivo di avanzamento automatico (*della pellicola*).

autoworker /'ɔːtəwɜːkə(r)/, *n.* (*ind. USA*) operaio dell'industria automobilistica. ● **autoworkers' union**, sindacato dei lavoratori dell'automobile.

autoxidation /ɔːtɒksɪ'deɪʃn/, *n.* (*chim.*) autossidazione.

autumn /'ɔːtəm/, *n.* (*anche fig.*) autunno. ● (*comm.*) **a. fashions**, modelli (d'abiti) autunnali.

autumnal /ɔː'tʌmnəl/, *a.* autunnale. ● **a. equinox**, equinozio d'autunno.

auxiliary /ɔːg'zɪlɪərɪ, *USA* -ərɪ, -ɪerɪ/, **A** *a.* ***1*** (*specialm. gramm.*) ausiliare ***2*** (*specialm. mil.*) ausiliario (*di truppe, ecc.*): **a. ship**, nave ausiliaria ***3*** (*elab.*) ausiliario: **a. memory** (*o* **storage**), memoria ausiliaria. **B** *n.* ***1*** ausiliare (*persona, cosa che è d'aiuto; verbo ausiliare*) ***2*** organizzazione supplementare; sezione; (*USA, anche*) associazione di beneficenza (*legata a un ospedale, ecc.*): **This club has a women's a.**, questo circolo ha una sezione femminile ***3*** (*pl.*) (*mil.*) ausiliari; milizie ausiliarie ***4*** (*naut.*) nave ausiliaria.

auxin /'ɔːksɪn/, *n.* (*biochim.*) auxina.

auxochrome /'ɔːksəkrəʊm/, *n.* (*chim.*) auxocromo.

auxocyte /'ɔːksəsaɪt/, *n.* (*biol.*) auxocita.

auxospore /'ɔːksəspɔː(r)/, *n.* (*zool.*) auxospora.

auxotrophic /ɔːksə'trɒfɪk/, *a.* (*genetica*) auxotrofico.

avail /ə'veɪl/, *n.* ***1*** profitto; vantaggio; utilità (*usato soprattutto nelle frasi:*) **to be of no a.**, essere inutile; **to be of little a.**, servire a poco; **to little a.**, con scarso profitto; **to no a.** (*o* **without a.**), senza profitto; inutilmente ***2*** (*fin., USA*) utile netto.

to **avail** /ə'veɪl/, **A** *v. i.* giovare; servire; essere utile: **Courage does not a. here**, qui il coraggio non serve. **B** *v. t.* giovare a; servire a; essere d'aiuto a: **My presence could a. him nothing now**, la mia presenza ora non gli poteva essere di alcun giovamento. **C** to **avail oneself** (**of**), *v. rifl.* valersi (di); trarre profitto (da); approfittare (di).

availability /əveɪlə'bɪlətɪ/, *n.* ***1*** disponibilità (*di persone o cose*): (*fin.*) **a. of capital**, disponibilità di capitali ***2*** accessibilità ***3*** validità (*di documento, ecc.*) ***4*** (*elab.*) disponibilità (*di un sistema*). ● **a. of finance**, disponibilità finanziarie.

available /ə'veɪləbl/, *a.* ***1*** disponibile; libero; utilizzabile: **This credit is a. up to April 30th, 1995**, questo credito è utilizzabile fino al 30 aprile 1995; **Is this seat a.?**, è libero questo posto (*a sedere*)? ***2*** accessibile; alla portata (di) ***3*** valido; valevole. ● (*fin.*) **the a. assets**, le disponibilità □ (*banca*) **a. cash**, disponibilità di cassa □ **a. funds**, fondi disponibili (*o* liquidi) □ (*comm.*) **a. stocks**, giacenze disponibili □ **to make st. a. to sb.**, mettere q.c. a disposizione di q. □ (*di un uomo politico*) **not to be a. for comments**, non essere disposto a fare dichiarazioni. ‖ **-ness**, *sost.* ‖ **-bly**, *avv.*

avalanche /'ævəlɑːnʃ, *USA* -læntʃ/, *n.* ***1*** (*anche fig.*) valanga ***2*** (*elettron.*) valanga; effetto valanga: **a. diode**, diodo a valanga.

avant-garde /ævɒŋ'gɑːd, *USA* ɑːvɑːn-, -ænt-, -, æv-, əv-/, **A** *n.* (*arte, letter.*) avanguardia. **B** *a. attr.* (*arte, letter.*) d'avanguardia; avanguardista.

avant-gardism /ævɒŋ'gɑːdɪzəm, *USA* ɑːvɑːn-, -ænt-, æv-, əv-/, *n.* (*arte, letter.*) avanguardismo; movimento d'avanguardia.

avant-gardist /ævɒŋ'gɑːdɪst, *USA* ɑːvɑːn-, -ænt-, æv-, əv-/, *n.* (*arte, letter.*) avanguardista.

avantist /æ'vɒntɪst, *USA* ɑː'vɑːn-, -æn-, æ'v-, ə'v-/, *V.* **avant-gardist**.

avarice /'ævərɪs/, *n.* avidità; cupidigia.

avaricious /ævə'rɪʃəs/, *a.* avido; cupido; bramoso (*di beni e ricchezze*): **Since he was so a., he couldn't help being also stingy**, poiché era così avido, non poteva non essere anche avaro.

avast /ə'vɑːst, *USA* -æst/, *inter.* (*naut.*) ferma!; stop!

avatar /ævə'tɑː(r)/, *n.* ***1*** (*relig. induista*) avatar ***2*** (*fig.*) incarnazione ***3*** (*fig.*) manifestazione; apparizione.

ave /'ɑːveɪ, 'ɑːvɪ/, *inter.* e *n.* ***1*** ave; salve ***2*** – (*relig.*) **A.**, Ave Maria. ● **the ave bell**, l'avemaria (*la campana dell'Angelus*).

to **avenge** /ə'vɛndʒ/, **A** *v. t.* vendicare; fare vendetta di. **B** to **avenge oneself** (**on**), *v. rifl.* vendicarsi (di). ● **to be avenged**, vendicarsi.

avenger /ə'vɛndʒə(r)/, *n.* vendicatore.

avenging /ə'vɛndʒɪŋ/, *a.* vendicatore.

avens /'ævənz/, *n.* (*invar. al pl.*) (*bot., Geum urbanum*) cariofillata; ambretta selvatica; erba benedetta.

Aventine /'ævəntaɪn/, *n.* (*geogr., stor., polit.*) Aventino.

aventurin(**e**) /ə'vɛntʃərɪn, -iːn/, *n.* (*miner.*) avventurina; venturina.

avenue /'ævənjuː, *USA* -nuː/, *n.* ***1*** viale ***2*** (*specialm. in U.S.A.*) strada ampia (*anche se non alberata*) ***3*** (*fig.*) via; strada; accesso: **The a. to fame is hard**, la via della fama è difficile. ● (*fig.*) **to explore every a.**, non lasciare nessuna strada inesplorata.

to **aver** /ə'vɜː(r)/, *v. t.* ***1*** asserire; affermare ***2*** (*leg.*) dichiarare, affermare, asserire (*in dibattito*) ***3*** (*leg., arc.*) dimostrare; provare.

average /'ævərɪdʒ, -vr-/, **A** *n.* ***1*** (*mat., stat.*) media: **on** (**an**) **a.**, in media; **above a.**, sopra la media; **below a.**, sotto la media; **up to the a.**, pari alla media; **This datum does not affect the a.**, questo dato è ininfluente per la media ***2*** (*ass., naut.*) avaria: **general a.**, avaria generale; **particular a.**, avaria particolare ***3*** (*pl.*) (*Borsa*) quotazioni medie. **B** *a. attr.* ***1*** medio; comune; ordinario: **a man of a. intelligence**, un uomo d'intelligenza media; **The a. speed of this car is low**, la velocità media di quest'auto è bassa ***2*** mediocre: **The film was only a.**, il film era mediocre ***3*** (*scient.*) medio: (*stat.*) **a. deviation**, scarto medio; (*econ.*) **a. income**, reddito medio; (*demogr.*) **a. population**, popolazione media ***4*** (*ass., naut.*) d'avaria: **a. adjuster** (*o* **stater**), liquidatore d'avaria; **a. adjustment** (*o* **assessment**, *o* **statement**), liquidazione (*o* regolamento) d'avaria; **a. bond**, compromesso d'avaria; **a. agreement**, chirografo d'avaria; **a. declaration**, costituto d'avaria; **a. survey**, perizia d'avaria; **a. surveyor**, perito (*o* commissario) d'avaria. ● **a. rate**, (*ass.*) tariffa media; (*fin.*) saggio medio (*di più mutui*); (*Borsa*) corso medio; (*fisc.*) aliquota media.

to **average** /'ævərɪdʒ, -vr-/, **A** *v. t.* ***1*** (*mat., stat.*) mediare; calcolare (*o* fare) la media di ***2*** fare in media: **We a. 8 hours' work a day**, in media facciamo 8 ore di lavoro al giorno ***3*** (*ind.*) produrre in media: **This plant averages ten cars a day**, questo stabilimento produce in media dieci auto al giorno ***4*** ammontare in media a; avere in media: **Losses will a. 15 per cent a year**, le perdite ammonteranno in media al 15% l'anno; **In this class, students a. sixteen years of age**, in questa classe, gli studenti hanno in media sedici anni ***5*** ripartire in modo proporzionale; distribuire in proporzione: (*comm., naut.*) **to a. a loss**, ripartire una perdita in modo proporzionale; **to a. profits among the partners**, distribuire gli utili fra i soci in proporzione (*alle quote possedute*). **B** *v. i.* (*Borsa*) coprirsi; «mediare» i prezzi dei titoli acquistati: **to a. down**, coprirsi al ribasso; **to a. up**, coprirsi al rialzo. ● **to a. out**, fare la media; essere (*o* risultare) in media: **if we a. it out**, se facciamo la media; **The gain averaged out** (**to**) **10,000 pounds a year**, il guadagno medio fu di 10.000 sterline l'anno.

averager /'ævərɪdʒə(r), -vr-/, *n.* ***1*** chi fa una media ***2*** (*Borsa*) averager (*V.* **to average, B**).

averaging /'ævərɪdʒɪn, -vr-/, **A** *a.* che è in media; che fa una media di. **B** *n.* ***1*** (*mat.,* *stat.*) il fare la media **2** ripartizione proporzionale **3** (*Borsa*) copertura: **a. down**, copertura al ribasso; **a. up**, copertura al rialzo. ● (*rag.*) **a. account**, conto di ripartizione.

averment /ə'vɜːmənt/, *n.* **1** asserzione; affermazione **2** (*leg.*) dichiarazione, asserzione; affermazione di fatti (*in giudizio*) **3** (*leg., arc.*) prova.

Avernus /ə'vɜːnəs/, *n.* (*geogr., mitol.*) Averno.

Averroism /ævə'rəʊɪzəm/, *n.* (*filos.*) averroismo.

Averroist /ævə'rəʊɪst/, *n.* (*filos.*) averroista.

averse /ə'vɜːs/, *a.* **1** avverso, contrario (a); alieno (da): **I'm not a. to (having) the occasional cigarette**, non sono contrario a fumare una sigaretta di tanto in tanto **2** riluttante; maldisposto **3** (*bot.*) opposto. || **-ly**, *avv.*

averseness /ə'vɜːsnəs/, *V.* **aversion,** *def. 1* e *3.*

aversion /ə'vɜːʃn, *USA* ə'vɜːrʒn/, *n.* **1** avversione; ripugnanza; antipatia **2** (*fam.*) persona antipatica; cosa che ripugna: **John is my pet a.**, John è la mia antipatia numero uno **3** riluttanza.

aversive /ə'vɜːsɪv/, *a.* **1** che mostra avversione; disgustato **2** (*psic.*) avversivo: **a. behaviour**, comportamento avversivo. ● **a. magic**, pratiche magiche per scongiurare un pericolo.

to **avert** /ə'vɜːt/, *v. t.* **1** distogliere; allontanare (*lo sguardo, il pensiero*) **2** evitare; prevenire: **to a. atomic war**, evitare la guerra atomica; **to a. a road accident**, prevenire un incidente stradale.

avertable, **avertible** /ə'vɜːtəbl/, *a.* **1** allontanabile **2** evitabile; prevenibile.

avgas /'ævgæs/, *n.* (*aeron. USA*) benzina avio.

avian /'eɪvɪən/, *a.* **1** (*zool.*) aviario; relativo agli uccelli **2** (*vet.*) aviario; dei polli: **a. diseases**, malattie aviarie (*o* dei polli).

aviary /'eɪvɪərɪ, *USA* -vɪerɪ/, *n.* aviario; uccelliera; voliera.

to **aviate** /'eɪvɪeɪt/, *v. i.* (*raro*) viaggiare in aeroplano.

aviation /eɪvɪ'eɪʃn/, *n.* aviazione. ● (*aeron.*) **a. broker**, broker aeronautico; mediatore di aerei (*noleggi e assicurazioni*) □ (*ass.*) **a. risk**, rischio aeronautico.

aviator /'eɪvɪeɪtə(r)/, *n.* aviatore. ● **a. glasses**, occhiali da aviatore.

aviators /'eɪvɪeɪtəz/, *n. pl.* occhiali da aviatore.

aviatress /'eɪvɪətrɪs/, **aviatrix** /'eɪvɪətrɪks/, *n.* (*pl.* **aviatrices, aviatrixes**) aviatrice.

aviculture /'eɪvɪkʌltʃə(r)/, *n.* avicoltura, avicultura.

aviculturist /eɪvɪ'kʌltʃərɪst/, *n.* avicoltore, avicultore.

avid /'ævɪd/, *a.* avido; bramoso; cupido: **a. of glory**, avido di gloria; **a. for revenge**, avido di vendetta. ● (*fig.*) **an a. reader**, un avido lettore.

avidity /ə'vɪdətɪ/, *n.* avidità (*anche fig.*); bramosia; cupidigia.

avifauna /'eɪvɪfɔːnə/, *n.* (*zool.*) avifauna.

avionics /eɪvɪ'ɒnɪks/, *n. pl.* **1** (*aeron., elettron.*) dispositivi avionici; apparecchiature avioniche **2** (*col verbo al sing.*) avionica.

aviso /ə'vaɪzəʊ/, *n.* (*pl.* **avisos**) (*stor. naut.*) avviso (*nave portaordini*).

avitaminosis /æv ɪtəmɪ'nəʊsɪs/, *n.* (*pl.* **avitaminoses**) (*med.*) avitaminosi.

avocado /ævə'kɑːdəʊ, *USA* ɑːv-/, *n.* (*pl.* **avocados, avocadoes**) (*bot.*) **1** (*Persea gratissima*) avocado **2** (= **a. pear**) (frutto dell') avocado.

avocation /ævəʊ'keɪʃn/, *n.* **1** svago; hobby **2** occupazione secondaria; lavoro marginale **3** (*raro*) mestiere; professione.

avocet /'ævəset/, *n.* (*zool., Recurvirostra avocetta*) avocetta; monachina.

to **avoid** /ə'vɔɪd/, *v. t.* **1** evitare; scansare; sfuggire a: **to a. an accident**, evitare un incidente; **to a. arrest**, sfuggire all'arresto **2** (*leg.*) invalidare; annullare; rescindere, risolvere (*un contratto, ecc.*) **3** (*fisc.*) eludere: **to a. taxation**, eludere le imposte; sottrarsi al fisco.

avoidable /ə'vɔɪdəbl/, *a.* **1** evitabile **2** (*leg.*) invalidabile, annullabile; rescindibile **3** (*fisc.*) eludibile.

avoidance /ə'vɔɪdəns/, *n.* **1** l'evitare; lo sfuggire **2** (*leg.*) invalidazione; annullamento; rescissione, risoluzione (*di un contratto, ecc.*) **3** vacanza, disponibilità (*di un posto, ecc.*). ● (*leg.*) **a. clause**, clausola risolutiva □ (*fisc.*) **a. of taxation**, elusione delle imposte □ **tax a.**, elusione fiscale.

avoirdupois /ævədə'pɔɪz/, *n.* «avoirdupois» (*uno dei due sistemi di misure di peso nei paesi anglosassoni*; *l'altro, per i medicinali e i preziosi, è il* **troy**; *V. tabella «Pesi e misure» in appendice*).

to **avouch** /ə'vaʊtʃ/, *v. t.* (*arc.*) **1** asserire; affermare **2** garantire **3** riconoscere; ammettere: **He avouched his guilt**, riconobbe la sua colpevolezza.

avouchment /ə'vaʊtʃmənt/, *n.* (*arc.*) **1** asserzione **2** garanzia **3** confessione; ammissione.

to **avow** /ə'vaʊ/, *v. t.* (*form.*) ammettere; confessare (*lett.*): **They avowed themselves Christians and were martyrized**, ammisero di essere cristiani e furono martirizzati. ● **to a. oneself guilty**, ammettere (*o* confessare) di essere colpevole.

avowable /ə'vaʊəbl/, *a.* (*form.*) ammissibile; confessabile.

avowal /ə'vaʊəl/, *n.* (*form.*) ammissione; confessione.

avowed /ə'vaʊd/, *a.* dichiarato; confesso; noto: **an a. thief**, un ladro confesso. ● **the a. author of st.**, colui che si dichiara autore di q.c. □ **an a. enemy of democracy**, un nemico giurato della democrazia.

avowedly /ə'vaʊɪdlɪ/, *avv.* **1** per ammissione (*o* confessione) esplicita; apertamente; dichiaratamente **2** per giudizio unanime.

avulsion /ə'vʌlʃn/, *n.* (*med., leg.*) avulsione.

avuncular /ə'vʌŋkjʊlə(r)/, *a.* di zio; da zio.

to **await** /ə'weɪt/, *v. t.* (*form.*) attendere; aspettare; essere in attesa di: **The prisoner is still awaiting trial**, il detenuto è ancora in attesa di processo; **Death awaits the rich and the poor**, la morte attende il ricco e il povero. ● (*di lettera, ecc.*) **to a. arrival**, fermo posta □ (*comm.*) **awaiting your early reply**, in attesa di un vostro sollecito riscontro.

awake /ə'weɪk/, *a. pred.* **1** sveglio; desto; vigile; pronto **2** – **a. to**, consapevole, conscio di: **to be a. to a danger**, essere consapevole di un pericolo. ● **to lay a.**, rimanere sveglio (*a letto*) □ **to be wide a.**, essere ben sveglio.

to **awake** /ə'weɪk/ (*pass.* **awaked, awoke,** *p. p.* **awoken, awaked**), **A** *v. t.* **1** (*anche fig.*) svegliare; risvegliare; destare **2** rendere (q.) consapevole. **B** *v. i.* (*anche fig.*) svegliarsi; risvegliarsi; destarsi. ● **to a. sb. to st.**, richiamare l'attenzione di q. su q.c. □ **to a. to st.**, rendersi conto di q.c.; aprire gli occhi su q.c.: **They awoke to their predicament when it was too late**, aprirono gli occhi sulla loro brutta situazione quando era troppo tardi.

to **awaken** /ə'weɪkn/, *v. t.* (*lett.*) **1** destare, risvegliare, suscitare (*sentimenti, ricordi, ecc.*) **2** rendere (q.) consapevole.

awakening /ə'weɪkənɪŋ/, *n.* (*specialm. fig.*) risveglio.

award /ə'wɔːd/, *n.* **1** ricompensa; premio; onorificenza: **The a. is a gold medal**, il premio è una medaglia d'oro **2** (*leg.*) aggiudicazione; assegnazione: **the a. of a contract**, l'aggiudicazione di un contratto (*d'appalto, ecc.*) **3** (*leg.*) lodo arbitrale (*decisione di arbitri*); giudizio arbitrale **4** borsa di studio. ● (*mil.*) **a. for valour**, ricompensa al valore □ (*leg.*) **a. of damages**, liquidazione del danno.

to **award** /ə'wɔːd/, *v. t.* **1** dare; concedere; assegnare: **He was awarded the Nobel prize**, gli fu assegnato il premio Nobel **2** (*leg.*) aggiudicare; assegnare: **Part of the estate was awarded to the widow**, parte della proprietà fu aggiudicata alla vedova; **The judge awarded him heavy damages**, il giudice gli assegnò un forte risarcimento dei danni **3** (*leg.*) affidare (*i figli minori*: *in caso di divorzio*).

awardable /ə'wɔːdəbl/, *a.* (*leg.*) assegnabile; aggiudicabile.

awarder /ə'wɔːdə(r)/, *n.* **1** chi concede; chi assegna **2** (*leg.*) aggiudicatore **3** (*leg., raro*) arbitro.

awarding /ə'wɔːdɪŋ/, *n.* **1** concessione; assegnazione **2** (*leg.*) aggiudicazione; assegnazione **3** (*leg.*) affidamento (*dei figli minori*).

aware /ə'weə(r)/, *a.* **1** consapevole; conscio: **to be a. of st.**, essere consapevole di q.c.; rendersi conto di q.c. **2** informato; preparato: **He is politically a.**, in politica è informato **3** che ha gli occhi aperti (*fig.*); che è al corrente. ● **to be a. that...**, rendersi conto che... □ **to make sb. a. of st.**, informare q. di q.c.

awareness /ə'weənəs/, *n.* consapevolezza. ● **new a.**, nuova consapevolezza; presa di coscienza.

awash /ə'wɒʃ, *USA* -ɔːʃ/, *avv.* e *a. pred.* **1** sulla battigia; bagnato appena dalle onde **2** (*naut.*) a galla; a fior d'acqua; in affioramento **3** inondato **4** (*pop. USA*) ubriaco; sbronzo. ● **to be a. with**, essere inondato di; (*fig.*) affogare in (*fig.*); essere pieno di: **Irak is a. with oil**, l'Iraq affoga nel petrolio (*che non può vendere*); **The house was a. with visitors**, la casa era piena di visitatori □ (*naut.*) (*di un sottomarino*) **to proceed a.**, navigare in affioramento.

away (**1**) /ə'weɪ/, **A** *avv.* **1** via; lontano: **He is a.**, è via di casa, fuori città; **I was a. from home**, ero lontano da casa; ero fuori casa; **A. with that dog!**, porta via quel cane!; **to give st. a.**, dar via q.c.; far dono di q.c.; **to run a.**, scappar via; scappare di casa; **The town is a. behind**, la città è lontana dietro (di noi); **My house is a mile a.**, la mia casa è a un miglio di distanza **2** (*di un oggetto*) via, messo via; al sicuro; riposto: **My papers are a. in the safe**, i miei documenti sono riposti (*o* al sicuro) nella cassaforte **3** (*usato con verbi per indicare perdita, distruzione*): **The milk has boiled a.**, il latte è evaporato a forza di bollire; **to fall a. from sb.**, abbandonare q.; cessare di sostenere (*o* seguire) q.; **He made a. with himself**, l'ha fatta finita; s'è ucciso; (*fig.*) **to pass a.**, passare a miglior vita; morire **4** (*usato con verbi per indicare continuazione*): **He was scribbling a.**, continuava a scribacchiare **5** (*nei verbi frasali, è idiom.*; *per es.*:) **to fire a.**, continuare a far fuoco; ecc. (*V. sotto* **to fire**). **B** *inter.* via!; vattene, andatevene!; in marcia! ● **a. back in my childhood**, ai tempi lontani della mia infanzia □ (*telef.*) **to be a. from the phone**, non essere al telefono □ **far and a.**, di gran lunga: **He's far and a. the best player in our team**, è di gran lunga il miglior giocatore della nostra squadra □ **out and a.**, del tutto; in assoluto: **He's out and a. our best student**, è il nostro miglior studente in assoluto □ **to put st. a.**, mettere via q.c.; mettere q.c. da parte □ **right a.** (*o* **straight a.**), subito; immediatamente □ (*sport*: *di un atleta, ecc.*) **to be well a.**, essere partito bene; (*fam.*) essere quasi «partito»; essere molto in là (*fam.*); essere quasi sbronzo.

away (**2**) /ə'weɪ/, *avv.* e *a. attr.* (*sport*) fuori casa; in trasferta: **an a. game** (*o* **match**), una partita in trasferta; **an a. win**, una vittoria fuori casa.

away day return /ə'weɪdeɪrɪ'tɜːn/, *locuz. n.* (*ferr., in G.B.*) biglietto giornaliero d'andata e ritorno (*a prezzo ridotto*).

awe /ɔː/, *n.* timore reverenziale; soggezione; paura; sgomento: **to hold** (*o* **to keep**) **in awe**, tenere in soggezione; **to stand** (*o* **to be**) **in awe of sb.**, aver soggezione di q. ● **awe-inspiring**, che incute timore; maestoso; solenne □ **awe-stricken** (*o* **awe-struck**), in preda a timore reverenziale; atterrito; sgomento.

to **awe** /ɔː/, *v. t.* ispirare timore (*o* soggezione)

a; impaurire; sgomentare: **I was awed by his sudden apparition**, la sua improvvisa apparizione m'impaurì.

aweather /ə'weðə(r)/, *avv.* (*naut.*) al vento; sopravvento.

aweigh /ə'weɪ/, *a. pred.* (*naut.*: *di ancora*) pendente; spedata.

aweless /'ɔːləs/, *a.* senza timore; intrepido (*V.* **awe**).

awesome /'ɔːsəm/, *a.* ***1*** che incute timore; terrificante; pauroso: **an a. sight**, uno spettacolo terrificante ***2*** grandioso; imponente; maestoso; solenne ***3*** riverente e timoroso; pauroso.

awful /'ɔːfl/, *a.* ***1*** che incute timore reverenziale; terribile; terrificante; impressionante ***2*** (*form.*) imponente; maestoso; solenne ***3*** (*fam.*) enorme; pessimo; tremendo; orribile: **He does an a. lot of work**, fa un mucchio enorme di lavoro; **an a. voice**, una voce orribile; **an a. bore**, un tremendo seccatore. ● **to make an a. fuss**, fare il diavolo a quattro □ **He likes the girl an a. lot**, la ragazza gli piace da morire.

awfully /'ɔːflɪ/, *avv.* ***1*** terribilmente; tremendamente ***2*** (*fam.*) molto; assai: **an a. good dinner**, un pranzo ottimo; **I'm a. sorry**, mi dispiace tanto. ● **to behave a.**, comportarsi in modo inqualificabile □ **Thanks a.**, grazie mille!

awfulness /'ɔːflnəs/, *n.* ***1*** terribilità (*raro*: *qualità d'ispirare terrore*) ***2*** (*form.*) imponenza; maestosità; solennità ***3*** (*fam.*) pessima qualità (*del cibo, ecc.*); estrema bruttezza (*di un luogo*); l'essere inqualificabile (*del contegno, ecc.*).

awhile /ə'waɪl, *USA* -hw-/, *avv.* per un po'; ancora un po' (*di tempo*): **stay a.**, fermati un po' (*con me, con noi*).

awkward /'ɔːkwəd/, *a.* ***1*** goffo; sgraziato ***2*** maldestro; impacciato ***3*** malfatto; scomodo: **an a. chair**, una sedia scomoda ***4*** difficile da usare; poco maneggevole; pericoloso: **This rifle is an a. one**, questo fucile è pericoloso (*o* difficile da maneggiare) ***5*** imbarazzante; inopportuno: **an a. situation**, una situazione imbarazzante; **an a. remark**, un'osservazione inopportuna. ● **the a. age**, l'età ingrata (*l'adolescenza*) □ **an a. customer**, una persona (*o* una bestia) difficile (*o* intrattabile): **Don't touch the dog: he is an a. customer**, non toccare il cane: può mordere □ **to feel a.**, sentirsi a disagio □ **to make things a. for sb.**, creare grosse difficoltà a q.; rendere la vita difficile a q. □ **He's an a. person to get along with**, è una persona con cui è difficile andare d'accordo.

awkwardly /'ɔːkwədlɪ/, *avv.* ***1*** goffamente; in modo sgraziato ***2*** in modo imbarazzante (*o* imbarazzato); inopportunamente.

awkwardness /'ɔːkwədnəs/, *n.* ***1*** goffaggine; mancanza di grazia ***2*** imbarazzo; difficoltà ***3*** inopportunità.

awl /ɔːl/, *n.* lesina; punteruolo.

awn /ɔːn/, *n.* (*bot.*) barba (*di grano e altri cereali*).

awning /'ɔːnɪŋ/, *n.* tenda da sole (*stesa all'esterno sopra una porta, sul ponte d'una nave, ecc.*); riparo; tendone. ● (*naut.*) **a. deck**, ponte tenda □ (*naut.*) **a. rope**, gratile di tenda □ (*edil.*) **a. window**, finestra a vasistas.

awoke /ə'wəʊk/, (*raro*) *pass.* di **to awake**.

awoken /ə'wəʊkən/, *p. p.* di **to awake**.

AWOL /'eɪwɒl, *USA* -ɔːl/, *a.* e *n.* (*acronimo di* **Absent Without Leave**) (*mil.*) assente senza permesso. ● (*fam.*) **to go A.**, assentarsi senza permesso; tagliare la corda (*fam.*).

awry /ə'raɪ/, *avv.* e *a. pred.* ***1*** storto; (di) sbieco; di traverso: **to have one's tie a.**, avere la cravatta storta ***2*** stortamente, storto; male; a monte (*fig., fam.*): **All my schemes have gone a.**, tutti i miei progetti sono andati a monte.

ax(e) /æks/, *n.* ***1*** ascia; accetta; scure; mannaia ***2*** (*stor.*, = **battle-axe**) azza ***3*** (*fig.*) decapitazione ***4*** (*fam.*) licenziamento in tronco ***5*** (*pop. USA*) chitarra; strumento musicale. ● **axe-hammer**, accetta-martello □ **axe helve**, manico dell'ascia □ (*fam.*) **to get the axe**, rimetterci la testa; (*fam.*) essere licenziato in tronco; (*di progetto, ecc.*) essere accantonato □ (*fam.*) **to give sb. the axe**, licenziare q. in tronco □ (*fam.*) **to have an axe to grind**, avere un interesse personale; tirare l'acqua al proprio mulino; (*USA*) avere un'idea fissa □ (*sport*) **ice axe**, piccozza □ **pick-axe**, piccone.

to **ax(e)** /æks/, *v. t.* ***1*** scortecciare con l'ascia ***2*** (*fig.*) ridurre (*o* tagliare) drasticamente (*spese, personale, ecc.*) ***3*** (*fam.*) licenziare.

axial /'æksɪəl/, *a.* (*scient., tecn.*) assiale: (*geol., fis.*) **a. plane**, piano assiale; (*anat.*) **a. skeleton**, scheletro assiale. ● (*mecc.*) **a.-flow compressor**, compressore assiale.

axially /'æksɪəlɪ/, *avv.* in senso assiale; lungo l'asse.

axil /'æksɪl, -sl/, *n.* (*bot.*) ascella.

axile /'æksaɪl/, *a.* (*bot.*) assile.

axilla /æk'sɪlə/, *n.* (*pl.* **axillae, axillas**) (*anat., bot.*) ascella.

axillary /æk'sɪlərɪ, *USA* 'æksɪlerɪ/, *a.* (*anat., bot.*) ascellare.

axiology /æksɪ'ɒlədʒɪ/, *n.* (filos.) assiologia.

axiom /'æksɪəm/, *n.* assioma.

axiomatic(al) /æksɪə'mætɪk(l)/, *a.* assiomatico. || **-ally**, *avv.*

axis /'æksɪs/, *n.* (*pl.* **axes**) ***1*** (*mat., fis.*) asse: **the x-a.**, l'asse delle ascisse; **a. of a lens**, asse ottico; (*astron.*) **a. of revolution**, asse di rivoluzione; (*mecc.*) **a. of rotation**, asse di rotazione ***2*** – (*stor.*) **the A.**, l'Asse (*Roma-Berlino*). ● (*mil.*) **a. of sighting**, linea di mira.

axle /'æksəl/, *n.* ***1*** (*mecc.*) asse: **coupled a.**, asse accoppiato ***2*** (*ferr., mecc.*) assale. ● (*ferr.*) **a. box**, boccola □ (*autom.*) **a. distance**, interasse □ (*autom.*) **a. shaft**, semiasse □ **dead a.**, asse portante □ **live a.**, asse motore.

axletree /'æksəltriː/, *n.* (*mecc.*) asse fisso; assale; sala. ● **a. spindle**, alberino; fusello.

axolotl /æksə'lɒtəl, *USA* 'æksəl-/, *n.* (*zool.*, *Ambystoma*) axolòtl.

ayah /'aɪə/, *n.* (*anglo-ind.*) cameriera (*o* bambinaia) indiana.

ay(e) (**1**) /aɪ/, **A** *avv.* (*dial.*) sì. **B** *n.* sì; voto favorevole: **The ayes have it**, i voti favorevoli sono in maggioranza.

aye (**2**) /eɪ/, *avv.* (*poet.* o *scozz.*) sempre: **for aye**, per sempre.

aye-aye /'aɪaɪ/, *n.* (*zool.*, *Daubentonia madascariensis*) aye-aye (*lemure notturno*).

azalea /ə'zeɪlɪə/, *n.* (*bot.*, *Azalea*) azalea.

azarole /'æzərəʊl/, *n.* (*bot.*, *Crataegus azarolus*) lazzeruolo.

azeotrope /ə'ziːətrəʊp/, *n.* (*chim., fis.*) azeotropo.

azeotropic /eɪzɪə'trɒpɪk/, *a.* (*chim., fis.*) azeotropico: **a. mixture**, miscela azeotropica.

azide /'eɪzaɪd/, *n.* (*chim.*) azide; azoidrato.

azimuth /'æzɪməθ/, *n.* (*astron.*) azimut. ● **a. circle**, (*astron.*) arco azimut; (*strumento*) cerchio azimutale □ **a. compass**, bussola azimutale; bussola di rilevamento □ **a. difference**, parallasse □ (*mil.*) **a. rate**, velocità di brandeggio (*di un cannone*).

azimuthal /'æzɪmjuːθəl/, *a.* (*astron., fis.*) azimutale: **a. chart**, carta azimutale; **a. projection**, proiezione azimutale.

azine /'eɪziːn, -zɪn, 'æz-/, *n.* (*chim.*) azina.

azobenzene /eɪzəʊ'benziːn, -'ziːn/, *n.* (*chim.*) azobenzene.

azo dyes /'eɪzəʊdaɪz, 'æ-/, *n. pl.* (*chim.*) azocoloranti; coloranti azoici.

Azoic /ə'zəʊɪk, eɪ-/, *a.* (*geol.*) azoico.

azoic /ə'zəʊɪk, æ-, eɪ-/, *a.* (*chim., arc.*) azoico.

azole /'eɪzəʊl, 'æz-, ə'zəʊl/, *n.* (*chim., arc.*) azolo.

Azores (**the**) /ə'zɔːz, *USA* 'eɪzɔːz/, *n. pl.* (*geogr.*) le Azzorre.

azote /ə'zəʊt, 'eɪzəʊt/, *n.* (*chim., arc.*) azoto.

azotemia /æzə'tiːmɪə/, *n.* (*med.*) azotemia.

azotic /ə'zɒtɪk, eɪ'-/, *a.* (*chim.*) azotico.

to **azotize** /'æzətaɪz, 'eɪ-/, *v. t.* (*chim., arc.*) azotare.

Aztec /'æztek/, *a.* e *n.* azteco.

Aztecan /'æztekən/, *a.* azteco.

azulene /'æʒʊliːn, 'æzəl-/, *n.* (*chim.*) azulene.

azure /'æʒə(r), -zɪə(r)/, **A** *a.* azzurro. **B** *n.* ***1*** azzurro (*colore*) ***2*** (*poet.*) (l') azzurro; (il) cielo ***3*** (*miner.*) lapislazzuli.

to **azure** /'æʒə(r)/, *v. t.* (*raro*) tingere d'azzurro; azzurrare.

azurine /'æʒʊraɪn/, *a.* azzurrino.

azurite /'æʒʊraɪt/, *n.* (*miner.*) azzurrite.

azygote /ə'zaɪgəʊt/, *n.* (*biol.*) azigote.

azygous /'æzɪgəs/, *a.* e *n.* (*anat.*) azygos; (organo) impari: **a. vein**, vena azygos.

azyme /'æzɪm/, *n.* azzima; azzimella; pane azzimo.

azymous /'æzɪməs/, *a.* azzimo; non lievitato.

b,B

B, b /biː/, *n.* (*pl.* **B's, b's; Bs, bs**) ***1*** B, b (*seconda lettera dell'alfabeto ingl.*) ***2*** (*mus.*) si (*nota e scala corrispondente*) ***3*** votazione (*o* classifica) di «buono»: **a B in geography**, una votazione di «buono» in geografia ***4*** (*elab.*) B (*nella numerazione esadecimale*: *corrisponde al decimale 11*). ● (*fam.*) **b and b**, letto e prima colazione (*in una locanda, pensione, ecc.*) □ (*mus.*) **B flat**, si bemolle □ (*telef.*) **b for Benjamin** (*USA*: **b for Baker**), b come Bologna □ (*pop. USA*) **B-girl** (*da* **bar girl**), «entraineuse»; ragazza che intrattiene i clienti facendoli consumare □ **B-level**, (di) secondo livello □ (*trasp., in G.B.*) **B-road**, strada secondaria (*contrassegnata da un numero, come le strade principali*) □ **a B worker**, un dipendente di livello intermedio.

B.A. /biːˈeɪ/, *n.* ***1*** (*acronimo di* **Bachelor of Arts**) laurea di primo grado (in materie umanistiche; *V.* **M.A.**) ***2*** dottore in lettere (*con detta laurea*); baccelliere: **James Bullock, B.A.**, James Bullock, dottore in lettere ***3*** (*acronimo di* **British Airways**) Linee Aeree Britanniche (*compagnia di bandiera*).

baa /bɑː, *USA* bæ, bɑː/, *n.* belato. ● (*infant.*) **baa-lamb**, agnellino.

to **baa** /bɑː, *USA* bæ, bɑː/ (*pass.* e *p. p.* **baaed, baa'd**), *v. i.* belare; fare bee.

Baal /ˈbeɪəl, bɑːl/, *n.* ***1*** Baal ***2*** falso dio; idolo.

Baalism /ˈbeɪəlɪzəm, ˈbɑː-/, *n.* ***1*** adorazione di Baal ***2*** idolatria.

Baalist /ˈbeɪəlɪst, ˈbɑː-/, **Baalite** /ˈbeɪəlaɪt, ˈbɑː-/, *n.* adoratore di Baal.

to **bab** /bæb/, *v. i.* (*pop. USA*) parlare; chiacchierare.

Babbit(t) /ˈbæbɪt/, *n.* uomo d'affari incolto, di mentalità conformistica e ristretta (*dal protagonista del romanzo omonimo di Sinclair Lewis, noto scrittore americano*).

babbitt /ˈbæbɪt/, *n.* (*metall.*, = **b. metal**) metallo antifrizione.

to **babbitt** /ˈbæbɪt/, *v. t.* (*mecc.*) rivestire con metallo antifrizione.

Babbit(t)ry /ˈbæbɪtrɪ/, *n.* mentalità conformistica e ristretta (*V.* **Babbit(t)**).

babble /ˈbæbl/, **babblement** /ˈbæblmənt/, *n.* ***1*** balbettio; balbettamento ***2*** ciancia; ciarla; discorso a vanvera ***3*** mormorio (*delle acque e sim.*) ***4*** (*telef.*) diafonia multipla.

to **babble** /ˈbæbl/, *v. t.* e *i.* ***1*** balbettare; barbugliare; borbottare; farfugliare ***2*** cianciare; ciarlare; parlare a vanvera ***3*** (*di acque*) mormorare.

babbler /ˈbæblə(r)/, *n.* ***1*** chiacchierone; ciarlone ***2*** (*pop. Austr.*) cuoco.

babbling /ˈbæblɪŋ/, **A** *a.* ***1*** ciarliero ***2*** mormorante: **a b. brook**, un ruscello che mormora. **B** *n.* ***1*** chiacchierio; chiacchiericcio; cicalio ***2*** (*di acque*) mormorio.

babe /beɪb/, *n.* ***1*** (*arc. o fig.*) bambino; bimbo: **That man is a b.**, quell'uomo è un bambino ***2*** (*pop. specialm. USA*) (bella) ragazza; bambola, pupa (*pop.*). ● (*fig.*) **a b. in arms**, un ingenuo; uno sprovveduto.

Babel /ˈbeɪbl/, *n.* ***1*** Babele ***2*** – (*fig.*) **b.**, babele; confusione.

babir(o)ussa /bæbɪˈruːsə/, *n.* (*zool.*, *Babirussa babirussa*) babirussa.

baboon /bəˈbuːn, *USA* bæˈbuːn/, *n.* (*zool.*, *Papio cynocephalus*) babbuino.

baboonery /bəˈbuːnərɪ, *USA* bæ-/, *n.* ***1*** comportamento da babbuino; buffoneria ***2*** (*zool.*) colonia di babbuini.

baboonish /bəˈbuːnɪʃ, *USA* bæ-/, *a.* da babbuino; sciocco; goffo.

babouche /bɑːˈbuːʃ, bæ-/ (*franc.*), *n.* babbuccia.

baby /ˈbeɪbɪ/, **A** *n.* ***1*** (*anche fig.*) bambino, bambina; bimbo, bimba; bebè (*fam.*): **She is a real b.**, è proprio una bambina ***2*** (il) più giovane (*o* più piccolo) di un gruppo: **He is the b. of the party**, è il più giovane della compagnia ***3*** (*fam.*) bambina; ragazza; bambola: **Hallo, b.!**, ciao, bambola!; **Quite a b.!**, che bambola! **B** *a. attr.* piccolo (*d'animale*): **b. elephant**, piccolo d'elefante; elefantino. ● **b.-batterer**, chi maltratta i bambini □ **b.-battering**, maltrattamenti (*o* violenza) ai bambini □ **b. beef**, (carne di) vitellone □ (*demogr.*) **b. boom**, boom delle nascite □ (*ingl., marchio*) **b.-bouncer**, seggiolino con molle (*per il gioco dei bambini*) □ **b. boy**, bambino; maschietto □ **b. buggy**, (*ingl., marchio*) passeggino; (*USA e Can., fam.*) carrozzina, carrozzella □ (*demogr.*) **b. bust**, forte calo del tasso di natalità □ **b. car**, (automobile) utilitaria □ (*USA*) **b. carriage**, carrozzina, carrozzella (*per bambini*) □ (*fam. USA*) **b. doll**, bambola, pupa (*fig.*) □ **b.-doll pyjamas**, «baby-doll» □ (*spreg.*) **b. farm**, asilo infantile privato □ **b. food**, alimenti per bambini □ **b. girl**, bambina; femminuccia □ **b. grand**, pianoforte a mezza coda □ (*pop. USA*) **b. kisser**, «(gran) baciatore di bambini» (*politico in campagna elettorale*) □ **b. marrows**, zucchini □ **b.-minder**, chi bada ai bambini (*in assenza della madre*) □ **b. pin**, spillo da balia □ **b.-sitter**, baby-sitter (*chi, dietro compenso, sorveglia i bambini in assenza dei genitori*); (*pop. USA*) guardaspalle □ **b.-sitting**, babysitteraggio □ (*fam.*) **b.-snatcher**, ladro di bambini; (*fig.*) chi si accoppia con una donna (*o* un uomo) assai più giovane □ **b. talk**, linguaggio infantile (*o* usato con i bambini) □ (*USA*) **b. tooth**, dente di latte □ **b.-walker**, girello □ **b. wear**, abbigliamento e calzature per bambini □ **b. wipe**, salvietta igienica □ (*fig.*) **to be left holding the b.**, restare nei guai; rimanere con tutta la responsabilità addosso □ (*fig.*) **to throw the b. out with the bath water**, «buttare via il bambino con l'acqua sporca»; fare d'ogni erba un fascio (*fig.*).

babyhood /ˈbeɪbɪhʊd/, *n.* prima infanzia.

babyish /ˈbeɪbɪɪʃ/, *a.* ***1*** infantile ***2*** bambinesco; puerile.

babyishness /ˈbeɪbɪɪʃnəs/, *n.* ***1*** infantilismo ***2*** puerilità.

Babylon /ˈbæbɪlən, *USA* -lɒn/, *n.* ***1*** (*geogr.*) Babilonia ***2*** (*fig., spreg.*) la Roma papale.

Babylonia /bæbɪˈləʊnɪə/, *n.* Babilonia (*il regno*).

Babylonian /bæbɪˈləʊnɪən/, *a.* e *n.* babilonese.

to **baby-sit** /ˈbeɪbɪsɪt/, **A** *v. i.* fare la baby-sitter (*q.V.*). **B** *v. t.* (*pop. USA*) tenere (*spie, ecc.*) sotto controllo.

bacca /ˈbækə/, *n.* (*pl.* **baccae**) (*bot.*) bacca.

baccalaureate /bækəˈlɔːrɪət/, *n.* ***1*** baccellierato, baccalaureato (*laurea di grado inferiore a* **Master**, *q.V.*) ***2*** (*USA*) discorso pronunciato al conferimento della laurea di primo grado.

baccarat /ˈbækərɑː, -ˈrɑː, *USA* ˈbɑːkərɑː, bækəˈrɑː/ (*franc.*), *n.* baccarà (*gioco di carte*).

Baccarat glass /bækəˈrɑːglɑːs, ˈbæ-, *USA* -æs, ˈbɑː-/, *locuz. n.* (cristallo) Baccarat (*o* baccarà).

baccate /ˈbækeɪt/, *a.* (*bot.*) ***1*** fornito di bacche ***2*** bacciforme.

Bacchae /ˈbækiː/, *n. pl.* (*mitol.*) baccanti; menadi.

bacchanal /ˈbækənl/, **A** *n.* ***1*** (*stor. relig.*) baccante; sacerdotessa di Bacco ***2*** (*fig. arc.*) chi fa baldoria; gaudente in preda ai fumi del vino ***3*** (*anche fig.*) baccanale; orgia; baldoria. **B** *a.* ***1*** bacchico ***2*** (*arc.*) che fa baldoria; orgiastico; ebbro, ubriaco.

Bacchanalia /bækəˈneɪlɪə/, *n. pl.* (*stor. relig.*) baccanali.

bacchanalian /bækəˈneɪlɪən/, **A** *a.* ***1*** relativo ai baccanali ***2*** orgiastico. **B** *n.* (*arc.*) chi fa baldoria; gaudente avvinazzato.

bacchant /ˈbækənt, *USA* bəˈkænt/, *n.* (*pl.* **bacchants, bacchantes**) ***1*** sacerdotessa di Bacco ***2*** (*fig. arc.*) chi fa baldoria; orgiasta.

bacchante /bəˈkæntɪ/, *n.* ***1*** baccante ***2*** (*fig. arc.*) ubriacona.

Bacchic /ˈbækɪk/, *a.* ***1*** bacchico ***2*** (*arc.*) orgiastico.

bacchius /bəˈkaɪəs/ (*lat.*), *n.* (*pl.* **bacchii**) (*poesia*) baccheo.

Bacchus /ˈbækəs/, *n.* (*mitol.*) Bacco.

bacciferous /bækˈsɪfərəs/, *a.* (*bot.*) baccifero.

baccy /ˈbækɪ/, *n.* (*abbr. fam.*) tabacco.

bach /bætʃ/, *n.* (*pop. USA*) scapolo.

to **bach** /bætʃ/, *v. i.* (*pop. USA*) vivere da scapolo.

bachelor /ˈbætʃələ(r)/, *n.* ***1*** celibe; scapolo ***2*** baccelliere, laureato (*in G.B. e USA, chi ha conseguito il primo grado accademico*): **Bachelor of Science** (*abbr.* **B.S., B.Sc.**), laureato in scienze ***3*** (*stor.*, = **b.-at-arms**), scudiero ***4*** (*zool.*, = **b. seal**) foca maschio che vive senza compagna. ● (*bot.*) **b.'s button**, (*Ranunculus acris*) ranuncolo comune, botton d'oro; (*Bellis perennis*) margheritina; (*Centaurea cyanus*) fiordaliso □ **b. flat**, appartamentino da scapolo □ **b. girl**, ragazza che fa vita indipendente □ (*USA*) **b. mother**, ragazza madre □ **b. quarters**, appartamento da scapolo □ (*iron.*) **b.'s wife**, la donna ideale.

bachelorhood /ˈbætʃələhʊd/, **bachelorship** /ˈbætʃələʃɪp/, *n.* ***1*** celibato ***2*** (*nelle università ingl. e USA*) baccellierato.

bacillar /bəˈsɪlə(r)/, **bacillary** /bəˈsɪlərɪ, *USA* ˈbæsɪlerɪ/, *a.* (*biol.*) bacillare.

bacilliform /bəˈsɪlɪfɔːm/, *a.* (*biol.*) bacilliforme.

bacillosis /bæsɪˈləʊsɪs/, *n.* (*med.*) bacillosi.

bacillus /bəˈsɪləs/, *n.* (*pl.* **bacilli**) (*biol.*) bacillo.

back (1) /bæk/, *n.* ***1*** schiena; dorso; retro; (*fig.*) spalle; didietro: **b. of a mountain**, dorso (*o* schiena) di un monte; **b. of a knife**, dorso di coltello; **b. of the hand**, dorso (*o* rovescio) della mano; **b. of a book**, dorso (*o* costola) di libro; **Excuse my b.**, scusate se volto le spalle; **to have a large family on one's b.**, avere sulle spalle una famiglia numerosa; **see on the b.**, vedasi a tergo; **at the b.**, sul didietro; in fondo ***2*** (*fam.*) spina dorsale ***3*** schienale: **the b. of a chair**, lo schienale di una sedia ***4*** parte posteriore; retro; rovescio: **the b. of a lorry**, la parte posteriore di un camion; **a room in the b. of the school**, un'aula sul retro della scuola; **We need a mirror to see the b. of our head**, occorre uno specchio per potersi vedere la nuca ***5*** (*calcio, hockey*) difensore; terzino ***6*** (*fig.*) forza fisica: **My b. is unequal to the burden**, il peso è sproporzionato alle mie forze ***7*** fondo; sfondo: **the b. of the stage**, lo sfondo del palcoscenico ***8*** (*mil., arc.*) retroguardia ***9*** (*a Cambridge*) **the Backs**, i giardini dietro ai college (*sul fiume Cam*). ● **the b. of the mouth**, il retrobocca □ **the b. of the neck**, la nuca □ **b. to b.**, schiena a schiena, dorso a dorso; addossato; (*specialm. USA*) di seguito, uno dopo l'altro: **to stand b. to b.**, stare addossati; **The two matches were fought b. to b.**, i due incontri furono combattuti uno dopo l'altro □ (*fin.*) **b.-to-b. credit**, credito di compensazione □ **b. to front**, alla rovescia, al contrario; (*fig.*) da cima a fondo, a menadito: **to put on one's pullover b. to front**, mettersi il pullover al contrario (*con il didietro davanti*); **to know st. b. to front**, sapere q.c. a menadito □ **at the b. of**, dietro; in fondo a: **at the b. of the church**, dietro la chiesa; **at the b. of the dictionary**, in fondo al dizionario; **He is at the b. of it all**, dietro alla faccenda c'è lui □ **It was at the b. of my mind that...**, vagamente, avevo in mente che... □ **to be at the b. of sb.**, essere dietro a (*o* alle spalle di) q. (*inseguendo o pedinando*); (*fig.*) sostenere q. stando nell'ombra □ (*fam.*) **at the b. of beyond**, molto lontano; lontanissimo; a casa del diavolo (*fam.*) □ **behind sb.'s b.**, dietro le spalle di q. (*anche fig.*); all'insaputa di q. □ **to break the b. of st.**, fare il grosso di q.c.: **We shall break the b. of the work by tonight**, entro questa sera faremo il grosso del lavoro □ (*fig.*) **to break one's b.**, rompersi la schiena (*per eccesso di lavoro*) □ (*fig.*) **to break sb.'s b.**, caricare q. di lavoro; rovinare q. □ (*calcio*) **centre half-b.**, centromediano □ (*calcio*) **full-b.**, terzino □ (*fig.*) **to give sb. the b. of one's neck**, ignorare q. □ (*calcio*) **half-b.**, mediano □ **to have sb. [st.] at one's back**, avere q. [q.c.] alle spalle; essere spalleggiato da: **He knows he has the manager at his b.**, sa d'essere spalleggiato dal direttore □ **to have one's b. to the wall**, essere con le spalle al muro (*anche fig.*) □ (*fig.*) **to have st. [sb.] on one's b.**, avere q.c. [q.] sulle spalle □ (*USA*) **in b. of**, dietro (a) □ **to live off sb.'s b.**, vivere alle spalle di q. □ **on the b. of**, in aggiunta a; per giunta □ **to be on one's b.**, stare supino; (*fig.*) essere ridotto male (*a letto ammalato, vinto, indifeso, ecc.*) □ (*fig. fam. USA*) **to be on sb.'s b.**, dare addosso a q. □ (*fig.*) **to put one's b. into st.**, impegnarsi a fondo in q.c.; mettercela tutta □ **to put** (*o* **to get, to set**) **one's b. up**, infuriarsi, andare in collera (*come i gatti, quando inarcano il dorso*); (*fig.*) puntare i piedi: **He gets his b. up for nothing**, s'infuria per un nonnulla □ **to put** (*o* **to get, to set**) **sb.'s b. up**, irritare q.; mandare q. su tutte le furie: **My remark got his b. up**, la mia osservazione lo mandò su tutte le furie □ **to turn one's b. on sb.**, voltare le spalle a q. (*per ira, disprezzo*); piantare in asso q. □ **to turn one's b. to sb.**, voltare la schiena a q.; volgere le spalle a q. (*fuggendo*) □ **to turn one's b. to st.**, voltare le spalle a q.c.; (*fig.*) rifiutare (*un lavoro, ecc.*) □ (*fig.*) **to be with one's b. to the wall**, essere con le spalle al muro □ (*fam.*) **Get off my b.**, smettila di darmi addosso; smettila di scocciarmi.

back (**2**) /bæk/, *a.* ***1*** posteriore; arretrato; di dietro; in fondo; sul retro: **b. legs**, zampe posteriori; **the b. row**, la fila di dietro; **b. garden**, giardino sul retro ***2*** remoto, lontano (*nel tempo*) ***3*** scaduto; arretrato: **the b. copy of a newspaper**, la copia arretrata di un giornale ***4*** (*di movimento, ecc.*) di rimando; contrario ***5*** (*fon.*) velare; gutturale. ● (*pop. USA*) **b. alley**, quartiere malfamato (*di una città*) □ **b. board**, *V.* **backboard** □ (*fin.*) **b.-bond**, cauzione data a un fideiussore □ (*fam.*) **b. chat**, *V.* **b. talk** □ (*teatr.*) **b.-cloth** (*o* **b.-drop**), fondale □ (*nuoto*) **b. crawl**, dorso □ **b. current**, flusso contrario □ (*sport*) **b. dive**, tuffo all'indietro □ **b. door**, porta di servizio; (*fig.*) lavoro di corridoio, intrighi □ (*USA*) **b.-door man**, amante (*di una donna sposata*) □ **b.-door methods**, metodi disonesti, subdoli □ **b.-door trade**, commercio illegale □ **b. end**, parte posteriore, fondo; (*fam.*) tardo autunno □ **b. formation**, retroformazione, formazione retrograda □ (*naut.*) **b. freight**, nolo di ritorno, soprannolo □ (*cinem., fotogr., TV*) **b. light**, controluce; controlume □ (*pallavolo*) **b. line**, linea di mezzocampo □ **b. number**, numero arretrato (*di giornale, rivista*); (*fam.*) persona di idee arretrate; oggetto fuori moda □ (*comm.*) **b. order**, ordinativo non eseguito; ordinazione inevasa □ (*sport.: calcio, ecc.*) **b. pass**, passaggio all'indietro; retropassaggio □ (*anat., eufem.*) **b. passage**, ano; retto □ **b. pay**, arretrati (*di salario o stipendio*) □ (*mecc.*) **b. pressure**, contropressione; spinta di perforazione □ **b. rent**, affitto arretrato □ **b. road**, strada secondaria di campagna □ **b. room**, sala interna (*di club, ecc.*); (*polit.*) camera di consiglio, stanza dei bottoni (*fig.*) □ **b.-room boy**, chi lavora dietro le quinte; ricercatore, scienziato (*impegnato in un lavoro segreto*) □ (*oceanografia*) **b. rush**, massimo del riflusso □ **b. seat**, (*autom.*) sedile posteriore; posto (*a sedere*) in fondo; (*fig.*) posizione secondaria, poco importante: (*autom.*) **to get into the b. seat**, salire di dietro □ (*scherz.*) **b.-seat driver**, passeggero d'automobile che importuna il guidatore con consigli sul modo di guidare; (*fig.*) consigliere inesperto e indesiderato □ (*ingl.*) **b. shift**, secondo turno (di lavoro) □ **b. shop**, retrobottega □ **b. slang**, gergo nel quale le parole vengono pronunciate e scritte a ritroso (*per es.* **ynnep** *invece di* **penny**) □ **b. street**, via secondaria; viuzza tranquilla □ (*fig.*) **b.-street**, clandestino; furtivo; illegale: **b.-street abortion**, aborto clandestino □ (*fam.*) **b. talk**, risposta pepata, impertinente; insolenza; (*elab.*) risposta □ **b. wages** (**salary**), salario (stipendio) arretrato □ **to give a b. answer**, dare una rispostaccia □ **to take a b. seat**, sedersi di dietro (*in una sala, ecc.*); (*fig.*) accettare un posto (*o* un ruolo) di secondo piano; stare nell'ombra.

back (**3**) /bæk/, *avv.* ***1*** indietro (*di luogo e nel tempo*); addietro; in fondo: **Keep b.!**, sta' (*o* state) indietro!; fatti (*o* fatevi) indietro!; **If we go b. a few years, we can realize what progress science has made**, se risaliamo a pochi anni addietro, possiamo misurare quali progressi abbia fatto la scienza; **Never look b.**, non guardare mai indietro; non pentirti (*o* non ricrederti) mai ***2*** a posto; nel posto; nella condizione di prima: **Put the razor b. after using it**, rimetti a posto il rasoio dopo averlo usato ***3*** in posizione ***4*** (*idiom.*) in senso contrario: **Bend the tube b.**, piega il tubo in senso contrario (*o* nella posizione di prima) ***5*** (*nei verbi frasali, è idiom.*; *per es.*:) **to answer b.**, rispondere, ribattere; **to bring b.**, riportare, restituire, reintrodurre; ecc. (*V. sotto* **to answer, to bring**, ecc.). ● **to be b.**, essere di ritorno, tornare; (*di un oggetto*) tornare al suo posto: **I'll be b. in no time**, sarò di ritorno in un attimo; **The picture is b. where it was before**, il quadro è stato rimesso a posto □ **b. and forth**, avanti e indietro □ **b. from**, discosto da: **b. from the road**, discosto dalla strada □ (*USA*) **b. home**, a casa; (*fig.*) in patria □ (*USA*) **b. of**, dietro (a) □ **to be b. to square one**, (*nei giochi*) tornare alla prima casella; (*fig. fam. USA*) essere di nuovo al punto di partenza □ **b.-to-work injunction**, ingiunzione di riprendere il lavoro □ **a few years b.**, pochi anni or sono (*o* addietro) □ **there and b.**, andata e ritorno: **It takes an hour there and b.**, ci vuole un'ora per andare là e tornare □ (*fig.*) **I am b. where I started**, sono di nuovo al punto di partenza □ **Things are b. to normal**, la situazione si è normalizzata.

back (**4**) /bæk/, *inter.* indietro!

to **back** /bæk/, **A** *v. t.* ***1*** far indietreggiare; spingere indietro (*un cavallo, una barca, ecc.*): **He backed his car**, fece retromarcia ***2*** appoggiare, sostenere, spalleggiare: **to b. a candidate**, appoggiare un candidato ***3*** scrivere sul retro di; firmare; (*comm., leg.*) garantire, avallare: **I refuse to b. that bill**, mi rifiuto di avallare quella cambiale ***4*** puntare (*o* scommettere) su: **to b. horses**, puntare sui cavalli (*alle corse*) ***5*** provvedere di fondo (*o* rinforzo, fodera); rinforzare; rivestire; foderare ***6*** (*mus.*) accompagnare: **The tenor was backed by a new orchestra**, il tenore era accompagnato da un'orchestra nuova ***7*** fare da sfondo a; addossarsi a: **the hills that b. the village**, le colline che s'addossano al paese ***8*** (*naut.*) appennellare (*l'ancora*) ***9*** (*naut.*) mettere a collo, accollare (*una vela*) ***10*** (*arc.*) montare su (*un cavallo*). **B** *v. i.* ***1*** indietreggiare; rinculare; (*autom.*) fare marcia indietro ***2*** (*del vento*) girare in senso antiorario. ● **to b. and fill**, (*naut.*) mettere a collo e far servire le vele; (*fig.*) vacillare, essere indeciso □ **to b. one's car into** (**out of**) **the garage**, mettere l'automobile in (togliere l'automobile dal) garage a marcia indietro □ (*leg.*) **to b. a warrant**, rendere esecutivo un mandato (*del giudice di un'altra contea*) □ **to b. water**, (*naut.*) sciare, remare all'indietro; (*fig.*) fare marcia indietro □ **to b. a winner**, puntare su un cavallo vincente; (*fig.*) avere un colpo di fortuna □ **to b. the wrong horse**, puntare sul cavallo perdente (*anche fig.*).

♦**back away**, *v. i. + avv.* allontanarsi indietreggiando; (*fig.*) allontanarsi, prendere le distanze: **The murderer backed away from his victim**, l'assassino si allontanò indietreggiando dalla sua vittima; **to b. away from a theory**, prendere le distanze da una teoria.

♦**back down**, **A** *v. i. + avv.* ***1*** ritirarsi; cedere; lasciar perdere: **I had to b. down**, dovetti cedere ***2*** (*leg.*) recedere; rinunziare a un diritto; ritirare un'accusa. **B** *v. t. + avv.* (*naut.*) far retrocedere (*una barca*) □ (*autom., pop. USA*) **to b. it down**, rallentare.

♦**back into**, *v. i. + prep.* (*autom.*) ***1*** entrare a marcia indietro in (*un luogo, uno spazio*) ***2*** urtare (*un'altra auto, ecc.*) facendo marcia indietro.

♦**back off**, **A** *v. t. + avv.* ***1*** (*tecn.*) ruotare in senso inverso; svitare; scollegare ***2*** (*mecc.*) estrarre (*l'utensile: dal foro, o dal pezzo in lavorazione*). **B** *v. i. + avv.* ***1*** spostarsi indietreggiando; togliersi di mezzo ***2*** (*fig.*) fare marcia indietro (*fig.*); cambiare idea; ripensarci ***3*** (*USA*) *V.* **to b. down**.

♦**back onto**, *v. i. + prep.* dare su, affacciarsi su, con il retro: **Our hotel backed onto the ruins of the castle**, il retro del nostro albergo dava sulle rovine del castello.

♦**back out**, *v. i. + avv.* ***1*** ritirarsi; fare marcia indietro (*fig.*): **Don't b. out at the last moment**, non ritirarti all'ultimo momento!; **to b. out of a bargain**, ritirarsi da un affare ***2*** (*autom.*) uscire a marcia indietro.

♦**back up**, **A** *v. t. + avv.* ***1*** appoggiare; sostenere; spalleggiare: **to b. up a plan**, sostenere un progetto ***2*** confermare (*una dichiarazione*); avvalorare (*una tesi, ecc.*) ***3*** (*elab.*) fare una copia di (*dati, software, ecc.*) ***4*** (*di una diga*) infrenare (*le acque*) ***5*** (*tipogr.*) stampare in volta. **B** *v. i. + avv.* ***1*** (*autom.*) andare in salita a marcia indietro ***2*** (*di acque ostruite*) accumularsi ***3*** (*di un fiume sbarrato da una diga*) salire di livello ***4*** (*fig.*) aumentare; ammassarsi; accumularsi: **The supply of these goods is backing up**, l'offerta di questi beni è in aumento; **After the accident, cars kept backing up on either side of the avenue**, dopo l'incidente, le auto continuarono ad ammassarsi su entrambi i lati del viale ***5*** (*di un uomo, di un cavallo, ecc.*) indietreggiare ***6*** (*autom.*) fare marcia indietro.

♦**back up into**, *v. i. + avv. + prep.* (*di acque ostruite*) rifluire inondando: **Waste water**

backed up into the bathroom, l'acqua di rifiuto rifluì inondando il bagno.
backache /'bækeɪk/, *n.* mal di schiena.
backasswards /bæk'æswədz/, *avv.* (*volg. USA*) *V.* **ass-backwards**.
backband /'bækbænd/, *n.* dossiere (*dei finimenti*).
backbencher /'bæk'bentʃə(r)/, *n.* (*polit., in G.B.*) «backbencher» (*parlamentare che non ha incarichi di governo e che, se all'opposizione, non fa parte del Gabinetto Ombra; cfr. ital. «peone»*).
to **backbite** /'bækbaɪt/ (*pass.* **backbit,** *p. p.* **backbitten, backbit**), *v. t.* e *i.* fare della maldicenza; sparlare (di q.); calunniare.
backbiter /'bækbaɪtə(r)/, *n.* maldicente; malalingua; calunniatore, calunniatrice.
backbiting /'bækbaɪtɪŋ/, **A** *n.* maldicenza; calunnia. **B** *a.* maldicente.
backblocker /'bækblɒkə(r)/, *n.* (*Austr.* e *N.Z.*) abitante delle «backblocks» (*q.V.*).
backblocks /'bækblɒks/, *n. pl.* (*Austr.* e *N.Z.*) regioni dell'entroterra (*o* dell'interno).
backboard /'bækbɔ:d/, *n.* **1** asse che forma (*o* che sostiene) il fondo di q.c. **2** (*di un carro*) ribalta **3** (*di un quadro antico*) retro; verso (*assicella*) **4** (*pallacanestro*) tabellone.
backbone /'bækbəʊn/, *n.* **1** spina dorsale (*anche fig.*); colonna vertebrale **2** (*fig.*) fermezza; carattere. ● (*fig.*) **to the b.**, fino al midollo; da capo a piedi □ **He has no b.**, è uno smidollato.
backbreaking /'bækbreɪkɪŋ/, *a.* (*di un lavoro, ecc.*) assai faticoso; sfiancante; massacrante; snervante.
to **backcomb** /'bækkəʊm/, *v. t.* cotonare (*i capelli*).
backcountry /'bækkʌntrɪ/, *n.* (*USA*) **1** zona di frontiera **2** terra lontana e poco abitata.
backcourt /'bækkɔ:t/, *n.* **1** (*tennis, ecc.*) fondo campo **2** (*pallacanestro*) zona di difesa.
back-cross /'bækkrɒs, *USA* -ɔ:s/, *n.* (*biol.*) incrocio (*di un ibrido*) con un genitore.
to **backcross** /'bækkrɒs, *USA* -ɔ:s/, *v. t.* (*biol.*) incrociare (*un ibrido*) con un genitore.
to **backdate** /'bækdeɪt, -k'd-/, *v. t.* retrodatare (*una lettera, ecc.*).
backdating /'bækdeɪtɪŋ, -k'd-/, *n.* retrodatazione.
backdown /'bækdaʊn/, *n.* **1** cedimento **2** (*leg.*) recessione; rinuncia a un diritto.
backdrop /'bækdrɒp/, *n.* **1** (*teatr.*) fondale **2** (*fig.*) sfondo, ambiente (*di un romanzo, ecc.*).
backed /bækt/, *a.* **1** (*nei composti*:) dal dorso; dalla schiena; dalle spalle: **stiff-b.**, dalla schiena rigida; (*fig.*) tutto di un pezzo; **broad-b.**, dalle spalle larghe **2** (*nei composti*:) dallo schienale: **a high-b. chair**, una sedia dallo schienale alto **3** (*di tessuto*) a trama rinforzata **4** (*comm.*) avallato; garantito: **b. bills**, cambiali avallate; (*econ., fin.*) **b. currency**, moneta garantita **5** (*tecn.*) supportato. ● (*pop. USA*) **b.-up**, drogato.
backer /'bækə(r)/, *n.* **1** sostenitore; fautore; patrono **2** scommettitore **3** (*leg.*) avallante (*di una cambiale, ecc.*). ● (*fin.*) **financial b.**, finanziatore.
backfall /'bækfɔ:l/, *n.* **1** caduta all'indietro **2** (*lotta greco-romana*) schienata.
backfield /'bækfi:ld/, *n.* (*nel football americano*) **1** zona di difesa **2** difesa (*i giocatori e la posizione*).
backfilling /'bækfɪlɪŋ/, *n.* **1** (*ind. costr.*) materiale di riempimento **2** (*ind. min.*) (materiale di) ripiena.
backfire /'bækfaɪə(r)/, *n.* (*mecc.*) ritorno di fiamma ● (*elettr., radio*) **b. antenna**, antenna a radiazione posteriore.
to **backfire** /'bækfaɪə(r)/, *v. i.* **1** (*mecc.*) fare un ritorno di fiamma **2** (*fig.*) fallire; saltare (*fam.*); ritorcersi contro: **His plan backfired**, il suo piano gli si è ritorto contro.
backflooding /'bækflʌdɪŋ/, *n.* (*geol.*) ritorno d'acqua sotterranea.
backgammon /bæk'gæmən, 'bækgæ-/, *n.* backgammon; tric-trac; sbaraglino; tavola reale.
background /'bækgraʊnd/, **A** *n.* **1** fondo, sfondo (*di quadro, luogo, scena, descrizione*); ambiente (*anche fig.*); retroterra (*sociale, culturale, ecc.*); background **2** (*fig.*) oscurità; ritiro; ombra: **to keep** (*o* **to stay**) **in the b.**, restare nell'ombra **3** bagaglio, preparazione culturale; esperienza personale: **He has the right b. for this work**, ha la preparazione che ci vuole per questo lavoro **4** antefatto; precedenti; antecedenti: **You don't know the b. of the affair**, tu non conosci i precedenti della faccenda **5** informazioni; dati (*relativi a q.c.*): **Will you give me the b. of the problem?**, vuoi fornirmi i dati relativi al problema? **6** (*cinem., radio*) sottofondo; effetto (*o* rumore) di fondo **7** (*econ.*, = **economic b.**) congiuntura **8** (*elab.*) retroterra; fondo. **B** *a.* **1** di fondo: **b. music**, musica di fondo; sfondo musicale; **b. noise**, rumore di fondo **2** (*elab.*) di fondo; di base; a bassa priorità: **b. programme**, programma a bassa priorità.
backgrounder /'bækgraʊndə(r)/, *n.* (*polit. USA*) conferenza stampa.
backhand /'bækhænd/, **A** *n.* **1** grafia (*o* scrittura) inclinata a sinistra **2** manrovescio **3** (*sport*) rovescio. **B** *a.* di rovescio. **C** *avv.* **1** col dorso della mano **2** (*sport*) con un rovescio; di rovescio: **He hit the ball b.**, colpì la palla con un rovescio.
to **backhand** /'bækhænd/, *v. t.* **1** (*tennis, squash, ecc.*) colpire di rovescio **2** colpire (q.) con un manrovescio.
backhanded /'bækhændɪd/, *a.* **1** dato di rovescio o col dorso della mano: (*tennis, squash, ecc.*) **a b. stroke**, un colpo (dato) di rovescio **2** (*fig.*: *di osservazione, complimento*) ambiguo; a doppio taglio; a rovescio; sarcastico **3** (*di scrittura*) inclinata verso sinistra. ● **a b. slap in the face**, un manrovescio sulla faccia.
backhander /'bækhændə(r)/, *n.* **1** manrovescio **2** (*sport*) rovescio **3** (*fig.*) attacco indiretto, inatteso, sleale **4** (*pop.*) bustarella; mazzetta; tangente.
backhoe /'bækhəʊ/, *n.* (*tecn.*) escavatore a cucchiaio rovescio; retroescavatore. ● **b. loader**, caricatore a cucchiaio rovescio.
backing /'bækɪŋ/, *n.* **1** sostegno (*o* rinforzo) posteriore **2** (*fig.*) sostegno; appoggio: **I have the b. of the party leadership**, ho l'appoggio della direzione del partito **3** (*comm., leg.*) avallo (*di una cambiale*) **4** (*collett.*) sostenitori; seguaci; seguito: **Our M.P. has a large b.**, il nostro deputato ha un vasto seguito **5** rivestimento (*di poltrone, ecc.*) **6** (*autom.*) arretramento; marcia indietro **7** (*naut.*) fasciame interno **8** (*mus.*) sottofondo **9** (*fin.*) copertura (*di un'emissione di banconote*): **gold b.**, copertura aurea. ● (*elab.*) **b. storage**, memoria ausiliaria.
backlash /'bæklæʃ/, *n.* **1** (*di una molla, ecc.*) scatto all'indietro; rinculo **2** (*mecc.*) gioco (*di pezzi lenti o logori*); lasco **3** (*mecc.*) passo perduto (*o* morto) **4** (*elettron.*) corrente inversa **5** (*fig.*) reazione violenta: **the White b. to Black Power riots**, la violenta reazione dei bianchi ai tumulti di Black Power (*in U.S.A.*). ● (*polit.*) **a right-wing b.**, un repentino recupero di voti della destra.
to **backlash** /'bæklæʃ/, *v. i.* (*polit.*) reagire violentemente.
backless /'bækləs/, *a.* **1** senza dorso; senza schiena **2** (*di un vestito da donna, ecc.*) molto scollato sulla schiena.
backlight /'bæklaɪt/, *n.* (*cinem., fotogr.*) controluce.
to **backlight** /'bæklaɪt/ (*pass.* e *p. p.* **backlit** e **backlighted**), *v. t.* (*cinem., fotogr.*) illuminare (in) controluce.
backlighting /'bæklaɪtɪŋ/, *n.* (*cinem., fotogr.*) (illuminazione in) controluce.
backlining /bæk'laɪnɪŋ/, *n.* dorso (*di un libro rilegato*).
backlit /'bæklɪt/, *pass.* e *p. p.* di **to backlight**.
backlog /'bæklɒg, *USA* -ɔ:g/, *n.* **1** grosso ceppo **2** arretrato (*di lavoro o d'affari*) **3** (*comm.*) (lista delle) ordinazioni inevase **4** (*pop. USA*) fondo (*di denaro*) di riserva ● (*econ.*) **b. of demand,** riserva di domanda.
backmost /'bækməʊst/, *a.* (il) più indietro; (l') ultimo.
backpack /'bækpæk/, *n.* (*specialm. USA*) zaino.
backpacking /'bækpækɪŋ/, *n.* (l'andare in) vacanza con lo zaino in spalla.
to **backpedal** /'bækpedl/, *v. i.* **1** pedalare all'indietro **2** (*fig.*) fare macchina indietro; fare marcia indietro.
backproject /bæk'prɒdʒekt/, *n.* immagine proiettata dal didietro (*su uno schermo*).
to **backproject** /bækprə'dʒekt/, *v. t.* retroproiettare (*un'immagine*: *su uno schermo*).
backrest /'bækrest/, *n.* schienale.
backsaw /'bæksɔ:/, *n.* (*tecn.*) saracco a costola (*o* a dorso rigido).
backscatter /'bækskætə(r)/, *n.* **1** (*fis. nucl.*) retrodiffusione **2** (*elettr.*) retrodiffusione; radiazione di ritorno **3** (*elettr.*) eco di ritorno (*di un bersaglio*: *a un radar*).
to **backscatter** /'bækskætə(r)/, *v. t.* (*fis. nucl.*) retrodiffondere (*particelle, ecc.*).
backscattering /'bækskætərɪŋ/, *V.* **backscatter**.
backscratcher /'bækskrætʃə(r)/, *n.* **1** manina grattaschiena **2** (*fam.*) chi pratica il «do ut des»; chi scambia favori con gli altri; intrallazzatore.
backscratching /'bækskrætʃɪŋ/, *n.* (*fam.*) «do ut des»; scambio di favori (*o* di servizi, ecc.); intrallazzo, intrallazzi. ● **b. alliance**, alleanza fatta per intrallazzare.
backset /'bækset/, *n.* **1** sconfitta; rovescio **2** gorgo; mulinello.
backsheesh /'bækʃi:ʃ, bæk'ʃ-/ *V.* **baksheesh**.
backside /'bæk'saɪd, 'bæks-/, *n.* **1** didietro, parte posteriore (di q.c.) **2** (*fam.*) deretano; didietro.
backsight /'bæk'saɪt/, *n.* tacca, tacca di mira (*d'arma da fuoco*).
backslapper /'bækslæpə(r)/, *n.* (*fam.*) cordialone (*che dà pacche sulle spalle*); chi si prende troppa confidenza.
backslapping /'bækslæpɪŋ/, (*fam.*) **A** *a.* che dà pacche sulle spalle; cordialone. **B** *n.* il dare pacche sulle spalle; eccessiva confidenza.
to **backslide** /'bækslaɪd/ (*pass.* e *p. p.* **backslid**), *v. t.* **1** ricadere nel vizio (*o* nel peccato); apostatare **2** (*fig.*) calare di tono **3** (*Borsa*) (*di titoli*) scivolare.
backslider /'bækslaɪdə(r)/, *n.* chi ricade nel peccato; apostata.
backsliding /'bækslaɪdɪŋ/, *n.* **1** ricaduta nel vizio (*o* nel peccato); apostasia **2** (*Borsa*) scivolone; scivolata.
backspace /'bækspeɪs/, *n.* (*elab.*) arretramento di uno spazio; spazio di ritorno. ● **b. key**, *V.* **backspacer**.
to **backspace** /'bækspeɪs/, *v. i.* battere il tasto di ritorno.
backspacer /'bækspeɪsə(r)/, *n.* tasto di ritorno (*di macchina da scrivere, di computer, ecc.*).
backspin /'bækspɪn/, *n.* (*golf, biliardo, ecc.*) backspin; effetto all'indietro (*impresso alla palla*).
to **backstab** /'bækstæb/, *v. t.* pugnalare alle spalle (*anche fig.*).
backstage /'bæksteɪdʒ/, **A** *avv.* (*teatr.*) dietro la scena; dietro le quinte (*anche fig.*). **B** *a.* (che avviene) dietro le quinte. **C** *n.* retroscena.
backstairs /'bæksteəz/, **A** *n.* **1** scala di servizio **2** (*fig.*) intrighi; manovre di corridoio. **B** *a.* (= **backstair**) **1** segreto; nascosto; clandestino **2** scandalistico. ● **b. gossip**, ciarle da serva; discorsi della portinaia □ **b. influence**, capacità di intrallazzare □ **b. support**, appoggio segreto.

backstay /ˈbækstei/, *n.* **1** (*tecn.*) cavo di controventatura; strallo **2** (*autom.*) longherone (*di un veicolo*) **3** (*ind. tess.*) occhiello **4** (*naut.*) paterazzo; sartia **5** striscia di rinforzo (*di una scarpa*) **6** (*arc.*) reggischiena.

backstitch /ˈbækstɪtʃ/, *n.* punto indietro; impuntura.

to **backstitch** /ˈbækstɪtʃ/, *v. t.* e *i.* impunturare.

backstroke /ˈbækstrəuk/, *n.* **1** manrovescio **2** (*sport*) nuoto sul dorso; dorso **3** (*mecc.*) corsa di ritorno. ● (*sport*) **b. swimmer**, dorsista.

backstroker /ˈbækstrəukə(r)/, *n.* (*sport*) dorsista.

backsword /ˈbæksɔːd/, *n.* **1** spadone **2** bastone con impugnatura.

to **backtrack** /ˈbæktræk/, *v. i.* **1** tornare indietro; ritornare sui propri passi **2** (*fig.*) fare marcia indietro.

backtracking /ˈbæktrækɪŋ/, *n.* **1** (*elab.*) ritorno all'indietro (*nella ricerca di dati*) **2** (*org. az.*) mantenimento in servizio dei dipendenti più anziani (*quando si riduce la manodopera*).

backup /ˈbækʌp/, **A** *n.* **1** appoggio; sostegno; supporto: **technical b.**, supporto tecnico **2** (*mil.*) copertura: **aircraft b.**, copertura dell'aviazione **3** riserva; rimpiazzo (*cosa o persona*) **4** (*tecn.*) riserva; backup **5** (*mil.*) rincalzo; rinforzo **6** (*tipogr.*) stampa in volta; volta **7** (*specialm. USA*) accumulo; gran massa; gran numero: **a b. of sewage**, un accumulo di liquami; **a b. of cars at a crossroads**, un ingorgo di traffico a un incrocio. **B** *a. attr.* **1** di sostegno; di supporto: (*fin.*) **b. line of credit**, linea di credito di sostegno **2** (*mil.*) di copertura: **b. artillery**, artiglieria di copertura **3** (*tecn.*) di riserva; ausiliario: (*elab.*) **b. computer**, computer di riserva; (*elab.*) **b. copy**, copia di riserva **4** (*mil.*) di rincalzo: **b. troops**, truppe di rincalzo. ● **b. facilities**, attrezzature di riserva (*o* di supporto); (*fin.*) agevolazioni di credito di sostegno □ (*autom.*, *USA*) **b. light**, luce (*o* fanalino) della retromarcia □ (*elettr.*) **b. relay**, relè di protezione.

backward /ˈbækwəd/, **A** *a.* **1** (volto, *o* diretto) all'indietro, a ritroso: **a b. glance**, un'occhiata all'indietro; (*sport*) **b. dive**, tuffo all'indietro **2** arretrato; retrogrado; sottosviluppato: **b. countries**, i paesi arretrati **3** tardo; ritardato: **a b. child**, un bambino ritardato **4** esitante; timido; riluttante: **a b. suitor**, un corteggiatore timido **5** (*di un frutto, ecc.*) in ritardo; tardivo: **b. spring**, primavera tardiva. **B** *avv.* (*specialm. USA*) *V.* **backwards**. ● (*naut.*) **b. call**, scalo nel viaggio di ritorno □ (*econ.*) **b. industries**, industrie arretrate □ (*econ.*) **b. integration**, integrazione ascendente □ **b.-looking**, antiquato □ (*elab.*) **b. printing**, stampa da destra a sinistra □ (*fisc.*) **b. shifting of tax**, traslazione d'imposta □ (*elettr.*) **b. wave**, onda di ritorno; onda regressiva □ **to be b. to do** (*o* **in doing**) **st.**, esitare a fare q.c.

backwardation /bækwəˈdeiʃn/, *n.* **1** (*banca, mercato dei cambi esteri*) riporto **2** (*Borsa, un tempo*) deporto (*da parte di chi vende titoli, per posticiparne la consegna*); riporto proroga. ● **b. fee** (*o* **b. rate**), saggio (*o* tasso) del riporto (*o* del deporto).

backwardly /ˈbækwədlɪ/, *avv.* **1** all'indietro; a ritroso **2** in modo esitante; timidamente; con riluttanza.

backwardness /ˈbækwədnəs/, *n.* **1** arretratezza; sottosviluppo **2** esitazione; riluttanza; timidezza **3** tardività (*mentale*); ottusità **4** tardività (*della stagione, dei frutti, ecc.*).

backwards /ˈbækwədz/, *avv.* **1** indietro (*nello spazio, nel tempo*; *e fig.*): **to look b.**, guardare indietro; (*fig.*) riandare al passato **2** all'indietro; a ritroso: **to walk b.**, camminare a ritroso. ● **b. and forwards**, avanti e indietro □ (*fam.*: *di una persona*) **to bend** (*o* **to fall, to lean**) **over b.**, farsi in quattro □ (*fig.*) **to know st. b.**, conoscere q.c. da cima a fondo; sapere q.c. a menadito □ **to stroke the cat b.**, carezzare il gatto contropelo.

backwash /ˈbækwɒʃ, *USA* -wɔːʃ/, *n.* **1** onda formata dalla scia di una nave, da un colpo di remo, ecc. **2** (*naut.*) risacca; riflusso **3** (*aeron.*) scia dell'elica **4** (*fig.*) ripercussioni; conseguenza spiacevole.

backwater /ˈbækwɔːtə(r), *USA* -wɒt-/, *n.* **1** acqua infrenata da una diga; lago di sbarramento **2** acqua stagnante (*separata dalla corrente d'un fiume o dal mare*) **3** (*fig.*) stasi; ristagno (*d'una situazione*); stato di letargo mentale **4** (*econ.*) zona depressa. ● **a cultural b.**, una città (una zona, ecc.) depressa culturalmente.

backwoods /ˈbækwudz, ˈbækˈwudz/, *n. pl.* **1** zona boschiva e selvaggia (*specialm. dell'America settentrionale*) **2** (*fam.*) regione lontana e poco popolata; posto fuori dal mondo.

backwoodsman /ˈbækwudzmən/, *n.* (*pl.* **backwoodsmen**) **1** abitante di una zona boschiva e selvaggia **2** (*polit.*, *in G.B.*) membro della Camera dei Lord che va di rado alle sedute **3** (*fam. USA*) individuo rustico (*o* rozzo); zoticone.

backyard /ˈbækˈjɑːd/, *n.* **1** cortile posteriore **2** (*USA*) prato dietro casa **3** (*fig.*) ambiente familiare; casa (*fig.*). ● **b. shed**, tettoia (*o* capanna) dietro casa.

bacon /ˈbeikən/, *n.* pancetta affumicata; bacon. ● (*in G.B.*) **b. and eggs**, bacon e uova (*alla prima colazione*) □ **b. curer**, affumicatore di bacon □ (*fig. fam.*) **to bring home the b.**, guadagnarsi da vivere (*o* da mangiare); aver successo; farcela □ (*fig.*) **to save one's b.**, salvare la pelle.

Bacon /ˈbeikən/, *n.* (*stor. filos.*) Bacone.

Baconian /beiˈkəuniən/, **A** *a.* baconiano. **B** *n.* seguace di Francis Bacon.

bacteremia /bæktəˈriːmiə/, *n.* (*med.*) batteriemia.

bacterial /bækˈtiəriəl/, *a.* batterico; di (*o* da) batteri.

bactericidal /bæktiəriˈsaidl/, *a.* battericida.

bactericide /bækˈtiərisaid/, *n.* (*med.*) battericida.

bacterin /ˈbæktərin/, *n.* (*med.*) vaccino batterico.

bacteriological /bæktiəriəˈlɒdʒikl/, *a.* batteriologico.

bacteriologist /bæktiəriˈɒlədʒist/, *n.* batteriologo.

bacteriology /bæktiəriˈɒlədʒi/, *n.* batteriologia.

bacteriolysis /bæktiəriˈɒləsis/, *n.* (*biol.*) batteriolisi.

bacteriophage /bækˈtiəriəfeidʒ/, *n.* (*biol.*) batteriofago.

bacterium /bækˈtiəriəm/, *n.* (*pl.* **bacteria**) (*biol.*) batterio.

Bactrian camel /ˈbæktriənˈkæml/, *locuz. n.* (*zool.*, *Camelus bactrianus*) cammello.

bad (**1**) /bæd/, **A** *a.* (*compar.* **worse**; *superl. relat.* **worst**) **1** cattivo; malvagio: **a bad crop**, un cattivo raccolto; **with bad grace**, con malagrazia; con malgarbo **2** dannoso; nocivo: **Smoking is bad for your health**, il fumo è dannoso alla salute; **Eggs are bad for my liver**, le uova sono nocive per il mio fegato **3** forte; intenso; grosso: **I have a bad cold**, ho un forte raffreddore; **a bad blunder**, un grosso errore **4** guasto; andato a male; cattivo: **bad eggs**, uova guaste; **bad meat**, carne andata a male **5** brutto: **a bad translation**, una brutta traduzione; **bad weather**, brutto tempo; tempo cattivo **6** scorretto: **His French is very bad**, il suo francese è assai scorretto **7** malato; guasto: **a bad tooth**, un dente guasto **8** di cattiva qualità; di scarso valore **9** (*leg.*) invalido; nullo, non valido: **a bad title**, un titolo (di proprietà) non valido **10** (*pop.*) (*compar.* **badder**, *superl. relat.* **baddest**) buono; bravo; in gamba (*fam.*): **really bad**, ottimo; **He's a bad dude**, è un tipo in gamba. **B** *avv.* (*fam.*) *V.* **badly**. ● (*relig.*) **the bad**, i cattivi; i reprobi □ **a bad accident**, un grave incidente □ **bad air**, aria malsana □ (*volg. USA*) **a bad ass**, un tipo violento; un duro: **a bad-ass cop**, un poliziotto violento □ **to be bad at st.**, non essere bravo in q.c. □ **to be bad at maths**, essere negato per la matematica □ **bad blood**, astio; rancore; cattivo sangue (*fig.*) □ **bad boy**, scavezzacollo □ (*comm.*) **a bad cheque**, un assegno a vuoto □ **a bad coin**, una moneta falsa □ (*fam. USA*) **bad count**, tiro mancino □ (*comm.*) **a bad debt**, un credito di dubbia esigibilità □ **a bad debtor**, un debitore insolvente □ (*leg.*) **bad faith**, malafede □ (*fam.*) **to be a bad egg** (*o* **hat, lot**), essere un poco di buono; essere un tipaccio □ (*pop. USA*) **bad eye**, occhiataccia □ **bad form**, cattiva educazione: **To speak aloud is bad form**, parlare ad alta voce non sta bene □ (*fam. USA*) **the bad guy**, il cattivo (*in un film, ecc.*) □ **bad-hearted**, malvagio d'animo □ (*fam.*) **a bad job**, un brutto affare □ **bad language**, male parole; turpiloquio; linguaggio offensivo (*o* sconveniente) □ **bad-mannered**, maleducato □ **bad money**, (*econ.*) moneta cattiva; (*fin.*) moneta calda (*che si svaluta rapidamente*) □ **bad news**, brutte notizie; (*USA*) persona (*o* cosa) fastidiosa, importuna □ (*volg. USA*) **bad shit**, individuo pericoloso; sfortuna; situazione pericolosa: **to be in a bad shit**, essere nella merda (*fig. volg.*) □ **a bad shot**, un colpo a vuoto, un tiro fallito; (*fig.*) una congettura sbagliata □ **a bad storm**, un grosso temporale □ **bad-tempered**, irritabile; irascibile □ (*autom.*) **bad traffic**, traffico intenso □ (*pop. USA*) **bad trip**, «viaggio» terrificante (*da allucinogeni*) □ (*fam.*) **to feel bad**, sentirsi male □ (*fam.*) **to feel bad about st.**, essere addolorato (*o* preoccupato) per q.c.; prendersela per q.c. □ **to go bad**, andare a male; guastarsi □ **to have a bad time**, passarsela male; passare un brutto quarto d'ora □ **to be in a bad temper**, esser di malumore □ **to be in a bad way**, essere mal messo, a mal partito (*di salute, a quattrini, ecc.*) □ (*fam.*) **not** (**so**) **bad**, abbastanza buono; discreto: **He's not a bad swimmer**, è un discreto nuotatore □ **not half bad**, (*fam.*) ottimo; (*pop.*) benissimo □ (*fam.*) **to be taken bad**, sentirsi male, essere colto da malore □ **That's too bad!**, che disdetta; che rabbia!; (*anche*) che peccato! □ **Too bad of him**, molto scortese da parte sua □ **Business is bad**, gli affari vanno male □ **Is it as bad as all that?**, siamo davvero a questo punto?; va proprio così male? □ **«How are you?» «Not bad»**, «Come stai?» «Non c'è male».

bad (**2**) /bæd/, *n.* male; mala (*o* cattiva) sorte; rovina. ● (*USA*) **to get in bad with sb.**, guastarsi (*o* urtarsi) con q. □ **to go from bad to worse**, andare di male in peggio □ (*USA*) **to be in bad with sb.**, essere caduto in disgrazia con q. □ **to go to the bad**, mettersi sulla cattiva strada; darsi alla malavita; andare in rovina □ **to take the bad with the good**, accettare la cattiva sorte insieme con la buona □ (*comm.*) **to be to the bad**, essere in perdita, essere in passivo: **As the result of the deal, I'm 500 pounds to the bad**, nell'affare ci ho rimesso 500 sterline.

baddie /ˈbædi/, **baddy** /ˈbædi/, *n.* (*fam.*) (il) cattivo (*in un film, ecc.*).

baddish /ˈbædiʃ/, *a.* piuttosto cattivo.

bade /beid/, *pass.* di **to bid**, *def.* 5.

badge /bædʒ/, *n.* **1** distintivo; insegna; placchetta di riconoscimento; badge **2** emblema; simbolo **3** (*fig.*) simbolo; segno; prova **4** (*sport*) scudetto **5** (*mil.*) gallone. ● (*spreg. USA*) **b. bandit**, poliziotto motociclista.

badger /ˈbædʒə(r)/, *n.* **1** (*zool.*) tasso **2** pennello di peli di tasso **3** (*in U.S.A.*) tasso (*simbolo dello Stato del Wisconsin*) **4** (*USA*) abitante (*o* nativo) del Wisconsin. ● (*un tempo*) **b. baiting**, uccisione di un tasso stanato dai cani □ **b. dog**, bassotto tedesco; «Dachshund» □ (*USA*) **b. game**, ricatto con estorsione, compiuto con la complicità di una donna (*che adesca la vittima*) □ **b.-legged**, con una gamba più corta dell'altra □ (*USA*) **the B. State**, il Wisconsin.

to **badger** /ˈbædʒə(r)/, *v. t.* tormentare; molestare; infastidire. ● **to b. sb. into doing st.**, far fare q.c. a q. a furia di richieste importune.

badinage /ˈbædɪnɑːʒ, -ˈnɑːʒ, -ɑːdʒ/ (*franc.*), *n.* celia; burla; scherzo.

badlands /ˈbædlændz/, *n. pl.* ***1*** (*geogr.*) calanchi ***2*** (*geogr., in U.S.A.*) **the B.**, i calanchi del Sud Dakota e del Nebraska. ● (*geogr.*) **badland topography**, morfologia da erosione in terreni aridi.

badly /ˈbædlɪ/, *avv.* (*compar.* **worse**; *superl. relat.* **worst**) ***1*** male; malamente: **b. made clothes**, abiti fatti male (*o* malfatti) ***2*** duramente: **The enemy were b. beaten**, i nemici furono duramente sconfitti ***3*** grandemente; molto; assai: **I was b. disappointed**, rimasi molto deluso ***4*** gravemente; seriamente: **He was b. hurt**, era ferito gravemente. ● **to be b. off**, passarsela male; trovarsi in cattive acque; essere male in arnese; essere giù a quattrini □ **b.-off**, povero (in canna); spiantato; carente: **Our school is b.-off for audio-visual aids**, la nostra scuola è carente di audiovisivi □ **to need st. b.**, avere urgente (*o* assoluta) necessità di q.c.

badman /ˈbædmæn/, *n.* (*pl.* **badmen**) (*USA*) bandito; fuorilegge.

badminton /ˈbædmɪntən/, *n.* badminton; gioco del volano.

to **bad-mouth** /ˈbædmaʊθ/, *v. t.* (*fam. USA*) sparlare di (q.).

badness /ˈbædnəs/, *n.* ***1*** cattiveria ***2*** cattiva qualità ***3*** stato di cattiva conservazione ***4*** bruttezza; scorrettezza ***5*** dannosità; nocività ***6*** inclemenza, cattive condizioni (*del tempo, ecc.*).

baffle /ˈbæfl/, *n.* ***1*** (*mecc.*) schermo; deflettore; diaframma ***2*** (*ind. costr.*) pannello acustico ***3*** (*radio*) schermo a diaframma; «baffle». ● **b. board**, tavola di protezione; (*naut.*) paraspruzzi □ **b. plate**, placca di diaframma □ (*edil.*) **b. wall**, parete insonorizzata.

to **baffle** /ˈbæfl/, *v. t.* ***1*** lasciare perplesso; confondere; sconcertare ***2*** render vano; frustrare; impedire ***3*** deviare. ● **a baffling face**, una faccia impenetrabile □ (*meteor.*) **baffling winds**, venti variabili; venti incostanti.

bafflement /ˈbæflmənt/, *n.* confusione; perplessità; sconcerto.

bag /bæg/, *n.* ***1*** borsa; borsetta: **My bag was snatched by a youngster**, la borsa mi fu strappata (*o* fui scippato) da un giovinastro ***2*** sacco; sacchetto: **bags of money**, sacchi di soldi; **a bag of toffees**, un sacchetto di caramelle ***3*** carniere; selvaggina uccisa (*in una battuta o giornata di caccia*): **The hunter got a good bag**, il cacciatore tornò con un buon carniere ***4*** (*USA*) borsellino (*cfr. ingl.* **purse**) ***5*** mammella (*di animale*) ***6*** (*anat.*) sacco; vescica ***7*** (*pl.*) (*pop.*) brache; pantaloni ***8*** (*pop., spreg.*) sciattona; vecchiaccia; strega (*fig.*) ***9*** (*pop., spreg. USA*) puttana ***10*** (*USA*) valigia ***11*** (*pop. USA*) interesse principale; attività preferita: **Rock music is his bag**, la musica rock è il suo interesse principale ***12*** (*pop. USA*) guaio; pasticcio ***13*** (*pop. USA*) bustina, dose (*di droga*) ***14*** (*pop. USA*) ambiente (familiare); luogo d'origine ***15*** (*pl.*) (*fam.*) borse (*sotto gli occhi*). ● (*fig.*) **bag and baggage**, armi e bagagli □ (*specialm. USA*) **bag lady**, barbona □ **bags of**, un sacco (*o* mucchio) di (*cose*) □ **to be a bag of bones**, essere un sacco d'ossa; essere pelle e ossa □ **bag snatcher**, scippatore □ **bag snatching**, scippo □ (*stor.*) **bag-wig**, parrucca del sec. XVIII (*coi capelli raccolti dietro in una reticella*) □ (*pop.*) **to be in one's stupid bag**, essere via con la testa □ (*fig.*) **in the bottom of the bag**, come ultima risorsa □ (*fam.*) **to be left holding the bag**, essere lasciato nei guai □ (*fig.*) **to let the cat out of the bag**, rivelare un segreto (*specialm. senza volerlo*) □ **paper bag**, sacchetto di carta □ (*naut.*) **sea bag**, zaino da marinaio □ **shoulder bag**, borsa a tracolla □ **sleeping bag**, sacco a pelo □ **travelling bag**, borsa da viaggio □ **vanity bag**, borsetta per il trucco; beauty-case □ (*fig., pop.*) **It's in the bag**, è già nel sacco; è cosa fatta; ce l'hai in tasca (*la nomina, ecc.*) □ **I had my bag snatched last night**, sono stato scippato ieri sera □ (*infant.*) **Bags I!**, io!; solo io!; a me!: **Bags I the biggest slice!**, a me la fetta più grossa!; **Bags I sleep in mummy's bed!**, solo io a dormire nel letto della mamma!

to **bag** (**1**) /bæg/, **A** *v. t.* ***1*** mettere in una borsa (*o* in un sacco); insaccare ***2*** (*di cacciatori*) prendere; catturare; mettere in carniere; uccidere: **We bagged two partridges only**, prendemmo soltanto due pernici ***3*** (*aeron., mil.*) abbattere (*aerei nemici*) ***4*** (*fam.*) prendere; intascare; mettersi in tasca (*fam.*): **Who has bagged my lighter?**, chi s'è messo in tasca il mio accendino? ***5*** (*fam.*) prendere; beccarsi: **He's bagged the best seat in the coach**, s'è beccato il posto migliore nel pullman ***6*** (*naut.*) gonfiare (*le vele, ecc.*) ***7*** (*pop. USA*) arrestare ***8*** (*pop. USA*) derubare; rapinare. **B** *v. i.* ***1*** gonfiarsi ***2*** (*di indumenti*) fare le borse; essere cascante: **That dress bags about her**, quel vestito le casca da tutte le parti ***3*** (*naut.*) (*di una vela*) fare sacco.

to **bag** (**2**) /bæg/, *v. t.* (*dial.*) mietere; falciare.

bagasse /bəˈgæs/, *n.* (*ind. dello zucchero*) bagassa.

bagatelle /bægəˈtɛl/ (*franc.*), *n.* ***1*** bagattella; inezia ***2*** biliardino ***3*** (*mus.*) bagattella.

bagful /ˈbægfʊl/, *n.* ***1*** carniere pieno ***2*** (*fig.*) (un) sacco; (un) mucchio (*di cose*).

baggage /ˈbægɪdʒ/, *n.* ***1*** (*specialm. USA*) bagaglio, bagagli ***2*** bagaglio (*dei soldati*); salmeria ***3*** (*arc.*) bagascia; prostituta ***4*** (*scherz.*) ragazzetta; ragazzotta sfrontata ***5*** (*spreg.*) vecchiaccia. ● **b. animals**, animali da soma (*o* da tiro) □ (*ferr., USA*) **b. car**, bagagliaio □ (*USA*) **b. check**, scontrino del bagaglio □ (*USA*) **b. identification tag**, cartellino del bagaglio □ (*ferr., USA*) **b. master**, addetto al servizio merci □ (*ferr., USA*) **b. rack**, portabagagli (*a rastrelliera*) □ (*ferr., USA*) **b. room**, deposito bagagli a mano □ (*mil.*) **b. train**, salmerie.

baggies /ˈbægɪz/, *n. pl.* calzoncini a mezza gamba (*da bagno, da pugile, ecc.*).

bagginess /ˈbægɪnəs/, *n.* gonfiezza; l'essere rigonfio (*o* cascante).

bagging /ˈbægɪŋ/, *n.* tela da sacchi.

baggy /ˈbægɪ/, *a.* ***1*** gonfio; rigonfio ***2*** cadente, cascante; che fa le borse: **b. cheeks**, guance cascanti; **b. trousers**, calzoni con le borse.

bagman /ˈbægmən/, *n.* (*pl.* **bagmen**) ***1*** (*fam.*) commesso viaggiatore ***2*** (*pop. USA*) esattore (*di malavitosi*) ***3*** (*fam. Can.*) tesoriere; chi raccoglie fondi (*per un partito*) ***4*** (*pop. USA*) spacciatore di droga.

bagpipe /ˈbægpaɪp/, *a. attr.* di cornamuse: **b. music**, musica di cornamuse; **b. maker**, fabbricante di cornamuse.

bagpiper /ˈbægpaɪpə(r)/, *n.* cornamusaro; zampognaro; suonatore di cornamusa.

bagpipes /ˈbægpaɪps/, *n.* cornamusa; zampogna: **to play the b.**, suonare la cornamusa.

to **bag-snatch** /ˈbægˈsnætʃ/, *v. t.* scippare.

bah /bɑː, bʌx, bʌh/, *inter.* (*per indicare disprezzo, disgusto*) bah!; ohibò!

Bahaism /bəˈhɑːɪzəm/, *n.* (*relig.*) bahaismo.

Bahaist /bəˈhɑːɪst/, *n.* (*relig.*) bahaista.

Bahamas (**the**) /bəˈhɑːməz/, *n.* (*geogr.*) le (isole) Bahama.

baignoire /ˈbeɪnwɑː(r), -wɔː(r), *USA* beɪnˈwɑː(r)/ (*franc.*), *n.* (*teatr.*) barcaccia.

bail (**1**) /beɪl/, *n.* ***1*** (*leg.*) cauzione (*pagata per ottenere la libertà provvisoria*) ***2*** (*in talune locuz.*) chi paga la cauzione (*per q.*); garante ***3*** (*comm., leg.*) garanzia. ● (*leg.*) **b. bond**, cauzione (*il documento*) □ **to forfeit** (*fam.*: **to jump**) **one's b.**, non comparire in giudizio dopo aver ottenuto la libertà provvisoria su cauzione □ (*scherz.*) **to give leg b.**, darsela a gambe □ **to go b. for sb.**, pagare la cauzione per q.; rendersi garante di q. (*perché sia liberato*) □ (*leg.*: *del giudice*) **to grant** [**to refuse**] **b.**, concedere [rifiutare] la libertà provvisoria dietro cauzione □ **to be out on b.**, essere in libertà provvisoria (*dietro cauzione*); essere a piede libero □ **to save one's b.**, presentarsi al processo (*dopo aver goduto della libertà provvisoria*) □ **to stand b. for sb.**, *V.* **to go b. for sb.** □ **release on b.**, rilascio dietro cauzione.

bail (**2**) /beɪl/, *n.* (*naut.*) bugliolo; gottazza.

bail (**3**) /beɪl/, *n.* ***1*** (*stor.*) palizzata; bastione; cortile esterno di un castello ***2*** tramezzo di stalla ***3*** (*cricket*) traversina (*di ogni picchetto della porta*).

bail (**4**) /beɪl/, *n.* ***1*** semicerchio di sostegno (*per es.: di telone di carro*) ***2*** manico semicircolare (*di secchio, bricco, ecc.*).

to **bail** (**1**) /beɪl/, *v. t.* ***1*** (*comm., leg.*) consegnare (*merci*) in deposito (*a garanzia di un adempimento*) ***2*** (*leg.*) ottenere la libertà provvisoria di (*q., dietro pagamento di cauzione*). ● **to b. sb. out**, procurare la libertà provvisoria a q., ottenere la scarcerazione di q. (*dietro pagamento di cauzione*).

to **bail** (**2**) /beɪl/, (*anche* **to b. out**) *v. t.* (*naut.*) ***1*** gettare in mare (*acqua*) da un'imbarcazione ***2*** aggottare, sgottare (*una barca piena d'acqua*). ● **to b. out**, (*aeron.*) gettarsi col paracadute; (*fam.*) svignarsela; (*fam.*) aiutare, tirare (q.) fuori dai guai; soccorrere (*specialm. finanziariamente*); salvare (*un'azienda, ecc.*).

bailable /ˈbeɪləbl/, *a.* (*leg.*) (*di un reato*) che consente la concessione della libertà provvisoria dietro cauzione.

bailee /beɪˈliː/, *n.* (*leg.*) detentore di beni mobili (*equivale, di caso in caso, agli ital.*: depositario – *di merci a garanzia* –; comodatario; locatario; creditore pignoratizio; ecc.). ● (*leg.*) **b. for hire**, depositario a titolo oneroso □ (*leg.*) **b.'s lien**, diritto di ritenzione del depositario.

bailer (**1**) /ˈbeɪlə(r)/, *V.* **bailor**.

bailer (**2**) /ˈbeɪlə(r)/, *n.* (*cricket*) palla che colpisce la traversina.

bailer (**3**) /ˈbeɪlə(r)/, *n.* (*naut.*) bugliolo; gottazza; sessola.

bailey /ˈbeɪlɪ/, *n.* mura esterne; bastione (*o* corte intermedia) di un castello. ● (*leg.*) **the Old B.**, il tribunale penale di Londra.

bailiff /ˈbeɪlɪf/, *n.* ***1*** (*stor.*) balivo; magistrato inquirente; funzionario rappresentante del re: **the B. of Dover Castle**, il balivo del castello di Dover ***2*** aiuto sceriffo ***3*** fattore (*di una grande tenuta*) ***4*** (*leg.*) ufficiale giudiziario (*in Inghil., può anche eseguire arresti*).

bailing /ˈbeɪlɪŋ/, *n.* (*naut.*) aggottamento, sgottamento (*di una barca piena d'acqua*).

bailiwick /ˈbeɪlɪwɪk/, *n.* ***1*** distretto, giurisdizione, ufficio di balivo, *ecc.* (*V.* **bailiff**) ***2*** (*fig.*) campo d'attività; sfera d'azione; competenza.

bailment /ˈbeɪlmənt/, *n.* (*leg.*) detenzione di beni mobili (*equivale agli ital.*: deposito – *di merci a garanzia* –; comodato; locazione; pegno di merci; ecc.). ● (*leg.*) **b. lease**, locazione con opzione di acquisto □ (*leg.*) **b. of goods**, pegno di merci.

bailor /ˈbeɪlə(r)/, *n.* (*leg.*) chi consegna beni mobili (*equivale agli ital.*: depositante – *di merci a garanzia* –; comodante; concedente; debitore pignoratizio; ecc.).

bailout /ˈbeɪlaʊt/, *n.* ***1*** (*aeron.*) il gettarsi col paracadute; lancio d'emergenza ***2*** (*fig.*) (operazione di) salvataggio (*specialm. di un'azienda, con aiuti finanziari*).

bailsman /ˈbeɪlzmən/, *n.* (*pl.* **bailsmen**) (*leg.*) garante, mallevadore (*chi offre o paga la cauzione per q.*).

bain-marie /bænməˈriː/ (*franc.*), *n.* (*pl.* **bains-marie**) (*cucina*) bagnomaria.

bairn /bɛən/, *n.* (*scozz., lett.*) bambino; figlio.

bait /beɪt/, *n.* ***1*** esca: **live b.**, pesciolini usati come esca ***2*** (*fig.*) esca; lusinga; allettamento ***3*** (*arc.*) sosta per ristorarsi (*durante un viag-*

gio) ***4*** (*un tempo*) posta (*dei cavalli*). ● (*comm.*) **b.-and-switch advertising**, pubblicità ingannevole (*fatta a un prodotto conveniente, ma che induce a comprarne altri più costosi*) □ **b.-and-switch product**, articolo civetta □ (*dei pesci* e *fig.*) **to rise to** (*o* **to take**) **the b.**, abboccare.

to **bait** /beɪt/, **A** *v. t.* ***1*** (*un tempo*) tormentare (*animali incatenati*) aizzando cani contro di essi ***2*** (*fig.*) tormentare; esasperare ***3*** fornire di esca (*un amo, una trappola*) ***4*** (*fig.*) lusingare; allettare ***5*** (*arc.*) dar da mangiare a (*cavalli, durante una sosta del viaggio*). **B** *v. i.* (*arc.*) fermarsi in una locanda per ristorarsi.

baiting /ˈbeɪtɪŋ/, *n.* ***1*** (*un tempo*) l'aizzar cani contro belve all catena (*o* bestiole innocue; *V. sotto* **badger**) ***2*** (*fig.*) scherno; irrisione. ● (*un tempo*) **bear-b.**, combattimento di cani contro un orso alla catena.

baize /beɪz/, *n.* (*ind.*) panno grezzo e spesso (*usato per ricoprire tavoli, biliardi, ecc.*). ● **green b.**, tappeto verde (*di bisca, ecc.*).

bake /beɪk/, *n.* cottura (al forno). ● (*autom.*) **b. oven**, forno (*di autocarrozzeria*).

to **bake** /beɪk/, **A** *v. t.* ***1*** cuocere (*soprattutto al forno*) ***2*** esporre al calore del sole ***3*** (*detto del sole*) cuocere; disseccare; indurire ***4*** (*metall.*) cuocere ***5*** (*pop. USA*) giustiziare sulla sedia elettrica. **B** *v. i.* ***1*** cuocersi (*soprattutto al forno*) ***2*** cuocersi; disseccarsi; indurirsi. ● (*fam.*) **to be baking**, morire dal caldo.

baked /beɪkt/, *a.* cotto (*al forno, ecc.*): **b. on stone**, cotto sulla pietra. ● **b. beans**, fagioli in scatola, con salsa di pomodoro □ **half-baked**, crudo; (*fig., fam.*) stupido, sciocco; mal concepito.

bakehouse /ˈbeɪkhaʊs/, *n.* (*arc.*) forno; panificio.

Bakelite /ˈbeɪkəlaɪt/, *n.* (*marchio*) bachelite.

baker /ˈbeɪkə(r)/, *n.* ***1*** fornaio; panettiere ***2*** (*pesca*) mosca artificiale. ● **a b.'s dozen**, tredici (*dall'usanza di dare un panino di giunta*) □ **b.-leg**, ginocchio valgo □ **b.'s** (**shop**), forno; panetteria, panificio.

bakery /ˈbeɪkərɪ/, *n.* ***1*** panetteria; panificio; forno ***2*** (*comm.*) pane e dolci (*torte e sim.*).

baking /ˈbeɪkɪŋ/, *n.* ***1*** cottura (*al forno o al sole*) ***2*** infornata (*di pane*) ***3*** (*tecn.*) cotta (*di mattoni*). ● **b.-hot**, torrido □ **b. pan**, stampo per dolci; tortiera □ **b. powder**, lievito (artificiale) in polvere □ **b. soda**, bicarbonato (di sodio) □ **b. tin**, teglia.

baksheesh /ˈbækʃiːʃ, bækˈʃiːʃ/ (*persiano*), *n.* (*invar. al pl.*) mancia; elemosina; (*fig.*) bustarella.

Balaam /ˈbeɪləm, -æm/, *n.* ***1*** (*Bibbia*) Balaam ***2*** (*fig.*) cattivo profeta ***3*** (*collett.*) (*pop.*) articoli di giornale di scarso valore; ciarpame giornalistico.

Balaclava helmet /bæləˈklɑːvəhelmɪt, *USA* -ˈklæ-/, *locuz. n.* passamontagna (*in origine, usato nella guerra di Crimea*).

balalaika /bæləˈlaɪkə/, *n.* (*mus.*) balalaica.

balance /ˈbæləns/, *n.* ***1*** bilancia (*a piatti o a molla*): (*fig.*) **to throw st. into the b.**, gettare q.c. sulla bilancia ***2*** equilibrio, bilico (*anche fig.*): **lack of b.**, mancanza d'equilibrio; **The acrobat kept his b. on the tightrope**, l'acrobata stava in bilico (*o* in equilibrio) sulla corda ***3*** (= **b. wheel**) bilanciere: **b. spring**, molla del bilanciere (*di un orologio*) ***4*** (= **b. weight**) contrappeso (*anche fig.*): **France had ceased to be a b. to Germany**, la Francia non era più di contrappeso alla Germania ***5*** (*econ., fin.*) bilancia ***6*** (*fin., rag.*; = **final b.**) bilancio (consuntivo) ***7*** (*fin., rag.*) conguaglio; pareggio ***8*** (*fin., rag.*) differenza a saldo; saldo (*attivo o passivo*): **credit b.**, saldo a credito; **debt b.**, saldo a debito; **The b. is to paid within 15 days**, il saldo deve essere pagato entro 15 giorni; **Your account shows a b. of 500 pounds**, il vostro conto presenta un saldo di 500 sterline; (*banca*) **minimum b.**, saldo attivo minimo ***9*** (*org. az.*) rimanenza, residuo (*di merce da consegnare*) ***10*** (*fam.*) resto, rimanenza (*in genere*); ciò che resta ***11*** (*acustica*) bilanciamento (*di uno stereo*) ***12*** (*aeron.*) stabilità di assetto ***13*** (*astron., astrol.*) **the B.**, la Bilancia (*costellazione e VII segno dello zodiaco*). ● **b. at** (*o* **in**) **the bank**, saldo in banca □ **b. beam**, braccio della bilancia □ (*rag.*) **b. book**, libro dei saldi; libro dei bilanci di verifica □ (*rag.*) **b.** (**carried forward**) **to next account**, saldo a nuovo □ (*rag.*) **b. due**, saldo debitore □ (*rag.*) **b. in** (*o* **on**) **hand**, saldo di cassa □ (*rag.*) **the b. of an account**, il saldo di un conto □ (*fin.*) **b. of indebtedness**, bilancia dei conti; bilancio economico □ (*demogr.*) **b. of migration**, saldo migratorio □ (*fin.*) **the b. of payments**, la bilancia dei pagamenti; i conti con l'estero □ (*fin.*) **b.** (**of payments**) **on current account**, bilancia internazionale dei trasferimenti monetari; saldo delle partite correnti □ **b. of power**, equilibrio delle forze (*politiche*) □ (*fin.*) **b. of trade**, bilancia commerciale; saldo degli scambi con l'estero □ (*rag.*) **b. sheet**, bilancio patrimoniale, stato patrimoniale (*prospetto del dare e dell'avere*) □ **b.-sheet items**, capitoli di bilancio □ **b. weight**, contrappeso □ **to hang in the b.**, (*fig.*) essere in bilico; essere incerto (*o* sospeso a un filo): **My future** [**my appointment**] **hangs in the b.**, il mio futuro è incerto [la mia nomina è sospesa a un filo] □ (*fig.*) **to hold the b.**, avere il potere di decidere; essere l'ago della bilancia; essere arbitro d'una situazione □ **to keep one's b.**, stare in equilibrio (*o* in bilico); (*fig.*) mantenere la calma, rimanere padrone di sé, dominarsi □ **to lose one's b.**, perdere l'equilibrio; (*fig.*) perdere la calma □ (*fig.*) **to be off one's b.**, essere agitato; essere fuori di sé □ **on b.**, tutto considerato; a conti fatti: **On b., I got off cheaply**, a conti fatti me la sono cavata con poco □ (*autom., mecc.*) **out of b.**, sbilanciato □ **to strike a b.**, fare un bilancio; (*fig.*) considerare il pro e il contro □ **to be thrown off one's b.**, perdere l'equilibrio; (*fig.*) trovarsi sbilanciato □ **to turn the b.**, dare il tracollo alla bilancia □ (*fig.*) **to weigh st. in the b.**, soppesare q.c.

to **balance** /ˈbæləns/, **A** *v. t.* ***1*** bilanciare; tenere in equilibrio (*o* in bilico): **Can you b. this umbrella on the tip of your forefinger?**, sai tenere quest'ombrello in equilibrio sulla punta dell'indice? ***2*** (*fig.*) bilanciare; soppesare, ponderare, valutare (*a confronto*): **to b. advantages and disadvantages**, bilanciare i vantaggi e gli svantaggi; **You must b. the expenditure against expected profits**, devi valutare la spesa a confronto degli utili sperati ***3*** (*anche tecn.*) bilanciare; equilibrare: **to b. the scales**, equilibrare i piatti della bilancia ***4*** (*fig.*) bilanciare; compensare; trovare una compensazione in: **His enormous expenses are balanced by his large income**, le sue enormi spese sono bilanciate dalle sue grosse entrate ***5*** (*fin., rag.*) bilanciare; conguagliare; chiudere in pareggio, pareggiare; far quadrare (*due partite contabili*): **to b. accounts**, pareggiare i conti; conguagliare le partite; **Send a cheque to b. your account**, manda un assegno per pareggiare il tuo conto!; **to b. the budget**, pareggiare il bilancio pubblico. **B** *v. i.* ***1*** bilanciarsi; essere (*o* stare) in equilibrio; mantenere l'equilibrio ***2*** (*fig.*) bilanciarsi; compensarsi ***3*** (*fin., rag.*) essere (*o* chiudere) in pareggio: **Profits and losses b.**, gli utili e le perdite sono in pareggio; **Let's hope the Italian budget will b. next year**, speriamo che il bilancio dello stato italiano chiuda in pareggio l'anno prossimo ***4*** (*rag.*: *di conti*) quadrare. ● (*fin.* e *fig.*) **to b. each other**, bilanciarsi; compensarsi □ **to b. out**, (*fin.*) bilanciarsi, essere in pareggio; (*rag.*: *di conti*) quadrare.

balanced /ˈbælənst/, *a.* ***1*** (*anche fig.*) equilibrato; in equilibrio ***2*** (*fin., rag.*) (chiuso) in pareggio; pareggiato ***3*** (*scient., tecn.*) bilanciato ***4*** (*aeron., naut.*) compensato. ● (*rag.*) **b. budget**, bilancio pareggiato (*o* azzerato) □ **a b. diet**, una dieta equilibrata □ (*econ.*) **b. growth**, sviluppo equilibrato □ (*fin.*) **b. investment trust**, fondo d'investimento bilanciato □ (*naut.*) **b. rudder**, timone compensato.

balancer /ˈbælənsə(r)/, *n.* ***1*** chi mantiene l'equilibrio ***2*** acrobata; equilibrista ***3*** (*zool.*) bilanciere (*di insetti*) ***4*** (*mecc.*) bilanciatrice (*macchina*) ***5*** (*elettron.*) bilanciatore.

balancing /ˈbælənsɪŋ/, *n.* ***1*** (*mecc.*) bilanciamento; equilibratura ***2*** (*fin., rag.*) chiusura in pareggio ***3*** (*scient., tecn.*) bilanciamento ***4*** (*aeron., naut.*) compensazione. ● **b. date**, (*rag.*) data di chiusura dei conti; (*banca*) epoca □ (*rag.*) **b. entry**, scrittura rettificativa.

balas /ˈbæləs/, *n.* (*miner.*, = **b. ruby**) balascio.

balboa /bælˈbəʊə/, *n.* balboa (*moneta di Panama*).

balconied /ˈbælkənɪd/, *a.* fornito di balconi.

balcony /ˈbælkənɪ/, *n.* ***1*** balcone; loggia; terrazzino ***2*** (*teatr.*) prima galleria; balconata.

bald /bɔːld/, *a.* ***1*** calvo; pelato (*fam.*): (*fig.*) **as b. as a coot**, pelato come un uovo (*o* un ginocchio) ***2*** (*di monte*) nudo; (*di albero*) spoglio; (*di uccello*) implume; (*di animali, specialm. di cavalli*) con una macchia bianca sulla fronte ***3*** (*di stile*) nudo; disadorno; essenziale ***4*** (*fig.*) arido; disadorno; scialbo: **a b. statement**, un'esposizione arida ***5*** (*fig.*) schietto; esplicito; immediato: **a b. question**, una domanda esplicita ***6*** (*autom.*: *di un pneumatico*) liscio. ● **b. eagle** (*Heliaeetus leucocephalus*), aquila di mare dalla testa bianca; «aquila calva» (*simbolo degli U.S.A.*) □ **b.-headed**, calvo □ (*fig. fam.*) **to go b.-headed at st.**, gettarsi a capofitto in q.c. (*fig.*); rischiare il tutto per tutto.

baldachin, **baldaquin** /ˈbɔːldəkɪn/, *n.* baldacchino.

bald-coot /ˈbɔːldkuːt/, *n.* ***1*** (*zool., Fulica atra*) folaga ***2*** (*fig.*) persona calva; pelato, zucca pelata (*fam.*).

balderdash /ˈbɔːldədæʃ/, *n.* ***1*** sciocchezze; stupidaggini; ciance ***2*** sconcezze; parole oscene ***3*** (*arc.*) miscuglio.

baldhead /ˈbɔːldhed/, *n.* ***1*** persona calva; testa pelata (*fam.*) ***2*** animale con una macchia bianca sulla fronte.

balding /ˈbɔːldɪŋ/, *a.* che perde i capelli; che diventa calvo.

baldly /ˈbɔːldlɪ/, *avv.* ***1*** aridamente; poveramente ***2*** schiettamente; esplicitamente; senza riguardi. ● **to put it b.**, per dirla in parole povere □ **to speak b.**, non aver peli sulla lingua.

baldmoney /ˈbɔːldmʌnɪ/, *n.* (*bot.*) ***1*** (*Gentiana*) genziana ***2*** (*Meum athamanticum*) finocchiella; finocchio alpino.

baldness /ˈbɔːldnəs/, *n.* ***1*** calvizie ***2*** (*fig.*) nudità ***3*** (*fig.*) semplicità; schiettezza; immediatezza.

baldpate /ˈbɔːldpeɪt/, *n.* ***1*** persona calva; zucca pelata (*fam.*) ***2*** (*zool., Anas americana*) fischione americano; anatra americana.

baldpated /ˈbɔːldpeɪtɪd/, *a.* calvo; pelato.

baldric /ˈbɔːldrɪk/, *n.* bandoliera; balteo, budriere (*stor.*).

bale (**1**) /beɪl/, *n.* (*comm.*) balla (*di merce*).

bale (**2**) /beɪl/, *n.* (*arc., poet.*) ***1*** male; disastro ***2*** dolore; pena.

to **bale** (**1**) /beɪl/, *v. t.* imballare; mettere in balle.

to **bale** (**2**) /beɪl/, *V.* **to bail** (**2**).

Bâle /bɑːl/, *n.* (*geogr.*) Basilea.

baleen /bəˈliːn/, *n.* fanone; osso di balena (*pop.*).

balefire /ˈbeɪlfaɪə(r)/, *n.* ***1*** (*arc.*) falò ***2*** rogo funebre; pira (*lett.*).

baleful /ˈbeɪlfl/, *a.* (*lett.*) funesto; malefico; nocivo; minaccioso.

baler /ˈbeɪlə(r)/, *n.* ***1*** imballatore ***2*** imballatrice (*macchina*) ***3*** (*agric.*) pressaforaggio; pressafieno; pressa per balle.

balk /bɔːk, bɔːlk/, *n.* ***1*** porca; lista di terra rilevata tra i solchi ***2*** ostacolo; impedimento; intralcio ***3*** (*archit.*) catena (*di un edificio*) ***4*** (*edil.*) trave di legno ***5*** (*biliardo*) punto (*o* linea) d'acchito ***6*** (*sport*: *baseball*) fallo (del lanciatore).

to **balk** /bɔːk, bɔːlk/, **A** *v. t.* **1** evitare (*un argomento*); trascurare (*un dovere*); rinunciare a, lasciarsi sfuggire (*un'occasione, un turno*) **2** ostacolare; intralciare; impedire: **I was balked in my plans**, fui ostacolato nei miei progetti. **B** *v. i.* **1** (*specialm. di cavalli*) recalcitrare; rifiutare di andare avanti o di saltare; impuntarsi **2** esitare; titubare; tirarsi indietro.

Balkan /ˈbɔːlkən/, *a.* balcanico.

Balkanization /bɔːlkənaɪˈzeɪʃn, *USA* -nɪˈz-/, *n.* (*polit.*) balcanizzazione.

to **Balkanize** /ˈbɔːlkənaɪz/, *v. t.* (*polit.*) balcanizzare.

Balkans (**the**) /ˈbɔːlkənz/, *n.* (*geogr.*) i Balcani.

balky /ˈbɔːlkɪ/, *a.* (*specialm. di un cavallo*) recalcitrante.

ball (**1**) /bɔːl/, *n.* **1** palla; pallone; pallina: **table-tennis b.**, pallina da ping-pong; **soccer b.**, pallone da football; (*sport*) **a high b.**, una palla alta **2** globo (*della Terra, dell'occhio*) **3** sfera (*di corpi celesti, di penna*) **4** gomitolo: **a b. of string [of wool]**, un gomitolo di spago [di lana] **5** proiettile, palla: **to load with b.**, caricare (*un'arma*) a palla **6** (*pl.*) (*volg.*) coglioni; palle **7** (*pl.*) (*volg.*) balle (*pop.*); fandonie **8** (*sport*) lancio: **a foul b.**, un lancio non valido **9** (*fam. USA*) (*sport*) baseball: **b. park**, campo di baseball. • **b. and chain**, palla e catena (*al piede dei forzati*); (*fig.*) palla al piede; (*scherz.*) moglie □ (*mecc.*) **b.-and--socket joint**, giunto sferico □ (*mecc.*) **b. bearing**, cuscinetto a sfere □ (*sport*) **b. boy**, raccattapalle (*ragazzo*) □ **b. cock** (*o* **b. tap**), galleggiante (*a palla*; *nei serbatoi d'acqua*) □ (*archit.*) **b.-flower**, palla ornamentale, retta dai petali di un fiore □ **b. game**, gioco praticato con una palla (un pallone, ecc.); (*USA*) partita di baseball; (*fam. USA*) paio di maniche: **It's a whole new b. game**, è un altro paio di maniche □ (*sport*) **b. girl**, raccattapalle (*ragazza*) □ (*anat.*) **b. of the eye**, globo oculare □ **b. of fire**, palla di fuoco; (*fam. USA*) individuo superefficiente □ (*anat.*) **b. of the foot**, avampiede □ (*volg. USA*) **b. of shit**, pezzo di merda (*fig.*) □ (*volg.*) **a b. of shit**, uno stronzo (*anche fig.*) □ (*anat.*) **b. of the thumb**, polpastrello del pollice □ **b. pen** (*o* **b.-point pen**), penna a sfera □ (*pop.*) **ball(s)-up**, pasticcio; casino (*pop.*) □ **bowling b.**, boccia da bowling □ (*pop. USA*) **to get on the b.**, darsi da fare; darci sotto □ (*fig.*) **to have the b. at one's feet**, avere la strada del successo aperta □ (*fig.*) **to keep the b. rolling**, tenere viva la conversazione; mandare avanti un'attività (*pop.*: la baracca) □ (*fam.*) **to be on the b.**, essere in gamba; essere attivo; essere aggiornato, informatissimo □ **to play b.**, giocare a palla, al pallone; (*sport*) dare inizio al gioco; (*fig.*) collaborare, dare una mano □ (*volg. USA*) **plenty of balls**, forza; energia; vivacità; sprint □ **to start** (*o* **to set**) **the b. rolling**, mettere in moto (*o* in gioco) la palla; (*fig.*) iniziare una conversazione; cominciare un'attività; essere il promotore di un movimento □ **three balls**, tre palle (*insegna del monte dei pegni*) □ **The b. is with you** (*o* **is in your court**), tocca a te; è il tuo turno □ (*pop.*) **He's got balls**, è uno con le palle (*volg.*); ha molto coraggio; ha fegato da vendere (*fig.*).

ball (**2**) /bɔːl/, *n.* **1** danza; ballo: **to open the b.**, aprire le danze; (*fig.*) dare inizio a un'attività **2** (*pop. USA*) baldoria; festa sfrenata **3** (*volg. USA*) pomiciata; rapporto sessuale; scopata (*volg.*). • **fancy-dress b.**, ballo in costume □ (*fig. pop.*) **to have a b.**, divertirsi un mondo; spassarsela □ **masked b.**, ballo in maschera.

to **ball** /bɔːl/, **A** *v. t.* **1** appallottolare **2** aggomitolare. **B** *v. i.* (*spesso* **to b. up**) appallottolarsi; raggomitolarsi. • (*pop. USA*) **to b. the jack**, andare a tutta birra □ (*pop.*) **to b. up**, rovinare; pasticciare; incasinare (*pop.*).

ballad /ˈbæləd/, *n.* **1** ballata (*componimento poetico popolare o popolareggiante*) **2** (*mus.*) ballata; canzonetta sentimentale **3** (*mus.*) canzone pop. • (*un tempo*) **b.-monger**, venditore ambulante di ballate.

ballade /bæˈlɑːd, bə-/ (*franc.*), *n.* **1** (*stor. lett.*) ballata (*componimento poetico, in origine musicato in accompagnamento a danze*) **2** (*mus.*) ballata.

balladeer /bæləˈdɪə(r)/, *n.* cantore di ballate.

balladry /ˈbælədrɪ/, *n.* **1** (*collett.*) ballate: **Scottish b.**, le ballate scozzesi **2** arte di comporre ballate.

ballast /ˈbæləst/, *n.* **1** (*aeron., naut.*) zavorra: **in b.**, in zavorra; senza carico **2** (*ferr., ind. costr.*) massicciata; ballast **3** (*tecn.*) zavorra; ballast **4** (*elettr.*) regolatore di corrente; reattore **5** (*fig.*) equilibrio; fermezza. • (*elettr., autom.*) **b. resistor**, resistore autoregolatore □ (*naut.*) **b. tank**, cassa di zavorra; (*di sottomarino*) cassa d'assetto.

to **ballast** /ˈbæləst/, *v. t.* **1** zavorrare **2** (*fig.*) render fermo, solido; equilibrare; stabilizzare **3** massicciare (*una strada, ecc.*).

ballasting /ˈbæləstɪŋ/, *n.* zavorramento; zavorratura.

ballbreaker /ˈbɔːlbreɪkə(r)/, *n.* (*volg.*) rompipalle, rompiballe (*volg.*); rompiscatole (*pop.*).

ballerina /bæləˈriːnə/ (*ital.*), *n.* ballerina.

ballet /ˈbæleɪ, *USA* bæˈleɪ/ (*franc.*), *n.* balletto (*classico*: *spettacolo e corpo di ballo*). • **b. dancer**, ballerino, ballerina □ **b. girl**, ballerina □ **b. master** (**mistress**), maestro (maestra) di danza; coreografo (coreografa) □ **b. shoe**, scarpetta da ballo □ **b. skirt**, tutù.

balletwear /ˈbæleɪwɛə(r), *USA* bæˈleɪ-/, *n. collett.* indumenti e scarpette da ballo.

ballgown /ˈbɔːlgaʊn/, *n.* (*moda*) abito da ballo (*lungo*: *per donna*).

ballista /bəˈlɪstə/, *n.* (*pl.* **ballistae, ballistas**) (*stor.*) balista; balestra.

ballistic /bəˈlɪstɪk/, *a.* (*mil.*) balistico: **b. missile**, missile balistico.

ballistics /bəˈlɪstɪks/, *n. pl.* (*col verbo al sing.*) balistica.

ballistite /ˈbælɪstaɪt/, *n.* (*chim.*) balistite.

ballocks /ˈbɒləks, *USA* ˈbɔː-/, (*volg. ingl.*) *V.* **bollocks**.

balloon /bəˈluːn/, *n.* **1** pallone (*aerostatico*); mongolfiera; aerostato: **captive b.**, pallone frenato **2** palloncino (*giocattolo*) **3** (*fam.*) fumetto (*nei giornalini*); nuvoletta **4** (*chim.*) pallone (di vetro: *da distillazione*) **5** (*med.*) palloncino (*per insufflazione*) **6** (*pop. USA*) preservativo. • (*mil.*) **b. barrage**, sbarramento di palloni frenati □ (*aeron.*) **b. basket** (*o* **b. car**), navicella □ (*meteor.*) **b. drag**, pallone frenante □ **b. man** (*o* **b. seller**), pallonaio; venditore di palloncini □ **b. sleeve**, manica a sbuffo □ (*autom.*) **b. tyre**, grosso pneumatico a bassa pressione □ **sounding b.**, pallone sonda □ (*fig.*) **Then the b. went up**, allora successe il finimondo (*o* scoppiò la bomba).

to **balloon** /bəˈluːn/, **A** *v. t.* **1** gonfiare (*come un pallone*) **2** (*med.*) insufflare (*a scopo diagnostico o terapeutico*). **B** *v. i.* **1** viaggiare in pallone **2** gonfiarsi **3** (*fig.*) aumentare; crescere.

ballooning /bəˈluːnɪŋ/, *n.* **1** (l') andare in pallone (*o* in mongolfiera) **2** (*Borsa, USA*) aumento dei prezzi; spinta al rialzo **3** (*med.*) *V.* **ballottement** **4** (*fam. USA*) incensamento, adulazione; sviolinatura (*fam.*).

balloonist /bəˈluːnɪst/, *n.* **1** aeronauta **2** (*mil.*) aerostiere.

ballot (**1**) /ˈbælət/, *n.* **1** (*un tempo*) palla (*o* pallina) per votazioni **2** (*polit., leg.*) voto (*o* votazione) a scrutinio segreto **3** (*polit.*) *V.* **b. paper** **4** (*polit.*) numero dei voti espressi; esito di una votazione; responso delle urne **5** (*polit.*) lista di candidati **6** (*arc.*) sorteggio. • **b. box**, urna elettorale □ **b. paper**, scheda elettorale (*coi nomi dei candidati e gli indirizzi privati e con quelli dei partiti, ma senza simboli*) □ **by b.**, mediante votazione; con voto segreto □ **to put st. to the b.**, metter q.c. ai voti □ (*polit.*) **second b.**, ballottaggio □ **to take a b.**, passare ai voti; votare.

ballot (**2**) /ˈbælət/ (*franc.*), *n.* (*comm.*) piccola balla.

to **ballot** /ˈbælət/, **A** *v. i.* votare a scrutinio segreto. **B** *v. t.* far votare (q.) a scrutinio segreto. • **to b. for**, votare per; scegliere (q.) a scrutinio segreto; (*anche*) sorteggiare (*candidati idonei a ricoprire un posto, ecc.*) □ **to b. for an issue**, mettere ai voti una questione.

ballotage /ˈbælətɪdʒ/ (*franc.*), *n.* ballottaggio.

ballottement /bəˈlɒtmənt/, *n.* (*med.*) insufflazione (*di cavità naturali*).

ballpark /ˈbɔːlpɑːk/, (*USA*) **A** *n.* **1** campo di baseball **2** (*fam.*) campo; sfera di interesse (*o* di competenza). **B** *a.* approssimativo: **a b. figure**, una cifra approssimativa.

ballplayer /ˈbɔːlpleɪə(r)/, *n.* (*sport*) **1** (*calcio*) palleggiatore; giocatore con un buon controllo della palla **2** (*USA*) giocatore di baseball.

ballroom /ˈbɔːlruːm, -rʊm/, *n.* sala da ballo. • **b. dancing**, ballo da sala.

ballstone /ˈbɔːlstəʊn/, *n.* (*geol.*) **1** concrezione calcarea **2** nodulo.

balls-up /ˈbɔːlzʌp/, *n.* (*volg.*) **1** errore madornale; granchio **2** pasticcio; casino, incasinamento (*pop.*).

to **balls up** /bɔːlzˈʌp/, *v. t.* (*volg.*) guastare; rovinare; pasticciare; incasinare (*pop.*).

ballsy /ˈbɔːlzɪ/, *a.* (*pop. USA*) aggressivo; grintoso; duro (*fig.*).

bally /ˈbælɪ/, (*pop.* o *arc.*) **A** *a.* dannato; maledetto. **B** *avv.* maledettamente.

ballyhoo /bælɪˈhuː, *USA* ˈbælɪhuː/, *n.* (*pl.* **ballyhoos**) (*fam.*) **1** baccano; frastuono **2** pubblicità sensazionale; montatura pubblicitaria; strombazzata **3** sciocchezze; balle (*pop.*).

to **ballyhoo** /bælɪˈhuː, *USA* ˈbælɪhuː/, *v. t.* (*fam.*) strombazzare (*un prodotto*).

to **ballyrag** /ˈbælɪræg/, *V.* **to bullyrag**.

balm /bɑːm, *USA* bɑːm, bɑːlm/, *n.* **1** balsamo (*anche fig.*) **2** sostanza aromatica.

balm-cricket /ˈbɑːmkrɪkɪt, *USA* ˈbɑː-, ˈbɑːl-/, *n.* (*zool.*, *Cicada*) cicala.

balminess /ˈbɑːmɪnəs, *USA* ˈbɑː-, ˈbɑːl-/, *n.* **1** fragranza **2** (*fig.*) gentilezza; mitezza **3** (*pop.*) l'essere svanito (*o* svampito).

balmoral /bælˈmɒrəl, *USA* -ɔːr-/, *n.* **1** (*arc.*) sottoveste **2** (*arc.*) stivaletto con stringhe **3** (*mil.*) berretto scozzese.

Balmoral /bælˈmɒrə/, *n.* (= **B. Castle**) castello di Balmoral (*residenza estiva dei sovrani inglesi in Scozia*).

balmy /ˈbɑːmɪ, *USA* ˈbɑː-, ˈbɑːl-/, *a.* **1** balsamico; fragrante **2** (*fig.*) mite; gentile: **a b. breeze**, una brezza gentile; **a b. climate**, un clima mite **3** (*pop.*) svanito; svampito; suonato (*pop.*).

balneal /ˈbælnɪəl/, *a.* (*raro*) balneare.

balneotherapy /bælnɪəˈθɛrəpɪ/, *n.* (*med.*) balneoterapia.

baloney /bəˈləʊnɪ/, *n.* **1** (*fam.*) fandonie; sciocchezze; balle (*pop.*) **2** (*specialm. USA*) mortadella (*da* **Bologna sausage**).

balsa /ˈbɔːlsə/, *n.* **1** (*bot.*, *Ochroma lagopus*) balsa **2** (= **balsawood**) (legno di) balsa.

balsam /ˈbɔːlsəm/, *n.* **1** (*anche fig.*) balsamo **2** (*bot.*, *Impatiens balsamina*) balsamina; begliuomini **3** (*bot.*, *Impatiens noli-tangere*) noli me tangere. • (*bot.*) **b. fir** (*Abies balsamea*), abete del balsamo.

balsamic /bɔːlˈsæmɪk/, **A** *a.* balsamico. **B** *n.* (= **b. preparation**) medicamento balsamico.

balsamous /ˈbɔːlsəməs/, *a.* (*raro*) balsamico.

Balthazar /bælθəˈzɑː(r)/, *n.* Baldassarre.

Baltic /ˈbɔːltɪk/, *a.* e *n.* (*geogr.*) Baltico: **the B. Sea**, il Mar Baltico. • **the B. Mercantile and Shipping Exchange**, la Borsa dei Noli Marittimi e dei Cereali (*a Londra*).

Baltimore /ˈbɔːltɪmɔː(r)/, *n.* (*geogr.*) Baltimora.

baluster /ˈbæləstə(r)/, *n.* (*archit.*) balaustro;

colonnino.

balustered /'bæləstəd/, *a.* (*archit.*) balaustrato.

balustrade /bælə'streɪd, *USA* 'bæləs-/, *n.* balaustrata; balaustra.

balustraded /bælə'streɪdɪd, *USA* 'bæləs-/, *a.* fornito di balaustrata.

bambino /bæm'bi:nəʊ/ (*ital.*), *n.* (*pl.* **bambinos, bambini**) *1* bambino (*in Italia*) *2* (*arte*) bambino Gesù (*l'immagine sacra*).

bamboo /bæm'bu:/, *n.* (*pl.* **bamboos**) bambù (*pianta e canna*). ● (*polit., stor.*) **the b. curtain**, la cortina di bambù.

to **bamboozle** /bæm'bu:zl/, *v. t.* *1* (*fam.*) ingannare; imbrogliare; turlupinare *2* confondere; abbindolare: **She bamboozled him into marrying her**, lo abbindolò così bene da farsi sposare.

bamboozlement /bæm'bu:zlmənt/, *n.* (*fam.*) inganno; imbroglio; turlupinatura; abbindolamento.

bamboozler /bæm'bu:zlə(r)/, *n.* imbroglione; turlupinatore.

ban (**1**) /bæn/, *n.* *1* (*stor.*) bando; proclama *2* (*anche fig.*) bando: **to be (to put) under a ban**, essere (mettere) al bando *3* (*leg.*) bando; proibizione; interdizione; scomunica: **ban from holding public office**, interdizione dai pubblici uffici *4* (*arc.*) maledizione.

ban (**2**) /bæn/, *n.* (*stor.*) bano (*in Ungheria*).

to **ban** /bæn/, *v. t.* *1* proibire; interdire: **to ban sb. from holding public offices**, interdire q. dai pubblici uffici *2* (*relig.*) mettere all'indice.

banal /bə'nɑ:l, -æl, *USA* -æl, 'beɪnl/, *a.* banale; comune; ordinario.

banality /bə'nælətɪ/, *n.* banalità; luogo comune.

to **banalize** /bə'nælaɪz/, *v. t.* banalizzare; rendere banale.

banana /bə'nɑ:nə, *USA* -'næ-/, *n.* *1* banana *2* (*bot., Musa sapientium*; = **b. tree**) banano *3* (*pop. USA*) naso (grosso) *4* (*pop. USA*) attore comico *5* (*pl.*) (*pop. USA*) fandonie; balle (*pop.*) *6* (*volg. USA*) pene. ● (*naut.*) **b. boat**, bananiera □ (*bot.*) **b. cluster**, casco di banane □ (*fin.*) **b. currency**, moneta debolissima □ **b. skin**, buccia di banana (*anche fig.*) □ (*polit.*) **b. republic**, repubblica delle banane □ **b. split**, banana split; banana con gelato, panna, ecc.

bananas /bə'nɑ:nəz, *USA* -'næ-/, *a.* (*pop.*) matto; pazzo. ● **to drive sb. b.**, fare ammattire q. □ **to go b.**, dar di matto; dare i numeri (*fig.*).

banc /bæŋk/, *n.* (*leg.*) banco. ● **in b.**, in seduta plenaria.

banco (**1**) /'bæŋkəʊ/, *inter.* banco! (*nei giochi d'azzardo*).

banco (**2**) /'bæŋkəʊ/, *n.* (*banca*) moneta di banco.

band (**1**) /bænd/, *n.* *1* lamina (*di metallo*); nastro (*d'elastico, ecc.*) per avvolgere q.c. *2* banda, striscia (*di stoffa, di colore*); fascia; nastro *3* (*mecc.*) cinghia; nastro *4* (*fin.*) banda; fascia: **bands of fluctuation**, bande di oscillazione (*delle monete*) *5* (*geol.*) banda; lamina *6* cerchio (*di botte*) *7* (*pl.*) baverina (*di collare ecclesiastico, ecc.*) *8* (*elettr., radio*) banda: **b. filter**, filtro di banda; **b. switch**, commutatore di banda (*o* d'onda) *9* (*elab.*) banda: **b. selector**, selettore di banda *10* (*arc.*) benda. ● (*tecn.*) **b. saw**, sega a nastro □ (*fis.*) **b. spectrum**, spettro a bande □ **b. string**, fettuccia; striscia di cotone □ **b. wheel**, puleggia □ **a white cup with a red b. around it**, una tazza bianca con una riga rossa intorno.

band (**2**) /bænd/, *n.* *1* banda; compagnia; gruppo (*di persone*): **a b. of outlaws**, una banda di fuorilegge *2* banda musicale; orchestra jazz (*o* da ballo); complesso; orchestrina. ● (*pop. USA*) **b. rat**, ragazza che segue un complesso (*specialm. rock*) □ **brass b.**, fanfara; banda di ottoni.

band (**3**) /bænd/, *n.* (*arc.*) legame; vincolo.

to **band** (**1**) /bænd/, *v. t.* *1* unire; legare *2* bendare; fasciare.

to **band** (**2**) /bænd/, *v. t. e i.* unire, unirsi in banda (*o* in gruppo); collegare, collegarsi; associare, associarsi.

bandage /'bændɪdʒ/, *n.* benda; fascia. ● **adhesive b.**, cerotto.

to **bandage** /'bændɪdʒ/, *v. t.* bendare; fasciare.

bandaging /'bændɪdʒɪŋ/, *n.* bendatura; fasciatura.

Band-Aid /'bændeɪd/, **A** *n.* (*marchio, USA*) «band-aid»; cerotto. **B** *a. attr.* (*fig.*) d'emergenza; provvisorio; temporaneo: **a b. solution**, una soluzione d'emergenza.

bandan(n)a /bæn'dænə/, *n.* bandana; fazzoletto di seta o cotone a colori vivaci.

bandar /'bændɑ:(r), -də(r)/ (*anglo-ind.*), *n.* scimmia Reso. ● **the b. log**, la tribù delle scimmie; (*fig.*) branco di chiacchieroni.

bandbox /'bændbɒks/, *n.* scatola per cappelli; cappelliera. ● **to look as if one had just come out of a b.**, essere lindo ed elegante.

bandeau /'bændəʊ, *USA* bæn'dəʊ/ (*franc.*), *n.* (*pl.* **bandeaux**) fascia (*o* nastro) per tenere a posto i capelli (per coprire gli occhi, ecc.).

banded /'bændɪd/, *a.* (*geol.*) laminato; stratificato; a bande.

banderol(e) /'bændərəʊl/, *n.* *1* banderuola (*di lancia*) *2* (*naut.*) pennone, pennoncello (*di nave*) *3* (*archit.*) cartiglio.

bandicoot /'bændɪku:t/, *n.* (*zool.*) *1* (*Mus malabaricus*) topo gigante *2* (*Perameles*) peramele.

bandit /'bændɪt/, *n.* (*pl.* **bandits, banditti**) bandito; brigante.

banditry /'bændɪtrɪ/, *n.* banditismo; brigantaggio.

bandmaster /'bændmɑ:stə(r), *USA* -mæs-/, *n.* capobanda (*di musicanti*).

bandmoll /'bændmɒl/, *n.* (*fam. USA*) ragazza che segue un complesso rock.

bandog /'bændɒg, *USA* -ɔ:g/, *n.* (*arc.*) *1* cane (*tenuto*) alla catena *2* mastino.

bandoleer, bandolier /bændə'lɪə(r)/, *n.* bandoliera.

bandoline /'bændəli:n/, *n.* brillantina solida; fissatore.

bandsman /'bændzmən/, *n.* (*pl.* **bandsmen**) bandista (*specialm. di banda militare*); musicante.

bandstand /'bændstænd/, *n.* palco della banda (*o* dell'orchestra).

bandwagon /'bændwægən/, *n.* *1* carro della banda (*nei circhi equestri, nei cortei*) *2* (*fig.*) movimento (*o* moda) d'avanguardia. ● (*fig.*) **to climb** (*o* **to get, to jump**) **on the b.**, saltare sul carro (*del vincitore*); mettersi dalla parte di chi ha successo; adottare la moda prevalente.

bandwidth /'bændwɪdθ/, *n.* (*fis.*) larghezza di banda.

bandy (**1**) /'bændɪ/, **A** *n.* *1* mazza da hockey *2* (*sport*) varietà di hockey. **B** *a.* (*di gambe*) arcuato: **b.-legged**, dalle gambe storte, arcuate. ● **b. leg**, ginocchio varo.

bandy (**2**) /'bændɪ/, *n.* carro indiano.

to **bandy** /'bændɪ/, *v. t.* *1* gettare, lanciare, passare (*una palla*) *2* far circolare (*una storia, una diceria*) *3* scambiare (*colpi, parole, ecc.*). ● **to b. words with sb.**, avere a che dire (*o* venire a parole) con q.

bane /beɪn/, *n.* *1* sventura; (causa di) rovina: **Gambling has been the b. of his brother**, il gioco (*d'azzardo*) è stato la rovina di suo fratello *2* (*lett.*) veleno (*comune solo nei composti, come in:*) **rat's-b.**, veleno per i topi *3* (*poet.*) morte.

baneberry /'beɪnbrɪ, *USA* -ɛrɪ/, *n.* (*bot., Actaea spicata*) actea; barba di capra.

baneful /'beɪnfl/, *a.* *1* pernicioso; malefico: **a b. effect**, un effetto malefico *2* velenoso; mortale. || **-ly**, *avv.* || **-ness**, *sost.*

bang (**1**) /bæŋ/, *n.* *1* botta; urto violento: **The boy got a nasty b. on the head**, il ragazzo ricevette una brutta botta sulla testa *2* fragore; detonazione; scoppio; esplosione; colpo (*di arma da fuoco*) *3* (*pop. USA*) emozione; eccitazione *4* (*pop. USA*) impeto; vivacità *5* (*pop.*) grande successo: **He went over with a b.**, ebbe un successo strepitoso *6* (*pop.*) buco (*per drogarsi*) *7* (*volg.*) scopata, chiavata (*volg.*). ● (*USA*) **b.-zone**, zona soggetta ai bang degli aerei □ **big b.**, esplosione primordiale; big bang □ (*aeron.*) **sonic b.**, bang sonico.

bang (**2**) /bæŋ/, **A** *avv.* *1* con un forte colpo *2* con improvviso fragore *3* (*pop.*) esattamente; dritto; proprio: **The snowball hit me b. in the eye**, la palla di neve mi colpì dritto in un occhio. **B** *inter.* bang!; bum!: **to go b.**, fare bum; **B. went the gun**, bum! fece il fucile.

bang (**3**) /bæŋ/, *n.* frangia di capelli (*sulla fronte*). ● **b.-tail**, cavallo dalla coda tagliata a spazzola; (*fam. USA*) cavallo da corsa.

to **bang** (**1**) /bæŋ/, **A** *v. t.* *1* colpire; battere, picchiare violentemente: **Walking in the garret, he banged his head against a beam**, camminando in soffitta, batté la testa contro una trave *2* sbattere (*con violenza*): **He went out banging the door**, se ne andò sbattendo la porta *3* (*volg.*) sbattere, chiavare, scopare (*volg.*). **B** *v. i.* *1* scoppiare; esplodere: **Firecrackers b.**, i petardi scoppiano (*con particolare riferimento al fragore*) *2* sbattere, urtare (contro q.c.): **There is a shutter banging somewhere**, c'è una persiana che sbatte da qualche parte *3* (*fam., anche* **to b. away**) lavorare sodo; darci dentro, darci sotto (*a fare q.c.*) *4* (*pop.*) bucarsi; drogarsi. ● **to b. one's brain**, farsi saltare le cervella; (*volg. USA*) scopare (*o* fottere) a tutto spiano □ (*fig.*) **to b. one's head against a brick wall**, battere il capo contro il muro (*fig.*) □ (*Borsa*) **to b. the market**, far crollare il mercato (*con un forte ribasso dei prezzi*) □ **to b. on the door**, bussare alla porta.

♦**bang about** (*o* **around**), **A** *v. i.* + *avv.* fare chiasso; fare casino (*pop.*). **B** *v. t.* + *avv.* malmenare; maltrattare; danneggiare. **C** *v. t.* + *prep.* *1* fare chiasso in: **Don't b. around the sitting room!**, non fate chiasso in soggiorno! *2* (*fam.*) percorrere (*un paese, ecc.*) in lungo e in largo.

♦**bang into**, **A** *v. i.* + *prep.* *1* andare a sbattere, urtare contro (*un palo, un uscio, ecc.*) *2* (*fam.*) imbattersi in (q.). **B** *v. t.* + *prep.* mandare (*un veicolo, ecc.*) a sbattere contro (q.c.).

♦**bang out**, *v. t.* + *avv.* *1* battere (*un testo*) a macchina *2* buttare giù (*uno scritto*) *3* suonare (*un motivo musicale*) alla meglio (*o* a tutto volume); strimpellare.

♦**bang up**, *v. t.* + *avv.* *1* battere; percuotere; picchiare *2* ferirsi, farsi male a: **to b. up one's elbow**, farsi male al gomito *3* (*fam. USA*) guastare; rovinare; scassare: **to b. up one's car**, scassare l'automobile *4* (*pop.*) sbattere (q.) dentro (*pop.*); incarcerare *5* (*pop. USA*) mettere (*una donna*) incinta.

to **bang** (**2**) /bæŋ/, *v. t.* *1* tagliare (*i capelli*) a frangetta *2* mozzare (*la coda a un cavallo*).

bang-bang /'bæŋbæŋ/, *n.* (*pop. USA*) *1* telegiornale (*o* documentario) pieno di violenza *2* (film) western.

banger /'bæŋə(r)/, *n.* *1* petardo; mortaretto; botto (*fam.*) *2* (*fam.*) salsiccia *3* (*fam.*) vecchia carcassa, catenaccio, macinino (*fig.*) (*di auto, motocicletta, ecc.*). ● **bangers and mash**, salsicce con purè di patate.

banging /'bæŋɪŋ/, **A** *n.* serie di forti colpi (*o* di detonazioni). **B** *a.* (*fam.*) grosso; enorme: **a b. lie**, una bugia enorme (*o* grossa come una casa). ● (*Borsa*) **b. the market**, svilimento del mercato azionario □ **There was a furious b. on the door**, bussarono furiosamente alla porta.

Bangladeshi /bæŋglə'deʃɪ/, *a. e n.* (abitante *o* nativo) del Bangladesh.

bangle /'bæŋgl/, *n.* braccialetto, cerchietto (*da polso, ecc.*).

bangled /'bæŋgld/, *a.* ornato di braccialetti.

bang-on /'bæŋɒn, *USA* -ɔ:n/, *a.* (*fam.*) preciso; esatto; giusto.

bang-up /ˈbæŋʌp/, *a.* (*fam.*) eccellente; ottimo; fantastico.

banian /ˈbænɪən/, *n.* *1* baniano; commerciante indù (*d'una casta vegetariana*); sensale bengalese *2* camicia (*o* tunica) indiana. ● (*bot.*) **b. tree** (*Ficus bengalensis*), baniano.

to **banish** /ˈbænɪʃ/, *v. t.* bandire (*anche fig.*); esiliare; cacciare: **You must b. all fear**, devi bandire ogni timore.

banishment /ˈbænɪʃmənt/, *n.* bando; (*anche leg.*) esilio.

banister /ˈbænɪstə(r)/, *n.* balaustro.

banisters /ˈbænɪstəz/, *n. pl.* *1* balaustrata *2* ringhiera (*di scala*).

banjo /ˈbændʒəʊ, bænˈ-/, *n.* (*pl.* **banjos, banjoes**) *1* (*mus.*) banjo; bangio *2* (*pop.*) padella *3* (*pop. Austr.*) badilone.

banjoist /ˈbædʒəʊɪst, bænˈ-/, *n.* suonatore di banjo.

bank (1) /bæŋk/, *n.* *1* argine; riva; sponda (*di fiume, canale, lago, ecc.*) *2* argine; sponda, scarpata, scarpa (*di strada*); pendio; pendenza (*di curva soprelevata*): **Shrubs were growing on the right b. of the road**, arbusti crescevano sulla sponda destra della strada *3* banco (*di sabbia, nebbia, pesci, ecc.*); cumulo: **The train was stopped by big banks of snow**, il treno fu arrestato da alti cumuli di neve *4* (*biliardo*) sponda *5* (*ind. min.*) bocca (*o* piazzale) del pozzo *6* (*aeron.*) sbandamento, inclinazione trasversale (*per la virata*). ● (*aeron.*) **b.-and-turn indicator**, inclinometro trasversale □ (*geol.*) **b. deposit**, deposito di bassofondo.

bank (2) /bæŋk/, *n.* *1* (*fin.*) banca; banco *2* banco (*di gioco*): **to break the b.**, far saltare il banco *3* – (*fin.*) **the B.**, la Banca d'Inghilterra. ● (*comm. est.*) **b. acceptance**, accettazione bancaria □ **b. account**, conto in banca; conto bancario □ **b. advance**, anticipazione bancaria □ **b. balance**, saldo in banca □ **b. bill**, (*ingl.*) effetto bancario; cambiale (*o* tratta) bancaria; (*USA*) banconota □ **b. card**, carta di credito □ **b. cashier**, cassiere di banca □ **b. charges**, spese (*o* commissioni) bancarie □ (*USA*) **b. check**, assegno bancario □ **b. cheque**, assegno bancario □ **b. clearance**, benestare bancario □ **b. clerk**, impiegato di banca; bancario □ **b. commission**, commissione (*o* provvigione) bancaria □ **b. credit**, credito bancario □ **b. credit transfer**, bonifico (bancario) □ **b. deposit**, deposito bancario □ (*leg.*) **b. disclosure**, rivelazione di segreto bancario □ **b. discount**, sconto bancario □ **b. draft**, «bank draft» (*il titolo è una via di mezzo tra l'assegno circolare e la credenziale ital.*) □ **the B. for International Settlements** (*abbr.* **B.I.S.**), la Banca dei Regolamenti Internazionali (*abbr.* B.R.I.) □ (*in G.B.*) **b. giro**, giroconto □ **b. holding company**, holding bancaria □ (*leg.*) **b. holiday**, (*in G.B.*) festività legale (*in cui le banche sono chiuse: il Venerdì Santo, il Lunedì dell'Angelo, il 1° lunedì d'agosto, il giorno di Natale e quello di S. Stefano*); (*in U.S.A.*) qualsiasi giorno di chiusura delle banche (*per es., per disposizione del governo*) □ **b. hours**, orario di sportello □ **b. interest**, interesse bancario □ **b. liquidity**, liquidità bancaria □ **b. loan**, prestito (*o* mutuo) bancario □ **b. manager**, direttore di banca □ **b. money**, moneta scritturale □ **b. note**, *V.* **banknote** □ **b. of deposit**, banca di deposito □ **b. of discount**, banca di sconto □ **the B. of England**, la Banca d'Inghilterra □ **b. of issue**, banca di emissione □ **the b. of state**, la banca dello stato; la banca centrale □ **b. official**, funzionario di banca □ **b. overdraft**, credito allo scoperto; scoperto di conto corrente (*assistito da fido*) □ **b. rate (of discount)**, tasso ufficiale di sconto □ **b. reserve**, riserva bancaria □ **b. run**, assalto agli sportelli □ **b. statement**, estratto conto (*di un conto corrente*) □ **b. teller**, sportellista; cassiere di banca □ **b. transaction**, operazione bancaria □ **b. transfer**, bonifico (bancario) □ (*med.*) **blood b.**, banca del sangue; emoteca □ **savings b.**, cassa di risparmio.

bank (3) /bæŋk/, *n.* *1* banco di rematori (*in una galea*) *2* fila di remi (*in una galea*) *3* lunga panca; fila di sedili *4* fila di tasti, tastiera (*di organo, macchina da scrivere, ecc.*) *5* (*elettr.*) fila (*d'interruttori*) *6* (*mecc.*) fila (*di cilindri*) *7* stormo (*di cigni, ecc.*).

to **bank** (1) /bæŋk/, **A** *v. t.* *1* (*anche* **to b. up**) arginare (*un fiume, ecc.*); accumulare; coprire con terriccio (*per protezione*); sistemare (*un fuoco, perché bruci lentamente*) *2* soprelevare (*una strada, ecc.*): **banked curve**, curva soprelevata *3* (*aeron.*) inclinare (*un aereo, nella virata*) *4* (*biliardo*) colpire (*una palla*) di sponda. **B** *v. i.* *1* accumularsi; addensarsi in banchi *2* (*aeron.*) inclinarsi in virata *3* (*autom.*) prendere una curva su due ruote.

to **bank** (2) /bæŋk/, *v. t.* e *i.* *1* depositare (denaro) in banca *2* – **to b. with**, tenere denaro in, essere cliente di (*una certa banca*): **Who do you b. with?**, di quale banca sei cliente? *3* avere (*o* gestire, dirigere) una banca *4* incassare (*presso una banca*) *5* – (*fam.*) **to b. on sb. (st.)**, fare affidamento su q. (q.c.); contare su q. (q.c.) *6* tenere il banco (*in un gioco d'azzardo*).

bankable /ˈbæŋkəbl/, *a.* *1* (*comm.*) bancabile; presentabile a una banca (*per lo sconto*): **b. bills**, cambiali bancabili *2* (*fam. USA, specialm. di una stella del cinema*) di sicuro successo. ● (*pop. USA*) **to have a b. name**, avere un nome che apre tutte le porte.

bankbook /ˈbæŋkbʊk/, *n.* libretto di banca.

banker (1) /ˈbæŋkə(r)/, *n.* *1* banchiere *2* chi tiene il banco (*in un gioco d'azzardo*). ● **b.'s acceptance**, accettazione bancaria □ **b.'s card**, carta assegni □ **b.'s draft**, *V.* **bank draft**, *sotto* **bank (2)** □ **b.'s lien**, diritto di ritenzione della banca □ **b.'s mortgage**, ipoteca a favore della banca □ **b.'s order**, ordine di pagamento (*di un cliente alla sua banca*) □ **b.'s references**, referenze bancarie □ **Who are your bankers?**, di quale banca sei cliente?

banker (2) /ˈbæŋkə(r)/, *n.* *1* pescatore di merluzzi (*sui banchi di Terranova*) *2* barca per la pesca del merluzzo *3* (*caccia*) (cavallo) saltatore.

banker (3) /ˈbæŋkə(r)/, *n.* banco di muratore (*per tagliare mattoni o pietre*).

banket /ˈbæŋkɪt/, *n.* (*ind. min.*) conglomerato aurifero (*in Sud Africa*).

banking (1) /ˈbæŋkɪŋ/, *n.* *1* arginatura (*di fiumi, ecc.*) *2* soprelevazione (*di una curva*) *3* pesca sui banchi (*specialm. di Terranova*).

banking (2) /ˈbæŋkɪŋ/, **A** *n.* *1* attività bancaria *2* tecnica bancaria. **B** *a. attr.* di banca; bancario. ● **b. account**, conto in banca; conto bancario □ (*elab.*) **b. automation**, automazione nelle banche □ (*fin.*) **b. exposure**, esposizione delle banche □ **b. firm** (*o* **b. house**), istituto di credito; azienda bancaria □ **b. hours**, orario di sportello □ **b. law**, diritto bancario □ **b. laws**, legislazione bancaria □ **the b. secrecy**, il segreto bancario (*non è ammesso dall'ordinamento ingl.*).

banknote /ˈbæŋknəʊt/, *n.* biglietto di banca; banconota.

bankroll /ˈbæŋkrəʊl/, *n.* (*USA*) *1* rotolo di banconote *2* (*fig.*) risorse finanziarie (*di una persona, un'azienda*); fondi.

to **bankroll** /ˈbæŋkrəʊl/, *v. t.* (*fam. USA*) finanziare.

bankroller /ˈbæŋkrəʊlə(r)/, *n.* (*fam. USA*) finanziatore.

bankrupt /ˈbæŋkrʌpt/, **A** *a.* *1* (*leg.*) fallito *2* (*fig.*) fallito; rovinato *3* (*fig.*) privo: **b. of intelligence**, privo d'intelligenza. **B** *n.* *1* (*leg.*) fallito; bancarottiere: **In England, a debtor may be insolvent without being a b.**, in Inghilterra, un debitore può essere insolvente senza per questo essere dichiarato fallito *2* (*fig.*) (un) fallito: **a morally b.**, uno che è moralmente fallito. ● (*leg.*) **the b.'s estate**, la massa fallimentare □ (*leg.*) **b.'s indebtedness**, debito complessivo del fallito □ **a b. politician**, un uomo politico finito □ (*leg.*) **to go b.** (*o* **to become b.**), far fallimento; fallire □ **a mentally b.**, un deficiente; uno che non capisce nulla.

to **bankrupt** /ˈbæŋkrʌpt/, *v. t.* *1* (*leg.*) far fallire *2* (*fig.*) mandare in rovina; rovinare.

bankruptcy /ˈbæŋkrʌpsɪ, -rəp-/, *n.* *1* (*leg.*) fallimento *2* (*fig.*) fallimento; bancarotta: **the b. of my plans**, la bancarotta dei miei progetti. ● **b. adjudication**, sentenza dichiarativa di fallimento □ **b. court**, tribunale fallimentare □ **b. judge**, giudice fallimentare □ **b. law**, diritto fallimentare □ **b. liabilities**, passivo (*o* massa passiva) del fallimento □ **b. notice**, preavviso di fallimento □ **b. petition**, istanza di fallimento; istanza fallimentare □ **b. proceedings**, procedimento fallimentare □ **b. receiver** (*o* **receiver in b.**), *V.* **receiver**, *def.* *4* □ **b. trustee**, curatore fallimentare.

banksman /ˈbæŋksmən/, *n.* (*pl.* **banksmen**) *1* (*in una miniera di carbone*) sorvegliante che sta alla superficie *2* aiuto gruista.

banner /ˈbænə(r)/, **A** *n.* *1* bandiera; stendardo; vessillo: (*anche fig.*) **to join** (*o* **to follow**) **the b. of**, mettersi sotto la bandiera di *2* striscione (*usato nei cortei*) *3* (= **b. headline**) titolo (*di giornale*) a tutta pagina. **B** *a. attr.* (*fam. USA*) eccellente; eccezionale; straordinario; favoloso (*fam.*): **a b. year**, un'annata eccezionale.

bannered /ˈbænəd/, *a.* imbandierato; impavesato.

banneret (1) /bænəˈrɛt/, **bannerette** /bænəˈrɛt/, *n.* bandierina.

banneret (2) /ˈbænərət/, *n.* (*stor.*) banderese.

bannerman /ˈbænəmən/, *n.* (*pl.* **bannermen**) portabandiera.

bannerol /ˈbænərəʊl/, *n.* *1* bandiera (*ai funerali di uomini celebri*) *2* *V.* **banderol(e)**.

bannister /ˈbænɪstə(r)/, *V.* **banister**.

bannock /ˈbænək/, *n.* (*scozz.*) focaccia di farina d'avena o d'orzo.

banns /bænz/, *n. pl.* (*leg.*, = **b. of matrimony**) pubblicazioni di matrimonio. ● **to call** (*o* **to put up**) **the b.**, fare le pubblicazioni (matrimoniali).

banquet /ˈbæŋkwɪt/, *n.* banchetto; convito; lauto pranzo.

to **banquet** /ˈbæŋkwɪt/, **A** *v. t.* offrire un banchetto a (q.). **B** *v. i.* *1* offrire banchetti *2* banchettare.

banqueter /ˈbæŋkwɪtə(r)/, *n.* banchettante; commensale; convitato.

banqueting /ˈbæŋkwɪtɪŋ/, *n.* il banchettare. ● **b. hall** (*o* **room**), sala per banchetti.

banquette /bæŋˈkɛt/, *n.* *1* banchina (*di strada*) *2* (*mil.*) banchina di tiro (*di trincea*) *3* (*in una carrozza*) sedile dietro il conducente *4* marciapiede *5* (*in un ristorante*) panchetta.

banshee /bænˈʃiː, ˈbænʃiː/, *n.* (*in Irlanda e in Scozia*) spirito (*di donna*) il cui lamento è presagio di morte.

to **bant** /bænt/, *v. i.* (*fam.*) essere a dieta; fare una cura dimagrante.

bantam /ˈbæntəm/, *n.* *1* gallo, gallina «bantam» *2* (*fig.*) persona piccola ma ardimentosa *3* (*boxe*, = **bantamweight**) bantam; peso gallo.

banter /ˈbæntə(r)/, *n.* bonarie prese in giro; punzecchiature scherzose; canzonatura; motteggio.

to **banter** /ˈbæntə(r)/, **A** *v. t.* stuzzicare; prendere in giro in modo bonario; canzonare; motteggiare. **B** *v. i.* parlare in modo scherzoso; dire facezie.

banterer /ˈbæntərə(r)/, *n.* canzonatore, canzonatrice; burlone, burlona.

bantering /ˈbæntərɪŋ/, *n.* motteggio; canzonatura.

banting /ˈbæntɪŋ/, *n.* (*fam.*) dieta (*o* cura) dimagrante.

bantling /ˈbæntlɪŋ/, *n.* marmocchio.

Bantu /ˈbæntuː, bænˈtuː/, *a.* e *n.* (*pl.* **Bantu, Bantus**) bantu; bantù.

banyan /'bænɪən/, *n.* (*bot., Ficus bengalensis*) baniano.
baobab /'beɪəbæb/, *n.* (*bot., Adansonia digitata*) baobab.
bap /bæp/, *n.* (*scozz.*) grosso panino, schiacciato e soffice.
to **baptise** /bæp'taɪz, *USA* 'bæp-/, *V.* **to baptize**.
baptism /'bæptɪzəm/, *n.* battesimo (*anche fig.*); iniziazione: **the b. of fire**, il battesimo del fuoco. ● **the b. of blood**, il martirio.
baptismal /bæp'tɪzml/, *a.* battesimale.
baptist /'bæptɪst/, *n.* **1** battezzatore; chi battezza **2** – (*relig.*) **B.**, battista. ● (*relig.*) **John the B.**, Giovanni Battista.
baptist(e)ry /'bæptɪstərɪ/, *n.* battistero; fonte battesimale.
to **baptize** /bæp'taɪz, *USA* 'bæp-/, *v. t.* battezzare (*anche fig.*); purificare.
bar (**1**) /bɑ:(r)/, *n.* **1** sbarra, spranga (*di ferro, legno*); barra (*in vari meccanismi: nel morso del cavallo; ecc.*); stecca (*di cancello*); pezzo oblungo (*di sapone*); stecca; tavoletta (*di cioccolata*) **2** ostacolo; impedimento: **Ignorance is often a bar to success**, l'ignoranza è spesso d'ostacolo al successo **3** barra (*di sabbia o fango*): **They couldn't sail up the river owing to the numerous sand bars at its mouth**, non poterono risalire il fiume a causa delle numerose barre di sabbia alla foce **4** striscia, stria (*di luce, di colore; sul nastro d'una medaglia*): **The sky was aflame with multicoloured bars**, il cielo era acceso di strisce multicolori **5** (*elab.*) barra: **bar code**, codice a barre; **bar code scanner**, lettore di codice a barre **6** (*arald.*) sbarra, banda (*di stemma*) **7** (*mus.*) sbarretta, stanghetta; battuta: **The orchestra played a few bars of the «Inno di Mameli»**, l'orchestra suonò alcune battute dell'«Inno di Mameli» **8** bar; banco (*di mescita*); spaccio di bibite (*o anche di vivande*) **9** (*in tribunale*) sbarra, barra (*che divide la corte dal pubblico*) **10** – (*leg.*) **the Bar**, l'avvocatura, la professione forense; il foro (*tutti gli avvocati di un luogo*): **to be called to the Bar**, essere ammesso all'esercizio della professione forense **11** (*fig.*) tribunale: **He was condemned at the bar of public opinion**, fu condannato dal tribunale dell'opinione pubblica **12** (*leg.*) preclusione, sospensione; (*anche*) decadenza, prescrizione (*di un'azione legale*) **13** (*fig.*) divieto: **to put a bar on imports of Japanese cars**, mettere il divieto all'importazione di auto giapponesi **14** (*mil., USA*) grado (*lamina metallica*) **15** (*sport, ecc.*) *V.* **crossbar**. ● **bar billiards**, biliardo a stecche corte; biliardino □ (*stat.*) **bar chart**, diagramma a barre (*o* a colonne) □ (*market.*) **bar code**, codice a barre (*sull'involucro di confezioni*) □ (*fam.*) **bar fly**, cliente abituale di bar □ (*metall.*) **bar folder**, piegatrice (*di barre*) □ **bar gold**, oro in lingotti □ (*USA*) **bar graph**, *V.* **bar chart** □ (*pop. USA*) **bar jockey** (*o* **bar lizard**), cliente di un bar □ **bar-keeper**, *V.* **barkeeper** □ (*mus.*) **bar line**, sbarretta; stanghetta □ (*leg.*) **bar of the statute of limitations**, prescrizione □ (*arc.*) **bar parlour**, saletta riservata di un pub □ (*specialm. pubbl.*) **bar-person**, barista (*uomo o donna*) □ (*leg.*) **bar to action**, impedimento procedurale □ (*leg.*) **to appear at the bar**, comparire in giudizio □ **to be behind bars**, essere al fresco (*fig.*); vedere il sole a scacchi □ **to be called within the bar**, essere nominato «King's (*o* Queen's) Counsel» (*q.V.*) □ **colour bar**, divieto che discrimina la gente di colore □ (*fam.*) **to cross the bar**, morire □ **gold in bars**, oro in lingotti □ **parallel bars**, parallele (*da ginnastica*) □ (*leg.*) **the prisoner at the bar**, il detenuto alla sbarra; l'imputato □ **to read for the bar**, studiare da avvocato; prepararsi per l'esame di procuratore legale □ **to be tried at the bar**, subire un processo pubblico.
bar (**2**) /bɑ:(r)/, *prep.* eccetto; eccettuato; tranne: **He is the cleverest pupil, bar none**, è lo scolaro più bravo, nessuno eccettuato. ● **bar accidents**, salvo imprevisti.
bar (**3**) /bɑ:(r)/, *n.* (*fis.*) bar (*unità di misura di pressione*).
to **bar** /bɑ:(r)/, *v. t.* **1** sbarrare; sprangare; chiudere: **to bar sb. in (out)**, chiudere q. dentro (fuori) **2** ostacolare; impedire: **What bars him from going where he likes?**, che cosa gli impedisce di andare dove vuole? **3** sbarrare; munire di sbarre: **That window on the ground floor must be barred**, bisogna munire di sbarre quella finestra al piano terreno **4** segnare con strisce; rigare, listare (*di nero, di rosso, ecc.*); striare: **The bird's feathers were barred with red**, le penne dell'uccello erano striate di rosso **5** escludere; eccettuare: **He was barred from the contest**, fu escluso dalla competizione **6** (*leg.*) far sospendere (*un'azione giudiziaria*) **7** (*fam.*) trovare a ridire su (q. *o* q.c.); opporsi a; non permettere; disapprovare: **I bar that!**, non lo permetto!, mi oppongo! ● **to bar oneself in**, barricarsi □ (*leg.*) **to be barred by the statute of limitations**, essere prescritto; cadere in prescrizione, prescriversi □ **barring-out**, ostruzionismo di studenti (*che consiste nell'impedire agli insegnanti l'accesso alla scuola*).
Barabbas /bə'ræbəs/, *n.* (*Bibbia*) Barabba.
barathrum /'bærəθrʌm/, *n.* (*pl.* **barathra**) baratro; abisso.
barb (**1**) /bɑ:b/, *n.* **1** barba (*peli sul muso di animali*); barba (*di penna d'uccello*); cirro, barba (*di pesci*) **2** barbiglio (*di freccia, arpione, ecc.*) **3** ardiglione (*di amo da pesca*) **4** soggolo (*di talune suore*) **5** (*fig.*) asprezza, modo pungente: **The b. of his wit startled us**, il suo spirito pungente ci sorprese.
barb (**2**) /bɑ:b/, *n.* barbero (*cavallo di Barberia*).
to **barb** /bɑ:b/, *v. t.* munire di barbigli (*una freccia*), di ardiglione (*un amo*); ecc. (*V.* **barb (1)**).
Barbadian /bɑ:'beɪdɪən/, *a.* e *n.* (abitante *o* nativo) delle Barbados.
barbaresque /bɑ:bə'resk/, *a.* barbaresco.
barbarian /bɑ:'beərɪən/, **A** *n.* **1** (*stor.*) barbaro (*anche nel senso di straniero*) **2** (*fig.*) individuo ignorante, incolto; (un) selvaggio (*fig.*). **B** *a.* **1** barbaro **2** (*fig.*) primitivo; rozzo; selvaggio.
barbaric /bɑ:'bærɪk/, *a.* **1** barbaro; barbarico; primitivo **2** crudele. ‖ **-ally**, *avv.*
barbarism /'bɑ:bərɪzəm/, *n.* **1** (*ling.*) barbarismo **2** barbarie.
barbarity /bɑ:'bærətɪ/, *n.* **1** barbarie; inciviltà **2** barbarie; crudeltà; efferatezza.
barbarization /bɑ:bəraɪ'zeɪʃn, *USA* -rɪ'z-/, *n.* imbarbarimento.
to **barbarize** /'bɑ:bəraɪz/, *v. t.* e *i.* imbarbarire, imbarbarirsi; rendere (*o* diventare) barbaro; barbarizzare, barbareggiare (*lett.*).
barbarous /'bɑ:bərəs/, *a.* (*di lingua, costumi, stile; anche fig.*) barbaro; crudele; rozzo; maleducato; selvaggio. ‖ **-ly**, *avv.* ‖ **-ness**, *sost.*
Barbary /'bɑ:bərɪ/, *n.* Barberia. ● (*zool.*) **B. ape** (*Macaca sylvana*), bertuccia □ **B. horse**, (cavallo) berbero.
barbate /'bɑ:beɪt/, *a.* (*zool., bot.*) barbato; barbuto.
barbecue /'bɑ:bɪkju:/, *n.* **1** barbecue; grande graticola **2** bue (*o* maiale) arrostito intero; carne arrostita all'aperto; grigliata **3** (*specialm. USA*) banchetto all'aperto; festa campestre. ● **b. sauce**, salsa piccante.
to **barbecue** /'bɑ:bɪkju:/, *v. t.* (*cucina*) **1** arrostire (*carne o un intero animale*) alla griglia; grigliare **2** cuocere (*carne, pesce*) in salsa piccante.
barbed /bɑ:bd/, *a.* **1** dentato; dentellato: **a b. arrow**, una freccia dentellata (*o* con barbigli) **2** (*bot.*) barbato **3** (*fig.*) acuto, pungente: **b. words**, parole pungenti. ● **a b. hook**, un amo con ardiglione □ **b. wire**, filo (di ferro) spinato □ **b.-wire fence**, reticolato.
barbel /'bɑ:bl/, *n.* **1** (*zool., Barbus; Barbus fluviatilis*) barbo, barbio **2** (*zool.*) barbiglio.
barbell /'bɑ:bel/, *n.* **1** (*sollevamento pesi*) bilanciere **2** (*ginnastica*) manubrio.
barber /'bɑ:bə(r)/, *n.* barbiere; parrucchiere. ● **b.'s block**, portaparrucche □ **b. chair**, poltrona da barbiere; (*pop. USA*) sedile da astronauta □ **b.('s) pole**, palo a spirali rosse e bianche (*insegna dei barbieri*) □ **b.('s) shop**, negozio di barbiere; barbieria (*region.*); salone (*in Italia merid.*) □ (*stor.*) **b.-surgeon**, cerusico.
barberry /'bɑ:bərɪ, *USA* -erɪ/, *n.* (*bot., Berberis vulgaris*) crespino.
barbet /'bɑ:bɪt/, *n.* (*zool, Capitonidae*) barbuto (*uccello dell'America centrale e del Sud America*).
barbette /bɑ:'bet/, *n.* (*stor. mil.*) barbetta.
barbican /'bɑ:bɪkən/, *n.* (*mil.*) barbacane (*di fortezza*).
barbie /'bɑ:bɪ/, *n.* (*marchio*) barbie (*bambola da vestire e svestire, ecc.*). ● (*fam. USA*) **b. doll**, americana tipica (*bella ma conformista*); bambola, bambolina, bambolona (*detto di una donna*).
barbiturate /bɑ:'bɪtʃʊrət, -reɪt/, *n.* (*chim., farm.*) barbiturico; barbiturato.
barbituric /bɑ:bɪ'tjʊərɪk, *USA* -'tʊə-/, *a.* (*chim.*) barbiturico.
barbs /bɑ:bz/, *n. pl.* (*pop. USA*) barbiturici.
barbule /'bɑ:bju:l/, *n.* (*bot., zool.*) barbula.
barcarol(l)e /'bɑ:kərəʊl, bɑ:kə'r-/, *n.* (*mus.*) barcarola.
barchan(e) /bɑ:'kɑ:n/, *n.* (*geogr.*) barcana; duna a mezzaluna.
barcoding /'bɑ:kəʊdɪŋ/, *n.* (*market.*) applicazione di codici a barre (*a confezioni di prodotti a largo consumo*).
bard (**1**) /bɑ:d/, *n.* bardo (*lett.*); poeta: **the B. (of Avon)**, il bardo di Avon (*Shakespeare*).
bard (**2**) /bɑ:d/, *n.* (*stor.*) barda (*armatura di cavallo*).
to **bard** /bɑ:d/, *v. t.* bardare (*un cavallo*).
barded /'bɑ:dɪd/, *a.* (*di cavallo*) bardato.
bardic /'bɑ:dɪk/, *a.* di (*o* da) bardo; bardito (*raro, lett.*).
bardism /'bɑ:dɪzəm/, *n.* (*stor. letter.*) arte dei bardi.
bardolatry /bɑ:'dɒlətrɪ/, *n.* (*scherz.*) idolatria per Shakespeare.
bare /beə(r)/, *a.* **1** nudo; spoglio; privo; vuoto; disadorno; semplice; puro; scoperto; (*di spada, di pugnale*) sguainato: **b. bosom**, seno nudo (*o* scoperto); **a b. tree**, un albero spoglio; **a b. room**, una stanza disadorna; **He told me the b. truth**, mi disse la pura verità; (*fig.*) **to be b. of credit**, essere privo di credito; **The cupboard was b.**, la credenza era vuota **2** mero; appena sufficiente; scarso; minimo: **There was a b. handful of people**, non c'era che un gruppetto di persone; **There is a b. possibility that some missing soldiers are still alive**, c'è una minima possibilità che alcuni dispersi siano ancora vivi. ● (*fig.*) **the b. bones**, l'essenziale, il succo (*di q.c.*) □ (*leg.*) **b. contract**, contratto di comodato (*o* a titolo gratuito) □ **a b. majority**, una maggioranza esigua (*o* di stretta misura) □ (*econ.*) **the b. subsistence level**, il minimo vitale □ **to earn a b. living**, guadagnare appena da vivere □ (*ass., fam.*) **to go b.**, essere scoperto □ **to be in one's b. skin**, essere in costume adamitico □ **to lay b.**, (*anche fig.*) mettere a nudo; svelare: **He laid b. the manoeuvres of his opponents**, mise a nudo le manovre dei suoi avversari □ **to strip sb. b.**, denudare (*o* spogliare) q. □ **to strip st. b.**, spogliare (*o* svuotare) q.c. □ **with one's b. hands**, a mani nude.
to **bare** /beə(r)/, *v. t.* **1** scoprire; denudare; mettere a nudo: **to b. one's head**, scoprirsi il capo **2** scoprire; rivelare; aprire: **to b. one's heart (soul)**, aprire il cuore (l'animo); **to b. one's thoughts**, rivelare i propri pensieri **3** snudare, sguainare (*la spada*). ● (*di bestia*) **to b. one's teeth**, mostrare (*o* scoprire) i denti.

bareback /ˈbɛəbæk/, *avv.* **1** (*di cavallo*) senza sella **2** (*di cavaliere*) a dorso nudo; senza sella; a pelo: **He rode b.**, cavalcava a pelo. ● (*nei circhi equestri*) **b. rider**, cavallerizzo, cavallerizza.
barebacked /ˈbɛəbækt/, **A** *a.* (*di cavallo*) senza sella. **B** *avv. V.* **bareback.**
bareboat charter /ˈbɛəbəʊtˈtʃɑːtə(r)/, *locuz. n.* (*naut.*) contratto di noleggio a scafo nudo; noleggio a tempo-locazione.
barebones /ˈbɛəbəʊnz/, *n.* (*fam.*) sacco di ossa (*fig.*); individuo magrissimo (*o* pelle e ossa).
barefaced /ˈbɛəfeɪst/, *a.* **1** con il viso scoperto; senza maschera **2** a viso aperto; franco; palese **3** impudente; sfacciato **4** imberbe. || **-ly**, *avv.* || **-ness**, *sost.*
barefisted /ˈbɛəfɪstɪd/, *a.* e *avv.* a mani nude; senza guantoni.
barefoot /ˈbɛəfʊt/, *a.* e *avv.* a piedi nudi; scalzo.
barefooted /ˈbɛəfʊtɪd/, *a.* scalzo; senza scarpe.
barehanded /ˈbɛəhændɪd/, *a.* e *avv.* **1** a mani nude; senza utensili (*attrezzi, ecc.*); inerme **2** (*fam.*) con le mani nel sacco.
bareheaded /ˈbɛəhɛdɪd/, *a.* e *avv.* a capo scoperto; senza cappello.
barelegged /ˈbɛəlɛgd, -lɛgɪd/, *a.* e *avv.* a gambe nude.
barely /ˈbɛəlɪ/, *avv.* **1** apertamente **2** appena; a mala pena: **I b. know him**, lo conosco appena **3** scarsamente; poveramente: **b. furnished rooms**, stanze poveramente ammobiliate.
bareness /ˈbɛənəs/, *n.* **1** nudità **2** scarsezza; povertà **3** semplicità.
baresark /ˈbɛəsɑːk/, **A** *n.* feroce guerriero. **B** *avv.* (*arc.*) senza armatura.
barf /bɑːf/, *n.* (*pop.*) vomito. ● (*aeron., autom.*) **b. bag**, sacchetto per il vomito.
to **barf** /bɑːf/, *v. i.* (*pop.*) vomitare.
bargain /ˈbɑːgɪn/, *n.* **1** affare (*anche leg. e nel senso di*: buon affare, affarone): **At this price, it's a b.**, a questo prezzo è un affare **2** (*anche leg.*) contratto di compravendita; scambio **3** (*leg.*) accordo; transazione **4** (*market.*) occasione; offerta speciale. ● **b. basement**, reparto occasioni (*nel seminterrato di un supermarket*) □ **b. counter**, reparto occasioni □ **b.-hunter**, chi va in cerca di occasioni, di buoni affari □ **b.-hunting housewives**, casalinghe in cerca di occasioni (*o* di saldi) □ (*leg.*) **b. money**, caparra □ (*market.*) **b. pack**, pacco offerta □ (*fam.*) **b. plea**, ammissione di colpa per un solo reato, più lieve degli altri (*che così non sono perseguiti*) □ **b. price**, prezzo d'occasione (*o* di liquidazione) □ (*market.*) **b. purchasing**, acquisti in blocco □ **b. sale**, vendita speciale; vendita delle rimanenze □ **to drive a hard b.**, trattare un affare soltanto a proprio vantaggio; fare condizioni durissime □ **a hard b.**, un contratto gravoso (*per uno dei contraenti*) □ **into the b.**, per giunta, per soprammercato; in più (*oltre a quanto pattuito*) □ **to make a b. with sb.**, fare un contratto con q. □ (*fig.*) **to make the best of a bad b.**, far buon viso a cattiva sorte □ **to strike a b.**, fare (*o* concludere) un affare; (*anche*) raggiungere un accordo (*specialm. tra lavoratori e datori di lavoro*) □ **«Will you sell your car for five thousand pounds?» «Yes» «Then it's a b.»**, «Vuoi vendere la tua automobile per cinquemila sterline?» «Sì» «Affare fatto» □ (*prov.*) **A b. is a b.**, bisogna stare ai patti.
to **bargain** /ˈbɑːgɪn/, **A** *v. i.* **1** mercanteggiare; tirare sul prezzo **2** contrattare; fare una trattativa **3** – **to b. for**, aspettarsi; prevedere: **It's more than I bargained for**, è più di quanto mi aspettavo **4** (*leg.*) patteggiare. **B** *v. t.* **1** negoziare; scambiare **2** accordarsi su (q.c.). ● **to b. away**, svendere; vendere (*fig.*): **to b. away one's rights for a small pay rise**, vendere (*o* cedere) i propri diritti per un piccolo aumento di salario □ **to b. on**, contare su; (*USA*) *V.* **to b. for**.
bargainee /bɑːgɪˈniː/, *n.* (*leg.*) compratore; acquirente.
bargainer /ˈbɑːgɪnə(r)/, *n.* **1** chi mercanteggia; chi tira sul prezzo **2** chi conduce una trattativa.
bargaining /ˈbɑːgɪnɪŋ/, *n.* **1** mercanteggiamento **2** contrattazione; trattativa sindacale: **collective b.**, contrattazione collettiva **3** (*leg.*) patteggiamento. ● **b. power**, potere contrattuale □ **b. procedure**, procedura delle trattative.
bargainor /ˈbɑːgɪnə(r), bɑːgɪˈnɔː(r)/, *n.* (*leg.*) venditore.
barge (**1**) /bɑːdʒ/, *n.* **1** chiatta; pontone (*per il trasporto di merci*) **2** lancia (*per gli ufficiali superiori d'una nave da guerra*) **3** grande barca a remi (*per feste*). ● **b. pole**, pertica (*per sospingere una chiatta*) □ **unloading b.**, chiatta da sbarco.
barge (**2**) /bɑːdʒ/, *n.* (*archit.*) frontone. ● **b. course**, sporto del tetto; gronda.
to **barge** /bɑːdʒ/, **A** *v. t.* trasportare su chiatta. **B** *v. i.* **1** muoversi in modo lento e pesante **2** – (*fam.*) **to b. into**, piombare in (*un luogo*) **3** – (*fam.*) **to b. against sb. [st.]**, urtare contro q. [q.c.] **4** – (*fam.*) **to b. in** (*o* **into**), intromettersi (*in una conversazione e sim.*); intervenire a sproposito.
bargee /bɑːˈdʒiː/, *n.* chiattaiolo; barcaiolo. ● (*fam.*) **lucky b.**, uomo fortunato □ **to swear like a b.**, bestemmiare come un turco.
bargeman /ˈbɜːdʒmən/, *n.* (*pl.* **bargemen**) (*USA*) *V.* **bargee**.
to **bar-hop** /ˈbɑːhɒp/, *v. i.* (*pop. USA*) fare il giro dei bar (*o* dei locali notturni).
baric (**1**) /ˈbærɪk, ˈbɛə-/, *a.* (*chim.*) barico; di bario.
baric (**2**) /ˈbærɪk, ˈbɛə-/, *a.* (*meteor.*) barico: **b. field**, campo barico.
barite /ˈbɛəraɪt/, *n.* (*miner., specialm. USA*) baritina; barite.
baritone /ˈbærɪtəʊn/, **A** *n.* (*mus.*) baritono. **B** *a. attr.* baritonale.
barium /ˈbɛərɪəm/, *n.* (*chim.*) bario. ● (*med.*) **b. meal**, solfato di bario; pasto (*fam.* pappa) di bario (*per esami radiologici*).
bark (**1**) /bɑːk/, *n.* **1** abbaio; latrato **2** (*fam.*) tosse **3** (*fam.*) serie di colpi (*di cannone*) **4** (*fam.*) secco ordine. ● (*prov.*) **His b. is worse than his bite**, can che abbaia non morde.
bark (**2**) /bɑːk/, *n.* **1** corteccia; scorza **2** (*fam.*) pelle **3** concia; scorza (*di talune piante*) per tingere.
bark (**3**) /bɑːk/, *n.* **1** (*naut.*) brigantino a palo **2** (*poet.*) barca.
to **bark** (**1**) /bɑːk/, **A** *v. i.* **1** abbaiare, latrare (*di cani, ecc.*) **2** parlare in modo iroso, petulante; sbraitare **3** (*fam.*) tossire **4** (*fam.*: *di cannoni*) sparare. **B** *v. t.* **1** (*anche* **to b. out**) gridare, urlare (*un ordine, ecc.*) **2** (*fam.*) propagandare, strombazzare (*merce*). ● **to b. at the moon**, abbaiare alla luna □ **to b. at sb.**, ingiuriare q.; offendere q. □ **to b. up the wrong tree**, rivolgere i propri sospetti su un innocente, prendersela con chi non c'entra; fare un'ipotesi sbagliata, essere fuori strada (*fig.*).
to **bark** (**2**) /bɑːk/, *v. t.* **1** scortecciare (*un albero*) **2** conciare (*cuoio*) **3** (*fam.*) scorticarsi, sbucciarsi (*la pelle*): **The boy fell and barked his knees**, il ragazzo cadde e si sbucciò le ginocchia.
barkeep /ˈbɑːkiːp/, *n.* (*pop. USA*) *V.* **barkeeper**.
barkeeper /ˈbɑːkiːpə(r)/, *n.* barista; proprietario (*o* proprietaria) di bar.
barkentine /ˈbɑːkəntiːn/, *n.* (*naut.*) goletta.
barker (**1**) /ˈbɑːkə(r)/, *n.* **1** abbaiatore; chi urla; chi sbraita; strillone **2** (*fam.*) imbonitore **3** (*fam., arc.*) pistola.
barker (**2**) /ˈbɑːkə(r)/, *n.* **1** scortecciatore **2** (*tecn.*) scortecciatoio (*arnese*) **3** (*tecn.*) scortecciatrice (*macchina*).
barking (**1**) /ˈbɑːkɪŋ/, *n.* **1** abbaiamento **2** (*pop.*) tosse secca.
barking (**2**) /ˈbɑːkɪŋ/, *n.* scortecciamento; scortecciatura. ● (*tecn.*) **b. drum**, tamburo scortecciatore □ **b. machine**, scortecciatrice.
barley (**1**) /ˈbɑːlɪ/, *n.* (*bot., Hordeum vulgare*) orzo. ● (*scozz.*) **b.-bree**, **b.-broo**; (*dial. ingl.*) **b.-broth**, birra forte □ **b. meal**, farina d'orzo □ **b. sugar**, zucchero d'orzo □ **b. water**, infuso d'orzo; orzata (*acqua d'orzo*) □ (*ingl.*) **b. wine**, birra fortissima.
barley (**2**) /ˈbɑːlɪ/, *inter.* (*infant.*) (*nei giochi*) mi chiamo fuori!; fido!
barleycorn /ˈbɑːlɪkɔːn/, *n.* chicco d'orzo. ● **John. B.**, John Barleycorn (*personificazione della birra e del whisky*).
barlow /ˈbɑːləʊ/, *V.* **barlowknife.**
barlowknife /ˈbɑːləʊnaɪf/, *n.* (*pl.* **barlowknives**) coltello (*o* temperino) a una sola lama.
barm /bɑːm/, *n.* **1** lievito di birra; fermento **2** schiuma (*di malto che fermenta*).
barmaid /ˈbɑːmeɪd/, *n.* cameriera al banco; barista.
barman /ˈbɑːmən/, *n.* (*pl.* **barmen**) cameriere al banco; barista.
barmecide /ˈbɑːmɪsaɪd/, **barmecidal** /bɑːmɪˈsaɪdl/, *a.* fittizio; illusorio; deludente (*specialm. di un pasto*; *dal nome di un principe persiano*).
barmy /ˈbɑːmɪ/, *a.* **1** che contiene lievito **2** schiumoso **3** (*fam.*) tocco (*nel cervello*); svanito; svampito (*fam.*).
barn /bɑːn/, *n.* **1** granaio; fienile; capannone agricolo **2** (*fig.*) tugurio **3** (*USA*) stalla; scuderia **4** (*USA*) rimessa, deposito (*di tram, ecc.*) **5** (*fig., spreg.*: *di una casa*) baracca; casermone. ● **b. dance**, (festa campestre, in cui si balla) una specie di quadriglia □ **b. door**, portone del granaio; (*fig.*) bersaglio facile, che non si può mancare □ (*zool.*) **b. owl** (*Tyto alba*), barbagianni □ (*zool., USA*) **b. swallow** (*Hirundo rustica*), rondine □ (*fam.*) **as big as a b.**, molto grande □ (*fig.*) **not to be able to hit a b. door**, essere un pessimo tiratore.
Barnabas /ˈbɑːnəbəs/, *n.* (*Bibbia*) Barnaba.
Barnabite /ˈbɑːnəbaɪt/, *n.* (*relig.*) barnabita.
Barnaby /ˈbɑːnəbɪ/, *n.* Barnaba. ● **B. bright**, giorno di S. Barnaba (*11 giugno, un tempo ritenuto il più lungo dell'anno*).
barnacle /ˈbɑːnəkl/, *n.* **1** (*zool.*) crostaceo dei Cirripedi (*in genere*) **2** (*zool., Branta leucopsis*; = **b. goose**) oca facciabianca; bernacla (*raro*) **3** (*fig. fam.*) attaccabottoni; seccatore, seccatrice.
barnacles /ˈbɑːnəklz/, *n. pl.* **1** torcinaso (*da maniscalco o strumento di tortura*) **2** (*fam.*) occhiali a stringinaso.
Barnard /ˈbɑːnəd/, *n.* Bernardo.
to **barnstorm** /ˈbɑːnstɔːm/, **A** *v. i.* **1** girare per le campagne, dando rappresentazioni teatrali o tenendo comizi politici **2** (*di piloti*) fare acrobazie (*o* gare acrobatiche). **B** *v. t.* percorrere (*il paese, una zona, ecc.*) dando rappresentazioni o tenendo comizi.
barnstormer /ˈbɑːnstɔːmə(r)/, *n.* attore girovago.
barnstorming /ˈbɑːnstɔːmɪŋ/, *n.* (*aeron.*) gare d'acrobazia.
barnyard /ˈbɑːnjɑːd/, *n.* aia (*di fattoria*). ● **b. fowls**, animali da cortile; polli, oche, ecc.
barogram /ˈbærəgræm/, *n.* (*meteor.*) barogramma.
barograph /ˈbærəgrɑːf, *USA* -græf/, *n.* (*meteor.*) barografo.
barometer /bəˈrɒmɪtə(r)/, *n.* (*meteor.*) barometro.
barometric(**al**) /bærəʊˈmɛtrɪk(l)/, *a.* barometrico: **b. fuse**, spoletta barometrica; **b. pressure**, pressione barometrica.
barometry /bəˈrɒmətrɪ/, *n.* (*fis.*) barometria.
baron /ˈbærən/, *n.* **1** (*stor.*) barone; nobile; feudatario **2** barone (*della nobiltà ingl.*) **3** (*specialm. USA*) magnate; grande industriale: **beef b.**, magnate della carne. ● (*macelleria*) **b. of beef**, i due lombi del bue.

baronage /'bærənɪdʒ/, *n.* ***1*** baronia; baronaggio ***2*** (*collett.*) (i) baroni; (la) nobiltà ***3*** albo dei baroni; annuario dei nobili.

baroness /'bærənɪs/, *n.* baronessa.

baronet /'bærənɪt/, *n.* baronetto.

to **baronet** /'bærənɪt/, *v. t.* nominare baronetto.

baronetage /'bærənɪtɪdʒ/, *n.* ***1*** (*collett.*) (i) baronetti ***2*** albo dei baronetti.

baronetcy /'bærənɪtsɪ/, *n.* rango (*o* titolo) di baronetto.

baronial /bə'rəʊnɪəl/, *a.* di (*o* da) barone; baronale; baronesco.

barony /'bærənɪ/, *n.* baronia (*rango e possedimento*).

baroque /bə'rɒk, *USA* bə'rəʊk/, *a.* e *n.* barocco (*anche fig.*).

baroquerie /bə'rəʊkərɪ, -'rɒ-, *USA* bərəʊkə'riː/, *n.* (*spreg.*) baroccume.

baroscope /'bærəʊskəʊp/, *n.* (*fis.*) baroscopio.

barostat /'bærəʊstæt/, *n.* (*anche aeron.*) barostato.

barouche /bə'ruːʃ/, *n.* (*un tempo*) carrozzella; calesse.

barque /bɑːk/, *V.* **bark** (**3**).

barquentine /'bɑːkəntiːn/, *n.* (*naut.*) goletta.

barracan /'bærəkən/, *n.* barracano.

barrack /'bærək/, *n.* (*generalm. al pl.*) ***1*** caserma ***2*** (*fig.*) baracca; casermone; baraccamento. ● **b. room**, camerata □ (*fam.*) **b.-room lawyer**, chi, pur se incompetente, pretende di dare consigli giuridici.

to **barrack** /'bærək/, *v. t.* e *i.* ***1*** accasermare, accasermarsi; acquartierare, acquartierarsi ***2*** alloggiare in baracche ***3*** (*fam.*) fischiare, zittire, schernire (*specialm. giocatori, oratori e sim.*).

barracking /'bærəkɪŋ/, *n.* ***1*** accasermamento; acquartieramento ***2*** (*fam.*) subisso d'insulti (*o* di fischi).

barracuda /bærə'kjuːdə, -'kuːdə/, *n.* (*pl.* **barracuda, barracudas**) (*zool.*, *Sphyraena*) barracuda.

barrage /'bærɑːʒ, -dʒ, *USA* bə'rɑːʒ, -dʒ/, *n.* ***1*** sbarramento: **balloon b.**, sbarramento di palloni (*aerostatici*) ***2*** diga ***3*** (*mil.*, = **b. fire**) tiro di sbarramento: **creeping b.**, tiro di sbarramento che si sposta con l'avanzare delle proprie truppe ***4*** (*fig.*) serie ininterrotta; fuoco di fila (*di domande, ecc.*). ● (*mil.*) **b. balloon**, pallone di sbarramento.

to **barrage** /'bærɑːʒ, *USA* bə'rɑːʒ/, *v. t.* ***1*** (*mil.*) sottoporre a un tiro di sbarramento ***2*** (*fig.*) sottoporre (q.) a un fuoco di fila di domande, ecc.; tempestare (*di domande, ecc.*).

barrator /'bærətə(r)/, *n.* ***1*** (*stor.*) barattiere ***2*** (*leg., stor.*) istigatore di liti ***3*** (*leg., naut.*) colpevole del reato di baratteria.

barratry /'bærətrɪ/, *n.* ***1*** (*stor.*) baratteria ***2*** (*leg., in G.B., fino al 1967*) istigazione alle liti; eccessiva e molesta litigiosità ***3*** (*leg., naut.*) baratteria (*frode a danno dell'armatore*).

barred /bɑːd/, *a.* ***1*** sbarrato; munito di sbarre ***2*** a strisce; striato ***3*** (*di porto*) ostruito da sbarre ***4*** proibito. ● (*fin.*) **b. credit**, credito prescritto □ (*econ.*) **b. market**, mercato proibito.

barrel /'bærəl/, *n.* ***1*** barile (*anche misura di capacità*); botte; fusto ***2*** bariletto (*di orologio o di obiettivo fotografico*) ***3*** cilindro (*di organo, ecc.*) ***4*** canna (*di fucile, ecc.*) ***5*** cannello (*di penna*) ***6*** serbatoio (*di penna stilografica*) ***7*** tamburo (*di rivoltella*) ***8*** cassa (*di tamburo*) ***9*** (*vet.*) tronco ***10*** (*naut.*) tamburo avvolgicavo. ● **b.-chested**, dal torace ampio e rotondo □ (*USA*) **b.-house**, bar d'infimo ordine □ (*fam.*) **a b. of laughs**, un sacco di risate □ **b. organ**, organetto di Barberia; organino (*di suonatore ambulante*) □ **b. tub**, bigoncia □ (*archit.*) **b. vault**, volta a botte; fornice □ (*fam.*) **to get sb. over a b.**, tenere q. in proprio potere; prendere q. per la gola □ (*fam.*) **to have a b. of fun**, divertirsi un sacco □ (*fam.*) **to be over a b.**, essere impotente (*alla mercé altrui*) □ (*fam.*) **to scrape the** (**bottom of the**) **b.**, raschiare il fondo del barile (*fig.*); dar fondo alle proprie risorse.

to **barrel** /'bærəl/, **A** *v. t.* ***1*** mettere in barili, imbarilare; mettere in botti, imbottare ***2*** (*fig.*) mettere da parte (*o* in serbo). **B** *v. i.* (*fam. specialm. USA*) andare a rotta di collo (*o* a tutta birra).

barrelful /'bærəlfl/, *n.* barile, botte (*quanto sta in un barile o in una botte*).

barrelled /'bærəld/, *a.* ***1*** a forma di barile (*o* di botte) ***2*** imbarilato; imbottato. ● **a double-b. gun**, un fucile a due canne □ **long-b.** [**short-b.**] **firearm**, arma a canna lunga [a canna corta].

barren /'bærən/, **A** *a.* ***1*** (*anche fig.*) sterile; infruttifero ***2*** (*anche fig.*) arido; privo d'interesse ***3*** privo: **a person b. of creative spirit**, una persona priva di spirito creativo. **B** *n.* terreno sterile; landa. || **-ly**, *avv.* || **-ness**, *sost.*

barret /'bærət/, *n.* berretto, berretta (*specialm. da prete*).

barricade /bærɪ'keɪd, 'bæ-/, *n.* ***1*** barricata ***2*** steccato, barriera (*anche fig.*) ***3*** (*nelle corse di cavalli*) cancelli di partenza.

to **barricade** /bærɪ'keɪd, 'bæ-/, *v. t.* ***1*** barricare (*una porta, una casa*) ***2*** sbarrare con barricate (*una strada*).

barrier /'bærɪə(r)/, *n.* barriera (*anche fig.*). ● **b. beach**, barriera litorale □ **b. lake**, lago di sbarramento □ **b. reef**, barriera corallina □ (*econ.*) **barriers to trade**, barriere agli scambi □ **customs barriers**, barriere doganali □ (*geogr.*) **the Great Ice B.**, la banchisa polare □ (*aeron.*) **the sound b.**, il muro del suono.

to **barrier** /'bærɪə(r)/, *v. t.* sbarrare. ● **to b. in**, chiudere con una barriera □ **to b. off**, escludere (*o* tener fuori) con una barriera.

barring /'bɑːrɪŋ/, *prep.* eccetto; eccettuato; salvo; tranne: **b. accidents**, salvo incidenti; salvo imprevisti.

barrister /'bærɪstə(r)/, *n.* (*leg.*) ***1*** (= **b.-at-law**; *in Inghil. e nel Galles*) «barrister»; avvocato (patrocinante); procuratore legale (*non ha rapporti diretti con il cliente, con cui tratta tramite un* **solicitor** - *q.V.*; *è il solo abilitato a patrocinare nei tribunali di grado superiore*; *cfr. scozz.* **advocate**) ***2*** (*USA, raro*) avvocato (*più com.* **lawyer**).

barristerial /bærɪ'stɪərɪəl/, *a.* (*raro*) (*leg.*) relativo a un «barrister» (*V. sopra*).

barroom /'bɑːruːm, -rʊm/, *n.* (*USA*) spaccio d'alcolici; bar.

barrow (**1**) /'bærəʊ/, *n.* ***1*** (= **wheelbarrow**) carriola ***2*** (= **coster's b.**) carrettino (*spinto a mano*) ***3*** (= **handbarrow**) barella. ● **b. boy** (*o* **b. man**), venditore ambulante.

barrow (**2**) /'bærəʊ/, *n.* ***1*** collina; altura; monte (*specialm. nei toponimi*) ***2*** (*archeol.*) tumulo ***3*** (*dial.*) mucchio.

bartender /'bɑːtendə(r)/, *n.* cameriere (*o* cameriera) al banco; banconiere; banchista; barista.

barter /'bɑːtə(r)/, *n.* (*anche leg.*) baratto; permuta; scambio.

to **barter** /'bɑːtə(r)/, **A** *v. t.* ***1*** barattare; scambiare: **to b. a thing for** (*o* **against**) **another**, barattare una cosa con un'altra ***2*** (*spesso* **to b. away**) barattare (*fig.*): **to b. away freedom for social security**, barattare la libertà con la sicurezza sociale. **B** *v. i.* fare baratti; praticare il baratto.

barterer /'bɑːtərə(r)/, *n.* chi fa baratti; barattatore (*raro*).

Bartholomew /bɑː'θɒləmjuː/, *n.* Bartolomeo.

bartizan /'bɑːtɪzæn, *USA* -'zæn/, *n.* (*archit.*) bertesca.

barton /'bɑːtn/, *n.* ***1*** aia, cortile, bassa corte (*di fattoria*) ***2*** (*leg.*) corte signorile o padronale; parte di fattoria non ceduta in affitto.

Bart's /bɑːts/, *n.* (*fam.*) ospedale di S. Bartolomeo (*a Londra*).

barycentre /'bærɪsentə(r)/, *n.* (*fis., geom.*) baricentro.

barycentric /bærɪ'sentrɪk/, *a.* (*fis., geom.*) baricentrico.

barye /'bærɪ/, *n.* (*fis.*) baria; microbar (*unità di misura di pressione*).

baryon /'bærɪɒn/, *n.* (*fis. nucl.*) barione. ● **b. number**, numero barionico.

baryonic /bærɪ'ɒnɪk/, *a.* (*fis. nucl.*) barionico.

barysphere /'bærɪsfɪə(r)/, *n.* (*geol.*) barisfera.

baryta /bə'raɪtə/, *n.* (*chim.*) barite; ossido di bario.

barytes /bə'raɪtiːz/, *V.* **barite**.

barytone /'bærɪtəʊn/, *V.* **baritone**.

basal /'beɪsl/, *a.* ***1*** (*scient.*) basale; di base: **b. metabolism**, metabolismo basale ***2*** basilare; fondamentale.

basalt /'bæsɔːlt, *USA* bə'sɔːlt, 'beɪ-/, *n.* ***1*** (*geol.*) basalto ***2*** (*stor.*, = **basaltware**) tipo di porcellana nera (*che si faceva nel tardo '700*).

basaltic /bə'sɔːltɪk/, *a.* (*geol.*) basaltico.

bascule /'bæskjuːl/, *n.* ***1*** (*mecc.*) bilico ***2*** basculla; bascula ***3*** *V.* **b. bridge** ***4*** braccio di ponte a bilico. ● **b. barrier**, sbarra a bilico (*di passaggio a livello*) □ **b. bridge**, ponte a bilico; ponte levatoio.

base (**1**) /beɪs/, *n.* ***1*** (*chim., geom., mil., stat., ecc.*) base; basamento, fondamento, zoccolo: **the b. of a triangle**, la base di un triangolo; (*naut.*) **naval b.**, base navale; **supply b.**, base di rifornimento; **the b. of a pillar**, il fondamento di un pilastro; **the b. of a column**, lo zoccolo di una colonna; (*fin.*) **monetary b.**, base monetaria ***2*** (*fig.*) base ***3*** (*sport*) base ***4*** (*pop. USA*) cocaina pura; crack. ● (*elab.*) **b. address**, indirizzo di base □ (*baseball*) **b. hit**, battuta con la quale un giocatore consegue la prima base □ (*pop. USA*) **b. house**, spaccio di crack □ (*fin.*) **b. lending rate**, tasso d'interesse passivo (*praticato dalle banche ai clienti*) □ (*geol.*) **b. level**, livello di base □ (*elettr.*) **b. load**, carico di base; carico minimo □ (*biochim.*) **b. pairing**, appaiamento delle basi (*del DNA*) □ (*econ.*) **b. pay**, paga base □ (*comm.*) **b. price**, prezzo base □ (*stat.*) **b. period**, periodo base □ **b. rate**, (*fin.*) tasso bancario di riferimento; (*fam.*) tasso ufficiale di sconto; (*stat.*) saggio base □ (*econ.*) **b. salary**, stipendio base □ (*cronot.*) **b. time**, tempo base □ **b. unit**, (*fis.*) unità fondamentale; base (*mobiletto da cucina*) □ (*econ.*) **b. wages**, salario base □ **to get to first b.**, (*baseball*) raggiungere la prima base; (*fig. fam. USA*) ottenere un successo iniziale □ (*pop. USA*) **off b.**, errato, sbagliato; sballato (*pop.*); impreparato, alla sprovvista: **I was caught off b.**, fui preso alla sprovvista.

base (**2**) /beɪs/, **A** *a.* basso; vile; spregevole; meschino; egoistico; ignobile: **a b. man**, un uomo spregevole; un vile; **a b. motive**, un motivo ignobile. **B** *n.* (*mus., arc.*) *V.* **bass** (**3**). ● (*arc.*) **b.-born**, di oscuri natali; illegittimo □ (*bot.*) **b. broom** (*Genista tinctoria*), ginestrella □ **a b. coin**, una moneta di bassa lega; una moneta vile □ **b. Latinity**, la bassa latinità □ **b. metal**, metallo vile □ **b.-minded**, d'animo vile; meschino; ignobile.

to **base** /beɪs/, **A** *v. t.* (*anche fig.*) basare; fondare. **B** to **base oneself**, *v. rifl.* basarsi, fondarsi (su q.c.). ● (*mil.*) **to be based at** (*o* **in**), essere di base (*o* di stanza) a; (*fam.*) abitare, risiedere.

baseball /'beɪsbɔːl/, *n.* (*sport*) ***1*** baseball; pallabase ***2*** palla da baseball.

baseboard /'beɪsbɔːd/, *n.* (*edil., USA*) battiscopa; zoccolo.

Basel /'bɑːzl/, *n.* (*geogr.*) Basilea.

baseless /'beɪsləs/, *a.* ***1*** senza base ***2*** (*fig.*) senza fondamento, infondato.

baselessness /'beɪsləsnəs/, *n.* infondatezza.

baseline /'beɪslaɪn/, *n.* ***1*** (*topogr.*) linea di base; base di rilevamento ***2*** (*elettron.*) linea di base ***3*** (*tecn.*) linea di riferimento ***4*** (*sport*) linea di fondo.

baseman /'beɪsmən/, *n.* (*pl.* **basemen**) (*baseball*) base (*il giocatore*).

basement /'beɪsmənt/, *n.* ***1*** fondamento, base (*fig.*) ***2*** seminterrato ***3*** (piano) interrato;

scantinato; sottosuolo *4* (*geol.*) basamento *5* (*mecc.*) basamento; base.

baseness /'beɪsnəs/, *n.* bassezza morale; ignobilità; meschinità.

bash /bæʃ/, *n.* *1* (*fam.*) colpo; urto violento; forte botta *2* (*pop. USA*) festa sfrenata; baldoria. ● (*pop.*) **to give it a b.**, provarci □ (*pop.*) **to have a b. at it**, tentare di fare q.c.; provarcisi.

to **bash** /bæʃ/, *v. t.* (*fam.*) *1* battere, colpire, urtare (*la testa, ecc.*) *2* (*fig.*) attaccare; criticare aspramente.

♦**bash about** (*o* **around**), *v. t. + avv.* malmenare; maltrattare.

♦**bash in**, *v. t. + avv.* *1* sfondare, abbattere (*una porta, ecc.*) *2* (*fam.*) spaccare, fracassare (*la faccia, la testa a q.*).

♦**bash up**, *v. t. + avv.* *1* fracassare; distruggere; rovinare *2* (*fam.*) pestare; picchiare a sangue.

basher /'bæʃə(r)/, *n.* *1* fracassone *2* pestatore (*raro*); picchiatore.

bashful /'bæʃfl/, *a.* *1* timido; ritroso *2* eccessivamente modesto. || **-ly**, *avv.* || **-ness**, *sost.*

bashing /'bæʃɪŋ/, *n.* (= **b.-up**) pestaggio; botte da orbi. ● **queer-b.**, pestaggio degli omosessuali □ (*polit.*) **union-b.**, feroce attacco ai sindacati.

basic /'beɪsɪk/, **A** *a.* *1* fondamentale; essenziale; basilare: **b. English**, inglese essenziale (*cioè ridotto a circa ottocento parole e così insegnato agli stranieri*) *2* (*chim.*) basico *3* (*elab.*) di base *4* (*scient.*) di base; basico *5* (*fam.*) rudimentale. **B** *n. pl.* (*fam.*) *1* primi elementi; (le) basi: **the basics of maths**, le basi della matematica *2* (*fig.*) valori tradizionali: **Back to basics!**, torniamo ai valori tradizionali! ● (*fisc.*) **b. abatement**, abbattimento alla base (*di un imponibile*) □ (*elab.*) **b. access method** (*abbr.* **BAC**), metodo base di accesso □ (*econ.*) **b. capital goods**, beni strumentali essenziali □ **b. crop**, raccolto principale; prodotto agricolo di base □ (*econ.*) **b. income**, reddito minimo □ **b. industry**, industria di base □ (*econ.*) **b. needs**, bisogni primari □ (*econ.*) **b. pay [salary, wages]**, *V.* **base pay [salary, wages]**, *sotto* **base (1)** □ **b. research**, ricerca di base; ricerca pura □ (*geol.*) **b. rocks**, rocce basiche □ **b. typewriter**, macchina da scrivere tradizionale.

basically /'beɪsɪklɪ/, *avv.* fondamentalmente.

basicity /bə'sɪsətɪ/, *n.* (*chim.*) basicità.

to **basify** /'beɪsɪfaɪ/, *v. t.* (*chim.*) basificare.

basil /'bæzl/, *n.* (*bot., Ocimum basilicum*) basilico.

Basil /'bæzl/, *n.* Basilio.

basilar /'bæsɪlə(r)/, *a.* *1* basilare *2* (*biol.*) basale; di base.

basilary /'bæsɪlərɪ, *USA* -ɛrɪ/, *a.* basilare.

basilica /bə'zɪlɪkə/, *n.* (*pl.* **basilicae, basilicas**) basilica.

basilical /bə'zɪlɪkl/, **basilican** /bə'zɪlɪkən/, *a.* basilicale.

basilisk /'bæzɪlɪsk/, *n.* (*mitol.*; *zool., Basiliscus*) basilisco. ● **a b. glance**, uno sguardo da basilisco (*perfido*; *malvagio*).

basin /'beɪsn/, *n.* *1* bacino; bacile; bacinella; catino: **Wash your hands in the b.**, lavati le mani nel catino *2* (*geogr., naut.*) bacino: **the Po b.**, il bacino del Po; **The deep part of a harbour is called a b.**, la parte profonda di un porto si chiama bacino; **repairing b.**, bacino di carenaggio. ● **b.-stand**, portacatino □ (*naut.*) **b. trials**, prove in bacino □ **sugar b.**, zuccheriera □ **wash-b.**, lavabo; bacile; bacinella □ (*naut.*) **wet b.**, darsena.

basinet /beɪsɪ'nɛt/, *n.* (*stor.*) elmo leggero; bacinetto.

basinful /'beɪsnfʊl/, *n.* catino, catinella (*quanto sta in un catino, ecc.*): **a b. of water**, un catino d'acqua.

basis /'beɪsɪs/, *n.* (*pl.* **bases**) *1* (*specialm. scient.* e *fig.*) base; fondamento; principio *2* (*Borsa merci*) base (*differenza tra il prezzo a termine e il prezzo a pronti di un prodotto*). ● (*leg.*) **the b. of a contract**, la base d'un contratto □ (*econ.*) **b. rate**, tariffa base (*di un servizio*).

to **bask** /bɑːsk, *USA* bæsk/, *v. i.* *1* crogiolarsi: **He was basking in the sun [in the firelight]**, si crogiolava al sole [vicino al fuoco] *2* (*fig.*) bearsi: **The courtier basked in the king's favour**, il cortigiano si beava del favore del re. ● (*zool.*) **basking shark** (*Cetorhinus maximus*), squalo elefante; squalo pellegrino.

basket /'bɑːskɪt, *USA* 'bæs-/, *n.* *1* cesta; canestro; paniere; sporta *2* (*pallacanestro*) canestro; cesto: **to make** (*o fam.* **to shoot**) **a b.**, fare canestro (*o* cesto); **to make** (*o* **to shoot**) **ten baskets**, fare dieci canestri *3* navicella (*di pallone aerostatico*) *4* (*fin.*, = **b. of currencies**) paniere (*monetario*) *5* (*pop. USA*) stomaco *6* (*pop. USA*) bustarella; mazzetta; pizzo. ● (*pop. USA*) **b. case**, amputato di braccia e di gambe; (*fig.*) derelitto, rottame □ **b. chair**, sedia di vimini □ **b. maker**, canestraio; cestaio; panieraio □ (*bot.*) **b.-willow**, (*Salix viminalis*) salice da vimini □ **clothes b.**, cesta dei panni □ (*fig.*) **the pick of the b.**, il meglio; la persona, l'oggetto migliore □ **shopping b.**, sporta (*della spesa*) □ **wastepaper b.**, cestino (*della carta straccia*) □ **work b.**, cestino da lavoro.

to **basket** /'bɑːskɪt, *USA* 'bæs-/, *v. t.* (*raro*) *1* mettere in un cesto *2* cestinare.

basketball /'bɑːskɪtbɔːl, *USA* 'bæs-/, *n.* (*sport*) *1* pallacanestro; basket *2* pallone da basket. ● **b. player**, giocatore di pallacanestro; cestista.

basketful /'bɑːskɪtfʊl, *USA* 'bæs-/, *n.* panierata; cesto, cesta (*il contenuto*): **a b. of fruit**, un cesto di frutta.

basketry /'bɑːskɪtrɪ, *USA* 'bæs-/, *n.* *1* arte di lavorare il giunco (*di fare cesti, sedie di vimini, ecc.*) *2* (*collett.*) oggetti (*sedie, ecc.*) fatti con vimini; ceste; panieri.

basketwork /'bɑːskɪtwɜːk, *USA* 'bæs-/, *n.* *1* lavoro in vimini *2* *V.* **basketry**, *def. 2*.

basque /bæsk/, *n.* (*moda*) *1* camicetta attillata *2* corpetto stretto (*da donna*) *3* baschina, basca (*di giacca da donna*).

Basque /bæsk, bɑːsk/, *a. e n.* basco.

bas-relief /'bæsrɪliːf, 'bɑːrɪliːf/, *n.* (*arte*) bassorilievo.

bass (1) /beɪs/, *n.* (*pl.* **bass, basses**) (*zool., Perca fluviatilis*) pesce persico. ● **sea b.** (*Labrax lupus*), spigola; branzino.

bass (2) /bæs/, *n.* (*bot.*) corteccia fibrosa del tiglio. ● **b. broom**, rozza scopa.

bass (3) /beɪs/, (*mus.*) **A** *n.* *1* basso (*cantante*) *2* voce di basso *3* nota bassa *4* (*fam.*, = **double b.**) contrabbasso *5* (*fam.*, = **b. guitar**) basso. **B** *a.* basso. ● **b. clef**, chiave di basso □ **b. drum**, grancassa □ **b. guitar**, basso (*chitarra*) □ **b. viol**, viola da gamba; (*USA*) contrabbasso □ **thorough b.**, basso continuo.

bassackwards /'bæsækwədz/, *avv.* (*volg. USA*) *V.* **ass-backwards**.

basset (1) /'bæsɪt/, *n.* (*cane*) basset hound.

basset (2) /'bæsɪt/, *n.* bassetta (*gioco di carte*).

basset (3) /'bæsɪt/, *n.* (*geol.*) lembo di filone che affiora.

to **basset** /'bæsɪt/, *v. i.* (*geol.*) affiorare (*V.* **basset (3)**).

basset-horn /'bæsɪthɔːn/, *n.* (*mus., un tempo*) corno di bassetto; clarinetto in fa.

bassinet /bæsɪ'nɛt, 'bæ-/, *n.* culla di vimini.

bassist /'beɪsɪst/, *n.* (*mus.*) suonatore di contrabbasso.

basso /'bæsəʊ/ (*ital.*), (*mus.*) **A** *n.* (*pl.* **bassos, bassi**) *1* basso (*cantante*): **b. profundo**, basso profondo *2* voce di basso. **B** *a.* di (*o* da) basso.

bassoon /bə'suːn/, *n.* (*mus.*) fagotto. ● **double b.**, controfagotto.

bassoonist /bə'suːnɪst/, *n.* suonatore di fagotto; fagottista.

basso-rilievo /'bæsəʊrɪ'ljeɪvəʊ, *USA* -rɪ'liːvəʊ, 'bɑːsəʊ-/ (*ital.*), *n.* (*pl.* **basso-rilievos, basso-rilievi**) (*arte*) bassorilievo.

basswood /'bæswʊd/, *n.* *1* (*bot., Tilia americana*) tiglio americano *2* legno di tiglio americano (*usato per fare mobili*).

bast /'bæst/, *n.* *1* (*bot.*) libro *2* (= **b. fiber**) rafia.

bastard /'bɑːstəd, *USA* 'bæs-/, **A** *n.* *1* (*anche spreg.*) bastardo: **You b.!**, brutto bastardo! *2* (*zool.*) bastardo; ibrido; meticcio *3* (*pop.*) individuo; tipo; tizio: **That lucky b.!**, che fortunato quel tizio! *4* (*pop.*) cosa fastidiosa (*o* difficile): **This job is a real b.**, questo lavoro è proprio difficile. **B** *a.* *1* bastardo; illegittimo *2* contraffatto; falso; di qualità inferiore *3* (*zool., bot.*) bastardo; ibrido. ● **b. cedar**, cedro bastardo; (*USA*) sequoia □ (*mecc.*) **b.-cut file**, lima bastarda □ (*pop.*) **a b. of an earthquake**, un dannato terremoto □ (*tipogr.*) **b. title**, occhiello □ (*zool.*) **b. wing**, alula □ (*fam. spreg.*; *talora scherz. e affettuoso*) **poor old b.**, poverino!

bastardization /bæstədaɪ'zeɪʃn, *USA* -dɪ'z-/, *n.* *1* (*leg.*) dichiarazione (*o* dimostrazione) d'illegittimità *2* imbastardimento (*per es., della lingua*).

to **bastardize** /'bæstədaɪz/, *v. t.* *1* (*leg.*) dichiarare (*o* dimostrare) (*un bambino*) illegittimo *2* imbastardire: **Why b. the Italian language?**, perché imbastardire la lingua italiana?

bastardy /'bɑːstədɪ, *USA* 'bæs-/, *n.* bastardaggine; condizione di bastardo; illegittimità (*della nascita*).

to **baste (1)** /beɪst/, *v. t.* imbastire (*in senso proprio*).

to **baste (2)** /beɪst/, *v. t.* *1* ungere con burro fuso o col suo grasso (*la carne che arrostisce*) *2* versare cera fusa su (*gli stoppini*).

to **baste (3)** /beɪst/, *v. t.* (*fam.*) *1* battere; bastonare; picchiare *2* attaccare (*a parole*); ingiuriare; sgridare.

basted /'beɪstɪd/, *a.* (*pop. USA*) ubriaco; sbronzo.

bastille /bæ'stiːl/, *n.* *1* (*stor.*) torre mobile; piccola fortezza *2* prigione. ● (*stor.*) **the B.**, la Bastiglia.

bastinado /bæstɪ'neɪdəʊ/, *n.* (*pl.* **bastinadoes**) (*stor.*) bastonatura delle piante dei piedi (*punizione o tortura*).

to **bastinado** /bæstɪ'neɪdəʊ/, *v. t.* bastonare (q.) sulle piante dei piedi.

basting (1) /'beɪstɪŋ/, *n.* *1* imbastitura *2* filo da imbastire.

basting (2) /'beɪstɪŋ/, *n.* (*fam.*) *1* bastonatura *2* sgridata; lavata di capo.

bastion /'bæstɪən, *USA* -tʃən/, *n.* bastione; baluardo; spalto.

bastioned /'bæstɪənd, *USA* -tʃənd/, *a.* bastionato; munito di bastioni.

bat (1) /bæt/, *n.* pipistrello. ● **as blind as a bat**, cieco come una talpa □ (*pop.*) **to go bats**, andare giù di testa; dar di matto (*pop.*) □ (*fam.*) **to have bats in the belfry**, essere tocco, strambo.

bat (2) /bæt/, *n.* *1* robusto bastone; randello *2* (*sport*) mazza: **cricket bat**, mazza da cricket *3* (*sport*) racchetta (*da ping-pong*) *4* (*sport*) battuta; turno di battere (*nel baseball e nel cricket*) *5* (*sport*) battitore: **the best bat in the game**, il miglior battitore della partita *6* pezzo, blocco (*per es., d'argilla*) *7* (*fam.*) botta; colpo *8* (*fam.*) rapidità; velocità *9* (*fam. USA*) frustino (*di fantino*) *10* (*pop. USA*) bevuta; bisboccia; baldoria *11* (*pop. USA*) racchiona *12* (*volg. USA*) battona; puttana *13* (*volg. USA*) pene. ● **to be at bat**, avere la battuta (*per es., nel baseball*) □ (*cricket*) **to carry one's bat**, essere ancora in gioco alla fine del proprio turno di battuta □ (*fam.*) **to go at full bat**, correre a tutto spiano □ (*fig. fam. USA*) **to go to bat for sb.**, intervenire in difesa di q. □ **off one's own bat**, con le proprie forze; per proprio conto; (*anche*) spontaneamente, senza invito □ (*fam. USA*) (**right**) **off the bat**, immediatamente; su due piedi; senza pensarci su.

to **bat** (**1**) /bæt/, *v. t.* e *i.* (*sport*) ***1*** usare la mazza ***2*** battere (*la palla*) con la mazza; effettuare la battuta. ● (*fam.*) **to bat around**, viaggiare qua e là; vagliare, discutere (*un piano, un'idea*).

to **bat** (**2**) /bæt/, *v. t.* battere (*le palpebre*); ammiccare: **without batting an eye** (*o* **an eyelid**), senza battere ciglio. ● (*pop. USA*) **to bat around**, girare senza meta; parlare di (q.c.); discutere.

batata /bəˈtɑːtə/, *n.* (*bot., Ipomoea batatas*) batata; patata dolce.

Batavian /bəˈteɪvɪən/, *a.* e *n.* (*geogr., stor.*) batavo.

batch /bætʃ/, *n.* ***1*** infornata (*di pane*) ***2*** complesso di cose (*o* persone); gruppo; mucchio: **a b. of students from France**, un gruppo di studenti dalla Francia; **a b. of rules to be learnt**, un mucchio di regole da imparare ***3*** (*comm.*) lotto, partita (*di merce*) ***4*** (*elab.*) batch; lotto (*di schede*); gruppo (*di dati, ecc.*) ***5*** (*chim., fis.*) carica; mescola. ● (*elab.*) **b. processing**, elaborazione sequenziale; trattamento a lotti □ (*econ.*) **b. production**, produzione per lotti □ (*elab.*) **b. total**, totale di gruppo.

to **batch** /bætʃ/, *v. t.* ***1*** (*elab.*) raggruppare; ordinare in lotti ***2*** (*tecn.*) dosare (*i materiali per una mescola*).

batcher /ˈbætʃə(r)/, *n.* ***1*** chi raggruppa ***2*** (*tecn.*) dosatore ***3*** (*ind. costr.*) tramoggia dosatrice (*di cemento*).

batching /ˈbætʃɪŋ/, *n.* ***1*** (*elab.*) raggruppamento (*in lotti, ecc.*) ***2*** (*tecn.*) dosatura (*V.* **to batch**).

bate (**1**) /beɪt/, *n.* soluzione alcalina (*per ammorbidire pelli da concia*).

bate (**2**) /beɪt/, *n.* (*fam.*) ira; furia.

to **bate** (**1**) /beɪt/, **A** *v. t.* ***1*** (*arc.*) diminuire; ridurre ***2*** (*comm.*) detrarre. **B** *v. i.* (*del vento, della furia delle onde, ecc.*) diminuire; calare. ● **with bated breath**, trattenendo il respiro (*o* il fiato: *per la paura, ecc.*).

to **bate** (**2**) /beɪt/, *v. t.* ammorbidire (*pelli*) (*V.* **bate** (**1**)).

bath /bɑːθ, *USA* bæθ/, *n.* ***1*** bagno (*in ogni senso*): **The older houses of the village have no b.**, le case più vecchie del paese non hanno il bagno ***2*** vasca da bagno ***3*** (*pl.*) bagni pubblici; terme ***4*** (*ingl.*) piscina coperta: **Blackpool holidaymakers can swim in seawater baths**, a Blackpool i villeggianti possono nuotare in piscine d'acqua di mare. ● **b. attendant**, bagnino □ **b. heater**, scaldabagno □ **b. mat**, stuoia da bagno; scendibagno □ **b. salts**, sali da bagno □ **b. scale**, pesapersone □ **b. towel**, telo da bagno □ (*fig.*) **blood-b.**, bagno di sangue □ **foot-b.**, pediluvio □ **to have** (*o* **to take**) **a b.**, fare il bagno (*ingl., soltanto in vasca; USA, anche in mare, ecc.*) □ **mud b.**, fango termale; fangatura □ **to run a b.**, fare scorrere l'acqua per il bagno □ **sun b.**, bagno di sole □ **swimming b.**, piscina □ (*pop. USA*) **to take a** (**big**) **bath**, subire una (grossa) perdita; rimetterci le penne (*pop.*).

to **bath** /bɑːθ, *USA* bæθ/, **A** *v. t.* fare il bagno a (*un bambino, un invalido, ecc.*). **B** *v. i.* fare il bagno; bagnarsi; lavarsi.

Bath chair /ˈbɑːθtʃɛə(r), *USA* ˈbæθ-/, *locuz. n.* sedia a rotelle (*per vecchi e invalidi*).

bathe /beɪð/, *n.* ***1*** bagno (*di mare o in fiume, lago, una piscina, ecc.*): **to have** (**to go for**) **a b. in the sea**, (andare a) fare un bagno nel mare ***2*** nuotata.

to **bathe** /beɪð/, **A** *v. i.* ***1*** fare il bagno, fare i bagni (*al mare, in un fiume, un lago, una piscina, ecc.*) ***2*** (*USA*) fare il bagno (*per lavarsi*). **B** *v. t.* ***1*** bagnare; toccare: **The Gulf Stream bathes the western coasts of England**, la corrente del Golfo bagna le coste occidentali dell'Inghilterra ***2*** lavare (*una ferita, ecc.*): **First, b. the wound with hot water**, per prima cosa, lava la ferita con acqua calda ***3*** immergere; inondare (*fig.*): **The wood was bathed in moonlight**, il bosco era immerso nel chiarore lunare. ● **to b. one's eyes**, bagnarsi gli occhi.

bather /ˈbeɪðə(r)/, *n.* bagnante.

bathetic /bəˈθetɪk/, *a.* ***1*** che segna una caduta di tono ***2*** patetico ***3*** banale; trito.

bathhouse /ˈbɑːθhaʊs, *USA* ˈbæθ-/, *n.* ***1*** stabilimento balneare ***2*** cabina (*per bagnanti*).

bathing /ˈbeɪðɪŋ/, *n.* balneazione; (il fare) i bagni: **«No b.»**, «divieto di balneazione»; **The b. is safe here**, qui si può fare il bagno; **I like b.**, mi piace fare i bagni; mi piacciono i bagni di mare. ● **b. beauty**, «bellezza» al bagno □ **b. box** (*o* **b. cabin**, **b. hut**), cabina □ **b. cap**, cuffia da bagno □ **b. costume** (*o* **b. dress**, **b. suit**), costume da bagno □ **b. drawers** (*o* **b. slips**), calzoncini (*o* mutandine) da bagno □ (*stor.*) **b. machine**, cabina montata su ruote (*ora in disuso*; *serviva a raggiungere la linea dell'acqua*) □ **b. resort**, stazione balneare □ (*ingl.*) **b. trunks**, calzoncini da bagno.

batholith /ˈbæθəlɪθ/, *n.* (*geol.*) batolite.

bathometer /bəˈθɒmɪtə(r)/, *n.* batometro; batimetro.

bathos /ˈbeɪθɒs, *USA* -ɔːs, -əʊs/, *n.* ***1*** caduta di tono (*nello stile, ecc.*); caduta nel ridicolo ***2*** pateticità; sentimentalismo ***3*** banalità.

bathrobe /ˈbɑːθrəʊb, *USA* ˈbæθ-/, *n.* ***1*** accappatoio ***2*** (*USA*) vestaglia.

bathroom /ˈbɑːθruːm, -rʊm, *USA* ˈbæθ-/, *n.* stanza da bagno; bagno. ● **b. equipment**, articoli da bagno □ **b. fixtures**, impianti igienico-sanitari □ (*USA*) **b. scale**, pesapersone.

Bathsheba /ˈbæθʃɪbə, bæθˈʃiːbə/, *n.* (*Bibbia*) Betsabea.

bathtub /ˈbɑːθtʌb, *USA* ˈbæθ-/, *n.* (*USA*) ***1*** vasca da bagno ***2*** (*fam.*) bagnarola (*fig.*); piccola barca.

bathwater /ˈbɑːθwɔːtə(r), *USA* ˈbæθwɒtə(r)/, *n.* acqua del bagno; acqua sporca.

bathyal /ˈbæθɪəl/, *a.* (*oceanografia*) batiale.

bathymetric /bæθɪˈmetrɪk/, *a.* (*scient.*) batimetrico.

bathymetry /bəˈθɪmətrɪ/, *n.* (*scient., tecn.*) batimetria.

bathyscaphe /ˈbæθɪskæf/, *n.* (*naut.*) batiscafo.

bathysphere /ˈbæθɪsfɪə(r)/, *n.* (*naut.*) batisfera.

bating /ˈbeɪtɪŋ/, *prep.* eccetto; salvo; tranne.

batiste /bæˈtiːst, bəˈt-/, *n.* batista, battista (*tela finissima*).

batman /ˈbætmən/, *n.* (*pl.* **batmen**) (*mil., ingl.*) attendente.

Batman /ˈbætmæn/, *n.* Batman (*l'uomo vestito da pipistrello*: *nei fumetti americani*).

baton /ˈbætn, ˈbætɒn, *USA* bəˈtɒn/, *n.* ***1*** bastone (*da poliziotto*); manganello; sfollagente ***2*** bacchetta (*di direttore d'orchestra*) ***3*** bastone di comando: **Marshall's b.**, bastone da maresciallo ***4*** (*arald.*) bastone; bastone scorciato (*in uno stemma*) ***5*** (*atletica*) testimone. ● **b. charge**, carica con gli sfollagente □ **b. gun**, fucile che spara proiettili di gomma (*o* di plastica) □ **b. round**, proiettile di gomma (*o* di plastica) □ (*specialm. USA*) **b. twirler**, ragazza che agita e lancia in aria una mazza (*dando il ritmo e segnando il passo nei cortei*); majorette.

to **baton** /ˈbætn, *USA* bəˈtɒn/, *v. t.* picchiare con lo sfollagente; manganellare.

to **baton-charge** /ˈbætntʃɑːdʒ, *USA* bəˈtɒn-/, *v. t.* caricare (*la folla, ecc.*) con gli sfollagente.

batrachian /bəˈtreɪkɪən/ (*zool.*), **A** *n.* batrace. **B** *a.* dei batraci.

bats /bæts/, *a.* (*pop.*) strambo, matto; pazzo. ● **He's gone b.**, è ammattito!; è andato giù di testa; ha dato di matto (*pop.*).

batsman /ˈbætsmən/, *n.* (*pl.* **batsmen**) ***1*** (*sport*) battitore (*nel baseball e nel cricket*) ***2*** (*aeron.*) segnalatore (*per l'atterraggio di aeroplani su una portaerei*).

battalion /bəˈtælɪən/, *n.* ***1*** (*mil.*) battaglione ***2*** (*fig.*) folta schiera: **a b. of strikers**, una folta schiera di scioperanti.

battels /ˈbætlz/, *n. pl.* retta (trimestrale) di collegе (*a Oxford*).

batten (**1**) /ˈbætn/, *n.* ***1*** assicella, tavoletta (*per pavimenti in legno, ecc.*) ***2*** (*edil.*) traversa di porta ***3*** asse; tavolone ***4*** (*naut.*) serretta ***5*** (*aeron.*) scudo di prora.

batten (**2**) /ˈbætn/, *n.* (*ind. tess.*) battente (*del telaio*).

to **batten** (**1**) /ˈbætn/, *v. t.* ***1*** chiudere con rinforzi di legno ***2*** (*edil.*) applicare traverse a (*una porta*). ● **to b. down the hatches**, (*naut.*) chiudere (*o* rinforzare) con serrette i boccaporti; (*fig.*) prepararsi per un'emergenza; correre ai ripari.

to **batten** (**2**) /ˈbætn/, **A** *v. i.* ***1*** ingrassare ***2*** – **to b. on**, ingozzarsi, fare una scorpacciata di; ingrassarsi (*o* prosperare) a spese di: **He battened on cherries**, fece una scorpacciata di ciliege; **He battened on my father's income**, s'ingrassava a spese delle rendite di mio padre. **B** *v. t.* (*arc.*) ingrassare; nutrire eccessivamente.

batter (**1**) /ˈbætə(r)/, *n.* (*sport*) battitore (*nel baseball e nel cricket*).

batter (**2**) /ˈbætə(r)/, *n.* (*edil.*) scarpa; inclinazione (*V.* **to batter** (**2**)).

batter (**3**) /ˈbætə(r)/, *n.* ***1*** (*cucina*) pastella ***2*** (*tipogr.*) carattere rotto.

to **batter** (**1**) /ˈbætə(r)/, **A** *v. t.* ***1*** battere (*ripetutamente, con violenza o con l'artiglieria*): **The wild waves battered the rocks**, le onde battevano furiose (contro) gli scogli ***2*** – **to b. down**, buttare giù, abbattere: **The police battered the door down**, la polizia abbatté la porta ***3*** danneggiare a furia di colpi; ridurre a mal partito; sfasciare: **The furniture of the house was all battered**, i mobili della casa erano assai malconci ***4*** (*fig.*) attaccare duramente (*con critiche, ecc.*) ***5*** (*anche leg.*) maltrattare, sottoporre (*bambini, ecc.*) a violenze. **B** *v. i.* battere colpi, battere: **The bird was battering against the windowpanes**, l'uccello batteva contro i vetri della finestra. ● **to b. at** (*o* **on**) **the door**, battere alla porta □ **to b. eggs, milk and flour**, sbattere uova, latte e farina (per farne una pastella) □ **to b. to pieces**, fare a pezzi, a furia di colpi □ (*psic.*) **battered child syndrome**, sindrome del bambino maltrattato.

to **batter** (**2**) /ˈbætə(r)/, *v. i.* (*di muro*: *dal basso verso l'alto*) assottigliarsi; fare scarpa.

batterer /ˈbætərə(r)/, *n.* (*anche leg.*) maltrattatore (*raro*); chi fa violenze fisiche. ● **baby-b.**, chi maltratta bambini □ **wife-b.**, violento che picchia la moglie.

battering /ˈbætərɪŋ/, *n.* ***1*** il battere; il picchiar colpi (*alla porta, ecc.*) ***2*** (*mil.*) il battere in breccia; cannoneggiamento ***3*** (*anche leg.*) maltrattamento; violenze fisiche. ● **b. ram**, (*stor. mil.*) ariete (*macchina da assedio*); (*volg. USA*) pene □ **baby-b.**, maltrattamento di bambini.

battery /ˈbætərɪ/, *n.* ***1*** (*mil.*) batteria: **horse b.**, batteria ippotrainata; **anti-aircraft b.**, batteria contraerea ***2*** (*mil.*) posizione di tiro; postazione: **The heavy guns were in b.**, l'artiglieria pesante era in postazione (*in posizione di sparo*) ***3*** (*elettr., autom.*) batteria: **to charge a b.**, caricare una batteria; **My battery has gone flat**, mi si è scaricata la batteria ***4*** batteria (*da cucina*) ***5*** (*chim.*) batteria ***6*** (*mus.*) batteria ***7*** batteria; allevamento (*di polli, ecc.*) ***8*** batteria (*di test*) ***9*** (*fig.*) gruppo; sfilza: **a b. of lawyers**, una sfilza di avvocati ***10*** (*leg.*) percosse; aggressione ***11*** (*baseball*) il lanciatore e il ricevitore. ● (*autom.*) **b. case**, alloggiamento della batteria □ (*elettr.*) **b. cell**, elemento di batteria □ (*elettr.*) **b. charger**, caricabatterie □ **b. chickens** (*o* **b. hens**), polli di allevamento □ **b. farm**, grande allevamento di polli in batteria □ (*autom.*) **b. repairer**, batterista □ (*mil.*) **coast b.**, batteria costiera □ (*elettr.*) **storage b.**, accumulatore.

batting /ˈbætɪŋ/, *n.* ***1*** azione di battere (*V.* **bat** (**1**) e **to bat** (**2**)) ***2*** ovatta (*per imbottiture*) ***3*** (*cricket, baseball*) battuta: **b. crease**, linea di battuta.

battle /ˈbætl/, *n.* (*anche fig.*) battaglia; combattimento; scontro. ● (*naut.*) **b.-cruiser**, incrociatore da battaglia □ **b.-cry**, grido di guerra; (*fig.*) motto □ (*mil.*) **b.-dress**, uniforme da campo □ **B. of Britain Day**, il giorno della Battaglia d'Inghilterra (*15 settembre 1940*) □ (*sport*) **a b. of the giants**, uno scontro tra grandi campioni (*o* squadre) □ **b.-piece**, descrizione pittorica o letteraria di una battaglia □ **b.-plane**, aereo da combattimento □ **b. royal**, battaglia all'ultimo sangue; rissa accanita; (*fig.*) discussione (*o* disputa) accesa □ **to give b.**, dare battaglia □ **in b. array**, in ordine di battaglia □ **legal b.**, battaglia legale □ (*fig.*) **a losing b.**, una causa persa (in partenza) □ **pitched b.**, battaglia campale □ (*prov.*) **The b. is to the strong**, la vittoria è dei forti.

to **battle** /ˈbætl/, *v. i.* battagliare; combattere; lottare: **The ship was battling with the heavy waves**, la nave lottava con i cavalloni.

battleaxe /ˈbætəlæks/, (*USA*) **battleax** /ˈbætəlæks/, *n.* ***1*** (*stor.*) azza ***2*** (*fam.*) donna che vuol comandare; caporale (*fig.*).

battledore /ˈbætldɔː(r)/, *n.* ***1*** racchetta (*da volano*); spatola ***2*** pala (*di fornaio*). ● **b. and shuttlecock**, volano (*il gioco*).

battlefield /ˈbætlfiːld/, **battleground** /ˈbætlgraʊnd/, *n.* campo di battaglia.

battlement /ˈbætlmənt/, *n.* (*di solito al pl.*) (*archit., stor.*) spalto merlato; merlatura.

battlemented /ˈbætlməntɪd/, *a.* (*archit.*) merlato.

battleship /ˈbætlʃɪp/, *n.* (*naut., mil.*) corazzata.

battue /bæˈtuː/ (*franc.*), *n.* ***1*** battuta di caccia ***2*** battuta (*azione dei battitori*) ***3*** selvaggina presa in una battuta ***4*** (*fig.*) strage.

batty /ˈbætɪ/, *a.* (*pop.*) ***1*** matto; pazzo ***2*** strambo; eccentrico.

bauble /ˈbɔːbl/, *n.* ***1*** fronzolo; gingillo; ciondolo ***2*** (*arc.*) giocattolo ***3*** (*stor.*) bastone di giullare.

baud /bɔːd/, *n.* (*elab.*) baud. ● **b. rate**, velocità (di trasmissione) in baud.

baulk, to **baulk** /bɔːlk/, *V.* **balk, to balk**.

bauxite /ˈbɔːksaɪt/, *n.* (*miner.*) bauxite.

Bavaria /bəˈvɛərɪə/, *n.* (*geogr.*) Baviera.

Bavarian /bəˈvɛərɪən/, *a.* e *n.* bavarese. ● (*cucina*) **B. cream**, bavarese (*dolce*).

bawd /bɔːd/, *n.* ***1*** tenutaria (*di bordello*) ***2*** prostituta; puttana.

bawdiness /ˈbɔːdɪnəs/, **bawdry** /ˈbɔːdrɪ/, *n.* ***1*** oscenità ***2*** discorso (*o* linguaggio, comportamento) osceno.

bawdy /ˈbɔːdɪ/, **A** *a.* osceno. **B** *n.* discorso osceno. ● **b.-house**, bordello.

bawl /bɔːl/, *n.* ***1*** urlo; grido ***2*** (*fam.*) pianto rumoroso.

to **bawl** /bɔːl/, **A** *v. i.* ***1*** vociare; schiamazzare; urlare ***2*** (*fam.*) piangere rumorosamente; strillare; lagnarsi. **B** *v. t.* gridare; urlare; dire a gran voce: **The officer bawled out his orders**, l'ufficiale diede gli ordini a gran voce. ● **to b. at [against] sb.**, gridare a [contro] q. □ (*fam. USA*) **to b. out**, sgridare; fare una sfuriata a (q.) □ **to b. out to**, chiamare a gran voce: **He bawled out to me across the river**, mi chiamò a gran voce dall'altra sponda del fiume.

bawling /ˈbɔːlɪŋ/, *n.* vocio; schiamazzo, schiamazzi; sequela di strilli. ● (*pop. USA*) **b.-out**, sgridata; sfuriata.

bay (**1**) /beɪ/, *n.* (*geogr.*) ***1*** baia, insenatura (*di mare, lago*) ***2*** avvallamento; recesso (*fra i monti*) ***3*** (*USA*) radura (*fra boschi*). ● **bay-salt**, sale grezzo da cucina.

bay (**2**) /beɪ/, *n.* ***1*** alcova; recesso (*diviso da tramezzo, spesso ad arco*) ***2*** (*archit.*) campata ***3*** sporto (*di una stanza*) ***4*** (*ferr.*) binario di raccordo ***5*** (*aeron.*) scomparto (*d'aereo*) ***6*** (*mil.*) camminamento ***7*** (*naut.*, = **fore-bay**) parte prodiera usata come ospedale. ● **bay window**, (*archit.*) bovindo; (*pop. USA*) pancione □ **horse bay**, posta (*di un cavallo nella stalla*) □ (*naut.*) **sick-bay**, infermeria di bordo.

bay (**3**) /beɪ/, *n.* ***1*** abbaio; abbaiamento; latrato; ululato ***2*** fermo (*della preda*). ● **to be** (*o* **to stand**) **at bay**, (*di animale*) essere costretto a far fronte ai cani; (*fig.*) essere con le spalle al muro □ **to bring** (*o* **to drive**) **to bay**, (*di cani*) fermare (*la preda*); (*fig.*) mettere con le spalle al muro □ **to keep at bay**, tenere a bada: **He kept me at bay with a knife**, mi teneva a bada con un coltello □ **to turn to bay**, far fronte (*al nemico*); accettare battaglia: **The bear turned to bay**, l'orso fece fronte ai cani e ai cacciatori.

bay (**4**) /beɪ/, *n.* ***1*** (*bot.*, *Laurus nobilis*, = **bay tree**) alloro; lauro ***2*** (= **bay wreath**) lauro; corona d'alloro. ● (*cucina*) **bay leaf**, (foglia di) alloro □ **bay-oak** (*Quercus robur*), rovere □ (*fig.*) **to carry off the bays**, ottenere gli allori; riportare la vittoria.

bay (**5**) /beɪ/, *a.* e *n.* (cavallo) baio. ● **dapple bay**, baio pomellato.

to **bay** /beɪ/, **A** *v. i.* abbaiare, latrare (*specialm. di cani in caccia*); ululare. **B** *v. t.* ***1*** abbaiare a: **to bay (at) the moon**, abbaiare alla luna (*anche fig.*) ***2*** fermare, tenere a bada (*la preda*).

bayadere /baɪəˈdɪə(r), -ˈdeə(r), *USA* ˈbaɪədɪə(r)/, *n.* ***1*** baiadera ***2*** (*ind. tess.*) tessuto baiadera (*a righe orizzontali, di vivaci colori*).

Bayard /ˈbeɪəd, -ɑːd/, *n.* ***1*** (*stor.*) Baiardo (*intrepido cavaliere francese*) ***2*** (*letter.*) Baiardo (*il cavallo di Rinaldo*) ***3*** – (*fig.*) **b.**, uomo ignorante e presuntuoso.

bayard /ˈbeɪəd, -ɑːd/, (*arc.*) **A** *a.* (*di cavallo*) baio. **B** *n.* cavallo baio.

bayberry /ˈbeɪbərɪ, *USA* -ɛrɪ/, *n.* ***1*** (*bot.*) *Pimenta acris* ***2*** (*bot.*, *Myrica*) mirica ***3*** pimento; pepe della Giamaica.

bayonet /ˈbeɪənɪt/, *n.* baionetta. ● (*elettr.*) **b. base**, zoccolo (*di lampadina*) a baionetta □ (*specialm. fotogr.*) **b. mount**, innesto a baionetta □ **b. thrust**, baionettata (*il colpo*) □ **b. wound**, baionettata (*la ferita*) □ **to fix bayonets**, inastare le baionette □ (*mil.*) **Fix bayonets!**, baionett'in canna!

to **bayonet** /ˈbeɪənɪt, beɪəˈnɛt/, *v. t.* colpire (q.) con la baionetta; dare una baionettata a (q.). ● **to b. into**, costringere con le baionette a: **The population were bayoneted into leaving the city**, la popolazione fu costretta con le baionette ad abbandonare la città.

bayou /ˈbaɪuː/, *n.* (*USA*) ramo paludoso (*di fiume*).

bay rum /ˈbeɪrʌm/, *n.* bay-rum; estratto di *Pimenta acris*. ● (*bot.*) **bay rum tree**, *V.* **bayberry**, *def. 1*.

baza(a)r /bəˈzɑː(r)/, *n.* ***1*** (*in Oriente*) bazar; strada (*o* quartiere) dei negozi ***2*** bazar; negozio di articoli vari ***3*** vendita di beneficenza.

bazoo /bəˈzuː/, *n.* (*pop. USA*) bocca; becco (*fig.*): **to keep one's b. shut**, tenere il becco chiuso.

bazooka /bəˈzuːkə/, *n.* ***1*** (*mil.*) bazooka; cannoncino anticarro ***2*** (*pl.*) (*pop. USA*) *V.* **bazooms**.

bazooms /bəˈzuːmz/, *n. pl.* (*pop. USA*) seni turgidi; tette sode (*pop.*).

bdellium /ˈdɛlɪəm/, *n.* (*bot.*, *Commiphora*) bdellio.

to **be** /biː, bɪ/ (*pass.* **was, were,** *p. p.* **been**), *v. i.* ***1*** essere (*copula*): **This is a book**, questo è un libro; **«Is that you?»**, «sei tu?»; **«Yes, it's me»**, «sì, sono io» ***2*** (*nella coniugazione passiva*) essere; farsi: **He was not invited**, non fu invitato; **I was told he had left**, mi fu detto che era partito; **Nobody likes to be scolded**, a nessuno piace farsi sgridare ***3*** essere; trovarsi; esistere: **My little girl is at school now**, la mia bambina è (*o* si trova) a scuola ora; **God is**, Dio esiste; **He is no more**, non è più; è morto ***4*** essere (*solo nei tempi composti, seguito dalla prep.* **to**: essere stato, *nel senso di*: aver visitato, conoscere un luogo, esservi andato): **I have been to London twice**, sono stato a Londra due volte; **Have you ever been to France?**, sei mai stato in (*o* conosci la) Francia? ***5*** essere (*nel senso di*: essere venuto): **Has anyone been here during my absence?**, c'è stato (*o* è venuto) nessuno durante la mia assenza? ***6*** avvenire; aver luogo: **The meeting will be tomorrow at six o'clock**, la riunione avrà luogo domani alle sei ***7*** essere; costare: **How much is it?**, quant'è?; **This hat is fifty pounds**, questo cappello costa cinquanta sterline ***8*** diventare; fare (*di professione o mestiere*): **My son wants to be a doctor**, mio figlio vuole diventare (*o* fare il) medico ***9*** (*mat.*) ammontare a; fare: **Two and two is four**, due più due fa quattro; **Three from ten is seven**, dieci meno tre fa sette ***10*** stare (*di salute*): **«How are you?» «Not too bad»**, «come stai?» «non c'è male» ***11*** essere; significare; avere valore: **It is nothing to me**, ciò non significa nulla (*o* non ha nessun valore) per me; **What is this money?**, che cos'è questo denaro? ***12*** stare; rimanere; trattenersi: **Will he be here long?**, rimarrà (*o* si tratterrà) a lungo? ***13*** stare via; metterci: **I shan't be long**, non starò via (*o* non ci metterò) molto ***14*** – (*di una persona*) **to be for**, essere per; essere in favore di; tifare per (*fam.*); parteggiare per: **I am for the freedom of the press**, sono per la (*o* in favore della) libertà di stampa; **Tom is for the Arsenal**, Tom tifa per l'Arsenal ***15*** – **to be to** (*solo pres. e pass., seguito da un inf.*), essere da; dovere: **This house is to let**, questa casa è da affittare; **You are not to see him again**, non devi vederlo più; **I am to see him next week**, devo incontrarmi con lui la prossima settimana; **What was I to do?**, che cosa dovevo fare? ***16*** stare (*seguito dal gerundio*): **What are you doing?**, che cosa stai facendo?; **A new bridge was being built**, si stava costruendo un nuovo ponte ***17*** (*seguito dal part. pres. di un verbo di moto, in frase che contenga una locuzione temporale, esprime un futuro non remoto, un proposito o un'intenzione*): **We are driving to Rome tomorrow**, andremo a Roma in automobile domani ***18*** – **to be going** (*seguito da inf. con* **to**) *V. sotto* **to go, A**, *def. 14* ***19*** avere (*in alcune locuz.*): **to be right** (**wrong**), avere ragione (torto); **to be afraid**, aver paura; **I am afraid you are wrong**, mi dispiace, ma hai torto; **He is over thirty**, ha più di trent'anni ***20*** (*nella «duration form»*) – **to have been**, essere: **Our firm has been renowned all over the world since 1840**, la nostra ditta è rinomata in tutto il mondo dal 1840 ***21*** *Nei casi in cui* **to be** *è seguito da un avv. o da una prep., V. l'avv. o la prep.* (*per es.*, **to be about**, *V.* **about**; **to be back**, *V.* **back**; *ecc.*). ● **the be-all**, l'essenza, (*fig.*) l'anima (di q.c.) □ **the be-all and end-all**, la cosa più importante; tutto il mondo (*fig.*); la cosa risolutiva (*o* che taglia la testa al toro) □ **the to-be**, l'avvenire □ **to be born**, essere generato; nascere □ (*pop.*) **to be had**, essere fregato; farsi fregare; (*di donna*) essere sverginata: **Gosh, was I had!**, Dio, come mi feci fregare! □ **to be like sb.**, somigliare a q.: **He is like his father**, somiglia a suo padre □ **be it as it may**, comunque stiano le cose □ **as it were**, per così dire □ **the bride to-be**, la futura sposa □ **for the time being**, per il momento; provvisoriamente □ **a has-been**, un vecchio decrepito; un rammollito; un uomo finito; una bellezza sfiorita □ **may-be**, forse; può darsi □ **the might-have-beens**, le occasioni mancate □ **would-be**, che immagina (*o* pretende) di essere; sedicente; che si atteggia a: **John is a would-be philosopher**, John si atteggia a filosofo □ **How far is the town?**, quanto dista la città? □ **There's no pleasing you**, non c'è verso d'accontentarti □ **«What's yours?» «Mine's a beer»**, «che cosa prendi?» «una birra» □ **There he is**, eccolo (là)! □ **Here I am**, eccomi!; presente! □ **Let it be!**, e sia!; lascia stare!; lascia perdere! □ **Is that all right?**, va bene così? □ **So be it**, così sia!; e sia!

beach /biːtʃ/, **A** *n.* ***1*** spiaggia; lido ***2*** ghiaia marina. **B** *a. attr.* da spiaggia: **b. bag**, borsa da spiaggia. ● **b. ball**, pallone da spiaggia □ (*autom.*) **b. buggy**, dune buggy; pulce del deserto (*fam.*) □ (*pop. USA*) **b. bum**, bulletto da spiaggia □ (*pop. USA*) **b. bunny**, (*di ragazza*) tipo da spiaggia □ (*USA*) **b. carrier**, borsa da spiaggia □ (*zool.*) **b. flea**, pulce di mare □ (*bot.*) **b.-grass** (*Ammophila arenaria*), ammofila □ **b. hat**, cappello da spiaggia □ **b.-master**, ufficiale che dirige operazioni di sbarco □ (*bot.*) **b. plum** (*Prunus maritima*), prugno delle coste atlantiche del Nord America (*col frutto si fanno marmellate*) □ **b. suit**, prendisole □ **b. umbrella**, ombrellone (*da spiaggia*) □ **to be on the b.**, (*naut.*) essere a terra, senza imbarco; (*fig.*) essere disoccupato.

to **beach** /biːtʃ/, *v. t.* ***1*** tirare in secco, a riva (*un'imbarcazione*) ***2*** (*della tempesta, ecc.*) mandare in secco; far arenare (*una nave*).

beachboy /ˈbiːtʃbɔɪ/, *n.* (*USA*) ***1*** bagnino ***2*** istruttore di nuoto.

beachchair /ˈbiːtʃtʃɛə(r)/, *n.* (*USA*) sedia a sdraio; sdraio.

beachcomber /ˈbiːtʃkəʊmə(r)/, *n.* ***1*** frangente (*onda*) ***2*** vagabondo (*che vive in riva al mare*); chi vive raccogliendo rifiuti e rottami sulla spiaggia.

beachcombing /ˈbiːtʃkəʊmɪŋ/, *n.* raccolta di rifiuti e rottami sulla spiaggia.

beached /biːtʃt/, *a.* ***1*** (*di natante*) tirato in secco (*o* a riva) ***2*** (*ecol.*) (*di un animale marino*) spiaggiato.

beachhead /ˈbiːtʃhɛd/, *n.* (*mil.*) testa di ponte (*o* di sbarco).

beaching /ˈbiːtʃɪŋ/, *n.* il tirare in secco (*una barca*).

Beach-la-Mar /ˈbiːtʃləˈmɑː(r)/, *locuz. n.* lingua franca usata nei porti dei Mari del Sud.

beachwear /ˈbiːtʃwɛə(r)/, *n.* (*collett.*) articoli (*di vestiario*) da spiaggia.

beachy /ˈbiːtʃɪ/, *a.* ghiaioso; sassoso; sabbioso.

beacon /ˈbiːkən/, *n.* ***1*** (*un tempo*) fuoco di segnalazione ***2*** faro (*per navi o aeroplani*) ***3*** semaforo di passaggio pedonale: **flashing b.**, semaforo a luce intermittente (*per segnalare il diritto di precedenza dei pedoni*) ***4*** torre per segnalazioni ***5*** (*fig.*) segnale; guida; richiamo ***6*** (*radio*) radiofaro ***7*** (*aeron.*) aerofaro ***8*** (*naut.*) boa luminosa; gavitello luminoso. ● **b. fire**, falò.

to **beacon** /ˈbiːkn/, **A** *v. t.* ***1*** illuminare (*la via o la rotta*); guidare ***2*** munire di fuochi di segnalazione (*o* di fari). **B** *v. i.* ***1*** splendere di luce viva (*come di faro*) ***2*** (*fig.*) servire da guida.

bead /biːd/, *n.* ***1*** grano (*di rosario*); perlina (*di collana*) ***2*** mirino (*di fucile*) ***3*** bolla, goccia (*di liquido*); perla (*di sudore*) ***4*** schiuma (*di birra, ecc.*) ***5*** (*archit.*) bastoncino; fusaiola; tondino ***6*** (*chim.*) goccia di fondente ***7*** (*mecc.*) cordone; nervatura ***8*** (*pl.*) (*relig.*) rosario; collana. ● **b.-roll**, lista di nomi (*in origine, di persone per le quali si doveva pregare*) □ **to draw a b. on sb. [st.]**, prendere bene di mira (*o mirare con cura a*) q. [q.c.] □ (*relig.*) **to tell** (*o* **to count, to say**) **one's beads**, dire il rosario.

to **bead** /biːd/, **A** *v. t.* ***1*** provvedere di grani; ornare di perle; imperlare ***2*** infilzare. **B** *v. i.* formare grani (*o* perle); imperlarsi.

beadhouse /ˈbiːdhaʊs/, *n.* (*stor.*) ricovero di mendicità.

beading /ˈbiːdɪŋ/, *n.* ***1*** decorazione di perline (*per es., in un vestito*) ***2*** (*archit.*) modanatura a tondini ***3*** bolle, schiuma (*di birra, ecc.*) ***4*** (*mecc.*) nervatura; bordatura.

beadle /ˈbiːdl/, *n.* ***1*** (*USA*) usciere di tribunale ***2*** mazziere (*nei cortei delle università, ecc.*) ***3*** (*arc.*) scaccino; sagrestano.

beadledom /ˈbiːdldəm/, *n.* burocratismo sciocco e pedantesco.

beadsman /ˈbiːdzmən/, *n.* (*pl.* **beadsmen**) ***1*** (*stor.*) uomo ospite di ricovero di mendicità e tenuto a pregare per il benefattore ***2*** (*scozz.*) mendicante; povero.

beadswoman /ˈbiːdzwʊmən/, *n.* (*pl.* **beadswomen**) ***1*** (*stor.*) donna ospite di ricovero di mendicità e tenuta a pregare per il benefattore ***2*** (*scozz.*) mendicante; povera.

beadwork /ˈbiːdwɜːk/, *n.* (*moda*) guarnizione di perline.

beady /ˈbiːdɪ/, *a.* ***1*** tondo, piccolo e luccicante (*come una perlina*): **b. eyes**, occhi piccoli e luccicanti ***2*** (*moda*) adorno di perline; imperlato. ● (*fam.*) **He's got his b. eye on you**, ti tiene d'occhio.

beagle /ˈbiːgl/, *n.* ***1*** beagle; bracchetto inglese ***2*** (*fig. arc.*) spia; delatore ***3*** (*USA*) aiuto sceriffo.

beak /biːk/, *n.* ***1*** becco (*di uccello*); rostro (*di rapaci*) ***2*** becco (*parte sporgente, di forma curva*); bocca (*d'insetto, pesce, tartaruga*); beccuccio (*di teiera, di vaso*) ***3*** (*pop.*) becco (*pop.*); naso adunco ***4*** rostro (*di nave antica*) ***5*** corno (*d'incudine*) ***6*** (*pop.*) magistrato ***7*** (*pop.*) insegnante; preside (*di scuola*).

to **beak** /biːk/, *v. t.* (*specialm. USA*) beccare.

beaked /biːkt, ˈbiːkɪd/, *a.* ***1*** munito di becco ***2*** a becco; adunco ***3*** (*naut.*) rostrato.

beaker /ˈbiːkə(r)/, *n.* ***1*** (*chim., farm.*) becher (*recipiente cilindrico con beccuccio*) ***2*** (*archeol., lett.*) calice; nappo; coppa.

beakful /ˈbiːkfʊl/, *n.* imbeccata (*quanto sta nel becco*).

beakless /ˈbiːkləs/, *a.* senza becco; senza beccuccio.

beaklike /ˈbiːklaɪk/, **beaky** /ˈbiːkɪ/, *a.* a becco; simile a un becco.

beam /biːm/, *n.* ***1*** trave ***2*** (*naut.*) baglio; larghezza massima (*d'una nave*); fuso (*dell'ancora*) ***3*** (*ind. tess.*) subbio (*di telaio*) ***4*** asta; giogo (*di bilancia*) ***5*** bure (*di aratro*); timone (*di un carro*) ***6*** (*radio*) fascio (*d'onde corte*); portata, raggio d'azione (*di un altoparlante o microfono*); segnale unidirezionale (*di radiofaro*) ***7*** (*zool.*) asta (*delle corna ramificate del cervo*) ***8*** raggio (*di luce, di calore; anche fig.*) ***9*** sorriso raggiante; aspetto raggiante ***10*** (*pop.*) sedere; didietro. ● (*radio*) **b. aerial** (*o* **antenna**), antenna a fascio □ **b. bridge**, ponte a travate □ (*edil.*) **b. ceiling**, soffitto con travi a vista □ **b. compass**, compasso a verga □ (*fis. nucl.*) **b. hole**, canale d'irradiazione □ (*miss.*) **b. rider**, missile comandato a fascio □ **broad in the b.**, (*di nave*) larga; (*pop.*: *di persona*) dal sedere grosso □ (*fig.*) **to kick the b.**, essere battuto (*o* sconfitto, vinto) □ **off the b.**, (*di aereo*) sulla rotta sbagliata; (*pop.*: *di persona*) fuori strada; in errore □ (*di nave*) **on her b. ends**, abbattuta sul fianco; ingavonata □ **on the b.**, (*di nave*) al traverso; (*di aereo*) sulla rotta giusta; (*pop.*: *di persona*) che segue la direzione (*o* la strada) giusta; nel giusto □ (*naut.*) **on the port b.**, al traverso a sinistra □ (*naut.*) **on the starboard b.**, al traverso a dritta.

to **beam** /biːm/, **A** *v. t.* ***1*** irradiare, irraggiare (*luce, bontà, ecc.*) ***2*** (*radio*) orientare (*un'emissione*) mediante antenna direzionale ***3*** (*aeron.*) guidare (*o* localizzare) (*un aereo*) con un segnale unidirezionale. **B** *v. i.* ***1*** essere raggiante (*di gioia*) ***2*** sorridere radiosamente ***3*** (*del sole*) sfavillare; splendere.

beamends /ˈbiːmɛndz/, *n. pl.* (*naut.*) testate del baglio. ● (*di nave*) **on her b.**, (sbandata) sul fianco; ingavonata □ (*fam., di una persona*) **on one's b.**, a mal partito, al lumicino; senza soldi, al verde.

beaming /ˈbiːmɪŋ/, **A** *a.* ***1*** (*del sole, ecc.*) splendente ***2*** raggiante (*di gioia*); che sorride luminosamente. **B** *n.* ***1*** irraggiamento ***2*** (*anche fis.*) irradiazione.

beamy /ˈbiːmɪ/, *a.* ***1*** (*raro*) splendente; raggiante; radioso ***2*** (*poet.*: *di una lancia, ecc.*) poderoso; grande come trave ***3*** (*di animale*) munito di corna ***4*** (*naut.*: *di bastimento*) largo; capace.

bean /biːn/, *n.* ***1*** (*bot., Phaseolus vulgaris*) fagiolo (*seme, baccello e pianta*) ***2*** chicco, grano (*di caffè*) ***3*** (*pop.*) soldo: **We haven't got a b.**, siamo senza un soldo; siamo in bolletta ***4*** (*pop.*) testa; capoccia (*dial.*) ***5*** (*pop. USA*) dollaro. ● (*pop. USA*: *baseball*) **b. ball**, lancio deliberatamente diretto contro la testa del battitore □ (*spreg. USA*) **b. eater**, bostoniano; messicano □ (*pop.*) **b.-feast**, festa, baldoria; pranzo annuale, offerto dal datore di lavoro ai suoi dipendenti □ **b. pod**, baccello □ (*bot.*) **broad b.** (*Vicia faba*), fava □ **French beans**, fagiolini □ (*pop.*) **full of beans** (*o* **b.-fed**), assai attivo, energico; euforico, su di giri (*pop.*) □ (*pop.*) **to get beans**, prendersi una bella sgridata; essere strapazzato □ (*pop.*) **to give sb. beans**, rimproverare (*o* punire) severamente q.; dirgliene quattro; mangiarselo vivo □ (*pop. USA*) **to go off one's b.**, andare giù di testa; dare di matto (*pop.*) □ (*bot.*) **horse-b.**, fava cavallina □ (*pop. arc.*) **old b.**, vecchio mio □ (*pop.*) **to spill the beans**, spifferare tutto; vuotare il sacco (*fig.*) □ (*pop. USA*) **He doesn't know beans about it**, non sa un tubo (*pop.*).

to **bean** /biːn/, *v. t.* (*pop. USA*) colpire (q.) sulla testa.

beanery /ˈbiːnərɪ/, *n.* (*pop. USA*) ristorante economico; tavola calda scadente.

beano /ˈbiːnəʊ/, *n.* (*pl.* **beanos**) ***1*** (*pop.*) festa; baldoria ***2*** (*pop.*) divertimento; spasso ***3*** (*USA*) tombola.

beanpole /ˈbiːnpəʊl/, *n.* ***1*** (*agric.*) tutore; palo di sostegno (*per rampicanti*) ***2*** (*fam.*) spilungone, spilungona.

beanstalk /ˈbiːnstɔːk/, *n.* gambo di pianta di fagiolo.

bear /bɛə(r)/, **A** *n.* ***1*** (*pl.* **bears, bear**) (*zool.*) orso ***2*** (*fig.*) orso; persona rozza, sgraziata, scontrosa ***3*** (*Borsa*) speculatore al ribasso; ribassista ***4*** (*pop. USA*) racchia, racchiona ***5*** (*pop. USA*) poliziotto ***6*** (*pop. USA*) compito difficile. **B** *a.* (*Borsa*) al ribasso; tendente a (provocare un) ribasso (*di titoli*). ● (*Borsa*) **b. account**, ciclo operativo al ribasso □ (*stor.*) **b.-baiting**, combattimento di cani contro un orso (*incatenato*) □ (*autom., pop. USA*) **b. bite**, multa □ (*bot.*) **b.'s breech** (*Acanthus mollis*), acanto □ (*Borsa*) **b. campaign**, campagna ribassista □ (*zool.*) **b. cat**, (*Ailurus fulgens*) panda minore; (*Arctictis binturong*) binturong □ **b.'s cub**, orsacchiotto □ (*fig.*) **b. fight**, corpo a corpo □ (*fig.*) **to be a b. for punishment**, aver la pelle dura; essere duro a morire □ **b. garden**, recinto degli orsi; (*fig.*) gabbia di matti; luogo in preda al disordine e alla confusione □ **b. hug**, (*lotta*) cintura frontale; (*fig. fam.*) forte abbraccio □ (*pop. USA*) **b. in the air**, elicottero della polizia □ (*un tempo*) **b. leader**, precettore che accompagna un giovane in un viaggio di istruzione □ (*Borsa*) **b. raid**, manovra al ribasso; attacco dei ribassisti □ (*Borsa*) **b. run** (*o* **b. stampede**), corsa al ribasso □ (*Borsa*) **b. sale**, vendita allo scoperto □ (*pop. USA*) **b. trap**, posto di controllo con Autovelox □ (*astron.*) **Great B.**, Orsa Maggiore □ (*astron.*) **Little B.**, Orsa Minore □ (*fam.*) **to be like a b. with a sore head**, essere intrattabile.

to **bear** (**1**) /bɛə(r)/ (*pass.* **bore**, *p. p.* **borne** *o anche* **born**, *ma soltanto nel senso di*: generato, nato), **A** *v. t.* e *i.* ***1*** portare; reggere; sostenere; recare, serbare (*un segno, ecc.*): **to b. a sword**, portare la spada; **Six columns b. the roof**, sei colonne reggono il tetto; **This support won't b. your weight**, questo appoggio non può sostenere il tuo peso; **to b. the marks** (*o* **signs, traces**) **of st.**, portare i segni di q.c.; **to b. the name [title, signature, date]**, portare il nome [il titolo, la firma, la data]; **to b. all expenses**, sostenere tutte le spese ***2*** sopportare; tollerare: **The wounded soldier bore the pain bravely**, il soldato ferito sopportò coraggiosamente il dolore; **I cannot b. that boy**, non riesco a sopportare (*o* non posso soffrire) quel ragazzo ***3*** generare; partorire: **She bore him two children**, ella gli generò due figli ***4*** dare, produrre; dare frutti, fruttificare: (*di un albero*) **to b. apples [pears]**, dare mele [pere]; **This plant bears every other year**, questa pianta dà frutti un anno sì e un anno no ***5*** (*fin.*) dare, fruttare: **These treasury bonds b. a ten per cent interest**, questi buoni del Tesoro danno il dieci per cento d'interesse ***6*** dirigersi (verso); voltare, girare (a): **When you get to the end of the road, b. to the left**, quando arrivi al termine della strada, volta a sinistra ***7*** poggiare; tenersi: **You must b. to the right of the hill**, devi poggiare (*o* tenerti) alla destra della collina. **B** to **bear oneself**, *v. rifl.* condursi; comportarsi. ● **to b. arms**, portare le armi □ **to b. the brunt**, sostenere tutto il peso; fare lo sforzo maggiore □ **to b. a charmed life**, avere l'armatura fatata; esser nato con la camicia □ **to b. sb. company**, fare compagnia a q. □ **to b. comparison with sb. (st.)**, reggere al confronto con q. (q.c.) □ **to b. enquiry** (*o* **investigation**), uscire indenne da un'indagine: **His business won't b. enquiry**, i suoi affari non possono uscire indenni da un'indagine (*o* sono poco puliti) □ **to b. false witness**, (*leg.*) deporre il falso □ **b. fruit**, portare (*o* dare) frutto □ **to b. a grudge**, portare rancore; volerne (a q.) □ **to b. a hand**, dare una mano; aiutare □ **to b. hard**, sopportare a fatica (*o* a malincuore); mal sopportare □ **to b. hard on**, gravare su; opprimere: **Indirect taxation bears hard on the poor**, le imposte indirette gravano sui non abbienti □ **to b. heavily on st.**, incidere molto su q.c. □ **to b. in mind**, tener presente; ricordare: **B. in mind that the train leaves at eleven sharp**, ricordati che il treno parte alle undici precise □ **to b. a loss**, sopportare una perdita □ **to b. a meaning**, avere un significato □ **to b. a part in st.**, avere mano in q.c.; sostenere una parte in q.c. □ **to b. a resemblance to sb. [st.]**, essere simile, somigliare a q. [q.c.] □ (*leg.*) **to b. witness**, testimoniare; deporre □ **to bring to b.**, applicare; puntare (*uno strumento ottico, ecc.*); (*fig.*) far pesare, mettere in moto: **You must bring to b. the big guns you know**, devi mettere in moto i pezzi grossi che conosci □ **not to b. repeating**, essere irripetibile (*o* sconveniente) □ **Grin and b. it!**, stringi i denti e tieni duro!

♦**bear away**, **A** *v. t. + avv.* ***1*** portare via ***2*** ottenere, vincere (*un premio, ecc.*); portare via (*fam.*). **B** *v. i. + avv.* ***1*** deviare, scostarsi ***2*** (*naut.*) scostarsi dalla rotta.

♦**bear down**, **A** *v. i. + avv.* ***1*** gravare (*anche fig.*); premere (con forza): **You must b. down on the handle quite hard**, devi premere sulla maniglia con tutta la forza; **Heavy taxes bore down on the people**, imposte pesanti gravavano sul popolo ***2*** (*fig.*) avere la mano pesante (*con q.*): **The judge bore down (hard) on the accused**, il giudice ebbe la mano pesante con l'imputato ***3*** venire (*o* avvicinarsi) minacciosamente; piombare: **The bus was bearing down on us at full speed**, l'autobus ci veniva addosso a tutta velocità; **The eagle bore down on the rabbit**, l'aquila piombò sul coniglio ***4*** (*naut.*) andare a vela ***5*** (*med.*: *di una partoriente*) spingere. **B** *v. t. + avv.* ***1*** portare (q.c.) giù ***2*** (*form.*) vincere; superare: **to b. down all resistance**, vincere ogni resistenza □ (*naut.*) **to b. down on**, accostare (*un'altra nave*) da sopravvento; poggiare su.

♦**bear left**, *v. i. + avv.* tenersi (*o* prendere) a sinistra.

♦**bear off**, **A** *v. t. + avv.* portare via. **B** *v. i. + avv.* (*naut.*) prendere il largo.

♦**bear on**, *v. i. + prep.* ***1*** appoggiarsi su (*un bastone, ecc.*) ***2*** avere rapporto (*o* relazione) con: **This fact doesn't b. on the matter**, questo fatto non ha relazione con la questione.

♦**bear out**, *v. t. + avv.* ***1*** portare fuori: **They bore out the body**, portarono fuori il cadavere ***2*** confermare, avvalorare (*quello che asserisce q.*): **The story was born out by the eye-witness**, il racconto fu avvalorato dal testimone oculare; **I'll b. you out!**, confermerò le tue dichiarazioni.

♦**bear right**, *v. i. + avv.* tenersi (*o* prendere) a destra.

♦**bear through**, *v. t. + avv.* fare attraversare; traghettare.

♦**bear up**, **A** *v. t. + avv.* ***1*** sostenere (*un principio, ecc.*) ***2*** fare forza (*o* coraggio) a; sostenere, sorreggere: **She is borne up by her faith**, è sorretta dalla fede. **B** *v. i. + avv.* ***1*** farsi forza (*o* coraggio); reggere, resistere: **B. up!**, fatti forza!; **His father's death was a terrible shock, but she's bearing up well**, la morte del padre è stata un colpo terribile, ma lei si fa forza (*o* regge bene) ***2*** reggere; essere credibile: **The suspect's story doesn't b. up at all**, la versione fornita dal sospetto non regge affatto (*o* non sta in piedi) ***3*** (*naut.*) poggiare □ (*naut.*) **to b. up for**, fare rotta su □ **to b. up to**, avvicinarsi a; (*naut.*) accostarsi a.

♦**bear upon**, *V.* **bear on**.

♦**bear with**, *v. i. + prep.* aver pazienza con; sopportare: **The patient is very irritable, but I do my best to b. up with him**, l'ammalato è assai impaziente, ma faccio del mio meglio per sopportarlo.

to **bear** (**2**) /bɛə(r)/, (*Borsa*) **A** *v. i.* speculare al ribasso. **B** *v. t.* causare un ribasso di (*azioni, titoli, ecc.*). ● **to b. the market**, fare operazioni al ribasso; vendere allo scoperto.

bearable /ˈbɛərəbl/, *a.* sopportabile; tollerabile.

bearberry /ˈbɛəbərɪ, *USA* -ɛrɪ/, *n.* (*bot., Arctosaphilos uva-ursi*) uva ursina.

bearbind /ˈbɛəbaɪnd/, (*raro*) **bearbine** /ˈbɛəbaɪn/, *n.* (*bot., Convolvulus arvensis*) vilucchio.

beard /bɪəd/, *n.* ***1*** barba (*d'uomo o d'animale*): **to grow a b.**, farsi crescere la barba ***2*** (*bot.*) resta (*di cereale*) ***3*** (*pop. USA*) barba; individuo barbuto ***4*** (*pop. USA*) intellettuale; testa d'uovo ***5*** (*pop. USA*) **the B.**, il governo federale (*dalla barba dello zio Sam*). ● (*bot.*) **old-man's b.** (*Clematis vitalba*), vitalba □ **to wear a b.**, portare la barba.

to **beard** /bɪəd/, *v. t.* ***1*** prendere per la barba ***2*** affrontare; sfidare. ● (*fig.*) **to b. the lion in his den**, prendere il toro per le corna; affrontare q. risolutamente.

bearded /ˈbɪədɪd/, *a.* ***1*** barbuto ***2*** (*bot.*) aristato. ● **b. collie**, collie barbuto (*cane*).

beardless /ˈbɪədləs/, *a.* ***1*** senza barba; imberbe ***2*** senza barba; sbarbato. ● **a b. young man**, uno sbarbatello.

bearer /ˈbɛərə(r)/, *n.* ***1*** (*anche comm.*) portatore; (*di lettera*) latore: **He is the b. of good news**, è latore di buone notizie; **a cheque payable to b.**, un assegno pagabile al portatore ***2*** (*archit.*) elemento portante; supporto ***3*** (*di pianta, preceduto da agg.*) che dà frutti: **This tree is a good b.**, quest'albero dà molti frutti ***4*** (= **pallbearer**) chi porta la bara ***5*** (*mecc., tipogr.*) corona (*di cilindro*). ● **b.'s bank book**, libretto al portatore □ **b. bond**, obbligazione (*di un ente pubblico*) al portatore □ (*banca*) **b. cheque**, assegno al portatore □ **b. debenture**, obbligazione al portatore □ (*mil.*) **b. company**, compagnia di sanità (*portaferiti, infermieri, ecc.*) □ **b. of passport**, titolare di passaporto □ **standard b.**, portastendardo; portabandiera.

bearing (**1**) /ˈbɛərɪŋ/, *n.* ***1*** connessione; relazione; rapporto; influenza, portata: **His evidence had no b. on the case**, la sua testimonianza non aveva rapporto alcuno con la causa; **The government's policy will have a strong b. on trade**, la politica del governo avrà una notevole influenza sul commercio ***2*** (*spesso al pl.*) posizione; direzione; (*naut., aeron.*) rilevamento: **to lose** (*o* **to be out of**) **one's bearings**, (*anche fig.*) perdere la bussola, disorientarsi; **to take one's bearings**, (*anche fig.*) fare un rilevamento, orientarsi; (*naut., aeron.*) **compass b.**, rilevamento alla bussola; (*naut., aeron.*) **relative b.**, rilevamento relativo (*o* polare) ***3*** sopportazione: **It is beyond (all) b.**, ciò supera ogni sopportazione; è insopportabile ***4*** condotta; comportamento; portamento; modo di camminare: **His b. makes him loved by everybody**, la sua condotta lo fa amare da tutti ***5*** capacità di produrre (*o* generare): **The mare is past b.**, la cavalla è troppo vecchia per figliare; (*di una pianta*) **to be in b.**, dare frutti; essere produttivo; **child-b.**, gravidanza; il mettere al mondo bambini ***6*** (*mecc.*) cuscinetto; supporto: **ball b.**, cuscinetto a sfere; **The b. runs hot**, il cuscinetto (*o* la bronzina) si scalda ***7*** (*archit.*) supporto, sostegno (*di trave*) ***8*** (*arald.*) insegna campita. ● (*mecc.*) **b. brass**, bronzina □ (*med.*) **b. down**, travaglio (*del parto*).

bearing (**2**) /ˈbɛərɪŋ/, *a.* ***1*** che porta, portante ***2*** (*nei composti*:) che produce; -fero (*suff.*). ● (*mecc.*) **b. axle**, assale portante □ (*edil.*) **b. pile**, palo portante (*di fondazione*) □ (*costr.*) **b. plate**, piastra d'appoggio □ (*edil., mecc.*) **b. surface**, superficie portante □ **b. timber**, trave portante □ (*bot.*) **fruit-b.**, fruttifero □ (*fin.*) **interest-b.**, fruttifero □ **oil-b.**, petrolifero.

bearish /ˈbɛərɪʃ/, *a.* ***1*** da orso; rude; sgarbato; sgraziato; scontroso: **b. manners**, maniere rudi (*o* scontrose) ***2*** (*Borsa*) ribassista; orientato, tendente al ribasso; inteso a provocare un ribasso: **a b. market**, un mercato con tendenza al ribasso. ● (*Borsa*) **a b. trend**, una tendenza al ribasso.

bearishness /ˈbɛərɪʃnəs/, *n.* ***1*** rudezza; scontrosità ***2*** (*Borsa*) tendenza al ribasso.

bearskin /ˈbɛəskɪn/, *n.* ***1*** pelle d'orso ***2*** colbacco (*di pelo d'orso*).

beast /biːst/, *n.* ***1*** bestia; animale ***2*** (*fig.*) bestia; bestione; animale (*persona grossolana o intrattabile*) ***3*** istinti animali: **It's the b. in him**, sono i suoi istinti animali ***4*** – (*Bibbia*) **the B.**, la Bestia (simbolo dell'Anticristo) ***5*** (*pop. USA*) ragazza (*anche non brutta*) ***6*** (*volg. USA*) puttana da due soldi (*volg.*) ***7*** (*pop. spreg. USA*) bianco (*per i negri*) ***8*** (*pop. USA*) eroina; LSD ***9*** (*pop. USA*) macchina volante (*missile, razzo, ecc.*). ● **b. of burden**, bestia da soma □ **b. of prey**, animale da preda □ **wild b.**, bestia feroce.

beastie /ˈbiːstɪ/, *n.* (*vezzegg.*) bestiola.

beastlike /ˈbiːstlaɪk/, *a.* da bestia; bestiale.

beastliness /ˈbiːstlɪnəs/, *n.* ***1*** bestialità; brutalità ***2*** (*fam.*) sgradevolezza ***3*** cibo sgradevole; bevanda disgustosa.

beastly /ˈbiːstlɪ/, **A** *a.* ***1*** bestiale; brutale ***2*** stupido; oltraggioso: **What a b. remark!**, che osservazione stupida! ***3*** (*fam.*) sgradevole; schifoso; da cani: **They gave me a b. dinner**, mi offrirono un pranzo schifoso; **b. weather**, tempo da cani. **B** *avv.* (*fam.*) assai; moltissimo (*in senso cattivo*); maledettamente: **b. bad news**, notizie pessime. ● **a b. fellow**, un uomo bestiale □ **b. manners**, maniere bestiali □ **It is b. cold**, fa un freddo cane.

beat (**1**) /biːt/, *n.* ***1*** colpo; il battere, rumore (*ritmico*); (*di tamburi*) rullo: **They heard the b. of the waves on the rocks**, sentivano il rumore delle onde che si frangevano sugli scogli ***2*** battito; pulsazione: **The beat of the dying man's heart was getting weaker and weaker**, i battiti del cuore del moribondo si facevano sempre più deboli ***3*** itinerario solito; giro (*di servizio o di guardia*): **While on his b., the policeman arrested a burglar**, mentre faceva il suo giro (d'ispezione), il poliziotto arrestò uno scassinatore ***4*** (*mus.*) battuta; ritmo; tempo: **on the b.**, a tempo ***5*** (*metrica*) accento ritmico ***6*** (*fis.*) battimento ***7*** (*naut.*) bordata ***8*** (*giorn.*) zona coperta da un inviato; (*anche*) colpo, scoop ***9*** beat; esponente della «beat generation». ● **to be out of** (*o* **to be off**) **one's b.**, non essere in servizio; (*fig.*) fare un lavoro cui non si è abituati: **That's off my b.**, non me ne intendo; non è affar mio.

beat (**2**) /biːt/, *a.* ***1*** battuto; avvilito; esausto

2 beat: **a b. poet**, un poeta beat; **b. literature**, letteratura beat *3* (*pop. USA*) malconcio; malandato; male in arnese *4* (*pop. USA*) squattrinato. ● (*pop. USA*) **b. artist**, spacciatore di droga scadente □ (*pop. USA*) **b. drug**, droga scadente □ **b. generation**, «beat generation»; gioventù bruciata; (*letter.*) corrente beat (*anticonformista, ribelle*) □ (*fam.*) **to be dead b.**, essere stanco morto; essere distrutto □ (*USA*) **b.-up**, *V.* **beaten-up**.

to **beat** /biːt/ (*pass.* **beat**, *p. p.* **beaten, beat**), **A** *v. t.* *1* battere; picchiare; percuotere: **He beats his children**, picchia i figli; **to b. a drum**, battere un tamburo; **to b. sb. to death**, picchiare a morte q.; (*lett.*) **to b. one's breast**, battersi il petto *2* battere; vincere; superare; sconfiggere: **He beat me at chess**, mi ha battuto a scacchi; **Our team was badly beaten**, la nostra squadra è stata battuta duramente; **They fought bravely but were beaten**, combatterono valorosamente ma furono sconfitti; **You can't b. that hotel for comfort**, quell'albergo è insuperabile per il comfort; **You can't b. a good film**, non c'è niente di meglio di un buon film *3* battere; perlustrare: **The police are beating the whole district**, la polizia perlustra tutto il quartiere; **to b. the streets**, battere le strade *4* sbattere: **The cock was beating its wings**, il gallo sbatteva le ali; **B. (up) the egg whites**, sbatti la chiara delle uova (*o* gli albumi) *5* (*fam.*) lasciare perplesso; sconcertare: **It beats me how he can be so stupid**, la sua stupidità mi sconcerta; **(It) beats me!**, (proprio) non saprei! *6* (*fam.*) imbrogliare; gabbare *7* (*pop. USA*) defraudare; derubare. **B** *v. i.* *1* battere; picchiare; pulsare: **The rain was beating on the roof**, la pioggia batteva sul tetto; **The sun was beating down on us**, il sole batteva a picco su di noi; **Her heart beat fast**, le batteva forte il cuore; **to make sb.'s heart b. faster**, far battere a q. il cuore più forte; accelerare i battiti del cuore di q. *2* (*delle ali, ecc.*) sbattere *3* (*naut.*) bordeggiare *4* (*pop. USA*) fare il portoghese. ● (*fig.*) **to b. the air**, pestare l'acqua nel mortaio □ (*pop. USA*) **to b. the band**, fare colpo: **She was dressed to b. the band**, era vestita in modo da fare colpo □ **to b. sb. black and blue**, picchiare a sangue q.; pestare q. □ (*un tempo*) **to b. the bounds**, segnare i confini (*piantando paletti*) □ (*pop. USA*) **to b. the chair**, evitare la sedia elettrica □ (*comm.*) **to b. the competition**, battere la concorrenza □ **to b. the countryside [the woods]**, battere la campagna [i boschi] □ (*pop. USA*) **to b. one's gums**, parlare a vanvera □ (*pop. USA*) **to b. the gun**, finire prima del segnale di chiusura □ (*pop.*) **to b. sb. hollow**, battere q. con facilità; (*fig.*) superare di gran lunga, schiacciare □ (*fam.*) **to b. the pants off sb.**, *V.* **to b. sb. hollow** □ (*pop. USA*) (*di un imputato*) **to b. the rap**, andare assolto; cavarsela □ (*sport* e *fig.*) **to b. a record**, battere un primato □ **to b. a retreat**, (*mil.*) battere la ritirata; (*fig.*) battere in ritirata □ **to b. the rush hour**, evitare l'ora di punta □ (*pop. USA*) **to b. the sheets**, poltrire a letto; riposarsi □ (*mus.*) **to b. time**, battere (*o* ritmare) il tempo □ (*pop. USA*) **to b. sb.'s time**, battere q. sul tempo □ (*mil.*) **to b. to arms**, suonare a raccolta □ **to b. one's way out of the crowd**, farsi strada (*o* largo) tra la folla □ (*pop.*) **B. it!**, battitela!; fila via!; smamma! □ **That beats everything!**, questo è il colmo!; questa sì che è bella! □ **This beats cock-fighting!**, è tutto da ridere!; è tutta una buffonata!

♦**beat about**, **A** *v. t.* + *avv.* battere, perlustrare (*una zona, ecc.*). **B** *v. i.* + *avv.* (*naut.*) restare sopravvento bordeggiando □ (*fam.*) **to b. about the bush**, menare il can per l'aia □ **to b. about for**, cercare affannosamente (*una soluzione, una via d'uscita*).

♦**beat back**, *v. t.* + *avv.* respingere, volgere in fuga (*il nemico, ecc.*).

♦**beat down**, **A** *v. t.* + *avv.* *1* buttare giù, abbattere; allettare (*il grano, ecc.*): **Lots of trees were beaten down by the storm**, molti alberi furono abbattuti dalla tempesta *2* domare; reprimere, schiacciare: **The revolt was beaten down by the army**, la rivolta fu domata dall'esercito *3* far calare (*i prezzi*); ottenere il ribasso (*di un prezzo*) *4* far scendere, portare (*un venditore*): **I succeeded in beating him down from £ 1,100 to £ 1,000**, sono riuscito a portarlo da 1.100 a 1.000 sterline □ **to b. down a seller**, ridurre un venditore a più miti pretese. **B** *v. i.* + *avv.* (*del sole, della pioggia, ecc.*) battere, picchiare forte.

♦**beat in** (*o* **into**), *v. t.* + *avv.* (*o prep.*) *1* far entrare a forza, cacciare dentro *2* rompere picchiando, sfondare *3* (*fig.*) far entrare (*idee, ecc.*) in testa (a q.) *4* (*cucina*) incorporare (*uova, ecc.*) sbattendo.

♦**beat off**, **A** *v. t.* + *avv.* respingere: **The police beat off the demonstrators**, la polizia respinse i dimostranti; (*mil.*) **to b. off an attack**, respingere un attacco; **to b. off an attempt**, respingere un tentativo. **B** *v. i.* + *avv.* (*volg.*) masturbarsi □ **to b. it off**, *V.* **to b. it out**.

♦**beat out**, **A** *v. t.* + *avv.* *1* far uscire a forza, cacciar fuori *2* spegnere (*un fuoco*) battendovi sopra *3* (*mus.*) suonare (*un motivo*: *con uno strumento a percussione*) *4* (*tecn.*) spianare a martellate; raddrizzare (*lamiere, ecc.*): **A coach repairer beats out the dents in a car**, il carrozzaio spiana col martello le ammaccature di un'automobile. **B** *v. i.* + *avv.* (*naut.*) uscire bordeggiando □ (*fam.*) **to b. one's brains out**, lambiccarsi il cervello; spremersi le meningi; scervellarsi □ (*pop.*) **to b. sb.'s brains out**, darle a q. di santa ragione □ (*pop.*) **to b. each other's brains out**, darsi botte da orbi □ (*pop.*) **to b. the hell out of sb.**, darle a q. di santa ragione □ (*pop.*) **to b. it out**, battersela; svignarsela □ (*pop.*) **to b. the living daylight** (*volg.*: **shit**) **out of sb.**, picchiare a sangue q.; pestare q.

♦**beat up**, **A** *v. t.* + *avv.* *1* picchiare selvaggiamente; pestare: **He was beaten up by the police**, fu pestato dalla polizia *2* (*pop. USA*) infastidire; seccare *3* sbattere (*uova, ecc.*); montare (*la panna*): **to b. up egg whites until they become stiff**, montare a neve la chiara d'uovo *4* (*boxe*) lavorarsi (*l'avversario*). **B** *v. i.* + *avv.* (*naut.*) bordeggiare.

beaten /ˈbiːtn/, **A** *p. p.* di **to beat**. **B** *a.* *1* battuto; picchiato; sconfitto *2* stanco; esausto; stremato *3* abbattuto; scoraggiato. ● **b. iron (gold, silver)**, ferro (oro, argento) battuto □ **b. path**, sentiero battuto □ **b.-up**, esausto, stremato; malandato, logoro, scassato □ **to follow the b. path**, seguire un sentiero, una strada battuta (*anche fig.*) □ **to go off the b. track**, allontanarsi dalle vie battute □ **off the b. track**, isolato, fuori mano; (*fig.*) insolito, fuori dell'ordinario.

beater /ˈbiːtə(r)/, *n.* *1* strumento per battere: **a carpet b.**, un battitappeto *2* (*specialm. nella caccia*) battitore *3* (*cucina*) frullino: **egg-b.**, frullino per le uova *4* (*ind. tess.*) battitoio *5* (*mecc.*) macchina sfibratrice.

beatific /biːəˈtɪfɪk/, *a.* *1* beatifico *2* gioioso; beato.

beatification /biːætɪfɪˈkeɪʃn/, *n.* (*relig.*) beatificazione.

to **beatify** /biːˈætɪfaɪ/, *v. t.* *1* rendere beato; far felice *2* (*relig.*) beatificare.

beating /ˈbiːtɪŋ/, *n.* *1* il battere; il pulsare *2* botte; percosse, busse; legnate, bastonate: **That boy deserves a good b.**, quel ragazzo merita una buona dose di legnate *3* battito; pulsazione *4* sconfitta; batosta (*fam.*): **The enemy gave us a good b.**, il nemico ci inflisse una sonora sconfitta *5* (*tecn.*) battitura; raddrizzatura: (*autom.*) **panel b.**, raddrizzatura delle lamiere. ● **b.-up**, (*ind. tess.*) battitura (*della trama*); (*fam.*) pestaggio □ (*fam.*) **It will take a lot of** (*o* **some**) **b.**, ce ne vorrà per batterlo (*o* per fare meglio); sarà difficile da superare.

beatitude /biːˈætɪtjuːd, *USA* -tuːd/, *n.* beatitudine; piena felicità.

beatnik /ˈbiːtnɪk/, **A** *n.* *1* beat *2* (*per estens.*) capellone. **B** *a. attr.* *V.* **beat (2)**, *def.* *2*.

Beatrice /ˈbɪətrɪs, *USA* ˈbiːə-/, **Beatrix** /ˈbɪətrɪks, *USA* ˈbiːə-/, *n.* Beatrice.

beau /bəʊ/ (*franc.*), *n.* (*pl.* **beaux, beaus**) *1* bellimbusto; damerino; cicisbeo *2* (*USA*) innamorato; amante.

beau monde /ˈbəʊˈmɒnd, *USA* ˈmɔːnd/ (*franc.*), *n.* (*pl.* **beau mondes, beaux mondes**) (il) bel mondo; l'alta società.

beaut /bjuːt/, *n.* (*pop.*) bellezza (*fig.*); cosa bella, eccellente, favolosa: **This ice cream is a real b.**, questo gelato è proprio favoloso.

beauteous /ˈbjuːtɪəs/, *a.* (*poet.*) bello; vago.

beautician /bjuːˈtɪʃn/, *n.* estetista.

beautifier /ˈbjuːtɪfaɪə(r)/, *n.* *1* abbellitore *2* cosa che abbellisce.

beautiful /ˈbjuːtɪfl/, **A** *a.* bello (*in sommo grado*); leggiadro; magnifico; eccellente: **a b. girl**, una ragazza bellissima; **a b. sunset**, un bel tramonto; **a b. voice**, una voce magnifica; **a b. poem**, una bella poesia. **B** *n.* (*filos.*) – **the b.**, il bello; la bellezza. ● **the b. people**, la bella gente (*i nobili, gli artisti, ecc.*).

beautifully /ˈbjuːtɪflɪ/, *avv.* in bel modo; leggiadramente; mirabilmente; in modo eccelso.

to **beautify** /ˈbjuːtɪfaɪ/, *v. t.* abbellire; adornare.

beauty /ˈbjuːtɪ/, *n.* *1* bellezza; beltà: **a b.**, una bellezza (*spesso iron.*); una bella donna; **Jane was no b.**, Jane non era (certo) una bellezza *2* (*fam., iron.*) bellezza, meraviglia: **Your new car is a b.**, la tua macchina nuova è una bellezza (*o* è bellissima); **The black eye you've got is a real b.**, hai un occhio nero che è una meraviglia. ● **b. case**, beauty-case, «beauty» □ **b. clinic**, istituto di bellezza □ **b. contest**, concorso di bellezza □ **b. parlour** (*o* **b. salon**, *USA* **b. shop**), istituto di bellezza □ **b. products**, prodotti di bellezza □ **b. queen**, reginetta □ (*fam.*) **b. sleep**, il primo sonno □ **b. spot**, neo (*artificiale o naturale*); luogo famoso per la sua bellezza □ **b. therapy**, trattamento di bellezza; cosmesi □ **the B. and the Beast**, la Bella e la Bestia □ **That's the b. of it!**, questo è il bello! □ **One b. of the offer is that we can't lose by it**, uno dei vantaggi dell'offerta è che non possiamo rimetterci □ (*prov.*) **B. is only skin-deep**, non è tutto oro quel che luce.

beaver (**1**) /ˈbiːvə(r)/, *n.* (*pl.* **beaver, beavers**) *1* (*zool., Castor*) castoro *2* pelliccia (*o* berretto) di castoro *3* felpa (*per soprabiti, ecc.*) *4* (*pop.*) barba; uomo barbuto *5* (*fam.*, = **eager b.**) gran lavoratore; stacanovista *6* (*pop. USA*) donna (*in genere*) *7* (*pop. USA*) donna al volante. ● (*pop. USA*) **b. flick**, filmetto porno □ **b. lodge**, tana di castoro □ (*zool.*) **b.-rat** (*Hydromys chrysogaster*), idromide orientale.

beaver (**2**) /ˈbiːvə(r)/, *n.* *1* (*arc.*) visiera (*dell'elmo*) *2* (*stor. mil.*) ventaglia (*della visiera dell'elmo*).

to **beaver** /ˈbiːvə(r)/, *v. i.* (*fam., di solito* **to b. away**) lavorar sodo; darsi da fare; darci sotto (*fam.*).

bebop /ˈbiːbɒp/, *n.* (*mus.*) be-bop (*varietà di jazz*).

to **becalm** /bɪˈkɑːm/, *v. t.* *1* (*naut.*) abbonacciare *2* (*fig., raro*) calmare; acquietare; sopire. ● (*naut.*) **to be becalmed**, restare in panna (*o* in bonaccia).

became /bɪˈkeɪm/, *pass.* di **to become**.

because /bɪˈkɒz, ˈkɒz, kəz, *USA* bɪˈkɔːz, -ˈkʌz, ˈkɔːz, ˈkʌz, kəz/, *cong.* perché (*per la ragione o il motivo che*); poiché: **«Why can't you go at once?» «B. I'm busy»**, «perché non puoi andare subito?» «perché ho da fare»; **«Why are you fed up?» «B. I am»**, «Perché sei stufo?» «Perché sì». ● **b. of**, per; a causa di; grazie a: **I came back not b. of the rain, but b. it was getting late**, sono tornato non per la pioggia, ma perché si faceva tardi; **I got**

the job b. of my uncle's pull, ebbi il posto grazie all'autorevole intervento di mio zio.

beccafico /bɛkə'fiːkəʊ/ (*ital.*), *n.* (*pl.* **beccaficos, beccaficoes**) (*zool., Sylvia borin*) beccafico.

béchamel /beɪʃə'mɛl/ (*franc.*), *n.* besciamella.

to **becharm** /bɪ'tʃɑːm/, *v. t.* affascinare; incantare.

bêche-de-mer /bɛʃdə'mɛə(r), beɪʃ-/, *n.* (*pl.* **bêche-de-mer, bêches-de-mer**) ***1*** (*zool., Holothuria*) oloturia; cetriolo di mare; trepang ***2*** *V.* **Beach-la-Mar.**

beck (1) /bɛk/, *n.* (*ingl. sett.*) ruscello; corso d'acqua montana.

beck (2) /bɛk/, *n.* cenno, segno (*del capo, della mano*). ● **to be at sb.'s b. and call**, essere agli ordini di q.; prendere ordini da q.

to **beck** /bɛk/, *v. t.* e *i.* (*poet.*) chiamare con un cenno; fare cenni.

becket /'bɛkɪt/, *n.* (*naut.*) ***1*** stroppo ***2*** canestrello ***3*** manetta.

to **beckon** /'bɛkən/, **A** *v. t.* chiamare con un cenno; fare cenno a: **He beckoned (to) me to join him**, mi fece cenno di raggiungerlo. **B** *v. i.* fare cenni; (*fig.*) chiamare, invitare: **The open sea beckons**, il mare aperto ci chiama (*o* c'invita).

Becky /'bɛkɪ/, *n. dim.* di **Rebecca.**

to **becloud** /bɪ'klaʊd/, *v. t.* (*anche fig.*) annuvolare; coprire di nuvole. ● **to b. sb.'s mind**, confondere (*o* offuscare) la mente di q.

to **become** /bɪ'kʌm/ (*pass.* **became**, *p. p.* **become**), **A** *v. i.* ***1*** divenire, diventare; (*seguito da un agg.*) farsi; (*seguito da un p. p.*) essere, venire: **It has become much colder**, si è fatto molto più freddo; **At last the truth became known**, alla fine la verità divenne nota (*o* si seppe) ***2*** (*in frasi interr. e dubit.*) – **to b. of**, avvenire, accadere di; succedere a; esserne di: **What will b. of us?**, che (ne) sarà di noi?; **I wonder what has become of the others**, mi chiedo che cosa ne sia (*o* cosa sia accaduto) degli altri. **B** *v. t.* (*form.*) ***1*** addirsi, convenirsi, confarsi a: **It ill becomes you to refuse**, mal ti s'addice rifiutare; **Rough manners do not b. him**, i modi bruschi non gli si confanno ***2*** donare; star bene a: **Your new dress doesn't b. you**, il vestito nuovo non ti sta bene. ● (*leg.*) **to b. applicable**, entrare in vigore □ (*comm.*) **to b. due**, scadere □ (*leg.*) **to b. final**, passare in giudicato □ **to b. obsolete**, diventare obsoleto; invecchiare □ **to b. vacant**, rendersi vacante; (*di un posto di lavoro*) liberarsi.

becoming /bɪ'kʌmɪŋ/, *a.* (*form.*) ***1*** conveniente; appropriato; che s'addice; che si confà: **Swearing is not b. to a lady**, le imprecazioni non s'addicono a una signora ***2*** grazioso; che sta bene; che dona: **a b. hat**, un cappello grazioso (*o* che dona); **a hairdo that is b. to me**, una pettinatura che mi sta bene.

becomingness /bɪ'kʌmɪŋnəs/, *n.* (*form.*) ***1*** convenienza; appropriatezza (*raro*) ***2*** bella apparenza; grazia; eleganza.

bed /bɛd/, *n.* ***1*** (*anche fig.*) letto; lettiera; giaciglio; alveo (*di fiume*): **Go to bed!**, vai a letto!; **We have a spare bed**, abbiamo un letto in più; **They crossed a dry river-bed**, attraversarono il letto asciutto d'un fiume ***2*** materasso: **feather bed**, materasso di piume ***3*** base; fondamento; (*geol.*) strato; (*ind. costr.*) fondo stradale, massicciata: **The lighthouse rests on a bed of concrete**, il faro poggia su una base di cemento; **a bed of coal [of leaves]**, uno strato di carbone [di foglie]; **Many wrecks lie on the bed of the sea**, molti relitti giacciono sul fondo del mare; **a railroad bed**, la massicciata d'una ferrovia ***4*** aiuola; pezzetto di terreno (*coltivato*): **a bed of beans**, un pezzetto di terreno coltivato a fagioli ***5*** (*chim.*) letto ***6*** (*mecc.*) bancale, banco (*di macchina utensile*). ● **bed and board**, vitto e alloggio; (*fig.*) tetto coniugale □ **bed and breakfast**, alloggio e prima colazione; (*tur.*) casa privata che offre alloggio e prima colazione □ **bed-clothes**, biancheria e coperte da letto □ **bed-cover**, copriletto □ **bed jacket**, liseuse (*giacchetta di lana*) □ **bed linen**, biancheria da letto □ **bed net**, zanzariera da letto □ (*fig.*) **a bed of nails**, un letto di Procuste □ (*fig.*) **a bed of roses** (*o* **of down, of flowers**), un letto di rose □ (*fig.*) **a bed of thorns**, un letto di spine; una posizione delicata, difficile □ **bed roll**, coperta arrotolata; sacco a pelo □ **bed warmer**, scaldaletto; scaldino □ (*med.*) **bed-wetting**, enuresi □ (*pop. USA*) **bed-wise**, esperto (*di sesso*); che conosce il sesso □ **boiler bed**, platea della caldaia □ **to be brought to bed (of a child)**, partorire: **She was brought to bed of a male child**, partorì un maschietto □ **a double bed**, un letto matrimoniale (*o* a due piazze) □ **a flower-bed**, un'aiuola (*di fiori*) □ (*fig.*) **to get out of bed on the wrong side**, alzarsi con la luna di traverso (*o* di cattivo umore) □ **to go to bed**, andare a letto □ (*eufem.*) **to go to bed with sb.**, andare a letto con q. □ (*pop.*) **Go to bed!**, ma va' a letto!; va' a quel paese! □ **the head of the bed**, il capezzale □ **to keep to one's bed**, essere costretto a letto (*o* allettato) □ (*fig.*) **to lie in the bed one has made**, avere ciò che ci si merita; subire le conseguenze di ciò che s'è fatto; essersela voluta □ **to make the bed**, rifare il letto □ (*fig.*) **the narrow bed**, la tomba □ **to put to bed**, mettere a letto (*un bambino*); impaginare (*un giornale*) □ **a single bed**, un letto singolo (*o* a una piazza) □ **to take to one's bed**, mettersi a letto (*soprattutto per malattia*); allettarsi □ (*fam. eufem.*) **to take a girl to bed**, portare a letto una ragazza.

to **bed** /bɛd/, **A** *v. t.* ***1*** mettere a dimora, piantare (*fiori, ecc.*): **I want to bed some tulips and hyacinths**, voglio piantare dei tulipani e dei giacinti ***2*** (*specialm.* **to bed down**) fare il letto a (*un animale*): **He bedded down his horse with straw**, fece il letto al cavallo con la paglia ***3*** collocare, disporre (*su un letto di posa*); conficcare, fissare; piantare saldamente: **The masons were bedding bricks in the mortar**, i muratori fissavano i mattoni nella calcina; **The arrow bedded itself in the tree trunk**, la freccia si conficcò nel tronco dell'albero ***4*** disporre in strati ***5*** mettere a letto (*un bambino, ecc.*) ***6*** (*fam. eufem., anche* **to bed down**) portare a letto (*una donna*). **B** *v. i.* ***1*** (*di animali*) mettersi a giacere ***2*** (*geol.*) stratificarsi. ● (*fam.*) **to bed down**, mettersi a dormire; coricarsi □ (*fam.*) **to bed sb. down**, dare da dormire a q., sistemare q. per la notte; fare il letto a (*un animale*) □ **to bed out**, trapiantare (*fiori, ecc.*).

to **bedabble** /bɪ'dæbl/, *v. t.* macchiare; inzaccherare.

to **bedaub** /bɪ'dɔːb/, *v. t.* (*arc.*) ***1*** imbrattare; (*fig.*) dipingere male: **to b. the walls with slogans**, imbrattare le pareti di slogan ***2*** adornare eccessivamente; abbigliare in modo sgargiante.

to **bedazzle** /bɪ'dæzl/, *v. t.* abbagliare; accecare; (*fig.*) confondere.

bedbug /'bɛdbʌg/, *n.* (*zool., Cimex lectularius*) cimice dei letti.

bedchamber /'bɛdtʃeɪmbə(r)/, *n.* (*arc.*) stanza da letto; camera.

beddable /'bɛdəbl/, *a.* (*pop.*) da portare a letto (*detto di persona attraente*).

bedded /'bɛdɪd/, *a.* ***1*** coricato; a letto ***2*** (*geol.*) stratificato.

bedder /'bɛdə(r)/, *n.* ***1*** chi fa i letti (*specialm. in un college*) ***2*** (*bot.*) piantina (*da trapiantare*) ***3*** (*ingl.*) camera da letto.

bedding /'bɛdɪŋ/, *n.* ***1*** biancheria da letto; coperte e materassi ***2*** lettiera: **Straw is used as b. for horses**, la paglia è usata come lettiera per i cavalli ***3*** fondo stradale ***4*** il mettere a letto ***5*** coltivazione di piante in aiuole ***6*** (*geol.*) stratificazione. ● **b. out**, messa a dimora, trapianto (*di fiori, ecc.*) □ (*geol.*) **b. thrust**, scorrimento di strato.

beddy-bye /'bɛdɪbaɪ/, *avv.* (*pop. USA*) a letto: **to go b.**, andare a letto.

Bede /biːd/, *n.* (*stor.*) Beda.

to **bedeck** /bɪ'dɛk/, *v. t.* adornare; ornare; decorare: **to b. oneself with jewels**, adornarsi di gioielli.

bedehouse /'biːdhaʊs/, *V.* **beadhouse.**

bedesman /'biːdzmən/, *V.* **beadsman.**

to **bedevil** /bɪ'dɛvl/, *v. t.* ***1*** tormentare; far tribolare (*fam.*): **Britain is bedevilled by unconstructive competition between two parties**, l'Inghilterra è tormentata dalla concorrenza non costruttiva fra due partiti ***2*** far invasare dal demonio; stregare ***3*** maltrattare.

bedevilment /bɪ'dɛvəlmənt/, *n.* ***1*** l'essere indemoniato; l'essere invasato dal demonio ***2*** (*arc.*) pandemonio; gran confusione; diavoleto (*raro*) ***3*** tormento; tribolazione.

to **bedew** /bɪ'djuː, *USA* -'duː/, *v. t.* (*poet.*) irrorare; bagnare (*di rugiada o di stille*): **Her cheeks were bedewed with tears**, aveva le guance irrorate di lacrime.

bedfast /'bɛdfɑːst, *USA* -fæst/, *a.* costretto a letto; allettato.

bedfellow /'bɛdfɛləʊ/, *n.* ***1*** compagno di letto ***2*** (*fig.*) compagno.

bedgown /'bɛdgaʊn/, *n.* camicia da notte (*da donna*).

to **bedim** /bɪ'dɪm/, *v. t.* (*anche fig.*) offuscare; velare: **The sun was bedimmed by clouds**, il sole era offuscato dalle nuvole.

to **bedizen** /bɪ'daɪzn/, *v. t.* (*arc.*) adornare eccessivamente; abbigliare in modo sgargiante; agghindare; coprire di fronzoli.

bedlam /'bɛdləm/, *n.* ***1*** (*arc.*) manicomio (*da Bedlam, manicomio di S. Maria di Betlemme a Londra*) ***2*** (*fig. fam.*) baraonda; sarabanda, confusione; bolgia; pandemonio.

bedlamite /'bɛdləmaɪt/, *n.* (*arc.*) matto; pazzo.

bedmaker /'bɛdmeɪkə(r)/, *n.* chi fa i letti (*nei college*).

bedmate /'bɛdmeɪt/, *n.* compagno, compagna di letto; coniuge.

bedouin /'bɛdʊɪn/, *n.* (*pl.* **bedouin, bedouins**) ***1*** beduino ***2*** (*fig.*) nomade; zingaro.

bedpan /'bɛdpæn/, *n.* padella (*per ammalati*).

bedplate /'bɛdpleɪt/, *n.* basamento (*di una macchina, ecc.*); piastra di fondazione.

bedpost /'bɛdpəʊst/, *n.* colonna (*di letto a baldacchino*). ● (*fam.*) **between you and me and the b.**, detto fra noi; in confidenza.

to **bedraggle** /bɪ'drægl/, *v. t.* inzaccherare: **a bedraggled dress**, un vestito inzaccherato. ● **a bedraggled part of the town**, un quartiere malandato.

bedrail /'bɛdreɪl/, *n.* sponda del letto.

to **bedrench** /bɪ'drɛntʃ/, *v. t.* infradiciare; inzuppare.

bedridden /'bɛdrɪdn/, *a.* costretto a letto; allettato.

bedrock /'bɛdrɒk/, *n.* ***1*** (*geol.*) roccia fresca; roccia in posto ***2*** (*fig.*) base; fondamento; fondo: **Let's get down to b.!**, andiamo a fondo!; occorre approfondire! ● (*econ.*) **b. cost**, costo fondamentale.

bedroom /'bɛdruːm, -rʊm/, *n.* camera (*o* stanza) da letto: **single [double] b.**, camera a un letto [a due letti]. ● (*pop.*) **b. eyes**, occhi sensuali; sguardo lascivo □ (*fam.*) **a b. scene [story]**, una scena scabrosa [un racconto spinto].

bedside /'bɛdsaɪd/, *n.* ***1*** lato (*o* fianco) del letto ***2*** (*fig.*) capezzale (*di malato*): **I was at his b. when he died**, ero al suo capezzale quando morì. ● **b. book**, libro da leggere a letto □ **b. carpet**, scendiletto □ **b. literature**, letture «leggere»; letteratura amena □ **b. manner**, modo di fare (*di medico o infermiere*): **That nurse has a good b. manner**, quell'infermiera ha molto tatto (*o* garbo; ci sa fare) con i malati □ **b. rug**, scendiletto.

bedsit /'bɛdsɪt/, *n.* (*fam.*) monolocale; camera-soggiorno.

to **bedsit** /'bɛdsɪt/ (*pass.* e *p. p.* **bedsat**), *v. i.*

alloggiare (*o* vivere) in un monolocale. ● **bedsitting room**, monolocale.

bedsitter /ˈbɛdsɪtə(r)/, *V.* **bedsit**.

bedsore /ˈbɛdsɔː(r)/, *n.* (*med.*) piaga da decubito.

bedspace /ˈbɛdspeɪs/, *n.* numero di letti; capacità ricettiva (*di un albergo, ospedale, ecc.*).

bedspread /ˈbɛdsprɛd/, *n.* copriletto; coperta (*da letto*).

bedstead /ˈbɛdstɛd/, *n.* lettiera; fusto del letto.

bedtime /ˈbɛdtaɪm/, *n.* l'ora di andare a letto. ● **b. stories**, favole per addormentare i bambini; (*fig.*) racconti inverosimili; (*telef.*) fiabe della buonanotte (*servizio ausiliario in G.B.*).

bee (1) /biː/, *n.* ***1*** ape; (*fig.*) persona indaffarata ***2*** idea fissa; fissa (*fam.*) ***3*** (*fam. USA*) riunione per lavorare (*o* divertirsi) insieme; gara (amichevole) ***4*** (*pop. USA*) dose di droga. ● **b.-bred**, miscela di miele e polline □ (*zool.*) **bee-eater** (*Merops apiaster*), gruccione; grottaione □ **bee-glue**, propoli □ **bee-master**, apicoltore □ **bee-skep**, alveare di paglia □ **as busy as a bee**, molto affaccendato; indaffaratissimo □ **bumble-bee** (*Bombus*), bombo □ **busy bee**, persona indaffarata □ (*fig.*) **to have a bee in one's bonnet**, avere un'idea fissa; essere fissato: **He has a bee in his bonnet about bionics**, è fissato per la bionica □ (*fam. USA*) **sewing bee**, gara di cucito □ (*fam.*) **He thinks he's the bee's knees**, si crede chi sa chi.

bee (2) /biː/, *n.* (*naut.*, *anche* **bee block**) anello di metallo; golfare; orecchia; maschetta.

bee (3), **be** /biː/, *n.* bi; lettera b.

Beeb (**the**) /biːb/, *n.* (*vezzegg. fam.*) la B.B.C.

beech /biːtʃ/, *n.* (*pl.* **beeches, beech**) (*bot., Fagus silvatica*) faggio. ● (*zool.*) **b.-marten** (*Martes foina*), faina □ (*chim.*) **b. mast**, faggina □ (*bot.*) **b.-nut**, faggina, faggiola.

beechen /biːtʃən/, *a.* (*lett.*) di faggio.

beechwood /ˈbiːtʃwʊd/, *n.* faggeta; faggeto.

beef /biːf/, *n.* ***1*** manzo; carne di bue: **tinned b.**, manzo in scatola ***2*** (*pl.* **beeves, beefs, beef**) bue da macello ***3*** (*pl.* **beeves, beefs**) bue macellato ***4*** (*fam.*) nerbo; muscolosità; robustezza ***5*** (*fam.*) forza: **to put some b. into a job**, metterci un po' di forza in un lavoro ***6*** (*fam.*) «Mr Muscolo»; marcantonio ***7*** (*fam.*) lagnanza; protesta ***8*** (*pop. USA*) discussione; lite ***9*** (*pop. USA*) bella ragazza ***10*** (*pop. USA*) errore; sbaglio. ● **b. cattle**, buoi da macello □ **b. cubes**, dadi di carne □ **b. tea**, brodo ristretto □ **b.-wood**, legno rosso (*di vari alberi*).

to **beef** /biːf/, *v. i.* (*pop.*) lagnarsi; protestare; brontolare. ● (*fam.*) **to b. up**, rafforzare; rinforzare; rimpolpare; (*pop. USA*) far fuori; uccidere.

beefcake /ˈbiːfkeɪk/, *n.* (*fam.*) (fotografie di) «Mister Muscolo».

beefeater /ˈbiːfiːtə(r)/, *n.* ***1*** guardiano della Torre di Londra ***2*** (*fam. USA*) inglese.

beefiness /ˈbiːfɪnəs/, *n.* nerbo; muscolosità; robustezza.

beefsteak /ˈbiːfsteɪk/, *n.* bistecca.

beefy /ˈbiːfɪ/, *a.* ***1*** nerboruto; muscoloso; robusto ***2*** corpulento.

beehive /ˈbiːhaɪv/, *n.* alveare; arnia.

beekeeper /ˈbiːkiːpə(r)/, *n.* apicoltore.

beekeeping /ˈbiːkiːpɪŋ/, *n.* apicoltura.

beekie /ˈbiːkɪ/, *n.* (*pop. USA*) ***1*** ficcanaso ***2*** spia (*del datore di lavoro*).

beeline /ˈbiːlaɪn/, *n.* linea retta. ● (*fam.*) **to make a b. for st.**, andare dritto verso q.c.; precipitarsi su q.c.

Beelzebub /bɪˈɛlzɪbʌb, ˈbiːl-/, *n.* Belzebù.

been /biːn, bɪn, *USA* bɪn, bɛn/, *p. p.* di **to be**. ● (*pop.*) **b. had**, imbrogliato; fregato (*pop.*).

beep /biːp/, *n.* ***1*** bip ***2*** colpo di clacson ***3*** squillo (*del telefono, ecc.*).

to **beep** /biːp/, **A** *v. i.* ***1*** fare bip ***2*** (*di clacson*) suonare ***3*** (*autom.*) suonare il clacson. **B** *v. t.* ***1*** suonare (*il clacson*) ***2*** far squillare (*il telefono*).

beeper /ˈbiːpə(r)/, *n.* cercapersone.

beer /bɪə(r)/, *n.* ***1*** birra ***2*** bevanda non alcolica (*estratta da piante o radici*). ● (*fig.*) **b. and skittles**, rose e fiori (*fig.*): **It was not all b. and skittles**, non ci fu molto da divertirsi □ (*pop.*) **b. belly**, pancetta; pancione (*anche fig.*) □ (*pop. USA*) **b. blast** (*o* **b. bust**), festa in cui si beve birra □ **b. crate**, cassetta di birra □ **b. garden**, birreria all'aperto □ (*pop.*) **b. gut**, *V.* **b. belly** □ (*pop.*) **b. hard**, imbrogliato; fregato (*pop.*) □ **b.-house**, birreria □ **b. money**, denaro per le piccole spese (*o* per i vizi) □ **b. pump**, apparecchio per spillare la birra (*in una birreria*) □ **b. stone**, tartaro di birra □ **draught b.**, birra alla spina □ **small b.**, birra leggera; (*fig.*) cosa di poca importanza, inezia □ **to think no small b. of sb.**, tenere q. in gran conto; avere stima di q.

to **beer up** /ˈbɪərˈʌp/, *v. i.* (*pop.*) fare il pieno di birra.

beerware /ˈbɪəwɛə(r)/, *n. collett.* (*comm.*) (servizio di) bicchieri da birra.

beery /ˈbɪərɪ/, *a.* ***1*** di (*o* simile a) birra ***2*** che sa di birra: **b. breath**, alito che sa di birra ***3*** brillo; sbronzo (*specialm. di birra*).

beestings /ˈbiːstɪŋz/, *n. pl.* colostro (*di vacca*).

beeswax /ˈbiːzwæks/, *n.* ***1*** cera vergine ***2*** (*pop. USA*) affari.

beeswing /ˈbiːzwɪŋ/, *n.* ***1*** pellicola del vino ***2*** vino vecchio.

beet /biːt/, *n.* ***1*** (*bot., Beta vulgaris*) barbabietola ***2*** (*USA*) *V.* **beetroot**. ● **b. sugar**, zucchero di barbabietola □ **white b.** (*Beta vulgaris cicla*), bietola.

beetle (1) /ˈbiːtl/, *n.* ***1*** coleottero (*specialm. se grosso e nero*); scarabeo ***2*** (= **black b.**) scarafaggio ***3*** (*fig.*) persona miope ***4*** (*autom., fam.*) Maggiolino (*la vecchia Volkswagen*). ● (*pop.*) **b.-crusher**, grosso stivale; scarpone □ (*fam.*) **as blind as a b.**, cieco come una talpa.

beetle (2) /ˈbiːtl/, *n.* mazzuolo; mazzuola; martello di legno. ● (*fig.*) **b.-brain** (*o* **b.-head**), testa di legno; zuccone.

beetle (3) /ˈbiːtl/, *a.* ***1*** prominente; sporgente ***2*** irsuto; ispido. ● **b.-browed**, dalle sopracciglia ispide (*o* assai folte); (*fig.*) accigliato.

to **beetle** (1) /ˈbiːtl/, *v. i.* ***1*** sporgere; strapiombare: **beetling crags**, dirupi a strapiombo ***2*** (*del fato, ecc.*) incombere minaccioso. ● **beetling eyebrows**, sopracciglia sporgenti (*molto folte*).

to **beetle** (2) /ˈbiːtl/, *v. t.* mazzolare; battere col mazzuolo.

beetroot /ˈbiːtruːt/, *n.* (*bot., Beta vulgaris rubra*) barbabietola rossa. ● (*fam.*) **as red as a b.**, rosso come un gambero.

beeves /biːvz/, *pl.* di **beef**.

beezer /ˈbiːzə(r)/, *n.* (*pop.*) naso.

to **befall** /bɪˈfɔːl/ (*pass.* **befell**, *p. p.* **befallen**), *v. t.* e *i.* (*form.*) accadere; capitare; succedere: **A serious accident befell him**, gli successe un grave incidente.

to **befit** /bɪˈfɪt/, *v. t.* (*form.*) addirsi, confarsi, convenire; essere adatto a: **This language does not b. you**, questo linguaggio non ti si confà.

befitting /bɪˈfɪtɪŋ/, *a.* (*form.*) adatto; conveniente; confacente.

to **befog** /bɪˈfɒg, *USA* -ɔːg/, *v. t.* ***1*** avvolgere nella nebbia; annebbiare ***2*** (*fig.*) rendere oscuro; oscurare; offuscare; ottenebrare.

to **befool** /bɪˈfuːl/, *v. t.* beffare; deridere; ridicolizzare.

before (1) /bɪˈfɔː(r)/, *avv.* ***1*** avanti; davanti: **He shouted to me to go b.**, mi gridò di andare avanti (a tutti) ***2*** prima; in passato; già: **I had met him the day b.**, l'avevo incontrato il giorno prima; **I have been here b.**, sono già stato qui. ● **to go on b.**, andare avanti (*prima di tutti gli altri*) □ **to go on as b.**, andare avanti come prima □ **long b.**, molto tempo prima.

before (2) /bɪˈfɔː(r)/, *prep.* ***1*** (*di spazio e fig.*) davanti, avanti, innanzi a; prima di: **The problem b. us is very difficult**, il problema che ci sta davanti è assai difficile; **I swear it b. God**, lo giuro innanzi a Dio; (*leg.*) **to appear b. a judge**, comparire davanti a un giudice; **An admiral comes b. a rear-admiral**, ammiraglio viene prima di contrammiraglio; **to put honesty b. self-interest**, porre l'onestà davanti al proprio interesse ***2*** (*di tempo*) prima di; avanti: **b. Christ** (*abbr.* **B.C.**), avanti Cristo; **Come b. ten o'clock**, vieni prima delle dieci ***3*** piuttosto che; anziché: **He would die b. apologizing**, preferirebbe morire anziché chiedere scusa ***4*** a (*o* per) opera di; sotto: **Equatorial forests are disappearing b. axe and saw**, le foreste equatoriali scompaiono sotto la scure e a opera della sega ***5*** a disposizione di: **A large sum of money was placed b. the researchers**, una grossa somma di denaro fu messa a disposizione dei ricercatori. ● (*naut.*) **b. the beam**, a proravia del traverso □ **b. everything else**, prima di ogni altra cosa; prima di tutto □ (*Borsa*) **b.-hours dealings**, precontrattazioni □ **b. long**, fra non molto; fra breve; fra poco □ (*naut.*) **b. the mast**, nel castello di prua □ (*fin.*) **b.-tax**, al lordo d'imposta; (*di profitto, reddito, utile*) lordo □ (*naut.*) **b. the wind**, col vento in poppa □ (*fig.*) **to carry all b. one**, riuscire in tutto ciò che si fa; avere un successo travolgente □ **the day b. yesterday**, avant'ieri; ieri l'altro; l'altro ieri □ **long b. that**, molto prima di ciò (*o* d'allora).

before (3) /bɪˈfɔː(r)/, *cong.* ***1*** prima che; prima di: **Write it down b. you forget it**, scrivilo prima che te lo dimentichi (*o* prima di dimenticartelo); **You should write to the hotel long b. you start**, dovresti scrivere all'albergo molto tempo prima di partire ***2*** piuttosto che: **He would die b. he would apologize**, preferirebbe morire piuttosto che chiedere scusa. ● (*fig. fam.*) **b. you know where you are**, in un baleno; in quattro e quattr'otto.

beforehand /bɪˈfɔːhænd/, *avv.* e *a. pred.* ***1*** anticipatamente; in anticipo: **to be b. with st.**, essere in anticipo (*o* avanti) con q.c.; **You must pay him b.**, devi pagarlo in anticipo ***2*** troppo rapido; precipitoso. ● **b. retirement**, pensionamento anticipato.

to **befoul** /bɪˈfaʊl/, *v. t.* ***1*** insudiciare; imbrattare ***2*** (*fig.*) infamare.

to **befriend** /bɪˈfrɛnd/, *v. t.* aiutare; assistere; soccorrere.

to **befuddle** /bɪˈfʌdl/, *v. t.* ***1*** confondere; sconcertare ***2*** istupidire, stordire (con bevande alcoliche).

befuddled /bɪˈfʌdld/, *a.* confuso; sconcertato. ● **b. with wine**, stordito dal vino.

befuddlement /bɪˈfʌdlmənt/, *n.* ***1*** confusione; sconcerto ***2*** istupidimento.

to **beg** /bɛg/, *v. t.* e *i.* ***1*** elemosinare; chiedere l'elemosina; chiedere in elemosina: **He is too lazy to work and too proud to beg**, è troppo pigro per lavorare, e troppo orgoglioso per chiedere l'elemosina; **to beg a meal**, chiedere un pasto in elemosina; **to beg for money [food]**, chiedere denaro [cibo] in elemosina ***2*** pregare; implorare; chiedere, domandare (*umilmente o come favore*); supplicare: **to beg a favour of sb.**, chiedere un favore a q.; **I begged him to help me**, lo pregai di aiutarmi; **I begged (of) him not to get into trouble**, lo implorai di non mettersi nei pasticci; **to beg leave to do st.**, chiedere il permesso di fare q.c.; **to beg pardon**, chiedere scusa: **«I beg your pardon»**, «chiedo scusa»; «scusi», ecc. (*formula che si usa anche per farsi ripetere parole che non si sono intese o per dimostrare d'essere seccato o in disaccordo*) ***3*** (*form.*) permettersi: **I beg to suggest a different plan**, mi permetto di suggerire un piano diverso ***4*** (*bur., comm.*) pregiarsi: **We beg to inform you that...**, ci pregiamo informarVi che... ● **to beg to differ**, permettersi di non essere d'accordo; dichiararsi d'altro avviso □ **to beg off**, esimersi (*o* disdire un impegno) scusandosi; tirarsi indietro accampando scuse □ **to beg the question**, dare q.c. per scontato; fare una petizione di principio □ **to go begging**, (*di cose*) non trovare chi le voglia, accetti o compri.

begad /bɪ'gæd/, *inter.* (*arc.*) perdinci; perdiana; perbacco.

began /bɪ'gæn/, *pass.* di **to begin**.

to **beget** /bɪ'gɛt/ (*pass.* **begot**, *p. p.* **begot, begotten**), *v. t.* **1** generare; mettere al mondo **2** (*fig.*) generare; produrre; causare: **War begets destruction and poverty**, la guerra produce distruzioni e miseria. ● (*relig.*) **the Only Begotten**, l'Unigenito.

begetter /bɪ'gɛtə(r)/, *n.* **1** (*form.*) generatore; genitore, genitrice; padre, madre **2** (*fig.*) autore; ideatore.

beggar /'bɛgə(r)/, *n.* **1** mendicante; accattone **2** povero **3** (*fam., spesso scherz.*) individuo; furfante; birichino: **That boy is a fine little b., isn't he?**, quel ragazzo è un bel birichino, non è vero? ● (*bot.*) **b.'s lice** (*Galium aparine*), attaccamani; attaccavesti □ **a little b.**, un furfantello □ **lucky b.**, tipo fortunato □ (*prov.*) **Beggars can't be choosers**, o mangiar questa minestra o saltar dalla finestra; a caval donato non si guarda in bocca.

to **beggar** /'bɛgə(r)/, *v. t.* ridurre in miseria (*o* sul lastrico); impoverire: **He beggared his father by going on running into debt**, ridusse in miseria suo padre a forza di far debiti. ● **to b. comparison**, essere incomparabile □ **to b. description**, essere indescrivibile; essere troppo bello per dirsi a parole: **«For her own person, it beggared all description»** (*Shakespeare*), quanto alla (bellezza della) sua persona, essa era tale da rendere inadeguata ogni descrizione.

beggarliness /'bɛgəlɪnəs/, *n.* **1** mendicità; estrema povertà **2** meschinità; sordidezza; squallore.

beggarly /'bɛgəlɪ/, *a.* **1** di (*o* da) mendicante; mendico; assai povero **2** meschino; sordido **3** misero; povero; di scarso valore; meschino. ● **a b. fellow**, un pezzente.

beggar-my-neighbour /'bɛgəmɪ'neɪbə(r), -maɪ-/, *n.* rubamazzo (*gioco di carte*). ● (*econ., stor.*) **b. policy**, politica di svalutazione della moneta e di restrizioni alle importazioni (*negli anni trenta*).

beggary /'bɛgərɪ/, *n.* **1** mendicità; estrema povertà **2** condizione di mendicante **3** (*coll.*) (i) mendicanti; (gli) indigenti.

begging /'bɛgɪŋ/, *a.* che questua; questuante; mendicante: **a b. friar**, un frate questuante. ● **b. letter**, lettera di sollecitazione di offerte in denaro.

to **begin** /bɪ'gɪn/ (*pass.* **began**, *p. p.* **begun**), *v. t.* e *i.* iniziare; cominciare; incominciare; principiare: **Suddenly he began talking** (*o* **to talk**), improvvisamente cominciò a parlare; **He began by saying he would not speak long**, cominciò col dire che non avrebbe parlato a lungo. ● **to b. again**, ricominciare □ **to b. at the beginning**, cominciare dal principio □ **to b. on st.**, dare inizio a q.c.; mettersi a fare q.c. (*fam.*) □ **to b. with**, per cominciare; per prima cosa; anzitutto □ (*prov.*) **Well begun is half done**, chi ben comincia è a metà dell'opera.

beginner /bɪ'gɪnə(r)/, *n.* **1** iniziatore; chi inizia, chi comincia q.c. **2** principiante; esordiente; novizio. ● **b.'s luck**, fortuna del principiante (*che si dice assista i novellini*).

beginning /bɪ'gɪnɪŋ/, *n.* **1** inizio; principio; esordio: **This is the b. of the end**, questo è il principio della fine **2** origine; (*fig.*) fonte: **This was the b. of all his troubles**, questa fu per lui la fonte di ogni guaio; **the beginnings of English Literature**, le origini della letteratura inglese □ (*elab.*) **b.-of-tape marker**, placca d'inizio del nastro.

to **begird** /bɪ'gɜːd/ (*pass.* **begirt, begirded**, *p. p.* **begirt**), *v. t.* (*arc.*) **1** cingere **2** circondare.

begone /bɪ'gɒn, *USA* -'gɔːn/, *inter.* (*arc.*) vattene!; andatevene!

begonia /bɪ'gəʊnɪə/, *n.* (*bot., Begonia*) begonia.

begot /bɪ'gɒt/, *pass.* e *p. p.* di **to beget**.

begotten /bɪ'gɒtn/, *p. p.* di **to beget**.

to **begrime** /bɪ'graɪm/, *v. t.* imbrattare; sporcare; annerire.

to **begrudge** /bɪ'grʌdʒ/, *v. t.* **1** invidiare: **We don't b. him his success**, non gli invidiamo il suo successo **2** lesinare: **Some husbands b. their wives every penny**, alcuni mariti lesinano il centesimo alle loro mogli.

to **beguile** /bɪ'gaɪl/, *v. t.* **1** ingannare; abbindolare **2** ingannare, far passare (*il tempo*) **3** allettare; sedurre; distrarre: **Don't b. him from his work**, non distrarlo dal suo lavoro. ● **to b. sb. into doing st.**, far fare q.c. a q. con l'inganno □ **to b. sb. of** (*o* **out of**) **st.**, privare q. di q.c. con l'inganno.

beguilement /bɪ'gaɪlmənt/, *n.* **1** inganno **2** allettamento; seduzione.

beguiler /bɪ'gaɪlə(r)/, *n.* **1** ingannatore **2** allettatore; seduttore.

beguiling /bɪ'gaɪlɪŋ/, *a.* **1** ingannevole **2** allettante; seducente; accattivante: **a b. smile**, un sorriso accattivante.

beguinage /'bɛgɪnɪdʒ/, *n.* (*stor. relig.*) beghinaggio.

beguine (**1**) /'bɛgɪn/, *n.* (*stor. relig.*) beghina.

beguine (**2**) /bɪ'giːn/, *n.* (*mus.*) béguine.

begum /'beɪgəm/, *n.* (*stor.*) regina (*o* principessa) indiana.

begun /bɪ'gʌn/, *p. p.* di **to begin**.

behalf /bɪ'hɑːf, *USA* -'hæf/, *n.* (*soltanto nelle espressioni*:) (*USA*) **in b. of**, nell'interesse di; a favore di; per: **I have done it in his b.**, l'ho fatto nel suo interesse; **on b. of**, nell'interesse di; a favore di; per conto di; a nome di: **The paper was signed by the manager on b. of the firm**, il documento fu firmato dal direttore a nome della ditta; (*leg.*) **on b. of a third party**, per conto terzi.

to **behave** /bɪ'heɪv/, **A** *v. i.* **1** comportarsi; agire; condursi: **B. like a man!**, comportati da uomo! **2** comportarsi bene: **I'll make my boy b.**, costringerò mio figlio a comportarsi bene **3** (*mecc.*) andare; funzionare: **The new racing car behaved well on its test run**, la nuova automobile da corsa è andata bene durante le prove. **B** to **behave oneself**, *v. rifl.* comportarsi bene. ● **badly behaved** (*o* **ill-behaved**), maleducato □ **well-behaved**, educato.

behavior /bɪ'heɪvjə(r)/, *e deriv.* (*USA*) *V.* **behaviour**, *e deriv.*

behaviour /bɪ'heɪvjə(r)/, *n.* **1** condotta; comportamento; modo di comportarsi; contegno: **I'm ashamed of his b.**, mi vergogno della sua condotta **2** comportamento; modo di comportarsi (*d'una macchina, ecc.*). ● (*psic.*) **b. therapy**, terapia comportamentale □ (*leg.*) **to be of good b.**, tenere buona condotta □ **to be on one's best b.**, comportarsi al meglio □ **to be put on one's good b.**, essere sottoposto a un periodo di prova (*di buon comportamento*).

behavioural /bɪ'heɪvjərəl/, *a.* (*psic.*) comportamentale; behaviorale: **b. model**, modello comportamentale.

behaviourism /bɪ'heɪvjərɪzəm/, *n.* (*psic.*) comportamentismo; behaviorismo.

behaviourist /bɪ'heɪvjərɪst/, (*psic.*) **A** *n.* comportamentista; behaviorista. **B** *a.* comportamentistico; behavioristico.

behaviouristic /bɪheɪvjə'rɪstɪk/, *a.* (*psic.*) comportamentistico, behavioristico.

to **behead** /bɪ'hɛd/, *v. t.* decapitare.

beheading /bɪ'hɛdɪŋ/, *n.* decapitazione.

beheld /bɪ'hɛld/, *pass.* e *p. p.* di **to behold**.

behest /bɪ'hɛst/, *n.* (*lett.*) comando; ordine: **This was done at the b. of the queen**, ciò fu fatto per ordine della regina.

behind (**1**) /bɪ'haɪnd/, *avv.* **1** dietro; di dietro; indietro (*anche nel tempo*); in arretrato: **Look b.**, guarda indietro!; **He was sitting b.**, era seduto di dietro; **I have fallen b. in** (*o* **with**) **my payments**, sono rimasto in arretrato (*o* indietro) con i miei pagamenti **2** in ritardo: **The train must be running b.**, il treno deve viaggiare in ritardo **3** (*fig.*) dietro, sotto (*celato, nascosto*): **There is st. b.**, c'è qualcosa sotto. ● **to be b. in** (*o* **with**) **one's work**, essere indietro con il proprio lavoro □ **to fall** (*o* **to drop**) **b.**, rimanere indietro □ **to leave b.**, lasciare; dimenticare (*di prendere*): **I must have left my umbrella b.**, devo aver lasciato (*o* dimenticato) l'ombrello □ **a long way b.**, molto indietro □ (*fig.*) **to look b.**, riandare al passato.

behind (**2**) /bɪ'haɪnd/, *prep.* **1** dietro (di, *o* a) (*anche nel tempo*): **He sat just b. me**, sedeva proprio dietro di me; **He shut the door b. him**, chiuse la porta dietro di sé; **My best days are well b. me**, i miei giorni migliori sono ormai cosa del passato **2** (*fig.*) dietro; sotto: **There must be something b. this news**, ci dev'essere qualcosa sotto questa notizia **3** più indietro di: **I am b. him in my studies**, io sono più indietro di lui nei miei studi **4** (*nei verbi frasali, è idiom.; per es.*:) **to leave b.**, lasciare dietro di sé; lasciare a casa, dimenticare; ecc., (*V. sotto* **to leave**). ● (*anche fig.*) **b. sb.'s back**, alle spalle di q. □ **to be b.** (**sb., st.**), appoggiare, sostenere (q., q.c.): **The majority party is b. this bill**, il partito di maggioranza appoggia questo disegno di legge □ (*fig.*) **b. the scenes**, dietro le quinte; in segreto □ **b. time** (*o* **b. schedule**), in ritardo □ **b. the times**, antiquato; (*fam.*) fuori moda □ (*autom.*) **to be b. the wheel**, stare al volante □ **Look b. you!**, guardati alle spalle!

behind (**3**) /bɪ'haɪnd/, *n.* (*fam.*) didietro; sedere; deretano.

behindhand /bɪ'haɪndhænd/, *avv.* e *a. pred.* **1** indietro; in ritardo **2** in arretrato (*con i pagamenti*) **3** lento; tardo.

to **behold** /bɪ'həʊld/ (*pass.* e *p. p.* **beheld**), *v. t.* (*lett.*) **1** vedere; scorgere **2** contemplare; guardare; mirare.

beholden /bɪ'həʊldən/, *a. pred.* obbligato; grato; in debito (*fig.*).

beholder /bɪ'həʊldə(r)/, *n.* osservatore; spettatore.

behoof /bɪ'huːf/, *n.* (*arc.*) interesse; vantaggio: **He said he had done it on** (*o* **to, for**) **my b.**, disse di averlo fatto a mio vantaggio.

to **behoove** /bɪ'huːv/, (*USA*) *V.* **to behove**.

to **behove** /bɪ'həʊv/, *v. t. impers.* (*lett.*) **1** essere d'uopo; essere necessario: **It behoves me to pay a visit to him**, è d'uopo ch'io gli faccia visita **2** addirsi: **It doesn't b. a gentleman to act like that**, non si addice a un gentiluomo agire in questo modo.

Beijing /beɪ'dʒɪŋ/, *n.* (*geogr.*) Pechino. ● (*stor., polit.*) **the B. Spring**, la Primavera di Pechino (*1989*).

be-in /'biːɪn/, *n.* (*fam.*) riunione, raduno (*specialm. di giovani*).

being /'biːɪŋ, biːŋ/, **A** *n.* **1** (*anche filos.*) (l') essere; esistenza; vita; anima: **She responded to his love with all her b.**, ricambiava l'amore di lui con tutta l'anima **2** essere; ente: **God is the Supreme B.**, Dio è l'Ente Supremo **3** creatura; essere vivente: **a human b.**, una creatura umana; **a wildered b.**, una creatura smarrita. **B** *a.* presente; attuale: **for the time b.**, per il momento (presente): **I'll stay here, for the time b.**, per il momento resterò qui. ● **to bring into b.**, dare vita a □ **to come into b.**, avere origine.

to **bejewel** /bɪ'dʒuːəl/, *v. t.* ingioiellare.

to **belabour**, (*USA*) to **belabor** /bɪ'leɪbə(r)/, *v. t.* **1** (*raro*) battere, bastonare, picchiare violentemente **2** (*fig.*) attaccare a fondo; assalire (*con domande, ecc.*) **3** (*fig.*) dilungarsi (*o* insistere) su (*un argomento, ecc.*).

belated /bɪ'leɪtɪd/, *a.* **1** tardo; tardivo: **His b. repentance isn't any good**, il suo tardo pentimento non serve a nulla **2** (*arc.*) sorpreso dalle tenebre; colto dal calar della notte: **b. travellers**, viaggiatori sorpresi dalle tenebre.

belatedly /bɪˈleɪtɪdlɪ/, *avv.* tardivamente; in ritardo.

to **belaud** /bɪˈlɔːd/, *v. t.* (*arc.*) elogiare; portare alle stelle (*fig.*).

to **belay** /bɪˈleɪ/, **A** *v. t.* ***1*** (*naut.*) assicurare, legare, dare volta a (*un cavo, una gomena*) ***2*** (*alpinismo*) assicurare (*una corda*). **B** *v. i.* ***1*** (*naut.*) dare volta: **Belay!**, volta! ***2*** (*naut.*: *di cavo*) prendere volta. ● **B. there!**, basta così!; ferma! □ (*naut.*) **belaying pin**, caviglia □ (*naut.*) **belaying rack**, cavigliera.

belch /bɛltʃ/, *n.* ***1*** eruttazione; rutto ***2*** vomito; cosa vomitata ***3*** eruzione (*di vulcano*) ***4*** scoppio (*d'arma da fuoco, del gas, ecc.*) ***5*** (*pop. USA*) lagnanza; protesta.

to **belch** /bɛltʃ/, *v. t.* e *i.* ***1*** eruttare; ruttare: **The volcano started belching ashes and lava**, il vulcano cominciò a eruttare ceneri e lava ***2*** eruttare, vomitare (*parole sconce, ecc.*).

belcher /ˈbɛltʃə(r)/, *n.* (*arc.*) fazzoletto da collo multicolore (*da Jim Belcher, famoso pugile inglese*).

beldam(e) /ˈbɛldəm/, *n.* ***1*** vecchia ***2*** megera; strega ***3*** (*arc.*) antenata; nonna ***4*** (*arc.*) vecchia balia.

to **beleaguer** /bɪˈliːgə(r)/, *v. t.* (*anche fig.*) assediare; (*fig.*) assillare.

belemnite /ˈbɛləmnaɪt/, *n.* (*paleont.*) belemnite (*fossile*).

belfried /ˈbɛlfrɪd/, *a.* munito di campanile.

belfry /ˈbɛlfrɪ/, *n.* campanile; cella campanaria.

Belgian /ˈbɛldʒən/, *a.* e *n.* belga.

Belgic /ˈbɛldʒɪk/, *a.* (*stor.*) belga (*degli antichi Belgi*).

Belgium /ˈbɛldʒəm/, *n.* (*geogr.*) Belgio.

Belgrade /bɛlˈgreɪd/, *n.* (*geogr.*) Belgrado.

Belial /ˈbiːlɪəl/, *n.* (*Bibbia*) Belial; (lo) spirito del male; Satana.

to **belie** /bɪˈlaɪ/, *v. t.* (*form.*) ***1*** celare; mascherare; nascondere: **His words b. his thoughts**, le sue parole mascherano quello che pensa ***2*** smentire: **Don't b. your good name**, non smentire il tuo buon nome ***3*** deludere: **All hopes for peace were soon belied**, ogni speranza di pace andò in breve delusa.

belief /bɪˈliːf/, *n.* ***1*** credenza; fede: **a mistaken b.**, una credenza errata; **He died for his b.**, morì per la sua fede ***2*** credito: **Your claim is beyond b.**, la tua pretesa non trova credito ***3*** fede; fiducia: **I haven't much b. in the validity of his claims**, non ho molta fiducia nella validità delle sue pretese ***4*** convinzione: **It is my b. he will come**, è mia convinzione che verrà. ● **The B.**, il credo degli Apostoli □ **in the b. that**, credendo che □ **to the best of my b.**, per quel che ne so io □ **It is beyond b.** (*o* **It's past all b.**), è incredibile.

believability /bɪliːvəˈbɪlətɪ/, *n.* credibilità.

believable /bɪˈliːvəbl/, *a.* credibile.

to **believe** /bɪˈliːv/, *v. t.* e *i.* ***1*** credere (in, a); aver fede, fiducia (in): **I quite b. what he says**, credo senz'altro a ciò che dice; **I b. you**, ti credo; **Atheists don't b. in God**, gli atei non credono in Dio; **They don't b. in doctors**, non hanno fiducia nei medici ***2*** credere; opinare; pensare; reputare; ritenere: **I b. he is ready**, credo che sia pronto; **I believed him an honest man**, lo ritenevo un uomo onesto. ● **to make b.**, far mostra; fingere □ (*USA*) **I don't b. it!**, incredibile!; cose da pazzi!

believer /bɪˈliːvə(r)/, *n.* chi crede; credente. ● **He is a b. in personal hygiene**, è un igienista.

believing /bɪˈliːvɪŋ/, *a.* che ha fiducia; fiducioso; credente.

belike /bɪˈlaɪk/, *avv.* (*arc.*, *spesso iron.*) probabilmente; forse.

Belisha beacon /bəˈliːʃəˈbiːkən/, *locuz. n.* (*autom.*) luce intermittente gialla (*a un passaggio pedonale*).

to **belittle** /bɪˈlɪtl/, *v. t.* ***1*** (*arc.*) impiccolire; far diventare più piccolo ***2*** sminuire; deprezzare.

bell (**1**) /bɛl/, *n.* ***1*** campana ***2*** campanello ***3*** campanaccio ***4*** rintocco; tocco; suono di campana ***5*** (*naut.*) campana dei turni di guardia (*che suona ogni mezz'ora*); turno di guardia (*di mezz'ora*): **one bell**, il primo rintocco (*alle ore 12 e 30'*; *4 e 30'*; *8 e 30'*); **eight bells**, gli otto rintocchi (*alle 12*; *4*; *8*); **The first three bells seemed interminable**, i primi tre turni di guardia parvero interminabili ***6*** suoneria (*di sveglia*) ***7*** (*biol.*) organo campanulato ***8*** (*pl.*) (*fam.*) pantaloni scampanati ***9*** (*pl.*) (*mus.*) campanelli; carillon ***10*** (*pl.*) (*mus.*) vibrafono (*nel jazz*). ● (*fig.*) **b., book and candle**, scomunica □ **b.-bottomed trousers** (*o* **b.-bottoms**), pantaloni scampanati (*a zampa d'elefante*) □ **b.-boy** (*USA* **b.-hop**), boy; fattorino; ragazzo d'albergo □ (*naut.*) **b. buoy**, boa a campana □ **b. clapper**, batacchio □ (*bot.*) **b.-flower**, campanula; campanella □ **b.-founder**, fonditore di campane □ (*fis.*) **b. glass** (*o* **b. jar**), campana di vetro □ **b. metal**, bronzo da campane □ (*mecc.*) **b.-mouthed**, svasato □ **b. pull**, cordone (*o* maniglia) di campanello □ **b. push**, bottone (*o* pulsante) del campanello □ **b.-ringer**, campanaro; (*pop. USA*) commesso viaggiatore; piazzista □ **b.-ringing**, arte del campanaro □ **b.-shaped**, a campana; scampanato; (*scient.*) campaniforme □ **b. tent**, tenda a cono □ **b. tower**, torre campanaria □ **b.-wether**, pecora che guida le altre; (*fig.*) caporione; capobanda □ **alarm b.**, campana d'allarme □ **to be as clear as a b.**, essere lampante (*o* chiaro) come il sole □ (*fig.*) **to be as sound as a b.**, essere sano come un pesce □ **diving b.**, campana da immersione (*per palombari, ecc.*) □ **dumb-bells**, manubri (*per ginnastica*) □ (*fam.*) **to give sb. a b.**, dare un colpo di telefono a q. □ **to ring a b.**, non giungere nuovo; essere familiare: **Does this name ring a b.?**, questo nome ti dice qualcosa?

bell (**2**) /bɛl/, *n.* ***1*** bramito (*di cervo in amore*) ***2*** abbaio.

to **bell** (**1**) /bɛl/, *v. t.* ***1*** fornire di campana (*o* di campanello) ***2*** scampanare; allargare a campana. ● **to b. the cat**, mettere il campanello al collo del gatto; (*fig.*) affrontare da soli un pericolo per il bene di tutti.

to **bell** (**2**) /bɛl/, *v. i.* ***1*** bramire (*di cervo in amore*) ***2*** abbaiare (*specialm. di cani da caccia*).

belladonna /bɛləˈdɒnə/, *n.* (*bot.*, *Atropa belladonna*) belladonna.

belle /bɛl/ (*franc.*), *n.* (*arc.*) bella; reginetta (*di bellezza*).

belles-lettres /ˈbɛlˈlɛtrə/ (*franc.*), *n. pl.* (*col verbo al sing.*) belle lettere; lettere.

belletrist /bɛlˈlɛtrɪst/, *n.* letterato.

belletristic /bɛllɛˈtrɪstɪk/, *a.* letterario.

bellicism /ˈbɛlɪsɪzəm/, *n.* (*polit.*) bellicismo.

bellicist /ˈbɛlɪsɪst/, *n.* (*polit.*) bellicista.

bellicose /ˈbɛlɪkəʊs/, *a.* bellicoso.

bellicosity /bɛlɪˈkɒsətɪ/, *n.* bellicosità.

bellied /ˈbɛlɪd/, *a.* (*nei composti*:) dalla pancia: **a yellow-b. insect**, un insetto dalla pancia gialla. ● **round-b.**, panciuto.

belligerency /bəˈlɪdʒərənsɪ/, *n.* (*anche leg.*) belligeranza.

belligerent /bəˈlɪdʒərənt/, *a.* e *n.* (*anche leg.*) belligerante.

bellman /ˈbɛlmən/, *n.* (*pl.* **bellmen**) (*arc.*) banditore.

bellow /ˈbɛləʊ/, *n.* ***1*** muggito; mugghio ***2*** barrito ***3*** urlo simile a un muggito ***4*** fragore (*delle onde, ecc.*).

to **bellow** /ˈbɛləʊ/, **A** *v. i.* ***1*** muggire, mugghiare (*di tori, tuono, ecc.*) ***2*** barrire (*di elefanti*) ***3*** urlare: **The injured boy was bellowing with pain**, il ragazzo ferito urlava dal dolore. **B** *v. t.* – **to b. out** (*o* **forth**), gridare irosamente; sbraitare.

bellowing /ˈbɛləʊɪŋ/, *n.* muggito prolungato; serie di muggiti.

bellows /ˈbɛləʊz/, *n. pl.* ***1*** mantice; soffietto ***2*** (*fig.*) polmoni ***3*** (*fotogr.*) soffietto ***4*** (*mus.*) mantice. ● **a pair of b.**, un soffietto.

belly /ˈbɛlɪ/, *n.* (*anche fig.*) pancia, ventre: **He was left with an empty b.**, rimase a pancia vuota; **We went down into the b. of the ship**, scendemmo nel ventre della nave. ● **b. ache**, mal di pancia; (*fig. pop.*) lagnanza, lamentela □ **b.-band**, sottopancia (*del cavallo, ecc.*) □ **b.-belt**, ventriera; panciera □ (*fam.*) **b. button**, ombelico □ **b. dance**, danza del ventre □ **b. dancer**, danzatrice che esegue la danza del ventre □ (*pop. USA*) **b. fiddle**, chitarra □ (*fam.*) **b. flop**, panciata (*in acqua*); spanciata (*tuffandosi*); tuffo di pancia □ (*aeron.*) **b.-landing**, atterraggio sulla pancia; spanciata □ (*fam.*) **b. laugh**, risata grassa (*o* fragorosa) □ **b.-pinched**, a pancia vuota; affamato □ (*pop. USA*) **b. robber**, affamatore; sfruttatore □ (*USA*) **b. whop**, *V.* **b. flop** □ **b.-worship**, culto del ventre; ghiottoneria; golosità □ (*pop. USA*) **to go b.-up**, *V.* **to belly-up** □ (*fam.*) **to have a b. laugh**, spanciarsi, sbellicarsi dalle risa.

to **belly** /ˈbɛlɪ/, **A** *v. i.* far pancia (*d'un muro, ecc.*). **B** *v. t.* (*del vento*) gonfiare (*le vele*). ● **to b. out**, (*del vento*) gonfiare (*le vele*); gonfiarsi (*di vele al vento*).

to **bellyache** /ˈbɛlɪeɪk/, *v. i.* (*pop.*) frignare; lagnarsi.

to **bellyflop** /ˈbɛlɪflɒp/, *v. i.* spanciare (*tuffandosi*); dare una spanciata.

bellyful /ˈbɛlɪfʊl/, *n.* ***1*** scorpacciata; spanciata ***2*** (*fig. pop.*) troppo; fin sopra i capelli: **I have had a b. of your cheek**, ne ho fin sopra i capelli della tua impudenza.

bellyhold /ˈbɛlɪhəʊld/, *n.* (*aeron.*) capacità di carico (*di merci*) nella stiva; stivaggio.

to **belly-land** /ˈbɛlɪlænd/, *v. i.* (*aeron.*) atterrare sulla pancia; spanciare.

to **belly-up** /ˈbɛlɪˈʌp/, *v. i.* (*pop. USA*) andare a gambe all'aria (*fig.*); fallire.

to **belong** /bɪˈlɒŋ, *USA* -lɔːŋ/, *v. i.* ***1*** appartenere; essere di pertinenza (di); essere (di); far parte (di): **This house belongs to my father**, questa casa appartiene a (*o* è di) mio padre; **Entomology, or the study of insects, belongs under zoology**, l'entomologia, o studio degli insetti, è di pertinenza della zoologia; **She belongs in the movies**, fa parte del mondo del cinema ***2*** risiedere; aver rapporti (*o* legami) con: **He belongs here**, risiede qui; è un membro di questa comunità (partito, reggimento, ecc.); (*scherz.*) **I know I don't b. here**, so di essere di un'altra parrocchia; **He doesn't b. anywhere**, non ha legami d'alcun genere ***3*** (*fam.*) andare (messo); avere il proprio posto; stare: **«Where do these things b.?» «They b. here»**, «dove vanno (messi) questi oggetti?» «vanno (messi) qui»; **The books b. on the shelf**, i libri stanno sullo scaffale.

belongings /bɪˈlɒŋɪŋz, *USA* -ˈlɔːŋ-/, *n. pl.* ***1*** oggetti, cose, bagagli (*di proprietà personale*); beni: **Have you got all your b.?**, hai tutte le tue cose? ***2*** (*arc.*) parenti. ● **personal b.**, effetti personali.

beloved /bɪˈlʌvɪd, bɪˈlʌvd/, *a.* e *n.* diletto; amato; adorato: **my b. son**, il mio adorato figliolo. ● (*vocat.*) **my b.**, amor mio.

below (**1**) /bɪˈləʊ/, *prep.* ***1*** sotto (*un dato punto o luogo*); sotto a; al disotto di: **You can write the words b. the picture**, puoi scrivere le parole sotto la figura; **Water freezes when temperature is b. zero**, l'acqua gela quando la temperatura è sotto zero; **b.** (**the**) **sea level**, sotto il livello del mare ***2*** a valle di: **Chatham is a few miles b. London**, Chatham è poche miglia a valle di Londra ***3*** sotto a; inferiore rispetto a; indegno di: **He is b. me in rank**, egli è inferiore di grado rispetto a me; **It is b. you to do that**, è indegno di te (*o* non è da te) fare ciò ***4*** meno di: **He owed me one hundred pounds, but I got b. eighty**, mi doveva cento sterline, ma ne ricevetti meno di ottanta. ● **b. one's breath**, sottovoce; a voce molto bassa □ (*naut.*) **b. deck**, sottocoperta □ (*econ., fin.*) **b.-the-line**, (*di capitolo d'entrata o di spesa del bilancio*) straordinario □ (*fig.*) **to be b. the mark**, essere di qualità scadente: non essere all'altezza; stare poco bene (*di sa-*

lute) □ (market.) **b. market price**, sottoprezzo □ (Borsa, fin.) **b. par**, sotto la pari □ (market.) **b. price**, sottoprezzo □ **to hit sb. b. the belt**, (boxe) colpire q. sotto la cintura; (fig.) assestare un colpo basso a q.

below (2) /bɪˈləʊ/, avv. *1* sotto; di sotto; al piano di sotto: **Write your name here b.**, scrivi il tuo nome qui sotto *2* sotto; a piè di pagina: **see b.**, vedi sotto *3* a valle *4* (naut.) sottocoperta: **When the storm burst, we went b.**, quando scoppiò la tempesta, scendemmo sottocoperta *5* sotto lo zero: **It's five b.**, sono cinque gradi sotto zero. ● **the floor b.**, il piano di sotto □ **here b.**, quaggiù □ **there b.**, laggiù.

Belshazzar /bɛlˈʃæzə(r)/, n. (Bibbia) Baldassarre.

belt /bɛlt/, n. *1* cintura; cinghia; cinta; cintola; cinturino; cinturone *2* cintura; fascia; zona: **My town has a green b. round it**, la mia città ha una cintura di verde *3* (mecc.) cinghia *4* (autom.) cintura *5* (sport) cintura (anche fig.) *6* (fam.) colpo; pugno. ● **b. ammunition**, munizioni da cartucciera; cartucce □ **b. conveyor**, nastro trasportatore □ **b. line**, anello ferroviario; circolare (di autobus o filobus) □ **the cotton (wheat, fever) b.**, la zona del cotone (del grano, della malaria) □ (boxe e fig.) **to hit below the b.**, V. sotto **below** (1) □ (boxe) **to hold the b.**, conservare il titolo (di campione) □ **life-b.**, salvagente; cintura di salvataggio □ (fig.) **to tighten one's b.**, stringere la cinghia □ (fig. fam.) **to wear a b. and braces**, essere arciprudente; voler stare sul sicuro.

to **belt** /bɛlt/, v. t. *1* allacciare; assicurare, legare (con una cintura, ecc.) *2* cingere con una cintura *3* prendere (q.) a cinghiate *4* (fam.) colpire; pestare; picchiare *5* (pop.) andare forte; sfrecciare: **Lots of cars were belting down the motorway**, c'erano un sacco di macchine che sfrecciavano nell'autostrada. ● **to b. on**, cingere (una spada); allacciarsi (una cartucciera); mettersi a tracolla (un fucile) □ (fam.) **to b. out**, cantare a squarciagola; suonare a tutto volume □ **to b. up**, (autom.) allacciare la cintura (di sicurezza); (fam.) chiudere la bocca a (q.); chiudere la bocca, stare zitto.

belted /ˈbɛltɪd/, a. munito di cinta o cintura; cinto. ● (autom.) **b.-bias tyre**, (pneumatico) cinturato.

belting /ˈbɛltɪŋ/, n. *1* materiale per cinghie *2* cinture; cinghie *3* cinghiate *4* (fam.) pestaggio; botte; busse; percosse.

beltway /ˈbɛltweɪ/, n. (autom. USA) anello di circonvallazione; tangenziale; raccordo anulare (cfr. ingl. **ring road**).

to **bemean** /bɪˈmiːn/, v. t. (raro) abbassare; immiserire: **I wouldn't b. myself to do that**, io non mi abbasserei a fare ciò.

to **bemire** /bɪˈmaɪə(r)/, v. t. infangare; inzaccherare. ● **to be bemired**, impantanarsi: **The car was bemired**, l'automobile s'impantanò.

to **bemoan** /bɪˈməʊn/, v. t. piangere; lamentare; rimpiangere.

to **bemuse** /bɪˈmjuːz/, v. t. confondere; stupefare.

bemused /bɪˈmjuːzd/, a. *1* confuso; stupefatto *2* assorto; immerso nei propri pensieri; preoccupato.

ben (1) /bɛn/, n. (scozz., irl.; geogr.) picco; vetta; monte.

ben (2) /bɛn/, (scozz.) **A** avv. e prep. dentro. **B** a. interno. **C** n. stanza interna (di una tipica casetta di due stanze).

bench /bɛntʃ/, n. *1* panca; panchina; sedile *2* banco (di lavoro o nelle barche): **carpenter's b.**, banco da falegname *3* (leg.) scanno, seggio (di giudice) *4* – **the b.**, (fig.) ufficio di magistrato; la magistratura; i giudici, i magistrati (collett.) *5* seggio, scanno (di vescovo) *6* (geol.) ripiano; terrazzo; argine naturale *7* (ind. min.) banco orizzontale *8* palco (nelle mostre canine) *9* (sport) panchina (dell'allenatore e delle riserve). ● (ind., org. az.) **b. check**, prova al banco □ (mecc.) **b. lathe**, tornio da banco □ **b. mark**, (topogr.) (punto di) riferimento (o caposaldo) altimetrico (in G.B., una freccia larga sotto una linea; cfr. la scritta ital. «s.l.m.»); (fig.) V. **benchmark** □ **b. warmer**, (sport) chi fa panchina; panchinaro (pop.); (fig., anche polit.) scaldapanche □ (leg.) **b. warrant**, mandato di cattura □ **to be on the b.**, fare parte della magistratura; essere giudice (o vescovo); (sport, di un giocatore) essere di riserva, in panchina □ **to be raised to the b.**, entrare a far parte della magistratura; essere nominato giudice (o vescovo) □ (di un giudice) **to retire from the b.**, lasciare la magistratura; andare in pensione □ (polit., in G.B.) **the Treasury B.**, il banco del governo (a destra dello Speaker, ai Comuni) □ (sport) **to warm the b.**, fare panchina.

to **bench** /bɛntʃ/, v. t. *1* munire di panche (o panchine) *2* fare partecipare (un cane) a una mostra *3* (sport) tenere in panchina; richiamare (o mandare) in panchina.

bencher /ˈbɛntʃə(r)/, n. (leg., in G.B.) membro del consiglio di uno dei quattro **Inns of Court** (q.V.; di solito un giudice o un **Queen's Counsel**, q.V.).

benching /ˈbɛntʃɪŋ/, n. (ind. min.) coltivazione a gradini.

benchmark /ˈbɛntʃmɑːk/, n. punto di riferimento; parametro. ● (org. az.) **b. job**, lavoro usato come parametro (per le promozioni, ecc.) □ (elab.) **b. test**, test «benchmark».

benchtop /ˈbɛntʃtɒp/, a. attr. da banco: **b. band saw**, sega a nastro da banco.

bend (1) /bɛnd/, n. *1* curva; svolta; ansa (di fiume): **The road made a sharp b. to the right**, la strada faceva una brusca curva a destra *2* curvatura; piegamento; flessione *3* (naut.) nodo *4* (fam.) – **the bends**, male dei palombari, malattia dei cassoni (embolia gassosa). ● **b.-leather**, cuoio da suole □ (metall.) **b. test**, prova di piegamento □ (pop.) **round the b.**, giù di testa; matto.

bend (2) /bɛnd/, n. (arald.) banda: **b. sinister**, banda di bastardigia.

to **bend** /bɛnd/ (pass. e p. p. **bent**), **A** v. t. *1* curvare; piegare (anche fig.); volgere: **to b. one's back**, curvare la schiena; **to b. st. double**, piegare in due q.c.; **I bent her will to my wishes**, piegai la sua volontà ai miei desideri; **He bent his steps homewards**, volse i suoi passi verso casa *2* rivolgere (lo sguardo, l'attenzione, le energie): **Bend your mind to your task**, rivolgi la mente al compito che ti è stato assegnato *3* (naut.) assicurare, fissare (vele, funi) *4* tendere (l'arco). **B** v. i. *1* curvarsi; piegarsi; (fig.) inchinarsi, cedere: **It bends easily**, si piega facilmente; **She bent to my wishes**, si piegò ai miei desideri; **to b. to undue pressure**, cedere a indebite pressioni *2* volgere; voltare; svoltare: **The road bends to the right**, la strada volta (o svolta) a destra. ● **to b. back**, piegare (o piegarsi) all'indietro; ripiegare □ **to b. down**, piegare all'ingiù; piegarsi; chinarsi: **I cannot b. down**, non riesco a chinarmi □ (fam.) **to b. sb.'s ear**, importunare q. con chiacchiere (lamentele, ecc.) □ **to b. forward**, piegarsi in avanti; protendersi □ **to b. one's head**, chinare il capo □ (pop.) **to b. in one's ear**, ascoltare; orecchiare □ **to b. one's knees**, piegare i ginocchi; inginocchiarsi □ **to b. over**, chinarsi; piegarsi; curvarsi □ **to b. over backwards**, farsi in quattro (per aiutare q., ecc.) □ **to b. the rules**, fare uno strappo alla regola; stiracchiare le regole a proprio favore □ **to b. one's way**, volgersi, dirigersi (verso un luogo).

bended /ˈbɛndɪd/, a. piegato; curvo. ● **on b. knees**, in ginocchio.

bender /ˈbɛndə(r)/, n. *1* persona (o cosa) che piega; piegatrice (macchina) *2* (pop., un tempo) mezzo scellino *3* (pop.) bicchierata; bevuta: **to go on a b.**, sbronzarsi.

bendlet /ˈbɛndlət/, n. (arald.) cotissa.

bendy /ˈbɛndɪ/, a. *1* pieghevole; flessibile *2* (di una strada, ecc.) pieno di curve; tortuoso.

beneath /bɪˈniːθ/, **A** avv. sotto; di sotto. **B** prep. *1* al disotto di; sotto; sotto a: **There were flowers b. the old trees**, c'erano fiori sotto gli alberi antichi; **It is hard to live b. a tyrant**, è duro vivere sotto un tiranno *2* (fig.) in posizione inferiore a (q.); inferiore a; indegno di: **A captain is b. a major**, il grado di capitano è inferiore a quello di maggiore; **This is b. you** (o **b. your dignity**), questo è indegno di te. ● **b. contempt**, indegno persino d'essere disprezzato; ignobile □ **to get b. the surface of a problem [a scandal]**, andare al fondo di un problema [di uno scandalo] □ **b. notice**, non degno d'essere preso in considerazione; trascurabile □ **to marry b. oneself**, sposare q. di condizione inferiore □ **the valley b.**, la vallata sottostante.

Benedict /ˈbɛnɪdɪkt/, n. Benedetto.

Benedictine /bɛnɪˈdɪktɪn/, a. e n. (relig.) benedettino.

benediction /bɛnɪˈdɪkʃn/, n. benedizione.

benedictory /bɛnɪˈdɪktərɪ/, a. benedicente; di benedizione.

benefaction /bɛnɪˈfækʃn/, n. beneficenza; opera buona.

benefactor /ˈbɛnɪfæktə(r)/, n. benefattore.

benefactress /ˈbɛnɪfæktrɪs/, n. benefattrice.

benefic /bəˈnɛfɪk/, a. (raro) benefico.

benefice /ˈbɛnɪfɪs/, n. beneficio ecclesiastico; prebenda.

beneficed /ˈbɛnɪfɪst/, a. che gode di un beneficio ecclesiastico. ● **a b. clergyman**, un beneficiato; un beneficiario.

beneficence /bəˈnɛfɪsns/, n. beneficenza; opera di beneficenza.

beneficent /bəˈnɛfɪsnt/, a. benefico; caritatevole: **a b. man (remedy)**, un uomo (un rimedio) benefico.

beneficial /bɛnɪˈfɪʃl/, a. *1* che dà beneficio; che reca giovamento; che fa bene; giovevole: **Country life will be b. to your children**, la vita di campagna recherà giovamento ai tuoi figli *2* (relig.) beneficiale. ● **b. association**, società di mutuo soccorso □ (leg.) **b. interest**, diritti di un beneficiario □ (leg.) **b. owner**, proprietario (secondo la «equity», q.V.) □ (fisc.) **b. rate**, contributo per oneri di urbanizzazione.

beneficiary /bɛnɪˈfɪʃərɪ, USA -fɪʃɪerɪ/, n. *1* beneficiato; chi gode di un beneficio ecclesiastico *2* (leg.) V. **beneficial owner** *3* (leg.) proprietario fiduciario di un trust (q.V.) *4* (ass., leg.) beneficiario *5* chi trae beneficio (o vantaggio; da q.c.): **The main b. of these capital movements was the USA**, questi movimenti di capitali sono andati soprattutto a vantaggio degli Stati Uniti.

beneficiation /bɛnɪfɪʃɪˈeɪʃn/, n. (metall.) arricchimento (del minerale).

benefit /ˈbɛnɪfɪt/, n. *1* beneficio; giovamento; utilità; vantaggio: **I derived much b. from sunshine and exercise**, trassi grande beneficio dal sole e dal moto *2* (pl.) assistenza; assegni; indennità: **The National Insurance Act provides medical benefits**, la legge sulle assicurazioni sociali provvede all'assistenza medica *3* immunità (degli ecclesiastici o dei Pari del Regno Unito) *4* (teatr.) recita (o spettacolo) di beneficenza; (per un attore) beneficiata. ● **b. association** (o **b. club, b. society**), società di mutuo soccorso (assai diffuse in U.S.A.) □ (econ.) **b.-cost analysis**, analisi dei costi e dei benefici □ **b. of clergy**, (stor.) immunità giudiziaria del clero; (fam.) matrimonio religioso: **to live together without b. of clergy**, convivere senza essersi sposati in chiesa □ (sport) **b. match**, incontro di beneficenza □ **b. night**, serata di beneficenza; (teatr.) beneficiata □ **a b. performance [concert]**, uno spettacolo [concerto] di beneficenza □ (fisc.) **b. theory of taxation**, teoria delle prestazioni e controprestazioni □ (anche leg.) **to give sb. the b. of the doubt**, concedere a q. il beneficio del dubbio □ (iron.) **I had no end of a b. getting**

things straight, ebbi un bel daffare per mettere le cose a posto.

to **benefit** /ˈbɛnɪfɪt/, **A** *v. t.* beneficare; giovare a; far bene a: **Sunshine and exercise will b. you**, il sole e il moto ti faranno bene. **B** *v. i.* – **to b. by**, beneficiare di; trarre profitto (*o* vantaggio) da: **The patient benefited very much by that new medicine**, il paziente trasse grande vantaggio da quella nuova medicina.

benevolence /bəˈnɛvələns/, *n.* ***1*** benevolenza ***2*** atto benevolo; dono generoso ***3*** (*stor.*) prestito forzoso; contribuzione straordinaria.

benevolent /bəˈnɛvələnt/, *a.* ***1*** benevolo; benevolente (*lett.*) ***2*** benefico; caritatevole: (*leg.*) **b. association** (*o* **b. society**), associazione filantropica (*o* con scopi di carità).

Bengal /bɛŋˈgɔːl/, *n.* (*geogr.*) Bengala. ● **B. light**, bengala.

Bengalee /bɛngɔːˈliː/, *a.* e *n.* bengalese.

Bengalese /bɛngəˈliːz/, *a.* e *n.* (*invar. al pl.*) bengalese.

Bengali /bɛŋˈgɔːlɪ/, *a.* e *n.* (*pl.* **Bengali, Bengalis**) *V.* **Bengalee**.

benighted /bɪˈnaɪtɪd/, *a.* ***1*** (*arc.*) sorpreso dalle tenebre (*o* dal calare della notte): **a b. traveller**, un viaggiatore sorpreso dalle tenebre ***2*** (*fig.*) ottenebrato (*mentalmente*); arretrato: **a b. country**, un paese arretrato.

benign /bəˈnaɪn/, *a.* ***1*** benigno (*anche med.*); benevolo; favorevole: **a b. climate**, un clima benigno; **a b. smile**, un sorriso benigno ***2*** cordiale; cortese.

benignancy /bəˈnɪgnənsɪ/, *n.* (*raro*) benignità; benevolenza.

benignant /bəˈnɪgnənt/, *a.* benigno; benevolo.

benignity /bəˈnɪgnətɪ/, *a.* ***1*** benignità; benevolenza ***2*** atto di benevolenza; favore.

benison /ˈbɛnɪzn/, *n.* (*arc.* o *poet.*) benedizione.

benjamin /ˈbɛndʒəmɪn/, *n.* ***1*** (*chim., med.*) benzoino (*la sostanza*) ***2*** (*bot., Styrax benzoin*; = **b. tree**) benzoino.

Benjamin /ˈbɛndʒəmɪn/, *n.* Beniamino.

bennet /ˈbɛnɪt/, *n.* (*bot.*) ***1*** (*Geum urbanum*, = **herb b.**) cariofillata; garofanaia; erba benedetta ***2*** (*Conium maculatum*) cicuta maggiore ***3*** (*Valeriana officinalis*) valeriana.

bent (**1**) /bɛnt/, **A** *pass.* e *p. p.* di **to bend**. **B** *a.* ***1*** curvo; ricurvo; piegato; storto ***2*** propenso, incline; deciso, risoluto: **He is b. on leaving at once**, è propenso ad andarsene subito; **He is b. on becoming an astronaut**, è deciso a fare l'astronauta ***3*** diretto: **westward b.**, diretto a occidente ***4*** (*pop.*) disonesto; corrotto; senza scrupoli: **a b. copper**, un poliziotto corrotto ***5*** (*pop.*) matto; pazzo ***6*** (*pop.*) omosessuale; invertito ***7*** (*pop.*: *specialm. di un automezzo*) rubato ***8*** (*pop. USA*) sbronzo ***9*** (*pop. USA*) squattrinato; al verde.

bent (**2**) /bɛnt/, *n.* ***1*** tendenza; inclinazione; disposizione; propensione: **He has a b. for art**, ha disposizione per l'arte ***2*** (*ind. costr.*) struttura trasversale portante a traliccio. ● **to follow one's b.**, seguire la propria inclinazione □ **to the top of one's b.**, al massimo; moltissimo; a più non posso: **He was exerting himself to the top of his b.**, si impegnava al massimo.

bent (**3**) /bɛnt/, *n.* ***1*** (*bot., Agrostis*) agrostide ***2*** stelo d'erba secco ***3*** prateria ***4*** (*bot., Ammophila arenaria*) sparto pungente ***5*** (*bot., Cynosurus cristatus*) gramigna canaiola.

benthal /ˈbɛnθəl/, **benthic** /ˈbɛnθɪk/, *a. V.* **benthonic**.

benthon /ˈbɛnθɒn/, *n. V.* **benthos**.

benthonic /bɛnˈθɒnɪk/, *a.* (*biol.*) bentonico.

benthos /ˈbɛnθɒs/, *n.* ***1*** (*biol.*) benthos, bentos ***2*** fondo marino.

bentonite /ˈbɛntənaɪt/, *n.* (*geol.*) bentonite.

to **benumb** /bɪˈnʌm/, *v. t.* ***1*** intorpidire; intirizzire: **The awful cold benumbed the explorers**, il freddo terribile intirizziva gli esploratori ***2*** (*fig.*) paralizzare (*la mente, la volontà*); inebetire.

benzaldehyde /bɛnˈzældɪhaɪd/, *n.* (*chim.*) benzaldeide.

Benzedrine /ˈbɛnzədriːn/, *n.* (*marchio: farm.*) benzedrina.

benzene /ˈbɛnziːn/, *n.* (*chim.*) benzene; benzolo. ● **b. ring**, anello benzenico □ **b. series**, serie benzenica.

benzine /ˈbɛnziːn/, *n.* (*chim.*) benzina (*per motori d'aeroplano e per smacchiare*).

benzoate /ˈbɛnzəʊeɪt/, *n.* (*chim.*) benzoato.

benzoic /bɛnˈzəʊɪk/, *a.* (*chim.*) benzoico.

benzoin /ˈbɛnzəʊɪn/, *n.* (*bot., Styrax benzoin*; *chim., med.*) benzoino.

benzol /ˈbɛnzɒl/, *USA* -zɔːl, -zəʊl/, *n.* (*chim.*) benzolo.

benzopyrene /ˈbɛnzəʊpaɪriːn/, *n.* (*chim.*) benzopirene.

benzoyl /ˈbɛnzəʊɪl/, *n.* (*chim.*) benzoile. ● **b. chloride**, cloruro di benzoile.

benzyl /ˈbɛnzaɪl/, *USA* -ziːl, -zl/, *n.* (*chim.*) benzile. ● **b. alcohol**, alcol benzilico.

to **bequeath** /bɪˈkwiːð/, *v. t.* ***1*** (*leg.*) lasciare in eredità; legare (*per testamento*) ***2*** (*fig.*) trasmettere, tramandare (*specialm. ai propri discendenti*): **He bequeathed his honesty to his son**, trasmise al figlio la sua onestà.

bequeather /bɪˈkwiːðə(r)/, *n.* (*leg.*) testatore.

bequest /bɪˈkwɛst/, *n.* (*leg.*) lascito, legato (*testamentario*).

to **berate** /bɪˈreɪt/, *v. t.* sgridare; rimproverare; rampognare (*lett.*).

Berber /ˈbɜːbə(r)/, *a.* e *n.* berbero.

berberry /ˈbɜːbərɪ/, *n.* (*bot., Berberis vulgaris*) crespino.

to **bereave** /bɪˈriːv/ (*pass.* e *p. p.* **bereaved, bereft**), *v. t.* (*lett.*) orbare (*lett.*); privare (*della vita, speranza, felicità, ecc.*). ● **the bereaved**, i dolenti; i familiari del defunto.

bereavement /bɪˈriːvmənt/, *n.* ***1*** privazione ***2*** perdita; lutto.

bereft /bɪˈrɛft/, **A** *pass.* e *p. p.* di **to bereave**. **B** *a.* orbato (*lett.*); privo: **b. of reason**, privo della ragione; **b. of all hope**, privo d'ogni speranza; disperato.

beret /ˈbɛreɪ, *USA* bəˈreɪ/ (*franc.*), *n.* ***1*** (berretto) basco ***2*** berretta (*da prete*).

berg (**1**) /bɜːg/, *n.* montagna di ghiaccio; iceberg.

berg (**2**) /bɜːg/ (*oland.*), *n.* monte (*specialm. nei toponimi*). ● **b. wind**, vento caldo proveniente dal nord (*nel Sud Africa*).

bergamot /ˈbɜːgəmɒt/, *n.* ***1*** (*bot., Citrus bergamia*) bergamotto ***2*** olio essenziale (*o* essenza) di bergamotto ***3*** (pera) bergamotta ***4*** (*bot., Mentha aquatica*; = **b. mint**) menta acquatica.

to **berhyme** /bɪˈraɪm/, *v. t.* (*arc.*) ***1*** mettere in rima, in versi; verseggiare ***2*** satireggiare in versi.

beriberi /ˈbɛrɪˈbɛrɪ/, *n.* (*med.*) beriberi.

to **berime** /bɪˈraɪm/, *V.* **to berhyme**.

berk /bɜːk/, *n.* (*pop. spreg.*) stupido; fesso (*pop.*): **you b.!**, stupido!; fesso!; pezzo d'imbecille!

berkelium /bɜːˈkɪlɪəm/, *n.* (*chim.*) berkelio.

Berlin /bɜːˈlɪn/, *n.* (*geogr.*) Berlino. ● **B. gloves**, guanti di lana fatti a mano □ **B. wool**, lana fine per lavori a maglia.

berlin /bɜːˈlɪn/, *n.* ***1*** berlina (*carrozza o automobile*) ***2*** *V.* **Berlin wool**.

berline /bɜːˈliːn/, *n.* berlina (*carrozza o automobile*).

Berliner /bɜːˈlɪnə(r)/, *n.* berlinese.

Berlinese /bɜːlɪˈniːz/, *a.* berlinese.

berm /bɜːm/, *n.* ***1*** (*ind. costr.*) berma ***2*** (*geol.*) berma; cresta litorale.

Bermuda /bəˈmjuːdə/, *n.* (*polit.*) Bermuda (*colonia ingl.*). ● **B. shorts**, *V.* **bermudas**.

bermudas /bəˈmjuːdəz/, *n. pl.* (*moda*) bermuda (*pantaloncini*).

Bermudas (**the**) /bəˈmjuːdəz/, *n. pl.* (*geogr.*) le Bermuda.

Bermudian /bəˈmjuːdɪən/, *a.* e *n.* (abitante) delle Bermuda.

Bern /bɜːn/, *n.* (*geogr.*) Berna.

Bernard /ˈbɜːnəd, bəˈnɑːd/, *n.* Bernardo.

Bernardine (**1**) /ˈbɜːnədiːn, -ɪn/, *n.* Bernardina.

Bernardine (**2**) /ˈbɜːnədiːn, -ɪn/, **A** *a.* ***1*** di San Bernardo ***2*** cistercense. **B** *n.* monaco cistercense.

Berne /bɜːn/, *V.* **Bern**.

berried /ˈbɛrɪd/, *a.* ***1*** (*bot.*) fornito di bacche ***2*** (*zool.*) fornito di uova (*detto di pesci o crostacei*).

berry /ˈbɛrɪ/, *n.* ***1*** (*bot.*) bacca ***2*** chicco (*d'uva, di grano, di caffè*) ***3*** uovo (*di pesci o crostacei*) ***4*** (*pop. USA*) dollaro.

to **berry** /ˈbɛrɪ/, *v. i.* ***1*** produrre bacche ***2*** cogliere bacche.

berserk /bəˈsɜːk/, **berserker** /ˈbɜːsɜːkə(r)/, **A** *a.* ***1*** violento; frenetico ***2*** forsennato; pazzo. **B** *n.* ***1*** (*nelle leggende scandinave*) feroce guerriero ***2*** (*fig.*) satanasso, ossesso; chi si batte furiosamente. ● **to go b.**, diventare una furia; andare su tutte le furie.

berth /bɜːθ/, *n.* ***1*** cuccetta, letto (*in nave o treno*): **a two-berths compartment**, uno scompartimento a due posti letto ***2*** (*naut.*) ancoraggio; attracco; posto di fonda (*o* d'ormeggio): **to shift b.**, cambiare posto di ormeggio; **foul b.**, cattivo ormeggio ***3*** (*fig.*) impiego; posto. ● (*naut.*) **b. freight**, nolo a collettame □ **to give a wide b. to**, (*naut.*) tenersi al largo di; (*fig.*) girare alla larga, stare alla larga da (q.).

to **berth** /bɜːθ/, *v. t.* ***1*** ancorare, attraccare (*una nave*); ormeggiare al molo ***2*** provvedere (*un passeggero*) di cuccetta (*o* letto).

bertha /ˈbɜːθə/, *n.* (*un tempo*) berta (*scialle o ampio colletto per donna, spesso di merletto*).

Bertha /ˈbɜːθə/, *n.* Berta.

Bertram /ˈbɜːtrəm/, *n.* Bertrando.

beryl /ˈbɛrəl/, *n.* (*miner.*) berillo.

beryllium /bəˈrɪlɪəm/, *n.* (*chim.*) berillio.

to **beseech** /bɪˈsiːtʃ/ (*pass.* e *p. p.* **besought**, *USA anche* **beseeched**), *v. t.* ***1*** implorare; supplicare: **I b. you for mercy**, imploro la tua clemenza ***2*** sollecitare; chiedere con insistenza.

beseecher /bɪˈsiːtsə(r)/, *n.* supplicante; supplice (*lett.*).

beseeching /bɪˈsiːtʃɪŋ/, **A** *a.* implorante; supplichevole (*di sguardo, voce, ecc.*). **B** *n.* supplica.

to **beseem** /bɪˈsiːm/, *v. t.* (*arc. o poet.*) addirsi a (q.): **It** (**well**) **beseems him to give advice**, dare consigli gli si addice. ● **It ill beseems you to say so**, non sta bene che tu lo dica.

beseeming /bɪˈsiːmɪŋ/, *a.* conveniente; opportuno; confacente.

to **beset** /bɪˈsɛt/ (*pass.* e *p. p.* **beset**), *v. t.* ***1*** – **to b. with**, cospargere, punteggiare, rendere irto di: **The enterprise is beset with difficulties**, l'impresa è irta di difficoltà ***2*** assalire; attaccare; assediare; circondare: **Many temptations b. us**, molte tentazioni ci assalgono (*o* circondano) ***3*** occupare; ingombrare (*strade, ecc.*). ● **a crown beset with pearls**, una corona tempestata di perle □ **a village beset with high mountains**, un paese circondato da alte montagne.

besetment /bɪˈsɛtmənt/, *n.* (*raro*) ***1*** l'assediare; l'essere circondati; assedio ***2*** contrarietà; fastidio ***3*** vizio inveterato.

besetting /bɪˈsɛtɪŋ/, *a.* ***1*** assillante; incombente: **a b. problem**, un problema assillante ***2*** (*di un difetto, un vizio, ecc.*) abituale; inveterato.

to **beshrew** /bɪˈʃruː/, *v. t.* (*arc.*) maledire.

beside /bɪˈsaɪd/, *prep.* ***1*** accanto a; presso; vicino a; al fianco di: **She sat b. him**, ella sedeva accanto a lui; **I was walking b. her**, camminavo al suo fianco ***2*** rispetto a; in confronto a: **My work is poor b. yours**, la mia opera vale poco rispetto alla tua ***3*** (*arc.*) oltre; in aggiunta a (*V.* **besides**). ● **to be b. oneself with grief**, essere fuori di sé per il dolore □ **b. the mark** (*o* **b. the point, b. the question**), incongruo; non pertinente; lontano dal vero; estraneo (all'argomento trattato): **That's b. the point!**, (questo) non c'entra!

besides /bɪˈsaɪdz/, **A** *prep.* **1** oltre a; in aggiunta a: **There were many other students b. him**, c'erano molti altri studenti, oltre a lui **2** (*in frasi interr. e neg.*) a parte; a prescindere da: **Did anybody else speak b. him?**, a parte lui, parlò nessun altro? **B** *avv.* inoltre; per di più; d'altronde: **I don't need a new hat**; **b., this is too dear**, non mi occorre un cappello nuovo, inoltre questo è troppo caro.

to **besiege** /bɪˈsiːdʒ/, *v. t.* **1** assediare: **Venice was besieged by the Austrians**, Venezia fu assediata dagli Austriaci **2** (*fig.*) assillare; importunare; tempestare: **The king was besieged with petitions**, il re era tempestato di petizioni.

besieger /bɪˈsiːdʒə(r)/, *n.* assediante.

to **beslobber** /bɪˈslɒbə(r)/, *v. t.* **1** sbavare (su); coprire di bava **2** (*fig.*) adulare.

to **besmear** /bɪˈsmɪə(r)/, *v. t.* **1** impiastrare; impiastricciare **2** imbrattare; insudiciare.

to **besmirch** /bɪˈsmɜːtʃ/, *v. t.* **1** imbrattare; insudiciare; sporcare **2** (*fig.*) offuscare, oscurare (*la fama, ecc.*).

besom /ˈbiːzəm/, *n.* (*arc.*) granata; scopa; (*anche fig.*) ramazza.

to **besom** /ˈbiːzəm/, *v. t.* (*arc.*) spazzare; scopare.

to **besot** /bɪˈsɒt/, *v. t.* **1** inebetire **2** istupidire, abbrutire.

besotted /bɪˈsɒtɪd/, *a.* **1** inebetito **2** istupidito, abbrutito (*dal bere, ecc.*) **3** infatuato: **He was b. with a dancing girl**, si era infatuato di una ballerina.

besought /bɪˈsɔːt/, *pass.* e *p. p.* di **to beseech**.

to **bespangle** /bɪˈspæŋgl/, *v. t.* guarnire (*o* ornare) di lustrini.

to **bespatter** /bɪˈspætə(r)/, *v. t.* **1** inzaccherare; gettar fango su **2** (*fig.*) coprire (*d'insulti, ecc.*) **3** (*fig.*) diffamare; denigrare.

to **bespeak** /bɪˈspiːk/ (*pass.* **bespoke**, *p. p.* **bespoken, bespoke**), *v. t.* **1** prenotare; ordinare (*merci*); riservare (*tenere a disposizione*): **All the rooms were already bespoken**, tutte le camere erano già prenotate **2** rivelare; essere indizio di: **His manners b. a European education**, i suoi modi rivelano un'educazione europea **3** far presagire; essere un segno premonitore di; promettere (*fig.*) **4** (*poet.*) rivolgere la parola a (q.).

bespectacled /bɪˈspektəkld/, *a.* (*form.*) occhialuto.

bespoke /bɪˈspəʊk/, **A** *pass.* e *p. p.* di **to bespeak**. **B** *a.* **1** ordinato in anticipo **2** su misura; su ordinazione: **a b. kitchen**, una cucina fatta su ordinazione; **b. shoes**, scarpe fatte su misura **3** (*di un artigiano*) che lavora su ordinazione: **a b. shoemaker**, un calzolaio che lavora su ordinazione. ● **b. tailor**, sarto.

bespoken /bɪˈspəʊkən/, *p. p.* di **to bespeak**.

to **besprinkle** /bɪˈsprɪŋkl/, *v. t.* aspergere; cospargere; spruzzare.

Bess /bes/, **Bessie, Bessy** /ˈbesɪ/, *n.* (*dim. di* **Elizabeth**) Bettina.

best (**1**) /best/, **A** *a.* (*superl. relat. di* **good**) (il) migliore: **He is my b. friend**, è il mio miglior amico; **He is the b. pupil in the class**, è il migliore (scolaro) della classe; **What is the b. thing to do?**, qual è la cosa migliore da fare? **B** *n.* **1** – **the b.**, il migliore; il meglio: **I want my children to have nothing but the b.**, voglio che i miei figli abbiano soltanto il meglio **2** – **one's b.**, il (proprio) meglio: **to do one's b.**, fare del proprio meglio; **I did my b.**, ho fatto del mio meglio (*o* tutto quello che potevo) **3** – **one's b.** (**= all the b.**), cari saluti; (i) migliori auguri: **She sent him her b.**, gli inviò i migliori auguri **4** (*di solito* **one's Sunday b.**) l'abito della festa: **to be in one's** (**Sunday**) **b.**, indossare l'abito della domenica (*o* della festa). ● **b. buy**, miglior acquisto (*consigliato da un'associazione di consumatori, ecc.*) □ (*in un matrimonio*) **the b. man**, il testimone dello sposo □ **the b.** (**of it**), la parte migliore; il bello: **The b. of the joke is that John didn't know**, il bello dello scherzo è che John non lo sapeva □ **the b. part of**, la maggior parte di; quasi: **It took the b. part of an hour to go there**, ci volle quasi un'ora per andare là □ (*pop. USA*) **one's b. piece**, la moglie; l'amante □ **b. seller**, bestseller; libro (*o* autore, disco, ecc.) di grande successo; (*comm.*) articolo assai venduto (*o* che si vende bene) □ **b.-selling**, che si vende bene; di successo □ **to be all for the b.**, andare per il meglio; andare a finir bene: **In the end all was for the b.**, alla fine tutto andò per il meglio □ **to be at one's b.**, essere nelle migliori condizioni (*o* nella forma migliore); dare il meglio di sé: **He is at his b. in the 100-metre dash**, dà il meglio di sé nei cento piani; **The garden is at its b. in spring**, in primavera il giardino è più bello che mai □ **at the b. of times**, il più delle volte, per lo più; quando va bene □ **to do st. to the b. of one's power** [**ability**], fare q.c. come meglio si può [si sa] □ **for the b.**, per il meglio; per il bene di tutti: **What I did was for the b.**, quel che ho fatto è stato per il bene di tutti □ **to have** (*o* **to get**) **the b. of sb.**, avere la meglio, prevalere (*in una discussione, ecc.*) su q. □ **to get the b. of the bargain**, essere avvantaggiato □ **to get the b. out of sb.** [**st.**], cavare (*o* trarre) il meglio da q. [q.c.] □ **to hope for the b.**, sperare che tutto vada per il meglio □ **to look one's b.**, essere in gran forma; avere un'ottima cera □ **to make the b. of a bad job** (*o* **of it**), accontentarsi; rassegnarsi □ **to make the b. of things**, tirare avanti (alla meglio); adattarsi (alla situazione) □ **to make the b. of one's time** [**opportunities**], sfruttare nel miglior modo possibile il proprio tempo [le occasioni] □ (*fam.*) **to put one's b. foot forward**, camminare quanto più rapidamente possibile; (*fig.*) fare del proprio meglio □ **to the b. of my ability**, come meglio so fare; per quel che posso □ **to the b. of my knowledge**, per quel che ne so io: **To the b. of my knowledge, he is a thief**, per quel che ne so, è un ladro □ **with the b.**, alla pari dei migliori □ **All the b.!**, cordiali saluti!; i migliori auguri!; tante buone cose! □ **B. of luck!**, buona fortuna!; auguri! □ (*market.*) **«b. before April 1996»**, «da consumarsi preferibilmente entro il marzo 1996» (*scritto su una confezione*) □ **Bad is the b.**, non c'è da sperare che le cose cambino in meglio □ (*prov.*) **The b. is enemy of the good**, il meglio è nemico del bene □ (*prov.*) **The b. is the cheapest in the long run**, chi più spende meno spende.

best (**2**) /best/, *avv.* (*superl. di* **well**) **1** nel modo migliore; meglio: **The one who does b. will get the medal**, chi fa meglio avrà la medaglia; **I study b. late in the evening**, studio meglio la sera tardi **2** di più; più di tutti: **Which of these novels do you like b.?**, quale di questi romanzi ti piace di più?; **He is the b.-loved doctor in the hospital**, è il medico più amato dell'ospedale. ● **as b.**, come meglio; meglio che: **Do it as b. you can**, fallo come meglio puoi; **They manage as b. they can**, se la cavano meglio che possono □ **at b.**, quanto meno; al massimo; nel migliore dei casi; nella migliore ipotesi; (*comm., fin.*) (*di una vendita*) al meglio: **His reaction was at b. excessive**, la sua reazione è stata quanto meno sproporzionata; **This is, at b., a makeshift shelter**, al massimo, questo è un rifugio d'emergenza □ (*comm., fin.*) **to sell at b.**, vendere al meglio □ **had b.**, sarebbe meglio; converrebbe: **You had b. do it at once**, faresti meglio a farlo subito.

to **best** /best/, *v. t.* (*arc.*) avere la meglio su, spuntarla con (q.).

bestial /ˈbestɪəl, *USA* ˈbestʃəl/, *a.* **1** bestiale; brutale **2** lussurioso; osceno.

bestiality /bestɪˈælətɪ, *USA* bestʃɪ-/, *n.* **1** bestialità; brutalità **2** depravazione; lussuria; oscenità **3** (*leg.*) bestialità (*rapporti sessuali con bestie*).

to **bestialize** /ˈbestɪəlaɪz/, *v. t.* abbrutire; rendere bestiale.

bestiary /ˈbestɪərɪ, *USA* -tɪerɪ/, *n.* (*stor. letter.*) bestiario.

to **bestir** /bɪˈstɜː(r)/, **A** *v. t.* agitare; scuotere. **B** **to bestir oneself**, *v. rifl.* agitarsi, scuotersi; (*fig.*) muoversi, darsi da fare.

best-off /ˈbestɒf, *USA* -ɔːf/, *a.* che sta meglio (*di tutti*); il più abbiente; il più ricco.

to **bestow** /bɪˈstəʊ/, *v. t.* **1** dare; concedere; conferire: **More honours were bestowed on him**, gli furono conferite altre onorificenze **2** dedicare: **You should b. more time on your work**, dovresti dedicare più tempo al tuo lavoro **3** collocare, porre, posare (*un oggetto*). ● **to b. in marriage**, dare in moglie.

bestowal /bɪˈstəʊəl/, *n.* **1** concessione (*di un privilegio, ecc.*); conferimento **2** (*leg.*) legato; donazione.

to **bestraddle** /bɪˈstrædl/, *V.* **to bestride**.

to **bestrew** /bɪˈstruː/ (*pass.* **bestrewed**, *p. p.* **bestrewed, bestrewn**), *v. t.* **1** disseminare; cospargere **2** ricoprire; essere sparso per: **Bits of paper bestrewed the floor**, pezzetti di carta erano sparsi per terra.

to **bestride** /bɪˈstraɪd/ (*pass.* **bestrode, bestrid**, *p. p.* **bestridden, bestrid, bestrode**), *v. t.* **1** montare, essere, stare a cavallo, a cavalcioni di (*un cavallo, una sedia, ecc.*) **2** stare a gambe larghe su (*una persona caduta*) **3** inarcarsi su: **The rainbow bestrides the horizon**, l'arcobaleno s'inarca sull'orizzonte **4** scavalcare: **We bestrode several ditches**, scavalcammo molti fossati.

bet /bet/, *n.* **1** scommessa: **to make** (*o* **to lay, to place**) **a bet**, fare una scommessa; **to take** (*o* **to accept**) **a bet**, accettare una scommessa **2** (*a carte*) puntata. ● **a bad bet**, uno (*o* una cosa) che non promette niente di buono: **She may be a beautiful girl, but she's a bad bet for marriage**, sarà anche bella, ma non promette d'essere una buona moglie □ (*fam.*) **one's best bet**, la cosa migliore da farsi □ **a good** (*o* **safe**) **bet**, una cosa certa (*o* sicura): **That boxer is a good bet**, si può scommettere con sicurezza su quel pugile □ (*fam.*) **My bet is that...**, scommetto che...

to **bet** /bet/ (*pass.* e *p. p.* **bet, betted**), *v. t.* e *i.* scommettere; puntare: **I bet you he won't come**, scommetto (con te) che non verrà; **I never bet on horses**, non scommetto mai alle corse dei cavalli; **He bet ten pounds on that horse**, puntò dieci sterline su quel cavallo. ● **to bet one's boots** (*o* **one's bottom dollar, one's shirt**), scommetterci la camicia □ (*fam.*) **You bet!**, naturalmente!; credo bene!; ma certo!

beta /ˈbiːtə, *USA* ˈbeɪtə/, *n.* **1** beta (*seconda lettera dell'alfabeto greco*; *astron.*) **2** votazione (*o* classifica) di «buono» (*inferiore a «ottimo»*). ● (*med.*) **b.-blocker**, betabloccante □ **b. plus**, (*comm.*) di qualità intermedia fra la seconda e la prima; (*nei voti scolastici*) a metà tra «buono» e «ottimo» □ (*fis. nucl.*) **b. particle**, particella beta □ (*fis.*) **b. rays**, raggi beta □ (*Borsa, fin.*) **b. shares**, azioni beta (*le più trattate dopo le alfa*).

to **betake oneself** /bɪˈteɪkwʌnˈself/ (*pass.* **betook**, *p. p.* **betaken**), *v. rifl.* (*arc.*) **1** recarsi; condursi: **He betook himself to the patient's**, si recò a casa del malato **2** (*fig. raro*) darsi, dedicarsi a.

betatron /ˈbiːtətrɒn, *USA* ˈbeɪtə-/, *n.* (*fis. nucl.*) betatrone.

betel /ˈbiːtl/, *n.* (*bot., Piper betle*) betel. ● **b. nut**, noce di betel.

bête-noire /beɪtˈnwɑː(r)/ (*franc.*), *n.* (*pl.* **bêtes-noires**) bestia nera (*fig.*).

bethel /ˈbeθl/, *n.* **1** luogo sacro **2** luogo di culto per marinai **3** cappella non conformista (*non anglicana*).

to **bethink** /bɪˈθɪŋk/ (*pass.* e *p. p.* **bethought**), **A** *v. i.* (*arc.*) considerare; riflettere. **B** to

bethink oneself, *v. rifl.* (*arc.*) decidersi (*a fare q.c.*); ricordarsi; rammentarsi: **I bethought myself that I had some work to do**, mi rammentai che avevo del lavoro da fare.
Bethlehem /ˈbɛθlɪhɛm/, *n.* (*geogr.*) Betlemme.
bethought /bɪˈθɔːt/, *pass.* e *p. p.* di **to bethink**.
to **betide** /bɪˈtaɪd/, *v. t.* e *i.* (*usato solo alla terza pers. sing. del congiunt.*) accadere; succedere; incogliere: **whatever b.**, qualunque cosa accada; **Woe b. him**, mal gl'incolga.
betimes /bɪˈtaɪmz/, *avv.* (*arc.* o *scherz.*) *1* per tempo; di buon'ora: **He got up b.**, si levò per tempo *2* in fretta; rapidamente.
to **betoken** /bɪˈtəʊkən/, *v. t.* (*form.*) *1* far presagire; far prevedere *2* indicare; denotare; minacciare (*fig.*): **The sky is overcast and betokens snow**, il cielo è coperto e minaccia neve.
béton /beɪˈtɒn, *USA* -əʊn/ (*franc.*), *n.* (*ind. costr.*) calcestruzzo; beton. ● **b. mixer**, betoniera.
betony /ˈbɛtənɪ/, *n.* (*bot.*, *Betonica officinalis*) bettonica, betonica.
betook /bɪˈtʊk/, *pass.* di **to betake**.
to **betray** /bɪˈtreɪ/, **A** *v. t.* (*anche fig.*) tradire; denunciare, rivelare, palesare: **to b. one's country**, tradire la patria; **to b. a secret**, tradire un segreto; **His face betrayed his feelings**, il suo viso tradiva i suoi sentimenti; **His grimace betrayed his dissatisfaction**, la smorfia rivelava la sua scontentezza. **B** to **betray oneself**, *v. rifl.* tradirsi.
betrayal /bɪˈtreɪəl/, *n.* tradimento.
betrayer /bɪˈtreɪə(r)/, *n.* traditore.
to **betroth** /bɪˈtrəʊð/, *v. t.* fidanzare; promettere in matrimonio.
betrothal /bɪˈtrəʊðl/, *n.* fidanzamento; promessa di matrimonio.
betrothed /bɪˈtrəʊðd/, **A** *a.* fidanzato: **She was b. to me**, era fidanzata con me. **B** *n.* fidanzato, fidanzata; promesso sposo, promessa sposa.
Betsy /ˈbɛtsɪ/, *n.* (*dim. di* **Elizabeth**) Bettina.
better (1) /ˈbɛtə(r)/, **A** *a.* *1* (*compar. di* **good**) migliore; meglio: **This is a b. book than the first**, questo libro è migliore del primo; **Haven't you any b. ones?**, non ne hai di migliori?; **The play was far b. than I expected**, la commedia era assai migliore di quel che pensavo; **He's b. than his brother at history**, in storia è migliore (*o* più bravo) del fratello *2* (*compar. di* **well**; *soltanto pred.*) meglio, migliorato (*di salute*): **I'm feeling b. today**, oggi mi sento meglio; **He was much b. than the day before**, stava molto meglio del giorno prima. **B** *n.* *1* – **the b.**, la cosa migliore (*tra due*); il meglio *2* (*pl.*) **one's betters**, i propri superiori; chi ci è superiore per esperienza (*o* posizione sociale) ● **to be b.**, stare meglio (*di salute*) □ **to be all the b. for**, andare meglio con; guadagnarci, essere avvantaggiato da (q.c.) □ **one's b. feelings**, la parte migliore (*o* più nobile) di sé □ (*fam.*) **one's b. half**, la propria metà; la moglie; (*talora*) il marito □ **to be b. off**, essere più ricco (*o* in posizione migliore) □ **the b. part of**, più della metà: **It cost the b. part of my salary**, è costato più della metà del mio stipendio □ (*comm.*) **b.-quality oils**, le qualità migliori di petrolio □ **to be b. than one's word**, fare più di quanto si era promesso □ **for the b.**, in meglio: **He has changed for the b.**, è cambiato in meglio □ **for b. or worse**, nel bene e nel male; nella buona e nella cattiva sorte □ **to get b.**, stare meglio; migliorare (*di salute*); (*di una malattia*) andare meglio □ **to get** (*o* **to have**) **the b. of**, avere la meglio, prevalere su; superare □ **to know b.**, sapere come vanno le cose (*o* come va il mondo); sapere come stanno le cose: **Don't insist, I know b.**, non insistere, so come stanno le cose □ **to know b. than to do st.**, non essere così sciocco (*o* sprovveduto) da fare q.c. □ **to look b.**, avere miglior cera (*o* aspetto); stare meglio: **You look b. with your hat on**, con il cappello (in testa), stai meglio □ **no b. than**, non... (altro) che: **He is no b. than a thief**, non è (altro) che un ladro □ **to think b. of it**, ripensarci; cambiare idea □ **to think (all) the b. of sb. for st.**, avere maggior considerazione di q. in conseguenza di q.c. □ **That's b.**, così va meglio □ **I know a b. way to do it**, so farlo meglio.
better (2) /ˈbɛtə(r)/, *avv.* (*compar. di* **well**) *1* meglio; in modo migliore: **He can speak English b. than I**, sa parlare l'inglese meglio di me; **Can't you do your work any b. than that?**, non sai fare il tuo lavoro meglio di così? *2* (*fam.*) più; di più: **I gave him b. than forty pounds**, gli diedi più di quaranta sterline; **It is b. than fifty miles to the nearest town**, ci sono più di cinquanta miglia di qui alla città più vicina. ● **b. and b.**, sempre meglio; di bene in meglio: **You'll learn to do your work b. and b.**, imparerai a fare il tuo lavoro sempre meglio □ **to feel b.**, sentirsi meglio □ **had b.**, sarebbe meglio; converrebbe: **I'd b. be off at once**, farei bene ad andarmene subito □ **to like b.**, preferire (*tra due cose o persone*); piacere di più □ (*fam.*: *di donna*) **to be no b. than one should be**, essere di facili costumi; essere una poco di buono □ **to be none the b. for st.**, non aver tratto alcun vantaggio da q.c. □ **the more, the b.**, quanto (*o* quanti) più, tanto meglio; più siamo, meglio è □ **the sooner, the b.**, prima è, meglio è □ **B. ring her up at once**, (è) meglio telefonarle subito □ (*prov.*) **B. late than never**, meglio tardi che mai.
better (3) /ˈbɛtə(r)/, *n.* scommettitore; scommettitrice.
to **better** /ˈbɛtə(r)/, **A** *v. t.* e *i.* *1* migliorare; diventare migliore *2* superare; migliorare: **to b. the world record**, migliorare il record del mondo. **B** to **better oneself**, *v. rifl.* migliorare le proprie condizioni (di vita); migliorare la propria istruzione: **He has gone to America to b. himself**, è andato in America per migliorare le sue condizioni.
betterment /ˈbɛtəmənt/, *n.* *1* miglioramento *2* (*leg.*) miglioria. ● (*fisc.*) **b. charge** (*o* **levy**), imposta di miglioria (*su beni immobili*).
better-off /ˈbɛtərɒf, *USA* -ɔːf/, *a.* che sta meglio; più abbiente; più ricco.
betting /ˈbɛtɪŋ/, *n.* lo scommettere; (le) scommesse: **The b. is ten to one**, le scommesse si accettano dieci a uno. ● **b. laws**, leggi sulle scommesse □ **b. machine**, totalizzatore □ **b. shop**, sala corse (*in G.B.*).
bettor /ˈbɛtə(r)/, (*USA*) *V.* **better (3)**.
Betty /ˈbɛtɪ/, *n.* (*dim. di* **Elizabeth**) Bettina.
between (1) /bɪˈtwiːn/, *prep.* *1* tra, fra, nel mezzo di (*rif. di solito a due persone, cose o gruppi*): **to lie b. the covers**, essere fra le coperte; **The Atlantic Ocean lies b. Europe and America**, l'Oceano Atlantico si estende fra l'Europa e l'America; **B. fear and horror, he didn't know what to do**, tra la paura e l'orrore, non sapeva che fare; **A knowing look passed b. them**, uno sguardo d'intesa passò fra di loro *2* (tutti) insieme; in società: **They had a hundred pounds b. them**, tutti insieme avevano cento sterline; **B. them they lifted the trunk**, insieme riuscirono a sollevare il baule; **We've bought the house b. us**, abbiamo comprato la casa in società. ● (*naut.*) **b. decks**, (*avv.*) sottocoperta; (*sost.*) interponte □ **b. the devil and the deep sea**, fra l'incudine e il martello □ **b. ourselves** (**b. you and me**; **b. you, me and the gatepost**), (detto) fra noi; in confidenza □ (*fig.*) **to be b. two fires**, essere fra due fuochi □ (*arc.*) **b.-whiles**, negli intervalli □ **to come b.**, *V.* **come b.**, *sotto* **to come**.
between (2) /bɪˈtwiːn/, *avv.* in mezzo (*a due cose o persone*): **I can see nothing b.**, non vedo niente nel mezzo. ● **far b.**, a larghi (*o* lunghi) intervalli: **His appearances in public are few and far b.**, le sue apparizioni in pubblico sono poche e lontane l'una dall'altra □ **a go-b.**, un intermediario; un mezzano, una mezzana □ **in b.**, in posizione intermedia; di mezzo, frapposto; (*di tempo*) nell'intervallo □ **something b.**, qualcosa di mezzo: **It's neither snow nor rain. It's something b.: it's sleet**, non è neve e neanche pioggia. È qualcosa di mezzo: è nevischio □ (*fig.*) **to stand b.**, mettersi di mezzo; fare da mediatore.
betwixt /bɪˈtwɪkst/, *prep.* e *avv.* (*arc. o lett.*) fra; tra; in mezzo a; nel mezzo; in mezzo. ● **b. and between**, a mezzo a mezzo; né carne né pesce; in una posizione intermedia.
bev /bɛv/, *n.* (*fis.*) bev.
bevatron /ˈbɛvətrɒn/, *n.* (*fis. nucl.*) bevatron.
bevel /ˈbɛvl/, *n.* *1* smussatura; smusso; angolo smussato *2* (*falegn.*) ugnatura *3* (*mecc.*) bisello; smusso *4* (= **b. square**) squadra falsa. ● **b. cut**, taglio a unghia □ (*autom.*, *mecc.*) **b. drive**, coppia di riduzione □ **b. edge**, punta smussata □ **b. gear**, ingranaggio conico □ **b. square**, squadra falsa (*o* zoppa) □ **b. wheel**, ruota dentata conica.
to **bevel** /ˈbɛvl/, **A** *v. t.* *1* smussare *2* (*ind.*) molare (*un vetro, un cristallo*) a smusso. **B** *v. i.* essere smussato.
beveller /ˈbɛvələ(r)/, *n.* *1* smussatore *2* (*ind.*) molatore.
beverage /ˈbɛvərɪdʒ/, *n.* bevanda; bibita. ● **b. dispenser**, distributore automatico di bevande.
bevy /ˈbɛvɪ/, *n.* *1* gruppo, frotta (*specialm. di donne, ragazze*) *2* stormo d'uccelli (*specialm. di quaglie*) *3* branco (*specialm. di caprioli*) *4* (*fam. USA*) collezione (*di oggetti*).
to **bewail** /bɪˈweɪl/, *v. t.* e *i.* lamentare; piangere; lamentarsi: **I b. the loss of my best friend**, piango la perdita del mio miglior amico.
to **beware** /bɪˈwɛə(r)/, *v. t.* e *i.* (*specialm. all'inf., all'imper. e dopo i verbi modali*) guardarsi da; stare in guardia; stare attento; badare: **B. the dog!**, attenti al cane!; **B. of pickpockets**, attenti ai borseggiatori; **B. lest you should fall**, bada di non cadere; **You should b. of false friends**, devi guardarti dai falsi amici. ● (*autom.*) **«B.: protected car»** (*cartellino*), «Attenti: allarme inserito».
bewigged /bɪˈwɪgd/, *a.* *1* imparruccato *2* (*fig.*) pomposo.
to **bewilder** /bɪˈwɪldə(r)/, *v. t.* confondere; sconcertare; rendere perplesso; disorientare (*fig.*): **My words seemed to b. him**, le mie parole parvero sconcertarlo.
bewildering /bɪˈwɪldərɪŋ/, *a.* sconcertante; stupefacente; sbalorditivo.
bewilderment /bɪˈwɪldəmənt/, *n.* confusione; perplessità; smarrimento; sconcerto.
to **bewitch** /bɪˈwɪtʃ/, *v. t.* *1* stregare *2* ammaliare; affascinare; incantare: **The beauty of the girl bewitched him**, la bellezza della ragazza lo affascinò.
bewitching /bɪˈwɪtʃɪŋ/, *a.* affascinante; seducente; ammaliatore. || **-ly**, *avv.*
bewitchment /bɪˈwɪtʃmənt/, *n.* *1* stregoneria; magia *2* malia; incantesimo.
to **bewray** /bɪˈreɪ/, *v. t.* (*arc.*) svelare (*inavvertitamente*); tradire.
bey /beɪ/, *n.* bei, bey (*governatore turco*).
beylic, **beylik** /ˈbeɪlɪk/, *n.* beilicato (*V.* **bey**).
beyond (1) /bɪˈjɒnd, bɪˈɒnd/, *prep.* *1* oltre; (al) di là di: **You can't go b. that point**, non si può andare oltre quel punto; **b. the river**, oltre il fiume; **There were b. a thousand men**, c'erano oltre mille uomini *2* più di: **He has prospered b. me**, ha avuto più fortuna di me. ● **b. belief**, incredibile □ **b. compare**, incomparabile □ **b. control**, che sfugge al controllo; indomabile, irrefrenabile: **These means are b. the control of the monetary authorities**, questi mezzi sfuggono al controllo delle autorità monetarie □ **to be b. one's depth**, trovarsi dove l'acqua è troppo alta per toccare il fondo □ **b. hope**, senza più alcuna speranza: **His illness was b. hope**, la sua malattia non lasciava alcuna speranza □ (*leg.*) **b. one's intention**, preterintenzionale □ **b. measure**, oltremisura; oltremodo □ **b. reason**,

irragionevole □ **b. the seas**, oltremare □ **to get b. caring**, smetterla di preoccuparsi □ **to get b. the horizon**, scomparire all'orizzonte (*di una nave, ecc.*) □ **to live b. one's income**, vivere al di sopra dei propri mezzi □ **That's going b. a joke**, questo passa il segno (*o* i limiti dello scherzo) □ **That's b. me**, non ci arrivo (a capirlo) □ **This enterprise is quite b. me**, quest'impresa è superiore alle mie forze □ **This patient is b. the doctor's help**, il medico non può fare più nulla per questo malato.

beyond (**2**) /bɪ'jɒnd, bɪ'ɒnd/, **A** *avv.* oltre; di là: **There is nothing b.**, di là non c'è nulla. **B** *n.* – **the b.**, l'aldilà; la vita ultraterrena. ● **the (Great) B.**, l'aldilà; l'oltretomba □ (*fam.*) **the back of b.**, l'angolo più remoto della terra.

bezant /'bɛznt/, *n.* (*numism.*) bisante.

bezel /'bɛzl/, *n.* ***1*** smussatura, smusso; spigolo inclinato (*di cesello, ecc.*) ***2*** faccia obliqua, sfaccettatura (*di gemma tagliata*) ***3*** (*ind.*) castone ***4*** (*dell'orologio e sim.*) lunetta.

to **bezel** /'bɛzl/, *v. t.* ***1*** smussare ***2*** sfaccettare.

bezique /bɪ'zi:k/, *n.* bazzica (*gioco di carte*).

bhang /bæŋ/, *n.* ***1*** (*bot.*) canapa indiana ***2*** (*pop.*) (*droga*) hascisc, ascisc.

bi /baɪ/, (*pop.*) *V.* **bisexual, B**, *def. 2.*

Biafran /bɪ'æfrən/, *a.* e *n.* biafrano; (abitante) del Biafra.

biannual /baɪ'ænjʊəl/, *a.* biannuale; semestrale.

bias /'baɪəs/, **A** *n.* ***1*** deviazione; inclinazione (*dalla linea retta*) ***2*** diagonale; taglio (*o* cucitura) diagonale (*in una stoffa*) ***3*** (*bocce*) peso (*o* rigonfio) che dà effetto alla boccia; forza d'effetto ***4*** (*fig.*) inclinazione; tendenza; propensione (*per q.c.*) ***5*** (*fig.*) prevenzione; pregiudizio: **He has a b. against coeducational schools**, ha un pregiudizio contro le scuole miste ***6*** (*elab., elettr., elettron.*) tensione base di griglia; polarizzazione ***7*** (*stat.*) distorsione; (*anche*) errore sistematico ***8*** (*leg.*) prevenzione (*contro q.*); parzialità. **B** *a.* e *avv.* (*sartoria*) diagonale; in diagonale; di sbieco: **b. band**, striscia tagliata in diagonale. ● (*autom.*) **b.-belted tyre**, (pneumatico) cinturato □ (*sartoria*) **b. binding**, fettuccia; sbieco; rinforzo (*di stoffa tagliata in sbieco*) □ (*stat.*) **b. error**, errore sistematico □ **cut on the b.**, tagliato in diagonale (*o* di sbieco): **Striped neckties are cut on the b.**, le cravatte a strisce sono tagliate in diagonale.

to **bias** /'baɪəs/, *v. t.* ***1*** influenzare (*specie indebitamente*); prevenire: **Politicians use mass media to b. the voters**, gli uomini politici si servono dei mass media per influenzare gli elettori; **He is bias(s)ed against our plan**, è prevenuto contro il nostro progetto ***2*** (*elab., elettr., elettron.*) polarizzare; dare una tensione di griglia a.

bias(s)ed /'baɪəst/, *a.* ***1*** influenzato; prevenuto; parziale: **a b. judge**, un giudice prevenuto ***2*** (*stat.*) affetto da errore sistematico; distorto: **b. estimator**, stimatore distorto. ● **b. opinion**, pregiudizio; preconcetto.

biaxial /baɪ'æksɪəl/, *a.* ***1*** (*fis.*) biassiale ***2*** (*miner.*) biassico.

bib (**1**) /bɪb/, *n.* ***1*** bavaglino ***2*** pettorina, pettino (*di grembiule*) ***3*** (*pop. USA*) tovagliolo ***4*** *V.* **bibcock**. ● (*fam.*) **to be in one's best bib and tucker**, indossare l'abito migliore.

bib (**2**) /bɪb/, *n.* (*zool., Gadus luscus*) gado barbato.

to **bib** /bɪb/, *v. i.* (*arc.*) trincare; sbevazzare; essere un beone.

bibasic /baɪ'beɪsɪk/, *a.* (*chim.*) bibasico.

bibber /'bɪbə(r)/, *n.* beone; bevitore: **a wine-b.**, un bevitore di vino.

bibcock /'bɪbkɒk/, *n.* rubinetto.

Bible /'baɪbl/, *n.* (*anche fig.*) Bibbia: **That book was his bible**, quel libro era la sua bibbia. ● (*fam.*) **B.-banger** (*o* **B.-basher, B.-pounder, B.-pusher, B.-thumper**), protestante rigido (*o* puritano) □ (*in U.S.A.*) **the B. Belt**, la «fascia della Bibbia» (*nel Sud rurale: Arkansas, Missouri e Tennessee*) □ **B. oath**, giuramento sulla Bibbia □ (*ind.*) **B. paper**, carta bibbia (*sottile e forte*).

biblical /'bɪblɪkl/, *a.* biblico. || **-ly**, *avv.*

biblicist /'bɪblɪsɪst/, *n.* ***1*** biblista; studioso della Bibbia ***2*** chi prende la Bibbia alla lettera.

bibliographer /bɪblɪ'ɒgrəfə(r)/, *n.* bibliografo.

bibliographic(**al**) /bɪblɪə'græfɪk(l)/, *a.* bibliografico.

bibliography /bɪblɪ'ɒgrəfɪ/, *n.* bibliografia.

bibliolater /bɪblɪ'ɒlətə(r)/, *n.* bibliolatra.

bibliolatrous /bɪblɪ'ɒlətrəs/, *a.* bibliolatra.

bibliolatry /bɪblɪ'ɒlətrɪ/, *n.* bibliolatria.

bibliomancy /'bɪblɪəʊmænsɪ/, *n.* bibliomanzia.

bibliomania /bɪblɪəʊ'meɪnɪə/, *n.* bibliomania.

bibliomaniac /bɪblɪəʊ'meɪnɪæk/, *n.* bibliomane.

bibliophile /'bɪblɪəfaɪl, *USA* -fɪl/, *n.* bibliofilo.

bibliophilism /bɪblɪ'ɒfɪlɪzəm/, *n.* bibliofilia.

bibliophilist /bɪblɪ'ɒfɪlɪst/, *n.* bibliofilo.

bibliopole /'bɪblɪəpəʊl/, *n.* bibliopola (*raro, scherz.*); libraio.

biblist /'bɪblɪst/, *V.* **biblicist**.

bibulous /'bɪbjʊləs/, *a.* ***1*** bibulo; assorbente ***2*** bibulo (*raro, lett.*); beone; dedito al bere.

bicameral /baɪ'kæmərəl/, *a.* (*leg., polit.*) bicamerale.

bicameralism /baɪ'kæmərəlɪzəm/, *n.* (*polit.*) bicameralismo.

bicameralist /baɪ'kæmərəlɪst/, *n.* (*polit.*) bicameralista.

bicarb /baɪ'kɑ:b/, *n.* (*abbr. fam. di* **bicarbonate**) bicarbonato.

bicarbonate /baɪ'kɑ:bənət/, *n.* (*chim.*) bicarbonato.

bice /baɪs/, *n.* ***1*** (colore) turchino ***2*** (colore) verdegiallo.

bicellular /baɪ'sɛljʊlə(r)/, *a.* (*biol.*) bicellulare.

bicentenary /baɪsɛn'ti:nərɪ, -'tɛn-, *USA* -'sɛntənɛrɪ/, *a.* e *n.* bicentenario.

bicentennial /baɪsɛn'tɛnɪəl/, *a.* e *n.* (*specialm. USA*) ***1*** bicentennale ***2*** bicentenario.

bicephalous /baɪ'sɛfələs/, *a.* bicefalo.

biceps /'baɪsɛps/, *n.* ***1*** (*anat.*) bicipite ***2*** (*fig.*) forza muscolare.

bichloride /baɪ'klɔ:raɪd/, *n.* (*chim.*) bicloruro.

bichromate /baɪ'krəʊmeɪt/, *n.* (*chim.*) bicromato.

bicipital /baɪ'sɪpɪtl/, *a.* ***1*** bicipite; con due teste ***2*** (*anat.*) del bicipite.

bicker /'bɪkə(r)/, *n.* ***1*** bisticcio; lite ***2*** borbottio, gorgoglio (*dell'acqua*) ***3*** picchiettio, ticchettio (*della pioggia*).

to **bicker** /'bɪkə(r)/, *v. i.* ***1*** bisticciare; litigare ***2*** (*d'acqua*) borbottare; gorgogliare ***3*** (*di pioggia*) picchiettare ***4*** (*di luce, fiamma*) brillare; risplendere.

bicolour /'baɪkʌlə(r)/, **bicoloured** /'baɪkʌləd/, *a.* bicolore.

biconcave /baɪ'kɒnkeɪv, baɪkɒn'keɪv/, *a.* biconcavo.

biconvex /baɪ'kɒnvɛks, baɪkɒn'vɛks/, *a.* biconvesso.

bicultural /baɪ'kʌltʃərəl/, *a.* biculturale.

biculturalism /baɪ'kʌltʃərəlɪzəm/, *n.* biculturalismo.

bicuspid /baɪ'kʌspɪd/, **A** *a.* bicuspide. **B** *n.* (dente) premolare.

bicycle /'baɪsɪkl/, *n.* bicicletta. ● (*pop., boxe*) **to be on one's b.**, indietreggiare □ (*sport*) **b. racing**, ciclismo (*agonistico*); corse ciclistiche.

to **bicycle** /'baɪsɪkl/, *v. i.* (*arc.*) andare in bicicletta.

bicycling /'baɪsɪklɪŋ/, *n.* (*arc.*) ciclismo.

bicyclist /'baɪsɪklɪst/, *n.* (*arc.*) ciclista.

bid /bɪd/, *n.* ***1*** (*comm.*) offerta (*specialm. a un'asta*); (*leg.*) somma offerta: **There were no bids for the jewels**, non ci furono offerte per i gioielli ***2*** (*comm.*) offerta d'appalto (*più com.* **tender**) ***3*** (*pl.*) (*Borsa, fin.*) prezzi di domanda; «denaro»: **Today there were a lot of offers and few bids**, oggi c'è stata molta lettera e poco denaro ***4*** (*fin.*, = **takeover bid**) offerta pubblica di acquisto (*o* di acquisizione; *abbr.* OPA) ***5*** tentativo: **in a bid for freedom**, in un tentativo d'evasione; tentando di evadere ***6*** (*a carte*) dichiarazione. ● (*ass., banca*) **bid bond**, garanzia dell'offerta; garanzia passiva (*per partecipare a una gara d'appalto di lavori o di fornitura di merci*) □ (*Borsa*) **bid market**, mercato della domanda □ (*Borsa*) **bid/offer spread**, scarto denaro/lettera □ (*Borsa*) **bid price**, prezzo di domanda; «denaro» □ (*fin.*) **bid-proofing device**, meccanismo di difesa contro le OPA sgradite □ **advertisement for bids**, bando d'appalto □ **to invite bids**, indire una gara d'appalto □ **to make a bid for**, cercare di ottenere (di prendere, di vincere, ecc.): **They made a bid for power**, tentarono di prendere il potere; **He'll make a bid for the prize**, cercherà di vincere il premio □ **to put in a bid for a contract**, fare un'offerta per un appalto.

to **bid** /bɪd/ (*pass.* e *p. p.* **bid** *nelle def. 1, 2, 3, 4, 6, 7* e *8*; *pass.* **bade,** *p. p.* **bidden** *nella def. 5*), *v. t.* e *i.* ***1*** (*comm.*) offrire, fare un'offerta (*per q.c. in vendita, specialm. all'asta*): **I bid ten thousand pounds for the picture**, offrii diecimila sterline per il quadro; **Who is going to bid?**, chi fa un'offerta? ***2*** (*comm.*) fare un'offerta d'appalto (*più com.* **to tender**): **We shall bid for the new office building**, faremo un'offerta d'appalto per il nuovo palazzo degli uffici ***3*** (*fin.*) fare un'offerta di acquisizione (*di una società, ecc.*) ***4*** (*a carte*) dichiarare: **It's your turn to bid**, tocca a te dichiarare ***5*** (*arc. o lett., di solito non seguito da* **to**) comandare; ordinare; dire; invitare: **I bade him go out**, gli dissi di (*o* lo invitai a) uscire; **You must do as you are bidden** (*o* **bid**), devi fare quel che ti si ordina (*o* ti si dice); **She bade him sit down**, lo invitò a sedersi ***6*** tentare di prendere (*il potere, ecc.*) ***7*** fare domanda (*per un posto di lavoro*) ***8*** (*fam.*) proporre l'iscrizione a una società; presentare (*come socio*): **Our club will bid some new members**, il nostro circolo presenterà alcuni nuovi soci. ● **to bid against**, competere con (*in una vendita all'asta*): **He bid against me for the painting**, si mise a competere con me per l'acquisto del quadro □ **to bid defiance to sb.**, sfidare q. □ **to bid fair**, promettere (bene): **Our effort bids fair to succeed**, il nostro sforzo promette d'avere successo □ **to bid sb. farewell [goodbye, good morning]**, dire addio [arrivederci, buon giorno] a q. □ (*fin.*) **the bid-for company**, la società che si tenta di acquisire.

♦**bid for**, *v. i.* + *prep.* ***1*** (*comm.*) *V.* **to bid**, *def. 1* ***2*** cercare di ottenere (*favori, appoggio, ecc.*) ***3*** tentare di prendere (*il potere, ecc.*) ***4*** tentare di scalare (*un monte*) ***5*** fare domanda per (*un posto di lavoro*).

♦**bid in**, *v. t.* + *avv.* ricomprare (*un oggetto*) all'asta.

♦**bid off**, *v. t.* + *avv.* aggiudicarsi (*un oggetto a un'asta*).

♦**bid on**, *v. i.* + *avv.* (*USA*) fare un'offerta in (*una gara d'appalato*): **We're going to bid on the contract to build the new school**, faremo un'offerta per l'appalto dei lavori della nuova scuola.

♦**bid up**, *v. t.* + *avv.* far salire il prezzo di (*un oggetto messo all'asta: con offerte sempre più alte*); far salire (*i prezzi: in genere*); (*a carte*) fare una dichiarazione superiore a (*quella dell'avversario*); rilanciare.

biddable /'bɪdəbl/, *a.* ***1*** (*arc.*) obbediente; docile ***2*** (*di una mano di carte*) che permette di dichiarare.

bidden /'bɪdn/, *p. p.* di **to bid**, *def. 5.*

bidder /'bɪdə(r)/, *n.* ***1*** (*comm.*) offerente (*a un'asta*); astante (*raro*) ***2*** (*comm.*) concorrente, offerente (*a una gara d'appalto*) ***3*** (*a carte*) dichiarante. ● **to the highest b.**, al maggior offerente.

bidding /'bɪdɪŋ/, *n.* ***1*** (*comm.*) offerta; (=

biddings) offerte (*a un'asta o d'appalto*); licitazioni: **B. was slack**, le offerte erano scarse **2** comando; ordine; cenno di comando; invito **3** (*a carte*) dichiarazione. ● (*fin.*) **b. company**, società che intende acquisirne un'altra □ (*comm., leg.*) **competitive b.**, licitazione concorrenziale (*per es., nelle aste dei B.O.T.*) □ **to be at sb.'s b.**, essere agli ordini di q. □ **to do sb.'s b.**, eseguire gli ordini di q.

biddy /ˈbɪdɪ/, *n.* **1** (*dial.*) gallina; pollo **2** (*spesso* **old b.**) vecchia pettegola; vecchia bisbetica **3** (*pop. USA*) domestica.

to **bide** /baɪd/ (*pass.* **bode**, *p. p.* **bided**), *v. t.* e *i.* (*arc. o lett. per* **to abide**; *comune solo nell'espressione*): **to b. one's time**, attendere il momento opportuno.

bidet /ˈbiːdeɪ, *USA* biːˈdeɪ/ (*franc.*), *n.* bidè.

bidonville /biːdɒnˈviːl, *USA* -dəʊn-/ (*franc.*), *n.* bidonville; quartiere di baracche; baraccopoli.

biennial /baɪˈɛnɪəl/, **A** *a.* biennale. **B** *n.* **1** pianta biennale **2** biennale; manifestazione (*o* evento, ricorrenza) biennale.

biennially /baɪˈɛnɪəlɪ/, *avv.* ogni due anni.

biennium /baɪˈɛnɪəm/, *n.* (*pl.* **biennia, bienniums**) biennio.

bier /bɪə(r)/, *n.* **1** catafalco; cataletto **2** (*arc.*) bara; feretro.

biff /bɪf/, *n.* (*pop.*) colpo; percossa; botta.

to **biff** /bɪf/, *v. t.* (*pop.*) colpire; percuotere; picchiare.

biffin /ˈbɪfɪn/, *n.* mela rossa (*da cuocere*).

bifid /ˈbaɪfɪd/, *a.* (*biol., anat.*) bifido.

bifilar /baɪˈfaɪlə(r)/, *a.* (*elettr., elettron.*) bifilare.

bifocal /baɪˈfəʊkl/, **A** *a.* bifocale. **B** *n.* **1** lente bifocale **2** (*pl.*) occhiali con lenti bifocali.

bifoliate /baɪˈfəʊlɪət/, *a.* (*bot.*) che ha due foglie; bifogliato.

biform /ˈbaɪfɔːm/, *a.* (*lett.*) biforme.

bifurcate /ˈbaɪfɜːkeɪt/, *a.* biforcuto; che si biforca.

to **bifurcate** /ˈbaɪfəkeɪt/, *v. t.* e *i.* biforcare, biforcarsi.

bifurcation /baɪfəˈkeɪʃn/, *n.* (*anche scient.*) biforcazione.

big /bɪg/, **A** *a.* **1** grosso; grande; importante; forte; notevole: **There is big news**, ci sono grosse novità; **It was a big success**, fu un grande successo; **He does big things**, fa grandi cose; **He has got a big heart**, ha un gran cuore; **He is a big man**, (*in senso proprio*) è un omone; (*in senso fig.*) è un pezzo grosso; **a big mistake**, un grosso errore; **a big decision**, una decisione importante; **He's very big in showbiz**, è molto importante nel mondo dello spettacolo; **a big appetite**, un forte appetito; **a big eater**, un gran mangiatore; **a big fall** [**rise**] **in prices**, un forte calo [aumento] dei prezzi **2** grande (*d'età*); maggiore: **when you're big**, quando sarai grande; da grande; **my big brother**, il mio fratello maggiore **3** magnanimo; generoso: **That's very big of you!**, è molto generoso da parte tua; (*iron.*) tante grazie! **4** (*fam.*) famoso; assai popolare **5** (*arc.*) gravido; pieno: **The cat was big** (**with young**), la gatta era gravida; **clouds big with rain**, nuvole gravide di pioggia. **B** *avv.* (*fam.*) **1** in modo pomposo, esagerato: **He likes to talk big**, gli piace spararle grosse, vantarsi **2** in grande: **to think big**, pensare in grande; avere idee grandiose. ● **big bang**, (*scient.*) big bang; (*fin.*) computerizzazione della Borsa Valori di Londra (*nel 1986*) □ (*scient.*) **big bang theory**, teoria dell'esplosione primordiale □ **big-bellied**, panciuto; (*di femmina*) che ha il pancione; gravida, incinta □ (*pop. USA*) **big beat**, rock and roll □ **Big Ben**, «Big Ben» (*la torre, la campana e il grande orologio di Westminster*) □ **big-boned**, di forte ossatura; robusto □ **big brother**, fratello maggiore; (*fig.*) dittatore □ (*fig. fam.*) **big bug**, alto papavero, pezzo grosso □ **big business**, i grossi affari; l'alta finanza □ (*fam.*) **big cheese**, *V.* **big bug** □ (*pop. specialm. USA*) **big deal**, fatto (*o* cosa) importante □ (*spreg.*) **«big deal!»**, «bella roba!»; «bell'affare!» □ **big dipper**, le montagne russe (*in un luna park*) □ (*USA*) **the Big Dipper**, l'Orsa Maggiore □ (*mecc.*) **big end**, testa (*di un pistone*) □ **the Big Five**, (*polit., stor.*) i cinque Grandi; (*fin., stor.*) le cinque grandi banche inglesi □ **the Big Four**, (*polit.*) i quattro Grandi; le quattro grandi potenze; (*fin.*) le quattro grandi banche inglesi □ **big game**, caccia grossa; (*fig.*) meta ambita e difficile □ (*spreg. USA*) **big government**, governo (*o* stato) troppo assistenziale □ (*fam. USA*) **big gun**, *V.* **big bug** □ **big-headed**, dalla testa grossa; (*fam.*) presuntuoso □ **big-hearted**, generoso; magnanimo □ (*fam.*) **big mouth**, chiacchierone; saccente □ **big-mouthed**, dalla bocca grande; (*fam.*) magniloquente, pomposo, esagerato: **big-mouthed politicians**, politicanti che si parlano addosso □ **big money**, i soldi (veri) □ (*fam.*) **big name**, grosso nome □ (*fam.*) **big noise** (*o* **shot**), *V.* **big bug** □ (*pop. USA*) **a big one**, (un biglietto da) mille dollari □ **big sister**, sorella maggiore □ **big-souled**, dall'animo nobile e generoso □ (*fin., stor.*) **the big slump**, il tracollo (della Borsa Valori) di Wall Street (*nel 1929*) □ **a big spender**, uno spendaccione □ (*fam.*) **big stick**, grande dispiego di forze: **The government is using the big stick**, il governo usa la maniera forte □ (*comm.*) **big supermarket**, grande supermercato; ipermercato □ (*comm.*) **the big thing**, la cosa importante (*da fare*); quello che conta; (*market.*) articolo che va molto, oggetto di gran moda: **The big thing is now to move from one market of raw materials to another**, adesso quello che conta è cambiare mercato delle materie prime □ (*pop.*) **big time**, alto livello; gran classe; primo piano □ (*pop.*) **big-timer**, artista (attore, ecc.) di primo piano; (*USA*) intrallazzatore; chi è bene ammanigliato; (*anche*) pezzo grosso (*fig.*); giocatore d'azzardo (*di professione*) □ **big wheel**, ruota gigante (*nei luna park*); (*pop.*) *V.* **big bug** □ (*anat.*) **big toe**, alluce □ **the big top**, il tendone (*di un circo*) □ **to earn big money**, guadagnare molto □ **to get** (*o* **to grow**) **big** (*o* **bigger**), ingrossare; ingrassare; crescere (*d'anni*) □ (*fam.*) **to get** (*o* **to grow**) **too big for one's boots** (*USA*: **pants**), montarsi la testa; darsi delle arie □ (*fam.*) **to go over big**, avere successo; andare forte (*pop.*) □ **in a big way**, in modo grandioso; alla grande (*fam.*): **They do a lot of entertaining in a big way**, danno molti ricevimenti in grande stile.

bigamist /ˈbɪgəmɪst/, *n.* bigamo.

bigamous /ˈbɪgəməs/, *a.* **1** bigamo **2** (*leg.*) che costituisce reato di bigamia.

bigamy /ˈbɪgəmɪ/, *n.* (*leg.*) bigamia.

bigarade /ˈbɪgəreɪd/, *n.* (*bot., Citrus aurantium amara*) arancio amaro.

bigaroon /bɪgəˈruːn/, **bigarreau** /ˈbɪgərəʊ, bɪgəˈrəʊ/, *n.* ciliegia corniola; duracina.

bigass /ˈbɪgæs/, *a.* (*volg. USA*) **1** grande; grosso; importante **2** pretenzioso.

bigeminal /baɪˈdʒɛmɪnl/, *a.* (*med.*) bigemino.

biggish /ˈbɪgɪʃ/, *a.* piuttosto grosso; grandicello.

bighead /ˈbɪghɛd/, *n.* (*fam.*) borioso; presuntuoso.

bighorn sheep /ˈbɪghɔːnˈʃiːp/, *n.* (*USA*; *zool., Ovis canadensis*) bighorn; pecora (*selvatica, munita di grosse corna*) delle Montagne Rocciose.

bight /baɪt/, *n.* **1** baia; insenatura **2** ansa (*d'un fiume*) **3** (*naut.*) cappio; doppino (*di cavo*).

bigmouth /ˈbɪgmaʊθ/, *n.* (*fam.*) chiacchierone; persona maligna, maldicente; linguaccia (*fam.*).

bigness /ˈbɪgnəs/, *n.* grossezza; grandezza.

bigot /ˈbɪgət/, *n.* fanatico; intollerante; settario; integralista.

bigoted /ˈbɪgətɪd/, *a.* fanatico; intollerante; settario; integralistico.

bigotry /ˈbɪgətrɪ/, *n.* fanatismo; intolleranza; settarismo; integralismo.

bigwig /ˈbɪgwɪg/, *n.* (*fam.*) alto papavero; pezzo grosso.

bijection /baɪˈdʒɛkʃn/, *n.* (*mat.*) biiezione.

bijective /baɪˈdʒɛktɪv/, *a.* (*mat.*) biiettivo; biunivoco.

bijou /ˈbiːʒuː, biːˈʒuː/ (*franc.*), *n.* (*pl.* **bijoux**) bigiù, bijou; gioiello.

bijouterie /biːˈʒuːtərɪ/ (*franc.*), *n.* bigiotteria.

bike /baɪk/, *n.* (*fam.*) **1** bicicletta; bici (*fam.*) **2** motocicletta; moto (*fam.*) **3** (*pop.*, = **the town b.**) la nave scuola (*fig. fam.*); la ragazza di tutti. ● (*pop.*) **On your b.!**, pedala!; smamma! (*pop.*).

to **bike** /baɪk/, *v. i.* (*fam.*) andare in bicicletta (*o* in motocicletta).

bikelane /ˈbaɪkleɪn/, *V.* **bikeway**.

biker /ˈbaɪkə(r)/, *n.* (*fam. USA*) motociclista (*specialm. se teppista di una banda*). ● **b. gang**, banda di teppisti in motocicletta.

bikeway /ˈbaɪkweɪ/, *n.* (*fam. USA*) pista ciclabile.

bikini /bɪˈkiːnɪ/, *n.* (*moda*) bikini.

bilabial /baɪˈleɪbɪəl/, *a.* e *n.* (*fon.*) bilabiale.

bilabiate /baɪˈleɪbɪət/, *a.* e *n.* (*bot.*) bilabiato.

bilateral /baɪˈlætərəl/, **A** *a.* bilaterale: **b. agreement**, accordo bilaterale. **B** *n.* discussione (*o* riunione) bilaterale. ● (*leg.*) **b. contract**, contratto bilaterale (*o* sinallagmatico).

bilateralism /baɪˈlætərəlɪzəm/, *n.* (*comm. est., econ., med.*) bilateralismo.

bilaterality /baɪlætəˈrælətɪ/, *n.* bilateralità. ● (*leg.*) **b. of contract**, bilateralità del contratto; sinallagma.

bilberry /ˈbɪlbrɪ, *USA* -bɛrɪ/, *n.* (*bot., Vaccinium myrtillus*) mirtillo.

bile /baɪl/, *n.* (*anche fig.*) bile. ● **b.-stone**, calcolo biliare.

bilge /bɪldʒ/, *n.* **1** (*naut.*) opera viva; carena **2** (*naut.*) sentina; assecco **3** (= **b. water**) acqua di sentina **4** (*fam.*) sciocchezze; stupidaggini. ● **b. block**, puntello di bacino □ **b. keel**, chiglia di rollio; aletta antirollio □ **b. pump**, pompa di sentina □ **b. ways**, taccate.

to **bilge** /bɪldʒ/, **A** *v. t.* **1** (*naut.*) aprire una falla nella sentina di (*una nave*) **2** (*pop. USA*) espellere, bocciare (*uno studente*). **B** *v. i.* **1** (*naut.*) avere una falla; fare acqua **2** (*pop. USA*) essere bocciato.

biliary /ˈbɪlɪərɪ, *USA* -ɪɛrɪ/, *a.* **1** (*fisiol.*) biliare **2** (*fig.*) bilioso; collerico.

bilinear /baɪˈlɪnɪə(r)/, *a.* (*mat.*) bilineare.

bilingual /baɪˈlɪŋgwəl/, *a.* e *n.* bilingue.

bilingualism /baɪˈlɪŋgwəlɪzəm/, *n.* bilinguismo.

bilinguist /baɪˈlɪŋgwɪst/, *n.* (persona) bilingue.

bilious /ˈbɪlɪəs/, *a.* **1** bilioso: **a b. temper**, un carattere bilioso **2** (*fisiol.*) biliare: **a b. disfunction**, una disfunzione biliare.

biliousness /ˈbɪlɪəsnəs/, *n.* **1** temperamento bilioso **2** (*med.*) attacco di bile; crisi epatica.

bilirubin /bɪlɪˈruːbɪn, baɪ-/, *n.* (*biochim.*) bilirubina.

bilirubinemia /bɪlɪruːbɪˈniːmɪə/, *n.* (*med.*) bilirubinemia.

biliteral /baɪˈlɪtərəl/, *a.* e *n.* (parola) di due lettere.

bilk /bɪlk/, *n.* **1** frode; inganno **2** imbroglione; truffatore.

to **bilk** /bɪlk/, *v. t.* frodare; imbrogliare; ingannare.

bill (**1**) /bɪl/, *n.* **1** becco (*di uccello*); muso a becco, rostro (*di tartaruga, ecc.*) **2** (*geogr.*) promontorio; punta. ● (*naut.*) **anchor b.**, unghia (*o* becco) dell'ancora.

bill (**2**) /bɪl/, *n.* **1** conto; fattura; nota (*di spesa*); bolletta: **Who is going to pay the hotel b.?**, chi pagherà il conto dell'albergo?; **Could I have the b., please?**, per favore, il conto!; **the phone b.**, la bolletta del telefono; **b. collection**, incasso di fatture **2** affisso; cartellone; manifesto (*pubblicitario, teatrale*); locandina; lista; programma: **Will you hand me the concert b.?**, vuoi passarmi il programma del concerto? *3* (*leg.*) disegno di legge: **The third Home Rule B. was rejected by the Lords in 1912**, il terzo disegno di legge per l'autogoverno dell'Irlanda fu respinto dalla camera dei Lord nel 1912 *4* (*comm.*, = **b. of exchange**) cambiale; effetto; tratta: **I hope he will honour the b. at maturity**, spero che pagherà la cambiale alla scadenza *5* (*USA*) banconota; biglietto: **a ten-dollar b.**, un biglietto da dieci dollari *6* (*leg.*) documento; atto scritto; certificato *7* (*dog.*) bolla; bolletta; polizza *8* (*fin.*) titolo di Stato *9* (*tur.*) menù *10* (*naut.*) ruolo, ruolino. ● (*comm.*) **b. at sight**, cambiale a vista □ (*banca*) **b.-book**, scadenzario effetti □ (*comm.*) **b. broker**, agente di sconto □ **b. collector**, esattore □ (*banca*) **bills department**, ufficio portafoglio □ (*rag.*) **b. diary**, scadenzario delle fatture □ **b.-filing clerk**, addetto alla fatturazione □ (*banca*) **b. for collection**, effetto all'incasso □ (*comm.*) **b.-head**, modulo per fatture □ (*banca*) **bills in hand**, portafoglio □ (*leg.*) **b. of costs**, nota delle spese giudiziarie e degli onorari □ (*comm.*) **b. of entry**, bolletta d'entrata doganale □ (*comm.*) **b. of exchange**, cambiale; tratta □ **b. of fare**, lista delle vivande; menù □ (*trasp.*) **b. of freight**, lettera di vettura □ (*naut.*) **b. of health**, certificato sanitario; patente sanitaria □ (*leg.*) **b. of indictment**, atto d'accusa; incriminazione □ (*comm., naut.*) **b. of lading**, polizza di carico □ (*ind.*) **b. of materials**, distinta dei materiali □ (*stor.*) **bills of mortality**, bollettini dei decessi (*durante le epidemie*) □ **b. of parcels**, bolla di consegna □ (*ind.*) **b. of quantities**, distinta dei materiali e preventivo di spesa □ (*polit.*) **b. of rights**, dichiarazione dei diritti; carta delle libertà □ (*comm., leg.*: *in G.B.*) **b. of sale**, atto di vendita □ (*dog.*) **b. of sight**, (bolletta con) richiesta di visita preventiva □ (*naut.*) **b. of watch**, ruolino dei turni di guardia □ (*comm.*) **b. on demand**, cambiale a vista □ (*rag.*) **bills payable**, effetti passivi □ **b.-poster**, pannello per affissioni; attacchino (*di manifesti*) □ **b.-posting**, affissione (*di manifesti*) □ (*rag.*) **bills receivable**, effetti attivi □ (*rag.*) **b. rendered**, conto presentato □ **b. stamp**, bollo cambiario □ **b.-sticker**, attacchino □ **b.-sticking**, affissione □ (*comm.*) **b. to order**, cambiale all'ordine □ (*comm.*) **to accept** (*o* **to take up**) **a b.**, accettare una cambiale □ (*comm.*) **accommodation b.**, cambiale di comodo □ (*fam. USA*) **to dump the b. on sb.**, far pagare il conto a q. □ (*fam.*) **to fill** (*o* **to fit**) **the b.**, essere adatto (a ricoprire un posto) □ (*fam.*) **to foot the b.**, pagare il conto; sostenere le spese □ (*fig.*) **to give st. a clean b. of health**, approvare q.c. □ (*comm.*) **to have a b. protested**, protestare una cambiale □ (*comm.*) **sight b.**, cambiale a vista □ (*teatr., ecc.*) **to top the b.**, avere il nome in testa al cartellone □ **«Stick no bills»** (*cartello*), «divieto di affissione».

bill (**3**) /bɪl/, *n.* *1* alabarda *2* alabardiere *3* (= **billhook**) falcetto; roncola; pennato.

to **bill** (**1**) /bɪl/, *v. i.* *1* (*di uccelli*) becchettarsi *2* (*fig.*) carezzarsi; scambiarsi tenerezze. ● (*d'innamorati*) **to b. and coo**, tubare.

to **bill** (**2**) /bɪl/, *v. t.* *1* annunciare in programma; mettere in cartellone: **The theatre is billing the opera for two weeks**, il teatro metterà l'opera in cartellone per due settimane; **He has always been billed in leading roles**, ha sempre sostenuto parti importanti *2* elencare *3* ricoprire di manifesti (*una città, ecc.*) *4* (*comm.*) fatturare *5* pubblicizzare; reclamizzare.

Bill /bɪl/, *n.* (*dim. di* **William**) Guglielmino; Mino.

billboard /ˈbɪlbɔːd/, *n.* (*USA*; *cfr. ingl.* **hoarding**) quadro per le affissioni; tabellone (pubblicitario).

billet (**1**) /ˈbɪlɪt/, *n.* *1* biglietto (*o* buono) d'alloggio (*per militari*) *2* alloggio (*di militari*) in case private: **The soldiers are in billets**, i soldati hanno alloggio in case private *3* (*fam.*) impiego; posto di lavoro: **a good b.**, un buon posto.

billet (**2**) /ˈbɪlɪt/, *n.* *1* ceppo (*di legna da ardere*) *2* (*mecc.*) billetta *3* (*archit.*) modanatura.

to **billet** /ˈbɪlɪt/, *v. t.* *1* alloggiare; acquartierare presso privati: **The troops were billeted with** (*o* **on**) **the inhabitants of the village**, i soldati furono acquartierati presso gli abitanti del villaggio *2* dare alloggio a (*soldati*).

billet-doux /bɪleɪˈduː, ˈbɪleɪˈduː/ (*franc.*), *n.* (*scherz.*) lettera d'amore.

billfold /ˈbɪlfəʊld/, *n.* (*USA*) portafoglio. ● (*med., scherz.*) **b. biopsy**, accertamento della solvibilità del paziente.

billful /ˈbɪlfʊl/, *n.* beccata; quanto sta nel becco.

billhook /ˈbɪlhʊk/, *n.* falcetto; roncola; pennato.

billiard /ˈbɪlɪəd/, *a.* di (*o* da) biliardo: **b.-ball**, palla da biliardo; **b.-cue**, stecca da biliardo; **b.-room**, sala da biliardo; **b.-table**, tavolo da biliardo.

billiards /ˈbɪlɪədz/, *n. pl.* (*col verbo al sing.*) biliardo.

Billie /ˈbɪlɪ/, *n.* (*dim. femm. di* **William**) Guglielmina; Mina.

billing /ˈbɪlɪŋ/, *n.* *1* elencazione *2* (*comm.*) fatturazione *3* (*comm.*) (il) fatturato *4* (*pubbl.*) stanziamento globale di un'agenzia *5* (*teatr.*) posizione di un nome sul cartellone: **top b.**, posizione di preminenza (*sul cartellone*) *6* (*specialm. USA*) pubblicità. ● **b. clerk**, impiegato addetto alla fatturazione □ **b. machine**, fatturatrice (*macchina*).

billingsgate /ˈbɪlɪŋzgɪt, *USA* -geɪt/, *n.* (*fam.*) linguaggio sguaiato, volgare (*da* **B.**, *il mercato del pesce a Londra*).

billion /ˈbɪlɪən/, *n.* *1* (*in U.S.A. e ormai spesso anche in G.B.*) bilione; miliardo *2* (*in G.B.*) seconda potenza di un milione (*un 1 seguito da 12 zeri*; *quindi, un trilione italiano*).

billionaire /bɪlɪəˈneə(r)/, *n.* (*USA*) miliardario.

billman /ˈbɪlmən/, *n.* (*pl.* **billmen**) alabardiere.

billow /ˈbɪləʊ/, *n.* *1* maroso; cavallone; onda grossa; ondata (*anche fig.*) *2* – (*poet.*) **the billows**, il mare.

to **billow** /ˈbɪləʊ/, *v. i.* levarsi a ondate; accavallarsi; gonfiarsi.

billowy /ˈbɪləʊɪ/, *a.* che si leva (*o* si gonfia) a ondate; ondoso.

billy (**1**) /ˈbɪlɪ/, *n.* (*pl.* **billies, billys**) (*USA*) sfollagente; manganello (*dei poliziotti*).

billy (**2**) /ˈbɪlɪ/, *n.* (*Austr.*, = **billy-can**) pentolino; gavetta.

Billy /ˈbɪlɪ/, *n.* (*dim. di* **William**) Guglielmino; Mino.

billyboy /ˈbɪlɪbɔɪ/, *n.* (*naut.*) goletta a poppa tonda e carena piatta.

billycan /ˈbɪlɪkæn/, *V.* **billy** (**2**).

billycock /ˈbɪlɪkɒk/, *n.* (*fam. raro*) bombetta.

billygoat /ˈbɪlɪgəʊt/, *n.* (*fam.*) caprone; becco.

billy-o(h) /ˈbɪlɪəʊ/, *n.* (*fam.*, *soltanto nella locuz.*:) **like b.**, con forza, con violenza; a più non posso: **to run like b.**, correre a più non posso. ● **to rain like b.**, piovere a catinelle (*o* a dirotto).

bilobate /baɪˈləʊbeɪt/, *a.* (*anat., bot.*) bilobato.

bilocation /baɪləʊˈkeɪʃn/, *n.* (*parapsicologia*) bilocazione.

bilocular /baɪˈlɒkjʊlə(r)/, *a.* (*biol.*) biloculare.

biltong /ˈbɪltɒŋ, *USA* -ɔːŋ/ (*sudafricano*), *n.* liste di carne disseccate al sole.

bimanal /ˈbaɪmənəl/, **bimanous** /ˈbaɪmənəs/, *a.* (*zool.*) bimano.

bimane /ˈbaɪmeɪn/, *n.* (*zool.*) animale bimano.

bimbo /ˈbɪmbəʊ/, *n.* *1* (*pop. USA*) (un) duro *2* (*fam.*) bambola, ochetta (*fig.*); oca giuliva; bella ragazza *3* (*pop. USA*) puttana; prostituta.

bimestrial /baɪˈmɛstrɪəl/, *a.* bimestrale.

bimetallic /baɪmɪˈtælɪk/, *a.* (*econ.*) bimetallico.

bimetallism /baɪˈmɛtəlɪzəm/, *n.* (*econ.*) bimetallismo.

bimetallist /baɪˈmɛtəlɪst/, *n.* (*econ.*) bimetallista.

bimillenary /baɪˈmɪlənrɪ, *USA* -nerɪ/, *n.* bimillenario.

Bimmer /ˈbɪmə(r)/, *n.* (*autom., fam. USA*) BMW (*la macchina*).

bimonthly /baɪˈmʌnθlɪ/, **A** *a.* *1* bimestrale *2* (*improprio*) bimensile. **B** *n.* pubblicazione bimestrale. **C** *avv.* *1* ogni due mesi *2* (*improprio*) due volte al mese.

bimotored /baɪˈməʊtəd/, *a.* a due motori: **b. airplane**, bimotore.

bin /bɪn/, *n.* *1* bidone per il carbone, per la cenere, per la spazzatura *2* silo; deposito *3* (*fam.*) manicomio. ● **bin-liner**, sacchetto per l'immondizia □ **ash-bin**, pattumiera □ **bread-bin**, madia □ **dust-bin**, pattumiera □ **ore-bin**, silo per minerale □ (*enologia*) **special bin**, riserva speciale □ **wine-bin**, ripostiglio per bottiglie di vino.

binarization /baɪnərɪˈzeɪʃn, *USA* -rɪˈz-/, *n.* (*mat., elab.*) binarizzazione.

binary /ˈbaɪnərɪ, *USA* -erɪ/, **A** *a.* (*scient.*) binario: (*mat., elab.*) **b. addition**, addizione binaria; (*elab.*) **b. code**, codice binario; (*elab.*) **b. digit**, cifra binaria; (*elab.*) **b. search**, ricerca binaria (*o* dicotomica); (*chim.*) **b. compound**, composto binario; (*astron.*) **b. star**, stella binaria (*o* doppia). **B** *n.* *1* (*elab.*) programma in binario *2* (*astron.*) stella binaria.

binate /ˈbaɪneɪt/, *a.* (*bot.*) binato.

binaural /baɪˈnɔːrəl, bɪ-/, *a.* *1* (*fisiol.*) binaurale *2* (*tecn.*) biauricolare: **b. stethoscope**, stetoscopio biauricolare.

bind /baɪnd/, *n.* *1* legamento; legaccio; fascia; legatura *2* nastro, bordo (*di vestito*) *3* (*mus.*) legatura *4* (*mecc.*) grippaggio *5* (*fam.*) pasticcio; fastidio; guaio; scocciatura.

to **bind** /baɪnd/ (*pass.* e *p. p.* **bound**), **A** *v. t.* *1* legare; assicurare; fissare; attaccare; avvolgere; trattenere; tenere unito: **They bound my hands**, mi legarono le mani; **to b.** (**up**) **one's hair**, legarsi i capelli (*tirandoli su*); **A common ideal binds them together**, un ideale comune li tiene uniti *2* rassodare, fare indurire; legarsi con: **Cellulose binds water**, la cellulosa si lega con l'acqua *3* (*spesso* **to b. up**) bendare; fasciare (*ferite, ecc.*) *4* obbligare; impegnare; vincolare; allogare (*come apprendista*): **The boy was bound** (**out**) **as an apprentice to a blacksmith**, il ragazzo fu messo come apprendista presso un fabbro ferraio (*con un contratto a tempo*) *5* rilegare: **This book is bound in cloth**, questo libro è rilegato in tela *6* fascicolare (*documenti, ecc.*) *7* costipare (*l'intestino*). **B** *v. i.* *1* rassodarsi; legare; coagularsi; amalgamarsi: **Heat makes clay b.**, il calore fa rassodare l'argilla; **To make an omelette you must beat eggs until they b.**, per fare una frittata si devono sbattere le uova finché leghino *2* (*chim.*) legare *3* (*mecc.*) grippare, gripparsi; incepparsi; bloccarsi: **Rust has caused the lock to b.**, la serratura s'è bloccata per la ruggine *4* essere obbligatorio (*o* vincolante). ● **to b. the edges of a carpet**, bordare un tappeto □ (*anche fig.*) **to b. sb. hand and foot**, legare q. mani e piedi □ **to b. off**, calare (*un punto*: *nel lavoro a maglia*) □ **to b. oneself to do st.**, impegnarsi a fare q.c. □ **to b. out**, vincolare con contratto d'apprendistato □ **to b. over**, obbligare legalmente: **He was bound over to appear**, fu obbligato a comparire in giudizio □ (*leg.*) **to b. sb. over to keep the peace**, sottoporre q. a vincolo di buona condotta □ **to b. up**, legare; fasciare (*una ferita*); rilegare in un solo volume □ **to be bound to**, essere tenuto a: **He is bound to help his parents**, è tenuto ad aiutare i suoi genitori □ **Sooner or later it's bound** to happen, prima o poi deve succedere □ (*fig.*) **I'll be bound**, garantisco; giurerei: **I'll be bound I met him before**, garantisco (*o* giurerei) che l'ho incontrato prima d'ora.

binder /ˈbaɪndə(r)/, *n.* ***1*** persona (*o* cosa) che lega ***2*** legatore, rilegatore (*di libri*) ***3*** (*chim., ind. costr.*) legante; agglomerante ***4*** (*agric.*) mietilega, mietilegatrice (*dei covoni*) ***5*** (*leg.*) polizza d'assicurazione provvisoria ***6*** (*leg.*) caparra confirmatoria ***7*** raccoglitore; legatura mobile; fascicolatore (*per giornali, ecc.*) ***8*** (*edil.*) tirante.

bindery /ˈbaɪndərɪ/, *n.* legatoria.

binding (1) /ˈbaɪndɪŋ/, *a.* ***1*** impegnativo; vincolante: **a b. offer**, un'offerta vincolante ***2*** obbligatorio. ● (*chim., fis., fis. nucl.*) **b. energy**, energia di legame.

binding (2) /ˈbaɪndɪŋ/, *n.* ***1*** il legare; legatura ***2*** legatura, rilegatura (*d'un libro*); fascicolatura ***3*** nastro; bordo; bordura; laccio; fettuccia ***4*** (*chim., ind. costr.*) legante; agglomerante ***5*** (*mecc.*) grippaggio; inceppamento. ● **b. machine**, fascicolatrice (*macchina*) □ (*leg.*) **b. over**, imposizione di un vincolo (*di buona condotta, ecc.*).

bindle /ˈbɪndl/, *n.* (*fam. USA*) ***1*** coperta arrotolata ***2*** fagotto; pacco. ● **b. bum**, vagabondo □ **b. stiff**, vagabondo; (*un tempo*) lavoratore stagionale.

bindweed /ˈbaɪndwiːd/, *n.* (*bot.*) rampicante (*del genere Convolvulus, ecc.*); convolvolo; vilucchio.

bine /baɪn/, *n.* ***1*** gambo di (pianta) rampicante ***2*** virgulto.

binge /bɪndʒ/, *n.* (*pop.*) ***1*** baldoria; bicchierata; bevuta ***2*** attività frenetica; frenesia: (*fin.*) **merger b.**, frenesia delle fusioni d'aziende. ● **shopping b.**, acquisti frenetici □ **to go on a b.**, far baldoria; darsi ai bagordi.

bingo /ˈbɪŋgəʊ/, **A** *n.* (*pl.* **bingos**) «bingo» (*gioco simile alla tombola*). **B** *inter.* ***1*** tombola! ***2*** (*pop.*) ecco!; evviva! ● **b. hall**, sala da bingo.

binnacle /ˈbɪnəkl/, *n.* (*naut.*) chiesuola.

binocs /bɪˈnɒks/, *n. pl.* (*fam.*) binocolo.

binocular /bɪˈnɒkjʊlə(r)/, *a.* binoculare.

binoculars /bɪˈnɒkjʊləz/, *n. pl.* ***1*** binocolo ***2*** (*pop. USA*) occhi.

binomial /baɪˈnəʊmɪəl/, (*mat.*) **A** *a.* binomiale. **B** *n.* binomio.

binuclear /baɪˈnjuːklɪə(r), *USA* -ˈnuː-/, *a.* (*biol.*) binucleato. ● (*demogr., fam.*) **b. family**, famiglia «binucleata» (*di due separati o divorziati, ciascuno con figli del primo matrimonio*).

bio /ˈbaɪəʊ/, *n.* (*pop. USA*) ***1*** biografia ***2*** laboratorio di biologia.

bioassay /baɪəʊəˈseɪ, *USA* -əʊˈæseɪ/, *n.* (*chim., biol.*) prova biologica.

bioastronautical /baɪəʊæstrəˈnɔːtɪkl/, *a.* bioastronautico.

bioastronautics /baɪəʊæstrəˈnɔːtɪks/, *n. pl.* (*col verbo al sing.*) bioastronautica.

biocatalyst /baɪəʊˈkætəlɪst/, *n.* (*biochim.*) biocatalizzatore.

biochemical /baɪəʊˈkɛmɪkl/, *a.* biochimico.

biochemist /baɪəʊˈkɛmɪst/, *n.* biochimico.

biochemistry /baɪəʊˈkɛmɪstrɪ/, *n.* biochimica.

biochore /ˈbaɪəʊkɔː(r)/, *n.* (*ecol.*) biocora.

bioclastic /baɪəʊˈklæstɪk/, *a.* (*geol.*) bioclastico.

bioclimatology /baɪəʊklaɪməˈtɒlədʒɪ/, *n.* bioclimatologia.

biocoenosis /baɪəʊsɪˈnəʊsɪs/, *n.* (*ecol.*) biocenosi.

bio-contamination /baɪəʊkəntæmɪˈneɪʃn/, *n.* biocontaminazione.

biocycle /ˈbaɪəʊsaɪkl/, *n.* (*ecol.*) biociclo.

biodegradability /baɪəʊdɪgreɪdəˈbɪlətɪ/, *n.* biodegradabilità.

biodegradable /baɪəʊdɪˈgreɪdəbl/, *a.* biodegradabile.

biodegradation /baɪəʊdɛgrəˈdeɪʃn/, *n.* biodegradazione.

to **biodegrade** /baɪəʊdɪˈgreɪd/, *v. i.* biodegradarsi.

biodestructible /baɪəʊdɪˈstrʌktəbl/, *a.* biodistruttibile.

biodynamics /baɪəʊdaɪˈnæmɪks, -dɪ-/, *n. pl.* (*col verbo al sing.*) biodinamica.

bioelectric(al) /baɪəʊɪˈlɛktrɪk(l)/, *a.* bioelettrico.

bioelectricity /baɪəʊɪlɛkˈtrɪsətɪ/, *n.* bioelettricità.

bioelectronics /baɪəʊɪlɛkˈtrɒnɪks/, *n. pl.* (*col verbo al sing.*) bioelettronica.

bioengineer /baɪəʊɛndʒɪˈnɪə(r)/, *n.* bioingegnere.

bioengineering /baɪəʊɛndʒɪˈnɪərɪŋ/, *n.* bioingegneria.

biofeedback /baɪəʊˈfiːdbæk/, *n.* (*psic.*) biofeedback.

biogas /ˈbaɪəʊgæs/, *n.* biogas.

biogenesis /baɪəʊˈdʒɛnəsɪs/, *n.* biogenesi.

biogenetic /baɪəʊdʒəˈnɛtɪk/, *a.* biogenetico.

biogenetics /baɪəʊdʒəˈnɛtɪks/, *n. pl.* (*col verbo al sing.*) biogenetica.

biogenic /baɪəʊˈdʒɛnɪk/, *a.* ***1*** biogenico ***2*** biogeno. ● **b. rock**, *V.* **biolith**.

biogenous /baɪˈɒdʒənəs/, *a.* biogeno.

biogeny /baɪˈɒdʒənɪ/, *n.* biogenia.

biogeography /baɪəʊdʒɪˈɒgrəfɪ/, *n.* biogeografia.

biographer /baɪˈɒgrəfə(r)/, *n.* biografo.

biographic(al) /baɪəʊˈgræfɪk(l)/, *a.* biografico. || **-ally**, *avv.*

biography /baɪˈɒgrəfɪ/, *n.* biografia.

bioherm /ˈbaɪəʊhɜːm/, *n.* (*geol.*) bioherma.

biolith /ˈbaɪəʊlɪθ/, *n.* (*geol.*) biolite.

biologic(al) /baɪəˈlɒdʒɪk(l)/, *a.* biologico: **b. clock**, orologio biologico; **b. warfare**, guerra biologica; **b. half-life**, emivita biologica. || **-ally**, *avv.*

biologist /baɪˈɒlədʒɪst/, *n.* biologo.

biology /baɪˈɒlədʒɪ/, *n.* biologia.

bioluminescence /baɪəʊluːmɪˈnɛsns/, *n.* bioluminescenza.

biomass /ˈbaɪəʊmæs/, *n.* biomassa.

biome /ˈbaɪəʊm/, *n.* bioma.

biomedical /baɪəʊˈmɛdɪkl/, *a.* biomedico.

biomedicine /baɪəʊˈmɛdsɪn/, *n.* biomedicina.

biometeorology /baɪəʊmiːtɪəˈrɒlədʒɪ/, *n.* biometeorologia.

biometric(al) /baɪəʊˈmɛtrɪk(l)/, *a.* biometrico. ● (*fin.*) **b. card**, carta di credito biometrica (*con le impronte digitali del titolare*).

biometrician /baɪəʊməˈtrɪʃn/, *n.* biometrista.

biometrics /baɪəʊˈmɛtrɪks/, *n. pl.* (*col verbo al sing.*) biometria.

biometrist /baɪˈɒmətrɪst/, *V.* **biometrician**.

biometry /baɪˈɒmətrɪ/, *V.* **biometrics**.

bion /ˈbaɪɒn/, *n.* (*ecol.*) bionte.

bionic /baɪˈɒnɪk/, *a.* bionico.

bionics /baɪˈɒnɪks/, *n. pl.* (*col verbo al sing.*) bionica.

bionomics /baɪəʊˈnɒmɪks/, *n. pl.* (*col verbo al sing.*) bionomia.

biophysical /baɪəʊˈfɪzɪkl/, *a.* biofisico.

biophysicist /baɪəʊˈfɪzɪsɪst/, *n.* biofisico.

biophysics /baɪəʊˈfɪzɪks/, *n. pl.* (*col verbo al sing.*) biofisica.

bioplasm /ˈbaɪəʊplæzəm/, *n.* bioplasma.

biopsy /ˈbaɪɒpsɪ/, *n.* (*med.*) biopsia.

bioptic /baɪˈɒptɪk/, *a.* (*med.*) bioptico.

biorhythm /ˈbaɪəʊrɪðəm/, *n.* (*med., sport*) bioritmo.

biosatellite /baɪəʊˈsætəlaɪt/, *n.* (*miss.*) biosatellite.

bioscope /ˈbaɪəskəʊp/, *n.* bioscopio.

bioscopy /baɪˈɒskəpɪ/, *n.* (*med.*) bioscopia.

biosociologist /baɪəʊsəʊsɪˈɒlədʒɪst/, *n.* biosociologo.

biosociology /baɪəʊsəʊsɪˈɒlədʒɪ/, *n.* biosociologia.

biosphere /ˈbaɪəʊsfɪə(r)/, *n.* biosfera.

biostatistician /baɪəʊstætɪˈstɪʃn/, *n.* (*demogr.*) biostatistico.

biostatistics /baɪəʊstəˈtɪstɪks/, *n. pl.* (*con il verbo al sing.*) (*demogr.*) biostatistica.

biosynthesis /baɪəʊˈsɪnθəsɪs/, *n.* biosintesi.

biotechnology /baɪəʊtɛkˈnɒlədʒɪ/, *n.* biotecnologia.

biotherapy /baɪəʊˈθɛrəpɪ/, *n.* (*med.*) bioterapia.

biotic /baɪˈɒtɪk/, *a.* (*ecol.*) biotico: **b. community**, comunità biotica; biocenosi.

biotin /ˈbaɪətɪn/, *n.* (*biochim.*) biotina; vitamina H.

biotite /ˈbaɪətaɪt/, *n.* (*miner.*) biotite.

biotope /ˈbaɪəʊtəʊp/, *n.* (*ecol.*) biotopo.

biotype /ˈbaɪətaɪp/, *n.* (*ecol.*) biotipo.

biovular /baɪˈəʊvjʊlə(r)/, *a.* (*biol.*) biovulare.

biparous /ˈbɪpərəs/, *a.* (*biol.*) biparo.

bipartisan /baɪpɑːtɪˈzæn, baɪˈpɑːtɪzn/, *a.* bipartitico: **a b. foreign policy**, una politica estera bipartitica.

bipartite /baɪˈpɑːtaɪt/, *a.* ***1*** (*bot.*) bipartito ***2*** (*leg.*) in duplice copia ***3*** (*polit.*) bipartitico. ● **b. board**, comitato paritetico.

bipartition /baɪpɑːˈtɪʃn/, *n.* bipartizione.

biped /ˈbaɪpɛd/, *a.* e *n.* (*zool.*) bipede.

bipedal /ˈbaɪpɛdl/, *a.* (*zool.*) bipede.

biphasic /baɪˈfeɪzɪk/, *a.* (*scient.*) bifasico.

bipinnate /baɪˈpɪneɪt/, *a.* (*bot.*) bipennato.

biplane /ˈbaɪpleɪn/, *a.* e *n.* (*aeron.*) biplano.

bipod /ˈbaɪpɒd/, *n.* (*mecc., mil., naut.*) bipiede: **the b. of a sub-machine gun**, il bipiede di un fucile mitragliatore.

bipolar /baɪˈpəʊlə(r)/, *a.* (*fis.*) bipolare.

bipolarity /baɪpəˈlærətɪ/, *n.* (*fis.*) bipolarità.

biquadrate /ˈbaɪkwɒdrət/, *n.* (*mat.*) biquadrato; quarta potenza.

biquadratic /baɪkwɒˈdrætɪk/, (*mat.*) **A** *a.* biquadratico: **b. equations**, equazioni biquadratiche. **B** *n.* ***1*** biquadrato; quarta potenza ***2*** equazione biquadratica.

birational /baɪˈræʃənl/, *a.* (*mat.*) birazionale.

birch /bɜːtʃ/, *n.* (*bot.*) ***1*** (*Betula alba*) betulla ***2*** (= **b.-rod**) verga di betulla (*usata un tempo per fustigare gli scolari, ecc.*). ● **You should have given him the b.**, avresti dovuto fustigarlo a dovere.

to **birch** /bɜːtʃ/, *v. t.* (*un tempo*) fustigare; sferzare.

birchen /ˈbɜːtʃn/, *a.* di betulla.

Bircher /ˈbɜːtʃə(r)/, *n.* (*polit. USA*) membro della «John Birch Society» (*organizzazione conservatrice*).

Birchism /ˈbɜːtʃɪzəm/, *n.* (*polit. USA*) posizione (*o* ideologia) di «Bircher» (*q.V.*).

bird /bɜːd/, *n.* ***1*** uccello ***2*** (*pop.*) individuo; tipo: **He's a queer** (*o* **a rum**) **b.**, è un tipo strano; **He's a gay old b.**, è un buontempone ***3*** (*pop.*) ragazza; bella ragazza ***4*** (*pop.*) aeroplano; astronave; razzo ***5*** (*pop. USA*) aquila (*come insegna di grado militare*) ***6*** (*pop.*) detenuto; (condanna al) carcere: **The b. has** (*o* **is**) **flown**, il detenuto ha preso il volo ***7*** (*pop.*) satellite (*artificiale: specialm. per teletrasmissioni*) ***8*** (*pop. USA*) elicottero ***9*** (*pop. USA*) anormale; eccentrico ***10*** (*pop. USA*) omosessuale; finocchio (*pop.*): **b. circuit**, (zona di) bar per finocchi ***11*** (*volg.*) gesto sconcio (*col medio tenuto ritto fra le altre dita*): **to give sb. the b.**, fare tale gesto a q. ***12*** – (*fig.*) **little b.**, uccellino: **I know everything; a little b. told me**, so tutto; me lo ha detto l'uccellino. ● (*fam.*) **the birds and the bees**, i rudimenti del sesso □ **b.-bath**, vaschetta per uccelli □ (*fam.*) **b.-brain(ed)**, che ha un cervello di gallina; sciocco; svampito (*fam.*) □ **b. cage**, gabbia per uccelli; uccelliera; (*fam. USA*) cella di prigione □ **b.-catcher**, uccellatore □ **b.-catching**, uccellagione □ (*USA*) **b. dog**, cane da penna; (*fig. fam.*) cane da cerca (*fig.*); chi è in combutta (*con q.*); compare (*spreg.*) □ (*bot.*) **b.'s-eye** (*Veronica chamaedrys*), veronica maggiore □ **b.'s eye view**, veduta dall'alto, a volo d'uccello (*d'una città, ecc.*); (*fig.*) vista globale □ **b.-fancier**, ornitologo; avicoltore; venditore di uccelli □ **b.-house**, nido (*artificiale*) di legno; «casina» per uccelli □ **b.'s nest**, nido d'uccello □ (*cucina*) **b.'s-nest soup**, zuppa di nidi di rondine □ (*fig.*) **a b. in**

the bush, una cosa incerta (*o* aleatoria); una possibilità remota □ (*fig.*) **a b. in the hand**, una cosa certa, sicura □ **b.-lime**, vischio; (*anche fig.*) pania □ (*fig.*) **birds of a feather**, persone dello stesso stampo □ (*fig.*) **b. of ill omen**, uccello del malaugurio □ (*zool.*) **b. of paradise** (*Paradisea*), uccello del paradiso □ **b. of passage**, uccello di passo (*o* migratore); (*fig.*) persona di passaggio: (*fig.*) **He's a b. of passage**, è come l'uccello sulla frasca □ **b. of prey**, (uccello) rapace □ **b.-seed**, mangime per gli uccelli; becchime □ **b.-shot**, pallini da caccia □ (*aeron.*) **b. strike**, collisione con uno stormo di uccelli □ **b.-watcher**, chi osserva gli uccelli □ **b.-watching**, osservazione (*o* studio) degli uccelli; bird watching □ **to be an early b.**, essere mattiniero □ **to eat like a b.**, mangiare come un uccellino □ (*pop.*) **to get the b.**, essere fischiato (*di attore, oratore, ecc.*) □ (*pop.*) **to give sb. the b.**, fischiare q.; sfottere q. □ (*fig.*) **to kill two birds with one stone**, prendere due piccioni con una fava □ (*prov.*) **A b. in the hand is worth two in the bush**, meglio un uovo oggi che una gallina domani; meglio un fringuello in gabbia che un tordo in frasca □ (*prov.*) **Birds of a feather flock together**, Dio li fa poi li accoppia; ogni simile ama il suo simile □ (*prov.*) **The early b. catches the worm**, le ore del mattino hanno l'oro in bocca; chi dorme non piglia pesci.

to **bird** /bɜːd/, *v. i.* ***1*** osservare gli uccelli ***2*** (*raro*) uccellare.

birdcall /ˈbɜːdkɔːl/, *n.* ***1*** canto (*o* verso) degli uccelli ***2*** richiamo (*o* fischio) per uccelli.

to **bird-dog** /ˈbɜːddɒg, *USA* -dɔːg/, *v. t.* ***1*** (*pop.*) controllare; pedinare ***2*** (*pop. USA*) portare via la moglie (*o* la ragazza) a (q.).

to **bird-feed** /ˈbɜːdfiːd/ (*pass.* e *p. p.* **bird-fed**), *v. t.* (*pop.*, *TV*) trasmettere via satellite.

birdie /ˈbɜːdɪ/, *n.* ***1*** (*fam.*) uccellino ***2*** (*golf*) «birdie» (*colpo*) ***3*** (*pop. USA*) anormale; eccentrico ***4*** (*pop. USA*) omosessuale.

birdlike /ˈbɜːdˈlaɪk/, *a.* di (*o* da) uccello.

birdman /ˈbɜːdmæn, -mən/, *n.* (*pl.* **birdmen**) ***1*** ornitologo ***2*** uccellatore ***3*** (*fam. USA*) aviatore.

birefringence /baɪrɪˈfrɪndʒəns/, *n.* (*fis.*) birifrangenza; birifrazione.

birefringent /baɪrɪˈfrɪndʒənt/, *a.* (*fis.*) birifrangente.

bireme /ˈbaɪriːm/, *n.* (*stor.*) bireme.

biretta /bɪˈrɛtə/, *n.* berretta da prete.

biro /ˈbaɪərəʊ/, *n.* (*pl.* **biros**) (*marchio*) biro; penna a sfera.

birth /bɜːθ/, *n.* ***1*** nascita; origine; natali; lignaggio; parto: **My wife is English by b.**, mia moglie è inglese di nascita; **Rabbits produce up to eight young at b.**, i conigli mettono al mondo sino a otto piccoli per parto; **She's a lady of (high, noble) b.**, è una signora di alto lignaggio ***2*** istinto (naturale): **He's an actor by b.**, è un attore nato ***3*** (*pl.*) (*demogr.*) nascite; nati. ● **b. certificate**, certificato (*o* atto) di nascita □ **b. control**, controllo delle nascite □ **b.-mark**, macchia (*sulla pelle*); voglia (*pop.*) □ **b. rate**, indice (*o* tasso) di natalità □ **to give b. to**, mettere al mondo, procreare; (*fig.*) produrre, causare.

birthday /ˈbɜːθdeɪ, -dɪ/, *n.* compleanno; genetliaco; giorno natalizio. ● **b. card**, biglietto di auguri per un compleanno □ (*in G.B.*) **the B. Honours**, le onorificenze conferite il giorno del compleanno del sovrano □ (*scherz.*) **b. suit**, costume adamitico: **The boy dashed out of the bath in his b. suit**, il ragazzo saltò fuori dal bagno come mamma lo aveva fatto.

birthplace /ˈbɜːθpleɪs/, *n.* luogo di nascita; luogo nativo.

birthright /ˈbɜːθraɪt/, *n.* (*leg.*) ***1*** diritto di nascita ***2*** primogenitura.

birthwort /ˈbɜːθwɜːt/, *n.* (*bot.*, *Aristolochia clematitis*) aristolochia.

Biscay /ˈbɪskeɪ/, *n.* (*geogr.*) Biscaglia.

biscuit /ˈbɪskɪt/, *n.* ***1*** (*soprattutto ingl.*) biscotto ***2*** (*USA*) panino; focaccina dolce ***3*** (*ind.*) biscotto, biscuit (*ceramica non verniciata*) ***4*** color biscotto ***5*** (*pop. USA*) cranio; testa. ● **b. gloves**, guanti color biscotto □ **military b.** (*o* **ship's b.**), galletta □ (*pop.*) **That takes the b.!**, questo è il colmo!

to **bisect** /baɪˈsɛkt/, **A** *v. t.* ***1*** tagliare in due ***2*** (*geom.*) bisecare. **B** *v. i.* ***1*** biforcarsi ***2*** (*geom.*) bisecarsi.

bisecting /baɪˈsɛktɪŋ/, *a.* (*geom.*) bisecante.

bisection /baɪˈsɛkʃn/, *n.* (*geom.*) bisezione.

bisector /baɪˈsɛktə(r)/, *n.* (*geom.*) bisettrice; bisecante.

bisemic /baɪˈsɛmɪk/, *a.* (*ling.*) bisemico.

bisexual /baɪˈsɛkʃʊəl/, **A** *a.* ***1*** (*biol.*) bisessuale ***2*** bisessuale; bivalente (*sessualmente*). **B** *n.* ***1*** (*biol.*) ermafrodito ***2*** bisessuale; persona bivalente.

bisexuality /baɪsɛkʃʊˈælətɪ/, *n.* ***1*** (*biol.*) bisessualità ***2*** bisessualità; bivalenza sessuale.

bishop /ˈbɪʃəp/, *n.* ***1*** vescovo ***2*** (*scacchi*) alfiere ***3*** (*arc.*) vino caldo aromatizzato; vino brûlé.

bishopric /ˈbɪʃəprɪk/, *n.* ***1*** diocesi ***2*** episcopato; vescovado.

bismuth /ˈbɪzməθ/, *n.* (*chim.*) bismuto.

bison /ˈbaɪsn, *USA* -zn/, *n.* (*pl.* **bison, bisons**) (*zool.*, *Bison*) bisonte.

bisque (**1**) /bɪsk/, *n.* (*tennis, golf, ecc.*) vantaggio di un punto o della battuta, per ogni partita (*concesso al giocatore più debole*).

bisque (**2**) /bɪsk/, *n.* (*ind.*) biscuit, biscotto (*ceramica non verniciata*).

bisque (**3**) /bɪsk/, *n.* (*cucina*) zuppa di crostacei.

bissextile /bɪˈsɛkstaɪl, *USA* -tl/, **A** *a.* bisestile. **B** *n.* anno bisestile.

bistability /baɪstəˈbɪlətɪ/, *n.* (*fis.*) bistabilità.

bistable /baɪˈsteɪbl/, *a.* (*fis.*) bistabile.

bister /ˈbɪstə(r)/, (*USA*) *V.* **bistre**.

bistort /ˈbɪstɔːt/, *n.* (*bot.*, *Polygonum bistorta*) bistorta.

bistoury /ˈbɪstərɪ/, *n.* (*med.*) bisturi.

bistre /ˈbɪstə(r)/, **A** *n.* bistro. **B** *a.* color bistro.

bistro /ˈbiːstrəʊ, ˈbɪs-/, *n.* bistrot.

bisulphate /baɪˈsʌlfeɪt/, *n.* (*chim.*) bisolfato.

bisulphite /baɪˈsʌlfaɪt/, *n.* (*chim.*) bisolfito.

bit (**1**) /bɪt/, *n.* ***1*** morso; boccone: **Give me a bit of bread**, dammi un morso di pane; **He ate every bit of his cake**, mangiò il dolce fino all'ultimo boccone ***2*** pezzo; pezzetto; (un) poco: **bit by bit**, a poco a poco; **a bit at a time**, un po' alla volta; **Wait a bit**, aspetta un poco ***3*** panorama; paesaggio (*anche dipinto*); quadro: **That's a fine bit**, è un bel paesaggio (*o* un bel quadro) ***4*** (*fam.*) monetina: **a ten-penny bit**, una monetina da dieci penny ***5*** (*fam. USA*) 12,50 centesimi di dollaro: **two bits**, un quarto di dollaro; **four bits**, mezzo dollaro ***6*** particina (*in una pellicola o dramma*): **She acted her bit very well**, recitò la sua particina molto bene ***7*** passo, brano (*d'opera letteraria*) ***8*** (*pop.*) ragazza; bambola; pupa: **a bit of all right**, una bella ragazza; un pezzo di ragazza ***9*** (*fam.*) parte (*fig.*): **He likes doing the martyr bit**, gli piace fare la parte del martire ***10*** (*pop. USA*) condanna: **He was doing a 60-day bit**, scontava una condanna a due mesi ***11*** (*pop. USA*) affare; faccenda; progetto. ● **a bit of a...**, un discreto, un bel...: **That man is a bit of a bore**, quel tale è un discreto seccatore (*è piuttosto noioso*) □ **bits and pieces**, pezzetti; (*fig.*) armi e bagagli □ **bits of**, esemplari miseri, scadenti, malandati: **Where am I to place my bits of furniture?**, dove devo mettere le mie carabattole? □ (*fam.*) **a bit on the side**, una scappatella coniugale □ (*teatr.*) **bit part**, particina □ **a dainty bit** (*o* **a tit-bit**), un bocconcino delicato □ **to do one's bit**, fare il proprio dovere; fare la propria parte □ **to be every bit as** (*seguito da un agg.*), essere in tutto e per tutto altrettanto: **I am every bit as tired** (**as you**), sono in tutto e per tutto altrettanto stanco (quanto te) □ **to give sb. a bit of one's mind**, parlar chiaro a q.; dirne quattro a q. □ **not a bit** (**of it**), niente affatto; per nulla; neanche per sogno: **«Are you afraid?» «Not a bit»**, «hai paura?» «per nulla» □ (*pop.*) **a saucy bit**, una ragazza sfacciata □ (*fam.*) **quite a bit**, un bel po'; parecchio; molto.

bit (**2**) /bɪt/, *n.* ***1*** (*di utensile*) punta; taglio ***2*** punta (*staccabile*: *di un trapano*); morsa (*delle tenaglie*) ***3*** morso, freno (*della briglia e fig.*) ***4*** ingegno (*di una chiave*). ● **to champ** (*o* **to chafe**) **at the bit**, mordere il freno (*anche fig.*) □ **to get the bit between one's teeth**, (*del cavallo*) mordere il freno; (*fig. fam.*) prendere un lavoro (*o* la conversazione, ecc.) in mano; attaccare: **When the boss gets the bit between his teeth, it's impossible to stop him**, quando il capo attacca (a parlare), è impossibile fermarlo □ **to take the bit between one's teeth**, (*di cavallo e fig.*) mordere il freno; (*anche fig.*) mettercisi di buzzo buono; impegnarsi a fondo.

bit (**3**) /bɪt/, *pass.* e *p. p.* di **to bite**.

bit (**4**) /bɪt/, *n.* (*mat.*, *elab.*) bit; cifra binaria. ● **b. density**, densità di bit □ **bit handling**, manipolazione di bit □ **bit pattern**, configurazione binaria □ **bit rate**, velocità di trasmissione in bit.

to **bit** /bɪt/, *v. t.* mettere il morso a (*un cavallo*); (*fig.*) imbrigliare.

bitartrate /baɪˈtɑːtreɪt/, *n.* (*chim.*) bitartrato.

bitch /bɪtʃ/, *n.* ***1*** cagna; lupa; volpe femmina ***2*** donna pestifera; megera; strega ***3*** donnaccia; cagna (*fig.*) ***4*** (*fam.*) lagnanza; reclamo ***5*** (*pop. USA*) cosa sgradevole; pizza (*pop.*): **Men are a b., aren't they?**, gli uomini sono una pizza, vero? ● **b.-fox**, volpe femmina.

to **bitch** /bɪtʃ/, *v. i.* ***1*** (*fam.*) lagnarsi; lamentarsi; brontolare; trovare sempre da ridire ***2*** (*pop. USA*) fregare: **I'm bitched!**, sono fregato! ● (*pop. USA*) **to b. off**, infastidire; sfottere □ (*pop. USA*) **to b. up**, incasinare; sbagliare.

bitchery /ˈbɪtʃərɪ/, *n.* (*pop. USA*) sfottitura; sfottò (*pop.*).

bitching /ˈbɪtʃɪŋ/, *a.* (*pop.*) ***1*** ottimo; eccellente ***2*** moderno; alla moda ***3*** bravo; in gamba (*fam.*).

bitchy /ˈbɪtʃɪ/, *a.* (*fam.*) maligno; malevolo.

bite /baɪt/, *n.* ***1*** morso; morsicatura; puntura; boccone: **Let me have a b.**, fammi dare un morso; dammene un boccone; **My hand was covered with mosquito bites**, avevo la mano coperta di punture di zanzare ***2*** morso; forte dolore: **The b. of hunger kept me awake all night**, il morso della fame mi tenne sveglio tutta la notte ***3*** mordacità; mordente: **There is a b. to his words**, c'è mordacità nelle sue parole ***4*** sapore piccante ***5*** presa; stretta; cosa che fa presa ***6*** (*anat.*) chiusura (*dei denti, della mascella*) ***7*** l'abboccare (*del pesce*) ***8*** (*fotoincisione*) morsura; acidatura ***9*** (*fam.*) boccone; spuntino ***10*** (*fam.*) sorsata ***11*** (*pop. USA*) costo; prezzo; parcella ***12*** (*pop. USA*) pizzo; mazzetta ***13*** (*pop. USA*) stoccata (*fig.*). ● **the b. of the wind on my face**, la sferza del vento sul mio volto □ **the b. of straight whisky**, il sapore forte del whisky liscio □ (*med.*: *in ortodonzia*) **b. plate**, piano di rialzo (*o* di svincolo).

to **bite** /baɪt/ (*pass.* **bit**, *p. p.* **bitten, bit**), **A** *v. t.* ***1*** mordere; pungere; offendere; danneggiare; addentare; intaccare; corrodere: **Dogs b.**, i cani mordono; **This saw doesn't b. wood**, questa sega non addenta il legno; **Acids b. metals**, gli acidi intaccano (*o* corrodono) i metalli; **A cold wind has bitten my flowers**, un vento gelido ha danneggiato i miei fiori; **frost-bitten**, punto (*o* intirizzito) dal freddo ***2*** (*di arma da taglio*) penetrare; (*di rimprovero*) ferire, pungere ***3*** (*fig.*) ingannare: **to be bitten**, lasciarsi ingannare; cascarci ***4*** (*pop. USA*) dare una stoccata a (q.); chiedere un prestito a (q.). **B** *v. i.* ***1*** (*del pesce e fig.*) abboccare: **He doesn't b. easily**, non abbocca facilmente ***2*** (*mecc.*: *di ruote, ecc.*) fare presa; «prendere» ***3*** (*naut.*: *dell'ancora*) mordere; tenere ***4*** (*fig.*) pungere; farsi sentire: **The recession begins to b.**, la recessione comincia a farsi sentire ● **to b. the bullet**, (*stor. mil.*) stringere una pallottola fra i denti (*di ferito operato senza anestesia*); (*fig.*) stringere i denti (*fig.*); farsi forza, rassegnarsi; far buon viso a cattiva sorte □ (*fig.*) **to b. the dust** (*o* **the ground**), mordere la polvere □ (*fig.*) **to b. the hand that feeds one**, essere ingrato verso un benefattore; sputare sul piatto in cui si mangia □ (*pop. USA*) **to b. it**, morire □ **to b. one's lips**, mordersi le labbra □ **to b. one's nails**, mangiarsi le unghie □ **to b. a thread in two**, spezzare un filo con i denti □ (*fig.*) **to b. one's tongue**, mordersi la lingua (*o* le labbra) □ **to be bitten with**, essere tutto preso da; essere in preda a: **He was bitten with a real mania for golf**, era tutto preso da una vera e propria mania per il gioco del golf □ (*fam.*) **What's biting you?**, che cos'è che ti rode?; cosa c'è che non va? □ (*prov.*) **Once bitten, twice shy**, il gatto scottato teme l'acqua fredda.

♦**bite at**, *v. i. + prep.* fare l'atto (*o* cercare) di mordere; addentare.

♦**bite back**, *v. t. + avv.* ***1*** restituire un morso a (q.) ***2*** (*fig.*) trattenersi dal dire (*parole*); trattenersi dal fare (*un'osservazione*) □ **to b. one's words back**, mordersi la lingua (*o* le labbra; *fig.*).

♦**bite into**, *v. i. + prep.* ***1*** addentare ***2*** (*di un coltello, ecc.*) penetrare in, intaccare ***3*** (*chim.*: *di un acido*) corrodere (*un metallo, ecc.*).

♦**bite off**, *v. t. + avv.* portar via (*o* staccare) con un morso □ (*fam.*) **to b. off sb.'s head**, mangiarsi vivo q. □ (*fam.*) **to b. off more than one can chew**, fare il passo più lungo della gamba □ (*fig.*) **to b. one's tongue off**, mordersi la lingua.

♦**bite on**, *v. i. + prep.* ***1*** afferrare (q.c.) con i denti; mordere ***2*** (*fig.*) affrontare con determinazione (*un lavoro, un problema, ecc.*); dedicarsi anima e corpo a (*un compito, ecc.*).

biter /ˈbaɪtə(r)/, *n.* ***1*** chi morde ***2*** (*arc.*) imbroglione; truffatore. ● **the b. bitten**, il gabbatore gabbato; i pifferi di montagna (*che andarono per suonare e furono suonati*).

biting /ˈbaɪtɪŋ/, *a.* ***1*** pungente; aspro; doloroso: **It's b. cold**, fa un freddo pungente ***2*** mordace; pungente; sarcastico: **b. remarks**, osservazioni pungenti ***3*** (*di sapore*) piccante.

bitstalk /ˈbɪtstɔːk/, **bitstock** /ˈbɪtstɒk/, *n.* (*tecn.*) mandrino (*di trapano*).

bitt /bɪt/, *n.* (*naut.*) bitta.

to **bitt** /bɪt/, *v. t.* (*naut.*) abbittare (*una gomena, un cavo*).

bitten /ˈbɪtn/, *p. p.* di **to bite**.

bitter (**1**) /ˈbɪtə(r)/, **A** *a.* ***1*** amaro; aspro; spiacevole; sgradevole: **This beer is b.**, questa birra è amara; **b. words**, parole amare (*o* acrimoniose, rancorose); **a b. remark**, un'osservazione aspra, spiacevole; **b. truths**, verità sgradevoli; **b. enmity**, aspra inimicizia; **a b. quarrel**, un'aspra lite ***2*** intenso; pungente; doloroso: **It is b. cold**, è un freddo intenso (*o* pungente); **a b. wind**, un vento pungente; **b. hardships**, privazioni dolorose ***3*** accanito: **b. hatred**, odio accanito. **B** *n.* ***1*** amaro; sapore amaro; amarezza: **the bitters of life**, le amarezze della vita ***2*** birra amara ***3*** (*pl.*) amaro (*bevanda*); bitter. ● **a b. blow**, un duro colpo □ **b. enemies**, acerrimi nemici □ (*fig.*) **a b. pill to swallow**, una pillola amara da ingoiare □ **This wine tastes b.**, questo vino sa d'amaro.

bitter (**2**) /ˈbɪtə(r)/, *n.* (*naut.*) volta (*o* giro) di bitta. ● (*naut.*) **b. end**, cima (*o* estremità) entro bordo (*di una gomena, di un cavo*); ultimo anello (*della catena dell'ancora*) □ (*fig.*) **to the b. end**, fino in fondo; a oltranza: **to fight** (*o* **to struggle on**) **to the b. end**, battersi a oltranza; **to resist** (*o* **to stick it out**) **to the b. end**, resistere a oltranza □ (*fig. fam.*) **b. ender**, chi si batte a oltranza; oltranzista; uno che va fino in fondo; (un) duro.

bitterish /ˈbɪtərɪʃ/, *a.* amarognolo.

bitterling /ˈbɪtəlɪŋ/, *n.* (*zool., Rhodeus amarus*) rodeo (*pesce*).

bitterly /ˈbɪtəlɪ/, *avv.* ***1*** amaramente: **b. disappointed**, amaramente deluso ***2*** in modo pungente, aspro, ecc. ● **It's b. cold**, fa un freddo pungente.

bittern (**1**) /ˈbɪtən/, *n.* (*zool., Botaurus stellaris*) tarabuso.

bittern (**2**) /ˈbɪtən/, *n.* (*chim.*) acqua madre.

bitterness /ˈbɪtənəs/, *n.* ***1*** amarezza; sapore amaro; acrimonia; rancore ***2*** amarezza; pena ***3*** intensità; dolorosità; asprezza ***4*** accanimento.

bittersweet /ˈbɪtəswiːt/, **A** *a.* ***1*** agrodolce (*anche fig.*) ***2*** (*di cioccolata*) «demi-amer» (*franc.*). **B** *n.* (*bot., Solanum dulcamara*) dulcamara.

bittiness /ˈbɪtɪnəs/, *n.* ***1*** frammentarietà (*V.* **bitty**) ***2*** (*dial. USA*) piccolezza.

bitty /ˈbɪtɪ/, *a.* ***1*** a pezzi, a pezzetti; frammentario; sconnesso; smozzicato (*fam.*) ***2*** (*dial. USA*) piccolo; piccino; piccino picciò (*fam.*): **a b. baby**, un bambino piccino picciò.

bitumen /ˈbɪtjʊmɪn, -tʃʊ-, *USA* bɪˈtuːmən/, *n.* bitume. ● **b. sprinkler**, bitumatrice.

bituminization /bɪtjʊmɪnaɪˈzeɪʃn, *USA* -tʊmɪnɪ-/, *n.* ***1*** bitumatura ***2*** bitumizzazione.

to **bituminize** /ˈbɪtjʊmɪnaɪz, -tʃʊ-, *USA* -tʊ-/, *v. t.* ***1*** bitumare, bituminare ***2*** bitumizzare; trattare con bitume.

bituminous /bɪˈtjuːmɪnəs, *USA* -ˈtuː-/, *a.* bituminoso.

Biturbo /biːˈtʊəbəʊ/, *n.* (*marchio*: *autom.*) Biturbo (*della Maserati*).

biunique /baɪjuːˈniːk/, *a.* (*mat.*) biunivoco.

biuniqueness /baɪjuːˈniːknəs/, *n.* (*mat.*) biunivocità.

bivalence /baɪˈveɪləns, ˈbɪvələns/, **bivalency** /baɪˈveɪlənsɪ, ˈbɪvə-/, *n.* (*chim.*) bivalenza.

bivalent /baɪˈveɪlənt, ˈbɪvə-/, *a.* (*chim.*) bivalente.

bivalve /ˈbaɪvælv/, *a.* e *n.* (*zool., bot.*) bivalve.

bivalved /baɪˈvælvd/, **bivalvular** /baɪˈvælvjʊlə(r)/, *a.* bivalve.

bivouac /ˈbɪvʊæk/, *n.* bivacco.

to **bivouac** /ˈbɪvʊæk/ (*p. pr.* **bivouacking**, *pass.* e *p. p.* **bivouacked**), *v. i.* bivaccare.

biweekly /baɪˈwiːklɪ/, **A** *a.* ***1*** quindicinale ***2*** (*improprio*) bisettimanale. **B** *n.* pubblicazione quindicinale (*o* bisettimanale). **C** *avv.* ***1*** ogni due settimane ***2*** due volte la settimana.

biyearly /baɪˈjɪəlɪ, -ˈjɜːlɪ/, **A** *a.* ***1*** biennale ***2*** (*improprio*) semestrale. **B** *avv.* ***1*** ogni due anni ***2*** ogni sei mesi; semestralmente.

biz /bɪz/, *n.* (*abbr. fam. di* **business**) affare; affari. ● **show biz**, l'industria dello spettacolo (*cinema, teatro, ecc.*).

bizarre /bɪˈzɑː(r)/, *a.* bizzarro; eccentrico; stravagante.

bizarrerie /bɪˈzɑːrərɪ, *USA* bɪzɑːrəˈriː/ (*franc.*), *n.* bizzarria; eccentricità.

bizonal /baɪˈzəʊnl/, *a.* (*polit.*) di due zone; bizonale.

bizone /baɪˈzəʊn/, *n.* (*polit.*) bizona (*zona unificata d'occupazione*).

blab /blæb/, *n.* ***1*** chiacchiere; ciance ***2*** *V.* **blabber,** *def.* 2.

to **blab** /blæb/, **A** *v. i.* ***1*** blaterare; cianciare; parlare troppo ***2*** (*pop.*) cantare (*fig.*); fare la spia. **B** *v. t.* (*spesso* **to b. out**) spifferare, svelare, tradire (*un segreto*).

blabber /ˈblæbə(r)/, *n.* ***1*** ciance; chiacchiere ***2*** (= **blabber-mouth**) chiacchierone; ciancione; blaterone (*raro*).

black (**1**) /blæk/, *a.* ***1*** nero; annerito; negro; buio; scuro; tetro; truce; orribile: **The sky is b.**, il cielo è nero; **b. despair**, nera disperazione; **b. ingratitude**, nera ingratitudine; **b. chimney-tops**, comignoli anneriti; **the b. race**, la razza negra; **a b. crime**, un truce delitto; **a b. man**, un negro; **b. bread**, pane nero; **the B. Continent**, il continente nero; l'Africa; (*fig.*) **to be b. in the face**, essere scuro in volto ***2*** adirato; minaccioso; brutto; di biasimo: **He gave me a b. look**, mi diede una brutta occhiata (*o* un'occhiataccia); **to look b. at sb.**, guardare qualcuno malamente ***3*** clandestino; irregolare; in nero: **b. payment**, pagamento in nero ***4*** (*fam.*) boicottato: **to declare a firm b.**, boicottare un'azienda. ● **b. and blue**, bluastro: **a b. and blue mark**, un segno bluastro, un livido; **to be b. and blue all over**, essere pieno di lividi, essere tutto un livido □ **b. and tan**, (*sost.*) varietà di terrier (*cane*); miscela di birra amara e di birra forte; (*stor.*) soldato inglese arruolato nella polizia irlandese (*nella guerra del 1920-21*); (*agg., USA*) favorevole all'integrazione razziale; (*di un locale*) frequentato da bianchi e da negri (insieme) □ **b. and white**, (*di televisione, ecc.*) bianco e nero, in bianco e nero; (*fig.*) nero su bianco (*per iscritto*); (*di giudizio, ecc.*) assolutistico, senza mezzi termini, senza sfumature: **a b.-and--white TV set**, un televisore in bianco e nero □ **b. art** (*o* **the b. arts**), la magia nera; la negromanzia □ **b. ball**, pallina nera; (*fig.*) voto contrario □ (*zool.*) **b. bear**, (*Ursus americanus*) orso nero □ (*zool.*) **b. beetle**, scarafaggio □ **b. belt**, (*sport*) cintura nera (*di judo o karate*); (*USA*) regione (*o* distretto, quartiere) dove i negri sono in maggioranza □ (*fis.*) **b. body**, corpo nero □ (*fig.*) **b. book**, libro nero; lista nera □ (*stor., mus.*) **b. bottom**, black bottom (*in U.S.A. negli anni trenta*) □ (*aeron.*) **b. box**, scatola nera □ (*fig.*) **b.-browed**, adirato; scuro in viso □ (*stor.*) **b. cap**, tocco nero, berretto nero (*che il giudice metteva per pronunciare una sentenza di morte*) □ **b.-coat worker**, impiegato; «colletto bianco» □ **b. coffee**, caffè nero (*senza latte*) □ (*geogr.*) **the B. Country**, la zona industriale dello Staffordshire □ (*miner.*) **b. diamond**, carbonado □ (*stor.*) **the B. Death**, la peste nera □ **b. economy**, economia sommersa; (*anche*) economia mafiosa (*droga, peculato, ecc.*) □ **b. eye**, occhio nero, occhio pesto: **to give sb. a b. eye**, fare un occhio nero a q. □ (*tipogr.*) **b. face**, neretto □ **b. flag** (*o* **b. jack**), bandiera nera (*dei pirati, ecc.*) □ **b. friar**, (frate) domenicano □ (*Borsa*) **B. Friday**, venerdì nero (*giorno di panico finanziario*) □ (*autom.*) **b. frost**, brina invisibile □ (*zool.*) **b. game** (*o* **b. grouse**), (*Lyrurus tetrix*) fagiano di monte □ **a b.-hearted man**, un uomo dall'anima nera □ (*astron., fis.*) **b. hole**, buco nero □ **b. humour**, umorismo nero □ **b. humourist**, umorista nero □ (*autom.*) **b. ice**, verglas (*franc.*); vetrato □ **b. in the face**, paonazzo (*per l'ira, lo sforzo*) □ (*banca*) **b. interest**, interessi attivi □ (*fin.*) **b. knight**, «cavaliere nero» (*chi lancia un'OPA ostile*) □ (*ind.*) **b. lead**, piombaggine; grafite □ (*tipogr.*) **b. letter**, carattere gotico □ **a b.-letter day**, una giornata infelice, disgraziata, segnata □ **b. list**, lista nera; (*fin.*) lista dei fallimenti, bollettino dei protesti; (*naut.*) lista dei disastri marittimi □ **B. Maria**, furgone cellulare □ **b. mark**, nota di biasimo □ **b. market**, mercato nero; borsa nera □ **b. marketeer**, borsanerista; borsaro nero □ **b. mass**, messa nera □ **b. Monday**, (*arc.*) lunedì di Pasqua; (*gergo studentesco*) primo giorno di scuola (*dopo le vacanze*); (*fin.*) (il) lunedì nero (*giorno del crollo della Borsa di New York*: *19 ottobre 1987*) □ (*fin., fisc.*) **b. money**, denaro nero (*o* sporco) □ **b. monk**, (frate) benedettino □ (*polit.*) **B. Muslim**, Musulmano nero □ **b. oil**, petrolio grezzo □ (*pop. USA*) **b. operator**, agente segreto □ (*polit.*) **B. Panther**, Pantera nera □ (*polit.*) **B. Power**, Potere nero (*dei Negri d'America*) □ (*banca*) **b. products**, numeri neri □ (*cucina*) **b. pudding**, sanguinaccio; migliaccio □ (*in G.B.*) **B. Rod**, usciere del Lord ciambellano, della Camera dei Lord o dell'Ordine della Giarrettiera □ (*fig.*) **b. sheep**, pecora nera □ **b. spot**, (*autom.*) punto «nero» (*del traffico*); tratto stradale assai pericoloso; zona «calda» (*di una città, una regione, ecc.*) □ (*fotogr.*) **b. strip**, pecetta (*per coprire le pudende*) □ **b. studies**, studi afroamericani □ (*fig.*) **a b. swan**, una mosca bianca □ **b. tea**, tè senza latte □ **b.**

tie, cravatta nera; (*fig.*) abito da sera: **a b.-tie dinner**, un pranzo in abito da sera □ (*sugli inviti*) «**b. tie**», «è gradito l'abito da sera» □ (*polit.*) **the b. vote**, il voto dei negri □ (*zool.*) **b. widow** (*Latrodectus mactans*), vedova nera □ **a b. woman**, una negra □ **to be in sb.'s b. books**, essere nel libro nero di q.; non essere nelle grazie di q. □ **to look as b. as thunder**, essere nero (*fig.*); essere infuriato □ **Things look b.**, la situazione è grave □ (*fig.*) **to paint a b. picture of st.**, fare un quadro nero di q.c.

black (2) /blæk/, *n.* **1** nero; vernice nera; abiti neri; sudiciume: **There is too much b. in this picture**, c'è troppo nero in questo quadro; **Widows used to dress in b.**, le vedove solevano vestire di nero; **You have too much b. round your eyes**, hai troppo nero intorno agli occhi **2** (*spesso* **B.**) negro; persona di colore **3** (*bot.*) carbone (*malattia delle piante*) **4** (*macchia di*) fuliggine. ● (*banca*: *rif. a conto corrente o a correntista*) **in the b.**, in credito; in nero: **Few customers manage to keep in the b.**, pochi clienti riescono a mantenersi in credito (*o* a essere sempre in nero) □ **to have st. down in b. and white**, mettere q.c. per iscritto; mettere nero su bianco □ **to put on b.**, mettere il lutto; vestirsi a lutto □ (*econ.*: *di un'azienda*) **to be running in the b.**, essere in attivo □ (*banca*) **to stay in the b.**, rimanere in nero (*o* in attivo) □ **to swear b. is white**, negare l'evidenza.

to **black** /blæk/, *v. t.* **1** annerire; sporcare **2** pulire con piombaggine (*stufe, ecc.*) **3** lucidare di nero (*le scarpe*) **4** (*fam.*) boicottare (*un'azienda, un datore di lavoro*). ● **to b. sb.'s eye**, fare un occhio nero a q. □ **to b. out**, cancellare con freghi neri (*o* con vernice nera); (*mil.*) oscurare (*una città, in tempo di guerra*); (*di persona*) perdere coscienza, perdere i sensi; svenire; (*TV*) oscurare (*un programma*) □ (*fig.*) **to b. st. out of one's mind**, cancellare q.c. dalla propria memoria.

blackamoor /ˈblækəmɔː(r), -mʊə(r)/, *n.* (*arc.*) moro; negro.

to **blackball** /ˈblækbɔːl/, *v. t.* **1** votare contro (q.); bocciare **2** dare l'ostracismo a (q.); bandire; interdire; estromettere.

blackberry /ˈblækbrɪ, -berɪ/, *n.* mora (*di rovo*). ● (*bot.*) **b. bush**, rovo □ **as plentiful as blackberries**, assai abbondante.

blackberrying /ˈblækbərɪɪŋ, *USA* -erɪɪŋ/, *n.* raccolta delle more. ● **to go b.**, andare per more; raccogliere more.

blackbird /ˈblækbɜːd/, *n.* **1** (*zool.*, *Turdus merula*) merlo **2** (*stor.*) negro imbarcato a forza su una nave negriera.

blackbirder /ˈblækbɜːdə(r)/, *n.* (*stor.*) negriero.

blackbirding /ˈblækbɜːdɪŋ/, *n.* (*stor.*) tratta degli schiavi.

blackboard /ˈblækbɔːd/, *n.* lavagna (*l'oggetto*). ● (*fig.*) **b. jungle**, «giungla di lavagna» (*scuola in stato di caos*).

blackcap /ˈblækkæp/, *n.* (*zool.*, *Sylvia atricapilla*) capinera.

blackcurrant /blækˈkʌrənt, *USA* -ɜːr-/, *n.* (*bot.*, *Ribes nigrum*) ribes nero.

blackdamp /ˈblækdæmp/, *n.* (*ind. min.*) miscela asfissiante di gas.

to **blacken** /ˈblækən/, **A** *v. t.* **1** annerire; affumicare; oscurare; sporcare **2** lucidare di nero **3** (*fig.*) offuscare; denigrare; diffamare: **to b. sb.'s character** (*o* **name**), denigrare q.; offuscare la reputazione di q. **B** *v. i.* annerirsi; farsi nero, scuro; oscurarsi: **The sky blackened**, il cielo si fece nero.

blackguard /ˈblægɑːd, -gəd/, *n.* canaglia; furfante; mascalzone.

to **blackguard** /ˈblægɑːd, -gəd/, **A** *v. t.* (*arc.*) dare del mascalzone a (q.); offendere; ingiuriare. **B** *v. i.* comportarsi da mascalzone.

blackguardly /ˈblægɑːdlɪ/, *a.* canagliesco; furfantesco.

blackhead /ˈblækhed/, *n.* punto nero (*sulla pelle*); comedone.

blacking /ˈblækɪŋ/, *n.* **1** lucido nero (*da scarpe*) **2** boicottaggio (*da parte di un sindacato*) dei prodotti di un'azienda in cui operano crumiri.

blackish /ˈblækɪʃ/, *a.* nerastro; nerognolo.

blackjack (1) /ˈblækdʒæk/, *n.* (*ind. min.*) blenda ricca di ferro.

blackjack (2) /ˈblækdʒæk/, *n.* boccale di cuoio catramato (*per birra*).

blackjack (3) /ˈblækdʒæk/, *n.* (*bot.*, *Quercus marilandica*) quercia del Maryland.

blackjack (4) /ˈblækdʒæk/, *n.* blackjack (*gioco di carte, simile all'ital. sette e mezzo*).

blackjack (5) /ˈblækdʒæk/, *n.* (*USA*) sfollagente (*della polizia*).

to **blackjack** /ˈblækdʒæk/, *v. t.* (*USA*) **1** colpire con lo sfollagente; manganellare **2** (*fig.*) costringere (q.) con le minacce.

to **blacklead** /ˈblækled/, *v. t.* (*tecn.*) grafitare.

blackleading /ˈblækledɪŋ/, *n.* (*tecn.*) grafitazione.

blackleg /ˈblækleg/, *n.* **1** crumiro **2** baro; imbroglione (*nelle corse di cavalli, ecc.*) **3** (*vet.*) carbonchio; antrace maligno.

to **blacklist** /ˈblæklɪst/, *v. t.* mettere (q.) sulla lista nera; schedare.

blackly /ˈblæklɪ/, *avv.* **1** in modo minaccioso; minacciosamente **2** con rabbia; irosamente.

blackmail /ˈblækmeɪl/, *n.* (*leg.*) ricatto; estorsione.

to **blackmail** /ˈblækmeɪl/, *v. t.* ricattare. ● **to b. sb. into doing st.**, costringere q. a fare q.c., ricattandolo.

blackmailer /ˈblækmeɪlə(r)/, *n.* ricattatore.

blackness /ˈblæknəs/, *n.* **1** nerezza (*raro*); oscurità **2** (*polit.*) negritudine **3** umorismo nero.

blackout /ˈblækaʊt/, *n.* **1** (*in tempo di guerra*) oscuramento **2** blackout; interruzione della corrente elettrica **3** (*per estens.*) interruzione delle comunicazioni; soppressione di notizie **4** perdita dei sensi; perdita della coscienza **5** (*TV*) oscuramento totale. ● **news** (*o* **press**) **b.**, silenzio stampa □ **radio b.**, silenzio radio.

Blackshirt /ˈblækʃɜːt/, *n.* (*polit.*, *stor.*) camicia nera; fascista.

blacksmith /ˈblæksmɪθ/, *n.* fabbro ferraio; maniscalco. ● **b.'s** (**shop**), fucina; bottega di maniscalco; mascalcia.

blacksploitation /blæksplɔɪˈteɪʃn/, *n.* (*pop. USA*) sfruttamento, a fini commerciali, dell'interesse per i negri e per i loro movimenti.

blackthorn /ˈblækθɔːn/, *n.* **1** (*bot.*, *Prunus spinosa*) prugnolo; prugno selvatico **2** bastone di prugnolo.

bladder /ˈblædə(r)/, *n.* **1** (*anat.*) vescica: **gall b.**, vescica biliare; **swim b.**, vescica natatoria (*dei pesci*) **2** camera d'aria: **a football b.**, la camera d'aria d'un pallone **3** (*bot.*) pericarpio gonfio **4** persona tronfia, vacua; pallone gonfiato (*fig.*) **5** (*pop. USA*) giornale. ● (*bot.*) **b. campion**, (*Silene inflata*) erba del cucco □ (*pop.*) **a b. of lard**, un ciccione; un grassone.

bladdery /ˈblædərɪ/, *a.* **1** vescicolare **2** gonfio come una vescica.

blade /bleɪd/, *n.* **1** lama (*di coltello, ecc.*); lametta (*da rasoio*); spada; (*fig. arc.*) spadaccino **2** parte piatta; pala (*di remo, elica, ecc.*) **3** filo (*d'erba*); foglia (*di grano e altri cereali*) **4** (*bot.*) lamina **5** (*mecc.*) paletta; lama (*di bulldozer*) **6** (*ferr.*, = **switch b.**) ago (*d'uno scambio*) **7** (*autom.*) racchetta, spazzola (*del tergicristallo*) **8** (*fotogr.*) lamella **9** (*zool.*) fanone (*di balena*) **10** (*fam., arc. o USA*) giovanotto allegro, vivace o spiritoso; giovane scapestrato. ● (*anat.*) **b.-bone**, scapola □ **in the b.**, in erba: **Wheat is still in the b.**, il grano è ancora in erba □ (*scherz.*) **an old b.**, una vecchia canaglia □ **switch-b. knife**, coltello a serramanico □ **a two-b. rasor**, un rasoio bilama.

bladed /ˈbleɪdɪd/, *a.* **1** munito di lama, ecc. (*V.* **blade**). **2** (*bot.*: *del grano*) munito di stelo; in erba **3** (*mecc.*) a palette. ● (*naut.*) **a three-b. propeller**, un'elica a tre pale.

blaeberry /ˈbleɪbərɪ, *USA* -erɪ/, *n.* (*scozz.*) (*bot.*, *Vaccinium myrtillus*) mirtillo.

blah /blɑː/, **blah-blah** /ˈblɑːblɑː/, *n.* (*fam.*) blablà; paroloni.

blain /bleɪn/, *n.* pustola; vescichetta; bolla cutanea.

blamable /ˈbleɪməbl/, *a.* biasimevole; riprovevole (*lett.*).

blame /bleɪm/, *n.* **1** biasimo; riprovazione (*lett.*): **If you don't study, you will incur b.**, se non studi, sarai oggetto di biasimo **2** colpa; responsabilità: **You must share the b. for rejecting the proposal**, se la proposta è stata respinta, la colpa (*o* la responsabilità) è anche vostra. ● **to bear the b.**, assumersi la responsabilità; accollarsi il biasimo □ **to lay** (*o* **to put**) **the b. on sb.**, dare la colpa a q. □ **to lay the b. for st. at sb.'s door**, far ricadere la responsabilità di q.c. su q. □ **to take the b.**, prendersi la colpa.

to **blame** /bleɪm/, *v. t.* **1** biasimare; riprovare (*lett.*) **2** incolpare; prendersela con; dare la colpa a: **If anything goes wrong, don't b. me**, se qualcosa va male, non dare la colpa a me; **He blamed his failure on his partners**, diede la colpa del suo fallimento ai soci. ● **to be to b.**, essere colpevole: **Who is to b.?**, di chi è la colpa? □ **to b. oneself for st.**, rimproverarsi q.c. □ **Nobody is to b.**, non è colpa di nessuno.

blameable /ˈbleɪməbl/, *V.* **blamable**.

blamed /bleɪmd/, *a.* (*fam.*, = **damned**) benedetto (*per «maledetto»*): **It was on account of that b. train**, è stato tutto per via di quel benedetto treno.

blameful /ˈbleɪmfl/, *a.* (*arc.*) biasimevole; riprovevole (*lett.*).

blameless /ˈbleɪmləs/, *a.* **1** irreprensibile **2** innocente. ‖ **-ly**, *avv.* ‖ **-ness**, *sost.*

blameworthy /ˈbleɪmwɜːðɪ/, *a.* biasimevole; riprovevole (*lett.*).

to **blanch** /blɑːntʃ, *USA* blæntʃ/, **A** *v. t.* **1** sbiancare; sottoporre a imbianchimento; decolorare: **to b. celery**, sottoporre a imbianchimento il sedano (*sotterrandone i gambi*) **2** mondare, pelare (*frutta o verdura, scottandole*) **3** (*cucina*) sbollentare. **B** *v. i.* sbiancare; impallidire: **He blanched with terror**, sbiancò dal terrore. ● (*fig.*) **to b. over**, tentare di nascondere (*uno scandalo, un difetto, ecc.*).

Blanche /blɑːntʃ, *USA* blæntʃ/, *n.* Bianca.

blancher /ˈblɑːntʃə(r), *USA* ˈblæn-/, *n.* **1** sbiancatore **2** (agente) sbiancante.

blancmange /bləˈmɒnʒ, -dʒ/, *n.* (*cucina*) biancomangiare.

bland /blænd/, *a.* **1** gentile; cortese; dolce; mellifluo: **b. manners**, modi melliflui **2** blando; mite; temperato: **a b. climate**, un clima mite; **a b. medicine**, una medicina blanda **3** calmo; spassionato **4** (*di cibo e fig.*) insipido; insulso. ● **a b. diet**, una dieta leggera.

to **blandish** /ˈblændɪʃ/, *v. t.* blandire; lusingare.

blandishment /ˈblændɪʃmənt/, *n.* **1** lusinga; moina **2** (*pl.*) blandizie.

blandness /ˈblændnəs/, *n.* **1** gentilezza; mellifluità **2** mitezza **3** calma; spassionatezza.

blank (1) /blæŋk/, *a.* **1** bianco; in bianco; vuoto; vacuo: **a b. page**, una pagina bianca; (*comm.*) **a b. cheque**, un assegno in bianco; (*fig.*) carta bianca: **That's giving him a b. cheque**, questo significa dargli carta bianca; (*comm.*) **b. bill**, cambiale in bianco; **b. space**, spazio vuoto; **a b. mind**, una mente vuota; **a b. look**, uno sguardo vacuo (*o* assente); (*comm., banca*) **a b. endorsement**, una girata in bianco; **a b. form**, un modulo in bianco; (*comm., banca*) **b. acceptance**, accettazione in bianco **2** (*elab.*) in bianco; vuoto; di spaziatura: **b. character**, carattere in bianco (*o* di spaziatura); **b. column**, colonna vuota (*o* non perforata) **3** sterile; improduttivo: **Those were b. years**, quelli furono anni sterili **4** assoluto; completo: **There was b. silence**, c'era assoluto silenzio **5** (*archit.*) cieco: **We came to a b. wall**, arrivammo a un muro cieco. ● **a**

b. cartridge, una cartuccia a salve □ (*banca*) **b. credit**, credito in bianco (*o* allo scoperto) □ (*elab.*) **b. key**, tasto senza dicitura □ **a b. refusal**, un netto rifiuto □ (*letter. ingl.*) **b. verse**, versi sciolti (*specialm. pentapodie giambiche non rimate*) □ **to look b.**, rimanere interdetto; non sapere che pesci pigliare □ **My mind went b.**, ebbi un vuoto di memoria.

blank (2) /blæŋk/, *n.* **1** spazio vuoto (*o* in bianco); lacuna; vuoto: **Leave blanks for the names**, lasciate spazi in bianco per i nomi; **My mind was a b.**, avevo (*o* mi sentivo) la testa vuota **2** vuoto (*d'affetti, ecc.*): **Your departure has left a great b. in my life**, la tua partenza ha lasciato un gran vuoto nella mia vita **3** (cartuccia a) salve: **He fired ten rounds of b.**, sparò dieci (cartucce a) salve **4** (*USA*) modulo: **telegraph b.**, modulo per telegramma **5** (*mil., sport*) centro del bersaglio **6** biglietto, numero (*di lotteria*) non vincente: **to draw a b.**, sorteggiare un numero non vincente; (*fam.*, = **to shoot a b.**) fare fiasco, fare cilecca; (*USA, anche*) non riuscire a ricordare **7** (*mecc.*) pezzo grezzo **8** (*tipogr.*) tratto lungo; lineetta di sospensione (*o* di omissione). ● (*mil.*) **b. firing**, tiro a salve □ **point-b.**, ad alzo zero; (*agg.* e *avv.*) a bruciapelo (*anche fig.*).

to **blank** /blæŋk/, *v. t.* **1** (*di solito* **to b. out**) cancellare; annullare **2** (*USA, nei giochi*) non far segnare punti a (*un avversario*); lasciare a zero; dare cappotto a **3** (*mecc.*) tranciare **4** (*tipogr.*) indicare con una lineetta (*in luogo di una parola irriferibile*) **5** (*elab.*) cancellare, azzerare (*la memoria*) **6** (*pop. USA*) eliminare; ignorare **7** (*pop. USA*) uccidere.

blanket /ˈblæŋkɪt/, **A** *n.* **1** coperta (*da letto, ecc.*): **horse b.**, coperta (*da cavallo*); gualdrappa **2** (*fig.*) manto; coltre; strato: **The fields are covered with a b. of snow**, i campi sono coperti di un manto di neve. **B** *a.* generale; globale; che copre tutti i casi: **a b. invitation**, un invito generale (*o* rivolto a tutti); (*leg.*) **b. mortgage**, ipoteca generale. ● (*ass.*) **b. coverage**, copertura in abbonamento □ (*ass.*) **a b. policy**, una polizza scudo □ (*fig.*) **to be born on the wrong side of the b.**, essere figlio illegittimo □ (*fig.*) **a wet b.**, un guastafeste.

to **blanket** /ˈblæŋkɪt/, *v. t.* **1** coprire con una coperta **2** (*fig.*) ammantare: **The mountains were blanketed with snow**, i monti erano ammantati di neve **3** (*d'una legge, ecc.*) applicarsi in modo uniforme a (*vari casi*) **4** (*naut.*) rubare il vento a (*una imbarcazione*) **5** archiviare (*un problema*); coprire, mettere a tacere (*uno scandalo*) **6** far rimbalzare (q.) su una coperta tesa **7** (*radio*) disturbare la ricezione di (*apparecchi riceventi*).

blanketing /ˈblæŋkɪtɪŋ/, *n.* **1** stoffa per coperte **2** (*collett.*) coperte **3** (*radio*) copertura di segnale.

blankety-blank /ˈblæŋkɪtɪˈblæŋk/, (*fam.*: *da* **blank** (2), *def. 8*) **A** *n.* puntini (*di omissione*); ..... (*oppure un eufem. qualsiasi*): **You b.!**, pezzo di m....!; fessacchiotto!; **She's a b.**, è una poco di buono; è una p...... **B** *a.* benedetto (*per* «dannato», «maledetto», *ecc.*): **those b. commercials**, quei benedetti spot pubblicitari; quegli spot pubblicitari del c...... .

blanking /ˈblæŋkɪŋ/, *n.* **1** cancellazione **2** (*mecc.*) tranciatura.

blankly /ˈblæŋklɪ/, *avv.* **1** in modo assente, privo d'espressione: **He looked at me b.**, mi guardò in modo assente **2** assolutamente; completamente. ● **He denied b.**, negò recisamente.

blankness /ˈblæŋknəs/, *n.* **1** vacuità **2** aria assente; espressione vacua; mancanza d'interesse **3** sterilità; improduttività.

blare /bleə(r)/, *n.* **1** squillo; strombettio; chiasso **2** *V.* **glare**.

to **blare** /bleə(r)/, **A** *v. i.* **1** (*di tromba*) squillare **2** (*d'automobile*) strombazzare **3** (*della radio, ecc.*) andare a tutto volume **4** *V.* **to glare**. **B** *v. t.* (*di solito* **to b. out**) **1** strombazzare: **to b. out the news of the victory**, strombazzare la notizia della vittoria **2** gridare; urlare: **to b. out a threat**, urlare una minaccia **3** tenere a tutto volume (*la radio, ecc.*). ● **to b. away**, fare un chiasso assordante.

blarney /ˈblɑːnɪ/, *n.* (*fam.*) linguaggio adulatorio; moine; lusinghe.

to **blarney** /ˈblɑːnɪ/, *v. t.* e *i.* adulare; lusingare; sviolinare (*fam.*).

blasé /ˈblɑːzeɪ, *USA* blɑːˈzeɪ/ (*franc.*), *a.* blasé; disincantato; indifferente; scettico.

to **blaspheme** /blæsˈfiːm/, *v. t.* e *i.* bestemmiare; maledire; imprecare.

blasphemer /blæsˈfiːmə(r)/, *n.* bestemmiatore; chi impreca.

blasphemous /ˈblæsfəməs/, *a.* blasfemo; empio.

blasphemy /ˈblæsfəmɪ/, *n.* bestemmia; empietà.

blast /blɑːst, *USA* blæst/, *n.* **1** colpo di vento; ventata; raffica; folata: **a b. of sleet**, una folata di nevischio **2** corrente d'aria; getto; soffio: **a b. of steam**, un getto di vapore **3** squillo (*di tromba*); suono (*di corno, ecc.*) **4** scoppio; esplosione: **atomic b.**, esplosione atomica **5** carica d'esplosivo **6** (= **bomb b.**) spostamento d'aria **7** (*fig.*) attacco (*a parole*); dura critica **8** (*raro*) influenza perniciosa; flagello **9** (*fam. USA*) gran festa; (= **b. party**) party con droga: **to throw a b.**, dare una gran festa **10** (*pop. USA*) buco; iniezione (*di droga*) **11** (*pop. USA*) colpo; pugno. ● (*tecn.*) **b. burner**, bruciatore per soffieria □ (*tecn.*) **b. cleaning**, pulitura con aria compressa; sabbiatura □ (*ind. costr.*) **b. ditching**, scavo mediante esplosivi □ (*metall.*) **b. furnace**, altoforno □ **b.-hole**, (*ind. min.*) foro (*o* fornello) di mina; (*mecc.*) bocca d'entrata (*in una pompa d'acqua*) □ (*ferr.*) **b. pipe**, scappamento (*di locomotiva a vapore*) □ **b. powder**, polvere da mina □ (*fam.*) **at full b.**, a tutta velocità; a tutta birra (*pop.*); a tutto volume □ **a cold b.**, un vento gelido □ (*pop. USA*) **to have a b.**, divertirsi un frego (*volg.*); spassarsela da matti □ (*di un altoforno*) **in b.**, in funzione □ (*di un altoforno*) **out of blast**, spento.

to **blast** /blɑːst, *USA* blæst/, **A** *v. t.* **1** danneggiare; distruggere; disseccare; fare appassire; fare inaridire: **The oak was blasted by lightning**, la quercia fu distrutta dal fulmine; **The icy wind blasted the flowers**, il vento gelido fece appassire i fiori **2** far saltare in aria; far brillare (*mine*): **The rearguard blasted the bridges**, la retroguardia fece saltare i ponti **3** deludere; frustrare (*speranze, aspettative, ecc.*) **4** (*tecn.*) pulire con aria compressa; sabbiare **5** (*pop.*) maledire: **B. that fellow!**, al diavolo (quel tizio)! **6** (*pop. USA*) freddare; fare secco; uccidere **7** (*pop. USA*) drogare **8** (*sport, pop. USA*) battere (*o* sconfiggere) seccamente. **B** *v. i.* **1** squillare **2** (*pop.*) sparare **3** (*pop. USA*) drogarsi; fumare marijuana. ● **to b. a road**, aprire una strada con le mine.

♦**blast away**, **A** *v. t.* + *avv.* **1** eliminare (*o* sgombrare) con l'esplosivo **2** (*fig.*) eliminare (*barriere, ostacoli, ecc.*). **B** *v. i.* + *avv.* **1** (*mil.*) sparare a raffica; (*di cannoni*) sparare ininterrottamente **2** (*della radio, ecc.*) andare a tutto volume; (*di una banda, ecc.*) suonare a tutto volume.

♦**blast down**, *v. t.* + *avv.* **1** abbattere (*o* demolire) con l'esplosivo **2** uccidere (q.) con una bomba (*o* con un'arma da fuoco); freddare.

♦**blast off**, *v. i.* + *avv.* (*di missile o razzo*) partire.

♦**blast out**, **A** *v. t.* + *avv.* **1** aprire con l'esplosivo **2** (*fig.*) eliminare (*barriere, ecc.*) **3** (*mus.*) suonare a tutto volume. **B** *v. i.* + *avv.* (*autom., fam.*) partire a razzo (*o* a tutta birra).

♦**blast past**, *v. i.* + *prep.* (*autom., fam.*) superare (q.) a velocità pazzesca: **A police car blasted past us**, una pantera (della polizia) ci superò come un fulmine.

♦**blast through**, *v. t.* + *prep.* aprire (*un tunnel, ecc.*) con l'esplosivo in (*una montagna, ecc.*).

blasted /ˈblɑːstɪd, *USA* ˈblæst-/, *a.* **1** distrutto; disseccato; inaridito **2** (*fig.*) deluso; frustrato **3** (*pop.*) dannato; maledetto.

blasting /ˈblɑːstɪŋ, *USA* ˈblæst-/, *n.* **1** abbattimento (*con esplosivi*) **2** brillamento (*di mine*) **3** (*edil.*) demolizione **4** (*tecn.*) pulitura con aria compressa; sabbiatura **5** (*radio*) distorsione da sovraccarico. ● **b. cap**, detonatore □ **b. fuse**, miccia □ **b. oil**, nitroglicerina □ (*mecc.*) **sand-b.**, sabbiatura.

blastocyte /ˈblæstəʊsaɪt/, *n.* (*biol.*) blastocito.

blastoderm /ˈblæstəʊdɜːm/, *n.* (*biol.*) blastoderma.

blast(-)off /ˈblɑːstɒf, *USA* ˈblæstɔːf/, *n.* (*miss.*) lancio, partenza (*di un razzo*).

blastoma /blæˈstəʊmə/, *n.* (*med.*) blastoma.

blastomere /ˈblæstəʊmɪə(r)/, *n.* (*biol.*) blastomero.

blastomyces /blæstəˈmaɪsɪz/, **blastomycete** /blæstəʊmaɪˈsiːt, -ˈmaɪs-/, *n.* (*biol.*) blastomicete.

blastomycosis /blæstəʊmaɪˈkəʊsɪs/, *n.* (*pl.* **blastomicoses**) (*med.*) blastomicosi.

blastula /ˈblæstjʊlə, *USA* -tʃʊ-/, *n.* (*pl.* **blastulae, blastulas**) (*biol.*) blastula.

blat /blæt/, *n.* (*USA*) belato. ● (*pop. spreg.*) **b. blatter**, giornale.

to **blat** /blæt/, *v. i.* (*USA*) **1** belare **2** chiacchierare; ciarlare. ● (*fam. USA*) **to b. out**, rivelare, tradire (*un segreto*).

blatancy /ˈbleɪtnsɪ/, *n.* **1** chiassosità; rumorosità (*raro*) **2** invadenza; sfacciataggine **3** vistosità.

blatant /ˈbleɪtnt/, *a.* **1** chiassoso; rumoroso **2** invadente; sfacciato **3** vistoso **4** flagrante; evidente; manifesto: **a b. lie**, una bugia manifesta.

blather /ˈblæðə(r)/, *n.* (*pop. scozz.*) ciance; discorsi a vanvera.

to **blather** /ˈblæðə(r)/, *v. i.* (*pop. scozz.*) cianciare; parlare a vanvera.

blatherer /ˈblæðərə(r)/, *n.* (*pop. scozz.*) ciancione; blaterone (*raro*).

blaxploitation /blæksplɔɪˈteɪʃn/, *V.* **blacksploitation**.

blaze (1) /bleɪz/, *n.* **1** vampa; fiamma vivida; vampata; bella fiammata: **The logs soon burst into a b.**, i ceppi fecero presto una bella fiammata; **The whole house was in a b.**, tutta la casa era in fiamme **2** incendio **3** scatto; scoppio; slancio; impeto: **in a b. of anger**, in uno scatto d'ira; **in a b. of oratory**, in uno slancio oratorio **4** splendore; (*fig.*) piena luce: **The city was a b. of lights in the night**, la città era uno splendore di luci nella notte; **The hero was in a b. of glory**, l'eroe era nella piena luce della (*o* circonfuso dalla) gloria. ● **a b. of colours**, un tripudio di colori □ **a b. of gun-fire**, una raffica di fucileria □ **a b. of publicity**, un'ondata di pubblicità □ (*pop.*) **like blazes**, come una furia; impetuosamente □ (*pop.*) **Go to blazes!**, va' al diavolo! □ **What the blazes!**, che diamine! □ **«Will you give me your car?» «Like blazes!»**, «vuoi darmi l'auto?» «neanche per sogno!».

blaze (2) /bleɪz/, *n.* **1** stella; macchia bianca (*sul muso d'un animale*) **2** segnavia; incisione (*sulla corteccia d'un albero*).

to **blaze** (1) /bleɪz/, *v. i.* **1** ardere; bruciare; fiammeggiare: **His eyes were blazing with fury**, aveva gli occhi fiammeggianti d'ira **2** ardere; risplendere: **The sun was blazing in the sky**, il sole ardeva nel cielo. ● **to b. away**, continuare a bruciare, ardere ininterrottamente; (*mil.*) sparare a raffica; (*fig.*) lavorare con entusiasmo, d'impeto; parlare in fretta, accalorandosi □ **to b. away at a speaker**, tempestare di domande un oratore □ **to b. up**, divampare, prender fuoco; (*d'incendio*) scoppiare; (*fig.*) infiammarsi (*d'ira*) □ **blazing anger**, ira furente □ **a blazing fire**, un fuoco che divampa □ **blazing heat**, caldo rovente □ **a blazing house**, una casa in fiamme □ **a blazing lie**, una bugia sfacciata; una bugiona □ **blazing red**, rosso fiammante □ (*nella caccia*) **a blazing scent**, una traccia assai facile da fiutare □ **a blazing sun**, un sole cocente.

to **blaze** (2) /bleɪz/, *v. t.* **1** segnare, incidere (*alberi*) **2** indicare, segnare (*un sentiero*). ● **to b. a trail**, segnare un sentiero (*in un bosco*); (*fig.*) aprire una via nuova, precorrere i tempi.

to **blaze** (3) /bleɪz/, *v. t.* (*specialm.* **to b. abroad**) diffondere; divulgare: **He likes to b. abroad scandals**, gli piace divulgare notizie scandalistiche.

blazer /ˈbleɪzə(r)/, *n.* **1** blazer; giacca da sportivo; giacca con bottoni dorati o argentei (*spesso con stemma, della scuola, ecc., sul taschino*) sportiva, a colori vivaci **2** divulgatore (*di notizie*) **3** (*pop.*) sfacciata menzogna.

blazon /ˈbleɪzn/, *n.* **1** blasone; stemma gentilizio **2** (*arald.*) descrizione tecnica d'un blasone **3** (*fig. arc.*) esaltazione; descrizione (*delle virtù di q.*).

to **blazon** /ˈbleɪzn/, *v. t.* **1** (*spesso* **to b. abroad, forth, out**) diffondere; divulgare; proclamare **2** (*arald.*) blasonare; descrivere, disegnare (*un blasone*) **3** (*raro*) adornare; ornare; dare lustro a.

blazonry /ˈbleɪznrɪ/, *n.* **1** (*arald.*) descrizione tecnica di un blasone **2** (*collett.*) blasonario; blasoni; stemmi **3** (*fig.*) sfoggio; parata; esibizione fastosa.

bleach /bliːtʃ/, *n.* (*ind. tess.*) **1** candeggiante; candeggina **2** candeggio; sbianca; imbianchimento.

to **bleach** /bliːtʃ/, **A** *v. t.* **1** (*ind. tess.*) imbiancare; sbiancare; candeggiare **2** sbiancare; decolorare; scolorire: **to b. one's hair**, sbiancare i capelli **3** imbianchire (*carta*). **B** *v. i.* **1** imbianchire; sbiancarsi **2** impallidire; scolorire; trascolorare.

bleacher /ˈbliːtʃə(r)/, *n.* (*ind. tess.*) **1** candeggiatore **2** sbianca; candeggiante; candeggina **3** recipiente per candeggiare **4** (*pl.*) (*sport, USA*) posti di gradinata (*in uno stadio*).

bleaching /ˈbliːtʃɪŋ/, *n.* (*ind. tess.*) imbianchimento; candeggio; sbianca. ● **b. powder**, polvere da sbianca.

bleak (1) /bliːk/, *n.* (*zool., Alburnus albidus, Alburnus lucidus*) alburno; alborella; avola.

bleak (2) /bliːk/, *a.* **1** tetro; desolato; brullo; squallido; esposto alle intemperie; spazzato dal vento: **a b. house**, una casa tetra; **a b. moor**, una brughiera desolata **2** pallido; esangue; bianco in volto: **a b. smile**, un pallido sorriso.

bleakly /ˈbliːklɪ/, *avv.* **1** tetramente **2** pallidamente (*V.* **bleak** (2)).

bleakness /ˈbliːknəs/, *n.* **1** tetraggine; desolazione; squallore **2** pallore.

blear /blɪə(r)/, *a.* (*raro*) **1** (*dell'occhio, dell'intelletto*) offuscato; ottenebrato; debole; confuso; annebbiato **2** incerto; nebuloso; sfumato. ● **b.-eyed**, dagli occhi cisposi; dalla vista annebbiata □ **b.-witted**, dalla mente confusa, annebbiata; ottuso, tonto.

to **blear** /blɪə(r)/, *v. t.* (*arc.*) **1** offuscare, ottenebrare, annebbiare (*la vista, la mente*) **2** sfumare; rendere indistinto.

blearily /ˈblɪərəlɪ/, *avv.* **1** confusamente; in modo indistinto **2** stancamente **3** con l'aria di chi ha la vista annebbiata.

bleary /ˈblɪərɪ/, *a.* **1** incerto; indistinto; nebuloso; sfumato **2** (*della mente, ecc.*) offuscato; confuso; annebbiato **3** (*dell'occhio*) cisposo; velato **4** esausto; stanco morto.

bleat /bliːt/, *n.* **1** belato **2** (*fig.*) piagnucolio. ● (*pop. USA*) **to let out a b.**, fare la spia.

to **bleat** /bliːt/, *v. i.* **1** belare **2** (*fig.*) piagnucolare. ● **to b. out**, dire con voce piagnucolosa.

bleater /ˈbliːtə(r)/, *n.* (*pop. USA*) **1** chiacchierone **2** spia.

bleating /ˈbliːtɪŋ/, **A** *a.* **1** belante **2** (*fig.*) piagnucolante; piagnucoloso. **B** *n.* **1** il belare; belati **2** (*fig.*) piagnucolio; piagnisteo.

bleb /blɛb/, *n.* **1** vescichetta **2** bolla d'aria.

bled /blɛd/, **A** *pass.* e *p. p.* di **to bleed**. **B** *a.* (*tipogr.*) rifilato; al vivo.

bleed /bliːd/, *n.* (*tipogr.*, = **b. page**) pagina al vivo; pagina rifilata. ● (*mecc.*) **b. valve**, valvola di scarico (*o* di spurgo).

to **bleed** /bliːd/ (*pass.* e *p. p.* **bled**), **A** *v. i.* **1** (*anche fig.*) sanguinare: **My heart bleeds**, mi sanguina il cuore **2** morire; versare il proprio sangue (per q.) **3** (*di piante*) stillare linfa **4** (*d'una macchia*) saltar fuori (*di sotto a una mano di vernice*) **5** (*di tinta o vernice*) diffondersi; spargersi **6** dare denaro; dare il proprio obolo. **B** *v. t.* **1** salassare **2** (*fam.*) estorcere denaro a **3** (*bot.*) estrarre la linfa da (*una pianta*) **4** (*mecc.*) spurgare (*un sistema idraulico*): (*autom.*) **to b. the brakes**, spurgare i freni **5** (*mecc.*) prelevare (*vapore*) **6** (*tipogr.*) rifilare. ● **to b. to death**, dissanguare, dissanguarsi; morire dissanguato □ **to b. white**, dissanguarsi completamente; (*fig.*) dissanguare, ridurre sul lastrico.

bleeder /ˈbliːdə(r)/, *n.* **1** (*med.*) flebotomo; salassatore (*raro*) **2** (*med.*) emofiliaco **3** (*elettr.*, = **b. resistor**) resistore zavorra **4** (*mecc.*) valvola di spurgo **5** chi estorce denaro; sanguisuga (*fig.*) **6** (*pop.*) briccone; canaglia **7** (*pop.*) individuo; tipo; tizio. ● (*pop.*) **b.'s disease**, emofilia □ **You lucky b.!**, sei un tipo fortunato! □ **a rotten b.**, un povero disgraziato.

bleeding /ˈbliːdɪŋ/, **A** *a.* **1** sanguinante **2** (*pop.*) maledetto: **You b. fool!**, maledetto stupido! **B** *n.* **1** (*med.*) emorragia **2** (*med.*) salasso **3** (*mecc.*) spurgo **4** (*fotogr.*) frangia **5** (*tipogr.*) rifilatura. ● (*fam.*) **b.-heart**, persona dal cuore troppo tenero; tenerone (*pop.*).

bleep /bliːp/, *n.* **1** bip; segnale acustico **2** *V.* **bleeper**.

to **bleep** /bliːp/, **A** *v. i.* fare bip. **B** *v. t.* (*fam., anche* **to b. for sb.**) chiamare (q.) con un cercapersone.

bleeper /ˈbliːpə(r)/, *n.* cercapersone.

blemish /ˈblɛmɪʃ/, *n.* macchia; difetto (*fisico o morale*); magagna; pecca. ● **without b.**, immacolato; impeccabile; perfetto.

to **blemish** /ˈblɛmɪʃ/, *v. t.* **1** deformare; guastare **2** macchiare (*la reputazione*) **3** sfigurare; sciupare.

to **blench** /blɛntʃ/, **A** *v. i.* ritrarsi; tirarsi indietro (*per paura*); scoraggiarsi. **B** *v. t.* (*arc.*) chiudere gli occhi di fronte a (q.c.); fingere di non vedere.

blend /blɛnd/, *n.* **1** miscela; mistura; miscuglio dosato: **a b. of coffee**, una miscela di caffè **2** fusione; unione (*di colori, suoni, gusti, ecc.*) **3** (*ling.*) parola macedonia.

to **blend** /blɛnd/ (*pass.* e *p. p.* **blended, blent**), **A** *v. t.* mescolare; miscelare: **Painters b. colours**, i pittori mescolano i colori. **B** *v. i.* **1** mescolarsi; fondersi (*anche fig.*): **substances that do not b.**, sostanze che non si mescolano; **where sky and ocean b.**, dove il cielo si fonde con il mare **2** (*di colori*) fondersi; sfumare (*l'uno nell'altro*). ● **to b. (in) well**, armonizzare; accordarsi: **She chose a colour that blended well with her skin**, ella scelse un colore in armonia con la sua carnagione.

blende /blɛnd/, *n.* (*miner.*) blenda.

blender /ˈblɛndə(r)/, *n.* **1** mescolatore **2** (*specialm. USA*) frullatore (*cfr. ingl.* **liquidizer**).

blending /ˈblɛndɪŋ/, *n.* **1** miscela **2** mescolanza (*di colori*) **3** (*ind.*) mescolatura.

blennorrhagia /blɛnəˈreɪdʒɪə/, blennorrhoea /blɛnəˈriːə/, *n.* (*med.*) blenorragia; blenorrea.

blenny /ˈblɛnɪ/, *n.* (*zool., Blennius*) blennio; bavosa.

blent /blɛnt/, *pass.* e *p. p.* di **to blend**.

blepharism /ˈblɛfərɪzəm/, *n.* (*med.*) blefarospasmo.

blepharitis /blɛfəˈraɪtɪs/, *n.* (*pl.* **blepharitides**) (*med.*) blefarite.

blesbok /ˈblɛzbɒk/, *n.* (*pl.* **blesbock, blesbocks**) (*zool., Damaliscus albifrons*) damalisco dalla fronte bianca.

to **bless** /blɛs/ (*pass.* e *p. p.* **blessed, blest**), **A** *v. t.* **1** benedire **2** rendere felice; fare il dono prezioso di: **He blessed us with his help**, ci fece il prezioso dono del suo aiuto **3** (*relig.*) consacrare (*il pane, ecc.*) **4** santificare **5** (*nelle escl., indica sorpresa, gioia, indignazione*) **B. me!** (**b. my soul!**), Dio mio!; **Well, I'm blest!**, perbacco!; **I'm blest if I've done it**, mi venga il malanno (*o* un accidente, ecc.) se sono stato io!; **B. the boy!**, benedetto ragazzo! **B** to **bless oneself**, *v. rifl.* segnarsi; farsi il segno della croce. ● **God b. you**, Dio ti benedica □ **b. you!**, (*a chi starnuta*) salute! □ (*fig.*) **not to have a penny to b. oneself with**, non avere il becco di un quattrino (*infatti, sul vecchio penny d'argento era incisa una croce*).

blessed /ˈblɛsɪd/, *a.* **1** (*anche fig.*) benedetto; sacro; santo: **I have yet to finish that b. work**, devo ancora finire quel benedetto lavoro; **every b. day**, ogni santo giorno **2** beato; felice: **b. ignorance!**, beata ignoranza!; **the B.**, i Beati, le anime beate **3** fortunato: **The day I met you was a b. one**, il giorno che ti incontrai fu un giorno fortunato. ● (*relig.*) **the B. Sacrament**, il Santissimo Sacramento □ **to be b. with st.**, avere la fortuna di possedere q.c.; godere di (*salute, appetito, ecc.*).

blessedness /ˈblɛsɪdnəs/, *n.* **1** beatitudine (*celeste*) **2** felicità. ● (*scherz.*) **single b.**, la beata condizione di scapolo.

blessing /ˈblɛsɪŋ/, *n.* **1** (*relig.*) benedizione **2** (*fig.*) benedizione; dono del cielo: **A true friend is a great b.**, un amico sincero è un dono del cielo **3** preghiera di ringraziamento (*detta prima o dopo i pasti*); benedicite: **to ask a b. before lunch**, dire un benedicite prima del pranzo **4** (*fam.*) approvazione; beneplacito; incoraggiamento: **This method has had his b.**, questo metodo ha avuto il suo beneplacito. ● **a b. in disguise**, un male apparente da cui deriva un bene: **Maybe it's a b. in disguise**, forse non tutto il male vien per nuocere □ (*fig.*) **to count one's blessings**, tener conto dei (*o* non dimenticare i) doni avuti dal Cielo.

blest /blɛst/, *pass.* e *p. p.* di **to bless**.

blether /ˈblɛðə(r)/, *n.* (*pop. scozz.*) ciance; discorsi a vanvera.

to **blether** /ˈblɛðə(r)/, *v. i.* (*pop. scozz.*) cianciare; parlare a vanvera.

bletherer /ˈblɛðərə(r)/, *n.* (*pop. scozz.*) ciancione; blaterone (*raro*).

blethering /ˈblɛðərɪŋ/, *a.* (*pop. scozz.*) **1** che parla a vanvera **2** spregevole. ● **a b. idiot**, un perfetto idiota.

bletherskate /ˈblɛðəskeɪt/, *n.* (*pop. scozz.*) ciancione; blaterone (*raro*).

blew /bluː/, *pass.* di **to blow** (1) e (2).

blight /blaɪt/, *n.* **1** (*bot.*) avvizzimento, moria, carbone, golpe, ruggine (*delle piante*) **2** (*fig.*) influsso malefico; rovina **3** (*edil.*) degrado: **inner-city b.**, il degrado dei centri delle città. ● **to cast a b. on sb.'s life**, rattristare la vita a q.

to **blight** /blaɪt/, *v. t.* **1** danneggiare; fare appassire; (*fig.*) fare intristire, rattristare: **His life was blighted by poverty**, la sua vita fu rattristata dalla miseria **2** deludere; frustrare: **All my expectations were blighted**, tutte le mie speranze furono deluse.

blighter /ˈblaɪtə(r)/, *n.* (*pop.*) **1** iettatore; seccatore **2** canaglia; furfante **3** individuo; tizio.

Blighty /ˈblaɪtɪ/, *n.* (*gergo mil.*) **1** casa (*fig.*); patria **2** (= **a b. one**) una ferita «intelligente» (*tale da fare rimpatriare un soldato*). ● **B. leave**, licenza.

blimey /ˈblaɪmɪ/, *inter.* (*pop., indica sorpresa*) accidenti!

blimp /blɪmp/, *n.* **1** (*stor.*) dirigibile floscio **2** (*fam.*) conservatore ottuso e borioso **3** (*fam.*) grassone; ciccione.

blind (1) /blaɪnd/, *a.* **1** (*anche fig.*) cieco: **a b. man**, un cieco; **the b.**, i ciechi; **b. in one eye**, cieco da un occhio; guercio; **the b. forces of nature**, le forze cieche della natura; **b.**

destiny, la sorte cieca *2* alla cieca: **a b. search**, una ricerca alla cieca *3* cieco; senza aperture; chiuso; finto; invisibile; oscuro: **a b. wall**, un muro cieco; **a b. alley**, un vicolo cieco (*anche fig.*); **a b. window**, una finestra cieca (*o* finta); **a b. ditch**, una fossa cieca (*o* nascosta); **a b. stitch**, un punto cieco (*o* invisibile); **a b. dungeon**, un carcere oscuro *4* cieco; sconsiderato: **b. anger**, cieca furia; **b. haste**, fretta sconsiderata *5* illeggibile; (*specialm. di posta*) con indirizzo illeggibile (*o* incompleto): **a b. letter**, una lettera con indirizzo illeggibile *6* (*pop. USA*) sbronzo *7* (*pop. USA*) intontito dalla droga. ● (*autom.*) **b. corner**, curva cieca □ **b. date**, appuntamento «alla cieca» (*con q. che s'incontra per la prima volta*) □ (*pop.*) **b. drunk**, sbronzo; ubriaco fradicio □ (*aeron.*) **b. flight** (*o* **b. flying**), volo cieco (*o* strumentale) □ (*aeron.*) **b. landing**, atterraggio cieco □ **b. man's buff**, mosca cieca (*gioco infantile*) □ **a b. school**, una scuola per ciechi □ (*comm.*) **b. selling**, vendite a scatola chiusa □ (*mil.*) **b. shell**, granata inesplosa □ **sb.'s b. side**, il punto vulnerabile di q. □ **b. spot**, punto cieco (*della retina*); (*radio*) zona di silenzio; (*radar*) zona morta; (*fig.*) punto debole □ **b. stamp**, timbro a secco □ (*market.*) **b. test**, prova del paraocchi □ (*pop. USA*) **b. tiger**, spaccio illegale di bevande alcoliche □ **b. track**, sentiero difficile da seguire (*o* rintracciare); (*ferr.*) binario morto □ **(as) b. as a bat** (*o* **as a mole**), cieco come una talpa □ (*med.*) **double-b. experiment**, esperimento in doppio cieco □ **to go** (*o* **to become**) **b.**, diventare cieco □ **to turn a b. eye to sb.**, ignorare q.; fingere di non vedere q. □ **to turn a b. eye to st.**, chiudere un occhio su q.c.

blind (2) /blaɪnd/, *n.* *1* schermo (*contro la luce*); ostacolo (*alla vista*) *2* avvolgibile (*di finestra*); (= **Venetian b.**) (tenda alla) veneziana *3* (*USA*) paraocchi (*di cavallo*) *4* (*caccia, specialm. USA*) nascondiglio *5* finzione; pretesto; schermo, paravento (*fig.*) *6* (*poker*) buio; (*anche*) fiche obbligatoria (*per chi è di mano*) *7* (*pop.*) bicchierata *8* (*pop.*) sbornia; sbronza *9* (*USA*) lettera con indirizzo illeggibile o incompleto. ● (*poker*) **b. opening**, apertura al buio □ (*poker*) **b. raise**, controbuio □ **b. roller**, avvolgibile; serranda □ (*poker*) **to raise the b.**, fare il controbuio □ **roller b.**, tendina a ghigliottina (*che s'avvolge su un rullo*) □ **vertical b.**, veneziana a stecche verticali.

blind (3) /blaɪnd/, *avv.* *1* alla cieca: **to drive [to fly] b.**, guidare [volare] alla cieca; **to buy b.**, comprare alla cieca *2* (*come rafforzativo*) (*pop.*) del tutto; proprio: **It doesn't make a b. bit of difference**, non fa la benché minima differenza!

to **blind** /blaɪnd/, *v. t.* *1* (*anche fig.*) accecare; abbagliare; impedire di vedere: **He was blinded of one eye**, rimase cieco da (*o* perse) un occhio; **He was blinded by the headlights of a car**, fu accecato (*o* abbagliato) dai fari di un'automobile; **The girl's beauty blinded his judgement**, la bellezza della ragazza gli impedì di vederne i difetti *2* oscurare; rendere opaco; opacizzare *3* eclissare; confondere; far sfigurare *4* (*mil.*) blindare *5* (*elab., radio*) schermare.

blindage /ˈblaɪndɪdʒ/, *n.* *1* (*mil.*) blindaggio; blindatura *2* (*elab., radio*) schermatura.

blinder /ˈblaɪndə(r)/, *n.* *1* accecatore *2* (*pop. USA*) cannonata, schianto (*fig.*) *3* (*USA, di solito al pl.; di cavallo e fig.*) paraocchi *4* (*pop.*) bisboccia; sbronzatura: **to go on a b.**, sbronzarsi *5* (*pop., sport*) prestazione brillante; gara fantastica.

blindfold /ˈblaɪndfəʊld/, **A** *a.* e *avv.* *1* bendato; con gli occhi bendati *2* sconsiderato; alla cieca: **He acted b.**, agì alla cieca. **B** *n.* benda (*per coprire gli occhi*).

to **blindfold** /ˈblaɪndfəʊld/, *v. t.* bendare (*q., gli occhi a q.*): **They blindfolded the prisoners before taking them to the headquarters**, bendarono i prigionieri prima di portarli al quartier generale.

blinding /ˈblaɪndɪŋ/, **A** *n.* *1* accecamento; abbagliamento *2* getto di ghiaietto (*su strada catramata*). **B** *a.* accecante; abbagliante.

blindness /ˈblaɪndnəs/, *n.* (*anche fig.*) cecità.

to **blind-side** /ˈblaɪndsaɪd/, *v. t.* (*fam. USA*) prendere (q.) alle spalle (*o* aggirandolo); prendere (q.) alla sprovvista.

to **blind-stitch** /ˈblaɪndstɪtʃ/, *v. t.* cucire con punti ciechi (*o* invisibili).

blindworm /ˈblaɪndwɜːm/, *n.* (*zool.*) *1* (*Caecilia gracilis*) cecilia *2* (*Anguis fragilis*) orbettino.

blink /blɪŋk/, *n.* *1* ammiccamento; ammicco; battito di ciglia *2* balenio; bagliore fugace; barlume *3* rapida occhiata. ● **ice-b.**, riverbero (*del ghiaccio*) □ (*fig.*) **in the b. of an eye** (*o* **of an eyelid**), in un batter d'occhio; in un baleno □ (*fam.*) **on the b.**, guasto, fuori servizio; sfasato (*fig.*), giù di corda; morto.

to **blink** /blɪŋk/, **A** *v. i.* *1* ammiccare; battere le palpebre: **Don't b.!**, non battere le palpebre! *2* guardare di sottecchi: **He blinked at me**, mi guardò di sottecchi *3* brillare a intervalli o di luce incerta; (*di segnale luminoso*) lampeggiare *4* chiudere un occhio (su); non prendere in considerazione: **He blinked at my mistake**, chiuse un occhio sul mio errore *5* (*di latte, della birra*) inacidire. **B** *v. t.* *1* battere (*le palpebre*): **Don't b. your eyes!**, non battere le palpebre! *2* accendere e spegnere rapidamente (*una luce*). ● **to b. at**, (*anche*) restare sorpreso (*o* a bocca aperta) per (q.c.) □ **to b. away one's tears**, tergersi le lacrime battendo le ciglia □ **to b. a question**, eludere una domanda □ (*fam.*) **I'll tell you something that will make you b.**, ti dirò una cosa che ti farà restare a bocca aperta (*fig.*).

blinker /ˈblɪŋkə(r)/, *n.* *1* chi ammicca, ecc. *2* (*autom.*) lampeggiatore; semaforo a luce intermittente *3* (*pl.*) paraocchi (*di cavallo*) *4* (*pl.*) occhialoni; occhiali da motociclista *5* (*pl.*) (*fam.*) occhi. ● **to have blinkers on**, avere il paraocchi (*anche fig.*).

to **blinker** /ˈblɪŋkə(r)/, *v. t.* mettere il paraocchi a (*un cavallo e fig.*).

blinkered /ˈblɪŋkəd/, *a.* con il paraocchi (*anche fig.*); ristretto; meschino; gretto: **a b. mentality**, una mentalità ristretta; **b. opinions**, idee grette.

blinkie /ˈblɪŋkɪ/, *n.* (*pop. USA*) mendicante che si finge cieco.

blinking /ˈblɪŋkɪŋ/, *a.* *1* (*di luce*) intermittente *2* (*pop.*) dannato; maledetto: **a b. nuisance**, una maledetta seccatura. ● (*pop.*) **a b. idiot**, un perfetto idiota.

blip /blɪp/, *n.* *1* (suono acuto di) bip (*ma più breve di* **bleep**, *q.V.*) *2* (*elettron.*) segnale di ritorno *3* (*radar*) puntino (*sullo schermo*) *4* (*radio*) blip (*suono emesso in luogo di una parolaccia*) *5* (*pop. USA*) cinque cent; (*fig.*) pochi soldi.

bliss /blɪs/, *n.* grande gioia; felicità; beatitudine: **sheer b.**, pura gioia; felicità perfetta.

blissful /ˈblɪsfl/, *a.* *1* felice; beato *2* che rende felice, beato *3* (*fam.*) delizioso.

blissfulness /ˈblɪsflnəs/, *n.* felicità perfetta; beatitudine.

blister /ˈblɪstə(r)/, *n.* *1* vescica (*sulla pelle*); pustola *2* bolla (*su foglie, legno, in un metallo, ecc.*); blister *3* (*med.*) vescicante *4* (*farm.*) blister *5* (*aeron.*) cupola trasparente (*d'aeroplano*) *6* (*pop.*) dura critica; aspro rimprovero *7* (*pop.*) seccatore; piaga (*fig.*). ● (*zool.*) **b. beetle** (*o* **b. fly**) (*Lytta vesicatoria*), cantaride □ (*bot.*) **b. buttercup** (*o* **b. plant**) (*Ranunculus sceleratus*), sardonia □ **b. gas**, gas vescicante □ (*market.*) **b. pack**, confezione trasparente □ (*metall.*) **b. steel**, acciaio vescicolare.

to **blister** /ˈblɪstə(r)/, **A** *v. t.* *1* produrre vesciche su *2* far gonfiare (*la vernice, ecc.*) *3* (*med.*) applicare un vescicante a. **B** *v. i.* coprirsi di vesciche: **His feet b. easily**, i suoi piedi si coprono di vesciche con facilità.

blistering /ˈblɪstərɪŋ/, *a.* *1* (*del tempo*) afoso; (*del caldo*) soffocante *2* (*di un rimprovero*) aspro *3* (*di un attacco*) furioso; violento.

blithe /blaɪð, *USA* -θ/, *a.* *1* (*poet.*) allegro; gaio; gioioso *2* sconsiderato; superficiale; avventato.

blithely /ˈblaɪðlɪ, *USA* -θ-/, *avv.* *1* allegramente *2* in modo incurante (*o* sconsiderato, avventato).

blitheness /ˈblaɪðnəs, *USA* -θ-/, *n.* gaiezza; allegria.

blithering /ˈblɪðərɪŋ/, *a.* che ciancia; che parla a vanvera.

blithesome /ˈblaɪðsəm, *USA* -θ-/, *a.* allegro; gaio; gioioso.

blitz /blɪts/ (*ted.*), *n.* *1* (*mil.*) blitz; attacco improvviso e violento; (*specialm.*) incursione aerea *2* – (*stor.*) **the B.**, il bombardamento (aereo) di Londra (1940-41) *3* (*fig.*) bombardamento: **an advertising b.**, un bombardamento pubblicitario.

to **blitz** /blɪts/, *v. t.* (*mil.* e *fig.*) *1* attaccare; sottoporre a incursioni aeree *2* danneggiare; distruggere: **blitzed areas**, zone danneggiate (*o* distrutte) da bombardamento aereo.

blitzkrieg /ˈblɪtskriːg/ (*ted.*), *n.* (*mil.*) guerra lampo.

blizzard /ˈblɪzəd/, *n.* blizzard; bufera di neve; tormenta.

to **bloat** /bləʊt/, **A** *v. t.* *1* gonfiare (*q.c. d'aria, d'acqua*); ingrossare: **The river had been bloated by the heavy rains**, il fiume era stato ingrossato dalle forti piogge *2* affumicare e salare (*aringhe, scombri*). **B** *v. i.* gonfiarsi (*anche fig.*); insuperbire.

bloated /ˈbləʊtɪd/, *a.* *1* gonfio; tronfio; borioso: **b. with food**, gonfio di cibo; sazio; **b. with pride**, gonfio d'orgoglio; **a b. aristocrat**, un borioso aristocratico *2* eccessivo; sproporzionato: **b. armaments**, armamenti eccessivi *3* affumicato e salato.

bloater /ˈbləʊtə(r)/, *n.* aringa affumicata; scombro affumicato.

blob /blɒb/, *n.* *1* goccia (*di liquido, cera, vernice, ecc.*) *2* piccola macchia o spruzzo (*di colore*) *3* grumo *4* (*cricket*) zero punti.

blobber-lipped /ˈblɒbəlɪpt/, *a.* dalle labbra tumide.

bloc /blɒk/ (*franc.*), *n.* (*polit., econ., fin.*) blocco: **the b. of the left-wing parties**, il blocco dei partiti di sinistra; **the sterling b.**, il blocco dei paesi dell'area della sterlina.

block /blɒk/, *n.* *1* blocco (*di legno, pietra, ecc.; l'azione e l'effetto di bloccare*); masso; ingorgo; ostacolo; intasamento: **a fine b. of marble**, un bel blocco di marmo; **the writer's b.**, il blocco dello scrittore; **a traffic b.**, un ingorgo del traffico; **a road b.**, un blocco stradale; **There is a b. in the drain**, c'è un intasamento nel tubo di scarico *2* ceppo (*del boia, del macellaio*): (*stor.*) **to go [to be sent] to the b.**, andare [essere condannato] alla decapitazione; lasciare la testa sul ceppo *3* caseggiato; palazzo; grande edificio *4* isolato: **Walk two blocks and then turn right**, va' avanti per due isolati e poi volta a destra *5* (*naut.*) puleggia (*di paranco*); bozzello *6* (*mecc.*) blocco motore; monoblocco *7* (*elab.*) blocco; (*anche*) cursore quadrato; settore: (*mat., stat.*) **b. diagram**, diagramma a blocchi; (*elab.*) **b. sort**, selezione a blocchi *8* forma (*di legno, per cappelli, ecc.*): **barber's b.**, forma di legno (*per parrucche*) *9* piattaforma, palco (*per vendite all'asta*): **to be on the b.**, essere in vendita (*o* messo all'asta) *10* (*tipogr.*) cliché; (*anche*) zoccolo (*di cliché*) *11* (*Borsa*) lotto (*di titoli*); pacchetto (*di azioni*) *12* (*edil.*) blocco *13* (*pop.*) testa; zucca *14* cubo (*per i bambini*); (*pl.*) costruzioni (*gioco*) *15* (*sport*) ostruzione; (*pallavolo, ecc.*) muro. ● (*naut.*) **b. and tackle**, paranco □ (*autom., mecc.*) **b. brake**, freno a ceppo (*o* a ganascia) □ (*tipogr.*) **b. capital**, maiuscola in carattere bastone □ **b. capitals**, stampatello □ **b. chain**, catena (*da bicicletta, ecc.*) □ (*elab.*) **b. gap**, interblocco □ (*tipogr.*) **b.**

letter, carattere bastone □ **b. letters**, stampatello □ **a b. of flats**, un caseggiato □ (*Borsa*) **b. of shares**, pacchetto d'azioni; pacchetto azionario □ (*comm.*) **b. offer**, offerta in blocco □ (*edil.*) **b. paving**, lastricato a blocchetti □ (*ferr.*) **b. system**, sistema di blocco □ **b. tin**, (*metall.*) stagno in pani □ (*Borsa*) **b. trading**, compravendita a grossi lotti □ **breech b.**, otturatore (*di fucile*) □ (*fig.*) **a chip of** (*o* **off**) **the old b.**, un figlio (*o* una figlia) che somiglia al padre (*o* alla madre); chi rivela le caratteristiche del ceppo da cui deriva □ (*fig.*) **to cut blocks with a razor**, fare un lavoro inutile □ (*naut.*) **double b.**, bozzello doppio □ (*di una lettera commerciale*) **in b. form**, a blocchi (*a paragrafi spaziati e senza capoversi*) □ **office b.**, palazzo di uffici.

to **block** /blɒk/, *v. t.* ***1*** bloccare; rendere impraticabile; ostruire; ostacolare; intasare; neutralizzare: **to b. the traffic**, bloccare il traffico; **The line was blocked by a landslide**, la linea era bloccata da una frana; **We succeeded in blocking the attack**, riuscimmo a neutralizzare l'attacco; (*fin.*) **blocked currency**, valuta bloccata; **blocked drains**, scarichi intasati ***2*** modellare (*cappelli, ecc.*) su una forma ***3*** tagliare in blocchi (*o* in massi) ***4*** rinforzare con blocchi (*o* massi) ***5*** (*chim.*) rendere inattivo ***6*** (*in parlamento*) bloccare (*un disegno di legge*) ***7*** (*sport*) bloccare (*un avversario*). ● (*banca*) **to b. an account**, bloccare un conto.

♦**block in**, *v. t. + avv.* ***1*** bloccare, turare, chiudere (*un foro: con mattoni, ecc.*) ***2*** (*autom.*) chiudere (*un'altra automobile, parcheggiando male*) ***3*** descrivere a grandi linee; fare uno schizzo di (q.c.).

♦**block off**, *v. t. + avv.* ***1*** bloccare (*un passaggio, ecc.*) ***2*** escludere; tagliare fuori.

♦**block out**, *v. t. + avv.* ***1*** bloccare, impedire la diffusione di (*informazioni, notizie, ecc.*) ***2*** nascondere alla vista, coprire (*il sole, il paesaggio, ecc.*) ***3*** buttar giù (q.c.) a grandi linee; abbozzare (*un progetto, ecc.*) ***4*** (*fotogr., tipogr.*) bloccare.

♦**block up**, **A** *v. t. + avv.* ***1*** bloccare (*una ruota e sim.*) ***2*** intasare, ostruire (*uno scarico, ecc.*). **B** *v. i. + avv.* intasarsi; ostruirsi.

blockade /blɒ'keɪd/, *n.* ***1*** (*mil., polit.*) blocco: **paper b.**, blocco «sulla carta» (*dichiarato, ma non messo in atto*); **to raise a b.**, togliere il blocco; **to run a b.**, forzare (*o* rompere) il blocco ***2*** ostruzione; blocco; impedimento. ● **b.-runner**, persona (*o* nave) che forza (*o* ha forzato) un blocco.

to **blockade** /blɒ'keɪd/, *v. t.* ***1*** (*mil.*) bloccare; stringere d'assedio ***2*** ostruire, impedire (*la vista, ecc.*).

blockader /blɒ'keɪdə(r)/, *n.* (*mil.*) chi effettua un blocco; assediante.

blockage /'blɒkɪdʒ/, *n.* blocco (*specialm. della moneta*).

blockboard /'blɒkbɔːd/, *n.* (compensato) impiallacciato.

to **blockbust** /'blɒkbʌst/, *v. t.* (*fam. USA*) indurre, con forti pressioni, i proprietari bianchi a vendere in tutta fretta (*le loro case: per tema dell'arrivo in zona di acquirenti negri*): **Unscrupulous realtors have blackbusted two more buildings in the district**, agenti immobiliari privi di scrupoli hanno fatto svendere altri due edifici nel quartiere.

blockbuster /'blɒkbʌstə(r)/, *n.* ***1*** (*mil.*) grossa bomba (*che fa saltare in aria un intero isolato*) ***2*** (*fig. fam.*) film d'azione; uomo di successo; colosso (*fig.*); cannonata (*fig.*) ***3*** (*fam. USA*) speculatore edilizio (*V.* **to blockbust**).

blockbusting /'blɒkbʌstɪŋ/, *n.* (*fam. USA*) allontanamento precipitoso dei proprietari bianchi da un quartiere, nel timore dell'arrivo di inquilini o acquirenti negri.

blockhead /'blɒkhɛd/, *n.* ***1*** forma (*per cappelli o parrucche*). ***2*** (*fig.*) testa di legno; stupido; testone; zuccone; balordo.

blockhouse /'blɒkhaʊs/, *n.* ***1*** (*mil.*) fortino; casamatta ***2*** casa di tronchi squadrati.

blocking /'blɒkɪŋ/, *n.* ***1*** intasamento ***2*** il rinforzare con blocchi ***3*** (*polit.*) blocco (*di un disegno di legge*) ***4*** (*chim., edil., elettron.*) bloccaggio ***5*** (*metall.*) sbozzatura.

blockish /'blɒkɪʃ/, *a.* stupido; ottuso; tardo (di comprendonio).

blockmaker /'blɒkmeɪkə(r)/, *n.* (*tipogr.*) fabbricante di cliché; zincografo.

bloke /bləʊk/, *n.* (*fam. ingl.*) individuo; tipo; tizio.

blond /blɒnd/, **A** *a.* (*di capello*) biondo. **B** *n.* uomo dai capelli biondi.

blonde /blɒnd/, **A** *a.* (*di donna*) bionda. **B** *n.* ***1*** bionda; donna dai capelli biondi ***2*** blonda, bionda (*merletto di seta*).

blood /blʌd/, *n.* ***1*** sangue (*in tutti i sensi*): **There is bad b. between them**, non c'è buon sangue fra loro; **His b. is up**, gli è andato il sangue alla testa; **My b. ran cold**, mi si agghiacciò il sangue; **I love my children, because they are my own flesh and b.**, voglio bene ai miei figlioli, perché sono sangue del mio sangue ***2*** liquido vitale; linfa (*di piante*) ***3*** (*arc.*) damerino; zerbinotto; elegantone. ● **b.-and-thunder**, sensazionale; drammatico; violento □ **b. bank**, banca del sangue; emoteca □ **b. bath**, bagno di sangue; massacro □ **b. brother**, fratello carnale □ (*fisiol.*) **b. cell**, cellula ematica □ (*med.*) **b. clot**, grumo di sangue, embolo □ (*med.*) **b. count**, conteggio delle cellule ematiche □ **b.-curdling**, orripilante; raccapricciante □ **b. donor** (*o* **b. giver**), donatore di sangue □ (*stor.*) **b. feud**, faida □ **b. group**, gruppo sanguigno □ **b.-guilty**, macchiato del sangue (*d'un delitto*) □ **b. heat**, temperatura corporea □ **b. horse**, (cavallo) purosangue □ (*med.*) **b.-letter**, cavatore di sangue; flebotomo □ **b.-letting**, salasso; spargimento di sangue, strage, massacro □ **b. lust**, sete di sangue; istinto sanguinario □ (*USA*; *autom., med.*) **b.-mobile**, autoemoteca □ **b. money**, compenso dato a un sicario (*o* per pagare il silenzio di q.); (*stor.*) penale pagata da un omicida ai parenti dell'ucciso; guidrigildo □ **b. orange**, arancia sanguigna; sanguinello □ (*biol.*) **b. plasma**, plasma sanguigno □ (*med.*) **b. poisoning**, avvelenamento del sangue; setticemia □ (*med.*) **b. pressure**, pressione sanguigna □ (*med.*) **b. pressure monitor**, sfigmomanometro elettronico □ **b. pudding**, migliaccio; sanguinaccio □ (*polit.*) **b. purge**, epurazione sanguinosa, cruenta □ **b.-red**, rosso sangue; di colore sanguigno □ **b. relation**, consanguineo □ **b. relationship**, consanguineità □ **b. royal**, sangue reale □ **b. sports**, sport sanguinari, cruenti □ (*med.*) **b. test**, esame del sangue □ **b.-thirsty**, assetato di sangue; sanguinario □ **b. type**, gruppo sanguigno □ (*med.*) **b. typing**, tipizzazione del sangue □ (*anat.*) **b. vessel**, vaso sanguigno □ **blue b.**, sangue blu; stirpe nobile □ (*fig.*) **flesh and b.**, la natura umana □ (*fig.*) **fresh b.**, membri nuovi (*d'una famiglia, ecc.*) □ (*fig.*) **to get b. out of a stone**, cavar sangue da una rapa □ **in cold b.**, a sangue freddo □ **in hot b.**, in un impeto d'ira □ **to let b.**, cavar sangue; salassare □ **prince of the b.**, principe del sangue (*o* di sangue reale) □ (*fig.*) **to sweat b.**, sudar sangue □ **I hate cats, and so does my father**: **it's** (*o* **it runs**) **in the b.**, non posso soffrire i gatti e così pure mio padre: l'abbiamo nel sangue □ **He made bad b. between her relatives**, egli seminò zizzania tra i parenti di lei □ (*prov.*) **B. will tell**, buon sangue non mente □ (*prov.*) **You cannot get b. out of a stone**, non si può cavar sangue da una rapa □ (*prov.*) **B. is thicker than water**, il sangue non è acqua.

to **blood** /blʌd/, *v. t.* ***1*** (*med.*) salassare; cavar sangue a ***2*** far fiutare il sangue a (*un cane da caccia*) ***3*** (*mil. e fig.*) sottoporre (q.) al battesimo del fuoco.

blooded /'blʌdɪd/, *a.* (*nei composti*:) **blue-b.**, di sangue blu; nobile; aristocratico; **hot-b.**, dal sangue caldo.

bloodhound /'blʌdhaʊnd/, *n.* ***1*** (*cane*) segugio di Sant'Uberto; limiere ***2*** segugio, bracco (*fig.*); agente investigativo; detective ***3*** (*mil.*) missile terra-aria.

bloodily /'blʌdəlɪ/, *avv.* ***1*** sanguinosamente ***2*** crudelmente.

bloodiness /'blʌdɪnəs/, *n.* ***1*** crudeltà ***2*** istinto sanguinario.

bloodless /'blʌdləs/, *a.* ***1*** senza sangue; esangue; anemico ***2*** insensibile; freddo; crudele ***3*** (*fig.*) debole; fiacco; senza sangue nelle vene ***4*** incruento: **a b. victory**, una vittoria incruenta.

bloodroot /'blʌdruːt/, *n.* (*bot., Sanguinaria canadensis*) sanguinaria.

bloodshed /'blʌdʃɛd/, *n.* spargimento di sangue; massacro.

bloodshot /'blʌdʃɒt/, *a.* (*d'occhio*) iniettato di sangue; rosso.

bloodstain /'blʌdsteɪn/, *n.* macchia di sangue.

bloodstained /'blʌdsteɪnd/, *a.* macchiato di sangue (*anche fig.*).

bloodstock /'blʌdstɒk/, *n. collett.* cavalli di razza (*da corsa*).

bloodstone /'blʌdstəʊn/, *n.* (*miner.*) ***1*** eliotropio ***2*** ematite.

bloodstream /'blʌdstriːm/, *n.* (*fisiol.*) flusso sanguigno.

bloodsucker /'blʌdsʌkə(r)/, *n.* ***1*** sanguisuga; mignatta ***2*** (*fig. fam.*) usuraio; vampiro.

bloodthirsty /'blʌdθɜːstɪ/, *a.* assetato di sangue; sanguinario.

bloody /'blʌdɪ/, **A** *a.* ***1*** insanguinato; sanguinante: **a b. handkerchief**, un fazzoletto insanguinato; **The quarrel ended in b. noses**, la lite finì con i nasi (*dei contendenti*) sanguinanti ***2*** sanguinoso: **a b. battle**, una battaglia sanguinosa ***3*** sanguinario: (*stor.*) **B. Mary**, Maria la Sanguinaria (1516-58) ***4*** di color sanguigno; (*arald.*) rosso: **b. hand**, mano rossa (*insegna di baronetto*) ***5*** (*pop.*) maledetto; dannato: **that b. fool**, quel maledetto stupido ***6*** (*pop. enfat.*; *è idiom., per es.*:) **not a b. one**, neanche uno. **B** *avv.* (*pop.*) maledettamente; molto: **It's b. good**, è ottimo! ● **b. mary**, cocktail di vodka e succo di pomodoro; (*pop. USA*) mestruazione □ **b.-minded**, sanguinario; crudele; (*fam.*) dispettoso, ostile, prepotente □ (*fam. USA*) **b. nose**, difficoltà, fastidio, seccatura □ (*pop.*) **Not b. likely!**, neanche per sogno!

to **bloody** /'blʌdɪ/, *v. t.* insanguinare; macchiare di sangue.

bloom (**1**) /bluːm/, *n.* ***1*** (*anche fig.*) fiore; fioritura: **The roses are in b.**, le rose sono in fiore; **Jane is in the b. of youth**, Jane è nel fiore della giovinezza ***2*** freschezza; splendore (*della carnagione, ecc.*); colorito roseo ***3*** pruina (*su uva, susine, ecc.*); lanugine, peluria (*di frutti, foglie*) ***4*** (*su un muro*) efflorescenza ***5*** (*ecol.*) fioritura (*delle alghe*) ***6*** (*TV*) bagliore. ● **to take the b. off st.**, fare avvizzire (*o* inaridire) q.c.

bloom (**2**) /bluːm/, *n.* ***1*** (*metall.*) lingotto sgrossato al laminatoio; massello; blumo; sbozzo ***2*** massa di vetro fuso.

to **bloom** (**1**) /bluːm/, *v. i.* ***1*** (*anche fig.*) fiorire; sbocciare; essere in fiore ***2*** (*fig.*) essere raggiante; risplendere. ● (*di una fanciulla*) **to b. into a beautiful woman**, diventare una donna bellissima.

to **bloom** (**2**) /bluːm/, *v. t.* (*metall.*) massellare; blumare; sbozzare.

bloomer (**1**) /'bluːmə(r)/, *n.* ***1*** (*un tempo*) abito femminile costituito da una sottana corta e da calzoni lunghi, stretti alla caviglia ***2*** (*pl.*) (*un tempo*) calzoncini da ginnastica (*per ragazze*).

bloomer (**2**) /'bluːmə(r)/, *n.* ***1*** (*bot.*) pianta che fiorisce (*nei composti*:) **a late b.**, una pianta che fiorisce tardi; **Saguaros are night bloomers**, i fiori del saguaro sbocciano di notte ***2*** (*pop.*) errore madornale; papera (*fig.*); strafalcione ***3*** (*pop. USA*) affare andato a male; fiasco (*fig.*).

bloomer (*3*) /ˈbluːmə(r)/, *n.* (*metall.*) forno per blumi.

bloomery /ˈbluːmərɪ/, *n.* (*metall.*) blumeria.

blooming (*1*) /ˈbluːmɪŋ/, *a.* *1* (*anche fig.*) fiorente; in fiore *2* raggiante; splendente *3* (*pop. eufem.*) dannato; maledetto; perfetto (*fig.*): **He's a b. fool**, è un perfetto idiota. ● **to be b. with health**, sprizzare salute (da tutti i pori).

blooming (*2*) /ˈbluːmɪŋ/, *n.* (*metall.*) produzione di blumi. ● **b. mill**, laminatoio per blumi.

bloomy /ˈbluːmɪ/, *a.* *1* fiorente; in fiore *2* lanuginoso; vellutato *3* pruinoso.

blooper /ˈbluːpə(r)/, *n.* *1* (*pop.*) sfondone; strafalcione; papera (*fig.*) *2* (*radio*) radioricevitore che emette un segnale parassita.

blossom /ˈblɒsəm/, *n.* *1* fiore (*specialm. di alberi da frutta*; *anche fig.*); fioritura: **The cherry trees are in b.**, i ciliegi sono in fiore; **She was in the b. of her youth**, era nel fiore della giovinezza *2* (*fig.*) speranza; promessa: **He was a b. of literature**, era una promessa della letteratura. ● **b.-faced**, dal viso gonfio.

to **blossom** /ˈblɒsəm/, *v. i.* (*anche fig.*) fiorire; sbocciare; essere in fiore: **Our love blossomed last year**, il nostro amore sbocciò l'anno scorso. ● **to b. into**, diventare (*una bella donna e sim.*) □ **to b. out**, sbocciare; (*fig.*) diventare allegro (vivace, spiritoso).

blossomless /ˈblɒsəmləs/, *a.* (*di una pianta*) senza fiori.

blossomy /ˈblɒsəmɪ/, *a.* *1* simile a un fiore *2* fiorito.

blot (*1*) /blɒt/, *n.* *1* macchia (*specialm. d'inchiostro*); sgorbio *2* macchia (*fig.*); difetto; vergogna; disonore: **That is a b. on his character**, quella è una macchia sulla sua reputazione; **It's a b. on the whole town**, è una vergogna per l'intera città. ● (*fig.*) **a b. on the landscape**, un pugno nell'occhio (*fig.*).

blot (*2*) /blɒt/, *n.* *1* (*nel gioco della tavola reale*) pedina in pericolo *2* (*fig. arc., mil.*) punto debole (*di un piano strategico*).

to **blot** /blɒt/, **A** *v. t.* *1* (*anche fig.*) macchiare (*specialm. d'inchiostro*); fare macchie (*con la penna*); scarabocchiare; sporcare *2* asciugare (*con la carta assorbente*) *3* (*di solito* **to b. out**) cancellare (*con un frego*): **The signature had been blotted out**, la firma era stata cancellata. **B** *v. i.* *1* fare sgorbi; scarabocchiare *2* macchiarsi: **Children's copybooks b. easily**, i quaderni dei bambini si macchiano facilmente *3* assorbire. ● (*fig. fam.*) **to b. one's copybook**, macchiarsi la reputazione; sporcarsi la fedina penale (*anche solo per una multa per eccesso di velocità*) □ **to b. out**, cancellare; (*fig.*) nascondere (*alla vista*); distruggere, annientare; (*pop. USA*) freddare, uccidere □ **to b. up**, assorbire, asciugare □ **blotting case** (*o* **blotting dabber, blotting pad**), tampone di carta assorbente □ **blotting paper**, carta assorbente.

blotch /blɒtʃ/, *n.* *1* macchia della pelle; foruncolo; pustola *2* grossa macchia (*d'inchiostro, di colore*); scarabocchio; sgorbio.

to **blotch** /blɒtʃ/, **A** *v. t.* macchiare; scarabocchiare. **B** *v. i.* coprirsi di macchie (*o* foruncoli, *o* pustole).

blotched /ˈblɒtʃt/, **blotchy** /ˈblɒtʃɪ/, *a.* pieno di macchie (*o* di foruncoli); pustoloso.

blotter /ˈblɒtə(r)/, *n.* *1* (tampone di) carta assorbente *2* (*comm.*) brogliaccio *3* (*mecc.*) disco deformabile (*o* intermedio). ● (*USA*) **police b.**, registro degli arresti.

blotto /ˈblɒtəʊ/, *a.* (*pop.*) ubriaco fradicio; sbronzo.

blouse /blaʊz, *USA* blaʊs/, *n.* *1* camiciotto di tela (*da operaio*) *2* camicetta (*da donna o da bambino*) *3* giubba (*d'uniforme militare*).

blow (*1*) /bləʊ/, *n.* *1* soffio; boccata d'aria (fresca): **Let's go for a b. in the country!**, andiamo a prendere una boccata d'aria in campagna! *2* colpo di vento; ventata *3* soffiata (*in uno strumento a fiato*); suono (*di corno, ecc.*); squillo (*di tromba*) *4* soffiata (*di naso, ecc.*) *5* (*elettr.*) apertura di circuito per eccesso di corrente *6* (*fam.*) forte vento *7* (*fam.*) vanteria; fanfaronata *8* (*pop.*) (boccata di) marijuana; (tirata di) cocaina. ● (*tecn.*) **b.-down**, scarico, spurgo; (*meteor.*) vento abbattitore □ **b.-in**, inizio della produzione (*di un pozzo petrolifero*) □ **b.-up**, esplosione, scoppio; (*fig.*) scoppio d'ira, scatto di rabbia; (*fotogr.*) ingrandimento, gigantografia.

blow (*2*) /bləʊ/, *n.* *1* botta; colpo (*anche fig.*); percossa: **The loss of his son was a great b. to him**, la perdita del figlio fu per lui un grave colpo *2* attacco improvviso; colpo di mano; sforzo violento. ● (*di un resoconto, ecc.*) **b.-by-b.**, dettagliato; particolareggiato □ **at a** (*o* **one**) **b.**, in un (sol) colpo; in una volta □ **to come to blows**, venire alle mani; passare a vie di fatto □ **to exchange blows**, darsele; picchiarsi □ **to strike a b. for [against] sb.**, scendere in campo a favore [contro] q. □ **without striking a b.**, senza colpo ferire.

blow (*3*) /bləʊ/, *n.* (*anche fig.*) fioritura: **in full b.**, in piena fioritura.

to **blow** (*1*) /bləʊ/ (*pass.* **blew**, *p. p.* **blown**), **A** *v. i.* *1* soffiare; (*del vento*) tirare: **A cold wind was blowing**, soffiava un vento freddo; **I'll b. on my tea to cool it down**, soffierò sul tè per raffreddarlo *2* essere spinto dal vento; volare: **The dead leaves were blowing in the gale**, le foglie morte volavano nella bufera *3* suonare: **I heard the trumpets [the hooter] blowing**, sentii suonare le trombe [la sirena] *4* soffiare; ansare; sbuffare: **Far away two whales were blowing**, due balene soffiavano (*cioè*, emettevano getti di vapore) in lontananza; **The swimmer was blowing**, il nuotatore ansava *5* (*di mosche*) deporre le uova *6* (*elettr.*: *di un fusibile*) fondersi, saltare; (*di una lampadina*) fulminarsi *7* (*fam.*) vantarsi *8* (*pop.*) andarsene; tagliare la corda (*pop.*). **B** *v. t.* *1* soffiare: **to b. glass**, soffiare il vetro *2* azionare (*un soffietto, un organo, ecc.*); fare uscire (*aria, fiato*) dalla bocca; gonfiare (*anche fig.*); insufflare (*lett.*): **They blew (up) the balloon**, gonfiarono il pallone; **to b. st. out of all proportion**, gonfiare (*o* esagerare) q.c. a dismisura *3* suonare (*uno strumento a fiato*): **to b. a trumpet**, suonare una tromba *4* (*fam.*) diffondere (*notizie*); tradire (*un segreto*) *5* (*elettr.*) fondere, far saltare (*un fusibile*); fulminare (*una lampadina*) *6* (*fam.*) maledire; mandare al diavolo: **B. the risk!**, al diavolo il rischio! *7* (*fam.*) scialacquare; sperperare (*denaro*) *8* sprecare (*un'occasione, ecc.*) *9* (*pop.*) fumare (*marijuana*) *10* (*pop.*) masturbarsi. ● **to b. sb's alibi sky-high**, demolire l'alibi di q. □ **to b. the bellows**, tirare il mantice □ **to b. bubbles**, fare le bolle di sapone □ (*pop.*) **to b. one's cool** (*o* **top, lid, stack**), perdere la calma; andare in bestia □ **to b. sb.'s cover**, scoprire (*o* rivelare) la vera identità (*o* il rifugio segreto) di q. □ **to b. one's cover**, rinunciare al proprio sicuro nascondiglio; svelare la propria vera identità □ **to b. one's fingers**, soffiarsi sulle dita □ **to b. a fire**, far divampare il fuoco, soffiandovi sopra □ (*pop. USA*) **to b. a fuse**, perdere le staffe, uscire dai gangheri (*fig.*) □ (*pop. arc.*) **to b. the gaff**, tradire un segreto; svelare un complotto □ (*del vento*) **to b. great guns**, soffiare a tutta forza □ **to b. one's horse**, sfiancare il cavallo □ (*fig.*) **to b. hot and cold**, essere indeciso; tentennare □ (*pop.*) **to b. into town**, arrivare in città all'improvviso □ **to b. sb. a kiss**, mandare un bacio a q. □ **to b. kisses**, gettare baci □ (*pop.*) **to b. sb.'s mind**, mandare fuori di testa, disorientare, sbalordire, eccitare (q.); (*della droga*) sballare, dare lo sballo a (q.) □ **to b. one's nose**, soffiarsi il naso □ (*del vento, ecc.*) **to b. open**, spalancare, aprire (*una porta, ecc.*) □ (*del vento*) **to b. shut**, chiudere (*una porta, ecc.*) □ (*di una bomba, ecc.*) **to b. st. sky-high**, distruggere completamente, demolire q.c. □ (*pop. USA*) **to b. town**, fare fagotto all'improvviso □ (*fig.*) **to b. one's own trumpet**, battersi la grancassa; elogiarsi, lodarsi □ **to b. the** (*o* **one's**) **whistle**, fischiare (*di arbitro sportivo, ecc.*); (*pop.*) soffiare, fare la spia □ (*fig. fam.*) **to b. the whistle on st.**, far cessare (*o* fermare) q.c. □ (*grido di baleniere*) **There she blows!**, balena in vista!

♦**blow against**, *v. t. + prep.* (mandare a) sbattere contro (*o* in): **The bomb blew him against the wall**, la bomba lo mandò a sbattere contro il muro; **The blizzard was blowing the sleet against my face**, la bufera mi sbatteva il nevischio in faccia.

♦**blow away**, **A** *v. i. + avv.* volare via: **The kite blew away**, l'aquilone volò via. **B** *v. t. + avv.* far volare via.

♦**blow down**, *v. t. + avv.* *1* buttar giù, abbattere; allettare (*cereali*): **The storm has blown four firs down**, la tempesta ha abbattuto quattro abeti *2* (*pop. USA*) freddare, fare secco, uccidere □ (*pop.*) **B. me down!**, mi possano ...!; che sorpresa!

♦**blow in**, **A** *v. i. + avv.* *1* volare dentro (*spinto dal vento*): **A feather has blown in**, è volata dentro una piuma *2* (*fam.*) arrivare (*o* capitare) all'improvviso *3* (*di un pozzo petrolifero*) entrare in produzione. **B** *v. t. + avv.* *1* (*del vento, ecc.*) portare dentro *2* (*edil.*) iniettare *3* (*fam. USA*) spendere (*una somma di denaro*).

♦**blow into**, *v. i. + prep.* *1* volare dentro (*una stanza, ecc.*) *2* (*fam.*) arrivare all'improvviso in (*una città, ecc.*).

♦**blow off**, **A** *v. i. + avv.* volare via: **His hat blew off**, gli volò via il cappello. **B** *v. t. + avv.* *1* (*del vento, ecc.*) fare volar via *2* soffiar via: **I blew the ash off the table**, soffiai via la cenere dal tavolo □ (*fam.*) **to b. it off**, fallire; fare fiasco (*o* cilecca) □ **to b. off steam**, scaricare vapore; (*fig. fam.*) scaricarsi, sbollire (*fig.*).

♦**blow out**, **A** *v. t. + avv.* *1* spegnere (*soffiando*): **B. out the candle!**, spegni la candela! *2* (*elettr.*) far saltare (*un fusibile, ecc.*) *3* far uscire (*gas, petrolio, ecc.*) *4* gonfiare (*d'aria, cibo, ecc.*) *5* (*del caldo, ecc.*) far scoppiare (*un pneumatico e sim.*). **B** *v. i. + avv.* *1* (*di una candela, ecc.*) spegnersi *2* (*elettr.*) saltare *3* (*di un pneumatico*) scoppiare: **A tyre blew out**, scoppiò una gomma *4* (*di un temporale, ecc.*; *anche* **to b. out itself**) esaurirsi, passare, cessare *5* (*di gas, ecc.*) fuoriuscire; erompere □ **to b. one's brains out**, farsi saltare le cervella; spararsi.

♦**blow over**, **A** *v. i. + avv.* *1* (*di un temporale, ecc.*) passare, esaurirsi, cessare: **The hurricane will soon b. over**, l'uragano passerà presto *2* (*fig.*) esaurirsi; perdere d'interesse, essere dimenticato; placarsi: **Our quarrel will soon b. over**, la nostra lite si placherà presto; **The scandal blew over in a few months**, lo scandalo cadde nel dimenticatoio dopo pochi mesi. **B** *v. t. + avv.* abbattere, rovesciare: **He was blown over by the gale**, fu gettato a terra dal forte vento.

♦**blow up**, **A** *v. t. + avv.* *1* fare esplodere, far scoppiare (*una mina, ecc.*) *2* far saltare (in aria): **The rearguard blew up the bridge**, la retroguardia fece saltare il ponte *3* (*anche fig.*) gonfiare; montare (*fig.*): **Don't forget to b. up the tyres**, non dimenticare di gonfiare le gomme!; **The whole thing has been blown up**, la faccenda è stata gonfiata (*o* montata) *4* (*fotogr.*) ingrandire; fare un ingrandimento di *5* (*fam.*) arrabbiarsi con (q.) *6* (*fam.*) sgridare (q.). **B** *v. i. + avv.* *1* scoppiare (*anche fig.*); esplodere: **A bomber was hit and blew up**, un bombardiere fu colpito ed esplose; **A storm blew up**, scoppiò un temporale; **A political crisis blew up**, scoppiò una crisi politica; **A fierce quarrel blew up**, scoppiò una grossa lite *2* saltare in aria: **The bridge blew up**, il ponte saltò in aria *3* gonfiarsi: **I've got a rubber boat that blows up**, ho un battellino che si gonfia *4* (*fig.*) esplodere; saltar fuori: **Their old quarrel has blown up again**, è rie-

splosa la loro vecchia lite *5* (*fam.*) scoppiare; perdere la pazienza; arrabbiarsi molto.
♦**blow upon**, *v. i. + prep.* soffiare su (o sopra) □ (*fig.*) **to b. upon sb.'s reputation**, denigrare (*o* screditare) q.

to **blow** (2) /bləʊ/ (*pass.* **blew**, *p. p.* **blown**), *v. i.* (*raro*) fiorire; aprirsi; sbocciare; dischiudersi.

blowback /ˈbləʊbæk/, *n.* *1* vampa di ritorno (*d'arma da fuoco*) *2* (*chim.*) «blowback».

blowball /ˈbləʊbɔːl/, *n.* (*bot.*) pappo.

blowcock /ˈbləʊkɒk/, *n.* (*tecn.*) rubinetto di scarico.

blow-dry /ˈbləʊdraɪ/, *n.* (*fam.*) asciugata (*di capelli, ecc.*) con il fon; messa in piega a fon. ● **to give sb. a b.**, asciugare i capelli a q. con il fon.

to **blow-dry** /ˈbləʊdraɪ/, *v. t.* asciugare (e mettere in piega: *i capelli*) con il fon; fonare.

blower /ˈbləʊə(r)/, *n.* *1* soffiatore: **glass-b.**, soffiatore (*di vetro*) *2* valvola di tiraggio (*d'una stufa*) *3* (*ind.*) soffiatore *4* (*mecc.*) compressore *5* sfiatatoio (*di una miniera*) *6* (*pop.*) telefono *7* (*pop.*) balena.

blowfly /ˈbləʊflaɪ/, *n.* mosca carnaria; moscone della carne.

blowgun /ˈbləʊgʌn/, *n.* (*USA*) cerbottana.

blowhard /ˈbləʊhɑːd/, *n.* (*USA*) fanfarone; sbruffone; spaccone.

blowhole /ˈbləʊhəʊl/, *n.* *1* (*zool.*) sfiatatoio (*di balena*) *2* (*ind.*) soffiatura (*difetto di fusione o di saldatura*); bolla *3* buco (*o* foro) nel ghiaccio (*per respirare*).

blowing /ˈbləʊɪŋ/, *n.* *1* respiro affannoso *2* (*ind.*) soffiatura (*del vetro, ecc.*) *3* (*ind.*) rigonfiamento (*della gomma*). ● **b. apparatus**, mantice (*d'organo*) □ **b. up**, esplosione; (*fam.*) sgridata □ (*fam.*) **b. cat**, musicista jazz.

blowlamp /ˈbləʊlæmp/, *n.* (*ind.*) lampada per saldare.

blown (1) /bləʊn/, **A** *p. p.* di **to blow (1)**. **B** *a.* *1* senza fiato; sfiatato *2* (*fam.*) sfinito; stremato *3* (*di cibo*) guasto, andato a male. ● (*edil.*) **b.-in**, iniettato: **b.-in insulating material**, materiale isolante iniettato □ (*pop. USA*) **b. out**, intontito dalla droga.

blown (2) /bləʊn/, **A** *p. p.* di **to blow (2)**. **B** *a.* (*di un fiore*) dischiuso, sbocciato; (*anche,* = **overblown**) spampanato.

blowoff /ˈbləʊɒf, *USA* -ɔːf/, *n.* (*ind.*) scarico, spurgo (*di vapore, acqua, ecc.*).

blowout /ˈbləʊaʊt/, *n.* *1* scoppio (*d'ira*); rivolta, tumulto *2* (*autom.*) scoppio (*di un pneumatico*) *3* (*elettr.*) fusione, «salto» (*di un fusibile*) *4* (*elettr.*) estinzione (*di un arco voltaico*) *5* (*geol.*) cavità eolica *6* fontanazzo *7* eruzione (*di un pozzo petrolifero*) *8* (*pop.*) mangiata; abbuffata; scorpacciata.

blowpipe /ˈbləʊpaɪp/, *n.* *1* soffione (*tubo per soffiare nel fuoco*) *2* (*ind.*) cannello (*ferruminatorio*; *ossidrico*: *per soffiare il vetro*) *3* cerbottana.

blowtorch /ˈbləʊtɔːtʃ/, *n.* (*ind., USA*) lampada per saldare.

blowy /ˈbləʊɪ/, *a.* ventoso; battuto dal vento.

blowzed /ˈblaʊzd/, **blowzy** /ˈblaʊzɪ/, *a.* (*specialm. di donna*) *1* rosso in faccia; paonazzo; congestionato *2* sciatto; trasandato.

to **blub** /blʌb/, (*pop.*) *V.* **to blubber**.

blubber (1) /ˈblʌbə(r)/, *n.* *1* grasso di balena *2* (*fam.*) grasso animale; ciccia *3* (*gergo naut.*) medusa.

blubber (2) /ˈblʌbə(r)/, *n.* (*arc.*) piagnucolio; frignio.

blubber (3) /ˈblʌbə(r)/, *a.* (*arc.*) gonfio (*per il pianto*); (*di labbro*) tumido.

to **blubber** /ˈblʌbə(r)/, **A** *v. i.* piagnucolare; frignare. **B** *v. t.* dire piangendo (*o* singhiozzando): **He blubbered (out) the whole truth**, disse piangendo tutta la verità.

blubberer /ˈblʌbərə(r)/, *n.* (*raro*) piagnucolone; frignone.

bludgeon /ˈblʌdʒən/, *n.* randello.

to **bludgeon** /ˈblʌdʒən/, *v. t.* *1* randellare; prendere a randellate *2* (*fig.*) minacciare; intimidire.

blue (1) /bluː/, *a.* *1* azzurro; celeste; blu; turchino: **b. sky**, cielo azzurro; **b. smoke**, fumo azzurrino *2* livido (*in volto*); cianotico *3* triste; depresso; d'umor nero: **He looks b. today**, oggi è d'umor nero; **to be feeling b.**, essere depresso; essere giù di giri (*fig. fam.*) *4* tetro; deprimente; nero: **The prospects looked b. for him**, le prospettive erano nere per lui *5* (*polit.*) conservatore *6* (*fam.*) indecente; osceno: **b. jokes**, barzellette oscene *7* (*USA*) rigido; rigoroso; severo: **b. laws**, leggi severe (*già in vigore nella colonia puritana del Connecticut*) *8* (*pop. USA*) sbronzo. ● (*fam.*) **to be (to get, to go) b. about the gills**, *V. sotto* **gill (1)** □ (*metall.*) **b. annealing**, ricottura al blu □ **b. baby**, bambino cianotico (*alla nascita*); bambino blu □ **b. black**, nero notte □ **b. blood**, sangue blu □ **b.-blooded**, di sangue blu □ **b. book**, (*ingl.*) libro azzurro (*relazione di atti del Parlamento*); (*USA*) registro di persone importanti; (*fam. USA*) esame; test (*a scuola*) □ (*telef. USA*) **b. box**, dispositivo elettronico che elimina la registrazione degli addebiti per le chiamate in teleselezione □ **b. bruise**, lividura; livido □ **b. cheese**, formaggio tipo gorgonzola □ **b. chip**, (*poker*) fiche blu (*che vale più di tutte*); (*Borsa*) azione sicura, titolo d'élite; (*agg.*) di prima qualità □ (*fig.*) **b.-collar**, operaio (*agg.*): **a b.-collar union**, un sindacato operaio □ **b.-collar worker**, «colletto blu», operaio (*sost.*) □ (*USA*) **b. cross**, mutua (*per l'assistenza medica*) □ **b.-eyed**, dagli occhi blu; (*fam.*) favorito, prediletto; ingenuo, innocente □ **b. film**, *V.* **b. movie** □ **b. funk**, panico; fifa (*fam.*): **to be in a b. funk**, essere preso dal panico, avere una fifa tremenda □ **b.-grey**, grigio azzurro □ **b. helmet**, casco blu (*soldato dell'O.N.U.*) □ **b. jacket**, marinaio (*della marina militare ingl.*) □ (*moda*) **b. jeans**, blue-jeans □ **b. mould**, muffa azzurra □ (*fam. USA*) **b.-mouthed**, sboccato □ **b. movie**, film pornografico; pornofilm □ **b. peter**, (*naut., ingl.*) bandiera issata quando una nave fa vela (*segnale di partenza*); (*TV*) programma per i bambini su BBC 1 □ **b. riband** (*o, USA,* **b. ribbon**), nastro dell'Ordine della giarrettiera; massima onorificenza, massimo riconoscimento □ (*zool.*) **b. shark** (*Prionace glauca*), squalo azzurro; verdesca; verdone □ (*USA*) **b. sky laws**, leggi per la tutela dei piccoli investitori □ (*miner.*) **b. spar**, lazulite □ (*fig.*) **b. water**, mare aperto □ (*stor.*) **b.-water strategist**, stratega che basava la sicurezza dell'Inghilterra sul dominio dei mari □ (*zool.*) **b. whale**, (*Sibbaldus musculus*) balenottera azzurra □ **to be b. with cold**, essere livido dal freddo □ **deep b.**, blu scuro (*o* carico) □ **to drink till all's b.**, bere fino a ubriacarsi □ **to have the b. devils**, (*fam.*) essere depresso; (*med.*) avere il delirium tremens □ **light b.**, celeste □ **navy b.**, blu navy □ **once in a b. moon**, di rado; a ogni morte di papa □ **to run like a b. streak**, correre a rotta di collo □ (*fam.*) **till one is b. in the face**, a perdifiato: **You can call the boy till you're b. in the face, but he won't come**, puoi sgolarti a chiamarlo, quel ragazzo, tanto non viene □ **true-b.**, leale; fedele.

blue (2) /bluː/, *n.* *1* (color) azzurro, blu, turchino: **The fairy was dressed in b.**, la fata era vestita di turchino *2* – **the b.**, il blu (il cielo); il mare *3* turchinetto (*quello usato dalle lavandaie*) *4* (*polit.*) conservatore: **a true b.**, un conservatore intransigente *5* (*pl.*) depressione; malinconia; tristezza *6* (*pl.*) blues (*canzoni popolari negre*) *7* (*sport*) atleta di squadra universitaria (*di Oxford o Cambridge*) *8* (*sport*) medaglia assegnata a uno di questi atleti *9* (*stor. USA*) soldato dell'Unione *10* (*pop. Austr.*) combattimento; lotta *11* (*in G.B.*) – **the Blues**, le Guardie reali a cavallo. ● (*fig.*) **a bolt from the b.**, un fulmine a ciel sereno □ **the dark blues**, gli atleti dell'università di Oxford (*nelle competizioni agonistiche*) □ (*fam.*) **to have (o to be in) the blues**, essere depresso (*o* malinconico, triste) □ **the light blues**, gli atleti dell'università di Cambridge □ **out of the b.**, (*avv.*) improvvisamente; (*agg.*) improvviso; repentino.

to **blue** /bluː/, *v. t.* *1* rendere blu; tingere in blu *2* (*metall.*) brunire (*un metallo*) *3* (*in lavanderia*) azzurrare *4* (*pop. arc.*) sperperare, scialacquare (*denaro*).

Bluebeard /ˈbluːbɪəd/, *n.* (*folklore*) Barbablù (*anche fig.*).

bluebell /ˈbluːbel/, *n.* (*bot.*) *1* (*in Scozia, Inghil. sett. e USA*: *Campanula rotundifolia*) campanula; campanella *2* (*in Inghil. merid. e in USA*: *Muscari comosum*) cipollaccio; giacinto delle vigne.

blueberry /ˈbluːbrɪ, *USA* -berɪ/, *n.* (*bot., Vaccinium myrtillus*) mirtillo.

bluebird /ˈbluːbɜːd/, *n.* (*zool., Sialia*) uccello azzurro.

bluebonnet /ˈbluːbɒnɪt/, *n.* *1* berretto scozzese di lana blu *2* (*bot., Centaurea*) centaurea.

bluebottle /ˈbluːbɒtl/, *n.* *1* (*zool., Calliphora vomitoria*) moscone azzurro *2* (*bot., Centaurea cyanus*) fiordaliso *3* (*pop. arc.*) poliziotto.

bluecap /ˈbluːkæp/, *V.* **bluebonnet,** *def. 1.*

bluecoat /ˈbluːkəʊt/, *n.* (*fam.*) *1* poliziotto *2* soldato *3* marinaio.

bluefish /ˈbluːfɪʃ/, *n.* (*pl.* **bluefish, bluefishes**) (*zool., Pomatomus saltator*) pomatomo; ballerino; pesce serra; pesce azzurro.

bluegrass /ˈbluːgrɑːs, *USA* -græs/, *n.* *1* (*bot., Poa pratensis*) fienarola *2* (*USA*) varietà di musica country. ● **the B. State**, il Kentucky.

bluehare /ˈbluːheə(r)/, *n.* (*zool., Lepus timidus*) lepre delle Alpi.

blueing /ˈbluːɪŋ/, *n.* *1* (*metall.*) brunitura (*dei metalli*) *2* (*in lavanderia*) azzurraggio; il tingere col turchinetto.

blueish /ˈbluːɪʃ/, *a.* bluastro; azzurrognolo.

bluejack /ˈbluːdʒæk/, *n.* (*chim.*) solfato di rame.

blueness /ˈbluːnəs/, *n.* *1* azzurro; azzurrità (*lett.*) *2* livido.

bluenose /ˈbluːnəʊz/, *n.* (*fam. USA*) *1* puritano; ultraconservatore *2* abitante della Nuova Scozia.

to **blue-pencil** /ˈbluːˈpensl/, *v. t.* *1* segnare con la matita blu *2* (*fig. fam.*) fare tagli su (*un testo*); correggere; censurare.

blueprint /ˈbluːprɪnt/, *n.* *1* copia cianografica; cianografia *2* (*fig.*) piano; progetto; programma. ● **b. machine**, macchina cianografica.

to **blueprint** /ˈbluːprɪnt/, *v. t.* *1* cianografare *2* (*fig.*) programmare; progettare.

bluesman /ˈbluːzmən/, *n.* (*pl.* **bluesmen**) (*mus.*) cantante (*o* suonatore) di blues.

bluestocking /ˈbluːstɒkɪŋ/, *n.* *1* «bas bleu» (*franc.*); donna intellettuale o con pretese di esserlo; intellettualoide *2* (*zool., Recurvirostra americana*) avocetta americana.

bluestone /ˈbluːstəʊn/, *V.* **bluejack**.

bluesuit /ˈbluːsuːt, -sjuːt/, *n.* (*pop. USA*) poliziotto.

bluetit /ˈbluːtɪt/, *n.* (*zool., Parus caeruleus*) cinciarella.

bluff (1) /blʌf/, *a.* *1* (*di dirupo, scogliera, ecc.*) a precipizio; ripido *2* (*di prua di nave*) tozza e rigonfia *3* (*di modo di fare*) brusco; reciso; sgarbato; (*anche*) franco; sincero.

bluff (2) /blʌf/, *n.* *1* scogliera alta e ripida *2* promontorio a picco *3* (*naut.*) grossa prua.

bluff (3) /blʌf/, *n.* *1* (*poker*) bluff *2* (*fig.*) bluff; montatura *3* *V.* **bluffer.** ● **to call sb.'s b.**, (*poker*) (andare a) vedere; (*fig.*) costringere q. a mettere le carte in tavola.

to **bluff** /blʌf/, *v. t.* e *i.* *1* (*poker*) bluffare *2* (*fig.*) bluffare; ingannare (*un avversario*) con minacce a vuoto. ● **to b. sb. into believing** (*o* **thinking**) **st.**, far credere q.c. a q. con un bluff (*o* bluffando) □ (*fam.*) **to b. it** (*o* **one's way**) **out**, cavarsela con un bluff.

bluffer /ˈblʌfə(r)/, *n.* (*poker* e *fig.*) bluffatore.

bluffness /ˈblʌfnəs/, *n.* bruschezza; fran-

chezza.
bluing /'blu:ɪŋ/, *V.* **blueing**.
bluish /'blu:ɪʃ/, *a.* bluastro; azzurrognolo.
blunder /'blʌndə(r)/, *n.* errore madornale; sbaglio grossolano; sfondone (*fam.*); strafalcione. ● **to make a b.**, prendere una cantonata (*o* un granchio) (*fig. fam.*).
to **blunder** /'blʌndə(r)/, **A** *v. i.* **1** sbagliare grossolanamente **2** andare alla cieca; inciampare. **B** *v. t.* (*di solito* **to b. out**) dire (*o* fare) (q.c.) in modo sciocco, confuso; abborracciare; pasticciare. ● **to b. st. away**, sciupare q.c. per imperizia □ **to b. into** (*o* **on, upon**), trovare per caso; imbattersi in.
blunderbuss /'blʌndəbʌs/, *n.* (*stor.*) archibugio; trombone.
blunderer /'blʌndərə(r)/, *n.* confusionario; pasticcione.
blunderhead /'blʌndəhɛd/, *n.* (*arc.*) persona sciocca; stolto.
blunge /blʌndʒ/, *v. t.* impastare (*l'argilla, ecc.*) con l'acqua.
blunt /blʌnt/, **A** *a.* **1** ottuso (*anche fig.*); spuntato; (*del filo d'una lama, ecc.*) smussato: **a b. sword**, una spada smussata **2** brusco; reciso; rude (*soprattutto a parole*) **3** franco; schietto; sincero. **B** *n.* **1** ago passanastro **2** (*pop. arc.*) moneta sonante. ● **a b. pencil**, un lapis spuntato □ **This knife is b.**, questo coltello non taglia.
to **blunt** /blʌnt/, **A** *v. t.* **1** ottundere (*anche fig.*); spuntare; smussare **2** attutire; smorzare **3** diluire. **B** *v. i.* spuntarsi; smussarsi.
bluntly /'blʌntlɪ/, *avv.* bruscamente; recisamente.
bluntness /'blʌntnəs/, *n.* **1** mancanza di punta o taglio; smussatura (*del filo di una lama*) **2** (*fig.*) rudezza; franchezza (*V.* **blunt, A**).
blur /blɜ:(r)/, *n.* **1** macchia; sbavatura **2** visione confusa (*o* sfocata); ricordo sfocato (*o* vago) **3** cosa appena visibile.
to **blur** /blɜ:(r)/, *v. t.* e *i.* **1** macchiare; imbrattare: **The letter was all blurred**, la lettera era tutta sbavature (*d'inchiostro*) **2** rendere confuso (*o* indistinto); annebbiare; far velo a; oscurare: **The morning mist blurred the view**, la foschia del mattino annebbiava il paesaggio. ● **a blurred photo**, una foto sfocata □ **a blurred picture**, un'immagine sfocata (*o* indistinta) □ (*tipogr.*) **blurred print**, stampa sbavata □ (*TV, radar*) **blurred zone**, zona d'incertezza.
blurb /blɜ:b/, *n.* (*fam.*) fascetta pubblicitaria (*di un libro*); soffietto editoriale.
blurry /'blɜ:rɪ/, *a.* confuso; indistinto; vago.
to **blurt** /blɜ:t/, *v. t.* – **to b. out**, lasciarsi uscire di bocca (q.c.) senza riflettere; spifferare; spiattellare; sbottare in (*imprecazioni, ecc.*): **to b. out a secret**, spifferare un segreto.
blush /blʌʃ/, *n.* **1** rossore (*di vergogna, ecc.*) **2** colorito roseo: **the b. of youth**, il colorito roseo della giovinezza **3** sguardo; occhiata: **at first b.**, a una prima occhiata; a prima vista; di primo acchito. ● **the b. of sunset**, il rosso del tramonto □ (*fam. USA*) **b. wine**, vino rosato pallido □ **to put sb. to the b.**, fare arrossire q. □ (*a uno che ci elogia*) **Spare my blushes!**, non farmi arrossire!
to **blush** /blʌʃ/, *v. i.* **1** arrossire; vergognarsi **2** diventare rosso.
blusher /'blʌʃə(r)/, *n.* **1** chi arrossisce **2** fard; rossetto per le guance; belletto.
blushingly /'blʌʃɪŋlɪ/, *avv.* arrossendo; con rossore.
bluster /'blʌstə(r)/, *n.* **1** furia, fragore (*degli elementi*) **2** bufera; tempesta **3** sfuriata; discorso minaccioso **4** spacconata.
to **bluster** /'blʌstə(r)/, **A** *v. i.* **1** (*del vento, delle onde, ecc.*) infuriare; imperversare; rumoreggiare **2** (*di persone*) imperversare; fare una sfuriata; dare in escandescenze. **B** *v. t.* **1** intimidire; costringere con minacce **2** dire (q.c.) in modo violento. ● **to b. oneself into anger**, infuriarsi; scaldarsi; montarsi (*fam.*) □ **to b. st. out** (*o* **forth**), dire (q.c.) con grande sicumera; lanciare (*minacce*).
blusterer /'blʌstərə(r)/, *n.* gradasso; prepotente; spaccone.
blusteringly /'blʌstərɪŋlɪ/, *avv.* **1** furiosamente; rumorosamente **2** in modo minaccioso.
blusterous /'blʌstərəs/, **blustery** /'blʌstərɪ/, *a.* **1** burrascoso; tempestoso **2** minaccioso; spavaldo.
b.o., B.O. /bi:'əʊ/, *n.* **1** (*acronimo di* **body odour**) cattivo odore; puzza di sudore **2** (*acronimo di* **box office**) (*USA*) incasso (*a teatro*); capacità di attrarre il pubblico; richiamo. ● **This film is still B.O.**, questo è ancora un film di cassetta □ (*eufem.*) **to have an incredible B.O.**, puzzare (di sudore) da matti.
bo (1) /bəʊ, bu:/, *n.* (*pl.* **boes**) (*pop. USA*) **1** vagabondo; barbone (*fam.*) **2** (*vocat.*) vecchio mio!
bo (2), boh /bəʊ, bʌh/, *inter.* (*per spaventare q.*) buh! ● (*fig.*) **He can't say bo to a goose** (*o* **to a battledore**), ha paura d'una mosca.
boa /'bəʊə/, *n.* **1** (*zool., Boa*) boa: **boa constrictor**, serpente boa **2** (*moda*) boa.
boar /bɔ:(r)/, *n.* **1** verro **2** (*zool., Sus scropha*; **= wild b.**) cinghiale.
board /bɔ:d/, *n.* **1** asse; assicella; tavola **2** tabellone; cartellone pubblicitario; albo; quadro (murario): **Pin the notice on the b.**, attacca l'avviso sul tabellone; **control b.**, (*TV*) quadro di controllo; (*ind.*) quadro di comando **3** vitto, pasti (*in una pensione, ecc.*); (*fig.*) desco (*lett.*), mensa: **How much does it cost you for b. and lodging?**, quanto spendi per vitto e alloggio? **4** tavolo (*per riunioni, ecc.*); comitato; consiglio; ministero: **The B. will meet tomorrow**, il comitato (*o* il consiglio) si riunirà domani; (*fin.*) **b. of directors**, consiglio d'amministrazione; **b. of management**, comitato direttivo; direzione (*d'una fabbrica*); **B. of Education,** (*stor.*: *in G.B.*) Ministero della Pubblica Istruzione; (*USA*) comitato di cittadini che controlla le scuole di una zona **5** (*trasp.*) bordo; fianco, murata (*di nave*): **on b.**, a bordo (*di nave, aeroplano, autobus, ecc.*); **The ship had two hundred passengers on b.**, c'erano duecento passeggeri a bordo della nave **6** (**= cardboard**) cartone **7** (*pl.*) copertina: **a book in cloth boards**, un libro dalla copertina in tela **8** (*pl.*) palcoscenico; (*fig.*) scene: **to tread the boards**, calcare le scene. ● (*fin.*) **b. chairman**, presidente del consiglio d'amministrazione □ **b. game**, gioco di simulazione (*Monopoli, il gioco della guerra, ecc.*) □ **B. of Admiralty**, Ministero della Marina □ **b. of arbitrators**, collegio arbitrale □ (*in G.B.*) **B. of Customs and Excise**, Dipartimento dei Dazi e delle Dogane □ **b. of examiners**, commissione esaminatrice □ (*in G.B.*) **B. of Inland Revenue**, Ufficio delle Imposte Dirette e delle Imposte di Bollo □ **b. of inquiry**, comitato d'inchiesta □ **B. of Trade**, (*stor., in G.B.*) Ministero del Commercio; (*in U.S.A.*) associazione d'uomini d'affari □ **b.-room**, sala di rappresentanza; (*fin.*) sala (per le riunioni) del consiglio d'amministrazione □ **b.-up**, chiusura con un assito (*dopo un'effrazione, ecc.*) □ **b. wages**, supplemento (di salario) per spese di vitto non corrisposto □ (*fig.*) **above b.**, apertamente; lealmente; a carte scoperte □ (*fig.*) **bed and b.**, rapporti coniugali, tetto coniugale; (*tur.*) vitto e alloggio, pensione completa □ (*di libro*) **bound in paper boards**, cartonato □ **chopping-b.**, tagliere □ **diving-b.**, trampolino (*per tuffi*) □ **foot** (*o* **running**) **b.**, predellino (*d'automobile, ecc.*) □ (*comm.*) **free on b.**, franco a bordo □ (*tur.*) **full b.**, pensione completa □ (*naut., aeron.*) **to get** (*o* **to go**) **on b.**, imbarcarsi □ **to get** (*o* **to go**) **on b. the train**, salire sul treno □ **to go by the b.**, (*naut.*: *di albero, ecc.*) essere spazzato via; (*fig.*: *di progetti, speranze*) fallire, venir meno □ (*fig.*) **groaning b.**, pasto abbondante □ **ironing b.**, tavolo da stiro □ **notice b.**, tabellone □ (*fin.*) **to be** (*o* **to serve**) **on the b.**, fare parte del consiglio di amministrazione □ (*sport*) **spring-b.**, pedana; trampolino (*anche fig.*) □ **to sweep the b.**, (*a carte*) vincere tutte le mani, dare cappotto; far saltare il banco; (*fig.*) far piazza pulita □ **to take on b.**, (*trasp.*) prendere (*passeggeri*) a bordo; (*fig.*) recepire, accettare (*idee nuove, richieste, ecc.*).
to **board** /bɔ:d/, *v. t.* e *i.* **1** coprire (*o* chiudere) con assi (*o* con tavole): **to b. (up) the doors and windows of an empty house**, chiudere con assi le porte e le finestre d'una casa vuota **2** ospitare pensionanti; far pensione; tenere (*o* essere) a pensione: **He boards with an old lady**, è a pensione da una vecchia signora **3** (*naut.*) abbordare, arrembare (*una nave*) **4** salire a bordo di (*una nave, un aereo*); imbarcarsi; salire su (*un treno, un autobus, un tram, ecc.*): **«city where you boarded»** (*su un biglietto*), «città d'imbarco» **5** (*naut.*) bordeggiare; virare di bordo. ● **to b. a bicycle**, inforcare una bicicletta □ **to b. out**, (*un tempo*) affidare (*bambini abbandonati*) a famiglie; (*ora*) mettere (*o* andare) a pensione; consumare i pasti in luogo diverso da quello in cui si è alloggiati: **He has a bedroom in this house, but boards out**, ha una camera in questa casa, ma consuma i pasti fuori □ **to b. the train**, salire in treno; (*pop. USA*) andare in molti con la stessa donna □ **to b. st. up**, chiudere q.c. con assi □ **boarded enclosure**, steccato di cinta.
boarder /'bɔ:də(r)/, *n.* **1** pensionante **2** convittore, convittrice **3** chi abborda (*una nave*); chi va all'arrembaggio. ● **day-b.**, esterno (*di un collegio*) □ **to take in boarders**, tenere pensionanti; fare pensione.
boarding /'bɔ:dɪŋ/, *n.* **1** assito; tavolato **2** copertura con tavole **3** pensione; il tenere (*o* essere) a pensione: **I was tired of b. and so rented a flat**, ero stanco di stare a pensione e così affittai un appartamento **4** (*naut.*) abbordaggio; arrembaggio **5** (*naut., aeron.*) imbarco; il salire a bordo. ● **b. area**, sala di imbarco (*in un aeroporto*) □ (*naut., aeron.*) **b. card**, carta d'imbarco □ **b.-house**, pensione □ **b. kennel**, canile che fa pensione □ (*naut., aeron.*) **b. pass**, carta d'imbarco □ **b. school**, collegio; convitto; pensionato (*per studenti*).
boardman /'bɔ:dmən/, *n.* (*pl.* **boardmen**) **1** (*cinem.*) elettricista **2** uomo sandwich.
boardsailer /'bɔ:dseɪlə(r)/, *n.* (*sport*) windsurfista; surfista a vela (*raro*).
boardsailing /'bɔ:dseɪlɪŋ/, *n.* (*sport*) windsurf; surf a vela (*raro*).
boarhound /'bɔ:haʊnd/, *n.* cane (danese) per la caccia al cinghiale.
boarish /'bɔ:rɪʃ/, *a.* **1** di (*o* da) cinghiale **2** (*fig.*) maialesco; bestiale; lascivo, osceno; feroce.
boast /bəʊst/, *n.* **1** vanteria; millanteria **2** vanto: **It is his b. that he has an excellent memory**, si fa vanto d'avere una memoria eccellente. ● **to make b. of st.**, darsi (*o* farsi) vanto di q.c.
to **boast (1)** /bəʊst/, *v. t.* e *i.* vantare, vantarsi; gloriarsi; millantarsi: **It's nothing to b. of**, non c'è da vantarsene; **Our town can b. beautiful works of art**, la nostra città può vantare belle opere d'arte; **He boasts himself a patriot**, si vanta d'essere un patriota.
to **boast (2)** /bəʊst/, *v. t.* (*scult.*) sbozzare (*una statua, ecc.*).
boaster (1) /'bəʊstə(r)/, *n.* millantatore; spaccone.
boaster (2) /'bəʊstə(r)/, *n.* (*scult.*) scalpello da sbozzo.
boastful /'bəʊstfl/, *a.* vanaglorioso; presuntuoso.
boastfulness /'bəʊstflnəs/, *n.* millanteria; vanagloria; iattanza.
boat /bəʊt/, *n.* **1** (*naut.*) imbarcazione; barca; battello; lancia; (piccola) nave: **They've come by b.**, sono venuti in barca (*o* in battello) **2** vasetto (*a forma di barca*); salsiera **3** (*chim.*) navicella; crogiolo **4** (*ind. tess.*) na-

vetta **5** (*fam.*) sottomarino **6** (*fam. USA*) aeroplano **7** (*fam. USA*) automobile. ● (*naut.*) **b. deck**, ponte barche; ponte imbarcazioni □ (*zool.*) **b.-fly** (*Notonecta glauca*), notonetta □ **b.-hook**, gaffa; gancio d'accosto □ **b.-house**, rimessa (*o* tettoia) per barche □ (*polit., stor.*) **b. people**, boat people; profughi in espatrio clandestino su battelli □ (*sport*) **b. race**, gara di canottaggio □ **the B. Show**, il Salone della Nautica (*a Londra, in gennaio*) □ **b. song**, barcarola □ **b. train**, treno in coincidenza con un battello □ (*fig.*) **to burn one's boats**, tagliarsi i ponti alle spalle □ **fishing b.**, barca da pesca; peschereccio □ (*fig.*) **to have an oar in everyone's b.**, avere mano in pasta dappertutto □ (*fig.*) **to be (all) in the same b.**, essere (tutti) nella stessa barca; correre gli stessi rischi □ (*fam.*) **to miss the b.**, perdere (*o* lasciarsi sfuggire) un'occasione □ **motor-b.**, barca a motore □ (*fig. fam.*) **to push the boat out**, impegnarsi (*finanziariamente*) per fare le cose in grande (*per una festa, un matrimonio, ecc.*) □ (*fig., fam.*) **to rock the b.**, turbare l'equilibrio; mettere i bastoni fra le ruote (*fig.*) □ **rowing b.**, barca a remi; canotto □ **ship's b.**, lancia di bordo □ **to take the b.**, imbarcarsi □ **to take to the boats**, (*naut.*) calare le scialuppe; (*fig.*) mettersi in salvo.

to **boat** /bəʊt/, **A** *v. i.* andare in barca. **B** *v. t.* **1** trasportare con una barca **2** mettere su una barca. ● **to b. across**, traghettare □ **to b. the oars**, tirare in barca i remi.

boatage /ˈbəʊtɪdʒ/, *n.* (costo del) trasporto in barca.

boatel /bəʊˈtɛl/, *n.* **1** albergo (*lungo un fiume*) per turisti in barca **2** albergo-barcone; nave albergo.

boater /ˈbəʊtə(r)/, *n.* **1** barcaiolo; battelliere **2** (*stor. della moda*: *negli anni venti*) paglietta; cappello di paglia.

boatful /ˈbəʊtfʊl/, *n.* carico (*d'una barca*); barcata.

boating /ˈbəʊtɪŋ/, *n.* l'andare in barca per diporto; nautica. ● **b. man**, appassionato di nautica da diporto □ **to go b.**, andare in barca per diporto.

boatload /ˈbəʊtləʊd/, *n.* carico (*di una barca*); barcata.

boatman /ˈbəʊtmən/, *n.* (*pl.* **boatmen**) **1** barcaiolo; battelliere **2** noleggiatore di barche.

boatnapping /ˈbəʊtnæpɪŋ/, *n.* (*fam. USA*) (atto di) pirateria; dirottamento di una nave.

boatswain /ˈbəʊsn/, *n.* (*naut.*) nostromo.

bob /bɒb/, *n.* **1** peso di un pendolo (*o* del filo a piombo); contrappeso; pendaglio **2** ciocca di capelli **3** capelli tagliati alla maschietta (*o* a zazzeretta) **4** coda mozza (*di cavallo*) **5** mazzetto di vermi (*per esca*) **6** sughero (*di lenza*) **7** rapido inchino **8** colpetto; strappo; strattone; sobbalzo **9** (*poesia*) verso breve (*in fine di strofa*) **10** (*sport*) bob; guidoslitta (*raro*) **11** (*pop., stor.*; *invar. al pl.*) scellino; (*pop. USA*) dollaro: **It costs ten bob**, costa dieci dollari **12** (*mecc.*) disco di feltro (*per lucidatrice*) **13** (*metall.*) materozza **14** (*arc.*) refrain (*di una canzone*). ● (*sport*) **bob run**, pista da bob □ (*USA*) **bob skates**, pattini da ghiaccio □ **bob wig**, parrucca con riccioli corti (*di un giudice ingl.*) □ **to wear one's hair in a bob**, portare i capelli alla maschietta.

to **bob** /bɒb/, **A** *v. t.* **1** tagliare i capelli (*di donna o bambino*) alla maschietta (*o* a zazzeretta): **Many schoolgirls have bobbed hair**, molte studentesse portano i capelli tagliati alla maschietta **2** mozzare (*la coda a un cavallo*) **3** dare un colpetto a (q.c.); spingere a scatti. **B** *v. i.* **1** sobbalzare; ballonzolare; muoversi a scatti: **A number of corks were bobbing on the water**, diversi sugheri ballonzolavano sull'acqua **2** pescare con il sughero (*o* con un mazzetto di vermi) (*per esca*) **3** fare un rapido inchino **4** – **to bob for**, (cercare di) afferrare coi denti (*ciliege, uva, ecc.*: *sulla pianta*) **5** (*sport*) andare in bob. ● **to bob one's head**, muovere il capo a scatti □ **to bob up**, venire a galla; (*fig.*) farsi vivo; saltar fuori: **to bob up like a cork**, tornare a galla, in auge □ **to bob up and down**, ballonzolare (*nell'acqua, ecc.*).

Bob /bɒb/, *n.* (*dim. di* **Robert**) Robertino; Berto. ● (*pop.*) **B.'s your uncle!**, tutto a posto!; è fatta!

bobbed /bɒbd/, *a.* (*di capelli*) (tagliati) a zazzeretta.

bobbin /ˈbɒbɪn/, *n.* **1** rocchetto; bobina; spola **2** (*elettr.*) bobina; rocchetto. ● **b. lace**, merletto a tombolo (*o* a fuselli) □ (*ind. tess.*) **to build the b.**, formare la bobina □ **winding-on b.**, bobina d'avvolgimento.

bobbinet /ˈbɒbɪnɛt/, *n.* pizzo a rete (*fatto a macchina*).

bobble /ˈbɒbl/, *n.* **1** sobbalzo **2** (*moda*) pompon **3** (*fam. USA*) sbaglio.

to **bobble** /ˈbɒbl/, *v. i.* **1** sobbalzare **2** (*fam. USA*) sbagliare.

bobby /ˈbɒbɪ/, *n.* (*fam.*) poliziotto: **the b. on his beat**, il poliziotto di ronda. ● (*USA*) **b. pin**, forcina, molletta (*da capelli*) □ (*fam. USA*) **b. socks** (*o* **b. sox**), calzini corti □ (*USA*) **b.-soxer**, ragazzina che porta ancora i calzini corti; adolescente; fanatica per i divi del cinema, i cantanti, ecc.

Bobby /ˈbɒbɪ/, *V.* **Bob**.

bobcat /ˈbɒbkæt/, *n.* (*pl.* **bobcats, bobcat**) (*zool., Lynx rufus*) lince rossa.

bobolink /ˈbɒbəlɪŋk/, *n.* (*zool., Dolichonyx oryzivorus*) bobolink.

bobsled /ˈbɒbslɛd/, *n.* (*sport*) bob; guidoslitta (*raro*).

bobsleigh /ˈbɒbsleɪ/, *V.* **bobsled**.

to **bobsleigh** /ˈbɒbsleɪ/, *v. i.* (*sport*) andare in bob.

bobsleighing /ˈbɒbsleɪɪŋ/, *n.* (*sport*) il bob (*l'attività*).

bobstay /ˈbɒbsteɪ/, *n.* (*naut.*) briglia del bompresso.

bobtail /ˈbɒbteɪl/, *n.* e *a.* (cane, cavallo) con la coda mozza.

bobwhite /ˈbɒbwaɪt, *USA* -hw-/, *n.* (*USA*; *zool., Colinus virginianus*; = **b. quail**) quaglia della Virginia.

boche /bɒʃ, *USA* bəʊʃ/, *n.* (*pl.* **boches, boche**) (*pop. spreg.*) crucco (*pop.*); tedesco.

bock /bɒk/, *n.* (*USA*, = **b. beer**) birra tedesca, forte e scura.

bod /bɒd/, *n.* (*pop.*) individuo; tipo; tizio.

bode /bəʊd/, *pass.* di **to bide**.

to **bode** /bəʊd/, **A** *v. i.* far presagire; promettere; preannunciare: **This bodes no good**, ciò non promette nulla di buono. **B** *v. t.* (*arc.*) predire; profetare. ● **to b. ill (well)**, essere di cattivo (buono) augurio.

bodice /ˈbɒdɪs/, *n.* **1** (*stor.*) corpetto; busto **2** corpetto; corpino; bustino **3** (*moda*) bolero. ● (*fam.*) **b.-ripper**, romanzo (storico) con un po' di sesso e un po' di violenza.

bodied /ˈbɒdɪd/, *a.* (*nei composti*:) dal corpo: **a big-b. man**, un uomo dal corpo grosso. ● (*del vino*) **full-b.**, corposo.

bodiless /ˈbɒdɪləs/, *a.* senza corpo; incorporeo.

bodily /ˈbɒdəlɪ/, **A** *a.* fisico; corporale; corporeo: **b. fear**, paura fisica. **B** *avv.* **1** in persona; in carne e ossa: **He'll be b. present**, sarà presente in persona **2** completamente; di peso: **to pick up sb. b.**, prendere su q. di peso **3** tutti insieme; come un sol uomo.

boding /ˈbəʊdɪŋ/, **A** *n.* presagio; presentimento. **B** *a.* presago.

bodkin /ˈbɒdkɪn/, *n.* **1** punteruolo **2** spillone (*da capelli*) **3** ago passanastro **4** (*tipogr.*) pinzette **5** (*arc.*) pugnale; stiletto.

Bodleian /bɒdˈliːən/, *a.* e *n.* bodleiano: **the B. (Library)**, la biblioteca bodleiana (*dell'università di Oxford*).

body /ˈbɒdɪ/, *n.* **1** corpo (*in ogni senso*): **Many bodies were found on the shore after the wreck**, parecchi corpi (*o* cadaveri) furono trovati sulla spiaggia dopo il naufragio; **the teaching b.**, il corpo insegnante; **heavenly b.**, corpo celeste; **the legislative b.**, il corpo legislativo; **the b. of the letter**, il corpo della lettera; (*med.*) **a foreign b.**, un corpo estraneo **2** busto; tronco: **He was wounded in the b.**, fu ferito al tronco **3** massa; quantità (*meteor.*): **a b. of cold air**, una massa d'aria fredda; **a large b. of facts**, una grande quantità di fatti **4** corpo, forza (*del vino, ecc.*); consistenza (*d'un liquido*) **5** (*fam., arc. o USA*) tipo; tizio; persona: **She's a fretful old b.**, è una vecchietta irritabile **6** (*geom.*) solido **7** (*autom.*) carrozzeria, scocca (*di automobile*); cassone (*d'autocarro*): **b. repair**, lavoro di carrozzeria **8** (*aeron.*) fusoliera **9** (*mecc.*) gambo **10** (*mil.*) bastione (*di fortezza*) **11** (*miner.*, = **ore b.**) giacimento (*di minerale*) **12** (*tipogr.*, = **b. size**) corpo (*dei caratteri da stampa*). ● **b. and soul**, anima e corpo; completamente □ (*arte*) **b. art**, body art □ **b.-belt**, panciera, ventriera □ **b. blow**, (*boxe*) colpo al bersaglio grosso; (*fig.*) colpo grave, serio □ **b.-build**, costituzione; il fisico (*fam.*) □ **b.-builder**, chi pratica il body-building; (*autom.*) operaio del reparto carrozzeria; carrozziere □ **b.-building**, body-building (*un po' meno del «culturismo»*); (*autom.*) lavoro di carrozzeria □ (*leg.*) **b. corporate**, persona giuridica; ente morale □ **b. count**, (*mil.*) conteggio dei morti; numero di nemici uccisi; (*in genere*) numero di vittime □ (*psic.*) **b. image**, immagine (che si ha) di sé □ **b. language**, linguaggio gestuale; gestualità □ **b. linen**, biancheria intima □ **b.-maker**, *V.* **b.-builder** □ (*fam. eufem.*) **b. odour**, cattivo odore; puzza di sudore □ (*leg.*) **b. of evidence**, corpo del reato □ **b. of laws**, corpo (*o* raccolta) di leggi □ **a b. of water**, un bacino d'acqua □ (*autom.*) **b. repairer**, carrozzaio □ **b. repairer's shop**, carrozzeria; officina di carrozzaio □ (*autom.*) **b. repairing**, lavoro di carrozzaio (*o* di carrozzeria) □ (*autom.*) **b. shop**, reparto carrozzeria, carrozzeria □ (*arc.*) **b. snatcher**, dissotterratore di cadaveri (*a scopo di studio anatomico*) □ **b. stocking**, body; tutina (*da ginnastica o da ginnastica ritmica*) □ **b. wrap**, bendaggio (*trattamento estetico*) □ (*autom.*) **custom-built b.**, carrozzeria fuoriserie □ **in a b.**, tutti insieme; compatti □ (*fam.*) **to keep b. and soul together**, sopravvivere; mantenersi in vita (*in circostanze avverse*) □ **a public b.**, un ente pubblico.

to **body** /ˈbɒdɪ/, *v. t.* **1** (*raro*) dare corpo a **2** incorporare **3** addensare; ispessire; rassodare **4** (*anche* **to b. forth**) dare forma corporea a; rappresentare; impersonare.

bodyguard /ˈbɒdɪgɑːd/, *n.* guardia del corpo.

bodysuit /ˈbɒdɪsuːt, -sjuːt/, *n.* (*moda*) vestito a tuta assai aderente.

bodywear /ˈbɒdɪwɛə(r)/, *n.* (*collett.*) corsetteria (*busti, guaine, ecc.*).

bodywork /ˈbɒdɪwɜːk/, *n.* (*autom.*) **1** lavoro di carrozziere **2** carrozzeria (*di un'auto*).

Boeotian /bɪˈəʊʃɪən/, *a.* e *n.* beota; (individuo) ottuso, stolido.

Boer /bɔː(r), buə(r), bəʊə(r)/, *a.* e *n.* boero.

boff /bɒf/, *n.* (*pop. USA*) **1** botta; colpo; pugno; schiaffo **2** (*volg.*) scopata (*volg.*).

to **boff** /bɒf/, *v. t.* (*pop. USA*) **1** colpire; picchiare **2** (*volg.*) sbattere, scopare (*volg.*).

boffin /ˈbɒfɪn/, *n.* (*pop.*) cervellone (*pop.*); esperto, scienziato (*di un progetto segreto*).

boffo /ˈbɒfəʊ/, (*pop. USA*) **A** *a.* divertente; di gran successo; che è uno schianto (*pop.*). **B** *n.* **1** battuta comica divertente **2** risata fragorosa (*del pubblico*) **3** spettacolo di gran successo **4** (un) dollaro.

boffola /bɒˈfəʊlə/, *n.* (*pop. USA*) *V.* **boffo, B**.

bog (1) /bɒg, *USA* bɔːg/, *n.* pantano; palude. ● **bog earth**, torba □ (*miner.*) **bog iron ore**, limnite □ (*bot.*) **bog moss**, sfagno □ **bog-trotter**, vagabondo delle paludi; (*spreg.*) irlandese.

bog (2) /bɒg, *USA* bɔːg/, *n.* (*pop.*) latrina; cesso.

to **bog** /bɒg, *USA* bɔːg/, **A** *v. t.* impantanare. **B** *v. i.* impantanarsi (*anche fig.*). ● **to be bogged** (**down**), impantanarsi.

bogey (**1**) /ˈbəʊgɪ/, *V.* **bogy**.

bogey (**2**) /ˈbəʊgɪ/, *n.* (*golf*) ***1*** (*in G.B.*) norma ***2*** (*in U.S.A.*) uno (*un colpo*) sopra la norma.

bogginess /ˈbɒgɪnəs, *USA* ˈbɔːg-/, *n.* l'essere paludoso; abbondanza di paludi.

to **boggle** /ˈbɒgl/, **A** *v. i.* ***1*** sobbalzare; trasalire ***2*** esitare; indugiare: **to b. at declaring war**, esitare a dichiarare guerra. **B** *v. t.* ***1*** colpire; impressionare; sbalordire ***2*** abborracciare. ● **My mind boggles!**, inorridisco al solo pensiero!

boggy /ˈbɒgɪ, *USA* ˈbɔːg-/, *a.* pantanoso; paludoso.

bogie /ˈbəʊgɪ/, *n.* ***1*** (*ferr.*) carrello ferroviario ***2*** (*autom.*) carrello a tre assi ***3*** rullo portante (*di cingolo di trattore o carro armato*) ***4*** (*ind. min.*) carrello ***5*** *V.* **bogy**.

bogle /ˈbəʊgl/, (*scozz.*) *V.* **bogy**.

bogus /ˈbəʊgəs/, *a.* artefatto; contraffatto; falso; finto. ● (*fin.*) **b. company**, società fantasma □ **b. share**, azione fasulla.

bogy /ˈbəʊgɪ/, *n.* ***1*** fantasma; folletto; spirito maligno ***2*** (= **b.-man**) spauracchio; babau; uomo nero ***3*** (*pop.*) muco (*del naso*) ***4*** (*pop. USA*) poliziotto ***5*** (*gergo mil.*) aereo non identificato.

Bohemia /bəʊˈhiːmɪə/, *n.* (*geogr.*) Boemia.

Bohemian /bəʊˈhiːmɪən/, *a.* e *n.* ***1*** boemo ***2*** (*arc.*) zingaro ***3*** (*arte*) bohémien; (di, da) artista.

Bohemianism /bəʊˈhiːmɪənɪzəm/, *n.* bohème.

bohunk /ˈbəʊhʌnk/, *n.* (*spreg. USA*) ***1*** oriundo dell'Europa centro-orientale (*boemo, ceco o ungherese*) ***2*** operaio non qualificato ***3*** persona rozza.

boil (**1**) /bɔɪl/, *n.* ***1*** punto d'ebollizione; bollore: **at** (*o* **on**) **the b.**, in bollore; **to bring st. to the b.**, portare a bollore, far bollire q.c.; **to come to the b.**, (*di liquido*) alzare il bollore ***2*** bollitura.

boil (**2**) /bɔɪl/, *n.* ***1*** (*med.*) bolla; pustola; foruncolo ***2*** (*ind. del vetro*) bollicina; pulica, puliga.

to **boil** /bɔɪl/, **A** *v. i.* bollire; ribollire (*anche fig.*): **My blood was boiling**, mi sentivo ribollire il sangue. **B** *v. t.* bollire; far bollire; lessare; fare (q.c.) sodo: **Shall I b. you two eggs?**, vuoi che ti faccia due uova sode? ● (*cucina*) **to b. dry**, (far) evaporare bollendo □ (*fig.*) **to keep the pot boiling**, guadagnarsi da vivere.

♦**boil away**, *v. i.* + *avv.* ***1*** continuare a bollire ***2*** evaporare del tutto a forza di bollire ***3*** (*fig.*: *di un sentimento, ecc.*) sbollire; svanire.

♦**boil down**, **A** *v. i.* + *avv.* ***1*** condensarsi (*o* ridursi) bollendo ***2*** (*fig.*) ridursi: **It all boils down to asking for a loan**, la faccenda si riduce a una richiesta di prestito. **B** *v. t.* + *avv.* ***1*** condensare, rassodare (*una salsa, ecc.*); ridurre (*un liquido*) con la bollitura ***2*** (*fig.*) condensare, riassumere (*una notizia, una relazione, ecc.*).

♦**boil off**, **A** *v. t.* + *avv.* ***1*** eliminare (*un'impurità, ecc.*) con la bollitura ***2*** (*ind. tess.*) sgommare. **B** *v. i.* + *avv.* (*di un'impurità*) scomparire con la bollitura.

♦**boil over**, *v. i.* + *avv.* ***1*** (*del latte, ecc.*) traboccare (*bollendo*) ***2*** (*fig.*) degenerare: **The quarrel boiled over into an open fight**, la lite degnerò in lotta aperta ***3*** (*fig.*) ribollire di rabbia.

♦**boil up**, **A** *v. t.* + *avv.* riscaldare (*la minestra, ecc.*). **B** *v. i.* + *avv.* (*fig.*) arroventarsi, farsi rovente: **The situation was boiling up in the Balkans**, la situazione si faceva rovente nei Balcani.

boiled /bɔɪld/, *a.* bollito, lesso: **b. potatoes**, patate lesse. ● **b. beef**, bollito di manzo; lesso □ **b. eggs**, uova alla coque □ (*pop.*) **b. shirt**, camicia inamidata; (*fig.*) personaggio importante □ (*pop. USA*) **to get b. on**, sbronzarsi di (*whisky, ecc.*).

boiler /ˈbɔɪlə(r)/, *n.* ***1*** caldaia ***2*** bollitore ***3*** scaldaacqua (*ad accumulo*); scaldabagno. ● **b.-maker**, calderaio; (*pop. USA*) whisky con birra □ **b. room**, locale delle caldaie; (*fam. USA*) ufficio elettorale; (*fin.*) *V.* **bucket shop** □ **b. suit**, tuta da lavoro □ (*ind.*) **b. works**, fabbrica di caldaie □ (*USA*) **double b.**, pentola per bollire a bagnomaria □ **oil-fired b.**, caldaia a gasolio.

boilerplate /ˈbɔɪləpleɪt/, *n.* ***1*** lamiera per caldaie ***2*** (*elab.*) blocco fisso (*di dati, ecc.*) ***3*** (*giorn.*) pezzo già stampato; riempitivo; pezzo di riserva.

boiling /ˈbɔɪlɪŋ/, **A** *n.* ***1*** ebollizione ***2*** bollitura. **B** *a.* ***1*** bollente ***2*** (*fig.*) agitato; ribollente; in stato di eccitazione. ● (*fam.*) **a b. hot day**, una giornata di caldo infernale □ (*ind. tess.*) **b. off**, sgommatura □ **b. plate**, fornello elettrico a piastra □ **b. point**, punto d'ebollizione; (*fig.*) stato d'eccitazione □ **b. ring**, fornello elettrico.

boisterous /ˈbɔɪstərəs/, *a.* ***1*** forte; violento; tempestoso; turbolento: **a b. wind**, un forte vento; **a b. sea**, un mare tempestoso; **a b. man**, un uomo turbolento ***2*** allegro e chiassoso ***3*** (*di riso*) sfrenato.

boisterousness /ˈbɔɪstərəsnəs/, *n.* ***1*** forza (*del vento, ecc.*); violenza (*del mare, ecc.*); turbolenza ***2*** allegria chiassosa.

boko /ˈbəʊkəʊ/, *n.* (*pl.* **bokos**) (*pop.*) naso.

bold /bəʊld/, *a.* ***1*** baldo; baldanzoso; animoso; ardito; audace; coraggioso ***2*** impudente; sfacciato; sfrontato ***3*** chiaro; ben marcato; sicuro: **He writes a b. hand**, ha una scrittura ben marcata e chiara; **He painted with quick, b. strokes**, dipingeva a pennellate rapide e sicure. ● **b.-faced**, impudente; sfacciato; (*tipogr.*) (stampato) in neretto □ **b. lettering**, caratteri marcati □ (*tipogr.*) **b. type**, neretto; grassetto □ **to make** (**so**) **b.** (**as**) **to**, avere l'ardire di □ **to make b. with sb.**, prendersi delle libertà con q. □ **to make b. with st.**, usare liberamente q.c. □ **to put a b. face on st.**, affrontare q.c. coraggiosamente.

boldface /ˈbəʊldfeɪs/, *n.* (*tipogr.*) neretto; grassetto.

boldness /ˈbəʊldnəs/, *n.* ***1*** baldanza; ardire; audacia; coraggio; temerità ***2*** impudenza; sfacciataggine; sfrontatezza ***3*** chiarezza; nitidezza; sicurezza (*di tocco, di pennello, ecc.*).

bole (**1**) /bəʊl/, *n.* tronco d'albero.

bole (**2**) /bəʊl/, *n.* (*miner.*) bolo.

bole (**3**) /bəʊl/, *n.* (*grafica*) mordente (*per lamine d'oro*).

bolero /bəˈleərəʊ/, *n.* (*pl.* **boleros**) (*moda, mus.*) bolero.

bolide /ˈbəʊlaɪd/, *n.* (*astron.*) bolide; aerolito.

Bolivian /bəˈlɪvɪən/, *a.* e *n.* boliviano.

boll /bəʊl/, *n.* (*bot.*) capsula (*specialm. del cotone e del lino*). ● (*zool.*) **b. weevil** (*Anthonomus grandis*), antonomo del cotone (*parassita*).

bollard /ˈbɒlɑːd, *USA* -ləd/, *n.* ***1*** (*autom.*) pilastrino spartitraffico ***2*** pilastrino di chiusura (*di una strada: al traffico*) ***3*** (*naut.*) bitta.

to **bollix up** /ˈbɒlɪksʌp/, *v. t.* (*volg. USA*) *V.* **to balls up**.

bollocks /ˈbɒləks/, *n. pl.* ***1*** (*volg.*) coglioni; palle ***2*** (*volg.*) fandonie, frottole; balle (*pop.*); fregnacce (*volg.*).

bollocks-up /ˈbɒləksʌp/, *n.* (*volg.*) *V.* **balls-up**.

to **bollocks-up** /ˈbɒləksʌp/, *v. t.* (*volg.*) *V.* **to balls up**.

bologna /bəˈləʊnɪ, -nɪə/ (*ital.*), *n.* *V.* **Bologna sausage**.

Bologna sausage /bəˈləʊnɪ(ə)ˈsɒsɪdʒ, *USA* -ˈsɔː-/, *locuz. n.* mortadella.

Bolognese /bɒləˈneɪz/, *n.* (*cucina, USA*) ragout (di carne).

bolometer /bəʊˈlɒmɪtə(r)/, *n.* (*fis.*) bolometro.

boloney /bəˈləʊnɪ/, *n.* ***1*** (*specialm. USA*) mortadella ***2*** fandonia; frottola; panzana; fesseria (*pop.*).

Bolshevik /ˈbɒlʃəvɪk, *USA* ˈbəʊl-/, *n.* (*pl.* **Bolsheviks, Bolsheviki**) ***1*** (*stor.*) bolscevico ***2*** (*per estens.*) marxista; comunista; rivoluzionario.

Bolshevism /ˈbɒlʃəvɪzəm, *USA* bəʊl-/, *n.* (*stor.*) bolscevismo.

Bolshevist /ˈbɒlʃəvɪst, *USA* ˈbəʊl-/, *a.* e *n.* bolscevico.

bolshevization /bɒlʃəvaɪˈzeɪʃn, *USA* bəʊlʃəvɪˈz-/, *n.* (*polit.*) bolscevizzazione.

to **bolshevize** /ˈbɒlʃəvaɪz, *USA* ˈbəʊl-/, *v. t.* (*polit.*) bolscevizzare.

bolshy /ˈbɒlʃɪ, *USA* ˈbəʊl-/, *a.* e *n.* ***1*** (*fam. spreg.*) bolscevico; comunista; rivoluzionario ***2*** (*fig.*) refrattario; che non collabora; ribelle.

bolster /ˈbəʊlstə(r)/, *n.* ***1*** capezzale, guanciale (alla francese) ***2*** imbottitura ***3*** (*mecc.*) piano (*o* intelaiatura) d'appoggio ***4*** (*tecn.*) supporto; mensola.

to **bolster** /ˈbəʊlstə(r)/, *v. t.* e *i.* ***1*** sostenere; (*fig.*) appoggiare ***2*** imbottire ***3*** (*un tempo: di collegiali*) prendere (*o* prendersi) a cuscinate ***4*** (*econ., fin.*) rafforzare: **to b. demand**, rafforzare la domanda. ● **to b. sb.'s morale**, tirar su il morale a q. □ **to b. up**, rafforzare; ravvivare: **to b. up sb.'s pride**, ravvivare l'orgoglio di q. □ **to b. up a statement**, appoggiare (*o* sostenere, puntellare) un'asserzione.

bolt (**1**) /bəʊlt/, *n.* ***1*** freccia, dardo (*specialm. di balestra*) ***2*** saetta; fulmine. ***3*** catenaccio; chiavistello; paletto ***4*** (*mecc.*) bullone; tassello: **a toggle b.**, un tassello ad alette a espansione ***5*** (*mil.*) otturatore (*d'arma da fuoco*) ***6*** (*USA*) defezione; abbandono di, ritiro da (*un partito politico*) ***7*** rotolo (*di carta*); pezza (*di stoffa arrotolata*). ● **bolts and nuts**, bulloneria; minuteria metallica □ (*fig.*) **a b. from the blue**, un fulmine a ciel sereno □ **b. head**, (*mecc.*) testa del bullone; (*mil.*) testa dell'otturatore □ **b. hole**, rifugio □ **a b. of water**, un getto d'acqua □ (*mecc., autom., ecc.*) **b.-on**, fissabile con bulloni; imbullonabile; avvitabile: **b.-on panels**, pannelli imbullonabili □ (*naut.*) **b.-rope**, gratile; ralinga □ **b. upright**, diritto come un fuso □ (*ferr.*) **clamping b.**, caviglia □ (*fam.*) **to make a b. for it**, darsela a gambe □ (*fig.*) **to shoot one's b.**, sparare tutte le proprie cartucce; mettercela tutta: **The walker had shot his bolts**, il marciatore era sfinito □ (*mecc.*) **stay b.**, tirante □ (*mecc.*) **stud b.**, vite prigioniera □ (*prov.*) **A fool's b. is soon shot**, lo sciocco fa presto a parlare e presto a tacere.

bolt (**2**) /bəʊlt/, *n.* balzo; scatto; fuga improvvisa. ● **b. hole**, rifugio; via di scampo □ **to make a b. for the door**, lanciarsi verso la porta □ **to make a b. for it**, darsi alla fuga; svignarsela.

to **bolt** (**1**) /bəʊlt/, **A** *v. t.* ***1*** lanciare; scagliare (*frecce, dardi*) ***2*** serrare; sprangare; chiudere col catenaccio ***3*** ingoiare; trangugiare; ingollare: **You should not b.** (**down**) **your food like that**, non dovresti trangugiare il cibo a quel modo ***4*** dire all'improvviso; sputar fuori (*pop.*) ***5*** (*mecc.*) imbullonare ***6*** (*USA*) abbandonare (*un partito*); togliere il proprio appoggio a (*un candidato*) ***7*** arrotolare (*carta, stoffa*). **B** *v. i.* ***1*** chiudersi col catenaccio: **Usually doors b. on the inside**, col catenaccio, per lo più le porte si chiudono dal di dentro ***2*** (*mecc.*) imbullonarsi ***3*** fuggire; scappare; (*di cavallo*) imbizzarrirsi, prendere la mano: **His partner bolted with the money**, il suo socio è scappato con il denaro ***4*** (*di piante, ecc.*) andare a seme. ● **to b. sb. in** (**out**), chiudere q. dentro (fuori) □ **to b. out**, fare un balzo, balzare (*dalla sedia, ecc.*).

to **bolt** (**2**) /bəʊlt/, *v. t.* abburattare; setacciare (*anche fig.*).

bolter (**1**) /ˈbəʊltə(r)/, *n.* ***1*** cavallo ombroso; cavallo in fuga ***2*** (*USA*) transfuga politico.

bolter (**2**) /ˈbəʊltə(r)/, *n.* buratto; setaccio; staccio.

bolting (**1**) /ˈbəʊltɪŋ/, *n.* ***1*** il chiudere col catenaccio ***2*** il tagliare la corda; fuga improvvisa.

bolting (**2**) /'bəʊltɪŋ/, *n.* abburattatura; setacciatura (*anche fig.*). ● **b. machine**, buratto; setacciatrice. ● **b. cloth**, tessuto per setacci; stamigna.

bolus /'bəʊləs/, *n.* **1** (*fisiol.*) bolo (alimentare) **2** (*med.*) bolo; grossa pillola.

bomb /bɒm/, *n.* **1** (*mil.*) bomba **2** (= **bomb-shell**) granata; (*fig.*) evento improvviso (*soprattutto spiacevole*) **3** (*pop.*) fortuna (*specialm. finanziaria*) **4** (*sport, pop. USA*) passaggio lungo; cannonata (*pop.*) **5** fiasco; insuccesso; frana (*pop.*) **6** (*pop. USA*) bomba; automobile col motore truccato. ● (*aeron.*) **b. bay**, vano bombe □ **b. disposal**, rimozione e disinnesco di bombe (*inesplose o a scoppio ritardato*) □ **b.-disposal expert**, artificiere □ **b.-disposal squad**, squadra di artificieri □ **b.-proof**, a prova di bomba □ (*aeron.*) **b.-sight**, dispositivo di puntamento, punteria □ **b.-site**, area (urbana) distrutta dalle bombe □ **b. thrower**, lanciabombe □ **A-b.**, bomba atomica □ (*mil.*) **buzz b.** (*o* **robot b.**), bomba volante □ (*med.*) **C-b.**, bomba al cobalto □ (*fam.*) **to cost** [**to spend**] **a b.**, costare [spendere] un patrimonio □ **fragmentation b.**, bomba dirompente □ (*fam.*) **to go like a b.**, (*di un'auto*) essere una bomba; andare forte; essere un fulmine (*fig.*); andare a gonfie vele □ **H-b.**, bomba all'idrogeno □ **smoke b.**, bomba fumogena.

to **bomb** /bɒm/, **A** *v. t.* (*mil.*) bombardare (*dall'aria*). **B** *v. i.* (*pop. USA*) **1** (*di film, dramma, ecc.*) fare fiasco **2** buttarsi; gettarsi: **He bombed into bed**, si buttò sul letto. ● **to b. out**, distruggere (*case, ecc.*) bombardando (dall'aria) □ **to be bombed out**, avere la casa distrutta dai bombardamenti aerei □ (*mil.*) **to b. up**, caricare (*un aereo*) di bombe; fare il carico di bombe.

bombard /'bɒmbɑːd/, *n.* **1** (*mus.*) bombarda **2** (*stor. mil.*) bombarda.

to **bombard** /bɒm'bɑːd/, *v. t.* **1** bombardare (*anche atomi*) **2** (*fig.*) bombardare, bersagliare, tempestare (*di domande, richieste*).

bombardier /bɒmbə'dɪə(r)/, *n.* **1** (*aeron.*) bombardiere (*l'uomo*) **2** (*mil.*) sottufficiale d'artiglieria **3** (*arc.*) artigliere.

bombardment /bɒm'bɑːdmənt/, *n.* (*mil., fis.*) bombardamento.

bombardon /bɒm'bɑːdn/, *n.* (*mus.*) bombardone.

bombast /'bɒmbæst/, *n.* **1** (*arc.*) bambagia **2** magniloquenza; discorso altisonante; parole pompose; stile ampolloso.

bombastic /bɒm'bæstɪk/, *a.* altisonante; reboante; pomposo.

bombed /bɒmd/, *a.* (*mil.*) bombardato (*dall'aria*). ● **b.-out**, sinistrato, senzatetto (*per un bombardamento*); (*pop.*) intontito dalla droga; sballato.

bomber /'bɒmə(r)/, *n.* **1** bombardiere (*aeroplano e soldato*) **2** attentatore; dinamitardo; bombarolo (*pop.*) **3** (*pop. USA*) bomba (*di droga*). ● (*moda*) **b. jacket**, giubbotto imbottito; bomber □ **dive b.**, bombardiere in picchiata □ **torpedo b.**, aerosilurante.

bombing /'bɒmɪŋ/, *n.* **1** (*mil.*) bombardamento **2** esplosione di bombe **3** (*fam.*) imbrattamento (*di muri o monumenti*) con bombolette di vernice o di spray (*scrivendo messaggi, invettive, ecc.*). ● (*aeron.*) **b. run**, missione di bombardamento.

bombshell /'bɒmʃel/, *n.* **1** bomba (*anche fig.*); colpo di fulmine (*fig.*) **2** (*fam.*) bomba del sesso: **a blonde b.**, una bionda strepitosa.

bona fide /'bəʊnə'faɪdɪ/ (*lat.*), **A** *avv.* (*leg.*) in buona fede. **B** *a.* **1** che è (*o* è fatto) in buona fede: (*leg.*) **bona fide holder**, detentore in buona fede; terzo di buona fede **2** autentico; genuino; sincero.

bona fides /'bəʊnə'faɪdiːz/ (*lat.*), *n.* (*leg.*) buona fede.

bonanza /bə'nænzə/ (*spagn.*), **A** *n.* **1** (*specialm. USA*) filone d'oro (*o* d'argento) **2** (*ind. min.*) ricco giacimento: **oil b. in the North Sea**, ricchi giacimenti petroliferi nel Mare del Nord **3** (*fam.*) fonte di grandi guadagni; colpo di fortuna. **B** *a.* **1** prospero; fortunato **2** (*econ.*) produttivo: **a b. farm**, una fattoria che produce bene. ● **to be in b.**, avere un periodo di buona fortuna.

bonbon /'bɒnbɒn/, *n.* caramella; confetto; zuccherino.

bond /bɒnd/, *n.* **1** legame; vincolo; ritorta, vimine (*per legare fascine*) **2** (*pl.*) vincoli (*raro*); ceppi; catene: **to be in bonds**, essere in ceppi (*o* in prigione, in schiavitù) **3** (*leg.*) obbligo, impegno scritto **4** (*leg.*) garanzia, fideiussione; (= **bail-b**) cauzione **5** (*fin.*) titolo del debito pubblico; buono del Tesoro; (*specialm. USA*) obbligazione, cartella: **Bonds are issued to raise money**, le obbligazioni vengono emesse per raccogliere denaro **6** (*ind.*) legante; agglomerante; agglutinante **7** (*elettr.*) collegamento, connessione **8** (*ind. costr.*) apparecchio; giunto d'un muro; connessione per sovrapposizione **9** (*chim.*) legame. ● **b. clay**, argilla plastica (*o* da impasto) □ (*leg.*) **b. creditor**, creditore chirografario □ (*fin.*) **b. issue**, emissione obbligazionaria □ (*fin.*) **b. market**, mercato delle obbligazioni □ (*dog.*) **b. note**, buono di prelievo □ **b. paper**, carta uso bollo □ (*ind. costr.*) **b.-stone**, pietra di legamento □ (*fin.*) **b. to bearer**, obbligazione al portatore □ (*dog.*) **b. warrant**, fede di deposito; nota di pegno □ (*fin.*) **b. yield**, rendimento obbligazionario □ (*dog.*) **ex b.**, sdoganato □ (*dog.*) **in b.**, in magazzino doganale; da sdoganare □ (*comm.*) **to take out of b.**, sdoganare □ (*comm.*) **warehouse b.**, buono di carico (*di magazzino*) □ (*fin., USA*) **b. washing**, vendita di titoli couponati con riacquisto ex cedola (*per eludere il fisco*: *fino al 1986*) □ **His word is as good as his b.**, la sua parola vale quanto una firma.

to **bond** /bɒnd/, *v. t.* **1** collegare, connettere (*anche mattoni*) **2** (*leg.*) vincolare (q.) con un impegno scritto **3** (*comm.*) porre (*merci*) in deposito doganale **4** (*fin.*) emettere obbligazioni su; ipotecare **5** (*elettr.*) collegare; mettere a massa.

bondage /'bɒndɪdʒ/, *n.* servitù; schiavitù.

bonded /'bɒndɪd/, *a.* **1** (*di merci*) vincolato; da sdoganare **2** (*di debito*) garantito da obbligazioni. ● **b. goods**, merce in deposito nei magazzini doganali □ **b. shed**, capannone doganale □ (*comm.*) **b. warehouse**, magazzino doganale; deposito franco.

bonder /'bɒndə(r)/, *n.* (*comm.*) depositante (*di merci*: *nei magazzini doganali*).

bondholder /'bɒndhəʊldə(r)/, *n.* (*fin.*) possessore di obbligazioni (*o* di buoni del Tesoro); obbligazionista.

bonding /'bɒndɪŋ/, *n.* **1** (*comm.*) deposito (*di merci*: *nei magazzini doganali*) **2** (*elettr.*) collegamento a massa **3** (*tecn.*) collegamento.

bondmaid /'bɒndmeɪd/, *n.* (*stor.*) giovane schiava.

bondman /'bɒndmən/, *n.* (*pl.* **bondmen**) (*stor.*) servo della gleba; schiavo.

bondslave /'bɒndsleɪv/, *n.* (*stor.*) schiavo, schiava.

bondsman /'bɒndsmən/, *n.* (*pl.* **bondsmen**) **1** (*stor.*) servo della gleba; schiavo **2** (*leg.*) garante; mallevadore; fideiussore.

bond(**s**)**woman** /'bɒnd(z)wʊmən/, *n.* (*pl.* **bond**(**s**)**women**) (*stor.*) serva della gleba; schiava.

bone /bəʊn/, *n.* **1** osso **2** lisca, spina (*di pesce*) **3** (*pl.*) ossa; scheletro; spoglie (mortali): (*fig.*) **my old bones**, le mie povere ossa; **He's all skin and b.**, è pelle e ossa; **Let us inter his bones**, seppelliamo le sue spoglie! **4** (*pl.*) (*fam.*) dadi (*d'osso o d'avorio*) **5** (*pl.*) castagnette; nacchere **6** stecca (*di busto*) **7** (*pl.*) (= **the bare bones**) le cose fondamentali; i fatti essenziali **8** (*pop. USA*) dollaro **9** (*pop. USA*) secchione, secchiona (*fig.*) **10** (*pop. USA*) sigaretta di marijuana. ● (*chim.*) **b. ash**, cenere d'ossa; fosfato di calcio □ (*geol.*) **b. bed**, strato ossifero □ (*chim.*) **b. black**, nero animale; carbone d'ossa □ **b. china**, bone china; porcellana fine □ **b.-dry**, *V.* **as dry as a b.** □ **b. dust** (*o* **b. meal**), farina d'ossa □ (*med.*) **b. graft**, trapianto osseo □ **b.-idle** (*o* **b.-lazy**), molto pigro; pigerrimo (*lett.*) □ (*anat.*) **b. marrow**, midollo osseo □ (*fig.*) **the b. of contention**, il pomo della discordia □ **b.-setter**, conciaossa □ **b.-shaker**, bicicletta senza pneumatici; vecchia carcassa; macinino □ **b.-weary**, stanco morto; sfinito □ **as dry as a b.**, del tutto asciutto; completamente secco; riarso; (*fig.*: *di una nazione*) proibizionista fino all'osso □ (*anat.*) **back-b.**, spina dorsale □ **bred in the b.**, connaturato □ **cheek-b.**, zigomo □ (*fig.*) **to cut to the b.**, ridurre (*prezzi, ecc.*) all'osso □ (*fam.*) **to feel it in one's bones**, sentirsi q.c. (nelle ossa); essere certi di q.c.; sentirsela □ (*fig.*) **to have a b. to pick with sb.**, avere un conto in sospeso con q. (*fig.*) □ (*fam.*) **to make no bones about st.**, non esitare di fronte a q.c.; non pensarci su due volte; non far mistero di: **He makes no bones about his being an upstart**, non fa mistero di essere un villan rifatto □ **to pick a b.**, scarnire un osso □ **to the b.**, fino all'osso; fino al midollo; completamente: **chilled** (*o* **frozen**) **to the b.**, gelato fino al midollo □ (*fam.*) **to work one's fingers to the b.**, lavorare sodo; sgobbare □ (*arc.*) **He'll make old bones**, camperà cent'anni.

to **bone** /bəʊn/, **A** *v. t.* **1** disossare **2** spinare, togliere le spine a (*un pesce*) **3** rinforzare con stecche (*un busto*) **4** fertilizzare con farina d'ossa **5** (*pop. arc.*) sgraffignare (*fam.*); rubare. **B** *v. i.* (*pop.*, *anche* **to b. up**) studiare sodo; sgobbare (*fam.*).

boned /bəʊnd/, *a.* **1** ossuto **2** disossato **3** (*di pesce*) senza lische; spinato **4** fornito di stecche. ● **big-b.**, dalle ossa grosse.

bonehead /'bəʊnhed/, *n.* (*pop.*) idiota; cretino; scimunito; stupido.

boneless /'bəʊnləs/, *a.* **1** senz'ossa; disossato **2** (*di pesce*) senza spine **3** (*fig.*) senza spina dorsale; smidollato.

boner /'bəʊnə(r)/, *n.* (*pop.*) sfondone; strafalcione; granchio (*fig.*).

boneyard /'bəʊnjɑːd/, *n.* (*fam. USA*) cimitero.

bonfire /'bɒnfaɪə(r)/, *n.* falò.

bonhomie /'bɒnəmɪ, -iː, *USA* bɒnə'miː/ (*franc.*), *n.* bonomia; bonarietà.

Boniface /'bɒnɪfeɪs/, *n.* **1** Bonifacio **2** – (*fig. raro*) **b.**, locandiere; oste.

bonito /bə'niːtəʊ/, *n.* (*pl.* **bonitos, bonito**) (*zool.*) bonito (*tonno striato*). ● **plain b.** (*Auxis thazard*), tambarello.

bonkers /'bɒŋkəz/, *a.* (*pop.*) matto; pazzo. ● **to go b.**, diventare matto; ammattire; impazzire.

bon mot /bəʊn'məʊ, bɒn-/ (*franc.*), *locuz. n.* spiritosaggine.

bonnet /'bɒnɪt/, *n.* **1** berretto scozzese (*da uomo, senza tesa*) **2** cappellino (*da donna o bambina, senza tesa*); cuffia **3** (*fam.*) cappellino da donna (*in genere*) **4** (*mecc.*) cofano (*d'automobile*); coperchio (*di valvola, ecc.*); parascintille (*del fumaiolo di una locomotiva*) **5** (*naut.*) bonetta; vela di riserva **6** (*aeron.*) tettuccio **7** (= **warbonnet**) copricapo adorno di penne (*degli indiani d'America*). ● (*franc.*) **b. rouge**, berretto frigio; (*fig.*) estremista, rivoluzionario.

to **bonnet** /'bɒnɪt/, *v. t.* **1** mettere il berretto (*o* il cappellino, la cuffia) a (q.) **2** calcare il berretto sugli occhi a (q.).

bonnie /'bɒnɪ/ (*scozz.*), *V.* **bonny**.

bonny /'bɒnɪ/ (*soprattutto scozz.*), *a.* **1** bello; piacevole; grazioso **2** dall'aspetto sano; robusto; vigoroso; florido; paffuto.

bonus /'bəʊnəs/, *n.* **1** indennità; pagamento straordinario; (*anche leg.*) premio **2** gratifica, buonuscita (*a dipendenti*) **3** (*fin.*) dividendo straordinario **4** (*ass.*) bonus; abbuono (*sul premio*) **5** (*mil.*) premio di congedo **6** (*fig. fam.*) cosa gradita; piacevole sorpresa **7**

(*pop.*) bustarella; tangente. ● (*fin.*) **b. issue**, emissione riservata gratuita (*d'azioni*) □ (*ass.*) **b. scheme**, piano di partecipazione agli utili □ (*fin.*) **b. shares**, azioni gratuite □ **cost of living b.**, (indennità di) carovita, contingenza □ **long-service b.**, premio di anzianità (*di servizio*) □ **task b.**, indennità per prestazioni speciali.

bony /'bəʊnɪ/, *a.* ***1*** osseo; tutt'ossa ***2*** (*di pesce*) pieno di lische (*o* di spine) ***3*** ossuto; magro ***4*** simile a (*o* duro come) un osso.

bonze /bɒnz/, *n.* (*relig.*) bonzo.

boo /buː/, **booh** /buː/, **A** *inter.* ***1*** (*di disapprovazione, disprezzo*) poh! ***2*** (*per intimorire*) bu! ***3*** (*per scacciare*) passa via!; pussa via! (*pop.*). **B** *n.* (*pop. USA*) eroina; marijuana. ● **He wouldn't say boo to a goose**, non farebbe male a una mosca.

to **boo** /buː/, *v. i.* e *t.* ***1*** fare poh! (*V.* **boo**); disapprovare; subissare di urla; fischiare: **The play was booed by the gallery**, la commedia fu fischiata dal loggione ***2*** spaventare; scacciare (*gridando*).

boob /buːb/, *n.* ***1*** (*pop.*) sciocco; stolto; sempliciotto; sprovveduto ***2*** (*pop.*) errore madornale; sproposito; strafalcione; gaffe ***3*** (*pl.*) (*fam.*) poppe; tette (*fam.*). ● (*pop. USA*) **b. trap**, locale notturno □ (*spreg. specialm. USA*) **the b. tube**, il televisore; la televisione.

to **boob** /buːb/, **A** *v. t.* (*pop.*) fallire, fare fiasco in (*un esame, ecc.*). **B** *v. i.* (*pop.*) fare uno strafalcione; fare una gaffe.

boobless /'buːbləs/, *a.* (*fam.*) senza seno; (*di una donna*) piatta.

booby /'buːbɪ/, *n.* stupido; tonto; zoticone. ● (*pop. USA*) **b. hatch**, manicomio □ **b. prize**, premio dato all'ultimo arrivato, al giocatore che ha fatto meno punti, ecc.; premio di consolazione □ **b. trap**, scherzo per cui un recipiente, posto in bilico su una porta socchiusa, cade in testa al primo che l'apre; (*mil.*) «trappola esplosiva», ordigno dall'aspetto innocuo o contenuto in un oggetto d'uso comune (*penna stilografica, ecc.*); (*fig.*) tranello, trappola: **This clause is a b. trap**, questa clausola è una trappola.

to **booby-trap** /'buːbɪtræp/, *v. t.* (*mil.*) collocare trappole esplosive su (*un terreno*). ● **to b. the door with a bucket of water for sb.**, mettere un secchio d'acqua sopra la porta per fare uno scherzo a q. (*V.* **booby-trap**).

boodle /'buːdl/, *n.* (*pop. USA*) ***1*** banda; combriccola; masnada ***2*** denaro falso ***3*** bustarella, mazzetta, tangente (*fig.*) ***4*** bottino (*di malviventi*).

boodler /'buːdlə(r)/, *n.* (*pop. USA*) ***1*** vagabondo che passa l'inverno in prigione per stare al caldo ***2*** politico corrotto.

boogaboo /buːgə'buː/, **boogerboo** /buːgə'buː/, *n.* (*pop. USA*) individuo falso; impostore.

boogie /'buːgɪ/, *n.* ***1*** (*pop. spreg. USA*) negro ***2*** (*mus.*) *V.* **boogie-woogie**.

boogie-woogie /'buːgɪ'wuːgɪ, *USA* 'bʊgɪ'wʊgɪ/, *n.* (*mus.*) boogie-woogie.

bòohoo /buː'huː/, *n.* (*pl.* **boohoos**) pianto rumoroso.

to **boohoo** /buː'huː/, *v. i.* piangere forte; strillare.

book /bʊk/, *n.* ***1*** libro; registro: **reading b.**, libro di lettura; **picture b.**, libro illustrato; (*fig.*) **the b. of life**, il libro della vita ***2*** (= **exercise b.**) quaderno ***3*** (*mus.*) libretto d'opera (*più in uso la parola italiana*) ***4*** libretto, blocchetto (*di biglietti, buoni, ecc.*): **cheque b.**, libretto degli assegni ***5*** – **the B.**, la Bibbia: **to swear on the B.**, giurare sulla Bibbia ***6*** (*sport*) elenco delle scommesse (*nelle corse dei cavalli*): (*fam.*) **to make (a) b. on**, accettare scommesse su ***7*** (*pl.*) (*comm.*) libri contabili; conti; contabilità: **to close one's books**, chiudere i conti; **to keep the books**, tenere la contabilità ***8*** (*Borsa*) book; esposizione complessiva (*di un operatore*) ***9*** (*fam.*) guida telefonica; elenco: **I'm not in the b. yet**, non sono ancora in elenco. ● **b. account**, conto aperto (*presso un negozio*) □ **b. cover**, sopraccoperta (di libro) □ (*leg.*) **b. debt**, credito secondo i libri contabili; credito chirografario □ (*ind.*) **b. designer**, impaginatore □ **b.-ends**, fermalibri □ (*rag.*) **b. entry**, scrittura contabile di rettifica □ **b. fair**, fiera del libro □ **b. jacket**, sopraccoperta □ **b.-learning** (*o* **b.-lore**), cultura libresca □ (*comm., leg.*) **books of account**, libri contabili □ (*relig.*) **the B. of Common Prayer**, il libro di preghiere della Chiesa Anglicana (*1549*) □ (*rag.*) **b. of entries** (*o* **of original entry**), libro giornale □ (*relig.*) **b. of hours**, libro d'ore; breviario □ (*comm.*) **b. of invoices**, copiafatture □ **a b. of matches**, una bustina di fiammiferi □ **b. post**, servizio a tariffa ridotta per la spedizione di libri □ **b. token**, buono per acquisto di libri; buono libri □ (*comm., leg.*) **b. value**, valore contabile; valore d'inventario □ (*fig.*) **to be a closed b.**, essere un libro chiuso □ **to bring sb. to b.**, costringere q. alla resa dei conti □ **by the b.**, correttamente; secondo le regole; autorevolmente □ **to be in sb.'s bad** (*o* **black**) **books**, essere nel libro nero di q.; non essere nelle grazie di q. □ **to be in sb.'s good books**, andare a genio a q.; essere nelle grazie di q. □ **to know sb. like a b.**, conoscere q. a fondo □ **on the books**, messo in lista, iscritto (*come socio*); (*comm.*) registrato □ (*USA*) **to run a b.**, avere il conto aperto (*in un negozio*) □ (*naut.*) **ship's books**, libri di bordo □ (*naut., aeron.*) **signal b.**, codice dei segnali □ (*comm.*) **waste b.**, brogliaccio □ **without b.**, a memoria; senza dare la fonte: **He quoted the passage without b.**, citò il passo senza dare la fonte □ **to speak by the b.**, parlare con cognizione di causa □ **to suit one's b.**, andare a pennello □ **to take a leaf out of sb.'s b.**, seguire l'esempio di q. □ **to talk like a b.**, parlare come un libro stampato □ (*leg., fam.*) **to throw the b. at sb.**, gettare la broda addosso a q. (*fig.*); accusare q. di tutti i misfatti.

to **book** /bʊk/, *v. t.* ***1*** annotare, elencare (*per iscritto*); registrare ***2*** (*rag.*) mettere a libro, registrare (*una partita*) ***3*** (*anche tur.*) fissare; prenotare; far riservare: **Have you booked seats for the theatre?**, hai prenotato i posti a teatro? ***4*** (*cinem., teatr.*) scritturare ***5*** (*fam.*) multare: **I was booked on a charge of speeding**, fui multato per eccesso di velocità ***6*** (*sport: dell'arbitro*) ammonire per iscritto ***7*** (*fam. USA*) arrestare ***8*** (*fam. USA*) sgridare. ● (*tur.*) **to b. in**, prenotare, registrarsi in arrivo □ (*rag.*) **to b. st. as a liability**, registrare q.c. al passivo □ **to b. a telephone call**, prenotare una telefonata □ (*fam. USA*) **B. it!**, stanne certo; contaci! □ (*tur.*) **to book out**, registrarsi in partenza □ **I was booked to London**, avevo il biglietto per Londra.

bookable /'bʊkəbl/, *a.* ***1*** che si può prenotare; prenotabile ***2*** (*fam.*) multabile; passibile di contravvenzione.

bookbinder /'bʊkbaɪndə(r)/, *n.* legatore; rilegatore di libri.

bookbindery /'bʊkbaɪndərɪ/, *n.* legatoria.

bookbinding /'bʊkbaɪndɪŋ/, *n.* legatura; rilegatura di libri.

bookcase /'bʊkkeɪs/, *n.* libreria; armadietto per libri.

booked /bʊkt/, *a.* ***1*** (*rag.*) registrato ***2*** (*tur.*) prenotato ***3*** (*comm.*) (di un ordinativo) registrato. ● (*tur.*) (*di un cliente*) **b.-in**, registrato (*all'arrivo*) □ (*tur.*) **b.-out**, registrato in partenza □ **b.-up**, (*tur.*) tutto occupato, al completo; (*fam.*) (*di una persona*) non disponibile, occupato, impegnato □ (*comm.*) **to be heavily b.**, avere troppi ordinativi (*da evadere*).

booketeria /bʊkɪ'tɪərɪə/, *n.* libreria self-service.

bookie /'bʊkɪ/, *n.* (*pop.*) allibratore.

booking /'bʊkɪŋ/, *n.* ***1*** prenotazione (*di posti*) ***2*** (*cinem., teatr.*) scritturazione; vendita di biglietti. ● **b. agency**, agenzia prenotazioni; agenzia di scritturazioni □ **b. clerk**, impiegato che registra le prenotazioni (*o* vende biglietti, ecc.); (*ferr.*) bigliettaio □ **b. office**, ufficio prenotazioni; (*anche*) biglietteria.

bookish /'bʊkɪʃ/, *a.* ***1*** relativo ai libri ***2*** amante dei libri (*o* della lettura); d'inclinazioni letterarie ***3*** libresco; pedantesco.

bookishness /'bʊkɪʃnəs/, *n.* ***1*** amore per i libri; inclinazioni letterarie ***2*** pedanteria.

bookkeeper /'bʊkkiːpə(r)/, *n.* contabile; computista.

bookkeeping /'bʊkkiːpɪŋ/, *n.* contabilità; computisteria. ● **b. machine**, macchina contabile.

booklet /'bʊklət/, *n.* ***1*** libriccino; libretto; opuscolo ***2*** (*tipogr.*) libro legato alla bodoniana; libro in brossura.

booklouse /'bʊklaʊs/, *n.* (*pl.* **booklice**) (*zool.*) lepisma; pesciolino d'argento.

booklover /'bʊklʌvə(r)/, *n.* bibliofilo.

bookmaker /'bʊkmeɪkə(r)/, *n.* allibratore; bookmaker.

bookmaking /'bʊkmeɪkɪŋ/, *n.* attività degli allibratori.

bookman /'bʊkmən/, *n.* (*pl.* **bookmen**) (*arc.*) ***1*** persona di gusti letterari, colta, istruita ***2*** chi compila (*o* stampa) libri.

bookmark /'bʊkmɑːk/, **bookmarker** /'bʊkmɑːkə(r)/, *n.* segnalibro.

bookmobile /'bʊkməʊbiːl/, *n.* (*USA*) bibliobus; autolibro.

bookplate /'bʊkpleɪt/, *n.* ex libris.

bookrest /'bʊkrest/, *n.* leggio.

bookseller /'bʊkselə(r)/, *n.* libraio. ● (*comm.*) **b.'s order form**, cedola di commissione libraria □ **a b.'s (shop)**, una libreria.

bookshelf /'bʊkʃelf/, *n.* (*pl.* **bookshelves**) scaffale per libri. ● (*di un libro*) **to hit the bookshelves**, essere in libreria (*a una certa data*).

bookshop /'bʊkʃɒp/, *n.* libreria (*il negozio*).

bookstall /'bʊkstɔːl/, *n.* ***1*** bancarella (*di libri*) ***2*** edicola; chiosco.

bookstand /'bʊkstænd/, *n.* ***1*** leggio ***2*** bancarella, edicola (*per la vendita di libri*).

bookstore /'bʊkstɔː(r)/, *n.* (*USA*) libreria (*il negozio*).

bookwork /'bʊkwɜːk/, *n.* ***1*** editoria ***2*** lavoro intellettuale; lavoro di testa ***3*** teoria; conoscenza teorica (*e non pratica*).

bookworm /'bʊkwɜːm/, *n.* ***1*** tarma; tignola ***2*** (*fig.*) topo di biblioteca.

Boolean /'buːlɪən/, *a.* (*mat., elab.*) booleano; di Boole: **b. algebra**, algebra di Boole; **b. logic**, logica booleana; **b. function**, funzione booleana.

boom (1) /buːm/, *n.* ***1*** (*naut.*) boma; asta di coltellaccio ***2*** braccio (*di gru*) ***3*** sbarramento di tronchi (*attraverso un fiume o all'imboccatura d'un porto*) ***4*** (*cinem., TV*) giraffa. ● (*ferr., USA*) **b. car**, carro con gru □ **b. sheet**, scotta di randa □ **b. tackle**, paranco di ritenuta del boma □ (*fig. fam.*) **to let down** (*o* **to lower**) **the b. on sb.**, applicare la scure a q. (*fig.*); sottoporre q. a misure restrittive □ (*cinem., TV*) **microphone b.**, giraffa; portamicrofono.

boom (2) /buːm/, *n.* ***1*** rimbombo; rombo ***2*** (*aeron.*) bang: **sonic b.**, bang sonico. ● (*fam. USA*) **b. car**, automobile con radio o mangianastri a tutto volume.

boom (3) /buːm/, *n.* ***1*** (*econ.*) boom, rapida espansione, congiuntura alta ***2*** (*fig.*) improvvisa popolarità. ● (*econ.*) **b. market**, mercato con domanda eccedentaria □ **b. town**, città divenuta prospera per un improvviso fiorire di traffici □ (*fin.*) **b. year**, anno (*o* esercizio) assai prospero.

to **boom** (1) /buːm/, *v. t.* ***1*** (*anche* **to b. off**) separare (*un braccio d'acqua*) con una barriera di tronchi ***2*** (*naut.*) (*anche* **to b. out**) mettere (*le vele*) a coltellaccio.

to **boom** (2) /buːm/, **A** *v. i.* rimbombare; rombare; parlare con voce profonda. **B** *v. t.* indicare con un suono cupo: **The clock boomed the**

hour, l'orologio batté l'ora con un suono cupo.

to **boom** (3) /bu:m/, **A** *v. i.* **1** espandersi; fiorire; prosperare; andare a gonfie vele: **Business was booming then**, gli affari andavano a gonfie vele, allora **2** (*fin.*: *di titoli*) aumentare di valore; salire (di prezzo): **Stocks were beginning to b.**, i titoli cominciavano a salire. **B** *v. t.* **1** fare espandere; fare prosperare; promuovere: **War boomed the heavy industries**, la guerra ha fatto prosperare l'industria pesante **2** fare pubblicità a; lanciare: **They are trying to b. a new product**, cercano di lanciare un prodotto nuovo.

boomer /'bu:mə(r)/, *n.* **1** (*zool.*, *Aplodontia rufa*) castoro di montagna **2** (*zool.*, *Macropus giganteus*) canguro gigante (*il maschio*) **3** (*pop. USA*) operaio stagionale.

boomerang /'bu:məræŋ/, *n.* **1** boomerang **2** (*fig.*) boomerang; azione (*o* proposta) controproducente; accusa che ricade su chi l'ha lanciata; argomento che si ritorce contro chi l'ha usato.

to **boomerang** /'bu:məræŋ/, *v. i.* sortire l'effetto contrario; ritorcersi (contro); ricadere (su).

boomflation /'bu:mfleɪʃn/, *n.* (*econ.*) boom da inflazione.

booming /'bu:mɪŋ/, *a.* (*econ.*) fiorente; in rapida espansione.

boon (1) /bu:n/, *n.* **1** vantaggio; beneficio; (*fig.*) dono, manna: **Free education is a great b.**, l'istruzione gratuita è un grande beneficio **2** (*arc.*) favore; piacere: **to ask a b. of sb.**, chiedere un favore a q.

boon (2) /bu:n/, *a.* allegro; piacevole: **a b. companion**, un compagno piacevole; un buontempone; un simpaticone.

boondocks /'bu:ndɒks/, *n. pl.* (*fam. USA*) zona isolata, selvaggia; luogo sperduto.

boondoggle /'bu:ndɒgl/, *n.* (*fam. USA*) **1** oggetto artigianale (*cesto, ecc.*) di vimini (*o* di cuoio) **2** (*fig.*) impresa (*o* progetto) irrealizzabile e inutile (*e che fa sprecare tempo e denaro*).

boor /'bʊə(r), bɔ:(r)/, *n.* **1** (*arc.*) contadino **2** maleducato; villano; zoticone; bifolco (*fig.*).

boorish /'bʊərɪʃ, bɔ:-/, *a.* maleducato; rozzo; zotico. || **-ly**, *avv.* || **-ness**, *sost.*

boost /bu:st/, *n.* **1** (*fam.*) spinta; aiuto: **I gave him a b. over the fence**, gli diedi una spinta per saltare lo steccato **2** lancio pubblicitario; aumento di valore (*che ne deriva*) **3** (*econ.*) spinta (*al rilancio*): **a b. given to consumption**, una spinta impressa ai consumi **4** (*fis.*) aumento (*di pressione ecc.*) **5** (*mecc.*) sovralimentazione **6** (*aeron.*) pressione di alimentazione (*di un motore di aeroplano*) **7** (*fig.*) aumento: **a b. in wages**, un aumento di salario **8** lancio pubblicitario **9** (*fam. USA*) spinta; raccomandazione.

to **boost** /bu:st/, *v. t.* **1** (*fam.*) spingere; sollevare; issare; (*fig.*) dare una mano a; aiutare **2** (*fig.*) gonfiare (*fig.*); elogiare, portare alle stelle (q.): **to b. the value of a share**, gonfiare il valore di un'azione **3** (*fis.*) aumentare (*la pressione, ecc.*) **4** (*elettr.*) elevare (*la tensione*) **5** (*mecc.*) sovralimentare (*un motore*) **6** (*pubbl.*) pubblicizzare in grande, lanciare (*un prodotto*) **7** (*pop. USA*) taccheggiare, rubare. ● (*econ.*) **to b. government spending**, far salire la spesa pubblica □ (*comm.*) **to b. sales**, aumentare di molto le vendite.

booster /'bu:stə(r)/, *n.* **1** (*fam.*) sostenitore entusiasta **2** (*mecc.*) booster; elevatore (*di pressione, ecc.*); sovralimentatore **3** (*radio*) amplificatore **4** (*TV*) preamplificatore **5** (*pubbl.*) pubblicitario **6** (*miss.*) *V.* **b. rocket** **7** (*med.*) *V.* **b. shot** **8** (*pop. USA*) taccheggiatore, taccheggiatrice. ● (*econ.*) **b. measures**, misure di rilancio; pacchetto anticongiunturale □ (*miss.*) **b. rocket**, razzo ausiliario (*o* vettore); primo stadio □ (*autom.*) **b. seat**, seggiolino (*per un bimbo piccolo*) □ (*med.*) **b. shot**, (iniezione di) richiamo □ (*radio, TV*) **b. station**, ripetitore; ritrasmettitore.

boot (1) /bu:t/, *n.* **1** stivale; mezzo stivale; stivaletto **2** scarpa alta (*o* pesante) **3** (*USA*) stivalone; stivale da caccia (*o* alla scudiera) **4** (*stor.*) stivale spagnolo; stivaletto malese (*strumento di tortura*) **5** (*autom.*) bagagliaio; baule **6** (*autom.*) rinforzo interno (*di pneumatico*); parapolvere (*dei freni idraulici*) **7** (*fig.*) calcio; pedata **8** (*pop. USA*) eccitazione, piacere: **I don't get much of a b. from that**, non ne ricavo un gran piacere **9** (*pop. USA*) negro **10** (*pop. USA*) recluta dei Marines. ● (*mil.*, *stor.*) **b. and saddle**, segnale di tromba per ordinare di montare in sella; «in sella!» □ **b. puller**, cavastivali □ **b. tree**, forma per scarpe □ **to die with one's boots on**, morire sulla breccia (*in piena attività*); morire in battaglia □ (*fam.*) **to get the b.**, essere licenziato □ (*fam.*) **to get too big for one's boots**, montarsi la testa □ (*fam.*) **to give the b.**, licenziare (*un dipendente*) □ **to have one's heart in one's boots**, avere la tremarella □ (*fig.*) **to lick sb.'s boots**, lustrare gli stivali a q.; adulare q. □ (*fam.*) **to put the b. in sb.**, prendere a calci q. che è a terra; (*fig.*) mettersi q. sotto i piedi, infierire su q. □ (*fig.*) **The b. is on the other foot**, è proprio il contrario □ **You can bet your boots on it**, puoi starne certo; ci puoi contare.

boot (2) /bu:t/, *n.* (*arc.*) beneficio; vantaggio (*oggi soltanto nella locuz.*:) **to b.**, per giunta; inoltre.

to **boot** (1) /bu:t/, *v. t.* **1** calzare; mettere le scarpe a **2** (*anche* **to b. around**) prendere a calci **3** (*stor.*) mettere (q.) alla tortura dello stivale spagnolo **4** (*anche* **to b. out**) licenziare (*un dipendente*); cacciare (q.) a pedate **5** (*sport*) calciare (*il pallone*) **6** (*pop. USA*) rovinare, sprecare (*un'occasione, ecc.*).

to **boot** (2) /bu:t/, *v. t.* (*arc., di solito impers.*) servire; valere a: **What boots him to lie?**, a che gli vale mentire?

bootblack /'bu:tblæk/, *n.* lustrascarpe.

booted /'bu:tɪd/, *a.* con stivali; calzato (di stivali). ● (*fig.*) **b. and spurred**, pronto per partire.

bootee /bu:'ti:, 'bu:ti:, -ɪ/, *n.* **1** stivaletto (*da donna o bambino*) **2** scarpetta di lana (*da bambino*); babbuccia; scarpina.

booth /bu:ð, *USA* bu:θ/, *n.* **1** baraccone (*di una fiera*) **2** bancarella coperta (*da un assito o telone*) **3** cabina: **polling b.** (*o* **voting b.**), cabina (di seggio) elettorale; **telephone b.**, cabina telefonica **4** (*mil.*) garitta **5** (*in un locale pubblico*) separé.

bootjack /'bu:tdʒæk/, *n.* cavastivali.

bootlace /'bu:tleɪs/, *n.* **1** stringa (*da stivali*) **2** laccio, laccetto.

bootlast /'bu:tlɑ:st, *USA* -læst/, *n.* forma per stivali (*o* per scarpe).

bootleg /'bu:tlɛg/, **A** *n.* **1** gamba di stivale; gambale **2** liquore distillato alla macchia **3** disco inciso abusivamente (*a un concerto, ecc., e poi rivenduto*) **4** (*ferr.*) cuffia di protezione. **B** *a. attr.* **1** (*di liquore*) distillato alla macchia **2** (*di disco, ecc.*) prodotto clandestinamente; venduto illegalmente.

to **bootleg** /'bu:tlɛg/, *v. t. e i.* distillare (liquore) alla macchia; contrabbandare; spacciare (liquore) clandestinamente.

bootlegger /'bu:tlɛgə(r)/, *n.* distillatore (*o* contrabbandiere, spacciatore) clandestino di liquori (*specialm. in U.S.A.*).

bootlegging /'bu:tlɛgɪŋ/, *n.* contrabbando di liquori (*V.* **bootlegger**).

bootless /'bu:tləs/, *a.* (*arc., lett.*) inutile; vano.

to **bootlick** /'bu:tlɪk/, *v. t.* (*fam.*) lustrare gli stivali, leccare i piedi a (q.).

bootlicker /'bu:tlɪkə(r)/, *n.* (*arc.*) leccapiedi; lustrascarpe (*fig.*).

bootmaker /'bu:tmeɪkə(r)/, *n.* calzolaio.

boots /bu:ts/, *n.* (*invar. al pl.*) **1** lustrascarpe **2** portabagagli, facchino (*in un albergo*).

bootstrap /'bu:tstræp/, *n.* **1** tirante (*di scarpa alta, di stivale*) **2** (*elab.*) bootstrap; innesco; inizializzazione. ● (*fig.*) **b. method**, il far da sé □ **to lift** (*o* **to pull up, to raise**) **oneself by one's bootstraps**, tirarsi su da sé (*fig.*); farcela da solo.

to **bootstrap** /'bu:tstræp/, **A** *v. t.* (*elab.*) inizializzare (*un calcolatore*). **B** to **bootstrap oneself**, *v. rifl.* farcela da solo; tirarsi su da sé. ● **to b. oneself into** (**out of**) **st.**, riuscire a ottenere (a evitare) q.c. coi propri sforzi.

bootstrapper /'bu:tstræpə(r)/, *n.* (*fam. USA*) persona che si è fatta da sé.

booty /'bu:tɪ/, *n.* **1** bottino (*di guerra*) **2** premio; guadagno.

booze /bu:z/, *n.* (*fam.*) **1** bevanda alcolica **2** (= **b.-up**) bisboccia; baldoria; gozzoviglia; bevuta.

to **booze** /bu:z/, **A** *v. t.* (*fam.*) bere smoderatamente (*vino o liquori*). **B** *v. i.* trincare; ubriacarsi.

boozer /'bu:zə(r)/, *n.* (*fam.*) **1** ubriacone; beone **2** taverna; osteria.

boozy /'bu:zɪ/, *a.* (*fam.*) **1** ubriaco; sbronzo **2** dedito al bere.

bop /bɒp/, *n.* **1** (*mus.*) be-bop (*q.V.*) **2** (*pop. specialm. USA*) forte colpo; colpaccio.

bopeep /bəʊ'pi:p/, *n.* gioco del cucù, nascondino. ● **to play b.**, giocare a nascondino; fare cucù; (*fig.*) essere evasivo.

bopper /'bɒpə(r)/, *n.* adolescente fanatica del be-bop; ragazzina musicomane.

bora /'bɔ:rə/, *n.* (*meteor.*) bora.

boracic /bə'ræsɪk/, *a.* (*chim.*) borico.

borage /'bɒrɪdʒ, *USA* 'bɔ:r-/, *n.* (*bot.*, *Borago officinalis*) borragine.

borate /'bɔ:reɪt/, *n.* (*chim.*) borato.

borax /'bɔ:ræks/, *n.* (*chim.*) borace.

Bordeaux /bɔ:'dəʊ/, *n.* (*invar. al pl.*) **1** bordeaux (*vino rosso francese*) **2** (colore) bordeaux; (colore) bordò.

border /'bɔ:də(r)/, *n.* **1** contorno; orlo; margine; estremità; limitare: **We sat on the b. of the wood**, ci sedemmo al limitare del bosco **2** confine; frontiera: **within** [**out of**] **borders**, entro i [fuori dei] confini; **the Swiss b.**, la frontiera svizzera **3** striscia; orlo: **a lace b.**, un orlo di merletto **4** – (*geogr.*) **the B.**, (la zona di) confine fra l'Inghilterra e la Scozia: **a B. ballad**, una ballata originaria di tale zona. ● **b.-line**, linea di confine; linea di demarcazione □ **a b.-line case**, un caso limite □ **b.-worker**, frontaliero.

to **border** /'bɔ:də(r)/, *v. t. e i.* **1** munire di orlo; orlare **2** fare da confine a; confinare con; delimitare: **Devonshire borders on Cornwall**, la contea di Devon confina con la Cornovaglia; **My field is bordered by a brook**, il mio campo è delimitato da un ruscello. ● **to b. on** (*o* **upon**), confinare con; (*fig.*) rasentare: **This borders on provocation**, ciò rasenta la provocazione.

bordereau /bɔ:də'rəʊ/ (*franc.*), *n.* (*pl.* **bordereaux**) borderò.

borderer /'bɔ:dərə(r)/, *n.* abitante di zona di confine (*specialm. di quella tra l'Inghilterra e la Scozia*).

bordering /'bɔ:dərɪŋ/, **A** *n.* orlatura. **B** *a.* **1** (*geogr.*) confinante **2** (*fig.*) che rasenta.

borderland /'bɔ:dəlænd/, *n.* **1** zona di confine **2** condizione (*o* situazione, zona) incerta; (*fig.*) confini: **Science fiction goes beyond the b. of science**, la fantascienza va oltre i confini della scienza. ● **to live on the b. of society**, vivere ai margini della società.

bordure /'bɔ:dʒə(r)/, *n.* (*arald.*) bordura.

bore (1) /bɔ:(r)/, *n.* **1** foro; pozzo (*per trovare acqua, ecc.*) **2** (*mecc.*) camera cilindrica; diametro interno (*di tubo, ecc.*) **3** (*autom.*) alesaggio (*diametro di un cilindro di motore*) **4** (*mil.*) anima (*d'arma da fuoco*) **5** scandaglio. ● (*mil.*) **b. diameter**, calibro □ (*ind. min.*) **b.-hole**, pozzo di trivellazione □ (*mil.*) **rifled-b. gun**, fucile ad anima rigata.

bore (2) /bɔ:(r)/, *n.* **1** persona noiosa; seccatore **2** seccatura.

bore (**3**) /bɔː(r)/, *pass.* di **to bear** (**1**).
to **bore** (**1**) /bɔː(r)/, **A** *v. t.* ***1*** forare; perforare; trivellare; scavare: **Oil wells are made by boring the ground**, i pozzi petroliferi si scavano trivellando il terreno; **A new tunnel will be bored under the Alps**, si scaverà una nuova galleria sotto le Alpi ***2*** (*mecc.*) alesare; barenare. **B** *v. i.* ***1*** perforarsi: **Soft materials b. easily**, i materiali teneri sono facili a perforarsi ***2*** farsi largo; spingersi avanti ***3*** (*di cavallo*) spingere la testa in avanti ● **to b. a hole**, fare (*o* praticare) un foro □ **to b. for oil**, fare trivellazioni in cerca di petrolio □ **to b. one's way**, aprirsi un varco; farsi largo (*tra la folla*).
to **bore** (**2**) /bɔː(r)/, *v. t.* tediare; annoiare; seccare. ● **bored to death** (*o* **to tears**), annoiato a morte.
boreal /ˈbɔːrɪəl/, *a.* boreale.
Boreas /ˈbɒrɪæs, *USA* -ɔːr-/, *n.* (*lett.*) Borea (*dio e vento del Settentrione*).
boredom /ˈbɔːdəm/, *n.* noia; tedio.
boreproof /ˈbɔːpruːf/, *a.* (*tecn.*) imperforabile.
borer /ˈbɔːrə(r)/, *n.* ***1*** trivella ***2*** operaio scavapozzi; minatore addetto al trivellamento ***3*** (*mecc.*) alesatore; barenatore ***4*** (*mecc.*) alesatrice (*macchina*) ***5*** (*zool.*) tarlo; (*fam.*) baco (*della frutta*).
boric /ˈbɔːrɪk/, *a.* (*chim.*) borico: **b. acid**, acido borico.
boride /ˈbɔːraɪd/, *n.* (*chim.*) boruro.
boring (**1**) /ˈbɔːrɪŋ/, *n.* ***1*** (*ind. min.*) perforazione; trivellazione; sondaggio: **b. head**, testa di trivellazione ***2*** (*ind. costr.*) perforazione ***3*** (*mecc.*) alesatura; alesaggio; barenatura ***4*** (*pl.*) trucioli di alesatura. ● (*mecc.*) **b. bar**, bareno; barra alesatrice □ (*mecc.*) **b. machine** (*o* **b. mill**), alesatrice; barenatrice □ (*ind. min.*) **b. test**, sondaggio.
boring (**2**) /ˈbɔːrɪŋ/, *a.* noioso; seccante.
born /bɔːn/, **A** *p. p.* di **to bear** (**1**). **B** *a.* generato; nato. ● **b. name**, nome da nubile, da ragazza □ **to be b.**, nascere: **Where were you born?**, dove sei nato? □ (*fig.*) **b. to be hanged**, faccia da forca □ (*fig.*) **to be b. on the wrong side of the blanket**, essere (figlio) illegittimo □ **to be b. under a lucky star**, essere nato sotto una buona stella □ **to be a b. winner**, essere un uomo destinato alla vittoria □ (*fig.*) **to be b. with a silver spoon in one's mouth**, essere nato con la camicia □ **base-b.**, di bassi natali; di umile origine □ **first-b.**, primogenito □ **a new-b. baby**, un neonato □ **He's a b. fool**, è un perfetto idiota □ **He's a b. artist** (*o* **an artist b.**), è un artista nato.
borne /bɔːn/, *p. p.* **di to bear** (**1**).
boron /ˈbɔːrɒn/, *n.* (*chim.*) boro.
borough /ˈbʌrə, *USA* ˈbɜːrəʊ/, *n.* ***1*** (*in G.B.*) città che manda uno o più deputati in Parlamento ***2*** distretto amministrativo di Londra (*ve ne sono 32*) ***3*** (*in U.S.A.*) distretto amministrativo di New York (*ve ne sono cinque*). ● **b. council**, consiglio di un borough; consiglio comunale □ (*stor.*) **rotten boroughs**, «borghi putridi» (*distretti elettorali con pochissimi votanti: fino al 1832*).
to **borrow** /ˈbɒrəʊ, *USA* -ɔːr-/, *v. t.* ***1*** prendere in (*o* a) prestito; mutuare: **Whom did you b. this book from** (**of**)**?**, da chi hai preso in prestito questo libro? ***2*** plagiare: **He borrowed my idea**, ha plagiato la mia idea ***3*** (*Borsa*) prendere a riporto; riportare. ● **to b. trouble**, crucciarsi inutilmente (*o* anzitempo) □ (*edil.*) **borrowed light**, finestra interna □ (*fig.*) **borrowed plumes**, penne di pavone: **All his success was borrowed plumes**, ebbe fortuna, ma s'era fatto bello delle penne altrui □ **to live on borrowed time**, avere i giorni contati.
borrower /ˈbɒrəʊə(r), *USA* -ɔːr-/, *n.* chi prende a prestito; (*comm.*) mutuatario, mutuataria.
borrowing /ˈbɒrəʊɪŋ, *USA* -ɔːr-/, *n.* ***1*** (*comm.*) assunzione di prestito ***2*** (*fin., anche pl.*) indebitamento ***3*** (*banca*) raccolta. ● (*fin.*) **b. company**, società mutuataria □ (*fin.*) **b. rate**, tasso passivo □ (*banca*) **b. transactions**, operazioni passive.
borstal /ˈbɔːstl/, *n.* (*stor.*) correzionale; riformatorio.
bort /bɔːt/, *n.* (*ind. min.*) ***1*** bort; diamante industriale ***2*** (*collett.*) schegge di diamante ***3*** (*collett.*) polvere di diamante.
boscage /ˈbɒskɪdʒ/, *n.* boschetto; gruppo d'arboscelli, d'arbusti.
bosh (**1**) /bɒʃ/, *n.* e *inter.* (*pop.*) sciocchezze; fesserie.
bosh (**2**) /bɒʃ/, *n.* (*metall.*) sacca (*parte inferiore di altoforno*).
to **bosh** /bɒʃ/, *v. t.* (*pop.*) canzonare; punzecchiare; stuzzicare.
bosin /ˈbəʊsn/, *n.* (*contraz. di* **boatswain**) (*naut.*) nostromo.
bosk /bɒsk/, **bosket** /ˈbɒskɪt/, *n.* (*lett.*) boschetto.
bosky /ˈbɒskɪ/, *a.* (*lett.*) boscoso; ombroso.
bo's'n, bo'sn, bos'n /ˈbəʊsn/, *V.* **bosin**.
Bosnian /ˈbɒznɪən/, *a.* e *n.* bosniaco.
bosom /ˈbʊzəm/, *n.* ***1*** (*poet.*) petto; seno ***2*** (*fig.*) cuore; seno: **to be in the b. of one's family**, essere in seno alla propria famiglia; **one's b. friend**, l'amico del cuore (*o* prediletto); **to clasp sb. to one's b.**, stringersi q. al cuore (*o* al seno) ***3*** sparato (*della camicia*) ***4*** ampia distesa (*del mare*); superficie (*di lago*).
bosomy /ˈbʊzəmɪ/, *a.* dal seno prosperoso; popputo (*fam.*).
boson /ˈbəʊsɒn, -z-/, *n.* (*fis. nucl.*) bosone.
boss (**1**) /bɒs, *USA* bɔːs/, *n.* (*fam.*) ***1*** boss; capo; padrone; dirigente; capufficio ***2*** (*USA*) capo di un'organizzazione politica; caporione.
boss (**2**) /bɒs, *USA* bɔːs/, *n.* ***1*** bozza; protuberanza; borchia (*di scudo, ecc.*) ***2*** (*mecc.*) mozzo; punzone ***3*** (*archit.*) bugna; bozza; aggetto; risalto; rosone (*di lacunare*). ● (*pop.*) **b.-eyed**, strabico □ (*naut.*) **b. of the screw**, mozzo dell'elica □ (*pop.*) **to make a b. shot at st.**, fare un tentativo (sfortunato) di colpire q.c.
to **boss** (**1**) /bɒs, *USA* bɔːs/, *v. i.* e *t.* (*fam.*) farla da padrone; spadroneggiare; dare ordini (a q.); comandare a bacchetta (*spesso* **to b. about, to b. around**). ● **to b. the show**, farla da padrone.
to **boss** (**2**) /bɒs, *USA* bɔːs/, *v. t.* ***1*** ornare di borchie (*o* bugne) ***2*** (*mecc.*) punzonare ***3*** lavorare a sbalzo.
bossage /ˈbɒsɪdʒ, *USA* ˈbɔːs-/, *n.* (*archit.*) bugnato.
bossa nova /ˈbɒsəˈnəʊvə, *USA* ˈbɔːs-/ (*portoghese*), *n.* (*mus.*) bossa nova.
bossy (**1**) /ˈbɒsɪ, *USA* ˈbɔːsɪ/, *a.* (*fam.*) autoritario; prepotente; tirannico.
bossy (**2**) /ˈbɒsɪ, *USA* ˈbɔːsɪ/, *a.* adorno di borchie (*o* bugne).
Bostonian /bɒˈstəʊnɪən, *USA* bɔː-/, *a.* e *n.* (abitante o nativo) di Boston; bostoniano.
botanic /bəˈtænɪk/, *a.* (*raro*) botanico.
botanical /bəˈtænɪkl/, *a.* botanico: **b. garden**, orto botanico.
botanist /ˈbɒtənɪst/, *n.* botanico (*studioso di botanica*).
to **botanize** /ˈbɒtənaɪz/, **A** *v. i.* ***1*** studiare botanica (*dal vivo*) ***2*** raccogliere piante (*per studio*). **B** *v. t.* raccogliere piante in (*una regione*).
botanizer /ˈbɒtənaɪzə(r)/, *n.* erborista.
botany /ˈbɒtənɪ/, *n.* botanica.
botargo /bəˈtɑːgəʊ/, *n.* (*pl.* **botargoes**) (*cucina*) bottarga.
botch /bɒtʃ/, *n.* ***1*** rappezzo; rattoppo malfatto ***2*** lavoro malfatto; pasticcio.
to **botch** /bɒtʃ/, *v. t.* e *i.* ***1*** rabberciare; rattoppare; rappezzare ***2*** abborracciare; raffazzonare; lavorar male; pasticciare.
botcher /ˈbɒtʃə(r)/, *n.* ***1*** rabberciatore, rattoppatore (*raro*) ***2*** pasticcione.
botchy /ˈbɒtʃɪ/, *a.* ***1*** rabberciato; mal rattoppato ***2*** abborracciato; pasticciato.
both /bəʊθ/, **A** *a.* e *pron.* ambo (*lett.*); ambedue; entrambi; tutt'e due; l'uno e l'altro: **We were both present** (*o* **B. of us were present**), eravamo entrambi presenti; **on b. sides**, da ambo i lati; **I see them b.**, li vedo tutt'e due. **B** *cong.* ***1*** – **b... and**, sia... sia; tanto... quanto: **B. boys and girls can attend that school**, sia i ragazzi sia le ragazze possono frequentare quella scuola ***2*** a un tempo; nello stesso tempo: **It is b. good and cheap**, è a un tempo di buona qualità e poco costoso ***3*** (*improprio: per più di due alternative*) così... come... e: **You must love b. God and man and beast**, devi amare così Iddio come gli uomini e gli animali. ● (*ippica: di cavallo*) **b. ways**, piazzato: **I backed Black Prince b. ways**, scommisi su Black Prince piazzato □ **to have it b. ways**, dare un colpo al cerchio e l'altro alla botte; barcamenarsi.
bother (**1**) /ˈbɒðə(r)/, *n.* ***1*** fastidio; incomodo; seccatura ***2*** agitazione; nervosismo; preoccupazione.
bother (**2**) /ˈbɒðə(r)/, *inter.* accidenti!; uffa!; al diavolo!
to **bother** /ˈbɒðə(r)/, **A** *v. t.* ***1*** infastidire; incomodare; importunare; seccare ***2*** confondere; turbare; innervosire; mettere di malumore: **Big cities b. him**, le città grandi lo innervosiscono. **B** *v. i.* preoccuparsi; prendersela; agitarsi; disturbarsi: **She bothers about everything**, si preoccupa per ogni cosa; **Don't b. to come and see me to the station**, non disturbarti a venirmi ad accompagnare alla stazione. **C** to **bother oneself**, *v. rifl.* darsi il disturbo; preoccuparsi (*di q.c.*).
botheration /bɒðəˈreɪʃn/, (*fam.*) **A** *n.* preoccupazione; seccatura; scocciatura (*fam.*). **B** *inter.* uffa!; al diavolo!
bothersome /ˈbɒðəsəm/, *a.* fastidioso; seccante.
bottle (**1**) /ˈbɒtl/, *n.* ***1*** bottiglia: **a b. of wine**, una bottiglia di vino ***2*** boccetta; flacone ***3*** bombola (*per gas*) ***4*** poppatoio; biberon. ● **b. baby**, bambino allattato artificialmente; (*pop. USA*) alcolizzato □ **b. bank**, raccoglitore per vetri □ **b. bomb**, bottiglia incendiaria (*o* Molotov) □ **b. cap**, tappo metallico per bottiglie □ (*pop.*) **b. courage**, coraggio dato dall'alcol □ **b.-fed**, allattato col biberon □ **b.-feeding**, allattamento artificiale □ **b. glass**, vetro di bottiglia □ **b. green**, verde bottiglia □ **b.-holder**, (*sport*) secondo (*di un pugile*); (*fig.*) sostenitore □ **b.-nose**, naso gonfio; (*zool., Tursiops truncatus*) tursiope □ **b.-nosed**, dal naso gonfio □ **b.-nosed dolphin** (*o* **porpoise**), *V.* **b.-nose** □ **b. opener**, apribottiglie □ **b. party**, festa in cui ogni invitato porta una bottiglia □ **b. rack**, portabottiglie □ **b. warmer**, scaldabiberon □ **b.-washer**, lavapiatti; persona tuttofare □ (*di bambino*) **brought up with the b.**, allattato con il poppatoio, artificialmente □ (*pop.*) **to hit the b.**, alzare il gomito; darsi al bere □ (*pop. ingl.*) **to lose one's b.**, perdersi d'animo; scoraggiarsi □ **over a b.**, bevendoci sopra: **Let's discuss it over a b.**, discutiamone bevendoci sopra □ **to be a slave of the b.**, essere schiavo del bere □ **wine b.**, bottiglia da vino.
bottle (**2**) /ˈbɒtl/, *n.* (*dial.*) fascio (*di fieno, di paglia*). ● (*fig.*) **to look for a needle in a b. of hay**, cercare un ago in un pagliaio.
to **bottle** /ˈbɒtl/, *v. t.* ***1*** imbottigliare; infiascare; mettere in bottiglia ***2*** imbottigliare, intrappolare, bloccare (*un ladro, ecc.*). ● (*pop. ingl.*) **to b. out of st.**, tirarsi indietro di fronte a q.c. □ **to b. up**, imbottigliare (*il traffico, ecc.*); contenere; frenare: **He bottled up his anger and said nothing**, egli frenò l'ira e tacque □ **bottled gas**, gas in bombole □ **bottled water**, acqua imbottigliata □ **bottled wine**, vino in bottiglia.
to **bottle-feed** /ˈbɒtlfiːd/ (*pass.* e *p. p.* **bottle-fed**), *v. t.* allevare artificialmente.
bottleneck /ˈbɒtlnek/, *n.* ***1*** collo di bottiglia ***2*** (*di una strada, ecc.*) strettoia ***3*** (*fig.*) strozzatura: (*econ.*) **a b. in production**, una strozzatura della produzione.
bottler /ˈbɒtlə(r)/, *n.* ***1*** imbottigliatore ***2***

(*ind.*) imbottigliatrice (*macchina*).

bottling /ˈbɒtəlɪŋ/, *n.* imbottigliamento. ● **b. plant**, impianto d'imbottigliamento.

bottom (**1**) /ˈbɒtəm/, *n.* ***1*** fondo (*anche fig.*); parte inferiore; letto (*di un fiume*); (*fig.*) minimo, punto più basso: **the b. of the box** [**cup, glass, page, sea**], il fondo della scatola [della tazza, del bicchiere, della pagina, del mare]; **I can't reach the b.**, non riesco a toccare il fondo; **The market is bumping on the b.**, il mercato ha toccato il fondo ***2*** (*spesso al pl.*) terreno basso; bassa: **the bottoms round Ferrara**, la bassa ferrarese ***3*** (*naut.*) carena; opera viva; (*per estens.*) nave (*specialm. da carico*): **Greek goods are seldom carried by foreign bottoms**, raramente le merci greche vengono trasportate da navi straniere ***4*** (*fam.*) deretano; sedere: **to smack sb.'s b.**, dare le sculacciate a q. ***5*** (capacità di) sopportazione; resistenza; (forza di) carattere ***6*** (*autom.*) prima (marcia) ***7*** slip (*di un duepezzi*); (*pl.*) pantaloni (*del pigiama*) ***8*** (*fonderia*) suola (*di forno*) ***9*** (*ind.*) fondello ***10*** (*pl.*) (*chim.*) residui (*di lavorazione*). ● (*fam.*) **b. kicking**, calcio (*o* calci) nel sedere (*fig. fam.*) □ **b. land**, terreno basso; bassa □ **at b.**, in fondo; in calce: **See at b.**, vedi in calce; **He's a good boy at b.**, in fondo, è un buon ragazzo □ **at the b.**, all'origine; sotto (*fig.*): **I wonder who's at the b. of it**, vorrei proprio sapere chi c'è sotto (la faccenda) □ **to get to the b. of a matter**, andare a fondo in una questione □ (*naut.*) **to go to the b.**, colare a picco; andare a fondo □ **to knock the b. out of an argument**, dimostrare l'infondatezza di un argomento □ **to send to the b. a ship**, mandare a picco una nave □ (*fig.*) **to stand on one's b.**, stare per conto proprio; essere indipendente; fare da sé □ (*fig. fam.*) **to start at the b. of the ladder**, cominciare dalla gavetta □ **to touch b.**, toccare il fondo (*del mare o sim.* e *fig.*); (*di nave*) arenarsi: **Prices have touched b.**, i prezzi sono arrivati al minimo □ (*fam.*) **Bottoms up!**, (alla) salute!; cin cin! □ **John is b. of the class**, John è l'ultimo della classe □ **The boat was floating b. up**, la barca galleggiava con la chiglia in alto (*o* capovolta) □ **I thank you from the b. of my heart**, ti ringrazio di cuore.

bottom (**2**) /ˈbɒtəm/, *a. attr.* (il) più basso; ultimo in basso: **the b. shelf**, l'ultimo scaffale in basso; **This is our b. price**, questo è il prezzo più basso che possiamo fare. ● **b. drawer**, primo cassetto dal basso; (*fam.*) corredo (*da sposa*): **This is for your b. drawer**, questo (regalo) è per il tuo corredo □ **b. line**, (*rag.*) ultima riga (*di un conto*); (*fin.*) utile netto; perdita netta; (*fig.*) conclusione, risultato; svolta decisiva; nocciolo (*di una questione*) □ (*pop. USA*) **b. man**, ultima ruota del carro (*fig.*) □ (*Borsa*) **b. price**, prezzo minimo □ (*pop.*) **You can bet your b. dollar on it**, ci puoi scommettere l'ultimo centesimo (*o* la testa).

to **bottom** /ˈbɒtəm/, **A** *v. t.* ***1*** rifare il fondo a (*una sedia, un tegame*) ***2*** toccare il fondo (*del mare, ecc.*); (*fig.*) andare a fondo in (*una questione*) ***3*** (*naut.*) far posare (*un sottomarino*) sul fondo ***4*** (*ind.*) fissare la soletta a (*una scarpa*). **B** *v. i.* ***1*** (*naut.*) posarsi sul fondo ***2*** essere fondato (*o* basato) su. ● **to b. an argument on st.**, fondare (*o* basare) un argomento su q.c. □ **to b. out**, toccare il fondo (*anche fig.*): **Gold prices have bottomed out**, il prezzo dell'oro ha toccato il fondo.

bottomless /ˈbɒtəmləs/, *a.* ***1*** senza fondo; smisurato; insondabile ***2*** senza slip; nudo ***3*** (*di un locale notturno*) con attricette nude; che dà uno spettacolo di nudo integrale. ● **the b. pit**, l'abisso senza fondo; l'inferno.

bottommost /ˈbɒtə(m)məʊst/, *a. superl. relat.* (il) più in basso; (l') ultimo.

bottomry /ˈbɒtəmrɪ/, *n.* (*naut., stor.*) cambio marittimo: **b. loan**, prestito a cambio marittimo.

botulinic /bɒtjʊˈlaɪnɪk, *USA* -tʃʊ-/, *a.* (*med.*) botulinico.

botulism /ˈbɒtjʊlɪzəm, *USA* -tʃʊ-/, *n.* (*med.*) botulismo.

bouffant /ˈbuːfɒn, -nt, *USA* buːˈfɑːnt, ˈbuːfɑːnt/ (*franc.*), *a.* ***1*** (*di un vestito*) con lo sbuffo ***2*** (*dei capelli*) gonfi.

bougainvill(**a**)**ea** /buːgənˈvɪlɪə/, *n.* (*bot.*, *Bougainvillea spectabilis*) buganvillea.

bough /baʊ/, *n.* ramo (*d'albero, specialm. se grosso*).

bought /bɔːt/, *pass.* e *p. p.* di **to buy**. ● (*rag.*) **b. account**, conto degli acquisti (*a provvigione*) □ **b. contract**, (*banca*) borderò d'acquisto; (*Borsa*) distinta d'acquisto □ (*rag.*) **b. journal**, libro acquisti □ **b. note**, (*comm.*) conto acquisti; (*Borsa*) nota di compra, fissato bollato □ (*econ.*) **b.-out parts**, prodotti dell'indotto.

bougie /ˈbuːʒiː, -dʒiː, buːˈʒiː/ (*franc.*), *n.* ***1*** (*arc.*) candela ***2*** (*med.*) candeletta; sonda, catetere.

bouillon /ˈbuːjɒn, ˈbwiːjɒn, *USA* ˈbʊljɒn/ (*franc.*), *n.* brodo. ● **b. cube**, dado per brodo.

boulder /ˈbəʊldə(r)/, *n.* masso tondeggiante (*per erosione naturale*). ● (*geol.*) **b. clay**, deposito morenico.

boulevard /ˈbuːl(ə)vɑːd, *USA* ˈbʊlə-/, *n.* viale; stradone.

boulter /ˈbəʊltə(r)/, *n.* (*pesca*) palamite; palangaro.

bounce (**1**) /baʊns/, *n.* ***1*** rimbalzo; balzo; salto: **to catch** (*o* **to take**) **the ball on the b.**, prendere la palla al balzo (*anche fig.*) ***2*** elasticità: **The ball has lost its b.**, la palla ha perso l'elasticità ***3*** botta; colpo ***4*** (*arc.*) vanteria; sfacciataggine ***5*** (*fam.*) energia; spirito; slancio. ● (*radio*) **b. back**, eco □ (*fam.*) **b. cheque**, assegno scoperto (*o* a vuoto) □ (*pop. USA*) **to get the b.**, farsi cacciare (*o* licenziare); essere piantato (*dalla ragazza, ecc.*).

bounce (**2**) /baʊns/, *avv.* (*arc.*) improvvisamente; inaspettatamente.

to **bounce** /baʊns/, **A** *v. i.* ***1*** (*di palla, ecc.*) rimbalzare ***2*** balzare; slanciarsi; muoversi di slancio: **The girl bounced into the room**, la ragazza entrò di slancio nella stanza ***3*** (*arc.*) vantarsi; darsi delle arie ***4*** (*fam.*: *di un assegno*) essere respinto (*perché emesso a vuoto o allo scoperto*) ***5*** (*aeron.*) piastrellare; rimbalzare. **B** *v. t.* ***1*** far rotolare; far ruzzolare: **He bounced the box down the stairs**, fece ruzzolare la scatola giù per le scale ***2*** far rimbalzare (*una palla, ecc.*) ***3*** (*fam.*) respingere (*un assegno*) ***4*** (*pop.*) cacciar via con la forza ***5*** (*pop.*) licenziare; mandare a spasso. ● **to b. back**, tornare di rimbalzo; (*fig.*) riprendersi (*dopo un insuccesso, ecc.*) □ (*di prezzi, ecc.*) **to b. higher**, impennarsi □ (*fig.*) **to b. like a ball**, essere attivissimo, pimpante □ **to b. sb. into** (**doing**) **st.**, spingere q. a fare q.c.

bouncer /ˈbaʊnsə(r)/, *n.* ***1*** (*fam.*) *V.* **bounce cheque** ***2*** (*pop. arc.*) grossa bugia; balla (*fam.*) ***3*** (*pop. arc.*) fanfarone; ballista (*fam.*) ***4*** (*pop.*) buttafuori (*di bar o locale notturno*).

bouncing /ˈbaʊnsɪŋ/, *a.* sano; vivace; esuberante: **a b. girl**, una ragazza piena di vita. ● (*banca*) **b. cheque**, assegno a vuoto.

bound (**1**) /baʊnd/, *n.* ***1*** (*generalm. al pl.*) confine; limite: **There are no bounds to his greediness**, la sua avidità non conosce limiti ***2*** (*mat.*) limite; estremo. ● **to go beyond the bounds of reason**, essere irragionevole □ **out of bounds**, proibito, vietato: **These premises are out of bounds to military personnel**, l'accesso a questo locale è proibito ai militari □ **to place st. out of bounds**, proibire l'accesso a q.c. □ **within bounds**, entro i limiti fissati; nei dovuti limiti; a freno: **He cannot keep his temper within bounds**, non riesce a tenere a freno i nervi.

bound (**2**) /baʊnd/, *n.* ***1*** rimbalzo ***2*** balzo; salto; saltello. ● (*fig.*) **to advance by leaps and bounds**, fare passi da gigante □ **to hit the ball on the first b.**, colpire la palla al primo rimbalzo.

bound (**3**) /baʊnd/, *a.* diretto (a); in viaggio (per): **This ship is b. for Naples**, questa nave è diretta a Napoli □ **homeward b.**, diretto al paese di origine; sulla via del ritorno; **outward b.**, diretto all'estero.

bound (**4**) /baʊnd/, **A** *pass.* e *p. p.* di **to bind**. **B** *a.* ***1*** – **b. to**, costretto; obbligato; tenuto a: **I'm b. to go**, sono tenuto ad andare ***2*** – **b. to**, destinato a: **The plan is b. to succeed**, il piano è destinato a riuscire; **It is b. to rain**, pioverà di sicuro; **He is b. to know**, lo saprà senz'altro ***3*** (*di un libro*) legato; rilegato: **half-b.**, rilegato in mezza pelle ***4*** (*chim.*: *di un elemento*) combinato ***5*** (*med.*) costipato ***6*** (*ling.*) legato. ● (*ling.*) **b. form**, affisso □ **b. hand and foot**, legato mani e piedi □ (*leg.*) **b. under oath**, sotto il vincolo del giuramento □ **b. up in**, cointeressato, coinvolto, implicato in □ **b. up with**, legato a, connesso con; (*fig.*) affezionato a □ (*arc.*) **I'll be b.!**, sicuro!; ci scommetto!

to **bound** (**1**) /baʊnd/, **A** *v. t.* ***1*** delimitare; fare da confine a: **Italy is bounded on the north by the Alps**, l'Italia è delimitata a nord dalle Alpi ***2*** contenere; frenare: **You must b. your wishes**, devi contenere i tuoi desideri. **B** *v. i.* – **to b. on**, confinare con: **England bounds on Scotland**, l'Inghilterra confina con la Scozia.

to **bound** (**2**) /baʊnd/, *v. i.* ***1*** (*di palla, ecc.*) rimbalzare ***2*** (*di persone, animali*; e *fig.*) balzare; saltare; saltellare: **My heart bounded with joy**, il cuore mi balzava in petto per la gioia.

boundary /ˈbaʊndrɪ/, *n.* ***1*** (*geogr., polit.*) confine; segno (*o* linea) di confine: **a b. dispute**, una lite di confine ***2*** (*geol.*) confine; limite ***3*** (*scient.*) contorno; limite; frontiera ***4*** (*elettron.*) superficie di giunzione. ● **b. line**, (linea di) confine.

bounded /ˈbaʊndɪd/, *a.* (*mat.*) limitato: **b. set**, insieme limitato.

bounden /ˈbaʊndən/, *a.* ***1*** (*arc.*) obbligato; indebitato ***2*** (*raro*) obbligatorio; (*fig.*) sacrosanto: **It is your b. duty to help him**, è tuo sacrosanto dovere aiutarlo.

bounder /ˈbaʊndə(r)/, *n.* ***1*** persona (*o* cosa) che delimita ***2*** (*pl.*) marche di confine ***3*** (*pop. arc.*) mascalzone.

boundless /ˈbaʊndləs/, *a.* illimitato; sconfinato; immenso.

boundlessness /ˈbaʊndləsnəs/, *n.* sconfinatezza; immensità.

bounteous /ˈbaʊntɪəs/, *a.* ***1*** generoso; liberale; munifico ***2*** dato con larghezza; abbondante; copioso.

bounteousness /ˈbaʊntɪəsnəs/, *n.* ***1*** generosità; liberalità; munificenza ***2*** larghezza; abbondanza; copiosità.

bountiful /ˈbaʊntɪfl/, *a.* ***1*** generoso; liberale; munifico ***2*** abbondante; copioso: **a b. harvest**, un raccolto copioso.

bounty /ˈbaʊntɪ/, *n.* ***1*** generosità; liberalità; munificenza ***2*** dono generoso, liberale ***3*** premio (d'incoraggiamento); ricompensa: (*econ.*) **a b. on exports**, un premio all'esportazione ***4*** (*mil.*) premio d'arruolamento (*o* di rafferma) ***5*** taglia (*per la cattura di banditi o di animali nocivi*): **b. hunter** (*o* **b. killer**), cacciatore di taglie.

bouquet /bʊˈkeɪ, ˈbuːkeɪ, *USA* bəʊˈkeɪ/, *n.* ***1*** mazzo di fiori; mazzolino ***2*** aroma, profumo (*specialm. del vino*) ***3*** complimento; elogio.

bouquetin /bʊkəˈtæn/ (*franc.*), *n.* (*zool.*, *Capra ibex*) stambecco.

bourbon /ˈbɜːbən, ˈbʊə-/, *n.* (*specialm. in U.S.A.*) bourbon (*whisky distillato dal granoturco e dalla segale*).

Bourbon /ˈbʊəbən, ˈbɔː-/, *n.* ***1*** (*stor.*) Borbone ***2*** (*stor.* e *fig.*) borbonico.

bourdon /ˈbʊədn, ˈbɔː-/, *n.* (*mus.*) ***1*** bordone ***2*** registro basso (*di organo, campane, ecc.*) ***3*** suono della zampogna.

bourgeois (**1**) /ˈbʊəʒwɑː, *USA* bʊəˈʒwɑː/ (*franc.*), *n.* e *a.* (*invar. al pl.*) borghese.

bourgeois (**2**) /bɜːˈdʒɔɪs/, *n.* (*invar. al pl.*)

(*tipogr.*) corpo 9.
bourgeoisie /bʊəʒwɑːˈziː/ (*franc.*), *n.* borghesia.
bourgeoisification /bʊəʒwɑːzɪfɪˈkeɪʃn/, *n.* imborghesimento.
bourgeoisified /ˈbʊəʒwɑːzɪfaɪd, *USA* bʊəˈʒwɑː-/, *a.* imborghesito.
to **bourgeoisify** /ˈbʊəʒwɑːzɪfaɪ, *USA* bʊəˈʒwɑː-/, *v. t.* imborghesire.
bourgeon /ˈbɜːdʒn/, *V.* **burgeon**.
bourn(e) (1) /bʊən, bɔːn/, *n.* ruscello; torrentello.
bourn(e) (2) /bʊən, bɔːn/, *n.* ***1*** (*poet.*) meta; obiettivo ***2*** (*arc.*) confine.
bourse /bʊəs, bɔːs/ (*franc.*), *n.* (*fin.*) borsa valori (*in Francia, ecc.*).
to **bouse** (1) /buːz/, *V.* **to booze**.
to **bouse** (2) /buːz/, *v. t.* (*naut.*) alare su un paranco; parancare.
boustrophedonic /buːstrəfiːˈdɒnɪk/, *a.* (*archeol.*) bustrofedico.
bout /baʊt/, *n.* ***1*** periodo, tirata (*di lavoro, ecc.*): **Now we are in for a b. of floor scrubbing**, ora dobbiamo fare un po' di ramazza ***2*** gara; incontro; scontro: **a drinking b.**, una gara a chi beve di più; **a boxing b.**, un incontro di pugilato; **a b. with the enemy**, uno scontro col nemico ***3*** (*med.*) attacco: **a b. of flu**, un attacco d'influenza.
boutique /buːˈtiːk/ (*franc.*), *n.* (*moda*) boutique.
bovid /ˈbəʊvɪd/, *n.* (*zool.*) bovide.
bovine /ˈbəʊvaɪn/, *a.* ***1*** bovino ***2*** (*fig.*) lento; inerte; ottuso.
Bovril /ˈbɒvrəl/, *n.* (*marchio*) estratto di carne di bue.
bovver /ˈbɒvə(r)/, *n.* (*pop.*) aggressione; minacce; violenza (*da parte di teppisti, detti* **b. boys**, *che portano scarponi chiodati detti* **b. boots**).
bow (1) /bəʊ/, *n.* ***1*** (*mil., mus.*) arco; (*mus., elettr.*) archetto ***2*** (*archit.*) arco in aggetto ***3*** (= **rainbow**) arcobaleno ***4*** cappio; fiocco; nodo; nastro (*annodato a cappio*): **He tied the string in a bow**, fece un cappio allo spago; **The little girl had a bow of blue ribbon in her hair**, la ragazzina aveva un nastro azzurro nei capelli ***5*** (= **bow tie**) cravatta a farfalla ***6*** (*specialm. USA*) stanghetta (*degli occhiali*) ***7*** (*pl. collett.*) (*stor.*) arcieri. ● **bow collector**, pantografo (*di locomotore elettrico, ecc.*) □ **bow compass** (*o* **bow pen**), balaustrino □ **bow divider**, compasso per tracciare □ (*mecc.*) **bow drill**, trapano ad arco □ **bow-fronted**, dalla fronte convessa □ **bow-legged**, dalle gambe arcuate □ **bow saw**, seghetta ad arco □ **bow tie**, cravatta a farfalla □ (*archit.*) **bow window**, bovindo □ **to bend** (*o* **to draw**) **the bow**, tendere l'arco □ (*fig.*) **to draw the long bow**, esagerare □ (*fig.*) **to have many strings to one's bow**, avere molte frecce al proprio arco.
bow (2) /baʊ/, *n.* inchino: **He made me a low bow**, mi fece un profondo inchino. ● (*fig.*) **to make one's bow**, esordire; (*e anche*) ritirarsi (*dalle scene o dalla vita pubblica*) □ **to take a bow**, ringraziare con un inchino (*dopo un applauso, un elogio*).
bow (3) /baʊ/, *n.* (*naut.*) ***1*** prua; prora ***2*** vogatore di punta. ● (*aeron.*) **bow cap**, scudo di prua (*di un dirigibile*) □ (*naut.*) **bow-heavy** (*o* **down by the bow**), appruato □ **bows on**, (*naut.*) di prua; (*fig.*) a capofitto □ (*naut.*) **bow thruster**, elica prodiera (*per facilitare l'attracco*) □ (*naut.*) **bows under**, con la prua sommersa □ (*naut.*) **bow waves**, baffi di prora □ (*naut.*) **at the bow**, a prora □ (*naut.*) **on the bow**, di (*o* a) proravia; entro 45 gradi dalla linea di prua.
to **bow** (1) /bəʊ/, **A** *v. t.* ***1*** inarcare; piegare ad arco ***2*** suonare (*un violino, ecc.*) con l'archetto. **B** *v. i.* inarcarsi; curvarsi.
to **bow** (2) /baʊ/, **A** *v. i.* ***1*** (*spesso* **to bow down**) inchinarsi; fare un inchino ***2*** curvarsi; piegarsi; chinare il capo; (*fig.*) rassegnarsi: **We must bow to the inevitable**, dobbiamo chinare il capo di fronte all'inevitabile ***3*** fare un cenno di cortese assenso (*o* di saluto): **He bowed to me as I passed him**, mentre gli passavo accanto, mi fece un cenno di saluto. **B** *v. t.* ***1*** (*anche fig.*) chinare; piegare: **to bow one's head**, chinare il capo (*anche fig.*), salutare con un inchino; **They bowed their heads before the king**, chinarono la testa davanti al re ***2*** (*spesso* **to bow down**) curvare; piegare; prostrare: **He is bowed down by care**, è prostrato dagli affanni. ● (*fig.*) **to bow and scrape**, profondersi in inchini e salamelecchi; essere servile □ **to bow sb. in**, invitare q. a entrare, con un inchino □ **to bow out**, ritirarsi (*dalla carriera, da una gara, ecc.*) □ **to bow sb. out**, salutare con un inchino (*un cliente, ecc., che esce*) □ **to bow one's thanks**, ringraziare con un cenno del capo □ (*fig.*) **to bow to nobody**, non cederla a nessuno □ **bowing acquaintance**, conoscenza superficiale.
Bow bells /ˈbəʊˈbelz/, *n. pl.* le campane di St. Mary le Bow. ● **within the sound of Bow bells**, dentro la City; nel cuore di Londra.
bowdlerization /baʊdlərаɪˈzeɪʃn, *USA* -rɪ-ˈz-/, *n.* espurgazione (*di un libro, ecc.*).
to **bowdlerize** /ˈbaʊdləraɪz/, *v. t.* espurgare (*un libro, un autore*).
bowel /ˈbaʊəl/, *n.* ***1*** (*anat.*) viscere; intestino; budello (*pop.*) ***2*** (*pl.*) visceri; budella; (*fig.*) viscere: **in the bowels of the earth**, nelle viscere della terra ***3*** (*pl.*) (*fig. arc.*) viscere; compassione; pietà. ● **b. disorder**, mal di pancia □ **b. movement**, l'andare di corpo; defecazione □ **to move one's bowels**, andare di corpo.
bower (1) /ˈbaʊə(r)/, *n.* ***1*** pergola; pergolato; padiglione (*in un giardino*); recesso ombroso ***2*** (*poet.*) dimora; casetta; villetta ***3*** (*arc.*) salottino (*o* camera) di una dama. ● (*zool.*) **b.-bird** (*Ptilonorhynchus*), uccello giardiniere.
bower (2) /ˈbaʊə(r)/, *n.* (*naut.*) ancora di posta: **best** (**small**) **b.**, grande (piccola) ancora di posta.
bowery /ˈbaʊərɪ/, *a.* ***1*** che ha molte pergole ***2*** ombroso.
bowfin /ˈbəʊfɪn/, *n.* (*zool.*, *Amia calva*) amia.
bowie knife /ˈbəʊɪnaɪf/, *locuz. n.* (*USA*) lungo coltello da caccia.
bowing /ˈbəʊɪŋ/, *n.* (*mus.*) archeggio; tocco dell'archetto.
bowl (1) /bəʊl/, *n.* ***1*** coppa; ciotola; scodella: **a b. of rice**, una ciotola di riso ***2*** parte concava (*d'un oggetto*); cavo; incavo: **the b. of a spoon**, l'incavo d'un cucchiaio; **the b. of a balance**, il piatto d'una bilancia; **the b. of a pipe**, il fornello d'una pipa ***3*** (*edil.*) vasca (*di lavello*): **a sink unit with twin bowls**, un lavello a due vasche ***4*** (*autom.*) vaschetta (*del filtro della benzina*) ***5*** (*geogr.*) bacino ***6*** (*specialm. USA*) anfiteatro; stadio. ● **the b. of the W.C.**, la coppa del water □ **fish-b.**, vaschetta per pesci □ **fruit b.**, fruttiera □ **sugar b.**, zuccheriera.
bowl (2) /bəʊl/, *n.* ***1*** boccia ***2*** (*pl.*) gioco delle bocce.
to **bowl** /bəʊl/, **A** *v. i.* ***1*** giocare a bocce ***2*** giocare a bowling ***3*** lanciare una boccia ***4*** (*di solito* **to b. along**) andare velocemente e senza sbalzi; filare (*fam.*): **We were bowling along the motorway in our new racing car**, filavamo sull'autostrada sulla nuova macchina da corsa ***5*** (*cricket*) lanciare; servire. **B** *v. t.* ***1*** far rotolare (*una palla, un cerchio, ecc.*) ***2*** – (*cricket*) **to b. out**, mettere fuori gioco (*il battitore, colpendo il «wicket»*) ***3*** segnare (*punti, nel bowling*). ● **to b. over**, abbattere, buttar giù (*scagliando q.c.*); (*fig. fam.*) stupefare; sconcertare, confondere.
bowladrome /ˈbəʊlədrəʊm/, *n.* (*USA*) bowling (*il locale per il gioco del bowling*).
bowleg /ˈbəʊleg, ˈbəʊˈleg/, *n.* (*med.*) ginocchio varo.
bowler (1) /ˈbəʊlə(r)/, *n.* ***1*** giocatore di bocce ***2*** (*cricket*) lanciatore.
bowler (2) /ˈbəʊlə(r)/, *n.* (= **b. hat**) cappello duro; bombetta.
bowlful /ˈbəʊlfʊl/, *n.* scodellata.
bowline /ˈbəʊlɪn/, *n.* (*naut.*) ***1*** bolina ***2*** (= **b. knot**) gassa d'amante. ● **on a b.**, stretto di bolina.
bowling /ˈbəʊlɪŋ/, *n.* ***1*** gioco delle bocce ***2*** bowling; gioco dei birilli (*automatici*). ● **b. alley**, bowling, corsia per il gioco dei birilli automatici □ **b. club**, società bocciofila □ **b. crease**, linea di demarcazione (*per il lancio delle bocce*) □ **b. fan**, bocciofilo (*sost.*) □ **b. green**, campo di bocce; bocciodromo.
bowman (1) /ˈbəʊmən/, *n.* (*pl.* **bowmen**) arciere.
bowman (2) /ˈbaʊmən/, *n.* (*pl.* **bowmen**) vogatore di punta.
bowser /ˈbaʊzə(r)/, *n.* (*aeron., mil.*) autocisterna (*per rifornimenti in aeroporto o di veicoli militari*).
bowshot /ˈbəʊːʃɒt/, *n.* tiro d'arco: **Wait till he comes within b.**, aspetta che giunga a tiro d'arco!
bowsprit /baʊ/, *n.* (*naut.*) (albero di) bompresso.
Bow Street /ˈbəʊstriːt/, *locuz. n.* (*leg.*) Tribunale Penale di Londra (*dal nome della strada*).
bowstring /ˈbəʊstrɪŋ/, *n.* corda dell'arco.
to **bowstring** /ˈbəʊstrɪŋ/, *v. t.* (*un tempo*) strangolare con un laccio.
bow-wow **A** *inter.* /ˈbaʊˈwaʊ/ bau bau; bu bu. **B** *n.* /ˈbaʊwaʊ/ ***1*** (*infant.*) (il) bau-bau; (il) cane ***2*** (*pop. USA*) pistola; fucile.
bowyer /ˈbəʊjə(r)/, *n.* (*stor.*) fabbricante (*o* venditore) di archi.
box (1) /bɒks/, *n.* ***1*** scatola; cassa ***2*** cassetta (*anche il sedile del cocchiere*): **letter box**, cassetta (*o* buca) per le lettere ***3*** dono; strenna; mancia (*specialm. natalizia*) ***4*** palco (*specialm. di teatro*): **press box**, palco della stampa ***5*** (= **sentry box**) garitta (*di sentinella*) ***6*** casetta; capanno: **shooting** [**fishing**] **box**, capanno da caccia [da pesca] ***7*** (*ferr.*) cabina di segnalazione ***8*** box (*di cavallo*); posta (*nella stalla*) ***9*** (*elettr.*) vaso (*d'una batteria*) ***10*** (*ind.*, = **moulding box**) staffa ***11*** (*leg.*) banco (*della giuria o dei testimoni*) ***12*** (*mil.*) bossolo (*di cartuccia*) ***13*** cassoncino (*di carro merci*) ***14*** (*baseball*) pedana (*del lanciatore*) ***15*** (*tipogr.*) riquadro; casella; rettangolino ***16*** (*tecn.*) alloggiamento; sede ***17*** (*autom., in G.B.*) quadrato giallo a righe trasversali (*non si può impegnare neanche a semaforo verde; non esiste ancora in Italia*) ***18*** (*pop. USA*) giradischi; radio; televisore; fisarmonica; pianoforte; macchina fotografica; frigorifero; bara ***19*** (*volg.*) fica (*volg.*); vulva. ● (*mil.*) **box barrage**, sbarramento antiaereo □ **box bed**, letto ad armadio □ **box camera**, macchina fotografica a cassetta □ (*ferr., USA*) **box-car**, carro merci coperto □ (*mecc.*) **box coupling**, giunto a manicotto □ **box-girder bridge**, ponte a travi scatolari □ (*un tempo*) **box iron**, ferro da stiro (*dentro il quale si metteva la brace*) □ (*autom., in G.B.*) **box-junction**, incrocio stradale contrassegnato da un «box» (*V. def. 17*) □ **box-keeper**, inserviente addetto ai palchi (*a teatro*) □ **box kite**, aquilone a scatola □ (*ind.*) **box-nailing machine**, inchiodatrice per casse □ **box number**, numero di casella postale □ **box office**, botteghino (*di teatro, cinema, ecc.*) □ **box-office success**, (*di commedia, film, ecc.*) successo di cassetta □ (*sartoria*) **box pleat**, cannone □ **box seat**, posto a cassetta; (*teatr.*) posto in un palco □ (*mecc.*) **box spanner**, chiave a tubo □ **box spring**, mollone (*di un letto*) □ (*ferr.*) **box wagon**, carro merci coperto □ (*USA*) **box wrench**, chiave a tubo □ (*fig.*) **to be in the same box**, trovarsi nella stessa situazione (*o* nella stessa barca) □ (*fig.*) **to be in the wrong box**, trovarsi in una situazione imbarazzante □ **money box**, salvadanaio □ **post-office box**, casella postale □ (*mecc.*) **stuffing box**, premistoppa □ (*autom.*) **three-**

-box, a tre volumi: **a three-box car**, una «tre volumi» □ **tool box**, cassetta per utensili □ (*autom.*) **two-box**, a due volumi.

box (**2**) /bɒks/, *n.* (*di solito* **box on the ear**) ceffone; schiaffo.

box (**3**) /bɒks/, *n.* (*pl.* **box, boxes**) (*bot.*, *Buxus sempervirens*; = **box tree**) bosso.

to **box** (**1**) /bɒks/, *v. t.* mettere in scatole (*o* casse); incassare; inscatolare. ● **to box the compass**, (*naut.*) nominare in ordine esatto le 32 quarte della bussola; (*fig.*) ritornare sulle posizioni di partenza (*in politica, ecc.*) □ **to box in**, chiudere in una scatola (*o* cassa); comprimere; (*anche sport*) chiudere, tagliare la strada a (*un altro concorrente, ecc.*) □ **to box off**, recintare □ **to box up**, chiudere in una scatola (*o* in una cassa); incassare; inscatolare; comprimere; racchiudere □ (*pop. USA*) **to be boxed**, essere sbronzo (*o* intontito dalla droga) □ **to feel boxed in**, sentirsi in gabbia.

to **box** (**2**) /bɒks/, **A** *v. t.* (*di solito* **to box sb.'s ears**) schiaffeggiare; prendere a schiaffi; dare un ceffone a (q.). **B** *v. i.* **1** battersi; fare a pugni **2** (*sport*) boxare; tirare di boxe; fare il pugile; fare del pugilato.

to **boxcar** /ˈbɒkskɑː(r)/, *v. i.* (*fam. USA*) viaggiare gratis su un treno merci.

boxer /ˈbɒksə(r)/, *n.* **1** (*sport*) pugile **2** boxer (*tipo di cane*).

boxholder /ˈbɒkshəʊldə(r)/, *n.* **1** (*posta*) casellista **2** (*teatr.*) palchettista.

boxing (**1**) /ˈbɒksɪŋ/, *n.* **1** (*comm.*) imballaggio (*in casse*); inscatolamento **2** (*ind. costr.*) cassaforma; armatura (*di legno*). ● **b. machine**, inscatolatrice.

boxing (**2**) /ˈbɒksɪŋ/, *n.* (*sport*) pugilato; boxe. ● **b. gloves**, guantoni (*da pugile*) □ **b. match**, incontro di pugilato (*o* di boxe) □ **b. ring**, quadrato; ring □ **b. weights**, pesi (*dei pugili*: *massimi, mediomassimi, ecc.*) □ (*sport*) **b.**, **wrestling and weightlifting**, atletica pesante.

Boxing Day /ˈbɒksɪŋdeɪ/, *locuz. n.* (*in G.B.*) il 26 dicembre; Santo Stefano (*giorno delle mance di Natale*).

boxroom /ˈbɒksruːm, -rʊm/, *n.* ripostiglio.

boxwood /ˈbɒkswʊd/, *n.* **1** (*bot.*, *Buxus sempervirens*) bosso **2** legno di bosso.

boy /bɔɪ/, **A** *n.* **1** fanciullo; ragazzo; (*in senso lato*) giovanotto **2** figlio (*maschio*): **He has two children: a boy and a girl**, ha due figli: un maschio e una femmina **3** domestico, servitore, servo (*specialm. di colore, nelle colonie*) **4** fattorino; garzone **5** (*fam., al vocat.*) **old boy** (*o* **my boy**), amico mio; caro mio; vecchio mio **6** (*naut.*) mozzo **7** (*pop. USA*: *di una donna*) maschiaccio **8** (*spreg. USA*) negro **9** (*pl.*) (*pop. USA*) (i) compagni; (*anche*) (i) poliziotti; (*anche*) (i) criminali, (i) teppisti. **B** *inter.* (= **Oh boy!**) accidenti! ● **boy-scout**, giovane esploratore, boy-scout □ **bell-boy**, ragazzo d'albergo □ **delivery boy**, fattorino □ **little boy**, bambino; maschietto.

boycott /ˈbɔɪkɒt/, *n.* boicottaggio; ostracismo.

to **boycott** /ˈbɔɪkɒt/, *v. t.* boicottare; dare l'ostracismo a (q.).

boycotter /ˈbɔɪkɒtə(r)/, *n.* boicottatore.

boycotting /ˈbɔɪkɒtɪŋ/, *n.* boicottaggio; ostracismo.

boyfriend /ˈbɔɪfrend/, *n.* innamorato; ragazzo (*fam.*).

boyhood /ˈbɔɪhʊd/, *n.* fanciullezza, adolescenza (*di maschi*).

boyish /ˈbɔɪɪʃ/, *a.* **1** di (*o* da) ragazzo; fanciullesco **2** puerile.

boyishness /ˈbɔɪɪʃnəs/, *n.* **1** fanciullaggine **2** puerilità.

bra /brɑː/, *n.* (*fam., abbr. di* **brassière**) reggipetto; reggiseno. ● (*spreg. USA*) **bra-burner**, femminista intransigente □ (*pop. USA*) **bra-buster**, donna procace.

brabble /ˈbræbl/, *n.* (*arc.*) bisticcio; litigio; alterco.

brace /breɪs/, *n.* **1** (*pl.* **brace**) coppia, paio (*di animali e spreg. di persone*): **two brace of hares**, due coppie di lepri **2** fermaglio; (*mecc.*) grappa, rinforzo, sostegno **3** (*pl.*) bretelle **4** (*mus.*) tiranti (*di tamburo*) **5** (*naut.*) braccio; femminella **6** (*falegn.*) menarola **7** (= **b. and bit**) trapano a manubrio; girabecchino **8** (*ind. costr.*) controvento; putrella **9** (*tipogr.*) graffa **10** (*med.*) busto ortopedico **11** (*med.*) arco ortodontico; apparecchio (*fam.*) **12** (*mus.*) legatura. ● (*mecc.*) **b. drill**, trapano a codolo.

to **brace** /breɪs/, **A** *v. t.* **1** fermare; assicurare; (*mecc.*) collegare, sostenere, rinforzare **2** (*fig.*: *dell'aria, del clima*) tonificare; rinvigorire **3** (*naut.*) bracciare **4** (*ind. costr., aeron.*) controventare **5** (*raro*) accoppiare; appaiare. **B** to **brace oneself**, *v. rifl.* fare (*o* farsi) forza; puntellarsi; prepararsi; tenersi forte: **He braced himself for the exam**, si fece forza in vista dell'esame; **B. yourself for a shock!**, preparati a ricevere un colpo! ● (*naut.*) **to b. about** (*o* **around**), bracciare per virare di bordo; controbracciare □ (*naut.*) **to b. in** (*o* **to**), bracciare a sopravvento □ **to b. up**, rinvigorire, tirar su (*fig.*); tirarsi su (*di morale*); (*naut.*) bracciare di punta.

braced /breɪst/, *a.* **1** (*ind. costr.*) rinforzato; controventato **2** (*di pneumatico*) cinturato.

bracelet /ˈbreɪslət/, *n.* **1** braccialetto; catenella (*da portare al polso*) **2** (*pl.*) (*pop.*) manette.

bracer (**1**) /ˈbreɪsə(r)/, *n.* bracciale (*d'arciere o schermidore*).

bracer (**2**) /ˈbreɪsə(r)/, *n.* **1** persona (*o* cosa) che ferma, assicura, ecc. *V.* **to brace, A**, *def. 1* **2** (*fam.*) bicchierino; cicchetto.

brachial /ˈbreɪkɪəl/, *a.* (*anat.*) brachiale.

brachiopod /ˈbreɪkɪəpɒd/, *n.* (*zool.*, *Brachiopoda*) brachiopode.

brachycephalic /brækɪsɪˈfælɪk/, **brachycephalous** /brækɪˈsɛfələs/, *a.* (*anat.*) brachicefalo.

brachycephaly /brækɪˈsɛfəlɪ/, *n.* (*anat.*) brachicefalia.

brachylogy /bræˈkɪlədʒɪ/, *n.* brachilogia.

bracing (**1**) /ˈbreɪsɪŋ/, *n.* **1** (*ind. costr.*) controventamento; controventatura **2** (*mecc.*) rinforzo d'irrigidimento.

bracing (**2**) /ˈbreɪsɪŋ/, *a.* corroborante; tonificante.

bracken /ˈbrækən/, *n.* (*pl.* **bracken, brackens**) **1** (*bot.*, *Pteridium aquilinum*) felce aquilina **2** felceto, felceta.

bracket /ˈbrækɪt/, *n.* **1** (*archit., mecc.*) mensola; supporto; staffa; sostegno **2** (*edil.*) beccatello **3** (*elettr.*) braccio (*portalampada, ecc.*) **4** (*mil.*) forcella; distanza fra due tiri d'artiglieria (*calcolata per rettificare il tiro*) **5** parentesi quadra; parentesi (*in genere*): **in brackets**, fra parentesi **6** (*stat.*) fascia; gruppo (*o* categoria) di persone (*o* cose); scaglione (*d'imposta*): **income b.**, categoria di contribuenti raggruppati secondo il reddito; fascia di reddito **7** (*econ.*) forcella: **the target-price b. of the two producing countries**, la forcella dei prezzi indicativi dei due paesi produttori. ● **round b.**, parentesi tonda □ **wall b.**, mensola a muro.

to **bracket** /ˈbrækɪt/, *v. t.* **1** mettere fra parentesi (*o* dentro graffe) **2** provvedere di mensole (*o* staffe) **3** (*fam.*) raggruppare; classificare: **They were bracketed for the first prize**, furono classificati a pari merito (*o* ex aequo) per il primo premio **4** unire; accorpare **5** (*mil.*) sparare a forcella su (*una nave, ecc.*); bombardare a forcella **6** (*anche fotogr.*) aggiustare a forcella (*o* per tentativi).

bracketing /ˈbrækɪtɪŋ/, *n.* **1** (*mecc.*) serie di sostegni, di staffe, di supporti **2** (*ind. costr.*) nervatura di sostegno **3** (*fam.*) raggruppamento; accorpamento **4** (*mil.*) bombardamento a forcella **5** (*anche fotogr.*) aggiustamento a forcella (*o* per tentativi).

brackish /ˈbrækɪʃ/, *a.* salmastro.

bract /brækt/, *n.* (*bot.*) brattea.

bracteal /ˈbræktɪəl/, *a.* (*bot.*) bratteale.

bracteate /ˈbræktɪeɪt/, *a.* (*bot.*) bratteato.

brad /bræd/, *n.* (*falegn.*) **1** chiodo con testa a scomparsa **2** chiodino a testa laterale.

bradawl /ˈbrædɔːl/, *n.* punteruolo a punta piatta.

Bradshaw /ˈbrædʃɔː/, *n.* (*in G.B.*) orario ferroviario generale (*dal nome del primo curatore*; *pubblicato fino al 1961*).

bradycardia /brædɪˈkɑːdɪə/, *n.* (*med.*) bradicardia.

bradyseism /ˈbrædɪsaɪzəm/, *n.* (*geol.*) bradisismo.

bradyseismal /ˈbrædɪsaɪzml/, **bradyseismic**(**al**) /ˈbrædɪsaɪzmɪk(l)/, *a.* (*geol.*) bradisismico.

brae /breɪ/, *n.* (*scozz.*) spalla di monte; pendio; fianco di collina.

brag /bræg/, *n.* **1** vanteria; millanteria; spacconeria **2** vanto, gloria **3** (*arc.*) gioco di carte simile al poker.

to **brag** /bræg/, *v. i.* e *t.* vantare, vantarsi; millantare, millantarsi.

braggadocio /brægəˈdəʊtʃɪəʊ/, *n.* (*pl.* **braggadocios**) **1** vanteria; millanteria; spacconeria **2** millantatore; spaccone.

braggart /ˈbrægət/, **A** *n.* millantatore; spaccone; sbruffone. **B** *a.* vanaglorioso; presuntuoso.

Brahman /ˈbrɑːmən/, *n.* bramino; bramano.

Brahmanic(**al**) /brəˈmænɪk(l)/, *a.* braminico; bramanico.

Brahmanism /ˈbrɑːmənɪzəm/, *n.* bramanismo; bramanesimo.

Brahmin /ˈbrɑːmɪn/, *n.* **1** bramino **2** (*fig. USA*) intellettuale; letterato **3** (*spreg.*) snob.

Brahminee /ˈbrɑːmɪniː/, *n.* donna di casta braminica; bramina.

Brahminic(**al**) /brɑːˈmɪnɪk(l)/, *a.* braminico.

Brahminism /ˈbrɑːmɪnɪzəm/, *n.* bramanismo; bramanesimo.

braid /breɪd/, *n.* **1** treccia (*di capelli, paglia, ecc.*) **2** gallone; spighetta; passamano: **The officers' coats were covered with b.**, le giubbe degli ufficiali erano coperte di passamani **3** nastro (*per legare i capelli*). ● (*fam. USA*) **b. and brass**, ufficiali di grado elevato □ (*ind.*) **b. rope**, corda intrecciata.

to **braid** /ˈbreɪdɪd/, *v. t.* **1** intrecciare (*capelli, nastri, ecc.*) **2** guarnire di passamani **3** legare con un nastro **4** lavorare a treccia.

braiding /ˈbreɪdɪŋ/, *n.* **1** l'intrecciare **2** (*collett.*) trecce; nastri; passamaneria **3** (*elettr.*) calza, schermatura (*di un cavo*).

brail /breɪl/, *n.* (*naut.*) imbroglio; cima per serrare le vele.

to **brail** /breɪl/, *v. t.* (*naut.*) imbrogliare (*le vele, ecc.*).

Braille /breɪl/, *n.* (*marchio*) caratteri Braille (*per ciechi*); Braille.

to **braille** /breɪl/, *v. t.* stampare (*o* scrivere) in caratteri Braille.

brain /breɪn/, *n.* **1** (*anche fig.*) cervello: **That man has a fine b.**, quello è un uomo di gran cervello; **He's the b. of the enterprise**, è il cervello dell'impresa **2** (*fig.*) cervellone; gran cervello (*fig.*): **He was known as a b. throughout college**, già da studente era noto nel college come un gran cervello **3** (*pop. USA*) investigatore. ● (*anat.*) **b. box** (*o* **b. case**), scatola cranica □ (*psic.*) **b.-building**, brain building □ **b.-child**, frutto dell'ingegno; idea, invenzione □ (*fig.*) **b. drain**, fuga dei cervelli □ **b.-fag**, esaurimento nervoso □ (*med.*) **b. fever**, febbre cerebrale; meningite □ **b.-sick**, malato di mente; pazzo □ **b.-storm**, (*med.*) disturbi cerebrali; (*fam. USA*) idea brillante, ispirazione improvvisa □ (*org. az.*) **b.-storming**, brain-storming, battaglia dei cervelli; confronto d'idee □ (*fam.*) **b.-teaser**, rompicapo □ **b.** (*o* **brains**) **trust**, brain trust; trust dei cervelli; gruppo di esperti (*o* consulenti) chiamati a discutere di un argomento □ **b. wave**, (*fisiol.*) onda cerebrale; (*fam.*) idea brillante; lampo di genio □ **b.-work**, lavoro di testa, di concetto; attività mentale □ **to beat** (*o* **to cudgel, to rack**) **one's brains**, lambiccarsi il cervello; scervellarsi □ **to blow out one's brains**, farsi saltare le cervella □ **to have st. on the b.**, avere un chiodo fisso; essere ossessionato da q.c.: **He has sex on the b.**, ha il chiodo fisso del sesso □ **to make sb.'s b. reel**, far girare il cervello a q. □ (*fig.*) **to pick** (*o* **to suck**) **sb.'s brains**, consultare q.; sfruttare le idee di q. □ **to turn sb.'s b.**, dare al cervello a q.

to **brain** /breɪn/, *v. t.* spaccare la testa a (q.).

brained /breɪnd/, *a.* (*nei composti*:) dal cervello: **bird-b.** (*o* **hare-b.**), dal cervello di gallina.

brainless /'breɪnləs/, *a.* ***1*** senza cervello; scervellato ***2*** stupido.

brainpan /'breɪnpæn/, *n.* ***1*** (*anat.*) scatola cranica ***2*** (*pop. USA*) testa.

to **brainwash** /'breɪnwɒʃ, *USA* -wɔːʃ/, *v. t.* fare il lavaggio del cervello a (q.). ● (*fam.*) **to b. sb. into doing st.**, far fare q.c. (*di stupido*) a q. facendogli il lavaggio del cervello.

brainwashing /'breɪnwɒʃɪŋ, *USA* -wɔːʃ-/, *n.* lavaggio del cervello.

brainy /'breɪnɪ/, *a.* (*fam.*) ***1*** intelligente; sveglio ***2*** ingegnoso.

to **braise** /breɪz/, *v. t.* cuocere in stufato; stufare; brasare.

brake (1) /breɪk/, *n.* (*bot.*, *Pteridium aquilinum*) felce aquilina.

brake (2) /breɪk/, *n.* (*poet.*) boschetto; macchia.

brake (3) /breɪk/, *n.* ***1*** (*ind. tess.*) gramola; maciulla; scotola ***2*** gramola (*arnese dei pastai*) ***3*** (*ind.*) impastatrice ***4*** (*agric.*) erpice pesante ***5*** (*stor.*) ruota (*tortura*).

brake (4) /breɪk/, *n.* (*mecc.* e *fig.*) freno: **to put on the brakes**, azionare i freni; frenare; **air b.**, freno ad aria compressa; **foot b.**, freno a pedale; **hand b.**, freno a mano; **a b. on expenditure**, un freno alla spesa pubblica. ● **b. block**, ceppo del freno □ (*autom.*) **b. check**, controllo dei freni □ (*autom.*) **b. drum**, tamburo del freno □ (*autom.*) **b. light**, stop (*fanalino d'arresto o di frenata*) □ **b. lining**, guarnizione del freno; ferodo □ (*autom.*) **b. pad**, pastiglia del freno □ (*mecc.*, *autom.*) **b. shoe**, ganascia del freno □ (*ferr.*) **b. van**, (carro con) garitta del frenatore; carro di servizio (*o* del personale viaggiante) □ (*ferr.*) **b. wheel**, volantino del freno a mano □ **coaster b.**, freno a contropedale (*di bicicletta*) □ (*autom.*) **disc b.**, freno a disco □ **emergency b.**, (*ferr.*) freno d'emergenza; (*autom.*) freno a mano, di stazionamento □ **to put on the b.**, frenare; (*fig.*) rallentare □ (*fig.*) **to put the brakes on**, dare un colpo di freno a: **The government has put the brakes on the economy**, il governo ha dato un colpo di freno all'economia.

brake (5) /breɪk/, *V.* **break** (2).

to **brake** (1) /breɪk/, *v. t.* ***1*** gramolare, maciullare, scotolare (*canapa, lino*) ***2*** impastare (*con la gramola*) ***3*** (*agric.*) erpicare.

to **brake** (2) /breɪk/, **A** *v. t.* (*mecc.* e *fig.*) frenare. **B** *v. i.* (*mecc.* e *fig.*) frenare, frenarsi. ● **to b. up**, azionare i freni; rallentare.

brakeman /'breɪkmən/, *n.* (*pl.* **brakemen**) (*USA*) *V.* **brakesman**.

brakesman /'breɪksmən/, *n.* (*pl.* **brakesmen**) (*ferr.*) frenatore. ● (*ferr.*) **b.'s cabin**, garitta del frenatore.

brakie /'breɪkɪ/, *n.* (*pop. USA*) frenatore (*specialm. di treno merci*).

braking /'breɪkɪŋ/, *n.* ***1*** (*autom.*, *ferr.*) frenatura; frenata ***2*** (*sport*: *sci*) frenaggio. ● (*autom.*) **b. distance**, distanza per la frenata; spazio di frenata □ (*mecc.* e *fig.*) **b. effect**, effetto frenante □ (*autom.*, *mecc.*) **b. system**, impianto frenante.

braless /'brɑːləs/, *a.* (*fam.*) senza reggiseno. ● **the b. movement**, il movimento (*femminista*) per l'abolizione del reggiseno.

bramble /'bræmbl/, *n.* ***1*** (*bot.*, *Rubus fruticosus*) rovo ***2*** (= **b.-berry**) mora (*di rovo*). ● **b.-bush**, roveto.

brambling /'bræmblɪŋ/, *n.* (*zool.*, *Fringilla montifringilla*) peppola.

brambly /'bræmblɪ/, *a.* ***1*** pieno di rovi ***2*** pungente; spinoso.

bran /bræn/, *n.* crusca; semola. ● **b. mash**, beverone di crusca.

brancard /'bræŋkəd/, *n.* (*arc.*) lettiera (*per cavalli*).

branch /brɑːntʃ, *USA* bræntʃ/, *n.* ***1*** ramo (*d'albero, delle corna di un animale, o fig.*): **the b. of a tree [river, family, legislature]**, il ramo d'un albero [d'un fiume, d'una famiglia, d'un parlamento]; **a b. of knowledge**, un ramo dello scibile ***2*** diramazione (*di strada, ferrovia, ecc.*) ***3*** (*comm.*) succursale; filiale; (*di banca*) filiale, sportello; (*di un sindacato*) sezione ***4*** (*archit.*) nervatura (*di volta gotica*) ***5*** (*mat.*) ramo ***6*** (*tecn.*) diramazione; derivazione ***7*** (*elab.*) ramo (*di un tree, q.V.*); salto di programma; diramazione: **b. instruction**, istruzione di diramazione. ● (*elettr.*) **b. circuit** [**wire**], circuito [filo] derivato □ (*ferr.*) **b. line**, diramazione □ **b. manager**, direttore di filiale □ **b. office**, filiale; succursale □ **b. pipe**, tubo di raccordo □ **b. post office**, succursale d'ufficio postale.

to **branch** /brɑːntʃ, *USA* bræntʃ/, *v. i.* ***1*** ramificare; mettere rami; ramificarsi ***2*** (*fig.*) diramarsi: **Several lanes b. (off) on either side of the main street**, diverse viuzze si diramano su ambo i lati del corso. ● **to b. off**, ramificarsi, diramarsi; biforcarsi; (*fin.*) espandersi □ **to b. out**, ramificare, ramificarsi; estendersi; (*fin.*) ampliare il proprio giro d'affari; espandersi.

branched /brɑːntʃt, *USA* bræntʃt/, *a.* (*scient.*, *tecn.*) ramificato.

branchia /'bræŋkɪə/, *n.* (*pl.* **branchiae**) (*zool.*) branchia.

branchial /'bræŋkɪəl/, *a.* (*zool.*) branchiale.

branchiate /'bræŋkɪeɪt/, *a.* (*zool.*) branchiato.

branching /'brɑːntʃɪŋ, *USA* 'bræntʃ-/, *n.* ***1*** (*elab.*) branching; selezione di un ramo ***2*** (*fis. nucl.*) decadimento multiplo; disintegrazione multipla. ● **b. off**, diramazione; biforcazione.

branchless /'brɑːntʃləs, *USA* 'bræntʃ-/, *a.* senza rami.

branchlet /'brɑːntʃlət, *USA* 'bræntʃ-/, *n.* ramoscello.

branchy /'brɑːntʃɪ, *USA* 'bræntʃɪ/, *a.* (*fam.*) ramoso.

brand /brænd/, *n.* ***1*** tizzone; face (*poet.*) ***2*** marchio (*a fuoco, di fabbrica* e *fig.*); stigma: **the b. of Cain**, il marchio di Caino (*dell'assassino*) ***3*** marchio (*arnese*) ***4*** (*comm.*) marca; qualità; tipo: **a new b. of cigarettes**, una nuova marca di sigarette ***5*** (*bot.*) ruggine (*delle piante*) ***6*** (*poet.*) brando. ● (*fig.*) **a b. from the burning**, una persona salvata (*o* convertita) □ (*pubbl.*) **b. image**, immagine della marca □ (*market.*) **b. leader**, il prodotto più venduto della sua classe □ (*comm.*) **b. loyalty**, fedeltà alla marca □ (*comm.*) **b. manager**, brand manager □ (*comm.*) **b. name**, marca, nome commerciale □ **b.-new**, nuovo di zecca □ (*market.*) **b. position analysis**, analisi della posizione concorrenziale.

to **brand** /brænd/, *v. t.* ***1*** marcare (*a fuoco*); marchiare (*bestiame, ecc.*) ***2*** imprimere nella mente ***3*** stigmatizzare; bollare; tacciare: **He was branded as a thief**, fu tacciato di ladro. ● (*comm.*) **branded goods**, articoli di marca.

branding /'brændɪŋ/, *n.* marchiatura (*del bestiame, ecc.*). ● **b. iron**, ferro da marchio.

to **brandish** /'brændɪʃ/, *v. t.* brandire (*un'arma* e *fig.*).

brandy /'brændɪ/, *n.* brandy; acquavite (*di vino*). ● (*arc.*) **b. pawnee**, miscela di brandy e acqua □ **b. snap**, biscotto allo zenzero e al brandy (*spesso ripieno di panna montata*).

brank-ursine /bræŋk'ɜːsaɪn/, *n.* (*bot.*, *Acanthus mollis*) acanto; branca ursina.

brant(goose) /'bræntguːs/, *n.* (*specialm. USA*) *V.* **brent(goose)**.

brash (1) /bræʃ/, *a.* (*fam.*) ***1*** esuberante, impetuoso ***2*** avventato ***3*** impudente; insolente; sfacciato ***4*** (*di colore*) sgargiante; vistoso. ● **b. singer**, urlatore (*cantante*). || **-ly**, *avv.* || **-ness**, *sost.*

brash (2) /bræʃ/, *n.* ***1*** (*di solito* **water b.**) acidità di stomaco; pirosi ***2*** (*arc.*) acquazzone improvviso.

brash (3) /bræʃ/, *n.* ***1*** frammenti (*di roccia o ghiaccio*) ***2*** rami (*o* ramoscelli) potati; (frascame di) potatura.

brass /brɑːs, *USA* bræs/, **A** *n.* ***1*** ottone ***2*** – **the brass**, gli ottoni (*collett. per strumenti a fiato, ornamenti, recipienti da cucina*): **The b. is** (*o* **are**) **too low**, gli ottoni suonano troppo piano ***3*** (= **b. plate**), targa funeraria (d'ottone) ***4*** (*pop.*) soldi; quattrini ***5*** (*pop.*) sfacciataggine; sfrontatezza; impudenza; faccia tosta ***6*** (*collett.*) (*pop.*) pezzi grossi, alti papaveri; ufficiali superiori ***7*** (*pop. USA*) bigiotteria ***8*** (*pop.*) puttana ***9*** (*mecc.*) bronzina. **B** *a.* ***1*** d'ottone ***2*** (*fig.*) sfacciato. ● **b. band**, banda (di ottoni); fanfara □ (*fig.*) **b. farthing**, fico secco (*fig.*); niente; nulla: **I don't care a b. farthing**, non me ne importa un fico (secco) □ **b. founder**, fonditore di ottone; ottonaio □ (*gergo mil.*) **b. hat**, ufficiale superiore □ (*USA*) **b. knuckles**, pugno di ferro (*arma*) □ (*pop.*) **b.-monkey weather**, tempo da lupi □ **b. plate**, targa (d'ottone) □ **b.-plating**, ottonatura □ (*naut.*) **b. rags**, stracci (*per pulire gli ottoni*) □ **b.-rubber**, chi fa il «brass-rubbing» □ **b.-rubbing**, ricalco di figure e iscrizioni tombali □ **b. sheet**, lamiera d'ottone □ **b. worker**, ottonaio □ (*fam.*) **to get down to b. tacks**, venire al sodo; mettersi a lavorare sul serio □ (*metall.*) **hard-drawn b.**, ottone crudo □ **to rub b.**, ricalcare figure, iscrizioni e targhe d'ottone (*nelle chiese*; *hobby comune in G.B.*).

brassage /'brɑːsɪdʒ, *USA* 'bræ-/, *n.* (*stor.*) costo del conio d'una moneta; diritto di monetazione; monetaggio.

brassard /bræ'sɑːd/, *n.* bracciale (*d'armatura o fascia per distintivo*).

brassed off /'brɑːst'ɒf, *USA* 'bræst'ɔːf/, *a.* (*pop.*) seccato, stufo (*fam.*); scocciato (*pop.*).

brasserie /'bræsərɪ, *USA* bræsə'riː/ (*franc.*), *n.* birreria; piccolo ristorante.

brassie /'brɑːsɪ, *USA* 'bræ-/, *V.* **brassy, B.**

brassiere /'bræzɪə(r), 'bræsɪeə(r), *USA* brə'zɪə(r)/ (*franc.*), *n.* reggipetto; reggiseno.

brassiness /'brɑːsɪnəs, *USA* 'bræ-/, *n.* sfacciataggine; sfrontatezza.

to **brass-plate** /'brɑːs'pleɪt, *USA* 'bræs/, *v. t.* ottonare.

brassware /'brɑːsweə(r), *USA* 'bræs-/, *n.* ottoname.

brassy /'brɑːsɪ, *USA* 'bræsɪ/, **A** *a.* ***1*** di (*o* simile a) ottone ***2*** sfacciato; sfrontato; impudente ***3*** (*di suono*) penetrante; metallico ***4*** sgargiante; chiassoso. **B** *n.* (*golf*) legno 2.

brat /bræt/, *n.* ***1*** marmocchio; monello ***2*** (*spreg.*) monellaccio.

brattice /'brætɪs/, *n.* (*ind. min.*) tramezzo di ventilazione.

bravado /brə'vɑːdəʊ/, *n.* (*pl.* **bravadoes**) spacconeria; bravata.

brave /breɪv/, **A** *a.* ***1*** valoroso; coraggioso; animoso; prode ***2*** (*lett.*) bello; splendido; mirabile: **b. new world**, mirabile mondo nuovo. **B** *n.* ***1*** prode; valoroso ***2*** guerriero pellerossa ***3*** (*arc.*) bravo; bravaccio; sgherro.

to **brave** /breɪv/, *v. t.* affrontare; sfidare: **We must b. the storm**, dobbiamo sfidare la tempesta. ● **to b. it out**, affrontare guai, sospetti, ecc. (*o* sfidare il biasimo) a testa alta.

bravely /'breɪvlɪ/, *avv.* coraggiosamente; valorosamente.

bravery /'breɪvrɪ/, *n.* ***1*** valore; coraggio; audacia ***2*** (*lett.*) bell'aspetto; splendore; eleganza; magnificenza.

bravo (1) /'brɑːvəʊ/ (*ital.*), **A** *inter.* bravo!; bene! **B** *n.* (*pl.* **bravos, bravi**) ovazione; applauso.

bravo (**2**) /brɑːˈvəʊ, ˈbrɑːvəʊ/ (*ital.*), *n.* (*pl.* **bravos, bravoes, bravi**) (*stor.*) bravo; bravaccio; sgherro.

bravura /brəˈvjʊərə/ (*ital.*), **A** *n.* ***1*** pezzo di bravura; virtuosismo ***2*** esibizione brillante. **B** *a.* (*mus.*) di bravura; virtuosistico: **a b. performance**, un'esecuzione virtuosistica.

brawl /brɔːl/, *n.* ***1*** rissa; alterco ***2*** strepito; schiamazzo.

to **brawl** /brɔːl/, *v. i.* ***1*** rissare; litigare violentemente ***2*** (*d'acqua*) rumoreggiare ***3*** schiamazzare. ● **to b. out**, gridare (*ordini, ecc.*).

brawler /ˈbrɔːlə(r)/, *n.* ***1*** attaccabrighe; rissaiolo ***2*** schiamazzatore.

brawling /ˈbrɔːlɪŋ/, **A** *a.* ***1*** rissoso; litigioso ***2*** schiamazzante; rumoroso. **B** *n.* ***1*** rissa; alterco ***2*** schiamazzo.

brawn /brɔːn/, *n.* ***1*** muscolo ***2*** forza muscolare ***3*** (*cucina*) soppressata; coppa di testa ***4*** (*fig.*) lavoratore ***5*** (*fig.*) atleta. ● **the b. drain**, la fuga dei lavoratori (*o* degli atleti: *in U.S.A., ecc.*).

brawniness /ˈbrɔːnɪnəs/, *n.* muscolosità; robustezza.

brawny /ˈbrɔːnɪ/, *a.* muscoloso; forte; robusto.

bray /breɪ/, *n.* ***1*** raglio ***2*** suono (*di tromba, ecc.*) alto e rauco.

to **bray** (**1**) /breɪ/, *v. i.* ***1*** ragliare ***2*** risuonare alto e rauco. ● **to b. st. out**, dire q.c. con asprezza; gridare (*o* urlare) q.c.

to **bray** (**2**) /breɪ/, *v. t.* (*arc.*) frantumare, macinare (*specialm. con un pestello*).

to **braze** (**1**) /breɪz/, *v. t.* ***1*** fare, rivestire, decorare con ottone; ottonare ***2*** (*fig.*) indurire.

to **braze** (**2**) /breɪz/, *v. t.* (*metall.*) saldare con brasatura forte (*o* saldobrasatura); brasare.

brazen /ˈbreɪzn/, *a.* ***1*** di (*o* simile a) ottone ***2*** (= **b.-faced**) sfacciato; sfrontato; impudente; svergognato ***3*** (*di suono*) penetrante; squillante. ● **the b. age**, l'età del rame □ **b. face**, faccia di bronzo □ **a b. hussy**, una svergognata.

to **brazen** /ˈbreɪzn/, *v. t.* affrontare (q.c.) con impudenza. ● **to b. it out**, superare (*una situazione difficile*) comportandosi in modo sfacciato (*o* da svergognato).

brazenly /ˈbreɪznlɪ/, *avv.* sfacciatamente; impudentemente.

brazenness /ˈbreɪznəs/, *n.* sfacciataggine; sfrontatezza; impudenza.

brazier (**1**) /ˈbreɪzɪə(r)/, *n.* braciere.

brazier (**2**) /ˈbreɪzɪə(r)/, *n.* ottonaio; calderaio.

Brazil /brəˈzɪl/, *n.* ***1*** (*geogr.*) Brasile ***2*** (= **B. wood**) brasile (*legno rosso*) ***3*** (color) rosso arancio.

Brazilian /brəˈzɪlɪən/, *a.* e *n.* brasiliano.

brazing /ˈbreɪzɪŋ/, *n.* (*metall.*) brasatura forte; saldobrasatura.

breach /briːtʃ/, *n.* ***1*** rottura; infrazione; violazione; il venir meno (*a una promessa, ecc.*); (*leg.*) inadempimento, inadempienza: **b. of contract**, inadempimento di contratto; inadempienza contrattuale ***2*** breccia, squarcio (*in un muro*); varco, buco (*in una siepe*): **The guns made a b. in the walls**, i cannoni aprirono una breccia nelle mura ***3*** (*naut.*) il frangersi delle onde; frangente ***4*** salto (*d'una balena fuori dall'acqua*) ***5*** (*fig.*) frattura; incrinatura; screzio ***6*** (*arc.*) ferita. ● **b. of close**, violazione di un divieto d'accesso □ **b. of confidence**, abuso di fiducia □ (*leg.*) **b. of contract**, rottura di contratto; inadempimento contrattuale □ **b. of duty**, il venir meno a un dovere □ (*leg.*) **b. of the peace**, violazione (*o* turbamento) dell'ordine pubblico □ (*leg., stor.*) **b. of promise**, rottura di promessa di matrimonio □ **b. of trust**, abuso di fiducia □ (*naut.*) **clean b.**, ondata che spazza via tutto ciò che si trova sopraccoperta □ (*naut.*) **clear b.**, ondata che passa senza frangersi □ (*anche fig.*) **to stand in the b.**, essere sulla breccia □ **to throw** (*o* **to fling**) **oneself into the b.**, gettarsi nella mischia; (*fig.*) gettarsi a capofitto per salvare la situazione.

to **breach** /briːtʃ/, **A** *v. t.* ***1*** aprire una breccia (*o* un varco, uno squarcio) in (q.c.) ***2*** (*leg.*) rompere (*un accordo*); venir meno a (*una promessa*). **B** *v. i.* ***1*** irrompere ***2*** (*di balena*) fare un salto fuori dall'acqua.

bread /brɛd/, *n.* ***1*** (*anche fig.*) pane: **a loaf of b.**, una pagnotta; un pane; **to be on b. and water**, essere (tenuto) a pane e acqua ***2*** (*relig.*) pane; ostia ***3*** (*pop.*) denaro; quattrini, soldi; grana (*pop.*). ● **b.-basket**, cestello del pane; (*fig.*) regione che produce molto grano; granaio (*fig.*); (*pop.*) stomaco □ **b.-board**, asse del pane, tagliere □ **b. and butter**, pane imburrato; (*fig.*) mezzi di sussistenza: **One must earn one's b. and butter somehow**, bisogna pur guadagnarsi il pane □ **a b.-and-butter letter**, una lettera di ringraziamento per ospitalità ricevuta □ (*fig.*) **b. and cheese**, cibo semplice □ **b. bin**, madia □ (*USA*) **b. box**, madia □ **b.-fruit**, frutto dell'albero del pane □ (*bot.*) **b.-fruit tree** (*Artocarpus incisa*), albero del pane □ **b.-stick**, *V.* **breadstick** □ **b.-ticket**, buono per una razione di pane □ **to break b.**, spezzare il pane; (*relig.*) somministrare la comunione; comunicarsi, fare la comunione □ (*fig.*) **to cast one's b. upon the waters**, dare senza attendersi nulla in cambio □ **to eat the b. of idleness** (**of affliction**), vivere nell'ozio (nel dolore) □ **to know on which side one's b. is buttered**, saper fare il proprio interesse; saper bene con chi conviene stare □ **to take the b. out of sb.'s mouth**, levare il pane di bocca a q. □ (*fig.*) **to want one's b. buttered on both sides**, volere più del necessario o del dovuto; volere la botte piena e la moglie ubriaca □ (*prov.*) **Man does not live by b. alone**, non si vive di solo pane.

to **bread** /brɛd/, *v. t.* (*cucina*) impanare.

breadcrumb /ˈbrɛdkrʌm/, *n.* ***1*** mollica ***2*** (*pl.*) briciole; pangrattato.

to **breadcrumb** /ˈbrɛdkrʌm/, *v. t.* impanare.

breaded /ˈbrɛdɪd/, *a.* (*cucina*) impanato.

breadline /ˈbrɛdlaɪn/, *n.* (fila di) persone (*disoccupati, indigenti, ecc.*) in attesa di ricevere il pane. ● (*fig.*) **to be on the b.**, mendicare il pane; vivere d'elemosina; essere poverissimo.

breadstick /ˈbrɛdstɪk/, *n.* grissino.

breadstuffs /ˈbrɛdstʌfs/, *n. pl.* cereali per la panificazione.

breadth /brɛdθ, -tθ/, *n.* ***1*** (*anche fig.*) larghezza; ampiezza: **b. of mind** [**of view**], larghezza di mente [di vedute] ***2*** (*fig.*) portata: **The b. of his insight is remarkable**, la portata del suo acume è notevole ***3*** altezza (*di stoffa, ecc.*). ● **in b.**, per il largo; di larghezza: **The room is twenty feet in b.**, la stanza è venti piedi di larghezza □ (*fig.*) **to a hair's b.**, al capello; al millimetro; alla perfezione.

breadthways /ˈbrɛdθweɪz, -tθ-/, **breadthwise** /ˈbrɛdθwaɪz, -tθ-/, *avv.* nel senso della larghezza; in larghezza; per il largo.

breadwinner /ˈbrɛdwɪnə(r)/, *n.* chi guadagna il pane per sé e per la famiglia; (il) sostegno della casa.

break (**1**) /breɪk/, *n.* ***1*** rottura; spaccatura; squarcio; (*fig.*) distacco, frattura: **There is a b. in the pipe**, c'è una rottura nel tubo; **a b. in the clouds** [**in the fence**], uno squarcio fra le nubi [nello steccato]; **a b. from tradition**, un distacco dalla tradizione; un'innovazione ***2*** interruzione (*anche elettr., radio, TV*); break; intervallo; pausa; sosta: **a coffee b.**, un break (*o* una pausa) per il caffè; **I'll take a weekend b.**, interromperò il lavoro per il weekend; (*a scuola*) **B. is over**, è finito l'intervallo ***3*** (lo) spuntare; inizio: **at the b. of day**, allo spuntare del giorno; all'alba ***4*** (*pl.*) (*tipogr.*) puntini di sospensione ***5*** cambiamento improvviso: **a b. in the weather**, un cambiamento improvviso del tempo ***6*** (*di una palla da gioco*) deviazione (*dalla direzione voluta*) ***7*** incrinatura; imperfezione ***8*** diminuzione, calo, caduta (*di prezzi, ecc.*); (*della Borsa valori*) crollo ***9*** serie ininterrotta (*per es., di carambole al biliardo*) ***10*** (*fam.*) opportunità; occasione: **That was my big b.**, quella era la mia grande occasione ***11*** (*elettr.*) commutatore ***12*** (*tipogr.*, = **b. line**) ultima riga; righino ***13*** (*fonderia*) gioco di colori (*durante la fusione d'un metallo*) ***14*** (*mus.*) mutamento di registro ***15*** (*geol.*) frattura; litoclasi ***16*** (*metrica*) cesura ***17*** (*sport*) (*rugby, boxe*) break; (*tennis*) break; vantaggio di due games sull'avversario; perdita del servizio ***18*** (*ippica*) partenza ***19*** fuga; evasione ***20*** (*leg.*) *V.* **breach**, *def. 1* ***21*** (*mecc.*) rottura; guasto ***22*** (*mecc.*) rodaggio (*di un motore*) ***23*** (*fam.*) colpo di fortuna ***24*** (*fam.*) periodo di sfortuna ***25*** (*fam. USA*) papera; gaffe. ● (*mus.*) **b. dance**, break dance □ (*fin.*) **b.-even**, pareggio (*dei conti*); chiusura in pareggio □ (*econ., rag.*) **b.-even chart**, diagramma di redditività; profittogramma □ (*econ., rag.*) **b.-even point**, punto di pareggio (*o* d'equilibrio) □ (*comm., naut.*) **b. of bulk**, inizio della discarica □ **b. of continuity**, soluzione di continuità □ (*lett.*) **b. of day**, alba □ **a b. from jail**, un'evasione dal carcere □ **a b. from work**, un periodo di riposo □ (*fam.*) **a bad b.**, un periodo di avversità □ (*fam.*) **to give sb. a b.**, offrire a q. l'occasione di rifarsi (*o* riparare a un errore) □ (*fam.*) **a lucky b.**, un colpo di fortuna □ **to make the b.**, rompere col passato □ **to make a b. for freedom**, tentare di liberarsi (*o* di evadere) □ **to make a b. from one's family**, rompere con la famiglia □ **without a b.**, senza interruzione (*o* sosta).

break (**2**) /breɪk/, *n.* ***1*** grande vagonnette, giardiniera (*carrozza aperta a quattro ruote, con sedili contrapposti*) ***2*** (*autom.*) break; giardinetta; familiare.

to **break** /breɪk/ (*pass.* **broke**, *p. p.* **broken**), **A** *v. t.* ***1*** rompere; infrangere; spezzare; spaccare; troncare: **to b. a bottle**, rompere una bottiglia; **He broke an arm**, si ruppe un braccio; **The soldiers broke formation and ran**, i soldati ruppero le file e fuggirono; **to b. the silence** [**darkness**], rompere il silenzio [le tenebre] ***2*** troncare con la forza; domare: **The revolt was broken**, la rivolta fu domata; **He broke** (**in**) **the horse**, egli domò il cavallo ***3*** (*mil.*) degradare; destituire ***4*** mandare in rovina; ridurre in miseria; far fallire: **The war utterly broke him**, la guerra lo mandò completamente in rovina ***5*** (*sport*) battere, superare, migliorare, demolire (*un primato*): **Several records were broken at the Olympic Games**, parecchi primati furono battuti alle Olimpiadi ***6*** (*leg.*) infrangere; violare; venir meno a: **He has broken a rule**, ha infranto una regola; **Those who b. the law are punished**, coloro che violano la legge sono puniti; **He broke his promise** [**his word**], venne meno alla sua promessa [alla parola data] ***7*** fuggire (improvvisamente) da: **The murderer has succeeded in breaking prison**, l'assassino è riuscito a fuggire dal carcere ***8*** interrompere (*anche un circuito elettrico*): **We broke our journey to have some rest**, interrompemmo il viaggio per riposare un po' ***9*** indebolire; frenare; attutire; smorzare: **These trees b. the force of the wind**, questi alberi smorzano l'impeto del vento; **The bushes broke his fall**, i cespugli gli attutirono la caduta ***10*** comunicare; dare alla stampa: **to b. the news**, comunicare una notizia ***11*** avviare, dare inizio a (*un lavoro*) ***12*** cambiare (*una banconota o moneta, per avere denaro spicciolo*); spicciolare ***13*** rompere, dissodare (*il terreno*) ***14*** (*econ.*) frazionare (*una proprietà, ecc.*). **B** *v. i.* ***1*** rompersi; frangersi; spezzarsi; spaccarsi; troncarsi; diradarsi: **Porcelain breaks easily**, la porcellana si rompe facilmente; **The billows broke against the rocks**, i cavalloni si frangevano contro gli scogli; **The clouds are breaking**, le nuvole si vanno diradando ***2*** sparpagliarsi; disperdersi: **Let's b. and run**, sparpagliamoci e fuggiamo ***3*** (*elettr., mecc.*) guastarsi; interrompersi: **This circuit has broken**, questo circuito si è interrotto ***4*** (*della voce*) alterarsi; mutarsi; incrinarsi: **He was so moved that his voice broke**, era così commosso che gli si alterò la voce; (*di un adolescente*) **His voice is breaking**, sta facendo la voce da uomo **5** cominciare; spuntare: **The day was breaking**, spuntava il giorno **6** diffondersi; essere divulgato: **The story soon broke**, quella storia si diffuse ben presto **7** (*di tempesta, temporale, scandalo, ecc.*) scoppiare **8** (*di periscopio*) emergere; (*di pesce*) saltare (*fuori dall'acqua*) **9** distaccarsi; disintegrarsi **10** (*di vocali*) mutarsi in dittongo **11** (*fam.*: *di cose*) andare; mettersi: **Things were breaking badly**, le cose si mettevano male **12** (*comm.*) andare in rovina; fallire: **Several merchants broke**, diversi mercanti andarono in rovina **13** (*comm.*: *di prezzi*) crollare **14** sospendere il lavoro; fare un break (*o* un intervallo): **Let's b. for tea!**, facciamo un break per il tè! **15** (*boxe*) separarsi; dividersi **16** (*ippica*) partire **17** (*rugby*) sciogliere la mischia **18** (*di una palla da gioco*) deviare (*dalla direzione voluta*) **19** (*del vento, del tempo, ecc.*) cambiare; finire: **The spell of good weather broke**, il periodo di bel tempo finì. ● **to b. an appointment**, non andare a un appuntamento □ **to b. sb.'s back**, spezzare le reni a q.; uccidere q. □ **to b. the back of a task**, fare la parte più ardua d'un lavoro □ (*volg.*) **to b. sb.'s balls**, rompere le palle (*o, meno volg.*, le scatole) a q. □ **to b. the bank**, far saltare il banco (*al gioco*) □ (*naut.*) **to b. bulk**, iniziare la discarica □ (*fig.*) **to b. a butterfly on a wheel**, fare spreco d'energia per cosa da poco; darsi molto da fare per nulla □ **to b. camp**, levare il campo □ (*della polizia*) **to b. a case**, risolvere un caso □ **to b. a code**, decifrare un codice □ **to b. cover**, uscire allo scoperto □ **to b. an engagement**, non tener fede a un impegno □ **to b. even**, (*fin.*) chiudere in pareggio; pareggiare i conti □ **to b. faith**, mancare alla fede data (all'amicizia, ecc.); essere sleale □ (*mil.*) **to b. file**, rompere le file □ **to b. ground**, (*edil.*) iniziare uno scavo; (*naut.*) spedare (*liberare l'ancora*) □ **to b. sb.'s heart**, spezzare il cuore a q. □ (*fig.*) **to b. the ice**, rompere il ghiaccio □ **to b. loose** (*o* **free**), sciogliersi (dai legami); scappare, darsi alla fuga □ (*naut.*) **to b. moorings**, spezzare gli ormeggi □ (*fig.*) **to b. the mould**, rompere col passato; cambiare vita (abitudini, ecc.) □ (*fig.*) **to b. new ground**, iniziare un lavoro del tutto nuovo; fare scoperte importanti □ **to b. one's neck**, rompersi il collo (*o* l'osso del collo) □ **to b. open**, forzare, scassinare (*una porta, ecc.*) □ (*mil.*) **to b. ranks**, rompere le file □ (*comm.*) **to b. a set**, dividere una merce in partite (*da vendere separatamente*) □ (*naut.*) **to b. sheer**, mollare gli ormeggi □ **to b. a strike**, far fallire uno sciopero □ (*stor.*) **to b. sb. on the wheel**, mettere q. alla tortura della ruota □ (*mil.*) **to b. one's pace** (*o* **step**), rompere il passo □ (*naut.*: *di un sottomarino*) **to b. surface**, affiorare □ (*volg. USA*) **to b. wind**, parlare; ruttare; scorreggiare (*meno volg.*, fare un vento) □ (*boxe*) **Break!**, break! (*ordine dell'arbitro, di porre termine a un corpo a corpo*) □ (*gergo teatr.*) **B. a leg!**, in bocca al lupo!

♦**break away**, **A** *v. i.* + *avv.* **1** allontanarsi bruscamente; scappare **2** distaccarsi; staccarsi; (*specialm. polit.*) defezionare; rompere (ogni rapporto): **He broke away from his old pals**, ruppe ogni rapporto (*o* tagliò i ponti) con i suoi vecchi amici; **The left wing broke away from the party in 1990**, l'ala sinistra si staccò dal partito nel 1990; **Slovenia broke away from Yugoslavia in 1991**, la Slovenia si distaccò dalla Jugoslavia nel 1991 **3** (*sport*: *calcio, ecc.*) fare un contropiede **4** (*sport*: *ciclismo, ecc.*) andare in fuga **5** (*sport*: *ippica*) fare una partenza falsa **6** (*sport*: *podismo*) fare uno scatto; staccarsi. **B** *v. t.* + *avv.* rompere; infrangere; spezzare: **to b. away the window bars**, infrangere le sbarre della finestra.

♦**break back**, *v. i.* + *avv.* **1** (*archit.*) rientrare **2** (*sport*: *calcio, ecc.*) fare un contropiede.

♦**break down**, **A** *v. t.* + *avv.* **1** abbattere (*anche fig.*); infrangere, spezzare: **Let's b. down the door!**, abbattiamo la porta!; **We broke down the enemy's resistance**, spezzammo la resistenza del nemico; **to b. down the barriers to free trade**, abbattere le barriere che ostacolano la libertà dei traffici **2** suddividere; dettagliare; analizzare (punto per punto): **to b. down a report**, analizzare una relazione; **Profits can be broken down under three headings**, gli utili si possono suddividere in tre voci **3** (*ind.*) demolire, smantellare, fare a pezzi **4** (*chim.*) decomporre; scomporre. **B** *v. i.* + *avv.* **1** (*mecc.*) rompersi; guastarsi; andare in panne: **The lorry broke down after a few miles**, dopo poche miglia, il camion si guastò **2** spezzarsi; venir meno; interrompersi; saltare (*fig.*): **My resistance broke down**, cessai di resistere; **All communication had broken down**, ogni comunicazione era saltata **3** fallire: **The peace talks broke down**, la conferenza per la pace fallì **4** avere un collasso; accasciarsi; crollare (*fig.*): **When he heard she was dead, he broke down**, quando seppe che era morta, ebbe un collasso **5** (*rag.*: *di entrate, ecc.*) essere suddivisibile (*in classi, ecc.*); essere classificabile **6** (*chim.*) decomporsi; scomporsi: **Inside our body, food breaks down into various substances**, dentro il nostro corpo, il cibo si scompone in varie sostanze.

♦**break forth**, *v. i.* + *avv.* erompere; (*dell'acqua*) scaturire, sgorgare; (*della luce*) diffondersi.

♦**break in**, **A** *v. i.* + *avv.* **1** irrompere; fare irruzione; entrare (*con effrazione, ecc.*): **The enemy broke in during the night**, il nemico fece irruzione nella notte; **The burglar broke in through a window**, lo scassinatore entrò da una finestra **2** intromettersi, interrompere: **Let me finish the story**; **don't b. in**, lasciami finire il racconto; non interrompere!; **to b. in on sb.**, interrompere q.; disturbare q.; **to b. in on sb.'s thoughts** [**words**], far perdere il filo delle idee [del discorso] a q. **B** *v. t.* + *avv.* **1** domare (*un cavallo, ecc.*) **2** (*mecc.*) rodare, fare il rodaggio a (*un motore*) **3** indossare e portare (*un paio di scarpe nuove, ecc.*: *per renderle più morbide*) **4** addestrare; impratichire **5** (*tipogr.*) inserire (*illustrazioni*) nel testo.

♦**break into**, **A** *v. i.* + *prep.* **1** irrompere in; fare irruzione in; entrare in (*con la forza o con scasso*): **The police broke into the house**, la polizia fece irruzione nella casa; **The burglar broke into the store**, lo scassinatore entrò nel negozio **2** entrare in (*fig.*); farsi strada in: **She's trying to b. into the movies**, sta cercando di entrare nel mondo del cinema **3** interrompere; interferire con: **to b. into a TV show with a special newscast**, interrompere uno spettacolo televisivo con un telegiornale straordinario; **to b. into sb.'s privacy**, interferire con la privacy di q. **4** prorompere; scoppiare a; mettersi a: **to b. into cheers** [**into tears**], prorompere (*o* scoppiare) in applausi [in lacrime]; **to b. into laughter**, scoppiare a ridere; **to b. into a gallop**, mettersi al galoppo; **to b. into swearing**, mettersi a imprecare **5** intaccare (*risparmi, scorte, razioni, ecc.*). **B** *v. t.* + *prep.* dividere in; spezzare in: **to b. a word into syllables**, dividere una parola in sillabe.

♦**break off**, **A** *v. t.* + *avv.* **1** rompere (*anche fig.*); staccare: **Mind you don't b. off a branch**, bada di non rompere un ramo; **to b. off a piece of chocolate**, staccare un pezzo di cioccolata; **She decided to b. off their engagement**, decise di rompere il fidanzamento; **to b. off diplomatic relations**, rompere le relazioni diplomatiche **2** interrompere; porre fine a: **to b. off work**, interrompere il lavoro; **to b. off negotiations**, interrompere i negoziati. **B** *v. i.* + *avv.* **1** rompersi; distaccarsi; staccarsi: **The glass broke off in my hands**, il bicchiere mi si ruppe in mano; **Several branches broke off in the storm**, molti rami di staccarono per la tempesta **2** interrompersi (*parlando, ecc.*): **The talks broke off without any arrangement being reached**, le trattative si interruppero senza che fosse raggiunto un accordo **3** interrompere (*o* sospendere) il lavoro **4** cessare; smettere: **You should b. off smoking for a while**, dovresti smettere di fumare per un po'.

♦**break out**, **A** *v. i.* + *avv.* **1** scoppiare; esplodere (*fig.*): **A fire broke out**, scoppiò un incendio; **World War II broke out in 1939**, la seconda guerra mondiale scoppiò nel 1939; **The heat wave has broken out**, è esploso il caldo (*o* è esplosa l'estate) **2** liberarsi; evadere; fuggire: **to b. out of jail**, evadere dal carcere; **to b. out of a P.O.W. camp**, fuggire da un campo di prigionia **3** (*mil.*) rompere l'accerchiamento **4** (*della pelle, del viso, di una persona*) coprirsi di: **He broke out in a heat rash** [**in pimples**], la faccia gli si coprì di un esantema [di foruncoli] **5** prorompere; scoppiare: **to b. out laughing**, scoppiare a ridere **6** (*di bandiere o vele*) dispiegarsi; spiegarsi **7** (*archit.*: *di un comignolo, ecc.*) sporgere; aggettare. **B** *v. t.* + *avv.* **1** aprire (*una cassa di vino, ecc.*) **2** spiegare (*bandiere o vele*); tirar fuori (*bandiere*): **People began to b. out their flags**, la gente cominciò a tirar fuori le bandiere **3** allestire; approntare; preparare: **to b. out the machine-guns**, approntare le mitragliatrici; **to b. out the life-boats**, preparare le lance di salvataggio **4** (*naut.*) spedare (*l'ancora*) □ **to b. out in a cold sweat**, sudare freddo (*per la paura, ecc.*) □ (*med.*: *della pelle*) **to b. out in spots**, coprirsi di macchie; macularsi.

♦**break through**, **A** *v. t.* + *prep.* **1** penetrare in (*con la forza, ecc.*); irrompere in; sfondare: **At last the crowd broke through the two lines of policemen**, alla fine la folla sfondò i due cordoni della polizia **2** farsi strada fra; aprirsi un varco: **The moon was breaking through the clouds**, la luna si apriva un varco (*o* faceva capolino) fra le nuvole **3** (*fig.*) vincere: **to b. through sb.'s shyness**, vincere la timidezza di q. **B** *v. i.* + *avv.* **1** sfondare (*anche fig.*): **At last the tanks broke through**, alla fine i carri armati riuscirono a sfondare **2** farsi un varco; (*del sole, ecc.*) far capolino: **The sun broke through**, fece capolino il sole **3** (*fig.*) sfondare (*in un campo nuovo, ecc.*); fare progressi significativi; fare dei passi importanti (*nella scienza, ecc.*).

♦**break up**, **A** *v. t.* + *avv.* **1** rompere; fare a pezzi; demolire; smantellare; liquidare: **to b. up a marriage**, rompere un matrimonio; **to b. up an old battleship**, smantellare una vecchia corazzata; **to b. up an organization**, smantellare un'organizzazione; **to b. up a business**, liquidare un'azienda **2** disintegrare; disgregare; smembrare; distruggere: **Barbarians and corruption broke up the Roman Empire**, i barbari e la corruzione disintegrarono l'impero romano; **Frost breaks up the rocks**, il gelo disgrega le rocce; **War broke up their home**, la guerra distrusse il loro focolare domestico **3** (*fig.*) rompere; spezzare: **to b. up the tiresome routine of one's toil**, spezzare la noiosa routine del proprio lavoro **4** sciogliere; disperdere; (*mil.*) sbandare: **to b. up a gathering**, sciogliere un assembramento; **The police broke up the crowd**, la polizia disperse la folla **5** (*fam.*) far crollare (*fig.*); prostrare; distruggere (*fig.*): **The news of her death broke him up**, la notizia della sua morte lo distrusse **6** (*mat.*) scomporre (*in fattori, ecc.*) **7** (*econ.*) frazionare (*una proprietà, ecc.*) **8** (*comm.*) frazionare (*merce in lotti, ecc.*) **9** (*tipogr.*) interrompere, intervallare (*un testo*) con illustrazioni **10** (*pop.*) far sbellicare (q.) dalle risa. **B** *v. i.* + *avv.* **1** rompersi; spezzarsi; andare in pezzi; sfasciarsi: **Our yacht broke up on the rocks**, il nostro yacht si sfasciò sugli scogli **2** (*fig.*) andare in pezzi; avere un collasso; crollare (*fig.*) ***3*** (*di una riunione, ecc.*) sciogliersi; finire ***4*** (*di un matrimonio, ecc.*) finire, fallire; (*di una famiglia*) sbandarsi ***5*** (*di due coniugi, ecc.*) separarsi ***6*** (*di una folla, ecc.*) disperdersi; (*mil.*) sbandarsi: **At night the demonstrators broke up**, a sera i dimostranti si dispersero ***7*** (*di un operatore economico*) cessare l'attività; chiudere bottega (*fam.*) ***8*** (*fam. ingl.*) andare in vacanza (*da scuola*): **When does your school** (*o* **do you**) **b. up?**, quando cominciano le vacanze? ***9*** (*pop. USA*) ridere a crepapelle; sbellicarsi dalle risa □ (*fam.*: *di due che si picchiano*) **to b. it up**, staccarsi; separarsi.

♦**break with**, *v. i. + prep.* ***1*** rompere con (q.): **to b. with one's family**, rompere con la propria famiglia; **to b. with tradition**, rompere con la tradizione; innovare ***2*** liberarsi di: **It's very difficult to b. with inveterate habits**, è assai difficile liberarsi delle abitudini inveterate.

breakable /ˈbreɪkəbl/, *a.* fragile.

breakables /ˈbreɪkəblz/, *n. pl.* oggetti fragili.

breakage /ˈbreɪkɪdʒ/, *n.* ***1*** rottura; guasto ***2*** (*pl.*) rottami ***3*** (*pl.*) danni (*dovuti a rottura*): **He paid a large sum for breakages**, pagò una grossa somma per i danni causati.

breakaway /ˈbreɪkəweɪ/, **A** *n.* ***1*** allontanamento; distacco; (*polit.*) scissione ***2*** defezione ***3*** fuga ***4*** (*calcio, ecc.*) contropiede ***5*** (*ciclismo, ecc.*) fuga ***6*** (*ippica*) falsa partenza ***7*** (*cinem.*) oggetto (*o* set) che si rompe facilmente (*per le scene di violenza*) ***8*** (*USA*) parte da staccare o rompere (*punta di una fiala di vetro, ecc.*). **B** *a. attr.* (*polit.*) scissionistico: **a b. faction**, una fazione di dissidenti (*da un partito*) □ **a b. from tradition**, un abbandono della tradizione □ (*cinem.*) **b. set**, scenario che si smonta facilmente.

breakdown /ˈbreɪkdaʊn/, *n.* ***1*** (*mecc.*) guasto; interruzione; panne: **There is a b. on the line**, c'è un'interruzione nella linea ***2*** (*naut.*) avaria; guasto alle macchine ***3*** collasso; esaurimento: **He had a nervous b.**, ebbe un esaurimento nervoso ***4*** crollo; dissesto; sfacelo: **the b. of the Roman Empire**, lo sfacelo dell'Impero Romano ***5*** rottura (*di negoziati*); sospensione (*di un servizio*) ***6*** (*chim., fis.*) disgregazione ***7*** analisi (*di un rapporto, ecc.*); (*econ., fin.*) analisi stratificata: **the b. of public expenditure by economic sector**, l'analisi stratificata della spesa pubblica per settori economici ***8*** scomposizione ***9*** «breakdown» (*danza dei negri d'America*) ***10*** (*lotta greco-romana*) schienata. ● **b. crane**, autogru □ **b. gang**, squadra di soccorso (*per la rimozione o riparazione di veicoli*) □ (*autom.*) **b. recovery** (*o* **b. service**), soccorso stradale □ (*ferr.*) **b. train**, convoglio di soccorso □ (*autom.*) **b. truck** (*o* **van**), carro attrezzi (*o* di soccorso) □ (*elettr.*) **b. voltage**, potenziale di scarica.

breaker /ˈbreɪkə(r)/, *n.* ***1*** rompitore (*raro*); chi (*o* cosa che) rompe, interrompe, ecc. *V.* **to break** ***2*** (*autom.*) sfasciacarrozze; demolitore ***3*** frangente (*ondata*) ***4*** frantoio (*per spezzare rocce o carbone*) ***5*** (*elettr.*, = **circuit b.**), interruttore; ruttore ***6*** (*leg.*) violatore; trasgressore ***7*** (*ind.*) sfilacciatrice (*di stracci, ecc.*). ● (*autom.*) **b. arm**, martelletto (*di ruttore*) □ (*autom.*) **b. points**, puntine platinate; puntine (*fam.*); contatti □ (*sport*) **record-b.**, primatista □ **stone-b.**, spaccapietre.

breakerless /ˈbreɪkələs/, *a.* (*autom., elettron.*: *di uno spinterogeno*) senza ruttore; senza contatti (*o* puntine).

breakfast /ˈbrɛkfəst/, *n.* prima colazione. ● **b. television**, televisione del primo mattino.

to **breakfast** /ˈbrɛkfəst/, **A** *v. i.* fare (la prima) colazione. **B** *v. t.* offrire la prima colazione a (q.).

break-in /ˈbreɪkɪn/, *n.* ***1*** irruzione ***2*** (*leg.*) effrazione; (furto con) scasso; violazione di domicilio ***3*** (*mecc., autom.* e *fig.*) rodaggio. ● **b.-in repairs**, riparazione di guasti provocati da effrazione.

breaking /ˈbreɪkɪŋ/, *n.* ***1*** rottura; frattura; spaccatura ***2*** (*elettr.*) interruzione ***3*** (*leg.*) infrazione; violazione. ● (*leg.*) **b. and entering**, effrazione □ (*leg.*) **b. a close**, violazione del fondo altrui □ **b. bulk**, (*naut.*) inizio della discarica; (*leg.*) apertura di colli a scopo di furto □ (*leg.*) **b. doors**, scasso □ **b. in**, domatura (*raro*); addestramento; rodaggio (*di un motore* e *fig.*) □ (*leg.*) **b. jail**, evasione □ (*leg.*) **b. of seals**, violazione dei sigilli □ **the b. off of diplomatic relations**, la rottura delle relazioni diplomatiche □ **the b. out of a fire**, lo scoppio di un incendio □ **b. point**, limite di rottura; (*fig.*) punto di rottura, limite di sopportazione □ **b.-up**, demolizione, smantellamento; disgregazione.

breakneck /ˈbreɪknɛk/, *a.* ***1*** da rompere il collo; pericoloso: **a b. road**, una strada pericolosa ***2*** a rompicollo; precipitoso; rapidissimo; folle: **b. speed**, folle velocità; **Italy's b. industrial growth in the 1950s**, il rapidissimo sviluppo industriale dell'Italia negli anni cinquanta. ● **at a b. speed**, a rotta di collo.

break-out /ˈbreɪkaʊt/, *n.* ***1*** evasione; fuga ***2*** (*mil.*) contrattacco, offensiva (*per spezzare l'accerchiamento*).

breakthrough /ˈbreɪkθruː/, *n.* ***1*** (*specialm. mil.*) sfondamento; penetrazione ***2*** (*min.*) passaggio di comunicazione (*fra gallerie adiacenti*) ***3*** (*geol.*) affioramento ***4*** (*scient., tecn.*) importante passo avanti; conquista ***5*** (*comm.*) balzo, rialzo (*di prezzi*).

break(-)up /ˈbreɪkʌp/, *n.* ***1*** dispersione; scioglimento ***2*** disintegrazione; disfacimento; disgregazione ***3*** (*med.*) collasso ***4*** fine (*di un rapporto, di una riunione, o dell'anno scolastico*); separazione; fallimento (*di un matrimonio*) ***5*** (*polit.*) smembramento (*d'uno stato*) ***6*** (*naut.*) smantellamento ***7*** disgelo (*di fiumi*) ***8*** (*chim., fis.*) disgregazione ***9*** (*mil.*) sbandamento ***10*** (*comm.*) realizzo; svendita: **b. value**, valore di realizzo.

breakwater /ˈbreɪkwɔːtə(r), *USA* -wɒt-/, *n.* frangiflutti; frangimare; frangionde.

bream /briːm/, *n.* (*pl.* **bream, breams**) (*zool., Abramis brama*) abramide comune.

to **bream** /briːm/, *v. t.* (*naut.*) bruschinare (*la carena d'una barca*).

breast /brɛst/, *n.* ***1*** mammella; seno, petto (*anche fig.*): **in the b. of the sea**, in seno al mare ***2*** (*fig.*) cuore; coscienza; sentimenti ***3*** (*archit.*) parapetto ***4*** (*min.*) fronte (*d'avanzamento o d'abbattimento*). ● **b. drill**, trapano a petto □ **b.-fed**, allattato al seno □ **b.-feeding**, allattamento al seno □ **b. harness**, pettorale (*di cavallo*) □ **b.-high**, che arriva al petto □ **b.-pin**, spilla da cravatta □ **b. pocket**, taschino (*di giacca*) □ (*naut.*) **b. rope**, traversino □ (*sport*) **b.-stroke**, nuoto a rana; rana □ **b.-stroke swimmer**, ranista □ (*archit.*) **b. wall**, muro di sostegno □ **to make a clean b. of st.**, alleviare la coscienza di q.c.; fare ampia confessione di q.c.

to **breast** /brɛst/, *v. t.* ***1*** affrontare; tener testa a ***2*** muovere contro (q.) ***3*** prendere di petto (*un'erta*); scalare (*un monte*). ● (*sport*) **to b. the tape**, tagliare il nastro (*o* il traguardo).

breastbone /ˈbrɛstbəʊn/, *n.* (*anat.*) sterno.

breasted /ˈbrɛstɪd/, *a.* (*nei composti*:) dal petto: **broad-b.**, dal petto largo. ● (*di giacca, ecc.*) **double-b.**, a doppio petto □ **single-b.**, a un petto; monopetto.

to **breast-feed** /ˈbrɛstfiːd/ (*pass.* e *p. p.* **breast-fed**), *v. t.* allattare al seno.

breastplate /ˈbrɛstpleɪt/, *n.* ***1*** (*stor.*) corazza (*armatura del busto*) ***2*** pettorale (*di cavallo*) ***3*** piastrone (*parte inferiore della corazza d'una tartaruga*) ***4*** targa con iscrizione (*su una bara*).

breastsummer /ˈbrɛsəmə(r)/, *n.* (*archit.*) architrave.

breastwork /ˈbrɛstwɜːk/, *n.* ***1*** (*mil.*) riparo difensivo di media altezza; parapetto ***2*** (*naut.*) parapetto di murata (*del castello di prua e del ponte di poppa*).

breath /brɛθ/, *n.* ***1*** fiato; respiro; soffio; alito: **bad b.**, alito cattivo ***2*** soffio (*d'aria*); alito (*fig.*): **to have a b. of fresh air**, prendere una boccata d'aria fresca; **There wasn't a b. of wind**, non c'era un alito di vento ***3*** appannatura (*su vetro, specchio, ecc.*) ***4*** (*fon.*) espirazione ***5*** effluvio: **a b. of spring**, un effluvio di primavera ***6*** sussurro; mormorio: **Not a b. was heard**, non s'udiva un sussurro ***7*** (*fig.*) respiro; sollievo; tregua ***8*** (*fig.*) macchia; ombra; sospetto: **There's a b. of scandal**, c'è un sospetto di scandalo. ● **the b. of life** (*o* **of one's nostrils**), l'aria che si respira: **You are as necessary to me as the b. of life**, mi sei necessario come l'aria che respiro □ **b.-taking**, mozzafiato; strabiliante; sbalorditivo □ **b. test**, alcoltest; prova del fiato (*per accertare il tasso alcolico*) □ **to catch b.**, prender fiato □ **to draw b.**, respirare; vivere □ **to get one's b. back**, riprender fiato □ (*fig.*) **in a b.**, in un soffio □ **to hold one's b.**, trattenere il respiro (*anche fig.*) □ **in the same** (*o* **in one**) **b.**, senza riprender fiato □ **to lose one's b.**, rimanere senza fiato □ **to be out of b.**, essere senza fiato □ **to pause for b.**, fare una pausa per prender fiato □ **to recover one's b.**, riprender fiato □ **to save one's b.**, risparmiare il fiato; tacere □ **to be short of b.**, avere il respiro corto □ **to speak under** (*o* **below**) **one's b.**, parlare sottovoce □ **to take b.**, prendere fiato □ **to take a deep b.**, tirare un profondo respiro □ **to take sb.'s b. away**, far restare senza fiato □ **to waste one's b.**, sprecare il fiato □ **with one's last b.**, fino all'ultimo respiro.

breathable /ˈbriːðəbl/, *a.* respirabile.

to **breathalyse** /ˈbrɛθəlaɪz/, *v. t.* sottoporre (q.) all'alcoltest.

breathalyser /ˈbrɛθəlaɪzə(r)/, *n.* (*marchio*) alcoltest; etilometro.

to **breathe** /briːð/, **A** *v. i.* ***1*** respirare; vivere: **The wounded soldier was still breathing**, il soldato ferito respirava ancora (*o* era ancora in vita) ***2*** prendere fiato: **Now I can b. again**, ora posso riprendere fiato ***3*** (*del vento*) alitare; soffiare. **B** *v. t.* ***1*** respirare; aspirare: **to b. noxious fumes**, respirare fumi nocivi: **to b.** (**in**) **tobacco smoke**, aspirare il fumo del tabacco ***2*** emanare; diffondere intorno a sé (*un odore, ecc.*): **The girl breathed simplicity**, la ragazza diffondeva intorno a sé un senso di semplicità ***3*** mormorare; sussurrare: **The beggar breathed a blessing and went away**, il mendicante mormorò una benedizione e se ne andò ***4*** ispirare; infondere: **to b. new life into a party**, infondere nuova vita in un partito; **He breathed confidence into his followers**, infondeva fiducia nei suoi seguaci ***5*** (*fon.*) pronunciare (*una consonante*) come sorda; rendere (*un fonema*) sordo ***6*** soffiare: **to b. cigar smoke over sb.**, soffiare fumo di sigaro su q. ● (*fig.*) **to b. again**, sentirsi sollevato □ (*fig. fam.*) **to b. down sb.'s neck**, inseguire da vicino (*o* tallonare) q.; stare addosso a q.; sottoporre q. a uno stretto controllo □ **to b. forth**, esalare □ **to b. freely**, respirare liberamente; (*fig.*) sentirsi sollevato □ **to b. hard**, respirare con difficoltà; ansare; ansimare □ **to b. in**, inspirare, aspirare (*l'aria*) □ **to b. one's last**, esalare (*o* tirare) l'ultimo respiro □ **to b. out**, espirare □ **to b. out one's soul**, esalare l'anima □ **to b. short**, avere il fiato corto; ansimare; ansare □ **to b. a sigh of relief**, emettere un sospiro di sollievo □ **to b. strife** (*o* **threats**), borbottare minacce □ **not to b. a word** (*o* **a syllable**), non fiatare; non aprir bocca; non far parola.

breathed /brɛθt/, *a.* ***1*** (*nei composti*:) **foul-b.**, dall'alito cattivo; **long-b.**, che ha molto fiato ***2*** (*fon.*: *di fonema*) sordo.

breather /ˈbriːðə(r)/, *n.* ***1*** chi respira (*in un certo modo*; *per es.*:) **a mouth-b.**, uno che respira con la bocca (*e non attraverso il naso*) ***2*** (*fam.*) esercizio fisico breve, ma faticoso ***3*** (*fam.*) attimo di respiro; breve sosta ***4*** (*tecn.*)

sfiatatoio; presa d'aria *5* (*fam.*, *sport*) gara facile; passeggiata (*fig.*).

breathing /'bri:ðɪŋ/, **A** *n.* *1* respirazione *2* respiro *3* (*arc.*) alito (*di vento*); soffio (*d'aria*) *4* emissione di voce *5* (*fon. greca*) spirito: **rough [smooth] b.**, spirito aspro [dolce]. **B** *a.* che respira; che è (*o* pare) vivo: **a b. statue**, una statua che pare viva. ● **b. apparatus**, respiratore (*di subacqueo*) □ **b. in**, inspirazione (*dell'aria nei polmoni*) □ **b. out**, espirazione (*dell'aria dai polmoni*) □ **b. space** (*o* **b. time**), respiro (*fig.*); attimo di tregua.

breathless /'brɛθləs/, *a.* *1* senza fiato; ansante; ansimante: **He was b. with fear**, era senza fiato dalla paura *2* che non respira più; morto *3* da far restare col fiato sospeso: **He was in a b. hurry**, aveva una fretta da perdere il fiato *4* senza un alito di vento; soffocante: **The air is b.**, l'aria è soffocante. ● **b. expectation**, trepida attesa □ **b. silence**, silenzio assoluto.

breathlessly /'brɛθləslɪ/, *avv.* *1* senza fiato *2* (*fig.*) con il fiato sospeso.

breathlessness /'brɛθləsnəs/, *n.* *1* affanno; difficoltà di respirazione *2* (*med.*) dispnea.

to **breath-test** /'brɛθtɛst/, *v. t.* sottoporre (q.) all'alcoltest.

breathy /'brɛθɪ/, *a.* *1* (*fon.*) accompagnato da emissione di fiato *2* (*mus.*: *della voce, di uno strumento*) con troppo fiato.

breccia /'brɛtʃɪə/ (*ital.*), *n.* (*geol.*) breccia.

Brechtian /'brɛktɪən/, *a.* (*letter.*) brechtiano.

bred /brɛd/, **A** *pass.* e *p. p.* di **to breed**. **B** *a.* (*nei composti*:) **ill-b.**, maleducato; **well-b.**, educato; che ha buone maniere.

breech /bri:tʃ/, *n.* *1* (*anat.*) deretano; sedere *2* (*mil.*) culatta (*di cannone, ecc.*). ● (*mil.*) **b.-block** (*o* **b. plug**), otturatore □ (*med.*) **b. delivery**, parto podalico □ **b.-loader** (*o* **b.-loading gun**), fucile (*o* cannone) a retrocarica □ **b.-well**, alloggio dell'otturatore.

to **breech** /bri:tʃ/, *v. t.* *1* (*arc.*) mettere (*un bambino*) in calzoncini (*per la prima volta*) *2* (*mil.*) munire (*un cannone*) di culatta.

breeches /'brɪtʃɪz, 'bri:-/, *n. pl.* *1* calzoni alla zuava; brache (*arc.*) *2* (*fam.*) calzoni; pantaloni. ● (*naut.*) **b. buoy**, teleferica di trasbordo (*a imbraca*) □ (*fig.*) **to get too big for one's b.**, insuperbire; montarsi la testa □ **riding b.**, calzoni alla cavallerizza □ (*fig.*: *di moglie*) **to wear the b.**, portare i calzoni.

breeching /'brɪtʃɪŋ/, *n.* *1* (*dei finimenti del cavallo*) imbraca *2* (*mil.*) imbracatura (*di un cannone, ecc.*). ● **b. strap**, straccale (*di bestia da soma*).

breechless /'brɪtʃləs, 'bri:-/, *a.* senza calzoni; sbracato.

breed /bri:d/, *n.* *1* razza; stirpe; famiglia; progenie; discendenza: **There are many breeds of dogs**, ci sono molte razze di cani *2* (*bot.*) varietà. ● (*prov.*) **B. will tell**, buon sangue non mente.

to **breed** /bri:d/ (*pass.* e *p. p.* **bred**), **A** *v. t.* *1* (*anche fig.*) generare; procreare; (*fig.*) produrre: **Long wars always b. economic depression**, le lunghe guerre producono sempre depressioni economiche *2* allevare; educare; destinare a: **I b. horses**, allevo cavalli; **He's an Irishman born and bred**, è irlandese di nascita e d'educazione; **He had bred his son to the law**, aveva destinato suo figlio all'avvocatura *3* (*agric.*) riprodurre (*piante*); selezionare (*specie vegetali*). **B** *v. i.* *1* riprodursi; figliare: **Wild beasts do not b. easily in captivity**, gli animali selvatici non si riproducono facilmente in cattività *2* (*fig.*) nascere; avere origine; propagarsi. ● **to b. in and in**, accoppiarsi fra consanguinei; sposarsi fra parenti stretti □ **to b. like rabbits** (*o* **flies**), essere prolifici come conigli □ (*fig.*) **bred in the bone**, insito; innato.

breeder /'bri:də(r)/, **A** *n.* *1* animale (*o* pianta) da riproduzione *2* allevatore: **horse b.**, allevatore di cavalli *3* riproduttore; animale (*o* pianta) da riproduzione *4* (*fis. nucl.*, = **b. reactor, b. pile**) reattore autofertilizzante. **B** *a. attr.* *1* da razza; da riproduzione: **a b. hen**, una gallina da riproduzione *2* (*fis. nucl.*) autofertilizzante.

breeding /'bri:dɪŋ/, *n.* *1* procreazione; riproduzione; (*zootecnia*) selettocultura *2* allevamento: **sheep b.**, allevamento di pecore *3* (buona) educazione; buone maniere: **Punctuality is a sign of b.**, la puntualità è segno di buona educazione. ● **b. ground**, terreno di riproduzione; luogo di cova; (*fig.*) terreno fertile □ **b.-in**, accoppiamento fra consanguinei □ **bad [good] b.**, cattiva [buona] educazione.

breeze (1) /bri:z/, *n.* (*arc. o dial.*; *zool.*, *Tabanus*) tafano.

breeze (2) /bri:z/, *n.* *1* brezza; venticello *2* (*pop. arc.*) alterco; lite; bizza; sfogo di cattivo umore *3* (*fam. USA*) cosa facile; sciocchezza; gioco da ragazzi (*fig.*). ● (*meteorol.*) **gentle b.**, brezza tesa □ **moderate b.**, brezza moderata □ (*pop. USA*) **Take the b.!**, aria (ai monti)!; vattene!

breeze (3) /bri:z/, *n.* scorie di coke (*o* di carbone di legna). ● **b. concrete**, calcestruzzo di scorie (di coke).

to **breeze** /bri:z/, *v. i.* soffiare, spirare, tirare (*di brezza, vento*): **It's beginning to b.**, comincia a spirare un po' di vento. ● **to b. in (out)**, entrare (uscire) con disinvoltura □ (*pop. USA*) **to b. off**, tagliare la corda; squagliarsela □ **to b. through**, dare una rapida scorsa a (*un libro, ecc.*) □ (*del vento*) **to b. up**, rinfrescare; rinforzare.

breezeblock /'bri:zblɒk/, *n.* (*edil.*) blocco di calcestruzzo di scorie.

breezeless /'bri:zləs/, *a.* senza brezza; immoto; afoso.

breeziness /'bri:zɪnəs/, *n.* *1* (*dell'aria*) freschezza; (*d'un luogo*) ariosità *2* allegria; brio; vivacità; spensieratezza; spigliatezza.

breezy /'bri:zɪ/, *a.* *1* arioso; ventoso; ventilato *2* allegro; vivace; gioviale; disinvolto; spigliato.

Bren gun /'brɛngʌn/, *n.* (*mil.*, *stor.*) Bren (*mitra leggero*).

brent(goose) /'brɛnt'gu:s/, *n.* (*pl.* **brent(geese), brents(geese)**) (*zool.*, *Branta bernicla*) oca colombaccio.

bressummer /'brɛsəmə(r)/, *n.* (*archit.*) architrave.

brethren /'brɛðrən/, *n. pl.* (*di* **brother,** *def. 3*) *1* (*arc.*) fratelli *2* (*relig.*) confratelli.

Breton /'brɛtən, *USA* -tn/, *a.* e *n.* bretone.

breve /bri:v/, *n.* *1* (*stor.*) breve (*papale*) *2* (*tipogr.*) segno di breve *3* (*mus.*) (segno di) breve (*pari a due semibrevi*).

brevet /'brɛvɪt, *USA* brɪ'vɛt/, *n.* *1* (*stor.*) brevetto; (decreto di nomina, specialm. a una) carica onoraria *2* (*mil.*) nomina (*a un grado superiore, senza aumento di stipendio*); grado onorario.

to **brevet** /'brɛvɪt, *USA* brɪ'vɛt/, *v. t.* (*mil.*) conferire un grado onorario a (q.).

breviary /'bri:vɪərɪ, *USA* -ɪɛrɪ/, *n.* (*relig.*) breviario.

brevier /brə'vɪə(r)/, *n.* (*tipogr.*) corpo 8.

brevity /'brɛvətɪ/, *n.* *1* brevità (*della vita, ecc.*) *2* concisione.

brew /bru:/, *n.* *1* fermentazione; infusione; processo di fabbricazione della birra (*o* di preparazione del tè, ecc.) *2* (quantità di) bevanda così fabbricata (*o* preparata) *3* bevanda fermentata *4* infuso; tisana *5* miscela, qualità (*di tè*). ● (*fam.*) **b.-up**, (il) fare il tè (*o* il caffè): **Let's have a b.-up, shall we?**, facciamo il tè, vuoi?

to **brew** /bru:/, **A** *v. t.* *1* fabbricare, fare (*la birra e altre bevande fermentate*); mettere in infusione, preparare (*il tè, il ponce*) *2* (*fig.*) macchinare; tramare; preparare: **He is brewing mischief**, sta tramando qualche birbonata. **B** *v. i.* *1* essere in fermentazione (*o* in infusione, in ebollizione): **The beer is brewing**, la birra sta fermentando *2* (*fig.*) svilupparsi; addensarsi; prepararsi: **A storm was brewing in the west**, si stava addensando una tempesta a occidente. ● **to b. a plot**, complottare □ (*fam.*) **to b. up**, fare il tè; (*fig.*) prepararsi, svilupparsi □ (*fig.*) **There is something brewing**, qualcosa bolle in pentola.

brewage /'bru:ɪdʒ/, *n.* *1* bevanda fermentata; infuso (*di tè, ecc.*) *2* processo di fermentazione (*o* d'infusione).

brewer /'bru:ə(r)/, *n.* fabbricante di birra; birraio. ● **b.'s yeast**, lievito di birra.

brewery /'bru:ərɪ/, *n.* fabbrica di birra.

brewing /'bru:ɪŋ/, *n.* *1* fabbricazione della birra *2* quantità di birra prodotta in una volta.

briar /'braɪə(r)/, *n.* *1* (*bot.*, *Erica arborea*) erica *2* (*bot.*) rovo; rosa selvatica (*e altre piante dei generi Rubus e Rosa*) *3* (*bot.*) tralcio spinoso (*di dette piante*) *4* (= **b. pipe**) pipa di radica. ● (*bot.*) **b. root**, radica.

bribability /braɪbə'bɪlətɪ/, *n.* corruttibilità.

bribable /'braɪbəbl/, *a.* corruttibile.

bribe /braɪb/, *n.* *1* somma di denaro usata per corrompere; bustarella, mazzetta, tangente (*fam.*) *2* allettamento; esca (*fig.*). ● **It's no use offering him a b.**, è inutile cercare di corromperlo.

to **bribe** /braɪb/, *v. t.* *1* corrompere; comprare (*fam.*); (*leg.*) subornare: **to b. sb. to silence**, comprare il silenzio di q.; **to b. a witness**, subornare un teste *2* indurre (*con promesse, doni o moine*): **I bribed my dog with a bone to jump the fence**, con l'offerta di un osso, indussi il mio cane a saltare lo steccato. ● **He's not above bribing**, è tutt'altro che incorruttibile.

briber /'braɪbə(r)/, *n.* corruttore; (*leg.*) subornatore.

bribery /'braɪbərɪ/, *n.* corruzione (*a mezzo di denaro, doni, ecc.*); subornazione. ● **to be open to b.**, essere corruttibile.

bric-a-brac /'brɪkəbræk/ (*franc.*), *n.* cianfrusaglie; anticaglie.

brick /brɪk/, *n.* *1* mattone; laterizio *2* (*fig.*) pezzo rettangolare (*di sapone, di gelato, ecc.*): **a b. of ice cream**, un pezzo duro di gelato *3* blocchetto di legno, cubo (*per il gioco delle costruzioni*) *4* (*pop. arc.*) persona ammodo; brav'uomo: **He's a regular b.**, è un uomo d'oro. ● **bricks and mortar**, (*fig.*) il mattone; le case; (*fin.*) i beni strumentali: **Bricks and mortar is a good investment**, il mattone è un investimento sicuro □ **b.-dust**, polvere di mattone □ (*ind. costr.*) **b. flooring**, ammattonato □ **b. hammer**, martello da muratore □ **b.-kiln**, fornace da mattoni □ **b. red**, rosso mattone □ (*fam.*) **to come down on sb. like a ton of bricks**, scagliarsi contro q. con grande veemenza; mangiarsi vivo q. □ (*fam.*) **to drop a b.**, fare una topica (*o* una gaffe) □ **flue** (*o* **hollow**) **b.**, mattone forato □ (*pop. USA*) **to hit the bricks**, uscire (*o* scendere) in strada; uscire di prigione; (*di poliziotti*) essere di ronda □ (*fig.*) **to make bricks without straw**, friggere con l'acqua; fare i conti senza l'oste.

to **brick** /brɪk/, *v. t.* costruire, pavimentare con mattoni; ammattonare, mattonare. ● **to b. up**, murare (*con mattoni*).

brickbat /'brɪkbæt/, *n.* *1* mezzo mattone; frammento di mattone (*specialm. se usato come proiettile*) *2* (*fig. fam.*) critica spietata; frecciata (*fig.*).

brickearth /'brɪkɜ:θ/, *n.* argilla per mattoni.

brickfield /'brɪkfi:ld/, *n.* mattonaia; mattonificio.

brickie /'brɪkɪ/, *n.* (*fam.*) muratore.

bricklayer /'brɪkleɪə(r)/, *n.* muratore.

brickmaker /'brɪkmeɪkə(r)/, *n.* mattonaio.

bricktop /'brɪktɒp/, *n.* (*fam. USA*) persona dai capelli rossi.

brickwork /'brɪkwɜ:k/, *n.* muratura in mattoni; ammattonato.

bricky /'brɪkɪ/, *a.* *1* fatto di mattoni *2* color mattone.

brickyard /'brɪkjɑ:d/, *n.* mattonaia; mattonificio.

bricole /brɪ'kəʊl/, *n.* *1* (*biliardo, ecc.*) tiro di sponda (*o* di rimbalzo) *2* (*mil.*, *stor.*) briccola

3 (*arc.*) sopraspalle; cinghia.

bridal /ˈbraɪdl/, **A** *n.* nozze; banchetto nuziale. **B** *a.* *1* della sposa: **the b. veil**, il velo da sposa *2* nuziale: **the b. cake**, la torta nuziale. ● **the b. party**, la sposa e il suo seguito.

bride (**1**) /braɪd/, *n.* sposa (*alle nozze*); promessa sposa (*nell'imminenza delle nozze*); sposa novella. ● **b.(-)cake**, torta nuziale □ **the b.-to-be**, la futura sposa.

bride (**2**) /braɪd/, *n.* *1* punto tulle (*di merletto*) *2* (*un tempo*) laccio (*di cappellino*) da annodare sotto il mento.

bridegroom /ˈbraɪdgruːm, -grʊm/, *n.* sposo; sposo novello.

bridesmaid /ˈbraɪdzmeɪd/, *n.* damigella d'onore (*della sposa*).

bridesman /ˈbraɪdzmən/, *n.* (*pl.* **bridesmen**) (*arc.*) testimone dello sposo.

bridewell /ˈbraɪdwl/, *n.* (*da* **St. Bride's Well,** *a Londra*) prigione; casa di correzione; correzionale; riformatorio.

bridge (**1**) /brɪdʒ/, *n.* *1* ponte (*in ogni senso*): **pontoon b.**, ponte di barche; **My dental b. is broken**, mi si è rotto il ponte (*dei denti*) *2* (*naut.*, = **fore b., pilot b.**) ponte di comando; plancia *3* (*naut.*, = **fore and aft b.**) passerella (*su una nave*) *4* (*mus.*) ponticello (*di strumento ad arco*) *5* (*elettr.*) ponte; collegamento in parallelo: **b. circuit**, circuito a ponte *6* (*radio, TV*) intermezzo. ● **b. crane**, gru a ponte □ **b. financing**, prefinanziamento □ (*naut.*) **b. house**, cassero; tuga □ (*econ.*) **b. law**, legge ponte □ **the B. of Sighs**, il Ponte dei Sospiri (*a Venezia, a Oxford e Cambridge*) □ (*mil.*) **b. train**, reparto di pontieri del genio con i relativi attrezzi □ (*naut.*) **after b.**, ponte poppiero □ **bascule b.**, ponte (levatoio) a bilico □ (*fig.*) **to burn one's bridges**, bruciarsi (*o* tagliarsi) i ponti alle spalle □ **flying b.**, ponte volante; passerella □ **steel b.**, ponte di acciaio □ **suspension b.**, ponte sospeso □ **swing b.**, ponte girevole □ (*prov.*) **Build golden bridges for a flying foe**, a nemico che fugge, ponti d'oro □ (*prov.*) **Don't cross your bridges before you come** (*o* **get**) **to them**, non bisogna fasciarsi la testa prima d'essersela rotta.

bridge (**2**) /brɪdʒ/, *n.* (*gioco di carte*) bridge.

to **bridge** /brɪdʒ/, *v. t.* *1* costruire un ponte su (*un fiume, ecc.*) *2* collegare (*due città, ecc.*) con un ponte *3* (*fig.*) essere a cavallo di (*due epoche, ecc.*) *4* (*fig.*) superare; colmare: **They weren't able to b. the gap between their points of view**, non riuscirono a colmare il divario fra i loro punti di vista *5* (*elettr.*) collegare in parallelo. ● **to b. a gap**, colmare una lacuna; (*econ.*) superare uno squilibrio □ **to b. over**, superare (*difficoltà, ecc.*); aiutare, dare una mano a (q.) □ **to b. a stream**, fare da ponte su un ruscello.

bridgebuilder /ˈbrɪdʒbɪldə(r)/, *n.* *1* costruttore di ponti *2* (*fig., specialm. polit.*) intermediario; mediatore.

bridgehead /ˈbrɪdʒhɛd/, *n.* (*mil.*) testa di ponte (*anche fig.*).

bridgeless /ˈbrɪdʒləs/, *a.* *1* senza ponti *2* (*fig.*) insuperabile; insormontabile. ● **a b. nose**, un naso schiacciato.

Bridget /ˈbrɪdʒɪt/, *n.* Brigida.

bridgework /ˈbrɪdʒwɜːk/, *n.* *1* costruzione di ponti *2* (*med.*) ponte (*protesi dentaria*).

bridging /ˈbrɪdʒɪŋ/, **A** *n.* *1* (*elettr.*) collegamento (*o* derivazione) in parallelo *2* (*alpinismo*) arrampicata in camino. **B** *a.* *1* che fa da ponte; che collega *2* (*fig.*) provvisorio. ● (*fin.*) **b. loan**, prestito compensativo.

bridle /ˈbraɪdl/, *n.* *1* (*anche fig.*) briglia; (*fig.*) freno *2* (*naut.*) patta d'oca; cima d'ormeggio *3* (*anat.*) frenulo; legamento *4* (*mecc.*) briglia; cravatta. ● **b. hand**, mano sinistra □ **b. path** (*o* **b. road, b.-way**), sentiero per gite a cavallo □ **b. reins**, redini □ **to give a horse the b.**, dare (*o* allentare) la briglia a una cavallo □ **to lay the b. on a horse's neck**, lasciare (*o* abbandonare) la briglia sul collo d'un cavallo.

to **bridle** /ˈbraɪdl/, **A** *v. t.* *1* mettere la briglia a, imbrigliare (*un cavallo, ecc.*) *2* (*fig.*) imbrigliare; tenere a freno: **You must b. your ambition**, devi tenere a freno l'ambizione. **B** *v. i.* (*spesso* **to b. up**) alzare il capo per ira (*o* per orgoglio); adombrarsi; adirarsi; risentirsi.

bridlewise /ˈbraɪdlwaɪz/, *a.* (*USA*) (*di un cavallo*) obbediente alla briglia.

bridoon /brɪˈduːn/, *n.* redini e morso.

brief (**1**) /briːf/, *n.* *1* breve (*di un papa*) *2* (*leg.*) comparsa; memoria; esposto *3* sommario; riassunto *4* (*aeron.*) piano di volo *5* (*leg., USA*) conclusioni presentate alla Corte; verbale di un processo *6* istruzioni; direttive *7* (*fig.*) incarico; compito *8* (*pl.*) mutande; mutandine; slip (*da uomo*); calzoncini corti (*da donna*) *9* trafiletto (*di giornale*). ● **b. bag**, borsa (*da legale*); cartella □ (*leg.*) **to hold a b. for sb.**, patrocinare (*o* perorare) la causa di q. □ (*fig.*) **to hold no b. for**, essere contrario (*o* avverso, sfavorevole) a (q. o q.c.).

brief (**2**) /briːf/, *a.* *1* breve; corto; conciso *2* brusco; reciso; secco. ● **in b.**, in breve; in poche parole.

to **brief** /briːf/, *v. t.* *1* riassumere *2* (*leg.*) dare istruzioni a (*un «barrister»*) *3* dare istruzioni a; ragguagliare; informare (q. su q.c.): **The pilots were briefed before each flight**, i piloti ricevevano istruzioni prima d'ogni volo.

briefcase /ˈbriːfkeɪs/, *n.* borsa (*da legale*); cartella (*per documenti*); (una) ventiquattrore.

briefing /ˈbriːfɪŋ/, *n.* *1* (*anche leg.*) istruzioni; ragguagli *2* (*mil.*) briefing; istruzioni; foglio d'istruzioni (*prima di una missione*) *3* (*org. az.*) briefing; conferenza informativa. ● (*aeron.*) **b. room**, sala delle istruzioni □ **b. session**, conferenza informativa (*in un'azienda, ecc.*).

briefless /ˈbriːfləs/, *a.* *1* senza istruzioni *2* (*leg., fam.*) senza cause; senza clienti.

briefly /ˈbriːflɪ/, *avv.* brevemente; concisamente.

briefness /ˈbriːfnəs/, *n.* brevità; concisione.

brier /ˈbraɪə(r)/, *V.* **briar**.

brig (**1**) /brɪg/, *n.* (*naut.*) brigantino.

brig (**2**) /brɪg/, *n.* (*scozz.*) ponte.

brigade /brɪˈgeɪd/, *n.* *1* (*mil.*) brigata *2* associazione; corpo organizzato: **the fire b.**, il corpo dei vigili del fuoco *3* (*fam.*) gruppo; congrega. ● **a rescue b.**, un reparto di salvataggio □ **one of the old b.**, un vecchio compagno.

to **brigade** /brɪˈgeɪd/, *v. t.* (*mil.*) costituire in brigata; unire (*un reggimento*) con altri, per formare una brigata.

brigadier /brɪgəˈdɪə(r)/, *n.* *1* (*mil., in G.B.*) generale di brigata *2* (*mil., in U.S.A.*, = **b. general**) generale di brigata (*anche aerea*) *3* (*stor., in Europa*) brigadiere (*sottufficiale*).

brigand /ˈbrɪgənd/, *n.* brigante; bandito.

brigandage /ˈbrɪgəndɪdʒ/, *n.* brigantaggio; banditismo.

brigandish /ˈbrɪgəndɪʃ/, *a.* brigantesco; banditesco.

brigandism /ˈbrɪgəndɪzəm/, *V.* **brigandage**.

brigantine /ˈbrɪgəntaɪn/, *n.* (*naut.*) brigantino.

bright /braɪt/, **A** *a.* *1* luminoso; brillante; lucente; splendente *2* (*di colore*) vivace; vivo; (*di carnagione*) chiaro: **These colours are not b. enough**, questi colori non sono abbastanza vivaci; **a b. red dress**, un abito color rosso vivo *3* allegro; vivace; (*fig.*) splendente; raggiante: **a b. face**, un viso raggiante *4* felice; prospero; lieto; brillante: **That boy will have a b. future**, quel ragazzo avrà un brillante avvenire *5* intelligente; acuto; sveglio (*fig.*): **a b. pupil**, uno scolaro intelligente *6* (*comm.: dell'attività*) vivace; animato. **B** *n. pl.* *1* (*USA*) (fari) abbaglianti *2* (*fam. USA*) occhiali da sole. **C** *avv.* (*lett.*) in modo luminoso, brillante, ecc. (*V. sopra*). ● (*fam. USA*) **b. collar**, brillante giovane professionista (*specialm. nel campo dell'informatica*) □ **b. light**, luce intensa □ (*fam. o iron.*) **b. spark**, tipo brillante □ **b. weather**, tempo soleggiato; soleggiamento □ **to look on the b. side of things**, vedere il bello della vita (*o* tutto rosa) □ (*del mercato, ecc.*) **to show a b. trend**, essere euforico.

to **brighten** /ˈbraɪtn/, *v. t. e i.* *1* rendere, diventare (più) luminoso; far brillare *2* allietare; rallegrare, rallegrarsi; illuminarsi; ravvivare, ravvivarsi: **things that b. our lives**, cose che allietano la vita *3* (*tecn.*) brillantare. ● **to b. a party**, animare una festa, esserne l'animatore □ (*del tempo*) **to b. up**, schiarirsi; rasserenarsi □ **Business prospects are brightening**, l'orizzonte economico si schiarisce.

brightening /ˈbraɪtənɪŋ/, *n.* (*tecn.*) brillantaggio. ● **b. agent**, sostanza per brillantaggio.

brightly /ˈbraɪtlɪ/, *avv.* *1* luminosamente *2* allegramente; vivacemente *3* felicemente.

brightness /ˈbraɪtnəs/, *n.* *1* luminosità; lucentezza; splendore *2* (*di colore*) vivacità *3* allegrezza; vivacità *4* intelligenza; acume *5* (*comm., Borsa*) vivacità; buon andamento (*del mercato, di un titolo*). ● (*TV*) **b. control**, comando della luminosità.

Brigid /ˈbrɪdʒɪd/, *n.* Brigida.

brill (**1**) /brɪl/, *n.* (*pl.* **brill, brills**) (*zool., Rhombus laevis*) rombo liscio.

brill (**2**) /brɪl/, *a.* (*fam. ingl.*) splendido; favoloso; eccellente.

brilliance /ˈbrɪlɪəns/, **brilliancy** /ˈbrɪlɪənsɪ/, *n.* *1* splendore; magnificenza *2* intensità (*di un tono musicale*); vivacità (*di un colore*) *3* intelligenza vivace e pronta *4* (*TV*) luminosità *5* (*fis.*) brillanza.

brilliant (**1**) /ˈbrɪlɪənt/, *a.* *1* brillante; lucente; splendente *2* splendido; magnifico *3* (*di colore, di mente*) vivace *4* d'intelligenza vivace; di talento; illustre: **a b. scholar**, un illustre erudito *5* (*fam.*) splendido; favoloso; eccellente. ● (*autom.*) **b. performance**, brillantezza (*di un motore*).

brilliant (**2**) /ˈbrɪlɪənt/, *n.* *1* brillante *2* (*tipogr.*) corpo 3 e mezzo.

brilliantine /ˈbrɪlɪəntiːn/, *n.* brillantina.

brim /brɪm/, *n.* *1* orlo, bordo (*di tazza, bicchiere, ecc.*); margine, sponda (*di fiume, ecc.*) *2* falda, tesa (*del cappello*) *3* margine sporgente. ● **full to the b.**, pieno fino all'orlo; colmo.

to **brim** /brɪm/, **A** *v. t.* riempire fino all'orlo; colmare. **B** *v. i.* essere pieno fino all'orlo; essere colmo. ● **to b. over**, traboccare: **The basin is brimming over**, il lavandino trabocca. ● **He brims over with happiness**, l'animo gli trabocca di felicità.

brimful(l) /ˈbrɪmfʊl/, *a.* pieno fino all'orlo; colmo: **He has a mind b. of information**, ha una mente piena di cognizioni.

brimless /ˈbrɪmləs/, *a.* *1* senza orlo *2* (*di cappello*) senza tesa.

brimmed /brɪmd/, *a.* (*nei composti*) orlato; con tesa: **a broad-b. hat**, un cappello a larga tesa.

brimmer /ˈbrɪmə(r)/, *n.* recipiente colmo fino all'orlo.

brimstone /ˈbrɪmstəʊn/, *n.* *1* (*chim., arc.*) zolfo *2* (*fig.*) odore di zolfo; qualcosa di diabolico: **There's an air of b. about that man**, c'è un che di diabolico in quell'uomo. ● **a b. sermon**, un sermone sulle pene dell'inferno.

brindle /ˈbrɪndl/, **brindled** /ˈbrɪndld/, *a.* (*del mantello di animali*) pezzato; chiazzato; striato.

brine /braɪn/, *n.* *1* acqua salsa (*o* salmastra) *2* salamoia *3* (*poet.*) mare *4* (*poet.*) lacrime *5* (*chim.*) soluzione salina. ● **b.-pan**, recipiente di ferro per ricavare sale dall'acqua; (*anche* **b.-pit**) salina □ **b. spring**, sorgente d'acqua salata.

to **brine** /braɪn/, *v. t.* *1* mettere in salamoia *2* bagnare con acqua salmastra.

to **bring** /brɪŋ/ (*pass.* e *p. p.* **brought**), *v. t. e i.* *1* portare; prendere con sé: **B. the book here, please**, per favore, porta qui il libro; **B. your friends to the party**, porta i tuoi amici alla festa *2* cagionare; causare; determinare; procurare; produrre; dare; rendere: **He brought**

trouble wherever he went, portava guai dovunque andasse; **Rest brings us health**, il riposo ci procura (*o* ci dà) la salute; **His novels b. him eighty thousand pounds a year**, i suoi romanzi gli rendono ottantamila sterline all'anno **3** indurre; persuadere; fare (*seguito da un inf.*): **You should b. him to see the wisdom of your plan**, dovresti fargli capire la saggezza del tuo progetto **4** (*leg.*) portare, addurre, produrre (*argomenti, prove*); formulare, muovere (*accuse*) **5** far venire; far accorrere: **Her cries brought her neighbours running**, le sue grida fecero accorrere i vicini di casa. ● (*leg.*) **to b. an action against sb.**, far causa a q.; intentare causa (*o* lite) contro q. □ (*leg.*) **to b. a charge against sb.**, muovere un'accusa a q. □ **to b. oneself to**, rassegnarsi a; riuscire a: **I cannot b. myself to believe it**, non riesco (*o* non mi rassegno) a crederci □ **to b. a (good, low, etc.) price**, vendersi a: **Second-hand cars b. a good price now**, le automobili di seconda mano si vendono a un prezzo alto ora □ (*fam. USA*) **to b. home the bacon**, guadagnarsi da vivere; (*anche*) portare a termine un compito (*o* un lavoro) □ **to b. st. home to sb.**, far comprendere (*o* sentire) q.c. a q.; aprire gli occhi a q. su q.c. □ **to b. tears to sb.'s eyes**, far venire le lacrime agli occhi di q. □ **to b. to bear**, esercitare; mettere in azione (*o* in opera); fare uso di, far valere: **He brought his experience to bear on the situation**, fece valere la sua esperienza in quella situazione □ (*arc.*) **to b. to pass**, far accadere; causare □ **to be brought into being**, avere inizio; (*di una società, un ente, ecc.*) essere fondato.

♦**bring about**, *v. t.* + *avv.* **1** causare; determinare; provocare; essere la causa di: **Gambling brought about his ruin**, il gioco d'azzardo fu la causa della sua rovina; **The devaluation of the lira was brought about by the German decisions**, la svalutazione della lira fu provocata dalle decisioni dei tedeschi **2** (*naut.*) far virare (*un nave*) □ **to b. about sb.'s failure**, dissestare q.

♦**bring along**, *v. t.* + *avv.* **1** portare con sé; portarsi dietro **2** (*del sole, ecc.*) far crescere (*le messi*) **3** far progredire (*la conoscenza di q.c.*).

♦**bring around**, *v. t.* + *avv.* **1** convincere; persuadere: **I cannot b. around my father (to my point of view)**, non riesco a convincere mio padre **2** (*fam.*) far rinvenire; far tornare in sé.

♦**bring back**, *v. t.* + *avv.* **1** restituire; riportare: **Don't forget to b. back the book to the library**, non dimenticare di restituire il libro alla biblioteca; **Can you b. me back home?**, puoi riportarmi a casa? **2** reintrodurre: **The Democrats have brought back the taxes that were abolished by the Republicans**, i Democratici hanno reintrodotto le imposte che erano state abolite dai Repubblicani **3** riportare (*o* richiamare) alla memoria: **His words brought back happy memories**, le sue parole richiamavano alla mente ricordi felici.

♦**bring down**, *v. t.* + *avv.* **1** portare giù **2** abbattere; far cadere; rovesciare: **The plane was brought down by a missile**, l'aereo fu abbattuto da un missile; **to b. down the government [a tyrant]**, rovesciare il governo [un tiranno] **3** (*comm.*) abbassare; far calare (*o* scendere: *prezzi, ecc.*): **The abolition of customs duties brought down the price of wheat**, l'abolizione dei dazi doganali fece calare il prezzo del grano **4** aggiornare (*un libro, ecc.*) **5** (*rag.*) portare (*una somma, ecc.*) in diminuzione **6** (*USA*) tramandare, trasmettere (*un anello, ecc.*) **7** (*fam. USA*) deprimere, rattristare; (*anche*) sgonfiare (*fig.*) □ (*teatr., fig.*) **to b. down the house**, far crollare il teatro per gli applausi; avere un successo eccezionale □ **to b. down trouble on sb.**, attirare guai su q.

♦**bring forth**, *v. t.* + *avv.* **1** (*arc.*) generare; mettere al mondo **2** avanzare; proporre; tirar fuori (*fam.*): **We must b. forth a plan to prevent future wars**, dobbiamo proporre un piano per prevenire la guerra in futuro; **to b. forth a bright idea**, tirar fuori un'idea brillante **3** (*leg.*) produrre, presentare, esibire (*prove, testimoni, ecc.*).

♦**bring forward**, *v. t.* + *avv.* **1** anticipare (*una data, ecc.*) **2** mettere avanti (*un orologio, ecc.*) **3** avanzare, proporre (*un piano, un progetto*) **4** avanzare (*una proposta, ecc.*) **5** mettere in discussione (*un argomento, ecc.*) **6** (*leg.*) addurre, produrre (*prove, ecc.*) **7** (*mat., rag.*) riportare (*cifre, saldi, ecc.*).

♦**bring in**, *v. t.* + *avv.* **1** portare dentro (*anche un arrestato, ecc.*) **2** introdurre: **to b. in a new fashion**, introdurre una nuova moda **3** (*polit.*) presentare: **to b. in a bill in Parliament**, presentare un disegno di legge in parlamento **4** far entrare; far partecipare; tirar dentro (*q.*: *in un'impresa, un lavoro, ecc.*) **5** (*fin.*) apportare (*capitali, ecc.*) **6** (*fin.*) fruttare, rendere: **My investments b. in over 20,000 pounds a year**, i miei investimenti rendono più di 20.000 sterline l'anno **7** portare a casa; guadagnare: **He brings in £ 1,000 a month**, porta a casa 1.000 sterline al mese **8** (*leg.*) emettere, pronunciare (*un verdetto*) **9** introdurre (*un argomento, ecc.*); mettere in discussione.

♦**bring into**, *v. t.* + *prep.* **1** portare dentro **2** far entrare, far partecipare; tirar dentro (*q.*: *in un'impresa, un lavoro, ecc.*) **3** introdurre, inserire (*un argomento, ecc.*: *in una trattativa, ecc.*) □ (*rag.*) **to b. into account**, mettere in conto □ (*leg.*) **to b. into force**, far entrare in vigore, applicare (*una legge, ecc.*) □ (*leg.*) **to b. money into court**, depositare denaro in tribunale.

♦**bring off**, *v. t.* + *avv.* **1** portare via **2** portare a termine (*o* a buon fine); riuscire (*a fare q.c. di difficile*): **to b. off a task**, portare a termine un incarico; **Did you b. it off?**, ci sei riuscito? **3** portare in salvo: **They brought off the passengers but not the crew**, portarono in salvo i passeggeri ma non l'equipaggio **4** (*volg.*) far venire (*pop.*): portare (q.) all'orgasmo □ **to b. off a deal**, concludere un affare □ (*sport*: *calcio*) **to b. off a save**, fare una parata (difficile).

♦**bring on**, *v. t.* + *avv.* **1** causare, essere la causa di; procurare, far venire: **My cold was brought on by getting wet to the bone**, mi sono inzuppato fradicio, e così mi è venuto il raffreddore **2** far progredire (*o* sviluppare); far bene a; migliorare: **A little rain would b. on the grapes**, un po' di pioggia farebbe bene all'uva; **A stay in England will b. on your English**, un soggiorno in Inghilterra migliorerà il tuo inglese □ **You've brought the trouble on yourself**, te la sei cercata!

♦**bring out**, *v. t.* + *avv.* **1** portare fuori **2** tirar fuori; mettere in evidenza: **I brought out a few German words**, tirai fuori qualche parola in tedesco; **to b. out the best (the worst) in sb.**, tirar fuori il meglio (il peggio) da q.; **to b. out the meaning of a poem**, mettere in evidenza (*o* chiarire) il significato di una poesia **3** far uscire, dare alle stampe (*un libro, ecc.*); produrre; pubblicare: **to b. out a new dictionary**, produrre (*o* pubblicare) un dizionario nuovo **4** (*fin.*) lanciare (*una nuova società, ecc.*) **5** (*market.*) lanciare, mettere sul mercato (*prodotti, titoli finanziari, ecc.*) **6** far uscire dal guscio (*una persona timida o introversa*); mettere a proprio agio; far aprire: **At last I succeeded in bringing the girl out of herself**, alla fine riuscii a far sì che la ragazza si aprisse (un poco) **7** far aprire, far sbocciare (*piante, ecc.*) **8** far scendere (*operai, lavoratori, ecc.*) in sciopero **9** (*di un lavoratore all'estero*) chiamare, far venire (*la famiglia*) **10** (*form.*) presentare (*una fanciulla*) in società (*in modo ufficiale*) □ **Water melons b. me out in a rash (*o* in spots)**, il cocomero mi fa venire eruzioni cutanee.

♦**bring over**, *v. t.* + *avv.* **1** far venire; portare (con sé): **Next time, b. over your friend**, la prossima volta, porta anche il tuo amico! **2** tirare (q.) dalla propria parte (*fig.*); far mutare parere a (q.); convincere; persuadere: **I'll try to b. him over to our side**, cercherò di convincerlo a passare dalla nostra parte.

♦**bring round**, *v. t.* + *avv.* **1** *V.* **bring around**, *def.* *1* e *2* **2** sviare (*il discorso e sim.*) **3** (*naut.*) far virare di bordo (*una nave*).

♦**bring through**, *v. t.* + *avv.* (*o prep.*) far superare (*una difficoltà, un pericolo, una malattia*) a (q.): **The new treatment brought him through (his illness)**, la nuova cura gli fece superare la malattia.

♦**bring to**, *v. t.* + *avv.* (*o prep.*) **1** far rinvenire; far tornare in sé **2** (*naut.*) mettere in panna, far fermare (*una nave*) **3** far fermare, fare arrestare (*un veicolo, un aereo, ecc.*) □ **to b. sb. to book**, costringere q. a giustificarsi (*o* a render conto) □ **to b. st. to an end**, portare a termine q.c. □ **to b. sb. to a pretty pass**, conciare q. per le feste; ridurre q. a malpartito □ **to b. to rest**, fermare, arrestare (*una macchina, ecc.*) □ **to b. sb. to his (*o* her) senses**, richiamare q. alla ragione.

♦**bring up**, **A** *v. t.* + *avv.* **1** portare su; far salire; far crescere (*prezzi, ecc.*): **to b. up the breakfast**, portare su la colazione (*in camera*) **2** allevare, crescere, educare; tirar su (*fam.*): **My grandmother brought up eight children**, mia nonna allevò otto figli; **He's been brought up well**, è stato educato bene **3** mettere in discussione, proporre, sollevare (*un argomento, ecc.*): **Please b. up the matter at the next meeting**, sei pregato di sollevare la questione alla prossima riunione **4** mettere in campo, far arrivare (*truppe, poliziotti, ecc.*) **5** (*fam.*) vomitare **6** (*naut.*) far fermare, arrestare (*una nave*). **B** *v. i.* (*naut.*: *di una nave*) fermarsi (*all'ancora o dando in secco*) □ **to b. sb. up against st.**, costringere q. ad affrontare q.c. □ **to b. up st. against sb.**, portare, produrre q.c. (*prove e sim.*) contro q. □ (*leg.*) **to b. sb. up before the court**, portare q. in tribunale; citare q. □ (*mil.*) **to b. up the rear**, essere (*o* stare) alla retroguardia (*anche fig.*) □ **to b. up short**, fermare, arrestare: **I was brought up short by a sudden cry**, fui arrestato da un grido improvviso □ **to b. st. up to the required standards [to customers' wishes]**, portare q.c. all'altezza dei livelli richiesti [dei requisiti voluti dai clienti] □ **to b. st. up to date**, aggiornare q.c.

bring-and-buy (sale) /ˈbrɪŋənˈbaɪ(seɪl)/, *locuz. n.* vendita di beneficenza.

bringing forward /ˈbrɪŋɪŋˈfɔːwəd/, *n.* (*rag.*) riporto.

bringing-in /ˈbrɪŋɪŋɪn/, *n.* (*fin.*) apporto (*di capitali*).

bringing-out /ˈbrɪŋɪŋaʊt/, *n.* (*fin.*) lancio (*d'una società, di titoli, ecc.*).

bringing-up /ˈbrɪŋɪŋʌp/, *n.* **1** allevamento (*dei figli*) **2** educazione.

bringing up to date /ˈbrɪŋɪŋʌptəˈdeɪt/, *n.* aggiornamento.

brininess /ˈbraɪnɪnəs/, *n.* l'essere salato (*V.* **briny**).

brinjal /ˈbrɪndʒəl/, *n.* (*dial.*) melanzana.

brink /brɪŋk/, *n.* orlo, bordo, margine (*specialm. se alti*). ● **to be on the b. of doing st.**, essere sul punto di fare q.c. □ (*fig.*) **to be on the b. of the grave**, avere un piede nella fossa □ **on the b. of ruin**, sull'orlo della rovina □ **to shiver on the b.**, esitare a tuffarsi.

brinkmanship /ˈbrɪŋkmənʃɪp/, *n.* politica del «rischio calcolato».

briny /ˈbraɪnɪ/, **A** *a.* (molto) salato. **B** *n.* (*fam.*) mare. ● (*poet.*) **the b. deep**, il mare.

brioche /briːˈɒʃ, -ˈəʊʃ, ˈbriː-, *USA* briːˈəʊʃ, -ˈɔːʃ/ (*franc.*), *n.* brioche; brioscia.

briquet /brɪˈkɛt/, **briquette** /brɪˈkɛt/, *n.* bricchetta; mattonella.

brisk /brɪsk/, *a.* **1** attivo; vivace, vispo; svelto **2** (*Borsa, econ., fin.*) animato; attivo, intenso;

vivace; forte: **b. market**, mercato attivo; **There is b. trading on the stock exchange**, le contrattazioni in borsa sono vivaci; **There is a b. demand for consumer goods**, c'è una forte domanda di beni di consumo ***3*** corroborante; (*di aria, ecc.*) frizzante: **a b. liquor**, un liquore corroborante. ● **b. manners**, modi spicci □ **a b. walker**, un buon camminatore □ **at a b. pace**, di buon passo.

to **brisk** /brɪsk/, *v. t.* e *i.* (*di solito* **to b. up**) rendere (*o* farsi) attivo, vivace, ecc.: **He brisked up**, si ravvivò; si rianimò.

brisket /ˈbrɪskɪt/, *n.* punta di petto (*di bestia macellata*).

briskness /ˈbrɪsknəs/, *n.* ***1*** attività; vivacità; sveltezza ***2*** (*Borsa, econ., fin.*) animazione; vivacità; intensità.

bristle /ˈbrɪsl/, *n.* ***1*** setola ***2*** barba corta. ● **to set up one's bristles**, arruffare, rizzare il pelo; adirarsi; arrabbiarsi.

to **bristle** /ˈbrɪsl/, **A** *v. i.* ***1*** rizzarsi (*dei capelli*); arruffarsi (*del pelo*) ***2*** rizzare il pelo ***3*** (*fig.*) mostrare i denti; essere adirato ***4*** essere pieno (*o* irto): **This speech bristles with quotations**, questo discorso è pieno di citazioni. **B** *v. t.* ***1*** far rizzare (*i capelli*); fare arruffare (*il pelo*) ***2*** rendere irto (*o* ispido).

bristled /ˈbrɪsld/, *a.* ***1*** setoloso ***2*** ispido; irsuto.

bristly /ˈbrɪslɪ/, *a.* ***1*** setoloso ***2*** ispido, irsuto ***3*** (*fig.*) intrattabile.

Bristol /ˈbrɪstl/, *n.* (*geogr.*) Bristol. ● **B. board**, cartoncino semilucido; bristol.

bristols /ˈbrɪstlz/, *n. pl.* (*pop. ingl.*) tette (*pop.*); mammelle.

Brit /brɪt/, *n.* (*abbr. fam.* di **Briton**) inglese.

Britain /ˈbrɪtn/, *n.* ***1*** (*fam.*, = **Great B.**) Gran Bretagna ***2*** (*stor.*) Britannia. ● **North B.**, la Scozia.

Britannic /brɪˈtænɪk/, *a.* britannico. ● **Her** (*o* **His**) **B. Majesty**, Sua Maestà Britannica.

britches /ˈbrɪtʃɪz/, (*USA*) *V.* **breeches**.

Briticism /ˈbrɪtɪsɪzəm/, *n.* anglicismo; anglismo.

British /ˈbrɪtɪʃ/, **A** *a.* britannico. **B** *n.* ***1*** (= **B. English**) l'inglese parlato in Gran Bretagna (*distinto dall'***American English**) ***2*** (*stor.*) bretone; lingua dei Britanni ***3*** – (*collett.*) **the B.**, il popolo britannico; (*pop.*) gli inglesi. ● (*trasp.*) **B. Airways**, Linee aeree Britanniche (*la compagnia di bandiera*) □ (*geogr.*) **the B. Channel**, la Manica □ (*in G.B.*) **B. Summer Time**, Ora Estiva □ (*in G.B.*) **the B. Tourist Authority**, l'Ente Nazionale del Turismo.

Britisher /ˈbrɪtɪʃə(r)/, *n.* (*USA*) suddito britannico; (*pop.*) inglese.

Britishism /ˈbrɪtɪʃɪzəm/, *n.* anglicismo; anglismo.

Briton /ˈbrɪtn/, *n.* ***1*** (*stor.*) britanno ***2*** suddito britannico; (*pop.*) inglese. ● **a North B.**, uno scozzese.

Brittany /ˈbrɪtənɪ/, *n.* (*geogr.*) Bretagna.

brittle /ˈbrɪtl/, *a.* ***1*** fragile; friabile ***2*** (*fig.*) incostante; instabile: **a b. temper**, un temperamento instabile ***3*** (*fig.*) freddo. ● **a b. marriage**, un matrimonio che sta in piedi a stento.

brittleness /ˈbrɪtlnəs/, *n.* ***1*** fragilità; friabilità ***2*** (*fig.*) incostanza; instabilità ***3*** (*fig.*) freddezza.

broach /brəʊtʃ/, *n.* ***1*** (*raro*) spiedo ***2*** (*archit.*) guglia ***3*** (*mecc.*) broccia; spina ***4*** scalpello (*da muratore*) ***5*** spina (*per botti*) ***6*** spilla; spillone.

to **broach** /brəʊtʃ/, **A** *v. t.* ***1*** provvedere (*una botte*) di spina ***2*** spillare (*una botte, o vino, ecc. da una botte*) ***3*** affrontare, toccare (*un argomento*) ***4*** (*mecc.*) brocciare. **B** *v. t.* e *i.* (*naut.*: *di solito* **to b. to**) straorzare (*una nave*).

broad /brɔːd/, **A** *a.* ***1*** largo: **b. hips**, fianchi larghi; **The river is 500 feet b. at this point**, in questo punto, il fiume è largo 500 piedi ***2*** ampio; aperto; spazioso: **b. plains**, ampie pianure; **a b. mind**, una mente aperta ***3*** completo; pieno: **in b. daylight**, in pieno giorno ***4*** chiaro; evidente; ovvio: **a b. purpose**, uno scopo evidente ***5*** esplicito; senza riserve: **a b. hint**, un'allusione esplicita; **a b. statement**, un'affermazione senza riserve ***6*** distinto; spiccato: **a b. American accent**, uno spiccato accento americano ***7*** volgare; triviale; sguaiato; scollacciato (*fig.*): **a b. story**, una storiella scollacciata; **a b. joke**, uno scherzo volgare ***8*** liberale; tollerante: **a b. view**, un punto di vista tollerante ***9*** generale; generico: **a b. rule**, una regola generale ***10*** essenziale; schematico: **a b. outline**, un prospetto schematico; **He only gave his opinion in b. outline**, si limitò a dire la sua opinione tenendosi all'essenziale ***11*** (*fon.*) aperto. **B** *n.* ***1*** (il) largo; parte larga (di q.c.) ***2*** (*pop. USA*) donna; ragazza ***3*** (*pop. USA*) donnaccia, prostituta. **C** *avv.* (*raro*) completamente; del tutto. ● **b. arrow**, freccia dalla punta larga (*marchio sui beni di proprietà dello stato britannico*) □ **b. awake**, ben sveglio □ **b.-backed**, dall'ampia schiena □ (*elab.*) **b.-band channel**, canale a banda larga □ (*bot.*) **b. bean** (*Vicia faba*), fava □ **b. brim**, cappello a larga tesa □ **b.-brush**, a grandi pennellate; (*fig.*) a grandi linee, approssimativo □ **B. Church**, Chiesa latitudinaria (*in G.B.*) □ **b.-faced**, dalla faccia larga □ **b.-glass**, vetro da finestre □ (*sport USA*) **b. jump**, salto in lungo □ (*bot.*) **b.-leaf**, latifoglia (*agg.* e *sost.*) □ (*bot.*) **b.-leaved**, latifoglia (*agg.*) □ (*Borsa*) **b. market**, periodo di vivaci contrattazioni e scambi □ **in a b. sense**, in senso lato □ **b.--shouldered**, dalle spalle larghe □ (*fig.*) **to have b. shoulders**, avere buone spalle □ **to speak b.**, parlare grasso □ (*fig.*) **It is as b. as it is long**, fa lo stesso; è la stessa cosa; non c'è differenza.

broadcast (1) /ˈbrɔːdkɑːst, *USA* -kæst/, *n.* ***1*** (*agric.*) semina a spaglio ***2*** radiodiffusione; teletrasmissione; programma radiofonico; programma televisivo.

broadcast (2) /ˈbrɔːdkɑːst, *USA* -kæst/, *a.* ***1*** sparso; disseminato ***2*** radiodiffuso; teletrasmesso ***3*** radiofonico; televisivo. ● **b. account**, radiocronaca; telecronaca □ **b. listener**, radioascoltatore; telespettatore □ **b. programme**, programma radiofonico (*o* televisivo) □ **b. satellite**, satellite per telecomunicazioni.

to **broadcast** /ˈbrɔːdkɑːst, *USA* -kæst/ (*pass. e p. p.* **broadcast, broadcasted**) *v. t.* ***1*** (*agric.*) seminare a spaglio; spargere (*seme, ecc.*) con la mano ***2*** diffondere (*una notizia*) ***3*** trasmettere per radio (*o* per televisione); radiodiffondere; teletrasmettere; (*in genere*) trasmettere: **The speech was broadcast**, il discorso fu trasmesso per radio (*o* per televisione).

broadcaster /ˈbrɔːdkɑːstə(r), *USA* -kæst-/, *n.* ***1*** ente radiofonico (*o* televisivo) ***2*** annunciatore (*o* giornalista) radiofonico (*o* televisivo) ***3*** (*agric.*) distributore a spaglio.

broadcasting /brɔːdkɑːstɪŋ, *USA* -kæst-/, *n.* ***1*** (*agric.*) semina a spaglio ***2*** radiodiffusione; teletrasmissione. ● **b. station**, stazione radiotrasmittente (*o* teletrasmittente); emittente □ **b. studio**, auditorio radiofonico (*o* televisivo); sala di trasmissione.

broadcloth /ˈbrɔːdklɒθ, *USA* -ɔːθ/, *n.* (tessuto) pettinato a doppia altezza.

to **broaden** /ˈbrɔːdn/, *v. t.* e *i.* (*spesso* **to b. out**) ampliare, ampliarsi; allargare, allargarsi.

broadly /ˈbrɔːdlɪ/, *avv.* ***1*** ampiamente; largamente ***2*** in generale; in linea di massima: **b. speaking**, parlando in generale. ● **b. similar**, più o meno simile.

broadminded /brɔːdˈmaɪndɪd/, *a.* di mente aperta; di larghe vedute; liberale; tollerante.

broadmindedness /brɔːdˈmaɪndɪdnəs/, *n.* larghezza di vedute; liberalità; tolleranza.

broadness /ˈbrɔːdnəs/, *n.* ***1*** larghezza ***2*** grossolanità; volgarità.

broadsheet /ˈbrɔːdʃiːt/, *n.* ***1*** pieghevole; opuscolo; volantino ***2*** (*di giornale*) formato normale ***3*** (*fam. USA*) giornale autorevole e assai diffuso.

broadside /ˈbrɔːdsaɪd/, *n.* ***1*** (*naut.*) fiancata; murata ***2*** (*naut.*) cannoni d'una fiancata; (*anche fig.*) bordata; attacco violento ***3*** (*pubbl.*) pieghevole; dépliant; volantino. ● (*di nave*) **b. on to**, con la fiancata rivolta verso □ **to fire a b.**, sparare una bordata.

broadsiding /ˈbrɔːdsaɪdɪŋ/, *n.* sbandata controllata (*di motocicletta*).

broadsword /ˈbrɔːdsɔːd/, *n.* spadone.

broadtail /ˈbrɔːdteɪl/, *n.* (*zool.*) breitschwanz.

broadways /ˈbrɔːdweɪz/, **broadwise** /ˈbrɔːdwaɪz/, *avv.* per il largo; in largo; nel senso della larghezza.

brocade /brəˈkeɪd/, *n.* (*ind. tess.*) broccato.

to **brocade** /brəˈkeɪd/, *v. t.* ornare (*una stoffa*) con disegni in rilievo; broccare.

brocatelle /brɒkəˈtɛl/, *n.* (*ind. tess.*) broccatello.

broccoli /ˈbrɒkəlɪ/, *n.* (*bot., cucina*) broccolo.

brochure /ˈbrəʊʃə(r), *USA* brəʊˈʃʊə(r)/, *n.* ***1*** fascicolo; opuscolo; pieghevole ***2*** (*tipogr.*) brossura.

brock /brɒk/, *n.* ***1*** (*zool., Meles*) tasso ***2*** (*fig., pop.*) individuo maleodorante, puzzolente; puzzone (*pop.*).

brocket /ˈbrɒkɪt/, *n.* (*zool.*) cervo di due anni.

brogue (1) /brəʊg/, *n.* ***1*** scarpone di cuoio non conciato ***2*** scarpa robusta (*da camminatore*). ● **fishing brogues**, stivaloni da pesca.

brogue (2) /brəʊg/, *n.* accento dialettale (*specialm. irlandese*).

to **broider** /ˈbrɔɪdə(r)/, *v. t.* (*arc. o poet.*) ricamare.

broidery /ˈbrɔɪdərɪ/, *n.* (*arc. o poet.*) (arte del) ricamo.

broil (1) /brɔɪl/, *n.* vivanda cotta a fuoco vivo (*alla griglia, alla piastra, ecc.*).

broil (2) /brɔɪl/, *n.* (*lett.*) lite; rissa; tumulto.

to **broil** /brɔɪl/, *v. t.* e *i.* ***1*** (*USA*) cuocere a fuoco vivo (*sulla graticola o allo spiedo*) ***2*** esporre (*o* esporsi) al caldo intenso (*del sole, ecc.*); arrostire, arrostirsi (*fig.*): **He was broiling in the sun**, si arrostiva al sole ***3*** (*fig.*) fremere d'ira (*o* d'impazienza); arrovellarsi; friggere (*fig.*).

broiler (1) /ˈbrɔɪlə(r)/, *n.* ***1*** graticola; griglia; piastra ***2*** chi cuoce alla graticola ***3*** galletto da fare alla griglia ***4*** (*fam.*) giornata afosa (*o* torrida). ● **b. house**, allevamento di galletti (*da fare alla griglia*).

broiler (2) /ˈbrɔɪlə(r)/, *n.* (*lett.*) attaccabrighe; tipo litigioso.

broke /brəʊk/, **A** *pass.* di **to break**. **B** *a.* (*pop.*) rovinato; fallito; senza un soldo; in bolletta; al verde. ● **to go b.**, andare in rovina; (*fin.*) fallire □ **to go for b.**, rischiare il tutto per tutto □ **stony-b.** (*USA*: **stone-b.**), completamente rovinato.

broken /ˈbrəʊkən/, **A** *p. p.* di **to break**. **B** *a.* ***1*** rotto; (*mecc.*) guasto: **She wept and told her story in b. tones**, narrò la sua storia con voce rotta dal pianto ***2*** (*di regolamento, ecc.*) infranto; violato ***3*** (*di cavallo*) domato ***4*** (*di un viaggio, ecc.*) interrotto ***5*** (*del terreno*) accidentato ***6*** avvilito; scoraggiato; a pezzi (*fig.*). ● **b.-backed**, con la schiena rotta; con la spina dorsale fuori posto □ **b.-down**, (*d'uomo*) gravemente malato; avvilito; finito; (*di macchina, ecc.*) guasto; inservibile; (*di cavallo*) inabile al lavoro □ **b. English**, inglese scorretto (*o* sgrammaticato) □ **b. ground**, terreno accidentato □ **b. health**, salute malferma □ **b.--hearted**, dal cuore spezzato (*o* infranto) □ (*autom.*) **b. line**, riga discontinua □ (*comm.*) **a b. line of goods**, un assortimento incompleto (di merci) □ **a b. man**, un uomo rovinato, finito □ (*raro*) **b. meats**, avanzi, resti □ **b. money**, (denari) spiccioli □ **b. numbers**, numeri fratti; frazioni □ **a b. promise**, una promessa mancata □ **b. sleep**, sonno agitato □ **b. tea**, polvere (*o* scarto) di tè □ (*nel lavoro*) **b. time**, riduzione dell'orario (*dovuta a interruzioni*) □ (*tipogr.*: *di composizione*) **b. up**, in piedi □ **b. water**, mare mosso □ **b. weather**, tempo variabile □ **b. week**, settimana interrotta da una festa □ (*di cavallo*) **b. wind**, bolsaggine □ (*di cavallo*) **b.-winded**, bolso.

brokenly /'brəʊkənlɪ/, avv. ***1*** a scatti; in modo irregolare; spasmodicamente; con interruzioni ***2*** con voce rotta.

broker /'brəʊkə(r)/, n. ***1*** intermediario; mediatore; sensale ***2*** (*ass.*) broker ***3*** (*Borsa, in U.S.A.*) commissionario di borsa; operatore in titoli ***4*** (*Borsa, stor. in G.B.*; = **stockbroker**) mediatore di borsa; agente di cambio (*dal 1986, non esistono più i brokers e i jobbers; c'è la figura unica del broker-dealer*) ***5*** (*trasp., naut.*) broker marittimo. ● (*Borsa*) **b.'s contract**, contratto di borsa (*o* di commissione) □ (*Borsa*) **b.'s contract note**, fissato bollato; fissatino (*fam.*) □ (*Borsa, in G.B.*) **b.-dealer**, operatore (*o* mediatore) di borsa; commissionario; agente di cambio □ (*fin.*) **b.'s loan**, prestito (*concesso da una banca*) a un operatore di borsa □ (*trasp., naut.*) **b.'s order**, permesso di caricazione di merci □ (*trasp., naut.*) **b.'s return**, distinta del broker □ (*fin.*) **(foreign) exchange b.**, cambista.

brokerage /'brəʊkərɪdʒ/, n. ***1*** mediazione; senseria (*il compenso*) ***2*** intermediazione ***3*** (*Borsa, fin.*) brokerage; brokeraggio. ● **b. commission** (*o* **fee**), mediazione; senseria; commissione □ (*fin.*) **b. house**, casa di brokeraggio; società d'intermediazione mobiliare.

broking /'brəʊkɪŋ/, n. attività di sensale; lavoro di mediatore (*o* di broker). ● **b. house**, V. **brokerage house** □ (*fin.*) **b. operations**, operazioni di brokeraggio.

brolly /'brɒlɪ/, n. (*fam., da* **umbrella**) ombrello.

bromal /'brəʊml/, n. (*farm.*) bromalio.

bromate /'brəʊmeɪt/, n. (*chim.*) bromato.

to **bromate** /'brəʊmeɪt/, v. t. (*chim.*) combinare (*una sostanza*) con un bromato.

bromic /'brəʊmɪk/, a. (*chim.*) bromico: **b. acid**, acido bromico.

bromide /'brəʊmaɪd/, n. ***1*** (*chim., med.*) bromuro ***2*** (*fam. USA*) luogo comune; osservazione trita ***3*** (*fam.*) persona banale, noiosa. ● (*fotogr.*) **b. paper**, carta al bromuro.

to **brominate** /'brəʊmɪneɪt/, v. t. (*chim.*) bromurare.

bromination /brəʊmɪ'neɪʃn/, n. (*chim.*) bromurazione.

bromine /'brəʊmiːn/, n. (*chim.*) bromo.

bromism /'brəʊmɪzəm/, n. (*med.*) bromismo.

to **bromize** /'brəʊmaɪz/, v. t. (*chim.*) trattare con bromo.

bronchi /'brɒnkaɪ/, n. pl. (*anat.*) bronchi (*specialm. i principali*).

bronchia /'brɒŋkɪə/, n. pl. (*anat.*) bronchi (*specialm. i secondari*).

bronchial /'brɒŋkɪəl/, a. (*anat.*) bronchiale. ● (*med.*) **b. asthma**, asma bronchiale □ **a b. cold**, un raffreddore di petto.

bronchiole /'brɒŋkɪəʊl/, n. (*anat.*) bronchiolo.

bronchitic /brɒŋ'kɪtɪk/, a. e n. (*med.*) che ha (*o* che riguarda) la bronchite; bronchitico.

bronchitis /brɒŋ'kaɪtɪs/, n. (*pl.* **bronchitides**) (*med.*) bronchite.

bronchium /'brɒŋkɪəm/, n. (*pl.* **bronchia**) (*anat.*) bronco di secondo ordine; bronco di terzo ordine.

bronchography /brɒŋ'kɒgrəfɪ/, n. (*med.*) broncografia.

bronchopneumonia /brɒŋkəʊnjuː'məʊnɪə, *USA* -nuː-/, n. (*med.*) broncopolmonite.

bronchoscope /'brɒŋkəskəʊp/, n. (*med.*) broncoscopio.

bronchoscopy /brɒŋ'kɒskəpɪ/, n. (*med.*) broncoscopia.

bronchotomy /brɒŋ'kɒtəmɪ/, n. (*med.*) broncotomia.

bronchus /'brɒŋkəs/, n. (*pl.* **bronchi**) (*anat.*) bronco; bronco principale (*o* di primo ordine): **primary b.**, bronco principale.

bronco /'brɒŋkəʊ/, n. (*pl.* **broncos**) (*USA*) «bronco»; cavallino selvatico o semiselvatico. ● (*pop.*) **b.-buster**, domatore di «broncos».

brontosaur /'brɒntəsɔː(r)/, V. **brontosaurus**.

brontosaurus /brɒntə'sɔːrəs/, n. (*paleont.*) brontosauro.

Bronx cheer /'brɒŋks'tʃɪə(r)/, locuz. n. (*pop. USA*) pernacchia (*cfr. ingl.* **raspberry**).

bronze /brɒnz/, **A** n. ***1*** bronzo (*lega metallica e oggetto d'arte*) ***2*** color bronzo ***3*** (= **b. medal**) medaglia di bronzo. **B** a. ***1*** di bronzo; bronzeo ***2*** color bronzo; bronzeo. ● **the B. Age**, l'età del bronzo □ **b. founder**, fonditore di bronzo; bronzista □ (*ind. metall.*) **leaded b.**, metallo rosa.

to **bronze** /brɒnz/, v. t. e i. ***1*** bronzare (*metalli*) ***2*** abbronzare, abbronzarsi: **We were bronzing on the beach**, ci abbronzavamo sulla spiaggia.

bronzed /brɒnzd/, a. ***1*** (*di metallo*) bronzato ***2*** abbronzato.

bronzesmith /'brɒnzsmɪθ/, n. bronzista.

bronzing /'brɒnzɪŋ/, n. ***1*** bronzatura (*di metalli*) ***2*** abbronzatura (*della pelle*).

bronzy /'brɒnzɪ/, a. bronzeo.

brooch /brəʊtʃ/, n. spilla (*ornamentale o di sicurezza*); broche (*franc.*); spillone.

brood /bruːd/, n. ***1*** covata (*di uccelli, ecc.*): **a b. of chicks**, una covata di pulcini ***2*** (*fam.*) figliolanza; prole ***3*** (*spesso spreg.*) nidiata (*di bimbi*); branco, frotta (*d'uomini o animali*). ● **b. hen**, gallina covaticcia; chioccia □ **b. mare**, cavalla da riproduzione; fattrice.

to **brood** /bruːd/, v. t. ***1*** covare ***2*** (*fig.*) meditare (*tristemente*); rimuginare: **to b. on** (*o* **over**) **st.**, meditare su q.c. ***3*** incombere; sovrastare minaccioso: **Night brooded over** (*o* **on**) **the earth**, la notte incombeva sulla terra.

brooder /'bruːdə(r)/, n. ***1*** animale che cova; chioccia ***2*** persona che medita ***3*** (= **b. house**) incubatrice (*per polli*).

broodiness /'bruːdɪnəs/, n. ***1*** (*di animali*) disposizione alla cova ***2*** (*di persone*) tendenza a meditare tristemente.

brooding /'bruːdɪŋ/, **A** n. covatura; cova. **B** a. attr. ***1*** che cova ***2*** che medita tristemente; meditabondo.

broody /'bruːdɪ/, a. ***1*** (*di un uccello*) che vuole covare ***2*** (*di una persona*) tendente a immergersi in tristi pensieri; meditabondo; che rimugina. ● **b. hen**, gallina covaticcia; chioccia.

brook /brʊk/, n. ***1*** ruscello; torrente ***2*** (*ippica*) fossato.

to **brook** /brʊk/, v. t. (*di solito in frasi neg.*) sopportare; tollerare: **I cannot b. his insolence**, non posso sopportare la sua insolenza.

brooklet /'brʊklət/, n. ruscelletto; torrentello.

broom /bruːm, brʊm/, n. ***1*** (*bot., Genista; Cytisus*) ginestra ***2*** scopa; granata; ramazza. ● (*bot.*) **butcher's b.** (*Ruscus aculeatus*), pungitopo □ (*bot.*) **dyer's b.** (*Genista tinctoria*), ginestrella □ (*bot.*) **prickly b.** (*Ulex europaeus*), ginestrone □ (*prov.*) **A new b. sweeps clean**, scopa nuova scopa bene.

to **broom** /bruːm, brʊm/, v. t. spazzare; scopare.

broomcorn /'bruːmkɔːn, 'brʊm-/, n. (*bot., Sorghum vulgare*) saggina; sorgo.

broomrape /'bruːmreɪp, 'brʊm-/, n. (*bot., Orobanche*) succiamele; lupa.

broomstick /'bruːmstɪk, 'brʊm-/, n. manico di scopa.

brose /brəʊz/, n. (*scozz.*) zuppa di farina d'avena e acqua bollente o latte; passato di piselli con burro.

broth /brɒθ, *USA* brɔːθ/, n. ***1*** brodo (*specialm. di carne*) ***2*** (*biol.*) brodo (*di coltura*). ● (*irl.*) **a b. of a boy**, un ragazzo in gamba.

brothel /'brɒθl, *USA* -ɔːθl, -ðl/, n. bordello; postribolo (*lett.*).

brother /'brʌðə(r)/, n. ***1*** fratello; (*fig.*) amico fraterno; compatriota ***2*** camerata; compagno ***3*** (*relig.*: *pl.* **brethren**) fratello; confratello ***4*** (*Bibbia*) parente (*consanguineo*) ***5*** (*pop. USA*) amico; compagno ***6*** (*pop. USA*) negro ***7*** (*pop. USA*) eroina. ● (*pop. USA*) **b. club**, banda di teppisti alleati □ **b. german**, fratello germano (*o* carnale) □ **b.-in-arms**, compagno d'armi; commilitone □ **b.-in-law**, cognato □ **big b.**, fratello maggiore; protettore □ **foster-b.**, fratello di latte □ **half-b.**, fratellastro □ **lay b.**, frate laico; converso.

brotherhood /'brʌðəhʊd/, n. ***1*** fratellanza; sentimenti fraterni; cameratismo ***2*** (*relig.*) confraternita ***3*** società (*di mutuo soccorso, ecc.*).

brotherless /'brʌðələs/, a. senza fratelli.

brotherliness /'brʌðəlɪnəs/, n. fraternità; fratellanza.

brotherly /'brʌðəlɪ/, **A** a. fraterno. **B** avv. fraternamente.

brougham /'bruːəm/, n. ***1*** brum; carrozza chiusa a quattro ruote, per due passeggeri ***2*** automobile con guida esterna; limousine (*franc.*).

brought /brɔːt/, pass. e p. p. di **to bring**. ● (*rag.*) **«b. forward»**, «riporto» (*scrittura contabile*).

brouhaha /'bruːhɑːhɑː, *USA* bruː'hɑːhɑː/, n. (*fam. arc.*) confusione; trambusto; casino (*pop.*).

brow /braʊ/, n. ***1*** sopracciglio; (*per estens.*) fronte: **a troubled b.**, una fronte rabbuiata ***2*** (*fig.*) ciglio; orlo; cima (*di un colle*) ***3*** (*naut.*) passerella da sbarco. ● **b.-ague**, emicrania □ **to knit** (*o* **to bend, to pucker**) **one's brows**, aggrottare le ciglia.

to **browbeat** /'braʊbiːt/ (pass. **browbeat**, p. p. **browbeaten**), v. t. intimidire; intimorire; minacciare; tiranneggiare. ● **to b. sb. into doing st.**, costringere q. a fare q.c. con minacce (*o* prepotenze).

browbeater /'braʊbiːtə(r)/, n. prepotente; chi intimidisce; tiranno (*fig.*).

browed /braʊd/, a. (*nei composti*:) che ha sopracciglia; dalle sopracciglia: **heavy-b.**, che ha sopracciglia folte.

browless /'braʊləs/, a. senza sopracciglia.

brown /braʊn/, **A** a. ***1*** marrone; bruno; castano scuro; giallo scuro: **a b. hat**, un cappello marrone; **The leaves are turning b.**, le foglie si vanno facendo gialle (*o* marrone); **b. hair**, capelli castano scuri ***2*** scuro (*di pelle*); abbronzato ***3*** (*di cavallo*) sauro. **B** n. ***1*** color marrone (*o* castano scuro): **She was dressed in b.**, era vestita di marrone ***2*** (*pop. arc.*) moneta di rame ***3*** (cavallo) sauro. ● **b. bag**, sacchetto di carta (marrone) □ (*zool.*) **b. bear** (*Ursus arctos*), orso bruno □ (*sport*) **b. belt**, cintura marrone (*di judo o karate*) □ **b. bread**, pane nero (*o* integrale) □ **b. coal**, lignite □ **b.-haired**, dai capelli castani □ (*volg. USA*) **b.-noser**, leccapiedi □ (*volg. USA*) **b.-nosing**, adulazione sfacciata e servile □ **b. owl**, allocco, gufo selvatico □ **b. paper**, carta da pacchi □ **b. rice**, riso integrale □ (*stor.*) **B. Shirt**, camicia bruna; nazista □ **b. sugar**, zucchero scuro (*greggio o quasi*); (*pop. USA*) droga non raffinata □ **to be in a b. study**, essere assorto in pensieri malinconici; essere meditabondo.

to **brown** /braʊn/, v. t. e i. ***1*** rendere (*o* diventare) bruno ***2*** (*cucina*) rosolare, rosolarsi ***3*** abbronzare; abbronzarsi. ● **to b. out**, oscurare parzialmente (*una città*) □ (*pop.*) **browned off**, stufo; seccato; scocciato.

to **brown-bag** /'braʊnbæg/, v. i. (*fam. USA*) portare (*in un sacchetto*) il pranzo (*sul luogo di lavoro*); portarsi le bevande (*al ristorante*).

brownie /'braʊnɪ/, n. ***1*** fata buona; folletto benigno ***2*** – **B.** (= **B. Guide**), giovane guida; coccinella; ragazza della sezione giovanile (8-11 anni) delle **Girl Guides** (*giovani esploratrici*) ***3*** (*USA*) biscotto al cioccolato ***4*** (*pop. USA*) bicchierino di whisky.

brownish /'braʊnɪʃ/, a. tendente al marrone; brunastro.

brownness /'braʊnnəs/, n. color bruno (*o* marrone).

to **brown-nose** /ˈbraʊnnəʊz/, *v. t.* (*volg. USA*) leccare i piedi a (q.).

brown(-)out /ˈbraʊnaʊt/, *n.* **1** oscuramento parziale **2** illuminazione ridotta.

brownstone /ˈbraʊnstəʊn/, *n.* (*USA*) **1** arenaria da costruzione, di color bruno rossastro **2** casa elegante fatta di questa pietra. ● (*fig.*) **b. district**, quartiere elegante.

browse /braʊz/, *n.* **1** ramoscelli, foglie e germogli (*brucati dagli animali*) **2** brucatura **3** (*fig.*) sfogliata; letta; scorsa: **to have a b. through sb.'s books**, dare una scorsa ai libri di q.

to **browse** /braʊz/, *v. t. e i.* **1** brucare **2** (*fig.*) sfogliare libri, leggendo qua e là, per diletto; scorrere; scartabellare: **to b. in a bookshop**, sfogliare i libri in libreria.

browsing /ˈbraʊzɪŋ/, *n.* **1** il brucare; brucatura **2** (*fig.*) lettura a spizzichi **3** (*elab.*) lettura, scorrimento.

brucellosis /bruːsəˈləʊsɪs/, *n.* (*pl.* **brucelloses**) (*med., vet.*) brucellosi.

brucine /ˈbruːsiːn, -sɪn/, *n.* (*chim.*) brucina.

brucite /ˈbruːsaɪt/, *n.* (*chim.*) brucite.

bruin /ˈbruːɪn/, *n.* (*fam.*) orso bruno (*nome usato nelle fiabe*).

bruise /bruːz/, *n.* ammaccatura; contusione; livido.

to **bruise** /bruːz/, **A** *v. t.* **1** ammaccare; illividire; farsi un livido in: **He has bruised his leg**, s'è fatto un livido in una gamba; **The apricots were all bruised**, le albicocche erano tutte ammaccate **2** pestare; frantumare; battere (*legno, metallo*) **3** (*fig.*) urtare, offendere, ferire (*i sentimenti di q., ecc.*). **B** *v. i.* **1** ammaccarsi; illividirsi; coprirsi di contusioni **2** offendersi; urtarsi.

bruiser /ˈbruːzə(r)/, *n.* (*pop.*) **1** (*stor.*) pugile a mani nude **2** attaccabrighe; prepotente **3** colosso, gigante (*fig.*); omaccione: **He's a big b.**, è un pezzo d'uomo **4** (*tecn.*) frantumatrice.

bruising /ˈbruːzɪŋ/, **A** *a.* che ferisce; che fa male. **B** *n.* ammaccatura; contusione.

bruit /bruːt/, *n.* **1** (*arc. o poet.*) rumore; diceria; voce **2** (*med.*) rumore anormale.

to **bruit** /bruːt/, *v. t.* (*lett.*) diffondere (*una voce, una notizia*). ● **to b. about**, propalare.

Brum /brʌm/, *n.* (*geogr., fam.*) Birmingham.

brumal /ˈbruːməl/, *a.* brumale; invernale.

Brummie /ˈbrʌmɪ/, *n.* (*fam.*) abitante (*o* nativo) di Birmingham.

brumous /ˈbruːməs/, *a.* brumoso; nebbioso.

brunch /brʌntʃ/, *n.* (*contraz. fam. di* **breakfast** *e* **lunch**) pasto unico (*di solito la domenica*), che fa da prima e seconda colazione.

brunette /bruːˈnɛt/, *n. e a.* brunetta; bruna.

Brunhild /ˈbruːnhɪld/, *n.* Brunilde.

brunt /brʌnt/, *n.* urto, colpo; (*fig.*) peso maggiore: **to bear the b. of an attack (of the argument)**, sostenere l'urto d'un attacco (il peso maggiore della discussione).

brush /brʌʃ/, *n.* **1** spazzola; spazzolino; (*anche fig.*) pennello: **These pictures are from the same b.**, questi quadri sono dello stesso pennello (*cioè, dello stesso pittore*) **2** boscaglia; sottobosco; folto (*di cespugli*); (*ippica*) siepe **3** coda folta (*specialm. di volpe*) **4** (= **b.-up**) spazzolata; pennellata: **He gave his hat a good b.**, diede una buona spazzolata al suo cappello **5** (*autom., elettr.*) spazzola: **carbon b.**, spazzola di carbone **6** (*fis.*) fascio (*di raggi di luce*) **7** lieve tocco (*sfiorando q.c.*) **8** (*anche mil.*) scaramuccia; schermaglia **9** (*USA*) sterpi da bruciare **10** (*pop. USA*) barba; baffi; basette **11** (*pop. USA*) **the B.**, la legge; (*anche*) la polizia. ● (*elettr.*) **b. discharge**, scarica a fiocco □ **b. fire**, incendio del sottobosco; (*fig.*) guerra locale, guerricciattola □ **a b. haircut**, un taglio di capelli a spazzola (*o* all'umberta) □ (*elettr.*) **b. holder**, portaspazzole; portacarboni □ (*fam.*) **b.-off**, rifiuto; ripulsa (*lett.*): **to give sb. the b.-off**, respingere q. bruscamente □ **b.-up**, spazzolata; (*fig.*) ripulita, rassettata; ripassata, rinfrescata, ripasso (*studiando*) □ **clothes b.**, spazzola per abiti □ (*pitt.*) **flat b.**, pennellessa □ (*fam. USA*) **to give sb. the b.**, ignorare, snobbare q.; sbarazzarsi di q. □ **hair-b.**, spazzola per capelli □ **shaving b.**, pennello da barba □ **tooth-b.**, spazzolino da denti □ (*fig.*) **I had a b. with death**, vidi la morte da vicino.

to **brush** /brʌʃ/, **A** *v. t.* **1** spazzolare; pulire con la spazzola (*o* lo spazzolino): **to b. one's shoes**, spazzolarsi le scarpe; **to b. one's teeth**, pulirsi i denti con lo spazzolino **2** sfiorare; toccare lievemente (passando). **B** *v. i.* passare sfiorando: **He brushed past them quickly**, passò in fretta accanto a loro. ● **to b. one's way through the crowd**, farsi largo tra la folla.

♦**brush aside**, *v. t. + avv.* **1** scostare (*o* spingere da una parte) con un gesto della mano **2** (*fig.*) mettere da parte, ignorare (*difficoltà, ostacoli, problemi, ecc.*); respingere: **He brushed away our thanks**, respinse i nostri ringraziamenti con un gesto della mano.

♦**brush away**, *v. t. + avv.* **1** cacciar via con un gesto della mano **2** *V.* **brush aside**, *def.* 2.

♦**brush by**, *v. i. + avv.* passare oltre in tutta fretta; passar via velocemente.

♦**brush down**, *v. t. + avv.* **1** spazzolare **2** (*fig.*) dare una strigliata a (q.); sgridare □ **to b. oneself down**, spazzolarsi.

♦**brush off**, **A** *v. t. + avv.* **1** togliere (*polvere, briciole, ecc.*) spazzolando **2** cacciar via con un gesto della mano **3** (*fig.*) mettere da parte (q.c.); ignorare, snobbare; sbarazzarsi di (q.): **I wanted to speak to her, but she brushed me off**, volevo parlare con lei, ma mi ignorò **4** (*fig.*) respingere (*proposte, richieste, ecc.*). **B** *v. i. + avv.* **1** (*di una macchia, ecc.*) andarsene (*o* scomparire) con una spazzolata **2** (*fam.*) andarsene; smammare (*pop.*): **B. off!**, vattene!; smamma!

♦**brush over**, *v. t. + avv.* **1** spazzolare **2** spazzare (*il pavimento, ecc.*) **3** (*fig.*) sfiorare, trattare superficialmente (*un argomento, ecc.*).

♦**brush past**, *V.* **brush by**.

♦**brush up**, **A** *v. t. + avv.* **1** spazzolare bene **2** raccogliere (*briciole, ecc.*) con una spazzola **3** (*fig.*) dare una ripassata (*o* una rinfrescata) a: **I must b. up my English**, devo dare una ripassata al mio inglese. **B** *v. i. + avv.* sfregare; strisciare: **I've brushed up against the wall**, ho sfregato contro il muro □ **to b. up against sb.**, imbattersi in q. □ **to b. oneself up**, darsi una rassettata (*o* una ripulita).

brushcutter /ˈbrʌʃkʌtə(r)/, *n.* decespugliatore.

brushwood /ˈbrʌʃwʊd/, *n.* **1** sottobosco; cespugli e arbusti; boscaglia **2** (*USA*) rami tagliati; fascina; ramaglia.

brushwork /ˈbrʌʃwɜːk/, *n.* (*pitt.*) **1** tecnica (*o* arte) del pittore; lavoro di pennello **2** tocco: **This is not Goya's b.**, questo non è il tocco di Goya.

brushy /ˈbrʌʃɪ/, *a.* **1** pieno di cespugli e arbusti; fitto; folto **2** ispido; irto; irsuto.

brusque /brʊsk, -uːsk, -ʌsk, *USA* brʌsk/, *a.* brusco; aspro; rude.

brusquely /ˈbrʊsklɪ, -uːs-, -ʌs-, *USA* ˈbrʌsklɪ/, *avv.* bruscamente; rudemente.

brusqueness /ˈbrʊsknəs, -uːs-, -ʌs-, *USA* ˈbrʌsk-/, *n.* asprezza; rudezza.

Brussels /ˈbrʌslz/, *n.* (*geogr.*) Bruxelles. ● **B. sprouts** (*Brassica oleracea gemmifera*), cavoletti di Bruxelles.

brussels /ˈbrʌslz/, *n. pl.* (*fam.*) cavoletti di Bruxelles.

brutal /ˈbruːtl/, *a.* brutale. ● **the b. facts**, la dura realtà.

brutality /bruːˈtælətɪ/, *n.* brutalità.

brutalization /bruːtəlaɪˈzeɪʃn, *USA* -lɪˈz-/, *n.* **1** abbrutimento **2** brutale maltrattamento; crudeltà.

to **brutalize** /ˈbruːtəlaɪz/, **A** *v. t.* **1** abbrutire; imbestiare; rendere (q.) come una bestia **2** brutalizzare; trattare brutalmente. **B** *v. i.* (*raro*) abbrutirsi.

brutally /ˈbruːtəlɪ/, *avv.* brutalmente.

brute /bruːt/, **A** *n.* **1** bestia; bruto; persona brutale, bestiale **2** istinti brutali; impulsi animali: **The b. awoke in him**, si risvegliarono in lui gli istinti animali. **B** *a.* bruto: **b. force (matter)**, forza (materia) bruta. ● **the b. world**, il mondo animale □ **a great b. of a man**, un bestione (*fig.*) □ **That great b. of yours is a difficult customer**, questo tuo cagnaccio ha l'aria di mordere.

brutification /bruːtɪfɪˈkeɪʃn/, *n.* abbrutimento.

to **brutify** /ˈbruːtɪfaɪ/, *v. t.* abbrutire.

brutish /ˈbruːtɪʃ/, *a.* **1** brutale; bestiale; da bruto; disumano; inumano **2** ignorante; grossolano; rozzo; stupido.

brutishness /ˈbruːtɪʃnəs/, *n.* brutalità; bestialità.

Brutus /ˈbruːtəs/, *n.* (*stor.*) Bruto.

Brynhild /ˈbrɪnhɪld/, *n.* (*letter.*) Brunilde.

bryologist /braɪˈɒlədʒɪst/, *n.* studioso di briologia.

bryology /braɪˈɒlədʒɪ/, *n.* (*bot.*) briologia.

bryony /ˈbraɪənɪ/, *n.* (*bot., Bryonia alba, Bryonia dioica*) brionia; vite bianca; fescera; barbone.

bryophytes /ˈbraɪəfaɪts/, *n. pl.* (*bot.*) briofite.

b.s. /biːˈɛs/, *n.* (*acronimo eufem. per* **bullshit**) balle; sciocchezze; fesserie. ● **b.s. artist**, raccontaballe,; ballista.

to **b.s.** /biːˈɛs/, *v. i.* (*pop. USA*) raccontare balle; dire fesserie.

B.S. /biːˈɛs/, *n.* **1** (*acronimo di* **Bachelor of Surgery**) dottore in chirurgia **2** (*USA*) *V.* **B.Sc.**

B.Sc. /biːɛsˈsiː/, *n.* (*acronimo di* **Bachelor of Science**) **1** laurea di primo grado (in materie scientifiche; *V.* **M.Sc.**). **2** dottore in scienze (*con tale laurea*).

BTO /biːtiːˈəʊ/, *n.* (*fam. USA*; *acronimo di* **Big Time Operator**) faccendiere; procacciatore d'affari.

bubal(e) /ˈbjuːbl/, *n.* (*zool., Antilope bubalis*) bubalo.

bubble /ˈbʌbl/, *n.* **1** bolla; bolla di sapone (*anche fig.*); progetto che si risolve in nulla; gonfiatura; montatura (*fig.*) **2** ribollimento; gorgoglio **3** frode; truffa **4** *V.* **bubbletop**. ● **b.-and-squeak**, avanzi di cavoli e patate riscaldati insieme □ **b. bath**, bagnoschiuma □ (*aeron.*) **b. canopy**, cupola di vetro; tettuccio □ (*in G.B., un tempo*) **b. car**, automobilina a tre ruote con cupola di vetro □ (*fis.*) **b. chamber**, camera a bolle □ **b. gum**, gomma da masticare; cicca, bomba (*pop.*) □ (*elab.*) **b. memory**, memoria a bolle □ **b.-top**, *V.* **bubbletop** □ **to blow bubbles**, fare le bolle di sapone □ **to burst the b. of sb.'s selfconfidence**, distruggere la sicurezza di sé di q. □ **to prick the b.**, smascherare un'impostura; sgonfiare (*fig.*): **He was boasting, but I pricked the b.**, si vantava, ma io l'ho sgonfiato.

to **bubble** /ˈbʌbl/, **A** *v. t.* fare ribollire; fare gorgogliare. **B** *v. i.* **1** formare bolle; ribollire; gorgogliare **2** (*elettr.*) bollire (*d'una batteria sotto carica*). ● **to b. over**, (*di liquido che bolle*; *e, fig.*: *d'eccitazione, di zelo*) traboccare □ **to b. over with happiness**, sprizzare felicità □ **to b. with wrath**, ribollire d'ira.

bubblegummer /ˈbʌblgʌmə(r)/, *n.* (*pop. USA*) adolescente; ragazzino, ragazzina.

bubblehead /ˈbʌblhɛd/, *n.* (*pop. USA*) zucca vuota (*fig.*); stupido; zuccone.

bubbletop /ˈbʌbltɒp/, *n.* **1** (*autom.*) cupola di vetro (*a prova di proiettile*) **2** ombrello a cupola (*trasparente*). ● (*autom.*) **b. car**, automobile con la cupola di vetro.

bubbling /ˈbʌblɪŋ/, *n.* ribollimento; gorgogliamento.

bubbly /ˈbʌblɪ/, **A** *a.* **1** pieno di bolle **2** ribollente; gorgogliante **3** a forma di bolla; tondeggiante **4** (*fig.*) vivace; allegro; spumeggiante. **B** *n.* (*pop.*) spumante; champagne.

bubo /ˈbjuːbəʊ/, *n.* (*pl.* **buboes**) (*med.*) bubbone.

bubonic /bjuːˈbɒnɪk/, *a.* bubbonico: **b. plague**, peste bubbonica.

buccal /ˈbʌkl/, *a.* (*anat.*) boccale; della bocca; delle guance.
buccaneer /bʌkəˈnɪə(r)/, *n.* ***1*** bucaniere; pirata ***2*** avventuriero senza scrupoli ***3*** (*pl. collett.*) (*stor.*) la filibusta.
to **buccaneer** /bʌkəˈnɪə(r)/, *v. i.* fare il bucaniere; pirateggiare.
buccaneering /bʌkəˈnɪərɪŋ/, **A** *n.* filibusteria; pirateria. **B** *a.* da filibustiere (*anche fig.*).
buccaneerish /bʌkəˈnɪərɪʃ/, *a.* piratesco.
buccinator /ˈbʌksɪneɪtə(r)/, *n.* (*anat.*) (muscolo) buccinatore.
Bucephalus /bjuːˈsɛfələs/, *n.* ***1*** (*stor.*) Bucefalo ***2*** – (*scherz.*: *pl.* **bucephaluses, bucephali**) **b.**, cavallo.
Bucharest /bjuːkəˈrɛst/, *n.* (*geogr.*) Bucarest.
buck (**1**) /bʌk/, **A** *n.* ***1*** (*pl.* **bucks, buck**) (maschio di) cervo, daino, camoscio, coniglio; caprone; leprotto ***2*** (*arc.*) damerino ***3*** (*fam.* o *spreg.*) giovanotto forzuto (*specialm. se negro o pellerossa*) ***4*** (*pop. USA*) tipo; tizio ***5*** (*pop. USA*) *V.* **buckshot** ***6*** (*pop. USA*) dollaro. **B** *a. attr.* ***1*** (*pop.*) maschio; per soli uomini: **a b. lunch**, un pranzo per soli uomini ***2*** (*pop. USA*) forzuto; robusto. ● **b. horn**, corno di daino per manici di coltelli, ecc. □ (*zool.*) **b. hound**, levriero per la caccia al cervo □ (*pop. USA*) **b.-naked**, nudo nato □ (*spreg.*) **b. nigger**, negro □ (*pop. USA*) **b. private**, soldato semplice □ (*di una cerva, una coniglia, ecc.*) **to go to b.**, accoppiarsi □ (*pop. USA*) **to make a fast** (*o* **quick**) **b.**, fare soldi alla svelta.
buck (**2**) /bʌk/, *n.* ***1*** (*falegn.*) sega a telaio (*a lama tesa*); (*USA*) cavalletto (*su cui segare legna, ecc.*) ***2*** (*ginnastica*) cavallo.
buck (**3**) /bʌk/, *n.* nassa per anguille.
buck (**4**) /bʌk/, *n.* cassone, telaio (*di carro*; *specialm. nei composti*:) **b.-cart**, carro agricolo.
buck (**5**) /bʌk/, *n.* ***1*** (*in origine*) coltello (*dal manico d'osso*) usato come promemoria (*su un tavolo di poker*) ***2*** (*poker*) gettone come promemoria. ● (*fam.*) **b.-passer**, chi fa a scaricabarile; chi delega ad altri ogni decisione □ (*fam.*) **b.-passing**, palleggiamento delle responsabilità □ (*fam.*) **to pass the b.**, fare a scaricabarile □ (*fam.*) **to pass the b. to sb.**, gettare la responsabilità sulle spalle di q. □ (*stor.*) **«The b. stops here»** (*cartello sul tavolo del presidente H. Truman*), «Alla fine sono io che decido».
to **buck** (**1**) /bʌk/, **A** *v. i.* ***1*** (*di cavallo, mulo*) sgroppare; dare sgroppate ***2*** (*USA*) attaccare a testa bassa (*come un caprone*) ***3*** (*fam.*) fare resistenza; rifiutarsi ***4*** (*fam. USA*: *di un veicolo*) procedere a strappi; strappare (*pop.*) ***5*** (*elettr.*) opporsi; agire in opposizione. **B** *v. t.* ***1*** caricare a testa bassa (*come nel gioco del rugby*) ***2*** (*anche* **to b. off**) gettare di sella, disarcionare (*il cavaliere*) ***3*** (*fam. USA*) resistere, opporsi a: **to b. change**, opporsi ai cambiamenti. ● (*gergo mil.*) **to b. for**, darci sotto, sgobbare per (*una promozione, ecc.*) □ (*fam.*) **to b. up**, rincuorare, rincuorarsi; fare coraggio a, rianimarsi; riaversi, riprendersi; (*anche*) affrettarsi, fare in fretta: **B. up!**, (*USA*) (fatti) coraggio!; (*anche*) svelto!; svelti! □ **to b. the world**, sfidare il mondo intero.
to **buck** (**2**) /bʌk/, *v. t.* (*raro*) ***1*** segare (*tronchi d'albero*) ***2*** frantumare (*minerale*).
buckaroo /ˈbʌkəruː, bʌkəˈruː/, *n.* (*pop. USA*) cowboy; mandriano.
buckbean /ˈbʌkbiːn/, *n.* (*bot.*, *Menyanthes trifoliata*) trifoglio d'acqua.
buckboard /ˈbʌkbɔːd/, *n.* (*USA*) carrozza a quattro ruote, con sedile scoperto che poggia su balestre.
bucker /ˈbʌkə(r)/, *V.* **buckjumper**.
bucket /ˈbʌkɪt/, *n.* ***1*** secchio; secchia ***2*** secchiello (*da spiaggia*) ***3*** (*idraul.*) cucchiaia (*di draga*) ***4*** (*mecc.*) tazza (*di elevatore*); benna; paletta mobile ***5*** (*di ruota ad acqua*) pala ***6*** (*costr. idrauliche*) dissipatore (*di sfioratore*) ***7*** (*naut.*) bugliolo ***8*** (*pop. USA*) prigione ***9*** (*pop. USA*, = **b. of bolts**) vecchia automobile; macinino ***10*** (*sport, pop. USA*) canestro. ● **b. dredger**, draga a noria, a tazze □ (*autom.*) **b.-seat**, strapuntino; sedile ribaltabile □ **b.-shop**, (*Borsa, pop. USA*) agenzia di cambio clandestina; (*tur., fam.*) agenzia di viaggi che pratica forti sconti (*per prenotazioni anticipate*) □ (*pop.*) **to kick the b.**, tirare le cuoia; crepare □ **The rain came down in buckets**, pioveva a catinelle.
to **bucket** /ˈbʌkɪt/, **A** *v. t.* ***1*** mettere (*acqua, ecc.*) in un secchio ***2*** portare (*o* attingere) con un secchio ***3*** (*fam.*) forzare (*un cavallo*) ***4*** (*pop. Austr.*) criticare aspramente. **B** *v. i.* ***1*** (*ingl., spesso* **to b. along**) andare a tutta birra ***2*** (*fam.*) cavalcare a briglia sciolta ***3*** (*di un veicolo*) avanzare a strattoni ***4*** (*fin., USA*) gestire una **bucket shop** (*q.V.*).
♦**bucket about**, *v. i.* + *avv.* sobbalzare, essere sbattuto (*dalle onde, ecc.*).
♦**bucket down**, *v. i.* + *avv.* (*della pioggia, ecc.*) cadere a dirotto; venir giù a catinelle: **It's been bucketing down for hours**, sono ore che piove a dirotto.
♦**bucket into**, *v. i.* + *prep.* precipitarsi a fare (q.c.): **She bucketed into her house chores**, si precipitò a fare le faccende domestiche.
♦**bucket out**, *v. t.* + *avv.* vuotare con un secchio; (*fig.*) svuotare del tutto.
bucketful /ˈbʌkɪtfʊl/, *n.* secchio; secchiata.
buckeye /ˈbʌkaɪ/, *n.* (*USA*) ***1*** (*bot.*, *Aesculus glabra*) ippocastano dell'Ohio ***2*** (*fam.*) abitante (*o* nativo) dell'Ohio. ● **B. State**, l'Ohio.
buckjump /ˈbʌkdʒʌmp/, *n.* sgroppata (*d'equino*).
buckjumper /ˈbʌkdʒʌmpə(r)/, *n.* cavallo (*o* mulo, ecc.) recalcitrante (*o* che dà sgroppate).
buckle /ˈbʌkl/, *n.* ***1*** fibbia; fermaglio ***2*** (*metall.*) gobba; rigonfiamento.
to **buckle** /ˈbʌkl/, **A** *v. t.* ***1*** (*spesso* **to b. up, to b. on**) affibbiare; fermare con una fibbia ***2*** collegare; unire ***3*** (*mecc.*) curvare, deformare (*un metallo*). **B** *v. i.* ***1*** affibbiarsi; essere fissato con una fibbia ***2*** (*arc.*) venire alle mani (*o* alle prese) con q. ***3*** (*di metallo*) deformarsi; cedere; storcersi: **The andirons buckled in the fire**, gli alari si deformarono al fuoco; **The wheel buckled in the accident**, nell'incidente la ruota si storse. ● **to b. down to st.**, prepararsi a fare q.c.; mettersi a fare q.c. con impegno □ **to b. into one's seat**, assicurarsi al sedile con la cintura □ **to b. on one's sword**, cingere la spada □ (*fig.*) **to b. under an attack**, cedere terreno a un attacco.
buckler /ˈbʌklə(r)/, *n.* ***1*** (*stor. mil.*) piccolo scudo rotondo ***2*** (*fig.*) protezione; scudo ***3*** guscio, corazza (*di crostaceo*).
to **buckler** /ˈbʌklə(r)/, *v. t.* (*fig., raro*) fare scudo a; proteggere.
buckling /ˈbʌklɪŋ/, *n.* ***1*** (*mecc.*) deformazione; schiacciamento ***2*** (*aeron.*) ingobbamento ***3*** (*metall.*) gobba; rigonfiamento.
bucko /ˈbʌkəʊ/, *n.* ***1*** (*irl.*; *specialm. al vocat.*) giovanotto ***2*** (*fam. USA*) attaccabrighe; prepotente.
buckram /ˈbʌkrəm/, **A** *n.* ***1*** tela rigida (*usata in legatoria, ecc.*) ***2*** (*arc.*) rigidezza, sostenutezza (*di maniere*) ***3*** (*arc.*) forza apparente. **B** *a.* (*arc.*) ***1*** rigido, sostenuto (*nel modo di fare*) ***2*** forte solo in apparenza.
bucksaw /ˈbʌksɔː/, *n.* (*falegn.*) sega a telaio (*a lama tesa*).
buckshee /bʌkˈʃiː/, **A** *n.* (*gergo mil.*) aggiunta; soprassoldo; razione extra. **B** *a.* (*pop.*) gratuito. **C** *avv.* (*pop.*) gratuitamente; gratis.
buckshot /ˈbʌkʃɒt/, *n.* pallettoni.
buckskin /ˈbʌkskɪn/, *n.* ***1*** pelle di daino (*o* di camoscio) ***2*** pelle scamosciata ***3*** (*pl.*) calzoni (*o* guanti, scarpe) di pelle scamosciata.
buckthorn /ˈbʌkθɔːn/, *n.* (*bot.*) ***1*** (*Rhamnus*) ramno ***2*** (*Rhamnus cathartica*) spino cervino.
bucktooth /ˈbʌktuːθ/, *n.* (*pl.* **buckteeth**) dente incisivo sporgente.
buckwheat /ˈbʌkwiːt, *USA* -hwiːt/, *n.* (*bot.*) ***1*** (*Fagopyrum esculentum*) grano saraceno ***2*** farina di grano saraceno (*con cui in U.S.A. si fanno focacce dette* **b. cakes**).
bucolic /bjuːˈkɒlɪk/, **A** *a.* ***1*** bucolico; pastorale ***2*** rurale; rustico. **B** *n.* ***1*** bucolica; poema pastorale ***2*** (*scherz., arc.*) campagnolo; contadino.
bud (**1**) /bʌd/, *n.* ***1*** (*bot.*) gemma; germoglio; getto ***2*** (*bot.*) boccio; bocciolo ***3*** (*biol.*) gemma, germe (*di organismo*) ***4*** (*fig.*) cosa ancora in germe; persona immatura. ● **in** (**the**) **bud**, in boccio □ (*fig.*) **to nip st. in the bud**, distruggere, stroncare q.c. in germe.
bud (**2**) /bʌd/, *n.* (*fam. USA*) ***1*** amico; compagno ***2*** compagno d'armi; commilitone.
to **bud** /bʌd/, **A** *v. i.* ***1*** (*bot.*) germogliare; gettare ***2*** (*bot.*) sbocciare: **budded roses**, rose sbocciate ***3*** (*fig.*) spuntare; nascere; crescere; promettere bene ***4*** (*biol.*) riprodursi per gemmazione. **B** *v. t.* ***1*** (*bot.*) fare germogliare; fare sbocciare ***2*** (*agric.*) innestare; inserire (*una gemma*) ***3*** (*biol.*) fare riprodurre per gemmazione. ● **a budding doctor**, un dottore in erba □ **budding horns**, corna che spuntano.
Buddha /ˈbʊdə, *USA* ˈbuː-/, *n.* (*relig.*) Budda.
Buddhism /ˈbʊdɪzəm, *USA* ˈbuː-/, *n.* buddismo.
Buddhist /ˈbʊdɪst, *USA* ˈbuː-/, **A** *n.* buddista. **B** *a.* buddista; buddistico.
Buddhistic(al) /bʊˈdɪstɪk(l), *USA* buː-/, *a.* buddistico.
budding /ˈbʌdɪŋ/, *n.* ***1*** (*bot.*) riproduzione per innesto ***2*** (*biol.*) gemmazione.
buddy /ˈbʌdɪ/, *n.* (*fam. USA*) ***1*** amico; compagno ***2*** compagno d'armi; commilitone ***3*** socio (*in affari*) ***4*** chi fa del volontariato; assistente ***5*** (*al vocat.*) amico; ragazzo. ● **b. seat**, seggiolino del passeggero □ **ace b.**, amico intimo.
to **buddy** /ˈbʌdɪ/, *v. i.* (*fam. USA*) fare amicizia (*con q.*). ● **to b. around with sb.**, legare (*o* far comunella) con q. □ **to b. up with sb.**, dividere l'appartamento con q.; cercare di ingraziarsi (*o* di fare amicizia con) q.; adulare, blandire q.
to **budge** /bʌdʒ/, **A** *v. i.* ***1*** scostarsi; spostarsi; muoversi: **I won't b. an inch**, non mi sposterò di un pollice ***2*** (*econ.*: *dei prezzi*) muoversi ***3*** (*fig.*) cambiare idea. **B** *v. t.* ***1*** scostare; smuovere: **I can't b. the door; it's too heavy**, non riesco a scostare la porta; è troppo pesante ***2*** (*fig.*) smuovere; far cambiare idea a (q.).
budgerigar /ˈbʌdʒərɪgɑː(r)/, *n.* (*zool.*, *Melopsittacus undulatus*) melopsittaco; pappagallino ondulato; parrocchetto canoro.
budget /ˈbʌdʒɪt/, *n.* ***1*** (*fin., rag.*) budget; bilancio (*di previsione*; *specialm. quello dello stato*); bilancio preventivo ***2*** (*fin., rag.*) preventivo (di cassa) ***3*** (= **house bold b.**) bilancio familiare ***4*** (*pubbl.*) budget pubblicitario ***5*** (*un tempo*) sacco (*giornalistico*); (*per estens.*) quantità, raccolta (*di notizie, ecc.*). ● **b. account**, (*banca*) conto per il pagamento di utenze; (*comm.*) conto di credito (*in un negozio*) □ (*fin.*) **b. appropriation**, stanziamento di bilancio □ (*fin., org. az.*) **b. committee**, comitato di budget □ (*fin., rag.*) **b. deficit**, deficit (*o* disavanzo) di bilancio □ (*fin., rag.*) **b. estimate**, previsione di bilancio □ **b. leak**, indiscrezione sul bilancio dello stato (*casuale o fatta di proposito*) □ **b. planner**, (*fin.*) pianificatore del bilancio; (*anche*) prontuario di contabilità domestica □ (*fin.*) **b. planning**, pianificazione del bilancio □ (*econ., fin.*) **b. policy**, politica di bilancio □ (*fin. rag.*) **a b. showing a deficit** (*o* **a loss**), un bilancio deficitario □ (*fin., rag.*) **b. surplus**, avanzo di bilancio □ (*econ., fin.*) **b. target**, obiettivo di bilancio.
to **budget** /ˈbʌdʒɪt/, **A** *v. i.* ***1*** (*fin., rag.*) impostare un bilancio (*di previsione*); fare un bilancio preventivo ***2*** (*fin.*) programmare: **to b. for the coming year**, programmare per l'anno prossimo. **B** *v. t.* (*fin., rag.*) ***1*** mettere in bilancio ***2*** (*fin.*) stanziare in bilancio ***3*** (*fig.*) pianificare, programmare (*il proprio tempo,*

ecc.). • (*econ.*) **to b. for an above-the-line surplus**, programmare per ottenere un residuo attivo delle partite correnti □ (*econ.*) **to b. for a deficit**, programmare in vista dell'ottenimento di un deficit (*del bilancio dello stato*). • (*fig.*) **to b. for**, tener conto di; calcolare.

budgetary /'bʌdʒɪtrɪ, *USA* -tɛrɪ/, *a.* (*fin., rag.*) pertinente a bilancio (preventivo); budgetario, buggettario: **b. control**, controllo budgetario. • (*fin., rag.*) **b. funds**, stanziamento di bilancio □ **the b. powers of the European Parliament**, le competenze del Parlamento Europeo in materia di bilancio.

budgeted /'bʌdʒɪtɪd/, *a.* (*fin., rag.*) messo a bilancio; preventivato: **b. cost**, costo preventivato; **the b. figure**, la cifra iscritta a bilancio.

budgeting /'bʌdʒɪtɪŋ/, *n.* (*fin., rag.*) budgeting; preparazione e applicazione del bilancio preventivo; pianificazione aziendale integrata.

budgie /'bʌdʒɪ/, *n.* (*fam.*) pappagallino (*V.* **budgerigar**).

budlet /'bʌdlət/, *n.* bocciolo.

buff /bʌf/, **A** *n.* ***1*** pelle di bufalo (*o* di bue); cuoio grosso soffice (*che se ne ricava*) ***2*** giaccone di cuoio ***3*** (*ind.*) cuoio per pulitrici; pulitrice rivestita di cuoio ***4*** (*fam.*) pelle nuda (*dell'uomo*): **in the b.**, nudo ***5*** color camoscio ***6*** (*fam. USA*) patito; appassionato; fanatico. **B** *a.* ***1*** di pelle di bufalo (*o* di bue); scamosciato ***2*** color camoscio. • **b.-coat** (*o* **b.-jerkin**), giubba di pelle di bufalo □ **b. stick**, bastoncino ricoperto di pelle di bufalo, per pulire utensili.

to **buff** /bʌf/, *v. t.* ***1*** (*mecc.*) pulire, lucidare (*un metallo, ecc.*) con pelle scamosciata (*o* con una pulitrice) ***2*** scamosciare (*il cuoio*).

buffalo /'bʌfələʊ/, *n.* (*pl.* **buffalo, buffaloes, buffalos**) ***1*** (*zool., Bubalus bubalis*) bufalo indiano ***2*** (*USA*: *zool., Bison bison*) bisonte americano ***3*** (*mil.*) mezzo corazzato anfibio ***4*** (*pop. USA*) omone; omaccione ***5*** (*pop. USA*) grassona. • (*zool.*) **b. fish**, pesce bufalo.

to **buffalo** /'bʌfələʊ/, *v. t.* (*fam. USA*) confondere; sconcertare; intimidire. • **to b. sb. down**, dare una bella lezione a q. □ **to b. up**, ingrassare.

buffer (**1**) /'bʌfə(r)/, *n.* ***1*** (*autom.*) paraurti; (*ferr.*) respingente; (*mecc.*) paracolpi ***2*** (*tecn.*) pulitrice; operaio addetto alla pulitrice ***3*** (*chim.*) tampone ***4*** (*fin.*) stock di riserva ***5*** (*elab.*, = **b. store**) buffer; memoria intermedia (*o* di transito); tampone ***6*** (*pop. arc.*) stolto; imbecille. • (*chim.*) **b. solution**, soluzione tampone □ (*polit.*) **b. state**, stato cuscinetto □ (*econ.*) **b. stock**, stock tampone (*o* stabilizzatore); scorte cuscinetto.

buffer (**2**) /'bʌfə(r)/, *n.* (*pop., di solito* **old b.**) persona di vedute antiquate; incompetente; imbecille; pasticcione.

to **buffer** /'bʌfə(r)/, *v. t.* (*chim.*) tamponare.

buffet (**1**) /'bʌfɪt/, *n.* ***1*** schiaffo; pugno ***2*** (*fig.*) colpo: **the buffets of fate**, i colpi della sorte (avversa).

buffet (**2**) /'bufeɪ, 'bu:-, 'bʌ-, *USA* bə'feɪ/, *n.* ***1*** credenza; buffet ***2*** tavola di rinfreschi; buffet (*di stazione, ecc.*) ***3*** (= **b. supper**) cena in piedi. • (*ferr.*) **b. car**, vagone con servizio di bar; carrozza ristoro □ **cold b.**, tavola fredda.

to **buffet** /'bʌfɪt/, **A** *v. t.* ***1*** colpire (*con la mano o col pugno*); schiaffeggiare ***2*** battere; urtare; (*del fato*) tormentare, avversare: **The ship was buffeted by the waves**, la nave era battuta dalle onde. **B** *v. i.* ***1*** combattere; lottare ***2*** farsi largo picchiando; aprirsi un varco con la forza: **He buffeted his way to the door**, si fece strada verso la porta a forza di pugni.

buffeting /'bʌfɪtɪŋ/, *n.* (*tecn., aeron.*) buffeting; sbattimento; oscillazioni anormali.

buffing /'bʌfɪŋ/, *n.* ***1*** (*mecc.*) pulitura, lucidatura (*di metalli*; *V.* **to buff**) ***2*** scamosciatura (*del cuoio*). • **b. wheel**, disco (*rivestito di pelle scamosciata, ecc.*) di pulitrice.

buffoon /bə'fu:n/, *n.* buffone; pagliaccio: **to play the b.**, fare il buffone.

to **buffoon** /bə'fu:n/, *v. i.* (*raro*) fare il buffone.

buffoonery /bə'fu:nərɪ/, *n.* buffoneria; buffonata; pagliacciata.

bug /bʌg/, *n.* ***1*** (*zool., Cimex*; = **bedbug**) cimice ***2*** (*zool. USA*) piccolo insetto (*specialm. se dei coleotteri*) ***3*** (*fam.*) germe; microbo; virus ***4*** (*elab.*) difetto; errore (*di programma*); baco (*fam.*) ***5*** (*fam.*) mania; passione; pallino (*fam.*) ***6*** (*fam.*) fanatico; appassionato ***7*** (*fam.*) allarme; antifurto; microfono spia; microspia; cimice (*pop.*) ***8*** (*fam. USA*) difetto meccanico; guaio (*fam.*): **a car full of bugs**, un'automobile che dà molti guai ***9*** (*fam. USA*) «maggiolino» (*della Volkswagen*); utilitaria straniera (*in genere*) ***10*** (*miss., fam. USA*) veicolo lunare ***11*** (*pop. USA*) matto, pazzo; (*a carte*) matta ***12*** (*pop. USA*) vagoncino di funicolare. • (*pop. USA*) **bug doctor**, psichiatra □ **bug-hunter**, entomologo □ (*tel.*) **bug key**, tasto semiautomatico □ (*pop.*) **big bug**, «pezzo grosso»; personaggio influente (*o* potente) □ (*fam.*) **to put a bug in sb.'s ear**, mettere una pulce nell'orecchio a q.

to **bug** /bʌg/, **A** *v. t.* ***1*** (*fam.*) installare una microspia (un microfono, un registratore nascosto, ecc.) in; piazzare microspie, ecc. in (*un posto*) ***2*** (*fam.*) controllare, intercettare (*comunicazioni*); mettere sotto controllo (*un telefono*) ***3*** (*elab.*) introdurre errori in (*un programma*: *per fare un controllo*) ***4*** (*gergo della malavita*) mettere un antifurto in (*una casa, ecc.*) ***5*** (*fam.*) ossessionare ***6*** (*fam. USA*) irritare, far arrabbiare; infastidire, scocciare (*fam.*) ***7*** (*pop. USA*) fare una perizia psichiatrica a (q.). **B** *v. i.* (*fam. USA*: *degli occhi*) sporgere. • (*fam. USA*) **to bug off**, togliersi dai piedi; andarsene □ (*fam. USA*) **to bug out**, andarsene in fretta, far fagotto, scappare; scoraggiarsi; ritirarsi.

bugaboo /'bʌgəbu:/, *n.* (*pl.* **bugaboos**) ***1*** orco; lupo mannaro ***2*** (*anche fig.*) spauracchio; babau.

bugbear /'bʌgbɛə(r)/, *V.* **bugaboo**.

bug-eyed /'bʌgaɪd/, *a.* (*fam. USA*) dagli occhi sporgenti.

bugger /'bʌgə(r)/, *n.* ***1*** sodomita; pederasta ***2*** (*volg. o scherz.*) tipo; individuo ***3*** (*spreg.*) briccone; canaglia; farabutto ***4*** (*scherz. o affettuoso*: *a un bambino o a un animale*) birbantello; birichino.

to **bugger** /'bʌgə(r)/, *v. t.* ***1*** sodomizzare ***2*** (*pop.*) dannare; maledire: **I'll be buggered if...**, sia dannato se... • (*volg.*) **to b. about** (*o* **around**), fare cazzate (*volg.*); fare scemate (*pop.*); sprecare tempo □ (*volg.*) **to b. off**, andare a farsi fottere (*volg.*) □ (*volg.*) **to b. up**, pasticciare; incasinare (*pop.*) □ (*volg.*) **B. it!**, accidenti!; maledizione!; cazzo! (*volg.*) □ (*volg.*) **B. you all!**, andate a farvi fottere! (*volg.*) □ (*volg.*) **to be quite buggered**, essere stanco morto; essere suonato (*pop.*) □ (*volg.*) **to be buggered up**, essere fottuto (*volg.*); essere rovinato.

buggery /'bʌgərɪ/, *n.* sodomia.

bugging /'bʌgɪŋ/, *n.* (*fam.*) ***1*** installazione di microspie (microfoni, registratori nascosti, ecc.) ***2*** intercettazione telefonica abusiva ***3*** (*gergo dei ladri*) installazione di un antifurto. • **b. device**, microspia.

Buggin's turn /'bʌgɪnztɜ:n/, *n.* sistema delle promozioni per anzianità (*e non per merito*).

buggy (**1**) /'bʌgɪ/, *a.* ***1*** infestato da cimici (*o* insetti, *in genere*) ***2*** (*pop. USA*) pazzo.

buggy (**2**) /'bʌgɪ/, *n.* ***1*** calesse; calessino ***2*** (*ind.*) carrello ***3*** (= **baby b.**) carrozzina, passeggino (*per bambini*) ***4*** (= **moon b.**) veicolo lunare ***5*** (*golf*) buggy ***6*** (*pop.*) vecchia automobile; macinino.

bughouse /'bʌghaus/, *n.* (*pop. USA*) manicomio.

bugle (**1**) /'bju:gl/, *n.* ***1*** (*in origine* **b.-horn**) corno da caccia ***2*** (*mil.*) piccola tromba; trombetta ***3*** (*stor.*) buccina (*romana*).

bugle (**2**) /'bju:gl/, *n.* (*bot., Ajuga reptans*) bugola; morandola.

bugle (**3**) /'bju:gl/, *n.* (*arc.*) perlina oblunga (*per ornare vestiti, ecc.*); perlina nera; grano del rosario.

to **bugle** /'bju:gl/, *v. i.* e *t.* (*mil.*) suonare la tromba; chiamare a raccolta, suonare (*la ritirata, ecc.*) con la tromba.

bugler /'bju:glə(r)/, *n.* (*mil.*) trombettiere.

bugloss /'bju:glɒs, *USA* -ɔ:s/, *n.* (*bot., Anchusa officinalis*) buglossa.

buhl /bu:l/, **A** *a.* (*di mobile*) intarsiato in avorio (*o* ottone, tartaruga). **B** *n.* tessera d'avorio (*o* ottone, ecc.) per intarsio.

build /bɪld/, *n.* ***1*** (*di edificio*) forma; stile; costruzione ***2*** (*di persona*) corporatura; fisico: **sturdy b.**, corporatura robusta; **I like the b. of this girl**, mi piace il fisico di (*o* come è fatta) questa ragazza ***3*** (*fam., teatr.*) spettacolo di crescente successo. • **b.-up**, aumento; crescita; incremento; potenziamento; rafforzamento; (*del traffico*) intensificazione; addensamento (*di nubi*); (*comm.*) lancio pubblicitario; (*mil.*) concentramento (*di forze*); (*USA, polit., pubbl.*) montatura; (*USA*) primo passo, prodromo: **The threats were a b.-up for a killing**, con le minacce si preparava un assassinio.

to **build** /bɪld/ (*pass.* e *p. p.* **built**), **A** *v. t.* ***1*** fabbricare; costruire; edificare ***2*** (*fig.*) creare, basare, fondare (*aspettative, speranze, ecc.*): **to b. a business**, creare un'azienda; **to b. a theory on facts**, basare una teoria sui fatti; **I b. all my hopes on him**, fondo in lui ogni mia speranza ***3*** (*fig.*) formare; modellare; plasmare (*fig.*) ***4*** (*mecc.*) fare: **to b. a car for speed**, fare un'automobile in vista della velocità. **B** *v. i.* ***1*** costruire; farsi (*o* fare) la casa: **They are building in this district**, costruiscono in questo quartiere; **When are you going to b.?**, quando comincì a farti la casa? ***2*** fare il costruttore ***3*** (*degli uccelli*) nidificare. • (*fig.*) **to b. a bridge**, gettare un ponte (*fig.*).

♦**build in** (*o* **into**), *v. t.* + *avv.* (*o prep.*) ***1*** (*edil.*) incassare; (*anche mecc.*) incorporare: **to b. a wardrobe into the wall**, incassare un armadio nel muro ***2*** (*fig.*) incorporare, inserire: **to b. a clause into a contract**, inserire una clausola in un contratto.

♦**build on**, **A** *v. t.* + *avv.* (*edil.*) aggiungere: **The attic was built on later**, la mansarda è stata aggiunta dopo. **B** *v. t.* + *prep.* (*fig.*) ***1*** basarsi su; far tesoro di (*conoscenze, esperienza, ecc.*) ***2*** fare affidamento, contare su (q.c.).

♦**build up**, **A** *v. t.* + *avv.* ***1*** (*edil.*) edificare, costruire in (*una zona*): **The fields where we used to play have been built up**, i campi dove giocavamo sono ora coperti di case ***2*** (*fig.*) costruire; fare; creare; accrescere; incrementare; rafforzare: **to b. up a business**, creare un'azienda; **to b. up one's strength after an illness**, riprendere le forze dopo una malattia; **to b. up a fortune**, farsi una fortuna, crearsi un patrimonio; **He has built up a good reputation**, s'è fatto una buona reputazione ***3*** costituire, formare: **to b. up reserves [stocks]**, costituire riserve [scorte]; **Words are built up of letters**, le parole sono formate da lettere ***4*** (*anche pubbl.*) costruire la fama (il successo, ecc.) di (q.); far diventare: **We built her up into a film star**, l'abbiamo fatta diventare una stella del cinema; **The firm was built up into a big concern**, la ditta fu trasformata in una grande azienda; **That singer doesn't need to be built up**, quel cantante non ha bisogno che gli si costruisca un'immagine ***5*** (*USA*) montare; gonfiare (*fig.*). **B** *v. i.* + *avv.* ***1*** accumularsi; crescere; aumentare: **Questions began to b. up**, le domande cominciarono ad accumularsi; **Weekend traffic is building up**, il traffico del weekend aumenta ***2*** (*delle nuvole, ecc.*) accumularsi; addensarsi ***3*** (*del vento*) rinforzare □ **to b. up to**, crescere fino a diventare: **The noise built up to a roar**, il rumore crebbe fino a diventare un frastuono □ **to b. up sb.'s morale**, tirar su il morale di

q. □ **He's been built up into a great success**, ne hanno fatto un personaggio di primo piano. ♦**build upon**, *V.* **build on, B.**

builder /ˈbɪldə(r)/, *n.* (*anche fig.*) costruttore; imprenditore edile: **a railway b.**, un costruttore di ferrovie. ● (*fig.*) **an empire b.**, una persona che si costruisce una posizione di potere (*all'interno di un'organizzazione*) □ **ship b.**, costruttore navale.

building /ˈbɪldɪŋ/, **A** *n.* ***1*** costruzione: **b. land**, terreno da costruzione ***2*** edilizia ***3*** edificio; fabbricato. **B** *a.* edile; edilizio. ● (*fin., in U.S.A.*) **b. and loan association**, *V.* **b. society** □ (*edil.*) **b. block**, blocco per costruzioni; (*fig.*) componente (*o* particella) elementare □ (*edil.*) **b. cleaners**, ripulitori di esterni (*di edifici*) □ **b. code**, regolamento edilizio □ **b. contractor**, imprenditore edile □ **b. industry**, edilizia □ (*leg.*) **b.-lease**, affitto di terreno (*di solito per 99 anni*) con obbligo di costruzione □ **b.-lot**, lotto fabbricabile □ **b.-site**, area fabbricabile □ (*naut.*) **b. slip**, scalo di costruzione □ (*fin., in G.B.*) **b. society**, istituto parabancario di credito immobiliare (*per finanziare la costruzione o l'acquisto di case: accetta depositi, rilascia libretti, ecc.*) □ **b. surveyor**, perito edile; geometra □ **b. trade**, edilizia □ **b. yard**, cantiere edile □ **b. workers**, (gli) edili (*operai*) □ **cheap b.**, casa popolare.

built /bɪlt/ (*pass.* e *p. p.* di **to build**), *a.* (*specialm. nei composti*:) ***1*** (*di un edificio*) fatto di: **a brick-b. house**, una casa di mattoni ***2*** (*di una persona*) di corporatura; dal fisico: **a heavily-b. man**, un uomo di grossa corporatura; **a lightly-b. girl**, una ragazza dal fisico esile; **a well-b. boy**, un ragazzo ben piantato. ● **b.-in**, (*edil.*) incassato, a muro; (*mecc.*) incorporato; (*elab.*) integrato, interno, automatico; (*econ., fin.*) automatico; (*fig.*) incorporato, incluso, inserito: **a b.-in wardrobe**, un armadio a muro; **a b.-in sink**, un lavello incorporato; **a b.-in antenna**, un'antenna incorporata; (*elab.*) **b.-in check**, controllo interno (*o* automatico); (*elab.*) **b.-in test**, test integrato; (*fin.*) **b.-in flexibility**, flessibilità automatica (*dei tassi di cambio*); (*econ.*) **b.-in stabilizer**, stabilizzatore automatico; **a b.-in escape clause**, una clausola risolutiva inserita (*in un contratto*); (*polit.*) **b.-in safeguards**, salvaguardie incorporate nella costituzione; salvaguardie (*o* garanzie) costituzionali □ **b.-up**, (*edil.*) edificato, coperto di edifici; (*anche*) composto, a strati; (*di un tacco, ecc.*) rinforzato: **b.-up area**, agglomerato urbano; (un) abitato; **b.-up beam**, trave metallica composta; (*mil.*) **b.-up gun**, cannone composto; (*edil.*) **b.-up roof**, tetto a strati (*di amianto e asfalto*) □ (*autom.*) **custom-b.**, fuori serie □ **shoes with b.-up heels**, scarpe con il rialzo.

bulb /bʌlb/, *n.* ***1*** (*di pianta, termometro, capello, ecc.*) bulbo; (*di pianta*) tubero: (*anat.*) **hair b.**, bulbo capillifero ***2*** (*elettr.*, = **electric b.**) lampada; lampadina elettrica ***3*** (*radio*) valvola termoionica. ● **b. socket**, portalampada.

bulbiferous /bʌlˈbɪfərəs/, *a.* bulbifero.

bulbiform /ˈbʌlbɪfɔːm/, *a.* bulbiforme.

bulbil /ˈbʌlbɪl/, *n.* (*bot.*) bulbillo.

bulbous /ˈbʌlbəs/, *a.* bulboso.

Bulgar /ˈbʌlgɑː(r)/, *n.* bulgaro.

Bulgarian /bʌlˈgeərɪən/, *a.* e *n.* bulgaro.

bulge /bʌldʒ/, *n.* ***1*** rigonfiamento (*di un muro, ecc.*); protuberanza; sporgenza; gonfiore ***2*** aumento temporaneo (*di volume o di numero*); punta (*di diagramma statistico*) ***3*** (*naut.*) controcarena ***4*** (*mil.*) saliente ***5*** (*Borsa*) rialzo (*dei prezzi*) ***6*** (*fam. ingl.*) – **the b.**, l'aumento delle nascite; l'incremento demografico ***7*** (*pop.*) vantaggio: **to have** (**to get**) **the b. on sb.**, avere (ottenere) un vantaggio su q. ● (*stor.*) **The Battle of the B.**, la battaglia delle Ardenne (*1944*).

to **bulge** /bʌldʒ/, **A** *v. i.* ***1*** gonfiarsi; essere rigonfio ***2*** (*anche* **to b. out**) incurvarsi in fuori; sporgere: **His belly bulges**, ha la pancia che sporge. **B** *v. t.* gonfiare (*una borsa, ecc., riempiendola*).

bulginess /ˈbʌldʒɪnəs/, *n.* l'essere incurvato (*o* rigonfio).

bulging /ˈbʌldʒɪŋ/, *a.* ***1*** gonfio; rigonfio ***2*** protuberante; sporgente: **b. eyes**, occhi sporgenti ***3*** (*fig.*) pieno zeppo: **a b. bag**, un sacco pieno zeppo (*o* stracolmo).

bulgy /ˈbʌldʒɪ/, *a.* (*fam.*) rigonfio; protuberante.

bulimia /bjuːˈlɪmɪə, *USA* buːˈliːm-/, **bulimy** /ˈbjuːlɪmɪ/, *n.* (*med.*) bulimia.

bulimic /bjuːˈlɪmɪk, *USA* buːˈliːm-/, *a.* (*med.*) bulimico.

bulk /bʌlk/, *n.* ***1*** grande massa; mole; quantità; volume ***2*** – **the b. of**, la maggior parte di; il grosso di: **The b. of his property went to his son**, il grosso della sua proprietà andò al figlio ***3*** (*naut.*) spazio di stiva. ● (*comm.*) **b. buying**, acquisti in blocco □ (*naut.*) **b. cargo**, carico alla rinfusa □ (*naut.*) **b. carrier**, nave rinfusiera □ (*comm.*) **b. order**, grosso ordinativo □ (*comm.*) **b. sale**, vendita all'ingrosso □ (*comm.*) **b. selling**, vendite in blocco □ (*naut.*) **to break b.**, iniziare la discarica; cominciare a scaricare □ (*naut.*) **to load in b.**, caricare alla rinfusa (*grano, carbone, ecc.*) □ (*comm.*) **to sell in b.**, vendere in blocco.

to **bulk** /bʌlk/, **A** *v. i.* ***1*** fare massa; ammassarsi ***2*** crescere di volume; gonfiarsi. **B** *v. t.* ***1*** ammassare; accumulare ***2*** trasportare alla rinfusa. ● (*fig.*) **to b. large**, (*di un problema ecc.*) avere (*o* assumere) gran rilevanza □ **to b. up**, accumulare (*una somma, ecc.*); ammassare (*pesce, ecc.*) □ **to b. up to**, assommare a □ (*comm.*) **to b. up tea**, verificare il peso del tè (*alla dog.*).

bulkhead /ˈbʌlkhed/, *n.* ***1*** (*naut., aeron.*) paratia: **fire b.**, paratia tagliafuoco ***2*** (*aeron.*) ordinata di forza ***3*** (*ind. costr.*) muratura di sostegno (*in una galleria*).

bulkiness /ˈbʌlkɪnəs/, *n.* grossezza; voluminosità.

bulky /ˈbʌlkɪ/, *a.* ***1*** grosso; voluminoso ***2*** ingombrante.

bull (**1**) /bʊl/, **A** *n.* ***1*** (*anche fig.*) toro; bufalo (maschio) ***2*** (*specialm. nei composti*:) maschio (*dei grandi mammiferi*): **b. elephant**, elefante maschio; **b. whale**, maschio della balena ***3*** (*Borsa*) speculatore al rialzo; rialzista ***4*** – (*astron., astrol.*) **the B.**, il Toro (*costellazione e II segno dello zodiaco*) ***5*** *V.* **b.'s-eye** ***6*** (*pop. USA*) poliziotto ***7*** (*pop. USA*) asso (*alle carte*) ***8*** (*cane*) bulldog. **B** *a.* ***1*** (*di animale*) maschio ***2*** taurino; di (*o* da) toro: **a b. neck**, un collo taurino ***3*** (*Borsa*) al rialzo, tendente a (provocare un) rialzo; rialzista: **b. operations**, operazioni al rialzo (*dei titoli*); **b. market**, mercato che tende al rialzo. ● (*Borsa*) **b. account**, ciclo operativo (*o* periodo) al rialzo □ (*un tempo*) **b.-baiting**, spettacolo popolare, in cui si aizzavano cani contro un toro incatenato □ **b. bitch**, femmina di bulldog □ **b. calf**, torello; (*fig.*) sempliciotto □ (*Borsa*) **b. campaign**, campagna rialzista □ **b.'s-eye**, (*archit., naut., fotogr.*) occhio di bue; (*naut.*) portellino, oblò; barilotto (*centro del bersaglio*); colpo che fa centro; (*fig.*) osservazione (dichiarazione, ecc.) che fa centro □ **to hit the b.'s-eye**, fare centro □ (*mus., USA*) **b. fiddle**, contrabbasso □ **b.-headed**, testardo, ostinato; precipitoso □ (*fig.*) **a b. in a china shop**, una persona impacciata (*o* maldestra); un elefante in un negozio di porcellane (*fig.*) □ **b.-necked**, dal collo taurino □ (*zool.*) **b.-of-the-bog** (*Botaurus stellaris*), tarabuso □ (*sport*) **b. point**, punto di vantaggio □ (*Borsa*) **b. position**, posizione lunga □ **b. pup**, cucciolo di bulldog □ (*Borsa*) **b. purchase**, acquisto allo scoperto □ **b.-ring**, arena (*per corride*) □ (*Borsa*) **b. run**, corsa agli acquisti; forte rialzo □ (*fam. USA*) **b. session**, chiacchierata fra uomini □ (*Borsa*) **b. stampede**, *V.* **b. run** □ **b. terrier**, bull terrier (*incrocio di un bulldog con un terrier*) □ (*anche fig.*) **to take the b. by the horns**, prendere il toro per le corna.

bull (**2**) /bʊl/, *n.* bolla (*editto, decreto papale*).

bull (**3**) /bʊl/, **A** *n.* ***1*** (*pop.*) coglionate, stronzate (*volg.*); balle, fesserie, sciocchezze: **a lot of b.!**, un mucchio di sciocchezze! ***2*** (*gergo mil.*) (la) mania della ramazza. **B** *inter.* sciocchezze!; balle! (*pop.*). ● (*volg. USA*) **b. crap**, coglionate, stronzate (*volg.*) □ (*pop. USA*) **to shoot the b.**, fare delle chiacchiere; dire delle fesserie; dire delle balle; esagerare.

to **bull** /bʊl/, **A** *v. i.* (*Borsa*) ***1*** speculare (*o* giocare) al rialzo ***2*** (*fam.*) farsi largo con la forza ***3*** (*pop. USA*) *V.* **to bullshit**. **B** *v. t.* causare un rialzo di (*azioni, titoli*). ● (*Borsa*) **to b. the market**, comprare allo scoperto □ (*fam.*) **to b. st. through**, portare a termine q.c. con grande determinazione.

bullace /ˈbʊləs/, *n.* (*bot., Prunus domestica insititia*) susino selvatico; prugnolo da siepe.

bullate /ˈbʊleɪt/, *a.* (*bot., med.*) bolloso; coperto di bolle.

bulldog /ˈbʊldɒg, *USA* -dɔːg/, **A** *n.* ***1*** (*cane*) bulldog ***2*** pistola di grosso calibro ***3*** (*ind.*) refrattario per rivestimento di suola di forno ***4*** (*nelle università ingl.*) assistente del «proctor», col quale collabora per tenere la disciplina ***5*** (*pop. USA*) investigatore privato ***6*** (*pop. USA*) prima edizione del mattino (*d'un quotidiano*). **B** *a. attr.* coraggioso; tenace.

to **bulldoze** /ˈbʊldəʊz/, *v. t.* ***1*** spianare con un bulldozer ***2*** (*fam.*) angariare; costringere con minacce; intimorire; intimidire.

bulldozer /ˈbʊldəʊzə(r)/, *n.* ***1*** (*mecc.*) bulldozer; apripista ***2*** (*metall.*) pressa orizzontale a eccentrici ***3*** (*fam.*) angariatore; bullo (*fam.*).

bullet /ˈbʊlət/, *n.* (*mil.*) pallottola; proiettile. ● **b. drawer**, pinza cavapalle; ferro per estrarre la pallottola da una ferita □ **b.-headed**, dalla testa rotonda; (*fig.*) cocciuto, ostinato, testardo □ **b.-proof**, a prova di proiettile; blindato; corazzato □ **b.-proof glass**, vetro blindato (*o* antiproiettile) □ (*ferr.*) **b. train**, treno «lampo» (*in Giappone*) □ **to bite the b.**, *V. sotto* **to bite** □ **spent b.**, pallottola morta □ **tracer b.**, proiettile tracciante □ (*prov.*) **Every b. has its billet**, ogni proiettile va a segno; non ci si può battere contro la sorte.

bulletin /ˈbʊlətɪn, *USA* -tn/, *n.* ***1*** bollettino; comunicato ***2*** (*radio, TV*) notiziario. ● (*USA*) **b. board**, tabellone; bacheca □ **news b.**, giornale radio; telegiornale.

bullfight /ˈbʊlfaɪt/, *n.* corrida.

bullfighter /ˈbʊlfaɪtə(r)/, *n.* torero.

bullfighting /ˈbʊlfaɪtɪŋ/, *n.* tauromachia.

bullfinch (**1**) /ˈbʊlfɪntʃ/, *n.* (*zool., Pyrrhula pyrrhula*) ciuffolotto maggiore.

bullfinch (**2**) /ˈbʊlfɪntʃ/, *n.* siepe che fiancheggia un fossato.

bullfrog /ˈbʊlfrɒg, *USA* -ɔːg/, *n.* (*zool., Rana catesbeiana*) rana toro.

bullhead /ˈbʊlhed/, *n.* ***1*** (*zool., Cottus gobio*) ghiozzo, magnarone ***2*** (*zool., Ameiurus nebulosus*) pesce gatto ***3*** (*fig.*) stupido; testone; zuccone.

bullion /ˈbʊlɪən/, *n.* oro (*o* argento) in lingotti; metalli preziosi. ● (*fin.*) **the b. market**, il mercato dei preziosi □ (*fin., stor.*) **b. point**, punto dell'oro □ (*fin.*) **b. reserve**, riserva metallica.

bullionism /ˈbʊlɪənɪzəm/, *n.* (*econ.*) bullionismo.

bullionist /ˈbʊlɪənɪst/, *n.* (*econ.*) bullionista.

bullish /ˈbʊlɪʃ/, *a.* ***1*** di (*o* da) toro; (*fig.*) testardo, tonto ***2*** (*Borsa*) rialzista; orientato (*o* tendente) al rialzo. ● (*Borsa*) **a b. market**, un mercato tendente al rialzo □ (*Borsa*) **a b. trend**, una tendenza al rialzo.

bullishness /ˈbʊlɪʃnəs/, *n.* (*Borsa*) tendenza al rialzo.

bullock /ˈbʊlək/, *n.* ***1*** giovenco; manzo ***2*** (*specialm. USA*) torello.

bullpen /ˈbʊlpen/, *n.* (*fam. USA*) ***1*** prigione; cella d'isolamento ***2*** sala d'attesa ***3*** dormitorio di college maschile ***4*** sala di college femminile (*dove gli studenti aspettano le ragazze*) **5** (*sport: boxe*) ring **6** (*sport: baseball*) locale in cui si scaldano i giocatori.

bullring /ˈbʊlrɪŋ/, *n.* arena (*per corride*).

bullshit /ˈbʊlʃɪt/, (*volg.*) **A** *n.* **1** coglionate, stronzate, cazzate (*volg.*); balle, fesserie, cavolate (*pop.*); sciocchezze **2** vane ciance, discorsi a vanvera. **B** *inter.* cazzate! (*volg.*); balle! (*pop.*). ● (*pop. USA*) **b. artist**, raccontaballe; ballista □ (*prov. USA*) **Money talks, b. walks**, (in politica) conta il dio quattrino, le promesse elettorali passano.

to **bullshit** /ˈbʊlʃɪt/, *v. i.* (*volg.*) **1** dire (*o* scrivere, ecc.) coglionate, cazzate, stronzate (*volg.*); dire (*o* scrivere) balle, fesserie, cavolate (*pop.*) **2** chiacchierare oziosamente; parlare a vanvera; cianciare.

bullshitter /ˈbʊlʃɪtə(r)/, *n.* (*volg.*) **1** chi dice cazzate, stronzate (*volg.*); chi dice cavolate (*pop.*) **2** raccontaballe; ballista.

bullshot /ˈbʊlʃɒt/, *n.* (*pop. USA*) **1** *V.* **bullshit, A 2** (*di cibo o bevande*) porcheria; robaccia.

bulltrout /ˈbʊltraʊt/, *n.* (*zool., Salmo trutta*) trota comune.

bully (**1**) /ˈbʊlɪ/, *n.* **1** prepotente; attaccabrighe; bullo (*fam.*) **2** (*arc.*) protettore di donne; magnaccia **3** (*arc.*) sicario.

bully (**2**) /ˈbʊlɪ/, **A** *a.* **1** coraggioso; spavaldo **2** (*fam. USA*) magnifico; ottimo; eccellente. **B** *inter.* bene!: **b. for you (him, etc.)!**, bravissimo!

bully (**3**) /ˈbʊlɪ/, *n.* (= **b. beef**) carne di manzo in scatola.

bully (**4**) /ˈbʊlɪ/, *n.* (*sport, spesso* **b.-off**) messa in gioco (*nell'hockey su prato*).

to **bully** /ˈbʊlɪ/, **A** *v. t.* angariare; opprimere; intimorire; intimidire. **B** *v. i.* fare il prepotente. ● **to b. sb. into st.**, costringere q., con minacce, a fare q.c. □ **to b. sb. out of st.**, impedire a q., con minacce, di fare q.c.

bullyboy /ˈbʊlɪbɔɪ/, (*fam.*) **A** *n.* prepotente; picchiatore; bullo. **B** *a. attr.* da prepotente; da bullo.

to **bullyrag** /ˈbʊlɪræg/, *v. t.* (*arc.*) angariare; intimorire; maltrattare.

bulrush /ˈbʊlrʌʃ/, *n.* (*bot.*) **1** (*Scirpus lacustris*) giunco di palude; nocco **2** (*Typha latifolia*) stiancia **3** (*Cyperus papyrus*) papiro.

bulwark /ˈbʊlwək/, *n.* **1** (*anche fig.*) baluardo; bastione; spalto **2** frangiflutti; pennello; molo **3** (*di solito al pl.*) (*naut.*) murata; parapetto di murata: **main bulwarks**, murata principale.

bum (**1**) /bʌm/, *n.* (*pop.*) deretano; didietro. ● (*stor., spreg.*) **bum-bailiff**, ufficiale giudiziario (*toccava il debitore sulla schiena, arrestandolo*) □ **bum-boat**, barca dei viveri; bettolina □ (*pop. USA*) **bum rap**, attacco ingiusto; accusa infondata; condanna ingiusta □ (*pop. USA*) **bum steer**, informazione errata; indizio falso.

bum (**2**) /bʌm/, *n.* (*USA*) **1** vagabondo; fannullone; barbone **2** tipaccio; poco di buono **3** (*sport*) fanatico, tifoso (*che segue la squadra del cuore in trasferta, ecc.*). ● **to give sb. the bum's rush**, buttare fuori q. □ **on the bum**, dedito al vagabondaggio; (*di macchina, ecc.*) guasto.

bum (**3**) /bʌm/, *a.* (*pop. USA*) **1** scadente; di qualità inferiore **2** falso: **a bum cheque**, un assegno falso.

to **bum** /bʌm/, (*USA*) **A** *v. i.* (*anche* **to b. around**) oziare; fare il vagabondo; bighellonare; vivere a scrocco. **B** *v. t.* (*pop.*) scroccare: **to bum a lift** (*o* **a ride**), scroccare un passaggio (*in automobile*). ● (*pop.*) **to bum out**, deprimere, scoraggiare; buttar giù (*pop.*).

bumble (**1**) /ˈbʌmbl/, *n.* usciere; impiegatuccio borioso.

bumble (**2**) /ˈbʌmbl/, *n.* **1** pasticcio; lavoro abborracciato **2** sfondone; strafalcione.

to **bumble** /ˈbʌmbl/, **A** *v. t.* raffazzonare; abborracciare. **B** *v. i.* **1** incespicare (*anche fig.*); impappinarsi **2** borbottare.

bumble(-)bee /ˈbʌmblbiː/, *n.* (*zool., Bombus*) bombo.

bumbledom /ˈbʌmbldəm/, *n.* boria d'impiegatuccio.

bumbling /ˈbʌmblɪŋ/, *a.* (*fam.*) inetto; maldestro.

bumf /ˈbʌmf/, *n.* (*pop., spreg.*) **1** carta igienica **2** documenti burocratici.

bumkin /ˈbʌmkɪn/, *n.* (*naut.*) buttafuori.

bummaree /bʌməˈriː/, *n.* (*un tempo*) mediatore (*al mercato del pesce di Londra*).

bummer /ˈbʌmə(r)/, *n.* **1** (*pop. USA*) fannullone; vagabondo **2** (*pop.*) viaggio (*di drogato*) con allucinazioni (*o* incubi) **3** (*pop. USA*) fallimento; fiasco **4** (*pop. USA*) seccatura; scocciatura, rottura (*pop.*).

bump (**1**) /bʌmp/, *n.* **1** colpo sordo; urto; collisione **2** sobbalzo; scossa (*anche di aeroplano*) **3** bernoccolo (*anche fig.*); gonfiore: **He has the b. of mathematics**, ha il bernoccolo della matematica **4** (*di una strada, ecc.*) gobba; cunetta **5** (*pop. USA*) promozione; aumento della paga **6** (*pop. USA*) uccisione; assassinio **7** (*pop. USA*) sveltina **8** (*canottaggio*) il toccare con la prua l'imbarcazione che precede: **b.-supper**, cena per celebrare la vittoria così conseguita.

bump (**2**) /bʌmp/, *avv.* di colpo; improvvisamente: **to come** (*o* **to run**) **b. into sb.**, andare a sbattere contro (*o* a urtare) q. all'improvviso.

bump (**3**) /bʌmp/, *n.* (*zool.*) verso del tarabuso.

to **bump** (**1**) /bʌmp/, *v. t.* e *i.* **1** battere, urtare, andare a sbattere (*contro q.c.*); gettare a terra (q.): **I bumped against the table**, andai a sbattere contro la tavola; **I have bumped my head**, ho battuto la testa **2** sobbalzare: **The car bumped along**, l'automobile procedeva sobbalzando **3** (*pop. USA*) soppiantare (q.); licenziare (q.) **4** (*pop. USA*) cancellare, eliminare (*una località: dall'itinerario di un viaggio*) **5** (*pop. USA*) promuovere; portare: **They bumped me to 200 dollars a week**, mi portarono a 200 dollari la settimana **6** (*pop. USA*) uccidere; far fuori (*pop.*) **7** (*tur.*) lasciare a terra (*i passeggeri*) **8** (*canottaggio*) raggiungere.

♦**bump into**, *v. i.* + *prep.* **1** (*autom., ecc.*) (andare a) sbattere contro, tamponare (*un altro veicolo*) **2** (*fam.*) imbattersi in, incontrare per caso (q.).

♦**bump off**, **A** *v. t.* + *avv.* **1** gettare a terra; buttare giù **2** (*fam.*) uccidere; far fuori (*pop.*). **B** *v. i.* + *avv.* (*fam.*) tirare le cuoia (*pop.*); crepare (*pop.*); morire.

♦**bump up**, *v. t.* + *avv.* (*fam.*) **1** aumentare, alzare, crescere (*i prezzi, ecc.*): **to b. up the average**, alzare la media **2** promuovere (q.) inaspettatamente (*o* immeritatamente).

♦**bump up against**, *v. i.* + *avv.* + *prep.* (*fam.*) imbattersi in, incontrare per caso (q.).

to **bump** (**2**) /bʌmp/, *v. i.* fare il verso del tarabuso.

bumper /ˈbʌmpə(r)/, **A** *n.* **1** (*raro*) bicchiere colmo **2** (*pop.*) cosa (*raccolto, ecc.*) di eccezionale grandezza (*o* abbondanza) **3** (*autom.*) paraurti **4** (*ferr., USA*) respingente **5** (*naut.*) parabordo **6** (*pop. USA*) spogliarellista. **B** *a. attr.* eccezionale; molto abbondante: **a b. crop**, un raccolto eccezionale. ● **b. car**, autoscontro □ (*autom., USA*) **b. sticker**, adesivo con slogan, per paraurti □ (*autom.: del traffico*) **b.-to-b.**, con le auto una attaccata all'altra; in fila serrata.

bumpiness /ˈbʌmpɪnəs/, *n.* irregolarità, l'essere accidentato (*di terreno, strada, ecc.*).

bumping /ˈbʌmpɪŋ/, *n.* **1** l'andare a sbattere; scontro **2** (*autom.*) tamponamento **3** (*chim.*) ebollizione a scosse. ● (*sport: a Oxford e Cambridge*) **b. race**, gara di canottaggio di due armi in fila.

bumpkin /ˈbʌmpkɪn/, *n.* **1** individuo goffo, maldestro; bifolco; zotico **2** (*naut.*) buttafuori.

bumptious /ˈbʌmpʃəs/, *a.* presuntuoso; arrogante; borioso.

bumptiousness /ˈbʌmpʃəsnəs/, *n.* presunzione; arroganza; boria.

bumpy /ˈbʌmpɪ/, *a.* **1** (*di terreno, strada, ecc.*) irregolare; accidentato; ineguale **2** (*di un viaggio, di un volo*) pieno di sobbalzi; tutto scosse. ● (*fig. fam.*) **to have a b. time**, attraversare un periodo di alti e bassi.

bun (**1**) /bʌn/, *n.* **1** panino dolce; ciambella; focaccina **2** crocchia; chignon. ● (*pop. ingl.*) **bun fight**, tè del pomeriggio; (*iron.*) ricevimento ufficiale.

bun (**2**) /bʌn/, *n.* **1** (*pop.*) coniglio **2** (*pop.*) scoiattolo **3** (*pop. USA*) sedere; (*pl.*) chiappe (*pop.*); natiche.

bunch /bʌntʃ/, *n.* **1** grappolo; gruppo (*di oggetti*); mazzo; mucchio: **a b. of flowers [of keys]**, un mazzo di fiori [di chiavi]; **a b. of grapes**, un grappolo d'uva **2** (*fam.*) gruppo (*di persone*); comitiva: **He's the best of the b.**, è il migliore di tutti **3** (*elettron.*) pacchetto; gruppo **4** (*ind. tess.*) fiocco **5** (*USA*) branco (*di bovini, ecc.*) **6** (*pop. USA*) banda; gang; ganga **7** (*pop. USA*) rotolo di banconote; malloppo (*pop.*). ● **a b. of bananas**, un casco di banane □ (*pop.*) **b. of fives**, mano; pugno.

to **bunch** /bʌntʃ/, **A** *v. t.* **1** raggruppare; raccogliere in un mazzo (*o* in mazzi) **2** drappeggiare (*una stoffa, un vestito*). **B** *v. i.* **1** raggrupparsi; raccogliersi in un mazzo (*o* in mazzi) **2** (*mil.*) serrare le file **3** (*del traffico*) appesantirsi. ● (*di stoffa*) **to b. up**, raggrinzirsi.

bunchy /ˈbʌntʃɪ/, *a.* **1** che cresce a grappoli **2** che ha mazzi (*o* grappoli) **3** (*di una vena di minerale, ecc.*) irregolare.

bunco /ˈbʌŋkəʊ, ˈbʊŋ-/, *n.* (*pl.* **buncos**) (*fam. USA*) imbroglio; truffa (*specialm. al gioco e con l'aiuto di complici*). ● **b. artist** (*o* **b. steerer**), imbroglione; truffatore; compare.

to **bunco** /ˈbʌŋkəʊ, ˈbʊŋ-/, *v. t.* (*fam. USA*) imbrogliare; truffare.

buncombe /ˈbʌŋkəm/, *V.* **bunkum**.

bundle /ˈbʌndl/, *n.* **1** (*anche bot.*) fascio; fastello **2** involto; pacco; fagotto **3** (*anat.*) fascio **4** (*pop. USA*) (un bel) gruzzolo **5** (*pop. USA*) (bel pezzo di) ragazza. ● **a b. of firewood**, una fascina di legna da ardere.

to **bundle** /ˈbʌndl/, **A** *v. t.* **1** legare (q.c.) in un fascio (*o* fagotto); affastellare; impacchettare **2** (*seguito da* **away, off, out, into**) mettere (q.c.) alla rinfusa; mandare, spedire (q.) in tutta fretta: **He bundled everything into the case**, mise ogni cosa alla rinfusa dentro la cassa; **I bundled him off to my office**, lo spedii in tutta fretta al mio ufficio **3** (*seguito da* **into**) spingere (q.) con violenza; ficcare: **The kidnapped girl was bundled into the car**, la ragazza rapita fu ficcata in macchina a viva forza. **B** *v. i.* (*seguito da* **away, off, out**) andarsene in gran fretta; far fagotto: **We bundled off**, facemmo fagotto. ● **to b. up**, fare un fagotto di (q.c.); infagottarsi, avvolgersi (*in scialli, ecc.*).

bung (**1**) /bʌŋ/, *n.* **1** (*ind.*) grosso turacciolo; tappo (*di botte, ecc.*); zipolo **2** (*di solito* **b.-hole**) cocchiume.

bung (**2**) /bʌŋ/, *n.* (*pop. ingl.*) **1** mancia **2** bustarella; mazzetta; tangente.

to **bung** (**1**) /bʌŋ/, *v. t.* **1** mettere il tappo a, tappare (*una botte, ecc.*) **2** (*pop.*) gettare; buttare; scagliare. ● (*pop.*) **to b. up**, chiudere, intasare; (*pop.*) pestare, picchiare □ (*pop.*) **to have one's eyes bunged up**, avere gli occhi gonfi (*per botte o malattia*) □ **bunged-up drains**, fogne intasate.

to **bung** (**2**) /bʌŋ/, *v. t.* (*pop. ingl.*) **1** dare la mancia a (q.) **2** dare una bustarella a (q.); corrompere.

bungalow /ˈbʌŋgələʊ/, *n.* bungalow; casa di legno a un piano (*con veranda*).

bungeejumping /ˈbʌndʒɪdʒʌmpɪŋ/, *locuz. n.* salto dal ponte con un cavo elastico.

bungle /ˈbʌŋgl/, *n.* pasticcio (*fig.*); lavoro mal

fatto (*o* abborracciato).

to **bungle** /ˈbʌŋgl/, *v. t.* e *i.* abborracciare; pasticciare (*fig.*); fare male (*un lavoro*); sciupare; fare pasticci (*fig.*).

bungler /ˈbʌŋglə(r)/, *n.* abborracciatore; pasticcione; arruffone; confusionario.

bunion /ˈbʌnjən/, *n.* (*med.*) borsite dell'alluce.

bunk (1) /bʌŋk/, *n.* *1* (*tur.*) cuccetta *2* lettino *3* (*fam.*) letto. ● **b. bed**, letto a castello □ (*fam.*) **b.-up**, aiuto; spinta, mano (*fig.*): **to give sb. a b.-up**, dare una mano a q.; aiutare q.

bunk (2) /bʌŋk/, *n.* (*pop.*) fuga. ● (*pop.*) **to do a b.**, andarsene alla chetichella; darsela a gambe (*pop.*); tagliare la corda (*fig.*).

bunk (3) /bʌŋk/, *n.* (*pop. USA*) balla; fandonia; sciocchezza.

to **bunk** (1) /bʌŋk/, *v. i.* *1* dormire in cuccetta *2* (*fam.*) alloggiare, dormire (*in modo provvisorio o alla meglio*). ● **to b. down on the floor**, farsi un giaciglio sul pavimento □ (*pop.*) **to b. in with sb.**, andare a letto con q., fare l'amore con q. □ **to b. with sb.**, dividere la camera con q. □ **to b. together**, dormire insieme.

to **bunk** (2) /bʌŋk/, *v. i.* (*pop.*) fuggire; tagliare la corda (*fig.*).

bunker /ˈbʌŋkə(r)/, *n.* *1* (*naut.*) carbonile; stiva per il carbone *2* (*mil.*) bunker; fortino, casamatta *3* (*golf*) bunker; ostacolo (*artificiale*) *4* (*fig.*) rifugio.

to **bunker** /ˈbʌŋkə(r)/, **A** *v. t.* *1* (*golf*) tirare (*la palla*) in bunker *2* (*fig.*) mettere in difficoltà *3* (*naut.*) rifornire di carbone. **B** *v. i.* (*naut.*) rifornirsi di carbone. ● **to be bunkered**, (*golf*) avere la palla in bunker; (*fig.*) essere in difficoltà.

bunkering /ˈbʌŋkərɪŋ/, *n.* (*naut.*) caricamento dei carbonili. ● **b. station**, stazione di rifornimento.

bunkhouse /ˈbʌŋkhaʊs/, *n.* (*USA*) casa dei mandriani (*o* dei cowboy).

bunko, to **bunko** /ˈbʌŋkəʊ, ˈbʊŋ-/, *V.* **bunco, to bunco**.

bunkum /ˈbʌŋkəm/, *n.* *1* balle; fandonie; fesserie *2* (*polit., USA*) oratoria da strapazzo.

bunny /ˈbʌnɪ/, *n.* *1* (*infant.*) coniglietto *2* (= **b.-girl**) coniglietta (*ragazza di un Playboy Club*) *3* (*pop.*) ragazza; bella ragazza.

bunt /bʌnt/, *n.* *1* parte che si gonfia, fondo, pancia (*di vela*); pancia, fondo, sacco (*di rete da pesca, ecc.*) *2* (*aeron.*) virata imperiale *3* (*USA, baseball*) palla smorzata. ● (*naut.*) **b.-line**, caricammezzo.

to **bunt** /bʌnt/, **A** *v. i.* *1* (*naut.*: *di una vela*) gonfiarsi *2* (*aeron.*) fare una virata imperiale. **B** *v. t.* *1* (*aeron.*) mettere (*un aereo*) in virata imperiale *2* (*USA, baseball*) smorzare (*una palla*) con la mazza.

bunting (1) /ˈbʌntɪŋ/, *n.* *1* (*ind. tess.*) stamigna, stamina (*stoffa per bandiere, ecc.*) *2* (*collett.*) bandiere; pavese; (*comm.*) bandiere, vessilli e stendardi.

bunting (2) /ˈbʌntɪŋ/, *n.* (*zool., Emberiza*) zigolo.

buoy /bɔɪ, *USA* ˈbuːɪ, bɔɪ/, *n.* *1* (*naut.*) boa; gavitello *2* (*naut.*, = **life b.**) salvagente *3* (*fig.*) sostegno; appoggio. ● **b. rope**, grippia □ **bell b.**, boa con campana □ **light b.**, boa luminosa □ **mooring b.**, boa di ormeggio □ **to pick up a b.**, ormeggiarsi a una boa □ **spar b.**, boa a palo.

to **buoy** /bɔɪ/, *v. t.* (*naut.*) *1* provvedere di boe; disporre le boe su *2* (*talvolta* **to b. up**) segnare la posizione di (q.c.) con boe: **to b. a wreck**, segnare con boe la posizione di un relitto. ● **to b. up**, tenere a galla; venire a galla; (*fig.*) appoggiare, sostenere, incoraggiare: **to b. up the American currency**, sostenere la valuta americana.

buoyage /ˈbɔɪɪdʒ/, *n.* (*naut.*) *1* (*collett.*) boe *2* sistema di segnalazione a mezzo di boe *3* diritti di boa.

buoyancy /ˈbɔɪənsɪ/, *n.* *1* galleggiabilità: **Cork has more b. than wood**, il sughero ha una galleggiabilità superiore a quella del legno *2* (*fis.*) spinta idrostatica *3* (*naut.*) spinta di galleggiamento *4* (*aeron.*) spinta aerostatica; forza ascensionale *5* (*fig.*) capacità di recupero; brio; allegria; vivacità; esuberanza *6* (*comm., fin.*) esuberanza; elasticità; slancio; tendenza al rialzo: **There's a good market b.**, c'è una notevole tendenza del mercato a salire. ● (*naut.*) **b. tank**, cassa di emersione (*di un sottomarino*) □ **centre of b.**, (*fis.*) centro di galleggiamento; (*naut.*) centro di carena.

buoyant /ˈbɔɪənt/, *a.* *1* galleggiabile; capace di galleggiare (*o* di tenere a galla) *2* (*naut.*) galleggiante; galleggiabile *3* (*fig.*) ottimisticamente esuberante; brioso; allegro; vivace; pieno di risorse *4* (*comm., fin.*: *di un mercato, ecc.*) esuberante, in recupero; elastico; tendente al rialzo *5* (*fin.*: *di una moneta*) sostenuto; vivace.

bur /bɜː(r)/, *n.* *1* (*ind. tess.*) lappola *2* (*bot.*) lappola, brattea uncinata (*come quelle della bardana*) *3* (*bot.*: *della castagna*) riccio *4* (*fig.*) persona appiccicaticcia; attaccabottoni (*fam.*).

Burberry /ˈbɜːbərɪ, *USA* -ɛrɪ/, *n.* (*marchio*) impermeabile Burberry.

to **burble** /ˈbɜːbl/, *v. i.* *1* gorgogliare; (*dello stomaco*) brontolare *2* ribollire (*di rabbia, ecc.*) *3* riboccare, traboccare (*d'allegria, ecc.*). ● **to b. about st.**, chiacchierare di q.c.

burbot /ˈbɜːbət/, *n.* (*pl.* **burbot, burbots**) (*zool., Lota lota*) bottatrice.

burden (1) /ˈbɜːdn/, *n.* *1* (*anche fig.*) carico; fardello; onere; peso; soma: **ship of b.**, nave da carico; **beast of b.**, bestia da soma; **a b. of care**, un fardello di affanni; **tax b.**, carico fiscale; **the b. of years**, il peso degli anni *2* (*fisc., anche*) gravame; aggravio: **the b. of taxation**, il gravame delle imposte *3* (*leg.*) onere: **the b. of proof**, l'onere della prova *4* (*naut.*) portata; stazza; tonnellaggio (*d'una nave*) *5* (*elettr.*) carico totale *6* (*metall.*) carica del forno *7* (*fin., rag.*) costo fisso (*o* indiretto). ● **to make sb.'s life a b.**, rendere la vita insopportabile a q.

burden (2) /ˈbɜːdn/, *n.* *1* (*mus.*) basso fondamentale *2* (*mus.*) bordone; ritornello *3* (*fig.*) motivo dominante; tema principale: **the b. of a speech**, il tema principale di un discorso. ● **the b. of the story**, il succo del racconto.

to **burden** /ˈbɜːdn/, *v. t.* *1* (*anche fig.*) caricare; gravare; imporre un onere (*o* un peso) a (q.) *2* opprimere; infastidire *3* gravare d'imposte; tassare. ● **to b. with a mortgage**, gravare d'ipoteca □ (*leg.*) **burdened estate**, proprietà gravata da oneri.

burdensome /ˈbɜːdnsəm/, *a.* gravoso; oneroso; opprimente.

burdensomeness /ˈbɜːdnsəmnəs/, *n.* gravosità; onerosità.

burdock /ˈbɜːdɒk/, *n.* (*bot.*) *1* (*Arctium lappa*) bardana; lappola; lappa *2* *V.* **butterbur**.

bureau /ˈbjʊərəʊ, -ˈrəʊ/, *n.* (*pl.* **bureaus, bureaux**) *1* scrivania (*o* scrittoio) con cassetti *2* (*USA*) cassettiera; cassettone *3* ufficio; agenzia: **an information b.**, un'agenzia d'informazioni *4* (*USA*) ufficio governativo (*o* federale); dipartimento; sezione: (*USA*) **Federal B. of Investigation** (*abbr.* **F.B.I.**), Sezione investigativa della polizia federale. ● (*fin.*) **b. de change** (*franc.*), agenzia di cambio; ufficio cambi.

bureaucracy /bjʊəˈrɒkrəsɪ/, *n.* burocrazia.

bureaucrat /ˈbjʊərəkræt/, *n.* burocrate.

bureaucratese /bjʊəˈrɒkrətiːz/, *n.* burocratese; gergo della burocrazia.

bureaucratic /bjʊərəˈkrætɪk/, *a.* burocratico.

bureaucratism /bjʊəˈrɒkrətɪzəm/, *n.* burocratismo.

bureaucratization /bjʊərɒkrətaɪˈzeɪʃn, *USA* -tɪˈz-/, *n.* burocratizzazione.

to **bureaucratize** /bjʊəˈrɒkrətaɪz/, *v. t.* burocratizzare.

bureautics /bjʊəˈrɒtɪks/, *n. pl.* (*col verbo al sing.*) (*elab.*) burotica; informatica per l'ufficio.

burette /bjʊəˈrɛt/ (*franc.*), *n.* (*chim.*) buretta; provetta graduata.

burg /bɜːg/, *n.* *1* (*stor.*) città fortificata *2* (*fam. USA*) città.

burgee /ˈbɜːdʒɪ, bɜːˈdʒiː/, *n.* (*naut.*) bandiera sociale; guidone.

burgeon /ˈbɜːdʒən/, *n.* (*poet.*) gemma; germoglio.

to **burgeon** /ˈbɜːdʒən/, *v. i.* (*poet.*) *1* germogliare; gemmare *2* (*fig., di solito* **to b. out, to b. forth**) fiorire; crescere (*o* svilupparsi) rapidamente.

burger /ˈbɜːgə(r)/, *n.* (*fam.*) *V.* **hamburger**.

burgess /ˈbɜːdʒɪs/, *n.* *1* cittadino (*di un* **borough**) *2* (*stor., in G.B.*) rappresentante parlamentare d'una città (*o* di un'università).

burgh /ˈbʌrə, *USA* ˈbɜːrəʊ/, *n.* (*scozz.*) città; borgo; municipio (*V.* **borough**).

burgher /ˈbɜːgə(r)/, *n.* (*stor.*) *1* cittadino (*specialm. di una città olandese o tedesca*) *2* borghese.

burglar /ˈbɜːglə(r)/, *n.* *1* (*leg.*) scassinatore *2* (*per estens.*) ladro. ● **b. alarm**, impianto d'allarme; antifurto (*in un edificio*).

burglarious /bəˈglɛərɪəs/, *a.* (*leg.*) relativo a (*o* che costituisce) furto con scasso.

to **burglarize** /ˈbɜːgləraɪz/, (*USA*) *V.* **to burgle**.

burglary /ˈbɜːglərɪ/, *n.* (*leg.*) *1* furto con scasso; violazione di domicilio *2* (*per estens.*) furto; rapina.

to **burgle** /ˈbɜːgl/, **A** *v. t.* *1* scassinare, svaligiare (*una casa, ecc.*) *2* commettere un furto con scasso ai danni di (q.). **B** *v. i.* *1* commettere un furto con scasso *2* fare lo scassinatore.

burgomaster /ˈbɜːgəmɑːstə(r), *USA* -mæs-/, *n.* borgomastro.

burgonet /ˈbɜːgənɛt/, *n.* (*stor. mil.*) borgognotta.

burgoo /ˈbɜːguː, bɜːˈguː/, *n.* *1* (*gergo nautico*) porridge *2* (*USA*) zuppa (*o* stufato) assai piccante *3* (*USA*) festa (*o* party) in cui si mangia questo cibo.

burgrave /ˈbɜːgreɪv/, *n.* (*stor.*) burgravio.

Burgundian /bɜːˈgʌndɪən/, *a.* e *n.* borgognone.

Burgundy /ˈbɜːgəndɪ/, *n.* *1* (*geogr.*) Borgogna *2* – **b.**, borgogna; vino di Borgogna.

burial /ˈbɛrɪəl/, *n.* *1* sepoltura; seppellimento; inumazione; tumulazione *2* funerale. ● **b. ground**, cimitero □ **b. mound**, tumulo; tomba □ **b. place**, cimitero; sepoltura; tomba □ **b. service**, ufficio funebre; esequie (*pl.*).

burin /ˈbjʊərɪn/, *n.* bulino.

burinist /ˈbjʊərɪnɪst/, *n.* incisore; bulinatore; bulinista.

to **burke** /bɜːk/, *v. t.* (*raro*) soffocare (*una discussione, ecc.*); mettere a tacere (*una voce*); passare sotto silenzio (*una notizia*); insabbiare (*un progetto di legge*).

burl /bɜːl/, *n.* nodo (*di stoffa, legno*); escrescenza (*su un tronco*).

to **burl** /bɜːl/, *v. t.* (*ind. tess.*) rifinire (*una stoffa*) togliendo i nodi.

burlap /ˈbɜːlæp/, *n.* tela ruvida (*di juta, canapa, lino*); tela da sacchi.

burlesque /bɜːˈlɛsk/, **A** *n.* *1* caricatura; parodia *2* (*teatr. USA*) rivista; spettacolo di varietà; spogliarello *3* (*letter.*) farsa; poema burlesco. **B** *a.* *1* caricaturale; parodistico *2* (*teatr. USA*) di rivista; di varietà.

to **burlesque** /bɜːˈlɛsk/, *v. t.* parodiare; mettere in ridicolo.

burliness /ˈbɜːlɪnəs/, *n.* corpulenza.

burly /ˈbɜːlɪ/, *a.* corpulento; tarchiato; atticciato.

Burma /ˈbɜːmə/, *n.* (*geogr.*) Birmania.

Burman /ˈbɜːmən/, *V.* **Burmese**.

Burmese /bɜːˈmiːz/, *a.* e *n.* (*invar. al pl.*) birmano.

burn (1) /bɜːn/, *n.* *1* bruciatura; scottatura; (*med.*) ustione *2* marchio a fuoco *3* (*ind.*) cottura; calcinazione *4* (*miss.*) accensione (*di un razzo o retrorazzo*) *5* (*pl.*) (*pop. USA*) basette *6* (*pop.*) sigaretta; cicca (*pop.*) *7* (*pop. USA*) droga di cattiva qualità. ● (*pop. USA*) **b. artist**, spacciatore di droga di cattiva qualità □ **b.-out**, incendio disastroso; (*mecc.*) fusione (*del motore*); (*fig.*) esaurimento nervoso, tracollo; (*elettr.*) interruzione (*per corto circuito*); (*aeron., miss.*) arresto della combustione, spegnimento (*del combustibile*); (*miss.*) punto d'esaurimento (*nella traiettoria*); (*pop. USA*) uno che si è «bruciato»; (*pop. USA, autom.*) partenza «a razzo»; (*pop. USA*) carne alla griglia.

burn (2) /bɜːn/, *n.* (*scozz., poet.*) ruscelletto; torrentello.

to **burn** /bɜːn/, **A** *v. t.* (*pass.* e *p. p.* **burnt**) *1* bruciare; ardere; incenerire; scottare; ustionare; cuocere troppo: **to b. wood**, bruciare (*o* ardere) legna; **They were burnt alive**, furono bruciati vivi; **His face was burnt by the sun**, aveva il viso bruciato dal sole; **We burnt the secret papers**, bruciammo (*o* incenerimmo) i documenti segreti; **I've burnt my finger**, mi sono bruciato un dito; **I've burnt the chicken**, ho bruciato il pollo; **Alcohol burns one's throat**, l'alcol brucia la gola (*o* brucia in gola) *2* fare (*o* incidere) con il fuoco: **to b. one's name into a tree**, incidere con il fuoco il proprio nome su un albero; **to b. a hole in one's jacket**, farsi un buco nella giacca (*con la sigaretta, ecc.*) *3* marchiare a fuoco *4* consumare, usare (*un certo combustibile*); andare a: **My heater burns gas**, il mio scaldabagno va a gas *5* (*chim.*) combinare con l'ossigeno *6* (*tecn.*) cuocere; calcinare *7* (*med.*) cauterizzare (*una ferita, ecc.*) *8* (*fam., miss.*) accendere (*un razzo*) *9* (*tecn.*) tagliare (*metalli*) con la fiamma ossidrica (*o* col cannello ferruminatorio) *10* (*fam.*) imbrogliare; truffare; fregare (*pop.*) *11* (*pop. USA*) giustiziare (q.) sulla sedia elettrica *12* (*pop. USA*) ammazzare; assassinare *13* (*pop. USA*) cucinare, scaldare (*vivande*) *14* (*pop. USA*) spacciare (*droga di cattiva qualità*). **B** *v. i.* (*pass.* e *p. p.* **burnt** e **burned**) *1* bruciare, ardere, scottare (*anche fig.*): **The house is burning**, sta andando a fuoco la casa; **The chicken is burning in the oven**, sta bruciando il pollo nel forno; **to b. low**, bruciare a fiamma bassa; **My forehead was burning with fever**, mi bruciava (*o* scottava) la fronte per la febbre; **to b. with anger [with passion]**, bruciare per la rabbia [ardere d'amore]; **A light was burning in the darkness**, nel buio ardeva (*o* brillava) una luce *2* (*fig.*) ardere dal desiderio: **She was burning to meet him**, ardeva dal desiderio d'incontrarlo *3* scottarsi (*al sole, ecc.*) *4* (*della luce elettrica, ecc.*) – **to be burning**, essere acceso *5* (*chim.*) combinarsi con l'ossigeno *6* (*fis. nucl.*) subire una fusione; fondersi *7* (*fam., miss.: di un razzo*) accendersi; restare acceso *8* (*pop. USA*) restare deluso (*in affari o in amore*); rimanere scottato (*fam.*) *9* (*pop. USA*) morire sulla sedia elettrica. ● (*volg. USA*) **to b. sb.'s ass**, fare incazzare q. (*volg.*) □ (*fig.*) **to b. one's boats** (*o* **bridges**), tagliarsi i ponti alle spalle □ **to b. the candle at both ends**, vegliare fino a tardi e alzarsi presto (*per lavorare*); lavorare troppo; sprecare energie □ **to b. charcoal**, fare il carbone di legna □ **to b. clear**, fare una bella luce; far luce (bene) □ **to b. dim**, fare una luce fioca; far poca luce □ (*fam.*) **to b. sb.'s ears**, dare una grossa sgridata a q. □ (*fig.*) **to b. one's fingers**, bruciarsi le dita; rimanere scottato □ **to b. for a girl**, ardere (*o* bruciare) d'amore per una ragazza □ (*fam.*) **to have money to b.**, avere un pozzo di soldi □ (*fig.*) **to b. the midnight oil**, lavorare fino a notte tarda □ (*autom., pop. USA*) **to b. rubber**, sgommare: **I burnt rubber around the corner**, feci la curva sgommando □ **to b. to ashes** (*o* **to the ground**), incenerire, incenerirsi □ **to b. wood into charcoal**, bruciare legna (*nella carbonaia*) per farne carbone; fare carbone di legna □ **to be burnt to death**, morire carbonizzato □ (*pop. fig.*) **My ears b.**, mi fischiano le orecchie (*q. parla di me*) □ (*fig.*) **Money burns a hole in my pocket**, ho le mani bucate.

♦**burn away**, **A** *v. i.* + *avv.* *1* (continuare a) bruciare; ardere: **The camp fire was burning away**, il fuoco dell'accampamento ardeva *2* consumarsi (bruciando): **The candle has burnt away**, la candela s'è consumata. **B** *v. t.* + *avv.* *1* bruciare; distruggere con il fuoco *2* ustionare: **His skin was badly burnt away**, aveva la pelle gravemente ustionata.

♦**burn down**, **A** *v. t.* + *avv.* bruciare; distruggere con il fuoco; incenerire: **The enemy burnt down the village**, il nemico distrusse il villaggio appiccandovi il fuoco. **B** *v. i.* + *avv.* *1* (*di un fuoco, ecc.*) cominciare a spegnersi; (*del gas, ecc.*) bruciare a fiamma bassa *2* bruciare; essere distrutto dal fuoco: **My house burnt down in 1980**, la mia casa fu distrutta dal fuoco nel 1980.

♦**burn in**, *v. t.* e *avv.* *1* imprimere a fuoco (*un marchio, ecc.*) *2* (*tecn.*) saldare (*pezzi, ecc.*) con il cannello ferruminatorio *3* (*fig.*) imprimere (q.c.) in modo indelebile (*nella mente, nell'animo, ecc.*).

♦**burn off**, **A** *v. t.* + *avv.* *1* distruggere con il fuoco; bruciare: **My hair was burnt off**, mi si bruciarono i capelli *2* eliminare con il fuoco; bruciare: **to b. off the stubble**, bruciare le stoppie. **B** *v. i.* + *avv.* (*meteor.: della nebbia*) dissolversi con il caldo.

♦**burn out**, **A** *v. t.* + *avv.* *1* distruggere con il fuoco; bruciare completamente *2* (*tecn.*) asportare con la fiamma; togliere, bruciar via *3* cacciare con il fuoco: **The Indians burnt them out of the fort**, gli indiani li fecero uscire dal forte appiccandovi il fuoco *4* (*mecc.*) fondere: **to b. out the bearings**, fondere le bronzine. **B** *v. i.* + *avv.* *1* (*anche* **to b. itself out**) estinguersi, spegnersi (*per mancanza di combustibile*): **In the night the fire had burnt (itself) out**, nella notte il fuoco s'era spento *2* (*elettr.*) bruciarsi; fulminarsi *3* (*mecc.*) fondersi: **The engine has** (*o* **is**) **burnt out**, il motore ha fuso *4* (*miss., fam.: di un razzo*) spegnersi □ (*fam.*) **to b. oneself out**, logorarsi la salute, consumarsi (*per il lavoro eccessivo, gli stravizi, ecc.*).

♦**burn together**, *v. t.* + *avv.* (*tecn.*), saldare (*pezzi, ecc.*) con il cannello ferruminatorio.

♦**burn up**, **A** *v. t.* + *avv.* *1* distruggere con il fuoco; bruciare; incenerire: **Arsonists are burning up the woods in Sardinia**, dei piromani incendiano i boschi in Sardegna; **We were ordered to b. up all the papers**, ci ordinarono d'incenerire tutti i documenti *2* (*fam.*) ossessionare; rodere (*fig.*): **He's burnt up with envy**, è roso dall'invidia *3* (*fam.*) percorrere a tutta velocità (*o* a tutta birra); divorare (*fig.*): **We burnt up the motorway as far as Bristol**, volammo sull'autostrada fino a Bristol; **This car burns up the road**, questa macchina divora la strada *4* (*fam. USA*) far arrabbiare (q.) di brutto; irritare *5* (*pop. USA*) sgridare; mangiare la faccia a (q.) *6* (*pop. USA*) truffare; fregare (*pop.*) *7* (*pop. USA*) giustiziare (q.) sulla sedia elettrica. **B** *v. i.* + *avv.* *1* (*della fiamma*) ravvivarsi; (*del fuoco*) divampare; (*di combustibile, ecc.*) prendere fuoco: **The dry leaves burnt up in a whiff**, le foglie secche presero fuoco in un attimo *2* essere distrutto dal fuoco; andare in cenere; bruciare *3* (*miss.: di un razzo, ecc.*) bruciare (*al rientro nell'atmosfera*) *4* (*fam.*) andare come un fulmine; saettare (*fig.*): **Two jets suddenly burnt up in the sky**, due jet saettarono all'improvviso nel cielo *5* (*fam. USA*) arrabbiarsi di brutto *6* (*pop. USA*) morire sulla sedia elettrica □ (*di combustibile*) **to be burnt up**, essersi consumato; essere finito: **All the coal has been burnt up**, abbiamo finito il carbone.

burned out /ˈbɜːndˈaut/, *a.* (*USA*) *V.* **burnt out**.

burner /ˈbɜːnə(r)/, *n.* *1* becco a gas: **oil b.**, bruciatore a nafta; **Bunsen b.**, becco Bunsen *2* (*tecn.*) chi brucia; chi cuoce; addetto al taglio con il cannello: **brick b.**, operaio che cuoce mattoni; fornaciaio; **charcoal b.**, chi brucia legna per farne carbone; carbonaio *3* fornello (*a gas*); (*USA*) piastra (*di stufa*) *4* (*tecn.*) bruciatore *5* (*pop. USA*) sedia elettrica. ● (*fam. USA*) **to put st. on the back b.**, mettere da parte (*o* tenere nel cassetto) q.c. □ **a three--b. stove**, una stufa a tre fiamme.

burnet /ˈbɜːnɪt/, *n.* (*bot.*) *1* (*Poterium sanguisorba*) salvastrella *2* (*Pimpinella saxifraga*) tragoselino becchino.

burning /ˈbɜːnɪŋ/, **A** *a.* *1* che brucia; che scotta *2* (*fig.*) scottante: **a b. issue [question]**, un problema [una questione] scottante *3* grave; cocente: **b. shame**, cocente vergogna. **B** *n.* *1* bruciatura; scottatura; incendio *2* (*mecc.*) combustione; fusione *3* (*tecn.*) calcinazione; cottura *4* (*metall.*) bruciatura. ● **b. coals**, brace, braci □ **b. glass**, specchio ustorio □ **b.-hot**, rovente □ **a b. match**, un fiammifero acceso □ **b. oil**, petrolio per illuminazione □ **b. scent**, traccia facile da seguire a fiuto □ **a smell of burning**, un odore di bruciato.

burnish /ˈbɜːnɪʃ/, *n.* brunitura; lucidatura; lustratura.

to **burnish** /ˈbɜːnɪʃ/, *v. t.* e *i.* brunire, brunirsi; lucidare, lucidarsi: **This metal burnishes well**, questo metallo si brunisce bene.

burnisher /ˈbɜːnɪʃə(r)/, *n.* *1* brunitore *2* (*metall.*) brunitoio.

burnishing /ˈbɜːnɪʃɪŋ/, *n.* brunitura; lucidatura.

burnoose (*USA*), **burnous(e)** /bɜːˈnuːs, -uːz/, *n.* burnus (*mantello con cappuccio degli arabi*).

burnt /bɜːnt/, *pass.* e *p. p.* di **to burn**. ● **b. almond**, mandorla tostata □ **b. lime**, calce viva □ **b. offering**, (*relig.*) olocausto; (*fig.*) sacrificio; (*scherz.*) bruciaticcio □ **b.-out**, (*di fuoco, ecc.*) consumato, spento; distrutto dal fuoco; (*fig.*) esaurito, esausto, «bruciato»; (*elettr.*) fulminato; (*di motore, ecc.*) fuso: **a b.-out writer**, uno scrittore «bruciato» □ (*med.*) **a b. patient**, un ustionato.

burp /bɜːp/, *n.* (*pop.*) eruttazione; rutto (*pop.*). ● (*pop. USA*) **b. gun**, pistola automatica; mitra.

to **burp** /bɜːp/, **A** *v. i.* (*pop.*) eruttare; ruttare (*pop.*). **B** *v. t.* (*fam.*) far fare un ruttino a (*un bambino*).

burper /ˈbɜːpə(r)/, *n.* (*pop.*) ruttatore.

burr (1) /bɜː(r)/, *n.* *1* alone nebuloso (*della luna o di una stella*) *2* (*metall.*) sbavatura; bava; ricciolo *3* (*mecc.*) rondella; riparella; rosetta *4* (= **b. drill**) fresa, trapano (*da dentista*) *5* (*mecc.*) fresa a lima *6* pietra silicea (*usata per macine, mole e frese*) *7* macina.

burr (2) /bɜː(r)/, *V.* **bur**.

burr (3) /bɜː(r)/, *n.* *1* pronuncia arrotata della erre *2* pronuncia aspra *3* ronzio (*di macchinari, ecc.*).

to **burr** /bɜː(r)/, *v. t.* e *i.* *1* arrotare (la erre) *2* pronunciare in modo aspro *3* parlare con suoni confusi *4* fare un ronzio; ronzare.

burring /ˈbɜːrɪŋ/, *n.* (*ind. tess.*) slappolatura. ● **b. machine**, (*ind. tess.*) slappolatrice; (*ind. metall.*) sbavatrice.

burro /ˈbʊrəʊ, *USA* -ɜːr-/ (*spagn.*), *n.* (*pop. USA*) asinello; somarello.

burrow /ˈbʌrəʊ, *USA* -ɜːr-/, *n.* cunicolo; covo; tana (*di coniglio, volpe, ecc.*).

to **burrow** /ˈbʌrəʊ, *USA* -ɜːr-/, *v. t.* e *i.* *1* scavare (*il terreno, ecc.*); aprire un cunicolo; farsi il covo (*o* la tana) *2* vivere in tane; (*fig.*) rintanarsi; nascondersi *3* (*fig.*) indagare; investigare. ● (*fig.*) **to b. into the archives**, frugare negli archivi; fare un faticoso lavoro di ricerca.

burrower /ˈbʌrəuə(r), *USA* -ɜːr-/, *n.* (*zool.*) (animale) scavatore.

bursa /ˈbɜːsə/ (*lat.*), *n.* (*anat.*) borsa; cavità.

bursar /ˈbɜːsə(r)/, *n.* *1* economo, tesoriere (*specialm. di un college universitario*) *2* (*scozz.*) borsista; chi gode di una borsa di studio.

bursarial /bɜːˈsɛərɪəl/, *a.* relativo a **bursar** o a **bursary** (*q.V.*).

bursarship /ˈbɜːsəʃɪp/, *n.* ***1*** economato (*la carica*) ***2*** (*scozz.*) borsa di studio.

bursary /ˈbɜːsərɪ/, *n.* ***1*** economato, tesoreria (*specialm. universitari*) ***2*** (*scozz.*) borsa di studio.

bursitis /bɜːˈsaɪtɪs/, *n.* (*med.*) borsite.

burst (**1**) /bɜːst/, *n.* ***1*** (*anche fig.*) scoppio; esplosione; scroscio: **a b. of laughter** [**applause**], uno scoppio di risate [uno scroscio d'applausi]; **a b. of heavy rain**, un forte scroscio di pioggia ***2*** falla; fenditura; rottura; spacco ***3*** (*mil.*) scoppio; nuvoletta (*dello scoppio*); raffica: **a b. of machine-gun fire**, una raffica di mitragliatrice ***4*** (*nelle miniere*) cedimento con scoppio. ● **a b. of enthusiasm**, una fiammata d'entusiasmo □ **a b. of flames**, una vampata □ **a b. of speed**, uno scatto □ **a b. of thunder**, un colpo di tuono □ **b.-up**, collasso; rovina.

burst (**2**) /bɜːst/, **A** *pass.* e *p. p.* di **to burst**. **B** *a.* ***1*** accelerato: (*radio*) **b. transmission**, trasmissione accelerata ***2*** (*mecc. dei fluidi*) esplosivo: **b. wave**, onda esplosiva ***3*** (*pubbl.*) intensivo: **b. advertising**, pubblicità intensiva; **b. campaign**, campagna di pubblicità intensiva.

to **burst** /bɜːst/ (*pass.* e *p. p.* **burst**), **A** *v. i.* ***1*** esplodere; scoppiare (*anche fig.*): **Luckily the shell didn't b.**, per fortuna il proiettile non esplose; **The boilers burst and a fire broke out**, le caldaie esplosero e scoppiò un incendio; **One of the tyres has burst**, è scoppiato un pneumatico; **When the storm burst, we took refuge in a hut**, quando scoppiò il temporale, ci rifugiammo in una capanna; **If you go on eating, you'll b.**, se continui a mangiare, scoppierai; **I felt as if my heart would b.**, mi sentivo scoppiare il cuore ***2*** scoppiare (*o* morire) dalla voglia di: **She's bursting to tell him the good news**, muore dalla voglia di dargli la buona notizia ***3*** rompersi, spaccarsi; spezzarsi: **The rope burst in two**, la corda si spezzò in due ***4*** (*di una diga, ecc.*) rompersi; cedere: **The dam burst**, la diga cedette ***5*** (*dell'acqua*) erompere; uscire con forza ***6*** (*di un fiume in piena*) straripare ***7*** (*anche* **to b. open**) (*di germogli*) aprirsi; (*di nuvole*) squarciarsi. **B** *v. t.* ***1*** far scoppiare; fare esplodere: **When I burst the balloon, the child started crying**, quando feci esplodere il palloncino, il bimbo si mise a piangere ***2*** sfondare; forzare; rompere; spaccare: **Open up, or I'll b. the door**, aprite, o spacco la porta; **The flooded river has burst its banks**, il fiume in piena ha rotto gli argini ***3*** (*del caldo, ecc.*) fare spuntare (*i germogli, ecc.*). ● **to b. at the seams**, (*di un indumento*) spaccarsi lungo le cuciture; (*fig.*: *di una persona*) (sentirsi) scoppiare (*per aver mangiato troppo*); (*di un locale*) essere stracolmo: **The hall is bursting at the seams**, nella sala si scoppia per la gente che c'è □ (*med.*) **to b. a blood vessel**, causare la rottura di (*o* rompersi) un vaso sanguigno □ **to b. free**, (riuscire a) liberarsi; divincolarsi □ (*di una porta, ecc.*) **to b. open**, aprirsi con violenza; spalancarsi □ **to b. st. open**, aprire q.c. con violenza; spalancare q.c. □ (*fig.*) **to b. one's sides with laugh**, sbellicarsi dalle risa □ **ready to b.**, sul punto di esplodere.

♦**burst forth**, *v. i.* + *avv.* ***1*** (*dell'acqua*) sgorgare; zampillare ***2*** (*di un temporale, ecc.*) scoppiare ***3*** (*del sole, ecc.*) apparire (*o* venir fuori) all'improvviso ***4*** (*arc.*: *di piante e sim.*) spuntare.

♦**burst in**, **A** *v. i.* + *avv.* ***1*** irrompere; fare irruzione ***2*** interloquire; disturbare. **B** *v. t.* + *avv.* abbattere, sfondare: **I'll b. in the door**, sfonderò la porta.

♦**burst in on** (*o* **upon**), *v. i.* + *avv.* + *prep.* interrompere; disturbare: **My little sister burst in on me while I was studying**, la mia sorellina mi disturbò mentre studiavo; **to b. in on sb.'s daydreams**, interrompere i sogni a occhi aperti di q.

♦**burst into**, *v. i.* + *prep.* ***1*** scoppiare a; mettersi a; prorompere: **I burst into laughter**, scoppiai in una risata (*o* a ridere); **The maiden burst into song**, la fanciulla si mise a cantare; **She burst into tears**, scoppiò in lacrime (*o* ruppe in pianto); **He burst into angry words**, proruppe in parole grosse ***2*** irrompere, fare irruzione in: **The Readmaster burst into the classroom**, il preside irruppe nell'aula; **The police burst into the house**, la polizia fece irruzione nella casa □ **to b. into bloom** (*o* **blossom**), fiorire all'improvviso □ **to b. into flame** (*o* **flames**), prendere (*o* andare a) fuoco all'improvviso □ **to b. into a furious rage**, andare su tutte le furie □ (*di piante*) **to b. into leaf**, mettere le foglie; germogliare □ **to b. into view**, apparire all'improvviso: **The sea burst into view**, il mare apparve all'improvviso.

♦**burst on**, *v. i.* + *prep.* ***1*** *V.* **burst in on** ***2*** scoprire (q.c.) all'improvviso ***3*** (*di un significato, ecc.*) essere compreso all'improvviso; balenare (*fig.*).

♦**burst out**, *v. i.* + *avv.* ***1*** scoppiare a; mettersi a: **He suddenly burst out laughing** [**crying**], all'improvviso scoppiò a ridere [a piangere] ***2*** prorompere; esclamare: **«I'm fed up», he burst out**, «sono stufo», esclamò ***3*** (*del sole, ecc.*) apparire (*o* venir fuori) all'improvviso (*dalle nuvole, ecc.*); far capolino: **The sun was bursting out**, faceva capolino il sole □ (*di bambini, ecc.*) **to b. out of one's clothes**, non stare più nei panni (*per essere cresciuti*).

♦**burst through**, *v. i.* + *avv.* (*o prep.*) ***1*** (*del sole, ecc.*) venir fuori dalle nuvole; far capolino ***2*** (*dell'acqua, ecc.*) uscire a forza da (*una falla*) ***3*** (*della polizia, ecc.*) irrompere da: **The crowd burst through the gates**, la folla fece irruzione dai cancelli.

♦**burst upon**, *v. i.* + *prep. V.* **burst on**.

♦**burst with**, *v. i.* + *prep.* ***1*** essere pieno zeppo (*o* ricolmo, stracolmo) di; scoppiare, traboccare di: **Florence is bursting with foreigners**, Firenze è piena zeppa di stranieri; **The shops are bursting with goods**, i negozi sono stracolmi di merce; **The children are bursting with joy**, i bambini non stanno in sé (*o* nei panni) dalla gioia ***2*** scoppiare, crepare (*fig.*): **to b. with envy**, crepare d'invidia; **to b. with anger**, scoppiare dalla rabbia; **to b. with laughter**, scoppiare dalle risate □ **to b. with disgust**, provare un gran disgusto; essere proprio nauseato.

burster /ˈbɜːstə(r)/, *n.* ***1*** esploditore; chi fa esplodere, scoppiare, ecc. (*V.* **to burst**) ***2*** (*mil.*) carica di dispersione ***3*** (*elab.*) strapperina.

bursting /ˈbɜːstɪŋ/, **A** *n.* ***1*** esplosione; scoppio: **b. of boilers**, scoppio delle caldaie; **The b. of a tyre**, lo scoppio di un pneumatico ***2*** (*elab.*) strappo, separazione dei fogli (*di un tabulato*). **B** *a.* che scoppia; gonfio: **b. with impatience**, che scoppia d'impazienza; **b. heart**, cuore gonfio. ● (*mil.*) **b. bomb**, bomba dirompente □ (*di un locale*) **full to the b. point**, pieno zeppo; stracolmo.

burthen, to **burthen** /ˈbɜːðn/, (*lett.*) *V.* **burden** (**1**), **to burden**.

burton /ˈbɜːtn/, *n.* (*naut.*) paranchino; candeletta. ● (*pop. ingl.*) **gone for a b.**, (*di un uomo*) andato in malora; morto; ucciso; (*di uno strumento, ecc.*) guasto; scassato; fuori uso.

to **bury** /ˈberɪ/, *v. t.* ***1*** (*anche fig.*) seppellire; sotterrare: **He has buried himself in the country**, s'è andato a seppellire in campagna ***2*** nascondere; cacciare; sprofondare: **He buried his face in his hands**, nascose la faccia tra le mani; **He buried his hands in his pockets**, sprofondò le mani nelle tasche. ● (*fig.*) **to b. the hatchet**, seppellire l'ascia di guerra; fare la pace □ (*fig.*) **to b. one's head in the sand**, fare lo struzzo; chiudere gli occhi alla realtà; non voler capire come stanno le cose □ (*ind. costr.*) **to b. in concrete**, annegare nel calcestruzzo □ **to be buried alive**, essere sepolto vivo; (*fig.*) seppellirsi vivo, non uscire mai □ **to be buried in thought**, essere assorto nei propri pensieri □ (*zool.*) **burying beetle** (*Necrophorus*), necroforo □ **burying ground**, cimitero □ (*fig.*) **He has buried his mother**, gli è morta la mamma.

bus /bʌs/, *n.* (*pl.* **buses, busses**) ***1*** autobus; bus (*fam.*) ***2*** (*pop., arc. o USA*) automobile; motocicletta; aeroplano ***3*** (*USA*) pullman; torpedone ***4*** (*telef.*) collettore; rete di collegamento ***5*** (*elettron.*) bus; canale comune ***6*** (*miss.*) stadio (*di un razzo*). ● (*elettr.*) **bus-bar**, barra collettrice; barra di distribuzione □ (*USA*) **bus boy**, aiuto cameriere □ **bus conductor**, bigliettaio □ **bus fare**, biglietto (*o* tariffa) d'autobus □ (*autom.*) **bus lane**, corsia riservata agli autobus □ **bus line**, autolinea; società d'autotrasporti (*per passeggeri*) □ **bus station**, autostazione □ **bus stop**, fermata dell'autobus □ **bus terminal**, capolinea □ **double-decker bus**, autobus a due piani □ **intercity bus**, autobus interurbano; torpedone □ (*fig.*) **to miss the bus**, lasciarsi sfuggire un'occasione; perdere l'autobus (*fam.*) □ **to travel by bus**, andare in autobus □ **to travel** (*o* **to ride**) **in** (*o* **on**) **bus N° 45**, viaggiare sul 45 □ **trolley bus**, filobus.

to **bus** /bʌs/, **A** *v. i.* (*fam.*) andare (*o* viaggiare) in autobus. **B** *v. t.* ***1*** (*specialm. USA*) trasportare (*o* portare) in autobus: **Some children are bussed to school**, alcuni ragazzi vengono portati a scuola in autobus ***2*** (*USA, anche* **to bus tables**) sparecchiare i tavoli (*in un locale pubblico*).

busby /ˈbʌzbɪ/, *n.* (*mil.*) colbacco.

bush (**1**) /bʊʃ/, *n.* ***1*** cespuglio; arbusto ***2*** boscaglia; macchia; folto (*d'alberi*); sottobosco ***3*** coda folta a pennello (*come quella della volpe*) ***4*** terreno a macchia; zona selvaggia, incolta ***5*** (*geogr., in Australia*) bush. ● (*zool.*) **b.-baby** (*Galago galago*), galagone □ (*zool.*) **b.-cat** (*Felis serval*), servalo □ **b.-fighter**, franco tiratore; guerrigliero □ **b.-fighting**, guerriglia □ (*agric.*) **b.-harrow**, erpice pesante □ **a b. of hair**, un ciuffo di capelli □ (*gergo della malavita, USA*) **b. parole**, evasione □ (*pop. USA*) **b. patrol**, pomiciata □ (*in Australia*) **b.-ranger**, evaso che si è dato alla macchia; bandito □ (*bot.*) **b.-rope**, liana □ **b. telegraph**, telegrafo della giungla (*diffusione di notizie coi tam-tam*); tam-tam (*fig.*) □ (*fig.*) **to beat about the b.**, menare il can per l'aia □ **to take to the b.**, darsi alla macchia □ (*prov.*) **Good wine needs no b.**, il buon vino non ha bisogno di frasca (*antica insegna d'osteria*).

bush (**2**) /bʊʃ/, *n.* ***1*** (*mecc.*) boccola; bussola ***2*** (*elettr.*) rivestimento (*o* guaina) isolante.

bush (**3**) /bʊʃ/, *a.* (*fam. USA*) ***1*** provinciale; rurale ***2*** di qualità inferiore; scadente. ● (*sport*) **b. league**, serie B (*di baseball*) □ **b.-league**, (*sport*) di serie B; (*fig.*) non professionale; insignificante; senza importanza □ **b. town**, cittadina di provincia.

to **bush** (**1**) /bʊʃ/, **A** *v. t.* ***1*** piantare cespugli (*o* arbusti) in (*un terreno*) ***2*** (*agric.*) recingere con una siepe di cespugli. **B** *v. i.* ***1*** (*di piante*) infittirsi ***2*** (*di capelli, ecc.*) formare un ciuffo (*o* ciuffi). ● (*Austr.*) **to b. it**, vivere nel bush.

to **bush** (**2**) /bʊʃ/, *v. t.* ***1*** (*mecc.*) mettere una boccola a; imboccolare; imbussolare ***2*** (*elettr.*) rivestire con una guaina isolante.

bushcraft /ˈbʊʃkrɑːft, *USA* -æft/, *n.* tecnica (*o* arte) della sopravvivenza nel bush australiano.

bushed /bʊʃt/, *a.* ***1*** pieno di cespugli ***2*** (*Austr.*) sperduto nella boscaglia ***3*** (*fam.*) esausto; stremato; stanco morto (*fam.*).

bushel /ˈbʊʃl/, *n.* ***1*** «bushel» (*misura di capacità per cereali, pari a 36,37 litri in G.B. e a 35,24 litri in U.S.A.*) ***2*** staio. ● (*fig.*) **to hide one's light under a b.**, mettere la fiaccola sotto il moggio; tenere celate le proprie virtù (*o* i propri meriti) □ (*fig.*) **to measure others' corn by one's own b.**, giudicare gli altri col proprio metro.

bushelful /ˈbʊʃlfʊl/, *n.* (quantità contenuta in un) «bushel».

bushhammer /ˈbʊʃhæmə(r)/, *n.* (*edil.*) martellina; bocciarda.

to **bushhammer** /ˈbʊʃhæmə(r)/, *v. t.* (*edil.*) martellinare; bocciardare.

bushhammering /ˈbʊʃhæmərɪŋ/, *n.* (*edil.*) martellinatura.

bushiness /ˈbʊʃɪnəs/, *n.* ***1*** cespugliosità ***2*** densità della vegetazione.

bushing /ˈbʊʃɪŋ/, *n.* ***1*** (*mecc.*) boccola; bussola ***2*** (*elettr.*) rivestimento (*o* guaina) isolante. ● (*elettr.*) **b. insulator**, isolatore passante.

bushman /ˈbʊʃmən/, *n.* (*pl.* **bushmen**) abitante di regioni selvagge (*specialm. dell'Australia*); chi risiede nel bush.

Bushman /ˈbʊʃmən/, *n.* (*pl.* **Bushmen**) boscimano.

to **bushwack** /ˈbʊʃwæk/, **A** *v. i.* ***1*** aprirsi un varco (*o* viaggiare) nei boschi (*o* nella giungla) ***2*** darsi alla macchia; fare la guerriglia. **B** *v. t.* attaccare; assalire; tendere un'imboscata a (q.).

bushwacker /ˈbʊʃwækə(r)/, *n.* chi tende imboscate; guerrigliero.

bushwah /ˈbʊʃwɒ, *USA* -wɔː/, *n.* (*pop. USA*) balle; fesserie; cavolate.

bushy /ˈbʊʃɪ/, *a.* ***1*** cespuglioso; folto; irsuto: **b. eyebrows**, sopracciglia folte ***2*** simile a un pennello: **a b. tail**, una coda a pennello.

busily /ˈbɪzəlɪ/, *avv.* attivamente; alacremente. ● **to be b. engaged in doing st.**, essere intento a fare q.c.

business /ˈbɪznəs/, **A** *n.* ***1*** affare, affari; commercio: **He is in the cotton b.**, è nel commercio del cotone ***2*** azienda; compagnia; impresa; ditta: **They have sold their b.**, hanno venduto la loro azienda ***3*** attività; lavoro; occupazione: **B. as usual**, l'attività (*o* il lavoro) si svolge normalmente; «siamo aperti lo stesso» (*cartello su un negozio: durante sommosse o tumulti*); **What is his b.?**, qual è il suo lavoro (*o* la sua occupazione)?; **What b. are you in?**, che attività svolgi?; **His b. is selling television sets**, si occupa della vendita di televisori ***4*** compito; dovere: **It is a soldier's b. to defend his country, not to govern it**, il compito di un soldato è difendere la patria, non governarla ***5*** faccenda; affare: **I'm fed up with the whole b.**, sono stufo di tutta la faccenda; **It's a strange b.**, è un affare strano; **It's none of my b.** (*o* **It isn't my b.**), non è affar mio; **Mind your b.!**, bada agli affari (*o* ai fatti) tuoi! ***6*** (cosa) da fare; (cosa all') ordine del giorno: **What is your b. with him?**, che hai a fare con lui?; **This is the b. of the meeting**, questo è l'ordine del giorno della riunione ***7*** (*teatr.*) azione mimica (*per riempire una pausa del dialogo*) ***8*** sistema, modo (*di condurre gli affari*): **It is poor b. to insult customers**, è un brutto modo di condurre gli affari quello d'insultare i clienti ***9*** affar serio; cosa, faccenda difficile: **What a b. it is!**, è un affar serio!; **He made a great b. of it**, ne ha fatto un affare di stato. **B** *a. attr.* ***1*** commerciale: **b. correspondence**, corrispondenza commerciale ***2*** aziendale ***3*** economico. ● **b. address**, indirizzo d'ufficio; recapito □ **b. administration**, gestione aziendale □ **b. agent**, agente (*o* procacciatore) d'affari □ **b. approach**, modo di condurre gli affari □ (*econ.*) **b. barometer**, barometro economico □ (*rag.*) **b. books**, libri contabili □ **b. card**, biglietto da visita □ (*econ.*) **b. climate**, situazione congiunturale □ **b. college**, *V.* **b. school** □ (*econ.*) **b. combine**, concentrazione (*o* fusione) di aziende □ **the b. community**, il mondo degli affari □ **b. consultant**, commercialista □ (*fin. USA*) **b. corporation**, società commerciale □ (*econ.*) **b. cycle**, ciclo economico; ciclo congiunturale □ **b. day**, giorno lavorativo □ **b. deal**, operazione commerciale □ (*econ.*) **b. dip**, lieve recessione □ **b. economics**, economia aziendale □ **b. economist**, aziendalista □ (*fam.*) **b. end**, punta (*della spada e sim.*); bocca (*d'arma da fuoco*) □ **the b. ends of a fork**, i rebbi di un forcone □ **b. executive**, dirigente commerciale □ (*econ.*) **b. field**, settore d'attività □ **b. game**, gestione simulata (*di aziende, affari, ecc.*) □ **b. hours**, orario d'ufficio (*o* d'apertura dei negozi) □ **b. law**, diritto commerciale □ **b. leader**, capitano d'industria □ **b. machine**, macchina per ufficio □ **b. management**, economia aziendale □ **b. manager**, dirigente aziendale □ **b. mathematics**, computisteria □ **b. name**, nome dell'azienda; ragione sociale □ (*econ.*) **b. outlook**, congiuntura □ **b. policy**, politica aziendale □ **b. premises**, locali (*di un'azienda*) □ **b. recovery**, ripresa dell'attività commerciale □ **b. school**, facoltà di economia e commercio □ (*USA*) **b. suit**, (abito) completo □ **b. survey**, indagine congiunturale □ (*econ.*) **b. trends**, tendenze congiunturali; evoluzione della congiuntura □ **b. trip**, viaggio d'affari □ **b. visitor**, operatore (*a una fiera, ecc.*) □ (*rag.*) **b. year**, anno sociale; esercizio □ (*econ.*) **big b.**, la grande industria; il grande capitale □ (*fig.*) **to do sb.'s b.**, spacciare q.; liquidare q. □ (*eufem.*) **to do one's b.**, fare i propri bisogni (*o* bisognini) □ **to get down to b.**, cominciare a lavorare □ (*pop. USA*) **to give sb. the b.**, far fuori, uccidere q. □ **to go into b.**, darsi agli affari; mettersi in affari □ **to go to b.**, andare al lavoro □ **to go out of b.**, ritirarsi dagli affari □ **Good b.!**, bene!; ben fatto! □ **a good stroke of b.**, un buon affare; un buon colpo (*pop.*) □ **to have a b. appointment**, avere un appuntamento d'affari □ **to have no b. to**, non avere il diritto di: **You had no b. to say that**, non avevi il diritto di (*o* non spettava a te) dire ciò □ **in b.**, in affari: **He is no longer in b.**, non è più in affari □ **to make it one's b. to do st.**, assumersi il compito di fare q.c. □ (*fam.*) **to mean b.**, fare sul serio □ **on b.**, per affari: **I'm going to London on b.**, vado a Londra per affari □ **What is your b.?**, che cosa desidera?; qual è lo scopo della Sua venuta (*o* visita)? □ **to talk b.**, parlare d'affari □ (*prov.*) **B. is b.**, gli affari sono affari.

businesslike /ˈbɪznɪslaɪk/, *a.* ***1*** da uomo d'affari ***2*** efficiente; metodico; pratico; ordinato; tempestivo.

businessman /ˈbɪznəsmən/, *n.* (*pl.* **businessmen**) ***1*** uomo d'affari; operatore economico ***2*** manager; dirigente d'azienda.

businesswoman /ˈbɪznəswʊmən/, *n.* (*pl.* **businesswomen**) donna d'affari.

busing /ˈbʌsɪŋ/, *V.* **bussing.**

busk /bʌsk/, *n.* (*un tempo*) stecca (*di busto*).

to **busk** /bʌsk/, *v. i.* (*pop.*) suonare (*o* cantare) per le strade.

busker /ˈbʌskə(r)/, *n.* (*pop.*) suonatore (*o* cantante, attore) ambulante; tacabanda (*pop.*).

buskin /ˈbʌskɪn/, *n.* ***1*** stivaletto ***2*** (*stor., teatr.*) coturno ***3*** (*fig., lett.*) tragedia. ● (*fig.*) **to put on the b.**, calzare il coturno.

buskined /ˈbʌskɪnd/, *a.* ***1*** che porta stivaletti ***2*** (*stor., teatr.*) che calza il coturno.

busman /ˈbʌsmən/, *n.* (*pl.* **busmen**) conducente (*o* bigliettaio) di autobus. ● (*fig.*) **b.'s holiday**, vacanza passata facendo più o meno quel che si fa nei giorni feriali.

buss (1) /bʌs/, *n.* ***1*** (*arc. o dial.*) bacio ***2*** (*pop. USA*) bacio (con lo schiocco).

buss (2) /bʌs/, *n.* (*naut.*) battello da pesca (*per le aringhe*).

to **buss** /bʌs/, *v. t.* e *i.* (*arc., dial., o pop. USA*) baciare.

bussing /ˈbʌsɪŋ/, *n.* ***1*** l'andare (*o* viaggiare) in autobus ***2*** (*polit. USA*) trasporto di ragazzi in scuole pubbliche di altri quartieri per favorire l'integrazione razziale.

bust (1) /bʌst/, *n.* busto (*anche scult.*); torace; petto; seno.

bust (2) /bʌst/, **A** *n.* (*pop.*) ***1*** fallimento; fiasco ***2*** colpo; pugno ***3*** (*USA*) festa; baldoria: **to have a b.**, fare baldoria ***4*** (*mil.*) degradazione ***5*** (*USA*) arresto; retata ***6*** irruzione (*della polizia*) ***7*** (*econ.*) stasi dell'attività. **B** *a.* (*pop.*) rotto; guasto. ● **b.-card**, carta che può far sballare □ (*USA*) **b.-out**, truffa □ **b.-up**, lite; rottura □ (*comm.*) **to go b.**, fallire □ **to go on a b.**, fare baldoria.

to **bust** /bʌst/, *v. t.* e *i.* (*pop.*) ***1*** rompere; rompersi: **I've busted my watch**, ho rotto l'orologio ***2*** (*USA, anche* **to b. up**) (far) fallire; andare (*o* mandare) in rovina ***3*** (*mil.*) degradare ***4*** (*USA*) domare (*cavalli, ecc.*) ***5*** (*USA*) picchiare ***6*** arrestare, imprigionare ***7*** (*anche* **to b. in**) (*della polizia*) fare irruzione in (*un appartamento, ecc.*); mettere a soqquadro ***8*** (*a carte*) sballare. ● (*pop.*) **to b. down**, buttar giù, abbattere (*una porta, ecc.*); (*mil.*) degradare □ **to b. up**, (*di un matrimonio*) finire; (*di coniugi*) separarsi.

bustard /ˈbʌstəd/, *n.* (*zool., Otis tarda*) otarda, ottarda. ● (*zool.*) **little b.** (*Otis tetrax*), gallina prataiola; fagianella.

buster /ˈbʌstə(r)/, *n.* (*pop.*) ***1*** cosa eccezionale, straordinaria ***2*** chi spezza, stronca; demolitore: **T. Roosevelt was called «the trust-b.»**, T. Roosevelt fu chiamato «lo stroncatore dei monopoli» ***3*** (*USA*) festa; baldoria ***4*** (*USA*) (un) pezzo d'uomo; omaccione ***5*** (*vocat. USA*) ragazzo; tizio; (*spreg.*) furbone.

bustle (1) /ˈbʌsl/, *n.* confusione; tramestio; trambusto.

bustle (2) /ˈbʌsl/, *n.* (*un tempo*) pouf; crinolina.

to **bustle** /ˈbʌsl/, **A** *v. i.* agitarsi; affaccendarsi; darsi da fare; muoversi (*fig.*). **B** *v. t.* far fretta a; pungolare; mettere alla frusta (*fig.*); sollecitare. ● **to b. about**, andare su e giù; agitarsi, affaccendarsi □ **to b. up**, affrettarsi □ **to b. with**, brulicare, pullulare di (*gente, ecc.*).

bustler /ˈbʌslə(r)/, *n.* persona che si dà un gran daffare.

bustling /ˈbʌslɪŋ/, *a.* ***1*** affaccendato ***2*** (*di un luogo*) animato. ● **a market place b. with activity**, un pieno di animazione.

busty /ˈbʌstɪ/, *a.* (*fam.*) (di una donna) pettoruta.

busway /ˈbʌsweɪ/, *n.* (*autom.*) strada riservata agli autobus; corsia dell'autobus.

busy /ˈbɪzɪ/, *a.* ***1*** affaccendato; attivo; indaffarato; occupato: **He was b. packing**, era indaffarato a far le valigie ***2*** sempre in moto; vivace ***3*** pieno d'attività; che ha molto lavoro (traffico, *ecc.*): **The restaurants and cafeterias are very b. now**, i ristoranti e le tavole calde hanno molto lavoro ora; **I've had a very b. day**, ho avuto una giornata piena; **This crossroads is one of the busiest**, questo è uno degli incroci di maggior traffico ***4*** (*telef., specialm. USA*) occupato: **«Line b.»**, «(il numero è) occupato» ***5*** (*di un quadro, ecc.*) gremito di particolari. ● **(as) b. as a bee**, indaffaratissimo □ (*telef. USA*) **b. signal** (*o* **b. tone**), segnale di occupato □ (*fam.*) **Get b.!**, muoviti!; sbrigati!; datti da fare!

to **busy** /ˈbɪzɪ/, *v. t.* tenere occupato (*o* impegnato). ● **to b. oneself (at, about, in) doing st.**, affaccendarsi, darsi da fare per q.c. □ **to b. oneself with st.**, occuparsi di q.c.

busybody /ˈbɪzɪbɒdɪ/, *n.* (*spreg.*) faccendiere; intrigante; ficcanaso.

busyness /ˈbɪzɪnəs/, *n.* (*raro*) operosità; attività.

but (1) /bʌt, bət/, **A** *cong.* ***1*** (*con valore avversativo*) ma; però; eppure; tuttavia: **He is poor but generous**, è povero ma generoso; **He had studied hard but he failed**, aveva studiato molto ma fu bocciato; **I like to go out, but not in the evening**, esco volentieri, ma non di sera; **I don't want the new car but the old one**, non voglio l'auto nuova ma quella vecchia; **It's a nice house, but it's damp**, la casa è bella, però è umida; **He seems happy, but he isn't**, sembra felice, ma (*o* eppure, tuttavia) non lo è; **I'd like to come with**

you, but I'm busy, mi piacerebbe venire con te, ma ho da fare *2* (*enfat.*: *per esprimere sorpresa, ecc.*) ma: **I knew he was a clever boy. But solving that problem in five minutes!**, sapevo ch'era un ragazzo intelligente. Ma risolvere quel problema in cinque minuti!; **But of course!**, ma certo!; **But how wonderful!**, ma che meraviglia! *3* (*intensivo*) ma; ma proprio: **He's so rich that he owns not one but four cars**, è così ricco che possiede non una ma quattro macchine; **She isn't good-looking but beautiful**, non è bella, ma proprio bellissima *4* ma; se non che: **My horse would have come in first but he fell in the finish**, il mio cavallo sarebbe arrivato primo, se non che cadde nel finale *5* (*per cambiare discorso*) ma: **But now to our main subject**, ma passiamo ora all'argomento principale *6* (*form.*, *in frasi neg.*) che non; se non; senza che: **There's no doubt but (that) he is guilty**, non v'è dubbio che non sia colpevole; **There was nothing else to do but dismiss him**, non c'era altro da fare che (*o* se non) licenziarlo; **I never meet her but she's complaining**, non la incontro mai senza che abbia qualcosa di cui lamentarsi *7* (*form.*, *in frasi neg.*) da non: **He isn't such a fool but he can see that he's wrong**, non è tanto stupido da non capire d'aver torto. **B** *prep.* *1* eccetto; eccettuato; tranne: **Nobody went but me**, non vi andò nessuno eccetto me; **You can go there any day but Sunday**, puoi andarci sempre tranne la domenica *2* che; altro che; se non: **War brought nothing but misery**, la guerra non portò che miseria; **I haven't told anybody but you**, non l'ho detto che (*o* se non) a te; **Who but your father would help you?**, chi t'aiuterebbe se non tuo padre? *3* (*preceduto da* **can, could**) altro (da fare) che: **You can but try again**, non hai altra scelta (*o* altro da fare) che provare di nuovo. **C** *avv.* *1* solo; soltanto; non... (altro) che: **If I had but known**, solo che l'avessi saputo; **After all, he is but a common man**, dopo tutto, non è che un uomo come tutti gli altri *2* (*fam. USA*; *rafforzativo*; *è idiom.*) – **Go home but fast**, va a casa, e fa presto! **D** *pron. relat. neg.* (*lett.*) che non: **There was no man but admired her**, non c'era uomo che non l'ammirasse. ● **but for**, se non fosse (stato) per: **But for your assistance, I should have failed**, se non fosse stato per il tuo aiuto, avrei fatto fiasco □ (*form.*) **but that**, se non; che non: **He would have gone but that I stopped him**, sarebbe andato se non l'avessi fermato □ **but I mean**, ma proprio (*o* davvero): **He's rich, but I mean rich**, è ricco, ma proprio ricco □ **but then**, ma d'altra parte □ **all but**, quasi: **It's all but finished**, è quasi finito; **He all but did it**, l'ha quasi fatto (*o* finito) □ **anything but**, tutt'altro che: **He's anything but stingy**, è tutt'altro che avaro □ **anywhere but**, in qualsiasi posto all'infuori che (*o* fuori che; ma non): **Put it anywhere but on the floor**, mettilo in qualsiasi posto fuori che (*o* ma non) sul pavimento □ **the last but one (but two)**, il penultimo (il terzultimo) □ **the next but one**, il secondo (*in una serie*) □ **nothing but**, nient'altro che: **I want to hear nothing but the truth**, non voglio sentire altro che la verità; **She does nothing but cry**, non fa che piangere □ **Ten to one but it was you**, (scommetto) dieci contro uno che sei stato tu □ (*prov.*) **It never rains but it pours**, piove sul bagnato.

but (2) /bʌt/, *n.* ma; obiezione: **He's full of ifs and buts**, è una persona tutta ma e se.

but (3) /bʌt/, *n.* *1* capra (femmina) *2* coniglia.

but (4) /bʌt/ (*scozz.*), **A** *avv.* e *prep.* fuori. **B** *a.* esterno. **C** *n.* cucina (*di una casetta*). ● **but-and-ben**, casetta di due stanze.

to **but** /bʌt/, *v. t.* (*arc. o scherz.*) fare, sollevare (*obiezioni*). ● **But me no buts**, non c'è ma che tenga!

butadiene /bju:tə'daii:n/, *n.* (*chim.*) butadiene.

butane /'bju:teɪn/, *n.* (*chim.*) butano. ● **b. pipeline**, butanodotto.

butanol /'bju:tənɒl, *USA* -nɔ:l, -nəʊl/, *n.* (*chim.*) butanolo.

butch /bʊtʃ/, **A** *a.* (*pop.*, *spreg.*) molto (*o* troppo) mascolino. **B** *n.* *1* (*pop.*, *spreg.*) maschiaccio *2* (*pop. USA*) omosessuale attivo (*uomo o donna*).

butcher /'bʊtʃə(r)/, *n.* *1* (*anche fig.*) macellaio; beccaio; macellatore *2* (*USA*) ambulante che vende dolciumi (*o* giornali, ecc.) (*nei teatri, sui treni, ecc.*). ● **b.'s bill**, conto del macellaio; (*fig.*) elenco dei caduti in guerra □ (*zool.*) **b.-bird** (*Lanius excubitor*), averla maggiore □ (*bot.*) **b.'s broom** (*Ruscus aculeatus*), pungitopo □ **b.'s meat**, carne di macelleria; carne fresca □ **b.'s (shop)**, macelleria.

to **butcher** /'bʊtʃə(r)/, *v. t.* *1* macellare *2* massacrare, fare strage (*o* scempio) di (*persone, selvaggina, un testo, ecc.*) *3* (*fig.*) fare a pezzi (*fig.*); stroncare.

butcherly /'bʊtʃəlɪ/, *a.* da macellaio; brutale; sanguinario.

butchery /'bʊtʃərɪ/, *n.* *1* macello; mattatoio *2* macelleria *3* macellazione *4* (*fig.*) macello; strage; scempio.

butene /'bju:ti:n/, *n.* (*chim.*) butene.

butler /'bʌtlə(r)/, *n.* *1* maggiordomo *2* cameriere addetto ai vini *3* (= **silent b.**) portavivande. ● (*tur.*) **b.'s pantry**, «office».

butlery /'bʌtlərɪ/, *n.* dispensa. ● **b.-hatch**, passavivande.

butt (1) /bʌt/, *n.* grossa botte (*di 600 litri circa*).

butt (2) /bʌt/, *n.* *1* impugnatura, manico (*d'utensile*) *2* (*mil.*) calcio (*di arma da fuoco*) *3* ceppo (*di un albero*); (= **b.-end**) mozzicone, moncone *4* mozzicone di sigaretta; cicca *5* (terrapieno dietro il) bersaglio *6* (*pl.*) tiro a segno; poligono (di tiro) *7* (*fig.*) bersaglio; oggetto di beffe (*o* critiche); zimbello *8* mira; scopo; fine *9* (*pop. USA*) cicca (*nel senso di sigaretta*) *10* (*pop. USA*) deretano; didietro; chiappe (*pop.*): **Get off your b. and do your homework**, alza le chiappe e va a fare il compito! *11* (*falegn.*) cerniera *12* (*mecc.*, = **b.-joint**) giunto di testa *13* (*conceria*) scagnello; cuoio spesso (*della parte posteriore dell'animale*). ● (*pop. USA*) **b. boy**, gregario (*di una gang*) □ **b.-end**, *V. def. 3.*

butt (3) /bʌt/, *n.* (*zool.*, *Hippoglossus hippoglossus*) ippoglosso.

butt (4) /bʌt/, *n.* cozzo; cornata; testata. ● **to come (full) b. against st.**, andare a sbattere (in pieno) contro q.c.

to **butt** (1) /bʌt/, *v. t.* *1* far combaciare *2* (*tecn.*) fare giunti di testa.

to **butt** (2) /bʌt/, *v. i.* e *t.* *1* cozzare, andare a cozzare, dar di cozzo; urtare (contro q., q.c.): **He butted against a tree in the dark**, nel buio andò a cozzare contro un albero *2* avanzare (*o* muoversi) a testa bassa; fare l'atto di cozzare (*come fanno gli animali forniti di corna*) *3* accostare; appoggiare: **B. the pole against the wall**, appoggia il palo contro il muro! *4* sporgere; venire in fuori. ● (*pop.*) **to b. in**, intromettersi; interloquire; dare consigli non richiesti; interferire: **to b. in on sb. else's talks**, intromettersi nei discorsi altrui □ **to b. into a discussion**, mettersi a discutere.

butter /'bʌtə(r)/, *n.* burro: **cocoa b.**, burro di cacao. ● (*pop. USA*) **b.-and-egg man**, provincialotto ricco che in città si atteggia a playboy □ (*bot.*) **b.-and-eggs** (*Linaria vulgaris*), linaria; linaiola □ (*bot.*) **b.-bean** (*Phaseolus lunatus*), fagiolo americano; fagiolo di Lima □ **b.-boat**, recipiente per il burro fuso □ **b. curler**, arricciaburro □ **b.-dish**, burriera; portaburro □ (*fam.*) **b.-fingered**, dalle mani di pasta frolla (*o* di burro) □ (*fam.*) **b.-fingers**, persona dalle mani di pasta frolla (*o* di burro) □ **b.-knife**, coltellino da burro □ **b.-nut**, noce (*o* pezzetto) di burro □ **b.-print**, stampo per marcare il burro □ (*bot.*) **b.-tree** (*Bassia butyracea*), albero del burro □ (*cucina*) **melted b.**, burro fuso □ **She looks as if b. wouldn't melt in her mouth**, fa l'ingenua (*o* la santarellina).

to **butter** /'bʌtə(r)/, *v. t.* *1* imburrare *2* (*fam.*, **to b. up**) adulare; dare del sapone (*o* del burro) a (q.) (*pop.*); insaponare (*fig. pop.*). ● (*fig.*) **to know which side one's bread is buttered**, saper fare il proprio interesse; sapere da che parte tenere □ (*prov.*) **Fine words b. no parsnips**, le belle parole non servono a nulla.

butterbump /'bʌtəbʌmp/, *n.* (*zool.*, *Botaurus stellaris*) tarabuso.

butterbur /'bʌtəbə(r)/, *n.* (*bot.*, *Petasites officinalis*) farfaraccio.

butterbush /'bʌtəbʊʃ/, *n.* (*bot.*, *Pittosporum tobira*) pittosporo.

buttercup /'bʌtəkʌp/, *n.* (*bot.*) *1* (*Ranunculus acris*) botton d'oro; ranuncolo *2* (*Ranunculus bulbosus*) ranuncolo bulboso.

buttered /'bʌtəd/, *a.* imburrato.

butterfish /'bʌtəfɪʃ/, *n.* (*zool.*) *1* (*Pholis gunnellus*) gunnello *2* (*Poronotus triacanthus*) pesce burro.

butterfly /'bʌtəflaɪ/, *n.* *1* farfalla *2* (*fig.*) farfallina; donna volubile; farfallone; uomo volubile *3* (*sport*) (nuoto a) farfalla *4* (*autom.*) deflettore *5* (*pl.*) crampi allo stomaco (*per l'agitazione*). ● (*scient* e *fig.*) **b. effect**, effetto «farfalla» □ (*zool.*) **b. fish**, (*in genere*) chetodonte; (*Blennius ocellaris*) bavosa occhiuta; (*Pantodon buchholzi*) pesce farfalla □ (*mecc.*) **b. nut**, galletto; dado ad alette □ (*sport*) **b. stroke**, (nuoto a) farfalla □ (*sport*) **b. swimmer**, farfallista □ (*mecc.*) **b. valve**, valvola a farfalla (*di carburatore, ecc.*) □ (*fig.*) **to break a b. on a wheel**, far spreco di mezzi per raggiungere uno scopo da poco.

buttermilk /'bʌtəmɪlk/, *n.* siero (*del latte*); latticello.

butternut /'bʌtənʌt/, *n.* (*bot.*, *Iuglans cinerea*) noce cinereo americano.

butterscotch /'bʌtəskɒtʃ/, *n.* caramella dura, a base di burro, zucchero bruciato, ecc.

butterwort /'bʌtəwɜ:t/, *n.* (*bot.*, *Pinguicula vulgaris*) pinguicola.

buttery (1) /'bʌtərɪ/, *a.* burroso.

buttery (2) /'bʌtərɪ/, *n.* *1* dispensa *2* spaccio (*in certe università inglesi*).

buttlegger /'bʌtlɛgə(r)/, *n.* (*fam. USA*) contrabbandiere (*o* venditore abusivo) di sigarette.

buttlegging /'bʌtlɛgɪŋ/, *n.* (*fam. USA*) contrabbando di sigarette.

buttock /'bʌtək/, *n.* *1* natica *2* (*pl.*) deretano; sedere *3* (*talvolta pl.*, *naut.*) anca; giardinetto *4* (*lotta*) colpo d'anca; ancata *5* (*macelleria*) girello e controgirello (*di bue*).

to **buttock** /'bʌtək/, *v. t.* (*lotta*) atterrare con un'ancata.

button /'bʌtn/, *n.* *1* bottone: **One of the buttons has come off my jacket**, mi si è staccato un bottone della giacca *2* bottoncino (*per il colletto*) *3* (*USA*) gemello (*da polsino*) *4* (= **push b.**) pulsante *5* (*USA*) distintivo; (*fam.*) distintivo da poliziotto; distintivo (*da portare all'occhiello*) *6* (*bot.*) germoglio; gemma; fungo non ancora maturo *7* (*pl.*) (*arc.*) paggio in livrea; ragazzo, inserviente (*d'albergo, circolo, ecc.*) *8* (*pop. USA*) poliziotto *9* (*pop. USA*) assassino prezzolato; killer *10* (*pop. USA*) mento. ● **b.-down**, che s'abbottona: **a b.-down shirt collar**, un colletto con bottoni, di camicia da uomo □ (*USA*) **b.-down**, elegante; sofisticato; convenzionale, conservatore □ (*pop. USA*) **b. man**, «soldato», killer (*della Mafia*) □ **b. manufacturer**, fabbricante di bottoni; bottonaio □ (*fam.*) **to be a b. short**, essere corto di comprendonio □ (*moda*) **b.-through dress**, chemisier (*franc.*) □ (*sport*) **b. tow**, ski-lift con seggiolini □ (*bot.*) **b.-wood** (*Platanus occidentalis*), platano americano □ (*arc.*) **boy in buttons**, paggio in livrea □ **to have all one's buttons**, avere la testa a posto □ (*autom.*) **horn b.**, pulsante dell'avvisatore elettrico □ **on the b.**, esattamente; in punto; (*USA*: *di un colpo*) sul mento □ (*elettr.*) **push b.**, pulsante □ (*fig.*) **to take sb. by the b.**, attaccare un bottone a q. □ **to touch the b.**, premere il pulsante; (*fig.*) far scoccare la scintilla □ (*fam.*) **I don't care a b.**, non me ne importa un fico.

to **button** /ˈbʌtn/, **A** *v. t.* ***1*** fornire (*o* ornare) di bottoni ***2*** (*anche* **to b. up**) abbottonare: **B. up your overcoat**, abbottonati il soprabito ***3*** (*comm., arc.*) eseguire (*un'ordinazione*) ***4*** (*scherma*) toccare. **B** *v. i.* abbottonarsi: **This skirt buttons at the side**, questa sottana si abbottona sul fianco. ● (*fam. USA*) **to b. one's lip**, ammutolire; zittirsi □ (*fam.*) **to b. up**, concludere (*un affare*); portare a termine (*un compito*); abbottonarsi (*fig.*), non parlare; (*USA*) chiudere, assicurare; controllare, sorvegliare.

buttoned /ˈbʌtnd/, *a.* ***1*** abbottonato ***2*** che ha un certo tipo di bottoni: **pearl-b.**, che ha bottoni di madreperla. ● **b.-down**, *V.* **button-down** □ (*fig.*) **b. up**, abbottonato (*fig.*); riservato; chiuso (*fig.*); (*di affare*) concluso; (*di lavoro, ecc.*) terminato.

buttonhole /ˈbʌtnhəʊl/, *n.* ***1*** asola; occhiello ***2*** fiore portato (*o* da mettere) all'occhiello. ● **b. machine**, occhiellatrice.

to **buttonhole** /ˈbʌtnhəʊl/, *v. t.* ***1*** fare gli occhielli a (*una giacca, ecc.*) ***2*** fare il punto occhiello ***3*** (*fig.*) attaccare un bottone a (q.).

buttonholer /ˈbʌtnhəʊlə(r)/, *n.* ***1*** occhiellaia; asolaia ***2*** dispositivo per gli occhielli (*di macchina da cucire*) ***3*** macchina per asole (*o* per occhielli) ***4*** (*fig.*) attaccabottoni.

buttonhook /ˈbʌtnhʊk/, *n.* ***1*** allacciascarpe ***2*** allacciaguanti.

buttoning /ˈbʌtnɪŋ/, *n.* abbottonatura.

buttonless /ˈbʌtnləs/, *a.* privo di bottoni.

buttony /ˈbʌtənɪ/, *a.* (*raro*) ***1*** simile a un bottone ***2*** che ha molti bottoni.

buttress /ˈbʌtrɪs/, *n.* ***1*** (*edil.*) contrafforte; sperone ***2*** (*fig.*) appoggio; sostegno. ● (*archit.*) **flying b.**, arco rampante.

to **buttress** /ˈbʌtrɪs/, *v. t.* ***1*** (*edil.*) sostenere, rinforzare (*con un contrafforte o sperone*) ***2*** (*fig., spesso* **to b. up**) appoggiare; rafforzare: **to b. up an argument with solid facts**, rafforzare una tesi con fatti concreti.

butty /ˈbʌtɪ/, *n.* ***1*** (*fam.*) amico; compagno ***2*** (*nelle miniere, un tempo*) capogruppo (*di minatori a cottimo*); subappaltatore ***3*** (*dial.*) sandwich; panino. ● **b.-gang**, gruppo di minatori a cottimo.

butyl /ˈbjuːt(a)ɪl, *USA* -tl/, (*chim.*) **A** *n.* butile. **B** *a. attr.* butilico: **b. alcohol**, alcol butilico; butanolo; **b. rubber**, gomma butilica.

butylene /ˈbjuːtɪliːn, *USA* -təl-/, *n.* (*chim.*) butilene.

butyraceous /bjuːtɪˈreɪʃəs/, *a.* burroso; butirroso.

butyrate /ˈbjuːtɪreɪt/, *n.* (*chim.*) butirrato.

butyric /bjuːˈtɪrɪk/, *a.* (*chim.*) butirrico.

butyrin(e) /ˈbjuːtɪrɪn/, *n.* (*chim.*) butirrina.

butyrometer /bjuːtɪˈrɒmɪtə(r)/, *n.* (*chim.*) butirrometro.

buxom /ˈbʌksəm/, *a.* (*di donna*) prosperosa; avvenente; formosa.

buxomness /ˈbʌksəmnəs/, *n.* (*di donna*) formosità; avvenenza.

buy /baɪ/, *n.* (*fam.*) acquisto; compera: **a good buy**, un buon acquisto; un affare (*fam.*); **a bad buy**, un cattivo acquisto; un bidone (*fam.*). ● **buy-back**, riacquisto (*in genere*); (*fin.*) acquisto di azioni proprie; (*comm. est.*) compensazione; acquisto dei prodotti di un impianto costruito all'estero □ **buy-in**, (*fin.*) rilevamento, acquisto del pacchetto di maggioranza (*di una società*); (*a un'asta*) riscatto; (*org. az.*) operazione di stoccaggio □ (*Borsa*) **buy on close** [**on opening**], ordine d'acquisto in apertura [in chiusura] □ (*Borsa*) **buy order**, ordine di comprare (*o* d'acquisto).

to **buy** /baɪ/ (*pass. e p. p.* **bought**), *v. t.* ***1*** (*anche fig.*) acquistare; comp(e)rare (*anche nel senso di* corrompere): **to buy on credit**, comprare a credito; **I bought her a present**, le comprai un regalo; **to buy st. from** (*o* **off**) **sb.**, comprare q.c. da q.; **His wealth was dearly bought**, la sua ricchezza era stata acquistata a caro prezzo ***2*** procurare: **He has given his son all that money can buy**, ha dato a suo figlio tutto ciò che il denaro può procurare ***3*** (*pop. USA*) ottenere: **I knocked. That didn't buy me anything**, bussai, ma senza cavarne nulla (*cioè*, non ottenni risposta) ***4*** (*pop. USA*) credere; bere (*pop.*): **I'm not going to buy that load of bull!**, tutte queste fesserie non le bevo di certo! ● (*fin.*) **to buy at best**, comprare al meglio □ **to buy cheap**, comprare a buon mercato □ (*pop. USA*) **to buy the farm** (*o* **to buy it**), crepare; morire □ **to buy for cash**, comprare a contanti □ (*fin.*) **to buy for forward delivery**, comprare a termine □ (*fam.*) **to buy for a song**, comprare per una cicca □ **to buy on easy terms**, comprare con agevolazioni di pagamento □ **to buy on instalments**, comprare a rate □ (*fam. USA*) **to buy on a shoestring**, comprare versando un piccolo anticipo □ (*fig.*) **to buy a pig in a poke**, comprare q.c. a occhi chiusi; impegnarsi in q.c. senza riflettere □ (*fam.*) **to buy time**, guadagnare tempo □ (*fin.*) **to buy one's way into**, farsi largo in (*un dato settore*) a forza di acquisti □ **to buy wholesale**, comprare all'ingrosso □ (*fam.*) **I'll buy it**, rinuncio a indovinare (*in risposta a un indovinello*); mi arrendo!

♦**buy back**, *v. t.* + *avv.* ***1*** ricomprare; riacquistare ***2*** (*Borsa, fin.*) riacquistare, acquistare (*azioni proprie*) ***3*** (*comm. est.*) acquistare in regime di compensazione.

♦**buy forward**, *v. t.* + *avv.* (*Borsa, fin.*) comprare a termine.

♦**buy in**, **A** *v. i.* + *avv.* ***1*** (*fin.*) comprare una quota del capitale di una società ***2*** (*fin.*: *di una banca centrale*) acquistare valuta nazionale (*per sostenerla nel mercato dei cambi*) ***3*** (*org. az.*) fare grosse scorte; approvvigionarsi. **B** *v. t.* + *avv.* ***1*** (*org. az.*) fare una grossa scorta di; stoccare ***2*** (*a un'asta*) riscattare (*un oggetto che non si vende neanche al prezzo di riserva*) □ (*fin.*) **to buy one's way in**, diventare socio con un apporto di capitale.

♦**buy into**, *v. t.* + *prep.* (*Borsa, fin.*) comprare titoli (o una quota del capitale) di (*una società per azioni*).

♦**buy off**, *v. t.* + *avv.* ***1*** (*anche leg.*) tacitare (*uno che reclama, o un ricattatore, pagandolo*); corrompere (*un testimone, ecc.*); comprare (*fig.*); comprare il silenzio di (q.) ***2*** (*mil.*) far esonerare (q.) pagando.

♦**buy out**, *v. t.* + *avv.* ***1*** (*comm.*) comprare in blocco (*merce*) ***2*** (*comm., fin.*) rilevare la parte (*o* la quota) di: **to buy out a partner**, rilevare la parte di un socio; **to buy out the other shareholders**, rilevare tutte le azioni degli altri azionisti ***3*** (*comm., fin.*) rilevare (*un negozio, un'azienda, una società*); acquistare il pacchetto di maggioranza (*cioè*, il controllo) di (*una società per azioni*); acquisire (*una società*) ***4*** (*fig.*) comprare (*fig.*); acquisire il controllo di (*una città, ecc.*) ***5*** *V.* **buy off**, *def. 2.*

♦**buy over**, *v. t.* + *avv.* (*soltanto ingl.*), *V.* **buy off**, *def. 1.*

♦**buy up**, *v. t.* + *avv.* (*comm.*) ***1*** comprare (*o* acquistare) in blocco ***2*** (*anche econ.*) accaparrarsi; fare incetta di; incettare (*merce, ecc.*) ***3*** (*fin.*) rastrellare (*azioni*): **to buy up shares right, left and centre**, rastrellare azioni da tutte le parti ***4*** (*fin.*) *V.* **buy out**, *def. 3.*

buyable /ˈbaɪəbl/, *a.* acquistabile; che si può comprare.

buyer /ˈbaɪə(r)/, *n.* ***1*** (*anche leg.*) acquirente, compratore ***2*** (*org. az.*) buyer; responsabile degli approvvigionamenti; direttore dell'ufficio acquisti. ● (*comm. est.*) **b. countries**, paesi acquirenti □ (*Borsa, fin., market.*) **buyers'market**, mercato dei compratori; mercato al ribasso □ (*econ.*) **b.'s monopoly**, monopsonio □ (*Borsa*) **b.'s option**, opzione d'acquisto; contratto a premio del compratore; dont □ (*Borsa*) **b.'s option to double**, opzione d'acquisto del doppio; contratto di aggiunta; noch per ritirare; noch semplice □ (*econ., market.*) **b. power**, potere del compratore □ (*econ.*) **b.'s surplus**, rendita del compratore □ **b.-up**, accaparratore; incettatore □ (*leg.*) **at** (**the**) **b.'s risk**, a rischio (e pericolo) del compratore.

buying /ˈbaɪɪŋ/, **A** *a.* acquirente. **B** *n.* (*anche leg.*) acquisto; compera. ● (*comm.*) **b. agent**, agente di acquisto □ **b. and selling**, compravendita □ **b. back**, riacquisto; (*fin.*) acquisto di azioni proprie □ **b. commission**, commissione d'acquisto; provvigione per acquisti □ (*fin.*) **b.-in**, *V.* **buy-in**; (*di una banca centrale*) acquisto di valuta nazionale (*per sostenerla nel mercato dei cambi*); (*org. az.*) stoccaggio □ (*Borsa*) **b. interest**, interessamento del pubblico □ (*Borsa*) **b. long**, acquisto (*di titoli o merci*) in vista di un rialzo □ (*org. az.*) **b. policy**, politica degli acquisti (*o* approvvigionamenti) □ **b. power**, (*econ.*) potere d'acquisto; (*market.*) potenziale d'acquisto □ (*market.*) **b. price**, prezzo d'acquisto □ (*banca*) **b. rate**, cambio d'acquisto (*di valute*) □ **b.-up**, (*econ., market.*) accaparramento, incetta; (*Borsa, fin.*) rastrellamento (*di azioni*).

buyout /ˈbaɪaʊt/, *n.* ***1*** (*comm.*) acquisto in blocco (*di merce*) ***2*** (*fin.*) acquisizione del pacchetto di maggioranza, rilevamento (*di una società*) ***3*** (*fin.*) *V.* **management b.**

buzz /bʌz/, *n.* ***1*** ronzio ***2*** (*di persone*) brusio; bisbigliare diffuso ***3*** (*fam.*) colpo di telefono; telefonata ***4*** (*fam.*) maldicenza; pettegolezzo ***5*** (*pop.*) eccitazione; senso di ebbrezza (*da bevanda alcolica o droga*). ● (*fam.*) **b. bomb**, bomba volante □ **b. book**, libro del momento; bestseller □ (*USA*) **b. saw**, sega circolare □ **b. word**, parola tecnica (*alla moda*); termine invalso; parolona □ (*fam.*) **to give sb. a b.**, fare una telefonata a q.

to **buzz** (**1**) /bʌz/, **A** *v. i.* ***1*** ronzare; fare un brusio ***2*** bisbigliare, sussurrare (*senza tregua o in tono eccitato*) ***3*** pettegolare; fare della maldicenza ***4*** (*di notizia, voce*) essere diffusa; circolare ***5*** (*delle orecchie*) fischiare: **My ears are buzzing**, mi fischiano le orecchie. **B** *v. t.* ***1*** raccontare (*una notizia*); diffondere, riferire (*una voce*) ***2*** far ronzare (*le ali, ecc.*) ***3*** (*aeron.*) sorvolare a bassa quota ***4*** (*elettr.*) segnalare (*o* chiamare) con un cicalino (*o* con un citofono) ***5*** (*pop., anche* **to b. up**) chiamare al telefono (*o* al citofono); dare un colpo di telefono, telefonare (*o* citofonare) a (q.). ● **to b. about** (*o* **around, along**), correre qua e là; agitarsi □ (*pop.*) **to b. off**, filare, tagliare la corda, cavarsi dai piedi (*fam.*) □ **to b. stones**, scagliare sassi con tutta la forza.

to **buzz** (**2**) /bʌz/, *v. t.* finire; (*pop.*) scolarsi (*una bottiglia di vino*).

buzzard /ˈbʌzəd/, *n.* ***1*** (*zool., Buteo buteo*) poiana; bozzago ***2*** (*fig. fam.*) vecchia cornacchia (*fig.*); individuo male in arnese; tipaccio ***3*** (*pop. USA*) pollo; tacchino ***4*** (*pop. USA*) grado (*o* distintivo) di ufficiale.

buzzer /ˈbʌzə(r)/, *n.* ***1*** insetto che ronza ***2*** persona che bisbiglia ***3*** (*elettr.*) vibratore a cicala; cicalino; segnalatore acustico ***4*** (*elettr.*) cicalino ***5*** (*pop. USA*) distintivo d'investigatore; tessera: **The detective flashed his b.**, l'investigatore mostrò la sua tessera.

buzzing /ˈbʌzɪŋ/, **A** *a.* ronzante. **B** *n.* ronzio; brusio.

by (**1**) /baɪ, bʌɪ, bʌ, bə/, *prep.* ***1*** (*compl. di luogo*) presso; vicino a; da; davanti a; per; attraverso; via; verso: **a house by the sea**, una casa presso il mare; **He was sitting by me**, era seduto vicino a me; **I go by the house every day**, passo davanti a quella casa ogni giorno; **I went to Naples by Rome**, andai a Napoli via Roma; **I got in by the back door**, entrai dalla porta di dietro; (*form.*) **He did well by his children**, si comportò bene verso i figli ***2*** (*compl. di tempo*) per; entro; di; a:

I'll finish it by tomorrow, lo finirò per (*o* entro) domani; **by night**, di notte; **They will have arrived by this time**, a quest'ora (*o* ormai), saranno arrivati; **by moonlight**, al chiaro di luna **3** (*compl. di mezzo o strumento*) a; con; da; per; di: **These machines are driven by electricity**, queste macchine sono azionate dall'elettricità; **to read by candlelight**, leggere a lume di candela; **to take sb. by the hand**, prendere q. per mano; **to hold st. by the handle**, tenere q.c. per il manico; **Are these goods made by hand or by machinery?**, questi articoli sono fatti a mano o a macchina?; **to send by land [sea, air]**, spedire per terra [mare, via aerea]; **to travel by train [boat, airplane]**, viaggiare in treno [nave, aeroplano]; **by post**, per posta; **by air mail**, per via aerea; **What do you mean by that?**, che vuoi dire con ciò?; **to live by bread alone**, vivere di solo pane; **to divide (to multiply) a number by another**, dividere (moltiplicare) un numero per un altro; **He apologized by saying he didn't know**, si scusò col dire (*o* dicendo) che non lo sapeva **4** (*compl. di modo*) per; di; a; secondo; da: **by accident [chance, mistake, good fortune]**, per caso [buona sorte, errore, fortuna]; **The enemy were taken by surprise**, i nemici furono colti di sorpresa; **by degrees**, per gradi; **She works by the hour**, lavora a ore □ **judging by my standards**, giudicando secondo i miei criteri; **He plays chess by the book**, gioca a scacchi attenendosi al manuale; **He speaks by the book**, parla come un libro stampato; **to judge by appearances**, giudicare dalle apparenze **5** (*compl. di agente*) da; di: **America was discovered by Columbus**, l'America fu scoperta da Colombo; **a play by Shakespeare**, un dramma di (*o* scritto da) Shakespeare **6** (*compl. di misura, calcolo e distanza*) a; per; di: **to sell st. by the pound**, vendere q.c. a libbre; **to buy by retail**, comprare al minuto; **The room is six feet by ten**, la stanza è sei piedi per dieci; **to win by half a mile**, vincere per mezzo miglio; **Oil prices have gone up by 5%**, i prezzi del petrolio sono saliti del 5%; **She's younger than you by 20 years**, è più giovane di te di 20 anni **7** (*compl. di limitazione*) in: **Love is made by two**, l'amore lo si fa in due. ● **by all means**, certamente; di sicuro; senz'altro □ (*comm.*) **by banker**, a mezzo banca □ (*di lavoro*) **by the day**, a giornata □ **by daylight**, alla luce del giorno □ **by the dozen**, a dozzine □ **by far**, di gran lunga □ **by heart**, a memoria □ (*di lavoro*) **by the hour**, a ore □ **by law**, secondo la legge; per legge □ **by your leave**, col tuo permesso □ **by nature**, per natura, secondo natura; di natura □ **by now**, ormai: **He should have arrived by now**, ormai dovrebbe essere già arrivato □ **(all) by oneself**, da solo; da sé; in disparte: **He was sitting by himself**, era seduto in disparte; **He's done it by himself**, l'ha fatto da sé □ (*leg.*) **by proxy**, per procura □ (*trasp.*) **by rail**, per ferrovia □ **by right(s)**, di diritto; secondo giustizia □ **by show of hands**, per alzata di mano □ **by the side of**, al fianco di □ **by sight**, di vista □ **by then**, allora: **You'll be a man by then**, sarai già uomo allora □ **by trade**, di mestiere □ **by twos**, due a due; due alla volta □ **by one's watch**, secondo il proprio orologio □ **by the way**, cammin facendo; (*anche*) a proposito, incidentalmente □ **by way of a joke**, in via di scherzo □ (*form.*) **to abide by the rules**, stare alle regole □ **to begin (to end) by**, cominciare con (finire per): **He began by insulting me**, cominciò con l'insultarmi; **You'll end by breaking everything**, finirai per rompere tutto □ **drop by drop**, goccia a goccia □ **to have st. by one**, avere q.c. a portata di mano (*o* addosso, con sé): **I haven't got the key by me**, non ho la chiave con me (*o* addosso) □ **little by little**, poco a poco □ **north by east**, tra il nord e il nord-nord-est; a nord, spostato un po' verso est □ **one by one**, uno a uno; uno alla volta □ **side by side**, fianco a fianco □ **to stand by sb.**, stare vicino a q.; (*fig.*) appoggiare, sostenere q.; restare fedele a q. □ **step by step**, passo a passo □ **to swear by God**, giurare su (*o* nel nome di) Dio.

by (2) /baɪ/, *avv.* **1** vicino; accanto; oltre: **We live close by**, abitiamo vicino; **The car sped by**, l'automobile passò oltre velocemente **2** da parte; in disparte; via: **He has put (*o* laid) by some money for his old age**, ha messo da parte un po' di denaro per la vecchiaia; **Lay by your books**, metti in disparte i tuoi libri **3** (*pop. USA*) a casa mia (*o* nostra): **Come by for a drink**, vieni da noi per un bicchierino! ● **to be by**, esserci; essere presente: **He stole the gold when nobody was by**, rubò l'oro quando nessuno era presente □ **by and by**, fra breve; di qui (*o* di lì) a poco □ **by the by(e)**, incidentalmente; a proposito □ **by and large**, nell'insieme; nel complesso; in generale □ **all that is gone by**, tutto ciò che è passato □ **to hurry by**, passare in fretta □ **in days gone by**, in passato; in altri tempi; nei tempi andati □ **to keep st. by**, tenere q.c. a portata di mano □ **to let st. [sb.] by**, fare passare q.c. [q.], rimuovendo un ostacolo □ **to run by**, passare di corsa □ **to stand by**, stare vicino; essere lì; stare a guardare; (*fig.*) essere pronto a intervenire.

by (3) /baɪ/, *a. attr.* (*raro*) secondario; marginale; subordinato: **by effect**, effetto secondario; **by consideration**, considerazione marginale.

by-bidder /ˈbaɪbɪdə(r)/, *n.* chi fa offerte fittizie (*a un'asta*).

by-bidding /ˈbaɪbɪdɪŋ/, *n.* (il fare) offerte fittizie (*a un'asta*).

by-blow /ˈbaɪbləʊ/, *n.* **1** (*lotta*) colpo traverso **2** colpo fortuito **3** figlio illegittimo; bastardo.

by-business /ˈbaɪbɪznəs/, *n.* (*econ.*) attività imprenditoriale collaterale.

bye (1) /baɪ/, *n.* **1** cosa secondaria (*o* di scarsa importanza) **2** (*sport*) (posizione del) concorrente favorito dallo spareggio **3** (*golf*) buche non fatte alla fine di una partita (*e rimandate alla successiva*) **4** (*cricket*) punto per palla passata. ● **by the bye**, incidentalmente; a proposito.

bye (2) /baɪ/, **bye-bye** /baɪˈbaɪ, bʌ-, bə-, ˈbaɪbaɪ/, *inter.* (*fam.*) addio!; ciao! (*anche, USA*, **bye now**).

bye-byes /ˈbaɪbaɪz/, *n.* (*infant.*) nanna: **to go to bye-byes**, andare a (far la) nanna.

bye-law /ˈbaɪlɔː/, *V.* **by-law**.

by-election /ˈbaɪɪlɛkʃn/, *n.* (*polit., in G.B. e in U.S.A.*) elezione straordinaria (*quando un seggio è vacante*).

by-end /ˈbaɪend/, *n.* fine recondito; scopo segreto.

bygone /ˈbaɪgɒn, *USA* -ɔːn/, **A** *a.* passato; remoto; antico. **B** *n.* cosa passata. ● **Let bygones be bygones**, mettiamoci una pietra sopra; (*prov.*) acqua passata non macina più.

by-issue /ˈbaɪɪsjuː, -ɪʃuː/, *n.* questione (*o* problema) di secondaria importanza.

by-lane /ˈbaɪleɪn/, *n.* viottolo; vicolo; viuzza secondaria.

by-law /ˈbaɪlɔː/, *n.* (*leg.*) **1** legge locale; ordinanza (*del sindaco, ecc.*) **2** statuto municipale; statuto di società (*o* associazione; *non finanziaria*) **3** legge suppletiva; leggina (*fam.*).

by-line /ˈbaɪlaɪn/, *n.* (*giorn.*) nome dell'autore (*sotto il titolo di un articolo*).

by-name /ˈbaɪneɪm/, *n.* soprannome; nomignolo.

bypass /ˈbaɪpɑːs, *USA* -æs/, *n.* **1** (*autom.*) tangenziale; circonvallazione **2** (*autom.*) svincolo: **the A 2 b. to the Docks, Continental Ferries and Dover Town Centre**, lo svincolo della A 2 per i bacini portuali, i traghetti per la Francia, e il centro di Dover **3** (*mecc.*) (*nei tubi del gas, ecc.*) bipasso; by-pass; tubo di derivazione **4** (*elettr.*) derivazione; shunt **5** (*elettron.*) by-pass **6** (*med.*: *alta chirurgia*) by-pass; bipasso. ● (*aeron.*) **b. engine**, motore a derivazione (*o* a bipasso).

to **bypass** /ˈbaɪpɑːs, *USA* -æs/, *v. t.* **1** (*autom.*) seguire la tangenziale di, girare attorno a (*una città*); evitare (*il traffico*) **2** fornire (*una città*) di tangenziale; bypassare **3** (*fig.*) aggirare, evitare (*un ostacolo, ecc.*) **4** (*mecc.*) provvedere (*un tubo, ecc.*) di bipasso **5** (*elettr.*) derivare; shuntare **6** (*elettron.*) bypassare **7** (*med.*) bypassare. ● (*elab.*) **to b. a circuit**, escludere un circuito.

bypath /ˈbaɪpɑːθ, *USA* -æθ/, *n.* sentiero secondario; viottolo solitario. ● (*fig.*) **the bypaths of history**, i retroscena della storia.

by-play /ˈbaɪpleɪ/, *n.* (*teatr.*) controscena; azione secondaria (*per lo più mimica*) dei personaggi minori.

by-plot /ˈbaɪplɒt/, *n.* (*teatr.*) intreccio secondario.

by-product /ˈbaɪprɒdʌkt/, *n.* **1** (*ind.*) sottoprodotto **2** (*fig.*) effetto secondario; conseguenza.

byre /ˈbaɪə(r)/, *n.* stalla per bovini; vaccheria.

byroad /ˈbaɪrəʊd/, *n.* strada secondaria; strada fuori mano.

Byronic /baɪˈrɒnɪk/, *a.* (*letter.*) byroniano.

byssaceous /bɪˈseɪʃəs/, *a.* (*bot.*) bissaceo.

byssiferous /bɪˈsɪfərəs/, *a.* (*zool.*) bissifero.

byssine /ˈbɪsaɪn/, *a.* bissino (*di tessuto*).

byssus /ˈbɪsəs/, *n.* (*pl.* **byssuses, byssi**) **1** (*ind. tess.*) bisso **2** (*zool.*) bisso (*sostanza secreta da molluschi lamellibranchi*).

bystander /ˈbaɪstændə(r)/, *n.* **1** astante; spettatore **2** (*ass., leg.*) terzo; terzo leso.

by-street /ˈbaɪstriːt/, *n.* strada secondaria; strada fuori mano.

byte /baɪt/, *n.* (*elab.*) byte; bicarattere. ● **b.-addressable computer**, computer con indirizzi a byte.

by(-)way /ˈbaɪweɪ/, *n.* **1** strada fuori mano **2** scorciatoia **3** (*fig.*) via traversa **4** (*fig.*) parte poco nota (*di disciplina, argomento, ecc.*). ● **the byways of history**, i retroscena della storia.

byword /ˈbaɪwɜːd/, *n.* **1** sinonimo (*fig.*); simbolo; personificazione: **His name is a b. for holiness**, il suo nome è sinonimo di «santità» **2** (*di persona*) favola; zimbello **3** proverbio. ● **His bad manners have become a b. for everybody**, la sua maleducazione è diventata proverbiale.

by-work /ˈbaɪwɜːk/, *n.* (*raro*) occupazione marginale; lavoro secondario.

Byzantine /bɪˈzæntaɪn, baɪ-, *USA* ˈbɪzntiːn, -aɪn/, *a.* e *n.* (*anche fig.*) bizantino.

byzantinesque /bɪzæntɪˈnɛsk, baɪ-/, *a.* bizantineggiante.

byzantinism /bɪˈzæntɪnɪzəm, baɪ-/, *n.* (*anche fig.*) bizantinismo.

to **byzantinize** /bɪˈzæntɪnaɪz, baɪ-/, **A** *v. t.* rendere bizantino (*o* artificioso). **B** *v. i.* bizantineggiare.

Byzantium /bɪˈzæntɪəm, baɪ-, -nʃɪəm/, *n.* (*stor.*) Bisanzio.

c,C

C, **c** /siː/, *n.* (*pl.* **C's**, **c's**; **Cs**, **cs**) ***1*** C, c (*terza lettera dell'alfabeto ingl.*) ***2*** (*mus.*) do (*nota e scala corrispondente*) ***3*** terzo d'una serie ***4*** votazione (*o* classifica) di «mediocre»: **a C in biology**, un mediocre in biologia ***5*** (*elab.*) C (*nella numerazione esadecimale*: *corrisponde al decimale 12*). ● (*mil.*) **C bomb**, bomba al cobalto □ (*telef.*) **c for Charlie**, c come Como □ (*mecc.*) **C spring**, molla a c.

cab /kæb/, *n.* ***1*** (*stor.*) cab; carrozza da nolo; carrozzella ***2*** (*autom., specialm. USA*) taxi; tassì ***3*** cabina (*di locomotiva, di camion, ecc.*). ● **cab driver**, fiaccheraio; vetturino; (*autom.*) tassista □ **cab rank**, *V.* **cab-stand** □ (*stor.*) **cab-runner** (*o* **cab-tout**), persona che chiama carrozze, ecc. e ne scarica il bagaglio; facchino di piazza □ **cab-stand**, posteggio di carrozze da nolo (*o* di taxi).

to **cab** /kæb/, *v. i.* andare in carrozza da nolo (*o* in taxi).

cabal /kə'bæl, -ɑːl/, *n.* ***1*** cabala (*complotto, intrigo*) ***2*** (*raro*) conventicola; camarilla, combriccola; cricca.

to **cabal** /kə'bæl, -ɑːl/, *v. i.* cabalare (*raro*); ordire cabale; complottare; congiurare.

cabala /kə'bɑːlə, 'kæbələ/, *n.* (*relig.* e *fig.*) cabala (*scienza occulta*; *dottrina esoterica*).

cabalism /'kæbəlɪzəm/, *n.* cabalismo; occultismo.

cabalist /'kæbəlɪst/, *n.* cabalista.

cabalistic /kæbə'lɪstɪk/, *a.* cabalistico.

caballer /'kæbələ(r)/, *n.* (*arc.*) ***1*** cabalista ***2*** cospiratore; intrigante.

cabana /kə'bɑːnə, *USA* -ænə/ (*spagn.*), *n.* (*specialm. USA*) capanno (*da spiaggia*).

cabaret /'kæbəreɪ, *USA* kæbə'reɪ/ (*franc.*), **A** *n.* cabaret; caffè concerto. **B** *a. attr.* cabarettistico.

cabbage /'kæbɪdʒ/, *n.* ***1*** (*bot., Brassica oleracea capitata*) cavolo cappuccio ***2*** (*fam.*) rapa (*fig.*); testa (*o* torso) di cavolo (*fig.*); babbeo ***3*** (*pop. USA*) soldi; denaro. ● (*zool.*) **c.-butterfly** (*Pieris brassicae*), cavolaia □ (*bot.*) **c.-lettuce** (*Lactuca sativa capitata*), lattuga cappuccina □ **c. patch**, cavolaia, cavolaio □ (*bot.*) **c.-rose** (*Rosa centifolia*), rosa centifoglia.

cabbagehead /'kæbɪdʒhɛd/, *n.* ***1*** cavolo (*la palla*) ***2*** (*fam.*) babbeo; testa (*o* torso) di cavolo.

cabbala /kə'bɑːlə, 'kæbələ/, e *deriv.* *V.* **cabala**, e *deriv.*

cabbie, **cabby** /'kæbɪ/, *n.* (*fam.*) vetturino; tassista.

caber /'keɪbə(r)/, *n.* tronco d'abete sfrondato (*usato nello sport scozzese detto* **tossing the c.**, *«lancio del tronco»*).

cabin /'kæbɪn/, *n.* ***1*** cabina (*di nave, aeroplano, stazione ferroviaria, ecc.*) ***2*** capanna; casupola; baita. ● (*naut.*) **c. boy**, mozzo; aiuto cameriere di bordo □ (*naut.*) **c. class**, seconda classe □ (*naut.*) **c. cruiser**, (motoscafo) cabinato □ (*naut.*) **c. passenger**, passeggero di seconda classe.

to **cabin** /'kæbɪn/, *v. t.* (*raro*) chiudere in una capanna; ingabbiare.

cabinet /'kæbɪnɪt/, *n.* ***1*** stipo; scrigno ***2*** – (*polit.*) **C.**, Gabinetto; Ministero; Governo: **a C. meeting**, una riunione del Gabinetto ***3*** armadietto; mobiletto ***4*** vetrina. ● **C. Council**, Consiglio dei Ministri □ **C. crisis**, crisi ministeriale □ **c. edition**, edizione pregiata □ **c. file**, lima da legno □ **c.-maker**, ebanista; stipettaio □ (*polit., scherz.*) **C. maker**, primo ministro incaricato □ **c.-making**, ebanisteria □ (*polit., in G.B.*) **C. Office**, Presidenza del Consiglio □ **c. photograph**, fotografia formato album □ (*polit.*) **C. posts**, posti di ministro; ministeri.

cable /'keɪbl/, *n.* ***1*** cavo; fune; canapo ***2*** (*naut.*) cavo; gomena ***3*** (*naut.*, = **c.'s length**) misura di lunghezza di circa 183 metri ***4*** cablogramma ***5*** (*archit.*) rudente ***6*** (*elettr., elab.*) cavo; filo. ● **c. address**, indirizzo telegrafico □ (*naut.*) **c. bend**, nodo di gomena □ (*naut.*) **c. buoy**, boa di cavo sottomarino □ **c. car**, vagone di funicolare; cabina di funivia (*o* di teleferica); (*in U.S.A.*) tram elettrico con cavo (*a San Francisco*) □ (*elettr.*) **c. carrier**, portafili □ (*naut.*) **c.-laid rope**, torticcio □ (*naut.*) **c. locker**, pozzo delle catene □ (*fin.*) **c. transfer**, bonifico telegrafico; rimessa telegrafica □ **c. railway**, funicolare □ (*maglieria*) **c.-stitch**, punto a trecce □ **c. television**, televisione via cavo □ **c. vessel** (*o* **c. ship**), nave posacavi □ **carrying c.**, fune portante (*di funicolare*).

to **cable** /'keɪbl/, **A** *v. t.* ***1*** provvedere di (*o* legare con) un cavo ***2*** trasmettere (q.c.), informare (q.) con un cablogramma; cablare. **B** *v. i.* inviare un cablogramma.

cablecast /'keɪblkɑːst, *USA* -æst/, *n.* (*TV*) teletrasmissione via cavo.

to **cablecast** /'keɪblkɑːst, *USA* -æst/ (*pass.* e *p. p.* **cablecast**), *v. t.* (*TV*) teletrasmettere via cavo.

cablecaster /'keɪblkɑːstə(r), *USA* -æst-/, *n.* (*TV*) teletrasmettitore via cavo.

cablegram /'keɪblgræm/, *n.* cablogramma; cablo.

cableman /'keɪblmən, -mæn/, *n.* (*pl.* **cablemen**) posacavi (*m.*); installatore di cavi.

cablese /'keɪbliːz/, *n.* (*USA*) cifrario (*o* linguaggio) telegrafico.

cablet /'keɪblət/, *n.* piccolo cavo (*meno di 25 cm di diametro*).

cablevision /'keɪblvɪʒn/, *n.* (*fam.*) televisione via cavo.

cableway /'keɪblweɪ/, *n.* funivia; teleferica.

cabling /'keɪblɪŋ/, *n.* ***1*** (*elettr.*) cablaggio ***2*** (*archit.*) rudenti ***3*** (*ind. tess.*) ritorcitura.

cabman /'kæbmən/, *n.* (*pl.* **cabmen**) vetturino; tassista.

cabochon /'kæbəʃɒn/ (*franc.*), **A** *n.* cabochon. **B** *a. attr.* a cabochon.

caboodle /kə'buːdl/, *n.* (*pop.*) banda; tribù (*fig.*). ● (*pop.*) **the whole** (**kit and**) **c.**, tutto quanto; tutti quanti; tutta la baracca.

caboose /kə'buːs/, *n.* ***1*** (*naut.*) cambusa; cucina di bordo ***2*** (*ferr., USA*) vagone del personale viaggiante (*in coda a un treno*).

cabotage /'kæbətɪdʒ/ (*franc.*), *n.* (*naut.*) cabotaggio.

cabriolet /'kæbrɪəleɪ, *USA* kæbrɪə'leɪ/ (*franc.*), *n.* (*anche autom.*) cabriolet.

ca' canny /kɔː'kænɪ, *USA* kɑː-/, *V. sotto* **canny**.

cacao /kə'kɑːəʊ, -eɪəʊ, -aʊ/, *n.* (*pl.* **cacaos**) (*bot., Theobroma cacao*) cacao (*cfr.* **cocoa**). ● **c. bean**, seme di cacao □ **c. butter**, burro di cacao □ **c. nibs**, chicchi di cacao tostati.

cacatua /kækə'tjuːə, *USA* -'tuːə/, *n.* (*zool., Cacatua*) cacatua.

cacciatora /kɑːtʃə'tɔːrə, kæ-/, *V.* **cacciatore**.

cacciatore /kɑːtʃə'tɔːrɪ, -reɪ, kæ-/ (*ital.*), *a.* (*cucina, USA*) alla cacciatora: **chicken c.**, pollo alla cacciatora.

cachalot /'kæʃəlɒt/, *n.* (*zool., Physeter macrocephalus*) capodoglio.

cache /kæʃ/, *n.* ***1*** nascondiglio (*di un tesoro, ecc.*) ***2*** deposito segreto (*di viveri, ecc.*) ***3*** (*elab.*) cache. ● **to make a c.**, lasciare un deposito di viveri.

to **cache** /kæʃ/, *v. t.* nascondere; lasciare (*viveri*) in un deposito.

cachectic(**al**) /kə'kɛktɪk(l)/, *a.* (*med.*) cachettico.

cache-sexe /'kæʃ'sɛks/ (*franc.*), *n.* cache-sexe; slip ridottissimo; slippino (*specialm. di artista di varietà o di spogliarellista*).

cachet /'kæʃeɪ, *USA* kæ'ʃeɪ/ (*franc.*), *n.* ***1*** (*arc.*) bollo; sigillo ***2*** (*fig.*) impronta; segno di autenticità (*o* distinzione); crisma; status sociale ***3*** (*farm.*) cachet; cialdino.

cachexy /kə'kɛksɪ/, *n.* (*med.*) cachessia (*anche fig.*).

to **cachinnate** /'kækɪneɪt/, *v. i.* ridere smodatamente.

cachinnation /kækɪ'neɪʃn/, *n.* cachinno (*lett.*); riso smodato.

cachinnatory /'kækɪneɪtərɪ, *USA* 'kækɪnətɔːrɪ/, *a.* di cachinno.

cacholong /'kætʃəlɒŋ, *USA* -ɔːŋ/, *n.* (*miner.*) casciolongo.

cachou /kə'ʃuː, *USA* kæ-/, *n.* ***1*** (*ind.*) cacciù; catecù ***2*** (*bot., Acacia catechu*) catecù ***3*** pastiglia aromatica (*per l'alito*).

cacique /kæ'siːk, *USA* kə-/, *n.* cacicco (*anche fig.*).

cackle /'kækl/, *n.* ***1*** (*della gallina*) coccodè; (*dell'anatra*) schiamazzo ***2*** parole dette con voce stridula; risate rumorose; ciarle; discorso a vanvera: **to cut the c.**, smetterla di fare ciance.

to **cackle** /'kækl/, **A** *v. i.* ***1*** (*della gallina*) chiocciare, fare coccodè; (*dell'anatra*) schiamazzare ***2*** parlare con voce stridula; ridacchiare; ciarlare ***3*** blaterare; parlare a vanvera. **B** *v. t.* dire (q.c.) con voce stridula (*o* in modo petulante).

cackler /'kæklə(r)/, *n.* ***1*** gallina che chioccia ***2*** (*fig.*) chiacchierone, chiacchierona.

cacod(**a**)**emon** /kækə'diːmən/, *n.* cacodemone; spirito maligno; persona maligna.

cacodyl /'kækədaɪl/, *n.* (*chim.*) cacodile.

cacography /kə'kɒgrəfɪ/, *n.* cacografia.

cacophonous /kə'kɒfənəs/, *a.* cacofonico.

cacophony /kə'kɒfənɪ/, *n.* cacofonia.

cactus /'kæktəs/, *n.* (*pl.* **cactuses**, **cacti**) (*bot., Cactus*) cactus.

cad /kæd/, *n.* ***1*** maleducato; cialtrone ***2*** briccone; canaglia; furfante.

cadastral /kə'dæstrəl/, *a.* catastale: **c. survey**, mappa catastale.

cadastre, **cadaster** /kə'dæstə(r)/, *n.* catasto.

cadaver /kə'dɑːvə(r), -'deɪv-, *USA* kə'dævə(r)/ (*lat.*), *n.* (*med.*) cadavere.

cadaveric /kə'dævərɪk/, *a.* (*med.*) cadaverico.

cadaverine /kə'dævəriːn/, *n.* (*chim.*) cadaverina.

cadaverous /kə'dævərəs/, *a.* cadaverico; pallidissimo.

caddie /'kædɪ/, *n.* (*golf*) caddie; portabastoni; portamazze.

Caddie /'kædɪ/, *n.* (*fam. USA*) Cadillac (*l'automobile*).

caddis, **caddice** /'kædɪs/, *n.* ***1*** larva di friganea (*usata come esca*) *2* tessuto di lana grezza.

caddish /ˈkædɪʃ/, *a.* *1* ignobile; volgare *2* canagliesco; furfantesco.

caddy /ˈkædɪ/, *n.* *1* *V.* **caddie** *2* barattolo per il tè.

Caddy /ˈkædɪ/, *n.* *V.* **Caddie**.

cadence /ˈkeɪdns/, *n.* cadenza; intonazione; ritmo.

cadenced /ˈkeɪdnst/, *a.* cadenzato; ritmico.

cadency /ˈkeɪdnsɪ/, *n.* *1* (*raro*) discendenza da un ramo cadetto *2* (*USA*) cadenza; intonazione; ritmo.

cadenza /kəˈdɛnzə/ (*ital.*), *n.* (*mus.*) cadenza.

cadet /kəˈdɛt/, *n.* *1* (*anche mil.*) cadetto: **an Air-Force c.**, un cadetto dell'aeronautica *2* (*naut.*) allievo (*dell'Accademia Navale*). ● **c. blue**, grigio-blu □ (*naut.*) **c. ship**, nave scuola.

cadetship /kəˈdɛtʃɪp/, *n.* posizione (*o* grado) di cadetto.

to **cadge** /kædʒ/, **A** *v. i.* *1* (*fam.*) mendicare; vivere a scrocco *2* (*arc.*) fare il venditore ambulante. **B** *v. t.* elemosinare; scroccare (*un pasto, ecc.*).

cadger /ˈkædʒə(r)/, *n.* *1* (*arc.*) venditore ambulante *2* (*arc.*) mendicante; vagabondo *3* scroccone.

Cadiz /kəˈdɪz/, *n.* (*geogr.*) Cadice.

Cadmean /kædˈmiːən/, *a.* di Cadmo. ● (*fig.*) **a C. victory**, una vittoria di Pirro (*o* di Cadmo).

cadmic /ˈkædmɪk/, *a.* (*chim.*) del cadmio; cadmico.

cadmium /ˈkædmɪəm/, *n.* (*chim.*) cadmio. ● **c.-plating**, cadmiatura.

Cadmus /ˈkædməs/, *n.* (*mitol.*) Cadmo.

cadre /ˈkɑːdə(r), ˈkeɪ-, -drə, *USA* ˈkædreɪ, ˈkɑː-, -ɪ/, *n.* *1* (*fig.*) quadro; schema *2* (*pl.*) (*mil., polit.*) quadri; organico *3* (*polit.*) cellula; gruppo *4* membro di un organico.

caduceus /kəˈdjuːsɪəs, *USA* -ˈduː-/, *n.* (*pl.* **caducei**) *1* (*mitol.*) caduceo *2* (*un tempo*) mazza di araldo.

caducity /kəˈdjuːsətɪ, *USA* -ˈduː-/, *n.* *1* (*anche biol.*) caducità *2* fugacità.

caducous /kəˈdjuːkəs, *USA* -ˈduː-/, *a.* (*biol., leg.*) caduco; (*fig.*) fugace, effimero, transeunte.

caecal /ˈsiːkl/, *a.* (*anat.*) cecale.

caecum /ˈsiːkəm/, *n.* (*pl.* **caeca**) (*anat.*) (intestino) cieco.

Caesar /ˈsiːzə(r)/, *n.* *1* Cesare *2* (*fig.*) cesare; imperatore; autocrate. ● (*fig.*) **C.'s wife**, persona al di sopra di ogni sospetto.

Caesarean, Caesarian /sɪˈzeərɪən/, **A** *a.* *1* (*stor.*) cesariano *2* cesareo. **B** *n.* *1* (*stor.*) cesariano; seguace di Giulio Cesare *2* sostenitore del cesarismo *3* (*med.*) taglio cesareo. ● (*med.*) **C. operation** (*o* **C. section**), taglio cesareo.

Caesarism /ˈsiːzərɪzəm/, *n.* (*polit.*) cesarismo.

Caesarist /ˈsiːzərɪst/, *n.* (*polit.*) cesarista.

caesious /ˈsiːzɪəs/, *a.* (*bot.*) bluastro; grigioverde.

caesium /ˈsiːzɪəm/, *n.* (*chim.*) cesio.

caesura /sɪˈzjʊərə, *USA* sɪˈʒʊərə/, *n.* (*pl.* **caesuras, caesurae**) (*poesia*) cesura.

café /ˈkæfeɪ, -fɪ, kæˈfeɪ, *USA* kæˈ-, kəˈ-/, *n.* *1* caffè; bar *2* tavola calda; piccolo ristorante.

cafeteria /kæfəˈtɪərɪə/, *n.* ristorante in cui i clienti si servono da soli; tavola calda; self-service; mensa aziendale.

caff /kæf/, *n.* (*abbr. fam. di* **café**) caffè (*il locale*).

caffeine /ˈkæfiːn, *USA* kæˈfiːn/, *n.* (*chim.*) caffeina. ● **c.-free**, decaffeinato.

caftan /ˈkæftæn/, *n.* caffetano.

cage /keɪdʒ/, *n.* *1* (*anche fis., mecc.*) gabbia *2* prigione *3* palizzata; recinto; steccato *4* (*edil.*) ingabbiatura; armatura *5* (*ind. min.*) gabbia *6* (*sport*) cesto (*di pallacanestro*); porta (*di hockey*). ● **c. bird**, uccello da gabbia □ (*pop. USA*) **c. man**, cassiere.

to **cage** /keɪdʒ/, *v. t.* *1* mettere, tenere in gabbia: **a caged bird**, un uccello in gabbia *2* (*fig.*) imprigionare.

cagey /ˈkeɪdʒɪ/, *a.* (*fam.*) astuto; furbo; guardingo; circospetto.

caginess /ˈkeɪdʒɪnəs/, *n.* (*fam.*) astuzia; furbizia; circospezione.

cahoots /kəˈhuːts/, *n. pl.* (*pop.*) combutta; collusione: **to be in c. with sb.**, essere in combutta (*o* fare lega) con q. ● **to go c.**, fare a mezzo.

caiman /ˈkeɪmən/, *n.* (*zool.*, *Caiman*) caimano: **spectacled c.** (*Caiman crocodylus*), caimano dagli occhiali.

Cain /keɪn/, *n.* (*anche fig.*) Caino. ● (*pop.*) **to raise C.**, fare il finimondo, l'iradiddio.

Cainozoic /kaɪnəʊˈzəʊɪk/, *a.* e *n.* *V.* **Cenozoic**.

caique /kaɪˈiːk/, *n.* (*naut.*) caicco.

cairn /keən/, *n.* (*scozz.*) *1* cairn; tumulo di pietre (*come monumento funebre, segno di confine, ecc.*) *2* (*per estens.*) cippo di confine *3* (= **c. terrier**) terrier piccolo e irsuto.

cairngorm /ˈkeəngɔːm/, *n.* (*miner.*) quarzo affumicato.

caisson /ˈkeɪsn, kəˈsuːn, *USA* ˈkeɪsɒn/, *n.* *1* (*costr.*) cassone pneumatico (*per fondazioni, ecc.*) *2* (*costr. idrauliche*) barca portacassone *3* (*mil.*) cassone; cassonetto *4* (*costr. navali*) cassone d'immersione. ● (*med.*) **c. disease**, malattia dei cassoni; embolia gassosa.

caitiff /ˈkeɪtɪf/, *n.* e *a.* (*poet.*) (individuo) malvagio, ignobile, spregevole, vile.

to **cajole** /kəˈdʒəʊl/, *v. t.* blandire; circuire; allettare; raggirare. ● **to c. sb. into [out of] doing st.**, persuadere q. a fare [a non fare] q.c. adulandolo o circuendolo □ **to c. st. out of sb.**, ottenere q.c. da q. con moine o lusinghe.

cajolement /kəˈdʒəʊlmənt/, **cajolery** /kəˈdʒəʊlərɪ/, *n.* allettamento; raggiro; moine.

cajoler /kəˈdʒəʊlə(r)/, *n.* blanditore; adulatore.

cajolingly /kəˈdʒəʊlɪŋlɪ/, *avv.* con blandizie; con lusinghe.

Cajun /ˈkeɪdʒən/, (*USA*) **A** *n.* abitante (*o* nativo) della Luisiana di origine francese. **B** *a. attr.* tipico di un «Cajun».

cake /keɪk/, *n.* *1* focaccia; torta (*anche fig.*); tortina: **Everyone should get a more equal share of the c.**, tutti dovrebbero avere una fetta più equa della torta (*una porzione maggiore di benessere*) *2* pasta; pasticcino *3* frittella (*di verdura, ecc.*); crocchetta (*di pesce, ecc.*); polpettina *4* tavoletta (*di materiale pressato*); pezzo; pane (*di cera, ecc.*): **a c. of soap**, un pezzo di sapone; una saponetta *5* (*pop. USA*) bella ragazza. ● (*fig.*) **cakes and ale**, le cose belle della vita; i piaceri mondani □ (*cucina*) **c. decorator**, siringa per (decorare) dolci □ **c. make-up**, cipria compatta □ **a c. of blood**, un grumo di sangue □ **a c. of chocolate**, una tavoletta di cioccolata □ **a c. of tobacco**, un blocchetto di tabacco □ **c. shop**, pasticceria □ (*fam.*) **a piece of c.**, una cosa facile; un gioco da ragazzi □ (*di merce*) **to sell like hot cackes**, andare a ruba □ (*fig. fam. USA*) **to take the c.**, ottenere la palma; eccellere □ (*prov.*) **You can't have your c. and eat it**, non si può avere la botte piena e la moglie ubriaca.

to **cake** /keɪk/, *v. t.* e *i.* agglomerare, agglomerarsi; rapprendersi; incrostare, incrostarsi; seccare (*o* seccarsi) formando croste: **His shoes were all caked with mud**, aveva le scarpe tutte incrostate di fango.

caky /ˈkeɪkɪ/, *a.* *1* simile a una focaccia *2* che si rapprende, s'incrosta; rappreso; indurito.

Calabar bean /ˈkæləbɑːbiːn/, *n.* (*bot.*, *Physostigma venenosum*) fava del Calabar.

calabash /ˈkæləbæʃ/, *n.* *1* (*bot.*, *Lagenaria vulgaris*) zucca a fiasco *2* (*bot.*, *Crescentia cujete*) crescenzia; calabassa *3* pipa o recipiente ricavati da tale frutto; calabassa.

calaboose /kæləˈbuːs/, *n.* (*fam. USA*) prigione; gattabuia.

Calabrian /kəˈlæbrɪən/, *a.* e *n.* calabrese.

calamander /ˈkæləmændə(r), kæləˈm-/, *n.* calamandra (*legno pregiato*).

calamary /ˈkæləmərɪ, *USA* -merɪ/, *n.* (*zool.*, *Loligo*) calamaro.

calamine /ˈkæləmaɪn/, *n.* (*miner.*) *1* (*USA*) calamina *2* (*in G.B.*) smithsonite. ● (*farm.*) **c. lotion**, lozione alla calamina (*contro le ustioni*).

calamint /ˈkæləmɪnt/, *n.* (*bot.*, *Satureja calamintha*) calaminta; nepitella.

calamite /ˈkæləmaɪt/, *n.* (*paleont.*) calamite.

calamitous /kəˈlæmɪtəs/, *a.* calamitoso.

calamity /kəˈlæmətɪ/, *n.* calamità. ● (*fam. USA*) **c.-howler**, uccello del malaugurio; pessimista; cassandra; profeta di sventure.

calamus /ˈkæləməs/, *n.* (*pl.* **calami**) (*bot.*) *1* (*Calamus*) calamo *2* (*Acorus calamus*) calamo aromatico; erba di Venere.

calash /kəˈlæʃ/, *n.* *1* calesse (*per lo più fornito di mantice*) *2* mantice (*di carrozza*) *3* (*nel sec. XVIII*) cappuccio da donna (*specialm. di seta*).

calaverite /kəˈlævəraɪt/, *n.* (*miner.*) calaverite.

calcaneal /kælˈkeɪnɪəl/, **calcanean** /kælˈkeɪnɪən/, *a.* (*anat.*) calcaneale; del calcagno.

calcaneum /kælˈkeɪnɪəm/, *V.* **calcaneus.**

calcaneus /kælˈkeɪnɪəs/, *n.* (*pl.* **calcanei**) (*anat.*) calcagno.

calcar (1) /ˈkælkɑː(r)/, *n.* (*stor.*) calcara (*forno fusorio per vetro*).

calcar (2) /ˈkælkɑː(r)/, *n.* (*bot., zool.*) sperone.

calcareous, calcarious /kælˈkeərɪəs/, *a.* calcareo.

calceolaria /kælsɪəˈleərɪə/, *n.* (*bot.*, *Calceolaria*) calceolaria.

calceolate /ˈkælsɪəleɪt/, *a.* (*bot.*) calceolato.

calcic /ˈkælsɪk/, *a.* (*chim.*) calcico.

calcicole /ˈkælsɪkəʊl/, *n.* (*ecol., bot.*) organismo calcicolo.

calcicolous /kælˈsɪkələs/, *a.* (*ecol., bot.*) calcicolo.

calciferol /kælˈsɪfərɒl, *USA* -rɔːl, -rəʊl/, *n.* (*biochim.*) calciferolo; vitamina D_2.

calciferous /kælˈsɪfərəs/, *a.* (*chim., geol.*) calcifero.

calcific /kælˈsɪfɪk/, *a.* (*chim.*) calcificante.

calcification /kælsɪfɪˈkeɪʃn/, *n.* (*biol., med.*) calcificazione.

calcifuge /ˈkælsɪfjuːdʒ/, *n.* (*ecol., bot.*) organismo calcifugo.

to **calcify** /ˈkælsɪfaɪ/, *v. t.* e *i.* calcificare, calcificarsi.

calcimine /ˈkælsɪmaɪn, -mɪn/, *n.* tinta a calce.

calcinable /kælˈsaɪnəbl/, *a.* (*chim.*) calcinabile.

calcination /kælsɪˈneɪʃn/, *n.* (*chim.*) calcinazione; calcinatura.

to **calcine** /ˈkælsɪn, *USA* kælˈsaɪn/, **A** *v. t.* (*chim.*) *1* calcinare *2* ridurre in cenere. **B** *v. i.* *1* calcinarsi *2* ridursi in cenere.

calcite /ˈkælsaɪt/, *n.* (*miner.*) calcite.

calcitonin /kælsɪˈtəʊnɪn/, *n.* (*biochim.*) calcitonina.

calcium /ˈkælsɪəm/, *n.* (*chim.*) calcio: **c. carbide**, carburo di calcio; **c. chloride**, cloruro di calcio; **c. cyanamide**, calciocianammide.

calcrete /ˈkælkriːt/, *n.* (*geol.*) crostone calcareo.

calcspar /ˈkælkspɑː(r)/, *n.* (*miner.*) calcite.

calc-tufa /ˈkælktuːfə/, *V.* **tufa.**

calculability /kælkjʊləˈbɪlətɪ/, *n.* qualità d'essere calcolabile.

calculable /ˈkælkjʊləbl/, *a.* calcolabile.

to **calculate** /ˈkælkjʊleɪt/, **A** *v. t.* *1* calcolare; computare; prevedere *2* (*fam. USA*) credere; ritenere; supporre *3* (*al passivo*) **to be calculated**, tendere (*a un fine*): **This warning is calculated to keep him out of trouble**, questo avvertimento tende a evitargli di mettersi nei guai. **B** *v. i.* *1* fare calcoli (*o* conti) *2* – **to c. on** (*o* **upon**), contare su; fare calcolo sopra (q.): **We c. upon a hundred people attending the meeting**, contiamo che un centinaio di persone partecipi alla riunione.

calculated /ˈkælkjʊleɪtɪd/, *a.* *1* calcolato;

previsto *2* deliberato: **a c. insult**, un insulto deliberato. • (*anche polit.*) **calculated risk**, rischio calcolato.

calculating /ˈkælkjʊleɪtɪŋ/, *a.* calcolatore; astuto; cauto. • **c. machine**, (macchina) calcolatrice □ (*elab.*) **c. unit**, unità di calcolo.

calculation /kælkjʊˈleɪʃn/, *n.* *1* calcolo; conteggio *2* previsione; congettura *3* (*fig.*) calcolo; astuzia.

calculative /ˈkælkjʊlətɪv, *USA* -eɪtɪv/, *a.* *1* relativo al calcolo *2* che fa (*o* che tende a fare) bene i propri calcoli.

calculator /ˈkælkjʊleɪtə(r)/, *n.* *1* contabile; computista *2* prontuario per fare calcoli *3* (macchina) calcolatrice; calcolatore *4* (*fig.*) calcolatore.

calculosis /kælkjʊˈləʊsɪs/, *n.* (*pl.* **calculoses**) (*med.*) calcolosi.

calculous /ˈkælkjʊləs/, *a.* (*med.*) calcoloso.

calculus /ˈkælkjʊləs/, *n.* (*pl.* **calculi, calculuses**) (*med., mat.*) calcolo: (*mat.*) **integral c.**, calcolo integrale.

caldron /ˈkɔːldrən/, *n.* (*USA*) caldaia; calderone.

Caledonian /kælɪˈdəʊnɪən/, **A** *a.* *1* (*stor.*) caledone *2* (*geol.*) caledoniano. **B** *n.* *1* (*stor.*) caledone *2* (*poet., scherz.*) scozzese.

calefacient /kælɪˈfeɪʃnt/, *a.* e *n.* (*fis., med.*) calefacente.

calefaction /kælɪˈfækʃn/, *n.* (*fis.*) calefazione.

calefactory /kælɪˈfæktərɪ/, **A** *a.* calefacente. **B** *n.* *1* (*un tempo*) stanza riscaldata di un monastero *2* scaldaletto.

calendar /ˈkæləndə(r)/, *n.* *1* calendario *2* annuario; lista; registro. • **c. day**, giorno civile (*o* solare) □ **c. month**, mese civile □ **c. pad**, blocchetto del calendario □ **c. year**, anno solare □ (*stat.*) **c. year table**, tavola per contemporanei □ **the school c.**, il calendario scolastico.

to **calendar** /ˈkæləndə(r)/, *v. t.* *1* registrare; includere in un elenco (*o* in una lista) *2* ordinare, esaminare, schedare (*documenti, ecc.*).

calender /ˈkæləndə(r)/, *n.* (*tecn.*) calandra; cilindratoio; pressa.

to **calender** /ˈkæləndə(r)/, *v. t.* (*tecn.*) calandrare: **calendered paper**, carta calandrata.

calends /ˈkælɛndz, -lən-/, *n. pl.* calende.

calendula /kəˈlɛndjʊlə, kæ-, *USA* -dʒʊ-/, *n.* (*bot., Calendula officinalis*) calendola; fiorrancio.

calenture /ˈkæləntjʊə(r), *USA* -tʃə(r), -tʃʊə(r)/, *n.* (*med.*) calentura; febbre tropicale.

calf (**1**) /kɑːf, *USA* kæf/, *n.* (*pl.* **calves**) *1* vitello *2* piccolo di grosso mammifero (*elefante, balena, ecc.*) *3* (*fam. arc.*) pivello; sbarbatello *4* (*fam. arc.*) sciocco; tonto *5* (*naut.*) *V.* **calved ice,** *sotto* **to calve.** • (*di libro*) **c.-bound**, rilegato in pelle di vitello □ (*fig.*) **c. love**, amore fanciullesco; cotta giovanile □ **c.'s teeth**, denti di latte □ (*fig.*) **the golden c.**, il vitello d'oro □ (*di una vacca*) **in c.**, gravida; pregna □ (*fig.*) **to kill the fatted c.**, uccidere il vitello grasso; far festa in onore di q. □ (*di una vacca*) **to slip one's c.**, abortire □ (*di una vacca*) **to be with c.**, essere pregna.

calf (**2**) /kɑːf, *USA* kæf/, *n.* (*pl.* **calves**) (*anat.*) polpaccio.

calfskin /ˈkɑːfskɪn, *USA* ˈkæf-/, *n.* pelle di vitello.

Caliban /ˈkælɪbæn/, *n.* (*letter.*) Calibano.

caliber /ˈkælɪbə(r), kəˈliː-, kəˈlaɪ-/, (*USA*) *V.* **calibre.**

to **calibrate** /ˈkælɪbreɪt/, *v. t.* (*mecc.*) *1* calibrare; determinare il calibro di (*un tubo, ecc.*) *2* tarare (*uno strumento di misurazione*).

calibration /kælɪˈbreɪʃn/, *n.* (*mecc.*) calibratura; taratura.

calibrator /ˈkælɪbreɪtə(r)/, *n.* (*tecn.*) calibratore.

calibre /ˈkælɪbə(r), kəˈliː-, kəˈlaɪ-/, *n.* *1* (*mecc.*) calibro: **a howitzer's c.**, il calibro di un obice *2* (*fig.*) importanza; valore; levatura; calibro: **He's a man of excellent c.**, è un uomo di grande valore.

caliche /kæˈliːtʃɪ, kə-/, *n.* (*geol.*) caliche.

calico /ˈkælɪkəʊ/, *n.* (*pl.* **calicoes, calicos**) (*ind. tess.*) *1* calicò; tela di cotone *2* (*USA*) cotonina (*stampata*).

calidarium /kælɪˈdɛərɪəm/ (*lat.*), *n.* (*pl.* **calidaria**) (*archeol.*) calidario.

calif /ˈkælɪf/, e *deriv.* *V.* **caliph**, e *deriv.*

California /kælɪˈfɔːnɪə/, *n.* (*geogr.*) California. • (*moda, USA*) **C. black tie**, smoking californiano (*con calzoni corti tipo Bermuda*) □ **C. blankets**, giornali usati come coperte.

Californian /kælɪˈfɔːnɪən/, *a.* e *n.* californiano.

californium /kælɪˈfɔːnɪəm/, *n.* (*chim.*) californio.

caliga /ˈkælɪgə/ (*lat.*), *n.* (*pl.* **caligae**) (*stor. teatr.*) caliga.

Caligula /kəˈlɪgjʊlə/, *n.* (*stor. romana*) Caligola.

caliper /ˈkælɪpə(r)/, *n.* (*di solito al pl.*) compasso (*da tracciatore*); calibro (*a compasso*).

caliph /ˈkeɪlɪf, ˈkæl-/, *n.* califfo.

caliphate /ˈkeɪlɪfeɪt, -fət, ˈkæl-/, *n.* califfato.

calix /ˈkeɪlɪks, ˈkæl-/, *n.* (*pl.* **calices**) (*relig.*) calice; coppa.

calk (**1**) /kɔːk/, *n.* (*costr. navali*) materiale per calafataggio.

calk (**2**) /kɔːk/, *n.* rampone, ferro (*su una scarpa, un ferro di cavallo, ecc.*).

to **calk** (**1**) /kɔːk/, *v. t.* *1* (*costr. navali*) calafatare *2* (*mecc.*) cianfrinare, presellare *3* chiudere, turare (*fessure, con stoppa, ecc.*); stuccare.

to **calk** (**2**) /kɔːk/, *v. t.* munire (*un ferro di cavallo*) di rampone; provvedere (*una scarpa*) di piastrine di ferro.

to **calk** (**3**) /kɔːk/, *v. t.* decalcare (*un disegno*).

calker (**1**) /ˈkɔːkə(r)/, (*scozz.*) *V.* **calk** (**2**).

calker (**2**) /ˈkɔːkə(r)/, *n.* *1* (*costr. navali*) calafato *2* (*mecc.*) cianfrinatore *3* (*mecc.*) cianfrino; presella.

calkin /ˈkɔːkɪn, ˈkælk-/, *n.* rampone, ferro (*su una scarpa, ecc.*).

calking /ˈkɔːkɪŋ/, *n.* *1* (*costr. navali*) calafataggio *2* (*costr. navali*) materiale per calafataggio *3* (*mecc.*) cianfrinatura; presellatura • **c. chisel** (*o* **tool**), cianfrino; presella □ **c. gun**, pistola turapori □ **c. iron**, ferro da calafato.

call /kɔːl/, *n.* *1* chiamata; (*anche*) telefonata; voce (*fig.*): **The fire brigade received a lot of calls**, i pompieri ricevettero molte chiamate; **Can I make a c.?**, posso fare una telefonata?; **last c. for flight A Z 234 for Milan**, ultima chiamata per il volo A Z 234 per Milano; **Give me a c. when you're ready**, dammi una voce quando sei pronto *2* grido; invocazione; appello; voce (*fig.*): **a c. for help**, un grido (*o* un'invocazione) di aiuto; **to answer the c.** (*o* **the roll-c.**), rispondere all'appello; (*fig.*) **to answer one's country's c.**, rispondere all'appello della patria; **the c. of nature** [**of duty**], la voce della natura [del dovere] *3* richiamo (*di un animale selvatico*; *per la caccia*; e *fig.*): **the c. of a bird** [**of a deer**], il richiamo di un uccello [di un cervo]; **a duck c.**, un richiamo per le anatre; **the c. of the forest** [**of the sea**], il richiamo della foresta [del mare]; **the c. of the wild**, il richiamo della vita nelle terre selvagge (*o* della vita libera) *4* invito; convocazione: **a c. for lunch**, un invito a pranzo; **a c. to the palace**, un invito a palazzo; **a c. on miners to strike**, un invito ai minatori di scioperare; **The ambassador received a c. to the Foreign Office**, l'ambasciatore fu convocato al Ministero degli Esteri *5* (*anche econ., market.*) richiesta: **There has been a general c. for an amnesty**, c'è stata una richiesta generale in favore di un'amnistia; **He rejected all the calls on his money**, respinse tutte le richieste di aiuto finanziario; **There isn't much c. for luxury articles for the moment**, la momento non c'è grande richiesta di articoli di lusso; **There's a big c. for manpower**, c'è una grande richiesta di manodopera *6* (*specialm. in frasi neg. e interrog.*) bisogno; motivo: **There's no c. to shout**, non c'è bisogno di gridare (*o* di alzare la voce); **Is there any c. for me to worry?**, c'è forse motivo che io mi preoccupi? *7* chiamata (*fig.*); vocazione: **If you want to be a missionary, answer your c.**, se vuoi fare il missionario, segui la tua vocazione *8* (breve) visita (*anche professionale*); comparsa (*il farsi vedere*): **The doctor is out on a c.**, il medico è in visita; **He's made ten calls today**, oggi ha fatto dieci visite; **to make a c. on a friend**, fare visita a un amico; **to pay a c. on the President**, fare visita al Presidente; **The milkman has made an early c. this morning**, il lattaio è passato prima del solito questa mattina *9* (*ferr.*: *del treno*) fermata *10* (*naut.*) scalo: **port of c.**, porto di scalo; **without c.**, senza scalo *11* (*leg.*) chiamata; convocazione *12* (*mil.*) adunata: **to sound the c.**, suonare l'adunata *13* (*in albergo, ecc.*) sveglia: **I asked the night porter for a five o'clock c.**, chiesi al portiere di notte di darmi la sveglia alle cinque *14* (*fin.*) richiesta di pagamento *15* (*fin.*) richiamo dei decimi (*sulle azioni sottoscritte*) *16* (*fin., USA*) richiamo di titoli *17* (*Borsa*) *V.* **c. option** *18* (*elab.*) richiamo (*di un sottoprogramma, ecc.*) *19* (*sport*) richiamo, segnalazione, fischio (*dell'arbitro*) *20* (*a bridge*) (turno di) chiamata: **Whose c. is it?**, a chi tocca chiamare? • (*naut.*) **c. at port**, scalo □ **c.-back**, richiamo, ritiro dal mercato (*di prodotti difettosi*); (*stat.*) richiamo □ (*org. az.*) **c.-back pay**, (retribuzione) extra (*per lavoro fuori orario*) □ (*telef.*) **c.-bell**, suoneria □ **c. bird**, (uccello da) richiamo; (*market.*) articolo civetta (*di vendita promozionale*) □ **c. box**, cabina telefonica □ (*banca*) **c. deposit**, deposito a richiesta (*non vincolato*) □ (*telef.*) **c. diverter**, commutatore telefonico □ (*leg.*) **c. for bids** (*o* **for tenders**), (bando di) gara d'appalto □ (*fin.*) **c. for funds**, richiesta di fondi □ **c. girl**, (ragazza) squillo □ (*USA*) **c. house**, casa d'appuntamento □ (*org. az.*) **c.-in pay**, indennità di pronta disponibilità □ (*radio, TV*) **c.-in** (**program**), programma con telefonate (*del pubblico*) in diretta □ (*elab.*) **c. instruction**, istruzione di chiamata □ (*fin.*) **c. letter**, lettera di richiamo dei decimi □ (*banca*) **c. loan**, prestito (rimborsabile) a richiesta (*con il preavviso di 24 ore*) □ **c. money**, (*Borsa*) denaro investito a brevissima scadenza; (*banca*) *V.* **c. loan** □ **c. note**, richiamo (*di un uccello, ecc.*) □ **c. number**, segnatura (*di un libro*: *in una biblioteca*); (*rag.*) numero di schedario; (*telef.*) numero telefonico; (*elab.*) numero della chiamata □ (*Borsa*) **c. of more**, contratto d'aggiunta; noch per ritirare; noch semplice □ (*Borsa*) **c.-of-more option**, opzione d'acquisto del doppio □ (*leg.*) **c. on guarantor**, chiamata in garanzia □ (*fin.*) **c. on shares**, richiamo dei decimi □ (*Borsa*) **c. option**, contratto a premio del compratore (*o* da pagare); (contratto) dont; opzione di dont (*o* d'acquisto) □ **c.-out charge**, addebito per chiamata (*di un artigiano*) □ **c.-over**, appello □ (*org. az.*) **c. pay**, indennità di presenza □ (*fin., USA*) **c. price**, prezzo di riscatto □ (*ass., naut.*) **calls risk**, rischio negli scali □ (*radio, telef.*) **c. sign**, segnale di chiamata; nominativo (*di radiotrasmittente*) □ (*elab.*) **c. signal**, segnali di chiamata □ (*elab.*) **c. sorter**, ordinatrice di schede □ (*leg., in Inghil.*) **c. to the Bar**, abilitazione all'esercizio della professione forense □ (*mil.*) **c. to quarters**, ritirata □ (*mil.*) **c.-up**, chiamata alle armi, richiamo; (i) richiamati (*collett.*), (la) leva: **the 1974 c.-up**, la leva del 1974 □ (*mil.*) **c.-up papers**, cartolina precetto; cartolina rosa (*fam.*) □ (*elab.*) **c. word**, parola di chiamata (*per identificare un utente*) □ **at c.**, *V.* **on c.** □ (*telef.*) **charge c.** (*USA* **collect c.**), chiamata a carico del ricevente □ **first c.** (*mil.*) primo segnale di tromba; (*fig.*) diritto di prelazione □ **to have a close c.**, scamparla per miracolo □ **to have too many calls on one's time**, avere troppi impegni □ (*med.*) **house c.**, visita a domicilio □ (*naut.*) **«no calls»**, «senza scali intermedi» □ **on c.**, (*di attrezzo, veicolo, ecc.*) a disposizione, sottomano; (*di medico, ecc.*) a disposizione, in servizio; (*della polizia, ecc.*) in allarme; (*fin.*: *di titolo*) pagabile a richiesta; esigibile a vista □ (*leg.*) **on first c.**, in prima convocazione □ (*teatr.*) **to take a c.**, essere chiamato alla ribalta □ **within c.**, a portata di voce □ **The postman has several more calls to make**, il postino deve fare ancora un giro lungo (*o* deve passare ancora da molte case).

to **call** /kɔːl/, *v. t.* e *i.* ***1*** chiamare; svegliare: **He called me from the window**, mi chiamò dalla finestra ***2*** metter nome a; nominare: **The street was called after my father**, dettero alla strada il nome di mio padre; **Please c. me at 6**, svegliatemi alle 6, per favore ***3*** gridare; invocare: **She called my name**, ella gridò il mio nome ***4*** andare, venire (*nel senso di*: far visita, passare): **Has anybody called?**, è venuto nessuno?; **The postman calls every day**, il postino passa tutti i giorni; **John wasn't in when I called**, John era fuori quando passai da lui ***5*** convocare (q.); indire (*una riunione, ecc.*); proclamare: **A meeting was called for April the tenth**, fu indetta una riunione per il dieci aprile; **to c. a strike**, proclamare uno sciopero ***6*** dichiarare, accusare (*nei giochi, per es. a biliardo*) ***7*** (*nel gioco del poker*) vedere: **He bluffed but I called (him)**, bluffava ma io vidi ***8*** chiamare, dare del (*bugiardo, ladro, ecc.*); dire (che): **She calls herself an actress**, dice d'essere un'attrice; **I don't know how much I owe you, but let's c. it 10 dollars**, non so quanto ti devo, ma diciamo 10 dollari ***9*** chiamare (*al telefono*); telefonare a (q.) ***10*** (*d'uccelli, ecc.*) richiamare; emettere il richiamo ***11*** (*fin.*) richiamare (*un titolo*) ***12*** (*leg.*) citare (*un testimone, ecc.*) ***13*** (*elab.*) chiamare, richiamare (*un sottoprogramma, ecc.*) ***14*** (*al passivo*) **to be called**, chiamarsi: **She's called Ann**, si chiama Ann; **What's this toy called?**, come si chiama questo balocco?; (*di un libro, ecc.*) intitolarsi. ● **to c. aloud**, chiamare ad alta voce □ **to c. sb. aside**, chiamare q. in disparte □ **to c. sb.'s attention to st.**, richiamare l'attenzione di q. su q.c. □ **to c. the banns**, fare le pubblicazioni (matrimoniali) □ (*fig.*) **to c. sb.'s bluff**, dimostrare che q. sta bluffando; scoprire il gioco (*o* le manovre) di q. □ (*fin.*) **to c. bonds**, riscattare obbligazioni □ (*leg.*) **to c. a case**, chiamare una causa; fissare un'udienza □ (*telef., USA*) **to c. collect**, fare una telefonata a carico del destinatario □ (*aeron., trasp.*) **to c. a flight**, annunciare un volo □ (*mil.*) **to c. a halt**, dare l'alt (*alle truppe, ecc.*) □ **to c. st. in** (*o* **into**) **question**, mettere in dubbio q.c. □ **to c. st. into being**, dar vita a, creare q.c. □ **to c. st. into play**, far agire, far valere, mettere in moto q.c. □ (*fam.*) **to c. it a day**, smettere (*di fare q.c.*): **It's getting dark: let's c. it a day!**, si fa buio: è ora di smettere! □ **to c. it quits**, farla finita; separarsi, divorziare; (*anche*) considerarsi pari e patta □ **to c. sb. names**, insultare q. □ **to c. the roll**, fare l'appello □ (*pop. USA*) **to c. one's shot**, manifestare chiaramente la propria intenzione □ (*fam. USA*) **to c. the shots**, dare ordini; comandare □ (*fig.*) **to c. a spade a spade**, dire pane al pane; parlare chiaro □ **to c. sb. to account**, chiamare q. alla resa dei conti □ **to c. sb. to arms**, chiamare q. alle (*o* sotto le) armi □ **to c. st. to mind**, richiamare q.c. alla mente (*o* alla memoria) □ **to c. sb. to order**, richiamare q. all'ordine □ **to be able to c. st. one's own**, poter dire che q.c. ci appartiene; poter disporre di q.c. □ (*leg.*) **to be called to the Bar**, essere ammesso all'esercizio della professione forense (*in G.B.*) □ (*leg.*) **to be called within the Bar**, essere nominato Queen's (*o* King's) Counsel (*q.V.*) □ **to feel called upon to do st.**, sentirsi in dovere di fare q.c. □ (*di una lettera*: *scritto sulla busta*) **to be kept until called for**, fermo posta.

♦**call aloud**, *v. t.* + *avv.* chiamare ad alta voce.

♦**call aside**, *v. t.* + *avv.* chiamare in disparte.

♦**call at**, *v. i.* + *prep.* ***1*** andare da; passare a (*o* da); fermarsi presso: **We called at the post-office**, siamo passati alla posta ***2*** (*naut.*) fare scalo a: **Our ship called at Genoa**, la nostra nave fece scalo a Genova ***3*** (*autom., ferr.*) fare una fermata a.

♦**call away**, *v. t.* + *avv.* ***1*** chiamare (*per lavoro, ecc.*): **Dr Brown has been called away**, il dottor Brown non c'è: è in visita ***2*** distogliere; distrarre: **Don't c. him away from his work**, non distoglierlo dal suo lavoro!

♦**call back**, **A** *v. t.* + *avv.* ***1*** richiamare, chiamare: **C. him back: his mother wants him**, richiamalo: lo vuole sua madre ***2*** richiamare; ritelefonare a: **I'll c. you back later**, ti richiamo più tardi ***3*** ritirare (*prodotti difettosi, ecc.*: *dal mercato*) ***4*** ritrattare: **He called back his confession**, ritrattò la sua confessione. **B** *v. i.* + *avv.* ripassare; fare una nuova visita: **The salesman will c. back next week**, il rappresentante ripasserà la settimana prossima.

♦**call by**, **A** *v. i.* + *avv.* (*fam.*) passare; fermarsi un attimo: **I'll c. by at the supermarket on my way to the office**, passerò dal supermercato andando in ufficio. **B** *v. t.* + *prep.* chiamare (q.) con: **I c. him by his first name**, lo chiamo con il nome di battesimo (*o* per nome).

♦**call down**, *v. t.* + *avv.* ***1*** chiamare giù; far scendere: **She went upstairs but I called her down at once**, andò di sopra ma la feci scendere subito ***2*** invocare: **The people called down God's wrath on the tyrant's head**, il popolo invocava l'ira divina sul capo del tiranno ***3*** (*fam. USA*) criticare; denigrare; rimproverare; sgridare ***4*** (*fam. USA*) sfidare (*a battersi, a duello, ecc.*).

♦**call for**, *v. i.* + *prep.* ***1*** chiamare: **Let's c. for the waiter**, chiamiamo il cameriere! ***2*** chiedere; domandare: **to c. for assistance**, chiedere aiuto; **He called for the bill**, chiese il conto ***3*** chiedere; esigere: **Your plan calls for a lot of money**, il tuo progetto richiede un mucchio di soldi ***4*** meritare: **Your promotion calls for a celebration**, la tua promozione merita d'essere festeggiata ***5*** passare a prendere: **I'll c. for you at 9 P.M.**, passo a prenderti alle nove (di sera) ***6*** (*al passivo*) – **to be called for**, essere necessario (*o* opportuno, conveniente): **His outburst was not called for under the circumstances**, la circostanza non giustificava il suo scoppio d'ira □ (*leg.*) **to c. for bids** (*o* **for tenders**), invitare a presentare offerte (*in una gara d'appalto*); bandire una gara d'appalto □ (*fin.*) **to c. for subscribed capital**, richiamare i decimi □ (*a carte*) **to c. for trumps**, chiamare briscola.

♦**call forth**, *v. t.* + *avv.* (*form.*) ***1*** far nascere; creare; suscitare (*sentimenti, ecc.*) ***2*** tirar fuori; fare appello a: **He had to c. forth all his strength**, dovette fare appello a tutta la sua forza.

♦**call in**, **A** *v. t.* + *avv.* ***1*** chiamare (*in casa, in aiuto, ecc.*); far venire; fare intervenire: **C. in a doctor at once**, chiama subito un medico!; **They had to c. in the police**, dovettero fare intervenire la polizia ***2*** (*fin.*) ritirare (*monete*) dalla circolazione ***3*** ritirare (*prodotti difettosi*: *dal mercato*) ***4*** richiedere il pagamento di (*denaro prestato, ecc.*). **B** *v. i.* + *avv.* ***1*** andare (*o* venire) a trovare: **C. in when you are in town**, quando sei in città, vieni a trovarci (*o* passa da noi) ***2*** telefonare, chiamare (*a casa, in ufficio e sim.*): **Tom has just called in saying he'll be late again**, Tom ha appena chiamato per dire che farà tardi di nuovo □ **to c. in at**, fare una (breve) visita a; passare da (q.) □ **to c. in sick**, darsi malato per telefono.

♦**call into**, *v. i.* + *prep.* fare un salto, passare in: **to c. into a local store**, passare in negozio.

♦**call off**, *v. t.* + *avv.* ***1*** richiamare (*con la voce*): **He called off his watchdogs**, richiamò i cani da guardia; **He called off his soldiers**, richiamò i suoi soldati ***2*** annullare; disdire; revocare; sospendere (*una ricerca, ecc.*): **If the weather is bad, the trip will be called off**, se il tempo è brutto, la gita sarà annullata; **to c. off a strike**, revocare uno sciopero; **to c. off a meeting**, disdire una riunione; **to c. off an engagement**, annullare (*o* cancellare) un impegno; **At the last minute, the attack was called off**, all'ultimo minuto, venne l'ordine di sospendere l'attacco ***3*** (*specialm. USA*) leggere (*una lista, ecc.*) ad alta voce.

♦**call on**, *v. t.* + *prep.* ***1*** fare una (breve) visita a; passare da; andare (*o* venire) da: **We called on our neighbours to see if everything was all right**, passammo dai vicini per vedere se tutto era a posto; **Our salesman will c. on you next week**, il nostro piazzista passerà da voi la prossima settimana ***2*** chiamare (*in aiuto*): **The plumber was called on for assistance**, chiamammo in aiuto l'idraulico ***3*** ricorrere; fare ricorso (*o* appello) a: **to c. on domestic savings**, ricorrere al risparmio privato; (*leg.*) **to c. on a guarantee**, fare appello a una garanzia; **to c. on all one's strength**, fare appello a tutte le proprie forze ***4*** invitare (*q. a fare o a dire q.c.*): **The party leader was called on to answer the charges**, il leader del partito fu invitato a rispondere alle accuse.

♦**call out**, **A** *v. i.* + *avv.* gridare, chiamare a gran voce: **«Watch it!», he called out**, «sta' in guardia!», gridò. **B** *v. t.* + *avv.* ***1*** chiamare a voce alta ***2*** leggere (*o* dire) a voce alta: **He called out the name of the winner**, disse ad alta voce il nome del vincitore ***3*** chiamare (*in soccorso*); far venire; fare intervenire: **to c. out the fire brigade**, chiamare i pompieri; **to c. out the army**, fare intervenire l'esercito ***4*** chiamare (*artigiani*); chiamare (*impiegati*) per lavoro straordinario ***5*** far scendere in sciopero: **The union leader called out the miners**, il segretario del sindacato fece scendere in sciopero i minatori ***6*** (*fam. ingl.*) sfidare (*q. a battersi*).

♦**call out for**, *v. i.* + *avv.* + *prep.* chiedere a gran voce: **The little girl was calling out for help**, la ragazzina chiedeva aiuto a perdifiato.

♦**call over**, *v. t.* ***1*** leggere ad alta voce (*una lista, ecc.*) ***2*** chiamare (*q., di lontano*): **Please c. over the waiter**, per favore, chiama il cameriere!

♦**call round**, *v. i.* + *avv.* fare una (breve) visita; passare: **I'll c. round at Mary's on my way home**, passerò da Mary tornando a casa.

♦**call up**, **A** *v. t.* + *avv.* ***1*** (*specialm. USA*) telefonare a; chiamare: **I'll c. you up tonight**, ti chiamo questa sera ***2*** convocare; chiamare a raccolta; chiamare: **I called up the men and set them to work**, chiamai gli uomini e li misi al lavoro; (*mil.*) **to c. up reinforcements**, chiamare rinforzi ***3*** (*specialm. ingl.*) chiamare, svegliare (q.) ***4*** (*ingl.*) chiamare alle armi; richiamare ***5*** richiamare alla mente (*ricordi, ecc.*); risvegliare (*memorie*) ***6*** chiamare, evocare (*spiriti, il diavolo, ecc.*) ***7*** (*fin.*) richiamare: **called-up capital**, capitale richiamato. **B** *v. i.* (*specialm. USA*) telefonare; dare un colpo di telefono: **Please c. up and say you are not coming**, favorisci dare un colpo di telefono per dire che tu non vieni.

♦**call upon**, *V.* **call on**.

calla /'kælə/, *n.* (*bot.*) ***1*** (*Calla palustris*) calla ***2*** (*Zantedeschia aethiopica,* = **c. lily**) calla dei fioristi; calla (*fam.*).

callable /'kɔːləbl/, *a.* ***1*** chiamabile ***2*** (*fin.*) richiamabile ***3*** (*fin., USA*) riscattabile, rimborsabile ***4*** (*elab.*: *di un sottoprogramma, ecc.*) richiamabile. ● (*fin., USA*) **c. bond**, obbligazione riscattabile □ (*fin.*) **c. capital**, capitale richiamabile □ **c. loan**, *V.* **call loan**.

callboy /'kɔːlbɔɪ/, *n.* ***1*** ragazzo, fattorino (*d'albergo, ecc.*) ***2*** (*teatr.*) buttafuori ***3*** (*fam. USA*) ragazzo squillo; gigolo (*franc.*).

calldown /'kɔːldaʊn/, *n.* (*fam. USA*) rimprovero; sgridata.

called party /'kɔːldpɑːtɪ/, *locuz. n.* (*telef.*) abbonato richiesto.

called-up capital /ˈkɔːldʌpˈkæpɪtl/, *locuz. n.* (*fin.*) capitale richiamato.

caller /ˈkɔːlə(r)/, *n.* ***1*** chi chiama, grida, ecc. (*V.* **to call**) ***2*** chi fa una breve visita; visitatore ***3*** chi fa una telefonata ***4*** chi estrae e chiama i numeri (*in una tombola, ecc.*) ***5*** chi guida le danze.

calligrapher /kəˈlɪɡrəfə(r)/, *n.* calligrafo.

calligraphic /kælɪˈɡræfɪk/, *a.* calligrafico.

calligraphist /kəˈlɪɡrəfɪst/, *n.* calligrafo.

calligraphy /kəˈlɪɡrəfɪ/, *n.* calligrafia.

call-in /ˈkɔːlɪn/, *n.* (*USA*) *V.* **phone-in**.

calling /ˈkɔːlɪŋ/, **A** *a.* che chiama (che telefona, ecc.). **B** *n.* ***1*** il chiamare, gridare, ecc. (*V.* **to call**); appello, richiamo ***2*** vocazione ***3*** professione; occupazione; mestiere. ● **c. card**, biglietto da visita; (*telef.*) carta di credito telefonica □ **c. hours**, orario delle visite □ (*telef.*) **c. party**, richiedente □ (*elab.*) **c. sequence**, sequenza di chiamata □ (*elab.*) **c. terminal**, terminale chiamante □ **c. together**, convocazione □ (*fin.*) **c.-up**, richiamo (*di un versamento, ecc.*) □ (*fin.*) **c. upon the underwriters**, invito ai sottoscrittori.

calliper /ˈkælɪpə(r)/, *V.* **caliper**.

callisthenics /kælɪsˈθenɪks/, *n. pl.* ***1*** (*col verbo al sing.*) callistenia; ginnastica ritmica ***2*** (*col verbo al pl.*) esercizi di ginnastica ritmica.

callose (**1**) /ˈkæləʊz/, *a.* (*bot.*) calloso.

callose (**2**) /ˈkæləʊz/, *n.* (*biochim.*) callosio.

callosity /kəˈlɒsətɪ/, *n.* ***1*** callosità ***2*** (*fig.*) durezza, insensibilità.

callous /ˈkæləs/, *a.* ***1*** calloso ***2*** (*fig.*) indurito; insensibile; incallito; indifferente.

callously /ˈkæləslɪ/, *avv.* con durezza; senza pietà.

callousness /ˈkæləsnəs/, *n.* ***1*** callosità ***2*** (*fig.*) durezza; insensibilità.

callow /ˈkæləʊ/, *a.* ***1*** senz'ali ***2*** (*zool.*) implume ***3*** (*fig.*) imberbe; inesperto: **a c. young man**, un giovane inesperto.

callus /ˈkæləs/, *n.* (*pl.* **calluses, calli**) (*med., bot.*) callo.

calm (**1**) /kɑːm, *USA* kɑːm, -lm/, *n.* calma; quiete; tranquillità; serenità. ● (*meteor.*) **c. belt**, zona delle calme tropicali □ (*naut.*) **dead c.**, bonaccia □ **There's a c. on the sea**, il mare è in calma.

calm (**2**) /kɑːm, *USA* kɑːm, -lm/, *a.* ***1*** calmo; quieto; tranquillo; sereno ***2*** (*del tempo*) senza vento. ● (*del vento*) **to fall c.**, calmarsi □ (*del mare*) **to grow c.**, calmarsi □ (*di uno specchio d'acqua*) **as c. as a millpond**, calmissimo; liscio come l'olio □ (*di una persona*) **to stay c.**, stare calmo □ **Keep c.!**, state calmi!; calma!

to **calm** /kɑːm, *USA* kɑːm, -lm/, **A** *v. t.* (*anche* **to c. down**) calmare; acquietare; rasserenare. **B** *v. i.* – **to c. down**, calmarsi; acquietarsi. **C** to **calm oneself**, *v. rifl.* calmarsi.

calmative /ˈkɑːlmətɪv, *USA* ˈkɑːl-, ˈkæl-/, *a.* e *n.* (*farm.*) calmante; sedativo.

calmly /ˈkɑːmlɪ, *USA* ˈkɑːm-, -lm-/, *avv.* con calma; tranquillamente.

calmness /ˈkɑːmnəs, *USA* ˈkɑːm-, -lm-/, *n.* calma; quiete; tranquillità; serenità.

calomel /ˈkæləmel/, *n.* (*chim., farm.*) calomelano.

Calor gas /ˈkæləɡæs/, *n.* (*marchio*) gas per uso domestico (*in bombole*).

caloric /ˈkælərɪk/, *a.* (*fis., biol.*) calorico.

calorie /ˈkælərɪ/, *n.* (*fis., biol.*) caloria.

calorific /kæləˈrɪfɪk/, *a.* (*fis.*) calorifico: **c. value**, potere calorifico.

calorimeter /kæləˈrɪmɪtə(r)/, *n.* (*fis.*) calorimetro.

calorimetric(**al**) /kælərɪˈmetrɪk(l)/, *a.* (*fis.*) calorimetrico.

calorimetry /kæləˈrɪmətrɪ/, *n.* (*fis.*) calorimetria.

calory /ˈkælərɪ/, *n.* (*fis., biol.*) caloria.

calotte /kəˈlɒt/, *n.* ***1*** calotta, papalina; zucchetto (*dei preti*) ***2*** (*zool.*) cresta a cappuccio ***3*** (*archit., geol., tecn.*) calotta ***4*** (*anat.*) calotta cranica.

calque /kælk/, *n.* (*ling.*) calco.

caltrop /ˈkæltrəp/, *n.* ***1*** (*stor. mil.*) tribolo; triangolo ***2*** (*bot., Centaurea calcitrapa*) cardo stellato ***3*** (*bot., Trapa natans*) castagna d'acqua ***4*** (*bot., Tribulus*) tribolo.

calumet /ˈkæljʊmet, *USA* -ˈmet/, *n.* calumet (*pipa degli Indiani d'America, simbolo di pace*). ● **to smoke the c. together**, fumare insieme il calumet; (*fig.*) fare la pace.

to **calumniate** /kəˈlʌmnɪeɪt/, *v. t.* calunniare; diffamare.

calumniation /kəlʌmnɪˈeɪʃn/, *n.* calunnia; diffamazione.

calumniator /kəˈlʌmnɪeɪtə/, *n.* calunniatore; diffamatore.

calumniatory /kəˈlʌmnɪeɪtrɪ, *USA* -nɪətɔːrɪ/, **calumnious** /kəˈlʌmnɪəs/, *a.* calunnioso; diffamatorio.

calumny /ˈkæləmnɪ/, *n.* calunnia; diffamazione.

Calvary /ˈkælvərɪ/, *n.* ***1*** (*anche fig.*) calvario ***2*** rappresentazione sacra della crocefissione; Via Crucis.

to **calve** /kɑːv, *USA* kæv/, *v. t.* e *i.* ***1*** (*di una vacca*) figliare; partorire ***2*** (*di un iceberg o ghiacciaio*) lasciar cadere (*un blocco di ghiaccio*). ● (*naut.*) **calved ice**, blocco di ghiaccio alla deriva.

calves /kɑːvz, *USA* kævz/, *pl.* di **calf** (**1**) e (**2**).

Calvinism /ˈkælvɪnɪzəm/, *n.* (*relig.*) calvinismo.

Calvinist /ˈkælvɪnɪst/, *n.* e *a.* (*relig.*) calvinista.

Calvinistic(**al**) /kælvɪˈnɪstɪk(l)/, *a.* (*relig.*) calvinistico.

calx /kælks/, *n.* (*pl.* **calces, calxes**) residuo calcinato.

calycanthus /kælɪˈkænθəs/, *n.* (*bot., Calycanthus floridus*) calicanto d'estate.

calyciform /kəˈlɪsɪfɔːm/, *a.* (*bot.*) a forma di calice; caliciforme.

calycinal /kəˈlɪsɪnəl/, **calycine** /ˈkælɪsaɪn/, *a.* (*bot.*) simile a calice; calicino.

calycle /ˈkælɪkl/, *n.* (*bot.*) calicetto.

calypso /kəˈlɪpsəʊ/, *n.* (*pl.* **calypsos, calypsoes**) (*mus.*) calipso (*canto e ballo delle Antille*).

Calypso /kəˈlɪpsəʊ/, *n.* (*mitol.*) Calipso.

calyptra /kəˈlɪptrə/, *n.* (*bot.*) calittra, caliptra.

calyx /ˈkeɪlɪks/, *n.* (*pl.* **calyces, calyxes**) (*bot.*) calice.

cam /kæm/, *n.* (*autom., mecc.*) camma; eccentrico.

camaraderie /kæməˈrɑːdrɪ, *USA* kɑːmˈr-, -æd-/ (*franc.*), *n.* cameratismo.

camber /ˈkæmbə(r)/, *n.* ***1*** (*tecn.*) bombatura; curvatura ***2*** (*archit.*) freccia ***3*** (*autom.*) camber; inclinazione delle ruote anteriori. ● (*autom.*) **c. angle**, angolo di camber; campanatura □ (*archit.*) **c. arch**, arco scemo □ (*naut.*: *di una nave*) **c.-keeled**, dalla chiglia inarcata.

to **camber** /ˈkæmbə(r)/, **A** *v. t.* (*tecn.*) curvare; bombare. **B** *v. i.* (*tecn.*) avere una certa curvatura (*nel punto mediano*).

cambist /ˈkæmbɪst/, *n.* (*fin.*) ***1*** cambiavalute; cambista ***2*** listino dei cambi ***3*** formulario per la conversione di misure, pesi e valute (*di vari paesi*).

cambium /ˈkæmbɪəm/ (*lat.*), *n.* (*pl.* **cambiums, cambia**) cambio.

Cambodia /kæmˈbəʊdɪə/, *n.* (*geogr.*) Cambogia.

Cambodian /kæmˈbəʊdɪən/, *a.* e *n.* cambogiano.

cambrel /ˈkæmbrəl/, *n.* uncino (*da macellaio*).

Cambria /ˈkæmbrɪə/, *n.* (*geogr., poet.*) Galles.

Cambrian /ˈkæmbrɪən/, *a.* e *n.* ***1*** gallese ***2*** (*geol.*) cambriano. ● (*geol.*) **the C.**, il Cambriano; il periodo cambriano.

cambric /ˈkeɪmbrɪk/, (*ind. tess.*) **A** *n.* cambrì; (tela) batista. **B** *a.* di cambrì: **cotton c.**, cotone di cambrì. ● **c. muslin**, percalle.

Cambridge blue /ˈkeɪmbrɪdʒbluː/, *locuz. n.* blu chiaro; (*sport*) membro di una squadra (*o di un armo*) dell'università di Cambridge.

camcorder /ˈkæmkɔːdə(r)/, *n.* (*contraz. di* **camera** *e* **recorder**) (*TV*) camcorder; videocamera (*telecamera con videoregistratore incorporato*).

came (**1**) /keɪm/, *pass.* di **to come**.

came (**2**) /keɪm/, *n.* lamina (*o* bacchetta) di piombo; piombo: **the cames of a glass door**, i piombi di una vetrata.

camel /ˈkæml/, *n.* ***1*** (*zool., Camelus bactrianus*; = **Bactrian c.**) cammello ***2*** (color) cammello ***3*** (*costr. idrauliche*) cassone pneumatico. ● (*mil.*) **c.-corps**, truppe cammellate □ **c. driver**, cammelliere □ **c.**(**'s**) **hair**, pelo di cammello □ **c. hair** (*o* **c.'s-hair**), di (pelo di) cammello; (*di pennello*) di scoiattolo □ (*zool.*) **Arabian c.** (*Camelus dromedarius*), dromedario.

cameleer /kæmɪˈlɪə(r)/, *n.* cammelliere.

camelia /kəˈmiːlɪə/, (*USA*) *V.* **camellia**.

camellia /kəˈmiːlɪə, -ˈmelɪə/, *n.* (*bot., Camellia japonica*) camelia.

camelopard /ˈkæmɪləpɑːd, *USA* kəˈmel-/, *n.* (*arc.*) (*zool., Giraffa camelopardalis*) giraffa.

camelry /ˈkæməlrɪ/, *n.* (*mil.*) truppe cammellate.

cameo /ˈkæmɪəʊ/, *n.* (*pl.* **cameos, cameoes**) ***1*** cammeo ***2*** (*cinem., teatr.*) scena; scenetta; quadro; partecipazione straordinaria.

camera /ˈkæmərə/, *n.* ***1*** macchina fotografica ***2*** (*cinem.*) cinecamera ***3*** (*TV*) telecamera ***4*** (*leg.*: *pl.* **camerae**) ufficio privato di giudice. ● (*TV*) **c. crew**, troupe televisiva □ (*fis.*) **c. obscura** (*lat.*), camera oscura □ **c.-shy**, che non desidera essere ripreso □ **folding c.**, macchina fotografica a soffietto □ **in c.**, (*leg.*) in sessione segreta; a porte chiuse; (*fig.*) in segreto □ (*TV*) **to be on c.**, essere davanti alle telecamere; essere in onda.

cameralism /ˈkæmərəlɪzəm/, *n.* (*econ.*) cameralismo.

cameralist /ˈkæmərəlɪst/, *n.* (*econ.*) cameralista.

cameraman /ˈkæmərəmæn/, *n.* (*pl.* **cameramen**) (*cinem., TV*) cameraman; operatore.

camerlengo /kæməˈleŋɡəʊ/, **camerlingo** /kæməˈlɪŋɡəʊ/, *n.* (*pl.* **camerlengos, camerlingos**) (*relig.*) camerlengo.

cami-knickers /ˈkæmɪnɪkəz/, *n. pl.* (*moda*) pagliaccetto.

cami-knicks /ˈkæmɪnɪks/, (*fam.*) *V.* **cami-knickers**.

camisole /ˈkæmɪsəʊl/, *n.* (*un tempo*) copribusto, sottabito; (*ora*) canottiera (*biancheria intima da donna*).

camlet /ˈkæmlət/, *n.* (*ind. tess.*) cammellotto.

camomile /ˈkæməmaɪl/, *n.* ***1*** (*bot., Anthemis nobilis*) camomilla romana ***2*** (*bot., Matricaria chamomilla*) camomilla comune; matricaria ***3*** (*farm.*) camomilla. ● **c. tea**, (infuso di) camomilla.

Camorra /kəˈmɒrə, *USA* -ˈmɔː-/ (*ital.*), *n.* (*anche stor.*) camorra.

Camorrism /kəˈmɒrɪzəm, *USA* -ˈmɔː-/, *n.* camorrismo.

Camorrist /kəˈmɒrɪst, *USA* -ˈmɔː-/, *n.* camorrista.

camouflage /ˈkæməflɑːʒ, -dʒ/ (*franc.*), *n.* ***1*** (*anche mil., bot.* e *zool.*) mascheramento; mimetizzazione ***2*** (*fig.*) copertura; travestimento; camuffamento.

to **camouflage** /ˈkæməflɑːʒ, -dʒ/ (*franc.*), **A** *v. t.* ***1*** camuffare; mascherare ***2*** (*anche mil., bot.* e *zool.*) mimetizzare. **B** to **camouflage oneself**, *v. rifl.* (*mil., bot.* e *zool.*) mimetizzarsi.

camp /kæmp/, **A** *n.* ***1*** (*specialm. mil.*) campo; accampamento ***2*** (*tur.*) campeggio (*il luogo*) ***3*** (*fig.*) campo; partito; fazione (*in politica, ecc.*): **Which c. is he in?**, da che parte sta?; per chi tiene? ***4*** campeggiatori (*collett.*) ***5*** effeminatezza; mossette ***6*** cosa affettata, leziosa; leziosaggine; manierismo ***7*** omosessuale che fa le mossette. **B** *a.* **1** omosessuale **2** (*di un uomo*) effeminato **3** pacchiano; pretenzioso ma antiquato; ridicolo. ● **c. bed**, letto da campo □ **c. fever**, febbre tifoide □ **c. fire**, fuoco di bivacco □ **c. follower**, (*stor.*) civile al seguito di un esercito; (*polit.*) sostenitore, simpatizzante □ **c. ground**, terreno per campeggio; camping □ (*USA*) **c. meeting**, raduno religioso all'aperto □ **c. site**, campeggio; camping; posto tenda (*o* roulotte) □ **c.-stool**, seggiolino pieghevole □ **c. stove**, fornello da campo □ **to break** (*o* **to strike**) **c.**, muovere (*o* levare) il campo □ **to pitch c.**, piantare le tende; accamparsi.

to **camp** /kæmp/, **A** *v. i.* **1** accamparsi; alloggiare **2** (*anche* **to c. out**) attendarsi; dormire all'addiaccio **3** (*tur.*) campeggiare **4** fare le mossette; avere l'atteggiamento dell'omosessuale. **B** *v. t.* accampare (*truppe, ecc.*). ● **to c. out**, accamparsi; (*fig.*) vivere accampati, alla meglio; (*tur.*) dormire in tenda □ (*fam.*) **to c. (it) up**, recitare da gigione; gigioneggiare; (*anche*) comportarsi in modo effeminato; ostentare la propria omosessualità □ **to go camping**, passare le vacanze in campeggio.

Campagna /kæm'pɑːnɪə/ (*ital.*), *n.* (*geogr.*) la campagna romana (*un tempo paludosa e malarica*).

campaign /kæm'peɪn/, *n.* campagna (*militare, elettorale, pubblicitaria*).

to **campaign** /kæm'peɪn/, *v. i.* fare (*o* partecipare a) una campagna; condurre una campagna per.

campaigner /kæm'peɪnə(r)/, *n.* **1** (*mil.*) chi ha partecipato a molte campagne **2** chi fa campagne politiche (*o* pubblicitarie). ● (*anche fig.*) **old c.**, veterano.

campanile /kæmpə'niːlɪ/ (*ital.*), *n.* (*pl.* **campanili, campaniles**) (*archit.*) campanile.

campanologist /kæmpə'nɒlədʒɪst/, *n.* esperto di campane.

campanology /kæmpə'nɒlədʒɪ/, *n.* campanologia.

campanula /kæm'pænjʊlə/, *n.* (*bot., Campanula*) campanula.

campanulaceous /kæmpænjʊ'leɪʃəs/, *a.* (*bot.*) campanulaceo.

campanulate /kæm'pænjʊleɪt, -lət/, *a.* (*bot.*) campanulato.

camper /'kæmpə(r)/, *n.* **1** (= **c.-out**) campeggiatore, campeggiatrice; campeggista **2** (*autom., USA*) camper.

camphor /'kæmfə(r)/, *n.* **1** – (*bot., Cinnamomum camphora*) **c. tree**, albero della canfora; canforo **2** (*chim.*) canfora. ● **c. ball**, pallottola di canfora.

camphorate /'kæmfəreɪt/, *n.* (*chim.*) canforato.

to **camphorate** /'kæmfəreɪt/, *v. t.* canforare.

camphorated /'kæmfəreɪtɪd/, *a.* (*chim.*) canforato.

camphoric /kæm'fɒrɪk, *USA* -ɔːr-/, *a.* (*chim.*) canforico.

camping /'kæmpɪŋ/, *n.* **1** (*tur.*) campeggio (*il campeggiare*) **2** (*mil.*) l'accamparsi. ● (*tur.*) **c. equipment**, attrezzatura da campeggio □ **c. ground** (*o* **c. site**), campeggio (*il luogo*); camping.

campion /'kæmpɪən/, *n.* (*bot., Lychnis*) licnide. ● **bladder c.** (*Silene inflata*), erba del cucco □ **rose c.** (*Lychnis coronaria*), coronaria.

campus /'kæmpəs/ (*lat.*), *n.* (*pl.* **campuses, campi**) **1** campus (*nelle università, specialm. in U.S.A.*) **2** (*fig.*) università; mondo universitario **3** (*USA*) dipartimento, sezione (*di una «multiversity»*). ● **c. life**, la vita universitaria (*o* accademica).

to **campus** /'kæmpəs/, *v. t.* (*pop. USA*) costringere (*uno studente*) a rimanere nel campus (*per punizione*).

campy /'kæmpɪ/, *a.* **1** effeminato; che fa le mossette; che parla da omosessuale **2** affettato; lezioso; smanceroso.

camshaft /'kæmʃɑːft, *USA* -æft/, *n.* (*autom., mecc.*) albero a camme (*o* degli eccentrici, *o* della distribuzione).

camus /'kæməs/, *a.* (*antropol.*) **1** (*del naso*) camuso **2** (*di persona*) dal naso camuso.

can (**1**) /kæn, kən, kn/ (*pass.* **could**), *v. modale* **1** posso, puoi, ecc.; sono, sei, ecc. capace, in grado di; riesco, riesci, ecc. a; so, sai, ecc.: **I cannot** (*o* **can't**) **carry this trunk**; **it's too heavy**, non posso portare questo baule; è troppo pesante; **Can he speak English?**, sa parlare inglese?; **I can't swim**, non so nuotare; **I cannot understand why he behaves as he does**, non riesco a capire perché si comporti come fa; **Can you give me a lift?**, puoi darmi un passaggio? **2** posso, puoi, ecc.; ho, hai, ecc. il diritto, il permesso, di: **If you are under eighteen, you cannot vote**, se non hai ancora diciotto anni, non puoi votare; **You can go now**, puoi andare, ora; **Can I speak to the manager?**, posso parlare con il direttore? **3** (*impers.*) è possibile: **Can it be true?**, possibile che sia vero?; **It can't be true**, non può essere vero **4** (*con verbi di percezione, ecc.*; *è idiom.*:) **I can smell something burning**, sento odore di bruciato; **Can you see that bird on the bush?**, lo vedi quell'uccello sul cespuglio?; **I can see what you mean**, capisco quel che vuoi dire. ● **I can afford**, *V.* **to afford,** *def. 1* □ **I can but**, *V.* **but, B,** *def. 3* □ **Can I help you?**, posso aiutarti?; (*anche, in un negozio, ecc.*) in che posso servirla? (*o* desidera?) □ **I cannot help**, non posso fare a meno di; non posso evitare: **I cannot help admiring him**, non posso fare a meno d'ammirarlo; **He can't help thinking he may be wrong**, non può fare a meno di pensare che può avere torto □ **I never do any more work than I can help**, non faccio mai un lavoro se posso evitarlo □ **I can't help it if the railwaymen are on strike**, non posso farci niente (*o* non è colpa mia) se i ferrovieri sono in sciopero □ **It can't be helped!**, non c'è nulla da fare!; è inevitabile; ci vuole pazienza! □ **as sure as can be**, di sicuro; senza dubbio □ **Can I have a drink?**, mi dai da bere? □ (*in un negozio, ecc.*) **What can I do for you?**, in che posso servirla?; desidera? □ **You never can tell**, non si sa mai; non si può (mai) dire.

can (**2**) /kæn/, *n.* **1** recipiente (metallico); barattolo (*specialm. di latta*); latta, lattina; fusto, fustino; bidone: **a milk can**, un recipiente (*o* un bidone) per il latte; **a petrol can**, un bidone (*o* una latta) di benzina; **a can of oil**, una latta (*o* lattina) d'olio **2** (*specialm. USA*) scatola, scatoletta; lattina (*sigillata*) (*cfr. ingl.* **tin**): **a can of peas**, una scatola di piselli; **a sardine can**, una scatola di sardine; **a can of beer**, una lattina di birra; **a can of corned beef**, una scatoletta di carne di manzo **3** (*cinem.*) contenitore (*di pellicole*); pizza (*fam.*) **4** (*pop.*) gabbia (*fig.*); gattabuia; prigione **5** (*pop. USA*) testa; sedere, culo (*pop.*) **6** (*pop. USA*) latrina; cesso **7** (*pop. USA*) automobile (*specialm. scassata*); macinino (*fig.*) **8** (*pop. USA*) vagone cisterna; (*mil.*) cacciatorpediniere. ● (*fig.*) **a can of worms**, un bel po' di marcio (*o* di corruzione nascosta): **We opened up a real can of worms in that event**, scoprimmo un bel po' di marcio in quella vicenda □ (*specialm. USA*) **can opener**, apriscatole; (*pop. USA*) arnese da scasso; grimaldello □ **can vendor**, distributore automatico di lattine (*di birra, ecc.*) □ (*fig. fam.*) **to carry the can**, prendersi la colpa: **I had to carry the can**, dovetti prendermi la colpa □ (*fam.*) **in the can**, (*di un film, ecc.*) già finito, pronto per la distribuzione; (*fig.*) cosa fatta: **The contract is almost in the can**, il contratto è quasi cosa fatta.

to **can** /kæn/, *v. t.* **1** (*specialm. USA*) mettere in scatola, inscatolare (*alimenti o bevande*) **2** registrare (*musica*) su dischi **3** (*fam. USA*) licenziare **4** (*pop.*) imprigionare **5** (*pop. USA*) finire (*un film*); approvare (*una ripresa*) **6** (*pop. USA*) smettere: **Can it!**, smettila!; piantala! ● (*pop. USA*) **to can the bull**, smetterla di dire cavolate (*pop.*).

Canadian /kə'neɪdɪən/, *a.* e *n.* canadese.

canal /kə'næl/, *n.* **1** (*in ogni senso, eccetto quello di passaggio naturale marittimo*) canale **2** fiume reso navigabile (*con chiuse, ecc.*). ● **c. boat**, chiatta □ (*trasp.*) **c. carrier**, impresa di trasporti su canali □ (*fis. nucl., stor.*) **c. ray**, raggio canale □ (*geogr.*) **the C. Zone**, la Zona del Canale (di Panama) □ **ship c.**, canale navigabile.

to **canal** /kə'næl/, *v. t.* provvedere di canali; aprire un canale in.

canaliculate(**d**) /kænə'lɪkjʊleɪt(ɪd)/, *a.* (*bot.*) canalicolato.

canalization /kænəlaɪ'zeɪʃn, *USA* -lɪ'z-/, *n.* **1** (*med.*) canalizzazione **2** (*anche fig.*) incanalamento.

to **canalize** /'kænəlaɪz, kə'nælaɪz/, *v. t.* **1** canalizzare **2** (*anche fig.*) incanalare; convogliare.

canapé /'kænəpeɪ, *USA* kænə'peɪ/ (*franc.*), *n.* **1** canapé; divano; sofà **2** (*cucina*) canapé; tartina.

canard /kæ'nɑːd, 'kænɑːd/ (*franc.*), *n.* **1** frottola; notizia falsa; fandonia **2** (*aeron.*) canard.

canary /kə'neərɪ/, *n.* **1** (*zool., Serinus canarius*; = **c.-bird**) canarino **2** (= **C. wine**) vino delle Canarie **3** (color) giallo canarino **4** (*pop. USA*) cantante (*donna*) d'orchestra jazz; ragazza; donna **5** (*pop. USA*) informatore della polizia; canarino (*fig.*). ● (*bot.*) **c. grass** (*Phalaris canariensis*), canaria; scagliola.

Canary /kə'neərɪ/, *n.* (*geogr.*) la Gran Canaria. ● **the C. Islands** (*o* **the Canaries**), le Canarie.

canasta /kə'næstə/, *n.* canasta (*il gioco e il gruppo di almeno sette carte*).

canaster /kə'næstə(r)/, *n.* **1** canestro per tabacco **2** tabacco grossolano.

Canberra /'kænbərə, *USA* -berə/, *n.* (*geogr.*) Canberra.

cancan /'kænkæn/, *n.* cancan (*ballo francese*).

cancel /'kænsl/, *n.* (*tipogr.*) **1** pentimento **2** soppressione, omissione (*di testo*) **3** testo soppresso (*o* omesso) **4** testo stampato in sostituzione di altro. ● (*trasp.*) **(pair of) cancels**, pinza per forare biglietti.

to **cancel** /'kænsl/, **A** *v. t.* **1** cancellare (*facendo una croce o tirando un frego*) **2** annullare, cancellare (*un impegno, un'ordinazione, un francobollo, ecc.*); disdire; revocare; sospendere; (*aeron.*) cancellare (*un volo*): **The match was cancelled**, la partita fu sospesa; **cancelled flights**, voli cancellati **3** (*leg.*) abrogare (*una legge*); rescindere (*un contratto, ecc.*) **4** (*mat.*) elidere (*fattori comuni*) **5** (*tipogr.*) sopprimere; omettere **6** (*anche* **to c. out**) bilanciare; neutralizzare. **B** *v. i.* (*elab.*) azzerare la memoria. ● (*comm.*) **to c. an account** [**a debt**], estinguere un conto [un debito] □ (*rag.*: *di conti*) **to c. each other**, bilanciarsi; annullarsi □ **to c. milk and papers when going away**, eliminare i foglietti per il lattaio e il giornalaio quando si va via da casa (*come misura precauzionale*) □ (*comm.*) **to c. an order**, stornare un'ordinazione □ **to c. out**, annullarsi; (*comm.*) bilanciarsi; (*mat.*) elidersi □ **to c. a revenue stamp**, annullare una marca da bollo.

cancellable /'kænsələbl/, *a.* **1** cancellabile **2** (*leg.*) annullabile; abrogabile; rescindibile; risolvibile.

cancellate(**d**) /'kænsəleɪt(ɪd)/, *a.* **1** (*biol.*) reticolato **2** (*anat.*: *di osso*) poroso; spugnoso.

cancellation /kænsə'leɪʃn/, *n.* **1** cancellazione; (segno di) cancellatura **2** annullamento; abrogazione; soppressione; sospensione; (*aeron.*) cancellazione (*di voli*) **3** (*leg.*) risoluzione, revoca, rescissione (*di contratto o atto*) **4** (*tur.*) rinuncia; ritiro **5** (*di francobolli*) annullo. ● (*leg.*) **c. clause**, clausola risolutiva □ (*leg., USA*) **c. of contract**, risoluzione (*unilaterale*) del contratto (*per inadempienza al-*

trui; *cfr. ingl.* **rescission**) □ (*comm.*) **c. of a debt**, remissione di un debito □ **c. of an order**, annullamento (*o* storno) di un'ordinazione.

cancellous /'kænsələs/, *a.* (*anat.*: *di osso*) spugnoso.

cancer /'kænsə(r)/, **A** *n.* **1** (*med.* e *fig.*) cancro **2** – (*astron., astrol.*) **C.**, Cancro (*costellazione e IV segno dello zodiaco*): **the Tropic of C.**, il Tropico del Cancro **3** (*astrol.*) (un) cancro; individuo nato sotto il segno del Cancro. **B** *a.* (*astrol.*) del Cancro. ● **a c. patient**, un canceroso □ (*fam.*) **c. stick**, sigaretta.

cancered /'kænsəd/, *a.* (*med.*) canceroso.

cancerian /kæn'sɪrɪən/, (*astrol.*) **A** *n.* cancerino; persona nata sotto il segno del Cancro. **B** *a.* del Cancro.

cancerization /kænsəraɪ'zeɪʃn, *USA* -rɪ'z-/, *n.* (*med.*) cancerizzazione.

cancerogenic /kænsərəʊ'dʒenɪk/, *a.* (*med.*) cancerogeno.

cancerologist /kænsə'rɒlədʒɪst/, *n.* (*med.*) cancerologo; oncologo.

cancerology /kænsə'rɒlədʒɪ/, *n.* (*med.*) cancerologia; oncologia.

cancerous /'kænsərəs/, *a.* (*med.*) canceroso.

cancroid /'kæŋkrɔɪd/, **A** *a.* **1** (*zool.*) simile a un granchio; granchiforme **2** (*med.*) cancriforme; cancroide. **B** *n.* (*med.*) cancroide.

candela /kæn'di:lə, -dɛl-/, *n.* (*fis.*) candela.

candelabrum /kændə'lɑ:brəm, -'læ-/, *n.* (*pl.* **candelabra, candelabrums**) candelabro; lampadario.

candescence /kæn'dɛsns/, *n.* (*raro*) candescenza.

candescent /kæn'dɛsnt/, *a.* (*raro*) candescente.

candid /'kændɪd/, *a.* **1** candido (*fig.*); franco; esplicito; schietto; sincero **2** (*arc.*) equanime; imparziale. ● (*cinem., TV*) **c. camera**, candid camera; macchina fotografica (*o* cinepresa, telecamera) per riprendere persone a loro insaputa □ **a c. critic**, un critico severo □ **c. friend**, chi si professa amico, ma gode a rivelare verità spiacevoli □ **c. photograph** (*o* **c. picture**), (fotografia) istantanea □ **c. photography**, fotografia-verità.

candidacy /'kændɪdəsɪ/, *n.* (*anche fig.*) candidatura.

candidate /'kændɪdət, *USA* -deɪt/, *n.* (*anche fig.*) candidato.

candidature /'kændɪdətʃə/, *n.* (*anche fig.*) candidatura.

candidly /'kændɪdlɪ/, *avv.* candidamente.

candidness /'kændɪdnəs/, *n.* candore (*fig.*); franchezza; schiettezza; sincerità.

candied /'kændɪd/, *a.* **1** candito **2** (*fig.*) melato; mellifluo. ● **c. fruit**, frutta candita; canditi □ **c. peel**, scorza d'arancia candita.

Candiot /'kændɪət/, **Candiote** /'kændɪəʊt/, **A** *a.* candiota; cretese. **B** *n.* abitante di Candia (*o* Creta); candiota.

candle /'kændl/, *n.* **1** candela (*di cera, sego, ecc.*) **2** (*fis.*) *V.* **candela.** ● **c. auction**, asta a candele vergini □ **c.-ends**, moccoli □ **c.-holder**, candeliere □ **c. maker**, candelaio □ **c.-snuffer**, smoccolatoio □ (*fig.*) **to burn the c. at both ends**, sperperare le proprie energie □ **st. not worth the c.**, q.c. che non vale la pena (*o* la candela) □ **Roman c.**, candela romana (*fuoco di bengala*) □ (*comm.*) **to sell by inch of c.**, vendere all'ultimo offerente (*nelle aste a estinzione di candela*) □ **He doesn't** (*o* **can't**) **hold a c. to his brother**, non è degno di lustrare le scarpe a suo fratello □ (*fig.*) **The game is not worth the c.**, il gioco non vale la candela; la spesa non vale l'impresa.

candleberry /'kændlbrɪ, *USA* -berɪ/, *n.* (*bot.*) **1** *Myrica cerifera* **2** *Aleurites moluccana*.

candlelight /'kændllaɪt/, *n.* lume di candela; luce artificiale.

Candlemas /'kændlməs/, *n.* (*relig.*) (festa della) Candelora.

candlenut /'kændlnʌt/, *n.* (*bot.*) frutto del **candleberry**, *def.* 2.

candlepower /'kændlpaʊə(r)/, *n.* (*fis.*) (intensità luminosa in) candele; candelaggio: **a forty c. lamp**, una lampadina da quaranta candele.

candlestick /'kændlstɪk/, *n.* candeliere.

candlewick /'kændlwɪk/, *n.* lucignolo; stoppino.

can-do /kæn'du:/, *a.* (*USA*) attivo; bravo; diligente.

candock /'kændɒk/, *n.* (*bot.*) **1** (*Nuphar luteum*) ninfea gialla **2** (*Nymphaea alba*) ninfea.

candour, (*USA*) **candor** /'kændə(r)/, *n.* **1** (*arc.*) imparzialità; onestà **2** candore (*fig.*); franchezza; schiettezza; sincerità.

candy /'kændɪ/, *n.* **1** (= **sugar c., rock c.**) zucchero candito **2** (*specialm. USA*) confetto; caramella **3** (*pop. USA*) cocaina; coca (*pop.*) **4** (*pl.*) (*comm.*) dolciumi (*caramelle e sim.*). ● (*di stoffa*) **c.-striped**, a righine (*su fondo bianco*) □ (*USA*) **cotton c.**, *V.* **candyfloss** □ (*USA*) **c. store**, negozio di caramelle, cioccolatini, ecc.

to **candy** /'kændɪ/, **A** *v. t.* **1** candire; ricoprire di zucchero candito; caramellare **2** (*fig.*) addolcire; rendere gradevole. **B** *v. i.* (*di frutto, ecc.*) diventare candito; caramellarsi.

candyfloss /'kændɪflɒs, *USA* -ɔ:s/, *n.* zucchero filato.

candytuft /'kændɪtʌft/, *n.* (*bot., Iberis umbellata*) iberide di Creta.

cane /keɪn/, *n.* (*pl.* **canes, cane**) **1** canna (*di bambù, da zucchero, ecc.*) **2** fusto (*di palma sottile*); stelo (*di pianta esile, come more, lamponi, ecc.*) **3** bastone da passeggio; bastoncino (*di ceralacca, ecc.*) **4** canna, verga (*per punizioni corporali*): **I never got the c.**, non sono mai stato punito a vergate. ● (*bot.*) **c. apple** (*Arbutus unedo*), corbezzolo □ **c. chair**, poltroncina di bambù □ **c. furniture**, mobili di bambù □ **c. mill**, zuccherificio □ (*edil.*) **c.-mesh ceiling**, soffitto a cannicci □ **c. sugar**, zucchero di canna.

to **cane** /keɪn/, *v. t.* **1** rivestire (*il fondo di sedie, ecc.*) di bambù **2** battere con una canna; prendere a vergate; fustigare.

canebrake /'keɪnbreɪk/, *n.* (*USA*) canneto.

canella /kə'nɛlə/, *n.* **1** (*bot., Canella alba, Canella winterana*) cannella bianca **2** (*cucina*) cannella.

canework /'keɪnwɜ:k/, *n.* (*edil.*) canniccio.

canful /'kænfʊl/, *n.* quanto sta in un bidone (*o* una latta, ecc.; *V.* **can** (**2**)).

canicular /kə'nɪkjʊlə(r)/, *a.* canicolare.

canine /'keɪnaɪn/, **A** *a.* canino; di (*o* da) cane: **the c. race**, la razza canina; **c. devotion**, devozione da cane. **B** *n.* **1** (= **c. tooth**) (dente) canino **2** (*zool.*) canide. ● **c. squad**, squadra cinofila (*della polizia*).

caning /'keɪnɪŋ/, *n.* il prendere a vergate; fustigazione.

canister /'kænɪstə(r)/, *n.* **1** scatola metallica, barattolo smaltato (*per caffè, tabacco, tè, ecc.*) **2** (*stor., mil.*) proiettile, bossolo: **c. shot**, mitraglia (*con cui si caricavano i cannoni*) **3** (*mil.*) filtro (*di maschera antigas*) **4** (*tecn.*) canister; contenitore di plastica (*per benzina, ecc.*) **5** (*relig.*) ciborio. ● (*mil.*) **c. of tear gas**, candelotto lacrimogeno □ (*tecn.*) **gas c.**, bombola di gas.

canker /'kæŋkə(r)/, *n.* **1** (*med.*) stomatite aftosa; noma **2** (*vet.*) rogna auricolare (*di gatti, cani, ecc.*); cancro del fettone (*dei cavalli*) **3** (*agric.*) cancro (*del pero, melo, ecc.*) **4** (*fig.*) cancro (*fig.*); morbo; male; vizio: **It is a c. in the bud**, è un vizio latente.

to **canker** /'kæŋkə(r)/, **A** *v. t.* **1** infettare; ulcerare **2** (*fig.*) corrompere. **B** *v. i.* **1** infettarsi; ulcerarsi **2** (*fig.*) corrompersi. ● (*fig.*) **cankered**, acido; maligno; velenoso.

cankerous /'kæŋkərəs/, *a.* **1** (*agric.*) canceroso; cancheroso (*pop.*) **2** (*fig.*) malefico; corrompitore.

canna /'kænə/, *n.* (*bot., Canna*) canna.

cannabis /'kænəbɪs/, *n.* **1** (*bot., Cannabis sativa*) canapa **2** (*bot., Cannabis indica*) canapa indiana **3** (*farm.*) hascisc; marijuana.

cannabism /'kænəbɪzəm/, *n.* (*med.*) cannabismo.

canned /kænd/, *a.* **1** (*di alimenti*) inscatolato; in scatola **2** (*pop. USA*) licenziato **3** (*di musica, suono*) riprodotto (*su disco, ecc.*); registrato: **c. music**, musica registrata **4** (*pop.*) ubriaco; sbronzo **5** (*fig.*) non originale; non spontaneo. ● **c. food**, scatolame; generi alimentari in scatola □ **c. goods**, scatolame □ (*TV*) **c. laughter**, risate preregistrate (*di spettatori*) □ (*mecc.*) **c. motor**, motore per pompa sommersa □ (*fig.*) **a c. speech**, un discorso preparato □ (*elab.*) **c. software**, software standard.

cannel /'kænl/, *n.* (= **c. coal**) carbon fossile bituminoso.

cannelloni /kænə'ləʊnɪ/, (*ital.*), *n. pl.* (*cucina*) cannelloni.

canner /'kænə(r)/, *n.* (*ind.*) **1** inscatolatore; conserviero **2** industriale conserviero; conserviere.

cannery /'kænərɪ/, *n.* stabilimento per la produzione di alimenti in scatola; conservificio.

cannibal /'kænɪbl/, **A** *n.* cannibale. **B** *a. attr.* cannibalesco; di (*o* da) cannibale: **a c. feast**, un banchetto di (*o* da) cannibali.

cannibalism /'kænɪbəlɪzəm/, *n.* cannibalismo.

cannibalistic /kænɪbə'lɪstɪk/, *a.* cannibalesco.

cannibalization /kænɪbəlaɪ'zeɪʃən, *USA* -lɪ'z-/, *n.* (*tecn.*) cannibalizzazione (*di una macchina, un aereo, ecc.*).

to **cannibalize** /'kænɪbəlaɪz/, *v. t.* (*tecn.*) demolire (*una macchina, un aeroplano, ecc., per ricavarne pezzi utilizzabili come ricambi*); cannibalizzare.

cannikin /'kænɪkɪn/, *n.* **1** piccola scatola di latta **2** secchiello.

canniness /'kænɪnəs/, *n.* **1** cautela; circospezione **2** parsimonia **3** astuzia; furberia **4** delicatezza; tatto.

canning /'kænɪŋ/, *n.* **1** (*ind.*) conservazione di cibi in scatola; inscatolamento **2** registrazione (*di musica su dischi*); incisione. ● **the c. industry**, l'industria conserviera □ **c. machine**, inscatolatrice.

cannon /'kænən/, *n.* (*pl.* **cannons, cannon**) **1** (*mil.*) cannone (*in ingl. di solito cannone antiquato o cannoncino di bordo*; *cfr.* **gun**); (*collett.*) cannoni, artiglieria **2** (*mil.*) bocca da fuoco **3** (*biliardo*) carambola **4** (*pop. USA*) pistola **5** (*pop. USA*) ladro; borsaiolo. ● (*vet.*) **c. bone**, cannone; stinco □ (*fig.*) **c. fodder**, carne da cannone □ **c.-shot**, palla di cannone; cannonata; gittata, portata (*di cannone*) □ (*mil.*) **automatic c.**, cannone automatico (*a tiro rapido*).

to **cannon** /'kænən/, **A** *v. i.* **1** sparare cannonate **2** (*biliardo*) fare carambola **3** scontrarsi. **B** *v. t.* **1** cannoneggiare **2** far fare carambola a. ● **to c. against** (*o* **into**) **st.**, urtare violentemente contro q.c.

cannonade /kænə'neɪd/, *n.* (*mil.*) cannoneggiamento; bombardamento.

to **cannonade** /kænə'neɪd/, *v. t.* e *i.* cannoneggiare; bombardare.

cannonball /'kænənbɔ:l/, **A** *n.* palla da cannone. **B** *a. attr.* (*tennis*) molto veloce; assai potente: **a c. serve**, un servizio molto potente. ● **human c.**, uomo proiettile (*di circo*).

cannoneer /kænə'nɪə(r)/, *n.* (*mil.*) cannoniere.

cannot /'kænɒt, -ət, *USA* 'kænɒt, kæ'nɒt, kə'nɒt/, *voce verb. modale neg.*, *V.* **can** (**1**).

cannula /'kænjʊlə/ (*lat.*), *n.* (*pl.* **cannulas, cannulae**) (*med.*) cannula; catetere.

canny /'kænɪ/, *a.* **1** cauto; circospetto; guardingo **2** astuto; furbo **3** (*scozz.* e *ingl. sett.*) bello; ben fatto: **a c. lass**, una bella ragazza **4** (*scozz.*) fortunato. ● **ca' c.**, (*scozz., locuz. verb.*) sii prudente, procedi con cautela; (*ingl., sost.*) sciopero bianco; (*ingl., agg.*) assai cauto, lento, guardingo: **ca' c. business methods**, metodi assai cauti di condurre gli affari.

canoe /kəˈnuː/, *n.* canoa. ● (*fig. fam.*) **to paddle one's own c.**, essere autonomo (*o* indipendente).

to **canoe** /kəˈnuː/, **A** *v. i.* andare in canoa. **B** *v. t.* ***1*** trasportare su canoa ***2*** attraversare (*un lago, ecc.*) in canoa.

canoeing /kəˈnuːɪŋ/, *n.* (*sport*) canoismo.

canoeist /kəˈnuːɪst/, *n.* (*sport*) canoista.

canon /ˈkænən/, *n.* ***1*** canone (*in tutti i sensi, eccetto quello di prestazione di affittuario*) ***2*** (*per estens.*) elenco ufficiale; corpus: **the Shakespearian c.**, il corpus shakespeariano ***3*** canonico (*prete*) ***4*** anello di campana. ● (*leg., relig.*) **c. law**, diritto canonico.

cañon /ˈkænjən/, *V.* **canyon**.

canoness /ˈkænənəs/, *n.* (*relig.*) canonichessa.

canonical /kəˈnɒnɪkl/, *a.* ***1*** (*relig.*) canonico: **c. hours**, ore canoniche ***2*** (*scient., tecn.*) canonico: (*stat.*) **c. variate**, variabile canonica ***3*** (*fig.*) autorevole; genuino; regolare. ● (*relig.*) **c. dress** (= **canonicals**), paramenti.

canonicate /kəˈnɒnɪkət/, *n.* (*relig.*) canonicato.

canonicity /kænəˈnɪsətɪ/, *n.* canonicità.

canonist /ˈkænənɪst/, *n.* (*leg.*) canonista.

canonistic(al) /kænəˈnɪstɪk(l)/, *a.* (*relig.*) di (*o* da) canonista.

canonizable /ˈkænənaɪzəbl/, *a.* (*relig.*) canonizzabile.

canonization /kænənaɪˈzeɪʃn, *USA* -nɪˈz-/, *n.* (*relig.*) canonizzazione.

to **canonize** /ˈkænənaɪz/, *v. t.* (*relig.*) canonizzare.

canonry /ˈkænənrɪ/, *n.* ***1*** canonicato ***2*** (*collett.*) canonici.

to **canoodle** /kəˈnuːdl/, *v. t.* e *i.* (*pop.*) sbaciucchiare, sbaciucchiarsi; coccolare (*fam.*); pomiciare (*pop.*).

Canopic jar /kəˈnəʊpɪkˈdʒɑː(r), -ˈnɒpɪk/, *n.* (*archeol.*; = **C. vase, C. urn**) canopo.

canopied /ˈkænəpɪd/, *a.* ***1*** a baldacchino: **c. bed**, letto a baldacchino ***2*** (*di un balcone, ecc.*) munito di tenda.

canopy /ˈkænəpɪ/, *n.* ***1*** baldacchino; (*fig.*) volta: **the c. of heaven**, la volta celeste ***2*** (*archit.*) sporgenza ornamentale a guisa di tetto ***3*** (*aeron.*) calotta (*di paracadute*); tettuccio (*d'un aereo*) ***4*** (*fig.*) cielo; volta celeste ***5*** cappa (*non aspirante: della cucina*).

to **canopy** /ˈkænəpɪ/, *v. t.* ***1*** fornire di baldacchino; fare da baldacchino a ***2*** (*fig.*) coprire, fare da volta a (q.c.).

canorous /kəˈnɔːrəs/, *a.* (*raro*) canoro; musicale.

canst /kænst/, *voce verb.* (*arc.*) 2ª *pers. sing.* di **can**.

cant (**1**) /kænt/, **A** *n.* ***1*** gergo (*specialm. di ladri, vagabondi, ecc.*); linguaggio convenzionale (*o* tecnico) ***2*** linguaggio ipocrita, da santocchio. **B** *a.* (*di parole, ecc.*) ***1*** gergale; convenzionale: **a c. phrase**, un'espressione gergale ***2*** insincero; da ipocrita ***3*** trito; banale; comune.

cant (**2**) /kænt/, *n.* ***1*** cantonata (*per es.: di un edificio*) ***2*** (*archit.*) angolo smussato ***3*** scossa, spinta, urto (*che sbilancia o addirittura rovescia q. o q.c.*) ***4*** inclinazione; spostamento (*di direzione*); sbilanciamento ***5*** (*costr. stradali*) sopraelevazione ***6*** (*costr. navali*) ordinata (*o* costa) deviata. ● **c.-board**, asse smussata □ (*mecc.*) **c. file**, lima triangolare piatta □ **c. hook**, asta con uncino (*per spostare tronchi d'albero*); raffio □ (*ferr.*) **c. of a track**, sopreelevazione d'una rotaia.

to **cant** (**1**) /kænt/, *v. i.* ***1*** parlare in gergo ***2*** parlare in modo ipocrita.

to **cant** (**2**) /kænt/, **A** *v. t.* ***1*** (*archit.*) smussare ***2*** voltare sottosopra; rovesciare ***3*** inclinare (*q.c., per es. una bottiglia*) così da farne uscire il contenuto ***4*** scostare; spostare; sbilanciare. **B** *v. i.* ***1*** inclinarsi; rovesciarsi ***2*** curvarsi, piegarsi; avere un'inclinazione ***3*** (*naut., anche* **to c. round**) sbandare; ingavonarsi.

can't /kɑːnt, *USA* kænt/, *contraz.* di **cannot** (*V.* **can** (**1**)).

Cantab /ˈkæntæb/, *abbr.* di **Cantabrigian** (*nei titoli di studio*): **Andrew Jones, B. A. Cantab**, Andrew Jones, laureato a Cambridge.

Cantabrigian /kæntəˈbrɪdʒɪən/, *a.* e *n.* ***1*** (abitante *o* nativo) di Cambridge ***2*** (membro) dell'Università di Cambridge.

cantaloup(e) /ˈkæntəluːp/, *n.* cantalupo (*varietà di melone*).

cantankerous /kænˈtæŋkərəs/, *a.* (*fam.*) irascibile; litigioso; intrattabile; stizzoso.

cantankerousness /kənˈtæŋkərəsnəs/, *n.* irascibilità; litigiosità; intrattabilità.

cantata /kænˈtɑːtə/ (*ital.*), *n.* (*mus.*) cantata.

canteen /kænˈtiːn/, *n.* ***1*** (*mil.*) bettolino; spaccio di bevande (*non alcoliche*: **dry c.**; *soprattutto alcoliche*: **wet c.**) ***2*** mensa aziendale; posto di ristoro ***3*** (*mil.*) borraccia ***4*** scatola (*o* cesta) per posate; set (*o* servizio) di posate.

canter (**1**) /ˈkæntə(r)/, *n.* chi parla in gergo, ecc. (*V.* **cant** (**1**)).

canter (**2**) /ˈkæntə(r)/, *n.* (*ippica*) canter; piccolo galoppo. ● (*fig.*) **to win** (**a race**) **at a c.**, vincere (una corsa) con facilità.

to **canter** /ˈkæntə(r)/, **A** *v. i.* andare al piccolo galoppo. **B** *v. t.* far andare (*un cavallo*) al piccolo galoppo.

canterbury /ˈkæntəbrɪ, *USA* -berɪ/, *n.* leggio per musica.

Canterbury /ˈkæntəbrɪ, *USA* -berɪ/, *n.* Canterbury (*città del Kent*). ● (*bot.*) **C. bell**, (*Campanula medium*) giulietta; (*Campanula trachelium*) imbutini (*pl.*); (*Campanula glomerata*) campanula a mazzi.

cantharides /kænˈθærɪdiːz/, *n. pl.* (*col verbo al sing. o al pl.; farm.*) polvere di cantaride.

cantharidin /kænˈθærɪdɪn/, *n.* (*chim.*) cantaridina.

cantharis /ˈkænθərɪs/, *n.* (*pl.* **cantharides**) (*zool., Lytta vesicatoria*) cantaride.

cantharus /ˈkænθərəs/ (*lat.*), *n.* (*pl.* **canthari**) (*archeol.*) cantaro.

canticle /ˈkæntɪkl/, *n.* cantico. ● (*Bibbia*) **The Canticles**, il Cantico dei Cantici.

cantilever /ˈkæntɪliːvə(r)/, *n.* (*edil., mecc.*) trave (*o* elemento) a sbalzo. ● **c. bridge**, ponte a cantilever □ **c. roof**, pensilina □ (*aeron.*) **c. wing**, ala a sbalzo.

cantle /ˈkæntl/, *n.* ***1*** (*arc.*) pezzo; cantuccio (*di pane*) ***2*** paletta (*parte posteriore della sella*).

canto /ˈkæntəʊ/ (*ital.*), *n.* (*pl.* **cantos**) canto (*parte di un poema*).

canton /ˈkæntɒn/, *n.* ***1*** cantone (*della Svizzera*) ***2*** regione; distretto ***3*** (*arald.*) cantone ***4*** (*archit.*) spicchio (*di volta*).

to **canton** (*def. 1* /kænˈtɒn/, *def. 2* /kənˈtuːn, *USA* -ˈtəʊn, -ˈtɒn/), *v. t.* ***1*** dividere in cantoni ***2*** (*mil.*) accantonare, acquartierare (*truppe*).

cantonal /ˈkæntənl, kænˈtɒnl/, *a.* cantonale.

Cantonese /kæntəˈniːz/, *a.* e *n.* cantonese.

cantonment /kænˈtuːnmənt, *USA* -ˈtəʊn-, -ˈtɒn-/, *n.* (*mil.*) ***1*** accantonamento; acquartieramento ***2*** quartiere; alloggio di truppe.

cantor /ˈkæntɔː(r)/, *n.* cantore (*di coro chiesastico*).

cantorial /kænˈtɔːrɪəl/, *a.* di cantore (*V.* **cantor**).

cantrip /ˈkæntrɪp/, *n.* (*scozz.*) ***1*** incantesimo; fattura (*di strega*) ***2*** brutto tiro; scherzo.

canty /ˈkæntɪ/, *a.* (*scozz.* e *ingl. sett.*) vivace; allegro.

Canuck /kəˈnʌk/, *a.* e *n.* (*spreg.*) ***1*** franco-canadese (*la lingua*) ***2*** (*specialm. USA*) canadese.

Canute /kəˈnjuːt, *USA* -ˈnuːt/, *n.* (*stor.*) Canuto.

canvas /ˈkænvəs/, *n.* ***1*** canovaccio; tela (*da tende, imballaggio, ecc.*) ***2*** (quadro dipinto su) tela ***3*** tenda; telone (*specialm. di circo*) ***4*** (*fig.*) circo ***5*** (*naut.*) tela da vele; vele, velatura ***6*** canovaccio (*per ricami*) ***7*** (*sartoria*) imbottitura ***8*** (*sport*) tappeto: **to be on the c.**, essere al tappeto (*anche fig.*). ● **c. town**, tendopoli □ **under c.**, (*mil.*) in tenda, sotto le tende, attendato; (*naut.*) alla vela, a vele spiegate □ (*naut.*) **under a cloud of c.** (*o* **under full c.**), con tutte le vele spiegate □ (*naut.*) **under light c.**, con le sole vele sussidiarie.

canvasback /ˈkænvəsbæk/, *n.* (*zool., Aythya valisineria*) moretta americana.

canvass /ˈkænvəs/, *n.* ***1*** discussione esauriente; esame approfondito ***2*** sollecitazione (*di voti, ordinazioni, ecc.*) ***3*** sondaggio elettorale.

to **canvass** /ˈkænvəs/, *v. t.* e *i.* ***1*** vagliare; discutere; esaminare a fondo ***2*** sollecitare (*voti per un candidato, ordinazioni commerciali, ecc.*); fare propaganda ***3*** (*polit.*) fare una campagna elettorale (*per q.*) ***4*** sondare l'elettorato di (*una città, una zona, ecc.*) ***5*** (*specialm. USA*) fare lo spoglio di controllo (*dei voti*).

canvasser /ˈkænvəsə(r)/, *n.* ***1*** galoppino elettorale ***2*** (*comm.*) piazzista ***3*** (*ingl.*) chi raccoglie fondi (*o* sottoscrizioni).

canvassing /ˈkænvəsɪŋ/, *n.* (*polit., comm.*) canvassing; sollecitazione (*di voti, ordinazioni*); propaganda capillare (*di casa in casa*); (*market.*) vendita porta a porta.

canyon /ˈkænjən/, *n.* (*geogr.*) canyon, cañón; canalone.

caoutchouc /ˈkaʊtʃʊk/, *n.* (*ind.*) caucciù; gomma naturale.

cap (**1**) /kæp/, *n.* ***1*** copricapo senza tesa; berretto (*anche con visiera*); bustina militare; cuffia (*da donna o bambino*); crestina (*di cameriera*): **cloth** (*o* **flat**) **cap**, berretto floscio ***2*** copricapo speciale: **cardinal's cap**, berretta cardinalizia; **college** (*o* **square cap**), tocco accademico; **fool's cap**, berretto da giullare; **student's cap**, berretto goliardico ***3*** oggetto a forma di copricapo; cappella (*di fungo*); rotula (*del ginocchio*); tappo (*metallico*); (= **toe-cap**) puntale (*di scarpa*); cima rotonda (*di monte*); capitello (*di colonna*) ***4*** (*mecc.*) cappello; cappellotto; coperchio ***5*** (*elettr.*) calotta; cappuccio; attacco (*d'una lampada*) ***6*** (*autom.*) tappo (*del radiatore, ecc.*); (*anche*) battistrada ricostruito ***7*** (*naut.*, = **cap of mast**) testa di moro ***8*** (*mil.*, = **percussion cap**) capsula (*di cartuccia*); detonatore ***9*** (*di matita*) cappuccio ***10*** (*zool.*) cappuccio (*di un uccello*) ***11*** (*sport*) berretto dell'uniforme ***12*** (*sport*) chi viene inserito in una squadra della scuola o del college ***13*** (*sport*) posto in squadra ***14*** (*caccia alla volpe*) somma di denaro (*data al capocaccia*) per essere ammesso (*o* per beneficenza) ***15*** (*fin.*) limite: **We must put a cap on state spending**, dobbiamo porre un limite alla spesa pubblica ***16*** (= **Dutch cap**) diaframma (*anticoncezionale*) ***17*** (*pop. USA*) capsula di droga. ● (*stor.*) **cap and bells**, berretto con campanelli (*insegna del giullare*) □ (*università*) **cap and gown**, tocco e toga □ **cap in hand**, col berretto in mano; (*fig.*) in modo umile e sottomesso □ **cap of liberty**, berretto frigio □ (*mecc.*) **cap screw**, vite a testa cilindrica (*per metalli*) □ **cap shoe**, scarpa con la mascherina □ (*stor.: di un giudice ingl.*) **to assume the black cap**, mettersi il tocco nero (*per pronunciare una condanna a morte*) □ (*fam.*) **a feather in one's cap**, un motivo d'orgoglio; un fiore all'occhiello (*fig.*) □ (*autom.*) **hub cap**, coprimozzo □ (*fam.*) **to put on one's thinking cap**, mettersi a pensare (*o* a cogitare) □ (*fam. arc.*) **to set one's cap at** (*o* **for**) **a man**, dare la caccia a un uomo per farsi sposare □ (*fig.*) **The cap fits**, l'osservazione è giusta (*o* s'attaglia al caso) □ (*prov.*) **If the cap fits, wear it**, a buon intenditor poche parole.

cap (**2**) /kæp/, *n.* ***1*** (*abbr. pop. di* **captain**) capitano ***2*** (*pop. USA*) tizio; capo (*rivolgendosi a uno sconosciuto*).

to **cap** /kæp/, *v. t.* ***1*** mettere il berretto a (q.) (*specialm. come segno d'appartenenza a una scuola, squadra sportiva, ecc.*); mettersi il berretto in (*testa*) ***2*** chiudere, coprire, tappare (*con un tappo metallico*, ecc.) ***3*** (*fig.*) incappucciare, ricoprire di: **hills capped with snow [with mist]**, colline incappucciate di neve [di nebbia] ***4*** (*fig.*) coronare: **to cap one's career with the Nobel prize**, coronare la propria carriera con il premio Nobel ***5*** (*med.*) incapsulare (*un dente*) ***6*** (*autom.*) ricostruire (*un pneumatico*) ***7*** (*sport*) mettere (*un giocatore, un atleta*) in squadra: **He was capped for Wales at soccer**, fu messo nella nazionale gallese di calcio ***8*** (*archit.*) mettere il capitello a (*una colonna*) ***9*** (*ind. petrolifera*) chiudere (*un pozzo*) ***10*** (*un tempo*) mettere la capsula su (*lo scodellino di un fucile*) ***11*** (*in Scozia*) conferire la laurea (*o* il diploma d'infermiere) a (q.) ● (*fam.*) **to cap an anectode [a joke]**, raccontare un aneddoto [dire una barzelletta] più divertente di quello raccontato [di quella detta] da un altro: **cap that if you can!**, prova a raccontarne una migliore! □ **to cap it all**, per giunta □ **That really caps all!**, questo è proprio il colmo!

capability /keɪpə'bɪlətɪ/, *n.* ***1*** capacità; idoneità ***2*** facoltà; proprietà (*di un metallo, ecc.*) ***3*** (*pl.*) possibilità; risorse: **a boy of great capabilities**, un ragazzo che ha grandi possibilità. ● (*mil.*) **nuclear c.**, potenziale nucleare.

capable /'keɪpəbl/, *a.* ***1*** (*di persona*) capace; abile; bravo; destro ***2*** capace, in grado (di): **c. of looking after one's interests**, in grado di badare ai propri interessi ***3*** (*di cosa*) suscettibile (di): **c. of misinterpretation**, suscettibile d'essere frainteso. ● (*leg.*) **c. of contracting**, che ha capacità giuridica.

capacious /kə'peɪʃəs/, *a.* capace; capiente; ampio; spazioso. || **-ly**, *avv.* || **-ness**, *sost.*

capacitance /kə'pæsɪtəns/, *n.* (*elettr.*) capacità. ● **c. meter**, capacimetro.

to **capacitate** /kə'pæsɪteɪt/, *v. t.* rendere capace (*di fare q.c.*).

capacitive /kə'pæsɪtɪv/, *a.* (*elettr.*) capacitivo: **c. reactance**, reattanza capacitiva.

capacitor /kə'pæsɪtə(r)/, *n.* (*elettr.*) condensatore; capacitore (*raro*). ● **c. pickup**, fonorivelatore elettrostatico (*di grammofono*).

capacity /kə'pæsətɪ/, *n.* ***1*** capacità (*quasi in ogni senso*): **measures of c.**, misure di capacità ***2*** capienza: **The theatre has a seating c. of six hundred**, il teatro ha una capienza di seicento posti ***3*** (*ind.*) capacità produttiva; rendimento: **Production is at c. levels**, la (nostra) produzione ha raggiunto il livello massimo consentito dagli impianti ***4*** ufficio; funzione; posizione; qualità; veste (*fig.*): **He acts in the c. of an adviser**, agisce in qualità di consigliere; **He said that in his c. as a critic**, l'ha detto in veste di critico ***5*** (*di camion e sim.*) portata ***6*** (*autom., mecc.*) cilindrata ***7*** (*ind. costr., idraul.*) portata ***8*** (*elettr.*) *V.* **capacitance** ***9*** (*leg.*) capacità; potere ***10*** (*elab.*) capacità (*di memoria*); potenza. ● (*econ.*) **c. costs**, costi ideali □ **c. test**, test attitudinale □ (*leg.*) **c. to act**, capacità d'agire (*in giudizio, ecc.*) □ (*leg.*) **c. to contract**, capacità giuridica (*o* di contrarre) □ **filled to c.**, pieno zeppo □ **in an official c.**, in veste ufficiale □ **in a private c.**, a titolo personale.

cap-a-pie /kæpə'piː, -'peɪ/, *avv.* (*lett.*) da capo a piedi: **the knight was armed c.**, il cavaliere era armato da capo a piedi (*o* di tutto punto).

caparison /kə'pærɪsn/, *n.* ***1*** gualdrappa ***2*** bardatura (*anche fig.*); vesti e ornamenti sontuosi.

to **caparison** /kə'pærɪsn/, *v. t.* ***1*** bardare; mettere la gualdrappa a (*un cavallo*) ***2*** (*fig.*) adornare; abbigliare.

cape (**1**) /keɪp/, *n.* capo; promontorio. ● **the C.** (**of Good Hope**), il Capo di Buona Speranza □ **C. boy**, ragazzo mulatto (*nel Sud Africa*) □ **C. doctor**, forte vento da sud-est (*in Sud Africa*) □ (*bot.*) **c. gooseberry** (*Physalis Alkekengi*), alchechengi.

cape (**2**) /keɪp/, *n.* ***1*** cappa; mantellina ***2*** mantello (*da donna*) ***3*** (*di torero*) muleta.

capelan /'kæplən/, *V.* **capelin**.

capelin /'keɪpəlɪn, 'kæp-/, *n.* (*zool., Mallotus villosus*) capelan (*pesce dell'Atlantico sett.*).

caper (**1**) /'keɪpə(r)/, *n.* ***1*** (*bot., Capparis spinosa*) cappero ***2*** (*cucina*) cappero ***3*** (*pl.*) (*cucina*) gemme fiorali di cappero sott'aceto.

caper (**2**) /'keɪpə(r)/, *n.* ***1*** capriola; salto; saltello ***2*** monelleria; scappata; birichinata ***3*** azione frivola; stramberia; stravaganza ***4*** (*fam. USA*) reato in grande stile, senza violenza (*specialm. una rapina*). ● **to cut a c.**, fare una capriola (*o* un saltello); fare birichinate (*o* scappatelle) □ (*stor., in U.S.A.*) **the Watergate C.**, lo scandalo (*o* l'affare) Watergate.

to **caper** /'keɪpə(r)/, *v. i.* ***1*** far capriole; saltellare ***2*** fare birichinate.

capercaillie, **capercailye** /kæpə'keɪlɪ, -ljɪ, keɪ-/, **capercailzie** /kæpə'keɪlzɪ, keɪ-/, *n.* (*zool., Tetrao urogallus*) gallo cedrone.

caperer /'keɪpərə(r)/, *n.* ***1*** chi fa salti (*o* capriole) ***2*** (*zool., Phryganea*) friganea.

Cape Town /'keɪptaʊn/, *n.* (*geogr.*) Città del Capo.

capful /'kæpfʊl/, *n.* quanto può stare in un berretto (*o* in una cuffia). ● **a c. of wind**, una folata di vento.

capias /'keɪpɪæs/ (*lat.*), *n.* (*leg., stor.*) mandato di cattura.

capillarity /kæpɪ'lærətɪ/, *n.* (*fis.*) capillarità.

capillary /kə'pɪlərɪ, *USA* 'kæpɪlerɪ/, **A** *a.* (*fis., anat.*) capillare. **B** *n.* (*anat.*) (vaso) capillare. ● (*fis.*) **c. attraction**, adesione capillare; capillarità.

capital (**1**) /'kæpɪtl/, **A** *a.* ***1*** capitale; principale: **an affair of c. importance**, un affare di capitale importanza; **my c. concern**, la mia preoccupazione principale ***2*** grave; serio: **a c. error**, un grave errore ***3*** (*leg.*) capitale: **c. crime**, reato capitale; **c. punishment**, pena capitale (*abolita in G.B. nel 1965*) ***4*** (*tipogr.*) capitale; maiuscolo: **c. letter**, lettera capitale (*o* maiuscola) ***5*** (*econ., fin.*) di (*o* del) capitale; di capitali: **c. investment**, investimento di capitali ***6*** (*fam. ingl. arc.*) ottimo; magnifico; eccellente; splendido: **a c. dinner**, un pranzo eccellente; **a c. idea**, un'idea splendida; **C.!**, magnifico! **B** *n.* ***1*** (= **c. city**) capitale (*f.*) (*di uno stato*) ***2*** (*econ., fin.*) capitale (*m.*) ***3*** (*tipogr.*) (lettera) maiuscola: **printed in capitals**, stampato in lettere maiuscole (*o* in maiuscolo). ● **c. account**, (*comm. est., fin.*) bilancia dei conti, bilancia internazionale delle obbligazioni; (*rag.*) conto capitale □ (*fisc.*) **c. allowance**, detrazione per ammortamento in conto capitale □ (*fin.*) **c. and interest**, capitale e interesse; montante □ (*fin.*) **c. appreciation**, aumento di valore (*di un immobile*); plusvalenza □ (*fin., rag.*) **c. appropriation**, impegno di capitali □ (*rag.*) **c. assets**, capitale fisso (*o* immobilizzato); immobilizzazioni, immobilizzi □ (*fin.*) **c. bearing no interest**, capitale infruttifero □ (*fin.*) **c. budget**, budget (*o* piano) degli investimenti □ (*fin.*) **c. contribution**, apporto di capitale □ (*fin.*) **c. deepening**, investimento di capitali per incrementare l'automazione (*di un'azienda*: *senza che ne consegua un aumento della capacità produttiva*) □ (*fin.*) **c. equipment**, capitale investito (*in impianti e macchinari*) □ (*fin., rag.*) **c. expenditure**, spese in conto capitale; spese d'impianto; immobilizzazioni □ (*fin.*) **c. exports**, esportazioni di capitali □ (*fin.*) **c. flight**, fuga di capitali □ (*fin.*) **c. flow**, movimento (*o* flusso) di capitali □ (*fin.*) **c. gains**, capital gains; redditi (*o* utili) di capitale; plusvalenze speculative (*di Borsa*) □ (*fisc.*) **c. gains tax**, imposta sulle plusvalenze (*o* sui guadagni, sui profitti di borsa; *in Italia, dal gennaio 1991*) □ (*fin.*) **c. gearing**, rapporto d'indebitamento (*di una società*) □ (*econ.*) **c. good**, bene capitale (*qualsiasi bene economico, esclusi i terreni*) □ (*econ.*) **c. goods**, beni capitali (*o* strumentali) □ (*fin.*) **c. increase**, aumento di capitale □ (*econ.*) **c. inflation**, inflazione da capitali □ (*fin.*) **a c. injection**, un'iniezione di capitale □ (*econ.*) (*di un'industria, un servizio, ecc.*) **c.-intensive**, ad alto impiego di capitale; che richiede forti investimenti □ (*fin.*) **c. issue**, emissione di capitale □ (*fisc.*) **c. levy**, *V.* **c. tax** □ (*fin., USA*) **c. leverage**, *V.* **c. gearing** □ (*Borsa, fin.*) **c. loss**, minusvalenza □ (*fin.*) **c. market**, mercato finanziario (*o* dei capitali) □ (*fin.*) **c. movements**, movimenti dei capitali □ (*leg.*) **c. offence**, reato passibile di pena capitale □ (*fin.*) **c. outlay**, *V.* **c. expenditure** □ (*fin.*) **c./output ratio**, rapporto capitale/prodotto □ (*banca*) **c. ratio**, coefficiente di capitalizzazione □ (*fin.*) **c. requirement**, fabbisogno di capitali □ (*fin.*) **c. reserve**, riserva statutaria (*di una società*) □ (*fin.*) **c. share**, quota sociale; partecipazione □ (*fin., USA*) **c. stock**, capitale azionario (*o* sociale) □ (*mil., naut.*) **c. ship**, grossa nave da guerra □ **c. sum**, (*ass.*) massimale assicurato; (*fin.*) capitale (*distinto dagli interessi*) □ **c. surplus**, (*econ., fin.*) eccedenza di capitali; (*fin., USA*) surplus di capitale, sovrapprezzo delle azioni □ (*fisc.*) **c. tax**, imposta patrimoniale □ (*fin.*) **c. transfer**, trasferimento di capitali (*o* finanziario) □ (*fisc., stor.*) **c. transfer tax**, imposta sui trasferimenti di capitale (*o* sulla cessione di beni); imposta di successione (*in vigore in G.B. dal 1975 al 1986*; *sostituita dalla «inheritance tax»*) □ (*fin., rag.*) **c. turnover**, indice di rotazione del capitale □ (*fin.*) **c. watering**, annacquamento del capitale □ (*fin.*) **c. widening**, investimento di capitali per incrementare sia l'automazione sia la produttività (*di un'azienda*).

capital (**2**) /'kæpɪtl/, *n.* (*archit.*) capitello.

capitalism /'kæpɪtəlɪzəm/, *n.* (*econ.*) capitalismo.

capitalist /'kæpɪtəlɪst/, **A** *a.* e *n.* (*econ.*) capitalista. **B** *n.* (*polit.*) fautore del capitalismo.

capitalistic /kæpɪtə'lɪstɪk/, *a.* (*econ.*) capitalistico.

capitalizable /'kæpɪtəlaɪzəbl/, *a.* (*econ., fin.*) capitalizzabile.

capitalization /kæpɪtəlaɪ'zeɪʃn, *USA* -lɪ'z-/, *n.* ***1*** (*econ., fin.*) capitalizzazione ***2*** (*fin., rag.*) capitale complessivo (*d'una società*) ***3*** uso delle maiuscole. ● (*fin.*) **c. issue**, emissione di azioni gratuite; aumento gratuito di capitale.

to **capitalize** /'kæpɪtəlaɪz/, *v. t.* ***1*** (*econ., fin.*) capitalizzare; dotare (*un'impresa, ecc.*) di capitali; finanziare ***2*** (*rag.*) calcolare (*o* realizzare) il valore attuale di (*un'annualità, una rendita, ecc.*) ***3*** (*rag.*) valutare il capitale complessivo di (*una società*) ***4*** scrivere in maiuscolo (*o* in lettere maiuscole). ● (*fig.*) **to c. on st.**, far tesoro di; volgere a proprio profitto q.c.; trarre vantaggio da q.c.

capitalized /'kæpɪtəlaɪzd/, *a.* (*fin., rag.*) capitalizzato. ● (*fin.*) **c. income**, reddito capitalizzato □ **c. value**, (*econ., fin.*) valore capitalizzato; (*fin., rag.*) valore attuale.

capitally /'kæpɪtəlɪ/, *avv.* ***1*** (*fam. ingl. arc.*) in modo eccellente; benissimo ***2*** (*leg.*) con la pena capitale.

capitate /'kæpɪteɪt/, **capitated** /'kæpɪteɪtɪd/, *a.* (*bot.*) capitato.

capitation /kæpɪ'teɪʃn/, *n.* (*fisc., stor.*) capitazione; testatico; tassa sulle persone. ● (*in G.B.*) **c. grant**, assegno (*o* sussidio) personale.

Capitol /'kæpɪtl, -ɒl, *USA* -pɪtl, -ptl/, *n.* Campidoglio (*tempio e colle a Roma*; *sede del Congresso americano a Washington o del congresso di uno stato americano*).

Capitoline /kə'pɪtəlaɪn/, **A** *n.* Colle Capitolino; Campidoglio. **B** *a.* capitolino (*del tempio e colle, a Roma*).

capitular /kə'pɪtʃʊlə(r)/, **A** *a.* capitolare (*di un capitolo di canonici o simili*). **B** *n.* ***1*** canonico di un capitolo ***2*** (*pl.*) capitolari; statuti di un capitolo.

capitulary /kə'pɪtʃʊlərɪ, *USA* -erɪ/, *n.* (*stor.*) capitolare; raccolta di ordinanze (*specialm. dei re Carolingi*).

to **capitulate** /kə'pɪtʃʊleɪt/, *v. i.* capitolare; venire a patti; arrendersi.

capitulation /kəpɪtʃʊ'leɪʃn/, *n.* **1** capitolazione; resa **2** (*pl.*) (*raro*) patti della capitolazione **3** (*pl.*) (*stor.*) capitolazioni.

capitulum /kə'pɪtjʊləm, *USA* -tʃʊ-/ (*lat.*), *n.* (*pl.* **capitula**) (*anat.*) capitello.

capless /'kæpləs/, *a.* senza berretto; a capo nudo.

capon /'keɪpən, -ɒn/, *n.* cappone.

caponier /kæpə'nɪə(r)/, *n.* (*mil., stor.*) capponiera, caponiera.

to **caponize** /'keɪpənaɪz/, *v. t.* capponare, castrare (*galletti*).

capot /kə'pɒt/ (*franc.*), *n.* cappotto (*a carte*).

to **capot** /kə'pɒt/ (*franc.*), *v. t.* dare cappotto a (q.) (*V.* **capot**).

capote /kə'pəʊt/ (*franc.*), *n.* **1** mantello con cappuccio **2** mantice, capote (*d'automobile*).

capping /'kæpɪŋ/, *n.* **1** (*mecc.*) rivestimento metallico **2** (*autom.*) cornice (*di finestrino*) **3** (*archit.*) capitello **4** (*geol.*) cappellaccio, cappello (*di un giacimento poco profondo*) **5** (*ind. petrolifera*) (materiale per la) chiusura (*di un pozzo*).

cappuccino /kæpʊ'tʃiːnəʊ/ (*ital.*), *n.* (*pl.* **cappuccinos**) cappuccino (*bevanda*).

capric /'kæprɪk/, *a.* (*chim.*) caprinico; caprico (*raro*).

capriccio /kə'prɪtʃɪəʊ/ (*ital.*), *n.* (*pl.* **capricci, capriccios**) (*mus.*) capriccio.

caprice /kə'priːs/, *n.* **1** (*anche mus.*) capriccio **2** *V.* **capriciousness**.

capricious /kə'prɪʃəs/, *a.* capriccioso.

capriciousness /kəp'rɪʃəsnəs/, *n.* capricciosità; incostanza.

Capricorn /'kæprɪkɔːn/, **A** *n.* **1** (*astron., astrol.*; = **Capricornus**) Capricorno (*costellazione e X segno dello zodiaco*): **the Tropic of C.**, il Tropico del Capricorno **2** (*astrol.*) (un) capricorno; individuo nato sotto il segno del Capricorno. **B** *a.* (*astrol.*) del Capricorno.

capricornean /kæprɪ'kɔːnɪən/, (*astrol.*) **A** *n.* persona nata sotto il segno del Capricorno. **B** *a.* del Capricorno.

Capricornus /'kæprɪ'kɔːnəs/, *V.* **Capricorn**.

caprification /kæprɪfɪ'keɪʃn/, *n.* (*frutticoltura*) caprificazione.

caprifig /'kæprɪfɪg/, *n.* (*bot., Ficus carica sylvestris*) caprifico (*fico selvatico*).

caprine /'kæpraɪn/, *a.* caprino; di (*o* da) capra; caprigno (*raro*).

capriole /'kæprɪəʊl/, *n.* **1** (*balletto*) capriola; balzo **2** capriola, sgroppata (*di cavallo*).

to **capriole** /'kæprɪəʊl/, *v. i.* **1** (*balletto*) fare una capriola **2** (*di cavallo*) sgroppare; impennarsi.

caproic /kə'prəʊɪk/, *a.* (*chim.*) caproico: **c. acid**, acido caproico.

caprolactam /kæprəʊ'læktæm/, *n.* (*chim.*) caprolattame.

caps /kæps/, *n. pl.* (*abbr. fam. di* **capitals**) (*tipogr.*) maiuscole.

capsicum /'kæpsɪkəm/, *n.* (*bot., Capsicum*) capsico.

capsizable /kæp'saɪzəbl/, *a.* ribaltabile.

capsizal /kæp'saɪzl/, *n.* ribaltamento; capovolgimento.

to **capsize** /kæp'saɪz, *USA* 'kæps-/, *v. t.* e *i.* capovolgere, capovolgersi; ribaltare, ribaltarsi; (*di imbarcazione a vela*) fare scuffia.

capsizing /kæp'saɪzɪŋ, *USA* 'kæps-/, *V.* **capsizal**.

capstan /'kæpstən/, *n.* **1** (*naut.*) argano; verricello per salpare; cabestano: **to work the c.**, virare all'argano **2** (*ferr.*) cabestano. ● (*mecc.*) **c. lathe**, tornio a torretta (*o* a revolver).

capstone /'kæpstəʊn/, *n.* **1** (*archit.*) pietra di coronamento; chiave di volta **2** (*fig.*) ultimo tocco; coronamento (*di un'opera*) **3** (*alpinismo*) masso incastrato in un crepaccio.

capsular /'kæpsjʊlə(r), *USA* -psəl-/, *a.* capsulare.

capsule /'kæpsjuːl, *USA* 'kæpsəl/, **A** *n.* **1** capsula; pillola **2** (*anat., bot.*) capsula **3** capsula; tappo metallico (*o* a corona: *di bottiglia*) **4** (*miss.*) capsula (*orbitale, spaziale*) **5** (*fig. USA*) schema; sommario; sunto. **B** *a. attr.* compendiato; condensato: **a c. summary**, un sommario condensato. ● (*naut.*) **c. submarine**, sottomarino tascabile □ (*miss.*) **manned c.**, capsula con equipaggio umano.

to **capsule** /'kæpsjuːl, *USA* 'kæpsəl/, (*USA*) *V.* **to capsulize**.

capsuliform /'kæpsjuːlɪfɔːm, *USA* -psəl-/, *a.* capsuliforme.

to **capsulize** /'kæpsjuːlaɪz, *USA* -psəl-/, *v. t.* **1** incapsulare **2** capsulare (*una bottiglia, ecc.*) **3** (*fig. USA*) schematizzare; riassumere.

captain /'kæptɪn, -ən/, *n.* **1** capitano (*anche nel senso di capo, guida, ecc.*): **the c. of a rugby team**, il capitano d'una squadra di rugby **2** (*USA*) capitano (*di polizia*); comandante di compagnia (*dei vigili del fuoco*) **3** capoclasse (*a scuola*) **4** (*naut.*) capitano (*nella marina mercantile*); capitano di vascello (*nella marina da guerra*) **5** (*aeron.*) comandante (*pilota di un aereo civile*) **6** (*stor.*) condottiero **7** (*USA*) capocameriere. ● (*stor.*) **c. of fortune**, capitano di ventura □ **c. of industry**, capitano d'industria; grande industriale □ (*naut.*) **c. of the top**, capocoffa □ (*naut.*) **c.'s protest**, dichiarazione (*o* testimoniale) d'avaria.

to **captain** /'kæptɪn, -ən/, *v. t.* capitanare (*una squadra di calcio, ecc.*).

captaincy /'kæptɪnsɪ, -tən-/, *n.* grado di capitano.

captainship /'kæptɪnʃɪp, -tən-/, *n.* **1** grado di capitano **2** comando; guida: **He assumed the c. of the enterprise**, egli assunse la guida dell'impresa.

captation /kæp'teɪʃn/, *n.* (*leg.*) captazione.

caption /'kæpʃn/, *n.* **1** (*leg. scozz.*) cattura; arresto **2** (*leg.*) parte iniziale (*di documento*); rubrica **3** (*in una pellicola*) didascalia; sottotitolo **4** (*sotto un'illustrazione*) leggenda. ● (*tipogr.*) **c. writer**, titolista.

captious /'kæpʃəs/, *a.* (*form.*) capzioso; insidioso; sofistico. || **-ly**, *avv.* || **-ness**, *sost.*

to **captivate** /'kæptɪveɪt/, *v. t.* **1** cattivarsi (*l'affetto, ecc. di q.*) **2** attirare (*l'attenzione di q.*) **3** attrarre; affascinare; incantare; ammaliare.

captivating /'kæptɪveɪtɪŋ/, *a.* accattivante; affascinante; seducente.

captivation /kæptɪ'veɪʃn/, *n.* attrazione; fascino; seduzione.

captive /'kæptɪv/, *a.* e *n.* prigioniero; captivo (*lett.*): **I was taken c. in Vietnam**, fui fatto prigioniero nel Vietnam. ● **c. audience**, chi deve ascoltare q.c. per forza; (*pubbl.*) pubblico che non può sottrarsi alla pubblicità: **We were a c. audience for granddaddy's jokes**, ci toccò ascoltare le barzellette del nonno □ **c. balloon**, pallone frenato □ **a c. bird**, un uccello in gabbia □ (*econ.*) **c. market**, mercato prigioniero □ (*market.*) **c. outlet**, punto di vendita vincolato □ (*org. az.*) **c. shop**, impianto vincolato (*produce semilavorati immessi in un processo produttivo della stessa fabbrica*) □ (*ind. costr., idraul.*) **c. water**, acqua infrenata (*da una diga*).

captivity /kæp'tɪvətɪ/, *n.* prigionia; schiavitù; cattività (*lett.*).

captor /'kæptə(r)/, *n.* **1** chi cattura (*prigionieri, ecc.*); catturatore (*raro*) **2** chi prende un premio; vincitore; premiato.

capture /'kæptʃə(r)/, *n.* **1** cattura; arresto **2** presa di possesso **3** bottino; preda **4** (*econ.*) conquista (*di un mercato*) **5** (*fis. nucl.*) cattura.

to **capture** /'kæptʃə(r)/, *v. t.* **1** catturare; arrestare; impadronirsi di (q.c.); prendere, vincere (*un premio*) **2** (*fig.*) riuscire a cogliere (*un aspetto interessante, ecc.*) **3** (*a dama, a scacchi*) mangiare (*un pezzo*). ● **to c. the attention**, attirare l'attenzione □ (*econ.*) **to c. a market**, conquistare un mercato □ **to be captured**, esser fatto prigioniero.

Capuchin /'kæpjʊʃɪn/, *n.* e *a.* (frate) cappuccino. ● (*zool.*) **c. monkey** (*Cebus capucinus*), cebo cappuccino.

capybara /kæpɪ'bɑːrə/, *n.* (*zool., Hydrochoerus capybara*) capibara.

car /kɑː(r)/, **A** *n.* **1** veicolo su ruote **2** (= **motorcar**) automobile; auto; macchina; vettura **3** (= **tramcar**; *USA* **streetcar, trolley car**) tram; vettura tranviaria **4** (*ferr.*, = **railway car**; *USA* **railroad car**) carrozza viaggiatori **5** (*ferr., USA*) vagone ferroviario; vettura **6** (*USA*, = **freight car**) carro merci (*cfr. ingl.* **goods waggon**) **7** (*aeron.*) navicella (*di aerostato o dirigibile*) **8** (*ind. min.*) vagoncino; vagonetto **9** gabbia, cabina (*dell'ascensore*) **10** (*poet.*) carro; cocchio: **the car of the sun**, il cocchio del sole; **a triumphal car**, un carro trionfale **11** carro (*basso e pesante, per trasporto di botti, ecc.*). **B** *a. attr.* automobilistico; per l'auto; auto (*fam.*): **the car industry**, l'industria automobilistica; **car accessories**, accessori (per l') auto. ● **car-accessory manufacturer**, accessorista (*fabbricante*) □ **car-accessory supplier** (*o* **dealer**), accessorista (*venditore*) □ **car alarm**, antifurto per auto □ **car-body builder**, carrozziere (*costruttore*) □ **car-body repairer**, carrozziere (*riparatore*); carrozzaio □ **car bomb**, autobomba □ **car breaker**, sfasciacarrozze; demolitore d'auto □ **car-care products**, articoli per l'automobile (*additivi, spray, ecc.*) □ (*USA*) **car-carrier**, bisarca; cicogna □ **car distributor**, concessionario d'auto □ **car hire**, autonoleggio □ (*autom., USA*) **car hop**, inserviente di «drive-in» (*q.V.*) □ (*ass.*) **car insurance**, assicurazione R.C. auto □ **car-licence**, permesso di circolazione; libretto (*fam.*) □ **car-maker**, costruttore d'automobili □ **car painter and sprayer**, verniciatore d'auto □ **car park**, parcheggio □ **car-park attendant**, posteggiatore □ (*autom.*) **car pool**, accordo per andare al lavoro (a scuola, ecc.) usando, a turno, un'auto sola □ **car radio**, autoradio □ **car-recovery service**, assistenza automobilistica su strada; (*in Italia*) il «116» (*fam.*) □ (*autom., in G.B.*) **car registration book**, libretto di registrazione (*cfr. ital.* libretto di circolazione) □ **car sharing**, uso collettivo di una sola automobile (*per recarsi al lavoro, ecc.*) □ **car stereo system**, stereo dell'automobile □ **car showrooms**, autosalone □ **car stylist**, carrozziere □ (*sport*) **car topper**, piccola imbarcazione (*che si può portare sul tetto dell'auto*) □ **car trimmer**, tappezziere per auto □ **car trimming**, tappezzeria per auto □ **car ventilator**, condizionatore dell'aria (*per auto*) □ **car wash**, (impianto di) lavaggio per auto; autolavaggio; lavauto □ **car-wash attendant**, lavaggista □ **car worker**, operaio dell'industria automobilistica.

carabineer, **carabinier** /kærəbɪ'nɪə(r)/, *n.* (*stor., mil.*) soldato (*in origine*, di cavalleria) armato di carabina.

caracal /'kærəkæl/, *n.* (*zool., Lynx caracal*) caracal; lince del deserto.

caracol(e) /'kærəkəʊl/, *n.* caracollo.

to **caracol(e)** /'kærəkəʊl/, *v. i.* caracollare.

caracul /'kærəkuːl/, *n.* caracùl; pelliccia di agnelli appena nati di razza caracùl.

carafe /kə'ræf, -ɑːf/, *n.* caraffa.

caramel /'kærəmel, *USA* 'kɑːml/, *n.* **1** caramello; zucchero caramellato **2** caramella morbida (*zucchero, latte e burro*) **3** color caramello.

to **caramelize** /'kærəməlaɪz, *USA* 'kɑːməl-/, *v. t.* caramellare (*zucchero*).

carapace /'kærəpeɪs/, *n.* (*zool.*) carapace (*di tartaruga, ecc.*).

carat /'kærət/, *n.* carato.

caravan /'kærəvæn/, *n.* **1** carovana **2** carrozzone, carro coperto (*di girovaghi, ecc.*) **3** (*autom.*) caravan; roulotte (*cfr. USA* **trailer**). ● **c. park**, parcheggio per roulotte □ **c. route**, (pista) carovaniera □ **motor c.**, motorcaravan; autocaravan.

to **caravan** /'kærəvæn/, *v. i.* **1** (*autom.*) viag-

giare in roulotte ***2*** viaggiare in carovana.
caravan(n)er /kærə'vænə(r), *USA* 'kærəv-/, *n.* ***1*** carovaniere ***2*** (*autom.*) roulottista; caravanista.
caravan(n)ing /kærə'vænɪŋ, *USA* 'kærəv-/, *n.* (*autom.*) caravanning; turismo in roulotte.
caravanserai /kærə'vænsəraɪ/, *n.* caravanserraglio.
caravel, caravelle /'kærəvel/, *n.* (*stor. naut.*) caravella.
caraway /'kærəweɪ/, *n.* (*bot., Carum carvi*) carvi; cumino tedesco (*o* dei prati). ● **c. oil**, olio essenziale (*o* essenza) di carvi.
carb /kɑːb/, *n.* (*autom., fam.*) carburatore.
carbamate /'kɑːbəmeɪt/, *n.* (*chim.*) carbammato.
carbamic /kɑː'bæmɪk/, *a.* (*chim.*) carbammico.
carbamide /'kɑːbəmaɪd/, *n.* (*chim.*) carbammide.
carbecue /'kɑːbɪkjuː/, *n.* (*contraz. fam. USA di* **car** e **barbecue**) macchina per rottamare automobili.
carbide /'kɑːbaɪd/, *n.* (*chim.*) carburo.
carbine /'kɑːbaɪn/, *n.* carabina.
carbineer /kɑːbɪ'nɪə(r)/, *V.* **carabineer**.
carbohydrate /kɑːbə'haɪdreɪt/, *n.* (*chim.*) carboidrato.
carbolic /kɑː'bɒlɪk/, *a.* (*chim.*) fenico; carbolico (*raro*): **c. acid**, acido fenico; fenolo.
to **carbolize** /'kɑːbəlaɪz/, *v. t.* trattare (*o* sterilizzare) con acido fenico.
carbon /'kɑːbən/, *n.* ***1*** (*chim.*) carbonio ***2*** (*elettr.*) carbone ***3*** (= **c. paper**) carta carbone ***4*** (= **c. copy**) copia carbone; (*fig.*) copia perfetta: **I received only a c.**, ho ricevuto soltanto una copia carbone. ● **c. black**, nerofumo □ (*elettr., autom.*) **c. brush**, spazzola di carbone □ (*biol., astron.*) **c. cycle**, ciclo del carbonio □ **c. dating** (*o* **c.-14 dating**), datazione al carbonio (*o* C-14) □ (*chim.*) **c. dioxide**, anidride carbonica; biossido di carbonio □ (*fis. nucl.*) **c.-14**, carbonio 14; radiocarbonio □ (*chim.*) **c. monoxide**, ossido di carbonio □ (*fotogr.*) **c. process**, processo al carbone.
carbonaceous /kɑːbə'neɪʃəs/, *a.* (*chim.*) carbonaceo; carbonioso; di (*o* simile a) carbone.
carbonado /kɑːbə'neɪdəʊ/, *n.* (*pl.* **carbonados**) (*miner.*) carbonado.
carbonate /'kɑːbəneɪt/, *n.* (*chim.*) carbonato.
to **carbonate** /'kɑːbəneɪt/, *v. t.* ***1*** (*arc.*) carbonizzare ***2*** (*chim.*) trasformare in carbonato ***3*** addizionare d'anidride carbonica; gassare.
carbonated /'kɑːbəneɪtɪd/, *a.* addizionato d'anidride carbonica; gassato: **c. water**, acqua gassata.
carbonation /kɑːbə'neɪʃn/, *n.* (*chim.*) carbonatazione.
to **carbon-copy** /'kɑːbənkɒpɪ/, *v. t.* copiare con la carta carbone.
carbonic /kɑː'bɒnɪk/, *a.* (*chim.*) carbonico: **c. acid**, acido carbonico.
carboniferous /kɑːbə'nɪfərəs/, **A** *a.* carbonifero. **B** *a.* e *n.* – (*geol.*) **the C.**, il Carbonifero.
carbonite /'kɑːbənaɪt/, *n.* (*miner.*) carbonite.
carbonium ion /kɑː'bəʊnɪəmaɪən, -aɪɒn/, *locuz. n.* (*chim.*) ione carbonio.
carbonization /kɑːbənaɪ'zeɪʃn, *USA* -nɪ'z-/, *n.* carbonizzazione.
to **carbonize** /'kɑːbənaɪz/, **A** *v. t.* ***1*** carbonizzare ***2*** *V.* **to carburize**. **B** *v. i.* carbonizzarsi.
carbonless /'kɑːbənləs/, *a.* (*chim.*) senza carbonio. ● (*anche elab.*) **c. paper**, carta autocopiante.
carborne /'kɑːbɔːn/, *a.* ***1*** (*autom.*) autotrasportato ***2*** (*autom.: di strumento*) installato a bordo di un'automobile.
carborundum /kɑːbə'rʌndəm/, *n.* (*marchio: ind.*) carborundum.
carboxyl /kɑː'bɒksɪl, -saɪl, *USA* -sl/, *n.* (*chim.*) carbossile.
carboxylic /kɑːbɒk'sɪlɪk/, *a.* (*chim.*) carbossilico.
carboy /'kɑːbɔɪ/, *n.* (*ind.*) damigiana (*per liquidi corrosivi*).
carbuncle /'kɑːbʌŋkl/, *n.* ***1*** (*vet.*) carbonchio ***2*** (*miner.*) rubino tagliato a cabochon ***3*** color rubino ***4*** (*med., arc.*) foruncolo; pustola.
carbuncled /'kɑːbʌŋkld/, *a.* ***1*** (*gioielleria*) adorno di rubini ***2*** (*med.*) coperto di foruncoli (*o* di pustole).
carbuncular /kɑː'bʌŋkjʊlə(r)/, *a.* ***1*** (*vet.*) carbonchioso ***2*** (*med.*) foruncoloso; pustoloso.
carburant /'kɑːbjʊrənt, *USA* -bər-/, *n.* (*chim.*) carburante.
to **carburate** /'kɑːbjʊreɪt, *USA* -bər-/, *V.* **to carburet**.
carburation /kɑːbjʊ'reɪʃn, *USA* -bə'r-/, *n.* (*chim., autom.*) carburazione.
to **carburet** /'kɑːbjʊret, *USA* -bəreɪt/, *v. t.* ***1*** (*chim., autom.*) carburare ***2*** (*chim.*) combinare con carbonio.
carburetant /'kɑːbjʊretənt, *USA* -bəreɪt-/, *V.* **carburant**.
carburetion /kɑːbjʊ'reʃn, *USA* -bə'reɪʃn, -'reʃ-/, *V.* **carburation**.
carburetor /kɑːbə'retə(r), *USA* 'kɑːbəreɪtə(r)/, (*USA*) *V.* **carburetter**.
carburetter, carburettor /kɑːbə'retə(r), *USA* 'kɑːbəreɪtə(r)/, *n.* (*chim., autom.*) carburatore. ● (*autom.*) **c. repairer**, carburatorista □ (*autom.*) **c. servicing**, lavoro di carburatorista; riparazione di carburatori.
carburization /kɑːbjʊraɪ'zeɪʃn, *USA* -bərɪ'z-/, *n.* ***1*** (*metall.*) carburazione; cementazione ***2*** (*chim.*) *V.* **carburation**.
to **carburize** /'kɑːbjʊraɪz, *USA* -bər-/, *v. t.* ***1*** (*metall.*) carburare; cementare ***2*** (*chim.*) *V.* **to carburet**.
carcass, carcase /'kɑːkəs/, *n.* ***1*** carcassa; cadavere d'animale ***2*** (*pop. spreg.*) carcassa; corpo dell'uomo ***3*** (*autom.*) carcassa (*di pneumatico*) ***4*** (*edil.*) armatura (*d'un fabbricato*) ***5*** (*naut.*) ossatura (*di una nave*) ***6*** (*fig.*) (vecchia) carcassa; veicolo scassato. ● **c. meat**, carne cruda □ (*fam.*) **to save one's c.**, salvare la pelle.
carcinogen /kɑː'sɪnədʒən/, *n.* (*med.*) (agente) cancerogeno.
carcinogenesis /kɑːsɪnə'dʒenəsɪs, *USA* -sən-/, *n.* (*med.*) carcinogenesi; oncogenesi.
carcinogenic /kɑːsɪnə'dʒenɪk, *USA* -sən-/, *a.* (*med.*) cancerogeno.
carcinoma /kɑːsɪ'nəʊmə, *USA* -sən'əʊ-/, *n.* (*pl.* **carcinomata, carcinomas**) (*med.*) carcinoma.
carcinomatosis /kɑːsɪnəʊmə'təʊsɪs, *USA* -sən-/, *n.* (*med.*) carcinosi.
carcinomatous /kɑːsɪ'nəʊmətəs, *USA* -sən'əʊ-/, *a.* (*med.*) carcinomatoso.
carcinosis /kɑːsɪ'nəʊsɪs, *USA* -sən'əʊ-/, *n.* (*pl.* **carcinoses**) (*med.*) carcinosi.
card (1) /kɑːd/, *n.* ***1*** (= **playing c.**) carta da gioco: **to play (at) cards**, giocare a carte ***2*** (= **correspondence c.**) biglietto; (= **visiting c.**, *USA* **calling c.**) biglietto da visita ***3*** (= **postcard**) cartolina postale ***4*** (*banca,* = **credit c.**) carta di credito ***5*** (*market.*) cartellino: **a window c.**, un cartellino da vetrina (*col prezzo*) ***6*** scheda (*per ufficio, biblioteca, ecc.*) ***7*** (*elab.*) scheda (perforata) ***8*** (*demogr.*) scheda anagrafica ***9*** (*stat.*) scheda ***10*** carta; tessera; tesserino: **identiy c.**, carta d'identità (*in G.B., solo in tempo di guerra*); **membership c.**, tessera d'associazione (*sindacato, ecc.*) ***11*** (*org. az.*) cartellino marcatempo ***12*** (*sport*) cartellino (*dell'arbitro*); (*fig.*) ammonizione (*per un fallo*) ***13*** cartella (*di tombola*) ***14*** (*fam. USA*) persona eccentrica; tipo: **He's quite a c.!**, è proprio un tipo!; **a knowing c.**, un tipo che la sa lunga ***15*** (*naut., arc.*) quadrante (*della bussola*) ***16*** (*pl.*) libretto (*di marche assicurative; non più in uso né in G.B. né in Italia*). ● (*elab.*) **c. bed**, piatto delle schede □ **c.-carrying**, tesserato (*agg.*); (*fig.*) che prende posizione in modo aperto □ (*elab.*) **c. code**, codice di perforazione □ **c. compiler**, schedatore □ (*elab.*) **c. feed**, alimentatore di schede □ **c. file**, schedario □ (*leg.*) **c. fraud**, furto di carte di credito, usate poi in modo fraudolento □ **c. game**, gioco di carte □ **c.-holder**, schedario; (*polit., ecc.*) tesserato (*sost.*); socio, iscritto; titolare di una tessera: (*banca*) titolare di una carta di credito □ (*elab.*) **c. hopper**, raccoglitore di schede □ **c. index**, schedario «cardex» □ **c.-indexing**, schedatura □ (*fin.*) **c.-issuer**, emittente di carte di credito □ (*elab.*) **c. jam**, intasamento delle schede □ (*elab.*) **c. layout**, tracciato della scheda □ (*rag.*) **c. ledger**, mastro a schede; partitario a fogli mobili □ **c. member**, tesserato (*sost.*); iscritto (*a un club, ecc.*) □ **c. of admission**, biglietto d'entrata (*o* d'invito) □ (*elab.*) **c. punch**, perforatrice di schede □ (*elab.*) **c. reader**, lettore di schede (perforate) □ (*USA*) **c. shark**, baro □ **c. shop**, negozio di cartoncini, biglietti da visita, ecc. □ (*elab.*) **c. stacker**, impilatore di schede □ (*org. az.*) **c. time recorder**, orologio marcatempo a cartellini □ **c. table**, tavolino da gioco □ (*polit., ecc.*) **c. voting**, votazione con deleghe dei tesserati □ (*elab.*) **c. wreck**, *V.* **c. jam** □ (*fam.*) **to ask for one's cards**, licenziarsi (*V. def. 16*) □ **Christmas c.**, bigliettino natalizio □ (*fam.*) **to get one's cards**, essere licenziato (*V. def. 16*) □ **a get-well c.**, un biglietto d'auguri di pronta guarigione □ (*fig.*) **to have a c. up one's sleeve**, avere ancora una carta da giocare; avere un asso nella manica □ (*fig. fam.*) **to hold all the cards**, avere tutte le carte in mano □ (*USA*) **in the cards**, *V.* **on the cards** □ **to leave a c. on sb.**, lasciare il proprio biglietto da visita a q. (*come segno di essere stati a trovarlo*) □ **to make a c.**, fare (*o* vincere) una mano giocando una carta; farsi (*un asso, ecc.*; *fam.*) □ **on the cards**, assai probabile; quasi sicuro; previsto: **A new TV set is definitely on the cards forme**, ormai è deciso che mi comprerò un televisore nuovo □ (*fig.*) **to play one's cards well** (*o* **right**), giocare bene le proprie carte □ (*fig.*) **to put** (*o* **to lay**) **one's cards on the table**, mettere le carte in tavola □ **to speak by the c.**, parlare con precisione, con sicurezza □ (*fig.*) **a sure** (*o* **safe**) **c.**, una carta sicura; (*fig.*) una cosa certa □ (*fig.*) **to throw up the cards**, cedere; darsi per vinto □ **wedding c.**, partecipazione di nozze.
card (2) /kɑːd/, *n.* (*ind. tess.*) ***1*** scardasso ***2*** carda; cardatrice.
to **card (1)** /kɑːd/, *v. t.* annotare su cartellini; schedare.
to **card (2)** /kɑːd/, *v. t.* (*ind. tess.*) ***1*** scardassare ***2*** cardare.
cardamom, cardamum /'kɑːdəməm/, **cardamon** /'kɑːdəmən/, *n.* (*bot., Elettaria cardamomum*) cardamomo.
cardan joint /'kɑːdn'dʒɔɪnt, -dæn-/, *locuz. n.* (*mecc.*) giunto cardanico.
cardboard /'kɑːdbɔːd/, *n.* cartone. ● **a c. box**, una scatola di cartone □ (*fig.*) **c. characters**, personaggi irreali, stereotipati □ **asphalted c.**, cartone catramato.
carder /'kɑːdə(r)/, *n.* (*ind. tess.*) ***1*** scardassatore; cardatore, cardatrice ***2*** cardatrice, carda (*macchina*).
cardiac /'kɑːdɪæk/, **A** *a.* (*anat., med.*) cardiaco: **c. insufficiency** (*o* **c. failure**), insufficienza cardiaca. **B** *n.* ***1*** (*farm.*) cardiotonico ***2*** (*med.*) cardiopatico. ● **c. neurosis**, cardionevrosi □ **c. pacing**, stimolazione artificiale del cuore □ **c. tamponade**, tamponamento cardiaco; tamponamento di Rose □ **c. valve**, valvola cardiaca.
cardialgia /kɑːdɪ'ældʒɪə, -dʒə/ (*lat.*), *n.* (*med.*) cardialgia.
cardigan /'kɑːdɪgən/, *n.* cardigan.
cardinal /'kɑːdɪnl/, **A** *a.* ***1*** cardinale: **c. virtues [numbers, points]**, virtù [numeri, punti] cardinali ***2*** rosso cardinale ***3*** (*zool.*) del legamento, del cardine (*di un mollusco bivalve*). **B** *n.* ***1*** (*relig.*) cardinale ***2*** (*mat.*) (numero) cardinale ***3*** (*stor.*) mantelletto da donna (*di solito, con cappuccio*) ***4*** (*zool., Richmon-*

dena cardinalis; = **c. bird, c. grosbeak**) cardinale rosso. ● (*relig.*) **c. altar**, altar maggiore □ (*bot.*) **c. flower** (*Lobelia cardinalis*), lobelia a fior di cardinale □ **c. red**, rosso cardinale.

cardinalate /ˈkɑːdɪnəleɪt/, *n.* ***1*** cardinalato; ufficio di cardinale; (*fig.*) la porpora (*cardinalizia*) ***2*** (*collett.*) (i) cardinali.

cardinality /kɑːdɪˈnæləti/, *n.* (*mat.*) cardinalità.

cardinalship /ˈkɑːdɪnlʃɪp/, *V.* **cardinalate**, *def. 1.*

carding /ˈkɑːdɪŋ/, *n.* (*ind. tess.*) ***1*** cardatura; scardassatura ***2*** fibre (*di lana, ecc.*) cardate. ● **c. machine**, cardatrice; carda.

cardiogenic /kɑːdɪəʊˈdʒɛnɪk/, *a.* (*med.*) cardiogenico.

cardiogram /ˈkɑːdɪəʊgræm/, *n.* (*med.*) cardiogramma.

cardiograph /ˈkɑːdɪəʊgrɑːf, *USA* -græf/, *n.* (*med.*) cardiografo.

cardiography /kɑːdɪˈɒgrəfɪ/, *n.* (*med.*) cardiografia.

cardioid /ˈkɑːdɪɔɪd/, *n.* (*mat.*) cardioide.

cardiologist /kɑːdɪˈɒlədʒɪst/, *n.* cardiologo.

cardiology /kɑːdɪˈɒlədʒɪ/, *n.* cardiologia.

cardiopath /ˈkɑːdɪəʊpɑːθ, *USA* -æθ/, *n.* (*med.*) cardiopatico.

cardiopathy /kɑːdɪˈɒpəθɪ/, *n.* (*med.*) cardiopatia.

cardiopulmonary /kɑːdɪəʊˈpʌlmənrɪ, *USA* -ɛrɪ/, *a.* (*med.*) cardiopolmonare.

cardioscope /ˈkɑːdɪəʊskəʊp/, *n.* (*med.*) cardioscopio.

cardioscopy /kɑːdɪˈɒskəpɪ/, *n.* (*med.*) cardioscopia.

cardiospasm /ˈkɑːdɪəspæzəm/, *n.* (*med.*) cardiospasmo.

cardiotomy /kɑːdɪˈɒtəmɪ/, *n.* (*med.*) cardiotomia.

cardiotonic /kɑːdɪəʊˈtɒnɪk/, *a.* e *n.* (*farm.*) cardiotonico.

cardiovascular /kɑːdɪəʊˈvæskjʊlə(r)/, *a.* (*med.*) cardiovascolare.

carditis /kɑːˈdaɪtɪs/, *n.* (*med.*) cardite.

cardo /ˈkɑːdəʊ/ (*lat.*), *n.* (*pl.* **cardines**) (*stor., archeol.*) cardo; cardine.

cardoon /kaˈduːn/, *n.* (*bot., Cynara cardunculus*) cardo.

cardroom /ˈkɑːdruːm, -rʊm/, *n.* sala da gioco.

cardsharp(er) /ˈkɑːdʃɑːp(ə(r))/, *n.* baro.

cardsharping /ˈkɑːdʃɑːpɪŋ/, *n.* il barare (*al gioco*).

cardy /ˈkɑːdɪ/, *n. abbr. fam. di* **cardigan**.

care /kɛə(r)/, *n.* ***1*** cura; attenzione; cautela: **Do it with the utmost c.**, fallo con la massima cura ***2*** cure; ansietà; affanni; preoccupazioni; pensieri (*pop.*): **The old woman was oppressed by c.**, la vecchia era oppressa dagli affanni ***3*** cura, cure; premura; protezione; responsabilità: **The little girl was left in** (*o* **under**) **my c.**, la bambina fu affidata alle mie cure; **cares of State**, responsabilità di stato ***4*** custodia: **to be in sb.'s c.**, essere in custodia presso q. ***5*** (*leg.*) diligenza. ● **c. assistant**, assistente sanitario □ **c. for the elderly**, assistenza agli anziani □ **c.-laden**, carico d'affanni □ **c. of** (*abbr.* **c/o**), presso (*negli indirizzi*) □ (*USA*) **c. of general delivery**, fermo posta □ (*fam.*) **Have a c.!**, sta' attento!; bada dove metti i piedi (*e sim.*) □ **to have (to take) c. of sb.**, avere (prendersi) cura di q.: **Take c. of yourself!**, abbiti cura!; riguardati! □ **to take c.**, fare attenzione, stare attento; avere cura; badare: **Take c. you don't get lost**, bada di non smarrirti □ **I'll take c. of the bill**, al conto ci penso io □ **to take sb. into c.**, prendere in custodia q.: **to take a child into c.**, (*anche*) affidare un bambino a un ente assistenziale □ (*scritto su una cassa*) **Glass – handle with c.**, Vetri – (fare) attenzione; fragile □ (*prov.*) **C. killed the cat**, le preoccupazioni portano alla tomba.

to **care** /kɛə(r)/, *v. i.* ***1*** preoccuparsi; prendersela (*fam.*); (*in frasi neg.*) importare, tenerci (*impers.*): **I don't c. about what she says**, quel che dice lei non mi preoccupa; **Although he says so little, he cares very much**, sebbene non dica niente, la cosa gli sta molto a cuore; **He doesn't c. anything about anybody**, non gliene importa niente di nessuno; **Who cares?**, che importa?; chi se ne infischia? ***2*** desiderare; volere; piacere (*impers.*): **I don't c. to answer**, non desidero rispondere; **Would you c. to go on holiday?**, ti piacerebbe andare in vacanza? ***3*** – **to c. for**, amare; voler bene a; piacere (*impers.*): **Does she c. for him?**, gli vuol bene?; **I don't c. for that book**, quel libro non mi piace ***4*** – **to c. for**, avere (*o* prendersi) cura di; provvedere a: **The sick must be cared for**, si deve aver cura dei malati. ● **for all I c.**, per quel che me ne importa □ **If I c. to, I'll get you arrested**, se voglio, ti faccio arrestare □ **Would you c. for a drink?**, ti va una bibita? □ **I don't c. a pin** (*o* **a farthing**; *pop.*: **a damn**), non m'importa niente (*o* un fico secco (*fig. pop.*); *o* un accidente (*pop.*)) □ **I couldn't c. less**, non me ne importa niente.

to **careen** /kəˈriːn/, **A** *v. t.* (*naut.*) ***1*** carenare; abbattere (*una nave*) in carena ***2*** far sbandare. **B** *v. i.* ***1*** (*naut.*) abbattersi in carena; sbandare ***2*** (*autom., specialm. USA*) procedere sbandando.

careenage /kəˈriːnɪdʒ/, *n.* (*naut.*) ***1*** carenaggio ***2*** spese di carenaggio.

careening /kəˈriːnɪŋ/, *n.* ***1*** (*naut.*) carenaggio; carenamento ***2*** sbandamento.

career /kəˈrɪə(r)/, *n.* carriera (*in ogni senso*): **to take up a c.**, abbracciare una carriera. ● **c. brief**, profilo professionale □ **c. diplomat**, diplomatico di carriera □ **c. girl [c. woman]**, ragazza [donna] in carriera □ (*USA*) **c. man**, diplomatico di carriera □ (*ingl.*) **careers master**, psicotecnico □ **c. planning**, pianificazione delle mansioni professionali □ **a c. position**, un posto di ruolo □ **in full c.**, di gran carriera.

to **career** /kəˈrɪə(r)/, *v. i.* andare di carriera. ● **to c. about**, scorrazzare qua e là □ **to c. along**, andare di gran carriera.

careerism /kəˈrɪərɪzəm/, *n.* carrierismo; arrivismo.

careerist /kəˈrɪərɪst/, *n.* carrierista; arrivista.

carefree /ˈkɛəfriː/, *a.* libero da preoccupazioni; spensierato.

careful /ˈkɛəfl/, *a.* ***1*** accurato; attento; diligente: **a c. search**, un'accurata ricerca; **a c. worker**, uno che lavora con grande diligenza ***2*** cauto; circospetto; guardingo; prudente; sollecito: **c. of one's reputation**, sollecito del proprio buon nome ***3*** (= **c. with one's money**) parsimonioso: **She is a very c. housewife**, è una massaia molto parsimoniosa. ● **to be c.**, stare attento (a); badare (di): **Be c. not to drop the vase**, bada di non lasciar cadere il vaso. || **-ly**, *avv.* || **-ness**, *sost.*

careless /ˈkɛələs/, *a.* ***1*** libero da preoccupazioni; spensierato ***2*** disattento; negligente; sbadato ***3*** incauto; sconsiderato; imprudente: **Don't be so c. with your money**, non essere così sconsiderato nell'uso del tuo denaro; **a c. driver**, un automobilista imprudente ***4*** naturale; istintivo; spontaneo: **She has a c. grace**, ha una grazia istintiva. ● **a c. mistake**, un errore di distrazione □ **c. of**, senza curarsi di: **They did their duty, c. of danger**, fecero il loro dovere, senza curarsi dei pericoli □ **to be c. of one's clothes**, essere trascurato nel vestire □ **to be c. of one's food**, essere di bocca buona. || **-ly**, *avv.* || **-ness**, *sost.*

caress /kəˈrɛs/, *n.* ***1*** carezza ***2*** (*raro*) dimostrazione d'affetto.

to **caress** /kəˈrɛs/, *v. t.* ***1*** (*anche fig.*) accarezzare; carezzare ***2*** coccolare; vezzeggiare.

caresser /kəˈrɛsə(r)/, *n.* accarezzatore (*raro*).

caressing /kəˈrɛsɪŋ/, *a.* carezzevole.

caret /ˈkærət/ (*lat.*), *n.* (*tipogr.*) segno d'omissione.

caretaker /ˈkɛəteɪkə(r)/, *n.* ***1*** custode; guardiano; sorvegliante ***2*** portinaio; portiere. ● (*polit.*) **c. government**, governo d'affari (*o* di ordinaria amministrazione) □ (*polit.*) **to remain temporarily in office in c. status**, restare in carica per il disbrigo degli affari correnti.

careworn /ˈkɛəwɔːn/, *a.* ***1*** logorato (*o* segnato) dalle preoccupazioni: **with a c. face**, con il viso segnato dalle preoccupazioni ***2*** oberato dalle preoccupazioni; pieno di pensieri.

carful /ˈkɑːfʊl/, *n.* carrettata.

cargo /ˈkɑːgəʊ/, *n.* (*pl.* **cargoes, cargos**) ***1*** (*trasp.*) carico (*d'una nave, un aereo, ecc.*) ***2*** (*naut.*) nave da carico; mercantile. ● **c. boat [steamer, ship]**, imbarcazione [vapore, nave] da carico □ **c. plane**, aereo da carico.

Carib /ˈkærɪb/, *n.* (*pl.* **Carib, Caribs**) ***1*** caraibo; caribo ***2*** caraibico; caribico (*la lingua*).

Caribbean /kærəˈbiːən, kəˈrɪbɪən/, **A** *a.* caraibico; caribico. **B** *n.* (*pl.* **Caribbean, Caribbeans**) (*geogr.*) caraibo; caribo. ● **the C. Sea**, il Mar dei Caraibi.

caribou /ˈkærɪbuː/, *n.* (*pl.* **caribou, caribous**) (*zool., Rangifer caribou*) caribù.

caricature /ˈkærɪkətʃʊə(r), -tʃə(r)/, *n.* caricatura.

to **caricature** /ˈkærɪkətʃʊə(r), -tʃə(r)/, *v. t.* fare la caricatura di (q.); mettere (q.) in caricatura; parodiare.

caricaturist /ˈkærɪkətʃʊərɪst, -tʃər-/, *n.* caricaturista.

caries /ˈkɛəriːz/, *n.* (*invar. al pl.*) (*med., bot.*) carie.

carillon /kəˈrɪljən, *USA* ˈkærəlɒn/ (*franc.*), *n.* (*mus.*) carillon.

carina /kəˈraɪnə/ (*lat.*), *n.* (*pl.* **carinae, carinas**) (*anat., bot., zool.*) carena.

carinal /kəˈraɪnəl/, *a.* (*anat., bot., zool.*) di carena.

carinate(d) /ˈkeɪrɪneɪt(ɪd)/, *a.* (*anat., bot., zool.*) carenato.

caring /ˈkɛərɪŋ/, **A** *a.* ***1*** altruista, altruistico; pieno di attenzioni; che si occupa del prossimo; premuroso: **a c. attitude**, un atteggiamento premuroso ***2*** assistenziale; dell'assistenza (*sociale o sanitaria*): **the c. professions**, le professioni di coloro che si dedicano all'assistenza. **B** *n.* ***1*** altruismo; premure (*pl.*) ***2*** assistenza sociale ***3*** assistenza sanitaria.

carious /ˈkɛərɪəs/, *a.* (*med.*) cariato.

carjack /ˈkɑːdʒæk/, *n.* (*leg.*) attacco al conducente, con furto del veicolo.

carking /ˈkɑːkɪŋ/, *a.* (*poet.*) gravoso: **c. care**, cura gravosa.

carl(e) /kɑːl/, *n.* (*scozz.*) uomo; individuo (*rozzo o robusto*).

carline (1) /ˈkɑːlɪn/, *n.* (*scozz.*) ***1*** vecchia ***2*** strega.

carline (2) /ˈkɑːlɪn/, *n.* (*bot.*) ***1*** (*Carlina acaulis*) carlina (bianca) ***2*** (*Carlina vulgaris*) carlina comune.

Carlism /ˈkɑːlɪzəm/, *n.* (*stor.*) carlismo.

Carlist /ˈkɑːlɪst/, *n.* (*stor.*) carlista.

carload /ˈkɑːləʊd/, *n.* (*trasp.*) carico completo; pieno carico.

Carlovingian /kɑːləʊˈvɪndʒɪən/, *a.* e *n.* (*stor.*) carolingio.

carman /ˈkɑːmən/, *n.* (*pl.* **carmen**) ***1*** (*USA*) conducente di tram (*o* di autobus) ***2*** carrettiere ***3*** (*ferr., USA*) conduttore; macchinista.

Carmelite /ˈkɑːməlaɪt/, **A** *a.* carmelitano. **B** *n.* (frate) carmelitano. ● **C. nun**, (suora) carmelitana.

carminative /ˈkɑːmɪnətɪv, kɑːˈmɪnə-, *USA* -ɛtɪv, -ˈmɪnə-/, *a.* e *n.* (*farm.*) carminativo.

carmine /ˈkɑːmaɪn/, *n.* e *a.* (color) carminio.

carnage /ˈkɑːnɪdʒ/, *n.* carneficina; strage; macello (*fig.*).

carnal /ˈkɑːnl/, *a.* ***1*** carnale; fisico; terreno; temporale: **c. lust**, concupiscenza carnale ***2*** sensuale; lascivo; impudico. ● (*specialm. leg.*) **c. knowledge**, congiunzione carnale □ **c. pleasures**, i piaceri della carne.

carnality /kɑːˈnælətɪ/, *n.* ***1*** carnalità; temporalità ***2*** sensualità; lascivia; impudicizia.

carnapper /ˈkɑːnæpə(r)/, *n.* (*USA*) ladro d'automobili.

carnation /kɑːˈneɪʃn/, **A** *a.* incarnato; carnicino; (color) rosa; roseo. **B** *n.* (*bot., Dianthus caryophyllus*) garofano.
carnelian /kəˈniːlɪən/, *n.* (*miner.*) corniola; cornalina.
carnet /ˈkɑːneɪ, *USA* kɑːˈneɪ/, *n.* (*autom., dog.*) carnet.
to **carney** /ˈkɑːnɪ/, *V.* **to carny**.
carnification /kɑːnɪfɪˈkeɪʃn/, *n.* (*med.*) carnificazione.
to **carnify** /ˈkɑːnɪfaɪ/, *v. i.* (*med.*) carnificarsi (*dei polmoni*).
carnival /ˈkɑːnɪvl/, *n.* ***1*** carnevale ***2*** (*fig.*) baldoria; orgia: **a c. of bloodshed**, un'orgia di sangue ***3*** luna park; circo. ● **c. balloons**, palloncini carnevaleschi.
carnivore /ˈkɑːnɪvɔː(r)/, *n.* ***1*** (*zool.*) carnivoro ***2*** (*bot.*) pianta carnivora.
carnivorous /kɑːˈnɪvərəs/, *a.* (*zool., bot.*) carnivoro.
carny /ˈkɑːnɪ/, *n.* (*pop. USA*) ***1*** circo ***2*** chi lavora in un circo.
to **carny** /ˈkɑːnɪ/, *v. t.* (*fam. arc.*) adulare; blandire; fare moine a (q.).
carob /ˈkærəb/, *n.* ***1*** (*bot., Ceratonia siliqua*) carrubo ***2*** carruba.
carol /ˈkærəl/, *n.* ***1*** canto gioioso (*anche di uccelli*) ***2*** (*arc., mus.*) carola ***3*** (= **Christmas c.**) canto di Natale. ● (*relig.*) **c. service**, servizio (*in chiesa o all'aperto*) con canti natalizi e lettura di passi della Bibbia.
to **carol** /ˈkærəl/, **A** *v. i.* cantare gioiosamente. **B** *v. t.* ***1*** cantare (*inni religiosi*) ***2*** celebrare con canti (*il Natale, ecc.*).
Carol /ˈkærəl/, *n.* Carola.
Caroline /ˈkærəlaɪn/, **A** *n.* Carolina. **B** *a.* ***1*** (del tempo) di Carlomagno ***2*** (del tempo) di Carlo I e Carlo II d'Inghilterra.
Carolingian /kærəˈlɪndʒɪən/, *a.* e *n.* (*stor.*) carolingio.
Carolinian /kærəˈlɪnɪən/, **A** *a. V.* **Caroline**. **B** *a.* e *n.* (abitante) della Carolina del Nord o del Sud (*in U.S.A.*).
caroller /ˈkærələ(r)/, *n.* chi va in giro a cantare canti di Natale.
carom /ˈkærəm/, *n.* (*USA*) ***1*** (*cfr. ingl.* **cannon**) carambola (*al biliardo*) ***2*** rimbalzo.
to **carom** /ˈkærəm/, *v. i.* (*USA*) ***1*** fare carambola ***2*** rimbalzare.
carotene /ˈkærətiːn/, *n.* (*chim.*) carotene.
carotid /kəˈrɒtɪd/, (*anat.*) **A** *n.* carotide. **B** *a.* carotideo.
carotidal /kəˈrɒtɪdl/, *a.* (*anat.*) carotideo.
carousal /kəˈraʊzl/, **carouse** /kəˈraʊz/, *n.* gozzoviglia; sbevazzata; baldoria.
to **carouse** /kəˈraʊz/, *v. i.* bere smodatamente; sbevazzare; gozzovigliare.
carousel /kærəˈsel/, *n.* ***1*** (*stor.*) carosello; giostra ***2*** (*aeron.*) nastro trasportatore (*per i bagagli*) ***3*** (*USA*) giostra (*per bambini*).
carp /kɑːp/, *n.* (*pl.* **carp, carps**) (*zool., Cyprinus carpio*) carpa.
to **carp** /kɑːp/, *v. i.* cavillare; trovare da ridire; lamentarsi. ● **to c. at sb.**, infastidire, tormentare q. (*con le proprie lamentele*) □ **to c. on** (*o* **about**) **st.**, lagnarsi (*o* lamentarsi) di q.c.; criticare q.c.
carpal /ˈkɑːpl/, *a.* (*anat.*) del carpo; carpale.
Carpathian /kɑːˈpeɪθɪən/, *a.* (*geogr.*) carpatico.
Carpathians (the) /kɑːˈpeɪθɪənz/, *n. pl.* (*geogr.*) i Carpazi.
carpel /ˈkɑːpl/, *n.* (*bot.*) carpello; carpofillo.
carpellary /ˈkɑːpəlrɪ, *USA* -lerɪ/, *a.* (*bot.*) carpellare.
carpenter /ˈkɑːpəntə(r)/, *n.* ***1*** carpentiere; falegname ***2*** (*naut.*) maestro d'ascia. ● (*zool.*) **c. ant** (*Camponotus*), formica che rode il legno □ (*zool.*) **c. bee** (*Xilocopa*), ape legnaiola.
to **carpenter** /ˈkɑːpəntə(r)/, *v. i.* fare il carpentiere.
carpentry /ˈkɑːpəntrɪ/, *n.* carpenteria; falegnameria; lavoro di falegname (*per porte, finestre, ecc.*).
carper /ˈkɑːpə(r)/, *n.* chi trova sempre da ridire; critico malevolo.
carpet /ˈkɑːpɪt/, *n.* ***1*** tappeto (*anche erboso, di fiori, ecc.*) ***2*** (*di strada*) manto superficiale ***3*** (*fig.*) coltre; manto: **a c. of fresh snow**, un manto di neve fresca. ● **c.-bag**, sacca da viaggio □ **c.-beater**, battitappeto □ **c. bed**, aiuola con fiori che formano un disegno □ (*mil.*) **c. bombing**, bombardamento a tappeto □ **c. cleaner**, battitappeto; lavamoquette; (*anche*) pulitore di tappeti □ **c. cleaning**, pulizia di tappeti □ **c. fitter**, specialista in moquette □ **c. fitting**, posa in opera di moquette □ **c. knight**, eroe da salotto; (*mil.*) imboscato; damerino, donnaiolo □ **c.-rods**, aste fermaguida □ (*zool.*) **c. snake**, (*Python spilotes*) pitone diamantino; (*Lycodon aulicus*) licodonte aulico □ **c.-sweeper**, battitappeto □ **c. tile**, pezzo sagomato di moquette □ **c. underlay**, sottotappeto □ (*fig.*) **on the c.**, (*di un problema, ecc.*) sul tappeto, in discussione; (*di una persona*) nei guai (*con il capo, ecc.*); sotto il torchio (*fig.*) □ (*fig.*) **to sweep st. under the c.**, nascondere q.c. □ **wall-to-wall c.**, moquette □ (*fam.*) **He was called on the c. this morning for arriving late**, questa mattina s'è preso un cicchetto per essere arrivato in ritardo.
to **carpet** /ˈkɑːpɪt/, *v. t.* ***1*** tappezzare; ricoprire (*scale, ecc.*) con un tappeto; mettere la moquette in (*una stanza*) ***2*** (*fam.*) sgridare; dare un cicchetto a (q.); cicchettare.
carpetbagger /ˈkɑːpɪtbægə(r)/, *n.* (*USA*) ***1*** (*stor.*) avventuriero nordista nel Sud (*dopo la guerra di secessione 1861-65*); miserabile politicante nordista ***2*** (*polit.*) candidato estraneo al collegio elettorale (*allo Stato, ecc.*).
carpeted /ˈkɑːpɪtɪd/, *a.* ***1*** coperto da un tappeto (*o* dalla moquette); moquettato ***2*** (*fig.*) tappezzato (*di fiori, ecc.*).
carpeting /ˈkɑːpɪtɪŋ/, *n.* ***1*** tessuto da tappeti ***2*** moquette.
carphology /kɑːˈfɒlədʒɪ/, *n.* (*med.*) carfologia.
carphone /ˈkɑːfəʊn/, *n.* (*telef.*) cellulare (*fam.* telefonino) per automobile.
carping /ˈkɑːpɪŋ/, *a.* capzioso; cavilloso.
carpology /kɑːˈpɒlədʒɪ/, *n.* (*bot.*) carpologia.
carport /ˈkɑːpɔːt/, *n.* (*autom.*) garage di lamiera ondulata, ecc.; garage esterno (*alla casa*); tettoia per auto.
carpus /ˈkɑːpəs/ (*lat.*), *n.* (*pl.* **carpi**) (*anat.*) carpo.
carrageen /ˈkærəgiːn/, *n.* (*bot., Chondrus crispus*) musco d'Irlanda.
carrel(l) /ˈkærəl/, *n.* posto di consultazione (*in una biblioteca*).
carriage /ˈkærɪdʒ/, *n.* ***1*** carrozza (*di solito a quattro ruote*); vettura: **a hackney c.**, una vettura di piazza ***2*** (= **railway c.**; *cfr. USA* **car**) carrozza (*o* vettura) ferroviaria ***3*** trasporto (*di cose e persone*): **c. by rail (by sea)**, trasporto per ferrovia (via mare) ***4*** (*comm.*) porto; spese di trasporto ***5*** portamento; comportamento; atteggiamento; contegno: **Mary has a graceful c.**, Maria ha un portamento grazioso ***6*** approvazione (*d'una mozione, in parlamento*) ***7*** (*mecc.*) carrello (*per es., di macchina da scrivere*) ***8*** (*mil.*, = **gun c.**) affusto (*di cannone*) ***9*** (*ind. tess.*) carro (*di filatoio*) ***10*** (*elab.*) carrello ***11*** carrozzella (*per invalidi, ecc.*) ***12*** carrozzina (*per bimbi*). ● **a c. and pair [and four]**, un tiro a due [a quattro] □ **c. charges**, spese di trasporto □ **c. company**, impresa di trasporti □ **c. drive**, viale (*di accesso a una villa*) □ **c. entrance**, passo carraio □ (*comm.*) **c. forward**, porto assegnato □ (*comm.*) **c. free** (*o* **c. paid**), franco di porto □ **c. lever**, leva d'interlinea; leva di spaziatura □ (*comm.*) **c. note**, lettera di vettura; bolletta di spedizione □ **c. rates**, tariffe dei trasporti □ (*fig.*) **the c. trade**, il lavoro per una clientela di persone ricche: **We cater for the c. trade**, noi serviamo di preferenza clienti dell'alta società □ **baby c.**, carrozzina (*per bambini*) □ **invalid c.**, carrozzella per invalidi.
carriageable /ˈkærɪdʒəbl/, *a.* (*di strada*) carrozzabile; rotabile.
carriageway /ˈkærɪdʒweɪ/, *n.* (*autom.*) carreggiata; corsia: **One must not stop on the carriageways**, è vietato fermarsi sulla corsia; **the northbound c.**, la corsia nord (*di un'autostrada*). ● (*autom.*) **dual c.**, strada a doppia carreggiata (*o* a due corsie).
carrier /ˈkærɪə(r)/, *n.* ***1*** (*comm.*) vettore, corriere; spedizioniere ***2*** portapacchi (*di biciclette, ecc.*) ***3*** (*chim., med.*) veicolo, portatore (*di una malattia*) ***4*** (*elettr.*) (onda) portante ***5*** (*naut. mil.*, = **aircraft c.**) (nave) portaerei ***6*** (= **c. pigeon**) piccione viaggiatore ***7*** (*fis.*) portatore; trasportatore ***8*** (*mecc.*) piastra portante ***9*** supporto; cavalletto (*di macchina fotografica*) ***10*** (*USA*) postino. ● **c. bag**, borsa di plastica; sacchetto di carta (*o* di plastica) □ **c.-borne aircraft**, aereo di base su una portaerei □ (*telef.*) **c. current**, corrente vettrice □ (*miss.*) **c. rocket**, razzo vettore □ (*radio*) **c. wave**, onda portante □ (*leg.*) **common c.**, vettore; impresa di trasporti.
carriole /ˈkærɪəʊl/, *n.* ***1*** calessino a un posto ***2*** slitta canadese.
carrion /ˈkærɪən/, **A** *n.* carogna. **B** *a.* in putrefazione; corrotto; disgustoso. ● (*zool.*) **c. beetle**, necroforo □ (*zool.*) **c. crow** (*Corvus corone*), cornacchia nera.
carronade /kærəˈneɪd/, *n.* (*stor. naut.*) carronata.
carrot /ˈkærət/, *n.* ***1*** (*bot., Daucus carota*) carota ***2*** (*fig.*) incentivo, esca (*fig.*): **political carrots**, incentivi politici. ● (*fig.*) **the c. and the stick**, il bastone e la carota □ (*fam.*) **c. top**, pel di carota; (persona dai) capelli rossi.
carroty /ˈkærətɪ/, *a.* ***1*** color carota ***2*** dai capelli rossi.
carrousel /kærəˈsel, -zel/, *V.* **carousel**.
carry /ˈkærɪ/, *n.* ***1*** portata (*di un cannone, di un fiume, ecc.*) ***2*** (*mil.*) posizione di saluto con la spada ***3*** (*golf*) traiettoria (*della palla*) ***4*** (*mat.*) riporto. ● (*fin., fisc.*) **c.-back**, riporto (*di perdite di gestione, ecc.*) a un esercizio precedente □ **c.-forward**, (*fin., fisc.*) riporto (*di perdite di gestione, ecc.*) a un esercizio successivo; (*rag.*) riporto (*a nuovo conto*) □ **c.-on**, borsa da viaggio; (*aeron.*) bagaglio a mano; (*fam.*) (un mucchio di) storie; (un) casino (*fam.*) □ (*aeron.*) **c.-on baggage**, bagaglio a mano □ (*USA*) **c.-out**, (bevanda, pietanza, ecc.) da asporto □ **c.-over**, (*comm.*) residuo, rimanenza; (*Borsa*) riporto-proroga, riporto; (*rag.*) riporto (*a nuovo conto*); (*fin., fisc.*) *V.* **c.-forward** □ (*Borsa*) **c.-over day**, giorno dei riporti □ (*Borsa*) **c.-over transaction**, operazione di riporto.
to **carry** /ˈkærɪ/, **A** *v. t.* ***1*** portare; portare addosso (*o* con sé); trasportare; sostenere; reggere; (*mat.*) portare (*una cifra*); (*giorn.*) riportare (*una notizia, ecc.*): **to c. a bundle**, portare un fagotto; (*anche fig.*) **to c. a burden**, portare un peso; **to c. a baby in one's arms**, portare un bambino in braccio; **Do you c. money with you?**, porti denaro con te?; **to c. goods to their destination**, trasportare merci a destinazione; **The four pillars c. the weight of the roof**, quattro pilastri portano (*o* reggono) il peso del tetto; **He can't c. wine**, non regge (*o* porta male) il vino; **I write down 9 and c. 3**, scrivo 9 e porto 3; **to c. good news [a message]**, portare una buona notizia [un messaggio] ***2*** portare avanti; condurre; compiere; eseguire: **to c. a plan as far as one can**, portare avanti un progetto il più possibile; **to c. a poll**, eseguire un sondaggio di opinione ***3*** conquistare; espugnare; prendere; vincere: **to c. a fortress**, espugnare una fortezza; **to c. an election**, vincere un'elezione; **The speaker carried his audience with him**, l'oratore conquistò l'uditorio ***4*** conquistare (q.) alla propria causa; far approvare, far passare (*una legge, ecc.*); procurarsi sostenitori per (*una causa, ecc.*): **to c. a resolution**, far approvare una delibera; **They succeeded in carrying the bill**, riuscirono a far passare il disegno di leg-

ge; **The resolution was carried**, la mozione fu approvata ***5*** comportare; implicare; avere come conseguenza: **Such crimes c. heavy penalties**, tali crimini comportano gravi pene ***6*** (*comm., anche* **to c. in stock**) trattare, vendere, tenere, essere fornito di (*una merce*): **The shop will c. leather goods**, il negozio sarà fornito di articoli di cuoio ***7*** (*di terreno, ecc.*) produrre (*frutti, ecc.*); nutrire, dare alimento a (*bestiame*) ***8*** (*med.*) trasmettere, diffondere (*una malattia*) ***9*** (*mat.*) riportare ***10*** (*rag.*) registrare ***11*** (*nella caccia*) seguire (*una traccia*) ***12*** (*mus.*) sostenere (*una parte*); cantare da (*tenore, ecc.*). **B** *v. i.* ***1*** fare da portatore ***2*** (*di cannoni, ecc.*) avere una (certa) portata ***3*** (*di rumore, sparo, ecc.*) arrivare, farsi sentire (*a una certa distanza*) ***4*** (*fam. USA*) essere armato. **C** to **carry oneself**, *v. rifl.* ***1*** portarsi, comportarsi (*bene, male, ecc.*) ***2*** avere un certo portamento: **The prince carried himself proudly**, il principe aveva un portamento altero. ● **to c. one's age well**, portare bene la propria età □ **to c. all before one**, avere un completo successo: **At college he carried all before him**, all'università ebbe un completo successo □ **to c. one's arm in a sling**, portare un braccio al collo □ (*di persona*) **to c. authority**, avere autorità; sapersi imporre □ (*fig.*) **to c. the ball**, avere la maggiore responsabilità; assumere il ruolo principale □ (*arc.*) **to c. a child**, portare in grembo un figlio □ **to c. conviction**, essere convincente □ **to c. the day**, riportare la vittoria; avere la meglio □ **to c. one's head high**, tenere la testa alta; (*fig.*) andare a testa alta □ (*teatr.*) **to c. the house**, conquistare il pubblico □ (*fin.*) **to c. interest**, dare un interesse, essere fruttifero □ **to c. into effect**, mettere in atto □ (*fig.*) **to c. it too far**, andare oltre il segno; passare ogni limite □ **to c. a motion**, approvare una mozione; adottare una deliberazione □ **to c. one's point**, far prevalere il proprio punto di vista; spuntarla □ (*naut.*) **to c. sail**, spiegare le vele □ (*rag.*) **to c. to account**, mettere in conto □ (*fig.*) **to c. a torch for sb.**, essere innamorato cotto di q. (*specialm., senza essere ricambiato*) □ **to c. weight**, (*di un argomento*) aver peso, essere convincente; (*di persona*) avere autorità; (*di cavallo da corsa* e *fig. di persona*) essere handicappato, partire in condizione di svantaggio □ **to be carried shoulder high**, essere portato sulle spalle (*o* in trionfo) □ **to fetch and c.**, fare tutti i servizi; essere sottomesso; fare il tirapiedi □ (*prov.*) **to c. coals to Newcastle**, portare vasi a Samo; portar nottole ad Atene.

♦**carry about**, *v. t. + avv.* ***1*** portare in giro (*o* con sé): **I always c. about my doggie**, porto sempre il mio cagnolino con me ***2*** (*fig.*) serbare, conservare (*un ricordo, ecc.*).

♦**carry across**, *v. t. + prep.* trasportare dall'altra parte di (*un fiume, ecc.*); traghettare.

♦**carry along**, *v. t. + avv.* ***1*** portare con sé; prendersi (q.) dietro ***2*** (*fig.*) avvincere, conquistare, entusiasmare (*il pubblico, ecc.*).

♦**carry around**, *V.* **carry about**.

♦**carry away**, *v. t. + avv.* ***1*** portare via (*con la forza*) ***2*** (*fig. arc.: di un male, ecc.*) portarsi via, uccidere ***3*** (*naut.: della tempesta, ecc.*) strappare (*le vele*) ***4*** (*leg.*) asportare (*beni*) ***5*** (*fig., al passivo*) – **to be carried away**, farsi trascinare, lasciarsi trasportare (*dalla passione, dalla compassione, dall'entusiasmo, ecc.*) □ **to get carried away**, (*anche*) perdere le staffe (*fig.*).

♦**carry back**, *v. t. + avv.* ***1*** riportare; restituire ***2*** riportare alla mente; ricordare; far riandare a: **His words called me back to my youth**, le sue parole mi fecero riandare alla mia giovinezza ***3*** (*fin., fisc.*) riportare (*perdite di gestione, ecc.*) a esercizi precedenti (*è consentito in U.S.A. e in G.B.*).

♦**carry down**, *v. t. + avv.* ***1*** portare giù, far scendere ***2*** trasmettere, tramandare (*un'idea, un'usanza, ecc.*).

♦**carry forward**, *v. t. + avv.* ***1*** far progredire; far andare (q.) avanti (*nella carriera, ecc.*) ***2*** (*fin., fisc.*) riportare (*perdite di gestione, ecc.*) a esercizi successivi (*è consentito in U.S.A. e in G.B.*) ***3*** (*rag.*) riportare, portare a nuovo.

♦**carry off**, *v. t. + avv.* ***1*** portare via (*con la forza*) ***2*** (*fig. arc.*) *V.* **carry away**, *def.* 2 ***3*** riportare (*onori*); portare via, vincere (*premi*) □ **to c. it off well**, farsi onore; portarsi bene; cavarsela.

♦**carry on**, **A** *v. i. + avv.* ***1*** continuare; andare (*o* tirare) avanti; proseguire; perseverare: **We carried on talking**, continuammo a parlare; **C. on with your work!**, vai avanti col tuo lavoro! ***2*** (*fam.*) avere una relazione (con q.); intendersela: **She's been carrying on with the plumber for weeks**, se la intende con l'idraulico da settimane ***3*** (*fam.*) fare (delle) storie; farla lunga; fare una lagna (*o* una solfa, *fam.*): **Please stop carrying on!**, smettila di farla lunga, te ne prego! **B** *v. t. + avv.* ***1*** portare avanti; eseguire; fare: **to c. on a conversation with sb.**, fare conversazione con q. ***2*** mandare avanti, condurre (*un'azienda, ecc.*): **I c. on my father's business**, mando avanti l'azienda di mio padre ***3*** esercitare (*un mestiere, il commercio, ecc.*) ***4*** svolgere: **They c. on an extensive trade in furs**, svolgono intensi traffici di pellicce.

♦**carry out**, *v. t. + avv.* ***1*** portare a termine; compiere; eseguire; fare; effettuare: **to c. out a task**, portare a termine (*o* adempiere a) un compito; (*mil.*) **to c. out a bombardment**, eseguire un bombardamento; **to c. out an order**, eseguire un ordine; (*comm.*) eseguire (*o* evadere) un'ordinazione: **to c. out a plan**, eseguire (*o* condurre a buon fine) un piano ***2*** (*leg.*) eseguire (*un contratto, ecc.*) ***3*** concludere (*una trattativa, ecc.*) ***4*** adempiere; tener fede a: **to c. out one's engagements**, tener fede ai propri impegni; (*leg.*) **to c. out one's obligations**, adempiere le proprie obbligazioni ***5*** mettere in atto (*una minaccia*).

♦**carry over**, **A** *v. t. + avv.* ***1*** trasportare (q. *o* q.c.) dall'altra parte ***2*** (*Borsa*) riportare: **to c. over stock**, riportare titoli ***3*** (*rag.*) portare a nuovo; riportare. **B** *v. i. + avv.* ***1*** andare (*in eredità, ecc.*); toccare a (q.) ***2*** (*di un'abitudine e sim.*) derivare; provenire: **His habit of picking up bread crumbs carries over from his childhood**, il suo vezzo di raccattare le briciole del pane gli viene dall'infanzia.

♦**carry through**, *v. t. + avv.* ***1*** portare a termine (*o* a compimento); condurre a buon fine; compiere: **The Labour Party carried through important reforms**, il partito laburista compì importanti riforme; **to c. through a plan**, portare a termine un progetto ***2*** essere di (grande) aiuto (*o* aiutare) a superare (*una difficoltà, ecc.*): **His endurance carried him through the terrible hardships of the concentration camp**, la sua capacità di sopportazione gli fece superare le terribili privazioni del campo di concentramento.

♦**carry up**, *v. t. + avv.* portare su; far salire.

carryall /ˈkærɪɔːl/, *n.* ***1*** carrozza (*anche* automobile) con sedili disposti per il lungo ***2*** (*USA*) grossa borsa floscia.

carrycot /ˈkærɪkɒt/, *n.* culla portatile (*di solito fa parte di una carrozzina*).

carrying /ˈkærɪɪŋ/, *n.* ***1*** il portare; il trasportare; trasporto ***2*** (*leg., polit.*) approvazione (*di un disegno di legge*) ***3*** (*rag.*) registrazione; il registrare. ● (*leg.*) **c. away**, asportazione (*di beni*) □ (*trasp.*) **c. capacity**, capacità di carico; portata □ (*fin.*) **c. charges**, (maggiorazione di) spese per pagamento rateale □ **c. forward**, (*Borsa*) riporto-proroga, riporto (*l'azione*); (*fin., fisc.*) riporto (*di perdite*) a esercizi successivi (*l'azione*); (*rag.*) riporto (*il riportare a nuovo conto*) □ **c. out**, compimento, esecuzione (*di un compito, ecc.*); effettuazione; (*comm.*) esecuzione, evasione (*di un ordinativo*); (*anche leg.*) adempimento □ (*fam.*) **carryings-on**, storie; lagne; solfe; casino (*fam.*) □ **c. over**, *V.* **c. forward** □ (*Borsa*) **c.-over day**, *V.* **carry-over day**, *sotto* **carry** □ (*econ.*) **the c. trade**, l'industria dei trasporti; il settore trasporti.

carsick /ˈkɑːsɪk/, *a.* che soffre il mal d'auto.

carsickness /ˈkɑːsɪknəs/, *n.* mal d'auto.

cart /kɑːt/, *n.* ***1*** carretta; barroccio; carretto (*anche a mano*) ***2*** carro agricolo (*a due ruote*) ***3*** (*specialm. USA*) carrello (*da supermercato*) ***4*** carrello (*da cucina*). ● **c. horse**, cavallo da tiro □ **c. road** (*o* **c. track, c. way**), strada carreggiabile; carraia □ **c. rut**, carreggiata □ (*fig.*) **to put the c. before the horse**, mettere il carro davanti ai buoi.

to **cart** /kɑːt/, *v. t.* ***1*** trasportare con un carro ***2*** (*fam.*) portare (a mano). ● (*fam.*) **to c. away** (*o* **off, out**), portar via con un carro; (*fam.*) condurre a forza, trascinare.

cartage /ˈkɑːtɪdʒ/, *n.* ***1*** trasporto a mezzo di carri ***2*** (*comm.*) spese di trasporto con carri.

carte (**1**) /kɑːt/ (*franc.*), *n.* lista delle vivande. ● **c. du jour**, menu del giorno □ **à la c. lunch**, colazione alla carta □ **to dine à la c.**, pranzare alla carta.

carte (**2**) /kɑːt/, *n.* quarta (*posizione nella scherma*).

carte blanche /ˈkɑːtˈblɑːnʃ/ (*franc.*), *n.* carta bianca (*fig.*).

cartel /kɑːˈtɛl/, *n.* ***1*** cartello di sfida ***2*** (*econ.*) cartello; accordo per sostenere prezzi o ripartire mercati ***3*** (*polit.*) cartello; coalizione ***4*** (*stor.*) accordo per lo scambio di prigionieri. ● (*fin.*) **a c. of banks**, un cartello bancario.

cartelist /ˈkɑːtɛlɪst/, *n.* e *a.* (*econ.*) cartellista.

cartelistic /kɑːtɛˈlɪstɪk/, *a.* (*econ.*) cartellistico.

to **cartelize** /ˈkɑːtɛlaɪz/, (*econ.*) **A** *v. t.* cartellizzare. **B** *v. i.* formare un cartello.

carter /ˈkɑːtə(r)/, *n.* carrettiere; barrocciaio.

Cartesian /kɑːˈtiːzɪən/, *a.* e *n.* (*filos., mat.*) cartesiano.

Cartesianism /kɑːˈtiːzɪənɪzəm/, *n.* (*filos.*) cartesianismo.

Cartesius /kɑːˈtiːzɪəs/, *n.* (*stor. filos.*) Cartesio.

cartful /ˈkɑːtfʊl/, *n.* carrettata; barrocciata.

Carthage /ˈkɑːθɪdʒ/, *n.* (*geogr., stor.*) Cartagine.

Carthaginian /kɑːθəˈdʒɪnɪən/, *a.* e *n.* cartaginese.

Carthusian /kɑːˈθuːzɪən, -ˈθjuː-/, *a.* e *n.* (monaco) certosino.

cartilage /ˈkɑːtəlɪdʒ/, *n.* (*anat.*) cartilagine.

cartilaginous /kɑːtəˈlædʒɪnəs/, *a.* cartilaginoso; cartilagineo.

cartload /ˈkɑːtləʊd/, *n.* carrettata.

cartogram /ˈkɑːtəʊgræm/, *n.* (*geogr., stat.*) cartogramma.

cartographer /kɑːˈtɒgrəfə(r)/, *n.* cartografo.

cartographic(**al**) /kɑːtəʊˈgræfɪk(l)/, *a.* cartografico.

cartography /kɑːˈtɒgrəfɪ/, *n.* cartografia.

cartomancy /ˈkɑːtəmænsɪ/, *n.* cartomanzia.

carton /ˈkɑːtn/, *n.* ***1*** scatola di cartone; cartone ***2*** (*di sigarette*) stecca ***3*** centro del bersaglio (*il disco bianco interno*).

cartoon /kɑːˈtuːn/, *n.* ***1*** vignetta; disegno umoristico (*per lo più di satira politica*) ***2*** (*pitt., ecc.*) cartone ***3*** fumetto ***4*** (*cinem.*; = **animated c.**) cartone (*o* disegno) animato.

to **cartoon** /kɑːˈtuːn/, **A** *v. i.* ***1*** fare disegni umoristici (*o* animati) ***2*** (*pitt., ecc.*) disegnare un cartone. **B** *v. t.* disegnare la caricatura di (q., q.c.); mettere in caricatura.

cartoonist /kɑːˈtuːnɪst/, *n.* ***1*** caricaturista; vignettista ***2*** disegnatore di cartoni animati; cartonista.

cartouch(**e**) /kɑːˈtuːʃ/ (*franc.*), *n.* ***1*** (*archit.*) cartoccio; cartiglio ***2*** (*stor. mil.*) cartoccio (*per la polvere da sparo*) ***3*** (*mil.*) cartuccia.

cartridge /ˈkɑːtrɪdʒ/, *n.* ***1*** (*mil.*) cartuccia; candelotto ***2*** astuccio cilindrico; cartuccia (*di un filtro, ecc.*) ***3*** (*fotogr.*) caricatore; rullino ***4*** (*di registratore*) cassetta. ● **c. belt**, cartucciera; giberna □ **c. box**, cassetta da munizioni

□ **c. case**, bossolo (*di cartuccia*) □ **c. paper**, carta opaca da disegno.

cartulary /ˈkɑːtjʊlərɪ, *USA* -tʃʊlerɪ/, *n.* (*leg.*, *arc.*) cartolario, cartulario.

cartwheel /ˈkɑːtwiːl, *USA* -hwiːl/, *n.* **1** ruota di (*o* da) carro **2** (*ginnastica*) ruota: **to turn cartwheels**, fare la ruota **3** (*pop. USA*) dollaro d'argento.

cartwright /ˈkɑːtraɪt/, *n.* carradore; carraio.

caruncle /ˈkærəŋkl/, *n.* (*anat.*, *bot.*, *zool.*) caruncola.

to **carve** /kɑːv/ (*pass.* **carved**; *p. p.* **carved**, *arc.* **carven**), **A** *v. t.* **1** (*arte*) intagliare (*mobili, pietra, avorio, ecc.*); incidere; scolpire: **The boy carved his name on a tree**, il ragazzo incise il suo nome su un albero **2** scolpire; ricavare scolpendo (*o* scalpellando, intagliando): **Statues are carved from** (*o* **out of**) **stone**, le statue si ricavano dalla (*o* scalpellando la) pietra **3** trinciare, fare a pezzi (*carne, ecc.*): **to c. a chicken**, trinciare un pollo **4** (*fig.*) aprire, fare (a fatica, con sforzo): **to c. one's way**, farsi largo. **B** *v. i.* **1** fare l'intagliatore (*o* l'incisore) **2** (*a tavola*) fare le parti (*di un pollo, ecc.*): **I usually c. for the family**, a tavola di solito le parti le faccio io. ● **to c. out**, tagliare in modo da distaccare (*un pezzo dal tutto*); (*fig.*) costruire, ricavare, fare: **He carved out a nice position in the firm for himself**, s'è fatto una bella nicchia nell'azienda □ **to c. up**, dividere, suddividere, spartire (*un podere, un paese, ecc.*); (*pop.*) sfregiare, accoltellare, massacrare a coltellate; (*pop.*, *autom.*) tagliare la strada a (q.) superandolo.

carver /ˈkɑːvə(r)/, *n.* **1** (*arte*) intagliatore; incisore; scultore in legno **2** scalco; chi trincia (*carne, ecc.*) **3** trinciante; coltello da scalco.

carve-up /ˈkɑːvʌp/, *n.* **1** (*comm.*) spartizione di un mercato **2** (*pop.*) spartizione (*del bottino, ecc.*) **3** (*pop.*) concorso (*incontro, ecc.*) truccato; papocchio (*pop.*).

carving /ˈkɑːvɪŋ/, *n.* **1** (*arte*) intaglio; scultura in legno **2** il trinciare (*carne, ecc.*); arte dello scalco. ● **c. fork**, forchetta da scalco □ **c. knife**, trinciante; coltello da scalco.

caryatid /kærɪˈætɪd/, *n.* (*pl.* **caryatids, caryatides**) (*archit.*) cariatide.

caryopsis /kærɪˈɒpsɪs/, *n.* (*pl.* **caryopses, caryopsides**) (*bot.*) cariosside.

cascade /kæˈskeɪd/, *n.* **1** cascata **2** (*fig.*) cascata (*di merletti, perle, scintille, ecc.*); drappeggio **3** (*elettr.*) cascata **4** (*elettron.*) valanga. ● (*chim.*) **c. cooler**, raffreddatore a pioggia □ (*fis. nucl.*) **c. shower**, sciame a cascata.

to **cascade** /kæˈskeɪd/, **A** *v. i.* **1** scendere (*o* venir giù) a cascata **2** (*fig.*) venir giù a dirotto. **B** *v. t.* (*elettr.*; *anche* **to cascade-connect**) collegare in cascata.

cascara /kæˈskɑːrə, *USA* -ærə/, *n.* **1** (*bot.*, *Rhamnus purshiana*; = **c. buckthorn**) cascara **2** (*farm.*, = **c. sagrada**) cascara sagrada (*lassativo*).

case (**1**) /keɪs/, *n.* **1** caso (*anche gramm. e med.*); avvenimento; evento; fatto: **State the c. briefly**, esponi il caso in breve **2** (*leg.*) causa; processo; (= **c. at law**) caso giudiziario, caso: **The case will be tried next week**, la causa sarà discussa la prossima settimana **3** (*leg.*) tesi; argomentazione e prove; (*anche*) pretesa: **The c. for the defendant was a strong one**, la tesi del convenuto era assai solida; **to have a good c.**, avere una pretesa fondata; **He has no c.**, la sua pretesa non è fondata **4** argomenti, ragioni, motivi (*pl.*): **There is a strong c. for restricting traffic in town centres**, ci sono ottime ragioni per limitare il traffico nei centri delle città **5** (*pop. USA*) tipo strano (*o* eccentrico); bel tipo: **He's a c.!**, è proprio un bel tipo! ● (*leg.*) **the c. at bar**, la causa in discussione □ **c. book**, registro dei casi (*presi in esame*); registro di medico; (*leg.*) repertorio commentato di giurisprudenza □ (*pop. USA*) **c. dough**, piccola somma (*di denaro*) per le emergenze □ **c. grammar**, grammatica dei casi □ **c. history**, storia di un caso; curriculum; (*med.*) anamnesi □ **a c. in point**, un caso esemplare; un esempio significativo □ (*leg.*) **c. law**, diritto giurisprudenziale, giurisprudenza (*complesso delle sentenze emesse in passato*) □ **c. load**, numero di casi da esaminare; carico di lavoro □ (*anche econ.*) **c. study**, studio di un caso specifico; studio analitico □ **c.-study method**, metodo dei casi specifici; casistica □ **in any c.**, in ogni caso; a ogni modo; in qualsiasi caso □ **in c.**, in caso; caso mai; qualora: **In c. I am not there, you will see to it**, caso mai io non ci fossi, pensaci tu; **Don't go too near the well in c. you fall in**, non avvicinarti troppo al pozzo, non si sa mai (potresti caderci dentro) □ (*fin.*) **in c. of need**, al bisogno, occorrendo (*su una cambiale*) □ **to be in a good** [**an evil**] **c.**, essere in buone [cattive] acque □ **just in c.**, caso mai... □ (*leg.*) **leading c.**, decisione giurisdizionale che fa testo □ **to make out one's c.**, dimostrare la giustezza della propria tesi □ **It is the c. of**, si dà il caso che...: **I didn't want to sell the house, but it's the c. of having to**, non volevo vendere la casa, ma si dà il caso che ci sia costretto □ **Put the c. that...**, metti il caso (*o* supponi) che... □ **That is the c.**, le cose stanno proprio così □ **This is not the c.!**, non è vero!; le cose non stanno così!

case (**2**) /keɪs/, *n.* **1** cassa (*da imballaggio, d'orologio, ecc.*) **2** astuccio; custodia; fodera; guaina **3** (*bot.*) baccello **4** (*mil.*) fodero (*d'arma bianca*); fondina (*di arma da fuoco*); bossolo (*di cartuccia*) **5** scatolone (*di cartone, ecc.*) **6** intelaiatura (*di porta, finestra*) **7** valigia **8** copertina (*di libro*) **9** (*di salumi*) pelle **10** (*tipogr.*) cassa (*di caratteri*) **11** (*mecc.*) *V.* **casing**, *def.* 2 **12** paio; **a c. of pistols**, un paio di pistole (*uguali*). ● **c.-binding**, rilegatura in cartone □ **c. shot**, mitraglia (*da cannone*); shrapnel □ **dressing c.**, beauty-case □ **jewel-c.**, astuccio per gioielli □ **packing c.**, cassa da imballaggio □ **pillow-c.**, federa □ **powder c.**, bossolo (*di polvere da sparo*).

to **case** /keɪs/, *v. t.* **1** mettere in una cassa (*o* in un astuccio, ecc.) **2** rinfoderare, ringuainare (*un'arma*) **3** (*pop. USA*) esaminare attentamente; scrutare. ● (*pop. USA*) **to c. the joint**, fare la ricognizione di un locale (*in cui rubare*).

to **case-harden** /ˈkeɪshɑːdn/, *v. t.* **1** (*metall.*) cementare (*a fuoco*) **2** temprare (*vetro*) **3** (*fig.*) rendere (q.) duro, insensibile. ● **a case-hardened criminal**, un delinquente inveterato (*o* incallito).

case-hardening /ˈkeɪshɑːdnɪŋ/, *n.* (*metall.*) cementazione a fuoco; carbocementazione.

casein /ˈkeɪsiːɪn/, *n.* (*chim.*) caseina.

casemate /ˈkeɪsmeɪt/, *n.* (*mil.*) casamatta.

casement /ˈkeɪsmənt/, *n.* **1** (*edil.*) intelaiatura, telaio (*di finestra*) **2** (*spesso* **c. window**) finestra a battenti (*o* a cerniera). ● **c. cloth**, stoffa di cotone usata per tendine.

caseous /ˈkeɪsɪəs/, *a.* (*biol.*) caseoso.

casework /ˈkeɪswɜːk/, *n.* assistenza sociale.

caseworker /keɪswɜːkə(r)/, *n.* assistente sociale.

cash (**1**) /kæʃ/, *n.* **1** (*comm.*) cassa: (*rag.*) **c.-book**, libro cassa; giornale di cassa **2** denaro; moneta; contanti; liquido; soldi (*pop.*): **There is a serious c. shortage**, c'è una notevole scarsità di liquido; **I am very short of c.**, ho pochissimo denaro contante. ● **c. account**, (*rag.*) conto cassa; (*banca*) conto corrente □ **c. adjustment**, conguaglio in contanti □ (*comm.*) **c. against documents**, pagamento contro documenti □ **c. and carry**, vendita con pagamento in contanti (*e trasporto della merce a opera del cliente*); grande magazzino che vende per contanti (*e pratica forti sconti ai dettaglianti*); centro grossisti □ (*rag.*) **c. assets**, attivo di cassa; attività di pronto realizzo □ (*rag.*) **c. balance**, rimanenza (*o* saldo) di cassa □ (*rag.*) **c.-basis accounting**, contabilità basata sul criterio di cassa □ (*rag.*) **c.-basis method**, metodo del criterio di cassa □ (*fin.*) **c. bond**, buono fruttifero □ (*ass.*, *Borsa*) **c. bonus**, bonus in contanti □ (*fin.*) **c. budget**, preventivo di cassa □ (*banca*) **c. card**, carta (di credito) Bancomat □ (*banca*) **c.-carrying service**, servizio trasporto valori □ **c. clerk**, cassiere □ (*fin.*) **c. cow**, azienda (prodotto, ecc.) ad alta redditività □ (*banca*) **c. credit**, credito di cassa □ (*agric.*) **c. crop**, prodotto destinato alla vendita □ (*rag.*) **c. deficit**, disavanzo di cassa □ **c. department**, ufficio cassa □ **c. desk**, cassa (*di negozio e sim.*) □ (*comm.*) **c. discount**, sconto per contanti □ (*banca*) **c. dispenser**, sportello automatico (*o* Bancomat) □ **c. down**, in contanti, a pronta cassa □ **c. drawings**, prelievi di cassa □ (*fin.*) **c. flow**, cash flow, flusso di cassa; (*anche*) insieme delle disponibilità finanziarie utilizzabili (*in un'azienda*) □ **c. memo**, scontrino di cassa □ (*comm.*) **c. on delivery**, pagamento alla consegna o contro assegno □ (*comm.*) **c. on hand**, fondo (*di cassa*) □ (*fam.*) **c. on the nail**, pagamento sull'unghia □ (*rag.*) **c. outlay**, esborso □ (*comm.*) **c. payment**, pagamento in contanti □ **c. point**, (*comm.*) punto di vendita per contanti; (*banca*) sportello automatico (*o* Bancomat) □ **c.-point card**, *V.* **c. card** □ **c. price**, prezzo per contanti □ **c. ratio**, (*fin.*) rapporto della riserva bancaria; (*rag.*) rapporto di liquidità □ **c. register**, registratore di cassa □ (*comm.*) **c. settlement**, regolamento in contanti □ (*rag.*) **c. short**, ammanco di cassa □ (*rag.*) **c. shorts and overs**, ammanchi ed eccedenze di cassa □ **c. slip**, scontrino di cassa □ (*rag.*) **c. statement**, situazione di cassa □ **c. terms**, condizioni per pagamento in contanti □ (*comm.*, *Borsa*) **c. transaction**, operazione per contanti (*o* a pronti) □ (*rag.*) **c. voucher**, buono (di) cassa; scontrino (*o* ricevuta) di cassa □ **c. warrant**, mandato di riscossione □ (*banca*) **c. withdrawal**, prelievo di contante □ **by c.** (*o* **for c.**), in contanti; per contanti; a pronti □ (*fam.*) **hard c.**, denaro sonante □ **in c.**, in (*o* per) contanti □ **to be in** [**out of**] **c.**, avere [essere senza] denaro (*pop.*: soldi) □ (*rag.*) **on a c. basis**, con il criterio di cassa □ (*comm.*) **petty c.**, fondo di cassa per spese minute.

cash (**2**) /kæʃ/, *n.* (*invar. al pl.*) monetina indiana (*o* cinese) di poco valore.

to **cash** /kæʃ/, *v. t.* **1** incassare; riscuotere; introitare (*denaro*) **2** incassare; convertire in denaro; cambiare: **to c. a cheque**, incassare (*o* cambiare) un assegno **3** (*fin.*) convertire in contanti; monetizzare; realizzare: **The ideal investment should be safe, profitable and easily cashed**, l'investimento ideale dovrebbe essere sicuro, vantaggioso, e di facile realizzo. ● **to c. in**, incassare; (*fam. USA*; *anche* **to c. it in**) tirare le cuoia; morire □ (*fam. USA*) **to c. in one's chips**, (*dal gioco del poker*) vendere la propria quota realizzando gli utili; ritirarsi dagli affari incassando i guadagni fatti; (*anche*) tirare le cuoia, morire □ **to c. in on sb.** [**st.**], approfittare di q. [q.c.]: **We must c. in on this period of high prices**, dobbiamo approfittare di questo periodo di prezzi alti □ **to c. up**, fare il conto degli incassi (*alla fine della giornata*).

cashability /kæʃəˈbɪlətɪ/, *n.* **1** l'essere incassabile; esigibilità **2** (*fin.*) monetizzabilità; capacità di facile realizzo.

cashable /ˈkæʃəbl/, *a.* **1** incassabile; riscuotibile; esigibile **2** (*fin.*) monetizzabile; realizzabile.

cashew /ˈkæʃuː/, *n.* (*bot.*, *Anacardium occidentale*) anacardio; acagiù. ● **c. apple**, pomo di acagiù □ **c. nut**, noce di acagiù.

cashier /kæˈʃɪə(r)/, *n.* cassiere. ● (*banca*, *USA*) **c.'s check**, assegno che il cassiere trae sulla banca stessa (*cfr. ital. «assegno circolare»*) □ **c.'s desk**, cassa □ **c.'s office**, ufficio cassa.

to **cashier** /kæˈʃɪə(r)/, *v. t.* **1** destituire (*un ufficiale*); licenziare (*un funzionario*) **2** scarta-

re; buttar via.
cashing /'kæʃɪŋ/, *n.* *1* l'incassare; incasso: **to do the c.**, provvedere all'incasso; incassare *2* (*fin.*) monetizzazione; realizzazione; realizzo.
cashless /'kæʃləs/, *a.* senza denari; senza contanti. ● **c. shopping**, il fare acquisti con le carte di credito.
cashmere /kæʃ'mɪə(r), 'kæʃmɪə(r)/, *n.* cashmere; lana del Kashmir.
cashomat /'kæʃəʊmæt/, *n.* (*banca, USA*) cassa automatica; Bancomat.
cashpoint /'kæʃpɔɪnt/, *n.* (*fin.*) Bancomat della Lloyds Bank (*in G.B.*).
casing /'keɪsɪŋ/, *n.* *1* (*edil.*) telaio, intelaiatura (*di finestra, ecc.*); infisso *2* (*mecc.*) astuccio; carcassa; corpo; cuffia; involucro protettivo; scatola; (*del motore*) carter: (*autom.*) **gearbox c.**, scatola del cambio *3* (*autom.*) copertone; gomma *4* (*ind. petrolifera*) casing; (tubazione di) rivestimento (*di un pozzo*) *5* budello per salumi; pelle (*di salsiccia*) *6* (*tecn.*) alloggiamento.
casino /kə'si:nəʊ/ (*ital.*), *n.* (*pl.* **casinos**) casinò.
cask /kɑ:sk, *USA* kæsk/, *n.* *1* fusto (*di legno*); barile; botte *2* misura di capacità (*di valore variabile*).
to **cask** /kɑ:sk, *USA* kæsk/, *v. t.* imbarilare; mettere in botti.
casket /'kɑ:skɪt, *USA* 'kæs-/, *n.* *1* cofanetto; scrigno; astuccio *2* (*USA*) bara (*specialm. se lussuosa*); urna (cineraria).
Caspar, **Casper** /'kæspə(r)/, *n.* Gaspare.
Caspian /'kæspɪən/, *a.* (*geogr.*) caspio: **the C. Sea**, il Mar Caspio.
casque /kæsk/, *n.* (*stor., poet.*) casco; elmo.
cassation /kæ'seɪʃn/, *n.* (*leg.*) annullamento, cassazione (*d'una sentenza; specialm. in Italia, Francia, ecc.*).
cassava /kə'sɑ:və/, *n.* *1* (*bot., Manihot utilissima*) manioca *2* farina di manioca; cassava *3* fecola di manioca; tapioca.
casserole /'kæsərəʊl/, *n.* (*cucina*) *1* casseruola *2* cibo cotto in casseruola; pasticcio di carne o di pesce.
cassette /kə'set/, *n.* *1* (*mus.*) cassetta; musicassetta *2* (*fotogr.*) caricatore. ● **c. recorder**, registratore a cassette □ **c. player**, mangiacassette (*fam.*) □ **c. stereo**, mangiacassette (*fam.*) □ **c. television**, televisione a cassette.
cassia /'kæsɪə/, *n.* *1* (*bot., Cassia*) cassia *2* (*farm.*) cassia (*la polpa*).
cassiterite /kə'sɪtəraɪt/, *n.* (*miner.*) cassiterite.
cassock /'kæsək/, *n.* abito (*o* veste) talare, tonaca (*del clero anglicano*): **to wear the c.**, vestire l'abito talare.
cassolette /kæsə'let/, *n.* (*raro*) turibolo; incensiere.
cassowary /'kæsəweərɪ/, *n.* (*zool., Casuarius*) casuario.
cast /kɑ:st, *USA* kæst/, *n.* *1* getto; lancio (*della rete, di dadi, ecc.*); tiro; colpo di dadi; punto fatto ai dadi *2* sobbalzo (*di un carro, ecc.*) *3* colpo di fortuna *4* calcolo; computo *5* colpo di lotta (*che abbatte l'avversario*) *6* pronostico; previsione *7* (*zool.*) muta; pelle abbandonata (*nella muta*); vomito (*d'animale*); escremento (*di uccelli o vermi*) *8* (*teatr., cinem.*) assegnazione delle parti; cast, complesso di attori (*in un dramma, ecc.*) *9* (*fonderia*) getto; fusione; colata; gettata *10* (*arte*) oggetto fuso; getto; (*anche*) forma, stampo, calco: **plaster c.**, stampo in gesso *11* aspetto, stampo (*delle fattezze del volto, ecc.*); struttura, tipo (*di mente, intelletto, ecc.*): **He has an inductive c. of mind**, una struttura mentale intuitiva *12* (*pitt.*) piccola aggiunta di colore *13* (*med.*) leggero strabismo: **to have a c. in one's eye**, avere un leggero strabismo *14* (*med.*, = **plaster c.**) gesso; ingessatura *15* (*med.*) impronta (*dei denti*) *16* (*paleont.*) calco; controimpronta. ● (*fig.*) **to stake everything on a single c.**, giocarsi il tutto per tutto.
to **cast** /kɑ:st, *USA* kæst/ (*pass. e p. p.* **cast**), **A** *v. t.* *1* gettare; buttare; lanciare; scagliare; tirare; trarre (*poet., eccetto in locuz. quali*:) **to c. oneself at sb.'s feet**, gettarsi ai piedi di q.; **to c. dice**, lanciare i dadi; **to c. lots**, tirare a sorte; **to c. ashore**, gettare a riva; **to c. anchor**, gettare l'ancora; (*fig.*) **to c. st. in sb.'s teeth**, gettare q.c. in faccia a q.; rinfacciare q.c. a q.; **to c. an eye on st.**, buttare gli occhi su q.c.; **to c. a glance**, gettare uno sguardo; dare un'occhiata; **to c. a light [a shadow] on st.**, (*anche fig.*) gettar luce [un'ombra] su q.c.; **to c. sb. into prison**, gettare q. in carcere; **The die is cast**, il dado è tratto; **to c. a horoscope**, trarre un oroscopo *2* lasciar cadere; perdere: **My mule cast a shoe**, il mio mulo perdette un ferro; **The cow has cast her calf**, la mucca ha perso il vitello (*ha abortito*); **The tree has cast its fruits**, l'albero ha lasciato cadere i suoi frutti *3* abbattere, gettare a terra (*un lottatore, ecc.*) *4* abbattere, uccidere (*animali*) *5* preparare, disporre, ordinare, sistemare: **The painter has cast the draperies in a graceful arrangement**, il pittore ha disposto i drappeggi in modo assai aggraziato *6* colare (*in stampo*); fondere, gettare (*metallo, statue, ecc.*): **to c. a bronze statue**, gettare una statua di bronzo *7* assegnare, distribuire (*parti ad attori*); assegnare il ruolo (di): **The play has not been cast yet**, le parti della commedia non sono ancora state assegnate; **Jean Simmons was cast as Ophelia**, a Jean Simmons fu assegnato il ruolo di Ofelia *8* (*mat.*) addizionare, sommare (*cifre, ecc.*) *9* (*di serpenti e insetti*) mutare (*la pelle*); (*d'uccelli*) cambiare (*le penne*) *10* gettare (*l'amo*); pescare in (*un fiume*) *11* (*naut.*) abbattere (*una nave*). **B** *v. i.* *1* (*zool.*) partorire prima del tempo *2* (*di uccelli*) rigettare; rimettere. ● **to c. one's ballot**, votare; dare il proprio voto □ **to c. the blame on sb.**, dare la colpa a q. □ **to c. an idea from one's mind**, scacciare un'idea dalla mente □ **to c. in one's lot with sb.**, legare la propria sorte a quella di q. □ (*naut.*) **to c. the lead**, gettare lo scandaglio □ **to c. loose**, liberarsi, staccarsi (*da q.*); (*naut.*) liberare dalle rizze, sciogliere □ **to c. a spell on sb.**, incantare, stregare, ammaliare q. □ **to c. a vote**, dare un voto; votare □ (*prov.*) **C. not a clout, till May be out**, aprile non ti scoprire.
♦**cast about**, *v. i. + avv.* (*form.*) guardarsi intorno (*in cerca di q.c.*); cercare: **to c. about for a solution**, cercare una soluzione.
♦**cast aside**, *v. t. + avv.* *1* mettere via, smettere (*indumenti, ecc.*) *2* abbandonare, lasciare, rompere i rapporti con (q.).
♦**cast away**, *v. t. + avv.* *1* gettare (*o* buttare) via *2* (*naut.*) far naufragare *3* (*naut.*) gettare (*un carico*) a mare.
♦**cast back**, *v. t. + avv.* rivolgere (*la mente: al passato, ecc.*).
♦**cast down**, *v. t. + avv.* *1* abbassare (*gli occhi, lo sguardo, ecc.*) *2* (*anche fig.*) abbattere; buttare giù (*fam.*); deprimere *3* abbattere, distruggere (*edifici, ecc.*).
♦**cast off**, **A** *v. t. + avv.* *1* buttar via, scartare, smettere (*abiti, scarpe, ecc.*) *2* (*fig.*) liberarsi, sbarazzarsi di (*abitudini, pregiudizi, ecc.*) *3* (*lavori a maglia*) intrecciare (*gli ultimi punti: finendo un lavoro*): **to c. off stitches**, (*anche*) chiudere (un lavoro) *4* (*naut.*) sciogliere (*le cime*); mollare (*gli ormeggi, ecc.*): **to c. off a tow**, mollare un cavo di rimorchio. **B** *v. i.* (*naut.*) salpare □ **to c. off a stitch at the end of each row**, calare una maglia alla fine di ogni ferro (*nei lavori a maglia*).
♦**cast on**, *v. t. + avv.* (*lavori a maglia*) mettere su (*i punti: cominciando un lavoro*).
♦**cast out**, **A** *v. t. + avv.* buttare fuori; espellere; bandire. **B** *v. i.* (*scozz.*) litigare; rompere i ponti (*fig.: con q.*) □ (*mat.*) **to c. out nines**, fare la prova del nove.
♦**cast round**, *V.* **cast about**.
♦**cast up**, **A** *v. t. + avv.* *1* gettare all'aria, tirare su (*sassi, fango, ecc.*) *2* (*del mare, delle onde*) gettare a riva (*o* sulla spiaggia) *3* (*mat.*) calcolare; addizionare, sommare (*cifre*) *4* tirare fuori (*fig. fam.*); rinfacciare: **She always casts up my old faults**, mi rinfaccia sempre le mie vecchie colpe. **B** *v. t. e i. + avv.* (*fam. USA*) rigettare; vomitare.
Castalia /kæ'steɪlɪə/, *n.* (*mitol.*) Castalia.
Castalian /kæ'steɪlɪən/, *a.* (*mitol.*) castalio.
Castaly /'kɑ:stəlɪ, 'kæs-/, *n.* (*mitol.*) Castalia.
castanets /kæstə'nets/, *n. pl.* castagnette; nacchere.
castaway /'kɑ:stəweɪ, *USA* 'kæst-/, **A** *n.* *1* (*naut.*) naufrago *2* (*arc.*) reietto; reprobo *3* rifiuto; scarto. **B** *a.* *1* gettato via; scartato *2* (*naut.*) che ha fatto naufragio.
caste /kɑ:st, *USA* kæst/, **A** *n.* casta. **B** *a. attr.* di casta; castale. ● **c. mark**, distintivo della propria casta; (*fig.*) segno di condizione sociale □ (*fig.*) **to lose c.**, perdere prestigio; scendere nella scala sociale.
castellan /'kɑ:stələn, 'kæs-/, *n.* castellano.
castellated /'kæstəleɪtɪd/, *a.* *1* (*di un edificio*) turrito *2* (*di luogo*) ricco di castelli; fortificato.
caster /'kɑ:stə(r), *USA* 'kæs-/, *n.* *1* lanciatore; chi getta, ecc. *2* (*metall.*) fonditore; modellatore *3* (*mecc.*) ruota orientabile; rotella girevole (*di sedie, tavolini, ecc.*) *4* (*autom., mecc.*) angolo d'incidenza *5* *V.* **castor**, *def. 5*. ● **c. of horoscopes**, chi trae oroscopi □ **c. sugar**, *V.* **castor sugar**.
to **castigate** /'kæstɪgeɪt/, *v. t.* (*form.*) *1* castigare *2* criticare aspramente *3* emendare (*un testo letterario*).
castigation /kæstɪ'geɪʃn/, *n.* (*form.*) *1* castigo (*soprattutto corporale*) *2* critica severa *3* emendamento (*di un testo letterario*).
castigator /'kæstɪgeɪtə(r)/, *n.* (*form.*) *1* castigatore *2* critico severo.
castigatory /'kæstɪgeɪtərɪ, *USA* -ɪgətɔ:rɪ/, *a.* (*form.*) punitivo.
Castile /kæ'sti:l/, *n.* (*geogr.*) Castiglia.
Castilian /kæ'stɪlɪən/, *a. e n.* castigliano.
casting /'kɑ:stɪŋ, *USA* 'kæs-/, *n.* *1* (*metall.*) getto; gettata; fusione; pezzo fuso; colata *2* (*zool.*) muta (*del pelo, delle penne*) *3* escremento (*di uccelli o vermi*) *4* (*cinem., teatr.*) assegnazione delle parti. ● (*metall.*) **c. ladle**, siviera □ **c. net**, giacchio, ritrecine (*rete da pesca*) □ (*mat.*) **c. out nines**, prova del nove □ **c. vote**, voto decisivo.
cast iron /'kɑ:st'aɪən, *USA* 'kæst'aɪə[r]n/, *n.* (*metall.*) ghisa. ● **cast-iron furnace**, cubilotto.
cast-iron /'kɑ:st'aɪən, *USA* 'kæst'aɪə[r]n/, *a.* *1* di ghisa *2* duro; rigido; inflessibile: **c.-i. rules**, regole rigide; **a c.-i. will**, una volontà inflessibile. ● **to have a c.-i. alibi**, avere un alibi di ferro.
castle /'kɑ:sl, *USA* 'kæsl/, *n.* *1* castello *2* (*scacchi*) torre. ● (*in Irlanda*) **the C.**, il governo □ **c.-builder**, sognatore; chi fa castelli in aria □ **to build castles in the air** (*o* **in Spain**), fare castelli in aria □ (*prov.*) **The Englishman's house is his c.**, la casa dell'inglese è il suo castello (*nessuno deve turbarne la «privacy»*).
to **castle** /'kɑ:sl, *USA* 'kæsl/, *v. t.* (*scacchi*) arroccare: **to c. the king**, arroccare il re; arroccarsi.
castled /'kɑ:sld, *USA* 'kæs-/, *a.* *1* munito di castelli *2* merlato, turrito.
castling /'kɑ:slɪŋ, *USA* 'kæs-/, *n.* (*scacchi*) arroccamento; arrocco.
cast-off /'kɑ:stɒf, *USA* 'kæstɔ:f/, **A** *a.* *1* scartato *2* (*d'abito, scarpe, ecc.*) smesso *3* (*per estens.*) rifiutato; respinto. **B** *n.* (= **castoff**) *1* emarginato; reietto *2* abito smesso.
castor (1) /'kɑ:stə(r), *USA* 'kæs-/, *n.* *1* (*farm.*) castoreo, castorio *2* (*fam.*) berretto di pelo (*di castoro o coniglio*) *3* (*raro*) castoro (*V.* **beaver**) *4* (*mecc.*) *V.* **caster**, *def. 3* *5* ampolla; saliera; pepaiola; spargizucchero. ● **set of castors**, ampolliera.
castor (2) /'kɑ:stə(r), *USA* 'kæs-/, *n.* (*vet.*)

castagna (*placca cornea del cavallo*).
castor bean /ˈkɑːstəbiːn, *USA* ˈkæs-/, *n.* ***1*** seme di ricino ***2*** (*bot., USA*) ricino.
castoreum /kæˈstɔːrɪəm/, *n.* (*farm., ind.*) castoreo.
castor oil /ˈkɑːstərˈɔɪl, *USA* ˈkæs-/, *n.* olio di ricino. ● (*bot.*) **castor-oil plant** (*Ricinus communis*), ricino.
castor sugar /ˈkɑːstəʃʊgə(r), *USA* ˈkæs-/, *n.* zucchero (bianco) raffinato.
castrametation /kæstrəməˈteɪʃn/, *n.* (*archeol.*) castrametazione.
to **castrate** /kæˈstreɪt, *USA* ˈkæstreɪt/, *v. t.* ***1*** (*anche fig.*) castrare ***2*** (*fig.*) mutilare; espurgare (*un testo, ecc.*).
castration /kæˈstreɪʃn/, *n.* ***1*** (*anche fig.*) castrazione; castratura ***2*** (*fig.*) mutilazione, espurgazione (*di libri*).
Castroism /ˈkæstrəʊɪzəm/, *n.* (*polit.*) castrismo.
Castroist /ˈkæstrəʊɪst/, *n.* e *a.* (*polit.*) castrista.
Castroite /ˈkæstrəʊaɪt/, *n.* e *a.* (*polit.*) castrista.
casual /ˈkæʒʊəl/, **A** *a.* ***1*** casuale; accidentale; fortuito; involontario: **a c. meeting**, un incontro fortuito ***2*** noncurante; indifferente; distaccato; negligente; trascurato: **a c. look**, un'occhiata indifferente; **She tried to look c.**, ella cercò d'assumere un'aria distaccata (*o* indifferente) ***3*** (*di abito, ecc.*) disinvolto; informale; sportivo; casual: **a c. item of clothing**, un capo di vestiario casual; un casual; **a c. wave**, un cenno disinvolto di saluto ***4*** occasionale; saltuario; avventizio: **a c. worker**, un lavoratore avventizio. **B** *n.* ***1*** *V.* **c. worker** ***2*** (*mil.*) militare assegnato temporaneamente a un'unità ***3*** (*pl.*) abiti, scarpe, ecc. sportivi; casuals.
casualism /ˈkæʒʊəlɪzəm/, *n.* (*filos.*) casualismo.
casualist /ˈkæʒʊəlɪst/, *n.* (*filos.*) casualista.
casually /ˈkæʒʊəlɪ/, *avv.* ***1*** casualmente; per caso; accidentalmente ***2*** in modo noncurante; con aria indifferente ***3*** disinvoltamente; con naturalezza.
casualness /ˈkæʒʊəlnəs/, *n.* ***1*** casualità ***2*** noncuranza; indifferenza ***3*** occasionalità ***4*** naturalezza.
casualty /ˈkæʒʊəltɪ/, *n.* ***1*** incidente; infortunio; disgrazia; disastro ***2*** (*pl.*) (*mil.*) perdite ***3*** infortunato; sinistrato; vittima (*anche fig.*); ferito, morto (*in guerra o in incidenti*): **The earthquake caused a lot of casualties**, il terremoto fece molte vittime; (*mil.*) **c. list**, elenco dei morti e dei feriti ***4*** (*med.*, = **c. department**, *o* **c. ward**), reparto traumatologico.
casuist /ˈkæʒʊɪst/, *n.* ***1*** (*relig.*) casista, casuista ***2*** (*fig.*) sofista; cavillatore.
casuistic(al) /kæʒʊˈɪstɪk(l)/, *a.* ***1*** (*relig.*) casistico, casuistico ***2*** (*fig.*) sofistico; cavilloso.
casuistry /ˈkæʒʊɪstrɪ/, *n.* ***1*** (*relig.*) casistica, casuistica ***2*** (*fig.*) sofisma; cavilli.
casus belli /ˈkɑːsʊsˈbeliː, ˈkeɪsəsˈbelaɪ/ (*lat.*), *n.* (*invar. al pl.*) (*polit.*) casus belli.
cat (1) /kæt/, *n.* ***1*** gatto ***2*** (*zool.*) felino: **the Cats**, i Felidi ***3*** (*fig.*) donna bisbetica, dispettosa ***4*** (*abbr. di* **cat-o'-nine-tails**) gatto a nove code (*staffile*) ***5*** tripode doppio (*cioè con sei piedi, su tre dei quali poggia comunque sia collocato*) ***6*** bastoncino appuntito (*usato nel gioco della lippa*) ***7*** (= **catfish**) pesce gatto ***8*** (*stor. mil.*) testuggine (*tettoia mobile usata negli assedi*) ***9*** (*naut.*, = **cathead**) capone; grua dell'ancora ***10*** (*pop.*) fusto (*fam.*); fico (*pop.*); (*per estens.*) tipo, tale ***11*** *V.* **cat burglar**. ● (*fin., pop.*) **cats and dogs**, titoli di scarso valore □ **cat-and dog life**, vita di continui litigi □ **cat boarding kennel**, albergo del gatto □ **cat burglar**, ladro acrobata □ **cat's cradle**, ripiglino (*gioco*) □ (*naut.*) **cat davit**, gru di capone □ **cat door**, *V.* **cat flap** □ **cat's-eye**, (*miner.*) occhio di gatto; (*autom.*) catarifrangente, catadiottro (*sulla mezzeria della strada*) □ **cat-eyed**, che ha occhi da gatto; che ci vede anche al buio □ **cat flap**, (coperchio della) gattaiola; sportello per il gatto (*comune in G.B. nelle porte di casa*) □ (*bot.*) **cat's foot**, (*Nepeta hederacea*) edera terrestre; (*Antennaria dioica*) bambagia selvatica, coda di gatto □ (*pop. USA*) **cat house**, bordello; postribolo; casino □ **cat-nap**, pisolino □ (*zool.*) **cat-o'-mountain**, *V.* **catamountain** □ **cat's-paw**, zampa di gatto; (*meteor.*) bava di vento; (*naut.*) nodo di gancio doppio; (*fig.*) strumento (involontario); marionetta (*fig.*): **He is a mere cat's paw in the hands of his enemy**, non è che uno strumento nelle mani del suo nemico □ **cat-sleep**, pisolino □ (*moda*) **cat suit**, tuta (*da donna*); calzamaglia intera; pagliaccetto (*per bambini*) □ (*bot.*) **cat's tail** (*Typha latifolia*), stiancia; tifa; biodo □ (*elettron.*) **c.'s-whisker**, baffo di gatto □ (*fig.*) **to bell the cat**, rischiare la vita per mettere un comune nemico in condizione di non nuocere; (*alla lettera*) appendere il campanello al collo del gatto (*da parte di un topo*) □ **to fight like Kilkenny cats**, battersi fino alla distruzione reciproca (*da una favola irlandese*) □ (*fig.*) **to let the cat out of the bag**, lasciarsi sfuggire un segreto □ **to be like cat and dog**, essere come cane e gatto □ (*fam.*) **to be like a cat on hot bricks** (*o* **a hot tin roof**), star sulle spine; star sui carboni ardenti □ **to look like something the cat brought in**, essere uno straccio (*fig.*); essere malridotto (*o* malconcio) □ **to make a cat laugh**, fare ridere i polli □ **to play cat and mouse with sb.**, comportarsi con q. come il gatto che gioca col topo; infierire su q. □ (*fig.*) **to put the cat among the pigeons**, gettare un sasso nello stagno (*fig.*) □ **to rain cats and dogs**, piovere a dirotto (*o* a catinelle) □ (*fig.*) **to see which way the cat jumps**, stare a vedere come si mettono le cose □ **tabby cat**, gatta □ **tom-cat**, gatto (maschio) □ **There isn't enough room to swing a cat**, non c'è spazio per rigirarsi (*alla lettera*, per roteare uno staffile) □ (*prov.*) **A cat may look at a king**, anche un gatto può guardare un re (*cioè: siamo tutti uguali, a dispetto delle differenze sociali*) □ (*prov.*) **When the cat's away, the mice will play**, via la gatta, i topi ballano.
cat (2) /kæt/, *n.* (*abbr. fam. di* **caterpillar**) caterpillar.
cat (3) /kæt/, *n.* (*abbr. fam. di* **catamaran**) catamarano.
to **cat** /kæt/, **A** *v. t.* ***1*** (*naut.*) caponare (*l'ancora*) ***2*** fustigare. **B** *v. i.* ***1*** (*pop.*) rimettere; vomitare ***2*** (*pop. USA*) parlare in modo malevolo; malignare. ● (*volg. USA*) **to go catting**, andare a donne.
catabolic /kætəˈbɒlɪk/, *a.* (*biol.*) catabolico.
catabolism /kəˈtæbəlɪzəm/, *n.* (*biol.*) catabolismo.
catabolite /kəˈtæbəlaɪt/, *n.* (*biol.*) catabolito.
to **catabolize** /kəˈtæbəlaɪz/, *v. t.* (*biochim.*) catabolizzare.
catachresis /kætəˈkriːsɪs/, *n.* (*retor.*) catacresi.
cataclasis /kætəˈkleɪsɪs/, *n.* (*geol.*) cataclasi.
cataclysm /ˈkætəklɪzəm/, *n.* (*geol.* e *fig.*) cataclisma.
cataclysmal /kætəˈklɪzml/, **cataclismic** /kætəˈklɪzmɪk/, *a.* ***1*** di (*o* causato da) un cataclisma ***2*** che ha la natura di un cataclisma; disastroso. ● (*geol.*) **cataclysmal theory**, catastrofismo.
catacomb /ˈkætəkəʊm/, *n.* catacomba (*anche fig.*).
catadioptric /kætədaɪˈɒptrɪk/, *a.* (*fis.*) catadiottrico.
catafalque /ˈkætəfælk, *USA* -fɔː(l)k/, *n.* catafalco.
Catalan /ˈkætəlæn/, *a.* e *n.* catalano.
catalectic /kætəˈlektɪk/, *a.* (*poesia*) catalettico.
catalepsy /ˈkætəlepsɪ/, *n.* (*med.*) catalessi; catalessia.
cataleptic /kætəˈleptɪk/, *a.* e *n.* (*med.*) catalettico.
catalexis /kætəˈleksɪs/, *n.* (*pl.* **catalexes**) (*ling.*) catalessi.
catalog /ˈkætəlɒg, *USA* -lɔːg/, *n.* (*USA*) ***1*** catalogo ***2*** annuario (*d'università*).
catalogue /ˈkætəlɒg, *USA* -lɔːg/, *n.* catalogo. ● (*comm.*) **c. price**, prezzo di catalogo □ **master c.**, catalogo generale.
to **catalogue** /ˈkætəlɒg, *USA* -lɔːg/, *v. t.* catalogare; mettere in catalogo.
cataloguer /ˈkætəlɒgə(r), *USA* -lɔːg-/, *n.* catalogatore, catalogatrice.
cataloguing /ˈkætəlɒgɪŋ, *USA* -lɔːg-/, *n.* catalogazione.
Catalonia /kætəˈləʊnɪə/, *n.* (*geogr.*) Catalogna.
catalysis /kəˈtæləsɪs/, *n.* (*pl.* **catalyses**) (*chim.*) catalisi.
catalyst /ˈkætəlɪst/, *n.* (*chim.* e *fig.*) catalizzatore.
catalytic /kætəˈlɪtɪk/, *a.* (*chim.*) catalitico: **c. cracking**, cracking catalitico. ● (*autom.*) **c. converter**, convertitore catalitico; marmitta catalitica.
to **catalyze** /ˈkætəlaɪz/, *v. t.* (*chim.* e *fig.*) catalizzare.
catalyzer /ˈkætəlaɪzə(r)/, *V.* **catalyst**.
catamaran /kætəməˈræn, ˈkætəmər-/, *n.* ***1*** (*naut.*) catamarano ***2*** (*fam. arc.*) donna bisbetica; attaccabrighe.
catamount /ˈkætəmaʊnt/, *n.* (*zool.*) ***1*** (*Felis concolor*) puma; coguaro ***2*** (*Lynx lynx*) lince.
catamountain /kætəˈmaʊntɪn, *USA* -tn/, *n.* (*zool.*) ***1*** (*Felis silvestris*) gatto selvatico ***2*** (*Felis pardus*) leopardo.
cataphoresis /kætəfəˈriːsɪs/, *n.* (*chim.*) cataforesi.
cataplasm /ˈkætəplæzəm/, *n.* (*med.*) cataplasma.
cataplectic /kætəˈplektɪk/, *a.* (*med.*) cataplettico.
cataplexy /ˈkætəpleksɪ/, *n.* (*med.*) cataplessia.
catapult /ˈkætəpʌlt/, *n.* ***1*** (*stor. mil.*) catapulta ***2*** (*aeron., naut.*) catapulta ***3*** fionda; frombola (*lett.*). ● (*naut.*) **c. aircraft**, velivolo catapultabile (*da una nave*).
to **catapult** /ˈkætəpʌlt/, *v. t.* ***1*** (*anche fig.*) catapultare (*un aereo, ecc.*) ***2*** tirare (*o* colpire) con la fionda; frombolare.
cataract /ˈkætərækt/, *n.* ***1*** (*geogr., idraul.*) cateratta ***2*** (*med.*) cataratta ***3*** (*fig.*) diluvio; pioggia torrenziale.
catarrh /kəˈtɑː(r)/, *n.* (*med.*) catarro.
catarrhal /kəˈtɑːrəl/, *a.* (*med.*) catarrale.
cata(r)rhine /kəˈtɑːraɪn/, *a.* e *n.* (*zool.*) (scimmia) catarrina.
catarrhous /kəˈtɑːrəs/, *a.* (*med.*) catarroso.
catastasis /kəˈtæstəsɪs/, *n.* (*ling.*) catastasi.
catastrophe /kəˈtæstrəfɪ/, *n.* ***1*** catastrofe ***2*** (*geol.*) cataclisma.
catastrophic(al) /kætəˈstrɒfɪk(l)/, *a.* catastrofico.
catastrophically /kætəˈstrɒfɪklɪ/, *avv.* catastroficamente.
catastrophism /kəˈtæstrəfɪzəm/, *n.* (*geol.*) catastrofismo.
catastrophist /kəˈtæstrəfɪst/, *n.* (*geol.*) catastrofista.
catbird /ˈkætbɜːd/, *n.* (*zool., Dumetella carolinensis*) uccello gatto.
catboat /ˈkætbəʊt/, *n.* (*naut.*) catboat (*con albero a prua e vela aurica, senza fiocco*).
catcall /ˈkætkɔːl/, *n.* fischio (*di derisione o disapprovazione*).
to **catcall** /ˈkætkɔːl/, *v. t.* e *i.* fischiare (*V.* **catcall**).
catch /kætʃ/, *n.* ***1*** presa (*il prendere, la roba o la quantità presa, l'oggetto che fa presa*): **That was a good c.!**, è stata una bella caccia (*o* retata, ecc.)! ***2*** (*fig. fam.*) persona accalappiata; partito: **That man is a good c.**, quell'uomo è un buon partito ***3*** brano; frammento: **a c. of old tunes**, un frammento di vecchie canzoni ***4*** esitazione; sussulto; intoppo della

voce o del respiro (*per l'emozione*) ***5*** gancio; paletto, fermo (*di una porta*); fermaglio ***6*** (*fam.*) inganno; (*fig.*) tranello, trappola; trucco: **What is the c. in this offer?**, dov'è il tranello in questa offerta? ***7*** (*mus.*) ritornello a più voci ***8*** (*mecc.*) dente d'arresto; arresto; fermo ***9*** (*baseball, cricket*) presa ***10*** (*calcio*) intercettamento (*di un passaggio*) ***11*** (*di bambini*) chiapparello; acchiappino; (*anche*) gioco della palla ***12*** (*arc.*) gioco di parole. ● (*sport*) **c.-as-c.-can**, lotta libera americana; catch; (*a. attr.*) confuso, disordinato, alla carlona □ (*tecn.*) **c. basin**, bacino artificiale (*di raccolta delle acque*); pozzetto di raccolta □ (*agric.*) **c. crop**, coltura intercalare □ (*agric.*) **c.-cropping**, metodo di coltura intercalare □ **c. drain**, canale di scolo □ **c. phrase**, slogan; motto pubblicitario □ **c.-out**, circostanza che fa tradire q.: **His c.-out was when he started speaking French**, la circostanza che lo fece tradire fu quando si mise a parlare francese □ **C.-22**, (*mil., letter.*) comma 22 (*dal romanzo omonimo di Jo Heller*); paragrafo (*del regolamento*) assurdamente contraddittorio; (*fig.*) circolo vizioso □ **c.-up**, aumento; intensificazione; (*econ.*) ripresa □ **a good c. of fish**, una buona pesca □ **This is no c.**, questo è un brutto acquisto (*o* un pessimo affare).

to **catch** /kætʃ/ (*pass.* e *p. p.* **caught**), **A** *v. t.* ***1*** prendere; afferrare; pigliare; acchiappare; agguantare; catturare (*bestie, pesci, ecc.*): **I caught the ball on the rebound**, presi la palla di rimbalzo; **I've only caught two fishes**, ho pigliato solo due pesci; **The murderer was caught by the police**, l'assassino fu preso (*o* catturato) dai poliziotti; **Did he c. the train?**, riuscì a prendere il treno?; **My cat has caught a mouse**, il mio gatto ha acchiappato un topo; **I caught him by the neck**, lo agguantai per il collo ***2*** prendere; sorprendere; cogliere: **He caught me unawares**, mi prese (*o* colse) di sorpresa; **I caught him at it**, l'ho colto sul fatto; **He was caught red-handed**, fu preso con le mani nel sacco (*fig.*); **Our ship was caught in the storm**, la nostra nave fu sorpresa dalla tempesta; **to c. a disease early**, prendere una malattia per tempo (*riuscendo a guarirla*) ***3*** prendere; contrarre (*una malattia*); farsi contagiare da (*anche fig.*); lasciarsi prendere: **to c. a cold**, prendere il raffreddore; **He was beginning to c. the girl's despair**, cominciava a farsi prendere dalla disperazione della ragazza; **We caught the general enthusiasm**, ci lasciammo contagiare dall'entusiasmo generale ***4*** prendere; raggiungere; riuscire a trovare (*un medico, ecc.*); arrivare in tempo per (*una cerimonia, uno spettacolo, ecc.*): **He was driving so fast that we couldn't c. him**, andava così forte che non riuscimmo a raggiungerlo ***5*** (*fig.*) prendere; attirare; affascinare: **He was caught by the actress's charm**, fu preso (*o* si sentiva attirato) dal fascino dell'attrice ***6*** prendere; colpire: **The ball caught me on my left eye**, la palla mi colpì sull'occhio sinistro ***7*** comprendere; capire; intendere; afferrare: **Do you c. my meaning?**, capisci quello che voglio dire?; **I didn't c. what he said**, non ho afferrato quel che ha detto ***8*** cogliere (*fig.*); (riuscire a) rendere: **The artist has caught the beauty of her smile perfectly**, l'artista ha reso benissimo la bellezza del suo sorriso ***9*** prendere; impigliare; chiudere: **I caught my pants in the wire**, mi si impigliarono i calzoni nel filo spinato; **His right hand got caught in the machine**, la mano destra gli rimase (presa) dentro la macchina; **He caught his fingers in the door**, si chiuse le dita nell'uscio ***10*** chiudere (*un gancio*); agganciare, allacciare (*un fermaglio, ecc.*) ***11*** prendere su (*fam.*); raccogliere (*liquidi*) ***12*** (*del vento, ecc.*) prendere (*fam.*); portare via (*un cappello, ecc.*) ***13*** (*radio, TV*) prendere (*un programma, ecc.*) ***14*** (*sport*) intercettare (*un passaggio*) ***15*** (*baseball*) ricevere. **B** *v. i.* ***1*** prendere; accendersi: **The fire won't c.**, il fuoco non prende ***2*** (*bot.*) prendere; attecchire, allignare (*anche fig.*); prendere piede: **His strange theories may c. in time**, può darsi che le sue strane teorie col tempo attecchiscano ***3*** prendere, far presa; attaccarsi; (*di serramenti, ecc.*) chiudere; (*mecc.*) ingranare, innestarsi; (*di un motore*) mettersi in moto, partire: **The hook didn't c.**, il gancio non prese (*sulla parete, ecc.*); **The lock [the door] won't c.**, la serratura [la porta] non chiude ***4*** impigliarsi; restare attaccato; rimanere preso: **My jacket caught on a nail**, mi s'impigliò la giacca in un chiodo ***5*** (*med.*) (*di un male*) essere contagioso; diffondersi facilmente ***6*** (*della femmina di un animale*) restare pregna; ingravidarsi ***7*** (*baseball*) fare il ricevitore; giocare in posizione di prenditore. **C** to **catch oneself**, *v. rifl.* sorprendersi; trovarsi a: **She caught herself regretting her lost love**, si sorprese a rimpiangere il suo amore perduto □ **to c. oneself in time**, trattenersi in tempo. ● **to c. sb.'s attention**, attirare l'attenzione di q. □ **to c. one's breath**, trattenere il respiro; riprendere fiato □ **to c. sb.'s eye**, incontrare lo sguardo di q.; farsi notare: **The boy caught the teacher's eye and was asked to answer the question**, il ragazzo si fece notare dall'insegnante e fu invitato a rispondere alla domanda □ **to c. sb.'s fancy**, attirare su di sé le simpatie di q.; andare a genio a q. □ (*fam.*) **to c. a few winks**, schiacciare un pisolino □ **to c. fire**, prendere fuoco □ **to c. one's foot**, inciampare □ **to c. a glimpse of st.**, vedere q.c. di sfuggita; scorgere q.c. □ (*fam. USA*) **to c. hell**, prendersi una sgridata □ **to c. hold of st.**, afferrare q.c. □ (*fam.*) **to c. it**, buscarsi una sgridata; buscarle; prenderle; passare dei guai □ **to c. the last collection** (*o* **the post**), impostare in tempo □ **to c. a likeness**, cogliere una somiglianza □ **to c. sb. napping**, cogliere q. nel sonno; (*fig.*) cogliere q. di sorpresa □ (*sport*) **to c. sb.'s pass**, intercettare il passaggio di q. □ **to c. sight of sb.**, scorgere q. □ **to c. sight of (a place)**, essere in vista di (un luogo) □ **to c. a smell**, sentire un odore □ (*fam.*) **to c. sb. with his trousers** (*USA*: **pants**) **down**, sorprendere q. in una situazione imbarazzante (*o* in un momento delicato) □ (*anche leg.*) **caught in the act**, colto sul fatto (*o* in flagrante) □ **to be caught short**, essere colto di sorpresa; (*Borsa*) essere allo scoperto; (*fam. USA*) avere un bisognino □ (*fam.*) **to get caught**, restare incinta; rimanerci (*fam.*) □ **I caught him one** (*o* **a blow**), gli assestai un colpo □ **You won't c. me doing it!**, (puoi star certo che) non mi ci prendi (*o* non ci casco, non lo farò)!; stai fresco!

♦**catch at**, *v. t. + prep.* ***1*** afferrarsi, (*anche fig.*) attaccarsi a: **to c. at a straw**, attaccarsi a un filo di speranza ***2*** (*fig.*) cogliere al balzo: **to c. at a chance**, cogliere al balzo un'occasione.

♦**catch in**, *v. t. + avv.* ***1*** trovare (q.) in casa (in ufficio, ecc.) per caso ***2*** (*sartoria*) fare una ripresa in (*un abito, ecc.*).

♦**catch on**, *v. i. + avv.* ***1*** (*di una moda, ecc.*) attecchire; prendere piede: **The new hairstyle has caught on quickly**, la nuova acconciatura ha preso piede in fretta ***2*** cominciare a capire; afferrare un'idea; capire; comprendere; farsi un'idea: **Did you c. on?**, hai capito?; **It took some time before I caught on to his scheme**, mi ci volle del tempo per farmi un'idea della sua macchinazione.

♦**catch out**, *v. t. + avv.* ***1*** cogliere in fallo; prendere in castagna; intrappolare (*fig.*); mettere nel sacco (*fig.*) ***2*** prendere alla sprovvista; prendere in contropiede (*fig.*); cogliere (*o* prendere) di sorpresa: **We were caught out by the oil crisis**, fummo presi alla sprovvista dalla crisi del petrolio ***3*** (*cricket, baseball*) eliminare; mettere fuori gioco.

♦**catch up**, **A** *v. t. + avv.* ***1*** prendere su; afferrare ***2*** (*di solito al passivo*) coinvolgere; implicare: **The government was caught up in a labour dispute**, il governo fu coinvolto in una controversia sindacale ***3*** raggiungere: **I'll c. you up later**, vi raggiungo dopo. **B** *v. i. + avv.* ***1*** mettersi in pari; recuperare: **The new students must c. up**, gli studenti nuovi devono mettersi in pari ***2*** (*econ.*) riprendere; far segnare una ripresa ***3*** (*sport*: *ciclismo, ecc.*) ricongiungersi □ **to c. up on**, recuperare, mettersi in pari, rimettersi in carreggiata (*fig.*) con: **I've still a lot to c. up on**, ho ancora molto da recuperare; **I've got to c. up on my homework**, devo rimettermi in pari con i compiti a casa □ **to c. up with**, raggiungere (*anche fig.*); (*anche*) arrestare, catturare: **Our car industry will soon c. up with the Japanese**, la nostra industria automobilistica sarà presto al livello di quella giapponese.

catchable /ˈkætʃəbl/, *a.* ***1*** prendibile; afferrabile; catturabile ***2*** raggiungibile (*V.* **to catch**).

catch-all /ˈkætʃɔːl/, **A** *n.* (*specialm. USA*) ripostiglio; sgombraroba. **B** *a. attr.* (*di una clausola, ecc.*) che vale in ogni caso; polivalente.

catcher /ˈkætʃə(r)/, *n.* ***1*** persona che afferra, che prende, ecc. ***2*** (*mecc.*) arresto (*dente, ecc.*) ***3*** (*idraul.*, = **c. basin**) separatore ***4*** (*elettron.*) ricettore ***5*** (*baseball*) prenditore; ricevitore. ● **dog-c.**, accalappiacani.

catchfly /ˈkætʃflaɪ/, *n.* (*bot., Silene*) silene; erba del cucco.

catching /ˈkætʃɪŋ/, *a.* ***1*** contagioso: **A cold is c.**, il raffreddore è contagioso ***2*** che attira l'attenzione; attraente; vistoso ***3*** (*di canzone*) orecchiabile. ● (*leg.*) **c. bargain**, contratto capzioso.

catching-up /ˈkætʃɪŋʌp/, *n.* ***1*** (*econ.*) ripresa ***2*** (*sport*: *ciclismo, ecc.*) ricongiungimento.

catchment /ˈkætʃmənt/, *n.* ***1*** captazione d'acqua; raccolta delle acque ***2*** acqua piovana di raccolta ***3*** (*geogr.*, = **c. area, c. basin**) bacino imbrifero; bacino pluviale ***4*** (= **c. area**) bacino di utenza; (*fig.*) zona di raccolta (*di studenti, malati, ecc.*). ● **c. drain**, canale collettore.

catchpenny /ˈkætʃpenɪ/, *a.* (*spreg.*) da due (*o* da quattro) soldi; dozzinale.

catchplate /ˈkætʃpleɪt/, *n.* (*mecc.*) menabrida.

catchpole, **catchpoll** /ˈkætʃpəʊl/, *n.* (*stor.*) dipendente d'uno sceriffo, incaricato di arrestare i debitori insolventi.

catchup /ˈkætʃʌp/, *n.* (*specialm. USA per* **ketchup**) salsa piccante.

catchweed /ˈkætʃwiːd/, *n.* (*bot., Galium aparine*) attaccamani; attaccavesti.

catchword /ˈkætʃwɜːd/, *n.* ***1*** (*tipogr.*) esponente, testatina (*stampati in testa di pagina nei dizionari*) ***2*** (*teatr.*) ultima parola pronunciata da un attore (*e che dà il via alla battuta di un altro*) ***3*** slogan; motto.

catchy /ˈkætʃɪ/, *a.* ***1*** che attira l'attenzione; vistoso ***2*** (*di una canzone, ecc.*) orecchiabile ***3*** (*di una domanda, ecc.*) ingannevole; insidioso ***4*** spasmodico; intermittente; irregolare; a scatti.

catechesis /kætəˈkiːsɪs/, *n.* (*pl.* **catecheses**) (*relig.*) catechesi.

catechetic(al) /kætəˈketɪk(l)/, *a.* (*relig.*) catechetico.

catechism /ˈkætəkɪzəm/, *n.* (*relig.*) catechismo.

catechismal /kætəˈkɪzml/, *a.* (*relig.*) catechistico.

catechist /ˈkætəkɪst/, *n.* (*relig.*) catechista.

catechistic(al) /kætəˈkɪstɪk(l)/, *a.* (*relig.*) catechistico.

to **catechize** /ˈkætəkaɪz/, *v. t.* ***1*** (*relig.*) catechizzare ***2*** interrogare a fondo ***3*** istruire mediante domande e risposte.

catechizer /ˈkætəkaɪzə(r)/, *n.* (*relig.*) catechizzatore.

catechu /ˈkætətʃuː, -əʃ-/, *n.* ***1*** (*bot., Acacia catechu*) catecù ***2*** (*chim., farm.*) catecù; cacciù.

catechumen /kætəˈkjuːmen/, *n.* (*relig.*) catecumeno.

categorial /kætəˈgɔːrɪəl/, *a.* (*filos.*) categoriale.

categorical /kætə'gɒrɪkl, *USA* -'gɔːr-/, *a.* **1** (*anche fig.*) categorico **2** *V.* **categorial.** ● (*filos.*) **c. imperative**, imperativo categorico. ‖ **-ly**, *avv.* ‖ **-ness**, *sost.*

category /'kætəgərɪ, *USA* -gɔːrɪ/, *n.* **1** categoria **2** (*market.*) settore merceologico.

catenarian /kætɪ'neərɪən/, *a. V.* **catenary, A.**

catenary /kə'tiːnərɪ, *USA* 'kætənerɪ/, **A** *a.* (*fis., tecn.*) a catenaria. **B** *n.* **1** (*fis.*) catenaria **2** (*tecn.*) catena di sospensione **3** (*ferr.*) linea aerea di alimentazione. ● (*ind. costr.*) **c. bridge**, ponte sospeso.

to **catenate** /'kætɪneɪt/, *v. t.* (*anche elab.*) concatenare; collegare in catena.

catenation /kætɪ'neɪʃn/, *n.* concatenamento; collegamento in catena.

to **cater** /'keɪtə(r)/, **A** *v. i.* **1** provvedere cibi, bevande, ecc.; organizzare il servizio (*per un banchetto, ecc.*) **2** provvedere (*a un bisogno in genere*); rivolgersi a; venire incontro ai bisogni di: **Some magazines c. for boys, others for girls**, alcune riviste si rivolgono ai ragazzi, altre alle ragazze **3** (*comm.*) occuparsi di; fare l'assistenza a (*un prodotto*): **All makes of cars are catered for here**, qui si fa l'assistenza a ogni tipo d'automobile. **B** *v. t.* approvvigionare; procurare le provviste per (*un banchetto, ecc.*). ● **to c. to sb.'s demands**, soddisfare le esigenze di q. □ **to c. to sb.'s tastes**, tener conto dei gusti di q.

caterer /'keɪtərə(r)/, *n.* **1** fornitore di cibi e bevande per alberghi, banchetti, ecc.; approvvigionatore **2** organizzatore di banchetti e pranzi ufficiali **3** (*improprio ma com.*) ristoratore; proprietario di ristoranti.

catering /'keɪtərɪŋ/, *n.* **1** catering; servizio di approvvigionamento (*di cibi e bevande*) **2** cibi e bevande forniti (*per un banchetto, ecc.*) **3** ristorazione. ● **the c. trade**, l'industria della ristorazione.

caterpillar /'kætəpɪlə(r)/, *n.* **1** (*zool.*) bruco **2** (*marchio*) trattore a cingoli; caterpillar. ● **c. track** (*o* **tread**), cingolo di caterpillar.

caterwaul /'kætəwɔːl/, *n.* **1** miagolio (*di gatti in amore*) **2** lamentela; lagna.

to **caterwaul** /'kætəwɔːl/, *v. i.* **1** miagolare (*di gatti in amore*) **2** lamentarsi; lagnarsi **3** litigare, azzuffarsi (come gatti).

catfight /'kætfaɪt/, *n.* alterco; lite; litigio.

catfish /'kætfɪʃ/, *n.* (*zool., Ameiurus nebulosus*) pesce gatto.

catfit /'kætfɪt/, *n.* (*fam. USA*) attacco di nervi; sfogo.

catgut /'kætgʌt/, *n.* **1** minugia **2** (*med.*) catgut; filo per suture.

catharsis /kə'θɑːsɪs/, *n.* (*pl.* **catharses**) **1** catarsi **2** (*med.*) evacuazione.

cathartic /kə'θɑːtɪk/, *n.* (*farm.*) purga; purgante.

cathartic(al) /kə'θɑːtɪk(l)/, *a.* **1** catartico **2** (*farm.*) purgativo.

Cathay /kæ'θeɪ/, *n.* (*geogr., stor.*) Catai.

cathead /'kæthed/, *n.* (*naut.*) capone; grua dell'ancora.

cathedral /kə'θiːdrəl/, *n.* cattedrale; duomo. ● (*in G.B.*) **c. school**, scuola secondaria i cui studenti cantano nel coro della cattedrale □ **c. town**, città che è sede episcopale.

Catherine /'kæθərɪn/, *n.* Caterina. ● **C. wheel**, (*archit.*) rosone; girandola (*fuoco artificiale*); (*ginnastica*) ruota.

catheter /'kæθɪtə(r)/, *n.* (*med.*) catetere.

catheterization /kæθɪtəraɪ'zeɪʃn, *USA* -rɪ-'z-/, *n.* (*med.*) cateterismo.

to **catheterize** /'kæθɪtəraɪz/, *v. t.* (*med.*) cateterizzare.

cathetometer /kæθɪ'tɒmɪtə(r)/, *n.* (*topogr.*) catetometro.

cathetus /'kæθɪtəs/, *n.* (*pl.* **catheti**) (*geom.*) cateto.

cathode /'kæθəʊd/, (*elettr.*) **A** *n.* catodo. **B** *a. attr.* catodico: **c. rays**, raggi catodici ● **c.-ray tube**, tubo catodico.

cathodic /kə'θɒdɪk/, *a.* (*elettr.*) catodico.

catholic /'kæθəlɪk/, *a.* **1** (*form.*) generale; universale: **Science is truly c.**, la scienza è veramente universale **2** liberale; aperto; eclettico; di mente aperta: **a c. mind**, una mente aperta; **a c. taste in literature**, un gusto eclettico in letteratura.

Catholic /'kæθəlɪk/, *a.* e *n.* (= **Roman C.**) cattolico. ● **His C. Majesty**, Sua Maestà Cattolica (*il re di Spagna*); **the C. Church**, la Chiesa Cattolica.

catholically /kə'θɒlɪklɪ/, *avv.* **1** (*form.*) universalmente **2** (*relig.*) cattolicamente.

Catholicism /kə'θɒlɪsɪzəm/, *n.* (*relig.*) cattolicesimo.

catholicity /kæθə'lɪsətɪ/, *n.* **1** (*form.*) universalità; eclettismo (*di gusti*); liberalità (*d'idee*) **2** (*relig.*) cattolicità.

to **catholicize** /kə'θɒlɪsaɪz/, *v. t.* e *i.* **1** (*form.*) rendere, diventare universale (*o* liberale, eclettico, ecc.) **2** (*relig.*) convertire, convertirsi al cattolicesimo.

Catiline /'kætɪlaɪn/, *n.* (*stor.*) Catilina.

cation /'kætaɪən/, *n.* (*fis.*) catione.

catkin /'kætkɪn/, *n.* (*bot.*) gattino; amento.

catlike /'kætlaɪk/, *a.* **1** di (*o* da) gatto; felino **2** (*fig.*) furtivo; silenzioso.

catling /'kætlɪŋ/, *n.* **1** (*raro*) gattino **2** (*raro*) minugia fine **3** (*med.*) amputante (*bisturi*).

catmint /'kætmɪnt/, *n.* (*bot., Nepeta cataria*) gattaia; erba gatta.

catnip /'kætnɪp/, *V.* **catmint.**

Cato /'keɪtəʊ/, *n.* (*stor.*) Catone.

cat-o'-mountain /'kætəmaʊntɪn/, *V.* **catamountain.**

cat-o'-nine-tails /kætə'naɪnteɪlz/, *n.* (*invar. al pl.*) gatto a nove code (*staffile*).

catoptric /kə'tɒptrɪk/, *a.* (*fis.*) catottrico, catoptrico.

catoptrics /kə'tɒptrɪks/, *n. pl.* (*col verbo al sing.*) (*fis.*) catottrica, catoptrica.

catsup /'kætsəp/, (*USA*) *V.* **ketchup.**

cattail /'kætteɪl/, *n.* (*bot., Typha latifolia*) tifa; stiancia; biodo.

cattery /'kætərɪ/, *n.* centro d'allevamento di gatti; casa del gatto (*fam.*).

cattish /'kætɪʃ/, *a.* **1** felino; da gatto **2** (*fig.*) astuto; dispettoso; vendicativo; sornione.

cattle /'kætl/, *n.* **1** (*collett.*) bestiame bovino; bovini **2** (*collett.*) bestiame grosso (*in genere*): **I have 60 (head of) c. on my farm**, ho 60 capi di bestiame nella mia fattoria **3** (*fig.*) gente di poco conto; marmaglia. ● **c. breeder**, allevatore di bestiame □ **c. cake**, formella di mangime □ **c.-fair**, fiera del bestiame □ **c.-feeder**, macchina per alimentare il bestiame a dosi costanti □ **c. grid**, griglia su una fossa nella strada (*di sbarre o traverse: per impedire il passaggio del bestiame*) □ (*USA*) **c. guard,** *V.* **c. grid** □ **c. shed**, stalla per bovini □ (*vet.*) **c. plague**, peste bovina □ (*ferr.*) **c. truck** (*o* **wagon**), carro bestiame.

cattleman /'kætlmən/, *n.* (*pl.* **cattlemen**) **1** bovaro; mandriano **2** (*USA*) allevatore di bestiame.

catty /'kætɪ/, *V.* **cattish.**

Catullus /kə'tʌləs/, *n.* (*stor. letter.*) Catullo.

catwalk /'kætwɔːk/, *n.* passerella.

Caucasian /kɔː'keɪʒn, -zɪən/, *a.* e *n.* caucasico.

Caucasic /kɔː'keɪzɪk/, *a.* caucasico.

Caucasus /'kɔːkəsəs/, *n.* (*geogr.*) **1** Caucaso **2** Caucasia.

caucus /'kɔːkəs/, *n.* **1** (*specialm. USA*) caucus; riunione ristretta dei capi di un partito (*per decidere la linea politica, ecc.*); riunione al vertice **2** (*ingl.*) gruppo di iscritti; fazione (*che propone candidati, ecc.*) **3** (*spreg.*) cricca politica.

to **caucus** /'kɔːkəs/, *v. i.* (*specialm. USA*) **1** tenere una riunione politica ristretta **2** partecipare a un caucus (*q.V.*).

caudal /'kɔːdl/, *a.* (*zool.*) caudale.

caudate(d) /'kɔːdeɪt(ɪd)/, *a.* (*zool.*) caudato.

caudle /'kɔːdl/, *n.* bevanda calda, di vino o di birra, uova, spezie e zucchero (*un tempo data da bere a malati*).

caught /kɔːt/, *pass.* e *p. p.* di **to catch.**

caul /kɔːl/, *n.* (*anat.*) **1** amnio; (*pop.*) camicia (*o* camicia della Madonna) **2** omento (*parte del peritoneo*).

cauldron /'kɔːldrən/, *n.* caldaia; calderone.

caulescent /kɔː'lesnt/, *a.* (*bot.*) caulescente.

cauliflower /'kɒlɪflaʊə(r), *USA* 'kɔːlɪ-/, *n.* (*bot., Brassica oleracea botrytis*) cavolfiore.

cauline /'kɒlaɪn/, *a.* (*bot.*) caulinare.

caulis /'kɔːlɪs/ (*lat.*), *n.* (*pl.* **caules**) (*bot., raro*) caule; fusto.

to **caulk** /kɔːk/, *v. t.* **1** (*costr. navali*) calafatare **2** (*mecc.*) cianfrinare; presellare **3** turare (*fessure, con stoppa, ecc.*); stuccare.

caulker /'kɔːkə(r)/, *n.* **1** (*costr. navali*) calafato **2** (*mecc.*) cianfrinatore **3** (*mecc.*) cianfrino; presella.

caulking /'kɔːkɪŋ/, *n.* **1** (*costr. navali*) calafataggio **2** (*costr. navali*) materiale per calafataggio **3** (*mecc.*) cianfrinatura; presellatura. ● **c. chisel** (*o* **tool**), cianfrino; presella □ **c. gun**, pistola turapori □ **c. iron**, ferro da calafato.

causal /'kɔːzl/, *a.* e *n.* causale.

causality /kɔː'zælətɪ/, *n.* causalità.

causation /kɔː'zeɪʃn/, *n.* **1** il causare; l'esser causato **2** rapporto di causa ed effetto; causalità **3** (*leg.*) rapporto di causalità.

causative /'kɔːzətɪv/, *a.* (*anche gramm.*) causativo: **«Fell» is a c. verb**, «fell» (*ital.* «abbattere, far cadere») è un verbo causativo.

cause /kɔːz/, *n.* **1** (*anche leg.*) causa: **to plead a c.**, perorare una causa; (*anche fig.*) **a lost c.**, una causa persa **2** motivo; ragione: **There is no c. for regret**, non c'è motivo di rammaricarsi; **without good c.**, senza un legittimo motivo **3** causa; ideale: **to fight for a good c.**, battersi per una buona causa. ● **c. célèbre** (*franc.*), processo celebre; caso famoso □ (*leg.*) **c. list**, elenco delle cause a ruolo □ (*leg.*) **c. of action**, fondamento della propria azione; diritto sostanziale □ (*specialm. filos.*) **efficient c.**, causa efficiente □ **to make common c. with sb.**, fare causa comune con q. □ (*specialm. filos.*) **material c.**, causa materiale □ (*specialm. leg.*) **to show c.**, provare il proprio diritto.

to **cause** /kɔːz/, *v. t.* **1** causare; cagionare; provocare; produrre: **What causes the eclipse?**, qual è la causa dell'eclissi? **2** (*seguito da un verbo all'inf.*) fare; costringere; indurre: **They caused me to miss my bus**, mi fecero perdere l'autobus; **They caused the poor man to leave the town**, costrinsero il disgraziato a lasciare la città **3** dare; far passare: **My new car has caused me a lot of trouble**, la macchina nuova mi ha dato un sacco di guai.

causeless /'kɔːzləs/, *a.* **1** senza causa (*apparente*); fortuito **2** senza ragione; immotivato; ingiustificato.

causeway /'kɔːzweɪ/, *n.* **1** strada rialzata (*attraverso paludi, ecc.*) **2** marciapiede elevato **3** strada di grande traffico **4** (*scozz.*) strada lastricata (*o* selciata).

to **causeway** /'kɔːzweɪ/, *v. t.* **1** provvedere di strada rialzata (*o* di marciapiede) **2** (*scozz.*) lastricare; selciare.

causey /'kɔːzɪ/, *V.* **causeway.**

caustic /'kɔːstɪk/, **A** *a.* (*chim.* e *fig.*) caustico; (*fig.*) mordace, pungente: **c. soda**, soda caustica; **a c. remark**, un'osservazione caustica. **B** *n.* **1** (*chim.*) caustico; sostanza caustica **2** (*ottica*) caustica.

caustically /'kɔːstɪklɪ/, *avv.* causticamente; mordacemente.

causticity /kɔː'stɪsətɪ/, *n.* causticità; (*fig.*) mordacità.

cauterization /kɔːtəraɪ'zeɪʃn, *USA* -rɪ'z-/, *n.* (*med.*) cauterizzazione.

to **cauterize** /'kɔːtəraɪz/, *v. t.* (*med.*) cauterizzare.

cautery /'kɔːtərɪ/, *n.* (*med.*) **1** cauterio **2** cauterizzazione.

caution /'kɔːʃn/, *n.* **1** cautela; circospezione;

prudenza; attenzione: (*ferr.*) **«C. - level crossing»**, «Attenzione - passaggio a livello» ***2*** avvertimento; ammonimento; diffida: **The judge dismissed him with a c.**, il giudice lo rilasciò con diffida ***3*** (*pop. arc.*) cosa straordinaria; tipo strano; spasso, sagoma (*fam.*). ● (*in un cartello*) **C.!**, attenzione! □ (*leg.*) **c. money**, cauzione (*a garanzia di buona condotta, ecc.*).

to **caution** /'kɔːʃn/, *v. t.* ***1*** avvertire; mettere in guardia ***2*** ammonire; diffidare.

cautionary /'kɔːʃənrɪ, *USA* -nɛrɪ/, *a.* di avvertimento; che mette in guardia; ammonitivo; ammonitorio. ● **c. measures**, misure precauzionali.

cautious /'kɔːʃəs/, *a.* cauto; circospetto; guardingo; prudente. || **-ly**, *avv.* || **-ness**, *sost.*

cavalcade /kævl'keɪd/, *n.* ***1*** cavalcata; corteo di persone a cavallo ***2*** sfilata di carrozze (*o* d'automobili).

cavalier /kævə'lɪə(r)/, **A** *n.* ***1*** cavaliere; uomo (d'armi) a cavallo ***2*** (*un tempo*) cavalier servente ***3*** – (*stor.*) **C.**, cavaliere; realista; sostenitore di Carlo I d'Inghilterra: **the Roundheads and the Cavaliers**, le «teste rotonde» e i cavalieri. **B** *a.* ***1*** (*raro*) disinvolto; galante; vivace; cortese ***2*** (*spreg.*) altero; altezzoso; arrogante; brusco; sdegnoso. ● (*un tempo*) **c. servant**, cavalier servente; cicisbeo. || **-ly**, *avv.*

cavalla /kə'vælə/, *n.* (*pl.* **cavalla**, **cavallas**) (*zool.*, *Caranx hippos*) scombro cavallino.

cavally /kə'vælɪ/, *V.* **cavalla**.

cavalry /'kævlrɪ/, *n.* ***1*** (*specialm. stor.*) cavalleria; (*collett.*) cavalleggeri ***2*** (*mil.*) mezzi corazzati leggeri. ● **c. twill**, twill; stoffa (*di lana*) spigata.

cavalryman /'kævlrɪmən/, *n.* (*pl.* **cavalrymen**) (*specialm. stor.*) cavalleggero, cavalleggere; soldato di cavalleria.

cave (1) /keɪv/, *n.* ***1*** caverna; grotta; spelonca ***2*** (*stor. ingl.*) secessione; (*collett.*) i dissidenti (*in un partito*) ***3*** (*ind. min.*; = **c.-in**) franamento ***4*** (*ind. min.*) materiale franato (*dalla parete*). ● **c. art**, arte paleolitica; arte rupestre □ (*paleont.*) **c. bear**, orso delle caverne □ **c. dweller**, uomo delle caverne, cavernicolo, troglodita (*anche fig.*) □ **c. dwelling**, abitazione rupestre.

cave (2) /'keɪvɪ, keɪ'viː/ (*lat.*), *inter.* (*fam.*) attenti! (*arriva il professore!*).

to **cave** /keɪv/, *v. t.* e *i.* ***1*** incavare; scavare; trasformare (*un luogo*) in una caverna ***2*** vivere in caverne. ● **to c. in**, crollare, franare, sprofondare; far crollare, far franare; schiacciare, deformare (*il cappello o la testa di q.*); (*fig. fam.*) cedere, darsi per vinto.

caveat /'kævɪæt, 'keɪ-, 'kɑː-, -vɪɑːt/ (*lat.*), *n.* ***1*** (*leg.*) intimazione, diffida (*generalm. a un giudice o a un pubblico ufficiale, affinché si astengano dal compimento di determinati atti*) ***2*** avvertimento; ammonimento. ● (*leg.*) **c. emptor**, caveat emptor (*principio per cui l'acquirente deve, all'atto dell'acquisto, fare attenzione a eventuali difetti di fabbricazione, confezione e sim.*) □ (*leg.*) **to enter** (*o* **to file**) **a c. against st.**, fare opposizione a q.c.

caveator /'kævɪeɪtə(r), 'keɪ-, 'kɑː-, -vɪɑːt-/, *n.* (*leg.*) chi presenta un «caveat» (*q.V.*); opponente.

caveman /'keɪvmæn/, *n.* (*pl.* **cavemen**) uomo delle caverne, cavernicolo, troglodita (*anche fig.*).

cavern /'kævən/, *n.* caverna; grotta (*specialm. se grande*).

cavernous /'kævənəs/, *a.* ***1*** cavernoso; simile a una caverna: (*anat.*) **c. sinus**, seno cavernoso ***2*** (*di suono*) cupo; cavernoso.

caves(s)on /'kævɪsn/, *n.* (*ippica*) cavezzone.

caviar(e) /'kævɪɑː(r), kævɪ'ɑː(r), *USA* 'kæ-, 'kɑː-/, *n.* caviale. ● (*fig.*) **It's c. to the general**, è come gettare perle ai porci.

cavil /'kævl/, *n.* cavillo.

to **cavil** /'kævl/, *v. i.* cavillare. ● **to c. at** (*o* **about**) **st.**, cavillare su q.c.

caviller /'kævələ(r)/, *n.* cavillatore; cavillatrice.

cavilling /'kævəlɪŋ/, **A** *a.* cavilloso. **B** *n.* il cavillare. ● (*naut.*) **c. days**, giorni di contestazione.

cavillous /'kævələs/, *a.* (*raro*) cavilloso.

caving /'keɪvɪŋ/, *n.* ***1*** speleologia ***2*** (*ind. min.*) coltivazione a frana. ● **to go c.**, esplorare caverne (*per divertimento*).

cavitation /kævɪ'teɪʃn/, *n.* ***1*** (*chim.*, *mecc.*) cavitazione ***2*** (*tecn.*) vaiolatura (*del cemento, di un metallo*) ***3*** (*med.*) formazione di cavità.

cavity /'kævətɪ/, *n.* ***1*** (*anche anat.*) cavità ***2*** (*mecc.*, *edil.*) intercapedine ***3*** carie (*di denti*). ● **c. wall**, muro a intercapedine.

to **cavort** /kə'vɔːt/, *v. i.* ***1*** (*fam.*) salterellare; saltellare ***2*** (*del cavallo*) corvettare.

cavy /'keɪvɪ/, *n.* (*zool.*, *Cavia*) cavia; porcellino d'India.

caw /kɔː/, *n.* gracchio; gracchiata.

to **caw** /kɔː/, *v. i.* (*del corvo, ecc.*) gracchiare. ● **to caw out**, dire con voce gracchiante.

cawing /'kɔːɪŋ/, *n.* gracchiamento; (il) gracchiare.

cay /keɪ/, *n.* banco corallino (*o* di sabbia); isolotto.

cayenne /'keɪɛn, *USA* kaɪ'ɛn/, *n.* (= **C. pepper**) (*bot.*, *Capsicum annuum*) pepe di Caienna.

cayman /'keɪmən/, *n.* (*zool.*, *Caiman*) caimano.

C.B. /siː'biː/, *n.* (= **Citizens Band radio**) radio privata. ● **C. B.-er**, operatore di una radio privata.

C.C.T.V. /siːsiːtiː'viː/, *n.* (= **Closed-Circuit Television**) televisione a circuito chiuso. ● **C.C.T.V. access control system**, videocitofono (*il sistema*) □ (*nelle banche, ecc.*) **C.C.T.V. telesurveillance**, controllo a distanza mediante TV a circuito chiuso.

CD /siː'diː/, *n.* (*acronimo di* **compact disc**) compact disc. ● **CD player**, lettore di compact disc.

cease /siːs/, *n.* (*arc.*) cessazione. ● **without c.**, incessantemente.

to **cease** /siːs/, *v. t.* e *i.* cessare; smettere; finire; sospendere; far cessare; porre termine a: **The rain has ceased**, la pioggia è cessata; (*mil.*) **C. fire!**, cessate il fuoco!; (*comm.*) **The bank has ceased payment**, la banca ha sospeso i pagamenti. ● **to c. from doing st.**, smettere di fare q.c. □ **to c. from work**, cessare il lavoro; smettere di lavorare.

cease-fire /'siːsfaɪə(r)/, *n.* (*mil.*) ***1*** (il) cessate il fuoco (*anche fig.*) ***2*** tregua; sospensione delle ostilità.

ceaseless /'siːsləs/, *a.* incessante; continuo. || **-ly**, *avv.* || **-ness**, *sost.*

Cecil /'sɛsl, 'sɪsl/, *n.* Cecilio.

Cecile /'sɛsɪl, 'sɛsiːl/, **Cecily** /'sɪsɪlɪ, 'sɛsɪlɪ/, *n.* Cecilia.

cecity /'siːsətɪ/, *n.* (*raro*) cecità (*specialm. fig.*).

cedar /'siːdə(r)/, *n.* (*bot.*, *Cedrus*) cedro (*anche il legno*). ● **c. of Lebanon** (*Cedrus libani*), cedro del Libano □ **c. wood**, legno di cedro.

cedarn /'siːdən/, *a.* (*poet.*) cedrino; di cedro.

to **cede** /siːd/, *v. t.* cedere (*un diritto, un territorio, ecc.*); concedere. ● **to c. the point**, concedere (*o* ammettere) il punto in discussione.

cedilla /sɪ'dɪlə/, *n.* cediglia.

cee, ce /siː/, *n.* ci; lettera c.

Ceefax /'siːfæks/, *n.* (*TV*) servizio di notizie d'attualità della B.B.C.

to **ceil** /siːl/, *v. t.* ***1*** soffittare (*una stanza*) ***2*** rivestire di assi, intonacare (*un soffitto*) ***3*** rivestire internamente (*una nave*).

ceiling /'siːlɪŋ/, *n.* ***1*** (*edil.*) soffitto ***2*** (*aeron.*) quota di tangenza; altitudine massima ***3*** (*meteor.*) base di un banco nubi ***4*** (*econ.*) livello massimo (*di prezzi, salari, ecc.*); tetto (*fig.*); plafond, plafone ***5*** (*naut.*) fasciame interno (*di nave*) ***6*** (*fin.*) cielo (*del tunnel monetario*). ● (*econ.*, *fin.*) **c. price**, prezzo massimo □ (*di prezzi, ecc.*) **to go through the c.**, sfondare il tetto □ (*fig. fam.*) **to hit the c.**, andare su tutte le furie □ (*econ.*, *fin.*) **to set a c. to**, mettere un plafond a, «plafonare».

celadon /'sɛlədɒn/, *n.* e *a.* ***1*** (color) verde pallido ***2*** (*ceramica*) «céladon»; porcellana (cinese) verde-grigia.

celandine /'sɛləndaɪn/, *n.* (*bot.*, *Chelidonium maius*) celidonia; erba da porri.

celeb /'sɛlɛb/, *n.* (*abbr. fam. USA di* **celebrity**) celebrità; persona celebre.

celebrant /'sɛləbrənt/, *n.* (*relig.*) celebrante; officiante.

to **celebrate** /'sɛləbreɪt/, **A** *v. t.* (*anche relig.*) celebrare; festeggiare; esaltare. **B** *v. i.* far festa. ● **the person celebrating**, chi festeggia una ricorrenza; il festeggiato.

celebrated /'sɛləbreɪtɪd/, *a.* celebre; famoso; illustre; rinomato.

celebration /sɛlə'breɪʃn/, *n.* celebrazione; festeggiamento.

celebrator /'sɛləbreɪtə(r)/, *n.* celebratore.

celebrity /sə'lɛbrətɪ/, *n.* ***1*** celebrità; persona celebre (*o* famosa) ***2*** celebrità; fama. ● **a c. concert**, un concerto tenuto da una celebrità del mondo musicale.

celebutante /sə'lɛbjʊtɑːnt, -tænt, -ɒnt/, *n.* (*contraz. fam. USA di* **celebrity** e **debutante**) personaggio per la prima volta alla ribalta della notorietà.

celeriac /sə'lɛrɪæk/, *n.* (*bot.*, *Apium graveolens rapaceum*) sedano rapa.

celerity /sə'lɛrətɪ/, *n.* celerità; velocità; sveltezza.

celery /'sɛlərɪ/, *n.* (*bot.*, *Apium graveolens*) sedano.

celesta /sə'lɛstə/, *n.* (*mus.*) celeste, celesta (*strumento*).

celeste /sə'lɛst/, *n.* celeste; azzurro cielo.

celestial /sə'lɛstɪəl, *USA* -stʃəl/, **A** *a.* celeste; celestiale; (*fig.*) paradisiaco: **a c. map**, una mappa celeste (*del cielo*); **c. happiness**, felicità celestiale. **B** *n.* (*astron.*, = **c. body**) corpo celeste. ● **a c. being**, una creatura celeste; un angelo □ **the C. Empire**, il Celeste Impero (*la Cina*) □ (*astron.*) **c. globe**, planetario □ **c. navigation**, navigazione astronomica □ (*astron.*) **c. pole**, polo celeste □ (*astron.*) **c. sphere**, sfera celeste.

celestine /'sɛləstaɪn/, *n.* (*miner.*) celestina, celestite.

Celestine /'sɛləstaɪn/, *n.* ***1*** Celestina ***2*** Celestino.

celestite /'sɛləstaɪt/, *n.* *V.* **celestine**.

celibacy /'sɛləbəsɪ/, *n.* ***1*** celibato (*specialm. per voto religioso*) ***2*** castità.

celibatarian /sɛləbə'tɛərɪən/, *n.* fautore (*o* difensore) del celibato.

celibate /'sɛləbət/, *a.* e *n.* ***1*** celibe ***2*** casto.

cell /sɛl/, *n.* ***1*** cella (*di monastero, prigione, alveare*) ***2*** (*poet.*) casetta, capanna; tomba ***3*** (*biol.*, *polit.*) cellula ***4*** (*elettr.*) elemento (*di batteria, ecc.*); cella; pila ***5*** (*autom.*) elemento (*di radiatore*) ***6*** (*chim.*, *elettr.*, *fis. nucl.*) cella ***7*** (*elab.*, *mat.*) cella ***8*** (*stat.*) casella ***9*** (*aeron.*) cellula ***10*** (*edil.*) intercapedine. ● (*biol.*) **c. division**, divisione cellulare; mitosi □ **condemned c.**, cella dei condannati a morte □ (*biol.*) **single-c. protein**, bioproteina.

cellar /'sɛlə(r)/, *n.* ***1*** scantinato; sottosuolo; sotterraneo ***2*** (= **wine c.**) cantina ***3*** (*fig.*) riserva (*o* scorta) di vini. ● **c.-flap**, (ribalta della) botola □ **coal c.**, carbonaia.

to **cellar** /'sɛlə(r)/, *v. t.* mettere (*vino, ecc.*) in cantina.

cellarage /'sɛlərɪdʒ/, *n.* ***1*** spazio utile d'una cantina ***2*** scantinato ***3*** spese di magazzinaggio (*in cantina*).

cellarer /'sɛlərə(r)/, *n.* celleraio, cellerario (*in un monastero*).

cellaret /sɛlə'rɛt/, *n.* bar; controbuffet; mobiletto per bottiglie di vino, liquori, bicchieri, ecc.

cellarman /'sɛləmən/, *n.* (*pl.* **cellarmen**) cantiniere.

celliform /'sɛlɪfɔːm/, *a.* celliforme.

cellist /ˈtʃɛlɪst/, *n.* (*mus.*) violoncellista.

cello /ˈtʃɛləʊ/, *n.* (*pl.* **cellos, celli**) (*mus.*) violoncello.

cellophane /ˈsɛləfeɪn/, *n.* (*marchio*) cellofan, cellophane.

cellotape /ˈsɛləteɪp/, *n.* (*marchio*) nastro adesivo.

cellphone /ˈsɛlfəʊn/, *n.* (*telef.*) cellulare.

cellular /ˈsɛljʊlə(r)/, *a.* (*scient., tecn.*) cellulare; a cella; a celle. ● **c. confinement**, segregazione cellulare □ **c. linen**, cellulare; tessuto a nido d'ape □ (*telef.*) **c. telephone**, telefono cellulare □ (*biol.*) **c. tissue**, tessuto cellulare.

cellulate(d) /ˈsɛljʊleɪt(ɪd)/, *a.* cellulare: **c. glass**, vetro cellulare.

cellulation /sɛljʊˈleɪʃn/, *n.* (*biol.*) cellulazione.

cellule /ˈsɛljuːl/, *n.* (*anat.*) piccola cellula; microcellula.

cellulitis /sɛljʊˈlaɪtɪs/, *n.* (*med.*) cellulite.

celluloid /ˈsɛljʊlɔɪd/, *n.* **1** (*marchio*) celluloide **2** (*fam.*) pellicola cinematografica (*o* fotografica).

cellulose /ˈsɛljʊləʊs/, **A** *n.* (*biochim.*) cellulosa. **B** *a.* **1** (*chim.*) cellulosico: **c. ether**, etere cellulosico **2** di celluloide. ● (*chim., fotogr., ecc.*) **c. acetate**, acetilcellulosa □ **c. spraying**, verniciatura alla cellulosa.

to **cellulose** /ˈsɛljʊləʊs/, *v. t.* trattare (*un metallo, ecc.*) con cellulosa.

cellulosic /sɛljʊˈləʊzɪk/, *a.* (*chim.*) cellulosico.

celt /sɛlt/, *n.* (*archeol.*) utensile preistorico (*di pietra o bronzo*) a forma di cesello (*o* di ascia).

Celt /kɛlt, *USA* sɛlt/, *n.* (*stor.* e *fig.*) celta.

Celtic /ˈkɛltɪk, *USA* ˈsɛltɪk/, **A** *a.* celtico. **B** *n.* lingua celtica; celtico.

celticism /ˈkɛltɪsɪzəm/, *n.* **1** uso (*o* costume) celtico **2** (*ling.*) celtismo.

to **celticize** /ˈkɛltɪsaɪz/, **A** *v. t.* rendere celtico. **B** *v. i.* diventare celtico.

cement /sɪˈmɛnt/, *n.* **1** cemento (*anche geol.*) **2** adesivo; mastice; stucco **3** (*fig.*) legame **4** (*med.*) cemento dentario. ● **c. factory**, cementificio □ **c. gun**, (*edil.*) pistola spruzzacemento; (*mecc.*) spruzzapigiata □ **c. industry**, industria cementiera □ **c. layer**, cementista □ **c. mixer**, betoniera; impastatrice di cemento □ (*pop. USA*) **c. overcoat** (*o* **shoes**), sepoltura nel cemento fresco (*di una vittima dei gangster*) □ **c. plaster**, intonaco di gesso.

to **cement** /sɪˈmɛnt/, *v. t.* cementare (*anche fig.*); consolidare: **to c. an alliance**, consolidare un'allenza.

cementation /siːmɛnˈteɪʃn/, *n.* (*edil., chim., geol., metall.*) cementazione.

cementer /sɪˈmɛntə(r)/, *n.* **1** (*ind.*) cementiere **2** cementista; operaio cementiero **3** cementatore **4** (*USA*) vulcanizzatore (*di pneumatici*).

cementite /sɪˈmɛntaɪt/, *n.* (*metall.*) cementite.

cementum /sɪˈmɛntəm/, *n.* (*anat.*) cemento.

cemeterial /sɛmɪˈtɪərɪəl/, *a.* cimiteriale.

cemetery /ˈsɛmətrɪ, *USA* -terɪ/, *n.* cimitero; camposanto.

cenobite /ˈsiːnəʊbaɪt/, *n.* cenobita.

cenotaph /ˈsɛnətɑːf, *USA* -tæf/, *n.* cenotafio. ● (*stor.*) **the C.**, il Cenotafio (*a Whitehall, Londra*).

Cenozoic /siːnəˈzəʊɪk/, *a.* e *n.* (*geol.*) cenozoico. ● (*geol.*) **the C.**, il Cenozoico; l'era cenozoica.

to **cense** /sɛns/, *v. t.* (*raro*) incensare; bruciare incenso a (*un dio*).

censer /ˈsɛnsə(r)/, *n.* incensiere; turibolo. ● **c.-bearer**, turiferario.

censor /ˈsɛnsə(r)/, *n.* censore (*in ogni senso, anche stor.*).

to **censor** /ˈsɛnsə(r)/, *v. t.* censurare.

censorial /sɛnˈsɔːrɪəl/, *a.* censorio.

censorious /sɛnˈsɔːrɪəs/, *a.* incline a criticare; ipercritico.

censoriousness /sɛnˈsɔːrɪəsnəs/, *n.* tendenza all'ipercritica; petulanza critica; atteggiamento censorio.

censorship /ˈsɛnsəʃɪp/, *n.* **1** censura **2** (*stor.*) censorato.

censurable /ˈsɛnʃərəbl/, *a.* censurabile; biasimevole.

censure /ˈsɛnʃə(r)/, *n.* riprovazione; biasimo; censura.

to **censure** /ˈsɛnʃə(r)/, *v. t.* riprovare; biasimare; criticare; censurare.

censurer /ˈsɛnʃərə(r)/, *n.* censuratore.

census /ˈsɛnsəs/, *n.* **1** (*stat.*) censimento **2** (*stor. romana*) censo. ● **c. data**, dati censuari □ **c.-paper**, modulo per censimento □ **c. taker**, censitore.

to **census** /ˈsɛnsəs/, *v. t.* (*stat.*) censire.

cent /sɛnt/, *n.* **1** (*USA*) centesimo di dollaro **2** cento (*soltanto in certe espressioni*; *per es.*:) **per c.**, per cento; **c. per c.**, (percentuale del) cento per cento; (*fin.*) **four and a half per cents**, titoli del risparmio nazionale al quattro e mezzo per cento. ● **I don't care a c.**, non me ne importa un soldo bucato (*o* niente) □ **I haven't a red c.**, non ho neppure un soldo; non ho (il becco di) un quattrino.

cental /ˈsɛntl/, *n.* misura di peso uguale a cento libbre (*pari a 45,36 Kg*).

centare /ˈsɛnteə(r)/, *n.* centiara.

centaur /ˈsɛntɔː(r)/, *n.* (*mitol.*) centauro.

Centaurus /sənˈtɔːrəs/, *n.* (*astron.*) Centauro.

centaury /ˈsɛntɔːrɪ/, *n.* (*bot.*) **1** (*Centaurea*) centaurea **2** (*Erythraea centaurium*) centaurea minore; cacciafebbre.

centenarian /sɛntɪˈneərɪən/, **A** *a.* centenario; che ha cent'anni. **B** *n.* (vecchio) centenario.

centenary /sɛnˈtiːnərɪ, -ˈten-, *USA* ˈsɛntɪnerɪ/, **A** *a.* centenario; che ricorre ogni cent'anni. **B** *n.* **1** centenario (*centesimo anno a partire da un evento*) **2** centennio.

centennial /sɛnˈtɛnɪəl/, **A** *a.* centennale; centenne (*lett.*). **B** *n.* (celebrazione di) centenario. ● **c. pines**, pini centenari.

center /ˈsɛntə(r)/, e *deriv.* (*USA*) *V.* **centre**, e *deriv.*

centerfold /ˈsɛntəfəʊld/, *n.* (*USA*) inserto centrale (*attraverso due pagine di una rivista illustrata*).

centesimal /sɛnˈtɛsɪml/, *a.* centesimale.

centiare /ˈsɛntɪɛə(r)/, *n. V.* **centare**.

centigrade /ˈsɛntɪgreɪd/, *a.* centigrado: **a c. thermometer**, un termometro centigrado; **c. scale**, scala centigrada.

centigram(me) /ˈsɛntɪgræm/, *n.* centigrammo.

centilitre /ˈsɛntɪliːtə(r)/, *n.* centilitro.

centimetre /ˈsɛntɪmiːtə(r)/, *n.* centimetro.

centipede /ˈsɛntɪpiːd/, *n.* (*zool.*) centopiedi.

centisecond /ˈsɛntɪsɛkənd/, *n.* (*scient.*) centesimo di secondo.

cento /ˈsɛntəʊ/, *n.* (*pl.* **centones, centoes, centos**) (*letter., mus.*) centone.

central /ˈsɛntrəl/, **A** *a.* centrale; principale: **c. heating**, riscaldamento centrale. **B** *n.* (*USA*) **1** centrale telefonica; centralino **2** (*raro*) centralinista. ● (*fin.*) **c. bank**, banca centrale □ **c. control**, (*aeron., tecn.*) controllo centralizzato; (*mil.*) centrale di tiro □ (*leg.*) **the C. Criminal Court**, il Tribunale Penale Centrale (*a Londra*) □ (*polit.*) **c. government**, governo centrale □ (*econ.*) **c. planning**, pianificazione centrale □ (*fin.*) **c. (exchange) rates**, parità centrali (*delle valute*) □ (*autom.*) **c. reserve**, aiuola spartitraffico (*d'autostrada*) □ (*autom.*) **jumping beyond the c. reserve**, salto di corsia.

centralism /ˈsɛntrəlɪzəm/, *n.* (*polit.*) centralismo.

centralist /ˈsɛntrəlɪst/, *n.* e *a. attr.* (*polit.*) centralista.

centrality /sɛnˈtrælətɪ/, *n.* centralità; posizione di centro.

centralization /sɛntrəlaɪˈzeɪʃn, *USA* -lɪˈz-/, *n.* centralizzazione; accentramento.

to **centralize** /ˈsɛntrəlaɪz/, *v. t.* e *i.* centralizzare; accentrare, accentrarsi; rendere, diventare centrale.

centralizer /ˈsɛntrəlaɪzə(r)/, *n.* accentratore, accentratrice.

centrally /ˈsɛntrəlɪ/, *avv.* in posizione centrale. ● (*di un albergo, ecc.*) **c.-heated**, dotato di riscaldamento centrale □ (*econ.*) **c. planned economy**, economia dirigista □ (*di una casa*) **c. situated**, situata nel centro (*della città*).

centre /ˈsɛntə(r)/, *n.* **1** centro (*in ogni senso*): **c. of gravity**, centro di gravità; baricentro; (*geom.*) **c. angle**, angolo al centro; (*naut.*) **c. of buoyancy**, centro di spinta **2** (*mecc.*) perno; fulcro; punta (*in una macchina utensile*) **3** (*sport*) *V.* **c. spot** **4** (*sport*) centrocampista; (*nell'hockey*) centro **5** (*calcio*) passaggio al centro **6** (*biol.*) nucleo **7** (*edil.*) centina. ● (*calcio*) **c. back**, centromediano, centrosostegno, centroterzino □ (*di ponte*) **c. bay**, campata mediana □ (*falegn.*) **c. bit**, punta a centro □ (*mecc.*) **c. distance**, interasse □ (*sport*) **c.-field**, centrocampo □ (*baseball*) **c.-fielder**, estremo centrale □ **c. forward**, (*calcio*) centrattacco, centravanti; (*basket*) pivot □ (*sport*) **c. half**, centromediano, mediano centrale, libero □ (*polit.*) **c. left**, centrosinistra: **a c.-left government**, un governo di centrosinistra □ **c. line**, (*autom.*) mezzeria; (*sport*) linea centrale (*o* di centrocampo) □ (*polit.*) **the c. parties**, i partiti di centro □ **c. rail**, rotaia centrale (*in ferrovia a cremagliera*) □ (*polit.*) **c. right**, centrodestra; di centrodestra □ (*sport*) **c. spot**, disco di centrocampo □ **shopping c.**, centro commerciale □ **urban c.**, centro urbano.

to **centre** /ˈsɛntə(r)/, **A** *v. t.* **1** (*anche mecc.*) centrare: **to c. a wheel**, centrare una ruota **2** trovare il centro di; (*tipogr.*) collimare **3** provvedere di (*o* segnare con) un centro **4** (*calcio, rugby, ecc.*) passare (*la palla*) al centro **5** accentrare: **to c. one's hopes on sb.**, accentrare le proprie speranze su q. **B** *v. i.* **1** concentrarsi; accentrarsi; convergere **2** incentrarsi; basarsi.

centreboard /ˈsɛntəbɔːd/, *n.* (*naut.*) deriva mobile.

centreing /ˈsɛntərɪŋ/, *V.* **centring**.

centreless /ˈsɛntələs/, *a.* senza centro; senza centri: (*mecc.*) **c. grinder**, rettificatrice senza centri.

centrepiece /ˈsɛntəpiːs/, *n.* **1** centrotavola **2** (*archit.*) rosone centrale.

centric(al) /ˈsɛntrɪk(l)/, *a.* **1** (*raro*) centrale **2** (*scient.*) centrico.

centricity /sɛnˈtrɪsətɪ/, *n.* centralità.

centrifugal /sɛntrɪˈfjuːgl, sɛnˈtrɪfjʊgl/, **A** *a.* centrifugo: **c. force**, forza centrifuga; **c. pump**, pompa centrifuga. **B** *n.* (*mecc.*, = **c. machine**) centrifuga.

centrifuge /ˈsɛntrɪfjuːdʒ/, *n.* (*mecc.*) centrifuga.

to **centrifuge** /ˈsɛntrɪfjuːdʒ/, *v. t.* centrifugare (*latte, ecc.*).

centrina shark /sɛnˈtriːnəˈʃɑːk/, *n.* (*zool., Oxynotus centrina*) pesce porco (*piccolo squalo*).

centring /ˈsɛntrɪŋ/, *n.* **1** (*edil.*) centina; centinatura **2** (*mecc.*) centraggio; centratura. ● (*mecc.*) **c. machine**, centratrice.

centripetal /sɛntrɪˈpiːtl, sɛnˈtrɪpɪtl/, *a.* centripeto: **c. force**, forza centripeta.

centrism /ˈsɛntrɪzəm/, *n.* (*polit.*) centrismo.

centrist /ˈsɛntrɪst/, *n.* e *a. attr.* (*polit.*) centrista.

centroid /ˈsɛntrɔɪd/, *n.* (*geom.*) baricentro (*di un triangolo*).

centrosome /ˈsɛntrəʊsəʊm/, *n.* (*biol.*) centrosoma.

centrosphere /ˈsɛntrəʊsfɪə(r)/, *n.* (*biol.*) centrosfera.

centumvir /sɛnˈtʌmvə(r)/, *n.* (*pl.* **centumviri**) (*stor. romana*) centumviro.

centumvirate /sɛnˈtʌmvɪrət/, *n.* (*stor. romana*) centumvirato.

centuple /ˈsɛntjʊpl, sɛnˈtjuːpl, *USA* -ˈtuː-/, *a.* e *n.* centuplo.

to **centuple** /ˈsɛntjʊpl, sɛnˈtjuːpl, *USA* -ˈtuː-/, *v. t.* centuplicare.

centuplicate /sɛnˈtjuːplɪkeɪt, *USA* -ˈtuː-/, **A**

a. centuplicato. **B** *n.* centuplo. ● **in c.**, in cento copie.

to **centuplicate** /sɛn'tju:plɪkeɪt, *USA* -'tu:-/, *v. t.* centuplicare.

centurion /sɛn'tjʊərɪən, *USA* -'tʊə-/, *n.* (*stor. romana*) centurione.

century /'sɛntʃərɪ/, *n.* ***1*** (*stor. romana*) centuria ***2*** secolo: **the nineteenth c.**, il secolo diciannovesimo ***3*** centinaio ***4*** (*sport*) cento punti ***5*** (*pop. USA*) cento dollari.

cephalalgia /sɛfə'lældʒɪə, -dʒə/, *n.* (*med.*) cefalea; cefalalgia; cefalgia.

cephalic /sɪ'fælɪk/, *a.* (*anat.*) cefalico. ● (*antropol.*) **c. index**, indice cefalico.

cephalopods /'sɛfələʊpɒdz/, *n. pl.* (*zool., Cephalopoda*) cefalopodi.

cephalotomy /sɛfə'lɒtəmɪ/, *n.* (*med.*) cefalotomia.

ceramic /sə'ræmɪk/, *a.* relativo alla ceramica; ceramico: **c. coating**, rivestimento ceramico; **c. mosaic**, mosaico ceramico.

ceramics /sə'ræmɪks/, *n. pl.* ***1*** (*col verbo al sing.*) (arte della) ceramica ***2*** ceramiche.

ceramist /'sɛrəmɪst/, *n.* ceramista.

cerastes /sə'ræsti:z/, *n.* (*invar. al pl.*) (*zool., Cerastes cornutus*) ceraste; vipera cornuta.

Cerberus /'sɜ:bərəs/, *n.* (*pl.* **Cerberuses, Cerberi**) (*mitol.*) Cerbero; (*fig.*) cerbero. ● (*fig.*) **a sop to C.**, un'offa a Cerbero.

cercopith /'sɜ:kəpɪθ/, *n.* (*zool., Cercopithecus*) cercopiteco.

cere /sɪə(r)/, *n.* (*zool.*) cera (*nella mandibola di vari uccelli*).

cereal /'sɪərɪəl/, **A** *a.* cereale. **B** *n.* (*generalm. al pl.*) ***1*** cereali; granaglie ***2*** (*cucina*) fiocchi d'avena, di frumento, ecc. ● **c. grower**, cerealicoltore ▫ **c. growing**, cerealicoltura.

cerebellar /sɛrə'bɛlə(r)/, *a.* (*anat.*) cerebellare.

cerebellum /sɛrə'bɛləm/, *n.* (*pl.* **cerebella, cerebellums**) (*anat.*) cerebello; cervelletto.

cerebral /'sɛrəbrəl, *USA* sə'ri:brəl/, *a.* ***1*** (*anat.*) cerebrale: (*med.*) **c. palsy**, paralisi cerebrale; **c. death**, morte cerebrale ***2*** (*fig.*) cerebrale; troppo intellettuale.

cerebralism /'sɛrəbrəlɪzəm/, *n.* cerebralismo.

cerebration /sɛrə'breɪʃn/, *n.* lavorio del cervello; elucubrazione.

cerebropathy /sɛrə'brɒpəθɪ/, *n.* (*med.*) cerebropatia.

cerebrospinal /sɛrəbrəʊ'spaɪnl/, *a.* (*anat.*) cerebrospinale.

cerebrum /'sɛrəbrəm/, *n.* (*pl.* **cerebrums, cerebra**) (*anat.*) cervello.

cerecloth /'sɪəklɒθ, *USA* -ɔ:θ/, *n.* ***1*** tela cerata; incerata ***2*** (*arc.*) sudario di tela cerata.

cerement /'sɪəmənt/, *n.* (*arc.*) ***1*** tela cerata; sudario ***2*** (*pl.*) bende per la sepoltura.

ceremonial /sɛrə'məʊnɪəl/, **A** *a.* cerimoniale; di (*o* da) cerimonia; solenne, formale, rituale: **c. dress**, abito da cerimonia. **B** *n.* ***1*** cerimoniale; etichetta ***2*** (*relig.*) rituale. ● **c. funeral**, esequie solenni.

ceremonialism /sɛrə'məʊnɪəlɪzəm/, *n.* ***1*** (*relig.*) ritualismo ***2*** formalismo.

ceremonialist /sɛrə'məʊnɪəlɪst/, *n.* ***1*** (*relig.*) ritualista ***2*** formalista.

ceremonious /sɛrə'məʊnɪəs/, *a.* ***1*** cerimonioso ***2*** solenne.

ceremoniousness /sɛrə'məʊnɪəsnəs/, *n.* ***1*** cerimoniosità ***2*** solennità.

ceremony /'sɛrəmənɪ, *USA* -məʊnɪ/, *n.* ***1*** cerimonia ***2*** (*relig.*) cerimonia; rito ***3*** (*collett.*) cerimonie; convenevoli; complimenti: **without c.**, senza complimenti; **Please, don't stand on c.**, ti prego, non far complimenti ***4*** mera formalità. ● **master of ceremonies**, maestro delle cerimonie; cerimoniere; (*radio, TV*) presentatore.

Ceres /'sɪəri:z/, *n.* (*mitol.*) Cerere.

ceric /'sɪərɪk/, *a.* (*chim.*) cerico.

cerise /sə'ri:z, -ri:s/ (*franc.*), *a.* e *n.* (color) rosso ciliegia.

cerium /'sɪərɪəm/, *n.* (*chim.*) cerio.

cermet /'sɜ:mɪt/, *n.* (*ind.*) metalloceramica.

cerography /sɪə'rɒgrəfɪ/, *n.* cerografia.

ceroplastic /sɪərəʊ'plæstɪk/, *a.* (*arte*) ceroplastico.

ceroplastics /sɪərəʊ'plæstɪks/, *n. pl.* (*col verbo al sing.*) (*arte*) ceroplastica.

cerous /'sɪərəs/, *a.* (*chim.*) ceroso.

cert /sɜ:t/, *n.* (*abbr. fam. di* **certainty**) cosa certa; fatto certo: **His promotion is a c.**, la sua promozione è cosa certa. ● **a dead c.**, una cosa assolutamente certa.

certain /'sɜ:tn/, **A** *a.* ***1*** certo; sicuro; indubbio: **He's c. to arrive tomorrow**, è cosa certa che arriverà domani ***2*** certo; indefinito; indeterminato: **a lady of a c. age**, una signora d'una certa età; **a c. John Smith**, un certo John Smith; **He showed a c. reluctance**, mostrava qualche riluttanza; **to a c. extent**, fino a un certo punto. **B** *pron.* alcuni, alcune; taluni, talune: **C. of the partners don't agree**, alcuni dei soci non sono d'accordo. ● (*fin.*) **c. rate of exchange**, cambio certo ▫ **for c.**, per certo; di sicuro; senza fallo ▫ **to make c.**, accertarsi; assicurarsi (*che q.c. sia fatto*) ▫ **to make c. of st.**, accertarsi di q.c.

certainly /'sɜ:tnlɪ/, *avv.* certamente; senza dubbio; certo. ● **c. not!**, no di certo!

certainty /'sɜ:tntɪ/, *n.* ***1*** certezza; sicurezza ***2*** cosa certa; fatto certo. ● (*leg.*) **c. in law**, certezza del diritto ▫ **to know st. for a** (*o* **to a**) **c.**, sapere q.c. con sicurezza (*o* per certo).

certes /'sɜ:tɪz/, *avv.* (*lett.*) certamente; invero.

certifiable /sɜ:tɪ'faɪəbl/, *a.* ***1*** attestabile ***2*** (*med.*) da ricoverare in manicomio; che dovrebbe essere dichiarato pazzo.

certificate /sə'tɪfɪkət/, *n.* ***1*** certificato; attestato; diploma ***2*** (*fin.*) cartella (*d'azioni, obbligazioni, ecc.*): **c. for one [for more than one] share**, cartella unitaria [multipla] ***3*** (*naut.*) brevetto (*di capitano*). ● (*naut.*) **c. of average**, certificato d'avaria ▫ **c. of character**, certificato di buona condotta ▫ (*dog.*) **c. of clearing outwards**, certificato d'uscita ▫ (*leg.*) **c. of discharge**, certificato di riabilitazione (*di un fallito*) ▫ (*comm.*) **c. of origin**, certificato di origine ▫ (*naut.*) **c. of registry**, certificato d'immatricolazione (*di una nave*) ▫ (*naut.*) **c. of seaworthiness**, certificato di navigabilità ▫ (*fin.*) **c. of subscription**, certificato di sottoscrizione di azioni ▫ **health c.**, certificato di sana costituzione ▫ (*naut.*) **master's c.**, brevetto di capitano.

to **certificate** /sə'tɪfɪkeɪt/, *v. t.* ***1*** certificare; attestare ***2*** (*leg.*) autorizzare per mezzo di certificato; abilitare. ● (*leg.*) **certificated bankrupt**, fallito riabilitato.

certification /sɜ:tɪfɪ'keɪʃn/, *n.* ***1*** certificazione; attestazione ***2*** (*leg.*) legalizzazione; autenticazione (*di un documento, ecc.*). ● (*comm.*) **c. mark**, marchio d'origine.

certified /'sɜ:tɪfaɪd/, *a.* ***1*** munito di certificato (*o* di documentazione); documentato: (*leg.*) **a c. transfer**, una cessione documentata ***2*** (*di un atto, ecc.*) legalizzato; autenticato ***3*** (*USA*) garantito: **c. milk**, latte garantito immune da germi ***4*** abilitato; iscritto all'albo: (*USA*) **a c. public accountant**, un ragioniere iscritto all'albo; (*anche*) un revisore contabile. ● **c. advertisements**, (annunci pubblicitari con) offerte di lavoro ▫ (*fin.*) **c. cheque**, assegno con copertura garantita ▫ (*USA*) **c. mail**, corrispondenza raccomandata.

certifier /'sɜ:tɪfaɪə(r)/, *n.* chi certifica; chi attesta.

to **certify** /'sɜ:tɪfaɪ/, *v. t.* ***1*** certificare; attestare ***2*** (*leg.*) legalizzare; autenticare (*un documento, una firma*): **certified copy**, copia autenticata ***3*** attestare; dichiarare: **She certifies that John was with her on Saturday**, dichiara che John era con lei sabato ***4*** dichiarare pazzo (*da parte di un medico*): **These are certified mental cases**, questi sono casi di malattia mentale attestati dal medico ***5*** (*fin., USA*) garantire (*un assegno, ecc., da parte di una banca*).

certiorari /sɜ:ʃɪə'rɛəraɪ, -tɪɔ:-/, *n.* (*leg.*) richiesta degli atti di un processo (*fatta da una corte di giustizia superiore a quella dinanzi a cui il processo si è svolto, allo scopo di riesaminare gli stessi*).

certitude /'sɜ:tɪtju:d, *USA* -tu:d/, *n.* certezza; sicurezza; convinzione.

cerulean /sə'ru:lɪən/, *a.* e *n.* (color) ceruleo.

cerumen /sə'ru:mɛn/, *n.* cerume. ● (*med.*) **inspissated c.**, tappo di cerume.

ceruminous /sə'ru:mɪnəs/, *a.* ceruminoso.

ceruse /'sɪəru:s/, *n.* (*chim.*) cerussa; biacca di piombo.

cerussite /'sɪərəsaɪt/, *n.* (*miner.*) cerussite.

cervical /'sɜ:vɪkl/, *a.* (*anat.*) cervicale.

cervicitis /sɜ:vɪ'saɪtaɪs/, *n.* (*med.*) cervicite.

cervine /'sɜ:vaɪn/, *a.* di cervo; cervino (*raro*).

cervix /'sɜ:vɪks/, *n.* (*pl.* **cervices, cervixes**) (*anat.*) cervice.

Cesarean, **Cesarian** /sɪ'zɛərɪən/, *V.* **Caesarean.**

cesium /'si:zɪəm/, (*USA*) *V.* **caesium.**

cess (**1**) /sɛs/, *n.* (*arc., ancora usato in Irlanda e Scozia*) tassa; imposta.

cess (**2**) /sɛs/, *n.* (*specialm. irl.*) sorte; fortuna ● **Bad c. to him!**, gli venga un malanno!

cessation /sɛ'seɪʃn/, *n.* cessazione; arresto; pausa; sospensione: **c. from work**, sospensione del lavoro.

cesser /'sɛsə(r)/, *n.* (*leg.*) cessazione, estinzione (*di un diritto, ecc.*).

cession /'sɛʃn/, *n.* (*leg., polit.*) cessione (*di diritti, territori, ecc.*).

cessionary /'sɛʃənərɪ, *USA* -erɪ/, *n.* (*leg.*) cessionario.

cesspit /'sɛspɪt/, **cesspool** /'sɛspu:l/, *n.* pozzo nero.

c'est la vie /seɪlɑ:'vi:, -lə-/ (*franc.*), *inter.* c'est la vie; è la vita.

cestodes /'sɛstəʊdz/, *n. pl.* (*zool., Cestoda*) cestodi.

cestoid /'sɛstɔɪd/, **A** *n.* (*zool.*) cestode. **B** *a. attr.* (*zool.: di verme*) nastriforme.

cestus /'sɛstəs/ (*lat.*), *n.* (*invar. al pl.*) (*stor., sport*) cesto.

cetacean /sɪ'teɪʃn/, **A** *a.* dei cetacei; appartenente ai cetacei. **B** *n.* (*zool.*) cetaceo.

cetaceous /sɪ'teɪʃɪəs/, *a.* (*zool.*) dei cetacei; appartenente ai cetacei.

cetane /'si:teɪn/, *n.* (*chim.*) cetano: **c. number** (*o* **rating**), numero di cetano.

ceterach /'sɛtəræk/, *n.* (*bot., Ceterach officinarum*) cedracca; erba ruggine; spaccapietra.

Ceylonese /sɪlə'ni:z/, *a.* e *n.* (*invar. al pl.*) singalese, cingalese.

cha-cha /'tʃɑ:tʃɑ:/, *n.* (*mus.*) cha-cha-cha (*ballo sudamericano*).

chad /tʃæd/, *n.* (*elab.*) coriandolo.

chafe /tʃeɪf/, *n.* ***1*** sfregamento; attrito ***2*** irritazione (*della pelle, ecc., prodotta da attrito*) ***3*** (*fig.*) irritazione; stizza; l'esser seccato (*fam.*). ● **to be in a c.**, essere irritato (*o* seccato) ▫ **He was in a c. of impatience**, non riusciva a dominare la sua impazienza.

to **chafe** /tʃeɪf/, **A** *v. t.* ***1*** fregare; sfregare; strofinare (*con conseguente usura*): **to c. one's hands**, fregarsi le mani (*per riscaldarle*) ***2*** logorare, riscaldare, irritare (*per sfregamento o attrito*): **If the collar is too tight, it will c. your throat**, se il colletto è troppo stretto, t'irriterà la gola ***3*** irritare; seccare (*fam.*): **Our delay will c. her**, il nostro ritardo la irriterà. **B** *v. i.* ***1*** sfregarsi; strofinarsi ***2*** irritarsi; spazientirsi; seccarsi (*fam.*). ● (*fig.*) **to c. at the bit**, mordere il freno.

chafer /'tʃeɪfə(r)/, *n.* (*zool.*) ***1*** coleottero (*in genere*) ***2*** *V.* **cockchafer.**

chaff /tʃɑ:f, tʃæf, *USA* tʃæf/, *n.* ***1*** pula; loppa ***2*** paglia, fieno (*usati come foraggio*) ***3*** (*fig.*) cosa senza valore; surrogato di nessun pregio ***4*** (*fam.*) celia; scherzo bonario ***5*** (*aeron.*) paglietta antiradar. ● (*agric.*) **c.-cutter**, trinciapaglia ▫ (*fig.*) **caught with c.**, che abbocca all'amo con facilità ▫ (*fig.*) **to separate the wheat from the c.**, distinguere il grano dal loglio; separare i buoni dai cattivi.

to **chaff** /tʃɑ:f, tʃæf, *USA* tʃæf/, **A** *v. i.* celiare; scherzare bonariamente. **B** *v. t.* **1** trinciare (*paglia, ecc.*) **2** (*fam.*) prendersi gioco di; prendere in giro; canzonare; stuzzicare.

chaffer /ˈtʃæfə(r)/, *n.* mercanteggiamento.

to **chaffer** /ˈtʃæfə(r)/, *v. i.* mercanteggiare; tirare sul prezzo.

chaffinch /ˈtʃæfɪntʃ/, *n.* (*zool., Fringilla coelebs*) fringuello.

chaffy /ˈtʃɑ:fɪ, ˈtʃæ-, *USA* ˈtʃæ-/, *a.* **1** coperto di (*o* simile a) pula **2** (*fig.*) inutile; senza valore; insignificante.

chafing dish /ˈtʃeɪfɪŋdɪʃ/, *n.* scaldavivande.

chagrin /ˈʃægrɪn, -æn, *USA* ʃəˈgrɪn, -i:n, -æn/ (*franc.*), *n.* (*form.*) dispiacere; delusione; imbarazzo; mortificazione.

to **chagrin** /ˈʃægrɪn, -æn, *USA* ʃəˈgrɪn, -i:n, -æn/, *v. t.* (*form.*) deludere; mortificare; umiliare. ● **to be (to feel) chagrined at** (*o* **by**) **st.**, essere (sentirsi) deluso (*o* mortificato) per q.c.

chain /tʃeɪn/, *n.* **1** catena (*in ogni senso*); concatenamento; serie (*di fatti, ecc.*): **a gold c.**, una catenina d'oro **2** (= **c. shot**) due palle incatenate (*usate un tempo per spezzare l'albero della nave nemica*) **3** (*naut.*) catena (*d'ancora*) **4** (*elab., stat.*) catena **5** (*misura*) chain (*pari a 20 metri circa*). ● (*stor., mil.*) **c. armour**, *V.* **c. mail** □ **c. bridge**, ponte sospeso a catene □ (*naut.*) **c. cable**, catena (*d'ancora*) □ (*elab.*) **c. code**, codice concatenato (*o* a catena) □ (*ferr.*) **c. coupling**, attacco a catena (*fra due vagoni*) □ (*mecc.*) **c. drive**, trasmissione a catena □ **c. gang**, squadra di forzati incatenati □ **c. letter**, lettera di una catena di Sant'Antonio □ (*meteor.*) **c. lightning**, saetta □ (*naut.*) **c. locker**, pozzo delle catene □ (*stor., mil.*) **c. mail**, cotta di maglia (*di ferro*) □ (*archit.*) **c. moulding**, modanatura a catena □ **c. of command**, linea gerarchica □ (*chim.* e *fig.*) **c. reaction**, reazione a catena □ (*fis.*) **c. reactor**, reattore nucleare □ (*mat.*) **c. rule**, regola catenaria □ **c. saw**, motosega portatile □ **c. smoker**, chi fuma una sigaretta dopo l'altra; fumatore accanito □ (*cucito*) **c. stitch**, punto catenella □ (*USA*) **c. store** (*cfr. ingl.* **multiple shop**), negozio (*o* grande magazzino) che fa parte di una catena □ (*mecc.*) **c. wheel**, puleggia per catena □ **to be in chains**, essere in catene; essere incatenato □ (*di un cane, ecc.*) **on the c.**, alla catena.

to **chain** /tʃeɪn/, *v. t.* incatenare; tenere in catene; mettere alla catena (*un cane, ecc.*). ● **chained up**, (*di cane*) alla catena; (*di persona*) incatenato; (*fig.*) inceppato, vincolato.

chaining /ˈtʃeɪnɪŋ/, *n.* (*elab.*) concatenamento.

chainless /ˈtʃeɪnləs/, *a.* senza catena; senza catene.

chainlet /ˈtʃeɪnlət/, *n.* catenella; catenina.

to **chain-react** /ˈtʃeɪnrɪˈækt/, *v. i.* (*chim.* e *fig.*) reagire a catena.

to **chain-smoke** /ˈtʃeɪnsməʊk/, *v. i.* fumare una sigaretta dopo l'altra (*o* accanitamente).

chair /tʃeə(r)/, *n.* **1** sedia; (*fig.*) seggio (*presidenziale, ecc.*) **2** cattedra universitaria; carica di giudice, di sindaco, ecc.: **the c. of Italian**, la cattedra d'italiano **3** (= **chairman**) presidente (*di un'assemblea, riunione, ecc.*) **4** (*USA,* = **electric c.**) sedia elettrica **5** (*ferr.*) ganascia; supporto metallico della rotaia **6** (*mecc.*) supporto **7** (= **sedan c.**) portantina. ● **«C.! c.!»** (*appello rivolto al presidente di un'assemblea perché intervenga a sedare un tumulto*), «Presidente! Presidente!» □ **c.-back**, schienale □ **c. bed**, poltrona letto □ **c. lift**, seggiovia □ **c.-maker**, seggiolaio □ **c. step stool**, sedia trasformabile in scaletta □ (*fam. USA*) **c. warmer**, scaldaseggiole; fannullone □ **to address the c.**, rivolgersi al presidente □ **high c.**, seggiolone □ **to be in the c.**, avere la presidenza (*di una riunione, ecc.*) □ **to take** [**to leave**] **the c.**, assumere [lasciare] la presidenza (*d'una riunione, ecc.*); dare inizio [porre termine] ai lavori (*di un'assemblea*) □ **Won't you take a c.?**, prego, s'accomodi; si sieda; prenda una sedia.

to **chair** /tʃeə(r)/, *v. t.* **1** mettere (q.) su una sedia; far sedere **2** scegliere come presidente; insediare **3** presiedere (*una riunione, ecc.*) **4** portare in trionfo (*il vincitore di una gara, ecc.*).

chairman /ˈtʃeəmən/, *n.* (*pl.* **chairmen**) **1** presidente (*d'assemblea, di comitato, ecc.*) **2** chi spinge una sedia a rotelle (*per malati*) **3** portatore di portantina **4** direttore di un dipartimento universitario. ● (*fin.*) **c. of the board** (*o* **of directors**), presidente del consiglio d'amministrazione.

chairmanship /ˈtʃeəmənʃɪp/, *n.* presidenza.

chairperson /ˈtʃeəpɜ:sn/, *n.* presidente (*uomo o donna*).

chairwoman /ˈtʃeəwʊmən/, *n.* (*pl.* **chairwomen**) presidentessa.

chaise /ʃeɪz/, *n.* **1** calesse **2** carrozza da nolo. ● **c. longue**, sedia a sdraio; sdraio, sdraia □ **post c.**, diligenza.

chalcedony /kælˈsedənɪ/, *n.* (*miner.*) calcedonio.

chalcography /kælˈkɒgrəfɪ/, *n.* calcografia.

chalcopyrite /kælkəʊˈpaɪraɪt/, *n.* (*miner.*) calcopirite.

Chaldea /kælˈdi:ə/, *n.* (*geogr., stor.*) Caldea.

Chaldean /kælˈdi:ən/, **A** *a.* e *n.* (*stor.*) caldeo. **B** *n.* (*fig. raro*) astrologo.

chaldron /ˈtʃɔ:ldrən/, *n.* «chaldron» (*misura ingl. usata per carbone e sim., pari a 36 «bushel»*).

chalet /ˈʃæleɪ, *USA* ʃæˈleɪ/ (*franc.*), *n.* chalet.

chalice /ˈtʃælɪs/, *n.* **1** calice; coppa **2** (*relig.*) calice.

chaliced /ˈtʃælɪst/, *a.* (*di pianta*) che fiorisce in forma di calice.

chalk /tʃɔ:k/, *n.* **1** (*miner.*) calcare fine; gesso: **c. hills**, colline di gesso **2** (= **piece of c.**) gesso; gessetto **3** (*pop. USA*) bianco (*di razza*) **4** (*pop. USA*) cavallo favorito. ● **c. drawing**, disegno con i gessetti colorati □ (*fam. USA*) **c. talk**, lezione; discussione informale □ **c.-up**, punteggio □ **to be as like** (*o* **as different**) **as c. and cheese**, non essere affatto simili; essere del tutto diversi □ (*tennis*: *di palla*) **to hit the c.**, battere sulla linea □ (*fam.*) **not by a long c.**, per niente; niente affatto □ (*fam.*) **not to know c. from cheese**, prendere lucciole per lanterne (*o* fischi per fiaschi).

to **chalk** /tʃɔ:k/, *v. t.* **1** (*agric.*) gessare; ammendare, fertilizzare col gesso **2** segnare, scrivere, strofinare, imbrattare col gesso: **to c. slogans on a wall**, scrivere con il gesso degli slogan su una parete **3** (*tecn.*) trattare con gesso. ● **to c. out**, delineare, abbozzare (*un piano, ecc.*) □ **to c. up**, scrivere, segnare (*i punti d'una partita, ecc.*) col gesso; (*fig.*) conseguire, ottenere (*un risultato, un guadagno, ecc.*) □ (*Borsa*) **to c. up a gain of two marks**, guadagnare due punti □ (*fam.*) **C. it up to me!**, mettetelo sul mio conto!; pago io!

chalkboard /ˈtʃɔ:kbɔ:d/, *n.* (*USA*) lavagna (*scolastica, ecc.*).

chalkiness /ˈtʃɔ:kɪnəs/, *n.* qualità (*del terreno*) d'essere gessoso.

chalking /ˈtʃɔ:kɪŋ/, *n.* (*tecn.*) trattamento con gesso.

chalkpit /ˈtʃɔ:kpɪt/, *n.* cava di gesso (*o* di calcare).

chalkstone /ˈtʃɔ:kstəʊn/, *n.* (*med.*) tofo; tartaro (*dei denti*).

chalkstripe /ˈtʃɔ:kstraɪp/, **A** *n.* righina bianca (*su stoffa*). **B** *a. attr.* (*di abito*) gessato.

chalky /ˈtʃɔ:kɪ/, *a.* **1** gessoso **2** (*fig.*) pallido; terreo.

challenge /ˈtʃælɪndʒ/, *n.* **1** (*mil.*) intimazione; «chi va là»; «alto là»: **A sentry gave the c.**, una sentinella diede l'«alto là» **2** sfida: **a c. to a duel**, una sfida a duello **3** contestazione; il mettere in dubbio (*o* in discussione) **4** (*leg.*) contestazione; impugnazione; ricusazione: **the c. of a decision**, l'impugnazione di una sentenza; **the c. of a juror**, la ricusazione di un giurato **5** (*leg.*) opposizione; eccezione **6** (*polit. USA*) invalidazione **7** capacità di stimolare: **My new job has a lot of c.**, il mio nuovo lavoro è molto stimolante. ● **a c. to peace**, una minaccia alla pace □ **a c. to uphold democratic government**, un invito ad appoggiare il governo democratico □ (*sport*) **c. trophy**, trofeo «challenge».

to **challenge** /ˈtʃælɪndʒ/, **A** *v. t.* **1** (*mil.*) dare il «chi va là» (*o* l'«alto là») a (q.) **2** sfidare **3** contestare; mettere in dubbio (*o* in discussione): **to c. an account**, contestare un rendiconto **4** (*leg.*) fare opposizione a; impugnare **5** (*leg.*) ricusare (*un giurato*) **6** (*polit. USA*) invalidare (*una votazione*) **7** stimolare: **A difficult task will c. his ingenuity**, la difficoltà del compito stimolerà la sua ingegnosità. **B** *v. i.* **1** lanciare (*o* costituire) una sfida **2** (*dei cani da caccia*) trovare la traccia; mettersi ad abbaiare. ● (*leg.*) **to c. the competency of the court**, eccepire il difetto di giurisdizione del tribunale.

challengeable /ˈtʃælɪndʒəbl/, *a.* **1** che si può sfidare **2** contestabile **3** (*leg.*) eccepibile; impugnabile **4** (*leg.*: *di un giurato o una giuria*) ricusabile.

challenger /ˈtʃælɪndʒə(r)/, *n.* **1** (*anche sport*) sfidante; challenger **2** (*leg.*) chi ricusa (*un giurato*) **3** (*leg.*) chi impugna (*una sentenza*).

challenging /ˈtʃælɪndʒɪŋ/, *a.* **1** sfidante; che sfida **2** di sfida; provocatorio **3** (*di un lavoro*) difficile; impegnativo; stimolante. ● **a c. idea**, un'idea assai interessante □ **a c. personality**, una personalità affascinante □ **a c. problem**, un problema stimolante □ **a c. smile**, un sorriso provocante □ **a c. statement**, un'affermazione polemica.

chalybeate /kəˈlɪbɪət/, **A** *a.* ferruginoso. **B** *n.* acqua (*medicina, ecc.*) ferruginosa.

chalybite /ˈkælɪbaɪt/, *n.* (*miner.*) siderite; carbonato di ferro.

cham /kæm/, *n.* (*lett., stor.*) Can, Khan (*principe tartaro*).

chamber /ˈtʃeɪmbə(r)/, *n.* **1** (*poet.*) camera; stanza da letto **2** (*pl.*) appartamento (*per una persona sola*); (*leg.*) ufficio di giudice (*presso il tribunale*); (*leg.*) studio di uno o più avvocati; studio legale **3** (*polit.*) aula parlamentare; camera legislativa **4** (*d'arma da fuoco*) camera di scoppio (*o* di caricamento) **5** (*biol.*) cavità; corpo **6** conca di navigazione (*in un canale*) **7** (*ind. min.*) camera d'abbattimento sotterranea. ● (*stor.*) **C. Council**, Consiglio segreto (*di un monarca assoluto*) □ **c. counsel**, avvocato che tiene ufficio di consulente, ma non esercita in tribunale □ **c. music**, musica da camera □ **C. of Commerce**, Camera di Commercio □ **c. pot**, vaso da notte □ (*polit., in G.B.*) **Upper** [**Lower**] **C.**, Camera Alta [Bassa].

to **chamber** /ˈtʃeɪmbə(r)/, *v. t.* **1** alloggiare; ospitare **2** (*d'arma da fuoco*) contenere (*vari tipi di cartucce*). ● (*edil.*) **a chambered corridor**, un corridoio che dà sulle camere □ (*zool.*) **chambered nautilus** (*Nautilus*), nautilo.

chamberlain /ˈtʃeɪmbəlɪn/, *n.* **1** ciambellano **2** (*stor.*) camerlengo; camerario.

chamberlainship /ˈtʃeɪmbəlɪnʃɪp/, *n.* ufficio (*o* carica) di ciambellano.

chambermaid /ˈtʃeɪmbəmeɪd/, *n.* cameriera d'albergo.

chameleon /kəˈmi:lɪən/, *n.* (*zool., Chamaeleo*) camaleonte (*anche fig.*).

chameleonic /kəmi:lɪˈɒnɪk/, *a.* camaleontico (*anche fig.*).

chamfer /ˈtʃæmfə(r)/, *n.* **1** (*mecc.*) bisello; smussatura; smusso **2** (*archit.*) modanatura; smussatura **3** (*falegn.*) scanalatura. ● (*mecc.*) **c. angle**, angolo di smusso □ (*mecc.*) **c. bit**, punta per bisellare (*o* per smussare) □ (*mecc.*) **c. plane**, pialletto per bisellare (*o* per smussare); incorsatoio.

to **chamfer** /ˈtʃæmfə(r)/, *v. t.* **1** (*mecc.*) smus-

sare (*uno spigolo, ecc.*); bisellare *2* (*falegn.*) scanalare.
chamfering /ˈtʃæmfərɪŋ/, *n.* *1* (*mecc.*) bisellatura; smussatura *2* (*falegn.*) scanalatura.
chammy /ˈʃæmɪ/, *n.* *1* pelle di camoscio *2* pelle scamosciata. ● **c. leather**, pelle di camoscio.
to **chammy** /ˈʃæmɪ/, *v. t.* scamosciare (*pelle*).
chamois /ˈʃæmwɑː, *USA* ʃæmˈwɑː/, *n.* (*invar. al pl.*) *1* (*zool., Rupicapra rupicapra*) camoscio *2* (= **c. leather**) pelle di camoscio; pelle scamosciata.
chamomile /ˈkæməmaɪl/, *V.* **camomile**.
champ (1) /tʃæmp/, *n.* masticazione rumorosa.
champ (2) /tʃæmp/, *n.* (*fam.*) campione (*sportivo*).
to **champ** /tʃæmp/, *v. t.* e *i.* *1* masticare rumorosamente (*foraggio, ecc.*); brucare *2* (*del cavallo* e *fig.*) mordere il freno.
champagne /ʃæmˈpeɪn/ (*franc.*), *n.* champagne; sciampagna.
champaign /ˈtʃæmpeɪn/, *n.* aperta campagna; pianura.
champers /ˈʃæmpəz/, *n.* (*fam.*) champagne.
champerty /ˈtʃæmpətɪ/, *n.* (*leg.*, = **champertous pact**) patto di quota lite (*è proibito in G.B. e in Italia*).
champignon /tʃæmˈpɪnjən, ˈʃæmpiːnjɒŋ, *USA* ʃæmpiːˈnjəʊn/ (*franc.*), *n.* fungo coltivato.
champion /ˈtʃæmpɪən/, **A** *n.* (*sport* e *fig.*) campione: **the world's middleweight c.**, il campione del mondo dei (pesi) medi; **He was a c. of the faith**, era un campione della fede. **B** *a. attr.* *1* campione (*posposto al sost.*): **c. team**, squadra campione *2* che ha vinto il primo premio (*a un'esposizione*): **a c. horse**, un cavallo che ha vinto il primo premio. **C** (*pop. arc.*) *a.* e *avv.* benissimo; da re; da papa: **«How do you feel?» «C.!»**, «Come stai?» «da papa!». ● **a c. boxer**, un campione di pugilato □ **the c. of champions**, il campionissimo (*fam.*) □ **the c. soccer team**, la squadra di calcio che ha vinto il campionato; la squadra campione.
to **champion** /ˈtʃæmpɪən/, *v. t.* sostenere la causa di; battersi per, farsi paladino di.
championship /ˈtʃæmpɪənʃɪp/, *n.* *1* (*sport*) campionato; scudetto (*fig.*) *2* (*fig.*) difesa, sostegno (*d'una causa, ecc.*).
chance /tʃɑːns, *USA* tʃæns/, **A** *n.* *1* caso; sorte; fortuna: **I don't want to leave anything to c.**, non voglio lasciar nulla al caso *2* probabilità; possibilità: **He has no c. of success**, non ha alcuna probabilità di riuscita; **He stands a good [fair] c. of winning**, ha buone [discrete] probabilità di vincere *3* opportunità; occasione: **This is a unique c.; don't miss it!**, questa è un'occasione unica; non perderla! *4* azzardo; rischio *5* (*leg.*) caso fortuito *6* (*stat.*) probabilità. **B** *a. attr.* casuale; fortuito: **a c. acquaintance**, una conoscenza casuale; **a c. meeting**, un incontro fortuito. ● **c. comer**, visitatore inatteso □ **by c.**, per caso: **Many discoveries were made by c.**, molte scoperte furono fatte per caso □ **a game of c.**, un gioco d'azzardo □ **the main c.**, l'occasione di arricchire (*o* di far fortuna) □ **not to stand a c.**, non avere possibilità d'affermarsi (di successo, ecc.) □ **on the c. of** (*o* **on the off c. of**), casomai; nell'eventualità che: **I'll go to the post office on the (off) c. of my registered letter being there**, andrò alla posta casomai la mia raccomandata fosse là □ **to stand a poor c. of success**, avere poche probabilità di riuscita □ **to take no chances**, non voler correre rischi □ **to take one's chances**, affidarsi alla propria sorte; correre il rischio □ **The chances are against you**, hai poche probabilità a tuo favore.
to **chance** /tʃɑːns, *USA* tʃæns/, **A** *v. i.* accadere; succedere; capitare; darsi il caso che: **It chanced that he wasn't in**, capitò che non fosse in casa; **I chanced to meet him**, mi capitò d'incontrarlo. **B** *v. t.* affidare alla sorte; rischiare. ● (*fam.*) **to c. one's arm**, voler correre il rischio: **I'll c. my arm and offer fifty thousand pounds for the house**, voglio correre il rischio: offrirò cinquantamila sterline per la casa □ **to c. on** (*o* **upon**) **sb.**, imbattersi in q. □ (*fam.*) **to c. it**, tentare; provarci.
chancel /ˈtʃɑːnsl, *USA* ˈtʃæn-/, *n.* (*archit.*) coro e presbiterio (*di chiesa*).
chancellery /ˈtʃɑːnslrɪ, *USA* ˈtʃæn-/, *n.* *1* cancelleria (*ufficio, carica, sede di cancelliere*) *2* cancelleria di ambasciata (*o* di consolato).
chancellor /ˈtʃɑːnsələ(r), *USA* ˈtʃæn-/, *n.* *1* (*stor., polit.*) cancelliere *2* primo segretario d'ambasciata (*o* di consolato) *3* (*in G.B.*) alto funzionario; alto magistrato: **C. of the Exchequer**, Cancelliere dello Scacchiere (*ministro delle Finanze e del Tesoro*); **the Lord (High) C.** il Lord Cancelliere (*equivale al Primo Presidente della Corte di Cassazione in Italia*) *4* (*in G.B. e Can.*) presidente onorario (*di un'università*) *5* (*in U.S.A.*) rettore (*di talune università*); (*in qualche college*) direttore amministrativo.
chancellorship /ˈtʃɑːnsələʃɪp, *USA* ˈtʃæn-/, *n.* cancellierato (*V.* **chancellor**).
chancellory /ˈtʃɑːnslrɪ, *USA* ˈtʃæn-/, *V.* **chancellery**.
chance-medley /ˈtʃɑːnsmɛdlɪ, *USA* ˈtʃæn-/, *n.* *1* (*leg.*) omicidio preterintenzionale (*o* involontario) (*ad es., per legittima difesa*) *2* (*fig.*) azione avventata.
chancery /ˈtʃɑːnsərɪ, *USA* ˈtʃæn-/, *n.* (*leg.*) *1* (*in G.B.*) corte di giustizia del Lord Cancelliere *2* (*in U.S.A.*) «corte d'equità» (*V.* **equity**) *3* (*stor.*) cancelleria. ● (*leg., in G.B.*) **C. Division**, una delle tre sezioni dell'Alta Corte di Giustizia (*si occupa di diritto fallimentare e successorio, questioni fiscali, ecc.*) □ **in c.**, (*leg.*) in contestazione; (*fig.*) in una situazione difficile, senza via d'uscita.
chancre /ˈʃæŋkə(r)/, *n.* (*med.*) *1* ulcera *2* sifiloma iniziale. ● **soft c.**, *V.* **chancroid**.
chancroid /ˈkæŋkrɔɪd/, *n.* (*med.*) ulcera molle; ulcera venerea.
chancy /ˈtʃɑːnsɪ, *USA* ˈtʃænsɪ/, *a.* (*fam.*) incerto; avventato; rischioso.
chandelier /ʃændəˈlɪə(r)/, *n.* lampadario (*a più bracci*).
chandelle /ʃænˈdɛl/ (*franc.*), *n.* (*aeron.*) candela. ● **c. climb**, salita (*o* volo) a candela.
chandler /ˈtʃɑːndlə(r), *USA* ˈtʃæn-/, *n.* *1* (*un tempo*) fabbricante (*o* venditore) di candele; candelaio *2* (*arc.*) droghiere *3* commerciante (*in genere*): **corn c.**, commerciante in granaglie; **ship c.**, fornitore navale.
chandlery /ˈtʃɑːndlrɪ, *USA* ˈtʃæn-/, *n.* *1* (*arc.*) (negozio in cui si vendono) candele, sapone, ecc.; drogheria *2* (commercio di) generi alimentari (*o* coloniali).
change /tʃeɪndʒ/, *n.* *1* cambiamento; mutamento; alterazione; sostituzione; variazione: **It's a c. for the better**, è un cambiamento in meglio; (*econ.*) **changes in demand and supply**, variazioni della domanda e dell'offerta *2* cambio; ricambio; muta: **Your car needs a c. of oil**, la tua auto ha bisogno di un cambio d'olio; **I need three changes of clothes a week**, mi occorrono tre mute di abiti la settimana *3* (denari) spiccioli; resto: **He is very quick at making c.**, è sveltissimo a dare il resto; **Can you give me c. for a 5-pound note?**, può darmi spiccioli per (*o* spicciolarmi) un biglietto da cinque sterline? *4* – **C.**, (*arc.*) Borsa (Valori): **All the big merchants were on C.**, tutti i grossi mercanti erano (impegnati) in Borsa *5* (*mecc.*) cambio *6* (*sport*) cambio (*nella staffetta*). ● (*autom.*) **c.-down**, lo scalare di marcia □ (*autom.*) **c. gear**, cambio di velocità □ **c. in the moon**, luna nuova □ (*autom.*) **c.-lane signal**, segnale di cambio di corsia □ **c. of heart**, il mutar d'animo; ripensamento □ (*fam.*) **c. of life**, menopausa □ **the changes of life**, le vicissitudini della vita □ (*leg.*) **c. of venue**, rinvio (*per incompetenza*) di una causa (*a un'altra corte di giustizia*) □ (*naut.*) **c. of wind**, salto di vento □ (*mus., relig.*) **c. ringing**, il suonare (*le campane*) a concerto (*o* a carillon) □ **c. room**, spogliatoio □ **for a c.**, tanto per cambiare □ (*fig.*) **to get no c. out of sb.**, non cavare un ragno da un buco con q. (*negli affari, in una discussione, ecc.*) □ **to give sb. the wrong c.**, sbagliarsi a dare il resto a q. □ **to ring the changes**, (*mus.*) suonare le campane a concerto; (*fig.*) cantarla in tutti i toni □ **small c.**, spiccioli, soldi spiccioli; (*fig.*) cosa di scarsa importanza □ (*fig.*) **to take one's** (*o* **the**) **c. out of sb.**, prendersi la rivincita su q. □ **I need a c.**, ho bisogno di un cambiamento (*di vita, lavoro, aria, ecc.*); mi occorre un diversivo.
to **change** /tʃeɪndʒ/, *v. t.* e *i.* *1* cambiare (*denaro, banconote, ecc.*); cambiarsi (*d'abito*); mutare, mutarsi; alterare; sostituire; trasformare, trasformarsi; variare: **Can you c. me a fiver?**, mi cambi (*o* mi spiccioli) cinque sterline?; **to c. dollars into liras**, cambiare dollari in lire; **to c. step** (*o* **foot, feet**), cambiare il passo (*marciando*); **to c. trains [buses]**, cambiare treno [autobus]; **Let's c. the subject**, cambiamo argomento!; **Success changed him**, il successo lo trasformò; **Admiration slowly changed to contempt**, a poco a poco l'ammirazione si mutò in disprezzo *2* scambiare, scambiarsi; fare un cambio: **I wouldn't like to c. places with her**, non vorrei far cambio di posto con lei (non vorrei essere al suo posto) *3* (*mecc.*) sostituire (*un pezzo, ecc.*) *4* (*ferr., ecc.*) cambiare. ● **to c. and c. about**, fare un voltafaccia; mutar parere continuamente □ **to c. back into**, trasformarsi di nuovo in; ridiventare □ **to c. the bed**, fare il cambio delle lenzuola □ **to c. colour**, mutar (di) colore; arrossire; (*anche*) impallidire □ **to c. one's condition**, mutare stato civile; sposarsi □ (*autom.*) **to c. down**, passare a una marcia inferiore; scalare di marcia (*fam.*) □ (*sport*) **to c. ends**, cambiare campo □ (*fam.*) **to c. one's feet**, cambiarsi le scarpe □ **to c. gear**, (*autom.*) cambiare marcia, cambiare; (*fig.*) cambiare musica (*fig.*) □ **to c. hands**, cambiare di mano, cambiare di proprietario (*o* padrone) □ **to c. into**, trasformarsi in; mettersi (*un abito più pesante, ecc.*) □ (*autom.*) **to c. into third (gear)**, mettere la terza □ **to c. one's mind**, cambiare idea (*o* opinione); mutar (di) parere □ (*anche fig.*) **to c. one's note [tune]**, cambiar tono [mutare registro] □ **to c. out of**, togliersi (*un vestito bagnato, ecc.*) □ **to c. over**, cambiare, fare un cambiamento (radicale); passare (*da q.c. a q.c. altro*); (*mil.: di sentinella*) dare il cambio; (*elettr.*) commutare: **I'm tired out: let's c. over**, sono stanco morto: scambiamoci (*di posto, alla guida, ecc.*) □ **to c. political parties**, cambiare partito (*passare da un partito all'altro*) □ **to c. round**, (*del vento*) cambiare direzione, girare; *V.* **to c. over** □ (*fig.*) **to c. sides**, passare dall'altra parte, mutar bandiera □ **to c. spots**, (*di un leopardo, ecc.*) cambiare il pelo maculato; (*fig.*) cambiare vita □ (*autom.*) **to c. up**, passare a una marcia superiore □ (*trasp., ferr.*) **«All c.!»**, «fine della corsa!»
changeability /tʃeɪndʒəˈbɪlətɪ/, *n.* mutevolezza; incostanza; variabilità; alterabilità.
changeable /ˈtʃeɪndʒəbl/, *a.* mutevole; incostante; variabile; alterabile: **c. weather**, tempo variabile; **a c. person**, una persona incostante. || **-ness**, *sost.* || **-bly**, *avv.*
changeful /ˈtʃeɪndʒfl/, *a.* mutevole; incostante; variabile.
changeless /ˈtʃeɪndʒləs/, *a.* immutabile; costante.
changeling /ˈtʃeɪndʒlɪŋ/, *n.* *1* bambino sostituito furtivamente a un altro; supposito (*lett.*) *2* bambino brutto, bizzarro o anormale (*lasciato in luogo di un altro rapito dalle fate*).
changeover /ˈtʃeɪndʒəʊvə(r)/, *n.* *1* cambiamento radicale; conversione; passaggio: **the c. to the decimal system**, la conversione al si-

stema decimale **2** (*elettr.*) commutazione **3** (*sport*) cambio di campo **4** (*sport*) sostituzione (*di un giocatore*) **5** (*sport*) V. **change,** *def.* 6. ● (*elettr.*) **c. switch**, commutatore.

changer /'tʃeɪndʒə(r)/, *n.* **1** (*fin.*) cambiavalute **2** (*elettr.*) commutatore. ● (*elettr.*) **frequency c.**, variatore di frequenza.

changing /'tʃeɪndʒɪŋ/, **A** *a.* mutevole; variabile. **B** *n.* **1** (il) cambiare; cambio: (*mil.* e *fig.*) **the c. of the guard**, il cambio della guardia **2** cambiamento **3** (il) cambiarsi d'abito. ● (*ingl.*) **c. room**, spogliatoio □ (*mat.*) **c. scales**, tavole di riduzione.

channel /'tʃænl/, *n.* **1** (*geogr.*) canale (*naturale*); (*radio, TV*) canale **2** (*di fiume*) alveo; (*di un porto*) parte più profonda; mezzo **3** (*anat.*) canale; condotto **4** (*fig.*) canale; via; mezzo: **to go through the prescribed channels**, seguire le vie (d'informazione) prescritte; **The press, the radio and television are channels of information**, la stampa, la radio e la televisione sono canali d'informazione **5** (*fig.*) via gerarchica; trafila burocratica: **The soldier made his request through channels**, il soldato fece la sua domanda per via gerarchica **6** (*metall.*, = **c. bar, c. iron**) ferro a U (*o* a C) **7** (*archit.*) scanalatura (*di colonna*) **8** (*elab.*) canale; pista **9** (*ric. op.*) stazione **10** (*pop. USA*) vena in cui bucarsi (*al gomito*). ● **the** (**English**) **Channel**, il Canale della Manica; la Manica □ (*naut.*) **entrance c.**, canale di accesso □ **C. tunnel**, tunnel sotto la Manica □ **through the channels of diplomacy**, per via diplomatica □ **through official channels**, tramite le vie ufficiali.

to **channel** /'tʃænl/, *v. t.* **1** scavare (*o* aprire) canali in (*un luogo*): **We channelled the whole plain**, aprimmo canali in tutta la pianura **2** (*archit.*) scanalare **3** (*fig.*) convogliare; incanalare; rivolgere: **to c. money into social expenditure**, incanalare le risorse finanziarie verso le spese sociali **4** (*fig.*) comunicare; trasmettere (*informazioni, messaggi, ecc.*) **5** (*dell'acqua*) aprire (*un varco*); farsi (*strada*): **The water has channelled its way into the pond**, l'acqua s'è fatta strada entro lo stagno **6** incanalare.

chant /tʃɑːnt, *USA* tʃænt/, *n.* **1** canto liturgico; salmodia **2** cantilena (*nel parlare*); voce monotona **3** grido ripetitivo; slogan.

to **chant** /tʃɑːnt, *USA* tʃænt/, *v. t.* e *i.* **1** salmodiare **2** (*poet.*) cantare; celebrare col canto **3** intonare **4** dire (q.c.), parlare con voce monotona, con una cantilena.

chanter /'tʃɑːntə(r), *USA* 'tʃæn-/, *n.* **1** chi canta, chi parla in modo monotono, ecc. (*V.* **to chant**) **2** cantore di oratorio; corista **3** (*mus.*) canna (*dei pifferi*); cannello (*di cornamusa*).

chanterelle /tʃæntə'rel, ʃɒn-, *USA* ʃæn-/, *n.* (*bot., Cantharellus cibarius*) gallinaccio; cantarello.

chantey /'ʃæntɪ/, *V.* **chanty**.

Chanticleer /tʃæntɪ'klɪə(r)/, *n.* (*lett. o scherz.*) Cantachiaro (*usato come nome proprio per indicare il gallo*).

chantry /'tʃɑːntrɪ, *USA* 'tʃæntrɪ/, *n.* **1** cappellania; lascito per messe di suffragio **2** cappella per le messe di suffragio.

chanty /'tʃɑːntɪ, *USA* 'tʃæntɪ/, *n.* coro dei marinai al lavoro.

chantyman /'tʃɑːntɪmən, *USA* 'tʃæn-/, *n.* (*pl.* **chantymen**) marinaio che fa da solista nel «chanty» (*V.* **chanty**).

chaos /'keɪɒs/, *n.* caos; confusione; disordine: **to reduce the country to c.**, far precipitare il paese nel caos. ● **This room is in c.**, questa stanza è un caos.

chaotic /keɪ'ɒtɪk/, *a.* caotico. || **-ally**, *avv.*

chap (**1**) /tʃæp/, *n.* screpolatura (*della pelle*).

chap (**2**) /tʃæp/, *n.* **1** mascella (*specialm. di animali*) **2** guancia (*di suino*) **3** (*pl.*) fauci. ● **c.-fallen**, dal viso lungo; (*fig.*) scoraggiato.

chap (**3**) /tʃæp/, *n.* (*fam.*) uomo; ragazzo; individuo; tipo: **He's a funny c.**, è un tipo buffo. ● **«Hullo, old c.!»**, «ciao, vecchio (mio)!».

to **chap** /tʃæp/, *v. t.* e *i.* screpolare, screpolarsi: **My lips c. easily**, le labbra mi si screpolano facilmente.

chaparral /tʃæpə'ræl, ʃ-/ (*spagn.*), *n.* chaparral; macchia delle zone aride (*nel sud-ovest degli USA*).

chape /tʃeɪp/, *n.* (*arc.*) **1** (*di guaina o fodero*) ghiera **2** (*di cinghia o fibbia*) attacco **3** (*della coda della volpe*) punta.

chapel /'tʃæpl/, **A** *n.* **1** cappella **2** tempio, luogo di culto (*di dissenzienti; non anglicano*) **3** sezione di un sindacato (*specialm. in una casa editrice o in una tipogr.*). **B** *a. attr.* (*relig.*) dissenziente: **He was born and bred c.**, nacque in una famiglia di dissenzienti, e come tale fu educato. ● (*relig.*) **c. goer**, dissenziente; nonconformista □ **c. of ease**, cappella distaccata d'una parrocchia □ (*eufem.*) **c. of rest**, camera mortuaria □ **c. royal**, cappella reale □ **Lady C.**, cappella dedicata alla Madonna; cappella assiale □ **Are they Church** (**of England**) **or C.?**, sono anglicani o dissenzienti?

chaperon /'ʃæpərəʊn/, *n.* **1** chaperon; signora (*o* nubile in età avanzata) che accompagna una ragazza a feste e ricevimenti **2** persona adulta che sorveglia una festa di giovani.

to **chaperon** /'ʃæpərəʊn/, *v. t.* **1** fare da chaperon a (*una ragazza, ecc.*); chaperonnare (*fam.*) **2** sorvegliare (*giovani*).

chaperonage /'ʃæpərənɪdʒ/, *n.* **1** assistenza (*o* sorveglianza) di chaperon **2** sorveglianza (*di un adulto: a un party di giovani*).

chapiter /'tʃæpɪtə(r)/, *n.* (*archit.*) capitello.

chaplain /'tʃæplɪn/, *n.* cappellano (*anche militare*).

chaplaincy /'tʃæplɪnsɪ/, *n.* ufficio di cappellano; cappellanato (*raro*).

chaplet /'tʃæplət/, *n.* **1** corona (*o* serto) di fiori **2** filza di grani; (*relig.*) rosario; corona del rosario **3** filza di perline; collana **4** filza d'uova di rospo (*e sim.*) **5** (*archit.*) modanatura a grani (*o* a perline).

chapleted /'tʃæplətɪd/, *a.* incoronato di fiori; inghirlandato.

chapman /'tʃæpmən/, *n.* (*pl.* **chapmen**) (*arc.*) venditore ambulante.

chappy (**1**), **chappie** /'tʃæpɪ/, *n.* **1** (*fam. arc.*) damerino; bellimbusto **2** (*pop. USA*) individuo; tipo; tizio.

chappy (**2**) /'tʃæpɪ/, *a.* **1** screpolato **2** riarso; arido.

chaps /tʃæps, ʃæps/, *n. pl.* (*specialm. USA*) gambali da cowboy (*copricalzoni di cuoio, privi di fondo*).

chapter /'tʃæptə(r)/, *n.* capitolo (*di libro, ecc.; anche di canonici o monaci*). ● **a c. of accidents**, una serie d'incidenti (*o* di guai) □ **c.-house**, capitolo (*luogo d'adunanza*); sala capitolare; sala per riunioni, circolo □ **c. and verse**, citazione esatta delle Sacre Scritture; (*fig.*) fonte precisa, riferimento esatto; esattezza, autorevolezza (*di un'affermazione*) □ (*fig.*) **to the end of the c.**, sino alla fine; per sempre.

char (**1**) /tʃɑː(r)/, *n.* (*pl.* **char, chars**) (*zool., Salvelinus alpinus*) salmerino.

char (**2**) /tʃɑː(r)/, *n.* **1** lavoro a giornata (*o* a ore) **2** lavori (di casa); faccende domestiche.

char (**3**) /tʃɑː(r)/, *n.* (*abbr. di* **charwoman**) donna di servizio a ore.

char (**4**) /tʃɑː(r)/, *n.* **1** materiale bruciacchiato; sostanza carbonizzata **2** *V.* **charcoal**.

to **char** (**1**) /tʃɑː(r)/, *v. i.* **1** lavorare a giornata (*o* a ore) **2** fare la donna di servizio a ore: **She goes out charring**, ella va a servizio a ore.

to **char** (**2**) /tʃɑː(r)/, *v. t.* e *i.* **1** carbonizzare, carbonizzarsi **2** bruciacchiare, bruciacchiarsi; annerire (*per effetto del fuoco*).

char-à-banc, **charabanc** /'ʃærəbæŋ/, *n.* **1** giardiniera; carrozza con sedili trasversali (*per escursioni, gite, ecc.*) **2** (*autom.*) pullman; torpedone.

character /'kærəktə(r)/, **A** *n.* **1** carattere (*anche tipogr., elab.*); caratteristica; scrittura: **He is a man of c.**, è un uomo di carattere; **He's quite in c. now**, ora è proprio in carattere (*coerente con se stesso*); **Can you read Etruscan characters?**, sai leggere i caratteri etruschi? **2** reputazione; buon nome: **That man is now devoid of c.**, quell'uomo è ormai senza reputazione **3** attestato di servizio; benservito: **That maid was given an excellent c.**, quella cameriera ricevette un ottimo benservito **4** qualità; condizione; veste (*fig.*): **He spoke in his c. as a doctor**, parlò in qualità di medico **5** personaggio (*di romanzo, di dramma, ecc.*); persona importante: **He's the c. of the day**, è il personaggio del giorno; **a public c.**, una persona investita di cariche ufficiali; un'autorità **6** caratterizzazione: **This novel is weak in c.**, questo romanzo è debole nella caratterizzazione **7** (*fam.*) personaggio eccentrico; (tipo) originale: **He's quite a c.**, è proprio un originale. **B** *a. attr.* **1** (*cinem., teatr.*) che fa parti di caratterista **2** (*psic.*) caratteriale. ● **a c. actor** [**actress**], un [una] caratterista □ (*leg.*) **c. assassination**, campagna diffamatoria □ (*elab.*) **c. reader**, lettore di caratteri □ **c. drawing**, caratterizzazione dei personaggi □ (*fam.*) **to give sb. a good c.**, parlar bene di q. □ **a bad c.**, un cattivo soggetto; un brutto tipo □ **in c.**, in carattere, in armonia (*con q.c.*) □ **out of c.**, non in carattere; non appropriato.

to **character** /'kærəktə(r)/, *v. t.* **1** scrivere, stampare, incidere (*un'iscrizione, ecc.*) **2** (*raro*) caratterizzare; rappresentare (*un personaggio*).

characteristic /kærəktə'rɪstɪk/, **A** *a.* caratteristico; tipico. **B** *n.* caratteristica (*anche mat.*); qualità particolare. || **-ally**, *avv.*

characterization /kærəktəraɪ'zeɪʃn, *USA* -rɪ-'z-/, *n.* caratterizzazione.

to **characterize** /'kærəktəraɪz/, *v. t.* **1** caratterizzare; essere caratteristico di **2** attribuire il carattere di; definire; qualificare: **to c. an action as dishonest**, qualificare un'azione come disonesta.

characterless /'kærəktələs/, *a.* **1** senza carattere proprio; ordinario; comune **2** sprovvisto di benservito.

characterologic(**al**) /kærəktərə'lɒdʒɪk(l)/, *a.* (*psic.*) **1** caratterologico **2** caratteriale.

characterology /kærəktə'rɒlədʒɪ/, *n.* (*psic.*) caratterologia.

charade /ʃə'rɑːd, *USA* ʃə'reɪd/, *n.* **1** (*anche fig.*) sciarada **2** (*pl.*) sciarada mimata (*gioco di società*) **3** (*fig. spreg.*) farsa (*fig.*).

charcoal /'tʃɑːkəʊl/, *n.* **1** carbone (*di legna*); carbonella **2** carboncino (*da disegno*). ● **c. black**, nerofumo □ (*un tempo*) **c.-burner**, carbonaio; stufa a carbone □ **c. drawing**, disegno a carboncino.

chard /tʃɑːd/, *n.* (*bot., Beta vulgaris cicla*; = **Swiss c.**) bietola (*di cui si mangiano foglie e gambi cotti*).

chare /tʃɛə(r)/, *V.* **chore**.

charge /tʃɑːdʒ/, *n.* **1** carica (*elettrica, di combustibile, d'esplosivo, ecc.*); assalto furioso; (*mil.*) (segnale di) carica **2** onere; carico; incarico; responsabilità; dovere; custodia; cura: **He lives at the c. of his wife**, vive a carico della moglie; (*comm.*) **Carriage shall be to your c.**, il trasporto sarà a vostro carico; **This is a heavy c.**, questo è un incarico gravoso; **Who is in c. of this department?**, chi ha la responsabilità di (*o* a chi è affidato) questo reparto? **3** persona (*o* cosa) affidata alle cure di q.; (*fig.*) gregge (*di sacerdote*): **The nursemaid was looking after her charges**, la bambinaia badava ai piccoli affidati alle sue cure **4** istruzioni; esortazioni; raccomandazioni; ingiunzione; ordine: **The jury received their c. from the judge**, la giuria ricevette le raccomandazioni dal giudice **5** (*leg.*) accusa; capo d'accusa; imputazione; addebito: **What is the c. against the prisoner?**, qual è il capo d'accusa contro l'imputato?; **He was arrested**

under a c. of burglary, fu arrestato sotto l'accusa di furto con scasso ***6*** (*leg.*) onere, gravame, vincolo (*su un bene*): **c. on land**, vincolo su immobili; **c. on securities**, vincolo su titoli ***7*** (*comm.*) spesa; costo; prezzo richiesto: **What is the c. for a room?**, qual è il prezzo (*o* il costo) d'una camera? ***8*** (*arald.*) emblema; figura ***9*** (*sport*) carica: **a c. from behind**, una carica alle spalle ***10*** (*rag.*) addebito; imputazione: **capital charges**, imputazioni in conto capitale ***11*** (*pop.*) vivo piacere; eccitazione ***12*** (*pop. USA*) buco; iniezione di droga. ● (*USA*) **c. account**, conto aperto (*con un bottegaio e sim.*; *cfr. ingl.* **credit account**) □ **c. book**, libretto della spesa (*a credito*) □ (*in G.B.*) **c. card**, carta acquisti (*carta di credito di una catena di supermercati*) □ (*leg.*) **c. certificate**, certificato ipotecario □ (*trasp.*) **charges forward**, spese assegnate □ (*ingl.*) **c. hand**, vicecaposquadra (*d'operai*) □ (*fisc.*) **charges levied on imports**, imposizioni all'esportazione □ (*leg.*) **c. of costs**, addebito di spese giudiziali □ (*rag.*) **c.-off**, storno dall'attivo □ (*leg.*) **c. sheet**, elenco delle persone custodite nella stazione di polizia □ **at one's own c.**, a proprie spese □ (*naut.*) **depth c.**, bomba di profondità □ **to give sb. in c.**, consegnare q. alla polizia □ **to be in c.**, (*di persona*) avere la responsabilità, il controllo, la supervisione; comandare; (*leg.*) essere in stato d'arresto □ (*di cosa o persona*) **to be in (the) c. of sb.**, essere sotto la sorveglianza di q.; essere affidato a q. □ **to lay st. to sb.'s c.**, fare carico a q. di q.c.; accusare q. di q.c. □ **to make a c. for st.**, far pagare q.c. □ (*anche fig.*) **to return to the c.**, tornare alla carica □ **to take c. of**, prendersi cura di (*una cosa, una classe, ecc.*); prendere (*fam.*): **Take c. of the children**, prenditi cura dei bambini □ (*della polizia*) **to take sb. in c.**, arrestare q.

to **charge** /tʃɑːdʒ/, **A** *v. t.* ***1*** caricare (*un fucile, una batteria, il nemico, ecc.*); andare alla carica, attaccare (*specialm., della cavalleria*) ***2*** (*anche fig.*) impregnare, saturare; gassare (*un liquido*): **The air was charged with steam**, l'aria era satura di vapore ***3*** incaricare; affidare, attribuire a (q.); dare istruzioni, un'ordine a (q.); imporre; (*di giudice*) fare l'allocuzione a (*una giuria*): **He was charged by the President to form a new Cabinet**, ebbe dal Presidente l'incarico di formare un nuovo governo; **A soldier is charged to obey**, ai soldati è imposto d'obbedire ***4*** (*leg.*) accusare; incolpare; incriminare; fare carico di (*q.c. a q.*): **He was charged with theft**, fu accusato di furto; **His wife charged him with adultery**, la moglie lo accusò di adulterio ***5*** (*comm.*) addebitare; mettere in conto; far pagare; chiedere (*un prezzo*): **Please c. the goods to me**, favorite addebitare a me la merce; **How much do you c. for board and lodging?**, quanto chiedete per vitto e alloggio?; **They charged me forty pounds for the book**, mi fecero pagare il libro quaranta sterline ***6*** (*mil.*) puntare; mettere (*un'arma*) in posizione d'uso (*o* di sparo): **C. bayonets!**, puntate le baionette! ***7*** (*rag.*) imputare a (*un conto*) ***8*** (*fisc.*) tassare; gravare d'imposta: **to c. by the pound**, tassare a un tanto la libbra ***9*** (*sport*) caricare (*un avversario*). **B** *v. i.* ***1*** (*mil.*) caricare; andare alla carica ***2*** gettarsi; lanciarsi; precipitarsi ***3*** (*di una batteria, un accumulatore*) caricarsi ***4*** (*pop. USA*) imbottirsi di droga. ● **to c. at sb.**, scagliarsi contro q. □ **to c. into a room**, precipitarsi in una stanza □ **to c. off**, andarsene in gran fretta; (*rag.*) stornare dall'attivo, mettere al passivo; (*fig.*) attribuire, ascrivere (*ad altri*) □ (*rag.*) **to c. st. to sb.'s account**, segnare q.c. sul conto di q.

chargeability /tʃɑːdʒəˈbɪlətɪ/, *n.* qualità d'essere imputabile, addebitabile, ecc. (*V.* **chargeable**).

chargeable /ˈtʃɑːdʒəbl/, *a.* ***1*** (*leg.*) accusabile, imputabile (di); passibile di un'imputazione: **c. with embezzlement**, passibile dell'imputazione di peculato ***2*** imputabile (a): **The mistake is c. to his carelessness**, l'errore è imputabile alla sua negligenza ***3*** (*comm.*) addebitabile; a carico (*di q.*): **The duty is c. to the buyer**, il dazio è a carico dell'acquirente ***4*** (*fisc.*) tassabile: (*dog.*) **c. with customs duty**, soggetto a dazio cardoganale ***5*** (*rag.*) imputabile.

chargé d'affaires /ˈʃɑːʒeɪdəˈfɛə(r), *USA* ʃɑːˈʒeɪ/ (*franc.*), *n.* (*pl.* **chargés d'affaires**) (*polit.*) incaricato d'affari.

charger /ˈtʃɑːdʒə(r)/, *n.* ***1*** persona (*o* cosa) che carica, ecc. (*V.* **to charge**) ***2*** (*un tempo*) cavallo da battaglia; destriero ***3*** (*mil.*) caricatore; calcatoio ***4*** (*elettr.*) caricabatterie.

charging /ˈtʃɑːdʒɪŋ/, *n.* ***1*** il caricare; caricamento ***2*** (*leg.*) imputazione; accusa ***3*** (*fisc.*) prelievo fiscale; tassazione ***4*** (*rag.*) addebito; imputazione ***5*** (*sport*) carica (*fallo*). ● (*leg.*) **c. lien**, diritto di pegno presso terzi □ (*leg.*) **c. order**, ordine di pignoramento (*dei beni di un debitore*) □ (*elettr.*) **c. set**, gruppo alimentatore □ **c. voltage**, tensione di carica.

chariness /ˈtʃeərɪnəs/, *n.* ***1*** cautela; prudenza ***2*** parsimonia.

chariot /ˈtʃærɪət/, *n.* (*stor.*) carro (*da guerra*; *trionfale*); cocchio.

to **chariot** /ˈtʃærɪət/, *v. t.* e *i.* (*lett.*) trasportare, essere trasportato in carro trionfale; viaggiare in cocchio.

charioteer /tʃærɪəˈtɪə(r)/, *n.* auriga.

charism /ˈkærɪzəm/, *n.* (*relig.* e *fig.*) carisma.

charisma /kəˈrɪzmə/, *n.* (*pl.* **charismata, charismas**) (*relig.* e *fig.*) carisma.

charismatic /kærɪzˈmætɪk/, *a.* (*relig.* e *fig.*) carismatico: **c. gifts**, doni carismatici; **a c. leader**, un capo carismatico.

charitable /ˈtʃærɪtəbl/, *a.* ***1*** caritatevole; filantropico: **a c. institution**, un'istituzione filantropica ***2*** benevolo; comprensivo; indulgente: **a c. interpretation of sb.'s acts**, un'interpretazione benevola delle azioni di q. ‖ **-ness**, *sost.* ‖ **-bly**, *avv.*

charity /ˈtʃærətɪ/, *n.* ***1*** carità (*amore del prossimo*; *lett.*: *affetto, benevolenza, gentilezza*): **out of c.**, per pura carità ***2*** (*leg.*) istituzione di carità; opera pia; opera di carità (*o* di bene) ***3*** carità; beneficenza; elemosina ***4*** (*raro*) beneficiario, beneficiato (*di un'opera di carità*). ● **c. ball**, ballo di beneficenza □ **c. boy** [**c. girl**], ragazzo [ragazza] allevato in un orfanotrofio; orfanello [orfanella] □ **c. worker**, volontario; chi fa del volontariato □ **Sister of C.**, suora di carità □ (*prov.*) **C. begins at home**, la carità comincia a casa propria; (*scherz.*) pensa prima a te e poi agli altri.

charivari /ʃɑːrɪˈvɑːrɪ, ʃæ-, *USA* ʃərɪvəˈriː, ʃɪvəˈriː, ˈʃɪvərɪ/, *n.* ***1*** baccano; chiassata ***2*** scampanata; serenata fatta per dileggio (*con coperchi, casseruole, ecc.*).

charlady /ˈtʃɑːleɪdɪ/, *n.* donna di servizio a ore.

charlatan /ˈʃɑːlətən/, *n.* ciarlatano.

charlatanish /ˈʃɑːlətənɪʃ/, *a.* ciarlatanesco.

charlatanism /ˈʃɑːlətənɪzəm/, **charlatanry** /ˈʃɑːlətənrɪ/, *n.* ciarlataneria.

Charles /tʃɑːlz/, *n.* Carlo. ● (*astron.*) **C.'s Wain**, l'Orsa Maggiore.

charleston /ˈtʃɑːlstən/, *n.* charleston (*il ballo e la musica*).

Charley, Charlie /ˈtʃɑːlɪ/, *n.* ***1*** (*dim. di* **Charles**) Carletto; Carlino; Carluccio ***2*** (*fam. arc.*) guardiano notturno ***3*** (*pop. USA*) vietcong. ● (*fam. USA*) **c. horse**, crampo dovuto all'eccessivo esercizio fisico.

charlock /ˈtʃɑːlɒk/, *n.* (*bot., Sinapis arvensis*) senape selvatica.

Charlotte /ˈʃɑːlət/, *n.* ***1*** Carlotta ***2*** – **c.**, charlotte (*dolce*).

charm /tʃɑːm/, *n.* ***1*** formula magica; incantesimo; malia; scongiuro: **to be under a c.**, essere sotto un incantesimo; essere stregato ***2*** fascino; incanto; malia (*fig.*) ***3*** amuleto; talismano; ciondolo portafortuna: **a c. bracelet**, un braccialetto portafortuna ***4*** fascino (femminile); bellezza; seduzione; attrattiva: **She is full of c.**, è una donna ricca di fascino ***5*** (*pl.*) grazie (femminili): **The stripteaser revealed her charms**, la spogliarellista svelò le sue grazie ***6*** (*fis. nucl.*) charm; incanto. ● (*fam.*: *di progetto e sim.*) **to work like a c.**, andare (*o* funzionare) a meraviglia.

to **charm** /tʃɑːm/, *v. t.* e *i.* ***1*** incantare; ammaliare; usare incantesimi: **to c. snakes**, incantare i serpenti ***2*** affascinare; ammaliare (*fig.*); deliziare; dar gioia: **I was charmed by her manner**, il suo modo di fare mi affascinò. ● **to c. away**, far passare; liberare come per incanto: **She charmed my fears away**, ella mi liberò dai miei timori come per incanto □ **to be charmed**, essere affascinato (*o* deliziato, felice); provare grande gioia: **I shall be charmed to meet you**, sarò felice di conoscerLa (*o* di vederLa) □ (*fig.*) **charmed circle**, gruppo di privilegiati □ **to bear a charmed life**, avere la vita fatata; essere fatato □ **to lead a charmed life**, essere nato con la camicia: **He leads a charmed life**, gli vanno tutte dritte (*fig. fam.*).

charmer /ˈtʃɑːmə(r)/, *n.* ***1*** ammaliatore, ammaliatrice ***2*** incantatore, incantatrice: **a snake c.**, un incantatore di serpenti.

charming /ˈtʃɑːmɪŋ/, *a.* affascinante; delizioso; incantevole; attraente: **a c. smile**, un sorriso affascinante. ● **Prince C.**, il Principe Azzurro.

charmless /ˈtʃɑːmləs/, *a.* senza fascino; privo di attrattiva.

charnel house /ˈtʃɑːnlhaʊs/, *locuz. n.* ossario.

Charon /ˈkeərən/, *n.* (*mitol.*) Caronte.

chart /tʃɑːt/, *n.* ***1*** (*naut.*) carta nautica ***2*** tabella, quadro (*per informazioni*) ***3*** (*anche stat.*) carta; diagramma; grafico: (*meteor.*) **a wind c.**, una carta dei venti; **a temperature c.**, un grafico della temperatura ***4*** (*pl.*) classifica delle canzoni di successo; hit-parade. ● (*pop. USA*) **c. buster**, canzone d'immediato successo □ (*naut.*) **c. house** (*o* **c. room**), sala nautica □ (*rag.*) **c. of accounts**, piano dei conti.

to **chart** /tʃɑːt/, *v. t.* ***1*** (*naut.*) fare una carta nautica di (*una regione*) ***2*** tracciare (*una rotta*) sulla carta ***3*** (*fig.*) ideare; progettare; pianificare ***4*** prendere nota di; registrare. ● (*fig.*) **to c. out**, fare un piano; pianificare; progettare: **He charted out his behaviour for the future**, fece un piano di condotta per il futuro.

charter /ˈtʃɑːtə(r)/, *n.* ***1*** carta, statuto, atto istitutivo; brevetto, privativa, documento di concessione (*da parte di un governo o di un sovrano*): (*stor.*) **the Great C.**, la Magna Charta; **the C. of the United Nations**, la Carta delle Nazioni Unite ***2*** privilegio; esenzione ***3*** (*comm.*, = **c. party**) (contratto di) noleggio (*di nave*; *e per estens.*: *di aereo, autobus, ecc.*) ***4*** (*leg.*) atto istitutivo, statuto (*di una società*). ● (*naut.*) **c. broker**, broker marittimo, sensale di noli □ (*aeron.*) **c. flight**, volo charter □ (*aeron., naut.*) **c. freight**, nolo □ **c. market**, mercato dei noli □ (*fin.*) **c. member**, socio fondatore □ **c. service**, servizio di noleggio □ **by Royal C.**, per decreto reale.

to **charter** /ˈtʃɑːtə(r)/, *v. t.* ***1*** (*di governo, sovrano, ecc,*) concedere uno statuto, un documento, un privilegio, un'esenzione a (q.) ***2*** (*comm.*) noleggiare (*una nave, un aereo, ecc.*). ● (*in G.B.*) **chartered accountant**, ragioniere membro dell'«Institute of Accountants» □ (*fin., in G.B.*) **chartered company**, società commerciale istituita con statuto reale □ (*aeron.*) **by chartered plane**, con un volo charter □ (*naut.*) **chartered freight**, nolo stabilito per contratto.

charterer /ˈtʃɑːtərə(r)/, *n.* (*comm.*) noleggiatore (*di navi o d'aerei*).

charterhouse /ˈtʃɑːtəhaʊs/, *n.* (*archit., relig.*) certosa.

charter party /ˈtʃɑːtəpɑːtɪ/, *locuz. n.* (*comm., naut.*) contratto di noleggio.

Chartism /ˈtʃɑːtɪzəm/, *n.* (*stor.*) cartismo.

Chartist /ˈtʃɑːtɪst/, *n.* fautore (*o* seguace) del cartismo; cartista.

chartography /kɑːˈtɒgrəfɪ/, e *deriv.* *V.* **cartography**, e *deriv.*

chartreuse /ʃɑːˈtrɜːz, *USA* -ˈtruːz, -s/ (*franc.*), *n.* **1** (*archit., relig.*: *in Francia*) certosa; monastero certosino **2** chartreuse, certosino (*liquore*) **3** color verde pallido.

chartulary /ˈkɑːtʃʊlərɪ, *USA* -ɛrɪ/, *V.* **cartulary**.

charwoman /ˈtʃɑːwʊmən/, *n.* (*pl.* **charwomen**) (*arc.*) donna delle pulizie (*in case private, uffici, negozi, ecc.*) a giornata (*o* a ore).

chary /ˈtʃɛərɪ/, *a.* **1** cauto; prudente; attento: **a c. investor**, uno che è prudente nei suoi investimenti **2** parsimonioso; frugale; parco: **He is c. with compliments**, è parco di complimenti **3** timido **4** avaro; tirchio. ● **to be c. about one's food**, essere schizzinoso nel mangiare.

Charybdis /kəˈrɪbdɪs/, *n.* (*geogr., mitol.*) Cariddi.

chase (**1**) /tʃeɪs/, *n.* **1** caccia; inseguimento **2** riserva di caccia **3** animale, cosa (*nave, ecc.*) cui vien data la caccia; preda **4** (*in G.B.*) diritto di caccia (*su terreno altrui*). ● **to give c.**, dare la caccia; inseguire □ (*anche fig.*) **in c. of**, a caccia di □ (*fig.*) **a wild-goose c.**, una ricerca inutile; un'impresa disperata.

chase (**2**) /tʃeɪs/, *n.* **1** solco; scanalatura **2** (*edil.*) traccia; incassatura **3** (*mil.*) canna (*di fucile*); volata (*di cannone*) **4** (*tipogr.*) telaio (*per impaginare*) **5** castone (*per gemma*).

to **chase** (**1**) /tʃeɪs/, **A** *v. t.* **1** (*anche fig.*) dare la caccia a; inseguire: **My cat is chasing a mouse**, il mio gatto sta dando la caccia a un topo **2** cacciare; mettere in fuga: **C. the sheep out of the field!**, caccia le pecore dal campo! **3** rincorrere (*per gioco*, o *fig.*): **to c. success**, rincorrere il successo **4** (*fam. USA*) assillare; stare addosso a (q.). **B** *v. i.* affrettarsi; correre; precipitarsi. ● **to c. after sb.**, rincorrere q. □ **to c. sb. away**, scacciare q. □ **to c. sb. up**, stare alle costole di, dare la caccia a q.; scovare q.

to **chase** (**2**) /tʃeɪs/, *v. t.* **1** scavare (*solchi*) **2** (*mecc.*) scanalare; filettare **3** intagliare, cesellare (*un metallo*) **4** incastonare (*una gemma*).

chaser (**1**) /ˈtʃeɪsə(r)/, *n.* **1** chi insegue; chi dà la caccia; cacciatore, inseguitore **2** (*mil.*) (aereoplano da) caccia; cacciatorpediniere; nave da inseguimento: **submarine c.**, cacciasommergibili **3** (*fam.*) bevanda bevuta dopo un'altra più forte; (*anche*) bicchierino di liquore dopo una birra; ammazzacaffè.

chaser (**2**) /ˈtʃeɪsə(r)/, *n.* **1** cesellatore; incisore **2** cesello.

chasing /ˈtʃeɪsɪŋ/, *n.* **1** cesellatura **2** (*mecc.*) filettatura **3** incastonatura. ● **c. machine**, filettatrice □ **c. tool**, utensile per cesellare.

chasm /ˈkæzəm/, *n.* **1** (*anche fig.*) abisso; baratro **2** lacuna; iato; vuoto.

chassis /ˈʃæsɪ, ˈtʃ-/, *n.* (*pl.* **chassis, chassises**) **1** telaio, châssis (*d'automobile, ecc.*); autotelaio **2** (*aeron.*) carrello (*di un aereo*) **3** (*mil.*) slitta (*su cui si muove l'affusto del cannone*) **4** (*pop., rif. a donna*) carrozzeria; corpo. ● (*autom.*) **c. welding**, saldatura del telaio.

chaste /tʃeɪst/, *a.* **1** casto; puro **2** (*di linguaggio*) pudico; onesto **3** (*di stile*) semplice; disadorno; severo. ● **a c. meal**, un pasto frugale. || **-ly**, *avv.*

to **chasten** /ˈtʃeɪsn/, *v. t.* **1** castigare, correggere castigando (*detto, per es., di Dio o della Provvidenza*) **2** tenere a freno; frenare (*fig.*) **3** castigare, purgare, temperare (*lo stile, ecc.*).

chastener /ˈtʃeɪsənə(r)/, *n.* castigatore, castigatrice.

chasteness /ˈtʃeɪstnəs/, *V.* **chastity**.

to **chastise** /tʃæˈstaɪz/, *v. t.* castigare, punire (*severamente*): **to c. a boy by spanking him**, castigare un ragazzo con le sculacciate.

chastisement /tʃæˈstaɪzmənt/, *n.* castigo; punizione (*severa o corporale*).

chastiser /tʃæˈstaɪzə(r)/, *n.* castigatore, castigatrice; punitore, punitrice.

chastity /ˈtʃæstətɪ/, *n.* **1** castità; purezza **2** semplicità, severità (*di stile, di gusti*). ● (*stor.*) **c. belt**, cintura di castità.

chasuble /ˈtʃæzjʊbl, *USA* -zəbl/, *n.* (*relig.*) casula, pianeta (*di sacerdote*).

chat (**1**) /tʃæt/, *n.* chiacchierata; discorso alla buona; quattro chiacchiere (*fam.*): **We had a long c.**, facemmo una lunga chiacchierata. ● (*telef.*) **c. line**, linea erotica; numero «caldo»; il 144 (*fam.*) □ (*TV, radio*) **c. show**, chat show; programma con interviste di ospiti celebri.

chat (**2**) /tʃæt/, *n.* (*bot.*) gattino (*o* amento) del salice.

to **chat** /tʃæt/, *v. i.* chiacchierare; conversare; ciarlare. ● (*fam.*) **to c. up a girl**, «agganciare» una ragazza.

chatelaine /ˈʃætəleɪn/ (*franc.*), *n.* **1** castellana **2** padrona di casa **3** catenella per reggere chiavi, ecc. (*portata alla cintura*).

chattel(**s**) /ˈtʃætl(z)/, *n.* (*per lo più pl.*) (*leg.*) beni mobili; diritti mobiliari e immobiliari (*escluso il «freehold», q.V.*). ● (*leg., USA*) **chattel mortgage**, ipoteca sui beni mobili □ (*leg.*) **chattels personal**, beni mobili (*denaro, merci, ecc.*) □ (*leg.*) **chattels real**, beni reali (*non in proprietà assoluta; per es., un affitto, un raccolto in erba, ecc.*).

chatter /ˈtʃætə(r)/, *n.* **1** chiacchiera; ciarla **2** (*di scimmie, uccelli, ecc.*) schiamazzo; cicaleccio **3** il battere (*dei denti*) **4** (*mecc.*) vibrazione; rumore; (*di valvola*) battimento.

to **chatter** /ˈtʃætə(r)/, *v. i.* **1** ciarlare; chiacchierare; parlar troppo, dicendo sciocchezze **2** (*di scimmie, uccelli, ecc.*) schiamazzare; cicalare **3** (*di denti*) battere: **His teeth chattered**, batteva i denti (*per il freddo o la paura*) **4** (*mecc.*) vibrare; far rumore; (*di valvola*) battere.

chatterbox /ˈtʃætəbɒks/, *n.* (*fam.*) chiacchierone, chiacchierona.

chattering /ˈtʃætərɪŋ/, *n.* **1** chiacchierio; ciarlio (*raro*) **2** il battere (*dei denti*) **3** (*mecc.*) vibrazione; battimento.

chattiness /ˈtʃætɪnəs/, *n.* loquacità; scilinguagnolo (sciolto).

chatty /ˈtʃætɪ/, *a.* **1** chiacchierino; loquace; dallo scilinguagnolo sciolto **2** (*di conversazione*) amichevole; alla buona.

Chaucerian /tʃɔːˈsɪərɪən/, **A** *a.* relativo a Chaucer (*poeta inglese*: *1340-1400*). **B** *n.* studioso, ammiratore di Chaucer.

chauffer /ˈtʃɔːfə(r)/, *n.* (*arc.*) scaldino.

chauffeur /ˈʃəʊfə(r), *USA* ʃəʊˈfɜː(r)/ (*franc.*), *n.* conducente (*di automobile privata*); autista. ● **a c.-driven car**, un'automobile (*a nolo*) con l'autista.

to **chauffeur** /ˈʃəʊfə(r), *USA* ʃəʊˈfɜː(r)/, **A** *v. i.* fare l'autista. **B** *v. t.* (*anche* **to c. around**) fare da autista a (q.); scarrozzare (*fam.*).

chaunt, to **chaunt** /tʃɔːnt, tʃɑːnt/, (*arc.*) *V.* **chant, to chant**.

chauvinism /ˈʃəʊvɪnɪzəm/, *n.* nazionalismo esasperato; sciovinismo.

chauvinist /ˈʃəʊvɪnɪst/, *n.* nazionalista esasperato; sciovinista.

chauvinistic /ʃəʊvɪˈnɪstɪk/, *a.* sciovinistico; sciovinista.

chaw /tʃɔː/, *n.* cicca (*tabacco da masticare*).

to **chaw** /tʃɔː/, *v. t.* (*pop. scherz.*) masticare (*specialm. tabacco*).

cheap /tʃiːp/, **A** *a.* **1** poco costoso; economico; (ottenuto) a buon mercato; (*di prezzo*) conveniente; (*di negozio, negoziante*) che vende a basso prezzo **2** dozzinale; scadente; di scarso valore; da pochi soldi: **c. pictures**, quadri dozzinali **3** cheap; meschino; di cattivo gusto; volgare: **a c. joke**, una barzelletta volgare **4** (*pop. USA*) di facili costumi; poco serio: **a c. girl**, una ragazza poco seria **5** (*pop. USA*) avaro; spilorcio. **B** *avv.* a buon mercato; a buon prezzo: **I got it c.**, l'ho avuto a buon mercato. ● **c. and nasty**, di basso costo e di cattiva qualità □ (*ferr., ecc.*) **c. fare**, tariffa ridotta □ (*arc.*) **c. Jack**, venditore ambulante □ (*fin.*) **c. money**, denaro a buon mercato; credito facile □ (*ferr., in G.B.*) **c. off-peak ticket**, biglietto a prezzo ridotto per viaggi in ore non di punta □ **c. promises**, facili promesse □ (*USA*) **c. trick**, brutto tiro; scherzo da prete □ **c. trip**, gita popolare (*a tariffa ridotta*) □ **to act c.**, comportarsi male; fare delle figurette □ **dirt c.**, (*agg.*) convenientissimo; (*avv.*) a prezzo bassissimo □ (*fam.*) **to feel c.**, sentirsi tenuto in poco conto; riconoscere di valere poco; essere imbarazzato; vergognarsi □ (*fam.*) **to get off c.**, cavarsela a buon mercato □ (*di un prodotto, ecc.*) **to be going c.**, vendersi a basso prezzo □ **to hold sb. c.**, tenere q. in poco conto; disprezzare q. □ **on the c.**, in modo da spendere poco; economicamente; con poca spesa □ **Don't make yourself c.!**, non comportarti in modo indegno!

to **cheapen** /ˈtʃiːpən/, **A** *v. t.* e *i.* **1** calare, diminuire (*di prezzo*); ridurre il prezzo di (*un articolo* e *sim.*), deprezzare **2** sminuire l'importanza di; ingenerare disprezzo per; screditare; deprezzare (*fig.*). **B** to **cheapen oneself**, *v. rifl.* perdere dignità; screditarsi; sottovalutarsi.

cheapish /ˈtʃiːpɪʃ/, *a.* **1** abbastanza conveniente; piuttosto a buon mercato **2** alquanto dozzinale; piuttosto scadente.

cheap-jack /ˈtʃiːpdʒæk/, *a.* (*fam.*) **1** che vende articoli da quattro soldi **2** da poco (prezzo); da quattro soldi; dozzinale: **a c. novel**, un romanzo dozzinale.

cheaply /ˈtʃiːplɪ/, *avv.* **1** a buon prezzo; a buon mercato; economicamente **2** in modo dozzinale **3** volgarmente; in modo grossolano: **Your son behaved very c.**, vostro figlio si comportò in modo molto grossolano.

cheapness /ˈtʃiːpnəs/, *n.* **1** l'essere a buon mercato; basso costo; convenienza; modicità (*di prezzo*) **2** scarso valore **3** grossolanità; volgarità.

cheapskate /ˈtʃiːpskeɪt/, *n.* (*fam.*) avaro; spilorcio; taccagno.

cheat /tʃiːt/, *n.* **1** inganno; imbroglio; frode; truffa; bidonata, bidone (*fam.*); fregatura, fregata (*pop.*); inghippo (*dial.*) **2** imbroglione; truffatore **3** baro.

to **cheat** /tʃiːt/, *v. t.* e *i.* **1** ingannare; imbrogliare; frodare; truffare; bidonare (*fam.*); fregare (*pop.*) **2** barare (*al gioco*) **3** (*fam.*) essere infedele, tradire: **to c. on one's husband**, tradire il marito. ● **to c. death**, farla in barba alla morte □ **to c. sb. out of st.**, defraudare q. di q.c.; sottrarre q.c. a q. con l'inganno □ **to c. time**, ingannare il tempo □ (*leg.*) **to c. sb. with false pretences**, truffare q. con raggiri.

cheater /ˈtʃiːtə(r)/, *n.* **1** imbroglione; truffatore **2** baro.

cheating /ˈtʃiːtɪŋ/, **A** *a.* **1** che inganna; ingannatore; ingannevole **2** infedele: **a c. husband**, un marito infedele. **B** *n.* **1** inganni; imbrogli; raggiri **2** (*leg.*) dolo contrattuale.

check (**1**) /tʃek/, *n.* **1** verifica; controllo; esame; riscontro **2** freno (*fig.*); ostacolo; impedimento: **Reason acts as a c. on feelings**, la ragione fa da freno ai sentimenti; **The accident was a sudden c. to my career**, quell'incidente fu un ostacolo improvviso per la mia carriera **3** arresto; fermata improvvisa; battuta d'arresto: **a c. to production**, un arresto della produzione; **The invading army was pouring into the valley without a c.**, l'esercito invasore si riversava nella vallata senza una battuta d'arresto **4** scontrino; contromarca; tagliando: **Don't lose your luggage c.**, non perdere lo scontrino del tuo bagaglio **5** disegno (*o* stoffa) a quadri; riquadro **6** (*USA, cfr. ingl.* **cheque**) assegno bancario **7** (*USA* e *scozz.*) conto (*di ristorante e sim.*) **8** (*USA*) gettone (*di gioco d'azzardo*); fiche **9** (*USA*) spunta; segno di controllo; visto (*cfr. ingl.* **tick** (**1**), *def. 3*) **10** (*tecn.*) screpolatura; incrinatura **11** (*a scacchi*) scacco (*al re*) **12** (*elab.*) controllo; verifica ***13*** (*stat.*) prova ***14*** (*nella caccia*) perdita della traccia. • (*polit.*) **checks and balances**, controlli ed equilibri (*stabiliti dalla Costituzione degli U.S.A., nel 1787, fra i tre rami del governo federale*) □ **c.-back**, controllo alla rovescia □ (*elab.*) **c. bit**, bit di controllo □ (*fam. USA*) **c. bouncer**, emittente (*o* spacciatore) di assegni falsi □ **c. clerk**, controllore; revisore □ (*autom.*) **c. control**, quadro di controllo elettronico (*sul cruscotto*) □ **c.-in**, registrazione (*in albergo*) di un cliente in arrivo; (= **c.-in time**) ora d'arrivo; (*aeron.*) check-in, controllo dei viaggiatori in partenza □ (*aeron.*) **c.-in clerk**, addetto al controllo dei viaggiatori in partenza; cecchinaro (*fam.*) □ (*aeron.*) **c.--in desk**, banco di accettazione □ **c.-ins**, arrivi (*in un albergo*) □ **c. list**, lista di controllo □ (*mecc.*) **c. nut**, controdado □ **c.-off**, quota sindacale; trattenuta (*per contributi sindacali*) □ **c.-out**, *V.* **checkout** □ **c. protector**, *V.* **checkwriter** □ **c. rein**, martingala; redine che impedisce al cavallo di abbassare la testa □ (*teatr.*) **c.-taker**, addetto al ritiro degli scontrini (*o* delle contromarche) □ **c.-till**, registratore di cassa (*in un negozio*) □ **c.-up**, (*med.*) check--up, controllo generale; (*rag.*) controllo, verifica dei conti; (*mecc.*) controllo, revisione □ **door c.**, fermo della porta □ (*fam. USA*) **to hand in one's checks**, morire; tirare le cuoia (*pop.*) □ **to hold** (*o* **to keep**) **in c.**, tenere a freno (*o* sotto controllo): **to keep expenses in c.**, tenere le spese sotto controllo.

check (2) /tʃɛk/, *inter.* ***1*** (*a scacchi*) scacco al re! ***2*** (*fam. USA*) d'accordo!; benissimo!

to **check** /tʃɛk/, **A** *v. t.* ***1*** controllare; verificare; esaminare; ispezionare: **C. the accounts!**, verifica i conti! ***2*** tenere a freno (*o* sotto controllo); trattenere; arrestare; fermare: **to c. a fire**, arrestare un incendio; **Try and c. your anger**, cerca di tenere a freno l'ira!; **At last galloping inflation was checked**, finalmente l'inflazione galoppante fu arrestata ***3*** (*mil.*) rimproverare aspramente; ammonire ***4*** (*tecn.*) screpolare; incrinare ***5*** (*USA*) depositare: **Don't forget to c. your baggage**, ricordati di depositare il bagaglio ***6*** (*USA*) prendere in consegna (*bagagli* o *merci*) ***7*** (*USA*) spuntare; contrassegnare con una spunta (*cfr. ingl.* **to tick** (**1**), *def. B 2*) ***8*** contrassegnare con quadretti; quadrettare ***9*** (*scacchi*) dare scacco a ***10*** (*elab.*) controllare; verificare. **B** *v. i.* ***1*** concordare; corrispondere: **The accounts c.**, i conti concordano (*o* tornano) ***2*** (*USA*) emettere un assegno bancario ***3*** (*tecn.*) screpolarsi; incrinarsi: **Paint checks sometimes**, la vernice a volte si screpola ***4*** (*a scacchi*) dare scacco al re ***5*** (*poker*) ritirarsi; passare; non starci (*fam.*) ***6*** (*di cani da caccia*) arrestarsi fiutando la traccia.

♦**check back**, *v. i. + avv.* ***1*** controllare, ricontrollare, fare controlli (*in archivio, ecc.*) ***2*** (*fam.*) farsi vedere; rifarsi vivo; ritornare.

♦**check in**, *v. i. + avv.* ***1*** registrarsi (*in albergo, all'aeroporto, ecc.*); (*aeron.*) presentarsi all'accettazione ***2*** (*org. az.*) timbrare il cartellino in entrata; montare ***3*** (*ferr.*) depositare il bagaglio (*in stazione*).

♦**check off**, **A** *v. t. + avv.* ***1*** spuntare (*con un segno*); verificare (*nomi in una lista, ecc.*) spuntando ***2*** trattenere (*i contributi sindacali*) sulla paga ***3*** (*fig.*) scartare. **B** *v. i. + avv.* (*fam.*) smontare (*dal lavoro*).

♦**check on**, **A** *v. i. + prep.* controllare; verificare; fare il controllo di (q.c.). **B** *v. i. + avv.* (*fam.*) andare al lavoro; montare.

♦**check out**, **A** *v. i. + avv.* ***1*** pagare il conto e andarsene (*dall'albergo*); liberare la camera ***2*** (*org. az.*) timbrare il cartellino in uscita; smontare ***3*** pagare alla cassa (*in un supermercato, ecc.*) ***4*** (*fam. USA*: *di un articolo*) vendersi in fretta ***5*** (*di nomi, cifre, ecc.*) corrispondere ***6*** (*pop.*) morire; crepare (*pop.*). **B** *v. t. + avv.* ***1*** (*fam.*) controllare; verificare; indagare su (q.): **to c. out an alibi**, controllare un alibi ***2*** (*fam.*) ispezionare (*un luogo sospetto, ecc.*) ***3*** (*specialm. USA*) registrare (*merci in uscita, un libro dato in prestito, ecc.*) □ (*fam.*) **to c. out with**, *V.* **check with**.

♦**check over**, *v. t. + avv.* ***1*** controllare a fondo; verificare attentamente ***2*** (*med.*) sottoporre (q.) a una visita generale.

♦**check through**, *v. i. + prep.* ***1*** controllare a fondo; verificare attentamente ***2*** ispezionare (*bagagli, ecc.*) □ (*dog.*) **to c. through customs**, passare la dogana.

♦**check up**, *v. t. + avv.* ***1*** fare (dei) controlli su; controllare ***2*** fare indagini, indagare su ***3*** (*med.*) sottoporre (q.) a una visita di controllo.

♦**check up on**, *v. i. + avv. + prep.* ***1*** controllare (*mosse, spostamenti, ecc.*); indagare su (q. *o* q.c.) ***2*** (*fam. USA*) guadagnarci su (*un affare, ecc.*) ***3*** (*fam. USA*) battere, sconfiggere (q.).

♦**check upon**, *V.* **check on**.

♦**check with**, *v. i. + prep.* concordare con; corrispondere a: **His story checks with the facts**, il suo racconto corrisponde ai fatti; **These accounts don't c. with each other**, questi conti non concordano tra di loro (*o* non quadrano).

checkbook /'tʃɛkbʊk/, *n.* (*banca, USA*) libretto degli assegni.

checked /tʃɛkt/, *a.* a scacchi; a quadri; quadrettato: **a c. tablecloth**, una tovaglia a scacchi.

checker /'tʃɛkə(r)/, *n.* ***1*** chi esamina, controlla, verifica, ecc. ***2*** (*USA*) cassiere, cassiera (*di supermercato*) ***3*** (*USA*) guardarobiera ***4*** (*USA*) addetto a un deposito bagagli ***5*** (*sport, ind.*) cronometrista; tempista.

checkerboard /'tʃɛkəbɔːd/, *n.* (*USA*) scacchiera.

checkerman /'tʃɛkəmən/, *n.* (*pl.* **checkermen**) (*USA*) pedina (*del gioco della dama*).

checkers /'tʃɛkəz/, *n. pl.* (*USA, cfr. ingl.* **draughts**) dama (*gioco*).

checking /'tʃɛkɪŋ/, *n.* controllo; verifica; ecc. (*V.* **to check**). • (*banca, USA*) **c. account**, conto corrente (*cfr. ingl.* **current account**) □ **c. board**, cartellone (*della tombola*) □ **c. room**, *V.* **checkroom** □ (*elab.*) **c. routine**, routine di controllo □ (*Borsa*) **c. slip**, impegno.

checkmate /'tʃɛkmeɪt, -ɛk'm-/, *n. e inter.* (*anche fig.*) scacco matto.

to **checkmate** /'tʃɛkmeɪt, -ɛk'm-/, *v. t.* (*anche fig.*) dare scacco matto a.

checkout /'tʃɛkaʊt/, *n.* ***1*** (= **c. time**) ora di partenza (*da un albergo e sim.*) ***2*** (*anche autom., aeron., elab., mecc.*) controllo; verifica; messa a punto ***3*** (*miss.*) controllo finale ***4*** (*fig.*: *di persona*) familiarizzazione, l'impratichirsi; rodaggio (*fig.*) ***5*** (= **c. counter, c. point**) cassa (*di self-service, di supermercato, ecc.*) ***6*** (*pl.*) partenze (da un albergo) ***7*** (*fam. USA*) articolo che si vende bene (*o* in fretta).

checkpoint /'tʃɛkpɔɪnt/, *n.* ***1*** (*autom., mil., ecc.*) posto di controllo ***2*** (*elab.*) punto di ripresa (*o* di riversamento). • (*elab.*) **c. recovery** (*o* **restart**), ripristino (*di una procedura*) a partire dal punto di controllo.

checkroom /'tʃɛkruːm, -rʊm/, *n.* (*USA*) ***1*** guardaroba (*di locale pubblico*) ***2*** deposito bagagli.

checksum /'tʃɛksʌm/, *n.* (*elab.*) somma di controllo.

checkwriter /'tʃɛkraɪtə(r)/, *n.* (*banca, USA*) macchina per stampare le cifre di un assegno bancario.

Cheddar /'tʃɛdə(r)/, *n.* formaggio compatto, di colore bianco o giallo.

cheddite /'tʃɛdaɪt/, *n.* cheddite (*esplosivo*).

cheek /tʃiːk/, *n.* ***1*** guancia; gota: **c. to c.**, guancia a guancia ***2*** (*fam.*) sfrontatezza; sfacciataggine; faccia tosta (*fam.*); discorso insolente: **He had the c. to ask me for money**, ebbe la faccia tosta di chiedermi del denaro ***3*** (*pl.*) (*mecc.*) ganasce (*d'una morsa*); (*naut.*) maschette (*di albero*); (*edil.*) montanti d'una porta ***4*** (*pop.*) natica; chiappa (*pop.*). • **to be c. by jowl**, essere guancia a guancia (*o* fianco a fianco); (*fig.*) essere in intimità, essere culo e camicia (*pop.*) □ (*fam.*) **to have plenty of c.**, avere una faccia da ammaccarci i pinoli (*fig. fam.*) □ **to say st. tongue in c.**, dire q.c. ironicamente, col sorriso sotto i baffi □ (*anche fig.*) **to turn the other c.**, porgere l'altra guancia □ (*iron.*) **I like your c.!**, hai una bella faccia tosta!

to **cheek** /tʃiːk/, *v. t.* parlare a (q.) in modo impertinente; essere insolente con (q.): **Don't dare to c. me like that**, non permetterti di parlarmi in modo così impertinente.

cheekbone /'tʃiːkbəʊn/, *n.* (*anat.*) zigomo.

cheeky /'tʃiːkɪ/, *a.* (*fam.*) sfrontato; sfacciato; insolente. || **-ily**, *avv.* || **-iness**, *sost.*

cheep /tʃiːp/, *n.* pigolio.

to **cheep** /tʃiːp/, *v. i.* pigolare.

cheeper /'tʃiːpə(r)/, *n.* (*zool.*) uccellino che pigola ancora.

cheer /tʃɪə(r)/, *n.* ***1*** (*form.*) umore; disposizione (*di spirito*); stato d'animo: **What c.?**, di che umore sei? ***2*** (*raro*) allegrezza; gaiezza ***3*** (*arc.*: *di solito* **good c.**) cibi e vivande che allietano; buona tavola; ricca imbandigione ***4*** applauso; acclamazione; evviva; urrà: **Three cheers for him!**, tre urrà per lui! • **to make good c.**, fare onore al cibo □ (*lett.*) **to be of good c.**, stare di buon animo; essere di buon umore.

to **cheer** /tʃɪə(r)/, *v. t. e i.* ***1*** (*anche* **to c. up**) allietare; rallegrare, rallegrarsi; tirar su di morale; farsi animo: **C. up!**, fatti animo!; coraggio! ***2*** applaudire; acclamare; (*anche* **to c. on**) incitare, incoraggiare con grida di plauso: **All cheered the chairman**, tutti applaudirono il presidente; **The fans cheered on their team**, i tifosi incitavano con grida la loro squadra.

cheerer /'tʃɪərə(r)/, *n.* ***1*** applauditore, applauditrice ***2*** (*raro*) incoraggiatore, incoraggiatrice; chi tira su il morale.

cheerful /'tʃɪəfl/, *a.* ***1*** allegro; contento; gioioso; che dà allegria: **a c. flat**, un appartamento allegro ***2*** cordiale; disponibile; benevolo: **a c. helper**, uno che presta il suo aiuto con molto slancio ***3*** vivace; animato; espansivo. • **c. news**, notizie buone (*o* confortanti). • **to look c.**, avere l'aria allegra (*o* contenta). || **-ly**, *avv.* || **-ness**, *sost.*

cheeriness /'tʃɪərɪnəs/, *n.* allegria; euforia; cordialità.

cheering /'tʃɪərɪŋ/, *n.* ovazione; applausi; acclamazioni.

cheerio /tʃɪərɪ'əʊ/, *inter.* (*fam.*) ***1*** ciao ***2*** (*arc., nei brindisi*) evviva!; (alla) salute!

cheerleader /'tʃɪəliːdə(r)/, *n.* (*sport, USA*) capo della tifoseria locale; (*se donna*) ragazza pon-pon.

cheerless /'tʃɪələs/, *a.* squallido; tetro; malinconico; triste: **a c. room**, una stanza squallida; **a c. prospect**, una triste prospettiva. || **-ly**, *avv.* || **-ness**, *sost.*

cheerly /'tʃɪəlɪ/, *avv.* (*naut.*) di buona lena; alla svelta.

cheers /tʃɪəz/, *inter.* (*fam.*) ***1*** (*nei brindisi*) evviva!; (alla) salute!; cin cin! ***2*** ciao! ***3*** grazie!

cheery /'tʃɪərɪ/, *a.* allegro; euforico; cordiale.

cheese (1) /tʃiːz/, *n.* ***1*** formaggio; cacio ***2*** forma di cacio. • **c.-board**, vassoio (*o* assortimento) dei formaggi □ **c.-cake**, torta di formaggio (*con uova, zucchero, ecc.*); (*pop. arc.*) foto piccanti di ragazze (*su un giornale, una rivista, ecc.*) □ **c.-cloth**, buratto, stamigna (*tessuto*) □ (*in G.B.*) **c. cutter**, «tagliaformaggio» (*asse fornita di un filo metallico*) □ **c. dish**, formaggiera □ (*cucina*) **c. eggburger**, panino farcito di carne di manzo tritata, con dentro una fettina di formaggio tostato e un uovo fritto □ **c. hopper**, verme del formaggio □ **c.-maker**, formaggiaio □ (*zool.*) **c.-mite** (*Acarus siro*), acaro del formaggio □ **c.-parer**, spilorcio, taccagno □ **c.-paring**, crosta di formaggio; (*fig.*) grettezza; (*pl.*) accozzaglia di cose senza valore □ **c.-paring economy**, economia all'osso □ **c. rennet**, caglio; (*bot., Ga-*

lium verum) caglio, erba zolfina, presuola □ **c. sandwich**, sandwich al formaggio □ **c. straws**, bastoncini al formaggio □ **green c.**, formaggio fresco, non ancora maturo.

cheese (**2**) /tʃi:z/, *n.* (*pop.*) ***1*** (*arc.*) cosa non plus ultra; cannonata, schianto (*fam.*): **This motorbike is the c.!**, questa moto è una cannonata! ***2*** pezzo grosso; alto papavero (*fam.*): **If you want a job with the firm, he's the big c.**, se vuoi un posto presso la ditta, il pezzo grosso è lui.

cheeseburger /'tʃi:zbɜ:gə(r)/, *n.* (*cucina*) hamburger al formaggio (*panino farcito di carne di manzo tritata, con dentro una fettina di formaggio tostato*).

cheesed off /'tʃi:zdɒf, *USA* -ɔ:f/, *a.* (*pop.*) stufo; seccato; scocciato.

cheese it /'tʃi:zɪt/, *inter.* (*pop.*) piantala!; smettila!

cheeselet /'tʃi:zlət/, *n.* (*marchio*) salatino al formaggio.

cheesemonger /'tʃi:zmʌŋgə(r), *USA* -mɒ-/, *n.* formaggiaio.

cheesy /'tʃi:zɪ/, *a.* ***1*** che ha il sapore, la consistenza, ecc. del formaggio ***2*** (*pop. USA*) scadente; dozzinale; tutto fumo e niente arrosto ***3*** (*pop. USA*) falso; sleale. ● **c. odour**, odore di formaggio. ‖ **-iness**, *sost.*

cheetah /'tʃi:tə/, *n.* (*zool.*, *Acinonyx jubatus*) ghepardo.

chef /ʃef/ (*franc.*), *n.* chef; capocuoco (*d'albergo, di nave, ecc.*).

cheiromancy /'kaɪərəʊmænsɪ/, *V.* **chiromancy**.

chela (**1**) /'tʃeɪlə/, *n.* (*relig.*) chela; novizio buddista.

chela (**2**) /'ki:lə/, *n.* (*pl.* **chelae**) (*zool.*) chela.

chelate /'ki:leɪt/, *a.* e *n.* (*chim.*) chelato.

cheliform /'ki:lɪfɔ:m/, *a.* (*zool.*) cheliforme; a forma di chela.

cheloid /'ki:lɔɪd/, *n.* (*med.*) cheloide.

Chelsea /'tʃelsɪ/, *n.* Chelsea (*quartiere di Londra*). ● **C. pensioner**, ricoverato dell'Ospedale Reale per veterani e invalidi di guerra □ **C. ware**, porcellane di Chelsea (*del '700*).

chemical /'kemɪkl/, **A** *a.* chimico: **c. laboratory**, laboratorio chimico. **B** *n.* (*spesso al pl.*) sostanza chimica; prodotto chimico. ● **c. engineering**, ingegneria chimica □ **c. rubber**, gomma sintetica □ **c. warfare**, guerra chimica □ **heavy chemicals**, prodotti chimici usati nell'industria e nell'agricoltura. ‖ **-ly**, *avv.*

chemiluminescence /kemɪlu:mɪ'nesns/, *n.* (*chim.*) chemiluminescenza.

chemise /ʃə'mi:z/ (*franc.*), *n.* ***1*** camicia (*da donna*) ***2*** (*moda*) chemisier.

chemisette /ʃemɪ'zet/ (*franc.*), *n.* ***1*** camicetta ***2*** (*moda*) davantino di pizzo.

chemism /'kemɪzəm/, *n.* (*chim., med.*) chimismo.

chemist /'kemɪst/, *n.* ***1*** chimico ***2*** (*ingl.*, *cfr. USA* **druggist**) farmacista. ● **c.'s** (**shop**), farmacia □ **dispensing c.**, farmacista diplomato □ **manufacturing c.**, industriale farmaceutico.

chemistry /'kemɪstrɪ/, *n.* chimica.

chemosphere /'keməsfɪə(r)/, *n.* (*meteor.*) chemosfera.

chemosynthesis /ki:məʊ'sɪnθəsɪs, ke-/, *n.* (*biochim.*) chemiosintesi.

chemotaxis /ki:məʊ'tæksɪs, ke-/, *n.* (*biol.*) chemiotassi.

chemotherapeutic(**al**) /ki:məʊθerə'pju:tɪk(l), ke-/, *a.* e *n.* (*farm.*) chemioterapico.

chemotherapeutics /ki:məʊθerə'pju:tɪks, ke-/, *n. pl.* (*col verbo al sing.*) (*med.*) chemioterapia.

chemotherapist /ki:məʊ'θerəpɪst, ke-/, *n.* (*med.*) chemioterapista.

chemotherapy /ki:məʊ'θerəpɪ, ke-/, *n.* (*med.*) chemioterapia.

chemotropism /ki:məʊ'trəʊpɪzəm, kɪ'mɒtrəp-/, *n.* chemiotropismo.

chenille /ʃə'ni:l/, *n.* ciniglia.

cheque /tʃek/, *n.* (*banca, ingl.*; *cfr. USA* **check**) assegno bancario. ● (*banca*) **c. account**, conto corrente □ **c. card**, carta assegni □ **c. guarantee card**, carta assegni □ **c. protector**, macchina per stampare le cifre di un assegno □ **c. requisition**, richiesta d'assegno (*modulo*) □ **c. to bearer**, assegno al portatore □ **c. to be credited**, assegno per accreditamento □ **c. to order**, assegno all'ordine □ **blank c.**, assegno in bianco □ **crossed c.**, assegno sbarrato □ **open c.**, assegno non sbarrato.

chequebook /'tʃekbʊk/, *n.* (*banca*) libretto degli assegni.

chequer /'tʃekə(r)/, *n.* ***1*** (*un tempo*) scacchiera (*come insegna di locanda*) ***2*** (*pl.*) gioco della dama ***3*** (*pl.*) disegno a scacchi (*di tessuto, ecc.*) ***4*** pedina (*a dama*). ● **c.-wise**, a scacchi; a quadri □ **c.-work**, disegno a scacchi; (*fig.*) traversie, alterne vicende.

to **chequer** /'tʃekə(r)/, *v. t.* ***1*** disegnare (*o* disporre) a quadri (*specialm. alternando i colori*); quadrettare ***2*** variare, variegare (*un disegno, ecc.*).

chequerboard /'tʃekəbɔ:d/, *n.* scacchiera.

chequered /'tʃekəd/, *a.* ***1*** a scacchi; a quadri; quadrettato ***2*** variegato: **a c. career**, una carriera variegata ***3*** (*fig.*) alterno; fortunoso: **a c. lot**, una sorte alterna.

to **cherish** /'tʃerɪʃ/, *v. t.* ***1*** aver caro; tenere in gran conto; adorare; prediligere ***2*** avere gran cura di; curare teneramente: **She cherishes her children**, ha gran cura dei suoi bambini ***3*** conservare, serbare nell'animo, avere il culto di (*una memoria, ecc.*); nutrire (*un sentimento*); accarezzare (*idee di gloria, ecc.*): **He cherishes the memory of his mother**, ha il culto della memoria di sua madre; **Don't c. hatred against anybody**, non nutrire odio contro alcuna persona.

cheroot /ʃə'ru:t/, *n.* ***1*** sigaro spuntato (*tagliato quadro dalle due parti*) ***2*** sigaro (*in genere*).

cherry /'tʃerɪ/, **A** *n.* ***1*** ciliegia ***2*** (= **c. tree**) ciliegio ***3*** (*volg.*) verginità; ragazza vergine ***4*** (*pop. USA*) inesperienza. **B** *a.* ***1*** di ciliegio: **a c. cabinet**, uno stipo di ciliegio ***2*** color ciliegia; rosso come una ciliegia: **c. cheeks**, guance rosse come ciliegie. ● (*bot.*) **c. bay**, *V.* **c. laurel** □ (*infant.*) **c.-bob**, due ciliegie unite per il gambo □ **c. brandy**, brandy di ciliegie □ **c.-breeches**, «le brache rosse» (*l'11° reggimento degli Ussari*) □ (*bot.*) **c. laurel** (*Prunus laurocerasus*), lauroceraso □ **c. liqueur**, liquore di ciliegie; ciliegiolo □ **c.-pie**, torta di ciliegie; (*bot.*, *Heliotropium peruvianum*) eliotropio peruviano, vaniglia dei giardini; (*bot.*, *Epilobium hirsutum*) epilobio □ (*bot.*) **c.-plum** (*Prunus cerasifera*), mirabolano □ **c. red**, rosso ciliegia □ (*bot.*) **c.-tree** (*Prunus avium*), ciliegio □ **c. tomato**, pomodoro piccolissimo.

chersonese /'kɜ:səni:z/, *n.* (*poet.*) penisola.

chert /tʃɜ:t/, *n.* (*geol.*) selce.

cherub /'tʃerəb/, *n.* (*pl.* **cherubs, cherubim**) ***1*** (*relig.*) cherubino (*anche fig.*) ***2*** (*arte*) amorino; cupido; putto.

cherubic /tʃə'ru:bɪk/, *a.* di (*o* da) cherubino; serafico.

cherubim /'tʃerəbɪm/, *V.* **cherub**.

chervil /'tʃɜ:vɪl/, *n.* (*bot.*, *Anthriscus cerefolium*) cerfoglio.

Cheshire /'tʃeʃə(r)/, *n.* Cheshire (*nome d'una contea ingl.*). ● **C. cheese**, formaggio del Cheshire □ (*fig.*) **C. cat** (*da «Alice in Wonderland»*), persona dal sorriso sardonico.

chess (**1**) /tʃes/, *n.* (gioco degli) scacchi: **a game of c.**, una partita a scacchi. ● **to play c.**, giocare a scacchi.

chess (**2**) /tʃes/, *n.* asse, tavolone (*di ponte di barche*).

chessboard /'tʃesbɔ:d/, *n.* scacchiera.

chessel /'tʃesl/, *n.* forma, stampo (*per il formaggio*).

chessman /'tʃesmæn, -mən/, *n.* (*pl.* **chessmen**) pezzo (*degli scacchi*).

chesspiece /'tʃespi:s/, *n.* pezzo degli scacchi (*esclusi i pedoni*).

chest /tʃest/, *n.* ***1*** cassa; cassapanca; cassetta; (*mecc.*) cassetto (*di macchina a vapore, ecc.*): **a c. of tea**, una cassa di tè; **a medicine c.**, una cassetta di pronto soccorso ***2*** scrigno; (*fig. raro*) cassa, fondo: **the community c.**, la cassa della comunità ***3*** (*anat.*) torace; petto: **He has a weak c.**, è malato di petto. ● **c. beating**, il battersi il petto □ (*med.*) **c. cold**, bronchite □ **c. of drawers**, cassettone □ (*baseball*) **c. protection**, protezione per il torace □ (*med.*) **c. trouble**, male di petto □ **c. voice**, voce di petto □ (*mus.*: *di nota*) **from the c.**, di petto □ (*fam.*) **to get it off one's c.**, levarsi un peso dallo stomaco; sfogarsi □ **to throw out one's c.**, camminare impettito (*o* col petto in fuori).

chested /'tʃestɪd/, *a.* (*nei composti, per es.*:) **broad-c.**, dall'ampio petto; (*di donna*) **flat-c.**, senza petto (*o* seno); piallata (*fam.*).

chesterfield /'tʃestəfi:ld/, *n.* ***1*** soprabito a un petto, col bavero di velluto ***2*** divano imbottito, con braccioli.

chestnut /'tʃesnʌt, -nət/, **A** *n.* ***1*** castagna ***2*** (*bot.*, *Castanea sativa*; = **c. tree**) castagno ***3*** (*bot.*, *Aesculus hippocastanum*; = **horse c.**) ippocastano ***4*** cavallo sauro ***5*** (*vet.*) castagna; castagnetta ***6*** (*fam.*) barzelletta arcinota, vecchia; aneddoto trito, risaputo. **B** *a.* ***1*** (di colore) castano ***2*** (*di cavallo*) sauro. ● **c. brown**, (color) castano □ **c. cake**, castagnaccio □ **c. flour**, farina di castagne □ **c. wood**, castagneto □ (*fig.*) **to pull sb.'s chestnuts out of the fire**, cavar la castagna dal fuoco per q.

chesty /'tʃestɪ/, *a.* (*fam.*) ***1*** largo di torace ***2*** pettoruto; impettito ***3*** (*ingl.*) delicato di bronchi ***4*** (*pop. USA*) borioso; presuntuoso; vanaglorioso. ● **a c. voice**, una voce di petto.

cheval-de-frise /ʃə'vældə'fri:z/ (*franc.*), *n.* (*mil.*) cavallo di Frisia.

cheval glass /ʃə'vælglɑ:s, *USA* -æs/ (*franc.*), *locuz. n.* specchio a bilico; psiche.

chevalier /ʃevə'lɪə(r)/, *n.* ***1*** cavaliere (*di ordine cavalleresco straniero*) ***2*** cadetto (*di famiglia nobile francese*).

chevet /ʃə'veɪ/ (*franc.*), *n.* (*archit.*) abside; complesso di absidi.

cheviot /'tʃi:vɪət, -ev-, *USA* 'ʃ-/, *n.* ***1*** (*zool.*) pecora dei monti Cheviot ***2*** (stoffa di) lana cheviot.

chevron /'ʃevrən/, *n.* ***1*** (*archit.*) modanatura a zigzag ***2*** (*mil.*) gallone a forma di «V» o di «Λ» (*portato sulla manica, in alto*) ***3*** (*arald.*) scaglione.

chevrotain /'ʃevrəʊteɪn/, **chevrotin** /'ʃevrəʊtɪn/, *n.* (*zool.*, *Tragulus*; *Hyemoschus*) gazzella d'acqua; tragolo.

chevy /'tʃevɪ/, *n.* (*arc.*) ***1*** grido di caccia; hallalì ***2*** caccia; inseguimento.

to **chevy** /'tʃevɪ/, *v. t.* (*arc.*) ***1*** cacciare; inseguire ***2*** (*fig.*) molestare; tormentare.

chew /tʃu:/, *n.* ***1*** masticazione ***2*** cosa (*presa di tabacco, ecc.*) da masticare; cicca: **a c. of tobacco**, una cicca di tabacco.

to **chew** /tʃu:/, *v. t.* e *i.* ***1*** masticare ***2*** masticare tabacco; ciccare. ● **to c. the cud**, ruminare (*anche fig.*) □ (*pop. USA*) **c. sb.'s ear off**, far venire il latte alle ginocchia a q. (*fig.*) □ (*pop. USA*) **to c. face**, baciarsi □ **to c. one's fingers**, mangiarsi le unghie □ **to c. a hole in st.**, fare un buco in q.c. a forza di rodere (*o* di rosicchiare) □ (*gergo mil.*) **to c. the rag**, brontolare; mugugnare (*pop.*); rugare (*pop.*) □ (*pop. USA*) **to c. out**, sgridare severamente; dare un cicchetto a (*fam.*) □ (*fam.*) **to c. over st.**, rimuginare q.c.; meditare su q.c. □ **to c. up**, tritare (*con i denti*); sgranocchiare □ (*fig.*) **to bite off more than one can c.**, fare il passo più lungo della gamba.

chewed up /'tʃu:d'ʌp/, *a.* (*pop. USA*) preoccupato; seccato; scocciato (*pop.*).

chewing /'tʃu:ɪŋ/, *n.* masticazione. ● **c. gum**, chewing gum; gomma da masticare; (*pop. USA*) cavolate imcomprensibili.

chewy /ˈtʃuːɪ/, *a.* che si può (*o* si deve) masticare a lungo; (*di caramella, ecc.*) che dura molto.

chi /kaɪ/, *n.* (*pl.* **chis**) chi (*ventiduesima lettera dell'alfabeto greco*).

chiasma /kaɪˈæzmə/, *n.* (*pl.* **chiasmata, chiasmas**) (*anat.*) chiasma.

chiasmus /kaɪˈæzməs/, *n.* (*pl.* **chiasmi**) (*retor.*) chiasmo.

chiastic /kaɪˈæstɪk/, *a.* (*retor.*) chiastico.

chic /ʃiːk/, **A** *n.* eleganza; sciccheria (*pop.*). **B** *a.* chic; elegante; sciccoso (*pop. o scherz.*).

Chicago /ʃɪˈkɑːɡəʊ/, *n.* (*geogr.*) Chicago. ● (*pop. USA*) **C. overcoat**, bara.

Chicagoan /ʃɪˈkɑːɡəʊən/, *a.* e *n.* (abitante o nativo) di Chicago.

chicane /ʃɪˈkeɪn/, *n.* **1** artificio; imbroglio; cavillo **2** (*bridge*) chicane **3** (*autom., sport*) chicane.

to **chicane** /ʃɪˈkeɪn/, *v. t.* e *i.* **1** imbrogliare; ingannare; cavillare **2** ottenere con artifici (*o* raggiri): **He chicaned the old man out of his fortune**, con raggiri ottenne dal vecchio tutto il suo denaro.

chicanery /ʃɪˈkeɪnərɪ/, *n.* **1** cavillosità; sofismi **2** imbrogli; cavilli legali.

Chicano /tʃɪˈkɑːnəʊ, ʃɪ-, *USA* -ˈkæn-/, *n.* (*pl.* **Chicanos**) (*USA*) chicano; americano di origine messicana.

chi-chi /ˈʃiːʃiː, ˈtʃiːtʃiː/, *a.* (*fam.*) pretenzioso; affettato; pacchiano; vistoso.

chick /tʃɪk/, *n.* **1** pulcino **2** uccellino (*implume*) **3** (*termine affettuoso*) bambino; piccolo **4** (*fam.*) ragazza; ragazza fissa; innamorata; pollastra, pollastrella (*fig. pop.*). ● **the chicks**, i piccoli (*d'una famiglia*).

chickabiddy /ˈtʃɪkəˈbɪdɪ/, *n.* (*arc.*) pulcino, coccolo (*termine affettuoso*).

chicken /ˈtʃɪkɪn/, *n.* **1** pollo; pollastro, pollastra; carne di pollo **2** uccello giovane **3** (*fam.*) pivello; giovincello inesperto; pollo (*pop.*): **He's no c.**, non è un pollo **4** (*pop.*) fifone; vigliacco **5** (*pop.*) donnicciola; (persona) pusillanime **6** (*pop. USA*) balle; fesserie. ● (*med.*) **c. breast**, petto carenato; petto di pollo (*pop.*) □ (*cucina*) **c. curry**, pollo al curry □ **c. farm**, allevamento di polli □ **c. farmer**, pollicoltore; avicoltore □ **c. farming**, pollicoltura; avicoltura □ **c. feed**, mangime per polli; (*pop.*) somma di denaro trascurabile, spiccioli □ **c.-hearted** (*o* **c.-livered**), pusillanime; timido; vile □ (*cucina*) **c. pie**, pasticcio di pollo □ (*med.*) **c.-pox**, varicella □ **c. run**, pollaio; recinto per i polli □ (*fig.*) **to count one's chickens before they are hatched**, vendere la pelle dell'orso prima d'averlo ammazzato □ **spring c.**, pollo novello; (*fig.*) novellino.

chickenburger /ˈtʃɪkɪnbɜːɡə(r)/, *n.* (*cucina*) panino farcito di carne di pollo tritata.

to **chicken out** /ˈtʃɪkɪn/, *v. i.* + *avv.* (*fam.*) tirarsi indietro (*per paura*). ● **to c. out of doing st.**, rinunciare a fare q.c. per la paura.

chickie /ˈtʃɪkɪ/, **chicklet** /ˈtʃɪklət/, *n.* (*pop. USA*) giovane donna; pollastrella (*pop.*).

chickling /ˈtʃɪklɪŋ/, *n.* (*bot., Lathyrus sativus*) cicerchia.

chickpea /ˈtʃɪkpiː/, *n.* (*bot., Cicer arietinum*) cece.

chickweed /ˈtʃɪkwiːd/, *n.* (*bot., Stellaria media*) centonchio; erba gallina.

chicle /ˈtʃɪkl/, *n.* lattice della sapota (*per la gomma da masticare*).

Chicom /ˈtʃaɪkɒm/, *n.* e *a.* (*fam. USA*) comunista cinese.

chicory /ˈtʃɪkərɪ/, *n.* (*bot., Cichorium intybus*) cicoria.

to **chide** /tʃaɪd/ (*pass.* **chid, chided,** *p. p.* **chid, chidden, chided**), *v. t.* e *i.* (*lett.*) **1** rampognare; rimbrottare; rimproverare **2** borbottare; mugolare **3** (*del vento, del mare, ecc.*) mugghiare.

chiding /ˈtʃaɪdɪŋ/, *n.* (*lett.*) rampogna; rimbrotto; rimprovero.

chief (**1**) /tʃiːf/, *n.* **1** capo; comandante; condottiero **2** (*arald.*) capo; parte superiore d'uno scudo tripartito **3** (*pop. USA, al vocat.*) capo. ● (*mil.*) **C. of Staff**, capo di stato maggiore □ **Commander in C.**, comandante in capo (*o* supremo) □ **in c.**, soprattutto.

chief (**2**) /tʃiːf/, *a.* **1** principale; più importante; primo (per importanza) **2** più elevato (in grado); preminente; primo; (che sta a) capo: **C. Justice**, primo giudice (*che presiede una corte suprema di giustizia*); **c. inspector**, ispettore capo. ● **c. accountant**, ragioniere capo □ (*naut.*) **c. boatswain's mate**, primo nostromo (di bordo) □ **c. clerk**, capufficio □ **c. constable**, capo della polizia d'una contea (*in G.B.*; di una provincia: *in Scozia*) □ (*naut.*) **c. engineer**, direttore (*o* primo ufficiale) di macchina □ (*in U.S.A.*) **the C. Executive**, il Presidente degli Stati Uniti □ **c. executive officer**, direttore generale; (*anche*) consigliere delegato (*di una società commerciale*) □ **c. surgeon**, primario chirurgo □ **c. town**, (città) capoluogo □ (*polit.*) **the C. Whip**, il Capo dei Questori (*ai Comuni*).

chiefly /ˈtʃiːflɪ/, **A** *avv.* principalmente; soprattutto; per lo più. **B** *a.* (*raro*) degno di (*o* che si addice a) un capo.

chieftain /ˈtʃiːftən/, *n.* **1** (*scozz.*) capo ereditario di un clan **2** capotribù **3** capobanda; capo di banditi **4** (*poet.*) condottiero; capitano.

chieftaincy /ˈtʃiːftənsɪ/, **chieftainship** /ˈtʃiːftənʃɪp/, *n.* l'esser capo, capobanda, ecc.; comando (*V.* **chieftain**).

chiffchaff /ˈtʃɪftʃæf/, *n.* (*zool., Phylloscopus collybita*) luì piccolo.

chiffon /ˈʃɪfɒn, *USA* ʃɪˈfɒn/ (*franc.*), **A** *n.* chiffon; velo crespo. **B** *a. attr.* **1** di chiffon **2** (*di un dolce*) soffice.

chiffonier /ʃɪfəˈnɪə(r)/ (*franc.*), *n.* cassettoncino; stipo a cassetti.

chigger /ˈtʃɪɡə(r)/ (*USA*), *V.* **chigoe**.

chignon /ˈʃiːnjɒn/ (*franc.*), *n.* (*di capelli*) chignon; crocchia.

chigoe /ˈtʃɪɡəʊ/, *n.* (*zool., Tunga penetrans*) pulce penetrante.

chihuahua /tʃɪˈwɑːwɑː, ʃɪ, -ˈwaʊə/, *n.* (*zool.*) chihuahua (*cane*).

chilblain /ˈtʃɪlbleɪn/, *n.* (*med.*) gelone.

chilblained /ˈtʃɪlbleɪnd/, *a.* che ha i geloni.

child /tʃaɪld/, *n.* (*pl.* **children**) **1** fanciullo, fanciulla; bambino, bambina; figlio, figlia **2** discendente **3** (*fig.*) seguace; discepolo. ● **c.-bearing**, gravidanza, gestazione □ (*della donna*) **c.-bearing age**, età fertile □ (*in G.B.*) **c. benefit**, assegno di maternità □ **c. bounty**, assegni familiari (*per i figli*) □ (*econ., stor.*) **c. labour**, lavoro infantile □ **c.-murder**, infanticidio □ **the c. of one's imagination**, il prodotto della propria immaginazione □ **c. mortality**, mortalità infantile □ (*fig.*) **c.'s play**, gioco da ragazzi (*fig.*); cosa facilissima □ **c. prodigy**, bambino prodigio □ **c.-wife**, moglie bambina □ **foster c.**, figlio di latte □ **from a c.**, fin da bambino □ **a problem c.**, un bambino difficile □ (*di donna*) **with c.**, incinta; in stato interessante.

childbed /ˈtʃaɪldbed/, *n.* parto. ● (*med.*) **c. fever**, febbre puerperale □ **a woman in c.**, una donna che sta per partorire; una partoriente.

childbirth /ˈtʃaɪldbɜːθ/, *n.* parto.

childcare /ˈtʃaɪldkeə(r)/, *n.* assistenza all'infanzia. ● **c. facilities**, strutture assistenziali per l'infanzia.

Childermas /ˈtʃɪldəmæs/, *n.* (= **C. Day**) festa degli Innocenti (*28 dicembre*).

childhood /ˈtʃaɪldhʊd/, *n.* fanciullezza; infanzia. ● **second c.**, seconda infanzia; senilità.

childish /ˈtʃaɪldɪʃ/, *a.* **1** fanciullesco; infantile **2** puerile; sciocco: **a c. answer**, una risposta puerile. || **-ly,** *avv.* || **-ness,** *sost.*

childless /ˈtʃaɪldləs/, *a.* senza figli. ● **c. marriage**, unione sterile. || **-ness,** *sost.*

childlike /ˈtʃaɪldlaɪk/, *a.* **1** fanciullesco; infantile **2** semplice; schietto; innocente; fiducioso; ingenuo.

childminder /ˈtʃaɪldmaɪndə(r)/, *n.* badante di bambini; baby-sitter.

childproof /ˈtʃaɪldpruːf/, *a.* che un bambino non può aprire, ecc.; di sicurezza: (*autom.*) **c. locks**, serrature di sicurezza.

children /ˈtʃɪldrən/, *pl.* di **child**. ● **c.'s fashions**, abbigliamento per bambini □ **c.'s home**, nido d'infanzia; asilo infantile □ **c. hospital**, ospedale pediatrico □ **c.'s wear**, abiti per bambini □ **c.'s wear shop**, negozio d'abbigliamento per bambini.

chile /ˈtʃɪlɪ/ (*USA*), *V.* **chilli**.

Chile /ˈtʃɪlɪ/, *n.* (*geogr.*) Cile. ● (*mecc.*) **C. mill**, molazza.

Chilean /ˈtʃɪlɪən/, *a.* e *n.* cileno.

chili /ˈtʃɪlɪ/ (*USA*), *V.* **chilli**.

chiliad /ˈkɪlɪæd/, *n.* (*raro*) **1** migliaio **2** millennio.

chiliasm /ˈkɪlɪæzəm/, *n.* (*relig.*) chiliasmo; millenarismo.

chiliastic /ˈkɪlɪæstɪk/, *a.* (*relig.*) chiliastico; millenaristico.

chill /tʃɪl/, **A** *n.* **1** freddo; gelo; sensazione di freddo; brivido (*di febbre*); infreddatura: **I feel a c. in my feet**, ho una sensazione di freddo ai piedi; **I have caught a c.**, ho preso un'infreddatura **2** (*fig.*) senso di gelo; doccia fredda (*fig.*); maniere gelide: **The news of the riots cast a c. over the whole town**, la notizia dei tumulti gettò un senso di gelo su tutta la città **3** (*metall.*, = **c. mold**) conchiglia **4** (*pop. USA*) uccisione; assassinio. **B** *a.* freddo, gelido (*anche fig.*): **a c. wind**, un vento gelido; **a c. welcome**, un'accoglienza fredda (*o* glaciale). ● (*metall.*) **c. casting**, fusione in conchiglia □ **to take the c. off water [wine]**, intiepidire acqua [vino] □ **A c. came over him**, si sentì rabbrividire.

to **chill** /tʃɪl/, *v. t.* e *i.* **1** raffreddare, raffreddarsi; gelare (*anche fig.*); raggelare, raggelarsi; intirizzire: **The icy water chilled me to the bone**, l'acqua gelida m'intirizzì fino alle ossa; **The sad news chilled me**, la triste notizia mi raggelò **2** congelare, congelarsi **3** (*metall.*) temprare, temprarsi; fondere in conchiglia **4** mettere al fresco, raffreddare (*acqua, vino, ecc.*) **5** (*pop. USA*) freddare; uccidere.

chilled /tʃɪld/, *a.* **1** raffreddato; raggelato (*anche fig.*); intirizzito **2** (*di alimento*) congelato **3** (*di vino, ecc.*) fresco **4** (*metall.*) fuso in conchiglia; conchigliato.

chiller /ˈtʃɪlə(r)/, *n.* **1** (*fam.*) racconto o storia agghiacciante, raggelante **2** (*ind. chim.*) scambiatore refrigerante.

chilli /ˈtʃɪlɪ/, *n.* (*pl.* **chillies**) **1** (*bot., Capsicum*) peperoncino rosso **2** (= **c. sauce**) salsa di peperoncino rosso **3** (= **c. con carne**) carne di manzo con questa salsa.

chilliness /ˈtʃɪlɪnəs/, *n.* freddo; (*anche fig.*) freddezza, gelidità.

chilling /ˈtʃɪlɪŋ/, **A** *a.* agghiacciante; raggelante; gelido; glaciale. **B** *n.* **1** refrigerazione **2** congelamento **3** (*metall.*) raffreddamento rapido; fusione in conchiglia.

chilly (**1**) /ˈtʃɪlɪ/, *V.* **chilli**.

chilly (**2**) /ˈtʃɪlɪ/, *a.* **1** freddo; gelido; (*anche fig.*) raggelante: **a c. room**, una stanza fredda; **a c. manner**, maniere fredde; freddezza; **a c. answer**, una risposta raggelante; **a c. stare**, un'occhiata gelida **2** che ha freddo; infreddolito; freddoloso: **I feel c. today**, mi sento infreddolito oggi. ● **to get** (*o* **to grow**) **c.**, prendere freddo; gelarsi, raggelarsi □ **It's a bit c. today**, oggi fa freschino.

chimaera /kaɪˈmɪərə/, *V.* **chimera**.

chimb /tʃaɪm/, *V.* **chime** (**2**).

chime (**1**) /tʃaɪm/, *n.* **1** suono di campane; scampanio **2** (*pl.*) meccanismo di (*o* per) campane **3** (*pl.*) concerto di campane; carillon: **to ring the chimes**, fare un concerto di campane; scampanare; suonare a festa **4** suono armonioso, melodico, gioioso **5** suoneria (*d'orologio*); carillon **6** (*fig.*) armonia; accordo **7** (*pl.*) (*mus.*) campane tubolari. ● **door chimes**, campanello bitonale.

chime (**2**) /tʃaɪm/, *n.* capruggine (*di botte*).

to **chime** /tʃaɪm/, **A** *v. i.* **1** (*di campane*) rintoccare; suonare a festa; scampanare; (*fig.*) risuonare: **His last words chimed in my ears**, le sue ultime parole mi risuonavano nelle orecchie *2* dare, emettere un suono (*o* un rintocco) come di campana *3* parlare in modo monotono (*o* cantilenante). **B** *v. t.* *1* suonare (*campane*); battere (*una campana*) *2* (*d'orologio*) battere (*le ore*): **The clock chimed midday**, l'orologio batté mezzogiorno. ● (*fam.*) **to c. in**, interloquire, aggiungere, far eco; approvare calorosamente □ **to c. in with st.**, concordare con q.c.; essere in armonia con q.c. □ **to c. with**, accordarsi: **The music chimes well with the heroine's mood**, la musica ben s'accorda con lo stato d'animo della protagonista.

chimera /kaɪˈmɪərə/, *n.* *1* (*mitol.* e *fig.*) chimera *2* (*zool., Chimaera monstruosa*) chimera mostruosa *3* (*biol.*) chimera.

chimere /tʃɪˈmɪə(r), ʃɪ-/, *n.* (*relig.*) paramento di vescovo anglicano.

chimerical /kaɪˈmerɪkl/, *a.* chimerico.

chimney /ˈtʃɪmnɪ/, *n.* *1* camino *2* (= **c. top**) comignolo *3* (= **c. stalk**) ciminiera; fumaiolo *4* tubo di vetro (*di lampada a olio*) *5* camino (*di vulcano*) *6* (*alpinismo*) camino. ● **c. breast**, stipite, stipiti (*del camino*) □ **c. cap**, comignolo □ **c. corner**, angolo del focolare □ **c. flue**, canna fumaria □ (*arc.*) **c.-piece**, mensola del camino □ **c. stack**, fumaiolo; ciminiera; gruppo di comignoli □ **c. sweep** (*o* **c. sweeper**), spazzacamino □ (*zool.*) **c. swift** (*Chaetura pelagica*), rondone americano.

chimneypot /ˈtʃɪmnɪpɒt/, *n.* comignolo (*specialm. di cotto*).

chimp /tʃɪmp/, (*fam.*) *V.* **chimpanzee**.

chimpanzee /tʃɪmpænˈziː, *USA* tʃɪmˈpænzɪ/, *n.* (*zool., Pan troglodytes*) scimpanzé.

chin /tʃɪn/, *n.* mento. ● (*med.*) **c. bandage**, mentiera □ **c. rest**, mentoniera (*di violino*) □ **c. strap**, sottogola (*d'elmo, ecc.*) □ **up to the c.** (*o* **c.-deep**), (immerso) fino al collo □ (*fam.*) (**Keep your**) **c. up!**, su con la vita!; coraggio! □ (*fam.*) **to take it on the c.**, affrontare avversità (sconfitte, ecc.) con coraggio.

to **chin** /tʃɪn/, *v. i.* (*pop. USA*) chiacchierare; pettegolare. ● (*ginnastica*) **to c. the bar**, toccare la sbarra con il mento.

china (**1**) /ˈtʃaɪnə/, **A** *n.* *1* porcellana fine (*in origine, importata dalla Cina*) *2* oggetti (*stoviglie, ecc.*) di porcellana; porcellane **B** *a.* di porcellana. ● **c. bark**, *V.* **cinchona** □ (*miner.*) **c. clay**, caolino □ **c. cabinet** (*o* **c. closet**), vetrina (*il mobile*) □ **c. shop**, negozio di porcellane.

china (**2**) /ˈtʃaɪnə/, *n.* (*pop. ingl.*) amico; compagno; compagnone (*specialm. nella locuz.* **my old c.**).

China /ˈtʃaɪnə/, *n.* Cina. ● **C. ink**, inchiostro di China □ (*bot.*) **C.-root** (*Smilax china*), china; radice di china □ (*polit.*) **C. watcher**, sinologo.

Chinaman /ˈtʃaɪnəmən/, *n.* (*pl.* **Chinamen**) (*spreg.*) cinese.

Chinatown /ˈtʃaɪnətaʊn/, *n.* quartiere cinese.

chinaware /ˈtʃaɪnəweə(r)/, *n.* oggetti (*stoviglie, ecc.*) di porcellana; porcellane.

chinch /tʃɪntʃ/, *n.* (*zool., USA*) cimice.

chinchilla /tʃɪnˈtʃɪlə/, *n.* *1* (*zool., Chinchilla lanigera*) cincilla *2* (= **c. fur**) pelliccia di cincilla; cincillà.

chin-chin /tʃɪnˈtʃɪn/ (*anglo-cinese*), **A** *inter.* *1* (*brindisi*) cincin!; (alla) salute! *2* salve!; addio! **B** *n.* *1* saluto cortese *2* (*raro*) discorso cerimonioso.

chine (**1**) /tʃaɪn/, *n.* burrone stretto e profondo; botro.

chine (**2**) /tʃaɪn/, *n.* *1* (*anat., arc.*) spina dorsale *2* (*macelleria*) lombata *3* cresta (*di monte*).

to **chine** /tʃaɪn/, *v. t.* tagliare (*carne, ecc.*) lungo la spina dorsale.

Chinee /tʃaɪˈniː/, *n.* (*fam. scherz.* o *arc.*) cinese.

Chinese /tʃaɪˈniːz/, *a.* e *n.* (*invar. al pl.*) cinese. ● **C. lantern**, lanterna cinese □ **C. pavilion**, padiglione alla cinese □ **C. puzzle**, indovinello cinese; (*fig.*) rompicapo.

chink (**1**) /tʃɪŋk/, *n.* *1* crepa; fessura *2* interstizio *3* (*fig., specialm. nella locuz.* **a c. in one's armour**) punto debole.

chink (**2**) /tʃɪŋk/, *n.* *1* tintinnio (*di bicchieri, monete, ecc.*) *2* (*pop. arc.*) quattrini; grana (*pop.*).

Chink /tʃɪŋk/, *n.* (*fam. spreg.*) cinese: **C. joints**, ristoranti cinesi.

to **chink** /tʃɪŋk/, **A** *v. i.* tintinnare. **B** *v. t.* far tintinnare.

chinless /ˈtʃɪnləs/, *a.* *1* senza mento *2* dal mento sfuggente *3* (*fig.*) rammollito. ● (*pop. ingl.*) **c. wonder**, nobile rammollito.

chino /ˈtʃiːnəʊ/, *n.* (*pl.* **chinos**) (*USA*) *1* stoffa cachi di cotone *2* (*pl.*) pantaloni di questa stoffa.

chinoiserie /ʃɪnˈwɑːzərɪ, *USA* ʃiːnwɑːzəˈriː/ (*franc.*), *n.* (*anche arte*) cineseria.

chintz /tʃɪnts/, *n.* chintz, cinz (*tessuto di cotone stampato a colori*).

chip (**1**) /tʃɪp/, *n.* *1* frammento; pezzetto; scheggia; scaglia; truciolo *2* scheggiatura: **There is a c. in this cup**, c'è una scheggiatura in questa tazza *3* fettina (*di mela, patata, ecc.*): (*fam.*) **chips**, patatine fritte; **fish and chips**, pesce e patatine fritte *4* listello di legno (*per canestri, ecc.*) *5* gettone, fiche (*al poker e sim.*) *6* (*elab.*) chip; microcircuito integrato *7* (*sport*) tiro (*o* lancio) corto e tagliato; (*calcio*) pallonetto *8* (*Borsa*) azione: **blue chips**, azioni di prim'ordine *9* (*pop. arc.*) moneta; grana (*pop.*); soldi: **I'm in the chips**, sono pieno di soldi; ho molta grana. ● **c. basket**, cestino (*per fragole, ecc.*); reticella per friggere (*le patatine*) □ (*Austr.*) **c. heater**, scaldabagno a legna □ (*fig.*) **a c. off the old block**, figlio (*o* figlia) dello stesso stampo del padre (*o* della madre) □ **c. pan**, padella □ (*fig.*) **to have a c. on one's shoulder**, aver voglia di litigare (*o* di attaccar briga); covare risentimento □ (*fig. fam.*) **when the chips are down**, alla resa dei conti; se la situazione precipita □ (*poker*) **white c.**, cip.

chip (**2**) /tʃɪp/, *n.* (*nella lotta*) sgambetto.

to **chip** (**1**) /tʃɪp/, **A** *v. t.* *1* tagliare; fare a pezzi (*con un arnese tagliente*); tagliuzzare *2* scheggiare: **Who has chipped the edge of this plate?**, chi ha scheggiato l'orlo di questo piatto? *3* scalpellare; incidere (*un'iscrizione*) *4* (*fam.*) prendere in giro *5* tagliare a fette; affettare: **chipped potatoes**, patate tagliate a fette (e poi fritte). **B** *v. i.* *1* andare in pezzi; frantumarsi *2* scheggiarsi: **Chinaware c. easily**, le porcellane si scheggiano facilmente *3* (*di uova*) schiudersi *4* (*calcio*) fare un pallonetto. ● **to c. at**, tagliuzzare □ **to c. away** (**at**), tagliuzzare; (*fig.*) intaccare: **to c. away at a theory**, intaccare una teoria □ (*fam.*) **to c. in**, intromettersi; interloquire; contribuire a (q.c.), con denaro o col proprio lavoro; partecipare (*a una colletta*); «starci», mettere una fiche (*al poker e sim.*) □ **to c. off**, staccare; tagliare (*un pezzetto, dal tutto*); (*di un piatto, ecc.*) scheggiarsi.

to **chip** (**2**) /tʃɪp/, *v. t.* fare lo sgambetto a (q.).

chipboard /ˈtʃɪpbɔːd/, *n.* (*ind.*) *1* cartone grigio; cartone per scatole *2* truciolato: **c. panel**, pannello di truciolato.

chipmunk /ˈtʃɪpmʌŋk/, *n.* (*zool.*) *1* (*Tamias striatus*) tamia; cipmunk *2* (*Eutamias sibiricus*) scoiattolo americano; borunduk.

Chippendale /ˈtʃɪpəndeɪl/, *a.* e *n.* (stile) Chippendale (*di mobili del '700 inglese*).

chipper (**1**) /ˈtʃɪpə(r)/, *n.* (*metall.*) scriccatore (*arnese*).

chipper (**2**) /ˈtʃɪpə(r)/, *a.* (*fam. USA*) *1* allegro; su di giri (*fam.*) *2* energico; robusto; vigoroso.

chipping /ˈtʃɪpɪŋ/, *n.* *1* *V.* **chip** (**1**), *def. 1 2* (*pl.*) ghiaietto; ghiaino *3* (*metall.*) scriccatura; sbavatura.

chippy /ˈtʃɪpɪ/, **A** *a.* (*fam.*) *1* insipido; scipito *2* indisposto (*specialm. dopo una sbornia*) *3* (*Can.*) irritabile; stizzoso. **B** *n.* *1* (*fam.*) *V.* **chipmunk** *2* (*pop. arc.*) carpentiere *3* (*fam.*) negozio che vende pesce e patatine fritte *4* (*fam. specialm. USA*) puttanella (*pop.*). ● **I'm feeling c. this morning**, stamani ho un tremendo cerchio alla testa (*dopo una sbornia*).

chirograph /ˈkaɪərəgræf/, *n.* (*leg.*) chirografo; documento scritto.

chirographary /kaɪərəˈgræfərɪ/, *a.* (*leg.*) chirografario: **c. creditor**, creditore chirografario.

chiromancer /ˈkaɪərəʊmænsə(r)/, *n.* chiromante.

chiromancy /ˈkaɪərəʊmænsɪ/, *n.* chiromanzia.

chiropodist /kɪˈrɒpədɪst/, *n.* pedicure; callista.

chiropody /kɪˈrɒpədɪ/, *n.* cosmesi e igiene dei piedi.

chiropractic /kaɪərəʊˈpræktɪk/, *n.* (*med.*) chiropratica; chiroterapia.

chiropractor /ˈkaɪərəʊpræktə(r)/, *n.* chiropratico; chiroterapeuta.

chiropteran /kaɪˈrɒptərən/, *n.* (*zool.*) chirottero.

chiropterous /keɪˈrɒptərəs/, *a.* (*zool.*) dei chirotteri.

chiropters /kaɪˈrɒptəz/, *n. pl.* (*zool., Chiroptera*) chirotteri.

chirp /tʃɜːp/, *n.* *1* cinguettio (*d'uccelli, di bimbi*); trillo *2* stridio (*di cicale, grilli*).

to **chirp** /tʃɜːp/, **A** *v. i.* *1* cinguettare (*anche fig.*); trillare *2* stridere; frinire (*di cicale, grilli*). **B** *v. t.* dire con voce stridula.

chirpy /ˈtʃɜːpɪ/, *a.* cinguettante; vivace; allegro. || **-ily**, *avv.* || **-iness**, *sost.*

chirr /tʃɜː(r)/, *n.* trillo prolungato, stridio (*di cavalletta, ecc.*).

to **chirr** /tʃɜː(r)/, *v. i.* stridere, trillare (*di cavalletta, ecc.*).

chirrup /ˈtʃɪrəp, *USA* ˈtʃɜːrəp/, *n.* *1* cinguettio *2* lo schioccar la lingua (*per incitare un cavallo*).

to **chirrup** /ˈtʃɪrəp, *USA* ˈtʃɜːrəp/, *v. i.* *1* cinguettare *2* schioccare la lingua (*V.* **chirrup**).

chisel /ˈtʃɪzl/, *n.* *1* cesello; scalpello; bulino *2* (*agric.*) dissodatore *3* (*pop.*) inganno; bidone, fregatura, fregata (*pop.*).

to **chisel** /ˈtʃɪzl/, *v. t.* e *i.* *1* cesellare; scalpellare *2* (*pop.*) imbrogliare; ingannare; defraudare; bidonare, fregare (*pop.*): **He's chiselled me out of ten dollars**, mi ha fregato dieci dollari.

chiselled /ˈtʃɪzld/, *a.* (*anche fig.*) cesellato: **finely c. features**, lineamenti ben cesellati.

chiseller /ˈtʃɪzələ(r)/, *n.* *1* cesellatore *2* (*pop.*) imbroglione.

chit (**1**) /tʃɪt/, *n.* (*fam.*) *1* bambino; marmocchio *2* ragazzetta; ragazzina. ● **c. of a girl**, ragazzina linguacciuta, tutta pepe.

chit (**2**) /tʃɪt/, *n.* (*fam.*) *1* biglietto; promemoria *2* nota, noticina (*di conto lasciato in sospeso*).

chital /ˈtʃiːtl/, *n.* (*zool., Cervus axis*) cervo pomellato.

chitchat /ˈtʃɪttʃæt/, *n.* (*fam.*) *1* chiacchierata; quattro chiacchiere *2* pettegolezzo; maldicenza.

chitin /ˈkaɪtɪn, *USA* -tn/, *n.* (*biochim.*) chitina.

chitinous /ˈkaɪtɪnəs, *USA* -tən-/, *a.* (*biochim.*) chitinoso.

chiton /ˈkaɪtn/, *n.* (*stor. greca, zool.*) chitone.

to **chitter** /ˈtʃɪtə(r)/, *v. i.* *1* (*di uccelli*) cinguettare *2* (*dial.*) rabbrividire *3* (*dial.*) (*dei denti*) battere.

chitterlings /ˈtʃɪtəlɪŋz/, *n. pl.* trippa (*specialm. di maiale*).

chitty /ˈtʃɪtɪ/, *V.* **chit** (**2**).

chivalric /ˈʃɪvəlrɪk, ʃɪˈvæl-/, **chivalrous** /ˈʃɪvəlrəs/, *a.* (*stor.* e *fig.*) cavalleresco.

chivalry /ˈʃɪvəlrɪ/, *n.* *1* (*stor.*) cavalleria *2* (*fig.*) condotta cavalleresca; cavalleria; nobiltà; lealtà; cortesia.

chive /tʃaɪv/, *n.* (*bot., Allium schoenoprasum*) erba cipollina; aglio cipollino.

to **chivvy** /ˈtʃɪvɪ/, *v. t.* (*pop.*) sgridare; mangiare la faccia a (q.).

chivy, to **chivy** /'tʃɪvɪ/, *V.* **chevy, to chevy.**

chlamidospore /klæ'mɪdəspɔ:(r)/, *n.* (*bot.*) clamidospora.

chlamys /'klæmɪs/, *n.* (*pl.* **chlamydes, chlamyses**) (*stor. greca*) clamide.

chloracne /klɔ:'ræknɪ/, *n.* (*med.*) cloracne.

chloral /'klɔ:rəl/, *n.* (*chim.*) cloralio.

chloramphenicol /klɔ:ræm'fenɪkɒl, *USA* -ɔ:l, -əʊl/, *n.* (*farm.*) cloramfenicolo.

chlorate /'klɔ:reɪt/, *n.* (*chim.*) clorato.

chloric /'klɔ:rɪk/, *a.* (*chim.*) clorico: **c. acid,** acido clorico.

chloride /'klɔ:raɪd/, *n.* (*chim.*) cloruro: **sodium c.,** cloruro di sodio. ● **c. of lime,** cloruro di calce.

to **chlorinate** /'klɔ:rɪneɪt/, *v. t.* **1** (*chim.*) clorurare **2** (*chim.*) clorare, trattare con cloro (*l'acqua, ecc.*).

chlorination /klɔ:rɪ'neɪʃn/, *n.* **1** (*chim.*) clorurazione **2** (*dell'acqua, ecc.*) clorazione.

chlorine /'klɔ:ri:n/, *n.* (*chim.*) cloro.

chlorite /'klɔ:raɪt/, *n.* **1** (*chim.*) clorito **2** (*miner.*) clorite.

chloroform /'klɒrəfɔ:m, *USA* 'klɔ:-/, *n.* (*chim., med.*) cloroformio.

to **chloroform** /'klɒrəfɔ:m, *USA* 'klɔ:-/, *v. t.* (*med.*) cloroformizzare.

chloroformization /klɒrəfɔ:maɪ'zeɪʃn, *USA* klɔ:rəfɔ:mɪ'z-/, *n.* (*med.*) cloroformizzazione.

Chloromycetin /klɔ:rəʊmaɪ'si:tɪn, *USA* -tn/, *n.* (*marchio: farm.*) cloromicetina.

chlorophyl(l) /'klɒrəfɪl, *USA* 'klɔ:-/, *n.* (*bot.*) clorofilla.

chlorosis /klə'rəʊsɪs/, *n.* (*pl.* **chloroses**) (*med., bot.*) clorosi.

chlorotic /klə'rɒtɪk/, *a.* (*med., bot.*) clorotico.

chlorous /'klɔ:rəs/, *a.* (*chim.*) cloroso.

choana /'kəʊənə/, *n.* (*pl.* **choanae**) (*anat.*) coana.

chock /tʃɒk/, *n.* **1** bietta; cuneo; zeppa (*per tener ferma una botte, una ruota, ecc.*); calzatoia **2** (*naut.*) calastra; cuneo; sella **3** (*naut.*) bocca di rancio; passacavo **4** (*pl.*) (*aeron.*) tacchi (*per il carrello*). ● (*fam.*) **c.-full** (*o* **c.-a-block**), pieno zeppo; stipato.

to **chock** /tʃɒk/, *v. t.* **1** fermare (*una botte, una ruota, ecc.*) con una bietta (*o* con un cuneo) **2** (*naut.*) mettere (*un'imbarcazione*) sulle calastre **3** (*aeron.*) mettere i tacchi a (*le ruote del carrello*). ● **to c. up,** stipare.

chocolate /'tʃɒklət, *USA* 'tʃɔ:-/, **A** *n.* **1** cioccolata; cioccolato: **a bar of c.,** una tavoletta di cioccolato; **a cup of (hot) c.,** una tazza di cioccolata **2** cioccolatino: **a box of chocolates,** una scatola di cioccolatini. **B** *a.* **1** di cioccolata **2** color cioccolata. ● (*fam.*) **c.-box,** sentimentale; sdolcinato □ **c. cream,** cioccolatino ripieno □ **c. manufacturer,** cioccolatiere, cioccolataio □ **c. pot,** cioccolatiera □ (*fig.*) **c. soldier,** soldatino di piombo (*fig.*); soldato che non combatte.

choice (1) /tʃɔɪs/, *n.* **1** scelta; oggetto scelto **2** possibilità di scelta; alternativa: **I have little c.,** non ho alternative; per me, c'è poco da scegliere; **I had no c. but to obey,** non mi restò (altra scelta) che obbedire **3** (*comm.*) assortimento: **They have a large c. of gloves,** hanno un grande assortimento di guanti **4** (il) meglio; (il) fior fiore: **These flowers are the c. of my garden,** questi fiori sono i più belli del mio giardino. ● (*sport*) **c. of ends,** scelta del campo □ **at c.,** a scelta □ **by c.,** per libera scelta; di preferenza □ **to have one's c.,** fare a modo proprio □ **to have first c.,** poter scegliere per primo □ **to have no c.,** non avere facoltà di scelta □ **Hobson's c.,** nessuna scelta; prendere o lasciare; scelta forzata □ **to take one's c.,** fare la propria scelta; scegliere: **Take your c.!,** scegli pure!

choice (2) /tʃɔɪs/, *a.* **1** scelto; eccellente; di prima qualità: **c. goods,** merce scelta (*o* di prima scelta) **2** (*lett.*) scelto con cura **3** (*iron.*) ingiurioso; offensivo; duro: **to reply with c. words,** rispondere con parole dure. ● (*fin.*) **c. paper,** effetti di prim'ordine.

choicely /'tʃɔɪslɪ/, *avv.* **1** attentamente; con grande cura **2** squisitamente.

choiceness /'tʃɔɪsnəs/, *n.* eccellenza, squisitezza (*di qualità*).

choir /'kwaɪə(r)/, *n.* coro (*in ogni senso*). ● **c.-book,** corale (*libro liturgico*) □ **c.-boy,** corista (*fanciullo*) □ **c. loft,** galleria del coro □ **c.-master,** maestro del coro □ **c. screen,** grata del coro.

to **choir** /'kwaɪə(r)/, *v. i.* cantare in coro.

choke (1) /tʃəʊk/, *n.* **1** soffocamento (*anche fig.*); strangolamento **2** sensazione (*o* rantolo) di chi soffoca **3** (*autom., mecc.*; = **c. valve**) diffusore; valvola dell'aria: **to pull the c. out,** togliere l'aria; disinserire lo starter **4** (*elettr.,* = **c. coil**) bobina d'arresto; «choke» **5** strozzatura; ingorgo (*in un tubo, ecc.*) **6** (*lotta*) strangolamento. ● **c.-bore,** (fucile con) canna che si restringe verso la bocca.

choke (2) /tʃəʊk/, *n.* cuore del carciofo.

to **choke** /tʃəʊk/, **A** *v. t.* **1** soffocare (*anche fig.*); strangolare **2** ostruire; intasare; ingorgare: **Sand has choked the water pipe,** la sabbia ha ostruito la conduttura dell'acqua; **The road was choked (up) with traffic,** la strada era intasata di traffico **3** arrestare la crescita di, far morire (*una pianta, ecc.*) **4** (*autom.*) chiudere l'aria a (*un carburatore*); strozzare (*fam.*). **B** *v. i.* **1** soffocare; sentirsi soffocare: **to c. with rage,** soffocare dalla rabbia **2** ostruirsi; ingorgarsi; intasarsi. ● **to c. back,** frenare (*la rabbia, ecc.*); contenere; reprimere; soffocare (*le lacrime, ecc.*) □ **to c. down,** inghiottire (*con difficoltà*); mandar giù (*collera, indignazione, ecc.*); reprimere (*il riso, la collera, ecc.*) □ **to c. off,** soffocare (*una rivolta, ecc.*); sventare (*un tentativo, ecc.*); liberarsi, sbarazzarsi di (q.) □ **to c. sb. to death,** soffocare q. a morte; strangolare q. □ **to c. up,** ostruire; intasare □ (*pop.*) **to be choked up,** restare senza fiato (*dall'emozione*); essere seccato (*o* sconvolto).

choked /tʃəʊkt/, *a.* (*fam.*) turbato; sconvolto.

choke damp /'tʃəʊkdæmp/, *n.* (*ind. min.*) miscela asfissiante di gas.

choker /'tʃəʊkə(r)/, *n.* **1** persona (*o* cosa) che soffoca **2** collana (*spesso a più giri*) a girocollo **3** (*fam.*) colletto alto e rigido. ● **white c.,** colletto inamidato (*o* cravatta bianca) strettamente aderente al collo.

chokey /'tʃəʊkɪ/, *n.* *V.* **choky, B.**

choking /'tʃəʊkɪŋ/, *a.* **1** soffocante **2** strozzato, soffocato (*per l'emozione*): **in a c. voice,** con voce strozzata. ● (*mil.*) **c. gas,** gas asfissiante.

choky /'tʃəʊkɪ/, **A** *a.* soffocante. **B** *n.* (*pop. arc.*) prigione; gattabuia (*pop.*). ● (*fam.*) **in a c. voice,** con voce soffocata.

cholagogic /kɒlə'gɒdʒɪk/, *a.* (*fisiol., med.*) colagogo.

cholagogue /'kɒləgɒg, *USA* -ɔ:g/, *n.* (*med.*) colagogo.

cholangiography /kəlændʒɪ'ɒgrəfɪ/, *n.* (*med.*) colangiografia.

cholecyst /'kəʊlɪsɪst/, *n.* (*anat.*) colecisti; cistifellea.

cholecystectomy /kəʊlɪsɪ'stektəmɪ/, *n.* (*med.*) colecistectomia.

cholecystitis /kəʊlɪsɪ'staɪtɪs/, *n.* (*med.*) colecistite.

choledochus /kə'ledəkəs/, *n.* (*anat.*) coledoco.

choler /'kɒlə(r)/, *n.* **1** (*arc.*) bile; umore bilioso **2** collera; irritabilità; bile (*fig.*).

cholera /'kɒlərə/, *n.* (*med.*) colera: **Asiatic c.,** colera asiatico. ● (*med.*) **c. nostras,** salmonellosi.

choleraic /kɒlə'reɪɪk/, *a.* (*med.*) **1** colerico **2** coleroso.

choleretic /kɒlə'retɪk/, *a.* e *n.* (*farm.*) coleretico.

choleric /'kɒlərɪk/, *a.* collerico; irascibile; bilioso (*fig.*).

cholerine /'kɒləraɪn/, *n.* (*med.*) colerina.

cholestasis /kəʊlɪ'steɪsɪs/, *n.* (*pl.* **cholestases**) (*med.*) colestasi.

cholesterol /kə'lestərɒl, *USA* -ɔ:l, -əʊl/, *n.* (*biochim.*) colesterolo; colesterina.

choliamb /'kəʊlɪæmb/, *n.* (*poesia*) coliambo.

choliambic /kəʊlɪ'æmbɪk/, *a.* (*poesia*) coliambico.

choliambus /kəʊlɪ'æmbəs/, *n.* (*pl.* **choliambi**) (*poesia*) coliambo.

cholic /'kəʊlɪk/, *a.* (*chim.*) colico.

cholinergic /kəʊlɪ'nɜ:dʒɪk/, *a.* e *n.* (*farm.*) colinergico.

to **chomp** /tʃɒmp, *USA* tʃɔ:mp/, *v. t.* e *i.* (*fam.*) masticare rumorosamente.

chondral /'kɒndrəl/, *a.* (*anat.*) condrale.

chondrite /'kɒndraɪt/, *n.* (*miner.*) condrite.

chondritis /kɒn'draɪtɪs/, *n.* (*med.*) condrite.

chondroma /kɒn'drəʊmə/, *n.* (*med.*) condroma.

to **choose** /tʃu:z/ (*pass.* **chose,** *p. p.* **chosen**), *v. t.* e *i.* **1** scegliere; optare per: **C. for yourself,** scegli da te; **I chose the lesser of two evils,** scelsi il male minore; **There isn't much to c. from,** c'è poco da scegliere **2** preferire; decidere (*di fare q.c.*): **He chose to remain at home,** decise di stare a casa; **I chose not to go,** preferii non andare **3** (*fam.*) desiderare; volere: **Do whatever you c.,** fa' quello che vuoi; **Just as you c.,** come vuoi tu (e sia!). ● **I cannot c. but,** devo proprio; non ho altra scelta che: **I cannot c. but go there,** devo proprio andarci □ **if you c.,** se ti va (a genio); se ti garba □ **to pick and c.,** scegliere con cura; essere di difficile contentatura: **He is a man that picks and chooses,** è un uomo difficile da accontentare □ **There is little (*o* not much) to c. between her and him,** c'è poco da scegliere fra lei e lui; si equivalgono.

chooser /'tʃu:zə(r)/, *n.* chi sceglie. ● **You'll be the c.,** sarai tu a scegliere.

choos(e)y /'tʃu:zɪ/, *a.* (*fam.*) di difficile contentatura; schizzinoso; esigente; schifiltoso; pignolo: **He's very c. with his food,** è assai schizzinoso nel mangiare.

choosing /'tʃu:zɪŋ/, *n.* lo scegliere; scelta: **C. wasn't an easy thing to do,** non era facile scegliere.

chop (1) /tʃɒp/, *n.* **1** taglio netto; colpo (*d'ascia, scure, ecc.*); fendente **2** pezzo tagliato; mozzicone **3** costoletta, braciola (*specialm. di maiale o di montone*) **4** (*naut.*) maretta **5** (*tennis*) taglio **6** (*boxe, ecc.*) colpo corto. ● **c.-house,** ristorante specializzato in piatti di carne alla griglia □ (*cucina*) **c. suey,** pezzetti di verdura, carne o pesce, serviti con riso caldo (*piatto inventato dai cinoamericani*) □ (*fam.*) **to get the c.,** essere licenziato; (*di un negozio, ecc.*) essere chiuso d'autorità; (*di un progetto, ecc.*) essere bocciato.

chop (2) /tʃɒp/, *n.* (*generalm. al pl.*) mascella; mandibola. ● **c.-fallen,** avvilito; depresso □ **to lick one's chops,** leccarsi le labbra (*o* i baffi) (*per il piacere del cibo o per avidità*).

chop (3) /tʃɒp/, *n.* cambiamento; variazione. ● (*fam.*) **chops and changes,** cambiamenti repentini; vicissitudini.

chop (4) /tʃɒp/, *n.* **1** (*in India, Cina*) bollo; sigillo; permesso; licenza **2** (*in Cina*) marca di fabbrica; marchio **3** (*pop.*) qualità: **first-c. goods,** merce di prima qualità.

to **chop** (1) /tʃɒp/, *v. t.* e *i.* **1** tagliare; mozzare; spaccare: **Don't forget to c. the firewood!,** non scordarti di spaccare la legna da ardere! **2** fare a pezzi; trinciare; tritare: **You must c. (up) the vegetables,** devi tritare la verdura **3** (*fig.*) tagliare (*fondi, ecc.*); ridurre (*spese*) **4** (*tennis*) dare un colpo di taglio a (*una palla*) **5** (*naut.*) fare maretta. ● **to c. at,** vibrare un colpo (*d'ascia, ecc.*) a (q. o q.c.) □ **to c. down,** abbattere: **I'll c. down that tree,** abbatterò quell'albero □ **to c. in,** interloquire; intromettersi □ **to c. off,** tagliare; recidere; staccare con un colpo (*d'ascia, ecc.*) □ **to c. a passage (*o* one's way) through,** aprirsi un varco a colpi (*d'ascia, ecc.*) □ **to c. st. up,** sminuzzare, tritare q.c. □ **chopping block** (*o* **chopping board**), tagliere □ **chopping knife**, mannaietta; mannarino (*region.*).

to **chop** (**2**) /tʃɒp/, *v. i.* ***1*** (*del vento, ecc.*) mutare direzione ***2*** (*fig.*) essere incostante (*o* variabile). ● **to c. about** (**round**), cambiare (direzione) improvvisamente; (*fig.*) cambiare idea di continuo □ (*fam.*) **to c. and change**, tentennare; essere incostante.

chop chop /ˈtʃɒpˈtʃɒp/, *avv.* (*pop.*) presto; in fretta; subito.

chopper /ˈtʃɒpə(r)/, *n.* ***1*** chi taglia; chi trincia; chi trita ***2*** ascia corta; mannaia (*da macellaio*) ***3*** (*agric.*) trinciaforaggi; trinciapaglia ***4*** (*USA*) controllore (*di biglietti d'ingresso, ecc.*) ***5*** (*sport*) chopper (*motocicletta*) ***6*** (*elettr., elettron., ottica, ecc.*) chopper; modulatore meccanico ***7*** (*pop.*) elicottero ***8*** (*pl.*) (*pop.*) denti.

to **chopper** /ˈtʃɒpə(r)/, (*pop.*) **A** *v. i.* andare in elicottero. **B** *v. t.* trasportare in elicottero.

choppiness /ˈtʃɒpɪnəs/, *n.* (*naut.*) maretta; mare mosso.

chopping /ˈtʃɒpɪŋ/, *n.* ***1*** (*elettr., ottica, ecc.*) modulazione ***2*** (*elettron.*) livellamento.

choppy /ˈtʃɒpɪ/, *a.* ***1*** (*del mare*) corto; rotto; increspato ***2*** (*del vento*) incostante; variabile ***3*** (*arc.*) screpolato ***4*** (*dello stile, ecc.*) disuguale; discontinuo. ● (*naut.*) **c. sea**, maretta; mare mosso.

chopstick(s) /ˈtʃɒpstɪk(s)/, *n.* (*per lo più al pl.*) bastoncino (*di cui i Cinesi si servono per mangiare*).

choral /ˈkɔːrəl/, **A** *a.* corale; di coro. **B** *n. V.* **chorale.** ● **c. service**, funzione religiosa con canti corali □ **full c. service**, funzione nella quale ogni parte è cantata e non letta (*cfr. la messa cantata della Chiesa cattolica*).

chorale /kəˈrɑːl, *USA* -æl/, *n.* ***1*** (*relig., mus.*) corale: **a Bach c.**, un corale di Bach ***2*** (*specialm. USA*) coro.

choralist /ˈkɒrəlɪst, *USA* ˈkɔː-/, *n.* corista.

chorally /ˈkɒrəlɪ, *USA* ˈkɔː-/, *avv.* coralmente.

chord (**1**) /kɔːd/, *n.* ***1*** (*arc.*) corda (*di strumento musicale*) ***2*** (*fig.*) tasto: **His story touched the right c.**, la sua storia toccò il tasto giusto ***3*** (*geom., anat., aeron.*) corda: **the vocal chords**, le corde vocali ***4*** (*edil.*) trave principale; catena.

chord (**2**) /kɔːd/, *n.* (*mus.*) accordo. ● **to break** (*o* **to spread**) **a c.**, arpeggiare □ **to strike a c.**, suonare un accordo.

chordal /ˈkɔːdl/, *a.* ***1*** di (*o* simile a) corda ***2*** (*mus.*) di un accordo.

chordates /ˈkɔːdeɪts/, *n. pl.* (*zool., Chordata*) cordati.

chordophone /ˈkɔːdəfəʊn/, *n.* (*mus.*) cordofono.

chore /tʃɔː(r)/, *n.* ***1*** lavoro di routine; lavoro domestico; lavoretto: **to do the chores**, fare i lavori di casa (*o* le faccende domestiche) ***2*** lavoro fastidioso, ingrato; lavoraccio.

chorea /kəˈriːə/, *n.* (*med.*) corea; ballo di San Vito (*pop.*).

choree /kəˈriː/, *n.* (*poesia*) coreo; trocheo.

choreic /kəˈriːɪk/, *a.* (*med.*) coreico; affetto da corea.

to **choreograph** /ˈkɒrɪəgrɑːf, -græf, *USA* ˈkɔːrɪəgræf/, *v. t.* (*teatr.*) fare la coreografia di (*uno spettacolo*).

choreographer /kɒrɪəˈɒgrəfə(r), *USA* kɔː-/, *n.* coreografo, coreografa.

choreographic /kɒrɪəˈgræfɪk, *USA* kɔː-/, *a.* coreografico. ‖ **-ally**, *avv.*

choreography /kɒrɪˈɒgrəfɪ, *USA* kɔː-/, *n.* coreografia.

choriamb /ˈkɒrɪæmb, -æm, ˈkɔː-, *USA* ˈkɔː-/, *n.* (*poesia*) coriambo.

choriambic /kɒrɪˈæmbɪk, kɔː-, *USA* kɔː-/, *a.* (*poesia*) coriambico.

choriambus /kɒrɪˈæmbəs, kɔː-, *USA* kɔː-/, *n.* (*pl.* **choriambi, choriambuses**) (*poesia*) coriambo.

choric /ˈkɒrɪk, *USA* ˈkɔː-/, *a.* del coro; a mo' di coro (*per es., nella tragedia greca*).

chorine /ˈkɔːriːn/, *n.* (*fam. USA*) ballerina di fila.

chorion /ˈkɔːrɪən/, *n.* (*biol.*) corion, corio.

chorionic /kɔːrɪˈɒnɪk/, *a.* (*biol.*) coriale.

chorister /ˈkɒrɪstə(r), *USA* ˈkɔː-/, *n.* ***1*** corista (*specialm. se fanciullo*) ***2*** (*USA*) maestro del coro (*nelle chiese*).

chorographer /kəˈrɒgrəfə(r)/, *n.* corografo.

chorographic(al) /kɒrəʊˈgræfɪk(l), *USA* kɔː-/, *a.* corografico. ‖ **-ally**, *avv.*

chorography /kəˈrɒgrəfɪ/, *n.* corografia.

choroid /ˈkɔːrɔɪd/, (*anat.*) **A** *n.* coroide. **B** *a.* coroideo: **c. coat** (*o* **c. membrane**) membrana coroidea; coroide.

chorology /kəˈrɒlədʒɪ/, *n.* (*geogr.*) corologia.

chortle /ˈtʃɔːtl/, *n.* risata chioccia (*V.* **to chortle**).

to **chortle** /ˈtʃɔːtl/, *v. i.* ridacchiare chiocciando (*parola coniata da Lewis Carroll*: *fusione di* **to chuckle** *e di* **to snort**).

chorus /ˈkɔːrəs/, *n.* ***1*** coro (*in ogni senso*) ***2*** (*nel dramma elisabettiano*) personaggio che recita il prologo e l'epilogo ***3*** corpo di ballo (*soprattutto nei musical*) ***4*** ritornello. ● **c. girl**, ballerina di fila; (*anche*) corista (*donna*) □ **c. singer**, corista.

to **chorus** /ˈkɔːrəs/, *v. i.* e *t.* cantare, parlare, dire in coro; fare coro.

chose (**1**) /tʃəʊz/ *pass.* di **to choose**.

chose (**2**) /ʃəʊz/ (*franc.*), *n.* (*leg.*) bene mobile; diritto mobiliare; bene immateriale.

chosen /ˈtʃəʊzn/ *p. p.* di **to choose**. ● **the c.**, (*relig.*) gli eletti (*da Dio*); (*fig.*) i pochi ma buoni; l'élite □ **the c. people**, il popolo eletto.

chou /ʃuː/, *n.* (*pl.* **choux**) rosetta ornamentale (*di nastro o velo*).

chough /tʃʌf/, *n.* (*zool., Pyrrhocorax*) gracchio.

chow (**1**) /tʃaʊ/, *n.* ***1*** (= **chow-chow**) chow chow (*cane di razza cinese*) ***2*** (*pop.*) cibo. ● (*cucina*) **c. mein**, piatto (cinoamericano) di pezzetti di carne e verdure varie, spesso guarnito con fettuccine.

chow (**2**) /tʃaʊ/, *a.* e *n.* (*spreg., Austr.*) cinese.

chow-chow /ˈtʃaʊtʃaʊ/ (*cinese*), *n.* ***1*** conserva di scorza d'arancio, zenzero, ecc., con salsa di senape ***2*** *V.* **chow** (**1**), *def. 1.*

chowder /ˈtʃaʊdə(r)/, *n.* zuppa di pesce, molluschi, ecc., stufati con verdura (*spesso cotti nel latte*).

chrematistic /kriːməˈtɪstɪk/, *a.* (*econ.*) crematistico.

chrematistics /kriːməˈtɪstɪks/, *n. pl.* (*col verbo al sing.*) (*econ.*) crematistica.

chrestomathy /kreˈstɒməθɪ/, *n.* (*letter.*) crestomazia.

chrism /ˈkrɪzəm/, *n.* (*relig.*) crisma.

chrisom /ˈkrɪzəm/, *n.* veste lustrale (*messa ai bimbi per il battesimo*). ● **c. child**, innocente; bambino morto entro il primo mese d'età.

Christ /kraɪst/, *n.* Cristo. ● **the C. Child**, Gesù Bambino □ (*bot.*) **C.'s thorn** (*Lycium europeum*), agutoli; spinacristi; spino santo.

to **christen** /ˈkrɪsn/, *v. t.* ***1*** (*relig.*) battezzare (*anche fig.*: *una nave, ecc.*) ***2*** (*fig.*) dare un nome a (q.) ***3*** inaugurare (*un oggetto nuovo*: *un'automobile, ecc.*).

Christendom /ˈkrɪsndəm/, *n.* cristianità (*il complesso dei cristiani*).

christening /ˈkrɪsnɪŋ/, *n.* (*relig.*) battesimo (*la cerimonia*).

Christian /ˈkrɪstʃən/, *a.* e *n.* cristiano (*in ogni senso*). ● **C. era**, era cristiana □ **C. name**, nome (di battesimo) □ (*relig.*) **C. Science**, Scientismo □ (*relig.*) **C. Scientist**, scientista; seguace dello Scientismo □ **C. year**, anno del calendario gregoriano.

christiania /krɪstɪˈɑːnɪə, *USA* -ˈæn-/, *n.* (*sci*) cristiania.

Christianity /krɪstɪˈænətɪ/, *n.* ***1*** cristianesimo ***2*** cristianità.

christianization /krɪstʃənaɪˈzeɪʃn, *USA* -nɪˈz-/, *n.* conversione al cristianesimo; cristianizzazione.

to **christianize** /ˈkrɪstʃənaɪz/, **A** *v. t.* cristianizzare; convertire al cristianesimo. **B** *v. i.* convertirsi al cristianesimo.

christianlike /ˈkrɪstʃənlaɪk/, *a.* da cristiano.

christianly /ˈkrɪstʃənlɪ/, **A** *a.* cristiano; da cristiano. **B** *avv.* cristianamente.

christie, christy /ˈkrɪstɪ/, *n.* (*sci*) cristiania.

Christlike /ˈkraɪstlaɪk/, *a.* simile a Cristo. ● **C. patience**, pazienza evangelica □ **to lead a C. life**, fare una vita da santo.

Christmas /ˈkrɪsməs/, *n.* (*abbr.* **Xmas**) Natale; (= **C. Day**) giorno di Natale: **at C.**, per Natale; a Natale. ● **C. box**, mancia natalizia □ **C. card**, cartoncino (*o* biglietto) d'auguri natalizi □ **C. carol**, canto di Natale □ **C. Eve**, la vigilia di Natale □ (*bot.*) **C. flower** (*Poinsettia pulcherrima*), stella di Natale □ **C. present**, dono di Natale; strenna natalizia □ (*bot.*) **C. rose** (*Helleborus niger*), rosa di Natale □ (*in G.B.*) **C. stocking**, calza appesa per i doni di Babbo Natale (*cfr. ital. calza della Befana*) □ **C. tree**, albero di Natale.

Christmas(s)y /ˈkrɪsməsɪ/, *a.* (*fam.*) natalizio; festoso.

Christmastide /ˈkrɪsməstaɪd/, *n.* (periodo delle) feste natalizie.

Christmastime /ˈkrɪsməstaɪm/, *V.* **Christmastide**.

Christolatry /krɪˈstɒlətrɪ/, *n.* cristolatria.

Christologist /krɪˈstɒlədʒɪst/, *n.* cristologo.

Christology /krɪˈstɒlədʒɪ/, *n.* cristologia.

Christopher /ˈkrɪstəfə(r)/, *n.* Cristoforo.

Christy minstrels /ˈkrɪstɪˈmɪnstrəlz/, *n. pl.* cantanti e comici girovaghi, truccati da negri.

chromate /ˈkrəʊmeɪt/, *n.* (*chim.*) cromato. ● (*metall.*) **c. treatment**, cromatazione.

chromatic /krəˈmætɪk/, *n.* cromatico: (*elettron.*) **c. aberration**, aberrazione cromatica; (*mus.*) **c. scale**, scala cromatica □ (*med.*) **c. vision**, visione cromatica.

chromatics /krəˈmætɪks/, *V.* **chromatology**.

chromatid /ˈkrəʊmətɪd/, *n.* (*biol.*) cromatidio.

chromatin /ˈkrəʊmətɪn/, *n.* (*biol.*) cromatina.

chromatism /ˈkrəʊmətɪzəm/, *n.* (*fis.*) cromatismo.

chromatograph /krəˈmætəgrɑːf, *USA* -æf/, *n.* cromatografo (*strumento*).

to **chromatograph** /krəˈmætəgrɑːf, *USA* -æf/, *v. t.* (*chim.*) cromatografare.

chromatographic /krəmætəˈgræfɪk/, *a.* (*chim.*) cromatografico.

chromatography /krəʊməˈtɒgrəfɪ/, *n.* (*chim.*) cromatografia.

chromatology /krəʊməˈtɒlədʒɪ/, *n.* cromatologia.

chromatophore /krəʊˈmætəfɔː(r)/, *n.* (*biol.*) cromatoforo.

chrome /krəʊm/, *n.* ***1*** (*chim., fam.*) cromo ***2*** (= **c. leather**) cuoio al cromo ***3*** (*fam.*) cromature (*su una moto, ecc.*). ● **c. steel**, acciaio al cromo □ (*chim.*) **c. yellow**, giallo di cromo.

to **chrome** /krəʊm/, *v. t.* cromare.

chromic /ˈkrəʊmɪk/, *a.* (*chim.*) cromico: **c. acid**, acido cromico.

chromite /ˈkrəʊmaɪt/, *n.* (*miner.*) cromite.

chromium /ˈkrəʊmɪəm/, *n.* (*chim.*) cromo. ● **c.-plated**, cromato □ **c.-plating**, cromatura □ **c. steel**, acciaio al cromo.

to **chromium-plate** /krəʊmɪəmˈpleɪt/, *v. t.* cromare.

chromo /ˈkrəʊməʊ/, *n.* (*pl.* **chromos**) (*abbr. fam.*) cromolitografia (*la riproduzione*).

chromolithograph /krəʊməʊˈlɪθəgrɑːf, *USA* -æf/, *n.* cromolitografia (*la riproduzione*).

chromolithographic /krəʊməʊlɪθəˈgræfɪk/, *a.* cromolitografico.

chromolithography /krəʊməʊlɪˈθɒgrəfɪ/, *n.* cromolitografia (*il processo*).

chromophore /ˈkrəʊməfɔː(r)/, *n.* (*chim.*) cromoforo.

chromosomal /krəʊməˈsəʊməl/, *a.* (*biol.*) cromosomico.

chromosome /ˈkrəʊməsəʊm/, (*biol.*) **A** *n.* cromosoma. **B** *a. attr.* cromosomico: **c.**

number, numero cromosomico. ● **c. map**, mappa genetica.
chromosphere /ˈkrəʊməsfɪə(r)/, n. (*astron.*) cromosfera.
chromous /ˈkrəʊməs/, a. (*chim.*) cromoso.
chronic /ˈkrɒnɪk/, **A** a. *1* cronico (*anche fig.*): (*med.*) **c. disease**, malattia cronica; (*econ.*) **c. unemployment**, disoccupazione cronica *2* (*fam.*) orribile; pessimo; che fa schifo (*fam.*): **The film was c.**, il film faceva schifo. **B** n. (*med.*) (malato) cronico. ● **a c. grumbler**, uno che si lamenta sempre; un lagnone □ **c. invalid**, (malato) cronico □ **a c. smoker**, un fumatore accanito. || **-ally**, avv.
chronicity /krəˈnɪsətɪ/, n. cronicità (*d'un male e fig.*).
chronicle /ˈkrɒnɪkl/, n. cronaca (*narrazione storica*); cronistoria.
to **chronicle** /ˈkrɒnɪkl/, v. t. fare la cronaca (*o* la cronistoria) di (q.c.); annotare, narrare (*in ordine cronologico*).
chronicler /ˈkrɒnɪklə(r)/, n. cronista (*scrittore di cronache*).
chronogram /ˈkrɒnəgræm/, n. cronogramma.
chronograph /ˈkrɒnəgrɑːf, *USA* -æf/, n. cronografo.
chronographic /krɒnəˈgræfɪk/, a. cronografico.
chronologic(al) /krɒnəˈlɒdʒɪk(l)/, a. cronologico. || **-ally**, avv.
chronologist /krəˈnɒlədʒɪst/, n. cronologista; cronologo.
to **chronologize** /krəˈnɒlədʒaɪz/, v. t. mettere in ordine cronologico.
chronology /krəˈnɒlədʒɪ/, n. cronologia.
chronometer /krəˈnɒmɪtə(r)/, n. cronometro.
chronometric(al) /krɒnəˈmetrɪk(l)/, a. cronometrico. || **-ally**, avv.
chronometry /krəˈnɒmətrɪ/, n. *1* cronometria *2* (*anche sport*) cronometraggio.
chrysalid /ˈkrɪsəlɪd/, *V.* **chrysalis**.
chrysalis /ˈkrɪsəlɪs/, n. (*pl.* **chrysalises, chrisalides**) (*zool.*) crisalide.
chrysanthemum /krɪˈsænθəməm/, n. (*bot.*) *1* (*Chrysanthemum*) crisantemo *2* (*Chrysanthemum segetum*) crisantemo delle messi.
chryselephantine /krɪselɪˈfæntaɪn/, a. (*arte*) criselefantino.
chrysoberyl /ˈkrɪsəʊberɪl/, n. (*miner.*) crisoberillo.
chrysolite /ˈkrɪsəlaɪt/, n. (*miner.*) crisolito.
chrysoprase /ˈkrɪsəpreɪz/, n. (*miner.*) crisoprasio, crisopraso.
chrysotile /ˈkrɪsətaɪl, -tɪl/, n. (*miner.*) crisotilo.
chub /tʃʌb/, n. (*pl.* **chub, chubs**) (*zool., Leuciscus cephalus*) cavedano.
chubby /ˈtʃʌbɪ/, a. paffuto: **a c. little girl**, una ragazzina paffuta; una paffutella. ● **c.-cheeked**, dalle guance paffute. || **-iness**, sost.
chuck (1) /tʃʌk/, **A** n. *1* il chiocciare, chiocciolio (*verso di richiamo, della chioccia*) *2* verso di chi chiama i polli *3* schiocco della lingua. **B** inter. pio pio (*per chiamare i polli*).
chuck (2) /tʃʌk/, n. (*vezzegg. arc.*) coccolo; pulcino.
chuck (3) /tʃʌk/, n. *1* buffetto; colpetto *2* lancio; getto; il buttar via (*o* fuori). ● (*fam.*) **the c.**, il licenziamento: **to give sb. the c.**, dare a uno gli otto giorni; licenziarlo, mandarlo a spasso □ **to get the c.**, essere licenziato; essere mandato a spasso (*fig. fam.*) □ (*un tempo*) **to play at c.**, giocare a buca (*con monetine*).
chuck (4) /tʃʌk/, n. *1* cuneo; bietta; calzatoia *2* (*mecc.*) mandrino; morsa; morsetto *3* (*mecc.*) autocentrante (*morsa di tornio, a tre ganasce*).
chuck (5) /tʃʌk/, n. *1* (*macelleria*) spalla *2* (*pop.*) cibo; roba da mangiare. ● (*USA*) **c. wagon**, carro delle provviste, con fornello (*un tempo per coloro che lavoravano all'aperto, specialm. i cowboy*).
to **chuck (1)** /tʃʌk/, v. i. *1* chiocciare (*della gallina*) *2* fare un verso simile, per chiamare i polli *3* schioccare la lingua (*per incitare un cavallo*).
to **chuck (2)** /tʃʌk/, v. t. *1* dare un buffetto a (q.) *2* buttare; gettare: **C. me the ball!**, buttami la palla!; **He chucked the empty bottle**, buttò via la bottiglia vuota *3* (*fam.*) abbandonare; rinunciare a; cessare; smettere; piantare (*fig.*); mollare (*fam.*): **She was chucked by her boyfriend**, fu piantata dal suo ragazzo; **to c. up one's job**, piantare il proprio lavoro; **to c. work**, smettere di lavorare; **to c. a friend**, mollare un amico; rompere un'amicizia. ● **to c. away a chance**, lasciarsi sfuggire un'occasione □ (*fam.*) **to c. in**, rinunciare a, abbandonare (*un tentativo, ecc.*) □ (*pop.*) **C. it!**, smettila!; piantala! □ **to c. out**, buttare via (*roba vecchia*); buttare fuori (*una persona molesta*) □ (*fig.*) **to c. up the sponge**, gettare la spugna □ **to be chucked at an exam**, farsi bocciare in un esame □ (*pop.*) **chucking-out time**, ora di chiusura (*dei bar*).
to **chuck (3)** /tʃʌk/, v. t. (*mecc.*) ammorsare; bloccare (*un pezzo*) nel mandrino.
chucker-out /ˈtʃʌkəraʊt/, n. (*fam.*) buttafuori (*di locale notturno*).
chucking /ˈtʃʌkɪŋ/, n. (*mecc.*) bloccaggio nel mandrino. ● **c. machine**, macchina utensile portapezzo.
chuckle /ˈtʃʌkl/, n. *1* riso soffocato *2* il chiocciare (*della gallina*).
to **chuckle** /ˈtʃʌkl/, v. t. *1* ridere di soppiatto; ridacchiare *2* chiocciare (*delle galline*). ● **to c. over st.**, esultare tra sé per q.c.
chucklehead /ˈtʃʌklhed/, n. (individuo) sciocco, stupido; testone, zuccone (*fam.*).
chuckleheaded /ˈtʃʌklhedɪd/, a. (*fam.*) sciocco; stupido; tonto.
chucky /ˈtʃʌkɪ/, *V.* **chuck (2)**.
chuff /tʃʌf/, n. ciuf ciuf, sbuffo (*di locomotiva e sim.*).
to **chuff** /tʃʌf/, v. i. fare ciuf ciuf; sbuffare.
chuffed /tʃʌft/, a. (*pop.*) contento; felice; euforico.
chug /tʃʌg/, n. *1* ciuf ciuf; sbuffo (*di locomotiva*) *2* (*autom.*) piccolo scoppio *3* (*aeron.*) *V.* **chugging**.
to **chug** /tʃʌg/, v. i. *1* fare ciuf ciuf; sbuffare *2* (*autom.*) scoppiettare *3* (*aeron.*) vibrare (*per combustione irregolare*). ● **to c. along**, (*di treno*) avanzare sbuffando; (*di automobile*) avanzare scoppiettando.
chugging /ˈtʃʌgɪŋ/, n. *1* lo sbuffare (*di una locomotiva*) *2* (*autom.*) scoppiettio *3* (*aeron.*) vibrazione irregolare; starnuto (*di razzo*); tosse (*d'endoreattore*).
chukka /ˈtʃʌkə/, **chukker** /ˈtʃʌkə(r)/, n. (*polo*) tempo (*di una partita: di 7 minuti e mezzo*).
chum /tʃʌm/, n. (*fam.*) *1* amico intimo (*fra ragazzi, studenti, ecc.*) *2* (*USA*) compagno di camera. ● (*Austr.*) **a new c.**, un immigrato recente; un novellino; un pivello.
to **chum** /tʃʌm/, v. i. (*fam.*) *1* essere amici intimi *2* (*USA*) dormire nella stessa camera. ● **to c. up with sb.**, fare stretta amicizia con q. □ (*USA*) **to c. with sb.**, convivere con q.
chummy /ˈtʃʌmɪ/, a. (*fam.*) amichevole; cameratesco. || **-ily**, avv. || **-iness**, sost.
chump /tʃʌmp/, n. *1* ceppo; ciocco *2* (*macelleria*) taglio alto (*con l'osso*): **c.-chop**, braciola *3* (*fam.*) (individuo) sciocco, stupido; testone, zuccone (*fam.*) *4* (*fam.*) testa; zucca (*fam.*). ● (*fam.*) **to be off one's c.**, essere via con la testa; essere mezzo matto.
chunk /tʃʌŋk/, n. (*fam.*) *1* grosso ceppo (*di legno*); pezzo, tocco (*di pane, carne, cacio, ecc.*) *2* (*fam.*) (un) bel pezzo; (una) bella porzione: **quite a c. of one's wages**, un bel po' del salario.
chunky /ˈtʃʌŋkɪ/, a. (*fam.*) *1* (*di tessuto, ecc.*) pesante; grosso; spesso *2* (*di un uomo*) robusto; ben piantato; tarchiato *3* (*di cosa*) a pezzi grossi; a tocchi: **c. dog food**, alimento per cani, a pezzi grossi. ● **c. jam**, marmellata con pezzetti di frutta.
Chunnel /ˈtʃʌnl/, n. (*contraz. di* **Channel tunnel**) tunnel sotto la Manica (*inaugurato il 6 maggio 1994*).
church /tʃɜːtʃ/, **A** n. *1* chiesa (*in ogni senso*) *2* funzione religiosa (*anglicana*): **Remember to attend c.!**, ricordati d'andare alla funzione! **B** a. pred. anglicano: **Are they c. or chapel?**, sono anglicani o dissenzienti? ● **c. burial**, sepoltura religiosa □ **c. cleaner**, scaccino □ (*fam. USA*) **c. key**, apriscatole con la punta a triangolo □ **the C. of England** (*o* **English C.**, **Anglican C.**), la Chiesa Anglicana □ **the C. of Rome**, la Chiesa cattolica □ **c. party**, partito clericale □ **c. property**, beni ecclesiastici □ **c. rate**, contributo a beneficio della parrocchia □ **c. register**, registro della parrocchia □ **c. service**, servizio divino; funzione religiosa □ **c. square**, sagrato □ (*tipogr.*) **c. text**, carattere gotico da iscrizioni □ **c.-time**, l'ora d'andare in chiesa □ **after c.**, dopo il servizio divino □ **to be as poor as a c. mouse**, essere povero in canna □ **the Established C.**, la chiesa (*o* religione) ufficiale □ **to go into the C.** (*o* **to enter the C.**), prendere gli ordini; farsi prete □ **to go to c.**, andare in chiesa; essere praticante □ **to be received into the C.**, (*di donna*) farsi monaca, prendere il velo; (*di bambino*) essere battezzato; ricevere (*o* fare) la prima comunione.
to **church** /tʃɜːtʃ/, v. t. (*arc.*) condurre in chiesa (*specialm. una puerpera o una coppia di sposi, per benedizione o rendimento di grazie*).
churchgoer /ˈtʃɜːtʃgəʊə(r)/, n. chi va in chiesa; osservante; praticante.
churchgoing /ˈtʃɜːtʃgəʊɪŋ/, n. l'andare in chiesa; l'essere praticante.
churchiness /ˈtʃɜːtʃɪnəs/, n. fanatismo religioso; bigotteria.
churching /ˈtʃɜːtʃɪŋ/, n. (*relig., arc.*) rendimento di grazie (*di una puerpera: in chiesa*).
churchman /ˈtʃɜːtʃmən/, n. (*pl.* **churchmen**) *1* ecclesiastico *2* appartenente a una chiesa (*specialm. alla chiesa anglicana*).
churchmanship /ˈtʃɜːtʃmənʃɪp/, n. appartenenza a una chiesa.
churchwarden /ˈtʃɜːtʃwɔːdn/, n. *1* amministratore laico d'una parrocchia (*anglicana o episcopale: è eletto dai fedeli; ha mansioni anche di*) sagrestano (*assegna i posti a sedere, fa la questua, ecc.*) *2* (*fam.*) lunga pipa di terracotta.
churchwoman /ˈtʃɜːtʃwʊmən/, n. (*pl.* **churchwomen**) *1* donna appartenente a una chiesa *2* donna di chiesa.
churchy /ˈtʃɜːtʃɪ/, a. religioso in modo fanatico; bigotto.
churchyard /ˈtʃɜːtʃjɑːd/, n. cimitero, camposanto (*presso una chiesa*). ● (*fam.*) **a c. cough**, una tosse da (portare alla) tomba.
churl /tʃɜːl/, n. *1* (*arc.*) contadino; lavoratore dei campi *2* zoticone; persona rozza, volgare *3* (*raro*) avaro; spilorcio.
churlish /ˈtʃɜːlɪʃ/, a. *1* (*arc.*) rustico; plebeo *2* zotico; rozzo; volgare *3* (*raro*) tirchio; spilorcio. || **-ly**, avv. || **-ness**, sost.
churn /tʃɜːn/, n. *1* zangola *2* bidone del latte. ● **c. dasher** (*o* **c. staff**), paletta della zangola □ (*mecc.*) **c. drill**, sonda a percussione □ **c. milk**, latticello; siero del latte.
to **churn** /tʃɜːn/, **A** v. t. *1* agitare, sbattere (*latte o panna*) in una zangola *2* fare (*il burro*) *3* (*fig.*) agitare; sbattere; sconvolgere; sommuovere (*lett.*): **The steamer's screw churned the water**, l'elica del piroscafo sconvolgeva l'acqua. **B** v. i. *1* fare il burro con la zangola *2* (*delle acque, del mare, ecc.*) agitarsi; ribollire *3* (*dello stomaco, ecc.*) torcersi (*per la paura, ecc.*) *4* (*di idee, ecc.*) frullare (*per la testa*). ● **to c. out**, produrre a getto continuo, sfornare (*idee, progetti, ecc.*); fare meccanicamente □ **to c. up**, mettere sottosopra (*o* in agitazione); sconvolgere.
churner /ˈtʃɜːnə(r)/, n. zangolatore.
churning /ˈtʃɜːnɪŋ/, n. *1* il fare il burro con la zangola; zangolatura *2* quantità di burro fat-

ta in una volta *3* (*fig.*) forte agitazione; ribollimento (*anche fig.*) *4* (*Borsa*) animazione provocata da speculatori: **c. of portfolios**, serie di operazioni fittizie.

churr, to **churr** /tʃɜː(r)/, *V.* **chirr, to chirr**.

chut /tʃʌt/, *inter.* (*d'impazienza*) uff!

chute (1) /ʃuːt/, *n.* *1* cascata (*d'acqua*); rapida *2* (*idrologia*) taglio del meandro *3* scivolo; piano inclinato: **a coal c.**, uno scivolo per il carbone *4* telone a scivolo (*dei pompieri*) *5* (*sport*) pista inclinata. ● **c. spillway**, sfioratore a scivolo.

chute (2) /ʃuːt/, *n.* (*fam., abbr. di* **parachute**) paracadute.

chutney /ˈtʃʌtnɪ/, *n.* salsa indiana a base di frutta e spezie.

chutzpah /ˈhʊtspə/ (*yiddish*), *n.* (*fam. USA*) impudenza.

chyle /kaɪl/, *n.* (*fisiol.*) chilo.

chyliferous /kaɪˈlɪfərəs/, *a.* (*fisiol.*) chilifero.

chylification /kaɪlɪfɪˈkeɪʃn/, *n.* (*fisiol.*) chilificazione.

to **chylify** /ˈkaɪlɪfaɪ/, *v. t.* (*fisiol.*) chilificare.

chyme /kaɪm/, *n.* (*fisiol.*) chimo.

chymification /kaɪmɪfɪˈkeɪʃn/, *n.* (*fisiol.*) chimificazione.

to **chymify** /ˈkaɪmɪfaɪ/, *v. t.* (*fisiol.*) chimificare.

chymosin /ˈkaɪməsɪn/, *n.* (*biochim.*) chimosina.

ciao /tʃaʊ/ (*ital.*), *inter.* ciao.

ciborium /sɪˈbɔːrɪəm/, *n.* (*pl.* **ciboria, ciboriums**) *1* (*archit.*) ciborio *2* (*relig.*) ciborio; tabernacolo *3* (*relig.*) ciborio; pisside.

cicada /sɪˈkɑːdə, *USA* -ˈkeɪ-/, *n.* (*pl.* **cicadas, cicadae**) (*zool., Cicada*) cicala.

cicatrice /ˈsɪkətrɪs/, *V.* **cicatrix**.

cicatricial /sɪkəˈtrɪsɪəl/, *a.* (*med.*) cicatriziale.

cicatricle /ˈsɪkətrɪkl/, *n.* *1* (*biol.*) cicatricola *2* (*bot.*) ilo.

cicatrix /ˈsɪkətrɪks/, *n.* (*pl.* **cicatrices, cicatrixes**) cicatrice.

cicatrization /sɪkətraɪˈzeɪʃn, *USA* -rɪˈz-/, *n.* (*med.*) cicatrizzazione.

to **cicatrize** /ˈsɪkətraɪz/, *v. t.* e *i.* cicatrizzare, cicatrizzarsi.

cicely /ˈsɪsəlɪ/, *n.* (*bot., Myrrhis odorata*; = **sweet c.**) finocchiella.

Cicely /ˈsɪsəlɪ/, *n.* Cecilia.

Cicero /ˈsɪsərəʊ/, *n.* (*stor. romana*) Cicerone.

cicerone /tʃɪtʃəˈrəʊnɪ, sɪsə-/ (*ital.*), *n.* (*pl.* **ciceroni, cicerones**) cicerone; guida turistica.

Ciceronian /sɪsəˈrəʊnɪən/, **A** *a.* ciceroniano. **B** *n.* studioso di Cicerone.

Ciceronianism /sɪsəˈrəʊnɪənɪzəm/, *n.* (*letter.*) ciceronianesimo.

cider /ˈsaɪdə(r)/, *n.* sidro. ● **c.-press**, pressa da mele (*per fare il sidro*) □ **hard c.**, sidro (*succo fermentato*) □ **sweet c.**, (*USA*: **soft c.**), succo (*di mele*) non fermentato.

cig /sɪg/, *n.* (*abbr. fam. di* **cigarette**) sigaretta.

cigar /sɪˈgɑː(r)/, *n.* sigaro. ● **c. case**, portasigari □ **c. cutter**, tagliasigari □ **c. end**, mozzicone di sigaro; cicca (*fam.*) □ **c. holder**, bocchino (*per sigaro*) □ **c. maker**, sigaraio □ **c.-shaped**, a forma di sigaro.

cigarette /sɪgəˈret, *USA* ˈsɪgəret/, *n.* sigaretta. ● **c. case**, portasigarette □ **c. end** (*o* **stub, butt**), mozzicone di sigaretta; cicca (*fam.*) □ **c. girl**, sigaraia □ **c. holder**, bocchino (*per sigarette*) □ **c. lighter**, accendisigari; accendino (*fam.*) □ **c. machine**, distributore automatico di sigarette □ **c. paper**, cartina per sigarette □ **filter-tipped c.**, sigaretta col filtro.

cigarillo /sɪgəˈrɪləʊ/, *n.* (*pl.* **cigarillos**) sigaretto.

cilia /ˈsɪlɪə/, *n. pl.* *1* (*anat.*) ciglia (*degli occhi*) *2* (*bot., zool.*) ciglia (*vibratili*).

ciliary /ˈsɪlɪərɪ/, *a.* (*bot., zool.*) ciliare.

ciliate(d) /ˈsɪlɪeɪt(ɪd)/, *a.* (*bot., zool.*) ciliato, cigliato.

cilice /ˈsɪlɪs/, *n.* (*un tempo*) cilicio.

cimbalom /ˈsɪmbəlɒm/, **cimbalon** /ˈsɪmbəlɒn/, *V.* **cymbalo**.

Cimbrian /ˈsɪmbrɪən/, *a.* e *n.* (*geogr., stor.*) cimbro.

cimex /ˈsaɪmeks/, *n.* (*pl.* **cimices**) (*zool., Cimex*) cimice.

Cimmerian /sɪˈmɪərɪən/, *a.* (*poet.*) cimmerio; oscuro; tenebroso.

cinch /sɪntʃ/, *n.* *1* (*USA*) sottopancia (*per cavallo da sella*) *2* (*pop.*) cosa sicura; certezza assoluta: **He's a c. to win**, è sicuro di vincere *3* (*pop.*) cosa facile; inezia; passeggiata (*fig. fam.*): **Can I? It's a c.!**, se ci riesco? per me è una passeggiata. ● (*fam.*) **to have a c. on sb.**, tenere in pugno q.

to **cinch** /sɪntʃ/, *v. t.* *1* (*USA*) stringere il sottopancia a (*un cavallo*) *2* (*pop.*) tenere in pugno (q.) *3* (*pop.*) garantirsi, assicurarsi (*la vittoria, ecc.*).

cinchona /sɪŋˈkəʊnə/, *n.* (*farm.*, = **c. bark**) corteccia di china.

cinchonine /ˈsɪŋkənaɪn/, *n.* (*chim.*) cinconina.

cinchonism /ˈsɪŋkənɪzəm/, *n.* (*med.*) cinconismo.

cincture /ˈsɪŋktʃə(r)/, *n.* *1* recinzione; cinta (*di mura*) *2* (*lett., relig.*) cintura *3* (*archit.*) filetto; listello.

to **cincture** /ˈsɪŋktʃə(r)/, *v. t.* cingere; attorniare.

cinder /ˈsɪndə(r)/, *n.* *1* (*metall.*) scaglia; scoria *2* scoria di carbone; residuo incombustibile; carbone parzialmente combusto *3* carbone (*che brucia senza fiamma*); tizzone *4* (*pl.*) cenere *5* (*geol.*) cenere vulcanica. ● (*sport*) **c. path** (*o* **c. track**), pista di cenere □ **burnt to a c.**, carbonizzato.

Cinderella /sɪndəˈrelə/, *n.* (*anche fig.*) Cenerentola.

cindery /ˈsɪndərɪ/, *a.* simile a (*o* che contiene) scorie (*o* cenere).

cineaste /ˈsɪnɪæst/, *n.* cinefilo; cineamatore.

cine camera /ˈsɪnɪkæmərə/, *locuz. n.* cinecamera; cinepresa; macchina da presa.

cine film /ˈsɪnɪfɪlm/, *locuz. n.* pellicola a passo ridotto.

cinema /ˈsɪnəmə/, *n.* cinematografo; cinema (*l'industria e il locale*). ● **c.-goer**, frequentatore abituale dei cinematografi; appassionato di cinema.

Cinemascope /ˈsɪnəməskəʊp/, *n.* (*marchio*) cinemascope.

cinematheque /sɪnəməˈtek/, *n.* cineteca.

cinematic /sɪnəˈmætɪk/, *a.* cinematografico.

cinematograph /sɪnɪˈmætəgrɑːf, *USA* -æf/, *n.* *1* (*arc.*) proiettore cinematografico; cineproiettore *2* (*USA*) cinecamera; macchina da presa.

to **cinematograph** /sɪnɪˈmætəgrɑːf, *USA* -æf/, (*arc.*) **A** *v. t.* cinematografare; riprendere (*scene, ecc.*) per il cinema. **B** *v. i.* fare riprese cinematografiche.

cinematographer /sɪnəməˈtɒgrəfə(r)/, *n.* *1* operatore (cinematografico) *2* proiezionista; addetto alla macchina da proiezione *3* cineasta.

cinematographic /sɪnəmætəˈgræfɪk/, *a.* cinematografico.

cinematography /sɪnəməˈtɒgrəfɪ/, *n.* cinematografia.

cinephile /ˈsɪnəfaɪl/, *n.* cineamatore; cinefilo.

cine-projector /sɪnɪprəˈdʒektə(r)/, *n.* proiettore cinematografico; cineproiettore.

Cinerama /sɪnɪˈrɑːmə, *USA* -æmə/, *n.* (*marchio*) cinerama.

cineraria /sɪnəˈreərɪə/, *n.* (*bot., Senecio cruentus*) cineraria.

cinerarium /sɪnəˈreərɪəm/, *n.* (*pl.* **cineraria**) urna cineraria.

cinerary /ˈsɪnərərɪ, *USA* -erɪ/, *a.* cinerario: **c. urn**, urna cineraria.

cinereous /sɪˈnɪərɪəs/, *a.* cinereo.

Cingalese /sɪŋgəˈliːz/, *a.* e *n.* (*invar. al pl.*) singalese, cingalese; (abitante, lingua) di Ceylon.

cinnabar /ˈsɪnəbɑː(r)/, *n.* *1* (*miner.*) cinabro *2* (*pitt.*) cinabro; vermiglione.

cinnamic /sɪˈnæmɪk/, *a.* (*chim.*) cinnamico.

cinnamon /ˈsɪnəmən/, **A** *n.* (*bot.*) *1* (*Cinnamomum*) cinnamomo *2* (*Cinnamomum zeylanicum*) cannella *3* (= **c. bark**) cannella. **B** *a.* color giallo-bruno (*o* cannella). ● (*zool.*) **c. bear**, orso bruno.

cinnamonic /sɪnəˈmɒnɪk/, *a.* (*bot.*) del cinnamomo.

cinque /sɪŋk/, *n.* (il) cinque (*delle carte o dei dadi*).

cinquecentist /tʃɪŋkwɪˈtʃentɪst/, *n.* (*pl.* **cinquecentists, cinquecentisti**) (*letter.*) cinquecentista.

cinquecento /tʃɪŋkwɪˈtʃentəʊ/ (*ital.*), *n.* (il) Cinquecento (*il secolo e lo stile*).

cinquefoil /ˈsɪŋkfɔɪl/, *n.* *1* (*bot., Potentilla reptans*) pentafillo; potentilla *2* (*archit.*) pentalobo; cinquefoglie *3* (*arald.*) cinquefoglie.

Cinque Ports (**the**) /ˈsɪŋkˈpɔːts/, *n. pl.* (*stor.*) le cinque città portuali della costa sud-orientale inglese, che godevano di taluni privilegi (*Dover, Hastings, Hythe, Romney e Sandwich*).

cipher /ˈsaɪfə(r)/, *n.* *1* cifra (*segno convenzionale*); scrittura in cifra (*o* cifrata) *2* (*mat., arc.*) zero; (*fig.*) persona di nessun conto; nullità *3* cifrario *4* monogramma; (lettere) iniziali intrecciate. ● **c. code**, cifrario □ **c. key**, chiave di cifra; cifrario □ **c. language**, linguaggio cifrato.

to **cipher** /ˈsaɪfə(r)/, **A** *v. i.* *1* (*raro*) risolvere problemi; fare calcoli *2* scrivere in cifra. **B** *v. t.* *1* (*raro*) risolvere (*un problema, ecc.*) per mezzo di calcoli matematici; calcolare *2* cifrare, trascrivere in cifra (*un messaggio, ecc.*) *3* (*USA*) decifrare.

cipolin /ˈsɪpəlɪn/, *n.* cipollino (*marmo bianco verdastro*).

circa /ˈsɜːkə/ (*lat.*), *prep.* (*abbr.* **c.**) circa; intorno a: **He died c. 1050**, morì intorno al 1050.

circadian /sɜːˈkeɪdɪən/, *a.* (*biol.*) circadiano; circadiale.

Circassian /sɜːˈkæsɪən/, *a.* e *n.* circasso.

Circe /ˈsɜːsɪ/, *n.* *1* (*mitol.*) Circe *2* (*fig.*) ammaliatrice.

Circean /sɜːˈsiːən/, *a.* *1* di (*o* da) Circe *2* (*fig.*) ammaliatore, seducente.

circensian /sɜːˈsensɪən/, *a.* circense.

circinate /ˈsɜːsɪnət/, *a.* (*bot.*) circinato.

circle /ˈsɜːkl/, *n.* *1* circolo, cerchio (*quasi in ogni senso, anche fig.*): **vicious c.**, circolo vizioso *2* cerchia: **Samuel Johnson and his c.**, Samuel Johnson e la sua cerchia *3* (*geogr.*) circolo: **The Arctic C.**, il circolo polare artico *4* (*astron.*) orbita (*d'un pianeta*); alone, anello *5* galleria (*di teatro*): **dress c.**, prima galleria; **upper c.**, seconda galleria *6* ambiente; sfera d'influenza (*o* d'attività); cerchia: (*polit.*) **inner c.**, cerchia ristretta (*di chi detiene il potere*) *7* ciclo: **the c. of the seasons**, il ciclo delle stagioni *8* (*archeol.*) circolo di pietre monumentali *9* (*ginnastica*) (grande) volta *10* (*trasp.*, = **c. line**) linea (*o* strada) circolare. ● **to come full c.**, fare un giro completo; tornare al punto di partenza □ **family c.**, ambito familiare; (*teatr.*) seconda galleria □ (*geom.*) **great c.**, cerchio massimo □ **in artistic circles**, nel mondo dell'arte □ **to go round in circles**, *V.* **to run round in circles** □ **in high** (*o* **upper**) **circles**, negli ambienti aristocratici □ (*fam.*) **to run round in circles**, darsi un gran da fare, con scarsi risultati □ (*fig.*) **to square the c.**, fare la quadratura del cerchio; tentare l'impossibile.

to **circle** /ˈsɜːkl/, **A** *v. t.* *1* circondare; cingere; racchiudere *2* girare intorno a; fare il giro di; circumnavigare: **The earth circles the sun**, la terra gira intorno al sole; **Magellan circled the earth**, Magellano circumnavigò la terra *3* (*mil.*) accerchiare, aggirare (*il nemico*) *4* cerchiare; fare un cerchio intorno a (*un nome, ecc.*). **B** *v. i.* *1* muoversi in cerchio; girare in circolo (*o* in tondo) *2* volteggiare: **The aeroplane was circling (around) above us**, l'aeroplano volteggiava sopra di noi. ● (*ginnasti-*

ca) **to c. the bar**, fare la grande volta.
circlet /ˈsɜːklət/, *n.* cerchietto, cerchiello (*specialm. ornamentale*).
circlevision /ˈsɜːklvɪʒn/, *n.* (*cinem.*) proiezione (*di un film*) su uno schermo circolare (*a 360 gradi*).
circlewise /ˈsɜːklwaɪz/, *avv.* in cerchio; in tondo.
circs /sɜːks/, *n. pl.* (*abbr. fam. di* **circumstances**) circostanze.
circuit /ˈsɜːkɪt/, *n.* ***1*** circuito (*anche elettr., elab. e sport*); giro perimetrale; cinta (*delle mura*): **external c.**, circuito esterno; **hydraulic c.**, circuito idraulico ***2*** giro (*per lavoro, d'ispezione, di spettacoli, ecc.*); serie; tournée: **We made a complete c. of New York State**, facemmo un giro completo dello Stato di New York; **The captain made a c. of the trenches**, il capitano fece un giro d'ispezione delle trincee; **That actor is on a regular c. in Wales**, quell'attore sta facendo una serie di spettacoli nel Galles ***3*** (*leg.*) «circuito» giudiziario; circoscrizione (*in Inghil. e nel Galles*) ***4*** (*astron.*) rivoluzione: **The moon's c. of the earth is shorter than that of the earth around the sun**, la rivoluzione della luna attorno alla terra è più corta di quella della terra attorno al sole ***5*** (*comm.*) organizzazione, catena (*di teatri, cinema, ecc.*) ***6*** (*sport: autom.*) giro (*di pista*) ***7*** (*tennis*) torneo ***8*** (*fig.*) rigiro; ambage. ● (*elettr.*) **c. breaker**, interruttore automatico □ (*leg.*) **c. court**, corte di giustizia «di circuito» □ (*radio, TV*) **c. diagram**, schema di montaggio □ (*USA*) **c. rider**, (*un tempo*) ministro del culto metodista che viaggiava a cavallo (*nel suo distretto*) □ (*elettr.*) **c. switching**, commutazione di circuito □ (*elettr.*) **short c.**, corto circuito.
circuitous /sɜːˈkjuːɪtəs/, *a.* indiretto; tortuoso (*anche fig.*); che fa un ampio giro; preso alla larga: **We followed a c. line**, facemmo un lungo giro (*per raggiungere la meta*). ● **c. in speech**, che fa lunghe perifrasi.
circuitousness /sɜːˈkjuːɪtəsnəs/, **circuity** /sɜːˈkjuːətɪ/, *n.* tortuosità; l'essere indiretto.
circuitry /ˈsɜːkɪtrɪ/, *n.* (*elettr., elettron.*) ***1*** circuiteria; collegamenti elettrici ***2*** schema di un circuito.
circular /ˈsɜːkjʊlə(r)/, **A** *a.* ***1*** circolare: **a c. orbit**, un'orbita circolare; **a c. letter**, una (lettera) circolare; (*banca*) **c. letter of credit**, lettera di credito circolare; **a c. ticket**, un biglietto (ferroviario) circolare; **a c. note**, una lettera circolare di credito (*simile al travellers' cheque*); **a c. saw**, una sega circolare; **a c. tour** (**trip**), un viaggio circolare ***2*** indiretto; tortuoso; vizioso: **a c. argument**, un argomento vizioso. **B** *n.* ***1*** (*autom.*) circonvallazione; raccordo anulare ***2*** (*comm.*) circolare (*pubblicitaria, ecc.*). ● (*sport: autom.*) **c. course**, circuito chiuso □ (*fam. USA*) **the c. file**, il cestino della carta straccia □ (*mat.*) **c. function**, funzione periodica □ (*autom.*) **c. road**, raccordo anulare (*della viabilità ordinaria, a Londra; cfr. M 25, che è la tangenziale autostradale*) □ **c. staircase**, scala a chiocciola.
circularity /sɜːkjʊˈlærətɪ/, *n.* ***1*** l'essere circolare; forma circolare ***2*** (*stat.*) circolarità.
to **circularize** /ˈsɜːkjʊləraɪz/, *v. t.* (*comm.*) mandare circolari a (q.).
to **circulate** /ˈsɜːkjʊleɪt/, **A** *v. i.* ***1*** circolare ***2*** diffondersi; divulgarsi: **The news of his arrival soon circulated through the town**, la notizia del suo arrivo si diffuse subito per la città ***3*** (*fam.*) girare (*di una persona, della terra, ecc.*) ***4*** (*comm., USA*) spedire circolari. **B** *v. t.* far circolare; mettere in circolazione; diffondere: **Never c. gossip!**, non diffondere mai pettegolezzi!
circulating /ˈsɜːkjʊleɪtɪŋ/, **A** *a.* circolante: **c. library**, biblioteca circolante. **B** *n.* circolazione. ● (*fin.*) **c. assets**, attività correnti □ **c. capital**, (*fin.*) capitale circolante; (*rag.*) capitale d'esercizio □ (*mat.*) **c. decimal**, numero periodico □ (*fin.*) **the c. medium**, il circolante □ (*mecc.*) **c. pump**, pompa di circolazione (*dell'acqua*).
circulation /sɜːkjʊˈleɪʃn/, *n.* ***1*** circolazione (*in ogni senso*): (*econ.*) **the c. of money**, la circolazione monetaria ***2*** diffusione, divulgazione (*di notizie, ecc.*) ***3*** tiratura, diffusione (*specialm. di un giornale*): **This newspaper has a c. of about six hundred thousand**, questo giornale ha una tiratura di circa seicentomila copie ***4*** (*idrologia*) portata ***5*** (*mat.*) circuitazione. ● (*fam.: di una persona*) **to be back in c.**, essere di nuovo in circolazione.
circulator /ˈsɜːkjuːleɪtə(r)/, *n.* ***1*** chi mette in circolazione monete, diffonde notizie, ecc. ***2*** (*mat.*) funzione periodica.
circulatory /sɜːkjʊˈleɪtrɪ, ˈsɜːkjʊlətrɪ, *USA* ˈsɜːkjʊlətɔːrɪ/, *a.* (*scient.*) circolatorio: (*med.*) **c. failure**, collasso circolatorio.
circumambient /sɜːkəmˈæmbɪənt/, *a.* circostante.
to **circumambulate** /sɜːkəmˈæmbjʊleɪt/, *v. t. e i.* (*lett. o scherz.*) ***1*** girare attorno (a) ***2*** (*fig.*) menar il can per l'aia; tergiversare.
circumambulation /sɜːkəmæmbjʊˈleɪʃn/, *n.* (*lett. o scherz.*) ***1*** il girare attorno ***2*** (*fig.*) tergiversazione.
circumambulatory /sɜːkəmˈæmbjʊlətrɪ, *USA* -tɔːrɪ/, *a.* indiretto; tortuoso; (*fig.*) che tergiversa.
circumcentre /ˈsɜːkəmsentə(r)/, *n.* (*geom.*) circocentro.
circumcircle /ˈsɜːkəmsɜːkl/, *n.* (*geom.*) circonferenza circoscritta.
to **circumcise** /ˈsɜːkəmsaɪz/, *v. t.* circoncidere.
circumcision /sɜːkəmˈsɪʒn/, *n.* circoncisione.
circumference /səˈkʌmfərəns/, *n.* (*geom.*) circonferenza.
circumferential /səkʌmfəˈrenʃl/, *a.* (*geom.*) della circonferenza.
circumflex /ˈsɜːkəmflɛks/, **A** *n.* accento circonflesso. **B** *a.* circonflesso: **c. accent**, accento circonflesso; (*anat.*) **c. nerve**, nervo circonflesso; nervo ascellare.
to **circumflex** /ˈsɜːkəmflɛks/, *v. t.* circonflettere; munire di accento circonflesso.
circumfluent /səˈkʌmfluənt/, *a.* (*raro*) circonfluente; che fluisce intorno e circonda.
to **circumfuse** /sɜːkəmˈfjuːz/, *v. t.* ***1*** (*raro*) spargere (*o* versare) intorno ***2*** (*fig.*) circonfondere: **circumfused with light**, circonfuso di luce.
circumlocution /sɜːkəmləˈkjuːʃn/, *n.* circonlocuzione.
circumlocutory /sɜːkəmˈlɒkjʊtrɪ, *USA* -tɔːrɪ/, *a.* circonlocutorio; perifrastico.
to **circumnavigate** /sɜːkəmˈnævɪgeɪt/, *v. t.* circumnavigare.
circumnavigation /sɜːkəmnævɪˈgeɪʃn/, *n.* circumnavigazione.
circumnavigator /sɜːkəmˈnævɪgeɪtə(r)/, *n.* circumnavigatore.
circumplanetary /sɜːkəmˈplænətrɪ, *USA* -terɪ/, *a.* (*astron., miss.*) circumplanetario.
circumpolar /sɜːkəmˈpəʊlə(r)/, *a.* (*astron.*) circumpolare.
to **circumscribe** /ˈsɜːkəmskraɪb/, *v. t.* ***1*** (*anche geom.*) circoscrivere ***2*** incidere (*l'orlo d'una moneta*) ***3*** (*raro*) limitare; restringere.
circumscription /sɜːkəmˈskrɪpʃn/, *n.* ***1*** circoscrizione; territorio circoscritto ***2*** iscrizione (*sull'orlo di una moneta*) ***3*** (*raro*) limitazione; restrizione.
circumsolar /sɜːkəmˈsəʊlə(r)/, *a.* (*astron.*) circumsolare.
circumspect /ˈsɜːkəmspɛkt/, *a.* circospetto; cauto; guardingo.
circumspection /sɜːkəmˈspɛkʃn/, *n.* circospezione; cautela.
circumspective /sɜːkəmˈspɛktɪv/, *a.* circospetto.
circumspectness /ˈsɜːkəmspɛktnəs/, *V.* **circumspection**.
circumstance /ˈsɜːkəmstəns, *USA* -æns/, *n.* ***1*** (*di solito al pl.*) circostanza; occasione; caso; fatto; condizione; stato; particolare: **He wanted to know all the circumstances**, volle conoscere tutti i particolari; **The c. that he did not come is of paramount importance**, il fatto che egli non venne è di capitale importanza; **in** (*o* **under**) **the circumstances**, date le circostanze; **in** (*o* **under**) **no circumstances**, in nessuna occasione; in nessun caso ***2*** (*pl.*) condizioni finanziarie: **He is in bad** (*o* **reduced, straitened**) **circumstances**, si trova in cattive condizioni finanziarie (*o* in ristrettezze) ***3*** abbondanza di particolari: **The story was told with great c.**, la storia fu narrata con grande abbondanza di particolari. ● **with pomp and c.**, con grande pompa.
circumstanced /ˈsɜːkəmstənst, *USA* -ænst/, *a.* (*arc.*) che si trova in una certa condizione finanziaria: **He is well c.**, è in buone condizioni finanziarie.
circumstantial /sɜːkəmˈstænʃl/, *a.* ***1*** circostanziato; particolareggiato: **a c. report**, un rapporto circostanziato; **a c. story**, una storia ricca di particolari ***2*** (*leg.*) indiziario: **c. evidence**, prove indiziarie ***3*** secondario; accidentale. || **-ly**, *avv.*
circumstantiality /sɜːkəmstænʃɪˈælətɪ/, *n.* ***1*** l'essere circostanziato (*o* particolareggiato); ricchezza di particolari ***2*** l'essere accidentale.
to **circumvallate** /sɜːkəmˈvæleɪt/, *v. t.* (*mil.*) cingere di mura; circonvallare.
circumvallation /sɜːkəmvəˈleɪʃn/, *n.* (*mil.*) cerchia di mura; circonvallazione.
to **circumvent** /sɜːkəmˈvɛnt/, *v. t.* ***1*** circonvenire; circuire; insidiare; raggirare ***2*** aver la meglio su (q.); intrappolare ***3*** frustrare (*speranze*); eludere (*la legge*).
circumvention /sɜːkəmˈvɛnʃn/, *n.* circonvenzione; il circuire; l'essere circuito; raggiro.
circumvolution /sɜːkəmvəˈluːʃn/, *n.* circonvoluzione; avvolgimento.
circus /ˈsɜːkəs/, *n.* ***1*** circo; anfiteatro; circo equestre ***2*** piazza più o meno rotonda nella quale confluiscono più strade (*per es.*: **Piccadilly C.**, *a Londra*) ***3*** (*geogr.*) cerchio, anfiteatro (*di monti, colline*) ***4*** (*sport*) gruppo di giocatori in trasferta ***5*** (*pop.*) baraonda, caos ***6*** (*pop. USA*) spettacolo osceno.
cirque /sɜːk/, *n.* ***1*** (*poet.*) cerchio; anello ***2*** (*geogr.*) circo glaciale.
cirrhosis /səˈrəʊsɪs/, *n.* (*med.*) cirrosi: **c. of the liver**, cirrosi epatica.
cirrhotic /səˈrəʊtɪk/, *a. e n.* (*med.*) cirrotico.
cirriform /ˈsɪrɪfɔːm/, *a.* (*scient.*) cirriforme.
cirripeds /ˈsɪrɪpɛds/, *n. pl.* (*zool., Cirripedia*) cirripedi.
cirrocumulus /sɪrəʊˈkjuːmjʊləs/, *n.* (*pl.* **cirrocumuli**) (*meteor.*) cirrocumulo.
cirrose /səˈrəʊs/, **cirrous** /ˈsɪrəs/, *a.* (*scient.*) cirroso.
cirrostratus /sɪrəʊˈstreɪtəs, *USA* -ætəs/, *n.* (*pl.* **cirrostrati**) (*meteor.*) cirrostrato.
cirrus /ˈsɪrəs/, *n.* (*pl.* **cirri**) (*meteor., biol.*) cirro.
cisalpine /sɪsˈælpaɪn/, *a.* cisalpino.
cislunar /sɪsˈluːnə(r)/, *a.* (*astron., miss.*) cislunare.
cismontane /sɪsˈmɒnteɪn/, *a.* cismontano.
cispadane /ˈsɪspədeɪn/, *a.* cispadano.
cissy /ˈsɪsɪ/, *V.* **sissy**.
cist /sɪst/, *n.* (*archeol.*) ***1*** cista ***2*** tomba preistorica (*di pietra*).
Cistercian /sɪˈstɜːʃn/, *a. e n.* (monaco) cistercense.
cistern /ˈsɪstən/, *n.* ***1*** cisterna; serbatoio d'acqua ***2*** cassetta, vaschetta (*di sciacquone*) ***3*** vaschetta (*di barometro*).
cistus /ˈsɪstəs/, *n.* (*bot., Cistus*) cisto.
citable /ˈsaɪtəbl/, *a.* ***1*** citabile ***2*** encomiabile.
citadel /ˈsɪtədəl/, *n.* cittadella; fortezza; roccaforte (*anche fig.*).
citation /saɪˈteɪʃn/, *n.* ***1*** citazione ***2*** (*leg.: in cause di divorzio o di successione ereditaria*) citazione ***3*** (*mil., USA*) encomio.
to **cite** /saɪt/, *v. t.* ***1*** (*anche leg.*) citare (*V.* **citation**) ***2*** (*mil., USA*) encomiare; menzionare

a titolo d'onore (*in un rapporto ufficiale*). ● **to c. an instance**, citare un esempio.

cither /ˈsɪθə(r)/, **cithern** /ˈsɪθən/, *n.* (*mus.*) cetra.

citified /ˈsɪtɪfaɪd/, *a.* (*spesso spreg.*) di città; da cittadino; alla cittadina; sofisticato.

to **citify** /ˈsɪtɪfaɪ/, *v. t.* rendere cittadino; rendere sofisticato.

citizen /ˈsɪtɪzn/, *n.* ***1*** cittadino; abitante (*di un dato luogo*) ***2*** civile, borghese (*contrapposto a militare*) ***3*** (*pop. USA*) tipo all'antica. ● (*leg.*) **c.'s arrest**, arresto eseguito da un privato cittadino (*ammesso in G.B., anche se raro*) □ (*radio*) **c.'s band**, la banda cittadina (*dei radioamatori*) □ **c. of the world**, cittadino del mondo; cosmopolita □ **fellow c.**, concittadino.

citizeness /ˈsɪtɪzənəs/, *n.* (*raro*) cittadina; abitante (*donna*).

citizenhood /ˈsɪtɪznhʊd/, *n.* (*lett.*) cittadinanza.

citizenly /ˈsɪtɪznlɪ/, *a.* di (*o* da) cittadino.

citizenry /ˈsɪtɪznrɪ/, *n.* cittadinanza (*il complesso dei cittadini*).

citizenship /ˈsɪtɪznʃɪp/, *n.* cittadinanza (*l'esser cittadino*). ● **c. papers**, documenti di cittadinanza □ **good c.**, civismo.

citrate /ˈsaɪtreɪt/, *n.* (*chim.*) citrato.

citric /ˈsɪtrɪk/, *a.* (*chim.*) citrico: **c. acid**, acido citrico.

citrin /ˈsɪtrɪn/, *n.* (*biol.*) citrina; vitamina P.

citrine /sɪˈtriːn/, **A** *a.* citrino; (color) giallo verdastro. **B** *n.* (*miner.*) (quarzo) citrino.

citron /ˈsɪtrən/, **A** *n.* ***1*** (*bot., Citrus medica*) cedro ***2*** scorza di cedro candita. **B** *a.* e *n.* (color) citrino; (color) giallo verdastro.

citronella /sɪtrəˈnɛlə/, *n.* ***1*** olio essenziale (*o* essenza) di citronella ***2*** (*bot., Cymbopogon nardus*) citronella; nardo.

citrous /ˈsɪtrəs/, *a.* degli (*o* relativo agli) agrumi. ● (*agric.*) **c. area**, zona agrumicola □ (*bot.*) **c. tree**, pianta di agrumi.

citrus /ˈsɪtrəs/, *n.* (*pl.* **citruses, citrus**) agrume. ● **c. fruits**, agrumi □ **c. fruit grower**, agrumicoltore □ **c. fruit growing**, agrumicoltura □ **c. juicer**, spremiagrumi □ **c. plantation**, agrumeto.

cittern /ˈsɪtɜːn/, *V.* **cither**.

city /ˈsɪtɪ/, *n.* ***1*** città (*che gode determinati privilegi statutari conferiti dallo Stato o dalla Corona*) ***2*** – **the C.**, il centro finanziario e commerciale di Londra (*l'antica città murata*). ● **c. boundary**, cinta daziaria □ **c. council**, consiglio municipale □ **c. desk**, (*in G.B.*) redazione finanziaria (*di un giornale*); (*in U.S.A.*) cronaca □ **c. editor**, (*in G.B.*) redattore finanziario (*di un quotidiano o d'un settimanale*); (*in U.S.A.*) capocronista □ (*retor., USA*) **a c. father**, un notabile □ **c. hall**, municipio □ **C. man**, uomo d'affari della «City» □ **c.-owned enterprise**, azienda municipalizzata □ **c. plan**, planimetria di città; piano regolatore □ **c. planner**, urbanista □ **c. planning**, urbanistica □ (*fam.*) **c. slicker**, uomo sofisticato; (*anche*) imbroglione □ **the Holy C.**, la Città Santa; Gerusalemme.

cityward(s) /ˈsɪtɪwəd(z)/, *avv.* verso la città.

civet /ˈsɪvɪt/, *n.* ***1*** (*zool., Civettictis civetta*; = **c. cat**) civetta zibetto ***2*** (*zool., Bassariscus astutus*; = **c. cat**) bassarisco astuto ***3*** zibetto (*profumo*).

civic /ˈsɪvɪk/, *a.* civico; civile: **c. virtues**, virtù civiche, civili. ● **c. centre**, centro delle attività amministrative e ricreative (*di una città*) □ (*teatr.*) **c. company**, compagnia stabile □ (*stor.*) **c. crown**, corona civica □ **c.-minded**, che ha senso civico.

civics /ˈsɪvɪks/, *n. pl.* (*col verbo al sing.*) educazione civica.

civies /ˈsɪviːz/, *V.* **civvies**.

civil /ˈsɪvl/, *a.* civile (*quasi in ogni senso*); gentile, cortese: **a c. answer**, una risposta civile, garbata; **c. engineering**, ingegneria civile; **c. law**, diritto civile; **c. year**, anno civile (*365 giorni*); **c. war**, guerra civile. ● **c. death**, perdita dei diritti civili; morte civile □ **c. defence**, difesa territoriale; protezione civile □ **c. disobedience**, disubbidienza civile □ **c. engineer**, ingegnere civile □ **the c. engineers**, il genio civile □ **c. law**, diritto civile; (*anche*) diritto che discende dal diritto romano □ (*leg.*) **c. liability**, responsabilità civile □ **the c. list**, l'appannaggio della casa reale; la lista civile □ **c. magistrates**, magistratura civile □ (*leg.*) **c. litigation**, controversia (*o* causa) civile □ **c. marriage**, matrimonio civile □ **c. servant**, funzionario pubblico; impiegato statale □ **the C. Service**, l'amministrazione statale; la burocrazia; la funzione pubblica □ (*leg.*) **c. wrong**, illecito civile □ (*detto di un avvocato*) **to do c. work**, fare il civile (*fam.*); essere un civilista.

civilian /sɪˈvɪlɪən/, **A** *a.* ***1*** civile; borghese (*non militare*); da borghese: **His c. occupation was teaching**, da borghese, la sua occupazione era l'insegnamento ***2*** (*leg.*) che riguarda la «civil law» (*q.V.*). **B** *n.* ***1*** civile; borghese (*non militare*) ***2*** (*leg., arc.* o *USA*) civilista. ● **a c. pilot**, un pilota civile □ (*fin.*) **c. spending**, investimenti civili.

to **civilise** /ˈsɪvɪlaɪz/, e *deriv.* *V.* **to civilize**, e *deriv.*

civility /sɪˈvɪlətɪ/, *n.* civiltà; cortesia; educazione; garbo.

civilizable /ˈsɪvɪlaɪzəbl/, *a.* civilizzabile.

civilization /sɪvəlaɪˈzeɪʃn, *USA* -lɪˈz-/, *n.* ***1*** incivilimento; civilizzazione ***2*** civiltà; (*collett.*) i paesi civili: **ancient civilizations**, le civiltà antiche.

to **civilize** /ˈsɪvəlaɪz/, *v. t.* incivilire; civilizzare; ingentilire.

civilized /ˈsɪvəlaɪzd/, *a.* civilizzato; civile; (*fig.*) gentile, cortese. ● **to become c.**, incivilirsi.

civilizer /ˈsɪvəlaɪzə(r)/, *n.* civilizzatore, civilizzatrice.

civilly /ˈsɪvəlɪ/, *avv.* ***1*** civilmente; cortesemente; educatamente, garbatamente ***2*** (*leg.*) civilmente; secondo il diritto civile.

civism /ˈsɪvɪzəm/, *n.* civismo.

civvies /ˈsɪvɪz/, *n. pl.* (*pop.*) ***1*** abito civile (*o* borghese) ***2*** cittadini. ● **to put on c.**, mettersi in borghese.

civvy street /ˈsɪvɪstriːt/, *locuz. n.* (*pop.*) vita borghese (*non militare*).

clack /klæk/, *n.* ***1*** rumore secco; schianto; schiocco (*della frusta, della lingua*) ***2*** (*fam.*) chiacchierio; schiamazzo ***3*** il chiocciare (*della gallina*).

to **clack** /klæk/, *v. i.* ***1*** fare un rumore secco (*come di zoccoli sul pavimento*); schioccare; tempestare (*fig.*): **clacking teleprinters**, telescriventi che tempestano (*battono furiosamente*) ***2*** far schioccare la lingua ***3*** (*fig.*) chiacchierare ad alta voce; blaterare; schiamazzare ***4*** chiocciare (*di gallina*).

clad /klæd/, **A** *pass.* e *p. p. arc.* di **to clothe**. **B** *a.* ***1*** (*arc.*) vestito: **well-c. girls**, ragazze vestite bene ***2*** (*fig.*) rivestito ***3*** (*tecn.*: *di metallo*) rivestito. ● **ivy-c.**, coperto d'edera.

to **clad** /klæd/, *v. t.* ***1*** (*arc.*) vestire, rivestire ***2*** (*tecn.*) rivestire (*un metallo*).

cladding /ˈklædɪŋ/, *n.* ***1*** (*edil.*) rivestimento: **stone c.**, rivestimento in pietra ***2*** (*falegn.*) rivestimento ***3*** (*tecn.*) rivestimento (*di un metallo*); camicia; guaina.

claim /kleɪm/, *n.* ***1*** (*leg.*) rivendicazione, affermazione (*d'un diritto*); richiesta, domanda (*di riconoscimento d'un diritto*); diritto (*di cui si chiede il riconoscimento*); cosa rivendicata: **He has no c. on me**, non ha alcun diritto su di me (non sono tenuto ad aiutarlo, ecc.); **He has no c. on the property**, non ha alcun diritto sulla proprietà ***2*** pretesa (*in genere*); affermazione: **The Duke of York laid a c. to the throne**, il Duca di York avanzò una pretesa al trono ***3*** (*comm.*) reclamo: **to lodge a c.**, presentare un reclamo ***4*** (*comm.*) credito: **c. secured by mortgage**, credito garantito da ipoteca ***5*** (*leg.*) eccezione; istanza; ricorso: **c. and counterclaim**, domanda principale e riconvenzionale ***6*** (*ass.*) richiesta di risarcimento; denuncia di sinistro: **a c. for damages**, una domanda di risarcimento dei danni ***7*** concessione (mineraria): **to stake out a c.**, segnare (con paletti, ecc.) i confini di una concessione mineraria. ● (*ass.*) **c. adjuster**, perito liquidatore □ (*ass., naut.*) **c. agent**, commissario d'avaria □ (*fin.*) **c. for discharge**, domanda di sgravio □ **c. form**, modulo per ricorsi □ (*USA*) **c. jumper**, chi s'appropria d'un terreno minerario altrui □ (*USA*) **c. holder**, concessionario di miniere □ (*fin.*) **c. secured by bond**, credito privilegiato □ **to lay a c. on** (*o* **to stake a c. to**) **st.**, avanzare pretese su, rivendicare, vantare il proprio diritto a q.c.: **I laid no c. on her indulgence**, non pretendevo che fosse indulgente con me; **He staked a c. to the estate**, rivendicò il suo diritto alla proprietà □ (*ass.*) **no c. bonus**, abbuono in assenza di sinistri □ (*ass.*) **no c. discount**, sconto per mancanza di sinistri □ **pay c.**, rivendicazione salariale.

to **claim** /kleɪm/, *v. t.* ***1*** (*anche leg.*) chiedere, esigere (*il riconoscimento di un diritto, la restituzione di q.c., ecc.*); rivendicare; pretendere: **Nobody claimed that wallet**, nessuno chiese (la restituzione di) quel portafoglio; **I only c. my due**, mi limito a rivendicare i miei diritti; **to c. the throne**, rivendicare il trono; **to c. a compensation**, pretendere un indennizzo ***2*** rivendicare; vantare; affermare, asserire, sostenere (*q.c. o d'aver fatto q.c., ecc.*): **Both parties c. the victory**, entrambi i partiti rivendicano la vittoria; **He claims the record in the high jump**, sostiene di detenere il primato nel salto in alto; **He claimed to be innocent**, sosteneva d'essere innocente ***3*** richiedere; meritare: **The economic crisis claims everyone's attention**, la crisi economica richiede d'essere seguita attentamente da tutti. ● **to c. back**, reclamare, pretendere la restituzione di; ripetere (*leg.*) □ (*ass.*) **to c. damages**, reclamare i danni; chiedere il risarcimento dei danni □ (*trasp.*) **to c. one's luggage**, ritirare i bagagli □ **to c. responsibility for sb.'s assassination**, rivendicare l'uccisione di q.

claimable /ˈkleɪməbl/, *a.* rivendicabile; esigibile.

claimant /ˈkleɪmənt/, *n.* ***1*** rivendicatore; chi fa un ricorso, un reclamo (*per ottenere q.c.*); ricorrente; istante (*bur.*) ***2*** (*leg.*) attore (*in giudizio*). ● (*leg.*) **the rightful c.**, l'avente diritto.

claiming /ˈkleɪmɪŋ/, *n.* il reclamare; pretesa; rivendicazione. ● (*leg.*) **c. back**, ripetizione.

Claire /klɛə(r)/, *n.* Clara; Chiara.

clairvoyance /klɛəˈvɔɪəns/ (*franc.*), *n.* chiaroveggenza.

clairvoyant /klɛəˈvɔɪənt/ (*franc.*), *a.* e *n.* chiaroveggente.

clam (1) /klæm/, *n.* ***1*** (*zool.*) mollusco bivalve; bivalve edule ***2*** (*pl.*) molluschi; frutti di mare ***3*** (*fig. pop.*) individuo chiuso, reticente ***4*** (*pop. USA*) bocca ***5*** (*pop. USA*) dollaro. ● (*cucina*) **c.-chowder**, zuppa di molluschi nel latte □ (*USA*) **c. house**, ristorante specializzato in frutti di mare □ **c. shell**, valva di mollusco.

clam (2) /klæm/, *V.* **clamp** (1).

to **clam** /klæm/, *v. i.* cercare (*o* raccogliere) molluschi. ● (*pop.*) **to c. up**, tenere la bocca chiusa (*fig.*); non fiatare □ **to go clamming**, cercare molluschi.

clamant /ˈkleɪmənt/, *a.* (*raro*) ***1*** rumoroso; chiassoso ***2*** pressante; insistente.

clambake /ˈklæmbeɪk/, *n.* (*USA*) ***1*** picnic in riva al mare ***2*** (*fam.*) festino, party assai divertente ***3*** (*fam.*) festa (*o* riunione) chiassosa; riunione burrascosa.

clamber /ˈklæmbə(r)/, *n.* l'arrampicarsi; arrampicata difficile.

to **clamber** /ˈklæmbə(r)/, *v. i.* arrampicarsi (*con mani e piedi o con difficoltà*): **to c. up a scaffold**, arrampicarsi su un'impalcatura. ● **to c. over a fence**, scavalcare uno steccato.

clammy /ˈklæmɪ/, *a.* viscido; vischioso, visco-

so; appiccicaticcio. || **-ily**, avv. || **-iness**, sost.
clamor, to **clamor** /'klæmə(r)/, (*USA*) *V.* **clamour, to clamour**.
clamorous /'klæmərəs/, *a.* ***1*** chiassoso; rumoreggiante; schiamazzante; vociante: **a c. crowd**, una folla rumoreggiante ***2*** che protesta; importuno; insistente.
clamour /'klæmə(r)/, *n.* ***1*** clamore; schiamazzo; vocio ***2*** richiesta (*fatta in modo rumoroso*); lagnanza; rimostranza.
to **clamour** /'klæmə(r)/, **A** *v. i.* ***1*** fare un grande clamore; rumoreggiare; schiamazzare; vociare ***2*** protestare (*contro q. o q.c.*); far rimostranze (*a gran voce*) ***3*** – **to c. for**, chiedere, invocare (*a gran voce*). **B** *v. t.* esprimere (*disapprovazione, ecc.*) con clamori. ● **to c. sb. down**, mettere a tacere q. con alte grida □ **to c. sb. into [out of] st.**, far fare [impedire di fare] q.c. a q., a forza di urli.
clamp (**1**) /klæmp/, *n.* ***1*** grappa (*di ferro*); (*mecc.*) morsa, morsetto (*a vite*); pinza; ganascia: **a skate with clamps**, un pattino a ganasce ***2*** (*elettr.*) morsetto; serrafilo ***3*** (*naut.*, = **c. strake**) controdormiente; sottodormiente ***4*** (*pl.*) ganasce (*per bloccare le ruote di un'auto in divieto di sosta*). ● (*fam.*) **c.-down**, giro di vite, stretta di freni (*fig.*); misure restrittive □ (*tecn.*) **c. jaw**, tenaglia □ (*mecc.*) **c. screw**, vite di contatto □ **adjustable c.**, morsetto a mano.
clamp (**2**) /klæmp/, *n.* passo pesante, cadenzato.
to **clamp** (**1**) /klæmp/, *v. t.* ***1*** bloccare; chiudere (*con una grappa*); stringere (*in una morsa o come in una morsa*) ***2*** (*fig.*) imporre (*una legge, ecc.*) con la forza. ● (*fam.*) **to c. down on sb.** [**st.**], stringere i freni nei confronti di, dare un giro di vite a q. [q.c.].
to **clamp** (**2**) /klæmp/, *v. i.* camminare con passo pesante.
to **clamp** (**3**) /klæmp/, *v. t.* accumulare; ammucchiare.
clamping /'klæmpɪŋ/, *n.* ***1*** (*mecc.*) bloccaggio ***2*** (*autom.*) blocco delle ruote (*di un veicolo in sosta vietata*). ● **c. zone**, zona di divieto di sosta, pena il blocco delle ruote.
clan /klæn/, *n.* ***1*** clan; gruppo di famiglie (scozzesi); tribù ***2*** (*fig.*) gruppo (*di persone unite da comuni interessi*) ***3*** (*fam.*) cricca; congrega.
clandestine /klæn'dɛstɪn, 'klændəstaɪn/, *a.* clandestino: **c. press**, stampa clandestina. || **-ly**, avv. || **-ness**, sost.
clandestinity /klændə'stɪnətɪ/, *n.* clandestinità.
clang /klæŋ/, *n.* ***1*** suono metallico; clangore; fragore ***2*** (*di un veicolo*) sferragliamento.
to **clang** /klæŋ/, **A** *v. i.* ***1*** risuonare con clangore, fragore ***2*** (*di un veicolo*) sferragliare. **B** *v. t.* ***1*** far risuonare; suonare (*in modo da far strepito*) ***2*** chiudere, sbattere fragorosamente: **He clanged the gate in my face**, mi sbatté il cancello in faccia. ● **to c. the bell**, scampanellare.
clanger /'klæŋə(r)/, *n.* (*fam. ingl.*) errore madornale; strafalcione; svarione; gaffe: **to drop a c.**, fare uno strafalcione (*o* una gaffe).
clangor, clangour /'klæŋgə(r)/, *n.* clangore; fragore.
clangorous /'klæŋgərəs/, *a.* che risuona con clangore; fragoroso.
clank /klæŋk/, *n.* rumore metallico (*acuto, ma breve*): **the c. of chains**, il rumore delle catene.
to **clank** /klæŋk/, *v. t.* e *i.* (far) risuonare (*catene, ecc.*) con suono metallico; sferragliare.
clanking /'klæŋkɪŋ/, *n.* rumore (*o* suono) metallico; sferragliamento.
clannish /'klænɪʃ/, *a.* ***1*** di clan ***2*** che ha spirito di clan (*o* di corpo); che sente la solidarietà di gruppo, familiare, ecc.; di cricca. || **-ly**, avv. || **-ness**, sost.
clanship /'klænʃɪp/, *n.* sistema del clan (*in Scozia*).
clansman /'klænzmən/, *n.* (*pl.* **clansmen**) ***1*** membro di un clan ***2*** (*ferr.*) – **the C.**, l'espresso che collega Londra a Inverness.
clap (**1**) /klæp/, *n.* ***1*** colpo secco; scoppio; applauso; battimano: **a c. of thunder**, uno scoppio di tuono; **There weren't many claps**, ci furono pochi applausi ***2*** colpo (*dato con il palmo della mano, anche in segno d'affetto o incoraggiamento*); colpetto; manata; pacca. ● **c.-net**, rete da uccellatore (*o* da entomologo) □ (*cinem.*) **c.-sticks**, ciac □ **thunder-c.**, tuono.
clap (**2**) /klæp/, *n.* (*volg.*) blenorragia, gonorrea; scolo (*volg.*).
to **clap** /klæp/, *v. t.* e *i.* ***1*** battere (*le mani*; *per applaudire, riscaldarle, ecc.*; *anche, le ali*) ***2*** (*anche* **to c. hands**) battere le mani; applaudire: **As the curtain went down, everyone clapped hands**, quando calò il sipario, tutti applaudirono ***3*** (= **to c. sb. on the back**) battere sulla schiena (*o* sulla spalla) di q. (*per incoraggiarlo, ecc.*); dare una pacca a q.: **I clapped him for luck**, gli diedi una pacca sulla spalla in segno d'augurio ***4*** applicare, mettere, portare, fare (q.c.) in gran fretta: **to c. on all the sails**, spiegare in fretta tutte le vele; **to c. up a bargain**, fare un affare in modo avventato (*o* alla cieca) ***5*** (*fam.*) sbattere, spedire (*q. in prigione, ecc.*). ● **to c. sb.'s cheek**, dare un buffetto affettuoso a q. □ (*fam.*) **to c. eyes on**, buttare, gettare l'occhio su; scorgere, vedere: **I haven't clapped eyes on him for years**, sono anni che non lo vedo □ (*fam.*) **to c. on**, mettersi in fretta, infilarsi (*un vestito*); ficcarsi in testa (*il cappello*); aggiungere, mettere in più (*balzelli, tasse, ecc.*) □ **to c. hold of**, afferrare bruscamente □ (*della porta*) **to c. to**, chiudersi; sbattere con violenza.
clapboard /'klæpbɔːd, -æb-, -əd/, *n.* ***1*** (*edil., USA*) assicella per rivestimento esterno ***2*** doga (*da botti*).
to **clapboard** /'klæpbɔːd, -æb-, -əd/, *v. t.* rivestire d'assicelle (*V.* **clapboard**).
clapometer /klæp'ɒmɪtə(r)/, *n.* applausometro.
clapped-out /'klæpt'aʊt/, *a.* (*fam.*) ***1*** rovinato; sciupato; sgangherato ***2*** esausto; stanco morto.
clapper /'klæpə(r)/, *n.* ***1*** chi batte le mani; chi applaude ***2*** battaglio (*di campana*) ***3*** battente (*di porta*) ***4*** raganella ***5*** (*pop.*) lingua ***6*** (*teatr.*) membro della claque; clacchista. ● (*fam.*) **to run like the clappers**, correre a più non posso.
clapperboard /'klæpəbɔːd/, *n.* (*cinem.*) ciac (*la tavoletta*).
to **clapperclaw** /'klæpəklɔː/, *v. t.* (*arc.*) ***1*** artigliare; graffiare ***2*** (*fig.*) dir male di (q.); criticare (*o* rimproverare) aspramente.
claptrap /'klæptræp/, *n.* (*fam.*) ***1*** imbonimento ***2*** sproloquio; sfilza di paroloni; esagerazioni; balle (*fig.*).
claque /klæk, klɑːk/ (*franc.*), *n.* claque.
claqueur /klæ'kɜː(r), klɑː-/ (*franc.*), *n.* claqueur; clacchista.
Clare /klɛə(r)/, *n.* ***1*** Clara; Chiara ***2*** Clare (*nome maschile*).
clarendon /'klærəndən/, *n.* (*tipogr.*) clarendon (*tipo di neretto, ora poco usato*).
claret /'klærət/, **A** *n.* ***1*** vino rosso leggero (*in origine, della regione di Bordeaux*) ***2*** (color) rosso violaceo. **B** *a.* (color) rosso violaceo; paonazzo. ● **c. cup**, bevanda ghiacciata di vino rosso, succo di limone, zucchero e acqua di seltz.
clarificant /klæ'rɪfɪkənt/, *n.* (*tecn.*) chiarificante (*sostanza*).
clarification /klærɪfɪ'keɪʃn/, *n.* ***1*** chiarificazione ***2*** chiarimento.
clarifier /'klærɪfaɪə(r)/, *n.* ***1*** chiarificatore ***2*** (*tecn.*) chiarificatore (*apparecchio*).
to **clarify** /'klærɪfaɪ/, **A** *v. t.* ***1*** chiarificare; purificare (*un liquido, ecc.*) ***2*** (*form.*) chiarificare; chiarire: **You must c. your meaning**, devi chiarire il significato delle tue parole. **B** *v. i.* chiarificarsi; schiarirsi; diventare limpido. ● (*ind. alimentare*) **clarifying agents**, agenti chiarificanti.
clarinet /klærə'nɛt, *USA* -'nɛt, 'klærənɛt/, *n.* (*mus.*) clarinetto.
clarinettist /klærə'nɛtɪst/, *n.* (*mus.*) clarinettista.
clarion /'klærɪən/, **A** *n.* ***1*** tromba militare (*antica*); chiarina ***2*** squillo di chiarina. **B** *a. attr.* squillante. ● **a c. call**, uno squillo di tromba; (*fig.*) un fervido appello.
to **clarion** /'klærɪən/, *v. t.* ***1*** proclamare a suon di tromba ***2*** (*fig.*) strombazzare.
clarity /'klærətɪ/, *n.* chiarezza; chiarità (*raro*); lucidità (*fig.*).
clary /'klɛərɪ/, *n.* (*bot.*, *Salvia sclarea*) sclarea; erba moscatella.
clash /klæʃ/, *n.* ***1*** rumore metallico; clangore; suono discordante; frastuono: **the c. of swords**, il clangore delle spade; **the c. of gears**, lo stridore degli ingranaggi ***2*** cozzo; collisione; scontro; urto (*anche fig.*): **a c. of ideas**, uno scontro d'idee ***3*** (*fig.*) disaccordo; grande diversità: **the c. of styles**, la grande diversità di stili ***4*** (*sport*) scontro. ● **a c. of interests**, un conflitto di interessi.
to **clash** /klæʃ/, **A** *v. i.* ***1*** cozzare; sbattere; scontrarsi; urtarsi: **The daggers clashed together**, i pugnali cozzarono l'uno contro l'altro; **The police and the demonstrators clashed in the square**, la polizia e i dimostranti si scontrarono nella piazza ***2*** (*mecc.*: *d'ingranaggi*) stridere ***3*** (*fig.*) essere in disaccordo (*o* in contrasto); non andare d'accordo; fare a pugni, stridere: **to c. with sb.**, essere in contrasto con q.; **These colours c.**, questi colori fanno a pugni tra loro ***4*** (*sport*) scontrarsi ***5*** (*di interessi, ecc.*) essere in conflitto. **B** *v. t.* ***1*** battere, urtare, chiudere, far cadere, ecc., rumorosamente: **to c. horns [cymbals, weapons]**, battere insieme le corna [i piatti musicali, le armi] ***2*** suonare a stormo (*le campane*). ● **to c. the door**, sbattere la porta □ (*autom.*) **to c. the gears**, far grattare le marce □ **to c. into** (*o* **against**), precipitarsi contro; scontrarsi con; attaccare; andare alla carica di.
clashing /'klæʃɪŋ/, *a.* opposto; contrario; contrastante; stridente (*fig.*).
clasp /klɑːsp, *USA* klæsp/, *n.* ***1*** fermaglio; borchia; fibbia; gancio ***2*** abbraccio; stretta (di mano). ● **c. knife**, coltello a serramanico.
to **clasp** /klɑːsp, *USA* klæsp/, *v. t.* ***1*** fermare; affibbiare; agganciare ***2*** stringere; abbracciare: **I clasped her in my arms**, la strinsi fra le braccia. ● **to c. each other**, abbracciarsi □ **to c. hands** (*o* **to c. sb.'s hand**), stringersi la mano; (*fig.*) fare causa comune □ **to c. one's hands**, giungere le mani (*intrecciando le dita*).
clasper /'klɑːspə(r), *USA* 'klæs-/, *n.* ***1*** chi stringe; chi abbraccia ***2*** (*pl.*) (*zool.*) appendici prensili (*di pesci o insetti*) ***3*** (*pl.*) (*bot.*) viticci.
class /klɑːs, *USA* klæs/, *n.* ***1*** classe (*in ogni senso*); ceto: **the middle c.**, il ceto medio; la borghesia; **the working c.**, la classe operaia; **They called up the c. of 1972**, chiamarono alle armi la classe del 1972; **first c.**, prima classe; **tourist c.**, classe turistica; **a first-c. ticket**, un biglietto di prima classe; **That woman has no (real) c.**, quella donna non ha (vera) classe ***2*** (*USA*) gruppo di studenti che si laureano (*o* si laurearono) nella stessa sessione: **the c. of 1970**, i laureati del 1970 ***3*** lezione; corso: **What time do classes begin?**, a che ora cominciano le lezioni?; **to take classes in French**, seguire corsi di francese ***4*** categoria; ordine; qualità; classe; serie (*fig.*): **a second-c. cabinet**, un governo di serie B; **He is a first-c. actor**, è un attore di prim'ordine; **low-c. goods**, merce di qualità scadente ***5*** (*pl.*) (*fam.*) – **the classes**, le classi alte; la gente di mondo. ● (*leg.*) **c. action**, azione (in giudizio) contro un'intera categoria di persone (*per es.*: *inquinatori*) □ **c.-book**, libro di testo □ **c.-conscious**, che ha coscienza di classe; classista □ **c.-consciousness**, coscienza di clas-

se; classismo □ **c. fellow**, compagno di classe (*a scuola*) □ (*in G.B.*) **c. list**, elenco dei laureati «with honours» □ (*ling.*) **c. marker**, classificatore □ **c. struggle**, lotta di classe □ (*a scuola*) **to be bottom [top] of the c.**, essere l'ultimo [il primo] della classe □ (*ferr.*) **to travel second c.**, viaggiare in seconda (classe) □ **As a boxer, he is in a c. by himself**, come pugile, è un fuoriclasse □ **This fact is in a c. by itself**, questo fatto è più unico che raro.

to **class** /klɑːs, *USA* klæs/, *v. t.* classificare; assegnare a una classe. ● (*nelle mostre*) **not classed**, fuori concorso.

classable /ˈklɑːsəbl, *USA* ˈklæs-/, *a.* classificabile.

classic /ˈklæsɪk/, **A** *a.* ***1*** classico (*per lo più in arte e letteratura*): **c. style**, stile classico; **c. literature**, letteratura classica ***2*** classico; tipico; che fa (*o* fece) epoca: **It was a c. match**, fu un incontro che fece epoca; **It was a c. reply**, fu una risposta classica. **B** *n.* ***1*** classico (*scrittore o opera*) ***2*** (*raro*) classicista ***3*** (*fam.*) (gara) classica; avvenimento famoso in quanto tradizionale; evento tipico, tale da far epoca: **The Cup Final is a c.**, la finale di coppa è una classica ***4*** (*pop.*) abito classico (*da donna*) ***5*** (*pl.*) – **the Classics**, i classici (*greci e latini*); le letterature e le lingue classiche; gli studi classici. ● (*moda*) **a c. fur coat**, una pelliccia di linea classica.

classical /ˈklæsɪkl/, *a.* classico: **c. mythology**, mitologia classica; **c. music**, musica classica; **c. education**, istruzione classica; **c. economics**, economia classica. ● **a c. scholar**, uno studioso dei classici (*latini e greci*); un classicista. || **-ly**, *avv.* || **-ness**, *sost.*

classicality /klæsɪˈkælətɪ/, *n.* ***1*** classicità ***2*** cultura classica.

classicism /ˈklæsɪsɪzəm/, *n.* ***1*** classicismo ***2*** erudizione classica.

classicist /ˈklæsɪsɪst/, **A** *n.* classicista. **B** *a.* classicistico.

to **classicize** /ˈklæsɪsaɪz/, **A** *v. t.* classicizzare; rendere classico. **B** *v. i.* classicheggiare; usare (*o* affettare) uno stile classico.

classifiable /ˈklæsɪfaɪəbl/, *a.* classificabile.

classification /klæsɪfɪˈkeɪʃn/, *n.* ***1*** classificazione (*anche biol.*); classifica ***2*** graduatoria ***3*** (*rag.*) imputazione (*di spese e sim.*) ***4*** (*leg., bur.*) segretazione.

classificatory /klæsɪfɪˈkeɪtrɪ, ˈklæsɪfɪkətrɪ, *USA* ˈklæsɪfɪkətɔːrɪ, klæˈsɪ-/, *a.* di (*o* relativo a) classificazione.

classified /ˈklæsɪfaɪd/, *a.* ***1*** classificato; ordinato in classi ***2*** (*di documento, ecc.*) riservato; segreto ***3*** (*di giornale*) che dà i risultati sportivi (*specialm. del calcio*) ***4*** (*di strada: in G.B.*) contrassegnata da una lettera (A, B, ecc.) e da una cifra (1, 2, ecc.). ● **c. advertisements**, annunci divisi per categorie; piccola pubblicità (*nei giornali*).

classifier /ˈklæsɪfaɪə(r)/, *n.* classificatore; classificatrice.

to **classify** /ˈklæsɪfaɪ/, *v. t.* ***1*** classificare; assegnare a una classe ***2*** (*rag.*) imputare ***3*** dichiarare riservato (*un documento, ecc.*); segretare (*leg., bur.*).

classless /ˈklɑːsləs, *USA* ˈklæs-/, *a.* ***1*** senza classi: **a c. society**, una società senza classi ***2*** (*fam.*) senza classe; che non ha classe.

classmate /ˈklɑːsmeɪt, *USA* ˈklæs-/, *n.* compagno di classe (*a scuola*).

classroom /ˈklɑːsruːm, -rʊm, *USA* ˈklæs-/, *n.* aula (*scolastica*); classe. ● **c. practice**, esercitazioni in classe.

classwork /ˈklɑːswɜːk, *USA* ˈklæs-/, *n.* (*a scuola*) compito in classe.

classy /ˈklɑːsɪ, *USA* ˈklæsɪ/, *a.* (*pop.*) eccellente; di buon gusto; di alta classe: **a c. dress**, un abito di alta classe.

clastic /ˈklæstɪk/, *a.* (*geol.*) clastico: **c. rocks**, rocce clastiche.

clatter /ˈklætə(r)/, *n.* ***1*** acciottolio (*di stoviglie, ecc.*); lo sbattere (*di una porta, di una valvola di motore*); (*di un veicolo*) sferragliamento; (*di un meccanismo, ecc.*) ticchettio: **We heard the c. of the typewriters**, udimmo il ticchettio delle macchine da scrivere ***2*** (*fig.*) parlottio, vocio.

to **clatter** /ˈklætə(r)/, **A** *v. t.* acciottolare (*stoviglie, ecc.*); far sbattere: **I tried hard not to c. the dishes on the tray**, facevo ogni sforzo per non far sbattere i piatti sul vassoio. **B** *v. i.* ***1*** produrre un (rumore di) acciottolio; sbattere (*anche, mecc.: di una valvola*); ticchettare; (*di un veicolo*) sferragliare: **The dishes clattered when he struck his fist on the table**, quando egli batté il pugno sulla tavola i piatti tacchettarono ***2*** (*fig.*) vociare; parlottare. ● **to c. along (down)**, muoversi (cadere) con un rumore di acciottolio.

Claude /klɔːd/, *n.* Claudio.

claudicant /ˈklɔːdɪkənt/, *a.* (*raro*) claudicante.

clause /klɔːz/, *n.* ***1*** (*gramm.*) frase; proposizione ***2*** (*leg., comm.*) clausola. ● (*leg.*) **c. of a will**, disposizione testamentaria.

claustral /ˈklɔːstrəl/, *a.* claustrale.

claustrophobe /ˈklɔːstrəfəʊb/, *n.* (*psic.*) claustrofobo.

claustrophobia /klɔːstrəˈfəʊbɪə/, *n.* (*psic.*) claustrofobia.

claustrophobic /klɔːstrəˈfəʊbɪk/, (*psic.*) *a.* ***1*** affetto da claustrofobia; claustrofobo ***2*** che dà claustrofobia; claustrofobico.

clavate /ˈkleɪveɪt/, *a.* (*scient.*) claviforme.

clave /kleɪv/, *pass. arc.* di **to cleave (2)**.

clavichord /ˈklævɪkɔːd/, *n.* (*mus.*) clavicordo, clavicordio.

clavicle /ˈklævɪkl/, *n.* (*anat.*) clavicola.

clavicular /kləˈvɪkjʊlə(r)/, *a.* (*anat.*) claviculare.

claviform /ˈklævɪfɔːm/, *a.* (*scient.*) claviforme.

claw /klɔː/, *n.* ***1*** artiglio; unghione; (*per estens.*) zampa: (*fig.*) **to pare (*o* to clip, to cut) sb.'s claws**, tagliare gli artigli a q.; rendere innocuo q. ***2*** chela (*di crostaceo*); pinza (*di scorpione, ecc.*) ***3*** (*di martello*) granchio; coda di rondine ***4*** (*spreg. o scherz.*) grinfia; zampa; mano: **Take off your claws!**, giù le zampe! ● **c. bar**, palanchino; piede di porco □ **c. hammer**, martello a granchio (*da carpentiere*) □ **c.-hammer coat**, giacca a coda di rondine □ **c. hatchet**, accetta a granchio.

to **claw** /klɔː/, **A** *v. t.* ***1*** artigliare; ghermire; dilaniare (*o* tirare a sé) con gli artigli; graffiare ***2*** scavare raspando (*o* grattando) ***3*** aprire (*un varco*) con gli artigli (*o* con le unghie): (*fig.*) **to c. one's way up**, farsi largo a gomitate (*o* a fatica). **B** *v. i.* tentare di afferrare, di aggrapparsi. ● **to c. back**, riavere a fatica; (*Borsa, fin.*) recuperare (*una somma pagata in eccesso, ecc.*) □ (*naut.*) **to c. off**, prendere il largo col favore del vento.

clawback /ˈklɔːbæk/, *n.* (*fin.*) ***1*** recupero (*specialm. di somme erogate per spese sociali: mediante l'aumento della tassazione*) ***2*** somma recuperata.

clay /kleɪ/, **A** *n.* ***1*** argilla (*anche fig.*); creta ***2*** (*poet.*) creta umana (*o* mortale); corpo umano; carattere, pasta (*fig.*). **B** *a. attr.* argilloso: **c. marl**, marna argillosa. ● **c.-cold**, freddo come il marmo; insensibile (*di solito, di morti*) □ (*geol.*) **c. mineral**, minerale delle argille □ **c. pigeon**, piattello (*nel tiro al piattello*) □ (*sport*) **c. pigeon shooting**, tiro al piattello □ **c. pipe**, pipa di terracotta □ (*geol.*) **c. stone**, roccia argillosa □ **fire c.**, argilla refrattaria □ (*fig.*) **to have feet of c.**, avere i piedi di argilla.

clayey /ˈkleɪɪ/, *a.* argilloso: **a c. soil**, un terreno argilloso.

claymore /ˈkleɪmɔː(r)/, *n.* (*stor.*) spada scozzese a doppio taglio.

clean (1) /kliːn/, *a.* ***1*** pulito (*quasi in ogni senso*); decente; lindo; netto; puro; impeccabile; onesto; irreprensibile; tecnicamente perfetto: **c. hands**, mani pulite; **c. air**, aria pulita; **a c. joke**, una barzelletta pulita; **a c. shot**, un tiro pulito (*o* preciso); **a c. life**, una vita impeccabile, onesta; **He has had a c. record for three years**, sono tre anni che ha la fedina (penale) pulita; **a c. candidate**, un candidato onesto; **a c. cut**, un taglio netto; **a c. profile**, un profilo puro; **They left him c. of money**, lo lasciarono pulito, a secco (*di denaro*); **c. fish**, pesce pulito (*senza gli intestini*); (*di un killer*) **a c. job**, un lavoretto «pulito» (*senza lasciare tracce*) ***2*** ben fatto; armonioso; dalla bella linea: **An athlete has c. limbs**, gli atleti hanno membra ben fatte (*o* tornite); **a c. ship**, una nave dalla linea svelta, armoniosa ***3*** accurato; preciso: **a c. worker**, un lavoratore preciso ***4*** (*sport*) corretto; leale; sportivo: **a c. player**, un giocatore corretto; **a c. fight**, un combattimento leale ***5*** (*mil.*) sminato; (*anche*) decontaminato ***6*** (*nella Bibbia*) mondo (*fig.*); puro. ● (*comm.*) **c. acceptance**, accettazione incondizionata (*di una cambiale*) □ (*sollevamento pesi*) **c. and jerk**, slancio □ (*med., naut.*) **c. bill of health**, patente sanitaria netta □ (*fis. nucl., mil.*) **a c. bomb**, una bomba pulita □ **c.-bred**, di razza pura □ **c. copy**, bella (*o* buona) copia □ **c.-fingered**, onesto, incorruttibile; agile di mano, destro (*fig.*) □ (*sport*) **a c. fighter**, uno che si batte lealmente □ **c.-handed**, che ha le mani pulite (*che non ha commesso malefatte, non si è sporcato*); innocente □ **c.-handedness**, coscienza pulita; onestà □ **c.-limbed**, dalle belle membra; (ben) proporzionato □ **c. minded**, pulito (*fig.*); onesto □ **c.-out**, pulizia a fondo; ripulita (*anche fig.*), repulisti (*fam.*); (*mil.*) rastrellamento; bonifica (*di un quartiere malfamato*) □ (*naut.*) **c. ship**, nave pulita (*specialm. una petroliera*); nave in libera pratica □ **c. timber**, legno pulito (*senza nodi*) □ (*fig.*) **a c. tongue**, un linguaggio castigato □ **c.-up**, pulizia a fondo, bella ripulita; (*fam. USA*) svendita per cessazione di esercizio; (*anche*) grosso guadagno □ (*pop.*) **to come c.**, confessare; dire la verità (*anche se sgradevole*) □ (*fig.*) **to have a c. slate**, essere libero da debiti, impegni, ecc. □ (*fam.*) **to keep it c.**, restare nei limiti della correttezza (*o* della decenza) □ **to make a c. breast of st.**, confessare q.c. interamente; liberarsi di un peso (*fig.*) □ **to make a c. sweep of st.**, fare piazza pulita di q.c. □ **to show a c. pair of heels**, battere (*o* mostrare, voltare) le calcagna; fuggire a gambe levate □ (*fig.*) **to be with c. hands**, avere le mani pulite.

clean (2) /kliːn/, *avv.* ***1*** completamente, interamente; del tutto; da parte a parte: **He has gone c. out of his head**, è ammattito del tutto; **The knife went c. through his arm**, il coltello gli trapassò il braccio da parte a parte ***2*** bene; in modo da pulire bene: **to scrub the floor c.**, strofinare il pavimento in modo da pulirlo bene; **Brush the hat c.!**, spazzola bene il cappello! ***3*** lealmente; in modo corretto: **He doesn't play the game c.**, non gioca in modo corretto. ● **c.-cut**, netto, ben delineato, ben formato; nitido, chiaro, definitivo, ben congegnato; evidente, inequivocabile, lampante: **a c.-cut decision**, un verdetto netto (*nella boxe, ecc.*); **c.-cut features**, fattezze ben delineate; **a c.-cut plan**, un piano ben congegnato □ **c. mad**, completamente matto; matto da legare □ **c.-shaven**, ben rasato; sbarbato di fresco □ **to be c. wrong**, aver torto marcio.

clean (3) /kliːn/, *n.* (*fam.*) pulita: **Give it [the dog] a c.!**, dagli una pulita [dà una pulita al cane]!

to **clean** /kliːn/, **A** *v. t.* ***1*** pulire; nettare: **to c. one's teeth**, pulirsi (*o* lavarsi) i denti; **to c. fish [a fowl]**, pulire il pesce [un pollo] ***2*** vuotare (*un piatto, ecc.*). **B** *v. i.* ***1*** pulirsi; rassettarsi: **Tile floors c. well**, i pavimenti di ceramica si puliscono bene ***2*** fare le pulizie (*in casa, ecc.*). ● (*fam. USA*) **to c. house**, fare piazza pulita; sfasciare tutto.

♦**clean down**, *v. t. + avv.* ***1*** pulire a fondo ***2*** strigliare (*cavalli*).

♦**clean out**, *v. t. + avv.* ***1*** vuotare e ripulire (*un* *armadio, ecc.*); cavare (*roba vecchia, cartacce, ecc.*) *2* riordinare, rassettare (*cassetti, ecc.*) *3* ripulire (*fig.*); fare piazza pulita in: **The burglars cleaned out my house**, i ladri mi hanno ripulito la casa *4* (*fam.*) ripulire (*fig.*); vuotare le tasche a (q.): **I'm completely cleaned out**, sono ridotto sul lastrico.

♦**clean up**, **A** *v. t. + avv.* *1* mettere in ordine; rassettare: **to c. the kitchen up**, mettere in ordine la cucina *2* pulire; tirare su (*lo sporco, ecc.*): **C. up the mess you've made!**, pulisci il pasticcio che hai fatto! *3* (*mil.*) rastrellare (*una zona*); bonificare (*un quartiere malfamato, ecc.*) *4* (*fig.*) ripulire (*un'organizzazione, un partito, ecc.*) *5* (*fam.*) accumulare (*una fortuna*). **B** *v. i. + avv.* *1* fare le pulizie *2* (*fam.*) fare un grosso guadagno; vincere molto (*alle corse, ecc.*) *3* (*USA*) lavarsi *4* (*fam. USA*: *di un drogato*) disintossicarsi □ (*rag.*) **to c. up a balance-sheet**, risanare un bilancio.

♦**clean up on**, *v. i. + avv. + prep.* (*fam. USA*) *1* guadagnarci su (*un affare, ecc.*) *2* battere, sconfiggere (q.).

cleanable /'kli:nəbl/, *a.* che si può pulire.

cleaner /'kli:nə(r)/, *n.* *1* addetto (*o* addetta) alle pulizie; donna (*o* uomo) delle pulizie *2* proprietario (*o* gestore) di lavanderia *3* arnese (*o* macchina) per pulire *4* (*mecc.*) depuratore, filtro (*dell'aria, dell'olio d'un motore*) *5* detersivo *6* (*pl.*) impresa di pulizie; (*anche*) lavanderia a secco. ● **dry-c.**, smacchiatore a secco □ **vacuum c.**, aspirapolvere.

cleaning /'kli:nɪŋ/, *n.* *1* pulizie (*domestiche*) *2* (*ind.*) pulitura *3* ripulita (*fig.*); guadagno, profitto *4* (*pop. USA*) sconfitta; batosta (*fig.*). ● **c. contractor**, impresa di pulizie □ **c.-machine**, pulitrice (*macchina*) □ **c. products**, detersivi □ **c. rod**, scovolo (*per pulire la canna del fucile*) □ **c. woman**, donna delle pulizie □ **«I need some c.»**, «lavami» (*scritta scherzosa sulla polvere che ricopre un'automobile*).

cleanlily /'kli:nlɪlɪ/, *avv.* pulitamente (*anche fig.*); in modo lindo; (*fig.*) in modo onesto.

cleanliness /'klenlɪnəs/, *n.* pulizia (*come abitudine, qualità*); lindura.

cleanly (1) /'klenlɪ/, *a.* pulito; tenuto pulito; amante della pulizia.

cleanly (2) /'kli:nlɪ/, *avv.* *1* in modo pulito; con pulizia *2* con precisione; di netto.

cleanness /'kli:nnəs/, *n.* *1* pulizia (*come qualità o condizione*) *2* nitidezza, purezza (*di lineamenti, ecc.*) *3* purezza (*dell'aria, ecc.*).

to **cleanse** /klenz/, *v. t.* *1* pulire a fondo; nettare; detergere (*la pelle*) *2* (*fig.*) purificare, lavare, mondare (*dal peccato*) *3* (*med.*) depurare (*il sangue, ecc.*) *4* (*polit.*) epurare *5* (*Bibbia*) guarire (*la lebbra, ecc.*).

cleanser /'klenzə(r)/, *n.* *1* pulitore; addetto alle pulizie *2* detersivo *3* smacchiatore *4* (*tecn.*) purificatore *5* (*farm.*) depurativo (*del sangue, ecc.*).

cleansing /'klenzɪŋ/, **A** *a.* detergente: **c. cream**, crema detergente. **B** *n.* *1* detersione; pulitura *2* (*fig.*) purificazione; lavacro (*fig.*) *3* (*med.*) depurazione (*del sangue, ecc.*) *4* (*polit.*) epurazione *5* (*Bibbia*) guarigione. ● **c. agent**, detersivo; smacchiatore □ (*USA*) **c. dryers**, lavanderia a secco; lavasecco (*fam.*) □ (*eufem., polit., mil.*) **ethnic c.**, pulizia etnica.

clear (1) /klɪə(r)/, *a.* *1* chiaro; distinto; limpido; luminoso; manifesto; sereno; tranquillo: **a c. flame**, una fiamma luminosa; **a c. day**, una giornata serena; **a c. voice**, una voce chiara; **to have a c. head**, avere le idee chiare; **a c. mind**, una mente limpida, ordinata; lucidità mentale; **c. conscience**, coscienza tranquilla *2* certo; sicuro: **I am c. on the matter**, sono certo della faccenda; so per certo come stanno le cose; **Are you c. about your plan?**, sei sicuro del tuo progetto? *3* aperto; libero; sgombro: **The road is c. for traffic**, la strada è aperta al traffico (*o* è transitabile); **We must keep the railway track c.**, dobbiamo tenere sgombro il binario; **He's c. of debt**, è libero da debiti; **a c. sight of the lake**, una vista aperta sul lago *4* netto: **I earned a c. one thousand pounds**, guadagnai mille sterline nette; (*rag.*) **c. profit**, utile netto *5* completo; intero: **a c. month**, un mese intero *6* (*leg.*) prosciolto (*da un'accusa*): **You are c. now**, sei prosciolto da ogni accusa, ora. ● (*leg.*) **c. days**, giorni effettivi; giorni utili □ (*leg.*) **c. estate**, proprietà (immobiliare) libera da gravami □ **c.-eyed**, che ha la vista buona; (*fig.*) acuto, intelligente; realistico □ **c.-headed**, che ha idee chiare; lucido □ (*del cielo*) **c. of clouds**, sereno □ **c. of danger**, libero da pericoli □ (*naut.*) **c. of ice**, libero dai ghiacci □ **to be c. of suspicion**, essere al di fuori di ogni sospetto □ **c. sight**, vista buona □ **c.-sighted**, dalla vista buona; (*fig.*) perspicace □ **c.-sightedness**, perspicacia □ (*leg.*) **c. title**, titolo incontestabile □ **to get st. c.**, capire bene q.c.; (*anche*) essere chiaro su q.c. □ **in the c.**, all'aperto; al largo; al sicuro; in piena libertà; (*fig.*) libero da colpa e da sospetti; senza debiti □ **to keep c. of**, tenersi lontano (*o* alla larga) da; evitare □ **keep c.!**, (*cartello*) lasciare libero il passaggio! □ **to make oneself c.**, chiarire il proprio pensiero; spiegarsi: (*con irritazione*) **Do I make myself c.?**, mi sono spiegato? □ **with (a) c. conscience**, con la coscienza pulita □ **All c.!**, cessato pericolo! (*dopo un allarme, soprattutto aereo*) □ (*fig.*) **The coast is c.**, via libera; non ci sono pericoli in vista.

clear (2) /klɪə(r)/, *avv.* *1* in modo chiaro; chiaro: **to cry loud and c.**, dire forte e chiaro *2* (*fam.*) completamente; interamente; da parte a parte: **three hours c.**, tre ore intere; ben tre ore; **c. through the town**, da un capo all'altro della città *3* a debita distanza; alla larga: **to stand c.**, stare alla larga, a debita distanza: **Stand c. of the propeller!**, state alla larga dall'elica! ● **c.-cut**, ben delineato; distinto; netto: (*econ.*) **a c.-cut recovery**, una netta ripresa.

to **clear** /klɪə(r)/, **A** *v. t.* *1* chiarire, chiarificare (*anche fig.*); rendere chiaro (*o* limpido); mettere in chiaro; schiarire: **to c. a doubt**, chiarire un dubbio; **to c. one's mind**, chiarirsi le idee; **to c. one's throat**, schiarirsi la gola *2* sgombrare; liberare; vuotare: **to c. the ground**, sgombrare il terreno (*anche fig.*): **All the roads have been cleared of the snow**, tutte le strade sono state liberate dalla neve; **to c. one's plate**, vuotare il piatto; **to c. a dangerous area**, sgombrare una zona pericolosa *3* far sgombrare: **The police cleared the demonstrators**, la polizia fece sgombrare i dimostranti; (*leg.*) **to c. the court**, far sgombrare l'aula *4* disboscare: **to c. the land**, disboscare il terreno *5* sparecchiare: **to c. the table**, sparecchiare (la tavola) *6* sturare; stasare: **to c. a blocked drain**, sturare uno scarico intasato *7* girare alla larga da (q.c.); passare indenne vicino a (q.c.); evitare: **The ship managed to c. the rocks**, la nave riuscì a evitare gli scogli *8* (*anche sport*) superare (*un ostacolo*): **to c. a fence**, superare (*o* saltare) uno steccato *9* aprire (*un varco*): **We had to c. a path through the jungle**, dovemmo aprirci un sentiero attraverso la giungla *10* autorizzare; approvare; dare il beneplacito a; ottenere il benestare per (q.c.): **Our plan has been cleared by the local authorities**, il nostro progetto è stato approvato dagli enti locali; (*trasp.*) **to c. passengers**, autorizzare lo sbarco di passeggeri; (*naut.*) **to c. cargo**, autorizzare la discarica (*di merci*); **I've cleared it with the principal**, ho avuto il benestare del preside *11* dichiarare (*o* riconoscere) idoneo a un lavoro delicato per la sicurezza dello stato; sottoporre (q.) a uno screening (*dei servizi segreti, ecc.*) con esito positivo: **After you've been cleared, you'll be able to handle classified information**, dopo che avrai superato tutti i controlli (*dei servizi segreti*), avrai accesso alle informazioni della massima riservatezza *12* (*leg.*) dichiarare innocente; prosciogliere (*da un'accusa*); discolpare: **He's been cleared of shoplifting**, è stato prosciolto dall'accusa di taccheggio *13* (*comm.*) pagare, saldare (*un debito*); esentare (q.) dal pagamento di un debito *14* (*comm., fam.*) fare un guadagno netto di (*una certa somma di denaro*) *15* (*dog., anche* **to c. through the customs**) sdoganare; svincolare; sdaziare *16* (*banca, fin.*) compensare; far passare (*un assegno, ecc.*) attraverso la stanza di compensazione *17* (*market.*) smaltire, liquidare (*scorte, giacenze, ecc.*) *18* (*elab.*) cancellare (*caratteri, una videata*); azzerare (*la memoria*) *19* (*trasp.*) dare via libera a (*una nave, un aereo, ecc.*); autorizzare l'entrata in porto (*o* l'uscita) di (*una nave*); autorizzare il decollo (*o* l'atterraggio) di (*un aereo*) *20* (*di un ufficio postale*) smistare (*corrispondenza*) *21* (*sport*) liberarsi di, spazzare via (*la palla dall'area di rigore, ecc.*) *22* (*tecn.*) mettere (*un messaggio cifrato*) in chiaro; decodificare. **B** *v. i.* *1* (*di un liquido, ecc.*) schiarirsi; diventare chiaro (*o* limpido) *2* (*del cielo, del tempo*) schiarirsi; rasserenarsi (*anche fig.*) *3* (*della nebbia*) dissolversi *4* (*banca*: *di un assegno*) essere messo in conto corrente; essere addebitato (*o* accreditato) *5* (*banca, fin.*) effettuare operazioni di compensazione *6* (*naut.*) salpare (*espletate le pratiche doganali*). **C** to **clear oneself**, *v. rifl.* discolparsi □ (*comm.*) **to c. oneself from a debt**, sdebitarsi. ● **to c. the air**, dare aria, cambiare aria; (*di un temporale*) rinfrescare l'aria; (*fig.*) chiarire la situazione, mettere le cose in chiaro □ (*naut.*) **to c. the anchor**, disimpegnare l'ancora □ (*banca*) **to c. a bill**, incassare una cambiale □ **to c. the decks (for action)**, (*mil., naut.*) sgombrare i ponti in vista del combattimento; (*fig.*) prepararsi alla lotta (all'azione, al lavoro) □ (*comm.*) **to c. one's expenses**, coprire le spese □ (*tecn.*) **to c. a fault**, eliminare un guasto □ (*econ.*) **to c. the market**, equilibrare il mercato; pareggiare la domanda e l'offerta □ (*comm.*) **to c. a parcel of goods**, liquidare una partita di merce □ (*aeron.*) **to c. a plane for landing**, autorizzare un aereo all'atterraggio □ (*dog., naut.*) **to c. a ship inwards [outwards]**, spedire una nave in entrata [in uscita] □ **to c. the way for**, aprire la strada a: **The meeting will c. the way for further talks**, l'incontro aprirà la strada a ulteriori trattative.

♦**clear away**, **A** *v. t. + avv.* *1* sgombrare; levare, portar via: **Don't forget to c. the plates away**, non scordarti di levare i piatti *2* eliminare, togliere di mezzo (*sospetti, ecc.*) *3* cacciare, dissipare (*la nebbia*). **B** *v. i.* *1* (*della nebbia, di nubi, ecc.*) dissiparsi; andare via *2* sparecchiare.

♦**clear in**, *v. i. + avv.* (*naut.*) entrare in porto (*espletate le pratiche doganali*).

♦**clear off**, **A** *v. t. + avv.* *1* (*comm.*) pagare, saldare, estinguere (*un debito*) *2* sparecchiare (*la tavola*) *3* smaltire (*lavoro arretrato*) *4* (*market.*) svendere (*merce*). **B** *v. i. + avv.* *1* (*fam.*) filare; squagliarsela; tagliare la corda (*fam.*): **The police are after him; he'd better c. off at once**, la polizia lo cerca; farebbe bene a squagliarsela subito *2* (*USA*) sparecchiare □ **to c. off the correspondence**, sbrigare la corrispondenza.

♦**clear out**, **A** *v. t. + avv.* *1* pulire; vuotare; sturare; stasare (*uno scolo, ecc.*) *2* sgombrare: **to c. out one's drawers**, sgombrare i cassetti *3* buttare via, disfarsi di (*roba vecchia, ecc.*). **B** *v. i. + avv.* *1* (*fam.*) andarsene; filare: **C. out!**, fila via! *2* (*naut.*) salpare (*espletate le pratiche doganali*) □ (*fam.*) **to be cleared out**, essere al verde (*o* senza il becco di un quattrino).

♦**clear up**, **A** *v. t. + avv.* *1* chiarire; mettere (q.c.) in chiaro; spiegare: **to c. up a matter**, chiarire una faccenda *2* risolvere (*un mistero, un caso, un delitto, ecc.*) *3* sbrigare, smaltire (*un lavoro, specialm. arretrato*) *4* V. **to clean up**. **B** *v. i. + avv.* *1* (*del tempo*) schiarirsi; rasserenarsi; mettersi al bello *2* (*di un raffreddore, ecc.*) migliorare *3* rassettare la casa; mettere in ordine.

clearance /'klɪərəns/, *n.* *1* liberazione (*da un ostacolo*); rimozione; sgombro *2* spazio lasciato libero; spazio sgombro; distanza: **There is only a three-foot c. between the locomotive and the tunnel wall**, fra la locomotiva e la parete della galleria c'è una distanza di tre soli piedi *3* (*ind. costr.*) altezza (*di un ponte e sim.*); altezza, larghezza (*di una galleria, ecc.*): **a suspension bridge with a c. of 200 feet (above water)**, un ponte sospeso che ha un'altezza di 200 piedi sul pelo dell'acqua; **head c.**, altezza libera *4* (*dog.*) sdoganamento, svincolo (*di merce*); pratica di sdoganamento (*di nave, per entrare in porto o salpare*); libera pratica: **No ship can leave port without c.**, nessuna nave può salpare senza libera pratica *5* (*fin.*) compensazione (*di debiti e crediti, con scambio d'assegni, ecc.*) *6* autorizzazione (*a lasciare un impiego statale*): **He obtained his c.**, ottenne l'autorizzazione a lasciare l'impiego *7* (*mecc.*) gioco, luce (*fra due parti di un congegno*) *8* (*sport*) disimpegno *9* (*polit.*, = **security c.**) dichiarazione ufficiale che una persona non è un rischio per la sicurezza dello stato; superamento del vaglio del controspionaggio. ● **c. house**, *V.* **clearing house** □ (*naut.*) **c. inwards**, permesso d'entrata in porto; spedizione in dogana □ (*naut.*) **c. outwards**, permesso di uscita dal porto □ **c. papers**, documenti di sdoganamento □ **c. sale**, (vendita di) liquidazione (*delle rimanenze*); svendita □ (*med.*) **c. test**, clearance (test) □ (*dog.*) **c. through (the) customs**, sdoganamento (*di merce*) □ **bank c.**, benestare bancario.

clearing /'klɪərɪŋ/, *n.* *1* il liberare; lo sgombrare *2* terreno disboscato (*per la coltivazione*); radura (*dovuta a opere di disboscamento*) *3* (*fin.*) clearing; compensazione *4* rimozione (*di macerie, ecc.*) *5* (*comm. est.*) clearing (*fra due stati: senza movimenti di valuta*) *6* (*dog.*) *V.* **clearance**, *def. 4* *7* (*market.*) smaltimento (*di scorte*) *8* levata (*della posta*). ● (*rag.*) **c. account**, conto di giro □ (*comm. est.*) **c. agreement**, accordo di clearing □ (*fin.*) **c. bank**, banca che aderisce alla stanza di compensazione di Londra □ (*rag.*) **c. entry**, partita di giro □ **c. hospital**, ospedale da campo (*per lo smistamento dei feriti*) □ **c. house**, (*fin.*) stanza di compensazione; (*per estens.*) punto di smistamento (*specialm. di informazioni*) □ (*Borsa*) **c. sheet**, foglio di liquidazione □ **c.-out sales**, liquidazione delle rimanenze; liquidazioni.

clearly /'klɪəlɪ/, *avv.* *1* chiaramente; evidentemente; perspicuamente *2* certamente; senza dubbio *3* (*nelle risposte*) certo che sì (*o* certo che no); naturalmente.

clearness /'klɪənəs/, *n.* *1* chiarezza; limpidezza; l'esser distinto (*o* manifesto) *2* l'esser libero (*o* sgombro) (*da ostacoli, ecc.*).

clear-out /'klɪəraʊt/, *n.* (*fam. ingl.*) bella pulita; ripulita.

clearstory /'klɪəstərɪ, *USA* -tɔːrɪ/, *V.* **clerestory**.

clearway /'klɪəweɪ/, *n.* (*autom.*) tratto di strada con divieto di sosta (*fuori città*); strada di transito veloce; superstrada.

cleat /kliːt/, *n.* *1* bietta; cuneo *2* striscia di rinforzo *3* costola (*di un cingolo*) *4* (*naut.*) galloccia; tacchetto.

cleavable /'kliːvəbl/, *a.* fissile; spaccabile.

cleavage /'kliːvɪdʒ/, *n.* *1* fenditura; spaccatura *2* (*geol.*) clivaggio; sfaldatura: **c. planes**, piani di clivaggio *3* (*biol.*) scissione *4* (*fig.*) divisione; disaccordo; disparità di vedute *5* (*fam.*) solco (*tra i seni di una donna*).

to **cleave** (**1**) /kliːv/ (*pass.* **clove, cleft**, *p. p.* **cloven, cleft**), **A** *v. t.* *1* fendere; spaccare: **to c. a log of wood in two**, spaccare in due un ceppo di legno; **to c. sb.'s head open**, spaccare la testa a q.; **to c. the air [the water]**, fendere l'aria [l'acqua] *2* (*fig.*) scindere; separare; dissociare, disunire. **B** *v. i.* fendersi; spaccarsi: **Fir wood cleaves well**, l'abete si spacca agevolmente. ● (*di nave*) **to c. through the water**, solcare le acque □ **to c. one's way through a thick wood**, aprirsi la strada in una fitta boscaglia.

to **cleave** (**2**) /kliːv/ (*pass. arc.* **clave**), *v. i.* (*lett.*) *1* aderire, stare attaccato (a) *2* (*fig.*) essere devoto, rimanere fedele (*a q., a q.c.*).

cleaver /'kliːvə(r)/, *n.* *1* chi fende; chi spacca *2* mannaia (*di macellaio*).

cleavers /'kliːvəz/, *n. pl.* (*col verbo al sing.*) (*bot., Galium aparine*) attaccavesti; attaccamani.

cleaving /'kliːvɪŋ/, *n.* il fendere; lo spaccare (*V.* **to cleave (1)**).

cleek /kliːk/, *n.* *1* (*specialm. scozz.*) grosso uncino *2* (*golf*) (*un tempo*) ferro 1; legno 4.

clef /klɛf/, *n.* (*mus.*) chiave: **treble c.**, chiave di sol (*o* di violino).

cleft (**1**) /klɛft/, *n.* fenditura; fessura; spacco; crepaccio.

cleft (**2**) /klɛft/, *pass.* e *p. p.* di **to cleave**. ● (*med.*) **c. palate**, palatoschisi; palato leporino; gola lupina □ (*fam.*) **to be in a c. stick**, essere nei guai.

clefting /'klɛftɪŋ/, *n.* (*ling.*) scissione.

cleg /klɛg/, *n.* (*zool., Tabanus*) tafano.

cleistogamic /klaɪstəʊ'gæmɪk/, **cleistogamous** /klaɪ'stɒgəməs/, *a.* (*bot.*) cleistogamo.

cleistogamy /klaɪ'stɒgəmɪ/, *n.* (*bot.*) cleistogamia.

clematis /'klɛmətɪs, klə'meɪtɪs/, *n.* (*pl.* **clematises, clematis**) (*bot., Clematis*) clematide.

clemency /'klɛmənsɪ/, *n.* *1* clemenza *2* (*fig.: del tempo*) mitezza *3* (*fig.: del carattere*) dolcezza.

clement /'klɛmənt/, *a.* *1* clemente *2* (*fig.*) mite *3* (*fig.*) dolce.

Clement /'klɛmənt/, *n.* Clemente.

clementine /'klɛməntiːn/, *n.* mandarancio; clementina.

Clementine /'klɛməntaɪn/, *n.* Clementina.

clench /klɛntʃ/, *n.* *1* lo stringere (*i pugni, i denti*) *2* ribaditura (*di chiodi*); chiodo ribadito *3* forte presa; stretta.

to **clench** /klɛntʃ/, **A** *v. t.* *1* stringere (*i denti, i pugni*) *2* afferrare saldamente *3* *V.* **to clinch A**, *def. 1, 2, 3, 4*. **B** *v. i.* *1* (*dello stomaco, ecc.*) stringersi *2* *V.* **to clinch B**, *def. 1*.

clencher /'klɛntʃə(r)/, *V.* **clincher**.

clepsydra /'klɛpsɪdrə/, *n.* (*pl.* **clepsydrae, clepsydras**) clessidra; orologio ad acqua.

cleptomania /klɛptəʊ'meɪnɪə/, *n.* (*psic.*) cleptomania.

cleptomaniac /klɛptəʊ'meɪnɪæk/, *n.* (*psic.*) cleptomane.

clerestory /'klɪəstərɪ, *USA* -tɔːrɪ/, *n.* *1* (*archit.*) lanternino; lucernario a vetrata verticale *2* (*di pullman, ecc.*) finestratura superiore.

clergy /'klɜːdʒɪ/, *n.* clero; (*collett.*) ecclesiastici. ● (*stor.*) **benefit of c.**, privilegio (*degli ecclesiastici*) di essere sottratti alla giurisdizione secolare.

clergyman /'klɜːdʒɪmən/, *n.* (*pl.* **clergymen**) ecclesiastico; sacerdote; (*specialm.*) ministro (*o* pastore) anglicano. ● **c.'s suit**, clergyman.

clergywoman /'klɜːdʒɪwʊmən/, *n.* (*pl.* **clergywomen**) *1* donna che è stata ordinata sacerdote *2* (*arc.*) moglie (*o* figlia) di pastore anglicano (*o* protestante).

cleric /'klɛrɪk/, **A** *n.* clerico; ecclesiastico; religioso. **B** *a.* *V.* **clerical, A**.

clerical /'klɛrɪkl/, **A** *a.* *1* ecclesiastico; di (*o* da) pastore anglicano: **a c. collar**, un colletto da pastore anglicano *2* d'ufficio; relativo (*o* dovuto) a un impiegato (*o* a uno scrivano); impiegatizio: **c. duties**, mansioni d'impiegato; **the c. staff**, gli impiegati; il personale *3* (*polit.*) clericale. **B** *n.* *1* (*polit.*) clericale *2* (*pl.*) abiti sacerdotali. ● **c. error**, errore materiale (*o* di trascrizione). ‖ **-ly**, *avv.*

clericalism /'klɛrɪkəlɪzəm/, *n.* (*polit.*) clericalismo.

clericalist /'klɛrɪkəlɪst/, *n.* (*polit.*) clericale.

to **clericalize** /'klɛrɪkəlaɪz/, *v. t.* clericalizzare; rendere clericale.

clerihew /'klɛrɪhjuː/, *n.* strofetta umoristica di quattro versi (*dal nome dello scrittore E. Clerihew Bentley*).

clerk /klɑːk, *USA* klɜːk/, *n.* *1* impiegato, impiegata; contabile; copista; scrivano *2* (*USA*, = **salesclerk**) commesso, commessa (*di negozio*; *cfr. ingl.* **shop assistant**) *3* (*arc.*) ecclesiastico; uomo di chiesa *4* (*arc.*) dotto; erudito. ● (*sport*) **c. of the course**, commissario di gara (*in atletica e corse su pista*) □ **c. of the court**, cancelliere di tribunale □ (*in G.B.*) **C. of the House (of Commons)**, Segretario Generale della Camera (Bassa) □ **c. of (the) works**, sovrintendente ai lavori; ispettore di lavori in appalto □ (*leg., in G.B.*) **c. to the justices**, ausiliare del giudice di pace (*è un avvocato, con almeno 5 anni di attività professionale*).

to **clerk** /klɑːk, *USA* klɜːk/, *v. i.* *1* (*fam. USA*) lavorare come commesso (*di negozio*) *2* fare l'impiegato (*o* il contabile, ecc.).

clerkdom /'klɑːkdəm, *USA* 'klɜːk-/, *n.* *1* ceto impiegatizio *2* *V.* **clerkship**, *def. 1* e *2*.

clerkly /'klɑːklɪ, *USA* 'klɜːk-/, *a.* *1* di (*o* da) impiegato *2* (*USA*) di (*o* da) commesso *3* (*arc.*) di (*o* da) ecclesiastico. ● **a c. career**, una carriera impiegatizia.

clerkship /'klɑːkʃɪp, *USA* 'klɜːk-/, *n.* *1* lavoro impiegatizio; posto d'impiegato *2* (*USA*) lavoro di commesso *3* (*leg.*) ufficio di cancelliere di tribunale.

clever /'klɛvə(r)/, *a.* *1* abile; bravo; destro; intelligente; ingegnoso: **a c. speech**, un discorso abile; **a c. boy**, un ragazzo intelligente; **a c. face**, una faccia intelligente; **a c. device**, un dispositivo ingegnoso; **to be c. at maths**, essere bravo in matematica *2* bello; simpatico: **a c. idea**, una bella idea *3* (*fam. spreg.*) che la sa lunga; astuto; furbo *4* (*USA*) cortese; gentile. ● **a c. book**, un libro scritto con intelligenza □ (*fam. spreg.*) **c. c.**, furbastro, che fa il furbo □ (*fam. spreg.*) **c. Dick**, primo della classe (*fig.*); intelligentone □ **a c. painter**, un pittore valente □ (*sport*) **c. play**, accademia (*fig.*) □ **to be c. with one's hands** (*o* **fingers**), avere una buona manualità □ (*fam.*) **too c. by half**, che vuole fare il furbo (*ma non lo è*) □ **He was too c. for me!**, me l'ha fatta!

cleverish /'klɛvərɪʃ/, *a.* piuttosto abile (*o* bravo, intelligente); bravino, bravuccio.

cleverly /'klɛvəlɪ/, *avv.* abilmente; intelligentemente. ● **That was c. done**, è stata una mossa indovinata.

cleverness /'klɛvənəs/, *n.* *1* abilità; bravura; destrezza; intelligenza *2* bellezza (*di un'idea, d'una trovata*) *3* (*fam. spreg.*) astuzia; furberia.

clevis /'klɛvɪs/, *n.* *1* gancio d'attacco (*dell'aratro*) *2* (*mecc.*) maniglione con perno *3* (*ind. min.*) staffa d'attacco.

clew /kluː/, *n.* *1* gomitolo *2* (*fig., di solito* **clue**) filo d'Arianna; indizio (*per venire a capo d'un mistero*) *3* (*naut.*) bugna; angolo della vela: **c. ring**, anello della bugna. ● (*naut.*) **c. iron**, canestrello □ (*naut.*) **c. lines**, cime per issare le vele; caricascotte □ (*naut.*) **c. patch**, quadrello.

to **clew** /kluː/, *v. t.* *1* (*di solito* **to c. up**) aggomitolare *2* – (*fig.*) **to c. out**, dare un indizio; indicare; suggerire *3* scoprire (*per mezzo d'indizi*). ● (*naut.*) **to c. down**, imbrogliare (*una vela*) □ (*naut.*) **to c. up**, alare, tirar su (*una vela*).

cliché /'kliːʃeɪ, *USA* kliː'ʃeɪ, klɪ-/ (*franc.*), *n.* *1* (*tipogr.*) cliché *2* cliché (*fig.*); comportamento (giudizio, frase, ecc.) convenzionale o banale.

click /klɪk/, *n.* *1* scatto; clic (*di giro di chiave nella toppa, di grilletto di fucile, ecc.*) *2* schiocco (*della lingua*) *3* (*mecc.*) dente d'arresto *4* paletto (*della porta*) *5* (*fon.*) clic, click; consonante avulsiva *6* (*fam.*) grande successo; cosa azzeccata *7* (*fam.*) accordo immediato; intesa subitanea; colpo di fulmine, scintilla (*fig.*): **When they first met, it was a c.**, al loro primo incontro, scoccò la scintilla.

to **click** /klɪk/, **A** *v. i.* *1* scattare; fare clic: **The latch clicked as the door was shut**, il saliscendi scattò quando la porta fu chiusa *2* (*fam.*) aver successo (*nel cinema, ecc.*); fare colpo (*con le donne, ecc.*) *3* (*fam.*) andare a genio; piacere: **to c. with sb.**, andare a genio a q. *4* (*fam.*) andare bene; funzionare alla perfezione: **if it clicks**, se tutto va bene; se le cose vanno per il verso giusto *5* (*fam.*) apparire chiaro; capirsi: **At last it clicked when I heard his name**, quando udii il suo nome, mi si accese una lampadina nel cervello *6* (*fam.*) trovarsi immediatamente d'accordo; intendersi subito *7* (*fam.*) combaciare: **The fingerprints don't c.**, le impronte digitali non combaciano *8* (*elab.*) cliccare. **B** *v. t.* *1* far scattare; schioccare; battere (*con un colpo secco*): **Don't c. your tongue**, non schioccare la lingua; **The sentry clicked his heels and turned**, la sentinella batté i tacchi e fece dietrofront *2* tagliare (*stoffa, carta, cuoio*). ● (*fam.*) **It begins to c.**, comincio a capire; ci sono.

click-clack /ˈklɪkˈklæk/, *n.* clic clac; clicchettio; ticchettio.

to **click-clack** /ˈklɪkˈklæk/, *v. i.* ticchettare.

clicker /ˈklɪkə(r)/, *n.* (*fam.*) *1* tagliatore capo (*di stoffa, carta, cuoio*) *2* (*tipogr.*) compositore capo.

clickety-click /ˈklɪkətɪˈklɪk/, **clickety-clack** /ˈklɪkətɪˈklæk/, *V.* **click-clack**.

client /ˈklaɪənt/, *n.* *1* cliente (*in tutti i sensi*): (*rag.*) **clients' ledger**, libro mastro dei clienti *2* assistito (*da un servizio sociale*); mutuato. ● (*econ.*) **the c. industries**, i settori utilizzatori (*di un prodotto o d'una materia prima*) □ (*polit.*) **c. state**, satellite.

clientage /ˈklaɪəntɪdʒ/, *n.* clientela.

clientele /kliːɒnˈtɛl, -iːən-, *USA* klaɪən-/, *n.* clientela.

cliff /klɪf/, *n.* rupe; dirupo; falesia; scogliera: **the white cliffs of Dover**, le bianche scogliere di Dover. ● **c.-hanger**, radiodramma (libro pubblicato a puntate, originale televisivo) mozzafiato (*specialm. alla fine di una puntata*); (*fig.*) evento (*gara, elezione, ecc.*) il cui risultato è in sospeso sino alla fine □ **c.-hanging**, che fa trattenere il respiro; mozzafiato.

cliffhanger /ˈklɪfhæŋə(r)/, *n.* *1* *V.* **cliff-hanger** *2* (*fam. USA*) chi sta ai piani alti; abitante di un grattacielo: **They've become cliffhangers**, sono andati a stare in un grattacielo.

cliffy /ˈklɪfɪ/, *a.* dirupato; scosceso.

climacteric /klaɪˈmæktərɪk/, **A** *a.* *1* (*fisiol.*) climaterico *2* (*fig.*) critico; cruciale. **B** *n.* *1* (*fisiol.*) climaterio; età critica *2* (*fig.*) periodo critico (*o* cruciale).

climactic /klaɪˈmæktɪk/, *a.* *1* (*retor.*) in progressione; in gradazione ascendente *2* che raggiunge o conduce al punto culminante o cruciale (*V.* **climax**).

climate /ˈklaɪmət/, *n.* *1* clima (*anche fig.*) *2* (*arc.*) regione, paese (*con particolari condizioni climatiche*): **He moved to a warmer c.**, si trasferì in un paese più caldo.

climatic /klaɪˈmætɪk/, *a.* climatico: **c. conditions**, condizioni climatiche. ‖ **-ally**, *avv.*

climatologic(al) /klaɪmətəˈlɒdʒɪk(l)/, *a.* climatologico.

climatologist /klaɪməˈtɒlədʒɪst/, *n.* climatologo.

climatology /klaɪməˈtɒlədʒɪ/, *n.* climatologia.

climatotherapy /klaɪmətəˈθɛrəpɪ/, *n.* (*med.*) climatoterapia.

climax /ˈklaɪmæks/, *n.* *1* (*retor.*) climax; gradazione ascendente; crescendo graduale *2* punto saliente (*o* culminante); punto di massima tensione; apice; acme: **The c. was reached when he rose to speak**, il punto di massima tensione fu quando egli si alzò per parlare *3* (*fisiol.*) orgasmo *4* (*ecol.*, = **c. community**) climax.

to **climax** /ˈklaɪmæks/, **A** *v. t.* portare (*un evento*) al climax (*o* al punto saliente, culminante). **B** *v. i.* (*di una serie di eventi*) raggiungere il punto culminante; culminare: **His words climaxed to a moving close**, le sue parole culminarono in una chiusura commovente. ● **to c. one's career**, raggiungere l'apice della carriera.

climb /klaɪm/, *n.* *1* arrampicata; salita; ascensione (*d'un monte*); ascesa (*al potere, ecc.*); scalata: **a hard c.**, una scalata difficile *2* (*autom., ecc.*) salita; rampa *3* (*alpinismo, ciclismo*) arrampicata; scalata. ● **c.-down**, discesa; (*fig.*) marcia indietro, ritirata □ (*aeron.*) **c. indicator**, variometro □ (*aeron.*) **c.-out**, salita; il prender quota (*al decollo*) □ (*aeron.*) **rate of c.**, velocità ascensionale.

to **climb** /klaɪm/, *v. i.* e *t.* *1* arrampicarsi (*anche fig.*); salire (*specialm. a fatica*); ascendere: **to c. a tree [a rope]**, arrampicarsi su un albero [una corda]; **to c. a ladder**, salire su una scala a pioli; **to c. the stairs**, salire le scale; **The ivy has climbed up the wall**, l'edera s'è arrampicata su per il muro *2* scalare: **We are going to c. the mountain**, scaleremo il monte *3* (*d'un aereo*) alzarsi; prendere quota *4* (*fig.*) salire per gradi (*o* di grado); giungere a (*con fatica*); dare la scalata a: **He has climbed to success**, è arrivato al successo (*un po' alla volta, per gradi*); **He climbed to power in five years**, in cinque anni riuscì a dare la scalata al potere *5* (*ciclismo*) arrampicarsi. ● **to c. down**, scendere (*da un albero, ecc.*); (*fig.*) far marcia indietro, ritirarsi, cedere □ **to c. over a mountain**, scalare una montagna; **to c. over a fence**, scavalcare uno steccato.

climbable /ˈklaɪməbl/, *a.* *1* scalabile *2* accessibile; superabile. ● (*autom.*) **maximum c. gradient**, pendenza massima superabile.

climber /ˈklaɪmə(r)/, *n.* *1* arrampicatore; scalatore *2* (pianta o uccello) rampicante *3* rampone di ferro (*che s'applica alle scarpe, per salire su pali, ecc.*) *4* (*fig. fam.*) arrampicatore sociale *5* (*ciclismo*) scalatore: **overall standings**: **climbers**, classifica del premio della montagna. ● **rock-c.**, rocciatore □ **social c.**, arrampicatore sociale.

climbing /ˈklaɪmɪŋ/, **A** *a.* (*bot., zool.*) rampicante. **B** *n.* l'arrampicarsi; il salire. ● (*zool.*) **c. fish**, *V.* **anabas** □ **c. frame**, castello (*di travetti o di tubi metallici: per giochi di bimbi*) □ **c. iron**, rampone (*da alpinista*) □ (*zool.*) **c. perch**, *V.* **anabas** □ (*bot.*) **c. plant**, (pianta) rampicante □ (*ginnastica*) **c. pole**, pertica □ (*ginnastica*) **c. rope**, fune □ (*aeron.*) **c. speed**, velocità di salita □ **mountain c.**, alpinismo.

clime /klaɪm/, *n.* (*poet.*) regione (*anche senza riferimento al clima*).

clinch /klɪntʃ/, *n.* *1* ribaditura (*di chiodi*); chiodo ribadito *2* (*boxe*) clinch; (*lotta*) corpo a corpo *3* (*naut.*) legatura con mezzo collo; gassa *4* (*pop.*) abbraccio appassionato *5* il concludere, stringere (*un argomento, ecc.*). ● **c. nail**, ribattino.

to **clinch** /klɪntʃ/, **A** *v. t.* *1* ribadire (*un chiodo, ecc.*) *2* fissare, assicurare (q.c.) con un chiodo ribadito *3* (*fig.*) stringere, concludere (*un argomento, un affare, ecc.*); decidere (*una questione*) *4* (*naut.*) legare (*una cima*) con un mezzo collo *5* *V.* **to clench A**, *def. 1*. **B** *v. i.* *1* (*di chiodo, ecc.*) tenere *2* (*boxe*) legare; tenere (*con le braccia l'avversario, per impedirgli di colpire*); (*lotta*) fare un corpo a corpo *3* (*pop.*) abbracciarsi appassionatamente.

clincher /ˈklɪntʃə(r)/, *n.* *1* persona (*o* attrezzo ecc.) che ribadisce; ribaditore; ribaditoio (*arnese*); ribaditrice (*macchina*) *2* (*fam.*) argomento decisivo, che taglia la testa al toro; fattore decisivo.

clinching /ˈklɪntʃɪŋ/, *n.* ribaditura (*di chiodi*).

to **cling** /klɪŋ/ (*pass.* e *p. p.* **clung**), *v. i.* *1* aderire strettamente; stare attaccato: **Her wet dress clung to her body**, l'abito bagnato le aderiva al corpo *2* stringersi; abbarbicarsi: **The child was clinging to its mother**, il bimbo si stringeva alla mamma *3* aggrapparsi (*a un amico, ecc.*): **He clings to his only friend**, si aggrappa al suo unico amico *4* (*di un odore, ecc.*) restare addosso a (q.); impregnare (q.c.). ● **to c. on to**, tenersi stretto a □ **to c. to a hope**, aggrapparsi a una speranza □ **to c. to the past** (*o* **to one's memories**), vivere nel passato; rimanere attaccato ai propri ricordi □ **to c. together**, stare attaccati; stringersi l'uno all'altro.

clinging /ˈklɪŋɪŋ/, *a.* *1* (*d'abito*) aderente; attillato *2* eccessivamente dipendente (*da un'altra persona*); appiccicoso (*fig.*); (*di bambino*) che sta attaccato alle sottane della mamma.

clingstone /ˈklɪŋstəʊn/, *n.* (*bot.*) (pesca, ciliegia, susina) duracina.

clingy /ˈklɪŋɪ/, *V.* **clinging**.

clinic /ˈklɪnɪk/, *n.* *1* (*med.*) clinica (*in ogni senso*) *2* (*med., in G.B.*) clinica privata *3* (*specialm. USA*) gruppo di lavoro (*o* di studenti) *4* (*USA*) aula (*o* lezione) di medicina clinica.

clinical /ˈklɪnɪkl/, *a.* *1* clinico: **c. thermometer**, termometro clinico *2* (*fig.*) imparziale; distaccato; scientifico. ● **c. furniture**, mobilio essenziale (*o* razionale) □ **c. medicine**, clinica medica (*la disciplina*).

clinician /klɪˈnɪʃn/, *n.* (*med.*) clinico.

clink (1) /klɪŋk/, *n.* tintinnio (*di monete, bicchieri, chiavi, ecc.*).

clink (2) /klɪŋk/, *n.* (*pop.*) prigione; gattabuia (*pop.*).

to **clink** /klɪŋk/, **A** *v. i.* tintinnare; tinnire (*lett.*). **B** *v. t.* far tintinnare.

clinker /ˈklɪŋkə(r)/, *n.* *1* (*edil.*) clinker (*mattone duro usato per rivestimenti*) *2* scoria (*di fornace*): **basic, vitreous c.**, scoria basica, vetrosa *3* (*geol.*) massa di lava indurita *4* (*pop. USA*) fallimento; insuccesso; fiasco (*fig.*) *5* (*pop. USA*) nota stonata; stecca *6* (*pop. USA*) sbaglio; cantonata (*fig.*) *7* (*pop. USA*) denaro; quattrini.

clinker-built /ˈklɪŋkəbɪlt/, *a.* (*di nave, di battello*) a fasciame cucito (*o* sovrapposto).

clinking /ˈklɪŋkɪŋ/, **A** *a.* *1* tintinnante *2* (*pop. arc.*) bellissimo; eccellente; ottimo; straordinario; che vale un Perù: **a c. race**, una corsa straordinaria. **B** *n.* tintinnio.

clinkstone /ˈklɪŋkstəʊn/, *n.* (*miner.*) varietà di fonolite.

clinometer /klaɪˈnɒmɪtə(r)/, *n.* clinometro.

clip (1) /klɪp/, *n.* *1* clip; graffa; graffetta; grappa; fermaglio; molletta *2* (*mecc.*) chiodo a gancio; anello d'attacco (*per tubi*); morsetto *3* (*mil.*) caricatore; nastro *4* clip; orecchino a clip: **two diamond clips**, due clip di brillanti. ● **c.-fastener**, bottone automatico □ (*di gioiello, ecc.*) **c.-on**, che si attacca con una clip □ **c.-on jewel**, gioiello con fermaglio; monile □ **hair c.**, forcina (*per capelli*) □ **toe c.**, fermapiede (*di pedale di bicicletta*).

clip (2) /klɪp/, *n.* *1* tosatura; tosa (*delle pecore*) *2* taglio (*di capelli*) *3* ritaglio *4* (*fam.*) colpo rapido e forte; scappellotto *5* (*fam.*) buon passo; andatura sostenuta: **to hit a good c.**, marciare ad andatura sostenuta *6* (*cinem.*) inserto filmato *7* (*pl.*) tosatrice; macchinetta (*fam.*). ● (*pop.*) **c. joint**, locale dove «pelano» i clienti; locale esoso.

to **clip** (1) /klɪp/, **A** *v. t.* *1* fermare con una graffa (*o* con un fermaglio, con una clip); attaccare (*insieme*); graffare: **Please, c. these sheets together**, per favore, attacca insieme questi fogli *2* (*arc.*) tenere stretto; abbracciare; avvolgere. **B** *v. i.* (*anche* **to c. on**) agganciarsi.

to **clip** (2) /klɪp/, *v. t.* e *i.* *1* tagliare (*specialm.* con forbici; ritagliare; tosare (*anche fig.*): **I'll c. that article from the newspaper**, ritaglierò quell'articolo dal giornale; **to c. sheep [a hedge, a person, a coin]**, tosare pecore [una siepe, una persona, una moneta] *2* omettere, tralasciare, (*pop.*) mangiarsi: **You c. your g's**, ti mangi le «g» finali (*difetto comune nella pronuncia dei gerundi*: **goin', speakin'**, *per* **going, speaking**) *3* forare, bucare (*un biglietto di treno, ecc.*) *4* (*fam.*) colpire con uno scappellotto; picchiare *5* (*pop.*) imbrogliare; ingannare; derubare; spogliare (*q. del suo denaro*); pelare (*fig.*): **Don't go to that shop: they'll c. you**, non andare in quel negozio: ti pelano *6* (*pop. USA*) freddare; fare (q.) secco (*pop.*); uccidere *7* (*fam., anche* **to c. along**) muoversi rapidamente; filare; sfrecciare. ● **to c. sb.'s claws**, mozzare gli artigli a q. □ **to c. coupons**, staccare tagliandi; (*fin.*) staccare cedole □ **to c. sb.'s wings**, tarpare le ali a q.

clipboard /ˈklɪpbɔːd/, *n.* (*cartoleria*) portablocco con molla.

clip-clop /ˈklɪpˈklɒp/, *n.* *1* (*del cavallo*) clop clop; cloppete *2* (*di persona*) zoccolio.

to **clip-clop** /ˈklɪpˈklɒp/, *v. i.* *1* (*del cavallo*) fare clop clop *2* (*di persona*) zoccolare.

clipper /ˈklɪpə(r)/, *n.* *1* tagliatore; tosatore (*di pecore*) *2* (*pl.*) forbici, cesoie (*da giardiniere, ecc.*): **nail-clippers**, forbicine per le unghie *3* (*pl.*) tosatrice; macchina per tagliare i capelli; macchinetta (*fam.*) *4* (*pl.*) tagliasiepi *5* (*naut.*) clipper; veliero veloce *6* (*aeron.*) clipper; grande aeroplano per voli transoceanici *7* cavallo (*o* automobile, ecc.) particolarmente veloce; fulmine, saetta (*fig.*) *8* (*pop. arc.*) persona (*o* cosa) straordinaria; (*di persona*) fuoriclasse, asso *9* (*elettr., elettron.*) clipper. ● **animal c.**, tosatrice (*per bestiame*).

clippie /ˈklɪpɪ/, *n.* (*fam. arc.*) bigliettaia di autobus.

clipping (**1**) /ˈklɪpɪŋ/, *n.* *1* taglio (*di capelli, ecc.*); tosatura (*di pecore*) *2* ritaglio (*di giornale, ecc.*) *3* (*metall.*) sbavatura *4* (*fin., stor.*) tosatura (*delle monete metalliche*). ● **c. bureau** (**service**), agenzia (servizio) di ritagli di stampa.

clipping (**2**) /ˈklɪpɪŋ/, *a.* *1* tagliente *2* veloce *3* (*pop. arc.*) eccellente; ottimo; straordinario; che vale un Perù.

clique /kliːk, *USA* klɪk/, *n.* chiesuola (*fig.*); conventicola; cricca.

cliquey, cliquy /ˈkliːkɪ, *USA* ˈklɪ-/, **cliquish** /ˈkliːkɪʃ, *USA* ˈklɪ-/, *a.* *1* di chiesuola; ristretto; esclusivo *2* che tende a formare chiesuole (*o* a isolarsi).

cliquishness /ˈkliːkɪʃnəs, *USA* ˈklɪ-/, **cliquism** /ˈkliːkɪzəm, *USA* ˈklɪ-/, *n.* tendenza a formare chiesuole (*o* gruppi ristretti); spirito di gruppo.

clitoris /ˈklɪtərɪs, ˈklaɪ-/, *n.* (*anat.*) clitoride.

cloaca /kləʊˈeɪkə/, *n.* (*pl.* **cloacae**) cloaca (*anche fig.*).

cloak /kləʊk/, *n.* *1* mantello; manto (*anche fig.: di neve, ecc.*); aureola (*fig.*): **I do not want the c. of martyrdom**, non voglio l'aureola del martirio *2* (*fig.*) pretesto; schermo; maschera: **Some people use love for their country as a c. for aggression**, taluni si servono dell'amor di patria per mascherare le loro mire aggressive. ● **c.-and-dagger drama** [**novel**], dramma [romanzo] avventuroso e melodrammatico (*o* di spionaggio) □ **under the c. of**, con la scusa di; sotto il manto di: **He spoke terrible truths under the c. of lunacy**, sotto il manto della pazzia diceva verità atroci.

to **cloak** /kləʊk/, *v. t.* *1* coprire con un mantello; (*fig.*) ammantare *2* (*fig.*) celare, nascondere, mascherare, dissimulare (*un'intenzione, un sentimento*).

cloakroom /ˈkləʊkruːm, -rʊm/, *n.* *1* guardaroba (*di teatro, albergo, ecc.*) *2* (*ferr.*) deposito bagagli *3* (*eufem.*) gabinetto, latrina; bagno (*eufem.*). ● **c. attendant**, guardarobiera □ (*ferr.*) **c. ticket**, scontrino di deposito.

clobber /ˈklɒbə(r)/, *n.* (*collett.*) (*fam.*) indumenti; roba.

to **clobber** /ˈklɒbə(r)/, *v. t.* (*pop.*) *1* picchiare; massacrare di botte *2* dare una batosta a (q.).

cloche /klɒʃ/ (*franc.*), *n.* *1* campana di vetro (*per proteggere piante*) *2* (*moda, stor.*; = **c. hat**) cloche; cappello a cloche.

clock (**1**) /klɒk/, *n.* *1* orologio (*non tascabile, né da polso*): **a digital c.**, un orologio digitale *2* (*fam.*) cronometro *3* (*elab.*) clock; temporizzatore. ● **c. card**, cartellino di presenza, cartellino segnatempo (*in fabbrica*) □ **c. face** (*o* **c. dial**), quadrante □ **c.-radio**, radiosveglia □ **c.-tower**, torre dell'orologio □ (*fam. spreg.*) **c.-watcher**, chi non vede l'ora che finisca il lavoro (la lezione, ecc.); lavoratore demotivato □ **c.-watching**, (lo) stare sempre a guardare l'orologio; svogliatezza □ **alarm c.**, sveglia □ **around the c.**, *V.* **round the c.** □ **by the c.**, secondo l'orologio; orologio alla mano: **to do st. by the c.**, fare q.c. tenendo d'occhio l'orologio □ **chiming c.**, pendola a carillon □ **to kill the c.**, *V.* **to run out the c.** □ **to put the c. back**, mettere indietro l'orologio (*anche fig.*) □ **to put the c. forward** (*o* **on**, *o USA* **ahead**), mettere avanti l'orologio □ **round the c.**, 24 ore su 24; giorno e notte: **to work round the c.**, lavorare giorno e notte □ **a round-the-c. watch**, una sorveglianza continua (di 24 ore su 24) □ (*sport, USA*) **to run out the c.**, trattenere la palla; far melina (*pop.*) □ **to turn the c. back**, *V.* **to put the c. back** □ **to watch the c.**, guardare sempre l'orologio (*in ansiosa attesa che il lavoro, la lezione, ecc. finisca*) □ **to work against the c.**, lavorare con l'acqua alla gola (*o* con i minuti contati); combattere contro il tempo □ **What time is it?**, che ora è?: **It is four** [**five**] **o'clock**, sono le quattro [le cinque].

clock (**2**) /klɒk/, *n.* baghetta; freccia (*motivo ornamentale d'una calza*).

to **clock** /klɒk/, *v. t.* (*sport*) cronometrare (*una corsa, un corridore, ecc.*). ● **to c. in** (*o* **on**), (*d'operaio, impiegato, ecc.*) timbrare il cartellino all'entrata, marcare in entrata; (*fig.*) attaccare, montare (*fam.*) □ **to c. out** (*o* **off**), (*d'operaio, ecc.*) timbrare il cartellino all'uscita, marcare in uscita; (*fig.*) staccare, smontare (*fam.*) □ (*fam.*) **to c. up**, totalizzare (*un certo numero di punti*); (*di un'automobile, ecc.*) fare, percorrere (*un certo numero di kilometri*); fare (*una certa velocità*).

clocking hen /ˈklɒkɪŋˈhen/, *n.* (*dial.*) gallina che cova; chioccia.

clocklike /ˈklɒklaɪk/, *a.* preciso come un orologio; cronometrico.

clockmaker /ˈklɒkmeɪkə(r)/, *n.* orologiaio; fabbricante d'orologi.

clockwise /ˈklɒkwaɪz/, **A** *a.* (che gira) in senso orario; destrorso. **B** *avv.* in senso orario; nel senso delle lancette dell'orologio.

clockwork /ˈklɒkwɜːk/, *n.* *1* meccanismo (*d'orologio*) *2* carica, molla (*di un giocattolo*) *3* (meccanismo a) orologeria (*di una bomba*). ● **a c. bomb**, una bomba a orologeria □ **c. toys**, giocattoli a molla □ **like c.**, come un orologio (*o* un cronometro); con perfetta regolarità □ **Everything went like c.**, tutto andò liscio come l'olio.

clod /klɒd/, *n.* *1* zolla; zolla erbosa; blocco d'argilla *2* – **the c.**, il terreno, la terra; (*fig.*) l'argilla, il corpo umano *3* (*pop.*) stupido; zuccone; persona goffa, sgraziata *4* (*di bue macellato*) petto grosso. ● (*agric.*) **c.-breaker** (*o* **c.-crusher**), frangizolle.

to **clod** /klɒd/, *v. t.* e *i.* lanciare zolle (contro q.); colpire con zolle.

cloddish /ˈklɒdɪʃ/, *a.* *1* *V.* **cloddy** *2* stupido; goffo; sgraziato. ‖ **-ly**, *avv.* ‖ **-ness**, *sost.*

cloddy /ˈklɒdɪ/, *a.* pieno di zolle; zolloso (*raro*).

clodhopper /ˈklɒdhɒpə(r)/, *n.* *1* zoticone; persona goffa, sgraziata *2* scarpone; scarpa pesante.

clog /klɒg, *USA* klɔːg/, *n.* *1* ceppo legato alla gamba di un animale (*per impedirgli di muoversi*); ceppo; pastoia *2* (*fig.*) intasamento; ostacolo; ostruzione; intoppo *3* zoccolo (*calzatura*); zoccoletto *4* (= **c. dance**) ballo rustico (*con gli zoccoletti*).

to **clog** /klɒg, *USA* klɔːg/, **A** *v. t.* *1* legare (*una bestia*) a un ceppo *2* ostacolare; impedire: **These measures will c. the markets**, questi provvedimenti ostacoleranno i mercati *3* ostruire; otturare; intasare: **The valves were clogged with dust**, le valvole erano ostruite dalla polvere. **B** *v. i.* *1* ostruirsi; otturarsi; intasarsi *2* diventare denso (*o* fitto, spesso); rapprendersi (*e di conseguenza ostruire*): **Clogged oil does not flow**, l'olio rappreso non fluisce.

cloggy /ˈklɒgɪ, *USA* -ɔːgɪ/, *a.* *1* grumoso; nodoso *2* appiccicoso; viscoso.

cloister /ˈklɔɪstə(r)/, *n.* *1* (*relig.*) chiostro; monastero; convento *2* (*archit.*) porticato; portico. ● (*fig.*) **the c.**, la vita monastica.

to **cloister** /ˈklɔɪstə(r)/, *v. t.* chiudere (q.) in convento. ● **to c. oneself**, appartarsi; isolarsi □ **cloistered nun**, suora di clausura.

cloistral /ˈklɔɪstrəl/, *a.* claustrale.

clonal /ˈkləʊnl/, *a.* (*biol.*) clonale.

clone /kləʊn/, *n.* *1* (*biol.*) clone *2* (*fig.*) riproduzione perfetta; duplicato, clone (*fig.*).

to **clone** /kləʊn/, *v. t.* (*genetica*) clonare.

clonic /ˈkləʊnɪk/, *a.* (*med.*) clonico: **c. spasm**, spasmo clonico.

cloning /ˈkləʊnɪŋ/, *n.* (*genetica*) clonazione.

clonk /klɒŋk/, *n.* rumore sordo.

to **clonk** /klɒŋk/, *v. i.* fare un rumore sordo.

clonus /ˈkləʊnəs/, *n.* (*med.*) spasmo clonico; clono.

clop /klɒp/, *n.* *1* rumore di zoccoli; clop; cloppete *2* (*di una persona*) zoccolio.

to **clop** /klɒp/, *v. i.* *1* (*del cavallo*) fare clop (*o* cloppete) *2* (*di una persona*) zoccolare.

close (**1**) /kləʊs/, *a.* *1* chiuso; racchiuso; stretto; ristretto; riservato; ben custodito: **a c. vowel**, una vocale chiusa; **to march in c. order**, marciare in ordine chiuso; **to fly in c. formation**, volare in formazione chiusa; **c. character**, carattere chiuso (*o* riservato); **to live in c. quarters**, vivere in un alloggio ristretto, insufficiente; **a c. secret**, un segreto ben custodito; **a c. siege**, uno stretto assedio; **in c. touch with sb.**, a stretto contatto con q.; **c. resemblance**, stretta somiglianza; **c. relatives**, parenti stretti *2* compatto; fitto; serrato; coerente; conciso; stringato: **c. texture**, tessuto compatto; **a c. material**, una stoffa fitta; **c. print**, caratteri fitti; **c. stitches**, punti fitti; **a c. argument**, un ragionamento serrato; **c. reasoning**, ragionamenti stringati (*o* serrati) *3* celato; segreto; nascosto: **to keep st. c.**, tenere q.c. celato, segreto; **to lie c.**, tenersi nascosto *4* (= **c.-fisted**) avaro; taccagno; tirchio *5* afoso; soffocante; opprimente; viziato; poco arieggiato: **c. weather**, tempo afoso; **It is c. here in summer**, qui, d'estate, si soffoca; **The air is c.**, l'aria è viziata; **c. smell**, odore di chiuso *6* (*fin.*) difficile (*a ottenersi*); scarso: **Credit is c. nowadays**, oggigiorno trovar credito è difficile *7* vicino; intimo; a distanza ravvicinata; serrato: **His house is quite c.**, la sua casa è vicinissima; **He is a c. friend of mine**, è un mio amico intimo; **a c. finish**, un finale (*di gara*) a distanza ravvicinata; un arrivo serrato; **c. escort**, scorta ravvicinata *8* aderente; di stretta misura; letterale; fedele: **a c. jacket**, una giacca aderente; **a c. victory**, una vittoria di stretta misura; **a c. translation**, una traduzione letterale (*o* fedele, aderente al testo) *9* attento; accurato; preciso: **on closer inspection**, a un più attento esame. ● **to be c. about st.**, non dire niente su q.c. □ (*fam.*) **a c. call** (*o* **thing**), un rischio da cui si è scampati per miracolo □ (*mil.*) **c. combat**, combattimento corpo a corpo □ (*fin.*) **c. company**, società a conduzione familiare □ **c. confinement**, segregazione cellulare □ **a c. contest**, una lotta serrata (*nelle elezioni, nello sport, ecc.*) □ (*fin., USA*) **c. corporation**, *V.* **c. company** □ **c. custody**, rigorosa custodia (*di un detenuto*) □ **c.-fisted**, spilorcio; avaro; tirchio □ **c.-fistedness**, avarizia; tirchieria □ (*fig.*) **c.-knit**, compatto, molto unito (*di paese, famiglia, ecc.*) □ (*sport*) **a c. match**, un incontro dall'esito incerto □ **c.-mouthed** (*o* **c.-lipped**), taciturno; reticente; riservato □ **a c. prisoner**, un detenuto guardato a vista □ **c. season** (*o* **c. time**), stagione in cui la caccia e la pesca sono chiuse □ **a c. shave**, una rasatura alla base dei peli, perfetta; (*fig.*) scampo per un pelo, il cavarsela per miracolo (*o* per il rotto della cuffia): **The bullet missed me, but it was a c. shave**, la pallottola non mi colpì, ma me la cavai per miracolo □ **to be c. to**, essere vicino a; stare per, essere sul punto di: **We were c. to victory**, eravamo vicini alla vittoria; **She was c. to tears**, stava per piangere □ **to come to c. quarters**, (*mil.*) venire in contatto (*col nemico*); (*fig.*) venire alle mani □ **to keep a c. watch on st.**, tener d'occhio attentamente q.c.; star bene attento a q.c. □ (*fam.*) **That was c.!**, me la sono cavata per il rotto della cuffia (*o* per un pelo)!

close (2) /kləʊz/, *avv.* ***1*** vicino; dappresso; accanto: **He came c. up to me**, mi venne vicino; **I was c. by him**, gli ero dappresso; ero accanto a lui; **Don't come too c.**, non avvicinarti troppo ***2*** strettamente; intimamente; in modo compatto. ● **c. at hand**, a portata di mano □ **c. by sb.**, vicino a q. □ (*d'erba, di capelli*) **c.-cropped** (*o* **c.-cut**), tagliato raso; rasato □ (*comm.*) **c.-cut price**, prezzo ristrettissimo □ (*d'abito*) **c.-fitting**, aderente; attillato □ (*di legno*) **c.-grained**, a grana fitta; a struttura compatta □ (*naut.*) **c.-hauled**, stretto di bolina □ (*di rete*) **c.-meshed**, a maglie fitte □ **c.-set**, (*di occhi*) accostati, troppo vicini; (*di denti*) troppo accostati, fitti □ **c. to the wind**, (*naut.*) serrando il vento; (*fig.*) sul filo del rasoio, al margine della legalità □ **to come c. to perfection**, avvicinarsi alla perfezione.

close (3) (*def. 1* /kləʊs/, *def. 2, 3, 4, 5, 6, 7* e *8* /kləʊz/), *n.* ***1*** chiuso; recinto; terreno cintato (*intorno a una cattedrale, una scuola, ecc.*) ***2*** chiusa, conclusione (*di lettera, discorso, ecc.*) ***3*** chiusura; fine; termine; stretta finale (*nelle trattative, ecc.*): **There will be a collection at the c. of the meeting**, ci sarà una colletta alla fine della riunione ***4*** (*leg.*) podere (*o* fondo) recintato ***5*** (*della caccia, della pesca*) chiusura ***6*** (*fin.*) chiusura (*alla Borsa Valori*): **Tin shares strengthened at the c.**, le azioni dello stagno si rafforzarono in chiusura ***7*** (*radio, TV*) fine delle trasmissioni ***8*** (*mus.*) finale. ● (*Borsa, fin.*) **at the c.**, in chiusura: **to go down at the c.**, chiudere al ribasso; **to go up at the c.**, chiudere al rialzo.

to **close** /kləʊz/, **A** *v. t.* ***1*** chiudere; serrare; tappare: **to c. a circuit**, chiudere un circuito (*elettrico*); (*mil.* e *fig.*) **to c. ranks**, serrare le file; (*mil.*) **C. right!**, serrare a destra!; **to c. one's days**, chiudere la vita; morire ***2*** concludere; portare a termine: **to c. a deal**, concludere un affare ***3*** (*di nave*) accostare (*un'altra nave, ecc.*) ***4*** (*elab.*) chiudere (*un accesso al file, ecc.*). **B** *v. i.* ***1*** chiudere; chiudersi; serrarsi: **The window closed**, la finestra si chiuse; **The office closes at 12 A.M.**, l'ufficio chiude alle 12 ***2*** giungere al termine; finire: **The meeting closed at eight o'clock**, la riunione finì alle otto ***3*** (*fin.*) chiudere, quotare in chiusura (*alla Borsa Valori*): **Our bank shares closed at £ 10**, le azioni bancarie in nostro possesso quotarono dieci sterline in chiusura (*o* chiusero a dieci sterline). ● (*banca, rag.*) **to c. an account**, chiudere un conto □ (*leg.*) **to c. a bankruptcy**, chiudere un fallimento □ (*banca*) **to c. doors**, chiudere gli sportelli □ (*fig.*) **to c. a gap**, colmare un distacco (*o* una distanza) □ **to c. the meeting**, togliere la seduta □ (*Borsa, fin.*) **to c. a position**, pareggiare □ (*leg.*) **to c. the sitting**, togliere l'udienza □ (*naut.*) **to c. the wind**, serrare il vento.

♦**close about** (*o* **around**), *v. t.* + *avv.* ***1*** circondare; avvolgere: **Fog closed about me**, la nebbia mi avvolse ***2*** circondare, accerchiare (*il nemico, ecc.*) □ **Darkness is closing about us**, le tenebre vanno calando su di noi.

♦**close down**, **A** *v. i.* + *avv.* ***1*** chiudere (*per un certo periodo o per sempre*); (*di un'azienda*) cessare l'attività ***2*** cessare; finire: **TV programs c. down at 2 A.M.**, i programmi televisivi cessano alle due di notte. **B** *v. t.* + *avv.* ***1*** chiudere (*un'azienda*); cessare (*un'attività, ecc.*) ***2*** cessare le trasmissioni di (*un'emittente radiofonica o televisiva*).

♦**close in**, *v. i.* + *avv.* ***1*** farsi sotto; avanzare; serrare; avvicinarsi da ogni parte: **The enemy was closing in**, il nemico si faceva sotto da ogni parte ***2*** (*delle tenebre, della notte, ecc.*) calare ***3*** (*dei giorni*) accorciarsi □ **to c. in on** (*o* **upon**), avvolgere, circondare; calare su: **The natives closed in on us**, gli indigeni ci circondarono; **Night closed in on them**, la notte calò su di loro.

♦**close off**, *v. t.* + *avv.* ***1*** chiudere; isolare: **The north-bound carriageway has been closed off owing to a serious accident**, la corsia nord è stata chiusa per un grave incidente ***2*** escludere, chiudere (*il flusso dell'acqua, ecc.*).

♦**close out**, **A** *v. t.* + *avv.* (*comm., USA*) smaltire (*merce in giacenza, ecc.*) svendendola. **B** *v. i.* + *avv.* (*market., USA*) fare una liquidazione □ (*rag.*) **to c. out an account**, bilanciare un conto.

♦**close up**, **A** *v. i.* + *avv.* ***1*** chiudere: **The bank closes up at noon**, la banca chiude a mezzogiorno ***2*** chiudersi: **Most flowers c. up at night**, per lo più i fiori si chiudono di notte ***3*** (*di ferite*) rimarginarsi ***4*** ostruirsi ***5*** (*fig.*) chiudersi nel silenzio; tacere ***6*** (*mil.*) serrare le file (*o* i ranghi). **B** *v. t.* + *avv.* chiudere; bloccare; ostruire: **to c. up a road** [**a well**], bloccare una strada [chiudere un pozzo]; **to c. up shop**, chiudere bottega (*anche fig.*).

♦**close with**, *v. t.* + *prep.* ***1*** accordarsi con (q.); raggiungere un accordo con (q.): **At last I succeeded in closing with the tax inspector**, alla fine riuscii a raggiungere un accordo con l'ispettore del fisco ***2*** accordarsi su (q.c.): **Finally we closed with their offer**, alla fine ci accordammo sulla loro offerta (*cioè, l'accettammo*) ***3*** (*mil.*) dare (*o* impegnare) battaglia con; attaccare: **The order was given to c. with the enemy**, fu dato l'ordine di attaccare il nemico; **The two armies closed with each other**, i due eserciti si diedero battaglia □ (*fin., rag.*) **to c. with a heavy deficit**, chiudersi con (*o* accusare) un forte disavanzo.

closed /kləʊzd/, *a.* chiuso (*anche fig.*); serrato: **a c. door**, una porta chiusa; **a c. society**, una società chiusa; (*mat.*) **a c. set**, un insieme chiuso; **a c. mind**, una mentalità chiusa (*o* ristretta). ● **a c. book**, un libro chiuso; (*fig.*) una cosa di cui si ignora tutto; (*anche*) un lavoro finito; una storia finita (*fig.*) □ (*elettr.*) **c. circuit**, circuito chiuso □ (*TV*) **c. circuit television**, televisione a circuito chiuso □ **c. company**, *V.* **close company** □ (*sport*) **c. course**, circuito chiuso (*per corse*) □ (*leg.*) **a c.-door session**, una seduta a porte chiuse □ (*fin.*) **c.-end** (**investment**) **fund** (*o* **c.-end trust**), fondo (d'investimento) chiuso (*o* a capitale fisso) □ (*leg.*) **c. hearing**, udienza a porte chiuse □ (*elab.*: *di computer*) **c.-loop**, a ciclo chiuso □ (*demogr.*) **c. population**, popolazione chiusa □ (*USA*) **c. season**, *V.* **close season** □ **c. shop**, azienda che assume soltanto gli iscritti a un certo sindacato; (*elab.*) centro chiuso □ (*leg.*) **behind c. doors**, a porte chiuse □ (*market., tur.*) **«C. Mondays»**, (*cartello*) «chiusura di lunedì».

close-down /kləʊzdaʊn/, *n.* ***1*** (*ind.*) chiusura (*di una fabbrica e sim.*) ***2*** (*radio, TV*) segnale di fine trasmissioni.

closely /ˈkləʊslɪ/, *avv.* ***1*** da vicino; attentamente; bene: **Watch him c.!**, guardalo attentamente!; sorveglialo da vicino!; tienilo d'occhio! ***2*** in sommo grado; moltissimo: **This insect c. resembles a gadfly**, questo insetto somiglia moltissimo a un tafano. ● **c. connected with sb.** [**st.**], legato a doppio filo a q. (*fig.*); [strettamente collegato con q.c.] □ **c. contested**, contestato vivamente □ (*di un testo*) **c. printed**, stampato fitto □ **c. related to**, affine a □ **to question sb. c.**, interrogare q. a fondo.

closeness /ˈkləʊsnəs/, *n.* ***1*** vicinanza; prossimità ***2*** (grado d') intimità: **You know the c. of our friendship**, tu conosci il grado d'intimità della nostra amicizia ***3*** compattezza (*di un tessuto, ecc.*); concisione (*di uno stile, ecc.*) ***4*** accuratezza, esattezza, precisione (*di una descrizione, di un resoconto, ecc.*) ***5*** segretezza; riservatezza; discrezione ***6*** oppressione; pesantezza; mancanza d'aria: **I hate the c. of the air in this room**, detesto l'aria viziata che c'è in questa stanza ***7*** mancanza di spazio; ristrettezza ***8*** avarizia; spilorceria; tirchieria.

close-out /ˈkləʊzaʊt/, *n.* (*comm. USA*; = **c. sale**) liquidazione; saldo; svendita.

closet /ˈklɒzɪt, *USA* ˈklɔː-/, **A** *n.* ***1*** (*specialm. USA*) armadio a muro; ripostiglio; stanzino ***2*** (= **water c.**) gabinetto (di decenza); ritirata (*fig.*) ***3*** (*arc.*) gabinetto; studio; salotto privato. **B** *a. attr.* (*USA*) segreto; nascosto; fatto in privato: **c. thoughts**, pensieri segreti. ● **a c. communist**, un criptocomunista □ **a c. homosexual** (*fam.*: **a c. queen**), un omosessuale che cela la sua vera natura □ **a c. play**, un dramma scritto per essere letto (*e non per il teatro*) □ **a c. strategist**, uno stratega da tavolino □ (*fam.*) **to be in the c.**, tenere nascosta la propria omosessualità □ (*fam.*) **to come out of the c.**, manifestare apertamente la propria omosessualità.

to **closet** /ˈklɒzɪt, *USA* ˈklɔː-/, *v. t.* (*per lo più rifl.*) chiudere (*a rapporto, in riunione segreta*): **The minister closeted himself with the ambassador**, il ministro si chiuse in riunione segreta con l'ambasciatore. ● **to be closeted together**, essere (chiusi) a rapporto (*o* in riunione segreta).

close-up /ˈkləʊsʌp/, *n.* (*cinem., fotogr., TV*) primo piano (*anche fig.*).

closing /ˈkləʊzɪŋ/, **A** *n.* chiusura (*di fabbrica, negozio, ecc.*). **B** *a.* di chiusura; ultimo: **in the c. days of May**, negli ultimi giorni di maggio; (*Borsa*) **c. price**, prezzo di chiusura. ● (*rag.*) **c. account**, conto sintetico □ (*rag.*) **c. balance**, saldo di chiusura □ (*comm.*) **c. down**, cessazione d'esercizio □ (*mil.*) **c. manoeuvre**, manovra di avvicinamento □ (*Borsa*) **c. rate**, corso (*o* cambio) di chiusura □ **c. speech**, discorso di chiusura □ **c. time**, orario di chiusura (*di negozi, ecc.*) □ **early-c. day**, giorno di chiusura pomeridiana (*dei negozi*) □ **C. time!**, si chiude!

closure /ˈkləʊʒə(r)/, *n.* ***1*** chiusura; conclusione; fine; termine: **tight c.**, chiusura ermetica; **zipper c.**, chiusura lampo ***2*** (*in parlamento*) sospensione del dibattito (*per passare ai voti*); chiusura ***3*** (*scient.*) chiusura. ● **to apply the c.**, approvare la mozione di chiusura.

to **closure** /ˈkləʊʒə(r)/, *v. t.* votare la sospensione di (*un dibattito*).

clot (1) /klɒt/, *n.* ***1*** grumo; coagulo (*di sangue*) ***2*** grumo, zacchera (*di fango*). ● (*med.*) **c. on the brain**, embolo cerebrale.

clot (2) /klɒt/, *n.* (*pop.*) stupido; zuccone; testa di legno (*pop.*).

to **clot** /klɒt/, *v. t.* e *i.* raggrumare, raggrumarsi; coagulare, coagularsi. ● **clotted cream**, panna rappresa (*di latte bollito*) □ **clotted hair**, capelli appiccicati in ciocche (*per il sangue, il sudiciume, ecc.*) □ (*fig.*) **clotted nonsense**, sciocchezze madornali □ **clotted with mud**, impiastrato di fango.

cloth /klɒθ, *USA* klɔːθ/, *n.* ***1*** panno; stoffa; tela; tessuto: **fancy c.**, stoffa fantasia; **linen c.**, tela di lino; **waterproof c.**, tessuto impermeabile; **c. in the piece**, stoffa in pezza ***2*** pezza (*di panno, ecc.*); straccio, cencio (*per spolverare, ecc.*) ***3*** (= **tablecloth**) tovaglia ***4*** – (*fig.*) **the c.**, l'abito talare; il clero: **to show respect**

for the c., mostrare rispetto all'abito (talare) ***5*** panno (*di un biliardo*) ***6*** (*naut.*) ferzo (*di vela*). ● **c.-beam**, subbio (*di telaio*) □ **c. binding**, rilegatura in tela □ **c. bound**, rilegato in tela □ **c. cap**, berretto di panno con visiera rigida (*da operaio*) □ **c.-cap**, operaio (*agg.*); di (*o* da) operaio: **a c.-cap association**, una società operaia □ **c.-eared**, che ha il cotone nelle orecchie (*fig.*); sordo; sordastro; insensibile □ **c.-maker**, fabbricante di stoffe □ **c. of gold [of silver]**, stoffa intessuta d'oro [d'argento] □ **American c.**, (sorta di) tela cerata □ (*fig.*) **to cut one's coat according to one's c.**, fare il passo secondo la gamba; commisurare le spese alle entrate □ (*naut.*) **duck c.**, tela da vela □ **floor-c.**, straccio da pavimenti □ **to lay the c.**, apparecchiare la tavola □ **wire c.**, reticella metallica.

to **clothe** /kləʊð/ (*pass.* e *p. p.* **clothed**, *arc.* **clad**), *v. t.* ***1*** vestire (*anche fig.*); rivestire; ricoprire; ammantare: **Green leaves clothed the trees**, le foglie verdi rivestivano gli alberi; **The land was clothed in snow**, la terra era ammantata di neve; (*lett.*) **clothed with humility**, vestito d'umiltà ***2*** atteggiare; esprimere: **to c. ideas in allegory**, esprimere idee in modo allegorico; **to c. one's face in smiles**, atteggiare il volto al sorriso ***3*** (*naut.*) invelare, fornire (*una nave, ecc.*) di velatura; attrezzare (*un albero*). ● (*relig.*) **to c. the naked**, vestire gli ignudi.

clothes /kləʊðz, *USA* kləʊz/, *n. pl.* (*mai usato con i numerali*) ***1*** abiti; vestiti; panni ***2*** biancheria; bucato ***3*** (= **bedclothes**) biancheria e coperte da letto. ● **c. bag** (*o* **c. basket**), cesto per il bucato □ **c.-brush**, spazzola per abiti □ **c.-conscious**, che ci tiene a vestir bene (*o* alla moda) □ **c. hanger**, gruccia; ometto; stampella □ **c.-hook**, attaccapanni a muro □ **c.-horse**, cavalletto (*per stendervi panni*); stenditoio; (*pop. USA*) manichino (*persona molto ricercata nel vestire*) □ **c.-line**, corda del bucato □ **c.-moth**, tarma; tignola □ **c.-peg** (*USA*: **c. pin**), molletta da bucato □ **c. post** (*o* **c. pole**), palo (*fisso*) della corda del bucato □ **c.-press**, pressa per abiti; armadio (*per biancheria*) □ **c.-prop**, palo della corda del bucato, con la punta a forcella □ **c. shop**, negozio d'abbigliamento □ **c. tree** (*o* **c. stand**), attaccapanni a stelo □ (*USA*) **c. valet**, stiraabiti; stiracalzoni; appendiabiti □ **to put on one's c.**, vestirsi □ **to sleep in one's c.**, dormire vestito □ **to take off one's c.**, svestirsi.

clothier /ˈkləʊðɪə(r)/, *n.* ***1*** fabbricante di stoffe ***2*** negoziante di stoffe (*o* abiti) ***3*** merciaio.

clothing /ˈkləʊðɪŋ/, *n.* ***1*** abbigliamento; vestiario: **articles of c.**, capi di vestiario; **the c. industry** (*o* **trade**), l'industria dell'abbigliamento ***2*** copertura; rivestimento: **protective c.**, rivestimento protettivo. ● (*ind. tess.*) **c. wool**, lana da carda □ **ready-made c.**, confezioni.

Clotho /ˈkləʊθəʊ/, *n.* (*mitol.*) Cloto.

clotting /ˈklɒtɪŋ/, *n.* coagulazione.

clotty /ˈklɒtɪ/, *a.* ***1*** grumoso ***2*** che tende a coagularsi.

cloture /ˈkləʊtʃə(r)/, *n.* (*polit., USA*) mozione di chiusura (*di un dibattito in parlamento*).

cloud /klaʊd/, *n.* ***1*** nube; nuvola (*anche fig.*): **a c. of smoke**, una nuvola di fumo; **the clouds of war**, le nubi della guerra ***2*** nugolo: **a c. of flies**, un nugolo di mosche ***3*** appannamento, intorbidamento, ombra (*in un liquido, su uno specchio, ecc.*) ***4*** sciarpa leggera (*di lana*). ● (*meteor.*) **c. amount**, nuvolosità □ (*di picco montano, ecc.*) **c.-capped** (*o* **c.-topped**), incappucciato di nubi □ **c. castle**, castello in aria □ **c. ceiling**, cappa di nubi □ (*fis. nucl.*) **c. chamber**, camera di Wilson; camera a nebbia □ **c.-cuckoo-land**, paese dei sogni (*o* delle nuvole); regno di utopia □ **c. drift**, fuga (*o* teoria) di nuvole □ (*di monte, grattacielo, ecc.*) **c.-kissing**, che tocca le nuvole □ **c. rack**, cumulo di nubi □ (*tecn.*) **c.-seeding**, inseminazione delle nubi □ **to have a c. on one's brow**, avere la fronte rannuvolata □ **to have one's head in the clouds**, avere la testa fra le nuvole □ (*fig.*) **to be in the clouds**, vivere nelle nuvole □ (*fam.*) **to be on c. nine**, toccare il cielo con un dito; essere al settimo cielo □ (*fig.*) **to be under a c.**, essere oggetto di sospetti (*o* di discredito), essere in disgrazia □ (*fig.*) **to be up in the clouds**, avere la testa tra le nuvole; essere preso dai propri pensieri □ (*prov.*) **Every c. has a silver lining**, ogni cosa ha il suo lato buono; non tutto il male vien per nuocere.

to **cloud** /klaʊd/, **A** *v. t.* ***1*** annuvolare (*anche fig.*); coprire di nuvole; annebbiare; offuscare; intristire; turbare: **These doctrines c. the mind**, queste dottrine annebbiano la mente; **The sun is clouded**, il sole è coperto dalle nubi; **His old age was clouded by disillusionment**, la sua vecchiaia fu intristita dalle disillusioni ***2*** variegare; striare; screziare ***3*** intorbidare (*un liquido*) ***4*** oscurare; macchiare (*la reputazione di q., ecc.*): **The sky was clouded by the smoke**, il cielo era oscurato dal fumo. **B** *v. i.* ***1*** annuvolarsi, rannuvolarsi (*anche fig.*); rattristarsi: **Why did you c. up?**, perché ti sei rannuvolato? ***2*** annebbiarsi: **Windscreens c. when it's cold outside**, i parabrezza s'annebbiano quando fuori fa freddo ***3*** (*di un liquido*) intorbidarsi ***4*** striarsi; screziarsi. ● **to c. over** (**up**), (*del cielo*) annuvolarsi; (*di vetro e sim.*) appannarsi □ **His face clouded with indignation**, egli si annuvolò in volto per lo sdegno.

cloudbank /ˈklaʊdbæŋk/, *n.* (*meteor.*) banco di nuvole.

cloudberry /ˈklaʊdbrɪ, *USA* -berɪ/, *n.* (*bot., Rubus chamaemorus*) rovo camemoro.

cloudburst /ˈklaʊdbɜːst/, *n.* (*meteor.*) nubifragio.

clouded /ˈklaʊdɪd/, *a.* ***1*** (*del cielo*) annuvolato; nuvoloso ***2*** (*di marmo, ecc.*) variegato; striato; screziato ***3*** (*fig.*) offuscato: **c. mind**, mente offuscata; **a c. judgement**, un giudizio offuscato (*non sereno*) ***4*** (*del significato*) oscuro ***5*** (*di liquido*) torbido ***6*** (*leg.*: *di un titolo di proprietà*) dubbio.

cloudily /ˈklaʊdəlɪ/, *avv.* oscuramente; confusamente.

cloudiness /ˈklaʊdɪnəs/, *n.* ***1*** nuvolosità; nebulosità ***2*** (*del marmo, ecc.*) venatura; striatura; screziatura ***3*** (*di un liquido*) torbidezza; opacità ***4*** (*fig.*) malumore; turbamento; tristezza.

cloudland /ˈklaʊdlænd/, *n.* paese dei sogni; mondo delle nuvole; regno di utopia.

cloudless /ˈklaʊdləs/, *a.* senza nubi; sereno (*anche fig.*); limpido.

cloudlet /ˈklaʊdlət/, *n.* nuvoletta.

cloudy /ˈklaʊdɪ/, *a.* ***1*** nuvoloso ***2*** (*fig.*) rannuvolato (*fig.*); turbato; triste; di cattivo umore ***3*** (*di marmo, ecc.*) venato; variegato; striato ***4*** offuscato; opaco; torbido: **a c. liquid**, un liquido torbido; **eyes c. with sleep**, occhi offuscati dal sonno ***5*** oscuro; confuso; poco chiaro: **c. ideas**, idee poco chiare. ● **a c. diamond**, un diamante non puro □ **It is c.**, è nuvoloso; il cielo è (parzialmente) coperto.

clout /klaʊt/, *n.* ***1*** (*fam.*) colpo; botta; schiaffo ***2*** rinforzo di metallo (*per scarpe, ecc.*) ***3*** (*fam., polit.*) potere; prestigio; influenza; peso (*fig.*): **to have a lot of c. with sb.**, avere molta influenza su q. ***4*** (*arc.*) indumento ***5*** (*arc.*) cencio; straccio ***6*** (*arc.*) toppa; rattoppo ***7*** (*stor.*) bersaglio (*nel tiro dell'arco*). ● (*prov.*) **Never cast a c. till May is out**, aprile non ti scoprire.

to **clout** /klaʊt/, *v. t.* ***1*** colpire; dare un colpo (*o* una botta) a q. ***2*** rinforzare (q.c.) con una placca metallica ***3*** (*arc.*) rattoppare; rappezzare.

clove (**1**) /kləʊv/, *pass.* di **to cleave**.

clove (**2**) /kləʊv/, *n.* ***1*** (*bot., Eugenia caryophyllata*) pepe garofanato ***2*** chiodo di garofano. ● **oil of cloves**, olio essenziale (*o* essenza) di garofano.

clove (**3**) /kləʊv/, *n.* spicchio (*d'aglio o d'altra pianta bulbosa*).

clove hitch /ˈkləʊvhɪtʃ/, *n.* (*naut.*) nodo parlato.

cloven /ˈkləʊvn/, *p. p.* di **to cleave**. ● **c. hoof** (*o* **c. foot**), zoccolo (*o* piede) fesso, caprino (*di animali e del diavolo*).

clover /ˈkləʊvə(r)/, *n.* (*bot., Trifolium*) trifoglio. ● (*fig.*) **to be** (*o* **to live**) **in c.**, vivere nel lusso; nuotare nell'abbondanza.

cloverleaf /ˈkləʊvəliːf/, *n.* (*pl.* **cloverleaves**) ***1*** foglia di trifoglio ***2*** (*autom.*, = **c. junction**) raccordo stradale a quadrifoglio.

clown /klaʊn/, *n.* ***1*** clown; pagliaccio; (*fig.*) buffone; burlone ***2*** (*arc.*) individuo rozzo, goffo; villano (*fig.*); zoticone.

to **clown** /klaʊn/, *v. i.* fare il pagliaccio (*o* il clown); fare il buffone.

clownery /ˈklaʊnərɪ/, *n.* ***1*** buffoneria; buffonaggine (*raro*) ***2*** buffonata; pagliacciata.

clownish /ˈklaʊnɪʃ/, *a.* ***1*** buffonesco; da pagliaccio ***2*** (*arc.*) rozzo; sgarbato.

clownishness /ˈklaʊnɪʃnəs/, *n.* ***1*** buffoneria ***2*** (*arc.*) rozzezza; grossolanità.

to **cloy** /klɔɪ/, *v. t.* e *i.* ***1*** saziare, stancare, nauseare (*per eccesso di q.c. dapprima dolce o piacevole*) ***2*** (*di dolci, ecc.*) diventare stucchevole. ● **to c. the appetite**, togliere (*o* far passare) l'appetito (*detto di cibi succulenti*); dare la nausea □ (*lett.*) **to c. the reader**, stancare il lettore.

club /klʌb/, *n.* ***1*** bastone; clava; mazza; randello ***2*** (*sport*) mazza, bastone (*da golf, da hockey, ecc.*) ***3*** (carta di) fiori; (*pl.*) fiori (*a carte*): **I have only one c. in my hand**, ho soltanto un fiori in mano ***4*** circolo; club; associazione; società; locali di un circolo: **benefit c.**, società di beneficenza ***5*** (*sport*) società: **performance at c. level**, prestazioni (*di un giocatore*) a livello di società (*o* di campionato) ***6*** (= **nightclub**) locale notturno ***7*** (*aeron.*) mulinello; elica di prova. ● (*ferr., USA*) **c. car**, carrozza salone □ (*comm.*) **c. cheques**, buoni spesa □ (*med.*) **c. foot**, piede equino; talismo □ **c.-footed**, dal piede equino; talipede □ **c.-house**, sede di un circolo; (locale di un) circolo; clubhouse □ (*fig.*) **the c. law**, la legge del bastone, del più forte □ (*bot.*) **c. moss** (*Lycopodium clavatum*), licopodio □ **c. room**, sala delle riunioni □ (*bot.*) **c. root**, ernia del cavolo □ (*specialm. USA*) **c. sandwich**, club sandwich; panino a più strati □ (*comm.*) **c. trading**, vendita a rate con piccoli versamenti mensili □ (*pop.*: *di ragazza*) **to be in the c.**, essere nei guai; essere incinta □ (*pop.*) **to be on the c.**, essere in malattia □ (*ginnastica*) **Indian clubs**, clavette □ (*fam.*) **join the c.!**, anch'io; anche noi; sei dei nostri!: **«I've got a nasty headache» «Join the c.!»**, «Ho un gran mal di testa» «Anch'io!»; **«I've given up smoking» «Join the c.!»**, «Ho smesso di fumare» «Sei dei nostri!».

to **club** /klʌb/, **A** *v. t.* ***1*** bastonare; picchiare; randellare; prendere (q.) a mazzate (*con una mazza, con il calcio del fucile, ecc.*): **to c. sb. to death**, bastonare a morte q.; uccidere q. a bastonate (*a randellate, ecc.*) ***2*** (*spesso* **to c. together**) mettere insieme (*denaro, ecc., per uno scopo determinato*); unire (*risorse, ecc.*). **B** *v. i.* ***1*** (*di solito* **to c. together**) formare un circolo (*o* una società); riunirsi, mettersi insieme (*per raccogliere fondi, promuovere un'attività, ecc.*): **We clubbed together to buy him a wedding gift**, ci mettemmo insieme (*o* facemmo una colletta) per fargli il regalo di nozze ***2*** (*naut.*) arare sull'ancora; andare alla deriva con l'ancora calata.

clubbable /ˈklʌbəbl/, *a.* (*raro*) ***1*** che ha i requisiti per entrare a far parte d'un circolo ***2*** (*fam.*) socievole; che lega facilmente.

clubbed /klʌbd/, *a.* (*bot.*) claviforme.

clubby /ˈklʌbɪ/, *a.* (*fam. raro*) socievole.

Clubland /ˈklʌblænd/, *n.* il quartiere dei circoli (**St. James's** *e* **Piccadilly**, *a Londra*).

clubman /ˈklʌbmən/, *n.* (*pl.* **clubmen**) ***1*** socio d'uno o più circoli; frequentatore di circoli **2** (*USA*) socio di circoli costosi ed esclusivi; uomo di mondo.

clubwoman /'klʌbwʊmən/, *n.* (*pl.* **clubwomen**) donna che fa parte di un circolo, di un'associazione, ecc. (*V.* **clubman**).

cluck /klʌk/, *n.* **1** il chiocciare (*della gallina*) **2** (*della lingua*) schiocco.

to **cluck** /klʌk/, **A** *v. i.* **1** (*della gallina*) chiocciare **2** schioccare la lingua. **B** *v. t.* **1** chiamare (q.) con uno schiocco della lingua **2** esprimere (q.c.) imitando il verso della chioccia; bofonchiare: **He clucked his disapproval**, espresse la sua disapprovazione bofonchiando. ● (*fam.*) **to c. over sb.**, coccolare, vezzeggiare q. □ **to c. over st.**, brontolare per q.c.; trovare a ridire su q.c. □ **to c. one's tongue**, schioccare la lingua.

clue /klu:/, *n.* **1** indizio: **Fingerprints are clues**, le impronte digitali sono indizi **2** definizione (*nel gioco delle parole crociate*) **3** *V.* **clew.** ● (*fam.*) **He hasn't a c.**, non sa neanche di che cosa si tratti; non ne sa (*o* non ne capisce) un accidenti (*pop.*).

clueless /'klu:ləs/, *a.* **1** senza indizi; all'oscuro di tutto **2** (*fam.*) incompetente; sciocco; incapace; stupido.

clump /klʌmp/, *n.* **1** pezzo informe; blocco **2** gruppo fitto (*di case, ecc.*); macchia (*di cespugli*); folto (*d'alberi*) **3** (= **c. sole**) grossa suola di rinforzo **4** rumore di passi pesanti **5** (*biol.*) agglutinazione.

to **clump** /klʌmp/, **A** *v. t.* **1** ammucchiare; raggruppare; piantare fitto (*alberi, ecc.*) **2** rinforzare (*una scarpa*) con una suola grossa **3** (*biol.*) agglutinare. **B** *v. i.* **1** camminare con passo pesante **2** (*biol.*) agglutinarsi.

clumsy /'klʌmzɪ/, *a.* **1** goffo; impacciato; maldestro; sgraziato; senza tatto **2** malfatto; mal costruito; rozzo: **c. implements**, attrezzi rozzi; **a c. piece of work**, un lavoro malfatto. || **-ily**, *avv.* || **-iness**, *sost.*

clung /klʌŋ/, *pass.* e *p. p.* di **to cling.**

Cluniac /'klu:nɪæk/, *a.* e *n.* (*relig.*) cluniacense; cluniacese (*raro*).

clunk /klʌŋk/, *n.* **1** suono sordo; colpo **2** (*di liquidi*) gorgoglio **3** (*pop. USA*) sciocco; stupido; cretino.

clunker /'klʌŋkə(r)/, *n.* (*fam. USA*) **1** auto vecchia; macinino (*fig.*) **2** cosa senza valore.

cluster /'klʌstə(r)/, *n.* **1** grappolo; mazzo; gruppo (*di persone, animali, ecc.*): **to arrive in clusters**, arrivare a gruppi **2** (*zool.*) sciame: **a c. of bees**, uno sciame d'api **3** (*astron.*) ammasso: **a c. of stars**, un ammasso stellare **4** (*fon.*) gruppo (*di vocali o consonanti*) **5** (*elab.*) cluster; unità multipla; gruppo di terminali **6** (*demogr., stat.*) grappolo. ● (*mil.*) **c. bomb**, bomba a grappolo □ **c. candlestick**, candelabro □ (*bot.*) **c. pine** (*Pinus pinaster*), pino marittimo; pino selvatico; pinastro □ **little clusters of people**, capannelli di gente.

to **cluster** /'klʌstə(r)/, **A** *v. i.* **1** crescere a grappoli **2** far grappolo; raggrupparsi; stringersi: **The peasants clustered around the fireplace**, i contadini facevano grappolo intorno al camino. **B** *v. t.* raccogliere; raggruppare. ● (*archit.*) **clustered pier**, pilastro polistilo □ **The lifeboat was clustered with the survivors of the wreckage**, la scialuppa era stracolma di sopravvissuti al naufragio.

clutch (**1**) /klʌtʃ/, *n.* **1** l'atto d'afferrare: **to make a c. at st.**, fare l'atto d'afferrare q.c. **2** stretta; forte presa **3** (*pl.*) artigli; grinfie; morsa (*fig.*): **to fall into sb.'s clutches**, cadere nelle grinfie di q. **4** (*mecc.*) innesto; frizione **5** (= **friction c.**) frizione (*per es., d'automobile*): **to let in** [**to throw out**] **the c.**, innestare [disinnestare] la frizione; **The c. is in** [**is out**], la frizione è innestata [è disinnestata] **6** (*pop. USA*) abbraccio. ● **c. bag** (*o* **purse**), borsetta senza manico; busta □ (*mecc.*) **c. lining**, guarnizione per frizione □ (*autom.*) **c. pedal**, pedale della frizione □ (*mecc.*) **dry-disk c.**, frizione a secco.

clutch (**2**) /klʌtʃ/, *n.* **1** covata (*di pulcini*) **2** nidiata **3** (*fig.*) gruppo; famiglia.

to **clutch** /klʌtʃ/, *v. t.* e *i.* **1** afferrare; stringere convulsamente; agguantare; tenere stretto; tenersi stretto a: **He clutched his rifle**, teneva stretta la carabina **2** fare il gesto d'afferrare; annaspare. ● (*fig.*) **to c. power**, prendere il potere □ (*fig.*) **He clutched at his daughter's love**, s'aggrappava all'amore di sua figlia.

clutchless /'klʌtʃləs/, *a.* (*mecc.*) senza frizione. ● (*autom.*) **c. gearshift**, cambio automatico (*senza frizione*).

clutter /'klʌtə(r)/, *n.* **1** confusione; disordine; scompiglio **2** ammasso; cumulo disordinato; accozzaglia (*di oggetti*) **3** (*arc.*) rumore confuso; frastuono; tumulto **4** (*radar*) eco parassita (*o* spurio).

to **clutter** /'klʌtə(r)/, **A** *v. t.* ingombrare; mettere in disordine; buttare sottosopra: **The table was cluttered up with used cups and glasses**, la tavola era ingombra di (*o* ingombrata da) tazze e bicchieri sporchi. **B** *v. i.* **1** fare un rumore confuso **2** correre qua e là; muoversi affannosamente.

clypeate /'klɪpɪeɪt/, *a.* (*zool.*) clipeato.

clypeiform /'klɪpɪɪfɔ:m/, *a.* (*zool.*) clipeiforme.

clypeus /'klɪpɪəs/, *n.* (*pl.* **clipei**) (*zool.*) clipeo.

clysma /'klɪzmə/, *n.* (*med.*) clisma.

clyster /'klɪstə(r)/, *n.* (*med.*) clistere.

to **clyster** /'klɪstə(r)/, *v. t.* fare un clistere a (q.).

Clytaemnestra /klaɪtəm'ni:strə, *USA* -'nɛs-/, *n.* (*mitol.*) Clitennestra.

coacervate /kəʊə'sɜ:vət/, *n.* (*chim., biol.*) coacervato.

coach /kəʊtʃ/, *n.* **1** carrozza (*chiusa*); vettura; (= **stagecoach**) diligenza: **mail-c.**, carrozza di posta (*diligenza che faceva servizio postale*); **hackney c.**, carrozza (*o* vettura) da nolo **2** (*ingl.*) carrozza ferroviaria; vettura (*cfr. USA* **passenger car**) **3** (*USA*) carrozza ferroviaria, spesso con sedili reclinabili (*per viaggi diurni*) **4** (*autom.*) coupé **5** (= **motorcoach**) pullman; torpedone: **c. park**, parcheggio per pullman **6** (*USA*) carrozzina (*per bambini*) **7** insegnante privato, ripetitore, istitutore (*specialm. chi prepara studenti per un esame*) **8** (*sport*) allenatore (*d'un atleta, di una squadra*); istruttore; (*calcio*) commissario tecnico (*abbr.* CT); (il) mister (*fam.*). ● (*stor.*) **a c.-and-four**, un tiro a quattro □ (*autom.*) **c. body builder**, carrozziere per autobus e pullman (*costruttore*) □ **c. body repairer**, carrozziere per autobus (*riparatore*) □ **c. box**, cassetta; sedile del vetturino □ (*di un'automobile*) **c.-built**, carrozzata (*da una ditta, ecc.*) □ (*USA*) **c. class**, seconda classe (*di treno o aereo*) □ **c. dog**, dalmata (*cane*) □ **c. house**, (*stor.*) rimessa per vetture; (*ora*) rimessa per pullman □ (*autom.*) **c.-painter**, verniciatore di carrozzerie □ (*autom.*) **c. repairer**, carrozziere, carrozzaio (*che ripara carrozzerie*); autocarrozzeria □ **c. station**, stazione dei pullman □ **c. tour**, gita in pullman.

to **coach** /kəʊtʃ/, **A** *v. i.* **1** viaggiare in carrozza (*o* in pullman) **2** studiare (*o* prepararsi a un esame) con un ripetitore **3** (*sport*) allenarsi. **B** *v. t.* **1** trasportare in carrozza **2** istruire; preparare; dare lezioni private a (*uno studente*): **Who coached you for the competitive examination?**, chi ti ha preparato per l'esame di concorso? **3** (*sport*) allenare (*atleti, ecc.*): **Who's going to c. the football team?**, chi allenerà la squadra di calcio? ● (*leg.*) **to c. a witness**, dare l'imbeccata a un testimone.

coachbuilder /'kəʊtʃbɪldə(r)/, *n.* (*autom.*) carrozziere. ● **c.'s shop**, carrozzeria (*l'officina*); autocarrozzeria.

coachbuilding /'kəʊtʃbɪldɪŋ/, *n.* (*autom.*) costruzione di carrozzerie.

coacher /'kəʊtʃə(r)/, *n.* (*sport*) allenatore; istruttore.

coachful /'kəʊtʃfl/, *n.* **1** (*un tempo*) carrozzata **2** pullman pieno.

coaching /'kəʊtʃɪŋ/, *n.* **1** addestramento; formazione (*del personale*) **2** lezioni private; ripetizioni **3** (*sport*) allenamento. ● **in the old coaching days**, al tempo delle carrozze (*o* delle diligenze).

coachload /'kəʊtʃləʊd/, *n.* (carico di) un pullman: **a c. of soccer fans**, un pullman di tifosi (di calcio).

coachman /'kəʊtʃmən/, *n.* (*pl.* **coachmen**) vetturino; postiglione; cocchiere.

coachmanship /'kəʊtʃmənʃɪp/, *n.* abilità di vetturino.

coachwork /'kəʊtʃwɜ:k/, *n.* **1** (*autom.*) carrozzeria (*di un'auto o di un pullman*) **2** (*autom.*) lavori di carrozzeria.

coachworks /'kəʊtʃwɜ:ks/, *n. pl.* (*col verbo al sing.*) (*autom.*) carrozzeria (*l'officina*).

to **coact** /kəʊ'ækt/, *v. t.* (*leg.*) costringere; coartare.

coaction /kəʊ'ækʃn/, *n.* (*leg.*) coazione; coercizione.

coactive /kəʊ'æktɪv/, *a.* (*leg.*) coattivo; coercitivo.

coadjutant /kəʊ'ædʒʊtnt/, **A** *a.* coadiuvante. **B** *n.* assistente.

coadjutor /kəʊ'ædʒʊtə(r)/, *n.* **1** coadiutore; collaboratore **2** (*relig.*) coadiutore.

coadunate /kəʊ'ædʒʊnət/, *a.* (*bot.*) connato.

coagulable /kəʊ'ægjʊləbl/, *a.* coagulabile.

coagulant /kəʊ'ægjʊlənt/, *n.* coagulante.

to **coagulate** /kəʊ'ægjʊleɪt/, *v. t.* e *i.* coagulare, coagularsi.

coagulation /kəʊægjʊ'leɪʃn/, *n.* coagulazione.

coagulative /kəʊ'ægjʊlətɪv, *USA* -eɪtɪv/, *a.* coagulativo.

coagulator /kəʊ'ægjʊleɪtə(r)/, *V.* **coagulant.**

coagulum /kəʊ'ægjʊləm/, *n.* (*pl.* **coagula**) (*med., chim.*) coagulo.

coaita /ku:aɪ'tɑ:/, *n.* (*zool.*) **1** scimmia ragno, scimmia pelosa (*in genere*) **2** (*specialm., Ateles paniscus*) atele nero.

coal /kəʊl/, *n.* **1** carbone (*specialm. fossile, ma anche di legna*) **2** (un) carbone (*acceso o bruciato*); tizzone **3** (*pl.*) pezzi di carbone. ● **c.-bearing**, carbonifero □ **c. bed**, strato carbonifero; strato di carbone □ **c. bin**, bidone per il carbone □ **c. black**, nero come il carbone □ **c. box** (*o* **bucket**), *V.* **c. scuttle** □ **c. bunker**, carbonile □ **c. cellar**, carbonaia □ **c. chute**, scivolo per il carbone □ (*ind.*) **c. dust**, polverino di carbone □ **c.-fired central heating**, riscaldamento centrale a carbone □ (*zool.*) **c.-fish** (*Pollachius virens*), merlano nero □ **c.-flap**, botola di uno scivolo per il carbone (*sul marciapiede*) □ **c. gas**, gas illuminante □ **c. getter**, minatore che lavora al fronte di abbattimento □ **c. heaver** (*o* **c.-lumper**), scaricatore di carbone □ (*arc.*) **c.-master** (*o* **c.-owner**), proprietario di miniera di carbone □ (*geol.*) **c. measures**, serie di strati carboniferi □ **c. oil**, petrolio grezzo; (*USA*) cherosene □ **c.-pit**, miniera di carbone □ **c.-plate**, *V.* **c.-flap** □ **c.-screen**, setaccio (*o* vaglio) per la cernita del carbone □ **c. scuttle**, secchia (*o* cassetta) per il carbone □ **c. seam**, *V.* **c. bed** □ (*naut.*) **c. ship**, nave carboniera □ **c. strike**, sciopero dei minatori di carbone □ **c. tar**, catrame di carbon fossile □ (*zool.*) **c. tit**, *V.* **coalmouse** □ **c. whipper**, uomo (*o* macchina) che solleva il carbone (*dalla stiva d'una nave*) □ **blind c.**, carbone a fiamma corta □ (*fig.*) **to blow on the coals**, soffiare sul fuoco (*fig.*) □ **brown c.**, lignite □ (*fig.*) **to carry coals to Newcastle**, portar vasi a Samo (*o* nottole ad Atene); fare cosa inutile □ **hard c.**, antracite □ **to haul** (*o* **to drag, to rake**) **sb. over the coals**, criticare (*o* rimproverare) aspramente q. □ **to heap coals of fire on sb.'s head**, fare arrossire q., facendogli del bene in cambio del male ricevuto □ **living c.**, brace □ **pit c.**, carbon fossile □ **white c.**, il carbone bianco (*l'elettricità*).

to **coal** /kəʊl/, **A** *v. t.* **1** carbonizzare (*legna, ecc.*) **2** rifornire (*una nave, ecc.*) di carbone.

B *v. i.* (*di nave, ecc.*) rifornirsi di carbone; far carbone. ● (*naut.*) **coaling station**, scalo per il rifornimento del carbone.

coaler /ˈkəʊlə(r)/, *n.* **1** nave (*o* treno, vagone) per il trasporto del carbone; (*naut.*) carboniera **2** commerciante di carbone.

to **coalesce** /kəʊəˈlɛs/, *v. i.* **1** (*anche med.*) riunirsi, attaccarsi (*di ossa rotte, ecc.*); agglomerarsi **2** unirsi; (*di nazioni, partiti, ecc.*) coalizzarsi; (*di società commerciali*) fondersi **3** (*fon.*) assimilarsi.

coalescence /kəʊəˈlɛsns/, *n.* **1** (*anche med.*) coalescenza; riunione, il saldarsi (*di ossa, ecc.*) **2** unione; coalizione; fusione (*V.* **to coalesce**).

coalface /ˈkəʊlfeɪs/, *n.* (*ind. min.*) fronte di abbattimento del carbone.

coalfield /ˈkəʊlfiːd/, *n.* bacino carbonifero.

coalhole /ˈkəʊlhəʊl/, *n.* carbonaia.

coalie /ˈkəʊlɪ/, *n.* portatore (*o* scaricatore) di carbone.

coalition /kəʊəˈlɪʃn/, *n.* **1** unione; fusione **2** (*polit.*) coalizione: **a c. government**, un governo di coalizione.

coalitionist /kəʊəˈlɪʃənɪst/, *n.* fautore di una coalizione.

coalman /ˈkəʊlmən, -mæn/, *n.* (*pl.* **coalmen**) carbonaio; venditore di carbone.

coalmine /ˈkəʊlmaɪn/, *n.* miniera di carbone.

coalminer /ˈkəʊlmaɪnə(r)/, *n.* minatore (*di carbone*).

coalmining /ˈkəʊlmaɪnɪŋ/, *n.* estrazione del carbon fossile. ● **the c. industry**, l'attività carbonifera; l'industria del carbone.

coalmouse /ˈkəʊlmaʊs/, *n.* (*pl.* **coalmice**) (*zool., Parus ater*) cincia mora.

coalshoot /ˈkəʊlʃuːt/, *n.* scivolo per il carbone.

coaly /ˈkəʊlɪ/, *a.* **1** ricco di carbone **2** simile a carbone; nero.

coaming /ˈkəʊmɪŋ/, *n.* **1** (*edil.*) bordo rialzato (*intorno a un'apertura*) **2** (*naut.*) mastra (*o* battente) del boccaporto.

coarctate /kəʊˈɑːkteɪt/, *a.* (*biol.*) coartato.

coarctation /kəʊɑːkˈteɪʃn/, *n.* (*specialm. med.*) coartazione; restringimento.

coarse /kɔːs/, *a.* **1** comune; dozzinale; (*di qualità*) scadente: **c. food** (*o* **c. fare**), vitto scadente **2** grezzo; ruvido; rozzo: **a c. metal**, un metallo grezzo; **c. cloth**, tela grezza (*o* ruvida) **3** grossolano; rude; rozzo; sguaiato; triviale; volgare: **c. language**, linguaggio sguaiato; discorsi triviali; **c. manners**, modi grossolani; maniere rudi. ● **c.-featured**, di fattezze rozze; di lineamenti grossolani □ **c.-fibred** (*o* **c.-grained**), a grana grossa; (*fig.*) grossolano, rozzo, inelegante □ (*cucina*) **c. fish**, pesce d'acqua dolce (*eccettuato il salmone*) □ **c. salt**, sale grosso (*o* da cucina) □ **c.-wooled sheep**, pecora dalla lana ruvida. || **-ly**, *avv.*

to **coarsen** /ˈkɔːsn/, **A** *v. t.* rendere grossolano (*o* rozzo). **B** *v. i.* diventare grossolano (*o* rozzo).

coarseness /ˈkɔːsnəs/, *n.* **1** qualità scadente **2** stato grezzo; ruvidezza; grossezza: **c. of the grain**, grossezza di grana (*di carta, ecc.*) **3** grossolanità; rudezza; rozzezza; volgarità.

coast /kəʊst/, *n.* **1** costa; litorale; riviera **2** (*USA e Can.*) pista per slittini; corsa (*o* discesa) su slitta **3** (*per estens.*) discesa percorsa (*in slitta*); discesa a ruota libera (*in bicicletta*). ● (*fam. USA*) **the C.**, la costa del Pacifico □ **c. artillery**, artiglieria da costa □ (*naut.*) **c. battery**, batteria costiera □ **c. defence**, difesa costiera □ (*USA*) **from c. to c.**, da costa a costa; in tutti gli Stati Uniti □ (*naut.*) **off the c.**, al largo □ **c.-waiter**, funzionario di dogana in servizio costiero □ (*fig.*) **The c. is clear**, la via è libera (*non c'è rischio d'essere veduti o intralciati*).

to **coast** /kəʊst/, **A** *v. i.* **1** (*naut.*) costeggiare; navigare lungo la costa **2** (*naut.*) esercitare il commercio costiero **3** (*di un mezzo di trasporto*) procedere per inerzia (*o* per gravità); (*di o in bicicletta*) andare a ruota libera; (*di o in automobile*) andare a motore spento, discendere in folle **4** (*fig.*) continuare (*o* procedere) sull'abbrivo: **After the wartime push, the country is coasting along**, dopo il grande sforzo bellico, il paese continua (a procedere) sull'abbrivo. **B** *v. t.* **1** (*naut.*) costeggiare **2** far procedere (*un mezzo di trasporto*) per inerzia (*o* per gravità). ● (*autom.*) **to c. a car downhill**, fare una discesa (*in macchina*) a motore spento (*o* in folle) □ (*fig.*) **to c. to victory**, procedere senza sforzo verso la vittoria.

coastal /ˈkəʊstl/, *a.* costiero; litoraneo; presso (*o* lungo) la costa: **c. waters**, acque costiere; **c. plain**, pianura presso la costa; litorale. ● (*naut.*) **c. trade**, traffico di cabotaggio.

coaster /ˈkəʊstə(r)/, *n.* **1** (*naut.*) nave di cabotaggio; nave costiera **2** tavolinetto a rotelle **3** sottobicchiere; sottobottiglia **4** appoggia--piedi (*sulla forcella anteriore della bicicletta*) **5** (*USA*) otto volante; montagne russe. ● (*mecc.*) **c. brake**, freno a contropedale.

coastguard /ˈkəʊstgɑːd/, *n.* **1** guardia costiera (*il reparto*) **2** *V.* **coastguardsman**. ● (*naut.*) **c. cutter**, (nave) guardacoste.

coastguardsman /ˈkəʊstgɑːdzmən/, *n.* (*pl.* **coastguardsmen**) guardia costiera; guardacoste.

coasting /ˈkəʊstɪŋ/, **A** *a.* (*naut.*) costiero; cabotiero. **B** *n.* **1** (*geogr.*) configurazione di una costa **2** (*naut.*) il costeggiare **3** (*naut.*, = **c. navigation**) traffico costiero; cabotaggio **4** (*di un mezzo*) il procedere per inerzia (*o* per gravità); (*di o in bicicletta*) l'andare a ruota libera; (*di o in automobile*) discesa in folle **5** (*fig.*) il procedere sull'abbrivo; avanzamento facile. ● (*miss.: di un razzo, ecc.*) **c. flight**, volo inerziale □ (*naut.*) **c. trade**, traffico costiero (*o* cabotiero) □ **c. vessel,** *V.* **coaster**, *def. 1.*

coastline /ˈkəʊstlaɪn/, *n.* linea costiera; profilo (*d'una costa*).

coastward(s) /ˈkəʊstwəd(z)/, *avv.* (*naut.*) verso la costa.

coastwise /ˈkəʊstwaɪz/, *a.* e *avv.* lungo la costa. ● (*naut.*) **c. navigation**, navigazione costiera.

coat /kəʊt/, *n.* **1** giacca (*anche da donna*); giubba **2** (= **topcoat, greatcoat, overcoat**) cappotto; soprabito **3** mantello, pelliccia, pelo (*d'un animale*); (*fig.*) manto: **a dog's rough c.**, il pelo irsuto d'un cane; **a c. of snow**, un manto di neve **4** involucro (*d'un frutto, ecc.*); membrana di rivestimento (*d'un organo del corpo, ecc.*) **5** strato di rivestimento; strato superficiale, mano (*di vernice, ecc.*) **6** *V.* **fur coat** **7** *V.* **c. of arms**. ● **c. and skirt**, vestito a giacca (*da donna*) □ **c. hanger**, gruccia, ometto, stampella (*per abiti*) □ (*autom.*) **c. hook**, gancio appendiabiti □ **c. of arms**, blasone, stemma (*araldico*) □ **c. of mail**, cotta di maglia; giaco (*d'un guerriero*) □ **c.-rack**, attaccapanni a muro □ **c.-tails**, code (*di un frac*); (*anche*) frac; (*specialm. polit., USA*) forza traente (*di un candidato, affarista, ecc., che ne trascina altri*): **to ride on sb.'s c.-tails**, essere preso a rimorchio da q. (*fig.*); approfittare di q. per farsi strada □ (*fig.*) **to cut one's c. according to one's cloth**, fare il passo secondo la gamba (*fig.*); commisurare le spese alle entrate □ (*fig.*) **to dust sb.'s c.**, spolverare le spalle (*o* il groppone) a q.; picchiare q. □ **fur c.**, pelliccia □ **long c.**, camicia da notte lunga, con bottoni (*da donna*) □ **red c.**, giubba rossa (*uniforme tradizionale*); (*fig.*) soldato inglese □ (*fig.*) **to turn one's c.**, mutar bandiera (*fig.*); voltar gabbana (*o* casacca, mantello) □ (*arc.*) **to wear the king's** (*o* **the queen's**) **c.**, indossare l'uniforme; fare il soldato □ (*prov.*) **It is not the c. that makes the man**, l'abito non fa il monaco.

to **coat** /kəʊt/, *v. t.* **1** provvedere di (*o* coprire con) una giacca **2** rivestire; ricoprire: **This sweet is coated with sugar**, questo dolce è ricoperto di zucchero. ● (*fig.*) **to c. the pill**, indorare la pillola (*fig.*) □ **to c. st. with paint**, verniciare q.c.

coatee /ˈkəʊtiː, *USA* kəʊˈtiː/, *n.* giubbetto; giubba corta (*per bambino*).

coati /kəʊˈɑːtɪ/, *n.* (*zool., Nasua*) coati; orsetto d'America.

coating /ˈkəʊtɪŋ/, *n.* **1** rivestimento; strato; mano: **a c. of enamel**, uno strato di smalto; **a c. of paint**, una mano di vernice **2** stoffa per giacche (*o* soprabiti).

coauthor /kəʊˈɔːθə(r)/, *n.* coautore.

to **coax** /kəʊks/, *v. t.* e *i.* blandire; persuadere (con le buone); convincere (con paziente insistenza): **I coaxed the boy into doing his homework**, convinsi il ragazzo a fare il compito a casa. ● **to c. away** (*o* **out**), distogliere (*con blandizie*) □ **to c. a fire to burn**, fare tanto da riuscire ad accendere il fuoco □ **to c. sb. into doing st.**, convincere q. (*con blandizie, moine, ecc.*) a fare q.c. □ **to c. the key into the lock**, fare tanto da riuscire a infilare la chiave nella serratura □ **to c. st. out of sb.**, ottenere q.c. da q. con blandizie.

coaxer /ˈkəʊksə(r)/, *n.* chi blandisce; adulatore.

coaxial /kəʊˈæksɪəl/, *a.* (*elettr., geom., mecc.*) coassiale: **c. cable**, cavo coassiale.

coaxing /ˈkəʊksɪŋ/, **A** *a.* che blandisce; adulatorio. **B** *n.* (*collett.*) blandizie; moine.

cob /kɒb/, *n.* **1** (= **cob-swan**) cigno maschio **2** cavallo da sella (*robusto, con zampe corte*) **3** (= **corn-cob**) pannocchia (*di granturco*) **4** ovulo, pezzo tondo (*di carbone, ecc.*) **5** (= **cob loaf**) pagnotta **6** (*edil.*) mattone crudo. ● **cob coal**, carbone in ovuli.

cobalt /ˈkəʊbɔːlt/, *n.* (*chim.*) cobalto. ● (*med.*) **c.-beam therapy**, cobaltoterapia □ (*miner.*) **c. bloom**, fiori di cobalto; eritrite □ **c. blue**, blu di cobalto; blu cobalto: **a c.-blue car**, un'automobile blu cobalto □ (*med., mil.*) **c. bomb**, bomba al cobalto □ (*med.*) **c. therapy**, cobaltoterapia.

cobaltic /kəʊˈbɔːltɪk/, *a.* (*chim.*) cobaltico.

cobaltine /ˈkəʊbɔːltiːn, -tɪn/, **cobaltite** /kəʊˈbɔːltaɪt, ˈkəʊb-/, *n.* (*miner.*) cobaltina; cobaltite.

cobaltous /kəʊˈbɔːltəs/, *a.* (*chim.*) cobaltoso.

cobber /ˈkɒbə(r)/, *n.* (*Austr., fam.*) compagno; amico.

cobble /ˈkɒbl/, *n.* **1** *V.* **cobblestone** **2** (*geol.*) ciottolo **3** (*pl.*) pezzi di carbone a forma di ciottoli.

to **cobble** (1) /ˈkɒbl/, *v. t.* pavimentare con ciottoli; acciottolare.

to **cobble** (2) /ˈkɒbl/, *v. t.* **1** rattoppare, rabberciare (*specialm. scarpe e stivali*) **2** (*fig.*, anche **to c. together**) acciabattare (*fig.*); abborracciare; rabberciare (*fig.*).

cobbler /ˈkɒblə(r)/, *n.* **1** ciabattino; calzolaio **2** (*fig.*) abborracciatore; acciabattone **3** (= **sherry c.**) cobbler; bevanda ghiacciata di vino, limone e zucchero **4** (*pl.*) (*pop.*) ciance; fandonie; fesserie; sciocchezze **5** (*USA*) torta ripiena di frutta. ● **c.'s wax**, pece da calzolaio.

cobblestone /ˈkɒblstəʊn/, *n.* ciottolo (*per pavimentare strade*). ● **c. pavement**, acciottolato.

cobelligerency /kəʊbəˈlɪdʒərənsɪ/, *n.* (*polit.*) cobelligeranza.

cobelligerent /kəʊbəˈlɪdʒərənt/, *n.* e *a.* (*polit.*) cobelligerante.

coble /ˈkəʊbl/, *n.* (*naut., scozz.*) barcone da pesca a fondo piatto.

cobra /ˈkəʊbrə/, *n.* (*zool., Naja*) cobra.

cobweb /ˈkɒbwɛb/, *n.* **1** ragnatela; tela di ragno **2** filo di ragnatela **3** (*fig.*) trama; tranello; insidia: **the cobwebs of the law**, i tranelli della legge. ● (*fam.*) **to blow away the cobwebs** (**from one's brain**), prendere una boccata d'aria fresca; snebbiarsi il cervello; schiarirsi le idee.

cobwebby /ˈkɒbwɛbɪ/, *a.* **1** simile a una ragnatela **2** coperto di ragnatele.

coca /ˈkəʊkə/, *n.* (*bot., Erythroxylon coca*) coca.

Coca-Cola /kəʊkəˈkəʊlə/, *n.* (*marchio*) Coca-

-Cola; coca (*fam.*).

cocaine /kəʊ'keɪn, *USA* -'keɪn, 'kəʊk-/, *n.* (*chim.*) cocaina. ● **c.-addict**, cocainomane □ **c. habit**, cocainomania.

cocainism /kəʊ'keɪnɪzəm/, *n.* (*med.*) cocainismo.

cocainization /kəʊkeɪnaɪ'zeɪʃn, *USA* -nɪ'z-/, *n.* (*med.*) cocainizzazione.

to **cocainize** /kəʊ'keɪnaɪz/, *v. t.* (*med.*) cocainizzare.

coccidiosis /kɒksɪdɪ'əʊsɪs/, *n.* (*med.*) coccidiosi.

coccus /'kɒkəs/, *n.* (*pl.* **cocci**) **1** (*biol.*) cocco **2** (*bot.*) coccola.

coccygeal /kɒk'sɪdʒɪəl/, *a.* (*anat.*) coccigeo.

coccyx /'kɒksɪks/, *n.* (*pl.* **coccyges, coccyxes**) (*anat.*) coccige.

Cochin China /'kəʊtʃɪn'tʃaɪnə/, *n.* **1** (*geogr., stor.*) Cocincina **2** – **c.-c.**, pollo della Cocincina.

cochineal /kɒtʃɪ'niːl/, *n.* **1** (*zool., Coccus cacti*) cocciniglia dei cactus **2** cocciniglia.

cochlea /'kɒklɪə/, *n.* (*pl.* **cochleae, cochleas**) (*anat.*) coclea.

cochlear /'kɒklɪə(r)/, *a.* (*anat.*) cocleare.

cock (**1**) /kɒk/, *n.* **1** gallo **2** maschio d'uccello e, talvolta, d'altro animale (*in combinazione o preposto*): **peacock**, pavone; **c. robin**, pettirosso maschio; **c. salmon**, salmone maschio **3** (*arc.*) capo; caporione; (*sport*) capitano **4** rubinetto; valvola: **c. metal**, metallo per rubinetti **5** cane (*d'arma da fuoco*): **at half c.**, col cane sollevato a metà; **at full c.**, col cane in posizione di sparo **6** ago (*della bilancia*) **7** (= **weathercock**) banderuola; gallo (*fam.*) **8** gnomone (*di meridiana*) **9** ponte del bilanciere (*di un orologio*) **10** (*pop.*) corbellerie; fesserie **11** (*pop.*) amico; compagno **12** (*volg.*) uccello (*volg.*); pene **13** (*pop.*) amico (*al vocat.*). ● (*scozz.*) **c.-a-leekie**, zuppa di pollo e porri □ **a c.-and-bull story**, una storia inverosimile; una frottola; una balla (*pop.*) □ **c.-a-doodle-doo**, chicchirichì; (*infant.*) gallo □ (*bot.*) **c.'s comb**, *V.* **cockscomb** □ **c.-crow** (*o* **c.-crowing**), canto del gallo; (*fig.*) alba □ (*bot.*) **c.'s head**, *V.* **cockshead** □ (*bot.*) **c.'s foot**, *V.* **cocksfoot** □ **c.-nest**, nido costruito da un uccello maschio (*come fa lo scricciolo*) □ (*fig.*) **the c. of the walk**, il gallo della Checca □ (*zool.*) **c. of the wood** (*Tetrao urogallus*), gallo di montagna, gallo cedrone □ **fighting c.**, gallo da combattimento □ (*fig.*) **to live like fighting cocks**, avere ogni ben di Dio; vivere da pascià (*o* da nababbo, *o* da re) □ (*naut.*) **sea c.**, valvola di presa d'acqua dal mare □ (*saluto fam.*) **Old c.!**, vecchio mio! □ **This beats c.-fighting**, questo sì ch'è uno spasso.

cock (**2**) /kɒk/, *n.* **1** inclinazione, piega (*specialm. se buffa o spiritosa*): **Have you noticed the c. of his hat?**, avete notato che porta il cappello di sghembo (*o* sulle ventitré)? **2** (= **full c.**) posizione eretta (*del cane d'un fucile*). ● **c. of the head**, alzata di testa (*in senso concreto*).

cock (**3**) /kɒk/, *n.* mucchio (*di fieno, raramente di grano*); covone.

to **cock** (**1**) /kɒk/, **A** *v. t.* **1** alzare; drizzare: **The dog cocked his ears [his hind leg]**, il cane drizzò le orecchie [alzò la zampa di dietro] **2** alzare il cane di (*un'arma da fuoco*); armare (*un fucile, ecc.*) **3** alzare e tirare indietro (*il braccio*), piegare verso l'alto (*il polso: per lanciare o colpire q.c.*). **B** *v. i.* **1** drizzarsi; assumere una posizione eretta **2** (*fig. fam.*) fare il galletto. ● **to c. one's eye at sb.**, dare un'occhiata d'intesa a q.; ammiccare a q. □ **to c. one's hat**, mettersi il cappello di sghembo (*o* sulle ventitré) □ **to c. one's nose**, arricciare (*o* storcere) il naso □ **to c. a snook at sb.**, fare marameo a q.; (*fig.*) sbeffeggiare, fare uno sberleffo a q. □ **to c. up**, alzare, drizzare; (*pop.*) mandare a monte, guastare, rovinare.

to **cock** (**2**) /kɒk/, *v. t.* ammucchiare (*fieno, raramente grano*).

cockade /kɒ'keɪd/, *n.* coccarda.

cockaded /kɒ'keɪdɪd/, *a.* ornato (*o* decorato) di coccarda.

cock-a-hoop /kɒkə'huːp, -ʊp, 'kɒkəh-/, *a.* e *avv.* **1** (in modo) esultante, euforico **2** (in modo) vanaglorioso, vanitoso **3** (*USA*) sgangherato; sfasato; in disordine; a soqquadro; sottosopra.

Cockaigne /kɒ'keɪn/, *n.* (paese della) cuccagna.

cockalorum /kɒkə'lɔːrəm/, *n.* (*fam.*) **1** sciocco vanaglorioso **2** vanterie; smargiassate.

cockatoo /kɒkə'tuː, *USA* 'kɒkətuː/, *n.* (*pl.* **cockatoos**) (*zool., Cacatua*) cacatua.

cockatrice /'kɒkətraɪs/, *n.* (*mitol., arald.*) basilisco.

Cockayne /kɒ'keɪn/, *V.* **Cockaigne**.

cockboat /'kɒkbəʊt/, *n.* (*naut.*) piccola barca a fondo piatto.

cockchafer /'kɒktʃeɪfə(r)/, *n.* (*zool., Melolontha melolontha*) maggiolino.

cocked /kɒkt/, *a.* dritto; eretto. ● (*un tempo*) **c. hat**, tricorno; (*anche*) bicorno □ (*fig. fam.*) **to knock sb. into a c. hat**, stracciare q. (*fam.*); battere, sconfiggere q. □ **to knock st. into a c. hat**, mandare a monte (*o* rovinare) q.c.

cocker /'kɒkə(r)/, *n.* (= **c. spaniel**) cocker (*cane*).

to **cocker** /'kɒkə(r)/, *v. t.* (*raro*) coccolare; viziare (*bambini, malati, ecc.*).

cockerel /'kɒkərəl/, *n.* **1** galletto **2** (*fig. arc.*) giovane attaccabrighe.

cockeyed /'kɒkaɪd/, *a.* **1** strabico **2** (*fam.*) storto; messo di sghembo **3** (*fam.*) assurdo; ridicolo; strampalato **4** (*pop.*) sbronzo.

cockfight /'kɒkfaɪt/, *n.* combattimento di galli.

cockfighting /'kɒkfaɪtɪŋ/, *n.* i combattimenti di galli.

cockhorse /'kɒkhɔːs/, **A** *n.* cavallo a dondolo. **B** *avv.* a cavalcioni.

cockiness /'kɒkɪnəs/, *n.* (*fam.*) **1** impertinenza; impudenza; sfacciataggine **2** presunzione.

cockle (**1**) /'kɒkl/, *n.* **1** (*bot., Lolium temulentum*) loglio **2** (*bot., Agrostemma githago*) gettaione **3** golpe (*malattia del grano*).

cockle (**2**) /'kɒkl/, *n.* **1** (*zool., Cardium edule*) cardio; cuore edule; noce di mare (*e altri molluschi bivalvi del genere Cardium*) **2** conchiglia di cardio **3** (*naut.*, = **cockleboat**) piccola barca a fondo piatto. ● **to warm the cockles of sb.'s heart**, infondere gioia (*o* calore) nel cuore di q.; incoraggiare (*o* rincuorare) q.

cockle (**3**) /'kɒkl/, *n.* rigonfio, increspatura, grinza (*di stoffa, carta*).

to **cockle** /'kɒkl/, **A** *v. i.* gonfiarsi; arricciarsi; incresparsi; raggrinzarsi. **B** *v. t.* gonfiare; arricciare; increspare; raggrinzare.

cockleshell /'kɒklʃɛl/, *n.* (*lett.*) conchiglia di cardio.

cockloft /'kɒklɒft, *USA* -ɔːft/, *n.* abbaino (*piccola soffitta*).

cockney /'kɒknɪ/, **A** *n.* **1** (*spreg.*) cockney; nativo di Londra **2** popolano londinese **3** (dialetto) cockney; dialetto londinese. **B** *a.* cockney; tipicamente londinese; proprio dei popolani di Londra: **a c. accent**, un accento dialettale londinese.

cockneydom /'kɒknɪdəm/, *n.* **1** quartiere dove vivono i cockney (*V.* **cockney**). **2** (*collett.*) i cockney **3** (*scherz.*) Londra.

cockneyese /kɒknɪ'iːz/, *n.* (dialetto) cockney (*V.* **cockney**).

to **cockneyfy** /'kɒknɪfaɪ/, *v. t.* dare un carattere cockney a (*il modo di fare, di parlare, ecc.*).

cockneyism /'kɒknɪɪzəm/, *n.* **1** modo di fare di un popolano londinese **2** idiotismo (*o* pronuncia) cockney.

to **cockneyize** /'kɒknɪaɪz/, **A** *v. t.* rendere cockney. **B** *v. i.* fare il cockney; assumere atteggiamenti da cockney.

cockpit /'kɒkpɪt/, *n.* **1** arena per i combattimenti di galli **2** (*fig.*) teatro di lotte; campo di battaglia: **For many centuries Italy was the c. of Europe**, per molti secoli l'Italia fu il campo di battaglia dell'Europa **3** (*aeron.*) abitacolo, cabina (*del pilota*) **4** (*naut.*) quartiere di poppa (*per i subalterni*); (*di imbarcazione*) pozzetto; (*di nave passeggeri*) corridoio; (*di nave da guerra*) infermeria.

cockroach /'kɒkrəʊtʃ/, *n.* (*zool., Blatta*) blatta; scarafaggio.

cockscomb /'kɒkskəʊm/, *n.* **1** cresta di gallo **2** (*bot., Celosia cristata*) cresta di gallo **3** (*fig. arc.*) damerino; zerbinotto.

cocksfoot /'kɒksfʊt/, *n.* (*pl.* **cocksfoots**) (*bot., Dactylis glomerata*) erba mazzolina.

cockshead /'kɒkshɛd/, *n.* (*bot., Onobrychis sativa*) lupinella; fieno santo; crocetta.

cockshot /'kɒkʃɒt/, *V.* **cockshy**.

cockshy /'kɒkʃaɪ/, *n.* **1** bersaglio (*in vari giochi da fiera*) **2** tiro al bersaglio **3** (*fig.*) bersaglio; oggetto di critiche.

cockspur /'kɒkspɜː(r)/, *n.* **1** sprone di gallo **2** (*bot., Crataegus crus-galli*) biancospino della Virginia **3** (*bot., Pisonia aculeata*) fringego.

cocksure /'kɒk'ʃʊə(r), -'ʃɔː-, *USA* -'ʃʊə-, -'ʃɜː-/, *a.* **1** arcisicuro; sicurissimo **2** baldanzoso; presuntuoso; sicuro di sé.

cocksureness /'kɒk'ʃʊənəs, -'ʃɔː-, *USA* -'ʃʊə-, -'ʃɜː-/, *n.* baldanza; presunzione.

cockswain /'kɒksweɪn/, (*naut.*) /'kɒksn/, *V.* **coxswain**.

cocktail /'kɒkteɪl/, *n.* **1** cocktail (*miscela di liquori vari*) **2** cocktail; macedonia (*di frutta*); succhi di frutta (*o* di pomodoro): **a shrimp c.**, un cocktail di gamberetti **3** cavallo dalla coda mozza **4** (*fig.*) cocktail; miscela; combinazione **5** (*fig. raro*) villano rifatto. ● **c. bar**, bar per gli aperitivi, ecc. (*in un albergo*) □ **c. cabinet**, mobile bar □ (*polit.*) **c. diplomacy**, diplomazia basata sulle trattative amichevoli □ **c. dress**, abito da cocktail □ **c. lounge**, sala da cocktail □ **c. party**, cocktail (*il ricevimento*) □ **c. snacks**, salatini.

cocktailed /'kɒkteɪld/, *a.* (*di un cavallo*) dalla coda mozza.

cock-up /'kɒkʌp/, *n.* **1** (*tipogr.*) iniziale stampata in maiuscolo di corpo più grande (*del testo*) **2** cappello con la falda rialzata davanti; tricorno **3** (*volg.*) pasticcio; cosa incasinata (*pop.*).

cocky /'kɒkɪ/, *a.* (*fam.*) **1** impertinente; impudente; sfacciato **2** presuntuoso; vanitoso.

cockyolly bird /kɒkɪ'ɒlɪ'bɜːd/, *locuz. n.* (*infant.*) uccellino.

coco /'kəʊkəʊ/, *n.* (*pl.* **cocos**) **1** *V.* **cocoanut** **2** (*pop. USA*) testa; zucca (*fig.*).

cocoa /'kəʊkəʊ/, *n.* **1** cacao (*polvere*) **2** color cacao **3** cioccolata (*in tazza: bevanda*). ● **c. butter**, burro di cacao.

cocoanut, coconut /'kəʊkənʌt, -nət/, *n.* (*bot.*) **1** (*Cocos nucifera*; = **c. palm, c. tree**) cocco; palma da cocco **2** noce di cocco **3** (*pop.*) testa; zucca (*fig.*). ● **c. butter**, burro di cocco □ **c. matting**, stuoia di cocco □ **c. milk**, latte di cocco □ **c. oil**, olio di cocco □ **c. shy**, tiro al bersaglio con palle (*al luna park: con noci di cocco da colpire*) □ (*iron.*) **That accounts for the milk in the c.**, questo spiega tutto (*cioè nulla, perché la spiegazione data c'entra come i cavoli a merenda*); è una spiegazione del cavolo (*pop.*).

cocoon /kə'kuːn/, *n.* (*zool.*) **1** bozzolo (*specialm. del baco da seta, e fig.*) **2** ooteca.

to **cocoon** /kə'kuːn/, **A** *v. i.* fare (*o* filare) il bozzolo. **B** *v. t.* **1** avvolgere nel bozzolo **2** (*fig.*) racchiudere come in un bozzolo; proteggere.

cocoonery /kə'kuːnərɪ/, *n.* bozzolaia; bigattiera.

cocooning /kə'kuːnɪŋ/, *n.* (*di un baco da seta e fig.*) il chiudersi nel proprio bozzolo.

cod (**1**) /'kɒd/, *n.* (*pl.* **cod, cods**) (*zool., Gadus morrhua*; = **codfish**) merluzzo. ● **cod-liver oil**, olio di fegato di merluzzo □ (*stor.*) **the cod war**, la guerra del merluzzo (*fra la*

G.B. e l'Islanda) □ **dried cod**, stoccafisso □ **salted cod**, baccalà.

cod (2) /'kɒd/, *n.* **1** (*dial.*) baccello; involucro (*di semi*) **2** (*volg. arc.*) scroto.

cod (3) /'kɒd/, *a.* (*pop.*) burlesco; farsesco; parodistico: **a cod sketch**, uno sketch farsesco. ● **cod Latin**, latinorum.

to **cod** /kɒd/, *v. t.* (*dial.*) **1** prendere in giro; farsi beffe di (q.) **2** fregare; imbrogliare.

coda /'kəʊdə/ (*ital.*), *n.* (*mus.*) coda.

coddle /'kɒdl/, *n.* chi è coccolato (*o* viziato); cocco (di mamma); coccolo.

to **coddle** /'kɒdl/, *v. t.* **1** cuocere (*un uovo, ecc.*) a fuoco lento (*senza far bollire*) **2** trattare con grande cura; coccolare, viziare (*bambini, ecc.*). ● (*cucina*) **coddled eggs**, uova bazzotte.

code /kəʊd/, *n.* **1** codice (*sistema di segni, simboli, ecc.*); cifrario: **bar c.**, codice a barre (*sulle confezioni dei supermercati, su libri, ecc.*); **to write a message in c.**, scrivere un messaggio in codice; cifrare un dispaccio; **to break** (*o* **to crack**) **the enemy's secret c.**, decifrare il codice segreto del nemico **2** (*leg.: stor., di Giustiniano, ecc.; o in Italia, Francia, ecc.*) codice: **In the absence of an English c., it was the common law that found acceptance in most English-speaking countries**, non esistendo un codice inglese, fu la «common law» ad essere accettata nella maggior parte dei paesi anglofoni; **Louisiana civil law is main based on the Napoleonic C.**, il diritto civile della Louisiana si basa soprattutto sul Codice Napoleonico; (*in U.S.A.*) **C. of Criminal Procedure**, Codice di Procedura Penale (*diverso da quello ital.*) **3** (*leg.*) testo unico (*di leggi*); raccolta di norme giuridiche; regolamento; codice: **the Highway C.**, il codice della strada; **building c.**, regolamento edilizio; **sanitary c.**, regolamento d'igiene **4** (*fig.*) codice: **the c. of honour**, il codice dell'onore; **moral c.**, codice morale; **c. of conduct** (*o* **of behaviour**), codice di etica professionale; deontologia; **c. of practice**, codice di comportamento **5** (*elab.*) codice; codificazione; codifica: **c. conversion**, conversione dei codici; transcodifica; **c. convertor**, convertitore di codici; transcodificatore; **c. checking**, controllo della codifica **6** (*scient.*) codice: (*biol.*) **genetic c.**, codice genetico; (*mat., elab.*) **binary c.**, codice binario; (*ling.*) **c. switching**, il passare da un codice a un altro; cambiamento di codice **7** (*telegr.*) codice: **the Morse c.**, il codice Morse **8** (*telef.*) prefisso (teleselettivo); indicativo interurbano: **The codes for London are 071 and 081**, i prefissi di Londra sono 071 e 081. ● **c. address**, indirizzo in codice □ **c. book**, cifrario; (*telef.*) elenco (*o* guida) dei prefissi teleselettivi; (*naut.*) codice dei segnali □ **c.-breaker**, decodificatore, decifratore (*la persona*) □ **c. clerk**, addetto ai cifrari □ (*naut.*) **c. flag**, intelligenza; pennello; bandiera da segnalazione □ **c. language**, linguaggio cifrato □ **c. name**, nome in codice; nome convenzionale □ **c. number**, numero di codice □ (*elab.*) **c. position**, posizione di perforazione □ (*telef., USA*) **area c.**, prefisso teleselettivo □ (*telef., ingl.*) **dialling c.** (*o* **S.T.D. c.**), prefisso teleselettivo □ (*naut.*) **international c.**, codice internazionale dei segnali □ (*ingl.*) **postal c.** (*o* **postcode**), codice di avviamento postale (*abbr.* C.A.P.) □ **to read a c.** , decifrare un codice (*o* un cifrario) □ (*USA*) **zip c.**, codice d'avviamento postale.

to **code** /kəʊd/, *v. t.* **1** cifrare; mettere in cifra: **a coded message**, un messaggio cifrato **2** (*fig.*) dire (q.c.) in cifra; dire (q.c.) tra le righe (*fig.*); celare; sottintendere: **coded criticism**, critiche velate **3** (*leg.*) codificare (*ma cfr.* **code,** *def.* 2) **4** (*elab.*) codificare; programmare: **coded characters**, caratteri codificati.

codebtor /kəʊ'detə(r)/, *n.* (*leg.*) debitore in solido.

codeclination /kəʊdeklɪn'eɪʃn/, *n.* (*astron.*) distanza polare.

codefendant /kəʊdɪ'fendənt/, *n.* (*leg.*) coimputato.

codeine /'kəʊdiːn/, *n.* (*chim.*) codeina.

coder /'kəʊdə(r)/, *n.* **1** chi mette (*messaggi, ecc.*) in cifra; cifrista **2** (*elab.*) codificatore.

codex /'kəʊdeks/, *n.* (*pl.* **codices**) **1** codice (*manoscritto antico*) **2** (*leg., relig.*) codice: **c. juris canonici** (*lat.*), il codice di diritto canonico.

codfish /'kɒdfɪʃ/, *n.* (*pl.* **codfish, codfishes**) (*zool., Gadus morrhua*) merluzzo.

codger /'kɒdʒə(r)/, *n.* (*fam.*) tipo buffo; strambo: **an old c.**, un vecchio strambo, originale.

codicil /'kəʊdɪsɪl, *USA* 'kɒdəsl/, *n.* codicillo (*specialm. di un testamento*).

codicillary /kɒdɪ'sɪlərɪ/, *a.* codicillare.

codification /kɒdɪfɪ'keɪʃn/, *n.* **1** codificazione; redazione in linguaggio cifrato **2** (*leg.*) codificazione (*ma cfr.* **code,** *def.* 2).

codifier /'kɒdɪfaɪə(r)/, *n.* codificatore.

to **codify** /'kəʊdɪfaɪ, *USA* 'kɒd-/, *v. t.* **1** (*anche leg.*) codificare (*ma cfr.* **code,** *def.* 2) **2** cifrare (*un messaggio*).

coding /'kəʊdɪŋ/, *n.* **1** codificazione **2** redazione in linguaggio cifrato; il mettere in cifra **3** (*elab.*) codificazione; codifica; programmazione: **c. line**, riga di programmazione; **c. scheme**, schema di codifica; **c. sheet**, foglio di codifica.

codirector /kəʊdaɪ'rektə(r), -də'r-/, *n.* condirettore (*di un'azienda*).

codling (1) /'kɒdlɪŋ/, *n.* piccolo merluzzo; merluzzetto.

codling (2) /'kɒdlɪŋ/, *n.* mela da cuocere (*piccola e acerba*).

codomain /kəʊdəʊ'meɪn/, *n.* (*mat.*) codominio.

codon /'kəʊdɒn/, *n.* (*biochim.*) codone.

codpiece /'kɒdpiːs/, *n.* (*stor., mil.*) brachetta (*di un armatura medievale*).

codswallop /'kɒdzwɒləp/, *n.* (*collett.*) (*pop.*) fesserie (*pop.*); schiocchezze.

coed, **co-ed** /'kəʊ'ed, 'kəʊed/, **A** *a.* (*abbr. fam. di* **coeducational**) (*di istituto scolastico*) misto. **B** *n.* (*fam. USA*) studentessa di scuola mista.

coeditor /kəʊ'edɪtə(r)/, *n.* condirettore (*di un giornale*).

to **coeducate** /kəʊ'edʒʊkeɪt/, *v. t.* istruire (*giovani*) in una scuola mista.

coeducation /kəʊedʒʊ'keɪʃn/, *n.* coeducazione.

coeducational /kəʊedʒʊ'keɪʃənl/, *a.* (*di scuola, istituto*) misto.

coefficient /kəʊɪ'fɪʃnt/, *n.* coefficiente: (*fis.*) **c. of expansion**, coefficiente di dilatazione (termica); (*mecc.*) **c. of friction**, coefficiente d'attrito; (*econ.*) **c. of acceleration**, coefficiente d'accelerazione; (*econ., stat.*) **c. of correlation**, coefficiente di correlazione.

coelacanth /'siːləkænθ/, *n.* (*zool., Latimeria*) celacanto.

coelenterate /sɪ'lentəreɪt/, *n.* (*zool., Coelenterata*) celenterato.

coeliac /'siːlɪæk/, *a.* (*anat.*) celiaco: (*med.*) **c. disease**, morbo celiaco; celiachia.

coelostat /'siːləstæt/, *n.* (*astron.*) celostata, celostato.

coemption /kəʊ'empʃn/, *n.* (*comm.*) accaparramento; incetta.

coenesthesia /siːnəs'θiːzɪə, -ʒə/, **coenesthesis** /siːnəs'θiːsɪs/, *n.* (*med.*) cenestesia; cenestesi.

coenobite /'siːnəbaɪt/, *n.* cenobita.

coenobitic(al) /siːnə'bɪtɪk(l)/, *a.* cenobitico.

coenobitism /'siːnəbɪtɪzəm/, *n.* cenobitismo.

coenobium /sɪ'nəʊbɪəm/, *n.* (*pl.* **coenobia**) **1** (*scient.*) cenobio **2** (*relig.*) cenobio.

coenoby /'siːnəbɪ/, *n.* (*relig.*) cenobio.

coenosis /'siːnəʊsɪs/, *n.* (*biol.*) cenosi.

coenzyme /kəʊ'enzaɪm/, *n.* (*chim.*) coenzima; cofermento (*raro*).

coequal /kəʊ'iːkwəl/, *a.* (*anche relig.*) coeguale; uguale a un altro.

coequality /kəʊiː'kwɒlətɪ/, *n.* (*anche relig.*) coeguaglianza.

to **coerce** /kəʊ'ɜːs/, *v. t.* **1** costringere; coartare; obbligare: **His parents coerced him into marrying the girl**, i genitori lo costrinsero a sposare la ragazza **2** imporre; ottenere con la forza. ● **coerced obedience**, obbedienza ottenuta con la costrizione.

coercibility /kəʊɜːsɪ'bɪlətɪ/, *n.* coercibilità.

coercible /kəʊ'ɜːsəbl/, *a.* coercibile.

coercion /kəʊ'ɜːʃn, *USA* -ʒn/, *n.* coercizione; coazione; coartazione.

coercive /kəʊ'ɜːsɪv/, *a.* coercitivo. ● **c. means**, mezzi di coercizione. || **-ly**, *avv.* || **-ness**, *sost.*

coessential /kəʊɪ'senʃl/, *a.* coessenziale.

coetaneous /kəʊɪ'teɪnɪəs/, *V.* **coeval**.

coeternal /kəʊɪ'tɜːnl/, *a.* coeterno.

coeval /kəʊ'iːvl/, *a.* e *n.* **1** coevo; contemporaneo **2** coetaneo.

coevality /kəʊɪ'vælətɪ/, *n.* l'essere coevo (*o* coetaneo).

coexecutor /kəʊɪg'zekjʊtə(r)/, *n.* (*leg.*) coesecutore.

coexecutrix /kəʊɪg'zekjʊtrɪks/, *n.* (*pl.* **coexecutrices, coexecutrixes**) (*leg.*) coesecutrice.

to **coexist** /kəʊɪg'zɪst/, *v. i.* coesistere.

coexistence /kəʊɪg'zɪstəns/, *n.* coesistenza: (*polit.*) **peaceful c.**, coesistenza pacifica.

coexistent /kəʊɪg'zɪstənt/, *a.* coesistente.

cofactor /'kəʊfæktə(r)/, *n.* (*mat.*) cofattore.

coffee /'kɒfɪ, *USA* 'kɔːfɪ/, **A** *n.* caffè (*pianta; chicchi crudi, tostati o macinati; bevanda*): **ground c.**, caffè macinato; **strong c.**, caffè ristretto; **weak c.**, caffè lungo (*o* alto). **B** *a. attr.* **1** di (da, per) caffè **2** color caffè. ● (*fam. USA*) **c.-and**, caffè e cornetto (*ordinando al bar*); (*fig.*) pasto sommario; (un) boccone (*fig.*) □ **c. bar**, caffè (*il locale*); bar □ **c. bean** (*o* **c. berry**), chicco di caffè □ **c. break**, intervallo per il caffè □ **c. cup**, tazzina da caffè □ **c. grinder**, macinacaffè; (*pop. USA*) spogliarellista □ **c. grounds**, fondi di caffè □ (*anche stor.*) **c. house**, caffè □ **c. lounge**, sala per il caffè (*in un albergo*) □ **c. mill**, macinino da caffè □ **c. machine** (*o* **c. maker**), macchina da caffè; macchinetta (*fam.*) □ **c. morning**, vendita di beneficenza (*agli acquirenti viene offerto un caffè*) □ **c.-pot**, caffettiera □ **c. processor**, torrefazione (*l'azienda*) □ **c. roll**, brioche (*di vari tipi*) □ **c. room**, ristorante (*annesso a un albergo*) □ **c. set** (*o* **service**), servizio da caffè □ **c. shop**, bottega del caffè; (*USA*) piccolo ristorante □ **c. shrub**, pianta del caffè □ **c. stall**, banchetto d'ambulante (*che vende caffè, panini, ecc.*) □ **c. table**, tavolino da caffè □ (*di libro*) **c.-table**, di lusso; di formato assai grande e pieno d'illustrazioni □ **c. with milk**, caffellatte □ **c. with a dash of milk**, caffè macchiato □ **black c.**, caffè (nero) □ **white c.**, caffellatte.

coffer /'kɒfə(r), *USA* 'kɔːf-/, *n.* **1** cofano; scrigno; forziere; cassa **2** (*archit.*) cassettone (*del soffitto*) **3** *V.* **cofferdam** **4** (*banca*) caveau; sotterraneo corazzato **5** (*pl.*) fondi, riserve (*di valuta o di preziosi*).

to **coffer** /'kɒfə(r), *USA* 'kɔːf-/, *v. t.* **1** mettere in uno scrigno; accumulare **2** (*archit.*) dividere (*un soffitto*) a cassettoni. ● **a coffered ceiling**, un soffitto a cassettoni.

cofferdam /'kɒfədæm, *USA* 'kɔːf-/, *n.* **1** cassone pneumatico **2** (*edil.*) cassone di fondazione **3** (*idraul.*) argine (*di contenimento*) **4** (*naut.*) intercapedine stagna (*per la nafta*).

coffin /'kɒfɪn, *USA* 'kɔːf-/, *n.* **1** bara; cassa da morto **2** (*fig.*; = **c. ship**) vecchia bagnarola; nave che non tiene il mare **3** cavità dello zoccolo (*del cavallo*). ● (*pop. scherz.*) **c. nail**, sigaretta □ **c.-plate**, targa funeraria □ **to drive a nail in one's c.**, scavarsi la fossa (*con strapazzi, stravizi, ecc.*).

to **coffin** /'kɒfɪn, *USA* 'kɔːf-/, *v. t.* **1** mettere

nella bara **2** (*fig.*) riporre (*libri, ecc.*) in un luogo difficilmente accessibile; seppellire (*fig.*).

coffle /ˈkɒfl, *USA* ˈkɔːfl/, *n.* (*raro*) carovana (*di bestie da soma*); convoglio (*di schiavi*).

co-financing /kəʊˈfaɪnænsɪŋ, -f(a)ɪˈ-/, *n.* (*fin.*) co-finanziamento.

cog (**1**) /kɒg, *USA* kɔːg/, *n.* (*mecc.*) **1** dente (*di ruota*) **2** (*fig.*) rotella, rotellina: **John is just a cog in the machine of our business**, John non è che una rotella nell'ingranaggio della nostra azienda **3** *V.* **cogwheel**. ● (*mecc.*) **cog belt**, cinghia a denti □ **cog rail**, rotaia a cremagliera □ **cog railway**, ferrovia a cremagliera □ (*fig.*) **to slip a cog**, fare un errore (*nei propri calcoli*).

cog (**2**) /kɒg, *USA* kɔːg/, *n.* (*falegn.*) **1** incastro a tenone **2** dente d'incastro; tenone.

to **cog** (**1**) /kɒg, *USA* kɔːg/, *v. t.* **1** (*mecc.*) dentare (*una ruota*) **2** (*metall.*) sbozzare al laminatoio.

to **cog** (**2**) /kɒg, *USA* kɔːg/, *v. t.* (*falegn.*) congiungere mediante incastro a tenone.

to **cog** (**3**) /kɒg, *USA* kɔːg/, *v. t.* (*arc.*) imbrogliare; ingannare; truffare. ● **to cog dice**, gettare i dadi in modo fraudolento; barare ai dadi.

cogency /ˈkəʊdʒənsɪ/, *n.* forza (*d'un argomento, ecc.*); forza di persuasione.

cogent /ˈkəʊdʒənt/, *a.* (*d'argomento*) convincente; persuasivo.

cogestion /kəʊˈdʒɛstʃən/, *n.* (*econ.*) cogestione.

cogged /kɒgd, *USA* kɔːgd/, *a.* (*mecc.*: *d'ingranaggio*) dentato: **c. wheel**, ruota dentata.

cogging /ˈkɒgɪŋ, *USA* ˈkɔːg-/, *n.* **1** (*mecc.*) dentatura **2** (*elettr.*) pendolazione.

to **cogitate** /ˈkɒdʒɪteɪt/, **A** *v. i.* cogitare (*lett.*); meditare. **B** *v. t.* **1** ponderare; meditare (su); considerare attentamente **2** (*filos.*) concepire.

cogitation /kɒdʒɪˈteɪʃn/, *n.* cogitazione (*lett.*); meditazione.

cogitative /ˈkɒdʒɪtətɪv, *USA* -eɪtɪv/, *a.* **1** capace di concepire (*un'idea, ecc.*); cogitativo (*lett.*) **2** portato alla riflessione; meditativo.

cognac /ˈkɒnjæk, *USA* ˈkəʊ-/ (*franc.*), *n.* cognac.

cognate /ˈkɒgneɪt/, **A** *a.* **1** parente; consanguineo; congiunto **2** (*di lingua, parola, ecc.*) affine; analogo **3** (*gramm.*) interno: **c. object** (*o* **c. accusative**), complemento oggetto interno. **B** *n.* **1** parente; consanguineo; congiunto **2** cosa affine, analoga (*a un'altra*) **3** vocabolo affine.

cognation /kɒgˈneɪʃn/, *n.* **1** parentela; consanguineità **2** affinità; analogia **3** (*filol.*) origine comune (*di lingue, parole, ecc.*) **4** (*leg.*: *diritto romano*) cognazione.

cognition /kɒgˈnɪʃn/, *n.* **1** cognizione; conoscenza: **in full c. of the facts**, con piena cognizione dei fatti **2** (*arc.*) percezione.

cognitive /ˈkɒgnɪtɪv/, *a.* (*filos.*) cognitivo: **c. psychology**, psicologia cognitiva.

cognizable /ˈkɒgnɪzəbl, ˈkɒnɪ-, kɒgˈnaɪ-/, *a.* **1** (*filos.*) conoscibile; riconoscibile; percepibile **2** (*leg.*) soggetto alla giurisdizione di un dato tribunale.

cognizance /ˈkɒgnɪzəns, ˈkɒnɪ-, kɒgˈnaɪ-/, *n.* **1** conoscenza; cognizione: **to have c. of st.**, avere conoscenza sicura di q.c.; essere al corrente di q.c. **2** nota; atto: **to take c. of st.**, prendere atto di q.c. (*in modo ufficiale*) **3** (*leg.*) competenza; cognizione: **to fall within one's c.**, essere di propria competenza (*o* cognizione); **to be beyond one's c.**, esulare dalla propria competenza **4** (*arald.*) segno distintivo; emblema.

cognizant /ˈkɒgnɪzənt, ˈkɒnɪ-, kɒgˈnaɪ-/, *a.* **1** che ha conoscenza, che è al corrente (di q.c.): **to be c. of a fact**, essere al corrente di un fatto **2** (*filos.*) che ha cognizione (di q.c.) **3** (*leg.*) competente: **the court c. of an offence**, il tribunale competente a giudicare un reato.

to **cognize** /kɒgˈnaɪz, *USA* ˈkɒgnaɪz/, *v. t.* **1** (*filos.*) avere cognizione di (q.c.) **2** prendere nota (*o* atto) di (q.c.).

cognomen /kɒgˈnəʊmɛn, -ən, ˈkɒgnəmən/, *n.* (*pl.* **cognomens, cognomina**) **1** cognomen (*terzo nome dei Romani*) **2** cognome **3** (*form.*) soprannome.

cognoscenti /kɒgnəˈʃɛntɪ, -əʊˈsɛn-, *USA* kɒnjə-, -nə-/, *n. pl.* (i) conoscitori (*d'arte, ecc.*).

cognoscible /kɒgˈnɒsəbl/, *a.* (*filos.*) conoscibile.

cognovit /kɒgˈnəʊvɪt/ (*lat.*), *n.* (*leg.*) dichiarazione scritta con la quale il convenuto riconosce il buon diritto dell'attore.

cogway /ˈkɒgweɪ, *USA* ˈkɔːg-/, *n.* ferrovia a cremagliera.

cogwheel /ˈkɒgwiːl, *USA* ˈkɔːghwiːl/, *n.* (*mecc.*) ruota dentata.

to **cohabit** /kəʊˈhæbɪt/, *v. i.* coabitare; convivere (*specialm. di persone non sposate*); vivere more uxorio.

cohabitation /kəʊhæbɪˈteɪʃn/, *n.* coabitazione; convivenza.

coheir /kəʊˈɛə(r)/, *n.* (*leg.*) coerede (*uomo*).

coheiress /kəʊˈɛərɪs/, *n.* (*leg.*) coerede (*donna*).

to **cohere** /kəʊˈhɪə(r)/, *v. i.* **1** aderire; restare unito **2** (*di idee, stile, ecc.*) essere coerente.

coherence /kəʊˈhɪərəns/, **coherency** /kəʊˈhɪərənsɪ/, *n.* **1** coesione; aderenza **2** coerenza: **His tale lacked c.**, il suo racconto mancava di coerenza.

coherent /kəʊˈhɪərənt/, *a.* **1** che ha coesione; aderente **2** coerente; ben connesso: **a c. plan**, un progetto ben connesso **3** intelligibile; logico: **a c. speech**, un discorso intelligibile.

coherently /kəʊˈhɪərəntlɪ/, *avv.* **1** coerentemente **2** in modo intelligibile.

coherer /kəʊˈhɪərə(r)/, *n.* (*elettr., radio*) coherer; rivelatore.

cohesion /kəʊˈhiːʒn/, *n.* (*fis., geol., mecc.* e *fig.*) coesione.

cohesive /kəʊˈhiːsɪv/, *a.* (*fis., geol., mecc.* e *fig.*) coesivo. || **-ly**, *avv.*

cohesiveness /kəʊˈhiːsɪvnəs/, *n.* (*fis., geol., mecc.* e *fig.*) coesione.

cohort /ˈkəʊhɔːt/, *n.* **1** coorte (*anche fig.*) **2** schiera (*di soldati, ecc.*) **3** gruppo; banda **4** (*demogr.*) coorte. ● (*demogr.*) **c. table**, tavola per generazioni.

coif (**1**) /kɔɪf/, *n.* (*stor.*) **1** cuffia **2** tocco bianco (*portato un tempo dai magistrati*) **3** calotta di cuoio (*portata sotto l'elmo*).

coif (**2**) /kwɑːf, kwæf/, *n.* (*abbr. fam. di* **coiffure**) acconciatura, pettinatura. ● **a c. of hair**, un'acconciatura a caschetto.

coiffeur /kwɑːˈfɜː(r)/ (*franc.*), *n.* parrucchiere (*per signora*).

coiffure /kwɑːˈfjʊə(r)/ (*franc.*), *n.* acconciatura (*dei capelli*); pettinatura.

coign(**e**) /kɔɪn/, *n.* (*edil.*) angolo; pietra d'angolo. ● (*fig.*) **a c. of vantage**, una posizione vantaggiosa (*per osservare e agire*).

coil (**1**) /kɔɪl/, *n.* **1** spira (*di serpente, ecc.*); giro (*di corda avvolta*) **2** rotolo **3** serpentina; serpentino (*tubo piegato a più curve*) **4** (*elettr.*) bobina; rocchetto: (*autom.*) **ignition coil**, bobina d'accensione; **induction c.**, rocchetto d'induzione; induttore **5** (*tecn.*) bobina; avvolgimento; spira **6** spirale (intrauterina) **7** crocchia di capelli **8** (*naut.*) duglia. ● **c. spring**, molla a spirale piatta; molla elicoidale □ (*radio*) **tuning c.**, bobina di sintonia.

coil (**2**) /kɔɪl/, *n.* (*arc.*) affanno; tumulto; rumore. ● **this mortal c.**, questa vita piena d'affanni mortali.

to **coil** /kɔɪl/, **A** *v. t.* **1** avvolgere (*una corda, ecc.*) (a spirale); attorcigliare: **The python coiled itself round its prey**, il pitone si avvolse intorno alla preda **2** (*naut.*) addugliare; abbisciare. **B** *v. i.* **1** avvolgersi (a spirale); attorcigliarsi **2** muoversi in spire; serpeggiare. ● **to c. up**, avvolgere (*o* avvolgersi) a spirale; raggomitolarsi.

coin /kɔɪn/, *n.* **1** moneta (*metallica*): **a gold c.**, una moneta d'oro **2** (*pl. collett.*) denaro **3** (*archit.*) pietra angolare **4** (*fig.*) cosa valida, che ha un suo peso: **A degree is good c. in the world of technology**, una laurea ha un suo peso nel mondo della tecnologia. ● **coins and currency**, denaro liquido □ (*telef.*) **c. box**, telefono a gettoni (*o* a monete) □ **c.-changing machine**, macchina cambiamonete □ **c. gold**, oro da conio □ **c. no longer in circulation**, moneta fuori corso □ (*banca*) **c. wrapper**, fascetta sagomata (*per le monete*) □ **false c.**, moneta falsa (*anche fig.*) □ (*fig.*) **the other side of the c.**, il rovescio della medaglia (*fig.*) □ (*fig.*) **to pay sb.** (**back**) **in his own c.**, pagare q. di pari moneta; rendere pan per focaccia (*fig.*) □ **small coins**, spiccioli.

to **coin** /kɔɪn/, *v. t.* **1** coniare (*anche fig.*): **to c. a word**, coniare una parola **2** (*econ., fin.*) monetare **3** (*ind.*) punzonare (*un massello, ecc.*). ● (*iron.*) **to c. a phrase**, per dire una novità (*si usa dopo aver detto un luogo comune*) □ (*fig. fam.*) **to be coining money** (*o* **to c. it**), far denaro a palate; arricchire alla svelta.

coinable /ˈkɔɪnəbl/, *a.* **1** coniabile **2** (*econ., fin.*) monetabile.

coinage /ˈkɔɪnɪdʒ/, *n.* **1** conio; coniatura **2** monete; moneta metallica **3** sistema monetario: **decimal c.**, sistema monetario decimale **4** il coniare (*parole nuove*); parola coniata **5** (*econ., fin.*) monetazione.

to **coincide** /kəʊɪnˈsaɪd/, *v. i.* coincidere; concordare: **Our birthdays [interests] c.**, i nostri compleanni [interessi] coincidono.

coincidence /kəʊˈɪnsɪdəns, *USA* -ɛns/, *n.* **1** coincidenza; concordanza; corrispondenza **2** combinazione; caso: **What a c.!**, che combinazione!

coincident /kəʊˈɪnsɪdənt, *USA* -ɛnt/, *a.* coincidente; concordante (con q.c.).

coincidental /kəʊɪnsɪˈdɛntl/, *a.* casuale; fortuito; dovuto a una coincidenza.

coincidentally /kəʊɪnsɪˈdɛntlɪ/, *avv.* per combinazione; per caso.

coiner /ˈkɔɪnə(r)/, *n.* **1** chi conia (*monete, ecc.*); coniatore **2** (*leg.*) falsario **3** (*fig.*) inventore (*di parole nuove, storie, ecc.*).

coining /ˈkɔɪnɪŋ/, *n.* **1** coniatura (*anche fig.*) **2** (*econ., fin.*) monetazione.

coinstantaneous /kəʊɪnstənˈteɪnɪəs/, *a.* simultaneo.

coinsurance /kəʊɪnˈʃʊərəns, -ˈʃɔː-/, *n.* (*ass.*) coassicurazione.

coinsured /kəʊɪnˈʃʊəd, -ˈʃɔːd/, *a.* e *n.* (*ass.*) coassicurato.

coir /ˈkɔɪə(r)/, *n.* fibra di cocco.

coital /ˈkəʊɪtl, ˈkɔɪtl/, *a.* relativo al coito; coitale.

coition /kəʊˈɪʃn/, **coitus** /ˈkəʊɪtəs, ˈkɔɪtəs/, *n.* (*fisiol.*) coito.

coke (**1**) /kəʊk/, *n.* coke; carbone coke. ● **c. breeze**, coke minuto □ **c. oven**, forno da coke; cokeria □ **c.-oven gas**, gas di cokeria.

coke (**2**) /kəʊk/, *n.* (*pop.*) cocaina; coca (*pop.*). ● **c.-freak** (*o* **c.-head**), cocainomane □ **c.-ring**, organizzazione di trafficanti di droga.

to **coke** /kəʊk/, *v. t.* convertire (*carbon fossile*) in coke; cokificare.

Coke /kəʊk/, *n.* (*marchio*; *pop.*) Coca-Cola; coca (*fam.*).

cokery /ˈkəʊkərɪ/, *n.* cokeria.

cokey, **cokie** /ˈkəʊkɪ/, *a.* e *n.* (*pop.*) cocainomane.

coking /ˈkəʊkɪŋ/, *n.* (*chim.*) coking; cokizzazione; cokificazione.

col /kɒl/, *n.* sella (*fra due monti*); passo; valico.

cola /ˈkəʊlə/, *n.* **1** (*bot., Cola*) cola **2** (*USA*) bibita simile alla Coca-Cola. ● **c. nut** (*o* **c. seed**), noce di cola.

colander /ˈkʌləndə(r), *USA* ˈkɒl-/, *n.* colatoio; colino.

to **colander** /ˈkʌləndə(r), *USA* ˈkɒl-/, *v. t.* colare; passare al colino.

colatitude /kəʊˈlætɪtjuːd, *USA* -tuːd/, *n.* (*geogr.*) colatitudine.

colchicine /ˈkɒltʃɪsiːn/, *n.* (*farm.*) colchicina.

colchicum /ˈkɒltʃɪkəm/, *n.* (*bot.*, *Colchicum*) colchico.

colcothar /ˈkɒlkəθə(r)/, *n.* (*chim.*) colcotar.

cold (**1**) /kəʊld/, *a.* ***1*** freddo (*in ogni senso*): **c. colours**, colori freddi; **c. drinks**, bibite fredde; **a c. personality**, un carattere freddo; **a c. reception**, un'accoglienza fredda; **His idea left me c.**, la sua idea mi lasciò freddo ***2*** che ha (*o* che sente) freddo: **If you are** (*o* **feel**) **c., go home**, se hai freddo, va' a casa ***3*** gelido; raggelante; tetro: **They had a c. realization of their fate**, ebbero la raggelante consapevolezza del loro destino ***4*** deprimente; di scarso interesse; stantio: **c. news**, notizie stantie ***5*** (*anche nella caccia*) appena percepibile; difficile da seguire: **a c. scent**, una traccia difficile da seguire (*da parte dei cani* e *fig.*) ***6*** (*fam.*) privo di sensi: **The boxer was knocked c.**, il pugile ricevette un colpo che lo mandò a terra privo di sensi ***7*** (*mil.*, *miss.*: *di ordigno nucleare, ecc.*) «freddo»; disinnescato; non innescato ***8*** (*metall.*) a freddo: **c. drawing**, trafilatura a freddo. ● **c. blast**, corrente d'aria fredda (*negli altiforni*) □ (*fig.*) **c. blood**, sangue freddo: **to do st. in c. blood**, fare q.c. a sangue freddo □ **c.-blooded**, (*di animale*) a sangue freddo, eterotermo; (*di persona*) che soffre il freddo, freddoloso; (*fig.*) freddo, insensibile; crudele, spietato □ **a c.-blooded murder**, un assassinio a sangue freddo □ **c.-bloodedness**, (*zool.*) eterotermia; (*fig.*) insensibilità; crudeltà □ (*mecc.*) **c. chisel**, tagliolo a freddo □ (*fam.*) **c. comfort**, magra consolazione □ **c. cream**, cold cream, crema emolliente (*cosmetico*) □ **c. cuts**, carne fredda, a fette □ **c. cuts platter**, piatto freddo (*di carni assortite*) □ (*fam.*) **c. duck**, miscela di champagne e vino frizzante □ (*fig. fam.*) **c. feet**, paura; mancanza di coraggio: **to get c. feet**, spaventarsi, essere preso dal panico; **to have c. feet**, avere paura (*di fare q.c.*) □ (*fig.*) **c. fish**, individuo freddo, scostante □ **c.-hearted**, freddo (*d'animo, negli affetti*); indifferente; insensibile; arido □ **c.-heartedness**, freddezza (*d'animo, ecc.*); indifferenza; insensibilità; aridità □ **c. in death**, freddo; morto; stecchito □ (*pop. USA*) **c. meat**, cadavere, cadaveri □ **c. pack**, (*med.*) impacco freddo; (*ind.*) inscatolamento a freddo □ (*metall.*) **c. rolling**, laminazione a freddo □ **c. saw**, sega ad attrito; sega a freddo □ **c. shoulder**, spalla di montone arrostito, servita fredda; (*fig.*) freddezza ostentata, scortesia □ **c. sore**, herpes semplice (*sulle labbra*); febbre (*pop.*) □ (*elab.*) **c. start**, avvio a freddo □ (*autom.*) **c. starting**, partenza a (*motore*) freddo □ (*mil.*) **c. steel**, arma bianca □ **c. storage**, immagazzinaggio in cella fregorifera: (*pop.*) **to be in c. storage**, essere al fresco (*in galera*); (*fig.*) **to put a plan in c. storage**, mettere un progetto da parte (*o* in frigorifero) □ **c. store**, cella frigorifera; magazzino frigorifero □ **c. supper**, cena fredda □ (*med.*) **c. surgery**, chirurgia di routine □ (*fam. USA*) **c. turkey**, crisi di astinenza (*di un drogato*); la scimmia sulla spalla (*pop.*) □ (*tipogr.*) **c. type composition**, cold type □ (*stor.*) **c. war**, guerra fredda □ (*USA*) **c. warrior**, fautore della guerra fredda □ **c. wrap**, bendaggio freddo (*trattamento estetico*) □ (*di cibo*) **to get c.**, raffreddarsi □ **to give sb. the c. shoulder**, essere freddo con q.; trattare q. con freddezza □ (*di una traccia*) **to go c.**, perdersi □ **ice-c.**, freddo come il ghiaccio □ **in c. blood**, a sangue freddo; a freddo □ **to leave sb. c.**, lasciare q. indifferente: **That leaves me c.**, non mi fa né caldo né freddo □ **to make sb.'s blood run c.**, far gelare il sangue (*nelle vene*) a q. □ **stone c.**, freddo come il marmo □ (*fig.*) **to throw c. water on**, gettare acqua fredda su (*fig.*); scoraggiare, raffreddare l'entusiasmo di (q.) □ (*fig.*) **You're c.**, non ci sei; sei lontano (*dall'indovinare, dal trovare, e sim.*) □ (*nei giochi, cercando q.c.*) **You're getting c.** (*o* **colder**), acqua... acqua... ti anneghi! □ (*prov.*) **C. hand, warm heart**, mani fredde, cuore caldo.

cold (**2**) /kəʊld/, *n.* ***1*** freddo: **The c. was biting**, il freddo era pungente; **to catch** (*o* **to take**) **c.**, prendere freddo; **to go out in the c.**, uscire al freddo ***2*** (*med.*) raffreddore; infreddatura: **to catch a c.**, prendere un raffreddore. ● **c. snap**, improvvisa ondata di freddo □ **c. wave**, (*meteor.*) *V.* **c. snap**; (*dei capelli*) permanente a freddo □ **to catch a c. in the eye**, prendere un colpo d'aria agli occhi □ **to have a c. in the head** [**on the chest**], avere un raffreddore di testa [di petto] □ (*fig. fam.*) **to be left out in the c.**, essere lasciato in disparte; venire trascurato.

cold (**3**) /kəʊld/, *avv.* (*fam.*) ***1*** completamente; del tutto ***2*** (*fam.*) seccamente; recisamente: **to refuse c.**, rifiutare recisamente ***3*** (*fam.*) senza preparazione: **I took the test c.**, ho fatto l'esame senza aver aperto un libro.

coldish /ˈkəʊldɪʃ/, *a.* piuttosto freddo; freddino.

coldly /ˈkəʊldlɪ/, *avv.* freddamente (*solo fig.*).

coldness /ˈkəʊldnəs/, *n.* ***1*** freddezza; l'esser freddo (*del tempo, ecc.*) ***2*** freddezza (*fig.*): **the c. of their reception**, la freddezza con cui ci ricevettero.

coldroom /ˈkəʊldruːm, -rʊm/, *n.* ***1*** refrigeratore (*di vivande*) ***2*** (*pop. USA*) camera mortuaria.

to **cold-shoulder** /ˈkəʊldˈʃəʊldə(r)/, *v. t.* trattare (q.) freddamente; ignorare (*volutamente*).

to **cold-weld** /ˈkəʊldweld/, *v. t.* (*mecc.*) saldare a freddo.

cole /kəʊl/, *n.* (*bot.*, *Brassica napus oleifera*) ravizzone: **c. seed**, seme di ravizzone.

colectomy /kɒˈlektəmɪ/, *n.* (*med.*) colectomia.

coleopteran /kɒlɪˈɒptərən/, (*zool.*) **A** *a.* dei coleotteri. **B** *n.* (*pl.* **coleoptera**) coleottero.

coleopterous /kɒlɪˈɒptərəs/, *a.* (*zool.*) dei coleotteri. ● **a c. insect**, un coleottero.

coleoptile /kɒlɪˈɒptaɪl, *USA* -tl/, *n.* (*bot.*) coleoptile, coleottile.

coleslaw /ˈkəʊlslɔː/, *n.* (*cucina*) insalata di cavolo tritato, carote, cipolle, ecc., con maionese.

colibacillosis /kəʊlɪbæsɪˈləʊsɪs/, *n.* (*med.*) colibacillosi.

colibacillus /kəʊlɪbəˈsɪləs/, *n.* (*pl.* **colibacilli**) (*biol.*) colibacillo.

colibri /ˈkɒlɪbrɪ/, *n.* (*zool.*) colibrì; uccello mosca.

colic /ˈkɒlɪk/, (*med.*) **A** *n.* colica. **B** *a.* colico: **c. pains**, dolori colici. ● (*anat.*) **c. artery**, arteria colica.

colicky /ˈkɒlɪkɪ/, *a.* (*med.*) ***1*** che provoca coliche ***2*** soggetto a coliche.

Coliseum /kɒləˈsiːəm/, *n.* (*archeol.*) Colosseo.

colitis /kəˈlaɪtɪs/, *n.* (*med.*) colite.

to **collaborate** /kəˈlæbəreɪt/, *v. i.* ***1*** collaborare ***2*** (*polit.*) essere un collaborazionista.

collaboration /kəlæbəˈreɪʃn/, *n.* ***1*** collaborazione ***2*** (*polit.*) collaborazionismo.

collaborationism /kəlæbəˈreɪʃənɪzəm/, *n.* (*polit.*) collaborazionismo.

collaborationist /kəlæbəˈreɪʃənɪst/, *n.* (*polit.*) collaborazionista.

collaborative /kəˈlæbrətɪv, *USA* -bəreɪtɪv/, *a.* (fatto) in collaborazione: **a c. research project**, un progetto di ricerca in collaborazione.

collaborator /kəˈlæbəreɪtə(r)/, *n.* ***1*** collaboratore ***2*** (*polit.*) collaborazionista.

collage /ˈkɒlɑːʒ, kɒˈlɑːʒ, *USA* kəˈlɑːʒ/ (*franc.*), *n.* (*arte*) collage.

to **collage** /ˈkɒlɑːʒ, kɒˈlɑːʒ, *USA* kəˈlɑːʒ/, *v. t.* (*arte*) fare un collage con (*pezzi vari*).

collagen /ˈkɒlədʒən/, *n.* (*biol.*) collageno, collagene.

collapsable /kəˈlæpsəbl/, *V.* **collapsible**.

collapsar /kɒˈlæpsɑː(r)/, *n.* (*astron.*) buco nero.

collapse /kəˈlæps/, *n.* ***1*** crollo (*di una casa, di un impero, delle proprie speranze, ecc.*); (*fig.*) rovina, collasso: **the c. of a circus tent**, il crollo del tendone di un circo; **the c. of one's plans**, la rovina dei propri progetti; **The c. of the whole country must be avoided**, bisogna evitare il collasso dell'intera nazione ***2*** (*edil.*) collasso; sprofondamento ***3*** (*med.*) collasso: **mental** [**nervous**] **c.**, collasso mentale [nervoso]; **lung c.**, collasso polmonare ***4*** sgonfiamento (*di un pallone, ecc.*) ***5*** fallimento, fiasco (*di trattative, ecc.*) ***6*** caduta (*di un governo, ecc.*) ***7*** (*Borsa, fin.*) crollo; crac; tracollo; pesante caduta; collasso: **the c. of a business**, il crac di un'azienda; **a c. of** (*o* **in**) **prices**, un crollo dei prezzi; **the c. of a currency**, il collasso di una moneta ***8*** (*geol.*, *astron.*) collasso: **gravitational c.**, collasso gravitazionale.

to **collapse** /kəˈlæps/, **A** *v. i.* ***1*** crollare (*anche fig.*); andare a rotoli (*o* in rovina): **The roof may c. under the weight of the snow**, il tetto può crollare sotto il peso della neve; **My hopes collapsed**, crollarono le mie speranze; **Our firm soon collapsed**, ben presto la nostra ditta andò a rotoli (*o* fallì) ***2*** (*edil.*) sprofondare ***3*** (*med.*) avere (*o* subire) un collasso; (*di un polmone, ecc.*) collassare ***4*** (*di un pallone, dell'interesse per q.c., ecc.*) sgonfiarsi; afflosciarsi ***5*** (*di una trattativa, ecc.*) andare a monte; fallire ***6*** (*di un governo, ecc.*) cadere ***7*** (*Borsa, fin.*: *dei prezzi, ecc.*) crollare; cadere pesantemente ***8*** (*di una persona*) lasciarsi cadere; sprofondare: **The old man collapsed into an armchair**, il vecchio si lasciò cadere su una poltrona ***9*** (*di un tavolo, ecc.*) piegarsi; ripiegarsi; essere pieghevole ***10*** (*di un'antenna, ecc.*) rientrare a telescopio ***11*** (*astron.*: *dell'universo, ecc.*) collassare. **B** *v. t.* ***1*** far crollare (*anche fig.*): **The explosion collapsed several buildings**, l'esplosione fece crollare diversi edifici ***2*** piegare (*una tavola, una sedia, ecc.*); ripiegare (*una tenda, un telone, un cappello a tuba, ecc.*); far rientrare (*un'antenna, ecc.*) ***3*** condensare, ridurre (*uno scritto, un rapporto, ecc.*) ***4*** (*med.*) collassare (*un polmone, ecc.*).

collapsible /kəˈlæpsəbl/, *a.* ***1*** pieghevole; apribile: **c. bag**, borsa pieghevole; **c. chair**, sedia pieghevole ***2*** (*fotogr.*) rientrabile (*di una lente*) ***3*** sgonfiabile. ● (*radio*) **c. antenna**, antenna telescopica □ (*naut.*) **c. boat**, canotto pneumatico □ (*form. USA*) **c. container**, profilattico □ (*edil.*) **c. gate**, cancello a scomparsa □ **c. hood**, capote (*d'automobile*), tettuccio apribile di tela impermeabile □ (*autom.*) **c. steering column**, sterzo collassabile.

collar /ˈkɒlə(r)/, *n.* ***1*** colletto; solino; bavero; collare; ghiera ***2*** collare (*di cane, di cavallo; insegna d'ordine cavalleresco; striscia di colore al collo di uccelli, ecc.*); colletto (*di una pianta*) ***3*** (*mecc.*) collare; fascetta; anello; flangia ***4*** (*ind. min.*) bocca del pozzo ***5*** colletto di schiuma (*della birra in un bicchiere*) ***6*** (*cucina*) rotolo di carne ***7*** collana: **a c. of flowers**, una collana di fiori ***8*** (*pop. USA*) arresto; cattura. ● (*fam. USA*) **c.-and-tie worker**, impiegato; colletto bianco (*fig.*) □ (*edil.*) **c. beam**, catena d'impluvio; controcatena □ (*mecc.*) **c. bearing**, cuscinetto reggispinta □ **c.-harness**, pettorale (*di cavallo*) □ **c. stud** (*o* **c. button**), fermacolletto; bottone da colletto □ (*fig.*) **c. work**, lavoro duro □ (*USA*) **blue-c. worker**, operaio; tuta blu □ (*fam.*) **hot under the c.**, arrabbiato □ (*USA*) **white-c. worker**, impiegato; colletto bianco (*fig.*).

to **collar** /ˈkɒlə(r)/, *v. t.* ***1*** mettere il colletto (*o* il collare) a ***2*** prendere per il collo; acciuffare; arrestare: **I darted and collared the pickpocket**, mi slanciai e acciuffai il borsaiolo ***3*** (*fam. arc.*) prendere; appropriarsi di: **Who's collared my book?**, chi ha preso il mio libro? ***4*** (*sport*) arrestare (*un avversario che ha il pallone*) fermandolo con le braccia ***5*** (*fam.*) fermare (q., *per parlargli*): **I collared him on**

the doorway, lo fermai sulla soglia ***6*** arrotolare (*carne da cuocere*).

collarbone /ˈkɒləbəʊn/, *n.* (*anat.*) clavicola.

collared /ˈkɒləd/, *a. attr.* ***1*** dal colletto; che porta il colletto ***2*** (*nei composti*:) dal collare; dal collarino: **a red-c. bird**, un uccello dal collarino rosso.

collarette /kɒləˈrɛt/, *n.* ***1*** colletto, collettino (*di pizzo, di pelliccia, ecc.*) ***2*** collana (*di perle, ecc.*).

to **collate** /kɒˈleɪt, kə-, *USA* ˈkəʊleɪt/, *v. t.* ***1*** collazionare (*anche leg.*); comparare; confrontare (*documenti, edizioni, ecc.*) ***2*** (*legatoria*) raccogliere, unire (*le segnature di un libro*) ***3*** conferire un beneficio ecclesiastico a (*un sacerdote*) ***4*** (*nelle biblioteche*) collazionare; esaminare (*un libro, pagina per pagina*) ***5*** (*elab.*) collazionare; combinare (*due file*); fondere (*informazioni*); intercalare.

collateral /kɒˈlætərəl, kə-/, **A** *a.* ***1*** collaterale; parallelo ***2*** secondario; aggiuntivo; accessorio: (*leg.*) **c. facts**, fatti accessori; **c. agreement**, clausola secondaria ***3*** (*fin., leg.*) collaterale: **c. security**, garanzia collaterale (*o* reale); **a c. loan**, un prestito con garanzia pignoratizia (*o* collaterale). **B** *n.* ***1*** (*fin., leg.*) garanzia collaterale ***2*** (parente) collaterale.

collating /kɒˈleɪtɪŋ, kə-, *USA* ˈkəʊ-/, *n.* (*elab.*) collazione; intercalazione.

collation /kɒˈleɪʃn, kə-/, *n.* ***1*** collazione (*anche leg.*); confronto ***2*** (*relig.*) collazione ***3*** pasto leggero; spuntino ***4*** (*nelle biblioteche*) descrizione di un libro (*numero delle pagine, illustrazioni, ecc.*) ***5*** (*legatoria*) raccolta (*delle segnature*).

collator /kɒˈleɪtə(r), kə-/, *n.* ***1*** chi collaziona, confronta, ecc. (*V.* **to collate**) ***2*** (*relig.*) collatore (*in diritto canonico*) ***3*** (*legatoria*) raccoglitore (*delle segnature*) ***4*** (*elab.*) intercalatrice, unità d'inserimento, inseritrice (*macchina comparatrice-inseritrice di schede perforate*).

colleague /ˈkɒliːg/, *n.* collega.

collect (**1**) /kəˈlɛkt/, *avv.* (*USA*) con tassa a carico del destinatario: **Send it c. (on delivery)!**, mandalo contrassegno! ● (*telef., USA*) **c. call**, telefonata a carico del ricevente.

collect (**2**) /ˈkɒlɛkt/, *n.* (*relig.*) colletta (*breve preghiera aggiuntiva*).

to **collect** /kəˈlɛkt/, **A** *v. t.* ***1*** adunare; radunare ***2*** raccogliere; fare raccolta (*o* collezione) di (*francobolli, ecc.*); collezionare ***3*** andare a prendere; ritirare: **to c. one's coat from the cleaners**, ritirare il cappotto dalla lavanderia ***4*** (*comm.*) incassare, riscuotere (*denaro*); recuperare (*un credito*): **to c. a cheque**, incassare un assegno; **to c. taxes**, riscuotere le imposte; **to c. bad debts**, recuperare crediti inesigibili ***5*** (*stat.*) raccogliere, assumere, rilevare (*dati*) ***6*** (*trasp.*) far salire (*passeggeri*); ritirare (*merce*) ***7*** (*mat.*) raccogliere (*termini di un'equazione, ecc.*). **B** *v. i.* ***1*** adunarsi; riunirsi ***2*** accumularsi; ammucchiarsi: **Dust collects on the surface of furniture**, la polvere si accumula sulla superficie dei mobili ***3*** raccogliere offerte ***4*** (*comm.*) fare riscossioni. **C** to **collect oneself**, *v. rifl.* riaversi; riprendere la padronanza di sé. ● **to c. alms**, fare la questua □ **to c. one's children from school**, andare a prendere i figli a scuola □ **to c. one's courage**, farsi coraggio □ **to c. for the poor**, fare una colletta per i poveri □ **to c. money**, (*banca*) raccogliere denaro; raccogliere offerte; fare una colletta □ **to c. one's thoughts**, riordinare le idee; concentrarsi □ (*mat.*) **to c. the unknown terms**, raccogliere le incognite.

collectable /kəˈlɛktəbl/, *a.* ***1*** radunabile; raccoglibile ***2*** (*comm.*) esigibile; incassabile; riscuotibile ***3*** (*comm.*) (*di un credito*) recuperabile ***4*** (*trasp.*) (*di merce*) ritirabile; che si può andare a ritirare.

collectanea /kɒlɛkˈteɪnɪə/ (*lat.*), *n. pl.* miscellanea; antologia.

collected /kəˈlɛktɪd/, *a.* ***1*** raccolto; riunito ***2*** calmo; padrone di sé; sicuro. ● (*ippica*) **c. gait**, passo raccolto □ **the c. works of Shakespeare**, l'opera completa di Shakespeare. || **-ly**, *avv.* || **-ness**, *sost.*

collectibility /kəlɛktəˈbɪlətɪ/, *n.* (*comm.*) ***1*** esigibilità (*di un titolo di credito*) ***2*** recuperabilità (*di un credito*).

collectible /kəˈlɛktəbl/, *V.* **collectable**.

collectibles /kəˈlɛktəblz/, *n. pl.* articoli da collezione (*antichi, ma di scarso valore intrinseco*).

collecting /kəˈlɛktɪŋ/, **A** *a.* ***1*** che raccoglie ***2*** (*comm.*) esattore ***3*** (*comm.*) d'incasso. **B** *n.* ***1*** raccolta ***2*** il collezionare: **stamp c.**, il collezionare francobolli; filatelia ***3*** (*comm.*) incasso; riscossione; esazione ***4*** (*trasp.*) ritiro, presa in consegna (*di merce*). ● **c. bank**, banca esattrice; esattoria □ **c. clerk**, esattore □ (*banca, fisc.*) **c. commission**, commissione d'incasso; aggio dell'esattore □ (*banca*) **c. department**, ufficio esazioni; esattoria □ (*mil.*) **c. station**, centro di raccolta dei feriti.

collection /kəˈlɛkʃn/, *n.* ***1*** raccolta; il raccogliere; collezione (*di francobolli, di libri antichi, di moda, ecc.*); levata (*delle lettere dalle cassette*) ***2*** mucchio; cumulo; l'accumularsi: **a c. of dirt**, un mucchio di sporcizia ***3*** raccolta di denaro; colletta; questua ***4*** esazione; riscossione (*di tasse, ecc.*): (*fisc.*) **c. at the source**, esazione alla fonte ***5*** (*trasp.*) presa (in consegna), ritiro (*di merce*): **c. from residence**, presa a domicilio ***6*** (*stat.*) rilevazione (*di dati*) ***7*** (*pl.*) (*fin., rag.*) incassi ***8*** (*in chiesa*) questua ***9*** (*pl.*) esami trimestrali (*a Oxford*). ● **c. box**, cassetta delle elemosine □ **c. of debts**, esazione di crediti □ (*banca*) **c. of money**, la raccolta (di denaro) □ **c. order** (*o* **voucher**), reversale d'incasso.

collective /kəˈlɛktɪv/, **A** *a.* collettivo: **c. bargaining**, contrattazione collettiva (*dei sindacati*); (*econ.*) **c. farm**, fattoria collettiva; (*econ.*) **c. ownership**, proprietà collettiva; **c. wage agreements**, contratti collettivi (*di lavoro*). **B** *n.* ***1*** (*econ.*) collettivo ***2*** (*gramm.*, = **c. noun**) nome collettivo. ● **c. goods**, beni pubblici □ (*polit.*) **c. leadership**, direzione collegiale □ **c. security**, sicurezza collettiva.

collectivism /kəˈlɛktɪvɪzəm/, *n.* (*polit.*) collettivismo.

collectivist /kəˈlɛktɪvɪst/, *n.* e *a.* (*polit.*) collettivista.

collectivistic /kəlɛktɪˈvɪstɪk/, *a.* (*polit.*) collettivistico.

collectivity /kɒlɛkˈtɪvətɪ/, *n.* collettività.

collectivization /kəlæktɪvaɪˈzeɪʃn, *USA* -vɪ-ˈz-/, *n.* (*polit.*) collettivizzazione.

to **collectivize** /kəˈlɛktɪvaɪz/, *v. t.* (*polit.*) collettivizzare.

collector /kəˈlɛktə(r)/, *n.* ***1*** raccoglitore; collezionista: **a c. of rare books**, un collezionista di libri rari ***2*** (*comm.*) esattore; ricevitore: **tax c.**, esattore delle imposte ***3*** (*ferr.*, = **ticket c.**) controllore ***4*** (*aeron., elettron.*) collettore. ● **c.'s item** (*o* **piece**), pezzo da collezionista □ **c. of the customs**, ricevitore delle dogane □ **c.'s office**, esattoria; ricevitoria □ (*elettr.*) **c. plate**, piastra conduttrice □ **stamp c.**, collezionista di francobolli; filatelista.

collectorship /kəˈlɛktəʃɪp/, *n.* ***1*** esattoria ***2*** distretto (*o* funzioni) di esattore delle imposte.

collegatary /ˈkɒlɪgeɪtrɪ, -ˈgeɪ-, *USA* ˈkɒlɪgətɛrɪ/, *n.* (*leg.*) collegatario.

college /ˈkɒlɪdʒ/, *n.* ***1*** collegio (*nel senso di: corpo di individui, ordine professionale e sim.*): **the c. of cardinals** (**the Sacred C.**), il collegio dei cardinali (il Sacro Collegio); **the C. of Surgeons**, l'Ordine dei chirurghi ***2*** (*in G.B.*) college; istituto di studi superiori (*annesso a un'università*) ***3*** (*talora*) facoltà universitaria: **teacher(s') training c.** (*USA*: **teachers c.**), facoltà di magistero ***4*** (*USA*) college; università con corsi di soli quattro anni (*che concede il «bachelor's degree», laurea di primo grado*) ***5*** college (*nome pretenzioso che alcune scuole private, «collegi» nel senso ital., si attribuiscono*) ***6*** (*polit.*) collegio: **electoral c.**, collegio elettorale. ● **c. cap**, berretto goliardico □ **c. education**, istruzione (*o* cultura) universitaria □ **c. life**, vita universitaria (*o* accademica) □ **c. pudding**, budino con spezie e frutta secca □ **c. student**, universitario □ (*fam. USA*) **c. try**, il tutto per tutto □ **army c.**, collegio militare □ **art c.**, accademia di belle arti □ **He's been to c.**, ha fatto l'università.

colleger /ˈkɒlɪdʒə(r)/, *n.* ***1*** borsista (*di Eton*) ***2*** (*USA*) membro (*o* studente) d'un college (*V.* **college**, *def.* 3 e 4) ***3*** (*arc.*) (studente) universitario.

collegial /kəˈliːdʒɪəl/, *a.* ***1*** collegiale ***2*** di (*o* relativo a) un college (*V.* **college**; *specialm. nella def. 1*).

collegiality /kəliːdʒɪˈælətɪ/, *n.* (*anche relig.*) collegialità.

collegian /kəˈliːdʒɪən/, *n.* membro (*o* studente) d'un college.

collegiate /kəˈliːdʒət/, *a.* ***1*** collegiato: **c. church**, (chiesa) collegiata ***2*** relativo a un college (*o* ai suoi studenti) ***3*** *V.* **collegial**. ● **a c. school**, una scuola superiore □ (*sport, USA*) **c. football**, il football universitario □ **a c. university**, un'università divisa in college.

to **collegiate** /kəˈliːdʒɪət/, *v. t.* (*relig.*) rendere collegiato.

collet /ˈkɒlət/, *n.* ***1*** (*mecc.*) anello metallico; bussola di chiusura ***2*** (*gioielleria*) castone ***3*** collare ***4*** (*ind. vetro*) boccame di soffiatura; rottame di vetro ***5*** (*di cronometro*) virola.

to **collet** /ˈkɒlət/, *v. t.* (*gioielleria*) incastonare.

to **collide** /kəˈlaɪd/, **A** *v. i.* collidere; scontrarsi; urtarsi (*anche fig.*: *d'idee e sim.*); (*aeron., naut.*) entrare in collisione: **The two trains collided** (**with each other**), i due treni si scontrarono. **B** *v. t.* (*fis. nucl.*) far entrare in collisione; collisionare. ● **to c. with a vehicle**, investire un veicolo □ (*naut.*) **colliding ship**, nave investitrice.

collider /kəˈlaɪdə(r)/, *n.* (*fis. nucl.*) collisionatore.

collie /ˈkɒlɪ/, *n.* collie; pastore scozzese (*cane*).

collier /ˈkɒlɪə(r)/, *n.* ***1*** minatore (*di carbone*) ***2*** (nave) carboniera.

colliery /ˈkɒlɪərɪ/, *n.* miniera di carbone.

to **colligate** /ˈkɒlɪgeɪt/, *v. t.* collegare (*specialm. fatti*).

colligation /kɒlɪˈgeɪʃn/, *n.* collegamento (*specialm. di fatti*).

to **collimate** /ˈkɒlɪmeɪt/, *v. t.* ***1*** (*scient.*) collimare (*uno strumento ottico*) ***2*** far collimare. ● (*mil.*) **collimating sight**, collimatore.

collimation /kɒlɪˈmeɪʃn/, *n.* (*scient.*) collimazione.

collimator /ˈkɒlɪmeɪtə(r)/, *n.* (*ottica*) collimatore.

collinear /kɒˈlɪnɪə(r)/, *a.* (*geom.*) collineare; situato sulla stessa retta.

collineation /kɒlɪnɪˈeɪʃn/, *n.* (*geom.*) collineazione.

collision /kəˈlɪʒn/, *n.* ***1*** collisione; urto, scontro (*anche fig.*: *d'interessi, ecc.*); conflitto: **the c. of two ships** [**trains**], la collisione di due navi [lo scontro di due treni] ***2*** (*elab.*) collisione; interferenza. ● (*aeron., naut.*) **c.-avoidance radar**, radar anticollisioni □ (*naut.* e *fig.*) **c. course**, rotta di collisione □ (*naut.*) **c. mat**, paglietto turafalle □ (*fig.*) **to come into c. with sb.**, scontrarsi con q.; (*fig.*) trovarsi in contrasto con q.

to **collocate** /ˈkɒləkeɪt/, **A** *v. t.* ***1*** collocare, porre (*in un dato luogo*) ***2*** sistemare; ordinare; disporre. **B** *v. i.* (*ling.*) accordarsi: **The adjective «mild» collocates with cigarette but «light» doesn't**, l'aggettivo «mild» s'accorda con «cigarette» ma «light» no.

collocation /kɒləˈkeɪʃn/, *n.* ***1*** collocazione ***2*** sistemazione; ordine; disposizione ***3*** (*ling.*) collocazione (*delle parole*).

collocutor /kəˈlɒkjʊtə(r)/, *n.* (*raro*) interlocutore.

collodion /kəˈləʊdɪən/, *n.* (*chim.*) collodio.

to **collogue** /kəˈləʊg/, *v. i.* (*fam.*) discutere in

segreto; confabulare.

colloid /ˈkɒlɔɪd/, (*chim.*) **A** *a.* colloidale. **B** *n.* colloide.

colloidal /kəˈlɔɪdl/, *a.* (*chim.*) colloidale.

collop /ˈkɒləp/, *n.* (*dial.*) pezzetto, fetta (*specialm. di carne*).

colloquial /kəˈləʊkwɪəl/, *a.* **1** (*di parola, ecc.*) colloquiale; familiare; dell'uso corrente; della lingua parlata **2** colloquiale; relativo alla conversazione. ● **C. English**, l'inglese parlato.

colloquialism /kəˈləʊkwɪəlɪzəm/, *n.* colloquialismo; espressione colloquiale.

colloquist /ˈkɒləkwɪst/, *n.* (*arc.*) interlocutore.

colloquium /kəˈləʊkwɪəm/, *n.* (*pl.* **colloquiums, colloquia**) **1** riunione (*per discutere problemi, ecc.*) **2** congresso; (*all'università*) seminario.

colloquy /ˈkɒləkwɪ/, *n.* **1** colloquio, dialogo (*specialm. form.*) **2** (*letter.*) dialogo.

to **collude** /kəˈluːd/, *v. i.* (*leg.*) agire in collusione; colludere (*raro*).

collusion /kəˈluːʒn/, *n.* (*leg.*) collusione.

collusive /kəˈluːsɪv/, *a.* (*leg.*) **1** collusivo: **c. tendering**, licitazione collusiva; collusione in gara d'appalto **2** (*di una persona*) che è in collusione (*con q.*).

collutorium /kɒljʊˈtɔːrɪəm/, *n.* (*pl.* **collutoria**) (*med.*) collutorio.

collyrium /kəˈlɪrɪəm/, *n.* (*pl.* **collyria, collyriums**) (*farm.*) collirio.

collywobbles /ˈkɒlɪwɒblz/, *n. pl.* (*fam.*) **1** mal di stomaco; mal di pancia **2** (*fig.*) paura; apprensione.

colocynth /ˈkɒləsɪnθ/, *n.* (*bot.*, *Citrullus colocynthis*) colloquintide.

cologarithm /kəʊˈlɒgərɪðəm, *USA* -ɔːg-/, *n.* (*mat.*) cologaritmo.

cologne /kəˈləʊn/ (*franc.*), *n.* acqua di colonia.

Colombian /kəˈlɒmbɪən/, *a.* e *n.* colombiano (*della Colombia*).

colon (**1**) /ˈkəʊlən/, *n.* due punti (*segno d'interpunzione*).

colon (**2**) /ˈkəʊlən/, *n.* (*pl.* **colons, cola**) (*anat.*) colon.

colonate /kəˈləʊneɪt/, *n.* (*stor. romana*) colonato; servitù della gleba.

colonel /ˈkɜːnl/, *n.* (*mil.*) colonnello. ● **lieutenant c.**, tenente colonnello.

colonelcy /ˈkɜːnlsɪ/, **colonelship** /ˈkɜːnlʃɪp/, *n.* ufficio (*o* grado) di colonnello.

colonial /kəˈləʊnɪəl/, *a.* e *n.* coloniale. ● (*stor.*) **the C. Office**, il Ministero delle Colonie (*in G.B.*) □ (*USA*) **a c. house**, una casa in stile coloniale □ (*arte*) **c. style**, stile coloniale (*in U.S.A.*).

colonialism /kəˈləʊnɪəlɪzəm/, *n.* **1** (*polit.*) colonialismo **2** modo di vita tipico nelle colonie **3** locuzione del linguaggio coloniale.

colonialist /kəˈləʊnɪəlɪst/, (*polit.*) **A** *n.* colonialista. **B** *a.* colonialistico.

colonialistic /kələʊnɪəˈlɪstɪk/, *a.* (*polit.*) colonialistico.

colonialization /kələʊnɪəlaɪˈzeɪʃn, *USA* -lɪˈz-/, *n.* (*polit.*) colonizzazione.

to **colonialize** /kəˈləʊnɪəlaɪz/, *v. t.* (*polit.*) colonizzare.

colonist /ˈkɒlənɪst/, *n.* (*anche stor.*) colono; pioniere; coloniale (*abitante d'una colonia*).

colonization /kɒlənaɪˈzeɪʃn, *USA* -nɪˈz-/, *n.* colonizzazione.

to **colonize** /ˈkɒlənaɪz/, **A** *v. t.* **1** colonizzare **2** (*USA*) trasferire (*elettori*) in un distretto. **B** *v. i.* **1** fondare una colonia **2** stabilirsi in una colonia.

colonizer /ˈkɒlənaɪzə(r)/, *n.* colonizzatore.

colonnade /kɒləˈneɪd/, *n.* **1** (*archit.*) colonnato **2** (*lett.*) filare d'alberi.

colonnaded /kɒləˈneɪdɪd/, *a.* (*archit.*) che ha un colonnato; munito di colonne.

colony /ˈkɒlənɪ/, *n.* colonia (*in ogni senso*): **a former British c.**, un'ex colonia inglese; **a c. of bacteria**, una colonia di batteri. ● **the American c. in Rome**, la comunità americana di Roma.

colophon /ˈkɒləfɒn, -ən/, *n.* (*tipogr.*) **1** colophon **2** marchio d'editore, logotipo (*in un libro*).

colophony /kəˈlɒfənɪ/, *n.* colofonia; pece greca.

color /ˈkʌlə(r)/, e *deriv.* (*USA*), *V.* **colour**, e *deriv.*

Colorado /kɒləˈrɑːdəʊ, *USA* -ˈrædəʊ/, *n.* (*geogr., USA*) Colorado. ● (*zool.*) **C. beetle** (*Leptinotarsa decemlineata*), dorifora della patata.

colorant /ˈkʌlərənt/, *n.* (*chim., ind.*) colorante.

coloration /kʌləˈreɪʃn/, *n.* colorazione.

coloratura /kɒlərəˈtʊərə, -ˈtjʊə-, *USA* kʌ-, kəʊ-/ (*ital.*), *n.* (*mus.*) **1** coloratura; infiorettatura **2** (= **c. soprano**) soprano leggero.

colorific /kʌləˈrɪfɪk/, *a.* **1** colorante **2** (*arc.*) fortemente colorato.

colorimeter /kʌləˈrɪmɪtə(r)/, *n.* colorimetro.

colorimetric(al) /kʌlərɪˈmetrɪk(l)/, *a.* colorimetrico: (*chim.*) **c. analysis**, analisi colorimetrica. ‖ **-ally**, *avv.*

colorimetry /kʌləˈrɪmətrɪ/, *n.* (*chim., fis.*) colorimetria.

to **colorize** /ˈkʌləraɪz/, *v. t.* (*fam. USA*) colorizzare; replicare a colori (*una pellicola in bianco e nero*).

colossal /kəˈlɒsl/, *a.* **1** colossale **2** (*arte*) a grandezza doppia del normale. ‖ **-ly**, *avv.*

Colosseum /kɒləˈsiːəm/, *n.* (*archeol.*) Colosseo.

colossus /kəˈlɒsəs/, *n.* (*pl.* **colossuses, colossi**) colosso (*anche fig.*): (*stor. arte*) **the C. of Rhodes**, il Colosso di Rodi.

colostomy /kəˈlɒstəmɪ/, *n.* (*med.*) colostomia.

colostrum /kəˈlɒstrəm/, *n.* (*fisiol.*) colostro.

colotomy /kəˈlɒtəmɪ/, *n.* (*med.*) colotomia.

colour /ˈkʌlə(r)/, **A** *n.* **1** colore (*anche fig.*); tinta; vernice; colorito (*del volto, d'un quadro*); apparenza; parvenza: **What c. is it?**, di che colore è?; **oil colours**, colori a olio; **fundamental** (*o* **primary, simple**) **colours**, colori fondamentali; **fast c.**, colore indelebile; tinta solida; **illustrations in c.**, illustrazioni a colori; **local c.**, colore locale; **a film in c.**, un film a colori; (*fig.*) **to paint st. in dark** [**bright**] **colours**, descrivere q.c. a tinte nere [rosee]; **to have a high c.**, avere un colorito acceso, sanguigno; **a man** [**a woman**] **of c.**, un uomo [una donna] di colore; **under c. of shyness**, sotto il manto (*o* la maschera) della timidezza; **local c.**, colore locale **2** (*pl.*) colori nazionali; bandiera: **the regimental colours**, la bandiera del reggimento; **to salute the colours**, salutare la bandiera **3** (*pl.*) (*sport*) colori di scuderia (*o* di una squadra): (*di un giocatore*) **to win one's colours**, essere messo in squadra **4** (*fig.*) colore di verità; verosimiglianza; plausibilità **5** caratteristica; qualità; tono (*d'uno scrittore*): **to take one's c. from sb.**, derivare il proprio tono da q. **6** (*mus.*) colorito **7** (*arald.*) colore; smalto **8** (*leg.*) presunzione, pretesa: **c. of title**, presunzione di un diritto **9** (*pl.*) (*naut., USA*) alzabandiera; ammainabandiera. **B** *a.* **1** a colori; colorato; cromatico: **c.-bar code**, codice a barre colorate; (*elettr.*) **c. code**, codice a colori; (*anche elab.*) **c.-coding**, codificazione a colori (*o* cromatica); **c. matching**, armonizzazione cromatica; **c. separation**, selezione cromatica **2** del colore; di (*o* dei) colori: (*fisiol.*) **c. vision**, visione del colore; **c. manufacturers**, fabbricanti di colori; colorificio; **c. scale**, scala di colori; **c. chart**, carta dei colori **3** (*di una persona*) di colore; nero **4** dei neri, dei negri; razziale: **the c. problem**, il problema dei negri (*specialm. d'America*); **the c. prejudice**, il pregiudizio razziale. ● **the c. bar** (*o* **the c. line**), «la barriera del colore»; la discriminazione razziale □ **c. bearer**, portabandiera; alfiere □ **c.-blind**, (*med.*) daltonico; (*fotogr.*) ortocromatico; (*fam. USA*) neutrale (*al tempo della guerra civile*), (*ora*) che non fa discriminazioni razziali per il colore della pelle □ **c.-blindness**, (*med.*) cecità ai colori, acromatopsia; (*anche*) daltonismo □ (*TV*) **c. cast**, trasmissione a colori □ (*fotogr.*) **c. film**, pellicola a colori □ **c. man**, commerciante di vernici □ (*leg.*) **c. of office**, abuso di ufficio □ (*leg.*) **c. of right**, parvenza di diritto □ (*tipogr.*) **c. printing**, stampa a colori, cromotipia □ **c. scheme**, disposizione dei colori □ **c. shade**, gradazione (*o* tonalità) di colore □ **c. slide**, diapositiva a colori □ **c. supplement**, supplemento a colori (*di un giornale*) □ **c. television**, televisione a colori □ (*TV*) **c. transmission**, *V.* **c. cast** □ **c. transparency**, fotocolor □ **c. TV set**, televisore a colori □ **c. wash**, colore a calce □ **to add** (*o* **to lend**) **c. to one's story** (*o* **tale**), rendere colorito il proprio racconto; arricchirlo di dettagli □ (*mil.*) **call to the colours**, segnale di tromba per l'alzabandiera o l'ammainabandiera □ **to change c.**, mutar colore; impallidire; diventare di mille colori □ **to come off with flying colours**, uscire da un'impresa con tutti gli onori; farsi molto onore □ (*mil.* e *fig.*) **to desert one's colours**, abbandonare la bandiera; disertare □ (*sport*) **to get** (*o* **to win**) **one's colours**, essere messo in squadra □ **to give** (*o* **to lend**) **c. to a story** [**a tale**], dare colore di verità a una storia [a un racconto]; renderli credibili, plausibili □ **to give a false c. to st.**, svisare, travisare q.c.; deformare (*una notizia*) □ **in one's true colours**, quale q. o q.c. realmente è: **You don't see the facts in their true colours**, tu non vedi i fatti quali realmente sono □ (*mil.*) **to join the colours**, arruolarsi nell'esercito □ **to look off c.**, *V.* **to be off c.** □ **to lose c.**, sbiancare; impallidire □ (*fig.*) **to lower one's colours**, arrendersi (*fig.*); darsi per vinto; dimettersi □ (*fig.*) **to nail one's colours to the mast**, tener duro; non darsi per vinto □ **to have much** (**little**) **c.**, essere molto (poco) colorito (*in viso*) □ **to be off. c.**, (*di persona*) avere un brutto colore (*o* una brutta cera); non sentirsi bene; (*di barzellette, aneddoti e sim.*) essere di cattivo gusto □ **to put false colours on sb.**, denigrare q. □ **to put false colours on things**, travisare la realtà □ (*fig.*) **to sail under false colours**, farsi passare per quello che non si è; presentarsi sotto mentite spoglie □ **to see the c. of sb.'s money**, sentire appena l'odore dei soldi di q.; riuscire a far tirare fuori un po' di soldi a q. □ **to serve with the colours**, fare il soldato □ **to show one's true colours**, mostrarsi per quel che si è; rivelare la propria natura □ (*fig. fam.*) **to stick to one's colours**, restare fedele alle proprie idee; non mutar bandiera □ **to be with the colours**, essere sotto le armi □ **with flying colours**, (*mil.*) a bandiere spiegate; (*fig.*) vittorioso, trionfante.

to **colour** /ˈkʌlə(r)/, **A** *v. t.* **1** colorare; colorire; tingere; dipingere; tinteggiare; macchiare: **She colours her hair red**, si colora (*o* tinge) i capelli di rosso; **to c. a picture**, dipingere un quadro (*dopo averne abbozzato le linee*); **to c. the front of a house**, tinteggiare la facciata di una casa **2** dare colore di verità a (q.c.); rendere verosimile: **He succeeded in colouring his story about the aggression**, riuscì a rendere verosimile il suo racconto sull'aggressione **3** alterare; svisare; travisare: **The reporting of actual facts is often coloured by journalists**, le cronache di fatti reali vengono spesso alterate dai giornalisti **4** dare un'impronta a; influire su; influenzare: **His sad experience coloured his views**, la sua triste esperienza influenzò le sue convinzioni. **B** *v. i.* **1** colorirsi (*in viso*); arrossire; farsi rosso: **He coloured with anger**, si fece rosso d'ira **2** colorarsi, mutar colore (*della frutta che matura, ecc.*). ● (*leg.*) **to c. an alibi**, arricchire un alibi di particolari □ **to c. in**, colorare (*figure, disegni: in un album, ecc.*) □ **to c. up**, colorarsi, arrossire; (*fig.*) colorire, descrivere (q.c.) con vivezza.

colourable /ˈkʌlərəbl/, *a.* **1** che si può colorare; colorabile **2** credibile; plausibile **3** falso; finto; fittizio; specioso. ● (*leg.*) **c. imitation**, contraffazione di marchio □ (*leg., comm.*) **c. transaction**, operazione fittizia.

to **colour-cast** /ˈkʌləkɑːst, *USA* -æst/, *v. t.* (*TV*) trasmettere a colori.

to **colour-code** /ˈkʌləkəʊd/, *v. t.* (*elettr., tecn.*) contrassegnare (*fili, tubi, ecc.*) con colori diversi (*per facilitarne l'identificazione*).

coloured /ˈkʌləd/, **A** *a.* **1** colorato: **c. ink**, inchiostro colorato; **a c. shirt**, una camicia colorata (*o* di colore) **2** di colore: **a c. person**, una persona di colore **3** che ha un dato colore: **flesh-c.**, del colore della carne; carnicino; incarnato **4** colorito: **a c. description**, una descrizione colorita **5** alterato; svisato; travisato; distorto: **His words were highly c. by hatred**, le sue parole erano completamente distorte dall'odio. **B** *n.* uomo (donna) di colore. ● **a c. school**, una scuola per la gente di colore.

colourfast /ˈkʌləfɑːst, *USA* -æst/, *a.* di colore indelebile; che non scolorisce; che non stinge.

colourfastness /ˈkʌləfɑːstnəs, *USA* -æst-/, *n.* indelebilità del colore.

colourful /ˈkʌləfl/, *a.* **1** pieno di colore **2** (*fig.*) colorito; pittoresco: **a c. character**, un personaggio pittoresco.

colouring /ˈkʌlərɪŋ/, *n.* **1** colorazione; coloritura; arte (*o* tecnica) del colore **2** colorante: **artificial c.**, colorante artificiale **3** colorito (*del volto*); arrossamento; rossore **4** tinteggiatura (*dei capelli*) **5** (*fam.*) apparenza; sembianza **6** colore (*politico, ecc.*); tendenza. ● (*ind.*) **c. agent**, colorante (alimentare).

colourist /ˈkʌlərɪst/, *n.* **1** (*arte*) colorista **2** (*fotogr.*) ritoccatore.

colourless /ˈkʌləlǝs/, *a.* **1** incolore (*anche fig.*); scolorito; sbiadito; scialbo; privo d'interesse **2** pallido (*in volto*) **3** (*fig.*) indifferente; imparziale; neutrale.

coloury /ˈkʌlərɪ/, *a.* (*comm.*) colorito; che ha un bel colore (*del caffè, ecc.*).

colporteur /ˈkɒlpɔːtə(r)/ (*franc.*), *n.* venditore ambulante di libri religiosi (*bibbie, ecc.*)

colposcope /ˈkɒlpəskəʊp/, *n.* (*med.*) colposcopio (*strumento*).

colposcopy /kəlˈpɒskəpɪ/, *n.* (*med.*) colposcopia.

colt /kəʊlt/, *n.* **1** puledro **2** (*fig. fam.*) uomo giovane, inesperto; pivello; sbarbatello **3** (*sport*) giocatore di una squadra di juniores.

colter /ˈkəʊltə(r)/, (*USA*) *V.* **coulter**.

coltish /ˈkəʊltɪʃ/, *a.* **1** di (*o* da) puledro; vivace; saltellante **2** (*spreg.*) inesperto; maldestro; che non ci sa fare.

coltishness /ˈkəʊltɪʃnəs/, *n.* **1** vivacità **2** (*spreg.*) inesperienza.

coltsfoot /ˈkəʊltsfʊt/, *n.* (*pl.* **coltsfoots**) (*bot., Tussilago farfara*) farfara; piè d'asino.

coluber /ˈkɒljʊbə(r)/, *n.* (*zool., Coluber*) colubro.

columbarium /kɒləmˈbɛərɪəm/, *n.* (*pl.* **columbaria**) (*archeol.*) colombario.

columbary /kəˈlʌmbərɪ/, *n.* (*raro*) colombaia.

Columbia /kəˈlʌmbɪə/, *n.* (*geogr.*) Colombia.

Columbian /kəˈlʌmbɪən/, *a.* colombiano (*della Colombia o pertinente a Cristoforo Colombo*).

Columbine /ˈkɒləmbaɪn/, *n.* (*teatr.*) Colombina.

columbine /ˈkɒləmbaɪn/, *n.* (*bot., Aquilegia vulgaris*) aquilegia.

columbite /kəˈlʌmbaɪt/, *n.* (*miner.*) columbite.

columbium /kəˈlʌmbɪəm/, *n.* (*chim.*) columbio; niobio.

Columbus /kəˈlʌmbəs/, *n.* (Cristoforo) Colombo. ● **C. Day**, festa per l'anniversario della scoperta dell'America (*il 12 ottobre*).

column /ˈkɒləm/, *n.* **1** colonna (*in quasi tutti i sensi*): **rostral c.**, colonna rostrata; (*archit.*) **an Ionic c.**, una colonna ionica; **a c. of figures**, una colonna di cifre; **a c. of water**, una colonna d'acqua; **a c. of smoke**, una colonna di fumo; (*anat.*) **the spinal c.**, la colonna vertebrale; **ad columns**, colonne degli annunci pubblicitari; (*mil.*) **a c. of tanks**, una colonna di carri armati; (*mat.*) **the tens c.**, la colonna delle decine; (*polit.*) **fifth c.**, quinta colonna **2** rubrica (*in giornale o rivista*): **the sports c.**, la rubrica sportiva **3** (*autom., mecc.*) piantone (*dello sterzo*). ● (*mecc.*) **c. crane**, gru a bandiera □ (*elab.*) **c. printer**, stampante a colonne.

columnar /kəˈlʌmnə(r)/, *a.* **1** colonnare; a forma di colonna **2** formato da colonne; colonnato **3** (*tipogr.*) stampato in colonne.

columned /ˈkɒləmd/, *a.* (*archit.*) a colonne; colonnato.

columniform /kəˈlʌmnɪfɔːm/, *a.* a forma di colonna; colonnare.

columnist /ˈkɒləmnɪst, -mɪst/, *n.* **1** (*giorn.*) articolista; cronista mondano; notista; columnist; colonnista **2** (*radio, TV*) rubricista.

colure /kəˈlʊə(r), -ˈljʊə(r)/, *n.* (*astron.*) coluro.

colza /ˈkɒlzə, *USA* ˈkəʊl-/, *n.* (*bot.*) **1** (*Brassica napus oleifera*) ravizzone **2** (*Brassica napus arvensis*) colza: **c. oil**, olio di colza.

coma (**1**) /ˈkəʊmə/, *n.* (*med.*) coma: **to go into a c.**, entrare in coma.

coma (**2**) /ˈkəʊmə/, *n.* (*pl.* **comae, comas**) **1** (*astron.*) chioma (*d'una cometa*) **2** (*bot.*) ciuffo di peli (*su taluni semi*); ciuffo di brattee (*per es., nell'ananas*) **3** (*ottica*) coma **4** (*elettron.*) effetto cometa.

comatose /ˈkəʊmətəʊs/, *a.* **1** (*med.*) comatoso **2** (*fig.*) pesante: **c. sleep**, sonno pesante **3** (*fig.*) assonnato; appesantito.

comb /kəʊm/, *n.* **1** pettine **2** (= **currycomb**) striglia **3** (*zool.* e *fig.*) cresta **4** (= **honeycomb**) favo **5** pettinata: **to give one's hair a good c.**, darsi una bella pettinata **6** (*ind. tess.*) cardo; pettine. ● (*zool.*) **c. jelly**, ctenoforo □ **c.-out**, pettinata; districata (*di capelli, ecc.*); setacciamento, vaglio (*di notizie, ecc.*); rastrellamento, setacciamento (*della polizia e sim.*); potatura (*fig.*), eliminazione, soppressione (*di posti di lavoro, ecc.*).

to **comb** /kəʊm/, **A** *v. t.* **1** pettinare (*capelli*) **2** (*ind. tess.*) pettinare, cardare (*lana, ecc.*) **3** strigliare (*un cavallo e sim.*) **4** (*mil.*) battere, tenere sotto tiro (*le posizioni del nemico*) **5** (*fig.*) perlustrare; setacciare: **The police combed the woods**, la polizia ha perlustrato i boschi **6** (*delle onde*) spazzare (*la spiaggia*). **B** *v. i.* (*delle onde*) frangersi (*a riva*). ● **to c. one's fingers through sb.'s hair**, passare le dita fra i capelli di q. □ **to c. out**, pettinare (*capelli*); districare (*grovigli, ecc.*); setacciare, perlustrare; passare al vaglio, vagliare (*fatti, informazioni, ecc.*); potare (*fig.*), eliminare, sopprimere (*posti di lavoro, ecc.*): **The police have combed out the whole district for the kidnappers**, la polizia ha setacciato tutto il distretto alla ricerca dei sequestratori □ **to c. out the Civil Service**, potare i ranghi della pubblica amministrazione.

combat /ˈkɒmbæt, ˈkʌm-, *USA* kəmˈbæt/, *n.* combattimento; battaglia; lotta: **hand-to-hand c.**, combattimento corpo a corpo. ● **c. zone**, zona di combattimento □ **single c.**, singolar tenzone; duello.

to **combat** /ˈkɒmbæt, ˈkʌm-, *USA* kəmˈbæt/, *v. t.* e *i.* combattere; lottare (contro q.).

combatable /ˈkɒmbətəbl, ˈkʌm-, *USA* kəmˈbæt-/, *a.* combattibile.

combatant /ˈkɒmbətənt, ˈkʌm-, *USA* kəmˈbætnt/, *a.* e *n.* combattente.

combative /ˈkɒmbətɪv, ˈkʌm-, *USA* kəmˈbæt-/, *a.* combattivo; battagliero; pugnace (*lett.*).

combativeness /ˈkɒmbətɪvnəs, ˈkʌm-, *USA* kəmˈbæt-/, *n.* combattività.

combe /kuːm/, *n.* (*alpinismo*) comba; valletta; burroncello.

comber /ˈkəʊmə(r)/, *n.* **1** chi pettina, striglia, ecc. (*V.* **to comb**) **2** (*ind. tess.*) pettinatore; cardatore; pettinatrice **3** (*ind. tess.*) pettinatrice, cardatrice (*macchina*) **4** frangente; onda lunga.

combinable /kəmˈbaɪnəbl/, *a.* (*anche chim.*) combinabile.

combination /kɒmbɪˈneɪʃn/, *n.* **1** (*anche chim., mat.*) combinazione: **c. of atoms**, combinazione di atomi; **the c. of a safe**, la combinazione d'una cassaforte **2** associazione; lega; unione; federazione: **a c. of workmen**, un'unione d'operai (*a scopi sindacali*) **3** (*pl.*) combinazione (*sottabito da donna*) **4** (= **motorcycle c.**) sidecar; motocarrozzetta **5** (*econ., fin.*) concentrazione, fusione (*d'aziende*) **6** (*leg.*) associazione per delinquere; associazione per scopi illeciti **7** (*leg.*) accordo illegale **8** (*pl.*) (*ingl.*) costume di lana (*maglia e mutande insieme*) da uomo. ● (*econ., fin.*) **c. in restraint of trade**, accordo (illegale) per la limitazione della libera concorrenza □ **c. lock**, serratura a combinazione □ (*a Cambridge*) **c. room**, sala di ritrovo □ (*elettr.*) **c. switch**, interruttore-commutatore □ (*mecc.*) **c. wrench**, chiave fissa con testa ad anello e testa a bocca □ (*fig.*) **a winning c.**, una combinazione vincente.

combinative /ˈkɒmbɪnətɪv, *USA* -eɪtɪv/, *a.* **1** pertinente a una combinazione **2** capace di favorire una combinazione.

combinatorial /kɒmbɪnəˈtɔːrɪəl/, *a.* (*mat.*) combinatorio: **c. analysis**, analisi combinatoria.

combinatorics /kɒmbɪnəˈtɔːrɪks/, *n. pl.* (*col verbo al sing.*) (*mat.*) topologia combinatoria.

combine /ˈkɒmbaɪn/, *n.* **1** associazione, lega, unione (*a scopi politici, ecc.*) **2** (*econ., fin.*) concentrazione (industriale): **business combines**, concentrazioni d'aziende (*cartelli, trust, ecc.*) **3** (*polit., sport*) combine; accordo illecito **4** (*agric.*, = **c. harvester**) mietitrebbia.

to **combine** /kəmˈbaɪn/, **A** *v. t.* **1** combinare (*anche chim.*); mettere insieme (*o* d'accordo); congiungere; unire: **to c. business with pleasure**, mettere insieme il lavoro e il piacere; **Let's c. (our) forces to defeat our enemies!**, uniamo le nostre forze per sconfiggere il nemico! **2** far coincidere (*due avvenimenti*) **3** (*econ., fin.*) concentrare, fondere (*aziende*). **B** *v. i.* **1** combinarsi (*anche chim.*); congiungersi; unirsi **2** (*econ., fin.*) concentrarsi; fondersi.

combined /kəmˈbaɪnd/, **A** *a.* **1** (*anche chim.*) combinato **2** (messo) insieme: **all his friends c.**, tutti i suoi amici messi insieme. **B** *n.* (*sport*, = **c. event**) combinata: **the Nordic c.**, la combinata nordica. ● (*trasp.*) **c. carriage**, trasporto combinato □ (*naut.*) **c. carrier**, nave combo (*per carichi misti*) □ **c. efforts**, sforzi congiunti □ (*mil.*) **a c. operation**, un'operazione combinata (*tra le varie armi*).

combing /ˈkəʊmɪŋ/, *n.* **1** pettinatura (*di capelli*); (*ind. tess.*) pettinatura (*della lana, ecc.*) **2** (*specialm. al pl.*) capelli o lana, staccatisi durante la pettinatura. ● **c. card**, scardasso □ (*ind. tess.*) **c. machine**, (macchina) pettinatrice □ **c.-out**, perlustrazione; retata (*della polizia*) □ **back c.**, cotonatura (*dei capelli*).

combining form /kəmˈbaɪnɪŋfɔːm/, *n.* (*ling.*) **1** prefissoide **2** suffissoide.

combo /ˈkɒmbəʊ/, (*fam.*) **A** *a.* misto: **c. plate**, piatto misto. **B** *n.* **1** (*fotogr.*) combo; combinazione **2** (*mus.*) piccolo complesso jazz. ● (*naut.*) **c. ship**, nave combo.

combustibility /kəmbʌstəˈbɪlətɪ/, *n.* combustibilità.

combustible /kəmˈbʌstəbl/, **A** *a.* **1** combustibile; infiammabile **2** (*fig.*: *di persona*) che s'infiamma facilmente; irascibile. **B** *n.* combustibile.

combustion /kəmˈbʌstʃn/, *n.* (*anche chim., biol.*) combustione. ● (*mecc.*) **c. chamber**, camera di combustione □ (*mecc., autom.*) **c. shock**, battito in testa □ (*mecc., autom.*) **spontaneous c.**, autocombustione.

combustive /kəm'bʌstɪv/, *a.* (*chim.*) comburente.

combustor /kəm'bʌstə(r)/, *n.* (*mecc., aeron.*) combustore.

come (1) /kʌm/, *inter.* suvvia!; ma va!; andiamo!

come (2) /kʌm/, *n.* (*volg.*) sborra (*volg.*); sperma.

to **come** /kʌm/ (*pass.* **came**, *p. p.* **come**), **A** *v. i.* ***1*** venire; arrivare; giungere; pervenire: **The dog came running**, il cane venne di corsa; **She came to see me**, ella venne a trovarmi; **He's coming from London**, viene (*o* arriva) da Londra; **He comes from London**, viene (*o* proviene) da Londra; **He hasn't come yet**, non è ancora arrivato; **The water came (up) to my knees**, l'acqua mi arrivava alle ginocchia; **He came first in the competitive exam**, nell'esame di concorso è arrivato primo; **It comes easily [naturally]**, viene facile [naturale]; **I have come to believe he is wrong**, sono giunto a credere che abbia torto; **You should take life as it comes**, devi prendere la vita come viene ***2*** venir bene; riuscire: **The butter will not c.**, il burro non viene bene ***3*** avvenire; accadere; succedere; essere il risultato di; equivalere a: **c. what may**, qualunque cosa accada; **It comes to this, that you don't agree at all**, è come dire che non sei affatto d'accordo; **No harm will c. to us**, non ci succederà niente di male; **This comes of your negligence**, questo è il risultato della tua negligenza ***4*** diventare; farsi; andare (*bene, male, ecc.*): **He came alive**, diventò vivace (*o* allegro); **Things came all right**, le cose andarono benissimo; **The nut has come loose**, il dado (*di un congegno meccanico*) è diventato lento (s'è allentato); **to c. undone** (*o* **untied**), slegarsi, slacciarsi ***5*** essere; trovarsi: **What page does it c. on?**, a che pagina si trova? ***6*** (*comm.*) venire; costare: **That article comes high**, quell'articolo viene caro ***7*** (*comm.*: *di un articolo, un prodotto*) esserci; essere disponibile: **This raincoat comes in several sizes**, questo impermeabile è disponibile in varie taglie ***8*** (*volg.*) raggiungere l'orgasmo; venire (*volg.*). **B** *v. t.* ***1*** (*con oggetto interno*) percorrere; fare: **I have come ten miles**, ho percorso dieci miglia; (*anche fig.*) **He had come a long way**, aveva fatto un lungo cammino (*o* molta strada) ***2*** (*fam.*) stare per compiere; andare per: **My daughter is coming twelve (years old)**, mia figlia va per i dodici anni ***3*** (*fam.*) fare (*una parte*): **Don't c. the bully with me**, non fare il prepotente con me! ● **to c. and go**, andare e venire; essere di passaggio; essere transeunte (*lett.*) □ (*di una notizia*) **to c. as a surprise**, giungere inattesa □ (*fam.*) **to c. clean**, confessare (*alla polizia, ecc.*) □ (*fam.*) **to c. expensive**, venire (a costare) caro □ **to c. for lunch [for dinner]**, venire a pranzo [a cena] □ **to c. home to sb.**, entrare in testa a q.: **At last it came home to him that I was right**, alla fine, gli entrò in testa che avevo ragione io □ (*fig.*: *di persona*) **to c. near**, essere a un pelo da: **He came near selling the house**, fu a un pelo dal vendere (*o* mancò poco che non vendesse) la casa □ **to c. right**, andare a posto; aggiustarsi □ **to c. to be**, diventare: **He came to be a famous painter**, diventò un pittore famoso; **to c. to like sb. [st.]**, imparare a benvolere q. [ad apprezzare q.c.] □ **to c. to pass**, accadere; succedere □ (*fig. fam.*) **to c. to stay**, prendere piede; affermarsi □ **to c. true**, avverarsi; (*di un desiderio, ecc.*) realizzarsi: **The prophecy has come true**, la profezia s'è avverata □ **c. what may**, qualunque cosa accada; quali che siano le conseguenze □ (*fam.*) **How come?**, perché?; come mai?: **How c. you didn't join the party?**, come mai non ti sei unito alla comitiva? □ (*pop.*) **Let'em all c.!**, s'accomodino, vengano pure (*e avranno quello che si meritano*)! □ (*pop.*) **Come and get it!**, è pronto; a tavola! □ (*prov.*) **Light c., light go** (*o* **easy c., easy go**), presto avuto, presto perduto.

♦**come about**, *v. i.* + *avv.* ***1*** accadere; succedere; avvenire: **How did it c. about?**, com'è successo? ***2*** (*di un cambiamento*) verificarsi; (*di una situazione*) crearsi ***3*** (*del vento*) girare ***4*** (*naut.*) virare di bordo in prua.

♦**come across**, **A** *v. i.* + *avv.* ***1*** fare la traversata; arrivare via mare: **I'll c. across on the night ferry from Dieppe**, arriverò con il traghetto della notte da Dieppe ***2*** venire (*fig.*); figurare: **That actress doesn't c. across on TV as well as on the screen**, quell'attrice non viene bene in TV come sullo schermo ***3*** (*di un discorso, di parole; ecc.*) venire (*bene, male, ecc.*); risultare (*chiaro, ecc.*) ***4*** dare l'impressione di; dimostrarsi: **He came across as an extremely clever boy**, dava l'impressione di essere un ragazzo molto intelligente ***5*** (*fam.*) venire in aiuto (*finanziariamente*); intervenire; dare una mano (*fig.*): **If you've got no money, I'll give you some; daddy came across again**, se non hai soldi, te ne darò io; è intervenuto di nuovo papà; **Now, c. across, please!**, suvvia, dammi una mano (tira fuori i soldi, ecc.)! ***6*** (*fam.*) fare quello che ci si chiede; accettare, dire di sì; (*di una ragazza, ecc.*) starci (*dopo un tira e molla*); cedere alle voglie di q.: **I'll cut your throat, if you don't c. across**, ti taglio la gola, se non fai quel che ti dico; **The girl came across at last**, alla fine la ragazza cedette. **B** *v. i.* + *prep.* ***1*** trovare (*o* incontrare) per caso; imbattersi in: **I came across an old manuscript in the attic**, ho trovato in soffitta un vecchio manoscritto; **I came across her in London**, la incontrai per caso a Londra ***2*** (*di un'idea, una possibilità, ecc.*) venire in mente a (q.).

♦**come across with**, *v. i.* + *avv.* + *prep.* (*fam.*) venire in aiuto con; sovvenire di (*lett.*); tirar fuori, offrire (*denaro ecc.*); dare (*q.c. di utile*): **Mother came across with a hundred dollars**, mamma mi venne in aiuto con cento dollari; **I want you to c. across with a bit of info that I can sell**, voglio che tu mi dia un'informazione da poter vendere; **How much did he c. across with?**, quanto ti ha offerto? □ (*pop. USA*) **to c. across with bread**, offrire denaro; offrire una bustarella (*o* una mazzetta) □ (*fam. USA*) **to c. across with the price of a drink**, offrire da bere.

♦**come after**, **A** *v. i.* + *avv.* venire dopo; esserci dopo: **What comes after?**, che c'è dopo? (*da vedere, ecc.*). **B** *v. i.* + *prep.* ***1*** esserci (*o* venire) dopo: **The part of a meal that comes after the main dish is called afters**, la parte di un pasto che viene dopo la portata principale si chiama dessert ***2*** (*fam.*) correre dietro a (q.); inseguire.

♦**come again**, *v. i.* + *avv.* ***1*** ritornare; tornare: **Please c. again!**, tornate (a trovarci)! ***2*** (*fam.*) riprendere (*a dire*); continuare □ (*fam.*) **C. again?**, come hai detto?; come?; vuoi ripetere?

♦**come along**, *v. i.* + *avv.* ***1*** venire: **I'll c. along later**, vengo dopo; **C. along with me (to the party, etc.)**, vieni con me (alla festa, ecc.)! ***2*** venir via: **C. along; we're late!**, vieni via (*o* cammina!); siamo in ritardo!; **C. along!**, suvvia!; fa uno sforzo!; coraggio! ***3*** capitare; arrivare; (*di un'occasione, ecc.*) presentarsi: **The veteran came along unexpectedly**, il reduce arrivò inatteso; **when the opportunity comes along**, quando capita l'occasione ***4*** andare (*bene, male*): **How is your French coming along?**, come va il tuo francese?; **How's the coffee coming along?**, come va (*o* a che punto è) il caffè? ***5*** (*di piante*) venire su; crescere: **The cabbages are coming along well**, i cavoli vengono su bene ***6*** fare progressi; migliorare: **He's coming along in French**, il suo francese migliora; **Granny is coming along nicely in hospital**, all'ospedale la nonna sta migliorando molto ***7*** (*pop. USA*) farsi arrestare; farsi beccare (*pop.*).

♦**come alongside**, *v. i.* + *avv.* (*naut.*) venire sotto bordo; affiancarsi; accostare.

♦**come apart**, *v. i.* + *avv.* ***1*** andare a pezzi; rompersi; andare in frantumi ***2*** (*fig., anche sport*) crollare: **The challenger came apart in the tenth round**, lo sfidante crollò alla decima ripresa □ **to c. apart at the seams**, scucirsi (completamente); (*fig.*) (*della società, di un sistema politico, ecc.*) sgretolarsi; (*di una politica, ecc.*) essere un fallimento completo.

♦**come around**, *v. i.* + *avv.* ***1*** (*anche comm.*) venire (a far visita); passare: **Our salesman will c. around next week**, il nostro rappresentante passerà (da voi) la prossima settimana ***2*** arrivare facendo una deviazione (*o* per vie traverse) ***3*** *V.* **come round**.

♦**come at**, *v. i.* + *prep.* ***1*** arrivare a; raggiungere: (*fam.*) **to c. at the truth**, arrivare alla (*o* scoprire la) verità ***2*** farsi contro (q.); assalire; attaccare: **The burglar came at me with a knife**, lo scassinatore mi assalì con un coltello.

♦**come away**, *v. i.* + *avv.* ***1*** venire via; allontanarsi (*da un luogo*) ***2*** (*di un oggetto*) venir via; staccarsi: **The handle came away in my hand**, la maniglia (venne via e) mi restò in mano ***3*** (*fam. ingl.*: *di piante*) venir su; crescere (*bene, ecc.*).

♦**come back**, *v. i.* + *avv.* ***1*** ritornare; tornare: **C. back soon!**, torna presto! ***2*** (*anche* **come back in**, *o* **come back into fashion**) tornare di moda ***3*** (*anche sport*) tornare in auge ***4*** (*fig.*) tornare alla mente ***5*** rispondere (*per iscritto*) ***6*** (*fam.*) rispondere per le rime; rimbeccare; replicare: **to c. back at sb.**, replicare a q.; rimbeccare q. ***7*** (*fam.*) ripetere; ridire quel che s'è detto □ (*polit.*) **to c. back to power**, tornare al potere.

♦**come before**, *v. i.* + *prep.* ***1*** venire prima di; precedere: **«Major» comes before «captain»**, «maggiore» viene prima di «capitano» ***2*** (*leg.*) comparire (*in giudizio*) davanti a.

♦**come between**, **A** *v. i.* + *avv.* intromettersi; inframmettersi: **It was a happy married couple before the mother-in-law came between**, era una coppia di sposi felici prima che s'intromettesse la suocera. **B** *v. i.* + *prep.* ***1*** (*di un evento, un fatto*) intervenire tra (*altri due fatti*) ***2*** frapporsi tra; separare: **Nothing can c. between the two lovers**, niente può separare i due innamorati.

♦**come by**, *v. i.* + *prep.* ***1*** ottenere; procacciarsi; (riuscire a) trovare: **Good jobs are hard to c. by**, è difficile trovare un buon lavoro; **Do you ever c. by any rare books?**, riesci mai a trovare qualche libro raro? ***2*** procurarsi, farsi (*una ferita, un livido, un taglio, ecc.*) ***3*** (*ingl. sett.*) andare a trovare; passare da (q.).

♦**come down**, *v. i.* + *avv.* ***1*** venir giù; discendere; scendere: **C. down from the ladder!**, scendi dalla scala! ***2*** (*fig.*) scendere, calare: **to c. down in the world**, scendere (*o* peggiorare) come posizione sociale (*o* tenore di vita); decadere; **to c. down in sb.'s opinion**, calare nella considerazione di q. ***3*** (*di un edificio, un ponte, ecc.*) venir giù; crollare ***4*** (*della pioggia, della neve, ecc.*) venir giù; cadere ***5*** (*di un aereo*) venir giù; precipitare ***6*** (*di prezzi, ecc.*) calare; scendere ***7*** venire, arrivare (*specialm. dal nord*): **Yesterday he came down from Manchester**, è arrivato ieri da Manchester ***8*** essere tramandato: **This custom has come down to us from medieval times**, questa costumanza ci è stata tramandata dai tempi del Medioevo ***9*** finire l'università, laurearsi (*specialm. a Oxford e Cambridge*): **Did you c. down from Oxford or Cambridge?**, ti sei laureato a Oxford o a Cambridge? ***10*** (*ingl.*) fare un pagamento (*o* un lascito, una donazione) ***11*** (*fam.*) riaversi dagli effetti della droga; essere di nuovo normale □ (*anche leg.*) **to c. down in favour of**, pronunciarsi a favore di: **The court came down in favour of the strikers**, il tribunale si pronunciò a favore dei dimostranti.

♦**come down on**, *v. i.* + *avv.* + *prep.* ***1*** calare su; piombare su ***2*** calcare la mano su (*fig.*); colpire duramente; criticare (*o* sgridare) aspramente: **The courts have come down heavily on the naziskins**, i tribunali hanno calcato molto la mano sui naziskin *3* chiedere perentoriamente (*denaro*) a; esigere (*il pagamento*) da (q.): **The bank has come down on me for the settlement of my loan**, la banca mi ha chiesto perentoriamente di estinguere il mutuo *4* (*leg.*) rivalersi su (q.) □ **to c. down on the side of sb.**, prendere posizione in favore di q.; schierarsi con q.

♦**come down to**, *v. i.* + *avv.* + *prep.* *1* scendere a (*terra, ecc.*) *2* (*di capelli, ecc.*) scendere su (*le spalle, ecc.*) *3* (*di un oggetto*) essere tramandato a (q.) *4* ridursi a: **It comes down to this unpleasant dilemma: do we choose to cut jobs or to close down a few factories?**, tutto si riduce a questo spiacevole dilemma: decidiamo di tagliare i posti di lavoro o di chiudere alcune fabbriche? □ (*fig.*) **to c. down to earth (with a bump)**, tornare (di botto) con i piedi sulla terra; essere (bruscamente) richiamato alla realtà.

♦**come down with**, *v. i.* + *avv.* + *prep.* (*fam.*) *1* prendere (*una malattia*): **I'm afraid I'm coming down with a cold**, temo che mi stia venendo il raffreddore; **to c. down with flu**, prendersi l'influenza *2* (*ingl. sett.*) tirare fuori, sborsare (*denaro*).

♦**come forward**, *v. i.* + *avv.* *1* venire avanti; farsi avanti (*all'appello, come volontario, ecc.*) *2* presentarsi (*come candidato*) *3* (*di un'occasione, ecc.*) presentarsi *4* (*archit.*) sporgere; aggettare □ (*comm.*) **to c. forward for sale**, essere messo in vendita □ **to c. forward with**, presentare (*un progetto*); proporre (*un'idea*); mettere in discussione.

♦**come from**, *v. i.* + *prep.* *1* venire da: **Where are you coming from?**, da dove vieni (*o* arrivi)? *2* venire (*o* provenire) da: **Where do you c. from?**, da dove vieni?; di dove (*di che paese, ecc.*) sei? *3* derivare da; essere il risultato di: **His illness may c. from a poor diet**, può darsi che la sua malattia derivi da una dieta alimentare insufficiente; **Let's hope something good will c. from it** (*o* **of it**), speriamo che ne derivi (*o* ne venga fuori) qualcosa di buono.

♦**come in**, *v. i.* + *avv.* *1* venire dentro; entrare: **C. in, please!**, entra (*o* entrate), prego! *2* arrivare; giungere: **They've just come in**, sono appena arrivati; **News is coming in of a big earthquake in California**, giungono notizie di un grosso terremoto in California *3* (*fin.*) arrivare; (*di denaro*) essere incassato; entrare in cassa *4* venire in uso; diventare di moda *5* (*di frutta, uova, ecc.*) essere di stagione; esserci *6* (*sport*) arrivare; piazzarsi: **He came in third**, si piazzò al terzo posto *7* (*polit.*) andare al potere: **The Tories came in again**, i conservatori tornarono al potere *8* tornare (*fig.*); risultare: **It will c. in handy** (*o* **useful**), tornerà utile *9* entrare in ballo, entrarci (*fig.*); averci a che fare: **That's where you c. in**, a questo punto, entri in ballo tu; **Where do I c. in?**, e io che c'entro? (che cosa ne ricavo?, ecc.) *10* (*della marea*) montare; salire *11* (*radio, TV*) prendere il microfono: **C. in, Johnny!**, a te il microfono, Johnny! *12* (*radio*) rispondere: **C. in, Red Pimpernel**, Primula Rossa, rispondi! *13* (*fin., comm.*) entrare in ditta; diventare socio □ **to c. in for**, andare incontro a; attirare; ricevere; ereditare (*beni immobili o denaro*): **You'll c. in for a lot of trouble**, vai incontro a un sacco di guai; **to c. in for a lot of criticism**, ricevere molte critiche □ **to c. in on**, partecipare a (*un affare, ecc.*); entrare a far parte di: **to c. in on a space project**, entrare a far parte di un progetto spaziale □ (*fig. fam.*) **to c. in on the ground floor**, prendere parte a un affare (*a un progetto, ecc.*) fin dall'inizio; (*anche*) cominciare dalla gavetta (*fig.*) □ (*fig.*) **when my ship comes in**, quando farò fortuna □ **This is where we came in**, siamo al punto di partenza.

♦**come into**, *v. i.* + *prep.* *1* entrare: **He came into the room**, entrò nella stanza *2* entrarci (*fig.*): **Love doesn't c. into it**, l'amore non c'entra *3* (*leg.*) ereditare: **to c. into a fortune**, ereditare una fortuna □ **to c. into action**, entrare in azione □ (*bot.*) **to c. into blossom**, fiorire □ (*leg.*) **to c. into force**, entrare in vigore □ (*bot.*) **to c. into leaf**, mettere le foglie □ **to c. into one's own**, entrare in possesso di ciò che ci spetta; (*fig.*: *di una persona*) dare buona prova di sé, realizzarsi; (*di una cosa*) dare prova della propria bontà: **It's on slippery roads that the ABS braking system comes into its own**, è sul bagnato che il sistema frenante ABS dà piena prova di sé □ **to c. into sight** (*o* **view**), apparire (alla vista).

♦**come of**, *v. i.* + *prep.* *1* provenire, venire da: **He came of a sturdy peasant family**, veniva da una forte famiglia contadina *2* *V.* **come from**, *def. 3* □ (*leg.*) **to c. of age**, uscire di minorità; diventare maggiorenne.

♦**come off**, **A** *v. i.* + *avv.* *1* venir via; staccarsi; uscire; (*di una macchia, ecc.*) venire, scomparire: **One of the buttons has come off**, s'è staccato un bottone; **The lid won't c. off**, il coperchio non si stacca (*fam.*: non viene); **The nail won't c. off**, il chiodo non vuole uscire *2* cadere da: **I came off my horse**, caddi da cavallo *3* andare (*fig.*); svolgersi: **The ceremony went off as planned**, la cerimonia andò (*o* si svolse) secondo i piani *4* riuscire; funzionare (*fig.*): **He tried the trick again and at last it came off**, al secondo tentativo, il trucco riuscì; **My plan hasn't come off**, il mio piano non ha funzionato *5* andare (*bene, male*); uscirne (*fig.*): **to c. off well**, uscirne bene; cavarsela; **to c. badly**, uscirne male (*o* malconcio); **Jim came off well in the home match**, Jim ha giocato bene nella partita in casa *6* risultare: **Allan came off best**, Allan è risultato il migliore di tutti *7* (*volg.*) venire (*volg.*); avere un orgasmo. **B** *v. i.* + *prep.* *1* lasciare (*un luogo*): **Ha always comes off his beat rather late**, lascia sempre il suo posto (di pattuglia) piuttosto tardi *2* cadere da (*cavallo, ecc.*) *3* (*di un ramo, un bottone, ecc.*) staccarsi da *4* essere tolto da; (*cinem., teatr.*) essere tolto dal cartellone *5* (*comm.*) essere portato in detrazione da: **If you pay cash, 10% will c. off the price of the car**, se paghi in contanti, avrai uno sconto del 10% sul prezzo dell'automobile *6* smettere di (*bere, drogarsi, ecc.*): **to c. off the bottle**, dire addio alla bottiglia □ **to c. off a difficult situation**, districarsi (*o* uscire) da una situazione difficile □ **to c. off the job**, smontare, staccare (*dal lavoro*) □ (*fam.*) **to c. off it**, smetterla, piantarla: **As he insisted on the truth of his story, I told him to c. off it**, siccome insisteva sulla veridicità del suo racconto, io gli dissi di smetterla □ (*fam.*) **C. off it!**, piantala! □ **The day came off fine**, si fece una bella giornata.

♦**come on**, **A** *v. i.* + *avv.* *1* venir via: **C. one; we're late!**, vieni via (*o* cammina); siamo in ritardo! *2* venire: **I'll c. on later**, vengo dopo *3* *V.* **come along,** *def. 4* e *5* *4* venire; essere in arrivo; sopraggiungere: **A bad cold is coming on**, mi sta venendo un brutto raffreddore; **A hurricane was coming on**, c'era un uragano in arrivo; **Then it came on to rain**, poi venne a piovere; **The snow came on at noon**, a mezzogiorno sopraggiunse la neve *5* (*delle luci, del gas, ecc.*) accendersi *6* (*teatr.*: *di un dramma*) andare in scena; (*di un attore*) entrare in scena *7* (*cinem.*) apparire sullo schermo; essere proiettato *8* (*sport*) entrare in campo *9* (*mil.*) venire avanti; avanzare *10* (*con* **on** *rafforzativo*: *è idiom.*): **come on out**, *V.* **come out**; **come on up**, *V.* **come up**; ecc. **B** *v. i.* + *prep.* *1* incontrare (q.) per caso; imbattersi in (q.) *2* (*di un contrattempo, una disgrazia, ecc.*) capitare, toccare a (q.) *3* (*mil.*) attaccare, investire (*una posizione, ecc.*) *4* (*fig.*) venire in mente a (q.) □ **to c. on dark**, farsi buio; farsi notte, venir notte □ (*naut.*) **to c. on demurrage**, entrare in controstallia □ (*leg.*) **to c. on for trial**, comparire in giudizio; essere processato □ **to c. on in**, unirsi a qualcuno (*a un gruppo, ecc.*): **John, c. on in**, John, vieni anche tu! (*a giocare, nuotare, ecc.*) □ (*comm.*) **to c. on offer**, essere offerto: (*fin.*) **Intercom shares came on offer at £ 5**, le azioni della Intercom furono offerte a 5 sterline □ (*fam.*) **to c. on strong**, andar giù pesante (*fam.*); avere la mano pesante (*fig.*); passare il segno, esagerare □ (*fam.*) **to c. on strong to a girl**, fare delle *avance* (*o* profferte amorose) pesanti a una ragazza □ **to c. on to**, passare a: **Let's c. on to another item of the agenda!**, passiamo a un altro punto dell'ordine del giorno! □ (*fam.*) **to c. on to sb.**, fare delle *avance* a q. □ (*fam.*) **C. on!**, vieni via!, presto!, (*anche*) suvvia!, dai!, forza!, coraggio!; (*anche*) andiamo!, ma dai!, (ma) va là! (*è impossibile, non ti credo, ecc.*) □ **My son is coming on sixteen**, mio figlio va per i sedici (anni).

♦**come out**, *v. i.* + *avv.* *1* venire fuori; uscire: **He came out of the room**, uscì dalla stanza *2* (*di un libro, ecc.*) uscire; apparire; essere pubblicato: **When will the results c. out?**, quando usciranno i risultati? *3* (*di un fatto, ecc.*) venire (*o* saltar) fuori; scoprirsi; sapersi: **It came out that he had taken bribes**, saltò fuori che s'era fatto corrompere; **The truth has come out at last**, finalmente s'è saputa la verità *4* (*del sole, della luna, ecc.*) venir fuori; spuntare; (*di un astro*) sorgere *5* (*di un macchia, ecc.*) andare via; scomparire; venire (*fam.*) *6* (*di un detenuto*) uscire (di prigione) *7* venire (*fig.*); riuscire: (*mat.*: *di un risultato*) **to c. out right**, venir bene; essere giusto; **to c. out wrong**, non venire; essere sbagliato; **The photos didn't c. out**, le fotografie non sono venute; **The cake came out very well**, la torta è venuta molto bene *8* uscirne (*fig.*); andare (*bene, male*): **to c. out well**, uscirne bene; cavarsela; **to c. out badly**, uscirne male (*o* malconcio) *9* (*di un racconto, un romanzo, ecc.*) andare a finire; finire (*bene, ecc.*): **How did the story c. out?**, com'è andata a finire la storia? *10* (*di un fatto, ecc.*) essere messo in evidenza; apparire chiaramente *11* (*anche sport*) arrivare; piazzarsi; risultare; classificarsi: **He came out second in the contest**, nella competizione si classificò al secondo posto (*o* risultò secondo); **to c. out on top**, arrivare primo; classificarsi al primo posto *12* (*bot.*) spuntare; sbocciare *13* (*ingl.*) entrare (*o* scendere) in sciopero; scioperare *14* (*form.*: *di una ragazza*) debuttare (in società) *15* prendere posizione; schierarsi; dichiararsi: **They all came out against colour prejudice**, presero tutti posizione contro il pregiudizio razziale; **He came out for** (*o* **in support of**) **Labour**, si schierò con i laburisti *16* (*fam.*: *anche* **to c. out of the closet**) dichiarare apertamente (*o* svelare) la propria omosessualità; uscire allo scoperto (*fig.*) □ **top c. out at**, ammontare a: **The bill comes out at 60 pounds**, il conto ammonta a 60 sterline □ (*di una persona*) **to c. out in**, ricoprirsi di (*foruncoli, ecc.*): **If I eat strawberries, I c. out in a rash**, se mangio le fragole, mi viene uno sfogo (*l'orticaria, ecc.*) □ (*fig. fam.*) **It will all c. out in the wash**, alla fine tutto si aggiusterà □ **to c. out of**, venir fuori da; derivare (*o* conseguire) da: **I don't know what will c. out of all these war preparations**, non lo so che cosa verrà fuori da tutti questi preparativi di guerra □ **What came out of his plan?**, che ne è stato del (*o* che fine ha fatto il) suo progetto? □ (*fam.*) **C. out of it!**, falla finita!; smettila!; piantala! □ (*fam.*) **to c. out with**, venir fuori con; uscirsene in; dire; fare (*un'osservazione inattesa*).

♦**come over**, **A** *v. i.* + *avv.* *1* venire; giungere; arrivare: **His ancestors came over to England with William of Orange**, i suoi antenati vennero in Inghilterra con Guglielmo d'Orange; **When did you first c. over to the**

States?, quando è stata la prima volta che sei venuto in America? ***2*** venire a trovare; visitare: **He wrote he would c. over at Christmas**, scrisse che sarebbe venuto a trovarmi a Natale ***3*** (*fam.*: *seguito da un agg.*) divenire; diventare; farsi; sentirsi: **The sky came over dark**, il cielo si fece scuro (*o* si oscurò); (*di una persona*) **to c. over funny**, sentirsi strano; **Suddenly she came over depressed**, improvvisamente si sentì depressa ***4*** (*anche polit.*) cambiare bandiera (*o* partito); passare dall'altra parte (*fig.*) ***5*** venire (*fig.*); riuscire (*bene, ecc.*); essere chiaro: **The chairman's speech came over very well**, il discorso del presidente è venuto molto bene (*o* ha avuto successo) ***6*** (*di aerei, ecc.*) passare sopra la testa. **B** *v. i. + prep.* ***1*** capitare; succedere; prendere (*impers.*): **What's come over him?**, che cosa gli è successo?; che ha (fatto)?; che cosa gli è preso?; **I really don't know what came over me**, non so proprio che cosa mi avesse preso ***2*** (*di aerei, ecc.*) sorvolare (q. *o* q.c.) ***3*** (*fam.*) fare, recitare la parte di (*fig.*): **Your coming the big boss over me is quite ridiculous**, fai ridere i polli quando fai il grande capo con me □ (*fam.*) **Don't c. it over me!**, non farti grande con me!

♦**come round**, *v. i. + avv.* ***1*** riaversi; riprendersi; rinvenire; tornare in sé; riprendere conoscenza (*dopo uno svenimento, ecc.*) ***2*** *V.* **come around,** *def. 1* ***3*** (*fam.*) tornare di buon umore: **He'll soon c. round, believe me**, vedrai che (*l'irritazione, ecc.*) gli passa presto ***4*** adeguarsi (*cambiando idea, ecc.*); convertirsi (*fig.*): **My wife came round to my way of thinking**, mia moglie si adeguò al mio modo di pensare; **He came round to my point of view**, si convertì al mio punto di vista ***5*** (*fam.*) decidersi: **I do hope you'll c. round to dropping a line sooner or later**, spero proprio che ti deciderai a scrivermi due parole prima o poi ***6*** (*del vento*) girare ***7*** (*naut.*) *V.* **come about,** *def. 4* e **come to,** A, *def. 2* ***8*** (*di una festa*) venire; cadere ***9*** (*fam.*) avere le proprie cose (*fam.*); avere le mestruazioni ***10*** (*pop. USA*) starci; essere disponibile.

♦**come through**, **A** *v. i. + avv.* ***1*** vedersi, comparire (*attraverso q.c.*); spuntare: **The clouds parted and the sun came through**, le nuvole si aprirono e spuntò il sole ***2*** (*di una notizia, ecc.*) arrivare; giungere: **News has c. through that he has been arrested**, è giunta notizia del suo arresto; **I'd just left when the general came through on the phone**, ero appena partito quando arrivò una telefonata del generale ***3*** (*di risultati, ecc.*) uscire; venir fuori (*fam.*); essere resi di pubblico dominio ***4*** (*med.*) farcela; cavarsela; sopravvivere ***5*** trasparire; trapelare; svelarsi: **His ideas never c. through in his works**, le sue idee non traspaiono mai nelle sue opere; quell'autore non «si scopre» mai ***6*** (*fam. USA*) fare ciò che si deve; essere adempiente; stare ai patti: **You'd better c. through this time**, farai bene a stare ai patti questa volta ***7*** (*fam. USA*) *V. sopra*, **to c. clean**. **B** *v. i. + prep.* superare (*una crisi, un brutto periodo*); (*med.*) superare (*una malattia, un'operazione*).

♦**come to**, **A** *v. i. + avv.* ***1*** *V.* **come round,** *def. 1* ***2*** (*naut.*) orzare; serrare il vento; (*anche*) arrestarsi ***3*** (*naut.*) andare all'ancora; ancorarsi. **B** *v. i. + prep.* ***1*** venire, arrivare, giungere a; raggiungere: **At last we came to London**, alla fine arrivammo a Londra; **to c. to an agreement**, raggiungere (*o* venire a) un accordo; **to c. to blows**, venire alle mani; **to c. to a conclusion [a decision]**, giungere a una conclusione [venire a una decisione]; **to c. to an end**, giungere al termine; finire; **to c. to the point**, venire al punto (*o* al dunque) ***2*** venire (in mente): **I can't remember the code number: it'll c. to me later**, non ricordo il numero di codice; mi verrà dopo ***3*** ammontare a: **The bill comes to fifty dollars**, il conto ammonta (o fa) cinquanta dollari ***4*** prendere (*un problema, ecc.*) per il petto; affrontare □ (*naut.*) **to c. to anchor**, andare all'ancora; ancorarsi □ **to c. to grief** (*o* **to harm**), passare dei guai □ **to c. to light**, venire alla luce; scoprirsi □ **to c. to life**, rinvenire, riprendere conoscenza; dimostrare interesse, interessarsi □ **to c. to nothing**, ridursi in nulla; finire in niente □ **to c. to one's senses**, rinvenire; tornare in sé □ **to c. to a standstill**, fermarsi; (*fig.*) arrivare a un punto morto □ **to c. to terms**, venire a patti □ **When it comes to music, I don't know much about it**, se si tratta (*o* se parliamo) di musica, non ne so molto.

♦**come together**, *v. i. + avv.* ***1*** venire insieme ***2*** mettersi insieme ***3*** (*fig.*) riconciliarsi; fare pace (*fam.*).

♦**come under**, **A** *v. i. + avv.* venire sotto; trovarsi sotto (*o* in fondo). **B** *v. i. + prep.* ***1*** essere sotto (q.; *fam.*); dipendere da, essere alle dipendenze di (q.) ***2*** trovarsi in (*o* sotto); essere catalogato (*o* elencato) sotto: **Hostels c. under the heading «accommodation»**, gli ostelli si trovano (*o* sono elencati) sotto la voce «accoglienza turistica» ***3*** trovarsi sotto; finire sotto: **At dawn we came under the enemy fire**, all'alba finimmo sotto il tiro del nemico □ (*comm., leg.*) **to c. under the hammer**, finire (*o* essere venduto) all'asta □ (*leg.*) **to c. under sb.'s jurisdiction**, rientrare nell'ambito della giurisdizione di q. □ (*med.*) **to c. under the knife**, finire sotto i ferri (*del chirurgo*).

♦**come up**, *v. i. + avv.* ***1*** venire su (*anche fig.*); salire; venire a galla: **Let him c. up!**, fatelo salire!; **They say a drowning man will c. up three times**, dicono che uno che affoga venga a galla tre volte; **A new type of teacher is coming up**, sta venendo su un nuovo tipo di docente ***2*** arrivare; giungere: **The water of the flooded river came up to my windows**, l'acqua del fiume in piena mi arrivò alle finestre ***3*** venire (*dove si trova chi parla o scrive*): **He came up to Rome last week**, la settimana scorsa è venuto a Roma ***4*** accostarsi; avvicinarsi (*per la strada, ecc.*): **The boy came up and asked the way**, il ragazzo si avvicinò e mi chiese la strada ***5*** (*di un argomento, ecc.*) venir fuori (*fam.*); essere sollevato (*o* messo in discussione); (*leg.*) essere dibattuto ***6*** (*di un'occasione, ecc.*) saltar fuori (*fam.*); presentarsi: **Please let me know if any thing comes up**, per favore, fammi sapere se salta fuori qualcosa; **Your name came up for the vacant post**, è saltato fuori (*o* è stato fatto) il tuo nome per il posto vacante ***7*** (*fam.*) venir fuori (*con una buona idea, ecc.*); saltar su (*con la risposta giusta, ecc.*) ***8*** (*del sole, della luna, ecc.*) sorgere ***9*** (*bot.*) spuntare ***10*** (*di un nome, un numero, ecc.*) venir fuori (*fam.*); essere estratto (a sorte) ***11*** (*polit.*: *di un disegno di legge*) essere messo (*in votazione*); (*di un candidato*) presentarsi (per l'elezione) ***12*** (*della luce, ecc.*) aumentare; crescere: **Suddenly the light came up**, all'improvviso aumentò la luce ***13*** (*ippica*: *di un cavallo*) vincere ***14*** (*ingl.*) iscriversi all'università ***15*** (*naut.*) orzare; serrare il vento □ **to c. up against**, trovarsi di fronte (*fig.*); dover affrontare (*problemi, ecc.*); scontrarsi con: **The government has come up against the fierce opposition of the unions**, il governo s'è scontrato con la risoluta opposizione dei sindacati □ (*comm.*) **to c. up for auction**, andare (*o* essere messo) all'asta □ (*comm.*) **to c. up for sale**, essere messo in vendita □ **to c. up in the world**, salire nella scala sociale; migliorare il proprio tenore di vita.

♦**come up to**, *v. i. + avv. + prep.* ***1*** (*fig.*) raggiungere, arrivare a: **to c. up to retirement age**, raggiungere l'età pensionabile ***2*** (*fig.*) essere all'altezza di (*fig.*); rispondere a (*fig.*): **The students didn't c. up to my expectations**, gli studenti non hanno risposto alle mie aspettative □ (*fam.*) **to c. up to scratch**, essere all'altezza delle aspettative; (*di un lavoro, un prodotto, ecc.*) essere accettabile.

♦**come upon**, *V.* **come on.**

♦**come up with**, *v. i. + avv. + prep.* ***1*** raggiungere (*q. che è avanti*); (*sport*) ricongiungersi con (q.) ***2*** (*fig.*) mettersi alla pari con (q.) ***3*** escogitare; tirar fuori (*fam.*): **They've come up with a new plan to wipe out famine from Somaliland**, hanno tirato fuori un progetto nuovo per eliminare la carestia della Somalia.

♦**come within**, *v. i. + prep.* rientrare (*in un gruppo, in un campo, ecc.*): **This doesn't c. within my duties**, ciò non rientra nei miei doveri (*o* non è di mia competenza) □ **to c. within earshot of the sentries**, giungere a portata d'orecchi delle sentinelle □ **to c. within range**, arrivare a tiro (*di fucile, ecc.*) □ **to c. within sight of**, giungere in vista di (q. *o* q.c.).

come-along /ˈkʌmələŋ, *USA* -ɔːŋ/, *n.* (*elettr., mecc.*) morsetto serrafilo.

come-and-go /ˈkʌmənɡəʊ/, **A** *n.* va e vieni; andirivieni. **B** *a.* ***1*** variabile ***2*** che muta secondo le circostanze; elastico (*fig.*): **c. moral principles**, principi morali elastici.

come-at-able /kʌmˈætəbl/, *a.* (*fam.*) accessibile; che si può raggiungere (*o* ottenere).

comeback /ˈkʌmbæk/, *n.* ***1*** ritorno ***2*** rentrée (*franc.*); ritorno sulla scena (*anche fig.*): **to make** (*o* **to stage**) **a c.**, fare una rentrée ***3*** ritorno in auge ***4*** recupero (*della salute*) ***5*** risposta immediata; replica ***6*** risposta per le rime (*o* impertinente, *o* pepata); rispostaccia ***7*** (*sport*) rimonta ***8*** chi fa una rentrée ***9*** (*Austr.*) (lana di) pecora meticcia. ● (*USA*) **c. kid**, «ragazzo» che torna sempre a galla; giovane politico intramontabile.

comedian /kəˈmiːdɪən/, *n.* ***1*** attore comico; attore di rivista (*o* di varietà) ***2*** commediografo ***3*** attore di prosa.

comedienne /kəmiːdɪˈen/ (*franc.*), *n.* attrice comica.

comedo /ˈkɒmədəʊ/, *n.* (*pl.* **comedos, comedones**) (*med.*) comedone.

comedown /ˈkʌmdaʊn/, *n.* ***1*** decadenza; passo indietro (*fig.*) ***2*** (*anche fin.*) crollo; dissesto; rovescio; rovina ***3*** battuta d'arresto ***4*** (*fam.*) delusione; frustrazione.

comedy /ˈkɒmədɪ/, *n.* ***1*** commedia: **musical c.**, commedia musicale ***2*** (il) lato comico; nota divertente: **the c. of the situation**, il lato comico della situazione ***3*** umorismo. ● **c. of ideas**, commedia a tesi □ **c. of manners**, commedia di costume □ (*TV*) **c. show**, commedia televisiva.

come-hither /kʌmˈhɪðə(r)/, **A** *inter.* (*poet., o chiamando animali*) vieni!; venite! **B** *a.* (*fam.*) allettante; invitante; d'incoraggiamento; provocante: **a c. look**, un'occhiata provocante.

comely /ˈkʌmlɪ/, *a.* ***1*** (*lett.*) bello; aggraziato; piacevole (*alla vista*) ***2*** (*arc.*) dignitoso; decoroso. || **-iness**, *sost.*

come-on /ˈkʌmɒn, *USA* -ɔːn/, *n.* (*fam.*) ***1*** offerta invitante (*o* allettante) ***2*** occhiata provocante; gesto d'invito: **to give sb. the c.**, cercare di adescare q. ***3*** sex-appeal ***4*** imbroglio; truffa.

come-outer /ˈkʌmaʊtə(r)/, *n.* (*fam. USA*) transfuga; (*polit.*) dimissionario (*da un partito*).

comer /ˈkʌmə(r)/, *n.* ***1*** chi viene; chi si presenta: **The contest is open to all comers**, la gara è aperta a tutti ***2*** (*fam.*) persona che farà strada; personaggio emergente. ● **the first c.**, il primo arrivato □ **late-c.**, ritardatario □ **a new-c.**, uno arrivato di fresco; un nuovo venuto.

comestible /kəˈmestəbl/, **A** *a.* (*raro*) commestibile. **B** *n. pl.* generi alimentari; commestibili.

comet /ˈkɒmɪt/, *n.* (*astron.*) cometa. ● **c. year**, anno della cometa.

cometary /ˈkɒmɪtrɪ, *USA* -terɪ/, **cometic** /kəˈmetɪk/, *a.* (*astron.*) cometario; di (*o* simile a) cometa.

come-uppance /kʌmˈʌpəns/, *n.* (*fam.*) punizione meritata: **He'll get his c. sooner or**

later, presto o tardi avrà quel che si merita.

comfit /'kʌmfɪt/, *n.* (*arc.*) caramella; confetto. ● **c. box**, bomboniera.

comfort /'kʌmfət/, *n.* **1** conforto; consolazione **2** agiatezza; benessere; serenità: **to live in c.**, vivere nell'agiatezza **3** comodità; comfort, confort: **This flat has every modern c.**, questo appartamento ha tutti i comfort moderni **4** (*arc.*) ristoro **5** (*USA*) *V.* **comforter,** *def. 3.* ● (*USA*) **c. station**, gabinetto pubblico □ **aid and c.**, aiuto e assistenza □ **to take c. from the fact that...**, consolarsi per il fatto che... □ **That's cold c.**, è una magra consolazione □ **Be of good c.!**, fatevi animo!

to **comfort** /'kʌmfət/, *v. t.* **1** confortare; consolare **2** (*arc.*) ristorare.

comfortable /'kʌmf(ə)təbl/, *a.* **1** confortevole; comodo: **a c. house**, una casa comoda; **a c. suit**, un abito comodo; **a c. job**, un lavoro comodo **2** tranquillo; a proprio agio: **Do you feel c.?**, ti senti a tuo agio? **3** agiato; benestante **4** (*fam.*) adeguato; sufficiente; soddisfacente: **a c. income**, un reddito soddisfacente; **a c. salary**, uno stipendio adeguato. ● **to make oneself c.**, mettersi a proprio agio □ **to make oneself c. about st.**, mettersi l'animo in pace su q.c. □ **to make oneself c. in an armchair**, mettersi comodo in poltrona.

comfortably /'kʌmf(ə)təblɪ/, *avv.* **1** comodamente **2** senza difficoltà; agevolmente. ● **to be c. off**, essere agiato; star bene (a soldi).

comforter /'kʌmfətə(r)/, *n.* **1** chi conforta; consolatore **2** (*arc.*) lunga sciarpa di lana **3** (*USA*) piumino (*da letto*); coperta imbottita; trapunta **4** tettarella; ciuccio (*fam.*: *per tener buoni i poppanti*). ● (*relig.*) **the C.**, lo Spirito Santo □ **c. cover**, copripiumino.

comforting /'kʌmfətɪŋ/, *a.* confortante.

comfortless /'kʌmfətləs/, *a.* **1** senza conforto; sconsolato: **a c. life**, una vita sconsolata **2** senza comodità; scomodo; squallido: **a c. home**, una casa squallida (*o* poco accogliente).

comfrey /'kʌmfrɪ/, *n.* (*bot.*, *Symphytum officinale*) consolida maggiore.

comfy /'kʌmfɪ/, *a.* (*fam.*) comodo; a proprio agio; da papa (*fam.*).

comic /'kɒmɪk/, **A** *a.* comico (*che concerne la commedia o che fa ridere*); umoristico: **a c. actor**, un (attore) comico; **a c. song**, una canzone umoristica. **B** *n.* (*fam.*) **1** attore di rivista (*o* di varietà); comico **2** giornaletto a fumetti **3** (*pl.*) fumetti. ● **c. book**, giornaletto; libro di fumetti □ **a c. dramatist**, un commediografo □ (*mus.*) **c. opera**, opera buffa □ (*di giornale*) **comics page**, pagina dei fumetti □ **c. strip**, fumetto; striscia.

comical /'kɒmɪkl/, *a.* comico (*che fa ridere*); buffo; divertente; ridicolo.

comicality /kɒmɪ'kælətɪ/, *n.* comicità.

Cominform /'kɒmɪnfɔːm/, *n.* (*polit.*, *stor.*) Cominform.

cominformist /'kɒmɪnfɔːmɪst/, *n.* (*polit.*, *stor.*) cominformista.

coming /'kʌmɪŋ/, **A** *n.* **1** arrivo; venuta: **the c. of dawn**, l'arrivo dell'aurora **2** (*relig.*) avvento. **B** *a.* **1** prossimo; futuro: **during the c. winter**, durante il prossimo inverno **2** imminente; incombente: **the c. storm**, la tempesta imminente **3** che si fa strada; che ha un avvenire; promettente; emergente: **He is a c. man**, è un uomo che ha un avvenire. ● **comings and goings**, andirivieni; movimento □ **c. away**, partenza □ **c. back**, ritorno □ **c. between**, interferenza; interposizione □ **c. down**, discesa; calo; ribasso (*di prezzi*) □ **c. in**, entrata; l'attecchire (*di una moda*); inizio, arrivo (*della primavera, ecc.*) □ (*leg.*) **c. into force**, entrata in vigore □ **c. of age**, (*leg.*) raggiungimento della maggiore età; (*fig.*) raggiungimento della maturità □ **c. on**, attacco (*di una malattia*); inizio (*della tempesta*); il cader delle tenebre □ **c. out**, uscita (*da scuola, da teatro*); caduta (*dei capelli*); (*bot.*) (lo) spuntare (*dei fiori, ecc.*); (*form.*) debutto in società; (*Borsa*) emissione (*di titoli*); (*fam.*) il dichiararsi omosessuale □ **the c. thing**, la cosa di moda; la cosa di domani (che si sta affermando) □ **c. together**, adunata; riunione □ (*polit.*) **c. to power**, andata al potere □ **c. to the throne**, ascesa al trono □ (*fam.*) **to have it c. to one**, stare per ricevere la meritata punizione □ (*fig.*) **not to know whether one is c. or going**, essere confuso (*o, fam.*, suonato) □ **It will be ten years c. Christmas**, saranno dieci anni a Natale □ **He is the c. man**, è l'uomo nuovo; è l'astro nascente (*fig.*).

Comintern /'kɒmɪntɜːn/, *n.* (*polit.*, *stor.*) Comintern.

comity /'kɒmətɪ/, *n.* (*form.*) cortesia; civiltà; buone maniere. ● **the c. of nations**, il rispetto reciproco delle leggi e dei costumi nazionali.

comma /'kɒmə/, *n.* **1** virgola **2** (*mus.*) comma **3** (*acustica*) comma. ● (*med.*) **c. bacillus**, bacillo virgola □ **inverted commas**, virgolette (*di citazione*).

command /kə'mɑːnd, *USA* -'mænd/, *n.* **1** comando (*in ogni senso*); ordine: **He has a regiment in his c.**, ha un reggimento al suo comando; **They were under the king's direct c.**, prendevano ordini direttamente dal re; **I did it at** (*o* **by**) **his c.**, l'ho fatto per suo ordine (*o* dietro suo ordine); **Wait till I give the c.**, aspettate che io dia l'ordine!; **Fire on my c.**, quando do l'ordine, sparate!; **Who's in c. here?**, chi è al comando di questo reparto?; chi è il comandante? **2** padronanza; dominio; controllo: **He has a good c. of Italian**, ha una buona padronanza della lingua italiana; **C. of the seas was very important to England**, il dominio del mare era molto importante per l'Inghilterra **3** vista; visuale (*da un'altura, da una torre, ecc.*) **4** (*mil.*) unità (*o* zona) agli ordini di un comandante **5** (*elab.*) istruzione; ordine. ● (*econ.*) **c. directing**, dirigismo □ **c. economy**, economia dirigista □ **c.-in-chief**, comando supremo □ (*miss.*) **c. module**, modulo di comando □ (*econ.*) **c. of the market**, controllo del mercato □ **the c. of the situation**, il tenere sotto controllo la situazione □ **c. over oneself**, padronanza di sé □ (*mil.*) **c. post**, comando (*la postazione*: *di un'unità in combattimento*) □ (*mil.*) **c. structure**, struttura gerarchica; organico degli ufficiali □ **to have st. at one's c.**, avere q.c. a propria disposizione □ (*mil. e fig.*) **to be in c. of**, avere il comando di, essere al comando di, comandare (*un reparto*) □ (*mil.*) **to be under sb.'s c.**, essere sotto il comando di q. □ (*marina, mil.* e *fig.*) **second-in-c.**, comandante in seconda □ (*mil.* e *fig.*) **to take c.**, prendere il comando □ **to take c. of the situation**, mettere sotto controllo la situazione.

to **command** /kə'mɑːnd, *USA* -'mænd/, **A** *v. t.* **1** comandare; ordinare; essere a capo di: **to c. a regiment**, comandare un reggimento **2** dominare; offrire (*una vista*): **The castle commands the valley**, il castello domina la vallata; **to c. one's passions**, dominare le proprie passioni; **The house commands a good view**, la casa offre una buona vista **3** essere padrone di; disporre di: **He commands a large vocabulary**, è padrone di un vocabolario assai ampio; **to c. a great fortune**, disporre di un grosso patrimonio **4** accattivarsi; suscitare: **He commands our admiration**, suscita la nostra ammirazione. **B** *v. i.* avere il comando. ● (*comm.*: *di un articolo*) **to c. a high price**, riuscire a strappare (*o* a ottenere) un prezzo alto □ (*econ.*) **to c. a market**, avere il controllo di un mercato □ **yours to c.**, ai vostri ordini; a vostra disposizione □ (*prov.*) **God commands and man obeys**, l'uomo propone e Dio dispone.

commandant /kɒmən'dænt, *USA* 'kɒməndɑːnt/, *n.* comandante (*specialm. d'una fortezza, di un distretto, porto o accademia militare*).

to **commandeer** /kɒmən'dɪə(r)/, *v. t.* **1** arruolare con la forza **2** requisire (*per uso militare*) **3** (*fam.*) prendere con la forza.

commandeering /kɒmən'dɪərɪŋ/, **A** *n.* **1** arruolamento (*o* reclutamento) forzato **2** requisizione (*per l'esercito*). **B** *a.* autoritario: **his c. manners**, il suo modo di fare autoritario.

commander /kə'mɑːndə(r), *USA* -mæn-/, *n.* **1** comandante; capo: **the c. of an army**, il comandante di un esercito **2** (*marina mil.*) capitano di fregata (*grado*); comandante (*al vocat.*). ● **c. in chief**, comandante in capo; comandante supremo □ **lieutenant c.**, capitano di corvetta □ (*aeron.*) **wing c.**, comandante di stormo.

commandership /kə'mɑːndəʃɪp, *USA* -'mæn-/, *n.* comando; ufficio (*o* funzioni) di comandante (*V.* **commander**).

commanding /kə'mɑːndɪŋ, *USA* -'mæn-/, *a.* **1** che ha il comando **2** (*di persona, qualità, ecc.*) imponente; autorevole; autoritario: **a c. presence**, un aspetto imponente; **in a c. voice**, con voce autoritaria; in tono di comando **3** dominante; strategico: **in a c. position**, in posizione dominante. ● **c. beauty**, bellezza maestosa □ (*fig.*) **c. heights**, vertici (*dell'economia, ecc.*) □ (*mil.*) **c. officer**, ufficiale comandante □ **c. spot**, luogo prominente.

commandment /kə'mɑːndmənt, *USA* -'mæn-/, *n.* (*lett. o relig.*) comandamento: **the ten Commandments**, i dieci Comandamenti.

commando /kə'mɑːndəʊ, *USA* -'mæn-/, *n.* (*pl.* **commandos, commandoes**) (*mil.*) **1** reparto di truppe speciali; commando **2** (= **c. man**) soldato appartenente a un commando. ● (*mil., in G.B.*) **the Commandos**, la fanteria da sbarco.

commeasurable /kə'meʒərəbl/, *a.* commensurabile.

to **commeasure** /kə'meʒə(r)/, *v. t.* commisurare; commensurare (*lett.*).

commemorable /kə'memərəbl/, *a.* commemorabile.

to **commemorate** /kə'meməreɪt/, *v. t.* commemorare: **to c. an anniversary** [**the end of the war**], commemorare un anniversario [la fine della guerra].

commemoration /kəmemə'reɪʃn/, *n.* **1** commemorazione **2** (*a Oxford*) cerimonia annuale in memoria dei fondatori.

commemorative /kə'memərətɪv, *USA* -reɪtɪv/, *a.* commemorativo.

to **commence** /kə'mens/, *v. t.* e *i.* **1** cominciare; iniziare **2** (*in certe università*) conseguire il titolo di «Master» o «Doctor» (*V.* **commencement**, *def.* 2). **3** (*leg.*) intentare: **to c. proceedings against a debtor**, intentare un'azione giudiziaria contro un debitore. ● **commencing salary**, stipendio iniziale.

commencement /kə'mensmənt/, *n.* **1** principio; inizio **2** (*a Cambridge, Dublino, e nelle università americane*) cerimonia del conferimento delle lauree **3** (= **c. day**) giorno di tale cerimonia **4** vocativo (*in una lettera commerciale*).

commencing /kə'mensɪŋ/, *a.* **1** che comincia **2** d'inizio; iniziale: **c. salary**, stipendio iniziale.

to **commend** /kə'mend/, *v. t.* **1** encomiare; lodare **2** raccomandare; affidare: **to c. one's soul to God**, raccomandare l'anima a Dio; **to c. st. to sb.'s care**, affidare q.c. alle cure di q. **3** (*form.*) salutare; ricordare: **C. me to your father**, mi saluti (*o* ricordi a) suo padre. ● **The new dictionary has much to c. it**, nel nuovo dizionario vi sono molte cose pregevoli.

commendable /kə'mendəbl/, *a.* encomiabile; lodevole. || **-ness**, *sost.* || **-bly**, *avv.*

commendation /kɒmen'deɪʃn/, *n.* **1** encomio; lode **2** raccomandazione. ● **letters of c.**, lettera di presentazione; commendatizie.

commendatory /kə'mendətrɪ, kɒmen'deɪtrɪ, *USA* kə'mendətɔːrɪ, 'kɒmən-/, *a.* **1** elogiativo; d'encomio **2** commendatizio; di raccomandazione: **a c. letter**, una (lettera) commendatizia **3** (*relig.*) commendatario; attribuito come commenda.

commensal /kə'mɛnsl/, *a.* e *n.* (*anche zool., bot.*) commensale.

commensalism /kə'mɛnsəlɪzəm/, *n.* (*zool., bot.*) commensalismo.

commensurability /kəmɛnʃərə'bɪlətɪ/, *n.* (*anche mat.*) commensurabilità.

commensurable /kə'mɛnʃərəbl/, *a.* (*anche mat.*) commensurabile. || **-ness**, *sost.* || **-bly**, *avv.*

commensurate /kə'mɛnʃərət/, *a.* **1** commisurato **2** proporzionato; adeguato: **help c. to sb.'s needs**, aiuto adeguato ai bisogni di q. || **-ly**, *avv.* || **-ness**, *sost.*

commensuration /kəmɛnʃə'reɪʃn/, *n.* commisurazione; proporzionalità.

comment /'kɒmɛnt/, *n.* **1** commento; chiosa (*a un testo, ecc.*) **2** commento; osservazione; critica. ● **No c.**, nessuna dichiarazione □ **to make** (*o* **to pass**) **a c. on st.**, fare un commento su q.c. □ **unfavourable comments**, critiche sfavorevoli □ **This is fair c.**, questa osservazione è giusta.

to **comment** /'kɒmɛnt, kə'mɛnt/, **A** *v. i.* fare commenti (*o* osservazioni); commentare. **B** *v. t.* commentare; annotare; chiosare. ● **to c. on sb.'s behaviour**, criticare il comportamento di q. □ **to c. upon a text**, commentare (*o* annotare) un testo.

commentary /'kɒməntrɪ, *USA* -terɪ/, *n.* **1** (*letter.*) commentario **2** commento (*di un libro; o, orale, d'un avvenimento*); commento sonoro (*d'un documentario*) **3** radiocronaca; telecronaca: **to keep a running c. on st.**, fare la radiocronaca (*o* la telecronaca) di q.c. ● (*fig.*) **to give a running c. of what sb. is doing**, dire per filo e per segno quello che q. sta facendo.

to **commentate** /'kɒmənteɪt/, **A** *v. t.* **1** (*USA*) commentare; annotare **2** fare la radiocronaca (*o* la telecronaca) di (*un avvenimento*). **B** *v. i.* fare il commentatore (*alla TV, ecc.*). ● **to c. on st.**, commentare q.c.

commentation /kɒmɛn'teɪʃn/, *n.* (*raro*) commento.

commentator /'kɒmənteɪtə(r)/, *n.* **1** commentatore; chiosatore **2** radiocronista **3** telecronista **4** (*giorn.*) notista.

commerce /'kɒmɜːs/, *n.* **1** commercio (*in generale; o fatto su larga scala, o fra città o paesi lontani; cfr.* **trade**): **Chamber of C.**, Camera di Commercio **2** contatto (*non fisico*); rapporti: **I avoid all c. with him**, evito ogni contatto con lui **3** (*arc.*) commercio carnale.

commercial /kə'mɜːʃl/, **A** *a.* **1** commerciale (*anche fig.*): **c. invoice**, fattura commerciale; **c. mark**, marchio commerciale; **c. law**, diritto commerciale; **c. value**, valore commerciale; **c. attaché**, addetto commerciale; **c. television**, televisione commerciale (*o* privata); **a c. success**, un successo commerciale; **His new film is much too c.**, il suo nuovo film è troppo commerciale **2** (*econ.*) sfruttabile (*commercialmente*); (*di un minerale*) coltivabile: **Oil has never been found in c. quantities in Italy**, non si è mai trovato petrolio in quantità sfruttabili in Italia. **B** *n.* **1** (*radio, TV*) comunicato pubblicitario; stacco; spot **2** (*pl.*) (*TV*) pubblicità televisiva **3** (*pl.*) (*Borsa*) titoli (*o* azioni) d'imprese commerciali. ● **c. agency**, agenzia d'informazioni commerciali □ **c. agent**, agente di commercio; concessionario □ **c. art**, (arte) grafica □ **c. artist**, grafico; (disegnatore) pubblicitario; cartellonista □ **c. assessor**, perito merceologo □ **c. bank**, banca commerciale (*o* di credito ordinario) □ (*radio, TV*) **c. break**, interruzione pubblicitaria; stacco □ **c. concern**, azienda (*o* impresa) commerciale □ **c. corporation**, società commerciale □ (*leg.*) **c. court**, tribunale commerciale (*in Inghil., è un ramo della «Queen's Bench Division», q.V.*) □ (*leg.*) **c. causes**, cause in materia di commercio □ **c. computer**, computer per la gestione aziendale □ **c. credit**, credito mercantile (*o* di fornitura) □ (*leg.*) **c. custom**, consuetudine di commercio □ **c. design**, disegno pubblicitario □ (*econ.*) **c. farm**, azienda agricola □ **c. jargon**, gergo commerciale □ (*fin.*) **the c. lira**, la lira commerciale □ (*fin.*) **c. paper**, titolo (*o collett.* titoli) di credito negoziabili □ **c. radio**, radio privata □ (*market., trasp.*) **c. set**, documenti d'uso (*per la merce*) □ (*a scuola*) **c. subjects**, materie aziendali □ **c. traveller**, (*quasi arc.*) viaggiatore di commercio; commesso viaggiatore; rappresentante; piazzista □ **c. treaty**, trattato commerciale □ (*trasp.*) **c. vehicles**, veicoli commerciali □ **the c. world**, il mondo degli affari.

commercialism /kə'mɜːʃəlɪzəm/, *n.* **1** mercantilismo; intraprendenza; capacità di commerciare **2** (*spreg.*) affarismo **3** (*spreg.*) prodotto commerciale.

commercialist /kə'mɜːʃəlɪst/, *n.* **1** commerciante **2** (*spreg.*) affarista; bottegaio (*fig.*).

commerciality /kəmɜːʃɪ'ælətɪ/, *n.* commercialità.

commercialization /kəmɜːʃəlaɪ'zeɪʃn, *USA* -lɪ'z-/, *n.* commercializzazione.

to **commercialize** /kə'mɜːʃəlaɪz/, *v. t.* **1** commercializzare; rendere commerciabile **2** (*spreg.*) commercializzare.

commercially /kə'mɜːʃəlɪ/, *avv.* commercialmente.

commersh /kə'mɜːʃ/, (*pop. USA*) *V.* **commercial**.

commie /'kɒmɪ/, *n.* (*pop. spreg.*) comunista. ● **c.-symp**, simpatizzante dei comunisti.

to **comminate** /'kɒmɪneɪt/, *v. t.* (*leg.*) comminare.

commination /kɒmɪ'neɪʃn/, *n.* **1** (*leg.*) comminazione **2** (*nella Chiesa Anglicana*) litania delle minacce divine contro i peccatori.

comminatory /'kɒmɪnətrɪ, kə'mɪ-, *USA* -tɔːrɪ/, *a.* (*leg.*) comminatorio.

to **commingle** /kə'mɪŋgl/, *v. t.* e *i.* (*lett.*) mescolare, mescolarsi.

to **comminute** /'kɒmɪnjuːt, *USA* -nuːt/, *v. t.* **1** sminuzzare; polverizzare; triturare **2** (*mecc., med.*) comminuire. ● (*med.*) **comminuted fracture**, frattura comminuta.

comminution /kɒmɪ'njuːʃn, *USA* -'nuː-/, *n.* **1** sminuzzamento; polverizzazione **2** (*mecc., med.*) comminuzione.

commiserable /kə'mɪzərəbl/, *a.* commiserabile; commiserevole.

to **commiserate** /kə'mɪzəreɪt/, **A** *v. t.* commiserare. **B** *v. i.* condolersi: **I c. with you on your serious loss**, mi condolgo con te della tua grave perdita.

commiseration /kəmɪzə'reɪʃn/, *n.* **1** commiserazione **2** (*pl.*) condoglianze.

commiserative /kə'mɪzərətɪv, *USA* -eɪtɪv/, *a.* di commiserazione; di condoglianza.

commissaire /kɒmɪ'sɛə(r)/, (*franc.*) *n.* (*sport: ciclismo*) commissario di corsa.

commissar /kɒmɪ'sɑː(r), *USA* 'kɒm-/, *n.* (*stor.* e *polit.*: *in Russia*) commissario del popolo.

commissarial /kɒmɪ'sɛərɪəl/, *a.* di commissario; commissariale.

commissariat /kɒmɪ'sɛərɪət/, *n.* **1** (*mil.*) commissariato; intendenza **2** (*stor.*: *in Russia*) commissariato; ministero.

commissary /'kɒmɪsərɪ, *USA* -serɪ/, *n.* **1** commissario; delegato **2** (*relig.*) delegato del vescovo; vicario (vescovile) **3** (*mil.*) ufficiale di commissariato **4** (*USA*: = **c. store**) spaccio aziendale (*o* militare) **5** (*USA*) mensa aziendale **6** commissario di pubblica sicurezza (*in Italia, ecc.*). ● (*mil.*) **c. general**, comandante dei servizi di commissariato.

commissaryship /'kɒmɪsərɪʃɪp, *USA* -ser-/, *n.* **1** ufficio (*o* funzioni) di commissario; commissariato **2** (*relig.*) vicariato.

commission /kə'mɪʃn/, *n.* **1** commissione; comitato: **a Royal c.**, una commissione reale (*nominata dal sovrano*); **a c. of inquiry**, una commissione d'inchiesta **2** commissione; commessa; incarico: **to carry out a c. for sb.**, fare una commissione per q.; **work done on c.**, lavoro fatto su commissione **3** (*comm.*) commissione; provvigione: **We sell on c.**, vendiamo a provvigione; **to earn 5% c.**, ricevere una commissione del 5 per cento **4** (*leg.*) autorità, potere (*di fare q.c.*); strumento che li conferisce: (*in G.B.*) **c. of anticipation**, potere di riscuotere le imposte in anticipo **5** (*leg.*) esecuzione, perpetrazione, commissione (*di un reato*) **6** (*mil.*) brevetto da ufficiale; nomina a ufficiale: **to get one's c.**, essere fatto ufficiale **7** (*naut.* e *fig.*) servizio attivo; armamento: **in c.**, (*naut.*: *di nave*) in servizio, armata, pronta a salpare; (*fig.*) in funzione; **out of c.**, (*naut.*: *di nave*) in disarmo, fuori servizio; (*fig.*) fuori servizio, fuori uso, guasto. ● (*comm.*) **c. account**, conto provvigioni □ **c. agent**, (*comm.*) commissionario; (*Borsa*) commissionario di borsa □ **c. broker**, (*ingl.*) *V.* **c. agent**; (*USA, Borsa*) commissionario di borsa □ **c. house**, casa commissionaria; (*USA, Borsa*) società di commissionari di borsa □ **c. manufacturer**, industriale che produce su commessa □ **c. merchant**, commissionario □ (*leg.*) **c. of justice of the peace**, incarico di giudice di pace □ (*banca*) **c. on current account**, commissione sui conti correnti □ (*comm.*) **c. on sales**, provvigione sulle vendite □ (*mil.*) **c. rank**, brevetto d'ufficiale □ **to have a roving c.**, (*naut., stor.*: *di nave corsara*) avere la patente per poter incrociare in qualsiasi mare; (*fig.*) avere mano libera (*o* carta bianca) □ (*mil.*) **to resign** (*o* **to throw up**) **one's c.**, dimettersi da ufficiale.

to **commission** /kə'mɪʃn/, **A** *v. t.* **1** dare una commessa, fare un'ordinazione a (*un fabbricante, artigiano, artista, ecc.*); commissionare, ordinare (*un lavoro, un quadro, ecc.*) **2** autorizzare; delegare; incaricare: **I commissioned my bank to pay my taxes**, delegai alla banca il pagamento delle mie imposte **3** (*mil.*) dare il brevetto di ufficiale a (q.); nominare (q.) ufficiale **4** (*naut.*) mettere in armamento, armare ed equipaggiare (*una nave da guerra*) **5** (*leg.*) autorizzare; dare a (q.) un potere **6** (*tecn.*) mettere in servizio, mettere in funzione (*un impianto*). **B** *v. i.* (*tecn.*) (*di un impianto, ecc.*) entrare in funzione (*o* in servizio).

commissionaire /kəmɪʃə'nɛə(r)/ (*franc.*), *n.* **1** (*comm. est.*) commissionario **2** (*specialm. ingl.*) portiere in livrea (*d'albergo, di cinema, ecc.*) **3** (*specialm. ingl.*) fattorino.

commissioned /kə'mɪʃənd/, *a.* **1** autorizzato; delegato **2** (*di nave da guerra*) armata ed equipaggiata. ● (*naut.*) **to be c.**, passare in armamento □ (*mil.*) **c. officer**, ufficiale nominato con brevetto □ (*mil.*) **non-c. officer**, sottufficiale.

commissioner /kə'mɪʃənə(r)/, *n.* **1** (*leg.*) commissario; membro d'una commissione (*specialm. ministeriale*); sovrintendente: **High C.**, Alto Commissario (*rappresentante d'un paese del Commonwealth a Londra*); (*in U.S.A.*) **the C. of Customs**, il Sovrintendente alle Dogane; **the C. of highways**, il commissario delle strade nazionali **2** (*comm.*) committente. ● (*leg., in G.B.*) **c. for oaths**, «solicitor» (*q.V.*) che può autenticare dichiarazioni giurate (*cosa che in Italia farebbe un notaio*) □ (*in G.B.*) **the Commissioners of Inland Revenue**, i Direttori del Fisco; il Fisco □ **the C. of Police**, il Comandante della polizia metropolitana (*tutta la Greater London*).

commissionership /kə'mɪʃənəʃɪp/, *n.* carica (*o* ufficio) di commissario; commissariato.

commissural /kə'mɪʃʊərəl, kɒmɪ'ʃʊərəl/, *a.* **1** (*anat.*) commessurale **2** (*tecn.*) di (*o* simile a) commettitura.

commissure /'kɒmɪʃʊə(r)/, *n.* **1** (*tecn.*) commettitura; connessura; giuntura **2** (*anat.*) commessura.

to **commit** /kə'mɪt/, **A** *v. t.* **1** commettere (*anche leg.*); perpetrare: **to c. a crime** [**a blunder, an offence**], commettere un delitto [un errore, un reato] **2** affidare: **His fame is committed to posterity**, la sua fama è affidata ai posteri; **You should c. yourself to a**

doctor, dovresti affidarti alle cure di un medico ***3*** impegnare; coinvolgere: **He is committed to fight for the cause of freedom**, è impegnato a lottare per la causa della libertà ***4*** (*polit.*) rimettere (*o* rinviare) (*un disegno di legge*) a una commissione parlamentare ***5*** (*leg.*) incarcerare; sottoporre (q.) a custodia cautelare ***6*** (*fin.*) impegnare, destinare (*risorse, ecc.*). **B** to **commit oneself**, *v. rifl.* impegnarsi; prendere posizione; lasciarsi coinvolgere: **The Minister has committed himself to rationalizing the national health service**, il ministro s'è impegnato a razionalizzare il servizio sanitario nazionale; **I don't want to c. myself**, non voglio impegnarmi (*o* lasciarmi coinvolgere). ● (*form.*) **to c. a body to the earth**, inumare un cadavere □ (*form.*) **to c. a body to the flames**, mandare al rogo (*o* bruciare) un cadavere □ (*leg.*) **to c. sb. for trial**, rinviare q. a giudizio □ (*leg.*) **to c. a fraud**, frodare □ **to c. money to a bank**, depositare denaro in banca □ (*relig.*) **to c. one's soul to God**, affidare (*o* rimettere) la propria anima a Dio □ **to c. suicide**, suicidarsi □ **to c. sb. (st.) to sb.'s care**, affidare q. (q.c.) in custodia a q. □ **to c. st. to memory**, mandare (*o* imparare) q.c. a memoria □ **to c. sb. to a mental hospital** (**to prison**), internare q. in un manicomio giudiziario (incarcerare q.) □ **to c. st. to paper** (*o* **to writing**), mettere q.c. sulla carta (*o* per iscritto).

commitment /kəˈmɪtmənt/, *n.* ***1*** impegno; coinvolgimento: **I cannot go owing to prior commitments**, non posso andarci a causa di impegni precedenti; **political c.**, impegno politico; **the American military c. in Vietnam**, il coinvolgimento militare degli Stati Uniti nel Vietnam ***2*** (*anche leg.*) impegno; obbligo: **Italy's defence commitments**, gli impegni assunti dall'Italia in materia di difesa (comune); **to keep** (*o* **to honour**) **one's commitments**, tener fede ai propri impegni ***3*** (*fig.*) attaccamento; dedizione: **c. to one's ideals**, la dedizione ai propri ideali ***4*** (*leg.*) (mandato d') arresto; carcerazione; internamento (*in un manicomio giudiziario*) ***5*** (*leg.*) perpetrazione (*di un reato*) ***6*** (*polit.*) rinvio (*di un disegno di legge*) a una commissione parlamentare ***7*** (*fin.*) impegno di spesa; somma impegnata: (*banca*) **lending commitments**, somme impegnate per la concessione di mutui; linee di credito accordate. ● **business commitments**, impegni di lavoro □ (*comm., market.*) **without c.**, senza impegno (*di acquistare*) □ **without the c. of the staff**, senza l'impegno (*o* la dedizione) del personale.

committable /kəˈmɪtəbl/, *a.* ***1*** (*di delitto, errore, ecc.*) che può essere commesso ***2*** che si può affidare (*a q.*) ***3*** (*leg.*) passibile d'arresto e carcerazione.

committal /kəˈmɪtl/, *n.* ***1*** (*leg.*) incarico; mandato ***2*** (*leg.*) impegno (*sulla parola*); promessa ***3*** (*leg.*) (mandato di) arresto; incarcerazione; internamento (*in un manicomio giudiziario*) ***4*** (*leg.*) perpetrazione (*di un reato*) ***5*** (*polit.*) *V.* **commitment,** *def.* 6 ***6*** (*form.*) inumazione; sepoltura. ● (*leg.*) **c. for trial in custody**, rinvio a giudizio e messa in stato di custodia cautelare □ (*leg.*) **c. for trial on bail**, rinvio a giudizio, in libertà provvisoria su cauzione.

committed /kəˈmɪtɪd/, *a.* impegnato: **a c. intellectual**, un intellettuale impegnato.

committee (*def. 1* /kəˈmɪtɪ/, *def. 2* /kɒmɪˈtiː/), *n.* ***1*** (*anche leg.*) comitato; commissione: **to be on a c.**, fare parte di un comitato ***2*** (*leg., arc.*) tutore; chi ha l'incarico della custodia di q. ● (*polit.*) **C. of the Whole** (*o* **C. of the Whole House**), seduta plenaria della Camera dei Comuni, che la effettua con i regolamenti delle sedute di commissione □ (*polit. ingl.: di un disegno di legge*) **to be in c. stage**, essere all'esame di una commissione; essere in commissione □ **grievance c.**, commissione interna (*di fabbrica*) □ **joint c.**, comitato misto (*per es., di rappresentanti dei lavoratori e dei datori di lavoro*) □ (*polit.*) **standing c.**, commissione permanente □ **The House resolves itself into a c.** (*o* **goes into c.**), la Camera si costituisce in commissione.

committeeman /kəˈmɪtɪmən, -mæn/, *n.* (*pl.* **committeemen**) membro di un comitato (*o* di una commissione).

committeewoman /kəˈmɪtɪwʊmən/, *n.* (*pl.* **committeewomen**) (donna che è) membro di un comitato (*o* di una commissione).

to **commix** /kəˈmɪks/, *v. t.* e *i.* (*poet.*) mescolare, mescolarsi.

commixture /kəˈmɪkstʃə(r), -tʃʊə(r)/, *n.* (*poet.*) commistione; mescolanza.

commo /ˈkɒməʊ/, *n.* (*pl.* **commos**) ***1*** (*gergo mil., USA*) collegamento: **the c. platoon**, il plotone di collegamento ***2*** (*pop. Austr.*) comunista.

commodatum /ˈkɒmədeɪtəm/, *n.* (*pl.* **commodata**) (*leg.*; *in Italia, in Francia, ecc.*) comodato.

commode /kəˈməʊd/, *n.* ***1*** cassettone; comò ***2*** lavabo (*non fisso al muro*) ***3*** (= **night-c.**) seggetta; comoda.

commodious /kəˈməʊdɪəs/, *a.* (*form.*) spazioso; ampio.

commodiousness /kəˈməʊdɪəsnəs/, *n.* spaziosità; ampiezza.

commoditization /kəmɒdɪtaɪˈzeɪʃn, *USA* -tɪˈz-/, *n.* (*anche fig.*) mercificazione.

to **commoditize** /kəˈmɒdɪtaɪz/, *v. t.* (*anche fig.*) mercificare.

commodity /kəˈmɒdətɪ/, *n.* ***1*** cosa di prima necessità; oggetto di uso quotidiano ***2*** (*econ.*) merce; derrata; articolo; prodotto: **staple commodities**, prodotti fondamentali (*nell'economia d'un paese*) ***3*** (*pl.*) (*nelle offerte di abitazioni*) comodità; comfort ***4*** (*arc.*) comodità; utilità. ● (*fin.*) **c. broker**, operatore di borsa merci □ (*specialm. USA*) **c. economics**, merceologia □ (*fin.*) **c. exchange**, borsa merci □ (*econ.*) **c. market**, mercato delle materie prime □ **c. prices**, corsi commerciali; prezzi all'ingrosso □ (*econ.*) **c. price index**, indice dei prezzi all'ingrosso.

commodore /ˈkɒmədɔː(r)/, *n.* ***1*** (*marina mil.*) commodoro ***2*** (*naut.*) commodoro (*titolo di cortesia usato per capitani anziani della marina mercantile, presidenti di club nautici, ecc.*). ● (*aeron. mil.*) **air c.**, generale di brigata aerea.

common (**1**) /ˈkɒmən/, *a.* ***1*** comune (*in ogni senso*); usuale; frequente; semplice; trito; vieto; rozzo; ordinario; grossolano; dozzinale: **to fight for a c. cause**, combattere per una causa comune; **to act for the c. good**, agire per il bene comune; **It's our c. desire**, è nostro desiderio comune; **a c. thief**, un ladro comune; un ladruncolo; **c. shoes**, scarpe dozzinali; (*mat.*) **c. denominator**, denominatore comune; **a c. feeling**, un sentimento comune, usuale; **It'a pity she's so c.**, peccato che sia una donna così comune ***2*** (*econ.*) comunitario (*dell'Unione Europea*); comune: **C. European Fund**, Fondo Comune Europeo. ● **c. area**, (*leg.*) area di proprietà comune; (*elab.*) area comune (*di una memoria*) □ (*comm.*) **c. carrier**, vettore; corriere; agenzia di trasporti □ (*med.*) **c. cold**, raffreddore; corizza virale □ **c. courtesy**, normale cortesia □ **a c. crier**, un pubblico banditore □ (*in G.B.*) **C. Entrance**, esame d'ammissione □ **C. Era**, era volgare (*o* cristiana) □ **c. ground**, terreno comune, punto d'incontro (*d'una discussione*) □ (*fam.*) **C. ground!**, (sono) d'accordo! □ **c. interest**, interesse comune; (*leg.*) comunione di beni; comproprietà □ (*edil.*) **c. joist**, travetto (*per soffittatura*) □ **to be c. knowledge that...**, essere di dominio pubblico che... □ (*leg.*) **c. land**, terreno di proprietà comune □ (*leg.*) **c. law**, «common law» (*in G.B.*); legge non scritta □ (*leg.*) **c.-law wife**, convivente; moglie de facto □ (*mat.*) **c. logarithm**, logaritmo volgare (*o* decimale) □ **the c. man**, l'uomo comune (*l'uomo della strada*) □ **c. manners**, modi grossolani □ (*econ.*) **the C. Market**, il Mercato Comune □ (*stor.*) **c. marketeer**, fautore del Mercato Comune □ (*gramm.*) **a c. noun**, un nome comune □ **a c. nuisance**, un fastidio per tutti; (*leg.*) una molestia dei diritti pubblici □ (*pop.*) **c. or garden**, ordinario; dozzinale; normale: **a c. or garden tablecloth**, una tovaglia ordinaria □ (*leg.*) **c. ownership**, proprietà in comune □ **the c. people**, la gente comune □ (*leg.*) **c. plea**, causa civile □ **c. pricing**, (*econ.*) fissazione di prezzi comuni; (*leg.*) *V.* **collusive tendering** □ (*leg.*) **c. right**, diritto secondo la «common law» □ (*a Oxford, ecc.*) **c. room**, sala di ritrovo (*per gli studenti*); sala (dei) professori □ **c. sense**, senso comune; buonsenso □ (*fin.*) **c. share**, azione ordinaria □ (*mil.*) **a c. soldier**, un soldato semplice □ **to speak English with a c. accent**, parlare inglese con un accento dialettale □ (*fin.*) **c. stock**, titoli ordinari; (*USA*) azione ordinaria □ (*elab.*) **c. storage**, memoria comune □ (*edil.*) **c. wall**, muro di confine (*o* in comunione) □ **by c. consent**, di comune accordo; per consenso unanime □ **to make c. cause with sb.**, fare causa comune con q.

common (**2**) /ˈkɒmən/, *n.* ***1*** (*anche pl.*) terreno di proprietà comune; pascolo demaniale; parco pubblico; spazio verde comunale ***2*** (*pl.*) (*stor.*) (il) popolo, (la) gente comune; (il) terzo stato ***3*** (*leg.*, = **right of c.**) diritto di servitù attiva ***4*** (*pl.*) **the Commons**, i Comuni (*in G.B.*) ***5*** (*pl., col verbo al sing.*) sala di ritrovo; refettorio, mensa (*di un college ingl.*) ***6*** (*USA*) piazza (*o* parco) centrale. ● **c. of pasturage**, diritto di pascolo □ **in c.** (**with**), in comune (con) □ **to be on short commons**, essere a corto di viveri; essere a stecchetto □ **out of the c.**, fuori del comune; insolito; raro □ (*polit.*) **to sit in the Commons**, essere un membro della Camera dei Comuni.

commonable /ˈkɒmənəbl/, *a.* ***1*** (*d'animale*) che può pascolare su un terreno della comunità ***2*** (*di terreno*) di proprietà comune.

commonage /ˈkɒmənɪdʒ/, *n.* (*leg.*) ***1*** diritto di pascolo (*su un terreno della comunità*) ***2*** (terreno tenuto in) proprietà comune.

commonalty /ˈkɒmənltɪ/, *n.* ***1*** (la) gente comune; (il) popolo ***2*** comunità: **the c. of men of letters**, la comunità dei letterati.

commoner /ˈkɒmənə(r)/, *n.* ***1*** cittadino comune (*non nobile*) ***2*** (*raro*) membro dei Comuni; deputato: (*stor.*) **the great C.**, il grande «Commoner» (*W. Pitt senior*); **the First C.**, il Presidente della Camera dei Comuni ***3*** (*a Oxford e Cambridge*) studente che paga la retta per il vitto.

commonly /ˈkɒmənlɪ/, *avv.* ***1*** comunemente; usualmente; normalmente ***2*** in modo ordinario (*o* dozzinale); grossolanamente ***3*** mediocremente: **c. honest**, mediocremente onesto.

commonness /ˈkɒmənnəs/, *n.* l'essere comune (*o* usuale, ordinario, ecc.); grossolanità; dozzinalità: **The c. of his manners was disgusting**, la grossolanità dei suoi modi era disgustosa.

commonplace /ˈkɒmənpleɪs/, **A** *n.* ***1*** (*in origine*) passo d'autore di particolare interesse: **c. book**, raccolta di passi d'autore di particolare interesse ***2*** luogo comune; osservazione vieta, trita; banalità. **B** *a.* ***1*** ovvio; trito; banale ***2*** comune; usuale; ordinario; di routine: **a very c. sort of man**, un uomo del tutto ordinario; (*med.*) **a c. operation**, un intervento chirurgico di routine.

commonplaceness /ˈkɒmənpleɪsnəs/, *n.* banalità; mancanza d'originalità.

commonweal /ˈkɒmənwiːl/, *n.* (*lett.*; = **common weal**) benessere pubblico; bene comune.

commonwealth /ˈkɒmənwɛlθ/, *n.* ***1*** repubblica (*nel senso etimologico di* «cosa pubblica»); confederazione; comunità; stato indipendente: (*fig.*) **the c. of literature**, la repubblica delle lettere ***2*** – **the c.**, l'insieme dei cittadini; la nazione ***3*** (*in U.S.A.*) denominazione di alcuni stati dell'Unione **4** – (*stor.*) **the C.**, la Repubblica (*governo di Oliver Cromwell*: *1649-1660*). ● **the C. of Australia**, la Federazione degli stati dell'Australia □ **the British C. of Nations**, il Commonwealth Britannico.

commotion /kəˈməʊʃn/, *n.* **1** perturbazione; agitazione **2** confusione; baraonda; trambusto **3** (*leg.*) tumulto; insurrezione; sommossa.

communal /ˈkɒmjʊnəl, *USA* kəˈmjuː-/, *a.* **1** comunale; pertinente a un comune **2** della (*o* d'una) comunità; pubblico: **c. land**, suolo pubblico **3** (*stor.*) comunardo; della Comune (*di Parigi*). ● (*leg.*) **c. estate**, comunione dei beni (*tra coniugi*) □ (*etnol.*) **c. marriage**, matrimonio di gruppo □ (*leg.*) **c. tenure**, godimento in comune.

communalism /ˈkɒmjʊnəlɪzəm, *USA* kəˈmjuː-/, *n.* **1** dottrina (*o* sistema) delle autonomie locali **2** (*polit.*) autonomismo **3** (*econ.*) (principio della) comunanza dei beni.

communalist /ˈkɒmjʊnəlɪst, *USA* kəˈmjuː-/, *n.* **1** autonomista; fautore delle autonomie locali **2** chi vive in comunità di beni **3** (*stor.*) comunardo.

communalistic /kɒmjʊnəˈlɪstɪk, *USA* kəmjuː-/, *a.* autonomistico.

Communard /ˈkɒmjʊnɑːd, *USA* -ˈnɑːd/, *n.* **1** (*stor.*) comunardo **2** – (*anche polit.*) **c.**, membro di una comune.

commune /ˈkɒmjuːn/, *n.* **1** comune (*in senso storico e amministrativo*) **2** (il) popolo (*distinto dall'aristocrazia*) **3** (*anche polit.*) (una) comune.

to **commune** /kəˈmjuːn/, *v. i.* **1** essere (*o* mettersi) in comunione (spirituale), unirsi in spirito (con): **to c. with nature**, essere in comunione con la natura **2** comunicare: **to c. with the dead**, comunicare con i defunti **3** (*relig.*) comunicarsi. ● **to c. with oneself**, pensare fra sé; meditare; raccogliersi.

communicability /kəmjuːnɪkəˈbɪlətɪ/, *n.* **1** comunicabilità (*di un'idea, ecc.*) **2** (*med.*) trasmissibilità (*d'una malattia, ecc.*).

communicable /kəˈmjuːnɪkəbl/, *a.* **1** comunicabile **2** (*med.*) comunicabile; contagioso; trasmissibile. || **-ness**, *sost.* || **-bly**, *avv.*

communicant /kəˈmjuːnɪkənt/, *n.* **1** (*relig.*) chi si comunica (*specie se regolarmente*); comunicando **2** chi comunica (q.c.); informatore.

to **communicate** /kəˈmjuːnɪkeɪt/, *v. t.* e *i.* **1** comunicare, comunicarsi (*in ogni senso, anche relig.*); notificare; far sapere; far conoscere (*una scoperta*) **2** comunicare, trasmettere (*una malattia*) **3** (*di stanze, ecc.*) essere in comunicazione.

communicating /kəˈmjuːnɪkeɪtɪŋ/, *a.* comunicante: **c. rooms**, stanze comunicanti.

communication /kəmjuːnɪˈkeɪʃn/, *n.* **1** comunicazione (*in ogni senso*); mezzo di comunicazione; (*form.*) comunicato: **a confidential c.**, una comunicazione confidenziale **2** trasmissione, diffusione (*di malattie, ecc.*) **3** contatto; relazione; rapporto: **to get into c. with sb.**, mettersi in contatto con q.; **I broke off all c. with them**, ruppi ogni rapporto con loro **4** (*elab.*) comunicazione; dialogo **5** (*pl.*) scienza delle comunicazioni. ● (*trasp.*) **c. axis**, asse di comunicazione □ (*elab.*) **c. channel**, canale di comunicazione □ (*ferr.*) **c. cord**, segnale d'allarme □ **c. engineering**, radiotecnica □ **communications network**, rete di comunicazioni □ **communications satellite**, satellite per telecomunicazioni □ (*elab.*) **c. terminal**, terminale di rete □ (*ric. op.*) **c. theory**, teoria delle informazioni.

communicative /kəˈmjuːnɪkətɪv, *USA* -keɪtɪv/, *a.* comunicativo; espansivo. || **-ly**, *avv.*

communicativeness /kəˈmjuːnɪkətɪvnəs, *USA* -eɪtɪv-/, *n.* comunicativa.

communicator /kəˈmjuːnɪkeɪtə(r)/, *n.* **1** chi comunica **2** (*fis.*) trasmettitore (*d'un apparecchio telegrafico*).

communion /kəˈmjuːnɪən/, *n.* **1** comunione; comunanza; società, comunità (*religiosa o politica*) **2** familiarità; intimità (con q.) **3** – (*relig.*; = **Holy C.**) **C.**, (santa) comunione; eucarestia. ● (*relig.*) **c. cloth**, corporale □ (*relig.*) **c. cup**, calice (*per la comunione*) □ (*leg.*) **c. of goods**, comunione di beni □ (*relig.*) **c. plate**, patena □ **c. table**, altare dell'eucaristia □ **to go to C.**, ricevere la comunione □ **to hold c. with sb.**, essere in comunione spirituale con q. □ **to hold c. with oneself**, essere assorto in meditazione □ **to take** (*o* **to receive**) **C.**, fare (*o* ricevere) la comunione.

communiqué /kəˈmjuːnɪkeɪ, *USA* -ˈkeɪ/ (*franc.*), *n.* comunicato; bollettino.

communism /ˈkɒmjʊnɪzəm/, *n.* (*polit.*) comunismo.

communist /ˈkɒmjʊnɪst/, *n.* e *a.* (*polit.*) comunista.

communistic /kɒmjʊˈnɪstɪk/, *a.* (*polit.*) comunistico. || **-ally**, *avv.*

communitarian /kəmjʊnɪˈteərɪən/, *n.* **1** membro d'una società comunistica **2** fautore delle autonomie locali; autonomista.

community /kəˈmjuːnətɪ/, **A** *n.* **1** comunità (*religiosa, sociale, amministrativa*); collettività; società: **the Black c.**, la comunità dei neri; **the European Economic C.**, la Comunità Economica Europea (*C.E.E.*) **2** (*leg.*: *in Italia, Francia, ecc.*) comunione; comunanza: **the c. of goods**, la comunione dei beni; **c. of interests**, comunanza di interessi **3** mondo; ambienti: **the business c.**, il mondo degli affari; gli ambienti commerciali **4** (*econ.*) – **the C.**, la Comunità (*la C.E.E.*). **B** *a. attr.* comunitario (*della C.E.E.*): **C. financing**, finanziamento comunitario; **C. law**, diritto comunitario; **C. workers**, lavoratori comunitari. ● (*TV*) **c. antenna television**, televisione ad antenna centralizzata (*per una zona*) □ **c. centre**, centro civico (*o* ricreativo) □ (*fisc., in G.B.*) **the c. charge**, il testatico (*nome ufficiale dell'imposta locale meglio nota come* **poll tax**; *assai impopolare*: *1990-1993*; *cfr.* **council tax**) □ (*USA*) **c. chest**, fondo di beneficenza □ (*leg., in G.B.*) **c. home**, casa di rieducazione; riformatorio □ **c. investments**, investimenti sociali □ (*leg., in U.S.A.*) **c. property**, beni in regime di comunione (*cfr. ingl.* **joint estate**) □ **c. relations**, rapporti interrazziali □ **c. service**, servizio civile □ (*leg.*) **c.-service order**, sentenza di condanna a prestazioni d'opera a beneficio della comunità (*gratuitamente*: *non esiste in Italia*) □ **c. singing**, canto in coro.

communization /kɒmjʊnaɪˈzeɪʃn, *USA* -nɪ-ˈz-/, *n.* collettivizzazione.

to **communize** /ˈkɒmjʊnaɪz/, *v. t.* **1** (*econ.*) collettivizzare **2** (*polit.*) comunistizzare.

commutability /kəmjuːtəˈbɪlətɪ/, *n.* (*anche leg.*) commutabilità.

commutable /kəˈmjuːtəbl/, *a.* (*anche leg.*) commutabile.

to **commutate** /ˈkɒmjʊteɪt/, *v. t.* (*elettr.*) commutare. ● **commutating field**, campo di commutazione.

commutation /kɒmjuːˈteɪʃn/, *n.* **1** commutazione (*di pena, di forma di pagamento, ecc.*); (*ass.*) commutazione (*della prestazione alla scadenza della polizza*) **2** (*elettr., elettron.*) commutazione **3** (*USA*) pendolarità; pendolarismo. ● (*ass.*) **c. right**, diritto di commutazione □ (*USA*) **c. ticket**, abbonamento ferroviario (*cfr. ingl.* **season ticket**).

commutative /kəˈmjuːtətɪv, *USA* ˈkɒmjuːteɪtɪv/, *a.* (*leg., mat., ecc.*) commutativo.

commutativity /kəmjuːtəˈtɪvətɪ/, *n.* (*leg., mat., ecc.*) commutatività.

commutator /ˈkɒmjuːteɪtə(r)/, *n.* (*elettr., elettron.*) commutatore.

commute /kəˈmjuːt/, *n.* **1** viaggio (*di pendolare*) **2** distanza coperta da un pendolare.

to **commute** /kəˈmjuːt/, **A** *v. t.* commutare (*in ogni senso*): **to c. a capital sentence to life imprisonment**, commutare la pena di morte nell'ergastolo. **B** *v. i.* fare il pendolare; fare la spola (*con mezzi pubblici*): **I c. between Canterbury and London every day**, faccio la spola tra Canterbury e Londra tutti i giorni per lavoro.

commuted /kəˈmjuːtɪd/, *a.* commutato. ● (*USA*) **c. fare ticket**, (biglietto di) abbonamento ferroviario □ (*ass.*) **c. value**, valore di commutazione.

commuter /kəˈmjuːtə(r)/, *n.* pendolare. ● **c. belt**, periferia abitata da pendolari; zona di pendolari.

commuting /kəˈmjuːtɪŋ/, *n.* **1** il fare il pendolare; pendolarità; pendolarismo **2** (= **c. distance**) distanza che consente la pendolarità. ● **The place is within easy c. both to Dover and Deal**, la località consente di raggiungere sia Dover sia Deal per lavoro e di tornare a casa nella stessa giornata.

comose /ˈkəʊməʊs/, *a.* (*bot., zool.*) chiomato; peloso; ricoperto di peluria.

comp (**1**) /kɒmp/, *n.* (*abbr. fam. USA di* **complimentary**) **1** biglietto omaggio (*o* di favore) **2** (*a teatro, ecc.*) spettatore non pagante; portoghese (*fam.*).

comp (**2**) /kɒmp/, *n.* (*abbr. fam. USA di* **composition**) (*mus.*) composizione.

compact (**1**) /ˈkɒmpækt/, *n.* patto; accordo; convenzione; trattato. ● **by general c.**, per consenso generale (*o* unanime).

compact (**2**) /kəmˈpækt, kɒ-, *USA* kəmˈp-, kɒ-, ˈkɒmpækt/, *a.* **1** compatto; denso; sodo **2** conciso; serrato; terso: **a c. style**, uno stile terso. ● (*mus., tecn.*) **c. disc**, compact disc; CD □ **c. disc player**, lettore di compact disc; lettore CD □ (*elab.*) **c. storage**, memoria compatta.

compact (**3**) /ˈkɒmpækt/, *n.* **1** (= **powder c.**) portacipria (*da borsetta*) **2** compressa di cipria (*per ricambio*) **3** (*USA, autom.*; = **c. car**) utilitaria.

to **compact** /kəmˈpækt/, *v. t.* **1** rendere compatto; pressare **2** (*tecn.*) compattare **3** (*costr. stradali*) costipare (*il terreno*) **4** comporre (*un tutto, di diverse parti*) **5** condensare; compendiare.

compactible /kəmˈpæktəbl/, *a.* (*tecn.*) compattabile.

compaction /kəmˈpækʃn/, *n.* **1** (*elab., geol.*) compattazione **2** (*costr. stradali, geol.*) costipamento.

compactly /kəmˈpæktlɪ, kɒ-, *USA* kəmˈp-, kɒ-, ˈkɒmpæ-/, *avv.* compattamente.

compactness /kəmˈpæktnəs/, *n.* **1** compattezza **2** concisione.

compactor /kəmˈpæktə(r)/, *n.* **1** (*agric.*) compattatore **2** (*costr. stradali*) costipatore. ● (*USA*) **trash c.**, pressarifiuti (*attrezzo domestico*).

companion (**1**) /kəmˈpænɪən/, *n.* **1** compagno; socio: **c.-in-arms**, compagno d'armi; commilitone; **c. in misfortune**, compagno di sventura; **Here is my left glove; but where is its c.?**, ecco il guanto sinistro; ma dov'è il suo compagno? **2** (= **lady-c.**) dama di compagnia **3** compagno (*grado più basso dell'ordine dei cavalieri*): **C. of the Bath**, Compagno dell'Ordine di Bath (*o* dell'Ordine del Bagno) **4** manuale; vademecum: **The Gardener's C.**, il manuale del giardiniere (*titolo di un libro*). ● **a c. jewel**, un gioiello che fa da pendant a un altro.

companion (**2**) /kəmˈpænɪən/, *n.* (*naut.*) **1** osteriggio; spiraglio **2** (= **c. hatch**) tambucio; caposcalo di boccaporto **3** *V.* **companionway**, *def. 1.* ● **c. hatchway**, boccaporto □ **c.-ladder**, scala di boccaporto.

to **companion** /kəmˈpænɪən/, *v. t.* (*raro*) accompagnare; fare da compagno a (q.).

companionable /kəmˈpænɪənəbl/, *a.* socievole; di buona compagnia.

companionableness /kəmˈpænɪənəblnəs/, *n.* socievolezza.

companionship /kəmˈpænɪənʃɪp/, *n.* **1** compagnia; amicizia **2** cameratismo **3** (*tipogr.*)

gruppo di compositori che lavorano insieme.

companionway /kəm'pænɪənweɪ/, *n.* (*naut.*) *1* scala di boccaporto *2* tambucio.

company /'kʌmpənɪ/, **A** *n.* *1* compagnia: **to keep sb. c.**, fare compagnia a q.; (*mil.*) **There are four companies in a battalion**, in un battaglione ci sono quattro compagnie; **a theatrical c.**, una compagnia drammatica *2* comitiva; ospiti; visitatori: **We are expecting c. for lunch**, aspettiamo ospiti a colazione *3* (*fin.*) compagnia; società commerciale; azienda; impresa: **an insurance company**, una compagnia di assicurazioni *4* (*fin., leg., in G.B.*; *cfr. USA* **corporation**) società di capitali: **c. limited by shares** (*o* **limited c.**), società per azioni; **public company**, società per azioni (*il pubblico sottoscrive le azioni; non c'è limite al numero dei soci*); **listed c.**, società quotata in borsa; **private c.** (*o* **private limited c.**), società a responsabilità limitata (*da 2 a 50 soci; le azioni non possono essere offerte al pubblico*); società a conduzione familiare; **holding c.**, società controllante; holding; **subsidiary c.**, società controllata *5* (*naut.*) equipaggio; ciurma *6* (*fam. USA*) – **the C.**, la C.I.A. **B** *a. attr.* *1* (*fin.*) societario; aziendale: **c. accounts**, conti societari; **c. management**, gestione aziendale; **c. climate**, clima aziendale; **c. policy**, politica aziendale *2* (*fin., leg.*) sociale: **c. deeds**, atti sociali; **c. title**, ragione sociale. ● (*fin.*) **c.'s assets**, attivo sociale □ (*rag.*) **the c.'s books**, i libri sociali □ (*fin.*) **c.'s capital**, capitale sociale □ (*fin.*) **c. director**, amministratore di una società □ **c. doctor**, (*org. az.*) medico dell'azienda (*o* aziendale); (*fin.*) risanatore di aziende in difficoltà □ **c. economist**, aziendalista □ (*rag.*) **c.'s fiscal year**, anno (*o* esercizio) sociale □ (*fisc.*) **c. income tax**, imposta sul reddito della società per azioni □ (*leg.*) **c. law**, legge sulle società; diritto societario (*o* delle società) □ (*fin.*) **c.'s liabilities**, passivo sociale □ **c. loyalty**, fedeltà dell'azienda □ **c. man**, dipendente che antepone la sua società a ogni altra cosa □ (*fam. USA*) **C. man**, uomo (*o* funzionario) della C.I.A. □ **c. officer**, (*fin.*) funzionario di una società; (*mil.*) comandante di una compagnia □ (*fin.*) **c. promoter**, (socio) fondatore di società per azioni □ (*rag.*) **c. report**, relazione di bilancio (*di una società*) □ (*fin.*) **c. secretary**, segretario di una società per azioni □ (*fisc.*) **c. tax**, imposta sulle società □ **c.-wide bargaining**, contrattazione a livello aziendale □ **for c.**, per (fare) compagnia: **I'll go with you for c.**, verrò con te per farti compagnia □ **to get into bad c.**, fare cattive amicizie □ **to be good [bad, poor] c.**, essere [non essere] di compagnia; essere un compagno piacevole [noioso] □ **in c.**, in compagnia; in pubblico: **to swear in c.**, bestemmiare in pubblico □ **to keep c.**, stare insieme; fare all'amore, parlarsi (*pop.*) (*di fidanzati*) □ **to keep one's own c.**, starsene da solo; non essere socievole □ **to keep c. with sb.**, essere in rapporti d'amicizia con q.; frequentare q. □ **to keep good [bad] c.**, avere buone [cattive] amicizie □ (*anche fig.*) **to part c. (with sb.)**, separarsi (da q.) □ **present c. excepted**, esclusi i presenti □ (*naut.*) **shipowners' c.**, società armatrice □ (*teatr.*) **tour c.**, compagnia di giro □ **John Smith and C.** (*abbr.* **Co.**), John Smith e Compagni □ (*prov.*) **A man is known by the c. he keeps**, dimmi con chi vai e ti dirò chi sei □ (*prov.*) **Two's c., three's c. crowd**, poca brigata, vita beata.

comparability /kɒmpərə'bɪlətɪ/, *n.* comparabilità.

comparable /'kɒmpərəbl/, *a.* comparabile; paragonabile.

comparatist /kəm'pærətɪst/, *n.* (*specialm. letter.*) comparatista.

comparative /kəm'pærətɪv/, **A** *a.* *1* comparativo: **a c. study**, uno studio comparativo *2* comparato: **c. anatomy**, anatomia comparata; **c. linguistics**, filologia comparata *3* relativo: **to live in c. security**, vivere in relativa sicurezza. **B** *n.* (*gramm.*) comparativo. ● (*econ.*) **c. cost**, costo comparato (*o* relativo) □ **c.-cost method**, metodo del calcolo della convenienza economica □ (*specialm. letter.*) **c. method**, metodo comparativo; comparativismo □ (*leg., specialm. in U.S.A.*) **c. negligence**, concorso di colpa □ **He is a c. stranger**, tutto sommato, per me è quasi uno sconosciuto. || **-ly**, *avv.* || **-ness**, *sost.*

comparativist /kəm'pærətɪvɪst/, *V.* **comparatist.**

comparator /'kɒmpəreɪtə(r)/, *n.* (*tecn.*) comparatore (*strumento*).

compare /kəm'pεə(r)/, *n.* (*poet.*) confronto; paragone. ● **beyond** (*o* **without, past**) **c.**, senza paragone; incomparabilmente.

to **compare** /kəm'pεə(r)/, **A** *v. t.* *1* comparare; confrontare; paragonare a: **Poets have compared maids to flowers**, i poeti hanno paragonato le fanciulle ai fiori *2* (*gramm.*) fare il comparativo di (*un aggettivo, ecc.*) *3* (*leg.*) collazionare. **B** *v. i.* essere paragonabile; reggere il confronto: **He cannot c. with Milton as a poet**, come poeta, non può reggere il confronto con Milton. ● **to c. favourably with sb. [st.]**, reggere bene il confronto con q. [q.c.]; guadagnarci nel confronto con q. [q.c.] □ (*fam.*) **to c. notes with sb.**, scambiare idee (*o* impressioni) con q. (*su un argomento*) □ **compared to**, in confronto a □ **How does Saigon c. with Tokyo?**, com'è Saigon rispetto a Tokyo?

comparison /kəm'pærɪsn/, *n.* comparazione; paragone; confronto: (*gramm.*) **degrees of c.**, gradi di comparazione. ● (*elettr.*) **c. bridge**, ponte di misura (*o* di confronto) □ (*market., pubbl.*) **c. test**, test di confronto (*di due prodotti*) □ **c. watch**, orologio campione □ **to bear** (*o* **to stand**) **c. with st.**, reggere il confronto (*o* il paragone) con q.c. □ **by c.**, al confronto; a paragone □ **in c. with**, a confronto di; a paragone di; rispetto a: **In c. with her husband, she is a genius**, a paragone di suo marito, ella è un genio.

to **compart** /kəm'pɑːt/, *v. t.* (*raro*) compartire (*lett.*); ripartire.

compartment /kəm'pɑːtmənt/, *n.* *1* compartimento (*nel senso di parte, reparto*); scompartimento: **a first-class c.**, uno scompartimento di prima classe *2* (*archit.*) partizione; scomparto *3* (*ind. min.*) scomparto (del pozzo) *4* (*fig.*) sezione; settore. ● (*autom.*) **glove c.**, cassetto del cruscotto □ (*naut.*) **watertight c.**, compartimento stagno.

to **compartmentalize** /kɒmpɑːt'mentəlaɪz, kəm-/, *v. t.* dividere in compartimenti (*o* in scomparti).

compass /'kʌmpəs/, *n.* *1* (*più spesso al pl.*; = **pair of compasses**) compasso *2* bussola: **mariner's c.**, bussola nautica *3* ambito; area; portata (*fig.*); competenza; limite: **This is beyond** (*o* **out of**) **my c.**, questo esula dalla mia competenza; **within the c. of my knowledge**, entro i limiti delle mie cognizioni *4* (*mus.*) estensione; gamma. ● (*naut.*) **c. adjustment**, compensazione della bussola □ **c. bearing**, rilevamento alla bussola □ (*naut.*) **c. bowl**, mortaio della bussola □ (*naut.*) **c. card**, rosa dei venti □ **c. compensation,** *V.* **c. adjustment** □ (*naut.*) **c. corrector**, (magnete) compensatore della bussola □ (*naut.*) **c. deviation**, deviazione magnetica □ (*naut.*) **c. rose**, rosa della bussola □ **c. saw**, gattuccio (*arnese da falegname*) □ **c. window**, bovindo □ **bow compasses**, balaustrino (*strumento da disegno*) □ **the points of the c.**, le quarte della bussola; i punti cardinali □ **to take a c. bearing**, fare un rilevamento alla bussola □ **a voice of great c.**, una voce di ampio registro.

to **compass** /'kʌmpəs/, *v. t.* *1* circondare; cingere *2* raggiungere, ottenere (*uno scopo*) *3* (*leg.*) complottare; tramare *4* (*arc.*) comprendere; capire.

compassable /'kʌmpəsəbl/, *a.* *1* che può essere circondato *2* conseguibile; raggiungibile.

compassion /kəm'pæʃn/, *n.* compassione; pietà. ● **to have** (*o* **to take**) **c. on sb.**, avere pietà di q.; compassionare q.

compassionate /kəm'pæʃənət/, *a.* compassionevole; che prova pietà; pietoso. ● **c. allowance**, sovvenzione concessa a persona bisognosa □ (*specialm. mil.*) **c. leave**, congedo concesso per gravi motivi familiari o di salute.

to **compassionate** /kəm'pæʃəneɪt/, *v. t.* (*arc.*) compassionare.

compatibility /kəmpætə'bɪlətɪ/, *n.* compatibilità; conciliabilità.

compatible /kəm'pætəbl/, *a.* compatibile; conciliabile: (*elab.*) **c. terminals**, terminali compatibili; (*med.*) **c. blood groups**, gruppi sanguigni compatibili. ● **We're simply not c.**, c'è incompatibilità di carattere tra di noi.

compatriot /kəm'pætrɪət, *USA* -'peɪt-/, *n.* compatriota.

compeer /kɒm'pɪə(r)/, *n.* (*lett.*) *1* persona d'uguale condizione; pari *2* compagno; amico.

to **compel** /kəm'pel/, *v. t.* *1* costringere; obbligare; forzare: **I'll c. him to admit his guilt**, lo costringerò ad ammettere la sua colpa *2* imporre; esigere: **He compelled obedience from his students**, impose l'obbedienza ai suoi studenti; **to c. respect from sb.**, esigere rispetto da q. ● **to c. sb.'s withdrawal**, costringere q. a ritirarsi (*da q.c.*) □ **to be compelled to do st.**, dover fare q.c.

compellable /kəm'peləbl/, *a.* coercibile; che si può costringere.

compelling /kəm'pelɪŋ/, *a.* *1* che suscita interesse (*o* ammirazione); irresistibile: **He has a c. personality**, ha una personalità irresistibile *2* (*di un bisogno, ecc.*) impellente.

compend /'kɒmpend/, *n.* (*raro*) *V.* **compendium.**

compendious /kəm'pendɪəs/, *a.* compendioso; conciso. || **-ly**, *avv.* || **-ness**, *sost.*

compendium /kəm'pendɪəm/, *n.* (*pl.* **compendiums, compendia**) compendio; sommario.

compensability /kəmpensə'bɪlətɪ/, *n.* compensabilità.

compensable /kəm'pensəbl/, *a.* *1* compensabile *2* (*di un danno, ecc.*) risarcibile.

to **compensate** /'kɒmpenseɪt/, **A** *v. t.* *1* compensare (*anche tecn.*): (*elettron.*) **compensated amplifier**, amplificatore compensato *2* (*ass., leg.*) risarcire; indennizzare: **We'll c. you for the loss**, vi risarciremo per la perdita; **to c. the owner of land taken for public use**, indennizzare il proprietario di terreno espropriato a fini di pubblica utilità. **B** *v. i.* *1* (*psic.*) compensare *2* – **to c. for**, compensare: **Nothing can c. for the loss of one's children**, niente può compensare la perdita dei figli. ● (*econ.*) **compensated demand**, domanda compensata □ (*mecc.*) **compensated pendulum**, pendolo compensato.

compensating /'kɒmpenseɪtɪŋ/, *a.* *1* che compensa; compensativo: (*rag., stat.*) **c. errors**, errori compensativi *2* (*elettr., mecc.*) di compensazione; compensatore (*attr.*): (*elettr.*) **c. coil**, bobina di compensazione; (*ferr.*) **c. device**, apparecchio compensatore. ● (*rag.*) **c. depreciation**, ammortamento compensativo □ (*elab.*) **c. feedback**, retroazione a compensazione □ **c. payment**, indennità integrativa (della retribuzione).

compensation /kɒmpen'seɪʃn/, *n.* *1* compenso; retribuzione: **I was offered a c.**, mi fu offerto un compenso *2* (*comm. est., fisiol., elettron., mecc.*) compensazione: **c. agreement**, accordo di compensazione; **c. trade**, scambi di compensazione *3* indennità: **c. on retirement**, indennità di cessazione d'attività; (*ass.*) **c. for accident**, indennità per sinistro *4* (*leg.*) indennizzo; risarcimento: **c. in case of disability**, indennizzo in caso d'invalidità; **c. for damages**, risarcimento dei danni *5* (*psic.*) (meccanismo di) compensazione. ● **c.**

balance, (*mecc.*) bilanciere compensato (*di un orologio*); (*fin., USA*) saldo compensativo □ (*fin.*) **c. for loss of office**, buonuscita (*di un dirigente, ecc.*) □ (*leg.*) **c. order**, ordine di risarcimento; ingiunzione (*al colpevole*) di pagare i danni □ **by way of c.**, come compenso; come indennizzo.

compensational /kɒmpen'seɪʃənl/, *a.* di (*o* per) compensazione; retributivo.

compensative /kəm'pɛnsətɪv, *USA* 'kɒmpənseɪtɪv/, *a.* compensativo.

compensator /'kɒmpənseɪtə(r)/, *n.* **1** (*elettron., mecc., ottica, ecc.*) compensatore **2** (*fotogr.*) diaframma variabile.

compensatory /kɒmpən'seɪtrɪ, kəm'pɛnsətrɪ, *USA* kəm'pɛnsətɔːrɪ/, *a.* compensativo: (*comm. est.*) **c. amounts**, importi compensativi. ● (*comm. est.*) **c. financing**, prestiti compensativi (*del Fondo Monetario Internazionale*).

compere /'kɒmpɛə(r)/, *n.* (*radio, TV*) presentatore.

to **compere** /'kɒmpɛə(r)/, (*radio, TV*) **A** *v. i.* fare il (*o* da) presentatore. **B** *v. t.* presentare (*uno spettacolo*).

to **compete** /kəm'piːt/, *v. i.* **1** competere; gareggiare; concorrere: **to c. for a vacancy**, concorrere per un posto vacante; (*fin.*) **to c. for an issue of shares**, concorrere per un'emissione d'azioni **2** (*econ., market.*) essere in concorrenza. ● **to c. with**, fare concorrenza a (q.c.); sostenere la concorrenza di (q.) □ (*comm.*) **to c. with one another**, farsi concorrenza.

competence /'kɒmpɪtəns/, *n.* **1** competenza (*anche ling.*); abilità; capacità **2** (*leg.*) capacità (*di compiere un atto, di testimoniare, ecc.*) **3** (*leg.*) ammissibilità (*di una prova*) **4** (*diritto internazionale*) competenza; giurisdizione **5** (*raro*) mezzi di sussistenza sufficienti.

competency /'kɒmpɪtənsɪ/, *n.* **1** (*raro*) competenza **2** (*leg.*) *V.* **competence**, *def.* 2 e 3.

competent /'kɒmpɪtənt/, *a.* **1** competente; capace; abile; bravo; provetto: **a c. architect**, un architetto capace; **a c. fencer**, un bravo schermidore **2** (*di lavoro, ecc.*) ben fatto; a regola d'arte **3** (*leg.*) capace: **John is c. to testify**, John è capace di testimoniare; **Grandfather is c. to make a will**, il nonno ha la capacità di testare **4** (*leg.*: *di una prova*) ammissibile **5** (*diritto internazionale*: *di un tribunale*) competente **6** adeguato; sufficiente: **a c. understanding of the law**, un'adeguata comprensione della legge.

competing /kəm'piːtɪŋ/, *a.* **1** (*anche econ., market.*) che compete; concorrente; concorrenziale: **c. goods**, prodotti in concorrenza; **c. industries**, industrie concorrenti **2** (*sport*) che compete; che gareggia.

competish /kɒmpə'tɪʃ/, *n.* (*pop. USA*) **1** *V.* **competition** **2** nemico; rivale.

competition /kɒmpə'tɪʃn/, *n.* **1** competizione; concorso: **an open c.**, un concorso pubblico **2** (*anche econ., market.*) concorrenza; rivalità: **There is a keen trade c. between the two countries**, c'è una forte concorrenza commerciale fra le due nazioni **3** (*sport*) competizione; gara. ● (*econ.*) **c. among the majors**, lotta oligopolistica □ **c. law**, legge che regola la concorrenza □ **to be in c. with sb.**, (*comm.*) essere in concorrenza con q.; (*sport*) gareggiare contro q. □ **to meet the c.**, far fronte alla concorrenza □ **not for c.**, fuori concorso.

competitive /kəm'pɛtətɪv/, *a.* **1** competitivo; agonistico: (*sport*) **c. skiing**, lo sci agonistico **2** di concorso: **a c. examination**, un esame di concorso **3** (*econ., market.*) competitivo; concorrenziale; in concorrenza: **c. firms**, ditte in concorrenza; **a c. market**, un mercato concorrenziale; **c. prices**, prezzi competitivi; **c. products**, prodotti concorrenziali. ● (*Borsa*) **c. bidding**, asta a chiamata □ (*market.*) **c. edge**, competitività (*di un prodotto*) □ **c. offer**, offerta competitiva (*in commercio*) □ (*sport*) **c. spirit**, spirito agonistico □ (*econ.*) **c. supply**, offerta competitiva (*o* alternativa) □ (*econ.*) **c. system**, sistema (*o* regime) concorrenziale □ **a man of a c. nature**, un uomo dotato di spirito di emulazione.

competitively /kəm'pɛtətɪvlɪ/, *avv.* competitivamente; in modo concorrenziale. ● (*market.*: *di un articolo*) **c. priced**, che ha un prezzo concorrenziale.

competitiveness /kəm'pɛtətɪvnəs/, *n.* (*anche econ., market.*) competitività; (*fig.*) emulazione.

competitor /kəm'pɛtɪtə(r)/, *n.* **1** (*econ., market.* e *sport*) competitore, competitrice; concorrente; rivale **2** (*pl. collett.*) la concorrenza: **Competitors quote lower prices**, la concorrenza fa prezzi inferiori. ● **c. economies**, economie concorrenziali.

compilation /kɒmpɪ'leɪʃn/, *n.* compilazione. ● (*mus.*) **c. album**, compilation □ (*cinem.*) **c. film**, film interpolato di spezzoni di pellicole di cineteca.

to **compile** /kəm'paɪl/, *v. t.* **1** compilare **2** (*cricket*) segnare (*punti*).

compiler /kəm'paɪlə(r)/, *n.* **1** compilatore **2** (*elab.*) (programma) compilatore.

complacence /kəm'pleɪsns/, **complacency** /kəm'pleɪsnsɪ/, *n.* **1** compiacimento, soddisfazione (*soprattutto di sé*) **2** (= **self-c.**) autocompiacimento **3** (*arc.*) compiacenza.

complacent /kəm'pleɪsnt/, *a.* **1** compiaciuto, soddisfatto (*di sé*) **2** (*arc.*) compiacente.

to **complain** /kəm'pleɪn/, *v. i.* **1** – **to c. of**, lagnarsi, dolersi di (q.c.) **2** reclamare; protestare: **I shall c. to the mayor about it**, reclamerò presso il sindaco contro ciò **3** (*leg.*) fare (*o* intentare) causa **4** (*poet.*) levare lamento.

complainant /kəm'pleɪnənt/, *n.* **1** (*arc.*) chi si lamenta; chi reclama **2** (*leg.*) querelante; attore; parte civile (*più com.* **plaintiff**).

complainer /kəm'pleɪnə(r)/, *n.* chi si lamenta; chi reclama.

complaint /kəm'pleɪnt/, *n.* **1** lagnanza; rimostranza; protesta: **I have no c. to make**, non ho lagnanze da fare **2** reclamo; motivo di reclamo, d'insoddisfazione **3** malattia; disturbo: **He suffers from a nervous c.**, soffre d'un disturbo nervoso **4** (*leg.*) citazione in giudizio (civile); denuncia; querela: **to make** (*o* **to lodge**) **a c. against sb.**, (*leg.*) querelare q.; (*in genere*) presentare un reclamo contro q. ● **to lodge a c. with the town marshal**, sporgere reclamo presso (*o* reclamare con) lo sceriffo □ **There is no reason for c.**, non c'è motivo di lamentarsi.

complaisance /kəm'pleɪzns, *USA* -sns/, *n.* compiacenza; cortesia; deferenza.

complaisant /kəm'pleɪznt, *USA* -sns/, *a.* compiacente; cortese; deferente.

complement /'kɒmplɪmənt/, *n.* **1** (*anche gramm., geom., elab., mat., med.*) complemento: **the c. of an angle**, il complemento d'un angolo **2** (= **full c.**) serie completa; (un) insieme **3** (*naut.*, = **ship's c.**) effettivo, effettivi **4** (*anche mil.*) dotazione: **the normal c. of weapons**, la normale dotazione di armi. ● **a bus with its full c. of passengers**, un autobus a pieno carico □ **full c. of teachers**, corpo docente al completo.

to **complement** /'kɒmplɪment/, *v. t.* completare, integrare, essere il complemento di (q.c. *o* q.). ● **to c. each other**, integrarsi (a vicenda).

complemental /kɒmplɪ'mentl/, **complementary** /kɒmplɪ'mɛntrɪ/, *a.* complementare: **c. angles** [**colours**], angoli [colori] complementari; (*econ.*) **c. goods**, beni complementari.

complementation /kɒmplɪmɛn'teɪʃn/, *n.* (*biol., mat.*) complementazione. ● (*stat.*) **c. law**, legge di complementazione.

complete /kəm'pliːt/, *a.* **1** completo; intero; integro: **a c. edition**, un'edizione completa **2** compiuto; finito; concluso: **My work is now c.**, la mia opera è ormai conclusa **3** assoluto; perfetto; totale: **c. confidence**, fiducia assoluta; **He's a c. fool**, è un perfetto stupido; **c. surrender**, resa totale. ● (*demogr.*) **c. years**, anni compiuti □ **The teaching staff is c.**, il corpo insegnante è al completo.

to **complete** /kəm'pliːt/, *v. t.* **1** completare; finire; ultimare: **This completes my collection**, ciò rende completa la mia collezione **2** riempire (*un questionario, ecc.*) **3** (*naut.*) allestire (*una nave*). ● **to c. a full ticket**, fare tombola (*gioco*) □ (*leg.*) **to c. a jail sentence**, finire di scontare una condanna (al carcere) □ **to c. the picture**, completare il quadro (*anche fig.*) □ **to c. a task**, portare a compimento un lavoro; assolvere un compito.

completely /kəm'pliːtlɪ/, *avv.* completamente.

completeness /kəm'pliːtnəs/, *n.* completezza; compiutezza; integrità; pienezza; totalità.

completion /kəm'pliːʃn/, *n.* **1** completamento; ultimazione **2** (*naut.*) allestimento; approntamento **3** (*leg.*) perfezionamento (*di un contratto*) **4** completezza; integrità.

completive /kəm'pliːtɪv/, *a.* (*anche ling.*) completivo.

complex /'kɒmplɛks, *USA* kəm'plɛks/, **A** *a.* complesso (*anche scient.*); complicato; intricato: (*gramm.*) **a c. sentence**, un periodo complesso; **a c. question**, una questione complicata; (*mat.*) **c. variable**, variabile complessa. **B** *n.* **1** (*geol., mat., miner., psic.*) complesso **2** (*edil.*) struttura: **a large leisure c.**, una grossa struttura per le attività del tempo libero. ● (*chim.*) **c. compound**, composto di coordinazione; complesso.

complexing /kəm'plɛksɪŋ/, *n.* (*chim.*) complessazione; formazione di un composto complesso.

complexion /kəm'plɛkʃn/, *n.* **1** carnagione; colorito: **a dark c.**, una carnagione scura; **a fine c.**, un bel colorito **2** (*fig.*) aspetto; sapore; carattere; natura: **Your account puts a different c. on the matter**, la tua versione dà un sapore diverso alla faccenda. ● **c. of mind**, forma mentis; carattere, indole.

complexioned /kəm'plɛkʃnd/, *a.* (*nei composti*:) **light-c.**, di carnagione chiara.

complexity /kəm'plɛksətɪ/, *n.* complessità; complicatezza (*raro*).

compliance /kəm'plaɪəns/, *n.* **1** acquiescenza; arrendevolezza; compiacenza; adesione; condiscendenza **2** remissività; sottomissione; servilismo. ● **in c. with**, aderendo a; secondo; in conformità a.

compliant /kəm'plaɪənt/, *a.* **1** accondiscendente; arrendevole; compiacente **2** remissivo; sottomesso; servile.

complicacy /'kɒmplɪkəsɪ/, *n.* complessità; complicatezza (*raro*).

to **complicate** /'kɒmplɪkeɪt/, **A** *v. t.* **1** complicare; causare delle complicazioni a (*anche med.*): **That complicates the situation**, questo complica la situazione **2** confondere; ingarbugliare. **B** *v. i.* complicarsi.

complicated /'kɒmplɪkeɪtɪd/, *a.* **1** complicato: **a c. machine**, una macchina complicata; **a c. man**, un uomo complicato **2** confuso; intricato; arduo; difficile: **a c. question**, una questione difficile.

complication /kɒmplɪ'keɪʃn/, *n.* complicazione (*anche med.*).

complicity /kəm'plɪsətɪ/, *n.* (*anche leg.*) complicità.

compliment /'kɒmplɪmənt/, *n.* **1** complimento: **a double-edged c.**, un complimento a metà; un mezzo complimento; **to pay** (*o* **to make**) **a c.**, fare un complimento **2** (*pl.*) omaggi; ossequi; rispetti: **My compliments to your mother**, i miei rispetti a tua madre; **to send one's compliments**, presentare i propri omaggi **3** (*arc.*) dono; gratifica. ● **compliments of the season**, auguri (*di Natale, Pasqua, ecc.*) □ **compliments slip**, biglietto d'accompagnamento (*di un omaggio*) □ **to send st. to sb. with one's compliments**, donare q.c. a q.; fare omaggio di q.c. a q. □ (*di copia di libro*) **with the author's compliments**, omaggio dell'autore.

to **compliment** /'kɒmplɪmənt/, *v. t.* **1** fare un complimento a; congratularsi con; elogiare: **I wish to c. him on his success**, voglio congratularmi con lui per il suo successo **2** – **to c. sb. with st.**, fare omaggio a q. di q.c.

complimentary /kɒmplɪ'mentrɪ/, *a.* **1** complimentoso; elogiativo: **a c. speech**, un discorso elogiativo **2** (in) omaggio; d'omaggio: **a c. ticket**, un biglietto omaggio (*o* di favore); **c. copy**, copia (*d'un libro*) in omaggio. • **c. close**, chiusa con i convenevoli (*d'una lettera commerciale*) □ **c. drink**, bevanda offerta (*ai clienti*) dalla casa.

complin(e) /'kɒmplɪn/, *n.* (*relig.*) compieta.

to **comply** /kəm'plaɪ/, *v. i.* (*per lo più* **to c. with**) accondiscendere, conformarsi, aderire, assentire a (*una richiesta, ecc.*); ottemperare a (*un ordine*); attenersi a (*una regola*); secondare (*un desiderio*); osservare (*la legge*): **to c. with marketing rules**, conformarsi alle norme della commercializzazione. • (*leg.*) **to c. with the clauses of a contract**, rispettare le clausole di un contratto □ **to c. with sb.'s wishes**, adattarsi ai desideri di q.

compo /'kɒmpəʊ/, *n.* (*pl.* **compos**) (*abbr. di* **composition** *o* **component**) **1** (*edil.*) malta; stucco **2** (*ind.*) componente; ingrediente.

component /kəm'pəʊnənt/, **A** *n.* **1** componente; elemento **2** ingrediente. **B** *a.* componente. • (*ind.*) **components industry**, componentistica □ **a c. part**, un elemento (*d'un tutto*); un pezzo: **the c. parts of a telescope**, i pezzi di un telescopio.

to **comport** /kəm'pɔːt/, (*form.*) **A** *v. i.* – **to c. with**, accordarsi, essere in armonia con: **His behaviour did not c. with the dignity of his office**, il suo comportamento mal s'accordava con la dignità della sua carica. **B** **to comport oneself**, *v. rifl.* comportarsi: **He comported himself blamelessly**, si comportò in modo inappuntabile.

comportment /kəm'pɔːtmənt/, *n.* (*form.*) comportamento.

to **compose** /kəm'pəʊz/, **A** *v. t.* **1** comporre; scrivere: **to c. a song**, comporre una canzone; **Air is composed of various gases**, l'aria è composta di diversi gas **2** comporre (*una vertenza*); conciliare, sedare (*liti, ecc.*); calmare; dominare (*emozioni*): **You should c. your passions**, dovresti dominare le tue passioni **3** atteggiare (*il volto, ecc.*); dare compostezza a; riordinare; riassettare: **to c. one's clothing**, riassettare i propri abiti (*o* il vestito). **B** **to compose oneself**, *v. rifl.* calmarsi; tranquillizzarsi; raccogliersi: **to c. oneself to write**, raccogliersi per scrivere. • **to c. one's features**, rasserenarsi in viso □ **to c. one's thoughts**, radunare i propri pensieri.

composed /kəm'pəʊzd/, *a.* calmo; composto; tranquillo; sereno. • (*tipogr.*) **c. in Monotype imprint**, composto in Monotype. || **-ly**, *avv.* || **-ness**, *sost.*

composer /kəm'pəʊzə(r)/, *n.* compositore, compositrice (*specialm. di musica*).

composing /kəm'pəʊzɪŋ/, *n.* **1** composizione (*l'atto del comporre*) **2** (*tipogr.*) composizione. • (*tipogr.*) **c. frame**, telaio marginatore □ (*tipogr.*) **c. machine**, compositrice □ (*tipogr.*) **c. room**, sala di composizione □ (*tipogr.*) **c. rule**, filetto □ (*tipogr.*) **c. stick**, compositoio.

composite /'kɒmpəzɪt, -zaɪt, -saɪt, kəm'pɒzɪt/, **A** *a.* **1** (*anche archit., bot.*) composito **2** (*edil., naut., aeron.*) a struttura mista: **c. beam**, trave a struttura mista. **B** *n.* **1** cosa composta; composto **2** (*pl.*) (*bot., Compositae*) composite. • (*ferr.*) **c. carriage**, carrozza mista □ (*fotogr.*) **a c. photograph**, un fotomontaggio. || **-ly**, *avv.* || **-ness**, *sost.*

composition /kɒmpə'zɪʃn/, *n.* **1** composizione, costituzione (*d'un oggetto*); composizione d'una vertenza, accordo; (*leg.*) concordato; (*comm.*) transazione: **He made a c. with his creditors**, fece un concordato con i suoi creditori **2** (*leg.*) conciliazione (*di un'ammenda*) **3** composizione; materia composta; composto sintetico **4** (*mus.*) composizione **5** (*tipogr.*) composizione **6** (*raro*) struttura mentale: **He had a touch of genius in his c.**, aveva un tocco di genio (*nella sua struttura mentale*). • (*leg.*) **c. before bankruptcy**, concordato preventivo (*al fallimento*) □ (*tecn.*) **c. board**, pannello di fibre □ **c. for stamp duty**, abbonamento al bollo □ (*leg.*) **c. in bankruptcy**, concordato fallimentare □ **c. leather**, cuoio artificiale □ **c. metal**, lega di rame □ (*leg.*) **c. with creditors**, concordato preventivo.

compositive /kəm'pɒzɪtɪv/, *a.* compositivo.

compositor /kəm'pɒzɪtə(r)/, *n.* (*tipogr.*) compositore.

compos mentis /'kɒmpəs'mentɪs/ (*lat.*), *locuz. n.* (*leg.*) compos sui; capace d'intendere e di volere; sano di mente.

compost /'kɒmpɒst, *USA* -əʊst/, *n.* **1** (*raro*) composto **2** (*agric.*) concime organico; composta; terricciato. • **c. area**, zona dei rifiuti (*in un giardino, ecc.*).

to **compost** /'kɒmpɒst, *USA* -əʊst/, *v. t.* **1** ridurre in concime organico **2** concimare con concime organico.

composure /kəm'pəʊʒə(r)/, *n.* calma; compostezza; padronanza di sé.

compote /'kɒmpəʊt, -pɒt/, *n.* **1** composta; conserva di frutta **2** (*USA*) coppa (*di vetro o di porcellana*).

compound (**1**) /'kɒmpaʊnd/, **A** *a.* composto: **a c. word**, una parola composta; (*gramm.*) **a c. sentence**, un periodo composto; (*mat. finanziaria*) **c. interest**, interesse composto; (*bot.*) **c. flower**, fiore composto. **B** *n.* **1** composto (*anche chim.*); parola composta **2** (*farm.*) preparato galenico. • (*mat. finanziaria*) **c. amount**, montante □ (*mecc.*) **c. engine**, macchina a vapore composita; motore composito; compound □ (*zool.*) **c. eye**, occhio composto □ (*med.*) **c. fracture**, frattura esposta □ (*mecc.*) **c. screw**, vite prigioniera (*o* prigioniero) con due filettature opposte.

compound (**2**) /'kɒmpaʊnd/, *n.* **1** recinto: **factory c.**, recinto della fabbrica; **prison c.**, recinto carcerario **2** campo di raccolta (*di prigionieri, profughi, ecc.*).

to **compound** /kəm'paʊnd/, **A** *v. t.* **1** comporre (*anche una lite*); combinare (*elementi diversi*); mescolare (*ingredienti*); conciliare (*una vertenza*) **2** (*comm.*) fare una transazione per; saldare (*un debito, concordando un pagamento inferiore*) **3** (*leg.*) transigere (*una lite, una vertenza*) **4** aggravare; peggiorare; aumentare: **to c. a problem**, aggravare un problema **5** (*mat. finanziaria*) capitalizzare. **B** *v. i.* **1** accordarsi; venire a un accomodamento **2** (*leg.*) fare un concordato (*con i creditori*). • **to c. a crime**, accordarsi con la parte lesa, dietro compenso in denaro, ottenendo che un reato non sia denunciato (*è illegale*) □ (*fisc.*) **to c. for stamp duty**, abbonarsi al bollo □ **to c. a medicine**, preparare una medicina (*un preparato galenico*).

compoundable /kəm'paʊndəbl/, *a.* componibile; conciliabile.

compounder /kəm'paʊndə(r)/, *n.* **1** conciliatore, conciliatrice; paciere **2** chi prepara composti (*o* preparati galenici) **3** (*leg.*) arbitro (*in genere*).

to **comprehend** /kɒmprɪ'hend/, *v. t.* **1** comprendere; capire; intendere **2** contenere; includere; abbracciare (*fig.*).

comprehensibility /kɒmprɪhensə'bɪlətɪ/, *n.* comprensibilità.

comprehensible /kɒmprɪ'hensəbl/, *a.* comprensibile; intelligibile.

comprehension /kɒmprɪ'henʃn/, *n.* **1** comprensione; capacità d'intendere: **It's beyond my c.**, ciò supera la mia capacità di comprensione **2** ampiezza; portata: **a concept of broad c.**, un concetto che ha grande ampiezza (di significato). • **a c. test**, una «comprehension» (*a scuola*).

comprehensive /kɒmprɪ'hensɪv/, **A** *a.* **1** capace di comprendere (*o* d'includere) molte cose **2** ampio; lato (*fig.*): **a c. mind**, una mente ampia (*o* di grandi vedute); **a c. term**, un termine lato **3** esauriente; completo: **a c. survey**, una rassegna completa; **a c. report**, un resoconto esauriente. **B** *n. V.* **c. school**. • (*fin., rag.*) **c. budget**, bilancio di previsione generale □ **c. faculty**, capacità di capire □ (*ass.*) **c. policy**, polizza globale (*o* onnicomprensiva) □ (*in G.B.*) **c. school**, scuola secondaria onnicomprensiva, scuola unificata (*con sezione classica, tecnica, professionale, ecc.*). || **-ly**, *avv.* || **-ness**, *sost.*

compress /'kɒmpres/, *n.* **1** compressa (*di garza*); impacco: **a cold c.**, un impacco freddo **2** (*agric.*) macchina per pressare cotone; pressaballe.

to **compress** /kəm'pres/, *v. t.* **1** comprimere (*in ogni senso*): **compressed air**, aria compressa **2** (*fig.*) condensare (*pensieri, ecc.*). • **with compressed lips**, a labbra strette.

compressibility /kəmpresə'bɪlətɪ/, *n.* (*fis., mecc.*) compressibilità; comprimibilità.

compressible /kəm'presəbl/, *a.* (*fis., mecc.*) comprimibile; compressibile.

compression /kəm'preʃn/, *n.* **1** (*fis., mecc.*) compressione: **c. ratio**, rapporto di compressione (*di un motore*) **2** (*med.*) compressione (*di un'arteria, ecc.*) **3** (*fig.*) concentrazione, condensamento (*d'idee, ecc.*).

compressive /kəm'presɪv/, *a.* compressivo. • (*edil., mecc.*) **c. strength**, resistenza alla compressione □ **c. stress**, sollecitazione di compressione.

compressor /kəm'presə(r)/, *n.* **1** persona (*o* cosa) che comprime **2** (*elettron., mecc.*) compressore **3** (*anat.*) muscolo compressore **4** motore (*di frigorifero*): **a two-c. fridge**, un frigo a due motori.

comprisable /kəm'praɪzəbl/, *a.* che può essere compreso (*o* incluso).

to **comprise** /kəm'praɪz/, *v. t.* **1** comprendere; contenere; includere: **The United Kingdom comprises four countries**, il Regno Unito comprende quattro nazioni **2** costituire; comporre; formare: **Twenty separate regions c. Italy**, l'Italia è formata da venti regioni.

compromise /'kɒmprəmaɪz/, **A** *n.* (*anche leg.*) compromesso; transazione. **B** *a. attr.* compromissorio. • **a policy of no c.**, una politica intransigente.

to **compromise** /'kɒmprəmaɪz/, **A** *v. t.* **1** comporre (*una vertenza*); risolvere (*una questione*) con un compromesso **2** compromettere; mettere in pericolo. **B** *v. i.* (*anche leg.*) transigere; venire a un compromesso. **C** **to compromise oneself**, *v. rifl.* compromettersi.

compromising /'kɒmprəmaɪzɪŋ/, **A** *a.* compromettente. **B** *n.* **1** compromesso; accomodamento **2** il compromettere.

comptometer /kɒmp'tɒmɪtə(r)/, *n.* (*marchio*) comptometer; macchina calcolatrice. • **c. operator**, comptometrista.

comptroller /kən'trəʊlə(r)/, *n.* (*fin., leg.*) controllore della gestione (*funzionario*). • (*in U.S.A.*) **C. General**, Controllore Generale del Fisco □ (*in G.B.*) **C. and Auditor General of the Exchequer**, Controllore e Revisore Contabile Generale dello Scacchiere (*cfr. ital. Corte dei Conti*).

compulsion /kəm'pʌlʃn/, *n.* **1** coercizione; costrizione: **under** (*o* **upon**) **c.**, dietro costrizione **2** (*fig.*) mordente: **This story is lacking in c.**, questo racconto manca di mordente **3** (*psic.*) coazione; compulsione.

compulsive /kəm'pʌlsɪv/, **A** *a.* **1** coercitivo; costrittivo **2** (*psic.*) compulsivo. **B** *n.* (*psic.*) individuo soggetto a compulsione. • **a c. gambler**, un giocatore d'azzardo che non si sa controllare □ **c. drinking**, alcolismo irrefrenabile. || **-ly**, *avv.* || **-ness**, *sost.*

compulsorily /kəm'pʌlsərəlɪ/, *avv.* obbligatoriamente; per forza.

compulsoriness /kəm'pʌlsərɪnəs/, *n.* **1** obbligatorietà **2** (*leg.*) cogenza; obbligatorietà.

compulsory /kəm'pʌlsərɪ/, *a.* ***1*** obbligatorio; forzoso: **Most subjects are c. in Italian schools**, la maggiore parte delle materie è obbligatoria nelle scuole italiane ***2*** (*leg.*) coercitivo; costrittivo; cogente. ● (*leg.*) **c. acquisition**, esproprio forzato □ (*leg.*) **c. administration**, amministrazione coattiva □ (*leg.*) **c. sale**, liquidazione coatta; vendita forzosa (*o* giudiziale) □ (*econ.*) **c. saving**, risparmio forzato □ (*autom.*) **«c. thoroughfare»** (*cartello*), «senso obbligatorio» □ (*leg.*) **c. winding up**, liquidazione coatta (*di una società*); liquidazione disposta dall'autorità giudiziaria.

compunction /kəm'pʌŋkʃn/, *n.* senso di colpa; pentimento; rimorso: **without the slightest c.**, senza il minimo rimorso.

compunctious /kəm'pʌŋkʃəs/, *a.* ***1*** di (*o* che provoca) rimorso ***2*** compunto; contrito.

compunications /kɒmpju:nɪ'keɪʃnz/, *n. pl.* (*contraz. di* **computer** *e* **telecommunications**) telematica.

compurgation /kɒmpɜ:'geɪʃn/, *n.* (*leg., stor.*) compurgazione.

compurgator /'kɒmpɜ:geɪtə(r)/, *n.* (*leg., stor.*) compurgatore.

computability /kəmpju:tə'bɪlətɪ/, *n.* computabilità.

computable /kəm'pju:təbl/, *a.* computabile; calcolabile.

computation /kɒmpju:'teɪʃn/, *n.* computazione; computo; calcolo. ● **beyond c.**, incalcolabile.

computational /kɒmpju:'teɪʃənl/, *a.* di computo; di calcolo; computazionale: **a c. error**, un errore di calcolo; **c. linguistics**, linguistica computazionale.

computative /kəm'pju:tətɪv, *USA* 'kɒmpju:teɪtɪv/, *a.* che si serve del calcolo; di stima.

to **compute** /kəm'pju:t/, **A** *v. t.* ***1*** computare; calcolare; stimare ***2*** calcolare con un computer. **B** *v. i.* usare un computer. ● (*banca*) **to c. a bill**, calcolare la scadenza di una cambiale □ (*fin.*) **to c. losses**, stimare (*o* valutare) le perdite.

computed /kəm'pju:tɪd/, *a.* computerizzato. ● (*med., USA*) **c. tomography**, tomografia computerizzata (*abbr.* TAC).

computer /kəm'pju:tə(r)/, *n.* ***1*** (*elab.*) computer; elaboratore, calcolatore (elettronico): **the c. age**, l'era dei computer; **personal c.**, personal computer; personal; PC ***2*** (macchina) calcolatrice ***3*** chi fa computi (*o* calcoli). ● **c.-aided**, assistito dal computer □ **c.-aided design**, progettazione assistita dal calcolatore □ **c.-aided engineering**, ingegneria assistita dal calcolatore □ **c. analyst**, analista d'informatica □ **c.-assisted**, *V.* **c.-aided** □ (*med.*) **c.-assisted tomography** (*abbr.* **CAT**), tomografia computerizzata (*abbr.* TAC) □ **c.-backed**, assistito dal computer □ **c. centre**, centro di calcolo (elettronico) □ (*leg.*) **c. crime**, reato di «saccheggio» con il computer □ (*leg.*) **c. criminal**, chi commette un tale reato □ **c. firm**, casa produttrice di computer □ (*di una parola*) **c.-generated**, che deriva dal linguaggio dell'informatica □ **c. graphics**, grafica computerizzata; eidomatica □ (*leg.*) **c. hacker**, pirata dell'elettronica □ **c. language**, linguaggio macchina □ **c. literacy**, capacità di usare un computer □ **c. literate**, buon conoscitore dei computer □ **c. network**, rete di calcolatori □ **c. operator**, operatore (di) macchina □ **c. science**, informatica □ **a c. scientist**, un informatico □ **c. shy**, che ha «paura» di usare il computer □ (*fam.*) **c. widow [widower]**, «vedova» [«vedovo»] a causa del computer; persona trascurata dal compagno [dalla compagna] per colpa della passione per i computer □ **the c. world**, il mondo dell'informatica.

computerese /kəm'pju:təri:z/, *n.* linguaggio degli elaboratori; computerese, informatichese (*fam.*).

computerizable /kəmpju:tə'raɪzəbl/, *a.* computerizzabile.

computerization /kəmpju:tərar'zeɪʃn, *USA* -rɪ'z-/, *n.* computerizzazione.

to **computerize** /kəm'pju:təraɪz/, *v. t.* computerizzare: **to c. the tax register**, computerizzare l'anagrafe tributaria.

computerized /kəm'pju:təraɪzd/, *a.* computerizzato: **c. models**, modelli computerizzati.

computerman /kəm'pju:təmæn/, *n.* (*pl.* **computermen**) esperto in elaboratori.

computerphobia /kəmpju:tə'fəʊbɪə/, *n.* (*fam.*) fobia per i computer.

computing machine /kəm'pju:tɪŋmə'ʃi:n/, *V.* **computer**.

comrade /'kɒmreɪd, -rəd, *USA* -ræd/, *n.* ***1*** compagno (*anche*: membro del partito comunista); camerata: **c.-in-arms**, compagno d'armi; commilitone ***2*** (*pl.*) (*spreg.*) (i) rossi; (i) comunisti.

comradely /'kɒmreɪdlɪ, -rəd-, *USA* -ræd-/, *a.* cameratesco; da compagno.

comradeship /'kɒmreɪdʃɪp, -rəd-, *USA* -ræd-/, *n.* cameratismo.

coms /kɒmz/, *n. pl.* (*abbr. fam. di* **combinations**) *V. sotto* **combination**, *def. 8.*

comsat /'kɒmsæt/, *n.* (*contraz. di* **communications satellite**) (*miss.*) satellite per telecomunicazioni. ● (*radio, TV*) **by c.**, via satellite.

comsymp /'kɒmsɪmp/, *n.* (*contraz. di* **Communist sympathizer**) (*spreg., polit., USA*) simpatizzante comunista; filocomunista.

con (1) /kɒn/, *n.* (*naut., aeron.*) ***1*** governo (*di nave*); pilotaggio ***2*** cabina di comando.

con (2) /kɒn/, **A** *a. attr.* – (*pop. USA, abbr. di* **confidence**) **con artist**, imbroglione; truffatore; **con game** (*o* **con job**), truffa all'americana. **B** *n.* (*pop. USA*) truffa; raggiro.

con (3) /kɒn/, (*abbr. del lat.* **contra**) **A** *avv.* contro: **pro and con**, pro e contro. **B** *n.* argomento (*o* motivo, voto) contrario. ● **the pros and cons**, il pro e il contro.

con (4) /kɒn/, *n.* (*pop., abbr. di* **convict**) carcerato; detenuto; (*anche*) ex carcerato; avanzo di galera.

to **con (1)** /kɒn/, *v. t.* (*naut., aeron.*) governare, pilotare (*una nave o un aereo*).

to **con (2)** /kɒn/, *v. t.* (*pop. USA*) raggirare; truffare.

to **con (3)** /kɒn/, *v. t.* (*arc., spesso* **to con over**) studiare diligentemente (*o* a fondo); studiare a memoria, ripassare (*la lezione, la parte, ecc.*).

conation /kəʊ'neɪʃn/, *n.* (*psic.*) conazione.

conative /'kɒnətɪv, *USA* 'kəʊn-/, *a.* (*ling.*) conativo.

conatus /kəʊ'neɪtəs/ (*lat.*), *n.* (*pl. invar.*) (*filos., psic.*) conato.

to **concatenate** /kən'kætəneɪt/, *v. t.* concatenare.

concatenation /kənkætə'neɪʃn/, *n.* concatenazione.

concause /'kɒnkɔ:z/, *n.* concausa.

concave /kɒn'keɪv/, (*anche geom.*) **A** *a.* concavo: **c. lens**, lente concava. **B** *n.* oggetto concavo; superficie concava. ● (*poet.*) **the c. of heaven**, la volta celeste. || **-ly**, *avv.*

concavity /kɒn'kævətɪ/, *n.* ***1*** (*geom.*) concavità ***2*** concavità; cavo; incavo; incavatura.

concavo-concave /kɒn'keɪvəʊkɒn'keɪv/, *a.* (*ottica*) biconcavo.

concavo-convex /kɒn'keɪvəʊkɒn'veks/, *a.* (*ottica*) concavo-convesso.

to **conceal** /kən'si:l/, *v. t.* celare; nascondere; occultare (*prove, ecc.*); sottacere (*fatti*): **to c. st. from sb.**, nascondere q.c. a q.

concealable /kən'si:ləbl/, *a.* occultabile.

concealer /kən'si:lə(r)/, *n.* occultatore, occultatrice.

concealment /kən'si:lmənt/, *n.* ***1*** il nascondere; l'esser nascosto; occultamento ***2*** nascondiglio ***3*** (*leg.*) reticenza; riserva mentale (*in un contratto*). ● (*leg.*) **c. of evidence**, occultamento (*o* soppressione) di una prova □ (*fisc.*) **c. of profits**, occultamento di utili □ **to remain in c.**, rimanere nascosto.

to **concede** /kən'si:d/, **A** *v. t.* ***1*** concedere; ammettere; riconoscere: **to c. defeat**, ammettere la sconfitta; (*leg.*) **to c. a right**, concedere un diritto; **to c. lands**, concedere (*o* cedere) territori ***2*** dare (per) vinto, perdere (*una partita, ecc.*). **B** *v. i.* ***1*** fare una concessione ***2*** (*poker*) passare (la parola): **I c.!**, passo!; «parole» (*franc.*). ● (*sport*) **to c. a goal**, farsi segnare un goal.

conceit /kən'si:t/, *n.* ***1*** presunzione; vanità ***2*** (*lett.*) concetto lambiccato; idea (*o* immagine) barocca; paragone ricercato ***3*** (*arc.*) concetto; idea. ● **in one's own c.**, secondo la propria idea (*o* il proprio parere) □ **self-c.**, presunzione.

conceited /kən'si:tɪd/, *a.* ***1*** presuntuoso; vanitoso; pieno di sé ***2*** (*di stile, ecc.*) concettoso ***3*** (*arc.*) intelligente. || **-ly**, *avv.* || **-ness**, *sost.*

conceivability /kənsi:və'bɪlətɪ/, *n.* l'esser concepibile; concepibilità; plausibilità.

conceivable /kən'si:vəbl/, *a.* concepibile; immaginabile; plausibile: **a c. motive**, un motivo plausibile. || **-ness**, *sost.* || **-bly**, *avv.*

to **conceive** /kən'si:v/, **A** *v. t.* ***1*** (*fisiol.*) concepire; generare ***2*** (*fig.*) concepire; elaborare con la mente (*con la fantasia, ecc.*); immaginare; ideare: **to c. a deep hatred**, concepire un odio profondo; **I cannot c. why he did it**, non riesco a immaginare perché l'abbia fatto; **to c. a new instrument of destruction**, ideare un nuovo strumento di distruzione. **B** *v. i.* concepire; immaginare; farsi un'idea: **Heaven is often conceived of as a place full of light and music**, il paradiso è spesso concepito come un luogo pieno di luce e di musica. **C** to **conceived oneself**, *v. rifl.* reputarsi, ritenersi, credersi. ● **I can't c. of it happening**, (la cosa) mi pare impossibile.

concelebrant /kɒn'seləbrənt/, *n.* (*relig.*) concelebrante.

to **concelebrate** /kɒn'seləbreɪt/, *v. i.* (*relig.*) concelebrare.

concelebration /kɒnselə'breɪʃn/, *n.* (*relig.*) concelebrazione.

concentrate /'kɒnsntreɪt/, *n.* (*anche chim.*) concentrato.

to **concentrate** /'kɒnsntreɪt/, **A** *v. t.* concentrare (*anche tecn.* e *fig.*): **Heavy industry was concentrated in the Midlands**, l'industria pesante fu concentrata nelle Midland; **to c. mineral ore**, concentrare minerale; **to c. one's attention on st.**, concentrare l'attenzione su q.c. **B** *v. i.* concentrarsi: **I find it difficult to c. (on my work)**, ho difficoltà a concentrarmi (nel mio lavoro). ● (*ind. min.*) **concentrating table**, tavola a scosse.

concentrated /'kɒnsntreɪtɪd/, *a.* ***1*** concentrato: **c. milk**, latte concentrato; (*mil.*) **c. fire**, fuoco concentrato ***2*** intenso: **c. study**, studio intenso.

concentration /kɒnsn'treɪʃn/, *n.* ***1*** concentrazione; concentramento: **c. camp**, campo di concentramento ***2*** (*chim., ind. min.*) concentrazione ***3*** (*econ.*) concentrazione (*di società, testate, ecc.*).

concentrative /'kɒnsntreɪtɪv/, *a.* che tende a concentrarsi. || **-ly**, *avv.* || **-ness**, *sost.*

concentrator /'kɒnsntreɪtə(r)/, *n.* ***1*** chi concentra ***2*** (*tecn.*) concentratore ***3*** (*tecn.*) impianto di concentrazione.

concentric /kən'sentrɪk/, *a.* (*anche geom.*) concentrico. ● (*mil.*) **c. fire**, fuoco concentrato. || **-ally**, *avv.*

concentricity /kɒnsen'trɪsətɪ/, *n.* (*anche geom.*) concentricità.

concept /'kɒnsept/, *n.* concetto; idea; nozione. ● **c. art**, arte concettuale.

conception /kən'sepʃn/, *n.* ***1*** concezione (*in ogni senso*) ***2*** (*fisiol.*) concepimento ***3*** concetto.

conceptional /kən'sepʃənl/, *a.* (*anche fisiol.*) concezionale.

conceptive /kən'septɪv/, *a.* ***1*** che ha la facoltà di concepire; concettivo (*raro*) ***2*** (*fisiol.*) della concezione; del concepimento.

conceptual /kən'sɛptʃʊəl/, a. (*anche filos.*) concettuale.

conceptualism /kən'sɛptʃʊəlɪzəm/, n. (*filos.*) concettualismo.

conceptualist /kən'sɛptʃʊəlɪst/, n. (*filos., arte*) concettualista.

conceptualistic /kənsɛptʃʊə'lɪstɪk/, a. (*filos.*) concettualistico.

to **conceptualize** /kən'sɛptʃʊəlaɪz/, v. t. concettualizzare.

concern /kən'sɜːn/, n. *1* cosa (*o* fatto) che concerne, riguarda, interessa, si riferisce a (q. *o* q.c.); affare: **It's no c. of yours**, non è affar tuo; **Let him mind his own concerns!**, (che) badi ai fatti suoi!; **This has no c. with my plan**, ciò non è affatto in relazione col mio progetto *2* (*fin.*) interesse; cointeressenza; partecipazione: **to have a c. in a firm**, avere una cointeressenza in un'azienda *3* preoccupazione; sollecitudine; ansia; turbamento: **He felt a deep c.**, provava un profondo turbamento *4* (*comm.*) azienda; società; ditta; impresa: **a flourishing c.**, una ditta fiorente; **a paying c.**, un'azienda in attivo; **a going c.**, una ditta che fa affari; una ditta che lavora (*fam.*) *5* (*fam.*) cosa; aggeggio; arnese; affare. ● (*fin.*) **a banking c.**, un istituto bancario.

to **concern** /kən'sɜːn/, **A** v. t. *1* concernere; coinvolgere; riguardare; attenere, essere attinente a; interessare: **This question concerns all of us**, questa questione ci riguarda tutti *2* preoccupare; turbare: **Please don't let my troubles c. you**, vi prego, non statevi a preoccupare per i miei guai. **B** to **concern oneself (with, about)**, v. rifl. occuparsi, interessarsi, preoccuparsi (di): **Don't c. yourself with other people's affairs**, non occuparti degli affari altrui. ● **to be concerned about sb. [st.]**, essere preoccupato per q. [q.c.] □ **as concerns**, per quanto concerne (*o* riguarda); con riferimento a; quanto a □ **as far as I am concerned...**, per quello che mi riguarda; quanto a me... □ **This business doesn't c. me**, questo non è affar mio □ (*nelle circolari e sim.*) **to whom it may c.**, a chi di dovere; a tutti gli interessati.

concerned /kən'sɜːnd/, a. *1* interessato; coinvolto; implicato: **the parties c.**, le parti interessate; **the persons c.**, gli interessati; **He was c. in a bribery case**, era implicato in un caso di corruzione *2* ansioso; preoccupato; turbato *3* (*polit.*) impegnato.

concerning /kən'sɜːnɪŋ/, prep. riguardo a; con riferimento a; circa; quanto a: **c. your request**, quanto alla vostra richiesta.

concernment /kən'sɜːnmənt/, n. *1* affare; faccenda *2* importanza; interesse: **a thing of vital c.**, una cosa di vitale importanza *3* ansia; preoccupazione; sollecitudine.

concert /'kɒnsət/, n. *1* (*mus.*) concerto *2* concerto (*fig.*); accordo: **to act [to work] in c. with sb.**, agire [lavorare] di concerto con q. ● **c.-goer**, chi va ai concerti □ **c. grand**, pianoforte da concerto □ **c. hall**, sala da concerti □ (*mus., USA*) **c.-master**, primo violino □ **c. performer**, concertista □ **c. pitch**, diapason da concerto: (*fig.*) **to be at c. pitch**, essere pronto a entrare in azione □ **c. season**, stagione concertistica.

to **concert** /kən'sɜːt/, v. t. concertare; concordare; predisporre di comune accordo.

concerted /kən'sɜːtɪd/, a. *1* concertato; concordato; predisposto insieme: **The allied generals delivered a c. attack**, i generali alleati lanciarono un attacco concertato *2* (*mus.*) concertato.

concertina /kɒnsə'tiːnə/, n. (*mus.*) piccola fisarmonica esagonale. ● (*ferr.*) **c. vestibule**, passaggio a soffietto (*tra due vagoni*) □ (*mil.*) **c. wire**, filo spinato in rotoli.

to **concertina** /kɒnsə'tiːnə/, v. i. (*fam.*: *di veicolo*) accartocciarsi (*in seguito a un incidente*).

concerto /kən'tʃɛətəʊ, -'tʃɜːt-/ (*ital.*), n. (*pl.* **concerti, concertos**) (*mus.*) concerto.

concessible /kən'sɛsəbl/, a. concedibile. ● **c. lands**, terreni da dare in concessione.

concession /kən'sɛʃn/, n. *1* concessione (*in ogni senso*): **as a c.**, per fare una concessione; **to make no c. to the trade unions**, non fare concessioni ai sindacati; **an oil c.**, una concessione petrolifera *2* (*leg.*) diritto in concessione; concessione esclusiva.

concessionaire /kənsɛʃə'nɛə(r)/, n. (*comm.*) concessionario.

concessionary /kən'sɛʃənrɪ, *USA* -nerɪ/, **A** a. relativo a una concessione; concessionario. **B** n. (*comm.*) concessionario.

concessive /kən'sɛsɪv/, a. concessivo: (*gramm.*) **a c. conjunction**, una congiunzione concessiva.

concessor /kən'sɛsə(r)/, n. (*leg.*) concedente.

concettism /kən'tʃɛtɪzəm/, n. (*letter.*) concettismo.

conch /kɒŋk, kɒntʃ/, n. (*pl.* **conchs, conches**) *1* (*zool., Strombus gigas*) strombo *2* (*come materiale decorativo*) conchiglia *3* (*archit.*, = **concha**) conca absidale *4* (*anat.*, = **concha**) conca; padiglione auricolare.

Conch /kɒntʃ/, n. (*pop. USA*) *1* indigeno delle Bahama *2* abitante dell'isolotto di Key West.

conchie /'kɒnʃɪ/, V. **conchy**.

conchiferous /kɒŋ'kɪfərəs/, a. *1* (*zool.*) conchifero *2* (*geol.*) conchilifero.

conchiform /'kɒŋkɪfɔːm/, a. (*scient.*) conchiliforme.

conchoid /'kɒŋkɔɪd/, n. (*mat.*) concoide.

conchoidal /kɒŋ'kɔɪdl/, a. *1* (*mat.*) concoidale *2* (*geol.*) concoide.

conchologist /kɒŋ'kɒlədʒɪst/, n. conchiliologo.

conchology /kɒŋ'kɒlədʒɪ/, n. conchiliologia.

conchy /'kɒnʃɪ/, n. (*pop.*, = **conscientious objector**) obiettore di coscienza.

concierge /'kɒnsɪɛəʒ, *USA* kɒnsɪ'ɛəʒ/ (*franc.*), n. portinaio, portinaia; portiere, portiera.

conciliar /kən'sɪlɪə(r)/, a. conciliare.

to **conciliate** /kən'sɪlɪeɪt/, v. t. *1* conciliare; mettere d'accordo; pacificare *2* placare; blandire; rendere benevolo *3* conciliarsi, accattivarsi (*la benevolenza, la simpatia, ecc., di q.*).

conciliation /kənsɪlɪ'eɪʃn/, n. conciliazione (*anche leg. e sindacale*). ● (*leg.*) **Court of C.**, ufficio di un giudice conciliatore.

conciliative /kən'sɪlɪətɪv, *USA* -eɪtɪv/, a. conciliativo.

conciliator /kən'sɪlɪeɪtə(r)/, n. conciliatore.

conciliatoriness /kən'sɪlɪətrɪnəs, -lɪeɪt-, -lɪ'eɪ-, *USA* -'sɪlɪətɔːrɪ-/, n. l'esser conciliativo.

conciliatory /kən'sɪlɪətrɪ, -lɪeɪt-, -lɪ'eɪ-, *USA* -'sɪlɪətɔːrɪ/, a. conciliatorio; conciliante.

concise /kən'saɪs/, a. conciso; breve; stringato.

concisely /kən'saɪslɪ/, avv. concisamente.

conciseness /kən'saɪsnəs/, n. concisione; stringatezza.

concision /kən'sɪʒn/, n. *1* concisione *2* (*arc. o USA*) divisione; scisma *3* (*arc. spreg.*) circoncisione.

conclave /'kɒŋkleɪv/, n. *1* (*relig.*) conclave *2* (*fig. fam.*) riunione segreta. ● **to sit in c.**, essere chiusi in conclave; tenere una riunione segreta.

conclavist /'kɒŋkleɪvɪst/, n. (*relig.*) conclavista.

to **conclude** /kən'kluːd/, **A** v. t. *1* concludere; stringere (*fig.*); finire: **to c. a bargain [a peace treaty]**, concludere un affare [un trattato di pace]; **He concluded his speech with an appeal to cooperation**, concluse il suo dire con un appello alla collaborazione *2* concludere; arguire; dedurre. **B** v. i. *1* concludersi; finire *2* venire a una conclusione; decidere: **to c. in sb.'s favour**, decidere a favore di q.

concluding /kən'kluːdɪŋ/, a. conclusivo; finale; ultimo.

conclusion /kən'kluːʒn/, n. conclusione (*in ogni senso*): **the c. of a treaty**, la conclusione di un trattato; **to draw conclusions**, tirare le conclusioni; **a foregone c.**, una conclusione scontata. ● (*leg.*) **c. by judgment**, decisione giudiziaria □ **in c.**, in conclusione □ **to jump to conclusions**, giungere a conclusioni avventate; saltare alle conclusioni.

conclusive /kən'kluːsɪv/, a. *1* conclusivo; decisivo; definitivo *2* (*leg.*) perentorio *3* (*leg.*) inoppugnabile; irrefutabile: **c. evidence**, prova inoppugnabile. ‖ **-ly**, avv. ‖ **-ness**, sost.

to **concoct** /kən'kɒkt/, v. t. *1* preparare (*mescolando diversi ingredienti*): **to c. a new dish**, preparare un piatto nuovo *2* ordire (*un piano*); inventare (*una scusa*); raffazzonare (*un pretesto, ecc.*): **to c. a plot for a novel**, raffazzonare l'intreccio d'un romanzo.

concoction /kən'kɒkʃn/, n. *1* miscela; preparato (*di vari ingredienti*) *2* l'ordire, il raffazzonare, ecc. (V. **to concoct**) *3* macchinazione; trama. ● **a c. of lies**, un cumulo di bugie.

concomitance /kən'kɒmɪtəns/, **concomitancy** /kən'kɒmɪtənsɪ/, n. (*anche relig.*) concomitanza.

concomitant /kən'kɒmɪtənt/, **A** a. concomitante: **c. factors**, fattori concomitanti. **B** n. fatto (*o* fattore) concomitante.

concord /'kɒŋkɔːd/, n. *1* (*form.*) concordia; armonia *2* accordo (*anche mus.*); trattato *3* (*gramm.*) concordanza.

concordance /kən'kɔːdns/, n. *1* (*form.*) armonia; accordo: **in c. with your wishes**, in armonia con i vostri desideri *2* (repertorio di) concordanze: **the Harvard C. to Shakespeare**, il Repertorio di Harvard di concordanze shakespeariane.

concordant /kən'kɔːdnt/, a. *1* (*form.*) concorde; concordante; in armonia (*con q.* o *q.c.*) *2* (*mus.*) armonioso.

concordat /kən'kɔːdæt/, n. (*stor.*) concordato.

concourse /'kɒŋkɔːs/, n. *1* concorso; affluenza: **The c. for the coronation of the Queen was great**, ci fu un gran concorso di folla per l'incoronazione della regina *2* luogo di raduno (*all'aperto*) *3* (*ferr., aeron.*; *specialm. USA*) atrio; sala *4* (*leg.*) concorso: **a c. of circumstances**, un concorso di circostanze.

concrescence /kən'kresns/, n. (*biol.*) concrescenza.

concrete (1) /'kɒŋkriːt, kɒŋ'k-, kəŋ'k-/, a. *1* concreto; reale *2* (*ind. costr.*) di calcestruzzo; di cemento: **a c. bridge**, un ponte di calcestruzzo; **a c. drive-in**, un vialetto d'accesso in cemento. ● (*letter.*) **c. poetry**, poesia concreta □ **in the c.**, nella realtà; in concreto.

concrete (2) /'kɒŋkriːt/, n. (*ind. costr.*) conglomerato cementizio; calcestruzzo; (*fam.*) cemento. ● (*edil.*) **c. mixer**, betoniera □ **c. work**, betonaggio □ **reinforced c.** (*o* **armoured c.**), cemento armato.

to **concrete** (*v. t. def. 1, v. i.* /kən'kriːt/; *v. t. def. 2* /'kɒŋkriːt/), **A** v. t. *1* conglomerare; solidificare *2* costruire in calcestruzzo *3* concretare (*un'aspirazione, un'idea*). **B** v. i. solidificarsi.

concretely /'kɒŋkriːtlɪ, kɒŋ'k-, kəŋ'k-/, avv. concretamente.

concreteness /'kɒŋkriːtnəs, *USA* kɒn'k-/, n. concretezza.

concretion /kən'kriːʃn/, n. *1* (*geol., med.*) concrezione *2* cosa (*idea, ecc.*) fattasi concreta *3* concretizzazione.

concretionary /kən'kriːʃənrɪ, *USA* -nerɪ/, a. (*geol., med.*) concrezionale.

concretism /'kɒŋkriːtɪzəm, kən'kriː-/, n. (*arte, letter.*) concretismo.

concretist /'kɒŋkriːtɪst, kən'kriː-/, n. (*arte, letter.*) concretista.

concretization /kɒŋkriːtaɪ'zeɪʃn, *USA* -tɪ'z-/, n. concretizzazione.

to **concretize** /'kɒŋkriːtaɪz/, v. t. concretare; concretizzare; dare forma concreta a (q.c.).

concubinage /kɒn'kjuːbɪnɪdʒ/, n. concubinato.

concubinary /kɒn'kju:bɪnrɪ, *USA* -nerɪ/, **A** *a.* ***1*** concubinario ***2*** nato da un'unione illegittima. **B** *n.* (*raro*) concubino.

concubine /'kɒŋkjubaɪn/, *n.* concubina.

concupiscence /kən'kju:pɪsns/, *n.* concupiscenza.

concupiscent /kən'kju:pɪsnt/, *a.* concupiscente.

concupiscible /kɒn'kju:pɪsəbl/, *a.* concupiscibile.

to **concur** /kən'kɜ:(r)/, *v. i.* ***1*** essere concomitante; coincidere ***2*** concorrere; contribuire: **Everything concurred to make me believe he was wrong**, tutto concorreva a farmi credere che avesse torto ***3*** (*form.*) concordare, essere d'accordo (*con q.*): **I c. with his father in blaming him**, concordo con suo padre nel biasimarlo. ● **to c. with sb. in an opinion**, condividere l'opinione di q.

concurrence /kən'kʌrəns, *USA* -'kɜ:r-/, *n.* ***1*** coincidenza; concomitanza ***2*** concorso (*di fattori, circostanze*); combinazione (*di cause*) ***3*** (*form.*) accordo; concordanza (*d'idee*) ***4*** (*geom.*) convergenza ***5*** (*leg.*) concorso: **c. of charges [of crimes, of sentences]**, concorso di capi d'imputazione [di reati, di condanne].

concurrency /kən'kʌrənsɪ, *USA* -'kɜ:r-/, *V.* **concurrence**, *def. 1, 2, 3,* e *5.*

concurrent /kən'kʌrənt, *USA* -'kɜ:r-/, **A** *a.* ***1*** coincidente; simultaneo ***2*** concomitante; convergente ***3*** che agisce in accordo (*con q.*) ***4*** (*form.*) che è in accordo; concordante ***5*** (*geom.*) concorrente; convergente: **c. lines**, rette concorrenti. **B** *n.* fattore (*o* circostanza) concomitante. ● (*ass.*) **c. fire insurance**, coassicurazione contro l'incendio □ (*leg.*) **c. interests**, interessi comuni (*sullo stesso bene*) □ (*leg.*) **c. ownership**, comproprietà □ (*elab.*) **c. processing**, elaborazione simultanea □ (*elab.*) **c. processor**, elaboratore parallelo.

to **concuss** /kən'kʌs/, *v. t.* ***1*** (*per lo più fig.*) scuotere violentemente; squassare ***2*** (*raro*) intimidire ***3*** (*leg., raro*) coartare ***4*** (*med.*) causare la commozione cerebrale a (q.).

concussion /kən'kʌʃn/, *n.* ***1*** scossa violenta; urto ***2*** (*med.*) commozione cerebrale; sindrome commotiva ***3*** (*leg., raro*) coartazione. ● (*mil.*) **c. fuse**, spoletta di simpatia (*di proiettile*).

to **condemn** /kən'dem/, *v. t.* ***1*** condannare (*in ogni senso*); dichiarare inguaribile ***2*** (*naut.*) radiare (*una nave dal servizio*); confiscare; sequestrare: **Both ship and cargo were condemned**, furono confiscati sia la nave sia il suo carico ***3*** dichiarare inagibile (*o* non commestibile, inabitabile, impraticabile, ecc.): **This house has been condemned by the housing authorities**, questa casa è stata dichiarata inabitabile dall'ufficio tecnico comunale ***4*** rivelare la colpevolezza di (q.): **His very words c. him**, le sue stesse parole rivelano che è colpevole ***5*** (*USA*) mettere (*un prodotto*) al bando ***6*** (*USA*) espropriare (*un terreno, ecc.*) a fini di pubblica utilità. ● (*leg.*) **to c. sb. for default**, condannare q. in contumacia □ **condemned cell**, cella dei condannati a morte.

condemnable /kən'demnəbl/, *a.* condannabile.

condemnation /kɒndem'neɪʃn/, *n.* ***1*** condanna (*anche leg.*); biasimo ***2*** motivo di condanna: **His own behaviour is his c.**, la sua stessa condotta lo condanna ***3*** (*USA*) messa al bando (*di un prodotto*) ***4*** (*USA*) sentenza di esproprio (*di un terreno*). ● (*leg.*) **c. by default**, condanna in contumacia.

condemnatory /kɒndem'neɪtrɪ, *USA* kən'demnətɔ:rɪ/, *a.* condannatorio; di condanna.

condemner /kən'demə(r)/, *n.* condannatore, condannatrice.

condensability /kəndensə'bɪlətɪ/, *n.* condensabilità.

condensable /kən'densəbl/, *a.* condensabile.

condensate /kən'denseɪt/, (*chim., fis.*) **A** *a.* condensato. **B** *n.* ***1*** (*chim., fis.*) condensato ***2*** condensa. ● **c. liquid**, condensato □ **c. well**, (*tecn.*) pozzetto di condensa; (*ind. petrolifera*) pozzo erogante gas a condensati.

condensation /kɒnden'seɪʃn/, *n.* ***1*** condensazione; condensamento: (*aeron.*) **c. trail**, scia di condensazione ***2*** (*chim., fis.*) condensato ***3*** condensato; compendio; riassunto.

to **condense** /kən'dens/, **A** *v. t.* ***1*** condensare; (*fig.*) concentrare (*idee, pensieri, ecc.*); compendiare, riassumere: **condensed milk**, latte condensato ***2*** (*chim., fis.*) concentrare (*raggi di luce, elettricità, ecc.*). **B** *v. i.* condensarsi; concentrarsi.

condenser /kən'densə(r)/, *n.* ***1*** condensatore (*persona e macchina*) ***2*** (*elettr.*) condensatore ***3*** (*ottica*) condensatore. ● **c. coil**, serpentina di raffreddamento.

condensery /kən'densərɪ/, *n.* stabilimento per la condensazione del latte.

condensing /kən'densɪŋ/, **A** *a.* che condensa. **B** *n.* condensazione. ● (*mecc.*) **c. engine**, macchina a vapore a condensazione □ (*elab.*) **c. routine**, routine di condensazione.

to **condescend** /kɒndɪ'send/, *v. i.* accondiscendere; condiscendere; degnarsi (*di fare q.c.*).

condescendence /kɒndɪ'sendəns/, *n.* condiscendenza; accondiscendenza; (*spreg.*) degnazione.

condescending /kɒndɪ'sendɪŋ/, *a.* condiscendente; accondiscendente; (*spreg.*) che si degna (*di fare q.c.*).

condescension /kɒndɪ'senʃn/, *n.* condiscendenza; affabilità (*verso gli inferiori*); (*spreg.*) degnazione.

condign /kən'daɪn/, *a.* (*form.*) adeguato; proporzionato: **a c. punishment**, un'adeguata punizione; **a c. vengeance**, una vendetta proporzionata all'offesa.

condiment /'kɒndɪmənt/, *n.* condimento (*la sostanza*).

condisciple /kɒndɪ'saɪpl/, *n.* condiscepolo.

condition /kən'dɪʃn/, *n.* ***1*** condizione (*in ogni senso*): **conditions of payment [of sale]**, condizioni di pagamento [di vendita]; **on c. that**, a condizione (*o* a patto) che; purché; **What are the conditions of the contract?**, quali sono le condizioni del contratto?; **He is in no c. to go back to work**, non è in condizioni di tornare al lavoro; **driving conditions**, condizioni del traffico; **They are a family of humble c.**, è una famiglia d'umile condizione ***2*** (*gramm.*) frase (*o* proposizione) condizionale ***3*** (*filos.*) proposizione condizionale; presupposto ***4*** (*leg.*) clausola condizionale (*in un contratto*) ***5*** (*USA*) obbligo (*d'uno studente*) di riparare un'insufficienza ***6*** (*pl.*) circostanze: **under present conditions**, nelle circostanze attuali ***7*** (*fam.*) malattia; malanno: **He has a heart c.**, ha male al cuore. ● (*leg.*) **c. for avoidance**, clausola risolutiva □ **c. of life**, condizione sociale □ (*leg.*) **c. precedent**, presupposto; (*anche*) condizione sospensiva □ (*fam.*) **to change one's c.**, cambiare stato civile; sposarsi □ **to be in [out of] c.**, essere in buone [in cattive] condizioni fisiche; (*fam.*) essere in forma [giù di forma] □ **to be in an interesting c.**, essere in stato interessante □ (*sport*) **to keep oneself in c.**, mantenersi in forma □ **living conditions**, condizioni di vita.

to **condition** /kən'dɪʃn/, *v. t.* ***1*** (*anche leg.*) stipulare, pattuire (*di fare q.c.*) ***2*** condizionare (*anche psic.*); sottoporre a una condizione: **The two things c. each other**, le due cose si condizionano a vicenda; **to c. the air of a room**, condizionare l'aria di una stanza ***3*** (*comm.*) verificare la condizione di (*merce, ecc.*) ***4*** mettere in buone condizioni fisiche (*specialm. animali*) ***5*** (*USA*) obbligare (*uno studente*) a riparare un'insufficienza.

conditional /kən'dɪʃənl/, **A** *a.* condizionale; condizionato: (*gramm.*) **a c. clause**, una proposizione condizionale; (*leg.*) **a c. provision**, una clausola condizionale. **B** *n.* (*gramm.*) condizionale. ● (*banca*) **c. acceptance**, accettazione condizionata □ (*fisc.*) **c. amnesty for tax-evaders**, condono fiscale □ (*leg.*) **c. clause**, clausola restrittiva □ (*leg.*) **c. discharge**, libertà con sospensione condizionale della pena: **He was given a 2-year c. discharge**, fu condannato a due anni con la condizionale □ (*stat.*) **c. distribution**, distribuzione condizionata □ (*elab.*) **c. jump**, salto condizionato □ (*leg.*) **c. legacy**, legato soggetto a condizione □ **c. sale**, vendita con riservato dominio.

conditionality /kəndɪʃə'nælətɪ/, *n.* l'essere condizionale.

conditionally /kən'dɪʃənəlɪ/, *avv.* ***1*** condizionatamente; a una condizione ***2*** (*leg.*) con la condizionale.

conditioned /kən'dɪʃnd/, *a.* ***1*** che si trova in una certa condizione: **well-c. cattle**, bestiame in buone condizioni ***2*** condizionato; condizionale: **My acceptance is c.**, la mia accettazione è condizionata ***3*** (*tecn.*) condizionato; climatizzato ***4*** (*psic.*) condizionato: **c. reflex**, riflesso condizionato. ● (*tecn.*) **c. air**, aria condizionata □ **This room is air-c.**, questa stanza ha l'aria condizionata.

conditioner /kən'dɪʃənə(r)/, *n.* ***1*** condizionatore (*di tessili o pelli*) ***2*** (= **air-c.**) condizionatore (dell'aria) ***3*** (= **hair-c.**) balsamo per capelli ***4*** (*tecn.*) ammorbidente (*per pelli, ecc.*).

conditioning /kən'dɪʃənɪŋ/, *n.* ***1*** (*scient., tecn.*) condizionamento ***2*** condizionatura (*di tessili o pelli*).

condo /'kɒndəʊ/, *n.* (*USA, abbr. fam. di* **condominium**) (*edil.*) ***1*** condominio ***2*** appartamento in un condominio. ● **c. owner**, condomino.

condolatory /kən'dəʊlətrɪ, *USA* -tɔ:rɪ/, *a.* di condoglianze.

to **condole** /kən'dəʊl/, *v. i.* condolersi; fare le proprie condoglianze: **to c. with sb. on** (*o* **over**) **st.**, condolersi con q. per q.c.

condolence /kən'dəʊləns/, *n.* (*spesso al pl.*) condoglianza.

condom /'kɒndəm, -ɒm, *USA* 'kʌndəm, 'kɒn-/, *n.* (*farm.*) preservativo. ● **c. machine**, distributore automatico di preservativi.

condominium /kɒndə'mɪnɪəm/, *n.* ***1*** (*polit.*) condominio ***2*** (*edil.*) condominio; palazzo in condominio ***3*** (*edil.*) appartamento in un condominio; unità condominiale. ● **c. owner**, condomino.

condonable /kən'dəʊnəbl/, *a.* condonabile.

condonation /kɒndəʊ'neɪʃn/, *n.* ***1*** condono (*non della pena*; *V.* *remission*); remissione (*d'una colpa*) ***2*** (*leg.*) perdono d'un coniuge adultero (*da parte dell'altro*).

to **condone** /kən'dəʊn/, *v. t.* ***1*** condonare; perdonare (*una colpa*) ***2*** fare ammenda di, riparare a (*una colpa*).

condor /'kɒndɔ:(r)/, *n.* (*zool., Vultur gryphus*) condor.

to **conduce** /kən'dju:s, *USA* -'du:s/, *v. i.* contribuire, portare (a); dare (*un risultato*); essere causa (di): **Wealth does not always c. to happiness**, la ricchezza non sempre porta alla felicità.

conducive /kən'dju:sɪv, *USA* -'du:-/, *a.* che contribuisce (a); che è causa (di): **Fresh air is c. to health**, l'aria aperta contribuisce alla buona salute. ● **to be c. to finding the solution of a problem**, favorire la soluzione di un problema.

conduct /'kɒndʌkt/, *n.* ***1*** condotta; direzione; guida; gestione, modo di condurre (*affari, ecc.*): **the c. of an examination**, il modo di condurre un esame; **the c. of business**, la gestione degli affari ***2*** (*arte*) trattamento; esecuzione. ● (*leg.*) **c. money**, indennità di viaggio (*di un testimone*) □ **the c. of the war**, la conduzione della guerra.

to **conduct** /kən'dʌkt/, **A** *v. t.* ***1*** condurre (*anche elettr., fis.*); guidare; dirigere, gestire (*un'azienda, ecc.*): **Metals c. heat and electricity**, i metalli conducono il calore e l'elettricità; **to c. an experiment [a survey]**, condurre un esperimento [un'indagine] *2* convogliare; trasportare: **These pipes c. water**, questi tubi convogliano l'acqua *3* (*mus.*) dirigere (*un'orchestra, un concerto, ecc.*). **B** *v. i.* *1* (*elettr., fis.*) essere conduttore *2* (*mus.*) fare il direttore d'orchestra. **C** to **conduct oneself**, *v. rifl.* comportarsi, condursi (*bene, male, ecc.*). ● **to c. business**, occuparsi d'affari □ **to c. a business**, dirigere un'azienda □ (*mil.*) **to c. a siege**, comandare (*o* condurre) un assedio □ **conducted tour**, visita turistica con guida.

conductance /kən'dʌktəns/, *n.* (*elettr., mecc.*) conduttanza.

conductibility /kəndʌktə'bɪlətɪ/, *n.* (*elettr., fis.*) conducibilità; conduttività.

conductible /kən'dʌktəbl/, *a.* (*elettr., fis.*) conduttivo.

conduction /kən'dʌkʃn/, *n.* *1* (*fis.*) conduzione (*d'elettricità, calore, ecc.*) *2* (*idraul.*) convogliamento (*d'acque*).

conductive /kən'dʌktɪv/, *a.* (*elettr., fis.*) conduttivo; conduttore: **c. coating**, rivestimento conduttivo. ● (*elettr.*) **c. coupling**, accoppiamento diretto.

conductivity /kɒndʌk'tɪvətɪ/, *n.* (*elettr., fis.*) conducibilità; conduttività.

conductor /kən'dʌktə(r)/, *n.* *1* guida (*specialm. di turisti*) *2* (*mus.*) direttore d'orchestra (*o* d'un coro) *3* controllore, bigliettaio (*d'autobus, tram, ecc.*) *4* (*USA*) conduttore, controllore (*di treno*; *cfr. ingl.* **guard**) *5* (*fis.*) conduttore: **Metals are good conductors**, i metalli sono buoni conduttori (*d'elettricità*). ● (*edil.*) **c. pipe**, pluviale □ (*elettr., ferr.*) **c. rail**, terza rotaia.

conductorship /kən'dʌktəʃɪp/, *n.* (*mus.*) direzione (d'orchestra).

conductress /kən'dʌktrɪs/, *n.* bigliettaia; controllore (*donna*).

conduit /'kɒndɪt, -djʊɪt, *USA* -dwɪt, -dɪt/, *n.* *1* condotto, conduttura, tubazione (*delle acque*) *2* guaina; tubo protettivo (*per fili elettrici*) *3* passaggio segreto *4* (*geol.*) condotto (*di vulcano*) *5* (*fig.*) canale: **a c. for outflowing capitals**, un canale d'uscita di capitali dal paese.

condyle /'kɒndaɪl, -dɪl/, *n.* (*anat.*) condilo.

condyloid /'kɒndɪlɔɪd/, *a.* (*anat.*) condiloide; condiloideo.

condyloma /kɒndɪ'ləʊmə/, *n.* (*pl.* **condylomas, condylomata**) (*med.*) condiloma.

cone /kəʊn/, *n.* *1* (*acustica, geom., mecc.*; *di gelato, d'un vulcano, ecc.*) cono *2* (*bot.*: *frutto delle conifere*, = **pine c.**) cono; pigna *3* (*meteor.*) cono, cesto (*usato come segnale di cattivo tempo*) *4* (*ind. tess.*) cono; bobina conica; rocca *5* (*geol.*) cono; conoide (*di deiezione*). ● (*mecc.*) **c. clutch**, frizione a cono □ (*mecc.*) **c. key**, chiavetta conica □ (*ind. costr.*) **c. valve**, diffusore a cono □ **ice-cream c.**, cono gelato □ (*autom.*) **warning c.**, cono per segnalazioni.

to **cone** /kəʊn/, **A** *v. t.* dare forma conica a (q.c.). **B** *v. i.* (*bot.*) produrre pigne. ● (*autom.*) **to c. off**, chiudere (*una corsia*) con coni per segnalazioni □ (*d'un aereo*) **to be coned**, essere centrato dai riflettori del nemico.

coney /'kəʊnɪ/, *V.* **cony**.

confab /'kɒnfæb/, *n.* (*abbr. fam. di* **confabulation**) chiacchierata.

to **confab** /'kɒnfæb/, *v. i.* (*fam.*) chiacchierare.

to **confabulate** /kən'fæbjʊleɪt/, *v. i.* (*form.* o *scherz.*) confabulare; conversare; chiacchierare.

confabulation /kənfæbjʊ'leɪʃn/, *n.* (*form.* o *scherz.*) conversazione familiare; chiacchierata; confabulazione (*scherz.*).

confabulatory /kən'fæbjʊlətrɪ, *USA* -tɔ:rɪ/, *a.* (*form.* o *scherz.*) discorsivo; confabulatorio (*form.*).

confection /kən'fekʃn/, *n.* *1* composizione (*con diversi ingredienti*); miscela *2* confettura; confetto; pasticcino *3* confezione; indumento bell'e fatto (*specialm. da donna*) *4* (*farm.*) preparato galenico *5* (*fig.*) libro (romanzo, film, dramma, ecc.) artificioso e frivolo.

to **confection** /kən'fekʃn/, *v. t.* *1* preparare (*confetture, dolciumi, ecc.*) *2* confezionare (*abiti*).

confectionary /kən'fekʃənrɪ, *USA* -nerɪ/, **A** *a.* di pasticceria; dolciario. **B** *n.* *1* confettiera *2* (*raro*) confetteria; dolciumi.

confectioner /kən'fekʃənə(r)/, *n.* pasticciere; confettiere. ● (*USA*) **c.'s sugar**, zucchero a velo.

confectionery /kən'fekʃənrɪ, *USA* -nerɪ/, *n.* *1* pasticceria; confetteria: **c. manufacturers**, industriali della pasticceria *2* negozio di dolciumi; confetteria; pasticceria *3* (*econ.*) industria dolciaria.

confederacy /kən'fedərəsɪ/, *n.* *1* confederazione; lega; alleanza *2* (*raro*) cospirazione; congiura *3* (*leg.*) associazione per delinquere *4* – (*stor. USA*) **the C.** (*o* **the Southern C.**), la Confederazione (sudista).

confederate /kən'fedərət/; **A** *a.* e *n.* confederato; alleato. **B** *n.* *1* (*raro*) cospiratore; congiurato *2* (*leg.*) complice *3* – (*stor. USA*) **C.**, confederato; aderente alla Confederazione.

to **confederate** /kən'fedəreɪt/, **A** *v. t.* confederare; unire in confederazione. **B** *v. i.* *1* confederarsi; allearsi *2* (*raro*) cospirare; complottare.

confederation /kənfedə'reɪʃn/, *n.* *1* il confederarsi; l'allearsi *2* confederazione; alleanza; lega: **the Swiss C.**, la Confederazione Elvetica. ● (*stor. USA*) **the C.**, *V.* **the Confederacy**.

confederative /kən'fedrətɪv, *USA* -dəreɪtɪv/, *a.* confederativo; confederale.

to **confer** /kən'fɜ:(r)/, **A** *v. t.* conferire; assegnare; dare (*un titolo, una carica, ecc.*): **Tomorrow the king will c. several titles of nobility**, domani il re conferirà diversi titoli nobiliari. **B** *v. i.* – **to c. with sb.**, conferire con q.; consultarsi con q.

conference /'kɒnfərəns/, *n.* *1* consultazione; rapporto; consulto; colloquio; abboccamento: **Our teacher is now in c. with the headmaster**, il nostro insegnante è ora a colloquio con il preside *2* convegno; congresso; conferenza (*diplomatica*): **The c. will be held at Vienna**, la conferenza si terrà a Vienna *3* (*fin., polit.*) riunione; discussione *4* (*sport, USA*) lega *5* (*relig.*) assemblea annuale della Chiesa Metodista. ● (*naut.*) **c. lines**, linee di navigazione conferenziate □ **c. of doctors**, consulto medico □ **c. room**, sala riunioni □ (*naut.*) **c. ship**, nave conferenziata.

conferential /kɒnfə'renʃl/, *a.* *1* consultivo *2* relativo a convegno (*o* conferenza, riunione, ecc.).

conferment /kən'fɜ:mənt/, *n.* conferimento (*di titolo, carica, diritto, ecc.*).

conferrable /kən'fɜ:rəbl/, *a.* conferibile.

to **confess** /kən'fes/, *v. t.* e *i.* *1* confessare (*anche leg.*); ammettere; riconoscere: **I c. that I did it** (*o* **I c. to doing it**), ammetto d'averlo fatto io; **I c. myself a traditionalist**, confesso d'essere un tradizionalista; **to c. to an offence**, riconoscersi colpevole di un reato *2* (*relig.*) confessare, confessarsi: **to c. one's sins**, confessare i propri peccati *3* professare: **to c. the Christian faith**, professare la fede cristiana. ● (*prov.*) **A fault confessed is half redressed**, peccato confessato è mezzo perdonato.

confessant /kən'fesnt/, *n.* (*relig.*) chi si confessa; penitente.

confessedly /kən'fesɪdlɪ/, *avv.* per ammissione spontanea; per confessione propria.

confession /kən'feʃn/, *n.* *1* confessione (*anche leg. e relig.*); ammissione; riconoscimento: **The suspect signed a full c.**, il sospettato firmò una confessione piena *2* dichiarazione; professione: **a c. of faith**, una professione di fede *3* (*leg.*) ammissione formale (*in diritto civile*). ● **a c. of failure**, un riconoscimento d'insuccesso □ **auricular c.**, confessione auricolare □ (*relig.*) **to go to c.**, (andare a) confessarsi □ (*relig.*) **to hear sb.'s c.**, confessare q.; ascoltare la confessione di q.

confessional /kən'feʃənl/, **A** *a.* (*anche relig.*) confessionale: **c. schools**, scuole confessionali. **B** *n.* (*relig.*) confessionale.

confessionalism /kən'feʃənəlɪzəm/, *n.* confessionalismo.

confessionary /kən'feʃənrɪ, *USA* -nerɪ/, *a.* (*relig.*) confessionale.

confessionist /kən'feʃənɪst/, *n.* (*stor. relig.*) confessionista.

confessor /kən'fesə(r)/, *n.* *1* chi confessa, ammette, riconosce (q.c.) *2* (*relig.*) confessore *3* (*relig.*) confessore della fede (*detto dei Santi*).

confessorship /kən'fesəʃɪp/, *n.* (*relig.*) confessorato.

confetti /kən'fetɪ/ (*ital.*), *n. collett.* coriandoli.

confidant /'kɒnfɪdænt, -ɑ:nt, kɒnfɪ'd-/, *n.* confidente; amico intimo.

confidante /'kɒnfɪdænt, -ɑ:nt, kɒnfɪ'd-/, *n.* confidente; amica intima.

to **confide** /kən'faɪd/, **A** *v. t.* *1* confidare (*un segreto, ecc.*) *2* affidare: **The defense of our country is confided to the Armed Forces**, la difesa del nostro paese è affidata alle forze armate. **B** *v. i.* *1* confidare, aver fiducia (in q.): **to c. in God**, confidare in Dio *2* confidarsi (*con q.*).

confidence /'kɒnfɪdəns/, *n.* *1* fiducia; familiarità; intimità; confidenza: **to be in sb.'s c.**, godere la fiducia di q.; **When he got more c., he didn't want to stop skiing**, quando prese confidenza (con gli sci), non voleva più smettere di sciare *2* (= **self-c.**) fiducia in se stesso; sicurezza di sé; (*anche*) presunzione, baldanza: **He is full of c.**, è pieno di fiducia in se stesso *3* (*stat.*) confidenza: **c. belt**, fascia di confidenza. ● **c. crisis**, crisi di fiducia □ **c. man** (*o* **c. crook, c. trickster**), truffatore □ **c. trick** (*USA*: **c. game**), truffa all'americana □ **to make a c. to sb.**, fare una confidenza a q. □ (*polit.*) **motion of no c.**, mozione di sfiducia □ **to take sb. into one's c.**, accordare fiducia a q. □ **to tell st. in (strict) c.**, dire q.c. in confidenza (*o* in via strettamente confidenziale) □ (*polit.*) **vote of c.**, voto di fiducia □ (*polit.*) **vote of no c.** (*o* **no c. vote**), voto di sfiducia.

confident /'kɒnfɪdənt/, **A** *a.* *1* fidente; fiducioso; che confida: **with a c. smile**, con un sorriso fiducioso; **He is c. of winning the race**, confida di vincere la corsa *2* sicuro di sé; (*anche*) presuntuoso, baldanzoso: **He speaks in a c. manner**, parla come uno che è sicuro di sé. **B** *n.* confidente; amico intimo.

confidential /kɒnfɪ'denʃl/, *a.* *1* segreto; riservato: **c. information**, informazioni riservate; (*arc.*) **c. agent**, agente segreto *2* che si fida; fiducioso *3* confidenziale: **a c. approach**, un approccio confidenziale; **c. remarks**, osservazioni confidenziali. ● **c. books and documents**, archivio segreto □ **c. secretary**, segretario particolare.

confidentiality /kɒnfɪdenʃɪ'ælətɪ/, **confidentialness** /kɒnfɪ'denʃəlnəs/, *n.* *1* riservatezza (*di un'informazione, ecc.*) *2* l'essere fiducioso, il fidarsi (di q.). ● (*leg.*) **c. clause**, clausola che impegna a non svelare i segreti aziendali.

confidentially /kɒnfɪ'denʃəlɪ/, *avv.* confidenzialmente; in confidenza.

confidently /'kɒnfɪdəntlɪ/, *avv.* *1* fiduciosamente; con fiducia *2* con fiducia in se stesso; con baldanza.

confider /kən'faɪdə(r)/, *n.* *1* chi si confida *2* chi affida (*q. o q.c. ad altri*).

confiding /kɒn'faɪdɪŋ/, *a.* fiducioso; senza sospetto: **c. nature**, carattere fiducioso; mancanza di sospettosità.

configuration /kənfɪgə'reɪʃn, *USA* -gjə-/, *n.* *1* configurazione (*del suolo, ecc.*); conformazione; struttura *2* (*astron.*) configurazione (*dei pianeti, ecc.*) *3* (*elab., mat., stat.*) configurazione.

to **configure** /kən'fɪgə(r), *USA* -gjə(r)/, *v. t.*

configurare.

confine /ˈkɒnfaɪn/, *n.* (*di solito al pl.*) confine, frontiera (*anche fig.*); linea divisoria, limite: **within the confines of human knowledge**, entro i limiti della conoscenza umana.

to **confine** /kənˈfaɪn/, *v. t.* ***1*** confinare; imprigionare; relegare; costringere (*q. a letto, in casa, ecc.*) ***2*** limitare; restringere: **C. your account to the facts**, limita il tuo resoconto ai fatti; **I will c. myself to saying that...**, mi limiterò a dire che... ● (*mil.*) **to c. a soldier to barracks**, consegnare un soldato □ **to be confined**, essere costretto (*a letto, a casa, ecc.*); (*di donna*) essere in travaglio (di parto).

confined /kənˈfaɪnd/, *a.* ***1*** limitato (*anche fig.*); ristretto: **in a c. space**, in uno spazio ristretto ***2*** (*di donna*) prossima a partorire.

confinement /kənˈfaɪnmənt/, *n.* ***1*** (*leg.*) prigionia; relegazione; reclusione; ricovero in manicomio ***2*** limitazione; restrizione ***3*** l'esser costretto (*a letto, in casa, ecc.*) ***4*** (*di donna*) parto (*dall'inizio del travaglio alla nascita*): **Her c. took place at home**, partorì in casa. ● (*demogr., med.*) **c. order**, ordine di ricovero per parto □ (*mil.*) **c. to barracks**, consegna (*punizione*) □ (*leg.*) **close** (*o* **solitary**) **c.**, segregazione cellulare.

to **confirm** /kənˈfɜːm/, *v. t.* ***1*** raffermare; rafforzare: **This confirms my determination**, questo rafforza la mia decisione ***2*** confermare: **The news has been confirmed**, la notizia è stata confermata; (*comm.*) **to c. an order**, confermare un ordinativo ***3*** ratificare: **The treaty will be soon confirmed**, il trattato sarà presto ratificato ***4*** (*leg.*) confermare (*una sentenza*); sancire (*una norma*); omologare ***5*** (*relig.*) cresimare.

confirmand /ˈkɒnfəmænd/, *n.* (*relig.*) cresimando.

confirmation /kɒnfəˈmeɪʃn/, *n.* ***1*** rafforzamento ***2*** conferma; confermazione (*lett.*) ***3*** ratifica ***4*** (*leg.*) conferma; omologazione ***5*** (*relig.*) cresima; confermazione.

confirmative /kənˈfɜːmətɪv/, *a.* confermativo; che afferma; che tende ad affermare.

confirmatory /kənˈfɜːmətrɪ, *USA* -tɔːrɪ/, *a.* ***1*** *V.* **confirmative** ***2*** (*relig.*) relativo alla cresima; confermazione.

confirmed /kənˈfɜːmd/, *a.* ***1*** inveterato; cronico: **a c. habit**, un'abitudine inveterata; **a c. disease**, una malattia cronica ***2*** impenitente; incallito; recidivo: **a c. bachelor**, uno scapolo impenitente (*o* incallito); **a c. criminal**, un delinquente recidivo ***3*** (*relig.*) cresimato. ● (*comm.*) **c. letter of credit**, lettera di credito confermata.

confirmee /kɒnfəˈmiː/, *n.* (*relig.*) cresimato.

confirming /kənˈfɜːmɪŋ/, *n.* (*comm. est., fin.*) confirming. ● (*in G.B.*) **c. house**, agenzia finanziaria (*lettere di credito, operazioni di borsa, ecc.*: *per clienti stranieri*).

confiscable /kɒnˈfɪskəbl/, *a.* ***1*** confiscabile ***2*** requisibile.

to **confiscate** /ˈkɒnfɪskeɪt, kənˈfɪ-/, *v. t.* ***1*** confiscare ***2*** requisire; sequestrare.

confiscation /kɒnfɪˈskeɪʃn/, *n.* ***1*** confisca ***2*** requisizione; sequestro. ● (*leg.*) **c. of property**, confisca di beni.

confiscator /ˈkɒnfɪskeɪtə(r)/, *n.* confiscatore; chi requisisce.

confiscatory /kənˈfɪskətrɪ, *USA* -tɔːrɪ/, *a.* (che ha carattere) di confisca. ● **c. taxes**, imposte esose.

conflagration /kɒnfləˈgreɪʃn/, *n.* conflagrazione; grande incendio.

to **conflate** /kənˈfleɪt/, *v. t.* combinare, fondere insieme (*testi letterari, ecc.*).

conflation /kənˈfleɪʃən/, *n.* (*letter.*) conflazione; fusione (*di testi*).

conflict /ˈkɒnflɪkt/, *n.* ***1*** conflitto (*anche fig.*); battaglia; lotta; contrasto: **a c. of ideas** [**of interests**], un conflitto d'idee [d'interessi]; (*leg.*) **c. of powers**, conflitto di poteri (*o* d'attribuzioni); **to be in c. with**, essere in contrasto con ***2*** (*polit., econ.*) conflittualità: **continual** (*o* **permanent**) **c.**, conflittualità permanente. ● (*leg.*) **c. of evidence**, contrasto di prove.

to **conflict** /kənˈflɪkt/, *v. i.* ***1*** essere in conflitto (*o* in contrasto); contrastare (*con q.c.*) ***2*** contendere; lottare.

conflicting /kənˈflɪktɪŋ/, *a.* contrastante; in conflitto; contraddittorio: **c. emotions**, emozioni contrastanti; (*leg.*) **c. evidence**, prove contraddittorie.

confliction /kənˈflɪkʃn/, *n.* l'essere in conflitto (*o* in contrasto).

conflictual /kənˈflɪktʃuəl/, *a.* conflittuale.

confluence /ˈkɒnfluəns/, *n.* ***1*** confluenza (*d'acque, di strade, ecc.*); (*fig.*) convergenza (*di idee, ecc.*) ***2*** punto di confluenza; fiume collettore ***3*** (*arc.*) concorso di gente; folla.

confluent /ˈkɒnfluənt/, **A** *a.* confluente; (*fig.*) che converge: **c. streams**, corsi d'acqua confluenti. **B** *n.* confluente (*fiume*).

conflux /ˈkɒnflʌks/, *n.* (*lett.*) confluenza.

to **conform** /kənˈfɔːm/, **A** *v. t.* conformare; uniformare. **B** *v. i.* ***1*** concordare; corrispondere ***2*** conformarsi; adeguarsi: **You must c. to the law**, devi conformarti alla legge ***3*** (*di un apparecchio, ecc.*) essere conforme a: **This vacuum cleaner does not c. to safety standards**, questo aspirapolvere non è conforme alle norme di sicurezza ***4*** (*relig., stor.*) aderire ai principi della Chiesa Anglicana.

conformability /kənfɔːməˈbɪlətɪ/, *n.* ***1*** conformità; consentaneità ***2*** corrispondenza ***3*** docilità; malleabilità (*fig.*).

conformable /kənˈfɔːməbl/, *a.* ***1*** conforme; simile; consentaneo ***2*** adatto; corrispondente ***3*** arrendevole; accomodante; docile; malleabile (*fig.*) ***4*** (*geol.*) concordante ***5*** (*relig.*) conformista; ortodosso. || **-ness**, *sost.* || **-bly**, *avv.*

conformal /kənˈfɔːml/, *a.* (*cartografia: di una proiezione*) conforme; isogonica

conformance /kənˈfɔːməns/, *n.* conformità. ● (*di un apparecchio, ecc.*) **to be in c. with**, essere conforme a (*norme, ecc.*).

conformation /kɒnfɔːˈmeɪʃn/, *n.* ***1*** conformazione (*anche chim., fis.*); struttura ***2*** adattamento.

conformational /kɒnfɔːˈmeɪʃnl/, *a.* (*chim., fis.*) conformazionale.

conformism /kənˈfɔːmɪzəm/, *n.* (*anche relig.*) conformismo.

conformist /kənˈfɔːmɪst/, *n.* (*anche relig.*) conformista.

conformity /kənˈfɔːmətɪ/, *n.* ***1*** conformità; consentaneità ***2*** accordo; corrispondenza ***3*** docilità; arrendevolezza ***4*** (*relig.*) conformismo; ortodossia. ● **in c. with**, in conformità di (*istruzioni, norme, ecc.*); aderendo a (*desideri, ecc.*).

to **confound** /kənˈfaʊnd/, *v. t.* ***1*** rendere perplesso; disorientare; sconcertare: **His success confounded them**, il suo successo li sconcertò ***2*** confondere ***3*** (*arc.*) mandare a monte (*progetti, speranze*); sconfiggere (*nemici*) ***4*** (*arc.*) umiliare; svergognare. ● **C. it!**, accidenti! □ **C. you!**, va' al diavolo!; va' in malora!

confounded /kənˈfaʊndɪd/, *a.* ***1*** confuso; perplesso; disorientato ***2*** (*fam.*) insopportabile; maledetto; detestabile: **That c. fool!**, quel maledetto stupido! ● **That c. dog!**, quel cagnaccio! || **-ly**, *avv.* || **-ness**, *sost.*

confraternity /kɒnfrəˈtɜːnətɪ/, *n.* ***1*** (*relig.*) confraternita ***2*** associazione professionale ***3*** lega; congrega.

confrère /ˈkɒnfreə(r)/, *n.* (*form.*) ***1*** confratello ***2*** collega.

to **confront** /kənˈfrʌnt/, *v. t.* ***1*** essere, stare di fronte a; incontrare faccia a faccia: **My house confronts theirs**, la mia casa è di fronte alla loro; **We are still confronted with the problem of galloping inflation**, abbiamo ancora di fronte il problema dell'inflazione galoppante ***2*** affrontare; far fronte a: **to c. danger** [**a problem, a question**], affrontare il pericolo [un problema, una questione] ***3*** mettere (*q.*) di fronte a (*o* a confronto di): **He had to c. his accusers in court**, dovette sostenere il confronto con i suoi accusatori in tribunale ***4*** confrontare; raffrontare; collazionare.

confrontation /kɒnfrʌnˈteɪʃn/, *n.* ***1*** confronto; raffronto: **the c. of economic budgets**, il raffronto di bilanci economici ***2*** (*leg.*: *specialm. di imputati, ecc.*) confronto ***3*** (*polit.*) confronto, scontro; braccio di ferro (*fig.*): **a c. between the government and trade unions**, un braccio di ferro tra il governo e i sindacati.

confrontationist /kɒnfrʌnˈteɪʃənɪst/, **A** *a.* (*arte, polit.*) che va contro corrente; anticonformista; che cerca lo scontro; provocatorio. **B** *n.* (*polit.*) chi cerca lo scontro; provocatore.

Confucian /kənˈfjuːʃn/, *a.* e *n.* (*relig.*) confuciano.

Confucianism /kənˈfjuːʃənɪzəm/, *n.* (*relig.*) confucianesimo.

Confucius /kənˈfjuːʃəs/, *n.* (*stor., relig.*) Confucio.

confusable /kənˈfjuːzəbl/, *a.* confondibile.

to **confuse** /kənˈfjuːz/, *v. t.* ***1*** confondere (*in ogni senso*) ***2*** rendere perplesso; disorientare; sconcertare. ● **to c. the issue**, non afferrare il nocciolo della questione.

confused /kənˈfjuːzd/, *a.* ***1*** confuso; disorientato; sconcertato ***2*** confuso; in disordine ***3*** confuso; indistinto: **a c. murmur**, un confuso mormorio. ● (*med.*) **c. elderly**, anziano affetto da confusione mentale □ **to get c.**, confondersi; essere sconcertato. || **-ly**, *avv.* || **-ness**, *sost.*

confusing /kənˈfjuːzɪŋ/, *a.* che confonde; che disorienta.

confusion /kənˈfjuːʒn/, *n.* ***1*** confusione (*in ogni senso*) ***2*** imbarazzo; vergogna; turbamento ***3*** (*leg.*) confusione (*di beni, debiti, diritti, ecc.*) ***4*** (*arc.*) sconfitta. ● **covered with c.**, assai confuso, imbarazzato □ **to be thrown into c.**, rimanere sconcertato (*o* turbato); (*di un reparto militare, ecc.*) essere disorientato.

confusional /kənˈfjuːʒənl/, *a.* (*psic.*) confusionale.

confutable /kənˈfjuːtəbl/, *a.* confutabile.

confutation /kɒnfjuːˈteɪʃn/, *n.* confutazione.

confutative /kənˈfjuːtətɪv/, *a.* confutativo.

to **confute** /kənˈfjuːt/, *v. t.* confutare.

Cong /kɒŋ, *USA* kɔːŋ/, *n.* (*abbr. fam. di* **Vietcong**) vietcong.

conga /ˈkɒŋgə/, *n.* (*mus.*) conga.

conge /kɒndʒ/, *n.* (*ind. alimentare*) conca.

congé /ˈkɒnʒeɪ, *USA* kəʊnˈʒeɪ, kɒn-/, *n.* ***1*** (*form.*) congedo; commiato ***2*** (*arc.*) inchino (*di commiato*). ● **to take one's c.** congedarsi □ **He gave me my c.**, mi congedò.

to **congeal** /kənˈdʒiːl/, *v. t.* e *i.* ***1*** congelare, congelarsi: **to c. water** (**into ice**), congelare l'acqua ***2*** (*fig.*) agghiacciare, raggelare; agghiacciarsi, raggelarsi: **His blood was congealed by fear**, gli si raggelò il sangue dalla paura ***3*** (*fig.*) irrigidire, irrigidirsi; paralizzare, paralizzarsi ***4*** solidificare, solidificarsi; coagulare, coagularsi: (*metall.*) **congealed solution**, soluzione solida ***5*** (*anche polit.*) congelare.

congealable /kənˈdʒiːləbl/, *a.* congelabile.

congealment /kənˈdʒiːlmənt/, *n.* ***1*** congelamento ***2*** coagulazione; solidificazione.

congelation /kɒndʒɪˈleɪʃn/, *n.* ***1*** congelazione; congelamento ***2*** coagulazione; solidificazione.

congener /ˈkɒndʒɪnə(r), kənˈdʒiː-/, **A** *a.* congenere (*anche biol.*); consimile. **B** *n.* ***1*** persona (*o* cosa) congenere ***2*** (*biol.*) congenere.

congeneric /kɒndʒəˈnerɪk/, *a.* congenere (*anche biol.*); affine.

congenerous /kənˈdʒenərəs/, *a.* congenere (*anche biol.*); affine.

congenial /kənˈdʒiːnɪəl/, *a.* ***1*** (*di cosa*) congeniale; adatto; che va a genio; gradito: **a c.**

study, uno studio congeniale; **a c. job [employment]**, un lavoro [un impiego] adatto, gradito *2* (*di persona*) affine; che ha gli stessi gusti e interessi *3* (*fam.*) amabile; simpatico; piacevole: **a c. atmosphere**, un'atmosfera simpatica; **c. weather**, tempo piacevole.

congeniality /kəndʒiːnɪ'ælətɪ/, *n.* *1* congenialità *2* affinità (*d'indole, gusti, interessi*) *3* (*fam.*) amabilità; simpatia.

congenital /kən'dʒɛnɪtl/, *a.* congenito: **a c. disease**, una malattia congenita. ● (*fig.*) **a c. liar**, un bugiardo nato.

conger /'kɒŋgə(r)/, *n.* (*zool., Conger conger*; = **c. eel**) congro; grongo; anguilla di mare.

congeries /kɒn'dʒɪəriːz/, *n.* (*invar. al pl.*) (*form.*) congerie.

to **congest** /kən'dʒɛst/, **A** *v. t.* congestionare (*anche fig.*); ingorgare (*il traffico, ecc.*). **B** *v. i.* congestionarsi.

congested /kən'dʒɛstɪd/, *a.* congestionato: (*med.*) **a c. organ**, un organo congestionato; **a c. street**, una strada congestionata (*di traffico*). ● **a c. district**, una regione eccessivamente popolata.

congestion /kən'dʒɛstʃn/, *n.* *1* (*med.*) congestione *2* (*fig.*) congestione; ingorgo: **the c. of road traffic**, la congestione del traffico stradale.

congestive /kən'dʒɛstɪv/, *a.* (*med.*) congestizio.

conglobate /'kɒngləʊbeɪt, kən'gləʊbeɪt/, *a.* (*raro*) globulare; sferico.

to **conglobate** /'kɒngləʊbeɪt, kən'gləʊbeɪt/, *v. t.* e *i.* (*raro*) conglobare, conglobarsi.

conglobation /kɒngləʊ'beɪʃn/, *n.* conglobazione.

to **conglobulate** /kən'glɒbjʊleɪt/, *v. i.* *1* conglobarsi *2* (*fin.*) fondersi.

conglobulation /kənglɒbjʊ'leɪʃn/, *n.* *1* conglobazione *2* (*fin.*) concentrazione, fusione (*d'aziende*).

conglomeracy /kən'glɒmərəsɪ/, *n.* (*fin.*) conglomerazione (*la struttura*); conglomerato di aziende.

conglomerate /kən'glɒmərət/, **A** *a.* *1* conglomerato *2* (*geol.*) di conglomerazione. **B** *n.* *1* (*anche geol.*) conglomerato *2* (*fin.*) conglomerata; gruppo di controllo (*di diverse aziende*).

to **conglomerate** /kən'glɒməreɪt/, *v. t.* e *i.* conglomerare, conglomerarsi.

conglomeration /kənglɒmə'reɪʃn/, *n.* *1* (*anche fin.*) conglomerazione *2* (*demogr.*) agglomerato.

conglutinant /kən'gluːtɪnənt/, *a.* (*med.*) conglutinante; agglutinante.

to **conglutinate** /kən'gluːtɪneɪt/, **A** *v. t.* conglutinare; agglutinare. **B** *v. i.* conglutinarsi; agglutinarsi.

conglutination /kəngluːtɪ'neɪʃn/, *n.* (*anche med.*) conglutinazione; conglutinamento.

conglutinator /kən'gluːtɪneɪtə(r)/, *n.* (*med.*) conglutinante; agglutinante.

congo eel /'kɒŋgəʊ'iːl/, *locuz. n.* (*zool., Amphiuma means*; = **c. snake**) anfiuma (*salamandra acquatica*).

congrats /kən'græts/, *inter.* (*fam.*) congratulazioni!

to **congratulate** /kən'grætʃʊleɪt/, **A** *v. t.* congratularsi: **I c. you on your success**, mi congratulo con te per il tuo successo. **B** to **congratulate oneself**, *v. rifl.* rallegrarsi; felicitarsi.

congratulations /kəngrætʃʊ'leɪʃənz/, *n. pl.* e *inter.* congratulazioni; felicitazioni.

congratulative /kən'grætʃʊlətɪv, *USA* -eɪtɪv/, *a.* congratulatorio.

congratulator /kən'grætʃʊleɪtə(r)/, *n.* chi si congratula.

congratulatory /kən'grætʃʊlətrɪ, -leɪtrɪ, *USA* -lətɔːrɪ/, *a.* gratulatorio; congratulatorio; di congratulazione: **a c. speech**, un discorso di congratulazione. ● **c. letter**, lettera di felicitazioni.

to **congregate** /'kɒŋgrɪgeɪt/, **A** *v. t.* congregare; adunare. **B** *v. i.* congregarsi; adunarsi; raccogliersi.

congregation /kɒŋgrɪ'geɪʃn/, *n.* *1* congregazione (*raro*); assembramento *2* assemblea; riunione (*di fedeli in chiesa, di docenti universitari, ecc.*) *3* (*collett.*) (*relig.*) i fedeli: **The c. knelt down**, i fedeli s'inginocchiarono *4* (*relig.*) congregazione; confraternita (*della chiesa cattolica*).

congregational /kɒŋgrɪ'geɪʃənl/, *a.* *1* di (*o* simile a) congregazione *2* – (*relig.*) **C.**, congregazionalista (*V.* **Congregationalism**). ● **the C. Church**, la chiesa congregazionalista □ **c. worship**, culto pubblico.

Congregationalism /kɒŋgrɪ'geɪʃnəlɪzəm/, *n.* (*relig.*) congregazionalismo (*setta protestante*).

Congregationalist /kɒŋgrɪ'geɪʃənəlɪst/, *a.* e *n.* (*relig.*) congregazionalista (*V.* **Congregationalism**).

congress /'kɒŋgrɛs, *USA* -rɪs/, *n.* *1* riunione; assemblea; incontro *2* congresso; conferenza (*diplomatica*): **a c. of mathematicians**, un congresso di matematici; (*stor.*) **the C. of Vienna**, il Congresso di Vienna *3* associazione: **C. of Industrial Organizations**, Associazione delle Organizzazioni Industriali *4* – (*polit.*) **the C.**, il Congresso (*le due Camere legislative degli Stati Uniti*) *5* contatto; rapporto *6* (*anche leg.*, = **sexual c.**) rapporto sessuale; congresso carnale (*leg.*). ● **C. House**, il quartier generale dei sindacati (*a Londra*).

congressional /kɒŋ'grɛʃənl/, *a.* *1* d'un congresso; congressuale: **c. records**, atti congressuali *2* – **C.**, del Congresso (*degli Stati Uniti*). ● (*USA*) **C. district**, collegio elettorale.

Congressman /'kɒngrɛsmæn, *USA* -rɪs-/, *n.* (*pl.* **Congressmen**) (*in U.S.A.*) membro del Congresso.

Congresswoman /'kɒngrɛswʊmən, *USA* -rəs-/, *n.* (*pl.* **Congresswomen**) (*in U.S.A.*) membro del Congresso (*donna*).

congruence /'kɒŋgrʊəns, *USA* kəŋ'gruːəns/, **congruency** /'kɒŋgrʊənsɪ, *USA* kəŋ'gruːənsɪ/, *n.* *1* (*anche mat.*) congruenza; corrispondenza; compatibilità *2* convenienza; l'essere adatto (*o* appropriato).

congruent /'kɒŋgrʊənt, *USA* kəŋ'gruːənt/, *a.* *1* congruente, congruo (*anche mat., geom.*): **c. numbers**, numeri congrui *2* compatibile, corrispondente.

congruity /kəŋ'gruːətɪ/, *n.* *1* congruenza, congruità (*anche mat.*) *2* rispondenza; armonia: **the c. between form and matter**, la rispondenza tra forma e contenuto.

congruous /'kɒŋgrʊəs/, *a.* congruo; conveniente; adeguato. ‖ **-ly**, *avv.* ‖ **-ness**, *sost.*

conic /'kɒnɪk/, (*geom.*) **A** *a.* conico. **B** *n.* (= **c. section**) (sezione) conica.

conical /'kɒnɪkl/, *a.* (*geom.*) conico. ● (*mecc.*) **c. bearing**, cuscinetto a rulli conici. ‖ **-ly**, *avv.* ‖ **-ness**, *sost.*

conidiospore /kə'nɪdɪəʊspɔː(r)/, *n.* (*bot.*) conidiospora.

conidium /kə'nɪdɪəm/ (*lat.*), *n.* (*pl.* **conidia**) (*bot.*) conidio.

conifer /'kɒnɪfə(r), 'kəʊn-/, *n.* (*bot., Coniferae*) conifera.

coniferous /kə'nɪfərəs/, *a.* (*bot.*) conifero; che produce frutti a cono: **c. plants**, piante conifere.

coniform /'kəʊnɪfɔːm/, *a.* coniforme; a cono.

coni(i)ne /'kəʊniːɪn/, *n.* (*chim.*) conina; coniina.

conjecturable /kən'dʒɛktʃərəbl/, *a.* congetturabile.

conjectural /kən'dʒɛktʃərəl/, *a.* *1* congetturale; ipotetico; presumibile *2* propenso a far congetture.

conjecture /kən'dʒɛktʃə(r)/, *n.* congettura; ipotesi.

to **conjecture** /kən'dʒɛktʃə(r)/, *v. t.* e *i.* congetturare; far congetture; ipotizzare.

to **conjoin** /kən'dʒɔɪn/, *v. t.* e *i.* congiungere, congiungersi; combinare, combinarsi; collegare, collegarsi; associare, associarsi.

conjoint /kən'dʒɔɪnt/, *a.* congiunto; combinato; collegato.

conjugable /'kɒndʒʊgəbl/, *a.* (*gramm.*) coniugabile.

conjugal /'kɒndʒʊgl/, *a.* coniugale: **c. rights**, diritti coniugali.

conjugality /kɒndʒʊ'gælətɪ/, *n.* stato coniugale.

conjugate /'kɒndʒʊgət/, **A** *a.* *1* (*biol., bot., mat.*) coniugato; accoppiato *2* (*di parola*) che deriva dalla stessa radice. **B** *n.* *1* qualsiasi cosa coniugata (*per es., un cromosoma, una foglia, ecc.*) *2* parola derivata dalla stessa radice (*di un'altra*) *3* (*mat.*) asse (angolo, numero) coniugato.

to **conjugate** /'kɒndʒʊgeɪt/, **A** *v. t.* *1* (*gramm.*) coniugare *2* (*biol.*) accoppiare. **B** *v. i.* *1* (*biol.*) coniugarsi *2* (*biol.*) accoppiarsi.

conjugated /'kɒndʒʊgeɪtɪd/, *a.* (*scient.*) coniugato: **c. protein**, proteina coniugata.

conjugation /kɒndʒʊ'geɪʃn/, *n.* *1* (*gramm.*) coniugazione *2* (*biol.*) accoppiamento, fusione (*di cromosomi, gameti*).

conjugational /kɒndʒʊ'geɪʃənl/, *a.* di coniugazione.

conjunct /'kɒndʒʌŋkt, kən'dʒ-/, *a.* e *n.* (individuo, oggetto) congiunto, combinato, collegato, associato.

conjunction /kən'dʒʌŋkʃn/, *n.* *1* congiunzione (*anche gramm., astron.*) combinazione; unione *2* concomitanza; coincidenza: **the c. of events**, la concomitanza degli eventi. ● **in c. with**, in combinazione con; insieme con; d'accordo con.

conjunctional /kən'dʒʌŋkʃənl/, *a.* di congiunzione, ecc. (*V.* **conjunction**).

conjunctiva /kɒndʒʌŋk'taɪvə, kən-dʒʌŋktɪvə/, *n.* (*pl.* **conjunctivas, conjunctivae**) (*anat.*) congiuntiva.

conjunctival /kɒndʒʌŋk'taɪvl/, *a.* (*anat.*) congiuntivale.

conjunctive /kən'dʒʌŋktɪv/, **A** *a.* *1* (*biol.*) connettivo: **c. tissue**, tessuto connettivo *2* (*gramm.*) congiuntivo: **c. mood**, modo congiuntivo. **B** *n.* (*gramm.*) *1* congiunzione *2* (modo) congiuntivo.

conjunctively /kən'dʒʌnktɪvlɪ/, *avv.* congiuntamente; insieme.

conjunctivitis /kəndʒʌŋktɪ'vaɪtɪs/, *n.* (*med.*) congiuntivite.

conjunctly /'kɒndʒʌŋktlɪ, kən'dʒ-/, *avv.* congiuntamente; insieme.

conjunctural /kən'dʒʌŋktʃərəl/, *a.* (*anche fig.*) congiunturale.

conjuncture /kən'dʒʌŋktʃə(r)/, *n.* *1* congiuntura (*anche fig.*); giuntura; concomitanza; unione *2* combinazione d'eventi o di circostanze; situazione critica; (brutto) frangente (*fig.*).

conjuration /kɒndʒʊə'reɪʃn/, *n.* *1* incantesimo; magia *2* evocazione solenne (*di spiriti*); esorcismo.

to **conjure** /'kʌndʒə(r), *USA* 'kɒn-/, **A** *v. i.* *1* fare incantesimi; esercitare la magia *2* fare giochi di prestigio. **B** *v. t.* *1* evocare (*spiriti, il demonio, ecc.*): **He tried to c. the spirit of Napoleon**, tentò di evocare lo spirito di Napoleone *2* far apparire, far sparire (q.c.) come per magia (*o* in un gioco di prestigio). ● **to c. away**, far sparire; far svanire: **The music conjured away my troubles**, la musica fece sparire le mie preoccupazioni □ **to c. out**, esorcizzare; fare uscire: **The priest conjured the devil out of the woman**, il prete esorcizzò la donna liberandola dal demonio □ **to c. up**, evocare (*uno spirito*); rievocare (*alla memoria*); (*fam.*) preparare (*un pasto, ecc.*) in quattro e quattr'otto: **The scene conjured up visions of his boyhood**, la scena gli rievocò visioni dell'infanzia □ (*fig. fam.*) **a name to c. with**, il nome di una persona molto influente.

conjurer, **conjuror** /'kʌndʒərə(r), *USA* 'kɒn-/, *n.* *1* (*un tempo*) evocatore di spiriti; mago; stregone *2* prestigiatore; prestidigitatore.

conjuring /ˈkʌndʒərɪŋ, *USA* ˈkɒn-/, *n.* giochi di prestigio; prestigitazione. ● **c. trick**, gioco di prestigio.

conk /kɒŋk/, *n.* (*pop.*) **1** naso **2** testa; zucca (*fig.*) **3** botta sulla testa **4** (*moda*) stiratura (*dei capelli*).

to **conk** (**1**) /kɒŋk/, *v. t.* **1** (*pop.*) picchiare sulla testa **2** (*moda*) stirare (*i capelli*).

to **conk** (**2**) /kɒŋk/, *v. i.* (*fam., anche* **to c. out**) guastarsi; incepparsi.

conked out /ˈkɒŋktˈaʊt/, *a.* (*pop.*) guasto; sfasciato; sgangherato.

conker /ˈkɒŋkə(r)/, *n.* **1** (*fam.*) castagna d'India **2** (*pl.*) gioco infantile con le castagne d'India (*i frutti dell'ippocastano si legano a un filo, e con il proprio si colpisce quello dell'avversario per spezzarlo*).

conky /ˈkɒŋkɪ/, **A** *a.* (*pop.*) nasuto. **B** *n.* nasone.

conman /ˈkɒnmæn/, *n.* (*pl.* **conmen**) (*contraz. fam. di* **confidence man**) imbroglione; truffatore.

conn /kɒn/, *n. V.* **con** (**4**).

to **conn** /kɒn/, *v. t. V.* **to con** (**2**).

connate /ˈkɒneɪt/, *a.* **1** innato; congenito; connaturato **2** (*biol.*) unito congenitamente; connato.

connatural /kəˈnætʃʊrəl/, *a.* **1** connaturato; congenito **2** connaturale; conforme alla natura (*di q.*) **3** di natura affine.

to **connect** /kəˈnɛkt/, **A** *v. t.* **1** connettere; collegare: **A ship canal connects the two towns**, un canale navigabile collega le due città; **The Piccadilly line connects central London to Heathrow Airport**, la linea Piccadilly collega il centro di Londra con l'aeroporto di Heathrow; **to c. an idea with another**, connettere un'idea con un'altra **2** associare l'idea di (*q.c. con un'altra*): **We c. orange blossoms with weddings**, associamo l'idea dei fiori d'arancio con quella del matrimonio **3** mettere in comunicazione (telefonica): **The operator will c. you with Rome**, la centralinista vi metterà in comunicazione con Roma; **to be connected with the wrong person**, essere messo in comunicazione con un numero sbagliato **4** (*elettr.*) collegare; attaccare; inserire **5** (*mecc.*) collegare; accoppiare. **B** *v. i.* **1** connettersi; collegarsi **2** essere in (*o* fare) coincidenza con: **This train connects with the Manchester train at London**, questo treno è in coincidenza a Londra con quello per Manchester **3** (*di un colpo, ecc.*) andare a segno. **C** to **connect oneself**, *v. rifl.* **1** associarsi, mettersi in relazione (*con q.*) **2** imparentarsi (*con q.*). ● **to c. the telephone**, allacciare il telefono □ (*elettr.*) **to c. the wires**, collegare i fili.

connected /kəˈnɛktɪd/, *a.* **1** collegato; connesso **2** imparentato **3** coerente: **Will you please give me a c. account of the whole story?**, per favore, vuoi farmi un resoconto coerente dell'intera faccenda? ● **to be connected** (**with**), essere in relazione (con); essere imparentato (con): **He is connected with the Foreign Office**, è in relazione con il Ministero degli Esteri; **He is connected with the prime minister by marriage**, è imparentato con il primo ministro per matrimonio □ **to be well-c.**, conoscere le persone giuste; essere introdotto; essere bene ammanigliato (*fam.*).

connectedly /kəˈnɛktɪdlɪ/, *avv.* coerentemente; in modo logico.

connectedness /kəˈnɛktɪdnəs/, *n.* **1** associazione (*d'idee*); concatenazione **2** coerenza.

connecter /kəˈnɛktə(r)/, *V.* **connector**.

connectible /kəˈnɛktəbl/, *a.* che si può connettere (*o* collegare).

connecting /kəˈnɛktɪŋ/, *a.* che collega; di collegamento. ● (*elettron.*) **connecting circuit**, circuito di connessione □ (*elettr.*) **connecting plug**, spina di contatto □ (*mecc.*) **connecting rod**, biella.

connection /kəˈnɛkʃn/, *n.* **1** connessione; collegamento: **telephone c.**, collegamento telefonico **2** tubo (*o* tubazione) di collegamento; (*mecc.*) attacco: **hot-water connections**, tubazioni di collegamento per l'acqua calda; **pipe c.**, attacco d'un tubo **3** associazione; nesso; legame; relazione, rapporto: **I am sure there is a c. between advertising and sales**, sono sicuro che c'è un rapporto tra pubblicità e vendite; **What is the c. between food and health?**, che nesso c'è fra il cibo e la salute?; **business connections**, rapporti (*o* relazioni) d'affari; **a Mafia c.**, un legame con la Mafia **4** caso; circostanza; contesto: **in this c.**, in questo caso **5** (*di solito al pl.*) conoscenza, conoscente; amicizia, amico; parente (*specialm. acquisito per matrimonio*): **He is a man with good connections**, è un uomo che ha conoscenze (*o* parenti) autorevoli, importanti **6** (*ferr., ecc.*) coincidenza: **Owing to the strike I missed my c.**, a causa dello sciopero persi la coincidenza **7** (*comm.*) clientela: **This shop has a good c. in the town**, questo negozio ha una buona clientela in città **8** (*pl.*) persone collegate, associate (*in affari, politica, ecc.*) **9** comunità; setta religiosa: **the Baptist c.**, la setta battista **10** (*elettr.*) connessione; contatto **11** (*mat.*) connessione **12** (*polit., spionaggio*) pista; intrigo internazionale (*con molte connivenze*): **the Bulgarian c.**, la pista bulgara **13** (*pop. USA*) spacciatore (*di droga*). ● (*leg.*) **criminal c.** (*abbr.* **crim. con.**), rapporti sessuali illeciti □ **in c. with**, con riferimento a; in relazione a □ **in this c.**, a questo proposito □ (*fam.*) **the whole c.**, tutta la famiglia.

connectional /kəˈnɛkʃənl/, *a.* di connessione; di collegamento.

connective /kəˈnɛktɪv/, **A** *a.* **1** che connette, collega **2** (*scient.*) connettivo; connettivale: **c. tissue**, tessuto connettivo. **B** *n.* (*ling.*) connettivo.

connector /kəˈnɛktə(r)/, *n.* **1** (*mecc.*) connettore **2** (*elettron.*) cercatore di chiamata **3** (*elettr.*) (morsetto) serrafili **4** (*ling.*) connettore.

connexion /kəˈnɛkʃn/, *V.* **connection**.

conning tower /ˈkɒnɪŋtaʊə(r)/, *locuz. n.* (*marina mil.*) **1** torre di comando **2** torretta (*di sommergibile*).

conniption /kəˈnɪpʃn/, *n.* (*fam. USA, spesso* **c. fit**) attacco di bile; accesso di rabbia.

connivance /kəˈnaɪvəns/, *n.* (*anche leg.*) connivenza.

to **connive** /kəˈnaɪv/, *v. i.* **1** (*anche leg.*) essere connivente: **He connived at his friend's escape**, egli fu connivente nella fuga del suo amico **2** chiudere gli occhi (*su una colpa, ecc.*); tollerare (*un abuso, ecc.*) **3** (*raro*) congiurare; cospirare.

conniver /kəˈnaɪvə(r)/, *n.* (*anche leg.*) connivente.

conniving /kəˈnaɪvɪŋ/, *a.* (*anche leg.*) connivente.

connoisseur /kɒnəˈsɜː(r), *USA* -ˈsɜː(r), -ˈsʊə(r)/, *n.* conoscitore; intenditore.

connotation /kɒnəˈteɪʃn/, *n.* (*filos., ling.*) connotazione.

connotative /ˈkɒnəteɪtɪv/, *a.* (*filos., ling.*) connotativo.

to **connote** /kəˈnəʊt/, *v. t.* (*filos., ling.*) connotare.

connubial /kəˈnjuːbɪəl, *USA* -ˈnuː-/, *a.* (*form.*) coniugale.

connubiality /kənjuːbɪˈælətɪ, *USA* -nuː-/, *n.* (*form.*) stato coniugale.

conoid /ˈkəʊnɔɪd/, (*geom.*) **A** *a.* conoidale. **B** *n.* conoide.

conoidal /kəʊˈnɔɪdl/, *a.* (*geom.*) conoidale.

to **conquer** /ˈkɒŋkə(r)/, **A** *v. t.* **1** conquistare (*un paese, un territorio, ecc.*) **2** vincere; sconfiggere; sgominare: **to c. one's fear**, vincere la paura; **You must c. your passions**, devi vincere le tue passioni; **to c. an enemy**, sgominare un nemico **3** soggiogare; domare (*fig.*): **to c. inflation**, domare l'inflazione **4** superare (*una difficoltà*). **B** *v. i.* vincere, essere vincitore.

conquerable /ˈkɒŋkrəbl/, *a.* **1** conquistabile **2** che si può vincere; soggiogabile; domabile.

conquering /ˈkɒŋkərɪŋ/, *a.* vincente; vittorioso; vincitore.

conqueror /ˈkɒŋkərə(r)/, *n.* conquistatore; vincitore. ● (*stor.*) (**William**) **the C.**, (Guglielmo) il Conquistatore.

conquest /ˈkɒŋkwɛst/, *n.* conquista (*in ogni senso, anche fig.*): **the c. of space**, la conquista dello spazio. ● **the** (**Norman**) **C.**, la conquista dell'Inghilterra da parte dei Normanni (1066).

Conrad /ˈkɒnræd/, *n.* Corrado.

consanguine /kɒnˈsæŋgwɪn/, **consanguineous** /kɒnsæŋˈgwɪnɪəs/, *a.* **1** consanguineo **2** (*fig.*) strettamente affine.

consanguinity /kɒnsæŋˈgwɪnətɪ/, *n.* **1** consanguineità **2** (*fig.*) stretta affinità.

conscience /ˈkɒnʃns/, *n.* coscienza: **to have a good** (*o* **clear**) **c.**, avere la coscienza pulita; **to have a bad** (*o* **guilty**) **c.**, avere la coscienza sporca (*o* una cattiva coscienza). ● (*leg.*) **c. clause**, clausola di riserva morale □ **c. money**, somma di denaro che si paga o restituisce (*specialm. nell'anonimato: per es., in riparazione d'una evasione fiscale*) □ **c.-smitten** (*o* **c.-stricken**), preso dal rimorso □ **for c.' sake**, per scrupolo di coscienza □ **to have the c. to do st.**, avere l'impudenza di fare q.c. □ **to have st. on one's c.**, avere q.c. sulla coscienza □ **in all c.**, in coscienza; (*fam.*) in verità □ **to make st. a matter of c.**, fare di q.c. un caso di coscienza □ **to set one's c. at rest**, mettersi la coscienza in pace.

conscienceless /ˈkɒnʃnsləs/, *a.* senza coscienza; privo di scrupoli.

conscientious /kɒnʃɪˈɛnʃəs/, *a.* coscienzioso: **a c. teacher**, un insegnante coscienzioso. ● (*leg.*) **c. objector**, obiettore di coscienza □ **c. scruple**, scrupolo di coscienza. ‖ **-ly**, *avv.* ‖ **-ness**, *sost.*

conscious /ˈkɒnʃəs/, **A** *a.* **1** consapevole; conscio; cosciente; che ha coscienza: **He is c. of his shortcomings**, è conscio delle sue manchevolezze; **He is c. that he is wrong**, è consapevole d'essere dalla parte del torto; **Man is a c. animal**, l'uomo è un animale cosciente; **The dying man was still c.**, il moribondo era ancora cosciente **2** deliberato; consapevole; di cui si ha coscienza: **c. choice**, scelta deliberata; **c. guilt**, colpa di cui si ha coscienza **3** (= **self-c.**) imbarazzato; timido. **B** *n.* (*psic.*) (il) conscio. ● (*di un malato*) **to become c.**, riprendere conoscenza. ‖ **-ly**, *avv.*

consciousness /ˈkɒnʃəsnəs/, *n.* **1** coscienza; consapevolezza **2** (*filos., psic.*) coscienza: **c. raising**, terapia (*spesso di gruppo*) per presa di coscienza. ● **to lose c.**, perdere conoscenza (*o* i sensi) □ **moral c.**, coscienza (*capacità di giudizio morale*) □ **to recover** (*o* **to regain**) **c.**, riprendere conoscenza; tornare in sé.

conscript /ˈkɒnskrɪpt/, **A** *n.* coscritto; soldato di leva. **B** *a.* **1** coscritto: **c. fathers**, padri coscritti (*i senatori dell'antica Roma*) **2** di leva: **a c. army**, un esercito di leva.

to **conscript** /kənˈskrɪpt/, *v. t.* **1** (*mil.*) coscrivere; arruolare **2** precettare (*lavoratori*).

conscription /kənˈskrɪpʃn/, *n.* **1** coscrizione; arruolamento **2** precettazione.

to **consecrate** /ˈkɒnsɪkreɪt/, *v. t.* consacrare (*anche fig.*); dedicare: **He consecrated his life to art**, consacrò la sua vita all'arte.

consecrated /ˈkɒnsɪkreɪtɪd/, *a.* **1** (*anche relig.*) consacrato **2** (*fig.*) dedito (*a q.c.*).

consecration /kɒnsɪˈkreɪʃn/, *n.* **1** consacrazione: **the c. of a bishop**, la consacrazione d'un vescovo **2** (*fig.*) dedizione.

consecrator /ˈkɒnsɪkreɪtə(r)/, *n.* consacratore.

consecratory /kɒnsɪˈkreɪtrɪ, *USA* ˈkɒnsɪkrətɔːrɪ/, *a.* che consacra; consacratore.

consecution /kɒnsɪˈkjuːʃn/, *n.* **1** consecuzione; nesso (logico); conseguenza **2** successione logica (*d'eventi*) **3** (*gramm.*) consecuzione.

consecutive /kən'sɛkjʊtɪv/, *a.* ***1*** consecutivo (*anche gramm.*); di seguito: **We stopped there three c. days**, ci fermammo lì tre giorni di seguito ***2*** conseguente; coerente; ben connesso. ● (*leg.*: *in Italia, Francia, ecc.*) **c. sentences**, condanne cumulabili. ‖ **-ly,** *avv.* ‖ **-ness,** *sost.*

consensual /kən'sɛnʃʊəl/, *a.* ***1*** (*leg.*) consensuale ***2*** (*fisiol.*) riflesso: **c. movements**, movimenti riflessi. ‖ **-ly,** *avv.*

consensus /kən'sɛnsəs/, *n.* ***1*** accordo ***2*** consenso; consenso generale; unanimità: **c. politics**, la politica del consenso ***3*** opinione generale. ● (*leg.*) **c. ad idem** (*o* **c. of minds**), incontro delle volontà.

consent /kən'sɛnt/, *n.* ***1*** consenso; (*comm.*) benestare ***2*** parere favorevole. ● (*leg.*) **c. of the Court**, omologazione del tribunale □ (*leg.*) **age of c.**, la maggiore età (*a cui si può consentire legalmente a rapporti sessuali*) □ **by general** (*o* **common**) **c.**, per unanime consenso □ **with one c.**, all'unanimità □ (*prov.*) **Silence gives c.**, chi tace acconsente.

to **consent** /kən'sɛnt/, *v. i.* acconsentire; consentire: **I won't c. to his leaving**, non gli consentirò di partire; **to c. to a proposal**, acconsentire a una proposta.

consentaneity /kənsɛntə'ni:ətɪ/, *n.* consentaneità.

consentaneous /kɒnsɛn'teɪnɪəs/, *a.* (*raro*) consentaneo.

consentient /kən'sɛnʃɪənt/, *a.* ***1*** consenziente ***2*** unanime.

consenting /kən'sɛntɪŋ/, *a.* consenziente. ● (*leg.*) **c. adults**, adulti consenzienti.

consequence /'kɒnsɪkwəns, *USA* -kwɛns/, *n.* ***1*** conseguenza; conclusione; risultato (logico) ***2*** nesso (logico); connessione (*di fatti, ecc.*) ***3*** deduzione; illazione ***4*** importanza; rilievo; peso: **It is a matter of slight [of no] c.**, è cosa di poca [di nessuna] importanza. ● **in c.**, di conseguenza; perciò □ **in c. of**, a causa di □ **to be a person of c.**, essere una persona importante □ **to take the consequences**, subire le conseguenze.

consequent /'kɒnsɪkwənt, *USA* -kwɛnt/, **A** *a.* ***1*** conseguente; derivante; risultante ***2*** conseguenziale; coerente ***3*** (*filos., mat.*) conseguente. **B** *n.* ***1*** conseguenza; risultato ***2*** (*gramm.*) apodosi ***3*** (*filos., mat.*) (il) conseguente.

consequential /kɒnsɪ'kwɛnʃl/, *a.* ***1*** conseguente; derivante ***2*** conseguenziale; coerente ***3*** (*di persona*) pieno di sé; borioso; tronfio ***4*** importante: **a c. decision**, una decisione importante ***5*** (*leg.*) indiretto: **c. damage**, danno indiretto. ● (*ass.*) **c. loss policy**, polizza contro il lucro cessante.

consequentiality /kɒnsɪkwɛnʃɪ'ælətɪ/, *n.* ***1*** consequenzialità; conseguenza (*di un ragionamento*); coerenza ***2*** boria; presunzione; prosopopea.

consequently /'kɒnsɪkwəntlɪ, *USA* -kwɛntlɪ/, **A** *avv.* di conseguenza; in modo logico. **B** *cong.* di conseguenza; perciò; dunque.

conservable /kən'sɜ:vəbl/, *a.* conservabile.

conservancy /kən'sɜ:vənsɪ/, *n.* ***1*** conservazione; preservazione; tutela (*del patrimonio forestale, ecc.*) ***2*** commissione di controllo (*di un porto, ecc.*): **the Thames C.**, la commissione di controllo del Tamigi.

conservation /kɒnsə'veɪʃn/, *n.* conservazione; preservazione (*delle risorse naturali, ecc.*); tutela (*del patrimonio forestale, ecc.*). ● (*urbanistica*) **c. area**, zona protetta.

conservationist /kɒnsə'veɪʃənɪst/, *n.* (*ecol.*) fautore della preservazione della natura; ambientalista.

conservatism /kən'sɜ:vətɪzəm/, *n.* (*polit.*) conservatorismo.

conservative /kən'sɜ:vətɪv/, **A** *a.* ***1*** conservativo ***2*** (*polit.*) conservatore: **the C. Party**, il partito conservatore; **a c. policy**, una politica conservatrice; **c. views**, idee conservatrici ***3*** tradizionale (*nel modo di pensare, di vestire, ecc.*) cauto; moderato; prudente; prudenziale: **a c. investment**, un investimento prudente; **a c. estimate**, un preventivo prudenziale. **B** *n.* ***1*** tradizionalista ***2*** (*anche polit.*) conservatore. ‖ **-ly,** *avv.* ‖ **-ness,** *sost.*

conservatoire /kən'sɜ:vətwɑ:(r)/ (*franc.*), *n.* (*mus.*) conservatorio.

conservator /'kɒnsəveɪtə(r)/, *n.* ***1*** preservatore; tutore: (*in G.B.*) **the conservators of the peace**, i tutori della pace (*il Sovrano, il Lord Cancelliere, ecc.*) ***2*** conservatore (*di boschi, animali selvatici, ecc.*) ***3*** sovrintendente (*di museo, ecc.*) ***4*** (*leg., USA*) tutore ***5*** (*leg., USA*) curatore fallimentare. ● (*leg.*) **c. seizure**, sequestro conservativo (*ignoto in Inghil.*).

conservatory /kən'sɜ:vətrɪ, *USA* -tɔ:rɪ/, **A** *a.* conservativo. **B** *n.* ***1*** serra (*per piante*) ***2*** (*mus., USA*) conservatorio.

conserve /kən'sɜ:v, 'kɒnsɜ:v/, *n.* (*di solito al pl.*) conserva (*di frutta*); marmellata.

to **conserve** /kən'sɜ:v/, *v. t.* conservare; mettere (*frutta*) in conserva.

conshy /'kɒnʃɪ/, *V.* **conchy**.

to **consider** /kən'sɪdə(r)/, **A** *v. t.* ***1*** considerare (*con la mente*); giudicare; reputare: **All things considered, I will accept the offer**, tutto considerato, accetterò l'offerta; **We c. experience in this field an essential qualification**, noi reputiamo che l'esperienza in questo campo sia un requisito essenziale ***2*** dare il debito peso a; tener conto di: **We must c. his lack of experience**, dobbiamo tener conto della sua mancanza d'esperienza ***3*** aver considerazione (*o* riguardo) per; rispettare: **We must c. their wishes**, dobbiamo rispettare i loro desideri ***4*** prendere in considerazione: **Would you c. taking up this job?**, prenderesti in considerazione l'accettazione di questo impiego? ***5*** discutere; deliberare su (*un problema, un ordine del giorno, ecc.*). **B** *v. i.* considerare; meditare; riflettere.

considerable /kən'sɪdərəbl/, *a.* ***1*** considerabile; degno di considerazione: **a c. proposal**, una proposta degna di considerazione ***2*** considerevole; notevole; importante: **a c. success**, un notevole successo. ● **a c. scientist**, uno scienziato di notevole valore.

considerably /kən'sɪdərəblɪ/, *avv.* notevolmente; assai; parecchio: **It is c. warmer today**, oggi fa assai più caldo.

considerate /kən'sɪdərət/, *a.* sollecito; premuroso; riguardoso. ‖ **-ly,** *avv.* ‖ **-ness,** *sost.*

consideration /kənsɪdə'reɪʃn/, *n.* ***1*** considerazione; riflessione: **after long c.**, dopo lunga riflessione ***2*** conto (*in cui si tiene q.c.*) ***3*** fattore; motivo; ragione: **Money is an important c. in this case**, il denaro è un fattore importante in questo caso; **on** (*o* **under**) **no c.**, per nessun motivo; in nessun caso ***4*** rimunerazione; compenso: **He would do anything for a c.**, farebbe qualsiasi cosa se lo pagassero ***5*** riguardo; sollecitudine; premura: **He doesn't show any c. for his mother's feelings**, non mostra alcun riguardo per i sentimenti di sua madre; **out of c. for his age**, per riguardo alla sua età ***6*** (*comm.*) indennità: **an agreed c. of two per cent**, un'indennità pattuita del due per cento ***7*** (*raro*) importanza ***8*** (*leg.*) corrispettivo ***9*** (*leg.*) causa, causale (*di un contratto*) ***10*** (*fin.*: *di una cambiale*) copertura. ● **c. money**, (*leg.*) rimunerazione, compenso, indennità; (*Borsa*) prezzo finale (*di un trasferimento di titoli*) □ **in c. of**, in considerazione di; (*leg.*) a causa di; (*comm.*) mediante, in cambio di: **in c. of the payment of a small sum**, mediante il pagamento di una piccola somma □ **to take st. into c.**, prendere q.c. in considerazione; tenere conto di q.c. □ **under c.**, in esame: **His request is still under c.**, la sua richiesta è ancora in esame □ (*leg.*) **without c.**, a titolo gratuito.

considered /kən'sɪdəd/, *a.* ***1*** meditato; ponderato: **a c. opinion**, un parere ben ponderato ***2*** considerato; stimato. ● **all things c.**, tutto considerato; tutto sommato.

considering /kən'sɪdərɪŋ/, **A** *prep.* in considerazione di; tenendo conto di; in vista di: **He is to be excused, c. his youth**, bisogna compatirlo, in considerazione della sua giovinezza. **B** *avv.* (*fam.*) tutto considerato; nel complesso.

to **consign** /kən'saɪn/, *v. t.* ***1*** (*comm.*) consegnare; spedire (*anche in conto deposito*): **The goods will be consigned by ship**, la merce sarà spedita per nave ***2*** affidare: **to c. one's soul to God**, affidare l'anima a Dio ***3*** depositare (*denaro in banca*) ***4*** (*form.*) associare (*alle carceri*) ***5*** (*mil.*) consegnare: **consigned to barracks**, consegnato. ● **to c. goods to an agent**, spedire merce a un agente in conto deposito □ (*scherz.*) **to c. st. to the waste paper basket**, cestinare q.c.

consignation /kɒnsaɪ'neɪʃn, *USA* -saɪ-, -sɪg-/, *n.* ***1*** (*comm.*) consegna, spedizione (*di merce*) ***2*** pagamento (*di una somma di denaro*) all'incaricato della riscossione. ● (*di merce spedita*) **to the c. of**, all'indirizzo di.

consignee /kɒnsaɪ'ni:/, *n.* ***1*** (*comm.*) consegnatario; depositario (*l'agente*) ***2*** (*trasp.*) consegnatario, ricevitore, destinatario (*di merci*): **at the c.'s risk**, a rischio del destinatario.

consigner /kən'saɪnə(r)/, *V.* **consignor**.

consignment /kən'saɪnmənt/, *n.* ***1*** (*comm.*) spedizione; invio; merce spedita; partita (*di merce*): **Consignments may be sent on approval**, le partite di merci si possono spedire salvo vista e verifica; **The last c. was not up to sample**, l'ultima spedizione non era conforme al campione ***2*** (*leg.*) conto deposito (*la merce diventa proprietà del consegnatario*; *cfr.* **sale or return**, *sotto* **sale**); merce spedita in conto deposito ***3*** (*trasp.*) carico (*affidato al vettore*). ● (*rag.*) **c. account**, conto beni presso terzi □ (*trasp.*) **c. note**, lettera di vettura, bollettino di spedizione, distinta di carico; (*ferr.*) bolla (*o* bolletta) d'accompagnamento; (*naut.*) nota di spedizione □ (*comm.*) **on c.**, in conto deposito; con diritto di resa: **I made the last shipment on c.**, l'ultima spedizione l'ho fatta in conto deposito.

consignor /kən'saɪnə(r)/, *n.* ***1*** (*comm.*) chi spedisce merce in conto deposito; depositante ***2*** (*trasp.*) speditore, caricatore, mittente (*di merce*).

consilient /kən'sɪlɪənt/, *a.* concordante.

to **consist** /kən'sɪst/, *v. i.* ***1*** – **to c. of**, constare di; essere composto di ***2*** – **to c. in**, consistere in: **Culture does not c. only in knowing things**, la cultura non consiste solamente nel possedere nozioni ***3*** – **to c. with**, accordarsi con; essere in armonia con: **What you say does not c. with the facts**, quello che tu dici non s'accorda con i fatti.

consistence /kən'sɪstəns/, *V.* **consistency**, *def. 1* e *2*.

consistency /kən'sɪstənsɪ/, *n.* ***1*** consistenza; compattezza; densità ***2*** concordanza; accordo: **There is no c. in these accounts**, non c'è concordanza in questi conti ***3*** coerenza.

consistent /kən'sɪstənt/, *a.* ***1*** compatibile (con): **Hurry is not c. with serious work**, la fretta non è compatibile con un lavoro serio ***2*** coerente: **c. behaviour**, condotta coerente; **a c. economic policy**, una politica economica coerente. ‖ **-ly,** *avv.*

consistorial /kɒnsɪ'stɔ:rɪəl/, *a.* (*relig.*) concistoriale.

consistory /kən'sɪstərɪ, *USA* 'kɒnsɪstɔ:rɪ/, *n.* (*relig.*) concistoro.

consociate /kən'səʊʃɪeɪt/, **A** *a.* consociato; associato. **B** *n.* consocio; socio.

to **consociate** /kən'səʊʃɪeɪt/, *v. t.* e *i.* consociare, consociarsi; associare, associarsi.

consociation /kənsəʊʃɪ'eɪʃn/, *n.* consociazione; associazione.

consolable /kən'səʊləbl/, *a.* consolabile.

consolation /kɒnsə'leɪʃn/, *n.* consolazione: **a poor c.**, una magra consolazione. ● (*sport*) **c. prize**, premio di consolazione.

consolatory /kən'sɒlətrɪ, *USA* -tɔːrɪ/, *a.* consolatorio; di conforto.

console /'kɒnsəʊl/ (*franc.*), *n.* **1** (*archit.*) mensola ornamentale **2** (= **c. table**) tavola sostenuta da mensole; console **3** console; banco (*o* tavolo) di comando (*di elaboratore, laboratorio linguistico, ecc.*) **4** mobiletto (*per la radio, la TV, ecc.*). ● **c. operator**, consolista.

to **console** /kən'səʊl/, *v. t.* consolare; confortare.

consoler /kən'səʊlə(r)/, *n.* consolatore, consolatrice.

to **consolidate** /kən'sɒlɪdeɪt/, *v. t.* e *i.* **1** (*anche fig.*) consolidare, consolidarsi; rafforzare, rafforzarsi **2** unificare; unire, unirsi; fondere, fondersi: **to c. territories**, unificare territori; **to c. banks** [**business firms**], fondere banche [società commerciali] **3** (*fin.*) consolidare: **to c. a debt**, consolidare un debito **4** solidificare, solidificarsi.

consolidated /kən'sɒlɪdeɪtɪd/, *a.* **1** rafforzato **2** solidificato **3** (*fin.*) consolidato; unificato: **c. annuities**, titoli consolidati (*o* del debito pubblico); il consolidato; (*rag.*) **c. balance sheet**, bilancio consolidato. ● (*fin.*) **c. debt**, debito consolidato □ (*fin.*) **C. Fund**, fondo pubblico gestito dal Tesoro (*presso la Banca d'Inghilterra*) □ (*fin.*) **c. funds**, *V.* **c. annuities** □ (*fin.*) **c. group**, gruppo di aziende unificate □ **c. ice**, ghiaccio compatto □ (*fin.*) **c. loan**, debito pubblico consolidato.

consolidation /kənsɒlɪ'deɪʃn/, *n.* **1** consolidamento; rafforzamento: (*mil.*) **the c. of a position**, il rafforzamento di una posizione **2** (*fin.*) unione, fusione (*di aziende, ecc.*) **3** (*fin.*) consolidamento (*del debito pubblico, di azioni, ecc.*) **4** (*leg.*) unificazione (*di leggi scritte*) **5** (*leg.*) riunione (*di procedimenti*). ● (*leg.*) **c. act**, testo unico □ (*econ.*) **c. of agricultural holdings**, ricomposizione fondiaria □ (*fin.*) **c. surplus**, plusvalenza derivante da una fusione.

consolidator /kən'sɒlɪdeɪtə(r)/, *n.* consolidatore.

consolidatory /kənsɒlɪ'deɪtrɪ, *USA* kən'sɒlɪdətɔːrɪ/, *a.* consolidativo.

consols /'kɒnslz/, *n. pl.* (*abbr. di* **consolidated annuities**) (*fin., in G.B.*) titoli consolidati (*o* del debito pubblico); (il) consolidato.

consommé /kən'sɒmeɪ, 'kɒnsəmeɪ, *USA* kɒnsə'meɪ/ (*franc.*), *n.* consommé; brodo ristretto.

consonance /'kɒnsənəns/, *n.* **1** (*mus., poesia, ling.*) consonanza **2** (*fig.*) consonanza; armonia; accordo.

consonant (1) /'kɒnsənənt/, *a.* **1** consono; conforme; concorde: **actions c. with one's promises**, atti consoni alle proprie promesse **2** (*mus., poesia*) consonante **3** (*di suono*) armonioso.

consonant (2) /'kɒnsənənt/, *n.* (*ling.*) consonante.

consonantal /kɒnsə'næntl/, *a.* (*ling.*) consonantico.

consonantism /'kɒnsənəntɪzəm/, *n.* (*ling.*) consonantismo.

consort (1) /'kɒnsɔːt/, *n.* **1** consorte; coniuge: **prince c.**, principe consorte **2** (*naut.*) nave che naviga di conserva con un'altra.

consort (2) /'kɒnsɔːt/, *n.* **1** accordo; concerto; intesa: **to do st. in c. with sb.**, fare q.c. di concerto con q. **2** (*mus.*) concerto (*di strumenti*); complesso (*di musicisti*).

to **consort** /kən'sɔːt/, *v. i.* **1** associarsi (*con q.*); frequentare: **I don't want you to c. with hooligans**, non voglio che tu frequenti teppisti **2** accordarsi: **The plates of this book c. admirably with the text**, le tavole fuori testo di questo libro si accordano mirabilmente con il materiale a stampa.

consortium /kən'sɔːtɪəm, -ʃɪəm/ (*lat.*), *n.* (*pl.* **consortia, consortiums**) **1** (*econ.*) consorzio **2** (*market.*) attività consortile **3** (*leg.*) consorzio coniugale (*raro*); vincolo del matrimonio.

conspecific /kɒnspɪ'sɪfɪk/, *a.* (*biol.*) della stessa specie.

conspectus /kən'spɛktəs/, *n.* **1** panorama; rassegna **2** prospetto; sommario; tavola sinottica.

conspicuity /kɒnspɪ'kjuːətɪ/, *V.* **conspicuousness**.

conspicuous /kən'spɪkjʊəs/, *a.* **1** evidente; bene in vista; lampante: **a c. mistake**, un errore lampante; **a c. tower**, una torre ben visibile **2** cospicuo; che attira l'attenzione; notevole; che dà nell'occhio; vistoso: **He is c. for his courage**, è notevole per il suo coraggio; **a c. dress**, un vestito vistoso. ● (*sociol.*) **c. consumption**, esibizionismo consumistico □ **to make oneself c.**, farsi notare; mettersi in vista.

conspicuously /kən'spɪkjʊəslɪ/, *avv.* cospicuamente; in modo ben visibile; in evidenza. ● **to stand c.**, essere bene in vista.

conspicuousness /kən'spɪkjʊəsnəs/, *n.* **1** l'essere ben visibile; evidenza **2** cospicuità; vistosità.

conspiracy /kən'spɪrəsɪ/, *n.* **1** cospirazione; congiura; complotto **2** (*leg.*) collusione; intesa collusiva **3** (*fig. raro*) intesa; coalizione. ● **c. of silence**, congiura del silenzio; omertà.

conspirator /kən'spɪrətə(r)/, *n.* **1** cospiratore; congiurato **2** (*leg.*) collusore (*raro*).

conspiratorial /kənspɪrə'tɔːrɪəl/, *a.* **1** cospiratorio **2** (*leg.*) collusivo.

conspiratress /kən'spɪrətrɪs/, *n.* (*raro*) cospiratrice.

to **conspire** /kən'spaɪə(r)/, **A** *v. i.* **1** cospirare; complottare **2** (*fig.*) concorrere; contribuire: **Circumstances c. to cause his downfall**, le circostanze contribuiscono a determinare il suo tracollo **3** (*leg.*) colludere (*raro*); stringere un accordo collusivo. **B** *v. t.* (*arc.*) macchinare; tramare.

constable /'kʌnstəbl, 'kɒn-, *USA* 'kɒn-, 'kʌn-/, *n.* **1** (*stor.*) conestabile, connestabile **2** (*in G.B.*) governatore (*di castello, di città fortificata*): **the C. of Windsor Castle**, il Governatore del Castello di Windsor **3** (= **police c.**) poliziotto, poliziotta; agente; guardia; vigile urbano. ● **Chief C.**, capo della polizia d'una contea □ **High C. of England** (*o* **Lord High C.**), Gran Conestabile (*nella Corte d'Inghilterra*) □ **rural c.**, guardia campestre □ **special c.**, cittadino che, in certe occasioni, presta servizio di polizia.

constabulary /kən'stæbjʊlərɪ, *USA* -lerɪ/, **A** *a.* di poliziotto; della polizia. **B** *n.* **1** (la) polizia **2** (*collett.*) (i) poliziotti (*d'un distretto*).

Constance /'kɒnstəns/, *n.* Costanza.

constancy /'kɒnstənsɪ/, *n.* **1** costanza; fermezza; perseveranza: **c. of faith**, costanza nella fede; **c. of purpose**, fermezza di propositi **2** costanza, regolarità (*della temperatura, ecc.*).

constant /'kɒnstənt/, **A** *a.* **1** costante; continuo; fedele; fermo; irremovibile; perseverante; risoluto: **c. sorrow**, dolore costante; **a c. reader**, un lettore costante; un lettore fedele (*d'un giornale o rivista*) **2** (*econ.*) costante: **c. prices**, prezzi costanti **3** immutabile; invariabile. **B** *n.* **1** elemento (*o* fattore) costante **2** (*mat., fis., ecc.*) costante: **c. of friction**, costante d'attrito; **decay c.**, costante di decadimento. ● (*econ.*) **c. product curve**, curva di uguale produzione; isoquanto.

constantan /'kɒnstəntən/, *n.* (*metall.*) costantana (*lega*).

Constantine /'kɒnstəntaɪn/, *n.* Costantino.

Constantinople /kɒnstæntɪ'nəʊpl, *USA* -tn'əʊ-/, *n.* (*geogr.*) Costantinopoli.

constantly /'kɒnstəntlɪ/, *avv.* costantemente.

constative /kən'steɪtɪv/, *a.* (*ling.*) constativo.

to **constellate** /'kɒnstəleɪt/, **A** *v. i.* (*raro*) formare una costellazione. **B** *v. t.* (*fig.*) costellare; cospargere: **The meadows were constellated with flowers**, i prati erano costellati di fiori.

constellation /kɒnstə'leɪʃn/, *n.* **1** (*astron.*) costellazione **2** (*fig.*) costellazione (*fig.*); gruppo: **a c. of film stars**, una costellazione di dive del cinema.

to **consternate** /'kɒnstɜːneɪt/, *v. t.* **1** costernare **2** atterrire.

consternation /kɒnstə'neɪʃn/, *n.* **1** costernazione **2** terrore.

to **constipate** /'kɒnstɪpeɪt/, *v. t.* (*med.*) costipare; rendere stitico.

constipated /'kɒnstɪpeɪtɪd/, *a.* costipato; stitico.

constipating /'kɒnstɪpeɪtɪŋ/, *a.* (*med.*) costipante. ● **a c. drug**, un costipante.

constipation /kɒnstɪ'peɪʃn/, *n.* (*med.*) costipazione; stipsi; stitichezza.

constituency /kən'stɪtʃʊənsɪ/, *n.* **1** (*polit.*) collegio elettorale (*gli elettori e il distretto*) **2** (*fig.*) gruppo di sostenitori, abbonati (*a un giornale, ecc.*).

constituent /kən'stɪtʃʊənt/, **A** *a.* **1** costituente; che compone: (*polit.*) **c. assembly**, assemblea costituente; **c. parts**, parti che compongono un tutto **2** che ha diritto di voto (*in un collegio elettorale*). **B** *n.* **1** (*polit.*) elettore (*d'un certo collegio*) **2** elemento costitutivo; parte essenziale. ● (*leg.*) **c. instrument**, atto costitutivo.

to **constitute** /'kɒnstɪtjuːt, *USA* -tuːt/, *v. t.* **1** costituire; formare; fondare; stabilire; comporre: **to c. a committee**, costituire un comitato; **Twelve people c. a jury**, dodici persone costituiscono una giuria **2** dare un ordinamento a (*un'assemblea*); dare un regolamento a (*procedimenti parlamentari, ecc.*) **3** nominare; eleggere: **They constituted him their spokesman**, lo nominarono loro portavoce **4** (*leg.*) costituire: **constituted authority**, autorità costituita. ● **He is strongly constituted**, ha una costituzione (fisica) di ferro.

constitution /kɒnstɪ'tjuːʃn, *USA* -'tuːʃn/, *n.* **1** costituzione (*in ogni senso*): **Italy has a written c.**, l'Italia ha una costituzione scritta; **He has a poor c.**, è di gracile costituzione **2** conformazione (mentale); carattere; indole; temperamento **3** composizione; struttura. ● (*polit.*) **c.-marking**, costituente: **a c.-making body**, una costituente □ (*stor.*) **the Constitutions of Clarendon** (*1164*), le Costituzioni di Clarendon (*sotto Enrico II*).

constitutional /kɒnstɪ'tjuːʃənl, *USA* -'tuː-/, **A** *a.* **1** (*med.*) costituzionale: **c. strength**, robustezza costituzionale; **c. disease**, malattia costituzionale **2** ricostituente: **a c. medicine**, un ricostituente **3** (*polit.*) costituzionale; sancito dalla costituzione: **c. monarchy**, monarchia costituzionale; **c. rights**, diritti sanciti dalla costituzione **4** innato; del temperamento; del carattere. **B** *n.* passeggiata igienica. ● (*leg.*) **c. law**, diritto costituzionale.

constitutionalism /kɒnstɪ'tjuːʃənəlɪzəm, *USA* -'tuː-/, *n.* (*polit.*) **1** governo costituzionale **2** costituzionalismo.

constitutionalist /kɒnstɪ'tjuːʃənəlɪst, *USA* -'tuː-/, *n.* (*polit.*) costituzionalista.

constitutionality /kɒnstɪtjuːʃə'nælətɪ, *USA* -tuː-/, *n.* (*polit.*) costituzionalità.

to **constitutionalize** /kɒnstɪ'tjuːʃnəlaɪz, *USA* -'tuː-/, *v. t.* rendere costituzionale.

constitutionally /kɒnstɪ'tjuːʃənəlɪ, *USA* -'tuː-/, *avv.* costituzionalmente; (*polit.*) secondo la costituzione.

constitutive /'kɒnstɪtjuːtɪv, kən'stɪtjʊ-, *USA* -tuːtɪv, -'stɪtʃʊ-/, *a.* **1** costitutivo; formativo **2** basilare; essenziale.

constitutor /'kɒnstɪtjuːtə(r), *USA* -tuː-/, *n.* **1** costitutore; fondatore **2** (*leg., raro*) fideiussore.

to **constrain** /kən'streɪn/, *v. t.* **1** costringere; obbligare; forzare; vincolare (*fig.*): **I was constrained to accept their offer**, fui costretto ad accettare la loro offerta **2** strappare (*fig.*): **They constrained my consent**, mi strapparono il consenso **3** comprimere; trattenere (*una risata, ecc.*) **4** (*arc.*) confinare; imprigionare; relegare.

constrainable /kən'streɪnəbl/, *a.* costringibile; vincolabile (*fig.*).

constrained /kən'streɪnd/, *a.* **1** costretto; obbligato; vincolato (*fig.*) **2** forzato; innaturale; falso; impacciato: **in a c. voice**, con un tono di voce forzato; **a c. laugh**, una risata innaturale, falsa.

constrainedly /kən'streɪnɪdlɪ/, *avv.* in modo forzato; con aria imbarazzata (*o* impacciato): **She smiled c.**, sorrise con aria impacciata.

constraint /kən'streɪnt/, *n.* **1** costrizione; coercizione **2** limitazione; restrizione; vincolo: (*fis.*) **mechanical c.**, vincolo meccanico; (*fin.*) **budget c.**, vincolo di bilancio; **legal constraints**, restrizioni di legge **3** inibizione; soggezione; imbarazzo; mancanza di naturalezza: **to feel [to show] c. in sb.'s presence**, provare [mostrare] imbarazzo al cospetto di q. ● **to do st. under c.**, fare q.c. per costrizione (*o* perché costretti) □ **to put sb. under c.**, coartare la volontà di q.; esercitare coercizione su q.

to **constrict** /kən'strɪkt/, *v. t.* **1** comprimere; contrarre; restringere: **to c. a muscle**, contrarre un muscolo; **to c. a vein**, restringere una vena **2** inibire; reprimere; soffocare (*fig.*).

constricted /kən'strɪktɪd/, *a.* ristretto; limitato; modesto: **a c. view of life**, vedute ristrette; prospettive limitate.

constriction /kən'strɪkʃn/, *n.* **1** compressione; contrazione; restringimento: **the c. of blood vessels**, il restringimento dei vasi sanguigni **2** (*fig.*) inibizione; repressione.

constrictive /kən'strɪktɪv/, *a.* che comprime; costrittivo.

constrictor /kən'strɪktə(r)/, *n.* **1** (*anat.*) (muscolo) costrittore **2** (*zool.*, *Boa constrictor*; = **boa c.**) (serpente) boa.

to **constringe** /kən'strɪndʒ/, *v. t.* (*raro*) costringere; comprimere; contrarre.

constringent /kən'strɪndʒənt/, *a.* **1** (*scient.*) costringente; costrittore **2** (*farm.*) astringente.

construable /kən'struːəbl/, *a.* interpretabile; spiegabile.

to **construct** /kən'strʌkt/, *v. t.* **1** costruire; edificare: **to c. a bridge**, costruire un ponte; **to c. a mathematical model**, costruire un modello matematico; **to c. a triangle**, costruire un triangolo **2** comporre; formulare: **to c. a drama**, comporre un dramma; **to c. a new hypothesis**, formulare una nuova ipotesi.

constructible /kən'strʌktəbl/, *a.* **1** costruibile **2** componibile; formulabile.

construction /kən'strʌkʃn/, *n.* **1** costruzione (*in ogni senso*); edilizia: **c. firm**, impresa di costruzioni; **the c. boom**, il boom dell'edilizia **2** (*anche leg.*) interpretazione; spiegazione; senso: **This statute does not bear such a c.**, questa legge non ammette un'interpretazione simile **3** (*gramm.*) costruzione; costrutto. ● **c. company**, impresa di costruzioni □ **c. contract**, appalto di costruzione □ **c. engineering**, ingegneria delle grandi opere d'arte (*autostrade, dighe, ponti, ecc.*) □ (*edil.*) **c. site**, cantiere edile □ **c. theory**, scienza delle costruzioni □ (*USA*) **c. worker**, edile □ **to put a good [bad] c. upon st.**, interpretare qualche cosa in senso buono [cattivo].

constructional /kən'strʌkʃənl/, *a.* **1** di (*o* relativo a) costruzione: **c. defect**, difetto di costruzione **2** strutturale; originario. ● **c. engineer**, tecnico delle costruzioni civili; ingegnere delle grandi opere d'arte.

constructive /kən'strʌktɪv/, *a.* **1** costruttivo; positivo; concreto: **c. criticism**, critica costruttiva; **c. suggestions**, proposte concrete **2** di costruzione; strutturale **3** (*leg.*) dedotto; presunto; implicito; virtuale: **c. bad faith**, dolo presunto; **a c. denial [permission]**, un diniego [un permesso] implicito; **c. fraud**, implicita malafede; **c. eviction**, sfratto virtuale. ● (*ind.*) **c. industry**, edilizia □ **c. measures**, provvedimenti efficaci □ (*rag.*) **c. value**, valore presunto.

constructor /kən'strʌktə(r)/, *n.* **1** costruttore **2** (= **naval c.**) sovrintendente alle costruzioni navali.

construe /kən'struː, 'kɒns-/, *n.* **1** (*gramm.*) analisi (*di una frase*) **2** traduzione letterale.

to **construe** /kən'struː/, *v. t.* **1** (*gramm.*) costruire (*una frase, ecc.*); fare l'analisi grammaticale di (*un periodo, ecc.*) **2** tradurre e commentare (*analizzando parola per parola*): **He cannot c. a Greek author**, non sa tradurre un autore greco **3** interpretare; spiegare: **His words were construed literally**, le sue parole furono interpretate alla lettera.

consubstantial /kɒnsəb'stænʃl/, *a.* (*relig.*) consustanziale.

consubstantiality /kɒnsəbstænʃɪ'ælətɪ/, *n.* (*relig.*) consustanzialità.

to **consubstantiate** /kɒnsəb'stænʃɪeɪt/, *v. t.* e *i.* (*relig.*) consustanziare, consustanziarsi.

consubstantiation /kɒnsəbstænʃɪ'eɪʃn/, *n.* (*relig.*) consustanziazione.

consuetude /'kɒnswɪtjuːd, *USA* -tuːd/, *n.* (*leg. o arc.*) consuetudine.

consuetudinary /kɒnswɪ'tjuːdɪnrɪ, *USA* -'tuːdɪnerɪ/, **A** *a.* (*anche leg.*) consuetudinario: **c. law**, diritto consuetudinario. **B** *n.* (*relig.*) libro delle regole conventuali; rituale.

consul /'kɒnsl/, *n.* console (*in ogni senso*): **c. general**, console generale.

consulage /'kɒnsjʊlɪdʒ, *USA* -səl-/, *n.* (*comm. est.*) diritti consolari.

consular /'kɒnsjʊlə(r), *USA* -səl-/, *a.* consolare: **c. agent**, agente consolare; **c. charges** (*o* **c. fees**), diritti consolari; (*comm.*) **c. invoice**, fattura consolare.

consulate /'kɒnsjʊlət, *USA* -səl-/, *n.* consolato (*in ogni senso*).

consulship /'kɒnslʃɪp/, *n.* consolato (*carica e durata dell'ufficio*).

to **consult** /kən'sʌlt/, **A** *v. t.* **1** consultare (*anche fig.*): **to c. a doctor [a solicitor]**, consultare un medico [un avvocato]; **to c. a book [a dictionary, a map]**, consultare un libro [un dizionario, una mappa] **2** avere riguardo per; tener conto di: **We must c. his wishes**, dobbiamo tener conto dei suoi desideri. **B** *v. i.* consultarsi: **You should c. with the management**, dovresti consultarti con la direzione. ● **to c. one's pillow**, pensarci su durante la notte □ **I advise you to c. your pillow**, la notte porta consiglio (*prov.*).

consultancy /kən'sʌltənsɪ/, *n.* **1** consulenza: **to be appointed to a c.**, essere nominato consulente **2** (*med.*) posto di medico specialista ospedaliero.

consultant /kən'sʌltənt/, *n.* **1** consultatore; chi consulta (*un oracolo, ecc.*) **2** consulente **3** medico (interno) specialista **4** (*editoria*) collaboratore esterno.

consultation /kɒnsl'teɪʃn/, *n.* **1** consultazione **2** incontro, riunione (*per discutere q.c.*) **3** (*med.*) consulto: **to hold a c.**, tenere un consulto.

consultative /kən'sʌltətɪv/, *a.* consultivo; consultativo.

consulting /kən'sʌltɪŋ/, **A** *n.* **1** consultazione **2** consulenza. **B** *a.* consulente. ● **c. counsel**, avvocato consulente □ **c. engineer**, consulente tecnico □ **c. firm**, società di consulenza □ **c. hours**, orario di visita □ **c. management engineer**, consulente in organizzazione aziendale □ **c. physician**, medico consulente □ **c. room**, studio (*di medico e sim.*); ambulatorio □ **c. service**, servizio di consulenza.

consultor /kən'sʌltə(r)/, *n.* (*specialm. relig.*) consultore.

consumable /kən'sjuːməbl, -'suː-/, **A** *a.* consumabile. **B** *n. pl.* **1** (*econ.*) beni di consumo **2** (*market.*) derrate alimentari.

to **consume** /kən'sjuːm, -'suː-/, **A** *v. t.* (*anche econ.*) consumare; (*del fuoco*) distruggere; (*di una persona*) sciupare, sperperare, sprecare: **Our country produces less than it consumes**, il nostro paese produce meno di quello che consuma; **to c. one's time [one's income]**, consumare il tempo [il proprio reddito]. **B** *v. i.* consumarsi (*fig.*); struggersi: **She is consuming with unrequited love**, ella si consuma di amore non corrisposto. ● **to be consumed by envy**, rodersi d'invidia □ **to be consumed with curiosity [desire, jealousy]**, struggersi dalla curiosità [dal desiderio, dalla gelosia] □ **to be consumed with guilt**, non aver pace per il rimorso.

consumer /kən'sjuːmə(r), -'suː-/, *n.* **1** (*anche econ.*) consumatore **2** utente. ● (*in G.B.*) **the C. Association**, l'associazione dei consumatori □ (*pubbl.*) **c. contest**, concorso a premi □ **c. cooperative**, cooperativa di consumo □ (*in G.B.*) **C. Council**, Ente per la tutela dei consumatori □ **c. credit**, credito al consumo □ (*econ.*) **c. durables**, beni di consumo durevoli □ (*econ.*) **c.** (*o* **consumers'**) **goods**, beni di consumo □ (*banca*) **c. loan**, prestito personale □ **c. picketing**, picchettaggio di consumatori □ **c. price index**, indice dei prezzi al consumo □ (*psic.*) **c. resistance**, apatia del cliente potenziale □ **c. society**, società dei consumi (*o* consumistica) □ (*econ.*) **c. spending**, spesa in consumi □ (*market.*) **c. trends**, dinamica dei consumi □ **c. woman**, consumatrice.

consumerism /kən'sjuːmərɪzəm, -'suː-/, *n.* **1** (*econ.*) consumismo **2** (provvedimenti a) tutela dei consumatori.

consumerist /kən'sjuːmərɪst, -'suː-/, *n.* **1** seguace del movimento dei consumatori **2** (*econ.*) consumista.

consumeristic /kənsjuːmə'rɪstɪk, -suː-/, *a.* consumistico.

consuming /kən'sjuːmɪŋ, -'suː-/, *a.* **1** che consuma (*energia, materie prime, ecc.*) **2** (*econ.*) consumatore: **c. country**, paese consumatore.

consummate /kən'sʌmət, *USA* 'kɒnsəm-/, *a.* consumato; completo; eccellente; perfetto: **a man of c. skill**, un uomo di consumata abilità; **a c. liar**, un perfetto bugiardo. ● **a c. politician**, un uomo politico abilissimo.

to **consummate** /'kɒnsəmeɪt/, *v. t.* **1** compiere; completare; coronare **2** consumare (*un matrimonio, un sacrificio, ecc.*).

consummation /kɒnsə'meɪʃn/, *n.* **1** compimento; conclusione; coronamento (*di un'opera, ecc.*) **2** consumazione (*d'un matrimonio, ecc.*) **3** (*lett.*) fine; conclusione. ● **the final c.**, la fine del mondo.

consummator /'kɒnsəmeɪtə(r)/, *n.* (*raro*) chi compie, completa, ecc.

consummatory /kən'sʌmətrɪ, *USA* -tɔːrɪ/, *a.* consumatorio: (*psic.*) **c. behaviour**, comportamento consumatorio.

consumption /kən'sʌm(p)ʃn/, *n.* **1** consumo: **The daily c. of milk is diminishing**, diminuisce il consumo giornaliero del latte; (*econ.*) **home c.**, consumo interno **2** (*med.*) consunzione; tubercolosi: **pulmonary c.**, tubercolosi polmonare; tisi **3** fine, distruzione (*del mondo*) **4** spreco; sciupio (*di tempo, ecc.*). ● (*econ.*) **c. goods**, beni di consumo □ **c. propensity**, propensione al consumo □ (*fisc.*) **c. tax**, imposta sui consumi □ (*med.*) **to go into c.**, diventare tubercolotico □ **till the c. of the world**, fino alla consumazione dei secoli.

consumptive /kən'sʌm(p)tɪv/, **A** *a.* **1** che consuma; che distrugge **2** (*med.*) tubercoloso; tubercolotico; tisico **3** (*econ.*) consuntivo; relativo al consumo (*o* ai consumi). **B** *n.* (*med.*) tubercoloso; tubercolotico.

consumptively /kən'sʌm(p)tɪvlɪ/, *avv.* come un tisico; di (*o* da) tubercolotico. ● **to cough c.**, avere una tosse da tisico.

consumptiveness /kən'sʌm(p)tɪvnəs/, *n.* (*med.*) predisposizione alla tubercolosi.

contact /'kɒntækt/, *n.* **1** contatto (*anche fig.*): **The pilot got in c. with his base**, il pilota entrò in contatto con la sua base **2** (*mat.*) punto d'incontro (*di linee, ecc.*) **3** (*med.*) portatore di germi **4** (*pl.*) conoscenze; amicizie; contatti, agganci (*fig.*): **He made valuable contacts at the Democratic convention**, fece importanti conoscenze al congresso del partito democratico ***5*** (*elettr.*) contatto: **c. to earth**, contatto terra ***6*** (*sport*) scontro (*fra due giocatori*). ● (*elettr., autom.*) **c. breaker**, ruttore □ (*elettr.*) **c. clip**, ganascia di contatto □ (*aeron.*) **c. flight**, volo a vista □ (*aeron.*) **c. flying**, il volare a vista □ (*ottica*) **c. lenses**, lenti a contatto □ **c. man**, «contact man»; intermediario; (*spionaggio*) contatto □ (*mil.*) **c. mine**, mina a percussione □ (*ferr., elettr.*) **c. rail**, terza rotaia □ **to bring into c.**, mettere in contatto □ **to come into c. with st.**, venire a contatto di q.c. □ **to lose c. with sb.**, perdere i contatti con q.; perdere di vista q. □ (*elettr.*) **to make c.**, mettere (*o* stabilire) il contatto □ (*mil.*) **to make c. with the enemy**, prendere contatto col nemico □ **to make c. with a plane [a ship] by radio**, contattare un aereo [una nave] via radio □ (*naut.*) **sonar c.**, contatto a mezzo dell'ecogoniometro.

to **contact** /kən'tækt, 'kɒntækt, *USA* 'kɒntækt/, *v. t.* e *i.* mettere, mettersi in contatto con (q.); contattare: **Remember to c. the manager**, ricordati di metterti in contatto con il direttore.

contactable /kən'tæktəbl, *USA* 'kɒntæk-/, *a.* (*di una persona*) che si può contattare; contattabile.

contactor /kən'tæktə(r), *USA* 'kɒntæk-/, *n.* (*elettr.*) contattore; teleruttore.

contagion /kən'teɪdʒən/, *n.* contagio (*in ogni senso*): **the c. of panic**, il contagio del panico; **the c. of racial hatred**, il contagio dell'odio di razza.

contagious /kən'teɪdʒəs/, *a.* ***1*** contagioso (*anche fig.*): **Laughter is c.**, il riso è contagioso ***2*** (*di un individuo o di un organismo*) portatore di contagio. ‖ **-ly**, *avv.* ‖ **-ness**, *sost.*

to **contain** /kən'teɪn/, **A** *v. t.* ***1*** contenere; racchiudere; trattenere; frenare: **Wine and beer c. alcohol**, il vino e la birra contengono alcol; **to c. an attack [inflation]**, contenere un attacco [l'inflazione]; **C. your anger!**, frena la tua ira! ***2*** (*mat.*) contenere; essere divisibile per: **Six contains two and three**, il sei è divisibile per due e per tre ***3*** (*anche geom.*) comprendere. **B** to **contain oneself**, *v. rifl.* contenersi; controllarsi.

containable /kən'teɪnəbl/, *a.* contenibile.

contained /kən'teɪnd/, *a.* ***1*** contenuto ***2*** (*fig.*) (*di un sentimento, ecc.*) trattenuto; tenuto a freno; (*di una persona*) riservato; controllato.

container /kən'teɪnə(r)/, *n.* ***1*** recipiente; contenitore ***2*** (*comm., naut.*) container; contenitore; cassa mobile. ● (*naut.*) **c. port**, porto per navi portacontainer □ (*ferr.*) **c. train**, treno portacontainer.

containerization /kənteɪnəraɪ'zeɪʃn, *USA* -rɪ'z-/, *n.* (*trasp.*) containerizzazione.

to **containerize** /kən'teɪnəraɪz/, *v. t.* (*trasp.*) containerizzare.

containership /kən'teɪnəʃɪp/, *n.* (*naut.*) nave (da carico) per container; portacontainer.

containment /kən'teɪnmənt/, *n.* ***1*** il contenere (*una folla, ecc.*); il tenere a freno; contenimento ***2*** riserbo; ritegno ***3*** (*polit.*) contenimento ***4*** (*fis. nucl.*) contenimento.

contaminable /kən'tæmɪnəbl/, *a.* contaminabile.

to **contaminate** /kən'tæmɪneɪt/, *v. t.* contaminare (*anche filol.*); infettare; inquinare; (*fig.*) corrompere: **to c. the water of a river**, inquinare l'acqua di un fiume; **to c. food**, contaminare gli alimenti.

contamination /kəntæmɪ'neɪʃn/, *n.* contaminazione (*anche filol.*); infezione; inquinamento; (*fig.*) corruzione: **radioactive c.**, contaminazione radioattiva.

contaminator /kən'tæmɪneɪtə(r)/, *n.* contaminatore.

contango /kən'tæŋgəʊ/, *n.* (*pl.* **contangos, contangoes**) (*Borsa*) ***1*** riporto proroga; riporto ***2*** saggio (*o* tasso) di riporto. ● **c. broker**, riportatore; riportista □ **c. day**, giorno dei riporti □ **c. rate**, tasso (*o* corso) del riporto.

to **contango** /kən'tæŋgəʊ/, *v. t.* e *i.* (*Borsa*) fare un riporto; riportare (*titoli*).

to **contemn** /kən'tem/, *v. t.* (*lett.*) spregiare; disprezzare.

contemner, **contemnor** /kən'temnə(r), -mə(r)/, *n.* ***1*** (*lett.*) spregiatore ***2*** (*leg.*) colpevole del reato di «disprezzo della corte» (*V. sotto* **contempt**).

contemplable /kən'templəbl/, *a.* ***1*** contemplabile; pensabile ***2*** prevedibile.

to **contemplate** /'kɒntəmpleɪt, -em-/, **A** *v. t.* ***1*** contemplare: **to c. a beautiful panorama**, contemplare un bel panorama ***2*** prendere in considerazione; meditare; pensare: **I hope he doesn't c. leaving**, spero che non mediti di partire; **to c. suicide**, meditare di suicidarsi; **We refuse to c. change**, non vogliamo prendere in considerazione alcun cambiamento ***3*** prevedere; attendersi; aspettarsi: **to c. a purchase**, prevedere di fare un acquisto; **We don't c. any difficulties from his parents**, non ci attendiamo che sorgano difficoltà da parte dei suoi genitori ***4*** (*fam.*) intendere; avere intenzione di; proporsi di: **They c. going abroad next summer**, hanno intenzione di andare all'estero la prossima estate. **B** *v. i.* meditare; riflettere; raccogliersi.

contemplation /kɒntem'pleɪʃn/, *n.* ***1*** contemplazione; meditazione; raccoglimento ***2*** aspettativa; previsione ***3*** intenzione; progetto. ● (*di una cosa*) **in c.**, in progetto; allo studio.

contemplative /kən'templətɪv, 'kɒntempleɪtɪv/, **A** *a.* contemplativo; meditativo. **B** *n.* contemplativo. ● (*relig.*) **c. orders**, ordini contemplativi.

contemplativeness /kən'templətɪvnəs, 'kɒntempleɪt-/, *n.* l'esser contemplativo.

contemplator /'kɒntempleɪtə(r)/, *n.* contemplatore.

contemporaneity /kəntemprə'ni:ətɪ/, *n.* contemporaneità.

contemporaneous /kəntempə'reɪnɪəs/, *a.* contemporaneo. ‖ **-ly**, *avv.* ‖ **-ness**, *sost.*

contemporary /kən'temprərɪ, *USA* -pərerɪ/, **A** *a.* ***1*** contemporaneo; coevo ***2*** coetaneo ***3*** contemporaneo; attuale; moderno. **B** *n.* ***1*** contemporaneo ***2*** coetaneo ***3*** compagno; collega; commilitone (*con riferimento a un passato comune*): **We were contemporaries at school**, fummo compagni di scuola ***4*** (un) contemporaneo, (un) moderno (*per es., uno scrittore, un pittore, un mobile*).

to **contemporize** /kən'tempəraɪz/, **A** *v. t.* fare accadere contemporaneamente; sincronizzare. **B** *v. i.* accadere contemporaneamente.

contempt /kən'tempt/, *n.* disprezzo; sprezzo; dispregio (*lett.*). ● (*leg.*) **c. of court**, «disprezzo della corte» (*non esiste in Italia*): **C. of court may be of three kinds: an insult or an act of resistance to the court; failure to comply with the judge's orders; conduct prejudicial to the fair trial of an accused person**, il «disprezzo della corte» può essere di tre tipi: oltraggio o atto di resistenza alla corte; disobbedienza alle ingiunzioni del giudice; comportamento che ostacola l'equo processo di un imputato □ **to fall into c.**, cadere in disprezzo □ **to have (to hold) in c.**, avere (tenere) in dispregio □ **in c. of danger**, con sprezzo del pericolo.

contemptibility /kəntem(p)tə'bɪlətɪ/, *n.* spregevolezza.

contemptible /kən'tem(p)təbl/, *a.* spregevole; disprezzabile. ‖ **-ness**, *sost.* ‖ **-bly**, *avv.*

contemptuous /kən'tem(p)tʃʊəs/, *a.* sprezzante; sdegnoso. ● (*leg.*) **c. damages**, risarcimento irrisorio. ‖ **-ly**, *avv.* ‖ **-ness**, *sost.*

to **contend** /kən'tend/, *v. t.* e *i.* ***1*** contendere; combattere; battersi; lottare; gareggiare: **The French and the Germans have long contended for the Alsace-Lorraine**, francesi e tedeschi hanno combattuto a lungo per il possesso dell'Alsazia-Lorena ***2*** discutere; sostenere; controbattere: **He likes to c. about everything**, gli piace discutere su tutto ***3*** contrastare; essere in disaccordo: **contending feelings**, sentimenti contrastanti. ● (*econ.*) **to c. for a market**, disputarsi un mercato □ **to c. for a prize**, essere in lizza per un premio □ **the contending parties**, i contendenti; (*leg.*) le parti litiganti (*in giudizio*).

contender /kən'tendə(r)/, *n.* contendente; concorrente.

content (1) /kən'tent/, *a. pred.* ***1*** – **c. with**, contento, pago, soddisfatto di ***2*** disposto; pronto: **I am c. to remain here**, sono disposto a rimanere qui. ● (*alla Camera dei Lord*) **c.**, sì; favorevole □ **not c.**, no; sfavorevole (*dichiarazioni di voto*; *cfr.* **ay, no** *alla Camera dei Comuni*) □ **well c.**, assai soddisfatto; arcicontento.

content (2) /kən'tent/, *n.* ***1*** contentezza; letizia; soddisfazione ***2*** voto favorevole ***3*** (*pl.*) votanti in favore (*di un disegno di legge, ecc.*). ● (*di cose*) **to one's heart's c.**, in quantità; a sazietà.

content (3) /'kɒntent/, *n.* ***1*** (*solo sing.*) contenuto; argomento; materia trattata: **I don't like the c. of the book [of the film]**, non mi piace il contenuto del libro [l'argomento del film] ***2*** (*pl.*) contenuto: **the contents of a trunk**, il contenuto d'un baule; **the contents of a bottle**, il contenuto di una bottiglia ***3*** (*pl.*) (= **table of contents**) indice (*d'un libro*) ***4*** capacità: **the c. of a cask**, la capacità d'una botte ***5*** (*geom.*) volume (*d'un solido*) ***6*** (*metall.*) tenore; titolo.

to **content** /kən'tent/, **A** *v. t.* contentare; accontentare; soddisfare; appagare. **B** to **content oneself (with)**, *v. rifl.* contentarsi (di); limitarsi (a): **He contented himself with threats**, si limitò a proferire minacce.

contented /kən'tentɪd/, *a.* ***1*** contento; soddisfatto ***2*** di contentezza: **a c. smile**, un sorriso di contentezza. ‖ **-ly**, *avv.* ‖ **-ness**, *sost.*

contention /kən'tenʃn/, *n.* ***1*** contesa; controversia; disputa; polemica ***2*** (*form.*) assunto (*che si vuol dimostrare*); asserzione; tesi ***3*** competizione; gara; lotta: (*sport*) **to be out of c.**, essere ormai fuori gara. ● (*fig.*) **the bone of c.**, il pomo della discordia □ **the point of c.**, il punto in discussione.

contentious /kən'tenʃəs/, *a.* ***1*** litigioso; polemico ***2*** controverso: **a c. issue**, un punto controverso ***3*** (*leg.*) contenzioso. ● (*leg.*) **c. jurisdiction**, il contenzioso (*l'organo*) □ **c. procedure**, il contenzioso (*i procedimenti*). ‖ **-ly**, *avv.* ‖ **-ness**, *sost.*

contentment /kən'tentmənt/, *n.* contentezza; appagamento. ● (*prov.*) **C. is better than riches**, chi s'accontenta gode.

conterminal /kɒn'tɜ:mɪnl/, **conterminous** /kɒn'tɜ:mɪnəs/, *a.* ***1*** contiguo; confinante; limitrofo ***2*** che ha la stessa estensione.

contest /'kɒntest/, *n.* ***1*** contestazione; contesa; controversia; disputa ***2*** lotta; combattimento; conflitto ***3*** (*anche sport*) competizione; concorso; gara: **a beauty c.**, un concorso di bellezza; **a c. to launch a product**, un concorso a premi per lanciare un prodotto. ● (*boxe*) **No c.**, verdetto di parità.

to **contest** /kən'test/, **A** *v. t.* ***1*** contestare: (*leg.*) **to c. a contract**, contestare un contratto; (*polit.*) **to c. an election**, contestare un'elezione ***2*** (*leg.*) impugnare: **He is going to c. his father's will**, impugnerà il testamento di suo padre ***3*** contendere; contrastare: **The enemy contested every inch of land in their retreat**, nella ritirata il nemico contese ogni palmo di terreno ***4*** battersi per, disputarsi (*un premio, ecc.*) ***5*** presentarsi candidato a: **Is he going to c. the seat?**, intende presentarsi candidato al seggio (in parlamento)? **B** *v. i.* contendere; disputare.

contestable /kən'testəbl/, *a.* contestabile.

contestant /kən'testənt/, *n.* ***1*** chi contesta; contestatore ***2*** (*anche sport*) competitore; concorrente.

contestation /kɒnte'steɪʃn/, *n.* ***1*** contestazione; contesa; contrasto; discussione; disputa: **the issue in c.**, il punto in discussione ***2*** affermazione polemica; replica.

contested /kən'tɛstɪd/, *a.* *1* contestato *2* combattuto; contrastato *3* (*leg.*) impugnato. ● (*leg.*) **c. divorce**, divorzio non consensuale □ (*polit.*) **c. election**, elezione (assai) contrastata; (*anche*) elezione contestata.

context /'kɒntɛkst/, *n.* *1* contesto *2* (*fig.*) ambiente; situazione.

contextual /kən'tɛkstʃʊəl/, *a.* contestuale.

contextualization /kɒntɛkstʃʊəlaɪ'zeɪʃn, *USA* -lɪ'z-/, *n.* contestualizzazione.

to **contextualize** /kɒn'tɛkstʃʊəlaɪz/, *v. t.* contestualizzare.

contexture /kən'tɛkstʃə(r)/, *n.* *1* tessitura, trama (*di un tessuto*) *2* (*fig.*) struttura; composizione.

contiguity /kɒntɪ'gjuːətɪ/, *n.* (*form.*) contiguità.

contiguous /kən'tɪgjʊəs/, *a.* (*form.*) contiguo; attiguo; prossimo.

continence /'kɒntɪnəns, *USA* -tən-/, **continency** /'kɒntɪnənsɪ, *USA* -tən-/, *n.* continenza; moderazione; castità.

continent (1) /'kɒntɪnənt, *USA* -tən-/, *a.* continente; moderato; casto.

continent (2) /'kɒntɪnənt, *USA* -tən-/, *n.* (*geogr.*) continente. ● **the C.**, il continente europeo; l'Europa continentale (*distinta dalla G.B.*).

continental /kɒntɪ'nɛntl, *USA* -tn'ɛ-/, **A** *a.* *1* continentale: **a c. climate**, un clima continentale *2* del (*o* sul) continente europeo; europeo: **c. wars**, guerre sul continente europeo *3* (*stor.*) delle colonie americane (*durante la guerra d'indipendenza*); coloniale. **B** *n.* *1* abitante del continente europeo (*esclusa la G.B.*) *2* (*stor. USA*) soldato dell'esercito coloniale. ● **c. breakfast**, colazione leggera; prima colazione all'europea (*cfr.* **English breakfast**) □ (*geogr.*) **c. divide**, spartiacque continentale □ (*geol.*) **c. drift**, la deriva dei continenti □ (*geol.*) **c. formation**, formazione dei continenti □ (*ingl.*) **c. quilt**, piumino; trapunta (*di piume*) □ (*geol.*) **c. shelf [slope, rise]**, piattaforma [scarpata, elevazione] continentale □ (*sport*) **a c. team**, una squadra europea (*non britannica*) □ (*geogr.*) **the C. United States**, gli Stati Uniti, escluse le Hawaii.

continentality /kɒntɪnən'tælətɪ, *USA* -tən-/, *n.* continentalità.

continentalization /kɒntɪnentəlaɪ'zeɪʃn, *USA* -tənentəlɪ'z-/, *n.* (*geol.*) continentalizzazione.

contingence /kən'tɪndʒəns/, *n.* *1* (*geom.*) tangenza: **angle of c.**, angolo di tangenza *2* *V.* **contingency**.

contingency /kən'tɪndʒənsɪ/, *n.* *1* eventualità; possibilità *2* contingenza; caso imprevisto; circostanza imprevista *3* evenienza: **We must be ready for any c.**, dobbiamo essere pronti per ogni evenienza *4* (*filos.*) contingenza *5* (*stat.*) contingenza *6* (*rag.*) sopravvenienza passiva: **c. fund**, fondo sopravvenienze passive. ● (*fin.*) **c. budget**, bilancio di riserva.

contingent /kən'tɪndʒənt/, **A** *a.* *1* contingente; accidentale; eventuale; casuale; aleatorio; fortuito; imprevisto: **c. damages**, danni contingenti; (*fin.*) **c. profit**, utile aleatorio; **c. expenses**, spese impreviste *2* (*leg.*) soggetto a condizione; condizionato; vincolato: **c. debt**, credito soggetto a una condizione (*o* a un termine); (*Borsa*) **c. order**, ordine vincolato (*o* limitato) *3* (*filos.*) contingente *4* (*stat.*) contingente. **B** *n.* *1* caso fortuito; contingenza *2* (*mil.*) contingente (*di truppe*) *3* (*fam.*) contingente; gruppo di rappresentanti *4* (*filos.*) (il) contingente. ● (*ass.*) **c. annuity**, rendita differita □ (*rag.*) **c. assets**, sopravvenienze attive □ (*comm. est.*) **c. duty**, dazio di compensazione □ (*leg.*, *USA*) **c. fee(s)**, patto di quota lite (*non è ammesso in G.B., dove è detto* **champerty**) □ (*rag.*) **c. liabilities**, sopravvenienze passive □ (*leg.*) **c. liability**, responsabilità accessoria □ (*ass.*) **c. policy**, polizza di sopravvenienza □ (*econ.*) **c. workers**, lavoratori in mobilità □ (*di un fatto*) **to be c. on**, dipendere da: **Our future is c. on the success of the government fiscal measures**, il nostro futuro dipende dal successo della manovra fiscale del governo. || **-ly**, *avv.*

continuable /kən'tɪnjʊəbl/, *a.* *1* continuabile; che può essere continuato *2* (*Borsa*: *di titolo*) riportabile.

continual /kən'tɪnjʊəl/, *a.* continuo; incessante: **c. snowstorms**, continue tempeste di neve. ● (*econ.*) **c. conflict** (*o* **c. labour unrest**), conflittualità permanente.

continually /kən'tɪnjʊəlɪ/, *avv.* *1* di continuo; continuamente; ripetutamente *2* ininterrottamente; incessantemente.

continuance /kən'tɪnjʊəns/, *n.* (*form.*) *1* durata: **of long c.**, di lunga durata *2* permanenza (*in carica, ecc.*); persistenza (*di condizioni, ecc.*) *3* (*leg.*, *USA*) rinvio; proroga.

continuant /kən'tɪnjʊənt/, (*fon.*) **A** *a.* continuo. **B** *n.* consonante continua.

continuation /kəntɪnjʊ'eɪʃn/, *n.* *1* continuazione; seguito *2* ripresa: **The c. of the meeting was put off to the next week**, la ripresa della riunione fu rinviata alla settimana successiva *3* aggiunta; supplemento: **a c. to a building**, un'aggiunta a un edificio *4* (*Borsa*) riporto proroga; riporto: **c. day**, giorno dei riporti; **c. rate**, saggio (*o* tasso) del riporto *5* persistenza; il perdurare: **the c. of this state of affairs**, il perdurare di questo stato di cose.

continuative /kən'tɪnjʊətɪv, *USA* -njʊeɪtɪv/, *a.* *1* continuativo *2* (*gramm. ingl.*) progressivo.

continuator /kən'tɪnjʊeɪtə(r)/, *n.* continuatore.

to **continue** /kən'tɪnjuː/, **A** *v. i.* *1* continuare: **to c. doing** (*o* **to do**) **st.**, continuare a fare q.c.; **If you c. obstinate...**, se continui a fare l'ostinato... *2* rimanere; restare: **The chairman continued in office**, il presidente rimase in carica *3* (*Borsa*) fare un riporto. **B** *v. t.* *1* continuare; proseguire; seguitare *2* riprendere (*un discorso, un racconto, un'attività*) *3* tenere; mantenere: **The American people continued Roosevelt in office for four terms**, il popolo americano tenne Roosevelt al potere per quattro periodi presidenziali *4* (*leg.*) rinviare; prorogare *5* (*Borsa*) riportare (titoli). ● **to c. at** (*o* **in**) **a place**, rimanere in un luogo □ **to c. (on) one's way**, proseguire per la propria strada □ **continued story**, racconto a puntate □ (*nei giornali, ecc.*) **to be continued**, continua; il seguito alla prossima puntata □ (*fin.*) **continuing partner**, socio che manda avanti un'azienda (*dopo il ritiro degli altri*).

continuity /kɒntɪ'njuːətɪ, *USA* -tn'uː-/, *n.* *1* continuità (*anche fis.*); successione logica; nesso logico *2* (*cinem.*) spettacolo continuato, proiezione continuata; (*anche*) sceneggiatura *3* (*radio, TV*) testo scritto, copione (*d'un programma*). ● (*cinem.*) **c. girl [man]**, segretaria [segretario] di produzione □ (*cinem.*) **c. writer**, sceneggiatore.

continuous /kən'tɪnjʊəs/, *a.* *1* continuo; ininterrotto: **in a c. line**, in fila ininterrotta *2* continuato: **c. activity**, attività (lavorativa) continuata *3* (*elab., stat.*) continuo: **c. data**, dati continui. ● (*ferr.*) **c. brake**, freno continuo □ (*rag., fin.*) **c. budget**, bilancio mobile □ (*ind. tess.*) **c. dyeing**, tintura in continuo □ (*cinem.*) **c. performance**, spettacolo continuato □ (*ind.*) **c. process**, processo (*di produzione*) a ciclo continuo □ (*elab.*) **c. stationery**, (pacco di) moduli continui □ (*ottica*) **c.-wave laser**, laser in continua. || **-ly**, *avv.* || **-ness**, *sost.*

continuum /kən'tɪnjʊəm/, *n.* (*pl.* **continua**, **continuums**) *1* (*filos., mat.*) continuo: **space-time c.**, continuo spazio-tempo *2* (*astron., fis.*) spettro continuo *3* (*fig.*) serie ininterrotta; sequela.

to **contort** /kən'tɔːt/, *v. t.* *1* contorcere; stravolgere; storcere: **His features were contorted with rage**, aveva la faccia stravolta dall'ira *2* (*fig.*) distorcere; travisare.

contortion /kən'tɔːʃn/, *n.* contorsione; contorcimento.

contortionist /kən'tɔːʃənɪst/, *n.* (*anche fig.*) contorsionista.

contour /'kɒntʊə(r)/, *n.* *1* contorno; profilo (*d'una costa, di monti, di una persona, ecc.*) *2* (*cartografia*; = **c. line**) curva di livello; (linea) isometrica; isoipsa. ● **c. chair**, sedia anatomica □ **c. map**, carta delle curve di livello □ (*agric.*) **c. ploughing**, aratura a terrazze.

to **contour** /'kɒntʊə(r)/, *v. t.* *1* segnare il contorno di (q.c.) *2* segnare (*una zona su una mappa*) mediante linee isometriche *3* costruire (*una strada, ecc.*) seguendo le curve di livello.

contra /'kɒntrə/, **A** *avv.* all'incontro; al contrario. **B** *a. attr.* (*rag.*) di contropartita, di storno. **C** *n.* contro. ● (*rag.*) **c. account**, conto di contropartita □ **(as) per c.**, in contropartita, a storno □ **(per) c. entry**, registrazione a storno □ **pro and c.**, pro e contro.

contraband /'kɒntrəbænd/, **A** *n.* *1* contrabbando *2* merce di contrabbando *3* (*in U.S.A., durante la guerra civile*) schiavo negro fuggito al Nord. **B** *a.* di contrabbando: **c. liquors**, liquori di contrabbando.

contrabandist /'kɒntrəbændɪst/, *n.* contrabbandiere.

contrabass /kɒntrə'beɪs, *USA* 'kɒntrəb-/, *n.* (*mus.*) contrabbasso.

contrabassist /kɒntrə'beɪsɪst, *USA* 'kɒntrəb-/, *n.* (*mus.*) contrabbassista.

contrabassoon /kɒntrəbə'suːn/, *n.* (*mus.*) controfagotto.

contrabassoonist /kɒntrəbə'suːnɪst/, *n.* (*mus.*) suonatore di controfagotto.

to **contracept** /kɒntrə'sɛpt/, *v. t.* impedire il concepimento di (*un bambino*).

contraception /kɒntrə'sɛpʃn/, *n.* contraccezione.

contraceptive /kɒntrə'sɛptɪv/, *a.* e *n.* antifecondativo; contraccettivo; anticoncezionale: **c. pill**, pillola anticoncezionale.

contraclockwise /kɒntrə'klɒkwaɪz/, *a.* e *avv.* (*scient.*) in senso antiorario.

contract /'kɒntrækt/, **A** *n.* *1* (*leg.*) contratto: **c. of sale** (*o* **c. for the sale of goods**), contratto di compravendita; **c. for work and materials**, contratto d'opera; **c. of agency**, contratto di agenzia *2* (*per estens.*) contratto; patto; accordo (*tra persone, stati, ecc.*): **the social c.**, (*filos.*) il contratto sociale; (*econ.*) il patto sociale (*tra lavoratori e datori di lavoro*) *3* (*leg.*) appalto: **c. work**, (lavoro in) appalto *4* (*bridge*) contratto; impegno *5* (*pop.*) favore illecito; mazzetta; pizzo *6* (*pop.*) «commissione»: **c. killing**, assassinio su commissione. **B** *a. attr.* (*leg.*) *1* di contratto; contrattuale; **c. note**, (*comm.*) distinta di compravendita; (*Borsa*) bollato di contratto; fissato bollato *2* a contratto: (*econ.*) **c. labour**, (*un tempo*) manodopera a contratto; (*ora*) manodopera temporanea *3* per contratto: **c. maintenance**, manutenzione (*d'impianti*) per contratto. ● **c. bridge**, bridge contratto □ (*leg.*) **c. by deed**, contratto formale (*o* in atto pubblico) □ (*leg.*) **c. by parol**, contratto verbale □ **c. killing**, assassinio su commissione □ (*leg.*) **c. of employment**, contratto di lavoro □ (*leg.*) **c. of service**, contratto di lavoro subordinato □ (*leg.*) **c. of services**, contratto di prestazioni professionali □ (*Borsa*) **c. stamp**, bollo del fissato □ (*leg.*) **c. to sell**, patto di futura vendita; preliminare di vendita; compromesso (*fam.*) □ (*econ.*) **c. wage system**, retribuzione a cottimo □ **to enter into a c. with sb.**, fare (*o* stipulare) un contratto con q. □ (*pop.*) **to put out a c. on sb.**, fare uccidere q. su commissione.

to **contract** /kən'trækt/, **A** *v. t.* *1* contrarre (*in ogni senso*): **to c. marriage [a habit, a debt, a disease]**, contrarre matrimonio [un'abitudine, un debito, una malattia]; **to c. one's muscles**, contrarre i muscoli *2* (*fis.*) far contrarre *3* prendere in appalto; appaltare: **to c.**

to build a house, prendere in appalto la costruzione d'una casa. B *v. i.* 1 (*leg., comm.*) fare un contratto 2 contrarsi; restringersi: **Metals c. in cooling**, i metalli si contraggono raffreddandosi; **The river contracts to a gorge**, il fiume si restringe entrando in una gola. ● **to c. an alliance**, stringere un'alleanza □ **to c. the brow**, corrugare la fronte □ (*leg.*) **to c. to do st.**, impegnarsi per contratto a fare q.c.

♦**contract for**, *v. i. + prep.* prendere in appalto; appaltare: **They contracted for the supply of victuals to the army**, presero in appalto la fornitura di viveri all'esercito.

♦**contract in to**, *v. i. + avv. + prep.* 1 (*fin.*: *di società, ecc.*) aderire a (*un'intesa*) contrattualmente 2 (*di persone fisiche*) aderire a, partecipare a, far parte di (*un sistema pensionistico, un piano assicurativo, ecc.*).

♦**contract out**, *v. i. + avv.* dare in appalto; appaltare: **to c. out public utilities to private companies**, appaltare servizi pubblici a società private.

♦**contract out of**, *v. i. + avv. + prep.* dissociarsi da (*un accordo*); liberarsi di, svincolarsi da (*un obbligo*): **to c. out of the national pension scheme**, non aderire al sistema pensionistico pubblico; starne fuori.

♦**contract with**, *v. i. + prep.* fare un contratto d'appalto (*o* di fornitura, o di servizi) con (*una ditta, un fornitore, ecc.*).

contractable /kən'træktəbl/, *a.* 1 contrattabile 2 (*leg.*) contraibile 3 (*med.*) contraibile; contagioso.

contracted /kən'træktɪd/, *a.* 1 contratto: **c. muscles**, muscoli contratti 2 ristretto; conciso 3 meschino; gretto 4 acquisito: **a c. tendency**, una tendenza acquisita. ● (*leg., comm.*) **c. for**, contrattato; appaltato.

contractibility /kəntræktə'bɪlətɪ/, *n.* contrattilità.

contractible /kən'træktəbl/, *a.* contrattile.

contractile /kən'træktaɪl, *USA* -tl/, *a.* 1 (*scient.*) contrattile: **Muscles are c.**, i muscoli sono contrattili 2 retrattile: (*aeron.*) **c. undercarriage**, carrello retrattile.

contractility /kɒntræk'tɪlətɪ/, *n.* 1 (*scient.*) contrattilità 2 retrattilità; l'essere retrattile.

contracting /kən'træktɪŋ/, A *a.* 1 che si contrae 2 (*leg.*) contraente: **the c. parties**, le parti contraenti. B (*leg., comm.*) contrattazione; stipulazione. ● (*econ., fin.*) **c. out**, *V.* **outsourcing**.

contraction /kən'trækʃn/, *n.* contrazione (*in ogni senso*); il contrarre (*matrimonio, debiti, ecc.*). ● **c. rule**, riga per modellisti.

contractive /kən'træktɪv/, *a.* che tende a contrarsi.

contractor /kən'træktə(r), *USA* 'kɒntræk-/, *n.* 1 (*leg.*) contraente (*in un contratto*) 2 (*ind., comm.*) appaltatore; imprenditore autonomo; aggiudicatario di un appalto; fornitore: **contractors to H. M.'s Government**, Fornitori del Governo Britannico 3 (*anat.*) muscolo contrattile 4 (*pop.*) assassino prezzolato. ● **building c.**, imprenditore edile.

contractual /kən'træktʃʊəl/, *a.* (*leg.*) contrattuale: **c. clause**, clausola contrattuale; **c. obligation**, obbligazione contrattuale. || **-ly**, *avv.*

contracture /kɒn'træktʃə(r)/, *n.* 1 (*med.*) contrattura 2 (*archit.*) restringimento.

contracyclic /kɒntrə'saɪklɪk, -'sɪk-/, *a.* (*econ.*) anticiclico; anticongiunturale: **c. policy**, politica anticiclica.

to **contradict** /kɒntrə'dɪkt/, A *v. t.* 1 contraddire; smentire; essere in contraddizione con: **His behaviour contradicts his principles**, la sua condotta è in contraddizione con i suoi principi 2 contraddirsi: **These statements c. each other**, queste affermazioni si contraddicono a vicenda 3 contrariare; opporsi a. B to **contradict oneself**, *v. rifl.* contraddirsi.

contradictable /kɒntrə'dɪktəbl/, *a.* che si può contraddire (*o* smentire).

contradiction /kɒntrə'dɪkʃn/, *n.* contraddizione (*in ogni senso*); smentita: **a c. in terms**, una contraddizione in termini. ● (*leg.*) **c. of interest**, conflitto d'interessi.

contradictious /kɒntrə'dɪkʃəs/, *a.* (*arc.*) che ama contraddire; polemico.

contradictory /kɒntrə'dɪktərɪ/, A *a.* contraddittorio: **c. instructions**, istruzioni contraddittorie. B *n.* (*filos.*) proposizione contraddittoria. || **-ily**, *avv.* || **-iness**, *sost.*

contradistinction /kɒntrədɪ'stɪŋkʃn/, *n.* distinzione antitetica.

to **contradistinguish** /kɒntrədɪ'stɪŋgwɪʃ/, *v. t.* distinguere; contraddistinguere (*lett.*).

contraflow /'kɒntrəfləʊ/, *n.* (*autom.*) (traffico a) corsia unica.

contrail /'kɒntreɪl/, *n.* (*contraz. di* **condensation trail**) (*aeron.*) scia di condensazione.

to **contraindicate** /kɒntrə'ɪndɪkeɪt/, *v. t.* (*med.*) controindicare.

contraindication /kɒntrəɪndɪ'keɪʃn/, *n.* (*med.*) controindicazione.

contralto /kən'træltəʊ/ (*ital.*), *a.* e *n.* (*pl.* **contraltos**) (*mus.*) contralto.

contraposition /kɒntrəpə'zɪʃn/, *n.* contrapposizione (*anche filos.*); contrasto; antitesi.

contrapositive /kɒntrə'pɒzətɪv/, A *a.* 1 (*filos.*) della contrapposizione 2 antitetico. B *n.* (*filos.*) proposizione antitetica.

contraprop /'kɒntrəprɒp/, *n.* (*contraz. di* **contrarotating propeller**) (*aeron.*) elica controrotante.

contraption /kən'træpʃn/, *n.* (*fam.*) congegno; aggeggio.

contrapuntal /kɒntrə'pʌntl/, *a.* (*mus.*) contrappuntistico.

contrapuntist /'kɒntrəpʌntɪst/, *n.* (*mus.*) contrappuntista.

contrariety /kɒntrə'raɪətɪ/, *n.* 1 opposizione; avversione 2 contraddizione; discrepanza; discordanza.

contrarily (*def. 1* /'kɒntrərəlɪ/, *def. 2* /kən'treərəlɪ/), *avv.* 1 al contrario; invece; viceversa 2 (*fam.*) ostinatamente; testardamente.

contrariness /'kɒntreərɪnəs/, *n.* 1 opposizione 2 (*fam.*) spirito di contraddizione; caparbietà; ostinazione; testardaggine.

contrarious /kən'treərɪəs/, *a.* (*raro*) caparbio; ostinato; testardo; scontroso.

contrariwise /'kɒntrərɪwaɪz, *USA* -rerɪ-/, *avv.* 1 al contrario; all'opposto; invece 2 in senso contrario 3 ostinatamente; testardamente.

contrarotating /kɒntrərəʊ'teɪtɪŋ/, *a.* (*mecc.*) controrotante: (*aeron.*) **c. propeller**, elica controrotante.

contrarotation /kɒntrərəʊ'teɪʃn/, *n.* (*mecc.*) rotazione in senso opposto.

contrary (*def. 1* /'kɒntrərɪ, *USA* -erɪ/, *def. 2* /kən'treərɪ/), A *a.* 1 contrario; avverso; sfavorevole; opposto: **c. winds**, venti contrari; **c. weather**, tempo sfavorevole 2 (*fam.*) caparbio; ostinato; testardo; scontroso; ostile. B *n.* – **the c.**, il contrario; l'opposto. C *avv.* – **c. to**, contrariamente a; contro; in opposizione a: **C. to what I expected, he didn't come**, contrariamente a quel che m'aspettavo, non venne; **to act c. to regulations**, agire contro le regole; **c. to expectation**, contrariamente all'aspettativa. ● **by contraries**, in senso opposto alle proprie speranze; alla rovescia; a rovescio □ **to interpret by contraries**, intendere al contrario; capire a rovescio □ **on the c.**, al contrario; all'opposto; invece: **You think he has finished; on the c., he has not yet begun**, tu credi che egli abbia finito; invece, non ha ancora cominciato □ **to the c.**, in contrario: **I shall leave on Sunday, unless they wire me to the c.**, partirò domenica, a meno che essi non mi mandino un telegramma in contrario; **unless I (you, etc.) hear to the c.**, salvo contrordini □ **until the c. is proved**, fino a prova contraria.

to **contrary** /kən'treərɪ/, *v. t.* (*dial. USA*) contrariare; contraddire.

contrast /'kɒntrɑːst, *USA* -træst/, *n.* contrasto. ● (*elettron.*) **c. control**, controllo del contrasto □ **to be a great c.**, fare un vivo contrasto □ **in c. with**, in antitesi con.

to **contrast** /kən'trɑːst, *USA* -'træst/, A *v. t.* mettere in contrasto; contrapporre; opporre; confrontare: **He contrasted the advantages of democracy to the drawbacks of dictatorship**, contrappose i vantaggi della democrazia agli svantaggi della dittatura. B *v. i.* contrastare; essere in contrasto.

contrastive /kən'trɑːstɪv, *USA* -'træst-/, *a.* (*ling.*) contrastivo. || **-ly**, *avv.*

contrasty /kən'trɑːstɪ, *USA* -æstɪ/, *a.* (*fotogr.*) contrastato.

contravallation /kɒntrəvə'leɪʃn/, *n.* (*mil.*) contravvallazione.

to **contravene** /kɒntrə'viːn/, *v. t.* 1 contravvenire a; trasgredire: **to c. a law**, contravvenire a una legge 2 essere in contrasto con 3 contraddire: **to c. a statement**, contraddire un'affermazione.

contravener /kɒntrə'viːnə(r)/, *n.* contravventore; trasgressore.

contravention /kɒntrə'venʃn/, *n.* contravvenzione; trasgressione; infrazione. ● **to act in c. of**, contravvenire a; trasgredire.

contretemps /'kɒntrətɒŋ, *USA* 'kɒntrətɑːn/ (*franc.*), *n.* (*invar. al pl.*) contrattempo.

to **contribute** /kən'trɪbjuːt, 'kɒntrɪbjuːt/, A *v. t.* 1 contribuire con; dare (*come contributo*): **to c. a hundred pounds for the relief of the poor**, dare cento sterline per il soccorso ai poveri; **to c. suggestions**, dare suggerimenti 2 (*fin.*) apportare, conferire (*capitali*): **contributed capital**, capitale conferito 3 scrivere (*per i giornali, ecc.*): **to c. a poem to a magazine**, scrivere una poesia per una rivista 4 fornire: **to c. information**, fornire informazioni. B *v. i.* 1 contribuire (a); concorrere (*a spese*): **Have you contributed to this enterprise?**, hai contribuito a questa impresa? 2 collaborare (*a un giornale, ecc.*).

contributing /kən'trɪbjuːtɪŋ, 'kɒntrɪbjuːtɪŋ/, *a.* 1 che contribuisce 2 che collabora (*a un giornale*). ● **c. editor**, direttore aggiunto (*di giornale*) □ (*ass., naut.*) **c. interests**, le parti che contribuiscono all'avaria generale.

contribution /kɒntrɪ'bjuːʃn/, *n.* 1 contribuzione; contributo (*anche in denaro*); elargizione 2 collaborazione; articolo (*di un collaboratore a un giornale, ecc.*) 3 (*fin.*) apporto; conferimento: **c. of capital**, apporto di capitali 4 (*fin.*) concorso (*alle spese*) 5 (*fin.*) quota; quota parte: **to pay one's c.**, pagare la propria quota 6 (*leg.*) obbligazione solidale 7 (*fin.*) contributo previdenziale (*o* sociale). ● (*econ.*) **c. margin**, margine lordo di contribuzione □ (*ass., naut.*) **c. to average**, contribuzione all'avaria.

contributive /kən'trɪbjuːtɪv, 'kɒntrɪbjuːtɪv/, *a.* contributivo.

contributor /kən'trɪbjuːtə(r), 'kɒntrɪbjuːtə(r)/, *n.* 1 contributore; sottoscrittore 2 collaboratore (*a un giornale, ecc.*) 3 (*fin.*) apportatore (*di capitali*) 4 (*leg.*) chi contribuisce al pagamento di un debito; responsabile di un'obbligazione solidale; concorrente 5 (*fisc., raro*) contribuente. ● **Drug was a c. to his death**, la droga contribuì alla sua morte.

contributory /kən'trɪbjʊtrɪ, kɒntrɪ'bjuːtərɪ, *USA* kən'trɪbjətɔːrɪ/, A *a.* 1 che contribuisce, che concorre; accessorio, secondario: (*demogr.*) **c. causes of death**, cause secondarie di morte 2 concomitante: **c. cause**, causa concomitante; concausa 3 (*fin.*) contributivo; basato su contributi: **c. pension scheme**, piano di pensionamento che prevede contributi da parte sia del datore di lavoro sia dei dipendenti 4 (*fisc.*) contributivo; soggetto a imposizione. B *n.* (*leg.*) *V.* **contributor**, *def. 4*. ● (*leg.*) **c. liability**, responsabilità di concorso di colpa □ (*ass., naut.*) **c. mass**, massa debitoria; massa passiva □ (*leg.*) **c. negligence**, concorso di colpa □ (*ass., naut.*) **c. value**, valore contributivo (*o* di contribuzione) □ **c. values**, *V.* **c. mass**.

contrite /ˈkɒntraɪt/, *a.* **1** contrito; amaramente pentito **2** (*di atto*) che rivela contrizione. || **-ly**, *avv.* || **-ness**, *sost.*

contrition /kənˈtrɪʃn/, *n.* contrizione; pentimento sincero.

contrivable /kənˈtraɪvəbl/, *a.* **1** escogitabile **2** fattibile.

contrivance /kənˈtraɪvəns/, *n.* **1** invenzione; escogitazione; trovata (*fam.*) **2** congegno; dispositivo; apparecchio **3** espediente; artificio; macchinazione; stratagemma **4** capacità inventiva.

to **contrive** /kənˈtraɪv/, **A** *v. t.* **1** escogitare; trovare: **We must c. a way to solve the problem**, dobbiamo escogitare un modo di risolvere il problema **2** fare in modo di; trovare il mezzo di; riuscire: **Can you c. to arrive there in time?**, puoi fare in modo d'arrivarci in tempo? **3** inventare: **They have contrived a new washing machine**, hanno inventato una nuova lavabiancheria **4** macchinare; tramare. **B** *v. i.* **1** fare piani; fare progetti **2** cavarsela; trarsi d'impiccio **3** (*fam.*) far quadrare il bilancio domestico; sbarcare il lunario (*fam.*). ● **to c. a meeting with the President**, ottenere d'essere ricevuto dal Presidente □ **to c. tools from flint**, ricavare utensili dalla selce.

contrived /kənˈtraɪvd/, *a.* affettato; artefatto; innaturale; forzato; studiato: **c. mirth**, gaiezza innaturale.

contriver /kənˈtraɪvə(r)/, *n.* **1** chi fa piani; chi fa progetti **2** chi sa cavarsela: **His wife is an excellent c. in housekeeping**, sua moglie è bravissima a mandare avanti la casa spendendo poco.

control /kənˈtrəʊl/, *n.* **1** controllo; autorità; dominio; padronanza: **We've lost c. of the market**, abbiamo perso il controllo del mercato; (*fin.*) **the c. of exchanges**, il controllo dei cambi; **He lost c. of the lorry and went off the road**, perse il controllo del camion e uscì di strada; **She has no c. over the children**, non ha autorità sui bambini; **to be in c. of the situation**, avere la situazione sotto controllo; **He has a good c. over his subject matter**, ha una buona padronanza (*o* un grande dominio) della sua disciplina **2** controllo; verifica; collaudo; sorveglianza; regolamentazione: **c. experiment**, esperimento di controllo; (*elettr., ecc.*) **c. board**, quadro di controllo (*o* di comando); **passport c.**, controllo (*o* verifica) dei passaporti; **c. panel**, (*elab.*) pannello di controllo; (*elettr., ecc.*) *V.* **c. board**; **traffic c.**, regolamentazione del traffico **3** (*tecn., scient.*) controllo; comando: **The pilot sat down at the controls**, il pilota prese posto ai comandi; **c. device**, dispositivo di comando; (*aeron.*) **c. column** (*o* **c. stick**), barra di comando; cloche; (*elab.*) **c. cards**, schede di controllo; **c. room**, (*elettr.*) cabina di comando; (*cinem., radio, TV, miss.*) sala di controllo; (*naut.*) camera di manovra (*di un sommergibile*) **4** (*tecn.*) regolatore: (*TV*) **contrast c.**, regolatore del contrasto; (*TV*) **volume c.**, regolatore del volume **5** (*sport*) controllo: **c. of the ball**, controllo della palla **6** (*sport*, = **c. station**) posto di controllo. ● (*rag.*) **c. account**, conto sinottico; mastrino □ (*elab.*) **c. ball**, pallina rotante □ (*elab.*) **c. bus**, bus di controllo □ (*aeron.*) **c. car**, navicella dell'equipaggio (*di un aerostato*) □ **c. character**, (*elab.*) carattere di comando (*o* di servizio); (*telegr.*) carattere di controllo □ (*stat.*) **c. chart**, diagramma (*o* schema) di controllo □ (*elab.*) **c. computer**, elaboratore pilota □ (*elettron.*) **c. grid**, griglia di controllo □ (*elab.*) **c. knob**, bottone (*o* manopola) di comando □ (*elab.*) **c. memory**, memoria di controllo □ (*rag.*) **c. of the cash**, controllo della cassa □ (*fin.*) **c. of liquidity**, controllo della liquidità □ (*fis. nucl.*) **c. rod**, barra di controllo □ (*econ.*) **c. scheme**, regime vincolistico □ (*elab.*) **c. signal**, segnale di regolazione □ **c. station**, centrale di comando □ (*fin.*) **c. stock**, partecipazione di controllo □ (*aeron.*) **c. surface**, piano (*o* superficie) mobile; governale □ (*leg.*) **c. survey**, perizia in contraddittorio □ (*aeron.*) **c. tower**, torre di controllo □ (*elab.*) **c. word**, parola di controllo □ (*fig.*) **to be at the controls**, avere il comando □ (*demogr.*) **birth c.**, controllo delle nascite □ **distant** (*o* **remote**) **c.**, comando a distanza; telecomando □ (*fin.*) **foreign-exchange c.**, controllo del movimento della valuta estera □ (*di una cosa, di una situazione*) **to get beyond sb.'s c.**, sfuggire al controllo di q.; scappare di mano (*fig.*) □ **to get** (*o* **to gain**) **c. of** (*o* **over**), prendere il controllo di, tenere a freno: **My horse was frightened but I got c. over him**, il cavallo si spaventò, ma io riuscii a tenerlo a freno; **We gained c. of the company**, acquisimmo il controllo della società □ **to get the situation under c.**, prendere il controllo della situazione □ **to get sb.** [**st.**] **under c.**, frenare q. [sedare, reprimere q.c.]: **It took a long time to get the rioters under c.**, ci volle molto tempo per sedare il tumulto □ **to keep c. of**, tenere sotto controllo; controllare: **Keep c. of yourself!**, controllati!; frenati!; dominati! □ **to keep sb.** [**st.**] **under c.**, tenere q. [q.c.] sotto controllo; tenere a freno q. [q.c.]: **Keep your temper under c.!**, tieni a freno i nervi!; stai calmo! □ **to be out of c.**, essere fuori controllo; essere incontrollabile; (*di un veicolo, ecc.*) non rispondere ai comandi: **The plane was out of c.**, l'aereo non rispondeva ai comandi □ (*naut.*) **rudder c.**, manovra del timone □ **self-control**, autocontrollo; padronanza di sé.

to **control** /kənˈtrəʊl/, **A** *v. t.* **1** controllare; riscontrare; verificare **2** tenere sotto il proprio controllo (*o* la propria direzione); essere padrone di; regolare a proprio piacere; controllare: **A trust is a pool of concerns which c. the market**, un trust è una combinazione di grosse aziende che tengono il mercato sotto il proprio controllo; (*econ.*) **to c. prices**, controllare i prezzi **3** tenere a freno; trattenere; frenare; contenere: **C. your anger!**, frena l'ira!; **C. your grief!**, contieni il tuo dolore!; **to c. a horse**, tenere a freno un cavallo **4** (*aeron., naut.*) pilotare; governare **5** (*mecc.*) comandare; regolare **6** (*sport*) controllare: **to c. the ball**, controllare la palla. **B** to **control oneself**, *v. rifl.* controllarsi; dominarsi; frenarsi. ● (*leg.*) **to c. by regulations**, regolamentare □ (*fin.*) **to c. expenditures**, contenere le spese □ **to c. one's fate**, essere padrone del proprio destino □ **to c. one's tears**, trattenere le lacrime.

controllability /kəntrəʊləˈbɪlətɪ/, *n.* **1** l'essere verificabile; controllabilità **2** (*aeron.*) manovrabilità **3** (*di un cavallo, ecc.*) docilità.

controllable /kənˈtrəʊləbl/, *a.* **1** verificabile; controllabile **2** contenibile; frenabile **3** regolabile: (*aeron.*) **c. pitch propeller**, elica a passo regolabile **4** (*aeron.*) manovrabile; maneggevole. || **-ness**, *sost.* || **-bly**, *avv.*

controlled /kənˈtrəʊld/, *a.* controllato; verificato; sotto controllo. ● (*fin.*) **c. company**, società controllata □ **c. economy**, economia controllata; dirigismo □ (*fin.*) **c. floating**, fluttuazione controllata (*di una moneta*) □ (*econ.*) **c. prices**, prezzi controllati □ **c. rents**, affitti bloccati.

controller /kənˈtrəʊlə(r)/, *n.* **1** controllore: (*aeron.*) **air-traffic c.**, controllore di volo **2** chi controlla spese; chi rivede conti; economo; revisore **3** (*USA*) direttore amministrativo **4** (*mecc., tecn.*) regolatore automatico **5** (*elettr.*) combinatore **6** (*nei tram, filobus, treni, ecc.*) combinatore di marcia, controller **7** (*org. az.*) controller.

controllership /kənˈtrəʊləʃɪp/, *n.* ufficio d'economo (*o* di direttore amministrativo).

controlling /kənˈtrəʊlɪŋ/, *a.* che controlla; controllante; di controllo: (*fin.*) **c. company**, società controllante; (*econ., fin.*) **c. syndicate**, sindacato di controllo. ● (*fin.*) **c. interest**, partecipazione di maggioranza.

controversial /kɒntrəˈvɜːʃl/, *a.* **1** controverso; discutibile: **a c. question**, una questione controversa **2** polemico. ● **a c. politician**, un uomo politico assai discusso.

controversialism /kɒntrəˈvɜːʃəlɪzəm/, *n.* passione per le controversie; spirito polemico.

controversialist /kɒntrəˈvɜːʃəlɪst/, *n.* individuo polemico.

controversy /ˈkɒntrəvɜːsɪ, -vəsɪ, kənˈtrɒvəsɪ, *USA* ˈkɒntrəvɜːsɪ/, *n.* **1** controversia; dibattito; discussione; disputa **2** (*leg.*) vertenza. ● **beyond c.** (*o* **without c.**), incontrovertibile; senza dubbio; indiscutibilmente.

to **controvert** /kɒntrəˈvɜːt/, *v. t.* **1** discutere su; disputare di **2** contraddire, smentire (*un'affermazione*).

controvertible /ˈkɒntrəvɜːtəbl/, *a.* controvertibile; discutibile.

contumacious /kɒntjʊˈmeɪʃəs, *USA* -ntə-/, *a.* **1** disobbediente; indocile; insubordinato **2** (*leg.: in Scozia e nei tribunali ecclesiastici*; *cfr. ingl.* **defaulter**) contumace. || **-ly**, *avv.* || **-ness**, *sost.*

contumacy /ˈkɒntjʊməsɪ, *USA* -ntə-/, *n.* **1** disobbedienza; indocilità; insubordinazione **2** (*leg.: in Scozia e nei tribunali ecclesiastici*; *cfr. ingl.* **default**) contumacia.

contumelious /kɒntjuːˈmiːlɪəs, *USA* -tə-/, *a.* insolente; ingiurioso.

contumely /ˈkɒntjuːmlɪ, kənˈtjuːmlɪ, *USA* -tuːmə-, -ˈtuːmə-, ˈkɒntəmiːlɪ/, *n.* **1** insolenza; disprezzo **2** contumelia; ingiuria; villania **3** (*lett.*) onta; vergogna.

to **contuse** /kənˈtjuːz, *USA* -ˈtuːz/, *v. t.* **1** (*med.*) contundere **2** ammaccare.

contusion /kənˈtjuːʒn, *USA* -ˈtuː-/, *n.* **1** (*med.*) contusione **2** ammaccatura.

contusive /kənˈtjuːzɪv, *USA* -ˈtuː-/, *a.* contundente.

conundrum /kəˈnʌndrəm/, *n.* **1** indovinello; enigma **2** (*fig.*) problema difficile; rompicapo.

conurbation /kɒnɜːˈbeɪʃn/, *n.* conurbazione.

to **convalesce** /kɒnvəˈlɛs/, *v. i.* rimettersi in salute; entrare in convalescenza.

convalescence /kɒnvəˈlɛsns/, *n.* convalescenza.

convalescent /kɒnvəˈlɛsnt/, *a.* e *n.* convalescente. ● **a c. diet**, una dieta da convalescente □ **a c. home**, un convalescenziario.

convection /kənˈvɛkʃn/, *n.* (*fis., mecc., meteor.*) convezione: **c. current**, corrente di convezione.

convective /kənˈvɛktɪv/, *a.* (*scient.*) convettivo.

convector /kənˈvɛktə(r)/, *n.* (*scient., tecn.*) convettore. ● **c. heater**, termoconvettore.

convenable /kənˈviːnəbl/, *a.* **1** convocabile **2** (*leg.*) citabile.

to **convene** /kənˈviːn/, **A** *v. i.* convenire (*lett.*); adunarsi; riunirsi. **B** *v. t.* **1** convocare; adunare: **to c. an assembly** [**a meeting**], convocare un'assemblea [una riunione] **2** (*leg.*) convenire, citare (q.) in giudizio.

convener /kənˈviːnə(r)/, *n.* **1** chi s'aduna con altri **2** convocatore (*di un'assemblea, ecc.*) **3** (*ingl.*) presidente (*di una commissione, di un comitato, ecc.*).

convenience /kənˈviːnɪəns/, *n.* **1** convenienza; utilità; vantaggio: **We accepted the plan because of its c.**, accettammo il piano in considerazione della sua convenienza; **a marriage of c.**, un matrimonio di convenienza (*o* d'interesse) **2** agio; comodo; comodità: **The house is full of conveniences of every sort**, la casa è provvista di tutte le comodità; **You can do the work at your c.**, puoi fare il lavoro a tuo comodo **3** (= **public c.**) gabinetto pubblico; latrina. ● **c. food**, alimenti già preparati (*disidratati, surgelati, ecc.*) □ **c. goods**, articoli di facile smercio; generi di largo consumo □ **c. store**, negozietto familiare □ (*form.*) **at your earliest c.**, non appena potete; il più presto possibile □ **to make a c. of sb.**, approfittare di q.; abusare della bontà di q. □ **The arrangement suits my c.**, l'accordo mi sta bene.

convenient /kən'vi:nɪənt/, *a.* **1** comodo; utile; conveniente; che va bene: **a c. tool for gardening**, un arnese utile per il giardinaggio; **We'll meet tomorrow if it is c. for you**, c'incontreremo domani se per te va bene **2** (*d'un luogo*) comodo; vicino **3** (*di un oggetto*; = **c. to hand**) a portata di mano; sottomano.

conveniently /kən'vi:nɪəntlɪ/, *avv.* convenientemente; utilmente. ● (*di una casa, ecc.*) **c. situated**, in posizione comoda; ben situata; in buona posizione.

convenor /kən'vi:nə(r)/, *V.* **convener**.

convent /'kɒnvənt, *USA* -vɛnt/, *n.* convento; monastero (*di solito, di suore*): **to go into a c.**, entrare in convento; farsi monaca.

conventicle /kən'vɛntɪkl/, *n.* (*stor. relig.*) conventicola.

convention /kən'vɛnʃn/, *n.* **1** il convocare; l'essere convocato **2** convegno; riunione; incontro (politico) **3** (*polit.*) convenzione; assemblea **4** convenzione; accordo; patto **5** convenzione; convenzione sociale; consuetudine: **His behaviour is free from all c.**, il suo comportamento è libero da ogni convenzione **6** (*pl.*) (*a carte*) convenzioni; regole.

conventional /kən'vɛnʃənl/, *a.* convenzionale; formale; tradizionale; comune; ordinario: **c. behaviour**, comportamento formale; **a c. pattern**, un disegno tradizionale; (*mil.*) **c. weapons**, armi convenzionali. ● **c. compliments**, convenevoli.

conventionalism /kən'vɛnʃnəlɪzəm/, *n.* convenzionalismo; formalismo.

conventionalist /kən'vɛnʃnəlɪst/, *n.* **1** formalista; convenzionalista (*raro*) **2** membro d'una convenzione.

conventionality /kənvɛnʃə'nælətɪ/, *n.* **1** convenzionalità **2** condotta convenzionale; conformismo **3** (*pl.*) convenzioni sociali.

to **conventionalize** /kən'vɛnʃnəlaɪz/, *v. t.* rendere convenzionale.

conventual /kən'vɛntʃuəl/, **A** *a.* conventuale. **B** *n.* **1** membro di un convento **2** frate dei minori conventuali.

to **converge** /kən'vɜ:dʒ/, **A** *v. i.* **1** convergere, confluire (*verso un luogo*) **2** (*geom.*) convergere. **B** *v. t.* far convergere.

convergence /kən'vɜ:dʒəns/, **convergency** /kən'vɜ:dʒənsɪ/, *n.* (*scient.*) convergenza (*anche fig.*).

convergent /kən'vɜ:dʒənt/, *a.* (*scient.* e *fig.*) convergente: **c. lines**, rette convergenti.

conversable /kən'vɜ:səbl/, *a.* (*arc.*) **1** affabile; alla mano (*fam.*) **2** che ama conversare; di piacevole conversazione **3** socievole.

conversance /kən'vɜ:sns/, **conversancy** /kən'vɜ:snsɪ/, *n.* (*form.*) consuetudine; familiarità; dimestichezza.

conversant /kən'vɜ:snt/, *a.* (*form.*) **1** che ha familiarità, dimestichezza (*con q.*) **2** pratico (*di q.c.*); versato (*in q.c.*); al corrente (*di q.c.*): **He's not yet c. with the new rules**, non è ancora al corrente dei nuovi regolamenti.

conversation /kɒnvə'seɪʃn/, *n.* **1** conversazione; discorso: **to keep the c. going**, tenere viva la conversazione **2** (*arc.*) rapporto intimo; relazione amorosa; tresca **3** (*arc.*) conoscenza; familiarità (*con un argomento, ecc.*). ● **c. picture**, gruppo di famiglia (*foto*) □ **c. piece**, oggetto di conversazione; (*anche*) gruppo di famiglia (*quadro*); (*lett.*) dramma che si regge sul dialogo □ **I was only making c.**, parlavo del più e del meno □ **He has no c.**, non sa parlare.

conversational /kɒnvə'seɪʃənl/, *a.* **1** (*di persona*) che ama conversare; di piacevole conversazione; loquace **2** (*di vocabolo, ecc.*) familiare; colloquiale **3** (*elab., ling.*) conversazionale; interattivo.

conversationalist /kɒnvə'seɪʃənəlɪst/, *n.* (buon) conversatore.

converse /'kɒnvɜ:s, kən'vɜ:s/, **A** *a.* contrario; opposto. **B** *n.* /'kɒnvɜ:s/ **1** contrario; opposto: **«White» is the c. of «black»**, «bianco» è il contrario di «nero» **2** (*logica*) conversione; proposizione inversa **3** (*mat.*) implicazione inversa.

to **converse** /kən'vɜ:s/, *v. i.* **1** conversare **2** (*arc.*) avere rapporti (*con q.*); frequentare (q.).

conversely /'kɒnvɜ:slɪ/, *avv.* per converso; al contrario.

conversion /kən'vɜ:ʃn, *USA* -ʒn/, *n.* **1** conversione: **c. plan**, piano di conversione; **the c. of the Anglo-Saxons to Christianity**, la conversione degli anglosassoni al cristianesimo **2** (*fin.*) **the c. of lire into dollars**, la conversione di lire in dollari **3** trasformazione; cambiamento: **the c. of a ship**, la trasformazione di una nave **4** (*scient.*) conversione **5** (*edil.*) ristrutturazione (*di una casa, ecc.*); riadattamento: **c. work**, lavori di ristrutturazione **6** (*tecn.*) trasformazione: (*autom., elettr., ecc.*): **c. kit**, serie di trasformazione **7** (*metall.*) affinazione (della ghisa) **8** (*leg.*) appropriazione indebita. ● (*econ.*) **c. costs**, costi di trasformazione □ (*fis. nucl.*) **c. electron**, elettrone di conversione interna □ (*mat., econ., stat.*) **c. factors**, fattori di conversione □ (*fin.*) **c. into cash**, realizzazione in contanti; realizzo □ (*fin.*) **the c. of bonds into shares**, la conversione di obbligazioni in azioni □ **the c. of a firm**, la trasformazione di un'azienda □ (*leg.*) **c. of public funds** (*o* **money**) **to one's own use**, peculato □ (*elab.*) **c. program**, programma di conversione □ (*psic.*) **c. reaction**, reazione di conversione □ (*Borsa, fin.*) **c. right**, diritto di conversione □ (*tecn.*) **c. table**, tavola (*o* tabella) di conversione.

convert /'kɒnvɜ:t/, *n.* **1** chi si converte a una causa **2** (*relig.*) convertito.

to **convert** /kən'vɜ:t/, **A** *v. t.* **1** convertire (*in ogni senso*); trasformare: **to c. foreign raw materials into finished products for export**, trasformare materie prime dall'estero in prodotti finiti per l'esportazione **2** (*leg.*) appropriarsi indebitamente di (q.c.) **3** (*metall.*) affinare (*per mezzo di un convertitore Bessemer*) **4** (*rugby*) trasformare (*una meta*). **B** *v. i.* convertirsi; trasformarsi: **This armchair converts into a bed**, questa poltrona si trasforma in un letto. ● **to c. a banknote into cash**, cambiare (*o* spicciolare) una banconota □ (*fin.*) **to c. into cash**, realizzare.

converted /kən'vɜ:tɪd/, *a.* **1** convertito **2** trasformato: (*rugby*) **a c. try**, una meta trasformata **3** (*edil.*) riadattato; ristrutturato: **a c. attic**, una soffitta riadattata.

converter /kən'vɜ:tə(r)/, *n.* **1** convertitore; chi converte **2** (*scient., tecn.*) convertitore. ● (*metall.*) **Bessemer c.**, convertitore Bessemer.

convertibility /kənvɜ:tə'bɪlətɪ/, *n.* (*anche fin.*) convertibilità.

convertible /kən'vɜ:təbl/, **A** *a.* **1** (*anche fin.*) convertibile: **c. bond** (*o* **c. debenture**), obbligazione convertibile; **c. currency**, valuta convertibile **2** intercambiabile: **c. terms**, termini intercambiabili **3** (*autom.*) convertibile: **a c. car**, un'automobile convertibile (*o* decappottabile). **B** *n.* **1** (*autom.*) convertibile; cabriolet **2** (*fam., fin., USA*) titolo convertibile. ● (*autom.*) **c. coupe**, spider □ (*agric.*) **c. husbandry**, metodo dell'avvicendamento delle colture □ (*fin.*) **c. into cash**, convertibile in contanti; realizzabile □ (*fin.*) **c. value**, valore di riscatto.

convertiplane /kən'vɜ:təplein/, *n.* (*aeron.*) convertiplano; aereo convertibile.

convertoplane /kən'vɜ:təpleɪn/, *V.* **convertiplane**.

convertor /kən'vɜ:tə(r)/, *V.* **converter**.

convex /kɒn'vɛks, 'kɒnvɛks/, (*anche geom.*) *a.* convesso: **c. lens**, lente convessa. || **-ly**, *avv.*

convexity /kɒn'vɛksətɪ/, *n.* (*geom.*) convessità.

convexo-concave /kɒn'vɛksəʊkɒn'keɪv/, *a.* (*scient., tecn.*) convesso-concavo.

to **convey** /kən'veɪ/, *v. t.* **1** portare; trasportare: **to c. goods by rail**, trasportare merci per ferrovia **2** comunicare; trasmettere (*suoni, un messaggio, ecc.*); rendere, dare (*un'idea, ecc.*): **I will c. the information to him**, gli comunicherò l'informazione; **I hope these words will c. what's on my mind**, spero che queste parole rendano ciò che ho in mente **3** (*leg.*) trasferire, trasmettere, cedere (*proprietà ad altri*) **4** (*med.*) trasmettere (*una malattia*) **5** (*tecn.*) convogliare: **The hot water of the geyser is conveyed to all the houses of the town**, l'acqua calda del geyser è convogliata a tutte le case della città. ● **That name doesn't c. anything to me**, quel nome non mi dice niente □ **Does this c. anything to you?**, questo non ti fa venire in mente nulla?

conveyable /kən'veɪəbl/, *a.* **1** trasportabile **2** trasmissibile **3** (*leg.*) trasferibile; cedibile.

conveyance /kən'veɪəns/, *n.* **1** trasporto: **c. by sea**, trasporto marittimo; **c. by air**, trasporto aereo **2** (*form.*) mezzo di trasporto **3** comunicazione (*d'idee, ecc.*); trasmissione **4** (*leg.*) cessione, trasferimento, trapasso, passaggio (*di proprietà*); atto di cessione (*di proprietà*) **5** (*tecn.*) convogliamento. ● (*econ.*) **c. of goods to a common pool**, conferimento di merci all'ammasso □ (*leg.*) **c. of a patent**, cessione di un brevetto.

conveyancer /kən'veɪənsə(r)/, *n.* (*leg.*) legale che prepara i documenti per un trasferimento di proprietà (*di solito, un «solicitor», q.V.*); (*in Italia*) notaio.

conveyancing /kən'veɪənsɪŋ/, *n.* (*leg.*) (preparazione dei documenti e atti richiesti per un) trasferimento di proprietà.

conveyer, **conveyor** /kən'veɪə(r)/, *n.* **1** chi trasporta; trasportatore **2** (*tecn.*) convogliatore; trasportatore **3** (*leg.*) cedente. ● **c. belt**, nastro trasportatore □ **c. belting**, nastri trasportatori (*collett.*) □ **c. chain**, catena di convogliamento □ **c. truck**, carrello convogliatore.

convict /'kɒnvɪkt/, *n.* **1** (*leg.*) reo convinto **2** carcerato; detenuto; condannato; forzato. ● **c. labour**, lavori forzati.

to **convict** /kən'vɪkt/, *v. t.* **1** (*leg.*) giudicare (q.) colpevole d'un reato; condannare **2** (*leg.*) dichiarare (q.) colpevole: **The jury convicted the accused man**, la giuria dichiarò l'accusato colpevole **3** condannare (*anche fig.*): **His own conscience convicted him**, la sua stessa coscienza lo condannava.

convicted /kən'vɪktɪd/, *a.* (*leg.*) convinto: **a c. offender**, un reo convinto. ● **to stand c. of a crime**, essere condannato per un reato.

conviction /kən'vɪkʃn/, *n.* **1** (*leg.*) verdetto di colpevolezza (*da parte della giuria*) **2** (*leg.*) condanna; sentenza di condanna (*emessa dal giudice*) **3** convinzione; convincimento. ● **to carry c.**, essere convincente □ **to be open to c.**, essere disposto (*o* pronto) a ricredersi □ (*leg.*) **summary c.**, giudizio sommario (*che porta alla sentenza per «operato del giudice», senza intervento di giuria*).

convictive /kən'vɪktɪv/, *a.* **1** convincente; persuasivo: **a c. explanation**, una spiegazione convincente **2** (*leg.*) che prova (*o* dichiara) la colpevolezza (*di q.*).

to **convince** /kən'vɪns/, *v. t.* convincere; persuadere: **At last I convinced him of my innocence**, alla fine lo convinsi della mia innocenza.

convinced /kən'vɪnst/, *a.* convinto; persuaso: **a c. pacifist**, un pacifista convinto.

convincement /kən'vɪnsmənt/, *n.* convincimento; convinzione.

convincer /kən'vɪnsə(r)/, *n.* **1** chi (*o* cosa che) convince **2** (*fam. USA*) pistola.

convincible /kən'vɪnsəbl/, *a.* convincibile.

convincing /kən'vɪnsɪŋ/, *a.* convincente; persuasivo: **a c. speech**, un discorso persuasivo. || **-ly**, *avv.* || **-ness**, *sost.*

convivial /kən'vɪvɪəl/, *a.* allegro; festoso; gioviale.

convivialist /kən'vɪvɪəlɪst/, *n.* (*raro*) persona festosa, gioviale.

conviviality /kənvɪvɪ'ælətɪ/, *n.* **1** festosità;

giovialità *2* (*pl.*) festeggiamento; festeggiamenti.

convivially /kən'vɪvɪəlɪ/, *avv.* convivialmente.

convocation /kɒnvə'keɪʃn/, *n.* *1* convocazione *2* assemblea; comitato (*riunito per convocazione*) *3* (*relig.*) sinodo; concilio ecclesiastico (*a Canterbury o a York*) *4* assemblea dei laureati (*in certe università inglesi*).

convocational /kɒnvə'keɪʃənl/, *a.* di convocazione.

convocator /'kɒnvəkeɪtə(r)/, *n.* convocatore.

to **convoke** /kən'vəʊk/, *v. t.* convocare.

convolute /'kɒnvəluːt/, *a.* (*bot.*) convoluto: **c. leaf**, foglia convoluta.

convoluted /'kɒnvəluːtɪd/, *a.* *1* (*anat.*) ritorto; a spirale *2* (*fig.*) complicato; contorto; involuto: **c. reasoning**, ragionamenti involuti.

convolution /kɒnvə'luːʃn/, *n.* *1* attorcigliamento; avvolgimento *2* circonvoluzione; giro; spira: **the convolutions of a snake**, le spire di un serpente *3* (*anat.*) circonvoluzione (*cerebrale*) *4* cosa contorta, involuta; tortuosità (*di un ragionamento, ecc.*).

to **convolve** /kən'vɒlv/, **A** *v. t.* avvolgere; arrotolare; attorcigliare. **B** *v. i.* avvolgersi; arrotolarsi; attorcigliarsi.

convolver /kən'vɒlvə(r)/, *n.* (*elettron.*) convolutore.

convolvulus /kən'vɒlvjʊləs/, *n.* (*pl.* **convolvuluses, convolvuli**) (*bot.*, *Convolvulus*) convolvolo.

convoy /'kɒnvɔɪ/, *n.* *1* scorta; protezione: **under c.**, sotto scorta *2* (*di navi, ecc.*) convoglio *3* (*mil.*) autocolonna.

to **convoy** /'kɒnvɔɪ/, *v. t.* *1* scortare (*specialm. detto di navi da guerra*) *2* (*arc.*) accompagnare (*ospiti, ecc.*). ● (*naut.*) **convoying ship**, unità di scorta (*a un convoglio*).

to **convulse** /kən'vʌls/, *v. t.* *1* agitare; sconvolgere (*anche fig.*): **The country was convulsed by social unrest**, il paese era sconvolto da disordini sociali *2* far venire le convulsioni a (q.). ● **to be convulsed with laughter**, essere preso da un convulso di riso.

convulsion /kən'vʌlʃn/, *n.* *1* (*di solito al pl.*) (*med.*) convulsione; convulso (*pop.*) *2* convulso di riso *3* agitazione; sconvolgimento: **civil convulsions**, sconvolgimenti dell'ordine politico (*o* sociale).

convulsionary /kən'vʌlʃənərɪ, *USA* -nerɪ/, *a.* e *n.* (*med.*) convulsionario.

convulsive /kən'vʌlsɪv/, *a.* *1* (*anche med.*) convulsivo: **c. motions**, moti convulsivi *2* convulso: **c. laughter**, riso convulso.

cony /'kəʊnɪ/, *n.* *1* coniglio; pelle di coniglio *2* pelliccia di coniglio; lapin *3* (*arc.*) sempliciotto. ● (*arc.*) **c.-catcher**, gabbatore; imbroglione; truffatore.

coo /kuː/, *n.* (*pl.* **coos**) il tubare (*dei piccioni, ecc.*).

to **coo** /kuː/, **A** *v. i.* tubare (*anche fig.*). **B** *v. t.* dire (q.c.) in tono amorevole (*o* sommesso). ● **to bill and coo**, tubare (*d'innamorati*).

coo-coo /'kuːkuː/, *n.* (*pop. USA*) *1* matto; pazzarello; pazzoide *2* sciocco; stupido.

cook /kʊk/, *n.* *1* cuoco, cuoca *2* (*scacchi*) mossa nuova, imprevista; (*anche*) soluzione d'un problema diversa da quella prevista da chi l'ha formulato *3* (*pop. USA*) oppiomane. ● **c.-house**, cucina all'aperto; (*mil.*) cucina da campo; (*naut.*) cucina di bordo □ **c.-room**, (*USA*) cucina; (*naut.*) cucina di bordo □ **c. shop**, negozio di articoli da cucina; (*USA*) ristorante, trattoria □ (*pop.*) **c.-up**, dose di droga preparata in un cucchiaino □ (*prov.*) **Too many cooks spoil the broth**, troppi cuochi guastano il pranzo (*letteralm.*: il brodo).

to **cook** /kʊk/, **A** *v. t.* *1* (*anche fig.*) cuocere; cucinare *2* (*fam.*, *anche* **to c. up**) manipolare; alterare; falsificare; inventare: **to c. up the accounts** (*o* **the books**), manipolare (*o* falsificare) i conti; **to c. up an excuse**, inventare una scusa. **B** *v. i.* *1* cucinare; far la cucina *2* cuocersi: **The spaghetti is cooking now**, gli spaghetti si stanno cuocendo *3* (*pop. USA*) andare forte (*o* bene); essere pieno d'entusiasmo; (*mus.*) suonare bene (*o* con passione): **Now you're cooking**, adesso sì che vai bene *4* (*pop. USA*) morire sulla sedia elettrica. ● (*fig.*) **to c. sb.'s goose**, conciare q. per le feste; mettere a posto q. (*fig. fam.*); rompere le uova nel paniere a q. (*fig. fam.*) □ (*fig.*) **to c. one's goose**, rovinare tutto □ (*pop.*) **to c. up**, preparare, riscaldare (*una dose di droga*) □ (*pop.*) **to be cooked**, essere esausto, sfinito, (*pop.*) cotto (*di atleti, ecc.*) □ (*fig.*) **What's cooking?**, che cosa bolle in pentola? □ (*fig.*) **something is cooking**, qualcosa bolle in pentola.

cookbook /'kʊkbʊk/, *n.* ricettario; libro di cucina.

cooker /'kʊkə(r)/, *n.* *1* fornello; cucina: **a gas c.**, una cucina a gas *2* recipiente per cuocere cibo (*tegame, teglia, ecc.*) *3* frutta da cuocere: **These apples are good cookers**, queste mele sono buone da cuocere *4* (*fam.*) chi manipola (q.c.); chi manipola (*o* falsifica) (*conti, ecc.*). ● **c. hood**, cappa (aspirante) della cucina.

cookery /'kʊkərɪ/, *n.* gastronomia; arte culinaria; il cucinare. ● **c. book**, libro di gastronomia (*o* di cucina).

cookie /'kʊkɪ/, *n.* *1* (*specialm. USA*) biscotto: **chocolate-chip c.**, biscotto con pezzetti di cioccolata *2* (*scozz.*) focaccina *3* (*pop. USA*) individuo; tipo; tizio: **a tough c.**, un duro *4* (*pop. USA*) bella ragazza; bocconcino (*fig.*); (*al vocat.*) tesoro *5* (*pop. USA*) cuoco; cuoca.

cooking /'kʊkɪŋ/, *n.* *1* cottura *2* cucina; arte culinaria: **to do the c.**, fare la cucina; **plain** (*o* **home**) **c.**, cucina casalinga, alla buona *3* (*fam.*) falsificazione (*di conti, ecc.*). ● **c. apple**, mela da cuocere □ (*edil.*) **c. area**, angolo cottura □ **c. contest**, gara di cuochi (*o* d'arte culinaria) □ (*edil.*) **c. facilities**, punto (*o* angolo) di cottura □ **c. plate**, fornello; piastra □ **c. point**, *V.* **c. facilities** □ **c. range**, cucina per comunità (*albergo, convitto, ecc.*) □ **c. salt**, sale da cucina.

cookout /'kʊkaʊt/, *n.* (*fam. specialm. USA*) pasto (cucinato e consumato) all'aperto.

cookstove /'kʊkstəʊv/, *n.* (*USA*) cucina economica.

cookware /'kʊkweə(r)/, *n.* (*collett.*) vasi da cucina; pentole e tegami; batteria da cucina.

cooky /'kʊkɪ/, *V.* **cookie**.

cool /kuːl/, **A** *a.* *1* fresco: **a c. breeze**, un venticello fresco; **c. cellars**, cantine fresche; **a c. Autumn day**, una fresca giornata d'autunno; **a c. dress**, un abito fresco (*o* leggero); **a nice c. coke**, una bella coca-cola fresca *2* (*di bevanda, zuppa, ecc.*) raffreddato; freddo: **The tea isn't c. yet**, il tè non è ancora freddo (*è ancora troppo caldo*) *3* calmo; tranquillo; imperturbabile: **Keep c.!**, stai calmo!; **Everything is c. now**, ora tutto è tranquillo (*o* tutto va bene): **He's a man with a c. head**, è uno che tiene la testa a posto (*o* dotato di sangue freddo) *4* freddo (*fig.*); indifferente; distaccato: **Jane is rather c. towards me**, Jane si mostra fredda verso di me; **a c. reception**, un'accoglienza fredda; **C. and deliberate, the captain gave his orders**, con fredda risolutezza il capitano diede gli ordini *5* spudorato; sfrontato; spavaldo; temerario: **He's a c. customer**, è un tipo sfrontato (*o* spavaldo); **What c. cheek!**, che faccia tosta spudorata! *6* (*fam. arc. o USA*) splendido; favoloso; eccitante; fantastico *7* (*fam.*) – **a c. ...**, la bellezza di...: **I was offered a c. one thousand** (**pounds**), mi offrirono la bellezza di mille sterline *8* (*mus.*) freddo: **c. jazz**, jazz freddo *9* (*mus.*) relativo al jazz freddo: **the so-called c. school**, la cosiddetta scuola di jazz freddo. **B** *n.* *1* (il) fresco; frescura: **in the c. of the evening**, al fresco della sera; **to keep food in the cool**, tenere cibo al fresco *2* freschezza: **the c. of the air**, la freschezza dell'aria *3* (*fam.*) calma; imperturbabilità; riservatezza; sangue freddo (*fig.*): **to keep [to lose] one's c.**, mantenere [perdere] la calma *4* (*mus.*) jazz freddo *5* (gergo della malavita) tregua provvisoria (*tra due bande rivali*): ● **c. bag**, borsa termica □ (*fam. USA*) **c. cat**, tipo imperturbabile; (*anche*) individuo sveglio, in gamba □ (*fam.*) **a c. hand**, un tipo sfacciato, sfrontato, troppo disinvolto □ **c.-headed**, calmo; che tiene la testa a posto; imperturbabile □ **c.-headedness**, calma; imperturbabilità; sangue freddo □ (*agric.*) **c. house**, serra fredda □ (*fam. USA*) **c. number**, tipo calmo, riservato, tranquillo □ (*fam.*) **as c. as a cucumber**, imperturbabile; impassibile; fresco come una rosa □ (*fam. USA*) **to feel c.**, sentirsi a posto; stare da papa □ **to get c.**, rinfrescarsi; farsi fresco; prendere il fresco: **It's getting c.**, si fa fresco; **Let's sit down and get c.**, sediamoci a prendere il fresco □ (*fam.*) **to play it c.**, restare calmo; non perdere la calma.

to **cool** /kuːl/, **A** *v. t.* *1* rinfrescare: **The storm has cooled the air**, il temporale ha rinfrescato l'aria *2* raffreddare (*anche fig.*): **If you blow on the soup, it will c. it**, se soffi sulla minestra, la raffredderai; **to c. sb.'s enthusiasm**, raffreddare l'entusiasmo di q. *3* (*fam.*) calmare (q.) *4* (*tecn.*) tenere in fresco; refrigerare *5* (*fis. nucl.*) raffreddare *6* (*fam. USA*) ignorare; trattare con indifferenza *7* (*pop. USA*) picchiare a sangue; uccidere; fare secco (*pop.*). **B** *v. i.* *1* (*del tempo, ecc.*) rinfrescarsi *2* (*del tè, dell'entusiasmo, ecc.*) raffreddarsi: **Let your tea c. a little**, fai raffreddare un po' il tè! ● (*fam.*) **to c. one's heels**, aspettare a lungo; fare anticamera: **He was kept cooling his heels for two hours**, dovette fare due ore di anticamera □ (*pop.*) **to c. it**, piantarla, smetterla (*di scocciare, ecc.*); (*anche*) calmarsi; (*anche*) prendersela calma (*nel lavoro, ecc.*); prendersi un periodo di riposo (*o* di vacanza) □ (*pop.*) **C. it!**, piantala!; non seccare!

♦**cool down**, **A** *v. i.* + *avv.* *1* (*del tempo, ecc.*) rinfrescare: **After the rain, it cooled down**, dopo la pioggia, rinfrescò *2* (*del tè, ecc.*) raffreddarsi *3* (*di una persona*) calmarsi; placarsi; (*anche*) raffreddarsi (*verso q.*) *4* (*dell'ira*) placarsi; sbollire. **B** *v. t.* + *prep.* *1* rinfrescare (*l'aria, ecc.*) *2* raffreddare (*il tè, l'entusiasmo, ecc.*) *3* calmare; far passare i bollori a (q.) *4* far sbollire (*l'ira*) □ **Later the atmosphere cooled down**, in seguito l'atmosfera si rasserenò.

♦**cool off**, **A** *v. i.* + *avv.* *1* raffreddarsi (*anche fig.*) *2* (*di una persona*) calmarsi *3* (*dell'ira*) sbollire *4* (*econ., fin.*: *della domanda, ecc.*) raffreddarsi, registrare una flessione; diminuire. **B** *v. t.* + *prep.* *1* raffreddare (*anche fig.*); ridurre l'entusiasmo di (q.) *2* calmare (*una persona*) *3* far sbollire (*l'ira*) *4* (*econ., fin.*) raffreddare: **to c. off consumer demand**, raffreddare la domanda dei consumatori.

♦**cool out**, *v. t.* + *avv.* *1* (*comm.*) tenere a freno (*un concorrente*) *2* (*fam. USA*) calmare (*una persona*) *3* (*pop.*) uccidere, fare secco (*pop.*).

coolant /'kuːlənt/, *n.* *1* refrigerante *2* (*anche autom.*) fluido refrigerante (*o* di raffreddamento) *3* fluido frigorifero.

cooler /'kuːlə(r)/, *n.* *1* refrigerante; refrigeratore: **a wine c.**, un refrigeratore per vini *2* bibita ghiacciata *3* (= **water c.**) raffreddatore dell'acqua potabile *4* (*pop.*) cella di rigore; gattabuia *5* (*pop. USA*) camera mortuaria.

coolie /'kuːlɪ/, *n.* coolie (*portatore, facchino, servo, specialm. in India e in Cina*).

cooling /'kuːlɪŋ/, **A** *n.* (*anche fis. nucl.*) raffreddamento: **air-c.**, raffreddamento ad aria. **B** *a.* *1* rinfrescante *2* (*tecn.*) refrigerante: **c. coil**, serpentino refrigerante. ● **c. chamber**, cella frigorifera □ (*autom.*) **c. fan**, ventilatore □ **c. fun**, giochi (*in piscina, ecc.*) che servono per rinfrescarsi □ (*econ.*) **c.-off**, raffreddamento; flessione (*della domanda*) □ (*ass., leg., in G.B.*) **c.-off period**, periodo di ripensamento (*in cui si ha il diritto di recedere da un contratto di vendita*) □ (*tecn.*) **c. plant**, impianto di refrigerazione □ (*leg.*) **c. time**, periodo di raffreddamento □ (*autom.*) **c. system**, impianto di raffreddamento □ (*tecn.*) **c. tower**, torre di raffreddamento.

coolish /'ku:lɪʃ/, *a.* piuttosto fresco.

coolly /'ku:(l)lɪ/, *avv.* 1 freddamente; con freddezza; con indifferenza: **to welcome sb. c.**, accogliere q. con freddezza *2* con calma; a sangue freddo: **to take st. c.**, prendere q.c. con calma *3* con (eccessiva) disinvoltura.

coolness /'ku:lnəs/, *n.* *1* fresco; frescura *2* freddezza; indifferenza; calma; sangue freddo (*fig.*) *3* (eccessiva) disinvoltura.

cooly /'ku:lɪ/, *V.* **coolie**.

coom(b) (1) /ku:m/, *n.* (*scozz. e ingl. sett.*) morchia; polvere di carbone.

coomb (2) /ku:m/, *n.* (*ingl. merid.*) valletta; burroncello.

coomb(e) (3) /ku:m/, *n.* (*ingl. sett.*) circo glaciale.

coon /ku:n/, *n.* *1* (*fam.*; *zool.*, *Procyon lotor*) procione; orso lavatore *2* (*spreg.*) negro *3* (*pop.*) furbacchione. ● **c. songs**, canti dei negri d'America □ (*fam. USA*) **a c.'s age**, un sacco di tempo □ (*pop.*) **gone c.**, andato in malora (*o* in rovina).

coop /ku:p/, *n.* *1* stia (*per polli, ecc.*) *2* nassa *3* (*pop.*) gattabuia *4* (*fam. USA*) stamberga *5* (*pop. USA*) locale (*ufficio, magazzino, ecc.*) piccolo e malmesso *6* (*autom., pop. USA*) coupé *7* (*pop. USA*) dormitorio femminile (*di college*) *8* (*USA*) *V.* **co-op,** *def. 2.* ● (*pop.*) **to fly the c.**, scappar di prigione; evadere (*anche fig.*).

to **coop** /ku:p/, **A** *v. t.* (*anche* **to c. up, to c. in**) *1* mettere (*polli*) nella stia *2* costringere; rinchiudere; stipare: **We were cooped up in the cabin**, eravamo stipati nella cabina. **B** *v. i.* (*pop. USA*: *di un poliziotto*) dormire in macchina (*in servizio notturno*).

co(-)op /'kəʊɒp/, *n.* (*abbr. fam. di* **co(-)operative**) *1* cooperativa *2* (*USA*) condominio. ● (*fam.*) **the C.**, la cooperativa (*dove si va a fare la spesa*) □ (*fin., in G.B.*) **the C. Bank**, la Banca Cooperativa (*una delle maggiori banche ingl.*) □ (*pop. USA*) **to go c.**, stare in società.

cooper (1) /'ku:pə(r)/, *n.* *1* bottaio *2* (= **wine c.**) assaggiatore di vini *3* miscela di birra forte e birra leggera.

cooper (2) /'ku:pə(r)/, *V.* **coper** (2).

to **cooper** /'ku:pə(r)/, *v. t.* *1* fabbricare, riparare (*barili, botti e sim.*) *2* mettere (*vino, ecc.*) in botti o barili; imbottare; imbarilare.

cooperage /'ku:pərɪdʒ/, *n.* bottega (*o* lavoro) di bottaio.

co(-)operant /kəʊ'ɒpərənt/, *a.* che coopera; che collabora.

to **co(-)operate** /kəʊ'ɒpəreɪt/, *v. i.* *1* cooperare; collaborare *2* concorrere; contribuire: **Heavy rain and spring thaw have cooperated to swell the river**, la forte pioggia e il disgelo primaverile hanno contribuito a far gonfiare il fiume.

co(-)operation /kəʊɒpə'reɪʃn/, *n.* *1* cooperazione; collaborazione *2* (*econ.*) (la) cooperazione.

co(-)operative /kəʊ'ɒprətɪv, *USA* -pəreɪtɪv/, **A** *a.* *1* (*econ.*) cooperativo: **c. society**, società cooperativa; **the c. movement**, il movimento cooperativo; il cooperativismo *2* disposto a collaborare *3* (*econ.*) cooperativistico: **c. farming**, agricoltura cooperativistica. **B** *n.* (*econ.*) cooperativa: **consumers' c.**, cooperativa di consumo. ● (*fin.*) **c. bank**, banca cooperativa □ (*agric.*) **c. farm**, cooperativa agricola □ **c. marketing**, distribuzione cooperativa □ **c. store** (*o* **c. shop**), spaccio cooperativo; cooperativa (*fam.*).

cooperatively /kəʊ'ɒprətɪvlɪ, *USA* -pəreɪtɪv-/, *avv.* in collaborazione; in cooperazione.

co(-)operator /kəʊ'ɒpəreɪtə(r)/, *n.* *1* cooperatore *2* (*econ.*) socio d'una cooperativa.

coopery /'ku:pərɪ/, *n.* bottega (*o* lavoro) di bottaio.

to **co(-)opt** /kəʊ'ɒpt/, *v. t.* (*anche fig.*) cooptare; eleggere (*un nuovo membro*).

co(-)optation /kəʊɒp'teɪʃn/, **co(-)option** /kəʊ'ɒpʃn/, *n.* (*anche fig.*) cooptazione.

co(-)ordinate /kəʊ'ɔ:dɪnət/, **A** *a.* *1* coordinato; dello stesso ordine: (*mat.*) **c. axes**, assi coordinati; (*gramm.*) **c. clauses**, proposizioni coordinate *2* (*moda*: *di un abito*) coordinato. **B** *n.* *1* cosa (*o* persona) dello stesso ordine (*di un'altra*) *2* (*mat., geogr., astron.*) coordinata *3* (*moda*) coordinato. ● (*chim.*) **c. bond**, legame di coordinazione □ **c. complex**, *V.* **coordination compound** □ (*chim.*) **c. valence**, valenza di coordinazione.

to **co(-)ordinate** /kəʊ'ɔ:dɪneɪt/, *v. t.* coordinare.

co(-)ordination /kəʊɔ:dɪ'neɪʃn/, *n.* *1* coordinazione: (*chim.*) **c. compound**, composto di coordinazione *2* eleganza, coordinazione (*dei movimenti*).

co(-)ordinative /kəʊ'ɔ:dɪnətɪv, *USA* -eɪtɪv/, *a.* coordinativo; che coordina.

co(-)ordinator /kəʊ'ɔ:dɪneɪtə(r)/, *n.* coordinatore.

coot /ku:t/, *n.* *1* (*zool., Fulica atra*) folaga *2* (*fam. USA*) tipo; tizio; individuo *3* (*fam. arc.*) sempliciotto; tonto. ● **as bald as a c.**, pelato come un uovo.

cootie /'ku:tɪ/, *n.* (*pop.*) pidocchio; (*fig.*) pidocchio, avaro.

co-owner /kəʊ'əʊnə(r)/, *n.* (*leg.*) comproprietario; condomino.

co-ownership /kəʊ'əʊnəʃɪp/, *n.* (*leg.*) comproprietà. ● **c. of industry**, compartecipazione industriale.

cop (1) /kɒp/, *n.* *1* (*ind. tess.*) bobina; spola (*filo avvolto sul fuso*) *2* cima (*d'un colle*) *3* cresta (*d'un uccello*). ● (*ind. tess.*) **cop winder**, incannatoio.

cop (2) /kɒp/, *n.* (*fam.*) poliziotto; poliziotta. ● **cop shop**, stazione di polizia.

cop (3) /kɒp/, *n.* (*pop.*) arresto; cattura; retata: **a fair cop**, una bella retata. ● (*fam.*) **cop-out**, pretesto, scappatoia, scusa (*per non fare q.c.*); chi si sottrae (*a un impegno*); lavativo (*fam.*); (lo) scansare (*un lavoro, ecc.*); (il) sottrarsi.

to **cop** /kɒp/, *v. t.* (*pop.*) *1* acchiappare; afferrare *2* prendere; sorprendere (*q. che fa q.c. di sbagliato, una monelleria, ecc.*) *3* (*pop. USA*) fregare; rubare. ● **to cop it**, passare dei guai; prenderle, buscarle; essere fatto fuori (*ucciso*) □ (*pop. USA*) **to cop off**, rubare; fregare □ (*fam.*) **to cop out**, non impegnarsi, sottrarsi a ogni responsabilità □ **to cop a plea**, dichiararsi colpevole (*per ottenere una pena meno grave*).

copaiba /kəʊ'paɪbə/, **copaiva** /kəʊ'paɪvə/, *n.* *1* (*bot., Copaifera officinalis*) copaive, cop(p)aiba *2* (*farm.*, = **c. balsam**) balsamo di copaive.

copal /'kəʊpl/, *n.* copale, coppale.

coparcenary, coparceny /kəʊ'pɑ:sənrɪ, kəʊ'pɑ:sənɪ/, *n.* (*leg.*) successione immobiliare indivisa.

coparcener /kəʊ'pɑ:sɪnə(r)/, *n.* (*leg.*) coerede.

copartner /kəʊ'pɑ:tnə(r)/, *n.* *1* (*comm.*) socio; consocio *2* (*econ.*) lavoratore compartecipe degli utili dell'azienda.

copartnership /kəʊ'pɑ:tnəʃɪp/, *n.* *1* (*comm.*) associazione; società *2* (*econ.*, = **labour c.**) compartecipazione (*dei dipendenti*) agli utili di un'azienda.

cope /kəʊp/, *n.* *1* (*relig.*) piviale; (*fig. arc.*) manto, cappa, volta: **the c. of night**, il manto della notte; **the c. of heaven**, la cappa del cielo *2* (*fonderia*) coperchio; staffa superiore *3* (*edil.*) cimasa, copertina (*d'un muro*). ● **c.-stone**, pietra per cimasa; (*fig.*) ultimo tocco, coronamento (*di un'opera*).

to **cope** (1) /kəʊp/, **A** *v. t.* *1* (*relig.*) mettere il piviale a (*un vescovo*) *2* (*edil.*) coprire (*un muro*) con una cimasa. **B** *v. i.* – **to c. over**, sporgere (*a guisa di cimasa*).

to **cope** (2) /kəʊp/, *v. i.* (*sempre* **to c. with**) *1* essere all'altezza (di) (*un compito, ecc.*); far fronte, tener testa (a); trattare con (*una persona difficile, ecc.*): **We cannot c. with him**, non possiamo tenergli testa *2* sostenere; sopportare: **to c. with heavy tariff reductions**, sopportare pesanti riduzioni tariffarie *3* superare: **This off-road vehicle can c. with almost any climb**, questo fuoristrada è in grado di superare qualsiasi rampa o quasi *4* (*in senso assoluto*) farcela; tirare avanti: **He couldn't have coped**, non avrebbe potuto farcela; **to c. with one's own**, tirare avanti da solo, con i propri mezzi. ● **to c. with a difficult situation**, fronteggiare una situazione difficile.

copeck /'kəʊpek/, *n.* copeco.

Copenhagen /kəʊpn'heɪgən/, *n.* (*geogr.*) Copenaghen.

coper (1) /'kəʊpə(r)/, *n.* (= **horse c.**) mercante di cavalli (*specialm. disonesto*).

coper (2) /'kəʊpə(r)/, *n.* (*naut., stor.*) nave che fa spaccio d'alcolici.

Copernican /kə'pɜ:nɪkən/, *a.* copernicano: **the C. system**, il sistema copernicano.

Copernicus /kə'pɜ:nɪkəs/, *n.* (*stor.*) Copernico.

copier /'kɒpɪə(r)/, *n.* *1* chi copia; imitatore *2* chi trascrive; copista *3* copiatrice (*macchina*); fotocopiatrice.

copilot /'kəʊpaɪlət/, *n.* (*aeron., autom.*) secondo pilota.

coping /'kəʊpɪŋ/, *n.* (*edil.*) cimasa, copertina (*d'un muro*). ● (*mecc.*) **c. saw**, sega da traforo □ **c. stone**, pietra per cimasa; (*fig.*) ultimo tocco, coronamento (*di un'opera*).

copious /'kəʊpɪəs/, *a.* *1* copioso; abbondante *2* verboso; prolisso *3* (*d'autore*) prolifico (*fig.*). || **-ly**, *avv.* || **-ness**, *sost.*

coplanar /kəʊ'pleɪnə(r)/, *a.* (*geom., mecc.*) complanare.

coplanarity /kəʊplə'nærətɪ/, *n.* (*geom.*) complanarità.

copolymer /kəʊ'pɒlɪmə(r)/, *n.* (*chim.*) copolimero.

copper (1) /'kɒpə(r)/, **A** *n.* *1* (*chim.*) rame *2* moneta di bronzo (*un tempo di rame*); monetina (*da uno o due penny*) *3* (*pl.*) (*fam.*) spiccioli: **We gave the boy a few coppers**, demmo qualche spicciolo al ragazzo *4* (*pl.*) (i) rami; (i) vasi di rame; (le) caldaie di rame. **B** *a.* *1* di rame *2* ramato; color rame. ● **c. alloy**, cuprolega □ (*bot.*) **c. beech** (*Fagus sylvatica atropunicea*), faggio rosso □ (*tecn.*) **c.-bit**, saldatoio □ **c.-bottomed**, (*di nave*) dal fondo rivestito di lastre di rame; (*fig. fam.*) di ferro; (*anche fin.*) sicuro, solido: **c.-bottomed promises**, promesse di ferro □ (*elettr.*) **c. cable**, cavo di rame □ (*miner.*) **c. glance**, calcocite □ **c. Indian** (*o* **c. skin**), indiano d'America; pellerossa □ **c. ore**, minerale ramifero □ (*metall.*) **c. plating**, ramatura □ (*chim.*) **c. sulfide**, solfuro di rame (*o* rameico) □ (*pop.*) **c.-top**, rosso (di capelli); pel di carota (*fig.*) □ **c. tube**, tubo (*o* tubicino) di rame □ **c. wire**, filo di rame.

copper (2) /'kɒpə(r)/, *n.* (*fam.*) poliziotto; poliziotta.

to **copper** /'kɒpə(r)/, *v. t.* (*anche metall.*) rivestire di rame; ramare.

copperas /'kɒpərəs/, *n.* (*chim.*) vetriolo verde; solfato ferroso.

copperhead /'kɒpəhed/, *n.* *1* (*zool., Agkistrodon contortrix mokasen*) mocassino; testa di rame *2* (*stor. USA*) cittadino degli Stati del Nord che parteggiava per i sudisti (*al tempo della guerra civile*).

coppering /'kɒpərɪŋ/, *n.* *1* (*metall.*) ramatura *2* (*naut., tecn.*) rivestimento in rame.

copperplate /'kɒpəpleɪt/, *n.* *1* lastra di rame (*per incisione*) *2* (*arte*) incisione su rame; rame. ● **c. engraving**, incisione su rame; calcografia □ **c. writing**, scrittura chiara e regolare.

to **copperplate** /'kɒpəpleɪt/, *v. t.* (*metall.*) ramare; rivestire di rame.

copperplating /'kɒpəpleɪtɪŋ/, *n.* (*metall.*) ra-

matura.
coppersmith /'kɒpəsmɪθ/, *n.* ramaio; calderaio.
coppery /'kɒpərɪ/, *a.* **1** che contiene rame **2** color rame.
coppice /'kɒpɪs/, *n.* **1** ceduo; bosco ceduo; bosco a ceppaia **2** macchia. ● **c. wood**, sottobosco.
copra /'kɒprə, *USA* 'kəʊ-/, *n.* (*ind.*) copra (*polpa di noce di cocco essiccata*).
coproducer /kəʊprə'dju:sə(r), *USA* -'du:-/, *n.* (*econ.*) coproduttore.
coproduct /kəʊ'prɒdʌkt/, *n.* (*econ.*) prodotto congiunto.
coproduction /kəʊprə'dʌkʃn/, *n.* (*econ.*) coproduzione.
coprolalia /kɒprə'leɪlɪə/, *n.* (*psic.*) coprolalia.
coprolite /'kɒprəlaɪt/, *n.* (*geol.*) coprolito.
coprological /kɒprə'lɒdʒɪkl/, *a.* coprologico; osceno.
coprology /kə'prɒlədʒɪ/, *n.* (*anche med.*) coprologia.
coprophagy /kə'prɒfədʒɪ/, *n.* (*psic.*) coprofagia.
coprophilia /kɒprə'fɪlɪə/, *n.* (*psic.*) coprofilia.
co-proprietor /kəʊprə'praɪətə(r)/, *n.* (*leg.*) comproprietario.
copse /kɒps/, *n.* **1** ceduo; bosco ceduo; bosco a ceppaia **2** macchia.
to **copse** /kɒps/, *v. t.* piantare a bosco ceduo.
Copt /kɒpt/, *n.* (*relig.*) copto.
copter /'kɒptə(r)/, *n.* (*abbr. fam. USA di* **helicopter**) elicottero.
Coptic /'kɒptɪk/, **A** *a.* copto: **the C. Church**, la chiesa copta. **B** *n.* copto (*la lingua*).
copula /'kɒpjʊlə/, *n.* (*pl.* **copulas, copulae**) **1** (*gramm.*) copula **2** (*anat.*) collegamento.
to **copulate** /'kɒpjʊleɪt/, *v. i.* accoppiarsi; copularsi (*raro*).
copulation /kɒpjʊ'leɪʃn/, *n.* copulazione; copula; accoppiamento.
copulative /'kɒpjʊlətɪv, *USA* -leɪtɪv/, *a.* (*gramm., fisiol.*) copulativo.
copulatory /'kɒpjʊlətrɪ, *USA* -tɔ:rɪ/, *a.* di copulazione; d'accoppiamento. ● (*anat.*) **c. organ**, organo copulatore.
copy /'kɒpɪ/, *n.* **1** copia; imitazione; riproduzione; trascrizione; esemplare: **rough** (*o* **foul**) **c.**, brutta copia; minuta; **fair** (*o* **clean**) **c.**, bella copia; **a c. of a magazine**, una copia di una rivista **2** modello (*di calligrafia, ecc.*); opera presa a modello: **This picture was not painted from nature, but from a c.**, questo quadro non è stato preso (*o* dipinto) dal vero, ma da un modello **3** (*tipogr.*) testo; manoscritto (*o* materiale) da stampare **4** (*pubbl.*) testo **5** argomento; materia d'interesse: **Crime and sex make good c. for popular papers**, i delitti e il sesso sono materia di grande interesse per i giornali popolari. ● **c.-boy**, fattorino (*d'un giornale*) □ (*giorn.*) **c. deadline**, data di «chiusura» del testo □ (*USA*) **c.-desk**, tavolo redazionale □ **c. editor**, redattore (*specialm. di giornale*) □ (*pubbl.*) **c. fitting**, riduzione del testo (*alle dimensioni dello spazio disponibile*) □ (*leg.*) **c. of memorandum of satisfaction**, certificato di cancellazione (*di un'ipoteca*) □ (*giorn.*) **c. tester**, selezionatore di testi (*da pubblicare*) □ **c. typist**, dattilografo (*o* dattilografa) che copia testi scritti.
to **copy** /'kɒpɪ/, *v. t.* e *i.* **1** copiare; far copie; trascrivere; imitare; riprodurre: **to c. a letter** [**a document**], copiare una lettera [un documento]; **to c. from sb.**, copiare da q. **2** (*elab.*) duplicare. ● **to c. down**, ricopiare; trascrivere.
copybook /'kɒpɪbʊk/, *n.* quaderno. ● (*fig.*) **a c. rule**, una regola banale, trita.
copycat /'kɒpɪkæt/, *n.* (*fam.*) **1** imitatore pedissequo; pappagallo (*fig.*) **2** (*a scuola*) copione (*fam.*). ● (*market.*) **c. packaging**, confezione che imita quella di un prodotto di qualità.
to **copy-edit** /'kɒpɪedɪt/, *v. t.* e *i.* curare (*un manoscritto, prima di mandarlo al tipografo*).
copyhold /'kɒpɪhəʊld/, *n.* (*leg., stor.*) **1** proprietà d'un terreno, basata su una copia di antichi documenti di concessione feudale **2** terreno così posseduto.
copyholder /'kɒpɪhəʊldə(r)/, *n.* **1** (*leg., stor.*) proprietario di terreno per antica concessione feudale (*V.* **copyhold**). **2** aiuto correttore di bozze **3** (*tipogr.*) raccoglitore (*per un testo da comporre, ecc.*).
copying /'kɒpɪɪŋ/, **A** *a.* copiativo: **c. ink**, inchiostro copiativo. **B** *n.* copiatura. ● **c. clerk**, copista □ **c. machine**, copiatrice □ **c. office**, copisteria □ **c. press**, copialettere □ **c. ribbon**, nastro copiativo.
copyist /'kɒpɪɪst/, *n.* **1** copista; scrivano **2** imitatore.
to **copyread** /'kɒpɪri:d/ (*pass.* e *p. p.* **copyread**), *v. t.* (*USA*) fare la revisione di (*un testo*).
copyreader /'kɒpɪri:də(r)/, *n.* (*USA*) **1** lettore di manoscritti **2** redattore (*di casa editrice*).
copyright /'kɒpɪraɪt/, **A** *n.* (*leg.*) copyright; diritto d'autore; proprietà letteraria riservata. **B** *a.* (*di libro, ecc.*) tutelato dai diritti d'autore. ● (*in G.B.*) **c. library**, biblioteca nazionale (*ce ne sono sei*)
to **copyright** /'kɒpɪraɪt/, *v. t.* tutelare (*un libro, ecc.*) con i diritti d'autore.
copywriter /'kɒpɪraɪtə(r)/, *n.* (*pubbl.*) copywriter; redattore di testi pubblicitari; creativo.
copywriting /'kɒpɪraɪtɪŋ/, *n.* (*pubbl.*) redazione di testi pubblicitari.
to **coquet**, to **coquette** /kəʊ'ket/, *v. i.* **1** civettare; far la civetta **2** gingillarsi (*con un'idea, ecc.*); prendere le cose alla leggera.
coquetry /'kɒkɪtrɪ/, *n.* civetteria.
coquette /kəʊ'ket/, *n.* civetta (*fig.*); donna che fa la civetta.
coquettish /kəʊ'ketɪʃ/, *a.* civettuolo. ‖ **-ly**, *avv.* ‖ **-ness**, *sost.*
cor /kɔ:(r)/, *inter.* (*pop. ingl.*) accidenti!; acciderba!
coracle /'kɒrəkl, *USA* 'kɔ:-/, *n.* «coracle»; imbarcazione di vimini (*usata nel Galles e in Irlanda*).
coral /'kɒrəl, *USA* 'kɔ:rəl/, **A** *n.* (*zool.*) corallo. **B** *a. attr.* corallino; di (*o* simile a) corallo: **a c. necklace**, una collana di corallo. ● **c. island**, isola corallina □ **c. reef**, barriera corallina □ **c. red**, rosso corallo □ (*zool.*) **c. snake** (*Micrurus*), serpente corallo □ (*bot.*) **c. tree** (*Erythrina corallodendron*), albero del corallo.
coralliferous /kɒrə'lɪfərəs, *USA* kɔ:-/, *a.* corallifero.
coralliform /kə'rælɪfɔ:m/, *a.* coralliforme.
coralline (1) /'kɒrəlaɪn, *USA* 'kɔ:-/, *n.* (*bot., Corallina officinalis*) corallina.
coralline (2) /'kɒrəlaɪn, *USA* 'kɔ:-/, *a.* **1** corallino; rosso corallo **2** (*bot.*) corallino **3** (*zool.*) simile al corallo.
corallite /'kɒrəlaɪt, *USA* 'kɔ:-/, *n.* **1** scheletro di corallo **2** corallino (*marmo rosso screziato*).
cor anglais /'kɔ:r'ɒŋgleɪ, *USA* 'kɔ:rɔ:ŋ'gleɪ/ (*franc.*), *locuz. n.* (*pl.* **cors anglais**) (*mus.*) corno inglese (*cfr. USA* **English horn**).
corbel /'kɔ:bl/, *n.* (*archit.*) mensolone; modiglione. ● **c. arch**, arco di volta a cesto □ **c. steps**, *V.* **corbie-steps**, *sotto* **corbie**.
to **corbel** /'kɔ:bl/, **A** *v. t.* provvedere di (*o* sostenere con) mensoloni. **B** *v. i.* – **to c. out** (*o* **off**), sporgere su mensoloni.
corbie /'kɔ:bɪ/, *n.* (*scozz.*) corvo; cornacchia. ● (*archit.*) **c.-gable**, frontone con ornamento a gradini □ (*archit.*) **c.-steps**, gradini ornamentali, posti sui lati d'un frontone.
cord /kɔ:d/, *n.* **1** corda; funicella; spago: **umbilical c.**, cordone ombelicale; **the vocal cords**, le corde vocali **2** misura per cataste di legna (*pari a 128 piedi cubici o* m^3 *3,625*) **3** (*elettr.*) filo elettrico; cordone **4** (*ind. tess.*) costa (*di tessuto*) **5** (*ind. tess.*) velluto a coste **6** (*pl.*) (*fam.*) pantaloni di velluto a coste. ● (*elettr.*) **c. circuit**, circuito a spine □ **spinal c.**, (*anat.*) midollo spinale; (*zool.*) corda dorsale, notocorda.
to **cord** /kɔ:d/, *v. t.* legare con una corda.
cordage /'kɔ:dɪdʒ/, *n.* **1** cordame **2** (*naut.*) sartiame.
cordate /'kɔ:deɪt/, *a.* **1** cordato; cuoriforme: **c. leaves**, foglie cordate **2** (*zool.*) cordato, dotato di corda dorsale.
corded /'kɔ:dɪd/, *a.* **1** legato con (*o* provvisto di) corde **2** (*di tessuto, ecc.*) a coste; cordonato.
Cordelier /kɔ:dɪ'lɪə(r)/, *n.* **1** (*relig.*) cordigliere (*frate francescano*) **2** – (*stor. franc.*) **the Cordeliers**, i Cordiglieri; il Club dei Cordiglieri.
cordial /'kɔ:dɪəl, *USA* -dʒəl/, **A** *a.* **1** cordiale. **2** corroborante. **B** *n.* **1** cordiale (*liquore*) **2** (*farm.*) corroborante; stimolante. ‖ **-ly**, *avv.*
cordiality /kɔ:dɪ'ælətɪ, *USA* -dʒɪ-/, *n.* cordialità.
cordillera /kɔ:dɪ'ljeərə, -'lɛ-, kɔ:'dɪlərə/, *n.* (*geogr.*) cordigliera.
cordite /'kɔ:daɪt/, *n.* cordite (*esplosivo*).
cordless /'kɔ:dləs/, *a.* (*elettr.*) senza filo; a batteria: **a c. vacuum cleaner**, un aspirapolvere a batteria; **a c. phone**, un telefono senza filo; un cordless.
cordon /'kɔ:dn/, *n.* **1** cordone (*insegna d'ordine cavalleresco e barriera posta per mantenere l'ordine pubblico*) **2** (*archit.*) cordone (*di pietra*). ● (*franc.*) **c. bleu**, (*stor.*) «cordon bleu» (*onorificenza cavalleresca francese*); (*fig.*) cuoco (*o* cuoca) di prim'ordine □ **a c. bleu meal**, un pasto di prima qualità □ (*franc.*) **c. sanitaire**, (*med.*) cordone sanitario; (*fig., polit.*) zona cuscinetto.
to **cordon** /'kɔ:dn/, *v. t.* (*di solito* **to c. off**) **1** fare cordone intorno a (*una folla, ecc.*) **2** circondare, isolare (*con un cordone di polizia, ecc.*).
cordovan /'kɔ:dəvən/, **A** *n.* cuoio cordovano; cordovano. **B** *a.* di cuoio cordovano.
corduroy /'kɔ:dərɔɪ, -'rɔɪ/, **A** *n.* **1** (*ind. tess.*) velluto a coste (*di cotone*) **2** (*pl.*) calzoni di velluto a coste. **B** *a. attr.* di velluto a coste: **a c. jacket**, una giacca di velluto a coste. ● (*USA*) **c. road**, strada di tronchi d'albero (*su terreno paludoso*).
core /kɔ:(r)/, **A** *n.* **1** torsolo (*di frutto*) **2** centro; anima (*d'un metallo, d'una corda, ecc.*); cuore, nocciolo (*fig.*); nucleo: **the c. of a city** [**of a flame, of a storm**], il centro di una città [di una fiamma, di un temporale]; **rotten at the c.**, corrotto nell'anima; **the c. of the question**, il nocciolo della questione **3** (*biol., elettr., geol.*) nucleo **4** (*ind. min.*) carota **5** (*fis. nucl.*) core; nocciolo **6** (*econ.*) core; nocciolo **7** (*elab.*) nucleo **8** (*elab.*) *V.* **c. memory**. **B** *a. attr.* centrale; essenziale: **the c. meaning**, il significato essenziale. ● (*ind. min.*) **c. barrel**, tubo carotiere □ **c. bit**, corona da carotaggio □ **c. drill**, sonda campionatrice; sonda da carotaggio □ **c. drilling** (*o* **c. boring**), carotaggio □ (*econ.*) **c. inflation**, inflazione inerziale □ (*metall.*) **c. iron**, ferro per nuclei □ (*elab.*) **c. memory** (*o* **storage**), memoria centrale □ (*metall.*) **c. molding**, formatura delle anime □ (*ind. min.*) **c. sample**, (campione da) carota □ (*econ.*) **c. workers**, lavoratori di prima linea.
to **core** /kɔ:(r)/, *v. t.* **1** estrarre la parte centrale di (q.c.); togliere il torsolo a (*una mela, ecc.*) **2** (*ind. min.*) carotare.
co(-)relation /kəʊrɪ'leɪʃn/, *n.* correlazione.
coreless /'kɔ:ləs/, *a.* **1** senza torsolo, ecc. (*V.* **core**) **2** (*tecn.*) senza nucleo.
coreligionist /kəʊrɪ'lɪdʒənɪst/, *n.* correligionario.
corer /'kɔ:rə(r)/, *n.* **1** (*cucina*) «cavatorsoli» **2** (*ind. min.*) carotatore.
co-respondent /kəʊrɪ'spɒndənt/, *n.* (*leg.*) coimputato, correo (*specialm. in una causa di divorzio per adulterio*).

corf /kɔ:f/, *n.* (*pl.* **corves**) *1* carrello (*per trasporto di minerale*) *2* cesto calato nell'acqua, in cui si tengono in vita i pesci.
corgi /ˈkɔ:gɪ/, *n.* (*pl.* **corgis**) welsh corgi (*cane di piccola taglia*).
coriaceous /kɒrɪˈeɪʃəs, *USA* kɔ:-/, *a.* coriaceo.
coriander /kɒrɪˈændə(r), *USA* kɔ:-/, *n.* (*bot.*, *Coriandrum sativum*) coriandolo.
coring /ˈkɔ:rɪŋ/, *n.* (*ind. min.*) carotaggio.
Corinth /ˈkɒrɪnθ, *USA* ˈkɔ:-/, *n.* (*geogr.*) Corinto.
Corinthian /kəˈrɪnθɪən/, **A** *a.* corintio, corinzio: (*archit.*) **C. order**, ordine corinzio. **B** *n.* *1* abitante di Corinto *2* (*arc.*) gaudente; libertino.
corium /ˈkɔ:rɪəm/, *n.* (*anat.*) corion; derma.
cork /kɔ:k/, *n.* *1* (*bot.*) sughero (*di quercia*) *2* sughero; tappo; turacciolo (*di sughero o d'altro*). ● (*naut.*) **c. jacket**, giubbotto di salvataggio □ **a c. mat**, uno stuoino di sughero □ (*bot.*) **c. oak** (*o* **c. tree**) (*Quercus suber*), sughera; quercia da sughero □ (*di sigaretta*) **c.-tipped**, con il filtro di sughero (*o di materiale simile*) □ (*di persona*) **to be like a c.**, stare (*o* tornare) sempre a galla (*fig.*).
to **cork** /kɔ:k/, *v. t.* *1* mettere il tappo a (*una bottiglia, ecc.*); tappare; turare *2* munire di sughero (*galleggianti, ecc.*) *3* annerire (*la faccia, ecc.*) con sughero bruciacchiato. ● (*fig.*) **to c. up one's feelings**, reprimere i propri sentimenti.
corkage /ˈkɔ:kɪdʒ/, *n.* *1* il tappare (*o* lo stappare) bottiglie *2* (*ingl.*) somma che si paga in un ristorante per ogni bottiglia stappata (*se comperata altrove*).
corkboard /ˈkɔ:kbɔ:d/, *n.* (*ind.*) sughero per rivestimenti.
corked /kɔ:kt/, *a.* *1* tappato: **a c. bottle**, una bottiglia tappata *2* munito di sughero *3* annerito con sughero bruciacchiato *4* (*di vino*) che sa di tappo *5* (*pop.*) sbronzo; ubriaco fradicio.
corker /ˈkɔ:kə(r)/, *n.* *1* operaio (*o* arnese) che tappa bottiglie; tappatrice (*macchina*) *2* (*pop., arc. o USA*) persona (*o* avvenimento) strabiliante; cosa di prim'ordine *3* (*pop., arc. o USA*) argomento conclusivo, che taglia la testa al toro.
corking /ˈkɔ:kɪŋ/, **A** *n.* *1* tappatura *2* sapore di tappo. **B** *a.* (*pop. ingl.*) eccellente; ottimo; favoloso. ● **c. machine**, tappatrice.
corkscrew /ˈkɔ:kskru:/, **A** *n.* cavatappi; cavaturaccioli. **B** *a. attr.* a spirale; a chiocciola; a vite: **c. staircase**, scala a chiocciola; (*aeron.*) **c. dive**, picchiata in spirale; caduta a vite.
to **corkscrew** /ˈkɔ:kskru:/, **A** *v. i.* *1* muoversi (*o* procedere) a spirale *2* (*di strada*) salire a spirale *3* (*aeron.*) cadere a vite; avvitarsi. **B** *v. t.* *1* spingere a spirale; far muovere a zigzag *2* avvolgere a spirale *3* cavare a forza (*informazioni, ecc.*) di bocca; estorcere (*una confessione, ecc.*).
corky /ˈkɔ:kɪ/, *a.* *1* sugheroso; di (*o* simile a) sughero *2* (*fam.*) vivace; esuberante; frivolo.
corm /kɔ:m/, *n.* (*bot.*) cormo.
cormophyte /ˈkɔ:məfaɪt/, *n.* (*bot.*) cormofita.
cormorant /ˈkɔ:mərənt/, *n.* *1* (*zool.*, *Phalacrocorax carbo*) cormorano; marangone *2* (*fig.*) persona avida, vorace; avvoltoio (*fig.*).
corn (**1**) /kɔ:n/, *n.* *1* (*nome generico*) cereale (*il chicco e la pianta*); granaglie *2* grano; frumento; (*talora*) orzo, avena *3* (*scozz., irl.*) avena *4* (*USA*, = **Indian c.**) granturco; frumentone; mais: **an ear of c.**, una pannocchia di granturco. ● (*in U.S.A.*) **the C. Belt**, la zona del granturco □ (*USA*) **c. bread**, focaccia di granturco □ **c. chandler**, venditore al minuto di cereali □ **c. dealer** (*o* **c. merchant**), grossista in granaglie □ (*fin.*) **the C. Exchange**, la Borsa dei cereali □ **c. factor** (*o* **c. merchant**), commerciante in granaglie □ (*stor.*) **c. laws**, leggi protezionistiche sul grano □ **c. meal**, farina gialla (*o* da polenta); (*anche*) farina di grano □ (*USA*) **c. on the cob**, pannocchia di granturco arrostita o bollita (*da mangiare*) □ (*agric., USA*) **c. picker**, raccoglitrice di mais (*macchina*) □ (*USA*: *negli Stati del Sud*) **c. pone**, pane di granturco □ **c. popper**, padella per fare il popcorn □ **c. poppy** (*Papaver rhoeas*), papavero di campo □ **c.-rent**, canone pagato in grano (*o* che varia col prezzo del grano) □ (*USA*) **c. silk**, barba del granturco □ (*USA*) **c. shuck**, *V.* **cornhusk** □ (*sci*) **c. snow**, neve primaverile □ (*USA*) **c. whiskey**, whisky di mais.
corn (**2**) /kɔ:n/, *n.* callo; durone. ● **c. plaster**, cerotto per calli; callifugo □ (*fig.*) **to tread on sb.'s corns**, pestare i calli a q.
to **corn** /kɔ:n/, *v. t.* conservare (*carne, ecc.*) sotto sale (*in passato, mettendola nel grano*): **corned beef**, carne di manzo conservata sotto sale.
corncob /ˈkɔ:nkɒb/, *n.* tutolo. ● **c. pipe**, pipa fatta da un tutolo.
corncockle /ˈkɔ:nkɒkl/, *n.* (*bot.*, *Agrostemma githago*) gittaione.
corncrake /ˈkɔ:nkreɪk/, *n.* (*zool.*, *Crex crex*) re di quaglie.
cornea /ˈkɔ:nɪə/, *n.* (*anat.*) cornea.
corneal /ˈkɔ:nɪəl/, *a.* (*anat.*) corneale.
cornel /ˈkɔ:nl/, *n.* (*bot.*, = **c. tree**) *1* (*Cornus mas*) corniolo *2* (*Cornus sanguinea*) sanguinella; sanguine.
cornelian /kɔ:ˈni:lɪən/, *n.* (*miner.*) corniola; cornalina.
corneous /ˈkɔ:nɪəs/, *a.* (*zool.*) corneo.
corner /ˈkɔ:nə(r)/, *n.* *1* angolo; canto; cantuccio: **at** (*o* **on**) **the c.**, all'angolo; **a cosy c.**, un comodo cantuccio *2* (*edil.*) spigolo *3* (*econ.*) accaparramento; incetta; imboscamento (*di merce*): **to make a c. in**, fare incetta di (*merci, azioni, ecc.*) *4* (*sport*: *autom., ecc.*) curva *5* (*sport*) corner; calcio d'angolo: **to score from a c.**, segnare un calcio d'angolo. ● **c. base unit**, base ad angolo (*di una cucina componibile*) □ (*pop.*) **c. boy**, monello; fannullone □ (*mecc.*) **c. chisel**, sgorbia triangolare □ **c. cupboard**, angoliera □ (*sport*) **c. flag**, bandierina del calcio d'angolo (*o* del corner) □ **c. house**, casa d'angolo; (*spesso*) ristorante □ (*sport*) **c. kick**, calcio d'angolo; corner □ **c. seat**, posto d'angolo □ **c. shop**, negozio d'angolo; negozietto; botteguccia □ **c. wall unit**, pensile ad angolo □ **around the c.**, dietro l'angolo □ **to cut corners**, (*autom.*) tagliare le curve; (*fig.*) prendere una scorciatoia, fare alla svelta □ **to cut off a c.**, prendere una scorciatoia □ (*fig.*) **done in a c.**, fatto di nascosto □ (*fig.*) **to drive** (*o* **to force, to put**) **sb. into a c.**, mettere q. alle corde (*o* con le spalle al muro) □ (*econ.*) **to establish** (*o* **to form**) **a c. on the gold market**, accaparrarsi il mercato dell'oro □ **the four corners of the earth**, i quattro angoli della terra □ (*fig.*) **hole-and-c. methods**, metodi poco puliti □ **to put a child in the c.**, mettere un bambino in castigo (*o* nel cantuccio) □ (*anche fig.*) **round the c.**, dietro l'angolo □ **a tight c.**, una situazione difficile: **The challenger is now in a tight c.**, lo sfidante è ora in difficoltà □ **to turn the c.**, girare l'angolo; svoltare; (*fig.*) superare il punto critico (*d'una malattia, ecc.*).
to **corner** /ˈkɔ:nə(r)/, **A** *v. t.* *1* (*edil.*) fare lo spigolo (*o* gli spigoli) a (*una casa, ecc.*) *2* mettere in un angolo, in un cantuccio *3* mettere in difficoltà, con le spalle al muro, alle corde (*fig.*): **The counsel for the defence cornered the witness**, l'avvocato difensore mise con le spalle al muro il testimone *4* (*econ.*) accaparrare, fare incetta di, imboscare (*merce*). **B** *v. i.* *1* formare un angolo *2* fare angolo; essere posto all'angolo (*d'una strada, ecc.*) *3* (*autom.*) curvare; fare una curva; svoltare. ● (*econ.*) **to c. the market**, accaparrarsi il mercato.
cornered /ˈkɔ:nəd/, *a.* *1* (*nei composti*) che ha un certo numero di angoli *2* (*fig.*) con le spalle al muro; messo in difficoltà; (*di animale*) intrappolato. ● **a three-c. hat**, un tricorno.
cornerer /ˈkɔ:nərə(r)/, *n.* (*econ.*) accaparratore, accaparratrice; incettatore, incettatrice.
cornering /ˈkɔ:nərɪŋ/, *n.* *1* (*edil.*) formazione degli spigoli *2* (*econ.*) accaparramento; incetta (*di merce*) *3* (*autom.*) il curvare; (modo di) prendere le curve. ● (*mecc., falegn.*) **c. tool**, ferro (*o* utensile) sagomato, per smussi.
cornerite /ˈkɔ:nəraɪt/, *n.* (*edil.*) paraspigoli.
cornerstone /ˈkɔ:nəstəʊn/, *n.* *1* (*edil.*) pietra angolare *2* (*edil.*) prima pietra *3* (*fig.*) pietra angolare; fondamento (*di un'azione o linea politica, economica, ecc.*).
cornet /ˈkɔ:nɪt, *USA* kɔ:ˈnet/, *n.* *1* (*mus.*) cornetta *2* cartoccio fatto a cono *3* cono di cialda (*per gelati*) *4* cornetta; cuffia delle suore di carità.
cornettist /kɔ:ˈnetɪst/, *n.* (*mus.*) cornettista.
cornfield /ˈkɔ:nfi:ld/, *n.* campo di granturco.
cornflag /ˈkɔ:nflæg/, *n.* (*bot.*) *1* (*Gladiolus*) gladiolo *2* (*Gladiolus segetum*) spadacciola.
cornflakes /ˈkɔ:nfleɪks/, *n. pl.* (*cucina*) fiocchi di granturco.
cornflour /ˈkɔ:nflaʊə(r)/, *n.* farina fine di granturco.
cornflower /ˈkɔ:nflaʊə(r)/, *n.* (*bot.*, *Centaurea cyanus*) fiordaliso.
cornhusk /ˈkɔ:nhʌsk/, *n.* cartoccio (*di pannocchia*).
cornhusking /ˈkɔ:nhʌskɪŋ/, *n.* (festa della) spannocchiatura.
cornice /ˈkɔ:nɪs/, *n.* *1* (*archit.*) cornicione; cornice *2* (*alpinismo*) cornice *3* mantovana (*per tenda*).
corniced /ˈkɔ:nɪst/, *a.* (*archit.*) provvisto di cornicione (*o* di cornice).
cornification /kɔ:nɪfɪˈkeɪʃn/, *n.* (*med.*) corneificazione.
Cornish /ˈkɔ:nɪʃ/, **A** *a.* della Cornovaglia. **B** *n.* lingua della Cornovaglia; cornico; lingua cornica. ● (*cucina*) **C. pasty**, pasta imbottita di carne e verdura □ **the C. Riviera**, (*tur.*) la Riviera della Cornovaglia; (*ferr.*) l'Espresso della Cornovaglia.
Cornishman /ˈkɔ:nɪʃmən/, *n.* (*pl.* **Cornishmen**) abitante della Cornovaglia.
cornstalk /ˈkɔ:nstɔ:k/, *n.* *1* stelo del granturco *2* (*fig.*) spilungone.
cornstarch /ˈkɔ:nstɑ:tʃ/, (*USA*) *V.* **cornflour**.
cornstone /ˈkɔ:nstəʊn/, *n.* (*miner.*) calcare screziato.
cornucopia /kɔ:njʊˈkəʊpɪə, *USA* -nə-/, *n.* *1* cornucopia *2* (*fig.*) abbondanza.
cornute /kɔ:ˈnju:t, *USA* -ˈnu:t/, **cornuted** /kɔ:ˈnju:tɪd, *USA* -ˈnu:-/, *a.* (*zool.*) fornito di corna; cornuto.
Cornwall /ˈkɔ:nwɔ:l/, *n.* (*geogr.*) Cornovaglia.
corny (**1**) /ˈkɔ:nɪ/, *a.* *1* di grano; ricco di grano *2* (*pop.*) rifritto; trito; sentimentale; sdolcinato.
corny (**2**) /ˈkɔ:nɪ/, *a.* calloso; relativo ai calli; che ha i calli.
corolla /kəˈrɒlə, *USA* -ˈrəʊ-/, *n.* (*bot.*) corolla.
corollary /kəˈrɒlərɪ, *USA* ˈkɔ:rəlerɪ, ˈkɒ-/, *n.* *1* corollario *2* deduzione *3* conseguenza.
corollate(**d**) /ˈkɒrəleɪt(ɪd), *USA* ˈkɔ:-/, *a.* (*bot.*) corollato.
corona (**1**) /kəˈrəʊnə/, *n.* (*pl.* **coronas, coronae**) *1* (*archit., anat., astron., bot.*) corona: **c. borealis**, corona boreale *2* lampadario circolare (*in una chiesa*). ● (*elettr.*) **c. discharge**, effetto corona.
corona (**2**) /kəˈrəʊnə/, *n.* (*pl.* **coronas, coronae**) sigaro avana (*marca Corona*).
coronal (**1**) /ˈkɒrənl, *USA* ˈkɔ:-/, *n.* *1* (*arc.*) piccola corona; diadema *2* ghirlanda.
coronal (**2**) /ˈkɒrənl, *USA* ˈkɔ:-/, *a.* (*anat., bot., astron.*) coronale; di corona: (*astron.*) **c. hole**, buco coronale; (*anat.*) **c. suture**, sutura coronale.
coronary /ˈkɒrənrɪ, *USA* ˈkɔ:rənerɪ/, **A** *a.* (*anat., med.*) *1* coronario: **c. thrombosis**, trombosi coronaria *2* coronarico: **c. bypass**, bypass coronarico. **B** *n.* *1* (*anat.*, = **c. artery**)

(arteria) coronaria *2* (*fam.*) trombosi coronaria; infarto (*improprio*). ● (*med.*) **c. care unit**, unità coronarica □ (*med.*) **c. disease**, coronaropatia.

coronate(d) /ˈkɒrəneɪt(ɪd), *USA* ˈkɔː-/, *a.* (*bot., zool.*) coronato.

coronation /kɒrəˈneɪʃn, *USA* kɔː-/, *n.* incoronazione; coronazione (*raro*).

coroner /ˈkɒrənə(r), *USA* ˈkɔː-/, *n.* (*leg.*) coroner: **A c. is a Crown officer appointed from the ranks of barristers, solicitors and medical practitioners of at least five years' standing, and charged with the investigation of violent, sudden or suspicious deaths**, il coroner è un funzionario della Corona nominato dai ranghi dei «barrister», dei «solicitor» o dei medici generici, con almeno cinque anni di servizio, e incaricato delle indagini sui casi di morte violenta, improvvisa o sospetta. ● **c.'s inquest**, inchiesta fatta da un coroner □ **c.'s jury**, giuria che collabora con il coroner (*e che decide se vi sia causa a procedere in giudizio*).

coronership /ˈkɒrənəʃɪp, *USA* ˈkɔː-/, *n.* (*leg.*) ufficio di coroner (*q.V.: ve ne sono 350 in Inghilterra e nel Galles*).

coronet /ˈkɒrənɛt, -ət, *USA* ˈkɔː-/, *n.* *1* corona nobiliare *2* (*moda*) diadema.

coroneted /ˈkɒrənətɪd, *USA* ˈkɔː-/, *a.* che ha una corona nobiliare; titolato.

coronis /kəˈrəunɪs/, *n.* (*gramm. greca*) coronide.

coronograph /kəˈrəunəgrɑːf, *USA* -æf/, *n.* (*astron.*) coronografo.

coronoid /ˈkɒrənɔɪd, *USA* ˈkɔː-/, *a.* (*anat.*) coronoide: **c. process**, apofisi coronoide.

co-routine /ˈkəuruːtiːn/, *n.* (*elab.*) coroutine; routine collaterale.

corozo /kəˈrəuzəu, -səu/, *n.* (*pl.* **corozos**) (*bot., Phytelephas macrocarpa*) corozo.

corporal (1) /ˈkɔːpərəl/, *a.* *1* corporale: **c. punishment**, pena corporale *2* personale; individuale.

corporal (2) /ˈkɔːpərəl/, *n.* (*mil.*) *1* caporale *2* (*USA*) missile terra-terra.

corporal (3) /ˈkɔːpərəl/, *n.* (*relig.*) corporale.

corporality /kɔːpəˈrælətɪ/, *n.* *1* corporalità; materialità; vita materiale *2* (*pl.*) cose (*o* necessità) materiali.

corporate /ˈkɔːpərət/, *a.* *1* collegato; unito *2* costituito (*in ente pubblico, corporazione o società*): **a c. body**, un ente pubblico; (*leg.*) una persona giuridica *3* (*leg.*) collettivo; collegiale: **c. responsibility**, responsabilità collegiale *4* (*fin., specialm. USA*) sociale; societario; aziendale: **the c. books**, i libri sociali; **c. capital**, capitale sociale; **c. law**, diritto societario (*o* delle società); **c. name**, nome (*o* ragione) sociale; (*fisc.*) **c. tax**, imposta sulle società; **c. policy**, politica aziendale *5* (*stor., econ., polit.*) di corporazione; corporativo: **c. state**, stato corporativo. ● (*fin.*) **c. baron**, magnate dell'industria □ (*fin.*) **c. cash generation**, autofinanziamento □ **c. charter**, (*leg., in G.B.*) patente (*o* licenza) governativa; (*fin., USA*) atto costitutivo di una società per azioni □ **c. climate**, clima aziendale □ (*fin., USA*) **c. debt**, l'indebitamento delle società □ (*fin.*) **c. goal**, obiettivo aziendale □ (*fin.*) **c. growth**, sviluppo aziendale □ (*market.*) **c. identity**, logogramma; logotipo □ (*pubbl.*) **c. image**, immagine aziendale □ (*fisc., USA*) **c. income tax**, imposta sul reddito delle società per azioni □ (*fin.*) **c. makeup** (*o* **structure**), struttura aziendale; assetto societario □ (*fin.*) **c. merger**, fusione d'imprese □ (*leg.*) **c. person**, persona giuridica; ente dotato di personalità giuridica □ (*fin.*) **c. policy**, politica aziendale □ (*fin.*) **c. raider**, chi dà la scalata a una società; «predatore» □ (*fin.*) **c. restructuring**, ristrutturazione delle aziende □ (*fin.*) **c. saving**, risparmio d'impresa □ (*fin., specialm. USA*) **c. secretary**, segretario di una società per azioni □ **c. stock**, (*fin., USA*) capitale azionario; (*fin., ingl.*) titoli obbligazionari di enti locali □ (*fin.*) **c. strategy**, strategia aziendale □ (*market., pubbl.*) **c. symbol**, marchio di una società.

corporation /kɔːpəˈreɪʃn/, *n.* *1* (*in G.B.*, = **municipal c.**) consiglio comunale: **the mayor and c.**, il sindaco e il consiglio comunale *2* (*fin., leg.*; *in G.B.*, = **public c.**) ente dotato di personalità giuridica; persona giuridica; azienda autonoma; società di servizi pubblici (*o* a partecipazione statale): **the British Broadcasting C.**, la B.B.C.; l'Ente Radiofonico Nazionale Britannico *3* (*fin., specialm. USA*) società di capitali; società per azioni (*cfr. ingl.* **limited company**) *4* (*econ., stor.*) corporazione *5* (*fam. scherz.*) pancione. ● (*leg.*) **c. aggregate**, persona giuridica □ (*USA*) **c. cock** (*o* **stop**), rubinetto di erogazione (*del gas, dell'acqua*) □ (*fisc., USA*) **c. income tax**, imposta sul reddito delle società □ (*leg., USA*) **c. lawyer**, esperto in diritto delle società □ (*org. az., USA*) **c. school**, scuola interna aziendale □ (*fisc., specialm. in G.B.*) **c. tax**, imposta sulle società.

corporatism /ˈkɔːpərətɪzəm/, *n.* (*stor., econ.*) corporativismo.

corporatist /ˈkɔːpərətɪst/, *a.* (*stor., econ.*) corporativistico.

corporative /ˈkɔːpərətɪv, *USA* -reɪt-/, *a.* (*stor., polit.*) corporativo: **a c. state**, uno stato corporativo. ● (*polit.*) **c. system**, corporativismo.

corporativism /ˈkɔːpərətɪvɪzəm/, *V.* **corporatism**.

corporeal /kɔːˈpɔːrɪəl/, *a.* *1* corporeo *2* fisico; materiale. ● (*leg.*) **c. chattels**, beni tangibili □ (*leg.*) **c. hereditaments**, beni materiali (*mobili o immobili*) trasmissibili in eredità.

corporeality /kɔːpɔːrɪˈælətɪ/, *n.* (*filos.*) corporalità.

corporeity /kɔːpəˈriːətɪ/, *n.* *1* corporeità *2* esistenza fisica, materiale.

corposant /ˈkɔːpəzænt, -s-/, *n.* (*naut.*) fuoco di Sant'Elmo.

corps /kɔː(r)/, *n.* (*invar. al pl.*) *1* corpo (*un complesso di persone*): **c. de ballet** (*franc.*), corpo di ballo (*d'un teatro*); **diplomatic c.**, corpo diplomatico; **Army Service C.**, Corpo della Sussistenza Militare; **esprit de c.** (*franc.*), spirito di corpo *2* (*mil.*) corpo d'armata.

corpse /kɔːps/, *n.* cadavere; salma. ● **c. candle**, fuoco fatuo (*nei cimiteri*) □ (*pop. USA*) **c. cop**, poliziotto della squadra omicidi.

corpsman /ˈkɔːmən, -ɔːzm-/, *n.* (*pl.* **corpsmen**) (*mil. USA*) portaferiti; soldato della sanità.

corpulence /ˈkɔːpjʊləns/, **corpulency** /ˈkɔːpjʊlənsɪ/, *n.* corpulenza; obesità.

corpulent /ˈkɔːpjʊlənt/, *a.* corpulento; obeso.

corpus /ˈkɔːpəs/, *n.* (*pl.* **corpora, corpuses**) *1* (*scherz.*) corpo; cadavere *2* corpus, corpo (*raccolta di testi, iscrizioni, ecc.*) *3* (*anat.*) corpo (*d'un organo*). ● (*relig.*) **C. Christi**, Corpus Domini □ (*leg.*) **c. delicti**, fatti che costituiscono il reato; (*pressappoco*) corpo del reato.

corpuscle /ˈkɔːpʌsl, -əsl, kɔːˈpʌsl/, **corpuscule** /kɔːˈpʌskjuːl/, *n.* *1* (*anche anat., fis.*) corpuscolo *2* (*biol.*) globulo (*del sangue*).

corpuscular /kɔːˈpʌskjʊlə(r)/, *a.* (*scient.*) corpuscolare.

corral /kəˈrɑːl, *USA* -ˈræl/, *n.* *1* recinto per bestiame *2* cerchio di carri (*contro gli indiani, ecc.*).

to **corral** /kəˈrɑːl, *USA* -ˈræl/, *v. t.* (*USA*) *1* rinchiudere (*o* spingere) (*bestiame*) in un recinto *2* disporre (*carri*) in forma di cerchio difensivo.

corrasion /kəˈreɪʒn/, *n.* (*geol.*) corrasione.

correct /kəˈrɛkt/, *a.* *1* corretto; esatto; preciso; giusto; ben fatto; opportuno; appropriato; adatto: **the c. time**, l'ora esatta; **a c. calculation**, un calcolo preciso; **c. behaviour**, comportamento corretto: **Remember to wear the c. dress**, ricordati di mettere un vestito adatto *2* (*di denaro*) contato: **Hold ready the c. money for the toll booth**, preparate i soldi contati per il casello! ● **c. way to take a medicine**, modo di somministrazione di una medicina □ **to do [to say] the c. thing**, fare [dire] quel che è giusto (*o* opportuno) □ **if my memory is c.**, se ben ricordo.

to **correct** /kəˈrɛkt/, **A** *v. t.* correggere (*in ogni senso*); aggiustare; regolare; rettificare; mettere a posto: **You should have the timing of your engine corrected**, dovresti far regolare l'accensione del tuo motore. **B** to **correct oneself**, *v. rifl.* correggersi; rettificare. ● (*tipogr.*) **to c. type-matter**, correggere in piombo □ (*form.*) **I stand corrected**, ho torto.

correctable /kəˈrɛktəbl/, *a.* correggibile.

correcting /kəˈrɛktɪŋ/, *a.* di correzione; rettificativo. ● (*rag.*) **c. entry**, registrazione (*o* scrittura) di rettifica □ **c. fluid**, correttore (*liquido*); bianchetto (*fam.*).

correction /kəˈrɛkʃn/, *n.* *1* correzione; rettifica: (*rag.*) **the c. of an account**, la rettifica di un conto *2* correzione; punizione. ● (*eufem. USA*) **c. facility**, carcere □ (*leg., USA*) **c. officer**, agente di custodia □ **house of c.**, casa di correzione; riformatorio □ (*lett.*) **I speak under c.**, correggetemi se sbaglio.

correctional /kəˈrɛkʃənl/, *a.* *1* di correzione; correttivo *2* (*leg.*) correzionale. ● **a c. institution**, un riformatorio; un correzionale.

correctitude /kəˈrɛktɪtjuːd, *USA* -tuːd/, *n.* correttezza (*specialm. di condotta*).

corrective /kəˈrɛktɪv/, *a.* e *n.* correttivo: **c. measures**, provvedimenti correttivi. ● (*elettr.*) **c. network**, rete correttrice □ (*med.*) **c. treatment**, trattamento correttivo.

correctly /kəˈrɛktlɪ, -klɪ/, *avv.* *1* correttamente: **to answer c.**, rispondere correttamente *2* in modo appropriato (*o* opportuno).

correctness /kəˈrɛktnəs, -knəs/, *n.* correttezza; esattezza; giustezza; precisione.

corrector /kəˈrɛktə(r)/, *n.* *1* correttore *2* censore; critico *3* (*di una bussola*) correttore; compensatore. ● (*tipogr.*) **c. of the press**, correttore di bozze.

correlate /ˈkɒrəleɪt, *USA* ˈkɔː-/, **A** *a.* correlato. **B** *n.* termine di correlazione. ● (*di due cose*) **to be correlates**, essere in correlazione (*fra loro*).

to **correlate** /ˈkɒrəleɪt, *USA* ˈkɔː-/, **A** *v. t.* correlare; mettere in correlazione. **B** *v. i.* essere in correlazione.

correlation /kɒrəˈleɪʃn, *USA* kɔː-/, *n.* *1* (*anche geol., stat.*) correlazione: **c. ratio**, rapporto di correlazione *2* rispondenza.

correlative /kəˈrɛlətɪv, *USA* ˈkɔːrəleɪ-/, **A** *a.* correlativo: (*gramm.*) **c. conjunction**, congiunzione correlativa. **B** *n.* termine di correlazione. || **-ly**, *avv.* || **-ness**, *sost.*

correlativity /kɛrɛləˈtɪvətɪ/, *n.* *1* l'essere correlativo *2* grado di rispondenza.

correlator /ˈkɒrəleɪtə(r), *USA* ˈkɔː-/, *n.* (*elettron.*) correlatore.

correlogram /kəˈrɛləgræm/, *n.* (*stat.*) correlogramma.

to **correspond** /kɒrəˈspɒnd, *USA* kɔː-/, *v. i.* *1* corrispondere (*in ogni senso*); essere corrispondente (a): **Standards of living do not always c. to incomes**, il livello di vita non sempre corrisponde al reddito *2* essere in corrispondenza (*epistolare*): **We have not corresponded for some years**, non siamo in corrispondenza da anni *3* rispondere, essere adatto (*ai bisogni, ecc.*): **This railway does not c. to the needs of our town**, questa ferrovia non risponde ai bisogni della nostra città *4* (*assol.*) corrispondere: **The totals do not c.**, i totali non corrispondono.

correspondence /kɒrəˈspɒndəns, *USA* kɔː-/, *n.* *1* corrispondenza (*in ogni senso*); corrispettività *2* rispondenza; accordo; armonia. ● **c. clerk**, addetto alla corrispondenza □ **c. college**, scuola per corrispondenza □ **c. column**, (rubrica delle) lettere al direttore □ **c. course**, corso (di studi) per corrispondenza □

c. department, reparto corrispondenza □ **c. school**, scuola per corrispondenza □ **to go through one's c.**, leggere (*o* sbrigare) la corrispondenza.

correspondent /kɒrə'spɒndənt, *USA* kɔː-/, **A** *a.* corrispondente; corrispettivo. **B** *n.* **1** corrispondente; chi sbriga la corrispondenza **2** (*giorn.*) corrispondente; inviato. ● (*di cosa*) **to be c. with**, corrispondere a (*speranze, aspettative, ecc.*) □ **political c.**, redattore politico □ **special c.**, inviato speciale □ **war c.**, corrispondente di guerra.

corresponding /kɒrə'spɒndɪŋ, *USA* kɔː-/, *a.* corrispondente (*in ogni senso*); equivalente; simile; conforme: **c. angles**, angoli corrispondenti. ● (*comm.*) **c. clerk**, corrispondente; addetto alla corrispondenza □ (*di accademia*) **c. member**, socio corrispondente □ (*comm.*) **c. secretary**, segretario incaricato della corrispondenza.

correspondingly /kɒrə'spɒndɪŋlɪ, *USA* kɔː-/, *avv.* **1** corrispondentemente **2** in modo simile (*o* proporzionale).

corridor /'kɒrɪdɔː(r), *USA* 'kɔː-/, *n.* corridoio. ● (*fig.*) **corridors of power**, le alte sfere (*della politica o della burocrazia*) □ **c. train**, treno con carrozze intercomunicanti □ (*stor., polit.*) **the Polish C.**, il corridoio di Danzica.

corrigendum /kɒrɪ'gendəm, *USA* kɔː-/, *n.* (*pl.* **corrigenda**) errore da correggere. ● **corrigenda**, errata corrige (*in un libro*).

corrigible /'kɒrɪdʒəbl, *USA* 'kɔː-/, *a.* correggibile.

corroborant /kə'rɒbərənt/, **A** *a.* (*arc.*) **1** corroborante **2** che prova, che conferma (q.c.); avvalorante. **B** *n.* **1** (*farm.*) (medicamento) corroborante; ricostituente **2** fatto che prova (*o* conferma) (q.c.).

to **corroborate** /kə'rɒbəreɪt/, *v. t.* corroborare (*fig.*); provare; confermare; avvalorare. ● (*leg.*) **corroborating evidence**, prova sufficiente.

corroboration /kərɒbə'reɪʃn/, *n.* (*anche leg.*) corroborazione (*fig.*); conferma; avvaloramento.

corroborative /kə'rɒbərətɪv, *USA* -reɪtɪv/, *a.* corroborativo (*fig.*); che prova, che conferma (q.c.); avvalorante. ● (*leg.*) **c. evidence**, prova sufficiente.

corroborator /kə'rɒbəreɪtə(r)/, *n.* corroboratore; chi prova, chi conferma (q.c.).

corroboratory /kə'rɒbərətrɪ, *USA* -tɔːrɪ/, *a.* *V.* **corroborative**.

to **corrode** /kə'rəʊd/, **A** *v. t.* (*chim.* e *fig.*) corrodere; intaccare; consumare: **Damp has corroded the contacts**, l'umidità ha corroso le puntine. **B** *v. i.* **1** corrodersi; consumarsi **2** (*fig.*) rodersi (*per l'odio, la gelosia, ecc.*). ● **to cause to c.**, corrodere: **Rust causes iron to c.**, la ruggine corrode il ferro.

corrodibility /kərəʊdə'bɪlətɪ/, *n.* corrodibilità.

corrodible /kə'rəʊdəbl/, *a.* corrodibile.

corrosibility /kərəʊsə'bɪlətɪ/, *n.* corrodibilità.

corrosible /kə'rəʊsəbl/, *a.* corrodibile.

corrosing /kə'rəʊsɪŋ/, *a.* corrosivo: (*fig.*) **c. hatred**, odio corrosivo.

corrosion /kə'rəʊʒn/, *n.* (*geol., metall., ecc.*) corrosione.

corrosive /kə'rəʊsɪv/, **A** *a.* corrosivo (*anche fig.*): **c. sublimate**, sublimato corrosivo. **B** *n.* sostanza corrosiva; corrosivo. || **-ly,** *avv.* || **-ness,** *sost.*

to **corrugate** /'kɒrəgeɪt, *USA* 'kɔː-/, **A** *v. t.* **1** corrugare: **to c. one's forehead**, corrugare la fronte **2** ondulare; increspare. **B** *v. i.* **1** corrugarsi **2** incresparsi.

corrugated /'kɒrəgeɪtɪd, *USA* 'kɔː-/, *a.* corrugato; increspato: **c. cardboard**, cartone increspato; **c. paper**, carta increspata. ● **c. case**, scatolone di cartone increspato □ **c. iron**, lamiera ondulata □ **c. plates**, lamiere ondulate.

corrugation /kɒrə'geɪʃn, *USA* kɔː-/, *n.* corrugamento; increspatura.

corrugator /'kɒrəgeɪtə(r), *USA* 'kɔː-/, *n.* (*anat.*) (muscolo) corrugatore.

corrupt /kə'rʌpt/, *a.* **1** corrotto; che corrompe i costumi; depravato immorale: **a c. film**, un film immorale **2** (*di un testo*) corrotto; alterato **3** (*arc.*) corrotto; guasto; marcio. ● (*leg.*) **c. practices**, forme (*o* mezzi) di corruzione, metodi disonesti (*per es., durante le elezioni*).

to **corrupt** /kə'rʌpt/, **A** *v. t.* **1** corrompere; guastare **2** corrompere, alterare (*un testo*). **B** *v. i.* corrompersi; guastarsi.

corrupter /kə'rʌptə(r)/, *n.* corruttore, corruttrice.

corruptibility /kərʌptə'bɪlətɪ/, *n.* corruttibilità.

corruptible /kə'rʌptəbl/, *a.* corruttibile.

corruption /kə'rʌpʃn/, *n.* (*anche ling.*) corruzione; corruttela (*raro*). ● (*leg.*) **c. of a witness**, subornazione di un teste □ **proof against c.**, incorruttibile.

corruptionist /kə'rʌpʃənɪst/, *n.* uomo politico (*o* di governo) corrotto.

corruptive /kə'rʌptɪv/, *a.* corruttivo.

corruptness /kə'rʌptnəs/, *n.* corruttela (*raro*); corruzione.

corsage /kɔː'sɑːʒ, 'kɔːsɑːʒ, *USA* -dʒ/, *n.* **1** corpetto (*di vestito da donna*) **2** mazzolino di fiori (*da appuntare al petto*).

corsair /'kɔːseə(r)/, *n.* **1** corsaro; pirata **2** (*naut.*) nave corsara.

corse /kɔːs/, *n.* (*arc.*) cadavere.

corselet, **corslet** /'kɔːslət/, *n.* **1** (*stor.*) corsaletto **2** busto intero (*da donna*) **3** (*zool.*) corsaletto.

corset /'kɔːsɪt/, *n.* **1** bustino; corsetto **2** (*med.*) busto (*ortopedico*); corsetto **3** (*pl.*) corsetteria **4** (*fin.: in G.B., dal 1973 al 1980*) «corsetto»; misura restrittiva del credito. ● **c. maker**, bustaia.

to **corset** /'kɔːsɪt/, *v. t.* **1** mettere un corsetto a (q.) **2** (*fig.*) costringere; forzare; obbligare.

corsetry /'kɔːsɪtrɪ/, *n.* **1** corsetteria **2** mestiere di bustaia.

Corsican /'kɔːsɪkən/, *a.* e *n.* corso.

cortege, cortège /kɔː'teɪʒ, *USA* -'tɛʒ/, *n.* **1** corteo; processione **2** corteggio; seguito.

cortex /'kɔːteks/ (*lat.*), *n.* (*pl.* **cortices, cortexes**) (*bot., anat.*) corteccia.

cortical /'kɔːtɪkl/, *a.* (*bot., anat.*) corticale.

corticated /'kɔːtɪkeɪtɪd/, *a.* (*bot.*) provvisto di corteccia.

corticoid /'kɔːtɪkɔɪd/, *n.* (*biol.*) corticoide.

corticosteroid /kɔːtɪ'kɒstərɔɪd/, *n.* (*biol.*) corticosteroide.

corticosterone /kɔːtɪkəʊ'stɪərəʊn/, *n.* (*biol.*) corticosterone.

corticotrophin /kɔːtɪkəʊ'trəʊfɪn/, **corticotropin** /kɔːtɪkəʊ'trəʊpɪn/, *n.* (*biol.*) corticotropina; ormone adrenocorticotropo.

cortisone /'kɔːtɪzəʊn/, *n.* (*biochim., farm.*) cortisone.

corundum /kə'rʌndəm/, *n.* (*miner.*) corindone.

coruscant /kə'rʌskənt/, *a.* (*lett.*) corrusco (*lett.*); scintillante.

to **coruscate** /'kɒrəskeɪt, *USA* 'kɔː-/, *v. i.* corruscare (*lett.*); brillare, scintillare (*anche fig.*).

coruscating /'kɒrəskeɪtɪŋ, *USA* 'kɔː-/, *a.* corrusco (*lett.*); brillante, scintillante (*anche fig.*): **c. weapons**, armi corrusche; **a c. mind**, una mente brillante.

coruscation /kɒrə'skeɪʃn, *USA* kɔː-/, *n.* **1** corruscazione (*raro*); il brillare, lo scintillare (*anche fig.: dell'ingegno, ecc.*) **2** (*fig.*) sfoggio di ingegno, gioco intellettuale (*specialm. in letter.*).

corvée /'kɔːveɪ, *USA* kɔː'veɪ/, *n.* **1** (*stor.*) «corvée»; corvè **2** (*fig. arc.*) corvè; lavoro pesante o forzato.

corves /kɔːvz/, *pl.* di **corf**.

corvette /kɔː'vet/, *n.* (*naut.*) corvetta.

corvine /'kɔːvaɪn/, *a.* corvino.

Corybant /'kɒrɪbænt, *USA* 'kɔː-/, *n.* (*pl.* **Corybants, Corybantes**) (*mitol.*) coribante.

Corybantian /kɒrɪ'bæntɪən, *USA* kɔː-/, **Corybantic** /kɒrɪ'bæntɪk, *USA* kɔː-/, **Corybantine** /kɒrɪ'bæntaɪn, *USA* kɔː-/, *a.* coribantico.

corymb /'kɒrɪmb, -ɪm, *USA* 'kɔː-/, *n.* (*bot.*) corimbo.

corymbose /'kɒrɪmbəʊs, *USA* 'kɔː-/, *a.* (*bot.*) **1** simile a un corimbo **2** che cresce in corimbi.

coryphaeus /kɒrɪ'fiːəs, *USA* kɔː-/, *n.* (*pl.* **coryphaei**) (*teatr. greco*) corifeo.

coryphée /kɒrɪ'feɪ, *USA* kɔː-/ (*franc.*), *n.* (*balletto*) prima ballerina.

coryza /kə'raɪzə/, *n.* (*med., vet.*) coriza, corizza; rinite acuta.

cos (**1**) /kɒs, kɒz, *USA* kɒs, kəʊs/, *n.* (*bot., Lactuca sativa longifolia*; = **cos lettuce**) lattuga romana.

cos (**2**) /kɒs, kɒz/, *n.* (*abbr. di* **cosine**) (*mat.*) coseno.

cos (**3**) /kɒz, kʌz, kəz, *USA* kɔːz, kʌz, kəz/, *cong.* (*abbr. fam. di* **because**) perché; poiché.

cosecant /kəʊ'siːkənt/, *n.* (*mat.*) cosecante.

coseismal /kəʊ'saɪzml/, (*scient.*) **A** *a.* cosismico; che subisce una scossa di terremoto simultanea. **B** *n.* curva cosismica.

cosh /kɒʃ/, *n.* (*pop.*) corpo contundente (*per lo più di gomma con anima di piombo, ecc.*); manganello; sfollagente.

to **cosh** /kɒʃ/, *v. t.* (*pop.*) manganellare; randellare.

to **cosher** /'kɒʃə(r)/, (*irl.*) **A** *v. i.* vivere a carico (*o* alle spalle) di un altro; fare lo scroccone (*fam.*). **B** *v. t.* (*raro*) vezzeggiare; coccolare.

cosignatory /kəʊ'sɪgnətrɪ, *USA* -tɔːrɪ/, *n.* (*leg.*) cofirmatario.

cosily /'kəʊzəlɪ/, *avv.* comodamente; a bell'agio.

cosine /'kəʊsaɪn/, *n.* (*mat.*) coseno. ● **c. curve**, cosinusoide □ **c. function**, coseno.

cosiness /'kəʊzɪnəs/, *n.* comodità; agio; confortevolezza.

cosmetic /kɒz'metɪk/, **A** *a.* **1** cosmetico **2** (*med.*) estetico: **c. surgery**, chirurgia estetica **3** (*fig.*) decorativo; fatto per l'apparenza; superficiale. **B** *n.* **1** cosmetico **2** (*fig.*) lustro superficiale; cosa fatta per mostra. ● (*med.*) **c. dentistry**, pulizia dei denti (e delle gengive) □ (*med.*) **c. veneer**, lucidatura dei denti.

cosmetician /kɒzmə'tɪʃn/, *n.* **1** cosmetista **2** truccatore, truccatrice.

to **cosmeticize** /kɒz'metɪsaɪz/, *v. t.* **1** trattare con cosmetici **2** (*fig.*) abbellire; rendere più attraente.

cosmetology /kɒzmə'tɒlədʒɪ/, *n.* cosmesi.

cosmic /'kɒzmɪk/, *a.* (*astron.* e *fig.*) cosmico: **c. dust**, polvere cosmica (*o* interstellare); **c. rays**, raggi cosmici; **an event of c. proportions**, un evento di proporzioni cosmiche. ● (*fis. nucl.*) **c.-ray shower**, sciame cosmico. || **-ally,** *avv.*

cosmodrome /'kɒzmədrəʊm/, *n.* (*miss.*) cosmodromo.

cosmogonic(**al**) /kɒzməʊ'gɒnɪk(l)/, *a.* cosmogonico.

cosmogony /kɒz'mɒgənɪ/, *n.* cosmogonia.

cosmographer /kɒz'mɒgrəfə(r)/, *n.* cosmografo.

cosmographic(**al**) /kɒzməʊ'græfɪk(l)/, *a.* cosmografico.

cosmography /kɒz'mɒgrəfɪ/, *n.* cosmografia.

cosmological /kɒzmə'lɒdʒɪkl/, *a.* (*filos., astron.*) cosmologico.

cosmologist /kɒz'mɒlədʒɪst/, *n.* (*filos., astron.*) cosmologo.

cosmology /kɒz'mɒlədʒɪ/, *n.* (*filos., astron.*) cosmologia.

cosmonaut /'kɒzmənɔːt/, *n.* (*miss.*) cosmonauta.

cosmonautic(**al**) /kɒzmə'nɔːtɪk(l)/, *a.* (*miss.*) cosmonautico.

cosmonautics /kɒzmə'nɔːtɪks/, *n. pl.* (*col verbo al sing.*) (*miss.*) cosmonautica.

cosmonette /kɒzmə'net/, *n.* (*miss.*) cosmonauta (*donna*).

cosmopolis /kɒz'mɒpəlɪs/, *n.* città cosmopolita.

cosmopolitan /kɒzmə'pɒlɪtn/, *a.* e *n.* (*anche ecol.*) cosmopolita.

cosmopolitanism /kɒzmə'pɒlɪtənɪzəm/, *n.* (*anche ecol.*) cosmopolitismo.

to **cosmopolitanize** /kɒzmə'pɒlɪtənaɪz/, *v. t.* rendere cosmopolita.

cosmopolite /kɒz'mɒpəlaɪt/, *a.* e *n.* (*anche ecol.*) cosmopolita.

cosmopolitical /kɒzməpə'lɪtɪkl/, *a.* cosmopolitico.

cosmopolitism /kɒzmə'pɒlɪtɪzəm/, *n.* cosmopolitismo.

cosmorama /kɒzmə'rɑːmə, *USA* -æmə/, *n.* cosmorama.

cosmos (1) /'kɒzmɒs, *USA* -ɔːs, -əʊs, -əs/, *n.* **1** cosmo; universo **2** (*filos.*) cosmo; sistema armonico.

cosmos (2) /'kɒzmɒs, *USA* -ɔːs, -əʊs, -əs/, *n.* (*pl.* **cosmos, cosmoses**) (*bot., Cosmos*) cosmea.

cosmotron /'kɒzmətrɒn/, *n.* (*fis. nucl.*) cosmotrone.

cosmovision /kɒzmə'vɪʒn/, *n.* (*TV*) mondovisione.

Cossack /'kɒsæk, -ək/, *a.* e *n.* cosacco. ● **c. hat**, colbacco.

cosset /'kɒsɪt/, *n.* agnellino allevato in casa.

to **cosset** /'kɒsɪt/, *v. t.* vezzeggiare; coccolare; viziare.

cosseting /'kɒsɪtɪŋ/, *n.* vezzeggiamento; coccolamento; moine (*pl.*).

cost /kɒst, *USA* kɔːst/, *n.* **1** (*econ.*) costo: **the c. of living**, il costo della vita **2** (*fin., rag.*) costo; spesa: **overhead costs**, costi fissi, spese generali (*di un'azienda*) **3** (*pl.*) (*leg.*) spese processuali; onorario del legale **4** prezzo (*fig.*); perdita; sacrificio: **at a great c. of life**, a caro prezzo; con grave perdita di vite umane. ● **c. accountancy** (*o* **accounting**), contabilità industriale (*o* dei costi) □ **c. accountant** (*o* **c. clerk**), analista dei costi (*in un'azienda*); costista □ (*rag.*) **c. allocation**, imputazione dei costi □ **c. analysis**, analisi dei costi □ (*econ.*) **c.-benefit analysis**, analisi dei costi e dei benefici □ (*rag.*) **c. book**, libro contabile dei profitti e delle perdite □ **c. budget**, preventivo dei costi □ (*econ.*) **c. curve**, curva dei costi □ (*fin.*) **c. cutting**, riduzione dei costi (*o* delle spese) □ (*econ.*: *di un piano, ecc.*) **c.-effective**, basato sull'efficacia dei costi □ (*econ.*) **c.-effectiveness**, efficacia dei costi □ (*econ.*) **c.-efficiency**, efficienza in termini di costi □ (*econ.*) **c.-efficient**, basato sull'efficienza in termini di costi □ **c.-free**, franco di spese □ (*econ.*) **c.** (*o* **c.-push**) **inflation**, inflazione da costi □ (*comm.*) **c., insurance and freight**, (*abbr.* **c.i.f.**), costo, assicurazione e nolo □ **c.-of-living allowance** (*o* **bonus**), indennità di carovita (*o* di contingenza: *per i dipendenti privati*); indennità integrativa speciale (*per i dipendenti pubblici*); (*anche*) la contingenza (*fam.*) □ (*econ.*) **c.-of-living index** (*o* **figure**), indice del costo della vita □ (*fin.*) **the c. of money**, il costo del denaro □ (*econ.*) **c. of production**, costo di produzione □ (*econ.*) **c.-outlay curve**, (curva di) isocosto □ (*econ.*) **c. performance**, efficienza economica □ **c. price**, prezzo di costo □ (*comm.*) **at c.**, al (prezzo di) costo □ **at any cost** (*o* **at all costs**), a ogni costo □ **at the c. of one's life**, a costo della vita □ **below c.**, sotto costo □ **to count the c.**, calcolare i rischi (*prima di mettersi in un'impresa*) □ (*naut.*) **freight c.**, spese di nolo (marittimo) □ (*fin.*) **operating costs**, spese di gestione □ **prime** (*o* **first**) **c.**, costo di produzione □ **to sell at c.**, vendere a prezzo di costo □ (*fig.*) **to one's c.**, a proprie spese (*fig.*) □ **to spare no c.**, non badare a spese □ (*leg.*) **«with costs»**, «condannato alle spese» (*di giudizio*).

to **cost** /kɒst, *USA* kɔːst/, **A** *v. i.* (*pass.* e *p. p.* **cost**) **1** costare (*in ogni senso*): **How much does it c.?**, quanto costa?; **His error cost him dear** (*o* **dearly**), il suo errore gli costò caro **2** (*fin.*) valutare i costi **3** (*pop.*, = **to c. money**) costare, costare molto. **B** *v. t.* (*pass.* e *p. p.* **costed**) **1** (*comm.*) stabilire, fissare il costo di (q.c.) **2** (*fin., market.*) preventivare, valutare il costo di (*una merce, un articolo, ecc.*). ● (*fig.*) **to c. the earth**, costare un occhio della testa □ **c. what it may**, costi quel che costi.

costal /'kɒstl/, *a.* (*anat.*) costale.

co-star /'kəʊstɑː(r)/, *n.* (*cinem., teatr.*) (attore) comprimario; (attrice) comprimaria.

to **co-star** /'kəʊstɑː(r)/, (*cinem., teatr.*) **A** *v. i.* essere (attore) comprimario. **B** *v. t.* affidare il ruolo di (attore) comprimario a (q.). ● (*cinem., TV, ecc.*) **«co-starring»**, «con la partecipazione di» (*seguono i nomi degli attori comprimari*; *cfr.* **starring,** *sotto* **to star**).

costard /'kɒstəd, 'kʌs-/, *n.* mela da cuocere (*grossa e ovale*).

to **cost-cut** /'kɒstkʌt, *USA* 'kɔːs-/ (*pass.* e *p. p.* **cost-cut**), *v. t.* tagliare (*o* ridurre drasticamente) i costi di (*un'impresa, ecc.*).

coster /'kɒstə(r), *USA* 'kɔːs-/, **costermonger** /'kɒstəmʌŋgə(r), *USA* 'kɔːstəmɒ-/, *n.* venditore ambulante (*di pesce, frutta, ecc.*).

costing /'kɒstɪŋ, *USA* 'kɔːs-/, *n.* **1** (*comm.*) determinazione (*o* valutazione) dei costi **2** (*econ.*) costing; rilevazione e controllo dei costi aziendali.

costive /'kɒstɪv, *USA* 'kɔːs-/, *a.* **1** costipato; stitico **2** (*fig.*) avaro; tirchio. || **-ness**, *sost.*

costliness /'kɒstlɪnəs, *USA* 'kɔːs-/, *n.* **1** sontuosità; ricchezza (*dell'arredamento, ecc.*) **2** l'essere costoso; prezzo eccessivo.

costly /'kɒstlɪ, *USA* 'kɔːs-/, *a.* **1** magnifico; sontuoso **2** costoso; caro; dispendioso.

costmary /'kɒstmeərɪ, *USA* 'kɔːs-/, *n.* (*bot.*) **1** (*Chrysanthemum balsamita*) erba amara; erba di San Pietro **2** (*Tanacetum vulgare*) tanaceto; solfina.

costume /'kɒstjuːm, *USA* -tuːm/, *n.* **1** abito, vestito (*specialm. se caratteristici d'una regione*) **2** costume; vestito all'antica **3** costume (da bagno) **4** (*arc.*) abito a due pezzi; tailleur. ● **c. ball**, ballo in costume □ (*teatr.*) **c. designer**, costumista □ **c. jewellery**, gioielli artificiali; bigiotteria □ **c. piece**, dramma (storico) in costume □ **a riding c.**, un abito da cavallerizzo (*o* da amazzone).

to **costume** /'kɒstjuːm, -'st-, *USA* -tuːm/, *v. t.* **1** fornire di costumi **2** mettere in costume (*V.* **costume**).

costumer /kɒ'stjuːmə(r), *USA* -tuː-/, **costumier** /kɒ'stjuːmɪə(r), *USA* -tuːmɪeɪ/, *n.* costumista; fabbricante, venditore, noleggiatore di costumi (*V.* **costume**).

cosy /'kəʊzɪ/, **A** *a.* **1** comodo; confortevole; accogliente; intimo **2** (*spreg.*) meschino; da quattro soldi (*fig.*): **c. deals**, piccoli intrallazzi. **B** *n.* (= **tea c.**) copriteiera. ● **c. corner**, angolo intimo (*d'una stanza*) □ **to have a c. chat**, fare due chiacchiere tra amici.

to **cosy** /'kəʊzɪ/, *v. i.* (*in verbi composti*) **1** – **to c. sb. along**, rassicurare (q.) (*specialm. con assicurazioni infondate*) **2** – (*specialm. USA*) **to c. up to (sb.)**, ingraziarsi (q.) con blandizie.

cot (1) /kɒt/, *n.* **1** capanna, ricovero, riparo (*specialm. per animali*) **2** (*poet.*) casa di campagna; casetta.

cot (2) /kɒt/, *n.* **1** lettino (*per bimbi o d'ospedale*) **2** branda **3** (*naut., stor.*) cuccetta (*per ufficiali o per malati*). ● (*med.*) **cot death**, morte in culla (*di un neonato*).

cot (3) /kɒt/, *n.* (*abbr. di* **cotangent**) (*mat.*) cotangente.

to **cot** /kɒt/, *v. t.* mettere (*pecore, ecc.*) in una capanna, al riparo.

cotangent /kəʊ'tændʒənt/, *n.* (*mat.*) cotangente.

cote /kəʊt/, *n.* capanna, ricovero, riparo, posta (*per animali*). ● **dove-c.**, piccionaia □ **hen-c.**, pollaio.

cotemporary /kəʊ'tempərərɪ, *USA* -pərerɪ/, *V.* **contemporary**.

cotenant /kəʊ'tenənt/, *n.* (*leg.*) coaffittuario.

coterie /'kəʊtərɪ/ (*franc.*), *n.* **1** coterie; circolo (*o* gruppo) ristretto **2** (*spreg.*) congrega; consorteria; camarilla; cricca.

coterminous /kəʊ'tɜːmɪnəs/, *a.* **1** contiguo; confinante; limitrofo **2** che ha la stessa estensione.

cothurnus /kə'θɜːnəs/, *n.* (*pl.* **cothurni**) coturno (*anche fig.*).

cotidal /kəʊ'taɪdl/, *a.* (*geogr.*) cotidale: **c. lines**, linee cotidali.

cotill(i)on /kə'tɪljən/, *n.* **1** cotillon; quadriglia (*la danza e la musica*) **2** (*USA*) ballo di società.

cotta /'kɒtə/, *n.* (*relig.*) cotta.

cottage /'kɒtɪdʒ/, *n.* **1** casetta; casupola **2** cottage; villetta; villino. ● **c. cheese**, formaggio fresco di latte fermentato □ **c. hospital**, piccolo ospedale di provincia □ (*econ.*) **c. industry**, lavoro a domicilio □ **c. loaf**, grossa pagnotta casereccia di due pani sovrapposti □ **c. piano**, piccolo pianoforte □ **c. pie**, pasticcio di carne ricoperto di purè □ (*econ.*) **c. workers**, lavoranti a domicilio.

cottager /'kɒtɪdʒə(r)/, *n.* chi abita in un cottage (*V.* **cottage**).

cotter (1), **cottar** /'kɒtə(r)/, *n.* **1** *V.* **cottager** **2** (*scozz.*) contadino; bracciante **3** (*irl.*) *V.* **cottier**.

cotter (2) /'kɒtə(r)/, *n.* (*mecc.*) **1** bietta (*o* chiavetta) trasversale **2** (= **c. pin**) copiglia, coppiglia.

to **cotter** /'kɒtə(r)/, *v. t.* (*mecc.*) inchiavettare; imbiettare.

Cottian Alps (the) /'kɒtɪən'ælps/, *n. pl.* (*geogr.*) le Alpi Cozie.

cottier /'kɒtɪə(r)/, *n.* **1** chi abita in un cottage (*V.* **cottage**). **2** (*irl.*) affittuario di un piccolo appezzamento di terreno.

cotton /'kɒtn/, *n.* **1** cotone **2** (*bot., Gossypium herbaceum*; = **c. plant**) pianta del cotone **3** (= **sewing c.**) filo di cotone (*da cucito*); cotone **4** tessuto di cotone. ● (*USA*) **c. batting**, cotone idrofilo □ (*geogr., in U.S.A.*) **the C. Belt**, la zona del cotone □ **c. cake**, pane di semi di cotone pressati (*per foraggio*) □ **c. boll**, capsula del cotone □ (*USA*) **c. candy**, zucchero filato □ (*fin.*) **the C. Exchange**, la Borsa del cotone □ (*ind. tess.*) **c. gin**, sgranatrice di cotone; ginnatrice □ **c. ginning**, ginnatura □ (*bot.*) **c. grass** (*Eriophorum*), erioforo □ **c. lord**, magnate del cotone □ **c. mill**, cotonificio □ **c. picker**, chi raccoglie il cotone; (*agric.*) raccoglitrice di cotone (*macchina*) □ (*pop. USA*) **c.-picking**, stramaledetto, maledetto (*intensivo*) □ **c. plush**, felpa (*o* peluche) di cotone □ **c. press**, pressaballe (di cotone) □ **c. print**, cotone stampato (*tessuto*) □ **c.-spinner**, operaio (*o* proprietario) di cotonificio □ **c. waste**, cascame di cotone □ (*bot.*) **c.-wood tree** (*Populus deltoides*), pioppo nero americano □ **c. wool**, bambagia; cotone idrofilo □ **c. yarn**, filato di cotone □ **sanitary c.**, cotone idrofilo □ **sewing c.**, filo da cucire.

to **cotton** /'kɒtn/, *v. i.* (*fam.*) **1** fraternizzare; andare d'accordo; vivere in armonia **2** – **to c. up**, cercare di fare amicizia; cercare di attaccare (*pop.*) **3** – **to c. on to sb.**, affezionarsi a q. **4** – **to c. on to st.**, capire q.c. **5** – (*fam. USA*) **to c. to**, approvare, andare d'accordo con (*un'idea, ecc.*); affezionarsi a (q.).

cottonmouth /'kɒtnmaʊθ/, *n.* (*zool., Agkistrodon piscivorus*) mocassino acquatico (*serpente velenoso americano*).

cottonocracy /kɒtn'ɒkrəsɪ/, *n.* plutocrazia del cotone.

Cottonopolis /kɒtə'nɒpəlɪs/, *n.* (*scherz., stor.*) Cottonopoli (*Manchester*).

cottonseed /'kɒtnsiːd/, *n.* (*pl.* **cottonseed, cottonseeds**) seme di cotone. ● **c. meal**, farina di semi di cotone □ (*cucina, ind. chim.*) **c. oil**, olio di cotone.

cottontail /'kɒtnteɪl/, *n.* **1** (*zool., Sylvilagus floridanus*) silvilago; coniglio (americano) coda di cotone **2** (*fam. USA*) persona (*specialm. spogliarellista*) con l'abbronzatura incompleta.

cottony /ˈkɒtnɪ/, *a.* cotonoso; di cotone.

cotyledon /kɒtɪˈliːdn, *USA* -tlˈiː-/, *n.* (*bot.*) cotiledone.

cotyledonous /kɒtɪˈliːdənəs, *USA* -tlˈiː-/, *a.* (*bot.*) cotiledonare.

cotyloid /ˈkɒtɪlɔɪd, *USA* -təl-/, *a.* (*anat.*) a forma di coppa; cotiloide.

couch (**1**) /kaʊtʃ/, *n.* **1** divano (*anche di psicoanalista*); ottomana; canapè; sofà **2** (*lett.*) giaciglio **3** (*poet.*) letto: **to be on a c. of pain**, essere in un letto di dolore (*ammalato e sofferente*) **4** (*ind. della birra*) strato d'orzo messo a germinare **5** (*pitt.*) fondo (*di vernice*) **6** (*arc.*) covo; tana. ● (*fig. fam.*) **c. potato**, tipo casalingo; persona che passa in casa il tempo libero.

couch (**2**) /kaʊtʃ, kuːtʃ/, *V.* **couch grass**.

to **couch** /kaʊtʃ/, **A** *v. t.* **1** adagiare; coricare **2** abbassare, mettere in resta (*una lancia, ecc.*) **3** esprimere (*un pensiero, ecc.*); velare, sottintendere (*un significato*): **My refusal was couched in polite words**, il mio rifiuto fu espresso in parole cortesi **4** (*ind. della birra*) stendere (*orzo*) a germinare **5** (*ind. della carta*) stendere (*fogli*) sui feltri **6** (*med., arc.*) togliere, abbassare (*una cataratta con un ago*; = **to c. sb., to c. sb.'s eye**). **B** *v. i.* **1** (*lett.*) adagiarsi; coricarsi; sdraiarsi: (*fig.*) **couched in slumber**, abbandonato al sonno; in braccio a Morfeo (*fig.*); **couched at ease on the green grass**, comodamente sdraiato sull'erba verde **2** (*d'animale*; *anche* **to c. low**) accovacciarsi; acquattarsi; accucciarsi **3** (*anche mil.*) imboscarsi; stare in agguato; stare in imboscata **4** (*arc.*) giacere (*arc.*); avere rapporti carnali (*con q.*).

couchant /ˈkaʊtʃənt/, *a.* **1** (*specialm. d'animale*) accovacciato; accucciato **2** (*arald.*) coricato: **a lion c.**, un leone coricato.

couchette /kuːˈʃɛt/ (*franc.*), *n.* (*ferr.*) cuccetta.

couch grass /ˈkaʊtʃgrɑːs, ˈkuːtʃ-, *USA* -græs/, *locuz. n.* (*bot.*, *Agropyron repens*) gramigna dei medici; falsa gramigna; dente canino.

cougar /ˈkuːgə(r)/, *n.* (*pl.* **cougars, cougar**) (*zool.*, *Felis concolor*) coguaro; puma.

cough /kɒf, *USA* kɔːf/, *n.* **1** tosse: **loose c.**, tosse catarrosa; **to have a bad c.**, avere una brutta tosse **2** colpo di tosse: **We heard a nervous c.**, sentimmo un nervoso colpo di tosse. ● **c. drop** (*o* **c. lozenge**), pasticca per la tosse □ **hooping c.** (*o* **whooping c.**), pertosse; tosse asinina □ **to give a** (**slight**) **c.**, tossicchiare (*per avvertire q. della propria presenza*).

to **cough** /kɒf, *USA* kɔːf/, *v. i.* tossire. ● **to c. down**, far tacere (*un oratore*) a forza di colpi di tosse □ **to c. out** (*o* **up**), espellere tossendo; espettorare: **to c. up a bone**, espellere un osso tossendo □ (*pop.*) **to c. up**, tirar fuori, sganciare, sborsare (*denaro, ecc.*); ridare, restituire; dare (*informazioni*); sputare (*il rospo*; *pop.*).

could /kʊd, kəd, kd/, *v. modale* (*pass. di* **can**) **1** potrei, potresti, ecc.; sarei, saresti, ecc. capace, in grado di; riuscirei, riusciresti, ecc.; saprei, sapresti, ecc.; potrebbe darsi che: **I c. recognize that man if I saw him again**, saprei (*o* potrei) riconoscere quell'uomo, se lo rivedessi; **C. you go at once?**, potresti andare subito?; **He c. not** (*abbr.* **couldn't**) **do that, even if he tried a hundred times**, non riuscirebbe a farlo, neanche se ci provasse cento volte; **He could well be a rapist**, potrebbe (anche) essere un maniaco sessuale **2** (*di solito in frasi neg. o nel discorso indir.*) potevo, potevi, ecc.; riuscivo, riuscivi, ecc.; sapevo, sapevi, ecc.; potei, potesti, ecc.; ho, hai, ecc. potuto: **He said he c. come**, disse che poteva venire; **I'm sorry I couldn't come earlier**, mi dispiace che non sono potuto (*o* di non esser potuto) venire prima; **Carlo c. speak English when he was a boy**, da ragazzo Carlo sapeva parlare l'inglese; **The doctors c. not save him**, i medici non riuscirono a salvarlo; **We c. not go into town yesterday**, ieri non potemmo andare in città (*cfr.* **We were able to go into town yesterday**, ieri riuscimmo ad andare in città) **3** potessi, ecc.; riuscissi, ecc.; sapessi, ecc.: **I would help you, if I c.**, t'aiuterei, se potessi; **If you c. speak English, you would make yourself understood**, se tu sapessi parlare inglese, ti faresti capire **4** (*seguito da un inf. pass.*) avrei, avresti, ecc. potuto; sarei, saresti, ecc. potuto: **I c. have passed my exams, if I had studied harder**, avrei potuto superare gli esami, se avessi studiato di più; **I c. have arrived in time, if I hadn't missed the bus**, sarei potuto arrivare in tempo, se non avessi perso l'autobus **5** (*prima di un inf. pass., anche se sottinteso*) avessi, ecc. potuto: **I would have helped him, if I c.** (**have done so**), l'avrei aiutato, se avessi potuto **6** (*idiom.*) – **I c. hear the firing in the distance**, udivo gli spari in lontananza; **I looked everywhere, but I couldn't find the papers**, cercai dappertutto, ma non trovai i documenti. ● **I couldn't afford a car**, non avevo (*o* non avrei) mezzi sufficienti per comprare (*o* per tenere) un'automobile □ **We couldn't afford to wait**, non potemmo (*o* non potremmo) permetterci d'aspettare □ **I c. but**, non potei, non potevo (fare altro) che: **We c. but hope**, non potevamo che sperare □ **I c. not help**, non potei, non potevo (*o* non potrei) evitare, fare a meno di: **I couldn't help admiring him**, non potevo non ammirarlo; **You couldn't help laughing if you saw him**, non potreste fare a meno di ridere, se lo vedeste □ **I couldn't help it**, non potei (*o* non potevo) farci nulla; non c'era rimedio; l'ho fatto senza volerlo; è andata così □ **It couldn't be helped**, non c'era nulla da fare; era inevitabile.

couldn't /ˈkʊdnt, -dn/, *contraz.* di **could not**.

couldst /kʊdst, kədst(t)/, *voce verb.* (*arc.*) 2ª *pers sing.* di **could**.

coulee /ˈkuliː/, *n.* **1** (*geol.*) lingua di lava **2** (*geogr., USA*) gola.

coulisse /kuːˈliːs/ (*franc.*), *n.* **1** (*falegn.*) coulisse; guida scanalata; scanalatura **2** (*teatr.*) quinta **3** (*Borsa*) coulisse; borsa non ufficiale; dopoborsa; mercatino, borsino (*fam.*).

couloir /ˈkuːlwɑː(r), *USA* kuːlˈwɑː(r)/ (*franc.*), *n.* (*geol.*) canalone (*di montagna*).

coulomb /ˈkuːlɒm, *USA* kuːˈlɒm, ˈkuːləʊm/, *n.* (*elettr.*) coulomb. ● **c.-meter**, coulombometro.

coulometer /kuːˈlɒmɪtə(r)/, *n.* (*elettr.*) coulombometro.

coulter /ˈkəʊltə(r)/, *n.* (*agric.*) coltro; vomere.

coumarin /ˈkuːmərɪn/, *n.* (*chim.*) cumarina.

council /ˈkaʊnsl/, *n.* **1** consiglio (*adunanza di persone*): (*in G.B.*) **borough c.**, consiglio comunale; **county c.**, consiglio di contea; (*mil.*) **c. of war**, consiglio di guerra **2** (*relig.*) concilio (*ecclesiastico*): **diocesan c.**, concilio diocesano; **ecumenical c.**, concilio ecumenico. ● **c. board** (*o* **table**), tavolo del consiglio; (*fig.*) i membri in riunione consiliare □ **c. chamber**, camera di consiglio □ **c. estate**, quartiere urbano di case del comune □ **c. house**, casa del comune (*in G.B., si può riscattare dopo due anni di affitto*) □ (*leg.*) **the C. of the Bar**, il Consiglio dell'Ordine degli Avvocati □ (*in G.B.*) **the c. of ministers**, il consiglio dei ministri □ (*in G.B.*) **C. of State**, Consiglio di Stato □ (*fisc., in G.B.*) **c. tax**, imposta locale basata sul valore locativo degli immobili (*sostituì la «poll tax» nel 1993*) □ **to be in c.**, essere a una riunione di consiglio.

councillor /ˈkaʊnsələ(r)/, *n.* consigliere; membro d'un consiglio.

councillorship /ˈkaʊnsɪləʃɪp/, *n.* carica (*o* ufficio) di consigliere.

councilman /ˈkaʊnslmən, -mæn/, *n.* (*pl.* **councilmen**) (*USA*) consigliere comunale.

counsel /ˈkaʊnsl/, *n.* **1** consiglio; consultazione; parere; consulenza: **to give good c.**, dare buoni consigli; **to take c.**, sentire un parere; consultarsi (*con q.*) **2** (*leg.*) consulente legale; avvocato patrocinante; patrono **3** (*lett.*) piano; risoluzione; disegno: **to keep one's own c.**, tener segreti i propri piani; essere riservato. ● (*leg.*) **c.'s advice**, parere legale □ (*leg.*) **c.'s fees**, parcella d'avvocato □ (*leg.*) **c. for the defence** (*o* **defendant**), avvocato difensore; collegio di difesa □ (*leg.*) **c. for the plaintiff**, avvocato di parte civile □ **c. of perfection**, (*relig.*) consiglio evangelico; (*fam.*) consiglio difficile da seguire □ (*leg.*) **Queen's** (*o* **King's**) **C.** (*abbr.* **Q. C., K. C.**), patrocinante per la Corona (*titolo onorifico concesso a pochi avvocati*) □ **the Queen's** (*o* **King's**) **C.**, il Consiglio della Corona □ **to take c. together**, consultarsi; deliberare insieme.

to **counsel** /ˈkaʊnsl/, **A** *v. t.* consigliare; raccomandare (*di fare q.c.*). **B** *v. i.* consultarsi (*con q.*); discutere e deliberare. ● **to c. against st.**, mettere in guardia contro q.c.

counsellor /ˈkaʊnsələ(r)/, *n.* **1** consigliere; consulente **2** consigliere (*d'ambasciata*) **3** (*USA*, = **c.-at-law**) avvocato patrocinante; patrono.

counselor /ˈkaʊnsələ(r)/, *n.* (*USA*) *V.* **counsellor**.

count (**1**) /kaʊnt/, *n.* **1** conto; conteggio; calcolo **2** (*leg.*) capo d'accusa **3** (*leg., USA*) diritto sostanziale; fondamento dell'azione (*cfr. ingl.* **cause of action**) **4** (*boxe*) conteggio: **to go down for the c.**, andare al tappeto (per il conteggio); farsi contare **5** (*polit.*) scrutinio: **to ask for the c.**, chiedere lo scrutinio **6** (*ind. tess.*) titolo **7** (*fis. nucl.*) impulso; segnale **8** (*demogr.*) conta, conteggio **9** (*stat.*) conteggio; enumerazione **10** (*arc.*) conto; considerazione. ● (*gramm. ingl.*) **c. noun**, sostantivo numerabile □ **c.-out**, (*in Parlamento*) dichiarazione di mancanza di numero legale e rinvio della seduta; (*boxe*) conteggio finale; conto (*dei dieci secondi regolamentari*); (*anche mil.*) conto delle perdite (*o* delle vittime) □ **to keep c.**, contare: **I couldn't keep c. of all of them**, non sono riuscito a contarli tutti □ **to lose c. of st.**, perdere il conto di q.c. □ (*boxe*) **to be out for the c.**, subire il conteggio finale; essere dichiarato fuori combattimento □ (*arc.*) **to take no c. of st.**, non tener conto di q.c.

count (**2**) /kaʊnt/, *n.* conte (*titolo per stranieri*; *cfr.* **earl**).

to **count** /kaʊnt/, **A** *v. t.* **1** contare; conteggiare; calcolare; annoverare; includere: **There are twenty of us, not counting the boy**, siamo in venti, senza contare il ragazzo; **I c. him among my friends**, lo annovero fra i miei amici **2** considerare; reputare; valutare; stimare: **I c. myself lucky**, mi considero fortunato **3** (*demogr., stat.*) contare. **B** *v. i.* **1** contare: **to c. up to a hundred**, contare fino a cento **2** contare; importare; valere: **His opinion doesn't c.**, la sua opinione non conta; **to c. for much** [**for little**], contare (*o* valere) molto [poco]; **to c. for nothing**, non contare niente. ● **to c. the cost of st.**, considerare quello che verrà a costare q.c.; (*fig.*) calcolare i rischi di q.c. □ **to c. from**, a contare da; con decorrenza da (*una certa data*) □ **to c. heads** (*o* **noses**), contare (un gruppo di persone) □ (*scozz.*) **to c. kin with sb.**, vantarsi parente di q. □ (*prov.*) **Don't c. your chickens before they are hatched**, non dir quattro se non è nel sacco.

♦**count against**, *v. t.* + *prep.* tornare a svantaggio di (q.); pesare (*fig.*) contro (q.).

♦**count down**, *v. i.* + *avv.* (*miss., org. az., ecc.*) fare il conto alla rovescia; contare alla rovescia.

♦**count in**, *v. t.* + *avv.* (*fam.*) comprendere, includere; mettere dentro (*fam.*): **If you go to Italy on a trip next summer, c. me in**, se andate in vacanza in Italia l'estate prossima, vengo anch'io (*o* sarò della partita).

♦**count off**, *v. t.* + *avv.* (*USA*) contare; controllare il numero di: **to c. off soldiers [students, forks and knives]**, contare soldati [studenti, posate].

♦**count on**, *v. t. + prep.* ***1*** contare su; fare assegnamento su: **You can c. on him to keep your secret**, ci puoi contare: non tradirà il tuo segreto; **I counted on him for help**, contavo sul suo aiuto ***2*** contare di: **We had counted on winning the match**, avevamo contato di vincere la partita; **I didn't c. on meeting him in Rome**, non contavo (*o* non mi aspettavo) d'incontrarlo a Roma.

♦**count out**, *v. t. + avv.* ***1*** contare (*uno per uno, a voce alta*): **He counted ten dollars and handed them to the taxi-driver**, contò dieci dollari e li diede al tassista ***2*** (*fam.*) escludere; lasciar fuori (*fam.*): **You can c. me out**, puoi lasciarmi fuori; non ci sto ***3*** (*sport*) dichiarare (*un pugile*) fuori combattimento (*o* K.O.) □ (*polit.*) **to c. out the House**, aggiornare la Camera (*dei Comuni o dei Lord*) per mancanza del numero legale.

♦**count up**, *v. t. + avv.* ***1*** contare; enumerare ***2*** addizionare.

♦**count upon**, *V.* **count on**.

countability /kaʊntə'bɪlətɪ/, *n.* (*mat.*) l'essere numerabile.

countable /'kaʊntəbl/, *a.* (*mat.*) numerabile. ● (*gramm. ingl.*) **c. noun**, sostantivo numerabile.

countdown /'kaʊntdaʊn/, *n.* (*miss., org. az., ecc.*) conto alla rovescia; countdown. ● (*autom.*) **c. markers**, segnali trasversali progressivi (*di passaggio a livello*: *rossi*; *d'uscita dall'autostrada*: *bianchi*).

countenance /'kaʊntənəns/, *n.* ***1*** espressione (*del volto*); fisionomia; viso; volto: **a man with an expressive c.**, un uomo dal volto espressivo ***2*** approvazione; incoraggiamento; appoggio; sostegno: **to give** (*o* **to lend**) **c. to sb. [to a plan]**, dare il proprio appoggio a q. [a un progetto]; **to keep sb. in c.**, incoraggiare q. (*dandogli segno che lo si approva o sostiene*). ● **to change c.**, cambiare espressione; alterarsi in viso □ **to keep one's c.**, rimanere composto, calmo; restare serio (*specialm. trattenendo il riso*) □ **to lose one's c.**, perdere il dominio di sé; tradirsi (*mutando espressione*) □ **to put sb. out of c.**, mettere q. in imbarazzo; sconcertare q. □ **to stare sb. out of c.**, sconcertare q. fissandolo a lungo.

to **countenance** /'kaʊntənəns/, *v. t.* ***1*** approvare; incoraggiare; appoggiare ***2*** consentire; permettere; tollerare.

counter (1) /'kaʊntə(r)/, *n.* ***1*** persona (*o* macchina) che fa i calcoli ***2*** (*tecn.*) contatore: **a Geiger c.**, un contatore Geiger ***3*** fiche; gettone (*per giochi, ecc.*) ***4*** contrassegno; contromarca ***5*** banco (*di banca o di negozio*); bancone ***6*** (*comm.*) cassa; sportello (*anche bancario*). ● (*comm.*) **c.-bid**, controfferta □ (*banca*) **c.'s cheque**, assegno di sportello □ (*banca*) **c. clerk**, sportellista □ (*comm.*) **c. displays**, elementi di richiamo per banco di vendita □ **c. intelligence**, controspionaggio □ (*spreg. arc.*) **c. jumper**, commesso di negozio □ (*mus.*) **c.-subject**, controsoggetto □ (*elettron.*) **c. tube**, tubo indicatore □ (*mecc.*) **rev c.**, contagiri □ (*comm.*) **to sell stock over the c.**, vendere titoli in un ufficio privato (*anziché alla Borsa*) □ **to sell st. under the c.**, vendere q.c. sottobanco □ (*fig.*) **under the c.**, sottobanco; di nascosto; illegalmente.

counter (2) /'kaʊntə(r)/, *a. attr.* contrario; opposto. ● **c. attraction**, attrazione in concorrenza □ (*mecc.*) **c. spring**, molla antagonista.

counter (3) /'kaʊntə(r)/, *n.* ***1*** (il) contrario; (l') opposto ***2*** (*anat.*) sterno; parte superiore del petto (*nel cavallo*) ***3*** contrafforte, rinforzo del calcagno (*d'una scarpa*) ***4*** (*tipogr.*) occhio (*di un carattere tipografico*) ***5*** (*boxe*) colpo d'incontro ***6*** (*scherma*) parata di contro.

counter (4) /'kaʊntə(r)/, *avv.* contro; in opposizione (a); in senso contrario: **to act c. to sb.'s wishes**, agire in opposizione ai desideri di q.; **to go c. to one's inclinations**, andare contro le proprie inclinazioni.

to **counter** /'kaʊntə(r)/, *v. t. e i.* ***1*** opporsi a; controbattere; contraddire; agire in opposizione (*o* in contrasto) a (q.) ***2*** respingere (*un attacco*); neutralizzare (*una mossa*); parare (*un colpo*) ***3*** (*scacchi*) rispondere (*con una mossa di contrattacco*); (*bridge*) contrare ***4*** (*boxe*) contrare; colpire d'incontro ***5*** mettere un contrafforte a (*una scarpa*) ***6*** (*mecc.*) invertire (*un moto*). ● (*econ.*) **to c. inflation**, combattere l'inflazione.

to **counteract** /kaʊntər'ækt/, *v. t.* ***1*** agire in opposizione a; ostacolare ***2*** annullare; mitigare; neutralizzare: **This medicine will c. the consequences of the disease**, questa medicina mitigherà le conseguenze della malattia.

counteraction /kaʊntər'ækʃn/, *n.* ***1*** controazione; azione che si oppone a un'altra ***2*** neutralizzazione ***3*** (*scherma*) controazione ***4*** (*leg.*) azione di opposizione.

counteractive /kaʊntər'æktɪv/, *a.* ***1*** che si oppone a; antagonistico ***2*** neutralizzante; che neutralizza.

counteragent /'kaʊntəreɪdʒənt/, *n.* forza opposta.

counterattack /'kaʊntərətæk/, *n.* ***1*** (*mil.*) contrattacco ***2*** (*sport*: *calcio*) contropiede.

to **counterattack** /'kaʊntərətæk/, *v. t. e i.* (*mil.*) contrattaccare.

counterbalance /'kaʊntəbæləns/, *n.* contrappeso (*anche fig.*).

to **counterbalance** /kaʊntə'bæləns/, *v. t.* ***1*** controbilanciare; contrappesare ***2*** (*fig.*) fare da contrappeso a (q.c.); compensare; equilibrare. ● **to c. each other**, controbilanciarsi.

counterblast /'kaʊntəblɑːst, *USA* -blæst/, *n.* violenta reazione; violento contrattacco; replica energica.

counterblow /'kaʊntəbləʊ/, *n.* ***1*** colpo d'incontro ***2*** (*mil.*) colpo restituito; rappresaglia.

counterbond /'kaʊntəbɒnd/, *n.* (*leg.*) controgaranzia; controcauzione.

counterbore /'kaʊntəbɔː(r)/, *n.* ***1*** allargamento, svasatura (*di un foro*) ***2*** (*mecc.*) accecatoio.

to **counterbore** /'kaʊntəbɔː(r)/, *v. t.* ***1*** allargare l'estremità di (*un foro*) ***2*** (*tecn.*) accecare.

to **counterbrace** /'kaʊntəbreɪs/, *v. t.* (*naut.*) controbracciare.

to **counterchange** /kaʊntə'tʃeɪndʒ/, **A** *v. t.* ***1*** scambiare ***2*** variare i colori di (*un dipinto*) ***3*** chiazzare (*il terreno*) di luci e d'ombre. **B** *v. i.* scambiarsi il posto; invertire le parti.

countercharge /'kaʊntətʃɑːdʒ/, *n.* (*leg.*) contraccusa; controaccusa.

countercheck /'kaʊntətʃek/, *n.* ***1*** freno (*fig.*); remora ***2*** seconda verifica; doppio riscontro (*di conti, ecc.*).

to **countercheck** /kaʊntə'tʃek/, *v. t.* ***1*** contrastare; imbrigliare, frenare (*fig.*): tenere a freno: **to c. inflation**, tenere a freno l'inflazione ***2*** riscontrare; verificare.

counterclaim /'kaʊntəkleɪm/, *n.* ***1*** controrichiesta ***2*** (*leg.*) domanda (*o* eccezione) riconvenzionale.

to **counterclaim** /'kaʊntəkleɪm/, **A** *v. i.* (*leg.*) riconvenire; presentare una domanda riconvenzionale. **B** *v. t.* (*leg.*) chiedere (q.c.) presentando una domanda riconvenzionale.

counterclockwise /kaʊntə'klɒkwaɪz/, *a.* e *avv.* (*USA*) (in senso) antiorario.

counterconditioning /kaʊntəkən'dɪʃənɪŋ/, *n.* (*psic.*) controcondizionamento.

countercultural /kaʊntə'kʌltʃərəl/, *a.* controculturale.

counterculture /'kaʊntəkʌltʃə(r)/, *n.* controcultura.

counterculturist /'kaʊntəkʌltʃərɪst/, *n.* esponente della controcultura.

countercurrent /'kaʊntəkʌrənt, *USA* -kɜːr-/, *n.* (*scient., tecn.*) corrente contraria; controcorrente.

counter-cyclical /kaʊntə'saɪklɪkl, -'sɪ-/, *a.* (*econ.*) anticiclico; anticongiunturale.

to **counterdemonstrate** /kaʊntə'demənstreɪt/, *v. i.* (*polit.*) controdimostrare.

counterdemonstrator /kaʊntə'demənstreɪtə(r)/, *n.* (*polit.*) controdimostrante.

countereffect /'kaʊntərɪfekt/, *n.* effetto contrario. ● **to have a c.**, essere controproducente.

counterespionage /kaʊntər'espɪənɑːʒ, -ɑːdʒ, -ɪdʒ/, *n.* controspionaggio.

counterfeit /'kaʊntəfɪt/, **A** *a.* ***1*** falsificato; falso; contraffatto ***2*** simulato: **c. virtue**, virtù simulata. **B** *n.* ***1*** falsificazione; contraffazione ***2*** simulazione.

to **counterfeit** /'kaʊntəfɪt/, *v. t.* ***1*** falsificare; contraffare: **to c. money**, falsificare denaro ***2*** contraffare; imitare: **to c. sb.'s voice**, contraffare la voce di q. ***3*** fingere, simulare (*sentimenti, ecc.*).

counterfeiter /'kaʊntəfɪtə(r)/, *n.* ***1*** contraffattore; falsificatore; falsario ***2*** simulatore.

counterfeiting /'kaʊntəfɪtɪŋ/, *n.* contraffazione; falsificazione.

counterfire /'kaʊntəfaɪə(r)/, *n.* (*mil.*) ***1*** fuoco di risposta ***2*** fuoco di neutralizzazione.

counterflow /'kaʊntəfləʊ/, *n.* (*autom.*) traffico in senso contrario.

counterfoil /'kaʊntəfɔɪl/, *n.* (*comm.*) matrice; madre (*di registro, libretto, ecc.*).

counterfort /'kaʊntəfɔːt/, *n.* (*ind. costr.*) contrafforte.

counterinsurgency /kaʊntərɪn'sɜːdʒənsɪ/, *n.* controrivolta; controinsurrezione.

counterintelligence /kaʊntərɪn'telɪdʒəns/, *n.* controspionaggio.

counterirritant /kaʊntər'ɪrɪtənt/, *n.* (*med.*) revulsivo; vescicante.

counterirritation /kaʊntərɪrɪ'teɪʃn/, *n.* (*med.*) revulsione.

counterman /'kaʊntəmən, -mæn/, *n.* (*pl.* **countermen**) (*USA*) ***1*** banconiere; barista ***2*** addetto al magazzino dei pezzi di ricambio; magazziniere.

countermand /kaʊntə'mɑːnd, *USA* -ænd/, *n.* contrordine; revoca (*d'un ordine*).

to **countermand** /kaʊntə'mɑːnd, *USA* -ænd/, *v. t.* ***1*** annullare, revocare (*un ordine, ecc.*) ***2*** richiamare (*una persona, truppe, ecc.*).

countermanoeuvre /kaʊntəmə'nuːvə(r)/, *n.* contromanovra.

countermarch /'kaʊntəmɑːtʃ/, *n.* (*anche mil.*) contromarcia.

to **countermarch** /'kaʊntəmɑːtʃ/, **A** *v. i.* ***1*** (*mil.*) fare una contromarcia ***2*** (*fig.*) invertire la marcia; ritirarsi. **B** *v. t.* far fare marcia indietro a (q.).

countermark /'kaʊntəmɑːk/, *n.* (*comm.*) contromarca; contrassegno.

to **countermark** /'kaʊntəmɑːk/, *v. t.* contromarcare; contrassegnare.

countermeasure /'kaʊntəmeʒə(r)/, *n.* contromisura.

countermine /'kaʊntəmaɪn/, *n.* ***1*** (*mil., naut.*) contromina ***2*** (*fig.*) contromina.

to **countermine** /kaʊntə'maɪn/, **A** *v. t.* (*mil., naut.*) controminare (*anche fig.*). **B** *v. i.* posare contromine.

countermotion /kaʊntə'məʊʃn/, *n.* mozione contraria; controproposta.

countermove /'kaʊntəmuːv/, *n.* contromossa (*anche a scacchi*).

counteroffensive /kaʊntərə'fensɪv/, *n.* (*mil.*) controffensiva.

counteroffer /'kaʊntərɒfə(r), *USA* -ɔːfə(r)/, *n.* (*comm., leg.*) controfferta.

counterorder /'kaʊntərɔːdə(r)/, *n.* contrordine.

counterpane /'kaʊntəpeɪn/, *n.* copriletto; sopraccoperta.

counterpart /'kaʊntəpɑːt/, *n.* ***1*** cosa uguale; copia, duplicato (*fig.*); sosia: **He is the very c. of his father**, egli è la copia esatta di suo padre ***2*** omologo: **Our Premier and his European counterparts**, il nostro primo ministro e i suoi omologhi europei (*cioè, i suoi colleghi*). ● (*leg.*) **c. of a deed**, duplicato di un atto.

counterplot /ˈkaʊntəplɒt/, *n.* ***1*** congiura, stratagemma, trama, opposti ad altri ***2*** (*letter., teatr.*) trama secondaria.

to **counterplot** /ˈkaʊntəplɒt/, **A** *v. i.* congiurare, tramare in opposizione ad altri. **B** *v. t.* frustrare, sventare (*una congiura, ecc.*).

counterpoint /ˈkaʊntəpɔɪnt/, *n.* (*mus.*) contrappunto.

counterpoise /ˈkaʊntəpɔɪz/, *n.* (*elettr., mecc.*) contrappeso (*anche fig.*).

to **counterpoise** /ˈkaʊntəpɔɪz/, *v. t.* (*mecc.*) contrappesare; bilanciare.

counterpower /ˈkaʊntəpaʊə(r)/, *n.* (*polit.*) contropotere.

counter-pressure /kaʊntəˈprɛʃə(r)/, *n.* (*tecn.*) contropressione.

counterproductive /kaʊntəprəˈdʌktɪv/, *a.* controproducente.

counterproposal /kaʊntəprəˈpəʊzl/, *n.* (*comm., leg.*) controproposta.

counterpurchase /kaʊntəˈpɜːtʃəs/, *n.* (*comm. est.*) acquisto in contropartita (*V.* **countertrade**).

Counter-Reformation /kaʊntərefɔːˈmeɪʃn/, *n.* (*stor.*) Controriforma.

counter-revolution /kaʊntərɛvəˈluːʃn/, *n.* controrivoluzione.

counter-revolutionary /kaʊntərɛvəˈluːʃənrɪ, *USA* -nerɪ/, *a.* e *n.* controrivoluzionario.

counter-revolutionist /ˈkaʊntərevəluːʃənɪst/, *n.* controrivoluzionario.

counterscarp /ˈkaʊntəskɑːp/, *n.* (*mil.*) controscarpa.

countersecurity /kaʊntəsɪˈkjʊərətɪ/, *n.* (*leg.*) controgaranzia.

countershaft /ˈkaʊntəʃɑːft, *USA* -æft/, *n.* (*mecc.*) contralbero; albero di rinvio.

countersign /ˈkaʊntəsaɪn/, *n.* ***1*** controfirma; firma di autenticazione; contrassegno ***2*** (*leg.*) (*pressappoco*) autenticazione, legalizzazione (*d'un documento, ecc.*) ***3*** (*mil.*) parola d'ordine.

to **countersign** /ˈkaʊntəsaɪn/, *v. t.* ***1*** controfirmare ***2*** (*leg.*) (*pressappoco*) autenticare, legalizzare (*un documento, ecc.*).

countersignature /kaʊntəˈsɪgnətʃə(r)/, *n.* controfirma.

countersink /ˈkaʊntəsɪŋk/, *n.* (*mecc.*) ***1*** accecatoio ***2*** coltello (*o* cucchiaio) della trivella ***3*** accecatura; svasatura (*il foro*).

to **countersink** /ˈkaʊntəsɪŋk/ (*pass.* **countersank**, *p. p.* **countersunk**), *v. t.* (*mecc.*) ***1*** svasare (*la cima d'un foro nel metallo o nel legno*) ***2*** accecare (*la testa d'una vite, ecc.*).

countersinking /ˈkaʊntəsɪŋkɪŋ/, *n.* (*mecc.*) accecatura; svasatura (*l'operazione*).

counterstain /ˈkaʊntəsteɪn/, *n.* (*biochim.*) colorante di contrasto.

countersteer /ˈkaʊntəstɪə(r)/, *n.* (*autom.*) ***1*** controsterzo ***2*** controsterzata.

to **countersteer** /ˈkaʊntəstɪə(r)/, *v. i.* (*autom.*) controsterzare.

counterstroke /ˈkaʊntəstrəʊk/, *n.* contraccolpo.

countertenor /kaʊntəˈtɛnə(r)/, *n.* (*mus.*) tenore leggero.

counterterrorism /kaʊntəˈtɛrərɪzəm/, *n.* (*polit.*) controterrorismo.

counterterrorist /kaʊntəˈtɛrərɪst/, **A** *n.* (*polit.*) controterrorista. **B** *a. attr.* (*polit.*) antiterrorismo: **c. measures**, misure antiterrorismo; **c. squad**, squadra antiterrorismo.

countertrade /ˈkaʊntətreɪd/, *n.* (*comm. est.*) import-export in contropartita; commercio di compensazione.

countertrend /ˈkaʊntətrɛnd/, *n.* tendenza contraria.

to **countervail** /ˈkaʊntəveɪl/, *v. t.* e *i.* ***1*** bilanciare; equilibrare ***2*** compensare; essere di compensazione. ● (*fin.*) **countervailing credit**, credito di compensazione □ (*fin.*) **countervailing duty**, dazio doganale compensativo.

to **counterweigh** /kaʊntəˈweɪ/, **A** *v. t.* contrappesare; controbilanciare. **B** *v. i.* fare da contrappeso.

counterweight /ˈkaʊntəweɪt/, *n.* contrappeso.

counterweighted /ˈkaʊntətreɪd/, *a.* (*tecn.*) contrappesato; provvisto di contrappeso (*o* contrappesi).

counterwork /ˈkaʊntəwɜːk/, *n.* ***1*** lavoro opposto a un altro ***2*** (*mil.*) opera difensiva in opposizione a quelle del nemico.

to **counterwork** /ˈkaʊntəwɜːk/, **A** *v. t.* ***1*** contrastare; opporsi a ***2*** frustrare; annullare; neutralizzare. **B** *v. i.* agire (*o* operare) in opposizione (*a q.* o *q.c.*).

countess /ˈkaʊntɪs/, *n.* contessa.

counting /ˈkaʊntɪŋ/, *n.* conteggio; conta; calcolo; computo: **the c. of words in a telegram**, il conteggio delle parole in un telegramma. ● (*elettron.*) **c. circuit**, circuito di conteggio □ **c. from**, a decorrere da, a partire da, con decorrenza da, a cominciare da (*una certa data*) □ (*ind. tess., tipogr., filatelia*) **c. glass**, contafili □ (*comm., un tempo*) **c. house**, reparto (*o* ufficio) contabilità □ (*fis. nucl.*) **c. rate meter**, frequenziometro statistico □ (*USA*) **c. room**, *V.* **c. house**.

countless /ˈkaʊntləs/, *a.* innumerevole.

countrified /ˈkʌntrɪfaɪd/, *a.* rustico; campagnolo; rurale.

country /ˈkʌntrɪ/, **A** *n.* ***1*** campagna; terreno; territorio; regione; campi: **to go into the c.**, andare in campagna; **wooded c.**, terreno boschivo; **big-game hunting c.**, territorio per la caccia grossa; **to walk across c.**, camminare per i campi ***2*** paese; nazione; patria: **France is a European c.**, la Francia è una nazione europea; **Italy is my own country**, l'Italia è il mio paese natale. **B** *a.* di campagna; campestre: **c. life**, vita di campagna; **a c. road**, una strada di campagna. ● (*mus.*) **c. and western**, musica country □ **c. bank**, banca di provincia; (*in G.B.*) banca senza sede a Londra □ (*fin.*) **c. branch**, filiale di provincia □ **c. club**, circolo sportivo □ **c. code**, (*ecol.*) codice di comportamento ecologico; (*telef.*) indicativo dello Stato (*per es., 44 per l'Inghil.*) □ (*fig. spreg.*) **c. cousin**, persona di gusti campagnoli; topo di campagna (*fig.*) □ **c. dance**, danza folcloristica; danza popolare □ **c. gentleman**, signore di campagna; proprietario terriero □ **c. house**, casa o residenza di campagna; grande villa □ (*mus.*) **c. music**, musica country □ (*polit.*) **c. party**, partito agrario □ (*in G.B.*) **c. residence**, residenza di campagna (*grossa tenuta*: *per es., della famiglia reale ingl.*) □ (*comm. est.*) **c. risk**, rischio paese □ (*geol.*) **c. rock**, roccia incassante □ **c. seat**, *V.* **c. house** □ **c. town**, cittadina di provincia □ (*polit.*) **to go** (*o* **to appeal**) **to the c.**, fare appello al paese; indire le elezioni generali.

countryfied /ˈkʌntrɪfaɪd/, *V.* **countrified**.

countryman /ˈkʌntrɪmən/, *n.* (*pl.* **countrymen**) ***1*** campagnolo; contadino ***2*** compatriota; concittadino.

countryside /ˈkʌntrɪsaɪd/, *n.* campagna.

countrywide /ˈkʌntrɪwaɪd/, *a.* esteso a tutto il territorio nazionale.

countrywoman /ˈkʌntrɪwʊmən/, *n.* (*pl.* **countrywomen**) ***1*** campagnola; contadina ***2*** compatriota; concittadina.

countship /ˈkaʊntʃɪp/, *n.* ***1*** titolo di conte (*V.* **count** (2)) ***2*** contea.

county /ˈkaʊntɪ/, *n.* ***1*** contea (*una delle 52 divisioni amministrative dell'Inghil. e del Galles*; *o in Irlanda o in U.S.A.*) ***2*** (*collett.*) (gli) abitanti d'una contea. ● (*stor.*) **c. borough**, città con amministrazione autonoma (*fino al 1974*) □ **c. clerk**, segretario (di consiglio) di contea □ **c. council**, consiglio di contea □ (*leg.*) **c. court**, tribunale di contea (*competente soltanto in materia civile*; *ce ne sono 337*) □ **c. family**, famiglia nobile che risiede da tempo nella contea □ **c. hall**, palazzo del consiglio di contea □ (*USA*) **c. seat**, capoluogo di contea □ (*in G.B.*) **c. town**, capoluogo di contea □ **civil c.**, contea (*in Scozia*) □ **the home counties**, le sei contee intorno a Londra.

countywide /ˈkaʊntɪwaɪd/, *a.* esteso a tutto il territorio di una contea.

coup /kuː/ (*franc.*), *n.* ***1*** colpo maestro; mossa brillante ***2*** (*biliardo*) messa in buca. ● **c. d'état**, colpo di Stato □ **c. de grâce**, colpo di grazia (*anche fig.*) □ (*mil.*) **c. de main**, colpo di mano □ **c. d'oeil**, colpo d'occhio □ **to bring off** (*o* **to pull off**) **a c.**, fare un (bel) colpo.

coupe /kuːp/ (*franc.*), *n.* ***1*** coppa gelato ***2*** coppa (*di vetro*) per gelato.

coupé /ˈkuːpeɪ, *USA* kuːˈpeɪ, kuːp/ (*franc.*), *n.* coupé; automobile (*o* carrozza chiusa) a due posti. ● (*autom.*) **convertible c.**, cabriolet.

couple /ˈkʌpl/, *n.* ***1*** coppia; paio (*con valore numerico spesso indefinito*): **a c. of books**, un paio di libri; **a married c.**, una coppia di sposi; **a courting c.**, una coppia di fidanzati; **They make a nice c.**, sono proprio una bella coppia; (*fam.*) **I've a c. of things to do**, ho un paio di cose da fare ***2*** (*pl.*) accoppiatoio (*guinzaglio per tenere i cani a due a due*) ***3*** (*invar. al pl.*) coppia (*di cani da caccia*): **There were ten c.**, c'erano dieci coppie (di cani) ***4*** (*fis.*) coppia (*di forze*) ***5*** (*elettr.*) coppia voltaica ***6*** (*chim.*) accoppiamento ***7*** (*elettron.*) coppia ***8*** (*fig.*) aggancio; legame. ● **in couples**, a coppie; a due a due.

to **couple** /ˈkʌpl/, **A** *v. t.* ***1*** (*anche tecn.*) accoppiare; collegare ***2*** legare insieme (*specialm. cani, a due a due*) ***3*** (*raro*) unire in matrimonio ***4*** (*ferr.*) agganciare (*carrozze*) ***5*** (*fig.*) collegare, associare (*mentalmente*). **B** *v. i.* accoppiarsi; appaiarsi.

coupled /ˈkʌpld/, *a.* ***1*** (*anche tecn.*) accoppiato; collegato ***2*** (*ferr.*) agganciato. ● (*elettr.*) **c. circuits**, circuiti accoppiati □ (*archit.*) **c. column**, colonna binata.

coupler /ˈkʌplə(r)/, *n.* ***1*** chi accoppia, collega, unisce, ecc. ***2*** (*ferr.*) gancio di trazione ***3*** (*mus.*) tirante (*d'organo*) ***4*** (*elettr., naut.*) accoppiatore. ● (*ferr., mecc.*) **c. head**, dispositivo di aggancio.

couplet /ˈkʌplət/, *n.* ***1*** (*poesia*) distico: **heroic c.**, distico eroico ***2*** (*mus.*) «couplet».

coupling /ˈkʌplɪŋ/, *n.* ***1*** (*anche tecn.*) accoppiamento ***2*** (*tecn.*) giunto; dispositivo d'accoppiamento: (*autom.*) **cross-type c.**, giunto cardanico; cardano ***3*** (*ferr.*) agganciamento; attacco ***4*** (*tecn.*, = **c. box**) manicotto (*di tubature*) ***5*** (*fig.*) associazione (*di idee*). ● (*elettr.*) **c. loop**, spira di accoppiamento □ (*mecc.*) **c. gear**, accoppiatore □ (*ferr.*) **c. screw**, tenditore a vite.

coupon /ˈkuːpɒn/, *n.* ***1*** buono; scontrino; tagliando ***2*** (*fin.*) cedola; dividendo (*fam.*); cupone: **Coupons are cut off from the sheet and presented for payment**, le cedole vengono staccate dalla cartella e presentate per il pagamento ***3*** (*pubbl.*) buono: **free-gift c.**, buono premio; **Send in the c. today**, invii il buono oggi stesso ***4*** (*sport*) schedina: **football c.**, schedina del totocalcio. ● (*fin.*) **c. bond**, obbligazione cuponata □ (*spreg.*) **c. clipper**, chi vive di rendita da titoli □ (*fin.*) **c. in arrear**, cedola scaduta □ (*fin.*) **c. renewal**, affogliamento □ (*fin.*) **c. sheet**, foglio di cedole; cartella □ (*fin.*) **c. stripping**, *V.* **dividend stripping** □ (*fin.*) **ex-coupon stock**, titolo secco (*o* scuponato); titolo ex cedola.

courage /ˈkʌrɪdʒ, *USA* ˈkɜːrɪdʒ/, *n.* coraggio. ● **Dutch c.**, coraggio che deriva dall'aver bevuto □ **to have the c. of one's convictions**, avere il coraggio delle proprie convinzioni □ **to keep up sb.'s c.**, tener su il morale di q. □ **to lose c.**, perdersi di coraggio (*o* d'animo) □ **to take** (*o* **to pluck up, to muster up**) **c.**, farsi coraggio; farsi animo □ **to take one's c. in both hands**, prendere il coraggio a due mani.

courageous /kəˈreɪdʒəs/, *a.* coraggioso; audace. ‖ **-ly**, *avv.* ‖ **-ness**, *sost.*

courgette /kɔːˈʒɛt, kʊə-/ (*franc.*), *n.* (*cucina*) zucchina, zucchino.

courier /ˈkʊrɪə(r), ˈkʌ-, *USA* ˈkʊ-, ˈkɜː-/, *n.* ***1***

corriere (*nel senso di messaggero e di giornale*): (*stor.*) **the Liverpool C.**, il Corriere di Liverpool ***2*** (*tur.*) courier; assistente turistico; accompagnatore ***3*** corriere diplomatico. ● (*tur.*) **girl c.**, accompagnatrice; guida.

course /kɔːs/, *n.* ***1*** corso: **the c. of the river**, il corso del fiume; **in the c. of life**, nel corso della vita; **in the c. of a year**, nel corso d'un anno; **a c. of study**, un corso di studi; **the c. of events**, il corso degli eventi; **the c. of the stars**, il corso degli astri; **The law is taking its c.**, la legge sta seguendo il suo corso ***2*** (*sport*) campo; campo di corse; circuito; pista; (*ciclismo*) percorso: **a golf c.**, un campo di golf; (*autom.*) **a circular c.**, un circuito chiuso; **a ski c.**, una pista di sci ***3*** (= **racecourse**) ippodromo ***4*** direzione: **Foreign trade is changing its c.**, il commercio estero sta cambiando direzione ***5*** (*naut., aeron.*) rotta: **The ship changed c. many times while sailing in the archipelago**, mentre navigava nell'arcipelago, la nave cambiò più volte la rotta; **Our c. was due south**, la nostra rotta era verso il sud ***6*** (linea di) condotta; indirizzo (*fig.*); via, strada, china (*fig.*): **He has taken a dangerous c.**, ha preso una strada pericolosa (*fig.*); **We are trying to follow a middle c.**, stiamo cercando di adottare una via di mezzo ***7*** portata; piatto: **The main c. was chicken**, il piatto principale fu il pollo ***8*** (*med.*) corso; cura; ciclo di cure: **post-operative c.**, corso postoperatorio; **a c. of injections**, una cura di iniezioni; **a c. of treatment**, un ciclo di cure; **a c. of mud baths**, un ciclo di cure di fanghi ***9*** (*edil.*) corso (*di mattoni o di pietre*) ***10*** (*caccia*) inseguimento (*soprattutto di lepri da parte di levrieri*) ***11*** (*ind. min.*) galleria ***12*** (*pl.*) (*fisiol.*) ricorsi (*pop.*); mestruazioni ***13*** (*a bocce, al biliardo, ecc.*) traiettoria (*della boccia, della palla*). ● (*naut.*) **c.-line computer**, calcolatore di rotta □ (*fin.*) **c. of exchange**, corso del cambio □ (*comm.*) **the c. of prices**, l'andamento dei prezzi □ **to change c.**, cambiare direzione; (*naut.*) mutare rotta □ (*naut.*) **to hold on the c.**, tenere la rotta □ **in c.**, in corso; in via: **The new road is in c. of construction**, la nuova strada è in via di costruzione □ (*di una questione, ecc.*) **in c. of arrangement**, in via di sistemazione □ **in the c. of nature**, secondo natura □ **in the c. of time**, con l'andar del tempo □ **in due c.**, regolarmente; a tempo debito □ **a matter of c.**, una cosa naturale □ **of c.**, naturalmente □ (*di malattia, ecc.*) **to run** (*o* **to take**) **its c.**, seguire il suo corso □ (*naut.*) **to shape c. for**, far rotta per □ (*fig.*) **to stay the c.**, tirare diritto; non deflettere; finire quel che si doveva fare □ (*naut.*) **to steer the c.**, governare in rotta □ (*naut.*) **true c.**, rotta vera.

to **course** /kɔːs/, **A** *v. t.* ***1*** cacciare, inseguire (*specialm. selvaggina con i cani*) ***2*** lanciare (*i levrieri*) all'inseguimento ***3*** (*lett.*) attraversare; trascorrere (*lett.*) ***4*** far correre (*un cavallo, un cane*). **B** *v. i.* ***1*** cacciare (*specialm. con cani*) ***2*** scorrere: **Royal blood courses through my veins**, nelle mie vene scorre sangue reale.

courser (**1**) /ˈkɔːsə(r)/, *n.* (*poet.*) corsiero; destriero.

courser (**2**) /ˈkɔːsə(r)/, *n.* (*zool., Cursorius cursor*) corrione biondo.

courseware /ˈkɔːsweə(r)/, *n. collett.* (*elab.*) software per la didattica.

coursing /ˈkɔːsɪŋ/, *n.* ***1*** caccia con levrieri (*specialm. alla lepre*) ***2*** (*sport*) corsa di levrieri.

court /kɔːt/, **A** *n.* ***1*** corte; cortile ***2*** (*in G.B., nei toponimi*) corte; breve strada; piazzetta: **Cecil C.**, Cecil Court (*a Londra*) ***3*** (*in G.B.*) casa divisa in appartamenti di lusso; «residenza»: **They lived in Selbury C.**, abitavano a Selbury Court ***4*** (*in U.S.A.*) cortile interno (*di un motel*) ***5*** corte; palazzo reale; famiglia (*seguito, ecc.*) reale: **the C. of St. James's**, la Corte di San Giacomo (*la corte del Regno Unito*); **Hampton C.**, il Palazzo Reale di Hampton ***6*** (*leg.*) corte (*di giustizia*); tribunale; foro; (*fig.*) giudice; (*collett.*) (i) giudici: **c. of justice**, corte di giustizia; **This c. is cognizant of the offence**, questo tribunale è competente a giudicare il reato; **c. having jurisdiction**, foro competente; **We've taken the case to c.**, abbiamo portato il caso davanti al giudice; **criminal c.**, tribunale penale; **to bring sb. before the c.**, portare q. in tribunale ***7*** (*sport*) campo; zona del campo: **tennis c.**, campo da tennis; **hard c.**, campo in terra battuta; **grass c.**, campo in erba; **the service c.**, la zona del servizio ***8*** corte; corteggiamento: **to pay c. to a girl**, fare la corte a una ragazza ***9*** (*in G.B.*) consiglio d'amministrazione (*di un ente, un'università, ecc.*) ***10*** (*leg., mil.*) commissione: **c. of inquiry**, commissione d'inchiesta; (*anche*) tribunale militare ***11*** (*leg.*) collegio: **c. of arbitration**, collegio arbitrale. **B** *a. attr.* ***1*** di corte: **c. ball**, ballo di corte; **c. dress**, abito di corte ***2*** (*leg.*) di tribunale; giudiziario; processuale; di un processo: **c. room**, aula di tribunale; sala delle udienze; **c. proceedings**, atti processuali; documenti giudiziari; **c. record**, verbale di un processo; **c. district**, distretto giudiziario. ● **c. card**, figura (*a carte*; *cfr. USA* **face card**) □ **c. circular**, relazione quotidiana sugli avvenimenti di corte (*pubblicata sui giornali*) □ **c. guide**, elenco delle persone presentate a corte □ (*teatr., cinem., TV*) **c. melodramma**, dramma (film, originale televisivo) incentrato su un processo (*con molte scene in tribunale*) □ (*leg.*) **C. of Appeal**, Corte d'Appello (*a Londra, è unica in Inghil.*) □ (*leg., in U.S.A.*) **C. of Appeals**, Corte d'Appello; (*in taluni Stati*) Corte Suprema □ (*leg.*) **Courts of Assize**, Corti d'Assise (*sostituite nel 1971 dalle «Circuit Corts»*) □ (*leg.*) **c. of first instance**, tribunale di prima istanza □ (*leg.*) **c. of last resort**, tribunale d'ultima istanza (*la Camera dei Lord in G.B., la Corte Suprema in U.S.A.*) □ **c. plaster**, (sorta di) cerotto (*usato un tempo dalle dame di corte per piccole abrasioni*) □ (*stor.*) **c. roll**, registro delle affittanze, tenuto da una corte feudale □ **c. shoe**, scarpa scollata, a tacco alto; scarpa da ballo □ (*leg.*) **c. sitting in panel**, collegio di giudici □ (*antico gioco in G.B.*) **c. tennis** (*o* **real tennis**), tennis giocato su un campo chiuso (*e parzialmente coperto*) □ (*leg.*) **to go to c.**, adire le vie legali □ **to hold c.**, tener corte, tenere un ricevimento a corte; (*fig.*) tener corte, far salotto, circondarsi d'ospiti □ (*leg.*) **out of c.**, (*avv.*) in via amichevole; (*agg.*) stragiudiziale □ **to put oneself out of c.**, squalificarsi, perdere il diritto d'aver voce in capitolo (*comportandosi indegnamente*) □ **to settle a case** [**a dispute**] **out of c.**, conciliare una causa [comporre una disputa] in via amichevole □ **to be ruled out of c.**, essere allontanato dall'aula.

to **court** /kɔːt/, **A** *v. t.* ***1*** corteggiare; (*anche fig.*) fare la corte a ***2*** cercare; sollecitare; andare in cerca di: **to c. the independent voters**, sollecitare il voto degli elettori non iscritti ad alcun partito politico; **to c. an opportunity**, cercare una buona occasione; **You are courting trouble**, vai in cerca di guai. **B** *v. i.* fare la corte.

courtage /ˈkɔːtɪdʒ/ (*franc.*), *n.* (*comm.*) mediazione; senseria.

courteous /ˈkɜːtɪəs/, *a.* cortese; gentile; bene educato. || **-ly**, *avv.* || **-ness**, *sost.*

courtesan /kɔːtɪˈzæn, *USA* ˈkɔːtɪzn/, *n.* cortigiana; prostituta.

courtesy /ˈkɜːtəsɪ/, **A** *n.* ***1*** cortesia; gentilezza; favore: **by c.**, per favore; **title of c.**, titolo di cortesia (*per es., quello dato ai figli d'un duca*) ***2*** cortese concessione; atto di cortesia ***3*** (*arc.*) *V.* **curts(e)y**. **B** *a. attr.* di cortesia: **a c. visit**, una visita di cortesia. ● **c. copy**, copia in omaggio (*di libro*) □ (*autom.*) **c. light**, luce interna (*automatica*) □ **by c. of**, per gentile concessione di.

courthouse /ˈkɔːthaʊs/, *n.* palazzo di giustizia.

courtier /ˈkɔːtɪə(r)/, *n.* ***1*** cortigiano; gentiluomo di corte ***2*** (*fig.*) adulatore.

courting /ˈkɔːtɪŋ/, *n.* corteggiamento; corte (*a una donna*). ● **c. couple** (*o* **c. pair**), fidanzati; innamorati.

courtly /ˈkɔːtlɪ/, *a.* ***1*** cortese; elegante; raffinato ***2*** cortigianesco; cerimonioso ***3*** di corte; regale. ● (*letter.*) **c. love**, amor cortese. || **-iness**, *sost.*

court-martial /ˈkɔːtmɑːʃl/, *n.* (*pl.* **courts-martial, court-martials**) (*mil.*) corte marziale.

to **court-martial**, /ˈkɔːtmɑːʃl/, *v. t.* mandare (q.) davanti alla corte marziale. ● **to be court-martialled**, essere processato da una corte marziale.

courtship /ˈkɔːtʃɪp/, *n.* (*anche zool.*) corteggiamento.

courtyard /ˈkɔːtjɑːd/, *n.* cortile; corte (*di castello, ecc.*).

couscous /ˈkuːskuːs/, *n.* (*cucina*) cuscus.

cousin /ˈkʌzn/, *n.* ***1*** cugino, cugina: **first c.** (*o* **c. german**), primo cugino; **second c.** (*o* **c. once removed**), secondo cugino; **third c.**, terzo cugino ***2*** (*per estens.*) parente (*anche fig.*). ● **to call cousins with sb.**, vantare la propria parentela con q.

cousinhood /ˈkʌznhʊd/, *n.* ***1*** cuginanza ***2*** (*collett.*) i propri cugini.

cousinly /ˈkʌznlɪ/, *a.* di (*o* da) cugino.

cousinship /ˈkʌznʃɪp/, *n.* cuginanza.

couture /kʊˈtjʊə(r), -ˈtʊə(r)/ (*franc.*), *n.* moda femminile; alta moda.

couturier /kʊˈtjʊərɪeɪ, -ˈtʊə-/ (*franc.*), *n.* sarto di classe.

couvade /kuːˈvɑːd/ (*franc.*), *n.* (*antropol.*) covata; accubito.

covalence /kəʊˈveɪləns/, **covalency** /kəʊˈveɪlənsɪ/, *n.* (*chim.*) covalenza.

covalent /kəʊˈveɪlənt/, *a.* (*chim.*) covalente: **c. bond**, legame covalente.

covariance /kəʊˈveərɪəns/, *n.* (*stat.*) covarianza.

covariant /kəʊˈveərɪənt/, *a.* e *n.* (*mat.*) covariante.

cove (**1**) /kəʊv/, *n.* ***1*** piccola baia; cala; insenatura ***2*** angolo (*o* recesso) riparato (*fra dirupi*); grotta; nicchia ***3*** (*archit.*) modanatura concava.

cove (**2**) /kəʊv/, *n.* (*pop. arc.*) individuo; tipo; tizio.

to **cove** /kəʊv/, *v. t.* (*archit.*) curvare (*o* piegare) ad arco. ● **coved ceiling**, soffitto ad arco.

coven /ˈkʌvn/, *n.* congrega di streghe.

covenant /ˈkʌvənənt/, *n.* ***1*** convenzione; accordo solenne; patto: (*relig.*) **the Ark of the C.**, l'Arca dell'Allenza; (*stor.*) **the C. of the League of Nations**, il patto della Lega delle Nazioni; (*stor.*) **the National C.**, la convenzione nazionale dei presbiteriani scozzesi contro l'episcopato ***2*** (*leg.*) contratto formale (*o* solenne). ● (*leg.*) **c. of quiet enjoyment**, garanzia di pacifico godimento.

to **covenant** /ˈkʌvənənt/, *v. t.* e *i.* accordarsi; convenire; pattuire.

covenanted /ˈkʌvənəntɪd/, *a.* ***1*** legato da un patto ***2*** (*leg.*) stabilito per contratto; pattuito.

covenanter /ˈkʌvənəntə(r)/, *n.* ***1*** chi aderisce a una convenzione (*o* a un patto) ***2*** (*stor.*) membro del «National Covenant» scozzese.

Coventry /ˈkɒvəntrɪ/, *n.* (*geogr.*) Coventry. ● (*fig. fam.*) **to send sb. to C.**, mettere q. al bando della società; dare l'ostracismo a q.; (*fig.*) emarginare q.

cover /ˈkʌvə(r)/, *n.* ***1*** coperchio; cappuccio, calotta (*di protezione*) ***2*** coperta; fodera (*di poltrona, ecc.*); copertina (*di libro o rivista*): **loose c.**, fodera staccabile; **c. photo**, foto di copertina ***3*** busta (*di lettera*); plico: **We are sending the invoice under separate c.**, inviamo la fattura in plico a parte ***4*** (= **outer c.**) copertone (*di pneumatico*) ***5*** rifugio; riparo; protezione; (*mil.*) copertura: (*mil.*) **c. from**

enemy fire, riparo dal fuoco del nemico; **to take c. under a tree**, trovare riparo sotto un albero; **air c.**, copertura aerea ***6*** apparenza; finzione; pretesto; schermo, veste (*fig.*); falsa identità (*di una spia*): **Under the c. of humility, he is very proud**, è molto orgoglioso sotto la sua apparenza d'umiltà ***7*** coperto (*d'un pranzo*): **c. charge**, (prezzo del) coperto (*in un ristorante, ecc.*) ***8*** (*leg.*) garanzia ***9*** (*ass.*) copertura ***10*** (*fin.*) copertura ***11*** (*di animali*) monta. ● (*banca*) **c. for the day**, fabbisogno di cassa □ **c. girl**, cover girl; ragazza copertina □ **c. glass**, vetrino (*da microscopio*) □ **c. name**, pseudonimo □ (*ass.*) **c. note**, polizza provvisoria □ (*di rivista*) **c. story**, articolo collegato alla copertina □ **c.-up**, copertura; insabbiamento (*fig.*) □ (*d'animali selvatici, ecc.*) **to break c.**, uscire allo scoperto □ (*d'un libro*) **from c. to c.**, da cima a fondo □ **to get under c.**, mettersi al coperto; nascondersi □ **to take c.**, rifugiarsi; (*di un selvatico*) nascondersi; (*mil.*) coprirsi □ (*ass.*) **to take out c.**, coprirsi (*da un rischio*) □ **under the c. of darkness** (*o* **of the night**), col favore delle tenebre □ (*fin.*) **with c.**, con copertura; al coperto □ (*fin.*) **without c.**, senza copertura; allo scoperto.

to **cover** /ˈkʌvə(r)/, **A** *v. t.* ***1*** coprire (*anche fig.*); ricoprire; rivestire; celare; dissimulare; nascondere; mascherare; riparare; proteggere: **C. your head!**, copriti il capo!; **He was covered with dust**, era coperto di polvere; **He covered me with ridicule**, mi coprì di ridicolo; **She tried to c. her fear**, cercava di dissimulare la sua paura; **We covered forty miles**, coprimmo una distanza di quaranta miglia; (*mil.*) **to c. sb.'s retreat**, coprire la ritirata di q. ***2*** (*ass.*) coprire: **I am covered by insurance**, sono coperto da assicurazione ***3*** covare (*uova*) ***4*** (*mil.*: *di fortezza*) dominare; (*d'artiglieria, ecc.*) tenere sotto il fuoco; tenere (q.) nel mirino: **Our artillery covered every approach**, la nostra artiglieria teneva sotto il fuoco ogni via d'accesso ***5*** (*sport*) star dietro a, coprire (*un altro giocatore*); difendere (*una base, ecc.*) ***6*** (*leg.*) garantire ***7*** comprendere; includere; trattare esaurientemente: **His lectures c. the whole subject**, le sue conferenze trattano esaurientemente l'intero argomento ***8*** (*giorn.*) seguire (*un avvenimento*) in qualità d'inviato; riferire per esteso; fare un servizio su: **The reporter covered the riots**, l'inviato fece un servizio sui tumulti; occuparsi di: **Mark covers the crime news**, Mark si occupa della cronaca nera ***9*** (*fin.*) coprire; garantire; pareggiare: **to c. a cheque**, coprire un assegno ***10*** (*anche mil.*) coprire; coprir le spalle a (q.) ***11*** (*di venditore ambulante*) coprire (*una piazza, un mercato*); (*di poliziotto*) coprire (*una zona*). **B** to **cover oneself**, *v. rifl.* coprirsi; rimettersi il cappello; (*ass., Borsa, fin.*) coprirsi: **to c. oneself with glory** [**honour, shame**], coprirsi di gloria [d'onore, di vergogna]; **C. yourself, please**, la prego, tenga il cappello (in testa). ● (*Borsa*) **to c. forward**, coprirsi con operazioni a termine □ **to c. in**, ricoprire (*un canale*); colmare (*una fossa*) □ **to c. most expenses**, coprire quasi tutte le spese □ **to c. sb. with a gun** [**a pistol**], tenere q. sotto la mira d'un fucile [d'una pistola] □ (*comm.*) **to c. a small order**, evadere un piccolo ordinativo □ **to c. up**, coprire completamente; celare, nascondere; insabbiare (*fig.*); nascondersi, celarsi; (*fam.*) coprire (q.); prendersi la colpa per un altro □ **to c. (up) one's tracks**, nascondere le proprie tracce; (*fig.*) tener segreti i propri piani □ (*ass.*) **to get oneself covered**, assicurarsi □ (*della polizia*) **to get the roads out of town covered**, fare controllare le vie d'uscita dalla città □ **to remain covered**, tenere il cappello in capo.

coverage /ˈkʌvərɪdʒ/, *n.* ***1*** (*fin.*) copertura (*anche di rischi, per mezzo d'assicurazione*): **gold c.**, copertura aurea ***2*** (*giorn.*) ampiezza di trattazione (*d'una notizia*); copertura: **media c.**, copertura dei media ***3*** (*radio, TV*) zona di ricezione; zona di udibilità ***4*** (*radar*) copertura ***5*** (*stat.*) copertura (*di una rilevazione*).

coveralls /ˈkʌvərɔːlz/, *n. pl.* (*USA*) tuta (*specialm. da lavoro*).

covered /ˈkʌvəd/, *a.* ***1*** coperto: **c. wagon**, vagone coperto ***2*** (*banca*) coperto: **I thought the cheque wouldn't be c.**, pensavo che l'assegno non fosse coperto ***3*** (*fin.*) coperto: (*Borsa*) **c. bear**, ribassista coperto.

covering /ˈkʌvərɪŋ/, **A** *a.* che copre. **B** *n.* ***1*** (*anche fin.*) copertura ***2*** protezione; rivestimento ***3*** coperta ***4*** (*tecn.*) guarnizione ***5*** (*mat.*) copertura; ricoprimento ***6*** (*zootecnia*: *di animali*) monta. ● **c. letter**, lettera d'accompagnamento □ (*mil.*) **c. party**, truppe di copertura □ (*metall., ottica*) **c. power**, potere coprente □ (*Borsa*) **c. purchase**, acquisto di copertura.

coverlet /ˈkʌvələt/, *n.* ***1*** sovraccoperta; copriletto ***2*** (*talora*) imbottita; trapunta.

covert (**1**) /ˈkʌvət, ˈkəʊ-, kəʊˈvɜːt, *USA* ˈkəʊ-, ˈkʌ-/, *a.* ***1*** celato; nascosto; di sfuggita; velato (*fig.*): **a c. glance**, uno sguardo di sfuggita; **a c. threat**, una velata minaccia ***2*** (*leg.*) sotto tutela maritale. || **-ly**, *avv.*

covert (**2**) /ˈkʌvət, *USA* ˈkəʊ-/, *n.* ***1*** rifugio; riparo; nascondiglio (*di selvatici*) ***2*** (*ind. tess.*) varietà di tweed. ● **to draw a c.**, battere un terreno coperto (*per stanare volpi, ecc.*).

coverture /ˈkʌvətʃʊə(r), -tʃə(r)/, *n.* ***1*** rifugio (*anche fig.*); riparo ***2*** schermo; travestimento; paravento (*fig.*) ***3*** (*leg.*) tutela maritale.

to **covet** /ˈkʌvɪt/, *v. t.* (*form.*) bramare; desiderare ardentemente; concupire.

covetable /ˈkʌvɪtəbl/, *a.* bramabile; concupiscibile (*raro, lett.*).

covetous /ˈkʌvɪtəs/, *a.* bramoso; cupido; avido.

covetousness /ˈkʌvɪtəsnəs/, *n.* bramosia; cupidigia; avidità.

covey /ˈkʌvɪ/, *n.* ***1*** (*zool.*) covata ***2*** (*zool.*) stormo (*specialm. di pernici o quaglie*) ***3*** (*fig. fam.*) gruppetto; comitiva.

covin /ˈkʌvɪn/, *n.* (*leg.*) intesa fraudolenta; collusione a danno di terzi.

coving /ˈkəʊvɪŋ/, *n.* (*archit.*) ***1*** parte a volta (*d'un edificio*); arcata ***2*** (*pl.*) fiancate inclinate (*di un focolare*).

cow /kaʊ/, *n.* ***1*** vacca; mucca ***2*** (*in combinazione*) femmina (*di grosso mammifero*): **cow elephant**, elefantessa; **cow whale**, balena femmina; **cow buffalo**, bufala ***3*** (*spreg.*) donna sgradevole, strega (*fig.*); (*talora*) vacca (*fig.*), donnaccia. ● (*fam. USA*) **cow college**, college di agraria; (*spreg.*) college (*o* università) di seconda classe □ (*bot.*) **cow parsnip** (*Heracleum sphondylium*), panace; sedano dei prati □ (*bot.*) **cow pea** (*Vigna sinensis*), fagiolo dall'occhio □ (*bot.*) **cow tree** (*Brosimum galactodendron*), albero del latte □ (*scherz.*) **the cow with the iron tail**, la pompa dell'acqua (*per annacquare di nascosto il latte*) □ (*fam.*) **till the cows come home**, un bel po' di tempo; fino alle calende greche.

to **cow** /kaʊ/, *v. t.* atterrire; intimidire; intimorire; spaventare.

cowage /ˈkaʊɪdʒ/, *n.* (*bot.*) ***1*** *Macuna pruritum* ***2*** (*Campsis radicans*) gelsomino americano; trombetta rossa.

coward /ˈkaʊəd/, *a.* e *n.* codardo; pusillanime; vile; vigliacco.

cowardice /ˈkaʊədɪs/, *n.* codardia; pusillanimità; viltà.

cowardly /ˈkaʊədlɪ/, *a.* codardo; pusillanime; vile. || **-iness**, *sost.*

cowbane /ˈkaʊbeɪn/, *n.* (*bot., Cicuta virosa*) cicuta acquatica.

cowbell /ˈkaʊbel/, *n.* campanaccio.

cowboy /ˈkaʊbɔɪ/, *n.* ***1*** cowboy; buttero; mandriano ***2*** (*fam.*) individuo senza scrupoli; filibustiere. ● (*pop. USA*) **c. cruiser**, omosessuale maschio.

cowcatcher /ˈkaʊkætʃə(r)/, *n.* (*ferr., USA*) cacciapietre; cacciabufali.

to **cower** /ˈkaʊə(r)/, *v. i.* ***1*** accovacciarsi; accucciarsi ***2*** rannicchiarsi, farsi piccolo (*per la paura, ecc.*).

cowfish /ˈkaʊfɪʃ/, *n.* (*zool.*) ***1*** (*Grampus griseus*) grampo grigio ***2*** (*Trichecus*) tricheco ***3*** (*Dugong*) dugongo ***4*** (*pop.*) pesce con una sorta di corna sopra gli occhi.

cowgrass /ˈkaʊgrɑːs, *USA* -æs/, *n.* trifoglio di campo.

cowhand /ˈkaʊhænd/, *n.* (*USA*) mandriano.

cowheel /ˈkaʊhiːl/, *n.* (*cucina*) piedino di manzo.

cowherd /ˈkaʊhɜːd/, *n.* bovaro; vaccaro.

cowhide /ˈkaʊhaɪd/, *n.* ***1*** pelle di vacca ***2*** vacchetta; cuoio ***3*** frusta di cuoio ***4*** (*USA*) scarpa (*o* stivale) di vacchetta.

cowhouse /ˈkaʊhaʊs/, *n.* stalla (*per bovini*).

cowish /ˈkaʊɪʃ/, *a.* di vacca; simile a vacca.

cowl /kaʊl/, *n.* ***1*** cappuccio; tonaca con cappuccio (*da frate*); saio ***2*** comignolo metallico girevole ***3*** (*autom.*) (supporto del) cofano ***4*** (*naut.*) manica a vento; cuffia ***5*** (*ferr.*) parascintille ***6*** (*aeron.*) *V.* **cowling**, *def.* *2.* ● (*relig.*) **to take the c.**, vestire la tonaca □ (*prov.*) **The c. does not make the monk**, l'abito non fa il monaco.

cowlick /ˈkaʊlɪk/, *n.* (*USA*) ciuffo ribelle (*di capelli*: *sulla fronte*).

cowling /ˈkaʊlɪŋ/, *n.* ***1*** (*autom., mecc.*) camicia metallica (*di un motore*); cofano ***2*** (*aeron.*) cappottatura (*che copre il motore*).

cowman /ˈkaʊmæn/, *n.* (*pl.* **cowmen**) ***1*** mandriano; vaccaro ***2*** (*USA*) allevatore di bestiame.

cowpat /ˈkaʊpæt/, *n.* (mucchietto di) sterco di mucca.

cowpoke /ˈkaʊpəʊk/, *n.* (*pop. USA*) mandriano.

cowpox /ˈkaʊpɒks/, *n.* (*vet.*) vaiolo vaccino (*o* bovino).

cowpuncher /ˈkaʊpʌntʃə(r)/, *n.* (*pop. USA*) mandriano.

cowrie, **cowry** /ˈkaʊrɪ/, *n.* ***1*** (*zool., Cypraea*) ciprea ***2*** conchiglia di ciprea (*usata come moneta in Asia e Africa*).

cows-and-calves /ˈkaʊzənˈkɑːvz, *USA* -ævz/, *n.* (*bot., Arum maculatum*) aro; gigaro; pan di serpe; lingua di serpe; piè di vitello.

cowshed /ˈkaʊʃed/, *n.* stalla (*per bovini*).

cowskin /ˈkaʊskɪn/, *V.* **cowhide**.

cowslip /ˈkaʊslɪp/, *n.* (*bot.*) ***1*** (*Primula veris*) primavera odorosa; primula gialla ***2*** (*Caltha palustris*) calta palustre; farferugine.

cow(-)wheat /ˈkaʊwiːt, *USA* -hw-/, *n.* (*bot.*, *Melampyrum arvense*) melampiro; coda di volpe.

cox /kɒks/, *n.* (*fam., naut., abbr. di* **coxwain**) timoniere (*specialm. nel canottaggio, di lancia di salvataggio, ecc.*).

to **cox** /kɒks/, (*fam.*) **A** *v. i.* fare da timoniere. **B** *v. t.* governare (*un'imbarcazione*). ● (*canottaggio*) **coxed four**, quattro con □ **coxed pair**, due con.

coxa /ˈkɒksə/, *n.* (*pl.* **coxae**) ***1*** (*anat.*) coxa; anca ***2*** (*zool.*) coxa (*zampa di un insetto*).

coxal /ˈkɒksl/, *a.* (*anat.*) dell'anca.

coxalgy /ˈkɒksldʒɪ/, *n.* (*med.*) coxalgia.

coxcomb /ˈkɒkskəʊm/, *n.* ***1*** (*un tempo*) berretto rosso (*a forma di cresta di gallo*) dei giullari ***2*** (*arc.*) damerino; bellimbusto.

coxcombical /kɒkˈskəʊmɪkl/, *a.* presuntuoso; vanitoso; fatuo.

coxcombry /ˈkɒkskəmrɪ/, *n.* presunzione; vanità; fatuità.

coxitis /kɒkˈsaɪtɪs/, *n.* (*pl.* **coxitides**) (*med.*) coxite.

coxswain (*def.* *1, 2* /ˈkɒksn/, *def.* *3* /ˈkɒksweɪn/), *n.* (*naut.*) ***1*** timoniere (*specialm. di lancia di salvataggio, nel canottaggio, ecc.*) ***2*** sottufficiale che ha il comando di una lancia ***3*** capobarca.

to **coxswain** /ˈkɒksn/, (*naut.*) **A** *v. i.* fare da timoniere. **B** *v. t.* governare (*un'imbarca-*

zione).

coxswainless /ˈkɒkswemləs/, *a.* **1** (*naut.*) senza timoniere **2** (*canottaggio*) senza: **c. four**, quattro senza; **c. pair**, due senza.

coy /kɔɪ/, *a.* **1** modesto; riservato; ritroso; timido; schivo: **coy grace**, grazia ritrosa; **Ann is a coy girl**, Ann è una ragazza modesta (*o* riservata); **a coy smile**, un timido sorriso **2** lezioso, civettuolo; che affetta timidezza; falsamente modesto: **a coy girl**, una ragazza civettuola **3** sfuggente; evasivo; restio: **The filly is coy about being approached**, la puledra è restia a farsi avvicinare; **a coy politician**, un politico sfuggente **4** (*arc.*: *di luogo*) appartato; isolato. ● **to be coy of**, essere alieno, rifuggire da: **He is coy of big words**, rifugge dai paroloni. ‖ **-ly**, *avv.* ‖ **-ness**, *sost.*

coyote /kɔɪˈəʊtɪ, kaɪ-, ˈkɔɪəʊt, ˈkaɪ-, *USA* ˈkaɪəʊtɪ, ˈkaɪəʊt/, *n.* (*pl.* **coyotes, coyote**) (*zool.*, *Canis latrans*) coyote; lupo delle praterie.

coypu /ˈkɔɪpuː/, *n.* (*pl.* **coypus, coypu**) (*zool.*, *Myocastor coypus*) nutria; topo d'acqua; castorino.

coze /kəʊz/, *n.* (*fam. arc.*) chiacchierata.

to **coze** /kəʊz/, *v. i.* (*fam. arc.*) chiacchierare.

to **cozen** /ˈkʌzn/, *v. t.* (*arc.*) gabbare; ingannare; defraudare (*con lusinghe*): **The fox cozened the raven out of its cheese**, la volpe defraudò il corvo del formaggio. ● **to c. sb. into doing st.**, indurre con l'inganno q. a fare q.c.

cozenage /ˈkʌzənɪdʒ/, *n.* (*arc.*) inganno; frode.

cozy /ˈkəʊzɪ/, (*USA*) *V.* **cosy**.

crab (**1**) /kræb/, *n.* **1** (*zool.*) granchio (*nome di vari crostacei dell'ordine dei decapodi*) **2** (*zool.*, *Phthirus pubis*; = **c. louse**) piattola **3** – (*astron.*, *astrol.*) **the C.**, il Cancro (*costellazione e IV segno dello zodiaco*) **4** (*mecc.*) verricello; piccolo argano; gru a benna **5** (*pl.*) due assi (*il punto più basso ai dadi*): (*da cui, fig.*) **to turn out crabs**, fare fiasco **6** (*aeron.*) deriva **7** (*naut.*, = **c. winch**) verricello; paranco. ● **c. pot**, nassa per granchi ▫ (*cucina*) **c. salad**, insalata di granchi ▫ (*naut.*) **to catch a c.**, perdere una battuta del remo.

crab (**2**) /kræb/, *n.* **1** (*bot.*, *Malus sylvestris*; = **c. apple, c. tree**) melo selvatico **2** (= **c. apple**) mela selvatica **3** (*fig.*) persona acida, bisbetica; brontolone, brontolona. ● **c.-faced**, dall'aria acida; dall'aspetto bisbetico ▫ (*bot.*) **c. grass** (*Digitaria sanguinalis*), sanguinella.

to **crab** /kræb/, *v. t.* e *i.* **1** pescare granchi **2** (*di falchi*) artigliare; graffiare; azzuffarsi **3** (*fam.*) screditare; demolire (*fig.*) **4** (*naut.*) scarrocciare **5** (*aeron.*) compensare la deriva (*dovuta al vento che spira di fianco*) **6** (*pop. USA*) tormentare (q.); guastare, sciupare, rovinare (q.c.).

crabbed /ˈkræbɪd/, *a.* **1** (*arc.*) (*di persona*) acido; aspro; bisbetico; di difficile contentatura; irritabile **2** (*d'autore*) difficile, oscuro **3** (*di stile*) involuto, intricato, confuso **4** (*di uno scritto*) stentato, illeggibile, indecifrabile. ‖ **-ly**, *avv.* ‖ **-ness**, *sost.*

crabbing /ˈkræbɪŋ/, *n.* **1** pesca dei granchi **2** (*naut.*) deriva sottovento; scarroccio.

crabby /ˈkræbɪ/, *a.* (*fam.*) acido; aspro; bisbetico; irritabile.

crablet /ˈkræblət/, *n.* granchiolino.

crabways /ˈkræbweɪz/, *V.* **crabwise**.

crabwise /ˈkræbwaɪz/, *avv.* a mo' di granchio; come i granchi; di sghembo; di traverso: **to walk c.**, camminare a mo' di un granchio.

crack (**1**) /kræk/, **A** *n.* **1** crac; schianto; schiocco; detonazione; colpo: **the c. of a whip**, lo schiocco d'una frusta **2** fessura; fenditura; incrinatura; frattura; crepa; screpolatura: **The bottle has a c. in it**, la bottiglia ha un'incrinatura; **The windscreen of that car is full of cracks**, il parabrezza di quella macchina è tutto incrinato; **Open the window just a c., please**, per favore, fa' una fessura (*o* uno spiraglio) alla finestra; **a c. in the ice**, una crepa nel ghiaccio **3** forte colpo; botta; percossa: **He gave me a c. on the head**, mi diede una botta sulla testa (*o* uno scappellotto) **4** il mutar della voce (*per raucedine, emozione, o durante la pubertà*): **c.-voiced**, dalla voce fessa **5** (*fam.*, = **wisecrack**) battuta (di spirito); frizzo; motteggio **6** attimo; istante: **in a c.**, in un attimo **7** (*fam.*) asso; campione; fuoriclasse **8** (*pop.*) effrazione; furto con scasso **9** (*pop.*) tentativo; prova: **to have** (*o* **to take**) **a c. at st.**, tentare di fare q.c. **10** (*metall.*) cricca **11** (*ippica*) crack; cavallo di prim'ordine **12** (*droga*) crack **13** (*fam. irl.*) spasso; divertimento **14** (*dial. scozz.*) chiacchierata. **B** *a.* (*fam.*) di prim'ordine; eccellente; ottimo; fuoriclasse; speciale; formidabile (*fam.*): **He's a c. shot**, è un tiratore formidabile; **a c. police force**, reparto speciale di polizia (*ben addestrato, ecc.*). ● **c.-brain**, scemo; matto ▫ **c.-brained**, bizzarro, strambo; tocco; picchiatello; pazzesco: **a c.-brained plan**, un progetto pazzesco ▫ **c.-down**, giro di vite (*fig.*); stretta di freni (*fig.*); restrizioni severe ▫ **the c. of doom**, le trombe del Giudizio Universale ▫ **c.-up**, collasso nervoso; (*autom.*) collisione, scontro; (*aeron.*) disastro; (*pop. USA*) tipo comico ▫ **at the c. of dawn** (*o* **of day**), all'alba; allo spuntar del giorno ▫ (*fam.*) **to give sb. a fair c. of the whip**, dare a q. l'opportunità di poter fare qualcosa ▫ (*fig.*) **to paper over the cracks**, coprire (*o* mascherare) i difetti.

crack (**2**) /kræk/, *inter.* crac!; bum!; pum!

to **crack** /kræk/, **A** *v. i.* **1** fare crac; (*della frusta*) schioccare; crepitare: **The machine-guns were cracking**, le mitragliatrici crepitavano **2** fendersi; incrinarsi; crepare, creparsi; screpolarsi: **The ice cracked**, il ghiaccio (si) crepò; **The bottle cracked**, la bottiglia s'incrinò **3** rompersi, spezzarsi; cedere; (*fig.*) avere un tracollo (*o* un collasso): **The ropes cracked**, le funi si spezzarono (*o* cedettero); **His nerves cracked under the strain**, per la tensione gli cedettero i nervi **4** (*fam.*) crollare; cantare (*fig. fam.*); dire tutto quello che si sa: **The prisoner cracked under torture**, messo alla tortura, il prigioniero crollò **5** (*fam.*, *anche fin.*) fare un crac; andare in malora (*o* in rovina) fallire **6** (*della voce*) incrinarsi, rompersi; mutare (*V.* **crack** (**1**), *def. 4*) **7** (*fam. USA*) andare a una festa senza avere l'invito **8** (*chim.*) subire la piroscissione **9** (*dial. scozz.*) chiacchierare. **B** *v. t.* **1** (far) schioccare: **to c. the whip**. schioccare la frusta; **to c. one's finger joints**, far schioccare le dita **2** (far) incrinare (*anche fig.*); far crepare: **to c. a vase**, far incrinare un vaso; **The storm has cracked two window panes**, il temporale ha fatto crepare i vetri di due finestre; **to c. an opponent's resistance**, incrinare la resistenza di un avversario **3** rompere; schiacciare: **Monkeys c. peanuts with their teeth**, le scimmie schiacciano le noccioline con i denti **4** battere; sbattere; picchiare: **The boy fell and cracked his head against the floor**, il ragazzo cadde e picchiò la testa sul pavimento **5** colpire; picchiare: **to c. sb. over his head**, colpire q. sulla testa **6** (*fig.*) danneggiare; guastare; distruggere; spezzare: **to c. sb.'s reputation**, danneggiare gravemente la reputazione di q.; **to c. sb.'s self-conceit**, distruggere la presunzione di q. **7** risolvere (*un problema, un caso, ecc.*); sbrogliare (*una faccenda intricata*); decifrare, decrittare (*un messaggio, ecc.*) **8** fare una fessura (*o* uno spiraglio) in (*una porta, ecc.*) **9** (*fam.*) sturare, stappare (*una bottiglia, ecc.*): **to c. a beer**, aprire una birra; **to c. a bottle with sb.**, scolarsi una bottiglia con q. **10** (*fam. ingl.*) entrare a viva forza in (*una banca, ecc.*); scassinare; sfondare (*anche fig.*): (*di un libro, un disco, ecc.*) **to c. the top list**, piazzarsi fra i primi; sfondare; **to c. the most exclusive literary circles in London**, riuscire a entrare (*o* a sfondare) nei circoli letterari più chiusi di Londra **11** (*chim.*) sottoporre (*petrolio, ecc.*) a piroscissione. ● (*fam.*) **to c. a book**, aprire un libro (*per studiare*) ▫ (*fam. ingl.*) **to c. a crib**, commettere un'effrazione; fare un furto con scasso ▫ **to c. a jest** (*o* **a joke**), dire una barzelletta; fare una battuta ▫ **to c. a smile**, accennare a un sorriso; sorridere (appena) ▫ (*fig.*) **to c. the whip**, farsi sentire (*fig.*); farsi obbedire ▫ (*fam. USA*) **to c. wise**, fare lo spiritoso; dire spiritosaggini ▫ **to get cracking**, iniziare (un lavoro, un'impresa, ecc.) di buzzo buono, alla svelta; darci dentro (*fam.*); (*anche*) battersela, filare via.

♦**crack down**, *v. i.* + *avv.* **1** dare un giro di vite (*fig.*); diventare più rigido (*o* severo) **2** (*USA*) *V.* **crack on,** *def. 1* ▫ **to c. down on sb.**, usare la mano pesante (*o* le maniere forti) con q.; (*fam. USA*) affrontare (*o* prendere per il petto) q.

♦**crack on**, *v. i.* + *avv.* (*fam.*) **1** darsi da fare; darci sotto: **It's high time we c. on and get to work**, è ora di darsi da fare e mettersi al lavoro **2** (*fam. USA, autom.*) andare a tutta birra.

♦**crack out**, *v. i.* + *avv.* (*fam.*) mettersi a; sbottare; scoppiare: **We all cracked out laughing**, ci mettemmo tutti a ridere.

♦**crack up**, **A** *v. i.* + *avv.* **1** andare in pezzi; frantumarsi; disintegrarsi **2** (*autom.*) andare a sbattere (*fam.*); schiantarsi **3** (*di un aereo*) fracassarsi al suolo; schiantarsi **4** (*del terreno*) fare crepe; crepare; creparsi; (*del ghiaccio*) fessurarsi **5** (*fam.*) andare in malora (*o* in rovina); fallire: **Their marriage cracked up**, il loro matrimonio andò in malora **6** (*fam.*) avere un collasso nervoso; crollare **7** (*fam.*) sbellicarsi dalle risa; farsi una spanciata di risate. **B** *v. t.* + *avv.* **1** fare a pezzi; rompere; frantumare **2** distruggere; rovinare: **I had a bad accident and so cracked up my new car**, ebbi un brutto incidente e così distrussi la mia auto nuova **3** (*fam.*) lodare, decantare: **The TV set was not all the seller cracked it up to be**, il televisore non era affatto quella meraviglia che decantava il venditore ▫ (*fam.*) **to c. sb.** [**st.**] **up to the stars** (*o* **to the nines**), portare q. [q.c.] alle stelle; fare lodi sperticate di q. [di q.c.].

cracked /krækt/, *a.* **1** incrinato; rotto; crepato **2** (*di voce*) fessa; stridula **3** (*fam.*) bizzarro; strambo; matto; picchiatello; tocco; scemo **4** (*chim., ind.*) di cracking; crackizzato.

cracker /ˈkrækə(r)/, *n.* **1** chi (*o* cosa che) incrina, rompe, spacca, spezza, ecc. (*V.* **to crack**) **2** petardo; castagnola; (= **Christmas c.**) cilindro di cartone rivestito di carta colorata (*tirando un cordoncino, esplode; contiene un biglietto scherzoso, un regalino, o un berrettino di carta*) **3** (*cucina*) cracker **4** (*pop. USA*) abitante della Florida o della Georgia; (*spreg.*) bianco povero **5** (*pl.*) (= **nutcrackers**) schiaccianoci **6** (*pop. ingl.*) schianto (*fig. pop.*); cosa formidabile: **Brenda is a c.!**, Brenda è uno schianto! **7** (*pop.*; = **safecracker**) scassinatore **8** (*pop.*) *V.* **crackerjack** **9** (*pl.*) (*USA*) bigodini (*per capelli*). ● **c. of jokes**, burlone.

crackerjack /ˈkrækədʒæk/, *a.* e *n.* (*fam. USA*) (persona o cosa) di prim'ordine; fuoriclasse; (tipo) in gamba.

crackers /ˈkrækəz/, *a.* (*pop.*) matto; pazzo. ● **to drive sb. c.**, fare ammattire q. ▫ **to go c. about st.**, andare pazzo per q.c.

cracking /ˈkrækɪŋ/, **A** *n.* **1** (*chim., ind. petrolifera*) cracking; pirolisi; piroscissione **2** (*metall.*) criccatura. **B** *a.* **1** scoppiettante; crepitante **2** veloce: **at a c. pace**, di buon passo **3** (*pop.*) eccellente; di prim'ordine.

crackjaw /ˈkrækdʒɔː/, *a.* difficile da pronunciare: **a c. word**, una parola difficile da pronunciare; uno scioglilingua.

crackle /ˈkrækl/, *n.* **1** crepitio; scoppiettio: **the c. of the machine guns**, il crepitio delle mitragliatrici **2** screpolatura; fessura; fenditura **3** cavillatura (*della ceramica*) **4** (= **crackle-china, crackleware**), ceramica (*o* porcellana) cavillata.

to **crackle** /ˈkrækl/, *v. i.* **1** crepitare; scoppiettare **2** (*specialm. della ceramica*) cavillare.

crackling /ˈkræklɪŋ/, *n.* **1** crepitio; scoppiettio **2** cotenna croccante (*del maiale*) **3** (*pl.*) ciccioli, siccioli.

cracknel /ˈkræknl/, *n.* **1** biscotto duro e croccante **2** (*pl.*) ciccioli, siccioli.

crackpot /ˈkrækpɒt/, *n.* (*pop.*) individuo eccentrico; pazzoide; picchiatello (*fam.*).

cracksman /ˈkræksmən/, *n.* (*pl.* **cracksmen**) (*pop.*) scassinatore.

cracky /ˈkrækɪ/, *a.* **1** pieno di crepe; screpolato **2** che si screpola facilmente; fragile **3** (*fam.*) tocco; picchiatello.

cradle /ˈkreɪdl/, *n.* **1** culla (*anche fig.*): **from the c.**, fin dalla culla; fin dall'infanzia; **Athens was the c. of the arts**, Atene fu la culla delle arti **2** (*mecc., aeron., naut.*) culla; intelaiatura di sostegno **3** (*autom.*) carrello; sdraio **4** (*agric.*) falce a rastrello **5** (*ind. min.*) crivello di legno (*per vagliare sabbie aurifere*) **6** (*ind. tess.*) culla; carrellino; selletta **7** (*edil.*) centina **8** alzacoperte (*per un ammalato*); gabbia **9** (*telef.*) forcella portamicrofono **10** (*arte*) intelaiatura. • (*med.*) **c. cap**, crosta lattea □ (*ind. min.*) **c. dump**, rovesciatore di vagonetti □ **c.-song**, ninnananna □ (*naut.*) **hauling-up c.**, slitta (*o* invasatura) d'alaggio □ (*naut.*) **launching c.**, invasatura □ **c. robber** (*o* **c. snatcher**), chi corteggia (*o* sposa) un partner molto più giovane □ (*fig.*) **to rob the c.**, fidanzarsi (*o* sposarsi) con una persona assai giovane.

to **cradle** /ˈkreɪdl/, *v. t.* **1** cullare; mettere nella culla: **to c. a baby in one's arms**, cullare in braccio un bambino **2** (*fig.*) fare da culla a: **Italy cradled Etruscan civilization**, l'Italia fu la culla della civiltà etrusca **3** (*fig.*) allevare; aver cura di: **cradled in luxury**, allevato nel lusso **4** (*agric.*) mietere (*il grano, ecc.*) con falce a rastrello **5** (*ind. min.*) vagliare (*sabbie aurifere*) **6** (*mecc.*) sollevare (*o* sostenere) con un'intelaiatura **7** (*telef.*) posare (*il microtelefono*) sulla forcella: **to c. the phone**, riagganciare; mettere giù il telefono.

cradling /ˈkreɪdlɪŋ/, *n.* **1** il cullare, falciare, vagliare, ecc. (*V.* **to cradle**) **2** (*edil.*) centinatura.

craft /krɑːft, *USA* kræft/, *n.* **1** arte; abilità; maestria; destrezza: **This skyscraper is a fine specimen of the builder's c.**, questo grattacielo è un bell'esempio della maestria del costruttore **2** astuzia; furberia; inganno: **That man is full of c. and cunning**, quell'uomo è pieno d'astuzia e d'inganni; **by c.**, con l'inganno **3** arte manuale; mestiere: **arts and crafts**, arti e mestieri; **the mason's c.**, il mestiere del muratore **4** unione artigiana; corporazione **5** (*invar. al pl.*) (*aeron., naut.*) aeromobile, aeroplano; aeroplani; imbarcazione; natante; nave, naviglio: **a seaworthy c.**, una nave capace di tenere il mare; **The port was full of small c.**, il porto era pieno di navi di piccola stazza. • **c. guild**, corporazione d'arti e mestieri □ **c. union**, sindacato di categoria □ (*arc.*) **the gentle c.**, la pesca con la lenza □ (*naut.*) **landing c.**, mezzo da sbarco □ (*prov.*) **Every man to his c.**, a ciascuno il suo mestiere.

craftily /ˈkrɑːftəlɪ, *USA* ˈkræft-/, *avv.* abilmente; astutamente; con scaltrezza.

craftiness /ˈkrɑːftɪnəs, *USA* ˈkræft-/, *n.* astuzia; furberia; scaltrezza.

craftsman /ˈkrɑːftsmən, *USA* -æft-/, *n.* (*pl.* **craftsmen**) **1** artigiano; operaio specializzato **2** artista (*fig.*); chi è padrone del suo mestiere.

craftsmanship /ˈkrɑːftsmənʃɪp, *USA* -æft-/, *n.* **1** arte, abilità, maestria (*d'artigiano*) **2** esecuzione; fattura: **works of fine c.**, opere di squisita fattura **3** (*fig.*) padronanza del proprio mestiere; maestria (*di uno scrittore, ecc.*).

crafty /ˈkrɑːftɪ, *USA* ˈkræftɪ/, *a.* abile; astuto; furbo; scaltro: **a c. fellow**, un tipo molto abile; **as c. as a fox**, astuto come una volpe.

crag /kræg/, *n.* dirupo; picco; spuntone (*di roccia*).

cragged /ˈkrægɪd/, *a.* dirupato; a picco; a spuntoni.

craggy /ˈkrægɪ/, *a.* **1** *V.* **cragged 2** (*del viso, ecc.*) scavato; scolpito nella roccia; ruvido. ‖ **-ily**, *avv.* ‖ **-iness**, *sost.*

cragsman /ˈkrægzmən/, *n.* (*pl.* **cragsmen**) rocciatore.

crake /kreɪk/, *n.* **1** (*pl.* **crakes, crake**) (*zool., Crex crex*) re di quaglie (*uccello dei ralliformi*) **2** verso del re di quaglie; gracchio.

to **crake** /kreɪk/, *v. i.* fare il verso dei ralliformi; gracchiare.

cram /kræm/, *n.* **1** calca; folla **2** (*fam.*) sgobbata (*per un esame*) **3** scorpacciata; rimpinzata **4** (*pop. arc.*) bugia; panzana; balla (*pop.*).

to **cram** /kræm/, **A** *v. t.* **1** riempire; inzeppare; imbottire; ricolmare **2** calcare; stipare: **He crammed the books into a drawer**, stipò i libri dentro un cassetto **3** ingozzare; rimpinzare: **Don't c. yourself with chocolates!**, non rimpinzarti di cioccolatini! **4** (*fam.*) preparare intensivamente (*uno studente*) per un esame; studiare (*una materia, ecc.*) in fretta, mnemonicamente. **B** *v. i.* **1** ingozzarsi; rimpinzarsi **2** accalcarsi; stiparsi **3** (*fam.*) sgobbare, fare una sgobbata (*per un esame*) **4** (*pop. arc.*) dire una bugia, una balla (*pop.*). • (*fig.*) **to c. st. down sb.'s throat**, costringere q. ad accettare q.c. di sgradevole; far inghiottire (*un rospo, ecc.*) a q. (*fig. fam.*) □ **to c. people into a coach**, riempire un pullman di persone □ **to c. oneself with food**, rimpinzarsi di cibo.

crambo /ˈkræmbəʊ/, *n.* (*pl.* **cramboes**) gioco delle rime obbligate. • (*un tempo*) **dumb c.**, sciarada mimata.

crammed /kræmd/, (*fam.*) **cramfull** /ˈkræmˈfʊl/, *a.* pieno zeppo; stipato; stracolmo.

crammer /ˈkræmə(r)/, *n.* **1** (*fam.*) studente che sgobba per un esame **2** insegnante che prepara studenti agli esami; ripetitore **3** (*spreg.*) istituto privato per il recupero di anni **4** ingozzatrice (*per polli d'allevamento*).

cramp (**1**) /kræmp/, *n.* (*med.*) **1** crampo: **writer's c.**, crampo dello scrivano **2** spasmo muscolare. • (*zool.*) **c.-fish** (*Torpedo*), torpedine.

cramp (**2**) /kræmp/, *n.* **1** (*edil.*, = **c. iron**) grappa **2** morsa; morsetto **3** (*fig.*) impedimento; ostacolo **4** forma (*per tomaia di scarpa*).

to **cramp** (**1**) /kræmp/, *v. t.* **1** far venire i crampi a (q.) **2** (*fig.*) bloccare; inibire; impacciare. • (*fam.*) **to c. sb.'s style**, rendere impacciato lo stile di q.

to **cramp** (**2**) /kræmp/, *v. t.* **1** bloccare con una grappa; aggrappare **2** stringere con un morsetto **3** fare (*una scarpa*) sulla forma **4** (*anche* **to c. up**) intralciare; impedire; ostacolare: **Arthritis cramped his movements**, l'artrite gli impediva i movimenti.

cramped /kræmpt/, *a.* **1** limitato; ristretto; senza spazio per muoversi **2** contratto; rattrappito **3** (*di uno scritto*) stentato; illeggibile. ‖ **-ness**, *sost.*

crampon /ˈkræmpən/, *n.* **1** (*ind. costr.*) braga a ganci; pinza per massi **2** (*pl.*) grappette, ramponi (*da scalatori di ghiaccio*).

cranage /ˈkreɪnɪdʒ/, *n.* (diritti pagati per) l'uso d'una gru.

cranberry /ˈkrænbərɪ, *USA* -berɪ/, *n.* (*bot., Vaccinium oxycoccus*) mirtillo palustre.

crane /kreɪn/, *n.* **1** (*zool., Grus*) gru **2** (*mecc.*) gru **3** (= **water c.**) tubo di rifornimento d'acqua (*per le locomotive*) **4** sifone **5** braccio girevole (*per sostenere un paiolo sul focolare, ecc.*). • (*bot.*) **c.'s bill**, (*Geranium robertianum*) cicuta rossa, erba cimicina; (*Geranium sanguineum*) geranio dei boschi □ (*zool.*) **c. fly** (*Tipula*), tipula □ (*mecc.*) **c. hoist**, gru a carrello □ **c. operator**, gruista □ (*naut.*) **pontoon c.**, gru a pontone □ **travelling c.**, gru mobile.

to **crane** /kreɪn/, **A** *v. t.* **1** (*mecc.*) sollevare (*o* spostare) con una gru **2** allungare (*il collo, per vedere*). **B** *v. i.* allungare il collo. • **to c. at**, arrestarsi, esitare (*davanti a un ostacolo, a una difficoltà*) □ (*di cavallo*) **to c. at a hedge**, rifiutarsi di saltare una siepe □ **to c. out** (*o* **over**), sporgersi.

craneman /ˈkreɪnmən/, *n.* (*pl.* **cranemen**) gruista.

cranesbill /ˈkreɪnzbɪl/, *V.* **crane's bill**.

cranial /ˈkreɪnɪəl/, *a.* (*anat.*) cranico; craniale.

craniectomy /kreɪnɪˈɛktəmɪ/, *n.* (*med.*) craniectomia.

craniography /kreɪnɪˈɒgrəfɪ/, *n.* (*antropol.*) craniografia.

craniological /kreɪnɪəˈlɒdʒɪkl/, *a.* (*antropol.*) craniologico.

craniologist /kreɪnɪˈɒlədʒɪst/, *n.* (*antropol.*) craniologo.

craniology /kreɪnɪˈɒlədʒɪ/, *n.* (*antropol.*) craniologia.

craniometer /kreɪnɪˈɒmɪtə(r)/, *n.* (*antropol.*) craniometro.

craniometrical /kreɪnɪəˈmɛtrɪkl/, *a.* craniometrico.

craniometry /kreɪnɪˈɒmətrɪ/, *n.* craniometria.

cranioscopy /kreɪnɪˈɒskəpɪ/, *n.* (*med.*) cranioscopia.

craniotome /ˈkreɪnɪətəʊm/, *n.* (*med.*) craniotomo.

craniotomy /kreɪnɪˈɒtəmɪ/, *n.* (*med.*) craniotomia.

cranium /ˈkreɪnɪəm/, *n.* (*pl.* **craniums, crania**) (*anat.*) cranio; scatola cranica.

crank (**1**) /kræŋk/, *n.* **1** (*mecc.*) manovella **2** (*fam.*) (individuo) eccentrico; persona bizzarra; tipo strambo **3** (*USA*) persona bisbetica, acida **4** (*pop. USA*) droga scadente **5** (*arc.*) giro di parole; bisticcio **6** (*arc.*) mania. • (*mecc.*) **pedal c.**, pedivella.

crank (**2**) /kræŋk/, *a.* (*naut.*) soggetto a capovolgersi; instabile.

to **crank** /kræŋk/, **A** *v. t.* **1** (*tecn.*) piegare a gomito **2** (*mecc.*) munire di manovella **3** (*autom.*) mettere in moto con una manovella **4** (*cinem.*) girare; riprendere. **B** *v. i.* girare una manovella. • (*cinem.*) **to c. the camera**, girare la manovella (della macchina da presa) □ (*fam. USA*) **to c. out**, sfornare, produrre in serie □ **to c. up**, avviare (*il motore di un'automobile, ecc.*) con la manovella; (*fam. USA*) darsi da fare.

crankcase /ˈkræŋkkeɪs/, *n.* (*mecc.*) basamento del motore; carter.

crankgear /ˈkræŋkgɪə(r)/, *n.* (*mecc.*) manovellismo.

crankiness /ˈkræŋkɪnəs/, *n.* **1** ipocondria **2** eccentricità; irritabilità **3** cattivo stato (*d'un macchinario*) **4** (*naut.*) instabilità.

crankle /ˈkræŋkl/, *n.* (*raro*) curva; serpeggiamento; zigzag.

to **crankle** /ˈkræŋkl/, *v. i.* (*arc.*) curvarsi; serpeggiare; procedere a zigzag.

crankpin /ˈkræŋkpɪn/, *n.* (*mecc.*) perno di biella.

crankshaft /ˈkræŋkʃɑːft, *USA* -æft/, *n.* (*autom., mecc.*) albero a gomiti (*o* a manovella). • **c. bearing**, cuscinetto di banco □ (*mecc.*) **c. grinding**, rettifica di alberi a gomito.

cranky /ˈkræŋkɪ/, *a.* **1** ipocondriaco; malaticcio **2** eccentrico; irritabile; capriccioso **3** (*di macchinario, ecc.*) malfermo; non in ordine; sconquassato **4** (*di strada*) serpeggiante; a zigzag **5** (*naut.*) instabile.

crannied /ˈkrænɪd/, *a.* pieno di fessure; screpolato.

cranny /ˈkrænɪ/, *n.* **1** crepa; fessura; screpolatura **2** (*fig.*) recesso; luogo nascosto; nicchia.

crap /kræp/, *n.* (*volg.*) **1** cacca (*fam.*); merda (*volg.*); sterco **2** cacata (*volg.*): **to have** (*o* **to take**) **a c.**, fare una cacata **3** (*fig.*) fesseria, fesserie; stronzata, stronzate (*volg.*). • (*volg.*) **c. job**, lavoro di merda (*volg.*); lavoraccio.

to **crap** /kræp/, (*volg.*) **A** *v. i.* **1** cacare (*volg.*);

defecare *2* fare lo stupido (*pop.*: l'asino); dire stronzate (*volg.*). **B** *v. t.* imbrogliare. ● **to c. out**, fallire, ritirarsi (*per stanchezza, ecc.*); fare il lavativo; (*anche*) perdere (*al gioco*) □ **to c. up**, incasinare (*un lavoro, ecc.*).

crape /kreɪp/, *n.* *1* (*ind. tess.*) crespo *2* nastro nero (*in segno di lutto*). ● **c. band**, bracciale da lutto □ **c.-cloth**, tessuto crespo, di lana.

to **crape** /kreɪp/, *v. t.* *1* coprire di crespo, drappeggiare con crespo (*specialm. in segno di lutto*) *2* increspare (*i capelli*).

craped /kreɪpt/, *a.* (*di capello*) crespo; riccio.

crappy /'kræpɪ/, *a.* (*pop.*) pessimo; schifoso; di merda (*volg.*): **a c. dinner**, un pranzo schifoso.

craps /kræps/, *n. pl.* (*col verbo al sing.*) (*USA*; = **crap-shooting**) gioco d'azzardo con i dadi. ● **to shoot c.**, giocare a «craps».

crapshooter /'kræpʃu:tə(r)/, *n.* (*USA*) giocatore di «craps» (*q.V.*).

crapulence /'kræpjʊləns/, *n.* crapula; gozzoviglia; bagordo.

crapulent /'kræpjʊlənt/, **crapulous** /'kræpjʊləs/, *a.* dedito alla crapula, al bere; intemperante; dissoluto.

crapy /'kreɪpɪ/, *a.* *1* simile a crespo *2* increspato; crespato.

crash (1) /kræʃ/, *n.* *1* schianto; fracasso; frastuono; fragore: **The house collapsed with a great c.**, la casa crollò con un grande fragore *2* disastro; incidente grave; caduta (*d'un aereo*); scontro (*d'automobile o ferroviario*): **head-on c.**, scontro frontale; **air c.**, disastro aereo *3* (*Borsa, fin.*) crac; tonfo; fallimento; crollo; tracollo; rovina: **The c. of the company ruined him**, il fallimento di quella società lo rovinò. ● (*autom.*) **c. barrier**, guardrail centrale (*d'autostrada, ecc.*) □ (*naut.*) **c. dive**, immersione rapida (*di un sommergibile*) □ **c. helmet**, casco di protezione (*specialm. di motociclista*) □ (*aeron.*) **c.-landing**, atterraggio d'emergenza (*o* di fortuna) □ **a c. of thunder**, uno scoppio di tuono □ **c.-proof**, a prova d'urto □ (*autom.*) **c. rail**, guardrail; guardavia □ (*autom.*) **c. repairs**, riparazioni di automobili sinistrate □ (*aeron.*) **c. rescue**, soccorso per atterraggi d'emergenza.

crash (2) /kræʃ/, *a. attr.* (*fam.*) accelerato; di emergenza; intensivo: **a c. programme**, un programma accelerato. ● **a c. course**, un corso (*di studi*) intensivo □ **c. priority**, priorità assoluta.

crash (3) /kræʃ/, *n.* tela pesante di lino (*per tende, asciugamani, ecc.*).

to **crash** /kræʃ/, **A** *v. i.* *1* crollare (*o* abbattersi) con fracasso; fracassarsi; schiantarsi: **The tree crashed down**, l'albero crollò con un grande fracasso; **The car crashed into the wall**, l'automobile si schiantò contro il muro *2* (*di due veicoli*) scontrarsi: **The locomotive crashed into a goods train**, la locomotiva si scontrò con un treno merci *3* fare fracasso, rumoreggiare. **The drums crashed in the jungle**, nella giungla i tamburi facevano un gran facasso *4* muoversi (*o* aprirsi un varco) rumorosamente: **The buffalo crashed through the undergrowth**, il bufalo si muoveva rumorosamente attraverso il sottobosco *5* (*aeron.*) schiantarsi al suolo *6* (*fin.*) fare un crac; fallire; andare in rovina: **His business crashed**, la sua azienda andò in rovina *7* (*Borsa, fin.*) crollare; avere un crollo: **Shares crashed five years ago**, le azioni ebbero un crollo cinque anni fa *8* (*specialm. elab.*) bloccarsi; guastarsi *9* (*pop.*) sistemarsi per la notte; passare la notte (*alla meglio*): **I crashed on a mattress in John's bedroom**, mi sistemai su un materasso nella camera di John. **B** *v. t.* *1* fracassare; fare a pezzi *2* mandare (*un'automobile, ecc.*) a fracassarsi *3* far precipitare (*un aereo*) *4* (*fam.*) entrare a (*teatro, ecc.*) senza biglietto; intrufolarsi in (*una festa, ecc.*) senza invito *5* (*fam. USA*) «bruciare»: **I crashed three red lights**, «bruciai» tre semafori (*passai con il rosso per tre volte*).

♦**crash about** (*o* **around**), *v. i.* + *avv.* (*o prep.*) fare chiasso, fare un gran baccano (in); far casino (*fam.*): **The children are crashing about (the garden)**, i bambini fanno un gran baccano (in giardino) □ (*di un progetto e sim.*) **to c. about sb.'s ears**, andare a monte per q.; fallire.

♦**crash down**, *v. i.* + *avv.* crollare con un gran fracasso.

♦**crash in**, *v. i.* + *avv.* (*di un tetto, ecc.*) sprofondare.

♦**crash into**, **A** *v. i.* + *prep.* andare a sbattere contro; urtare; scontrarsi con: **The bus crashed into a lorry**, l'autobus si scontrò con un camion. **B** *v. t.* + *prep.* mandare (*un veicolo*) a sbattere contro (q.c.).

♦**crash out**, *v. i.* + *avv.* *1* (*fam.*) evadere; scappare dal carcere *2* (*fam.*) addormentarsi di colpo; crollare (*fig.*) *3* (*fam.*) sistemarsi alla meglio per la notte; arrangiarsi: **We crashed out at Jack's**, per la notte ci arrangiammo da Jack *4* (*pop.*) morire; crepare (*pop.*).

♦**crash with**, *v. i.* + *prep.* (*fam. USA*) sistemarsi alla meglio, arrangiarsi per la notte da (q.).

to **crash-dive** /'kræʃdaɪv/, **A** *v. i.* (*naut.*: *di sommergibile*) immergersi precipitosamente. **B** *v. t.* (*naut.*) far fare un'immersione rapida a (*un sottomarino*).

crashing /'kræʃɪŋ/, *a.* (*fam.*) grande; eccellente; coi baffi, coi fiocchi (*fig.*): **a c. bore**, un grande scocciatore; **a c. fool**, un cretino coi fiocchi.

to **crash-land** /'kræʃ'lænd/, **A** *v. i.* (*aeron.*) fare un atterraggio di fortuna. **B** *v. t.* far fare un atterraggio di fortuna a (*un aereo*).

crashworthy /'kræʃwɜ:ðɪ/, *a.* (*autom.*) resistente agli urti; a prova d'incidente (*o* di collisione).

crasis /'kreɪsɪs/, *n.* (*pl.* **crases**) (*gramm.*) crasi.

crass /kræs/, *a.* grossolano; crasso: **c. ignorance**, ignoranza crassa. || **-ly**, *avv.* || **-ness**, *sost.*

crassitude /'kræsɪtju:d, *USA* -tu:d/, *n.* *1* grossolanità *2* stupidità grossolana; crassa ignoranza.

cratch /krætʃ/, *n.* mangiatoia; rastrelliera (*all'aperto*).

crate /kreɪt/, *n.* *1* gabbia (*da imballaggio*); cestino (*di fragole e sim.*) *2* cassetta; cassa: **beer crates**, cassette di birra *3* (*pop.*: *d'automobile, ecc.*) vecchia carretta; macinino.

to **crate** /kreɪt/, *v. t.* imballare in gabbie (*o* in cesti).

crater /'kreɪtə(r)/, *n.* *1* cratere (*di vulcano o aperto da una bomba*) *2* (*archeol.*) cratere; anfora; vaso. ● (*geol.*) **c. cone**, cono craterico.

crateral /'kreɪtərəl/, *a.* (*geol.*) craterico.

craterous /'kreɪtərəs/, *V.* **crateral**.

craton /'kreɪtn, -ɒn, 'kræ-/, *n.* (*geol.*) cratone.

cravat /krə'væt/, *n.* *1* cravatta larga *2* fazzoletto da collo.

cravatted /krə'vætɪd/, *a.* incravattato; con la cravatta.

to **crave** /kreɪv/, *v. t.* e *i.* *1* chiedere insistentemente; implorare; scongiurare: **to c. mercy [indulgence, pardon]**, implorare misericordia [indulgenza, perdono] *2* bramare; desiderare ardentemente: **to c. (for) st. to eat**, desiderare ardentemente q.c. da mangiare. ● **to c. flattery**, essere avido di adulazioni.

craven /'kreɪvn/, *a.* e *n.* codardo; vile. ● **to cry c.**, arrendersi. || **-ly**, *avv.* || **-ness**, *sost.*

craving /'kreɪvɪŋ/, **A** *a.* ardente; insaziabile: **a c. desire**, un ardente desiderio. **B** *n.* brama; forte desiderio; voglia matta (*fam.*).

craw /krɔ:/, *n.* (*zool.*) *1* ingluvie; gozzo (*d'uccello*) *2* stomaco (*d'animale inferiore*). ● (*fig.*) **to stick in the** (*o* **in one's**) **c.**, essere un peso sullo stomaco; non andar giù.

crawfish /'krɔ:fɪʃ/, *V.* **crayfish**.

to **crawfish** /'krɔ:fɪʃ/, *v. i.* (*fam. USA*) fare marcia indietro (*anche fig.*); rimangiarsi la parola data.

crawl (1) /krɔ:l/, *n.* *1* lo strisciare; moto lento *2* (*nuoto*) crawl *3* (*autom.*) traffico lentissimo. ● (*sport*) **c. swimmer**, nuotatore di crawl; crawlista.

crawl (2) /krɔ:l/, *n.* recinto di pali nell'acqua; vivaio subacqueo.

to **crawl** /krɔ:l/, *v. i.* *1* strisciare (*anche fig.*); trascinarsi per terra; (*d'un bambino*) camminare carponi: **The wounded soldier crawled back to our lines**, il soldato ferito tornò strisciando alle nostre linee *2* procedere lentamente: **The truck was crawling uphill**, il camion si arrampicava lentamente su per la salita *3* brulicare; formicolare: **The floor was crawling with bugs**, il pavimento brulicava di scarafaggi *4* avere la pelle d'oca; (*della pelle*) accapponarsi: **That sight made my flesh c.**, quella vista mi fece accapponare la pelle *5* (*sport*) battere il crawl. ● (*fin.*) **crawling peg**, parità strisciante (*o* mobile: *dei cambi*).

crawler /'krɔ:lə(r)/, *n.* *1* persona (*o* cosa) che striscia, ecc. *2* persona (*o* cosa) molto lenta; lumaca (*pop. fig.*) *3* (*fam.*) pidocchio *4* (*fam.*) rettile *5* (*pl.*) tuta per bambino (*per camminare carponi*) *6* (*mecc.*) cingolato; trattore a cingoli *7* taxi che circola lentamente (*in cerca di clienti*) *8* tipo servile, strisciante; leccapiedi. ● (*mecc.*) **c. crane**, gru a cingoli □ (*autom.*) **c. lane**, corsia per veicoli lenti □ (*mecc.*) **c. wheel**, ruota motrice (*di trattore*).

crawlerway /'krɔ:ləweɪ/, *n.* strada per il passaggio di missili (razzi, ecc.).

crawly /'krɔ:lɪ/, *a.* (*fam.*) *1* strisciante *2* raccapricciante; che fa accapponare la pelle. ● **to feel c.**, sentirsi la pelle d'oca.

crayfish /'kreɪfɪʃ/, *n.* (*pl.* **crayfish**, **crayfishes**) (*zool.*) *1* (*Astacus, Cambarus*) gambero di acqua dolce *2* (*Palinurus vulgaris*) aragosta.

crayon /'kreɪən/ (*franc.*), *n.* *1* carboncino; gessetto, pastello (*da disegno*); matita colorata *2* disegno fatto col carboncino (*o* con il gessetto) *3* (*elettr.*) carbone (*nelle lampade ad arco*).

to **crayon** /'kreɪən/, *v. t.* *1* disegnare a pastello *2* (*fig.*) abbozzare.

craze /kreɪz/, *n.* *1* mania; moda; voga *2* cavillatura, craquelure (*screpolatura dello smalto di ceramiche*). ● **to be the latest c.**, essere la moda del momento: **Skateboards were the latest c.**, gli skate-board erano in gran voga.

to **craze** /kreɪz/, **A** *v. t.* *1* fare impazzire; rendere frenetico *2* far screpolare (*lo smalto di ceramiche*). **B** *v. i.* (*specialm. di ceramica*) creparsi; screpolarsi; cavillare.

crazed /kreɪzd/, *a.* *1* matto; pazzo *2* freneticamente entusiasta *3* (*ceramica*) craquelé; screpolato. ● **to be c. about st.**, andare matto per q.c. □ **to be c. with terror**, essere in preda al terrore.

crazily /'kreɪzəlɪ/, *avv.* pazzamente; pazzescamente.

craziness /'kreɪzɪnəs/, *n.* *1* pazzia; stravaganza *2* instabilità; decrepitezza (*di edifici, ecc.*).

crazy /'kreɪzɪ/, **A** *a.* *1* matto; pazzo; pazzesco (*anche fig.*); stravagante; strampalato (*fam.*): **He is c. about sports cars**, va matto per le macchine sportive; **at a c. prize**, per un prezzo pazzesco; **What a c. idea!**, che idea strampalata! *2* (*di edifici, ecc.*) instabile; pericolante; decrepito *3* (*pop.*) eccellente; favoloso. **B** *n.* (*pop.*) eccentrico; originale; pazzoide. ● (*USA*) **c. bone**, punta del gomito; olecrano □ (*edil.*) **c. paving**, lastricato (*o* selciato) a mosaico irregolare (*in un giardino, ecc.*) □ **c. quilt**, trapunta di pezze irregolari di stoffa □ **a c. show**, roba da matti □ **to be c. to do st.**, avere una voglia matta di fare q.c. □ (*fam.*) **to drive sb. c.**, far diventare matto q. □ **to go c.**, ammattire; perdere la testa □ (*fam.*) **to go c. over st.**, andare matto per q.c. □ (*fam.*) **like c.**, come un pazzo; a velocità (*o* con energia) pazzesca.

creak /kri:k/, *n.* *1* cigolio; stridio *2* (*anche fig.*) scricchiolio.

to **creak** /kri:k/, *v. i.* *1* cigolare; stridere (*d'una* porta, ecc.) *2* (*anche fig.*) scricchiolare *3* (*d'insetto*) frinire. ● (*di un veicolo*) **to c. along**, procedere cigolando; procedere a fatica.

creaky /ˈkriːkɪ/, *a.* cigolante; scricchiolante (*anche fig.*).

cream /kriːm/, *n.* *1* panna; crema; fior di latte: **Butter is made from c.**, il burro si fa con la panna (del latte) *2* crema (*cosmetico*); emulsione: **cold c.**, crema emolliente *3* crema (*liquore denso, ricco di zucchero*) *4* (*fig.*) (il) fior fiore; (la) crema: **the c. of society**, il fior fiore della buona società *5* (*fig.*) (la) parte migliore (*o* più interessante): **That was the c. of his tale**, quella fu la parte più interessante del racconto *6* (*ind.*) crema: **furniture c.**, crema per mobili *7* (*cucina*) crema (*di verdura*); passato *8* color crema. ● **c. bun**, pasticcino alla panna □ **c. cake**, tortino (*o* pasta) alla panna □ **c. cheese**, formaggio morbido e cremoso □ **c.-coloured**, color crema (*agg.*) □ **c. cracker**, cracker semplice, da mangiare col formaggio □ **c.-laid** (*o* **c.-wove**) **paper**, carta da lettere filigranata, color crema □ (*chim.*) **c. of tartar**, cremore di tartaro □ **c. puff**, bignè alla panna; (*fig. fam.*) smidollato, effeminato □ **c. separator**, scrematrice □ **c. sherry**, sherry alla crema □ **boot c.**, crema per calzature □ **ice c.**, gelato □ **whipped c.**, panna montata.

to **cream** /kriːm/, **A** *v. i.* *1* (*del latte*) fare la panna *2* (*d'un altro liquido*) fare la spuma. **B** *v. t.* *1* scremare (*latte*) *2* (*fig.*) togliere la parte migliore di (q.c.) *3* aggiungere panna a: **to c. coffee**, aggiungere panna al caffè *4* cucinare con la panna *5* applicare la crema su (*il viso*) *6* (*ind. della gomma*) cremare *7* (*pop. specialm. USA*) battere completamente; stravincere; stracciare (*fig. pop.*). ● (*anche fig.*) **to c. off**, scremare; (*fig.*) selezionare; (*fam.*) mettersi in tasca, guadagnare.

creamer /ˈkriːmə(r)/, *n.* *1* bricchetto per la panna *2* scrematrice.

creamery /ˈkriːmərɪ/, *n.* *1* caseificio; fabbrica di burro *2* latteria.

creaminess /ˈkriːmɪnəs/, *n.* *1* l'esser ricco di (*o* simile a) panna *2* (*fig.*) morbidezza.

creaming /ˈkriːmɪŋ/, *n.* *1* scrematura (*del latte*) *2* applicazione di crema (*al viso*) *3* (*ind. della gomma*) crematura. ● (*anche fig.*) **c.-off**, scrematura.

creamy /ˈkriːmɪ/, *a.* *1* cremoso; ricco di panna; burroso *2* simile a crema (*o* a panna); morbido; vellutato.

crease /kriːs/, *n.* *1* piega; piegatura *2* grinza; sgualcitura: **His suit was full of creases**, il suo vestito era tutto una sgualcitura *3* (*cricket, hockey*) linea bianca che indica la posizione del lanciatore o quella del battitore *4* (*edil.*) colmo (*di un tetto*). ● **c.-resistant**, ingualcibile.

to **crease** /kriːs/, **A** *v. t.* *1* fare la piega a (*un vestito, ecc.*) *2* sgualcire; spiegazzare: **a badly creased suit**, un abito tutto sgualcito; (*fig.*) **Her forehead was creased in thought**, era immersa nei suoi pensieri, e aveva la fronte corrugata *3* (*pop. USA*) colpire. **B** *v. i.* spiegazzarsi; sgualcirsi: **This twill does not c. easily**, questo spigato non si sgualcisce facilmente. ● (*fam. ingl.*) **to be creased up with laughter**, torcersi dalle risa □ **well-creased trousers**, calzoni con la piega a posto.

creasy /ˈkriːsɪ/, *a.* pieno di pieghe; sgualcito; spiegazzato.

to **create** /kriːˈeɪt/, **A** *v. t.* *1* creare; nominare; cagionare; produrre; dare; fare: (*teatr.*: *di attore*) **to c. a part**, creare una parte (*o* un personaggio); **to c. sb. a Peer**, nominare q. Pari (*d'Inghilterra*); **to c. a vacuum**, produrre un vuoto; **to c. new jobs**, creare nuovi posti di lavoro; **His conduct may c. a wrong impression**, la sua condotta può dare un'impressione errata *2* lanciare: **to c. a fashion**, lanciare una moda *3* (*leg.*) accendere: **to c. a mortgage**, accendere un'ipoteca. **B** *v. i.* *1* creare; ideare *2* (*pop.*) fare storie; fare tragedie: **He's always creating about nothing**, fa sempre tragedie per un nonnulla.

creatin, creatine /ˈkriːətɪn/, *n.* (*biochim.*) creatina.

creatinine /kriːˈætɪniːn, *USA* -tən-/, *n.* (*biochim.*) creatinina.

creation /kriːˈeɪʃn/, *n.* *1* creazione: **the c. of new industries**, la creazione d'industrie nuove; **a painter's creations**, le creazioni di un pittore; **the latest creations**, le ultime creazioni della moda *2* (il) creato: **Man is sometimes called the lord of c.**, l'uomo è a volte detto il re del creato *3* nomina: **the c. of new Peers**, la nomina di nuovi Pari d'Inghilterra. ● **the brute c.**, le bestie.

creationism /kriːˈeɪʃənɪzəm/, *n.* (*relig., biol.*) creazionismo.

creationist /kriːˈeɪʃənɪst/, *n.* (*relig., biol.*) creazionista.

creative /kriːˈeɪtɪv/, *a.* creativo. ● **c. toys**, giocattoli che stimolano la creatività (*del bambino*) □ (*specialm. in U.S.A.*) **c. writing**, scrittura creativa (*materia d'insegnamento*). || **-ly**, *avv.* || **-ness**, *sost.*

creator /kriːˈeɪtə(r)/, *n.* creatore. ● (*relig.*) **the C.**, il Creatore.

creatress /kriːˈeɪtrɪs/, *n.* creatrice.

creature /ˈkriːtʃə(r)/, *n.* creatura (*in ogni senso*); essere vivente; persona: **a good c.**, una buona persona; **He is the chairman's c.**, è una creatura del presidente. ● **c. comforts**, le comodità materiali (della vita); la sicurezza materiale □ **to be a c. of habit**, essere schiavo delle abitudini □ **c. of imagination**, frutto della fantasia □ **the dumb creatures**, gli animali □ **Poor c.!**, poveretto!; poveretta!

creaturely /ˈkriːtʃəlɪ/, *a.* delle creature; umano.

crèche /kreʃ, -eɪʃ/ (*franc.*), *n.* *1* (*USA*) presepio; presepe (*cfr. ingl.* **crib**) *2* brefotrofio *3* asilo infantile; nido d'infanzia.

credence /ˈkriːdns/, *n.* *1* credenza; credito; fede; fiducia: **to give c. to st.**, prestar fede a, dar credito a q.c. *2* (*relig.*) credenza, tavolinetto (*per arredi sacri*). ● (*arc.*) **letter of c.**, lettera di presentazione.

credential /krəˈdenʃl/, *n.* *1* cosa che costituisce un titolo; cosa che giova (nella vita); titolo «spendibile» (*una laurea, per es.*) *2* (*pl.*) (lettere) credenziali.

credentialism /krəˈdenʃəlɪzəm/, *n.* culto del pezzo di carta (*eccessiva fiducia nell'utilità dei titoli di studio per trovare lavoro*).

credibility /kredəˈbɪlətɪ/, *n.* credibilità. ● (*specialm. polit.*) **c. gap**, gap di credibilità.

credible /ˈkredəbl/, *a.* credibile; degno di fede. ● **It's hardly c.**, è quasi incredibile. || **-ness**, *sost.* || **-bly**, *avv.*

credit /ˈkredɪt/, **A** *n.* *1* credito (*anche comm.*); fiducia; reputazione; stima: **to gain c.**, acquistare credito; a man of high c., un uomo di buona reputazione; **to give c. to a story**, dar credito (*o* prestar fede) a un racconto; **to buy [to sell] on c.**, comprare [vendere] a credito; **Trade lives on c.**, il credito è l'anima del commercio; **His c. is good to ten thousand dollars**, gli si può far credito fino a diecimila dollari; (*fin.*) **The c. is exhausted**, il credito è esaurito *2* (*fin.*) accreditamento, accredito; (*banca*) fido *3* (*rag.*) avere (*intestazione di un conto*) *4* onore; merito: **His industriousness does him c.**, la sua operosità gli fa onore; **He deserves c. for telling the truth** (*o* **It is to his c. that he told the truth**), torna a suo merito l'aver detto la verità *5* (*USA*) certificato di promozione *6* (*pl.*) epigrafe; elenco dei collaboratori (*in un libro, ecc.*) *7* (*cinem.*) titoli di testa o di coda (*di un film*). **B** *a. attr.* *1* (*banca, fin.*) di (*o* del) credito; creditizio: **Banks are c. institutions**, le banche sono istituti di credito; **c. card**, carta di credito; **c. control**, controllo del credito; **c. facilities**, facilitazioni creditizie *2* (*comm.*) a credito: **c. sale**, vendita a credito *3* (*rag.*: *di un conto*) creditore: **c. account**, conto creditore; (*fin.*) **c. column**, colonna creditrice (*o* dell'avere). ● (*fin.*) **c. accommodations**, facilitazioni di credito □ **c. account**, conto aperto (*presso un negozio ecc.*) □ (*banca*) **c. advice**, lettera che autorizza il pagamento di assegni □ (*rag.*) **c. balance**, saldo creditore (*o* a credito); saldo attivo □ (*fin.*) **c. collection**, incasso di crediti □ (*rag.*) **c. footing**, totale dell'avere □ (*econ., fin.*) **c. freeze**, congelamento del credito □ (*banca*) **c. interest rates**, tassi degli interessi creditori □ (*rag.*) **c. item**, partita a credito □ (*banca*) **c. limit** (*o* **line**), linea di credito; castelletto; plafond □ (*rag.*) **c. note**, nota d'accredito □ (*fin.*) **c. opening**, apertura di credito □ **c. rating**, valutazione del credito; (*di un'azienda*) posizione creditizia □ **c.-reference agency**, agenzia d'informazioni commerciali □ (*comm.*) **c. settlement**, regolamento (*di un conto*) a termine □ (*banca*) **c. slip**, distinta di versamento □ (*econ., fin.*) **c. squeeze**, stretta creditizia □ **c. standing** (*o* **status**), credito (*di cui gode una ditta*); situazione creditizia □ (*banca*) **c. transfer**, bonifico; accreditamento □ (*banca*) **c. voucher**, distinta di versamento □ **to add** (*o* **to be**) **to sb.'s c.**, contribuire al buon nome (*o* alla reputazione) di q. □ **bank c.**, credito bancario □ **to deal on c.**, vendere (*o* comprare) a credito □ (*comm.*) **to give sb. c. for st.**, attribuire merito a q. per q.c. □ (*fin.*) **irrevocable c.**, credito irrevocabile □ (*fin.*) **letter of c.**, lettera di credito □ **long c.**, credito a lunga scadenza □ **to put c. in**, prestar fede a □ **to reflect c. on**, fare onore a □ **to take c. for**, attribuirsi il merito di.

to **credit** /ˈkredɪt/, *v. t.* *1* far credito a; prestar fede a; attribuire a: **to c. a story**, prestar fede a un racconto; **The invention of the telephone has been credited both to the American Bell and the Italian Meucci**, l'invenzione del telefono è stata attribuita sia all'americano Bell sia all'italiano Meucci *2* (*comm.*) accreditare: **We have credited you with a hundred pounds** (*o* **a hundred pounds to you**), vi abbiamo accreditato la somma di cento sterline *3* (*rag.*) registrare nella colonna dell'avere.

creditable /ˈkredɪtəbl/, *a.* *1* che fa onore; encomiabile; lodevole: **a c. effort**, uno sforzo lodevole *2* (*di una persona*) credibile; degno di fede. || **-ness**, *sost.* || **-bly**, *avv.*

credited party /ˈkredɪtɪdpɑːtɪ/, *n.* (*fin.*) (l') accreditato.

crediting /ˈkredɪtɪŋ/, **A** *a.* (*fin.*) accreditante: **the c. party**, l'accreditante. **B** *n.* (*fin.*) accreditamento; accredito: (*banca*) **c. to sb.'s current account**, accreditamento in conto corrente (*per q.*); (*rag.*) **c. entry**, scrittura d'accredito.

creditor /ˈkredɪtə(r)/, *n.* *1* (*comm.*) creditore *2* (*rag.*) avere (*intestazione della colonna*); l'attivo (*intestazione di un conto*). ● (*rag*) **c. account**, conto creditore □ (*leg.*) **creditors' meeting**, assemblea dei creditori □ (*econ.*) **c. nation**, nazione creditrice □ (*leg.*) **c. on mortgage**, creditore su ipoteca □ (*rag.*) **c. side**, sezione dell'avere, l'attivo (*di un conto*) □ (*leg.*) **c.'s suit**, azione in giudizio per il recupero di crediti.

creditworthiness /ˈkredɪtwɜːðɪnəs/, *n.* (*fin.*) (l') essere degno di credito.

creditworthy /ˈkredɪtwɜːðɪ/, *a.* (*fin.*) degno di credito; cui si può fare credito.

credo /ˈkreɪdəʊ, ˈkriː-/, *n.* (*pl.* **credos**) (*relig.* e *fig.*) credo; professione di fede.

credulity /krəˈdjuːlətɪ, *USA* -ˈduː-/, *n.* credulità.

credulous /ˈkredjʊləs, *USA* -dʒʊ-/, *a.* credulo. || **-ly**, *avv.* || **-ness**, *sost.*

creed /kriːd/, *n.* (*relig.*) *1* credo; dottrina; professione di fede *2* credenza religiosa; fede.

creedless /ˈkriːdləs/, *a.* senza fede; miscredente.

creek /kriːk, *USA* kriːk, krɪk/, *n.* *1* piccola baia; insenatura; cala *2* (*USA*) piccolo corso d'acqua; torrente. ● (*pop.*) **to be up the c.**

(**without a paddle**), essere nei guai.

creel /kriːl/, *n.* **1** (*sport*) nassa; cesto di vimini per il pesce (*usato dai pescatori con la lenza*) **2** (*ind. tess.*) rastrelliera.

creep /kriːp/, *n.* **1** strisciamento **2** apertura (*in una siepe, ecc.*) **3** (*geol.*) scollamento **4** (*tecn.*) instabilità del legno **5** (*mecc.*) scorrimento plastico **6** (*elettron.*) deriva; spostamento **7** (*pl.*) pelle d'oca (*fig.*); sensazione di ripugnanza (*o* di paura, *o* di disagio) **8** (*fam.*) tipo sgradevole; canaglia; mascalzone; tipo strisciante (*o* servile); leccapiedi (*pop.*). ● (*fam. USA*) **c. joint**, posto orrendo, schifoso □ **to give sb. the creeps**, far rabbrividire q.; far accapponare la pelle a q.

to **creep** /kriːp/ (*pass.* e *p. p.* **crept**), *v. i.* **1** strisciare: **Snakes c.**, le serpi strisciano **2** (*fig. fam.*) strisciare; adulare; essere servile **3** camminare; muoversi con passo lento (*o* furtivo); trascinarsi: **The old man can still c. about the house**, il vecchio riesce ancora a trascinarsi per casa **4** (*di un liquido*) scorrere; spargersi **5** (*di piante*) arrampicarsi **6** (*della pelle*) accapponarsi. ● **to c. upstairs**, salire lentamente le scale □ **to make sb.'s flesh c.**, far accapponare la pelle a q.; far venire la pelle d'oca a q.

♦**creep along**, **A** *v. i. + avv.* avanzare strisciando (*o* furtivamente). **B** *v. t. + prep.* (*di piante*) arrampicarsi su (*un muro, ecc.*).

♦**creep away**, *v. i. + avv.* allontanarsi strisciando (*o* furtivamente): **The murderer crept away from his victim**, l'assassino si allontanò furtivamente dalla vittima.

♦**creep down**, *v. i. + avv.* **1** scendere furtivamente (*o* lentamente) **2** (*fig.*) calare (*o* diminuire) a poco a poco: **Oil prices are now creeping down**, i prezzi del petrolio stanno calando a poco a poco.

♦**creep in**, *v. i. + avv.* **1** entrare strisciando (*o* furtivamente) **2** insinuarsi; infiltrarsi **3** (*fig.*: *di dubbi, ecc.*) insinuarsi **4** (*fig.*: *di usanze, idee, ecc.*) avanzare a poco a poco; farsi strada per gradi.

♦**creep into**, *v. i. + prep.* **1** entrare strisciando, furtivamente in (*un luogo*) **2** infilarsi, insinuarsi in: **to c. into bed**, infilarsi sotto le lenzuola; **A few doubts have crept into my mind**, mi si è insinuato qualche dubbio nella mente.

♦**creep on**, **A** *v. i. + avv.* avanzare, scorrere lentamente: **Time crept on**, il tempo scorreva lentamente. **B** *v. i. + prep.* andare (*o* venire) addosso lentamente a: **Old age is creeping on us**, la vecchiaia ci viene addosso a poco a poco.

♦**creep over**, *v. i. + prep.* **1** strisciare su: **The tiger advanced creeping over the grass**, la tigre avanzava strisciando sull'erba **2** (*della nebbia, ecc.*) ricoprire strisciando (*una pianura, un lago, un fiume, ecc.*) **3** (*fig.*) impadronirsi di (q.) a poco a poco: **As darkness fell, terror crept over me**, al cader delle tenebre, pian piano il terrore s'impadronì di me.

♦**creep under**, *v. i. + prep.* andare (*o* rifugiarsi, ecc.) sotto strisciando: **The cat crept under the car**, il gatto si rifugiò strisciando sotto la macchina.

♦**creep up**, *v. i. + avv.* **1** salire lentamente (*o* furtivamente) **2** (*fig.*) salire, aumentare a poco a poco: **Wages are creeping up just now**, al momento i salari sono in lento aumento.

♦**creep up on**, *v. i. + avv. + prep.* **1** avanzare (muoversi, procedere) lentamente (*o* furtivamente) verso (q.): **The Redskin crept up on the sentry**, il pellerossa avanzò furtivamente verso la sentinella **2** (*fig.*) insinuarsi a poco a poco in (q.); impossessarsi lentamente di (q.): **Fear crept up on the soldier**, a poco a poco la paura s'impossessò del soldato.

♦**creep upon**, *V.* **creep on, B**.

creepage /ˈkriːpɪdʒ/, *n.* (*elettr.*) dispersione; corrente dielettrica.

creeper /ˈkriːpə(r)/, *n.* **1** animale o pianta rampicante; (*zool.*) rettile, verme; (*bot.*) pianta rampicante, liana **2** (*naut.*) grappino **3** (*pl.*) ramponi da ghiaccio (*per le scarpe*) **4** (*pl.*) (*USA*) tuta per bambini; tutina.

creeping /ˈkriːpɪŋ/, *a.* **1** strisciante (*anche fig.*) **2** (*bot.*) rampicante. ● (*econ.*) **c. inflation**, inflazione strisciante □ (*med.*) **c. paralysis**, paralisi progressiva □ (*econ.*) **c. recovery**, ripresa strisciante □ (*Borsa*) **c. take over**, acquisizione strisciante.

creepy /ˈkriːpɪ/, *a.* **1** che striscia (*o* si muove) lentamente **2** (= **c.-crawly**) raccapricciante; che fa accapponare la pelle: **The witch's laugh was c.**, la risata della strega mi fece accapponare la pelle.

creepy-crawly /ˈkriːpɪˈkrɔːlɪ/, **A** *n.* (*infant.*) insetto; verme. **B** *a.* (*fam.*) *V.* **creepy**, *def.* 2.

to **cremate** /krəˈmeɪt, *USA* ˈkriːmeɪt/, *v. t.* cremare.

cremation /krəˈmeɪʃn/, *n.* cremazione.

cremationist /krəˈmeɪʃənɪst/, *n.* fautore della cremazione.

cremator /krəˈmeɪtə(r), *USA* ˈkriːmeɪ-/, *n.* **1** chi esegue cremazioni **2** forno crematorio.

crematorium /kreməˈtɔːrɪəm, *USA* kriː-, kre-/, *n.* (*pl.* **crematoria, crematoriums**) crematorio; forno crematorio.

crematory /ˈkremətrɪ, *USA* ˈkriːmətɔːrɪ, ˈkre-/, *n.* **1** forno crematorio **2** inceneritore.

cremona /krɪˈməʊnə/, *n.* **1** (*mus.*) violino di Cremona **2** (*mus., stor.*) *V.* **cromorne**.

cremone bolt /krɪˈməʊnbəʊlt/, *n.* (*edil., mecc.*) cremonese.

crenate /ˈkriːneɪt/, **crenated** /kriːˈneɪtɪd/, *a.* (*bot., zool.*) crenato; dentellato.

crenation /kriːˈneɪʃn/, *n.* (*fisiol.*) crenatura.

crenature /ˈkrenətʃə(r), ˈkriː-/, *n.* (*bot., zool.*) crenatura; dentellatura.

crenel /kriːˈnel/, *n.* (*archit.*) spazio fra due merli; feritoia.

to **crenel(l)ate** /ˈkrenəleɪt/, *v. t.* (*archit.*) merlare; fornire di merlatura.

crenel(l)ated /ˈkrenəleɪtɪd/, *a.* (*archit.*) merlato.

crenel(l)ation /krenəˈleɪʃn/, *n.* (*archit.*) merlatura.

creole /ˈkriːəʊl/, *a.* e *n.* **1** creolo, creola **2** discendente dei coloni francesi della Louisiana **3** dialetto francese della Louisiana.

creolin /ˈkriːəʊlɪn/, *n.* (*chim.*) creolina.

creolization /kriːəlaɪˈzeɪʃn, *USA* -lɪˈz-/, *n.* (*anche ling.*) creolizzazione.

creosol /ˈkriːəsɒl, *USA* -sɔːl, -səʊl/, *n.* (*chim.*) creosolo.

creosote /ˈkriːəsəʊt/, *n.* (*chim.*) creosoto.

crepe, crêpe /kreɪp/ (*franc.*), *n.* **1** (*ind. tess.*) crespo **2** (= **c. band**) nastro nero (*portato al braccio in segno di lutto*) **3** (*cucina*) crêpe; frittella. ● **c. de Chine**, crespo di Cina □ **c. paper**, carta crespata □ **c. rubber**, crêpe; lamina rugosa di gomma o di para (*per suole*) □ (*cucina*) **c. suzette**, crêpe suzette.

to **crêpe** /kreɪp/, *v. t.* coprire di crespo; drappeggiare con crespo.

crepehanger /ˈkreɪphæŋə(r)/, *n.* (*pop. USA*) gran pessimista.

crepitant /ˈkrepɪtənt/, *a.* crepitante.

to **crepitate** /ˈkrepɪteɪt/, *v. i.* crepitare.

crepitation /krepɪˈteɪʃn/, *n.* **1** crepitio **2** (*med.*) crepitazione.

crept /krept/, *pass.* e *p. p.* di **to creep**.

crepuscular /krɪˈpʌskjʊlə(r)/, *a.* **1** (*anche letter.* e *psic.*) crepuscolare **2** (*d'insetto, ecc.*) che vola al crepuscolo.

crepuscule /ˈkrepəskjuːl, krɪˈpʌskjuːl/, *n.* (*raro*) crepuscolo.

crescendo /krəˈʃendəʊ/, *n.* (*pl.* **crescendos, crescendoes**) (*mus.* e *fig.*) crescendo.

crescent /ˈkresnt/, **A** *n.* **1** luna crescente; falce di luna **2** mezzaluna (*l'islamismo e il suo emblema*): **the Cross and the C.**, la Croce e la Mezzaluna **3** strada a falce di luna; (*specialm.*) fila ricurva di case. **B** *a.* **1** (*poet.*) crescente: **a c. moon**, la luna crescente **2** a mezzaluna; falcato: **a c. beach**, una spiaggia a mezzaluna. ● (*astron.*) **c. phase**, fase crescente (*di un pianeta*).

cresol /ˈkriːsəʊl/, *n.* (*chim.*) cresolo.

cress /kres/, *n.* (*bot.*) crocifera (*in genere*); crescione. ● **garden c.** (*Lepidium sativum*), crescione inglese (*o* degli orti); agretto □ **water c.** (*Nasturtium officinale*), crescione (d'acqua).

cresset /ˈkresɪt/, *n.* (*stor.*) torcia; lampione.

crest /krest/, *n.* **1** cresta (*del gallo, d'un monte, dell'onda, ecc.*); ciuffo di penne; cima; cimiero; pennacchio **2** criniera (*di cavallo, leone, ecc.*) **3** (*ind. costr., edil.*) corona (*di una diga, ecc.*) linea di displuvio (*d'un tetto, ecc.*) **4** (*anat.*) cresta **5** (*mecc.*) cresta (*di vite*) **6** (*arald.*) cimiero **7** (*econ.*) picco (*di una congiuntura*) **8** (*poet.*) elmo. ● **c. gate**, paratia di coronamento (*di un bacino idrico*) □ **family c.**, stemma gentilizio d'una famiglia □ (*anche fig.*) **to be on the c. of the wave**, essere sulla cresta dell'onda.

to **crest** /krest/, **A** *v. t.* **1** munire di cresta (*o* di pennacchio) **2** ornare di stemma gentilizio **3** raggiungere la cima di: **to c. a hill** [**a wave**], raggiungere la cima d'un colle [di un'onda] **4** (*fig.*) coronare: **A castle crests the hill**, un castello corona il colle. **B** *v. i.* (*d'onda*) sollevarsi formando creste. ● (*di un fiume in piena*) **to c. at**, raggiungere il livello di (*un certo numero di metri, ecc.*).

crested /ˈkrestɪd/, *a.* **1** fornito di cresta (di criniera, di cimiero, ecc.; *V.* **crest**) **2** (*arald., zool.*) crestato. ● **c. paper**, carta da lettere con stemma gentilizio □ **a c. tie**, una cravatta con lo stemma (*di un college, un club sportivo, ecc.*).

crestfallen /ˈkrestfɔːlən/, *a.* a testa bassa; depresso; abbattuto; mortificato; giù di corda (*fam.*).

cretaceous /krɪˈteɪʃəs/, *a.* (*geol.*) cretaceo. ● **the C.**, il cretaceo; il periodo cretaceo.

Cretan /ˈkriːtn/, *a.* e *n.* cretese.

Crete /kriːt/, *n.* (*geogr.*) Creta; Candia.

cretic /ˈkriːtɪk/, *n.* (*poesia*) piede cretico; cretico.

cretin /ˈkretɪn, *USA* ˈkriːtn/, *n.* **1** (*med.*) cretino **2** (*pop.*) cretino; stupido.

cretinism /ˈkretɪnɪzəm, *USA* ˈkriːtən-/, *n.* (*med.*) cretinismo.

to **cretinize** /ˈkretɪnaɪz, *USA* ˈkriːtən-/, *v. t.* e *i.* incretinire.

cretinoid /ˈkretɪnɔɪd, *USA* ˈkriːtən-/, *a.* (*med.*) affetto da cretinismo lieve. ● **a c. person**, un cretinoide.

cretinous /ˈkretɪnəs, *USA* ˈkriːtən-/, *a.* (*med.*) cretino; affetto da cretinismo.

cretonne /kreˈtɒn, *USA* ˈkriːtɒn/ (*franc.*), *n.* cretonne; cotonina stampata.

crevasse /krəˈvæs/, *n.* (*geol.*) «crevasse»; crepaccio (*di ghiacciaio*).

crevice /ˈkrevɪs/, *n.* **1** (*scient.*) crepa; fessura; fenditura **2** fessura; interstizio.

crew (**1**) /kruː/, *n.* **1** (*naut., aeron.*) equipaggio; ciurma (*spreg.*) **2** gruppo; squadra: **road c.**, squadra d'operai addetti a lavori stradali **3** banda; combriccola **4** (*mil.*) equipaggio: **a tank c.**, l'equipaggio di un carro armato **5** (*canottaggio*) equipaggio; armo. ● (*naut.*) **c. list**, ruolo d'equipaggio □ (*moda*) **c. neck**, girocollo: **c.-neck** (*o* **c.-necked**) sweater, maglione a girocollo □ (*aeron.*) **ground c.**, personale a terra □ (*naut.*) **gun's c.**, serventi di un pezzo (*o* di un cannone) □ (*naut.*) **quarters of the c.**, alloggi dell'equipaggio □ **TV c.**, troupe della televisione.

crew (**2**) /kruː/, *pass.* di **to crow**.

crew cut /ˈkruːkʌt/, *n.* taglio a spazzola (*dei capelli*).

crewel /ˈkruːəl/, *n.* lana per ricami e tappeti. ● (*cucito*) **c. stitch**, punto erba □ **c.-work**, ricamo di lana, su fondo di tela.

crewman /ˈkruːmən, -mæn/, *n.* (*pl.* **crewmen**) (*naut., aeron., miss.*) membro dell'equipaggio.

crib /krɪb/, *n.* **1** mangiatoia; greppia **2** presepio; presepe **3** posta, stalla (*di bovini*) **4** capanna; casupola **5** lettino per bimbo, con sponde alte a sbarre; (*USA*) culla ***6*** (*edil.*, = **cribwork**) armatura di sostegno ***7*** catasta di puntellamento (*in una miniera*) ***8*** ricettacolo di legno per granoturco, sale, ecc. ***9*** (*fam.*) furtarello; plagio ***10*** (*fam.*) bigino; traduttore ***11*** trappola di vimini, per salmoni ***12*** (*nel «cribbage»*) mano di carte del mazziere composta con gli scarti di tutti i giocatori ***13*** (*tecn.*) tavolato di base ***14*** (*ferr.*) passo degli appoggi (*di binario*) ***15*** (*pop.*) casa di malaffare; bordello ***16*** (*pop. USA*) casa; appartamento ***17*** (*pop. USA*) locale notturno malfamato ***18*** (*gergo della malavita*) cassaforte. ● (*dei cavalli*) **c.-biting**, ticchio d'appoggio □ (*med., USA*) **c. death**, *V.* **cot death**, *sotto* **cot** (2).

to **crib** /krɪb/, **A** *v. t.* ***1*** (*edil.*) armare: (*ind. min.*) puntellare ***2*** provvedere (*una stalla*) di mangiatoie ***3*** (*fam.*) plagiare ***4*** (*fam.*) rubacchiare; saccheggiare ***5*** (*gergo studentesco*) copiare (*da un compagno o dal bigino*) ***6*** (*arc.*) rinchiudere (q.) in uno spazio ristretto. **B** *v. i.* ***1*** copiare (*all'esame, a scuola*) ***2*** (*fam.*) lamentarsi; lagnarsi.

cribbage /ˈkrɪbɪdʒ/, *n.* «cribbage» (*gioco di carte*). ● **c. board**, segnapunti (usato nel «cribbage»).

cribriform /ˈkrɪbrɪfɔːm/, *a.* (*anat., bot.*) cribriforme; bucherellato.

crick /krɪk/, *n.* (*med.*) crampo; spasmo muscolare. ● **c. in the neck**, torcicollo.

to **crick** /krɪk/, *v. t.* (*med.*) prodursi uno spasmo muscolare a; provocare un crampo in. ● **to c. one's neck**, prendersi il torcicollo.

cricket (1) /ˈkrɪkɪt/, *n.* ***1*** (*zool.*, = **house c.**) grillo ***2*** (*edil.*) grembialina; fossalina; faldale.

cricket (2) /ˈkrɪkɪt/, *n.* ***1*** (*sport*) cricket: **c. ground**, campo di cricket ***2*** (*fig.*) correttezza; lealtà; sportività. ● (*fam.*) **It isn't c.**, non è leale; non è sportivo.

to **cricket** /ˈkrɪkɪt/, *v. i.* giocare a cricket.

cricketer /ˈkrɪkɪtə(r)/, *n.* giocatore di cricket.

cricoid /ˈkraɪkɔɪd/, **A** *n.* (*anat.*) cricoide. **B** *a.* (*anat.*) cricoideo.

crier /ˈkraɪə(r)/, *n.* ***1*** (= **town c.**) banditore ***2*** venditore ambulante che grida (*per attirare clienti*) ***3*** chi piange spesso; piagnone (*fam.*); piagnucolone.

crikey /ˈkraɪkɪ/, *inter.* (*pop. arc.*) perbacco!; perdinci!

crime /kraɪm/, *n.* ***1*** (*leg.*) reato (*in genere*) ***2*** (*leg.*) illecito penale; crimine; delitto ***3*** (*fig.*) delitto; peccato: **It would be a c. to spoil the child**, sarebbe un delitto viziare il ragazzo ***4*** criminalità: **c. rate**, tasso di criminalità. ● (*in G.B.*) **c. management unit**, sezione investigativa (*della polizia*) □ **c. of passion**, delitto passionale □ **c. prevention**, prevenzione del crimine □ (*in G.B.*) **c. report number**, numero della denuncia del reato □ (*mil.*) **c. sheet**, foglio delle punizioni □ **c. wave**, ondata di delitti.

Crimean /kraɪˈmiːən/, *a.* della Crimea: (*stor.*) **the C. War**, la guerra di Crimea.

criminal /ˈkrɪmɪnl/, **A** *a.* (*leg.*) ***1*** criminale; criminoso: **a c. act**, un atto criminoso ***2*** penale: **c. action**, azione penale; **c. law**, diritto penale; **the c. code**, il codice penale (*in Italia, Francia, ecc.*). **B** *n.* criminale; delinquente. ● **c. abortion**, aborto criminoso □ **c. assault**, aggressione; (tentativo di) violenza carnale □ **c. association**, associazione per delinquere □ **c. case**, causa penale □ **c. contempt**, oltraggio alla corte □ **c. evidence**, prova in materia penale □ **c. intent**, intento criminoso; dolo □ **c. lawyer**, penalista □ **c. negligence**, negligenza colposa □ **c. offence**, reato; illecito penale □ **c. procedure**, procedura penale □ **c. proceeding**, procedimento penale □ **c. records**, precedenti penali □ **c. trial**, processo penale □ **c. work**, il penale: (*di un avvocato*) **to do c. work**, fare il penale; essere un penalista □ **c. wrong**, illecito penale □ **a habitual c.**, un pregiudicato; un recidivo.

criminalist /ˈkrɪmɪnəlɪst/, *n.* ***1*** (*leg.*) penalista ***2*** criminologo.

criminality /krɪmɪˈnælətɪ/, *n.* criminalità; criminosità.

criminalization /krɪmɪnəlaɪˈzeɪʃn, *USA* -lɪˈz-/, *n.* criminalizzazione.

to **criminalize** /ˈkrɪmɪnəlaɪz/, *v. t.* criminalizzare.

criminally /ˈkrɪmɪnəlɪ/, *avv.* ***1*** criminalmente; criminosamente ***2*** (*leg.*) penalmente: **c. liable**, responsabile penalmente.

to **criminate** /ˈkrɪmɪneɪt/, *v. t.* (*leg., raro*) incriminare; accusare.

crimination /krɪmɪˈneɪʃn/, *n.* (*leg.*) incriminazione.

criminative /ˈkrɪmɪnətɪv, *USA* -neɪtɪv/, *a.* (*leg.*) incriminante.

crimіney /ˈkrɪmɪnɪ, ˈkraɪ-/, *inter.* (*pop. USA*) cristo!

criminologist /krɪmɪˈnɒlədʒɪst/, *n.* criminologo.

criminology /krɪmɪˈnɒlədʒɪ/, *n.* criminologia.

crimp (1) /krɪmp/, *n.* ***1*** increspatura, pieghettatura (*di un tessuto*) ***2*** arricciatura (*dei capelli*) ***3*** (*pl.*) riccioli (*artificiali*); arricciatura ***4*** (*metall.*) ondulazione.

crimp (2) /krɪmp/, *n.* (*stor.*) individuo che arruolava soldati o marinai con la forza o con l'inganno; arruolatore.

crimp (3) /krɪmp/, *n.* ***1*** (*USA*) intralcio; ostacolo; freno: **to put a c. in the underworld activities**, porre un freno alle attività della malavita ***2*** (*pop. USA*) individuo spregevole; canaglia.

to **crimp** (1) /krɪmp/, *v. t.* ***1*** pieghettare; increspare, crespare, arricciare (*un tessuto, un abito, ecc.*) ***2*** arricciare; ondulare: **to c. one's hair**, arricciarsi i capelli ***3*** praticare tagli su (*un pesce, carne, ecc.*) per agevolarne la cottura ***4*** modellare (*il cuoio per le tomaie*) ***5*** comprimere; ridurre ***6*** strozzare, restringere (*l'estremità di un tubo*) ***7*** (*metall.*) ondulare (*lamiere*). ● **crimping iron**, arricciacapelli □ (*ind. tess.*) **crimping machine**, arricciatrice.

to **crimp** (2) /krɪmp/, *v. t.* (*stor.*) arruolare forzatamente.

to **crimp** (3) /krɪmp/, *v. t.* (*USA*) ostacolare; pregiudicare: **The sagging demand for oil is crimping our exports**, la scarsità della domanda di petrolio pregiudica le nostre esportazioni.

Crimplene /ˈkrɪmpliːn/, *n.* (*marchio*) tessuto ingualcibile.

crimpy /ˈkrɪmpɪ/, *a.* arricciato; increspato; crespo.

crimson /ˈkrɪmzn/, **A** *a.* cremisino; cremisi. **B** *n.* ***1*** (color) cremisi ***2*** (*fig.*) rossore. ● **c. lake**, pigmento rosso; lacca (da pittore).

to **crimson** /ˈkrɪmzn/, **A** *v. t.* tingere di rosso; arrossare. **B** *v. i.* arrossire; farsi rosso.

cringe /krɪndʒ/, *n.* ***1*** l'accucciarsi; il farsi piccolo ***2*** servilismo; il piegare la schiena (*fig.*).

to **cringe** /krɪndʒ/, *v. i.* ***1*** rannicchiarsi; accucciarsi; acquattarsi; farsi piccolo (*per la paura*): **He cringes at the very sight of his boss**, si fa piccolo alla sola vista del capo ***2*** (*fig.*) essere servile; piegare la schiena (*fig.*); umiliarsi. ● **a cringing fellow**, un individuo servile.

cringle /ˈkrɪŋgl/, *n.* (*naut.*) brancarella, brancherella; bosa.

crinite /ˈkraɪnaɪt/, *a.* (*bot., zool.*) peloso.

crinkle /ˈkrɪŋkl/, *n.* crespa; grinza; piega; ruga.

to **crinkle** /ˈkrɪŋkl/, **A** *v. t.* ***1*** arricciare; increspare, crespare; pieghettare ***2*** sgualcire; spiegazzare ***3*** far frusciare; far crepitare. **B** *v. i.* ***1*** arricciarsi; incresparsi; pieghettarsi ***2*** spiegazzarsi; sgualcirsi ***3*** crepitare; frusciare: **If you crush paper, it will c.**, la carta crepita, se la si accartoccia. ● **crinkled paper**, carta crespata.

crinkly /ˈkrɪŋklɪ/, *a.* ***1*** arricciato; increspato; pieghettato ***2*** spiegazzato; sgualcito ***3*** frusciante; crepitante. ● **c. hair**, capelli ricci.

crinkum-crankum /ˈkrɪŋkəmˈkræŋkəm/, *n.* (*fam. arc.*) ***1*** ghirigoro; ornamento elaborato ***2*** (*fig.*) faccenda ingarbugliata.

crinoid /ˈkraɪnɔɪd/, **A** *n.* (*zool., Crinoidea*) crinoide. **B** *a.* dei crinoidi.

crinoidal /kraɪˈnɔɪdl/, *a.* (*scient.*) a crinoidi: (*geol.*) **c. limestone**, calcare a crinoidi.

crinoline /ˈkrɪnəlɪn/, *n.* ***1*** crinolina ***2*** (*ind. tess.*) crinolino ***3*** (*mil.*) rete protettiva contro i siluri (*intorno a nave da guerra*).

cripes /kraɪps/, *inter.* (*pop.*) caspita!; perdinci!

cripple /ˈkrɪpl/, **A** *n.* ***1*** zoppo; sciancato; storpio ***2*** (*fig.*) incapace; inetto ***3*** impalcatura (*per pulire finestre, ecc.*) ***4*** (*edil.*) traversa (troppo) corta. **B** *a.* storpio; sciancato; zoppo.

to **cripple** /ˈkrɪpl/, **A** *v. t.* ***1*** azzoppare; storpiare: **He was crippled in the war**, rimase storpio in guerra ***2*** (*fig.*) menomare; handicappare; rendere inefficiente; paralizzare: **The basic industries have been hit by crippling strikes**, le industrie di base sono state colpite da scioperi paralizzanti. **B** *v. i.* zoppicare. ● **to c. along**, andare zoppicando: **The poor man crippled along**, il poveretto se ne andò zoppicando.

crippled /ˈkrɪpld/, *a.* ***1*** menomato; danneggiato ***2*** (*med.*) disabile; handicappato.

crippling /ˈkrɪplɪŋ/, *a.* ***1*** (*med.*) invalidante: **a c. disease**, una malattia invalidante ***2*** (*fig.*) grave; rovinoso: **a c. debt**, un indebitamento grave.

crisis /ˈkraɪsɪs/, *n.* (*pl.* **crises**) crisi (*in ogni senso*): **a cardiac c.**, una crisi cardiaca; **the economic c.**, la crisi economica; **cabinet c.**, crisi ministeriale. ● **c. centre**, telefono amico □ (*polit.*) **a c. government**, un governo d'emergenza.

crisp /krɪsp/, **A** *a.* ***1*** crespo; arricciato; ricciuto: **c. hair**, capelli crespi ***2*** friabile; croccante: **c. biscuits**, biscotti croccanti ***3*** fresco e sodo: **c. lettuce**, insalata fresca e soda ***4*** frizzante; tonificante; secco: **c. winter weather**, il freddo secco dell'inverno ***5*** (*di stile, ecc.*) vivace; deciso; rapido: **a c. dialogue**, un dialogo vivace ***6*** chiaro; preciso; terso. **B** *n. pl.* patatine fritte croccanti. ● (*di un indumento*) **c. new**, nuovo; mai messo □ **burnt to a c.**, bruciato completamente □ (*di cibo*) **done to a c.**, croccante.

to **crisp** /krɪsp/, *v. t.* e *i.* ***1*** increspare, incresparsi ***2*** rendere, diventare croccante, frizzante, vivace, ecc. (*V.* **crisp**).

crispate /ˈkrɪspeɪt/, *a.* (*anche bot.*) crespato; increspato; arricciato.

crispation /krɪˈspeɪʃn/, *n.* ***1*** arricciamento; ondulazione ***2*** (*med.*) contrazione involontaria; tic.

crisper /ˈkrɪspə(r)/, *n.* scomparto per frutta e verdura (*nel frigorifero*).

Crispin /ˈkrɪspɪn/, *n.* Crispino.

crispness /ˈkrɪspnəs/, *n.* ***1*** l'esser crespo, crespità (*di capelli*) ***2*** friabilità; l'esser croccante, frizzante, vivace, ecc. (*V.* **crisp**) ***3*** freddo asciutto: **the c. of the air**, il freddo pungente che è nell'aria.

crispy /ˈkrɪspɪ/, (*fam.*) *V.* **crisp.**

criss-cross /ˈkrɪskrɒs, *USA* -krɔːs/, **A** *n.* ***1*** segno di croce (*di analfabeta*) ***2*** rete; incrocio (*di fili, linee ferroviarie, ecc.*). **B** *a.* incrociato; a linee incrociate: **c. traffic**, traffico incrociato; **c. pattern**, disegno a linee incrociate. **C** *avv.* ***1*** in direzione opposta ***2*** di traverso; a rovescio (*fig.*): **Everything went c.**, tutto andò di traverso.

to **criss-cross** /ˈkrɪskrɒs, *USA* -krɔːs/, **A** *v. t.* ***1*** coprire di segni di croce ***2*** incrociare; intersecare. **B** *v. i.* intersecarsi; incrociarsi: **I watched the ants c. on the path**, osservavo le formiche incrociarsi sul sentiero.

cristate /ˈkrɪsteɪt/, **cristated** /krɪˈsteɪtɪd/, *a.* (*bot., zool.*) crestato.

criterion /kraɪˈtɪərɪən/, *n.* (*pl.* **criteria, criterions**) criterio; norma.

critic /ˈkrɪtɪk/, *n.* ***1*** critico: **a dramatic c.**, un critico teatrale ***2*** chi è pronto a criticare; criticone.

critical /ˈkrɪtɪkl/, *a.* **1** critico: **a c. estimate of the problem**, un'analisi critica del problema; **a c. situation**, una situazione critica; (*chim.*, *fis.*) **c. temperature**, temperatura critica **2** pronto a criticare. ● (*fis. nucl.*) **c. equation**, equazione di criticità □ (*elettr.*) **c. frequency**, frequenza critica (*o* limite) □ (*fis.*) **c. mass**, massa critica □ (*ric. op.*) **c. path**, percorso critico □ (*fis. nucl.*) **c. reactor**, reattore critico □ (*stat.*) **c. region**, regione critica.

criticality /krɪtɪˈkælətɪ/, *n.* (*fis. nucl.*) criticità.

critically /ˈkrɪtɪklɪ/, *avv.* criticamente.

criticaster /ˈkrɪtɪkæstə(r)/, *n.* criticastro; critico da strapazzo.

criticism /ˈkrɪtɪsɪzəm/, *n.* **1** critica **2** opera critica **3** biasimo; censura **4** (*letter.*) critica; esegesi **5** (*filos.*) criticismo. ● **the higher c.**, la critica testuale (*specialm. della Bibbia*) □ **to be oversensitive to c.**, risentirsi troppo delle critiche.

criticizable /ˈkrɪtɪsaɪzəbl/, *a.* criticabile.

to **criticize** /ˈkrɪtɪsaɪz/, **A** *v. t.* **1** analizzare, discutere, giudicare (*criticamente*) **2** criticare **3** biasimare; censurare. **B** *v. i.* fare la critica; criticare.

critique /krɪˈtiːk/, *n.* **1** articolo di critica; recensione; saggio critico **2** (*anche filos.*) critica.

critter /ˈkrɪtə(r)/, (*pop. USA*) *V.* **creature**.

croak /krəʊk/, *n.* **1** gracchiamento; il gracchiare (*del corvo*) **2** gracidio; verso della rana **3** tono rauco (*della voce*) **4** (*pop.*) l'ultimo respiro.

to **croak** /krəʊk/, **A** *v. i.* **1** gracchiare (*anche fig.*); gracidare; brontolare **2** (*fig.*) fare l'uccello del malaugurio; predire disastri; mugugnare **3** (*pop.*) morire; tirare le cuoia (*pop.*). **B** *v. t.* **1** dire (q.c.) con voce lugubre **2** (*pop.*) uccidere; ammazzare; far fuori (*pop.*).

croaker /ˈkrəʊkə(r)/, *n.* **1** gracchiatore; animale che gracchia (*o* gracida) **2** (*fig.*) uccello del malaugurio; brontolone; mugugnatore **3** (*pop. USA*) medico **4** (*zool.*) pesce degli scienidi (*in genere*) **5** (*zool.*) *V.* **freshwater drum**, *sotto* **drum (1)**. ● (*zool.*) **Atlantic c.** (*Micropogus undulatus*), borbottone (*delle coste atlantiche dell'America del Nord*).

croaky /ˈkrəʊkɪ/, *a.* **1** gracchiante; gracidante **2** rauco; roco.

Croat /ˈkrəʊæt/, *a.* e *n.* Croato.

Croatia /krəʊˈeɪʃə/, *n.* (*geogr.*) Croazia.

Croatian /krəʊˈeɪʃn/, *a.* e *n.* croato (*anche la lingua*).

crochet /ˈkrəʊʃeɪ, *USA* krəʊˈʃeɪ/ (*franc.*), *n.* **1** lavoro all'uncinetto; crochet **2** (*archit.*) *V.* **crocket**. ● (*mecc.*) **c. file**, lima ad ago □ **c. hook** (*o* **c. pin**), uncinetto.

to **crochet** /ˈkrəʊʃeɪ, *USA* krəʊˈʃeɪ/ (*franc.*), *v. t.* e *i.* lavorare all'uncinetto.

crock (1) /krɒk/, *n.* **1** vaso (*o* brocca, giara) di terracotta **2** coccio (*di terracotta*) **3** (*dial.*) pentola (*di metallo*).

crock (2) /krɒk/, *n.* (*pop.*) **1** persona malandata; rottame (*fig.*) **2** ronzino; brocco **3** pecora vecchia **4** macinino, rottame (*vecchia automobile*) **5** (*pop. USA*) vecchio antipatico **6** (*pop. USA*) ubriacone.

crock (3) /krɒk/, *n.* (*dial.*) fuliggine; sudiciume.

to **crock (1)** /krɒk/, (*pop.*) **A** *v. t.* rendere (q.) inabile al lavoro; far diventare (q.) un rottame (*fig.*). **B** *v. i.* (*anche* **to c. up**) ammalarsi; diventare un rottame (*fig.*).

to **crock (2)** /krɒk/, *v. t.* (*dial.*) insudiciare; sporcare.

crocked /krɒkt/, *a.* (*pop.*) **1** (*ingl.*) ferito **2** (*USA*) sbronzo; ubriaco: **c. to the gills**, ubriaco fradicio.

crockery /ˈkrɒkərɪ/, *n.* terraglie; stoviglie; vasellame di terracotta.

crocket /ˈkrɒkɪt/, *n.* (*archit.*) foglia (*o* cuspide) arricciata (*ornamento agli angoli di un frontone*).

crocodile /ˈkrɒkədaɪl/, *n.* **1** (*zool.*, *Crocodilus*) coccodrillo **2** (*fig.*) chi si finge pentito **3** (*fam. ingl.*) fila di scolari che camminano per due. ● (*fig.*) **c. tears**, lacrime di coccodrillo.

crocodilian /krɒkəˈdɪlɪən/, *a.* di (*o* da) coccodrillo.

crocoite /ˈkrəʊkəʊaɪt/, *n.* (*miner.*) crocoite.

crocus /ˈkrəʊkəs/, *n.* **1** (*bot.*, *Crocus*: *pl.* **crocuses, croci, crocus**) croco **2** (*ind.*) croco di Marte; colcotar.

Croesus /ˈkriːsəs/, *n.* (*pl.* **Croesuses, Croesi**) (*stor.*) Creso; (*fig.*) riccone.

croft /krɒft, *USA* krɔːft/, *n.* **1** campicello **2** piccola fattoria.

crofter /ˈkrɒftə(r), *USA* ˈkrɔːft-/, *n.* (*specialm. scozz.*) affittuario d'una piccola fattoria; piccolo coltivatore diretto.

croissant /ˈkrwɑːsɒn, -ɒnt, ˈkw-, -wæs-, *USA* kwɑːˈsɑːnt, kw-/ (*franc.*), *n.* (*cucina*) cornetto; croissant.

cromlech /ˈkrɒmlɛk/, *n.* (*archeol.*) cromlech; tomba megalitica.

cromorne /krəˈmɔːn/, *n.* (*mus.*, *stor.*) cromorno.

crone /krəʊn/, *n.* **1** (*spreg.*) vecchiaccia rugosa **2** vecchia pecora.

crony /ˈkrəʊnɪ/, *n.* amico intimo; amicone; compagno.

crook (1) /krʊk/, *n.* **1** uncino; gancio; raffio **2** bastone da pastore **3** (*relig.*) pastorale (*di vescovo*) **4** curvatura; incurvatura; flessione: **c. of the knee**, genuflessione **5** curva; svolta **6** (*fam.*) imbroglione; truffatore; gabbamondo. ● (*raro*) **c.-back**, gobba □ **c.-backed**, gobbo □ **by hook or c.**, di riffa o di raffa; per amore o per forza □ (*fam.*) **on the c.**, in modo disonesto.

crook (2) /krʊk/, *a.* (*pop. Austr.*) **1** cattivo; sgradevole: **c. food**, cibo cattivo **2** malato; indisposto: **I'm feeling c. today**, oggi non sto bene. ● **to go off c.**, prendersela; arrabbiarsi.

to **crook** /krʊk/, **A** *v. t.* **1** curvare; piegare: **to c. one's arm [finger]**, piegare il braccio [il dito] **2** uncinare; prendere con un uncino. **B** *v. i.* curvarsi; piegarsi. ● **to c. a finger at sb.**, chiamare q. con un dito.

crooked (*def. 1, 3, 4* /ˈkrʊkɪd/, *def. 2* /krʊkt/), *a.* **1** curvo; storto: **c. legs**, gambe storte **2** (*d'un bastone*) ricurvo; a uncino **3** deforme; storpio: **a c. old man**, un vecchio storpio **4** (*anche zool.*, *bot.*) adunco; ricurvo **5** (*fig.*) disonesto; losco; truffaldino: **a c. man**, un uomo disonesto; **a c. action**, un'azione truffaldina. ● **c. profits**, profitti illeciti □ **c. reasoning**, ragionamento tortuoso □ **a c. road**, una strada tutta curve □ (*pop.*) **to get st. on the c.**, procurarsi q.c. con mezzi disonesti □ **to wear one's hat c.**, portare il cappello di sghembo.

crookedly /ˈkrʊkɪdlɪ/, *avv.* **1** di sghembo; di traverso **2** (*fig.*) disonestamente; in modo truffaldino; con la truffa.

crookedness /ˈkrʊkɪdnəs/, *n.* **1** l'esser curvo, storto; deformità, disonestà, ecc. (*V.* **crooked**) **2** tortuosità (*d'una strada, di un ragionamento, ecc.*).

croon /kruːn/, *n.* **1** cantilena; canto sommesso **2** canzone sussurrata.

to **croon** /kruːn/, *v. t.* e *i.* **1** cantilenare; canticchiare: **to c. to oneself**, canticchiare fra sé, sottovoce **2** cantare in tono sommesso **3** cantare in modo (troppo) sentimentale.

crooner /ˈkruːnə(r)/, *n.* cantante di canzoni sentimentali; cantante confidenziale.

crop /krɒp/, *n.* **1** (*agric.*) messe; raccolto; coltura; pianta coltivata: **the barley c.**, il raccolto dell'orzo **2** gruppo; mucchio; quantità: **a new c. of students**, un gruppo di studenti nuovi; **a c. of lies**, un mucchio di bugie; **a c. of questions**, una quantità di domande **3** ingluvie; gozzo (*d'uccelli*) **4** (= **riding-c., hunting-c.**) manico di frusta; frustino **5** pelle conciata (*d'un intero animale*) **6** rapata (*di capelli*): **You've had a close c.**, ti sei fatto rapare a zero **7** mozzicone; spuntatura (*di carne, ecc.*) **8** marchio (*su bestie*) **9** (*macelleria*) spalla (*d'animale*) **10** (*metall.*) spuntatura. ● (*ind. min.*) **c. coal**, carbone affiorante □ **c. dusting**, *V.* **c. spraying** □ **c.-eared**, (*di animale*) dalle orecchie mozze; (*di persona*) rapato □ **c.-headed**, rapato □ (*agric.*) **c. rotation**, rotazione delle colture □ (*agric.*) **c. spraying**, irrorazione delle colture (*con insetticidi*) □ **land out of c.**, terra a maggese □ **land under c.**, terra coltivata □ (*fam.*) **neck and c.**, completamente; tutto compreso; armi e bagagli □ **single-c. economy**, economia a monocoltura.

to **crop** /krɒp/, **A** *v. t.* **1** tagliar via; mozzare (*la coda, ecc. a un animale*); tosare corto; rasare; rapare: **to c. the edges of a book**, tagliare i margini d'un libro; **to have one's hair cropped**, farsi rasare i capelli **2** (*di pecore e sim.*) brucare **3** (*agric.*) cogliere; raccogliere: **We have cropped a lot of wheat this year**, abbiamo raccolto molto grano quest'anno **4** (*agric.*) seminare; piantare: **He is going to c. twenty acres with corn**, intende seminare venti acri a cereali **5** cimare (*tessuti*) **6** (*fotogr.*, *grafica*) rifilare; scontornare. **B** *v. i.* **1** dare un raccolto: **Barley cropped well last year**, l'orzo ha dato un buon raccolto l'anno scorso **2** seminare **3** pascolare. ● (*geol.*: *di rocce, ecc.*) **to c. out**, affiorare □ **to c. up**, sorgere inaspettatamente, saltar fuori, presentarsi; (*geol.*) affiorare: **A new difficulty has cropped up in the peace talks**, nelle trattative di pace è saltata fuori una nuova difficoltà.

cropper /ˈkrɒpə(r)/, *n.* **1** tosatore; potatore **2** colono; mezzadro; contadino **3** (*zool.*) piccione gozzuto **4** pianta che dà un raccolto: **a good** (*o* **heavy**) **c.**, una pianta che dà un buon raccolto; **a poor** (*o* **light**) **c.**, una pianta che dà un cattivo raccolto **5** (*ind. tess.*) cimatore; cimatrice (*macchina*) **6** (*fam.*) capitombolo; ruzzolone; disastro; fiasco (*fig.*): **to come a c.**, fare un capitombolo; far fiasco (*in un esame, ecc.*).

cropping /ˈkrɒpɪŋ/, *n.* **1** rasatura **2** (*agric.*) semina **3** cimatura (*di tessuti*) **4** (*fotogr.*, *grafica*) rifilatura; scontornatura.

croppy /ˈkrɒpɪ/, *n.* **1** persona con i capelli tagliati corti **2** (*stor.*) ribelle irlandese (*che guardava con simpatia alla rivoluzione francese*).

croquet /ˈkrəʊkeɪ, *USA* krəʊˈkeɪ/, *n.* (*sport*) croquet. **c. mallet**, mazza da croquet.

to **croquet** /ˈkrəʊkeɪ/, **A** *v. t.* respingere (*la palla dell'avversario*) battendo la propria con la mazza. **B** *v. i.* giocare a croquet.

croquette /krəˈkɛt/, *n.* crocchetta; polpettina fritta.

crosier, crozier /ˈkrəʊʒə(r)/, *n.* pastorale (*bastone del vescovo*).

cross (1) /krɒs, *USA* krɔːs/, *n.* **1** croce (*in ogni senso*); segno di croce; patimento; pena; tribolazione: **the C.**, la Santa Croce; **Maltese C.**, croce di Malta; **the C. versus the Crescent**, la Croce contro la Mezzaluna; **the Distinguished Service C.**, la Croce al Valor Militare; (*astron.*) **the Southern C.**, la Croce del Sud; (*fig.*) **to bear one's c.**, portare la propria croce; **to make one's c.**, fare una croce (*in luogo della firma*) **2** incrocio (*anche fig.*); ibridazione; ibrido: **The mule is a c. between a mare and an ass**, il mulo è l'incrocio d'una cavalla con un asino **3** taglio; linea (*che completa un segno verticale*): **the c. of a « t »**, il taglio d'una « t » **4** (*tecn.*) raccordo a croce; crociera **5** (*boxe*) cross; gancio d'incontro; traversone **6** (*calcio*) cross; traversone: **a high c.**, un traversone alto **7** (*tennis*) cross; colpo diagonale **8** (*sport*: *lacrosse*) mazza **9** (*pop.*) trucco; (*soprattutto*) incontro sportivo truccato: **double c.**, incontro sportivo truccato in cui entrambi i contendenti sono conniventi **10** (*pop. USA*) tradimento. ● (*relig.*) **c.-bearer**, portatore di croce; crocifero □ **c.-shaped**, cruciforme □ (*autom., mecc.*) **c.-type coupling**, giunto cardanico; cardano □ **on the c.**, di traverso; di sbieco; (*pop.*) (in modo) disonesto □ (*relig.*) **the Stations of the C.**, la Via Crucis □ (*stor.*) **to take the c.**, farsi crociato □ (*fig.*) **to take up one's c.**, accettare (con rassegnazione) la propria croce.

cross (2) /krɒs, *USA* krɔːs/, *a.* **1** trasversale; obliquo; che interseca: **a c. stroke**, un frego trasversale **2** avverso; contrario; sfavorevole: **c. winds**, venti contrari **3** irascibile; adirato; arrabbiato; di cattivo umore; iroso: **a c. word**, una parola irosa **4** di rimando: **a c. answer**, una risposta di rimando **5** (*d'animale, pianta*) incrociato; ibrido **6** (*tennis*) angolato: **a c. shot**, un tiro angolato **7** (*rugby*) laterale: **a c. kick**, un calcio laterale. ● (*leg.*) **c.-appeal**, appello incidentale □ (*geol.*) **c.-bedding**, stratificazione incrociata □ (*polit.*) **c. bench**, banco trasversale dei deputati indipendenti □ (*fig.*) **c.-bench** (*agg.*), equanime; imparziale: **c.-bench mind**, animo imparziale □ (*polit.*) **c.-bench voting**, votazione in cui parte dei votanti vota contro il proprio partito □ (*polit.*) **c.-bencher**, deputato indipendente □ **c.-border**, estero; straniero: (*fin.*) **c.-border merger**, incorporazione di società straniere □ (*edil.*) **c. bracing**, controvento □ (*rag.*) **c. entry**, trasferimento d'una somma ad altro conto □ **c. hairs**, *V.* **c. wires** □ (*mecc.*) **c.-head screwdriver**, giravite a testa obliqua □ (*fin.*) **c. holding**, partecipazione incrociata □ (*calcio*) **c. kick**, cross; calcio (*o* passaggio) laterale; traversone □ **c. index**, indice (*di libro*) dei rimandi; indice dei rinvii □ (*fin.*) **c. participation**, partecipazione incrociata □ (*calcio*) **c. pass**, *V.* **c. kick** □ (*mecc.*) **c.-peen hammer**, martello da meccanico □ (*mat.*) **c. product**, prodotto vettoriale □ (*fin.*) **c. rate**, corso (*di cambio*) indiretto; parità indiretta □ **c.-reference**, riferimento, rimando (*in un libro*) □ **c. section**, *V.* **cross-section** □ **c. stroke**, frego (*a penna*); (*sport*) colpo diagonale, tiro trasversale □ **c. talk**, *V.* **crosstalk** □ **c. wires**, reticolo □ (*fam.*) **to be as c. as two sticks**, essere d'umore nero.

to **cross** /krɒs, *USA* krɔːs/, **A** *v. t.* **1** attraversare: **to c. a road [a river, the sea]**, attraversare una strada [un fiume, il mare]; (*fig.*) **to c. the Rubicon**, attraversare (*o* passare) il Rubicone **2** tirare una riga su; sbarrare: (*banca*) **to c. a cheque**, sbarrare un assegno **3** tagliare; intersecare: **Broadway crosses Seventh Avenue at Times Square**, Broadway interseca la Settima Avenue a Times Square; **He doesn't c. his «t's»**, non taglia le « t » **4** fare un segno di croce su (q.c. o q.): **He crossed himself**, si fece il segno della croce **5** incrociare; accavallare: **My previous letter crossed yours**, la mia lettera precedente ha incrociato la tua; **to c. one's legs**, incrociare (*o* accavallare) le gambe **6** contrariare; contrastare; opporsi a: **Nobody likes to be crossed**, a nessuno piace essere contrariato; **to c. sb.'s plans**, contrastare i piani di q. **7** incrociare, ibridare (*piante e animali*) **8** (*mil.*) spostare, trasportare (*truppe, ecc.*) attraverso (*un fiume, ecc.*) **9** stare a cavalcioni di (*una sella*); cavalcare (*un cavallo*). **B** *v. i.* **1** fare una traversata: **I crossed by hovercraft from Ramsgate to Calais**, feci la traversata sull'hovercraft da Ramsgate a Calais **2** incrociarsi: **We crossed on the street**, ci siamo incrociati per strada; **Our letters crossed in the mail**, le nostre lettere si sono incrociate **3** (*calcio, tennis*) crossare (*fam.*). ● **Cross!**, avanti! (*ai semafori pedonali*) □ (*sport*) **to c. the ball**, fare un traversone; crossare □ **to c. one's fingers** (*o* **to keep one's fingers crossed**), incrociare due dita (*della stessa mano*; *porterebbe fortuna e sminuirebbe la colpa di chi sta mentendo*); toccare ferro □ (*polit., ingl.*) **to c. the floor**, cambiare partito □ **to c. sb.'s hand**, *V.* **to c. sb.'s palm** □ **to c. one's heart**, mettersi una mano sul cuore (*per asseverare*): **C. my heart (and hope to die)!**, mi venga un colpo (*se non è vero, se sono stato io, ecc.*) □ **to c. one's mind**, venire in mente □ (*fig.*) **to c. sb.'s palm**, ungere (*fig.*), corrompere q.; dare una bustarella (*o* una mazzetta) a q.; (*anche*) dare soldi a (*una chiromante, una zingara*) □ **to c. sb.'s path**, trovarsi sulla strada di q.; intralciare q., sbarrare la strada a q. (*fig.*) □ **to c. off**, cancellare; tirare un frego su; depennare; radiare; spuntare: **I crossed his name off (the list)**, depennai il suo nome; **to c. off items in a shopping list**, spuntare voci nella lista della spesa □ **to c. out**, cancellare con un frego; eliminare: **Certain parts of his composition were crossed out**, certe parti del suo tema furono cancellate □ (*fig.*) **to c. one's «t's» and dot one's «i's»**, mettere i puntini sulle «i» □ (*anche fig.*) **to c. swords with sb.**, incrociare la spada con q. □ (*fam. USA*) **to c. up**, ostacolare; guastare, rovinare; ingannare, tradire □ (*fig.*) **We'll c. that bridge when we come to it**, ci occuperemo di quella faccenda quando sarà il momento (*cioè, più tardi*) □ **The poor girl has been crossed in love**, la poverina ha avuto amori contrastati □ (*mecc.*) **crossed belt**, cinghia incrociata □ (*banca*) **a crossed cheque**, un assegno sbarrato.

crossbar /ˈkrɒsbɑː(r), *USA* ˈkrɔːs-/, *n.* **1** traversa (*specialm. della porta nel gioco del calcio*) **2** (*salto in alto*) asticella **3** (*ginnastica*) sbarra **4** (*della bicicletta*) canna **5** (*naut.*) ceppo (*dell'ancora*).

crossbeam /ˈkrɒsbiːm, *USA* ˈkrɔːs-/, *n.* (*edil.*) trave trasversale; trave maestra.

crossbelt /ˈkrɒsbelt, *USA* ˈkrɔːs-/, *n.* (*mil.*) cartucciera a tracolla.

crossbill /ˈkrɒsbɪl, *USA* ˈkrɔːs-/, *n.* (*zool.*, *Loxia curvirostra*) crociere.

crossbolt /ˈkrɒsbəʊlt, *USA* ˈkrɔːs-/, *n.* (*mecc.*) catenaccio (*o* chiavistello) doppio.

crossbones /ˈkrɒsbəʊnz, *USA* ˈkrɔːs-/, *n. pl.* tibie incrociate. ● (*fig.*) **skull and c.**, il teschio (*simbolo della morte*; *bandiera dei pirati*).

crossbow /ˈkrɒsbəʊ, *USA* ˈkrɔːs-/, *n.* balestra (*arma*).

crossbowman /ˈkrɒsbəʊmən, *USA* ˈkrɔːs-/, *n.* (*pl.* **crossbowmen**) (*stor.*) balestriere.

crossbred /ˈkrɒsbred, *USA* ˈkrɔːs-/, **A** *pass.* e *p. p.* di **to crossbreed**. **B** *a.* (*biol.*) incrociato; ibrido.

crossbreed /ˈkrɒsbriːd, *USA* ˈkrɔːs-/, *n.* (*biol.*) incrocio (*di razze*).

to **crossbreed** /ˈkrɒsbriːd, *USA* ˈkrɔːs-/ (*pass.* e *p. p.* **crossbred**), (*biol.*) **A** *v. i.* produrre ibridi. **B** *v. t.* incrociare; ibridare.

crossbreeding /ˈkrɒsbriːdɪŋ, *USA* ˈkrɔːs-/, *n.* (*biol.*) ibridazione.

cross-buttock /ˈkrɒsbʌtək, *USA* ˈkrɔːs-/, *n.* (*lotta greco-romana*) ancata.

to **cross-buttock** /ˈkrɒsbʌtək, *USA* ˈkrɔːs-/, *v. t.* dare un'ancata a (q.).

crosscheck /ˈkrɒstʃek, *USA* ˈkrɔːs-/, *n.* **1** controllo incrociato; riscontro accurato **2** mezzo di riscontro **3** (*hockey*) azione di ostacolare un avversario con la mazza.

to **crosscheck** /ˈkrɒsˈtʃek, *USA* ˈkrɔːs/, *v. t.* **1** fare un controllo incrociato di (q.c.); controllare accuratamente; riscontrare **2** (*hockey*) ostacolare (*un avversario*) con la mazza.

cross-claim /ˈkrɒskleɪm, *USA* ˈkrɔːs-/, *n.* (*leg.*) domanda riconvenzionale.

cross-counter /ˈkrɒsˈkaʊntə(r)/, *n.* (*boxe*) colpo d'incontro.

cross-country /ˈkrɒsˈkʌntrɪ, *USA* ˈkrɔːs-/, **A** *a.* e *avv.* **1** attraverso la campagna; per i campi **2** (*sport*) cross-country; campestre. **B** *n.* (*sport*) cross-country; corsa campestre. ● (*sport*) **c. bicycle racing**, ciclocross □ (*motociclismo*) **a c. course**, una pista da motocross □ **a c. race**, una corsa campestre □ (*ippica*) **c. riding**, le corse campestri (*a cavallo*) □ (*podismo*) **c. running**, le corse campestri (*a piedi*) □ **c. skiing**, sci di fondo.

cross-cultural /ˈkrɒsˈkʌltʃərəl, *USA* ˈkrɔːs/, *a.* che tratta di (*o* paragona) diverse civiltà.

cross-current /ˈkrɒskʌrənt, *USA* -kɜːr-/, *n.* **1** (*mecc. dei fluidi, naut.*) corrente trasversale **2** (*fig.*) tendenza (*o* corrente) contraria (*della pubblica opinione, ecc.*).

crosscut /ˈkrɒskʌt, *USA* ˈkrɔːs-/, **A** *a.* **1** (*di sega o altro arnese*) atto a tagliare (*il legno*) trasversalmente **2** tagliato di traverso. **B** *n.* **1** taglio trasversale (*rispetto alle fibre del legno*); taglio di testa **2** scorciatoia **3** (= **c. saw**) sega a telaio; segone **4** (*ind. min.*) galleria trasversale; traversa; traversobanco **5** (*cinem.*) montaggio incrociato. ● (*mecc.*) **c. file**, lima a taglio doppio.

cross-disciplinary /ˈkrɒsˈdɪsɪplɪnrɪ, dɪsɪˈplɪ-, *USA* ˈkrɔːsˈdɪsɪplɪnerɪ/, *a.* interdisciplinare.

to **cross-dress** /ˈkrɒsˈdres, *USA* ˈkrɔːs-/, *v. i.* travestirsi da uomo (*o* da donna).

crosse /krɒs, *USA* krɔːs/, *n.* (*sport*) lunga racchetta (*usata nel gioco detto lacrosse*).

cross-examination /ˈkrɒsɪgzæmɪˈneɪʃn, *USA* ˈkrɔːs-/, *n.* **1** (*leg.*) interrogatorio in contraddittorio; controinterrogatorio **2** (*fig.*) interrogatorio a fondo.

to **cross-examine** /ˈkrɒsɪgˈzæmɪn, *USA* ˈkrɔːs-/, *v. t.* **1** (*leg.*) interrogare in contraddittorio; sottoporre a controinterrogatorio **2** (*fig.*) interrogare a fondo; mettere (q.) alle strette.

cross-eye /ˈkrɒsaɪ, *USA* ˈkrɔːs-/, *n.* (*med.*) strabismo.

cross-eyed /ˈkrɒsaɪd, *USA* ˈkrɔːs-/, *a.* strabico.

cross-fade /ˈkrɒsfeɪd, *USA* ˈkrɔːs-/, *n.* (*cinem.*, *TV*) dissolvenza incrociata.

cross-fertilization /ˈkrɒsfɜːtəlaɪˈzeɪʃn, *USA* ˈkrɔːsfɜːtəlɪˈz-/, *n.* (*bot.*) fecondazione incrociata; allogamia.

to **cross-fertilize** /ˈkrɒsˈfɜːtəlaɪz, *USA* ˈkrɔːs/, **A** *v. t.* **1** incrociare; ibridare **2** (*fig.*) fecondare (*fig.*); influenzare. **B** *v. i.* incrociarsi.

crossfire /ˈkrɒsfaɪə(r), *USA* ˈkrɔːs-/, *n.* (*mil.* e *fig.*) fuoco incrociato; tiro incrociato: **a c. of questions**, un tiro incrociato di domande.

cross-garnet /ˈkrɒsgɑːnɪt, *USA* ˈkrɔːs-/, *n.* bandella a forma di T (*del cardine d'una porta, ecc.*).

cross-grain /ˈkrɒsgreɪn, *USA* ˈkrɔːs-/, *n.* fibra trasversale; venatura irregolare (*del legno*).

cross-grained /ˈkrɒsgreɪnd, *USA* ˈkrɔːs-/, *a.* **1** (*di legno*) a venatura irregolare **2** (*fig.*: *di persona*) intrattabile; irascibile.

to **crosshatch** /ˈkrɒshætʃ, *USA* ˈkrɔːs-, *USA* ˈkrɔːs-/, *v. t.* e *i.* ombreggiare (*un disegno, un intaglio*) con tratteggio incrociato.

crosshatching /ˈkrɒshætʃɪŋ, *USA* ˈkrɔːs-/, *n.* (*disegno*) tratteggio incrociato.

crosshead /ˈkrɒshed, *USA* ˈkrɔːs-/, *n.* **1** (*tipogr.*) sottotitolo (*di giornale, ecc.*) **2** (*mecc.*) testa a croce (*di macchina a vapore*) **3** (*ind. min.*) telaio di guida.

crossheading /ˈkrɒshedɪŋ, *USA* ˈkrɔːs-/, *n.* **1** (*tipogr.*) sottotitolo, titoletto (*di giornale*) **2** (*ind. min.*) traversa di ventilazione.

crossing /ˈkrɒsɪŋ, *USA* ˈkrɔːsɪŋ/, *n.* **1** traversata: **a smooth c. of the Channel**, una traversata della Manica con mare calmo **2** (*biol.*) incrocio (*d'animali o piante*) **3** (*ferr.*) passaggio a livello **4** (= **pedestrian c.**) passaggio (*o* attraversamento) pedonale **5** contrasto (*con altre persone*); opposizione **6** (*archit.*) crociera **7** (*banca*) sbarratura (*di un assegno*): **general c.**, sbarratura semplice. ● **c.-out**, cancellatura □ (*genetica*) **c. over**, crossing over (*scambio di materiale genetico tra cromosomi omologhi*: *nella meiosi*) □ (*ferr., ingl.*) **level c.**, passaggio a livello (*cfr. USA* **grade c.**).

cross-keys /ˈkrɒskiːz, *USA* ˈkrɔːs-/, *n.* (*arald.*) due chiavi in croce.

cross-legged /ˈkrɒsˈlegɪd, -egd, *USA* ˈkrɔːs/, *a.* **1** (*di persona accovacciata*) a gambe incrociate **2** (*di persona seduta*) con le gambe accavallate.

crosslet /ˈkrɒslət, *USA* ˈkrɔːs-/, *n.* (*arald.*) piccola croce; crocetta.

cross-light /ˈkrɒslaɪt, *USA* ˈkrɔːs-/, *n.* **1** fascio di luce che ne incrocia un altro **2** (*fig.*) luce gettata su un argomento, considerandolo sotto un altro aspetto.

crossly /ˈkrɒslɪ, *USA* ˈkrɔːslɪ/, *avv.* irascibilmente; bruscamente; di malumore.

crossness /ˈkrɒsnəs, *USA* ˈkrɔːs-/, *n.* irritabilità; malumore.

crossover /ˈkrɒsəʊvə(r), *USA* ˈkrɔːs-/, *n.* **1** attraversamento (*pedonale o per veicoli*) **2** (*costr. stradali*) cavalcavia **3** (*ferr.*) crociamento (*di binari*) **4** (*elettron.*) crossover. ● (*econ.*) **c. point**, punto di equilibrio (*o* di pareggio).

cross-pass /ˈkrɒspɑːs, *USA* ˈkrɔːspæs/, *n.* (*sport*) traversone, cross (*nel gioco del calcio*).

to **cross-pass** /ˈkrɒsˈpɑːs, *USA* ˈkrɔːsˈpæs/, *v. i.* (*calcio*) crossare: **to c. to the centre of the field**, crossare a centrocampo.

crosspatch /ˈkrɒspætʃ, *USA* ˈkrɔːs-/, *n.* (*fam. scherz.*) brontolone, brontolona; bisbetico, bisbetica.

crosspiece /ˈkrɒspiːs, *USA* ˈkrɔːs-/, *n.* **1** traversa **2** (*mecc.*) pezzo a croce.

cross-ply /ˈkrɒsplaɪ, *USA* ˈkrɔːs-/, *a.* (*autom.*) a tele incrociate: **c. tyre**, pneumatico a tele incrociate.

to **cross-pollinate** /ˈkrɒsˈpɒlɪneɪt, *USA* ˈkrɔːs/, *v. t.* (*bot.*) fecondare (*piante*) col metodo dell'impollinazione incrociata.

cross-pollination /ˈkrɒspɒlɪˈneɪʃn, *USA* ˈkrɔːs-/, *n.* (*bot.*) impollinazione incrociata.

cross-purposes /ˈkrɒsˈpɜːpəsɪz, *USA* ˈkrɔːs/, **A** *n. pl.* scopi diversi; fini contrastanti. **B** *n. sing.* gioco delle domande incrociate. ● **to be at cross-purposes**, essere in contrasto; fraintendersi.

cross-question /ˈkrɒsˈkwestʃn, *USA* ˈkrɔːs/, *n.* **1** (*leg.*) domanda in contraddittorio **2** (*fig.*) domanda che mette in difficoltà.

to **cross-question** /ˈkrɒsˈkwestʃən, *USA* ˈkrɔːs-/, *v. t.* **1** (*leg.*) interrogare in contraddittorio **2** (*fig.*) interrogare a fondo; mettere alle strette.

cross-reaction /ˈkrɒsrɪˈækʃn, *USA* ˈkrɔːs/, *n.* (*biol.*) reazione crociata.

to **cross-refer** /ˈkrɒsrɪˈfɜː(r), *USA* ˈkrɔːs/, *v. t.* e *i.* rimandare, rinviare (*a un'altra pagina o nota*): **All information given in the list is cross-referred to from the main text**, si fa sempre il rinvio dal testo alla lista per le informazioni in essa contenute.

cross-reference /ˈkrɒsˈrefrəns, *USA* ˈkrɔːs/, *n.* rimando, rinvio (*a un'altra pagina o nota*).

to **cross-reference** /ˈkrɒsˈrefrəns, *USA* ˈkrɔːs/, **A** *v. i. V.* **to cross-refer**. **B** *v. t.* fornire (*un libro*) di una serie di rinvii.

crossroad /ˈkrɒsrəʊd, *USA* ˈkrɔːs-/, *n.* **1** strada trasversale; traversa **2** strada secondaria.

crossroads /ˈkrɒsrəʊdz, *USA* ˈkrɔːs-/, *n.* (*invar. al pl.*) crocicchio; incrocio stradale; crocevia. ● (*anche fig.*) **to be at the** (*o* **at a**) **crossroads**, essere a un bivio.

cross-section /ˈkrɒssekʃn, *USA* ˈkrɔːs-/, *n.* **1** (*disegno*) sezione trasversale; spaccato **2** (*geol.*) sezione trasversale **3** (*fig.*) settore rappresentativo; campione; spaccato: **a c. of the English middle classes**, un settore rappresentativo di tutta la borghesia inglese **4** (*mat.*) sezione **5** (*fis. nucl.*) sezione d'urto. ● (*econ.*) **c. analysis**, analisi dei settori rappresentativi.

cross-stitch /ˈkrɒsstɪtʃ, *USA* ˈkrɔːs-/, *n.* (*cucito*) punto in (*o* a) croce.

cross-stratification /ˈkrɒsstrætɪfɪˈkeɪʃn/, *n.* (*geol.*) stratificazione incrociata.

cross-street /ˈkrɒsstriːt/, *n.* strada traversa; traversa (*di città*).

cross-summons /ˈkɒsˈsʌmənz, *USA* ˈkrɔːs/, *n.* (*leg.*) riconvenzione.

crosstalk /ˈkrɒstɔːk, *USA* ˈkrɔːs-/, *n.* **1** scambio di battute (*conversando*) **2** (*teatr., polit.*) dialogo a botta e risposta **3** (*telef., radio, TV*) diafonia; interferenza acustica.

cross-tie /ˈkrɒstaɪ, *USA* ˈkrɔːs-/, *n.* (*ferr.*) traversina (*di binario*).

crosstown /ˈkrɒstaʊn, *USA* ˈkrɔːs-/, **A** *avv.* attraverso la città. **B** *a.* **1** dall'altra parte della città **2** (*d'autobus, via, ecc.*) che attraversa tutta la città.

cross-trading /ˈkrɒsˈtreɪdɪŋ, *USA* ˈkrɔːs/, *n.* (*naut.*) servizio di nave mercantile tra due porti di paesi stranieri.

cross-trees /ˈkrɒstriːs, *USA* ˈkrɔːs-/, *n. pl.* (*naut.*) crocette; barre: **lower c.**, crocette di gabbia; **main mast c.**, crocette (*o* barre) di maestra.

cross-up /ˈkrɒsʌp, *USA* ˈkrɔːs-/, *n.* (*fam. USA*) inganno; tradimento.

crosswalk /ˈkrɒswɔːk, *USA* ˈkrɔːs-/, *n.* (*USA*) passaggio (*o* attraversamento) pedonale.

crossways /ˈkrɒsweɪz, *USA* ˈkrɔːs-/, *avv.* trasversalmente; di traverso.

crosswind /ˈkrɒswɪnd, *USA* ˈkrɔːs-/, *n.* vento di traverso.

crosswise /ˈkrɒswaɪz, *USA* ˈkrɔːs-/, *avv.* **1** di traverso; di sghembo **2** in croce; a forma di croce.

crossword /ˈkrɒswɜːd, *USA* ˈkrɔːs-/, *n.* (= **c. puzzle**) cruciverba; parole incrociate.

crossworder /ˈkrɒswɜːdə(r), *USA* ˈkrɔːs-/, *n.* cruciverbista.

crotch /krɒtʃ/, *n.* **1** bastone biforcuto **2** forca, biforcazione (*di due rami, ecc.*) **3** inforcatura (*del corpo umano*) **4** (*sartoria*) cavallo (*dei calzoni*).

crotched /krɒtʃt/, *a.* biforcuto; forcuto.

crotchet /ˈkrɒtʃɪt/, *n.* **1** uncino; gancio **2** ghiribizzo; capriccio; mania; ubbia **3** (*mus.*) semiminima **4** (*tipogr.*) parentesi uncinata **5** lavoro all'uncinetto.

crotchety /ˈkrɒtʃɪtɪ/, *a.* capriccioso; ghiribizzoso; bisbetico; irritabile.

croton /ˈkrəʊtn/, *n.* **1** (*bot., Croton*) croton **2** (*farm.*) crotontiglio. ● (*farm.*) **c. oil**, olio di crotontiglio (*purgante*).

crouch /kraʊtʃ/, *n.* **1** atto (*o* posizione) di chi s'acquatta, si china, ecc. (*V.* **to crouch**) **2** (*boxe*) crouch; guardia bassa. ● **to be sitting in a c.**, essere seduto tutto acquattato.

to **crouch** /kraʊtʃ/, *v. i.* **1** (*specialm. di animali*) acquattarsi (*per balzare all'attacco*); accovacciarsi (*per paura*) **2** (*di animali domestici*) accucciarsi; accoccolarsi **3** (*anche* **to c. down**) chinarsi; rannicchiarsi (*per schivare un colpo, ecc.*).

croup (**1**) /kruːp/, *n.* (*med.*) crup; laringite difterica.

croup (**2**), **croupe** /kruːp/, *n.* groppa (*del cavallo*).

croupier /ˈkruːpɪə(r)/ (*franc.*), *n.* **1** (*nelle case da gioco*) croupier **2** vicepresidente in un banchetto ufficiale.

crouton /ˈkruːtɒn/, *n.* (*cucina*) crostino (*dadino di pane tostato o fritto*).

crow (**1**) /krəʊ/, *n.* **1** (*zool.*) uccello dei corvidi (*in genere*) **2** (*zool.*) cornacchia: **carrion c.** (*Corvus corone*), cornacchia nera; **hooded c.** (*Corvus cornix*), cornacchia grigia **3** (*pop.*) corvo **4** (= **crowbar**) palanchino; piede di porco **5** (*pop. USA*) ragazza brutta; racchia **6** (*spreg. USA*) negro **7** (*gergo mil., USA*) aquila (*simbolo di grado*); (*per estens.*) ufficiale della marina da guerra; comandante. ● (*med., stor.*) **c.-bill**, pinza cavapalle □ **c.'s-foot**, zampa di gallina (*ruga*); (*mil., stor.*) tribolo (*usato contro la cavalleria*) □ (*della pelle, del viso*) **c.'s-footed**, segnato da zampe di gallina □ (*naut.*) **c.'s-nest**, coffa; gabbia (*di vedetta*) □ (*un tempo*) **c. quill**, pennino per esercizi di calligrafia □ **as the c. flies** (*o* **in a c. line**), in linea d'aria □ (*fam. USA*) **to eat c.**, inghiottire un rospo (*fig.*) □ (*fig.*) **to have a c. to pluck with sb.**, avere un conto da regolare con q. □ (*pop. ingl.*) **Stone the crows!**, accidenti!; caspita! □ (*fig.*) **a white c.**, una mosca bianca.

crow (**2**) /krəʊ/, *n.* **1** canto del gallo **2** grido di gioia (*di bimbo*).

to **crow** /krəʊ/ (*pass.* **crowed, crew,** *p. p.* **crowed**), *v. i.* **1** cantare (*del gallo*) **2** (*di bambino*) fare gridolini di gioia **3** (*fig.*) cantare vittoria; esultare: **You shouldn't c. over a defeated enemy**, non dovresti cantare vittoria su un nemico vinto **4** gloriarsi; vantarsi: **to c. over one's ancestors**, gloriarsi dei propri antenati. ● **to c. over one's victory**, vantarsi d'aver vinto.

crowbar /ˈkrəʊbɑː(r)/, *n.* **1** palanchino; piede di porco **2** (*elettr.*) barra di blocco.

crowberry /ˈkrəʊbərɪ, *USA* -berɪ/, *n.* **1** (*Empetrum nigrum*) empetro **2** (*Arctostaphylos uva-ursi*) uva ursina.

crowd /kraʊd/, *n.* **1** calca; folla; moltitudine; ressa **2** – **the c.**, la massa (*del popolo*); il volgo: **c. opinions**, opinioni del volgo **3** (*fam. spreg.*) combriccola; compagnia; cricca: **Don't go about with that c.**, non andare in giro con quella combriccola **4** (*fam.*) gran numero (*di cose*); quantità; (un) sacco (*fam.*). ● (*fig.*) **c. puller**, grande attrazione; richiamo (*di pubblico*) □ **to follow** (*o* **to go with**) **the c.**, seguire la corrente (*fig.*); fare quello che fan tutti.

to **crowd** /kraʊd/, **A** *v. i.* **1** accalcarsi; assembrarsi; affollarsi; ammassarsi; pigiarsi: **A large number of people crowded round him**, una quantità di gente gli si affollò intorno; **The students crowded down the stairs**, gli studenti si ammassarono per le scale **2** affluire in massa: **to c. to the stadium**, affluire in massa allo stadio. **B** *v. t.* **1** affollare: **Ten thousand demonstrators crowded the square**, diecimila dimostranti affollavano la piazza **2** pigiare; stipare: **to c. a drawer with souvenirs**, stipare un cassetto di ricordi turistici **3** calcare; spingere; ammassare: **to c. people into a building**, ammassare gente dentro un edificio **4** (*fam.*) incalzare, fare fretta a (q.); far pressione su (q.); sollecitare (*per un pagamento*) **5** (*autom.*) tallonare (*un'altra macchina*) **6** (*pallacanestro*) marcare (*un avversario*). ● **to c. sb. with questions**, tempestare q. di domande □ **to c. sb. with unreasonable requests**, importunare q. con richieste irragionevoli □ (*della polizia alla folla*) **Don't c.!**, non fate assembramenti!

♦**crowd in**, **A** *v. i.* + *avv.* entrare in massa; accalcarsi. **B** *v. t.* + *avv.* **1** far entrare a forza, stipare (*gente, ecc.*) **2** riempire (*un'agenda, ecc.*) di (*cose da fare*) **3** mettere dentro (*o* in lista d'attesa); infilare (q.) (*fam.*) □ **to c. in on sb.**, affollarsi intorno a q.; (*di ricordi, ecc.*) affollarsi alla mente di q.

♦**crowd into**, **A** *v. i.* + *prep.* entrare in massa in (*un luogo, ecc.*); affollarsi dentro: **The passengers crowded into the coach**, i viaggiatori si affollarono dentro il pullman. **B** *v. t.* + *prep.* mettere dentro a forza; far entrare (*persone*); infilare (*cose*) pigiando □ **to c. facts into a short story**, riempire di fatti un racconto.

♦**crowd on**, *v. i.* + *prep.* (*naut.*) forzare di: **to c. on sail**, forzare di vele; spiegare tutte le vele □ (*di un veicolo*) **to c. on speed**, aumentare la velocità.

♦**crowd out**, **A** *v. t.* + *avv.* **1** lasciar fuori (*per la ressa, o per mancanza di spazio*): **Lots of soccer fans were crowded out**, molti tifosi di calcio restarono fuori dei cancelli **2** (*fig.*) eliminare; escludere: **to c. out printing matter**, eliminare materiale a stampa; **to c. a firm out of the market**, eliminare (*o* escludere) un'azienda dal mercato. **B** *v. i.* + *avv.* (*di persone o animali*) uscire accalcandosi (*o* facendo ressa).

♦**crowd through**, *v. i.* + *prep.* **1** attraversare in massa **2** (*della folla*) spingersi attraverso (*una strettoia, ecc.*).

♦**crowd together**, *v. i.* + *avv.* accalcarsi; affollarsi.

♦**crowd up**, *v. t.* + *avv.* **1** salire in massa su (*un tram, ecc.*) **2** affollare (*un mezzo di trasporto, ecc.*) **3** (*USA*) aumentare, far salire (*prezzi, ecc.*).

crowded /ˈkraʊdɪd/, *a.* **1** affollato; pieno di gente: **c. streets**, strade affollate; **a c. bus**, un autobus pieno **2** pieno di abitanti; popoloso: **a c. town**, una città popolosa **3** accalcato; pigiato; stretto: **We were a bit c. in John's runabout**, stavamo un po' stretti nell'utilitaria di John *4* (*fig.*) pieno; interessante; movimentato: **a c. life**, una vita piena; **a c. career**, una carriera movimentata. ● (*fam.*) **c.-out**, pieno zeppo (*o* come un uovo): **The stadium was c.-out**, lo stadio era pieno come un uovo.

crowdedly /ˈkraʊdɪdlɪ/, *avv.* accalcandosi; affollandosi; in gran folla.

crowdedness /ˈkraʊdɪdnəs/, *n.* l'essere affollato; affollamento: **the c. of London streets**, l'affollamento delle strade di Londra.

crowder /ˈkraʊdə(r)/, *n.* chi s'affolla; membro di una folla. ● **the crowders**, la folla; la gente che si accalca.

crowding /ˈkraʊdɪŋ/, *n.* affollamento; assembramento; sovraffollamento.

crowfoot /ˈkrəʊfʊt/, *n.* *1* (*bot.*, *Ranunculus*: *pl.* **crowfoots**) ranuncolo *2* (*naut.*: *pl.* **crowfeet**) patta d'oca *3* (*mil.*, *stor.*: *pl.* **crowfeet**) tribolo (*usato contro la cavalleria*).

crown /kraʊn/, *n.* *1* corona; serto (*segno di distinzione, vittoria, ecc.*): **to wear the c.**, portare la corona (*regnare*); **the martyr's c.**, la corona del martirio *2* (*polit.*) – **the C.**, la Corona (*il potere*; *il sovrano*): **C. colony**, colonia della Corona inglese; **the C. jewels**, i gioielli della Corona *3* (*stor.*) corona (*moneta*): **half a c.**, una mezza corona (*due scellini e mezzo*) *4* (*anat.*) corona (*di un dente*) *5* (*anat.*) calotta (*o* volta) cranica *6* cocuzzolo (*della testa, del cappello*) *7* (*costr. stradali*) colmo (*della strada*) *8* (*fig.*) coronamento: **the c. of one's efforts**, il coronamento dei propri sforzi *9* (*archit.*) chiave (*d'un arco*) *10* (*naut.*) diamante (*d'ancora*) *11* (*mecc.*) corona *12* (*med.*) corona, capsula dentaria *13* (*metall.*) volta (*di forno*) *14* (*zool.*) cresta *15* (*falegn.*) alzata (*di un mobile, di una pendola*) *16* (*orologeria*) corona *17* (*bocce*) rialzo. ● **c. and anchor**, gioco di dadi (*con figure di corona, ancora, ecc. al posto dei numeri*) □ **c. cap**, tappo a corona (*o* metallico: *di bottiglia*) □ (*leg.*) **C. court**, tribunale penale (*in G.B.*) □ (*fin.*) **C. debt**, credito dello Stato □ **C. Derby**, varietà di porcellana (*fatta a Derby, con una corona come stemma*) □ (*ind.*) **c. glass**, vetro crown (*tipo di vetro ottico*) □ (*agric.*) **c. grafting**, innesto a corona □ **C. lands**, terreni della Corona (*in G.B.*) □ (*leg.*) **C. law**, diritto penale □ **C. prince**, principe ereditario □ **c. stopper**, *V.* **c. cap** □ (*leg.*) **C. solicitor**, avvocato della Corona; legale di un ministero □ (*leg.*) **C. witness**, testimone d'accusa □ **c. wheel**, (*mecc.*) corona dentata; (*autom.*) ingranaggio planetario; (*orologeria*) ruota a corona, scappamento a verga □ (*fam.*) **to break one's c.**, rompersi la testa □ **from c. to toe**, dalla testa ai piedi □ **to relinquish the c.**, abdicare □ **to succeed to the c.**, salire al trono □ (*prov.*) **No cross no c.**, non c'è rosa senza spine; non c'è onore senza onere.

to **crown** /kraʊn/, *v. t.* *1* incoronare; coronare; (*fig.*) aureolare: **to be crowned king**, essere incoronato re; **to be crowned with glory**, essere aureolato di gloria; **Your labours will be crowned with success**, le tue fatiche saranno coronate da successo; **The hills were crowned with snow**, le colline erano coronate di neve *2* completare; finire; dare l'ultimo tocco a (q.c.): **to c. a dinner with a pudding**, finire un pranzo con un budino *3* (*med.*) incapsulare, mettere una corona a (*un dente*) *4* (*a dama*) damare, andare a dama con (*una pedina*) *5* (*fam.*) colpire (q.) sulla testa. ● **to c. all**, per coronare l'opera; per giunta: **The journey was a failure and, to c. all, I lost my hat**, il viaggio fu un fiasco e per giunta persi il cappello □ (*fam.*) **That crowns it all!**, questo è il colmo (della sfortuna).

crowned /kraʊnd/, *a.* *1* coronato; incoronato: **c. heads**, teste coronate; sovrani *2* dal cocuzzolo; dalla cima; dalla cupola: **a high-crowned [low-crowned] hat**, un cappello a cupola alta [bassa].

crowning /ˈkraʊnɪŋ/, **A** *n.* *1* incoronazione *2* (*fig.*) coronamento *3* (*costr. stradali*) bombatura. **B** *a.* sommo; supremo: **c. happiness**, somma felicità.

croze /krəʊz/, *n.* (*falegn.*) capruggine.

crozier /ˈkrəʊʒə(r)/, *n.* pastorale (*bastone di vescovo*).

crucial /ˈkruːʃl/, *a.* *1* cruciale; decisivo: **a c. point**, un punto cruciale *2* (*anat.*: *di legamento*) crociato. ● (*med.*) **a c. incision**, un'incisione a forma di croce.

crucian /ˈkruːʃn/, *n.* (*zool.*, *Carassius carassius*) carassio comune.

cruciate /ˈkruːʃɪeɪt/, *a.* *1* (*anat.*) crociato *2* (*bot.*, *zool.*) cruciforme.

crucible /ˈkruːsəbl/, *n.* *1* (*metall.*) crogiolo *2* (*fig.*) dura prova; prova del fuoco.

crucifer /ˈkruːsɪfə(r)/, *n.* *1* (*relig.*) crocifero (*d'una processione*) *2* (*pl.*) (*bot.*, *Cruciferae*) crocifere.

cruciferous /kruːˈsɪfərəs/, *a.* *1* che porta (*o* adorno di) una croce *2* (*bot.*) delle crocifere.

crucifier /ˈkruːsɪfaɪə(r)/, *n.* crocifissore.

crucifix /ˈkruːsɪfɪks/, *n.* crocifisso.

crucifixion /kruːsɪˈfɪkʃn/, *n.* *1* crocifissione *2* (*fig.*) tormento; tortura, martirio (*fig.*).

cruciform /ˈkruːsɪfɔːm/, *a.* cruciforme.

to **crucify** /ˈkruːsɪfaɪ/, *v. t.* *1* crocifiggere; mettere in croce (*anche fig.*) *2* (*relig.*) mortificare (*la carne*) *3* (*fig.*) tormentare; torturare (*fig.*).

crud /krʌd/, *n.* (*pop. specialm. USA*) *1* sporcizia; immondizia *2* cosa disgustosa, ripugnante *3* sterco *4* individuo sporco, ripugnante, trasandato.

crude /kruːd/, **A** *a.* *1* greggio, grezzo; non raffinato: **c. oil**, petrolio greggio; **c. sugar**, zucchero non raffinato *2* (*fig.*) grezzo; rozzo; rudimentale; appena abbozzato: **a c. log cabin**, una rudimentale capanna di tronchi; **a c. scheme**, un progetto appena abbozzato *3* (*med.*) in incubazione: **a c. disease**, una malattia in incubazione *4* grossolano; rozzo; rude; grezzo: **a c. fellow**, un individuo rozzo; **c. manners**, maniere rudi; **a c. conversation**, una conversazione grossolana *5* crudo; nudo (*fig.*); puro e semplice (*fig.*): **a c. answer**, una cruda risposta; **the c. reality**, la nuda realtà; **the c. facts**, i fatti puri (e semplici) *6* (*di cibo*) non digerito; non assimilato. **B** *n.* (*ind.*) greggio (*petrolio*). ● (*ind. petrolifera*) **c. assay**, saggio del greggio □ (*ind. min.*) **c. ore**, grezzo di miniera; tout-venant.

crudely /ˈkruːdlɪ/, *avv.* *1* rozzamente; grossolanamente; all'ingrosso (*fig.*); senza grande cura *2* crudamente; senza riguardi.

crudeness /ˈkruːdnəs/, *V.* **crudity**, *def. 1* e *2*.

crudity /ˈkruːdətɪ/, *n.* *1* l'esser grezzo *2* grossolanità; rozzezza; rudezza *3* (*pl.*) crudezze: **a film full of crudities**, un film pieno di crudezze.

cruel /ˈkrʊəl/, *a.* crudele; doloroso; tormentoso: **a c. tyrant**, un tiranno crudele; **a c. death**, una morte crudele; **a c. wound**, una ferita dolorosa. ● **c.-hearted**, spietato. ‖ **-ly**, *avv.*

cruelty /ˈkrʊəltɪ/, *n.* *1* crudeltà: **the cruelties of nuclear war**, le crudeltà della guerra atomica *2* (*leg.*, *in U.S.A. e fino al 1969 in Inghil.*) crudeltà mentale (nelle cause di divorzio). ● (*leg.*) **c. to children [to animals]**, maltrattamento di bambini [di animali].

cruet /ˈkruːɪt/, *n.* *1* ampolla (*dell'olio e dell'aceto*) *2* ampollina (*per la messa*). ● **c.-stand**, ampolliera; oliera.

cruise /kruːz/, *n.* *1* (*tur.*) crociera (*viaggio marittimo*) *2* (*trasp.*) crociera *3* (*scient.*) campagna: **surveying c.**, campagna idrografica. ● (*autom.*) **c. control**, controllo automatico della velocità di crociera □ (*mil.*) **c. missiles**, missili cruise □ **to go on a c.**, fare una crociera.

to **cruise** /kruːz/, *v. i.* *1* (*tur.*) andare in crociera; fare una crociera *2* (*di navi*) incrociarsi *3* (*di automobile, aereo, nave, ecc.*) andare a velocità di crociera *4* (*di taxi*) girare in cerca di clienti: **a cruising taxi**, un taxi che gira in cerca di clienti *5* (*di radiomobile della polizia*) essere in perlustrazione *6* (*fam.*) andare a donne, essere in battuta (*fam.*); (*di prostituta*) battere, cercare clienti.

cruiser /ˈkruːzə(r)/, *n.* *1* (*marina mil.*) incrociatore: **an armoured c.**, un incrociatore corazzato; **guided-missile c.**, incrociatore lanciamissili; **light c.**, incrociatore leggero *2* (*naut.*) cruiser; cabinato *3* (*USA*) automobile della polizia; radiomobile *4* (*pop. USA*) chi batte le strade in cerca di partner; (*di donna*) battona (*pop.*). ● (*boxe*) **c. weight**, mediomassimo.

cruising /ˈkruːzɪŋ/, *n.* *1* (*tur.*) l'andare in crociera *2* (*naut.*, *aeron.*) crociera. ● (*aeron.*) **c. altitude**, quota di crociera □ (*naut.*) **c. radius** (*o* **range**), autonomia di crociera (*o* a velocità di crociera) □ (*trasp.*) **c. speed**, velocità di crociera □ (*sport*) **c. yacht**, panfilo da crociera.

cruller /ˈkrʌlə(r)/, *n.* (*USA*) pasticcino fritto (*fatto ad anello*).

crumb /krʌm/, *n.* *1* briciola *2* (*fig.*) briciolo; minuzzolo; particella: **crumbs of knowledge**, briciole di sapienza *3* mollica; midolla (*del pane*) *4* (*ind.*) grumo (*di gomma*) *5* (*pop. USA*) individuo sporco, ripugnante. ● **c.-brush**, spazzola per raccogliere le briciole □ **c.-tray**, paletta per le briciole; raccoglibriciole.

to **crumb** /krʌm/, *v. t.* *1* sbriciolare *2* impanare (*carne, ecc.*) *3* (*fam.*) sgombrare (*la tavola*) dalle briciole.

to **crumble** /ˈkrʌmbl/, **A** *v. t.* sbriciolare; sgretolare; frantumare. **B** *v. i.* *1* sbriciolarsi; sgretolarsi: **crumbling walls**, muri che si sgretolano *2* (*fig.*) cadere; crollare; andare in rovina: **My hopes were crumbling (to dust)**, le mie speranze crollavano (*o* andavano in fumo); **Prices are about to c.**, i prezzi stanno per crollare. ● **a crumbling house**, una casa fatiscente □ **crumbling rocks**, rocce friabili.

crumbliness /ˈkrʌmblɪnəs/, *n.* friabilità.

crumbling /ˈkrʌmblɪŋ/, *n.* *1* sgretolamento; frantumazione *2* (*Borsa*, *fin.*) crollo (*di prezzi, ecc.*).

crumbly /ˈkrʌmblɪ/, *a.* friabile: **c. soil**, terreno friabile.

crumby /ˈkrʌmɪ/, *a.* *1* pieno di briciole *2* (*del pane*) soffice; molle.

crummy /ˈkrʌmɪ/, *a.* (*pop.*) *1* male in arnese; sdrucito; scadente *2* malaticcio; indisposto: **to feel c.**, sentirsi poco bene *3* (*arc.*: *di donna*) paffuta; prosperosa *4* (*arc.*: *di uomo*) prospero; agiato; benestante.

crump /krʌmp/, *n.* *1* (*fam.*) forte colpo *2* (*gergo mil.*) scoppio; detonazione; pallottola esplosiva.

to **crump** /krʌmp/, **A** *v. t.* (*fam.*) colpire forte (*specialm. la palla, nel cricket*). **B** *v. i.* (*gergo mil.*) esplodere; scoppiare.

crumpet /ˈkrʌmpɪt/, *n.* *1* focaccina (*tostata e imburrata*) *2* (*pop.*) donna; ragazza; bambola, pupa (*fig.*) *3* (*pop. arc.*) testa; zucca *4* (*collett.*) (*pop.*) donne; ragazze. ● **a piece of c.**, (*pop.*) un (gran) pezzo di ragazza.

to **crumple** /ˈkrʌmpl/, **A** *v. t.* *1* spiegazzare; sgualcire; raggrinzare; raggrinzire *2* fare accartocciare (*parti metalliche*) *3* (*fig.*) abbattere, far accasciare (q.); demoralizzare. **B** *v. i.* *1* sgualcirsi; raggrinzirsi: **This cloth crumples easily**, questo tessuto si sgualcisce facilmente *2* (*di parti metalliche, ecc.*) accartocciarsi: **The back of the car has crumpled**, s'è accartocciata la parte posteriore dell'auto *3* (*fig.*) *V.* **crumple up, B** *4* (*del viso*) fare le grinze.

♦**crumple up**, **A** *v. t.* + *avv.* *1* spiegazzare; sgualcire: **to c. up a paper**, sgualcire un giornale *2* appallottolare: **to c. up a sheet of paper**, appallottolare un foglio di carta *3* far raggrinzire: **A smile crumpled up her face**, un sorriso le fece venire le grinze intorno alle labbra *4* (*fig.*) abbattere, demoralizzare; fare accasciare *5* (*fig.*) stroncare (*l'opposizione*); spezzare (*la resistenza*). **B** *v. i.* + *avv.* *1* spiegazzarsi; accartocciarsi **2** (*della faccia*) corrugarsi; raggrinzirsi (*in una smorfia, ecc.*) **3** cadere a terra, abbattersi (*colpito da un proiettile, ecc.*) **4** (*fig.*) abbattersi; accasciarsi; avere un tracollo; demoralizzarsi: **Londoners didn't c. up under German aerial bombardments**, i londinesi non si demoralizzarono sotto i bombardamenti aerei dei tedeschi **5** (*di un pugile*) piegarsi in due (*sotto i colpi*) **6** (*fam.*) piegarsi in due; sbellicarsi dalle risa.

crumpled /'krʌmpld/, *a.* **1** sgualcito; raggrinzito **2** (*di corno di mucca, ecc.*) ricurvo.

crumple zone /'krʌmpl'zəʊn/, *locuz. n.* (*autom.*) parte (*della carrozzeria*) ad assorbimento progressivo (*deformabile all'urto*).

crunch /krʌntʃ/, *n.* **1** sgretolio; scricchiolio **2** lo sgranocchiare (*di pasticcini, ecc.*) **3** (*fig.*) crisi; momento critico; stretta: (*econ.*) **the c.**, la stretta economica (*o* finanziaria) **4** (*fig.*) resa dei conti: **Soon we'll come to the c.**, presto verremo al dunque. ● (*fam.*) **to be caught in a c.**, trovarsi fra l'incudine e il martello (*fig.*).

to **crunch** /krʌntʃ/, **A** *v. t.* **1** schiacciare (*con i denti*); masticare rumorosamente; sgranocchiare: **The little boy is crunching a biscuit**, il bambino sta sgranocchiando un biscotto **2** far scricchiolare: **The wheels of our car crunched the gravel**, le ruote della macchina facevano scricchiolare la ghiaia. **B** *v. i.* **1** masticare rumorosamente **2** scricchiolare: **The frozen snow crunched under my feet**, la neve gelata scricchiolava sotto i miei piedi. ● **to c. through the snow**, avanzare sulla neve che scricchiola □ **to c. up**, tritare.

crunchy /'krʌntʃɪ/, *a.* **1** che scricchiola **2** (*del cibo*) croccante.

crupper /'krʌpə(r)/, *n.* **1** (*dei finimenti*) sottocoda; groppiera **2** groppa (*del cavallo*).

crural /'kruːərəl/, *a.* (*anat.*) crurale.

crusade /kruː'seɪd/, *n.* (*anche fig.*) crociata: **a c. against tubercolosis**, una crociata contro la tubercolosi.

to **crusade** /kruː'seɪd/, *v. i.* (*anche fig.*) bandire una crociata; fare una crociata; partecipare a una crociata: **to c. against the nuke**, fare una crociata contro il nucleare.

crusader /kruː'seɪdə(r)/, *n.* **1** (*stor.*) crociato **2** (*fig.*) chi bandisce (*o* fa, partecipa a) una crociata.

crusading /kruː'seɪdɪŋ/, *a.* che fa (*o* ama fare) crociate (*fig.*); battagliero.

cruse /kruːz/, *n.* (*arc., biblico*) pentolino; vasetto (di terracotta). ● (*fam.*) **It is like the widow's c. (of oil)**, è il pozzo di San Patrizio.

crush /krʌʃ/, *n.* **1** schiacciamento; frantumazione **2** calca; folla; ressa; sovraffollamento **3** (*fam.*) trattenimento sociale assai affollato **4** (*fam.*) spremuta **5** (*in Australia*) stretto passaggio fra due steccati (*per mettere il marchio al bestiame*) **6** (*fam.*) cotta (*fig.*); infatuazione: **to have a c. on sb.**, avere una cotta per q. ● (*teatr.*) **c. bar**, bar nel ridotto □ **c. barrier**, barriera (*o* transenna) per contenere la folla □ (*moda*) **c. hat**, gibus □ (*teatr.*) **c.-room**, ridotto.

to **crush** /krʌʃ/, *v. t.* e *i.* **1** schiacciare; spiaccicare (*fam.*); pigiare (*uva*); torchiare (*olive*): **He crushed the insect with his foot**, schiacciò l'insetto con un piede; **Olive oil is made by crushing olives**, l'olio d'oliva si fa torchiando le olive **2** stipare; (*della folla*) schiacciarsi, stringersi: **We cannot c. any more children into the bus**, non possiamo stipare altri bambini nell'autobus **3** sgualcire; spiegazzare; sgualcirsi: **He crushed the letter in his hand**, spiegazzò la lettera che teneva in mano; **This dress doesn't c. at all**, questo vestito non si sgualcisce affatto **4** (*fig.*) piegare; schiacciare; sgominare; annientare: **He crushed the rebellion**, schiacciò (*o* soffocò) la rivolta; **to c. the opposition**, annientare l'opposizione; **to be crushed with grief**, essere piegato (*o* schiantato) dal dolore **5** triturare; frantumare. ● **to c. one's way**, aprirsi un varco; farsi largo a gomitate □ **to c. to death**, uccidere (*schiacciando*); schiacciare, stritolare □ **to c. to pieces**, stritolare □ (*ind. min.*) **crushed stone**, roccia triturata.

♦**crush down**, *v. t.* + *avv.* **1** schiacciare; calpestare **2** stritolare; triturare **3** (*fig.*) annientare (*il nemico, ecc.*); schiacciare (*una rivolta, ecc.*).

♦**crush in**, **A** *v. i.* + *avv.* entrare a viva forza. **B** *v. t.* + *avv.* **1** far entrare (*spettatori, ecc.*) a forza; infilare (q.) dentro (*fam.*) **2** schiacciare (*la testa a q.*) **3** fracassare, ammaccare (*lamiere e sim.*).

♦**crush into**, **A** *v. i.* + *prep.* entrare a viva forza in (*un luogo*); irrompere in. **B** *v. t.* + *prep.* **1** far entrare (*gente*) a viva forza in (*un luogo*) **2** triturare in: **to c. rock into powder to make cement**, polverizzare la roccia per farne cemento.

♦**crush out**, *v. t.* + *avv.* **1** spremere, strizzare (*un limone, ecc.*): **to c. out the juice from an orange**, fare una spremuta d'arancio **2** spegnere (*un fuoco*) con i piedi **3** (*fig.*) domare, sedare (*un tumulto, ecc.*).

♦**crush through**, *v. t.* + *prep.* irrompere da: **The fans crushed through the gates**, i tifosi irruppero dai cancelli.

♦**crush up**, *v. t.* + *avv.* frantumare; triturare.

crusher /'krʌʃə(r)/, *n.* **1** chi schiaccia, ecc. (*V.* **to crush**) **2** (*ind. costr.*) frantumatore meccanico **3** (*ind. min.*) frantoio; frantumatore **4** (*pop. USA*) rubacuori; dongiovanni.

crushing /'krʌʃɪŋ/, **A** *a.* schiacciante: **a c. victory**, una vittoria schiacciante. **B** *n.* **1** torchiatura (*delle olive*) **2** (*ind. min., metall.*) frantumazione **3** (*mecc.*) compressione: **c. test**, prova di compressione. ● **c. mill**, frantoio □ **a c. retort**, una risposta per le rime; una risposta che taglia le gambe (*fig.*).

crushproof /'krʌʃpruːf/, *a.* (*di stoffa*) ingualcibile.

crust /krʌst/, *n.* **1** crosta (*in ogni senso*): **a c. of bread**, una crosta di pane; **a c. of mud**, una crosta di fango; **the c. of the earth**, la crosta della terra **2** incrostazione: **a c. of wine**, un'incrostazione di vino (*dentro una bottiglia*) **3** (*pop.*) impudenza; insolenza; faccia tosta **4** manto superficiale (*d'una strada*).

to **crust** /krʌst/, **A** *v. t.* coprire di croste; incrostare: **Ice crusted the river**, il ghiaccio ricoprì la superficie del fiume. **B** *v. i.* **1** (*anche* **to c. over**) coprirsi di croste; incrostarsi **2** indurirsi (*formando croste*): **The lava had crusted at last**, la lava s'era finalmente indurita.

crustacean /krʌ'steɪʃn/, **A** *n.* (*zool., Crustacea*) crostaceo. **B** *a.* (*zool.*) di un crostaceo; dei crostacei.

crustaceous /krʌ'steɪʃəs/, *a.* **1** crostoso; provvisto di crosta **2** (*zool.*) di un crostaceo; dei crostacei.

crustal /'krʌstl/, *a.* (*geol.*) crostale: **c. plate**, placca crostale.

crusta lactea /'krʌstə'læktɪə/ (*lat.*), *locuz. n.* (*med.*) crosta lattea.

crusted /'krʌstɪd/, *a.* **1** incrostato: **c. with salt**, incrostato di sale **2** (*di vino*) grommato **3** (*fig.*) antiquato; superato.

crustily /'krʌstəlɪ/, *avv.* bruscamente; in tono d'ira; irosamente.

crustiness /'krʌstɪnəs/, *n.* **1** l'esser crostoso **2** durezza (della crosta) **3** (*fig.*) irritabilità; intrattabilità.

crusty /'krʌstɪ/, *a.* **1** crostoso: **c. bread**, pane crostoso **2** duro come una crosta **3** (*di vino*) grommoso **4** (*di persona*) irritabile; intrattabile; scontroso.

crutch /krʌtʃ/, *n.* **1** gruccia; stampella: **a pair of crutches**, un paio di grucce; **to walk on crutches**, camminare con le grucce **2** (*fig.*) appoggio; sostegno **3** forca, forcella (*di due rami*) **4** inforcatura (*del corpo umano*) **5** (*sartoria*) cavallo (*dei calzoni*) **6** (*naut.*) candeliere a forca; forcaccio, ghirlanda di poppa **7** (*naut.*) scalmiera a forcella (*per i remi*).

to **crutch** /krʌtʃ/, *v. t.* **1** reggere con le grucce **2** (*fig.*) appoggiare; puntellare; sostenere.

crutched /krʌtʃt/, *a.* provvisto di gruccia (*o* di grucce).

crux /krʌks/, *n.* (*pl.* **cruxes, cruces**) **1** punto cruciale; nodo **2** (*fig.*) punto difficile; problema arduo.

cry /kraɪ/, *n.* **1** grido; strillo; urlo; (*di animali, specialm. d'uccelli*) verso, richiamo; (*di cani*) guaito, uggiolio: **hostile cries**, grida ostili; **with a cry of joy**, con un grido di gioia; **a cry for help**, un grido d'aiuto; **a pedlar's cry**, il grido d'un venditore ambulante; **the cry of a baby**, lo strillo d'un bambino; **a cry of pain**, un urlo di dolore **2** (*arc.*) annuncio; proclama; grida (*arc.*) **3** (= **battle cry**) grido di battaglia; (= **war cry**) grido di guerra; (*fig.*) slogan: **«Africa to the Africans» is their cry**, «l'Africa agli africani» è il loro slogan **4** pianto: **Have a good cry, and you'll feel better**, fatti un bel pianto e ti sentirai meglio. ● (*fig.*) **a far** (*o* **a long**) **cry**, una grande differenza; tutt'altra cosa: **It's a far cry between a real actor and you**, c'è una bella differenza fra un vero attore e te □ (*fig.*) **to follow in the cry**, andar dietro agli altri; fare quello che fanno i più □ (*di una muta di cani da caccia*) **to be [to get] in full cry**, abbaiare [mettersi ad abbaiare] forte □ **to be [to keep] within cry**, essere [tenersi] a portata di voce.

to **cry** /kraɪ/, **A** *v. i.* **1** gridare; esclamare; strillare; urlare; (*di animali, specialm. d'uccelli*) fare il verso; (*di cani*) guaire, uggiolare: **to cry with alarm**, gridare allarmato; **to cry aloud**, gridare a gran voce; **to cry with pain**, gridare dal dolore; **The baby is crying**, il bambino strilla; **A bird was crying in the wood**, un uccello faceva il suo verso nel bosco **2** piangere; dolersi; lamentarsi: **Stop crying!**, smettila di piangere! **B** *v. t.* **1** gridare **2** (*arc.*) annunciare ad alta voce: **to cry the news**, bandire le notizie. ● **to cry bitter tears**, piangere amaramente (*o* a calde lacrime) □ **to cry one's eyes out**, consumarsi gli occhi dal piangere □ **to cry halves**, reclamare una parte (*o* metà) di (*una cosa trovata, ecc.*) □ **to cry over one's lost opportunities**, rimpiangere le occasioni mancate □ **to cry quits**, riconoscere che la partita è pari; dichiararsi soddisfatto; rinunciare a una contesa □ **to cry shame on sb.**, svergognare q. □ (*fig.*) **to cry stinking fish**, deprezzare la propria merce (parlar male di sé, della propria professione, ecc.) □ **to cry oneself to sleep**, addormentarsi per il gran piangere □ (*fig.*) **to cry wolf**, gridare al lupo □ **I'll give you something to cry for**, te la do io una (buona) ragione per piangere! □ (*prov.*) **It's no use crying over spilt milk**, non serve piangere sul latte versato.

♦**cry down**, *v. t.* + *avv.* **1** far tacere (*gridando*): **to cry down the opposition**, far tacere l'opposizione **2** denigrare (q.); screditare; minimizzare (q.c.): **We shouldn't cry down the importance of his efforts**, non dobbiamo minimizzare l'importanza del suo contributo.

♦**cry for**, *v. i.* + *prep.* **1** piangere per: **The boy is crying for his toy**, il bimbo piange per il giocattolo **2** aver bisogno di (q.c.): **The fields are crying for rain**, i campi hanno bisogno di pioggia **3** chiedere a gran voce; reclamare: **The people are crying for justice**, la gente reclama giustizia □ **to cry for help**, chiedere aiuto □ **to cry for mercy**, implorare misericordia □ (*fig.*) **to cry for the moon**, volere la luna (nel pozzo) □ **It cries for vengeance**, grida vendetta (al cospetto di Dio).

♦**cry off**, *v. i.* + *avv.* (*fam.*) tirarsi indietro (*fam.*); rimangiarsi una promessa; ritirarsi: **He had promised to take me to a disco, but then he cried off**, aveva promesso di portarmi in discoteca, ma poi si tirò indietro.

♦**cry out**, **A** *v. i.* + *avv.* gridare (*specialm. per paura, dolore, ecc.*): **He cried out to me to stop at once**, mi gridò di fermarmi su due piedi. **B** *v. t.* + *avv.* gridare, dire (q.c.) ad alta voce; levare al cielo (*fig.*): **The little girl cried out**

my name, la bambina gridò il mio nome; **to cry out one's complaints**, levare al cielo le proprie lagnanze □ **to cry out against sb.**, disapprovare q. con tutto il fiato che si ha □ **to cry out for**, chiedere a gran voce; reclamare insistentemente □ **to cry out for help**, gridare aiuto.

♦**cry up**, *v. t. + avv.* esaltare; portare alle stelle (*o* in palmo di mano); decantare (*un prodotto, ecc.*).

crybaby /ˈkraɪbeɪbɪ/, *n.* (*fam.*) piagnucolone; individuo piagnucoloso.

cryer /ˈkraɪə(r)/, *n.* (*stor., leg.*) banditore.

crying /ˈkraɪɪŋ/, *a.* **1** che grida; piangente **2** evidente; palese: **a c. injustice**: una palese ingiustizia; **a c. shame**, un vero peccato **3** urgente: **a c. need**, un bisogno urgente.

cryobiology /kraɪəʊbaɪˈɒlədʒɪ/, *n.* criobiologia.

cryochemistry /kraɪəʊˈkemɪstrɪ/, *n.* criochimica.

cryoelectronics /kraɪəʊɪlekˈtrɒnɪks/, *n. pl.* (*col verbo al sing.*) crioelettronica.

cryogen /ˈkraɪədʒən/, *n.* (*chim.*) criogeno.

cryogenic /kraɪəˈdʒenɪk/, *a.* (*fis.*) criogenico. ● **c. engineering**, criotecnica.

cryogenics /kraɪəˈdʒenɪks/, *n. pl.* (*col verbo al sing.*) (*fis.*) criogenia.

cryohydrate /kraɪəʊˈhaɪdreɪt/, *n.* (*chim.*) crioidrato.

cryolite /ˈkraɪəlaɪt/, *n.* (*miner.*) criolite.

cryology /kraɪˈɒlədʒɪ/, *n.* (*fis.*) criologia.

cryometer /kraɪˈɒmɪtə(r)/, *n.* (*chim., fis.*) criometro.

cryonics /kraɪˈɒnɪks/, *n. pl.* (*col verbo al sing.*) (*med.*) ibernazione di corpi umani.

cryoprobe /ˈkraɪəʊprəʊb/, *n.* (*med.*) criosonda.

cryoscope /ˈkraɪəʊskəʊp/, *n.* crioscopio.

cryoscopic(al) /kraɪəʊˈskɒpɪk(l)/, *a.* (*chim., fis.*) crioscopico.

cryoscopy /kraɪˈɒskəpɪ/, *n.* (*chim., fis.*) crioscopia.

cryostat /ˈkraɪəstæt/, *n.* (*fis.*) criostato.

cryosurgeon /kraɪəʊˈsɜːdʒən/, *n.* (*med.*) criochirurgo.

cryosurgery /kraɪəˈsɜːdʒərɪ/, *n.* (*med.*) criochirurgia.

cryosurgical /kraɪəʊˈsɜːdʒɪkl/, *a.* (*med.*) criochirurgico.

cryotherapy /kraɪəˈθerəpɪ/, *n.* (*med.*) crioterapia.

crypt /krɪpt/, *n.* (*archit., anat.*) cripta.

cryptaesthesia /krɪptəsˈθiːzɪə, -ʒə/, *n.* criptestesia.

cryptanalysis /krɪptəˈnæləsɪs/, *n.* decrittazione.

cryptic(al) /ˈkrɪptɪk(l)/, *a.* **1** criptico; celato; occulto; segreto **2** enigmatico; ermetico: **a c. prophecy**, una profezia ermetica **3** (*zool.*) criptico; mimetico: **c. coloration**, colorazione criptica.

cryptically /ˈkrɪptɪklɪ/, *avv.* enigmaticamente; misteriosamente.

crypto /ˈkrɪptəʊ/, *n.* (*pl.* **cryptos**) (*fam.*) chi aderisce in segreto a un partito politico, una setta religiosa, ecc.

cryptoanalysis /krɪptəʊəˈnæləsɪs/, *n.* (*ling.*) criptoanalisi.

crypto-colonial /krɪptəʊkəˈləʊnɪəl/, *a.* criptocoloniale.

crypto-Communist /krɪptəʊˈkɒmjʊnɪst/, *n.* (*polit., stor.*) criptocomunista.

cryptogam /ˈkrɪptəʊgæm/, *n.* (*bot.*) crittogama.

cryptogamic /krɪptəʊˈgæmɪk/, **cryptogamous** /krɪpˈtɒgəməs/, *a.* (*bot.*) crittogamico.

cryptogamy /krɪpˈtɒgəmɪ/, *n.* (*bot.*) crittogamia.

cryptogram /ˈkrɪptəgræm/, **cryptograph** /ˈkrɪptəʊgrɑːf, *USA* -æf/, *n.* crittogramma (*testo redatto in cifra*).

cryptographer /krɪpˈtɒgrəfə(r)/, *n.* crittografo.

cryptographic /krɪptəʊˈgræfɪk/, *a.* crittografico.

cryptography /krɪpˈtɒgrəfɪ/, *n.* crittografia.

cryptophyte /ˈkrɪptəʊfaɪt/, *n.* (*bot.*) criptofita.

crystal /ˈkrɪstl/, **A** *n.* **1** (*miner., chim.*) cristallo: **crystals of snow**, cristalli di neve **2** (= **c. work**) bicchieri (*o* oggetti) di cristallo; cristalleria; cristalli: **a dinner set of c.**, un servizio di bicchieri di cristallo **3** cristallo, vetro (*d'orologio*) **4** (*elettron.*) cristallo; quarzo piezoelettrico **5** (*poet.*: *acqua limpida*) cristallo. **B** *a. attr.* **1** di cristallo **2** cristallino: (*geol.*) **c. sandstone**, arenaria cristallina **3** (*di radio*) a galena. ● **c. ball**, sfera di cristallo □ **c. chemistry**, cristallochimica □ **c. clear**, cristallino; trasparente (*fig.*); che non permette dubbi □ **c. clock**, orologio piezoelettrico □ (*fis. nucl.*) **c. counter**, contatore a cristallo □ (*miner.*) **c. face**, faccia di un cristallo □ **c. gazing**, osservazione d'una sfera di cristallo (*per leggervi il futuro*); cristalloscopia □ **c. glass**, cristallo (*vetro*) □ **c. set**, radio a galena □ (*chim.*) **c. violet**, violetto di metile □ **c.-ware**, cristalleria; cristalli □ **rock c.**, cristallo di rocca.

crystalliferous /krɪstəˈlɪfərəs/, *a.* (*miner.*) cristallifero.

crystalline /ˈkrɪstəlaɪn/, *a.* cristallino (*anche fig.*): **c. heaven**, cielo cristallino (*nel sistema tolemaico*). ● (*anat.*) **c. lens**, cristallino (*dell'occhio*).

crystallinity /krɪstəˈlɪnətɪ/, *n.* (*miner.*) cristallinità.

crystallite /ˈkrɪstəlaɪt/, *n.* (*miner.*) cristallite.

crystallizable /ˈkrɪstəlaɪzəbl/, *a.* cristallizzabile.

crystallization /krɪstəlaɪˈzeɪʃn, *USA* -lɪˈz-/, *n.* (*miner.*) cristallizzazione.

to **crystallize** /ˈkrɪstəlaɪz/, **A** *v. t.* **1** cristallizzare (*anche fig.*) **2** (*cucina*) candire: **crystallized fruit**, frutta candita **3** (*anche* **to c. out**) concretare, concretizzare, definire (*un piano, ecc.*). **B** *v. i.* **1** cristallizzarsi (*anche fig.*) **2** (*anche* **to c. out**) concretarsi; concretizzarsi; assumere un aspetto ben definito.

crystallizer /ˈkrɪstəlaɪzə(r)/, *n.* (*chim.*) cristallizzatore.

crystallographer /krɪstəˈlɒgrəfə(r)/, *n.* cristallografo.

crystallographic(al) /krɪstələˈgræfɪk(l)/, *a.* cristallografico.

crystallography /krɪstəˈlɒgrəfɪ/, *n.* (*fis.*) cristallografia.

crystalloid /ˈkrɪstəlɔɪd/, *a.* e *n.* (*fis., chim., anat.*) cristalloide.

ctenoid /ˈtenɔɪd/, *a.* (*zool.*) ctenoide.

ctenophore /ˈtenəfɔːz/, *n.* (*zool., Ctenophora*) ctenoforo.

cub /kʌb/, *n.* **1** cucciolo (*di certi animali selvatici*): **a lion cub**, un leoncino; **a whale cub**, un balenottero **2** (*fig.*; = **unlicked cub**) giovanotto inesperto, goffo, rozzo **3** (*fig.*) principiante (*in genere*); (*specialm.*, = **cub reporter**) cronista alle prime armi **4** (= **cub scout**) lupetto (*giovane esploratore fra gli otto e i dieci anni*) **5** (*fam. USA*) bambino; bimbo.

to **cub** /kʌb/, *v. t.* e *i.* (*di certi animali selvatici*) partorire; figliare.

cubage /ˈkjuːbɪdʒ/, *n.* cubatura; volume.

Cuban /ˈkjuːbən/, *a.* e *n.* cubano.

cubature /ˈkjuːbətʃə(r)/, *n.* (*mat.*) cubatura.

cubbing /ˈkʌbɪŋ/, *n.* parto (*di certi animali selvatici*).

cubbish /ˈkʌbɪʃ/, *a.* **1** da cucciolo **2** (*fig.*) inesperto; goffo; rozzo.

cubby /ˈkʌbɪ/, **cubbyhole** /ˈkʌbɪhəʊl/, *n.* posto in cui star comodi; angolo intimo; nido (*fig.*).

cube /kjuːb/, *n.* **1** (*anche geom., mat.*) cubo: **The c. of 4 is 64**, il cubo di 4 è 64 **2** cubetto (*di zucchero, ecc.*) **3** (*costr. stradali*) blocchetto per pavimentazione **4** (*fotogr.*, = **flashcube**) cubo per flash **5** (*fam. USA*) persona all'antica; matusa (*fam.*) **6** (*pl.*) (*fam. USA*) dadi. ● (*mat.*) **c. root**, radice cubica.

to **cube** /kjuːb/, *v. t.* **1** (*mat.*) elevare al cubo (*o* alla terza potenza) **2** fare la cubatura, calcolare il volume di (*un solido*) **3** (*costr. stradali*) pavimentare con blocchetti (*di pietra*) **4** tagliare a cubetti: **to c. vegetables**, tagliare la verdura a cubetti.

cubeb /ˈkjuːbeb/, *n.* **1** (*bot., Piper cubeba*) cubebe **2** (*cucina*) (pepe) cubebe.

cubic /ˈkjuːbɪk/, *a.* (*anche mat., geom.*) cubico: **a c. foot [inch]**, un piede [un pollice] cubico; **a c. equation**, un'equazione cubica (*o* di terzo grado). ● (*autom.*) **c. capacity**, cilindrata (*del motore*) □ **c. contents**, volume □ (*mecc.*) **c. measure**, unità di volume; misura di capacità.

cubical /ˈkjuːbɪkl/, *a.* cubico; a forma di cubo.

cubicity /kjuːˈbɪsətɪ/, *n.* cubicità.

cubicle /ˈkjuːbɪkl/, *n.* **1** cubicolo; celletta; scompartimento separato (*in un dormitorio, ospedale, ecc.*) **2** scomparto (*in una banca, ecc.*) **3** cabina di lettura (*in una biblioteca*) **4** (*elettr.*) armadio, armadietto (*per i contatori, ecc.*). ● **shower c.**, box (*o* angolo) della doccia.

cubiform /ˈkjuːbɪfɔːm/, *a.* cubiforme.

cubism /ˈkjuːbɪzəm/, *n.* (*arte*) cubismo.

cubist /ˈkjuːbɪst/, *n.* e *a.* (*arte*) cubista.

cubistic /kjuːˈbɪstɪk/, *a.* (*arte*) cubistico.

cubit /ˈkjuːbɪt/, *n.* cubito (*antica misura di lunghezza*).

cubital /ˈkjuːbɪtl/, *a.* (*anat.*) cubitale; dell'ulna; ulnare.

cubitus /ˈkjuːbɪtəs/ (*lat.*), *n.* (*pl.* **cubiti**) (*anat.*) cubito; ulna.

cuboid /ˈkjuːbɔɪd/, *a.* e *n.* (*geom., anat.*) cuboide. ● (*anat.*) **c. bone**, cuboide.

cucking stool /ˈkʌkɪŋstuːl/, *n.* (*stor.*) sedia su cui i colpevoli erano esposti al pubblico ludibrio (*o* messi alla berlina).

cuckold /ˈkʌkəʊld/, *n.* becco, cornuto (*pop.*).

to **cuckold** /ˈkʌkəʊld/, *v. t.* cornificare; fare becco, fare le corna a (*un marito*).

cuckoo /ˈkʊkuː, *USA* ˈkuː-, ˈkʊ-/, **A** *n.* (*pl.* **cuckoos**) **1** (*zool., Cuculus canorus*) cuculo **2** cucù, cuccù: **a c. clock**, un orologio a cucù **3** (*fam.*) stupidone; tontolone. **B** *a.* (*fam.*) eccentrico; strambo; pazzo; matto. ● (*bot.*) **c.-flower**, (*Cardamine pratensis*) cardamine (*o* billeri, *o* crescione) dei prati; viola dei pesci (*region.*); (*Lychnis flos-cuculi*) fior di cuculo; (*Oxalis acetosella*) acetosella, alleluia □ (*fam. USA*) **c.'s nest**, manicomio □ (*bot.*) **c.-pint** (*Arum maculatum*), aro; gigaro; pan di serpe; lingua di serpe; piè di vitello □ (*pop.*) **c. spit**, sputacchina; (*zool.*) sputacchino (*l'insetto*).

to **cuckoo** /ˈkʊkuː, *USA* ˈkuː-, ˈkʊ-/, *v. i.* fare cuccù; fare il verso del cuculo.

cucullate(d) /ˈkjuːkəleɪt(ɪd)/, *a.* (*bot.*) a forma di cappuccio.

cucumber /ˈkjuːkʌmbə(r)/, *n.* (*bot., Cucumis sativus*) cetriolo. ● (*USA*) **c. tree**, (*Magnolia acuminata*) magnolia acuminata; (*Averrhoa bilimbi*) averroa cilindrica, bilimbi □ (*di persona*) **as cool as a c.**, padrone di sé; impassibile; imperturbabile.

cucurbit /kjʊˈkɜːbɪt/, *n.* **1** (*bot.*) cucurbita; zucca **2** (*chim.*) cucurbita (*caldaia dell'alambicco*).

cucurbitaceous /kjʊkɜːbɪˈteɪʃəs/, *a.* (*bot.*) delle cucurbitacee.

cud /kʌd/, *n.* (*zool.*) bolo alimentare (*dei ruminanti*). ● **to chew the cud**, ruminare; (*fig.*) meditare, ruminare.

cudbear /ˈkʌdbeə(r)/, *n.* oricello (*colorante*).

cuddle /ˈkʌdl/, *n.* **1** abbraccio affettuoso **2** coccolamento.

to **cuddle** /ˈkʌdl/, **A** *v. t.* abbracciare teneramente; coccolare; stringere tra le braccia (*o* al seno): **The girl is cuddling her doll**, la bambina coccola la sua bambola. **B** *v. i.* (*spesso* **to c. up**) stringersi con affetto; rannicchiarsi.

cuddlesome /ˈkʌdlsəm/, *a.* che invita a farsi coccolare; che ispira tenerezza.

cuddly /ˈkʌdlɪ/, *a.* ***1*** affettuoso; tenero ***2*** *V.* **cuddlesome**.
cuddy (1) /ˈkʌdɪ/, *n.* ***1*** (*naut.*) cabina di poppa ***2*** (*naut.*) cucina; cambusa ***3*** ripostiglio; stanzino ***4*** armadietto; credenza.
cuddy (2) /ˈkʌdɪ/, *n.* (*scozz.*) ***1*** asino; ciuco; somaro (*anche fig.*) ***2*** leva su treppiede (*per sollevare pietre, ecc.*).
cudgel /ˈkʌdʒl/, *n.* clava; mazza; randello. ● (*fig.*) **to take up the cudgels for sb.**, difendere q. a spada tratta.
to **cudgel** /ˈkʌdʒl/, *v. t.* bastonare; randellare; picchiare con una clava. ● (*fig.*) **to c. one's brains**, lambiccarsi il cervello; spremersi le meningi.
cudweed /ˈkʌdwiːd/, *n.* (*bot.*, *Gnaphalium sylvaticum*) canapicchia comune.
cue (1) /kjuː/, *n.* ***1*** (*teatr.*, *mus.*) battuta d'entrata; attacco ***2*** (*cinem.*, *radio*) segnale d'azione ***3*** suggerimento; imbeccata: **to give sb. the cue**, dare l'imbeccata a q. ● (*TV*) **cue card**, tabellone fuori quadro (*con sopra i testi*); gobbo □ **on cue**, al momento giusto (*o* opportuno) □ (*fig.*) **to take one's cue from sb.**, ricevere l'imbeccata da q.
cue (2) /kjuː/, *n.* ***1*** codino; coda (*di capelli sulla nuca*) ***2*** stecca (*da biliardo*) ***3*** (*USA*, *cfr. ingl.* **queue**) coda; fila (*davanti a un cinema, a un negozio, ecc.*). ● (*biliardo*) **cue-ball**, pallino □ **cue-rack** (*o* **cue-stand**), portastecche (*rastrelliera*).
to **cue** /kjuː/, **A** *v. i.* (*cinem.*, *radio*) dare il ciac; dare il segnale d'azione. **B** *v. t.* ***1*** dare la battuta d'entrata a (*un attore, ecc.*) ***2*** ricordare (*q.c. a q.*); dare informazioni a (q.). ● **to cue in**, inserire, provvedere all'inserimento di (*una canzone in un dramma, per es.*); (*pop. USA*) dare informazioni aggiuntive.
cues /kjuːz/, *n. pl.* (*abbr. fam. di* **cucumbers**) cetrioli.
cuff (1) /kʌf/, *n.* ***1*** polsino (*di camicia*); polso (*di giacca*) ***2*** risvolto (*di pantaloni*) ***3*** (*pl.*) (= **handcuffs**) manette. ● **c. link**, bottone per polsino; gemello □ (*fam.*) **on the c.**, a credito; (*anche*) gratis □ (*fig.*) **to speak off the c.**, parlare a braccio (*improvvisando*).
cuff (2) /kʌf/, *n.* ceffone; schiaffo; manrovescio; scappellotto.
to **cuff** (1) /kʌf/, *v. t.* ***1*** mettere i polsini (*o* i risvolti) a ***2*** (*fam.*) ammanettare.
to **cuff** (2) /kʌf/, *v. t.* dare un ceffone a (q.); schiaffeggiare; scappellottare (*fam.*).
Cufic /ˈkjuːfɪk/, **A** *a.* (*stor.*) cufico. **B** *n.* alfabeto cufico; scrittura in caratteri cufici.
cuirass /kwɪˈræs/, *n.* (*stor.*, *mil.* e *zool.*) corazza.
to **cuirass** /kwɪˈræs/, *v. t.* ***1*** (*stor.*) mettere la corazza a (q.) ***2*** (*fig.*) corazzare.
cuirassier /kwɪrəˈsɪə(r)/, *n.* (*mil.*) corazziere.
cuish /kwɪʃ/, *V.* **cuisse**.
cuisine /kwɪˈziːn/, *n.* cucina; modo di cucinare.
cuisse /kwɪs/, *n.* (*stor.*) cosciale.
cul-de-sac /ˈkʌldəsæk/ (*franc.*), *locuz. n.* (*pl.* **culs-de-sac, cul-de-sacs**) ***1*** via cieca, vicolo cieco (*anche fig.*) ***2*** (*fig.*) posto isolato, tranquillo ***3*** (*anat.*) sacca cieca.
culinary /ˈkʌlɪnərɪ, *USA* -nerɪ/, *a.* ***1*** culinario; gastronomico ***2*** aromatico: **c. herbs**, erbe aromatiche. ● **c. art**, culinaria; gastronomia.
cull /kʌl/, *n.* ***1*** animale (*specialm. montone, vacca, o gallina*) eliminato da un allevamento ***2*** eliminazione (*di animali, anche selvatici*) ***3*** (*pl.*) (*specialm. USA*) scarti.
to **cull** /kʌl/, *v. t.* ***1*** cogliere, raccogliere (*fiori, ecc.*) ***2*** scegliere; fare una cernita di (q.c.) ***3*** eliminare (*animali deboli o malati*: *da un allevamento*).
cullender /ˈkʌləndə(r)/, *n.* *V.* **colander**.
cully /ˈkʌlɪ/, *n.* ***1*** (*pop. raro*) babbeo; sempliciotne ***2*** (*dial.*) amico; compagno.
culm (1) /kʌlm/, *n.* (*ind. min.*) carbone minuto grigliato.
culm (2) /kʌlm/, *n.* (*bot.*) culmo.
culminant /ˈkʌlmɪnənt/, *a.* culminante.
to **culminate** /ˈkʌlmɪneɪt/, *v. i.* (*astron.* e *fig.*) culminare.
culmination /kʌlmɪˈneɪʃn/, *n.* ***1*** culmine; apice; apogeo ***2*** (*astron.*) culminazione.
culottes /kjuːˈlɒts, kuː-, *USA* ˈkuːlɒts, ˈkjuː-/ (*franc.*), *n. pl.* (*moda*) gonna pantalone.
culpability /kʌlpəˈbɪlətɪ/, *n.* (*leg.*) colpevolezza; colpa.
culpable /ˈkʌlpəbl/, *a.* ***1*** colpevole: **to hold sb. c.**, reputare q. colpevole ***2*** (*leg.*) colposo: **c. neglect**, omissione colposa; **c. negligence**, negligenza colposa. || **-ness**, *sost.* || **-bly**, *avv.*
culprit /ˈkʌlprɪt/, *n.* (*leg.*) ***1*** colpevole ***2*** (*leg.*) imputato; accusato.
cult /kʌlt/, *n.* ***1*** culto (*anche fig.*); venerazione: **the c. of Dante**, il culto di Dante ***2*** (*relig.*) gruppo di seguaci; setta ***3*** (*sociol.*) cult; gruppo di persone unite dagli stessi riti e ideali. ● **a c. book [record]**, un libro [un disco] per amatori □ **a c. figure**, una figura carismatica □ **c. show**, cult show.
cultivability /kʌltɪvəˈbɪlətɪ/, *n.* coltivabilità.
cultivable /ˈkʌltɪvəbl/, *a.* coltivabile.
cultivar /ˈkʌltɪvɑː(r)/, *n.* (*agric.*) cultivar; varietà di pianta coltivata.
to **cultivate** /ˈkʌltɪveɪt/, *v. t.* ***1*** coltivare (*in ogni senso*): **to c. wheat [a friendship, a hobby]**, coltivare grano [un'amicizia, un hobby] ***2*** tenersi amico, tenersi buono: **He does his best to c. his boss**, fa del suo meglio per tenersi buono il capo. ● **to c. one's accent**, curare la propria pronuncia □ **to c. one's mind**, coltivare (*o* esercitare) la mente.
cultivated /ˈkʌltɪveɪtɪd/, *a.* ***1*** coltivato: **c. land**, terreni coltivati ***2*** (*fig.*) colto; fine; raffinato: **a c. man**, un uomo colto ***3*** (*d'accento, di voce, ecc.*) da persona colta. ● **c. pearl**, perla coltivata.
cultivation /kʌltɪˈveɪʃn/, *n.* ***1*** coltivazione; coltura ***2*** (*fig.*) cultura; raffinatezza; il coltivare (*la mente, ecc.*) ***3*** (*biol.*) coltura (*di microbi, ecc.*).
cultivator /ˈkʌltɪveɪtə(r)/, *n.* ***1*** (*agric.*) coltivatore (*l'uomo e lo strumento*); dissodatore meccanico; frangizolle ***2*** cultore (*delle arti, ecc.*).
cultural /ˈkʌltʃərəl/, *a.* ***1*** culturale ***2*** (*agric.*, *biol.*) ottenuto per mezzo di coltura (*o* coltivazione). ● **c. features**, caratteristiche topografiche dovute all'azione dell'uomo (*città, strade, ecc.*) □ (*polit.*) **c. revolution**, rivoluzione culturale □ (*polit.*) **c. revolutionary**, esponente (*o* fautore) della rivoluzione culturale □ **c. studies**, studi della civiltà (*di un dato paese*).
culturalization /kʌltʃərəlaɪˈzeɪʃn, *USA* -lɪˈz-/, *n.* (*sociol.*) acculturazione; acculturamento.
to **culturalize** /ˈkʌltʃərəlaɪz/, *v. t.* (*sociol.*) acculturare.
culturally /ˈkʌltʃərəlɪ/, *avv.* ***1*** culturalmente ***2*** (*agric.*, *biol.*) secondo le regole della coltura (*o* della coltivazione).
culture /ˈkʌltʃə(r)/, *n.* ***1*** cultura; istruzione; educazione: **voice c.**, educazione della voce (*al canto*) ***2*** civiltà: **ancient cultures**, le civiltà antiche ***3*** (*agric.*, *biol.*) coltura; coltivazione; allevamento: **the c. of the olive tree**, la coltura dell'olivo; l'olivicoltura; **a c. of typhus germs**, una coltura di bacilli del tifo; **bulb c.**, coltivazione dei bulbi. ● (*sociol.*) **c. gap**, differenza (*o* salto) fra due culture □ (*biol.*) **c. medium**, terreno di coltura □ (*pop. spreg.*) **c. vulture**, intellettualoide: **a trend-mongering c. vulture**, un intellettualoide che sfrutta varie tendenze artistiche (*o* letterarie) □ **physical c.**, culturismo.
to **culture** /ˈkʌltʃə(r)/, *v. t.* ***1*** coltivare ***2*** (*biol.*) produrre una coltura (*di bacilli*).
cultured /ˈkʌltʃəd/, *a.* ***1*** colto; istruito; raffinato ***2*** (*agric.*, *biol.*) ottenuto per mezzo di coltura (*o* di coltivazione). ● **c. pearl**, perla coltivata.
culturist /ˈkʌltʃərɪst/, *n.* ***1*** chi coltiva piante; chi alleva animali ***2*** fautore della cultura. ● **physical c.**, culturista.
culver /ˈkʌlvə(r)/, *n.* (*arc.* o *poet.*) piccione; colombo selvatico. ● (*bot.*) **c.-key** (*Primula veris*), primavera odorosa.
culverin /ˈkʌlvərɪn/, *n.* (*stor.*) ***1*** colubrina ***2*** moschetto.
culvert /ˈkʌlvət/, *n.* ***1*** canale sotterraneo ***2*** conduttura sotterranea (*per cavi elettrici*) ***3*** chiavica; fogna; galleria di drenaggio.
cum /kʌm/ (*lat.*), **A** *prep.* con. **B** *a. attr.* (*fin.*) con il dividendo: **the cum price of a share**, il prezzo di un'azione con il dividendo. ● (*fin.*) (*di un titolo*) **cum coupon**, con la cedola; cuponato □ (*fin.*) **cum dividend**, con il dividendo □ (*specialm. in Scozia e in U.S.A.*) **cum laude**, con lode (*di una laurea*) □ (*fin.*) **cum rights**, incluso il diritto d'opzione □ **kitchen-cum-dining-rom**, cucina-tinello.
cumber /ˈkʌmbə(r)/, *n.* ***1*** impaccio; ostacolo; ingombro ***2*** carico; gravame; peso.
to **cumber** /ˈkʌmbə(r)/, *v. t.* ***1*** impacciare; ingombrare; ostacolare ***2*** appesantire; caricare; gravare: **to c. one's memory with unimportant details**, gravare la memoria di particolari insignificanti. ● **to c. oneself with heavy clothes**, coprirsi con abiti pesanti.
cumbersome /ˈkʌmbəsəm/, *a.* ***1*** ingombrante; che è d'impaccio (*o* d'ostacolo); scomodo ***2*** (*di persona*) goffo; impacciato. || **-ly**, *avv.* || **-ness**, *sost.*
Cumbrian /ˈkʌmbrɪən/, *a.* e *n.* (abitante) del Cumberland. ● (*geogr.*) **the C. Mountains**, i Monti Cambrici.
cumbrous /ˈkʌmbrəs/, *V.* **cumbersome**.
cumin /ˈkʌmɪn/, *n.* (*bot.*, *Cuminum cyminum*) cumino, comino. ● (*anche cosmesi*) **c. oil**, olio essenziale (*o* essenza) di cumino.
cummer /ˈkʌmə(r)/, *n.* (*scozz.*) ***1*** comare ***2*** donna; ragazza.
cummerbund /ˈkʌməbʌnd/, *n.* (*moda*) fascia di seta che si porta con lo smoking.
cumulate /ˈkjuːmjʊlət/, *a.* accumulato; ammassato.
to **cumulate** /ˈkjuːmjʊleɪt/, **A** *v. t.* accumulare; ammassare. **B** *v. i.* accumularsi; ammassarsi.
cumulation /kjuːmjʊˈleɪʃn/, *n.* accumulazione; accumulo.
cumulative /ˈkjuːmjʊlətɪv, *USA* -leɪtɪv/, *a.* ***1*** cumulativo ***2*** (*leg.*) cumulativo: **c. liability**, responsabilità cumulativa ***3*** (*leg.*) aggiuntivo: **c. evidence**, prove aggiuntive ***4*** (*fin.*) cumulativo: **c. preference shares**, azioni privilegiate cumulative; (*fisc.*) **c. turnover tax**, imposta cumulativa sulla cifra d'affari. ● (*stat.*) **c. error**, errore cumulativo □ (*fin.*) **c. interest**, interesse composto. || **-ly**, *avv.* || **-ness**, *sost.*
cumuliform /ˈkjuːmjʊlɪfɔːm/, *a.* (*meteor.*) cumuliforme.
cumulo-cirrus /kjuːmjʊləʊˈsɪrəs/, *n.* (*pl.* **cumulo-cirri**) (*meteor.*) cirro-cumulo.
cumulo-nimbus /kjuːmjʊləʊˈnɪmbəs/, *n.* (*pl.* **cumulo-nimbi**) (*meteor.*) cumulonembo.
cumulo-stratus /kjuːmjʊləʊˈstreɪtəs/, *n.* (*pl.* **cumulo-strati**) (*meteor.*) stratocumulo.
cumulus /ˈkjuːmjʊləs/, *n.* (*pl.* **cumuli**) (*meteor.*, = **c. cloud**) cumulo; nube cumulus.
cuneate(d) /ˈkjuːnɪeɪt(ɪd)/, *a.* ***1*** cuneato ***2*** (*biol.*) cuneato.
cuneiform /ˈkjuːnɪfɔːm, *USA* kjuːˈniːɪf-, ˈkjuːniːɪf-/, **A** *a.* cuneiforme: **c. characters**, caratteri cuneiformi. **B** *n.* ***1*** carattere cuneiforme ***2*** (*anat.*) cartilagine (*o* osso) cuneiforme.
cunnilinctus /kʌnɪˈlɪŋktəs/ (*lat.*), *n.* «cunnilinctus» (*lat.*); cunnilinguo.
cunnilingus /kʌnɪˈlɪŋgəs/ (*lat.*), *V.* **cunnilinctus**.
cunning (1) /ˈkʌnɪŋ/, *a.* ***1*** astuto; furbo; (*di cosa*) abile: **He is as c. as a fox**, è astuto come una volpe; **a c. expedient**, un abile espediente ***2*** (*arc.*) abile; capace; destro ***3*** (*fam. USA*) attraente; grazioso; delicato: **a c. little girl**, una bambina graziosa.
cunning (2) /ˈkʌnɪŋ/, *n.* ***1*** astuzia; furberia ***2*** (*arc.*) abilità; destrezza.
cunningly /ˈkʌnɪŋlɪ/, *avv.* astutamente.

cunt /kʌnt/, *n.* (*volg.*) **1** fica, figa (*volg.*); vulva, vagina **2** (*fig.*) fica (*volg.*); donna ragazza **3** (*fig.*) persona cretina; persona sgradevole; stronzo, stronza (*fig. volg.*).

cup /kʌp/, *n.* **1** tazza; tazzina: **a cup of tea**, una tazza di tè; **a coffee cup**, una tazza da caffè **2** coppa: (*sport*) **challenge cup**, coppa messa in palio **3** calice (*dei fiori, della messa, ecc.*); bicchiere (*a calice*): (*fig.*) **the cup of bitterness**, il calice dell'amarezza; **He is too fond of the cup**, è troppo amante del bicchiere (*o* del bere) **4** (*di reggiseno*) coppa **5** (*mecc.*) coppa; scodellino **6** (*med.*) coppetta; ventosa **7** (*di barometro*) vaschetta **8** (*metall.*) sbozzo (*o* tranciato) da imbutitura **9** (*cucina*) stampino, stampo: **cup cake**, dolce fatto con lo stampo **10** (*golf, USA*) buca. ● **cup barometer**, barometro a mercurio □ (*sport*) **cup final**, finale di coppa □ (*sport*) **the Cup Final**, la Finale della Coppa di calcio (a *Wembley*) □ (*bot.*) **cup-moss** (*Cladonia pyxidata*), lichene pissidato □ (*fam.*) **one's cup of tea**, la persona (*o* la cosa) preferita; quel che fa al proprio caso; il cacio sui maccheroni (*fig.*) □ (*falegn.*) **cup shake**, accerchiatura, cipollatura (*difetto del legno*) □ (*sport*) **cup tie**, partita decisiva del campionato; partita di coppa □ (*fig.*) **to be in one's cups**, avere alzato il gomito; essere brillo □ **paper cup**, bicchierino di carta □ (*fam.*) **It's quite another cup of tea**, è un altro paio di maniche (*fig.*).

to **cup** /kʌp/, *v. t.* **1** (*med.*) cavar sangue a (q.) con coppette (*o* ventose) **2** foggiare a coppa; unire (*le mani, ecc.*) a forma di coppa **3** tenere (*un bicchiere, una tazza*) con entrambe le mani. ● **to cup one's chin on one's hand**, appoggiare il mento al cavo della mano.

cupbearer /ˈkʌpbɛərə(r)/, *n.* coppiere, coppiera.

cupboard /ˈkʌbəd/, *n.* **1** (= **kitchen c.**) credenza; armadio **2** (= **clothes c.**) armadio per abiti. ● **c. love**, amore interessato.

cupcake /ˈkʌpkeɪk/, *n.* (*pop. USA*) **1** bella ragazza; bambola, pupa (*fig.*) **2** (*al vocat.*) tesoro; cara.

cupel /ˈkjuːpl/, *n.* (*metall.*) coppella.

to **cupel** /ˈkjuːpl/, *v. t.* (*metall.*) coppellare.

cupellation /kjuːpəˈleɪʃn/, *n.* (*metall.*) coppellazione.

cupful /ˈkʌpfʊl/, *n.* (quantità di liquido che sta in una) tazza (*o* in un calice): **a c. of sugar**, una tazza di zucchero; **a c. of wine**, un calice di vino.

Cupid /ˈkjuːpɪd/, *n.* (*mitol.*) Cupido: **C.'s bow**, l'arco di Cupido.

cupidity /kjuːˈpɪdətɪ/, *n.* cupidigia; cupidità (*raro*); bramosia.

cupola /ˈkjuːpələ/ (*ital.*), *n.* **1** (*archit., anat.*) cupola **2** (*metall.*, = **furnace c.**) cubilotto **3** (*ferr.*) garitta **4** (*mil.*) torretta.

cuppa /ˈkʌpə/, *n.* (*fam. ingl.*) tazza di tè.

cupping /ˈkʌpɪŋ/, *n.* (*med.*) applicazione di coppette. ●**c. glass**, coppetta di vetro.

cuprammonium /kjuːprəˈməʊnɪəm/, *n.* (*chim.*) cuprammonio.

cupreous /ˈkjuːprɪəs/, *a.* **1** simile al rame **2** color rame; cupreo (*lett.*).

cupric /ˈkjuːprɪk/, *a.* (*chim.*) rameico; cuprico: **c. sulfate**, solfato rameico.

cupriferous /kjuːˈprɪfərəs/, *a.* (*miner.*) cuprifero.

cuprite /ˈkjuːpraɪt/, *n.* (*miner.*) cuprite.

cupronickel /kjuːprəʊˈnɪkl/, *n.* (*metall.*) cupronichel.

cuprous /ˈkjuːprəs/, *a.* (*chim.*) rameoso; di rame: **c. chloride**, cloruro rameoso (*o* di rame).

cuprum /ˈkjuːprəm/ (*lat.*), *n.* (*arc.*) rame.

cupule /ˈkjuːpjuːl/, *n.* **1** (*bot.*) cupola **2** (*zool.*) cupula.

cur /kɜː(r)/, *n.* **1** cagnaccio; cane bastardo **2** (*fig. spreg.*) carogna; screanzato; vigliacco.

curability /kjʊərəˈbɪlətɪ/, *n.* curabilità.

curable /ˈkjʊərəbl/, *a.* curabile. ‖ **-ness**, *sost.* ‖ **-bly**, *avv.*

curacy /ˈkjʊərəsɪ/, *n.* (*relig.*) curazia; vicariato.

curare, curari /kjuːˈrɑːrɪ/, *n.* curaro.

curarine /kjuːˈrɑːrɪn/, *n.* (*chim.*) curarina.

curarization /kjuːrɑːrɪˈzeɪʃn/, *n.* (*med.*) curarizzazione.

to **curarize** /ˈkjʊərəraɪz/, *v. t.* **1** avvelenare (*frecce, ecc.*) col curaro **2** (*med.*) trattare (*una malattia*) con il curaro; curarizzare.

curate /ˈkjʊərət, ˈkjɔː-, *USA* ˈkjʊəreɪt/, *n.* (*relig.*) curato; vicario; coadiutore. ● (*fig. fam.*) **c.'s egg**, cosa cattiva ma descritta eufemisticamente come in parte buona □ **c.-in--charge**, vicario che funge da parroco.

curative /ˈkjʊərətɪv, ˈkjɔː-/, *a.* (*med.*) curativo; terapeutico.

curator /kjʊəˈreɪtə(r), *USA* ˈkjʊərətə(r)/, *n.* **1** (*leg.*) amministratore; curatore **2** (*leg., in Scozia*) curatore, tutore (*di minorenne, d'incapace, ecc.*) **3** (*leg., USA: in Louisiana*) curatore di beni **4** conservatore (*di galleria d'arte, museo, ecc.*) **5** membro del consiglio di amministrazione d'una università.

curatorial /kjʊərəˈtɔːrɪəl/, *a.* pertinente ad amministratore, a curatore, a conservatore, ecc. (*V.* **curator**).

curatorship /kjʊəˈreɪtəʃɪp/, *n.* **1** ufficio d'amministratore, conservatore, ecc. (*V.* **curator**) **2** (*leg., in Scozia*) curatela, tutela (*di un minorenne*).

curatrix /ˈkjʊrətrɪks/, *n.* (*pl.* **curatrices**) **1** (*leg.*) curatrice **2** (*leg., in Scozia*) tutrice **3** conservatrice (*di un museo, ecc.*).

curb /kɜːb/, *n.* **1** (= **c. chain**) barbozzale (*di un morso*) **2** (*fig.*) freno; impedimento; ostacolo: **We must put a c. on inflation**, dobbiamo porre freno all'inflazione **3** (*costr. stradali, USA*) cordolo; cordone (*di marciapiede*) **4** (= **well c.**) parapetto circolare d'un pozzo **5** (*vet.*) corba **6** (*archit.*) spiovente inferiore (*di tetto a mansarda*). ● **c. bit**, morso (*delle redini*) □ (*fin., USA*) **c. exchange** (*o* **c. market**), terzo mercato; mercatino; dopoborsa; (*stor.*) nomi dati (*dal 1911 al 1953*) all'attuale «American Stock Exchange» di New York □ (*edil.*) **c. roof**, tetto a mansarda □ (*fig.*) **to keep a c. on one's passions**, tenere a freno le proprie passioni.

to **curb** /kɜːb/, *v. t.* **1** mettere il morso a (*un cavallo*) **2** tenere a freno (*un cavallo, ecc.*); dominare, vincere (*le passioni, ecc.*); contenere: **to c. one's tongue**, tenere a freno la lingua; (*econ.*) **to c. inflationary pressures**, contenere le spinte inflazionistiche **3** provvedere (*un morso di cavallo*) di barbozzale.

curbstone /ˈkɜːbstəʊn/, *n.* (*USA*) **1** pietra del cordolo (*del marciapiede*) **2** (*pop.*) cicca (*di sigaretta: raccattata*).

curcuma /ˈkɜːkjʊmə/, *n.* **1** (*bot., Curcuma*) curcuma **2** (*med., tintoria*) curcumina. ● (*chim.*) **c. paper**, carta alla curcuma.

curcumin /ˈkɜːkjʊmɪn/, *n.* (*chim.*) curcumina.

curd /kɜːd/, *n.* (*spesso al pl.*) cagliata; latte cagliato; giuncata. ● **c. cheese**, ricotta □ **curds and whey**, latte cagliato e siero; giuncata □ **lemon c.**, miscela d'uova, burro e zucchero, aromatizzata con limone.

to **curdle** /ˈkɜːdl/, **A** *v. i.* **1** (*del latte*) cagliare; rapprendersi **2** (*fig.*) coagularsi, gelarsi (*fig.*): **My blood curdled at the sight of the corpse**, mi si gelò il sangue alla vista del cadavere. **B** *v. t.* **1** cagliare; fare rapprendere **2** (*fig.*) far gelare (*il sangue*). ● **blood-curdling**, agghiacciante; terrificante.

curdy /ˈkɜːdɪ/, *a.* simile alla cagliata; gelatinoso.

cure /kjʊə(r), kjɔː(r)/, *n.* **1** cura (*anche relig.*); rimedio (*anche fig.*): **I'm afraid there is no c. for your cough**, temo che non ci sia cura per la tua tosse; **to take a c. for rheumatism**, fare una cura per il reumatismo; **to obtain a c. (of souls)**, ottenere una cura d'anime (*o* una parrocchia) **2** (*med.*) guarigione: **In a few days his c. will be complete**, entro pochi giorni la sua guarigione sarà completa **3** conservazione (*di carne, pesce, ecc., salando o affumicando*) **4** vulcanizzazione (*della gomma*) **5** concia (*del tabacco*) **6** (*edil.*) maturazione (*del cemento*). ● **c.-all**, panacea; toccasana □ (*fam. USA*) **to take the c.**, rinunciare a un vizio (*o* a un'abitudine) piacevole; fare un fioretto (*fig.*).

to **cure** /kjʊə(r), kjɔː(r)/, **A** *v. t.* **1** guarire: **These pills will c. you**, queste pillole ti guariranno **2** porre rimedio a: **to c. poverty**, porre rimedio alla miseria **3** conservare (*carne, pesce, ecc., salando o affumicando*) **4** vulcanizzare (*gomma*) **5** conciare (*tabacco*) **6** (*edil.*) far maturare (*il cemento*). **B** *v. i.* (*d'alimenti*) conservarsi: **This meat cures well**, questa carne si conserva bene.

cureless /ˈkjʊələs, ˈkjɔː-/, *a.* (*med.*) incurabile.

curer /ˈkjʊərə(r), ˈkjɔː-/, *n.* **1** guaritore, guaritrice **2** salatore di cibi **3** conciatore (*di tabacco*).

curet /kjʊəˈret/, *V.* **curette**.

curettage /kjʊərɪˈtɑːʒ, kjʊəˈretɪdʒ/, *n.* (*med.*) raschiamento.

curette /kjʊəˈret/, *n.* (*med.*) curetta; cucchiaio da chirurgo.

to **curette** /kjʊəˈret/, *v. t.* (*med.*) sottoporre (*una donna*) a un raschiamento.

curfew /ˈkɜːfjuː/, *n.* (*stor., mil.* e *polit.*) **1** coprifuoco **2** segnale del coprifuoco. ● (*un tempo*) **c. bell**, campana della sera.

curia /ˈkjʊərɪə/ (*lat.*), *n.* (*pl.* **curiae**) (*stor. romana, relig.*) curia.

curial /ˈkjʊərɪəl/, *a.* (*stor. romana, relig.*) curiale.

curialism /ˈkjʊərɪəlɪzəm/, *n.* (*relig.*) curialismo.

curie /ˈkjʊərɪ/, *n.* (*fis.*) curie (*unità di misura*).

curing /ˈkjʊərɪŋ/, *n.* **1** guarigione **2** conservazione (*di alimenti*) **3** vulcanizzazione (*della gomma*) **4** conciatura (*del tabacco*).

curio /ˈkjʊərɪəʊ/, *n.* (*pl.* **curios**) curiosità; rarità; oggetto artistico.

curiosity /kjʊərɪˈɒsətɪ/, *n.* **1** curiosità; desiderio di sapere **2** curiosità, stranezza (*di una cosa*) **3** oggetto raro (*o* artistico); curiosità; rarità **4** curiosità; individuo strano, singolare: **I was still a c. for the natives**, per gli indigeni ero ancora una curiosità. ● (*prov.*) **C. killed the cat**, tanto va la gatta al lardo che ci lascia lo zampino.

curious /ˈkjʊərɪəs/, *a.* **1** curioso (*in ogni senso*): **a c. little girl**, una ragazzina curiosa; **a c. neighbour**, un vicino curioso (*o* indiscreto, ficcanaso); **a c. remark**, un'osservazione curiosa **2** curioso; strano; singolare: **a c. noise**, un curioso rumore; **It's a c. thing that he hasn't turned up**, è curioso (*o* strano) che non si sia fatto vedere **3** (*USA: di un libro*) erotico; spinto (*fam.*); pornografico. ● **c.--looking**, dall'aspetto strano; curioso; singolare.

curiously /ˈkjʊərɪəslɪ/, *avv.* **1** curiosamente; con curiosità **2** stranamente **3** in modo indiscreto; sfacciatamente. ● **c. enough**, strano a dirsi.

curiousness /ˈkjʊərɪəsnəs/, *n.* **1** curiosità **2** stranezza; singolarità.

curium /ˈkjʊərɪəm/, *n.* (*chim.*) curio.

curl /kɜːl/, *n.* **1** riccio; ricciolo; ciocca ricciuta **2** avvolgimento a spirale; spira, voluta (*di fumo, ecc.*) **3** arricciamento; accartocciamento (*della carta, ecc.*) **4** (*bot.*) arricciamento (*o* accartocciamento) delle foglie (*per malattia*) **5** (*ind.*) ricciolo (*per farne impiallacciati*) **6** (*naut.*) giro di bitta **7** (*fis.*) rotore. ● **a c. of the lips**, una smorfia □ **c.-paper**, bigodino di carta □ **to wear one's hair in c.**, tenere i capelli arricciati (*o* in piega).

to **curl** /kɜːl/, **A** *v. t.* **1** arricciare: **to c. one's moustache**, arricciarsi i baffi **2** arrotolare; avvolgere a spirale **3** arricciare; increspare; storcere: **to c. one's mouth**, storcere la bocca; arricciare il naso; **to c. one's lips**, arricciare le labbra. **B** *v. i.* **1** arricciarsi; essere riccio: **Your hair curls naturally**, i tuoi capelli sono ricci per natura **2** arrotolarsi; avvolgersi a spirale **3** (*sport*) giocare a curling. ● **to c. oneself up**, rannicchiarsi □ **to c. into a ball**, raggomitolarsi □ **to c. up**, arricciarsi, avvolgersi a spirale; (*del fumo*) salire in spire; rannicchiarsi, raggomitolarsi □ **to c. up the corners of a book**, piegare gli orli d'un libro; fare le orecchie a un libro □ **That'll make your hair c.**, ti si rizzeranno i capelli!

curler /ˈkɜːlə(r)/, *n.* **1** bigodino: **to put one's hair in curlers**, mettersi i bigodini **2** (*sport*) giocatore di curling (*V.* **curling**, *def.* 2).

curlew /ˈkɜːljuː/, *n.* (*pl.* **curlews, curlew**) (*zool., Numenius arquata*) chiurlo.

curlicue /ˈkɜːlɪkjuː/, *n.* **1** ghirigoro; svolazzo **2** (*pattinaggio*) figura.

curliness /ˈkɜːlɪnəs/, *n.* arricciatura; ondulazione.

curling /ˈkɜːlɪŋ/, *n.* **1** arricciatura, arrotolamento, ecc. (*V.* **to curl**) **2** (*sport*) curling (*lancio di dischi sul ghiaccio*). ● **c. irons** (*o* **c. tongs, c. pins**), ferro per arricciare i capelli; arricciacapelli □ (*mecc.*) **c. machine**, bordatrice (*di barattoli*) □ (*sport*) **c. stone**, disco del curling.

curly /ˈkɜːlɪ/, *a.* **1** riccio; ricciuto **2** a spirale; sinuoso **3** (*del mare*) increspato; leggermente mosso. ● **c.-headed**, dalla testa ricciuta; riccio; ricciuto.

curmudgeon /kɜːˈmʌdʒən/, *n.* **1** individuo intrattabile; musone **2** spilorcio; taccagno.

curragh (**1**), **currach** /ˈkʌrə, -əx, *USA* ˈkɜːrə/, *V.* **coracle**.

curragh (**2**) /ˈkʌrə, -əx, *USA* ˈkɜːrə/, *n.* (*irl.*) terreno paludoso. ● **the C.**, piazza d'armi e ippodromo presso Dublino.

currant /ˈkʌrənt, *USA* ˈkɜːr-/, *n.* (*bot.*) **1** (*specialm. al pl.*) (uva) sultanina **2** (*Ribes*) ribes. ● **c. bread**, pane con l'uva; pan ramerino □ **red c.**, ribes rosso.

currency /ˈkʌrənsɪ, *USA* ˈkɜːr-/, **A** *n.* **1** (*fin.*) moneta; valuta; divisa: **Italy was in need of a stable c.**, l'Italia aveva bisogno di una moneta stabile; **foreign currencies**, valute estere; divise estere **2** (*fin.*) circolante; medio circolante **3** (*fin.*) circolazione (*di monete*) **4** (*ass., fin.*) periodo di validità (*di un'assicurazione, di una cambiale, ecc.*) **5** (*fig. form.*) circolazione; diffusione: **the c. of ideas**, la circolazione delle idee **6** (*fig. form.*) validità; fondamento, credito (*fig.*): **The reports of war preparations are gaining c.**, le notizie di preparativi di guerra acquistano credito; **This rumour enjoys wide c. in London**, questa diceria è ritenuta fondata da quasi tutti a Londra. **B** *a. attr.* (*fin.*) **1** monetario; valutario: **c. deflation**, deflazione monetaria; **c. depreciation**, svalutazione monetaria; deprezzamento della moneta; **c. devaluation**, svalutazione monetaria (ufficiale); **c. grid**, griglia valutaria; **c. regulations**, norme valutarie **2** cartaceo: **c. circulation**, circolazione cartacea. ● (*fin.*) **c. adjustment**, conguaglio monetario □ (*fin.*) **c. alignment**, allineamento delle valute □ (*econ.*) **c. appreciation**, rivalutazione monetaria □ (*fin.*) **c. band**, banda valutaria □ (*fin.*) **c. basket**, paniere valutario □ (*fin.*) **c. dealer**, operatore in cambi; cambista □ (*fin.*) **c. fluctuations**, fluttuazioni delle monete □ (*fin.*) **c. grid**, griglia valutaria □ (*fin.*) **c. parity**, parità monetaria □ (*fin.*) **c. rates**, tassi di cambio □ (*fin.*) **c. snake**, serpente monetario □ (*fin.*) **c. swap**, riporto valutario (*o* in cambi) □ (*fin.*) **c. transactions**, manovre sulle valute □ (*fin.*) **c. unit**, unità monetaria; modulo monetario. ● **words in common c.**, parole della lingua corrente.

current (**1**) /ˈkʌrənt, *USA* ˈkɜːr-/, *a.* **1** corrente; d'uso corrente; attuale: **c. beliefs**, opinioni correnti; **c. money**, moneta corrente; **the c. month** [**week**], il mese [la settimana] corrente; **the c. fashion**, la moda attuale; **a c. word**, una parola dell'uso corrente **2** (*banca*) corrente: **c. account**, conto corrente **3** (*ind.*: *di modello*) di serie **4** (*elab.*: *di un programma*) in corso. ● (*fin.*) **c. account**, bilancia commerciale (*o* delle partite correnti); bilancia dei pagamenti correnti □ (*fin.*) **c. accounts**, partite correnti □ (*banca*) **c. account holder**, correntista □ (*banca*) **c. account statement**, estratto di conto corrente □ **c. affairs**, attualità □ (*fin., rag.*) **c. assets**, attività correnti (*o* a breve); disponibilità □ (*fin.*) **c. balance**, saldo delle attività correnti □ (*econ.*) **the c. business situation**, la congiuntura □ (*rag.*) **c.-cost accounting**, contabilità a costi correnti □ (*fin.*) **c. expenditure**, spese correnti (*o* di esercizio) □ (*elab.*) **c. instruction**, istruzione corrente □ (*banca*) **c. interest**, interessi in corso (*o* applicati) □ (*fin.*) **c. items**, partite correnti □ (*fin., rag.*) **c. liabilities**, passività correnti (*o* a breve) □ (*fin.*) **c. liquidity ratio**, rapporto di liquidità corrente □ (*market.*) **c. price**, prezzo corrente: **c. price list**, listino dei prezzi correnti □ (*fin.*) **the c. rate of exchange**, il tasso di cambio del giorno □ **c. ratio**, *V.* **c. liquidity ratio** □ (*econ.*) **c. standard cost**, costo standard corrente □ (*fin.*) **c. transactions**, operazioni correnti □ **to be c.**, avere corso; essere valido □ **This banknote is no longer c.**, questa banconota è fuori corso.

current (**2**) /ˈkʌrənt, *USA* ˈkɜːr-/, *n.* **1** corrente: **the c. of the river**, la corrente del fiume; **a c. of cold air**, una corrente d'aria fredda **2** (*elettr.*) corrente: **direct c.**, corrente continua; **alternating c.**, corrente alternata **3** (*fig.*) corrente: **currents of public opinion**, correnti d'opinione pubblica **4** (*fig.*) corso: **in the c. of events**, nel corso degli eventi; **That event modified the whole c. of his life**, quell'avvenimento modificò l'intero corso della sua vita. ● (*elettr.*) **c. amplifier**, amplificatore di corrente □ (*elettr.*) **c. breaker**, interruttore □ **c. feed**, alimentazione in corrente □ (*elettron.*) **c. feedback**, retroazione di corrente □ **c. meter**, (*elettr.*) misuratore di corrente; (*idraul.*) correntometro □ (*elettr.*) **c. noise**, rumore elettrico □ (*elettr.*) **c. regulator**, stabilizzatore di corrente.

currently /ˈkʌrəntlɪ, *USA* ˈkɜːr-/, *avv.* **1** al momento; attualmente; ora **2** generalmente; comunemente.

curricle /ˈkʌrɪkl, *USA* ˈkɜːr-/, *n.* calesse (*di solito a due cavalli*).

curricular /kəˈrɪkjʊlə(r)/, *a.* di un curricolo; curricolare.

curriculum /kəˈrɪkjʊləm/, *n.* (*pl.* **curricula, curriculums**) curriculum (corso, *o* programma) di studi; curricolo. ● **c. development specialist**, programmatore (*nelle scuole*) □ **c. vitae**, curricolo; curriculum vitae.

currier /ˈkʌrɪə(r), *USA* ˈkɜːr-/, *n.* conciatore; conciapelli.

curriery /ˈkʌrɪərɪ, *USA* ˈkɜːr-/, *n.* conceria.

currish /ˈkɜːrɪʃ/, *a.* **1** da cane bastardo; ringhioso (*anche fig.*): **a c. man**, un uomo ringhioso **2** intrattabile; irascibile **3** meschino; basso; volgare; spregevole. || **-ly**, *avv.* || **-ness**, *sost.*

curry /ˈkʌrɪ, *USA* ˈkɜːrɪ/, *n.* (*cucina*) curry. ● **c. powder**, curry (*mistura di varie spezie*) □ **shrimp c.**, gamberetti al curry.

to **curry** (**1**) /ˈkʌrɪ, *USA* ˈkɜːrɪ/, *v. t.* **1** condire col curry **2** cucinare col curry.

to **curry** (**2**) /ˈkʌrɪ, *USA* ˈkɜːrɪ/, *v. t.* **1** strigliare (*un cavallo, ecc.*) **2** conciare (*pelli*) **3** (*fig.*) conciare per le feste; bastonare; picchiare. ● **to c. favour with sb.**, cercare d'ingraziarsi q. adulandolo.

currycomb /ˈkʌrɪkəʊm, *USA* ˈkɜːr-/, *n.* striglia.

curse /kɜːs/, *n.* **1** maledizione (*in ogni senso*): **to call down curses on sb.**, invocare la maledizione di Dio su q.; **to be under a c.**, sentirsi pesare sul capo una maledizione **2** imprecazione; bestemmia; parolaccia **3** calamità; sventura; sciagura; disgrazia: **Malaria was a c. in Sardinia**, la malaria era una calamità della Sardegna; **He is a c. to his family**, è la disgrazia della sua famiglia **4** (*relig.*) anatema; scomunica **5** (*pop. eufem.*) mestruazioni. ● (*a carte*) **the c. of Scotland**, il nove di quadri □ **to give a couple of curses**, dire due parolacce; tirare un paio di moccoli (*fam.*) □ **to put a c. on sb.**, scagliare una maledizione contro q. □ (*fam.*) **I do not care** (*o* **give**) **a c. for it**, non me ne importa un accidente (*fam.*) □ (*prov.*) **Curses come home to roost**, le maledizioni ricadono sul capo di chi le scaglia.

to **curse** /kɜːs/ (*pass.* e *p. p.* **cursed**, *arc.* **curst**), **A** *v. t.* **1** maledire: **The witch cursed the knight**, la strega maledisse il cavaliere **2** imprecare contro: **He cursed the man who had stepped on his toes**, imprecò contro l'uomo che gli aveva pestato i piedi **3** (*relig.*) scomunicare. **B** *v. i.* bestemmiare; imprecare: **Stop cursing!**, smettila d'imprecare! ● **I am cursed with a worthless son**, ho la disgrazia d'avere un figlio indegno □ **We were cursed with swarms of mosquitoes**, eravamo tormentati da nugoli di zanzare □ **C. it!**, maledizione! □ **C. your folly!**, al diavolo la tua stoltezza!

cursed /ˈkɜːsɪd/, *a.* **1** (che è stato) maledetto **2** (*fam. arc.*) maledetto (*fig.*); fastidioso; scocciante: **It's a c. nuisance**, è una maledetta scocciatura.

cursedness /ˈkɜːsɪdnəs/, *n.* l'esser maledetto, fastidioso, scocciante.

curses /ˈkɜːsəs/, *inter.* (*spesso scherz.*) accidenti!

cursive /ˈkɜːsɪv/, *a.* e *n.* (*anche tipogr.*) corsivo.

cursor /ˈkɜːsə(r)/, *n.* **1** (*scient., mecc.*) cursore; indice mobile **2** freccia (*di un videogioco*) **3** cavallino (*di uno schedario*).

cursorial /kɜːˈsɔːrɪəl/, *a. attr.* (*zool.*) atto a correre; corridore.

cursory /ˈkɜːsərɪ/, *a.* frettoloso; rapido; superficiale; cursorio (*raro*): **I gave a c. glance at the headlines in the paper**, diedi una rapida occhiata (*o* una scorsa) ai titoli del giornale; **c. reading**, lettura cursoria. || **-ily**, *avv.* || **-iness**, *sost.*

curst /kɜːst/, **A** *pass.* e *p. p.* (*arc.*) di **to curse**. **B** *a. V.* **cursed**.

curt /kɜːt/, *a.* **1** reciso; brusco; asciutto; secco (*fig.*): **a c. reply**, una secca risposta **2** (*lett.*) corto; breve; conciso.

to **curtail** /kɜːˈteɪl/, *v. t.* **1** abbreviare; accorciare; decurtare; ridurre: **to c. the working week**, accorciare la settimana lavorativa; **to c. a visit**, abbreviare una visita; **to c. a monthly allowance of money**, decurtare un assegno mensile in denaro; **to c. wages**, ridurre i salari **2** limitare; contingentare: **to c. the output of consumer's goods**, contingentare la produzione dei beni di consumo.

curtailing /kɜːˈteɪlɪŋ/, *n.* **1** accorciamento; decurtazione; diminuzione; riduzione **2** limitazione; contingentamento: **the c. of sb.'s powers**, la limitazione dei poteri di q.; (*econ.*) **the c. of output**, il contingentamento della produzione.

curtailment /kɜːˈteɪlmənt/, *V.* **curtailing**.

curtail step /ˈkɜːteɪlˈstɛp/, *n.* (*archit.*) gradino d'invito.

curtain /ˈkɜːtn/, *n.* **1** tenda; tendina: **cretonne curtains**, tendine di cretonne **2** cortina (*in ogni senso*): **a c. of smoke**, una cortina di fumo; (*polit., stor.*) **the iron c.**, la cortina di ferro **3** (*teatr.*) sipario; tela: **The c. rises** (*o* **is raised**), s'alza il sipario; **The c. falls** (*o* **drops, is dropped**), cala la tela **4** (*archit.*, = **c. wall**) parete divisoria **5** (*fis. nucl.*) cortina; striscia **6** (*pl.*) (*pop.*) la fine (*morte, licenziamento, ecc.*): **If he doesn't work harder, it will be curtains for him**, se non lavora di più, sarà la fine per lui. ● (*edil.*) **c. board**, tramezzo antincendio □ (*teatr.*) **c. call**, chiamata alla ribalta: **to take a c. call**, essere chiamato alla ribalta □ (*mil.*) **c. fire**, fuoco di sbarramento □

c. lecture, ramanzina a quattr'occhi □ **c. maker**, tendaggista □ **c.-raiser**, (*teatr.*) farsa d'apertura; (*fig.*) prologo, preambolo □ (*teatr.*) **c.-up**, l'alzarsi del sipario □ (*teatr.* e *fig.*) **behind the c.**, dietro le quinte □ **to draw the curtains**, tirare le tendine □ (*fig.*) **to draw a c. on** (*o* **over**) **st.**, stendere un velo su q.c. □ (*teatr.*) **fireproof c.**, sipario antincendio □ (*fig.*) **to lift the c. on st.**, aprire una finestra su q.c. (*di segreto, nascosto, ecc.*); svelare q.c. □ (*teatr.*) **to take the c.**, venire alla ribalta (*per ricevere un applauso*) □ (*teatr.*) **to take the final c.**, ritirarsi dalle scene; abbandonare il teatro □ (*teatr.*) **C. up!**, su il sipario!

to **curtain** /ˈkɜːtn/, *v. t.* ***1*** provvedere di tende (*o* tendine) ***2*** coprire (q.c.) con una tenda. ● **to c. off**, dividere (*o* separare) con una tenda (*o* una tendina); (*fig.*) nascondere alla vista; celare.

curtesy /ˈkɜːtəsɪ/, *n.* (*leg., stor.*) usufrutto a vita (*di vedovo: sui beni della moglie*).

curtly /ˈkɜːtlɪ/, *avv.* bruscamente; seccamente.

curtness /ˈkɜːtnəs/, *n.* ***1*** bruschezza; modi bruschi; tono perentorio ***2*** concisione.

curts(e)y /ˈkɜːtsɪ/, *n.* inchino, riverenza (*di donna o ragazza*): **to make** (*o* **to drop**) **a c.**, fare un inchino.

to **curts(e)y** /ˈkɜːtsɪ/, *v. i.* inchinarsi; fare un inchino (*V.* **curts(e)y**).

curule /ˈkjʊəruːl/, *a.* (*stor. romana*) curule: **a c. chair**, una sedia curule.

curvaceous /kɜːˈveɪʃəs/, *a.* (*fam.*) (*di donna*) piena di curve; formosa; procace.

curvature /ˈkɜːvətʃə(r), *USA* -tʃʊə(r)/, *n.* curvatura (*anche mat.*): **c. of the spine**, curvatura della spina dorsale; **the c. of space**, la curvatura dello spazio.

curve /kɜːv/, *n.* ***1*** curva; svolta: (*autom.*) **blind c.**, curva cieca ***2*** (*scient.*) curva; diagramma: (*mat.*) **plane c.**, curva piana; (*stat.*) **c. fitting**, adattamento della curva; (*econ.*) **c. of absolute inequality**, curva d'ineguaglianza assoluta □ **c. sketching**, studio grafico □ **unemployment c.**, curva della disoccupazione. ● **c. ball**, (*baseball*) lancio curvo; (*fig. fam. USA*) domanda trabocchetto □ (*autom.*) **Bad curves ahead**, curve pericolose (*cartello*) □ (*grafica*) **French c.**, curvilineo (*sost.*).

to **curve** /kɜːv/, **A** *v. t.* curvare; piegare. **B** *v. i.* (*di strada*) svoltare; piegare (*verso un punto, un luogo*); descrivere una curva.

curved /kɜːvd/, *a.* curvo: **a c. surface**, una superficie curva.

curvet /kɜːˈvɛt, ˈkɜːvɪt/, *n.* corvetta (*del cavallo*).

to **curvet** /kɜːˈvɛt, ˈkɜːvɪt/, **A** *v. i.* (*del cavallo o del cavaliere*) corvettare. **B** *v. t.* far corvettare (*un cavallo*).

curvilineal /kɜːvɪˈlɪnɪəl/, **curvilinear** /kɜːvɪˈlɪnɪə(r)/, *a.* (*scient., tecn.*) curvilineo.

curving /ˈkɜːvɪŋ/, *n.* curvatura.

cuscus (1) /ˈkʌskʌs/, *n.* (*zool., Cuscus*) cusco.

cuscus (2) /ˈkʌskʌs/, *V.* **couscous**.

cushat /ˈkʌʃət/, *n.* (*zool., Columba palumbus*) colombaccio.

cushion /ˈkʊʃn/, *n.* ***1*** (*anche fig.*) cuscino: **a c. of air**, un cuscino d'aria ***2*** (*un tempo*) imbottitura (*sotto i capelli, dietro la nuca o in fondo alla schiena*) ***3*** (*di scarpa*) imbottitura ***4*** sponda elastica (*del biliardo*) ***5*** (*fig.*) cuscinetto; ammortizzatore (*fig.*); ancora di salvezza: **The growth of production is a good c. for our economy**, l'aumento della produzione è un buon cuscinetto per la nostra economia. ● (*edil.*) **c. flooring**, posa di pavimenti con imbottitura.

to **cushion** /ˈkʊʃn/, *v. t.* ***1*** provvedere di cuscini; imbottire: **cushioned seat**, sedile imbottito ***2*** sostenere con cuscini ***3*** (*fig.*) attenuare; attutire; fare da cuscinetto a: **A reduction in labour costs would c. the blow of sharp tax rises**, una riduzione del costo della manodopera attutirebbe l'impatto dei forti aumenti delle imposte ***4*** assorbire, smorzare (*un urto*) ***5*** attenuare (*un suono*) ***6*** (*mecc.*) ammortizzare le scosse di (*un veicolo*) ***7*** (*fig.*) soffocare, mettere a tacere (*uno scandalo*) ***8*** (*biliardo*) mettere (*la palla*) in sponda. ● (*fig.*) **to c. sb. from disappointment**, alleviare una delusione a q.

cushioncraft /ˈkʊʃənkrɑːft, *USA* -æft/, *n.* veicolo su cuscino d'aria.

cushiony /ˈkʊʃənɪ/, *a.* (*fam.*) che fa da cuscino; che sorregge la schiena; morbido; soffice.

cushy /ˈkʊʃɪ/, *a.* (*pop.*) comodo; facile; piacevole: **a c. task**, un compito facile. ● **a c. number**, un buon posto (*di lavoro*); un lavoro comodo □ **It's a c. life**, è una pacchia (*fam.*).

cusp /kʌsp/, *n.* ***1*** cuspide (*in ogni senso*) ***2*** (*geol.*) apice ***3*** (*astron.*) corno d'astro (*o* di luna). ● (*astrol.*) **to be born on the c.**, essere nato in cuspide (*a cavallo di due segni dello zodiaco*). ● (*astron.*) **c. cap**, calotta cuspidale.

cuspid /ˈkʌspɪd/, *n.* (*anat.*) (dente) canino.

cuspidal /ˈkʌspɪdl/, *a.* cuspidale.

cuspidate(d) /ˈkʌspɪdeɪt(ɪd)/, *a.* (*biol.*) cuspidato.

cuspidor /ˈkʌspɪdɔː(r)/, *n.* (*USA*) sputacchiera.

cuss /kʌs/, *n.* (*pop.*) ***1*** maledizione; imprecazione; bestemmia ***2*** (*scherz. o spreg.*) individuo; tipo: **He's a queer c.**, è un individuo strano. ● **He doesn't care a c.**, non gliene importa un fico (*pop.*).

to **cuss** /kʌs/, *v. t.* e *i.* (*fam.*) maledire; imprecare; bestemmiare (contro q.).

cussed /ˈkʌsɪd/, *a.* (*fam.*) ***1*** ostinato; testardo ***2*** (*arc.*) maledetto; scocciante: **a c. nuisance**, una maledetta scocciatura.

cussedness /ˈkʌsɪdnəs/, *n.* (*fam.*) ostinazione; testardaggine; caparbietà.

custard /ˈkʌstəd/, *n.* crema (*di pasticceria*). ● (*bot.*) **c. apple**, (*Anona cherimolia*) anona; (*Anona reticulata*), cuor di bue □ (*cucina*) **c. pie**, torta alla crema □ (*teatr.*) **c.-pie comedy**, commedia (*o* farsa) da torte in faccia □ (*fig.*) **c.-pie humour**, umorismo (*o* comicità) delle torte in faccia.

custodial /kʌˈstəʊdɪəl/, *a.* ***1*** relativo a custodia (*o* a custode) ***2*** (*leg.*) detentivo: **c. sentences**, condanne a pene detentive. ● (*edil.*) **c. area**, area di servizio (*di un cantiere*).

custodian /kʌˈstəʊdɪən/, *n.* ***1*** custode; guardiano ***2*** (*leg.*) custode; depositario ***3*** amministratore giudiziario ***4*** (*fin.*) banca depositaria.

custody /ˈkʌstədɪ/, *n.* ***1*** custodia; protezione ***2*** (*leg.*) tutela; custodia: **c. of children**, custodia dei minori; **He was placed in the c. of his uncle**, fu affidato alla tutela dello zio ***3*** (*leg.*) custodia cautelare (*o* preventiva); detenzione ***4*** (*fin.*) custodia: **c. fees**, diritti di custodia. ● (*leg.*: *di persona*) **to be in c.**, essere in stato d'arresto □ **to be in safe c.**, essere al sicuro; essere in buone mani □ **to take sb. into c.**, arrestare q.; mettere sotto custodia q.

custom /ˈkʌstəm/, **A** *n.* ***1*** costume; costumanza; consuetudine; abitudine; usanza; uso: **It was a c. with him to go to bed early**, era sua abitudine (*o* suo costume) andare a letto presto; **the old customs of our country**, le vecchie usanze del nostro paese ***2*** (*leg.*) consuetudine; uso ***3*** (*comm.*) l'essere clienti; il servirsi (*presso un negozio*): **We will withdraw our c. from that shop**, smetteremo di servirci in quel negozio; **We would like to have your c.**, gradiremmo che diventaste nostri clienti ***4*** (*comm.*) clienti, clientela: **The new supermarket has gained a lot of c.**, il nuovo supermercato s'è fatto molti clienti. **B** *a.* ***1*** (*USA*) fatto su misura; fatto su ordinazione ***2*** (*USA*) che lavora su ordinazione: **c. tailor**, sarto che fa abiti su misura ***3*** (*elab.*) su misura; personalizzato: **c. design**, progetto su misura ***4*** (*dog.*) doganale; di dogana (*V. anche sotto* **customs, B**). ● **c.-built**, fatto (*o* costruito) su ordinazione (*o* commissione); fuori serie: (*autom.*) **a c.-built car**, una fuoriserie; **a c.-built house**, una casa costruita su commissione (*apposta per il proprietario*) □ (*dog.*) **c. collector**, esattore doganale □ (*fisc.*) **c.-free**, esente da dazio; in franchigia doganale □ **c.-made**, fatto su ordinazione (*o* su misura): **a c.-made suit**, un abito fatto su misura □ (*di un abito, ecc.*) **c.-tailored**, (fatto) su misura □ (*leg.*) **customs of merchants**, usi del commercio □ (*naut.*) **customs of the port**, usi portuali □ (*leg.*) **c. of trade**, uso commerciale.

customable /ˈkʌstəməbl/, *a.* (*dog.*) soggetto a dazio doganale.

customariness /ˈkʌstəmərɪnəs, *USA* -mɛr-/, *n.* l'esser consueto (*o* abituale); consuetudine; abitudine.

customary /ˈkʌstəmərɪ, *USA* -mɛrɪ/, **A** *a.* ***1*** consueto; abituale; usuale: **with c. care**, con la consueta cura (*o* attenzione) ***2*** (*leg.*) consuetudinario: **c. law**, diritto consuetudinario. **B** *n.* raccolta di usi e costumi (*di un luogo*). ● (*leg.*) **c. clause**, clausola d'uso (*in un contratto*) □ (*demogr.*) **c. marriage**, libera unione □ (*naut.*) **customary route**, rotta ordinaria □ (*trasp.*) **c. tare**, tara d'uso □ **as (is) c. at the port of Boston**, secondo gli usi del porto di Boston.

customer /ˈkʌstəmə(r)/, *n.* ***1*** (*comm.*) cliente; avventore: **our customers are difficult to please**, non è facile accontentare i nostri clienti ***2*** (*pl.*) (*comm.*) clientela (*collett.*): **I call on my customers regularly**, visito la mia clientela a intervalli regolari ***3*** utente; fruitore (*di un servizio*) ***4*** (*pl.*) (*rag.*) (conto) clienti (*intestazione*) ***5*** (*pop.*) individuo; tipo: **He's a queer c.**, è un tipo strano ***6*** (*pop.*) animale; bestia: **A mule can be an ugly c.**, a volte il mulo è una bestia intrattabile. ● (*market.*) **c. assistance**, assistenza alla clientela □ (*banca*) **c. code**, codice (del) cliente □ (*market.*) **c.--driven**, condizionato dalle esigenze (*o* dai bisogni) della clientela □ (*rag.*) **customers' ledger**, partitario clienti □ (*market.*) **c. service**, servizio di assistenza (*ai clienti*).

customhouse /ˈkʌstəmhaʊs/, *n.* (*dog., USA*) *V.* **customs-house**.

to **customize** /ˈkʌstəmaɪz/, *v. t.* ***1*** personalizzare (*un prodotto*): **a customized car**, un'automobile personalizzata ***2*** (*elab.*) personalizzare (*un programma, ecc.*) ***3*** (*USA*) fare su misura (*o* su ordinazione).

customs /ˈkʌstəmz/, **A** *n.* (*dog.*) ***1*** dogana: **to go through (the) c.**, passare la dogana ***2*** (*pl.*) diritti (*o* dazi) doganali; dogana (*fam.*): **You don't have to pay any c. on these goods**, su queste merci non si paga dogana. **B** *a. attr.* (*dog.*) doganale; di (*o* della) dogana: **c. charges**, diritti doganali; spese di dogana; **c. declaration**, dichiarazione doganale; **c. duties**, dazi (*o* diritti) doganali; **c. invoice**, fattura doganale; **c. surveyor**, ispettore di dogana; **c. station**, posto di dogana: ● **c. agent**, spedizioniere doganale □ (*comm. est.*) **c. barriers**, barriere doganali □ **c. bill of entry**, bolla (*o* bolletta) doganale; (*naut., in G.B.*) lista delle navi in arrivo e in partenza □ **c. bond**, cauzione doganale □ **c. broker**, spedizioniere accreditato □ **c. clearance**, sdoganamento; sdaziamento □ **c. drawback**, dazio di ritorno □ **c. entry**, dichiarazione doganale □ **c. examination**, visita (*o* ispezione doganale) □ **c.-free**, *V.* **custom-free** □ **c. guard**, doganiere □ **c.-house**, edificio (*o* ufficio) della dogana; dogana □ **c. inspection**, *V.* **c. examination** □ **c. officer**, funzionario della dogana; doganiere □ **c. permit**, bolletta di transito □ **c. specification**, distinta doganale □ **c. square**, piazzale della dogana □ **c. store**, magazzino doganale □ **c. tariff**, tariffa doganale □ (*comm. est., econ.*) **c. union**, unione doganale □ **c. warehouse**, magazzino doganale; deposito (*o* punto) franco □ **c. warrant**, buono di prelievo (*dal magazzino doganale*); nota di trasbordo □ **to clear through the c.**, sdoganare, sdaziare (*merci, bagagli, ecc.*) □ (*autom.*) **international c. pass**, trittico (doganale).

cut (1) /kʌt/, *n.* ***1*** taglio (*in molti sensi*); (*med.*) incisione: **cuts on one's face**, tagli sulla faccia (*facendosi la barba, ecc.*); **a cut through a hillside**, il taglio d'una collina (*per aprire una strada*); **a nice cut of beef**, un bel taglio di manzo; **to make a cut in a play**, fare un taglio a un dramma; **a cut of cloth**, un taglio di stoffa; **clothes of ancient cut**, abiti di taglio antiquato ***2*** atto (*o* mossa) di colpire (*di taglio*); sferzata: **He made a cut at his enemy with his sword**, fece l'atto di colpire il nemico con un fendente; **He gave his horse a cut (with the whip)**, diede una sferzata al cavallo ***3*** taglio (*fig.*); diminuzione; ribasso; riduzione: **There has been a cut in wholesale prices**, c'è stato un ribasso (*o* un calo) dei prezzi all'ingrosso; **a cut in wages**, una riduzione del salario; **a salary cut**, una riduzione di stipendio ***4*** (*sport*) colpo tagliato ***5*** (*tipogr.*) cliché; illustrazione; incisione; vignetta ***6*** (*chim.*) frazione ***7*** (*ind. costr.*) sezione in sterro d'una strada; trincea; scavo; galleria; canale ***8*** alzata; taglio (*d'un mazzo di carte*) ***9*** (*elettr.*) interruzione ***10*** (*cinem.*) montaggio ***11*** (*TV*) stacco ***12*** (*fam.*) assenza ingiustificata (*dalla scuola*) ***13*** (un) tantino; (un) po'; alquanto: (*fam.*) **Your work is a cut above his**, il tuo lavoro è fatto un po' meglio del suo ***14*** (*fam.*) fetta (*fig.*); cointeressenza; quota; tangente ***15*** (*fam. USA*) dividendo; interesse ***16*** (*balletto, danza*) sforbiciata. ● **cut and fill**, (*ind. costr.*) sezione in sterro e riporto; (*geol.*) erosione e riempimento □ (*dal parrucchiere*) **cut and set**, taglio e messa in piega □ (*fig.*) **cut and thrust**, schermaglia (*in un dibattito, ecc.*) □ **cut-in**, interruzione; (*cinem., TV*) inserto, scena di collegamento; (*tipogr.*) foto inserita (*nel corpo di un articolo*); (*elettr.*) collegamento; (*mecc.*) accensione; (*fam.*) cointeressenza, quota, tangente □ **cut man**, (*giorn.*) addetto alle pagine pubblicitarie; (*boxe*) addetto alla medicazione delle ferite (*durante un incontro*) □ **cut-out**, ritaglio; parte da ritagliare (*di un giornale e sim.*); (*elettr.*) interruttore; (*anche*) derivazione; diramazione; (*mecc.*) valvola di scappamento □ (*elettr.*) **cut-out box**, cassetta d'interruzione (*o* di protezione); salvavita (*fam.*) □ (*fam. USA*) **cut-up**, burlone; buffone □ **to draw cuts**, fare a bruschette, tirare a sorte (*con fuscelli di lunghezza diversa, tenuti in pugno in modo che appaiano pari*) □ **hair-cut**, taglio dei capelli: **hair-cut and shave**, barba e capelli □ (*fig.*) **a man of different cut**, un uomo di diverso stampo □ **rough cut**, (*mecc.*) sgrossatura; (*cinem.*) montaggio provvisorio □ **a short cut**, una scorciatoia.

cut (2) /kʌt/, *a.* ***1*** tagliato; reciso; ritagliato ***2*** (*del tabacco*) trinciato ***3*** (*di un prezzo*; = **cut down**) ridotto: **cut-down**, prezzi ridotti (*o* stracciati) ***4*** (*bot.*) lobato ***5*** (*di vetro*) molato ***6*** (*di un animale*) castrato ***7*** (*pop.*) sbronzo; ubriaco. ● (*fig.*) **cut and dried** (*o* **dry**), bell'e deciso; fuori discussione; scontato: **The result of the general election is cut-and--dried**, il risultato delle (elezioni) politiche è scontato □ **cut flowers**, fiori recisi □ (*di foto o illustrazione*) **cut in**, inserita nel corpo di un articolo □ **cut off**, tagliato fuori; escluso □ **cut out**, tagliato (*fig.*); atto; idoneo: **He is cut out to be a doctor**, è tagliato per la medicina □ **cut-out panel envelope**, busta (commerciale) con finestra □ (*comm.*) **c.-price**, a prezzo ridotto □ (*comm.*) **cut-price shop** (*o* **store**), negozio che pratica forti sconti; negozio che vende a prezzi stracciati (*fam.*) □ **cut-rate**, a tariffa ridotta; (*USA*) a prezzo ridotto: **cut--rate electricity**, energia elettrica a tariffa ridotta □ **cut-to-fit**, regolabile: **cut-to-fit belt**, cintura (*da uomo*) regolabile (*servendosi dei fori*) □ **cut up**, fatto a pezzi; tagliuzzato; (*fig.*) a pezzi, con i nervi a pezzi; addolorato, sconvolto: **He was quite cut up when he heard of the accident**, quando seppe dell'incidente, ne fu addirittura sconvolto.

to **cut** /kʌt/ (*pass.* e *p. p.* **cut**), **A** *v. t.* ***1*** tagliare (*quasi in ogni senso*): **to cut st. in two [in half]**, tagliare q.c. in due [a metà]; **to cut st. into pieces**, tagliare q.c. a pezzi; **to cut bread [a slice of bread]**, tagliare il pane [una fetta di pane]; **to cut one's finger**, tagliarsi un dito; **to cut one's face**, farsi un taglio in faccia; **to cut a manuscript [a lecture]**, tagliare un manoscritto [una conferenza]; **to cut one's nails**, tagliarsi le unghie; **to have** (*o* **to get**) **one's hair cut**, farsi tagliare i capelli; **to cut timber**, tagliare (*o* spaccare) la legna; **to cut the cards**, tagliare (*o* alzare) le carte; **to cut alcohol**, tagliare (*o* diluire) una bevanda alcolica ***2*** intagliare; incidere; scolpire: **to cut a heart on a tree**, incidere un cuore su un albero; **to cut a cameo**, intagliare un cammeo ***3*** fare, costruire (*tagliando q.c.*); scavare: **to cut car keys by numbers**, fare chiavi per automobili in base ai numeri di attribuzione; **to cut a road through a hill**, costruire una strada tagliando il fianco d'un colle; **to cut a tunnel through a mountain**, scavare una galleria attraverso un monte ***4*** (*agric.*) falciare; mietere: **to cut hay**, falciare il fieno; **to cut wheat**, mietere il grano ***5*** (*comm.*) tagliare; abbassare, calare (*prezzi*); ridurre: **to cut losses**, ridurre le perdite; **to cut expenses**, tagliare le spese; **Are they going to cut my salary?**, intendono forse ridurmi lo stipendio? ***6*** (*sport*) tagliare (*una palla*) ***7*** colpire forte; ferire; urtare; penetrare: **to cut a horse with a whip**, colpire a sangue un cavallo con la frusta; **His sarcasm cut me to the quick**, il suo sarcasmo mi ferì nel profondo del cuore; **The icy blast cut him to the marrow**, il vento gelido gli penetrava fin nelle ossa ***8*** (*arte*) scolpire, incidere (*sulla pietra, su un metallo*) ***9*** (*tecn.*) filettare (*una vite*) ***10*** (*tecn.*) tagliare, molare (*vetri*): (*di un vetro*) **cut to size**, tagliato su misura ***11*** (*fam.*) ignorare (q.); fingere di non vedere (*o* di non conoscere): **When he passed me on the street, he cut me**, quando m'incontrò per la strada, finse di non conoscermi; **The Jenkinsons have cut me**, i Jenkinson mi hanno radiato dal novero delle loro conoscenze ***12*** (*fam.*) saltare, salare (*fig.*); bigiare (*fam.*): **to cut math**, saltare la lezione di matematica; **to cut classes**, salare le lezioni; marinare la scuola ***13*** (*fam.*) smettere; cessare: **Cut the noise!**, smetti (*o* piantala) di far rumore! ***14*** (*cinem.*) montare (*un film*) ***15*** (*fam.*) incidere (*un disco, o su disco*): **to cut a demo**, incidere un disco per dimostrazione ***16*** (*fam. USA*) dividere, spartire (*profitti, vincite, le spese d'alloggio, ecc.*) ***17*** (*fam. USA*) battere, superare (q.) ***18*** (*zootecnia*) castrare (*un animale*). **B** *v. i.* ***1*** tagliare: **This knife cuts very well**, questo coltello taglia benissimo ***2*** tagliarsi: **This wood cuts easily**, questo legno si taglia bene ***3*** penetrare: **The wind cut through his clothes**, il vento gli penetrò nei vestiti ***4*** intersecarsi ***5*** (*fam.*, = **to cut and run**) svignarsela; tagliare la corda; scappare; darsela a gambe: **I must cut**, devo scappare ***6*** (*di un veicolo, un battello, ecc.*) tagliare (*fam.*); andare in linea retta ***7*** (*sport*) tagliare una palla ***8*** (*cinem.*) interrompere la ripresa; (*anche*) spostare l'inquadratura (*su q. o q.c.*) ***9*** (*balletto, danza*) fare una sforbiciata ***10*** (*a carte*) tagliare il mazzo; alzare. ● (*fam.*) **to cut and come again**, (*a tavola*) servirsi di nuovo; mangiare (*specialm. carne*) a quattro palmenti □ (*fam.*) **to cut and run**, tagliare la corda; darsela a gambe; scappare □ (*naut.*) **to cut across the bows of a ship**, tagliare la rotta a una nave □ **to cut a boat loose**, sciogliere una barca tagliando il cavo d'ormeggio □ (*anche fig.*) **to cut both ways**, essere a doppio taglio □ **to cut the cake**, tagliare la torta; (*pop. USA*) sverginare una ragazza □ **to cut a caper**, fare una capriola □ (*fig.*) **to cut one's coat according to one's cloth**, fare il passo secondo la gamba (*fig.*); commisurare le spese alle entrate □ **to cut a connection with sb.**, tagliare i ponti con q.; rompere ogni rapporto con q. □ **to cut corners**, tagliare gli angoli; (*fig. fam.*) tirare via, tirare a campare; tirare di lungo (*fig.*) □ (*fin.*) **to cut the discount rate**, ridurre il tasso di sconto □ **to cut sb. dead** (*o* **cold**), ignorare q.; fingere di non vedere (*o* di non conoscere) q. □ **to cut for deals**, alzare una carta (*dal mazzo*) per decidere a chi tocca far le carte □ **to cut for partners**, alzare una carta per formare le coppie di compagni (di gioco) □ (*fig.*) **to cut the (Gordian) knot**, tagliare il nodo (gordiano); tagliare la testa al toro (*fig.*) □ **to cut a grand [poor, ridiculous] figure**, fare una bella [meschina, ridicola] figura □ (*fig.*) **to cut the ground from under sb.'s feet** (*o* **from under sb.**), far mancare la terra sotto i piedi a q. □ **to cut one's head open**, spaccarsi la testa □ (*fam.*) **to cut it fine** (*o* **close**), farcela, riuscire per un pelo □ **to cut a long story short**, (per) tagliar corto; (per) farla breve □ (*USA*) **to cut loose**, emanciparsi □ (*USA*) **to cut oneself loose from sb.**, liberarsi (*o* sbarazzarsi) di q. □ **to cut a loss** (*o* **one's losses**), rinunciare in tempo a un cattivo affare □ (*fin.*) **to cut margins**, ridurre i margini (di guadagno) □ (*fam.*) **to cut no** (*o* **not much**) **ice with sb.**, non fare (*o* fare poco) effetto a q.: **His proposal cut no ice with me**, la sua proposta non mi fece nessun effetto (*o* mi lasciò indifferente) □ **to cut st. open**, aprire q.c. (*con un coltello, ecc.*) □ (*sport*) **to cut the record**, battere il primato □ (*autom.*) **to cut a red light**, passare col rosso (*al semaforo*); bruciare il semaforo (*fam.*) □ **to cut short (the conversation)**, troncare, tagliar corto (il discorso) □ **to cut sb. short**, interrompere q.; troncare le parole in bocca a q. □ **to cut a holiday short**, abbreviare (*o* accorciare) una vacanza □ (*fig.*) **to cut one's stick**, tagliare la corda; andarsene □ (*fin.*) **to cut profits**, ridurre (*o* diluire) i profitti □ **to cut to pieces**, tagliare a pezzi; fare a pezzi; (*fig.*) distruggere, annientare □ **to cut one's teeth**, mettere i denti; (*fig.*) farsi le ossa: **The baby is cutting its teeth**, il bambino sta mettendo i denti □ (*fig.*) **to cut one's teeth** (*o* **one's eyeteeth**) **on**, imparare a fare (q.c.) fin dall'inizio (*o* fin da bambino); farci la mano presto (*fam.*) □ (*fig.*) **to cut one's wisdom teeth** (*o* **one's eyeteeth**), mettere giudizio; (*anche*) diventare bravo □ **to cut the whole concern**, piantar baracca e burattini; rinunciare all'affare □ **«keys cut»** (*cartello*), «si fanno chiavi».

♦**cut across**, *v. i.* + *prep.* ***1*** tagliare per: **We cut across the meadows**, tagliammo per i prati ***2*** interrompere (*la conversazione*) ***3*** ostacolare, ostruire (*la vista*) ***4*** (*fig.*) prescindere da, non tener conto di: **a position that cuts across party lines**, una posizione che prescinde dagli schieramenti politici; **a political grouping that cuts across party lines**, un partito trasversale.

♦**cut ahead of**, *v. i.* + *avv.* + *prep.* (*autom.*) tagliare la strada a (q.) sorpassandolo; fare un rientro pericoloso ai danni di (q.).

♦**cut at**, *v. i.* + *prep.* ***1*** fare l'atto di tagliare (q.c.); tentare di tagliare (*una corda, ecc.*) ***2*** ferire (con un'arma da taglio) ***3*** (*fig.*) stroncare, tagliare le gambe a (*speranze, aspettative, ecc.*).

♦**cut away**, *v. t.* + *avv.* ***1*** tagliar via; recidere; troncare; eliminare tagliando ***2*** (*sartoria*) fare un apposito taglio (*o* spacco) in (*un indumento*) ***3*** (*archit.*) lasciare un'apertura apposita in (*un edificio*).

♦**cut back**, **A** *v. t.* + *avv.* ***1*** cimare, potare (*una pianta*) ***2*** abbreviare, scorciare (*una parola, ecc.*) ***3*** (*fig.*, *anche* **to cut back on**) tagliare, ridurre, limitare: (*econ.*) **to cut back costs [production]**, tagliare i costi [ridurre la produzione]; (*fin.*) **to cut back the cash deficit**, ridurre il disavanzo di cassa; (*fin.*) **to cut back on the armament budget**, tagliare lo stanziamento in bilancio per le spese militari □ (*leg.*) **to cut back a contract**, risolvere alcune clausole di un contratto. **B** *v. i. + avv.* **1** (*specialm. sport*) fare un passo indietro; fare uno scarto; scartare **2** (*cinem., specialm. USA*) fare un flashback.

♦**cut down**, *v. t. + avv.* **1** abbattere (*anche fig.*); ferire, eliminare, uccidere; falciare (*fig.*): **They were cut down by cross fire**, furono falciati dal fuoco incrociato del nemico; **to cut down a tree** [**a foe**], abbattere un albero [un nemico] **2** accorciare, scorciare (*vestiti*) **3** (*fig., anche* **to cut down on**) tagliare, ridurre, limitare, diminuire: **to cut down an article for a newspaper**, tagliare un articolo per un giornale; (*econ.*) **to cut down production**, ridurre la produzione; (*fin.*) **to cut down expenditure**, tagliare le spese; **I haven't given up smoking but I'm cutting down**, non ho smesso di fumare ma mi sto limitando; **to cut down prices**, ridurre (*o* diminuire) i prezzi **4** ridurre (*un venditore*) a più miti pretese: **I was asking 120 pounds but I managed to cut him down to 100**, chiedeva 120 sterline ma sono riuscito a portarlo a 100 **5** (*fam.*) mettere (q.) a tacere; ridimensionare (*fig.*) □ **to cut st. down to size**, tagliare q.c. su misura; ridurre q.c. alla misura voluta □ (*fam.*) **to cut sb. down to size**, ridimensionare q.

♦**cut for**, *v. i. + prep.* tirare a sorte (*dal mazzo delle carte da gioco*): **to cut for dealer**, tirare una carta per stabilire chi deve dare le carte per primo.

♦**cut in**, **A** *v. i. + avv.* **1** interloquire; intromettersi (*in una conversazione*) **2** (*autom.*) fare un rientro improvviso (*o* rischioso): **to cut in abruptly**, fare un rientro a pelo; fare un sorpasso azzardato **3** (*elettr., mecc.*: *di un apparecchio, un motore*) inserirsi (*o* accendersi) automaticamente **4** subentrare al tavolo di gioco □ (*autom.*) **to cut in on sb.**, tagliare la strada a q. □ **to cut in on a conversation**, interrompere una conversazione interloquendo. **B** *v. t. + avv.* **1** fare partecipare (*a un'attività lucrosa*); dare una fetta della torta a (*fig.*): **to cut sb. in** (*USA*: **sb. in on**) **the profits**, far partecipare q. agli utili; **I had to cut him in so that he wouldn't tell on me**, dovetti dargli una fetta della torta perché non mi facesse la spia **2** (*elettr., mecc.*) collegare, inserire; accendere; (*anche*) aggiungere, applicare: **to cut in a rocket engine**, accendere un motore a razzo; **to cut in a spare petrol tank**, applicare un serbatoio addizionale della benzina **3** ammettere (q.) al tavolo di gioco **4** separare (*due che ballano*) per uno scambio di partner.

♦**cut into**, *v. t. + prep.* **1** dividere (*una torta, ecc.*) in (*parti uguali, ecc.*) **2** (*med.*) incidere **3** intaccare (*risparmi, ecc.*) **4** interrompere (*una conversazione*).

♦**cut off**, **A** *v. t. + avv.* **1** tagliare (via); mozzare; troncare: **to cut off sb.'s head**, tagliare (*o* mozzare) la testa a q.; (*mil.*) **to cut off the enemy's retreat**, tagliare la ritirata al nemico **2** isolare; tagliar fuori: **We were cut off by a big snowstorm**, restammo isolati per una grande nevicata; **The strip of land was cut off at high tide**, con l'alta marea la striscia di terra veniva tagliata fuori (*dall'acqua*) **3** escludere; tagliar fuori: **to be cut off from one's family** [**friends**], essere tagliato fuori (*o* sentirsi escluso) dalla famiglia [dagli amici]; **to cut oneself off**, isolarsi (*dagli altri*) **4** (*anche mil.*) tagliare, impedire; bloccare; ostruire: **to cut off supplies from a sieged town**, tagliare i rifornimenti a una città assediata; **to c. off all the roads leading out of town**, bloccare tutte le strade che portano fuori di città **5** sospendere l'erogazione di; tagliare (*l'acqua, la luce, il gas, ecc.*) **6** interrompere (*una conversazione, una telefonata, una trasmissione radio o TV, ecc.*); interrompere (*q. che parla al telefono*): **The operator has cut me off**, il centralino mi ha interrotto; **I was cut off**, è caduta la linea **7** (*elettr., mecc.*) escludere, scollegare, disinserire; staccare; spegnere (*un motore, ecc.*). **B** *v. i. + avv.* (*elettr., mecc.*: *di un apparecchio, un motore, ecc.*) disinserirsi; spegnersi □ **to cuf off a corner**, tagliare dritto (*da un punto all'altro*) □ (*fig.*) **to cut off one's nose to spite one's face**, darsi la zappa sui piedi □ (*naut.*) **to cut off a ship from the land**, tagliare la terra a una nave □ **to cut sb. off without a penny**, escludere q. dal testamento; non lasciare il becco di un quattrino a q. □ **to be cut off without a penny**, essere diseredato.

♦**cut out**, **A** *v. t. + avv.* **1** ritagliare: **to cut a picture out of an old magazine**, ritagliare una foto da una vecchia rivista **2** (*sartoria*) tagliare (*un abito*) **3** tagliare (via); eliminare (*anche med.*); tirare via (*tagliando*): **to cut out the dead branches of a tree**, tagliare i rami secchi di un albero; **to cut out unnecessary expenses**, eliminare (*o* tagliare) le spese inutili **4** scavare: **A deep gorge had been cut out by the river**, il fiume aveva scavato una forra profonda **5** (*fig.*) escludere, eliminare, lasciare fuori (*fig.*): **They tried in vain to cut me out of the bargain**, invano cercarono di lasciarmi fuori dall'affare **6** eliminare; rinunciare a; smettere: **I've got to cut out smoking at once**, devo smettere subito di fumare; (*volg. USA*) **to cut out the crap**, smetterla di raccontare balle (*o* di dire cavolate); **The doctor says I must cut out whisky**, il dottore dice che devo eliminare il whisky **7** (*elettr., mecc.*) scollegare, disinserire (*un apparecchio*); spegnere (*un motore*) **8** (*ferr.*) staccare (*una carrozza, un vagone merci*) **9** (*tipogr.*) scontornare **10** (*fam.*) soppiantare (*un rivale in amore*) **11** separare (*un capo di bestiame*) dal branco **12** (*calcio*) intercettare (*un passaggio*). **B** *v. i. + avv.* **1** (*elettr.*) disinserirsi automaticamente **2** (*mecc.*: *di un motore*) spegnersi **3** (*autom., fam. USA*) accelerare; mettersi a correre □ (*autom.*) **to cut out a car.**, tagliare la strada a un'automobile □ (*anche fig.*) **to cut out dead wood**, tagliare i rami secchi □ **to be cut out for st.**, essere tagliato per q.c. (*fig.*); essere adatto (*o* idoneo) a fare q.c. □ (*fam.*) **Cut it out!**, piantala!; smettila!; basta! □ (*fam.*) **to have one's work cut out** (**for one**), avere un bel da fare.

♦**cut through**, *v. t. + prep.* **1** fendere **2** passare attraverso **3** abbreviare (*formalità, prassi, ecc.*) **4** ridurre (*fasi di lavorazione, ecc.*) □ **to cut through the red tape**, eliminare la burocrazia □ **to cut one's way through the jungle**, aprirsi un varco nella giungla (*con un coltellaccio e sim.*).

♦**cut up**, **A** *v. t. + avv.* **1** tagliare; fare a pezzi (*o* a pezzetti); spezzettare; trinciare; tritare: **to cut up meat** [**vegetables**], tritare carne [verdura]; **to cut up a chicken**, trinciare un pollo; **to cut up weeds**, tagliare (*o* estirpare) le erbacce; **to cut up timber into logs**, tagliare legname per farne tronchi **2** interrompere (*il sonno, il riposo di q.*) **3** (*fig.*) (*di solito al passivo*) ferire (*anche fig.*); ridurre a mal partito; sconvolgere: **He was cut up by my criticisms**, fu ferito (*o* gravemente offeso) dalle mie critiche; **I was badly cut up in the car crash**, uscii dallo scontro assai malconcio; **She was really cut up when her mother died**, la morte della madre la sconvolse proprio **4** danneggiare gravemente, distruggere o quasi (*una città, ecc.*) **5** (*mil.*) fare a pezzi (*fig.*); infliggere gravi perdite a (*il nemico, ecc.*) **6** (*fam.*) criticare severamente; distruggere, stroncare (*fig.*): **to cut up a novel**, stroncare un romanzo. **B** *v. i. + avv.* **1** (*di un pollo*) tagliarsi, trinciarsi (*bene, male, ecc.*) **2** (*di stoffa*) bastare (*al tagliatore*): **This piece of cloth will cut up into two dresses**, da questa pezza vengono due vestiti **3** (*fam.*: *di bambini, ecc.*) fare il diavolo a quattro; far casino (*fam.*) **4** (*fam. USA*) fare baldoria □ (*fam.*) **to cut up rough**, reagire in malo modo; seccarsi; arrabbiarsi molto; (*sport*: *di un incontro*) finire a botte (*o* male) □ (*pop. USA*) **to cut up some**, fare delle buffonate; fare delle sciocchezze □ (*pop. USA*) **to cut up touches**, dividersi (*o* spartirsi) il bottino □ (*pop. USA*) **to cut up old touches**, riandare al passato; ricordare i bei tempi □ **to cut up well**, (*di un pezzo di carne*) dare dei bei tagli; (*fam.*) lasciare una bella eredità.

cutaneous /kjuːˈteɪnɪəs/, *a.* cutaneo; della pelle. ● (*med.*) **c. reaction**, reazione cutanea.

cutaway /ˈkʌtəweɪ/, **A** *a.* **1** tagliato via; scorciato **2** (*di disegno*) in sezione; spaccato **3** (*di giacca*) a coda di rondine. **B** *n.* **1** (*grafica*) spaccato **2** (*moda*) giacca a coda di rondine; tight.

cutback /ˈkʌtbæk/, *n.* **1** taglio (*del personale, delle spese, ecc.*); diminuzione; riduzione **2** (*econ.*) contrazione, limitazione (*della produzione, ecc.*) **3** (*market.*) calo (*delle vendite, ecc.*) **4** (*ind. petrolifera*) cutback **5** (*cinem., USA*) scena retrospettiva; flashback **6** (*sport*) rovesciata.

cute /kjuːt/, *a.* **1** abile; astuto; ingegnoso; intelligente **2** (*fam. USA*) attraente; grazioso; leggiadro **3** (*spreg.*) lezioso. ‖ **-ly**, *avv.* ‖ **-ness**, *sost.*

cuticle /ˈkjuːtɪkl/, *n.* (*anat., bot.*) cuticola.

cuticular /kjuːˈtɪkjʊlə(r)/, *a.* (*scient.*) cuticolare.

cutie /ˈkjuːtɪ/, *n.* (*fam. USA*) **1** persona attraente; bella ragazza; ragazza elegante **2** furbo; furbastro **3** inganno; trucco. ● **c. pie**, individuo sveglio, attivo, energico; (*anche*) bella ragazza.

cutireaction /kjuːtɪrɪˈækʃn/, *n.* (*med.*) cutireazione.

cutis /ˈkjuːtɪs/, *n.* (*pl.* **cutes, cutises**) (*anat.*) cute.

cutlass /ˈkʌtləs/, *n.* coltellaccio; sciabola corta.

cutler /ˈkʌtlə(r)/, *n.* coltellinaio.

cutlery /ˈkʌtlərɪ/, *n.* **1** coltelleria; coltelli (*collett.*) **2** posate (*collett.*) **3** arte del coltellinaio.

cutlet /ˈkʌtlət/, *n.* (*cucina*) costoletta; cotoletta.

cutoff /ˈkʌtɒf, *USA* -ɔːf/, *n.* **1** (*geogr.*) taglio; braccio diretto (*che taglia l'ansa di un fiume*) **2** (*mecc.*) otturatore; chiusura dell'ammissione (*di un tubo o condotto*) **3** (*autom., mecc.*) cut-off **4** (*elettr.*) interruzione, apertura (*di un circuito*) **5** (*elettron.*) interdizione: **c. voltage**, tensione d'interdizione **6** (*rag.*) separazione (*di scritture contabili*); (*anche*) data di scadenza (*delle operazioni*) **7** (*ind. min.*) tenore minimo di coltivabilità **8** (*tipogr.*) linea di separazione **9** (*specialm. USA*) scorciatoia **10** (*pl.*) (*fam. USA*) pantaloni al ginocchio sfrangiati. ● (*mecc.*) (*di una macchina*) **c. point**, punto d'interruzione □ (*elettr., elab.*) **c. switch**, interruttore □ **c. tool**, utensile da taglio □ (*mecc.*) **c. valve**, valvola d'arresto □ (*costr. idrauliche*) **c. wall**, diaframma di tenuta □ (*mecc.*) **c. wheel**, mola a disco (*o* per troncatrice).

cutover /ˈkʌtəʊvə(r)/, *n.* (*tecn.*) **1** bosco ceduo dopo un taglio (*di legname*) **2** (tempo di) conversione (*da un'operazione di macchina a un'altra*).

cutpurse /ˈkʌtpɜːs/, *n.* (*arc.*) tagliaborse; borsaiolo.

cutter /ˈkʌtə(r)/, *n.* **1** tagliatore (*di stoffa, di gemme, ecc.*) **2** arnese da taglio (*in genere*) **3** (*naut.*) cutter (*barca a vela con un solo albero a coltello*) **4** (*marina mil., USA*) lancia armata **5** (*USA*) slitta leggera (*trainata da un solo cavallo*) **6** (*edil.*) scalpellino; squadratore (*di pietre*) **7** (*ind. min.*) addetto a una macchina tagliatrice **8** (*cinem.*) assistente al montaggio **9** (*ind. cartaria*) taglierina; trancia **10** (*mecc.*) coltello: **finishing c.**, coltello per finitura **11** (*tecn.*) testina d'incisione (*di dischi*); fonoincisore **12** (*anat.*) (dente) incisivo. ● **pizza c.**, spatola per la pizza □ **wire-cutters**, pinze tagliafili.

cutthroat /ˈkʌtθrəʊt/, **A** *n.* tagliagole; assassino. **B** *a.* **1** da assassino **2** (*fig.*) aspro; accanito; spietato: (*comm.*) **c. competition**, concorrenza spietata. ● **c. bridge**, bridge giocato in tre □ **c. razor**, rasoio a serramanico.

cutting /ˈkʌtɪŋ/, **A** *n.* **1** il tagliare; taglio; incisione **2** pezzo tagliato **3** (= **wood-c.**) incisione sul legno **4** diminuzione; limitazione; riduzione (*di spese, ecc.*); ribasso (*di prezzi*) **5** (*ind. costr.*) sezione in sterro, trincea (*di strada, ferrovia, ecc.*) **6** (= **press c.**) ritaglio di giornale (*cfr. USA* **clipping**) **7** (*agric.*) talea: **geranium cuttings**, talee di gerani **8** (*cinem.*) montaggio (*d'un film*) **9** (*ind. tess.*) cimatura **10** (*pl.*) (*ind. petrolifera*) cuttings. **B** *a.* **1** tagliente; affilato **2** (*del vento*) tagliente **3** (*fig.*) tagliente; pungente; sferzante: **a c. reply**, una risposta pungente; **c. irony**, ironia sferzante. ● (*cucina*) **c. board**, tagliere □ **c. disc**, lama (*di elettrodomestico*) □ **c. edge**, filo, taglio (*di lama*); (*fig.*) incisività (*di un discorso*); (*fig.*) avanguardia: **This TV set is at the c. edge of technology**, questo televisore è all'avanguardia della tecnologia □ (*mecc.*) **c.-off machine**, troncatrice □ (*mecc.*) **c. pliers**, pinze universali □ (*metall.*) **c. process**, taglio con cannello ferruminatorio □ (*cinem.*) **c. room**, sala di montaggio □ (*mecc.*) **c. tool**, utensile da taglio □ (*mecc.*) **c. torch**, cannello da taglio.

cuttle /ˈkʌtl/, *n.* **1** (*zool.*; = **cuttlefish**) seppia **2** (= **cuttlebone**) osso di seppia.

cutty /ˈkʌtɪ/ (*dial. scozz.*), **A** *a.* corto; scorciato. **B** *n.* **1** pipa corta **2** cucchiaio corto. ● (*stor.*) **c. stool**, sgabello infame.

cutwater /ˈkʌtwɔːtə(r), *USA* -wɒt-/, *n.* **1** (*naut.*) tagliamare (*di nave*) **2** sprone, frangicorrente (*della pila d'un ponte*).

cutworm /ˈkʌtwɜːm/, *n.* (*zool.*) agrotide.

cuvette /kjuːˈvɛt/ (*franc.*), *n.* (*chim.*) cuvette.

cyan /ˈsaɪæn/, *a.* e *n.* grigio-azzurro; cyan.

cyanamide /ˈsaɪənəmaɪd/, *n.* (*chim.*) cianammide.

cyanate /ˈsaɪəneɪt/, *n.* (*chim.*) cianato.

cyanic /saɪˈænɪk/, *a.* **1** (*chim.*) cianico **2** azzurro; turchino.

cyanid /ˈsaɪənɪd/, **cyanide** /ˈsaɪənaɪd/, *n.* (*chim.*) cianuro.

to **cyanide** /ˈsaɪənaɪd/, *v. t.* (*chim.*) cianurare.

cyaniding /ˈsaɪənaɪdɪŋ/, *n.* (*chim.*) cianurazione.

cyanine /ˈsaɪəniːn/, *n.* (*chim.*) cianina.

cyanite /ˈsaɪənaɪt/, *n.* (*miner.*) cianite.

cyanogen /saɪˈænədʒən/, *n.* (*chim.*) cianogeno.

cyanosis /saɪəˈnəʊsɪs/, *n.* (*pl.* **cyanoses**) (*med.*) cianosi.

cyanotic /saɪəˈnɒtɪk/, *a.* (*med.*) cianotico.

cyanurate /saɪəˈnjʊəreɪt/, *n.* (*chim.*) cianurato.

cyanuric /saɪəˈnjʊərɪk/, *a.* (*chim.*) cianurico.

cybernated /saɪbəˈneɪtɪd/, *a.* automatizzato con l'assistenza di computer.

cybernation /saɪbəˈneɪʃn/, *n.* (*contraz. di* **cybernetics e automation**) automazione assistita da computer.

cybernetic /saɪbəˈnɛtɪk/, *a.* cibernetico.

cybernetics /saɪbəˈnɛtɪks/, *n. pl.* (*col verbo al sing.*) cibernetica.

cybernetist /saɪbəˈnɛtɪst/, **cyberneticist** /saɪbəˈnɛtɪsɪst/, **cybernetician** /saɪbɜːnəˈtɪʃn/, *n.* esperto di cibernetica; cibernetico.

cyberphilia /saɪbəˈfɪlɪə/, *n.* (*fam. USA*) amore sviscerato per i computer.

cyberphobia /saɪbəˈfəʊbɪə/, *n.* (*fam. USA*) fobia per i computer.

cyberpunk /ˈsaɪbəpʌŋk/, *a.* e *n.* cyberpunk.

cyberspace /ˈsaɪbəspers/, *n.* (*elab.* e *fantascienza*) cyberspace; cyberspazio.

cyborg /ˈsaɪbɔːg/, *n.* (*elab., med.* e *fantascienza*) cyborg.

cycad /ˈsaɪkæd, -əd/, *n.* (*bot., Cycas*) pianta delle cicadacee.

cyclamate /ˈsaɪkləmeɪt, ˈsɪ-/, *n.* (*chim.*) ciclammato.

cyclamen /ˈsɪkləmən, *USA* ˈsaɪ-/, *n.* (*bot., Cyclamen*) ciclamino.

cycle /ˈsaɪkl/, *n.* **1** ciclo: **the c. of the seasons**, il ciclo delle stagioni; (*chim.*) **the nitrogen c.**, il ciclo dell'azoto; (*astron.*) **the lunar c.**, il ciclo lunare; (*econ.*) **productive c.**, ciclo produttivo; (*letter.*) **the Arthurian c.**, il ciclo della Tavola Rotonda **2** (*elettr.*) ciclo; periodo **3** (*fisiol.*) ciclo **4** (*elab.*) ciclo (*di operazioni*) **5** (*abbr. di* **bicycle** *o* **tricycle**) bicicletta; triciclo. ● **c. car**, motofurgone □ (*sport*) **c. racing**, ciclismo (*agonistico*) □ **c.-racing track**, velodromo □ **c. shop**, negozio di biciclette □ **c. shop keeper**, venditore di biciclette; ciclista (*dial.*) □ (*elettron.*) **c. timer**, programmatore (*o* temporizzatore) a ciclo □ **c. track**, pista ciclabile (*o* per ciclisti) □ (*econ.*) **business cycles**, cicli economici.

to **cycle** /ˈsaɪkl/, **A** *v. i.* **1** svolgersi per cicli **2** andare in bicicletta. **B** *v. t.* (*scient., tecn.*) ciclizzare, sottoporre a operazioni cicliche.

cyclery /ˈsaɪklərɪ/, *n.* negozio di biciclette.

cyclic(al) /ˈsaɪklɪk(l), ˈsɪ-/, *a.* (*anche scient., tecn.*) ciclico: (*stor. letter.*) **a c. poet**, un poeta ciclico; (*chim.*) **c. amide**, ammide ciclica; (*chim.*) **c. compound**, composto ciclico; (*econ.*) **c. fluctuations**, fluttuazioni (*o* oscillazioni) cicliche. ● (*econ.*) **c. malaise**, crisi congiunturale □ (*mecc.*) **c. train**, ingranaggio a satelliti □ (*geom.*) **c. polygon**, poligono inscritto in una circonferenza.

cyclicity /saɪˈklɪsətɪ, sɪ-/, *n.* (*scient., tecn.*) ciclicità.

cycling /ˈsaɪklɪŋ/, *n.* **1** ciclismo; l'andare in bicicletta: **This is no weather for c.**, non è tempo da bicicletta, questo **2** (*sport*) ciclismo **3** (*scient., tecn.*) ciclizzazione; (*anche*) operazioni cicliche. ● **c. holidays**, vacanze in bicicletta; cicloturismo.

cyclist /ˈsaɪklɪst/, *n.* (*anche sport*) ciclista.

cyclization /saɪklɪˈzeɪʃn, sɪ-/, *n.* (*chim.*) ciclizzazione.

cyclo-cross /ˈsaɪkləʊkrɒs, *USA* -krɔːs/, *n.* (*sport*) ciclocross; corsa ciclocampestre. ● **c. bicycle**, bicicletta da ciclocross.

cyclograph /ˈsaɪkləʊgrɑːf, *USA* -æf/, *n.* (*tecn.*) ciclografo.

cycloid /ˈsaɪklɔɪd/, *n.* (*geom.*) cicloide.

cycloidal /saˈklɔɪdl/, *a.* (*geom.*) cicloidale.

cyclometer /saɪˈklɒmɪtə(r)/, *n.* **1** (*geom.*) ciclometro; strumento per misurare archi di cerchio **2** (*tecn.*) odometro **3** contakilometri per biciclette.

cyclometry /saɪˈklɒmətrɪ/, *n.* (*geom., tecn.*) ciclometria.

cyclone /ˈsaɪkləʊn/, *n.* (*meteor., chim., mecc.*) ciclone. ● **c. cellar**, rifugio anticiclone □ (*meteor.*) **c. wave**, onda ciclonica.

cyclonic(al) /saɪˈklɒnɪk(l)/, *a.* (*meteor.*) ciclonico. ● **c. scale**, scala dei cicloni.

cyclonite /ˈsaɪklənaɪt/, *n.* ciclonite (*esplosivo*).

cyclop(a)edia /saɪkləˈpiːdɪə/, *n.* enciclopedia.

Cyclopean, Cyclopian /saɪˈkləʊpɪən/, *a.* (*archeol., mitol.* e *fig.*) ciclopico.

Cyclop(s) /ˈsaɪklɒp(s)/, *n.* (*pl.* **Cyclops, Cyclopes**) (*mitol.*) ciclope.

cyclostyle /ˈsaɪkləstaɪl/, *n.* ciclostile.

to **cyclostyle** /ˈsaɪkləstaɪl/, *v. t.* ciclostilare.

cyclotomy /saɪˈklɒtəmɪ/, *n.* (*geom.*) ciclotomia.

cyclotron /ˈsaɪklətrɒn/, *n.* (*fis. nucl.*) ciclotrone.

cyder /ˈsaɪdə(r)/, *V.* **cider**.

cygnet /ˈsɪgnət/, *n.* cigno giovane.

cylinder /ˈsɪlɪndə(r)/, *n.* **1** (*geom., mecc., autom.*) cilindro: **a four-c. motorcar**, un'automobile a quattro cilindri; **c. head**, testa di cilindro **2** (*ind.*) bombola (*di gas liquido, ecc.*): (*autom.*) **c. holder**, portabombole **3** (*mil.*) tamburo (*di rivoltella, ecc.*) **4** (*tipogr.*) cilindro; rullo: **inker c.**, nastro inchiostratore **5** rullo (*di macchina da scrivere*) **6** (*edil.*) tubo per fondazioni. ● (*autom.*) **c. block**, monoblocco; blocco cilindri (*o* motore) □ (*autom., mecc.*) **c. bore**, alesaggio (*diametro del cilindro*) □ **c. boring**, alesaggio (*l'operazione*); alesatura □ (*mecc.*) **c. liner**, camicia del cilindro □ (*tipogr.*) **c. press**, rotativa □ (*mil.*) **shell-c.**, bossolo (*di cartuccia*).

cylindrical /sɪˈlɪndrɪkl/, *a.* (*scient., tecn.*) cilindrico. ● (*mecc.*) **c. cutter**, fresa cilindrica □ (*mecc.*) **c. grinder**, rettificatrice per cilindri.

cylindroid /ˈsɪlɪndrɔɪd/, *n.* (*geom.*) cilindroide.

cyma /ˈsaɪmə/, *n.* (*archit.*) gola: **c. recta**, gola diritta.

cymar /sɪˈmɑː(r)/, *n.* (*stor., moda*) zimarra.

cymatium /saɪˈmeɪʃəm/, *n.* (*pl.* **cymatia**) (*archit.*) cimasa.

cymbal /ˈsɪmbl/, *n.* (*mus.*) **1** (*stor.*) cembalo (*piatto metallico concavo*) **2** (*ora*) piatto.

cymbalist /ˈsɪmbəlɪst/, *n.* (*mus.*) **1** (*stor.*) suonatore di cembali **2** (*ora*) suonatore di piatti.

cymbalo /ˈsɪmbələʊ/, **cymbalom** /ˈsɪmbəlɒm/, **cymbalon** /ˈsɪmbəlɒn/, *n.* (*mus., stor.*) cembalo; salterio; dulcimer.

cyme /saɪm/, *n.* (*bot.*) cima.

cymose /ˈsaɪməʊz/, *a.* (*bot.*) cimoso.

Cymric /ˈkɪmrɪk/, **A** *a.* cimrico. **B** *n.* lingua cimrica.

cynic /ˈsɪnɪk/, *a.* e *n.* (*anche filos.*) cinico.

cynical /ˈsɪnɪkl/, *a.* (*anche filos.*) cinico. || **-ly**, *avv.* || **-ness**, *sost.*

cynicism /ˈsɪnɪsɪzəm/, *n.* **1** (*anche filos.*) cinismo **2** osservazione cinica.

cynocephalus /saɪnəʊˈsɛfələs/, *n.* (*pl.* **cynocephali**) (*mitol., zool.*) cinocefalo.

cynosure /ˈsaɪnəʃʊə(r), -ʒʊə(r)/, *n.* **1** – (*astron.*) **C.**, Cinosura (*l'Orsa minore*) **2** (*fig. form.*) persona (*o* cosa) al centro dell'interesse (*o* dell'ammirazione) **3** (*fig. form.*) guida.

cypher, to **cypher** /ˈsaɪfə(r)/, *V.* **cipher, to cipher**.

cypress /ˈsaɪprəs/, *n.* (*bot., Cupressus sempervirens*) cipresso.

Cyprian /ˈsɪprɪən/, *a.* e *n.* **1** cipriota **2** (*fig. spreg. arc.*) (individuo) dissoluto, lascivo **3** (*fig. spreg. arc.*) cortigiana; prostituta.

cyprinids /sɪˈpraɪnɪdz/, *n.* (*zool., Cyprinidae*) ciprinidi.

Cypriot /ˈsɪprɪət/, **Cypriote** /ˈsɪprɪəʊt/, *a.* e *n.* cipriota.

cypripedium /sɪprɪˈpiːdɪəm/, *n.* (*pl.* **cypripedia**) (*bot.*) **1** cipripedio (*in genere*) **2** (*Cypripedium calceolus*) cipripedio; pianella della Madonna.

Cyprus /ˈsaɪprəs/, *n.* (*geogr.*) Cipro.

Cyrenaic /saɪərəˈneɪɪk/, *a.* e *n.* cirenaico.

Cyril /ˈsɪrəl/, *n.* Cirillo.

Cyrillic alphabet /sɪˈrɪlɪkˈælfəbɛt, -ɪt, -ət/, *locuz. n.* alfabeto cirillico.

cyst /sɪst/, *n.* (*biol., med.*) cisti, ciste: **to remove a c.**, asportare una cisti.

cystectomy /sɪˈstɛktəmɪ/, *n.* (*med.*) cistectomia.

cystic /ˈsɪstɪk/, *a.* (*anat., med.*) cistico: **c. duct**, dotto cistico.

cysticercosis /sɪstɪsəˈkəʊsɪs/, *n.* (*med.*) cisticercosi.

cysticercus /sɪstɪˈsɜːkəs/, *n.* (*pl.* **cysticerci**) (*biol.*) cisticerco.

cystine /ˈsɪstiːn, -tɪn/, *n.* (*biochim.*) cistina.

cystitis /sɪˈstaɪtɪs/, *n.* (*pl.* **cystitides**) (*med.*) cistite.

cystocarp /ˈsɪstəkɑːp/, *n.* (*bot.*) cistocarpo.

cystocele /ˈsɪstəʊsiːl/, *n.* (*med.*) cistocele.

cystogram /ˈsɪstəgræm/, *n.* (*med.*) cistogramma.

cystography /sɪˈstɒgrəfɪ/, *n.* (*med.*) cistografia.

cystoma /sɪˈstəʊmə/, *n.* (*pl.* **cystomas, cystomata**) (*med.*) cistoma.

cystopyelitis /sɪstəʊpaɪˈlaɪtɪs/, *n.* (*med.*) cistopielite.

cystoscope /ˈsɪstəʊskəʊp/, *n.* (*med.*) cistoscopio.

cystoscopy /sɪˈstɒskəpɪ/, *n.* (*med.*) cistoscopia.

cystotomy /sɪˈstɒtəmɪ/, *n.* (*med.*) cistotomia.

Cytherea /sɪθəˈriːə/, *n.* (*mitol.*) (Venere) Citerea.
Cytherean /sɪθəˈriːən/, *a.* **1** (*mitol.*) di Venere Citerea **2** (*astron.*) del pianeta Venere; venusiano.
cytochemistry /saɪtəʊˈkɛmɪstrɪ/, *n.* (*biochim.*) citochimica.
cytochrome /ˈsaɪtəʊkrəʊm/, *n.* (*biol.*) citocromo.
cytodieresis /saɪtəʊdaɪˈɛrəsɪs, -ˈɪər-/, *n.* (*biol.*) citodieresi.
cytogenesis /saɪtəʊˈdʒɛnəsɪs/, *n.* (*pl.* **cytogeneses**) (*biol.*) citogenesi.
cytogenetic /saɪtəʊdʒəˈnɛtɪk/, *a.* (*biol.*) citogenetico.
cytogenetics /saɪtəʊdʒəˈnɛtɪks/, *n. pl.* (*col verbo al sing.*) (*biol.*) citogenetica.
cytogeny /saɪˈtɒdʒənɪ/, *V.* **cytogenesis**.
cytokinesis /saɪtəʊkɪˈniːsɪs, -kaɪ-/, *n.* (*biol.*) citocinesi.
cytologic(al) /saɪtəʊˈlɒdʒɪk(l)/, *a.* (*biol.*) citologico.
cytologist /saɪˈtɒlədʒɪst/, *n.* citologo.
cytology /saɪˈtɒlədʒɪ/, *n.* (*biol.*) citologia.
cytopenia /saɪtəˈpiːnɪə/, *n.* (*biol., med.*) citopenia.
cytophagy /saɪˈtɒfədʒɪ/, *n.* (*biol.*) citofagia.
cytoplasm /ˈsaɪtəʊplæzəm/, *n.* (*biol.*) citoplasma.
cytoplasmatic /saɪtəʊplæzˈmætɪk/, *a.* (*biol.*) citoplasmatico.
cytosine /ˈsaɪtəʊsiːn/, *n.* (*biochim.*) citosina.
cytosome /ˈsaɪtəʊsəʊm/, *n.* (*biol.*) citosoma.
cytostatic /saɪtəˈstætɪk/, *a.* (*biol., med.*) citostatico.
cytostome /ˈsaɪtəʊstəʊm/, *n.* (*anat., zool.*) citostoma.
cytotoxic /saɪtəˈtɒksɪk/, *a.* (*biol., med.*) citotossico.
cytozyme /ˈsaɪtəʊzaɪm/, *n.* (*biochim.*) citozima.
czar /zɑː(r), ts-/, *n.* **1** (*stor.*) zar **2** (*fig.*) tiranno.
czardas /ˈtʃɑːdæʃ, -ɑːʃ/, *n.* (*invar. al pl.*) (*mus.*) ciarda, czarda.
czardom /ˈzɑːdəm, ˈts-/, *n.* (*stor.*) **1** autorità dello zar **2** impero dello zar.
czarevitch /ˈzɑːrɪvɪtʃ, ts-/, *n.* (*stor.*) zarevic (*primogenito dello zar*).
czarina /zɑːˈriːnə, ts-/, *n.* (*stor.*) zarina.
czarism /ˈzɑːrɪzəm, ts-/, *n.* (*stor.*) zarismo.
czarist /ˈzɑːrɪst, ts-/, *a.* e *n.* (*stor.*) zarista.
Czech /tʃɛk/, **A** *a.* e *n.* ceco. **B** *n.* lingua ceca.
Czechoslovak /tʃɛkəʊˈsləʊvæk, *USA* -ɑːk/, *a.* e *n.* cecoslovacco.
Czechoslovakia /tʃɛkəsləʊˈvækɪə, *USA* -ˈvɑːkɪə/, *n.* (*geogr.*) Cecoslovacchia.
Czechoslovakian /tʃɛkəʊsləʊˈvækɪən, *USA* -ˈvɑːk-/, *a.* e *n.* cecoslovacco.

d,D

D, d /diː/, **A** *n.* (*pl.* **D's, d's**; **Ds, ds**) ***1*** D, d (*quarta lettera dell'alfabeto ingl.*) ***2*** votazione (*o* classifica) di sufficienza; sei: **a «D» in geography**, un sei in geografia ***3*** (*mus.*) re (*nota e scala corrispondente*) ***4*** (*elab.*) D (*nella numerazione esadecimale: corrisponde al decimale 13*). **B** *a. attr.* a (forma di) D: **a D valve**, una valvola a D. ● (*fam. USA*) **D. D.** (*o* **D and D**), (= **deaf and dumb**) sordomuto; (= **drunk and disorderly**) in stato di ubriachezza molesta □ (*tel.*) **d for David** (*USA*: **d for Dog**), d come Domodossola □ **D-notice** (= **defence notice**), divieto di pubblicazione (*di una notizia*) per motivi di sicurezza.

'd /d, əd/, *voce verb.* (*abbr. fam. di* **had, would** e **should**) **I'd gone**, ero andato; **He'd go**, andrebbe.

d' /d, də/, *voce verb.* (*abbr. fam. di* **do**).

da /dɑː/, (*dial.*) *V.* **dad**.

dab (1) /dæb/, *n.* ***1*** lieve colpo; colpetto; tocco rapido ***2*** macchia (*di vernice, ecc.*); schizzo (*di vernice, di fango, ecc.*); zacchera ***3*** tocco; velo (*fig.*): **a dab of rouge**, un velo di rossetto ***4*** (*pl.*) (*pop.*) impronte digitali. ● (*cucina*) **a dab of butter**, un velo di burro □ **to give one's face a few dabs with a wet sponge**, passarsi ripetutamente una spugna umida sul viso.

dab (2) /dæb/, *n.* (*zool., Pleuronectes platessa*) passera di mare (*e altre varietà di pesci piatti*).

dab (3) /dæb/, *n.* (*fam.,* = **dab hand**) persona competente, pratica, abile (*a fare q.c.*); campione (*fig.*): **He is a dab at shooting**, è uno che sa sparare bene; è un campione di tiro.

to **dab** /dæb/, *v. t.* e *i.* ***1*** battere leggermente; picchiettare ***2*** toccare lievemente; sfiorare: **to dab (at) one's eyes with a handkerchief**, sfiorarsi gli occhi con un fazzoletto (portarlo agli occhi) ***3*** applicare (*una spugna, ecc. con rapidi tocchi*); dare: **to dab powder on one's cheeks**, darsi la cipria alle guance; incipriarsi le guance; **to dab (at) one's lips with a lipstick**, darsi il rossetto (alle labbra) ***4*** spalmare ***5*** tamponare (*una ferita*).

dabber /ˈdæbə(r)/, *n.* ***1*** persona (*o* cosa) che picchietta, sfiora, ecc. (*V.* **to dab**) ***2*** tampone (*usato da tipografi e incisori*).

to **dabble** /ˈdæbl/, **A** *v. t.* bagnare; immergere; tuffare; agitare (*in un liquido*): **to d. one's hands in the water**, agitare le mani nell'acqua. **B** *v. i.* ***1*** sguazzare; diguazzare: **Some birds like to d. in the water**, alcuni uccelli amano diguazzare nell'acqua ***2*** **to d. in** (*o* **at**), occuparsi a tempo perso (*o* da dilettante) di (q.c.); dilettarsi di: **He dabbles in politics**, a tempo perso, s'occupa di politica. ● **to d. one's face in water**, spruzzarsi l'acqua sul viso □ (*Borsa*) **to d. on the stock exchange**, fare piccole operazioni di Borsa.

dabbler /ˈdæblə(r)/, *n.* chi s'occupa di q.c. in modo superficiale, a tempo perso; dilettante.

dabchick /ˈdæbtʃɪk/, *n.* (*zool.*) ***1*** (*Podiceps ruficollis*) tuffetto ***2*** (*Podilymbus podiceps*) podilimbo.

dace /deɪs/, *n.* (*pl.* **dace, daces**) (*zool.*) ***1*** *Leuciscus leuciscus* ***2*** (*USA*) *Rhinichtys* ***3*** (*USA*) *Minnilus cornutus* ***4*** (*Chondrostoma genei*) lasca.

dachshund /ˈdækshʊnd, -snd, *USA* ˈdɑːks-/ (*ted.*), *n.* (*pl.* **dachshunds, dachshunde**) (*zool.*) bassotto tedesco; dachshund.

dacite /ˈdeɪsaɪt/, *n.* (*miner.*) dacite.

dacryocystitis /dækrɪəʊsɪˈstaɪsɪs/, *n.* (*med.*) dacriocistite.

dacryoma /dækrɪˈəʊmə/, *n.* (*pl.* **dacryomata**) dacrioma.

dactyl /ˈdæktɪl, *USA* -tl/, *n.* (*poesia*) dattilo.

dactylic /dækˈtɪlɪk/, **A** *a.* dattilico. **B** *n.* verso dattilico; dattilo.

dad /dæd/, *n.* (*fam.*) babbo; papà.

Dadaism /ˈdɑːdɑːɪzəm/, *n.* (*arte*) dadaismo.

Dadaist /ˈdɑːdɑːɪst/, *n.* (*arte*) dadaista.

Dadaistic /ˈdɑːdɑːɪstɪk/, *a.* (*arte*) dadaista.

daddy /ˈdædɪ/, *n.* ***1*** (*fam.*) babbo; papà ***2*** (*pop. USA*) vecchio amante che mantiene una donna ***3*** (*pop. USA*) omosessuale maschio. ● (*zool.*) **d.-longlegs**, (*Opilio*) opilione dei muri; (*Tipula*) tipula; (*Phalangium*) falangio.

dado /ˈdeɪdəʊ/, *n.* (*pl.* **dadoes**) (*archit.*) dado; plinto; zoccolo (decorato).

daedal /ˈdiːdl/, *a.* (*poet.*) ***1*** ingegnoso; abile ***2*** dedaleo (*lett.*); complesso; intricato.

Daedalean, Daedalian /dɪˈdeɪlɪən/, *a.* dedaleo (*lett.*); complesso; intricato.

Daedalus /ˈdiːdələs, *USA* ˈdɛd-/, *n.* (*mitol.*) Dedalo.

daemon /ˈdiːmən/, *n.* demone.

daemonic /diːˈmɒnɪk/, *a.* ***1*** demoniaco ***2*** indemoniato ***3*** ispirato da un demone; soprannaturale.

daffodil /ˈdæfədɪl/, *n.* ***1*** (*bot., Narcissus pseudonarcissus*) trombone; tromboncino; giunchiglia grande (*è il simbolo del Galles*) ***2*** color giunchiglia.

daffy /ˈdæfɪ/, *a.* (*fam. USA*) matto; pazzo. ● **to be d. about** (*o* **over**) **sb.**, essere innamorato pazzo di q.

daft /dɑːft, *USA* dæft/, *a.* (*fam.*) ***1*** sciocco; stupido ***2*** debole di cervello; scervellato; tocco; pazzerello ***3*** matto; pazzo.

daftness /ˈdɑːftnəs, *USA* ˈdæft-/, *n.* (*fam.*) ***1*** stupidità ***2*** pazzia.

dagger /ˈdægə(r)/, *n.* ***1*** pugnale; stiletto ***2*** (*tipogr.*) obelo; obelisco. ● **to be at daggers drawn with sb.**, essere ai ferri corti con q. □ **to look daggers**, far gli occhiacci; guardare in cagnesco □ **to speak daggers**, dire parole offensive, pungenti.

dago /ˈdeɪgəʊ/, *n.* (*pl.* **dagos, dagoes**) (*pop. spreg. USA*) individuo d'origine spagnola, portoghese o italiana. ● **d. wine**, vino rosso italiano (*o* scadente).

daguerreotype /dəˈgɛrətaɪp/, *n.* dagherrotipo.

daguerreotypy /dəˈgɛrətaɪpɪ/, *n.* dagherrotipia.

dahlia /ˈdeɪlɪə, *USA* ˈdæ-/, *n.* ***1*** (*bot., Dahlia*) dalia ***2*** (= **d. violet**) color viola; violetto.

Dail Eireann /ˈdɔɪlˈɛɪrən/, *n.* (*irl., polit.*) Camera dei Deputati della Repubblica d'Irlanda.

daily /ˈdeɪlɪ/, **A** *a.* quotidiano; giornaliero: **one's d. bread**, il pane quotidiano; il pane (*fig.*). **B** *n.* ***1*** (giornale) quotidiano ***2*** domestica a giornata. **C** *avv.* ***1*** quotidianamente; giornalmente; tutti i giorni ***2*** alla giornata; a giornate: **to charge sb. d.**, farsi pagare da q. a giornate ***3*** di giorno in giorno. ● **d. allowance**, indennità giornaliera; diaria □ **d. paper**, (giornale) quotidiano □ **d. routine**, tran-tran □ **d. wage**, paga giornaliera □ (*fam.*) **to do one's d. dozen**, fare un po' di ginnastica da camera.

daintily /ˈdeɪntəlɪ/, *avv.* delicatamente; con grazia; con raffinatezza.

daintiness /ˈdeɪntɪnəs/, *n.* ***1*** delicatezza; squisitezza ***2*** bellezza; finezza; grazia ***3*** raffinatezza di gusti; l'essere esigente.

dainty /ˈdeɪntɪ/, **A** *n.* cosa delicata, squisita; bocconcino prelibato; ghiottoneria. **B** *a.* ***1*** (*di cibo*) delicato; squisito; prelibato ***2*** bello; grazioso; fine; raffinato: **What d. cups!**, che belle tazzine!; **a d. little girl**, una bambina graziosa, d'una bellezza delicata ***3*** di gusti raffinati; esigente; di difficile contentatura; schizzinoso.

dairy /ˈdɛərɪ/, *n.* ***1*** latteria; piccolo caseificio: **d. farming**, industria casearia, dei latticini ***2*** (= **d. farm**) fattoria per la produzione di latte e latticini; caseificio ***3*** latteria (*negozio*). ● **d. cattle**, mucche da latte □ **d. farmer**, allevatore di mucche da latte □ **d. products**, latticini.

dairying /ˈdɛərɪɪŋ/, *n.* industria lattiero-casearia.

dairymaid /ˈdɛərɪmeɪd/, *n.* (*arc.*) ***1*** donna che lavora in un caseificio ***2*** lattaia.

dairyman /ˈdɛərɪmən/, *n.* (*pl.* **dairymen**) ***1*** uomo che lavora in un caseificio ***2*** padrone di un caseificio ***3*** lattaio.

dais /ˈdeɪɪs/, *n.* predella; palco.

daisied /ˈdeɪzɪd/, *a.* coperto di margherite.

daisy /ˈdeɪzɪ/, *n.* ***1*** (*bot., Bellis perennis*) margheritina; pratolina ***2*** (*Chrysanthemum leucanthemum*) margherita dei campi ***3*** (*pop. arc. o USA*) persona o cosa eccellente, eccezionale; gioiello, perla (*fig.*) ***4*** (*pop. USA*) omosessuale passivo. ● **d. chain**, ghirlanda di margherite; (*pop.*) sesso di gruppo; ammucchiata □ (*elab.*) **d. wheel**, margherita (*anche di macchina da scrivere*) □ **fresh as a d.**, fresco come una rosa □ (*scherz.*) **to push up the daisies**, essere morto e sepolto.

dale /deɪl/, *n.* (*poet.*) valle; valletta.

dalesman /ˈdeɪlzmən/, *n.* (*pl.* **dalesmen**) (*poet.*) valligiano.

dalliance /ˈdælɪəns/, *n.* ***1*** ozio; perditempo; svago ***2*** (*arc.*) amoreggiamento; schermaglia.

to **dally** /ˈdælɪ/, *v. i.* ***1*** perder tempo; esitare; indugiare; oziare ***2*** giocare; gingillarsi; scherzare; trastullarsi; amoreggiare: **to d. with an idea**, gingillarsi con un'idea; **to d. with a young girl**, amoreggiare con una ragazzina. ● **to d. away an opportunity**, sprecare un'occasione □ **to d. away time**, sciupare il proprio tempo.

Dalmatia /dælˈmeɪʃə/, *n.* (*geogr.*) Dalmazia.

Dalmatian /dælˈmeɪʃn/, **A** *a.* dalmata. **B** *n.* ***1*** dalmata ***2*** lingua dalmata ***3*** (= **D. dog**) (cane) dalmata.

dalmatic /dælˈmætɪk/, **A** *a.* dalmatico. **B** *n.* (*relig.*) dalmatica.

daltonian /dɔːlˈtəʊnɪən/, *a.* e *n.* (*med.*) daltonico.

daltonism /ˈdɔːltənɪzəm/, *n.* (*med.*) daltonismo.

dam (1) /dæm/, *n.* ***1*** diga; argine; barriera ***2*** bacino d'acqua trattenuta da una diga ***3*** (*metall.*) dama; piastra.

dam (2) /dæm/, *n.* ***1*** genitrice (*di quadrupedi, specialm. cavalli*) ***2*** (*arc.*) madre. ● (*fig.*) **the devil and his dam**, le forze del male.

to **dam** /dæm/, *v. t.* (*di solito* **to dam up**) ***1*** costruire dighe su: **to dam a river**, costruire dighe su un fiume ***2*** arginare; contenere; sbarrare ***3*** (*fig.*) tenere a freno; trattenere: **to dam up one's tears**, trattenere le lacrime.

damage /ˈdæmɪdʒ/, *n.* ***1*** danno; danneggiamento: **The d. was caused by the hailstorm**, il danno fu causato dalla tempesta *2* (*leg.*) danno; pregiudizio *3* (*pl.*) (*ass.*) danni *4* (*pl.*) (*leg.*) danni; (*anche*) risarcimento dei danni, indennizzo; condanna al pagamento dei danni: **to be liable for damages**, rispondere dei danni; **We claimed damages**, chiedemmo il risarcimento dei danni *5* (*fam.*) costo; spesa: **What's the d.?**, qual è la spesa? ● (*leg.*) **damages award**, sentenza di risarcimento dei danni □ (*naut.*) **d. by act of God**, danno dovuto a un caso di forza maggiore □ (*ass.*) **d. claim**, richiesta d'indennizzo (*leg., in Inghil.*) **d. in law**, danno presunto dalla legge (*senza bisogno di prova*) □ (*autom.: di un respingente*) **d.-resistant**, a prova d'urto; antiurto □ (*ass.*) **d. survey**, perizia dei danni.

to **damage** /'dæmɪdʒ/, *v. t.* *1* danneggiare; portare (*o* recare) danno a: **They are trying to d. him**, cercano di recargli danno *2* guastare; avariare *3* nuocere a; pregiudicare; compromettere: **Cigarettes can seriously d. your health**, le sigarette possono nuocere gravemente alla salute.

damageable /'dæmɪdʒəbl/, *a.* danneggiabile; avariabile.

damaged /'dæmɪdʒd/, *a.* *1* danneggiato *2* guasto; avariato: **d. goods**, merce avariata *3* (*ass.*) sinistrato. ● (*leg.*) **the d. party**, la parte lesa.

damaging /'dæmɪdʒɪŋ/, *a.* *1* dannoso *2* nocivo *3* compromettente; pregiudizievole: **a d. admission**, un'ammissione compromettente.

Damascene /'dæməsiːn/, *a.* e *n.* (abitante) di Damasco; damasceno.

damascene /'dæməsiːn/, **A** *n.* (*metall.*) (oggetto prodotto mediante) damaschinatura. **B** *a. attr.* damaschinato; damaschino.

to **damascene** /'dæməsiːn/, *v. t.* (*metall.*) damaschinare; ageminare (*un metallo*).

damascener /'dæməsiːnə(r)/, *n.* damaschinatore, damaschinatrice.

damascening /'dæməsiːnɪŋ/, *n.* (*metall.*) damaschinatura.

Damascus /də'mæskəs/, *n.* (*geogr.*) Damasco.

damask /'dæməsk/, **A** *n.* *1* (*ind. tess.*) damasco *2* (= **d. steel**) acciaio damaschino *3* oggetto metallico damaschinato *4* color rosa intenso. **B** *a. attr.* di damasco; damasceno: **d. rose**, rosa damascena. ● (*bot.*) **d. prune**, (*Prunus domestica insititia*) damaschino; susino d'origine siriana.

to **damask** /'dæməsk/, *v. t.* *1* (*ind. tess.*) damascare (*stoffa*) *2* damaschinare (*metalli*) *3* arrossare (*le guance, ecc.*); fare arrossire.

damaskeen /'dæməskiːn/, *V.* **damascene**.

dame /deɪm/, *n.* *1* (*titolo nobiliare*) Dame; Donna *2* (*arc. poet.* o *scherz.*) gentildonna; dama; signora: **D. Fortune**, la Signora Fortuna *3* (*pop. USA*) ragazza (*o* donna) attraente (*o* di facili costumi) *4* (*arc.*) maestra di una scuola privata. ● (*un tempo*) **d. school**, scuola elementare tenuta da anziane signore.

damn /dæm/, (*fam.*) **A** *n.* maledizione; imprecazione. **B** *a. attr.* maledetto: **That d. idiot!**, quel maledetto idiota! **C** *inter.* maledizione!; accidenti! ● (*pop.*) **d. all**, un bel nulla; non... un fico secco (*pop.*) □ (*pop.*) **d. well**, benissimo; perfettamente □ **It isn't worth a d.**, non vale un fico (secco) □ **I don't care** (*o* **give**) **a d.**, non me ne importa un fico (secco).

to **damn** /dæm/, **A** *v. t.* *1* dannare (*anche relig.*); condannare; biasimare; disapprovare; riprovare *2* (*fam.*) maledire; mandare al diavolo *3* guastare; rovinare: **I damned myself with an untimely remark**, mi rovinai con un'osservazione intempestiva *4* (*teatr.*) accogliere freddamente; condannare all'insuccesso; stroncare: **The comedy was damned by the critics**, la commedia fu stroncata dai critici. **B** *v. i.* maledire; imprecare. ● **to d. with faint praise**, criticare (q. *o* q.c.) facendone le lodi, ma freddamente; essere assai tiepido nel recensire (q.c.) □ (*fam.*) **D. it all!**, al diavolo ogni cosa! □ (*fam.*) **D. you!**, va al diavolo! □ (*fam.*) **Well, I'll be damned!**, accidenti!; mannaggia! (*region.*).

damnable /'dæmnəbl/, *a.* *1* dannabile (*anche relig.*) *2* esecrabile; odioso; seccante *3* (*fam.*) maledetto; schifoso: **d. weather**, tempo schifoso.

damnation /dæm'neɪʃn/, **A** *n.* dannazione (*anche relig.*); maledizione. **B** *inter.* (*fam.*) maledizione!; al diavolo! ● (*pop.*) **in d.**, diamine; cavolo (*pop.*): **What in d. does he want?**, che cavolo vuole?

damnatory /'dæmnətrɪ, *USA* -tɔːrɪ/, *a.* *1* condannatorio (*raro*); di condanna *2* di biasimo; di riprovazione: **d. words**, parole di biasimo.

damned /dæmd/, **A** *n.* *1* condannato; biasimato; riprovato *2* (*pop.*) maledetto; infame; esecrabile; odioso: **It's a d. muddle!**, è un maledetto pasticcio! *3* (*relig.*) dannato: **the d.**, i dannati. **B** *avv.* (*pop.*) *1* maledettamente; straordinariamente: **It's a d. cold day**, è una giornata maledettamente fredda *2* benissimo; perfettamente: **You know d. well**, lo sai benissimo.

damnedest /'dæmdɪst/, (*fam.*) **A** *a. superl.* fantastico; eccezionale; straordinario. **B** *n.* (l') impossibile; di tutto: **I'm doing my d. to win**, faccio l'impossibile per vincere.

damnification /dæmnɪfɪ'keɪʃn/, *n.* (*leg.*) danneggiamento.

to **damnify** /'dæmnɪfaɪ/, *v. t.* (*leg.*) danneggiare; recar danno a.

damning /'dæmɪŋ/, *a.* *1* che condanna, biasima, danna, ecc. (*V.* **to damn**) *2* che impreca (*o* maledice) *3* (*leg.*) incriminante; schiacciante: **d. evidence**, prove schiaccianti.

Damoclean /dæmə'kliːən/, *a.* *1* di Damocle *2* (*fig.: di un pericolo*) incombente.

Damocles /'dæməkliːz/, *n.* (*stor.*) Damocle. ● (*fig.*) **the sword of D.**, la spada di Damocle.

damp /dæmp/, **A** *n.* *1* umidità; umido *2* (= **chokedamp, blackdamp**) atmosfera asfissiante (*o* irrespirabile: *nelle miniere*) *3* (= **fire-d.**) grisù; grisou *4* (*fig.*) abbattimento; scoraggiamento. **B** *a.* umido; bagnato; madido. ● (*edil.*) **d. course**, *V.* **d.-proof course** □ **d.-proof**, a prova d'umidità □ (*edil.*) **d.-proof course**, strato impermeabile (*contro l'umidità, nei muri*) □ (*edil.*) **d. proofing**, isolamento dall'umidità; eliminazione dell'umidità □ **d. squib**, petardo bagnato; (*fig. fam.*) barzelletta mal riuscita, scherzo a vuoto; fiasco, insuccesso □ **to cast** (*o* **to throw**) **a d. over** (*o* **into**) **sb.** [**st.**], deprimere (q.); rattristare q. [q.c.]: **His father's absence cast a d. over his birthday**, l'assenza del padre gettò un velo di tristezza sul suo compleanno □ **to cast a d. upon the nation's economy**, rendere incerte le prospettive dell'economia nazionale.

to **damp** /dæmp/, *v. t.* *1* inumidire *2* (*anche fig.*) smorzare; spegnere: **Nothing could d. his enthusiasm**, niente riusciva a smorzare il suo entusiasmo *3* (*acustica, elettr.*) smorzare: **damped waves**, onde smorzate (*della radio*). ● **to d. down a fire**, coprire un fuoco con la cenere (*per rallentarne la combustione*) □ (*econ.*) **to d. down home consumption**, ridurre i consumi interni □ **to d. down sb.'s spirits**, scoraggiare q. □ (*di piante, germogli, ecc.*) **to d. off**, avvizzire, marcire (*per l'umidità*).

to **dampen** /'dæmpən/, **A** *v. t.* *1* inumidire *2* (*fig.*) abbattere; scoraggiare *3* (*acustica, elettr.*) smorzare (*un suono, un'onda radio, ecc.*) *4* (*econ.*) allentare; attenuare; raffreddare. **B** *v. i.* inumidirsi. ● (*econ.*) **dampened inflation**, inflazione attenuata.

dampener /'dæmpənə(r)/, *n.* *1* (*USA*) spruzzatore per inumidire la biancheria *2* (*fig. fam.*) doccia fredda (*fig.*) *3* (*grafica*) rullo umidificatore.

damper /'dæmpə(r)/, *n.* *1* persona (*o* cosa) che deprime, rattrista, scoraggia; guastafeste; doccia fredda (*fig.*) *2* (*mecc.*) valvola di tiraggio (*del camino*) *3* (*autom., mecc.*) ammortizzatore *4* (*elettron.*) smorzatore *5* (*mus.*) smorzatoio (*di pianoforte*) *6* spugna per inumidire i francobolli. ● **to put a d. on a party**, smorzare l'allegria d'un trattenimento; fare il guastafeste □ (*mus.*) **d. pedal**, pedale dello smorzatoio.

damping /'dæmpɪŋ/, *n.* *1* inumidimento *2* (*elettr., fis.*) smorzamento.

dampish /'dæmpɪʃ/, *a.* umidiccio.

damply /'dæmplɪ/, *avv.* (*fig.*) in modo apatico; con freddezza.

dampness /'dæmpnəs/, *n.* umidità; umido.

damsel /'dæmzl/, *n.* (*lett.*) damigella; donzella; fanciulla.

damson /'dæmzn/, *n.* *1* (*bot., Prunus domestica insititia*) damaschino; susino selvatico *2* susina selvatica (*o* damaschina). ● **d. cheese**, marmellata di prugne damaschine □ **d.-plum**, susina damaschina.

dan /dæn/, *n.* (*sport*) dan (*grado nel judo e sim.*).

dance /dɑːns, *USA* dæns/, *n.* *1* ballo; danza; festa da ballo: **May I have the next d.?**, mi concede il prossimo ballo?; **to give a d.**, dare un ballo *2* musica da ballo; ballabile. ● **d. band**, orchestra da ballo; orchestrina □ **d. floor**, pista (*di sala da ballo*) □ **d. hall**, sala da ballo; dancing □ (*pop. USA*) braccio della morte □ **d. hostess**, entraîneuse, ragazza di locale notturno □ (*pitt.*) **the D. of Death**, danza macabra □ **to lead the d.**, aprire le danze □ (*fig.*) **to lead sb. a** (**pretty**) **d.**, rendere la vita difficile a q.; dare del filo da torcere a q. □ (*med.*) **St. Vitus's d.**, ballo di S. Vito.

to **dance** /dɑːns, *USA* dæns/, *v. i.* e *t.* *1* danzare (*anche fig.*); ballare; far ballare: **to d. a waltz**, ballare un valzer; **to d. a bear**, far ballare un orso; **He danced her weary**, la fece ballare tanto da stancarla *2* (*del cuore, del sangue*) balzare in petto; pulsare; scorrere veloce *3* far ballare, far saltellare (*un bambino: sulle ginocchia, ecc.*) *4* (*pop. USA*) essere impiccato. ● **to d. about**, ballare (*o* saltellare) qua e là □ **to d. attendance upon sb.**, stare sempre alle costole di q.; fare i balletti intorno a q. □ **to d. away**, continuare a ballare □ **to d. one's head off**, stordirsi a forza di ballare □ **to d. in a ring**, danzare in tondo; (*di bimbi*) fare il girotondo □ (*pop. USA*) **to d. off**, essere giustiziato □ **to d. to another tune**, cambiar musica (*anche fig.*); mettersi in riga (*fig.*) □ (*fig.*) **to d. to sb.'s piping**, seguire q., lasciarsi guidare da q.; legare l'asino dove vuole il padrone (*fig.*) □ (*pop.*) **to d. upon nothing**, pendere dalla forca; essere impiccato.

danceable /'dɑːnsəbl, *USA* 'dæn-/, *a.* ballabile.

dancer /'dɑːnsə(r), *USA* 'dæn-/, *n.* *1* danzatore, danzatrice; ballerino, ballerina *2* (*teatr.*) ballerino di fila; boy.

dancewear /'dɑːnswɛə(r), *USA* 'dæn-/, *n. collett.* articoli (di vestiario) per balletto.

dancing /'dɑːnsɪŋ, *USA* 'dæn-/, **A** *n.* la danza; il ballo (*l'arte*). **B** *a.* *1* danzante; che balla *2* di (*o* da) ballo. ● **d.-hall**, sala da ballo □ **d.-master**, maestro di ballo □ **d. mistress**, maestra di ballo □ **d.-school**, scuola di danza □ **d. shoes**, scarpette da ballo.

dandelion /'dændɪlaɪən/, *n.* (*bot., Taraxacum officinale*) tarassaco; dente di leone; soffione.

dander /'dændə(r)/, *n.* (*fam. specialm. USA*) ira; indignazione; collera. ● **to get one's d. up**, andare in collera; perdere la pazienza; uscire dai gangheri (*fig.*).

dandified /'dændɪfaɪd/, *a.* (*arc.*) *1* azzimato; attillato *2* (*dello stile*) affettato; lezioso; ricercato.

to **dandify** /'dændɪfaɪ/, *v. t.* (*arc.*) rendere simile a un damerino; vestire con eleganza; attillare (*raro*).

to **dandle** /'dændl/, *v. t.* *1* cullare, ninnare (*un bambino*) *2* accarezzare; vezzeggiare; coccolare.

dandriff /'dændrɪf/, *n.* (*raro*) *V.* **dandruff**.

dandruff /'dændrʌf/, *n.* forfora.

dandruffy /ˈdændrəfɪ/, *a.* forforoso.
dandy (1) /ˈdændɪ/, **A** *n.* *1* dandy; bellimbusto; damerino; elegantone; zerbinotto *2* (*pop. USA*) cosa eccellente, di prima qualità. **B** *a.* *1* da damerino; da elegantone; squisito *2* (*pop. USA*) eccellente; di prima qualità. ● **d.-brush**, striglia d'osso di balena □ (*ind. della carta*) **d. roll** (*o* **d. roller**), tamburo ballerino □ **She had a d. hat**, aveva un cappellino che era un amore.
dandy (2) /ˈdændɪ/, *V.* **dengue**.
dandyish /ˈdændɪɪʃ/, *a.* di (*o* da) damerino; lezioso; ricercato.
dandyism /ˈdændɪɪzəm/, *n.* eleganza ricercata; dandismo.
Dane /deɪn/, *n.* *1* danese *2* (= **Great D.**) (cane) danese; alano.
danegeld /ˈdeɪngeld/, *n.* (*stor.*) «danegeld» (*imposta annuale, sui terreni; in origine, denaro pagato agli invasori danesi perché lasciassero l'Inghil.*).
danewort /ˈdeɪnwɜːt/, *n.* (*bot., Sambucus ebulus*) sambuco selvatico; ebbio.
danger /ˈdeɪndʒə(r)/, *n.* pericolo; rischio: **He's a d. to society**, è un pericolo per la società; **He was in d. of losing his job**, correva il rischio di perdere il lavoro; **The patient is out of d.**, il malato è fuori pericolo. ● **d. money**, indennità di rischio □ (*autom.*) **the dangers of the road**, i pericoli della strada □ (*autom., ecc.*) **d. signal**, segnale di pericolo □ **to be in d.**, essere in pericolo; pericolare (*raro*).
dangerous /ˈdeɪndʒərəs/, *a.* pericoloso; rischioso: **d. crossing**, incrocio pericoloso; (*autom.*) **d. driving**, guida pericolosa; **d. occupations**, mestieri pericolosi.
dangerously /ˈdeɪndʒərəslɪ/, *avv.* *1* pericolosamente *2* gravemente: **He's d. ill**, è gravemente malato.
dangerousness /ˈdeɪndʒərəsnəs/, *n.* *1* pericolosità *2* gravità (*di una malattia*).
to **dangle** /ˈdæŋgl/, **A** *v. i.* *1* dondolare; ciondolare; penzolare *2* (*gramm.*) essere sospeso, sconnesso: **In this sentence the gerund is dangling**, in questo periodo, il gerundio non è sintatticamente connesso. **B** *v. t.* *1* dondolare; far ciondolare, spenzolare *2* (*fig.*) far balenare (*promesse, speranze, ecc.*). ● **to d. after a man of importance**, stare alle costole d'un uomo importante; ronzargli intorno □ (*fam.*) **to keep sb. dangling**, tenere q. sulla corda (*fig.*).
dangler /ˈdæŋglə(r)/, *n.* *1* bellimbusto; ciondolone *2* cascamorto; tirapiedi *3* (*fam. USA*) trapezista *4* (*fam. USA*) doppiogiochista.
Daniel /ˈdænjəl/, *n.* *1* Daniele *2* (*fig.*) giudice illuminato.
Danish /ˈdeɪnɪʃ/, **A** *a.* danese. **B** *n.* (lingua) danese. ● **D. blue**, specie di gorgonzola □ **D. pastry**, dolce di mele, pasta di mandorle, ecc.
dank /dæŋk/, *a.* *1* umido; bagnato; gocciolante, stillante umidità: **a d. cave**, un'umida caverna *2* fetido; rancido; stantio. ● **a d. smell**, un fetore.
Dantean /ˈdæntɪən, ˈdɑː-, -ˈtiːən/, **A** *a.* dantesco. **B** *n.* (*raro*) dantista.
Dantesque /dænˈtesk, dɑː-/, *a.* dantesco.
Dantist /ˈdæntɪst, ˈdɑː-/, *n.* dantista.
Danube /ˈdænjuːb/, *n.* (*geogr.*) Danubio.
Danubian /dæˈnjuːbɪən, *USA* dænˈjuː-/, *a.* (*geogr.*) danubiano.
Danzig /ˈdæntsɪg/, *n.* (*geogr.*) Danzica.
to **dap** /dæp/, **A** *v. i.* *1* pescare tenendo l'esca a fior d'acqua *2* tuffarsi, immergersi (*con leggerezza e all'improvviso*) *3* (*di una palla*) rimbalzare. **B** *v. t.* far rimbalzare; lanciare (*un sasso nell'acqua*) in modo che faccia rimbalzello.
daphne /ˈdæfnɪ/, *n.* (*bot., Daphne*) dafne.
Daphne /ˈdæfnɪ/, *n.* (*mitol.*) Dafne.
dapper /ˈdæpə(r)/, *a.* *1* piccolo e vivace; lesto; svelto *2* agghindato; azzimato; attillato; elegante. ● **a d. wave of the hand**, un rapido cenno con la mano.
dapple (1) /ˈdæpl/, **dappled** /ˈdæpld/, *a.* *1* chiazzato; screziato; macchiettato *2* (*d'animale*) maculato *3* (*di cavallo*) pezzato; pomellato. ● **a d.-grey horse**, un cavallo grigio pomellato.
dapple (2) /ˈdæpl/, *n.* *1* screziatura; macchia *2* animale maculato *3* cavallo pezzato, pomellato.
to **dapple** /ˈdæpl/, **A** *v. t.* chiazzare; screziare; macchiettare. **B** *v. i.* chiazzarsi; screziarsi.
darbies /ˈdɑːbɪz/, *n. pl.* (*pop.*) manette.
Darby and Joan /ˈdɑːbɪənˈdʒəʊn/, *n. pl.* (*fam. ingl.*) (coppia di) coniugi anziani, che stanno bene insieme. ● **D. and J. club**, circolo per anziani.
dard /dɑːd/, *n.* (*bot.*) dardo.
Dardanelles (**the**) /dɑːdəˈnelz/, *n. pl.* (*geogr.*) i Dardanelli.
dare /deə(r)/, *n.* *1* atto di coraggio; azione temeraria *2* sfida; provocazione: **to do st. for a d.**, fare q.c. per sfida.
to **dare** /deə(r)/ (*pass.* **dared,** *arc.* **durst**, *p. p.* **dared**), *v. t.* e *i.* (*al pres., anche v. modale*) *1* osare; ardire; arrischiarsi; avere il coraggio di: **How d. you say such a thing!**, come osi dire una cosa simile!; **He d. not try** (*o* **he doesn't d. to try**), non ardisce tentare; **I would if I dared**, lo farei, se ne avessi il coraggio; **He didn't d. (to) go**, non osò andarci *2* sfidare: **He dared me to follow him**, mi sfidò a seguirlo; **I will d. any danger**, sfiderò ogni pericolo *3* (*form.*) affrontare: **to d. the anger of one's boss**, affrontare l'ira del capo. ● **to d. all things**, osare il tutto per tutto □ **to d. a leap**, azzardarsi a fare un salto □ **I d. say**, oso dire; suppongo; credo: **I d. say this problem is too difficult for you to solve**, suppongo che questo problema sia troppo difficile perché tu lo risolva.
daredevil /ˈdeədevl/, **A** *a.* audace; temerario. **B** *n.* scavezzacollo.
daren't /deənt, *USA* deənt, ˈderənt/, *contraz.* di **dare not**.
daresay /ˈdeəˈseɪ/, *V.* **dare say**, *sotto* **to dare**.
daring /ˈdeərɪŋ/, **A** *a.* audace; ardito; coraggioso; intrepido. **B** *n.* audacia; ardire; coraggio; intrepidezza. ‖ **-ly**, *avv.*
dark (1) /dɑːk/, *a.* *1* oscuro; scuro; buio; fosco; tenebroso: **It was a d. night**, era una notte buia; **It's getting d.**, comincia a farsi buio (*o* a imbrunire); **d. blue**, blu scuro; **a d. room**, una stanza buia; **a d. secret**, un oscuro segreto; **a d. saying**, un detto oscuro (poco chiaro) *2* bruno (*di carnagione, di colore*); (*d'occhi, di pelle, ecc.*) bruno, scuro: **She has d. eyes**, ha gli occhi scuri *3* (*fig.*) cupo; fosco; tetro; triste; nero (*fig.*): **d. humour**, umor tetro (*o* nero); **d. prospects**, prospettive fosche; **to look on the d. side of things**, vedere soltanto il lato nero delle cose; essere pessimista *4* (*fig.*) oscuro, misterioso; astruso; incomprensibile: **the d. side of sb.'s character**, il lato oscuro del carattere di q. *5* sinistro: **He gave me a d. look**, mi diede un'occhiataccia *6* buio (*fig.*); oscurantista: **in this d. age of ours**, in questa nostra età oscurantista *7* nascosto; segreto: **to keep st. d.**, tenere nascosto q.c. *8* reticente: **to be quite d. about st.**, essere del tutto reticente su q.c. *9* (*fam. USA*) chiuso: (*di un locale, ecc.*) **to go d.**, chiudere. ● **the D. Ages**, l'alto Medioevo; (*specialm.*) l'età delle invasioni barbariche □ **the d. blues**, *V. sotto* **blue** (2) □ (*teatr.*) **d. comedy**, commedia «nera» □ **the D. Continent**, il continente nero (*l'Africa*) □ **d.-haired**, dai capelli scuri; bruno □ **a d. horse**, un cavallo (*fig.*: un candidato) di cui non si conoscono le possibilità di vittoria; un outsider □ (*letter.*) **the d. lady of the Sonnets**, la dama bruna dei Sonetti (*di Shakespeare*) □ **d. lantern**, lanterna cieca □ **d.-skinned**, dalla pelle scura □ **Keep it d.!**, acqua in bocca!
dark (2) /dɑːk/, *n.* oscurità; buio; tenebre: **We were left in the d.**, rimanemmo al buio. ● **after d.**, dopo il crepuscolo; a notte fatta □ **at d.**, all'imbrunire □ **before d.**, prima del calar delle tenebre □ **to keep sb. in the d. about st.**, tenere q. all'oscuro di q.c. □ **the lights and darks of a picture**, le zone di luce e quelle d'ombra in un quadro □ (*fig.*) **to take a leap in the d.**, fare un salto nel buio.
to **darken** /ˈdɑːkən/, **A** *v. i.* *1* oscurarsi; farsi scuro (*o* buio) *2* (*fig.*) rabbuiarsi, farsi scuro (*in volto: per l'ira, ecc.*) *3* (*di un colore*) scurirsi. **B** *v. t.* *1* oscurare; rendere oscuro; offuscare *2* scurire; annerire: **Smoke had darkened the walls**, il fumo aveva annerito le pareti *3* (*fig.*) rattristare; rendere fosco: **to d. the future**, rendere fosco l'avvenire. ● (*arc.*) **to d. sb.'s door**, fare visita a q. (*per lo più in frasi neg.*): **I won't d. his door again**, non mi vedrà mai più in casa sua.
darkey, darkie /ˈdɑːkɪ/, *n.* (*spreg.*) negro, negra.
darkish /ˈdɑːkɪʃ/, *a.* piuttosto scuro (*o* buio).
to **darkle** /ˈdɑːkl/, *v. i.* (*arc.*) *1* oscurarsi; apparire buio *2* celarsi nel buio.
darkling /ˈdɑːklɪŋ/, (*poet.*) **A** *a.* *1* oscuro; incerto; indistinto: **a d. plot**, un oscuro complotto *2* che avviene al buio (*o* nelle tenebre): **a d. trip**, un viaggio con le tenebre (*o* di notte). **B** *avv.* al buio; nelle tenebre.
darkly /ˈdɑːklɪ/, *avv.* *1* oscuramente *2* confusamente; astrusamente *3* foscamente; tetramente.
darkness /ˈdɑːknəs/, *n.* *1* oscurità; buio; tenebre *2* (*fig.*) ignoranza; cecità (*fig.*) *3* (*di un colore*) l'essere scuro *4* (il) male: **the powers of d.**, le potenze del male. ● **d. of complexion**, carnagione bruna, scura.
darkroom /ˈdɑːkruːm, -rʊm/, *n.* (*fotogr.*) camera oscura.
darksome /ˈdɑːksəm/, *a.* (*poet.*) *1* oscuro; scuro *2* cupo; tetro.
darky /ˈdɑːkɪ/, *V.* **darkey**.
darling /ˈdɑːlɪŋ/, **A** *a.* *1* caro; amato; diletto: **my d. wife**, la mia cara moglie; la mia mogliettina *2* (*fam., specialm. usato da donne*) carino; delizioso; molto bello: **What a d. little house!**, che casetta carina! **B** *n.* *1* beniamino; prediletto; cocco (*fam.*): **He's the teacher's d.**, è il beniamino del maestro; **You're mother's d.**, tu sei il cocco della mamma *2* (*fam.*) tesoro; angelo; amore: **Jill's baby is a d.**, Jill ha un tesoro di bambino; il bambino di Jill è un amore *3* (*al vocat.*) caro, cara; tesoro; amore: **Don't worry d.**; **I'll see to it**, non ti preoccupare, amore; ci penso io (*provvedo io*) *4* (*fam.*: *detto da una commessa o commesso di negozio; o da una cameriera o cameriere di ristorante, ma non di lusso; è idiom.*): **What can I do for you, d.?**, desidera?; **What can I get you, d.?**, e oggi, che si mangia? ● (*di un bimbo*) **a little d.**, un tesorino; un tesoruccio □ **What a d. little girl!**, che amore di bimba!
darn (1) /dɑːn/, *n.* rammendo; rammendatura.
darn (2) /dɑːn/, *inter.* (*fam. eufem.*; = **d. it!**) maledizione!; accidenti!
to **darn** (1) /dɑːn/, *v. t.* rammendare.
to **darn** (2) /dɑːn/, *v. t.* (*pop. eufem.*) maledire. ● **D. his impudence!**, che razza di sfacciato della malora!
darned /ˈdɑːnd/, *a.* (*pop. eufem.*) maledetto; dannato.
darnel /ˈdɑːnl/, *n.* (*bot., Lolium temulentum*) loglio; zizzania.
darner /ˈdɑːnə(r)/, *n.* rammendatore, rammendatrice.
darning /ˈdɑːnɪŋ/, *n.* *1* rammendatura; rammendo; arte del rammendo *2* roba (indumenti, ecc.) da rammendare. ● **d. ball** (*o* **d. last**), uovo (di legno) da rammendo □ **d. cotton**, cotone da rammendo □ **d. needle**, ago da rammendo □ **d. stitch**, punto rammendo.
dart /dɑːt/, *n.* *1* dardo; (*lett.*) strale (*poet.*); freccia: **a poisoned d.**, una freccia avvelenata *2* balzo; guizzo; slancio: **The cat made a d. for the window**, il gatto fece un balzo verso la finestra *3* (*zool.*: *d'insetto*) pungiglione *4*

lancio d'un dardo ***5*** freccetta; «dart» ***6*** (*pl., col verbo al sing.*) gioco del lancio di freccette (*con le mani*: *assai comune in G.B.*) ***7*** (*sartoria*) pince (*franc.*); ripresa; piccola piega.

to **dart** /dɑːt/, **A** *v. t.* ***1*** saettare; lanciare; scagliare (*anche fig.*): **to d. a javelin**, scagliare un giavellotto; **The teacher darted an angry look at the boy**, il maestro saettò (*o* lanciò) un'occhiataccia al ragazzo ***2*** (*anche* **to d. out**) saettare; tirar fuori velocemente: **The chameleon darted out its tongue and caught its prey**, il camaleonte saettò la lingua e catturò la preda ***3*** (*sartoria*) fare una pince (*o* una ripresa) in (*un vestito, ecc.*). **B** *v. i.* ***1*** dardeggiare: **Fiery eyes were darting in the night**, occhi di fuoco dardeggiavano nella notte ***2*** balzare; guizzare; slanciarsi: **The lizard darted into the cranny**, la lucertola guizzò dentro la fessura; **to d. across the street**, traversare la strada di slancio (*o* in un balzo); **The rabbit darted off**, il coniglio balzò via.

dartboard /ˈdɑːtbɔːd/, *n.* bersaglio (rotondo) del gioco dei darts (*V.* **dart**, *def.* *5* e *6*).

darter /ˈdɑːtə(r)/, *n.* ***1*** chi lancia, scaglia, ecc.; (*raro*) arciere ***2*** (*zool., Perca flavescens*) perca dorata ***3*** (*zool., Anhinga*) aninga.

darting /ˈdɑːtɪŋ/, *a.* ***1*** guizzante; rapido; veloce: **d. fish**, pesci che guizzano ***2*** (*fig.*) pronto; vivace: **d. intelligence**, intelligenza pronta.

Dartmoor /ˈdɑːtmʊə(r), -mɔː(r)/, *n.* ***1*** cavallo (*o* pecora) di Dartmoor ***2*** (*abbr. fam. di* **D. Prison**) carcere di Dartmoor.

dartre /ˈdɑːtə(r)/, *n.* (*med.*) herpes; erpete.

dartrous /ˈdɑːtrəs/, *a.* (*med.*) erpetico; affetto da herpes.

Darwinian /dɑːˈwɪnɪən/, **A** *a.* darwiniano. **B** *n.* darwinista; darwiniano.

Darwinism /ˈdɑːwɪnɪzəm/, *n.* darwinismo.

Darwinist /ˈdɑːwɪnɪst/, **Darwinite** /ˈdɑːwɪnaɪt/, **A** *n.* darwinista; darwiniano. **B** *a.* darwiniano.

dash /dæʃ/, *n.* ***1*** cozzo; urto; colpo (*anche fig.*): **the d. of the waves**, l'urto delle onde; **My hopes received a d.**, fu un colpo per le mie speranze ***2*** rumore (d'acqua); scroscio; scrosciare; tonfo: **the d. of water [of the rain]**, lo scrosciare dell'acqua [della pioggia]; **the d. of oars**, il tonfo dei remi ***3*** balzo; salto; scatto: **The prisoner made a d. for freedom**, il prigioniero fece un balzo per liberarsi (*o* un tentativo d'evasione) ***4*** (un) po'; (un) tantino; spruzzo; goccio; sfumatura: **Add a d. of brandy**, aggiungi un goccio di brandy; **It is green with a d. of yellow**, è verde con una sfumatura di giallo ***5*** punta, pizzico (*fig.*): **a d. of bitterness**, una punta di amarezza; **a d. of humour**, un pizzico di umorismo ***6*** brio; foga; impeto; slancio: **He is famous for his courage and d.**, è famoso per il suo coraggio e il suo slancio ***7*** tratto di penna ***8*** (*tipogr.*) lineetta (*lunga*: *di separazione*) ***9*** (*telegr.*) linea ***10*** (*sport*) corsa veloce: **the 100-metre d.**, la corsa dei cento metri piani ***11*** (*USA*) *V.* **dashboard**. ● **at a d.**, a precipizio; di volata □ **at one d.**, in un solo balzo □ **to cut a d.**, fare un figurone, una bella figura □ **to make a d. at**, lanciarsi contro; precipitarsi su: **The soldiers made a d. at the enemy**, i soldati si lanciarono contro il nemico □ (*fam.*) **to make a d. for it**, darsela a gambe.

to **dash** /dæʃ/, **A** *v. t.* ***1*** gettare; lanciare; buttare; sbattere; far volar via: **He dashed the tray to the floor**, gettò il vassoio per terra; **The storm dashed the ship against the rocks**, la tempesta sbatté la nave contro gli scogli; **The blow dashed his hat off his head**, il colpo gli fece volar via il cappello dalla testa ***2*** (*anche fig.*) abbattere; distruggere; infrangere (*anche fig.*): **All my hopes are dashed**, tutte le mie speranze sono infrante ***3*** gettare (*liquidi*); cospargere; spruzzare: **D. cold water on his face**, spruzzagli la faccia con acqua fredda ***4*** chiazzare; macchiare: **Your clothes are dashed with blood**, i tuoi vestiti sono macchiati di sangue ***5*** (*non com.*) mescolare (*anche fig.*); mettere un po' di (*un liquido in un altro*); correggere: **to d. joy with pain**, mescolare il dolore alla gioia; **to d. tea with whisky**, correggere il tè con il whisky ***6*** sottolineare (*una parola, ecc.*) ***7*** (*pop. eufem.*) maledire; mandare al diavolo: **D. him!**, vada al diavolo! **B** *v. i.* ***1*** battere; cozzare; urtare: **The billows dashed against the pier**, i marosi cozzavano contro il molo ***2*** balzare; muoversi velocemente e con violenza; precipitarsi; saettare: **Hundreds of cars were dashing along**, centinaia di macchine passavano sfrecciando; **The tiger dashed through the clearing**, la tigre avanzava a gran balzi attraverso la radura ***3*** (*fam.*) correre via; scappare: **I must d. now**, adesso devo (proprio) scappare (*andare via*). ● **to d. downstairs**, precipitarsi da basso □ **to d. st. to pieces**, fare a pezzi, fracassare q.c. □ **to d. upstairs**, fare le scale di corsa; precipitarsi di sopra □ (*pop. eufem.*) **D. it!**, accidenti!; maledizione!

♦**dash about**, *v. i. + avv.* correre di qua e di là; avere un gran daffare.

♦**dash against**, *v. i. + prep.* ***1*** andare a sbattere contro (q.c.) ***2*** scagliarsi contro (q.).

♦**dash aside**, **A** *v. t. + avv.* spingere con forza da parte; spostare con violenza. **B** *v. i. + avv.* spostarsi in fretta da parte.

♦**dash away**, **A** *v. i. + avv.* scappare via; darsela a gambe; fuggire a rotta di collo. **B** *v. t. + avv.* cacciare via; allontanare; scacciare; detergere (lacrime, sudore, ecc.).

♦**dash down**, **A** *v. t. + avv.* ***1*** abbattere; buttare a terra, tirar giù; scaraventare per terra ***2*** buttare giù (*per iscritto*); scrivere in fretta; abbozzare. **B** *v. i. + avv.* o *prep.* precipitarsi giù; scendere a precipizio: **to d. down the stairs**, scendere le scale a rotta di collo; precipitarsi da basso □ (*autom.*) **to d. down the motorway**, sfrecciare per l'autostrada.

♦**dash in**, **A** *v. i. + avv.* entrare di corsa (*o* a precipizio). **B** *v. t. + avv.* introdurre in tutta fretta (*dati, particolari, ecc.*); sbattere dentro (*fam.*).

♦**dash into**, *v. i. + prep.* precipitarsi in: **The headmaster dashed into the classroom**, il preside si precipitò nell'aula.

♦**dash off**, **A** *v. i. + avv.* ***1*** correre via; scappare: **I've got to d. off**, devo scappare ***2*** darsela a gambe. **B** *v. t. + avv.* scrivere in fretta, buttare giù (*un racconto, ecc.*).

♦**dash out**, **A** *v. i. + avv.* precipitarsi fuori; uscire a precipizio: **He dashed out of the house**, scappò fuori dalla casa. **B** *v. t. + avv.* fracassare: **to d. out one's brain**, fracassarsi la testa.

♦**dash over**, *v. i. + prep.* cadere sulla testa di; abbattersi su: **The main mast broke and dashed over two sailors**, l'albero maestro si spezzò e si abbatté su due marinai.

♦**dash up**, *v. i. + avv.* o *prep.* ***1*** salire a precipizio; precipitarsi su: **to d. up the stairs**, salire le scale a precipizio; precipitarsi di sopra ***2*** arrivare all'improvviso; saltar fuori (*fig.*) ***3*** (*fig.*) essere brillante; fare colpo (*fig.*).

dashboard /ˈdæʃbɔːd/, *n.* (*autom., aeron.*) cruscotto; plancia portastrumenti.

dashed /dæʃt/, *a.* ***1*** deluso; giù di corda, abbacchiato (*fam.*) ***2*** (*pop. eufem.,* = **damned**) dannato; maledetto.

dasher /ˈdæʃə(r)/, *n.* ***1*** chi getta, lancia, cozza, urta, ecc. (*V.* **to dash**) ***2*** menatoio (*per fare burro o gelato*) ***3*** (*tecn.*) pestello (*di zangola*) ***4*** (*USA*) *V.* **dashboard** ***5*** (*fam. arc.*) elegantone; tipo brillante.

dashing /ˈdæʃɪŋ/, *a.* ***1*** ardito; focoso; brioso; vivace: **a d. rider**, un ardito cavaliere ***2*** elegante; vistoso; sgargiante. ‖ **-ly**, *avv.*

dastard /ˈdæstəd/, *n.* (*arc.*) codardo; vigliacco.

dastardly /ˈdæstədlɪ/, *a.* (*arc.*) codardo; vile. ‖ **-iness**, *sost.*

dasyure /ˈdæsɪjʊə(r), -z-/, *n.* (*zool., Dasyurus maculatus*) dasiuro.

data /ˈdeɪtə, ˈdɑː-, *USA* ˈdeɪ-, ˈdæ-/, *n. pl.* (*di* **datum**; *ma generalm. usato come un sing.*) (*anche elab.*) dati: **We cannot take a decision until more d. on the market trend are available**, non possiamo decidere finché non saranno disponibili altri dati sull'andamento del mercato. ● (*elab.*) **d. bank**, banca dati □ (*elab.*) **d. bit**, bit d'informazione □ **d. book**, dossier □ **d. acquisition** (*o* **capture, collection**), raccolta dati □ **d. centre**, centro meccanografico (*o* di calcolo) □ **d. communication**, trasmissione dati, telematica □ **d. entry**, ingresso (*o* immissione) di dati □ **d. file**, archivio dei dati □ **d. flow**, flusso (*o* circolazione) di dati □ **d. item**, dato □ **d. input**, immissione di dati □ **d. management**, gestione dei dati □ **d. pen**, penna ottica (*o* luminosa) □ **d. processing**, elaborazione dei dati; trattamento dell'informazione □ **d.-processing centre [work]**, centro [lavoro] meccanografico □ **d. processor**, elaboratore di dati □ (*leg.*) **d. protection**, tutela del privato (*o* del dipendente) per la riservatezza delle informazioni registrate in banche dati sul suo conto □ (*leg., in G.B.*) **D. Protection Act**, legge (*del 1986*) per la suddetta tutela □ **d. rate**, velocità di trasmissione dei dati □ **d. set**, set di dati; archivio di dati □ (*telef.*) **d. under voice**, dati a frequenza intervocale □ **office d. processing**, burotica.

to **data-bank** /ˈdeɪtəbæŋk, ˈdɑː-, *USA* ˈdeɪ-, ˈdæ-/, *v. t.* (*elab.*) immettere (*o* inserire) in una banca dati.

database /ˈdeɪtəbeɪs, ˈdɑː-, *USA* ˈdeɪ-, ˈdæ-/, *n.* (*elab.*) base (di) dati. ● **d. management**, gestione di basi di dati.

datable /ˈdeɪtəbl/, *a.* databile.

dataphone /ˈdeɪtəfəʊn/, *n.* telefono per la trasmissione di dati.

Datapost /ˈdeɪtəpəʊst/, *n.* (*in G.B.*) servizio (*del Ministero delle Poste*) di consegna urgente di pacchi.

datary /ˈdeɪtərɪ/, *n.* (*relig.*) ***1*** dataria ***2*** datario.

datcha /ˈdætʃə, *USA* ˈdɑːtʃə/ (*russo*), *n.* dacia.

date (1) /deɪt/, *n.* (*bot.*) ***1*** dattero ***2*** (*Phoenix dactylifera*; = **d.-palm**) palma da datteri.

date (2) /deɪt/, *n.* ***1*** data: **the d. of birth [of the Roman conquest]**, la data di nascita [della conquista romana] ***2*** tempo; periodo: **monuments of an earlier d.**, monumenti di un'epoca anteriore; **at that d.**, a quel tempo ***3*** (*poet.*) durata (*della vita, ecc.*); età (*d'una persona*) ***4*** (*fam.*) appuntamento (*specialm. amoroso*); impegno: **to have a dinner d.**, avere un invito per un pranzo a due ***5*** (*fam.*) persona con cui si ha un appuntamento (*o* con cui si esce); ragazzo, ragazza; innamorato, innamorata. ● **d. as postmark**, data del timbro postale □ **d. coding**, annotazione in codice della data di scadenza (*di un prodotto confezionato*) □ **d.-line**, (*geogr.*) linea del cambiamento di data; (*nei giornali*) riga che porta la data di un articolo □ (*comm.*) **d. of maturity**, data di scadenza (*di una cambiale*) □ **d. rape**, stupro «per appuntamento» □ **d. schedule**, calendario delle scadenze □ **d.-stamp**, datario (*timbro*) □ (*comm.*) **at long [short] d.**, a lunga [breve] scadenza □ **blind d.**, appuntamento con uno sconosciuto □ **to go out of d.**, andare in disuso; diventare obsoleto; passare di moda □ **to be out of d.**, essere fuori moda; essere in disuso; essere antiquato □ (*fam.*) **to go out on dates**, uscire (*con un ragazzo o una ragazza*): (*a una ragazza*) **Are you allowed to go out on dates?**, ti lasciano uscire con ragazzi? □ **to d.**, fino a oggi; sinora □ (*comm.*) **under yesterday's d.**, in data di ieri □ **What's the d. today?**, quanti ne abbiamo oggi?; che giorno del mese è oggi?

to **date** /deɪt/, **A** *v. t.* ***1*** datare (*una lettera, un documento, ecc.*): **Bills are dated on the day they are made out**, gli effetti cambiari sono datati il giorno della loro emissione ***2*** attribuire (*una scoperta archeologica, ecc.*) a un periodo storico; determinare, fissare la data (*di un evento*); datare: **The archeologists will d.**

this statue, gli archeologi determineranno il periodo storico al quale appartiene questa statua *3* (*fam.*) dare appuntamento a (q.); vedere, uscire con (*una ragazza, ecc.*). **B** *v. i.* *1* applicare, segnare la data: **a machine that dates and weighs**, una macchina che segna la data e pesa (*la merce*) *2* – **to d. from** (*o* **back to**), risalire a: **This church dates from the 14th century**, questa chiesa risale al Trecento; **The furniture dates back to the 16th century**, il mobilio risale al secolo XVI *3* essere in disuso (*o* antiquato, passato di moda): **This idiom is beginning to d.**, questa espressione idiomatica sta cadendo in disuso *4* (*fam., anche* **to d. each other**) fare all'amore; uscire insieme; vedersi *5* (*fam.*) avere molti appuntamenti. ● (*comm.*) **to d. back**, retrodatare □ **to d. forward**, postdatare □ (*di un abbonamento e sim.*) **to d. from**, decorrere da □ **dating from that day**, a datare (*o* partire) da quel giorno.

datebook /ˈdeɪtbʊk/, *n.* (*USA*) agenda da scrittoio.

dated /ˈdeɪtɪd/, *a.* *1* datato; con la data *2* datato; in disuso; passato di moda; antiquato.

Datel /ˈdeɪtɛl/, *n.* (*in G.B.*) servizio (*del Ministero delle Poste*) di trasmissione elettronica dei dati (*in tempo reale*).

dateless /ˈdeɪtləs/, *a.* *1* senza data *2* senza fine; eterno *3* che esiste da tempo immemorabile *4* che non perde valore o interesse col passare degli anni.

dater /ˈdeɪtə(r)/, *n.* timbro con data; datario.

dating /ˈdeɪtɪŋ/, *n.* *1* datazione: **the d. of a text**, la datazione di un testo; **carbon d.**, datazione con il radiocarbonio *2* (*fam.*) il darsi appuntamento *3* (*fam.*) l'andare in giro, l'uscire (*con ragazzi o ragazze*). ● **d. agency**, agenzia che procura appuntamenti (*per persone sole*); agenzia matrimoniale □ (*USA*) **d. bar**, bar punto di ritrovo (*per uomini e donne*).

dation /ˈdeɪʃn/, *n.* (*leg.*) dazione: **d. in payment**, dazione in pagamento.

datival /dəˈtaɪvl/, *a.* (*gramm.*) del dativo.

dative /ˈdeɪtɪv/, *a.* e *n.* (*gramm.*) dativo.

datum /ˈdeɪtəm, ˈdɑː-, *USA* ˈdeɪ-, ˈdæ-/ (*lat.*), *n.* (*pl.* **data**) *1* dato; elemento (d'informazione); premessa *2* (*elab.*) dato *3* (*scient.*) riferimento: (*cartografia*) **d. level** (*o* **plane**), piano di riferimento; **d. line**, linea di riferimento. ● (*elab.*) **d. error**, errore iniziale □ (*cartografia*) **d. point**, caposaldo trigonometrico.

datura /dəˈtjʊərə, *USA* -ˈtʊə-/, *n.* (*bot., Datura*) datura.

daub /dɔːb/, *n.* *1* sostanza da spalmare (*vernice, intonaco, argilla, fango, ecc.*) *2* sgorbio; pittura malfatta; crosta (*fig.*).

to **daub** /dɔːb/, **A** *v. t.* *1* spalmare; impiastrare: **My trousers were daubed with mud**, avevo i calzoni impiastrati di fango *2* chiudere; ricoprire; stuccare: **to d. a crack with plaster**, stuccare una fessura con malta per intonaco *3* imbrattare; impiastricciare. **B** *v. i.* essere un imbrattatele; dipingere male: **That man doesn't paint, he just daubs**, quello lì non dipinge; non fa che imbrattare tele. ● **to d. on paint**, applicare i colori con scarsa abilità.

dauber /ˈdɔːbə(r)/, *n.* imbrattatele.

daubery /ˈdɔːbərɪ/, *n.* imbrattamento; sgorbio.

daubster /ˈdɔːbstə(r)/, *n.* imbrattatele.

dauby /ˈdɔːbɪ/, *a.* *1* appiccicoso; attaccaticcio *2* imbrattato *3* (*di pittura, quadro*) mal dipinto.

Dauerlauf /ˈdaʊəlaʊf/ (*ted.*), *n.* (*sport: sci*) fondo.

daughter /ˈdɔːtə(r)/, *n.* *1* figlia; figliola *2* (*fis. nucl.*) prodotto di decadimento. ● **d.-in-law**, nuora.

daughterhood /ˈdɔːtəhʊd/, *n.* l'essere figlia.

daughterly /ˈdɔːtəlɪ/, *a.* filiale; di figlia.

to **daunt** /dɔːnt, *USA* dɔːnt, dɑːnt/, *v. t.* *1* atterrire; intimidire; spaventare *2* deprimere; scoraggiare *3* stipare (*aringhe*) in un barile. ● **nothing daunting**, intrepidamente; senza nulla temere.

dauntless /ˈdɔːntləs, *USA* ˈdɔː-, ˈdɑː-/, *a.* impavido; intrepido. || **-ly**, *avv.* || **-ness**, *sost.*

Dauphin /ˈdɔːfɪn, ˈdəʊ-, dəʊˈfæn/, *n.* (*stor.*) delfino.

Dauphiness /ˈdɔːfɪnɪs, ˈdəʊ-/, *n.* (*stor. francese*) delfina.

Dave /deɪv/, *n. dim.* di **David**.

davenport /ˈdævnpɔːt/, *n.* *1* scrittoio, scrivania (*con piano ribaltabile*) *2* (*USA*) sofà; divano; divano letto.

David /ˈdeɪvɪd/, *n.* Davide. ● **D. and Jonathan**, Davide e Gionata; (*fig.*) amici fedeli, inseparabili; Oreste e Pilade.

davit /ˈdævɪt, ˈdeɪ-/, *n.* (*naut.*) gru. ● **boat d.**, gru d'imbarcazione.

davy /ˈdeɪvɪ/, *n.* (*pop. arc.*, = **affidavit**) giuramento; deposizione giurata. ● **to take one's d.**, giurare; asseverare.

Davy Jones /ˈdeɪvɪˈdʒəʊnz/, *n.* (*gergo marinaresco*) «Davy Jones» (*spirito maligno del mare*). ● **D. J.'s locker**, il fondo del mare.

Davy lamp /ˈdeɪvɪlæmp/, *n.* (*nelle miniere*) lampada Davy; lampada di sicurezza.

daw /dɔː/, *n.* (*zool., arc.* o *poet.*) *1* (*Corvus monedula*) taccola *2* (*Cassidix mexicanus*) gracchio dalla coda lunga.

to **dawdle** /ˈdɔːdl/, **A** *v. i.* bighellonare; ciondolare; gingillarsi; dondolarsi (*fig.*); oziare. **B** *v. t.* – **to d. away**, sciupare, sprecare (*il tempo*). ● **to d. over one's food**, mangiare di malavoglia.

dawdler /ˈdɔːdlə(r)/, *n.* bighellone, bighellona; fannullone, fannullona.

dawk /dɔːk/, *n.* (*fam. USA, polit.*; *contraz. di* **dove** e **hawk**) mezzo colomba e mezzo falco.

dawn /dɔːn/, *n.* *1* aurora; alba; spuntar del giorno: **D. is breaking**, si fa l'alba; spunta il giorno *2* (*fig.*) albori, alba (*fig.*); inizio; principio: **the d. of the Atomic Age**, il principio dell'era atomica. ● **from d. to dark**, dall'alba al tramonto.

to **dawn** /dɔːn/, *v. i.* *1* albeggiare; farsi giorno *2* (*del giorno*) spuntare *3* (*fig.*) essere agli albori: **Civilization was just dawning**, la civiltà era appena agli albori *4* (*di solito* **to d. on, to d. upon**) farsi evidente; apparire chiaro; farsi strada (*fig.*): **The unwelcome truth at last dawned on him**, la verità sgradita infine si fece strada nella sua mente; **It gradually dawned on me that I'd got on the wrong bus**, a poco a poco mi apparve chiaro (*o* mi resi conto) che avevo sbagliato autobus.

dawning /ˈdɔːnɪŋ/, **A** *a.* albeggiante; nascente. **B** *n.* *1* l'albeggiare *2* (*fig.*) albori; alba (*fig.*); inizio. ● **the d. of a new hope**, lo spuntare d'una speranza nuova.

day /deɪ/, *n.* *1* giorno; giornata; dì (*poet.*): **We work during the day**, lavoriamo durante il giorno; **It was a glorious day**, era una splendida giornata; **an eight-hour day**, una giornata (lavorativa) di otto ore *2* giornata campale; fatto d'arme; battaglia; vittoria: **We have carried** (*o* **won**) **the day**, abbiamo conseguito (*o* riportato) la vittoria *3* (periodo di) tempo: **He was the best painter of his day**, fu il miglior pittore del suo tempo; **in the days of good Queen Anne**, al tempo della regina Anna; **in the days of old**, nei tempi andati; nel tempo passato; al tempo dei tempi *4* (*Borsa*) giorno di borsa. ● **day after day**, un giorno dopo l'altro □ (*fig.*) **the day after the fair**, troppo tardi, a festa finita □ **the day after tomorrow**, dopodomani; domani l'altro; posdomani □ **day and night**, giorno e notte; notte e giorno; notte e dì □ (*USA*) **day bed**, poltrona a sdraio; divano letto □ **the day before yesterday**, ieri l'altro; l'altro ieri □ (*med.*) **day blindness**, emeralopia □ **day-boarder**, semiconvittore □ **day-book**, diario; (*comm.*) libro giornale □ **day-boy**, allievo esterno (*di un collegio*) □ **day by day**, giorno per giorno □ **day-care centre**, asilo; scuola materna □ (*telef.*) **day charge**, tariffa diurna □ (*ferr., USA*) **day coach**, carrozza normale (con sedili non reclinabili) □ (*zool.*) **day-fly** (*Ephemera*), effimera □ **day girl**, allieva esterna (*di un collegio*) □ (*med.*) **day hospital**, day hospital □ **day in, day out**, dalla mattina alla sera; continuamente; per giorni e giorni □ **day labour**, lavoro (*o* manodopera) a giornata □ **day labourer**, chi lavora a giornata; giornaliero □ (*USA*) **day letter**, telegramma diurno (*costa meno e viaggia più lento*) □ (*bot.*) **day lily** (*Hemerocallis*), emerocallide □ **day-long**, che dura tutto il giorno □ **day nursery**, asilo nido □ (*comm.*) **days of grace**, giorni di grazia (*o* di respiro); (*per estens.*) dilazione □ **day off**, giorno di libertà, giornata libera □ **a day out in the country**, un giorno di vacanza in campagna □ (*ind., ecc.*) **day release**, permesso giornaliero per studio □ **day release course**, corso per lavoratori □ (*ferr.*) **day return**, biglietto di andata e ritorno per la giornata □ **day school**, scuola diurna (*opposto di scuola serale o domenicale*) □ (*ind.*) **day shift**, turno di giorno □ (*poet.*) **day-spring**, alba □ (*moda*) **day suit**, abito (*da uomo*) da giorno □ (*ferr.*) **day ticket**, biglietto d'andata e ritorno, valido per un solo giorno □ **day-to-day**, di giorno in giorno; giornaliero, quotidiano; alla giornata, futile □ (*fin.*) **day-to-day loan [money]**, prestito [denaro] a giornata □ (*ferr.*) **day train**, treno diurno □ **day trip**, gita di un giorno; escursione □ **day-tripper**, escursionista; (*ferr.*) viaggiatore con biglietto d'andata e ritorno valido per un solo giorno □ **day-wear bra**, reggiseno da giorno □ **all (the) day**, tutto il giorno □ **all day long**, tutto il santo giorno □ **to be as clear as day**, essere chiaro come la luce del giorno □ **before day**, prima dello spuntar del giorno □ **to be broad day**, essere pieno giorno (*o* giorno fatto) □ **by day**, di giorno □ **by the day**, a(lla) giornata: **He is paid by the day**, è pagato a(lla) giornata □ (*fig.*) **to call it a day**, smettere di lavorare (di giocare, ecc.); piantare lì (*fam.*) □ **to end one's days**, finire (*o* chiudere) i propri giorni; morire □ **every other** (*o* **every second**) **day**, un giorno sì e un giorno no □ **from day to day**, di giorno in giorno; da un giorno all'altro: (*fig.*) **to live from day to day**, vivere alla giornata □ (*fig.*) **to have had one's day**, avere fatto il proprio tempo: **Feudalism has had its day**, il feudalesimo ha fatto il suo tempo □ **to have one's day**, avere il proprio giorno di gloria; avere successo; essere in auge □ **to have seen better days**, aver conosciuto giorni migliori □ **in all born days**, in vita mia □ **in one's day**, quando si era in auge: **In his day, he was a great actor**, ai suoi tempi, era un attore famoso □ **the last Day** (*o* **the Day of Judgement**), il giorno del giudizio (universale) □ (*comm., naut.*) **lay days**, stallie □ (*fam.*) **to make sb.'s day**, rendere felice q. in un dato giorno; fare di un giorno una data memorabile per q. □ **men of the day**, uomini illustri o famosi (*in un dato periodo*); uomini del giorno □ **to name the d.**, fissare la data del matrimonio □ **one day**, un giorno; una volta; un giorno o l'altro □ **one of these (fine) days**, uno di questi giorni □ **the other day**, l'altro giorno □ **to pass the time of day with sb.**, salutare q.; scambiare quattro chiacchiere con q. □ **present-day**, del giorno d'oggi; attuale; contemporaneo □ **to save money for a rainy day**, metter denaro da parte per i tempi difficili □ **some day**, un giorno (futuro); un giorno o l'altro □ **some days**, alcuni giorni; qualche giorno □ **these days**, di questi tempi □ **this day week [fortnight, month, year]**, oggi a otto [a quindici, a un mese, a un anno] □ **to a day**, esattamente: **It is five years ago to a day**, fu esattamente cinque anni fa; sono cinque anni precisi; fanno cinque anni proprio oggi □ **to the present day** (*o* **to this day**), fino a oggi, fino al momento attuale □ **working day**, giornata lavorativa □ **His day is done**, la sua ora è passata (ha finito d'aver successo, di brillare, ecc.; è ormai tramontato) □ **His days are**

numbered, ha i giorni contati; è prossimo a morire ◻ **My day has come**, è venuta la mia ora ◻ (*fam.*) **It's all in the day's work**, è cosa di routine; tutto normale!; nessun problema!

daybreak /'deɪbreɪk/, *n.* lo spuntar del giorno; l'albeggiare; alba.

daydream /'deɪdriːm/, *n.* sogno a occhi aperti.

to **daydream** /'deɪdriːm/, *v. i.* sognare a occhi aperti.

daydreamer /'deɪdriːmə(r)/, *n.* chi fa sogni a occhi aperti.

daydreaming /'deɪdriːmɪŋ/, *n.* il sognare a occhi aperti.

daylight /'deɪlaɪt/, *n.* ***1*** luce del giorno (*o* del sole); luce diurna: **in broad d.**, in pieno giorno; **by d.**, di giorno; **the d. hours**, le ore di luce ***2*** alba; l'albeggiare; lo spuntar del giorno: **I woke up before d.**, mi svegliai prima dell'alba (*o* prima che facesse giorno); **from d. till dark**, dall'alba al tramonto ***3*** (*fig.*) luce (*fig.*): **to throw some d. on a matter**, fare luce su una faccenda; **We can now see d. ahead**, cominciamo a vedere un po' di luce, a vederci chiaro ***4*** apertura; spazio libero: (*pop.*) **to let d. into sb.**, fare un buco nella pancia (*o* nella testa) a q. (*accoltellandolo o sparandogli*). ● (*fam.*) **d. robbery**, rapina, furto (*fig.*); prezzo esorbitante ◻ (*USA*) ◻ **to burn d.**, sprecare il proprio tempo ◻ **d.-saving time**, ora estiva (*o* legale).

daylights /'deɪlaɪts/, *n. pl.* (*fam.*) (i) sensi; (la) coscienza; (la) vita. ● **to beat** (*o* **to knock, to whale**) **the** (**living**) **d. out of sb.**, massacrare q. di botte; pestare q. a morte ◻ **to scare the** (**living**) **d. out of sb.**, spaventare a morte q.

dayroom /'deɪruːm, -rʊm/, *n.* sala di ricreazione; sala di lettura.

days /deɪz/, *avv.* (*fam. specialm. USA*) di giorno.

daytime /'deɪtaɪm/, *n.* giorno: **in the d.**, di giorno.

daywork /'deɪwɜːk/, *n.* ***1*** lavoro fatto in un giorno ***2*** lavoro pagato a giornata (*o* a ore); lavoro in economia ***3*** lavoro fatto di giorno (*non di notte*).

daze /deɪz/, *n.* stordimento; stupore; sbalordimento. ● **in a d.**, stordito; sbalordito; istupidito; intronato.

to **daze** /deɪz/, *v. t.* ***1*** stordire; sbalordire; intontire ***2*** abbagliare: **The bright lights dazed me**, lo splendore delle luci m'abbagliò.

dazed /deɪzd/, *a.* stordito; sbalordito; istupidito; intontito; intronato.

dazzle /'dæzl/, *n.* bagliore: **the d. of the lake in the sunlight**, il bagliore del lago sotto il sole. ● (*autom.*) **d. lamps** (*o* **lights**), (fari) abbaglianti.

to **dazzle** /'dæzl/; *v. t.* ***1*** abbagliare; abbacinare: **The motorist was dazzled by the lights of a lorry**, l'automobilista fu abbagliato dai fari d'un autocarro; **He was dazzled with her beauty**, rimase abbagliato dalla sua bellezza ***2*** far colpo su (q.); colpire (*fig.*); impressionare. ● **The actress dazzles in this film**, l'attrice è abbagliante in questo film.

dazzlement /'dæzlmənt/, *n.* abbagliamento; abbacinamento.

dazzling /'dæzlɪŋ, -zəl-/, *a.* abbagliante; splendente; splendido; radioso: **d. colours**, colori abbaglianti; **a d. morning**, un mattino radioso. || **-ly**, *avv.*

D-day /'diːdeɪ/, *n.* ***1*** il giorno dello sbarco degli Alleati in Normandia (*6 giugno 1944*) ***2*** (*per estens.*) il giorno in cui dovrà effettuarsi un'operazione militare; il giorno dell'azione: **We are waiting for D-day**, aspettiamo il giorno dell'azione ***3*** (*fig.*) giorno d'importanza cruciale ***4*** giorno dell'introduzione del sistema monetario decimale in G.B. (*15 febbraio 1971*).

deacon /'diːkən/, *n.* (*relig.*) diacono.

deaconess /diːkə'nɛs; 'diːkənɪs/, *n.* (*relig.*) diaconessa.

deaconry /'diːkənrɪ/, **deaconship** /'diːkənʃɪp/, *n.* (*relig.*) diaconato.

to **deactivate** /diː'æktɪveɪt/, **A** *v. t.* ***1*** disattivare (*un congegno, una bomba, ecc.*) ***2*** (*mil.*) smobilitare. **B** *v. i.* (*fis. nucl.*) perdere la radioattività.

deactivation /diːæktɪ'veɪʃn/, *n.* ***1*** disattivazione ***2*** (*mil., USA*) smobilitazione.

dead (**1**) /dɛd/, *a.* ***1*** morto (*anche fig.*); estinto; inanimato: **He has been d. for two hours**, è morto da due ore; **d. leaves**, foglie morte; **d. waters**, acque morte; **d. languages**, lingue morte; **d. matter**, materia inanimata; (*tur.*) **d. season**, stagione morta ***2*** smorto: **d. colour**, colore smorto (*o* spento); tinta smorta ***3*** sterile; improduttivo: **d. soil**, terreno sterile ***4*** inservibile; usato: **a d. match**, un fiammifero usato ***5*** già utilizzato; spento; vuoto: **a d. brand**, un tizzone spento; **a d. cigarette**, una sigaretta spenta; **d. glasses**, bicchieri vuoti ***6*** smorzato: **a d. sound**, un suono smorzato ***7*** informicolito; intirizzito; insensibile; sordo (*fig.*): **My fingers are d. from cold**, ho le dita intirizzite dal freddo; **He is d. to any feeling of pity**, è sordo a ogni sentimento di pietà ***8*** monotono; privo d'interesse; (*fam. USA*: *di un individuo*) noioso: **a d. picture**, un quadro privo d'interesse ***9*** assoluto; completo; totale; netto: **a d. calm**, una calma assoluta; **d. certainty**, certezza assoluta ***10*** (*elettr.*) neutro; che fa massa: **a d. wire**, un filo neutro ***11*** (*autom., elettr.*) scarico: **My battery is d.**, ho la batteria scarica. ● (*banca*) **d. account**, conto estinto ◻ **d. air**, aria viziata (*nelle miniere*) ◻ (*edil.*) **d.-air space**, intercapedine chiusa ◻ **d.-alive** (*o* **d. and alive**), (*di persona*) mezzo morto, più morto che vivo; (*di cosa, luogo, ecc.*) monotono, noioso, tedioso ◻ **d. and gone**, morto e sepolto ◻ (*edil.*) **d. arch**, arco murato ◻ (*fin.*) **d. assets**, attività non realizzabili ◻ (*sport*) **d. ball**, palla (*o* pallone) fuori gioco ◻ (*rugby*) **d.-ball line**, linea di pallone morto ◻ **d. body**, cadavere ◻ **d. bolt**, serratura di sicurezza ◻ (*leg.*) **d.-born**, nato morto ◻ (*naut.*) **d. calm**, calma piatta; bonaccia ◻ **d. centre**, (*di motore*) punto morto (del manovellismo); (*mecc.*: *di tornio, ecc.*) contropunta fissa; (*fig.*) punto morto ◻ **the d. centre of the target**, il centro esatto del bersaglio ◻ **d. drop**, deposito (*o* nascondiglio) d'informazioni riservate (*senza che la spia e il cliente s'incontrino*) ◻ (*fam. USA*) **d. duck**, palla persa (*fig.*); persona destinata all'insuccesso ◻ **d. end**, vicolo cieco (*anche fig.*) ◻ **d.-end job**, lavoro senza prospettive, senza sbocchi di carriera ◻ **d.-end kid**, giovane teppista ◻ **a d.-end policy**, una politica senza via d'uscita ◻ (*naut.*) **d. eye**, bigotta; carrucola ◻ **dead-eye** (*USA*), *V.* **d. shot** ◻ **d. fire**, fuoco di Sant'Elmo ◻ **d. flowers**, fiori avvizziti ◻ (*comm., naut.*) **d. freight**, nolo «vuoto per pieno» ◻ (*leg.*) **d. hand**, manomorta ◻ (*fam.*) **d. head**, tipo noioso; borsa (*fig. fam.*) ◻ (*sport*) **d. heat**, corsa (*o* gara) che finisce in parità: **a d.-heat finish**, una finale in cui due o più concorrenti arrivano alla pari ◻ (*mecc.*) **d. hole**, foro cieco ◻ (*fam. USA*) **d. horse**, acqua passata (*fig.*) ◻ **d.-house**, camera mortuaria; obitorio ◻ (*fis.*) **d. level**, livello costante ◻ (*teoria delle costr.*) **d. load**, carico fisso ◻ **d. loss**, (*fin.*) perdita netta (*o* secca); (*fig. fam.*) caso disperato ◻ **a d. man**, un morto (*uomo*); (*fam.*) una bottiglia vuota ◻ **d. man's brake** [**control, handle**], *V.* **deadman's brake** [**control, handle**] ◻ (*bot.*) **d. man's fingers** (*o* **d. man's thumb**), (*Orchis morio*) pan di cuculo; (*Orchis maculata*) manine ◻ (*fam. USA*) **d.-man's pinch**, livido di cui non ci si sa dare ragione ◻ (*fam. USA*) **d.-man's rule**, regola (*di comportamento processuale*) per cui l'imputato tenta di scaricare la colpa su un morto ◻ **d. march**, marcia funebre ◻ (*radio*) **a d. microphone**, un microfono che non è in funzione ◻ (*fam. USA*) **d. marine**, bottiglia vuota ◻ **a d. mine**, una miniera esaurita ◻ (*fin.*) **d. money**, denaro infruttifero ◻ (*bot.*) **d. nettle** (*Lamium*), lamio; ortica bianca ◻ **d. oil**, olio inerte (*estratto dal catrame*) ◻ **d. person**, morto, cadavere (*uomo o donna*) ◻ (*fam. USA*) **d. pigeon**, *V.* **d. duck** ◻ (*mecc.*) **d. point**, (*di motore*) punto morto ◻ **d. pull** (*o* **d. lift**), sforzo vano (*per sollevare o spostare un peso eccessivo*) ◻ (*naut.* e *fig.*) **d. reckoning**, determinazione del punto stimato ◻ (*fam.*) **d. ringer**, *V.* **d. spit** ◻ **d. set**, (*nella caccia*) punta, ferma; (*fig.*) sforzo deciso: **Make a d. set at him and he'll marry you**, metticela tutta e vedrai che ti sposa ◻ **a d. shot**, un tiratore infallibile ◻ **d. silence**, silenzio di tomba ◻ **d. sleep**, sonno profondo ◻ (*fam.*) **d. soldier**, bottiglia vuota ◻ (*fam.*) **d. spit**, sosia; ritratto vivente: **He's the d. spit of his father**, è il ritratto vivente di suo padre; è suo padre nato e sputato (*fig.*) ◻ **d. stock**, (*econ.*) scorte morte; (*fin.*) capitale azionario inutilizzato; (*comm.*) giacenze di merce difficile a vendersi ◻ (*elettron., cronot.*) **d. time**, tempo morto ◻ (*fam.*) **d. to rights**, in flagrante; con le mani nel sacco (*fam.*) ◻ (*fam.*) **d. to the world**, partito (*fam.*); intontito (*dalla droga*); ubriaco fradicio; immerso nel sonno ◻ (*ferr.*) **d. track**, binario morto; binario isolato ◻ (*tipogr.*) **d. type**, piombo fermo ◻ (*edil.*) **d. wall**, muro cieco ◻ **d. weight**, peso morto; (*fig.*) grave peso, fardello; (*naut.*, = **d.-weight tonnage**) portata lorda ◻ (*fin.*) **d.-weight debt**, debito pubblico fiduciario (*senza garanzia di beni reali*) ◻ (*edil.*) **d. window**, finestra murata ◻ **d. wood**, legna secca; (*fam.*) persona (*o* cosa) inutile, ramo secco (*fig.*): **Our firm has got too much d. wood**, ci sono troppi rami secchi nella nostra azienda ◻ **to be as d. as a doornail**, essere morto stecchito ◻ **to go d.**, (*della radio, ecc.*) spegnersi; (*del telefono, ecc.*) ammutolirsi ◻ **in the d. hours** (**of night**), nelle ore (silenziose) della notte ◻ **on a d. level**, perfettamente piano, in pari ◻ (*fig.*) **to wait for d. men's shoes**, aspettare un'eredità (o che altri vada in pensione) ◻ **His face was d. with fright**, era bianco (come un morto) dalla paura ◻ **The train slowed down and then came to a d. stop**, il treno rallentò e poi si fermò del tutto ◻ (*prov.*) **D. men tell no tales**, i morti non parlano.

dead (**2**) /dɛd/, *n.* ***1*** – **the d.** (*collett.*), i morti: **Christ rose from the d.**, Cristo risuscitò (dai morti); (*relig.*) **office for the d.**, ufficio dei defunti; ufficio funebre ***2*** (*fig.*) punto più profondo; cuore (*fig.*): **in the d. of night**, nel cuore della notte ***3*** (*fam. USA*) *V.* **deadhead**, *def. 1.*

dead (**3**) /dɛd/, *avv.* ***1*** assolutamente; completamente; nettamente; perfettamente; del tutto: **His partners were d.** (*o* **d. set**) **against his plan**, i suoi soci erano nettamente contrari al suo progetto; **a d. level surface**, una superficie piana perfettamente uniforme ***2*** all'improvviso; di colpo; di botto: **to stop d.**, fermarsi di botto; **The wind fell d.**, il vento cadde all'improvviso. ● (*naut.*) **d. ahead**, (dritto) di prua ◻ **d. asleep**, profondamente addormentato ◻ **d.-beat**, (*agg.*) sfinito, stanco morto; (*mecc.*) smorzato; (*orologeria*) senza ritorno; (*elettr.*) aperiodico; (*sost.*) (*pop. USA*) squattrinato; scroccone, parassita; fannullone ◻ **d. broke**, senza il becco di un quattrino; in bolletta (*fam.*) ◻ **d. drunk**, ubriaco fradicio ◻ (*fam.*) **to be d. right**, avere ragione da vendere ◻ **d. ripe**, ben maturo ◻ (*fam.*) **to be d. wrong**, avere torto marcio ◻ (*autom.*) «**D. slow**», «a passo d'uomo» (*cartello*).

to **deaden** /'dɛdn/, **A** *v. t.* ***1*** ammortire (*fig.*); affievolire; attenuare; attutire; indebolire; smorzare: **This medicine will d. your pain**, questa medicina ti attenuerà il dolore; **These materials d. any kind of noise**, questi materiali smorzano ogni rumore ***2*** rendere insensibile; informicolire; intirizzire: **Cold has deadened my fingers**, il freddo mi ha intirizzito le dita ***3*** isolare acusticamente, insonorizzare (*un pavimento, ecc.*). **B** *v. i.* ***1*** affievolirsi;

attenuarsi; attutirsi; indebolirsi; smorzarsi *2* informicolirsi; intirizzirsi. ● **to d. sb.'s feelings**, privare q. di ogni sentimento.

deadener /'dɛdnə(r)/, *n.* materiale isolante (*o* insonorizzante).

deadening /'dɛdnɪŋ, -dən-/, **A** *n.* *1* isolamento acustico; insonorizzazione *2* materiale isolante *3* (*autom.*) antirombo. **B** *a.* *1* che smorza i rumori *2* (*fig.*) che smorza l'entusiasmo; negativo: **the d. effects of a repetitive job**, gli effetti negativi di un lavoro ripetitivo.

deadhead /'dɛdhɛd/, *n.* *1* chi viaggia, chi va a teatro, ecc. senza pagare il biglietto; portoghese (*fig.*) *2* testone (*fig.*); tonto *3* (*naut.*) pilone d'ormeggio; colonna d'ormeggio.

deadlight /'dɛdlaɪt/, *n.* (*naut.*) *1* oscuratore di oblò (*o* di boccaporto) *2* osteriggio; oblò fisso.

deadline /'dɛdlaɪn/, *n.* *1* linea insuperabile, che non si può varcare senza pericolo di morte *2* (*per estens.*) termine massimo; ora (data, ecc.) di scadenza: **to meet the d.**, rispettare la data di scadenza (*di un lavoro*); finire entro i termini. ● **to work to a d.**, fare un lavoro per una data prefissata.

deadliness /'dɛdlɪnəs/, *n.* micidialità; implacabilità.

deadlock /'dɛdlɒk/, *n.* *1* arresto; incaglio; punto morto (*fig.*); impasse: **The truce talks have come to a d.**, le trattative per una tregua sono giunte a un punto morto *2* (*elab.*) blocco *3* (*fin., leg.*) impasse *4* (*polit.*) (situazione di) stallo: **The last elections caused a d. in parliament**, le ultime elezioni causarono una situazione di stallo nel parlamento.

deadlocked /'dɛdlɒkt/, *a.* (giunto) a un punto morto: **The peace talks are d.**, i negoziati di pace sono a un punto morto. ● (*leg.*) **d. jury**, giuria che non riesce a emettere un verdetto unanime (*necessario per legge in U.S.A.*).

deadly (**1**) /'dɛdlɪ/, *a.* *1* mortale; micidiale; fatale; implacabile: **d. poison**, veleno micidiale; **d. enemies**, nemici mortali; **a d. sin**, un peccato mortale; **a d. terror**, un terrore mortale *2* eccessivo; intenso; grande: **in d. haste**, in gran fretta; **a d. dullness**, una grande monotonia *3* (*fam.*) insopportabile; assai noioso: **a d. party**, un trattenimento assai noioso *4* (*fam.*) che non perdona (*fig.*): **That footballer's finishing is d.**, la capacità di realizzo di quel calciatore non perdona. ● **d. aim**, mira infallibile □ **a d. combat**, un combattimento all'ultimo sangue □ **d. embrace**, *V.* **deadlock,** *def.* 2 □ (*bot.*) **d. nightshade**, (*Atropa belladonna*) belladonna; (*Solanum nigrum*) morella, ballerina □ **a d. silence**, un silenzio di morte □ (*fam.*) **to be in d. earnest**, fare proprio sul serio.

deadly (**2**) /'dɛdlɪ/, *avv.* *1* mortalmente: **d. pale**, mortalmente pallido *2* eccessivamente; intensamente; tremendamente: **d. boring**, tremendamente noioso. ● **d. tired**, stanco morto.

deadman /'dɛdmæn/, *n.* (*pl.* **deadmen**) *1* – (*geogr.*) **D.**, Uomo Morto (*nei toponimi*) *2* (*naut.*) corpo morto; colonna (*o* palo) d'ormeggio provvisorio *3* (*ind. costr.*) ancoramento (*per un ponte, ecc.*) *4* (*ferr., mecc.*) *V.* **d.'s brake.** ● (*ferr., mecc.*) **d.'s** (*o* **d.**) **brake**, (dispositivo di) uomo morto; freno automatico □ **d.'s** (*o* **d.**) **control**, *V.* **d.'s brake** □ (*mecc.*) **d.'s handle**, leva d'arresto automatico; leva a ritorno automatico.

deadness /'dɛdnəs/, *n.* *1* informicolimento (*delle membra*); intorpidimento *2* (*fig.*) insensibilità; indifferenza *3* (*fig.*) periodo morto (*degli affari, ecc.*); stasi.

deadpan /'dɛdpæn/, (*fam.*) **A** *a.* *1* impassibile: **His face was d.**, la sua faccia restava impassibile; **d. humour**, umorismo impassibile *2* inespressivo; stolido: **a d. stare**, uno sguardo inespressivo. **B** *n.* *1* faccia priva d'espressione *2* persona impassibile. **C** *avv.* in modo inespressivo; stolidamente.

deadweight /'dɛdweɪt/, *V.* **dead-weight**, *sotto* **dead** (**1**).

deadwood /'dɛdwʊd/, *n.* (*USA*: *ingl.* **dead wood**) *1* (*anche fig.*) rami secchi: (*econ., fin.*) **to cut the d.**, tagliare i rami secchi *2* (*naut.*) controchiglia.

deaf /dɛf/, *a.* sordo (*anche fig.*); insensibile: **a d. man**, un sordo; **He was d. to her entreaties**, fu sordo alle sue preghiere. ● (*fam.*) **d.-aid**, apparecchio acustico □ **d.-and-dumb**, sordomuto □ **d.-and-dumb alphabet**, alfabeto dei sordomuti □ **d. in one ear**, sordo da un orecchio □ **d.-mute**, sordomuto □ **to be as d. as a post** (*o* **as an adder**), essere sordo come una campana □ **to turn a d. ear to sb.**, non dare ascolto a q.; fare orecchi da mercante □ (*prov.*) **None so d. as those that won't hear**, non c'è peggior sordo di chi non vuol sentire.

to **deafen** /'dɛfn/, *v. t.* assordare; intronare.

deafening /'dɛfnɪŋ, -fən-/, *a.* assordante; fragoroso: **d. cheers**, fragorosi applausi.

deafness /'dɛfnəs/, *n.* sordità.

deal (**1**) /diːl/, *n.* quantità. ● **a good** (*o* **a great**) **d. of**, una gran quantità di; assai; moltissimo: **It takes a good d. of patience**, ci vuole molta pazienza □ **He was a good d. surprised**, fu assai stupito □ **I am a great d. better than yesterday**, sto molto meglio di ieri □ **by a good d.**, di molto; di gran lunga.

deal (**2**) /diːl/, *n.* *1* (*fam.*) accordo; patto (*specialm., se in politica, segreto*); affare losco, poco pulito: **to make a d.**, raggiungere un accordo; **to do a d. with sb.**, concludere un affare con q. *2* (*fam.*) trattamento: **He gave me a square** [**a raw**] **d.**, mi fece un trattamento equo [ingiusto] *3* (*a carte*) il fare o dare le carte; mano; turno di fare le carte: **Whose d. is it?**, a chi tocca fare le carte?; **to pass the d.**, passare la mano *4* (*fam.*) piano; progetto; ordinamento politico o sociale. ● (*iron.*) **Big d.!**, bella roba!; bell'affare! □ (*comm.*) **a cash d.**, un'operazione per contanti □ (*stor.*) **the New D.**, il «New Deal» (*di F.D. Roosevelt*; *in U.S.A., dopo il 1932*) □ **Well, it's a d.**, allora, affare fatto.

deal (**3**) /diːl/, *n.* asse (*o* legno) di pino o d'abete: **a d. table**, una tavola d'abete.

to **deal** /diːl/ (*pass. e p. p.* **dealt**), **A** *v. t.* *1* dare; distribuire; dare in dono; elargire: **Providence has dealt him happiness**, la Provvidenza gli ha elargito la felicità *2* dare, fare (*le carte, al gioco*): **to d. cards**, dare le carte. **B** *v. i.* *1* fare affari; servirsi (*in un negozio*): **We've been dealing at this shop for ten years**, ci serviamo in questo negozio da dieci anni *2* fare le carte: **Whose turn is it to d.?**, a chi tocca fare le carte? *3* (*pop.*) trattare la droga *4* (*Borsa*) negoziare; operare *5* (*pop. USA*) darsi da fare. ● (*form.* o *arc.*) **to d. a blow to sb.** (**to d. sb. a blow**), dare, assestare, appioppare un colpo a q. □ (*Borsa*) **to d. for the account**, negoziare a termine □ (*Borsa*) **to d. for a fall** [**a rise**], operare al ribasso [al rialzo] □ (*form.*) **to d. honourably** [**cruelly**] **by sb.**, comportarsi in modo onorevole [crudele] con q. □ (*comm.*) **to d. on credit**, comprare (*o* vendere) a credito □ **to d. poker**, dare le carte per il poker.

♦**deal in**, **A** *v. i.* + *prep.* *1* commerciare in; trattare; occuparsi di: **They d. in glassware**, commerciano in cristallerie; **We don't d. in this line**, non trattiamo questi articoli *2* (*Borsa*) trattare (*titoli*). **B** *v. t.* + *avv.* far partecipare (q.) al gioco.

♦**deal out**, *v. t.* + *avv.* *1* distribuire, dare: **I dealt out one dollar to each of them**, diedi loro un dollaro a testa *2* distribuire, fare (le carte) *3* somministrare, dare (*punizioni, ecc.*) *4* mettere fuori, escludere (q.) dal gioco (da una partita a carte) □ **to d. out justice**, rendere giustizia.

♦**deal with**, *v. i.* + *prep.* *1* fare affari, trattare con: **We've stopped dealing with that firm**, abbiamo smesso di fare affari con quella ditta; **He's a difficult customer to d. with**, è difficile trattare con quel cliente *2* trattare; avere a che fare con (q.): **They're nice people to d. with**, è gente simpatica da averci a che fare; **to d. fairly with sb.**, trattare q. equamente (*o* con giustizia) *3* trattare, occuparsi di: **science deals with facts**, la scienza si occupa di fatti concreti; **This book deals with agiography**, questo libro è un trattato di agiografia *4* affrontare; sbrigare: **to d. with a problem**, affrontare un problema; **to d. with complaints**, sbrigare i reclami □ (*fam.*) **I'll d. with you later**, con te facciamo i conti dopo!; ti prendo dopo!

dealer /'diːlə(r)/, *n.* *1* chi dà, distribuisce, traffica, ecc. (*V.* **to deal**) *2* (*comm.*) commerciante; mercante; venditore; rivenditore; distributore: **car d.**, venditore d'auto; **authorised dealers**, rivenditori autorizzati; **a d. in furs**, un mercante di pellicce; **a corn-d.**, un commerciante in cereali *3* (*nel gioco*) chi dà (*o* fa) le carte; mazziere *4* (*fin., leg.*) operatore (commerciale) *5* (*Borsa*, = **d. in stocks**) operatore; speculatore *6* (*Borsa, USA*) operatore in titoli per conto proprio (*cfr.* **broker**) *7* (*fin.*) intermediario di sconto *8* (*fin.*) cambiavalute *9* (*pop. USA*) giocatore d'azzardo *10* (*pop. USA*) spacciatore di droga. ● (*comm.*) **d. help**, assistenza promozionale □ (*leg.*) **d. in stolen goods**, ricettatore □ (*fin.*) **d. market**, mercato degli intermediari di sconto □ (*comm.*) **d. network**, rete di distribuzione □ **retail d.**, commerciante al minuto; dettagliante □ **wholesale d.**, grossista.

dealing /'diːlɪŋ/, *n.* *1* distribuzione (*delle carte da gioco*) *2* comportamento; condotta; modo d'agire: **He is notorious for his underhand d.**, è famigerato per il suo subdolo modo d'agire *3* (*di solito al pl.*) rapporti, relazioni (*specialm. d'affari*) *4* (*Borsa*) operazione (*in titoli*); negoziazione (*di titoli*). ● (*Borsa*) **d. for cash**, negoziazione per contanti □ (*Borsa*) **d. for a fall** [**for a rise**], operazioni al ribasso [al rialzo] □ (*Borsa*) **d. for new time**, operazioni a nuovo □ **fair d.**, rettitudine; equità □ **plain d.**, onestà (*specialm. in affari*).

dealt /dɛlt/, *pass.* e *p. p.* di **to deal**.

deambulation /dɪæmbjʊ'leɪʃn/, *n.* deambulazione.

deambulatory /dɪ'æmbjʊlətrɪ, *USA* -tɔːrɪ/, **A** *a.* deambulatorio (*lett.*); pertinente alla deambulazione. **B** *n.* (*archit.*) deambulatorio; ambulacro.

dean (**1**) /diːn/, *n.* *1* (*relig.*) decano: **the d. of Canterbury**, il decano di Canterbury *2* (*relig.*) diacono; arciprete *3* (*nelle università*) preside di facoltà *4* (*a Oxford e Cambridge*) professore (*«fellow»*) che si occupa della disciplina.

dean (**2**) /diːn/, *n.* valle, valletta (*specialm. come suffisso, nei toponimi*).

deanery /'diːnərɪ/, *n.* *1* decanato *2* residenza d'un decano.

deanship /'diːnʃɪp/, *n.* funzione di decano (*V.* **dean** (**1**)).

dear /dɪə(r)/, **A** *a.* *1* caro: **a d. friend**, un caro amico; (*al vocat.*) **my d. sir**, caro signore (*gentile o ironico*); **What a d. little girl!**, che cara bambina!; **My family is very d. to me**, ho molto cara la famiglia (mi sta molto a cuore) *2* caro; costoso; dispendioso: **d. goods** [**shops**], merci [botteghe] care; (*fin.*) **d. money**, denaro caro. **B** *n.* *1* amore; tesoro: **She's a d.!**, è un tesoro! *2* (*di solito al vocat.*) caro: **Come here, my d.**, vieni qui, mio caro; **Yes, d.**, sì, caro *3* (*al vocat.*: *in un negozio o un ristorante, ma non di lusso*; *è idiom.*): **What can I do for you, d.?**, in che posso servirla?; desidera? **C** *avv.* caro; a caro prezzo: **It isn't easy to buy cheap and sell d.**, non è facile comprare a buon mercato e vendere caro; (*fig.*) **This mistake will cost you d.**, questo errore ti costerà caro. **D** *inter.* (*di dolore, stupore, impazienza, ecc.*) **D.!** (*o* **d. me!, oh d.!**), povero me!; Dio mio! ● (*fig. fam.*) **D. John**, lettera d'addio (*o* di benservito: *inviata a un soldato in guerra dalla moglie che chiede il divorzio e sim.*) □ (*nelle lettere, al vocat.*) **D. Sir**, Egregio Signore; (*anche*) **My d. Mr**

Jones, Egregio Sig. Jones □ **a d. year**, un'annata cara (*di prezzi alti*) □ (*al vocat.*) **dearest John**, carissimo John □ **for d. life**, come ne andasse della vita: **He ran for d. life**, correva a rotta di collo □ **my d. ones**, i miei cari □ (*fam.*) **There's a d.!**, da bravo!: **Give me a hand there's a d.**, su, da bravo, dammi una mano!

dearie, deary /ˈdɪərɪ/, *n.* (*di solito al vocat.*) caro, carino, tesoruccio (*talora ironico o scherzoso*).

dearly /ˈdɪəlɪ/, *avv.* *1* caramente; teneramente: **He loves her d.**, l'ama teneramente *2* intensamente; ardentemente: **I d. wish to go**, desidero ardentemente andarmene *3* a caro prezzo: **Victory was d. won**, la vittoria fu ottenuta a caro prezzo. ● **I would d. love to meet him again**, avrei molto caro di rivederlo.

dearness /ˈdɪənəs/, *n.* *1* l'esser caro, dispendioso; alto costo (*o* prezzo): **the d. of credit nowadays**, l'alto prezzo del credito oggigiorno *2* tenerezza; affetto, affettuosità.

dearth /dɜːθ/, *n.* *1* scarsità; mancanza; penuria: **the d. of coins**, la scarsità di monete metalliche; **d. of capital**, penuria di capitali *2* scarsità di viveri; carestia: **in time of d.**, in tempo di carestia.

death /dɛθ/, *n.* *1* morte (*anche fig.*); decesso; lutto; trapasso (*lett.*); cagione di morte; fine; distruzione: **He died a natural d.**, morì di morte naturale; **d. from drowning**, morte per annegamento; **The atomic bomb was d. to thousands**, la bomba atomica causò la morte di migliaia di persone; (*demogr.*) **deaths under one year of age**, decessi nel primo anno di vita; **closed: d. in the family**, chiuso per lutto (di famiglia); **the d. of my hopes**, la fine delle mie speranze; **the d. of communism**, la fine del comunismo *2* (*leg.*) decesso; morte: **d. certificate**, certificato di morte *3* (*pl.*) (*nei giornali*) necrologi. ● (*zool.*) **d.-adder** (*Acanthophis antarcticus*), vipera della morte □ **d. benefit**, indennità per morte (*sul lavoro o per causa di servizio*) □ **d. cell**, cella della morte □ (*fisc., stor., in G.B.*) **d.-duty**, imposta di successione □ **d.-feud**, ostilità mortale; contesa all'ultimo sangue □ **d. grant**, indennità per morte □ **d.'s head**, testa di morto, teschio □ (*zool.*) **d.'s head moth** (*Acherontia atropos*), acheronzia; sfinge testa di morto □ (*anche fig.*) **d.-knell**, rintocco funebre □ **d.-mask**, maschera mortuaria □ **d. notice**, necrologio □ (*leg., in U.S.A.*) **d. penalty**, pena capitale; pena di morte □ **d. place**, luogo in cui uno muore (*o* è morto) □ (*demogr.*) **d. rate**, indice di mortalità □ **d. rattle**, rantolo della morte □ **d. roll**, elenco dei morti (*o* dei caduti) in guerra □ (*nelle carceri*) **d. row**, braccio della morte □ (*autom.*) **d. seat**, il posto più pericoloso (*accanto al conducente*) □ (*polit.*) **d. squad**, squadra della morte □ **d.-stricken**, colpito a morte □ (*fisc., in U.S.A.*) **d. tax**, imposta di successione □ **d.-throes**, agonia □ **d. toll**, numero dei morti (*in un incidente, ecc.*); perdita di vite umane □ **d. trap**, trappola mortale; luogo pericoloso; edificio pericolante □ (*leg., in U.S.A.*) **d. warrant**, ordine di esecuzione di morte □ **to be the d. of sb.**, essere la morte di q.; far morire q.: **That racing car will be the d. of you**, quell'automobile da corsa sarà la tua morte; **Smoking will be the d. of me**, se non smetto di fumare ci lascerò la pelle □ **to be at d.'s door**, avere la morte all'uscio; essere in punto di morte; avere un piede nella fossa □ (*stor.*) **the Black D.**, la Morte Nera (*la peste del 1348*) □ **to bleed to d.**, morire dissanguato □ **to be burnt to d.**, essere arso vivo; morire (*in un incendio*): **Many people were burnt to d. in the fire**, molte persone perirono nell'incendio □ **to catch one's d. of cold**, prendersi un malanno □ **civil d.**, morte civile □ **to do to d.**, mettere a morte, dare la morte a; (*fig.*) fare (suonare, ecc.) fino alla nausea: **That tune has been done to d.**, quel motivo è stato suonato fino alla nausea □ (*fam.*) **to feel like d. warmed up**, sentirsi poco bene; essere stanco morto □ **to frighten to d.**, spaventare a morte; far morire di paura □ (*anche fig.*) **to be frozen to d.**, morire di freddo □ **to hold on like grim d.**, tener duro; stare attaccato tenacemente (al proprio lavoro, ecc.); non mollare □ **to be in at the d.**, (*caccia*) essere presente al momento dell'uccisione della volpe; (*fig.*) essere presente nel momento culminante d'un evento o al compimento di un'impresa □ **in the throes of d.**, in agonia □ **to put to d.**, mettere a morte; dar la morte a □ **to be sick to d. of sb. [st.]**, averne fin sopra i capelli di q. [q.c.] □ (*anche fig.*) **to be starved to d.**, morire di fame □ **to be stoned to d.**, essere lapidato □ **to the d.**, fino alla morte; (*fig.*) all'ultimo sangue, fino in fondo: **war to the d.**, guerra all'ultimo sangue □ **to work oneself to d.**, ammazzarsi di lavoro □ **He has worried me to d.**, mi ha seccato a morte □ **He is as pale as d.**, è mortalmente pallido □ **It is as sure as d.**, è cosa arcisicura □ **This dog is d. on rats**, questo cane è bravissimo a uccidere i topi □ (*prov.*) **D. comes to all men**, la morte non guarda in faccia a nessuno.

deathbed /ˈdɛθbɛd/, *n.* letto di morte. ● **d. repentance**, pentimento in punto di morte.

deathblow /ˈdɛθbləʊ/, *n.* colpo mortale (*anche fig.*).

deathless /ˈdɛθləs/, *a.* immortale; imperituro. || **-ly**, *avv.* || **-ness**, *sost.*

deathlike /ˈdɛθlaɪk/, *a.* mortale; simile a morte; di morte: **a d. stillness**, una quiete di morte. ● **d. pallor**, pallore cadaverico.

deathly /ˈdɛθlɪ/, **A** *a.* *1* mortale; micidiale; fatale: **a d. weapon**, un'arma micidiale *2* mortale; simile a morte; di morte: **a d. silence**, un silenzio di morte. **B** *avv.* *1* mortalmente: **d. pale**, mortalmente pallido *2* estremamente; molto: **d. serious**, estremamente serio. ● **d. tired**, stanco morto. || **-iness**, *sost.*

deathwatch /ˈdɛθwɒtʃ, *USA* -wɔːtʃ/, *n.* *1* veglia funebre *2* (*zool., pop.*) orologio della morte (*coleottero anobio*).

deb /dɛb/, *n.* (*abbr. fam. di* **debutante**) *1* *V.* **debutante** *2* (*pop. USA*) ragazza della malavita.

debacle /deɪˈbɑːkl, ˈdeɪbɑːkl, *USA* diːˈ-/, *n.* *1* débâcle (*franc.*); rotta; sconfitta *2* (*fin., Borsa*) crollo *3* (*geogr.*) rottura del ghiaccio per disgelo improvviso.

to **debag** /diːˈbæg/, *v. t.* togliere i calzoni a (q.; *come punizione o per scherzo*).

to **debar** /dɪˈbɑː(r)/, *v. t.* *1* (*leg.*) escludere (*da un diritto, ecc.*); impedire; interdire (*l'accesso, ecc.*); privare di: **Persons who have been imprisoned are debarred from voting at elections**, le persone che sono state in prigione sono private del diritto di voto *2* (*raro*) proibire; vietare. ● (*leg.*) **to be debarred from an action**, decadere dal diritto di promuovere un'azione □ (*leg.: di un diritto*) **to be debarred by the statute of limitations**, cadere in prescrizione.

to **debark** /dɪˈbɑːk/, *v. t.* e *i.* (*naut., raro*) sbarcare.

debarkation /diːbɑːˈkeɪʃn/, *n.* sbarco.

debarment /dɪˈbɑːmənt/, *n.* *1* (*leg.*) esclusione (*da un diritto, ecc.*); privazione *2* (*leg.*) decadenza (*da un diritto*).

to **debase** /dɪˈbeɪs/, **A** *v. t.* *1* (*econ., fin.*; *specialm. stor.*) svilire, abbassare il valore intrinseco di (*una moneta: riducendone il tenore di metallo prezioso*): **to d. coinage**, svilire la moneta *2* (*econ., fin.*) deprezzare; svalutare *3* (*fin.*) svilire; degradare; abbassare (*fig.*). **B** to **debase oneself**, *v. rifl.* svilirsi; degradarsi; abbassarsi (*fig.*); umiliarsi; buttarsi giù (*fam.*).

debasement /dɪˈbeɪsmənt/, *n.* *1* (*econ., fin.*; *specialm. stor.*) svilimento (*di una moneta metallica*) *2* (*econ., fin.*) deprezzamento; svalutazione *3* (*fig.*) svilimento; degradazione; umiliazione.

debaser /dɪˈbeɪsə(r)/, *n.* *1* (*econ., fin.*; *specialm. stor.*) svilitore (*di monete metalliche*) *2* (*fig.*) svilitore; deprezzatore.

debasing /dɪˈbeɪsɪŋ/, **A** *a.* degradante; umiliante; avvilente. **B** *n.* *V.* **debasement**.

debatable /dɪˈbeɪtəbl/, *a.* *1* discutibile; da discutere *2* discutibile; dubbio *3* (*leg.*) (*di un bene immobile*) in discussione. ● **d. territory**, territorio conteso tra due nazioni.

debate /dɪˈbeɪt/, *n.* *1* dibattito; discussione: **the question in** (*o* **under**) **d.**, l'argomento in discussione *2* dibattimento; dibattito pubblico; contraddittorio *3* disputa; controversia; polemica.

to **debate** /dɪˈbeɪt/, *v. t.* e *i.* *1* dibattere; discutere; agitare (*una questione, ecc.*) *2* considerare; meditare; ponderare; riflettere: **I was debating with myself whether to go or not**, riflettevo fra me se andare o no. ● (*leg.*) **to d. a suit**, discutere una causa □ **debating society**, circolo di cultura; associazione che organizza dibattiti.

debater /dɪˈbeɪtə(r)/, *n.* *1* chi partecipa a un dibattito *2* argomentatore: **a skilled d.**, un buon argomentatore.

debauch /dɪˈbɔːtʃ/, *n.* dissolutezza; scostumatezza; sregolatezza; crapula; gozzoviglia; orgia.

to **debauch** /dɪˈbɔːtʃ/, *v. t.* *1* corrompere; pervertire; traviare *2* (*anche leg.*) sedurre (*una donna*) *3* (*raro*) guastare (*i propri gusti*) *4* (*raro*) viziare (*il proprio giudizio*).

debauched /dɪˈbɔːtʃt/, *a.* debosciato; corrotto; dissoluto; scostumato.

debauchee /dɛbɔːˈtʃiː/, *n.* depravato; debosciato; persona dissoluta, corrotta.

debauchery /dɪˈbɔːtʃərɪ/, *n.* *1* depravazione; dissolutezza; scostumatezza *2* (*pl.*) gozzoviglie; orge *3* pervertimento; corruzione: (*leg.*) **d. of youth**, corruzione di minorenni.

debbie, debby /ˈdɛbɪ/, (*fam.*) **A** *n.* (ragazza) debuttante (*in società*). **B** *a. attr.* di (*o* da, per) debuttante: **a d. party**, un party per (*o* di) debuttanti.

debenture /dɪˈbɛntʃə(r)/, *n.* *1* (*fin.*) obbligazione; titolo obbligazionario *2* (*fin.*) titolo del debito pubblico *3* (*dog.*) certificato di rimborso del dazio. ● **d. bond**, obbligazione (*il certificato ufficiale*) □ (*fin.*) **d. capital**, capitale obbligazionario □ **d. debt**, debito obbligazionario □ **d. holder**, obbligazionista □ **d. loan**, prestito obbligazionario □ **d. stock**, obbligazioni nominative (*o* irredimibili) □ **d. yield**, reddito obbligazionario □ **redeemable debentures**, obbligazioni redimibili.

to **debilitate** /dɪˈbɪlɪteɪt/, *v. t.* debilitare; indebolire.

debilitation /dɪbɪləˈteɪʃn/, *n.* debilitazione.

debility /dɪˈbɪlətɪ/, *n.* debolezza; (*med.*) astenia; scarsa fermezza (*di propositi, ecc.*).

debit /ˈdɛbɪt/, **A** *n.* *1* (*fin., rag.*) addebitamento; addebito *2* (*rag.*) dare (*di un conto: intestazione*): **the d. of an account**, il dare di un conto. **B** *a. attr.* *1* di addebito; a debito; debitorio: (*banca*) **d. card**, carta di addebito; (*rag.*) **d. note**, nota di addebito; (*rag.*) **d. item**, partita a debito *2* (*banca, rag.*) debitore: **d. account**, conto debitore; **d. column**, colonna debitrice (*o* del dare); (*banca*) **d. interest**, interessi debitori. ● **d. balance**, saldo debitore (*o* passivo) □ (*rag.*) **d. entry**, registrazione a debito (*o* di addebito) □ **d. footing**, totale del dare □ (*banca*) **d. numbers**, numeri debitori □ (*rag.*) **d. side**, sezione del dare, il passivo (*di un conto*).

to **debit** /ˈdɛbɪt/, *v. t.* (*banca, rag.*) addebitare: **to d. sb. [sb.'s account] with four hundred pounds**, addebitare q. [il conto di q.] di quattrocento sterline; **to d. one thousand dollars to sb. [to sb.'s account]**, addebitare la somma di mille dollari a q. [sul conto di q.].

debitable /ˈdɛbɪtəbl/, *a.* (*banca, rag.*) addebitabile; da addebitare (*a q.*).

debiting /ˈdɛbɪtɪŋ/, *n.* (*banca, rag.*) addebitamento; addebito.

to **deblock** /diːˈblɒk/, *v. t.* *1* (*banca, fin.*) sbloccare (*fondi, ecc.*) *2* (*elab.*) dividere (*in-*

formazioni in blocchi).

deblocking /diːˈblɒkɪŋ/, *n.* **1** (*banca, fin.*) sblocco **2** (*elab.*) sbloccaggio.

debonair, debonaire /dɛbəˈnɛə(r)/, *a.* **1** bonario; cordiale; affabile; cortese **2** allegro; gaio **3** disinvolto.

to **debone** /diːˈbəʊn/, *v. t.* **1** disossare (*un pollo, ecc.*) **2** (*raro*) spinare (*un pesce*).

deboost /diːˈbuːst/, *n.* (*miss.*) rallentamento (*mediante retrorazzi*): **d. maneuver**, manovra di rallentamento.

to **deboost** /diːˈbuːst/, (*miss.*) **A** *v. i.* (*di razzo, astronave, ecc.*) rallentare. **B** *v. t.* far rallentare. ● **deboosting rocket**, razzo di rallentamento.

to **debouch** /dɪˈbaʊtʃ/, *v. i.* **1** (*mil.*) uscire (*da boschi, strettoie*) allo scoperto **2** (*di fiume, ecc.*) sboccare; sfociare.

debouchment /dɪˈbaʊtʃmənt/, *n.* **1** (*mil.*) l'uscire allo scoperto **2** sbocco, foce (*di fiume*).

to **debrief** /diːˈbriːf/, **A** *v. t.* **1** (*mil., aeron., miss.*) chiamare a rapporto (*un pilota, un astronauta, ecc.*) dopo una missione **2** (*polit.*) interrogare a fondo (*un agente segreto, un transfuga, ecc.*). **B** *v. i.* (*mil., aeron., miss.*) mettersi a rapporto, relazionare (*dopo una missione*).

debriefing /diːˈbriːfɪŋ/, *n.* **1** (*mil., aeron., miss.*) rapporto dopo una missione; seduta postoperativa **2** (*polit.*) interrogatorio a fondo.

debris, débris /ˈdeɪbriː, ˈdɛ-, *USA* dəˈbriː/ (*franc.*), *n. collett.* **1** frammenti; rottami; macerie **2** (*geol.*) detrito, detriti. ● (*geol.*) **d. cone**, cono di deiezione.

debt /dɛt/, **A** *n.* **1** (*fin.*) debito: **to pay one's debts**, pagare i debiti; **to get** (*o* **to run**) **into d.**, fare debiti; indebitarsi **2** (*fin.*) indebitamento: **D. can force companies to operate efficiently and deter poor investment**, l'indebitamento può costringere le imprese a funzionare in modo efficiente e può scoraggiare i cattivi investimenti **3** (*fin.*, = **national debt**) debito pubblico: **d. conversion**, conversione del debito pubblico; **d. servicing**, la gestione del debito pubblico **4** (*fig.*) debito; obbligazione, l'essere obbligato (a q.): **a d. of gratitude**, un debito di gratitudine; **a d. of honour**, un debito d'onore (*o* di gioco); **to acknowledge one's d. to sb.**, riconoscere il proprio debito verso q.; **I'm in d. with you** (*o* **I owe you a d.**) **for your help**, ti sono assai obbligato per il tuo aiuto. **B** *a. attr.* (*fin., rag.*) debitorio. ● **d. accruing**, credito non ancora esigibile □ **d. collecting** (*o* **collection,** *o* **recovery**), recupero dei crediti □ **d. collector**, esattore di crediti □ (*fin.*) **d./equity ratio**, rapporto capitale di prestito / capitale di rischio □ **d. owing**, credito esigibile □ (*leg.*) **d. proved in bankruptcy**, credito ammesso al passivo fallimentare □ (*fin.*) **d. to net worth ratio**, rapporto d'indebitamento (*di una società*) □ **bad d.**, credito inesigibile □ **bonded d.**, debito obbligazionario □ (*leg.*) **book d.**, debito chirografario □ **to be deeply in d.**, essere indebitato fin sopra i capelli □ (*fin.*) **funded d.**, debito irredimibile □ **to get out of d.**, pagare i (propri) debiti; sdebitarsi □ **irrecoverable d.**, credito irrecuperabile □ (*fin.*) **national d.** (*o, USA,* = **public d.**), debito pubblico □ **to be out of d.**, non avere più debiti; essersi sdebitato.

debtor /ˈdɛtə(r)/, **A** *n.* **1** (*fin.*) debitore **2** (*rag.*) dare (*intestazione della colonna*). **B** *a. attr.* debitore: (*rag.*) **d. account**, conto debitore; (*fin.*) **d. company**, società debitrice; (*comm. est.*) **d. countries**, i paesi debitori. ● **d. in arrears**, debitore in mora □ (*rag.*) **debtors ledger**, mastro dei conti debitori; partitario clienti □ (*rag.*) **d. side**, sezione del dare, il passivo (*di un conto*).

to **debug** /diːˈbʌɡ/, *v. t.* **1** (*agric.*) disinfestare (*piante*) **2** bonificare (*un locale*); rimuovere le microspie da (*una stanza, ecc.*) **3** neutralizzare (*microspie*) elettronicamente **4** (*elab.*) cercare e correggere errori in (*un programma*) **5** (*elab.*) eliminare difetti in (*un computer*) **6** (*tecn.*) mettere a punto (*un'installazione, un motore d'aereo, ecc.*).

debugging /diːˈbʌɡɪŋ/, *n.* **1** (*agric.*) disinfestazione **2** bonifica (*di un locale*); eliminazione (*di microspie*) **3** (*elab.*) ricerca e correzione degli errori; eliminazione di difetti (*in un computer*) **4** (*tecn.*) messa a punto.

to **debunk** /diːˈbʌŋk/, *v. t.* (*fam.*) **1** ridimensionare; sgonfiare (*fam.*) **2** sfatare (*un mito, una voce, ecc.*).

debunking /diːˈbʌŋkɪŋ/, *n.* **1** (*fam.*) ridimensionamento **2** sfatamento (*raro*) (*di un mito, una diceria, ecc.*).

to **debureaucratize** /diːˈbjʊərəʊkrətaɪz/, *v. t.* sburocratizzare.

to **debus** /diːˈbʌs/, (*specialm. mil.*) **A** *v. t.* scaricare (*merce o passeggeri*) da un autobus. **B** *v. i.* scendere (*da un autobus, ecc.*).

debut /ˈdeɪbjuː, -buː, ˈdɛbj-, *USA* deɪˈbjuː, dɪ-/, *n.* esordio; debutto; prima comparsa (*d'una giovinetta*) in società. ● **to make one's d.**, fare la prima comparsa a teatro o in società; debuttare.

to **debut** /ˈdeɪbjuː, -buː, ˈdɛbj-, *USA* deɪˈbjuː, dɪ-/, *v. i.* debuttare; esordire.

debutant /ˈdɛbjuːtɑːnt, -ænt, -ɒnt/, *n.* esordiente.

debutante /ˈdɛbjuːtɑːnt, -ænt, -ɒnt/, *n.* **1** debuttante; ragazza che fa la sua prima comparsa in società; giovinetta che viene presentata a Corte **2** (*teatr.*) esordiente; debuttante.

decachord /ˈdɛkəkɔːd/, *n.* (*mus.*) decacordo.

decadal /ˈdɛkədl/, *a.* di decade; di decennio.

decade /ˈdɛkeɪd, dɪˈkeɪd/, **decad** /ˈdɛkəd/, *n.* **1** decade (*complesso di dieci unità*) **2** decennio **3** (*mat.*) decade.

decadence /ˈdɛkədəns/, **decadency** /ˈdɛkədənsɪ/, *n.* **1** decadenza **2** (*arte, letter.*) decadentismo.

decadent /ˈdɛkədənt/, **A** *a.* **1** decadente **2** (*arte, letter.*) decadente. **B** *n.* (*arte, letter.*) scrittore decadente; decadentista.

decadentism /ˈdɛkədəntɪzəm/, *n.* (*arte, letter.*) decadentismo.

to **decaffeinate** /diːˈkæfɪneɪt/, *v. t.* decaffeinare; decaffeinizzare: **decaffeinated coffee**, caffè decaffeinato.

decaffeination /diːkæfɪˈneɪʃn/, *n.* decaffeinazione; decaffeinizzazione.

decagon /ˈdɛkəɡɒn, -ɡən/, *n.* (*geom.*) decagono.

decagonal /dɪˈkæɡənl/, *a.* (*geom.*) decagonale.

decagram(me) /ˈdɛkəɡræm/, *n.* decagrammo.

decahedron /dɛkəˈhiːdrən/, *n.* (*pl.* **decahedrons, decahedra**) (*geom.*) decaedro.

decal /dɪˈkæl, ˈdiːkæl, ˈdɛkəl/, *n.* (*abbr. fam. di* **decalcomania**) decalcomania.

decalcification /diːkælsɪfɪˈkeɪʃn/, *n.* (*chim., med.*) decalcificazione.

to **decalcify** /diːˈkælsɪfaɪ/, *v. t.* (*chim., med.*) decalcificare. ● **to become decalcified**, decalcificarsi.

decalcomania /dɪkælkəˈmeɪnɪə/, *n.* (*specialm. USA*) decalcomania.

decalitre /ˈdɛkəliːtə(r)/, *n.* decalitro.

decalogue /ˈdɛkəlɒɡ, *USA* -ɔːɡ/, *n.* decalogo. ● (*relig.*) **the D.**, il Decalogo (*i Dieci Comandamenti*).

decameron /dɪˈkæmərən/, *n.* (*lett., letter.*) raccolta di novelle.

decametre /ˈdɛkəmiːtə(r)/, *n.* decametro.

to **decamp** /dɪˈkæmp/, *v. i.* **1** (*mil.*) levare il campo (*o* le tende) **2** (*fig.*) andarsene; levare le tende **3** (*fig.*) scappare (*di nascosto*); svignarsela.

decampment /dɪˈkæmpmənt/, *n.* **1** (*mil.*) il toglier le tende; il levare il campo **2** (*fig.*) fuga furtiva e precipitosa.

decan /ˈdɛkən/, *n.* (*astrol.*) decano.

decanal /dɪˈkeɪnl, ˈdɛkənl/, *a.* (*relig.*) **1** di decano **2** di decanato.

decane /ˈdɛkeɪn/, *n.* (*chim.*) decano.

to **decant** /dɪˈkænt/, *v. t.* **1** (*chim.*) decantare **2** versare, travasare (*vino, ecc.*) **3** (*fig. pop.*) trapiantare (*persone, operai, ecc.*).

decantation /diːkænˈteɪʃn/, *n.* (*chim.*) decantazione.

decanter /dɪˈkæntə(r)/, *n.* **1** caraffa (*da vino, ecc.*) **2** (*ind. chim.*) decantatore.

to **decapitate** /dɪˈkæpɪteɪt/, *v. t.* decapitare; decollare.

decapitation /dɪkæpɪˈteɪʃn/, *n.* decapitazione; decollazione.

decapods /ˈdɛkəpɒdz/, *n. pl.* (*zool., Decapoda*) decapodi.

to **decarbonate** /diːˈkɑːbəneɪt/, *v. t.* (*chim.*) decarbonare.

decarbonization /diːkɑːbənaɪˈzeɪʃn, *USA* -nɪˈz-/, *n.* (*metall.*) decarburazione.

to **decarbonize** /diːˈkɑːbənaɪz/, to **decarburize** /diːˈkɑːbjʊəraɪz/, *v. t.* (*metall.*) decarburare.

to **decarboxylate** /diːkɑːˈbɒksəleɪt/, *v. t.* (*chim.*) decarbossilare.

decarboxylation /diːkɑːbɒksəˈleɪʃn/, *n.* (*chim.*) decarbossilazione.

decarburization /diːkɑːbjʊraɪˈzeɪʃn, *USA* -rɪˈz-/, *n.* (*metall.*) decarburazione.

to **decarburize** /diːˈkɑːbjʊraɪz/, *v. t.* (*metall.*) decarburare.

decasualisation /diːkæʒʊəlaɪˈzeɪʃn, *USA* -lɪˈz-/, *n.* (*econ.*) eliminazione della precarietà nel lavoro (*per es., quella prevista dal piano Beveridge del 1942*).

decasyllabic /dɛkəsɪˈlæbɪk/, *a.* (*poesia*) decasillabo.

decasyllable /ˈdɛkəsɪləbl, dɛkəˈs-/, *n.* (*poesia*) decasillabo.

decathlete /dɪˈkæθliːt/, *n.* (*sport*) decatleta; decathloneta.

decathlon /dɪˈkæθlɒn/, *n.* (*sport*) decathlon, decatlon.

decay /dɪˈkeɪ/, *n.* **1** decadimento; decadenza; deperimento; deterioramento **2** decomposizione; imputridimento; rovina; sfacelo: **The temple is in d.**, il tempio è in sfacelo **3** marciume; putredine **4** (*med.*) tessuto putrefatto: **The surgeon had to remove the d.**, il chirurgo dovette rimuovere il tessuto putrefatto **5** carie (dentaria) **6** (*fis. nucl.*) disintegrazione (*di sostanze radioattive*); decadimento: **radioactive d.**, decadimento radioattivo; **d. constant**, costante di decadimento **7** (*geol.*) alterazione (*delle rocce*). ● **to fall into d.**, andare in rovina: **Arts and letters may fall into d.**, può darsi che le arti e la letteratura vadano in rovina.

to **decay** /dɪˈkeɪ/, **A** *v. i.* **1** decadere; deperire; deteriorarsi; andare in rovina **2** decomporsi; marcire; imputridire: **decaying vegetation**, vegetazione che marcisce **3** cariarsi: **My teeth begin to d.**, incominciano a cariarmisi i denti **4** (*fis. nucl.*) decadere; disintegrarsi. **B** *v. t.* **1** far deperire; far marcire; far imputridire **2** far cariare (*i denti*) **3** mandare in rovina; deteriorare: **a decayed house**, una casa in rovina. ● **a decayed tooth**, un dente cariato.

decease /dɪˈsiːs/, *n.* decesso.

to **decease** /dɪˈsiːs/, *v. i.* decedere.

deceased /dɪˈsiːst/, **A** *a.* deceduto; defunto; estinto; morto. **B** *n.* – **the d.**, il defunto; l'estinto; il morto. ● (*leg.*) **d. effects**, oggetti personali di un defunto.

decedent /dɪˈsiːdnt/, *n.* (*leg., specialm. USA*) defunto; estinto. ● **the d.'s estate**, il patrimonio ereditario.

deceit /dɪˈsiːt/, *n.* **1** falsità; disonestà **2** inganno; raggiro; sotterfugio **3** (*leg.*) frode; dolo; dichiarazione fraudolenta.

deceitful /dɪˈsiːtfl/, *a.* **1** ingannevole; disonesto; falso **2** fraudolento; truffaldino **3** fallace; illusorio. || **-ly**, *avv.* || **-ness**, *sost.*

deceivable /dɪˈsiːvəbl/, *a.* ingannabile.

to **deceive** /dɪˈsiːv/, **A** *v. t.* **1** ingannare; imbrogliare; raggirare; truffare **2** deludere (*speranze*). **B** to **deceive oneself**, *v. rifl.* illudersi; ingannarsi. ● **to d. sb. into doing st.**, convincere q. con l'inganno a fare q.c.

deceiver /dɪ'siːvə(r)/, *n.* ingannatore, ingannatrice; imbroglione, imbrogliona.
to **decelerate** /diː'sɛləreɪt/, **A** *v. t.* ridurre la velocità di (q.c.); decelerare. **B** *v. i.* decelerare; rallentare.
deceleration /diːsɛlə'reɪʃn/, *n.* decelerazione; rallentamento.
decelerator /diː'sɛləreɪtə(r)/, *n.* deceleratore.
December /dɪ'sɛmbə(r)/, **A** *n.* dicembre. **B** *a. attr.* di dicembre; dicembrino: **It was a cold D. day**, era una fredda giornata dicembrina.
decemvir /dɪ'sɛmvə(r)/, *n.* (*pl.* **decemvirs, decemviri**) (*stor.*) decemviro, decenviro.
decemvirate /dɪ'sɛmvɪrət/, *n.* (*stor.*) decemvirato, decenvirato.
decency /'diːsnsɪ/, *n.* **1** decenza; convenienza; decoro; modestia **2** (*pl.*) convenienze (sociali); norme del vivere civile: **to observe common decencies**, osservare le convenienze sociali (*o* le regole della decenza).
decennial /dɪ'sɛnɪəl/, *a.* e *n.* decennale.
decennially /dɪ'sɛnɪəlɪ/, *avv.* ogni dieci anni.
decennium /dɪ'sɛnɪəm/, *n.* (*pl.* **decenniums, decennia**) decennio.
decent /'diːsnt/, *a.* **1** decente; convenevole; decoroso; modesto; rispettabile; onesto: **d. clothes**, abiti decenti; **d. speech** (*o* **d. language**), linguaggio decoroso (*o* corretto); **a d. family**, una famiglia onesta (*o* rispettabile) **2** (*fam.*) discreto; abbastanza soddisfacente; adeguato; passabile: **d. wages**, un salario discreto (*o* adeguato); **a d. lunch**, un pranzo passabile **3** gentile; simpatico; carino (*fam.*): **He is very d. to me**, è molto gentile (*o* carino) con me **4** (*gergo studentesco*) buono; indulgente; di manica larga: **a d. teacher**, un professore indulgente. ● **d. people**, (la) gente per bene ◻ **It was very d. of you to drive me home**, sei stato molto carino ad accompagnarmi a casa (in macchina) ◻ (*fam.*) **Are you d.?**, sei vestito in modo decente?
decently /'diːsntlɪ/, *avv.* **1** decentemente **2** (*fam.*) discretamente; abbastanza; adeguatamente **3** bene: **He has always treated me d.**, m'ha sempre trattato bene.
decentralization /diːsɛntrəlaɪ'zeɪʃn, *USA* -lɪ'z-/, *n.* decentramento; decentralizzazione.
to **decentralize** /diː'sɛntrəlaɪz/, *v. t.* decentrare; decentralizzare.
decentralizer /diː'sɛntrəlaɪzə(r)/, *n.* decentratore; decentralizzatore.
deception /dɪ'sɛpʃn/, *n.* **1** inganno; frode **2** raggiro; sotterfugio: **Never practise d.!**, non usar mai inganni! **3** illusione. ● (*mil.*) **d. measures**, misure atte a ingannare il nemico.
deceptive /dɪ'sɛptɪv/, *a.* ingannevole; fallace; falso; menzognero; illusorio. ● **Appearances are often d.**, l'apparenza inganna (*prov.*). || **-ly**, *avv.* || **-ness**, *sost.*
decibar /'dɛsɪbɑː(r)/, *n.* (*fis.*) decibar.
decibel /'dɛsɪbɛl/, *n.* (*fis.*) decibel.
decidable /dɪ'saɪdəbl/, *a.* che può essere deciso.
to **decide** /dɪ'saɪd/, **A** *v. t.* **1** decidere; stabilire; risolvere (*una questione, una lite, ecc.*): **to d. a controversy**, decidere una controversia; **I've decided to refuse the proposal**, ho deciso di rifiutare la proposta; **That goal decided the match**, quello fu il goal che decise la partita; **to d. sb.'s fate**, decidere la sorte di q. **2** giungere alla conclusione (che); concludere: **The President decided that war was inevitable**, il presidente giunse alla conclusione che la guerra era inevitabile **3** far decidere; indurre: **His promises have decided me**, le sue promesse mi hanno fatto decidere; **What was it that decided you to join the army?**, che cosa ti ha indotto ad arruolarti? **B** *v. t.* **1** decidere; decidersi; prendere una decisione **2** (*leg.*) deliberare: **to d. in chambers**, deliberare in camera di consiglio. ● **to d. in favour of a long holiday**, decidere di prendersi una lunga vacanza ◻ **Nothing has been decided yet**, non c'è ancora niente di deciso ◻ **That decides the issue**, questo taglia la testa al toro (*fig.*).
♦**decide against**, *v. t.* + *prep.* (*anche leg.*) pronunciarsi contro (q.) ◻ **to d. against doing st.**, decidere di non fare q.c.
♦**decide for**, *v. i.* + *prep.* (*anche leg.*) pronunciarsi in favore di (q.) ◻ **to d. for oneself**, decidere da sé (*o* da solo).
♦**decide on**, *v. i.* + *prep.* decidere, fissare, stabilire: **We've decided on the time of departure**, abbiamo deciso l'ora della partenza ◻ **to d. on doing st.**, decidere di fare q.c.
decided /dɪ'saɪdɪd/, *a.* **1** definito; chiaro; netto; positivo: **a d. advantage**, un vantaggio netto **2** deciso; fermo; risoluto; saldo: **I am quite d.**, sono proprio deciso; **d. opinions**, opinioni ferme, salde.
decidedly /dɪ'saɪdɪdlɪ/, *avv.* **1** chiaramente; nettamente; senza dubbio **2** decisamente; risolutamente.
decider /dɪ'saɪdə(r)/, *n.* **1** chi decide; arbitro, giudice (*fig.*) **2** (*sport*) partita (*o* gara) decisiva.
deciding /dɪ'saɪdɪŋ/, *a.* decisivo: **the d. vote**, il voto decisivo.
decidua /dɪ'sɪdjʊə, *USA* -dʒʊə/, *n.* (*pl.* **deciduae, deciduas**) (*anat.*) decidua.
decidual /dɪ'sɪdjʊəl, *USA* -dʒʊ-/, *a.* (*anat.*) deciduale.
deciduous /dɪ'sɪdjʊəs, *USA* -dʒʊ-/, *a.* **1** (*bot., zool.*) deciduo; caduco (*anche fig.*): **d. leaves**, foglie decidue; **a d. flower**, un fiore caduco **2** (*bot.*) caducifoglio; a foglie decidue: **The maple is a d. tree**, l'acero è un albero a foglie decidue. ● (*anat.*) **deciduous teeth**, denti decidui (*o* di latte).
decigram(me) /'dɛsɪgræm/, *n.* decigrammo.
decilitre /'dɛsɪliːtə(r)/, *n.* decilitro.
decimal /'dɛsɪml/, *a.* e *n.* (*mat.*) decimale: **d. fraction**, frazione decimale; **d. numeration**, numerazione decimale; **d. point**, puntino che separa l'intero dalla parte decimale; **d. system**, sistema decimale. ● **decimals**, aritmetica decimale ◻ **recurring d.**, numero decimale periodico.
decimalist /'dɛsɪməlɪst/, *n.* fautore del sistema decimale.
decimalization /dɛsɪməlaɪ'zeɪʃn, *USA* -lɪ'z-/, *n.* (*mat.*) adozione del (*o* riduzione al) sistema decimale; decimalizzazione.
to **decimalize** /'dɛsɪməlaɪz/, *v. t.* (*mat.*) adottare il (*o* ridurre al) sistema decimale; decimalizzare: **to d. the currency**, decimalizzare la moneta.
decimally /'dɛsɪməlɪ/, *avv.* **1** a decine **2** per mezzo di decimali.
to **decimate** /'dɛsɪmeɪt/, *v. t.* (*anche fig.*) decimare.
decimation /dɛsɪ'meɪʃn/, *n.* (*anche fig.*) decimazione.
decimetre /'dɛsɪmiːtə(r)/, *n.* decimetro.
decimo-sexto /dɛsɪməʊ'sɛkstəʊ/, *n.* (*pl.* **decimo-sextos**) (*tipogr.*) sedicesimo.
decipher /dɪ'saɪfə(r)/, *n.* decifrazione (*di documenti cifrati*).
to **decipher** /dɪ'saɪfə(r)/, *v. t.* (*anche fig.*) decifrare.
decipherable /dɪ'saɪfrəbl/, *a.* decifrabile.
decipherment /dɪ'saɪfəmənt/, *n.* deciframento; decifrazione.
decision /dɪ'sɪʒn/, *n.* **1** decisione; determinazione; risoluzione; risolutezza; fermezza: **to come to** (*o* **to arrive at**) **a d.**, giungere a una decisione; **a man of d.**, un uomo di grande fermezza (*o* risoluto) **2** (*leg.*) decisione; giudizio; sentenza: **by d. of the court**, per decisione del tribunale; **d. by default**, sentenza in assenza della parte **3** (*sport*) verdetto: **d. on points**, verdetto ai punti **4** (*boxe*) vittoria ai punti. ● **d. maker**, responsabile delle decisioni ◻ **d. making**, processo decisorio ◻ **d.-making power**, potere decisionale ◻ (*org. az.*) **d.-making unit**, unità decisionale ◻ (*elab.*) **d. table**, tavola decisionale ◻ (*ric. op.*) **d. theory**, teoria delle decisioni.
decisional /dɪ'sɪʒənl/, *a.* decisionale. ● (*leg.*) **d. law**, diritto basato sul principio del precedente giurisprudenziale.
decisive /dɪ'saɪsɪv/, *a.* **1** decisivo; determinante; risolutivo: **a d. argument**, un argomento decisivo; **a d. battle**, una battaglia decisiva **2** deciso; fermo; risoluto: **a d. character**, un carattere fermo **3** chiaro, netto: **a d. superiority**, una netta superiorità.
decisiveness /dɪ'saɪsɪvnəs/, *n.* **1** l'essere decisivo; importanza decisiva **2** fermezza; risolutezza.
deck /dɛk/, *n.* **1** (*naut.*) ponte; coperta; tolda: **to go up on d.**, salire in coperta; **All hands on d.!**, tutti in coperta! **2** (*un tempo*) imperiale (*di diligenza, d'omnibus, ecc.*) **3** (*ferr.*) imperiale; tetto **4** (*aeron.*) cabina **5** (*d'autobus a più piani*) piano: **top d.**, imperiale **6** deck, piatto, piastra di registrazione (*di uno stereo*) **7** (*elab.*) pacco di schede; supporto **8** (*fam. USA*) pavimento; terra: **to hit the d.**, gettarsi a terra **9** (*specialm. USA*) mazzo di carte (*da gioco*) **10** (*pop. USA*) pacchetto (*di sigarette, di droga, ecc.*). ● (*edil.*) **d.-access flats**, appartamenti le cui porte d'ingresso danno su un balcone che corre lungo tutta la casa ◻ (*naut.*) **d. cabin**, cabina di ponte ◻ (*naut.*) **d. cargo**, carico di coperta ◻ **d.-house**, tuga ◻ (*aeron., naut.*) **d.-landing**, appontaggio ◻ (*naut.*) **d. officer**, ufficiale di bordo ◻ **d. passenger**, passeggero di ponte (*che non ha una cabina*) ◻ **d. shoes**, scarpe antisdrucciolo per andare in barca ◻ **angled d.**, ponte angolato (*di nave portaerei*) ◻ **boat d.**, ponte delle imbarcazioni ◻ **to clear the decks (for action)**, sgombrare i ponti (per il combattimento); (*fig.*) prepararsi all'azione ◻ **flight d.**, (*aeron.*) cabina di pilotaggio (*di aereo di linea*); (*naut., mil.*) ponte di volo (*di portaerei*); ponte di lancio ◻ **forecastle d.**, ponte del castello di prua ◻ (*pop.*) **to hit the d.**, alzarsi dal letto; prepararsi ad agire; rimboccarsi le maniche (*fig.*) ◻ **lower d.**, primo ponte ◻ **main d.**, ponte di coperta (*o* di manovra) ◻ **mess d.**, ponte alloggi dell'equipaggio ◻ **middle d.**, ponte intermedio; batteria ◻ **on d.**, (*naut.*) sopraccoperta; (*fam.*) pronto, a portata di mano ◻ **orlop d.**, ponte di stiva ◻ **quarter d.**, casseretto; cassero di poppa ◻ **tonnage d.**, ponte di stazza ◻ **upper d.**, ponte di coperta (*o* di manovra).
to **deck** /dɛk/, *v. t.* **1** adornare; addobbare; ricoprire; rivestire: **The windows were decked with Chinese balloons**, le finestre erano adornate di palloncini cinesi **2** fornire (*navi, ecc.*) di ponte **3** (*pop. USA*) stendere (a terra) con un pugno. ● **to d. oneself out**, farsi bello; mettersi in ghingheri ◻ **to be decked with flags**, essere imbandierato.
deckchair /'dɛktʃɛə(r)/, *n.* sedia a sdraio; (una) sdraio.
decker /'dɛkə(r)/, *n.* autobus (nave, ecc.) con un dato numero di piani (ponti, ecc.): **double-d.**, autobus a due piani; (*naut.*) **three-d.**, treponti, bastimento a tre ponti. ● **double-d. sandwich**, panino (imbottito) doppio; doppio tramezzino.
deckhand /'dɛkhænd/, *n.* (*naut.*) marinaio.
decking /'dɛkɪŋ/, *n.* **1** (*naut.*) rivestimento del ponte (*di una nave*) **2** (*edil.*) (manto dell') impalcato **3** (*edil.*) copertura (*di una terrazza*).
deckle /'dɛkl/, *n.* (*ind. della carta*) cascio; casso. ● **d. edge**, barba, riccio, zazzera (*di carta a mano*) ◻ (*di carta, foto, ecc.*) **d.-edged**, con (l'orlo a) riccio.
to **declaim** /dɪ'kleɪm/, *v. t.* e *i.* **1** declamare **2** parlare con grande enfasi. ● **to d. against sb.**, inveire contro q.
declaimer /dɪ'kleɪmə(r)/, *n.* declamatore, declamatrice.
declamation /dɛklə'meɪʃn/, *n.* **1** declamazione **2** arringa; discorso enfatico.
declamatory /dɪ'klæmətrɪ, *USA* -tɔːrɪ/, *a.* declamatorio; retorico; ampolloso.
declarable /dɪ'klɛərəbl/, *a.* **1** dichiarabile **2** da dichiarare (*alla dog.*): **d. goods**, merce da

dichiarare.
declarant /dɪˈklɛərənt/, *n.* (*leg.*) dichiarante.
declaration /dɛkləˈreɪʃn/, *n.* dichiarazione (*quasi in ogni senso*); proclamazione: **a d. at the customs office**, una dichiarazione (*di merci*) fatta alla dogana. ● (*Borsa*) **d. day**, giorno di risposta premi □ (*ass.*) **d. insurance**, dichiarazione a sostanziare □ (*Borsa*) **d. of option**, risposta premi □ **d. of war**, dichiarazione di guerra □ **the D. of Independence**, la Dichiarazione d'Indipendenza (*delle colonie inglesi d'America, 1776*) □ (*polit.*) **d. of the poll**, proclamazione degli eletti (*con l'annuncio del totale dei voti ottenuti*) □ (*leg.*) **d. on oath**, dichiarazione giurata □ (*naut.*) **d. outwards**, dichiarazione di uscita.
declarative /dɪˈklærətɪv/, *a.* dichiarativo; esplicativo: (*gramm.*) **a d. sentence**, una proposizione dichiarativa.
declaratory /dɪˈklærətrɪ, *USA* -tɔːrɪ/, *a.* dichiaratorio; dichiarativo: (*leg.*) **d. judgment**, sentenza dichiarativa.
to **declare** /dɪˈklɛə(r)/, **A** *v. t.* ***1*** dichiarare: (**Have you**) **anything to d.?**, (Lei ha) niente da dichiarare (*alla dog.*)?; (*fin.*) **to d. a dividend**, dichiarare un dividendo ***2*** proclamare: **to d. a strike**, proclamare uno sciopero; **to d. a result**, proclamare un risultato ***3*** (*nei giochi di carte*) dichiarare. **B** to **declare oneself**, *v. rifl.* dichiarare le proprie intenzioni, prendere posizione; dichiararsi, fare una dichiarazione (*d'amore*): **to d. oneself innocent**, proclamarsi innocente; **to d. for st.**, prendere posizione in favore di q.c. ● **to d. against**, dichiararsi contrario a □ (*leg.*, *USA*) **to d. bankruptcy**, dichiarare fallimento □ **to d. for**, dichiararsi in favore di □ **to d. sb. fit**, dichiarare che q. gode di buona salute □ **to d. off a bargain**, recedere da un contratto □ (*leg.*) **to d. under oath**, asseverare con giuramento □ **to d. peace**, proclamare la pace □ **to d. war**, dichiarare la guerra □ **Well, I d.!**, beh! questa poi!; questa è grossa!
declared /dɪˈklɛəd/, *a.* dichiarato: **d. intention**, intenzione dichiarata; **a d. opponent**, un avversario dichiarato.
declaredly /dɪˈklɛərɪdlɪ/, *avv.* dichiaratamente; apertamente.
declarer /dɪˈklɛərə(r)/, *n.* ***1*** dichiaratore ***2*** (*al bridge*) dichiarante.
declassification /diːklæsɪfɪˈkeɪʃn/, *n.* il rendere di dominio pubblico (*V.* **to declassify**).
to **declassify** /diːˈklæsɪfaɪ/, *v. t.* rendere di dominio pubblico (*documenti già considerati segreto di stato*).
declension /dɪˈklɛnʃn/, *n.* ***1*** (*gramm.* e *astron.*) declinazione ***2*** (*raro*) declività; declivio; pendenza ***3*** (*raro*) decadenza; declino ***4*** (*raro*) allontanamento (*dalla retta via*); abbandono graduale (*d'una fede, ecc.*).
declinable /dɪˈklaɪnəbl/, *a.* ***1*** (*gramm.*) declinabile ***2*** declinabile; rifiutabile, ecc. (*V.* **to decline**).
declination /dɛklɪˈneɪʃn/, *n.* ***1*** (*astron.*, *aeron.*) declinazione: **magnetic d.**, declinazione magnetica ***2*** inclinazione; pendenza ***3*** (*raro*) decadenza; declino ***4*** (*USA*) cortese rifiuto. ● **d. compass**, declinometro; bussola di declinazione.
declinational /dɛklɪˈneɪʃənl/, *a.* (*astron.*, *aeron.*) declinazionale.
declinatory /dɪˈklaɪnətrɪ, *USA* -tɔːrɪ/, *a.* (*leg.*) declinatorio: **d. plea**, eccezione declinatoria.
decline /dɪˈklaɪn/, *n.* ***1*** declino; decadenza; decadimento: **the d. of the Roman Empire**, la decadenza dell'Impero Romano; **the d. of one's strength**, il declino delle proprie forze ***2*** il declinare; il tramontare; tramonto (*fig.*): **in the d. of life**, nel tramonto della vita; **the d. of day**, il declinar del giorno (*poet.*); il tramontar del sole ***3*** (*med.*) deperimento; perdita delle forze; spossatezza; consunzione: **He fell into a rapid d. and died**, perse le forze e di lì a poco morì ***4*** diminuzione; calo; ribasso; riduzione: **a d. in population**, una diminuzione della popolazione; **a d. in** (*o* **of**) **prices**, un ribasso dei prezzi; **the d. in the rate of interest**, la riduzione del tasso d'interesse ***5*** (*econ.*, *comm.*; *anche*) flessione: **a d. of trade in coal products**, una flessione nel commercio dei prodotti carboniferi ***6*** declivio; pendio. ● (*econ.*) **a d. of business activity**, un indebolimento congiunturale □ **to be on the d.**, essere in declino.
to **decline** /dɪˈklaɪn/, **A** *v. i.* ***1*** declinare; abbassarsi; digradare; calare; diminuire; (*fig.*) decadere; (*del sole*) calare, tramontare; (*della salute, ecc.*) deperire, venir meno: **Here the hills d. towards the sea**, qui i colli digradano verso il mare; **His health began to d.**, la sua salute cominciò a declinare; **Prices** [**rates**] **are beginning to d.**, i prezzi [i corsi] cominciano a calare ***2*** (*econ.*, *comm.*; *anche*) subire una flessione: **Demand has declined sharply**, la domanda ha subito una forte flessione; **Trade in foodstuffs continued to d.**, nel settore degli alimentari, la flessione degli scambi è continuata ***3*** (*gramm.*: *di un sostantivo, ecc.*) declinarsi ***4*** (*arc.*) deviare, discostarsi (*dalla retta via, ecc.*). **B** *v. t.* ***1*** (*form.*) declinare; rifiutare (cortesemente): **to d. an invitation**, declinare un invito; **to d. an offer**, rifiutare un'offerta; (*leg.*) **to d. any liability**, declinare ogni responsabilità ***2*** (*form.*) rifiutarsi; non accettare; evitare; schivare: **to d. to do** (*o* **doing**) **st.**, rifiutarsi di fare q.c.; **to d. a challenge**, non accettare una sfida; **to d. battle**, evitare il combattimento ***3*** (*gramm.*) declinare ***4*** (*raro*) abbassare, chinare (*il capo, lo sguardo, ecc.*): **with head declined**, a capo chino. ● **to d. in price**, calare di prezzo □ (*leg.*) **to d. jurisdiction**, dichiarare la propria incompetenza.
declining /dɪˈklaɪnɪŋ/, *a.* ***1*** che declina; al tramonto: **the d. sun**, il sole al tramonto ***2*** (*fig.*) in declino; del declino: **in his d. years**, negli anni del suo declino ***3*** (*fin.*, *market.*) in calo; in ribasso: **a d. lira**, una lira in ribasso.
declinometer /dɛklɪˈnɒmɪtə(r)/, *n.* declinometro.
declivitous /dɪˈklɪvɪtəs/, *a.* declive (*lett.*); in pendio.
declivity /dɪˈklɪvətɪ/, *n.* declivio; pendio.
declivous /dɪˈklaɪvəs/, *a.* ***1*** declive (*lett.*); in pendio ***2*** (*antropol.*) sfuggente: **a d. profile**, un profilo sfuggente.
to **declutch** /diːˈklʌtʃ/, **A** *v. i.* (*autom.*) staccare (*o* disinnestare) la frizione. **B** *v. t.* disinnestare (*un meccanismo*).
declutching /diːˈklʌtʃɪŋ/, *n.* (*autom.*) disinnesto della frizione; debragliata, debraiata.
decoction /dɪˈkɒkʃn/, *n.* decozione; decotto.
to **decode** /diːˈkəʊd/, *v. t.* decodificare; decifrare (*telegrammi in cifra, ecc.*); decrittare.
decoder /diːˈkəʊdə(r)/, *n.* decodificatore (*anche elab.*); decifratore; crittografo.
decoding /diːˈkəʊdɪŋ/, *n.* ***1*** decodificazione; decifrazione; decrittazione ***2*** (*elab.*) decodifica.
to **decoke** /diːˈkəʊk/, *v. t.* (*fam.*) *V.* **to decarbonize**.
to **decollate** /dɪˈkɒleɪt/, *v. t.* decapitare; decollare.
decollation /ˈdɛkəleɪʃn/, *n.* decapitazione; decollazione.
decollator /ˈdɛkəleɪtə(r)/, *n.* (*elab.*) (macchina) scarbonatrice; taglierina.
décolletage /deɪkɒlˈtɑːʒ, deɪˈkɒlət-, *USA* deɪkɒləˈt-, -ɔːl-/ (*franc.*), *n.* (*moda*) scollatura.
décolleté /deɪˈkɒlteɪ, -lət-, *USA* deɪkɒlˈteɪ, -ɔːl-/ (*franc.*), **A** *a.* (*moda*: *d'abito*) scollato. **B** *n.* ***1*** décolleté; scollatura ***2*** abito scollato.
decolonization /diːkɒlənaɪˈzeɪʃn, *USA* -nɪˈz-/, *n.* (*polit.*) decolonizzazione.
to **decolonize** /diːˈkɒlənaɪz/, *v. t.* (*polit.*) decolonizzare.
decolorant /diːˈkʌlərənt/, *a.* e *n.* decolorante.
decolo(**u**)**rization** /diːkʌləraɪˈzeɪʃn, *USA* -rɪˈz-/, *n.* decolorazione; scoloramento.
to **decolo**(**u**)**rize** /diːˈkʌləraɪz/, *v. t.* decolorare; scolorare.
to **decommission** /diːkəˈmɪʃn/, *v. t.* ***1*** (*tecn.*) smantellare (*un impianto, ecc.*) ***2*** (*mil.*, *aeron.*, *naut.*) togliere dal servizio.
decomposable /diːkəmˈpəʊzəbl/, *a.* decomponibile; scomponibile.
to **decompose** /diːkəmˈpəʊz/, **A** *v. t.* decomporre; scomporre. **B** *v. i.* ***1*** decomporsi; imputridire; putrefarsi ***2*** (*chim.*) decomporsi.
decomposer /diːkəmˈpəʊzə(r)/, *n.* (*ecol.*) agente di decomposizione.
decomposing /diːkəmˈpəʊzɪŋ/, *a.* ***1*** che decompone ***2*** in decomposizione.
decomposition /diːkɒmpəˈzɪʃn/, *n.* ***1*** decomposizione; scomposizione ***2*** (*chim.*) decomposizione ***3*** (*fig.*) disfacimento: **the d. of our party**, il disfacimento del nostro partito.
to **decompress** /diːkəmˈprɛs/, **A** *v. t.* decomprimere. **B** *v. i.* essere sottoposto a decompressione.
decompression /diːkəmˈprɛʃn/, *n.* (*mecc.*, *med.*) decompressione: **d. chamber**, camera di decompressione. ● (*med.*) **d. illness**, embolia gassosa.
to **decondition** /diːkənˈdɪʃn/, *v. t.* decondizionare.
deconditioning /diːkənˈdɪʃənɪŋ/, *n.* decondizionamento.
to **decongest** /diːkənˈdʒɛst/, *v. t.* (*med.* e *fig.*) decongestionare.
decongestant /diːkənˈdʒɛstənt/, *n.* decongestionante.
decongestion /diːkənˈdʒɛstʃn/, *n.* (*med.* e *fig.*) decongestionamento.
decongestive /diːkənˈkʒɛstɪv/, *a.* decongestionante.
to **deconsecrate** /diːˈkɒnsɪkreɪt/, *v. t.* sconsacrare; secolarizzare.
deconsecration /diːkɒnsɪˈkreɪʃn/, *n.* sconsacrazione.
to **decontaminate** /diːkənˈtæmɪneɪt/, *v. t.* decontaminare.
decontamination /diːkəntæmɪˈneɪʃn/, *n.* decontaminazione.
decontrol /diːkənˈtrəʊl/, *n.* abolizione dei controlli; liberalizzazione; sblocco (*di affitti, prezzi, ecc.*).
to **decontrol** /diːkənˈtrəʊl/, *v. t.* abolire i controlli su (q.c.); liberalizzare; sbloccare (*prezzi, affitti, ecc.*).
décor /ˈdeɪkɔː(r), *USA* deɪˈkɔː(r)/ (*franc.*), *n.* ***1*** decorazione (*su una ceramica, ecc.*) ***2*** arredo; disposizione dei mobili, ecc. (*in una stanza*) ***3*** (*teatr.*) scenografia; allestimento scenico.
to **decorate** /ˈdɛkəreɪt/, *v. t.* ***1*** decorare; ornare ***2*** pitturare, imbiancare, guarnire di carta da parati (*una stanza, ecc.*); arredare (*una casa*) ***3*** (*anche mil.*) decorare; insignire di decorazione. ● (*archit.*) **decorated style**, stile decorato (*del XIV secolo*); gotico ornato (*inglese*).
decoration /dɛkəˈreɪʃn/, *n.* ***1*** decorazione; ornamento: **Christmas decorations**, decorazioni natalizie ***2*** decorazione; onorificenza: **war d.**, decorazione di guerra.
decorative /ˈdɛkrətɪv, *USA* ˈdɛkəreɪtɪv/, *a.* decorativo; ornamentale. || **-ly**, *avv.*
decorator /ˈdɛkəreɪtə(r)/, *n.* ***1*** decoratore; pittore (*di case, stanze, ecc.*) ***2*** (= **interior d.**) arredatore.
decorous /ˈdɛkərəs/, *a.* decoroso; decente; dignitoso. || **-ly**, *avv.*
to **decorticate** /diːˈkɔːtɪkeɪt/, *v. t.* ***1*** scortecciare (*una pianta*) ***2*** (*med.*) decorticare.
decortication /diːkɔːtɪˈkeɪʃn/, *n.* ***1*** scortecciamento ***2*** (*med.*) decorticazione.
decorum /dɪˈkɔːrəm/, *n.* ***1*** decoro; buona creanza; senso della dignità; proprietà ***2*** (*pl.*) maniere gentili; convenzioni (*o* norme) del vivere civile.
to **decouple** /diːˈkʌpl/, *v. t.* spaiare.
decoy /ˈdiːkɔɪ/, *n.* ***1*** (uccello da) richiamo (*anche artificiale*) ***2*** luogo (*o* stagno, ecc.)

nel quale vengono attirati uccelli, anatre selvatiche, ecc.; paretaio ***3*** (*caccia*, = **d.-duck**) (anatra da) richiamo; (*fig.*) chi fa o serve da esca; trappola; tranello; compare (*di un malfattore*): **a police d.**, un tranello della polizia ***4*** (*mil.*, = **d. target**) falso bersaglio. ● (*naut.*) **d. ship**, nave civetta.

to **decoy** /dɪˈkɔɪ/, *v. t.* ***1*** attirare (*uccelli, ecc.*) con i richiami ***2*** (*fig.*) adescare; allettare; attirare: **to d. sb. into a dark corner**, attirare q. in un angolo buio. ● **to d. sb. into doing st.**, far fare q.c. a q. con l'inganno.

decrease /ˈdiːkriːs/, *n.* ***1*** decrescenza; decremento; diminuzione; calo; ribasso: **a d. in prices**, un ribasso dei prezzi. ● **a d. in income**, un decremento del reddito ***2*** (*econ., comm.*) flessione: **Trade in iron ore is showing a sharp d.**, gli scambi di minerali di ferro registrano una forte flessione; **a d. in the demand of consumer goods**, una flessione della domanda di beni di consumo. ● **to be on the d.**, essere in diminuzione.

to **decrease** /dɪˈkriːs/, **A** *v. i.* decrescere; diminuire; calare; scemare. **B** *v. t.* diminuire; far calare; ridurre: **to d. the amount of oil used**, ridurre la quantità di petrolio usato.

decreasing /dɪˈkriːsɪŋ/, *a.* decrescente: **d. charges**, quote decrescenti (*di un ammortamento, ecc.*) □ (*econ.*) **d. costs**, costi decrescenti □ (*mat.*) **d. function**, funzione decrescente. ● (*ass.*) **d. term assurance**, assicurazione temporanea a capitale decrescente.

decreasingly /dɪˈkriːsɪŋlɪ/, *avv.* in modo decrescente.

decree /dɪˈkriː/, *n.* (*leg.*) ***1*** decreto; deliberazione; ordine; provvedimento giudiziario (*o* amministrativo): **a d. of fate**, un decreto del fato; **d. in bankruptcy**, dichiarazione giudiziale di fallimento ***2*** (*nelle cause di divorzio e in quelle dell'Ammiragliato*) sentenza: **d. absolute**, sentenza definitiva (*di divorzio*); **d. nisi**, sentenza provvisoria (*di divorzio*).

to **decree** /dɪˈkriː/, *v. t.* (*leg.*) decretare; deliberare; ordinare.

decrement /ˈdɛkrɪmənt/, *n.* ***1*** decremento; diminuzione ***2*** (*mat., fis.*) decremento.

decrepit /dɪˈkrɛpɪt/, *a.* decrepito.

to **decrepitate** /dɪˈkrɛpɪteɪt/, (*chim.*) **A** *v. i.* (*di un sale, un minerale, ecc.*). decrepitare. **B** *v. t.* sottoporre a decrepitazione.

decrepitation /dɪkrɛpɪˈteɪʃn/, *n.* (*chim.*) decrepitazione.

decrepitude /dɪˈkrɛpɪtjuːd, *USA* -tuːd/, *n.* decrepitezza.

decrescendo /diːkrəˈʃɛndəʊ/ (*ital.*), *n.* (*pl.* **decrescendos**) (*mus.*) decrescendo.

decrescent /diːˈkrɛsnt/, *a.* decrescente; calante: **d. moon**, luna calante.

decretal /dɪˈkriːtl/, *a.* e *n.* (*relig.*) decretale: **the decretals**, le decretali.

decretalist /dɪˈkriːtəlɪst/, *n.* (*relig.*) decretalista.

decrial /dɪˈkraɪl/, *n.* ***1*** condanna; biasimo ***2*** denigrazione ***3*** (*fin.*) deprezzamento; svalutazione.

decriminalization /dɪkrɪmɪnəlaɪˈzeɪʃn, *USA* -lɪˈz-/, *n.* (*leg.*) depenalizzazione; decriminalizzazione.

to **decriminalize** /dɪˈkrɪmɪnəlaɪz/, *v. t.* (*leg.*) depenalizzare; decriminalizzare.

to **decry** /dɪˈkraɪ/, *v. t.* ***1*** condannare; biasimare; denunciare: **We d. religious intolerance**, noi condanniamo l'intolleranza religiosa ***2*** screditare; sminuire; denigrare: **They d. the importance of foreign languages**, sminuiscono l'importanza delle lingue straniere ***3*** (*fin.*) svalutare ufficialmente (*la moneta, ecc.*).

to **decrypt** /dɪˈkrɪpt/, *v. t.* decriptare, decrittare.

decryption /dɪˈkrɪpʃn/, *n.* decriptazione, decrittazione.

decryptment /dɪˈkrɪptmənt/, *V.* **decryption**.

decubitus /dɪˈkjuːbɪtəs/ (*lat.*), *n.* (*pl.* **decubiti**) (*med.*) decubito. ● **d. ulcer**, piaga da decubito.

to **deculturate** /diːˈkʌltʃəreɪt/, *v. t.* deculturare.

deculturation /diːkʌltʃəˈreɪʃn/, *n.* deculturazione.

to **deculture** /diːˈkʌltʃə(r)/, *V.* **to deculturate**.

decuman /ˈdɛkjʊmən/, *a.* ***1*** (*archeol., stor. romana*) decumano: **d. gate**, (porta) decumana ***2*** decumano (*lett.*): **d. wave**, flutto decumano (*enorme*).

decumbent /dɪˈkʌmbənt/, *a.* ***1*** disteso ***2*** (*bot., zool.*) reclinato.

decuple /ˈdɛkjʊpl/, *a.* e *n.* decuplo.

to **decuple** /ˈdɛkjʊpl/, **A** *v. t.* decuplicare. **B** *v. i.* decuplicarsi.

decupling /ˈdɛkjʊplɪŋ/, *n.* decuplicazione.

decurion /dɪˈkjʊərɪən/, *n.* (*stor.*) decurione.

decury /ˈdɛkjʊrɪ/, *n.* (*stor.*) decuria.

decussate /dɪˈkʌseɪt/, *a.* ***1*** incrociato a x ***2*** (*anche bot.*) decussato.

to **decussate** /dɪˈkʌseɪt/, *v. t.* ***1*** incrociare a x ***2*** (*anche bot.*) decussare.

decussation /dɪkʌˈseɪʃn/, *n.* ***1*** intersecamento a x ***2*** (*anche bot.*) decussazione. ● (*anat.*) **pyramidal d.**, decussazione piramidale.

dedendum /diːˈdɛndəm/, *n.* (*mecc.*) dedendum.

to **dedicate** /ˈdɛdɪkeɪt/, *v. t.* ***1*** dedicare; consacrare: **to d. oneself to doing st.**, dedicarsi a fare q.c. ***2*** inaugurare: **to d. a fair [a public building]**, inaugurare una fiera [un edificio pubblico] ***3*** (*fin.*) destinare: **to d. revenue to council houses**, destinare l'introito d'imposta all'edilizia popolare ***4*** (*leg.*) destinare (*un terreno, ecc.*) a uso pubblico.

dedicatee /dɛdɪkəˈtiː/, *n.* dedicatario; persona alla quale è dedicata qualcosa.

dedication /dɛdɪˈkeɪʃn/, *n.* ***1*** dedicazione (*lett.*) ***2*** dedica ***3*** inaugurazione; consacrazione ***4*** dedizione; il votarsi ***5*** (*fin.*) destinazione (*di fondi*) ***6*** (*leg.*) destinazione a uso pubblico.

dedicative /ˈdɛdɪkətɪv, *USA* -eɪtɪv/, **dedicatory** /ˈdɛdɪkətrɪ, -keɪtrɪ, *USA* -tɔːrɪ/, *a.* dedicatorio (*lett.*); di dedica. ● **epistle d.**, dedicatoria.

dedicator /ˈdɛdɪkeɪtə(r)/, *n.* dedicatore.

to **deduce** /dɪˈdjuːs, *USA* -ˈduːs/, *v. t.* ***1*** dedurre; desumere; argomentare; concludere: **If you don't see him, you may d. he is ill**, se non lo vedi, puoi dedurne che sia malato ***2*** derivare; far discendere: **to d. sb. from sb. else**, far discendere q. da q. altro; stabilire la genealogia di q.

deducible /dɪˈdjuːsəbl, *USA* -ˈduːs-/, *a.* deducibile; desumibile.

to **deduct** /dɪˈdʌkt/, *v. t.* ***1*** dedurre; detrarre; (*comm.*) defalcare: **You can d. travelling expenses**, puoi dedurre le spese di viaggio ***2*** (*fisc.*) trattenere: **to d. 20% at source**, trattenere il 20% alla fonte.

deductible /dɪˈdʌktəbl/, **A** *a.* deducibile; detraibile; (*comm.*) defalcabile: **These items are d. from taxable income**, queste voci sono detraibili dall'imponibile fiscale. **B** *n.* (*ass., USA*) valore scoperto; franchigia (*cfr. ingl.* **excess**).

deduction /dɪˈdʌkʃn/, *n.* ***1*** deduzione; conclusione ***2*** deduzione; detrazione; (*comm.*) defalco, trattenuta: **a d. from one's salary**, una trattenuta sullo stipendio; **a d. from one's taxable income**, una detrazione dal proprio imponibile. ● (*fisc.*) **d. at source**, ritenuta d'acconto.

deductive /dɪˈdʌktɪv/, *a.* deduttivo: **d. reasoning**, ragionamento deduttivo.

deductively /dɪˈdʌktɪvlɪ/, *avv.* deduttivamente.

dee /diː/, *n.* ***1*** di; lettera d ***2*** anello fatto a d (*nei finimenti del cavallo*) ***3*** (*fis. nucl.*) elettrodo D (*di ciclotrone*).

deed /diːd/, *n.* ***1*** atto; azione: **good deeds**, buone azioni; **evil deeds**, azioni malvagie ***2*** atto di coraggio; impresa ***3*** (*pl.*) gesta: **the deeds of a gallant knight**, le gesta d'un valoroso cavaliere ***4*** (*leg.*) atto; atto solenne; scrittura pubblica (*o* privata) (*che ha effetto legale*). ● (*leg., in Italia*) **d. attested by a notary**, atto rogato da un notaio; rogito notarile □ (*leg.*) **d. of arrangement**, concordato fallimentare □ **d. of assignment**, atto di cessione □ (*fin.*) **d. of association**, atto costitutivo (*d'una società*) □ (*leg.*) **d. of indemnity**, sanatoria □ (*leg.*) **d. of trust**, fedecommesso □ (*leg.*) **d. poll**, atto unilaterale □ **d. under private seal**, scrittura privata □ **in d. and not in name**, non di nome ma di fatto □ **in (very) d.**, infatti; davvero □ **in word and d.**, di nome e di fatto □ (*prov.*) **Deeds are better than words**, i fatti contano più delle parole; fra il dire e il fare c'è di mezzo il mare (*prov.*).

to **deed** /diːd/, *v. t.* trasferire (*o* cedere) con un atto legale.

deejay /ˈdiːdʒeɪ/, *n.* (*fam.*) disc jockey; presentatore (*di dischi*).

to **deem** /diːm/, *v. t.* (*form.*) credere; giudicare; ritenere; pensare; stimare: **I deemed it advisable to go**, pensavo che fosse opportuno andare; **I d. it my duty to tell you the truth**, ritengo sia mio dovere dirti la verità; **It was deemed sufficient**, fu giudicato sufficiente. ● **to d. highly of sb.**, avere una grande stima di q.

deep (1) /diːp/, *a.* ***1*** profondo; fondo: **The river is very d. here**, il fiume è molto profondo in questo punto; **a d. hole**, un foro profondo; **d. sleep**, sonno profondo; **a d. wound**, una ferita profonda; **a d. sigh**, un profondo sospiro; **d. love**, profondo amore; **d. interest**, profondo interesse; **d. learning**, profonda dottrina; **in a d. voice**, con voce profonda; **It was d. night**, era notte fonda; **d. gratitude**, profonda gratitudine; (*ling.*) **d. structure**, struttura profonda ***2*** che si estende in profondità; largo: **This building lot is nine hundred yards d.**, questo lotto fabbricabile ha una larghezza di novecento iarde; **The bookshelves are two feet d.**, gli scaffali della libreria sono larghi due piedi l'uno ***3*** (*talora*) alto: **The roads were blocked by d. snow**, le strade erano bloccate dalla neve alta; **ankle-d. snow**, neve che arriva alle caviglie ***4*** grande; grave; grosso; lungo: **a d. draught**, un lungo sorso; **a d. drinker**, un gran bevitore; **a d. gamester**, un gran giocatore d'azzardo; **a d. reader**, un gran lettore; **a d. sin**, un grave peccato; **to be in d. trouble**, essere in grossi guai ***5*** immerso (*anche fig.*); intento; sprofondato: **He is d. in debt**, è immerso nei debiti; **He was knee-d. in water**, era immerso nell'acqua fino alle ginocchia; **He was d. in thought**, era immerso nei suoi pensieri; **He is d. in study**, è intento allo studio; **to be d. in a novel**, essere immerso nella lettura di un romanzo ***6*** (*di suono*) profondo; basso; cupo; grave: **a d. note**, una nota bassa; **a d. bell**, una campana dal suono cupo ***7*** (*di colore*) carico; cupo; intenso: **d. blue**, blu carico; **d. red**, rosso cupo ***8*** (*fam.*) astuto: **He's a d. one**, è un individuo astuto; è un dritto (*fam.*). ● **a d. argument**, un argomento difficile □ (*metall.*) **d.-drawing**, imbutitura □ **d. freeze**, *V.* **deep-freeze** □ **d. mourning**, lutto stretto □ **d.-pile wall-to-wall carpeting**, moquette a pelo lungo □ (*naut.*) **d. sea**, alto mare □ **d.-sea fishing**, pesca d'altura □ **d.-sea plain**, piana abissale (*in fondo al mare*) □ **d.-sea trench**, fossa oceanica □ **the d. South**, il profondo Sud (*in U.S.A., ecc.*) □ (*leg., USA*) **d. throat**, «gola profonda» (*informatore o spione*) □ (*fam.*) **to go off the d. end**, adirarsi, arrabbiarsi; (*specialm. USA*) andare allo sbaraglio □ (*fig. fam.*) **to get into d. water**, mettersi nei guai □ (*fam., fig.*) **to be in d. water**, essere nei guai □ (*fam.*) **to jump in at the d. end**, cominciare dal difficile (*o* dalla parte più difficile) □ **a matter of d. concern**, una faccenda assai preoccupante □ (*mil.: di soldati allineati*) **three d.**, in fila per tre □ (*fam. USA*) **d. six**, la tomba (*profonda sei piedi*): **to get the d. six**, essere eliminato; (*anche*) ricevere il benservito, essere liquidato □

(*astron.*) **d. space**, spazio profondo □ (*fam.*) **to throw sb. in at the d. end**, mandare q. allo sbaraglio.

deep (**2**) /diːp/, *n.* **1** – (*poet.*) **the d.**, il mare; l'oceano **2** – (*di solito al pl.*) **the deeps**, le profondità, gli abissi (*della mente, del pensiero, dell'animo, ecc.*); il fondo (*d'un abisso, ecc.*). ● **in the d. of night**, nel cuore della notte.

deep (**3**) /diːp/, *avv.* **1** profondamente; in profondità; a fondo: **to breathe d.**, respirare profondamente; **to cut** [**to dig**] **d.**, tagliare [scavare] in profondità **2** (*nei composti, per es.*:) **d.-chested**, dall'ampio torace; **a d.-drawn sigh**, un profondo sospiro; **d.-dyed**, completo; da capo a piedi, da cima a fondo: **a d.-dyed villain**, un completo farabutto; una perfetta canaglia; **a d.-laid scheme**, un piano ben elaborato; (*di cane*) **d.-mouthed**, dall'abbaio profondo; **d.-read**, profondamente versato, erudito; **a d.-rooted prejudice**, un pregiudizio radicato; **a d.-rooted dislike**, una profonda avversione; **a d.-seated fear**, un inveterato timore; **a d.-seated tradition**, una tradizione radicata; **d.-set eyes**, occhi infossati. ● **d. down**, in fondo (*anche fig.*); in profondità □ **to be d. in love**, essere innamorato cotto □ **d. in my heart**, nel profondo del mio cuore □ **d. in the night**, nel cuore della notte □ **to go d. into a matter**, andare al fondo di una faccenda □ **with one's hands d. in one's pockets**, con le mani affondate nelle tasche □ **Drink d.!**, bevi molto, a lunghi sorsi! □ **He read d. into the night**, lesse fino a tarda notte.

to **deep-draw** /ˈdiːpˈdrɔː/, *v. t.* (*metall.*) imbutire.

to **deepen** /ˈdiːpən/, *v. t.* e *i.* **1** approfondire (*anche fig.*); approfondirsi; scavare più a fondo: **to d. one's knowledge of a problem**, approfondire la propria conoscenza di un problema; **to d. a canal**, scavare un canale per renderlo più profondo **2** aggravare, aggravarsi; accrescere, accrescersi; aumentare: **The economic crisis is deepening**, la crisi economica si aggrava; **Their anxiety deepened as time passed**, la loro ansia aumentava col passar del tempo **3** caricare (*un colore, una tinta*); fare, farsi più intenso; incupire, incupirsi: **The girl's colour deepened**, il rossore della ragazza si fece più intenso **4** (*di un suono*) fare, farsi più grave (*o* cupo, profondo). ● **The water of the river deepened at every step**, l'acqua del fiume si faceva più profonda a ogni passo □ **Darkness is deepening**, le tenebre s'infittiscono.

deep-freeze /ˈdiːpˈfriːz/, *n.* **1** surgelatore; freezer **2** surgelamento, surgelazione. ● (*fam. USA*) **to get the d.**, essere trattato (*o* ricevuto) con grande freddezza □ (*fig.*) **to put a matter in the d.**, mettere una faccenda in frigorifero (*fig.*); accantonare, rinviare una faccenda.

to **deep-freeze** /ˈdiːpˈfriːz/ (*pass.* **deep-froze**, *p. p.* **deep-frozen**), *v. t.* **1** surgelare: **deep-frozen meat**, carne surgelata **2** (*fig.*) congelare (*fig.*); accantonare.

to **deep-fry** /ˈdiːpˈfraɪ/, *v. t.* friggere in olio (*o* strutto) abbondante.

deepie /ˈdiːpɪ/, *n.* (*fam.*) film tridimensionale.

deeply /ˈdiːplɪ/, *avv.* **1** profondamente: **to breathe** [**to sleep**], respirare [dormire] profondamente; **I'm d. indebted to my teacher**, sono profondamente obbligato al mio insegnante **2** (*fam.*) astutamente. ● **d. interesting**, molto interessante □ **a d.-laid scheme**, un piano preparato con astuzia □ **a d. offensive remark**, un'osservazione oltremodo offensiva.

deepness /ˈdiːpnəs/, *n.* **1** (*raro*) profondità **2** (*raro*) astuzia.

deer /dɪə(r)/, *n.* (*pl.* **deer, deers**) (*zool.*) **1** qualsiasi animale dei cervidi (*Cervidae*); alce, renna, çervo, ecc. **2** (*Cervus*) cervo; (*Dama*) daino; (*Capreolus*) capriolo: **d.-hunting** (*o* **d.-stalking**), caccia al cervo. ● (*stor.*) **d.-forest**, riserva di cervi □ **d.-hound**, levriero scozzese □ **d.-lick**, rocce coperte di sale (*per i cervi*) □ **d.-neck**, collo da cervo (*di cavallo*) □ **d.-park**, parco dei cervi; riserva di cervi □ (*fig.*) **small d.**, animali o cose insignificanti, da nulla.

deerskin /ˈdɪəskɪn/, **A** *n.* **1** pelle di daino **2** capo (*di vestiario*) di pelle di daino. **B** *a. attr.* (*di pelle*) di daino.

deerstalker /ˈdɪəstɔːkə(r)/, *n.* **1** cacciatore di cervi **2** berretto da cacciatore, con copriorecchie (*che si allacciano sopra la testa*).

to **de-escalate** /diːˈɛskəleɪt/, *v. t.* (*specialm. polit., mil.*) diminuire; ridurre (*la tensione, ecc.*).

de-escalation /diːɛskəˈleɪʃn/, *n.* (*polit., mil.*) diminuzione; riduzione (*della tensione, ecc.*).

de-escalatory /diːˈɛskəleɪtrɪ, *USA* -ətɔːrɪ/, *a.* (*polit., mil.*) atto a ridurre la tensione; distensivo: **a d. move**, una mossa distensiva.

def /dɛf/, *a.* (*pop.*) ottimo; eccellente.

to **deface** /dɪˈfeɪs/, *v. t.* **1** deturpare; mutilare (*una statua, ecc.*); sfigurare; sfregiare (*un quadro, ecc.*); sciupare: **a defaced cheque**, un assegno sfigurato; **a defaced coin**, una moneta sciupata **2** cancellare (*una scritta, ecc.*) **3** annullare (*un francobollo*).

defacement /dɪˈfeɪsmənt/, *n.* **1** deturpazione; sfregio, mutilazione (*di un'opera d'arte, ecc.*) **2** cancellazione (*di una scritta*) **3** annullamento; annullo (*di un francobollo*).

de facto /deɪˈfæktəʊ, *USA* dɪ'-/ (*lat.*), *a.* e *avv.* de facto; di fatto.

to **defalcate** /ˈdiːfælkeɪt, -fɔːl-, *USA* dɪˈfæl-, -ˈfɔl-, ˈdɛfl-/, **A** *v. t.* **1** (*leg.*) appropriarsi indebitamente di (q.c.) **2** (*fin.*) ridurre un debito per compensazione. **B** *v. i.* (*fin.*) stornare fondi.

defalcation /diːfælˈkeɪʃn/, *n.* (*leg.*) **1** appropriazione indebita; malversazione **2** (*fin.*) riduzione di un debito per compensazione.

defamation /dɛfəˈmeɪʃn/, *n.* (*anche leg.*) diffamazione; calunnia (*in Inghil. e in U.S.A. è un illecito civile*).

defamatory /dɪˈfæmətrɪ, *USA* -tɔːrɪ/, *a.* (*anche leg.*) diffamatorio; calunnioso.

to **defame** /dɪˈfeɪm/, *v. t.* (*anche leg.*) diffamare; calunniare.

defamer /dɪˈfeɪmə(r)/, *n.* diffamatore, diffamatrice.

defatted /diːˈfætɪd/, *a.* (*ind.*) sgrassato.

default /dɪˈfɔːlt/, *n.* **1** mancanza; difetto: **in d. of agreement**, in mancanza di accordo **2** (*leg.*) assenza (*d'una delle due parti*); contumacia: **judgement by d.**, sentenza emessa in contumacia **3** (*comm., leg.*) inadempienza; inosservanza; omissione; (*anche*) mora: **d. of one's loan terms**, inadempienza degli impegni relativi a un mutuo **4** (*elab.*) valore (*o* parametro) assegnato in mancanza di specificazione da parte dell'utente **5** (*sport*) abbandono: **The team lost the match by d.**, la squadra perse la partita per abbandono. ● **d. interest**, interessi di mora □ (*leg.*) **d. judgment**, sentenza contumaciale □ (*Borsa*) **d. price**, prezzo di storno.

to **default** /dɪˈfɔːlt/, **A** *v. i.* **1** venir meno a un impegno; essere in difetto **2** (*leg.*) non comparire in tribunale; essere contumace **3** (*comm., leg.*) essere inadempiente **4** (*elab.*) prendere (*un dato, ecc.*) per difetto **5** (*sport*) perdere per abbandono. **B** *v. t.* **1** (*leg.*) condannare (q.) in contumacia **2** (*sport*) abbandonare (*una gara, ecc.*); perdere (*un incontro, ecc.*) per abbandono. ● (*leg.*) **to d. on a loan**, non pagare un mutuo; non restituire un prestito.

defaulter /dɪˈfɔːltə(r)/, *n.* **1** chi vien meno a un impegno; inadempiente **2** (*leg.*) contumace **3** (*comm., leg.*) parte inadempiente; (*anche*) debitore moroso **4** (*mil.*) militare colpevole d'infrazione disciplinare **5** (*sport*) chi abbandona; chi si ritira da una gara.

defaulting /dɪˈfɔːltɪŋ/, *a.* inadempiente; (*anche*) moroso: (*leg.*) **the d. party**, la parte inadempiente; **a d. debtor**, un debitore moroso.

defeasance /dɪˈfiːzns/, *n.* (*leg.*) **1** condizione risolutiva (*di un atto o contratto*) **2** annullamento, risoluzione (*di un atto o contratto*). ● (*leg.*) **d. clause**, clausola risolutiva.

defeasibility /dɪfiːzəˈbɪlətɪ/, *n.* (*leg.*) risolubilità.

defeasible /dɪˈfiːzəbl/, *a.* (*leg.*) annullabile; risolubile.

defeat /dɪˈfiːt/, *n.* **1** sconfitta; disfatta **2** frustrazione; insuccesso; fallimento. ● **to suffer a d.**, subire una sconfitta; essere sconfitto.

to **defeat** /dɪˈfiːt/, *v. t.* **1** sconfiggere; superare; battere; vincere **2** frustrare; vanificare; deludere: **My hopes were defeated**, le mie speranze furono frustrate; **to d. sb.'s plans**, vanificare i progetti di q. **3** annullare; respingere: **The bill was defeated in the House of Commons**, ai Comuni il disegno di legge fu respinto. ● **to d. one's own ends**, darsi la zappa sui piedi (*fig.*) □ **to d. the law**, eludere la legge.

defeatism /dɪˈfiːtɪzəm/, *n.* disfattismo.

defeatist /dɪˈfiːtɪst/, *n.* e *a.* disfattista: **d. talks**, discorsi disfattisti.

to **defecate** /ˈdɛfəkeɪt/, **A** *v. t.* **1** (*chim.*) defecare **2** (*anche fig.*) purificare; raffinare: **The juice must be defecated**, il succo dev'essere purificato **3** espellere (q.c.) con le feci. **B** *v. i.* **1** purificarsi; raffinarsi **2** (*fisiol.*) defecare; espellere le feci.

defecation /dɛfəˈkeɪʃn/, *n.* **1** purificazione; raffinazione **2** (*chim., fisiol.*) defecazione.

defecator /dɛfəˈkeɪtə(r)/, *n.* (*ind.*) vasca di raffinazione (*dello zucchero, ecc.*).

defect /ˈdiːfɛkt/, *n.* **1** difetto; imperfezione: **a hearing d.**, un difetto dell'udito; **to test a product for defects**, sottoporre un prodotto alla ricerca di eventuali difetti **2** mancanza: **d. of information**, mancanza d'informazioni **3** (*leg.*) difetto; vizio: **d. of title**, vizio del titolo di proprietà (*di bene immobile*) **4** (*scient.*) difetto: (*med.*) **congenital d.**, difetto congenito; (*fis. nucl.*) **mass d.**, difetto di massa.

to **defect** /dɪˈfɛkt/, *v. i.* defezionare; disertare. ● (*di agente segreto, ecc.*) **to d. to Canada**, rifugiarsi in Canada.

defection /dɪˈfɛkʃn/, *n.* defezione; diserzione.

defective /dɪˈfɛktɪv/, **A** *a.* **1** difettoso; imperfetto; manchevole; incompleto: **This machine is d.**, questa macchina è difettosa; (*comm.*) **d. goods**, merci difettose; (*stat.*) **d. sample**, campione difettoso **2** (*gramm. tradizionale*) difettivo: **«Must» used to be called a d. verb**, «must» veniva chiamato verbo difettivo **3** (*psic.*) subnormale. **B** *n.* **1** (*gramm. tradizionale*) difettivo **2** (*psic.*) subnormale. ● **to be d. in**, mancare di: **He is d. in psychological insight**, gli fa difetto la penetrazione psicologica □ (*psic.*) **mentally d.**, subnormale. || **-ly**, *avv.* || **-ness**, *sost.*

defector /dɪˈfɛktə(r)/, *n.* **1** chi defeziona; disertore; franco tiratore (*fig., polit.*) **2** chi chiede asilo politico; transfuga.

defence /dɪˈfɛns/, *n.* **1** (*anche leg., sport*) difesa: (*mil.* e *fig.*) **The best d. is offence**, la migliore difesa è l'attacco; **They overthrew the enemy's defences**, abbatterono le difese del nemico **2** (*pl.*) opere di difesa; fortificazioni. ● (*leg.*) **d. attorney**, avvocato difensore; la difesa □ (*fin.*) **d. expenditure**, le spese per la difesa □ (*psic.*) **d. mechanism**, meccanismo di difesa □ (*naut.*) **antilanding d.**, sbarramento antisbarco □ **the art of d.**, l'arte della difesa personale (*boxe, judo, karate, ecc.*) □ (*mil.*) **coast d.**, difesa costiera □ (*leg.*) **counsel for the d.**, avvocato difensore □ (*mil.*) **line of defences**, linea fortificata □ (*naut.*) **mine d.**, sbarramento di mine □ **self-d.**, difesa personale; autodifesa □ (*anche fig.*) **My defences are down**, ho abbassato la difesa.

defenceless /dɪˈfɛnsləs/, *a.* **1** indifeso; inerme **2** incapace di difendersi. || **-ness**, *sost.*

to **defend** /dɪˈfɛnd/, **A** *v. t.* **1** difendere (*anche sport*); proteggere: **to d. one's country**, difendere la patria; **to d. one's goal**, difendere la propria porta **2** sostenere; cercare di giustificare: **He defended his conduct**, cercò di giustificare la sua condotta *3* (*sport*) difendere (*un titolo, ecc.*) *4* (*leg.*) difendere; essere il difensore di: **to d. a case**, difendere una causa *5* (*arc.*) proibire; impedire: **God defend!**, Dio non voglia!; Dio ne guardi! **B** *v. i.* *1* parlare (scrivere, ecc.) in difesa (di q.) *2* (*leg.*) perorare in difesa; essere (*o* fare) il difensore *3* (*sport*) giocare in difesa. **C** to **defend oneself**, *v. rifl.* difendersi.

defendable /dɪˈfɛndəbl/, *a.* *1* difendibile *2* sostenibile; giustificabile.

defendant /dɪˈfɛndənt/, **A** *n.* (*leg.*) convenuto; persona citata in giudizio; imputato: **d. in default**, imputato contumace. **B** *a. attr.* convenuto; citato in giudizio: **the d. company**, la società convenuta (*o* citata in giudizio).

defender /dɪˈfɛndə(r)/, *n.* *1* (*anche sport*) difensore *2* (*lotta, boxe, ecc.*) difensore del titolo. ● (*sport*) **the defenders**, la difesa (*i giocatori*) □ **D. of the Faith**, Difensore della Fede (*titolo dei sovrani d'Inghil., da Enrico VIII in avanti*).

defenestration /dɪfɛnəˈstreɪʃn/, *n.* defenestrazione: (*stor.*) **the d. of Prague**, la defenestrazione di Praga.

defense /dɪˈfɛns, *USA* dɪˈfɛns, ˈdiːf-/, (*USA*) *V.* **defence**.

defensibility /dɪfɛnsəˈbɪlətɪ/, *n.* *1* difendibilità *2* sostenibilità.

defensible /dɪˈfɛnsəbl/, *a.* *1* difendibile *2* sostenibile; giustificabile: **This thesis is hardly d.**, questa tesi è malamente sostenibile.

defensibly /dɪˈfɛnsəblɪ/, *avv.* giustificabilmente (*raro*); in modo da potersi giustificare.

defensive /dɪˈfɛnsɪv/, **A** *a.* difensivo: **a d. weapon**, un'arma difensiva. **B** *n.* (*mil.* e *fig.*) difensiva: **to be** (*o* **to stand**) **on the d.**, stare (*o* tenersi) sulla difensiva. ● **to act on the d.**, agire per motivi di difesa; avere un atteggiamento difensivo.

defensively /dɪˈfɛnsɪvlɪ/, *avv.* *1* in modo da difendersi *2* stando sulla difensiva.

defensiveness /dɪˈfɛnsɪvnəs/, *n.* difensiva; atteggiamento difensivo.

to **defer** (1) /dɪˈfɜː(r)/, **A** *v. t.* differire; posticipare; procrastinare; prorogare; rimandare; rinviare: **to d. payment**, posticipare il pagamento; **to d. a meeting**, rinviare una riunione. **B** *v. i.* procrastinare; indugiare; temporeggiare.

to **defer** (2) /dɪˈfɜː(r)/, *v. i.* condiscendere; accondiscendere; consentire; essere deferente: **He always defers to his mother's wishes**, accondiscende sempre ai desideri di sua madre. ● **I d. to your opinion [judgment]**, mi rimetto alla tua opinione [al tuo giudizio].

deference /ˈdɛfərəns/, *n.* deferenza; condiscendenza; riguardo; rispetto. ● **in d. to sb.**, per riguardo verso q. □ **to pay d. to sb.**, avere (*o* mostrare) deferenza verso q.

deferent /ˈdɛfərənt/, *a.* *1* (*anat.*) deferente: **a d. duct**, un dotto (*o* canale) deferente *2* (*raro*) deferente; rispettoso.

deferential /dɛfəˈrɛnʃl/, *a.* *1* deferente; rispettoso *2* (*anat.*) deferenziale: **d. artery**, arteria deferenziale. || **-ly**, *avv.*

deferment /dɪˈfɜːmənt/, *n.* *1* differimento; dilazione; proroga; rinvio *2* (*mil.*) rinvio del servizio militare.

deferral /dɪˈfɜːrəl/, *n.* *1* *V.* **deferment** *2* (*rag.*) risconto (*l'operazione*).

deferred /dɪˈfɜːd/, *a.* *1* differito; posticipato; prorogato; rinviato: **d. payment**, pagamento differito *2* consegnato in ritardo: **a d. telegram**, un telegramma consegnato in ritardo *3* (*fin.*) postergato: **d. shares**, azioni postergate. ● (*mat., ass.*) **d. annuity**, annualità differita; (*fin.*) rendita differita □ (*rag.*) **d. asset** (*o* **charge, debt, expense**), risconto attivo □ (*rag.*) **d. credit** (*o* **income, liability**), risconto passivo □ (*mil.*) **d. pay**, ritenuta sulla paga.

deferrer /dɪˈfɜːrə(r)/, *n.* differitore, differitrice.

defiance /dɪˈfaɪəns/, *n.* *1* sfida; disfida (*lett.*); provocazione: **He shouted d. at the enemy**, lanciò la sua sfida al nemico con un grido *2* rifiuto d'obbedienza; resistenza (*all'autorità*) *3* disprezzo; sprezzo (*lett.*): **d. of danger**, sprezzo del pericolo. ● **to bid d. to sb.**, lanciare una sfida a q.; provocare q. □ **in d. of**, a dispetto di; senza tener conto di: **The soldier acted in d. of orders**, il soldato agì senza tener conto degli ordini □ **to set at d.**, sfidare (*le convenzioni, la legge, ecc.*).

defiant /dɪˈfaɪənt/, *a.* *1* provocatorio; di sfida; insolente; spavaldo: **a d. look**, uno sguardo di sfida *2* ribelle *3* (*arc.*) diffidente. || **-ly**, *avv.*

defibrillation /dɪfaɪbrɪˈleɪʃn, -fɪb-/, *n.* (*med.*) defibrillazione.

defibrillator /dɪˈfaɪbrɪleɪtə(r), -ˈfɪb-/, *n.* (*med.*) defibrillatore.

deficiency /dɪˈfɪʃnsɪ/, *n.* *1* deficienza; difetto; mancanza; scarsità: **d. of food**, mancanza di cibo *2* differenza (*in meno*); disavanzo; buco (*fam.*); scoperto: **There is a d. of 300 pounds**, c'è una differenza di 300 sterline; (*fin.*) **to make up a d.**, colmare un disavanzo; coprire un buco (*fam.*) *3* (*med.*) deficienza; carenza: **d. diseases**, malattie da carenza. ● (*leg.*) **d. account**, rendiconto delle cause dell'insolvenza □ (*fin., USA*) **d. appropriation**, stanziamento suppletivo □ (*comm.*) **d. in weight**, ammanco di peso □ (*econ.*) **d. payment**, compenso integrativo (*all'agricoltura*) □ **vitamin d.**, carenza vitaminica.

deficient /dɪˈfɪʃnt/, **A** *a.* *1* deficiente; difettoso; manchevole; scarsamente dotato d'intelligenza *2* insufficiente. **B** *n.* (*psic.*) deficiente. ● **food d. in salts**, alimento che manca di sali □ **a mentally d. person**, un deficiente. || **-ly**, *avv.*

deficit /ˈdɛfɪsɪt, dɪˈfɪsɪt/, *n.* *1* (*comm.*) differenza in meno; ammanco *2* (*fig., rag.*) deficit; disavanzo; saldo passivo; sbilancio: **There is a big d. in our balance of payments**, c'è un forte deficit nella nostra bilancia dei pagamenti; **current-account d.**, disavanzo delle partite correnti. ● (*econ.*) **d. financing**, finanziamento in disavanzo (*dello Stato*) □ (*econ.*) **d. spending**, spesa (pubblica) in disavanzo □ (*fin.*) **operating d.**, perdita di gestione (*di un'azienda*).

defier /dɪˈfaɪə(r)/, *n.* sfidante.

defilade /dɛfɪˈleɪd/, *n.* (*mil.*) defilamento.

to **defilade** /dɛfɪˈleɪd/, *v. t.* (*mil.*) defilare.

defile /ˈdiːfaɪl/, *n.* *1* (*mil.*) sfilata *2* gola (*di un monte*); stretta.

to **defile** (1) /dɪˈfaɪl/, *v. i.* sfilare; marciare in fila indiana.

to **defile** (2) /dɪˈfaɪl/, *v. t.* *1* contaminare; inquinare; corrompere; lordare; insozzare: **Do not d. the water of the river**, non contaminate l'acqua del fiume! *2* profanare *3* macchiare (*fig.*); denigrare: **I don't want them to d. my reputation**, non voglio che denigrino la mia reputazione.

defilement (1) /dɪˈfaɪlmənt/, *V.* **defilade**.

defilement (2) /dɪˈfaɪlmənt/, *n.* *1* contaminazione; inquinamento; corruzione *2* profanazione; macchia (*fig.*); denigrazione.

defiler /dɪˈfaɪlə(r)/, *n.* *1* contaminatore, contaminatrice; inquinatore, inquinatrice *2* profanatore, profanatrice.

definable /dɪˈfaɪnəbl/, *a.* definibile; determinabile.

to **define** /dɪˈfaɪn/, *v. t.* *1* definire (*quasi in ogni senso*); determinare; chiarire: **a well-defined image**, un'immagine ben definita; **to d. one's position**, chiarire la propria posizione *2* delimitare: **to d. the field of action**, delimitare il campo d'azione *3* delineare: **to d. the powers of the President**, delineare i poteri del presidente.

definite /ˈdɛfənət/, *a.* *1* definito; determinato; esatto; preciso: **We'll meet at a d. time**, c'incontreremo a un'ora precisa; **a d. answer**, una risposta precisa *2* certo, stabilito: **It's d. that he'll go**, è certo che andrà *3* deciso; sicuro: **He was quite d. about it**, egli ne era assolutamente sicuro; aveva proprio deciso così. ● (*gramm.*) **d. article**, articolo determinativo □ (*mat.*) **d. integral**, integrale definito □ **d. past**, passato remoto.

definitely /ˈdɛfənətlɪ/, **A** *avv.* *1* in modo preciso; esattamente *2* certamente; di sicuro. **B** *inter.* certo!; certo che sì!; sicuro! ● **D. not!**, no di certo!; neanche per sogno!

definiteness /ˈdɛfənətnəs/, *n.* definitezza, determinatezza.

definition /dɛfəˈnɪʃn/, *n.* *1* definizione *2* (*elettron., TV*) definizione *3* (*ottica*) definizione; nitidezza (*dell'immagine*).

definitive /dɪˈfɪnətɪv/, *a.* definitivo; decisivo; finale; ultimo: **a d. answer**, una risposta decisiva; **the d. edition**, l'edizione definitiva; **a d. verdict**, un verdetto decisivo; **the d. offer**, l'ultima offerta. || **-ly**, *avv.* || **-ness**, *sost.*

to **deflagrate** /ˈdɛfləgreɪt/, **A** *v. i.* (*chim.*) deflagrare. **B** *v. t.* *1* far deflagrare *2* bruciare rapidamente, con fuoco intenso.

deflagrating /ˈdɛfləgreɪtɪŋ/, *a.* deflagrante.

deflagration /dɛfləˈgreɪʃn/, *n.* deflagrazione.

deflagrator /ˈdɛfləgreɪtə(r)/, *n.* (*tecn.*) deflagratore.

deflatable /diːˈfleɪtəbl, dɪ-/, *a.* sgonfiabile.

to **deflate** /diːˈfleɪt, dɪ-/, **A** *v. t.* *1* sgonfiare (*un pneumatico, ecc.*) *2* (*econ.*) deflazionare *3* (*fig.*) sgonfiare; ridimensionare; sminuire. **B** *v. i.* *1* sgonfiarsi *2* (*econ.*) provocare una deflazione.

deflation /diːˈfleɪʃn, dɪ-/, *n.* *1* sgonfiamento *2* (*econ.*) deflazione *3* (*fig.*) perdita d'interesse; delusione *4* (*geol.*) deflazione.

deflationary /diːˈfleɪʃənrɪ, dɪ-, *USA* -nerɪ/, *a.* (*econ.*) deflazionistico; deflatorio; deflativo: **d. gap**, divario deflatorio; scarto deflativo: **d. measures**, misure deflazionistiche.

deflationist /diːˈfleɪʃənɪst, dɪ-/, *n.* (*econ.*) fautore della deflazione.

deflator /dɪˈfleɪtə(r)/, *n.* (*econ.*) deflatore.

to **deflect** /dɪˈflɛkt/, *v. t.* e *i.* deflettere; deviare; sviare; stornare.

deflection /dɪˈflɛkʃn/, *n.* *1* (*anche fig.*) deviazione *2* (*elettron., TV*) deflessione *3* (*ind. costr.*) deformazione *4* (*mil.*) direzione: **d. change**, mutamento di direzione (*di un cannone*). ● **d. of trade**, diversione dei traffici.

deflectometer /diːflɛkˈtɒmɪtə(r)/, *n.* (*tecn.*) flessimetro.

deflector /dɪˈflɛktə(r)/, *n.* (*aeron., fis.*) deflettore. ● (*elettr.*) **d. coil [plate]**, bobina [piastra] di deflessione.

deflexion /dɪˈflɛkʃn/, *V.* **deflection**.

defloration /diːflɔːˈreɪʃn/, *n.* deflorazione.

to **deflower** /diːˈflaʊə(r)/, *v. t.* *1* deflorare *2* devastare; sciupare *3* spogliare (*una pianta, ecc.*) dei fiori.

defluent /ˈdɛfluənt/, *a.* e *n.* (*geol.*) defluente.

defoliant /diːˈfəʊlɪənt/, *n.* (*agric., mil.*) defogliante; defoliante.

to **defoliate** /diːˈfəʊlɪeɪt/, *v. t.* (*agric., mil.*) defogliare.

defoliation /diːfəʊlɪˈeɪʃn/, *n.* (*agric., mil.*) defogliazione.

to **deforest** /diːˈfɒrɪst, *USA* -ɔːr-/, *v. t.* disboscare, diboscare.

deforestation /diːfɒrɪˈsteɪʃn, *USA* -ɔːr-/, *n.* disboscamento, diboscamento.

to **deform** /dɪˈfɔːm/, **A** *v. t.* deformare; deturpare; sfigurare; sformare. **B** *v. i.* deformarsi; diventare deforme.

deformation /diːfɔːˈmeɪʃn/, *n.* *1* deformazione *2* (*med.*) deformità; malformazione.

deformed /dɪˈfɔːmd/, *a.* deforme: **a d. foot**, un piede deforme.

deformity /dɪˈfɔːmətɪ/, *n.* *1* deformità *2* (*fig.*) bruttezza.

to **defraud** /dɪˈfrɔːd/, *v. t.* defraudare; frodare: **to d. the customs**, frodare la dogana.

defraudation /dɪfrɔːˈdeɪʃn/, *n.* defraudazione; defraudamento.

defrauder /dɪˈfrɔːdə(r)/, *n.* defraudatore, defraudatrice.

defrauding /dɪˈfrɔːdɪŋ/, *n.* il frodare.

to **defray** /dɪˈfreɪ/, *v. t.* *1* pagare (*il costo di*

q.c.); sostenere, accollarsi (*spese*) *2* rimborsare; risarcire. • (*comm.*) **All charges to be defrayed by you**, ogni spesa (è) a vostro carico.

defrayable /dɪˈfreɪəbl/, *a.* rimborsabile; che viene rimborsato.

defrayal /dɪˈfreɪəl/, **defrayment** /dɪˈfreɪmənt/, *n.* *1* pagamento delle spese *2* rimborso; risarcimento.

to **defreeze** /diːˈfriːz/ (*pass.* **defroze**, *p. p.* **defrozen**), *v. t.* scongelare.

to **defrock** /diːˈfrɒk/, *v. t.* sconsacrare (*un prete*); spretare.

defrocked /diːˈfrɒkt/, *a.* (*di prete*) spretato.

to **defrost** /diːˈfrɒst, *USA* -ɔːst/, **A** *v. t.* *1* sgelare; liberare dal ghiaccio, sbrinare (*un frigorifero, un parabrezza, ecc.*) *2* scongelare (*cibo*) *3* (*fin.*) scongelare (*crediti, ecc.*). **B** *v. i.* sgelarsi; sbrinarsi.

defroster /diːˈfrɒstə(r), *USA* -ɔːs-/, *n.* *1* sbrinatore (*di frigorifero, ecc.*) *2* (*autom.*) sbrinatore (*di parabrezza o lunotto termico*).

deft /dɛft/, *a.* abile; bravo; destro (*fig.*); svelto. || **-ly**, *avv.* || **-ness**, *sost.*

defunct /dɪˈfʌŋkt/, *a.* e *n.* defunto. • (*fin.*) **d. company**, società liquidata (*o* sciolta).

to **defuse** /diːˈfjuːz/, *v. t.* *1* (*mil.* e *fig.*) disinnescare *2* offuscare; far impallidire (*fig.*) *3* (*fig.*) sdrammatizzare; sminuire.

to **defy** /dɪˈfaɪ/, *v. t.* *1* sfidare; provocare *2* rifiutare d'obbedire a; resistere all'autorità di: **Don't d. the law**, non rifiutarti d'obbedire alla legge *3* resistere a: **The fortress defied all attacks**, la fortezza resistette a ogni attacco. • **to d. definition**, sfuggire a ogni definizione □ **to d. description**, essere impossibile a descriversi: **That animal defies description**, è impossibile descrivere quell'animale; **Her beauty defies description**, la sua bellezza è indescrivibile □ (*di un problema*) **to d. solution**, essere insolubile.

dégagé /deɪgɑːˈʒeɪ, deɪˈgɑːʒeɪ/ (*franc.*), *a.* *1* disinvolto *2* disimpegnato; non impegnato.

to **degas** /diːˈgæs/, *v. t.* (*chim.*) degassificare; degassare.

degassing /diːˈgæsɪŋ/, *n.* (*chim.*) degassamento.

to **degauss** /diːˈgaʊs, -ˈgɔːs/, *v. t.* (*scient.*) demagnetizzare; smagnetizzare.

degaussing /diːˈgaʊsɪŋ, -ˈgɔːs-/, *n.* (*scient.*) demagnetizzazione; smagnetizzazione.

degeneracy /dɪˈdʒɛnərəsɪ/, *n.* *1* degenerazione *2* perversione; corruzione; depravazione.

degenerate /dɪˈdʒɛnərət/, **A** *a.* *1* degenere: (*fis.*) **d. matter**, materia degenere; (*mat.*) **d. conic**, conica degenere *2* (*biol.*) degenerato: **d. code**, codice degenerato. **B** *n.* degenerato.

to **degenerate** /dɪˈdʒɛnəreɪt/, *v. i.* (*anche biol.*) degenerare; tralignare.

degeneration /dɪdʒɛnəˈreɪʃn/, *n.* *1* degenerazione; tralignamento *2* (*biol.*) degenerazione *3* (*elettron.*) retroazione negativa; controreazione.

degenerative /dɪˈdʒɛnrətɪv, *USA* -reɪtɪv/, *a.* (*biol.*) degenerativo.

to **deglutinate** /diːˈgluːtɪneɪt/, *v. t.* *1* estrarre il glutine da (*farina, ecc.*) *2* scollare, distaccare.

deglutination /diːgluːtɪˈneɪʃn/, *n.* *1* estrazione del glutine *2* (*ling.*) deglutinazione.

deglutition /diːgluːˈtɪʃn/, *n.* deglutizione.

degradability /dɪgreɪdəˈbɪlətɪ/, *n.* (*chim.*) degradabilità.

degradable /dɪˈgreɪdəbl/, *a.* (*chim.*) degradabile.

degradation /dɛgrəˈdeɪʃn/, *n.* *1* degradazione; avvilimento; umiliazione *2* (*geol., chim., fis.*) degradazione.

to **degrade** /dɪˈgreɪd/, **A** *v. t.* *1* (*anche biol., geol.*) degradare; avvilire; rendere spregevole; umiliare: **The officer was degraded**, l'ufficiale fu degradato; **Such actions d. a man**, azioni siffatte avviliscono un uomo *2* rendere (*un prodotto*) meno appetibile; peggiorare. **B** *v. i.* *1* degenerare *2* (*a Cambridge*) rimandare d'un anno la «honours examination». **C** to **degrade oneself**, *v. rifl.* degradarsi; abbassarsi; avvilirsi.

degraded /dɪˈgreɪdɪd/, *a.* abietto; basso (*fig.*); spregevole; vile.

degrading /dɪˈgreɪdɪŋ/, *a.* degradante; avvilente; umiliante.

to **degrease** /diːˈgriːs/, *v. t.* sgrassare.

degreaser /diːˈgriːsə(r)/, *n.* sgrassatore.

degreasing /diːˈgriːsɪŋ/, *n.* sgrassatura; degrassaggio.

degree /dɪˈgriː/, *n.* *1* grado (*quasi in ogni senso*); condizione, ceto, rango: **to advance by degrees**, avanzare per gradi; **a cousin in the second d.**, un cugino di secondo grado; (*med.*) **burns of the third d.**, scottature di terzo grado; **d. of inability**, grado d'invalidità; (*mat.*) **equation of the second d.**, equazione di secondo grado; (*geogr.*) **d. of latitude**, grado di latitudine; **ten degrees below zero**, dieci gradi sotto zero; (*gramm.*) **comparative d.**, grado comparativo; **a lady of high d.**, una signora d'alto rango *2* diploma; titolo accademico; laurea: **to take one's d.**, prendere la laurea, laurearsi; **honorary d.**, laurea honoris causa; **an M.A. d.**, un diploma di laurea di secondo grado (*in G.B.*); un diploma di laurea di primo grado (*in Scozia*); **a first-class honours d.**, una laurea a pieni voti (*cfr. ital.* con lode) *3* (*leg.*) grado; gravità: **murder in the first d.** (*o* **first-d. murder**), omicidio di primo grado (premeditato). • **d. day**, giorno delle lauree □ **in some d.**, in una certa misura □ (*leg.*) **prohibited degrees**, gradi di parentela fra i quali non è lecito il matrimonio □ (*fam.*) **third d.**, (interrogatorio di) terzo grado □ **to a d.**, fino a un certo punto; in una certa misura; alquanto; (*anche*) in sommo grado, estremamente: **He is proud to a d.**, è molto orgoglioso □ **to a high** (**to the last**) **d.**, in sommo grado □ **to what d.?**, in qual grado?, fino a che punto? □ **He suffers to such a d. that he can't sleep**, soffre tanto da non poter dormire □ **He was glad, but only to a slight d.**, era contento, ma solo fino a un certo punto.

degression /dɪˈgrɛʃn/, *n.* *1* decrescenza *2* (*fisc.*) aumento (*delle aliquote d'imposta*) a progressività calante.

degressive /dɪˈgrɛsɪv/, *a.* decrescente. • (*fisc.*) **d. tax**, imposta progressiva ma ad aliquote che non crescono in proporzione alle fasce di reddito □ (*fisc.*) **d. taxation**, imposizione di fatto regressiva.

to **degust** /dɪˈgʌst/, *v. t.* (*raro*) gustare.

degustation /diːgʌˈsteɪʃn/, *n.* (*raro*) degustazione.

to **dehire** /diːˈhaɪə(r)/, *v. t.* (*econ., USA*) disfarsi di (*dipendenti*) offrendo allettamenti vari (*prepensionamento, ecc.*).

to **dehisce** /dɪˈhɪs/, *v. i.* (*bot.: di baccelli, semi, ecc.*) schiudersi.

dehiscence /dɪˈhɪsns/, *n.* (*bot.*) deiscenza.

dehiscent /dɪˈhɪsnt/, *a.* (*bot.*) deiscente.

to **dehorn** /diːˈhɔːn/, *v. t.* *1* (*zootecnia*) tagliare le corna a (*un animale*) *2* (*bot.*) potare drasticamente (*una pianta*).

dehumanization /diːhjuːmənaɪˈzeɪʃn, *USA* -nɪˈz-/, *n.* disumanizzazione.

to **dehumanize** /diːˈhjuːmənaɪz/, *v. t.* disumanizzare; rendere disumano.

dehumidification /diːhjuːmɪdɪfɪˈkeɪʃn/, *n.* (*tecn.*) deumidificazione.

dehumidifier /diːhjuːˈmɪdɪfaɪə(r)/, *n.* (*tecn.*) deumidificatore.

to **dehumidify** /diːhjuːˈmɪdɪfaɪ/, *v. t.* (*tecn.*) deumidificare.

to **dehydrate** /diːˈhaɪdreɪt/, **A** *v. t.* (*chim., ind., med.*) disidratare. **B** *v. i.* (*chim., ind., med.*) disidratarsi.

dehydration /diːhaɪˈdreɪʃn/, *n.* (*chim., ind., med.*) disidratazione.

dehydrator /diːˈhaɪdreɪtə(r)/, *n.* (*chim., ind.*) disidratatore.

dehydrogenase /diːhaɪˈdrɒdʒəneɪz, -ˈhaɪdrədʒ-/, *n.* (*biochim.*) deidrogenasi.

to **dehydrogenate** /diːˈhaɪdrədʒəneɪt/, *v. t.* (*chim.*) deidrogenare.

dehydrogenation /diːhaɪdrədʒəˈneɪʃn/, *n.* (*chim.*) deidrogenazione.

to **dehydrogenize** /diːˈhaɪdrədʒənaɪz/, *v. t.* (*chim.*) deidrogenare.

to **de-ice** /diːˈaɪs/, *v. t.* *1* liberare dal ghiaccio *2* (*aeron.*) liberare (*un aereo, ecc.*) dalle incrostazioni di ghiaccio.

de-icer /diːˈaɪsə(r)/, *n.* *1* (*aeron.*) dispositivo antighiaccio; sgelatore *2* antighiaccio; antigelo.

deicide /ˈdeɪɪsaɪd, ˈdiːɪs-/, *n.* *1* deicida *2* deicidio.

deictic /ˈdaɪktɪk/, *a.* (*filos., ling.*) deittico; dimostrativo.

deification /deɪɪfɪˈkeɪʃn, ˈdiːɪf-/, *n.* deificazione.

deiform /ˈdeɪɪfɔːm, ˈdiːɪf-/, *a.* deiforme.

to **deify** /ˈdeɪɪfaɪ, ˈdiːɪf-/, *v. t.* *1* deificare *2* (*fig.*) adorare; idealizzare.

to **deign** /deɪn/, **A** *v. i.* degnarsi: **He did not d. to visit me**, non si degnò di venirmi a trovare. **B** *v. t.* degnarsi di dare; accordare; concedere: **Will you d. a glance?**, vuoi degnarti di dare un'occhiata?

deindustrialization /diːɪndʌstrɪəlaɪˈzeɪʃn, *USA* -lɪˈz-/, *n.* (*econ.*) deindustrializzazione.

to **deindustrialize** /diːɪnˈdʌstrɪəlaɪz/, *v. t.* (*econ.*) deindustrializzare.

deionization /diːˈaɪənaɪˈzeɪʃn, *USA* -nɪˈz-/, *n.* (*chim.*) deionizzazione.

to **deionize** /diːˈaɪənaɪz/, *v. t.* (*chim.*) deionizzare.

deism /ˈdeɪɪzəm, ˈdiːɪz-/, *n.* (*filos.*) deismo.

deist /ˈdeɪɪst, ˈdiːɪst/, *n.* deista.

deistic(**al**) /deɪˈɪstɪk(l), diːˈɪ-/, *a.* deistico.

deity /ˈdeɪətɪ, ˈdiːə-/, *n.* deità (*lett.*); divinità. • (*relig.*) **D.**, Dio □ **the tutelary d. of the village**, il nume tutelare del villaggio.

deixis /ˈdaɪksɪs/, *n.* (*filos., ling.*) deissi.

déjà vu /deɪʒɑːˈvuː, -ˈvjuː/ (*franc.*), *n.* (*psic.*) déjà vu.

to **deject** /dɪˈdʒɛkt/, *v. t.* abbattere (*fig.*); demoralizzare; deprimere; scoraggiare; avvilire.

dejected /dɪˈdʒɛktɪd/, *a.* abbattuto (*fig.*); demoralizzato; depresso; avvilito; scoraggiato. || **-ly**, *avv.* || **-ness**, *sost.*

dejection /dɪˈdʒɛkʃn/, *n.* *1* abbattimento (*fig.*); demoralizzazione; depressione; avvilimento; scoraggiamento *2* (*fisiol.*) deiezione; evacuazione (*dell'intestino*) *3* feci; escrementi.

de jure /deɪˈdʒʊərɪ, *USA* diː-/ (*lat.*), *a.* e *avv.* (*leg.*) de iure; di diritto.

dekko /ˈdɛkəʊ/, *n.* (*pl.* **dekkos**) (*pop.*) occhiata; sguardo: **to have a d. at st.**, dare un'occhiata a q.c.

to **delate** /dɪˈleɪt/, *v. t.* *1* denunciare; accusare *2* (*raro*) riferire; riportare (*un'accusa*).

delation /dɪˈleɪʃn/, *n.* delazione; spiata (*fam.*).

delator /dɪˈleɪtə(r)/, *n.* delatore.

delay /dɪˈleɪ/, *n.* *1* indugio; ritardo *2* (*comm.*) dilazione; proroga; rinvio; respiro (*fam.*) *3* (*elab.*) ritardo *4* (*elettron., mus.*) delay; riverbero *5* (*leg.*) mora. • **a d. in payment**, una dilazione di pagamento □ **d. interest**, interessi di mora □ **to make no d. in doing st.**, non frapporre indugi a fare q.c.

to **delay** /dɪˈleɪ/, **A** *v. t.* *1* differire; rimandare; rinviare; ritardare: **We had to d. our departure**, dovemmo ritardare la partenza; **to d. a payment**, rinviare un pagamento *2* trattenere; causare un ritardo a: **My work delayed me at the office**, il lavoro mi ha trattenuto in ufficio; **The train was delayed by the snowfall**, il treno ha subito un ritardo per la nevicata. **B** *v. i.* *1* indugiare; fermarsi; tardare *2* trastullarsi; gingillarsi: **Don't d.**, non gingillarti!

delayed /dɪˈleɪd/, *a.* *1* ritardato: **d. payment**, pagamento ritardato *2* posticipato: **d. retirement**, pensionamento posticipato. • (*mil.*) **d.-action**, a scoppio ritardato □ (*fis. nucl.*) **d. neutron**, neutrone ritardato.

delayer /dɪˈleɪə(r)/, *n.* procrastinatore, procrastinatrice.

delaying /dɪ'leɪɪŋ/, *a.* dilatorio: **a d. policy**, una tattica dilatoria.

del credere /dɛl'kreɪdərɪ, -rɛd-/, *a.* e *avv.* (*comm., leg.*) star del credere. ● **a del credere agent**, un agente del credere □ **del credere commission**, commissione (*o* provvigione) del credere.

dele /diːlɪ/, *n.* (*tipogr.*) deleatur.

to **dele** /'diːlɪ/, *v. t.* (*tipogr.*) cancellare. ● **D.!**, deleatur!; cancella!

delectability /dɪlɛktə'bɪlətɪ/, *n.* l'essere delizioso.

delectable /dɪ'lɛktəbl/, *a.* dilettevole; dilettoso; delizioso: **d. food**, cibo delizioso.

delectably /dɪ'lɛktəblɪ/, *avv.* deliziosamente.

delectation /diːlɛk'teɪʃn/, *n.* diletto; godimento.

delegacy /'dɛlɪgəsɪ/, *n.* (*anche leg.*) delegazione; delega.

delegant /'dɛlɪgənt/, *n.* (*leg.*) delegante.

delegate /'dɛlɪgət/, *n.* delegato; rappresentante.

to **delegate** /'dɛlɪgeɪt/, *v. t.* (*anche leg.*) delegare; deputare: **to d. one's authority to sb.**, delegare la propria autorità a q.

delegated /'dɛlɪgeɪtɪd/, *a.* delegato: **d. legislation**, legislazione delegata. ● **d. law**, legge delega.

delegatee /dɛlɪgə'tiː/, *n.* (*leg.*) delegatario.

delegation /dɛlɪ'geɪʃn/, *n.* (*anche leg.*) delegazione; delega; deputazione: **the Italian d.**, la delegazione italiana.

to **delete** /dɪ'liːt/, *v. t.* cancellare; cassare.

deleterious /dɛlɪ'tɪərɪəs/, *a.* deleterio; nocivo.

deletion /dɪ'liːʃn/, *n.* **1** cancellatura **2** (*genetica*) delezione.

delf(t) /dɛlf(t)/, *n.* maiolica (originariamente) fabbricata a Delft.

delftware /'dɛlftwɛə(r)/, *n.* (*collett.*) maioliche (di Delft).

deli /'dɛlɪ/, (*abbr. fam. USA*) *V.* **delicatessen**.

deliberate /dɪ'lɪbərət/, *a.* **1** intenzionale; premeditato; deliberato; voluto: **a d. insult**, un insulto deliberato **2** cauto; prudente; guardingo; ponderato: **a d. man**, un uomo cauto; **a d. judgement**, un giudizio ponderato **3** (*di movimenti, ecc.*) lento; fatto senza fretta: **to take d. aim**, prendere la mira senza fretta **4** (*leg.*) premeditato. || **-ly**, *avv.*

to **deliberate** /dɪ'lɪbəreɪt/, **A** *v. t.* considerare, valutare attentamente; ponderare; riflettere su; prendere in esame: **He was deliberating what to do**, stava riflettendo sul da farsi; **The committee will d. the matter**, la commissione prenderà in esame (*o* discuterà) la questione. **B** *v. i.* riflettere; valutare il pro e il contro; deliberare (*lett.*); discutere: **I deliberated for a long time before making up my mind**, riflettei (*o* deliberai) a lungo prima di decidere; **The jury deliberated all night**, la giuria discusse per tutta la notte.

deliberateness /dɪ'lɪbərətnəs/, *n.* **1** l'essere deliberato (*o* voluto) **2** ponderatezza; cautela; prudenza **3** (*leg.*) premeditazione.

deliberation /dɪlɪbə'reɪʃn/, *n.* **1** considerazione; attenta valutazione; ponderazione; riflessione; deliberazione (*improprio*): **after careful d.**, dopo attenta riflessione **2** (*anche polit.*) discussione; dibattito: **The House concluded its deliberations without reaching a decision**, la Camera concluse il dibattito senza giungere a una deliberazione **3** *V.* **deliberateness** **4** (*arc.* o *leg.*) deliberazione; decisione.

deliberative /dɪ'lɪbrətɪv, *USA* -reɪtɪv/, *a.* **1** (*anche ling.*) deliberativo **2** (*polit.*) deliberante.

deliberator /dɪ'lɪbəreɪtə(r)/, *n.* deliberatore; chi delibera.

delicacy /'dɛlɪkəsɪ/, *n.* **1** delicatezza; grazia; finezza; debolezza (*di salute*); sensibilità: **the d. of a portrait**, la finezza di un ritratto; **the d. of a compass**, la sensibilità d'una bussola **2** (*di solito al pl.*) cibo squisito; ghiottoneria; squisitezza; manicaretto: **caviar and other delicacies**, caviale e altre squisitezze.

delicate /'dɛlɪkət/, *a.* **1** delicato; fine: **d. features**, fattezze fini; **a d. instrument**, uno strumento delicato **2** raffinato: **d. living**, una vita raffinata **3** (*poet.*) delizioso; piacevole. ● **a d.-looking girl**, una ragazza dall'aspetto delicato □ **d. upbringing**, l'essere cresciuti nella bambagia □ **to give a d. hint**, fare un accenno garbato □ (*fam.*) **to tread on d. ground**, toccare un argomento delicato. || **-ly**, *avv.*

delicatessen /dɛlɪkə'tɛsn/, *n. pl.* **1** ghiottonerie **2** (negozio di) gastronomia.

delicious /dɪ'lɪʃəs/, **A** *a.* **1** delizioso; squisito: **a d. smell**, un odore delizioso; **a d. cake**, una torta squisita **2** piacevole; assai divertente: **a d. joke**, una barzelletta assai divertente. **B** *n.* – **D.**, delicious, delizia (*mela*). || **-ly**, *avv.* || **-ness**, *sost.*

delict /'diːlɪkt/, *n.* (*leg.*: *in Scozia, in Italia, Francia, ecc.*) delitto.

delight /dɪ'laɪt/, *n.* delizia; diletto; godimento; gioia; piacere; divertimento: **The new motorbike is a real d.**, la nuova motocicletta è una delizia; **Horse riding is my chief d.**, l'equitazione è per me il più grande divertimento. ● **to his great d.**, con sua grande gioia □ **to take d. in**, provare gioia in; divertirsi a: **He takes d. in skiing**, si diverte a sciare.

to **delight** /dɪ'laɪt/, **A** *v. t.* dilettare; deliziare; allietare; rallegrare: **His tale delighted us all**, il suo racconto ci dilettò tutti. **B** *v. i.* **1** – **to d. in**, dilettarsi di; provare gioia in; divertirsi a: **That boy delights in roller-skating**, quel ragazzo si diverte a correre sui pattini a rotelle; **the books delighted in by the many**, i libri di cui i più si dilettano **2** allietarsi; rallegrarsi: **She delighted at the thought of meeting him again**, ella si rallegrò al pensiero che l'avrebbe rivisto.

delighted /dɪ'laɪtɪd/, *a.* assai contento; lietissimo; felice: **I'm d. to see you**, sono lietissimo di vederti; **He was d. at** (*o* **with**) **the result**, fu felice del risultato.

delightful /dɪ'laɪtfl/, *a.* **1** delizioso; dilettevole; piacevole; incantevole: **a d. trip**, una gita piacevole: **a d. garden**, un giardino delizioso; **a d. view**, un panorama incantevole **2** assai attraente; incantevole: **a d. young lady**, una signorina assai attraente.

delightsome /dɪ'laɪtsəm/, *a.* (*poet.*) delizioso; dilettevole.

Delilah /dɪ'laɪlə/, *n.* **1** Dalila **2** (*fig.*) donna infida; seduttrice.

to **delimit** /diː'lɪmɪt/, to **delimitate** /diː'lɪmɪteɪt/, *v. t.* delimitare.

delimitation /diːlɪmɪ'teɪʃn/, *n.* delimitazione.

delimitative /dɪ'lɪmɪtətɪv, *USA* -teɪtɪv/, *a.* delimitativo.

delimiter /diː'lɪmɪtə(r)/, *n.* (*elab.*) delimitatore.

to **delineate** /dɪ'lɪnɪeɪt/, *v. t.* delineare; disegnare; descrivere per sommi capi; tracciare.

delineation /dɪlɪnɪ'eɪʃn/, *n.* delineazione; abbozzo; descrizione sommaria; traccia.

delineator /dɪ'lɪnɪeɪtə(r)/, *n.* delineatore (*raro*); chi delinea; descrittore.

delinquency /dɪ'lɪŋkwənsɪ/, *n.* **1** (*leg.*) delinquenza: **juvenile d.**, delinquenza minorile **2** (*leg.*) inadempienza; negligenza: **d. in the performance of one's duty**, negligenza nell'adempimento dei propri doveri **3** (*fin., leg.*) mancato pagamento.

delinquent /dɪ'lɪŋkwənt/, **A** *a.* **1** (*leg.*) colpevole (*anche d'una mera negligenza*) **2** (*leg.*) inadempiente **3** (*fin., leg.*) moroso; in arretrato: **d. debtor**, debitore moroso **4** (*fisc.*) arretrato: **d. taxes**, tasse arretrate. **B** *n.* (*leg.*) delinquente: **juvenile d.**, delinquente minorenne. ● (*rag.*) **d. account**, conto crediti insoluti □ (*leg.*) **the d. party**, la parte inadempiente □ (*naut.*) **d. ship**, nave colpevole della collisione.

to **deliquesce** /dɛlɪ'kwɛs/, *v. i.* (*chim., fis.*) **1** liquefarsi; sciogliersi **2** (*bot.*: *di un fungo, dopo la sporificazione*) spappolarsi.

deliquescence /dɛlɪ'kwɛsns/, *n.* (*chim., fis., bot.*) deliquescenza.

deliquescent /dɛlɪ'kwɛsnt/, *a.* (*chim., fis., bot.*) deliquescente. ● **to become d.**, (*di un sale*) sciogliersi; (*di un fungo*) spappolarsi.

delirious /dɪ'lɪrɪəs, -lɪər-/, *a.* **1** delirante; in delirio **2** (*di discorso, ecc.*) farneticante; dissennato. ● **to be d. with joy**, esser fuori di sé per la gioia □ **to become d.**, cadere in delirio.

delirium /dɪ'lɪrɪəm, -lɪər-/, *n.* (*pl.* **deliriums, deliria**) **1** delirio (*anche med.*); vaneggiamento **2** (*fig.*) eccitazione; entusiasmo: **a d. of joy**, eccitazione dovuta alla gioia. ● (*med.*) **d. tremens**, delirium tremens.

delitescence /dɛlɪ'tɛsns/, *n.* (*med.*) delitescenza; stato latente (*di morbo, ecc.*).

delitescent /dɛlɪ'tɛsnt/, *a.* (*med.*) delitescente; latente.

to **deliver** /dɪ'lɪvə(r)/, **A** *v. t.* **1** consegnare; recapitare; distribuire; trasmettere (*un messaggio*); rilasciare (*un certificato*): (*fin.*) **to d. stock**, consegnare titoli; **to d. goods [letters]**, consegnare merce [lettere]; **to d. the mail**, distribuire la corrispondenza **2** pronunciare; fare: **to d. a speech**, pronunciare un discorso; **to d. a sermon**, fare una predica **3** esprimere; enunciare (*un'opinione, ecc.*) **4** (*form.*) liberare; salvare: **May God d. us!**, Dio ce ne scampi e liberi!; **to d. from bondage**, liberare dalla schiavitù **5** lanciare: **to d. a ball**, lanciare una palla; **to d. an attack**, lanciare un attacco **6** assestare; dare: **to d. a blow**, assestare un colpo; **to d. a kick to sb.**, dare un calcio a q. **7** (*med.*) aiutare (*un bambino*) a nascere: **The doctor delivered the child**, il bambino nacque con intervento medico **8** dare; erogare: **The well delivers lots of water**, il pozzo dà molta acqua **9** (*fam.*) portare (*voti a un candidato*): **to d. the black vote [the Bronx]**, portare il voto dei neri [degli elettori del Bronx]. **B** *v. i.* **1** (*comm.*) fare le consegne; consegnare (la merce) a domicilio **2** partorire: **She delivered easily**, ebbe un parto facile **3** (*fam.*) non venir meno alle aspettative; mantenere un impegno. ● **to d. account**, dare (o rendere) conto □ **to d. battle**, dare battaglia □ (*fin.*) **to d. by endorsement**, trasferire (*titoli di credito*) mediante girata □ (*pop.*) **to d. the goods**, tener fede a una promessa; non venir meno alle aspettative; mantenere un impegno; funzionare bene: **This power saw delivers the goods**, questa sega a motore fa bene il suo servizio □ **to d. a lecture**, tenere una conferenza □ **to d. a message**, fare un'ambasciata □ **to d. on one's promise**, mantenere una promessa □ **to d. oneself up**, arrendersi; (*leg.*) costituirsi □ **to d. st. up** (*o* **over**), cedere q.c. □ **to d. a woman**, (*del medico*) assistere una partoriente □ **to d. a woman of twins**, assistere una donna in un parto gemellare □ **She was delivered of a male child**, si sgravò d'un maschio.

deliverable /dɪ'lɪvərəbl/, *a.* consegnabile. ● (*fin.*: *di un titolo di credito*) **d. by endorsement**, trasferibile mediante girata.

deliverance /dɪ'lɪvərəns/, *n.* **1** (*form.*) liberazione: **the d. from slavery**, la liberazione dalla schiavitù **2** (*fisiol., med.*) parto **3** (*form.*) espressione, enunciazione (*di un'opinione*) **4** (*leg.*) verdetto (*di una giuria*) **5** (*leg.*) ordine di dissequestro.

delivered /dɪ'lɪvəd/, *a.* **1** consegnato; recapitato; (*comm.*) reso: **d. at the railway station**, consegnato (*o* reso) alla stazione (della ferrovia); (*naut.*) **d. on board**, reso a bordo **2** (*di un discorso*) pronunciato **3** (*di un colpo*) assestato **4** (*di acqua, energia elettrica, ecc.*) erogato. ● (*market.*) **d. price**, prezzo fob (*o* franco destino).

deliveree /dɪlɪvə'riː/, *n.* (*leg., raro*) **1** *V.* **consignee** **2** *V.* **endorsee**.

deliverer /dɪ'lɪvərə(r)/, *n.* **1** (*form.*) liberatore; salvatore **2** (*comm.*) chi fa consegne **3** (*leg., raro*) *V.* **consignor** **4** (*leg., raro*) *V.* **en-**

dorser.

delivery /dɪ'lɪvərɪ/, *n.* **1** consegna, recapito (*di merci, lettere, ecc.*); distribuzione; (*comm.*) resa: **home d.**, consegna a domicilio: **The amount will be collected on d.**, l'importo sarà riscosso alla consegna; **Bearer shares are transferred by mere d.**, le azioni al portatore si trasferiscono mediante semplice consegna; **the d. of mail**, la distribuzione della posta; **d. to callers**, distribuzione allo sportello; (*comm.*) **prompt d.**, pronta consegna; (*market., fin.*) **forward d.**, consegna a termine **2** modo di pronunciare (*un discorso*); dizione; eloquio: **He has a good** [**a poor**] **d.**, sa parlare bene [male] in pubblico **3** (*leg.*) consegna (*di un atto o contratto*); tradizione **4** (*fisiol., med.*) parto: **She had an easy d.**, ha avuto un parto facile **5** erogazione (*d'acqua, energia elettrica, ecc.*); portata (*idraul.*) **6** (*form.*) liberazione; salvataggio **7** (*sport*) lancio, tiro (*di una palla*) **8** (*mil.*) resa (*di una città*). ● **d. area**, zona di distribuzione (*della posta*) □ (*trasp.*) **d. book**, bollettario delle consegne □ **d. boy**, fattorino; (*fam. USA*) assassino prezzolato; killer □ **d. charges**, spese di consegna □ **d. date** (*o* **day**), data di consegna □ **d. department**, reparto consegne □ (*naut.*) **d. ex-quay**, consegna sulla banchina □ (*trasp.*) **d. free on rail** (*o* **on truck**), consegna franco vagone □ **d. man**, addetto alle consegne; fattorino □ (*trasp.*) **d. note**, bolla (*o* bolletta) di consegna □ **d. on spot**, consegna in loco □ **d. order**, (*trasp.*) ordine (*o* buono) di consegna; (*naut.*) delivery order (*titolo di credito trasferibile mediante girata*) □ (*med.*) **d. room**. sala parto □ **d. terms**, condizioni di consegna □ (*naut.*) **d. under ship's tackle**, consegna sotto paranco □ **d. van**, furgone per le consegne □ (*leg.*) **non-d.**, mancata consegna.

dell /dɛl/, *n.* (*lett.*) valletta; forra.

to **delouse** /diː'laus/, *v. t.* **1** spidocchiare **2** (*gergo mil.*) sgombrare (*un terreno*) dalle mine; sminare.

Delphi /'dɛlfaɪ, -fɪ/, *n.* (*geogr.*) Delfi, Delfo (*la città e l'oracolo*).

Delphian /'dɛlfɪən/, **Delphic** /'dɛlfɪk/, *a.* **1** delfico; di Delfi **2** (*fig.*) ambiguo; oscuro; sibillino.

delphinium /dɛl'fɪnɪəm/, *n.* (*pl.* **delphiniums, delphinia**) (*bot., Delphinium*) delfinio.

delta /'dɛltə/, *n.* **1** delta (*quarta lettera dell'alfabeto greco*) **2** (*geogr.*) delta: **the Po d.**, il delta padano **3** delta; triangolo: (*elettr.*) **d. connection**, collegamento a delta; (*aeron.*) **d. wing**, ala a delta. ● (*metall.*) **d. metal**, metallo delta □ (*fis. nucl.*) **d. rays**, raggi delta □ (*Borsa*) **d. shares**, azioni delta (*quotate soltanto nel mercato terziario londinese, l'U.S.M.*).

deltaic /dɛl'teɪɪk/, *a.* **1** di (*o* fatto a) delta **2** (*geogr., geol., ecc.*) deltizio; di un delta **3** – (*geogr., stor.*) **D.**, del delta (del Nilo).

deltoid /'dɛltɔɪd/, **A** *a.* **1** a forma di delta **2** (*anat.*) deltoide **3** (*anat.*) deltoideo; del deltoide: **d. ligament**, legamento deltoideo. **B** *n.* (*anat.*) (muscolo) deltoide.

to **delude** /dɪ'luːd, -'ljuːd/, **A** *v. t.* ingannare; illudere. **B** to **delude oneself**, *v. rifl.* ingannarsi; sbagliarsi; illudersi. ● **to d. sb. into doing st.**, far fare q.c. a q. con l'inganno.

deluded /dɪ'luːdɪd, -'ljuː-/, *a.* illuso.

deluge /'dɛljuːdʒ, -ʒ, -jʊ-/, *n.* **1** diluvio (*anche fig.*); allagamento; inondazione: **a d. of protests**, un diluvio di proteste **2** – (*relig.*) **the D.**, il diluvio universale.

to **deluge** /'dɛljuːdʒ, -ʒ, -jʊ-/, *v. t.* **1** inondare; allagare **2** (*fig.*) sommergere; tempestare: **The speaker was deluged with requests for help**, l'oratore fu sommerso di richieste d'aiuto.

delusion /dɪ'luːʒn, -'ljuː-/, *n.* **1** inganno; illusione; convinzione errata **2** fissazione; mania: **He has delusions of grandeur**, ha manie di grandezza **3** (*psic.*) delirio (*mentale*). ● **He's under the d. that he is Einstein**, s'è fissato di essere Einstein.

delusional /dɪ'luːʒənəl, -'ljuː-/, *a.* (*psic.*) maniacale; delirante.

delusive /dɪ'luːsɪv, -'ljuː-/, *a.* ingannevole; illusorio; fallace; falso: **a d. hope**, una speranza fallace. ‖ **-ly**, *avv.* ‖ **-ness**, *sost.*

delusory /dɪ'luːsərɪ, -'ljuː-/, *V.* **delusive**.

de luxe /də'lʌks, -ʊks, -uːks/ (*franc.*), *a.* di lusso: **I like the de luxe model**, mi piace il modello di lusso.

delve /dɛlv/, *n.* **1** (*poet.* o *dial.*) cavità **2** avvallamento; depressione (*del terreno*).

to **delve** /dɛlv/, *v. t.* e *i.* **1** (*poet. o dial.*) scavare; vangare **2** fare ricerche; investigare; studiare a fondo; approfondire: **to d. into old books**, fare ricerche su libri antichi; **to d. into the origin of surnames**, investigare l'origine dei cognomi; **to d. into a subject**, studiare a fondo un argomento **3** (*di strada, ecc.*) avvallarsi. ● **to d. into the past**, rivangare il passato.

demagnetization /diːmægnətaɪ'zeɪʃn, *USA* -tɪ'z-/, *n.* (*elettr.*) smagnetizzazione; demagnetizzazione.

to **demagnetize** /diː'mægnətaɪz/, *v. t.* (*elettr.*) smagnetizzare; demagnetizzare.

demagnetizer /diː'mægnətaɪzə(r)/, *n.* (*elettron.*) smagnetizzatore; demagnetizzatore.

demagog /'dɛməgɒg, *USA* -ɒg, -ɔːg/, e *deriv.* (*USA*) *V.* **demagogue**, e *deriv.*

demagogic(al) /dɛmə'gɒgɪk(l), -gɒdʒ-, -gəʊdʒ-, *USA* -ɒg-, -ɒdʒ-, -əʊdʒ-, -ɔːg-/, *a.* demagogico.

demagogue /'dɛməgɒg, *USA* -ɒg, -ɔːg/, *n.* demagogo.

demagoguism /'dɛməgɒgɪzəm, -gɒdʒ-, -gəʊdʒ, *USA* -ɒg-, -ɒdʒ-, -əʊdʒ-, -ɔːg-/, *n.* demagogismo.

demagogy /'dɛməgɒgɪ, -gɒdʒɪ, -gəʊdʒɪ, *USA* -ɒgɪ, -ɒdʒɪ, -əʊdʒɪ, -ɔːgɪ/, *n.* demagogia.

to **deman** /diː'mæn/, *v. t.* (*econ.*) ridurre il personale di (*un'azienda, ecc.*).

demand /dɪ'mɑːnd, *USA* -'mænd/, *n.* **1** domanda; richiesta: **We cannot satisfy your demands**, non possiamo accogliere le vostre richieste; **There is a great d. for foreign correspondents**, c'è una grande richiesta di corrispondenti in lingue estere; **The kidnappers' demands for money are unreasonable**, le richieste di denaro dei rapitori sono irragionevoli **2** esigenza; pretesa: **This assignment makes great demands on my time**, questo compito esige che vi dedichi molto tempo **3** (*econ.*) domanda: **D. of consumer goods exceeds supply**, la domanda di beni di consumo supera l'offerta; **the d. curve**, la curva della domanda **4** (*leg.*, = **legal d.**) domanda fatta valere in giudizio **5** rivendicazione (*sindacale*). ● (*fin.*) **d. bill** (*o* **draft**), tratta a vista □ (*banca*) **d. deposit**, deposito libero (*o* a vista); (*USA*) deposito in conto corrente □ (*fin.*) **d. for liquidity**, domanda di liquidità □ (*econ.*) **d.** (*o* **d.-pull**) **inflation**, inflazione da (eccesso di) domanda □ (*org. az.*) **d. matching**, adeguamento della produzione alle variazioni della domanda □ (*elab.*) **d. paging**, allocazione dinamica nella memoria centrale □ (*elab.*) **d. processing**, elaborazione immediata (*sulla base delle richieste*) □ (*fin.*) **d. rate**, corso (*o* tasso) a vista □ (*econ.*) **the d. trend**, l'andamento della domanda □ **to be in d.**, essere richiesto, ricercato: **These goods are not much in d. now**, questa merce non è molto richiesta ora □ (*comm.*) **on d.**, a richiesta; a vista: **A cheque is payable on d.**, l'assegno bancario è pagabile a vista □ **I have many demands on my purse**, molte persone battono cassa da me.

to **demand** /dɪ'mɑːnd, *USA* -'mænd/, *v. t.* **1** domandare; chiedere: **The prisoner demanded a trial**, il prigioniero chiese un regolare processo; **I demanded him his business**, gli domandai che cosa volesse (*o* cercasse) **2** richiedere; esigere; pretendere: **He demands immediate payment**, esige il pagamento immediato; **He demanded to be obeyed at once**, pretendeva d'essere obbedito all'istante; **This job demands a great deal of skill**, questo lavoro richiede molta abilità. ● **to d. equal pay**, rivendicare la parità salariale.

demandable /dɪ'mɑːndəbl, *USA* -'mæn-/, *a.* che si può richiedere; esigibile.

demandant /dɪ'mɑːndənt, *USA* -'mæn-/, *n.* (*leg.*) attore.

demanding /dɪ'mɑːndɪŋ, *USA* -'mæn-/, *a.* **1** (*di persona*) esigente; severo **2** (*di cosa o lavoro*) difficile; duro; arduo; impegnativo.

demanning /diː'mænɪŋ/, *n.* (*econ.*) riduzione del personale (*occupato in un'azienda*).

to **demarcate** /'diːmɑːkeɪt, *USA* diː'mɑːkeɪt/, *v. t.* demarcare; segnare; tracciare: **to d. the boundaries of an estate**, demarcare i confini di una proprietà.

demarcation /diːmɑː'keɪʃn/, *n.* demarcazione: **line of d.**, linea di demarcazione. ● **d. dispute**, conflitto di competenza (*tra sindacati*).

demarcative /diː'mɑːkətɪv, *USA* 'diːmɑːkeɪtɪv/, *a.* (*specialm. ling.*) demarcativo.

demarche /'deɪmɑːʃ, *USA* deɪ'mɑːʃ/ (*franc.*), *n.* **1** mossa (*o* manovra) diplomatica **2** protesta diplomatica.

demasculinization /diːmæskjʊlɪnaɪ'zeɪʃn, *USA* -nɪ'z-/, *n.* smascolinazione; svirilizzazione.

to **demasculinize** /diː'mæskjʊlɪnaɪz/, *v. t.* smascolinare; svirilizzare.

dematerialization /diːmətɪərɪəlaɪ'zeɪʃn, *USA* -lɪ'z-/, *n.* smaterializzazione.

to **dematerialize** /diːmə'tɪərɪəlaɪz/, **A** *v. t.* smaterializzare. **B** *v. i.* smaterializzarsi.

deme /diːm/, *n.* (*ecol.*) deme; unità tassonomica.

to **demean oneself** /dɪ'miːnwʌn'sɛlf/, *v. rifl.* **1** comportarsi; condursi (*bene, male, ecc.*) **2** abbassarsi; avvilirsi; degradarsi; umiliarsi: **to d. oneself by doing something dishonourable**, degradarsi facendo qualcosa di disonorevole.

demeanour /dɪ'miːnə(r)/, *n.* comportamento; condotta; contegno.

to **dement** /dɪ'mɛnt/, **A** *v. i.* (*psic.*) perdere la ragione; impazzire. **B** *v. t.* (*raro*) privare della ragione; far impazzire.

demented /dɪ'mɛntɪd/, *a.* **1** demente; pazzo **2** (*fam.*) impazzito; (*fig.*) assai preoccupato.

dementia /dɪ'mɛnʃə/, *n.* (*psic.*) demenza: **d. praecox**, demenza precoce.

demential /dɪ'mɛnʃəl/, *a.* (*psic.*) demenziale.

demerara /dɛmə'rɛərə/, *n.* (= **d. sugar.**) zucchero bruno (*della Guyana*).

demerit /diː'mɛrɪt/, *n.* **1** demerito; azione biasimevole; colpa **2** (= **d. note**) nota di biasimo (*nelle scuole, ecc.*).

demeritorious /diːmɛrɪ'tɔːrɪəs/, *a.* demeritevole (*raro*).

demesne /dɪ'meɪn/, *n.* **1** (*leg., stor.*) dominio: **d. lands**, domini di un signore feudale **2** (*leg.*) proprietà (*di beni immobili*): **He holds this farm in d.**, ha la proprietà di questo fondo **3** (*leg.*) possedimento, territorio d'un sovrano: (*in G.B.*) **d. lands of the Crown**, possedimenti della Corona (*proprietà personale del sovrano*) **4** terreno adiacente a una grande villa **5** (*fig.*) campo d'attività. ● **d. wall**, muro di cinta □ (*in G.B.*) **Royal D.**, possedimenti della Corona □ (*non in G.B.*) **State D.**, terreni demaniali; demanio.

Demeter /dɪ'miːtə(r)/, *n.* (*mitol.*) Demetra.

demigod /'dɛmɪgɒd, *USA* -gɔːd/, *n.* semidio.

demijohn /'dɛmɪdʒɒn/, *n.* damigiana.

demilitarization /diːmɪlɪtəraɪ'zeɪʃn, *USA* -rɪ'z-/, *n.* demilitarizzazione; smilitarizzazione.

to **demilitarize** /diː'mɪlɪtəraɪz/, *v. t.* demilitarizzare; smilitarizzare.

demilune /'dɛmɪluːn/, *n.* **1** oggetto fatto a mezzaluna **2** (*mil.*) opera di fortificazione a mezzaluna.

demineralization /diːmɪnərəlaɪ'zeɪʃn, *USA* -lɪ'z-/, *n.* demineralizzazione.

to **demineralize** /diːˈmɪnərəlaɪz/, *v. t.* demineralizzare.
demi-official /ˈdɛmɪəfɪʃl/, *a.* ufficioso: **a d. letter**, una lettera ufficiosa.
demi-pension /dɛmɪˈpɒnsɪɒn, *USA* -pɒnsɪˈəʊn/ (*franc.*), *n.* mezza pensione (*in albergo*).
demisable /dɪˈmaɪzəbl/, *a.* (*leg.*) cedibile; trasferibile.
demise /dɪˈmaɪz/, *n.* (*leg.*) *1* cessione, trasferimento (*di diritti*); cessione in affitto *2* trasmissione (*di titolo, corona, ecc.*) per morte (*o* abdicazione): **d. of the Crown**, trasmissione della sovranità *3* decesso; dipartita (*eufem.*); morte; fine: **the d. of a political movement**, la fine di un movimento politico.
to **demise** /dɪˈmaɪz/, *v. t.* (*leg.*) *1* trasferire (*diritti*); cedere (*specialm. in affitto*) *2* trasmettere (*titolo, corona, ecc.*) per morte (*o* abdicazione).
demisemiquaver /ˈdɛmɪsɛmɪkweɪvə(r), dɛmɪˈs-/, *n.* (*mus.*) biscroma.
demission /dɪˈmɪʃn/, *n.* dimissioni; abdicazione; rinuncia.
to **demist** /diːˈmɪst/, *v. t.* *1* disappannare *2* (*autom.*) sbrinare (*il parabrezza, ecc.*).
demister /diːˈmɪstə(r)/, *n.* (*autom.*) sbrinatore.
to **demit** /dɪˈmɪt/, **A** *v. t.* (*specialm. scozz.*) dimettersi da (*un ufficio, ecc.*). **B** *v. i.* dimettersi; dare le dimissioni.
demitasse /ˈdɛmɪtæs/ (*franc.*), *n.* tazzina da caffè.
demiurge /ˈdɛmɪɜːdʒ, ˈdiːm-/, *n.* demiurgo.
demiurgic /dɛmɪˈɜːdʒɪk, diːm-/, *a.* demiurgico.
demo /ˈdɛməʊ/, *n.* (*pl.* **demos**) (*abbr. fam.*) *1* *V.* **demonstration,** *def. 3* *2* (*polit., USA*) democratico (*membro del partito*).
demob /diːˈmɒb/, *n.* (*abbr. fam.*) *V.* **demobilization** ● **d. suit**, abito borghese dato ai soldati al momento del congedo (*dopo la seconda guerra mondiale*).
to **demob** /diːˈmɒb/, *v. t.* (*abbr. fam.*) smobilitare; congedare. ● **the demobbed**, i congedati.
demobilization /diːməʊbɪlaɪˈzeɪʃn, *USA* -lɪˈz-/, *n.* (*mil.*) smobilitazione.
to **demobilize** /diːˈməʊbɪlaɪz/, *v. t.* (*mil.*) smobilitare; congedare.
democracy /dɪˈmɒkrəsɪ/, *n.* *1* democrazia *2* – **the d.**, la gente comune; il popolo (*come fonte del potere politico*) *3* – (*USA*) **the D.**, il partito democratico.
democrat /ˈdɛməkræt/, *n.* *1* democratico *2* – (*USA*) **a D.**, un democratico; un membro del partito democratico.
democratic /dɛməˈkrætɪk/, *a.* democratico. ● (*USA*) **the D. party**, il partito democratico.
democratically /dɛməˈkrætɪklɪ/, *avv.* democraticamente.
democratism /dɪˈmɒkrətɪzəm/, *n.* (*polit.*) sistema democratico.
democratization /dɪmɒkrətaɪˈzeɪʃn, *USA* -tɪˈz-/, *n.* democratizzazione.
to **democratize** /dɪˈmɒkrətaɪz/, **A** *v. t.* democratizzare. **B** *v. i.* democratizzarsi.
Democritean /dɪmɒkrɪˈtiːən/, *a.* (*filos.*) democriteo.
Democritus /dɪˈmɒkrɪtəs/, *n.* (*stor., filos.*) Democrito.
to **demodulate** /diːˈmɒdjʊleɪt, *USA* -dʒʊ-/, *v. t.* (*radio, elettron.*) demodulare.
demodulation /diːmɒdjʊˈleɪʃn, *USA* -dʒʊ-/, *n.* (*radio, elettron.*) demodulazione.
Demogorgon /diːməʊˈgɔːgən/, *n.* (*mitol.*) demorgorgone.
demographer /dɪˈmɒgrəfə(r)/, *n.* demografo.
demographic(al) /dɛməˈgræfɪk(l), diːm-/, *a.* demografico: **d. model**, modello demografico; **d. statistics**, statistica demografica (*la disciplina*).
demographics /dɛməˈgræfɪks, diːm-/, *n. pl.* statistiche demografiche; dati demografici.
demography /dɪˈmɒgrəfɪ/, *n.* demografia.
demoiselle /dɛmwɑːˈzɛl/, *n.* *1* (*lett.*) damigella; donzella *2* (*zool., Anthropoides virgo*) damigella di Numidia; gru damigella.
to **demolish** /dɪˈmɒlɪʃ/, *v. t.* *1* demolire; abbattere *2* (*fam.*) divorare (*cibo*); pappare (*fam.*).
demolisher /dɪˈmɒlɪʃə(r)/, *n.* demolitore, demolitrice.
demolition /dɛməˈlɪʃn/, *n.* demolizione. ● (*mil.*) **d. bomb**, bomba dirompente □ (*ind.*) **d. contractor**, demolitore.
demon /ˈdiːmən/, **A** *n.* *1* demone (*anche fig.*); genio, spirito (*buono o cattivo*): **the d. of jealousy**, il demone della gelosia *2* demonio, diavolo (*anche fig.*): **He is a d. for driving**, è un diavolo, al volante. **B** *a. attr.* *1* demoniaco; diabolico; del demonio: **d. worship**, adorazione del demonio *2* indemoniato. ● **a d. for work**, un lavoratore accanito.
demonetization /diːmʌnɪtaɪˈzeɪʃn, -mɒn-, *USA* -tɪˈz-/, *n.* (*fin.*) *1* demonetizzazione: **the d. of silver**, la demonetizzazione dell'argento *2* ritiro (*di monete*) dalla circolazione.
to **demonetize** /diːˈmʌnɪtaɪz, -ˈmɒn-/, *v. t.* (*fin.*) *1* demonetizzare (*un metallo, ecc.*) *2* ritirare (*monete*) dalla circolazione.
demoniac /dɪˈməʊnɪæk/, **A** *a.* *1* indemoniato; demoniaco; diabolico *2* (*fig.*) indiavolato; frenetico. **B** *n.* indemoniato.
demoniacal /diːməˈnaɪəkl/, *a.* *1* indemoniato: **d. possession**, l'essere indemoniato; l'essere invasato dal demonio *2* demoniaco; diabolico *3* (*fig.*) indiavolato; frenetico.
demoniacally /diːməˈnaɪəklɪ/, *avv.* *1* diabolicamente *2* freneticamente.
demonic /dɪˈmɒnɪk/, *a.* *1* demoniaco *2* demonico; ispirato dal demone. ● **d. possession**, possessione diabolica.
demonism /ˈdiːmənɪzəm/, *n.* demonismo.
demonist /ˈdiːmənɪst/, *n.* demonista.
demonization /diːmənaɪˈzeɪʃn, *USA* -nɪˈz-/, *n.* demonizzazione.
to **demonize** /ˈdiːmənaɪz/, *v. t.* demonizzare.
demonolatry /diːməˈnɒlətrɪ/, *a.* demonolatria.
demonological /diːmənəˈlɒdʒɪkl/, *a.* demonologico.
demonologist /diːməˈnɒlədʒɪst/, *n.* demonologo.
demonology /diːməˈnɒlədʒɪ/, *n.* demonologia.
demonomania /diːmənəˈmeɪnɪə/, *n.* (*psic.*) demonomania.
demonophobia /diːmənəˈfəʊbɪə/, *n.* (*psic.*) demonofobia.
demonstrability /dɪmɒnstrəˈbɪlətɪ, dɛmən-/, *n.* dimostrabilità.
demonstrable /dɪˈmɒnstrəbl, ˈdɛmən-/, *a.* dimostrabile. || **-ness**, *sost.* || **-bly**, *avv.*
demonstrant /dɪˈmɒnstrənt/, *n.* dimostrante.
to **demonstrate** /ˈdɛmənstreɪt/, **A** *v. t.* *1* dimostrare; mostrare; manifestare; provare: **to d. one's ignorance**, dimostrare la propria ignoranza; **to d. a will to agree**, manifestare la volontà di accordarsi *2* (*comm.*) fare pubblicità a (*un prodotto*) mostrandone l'uso; fare la dimostrazione di (*un articolo*). **B** *v. i.* *1* fare una dimostrazione; dimostrare: **The students demonstrated in favour of the long-overdue school reform**, gli studenti fecero una dimostrazione in favore della riforma scolastica da tanto tempo attesa invano *2* (*mil.*) fare un'azione dimostrativa.
demonstration /dɛmənˈstreɪʃn/, *n.* *1* dimostrazione; attestazione; prova: **a d. of love**, una dimostrazione d'affetto *2* (*comm.*) dimostrazione *3* dimostrazione; manifestazione (*di protesta*) *4* (*mil.*) azione dimostrativa. ● **to teach by d.**, insegnare con il metodo dimostrativo.
demonstrative /dɪˈmɒnstrətɪv, *USA* ˈdɛmənstreɪtɪv/, **A** *a.* *1* dimostrativo: **a d. pronoun**, un pronome dimostrativo *2* definitivo; probante: **a d. argument**, un argomento probante *3* espansivo: **a d. child**, un fanciullo espansivo *4* manifesto; chiaro; evidente: **a d. affection for one's mother**, un manifesto attaccamento alla propria madre. **B** *n.* (*gramm.*) aggettivo (*o* pronome) dimostrativo. ● **d. of st.**, che prova (*o* dimostra) q.c.: **His alibi is clearly d. of his innocence**, il suo alibi prova chiaramente la sua innocenza. || **-ly**, *avv.* || **-ness**, *sost.*
demonstrator /ˈdɛmənstreɪtə(r)/, *n.* *1* dimostratore (*raro*); chi dimostra *2* dimostrante (*in una manifestazione di protesta, ecc.*) *3* (*nelle università*) assistente di laboratorio; tecnico laureato *4* (*comm.*) dimostratore *5* (*comm.*) articolo (*o* prodotto) usato per dimostrazione.
demoralization /dɪmɒrəlaɪˈzeɪʃn, *USA* dɪmɔːrəlɪˈz-/, *n.* *1* demoralizzazione; scoraggiamento *2* (*raro*) corruzione; depravazione.
to **demoralize** /dɪˈmɒrəlaɪz, *USA* -ˈmɔːr-/, *v. t.* *1* demoralizzare; scoraggiare *2* (*raro*) corrompere; depravare.
demos /ˈdiːmɒs/, *n.* *1* (*stor.*) demo *2* (*fig. arc.*) (la) gente comune; (il) popolo.
Demosthenes /dɪˈmɒsθəniːz/, *n.* (*stor.*) Demostene.
to **demote** /diːˈməʊt/, *v. t.* (*specialm. mil.*) retrocedere (*di grado*); degradare: **The sergeant was demoted to corporal**, il sergente fu retrocesso a caporale.
demotic /dɪˈmɒtɪk/, *a.* *1* (*raro*) demotico (*lett.*); popolare *2* (*ling.*) demotico: **d. writing**, scrittura demotica.
demotion /dɪˈməʊʃn/, *n.* (*specialm. mil.*) retrocessione (*di grado*); degradazione.
to **demotivate** /diˈməʊtɪveɪt/, *v. t.* demotivare.
demotivated /diˈməʊtɪveɪtid/, *a.* demotivato.
demotivation /diməʊtɪˈveɪʃn/, *n.* demotivazione.
to **demount** /diːˈmaʊnt/, *v. t.* (*mecc.*) smontare.
demountable /dɪˈmaʊntəbl/, *a.* (*mecc.*) smontabile.
demulcent /dɪˈmʌlsnt/, *a.* e *n.* (*med.*) lenitivo; demulcente; emolliente.
demur /dɪˈmɜː(r)/, *n.* *1* (*arc.*) esitazione: **without d.**, senza esitazione *2* obiezione; difficoltà; dubbio *3* (*leg.*) obiezione; eccezione (*in sede penale*).
to **demur** /dɪˈmɜː(r)/, *v. i.* *1* (*arc.*) esitare *2* fare delle difficoltà; sollevare obiezioni; tirarsi indietro (*fig.*): **to d. at** (*o* **on**) **st.**, avere obiezioni (*o* dubbi) su q.c. *3* (*leg.: in sede penale*) sollevare un'obiezione (*o* un'eccezione); eccepire.
demure /dɪˈmjʊə(r)/, *a.* *1* contegnoso; discreto; modesto; schivo: **a d. virgin**, una vergine schiva *2* pudibondo (*iron.*); falsamente pudico: **d. simplicity**, semplicità pudibonda. || **-ly**, *avv.* || **-ness**, *sost.*
demurrable /dɪˈmɜːrəbl/, *a.* (*specialm. leg.*) che può essere contestato; contro cui si può sollevare un'obiezione.
demurrage /dɪˈmʌrɪdʒ, *USA* -ˈmɜː-/, *n.* *1* (*trasp.*) ritardo (*di nave, carro merci, ecc.*) *2* (*trasp.*) sosta (*di merce*); diritti di sosta *3* (*naut.*) controstallia: **d. days**, giorni di controstallia *4* (*naut.*, = **d. charges**) diritti (*o* spese) di controstallia *5* (*leg.: negli appalti di costruzione*) penale per ritardo.
demurrant /dɪˈmʌrənt, *USA* -ˈmɜː-/, *n.* (*leg.*) chi solleva un'obiezione (*o* un'eccezione).
demurrer (*def. 1* /dɪˈmʌrə(r), *USA* -ˈmɜː-/, *def. 2* /dɪˈmɜːrə(r)/), *n.* *1* (*leg.*) eccezione (*in sede penale*) *2* chi fa difficoltà; chi solleva obiezioni.
demy /dɪˈmaɪ/, *n.* formato di carta da stampa (*cm. 44,45 × 57,15*) o da scrivere (*cm. 39,37 × 50,8*).
demyelination /diːmaɪələˈneɪʃn, *USA* -lɪˈn-/, *n.* (*med.*) demielinizzazione.
demystification /diːmɪstɪfɪˈkeɪʃn/, *n.* demistificazione.
to **demystify** /diːˈmɪstɪfaɪ/, *v. t.* demistificare.
demythicization /diːmɪθɪsaɪˈzeɪʃn, *USA* -sɪˈz-/, *n.* smitizzazione; demitizzazione.
to **demythicize** /diːˈmɪθɪsaɪz/, *v. t.* smitizzare; demitizzare.

den /dɛn/, *n.* **1** nascondiglio; covo, tana (*anche fig.*); topaia (*fig.*): **a den of thieves**, un covo di ladri; **a fox den**, la tana di una volpe **2** fossa (*di animali selvatici, in un giardino zoologico*) **3** rifugio; luogo tranquillo (*in cui si legge, si lavora in pace, ecc.*).

denarius /dɪˈnɛərɪəs/ (*lat.*), *n.* (*pl.* **denarii**) (*stor. romana*) denaro.

denary /ˈdiːnərɪ/, *a.* (*mat.*) decimale; in base dieci.

denationalization /diːnæʃnəlaɪˈzeɪʃn, *USA* -lɪˈz-/, *n.* **1** (*polit.*) snazionalizzazione **2** (*econ.*) denazionalizzazione, snazionalizzazione, privatizzazione (*d'una industria, ecc.*).

to **denationalize** /diːˈnæʃnəlaɪz/, *v. t.* **1** (*polit.*) snazionalizzare **2** (*econ.*) denazionalizzare, snazionalizzare, privatizzare (*un'industria, ecc.*).

denaturalization /diːnætʃərəlaɪˈzeɪʃn, *USA* -lɪˈz-/, *n.* **1** privazione delle caratteristiche naturali; snaturamento **2** (*leg., polit.*) privazione della cittadinanza.

to **denaturalize** /diːˈnætʃərəlaɪz/, **A** *v. t.* **1** snaturare; rendere innaturale **2** (*leg., polit.*) privare (q.) della cittadinanza. **B** to **denaturalize oneself**, *v. rifl.* rinunciare alla cittadinanza (*del paese d'origine*).

denaturant /diːˈneɪtʃərənt/, *n.* (*chim.*) denaturante.

denaturation /diːneɪtʃəˈreɪʃn/, *n.* (*chim.*) denaturazione.

to **denature** /diːˈneɪtʃə(r)/, *v. t.* **1** snaturare **2** (*chim.*) denaturare: **denatured alcohol**, alcol denaturato.

to **denaturize** /diːˈneɪtʃəraɪz/, *V.* **to denature,** *def. 2.*

denazification /diːnɑːtsɪfɪˈkeɪʃn/, *n.* (*polit., stor.*) denazificazione.

to **denazify** /diːˈnɑːtsɪfaɪ/, *v. t.* (*polit., stor.*) denazificare.

dendrite /ˈdɛndraɪt/, *n.* (*miner., anat.*) dendrite.

dendritic /dɛnˈdrɪtɪk/, *a.* (*miner., anat.*) dendritico.

dendrochronologist /dɛndrəʊkrəˈnɒlədʒɪst/, *n.* (*scient.*) esperto di dendrocronologia.

dendrochronology /dɛndrəʊkrəˈnɒlədʒɪ/, *n.* (*scient.*) dendrocronologia.

dendroid /ˈdɛndrɔɪd/, *a.* (*scient.*) dendroide.

dendrologist /dɛnˈdrɒlədʒɪst/, *n.* (*scient.*) dendrologo.

dendrology /dɛnˈdrɒlədʒɪ/, *n.* (*bot.*) dendrologia.

dene (**1**) /diːn/, *n.* terreno sabbioso presso il mare; duna.

dene (**2**) /diːn/, *n.* valle; valletta.

denegation /dɛnɪˈgeɪʃn/, *n.* denegazione; rifiuto.

to **denervate** /ˈdɛnəveɪt/, *v. t.* (*med.*) enervare.

denervation /dɛnəˈveɪʃn/, *n.* (*med.*) enervazione.

dengue /ˈdɛŋgɪ/, *n.* (*med.*, = **d. fever**) dengue.

deniable /dɪˈnaɪəbl/, *a.* negabile.

denial /dɪˈnaɪəl/, *n.* **1** diniego (*anche leg.*); negazione; smentita: **to meet a charge with a flat d.**, rispondere a un'accusa con una secca smentita **2** rinnegazione; ripudio: **the d. of one's faith**, il ripudio della propria fede **3** rifiuto: **a flat d.**, un netto rifiuto **4** (= **self-d.**) abnegazione; (spirito di) rinuncia.

denicotinization /diːnɪkətɪnaɪˈzeɪʃn, *USA* -nɪˈz-/, *n.* denicotinizzazione.

to **denicotinize** /diːˈnɪkətɪnaɪz/, *v. t.* denicotinizzare.

denier (**1**) /dɪˈnaɪə(r)/, *n.* **1** negatore **2** rinnegatore.

denier (**2**) /dəˈnɪə(r), ˈdɛnɪə(r)/, *n.* **1** (*arc.*) moneta di scarso valore; quattrino **2** (*comm., ind. tess.*) denaro (*misura di peso per la titolazione dei filati*).

to **denigrate** /ˈdɛnɪgreɪt/, *v. t.* **1** denigrare; diffamare **2** (*raro*) annerire.

denigration /dɛnɪˈgreɪʃn/, *n.* denigrazione; diffamazione.

denigrator /ˈdɛnɪgreɪtə(r)/, *n.* denigratore; diffamatore.

denim /ˈdɛnɪm/, *n.* **1** denim; tessuto di cotone ritorto (*per uniformi, tute, ecc.*) **2** (*pl.*) tuta (*di cotone ritorto*); calzoni tipo jeans.

to **denitrate** /diːˈnaɪtreɪt/, *v. t.* (*chim.*) denitrare.

denitration /dɪnaɪˈtreɪʃn/, *n.* (*chim.*) denitrazione.

denitrification /diːnaɪtrɪfaɪˈkeɪʃn/, *n.* **1** (*microbiologia*) denitrificazione **2** (*chim.*) denitrazione.

to **denitrify** /diːˈnaɪtrɪfaɪ/, *v. t.* **1** (*microbiologia*) denitrificare **2** (*chim.*) denitrare.

denizen /ˈdɛnɪzn/, *n.* **1** (*lett.*) abitante; chi occupa una regione **2** (*leg.*) straniero naturalizzato **3** (*biol.*) animale o pianta acclimatati fuori del loro habitat naturale **4** (*ling.*) parola straniera entrata nell'uso.

to **denizen** /ˈdɛnɪzn/, *v. t.* naturalizzare; concedere la naturalizzazione a (q.).

Denmark /ˈdɛnmɑːk/, *n.* (*geogr.*) Danimarca.

Dennis /ˈdɛnɪs/, *n.* Dionigi. ● (*nei fumetti*) **D. the Menace**, Pierino (la peste) (*il ragazzino pestifero*).

to **denominate** /dɪˈnɒmɪneɪt/, *v. t.* **1** denominare; chiamare; nominare **2** (*fin.*) esprimere: **securities denominated in dollars**, titoli espressi in dollari.

denomination /dɪnɒmɪˈneɪʃn/, *n.* **1** denominazione; nome (*d'una classe o categoria di cose*) **2** (*fin.*) valore (nominale); taglio: **The coin of the lowest d. in Britain is the half-penny**, la moneta di minor valore in Gran Bretagna è il mezzo penny; **bills of small denominations**, banconote di piccolo taglio **3** unità di misura (di peso, ecc.): **«Metre» is a metric d.**, «metro» è un'unità di misura decimale **4** (*relig.*) confessione; setta religiosa: **a Protestant d.**, una setta (religiosa) protestante. ● **religious d.**, religione: **What religious d. does he belong to?**, di che religione è?

denominational /dɪnɒmɪˈneɪʃənl/, *a.* **1** confessionale; settario: **d. education**, istruzione confessionale; **d. interests**, interessi settari **2** (*fin.*) nominale: **d. value**, valore nominale.

denominationalism /dɪnɒmɪˈneɪʃnəlɪzəm/, *n.* confessionalismo; settarismo.

to **denominationalize** /dɪnɒmɪˈneɪʃnəlaɪz/, *v. t.* rendere confessionale (*o* settario).

denominative /dɪˈnɒmɪnətɪv, *USA* -eɪtɪv/, *a.* (*anche ling.*) denominativo; denominale.

denominator /dɪˈnɒmɪneɪtə(r)/, *n.* (*mat.*) denominatore: **highest** [**lowest**] **common d.**, massimo [minimo] comune denominatore.

denotation /diːnəʊˈteɪʃn/, *n.* **1** denotazione; indicazione **2** (*filos., ling.*) denotazione.

denotative /dɪˈnəʊtətɪv, *USA* ˈdiːnəʊteɪtɪv/, *a.* **1** denotativo (*raro*); atto a denotare **2** (*filos., ling.*) denotativo.

to **denote** /dɪˈnəʊt/, *v. t.* **1** denotare; indicare: **The red flag on the pole denoted that it was dangerous to bathe**, la bandiera rossa sul palo indicava che era pericoloso fare il bagno **2** significare: **A cry usually denotes pain**, un grido di solito significa dolore.

denouement /deɪˈnuːmɒŋ, *USA* deɪnuːˈmɒŋ, -ɔːŋ/ (*franc.*), *n.* **1** scioglimento dell'intreccio (*d'un romanzo, ecc.*); epilogo; finale **2** (*fig.*) rivelazione (*o* risultato) finale.

to **denounce** /dɪˈnaʊns/, *v. t.* **1** (*anche leg.*) denunciare: **to d. sb. to the authorities**, denunciare q. alle autorità; **He denounced the conspirators**, denunciò i cospiratori; (*polit.*) **to d. a treaty**, denunciare un trattato **2** denunciare; censurare; riprovare; condannare pubblicamente: **to d. the corruption of politicians**, denunciare la corruzione dei politici.

denouncement /dɪˈnaʊnsmənt/, *n.* denuncia.

denouncer /dɪˈnaʊnsə(r)/, *n.* denunciatore, denunciatrice.

dense /dɛns/, *a.* **1** denso; fitto; folto; spesso: **a d. fog**, una nebbia fitta **2** compatto: **a d. crowd**, una folla compatta **3** (*fam.*) sciocco; stupido; ottuso (*fig.*) **4** (*fotogr.*) opaco; denso **5** (*ottica*) opaco; scuro.

densely /ˈdɛnslɪ/, *avv.* **1** densamente: **d. populated areas**, zone densamente popolate **2** (*fam.*) ottusamente; stupidamente.

denseness /ˈdɛnsnəs/, *n.* **1** densità **2** compattezza **3** (*fam.*) stupidità; ottusità mentale.

densimeter /dɛnˈsɪmɪtə(r)/, *n.* (*fis.*) densimetro.

density /ˈdɛnsətɪ/, *n.* **1** densità; spessore; foltezza; fittezza: **population d.**, la densità della popolazione; **the d. of a wood**, la foltezza d'un bosco **2** (*fam.*) stupidità; ottusità **3** (*elettr.*) densità; intensità **4** (*fotogr.*) opacità (*d'una negativa*). ● (*mil.*) **d. bombing**, bombardamento di saturazione □ (*stat.*) **d. function**, funzione di densità.

dent /dɛnt/, *n.* **1** dentello; tacca **2** ammaccatura (*nella carrozzeria di un'automobile, ecc.*). ● (*autom.*) **d.-resistant**, a prova di ammaccatura □ (*fam.*) **to make a d. in st.**, intaccare q.c.: **our trip to England has made a big d. in our savings**, il viaggio in Inghilterra ha assottigliato di molto i nostri risparmi.

to **dent** /dɛnt/, **A** *v. t.* **1** dentellare; intaccare **2** ammaccare: **I've dented my car**, ho ammaccato la macchina; ho preso un colpo (*fam.*). **B** *v. i.* **1** dentellarsi **2** ammaccarsi.

dental /ˈdɛntl/, **A** *a.* **1** dei denti; dentale; dentario: **a d. consonant**, una consonante dentale **2** dentistico; odontoiatrico: **d. work**, lavoro dentistico; **a d. clinic**, una clinica odontoiatrica. **B** *n.* (*fon.*) dentale. ● (*anat.*) **d. arch**, arcata dentaria □ (*med.*) **d. caries** (*o* **decay**), carie dentaria □ (*med.*) **d. engine**, trapano da dentista □ **d. implants**, impianti dentari □ **d. laboratory**, laboratorio di odontotecnico □ **d. nurse**, infermiera di dentista □ (*anat.*) **d. plaque**, placca dentaria □ **d. plate**, dentiera □ **d. student**, studente d'odontoiatria □ **d. surgeon**, odontoiatra; dentista □ **d. technician**, odontotecnico.

dentary /ˈdɛntərɪ/, *a.* (*anat.*) dentario.

dentate /ˈdɛnteɪt/, *a.* (*bot., zool.*) dentato; dentellato.

dentation /dɛnˈteɪʃn/, *n.* (*bot., zool., ecc.*) dentellatura.

dentex /ˈdɛntɛks/, *n.* (*zool., Dentex dentex*) dentice.

denticle /ˈdɛntɪkl/, *n.* (*anche archit.*) dentello.

denticular /dɛnˈtɪkjʊlə(r)/, **denticulate** /dɛnˈtɪkjʊlət/, **denticulated** /dɛnˈtɪkjʊleɪtɪd/, *a.* **1** dentellato **2** (*archit.*) ornato di dentelli.

denticulation /dɛntɪkjʊˈleɪʃn/, *n.* (*anche archit.*) dentellatura.

dentiform /ˈdɛntɪfɔːm/, *a.* dentiforme (*raro*); a forma di dente.

dentifrice /ˈdɛntɪfrɪs/, *n.* (*form.*) dentifricio.

dentil /ˈdɛntɪl, *USA* -tl/, *n.* (*archit.*) dentello.

dentin /ˈdɛntɪn, *USA* -tn/, **dentine** /ˈdɛntiːn, dɛnˈt-/, *n.* (*anat.*) dentina; avorio (*dei denti*).

dentist /ˈdɛntɪst/, *n.* dentista; odontoiatra.

dentistry /ˈdɛntɪstrɪ/, *n.* professione di dentista; odontoiatria.

dentition /dɛnˈtɪʃn/, *n.* **1** (*fisiol.*) dentizione: **primary** [**secondary**] **d.**, prima [seconda] dentizione **2** (*anat.*) dentatura: **The d. of man does not differ from that of the monkey**, la dentatura dell'uomo non differisce da quella della scimmia.

denture /ˈdɛntʃə(r)/, *n.* dentiera; protesi dentaria. ● **d. brush**, spazzolino per dentiera.

denuclearization /diːnjuːklɪəraɪˈzeɪʃn, *USA* -nuːklɪərɪ-/, *n.* (*polit., mil.*) denuclearizzazione.

to **denuclearize** /diːˈnjuːklɪəraɪz, *USA* -ˈnuː-/, *v. t.* (*polit., mil.*) denuclearizzare.

denudation /diːnjuːˈdeɪʃn, *USA* -nuː-/, *n.* denudamento; denudazione (*anche geol.*); spoliazione.

to **denude** /dɪˈnjuːd, *USA* -ˈnuːd/, *v. t.* denudare (*anche geol.*); spogliare: **The land was denuded of vegetation**, la terra era spoglia di vegetazione; **to d. sb. of his property**, spogliare q. dei suoi averi.

denunciation /dɪnʌnsɪ'eɪʃn/, *n.* ***1*** denuncia (*di un trattato e sim.*) ***2*** (*arc.*) minaccia; annuncio di sventura.

denunciator /dɪ'nʌnsɪeɪtə(r)/, *n.* denunciatore.

denunciatory /dɪ'nʌnsɪətrɪ, *USA* -tɔːrɪ/, *a.* di (*o* relativo a) denuncia.

Denver /'dɛnvə(r)/, *n.* (*geogr.*) Denver. ● (*autom., USA*) **D. boot**, ceppo bloccaruote; ganascia (*cfr. ingl.* **wheel clamp**).

to **deny** /dɪ'naɪ/, **A** *v. t.* ***1*** negare; smentire; ricusare; rifiutare: **to d. a charge (an accusation)**, negare un'accusa; **Justice must not be denied to anyone**, non si deve rifiutare di rendere giustizia a nessuno; **I don't d. that I may have done it**, non nego che io possa averlo fatto; **I can deny nothing to you**, a te non so rifiutare nulla ***2*** non tener fede a; non riconoscere; rinnegare; ripudiare: **to d. one's word**, non tener fede alla parola; **He denied his signature**, non riconobbe la firma come propria; **Julian the Apostate denied his faith**, Giuliano l'Apostata rinnegò la fede. **B** to **deny oneself**, *v. rifl.* sacrificarsi; negarsi, privarsi di (q.c.): **John is so poor that he has to d. himself many things**, Giovanni è così povero che deve privarsi di molte cose. ● **to d. oneself to sb.**, rifiutarsi di ricevere q.; negarsi a q. (*fam.*) □ **He is not to be denied**, non gli si può dire di no.

denying /dɪ'naɪɪŋ/, **A** *n.* il negare. **B** *a.* ***1*** di diniego ***2*** (*leg.*) preventivo; atto a prevenire: **d. action**, misure di prevenzione (*di un reato: da parte del cittadino*). ● **There's no d. that...**, è innegabile che...

deodar /'diːədɑː(r)/, *n.* (*bot., Cedrus deodara*) deodara.

deodorant /diː'əʊdərənt/, *n.* deodorante.

deodorization /diːəʊdəraɪ'zeɪʃn, *USA* -rɪ'z-/, *n.* deodorazione.

to **deodorize** /diː'əʊdəraɪz/, *v. t.* ***1*** deodorare ***2*** (*chim.*) deodorizzare. ● **deodorized kerosine**, cherosene raffinato.

deodorizer /diː'əʊdəraɪzə(r)/, *n.* ***1*** deodorante ***2*** (*chim.*) deodorizzatore.

deodorizing /diː'əʊdəraɪzɪŋ/, *n.* (*chim.*) deodorizzazione.

deontological /diːɒntə'lɒdʒɪkl/, *a.* (*filos.*) deontologico.

deontologist /diːɒn'tɒlədʒɪst/, *n.* (*filos.*) deontologo.

deontology /diːɒn'tɒlədʒɪ/, *n.* (*filos.*) deontologia.

de-orbit /diː'ɔːbɪt/, *n.* (*miss.*) uscita dall'orbita.

to **de-orbit** /diː'ɔːbɪt/, (*miss.*) **A** *v. t.* deorbitare; far uscire (*un razzo, un'astronave*) dall'orbita. **B** *v. i.* andare fuori orbita; uscire dall'orbita.

deoxidant /diː'ɒksɪdənt/, *V.* **deoxidizer**.

deoxidation /diːɒksɪ'deɪʃn/, *V.* **deoxidization**.

deoxidization /diːɒksɪdaɪ'zeɪʃn, *USA* -dɪ'z-/, *n.* (*chim.*) disossidazione.

to **deoxidize** /diː'ɒksɪdaɪz/, *v. t.* (*chim.*) disossidare.

deoxidizer /diː'ɒksɪdaɪzə(r)/, *n.* (*chim.*) disossidante.

deoxidizing /diː'ɒksɪdaɪzɪŋ/, *n.* (*chim.*) disossidazione.

to **deoxygenate** /diː'ɒksɪdʒəneɪt/, *v. t.* (*chim.*) deossigenare.

deoxyribonucleic acid /diːɒksɪraɪbəʊnjuː'kliːɪk'æsɪd, -'leɪɪk, *USA* -nuː-/, *locuz. n.* (*biochim.*) acido deossiribonucleico (*o* desossiribonucleico) (*abbr.* DNA).

to **depart** /dɪ'pɑːt/, **A** *v. i.* ***1*** (*poet.*) andarsene; accomiatarsi ***2*** partire: **Our train departs from Euston Station**, il nostro treno parte dalla Euston Station ***3*** – **to d. from**, dipartirsi (*lett.*) da; allontanarsi da; abbandonare; perdere: **to d. from the straight and narrow**, dipartirsi (*lett.*) dalla retta via; **Old people don't like to d. from inveterate habits**, i vecchi non amano abbandonare le abitudini inveterate. **B** *v. t.* abbandonare; lasciare (*arc., eccetto nell'espress.*): **to d. this life**, dire addio alla vita; morire. ● **to d. from life**, morire; andarsene (*fam.*) □ **to d. from one's ideals**, abbandonare i propri ideali □ **to d. from one's orders**, non eseguire gli ordini □ **to d. from a rule**, derogare a una norma □ **to d. from one's word [one's promise]**, non tener fede alla parola data [a una promessa].

departed /dɪ'pɑːtɪd/, *a.* ***1*** passato; trascorso: **the d. greatness**, la passata grandezza ***2*** defunto; estinto; morto. ● **the departed**, l'estinto, il defunto; (*collett.*) i defunti, i morti.

department /dɪ'pɑːtmənt/, *n.* ***1*** dipartimento; dicastero; ministero: **the police d.**, il dipartimento di polizia; **the D. of Education and Science**, il ministero della Pubblica Istruzione e della Scienza (*in G.B.*) ***2*** compartimento; reparto; sezione; ufficio: **accounting d.**, ufficio contabilità; **shipping d.**, ufficio spedizioni; **In a big store there are numerous departments**, in un grande emporio ci sono molti reparti; **sales d.**, reparto vendite; ufficio commerciale ***3*** ripartizione: **Physics is a d. of science**, la fisica è una ripartizione della scienza ***4*** dipartimento (*universitario*): **the d. of sociology**, il dipartimento di sociologia; **the Italian d.**, il dipartimento di italianistica. ● **d. head**, caporeparto □ **d. store**, grande emporio; grandi magazzini □ (*fin.*) **d. store of finance**, supermercato finanziario.

departmental /diːpɑːt'mɛntl, dɪ-/, *a.* ***1*** dipartimentale ***2*** (*polit.*) ministeriale ***3*** diviso in reparti, ecc. (*V.* **department**).

to **departmentalize** /diːpɑːt'mɛntəlaɪz, dɪ-/, *v. t.* ***1*** dividere in reparti; suddividere in troppi reparti ***2*** (*nelle università*) dipartimentare.

departure /dɪ'pɑːtʃə(r)/, *n.* ***1*** partenza: **I had to postpone my d.**, dovetti rinviare la partenza ***2*** (*fig.*) allontanamento; deviazione; distacco; infrazione: **a d. from what is right**, un allontanarsi dalla retta via; **a d. from duty**, un'infrazione al proprio dovere ***3*** (*leg.*) deroga; eccezione: **d. from the law**, deroga alla legge ***4*** (*fig.*) indirizzo; orientamento; nuova tecnica: **a new d. in cardiac surgery**, un nuovo indirizzo (*o* un'innovazione) nella cardiochirurgia ***5*** (*eufem.*) dipartita; morte ***6*** (*naut.*) *V.* **point of d.** ● **d. lounge**, sala partenze (*di aeroporto*) □ (*ferr.*) **d. platform**, marciapiede (*o* pensilina) delle partenze □ (*naut.*) **point of d.**, punto base, punto di partenza; (*anche*) distanza coperta dal punto base □ **to take one's d.**, partire; (*eufem.*) dipartirsi (*lett.*); morire.

to **depasture** /diː'pɑːstʃə(r)/, *v. t.* ***1*** pascolare (*bestiame*) ***2*** (*del bestiame*) brucare tutta l'erba di (*un prato, un campo, ecc.*).

to **depauperate** /diː'pɔːpəreɪt/, *v. t.* depauperare; impoverire.

depauperation /diːpɔːpə'reɪʃn/, *n.* depauperamento; depauperazione.

depenalization /diːpiːnəlaɪ'zeɪʃn, *USA* -lɪ-'z-/, *n.* (*leg.* e *fig.*) depenalizzazione.

to **depenalize** /diː'piːnəlaɪz/, *v. t.* (*leg.* e *fig.*) depenalizzare.

to **depend** /dɪ'pɛnd/, *v. i.* ***1*** dipendere (*anche gramm.*); derivare; essere condizionato: **That depends** (*o* **It all depends**)**!**, dipende!; **Success depends on himself**, la riuscita dipende da lui solo; **Prices d. on supply and demand**, i prezzi sono condizionati dall'offerta e dalla domanda ***2*** dipendere; essere a carico di: **He depends on his wife for everything**, è completamente a carico della moglie ***3*** contare, fare assegnamento, affidamento (su); fidarsi (di): **He is a man to be depended on**, è un uomo su cui si può contare; **I'm depending on you to protect us** (*o* **on your protecting us**), conto sul fatto che tu ci protegga; faccio affidamento sulla tua protezione ***4*** (*poet.*) pendere. ● **D. upon** (*o* **on**) **it!**, stanne certo!; non dubitare!; senza dubbio!: **Ann will be late again, d. upon it!**, Anna sarà di nuovo in ritardo, stanne certo.

dependability /dɪpɛndə'bɪlətɪ/, **dependableness** /dɪ'pɛndəblnəs/, *n.* affidabilità; fidatezza; lealtà.

dependable /dɪ'pɛndəbl/, *a.* affidabile; che dà affidamento; fidato; fido; leale; sicuro: **a d. employee**, un dipendente fidato.

dependably /dɪ'pɛndəblɪ/, *avv.* in modo affidabile; lealmente.

dependant /dɪ'pɛndənt/, **A** *n.* persona a carico: **Contributors to the National Insurance Fund and those d. upon them receive grants**, coloro che pagano i contributi delle assicurazioni sociali e le persone a loro carico ricevono sussidi. **B** *a.* (*USA*) *V.* **dependent**.

dependence /dɪ'pɛndəns/, *n.* ***1*** (*anche econ.*) dipendenza: **We should try to reduce our d. on oil imports**, dovremmo cercare di ridurre la nostra dipendenza dalle importazioni di petrolio ***2*** affidamento, conto (*che si fa su q.*) ***3*** l'essere a carico (di q.): **You should put an end to your d. on your wife**, dovresti cessare d'essere a carico di tua moglie ***4*** (*raro*) sostegno (*fig.*): **His son was his only d.**, il figlio era il suo unico sostegno. ● (*econ.*) **d. effect**, effetto di dipendenza □ **to place** (*o* **to put**) **d. on sb. [st.]**, fare affidamento su q. [q.c.].

dependency /dɪ'pɛndənsɪ/, *n.* ***1*** cosa che dipende da (*o* è subordinata a) un'altra ***2*** (*eufem.*; *stor., polit.*) possedimento; colonia: **The extant British dependencies have considerable self-government**, le colonie inglesi che sono ancora tali godono di una notevole misura d'autogoverno ***3*** l'essere a carico (di q.) ***4*** annessi, dipendenze (*di una villa, ecc.*). ● **d. benefits**, assegni familiari □ (*econ.*) **d. ratio**, rapporto tra la popolazione attiva e quella a carico.

dependent /dɪ'pɛndənt/, **A** *a.* ***1*** (*anche gramm.*) dipendente; che dipende da: **a d. clause**, una proposizione dipendente; **The success of the party will be d. on you**, il successo della festa dipenderà da te ***2*** a carico di: **Children are d. on their parents**, i figli sono a carico dei genitori. **B** *n.* ***1*** (*gramm.*) parola retta da un'altra ***2*** (*USA*) persona a carico (di q.). ● (*stor., polit.*) **d. territory**, *V.* **dependency**, *def.* 2 □ (*mat., econ., stat., psic.*) **d. variable**, variabile dipendente.

depersonalization /diːpɜːsnəlaɪ'zeɪʃn, *USA* -lɪ'z-/, *n.* (*psic.*) depersonalizzazione; spersonalizzazione.

to **depersonalize** /diː'pɜːsənəlaɪz/, *v. t.* (*psic.*) depersonalizzare; spersonalizzare.

to **depict** /dɪ'pɪkt/, *v. t.* dipingere; descrivere; rappresentare.

depicter, depictor /dɪ'pɪktə(r)/, *n.* chi dipinge; chi descrive.

depiction /dɪ'pɪkʃn/, *n.* ***1*** il dipingere; il descrivere; descrizione; rappresentazione ***2*** pittura (*o* scultura, ecc.) che ritrae q.c.

depictive /dɪ'pɪktɪv/, *a.* descrittivo; rappresentativo.

to **depilate** /'dɛpɪleɪt/, *v. t.* depilare.

depilation /dɛpɪ'leɪʃn/, *n.* depilazione.

depilator /'dɛpɪleɪtə(r)/, *n.* depilatore.

depilatory /dɪ'pɪlətrɪ, *USA* -tɔːrɪ/, **A** *a.* depilatorio. **B** *n.* ***1*** depilatorio; sostanza (*o* crema, ecc.) depilatoria ***2*** depilatore (*strumento*).

to **deplane** /diː'pleɪn/, **A** *v. i.* scendere da un aereo; sbarcare (*da un aereo*). **B** *v. t.* fare scendere, sbarcare (*da un aereo*).

depletable /dɪ'pliːtəbl/, *a.* (*econ.*) che si esaurisce; esauribile.

to **deplete** /dɪ'pliːt/, *v. t.* ***1*** vuotare; svuotare ***2*** esaurire (*scorte, fondi, ecc.*) ***3*** (*med.*) decongestionare; svuotare ***4*** (*econ.*) esaurire, sfruttare eccessivamente (*una miniera, ecc.*) ***5*** (*fis. nucl.*) impoverire: **depleted uranium**, uranio impoverito.

depleted /dɪ'pliːtɪd/, *a.* ***1*** svuotato ***2*** esaurito. ● (*ecol.*) **a much d. species**, una specie in via di estinzione.

depletion /dɪ'pliːʃn/, *n.* ***1*** svuotamento ***2*** esaurimento (*di scorte, fondi, ecc.*) ***3*** (*med.*)

deplezione *4* (*econ.*) esaurimento, sfruttamento eccessivo *5* (*fis. nucl.*) impoverimento. ● (*fin.*) **d. of capital**, svalutazione del capitale.

depletive /dɪˈpliːtɪv/, **depletory** /dɪˈpliːtərɪ/, *a.* atto a svuotare; tendente a esaurire, ecc. (*V.* **to deplete**).

deplorability /dɪplɔːrəˈbɪlətɪ/, *n.* l'essere deplorabile, deplorevole, ecc. (*V.* **deplorable**).

deplorable /dɪˈplɔːrəbl/, *a.* deplorabile; deplorevole; biasimevole: **a d. mistake**, un deplorevole erroreo. || **-ness**, *sost.* || **-bly**, *avv.*

to **deplore** /dɪˈplɔː(r)/, *v. t.* deplorare; compiangere; lamentarsi di; biasimare; disapprovare: **I d. his behaviour**, deploro la sua condotta.

to **deploy** /dɪˈplɔɪ/, (*mil.*) **A** *v. t.* schierare, spiegare (*le truppe, le forze*). **B** *v. i.* (*di truppe, ecc.*) schierarsi, spiegarsi.

deployment /dɪˈplɔɪmənt/, *n.* *1* (*mil.*) spiegamento (*di forze*) *2* l'aprirsi (*del paracadute*); apertura. ● (*mil., USA*) **rapid d. force**, forza di pronto intervento.

to **deplume** /diːˈpluːm/, *v. t.* *1* spennare; spiumare *2* (*fig.*) spogliare (*degli averi, dell'onore, ecc.*).

depolarization /diːpəʊlərаɪˈzeɪʃn, *USA* -rɪˈz-/, *n.* (*elettr.*) depolarizzazione.

to **depolarize** /diːˈpəʊləraɪz/, *v. t.* (*elettr.*) depolarizzare.

depolarizer /diːˈpəʊləraɪzə(r)/, *n.* (*chim., fis.*) depolarizzatore.

depoliticization /diːpəlɪtɪsaɪˈzeɪʃn, *USA* -sɪˈz-/, *n.* depoliticizzazione; spoliticizzazione.

to **depoliticize** /diːpəˈlɪtɪsaɪz/, *v. t.* depoliticizzare; spoliticizzare.

to **depollute** /diːpəˈluːt/, *v. t.* (*ecol.*) disinquinare.

depollution /diːpəˈluːʃn/, *n.* (*ecol.*) disinquinamento.

depolymerization /diːpɒlɪməraɪˈzeɪʃn, *USA* -rɪˈz-/, *n.* (*chim.*) depolimerizzazione.

to **depolymerize** /diːpɒˈlɪməraɪz/, *v. t.* (*chim.*) depolimerizzare.

to **depone** /dɪˈpəʊn/, *v. t.* (*leg., specialm. in Scozia*) deporre; dichiarare sotto giuramento.

deponent /dɪˈpəʊnənt/, **A** *a.* (*gramm.*) deponente. **B** *n.* *1* (*gramm.*) verbo deponente *2* (*leg.*) chi fa una deposizione; testimone che depone; dichiarante (*in un «affidavit», q.V.*).

to **depopulate** /diːˈpɒpjʊleɪt/, (*demogr.*) **A** *v. t.* spopolare. **B** *v. i.* spopolarsi.

depopulation /diːpɒpjʊˈleɪʃn/, *n.* (*demogr.*) spopolamento; declino demografico.

to **deport** /dɪˈpɔːt/, **A** *v. t.* *1* deportare; confinare; esiliare *2* espellere (*come indesiderabile*). **B** to **deport oneself**, *v. rifl.* (*lett.*) comportarsi; condursi: **to d. oneself like a gentleman**, comportarsi da gentiluomo.

deportation /diːpɔːˈteɪʃn/, *n.* *1* deportazione *2* espulsione (*di uno straniero indesiderato*).

deportee /diːpɔːˈtiː/, *n.* deportato.

deportment /dɪˈpɔːtmənt/, *n.* *1* (*USA*) comportamento; condotta; contegno *2* (*form.*) portamento.

to **depose** /dɪˈpəʊz/, *v. t. e i.* *1* deporre, destituire (*da una carica e specialm. dal trono*) *2* (*leg.*) deporre; attestare, dichiarare (*in giudizio*); testimoniare: **The witness deposed that he had seen the accused man**, il testimone depose d'aver visto l'imputato.

deposit /dɪˈpɒzɪt/, *n.* *1* deposito; sedimento; giacimento; (*pl.*) detriti: **salt deposits**, depositi di sale; **silt d.**, sedimento di limo; **rich copper deposits**, ricchi giacimenti di rame; **There's too much d. in this bottle**, c'è troppo deposito in questa bottiglia (*di vino*) *2* (*banca*) deposito: **Deposits form the bulk of the borrowing transactions of a bank**, i depositi costituiscono il grosso delle operazioni passive di una banca *3* (*dog.*) deposito (*di merci*) *4* (*leg.*) deposito (cauzionale); caparra: **When you return empties, you'll get your d.**, quando restituirete i vuoti, avrete indietro il vostro deposito. ● **d. account**, conto di deposito □ **d. account pass-book** (*o* **record book**), libretto di deposito (*oblungo, a madre e figlia, con i moduli per i versamenti*) □ (*banca*) **d. at call**, deposito (rimborsabile) a vista □ **d. at notice**, deposito rimborsabile con preavviso □ (*banca*) **d. business**, operazioni passive □ (*banca*) **d. / capital ratio**, rapporto depositi / capitale □ (*banca, USA*) **d. loan**, anticipazione su conto corrente □ (*banca*) **d. of stock**, deposito di titoli □ (*banca*) **d. slip**, distinta di versamento □ **d. taking**, accettazione di depositi □ **d.-taking banks**, banche di deposito (*o* ordinarie) □ (*banca*) **d. turnover**, indice dei depositi □ **d. warrant**, (*banca*) polizza di deposito; (*dog.*) fede di deposito □ (*banca*) **demand d.**, deposito a vista □ (*banca*) **interest-bearing d.**, deposito fruttifero □ (*banca*) **on d.**, in deposito □ (*banca*) **savings d.**, deposito a risparmio □ (*banca*) **time d.**, deposito vincolato.

to **deposit** /dɪˈpɒzɪt/, *v. t.* *1* (*anche banca*) depositare: **to d. money in the bank**, depositare denaro in banca; **The flooded river has deposited a layer of mud on the fields**, il fiume in piena ha depositato uno strato di fango sui campi *2* (*dog.*) depositare (*merci*) *3* (*leg.*) depositare in cauzione; fare un deposito di (*una somma di denaro*); lasciare come caparra: **They deposited 10,000 dollars on a new house**, diedero una caparra di 10.000 dollari per l'acquisto d'una nuova casa *4* deporre (*anche uova*); posare; mettere giù: **to d. the shopping bag on the counter**, posare la borsa della spesa sul bancone.

depositary /dɪˈpɒzɪtrɪ, *USA* -erɪ/, *n.* *1* (*leg.*) depositario, fiduciario (*in genere*) *2* (*comm.*) depositario. ● **d. agent**, agente depositario.

deposition /depəˈzɪʃn/, *n.* *1* deposizione: **the d. of the King**, la deposizione del re *2* (*leg.*) deposizione; testimonianza: **d. under oath**, deposizione giurata *3* (*relig., pitt.*) deposizione *4* (*geol.*) sedimentazione.

depositor /dɪˈpɒzɪtə(r)/, *n.* *1* (*banca*) depositante *2* (*leg.*) chi fa un deposito. ● (*banca*) **d.'s book**, libretto nominativo.

depository /dɪˈpɒzɪtrɪ, *USA* -tɔːrɪ/, *n.* *1* deposito; magazzino *2* *V.* **depositary**.

depot /ˈdepəʊ, *USA* ˈdiːpəʊ/, *n.* *1* deposito; magazzino *2* (*mil.*) deposito; (*anche*) centro di addestramento (*delle reclute e dei rimpiazzi*) *3* rimessa per autobus; deposito *4* (*USA*) scalo ferroviario; stazioncina *5* (*USA*) stazione degli autobus. ● (*naut.*) **d. ship**, nave appoggio.

depravation /deprəˈveɪʃn/, *n.* depravazione; corruzione.

to **deprave** /dɪˈpreɪv/, *v. t.* depravare; corrompere; pervertire.

depraved /dɪˈpreɪvd/, *a.* depravato; corrotto; degenerato.

depravity /dɪˈprævətɪ/, *n.* *1* depravazione; pervertimento morale *2* azione malvagia, perversa.

deprecable /ˈdeprəkəbl/, *a.* deprecabile.

to **deprecate** /ˈdeprəkeɪt/, *v. t.* *1* deprecare; disapprovare: **We d. impoliteness**, noi disapproviamo la cattiva educazione *2* (*arc.*) deprecare; scongiurare: **to d. sb.'s anger**, scongiurare q. di non adirarsi.

deprecating /ˈdeprəkeɪtɪŋ/, *a.* *1* di disapprovazione *2* (*arc.*) deprecativo; supplichevole.

deprecatingly /ˈdeprəkeɪtɪŋlɪ/, *avv.* con aria (*o* tono) deprecativo (*o* di disapprovazione).

deprecation /deprəˈkeɪʃn/, *n.* *1* deprecazione; disapprovazione; espressione di disapprovazione *2* (*arc.*) deprecazione; lo scongiurare.

deprecative /ˈdeprəkətɪv, *USA* -keɪtɪv/, **deprecatory** /ˈdeprəkeɪtrɪ, -ɪkə-, deprəˈkeɪ-, *USA* ˈdeprəkətɔːrɪ/, *a.* deprecativo; deprecatorio.

depreciable /dɪˈpriːʃəbl/, *a.* *1* deprezzabile; svalutabile *2* (*rag.*) ammortizzabile.

to **depreciate** /dɪˈpriːʃɪeɪt/, **A** *v. t.* *1* deprezzare, svalutare (*merci; proprietà, ecc.*) *2* (*fin.*) svalutare, svilire (*monete, ecc.*) *3* (*rag.*) ammortizzare *4* (*fig.*) deprezzare; sminuire; svilire; screditare. **B** *v. i.* *1* (*di attività, beni, ecc.*) deprezzarsi *2* (*fin.*) deprezzarsi; svalutarsi: **Our currency is depreciating rapidly**, la nostra moneta si svaluta in fretta.

depreciatingly /dɪˈpriːʃɪeɪtɪŋlɪ/, *avv.* con aria (*o* tono) sprezzante.

depreciation /dɪpriːʃɪˈeɪʃn/, *n.* *1* deprezzamento (*di attività, beni, ecc.*) *2* (*fin.*) svalutazione; deprezzamento; svilimento (*di monete*) *3* (*rag.*) ammortamento (*di impianti, ecc.*); ammontare detratto per ammortamento *4* (*fig.*) deprezzamento; sminuizione; svilimento. ● (*rag.*) **d. account**, conto ammortamento □ (*fisc.*) **d. allowance**, detrazione per deprezzamento □ (*rag.*) **d. charge** (*o* **expense**), quota d'ammortamento □ (*rag.*) **d. fund**, fondo di ammortamento □ (*rag.*) **d. of a plant**, ammortamento di un impianto □ (*fin.*) **d. of securities**, svalutazione di titoli □ (*rag.*) **d. rate**, tasso di ammortamento □ (*rag.*) **d. reserve**, riserva di ammortamento.

depreciative /dɪˈpriːʃɪətɪv, *USA* -ɪeɪtɪv/, **depreciatory** /dɪˈpriːʃɪətrɪ, *USA* -tɔːrɪ/, *a.* *1* che deprezza, svaluta, ecc. (*V.* **to depreciate**) *2* (*ling.*) peggiorativo.

to **depredate** /ˈdeprədeɪt/, *v. t.* (*raro*) depredare; devastare.

depredation /deprəˈdeɪʃn/, *n.* (*raro*) depredazione; devastazione.

depredator /ˈdeprədeɪtə(r)/, *n.* (*raro*) depredatore; predone; saccheggiatore.

depredatory /dɪˈpredətrɪ, deprəˈdeɪtrɪ, *USA* dɪˈpredətɔːrɪ/, *a.* predatorio; (fatto) a scopo di rapina: **a d. war**, una guerra (a scopo) di rapina.

to **depress** /dɪˈpres/, *v. t.* *1* deprimere; abbattere (*fig.*); rattristare; scoraggiare: **a depressing book [speech]**, un libro [un discorso] deprimente; **to d. business activity**, deprimere il volume degli affari *2* (*form.*) abbassare; premere: **to d. a button**, premere un bottone; **to d. the keys of a piano**, premere i tasti di un pianoforte *3* (*comm.*) far calare, ridurre (*i prezzi, ecc.*) *4* (*mus.*) calare il tono di, abbassare (*la voce*).

depressant /dɪˈpresnt/, *a. e n.* (*med.*) deprimente; depressivo.

depressed /dɪˈprest/, *a.* *1* depresso; avvilito; abbattuto *2* (*form.: di un tasto, ecc.*) abbassato; premuto *3* (*econ.*) depresso: **d. areas**, aree depresse *4* (*comm.: del volume d'affari*) ridotto; (*del mercato*) depresso, fiacco; (*di prezzo*) basso. ● (*archit.*) **d. arch**, arco ribassato.

depressing /dɪˈpresɪŋ/, *a.* deprimente; triste; sconfortante: **d. news**, notizie deprimenti.

depressingly /dɪˈpresɪŋlɪ/, *avv.* con aria di sconforto; in modo deprimente; tristemente.

depression /dɪˈpreʃn/, *n.* *1* depressione (*anche astron., psic., ecc.*); abbattimento (*fig.*); avvilimento; scoraggiamento; abbassamento; avvallamento (*del terreno*): **in a fit of d.**, in un momento di depressione; (*meteor.*) **a d. over the Mediterranean**, una depressione sul Mediterraneo *2* (*econ.*) depressione; ristagno; crisi: **a state of d. in the stock market**, uno stato di depressione nel mercato azionario; **a d. in trade**, un ristagno dell'attività commerciale *3* (*stor., econ.*) **the D.**, la grande depressione (*degli anni trenta*) *4* (*mus.*) diminuzione del tono (*della voce*).

depressive /dɪˈpresɪv/, *a.* *1* deprimente; che causa depressione *2* (*psic.*) depressivo: **d. phase**, fase depressiva.

depressor /dɪˈpresə(r)/, *n.* *1* chi deprime, ecc. (*V.* **to depress**) *2* (*anat.*, = **d. muscle**) (muscolo) depressore *3* (*chim.*) inibitore; catalizzatore negativo *4* (*med.*) abbassalingua.

depressurization /diːpreʃəraɪˈzeɪʃn, *USA* -rɪˈz-/, *n.* (*aeron., miss.*) depressurizzazione.

to **depressurize** /diːˈpreʃəraɪz/, *v. t.* (*aeron., miss.*) depressurizzare.

deprival /dɪˈpraɪvl/, *V.* **deprivation**.

deprivation /deprɪˈveɪʃn/, *n.* *1* privazione *2* perdita: **That was a great d. for him**, quella fu una grave perdita per lui *3* (*psic.*) deprivazione *4* destituzione, sospensione (*specialm. da una carica ecclesiastica*). ● (*leg.*) **d. of civil rights**, perdita dei diritti civili □ (*leg.*) **d. of enjoyment**, privazione del godimento (*di beni*).

to **deprive** /dɪˈpraɪv/, *v. t.* *1* privare; spogliare: **to d. sb. of the exercise of civil rights**, privare q. dei diritti civili *2* destituire, sospendere (*specialm. un ecclesiastico*).

deprived /dɪˈpraɪvd/, *a.* *1* svantaggiato (*socialmente*) *2* (*psic.*) deprivato. ● **a d. childhood**, un'infanzia di privazioni.

depth /dɛpθ/, *n.* *1* (*anche fig.*) profondità: **the d. of a pond [of the sea]**, la profondità di uno stagno [del mare]; **d. of thought**, profondità di pensiero; **He is a man of great d.**, è un uomo di mente profonda *2* intensità: **d. of colour**, intensità del colore; **the d. of human passion**, l'intensità delle passioni umane *3* (*pl.*) profondità; abissi: **the depths of the ocean**, le profondità dell'oceano *4* altezza (*di un suono*) *5* altezza (*della neve*) *6* (*naut.*) fondale marino; quota (*di un sommergibile*) *7* (*tipogr.*) altezza (*di un carattere*). ● (*aeron., mil.*) **d. bomb**, bomba di profondità □ (*naut., mil.*) **d. charge**, carica (*o* bomba) di profondità □ (*naut.*) **d.-charge thrower**, lanciabombe antisommergibile □ **d. contour** (*o* **curve**), isobata □ (*naut.*) **d.-finder**, scandaglio □ (*mecc.*) **d. gauge**, calibro di profondità □ (*pubbl.*) **d. interview**, intervista in profondità □ **the depths of degradation**, il massimo della degradazione □ (*econ.*) **the d. of depression**, il punto più basso (*o* il fondo) della depressione □ (*psic.*) **d. psychology**, psicologia del profondo □ (*fig.*) **in d.**, a fondo; nei particolari □ **in the d. of the country**, in piena campagna □ **in the depths of despair**, al colmo della disperazione □ **in the depths of one's heart**, nel profondo del cuore □ **in the d. of winter**, nel cuore dell'inverno □ **to be out of** (*o* **beyond**) **one's d.**, non toccare il fondo (*dell'acqua*); (*fig.*) essere fuori del campo delle proprie cognizioni (*o* capacità) □ **periscope d.**, quota periscopica (*di un sommergibile*) □ **a study in d.**, uno studio approfondito □ **to be within one's d.**, toccare il fondo (*dell'acqua*) □ **The snow was two feet in d.**, la neve era alta sessanta centimetri.

depthless /ˈdɛpθləs/, *a.* senza fondo; insondabile.

depthometer /dɛpˈθɒmɪtə(r)/, *n.* (*tecn.*) misuratore di profondità.

depurant /ˈdɛpjʊrənt/, *a.* e *n.* (*farm., med.*) depurativo.

to **depurate** /ˈdɛpjʊreɪt/, **A** *v. t.* depurare. **B** *v. i.* depurarsi.

depuration /dɛpjʊˈreɪʃn/, *n.* depurazione; depuramento.

depurative /dɪˈpjʊərətɪv/, *USA* ˈdɛpjʊəreɪtɪv/, *a.* depurativo.

depurator /ˈdɛpjʊreɪtə(r)/, *n.* depuratore; chi depura; addetto alla depurazione.

deputation /dɛpjʊˈteɪʃn/, *n.* deputazione; delegazione.

to **depute** /dɪˈpjuːt/, *v. t.* deputare; delegare; designare.

to **deputize** /ˈdɛpjʊtaɪz/, **A** *v. t.* conferire autorità a (q.). **B** *v. i.* *1* – **to d. for**, agire come delegato (*o* rappresentante) di (q.) *2* (*teatr.*) fare la controfigura.

deputy /ˈdɛpjʊtɪ/, *n.* *1* (*leg.*) delegato; sostituto *2* (*polit.*) deputato (*di un'assemblea*; *non in G.B. e U.S.A.*) *3* aggiunto; sostituto; incaricato; interino; vice; che fa funzione di: (*fin., ecc.*) **d. chairman**, vicepresidente; **d. manager**, vicedirettore (*di un'azienda*); **d. mayor**, vicesindaco *4* (*USA*) vicesceriffo. ● (*in Can.*) **d. minister**, direttore generale (*di un dicastero*) □ (*leg.*) **by d.**, per procura.

to **deracinate** /diːˈræsɪneɪt/, *v. t.* sradicare; estirpare.

derail /dɪˈreɪl/, *n.* (*ferr.*) deragliatore; sviatore.

to **derail** /dɪˈreɪl/, (*ferr.*) **A** *v. i.* deragliare. **B** *v. t.* far deragliare.

derailer /dɪˈreɪlə(r)/, *V.* **derail**.

derailleur /dɪˈreɪljə(r), -lə(r)/ (*franc.*), *n.* (*mecc.*) cambio (*di bicicletta*).

derailment /dɪˈreɪlmənt/, *n.* (*ferr.*) deragliamento.

to **derange** /dɪˈreɪndʒ/, *v. t.* *1* disordinare; confondere; scompigliare *2* turbare; sconvolgere (*la mente, la salute, ecc.*) *3* (*specialm. al p. p.*) far impazzire; squilibrare: **He is deranged**, è squilibrato. ● **to become** (**mentally**) **deranged**, impazzire; ammattire.

derangement /dɪˈreɪndʒmənt/, *n.* *1* disordine; confusione *2* turbamento; sconvolgimento *3* alienazione mentale; pazzia.

to **derat** /diːˈræt/, *v. t.* derattizzare.

to **derate** /diːˈreɪt/, *v. t.* (*fisc.*) detassare; diminuire (*o* eliminare) il carico d'imposta su (*un immobile*).

to **deration** /diːˈræʃn/, *v. t.* abolire il razionamento di (*un prodotto*); mettere in vendita liberamente.

deratization /diːrætaɪˈzeɪʃn, *USA* -tɪˈz-/, *n.* derattizzazione.

Derby /ˈdɑːbɪ, *USA* ˈdɜːbɪ/, *n.* *1* derby (*corsa per cavalli di tre anni*) *2* – (*USA*) **d.**, cappello duro; bombetta (*cfr. ingl.* **bowler hat**). ● **D. day**, giorno del derby (*primo mercoledì di giugno*).

to **deregister** /diːˈrɛdʒɪstə(r)/, *v. t.* cancellare (*una persona, un'automobile, ecc.*) da un registro.

deregistration /diːrɛdʒɪˈstreɪʃn/, *n.* cancellazione da un registro.

to **deregulate** /diːˈrɛgjʊleɪt/, *v. t.* *1* (*econ.*) deregolamentare; liberalizzare *2* (*leg.*) delegificare.

deregulation /diːrɛgjʊˈleɪʃn/, *n.* *1* (*econ.*) deregolamentazione; deregulation; liberalizzazione *2* (*leg.*) delegificazione *3* (*aeron.*) adozione di tariffe libere.

derelict /ˈdɛrəlɪkt/, **A** *a.* *1* abbandonato: **a d. ship**, una nave abbandonata (*un relitto*) *2* negligente; trascurato. **B** *n.* *1* relitto della società; anziano inutile; vagabondo *2* (*leg.*) cosa abbandonata (*dal proprietario*) *3* (*naut.* e *leg.*) scafo alla deriva; relitto (*marittimo*) *4* (*raro o USA*) individuo negligente.

dereliction /dɛrəˈlɪkʃn/, *n.* *1* abbandono *2* negligenza; trascuratezza; incuria *3* manchevolezza; difetto *4* (*leg.*) terreno abbandonato dal mare. ● (*leg.*) **d. of duty**, inosservanza del dovere; abbandono del posto (*o* del servizio).

to **derequisition** /diːrɛkwɪˈzɪʃn/, *v. t.* (*econ., leg.*) derequisire.

to **derestrict** /diːrɪˈstrɪkt/, *v. t.* *1* (*econ., fin.*) liberalizzare *2* (*autom.*) togliere il limite di velocità in (*una strada*).

derestriction /diːrɪˈstrɪkʃn/, *n.* *1* (*econ., fin.*) liberalizzazione *2* (*autom.*) eliminazione del limite di velocità. ● (*autom.*) **d. sign**, segnale di fine del limite di velocità.

to **deride** /dɪˈraɪd/, *v. t.* deridere; beffare; schernire.

derider /dɪˈraɪdə(r)/, *n.* derisore, schernitore, schernitrice.

de rigueur /dəriˈgɜː(r), deɪ-/ (*franc.*), *a.* di rigore: **A dinner jacket is de rigueur at the meeting**, lo smoking è di rigore alla riunione.

derisible /dɪˈrɪzəbl/, *a.* risibile; ridicolo.

derision /dɪˈrɪʒn/, *n.* derisione; beffa; scherno. ● **to bring into d.**, mettere in ridicolo □ **to hold** (*o* **to have**) **in d.**, deridere □ **to be in d.**, essere deriso □ **object of d.**, zimbello.

derisive /dɪˈraɪsɪv, -z-/, *a.* derisorio; di derisione: **d. cheers**, applausi di derisione.

derisively /dɪˈraɪsɪvlɪ, -z-/, *avv.* derisoriamente; irridendo.

derisory /dɪˈraɪsərɪ, -z-/, *a.* *1* derisorio *2* irrisorio: **a d. offer**, un'offerta irrisoria.

derivable /dɪˈraɪvəbl/, *a.* *1* derivabile *2* deducibile *3* che si può ricavare; ottenibile.

derivation /dɛrɪˈveɪʃn/, *n.* *1* (*anche ling.*) derivazione; deduzione (*di teorie, idee, ecc.*): **the d. of words**, la derivazione delle parole *2* (*elettr., mat.*) derivazione.

derivational /dɛrɪˈveɪʃənl/, *a.* (*ling.*) derivazionale.

derivative /dɪˈrɪvətɪv/, **A** *a.* *1* (*ling.*) derivativo: **a d. affix**, un affisso derivativo *2* derivato: **a d. substance**, una sostanza derivata. **B** *n.* *1* (*chim., gramm., ecc.*) derivato: **the derivatives of a verb**, i derivati di un verbo *2* (*mat.*) derivata *3* (*ling.*) vocabolo derivativo *4* (*farm.*) farmaco derivativo.

to **derive** /dɪˈraɪv/, **A** *v. t.* *1* ottenere; ricavare; trarre: **I have derived great benefit from this treatment**, ho tratto grande beneficio da questa cura; **to d. a conclusion**, trarre una conclusione *2* derivare, dedurre, inferire (*idee, la verità, ecc.*) *3* (*chim.*) derivare (*una sostanza da un'altra*) *4* far derivare; rintracciare, dimostrare, affermare la derivazione (*o* discendenza) di (*cosa, persona, parola, ecc.*): **to d. a word from greek**, far derivare una parola dal greco; **He derives himself from Norman ancestors**, asserisce di discendere da antenati normanni *5* (*mat.*) derivare. **B** *v. i.* derivare; discendere; provenire: **Italian derives from Latin**, l'italiano deriva dal latino. ● (*elettr.*) **derived current**, corrente derivata □ **to be derived from**, derivare da; discendere da.

derived /dɪˈraɪvd/, *a.* derivato: (*econ.*) **d. demand**, domanda derivata; (*elettr.*) **d. current**, corrente derivata; (*mat.*) **d. function**, funzione derivata; (*econ.*) **d. value**, valore derivato.

derm /dɜːm/, *V.* **derma**.

derma /ˈdɜːmə/, *n.* (*pl.* **dermas, dermata**) *1* (*anat.*) derma *2* pelle (*in genere*).

dermabrasion /dɜːməˈbreɪʒn/, *n.* (*med.*) dermoabrasione.

dermal /ˈdɜːml/, *a.* (*anat.*) dermico; cutaneo; della pelle.

dermatitis /dɜːməˈtaɪtɪs/, *n.* (*pl.* **dermatitises, dermatitides**) (*med.*) dermatite.

dermatocyst /ˈdɜːmətəsɪst/, *n.* (*med.*) cisti cutanea.

dermatographia /dɜːmətəˈgræfɪə, dəmæ-/, *n.* (*med.*) dermografia.

dermatological /dɜːmətəˈlɒdʒɪkl, dəmæ-/, *a.* (*med.*) dermatologico.

dermatologist /dɜːməˈtɒlədʒɪst/, *n.* dermatologo.

dermatology /dɜːməˈtɒlədʒɪ/, *n.* (*med.*) dermatologia.

dermatome /ˈdɜːmətəʊm/, *n.* *1* (*med.*) dermatomo (*strumento*) *2* (*biol.*) dermatomo *3* (*anat.*) dermatomero.

dermatopathic /dəmætəˈpæθɪk, dɜːmə-/, *a.* (*med.*) dermopatico.

dermatopathology /dɜːmətəpəˈθɒlədʒɪ, dəmæ-/, *n.* (*med.*) dermopatologia.

dermatopathy /dɜːməˈtɒpəθɪ/, *n.* (*med.*) dermopatia.

dermatophyte /ˈdɜːmətəʊfaɪt/, *n.* (*bot., med.*) dermatofita; dermofita.

dermatoplasty /ˈdɜːmətəʊplæstɪ/, *n.* (*med.*) dermatoplastica; chirurgia plastica cutanea.

dermatosis /dɜːməˈtəʊsɪs/, *n.* (*pl.* **dermatoses**) (*med.*) dermatosi.

dermatotomy /dɜːməˈtɒtəmɪ/, *n.* (*med.*) dermatotomia.

dermatozoa /dəmætəˈzəʊə, dɜːmə-/, *n. pl.* (*zool., med.*) dermatozoi.

dermic /ˈdɜːmɪk/, *V.* **dermal**.

dermis /ˈdɜːmɪs/, *V.* **derma**.

dermographia /dɜːməˈgræfɪə/, *n.* (*med.*) dermografia.

dermographism /dɜːˈmɒgrəfɪzəm/, *n.* (*med.*) dermografismo.

dermopteran /dɜːˈmɒptərən/, *n.* (*zool.*) dermottero.

dermosyphilopathy /dɜːməsɪfɪˈlɒpəθɪ/, *n.* (*med.*) dermosifilopatia.

to **derogate** /ˈdɛrəgeɪt/, **A** *v. i.* – **to d. from**, derogare a (*o* da); detrarre valore a (*un merito di q., ecc.*); sminuire; danneggiare, ledere: **to d. from one's principles**, derogare dai propri princìpi; **to d. from sb.'s reputation**, ledere la reputazione di q. **B** *v. t.* **1** (*form.*) gettare discredito su; sminuire; ridimensionare **2** (*leg.*) negare in parte (*un diritto*).

derogation /dɛrə'geɪʃn/, *n.* **1** diminuzione, indebolimento (*di autorità, ecc.*) **2** (*leg.*) derogazione; deroga (*a una legge*); elusione (*di una norma*) **3** (*arc.*) diffamazione; discredito.

derogatory /dɪ'rɒgətrɪ, *USA* -tɔ:rɪ/, *a.* **1** che getta discredito (su q.); che sminuisce, che detrae valore (*al merito di q.*); spregiativo: **This word is used in a d. sense**, questa parola è usata in senso peggiorativo; **d. remarks**, osservazioni che gettano discredito, sprezzanti **2** (*arc.*) degradante; avvilente: **Your behaviour is d. to your dignity**, la tua condotta è avvilente per la tua dignità (è indecorosa) **3** (*leg.*) derogatorio: **d. clause**, clausola derogatoria.

derrick /'dɛrɪk/, *n.* **1** (*naut.*) bigo da carico; albero di carico **2** (*ind. min.*) derrick; torre di sondaggio (*o* di trivellazione) (*di un pozzo petrolifero*). ● **floating d.**, gru galleggiante.

derring-do /'dɛrɪŋ'du:/, *n.* ardimento; temerarietà; valore.

der(r)inger /'dɛrɪndʒə(r)/, *n.* grossa pistola a canna corta.

derv /dɜ:v/, *n.* (*trasp., ingl.*) gasolio per autotrazione.

dervish /'dɜ:vɪʃ/, *n.* derviscio.

desacralization /di:seɪkrəlaɪ'zeɪʃn, *USA* -lɪ'z-/, *n.* desacralizzazione; dissacrazione.

to **desacralize** /di:'seɪkrəlaɪz/, *v. t.* desacralizzare; dissacrare.

desacralizing /di:'seɪkrəlaɪzɪŋ/, *a.* dissacrante.

to **desalinate** /di:'sælɪneɪt/, *v. t.* desalare, dissalare; desalinizzare.

desalination /di:sælɪ'neɪʃn/, *n.* desalazione, dissalazione; desalinizzazione.

desalinator /di:'sælɪneɪtə(r)/, *n.* (*ind.*) desalatore; dissalatore.

desalinization /di:sælɪnaɪ'zeɪʃn, *USA* -nɪ'z-/, *n.* desalinizzazione; desalazione, dissalazione.

to **desalinize** /di:'sælɪnaɪz/, *v. t.* desalinizzare; desalare, dissalare.

to **desalt** /di:'sɔ:lt/, *v. t.* desalare, dissalare.

desalter /di:'sɔ:ltə(r)/, *n.* (*ind.*) desalatore.

to **descale** /di:'skeɪl/, *v. t.* (*tecn.*) disincrostare: **to d. a boiler**, disincrostare una caldaia.

descaling /di:'skeɪlɪŋ/, *n.* (*tecn.*) disincrostazione. ● **d. agent**, disincrostante.

descant /'dɛskænt/, *n.* **1** (*mus.*) discanto **2** (*poet.*) armonia; melodia **3** (*fig.*) commento; esaltazione; lodi.

to **descant** /dɪ'skænt/, *v. i.* **1** (*mus.*) discantare **2** – (*fig.*) **to d. on** (*o* **upon**) **st.**, parlare, discorrere a lungo di q.c.; dilungarsi su, decantare q.c.: **He descanted upon the beauties of his country-house**, decantò le bellezze della sua villa.

to **descend** /dɪ'sɛnd/, *v. i.* e *t.* **1** discendere; scendere; calare: **He descended the steps as if he were giddy**, discese i gradini come se avesse le vertigini; **The mountains descended precipitously to the edge of the sea**, le montagne scendevano a precipizio fino alla sponda del mare **2** (*leg.*) essere trasmesso, passare (*in eredità*): **The estate has descended from father to son**, la proprietà è passata di padre in figlio **3** abbassarsi, degradarsi (*a fare q.c.*): **You should never d. to lying**, non devi mai abbassarti a mentire. ● **to d. on** (*o* **upon**) **sb.**, calare, piombare su q.: **The whole family has descended on us at Easter**, a Pasqua c'è piombata addosso l'intera famiglia □ **to d. to personal insults**, degradarsi fino agli insulti personali □ **to be descended from**, discendere, avere origine da; essere discendente di: **He is descended from an ancient Roman family**, discende da un'antica famiglia romana.

descendable /dɪ'sɛndəbl/, *V.* **descendible**.

descendance /dɪ'sɛndəns/, *n.* (*demogr., leg.*) discendenza.

descendant /dɪ'sɛndənt/, *n.* (*demogr., leg.*) **1** discendente **2** (*pl.*) – **the descendants**, la progenie (*lett.*), la prole; (*anche*) i posteri.

descendence /dɪ'sɛndəns/, *V.* **descendance**.

descendent /dɪ'sɛndənt/, *V.* **descendant**.

descendible /dɪ'sɛndəbl/, *a.* (*leg.*) trasmissibile; che può essere trasmesso in eredità.

descending /dɪ'sɛndɪŋ/, *a.* discendente: (*mus.*) **d. scale**, scala discendente.

descent /dɪ'sɛnt/, *n.* **1** discesa; scesa; china; pendio: **a steep d.**, una discesa ripida; **My d. of the ski run was very fast**, la mia discesa della pista è stata velocissima **2** discendenza; lignaggio; stirpe; famiglia: **He is of good d.**, è di buona famiglia; **I am of Scottish d.**, sono nato da genitori scozzesi **3** generazione (*di uno stesso lignaggio*): **He boasts a lineal succession of four descents from the Arundels**, egli vanta una successione diretta di quattro generazioni di Arundel **4** calata; attacco improvviso; scorreria; discesa: **the d. on Rome of thousands of tourists**, la calata su Roma di migliaia di turisti; **the d. of the locusts**, l'attacco delle locuste; **the d. of barbarians**, la discesa (*o* la calata) dei barbari **5** diminuzione (*d'importanza, stato sociale, ecc.*); caduta (*fig.*); declino **6** (*leg.*) discendenza **7** (*leg., stor.*) delazione (*di beni immobili: fino al 1925*).

to **deschool** /di:'sku:l/, *v. t.* descolarizzare.

deschooling /di:'sku:lɪŋ/, *n.* descolarizzazione.

describable /dɪ'skraɪbəbl/, *a.* descrivibile.

to **describe** /dɪ'skraɪb/, *v. t.* **1** descrivere; rappresentare; tracciare: **He describes the life of the pioneers**, egli descrive la vita dei pionieri; **His arm described a circle in the air**, il suo braccio descrisse un cerchio nell'aria; (*geom.*) **to d. an arc [an ellipse]**, tracciare un arco [un'ellisse] **2** dire d'essere; farsi passare per: **He describes himself as an architect**, dice di essere architetto **3** definire: **I would d. him as a scoundrel**, io lo definirei un farabutto.

describer /dɪ'skraɪbə(r)/, *n.* descrittore, descrittrice.

description /dɪ'skrɪpʃn/, *n.* **1** descrizione: **The man answers to your d. of the thief**, l'individuo corrisponde alla tua descrizione del ladro **2** genere; qualità; risma; specie; sorta: **commodities of every d.**, derrate d'ogni sorta; **He is a rascal of the worst d.**, è un furfante della peggior risma **3** connotati (*di una persona sospetta, ecc.*) **4** (*banca, rag.*) causale: **d. column**, colonna delle causali. ● **to be beyond d.**, essere indescrivibile.

descriptive /dɪ'skrɪptɪv/, *a.* **1** descrittivo: **d. writing**, (passi di) letteratura descrittiva; **d. geometry**, geometria descrittiva **2** che ama le descrizioni: **a d. writer**, uno scrittore che ama le descrizioni. ● **d. catalogue**, catalogo ragionato.

descriptivism /dɪ'skrɪptɪvɪzəm/, *n.* (*ling.*) descrittivismo.

descriptor /dɪ'skrɪptə(r)/, *n.* (*elab.*) descrittore; parola chiave.

to **descry** /dɪ'skraɪ/, *v. t.* (*form.*) scorgere; discernere; vedere; scoprire: **We descried him behind the bush**, lo scorgemmo dietro il cespuglio.

deseasonalization /di:si:zənəlaɪ'zeɪʃn, *USA* -lɪ'z-/, *n.* (*stat.*) destagionalizzazione (*di dati*).

to **desecrate** /'dɛsɪkreɪt/, *v. t.* (*anche fig.*) dissacrare; sconsacrare; profanare.

desecration /dɛsɪ'kreɪʃn/, *n.* (*anche fig.*) dissacrazione; sconsacrazione; profanazione.

desecrator /'dɛsɪkreɪtə(r)/, *n.* (*anche fig.*) dissacratore; profanatore.

to **desegregate** /di:'sɛgrɪgeɪt/, *v. t.* e *i.* abolire la segregazione razziale (in).

desegregation /di:sɛgrɪ'geɪʃn/, *n.* abolizione della segregazione razziale.

desensitization /di:sɛnsɪtaɪ'zeɪʃn, *USA* -tɪ'z-/, *n.* (*fotogr., med.*) desensibilizzazione.

to **desensitize** /di:'sɛnsɪtaɪz/, *v. t.* (*fotogr., med.*) desensibilizzare.

desensitizer /di:'sɛnsɪtaɪzə(r)/, *n.* (*fotogr.*) desensibilizzatore.

desensitizing /di:'sɛnsɪtaɪz/, **A** *a.* desensibilizzante. **B** *n.* (*fotogr., med.*) desensibilizzazione.

desert /'dɛzət/, **A** *n.* deserto: **the Sahara D.**, il deserto del Sahara. **B** *a.* **1** deserto; disabitato: **a d. island**, un'isola deserta **2** del deserto; desertico: **the d. wind**, il vento del deserto; **d. climate**, clima desertico.

to **desert** /dɪ'zɜ:t/, **A** *v. t.* abbandonare; lasciare: **He has deserted his family**, ha abbandonato la famiglia; **to d. one's party**, lasciare il proprio partito; **His courage deserted him**, gli venne meno il coraggio. **B** *v. i.* **1** disertare; tradire: **The two soldiers deserted**, i due soldati disertarono **2** (*specialm. polit.*) passare: **to d. to the majority party**, passare al partito di maggioranza. ● (*mil.*) **to d. the colours**, disertare □ (*econ.*) **to d. the land**, abbandonare la terra □ (*mil.*) **to d. one's post**, abbandonare il posto.

deserted /dɪ'zɜ:tɪd/, *a.* **1** abbandonato: **a d. wife**, una moglie abbandonata **2** disabitato; deserto: **a d. house**, una casa disabitata.

deserter /dɪ'zɜ:tə(r)/, *n.* **1** (*mil.*) disertore **2** (*anche leg.*) chi abbandona la famiglia (una causa, ecc.); fedifrago.

deserticolous /dɛzə'tɪkələs/, *a.* (*zool., bot.*) deserticolo.

desertification /dɪzɜ:tɪfɪ'keɪʃn/, *n.* (*ecol.*) desertificazione.

desertion /dɪ'zɜ:ʃn/, *n.* **1** defezione; (*mil.*) diserzione; abbandono (*del posto, ecc.*) **2** (*leg.*) abbandono (*di un coniuge, dei figli*); abbandono del tetto coniugale.

deserts /dɪ'zɜ:ts/, *n. pl.* ciò che uno si merita; meriti: **Justice should award to each according to his deserts**, giustizia vorrebbe che ciascuno fosse ricompensato secondo i suoi meriti; **He got his just deserts**, ha avuto quel che si meritava. ● **to get** (*o* **to obtain, to meet with**) **one's deserts**, avere quel che ci si merita; essere ricompensato (*o* punito) secondo i propri meriti (*o* le proprie colpe) □ **Your d.!**, te la sei meritata!

to **deserve** /dɪ'zɜ:v/, *v. t.* meritare; meritarsi (*fam.*); essere degno di: **You d. punishment**, meriti d'essere punito; **This is more than I d.**, è più di quanto io meriti.

deserved /dɪ'zɜ:vd/, *a.* meritato.

deservedly /dɪ'zɜ:vɪdlɪ/, *avv.* meritatamente; giustamente.

deservedness /dɪ'zɜ:vɪdnəs/, *n.* l'essere meritato; giustizia (*di una punizione, ecc.*).

deserving /dɪ'zɜ:vɪŋ/, *a.* meritevole; degno: **to fight for a d. cause**, battersi per una causa degna; **He is d. of praise**, è meritevole di lode; **d. of blame**, meritevole di biasimo.

desiccant /'dɛsɪkənt/, **A** *a.* essiccativo; disseccativo. **B** *n.* (*chim.*) essiccante.

to **desiccate** /'dɛsɪkeɪt/, *v. t.* **1** essiccare; disseccare **2** stagionare (*legname*). ● **desiccated apples**, mele essiccate.

desiccation /dɛsɪ'keɪʃn/, *n.* **1** essiccazione; disseccazione **2** (*ecol.*) inaridimento.

desiccative /'dɛsɪkətɪv, *USA* -keɪt-/, **A** *a.* essiccativo. **B** *n.* essiccante; disseccante.

desiccator /'dɛsɪkeɪtə(r)/, *n.* (*chim., tecn.*) essiccatore; essiccatoio.

to **desiderate** /dɪ'zɪdəreɪt/, *v. t.* (*raro*) desiderare; sentire la mancanza di; volere: **to d. an impossibility**, desiderare l'impossibile.

desiderative /dɪ'zɪdrətɪv, *USA* -əreɪtɪv/, *a.* (*ling.*) desiderativo; ottativo: **a d. verb**, un verbo desiderativo.

desideratum /dɪzɪdə'rɑ:təm, -'reɪ-/, *n.* (*pl.* **desiderata**) quel che si desidera: **to state one's desiderata**, esporre i propri desiderata.

design /dɪ'zaɪn/, *n.* **1** disegno; progetto; piano; intenzione; progettazione; costruzione, concezione: **God's d. for mankind**, il disegno di Dio per l'umanità; **the d. of a rug [vase]**, il disegno d'un tappeto [di un vaso]; **This is**

a machine of excellent d., questa è una macchina progettata molto bene; **a d. for a new plant**, un progetto per un nuovo stabilimento; **My d. was to get him to leave**, la mia intenzione era di farlo partire; **The d. of the novel is poor**, la costruzione del romanzo è misera ***2*** (*di solito al pl.*) mira; cattiva intenzione; complotto: **imperialist designs**, mire imperialistiche; **a d. on sb.'s life**, un complotto contro la vita di q. ***3*** proposito; scopo; finalità: **I was unable to carry out my d.**, non riuscii a raggiungere il mio scopo; **I don't think there is a d. in history**, non credo ci sia una finalità nella storia ***4*** modello; figurino: **designs for children's dresses**, modelli per abiti da bambini ***5*** (*ind.*) design; disegno industriale (*o* grafico). ● **d. consultant**, consulente di design; grafico □ **d. engineer**, tecnico progettista □ **the d. of manufacturing systems**, la progettazione d'impianti industriali □ **the d. of a novel**, l'abbozzo di un romanzo □ (*leg.*) **d. patent**, brevetto industriale □ **by d.**, di proposito; apposta; secondo un piano deliberato: **I don't know whether it was done by accident or d.**, non so se è stato fatto per caso o di proposito □ (*autom.*) **a car of good d.**, un'auto con una bella linea □ **decorative d.**, ornato □ **graphic d.**, grafica □ **industrial d.**, design industriale; progettazione □ **interior d.**, arredamento d'interni.

to **design** /dɪˈzaɪn/, **A** *v. t.* ***1*** disegnare; progettare; fare il design (*o* il modello) di: **Tange designed the Towers of the Fair District in Bologna**, Tange progettò le torri del distretto fieristico a Bologna; **My sister designs her own dresses**, mia sorella fa da sola i modelli dei suoi vestiti ***2*** ideare; studiare; mettere a punto: **an illustrated dictionary designed for children**, un dizionario illustrato ideato (*o* studiato) per i bambini; **to d. a new series of original experiments**, mettere a punto una nuova serie d'esperimenti originali ***3*** progettare; proporsi, avere l'intenzione di: **to d. an attack on sb.**, progettare un attacco a q.; **He designed to become a doctor**, si proponeva di fare il medico ***4*** (*un tempo*) destinare: **His father had designed him for the clergy**, suo padre l'aveva destinato alla carriera ecclesiastica ***5*** (*arc.*) designare. **B** *v. i.* ***1*** fare il designer (*il progettista, il grafico, ecc.*); fare progetti: **He designs for a car manufacturer**, fa il designer (*o* lo stilista) per una casa automobilistica ***2*** (*arc.*) complottare; macchinare; intrigare.

designate /ˈdɛzɪgneɪt, -nət/, *a.* designato: **ambassador d.**, ambasciatore designato.

to **designate** /ˈdɛzɪgneɪt/, *v. t.* ***1*** designare; indicare; proporre; nominare: **He was designated to** (*o* **for**) **that difficult task**, fu designato a quel difficile incarico ***2*** segnare; definire: **to d. boundaries**, segnare i confini ***3*** denotare; rivelare; indicare.

designation /dɛzɪgˈneɪʃn/, *n.* ***1*** designazione; indicazione ***2*** designazione; nomina ***3*** nome; titolo distintivo.

designator /ˈdɛzɪgneɪtə(r)/, *n.* (*anche ling.*) designatore.

designedly /dɪˈzaɪnɪdlɪ/, *avv.* di proposito; deliberatamente; apposta; a bella posta.

designer /dɪˈzaɪnə(r)/, **A** *n.* ***1*** (*ind.*) designer; disegnatore industriale; progettista; modellista ***2*** (*cinem., teatr.*) costumista ***3*** (*moda*) stilista; figurinista ***4*** grafico (*anche pubblicitario*) ***5*** (*arc.*) complottatore; intrigante. **B** *a. attr.* ***1*** (*moda*) d'autore; firmato; griffato: **a d. sweater**, un maglione firmato ***2*** (*scient.*) mirato: **a d. insecticide**, un insetticida mirato. ● (*med.*) **d. drug**, antibiotico specifico □ (*autom.*) **body d.**, carrozziere, stilista □ (*teatr., cinem.*) **scene d.**, scenografo.

designing /dɪˈzaɪnɪŋ/, **A** *a.* ***1*** che fa piani, ecc. (*V.* **to design**) ***2*** (*arc.*) astuto; intrigante. **B** *n.* lavoro di progettista, modellista, ecc. (*V.* **designer**); progettazione: **a course in dress d.**, un corso per figuriniste.

to **desilver** /diːˈsɪlvə(r)/, to **desilverize**, *v. t.* disargentare.

desinence /ˈdɛsɪnəns/, *n.* (*gramm.*) desinenza.

desinential /dɛsɪˈnɛnʃl/, *a.* (*gramm.*) desinenziale.

desirability /dɪzaɪərəˈbɪlətɪ/, *n.* desiderabilità; l'esser desiderabile.

desirable /dɪˈzaɪərəbl/, **A** *a.* desiderabile; attraente; gradevole; piacevole. **B** *n.* persona (*o* cosa) che si desidera; oggetto di desiderio. || **-ness**, *sost.* || **-bly**, *avv.*

desire /dɪˈzaɪə(r)/, *n.* ***1*** brama; voglia; desiderio: **to grant sb.'s d.**, esaudire il desiderio di q. ***2*** (*form.*) richiesta; preghiera; invito: **at the d. of Mr X**, per invito del signor X; **The pianist played the piece by d.**, il pianista suonò il pezzo a richiesta. ● **to get one's d.**, ottenere quel che si desidera □ **to have no d. for st.**, non desiderare q.c. □ **You are my heart's d.**, ti desidero tanto.

to **desire** /dɪˈzaɪə(r)/, *v. t.* ***1*** anelare a; bramare; desiderare: **All men d. peace of mind**, tutti anelano alla pace dell'animo; **His conduct leaves much to be desidered**, la sua condotta lascia molto a desiderare ***2*** (*form.*) chiedere; pregare (*di fare q.c.*); invitare: **The chairman desires that you should see him at once**, il presidente ti invita a recarti subito da lui; **They d. you to wait**, La pregano di attendere. ● **to leave to be desired**, lasciare a desiderare □ **The President desires you in his office**, il Presidente vuole che Lei vada nel suo ufficio.

desirous /dɪˈzaɪərəs/, *a.* bramoso; desideroso; voglioso: **He is d. of success**, è bramoso di successo. ● **He is d. of going abroad**, desidera andare all'estero.

to **desist** /dɪˈzɪst/, *v. i.* desistere; cessare; smettere: **to d. from doing st.**, desistere dal fare q.c. ● (*leg.*) **to d. from an action**, rinunciare a un'azione in giudizio.

desistance /dɪˈzɪstəns/, *n.* desistenza. ● (*leg.*) **d. from a suit**, remissione di causa.

desk /dɛsk/, *n.* ***1*** scrivania; scrittoio ***2*** banco (*di scuola*) ***3*** (= **teacher's d.**) cattedra ***4*** leggio (*per musica*) ***5*** (= **cash d.**) cassa: **Pay at the d.!**, pagare alla cassa! ***6*** (*USA*) ufficio; redazione (*di giornale*): **city d.**, redazione dei servizi di cronaca ***7*** (*USA*) podio; pulpito. ● **d.-bound**, addetto a un lavoro sedentario □ **d. calendar**, calendario da tavolo □ (*elab.*) **d. checking**, controllo al tavolo (*dei programmi*) □ (*USA*) **d. clerk**, chi riceve i clienti; addetto alla reception (*in un albergo, ecc.*) □ **a d. job**, un lavoro a tavolino; un posto d'impiegato □ (*pop. USA*) **d. jockey**, impiegato d'ufficio □ **d. lamp**, lampada da scrittoio □ **d. study**, lavoro fatto a tavolino (*senza ricerche in laboratorio*) □ **drawing d.**, tavolo da disegno.

desking /ˈdɛskɪŋ/, *n. collett.* (*comm.*) scrivanie e scrittoi.

desktop /ˈdɛsktɒp/, *n.* piano della scrivania. ● **d. computer**, elaboratore da tavolo; microcomputer □ (*editoria*) **d. publishing**, lavoro fatto con un computer e una stampante.

desktopper /ˈdɛsktɒpə(r)/, *n.* (*elab.*) unità da tavolo.

deskwork /ˈdɛskwɜːk/, *n.* (*spesso spreg.*) lavoro d'ufficio; lavoro a tavolino.

desman /ˈdɛzmən/, *n.* (*pl.* **desmans**) (*zool.*) ***1*** (*Desmana moschata*) desman; miogale ***2*** (*Galemys pyrenaicus*) galemide dei Pirenei.

desolate /ˈdɛsələt/, *a.* ***1*** (*di luoghi*) desolato; disabitato; solitario ***2*** (*di edifici*) devastato; in rovina ***3*** (*di persone*) desolato; afflitto; abbandonato; solo; triste: **Among a crowd he had felt himself d.**, si era sentito solo in mezzo a una folla. || **-ly**, *avv.* || **-ness**, *sost.*

to **desolate** /ˈdɛsəleɪt/, *v. t.* ***1*** rendere (*un paese*) desolato; devastare; spopolare: **The air raids desolated innumerable cities**, i bombardamenti aerei devastarono innumerevoli città ***2*** desolare; rattristare; affliggere ***3*** (*raro*) abbandonare; lasciare.

desolation /dɛsəˈleɪʃn/, *n.* ***1*** devastazione; rovina ***2*** desolazione; afflizione ***3*** solitudine ***4*** zona desolata; luogo desolato.

desolator /ˈdɛsəleɪtə(r)/, *n.* (*raro*) desolatore.

to **desorb** /dɪˈsɔːb, -ˈz-/, *v. t.* (*chim., fis.*) desorbire.

desorption /dɪˈsɔːpʃn, -ˈz-/, *n.* (*chim., fis.*) desorbimento; deadsorbimento.

despair /dɪˈspɛə(r)/, *n.* disperazione: **That boy is the d. of his family**, quel ragazzo è la disperazione della sua famiglia. ● **to drive sb. to d.**, far disperare q.; spingere q. alla disperazione □ **in d.**, disperato; in preda alla disperazione: **He applied to me in d.**, si rivolse a me disperato □ **Puns are the translator's d.**, i giochi di parole fanno disperare i traduttori.

to **despair** /dɪˈspɛə(r)/, *v. i.* disperare, disperarsi: **The doctors d. of saving his life**, i medici disperano di salvargli la vita.

despairing /dɪˈspɛərɪŋ/, *a.* disperato; che dispera; di disperazione: **a d. look**, uno sguardo di disperazione. || **-ly**, *avv.*

despatch, to **despatch** /dɪˈspætʃ/, *V.* **dispatch, to dispatch**.

desperado /dɛspəˈrɑːdəʊ, *USA* -ˈreɪ-/, *n.* (*pl.* **desperadoes, desperados**) bandito; malvivente; fuorilegge.

desperate /ˈdɛspərət/, *a.* ***1*** disperato; che non dà speranza; furibondo; furioso: **a d. illness**, una malattia disperata; **a d. attempt**, un tentativo disperato; **a d. attack**, un attacco furibondo ***2*** terribile; orribile; violento: **a d. night**, una notte orribile; **a d. storm**, una violenta tempesta ***3*** enorme; completo; perfetto: **d. fear**, paura enorme; **a d. fool**, un perfetto idiota. ● **d. courage**, il coraggio della disperazione □ **a d. criminal**, un criminale pronto a tutto. ● (*fam.*) **I'm d. for money**, ho un disperato bisogno di soldi. || **-ly**, *avv.* || **-ness**, *sost.*

desperation /dɛspəˈreɪʃn/, *n.* ***1*** disperazione ***2*** ardimento disperato; temerarietà. ● **to drive sb. to d.**, far disperare q.; spingere q. alla disperazione □ **in d.**, per la disperazione.

despicability /dɪspɪkəˈbɪlətɪ, dɛs-/, *n.* spregevolezza; meschinità.

despicable /dɪˈspɪkəbl, ˈdɛs-/, *a.* spregevole; disprezzabile; meschino. || **-ness**, *sost.*

to **despise** /dɪˈspaɪz/, *v. t.* disprezzare; disdegnare; sdegnare.

despisingly /dɪˈspaɪzɪŋlɪ/, *avv.* in modo sprezzante; con disprezzo.

despite /dɪˈspaɪt/, **A** *n.* dispetto (*anche nel senso, arc., di disprezzo*); malanimo; stizza. **B** *prep.* a dispetto di; malgrado; nonostante. ● **in d. of**, a dispetto di; nonostante.

despiteful /dɪˈspaɪtfl/, *a.* (*arc.*) maligno; perfido.

to **despoil** /dɪˈspɔɪl/, *v. t.* depredare; derubare; saccheggiare; spogliare.

despoiler /dɪˈspɔɪlə(r)/, *n.* ladro; saccheggiatore, saccheggiatrice; spogliatore, spogliatrice.

despoilment /dɪˈspɔɪlmənt/, **despoliation** /dɪspəʊlɪˈeɪʃn/, *n.* spogliamento (*raro*); spoliazione; depredazione; ruberia; saccheggio.

to **despond** /dɪˈspɒnd/, *v. i.* abbattersi; perdersi d'animo; scoraggiarsi.

despondence /dɪˈspɒndəns/, **despondency** /dɪˈspɒndənsɪ/, *n.* abbattimento; scoraggiamento; sconforto; avvilimento.

despondent /dɪˈspɒndənt/, *a.* abbattuto, scoraggiato; sconfortato; avvilito.

despot /ˈdɛspɒt, -ət/, *n.* despota.

despotic(al) /dɪˈspɒtɪk(l)/, *a.* dispotico. || **-ally**, *avv.*

despotism /ˈdɛspətɪzəm/, *n.* dispotismo.

to **desquamate** /ˈdɛskwəmeɪt/, *v. i.* squamarsi.

desquamation /dɛskwəˈmeɪʃn/, *n.* desquamazione.

dessert /dɪˈzɜːt/, *n.* dessert; frutta, dolci, ecc. (*serviti alla fine del pranzo*). ● **d. spoon**, cucchiaino da dessert □ **d. wine**, vino da dessert.

destabilization /diːsteɪbəlaɪˈzeɪʃn, *USA* -lɪˈz-/, *n.* (*polit.*) destabilizzazione.

to **destabilize** /diːˈsteɪbəlaɪz/, *v. t.* (*polit.*) destabilizzare.

destabilizing /diːˈsteɪbəlaɪzɪŋ/, *a.* (*polit.*) destabilizzante

destalinization /diːstɑːlɪnaɪˈzeɪʃn, -tæl-, *USA* -nɪˈz-/, *n.* (*polit., stor.*) destalinizzazione.

to **destalinize** /diːˈstɑːlɪnaɪz, -tæl-/, *v. t.* (*polit., stor.*) destalinizzare.

destination /dɛstɪˈneɪʃn/, *n.* ***1*** destinazione; meta: **to reach one's d.**, giungere a destinazione ***2*** indirizzo: (*di un pacco*) **sent to the wrong destination**, spedito all'indirizzo sbagliato.

to **destine** /ˈdɛstɪn/, *v. t.* destinare; assegnare: **His parents had destined him for the navy**, i genitori l'avevano destinato alla carriera militare in marina; **She was destined to be unhappy**, era destinata all'infelicità. ● (*trasp.*) **to be destined for**, essere diretto a: **The plane was destined for Rome**, l'aereo era diretto a Roma.

destiny /ˈdɛstənɪ/, *n.* destino; fato; sorte. ● (*mitol.*) **the Destinies**, le Parche.

destitute /ˈdɛstɪtjuːt, *USA* -tuːt/, *a.* (*form.*) ***1*** bisognoso; indigente; misero: **a d. widow**, una vedova priva di risorse ***2*** privo; mancante: **d. of brains**, privo di cervello.

destitution /dɛstɪˈtjuːʃn, *USA* -tuː-/, *n.* povertà; indigenza; miseria.

to **destroy** /dɪˈstrɔɪ/, *v. t.* ***1*** distruggere; annientare; rovinare; sterminare: **The goods were destroyed by fire**, la merce fu distrutta dal fuoco ***2*** (*pop. USA*) entusiasmare ***3*** (*eufem.*) abbattere, uccidere (*un animale ammalato*). ● **to d. sb.'s hopes**, infrangere le speranze di q. □ **to d. sb.'s reputation**, rovinare il buon nome di q.

destroyable /dɪˈstrɔɪəbl/, *a.* distruttibile; distruggibile (*raro*).

destroyer /dɪˈstrɔɪə(r)/, *n.* ***1*** distruttore, distruttrice ***2*** (*naut.*) cacciatorpediniere: **d. escort**, cacciatorpediniere di scorta; **d. leader**, cacciatorpediniere conduttore; **guided missile d.**, cacciatorpediniere lanciamissili.

destructibility /dɪstrʌktəˈbɪlətɪ/, *n.* l'esser distruttibile.

destructible /dɪˈstrʌktəbl/, *a.* distruttibile.

destruction /dɪˈstrʌkʃn/, *n.* distruzione; rovina; annientamento; sterminio: **Alcohol was his d.**, l'alcol fu la sua rovina. ● (*leg.*) **d. of correspondence**, soppressione di corrispondenza.

destructive /dɪˈstrʌktɪv/, *a.* ***1*** distruttivo; negativo: **d. competition**, concorrenza distruttiva; **d. criticism**, critica negativa; stroncatura ***2*** dannoso; rovinoso: **a d. hailstorm**, una grandinata rovinosa. ● (*elab.*) **d. read**, lettura distruttiva. || **-ly**, *avv.* || **-ness**, *sost.*

destructivity /dɪstrʌkˈtɪvətɪ/, *n.* ***1*** l'esser distruttivo; dannosità, ecc. (*V.* **destructive**); (*mil.*) capacità di distruzione ***2*** (*psic.*) mania di distruzione.

destructor /dɪˈstrʌktə(r)/, *n.* ***1*** distruttore ***2*** (*tecn.*) inceneritore ***3*** (*mil., miss.*) dispositivo di autodistruzione.

desuetude /ˈdɛswɪtjuːd, dɪˈsjuːɪtjuːd, *USA* -tuːd, -ˈsuː-/, *n.* dissuetudine, desuetudine (*lett. o leg.*); disuso: **laws fallen into d.**, leggi cadute in disuso.

desulphurization /diːsʌlfəraɪˈzeɪʃn, *USA* -rɪˈz-/, *n.* (*ind.*) desolforazione.

to **desulphurize** /diːˈsʌlfəraɪz/, *v. t.* (*ind.*) desolforare.

desultory /ˈdɛsltrɪ, *USA* -tɔːrɪ/, *a.* ***1*** saltuario ***2*** non metodico; disordinato; fatto a casaccio: **d. reading**, letture disordinate; **a d. remark**, un rilievo fatto a casaccio. ● (*mil.*) **d. fire**, fuoco intermittente. || **-ily**, *avv.* || **-iness**, *sost.*

to **detach** /dɪˈtætʃ/, *v. t.* ***1*** staccare; distaccare; disgiungere; separare: **to d. a bucket from its chain**, staccare un secchio dalla catena; **to d. one's responsibilities from other people's**, disgiungere le proprie responsabilità da quelle degli altri ***2*** (*anche mil.*) distaccare: **Two platoons were detached from the battalion**, due plotoni furono distaccati dal battaglione. ● (*fin.*) **to d. a coupon**, staccare una cedola.

detachable /dɪˈtætʃəbl/, *a.* staccabile; distaccabile; separabile.

detached /dɪˈtætʃt/, *a.* ***1*** distaccato, distante (*fig.*); obiettivo; sereno; imparziale; spassionato: **with a d. mind**, a mente serena; **a d. point of view**, un punto di vista obiettivo; **a d. opinion**, un parere spassionato ***2*** staccato; isolato: **a d. group of house**, un gruppo isolato di case ***3*** (*anche mil.*) distaccato. ● (*edil.*) **a d. house**, una villa (*o* villetta) unifamiliare □ (*naut.*) **d. ship**, nave isolata. || **-ly**, *avv.* || **-ness**, *sost.*

detachment /dɪˈtætʃmənt/, *n.* ***1*** distacco; separazione: (*med.*) **d. of the retina**, distacco della retina ***2*** obiettività; distacco; imparzialità; serenità ***3*** (*mil.*) distaccamento: **to be on d.**, essere distaccato.

detail /ˈdiːteɪl, *USA* dɪˈteɪl/, *n.* ***1*** particolare; minuzia; dettaglio: **the details of an agreement**, i particolari di un accordo; **This is only a d.**, questa non è che una minuzia ***2*** (*mil.*) piccolo distaccamento; (reparto inviato in) missione speciale ***3*** (*mecc.*) componente; pezzo ***4*** (*USA*) gruppetto ***5*** (*pl.*) estremi (*di una pratica*). ● (*arte, mecc.*) **d. drawing**, disegno di particolari □ (*elab.*) **d. printing**, stampa di dettaglio □ (*elab.*) **d. record**, record di movimento □ **to go** (*o* **to enter**) **into d.**, entrare nei particolari □ **in** (**great**) **d.**, nei particolari; dettagliatamente; per filo e per segno: **Tell me everything in d.**, raccontami tutto per filo e per segno.

to **detail** /ˈdiːteɪl, *USA* dɪˈteɪl/, *v. t.* ***1*** dettagliare; descrivere minutamente; raccontare per filo e per segno ***2*** (*anche mil.*) assegnare; distaccare: **The captain detailed five men to guard the house**, il capitano assegnò cinque uomini a guardia della casa.

detailed /ˈdiːteɪld, *USA* dɪˈteɪld/, *a.* particolareggiato; circostanziato; dettagliato. ● **a d. list**, una specifica □ (*banca*) **d. statement**, estratto conto analitico.

to **detain** /dɪˈteɪn/, *v. t.* ***1*** trattenere; far perdere tempo a: **I am sorry having to d. you**, mi dispiace doverLa trattenere; **He was detained by an accident**, fu trattenuto da un incidente ***2*** (*leg.*) detenere; tenere (q.) in stato di fermo.

detainee /diːteɪˈniː/, *n.* (*leg.*) detenuto; trattenuto; fermato.

detainer /dɪˈteɪnə(r)/, *n.* (*leg.*) ***1*** detenzione (illegittima) ***2*** stato d'arresto; detenzione; fermo (di polizia) ***3*** ordine di detenzione.

detainment /dɪˈteɪnmənt/, *n.* (*leg.*) ***1*** detenzione; arresto ***2*** detenzione di minorenni ***3*** sequestro: **the d. of a ship**, il sequestro di una nave ***4*** sequestro di persona (*senza ratto*).

to **detect** /dɪˈtɛkt/, *v. i.* ***1*** scoprire; sorprendere: **They detected the thief in the act of stealing the money**, scoprirono il ladro nell'atto di rubare il denaro ***2*** discernere; intravvedere; scorgere: **I detected the lost purse under a bush**, scorsi sotto un cespuglio il borsellino smarrito ***3*** (*tecn.*) rivelare ***4*** (*elettron.*) rivelare.

detectable /dɪˈtɛktəbl/, *a.* scopribile.

detection /dɪˈtɛkʃn/, *n.* ***1*** scoperta; rivelazione: **the d. of a crime**, la scoperta d'un delitto ***2*** (*elettron.*) rivelazione.

detective /dɪˈtɛktɪv/, **A** *a.* ***1*** rivelatore ***2*** investigativo. **B** *n.* detective; agente investigativo; investigatore: **private d.**, investigatore privato. ● **d. agency**, agenzia investigativa □ **d. fiction**, giallistica □ **d. story**, racconto poliziesco □ **d.-story writer**, giallista □ **amateur d.**, poliziotto dilettante.

detector /dɪˈtɛktə(r)/, *n.* ***1*** scopritore; chi rivela q.c. ***2*** (*tecn.*) detector; rivelatore. ● **gas d.**, rivelatore di gas □ **lie d.**, macchina della verità.

detent /dɪˈtɛnt/, *n.* (*mecc.*) agente d'arresto (*d'un orologio, ecc.*).

détente /ˈdeɪtɒnt, -ɑːnt, *USA* deɪˈtɑːnt/ (*franc.*), *n.* (*anche polit.*) distensione.

detention /dɪˈtɛnʃn/, *n.* ***1*** l'esser trattenuto (*specialm. oltre l'orario, a scuola, come punizione*) ***2*** (*leg.*) detenzione; arresto; fermo (di polizia); carcerazione preventiva ***3*** (*leg.*) detenzione (illegittima) ***4*** (*trasp.*) ritardo forzato. ● (*in G.B.*) **d. at Her** (*o* **His**) **Majesty's pleasure**, pena detentiva a tempo indeterminato □ **d. barracks**, prigione militare □ **d. camp**, campo d'internamento □ **d. centre**, casa di correzione; riformatorio.

detentive /dɪˈtɛntɪv/, *a.* (*leg.*) detentivo: **d. sentences**, pene detentive (*o* restrittive della libertà).

to **deter** /dɪˈtɜː(r)/, *v. t.* distogliere; dissuadere; impedire; scoraggiare; trattenere: **These steps will d. the would-be thief**, questi accorgimenti scoraggeranno il possibile ladro; **The weather didn't d. him from going into the country**, il tempo non valse a distoglierlo dall'andare in campagna; **Reprisal did not d. the invaders**, la rappresaglia non dissuase gli invasori.

detergent /dɪˈtɜːdʒənt/, *a.* e *n.* detergente; detersivo.

to **deteriorate** /dɪˈtɪərɪəreɪt/, **A** *v. t.* deteriorare; guastare; corrompere. **B** *v. i.* ***1*** deteriorarsi; deperire ***2*** aggravarsi; acuirsi.

deterioration /dɪtɪərɪəˈreɪʃn/, *n.* ***1*** deterioramento; deteriorazione (*raro*): **goods liable to d.**, merce soggetta a deterioramento ***2*** aggravamento: **the d. of the monetary crisis**, l'aggravamento della crisi monetaria.

determent /dɪˈtɜːmənt/, *n.* provvedimento atto a distogliere, scoraggiare, trattenere (*q. dal fare q.c.*); freno; impedimento; remora.

determinable /dɪˈtɜːmɪnəbl/, *a.* ***1*** determinabile ***2*** (*leg.: di contratto*) risolvibile. ● (*leg.*) **d. interest**, interesse soggetto a una condizione risolutiva.

determinant /dɪˈtɜːmɪnənt/, **A** *a.* determinante. **B** *n.* ***1*** fattore determinante ***2*** (*mat.*) determinante.

determinate /dɪˈtɜːmɪnət/, *a.* ***1*** determinato; definito ***2*** definitivo; fissato; stabilito ***3*** *V.* **determined,** *def.* 2. || **-ness**, *sost.*

determination /dɪtɜːmɪˈneɪʃn/, *n.* ***1*** determinazione; decisione; risoluzione: **I appreciate your d. to study Russian**, apprezzo la tua decisione di studiare il russo ***2*** determinazione; ferma intenzione; decisione; risolutezza: **They act with great d.**, agiscono con grande risolutezza ***3*** (*scient.*) determinazione; rilevamento; calcolo: **the d. of the orbit of a satellite**, la determinazione dell'orbita di un satellite ***4*** (*leg.*) decisione: **the d. of a case**, la decisione di una causa ***5*** (*leg.*) risoluzione. ● (*leg.*) **d. clause**, clausola risolutiva □ **the d. of boundaries**, la delimitazione dei confini □ (*tecn.*) **quantity d.**, dosaggio (*d'ingredienti*).

determinative /dɪˈtɜːmɪnətɪv, *USA* -eɪtɪv/, **A** *a.* determinante; determinativo (*anche gramm.*). **B** *n.* ***1*** fattore determinante ***2*** (*gramm.*) determinante.

to **determine** /dɪˈtɜːmɪn/, **A** *v. t.* ***1*** determinare; definire; decidere; far decidere; stabilire; causare: (*econ.*) **Demand determines prices**, la domanda determina i prezzi; **The flood determined the downfall of the bridge**, l'inondazione causò il crollo del ponte; **His fate has not been determined yet**, la sua sorte non è stata ancora decisa; **The news will d. him on starting at once**, la notizia lo farà decidere a partire subito ***2*** delimitare (*confini, ecc.*) ***3*** (*leg.*) decidere; giudicare ***4*** (*leg.*) risolvere, sciogliere (*un contratto e sim.*). **B** *v. i.* ***1*** decidere; decidersi; risolversi: **He has determined to stay here**, s'è deciso a rimanere qui ***2*** (*leg.: di un contratto, ecc.*) risolversi; (*di un diritto*) estinguersi. ● **to be determined on**, essere (ben) deciso a: **He is determined on getting the scholarship**, è ben deciso a ottenere la borsa di studio.

determined /dɪˈtɜːmɪnd/, *a.* ***1*** fissato; stabilito ***2*** deciso; fermo; risoluto: **with a d. mind**,

con animo risoluto. || **-ly,** *avv.*
determiner /dɪ'tɜːmɪnə(r)/, *n.* (*ling.*) determinante.
determinism /dɪ'tɜːmɪnɪzəm/, *n.* (*filos.*) determinismo.
determinist /dɪ'tɜːmɪnɪst/, (*filos.*) **A** *n.* determinista. **B** *a.* deterministico.
deterministic /dɪtɜːmɪ'nɪstɪk/, *a.* (*filos.*) deterministico.
deterrence /dɪ'tɛrəns/, *n.* deterrenza; lo scoraggiare; dissuasione.
deterrent /dɪ'tɛrənt, *USA* -'tɜː-/, **A** *a.* **1** dissuasivo; dissuasorio; che distoglie, scoraggia, trattiene (*q. dal fare q.c.*): **d. effect**, effetto dissuasivo **2** (*mil., polit.*) deterrente. **B** *n.* **1** azione (*o* manovra, mossa) dissuasiva **2** (*mil., polit.*) deterrente.
detersive /dɪ'tɜːsɪv/, *a.* e *n.* detersivo.
to **detest** /dɪ'tɛst/, *v. t.* **1** detestare; aborrire; odiare: **I d. racial discrimination**, detesto le discriminazioni razziali **2** detestare; non sopportare: **I d. people who are late**, detesto (*o* non sopporto) i ritardi; **I d. being questioned like that**, non sopporto che mi si facciano tante domande. ● **to d. each other**, detestarsi (l'un l'altro).
detestable /dɪ'tɛstəbl/, *a.* detestabile; odioso. || **-ness,** *sost.* || **-bly,** *avv.*
detestation /diːtɛ'steɪʃn/, *n.* **1** detestazione (*lett.*); odio; aborrimento: **the d. of sin**, la detestazione del peccato **2** (*raro*) cosa (*o* persona) detestata; orrore. ● **to have** (*o* **to hold**) **in d.**, detestare; avere in orrore.
to **dethrone** /diː'θrəun/, *v. t.* detronizzare; deporre (*un sovrano*).
dethronement /diː'θrəunmənt/, *n.* detronizzazione; deposizione.
detinue /'dɛtɪnjuː, *USA* -nuː/, *n.* (*leg.*) detenzione illegittima (*illecito civile*). ● (*leg.*) **action of d.**, azione di rivendicazione.
to **detonate** /'dɛtəneɪt/, **A** *v. i.* detonare; esplodere. **B** *v. t.* far detonare; far esplodere: **The bomb was detonated**, la bomba fu fatta esplodere. ● (*mil.*) **detonating fuse**, spoletta detonante.
detonation /dɛtə'neɪʃn/, *n.* detonazione; esplosione.
detonator /'dɛtəneɪtə(r)/, *n.* **1** detonatore **2** (*ferr.*) petardo **3** (*econ.*) detonatore d'inflazione.
detour, détour /'diːtuə(r), *USA* dɪ'tuə(r)/, *n.* giro lungo; deviazione: **We made a d. to avoid the traffic jam**, facemmo una deviazione per evitare la congestione del traffico.
to **detour** /'diːtuə(r), *USA* dɪ'tuə(r)/, **A** *v. i.* fare una deviazione (*fam.*: un giro lungo). **B** *v. t.* (*USA*) deviare (*il traffico*).
detox /diː'tɒks/, *n.* (*fam. USA*) *V.* **detoxication.**
to **detox** /diː'tɒks/, *v. t.* (*fam. USA*) *V.* **to detoxicate**.
detoxicant /diː'tɒksɪkənt/, *a.* e *n.* (*med.*) disintossicante.
to **detoxicate** /diː'tɒksɪkeɪt/, *v. t.* disintossicare.
detoxication /diːtɒksɪ'keɪʃn/, **detoxification** /diːtɒksɪfɪ'keɪʃn/, *n.* disintossicazione. ● **d. centre**, centro di disintossicazione.
to **detoxify** /diː'tɒksɪfaɪ/, **A** *v. t.* disintossicare. **B** to **detoxify oneself**, *v. rifl.* disintossicarsi.
to **detract** /dɪ'trækt/, **A** *v. t.* **1** distogliere: **I don't want to d. attention from more important issues**, non voglio distogliere l'attenzione da problemi più gravi **2** (*arc.*) detrarre. **B** *v. i.* (*di solito,* **to d. from**) **1** svilire; sminuire: **to d. from sb.'s achievement** [**merits**], sminuire il risultato conseguito [i meriti] di q. **2** diminuire; rendere minore (o più piccolo, meno importante, ecc.): **to d. from sb.'s pleasure**, diminuire il piacere di q. ● **to d. from sb.'s beauty**, andare a scapito della bellezza di q.
detraction /dɪ'trækʃn/, *n.* **1** diminuzione: **This is a d. from my dignity**, ciò va a scapito della mia dignità **2** denigrazione; diffamazione; calunnia **3** (*arc.*) detrazione.
detractive /dɪ'træktɪv/, *a.* **1** che detrae; che fa diminuire **2** denigratorio; diffamatorio.
detractor /dɪ'træktə(r)/, *n.* detrattore; diffamatore; denigratore.
to **detrain** /diː'treɪn/, **A** *v. i.* scendere dal treno. **B** *v. t.* far scendere dal treno (*soldati, ecc.*).
detriment /'dɛtrɪmənt/, *n.* (*anche econ., leg.*) detrimento; danno; pregiudizio; scapito: **to the d. of one's health**, a detrimento (*o* a scapito) della salute.
detrimental /dɛtrɪ'mɛntl/, *a.* dannoso; nocivo; pregiudizievole. || **-ly,** *avv.*
detrital /dɪ'traɪtl/, *a.* (*geol.*) detritico.
detrition /dɪ'trɪʃn/, *n.* **1** attrito **2** logorio (*dovuto ad attrito, all'azione dell'acqua, ecc.*).
detritus /dɪ'traɪtəs/, *n.* (*invar. al pl.*) (*geol.*) detrito, detriti.
Detroit /dɪ'trɔɪt/, *n.* **1** (*geogr.*) Detroit (*città in U.S.A.*) **2** (*fig.*) (l') industria automobilistica americana.
detumescence /diːtjuː'mɛsns, *USA* -tuː-/, *n.* (*med., fisiol.*) detumescenza.
to **detune** /diː'tjuːn, *USA* -'tuːn/, *v. t.* (*elettron., radio*) disintonizzare.
deuce (**1**) /djuːs, *USA* duːs/, *n.* **1** (*carta da gioco, dadi*) due (*la carta o la faccia del dado*) **2** (*tennis, ping-pong*) 40 pari; parità: **third d.**, (vantaggio) pari per la terza volta **3** (*pop. USA*) due dollari **4** (*pop. USA*) due anni di galera.
deuce (**2**) /djuːs, *USA* duːs/, *n.* (*pop. arc.*; *nelle inter., ecc.*) diavolo; diamine: **The d. take it!**, il diavolo se lo porti!; **Where the d. is he?**, dove diamine s'è cacciato?; **The d. knows!**, lo sa il diavolo!; e chi lo sa! ● **a d. of a mess**, una confusione del diavolo □ **to play the d. with**, mandare in malora; rovinare: **The weather played the d. with our plans**, il tempo ha mandato in malora i nostri piani □ **It's raining like the d.**, piove che Dio la manda □ **There'll be the d. to pay**, ci saranno un sacco di guai □ **«He isn't a fool» «The d. he isn't»**, «non è uno stupido» «accidenti se lo è!».
deuced /'djuːsɪd, djuːst, *USA* 'duː-, duː-/, (*pop. arc.*) **A** *a.* **1** diabolico; dannato; maledetto **2** indiavolato, del diavolo (*fig.*); enorme: **to be in a d. hurry**, avere una fretta del diavolo. **B** *avv.* (= **deucedly**) maledettamente; straordinariamente.
deuteragonist /djuːtə'rægənɪst, *USA* duː-/, *n.* deuteragonista.
deuterium /djuː'tɪərɪəm, *USA* duː-/, *n.* (*chim., fis. nucl.*) deuterio; idrogeno pesante. ● **d. oxide**, ossido di deuterio; acqua pesante.
deuterogamy /djuːtə'rɒgəmɪ, *USA* duː-/, *n.* **1** (*bot.*) deuterogamia (*di funghi, alghe, ecc.*) **2** (*leg.*) *V.* **digamy**.
deuteron /'djuːtərɒn, *USA* 'duː-/, *n.* (*fis. nucl.*) deutone; deuterone.
Deuteronomy /djuːtə'rɒnəmɪ, 'djuːtərənɒmɪ, *USA* duː-, 'duː-/, *n.* Deuteronomio.
deuteropathy /djuːtə'rɒpəθɪ, *USA* duː-/, *n.* (*med.*) deuteropatia.
deuton /'djuːtən, *USA* 'duː-/, *V.* **deuteron**.
to **devaluate** /diː'væljʊeɪt/, *v. t.* (*econ., fin.*) svalutare.
devaluation /diːvæljʊ'eɪʃn/, *n.* (*econ., fin.*) svalutazione; devalutazione: **the d. of the pound**, la svalutazione della sterlina. ● **d. rate**, tasso di svalutazione.
devaluationist /diːvæljʊ'eɪʃnɪst/, *n.* (*econ.*) fautore della svalutazione.
to **devalue** /diː'væljuː/, *v. t.* **1** (*econ., fin.*) svalutare: **We didn't expect the lira to be devalued**, non ci aspettavamo che la lira fosse svalutata **2** (*fig.*) svilire; sminuire il valore di (q.c.).
to **devastate** /'dɛvəsteɪt/, *v. t.* **1** devastare; rovinare; saccheggiare **2** (*fig.*) distruggere (q.); sconvolgere.
devastating /'dɛvəsteɪtɪŋ/, *a.* **1** devastatore; rovinoso **2** (*fig.*) grave; sconvolgente; terribile **3** (*fam.*) favoloso; fantastico (*fam.*): **You look d. in that miniskirt**, sei fantastica con quella minigonna. ● **a d. remark**, un'osservazione che taglia le gambe (*fig.*).
devastation /dɛvə'steɪʃn/, *n.* devastazione; rovina.
devastator /'dɛvəsteɪtə(r)/, *n.* devastatore.
to **develop** /dɪ'vɛləp/, **A** *v. t.* **1** sviluppare; allargare; ampliare: **to d. one's business**, sviluppare la propria azienda; **to d. films** [**plates**], sviluppare pellicole [lastre]; **Exercise develops one's body**, gli esercizi fisici sviluppano il corpo; **to d. a plot**, sviluppare un intreccio; **to d. heat**, sviluppare calore **2** (*econ.*) sviluppare; valorizzare; sfruttare (*risorse*): **to d. a building site**, sviluppare un'area edificabile; **to d. barren lands**, valorizzare terreni incolti **3** acquisire (*gusti, propensioni, ecc.*); cominciare a prendere (*q.*: *in simpatia, ecc.*): **to d. a taste for curry**, acquisire il gusto del curry; **She's developing a liking for him**, comincia a prenderlo in simpatia **4** manifestare; rivelare: **He developed symptoms of insanity**, manifestò sintomi di alienazione mentale; **to d. a tendency**, rivelare a poco a poco una tendenza. **B** *v. i.* **1** svilupparsi; ampliarsi; allargarsi: **Fruits d. from blossoms**, il frutto si sviluppa dal fiore **2** insorgere; (*anche di malattia*) evolvere, degenerare **3** crescere; trasformarsi: **Seeds d. into plants**, i semi (sviluppandosi) si trasformano in piante **4** (*USA*) emergere; risultare: **It developed today that he has gone bankrupt**, è risultato oggi che ha fatto fallimento. ● **to d. a dislike to sb.** [**for st.**], cominciare a sentire antipatia per q. [avversione per q.c.] □ (*mat.*) **to d. an equation**, sviluppare un'equazione □ **to d. a project**, elaborare un progetto □ (*di progetto, ecc.*) **being developed**, allo studio.
developable /dɪ'vɛləpəbl/, *a.* sviluppabile.
developed /dɪ'vɛləpt/, *a.* **1** sviluppato: **highly d.**, ben sviluppato **2** (*econ.*) sviluppato: **a d. economy**, un'economia sviluppata; **the d. countries**, i paesi sviluppati. ● (*leg.*) **d. water**, acqua di sfruttamento.
developer /dɪ'vɛləpə(r)/, *n.* **1** (*chim.*) sviluppatore **2** (*fotogr.*) soluzione di sviluppo; rivelatore **3** persona (*o* autorità) che cura lo sviluppo di una regione, ecc. **4** (*econ., edil.*) operatore (*o* società) immobiliare. ● (*psic.*) **late d.**, (bambino) ritardato.
developing /dɪ'vɛləpɪŋ/, **A** *a.* **1** che si sviluppa **2** (*econ.*) in via di sviluppo: **d. countries**, i paesi in via di sviluppo. **B** *n.* **1** (*econ.*) sviluppo; valorizzazione; sfruttamento (*di risorse*) **2** (*chim., fotogr.*) sviluppo: **d. bath**, bagno di sviluppo.
development /dɪ'vɛləpmənt/, *n.* **1** sviluppo; ampliamento; evoluzione: **the country's d.**, lo sviluppo del paese; **the d. of the disease**, l'evoluzione (*o* degenerazione) della malattia; **the latest developments of the situation in the Balkans**, gli ultimi sviluppi della situazione nei Balcani **2** (*econ.*) sviluppo; valorizzazione (*di risorse, di una regione, ecc.*) **3** ritrovato; scoperta: **a recent d. of medicine**, un recente ritrovato della medicina **4** pianta (*o* bestia) ottenuta per ibridazione; nuova varietà coltivata **5** (= **housing d.**) area di sviluppo urbano; complesso urbano; quartiere (nuovo) **6** (*fotogr.*) sviluppo **7** (*geol., miner.*) sviluppo **8** (*ind. min.*) lavoro di preparazione. ● (*psic.*) **d. age**, età dello sviluppo □ (*econ.*) **d. aid**, aiuto ai paesi in via di sviluppo □ **d. area**, area di sviluppo urbano; (*anche*) zona depressa □ (*fisc.*) **d. charge**, imposta sui suoli edificabili □ (*econ.*) **d. economics**, economia dello sviluppo □ **d. expense**, spesa di sviluppo; (*anche*) spesa promozionale □ (*econ.*) **d. gap**, divario di sviluppo □ **d. land**, suolo edificabile □ (*leg., edil.*) **d. plan**, piano regolatore (*o* di sviluppo urbanistico) □ (*fisc.*) **d. value**, incremento di valore (*di un terreno*) a causa dello sviluppo urbano.
developmental /dɪvɛləp'mɛntl/, *a.* dello sviluppo; evolutivo: (*med.*) **d. diseases**, malattie

dello sviluppo; **d. crisis**, crisi evolutiva. ● **d. psychology**, psicologia dell'età evolutiva.

deviance /ˈdiːvɪəns/, **deviancy** /ˈdiːvɪənsɪ/, *n.* (*med., psic.*) devianza.

deviant /ˈdiːvɪənt/, (*med., psic.*) **A** *a.* deviante; anormale: **d. behaviour**, comportamento deviante. **B** *n.* **1** deviante; individuo anormale **2** (= **sexual d.**) pervertito (sessuale).

deviate /ˈdiːvɪət/, (*USA*) *V.* **deviant**.

to **deviate** /ˈdiːvɪeɪt/, *v. i.* deviare; fare una digressione: **to d. from one's course**, deviare dalla propria strada. ● **to d. from a rule**, trasgredire una regola □ **to d. from truth**, allontanarsi dalla verità.

deviation /diːvɪˈeɪʃn/, *n.* **1** deviazione: (*fis.*) **the d. of a beam of light**, la deviazione di un raggio di luce **2** (*psic.*) deviazione **3** (*stat.*) deviazione; scostamento; scarto quadratico **4** (*aeron., naut.*) deviazione dalla rotta; dirottamento **5** (*fig.*) traviamento. ● (*ass., naut.*) **d. clause**, clausola di dirottamento □ (*naut.*) **d. table**, tabella di deviazione □ (*aeron., naut.*) **compass d.**, deviazione della bussola □ (*psic.*) **sexual d.**, perversione sessuale.

deviationism /diːvɪˈeɪʃənɪzəm/, *n.* (*polit.*) deviazionismo.

deviationist /diːvɪˈeɪʃənɪst/, (*polit.*) **A** *n.* deviazionista. **B** *a.* deviazionistico.

deviator /ˈdiːvɪeɪtə(r)/, *n.* deviatore.

device /dɪˈvaɪs/, *n.* **1** piano; progetto **2** stratagemma; espediente; (*leg.*) artificio; accorgimento; trucco **3** congegno; dispositivo; meccanismo; arnese; aggeggio: **firing d.**, congegno di sparo (*d'arma da fuoco*); **a d. for killing mosquitoes**, un arnese per uccidere le zanzare **4** (*arald.*) divisa; emblema; insegna; stemma **5** disegno; figura ornamentale **6** (*elab.*) dispositivo; (unità) periferica: (*di un programma*) **d.-independent**, indipendente dal dispositivo. ● **to leave sb. to his own devices**, abbandonare q. ai suoi capricci; lasciarlo fare di testa sua; lasciarlo perdere (*fam.*).

devil /ˈdɛvl/, *n.* **1** (*relig.*) – **the D.**, il Diavolo; il Demonio **2** (*anche fig.*) diavolo, demonio, demone: **the devils of Loudun**, i diavoli di Loudun; **He's a d. of a fellow**, è un diavolo d'individuo; è uno che la sa lunga; **That d. of a man succeeds in everything he attempts**, quel demonio d'uomo riesce in tutto quello che fa; **the d. of greed**, il demone della cupidigia; **He's lost his job, poor d.!**, povero diavolo, ha perso il posto **3** (*fam., intensificativo*) – **a d. of**, un grande, un bel: **a d. of a fine horse**, un gran bel cavallo; **I had the d. of a job to convince him**, ebbi un bel da fare per convincerlo **4** apprendista: **printer's d.**, apprendista tipografo **5** (*leg.*) giovane di studio (*che lavora gratis o a mezza paga*) **6** (*lett.*) «negro»; chi scrive discorsi per altri (*rimanendo nell'anonimato*) **7** (*edil.*) braciere portatile; fornacetta **8** (*ind. tess.*) macchina per triturare gli stracci. ● **the d.'s advocate**, l'avvocato del diavolo (*nel diritto canonico e fig.*) □ **the d.'s bedpost**, il quattro di fiori (*nel gioco delle carte*) □ (*bot.*) **d.'s-bit** (*Scabiosa succisa*), morso del diavolo □ **the d.'s bones**, i dadi □ **the d.'s book**, le carte da gioco □ (*zool.*) **d.'s coach-horse** (*Staphylinus olens*), stafilino odoroso □ (*scherz.*) **d.-dodger**, predicatore; parroco □ **d.'s dust**, stoffa fatta con gli stracci; (*fig.*) cosa di pessima qualità □ (*zool.*) **d.-fish**, (*Manta birostris*) manta, diavolo di mare, razza cornuta; (*Octopus*) polpo □ **d.-may-care**, avventato, temerario; strafottente, incurante □ (*bot., pop.*) **d.'s milk**, euforbia □ (*fam.*) **the d. to pay**, qualche cosa che si pagherà cara; guai in vista: **If you do that, you'll have the d. to pay**, se lo fai, saranno guai (per te) (*o* la pagherai cara) □ **the d.'s tattoo**, il tamburellare con le dita (*o* con i piedi): **to beat the d.'s tattoo**, tamburellare con le dita □ **d. worship**, adorazione del diavolo; demonolatria □ **to be between the d. and the deep sea**, trovarsi fra Scilla e Cariddi, essere tra l'incudine e il martello (*fig.*) □ **to give the d. his due**, rendere giustizia a q.; per quanti demeriti abbia, riconoscere i meriti di q. □ **to go to the d.**, andare in malora; andare in rovina □ (*pop.*) **Go to the d.!**, va al diavolo! □ (*fam.*) **to have the luck of the d.**, avere una fortuna del diavolo □ **little d.**, diavoletto; **You little d., you've pinched my watch!**, peste di un bambino, mi hai fregato l'orologio □ **You lucky d.!**, fortunello!, che fortuna! □ **to play the d. with**, sconvolgere, fare scempio di (q. *o* q.c.); mandare (q.c.) a catafascio □ **to raise the d.**, evocare il demonio; (*fam.*) fare il diavolo a quattro; fare un chiasso del diavolo □ **she-d.**, diavolessa □ (*fam.*) **the very d.**, difficilissimo; una fatica del diavolo; faticosissimo: **My new motorbike is a dream, but it's the very d. to ride**, la mia moto nuova è un sogno ma è difficilissima da guidare □ **He works like a d.**, lavora come un negro (*o* per quattro) □ **«I told her the whole truth!» «The d. you did!»**, «Le ho detto tutta la verità» «Ma no! (*o* ma va là!; non ci credo!; col cavolo! (*pop.*); *anche*: spero che non sia vero!)» □ (*prov.*) **Speak of the d. (and he will appear)**, lupus in fabula; persona nominata o è qui o è per strada □ (*prov.*) **The d. is not so black as he is painted**, il diavolo non è così brutto come lo si dipinge □ (*prov.*) **(Let) the d. take the hindmost!**, ciascuno per sé, e Dio per tutti.

to **devil** /ˈdɛvl/, **A** *v. i.* **1** fare l'apprendista (*presso un tipografo*); fare il giovane di studio (*presso un avvocato*) **2** fare il «negro»; sgobbare, sfacchinare (*per un altro*). **B** *v. t.* **1** preparare (*cibo*) con molte spezie **2** (*fam. USA*) infastidire; importunare; stuzzicare; tormentare.

devildom /ˈdɛvldəm/, *n.* **1** regno (*o* potere) del diavolo **2** influsso diabolico; diabolicità.

devilish /ˈdɛvəlɪʃ/, **A** *a.* **1** diabolico; crudele; malvagio: **a d. scheme**, un piano diabolico **2** (*fam.*) indiavolato; del diavolo; infernale (*fig.*): **It's a d. weather**, fa un tempo infernale. **B** *avv.* (*fam.*) tremendamente: **It's d. cold**, fa un freddo del diavolo. || **-ly**, *avv.* || **-ness**, *sost.*

devilism /ˈdɛvlɪzəm/, *n.* satanismo; adorazione dei demoni.

devilment /ˈdɛvlmənt/, *n.* diavoleria; cattiveria; stato (*o* modo) d'agire di chi è invasato. ● **to be full of d.**, avere il diavolo in corpo (*fig.*).

devilry /ˈdɛvlrɪ/, *n.* **1** diabolicità; malvagità; crudeltà **2** magia; arte diabolica **3** diavoleria; allegrezza (*o* audacia) sfrenata **4** (*collett.*) congrega di demoni.

devious /ˈdiːvɪəs/, *a.* **1** indiretto; traverso: **to go by a d. way**, andare per via indiretta; **to make a fortune by d. ways**, accumulare una fortuna per vie traverse **2** tortuoso: **a d. path**, un sentiero tortuoso **3** (*fig.*) ambiguo; equivoco; subdolo. || **-ly**, *avv.* || **-ness**, *sost.*

devisable /dɪˈvaɪzəbl/, *a.* **1** concepibile; escogitabile **2** (*leg.*) trasmissibile in eredità.

devise /dɪˈvaɪz/, *n.* (*leg.*) **1** disposizione testamentaria riguardante beni immobili **2** lascito; beni immobili lasciati in eredità.

to **devise** /dɪˈvaɪz/, *v. t.* **1** concepire; ideare; inventare; escogitare: **to d. a plan**, escogitare un piano **2** (*leg.*) lasciare in eredità, legare (*beni immobili*).

devisee /dɪvaɪˈziː/, *n.* (*leg.*) legatario di beni immobili (*V.* **devise**).

deviser /dɪˈvaɪzə(r)/, *n.* ideatore, ideatrice; inventore, inventrice.

devisor /dɪˈvaɪzə(r)/, *n.* (*leg.*) testatore (di beni immobili).

devitalization /diːvaɪtəlaɪˈzeɪʃn, *USA* -lɪˈz-/, *n.* **1** (*med.*) devitalizzazione **2** (*fig.*) privazione della vitalità; indebolimento.

to **devitalize** /diːˈvaɪtəlaɪz/, *v. t.* **1** (*med.*) devitalizzare **2** (*fig.*) indebolire (q.); ridurre l'efficacia, la vivacità di (q.c.).

devitaminization /diːvɪtəmɪnaɪˈzeɪʃn, *USA* -nɪˈz-/, *n.* (*ind., med.*) devitaminizzazione.

to **devitaminize** /diːˈvɪtəmɪnaɪz/, *v. t.* (*ind., med.*) devitaminizzare.

devitrification /diːvɪtrɪfɪˈkeɪʃn/, *n.* (*fis.*) devetrificazione.

to **devitrify** /diːˈvɪtrɪfaɪ/, *v. t.* (*fis.*) devetrificare.

devoiced /diːˈvɔɪst/ *a.* (*ling.*) desonorizzato.

devoicing /diːˈvɔɪsɪŋ/, *n.* (*ling.*) desonorizzazione.

devoid /dɪˈvɔɪd/, *a.* privo, mancante, sprovvisto (di): **a region d. of inhabitants**, una regione priva d'abitanti; **a man d. of sense**, un uomo sprovvisto di senso comune.

devoir /ˈdɛvwɑː(r), *USA* dəˈvwɑː(r)/, *n.* (*arc.*) **1** dovere **2** (*pl.*) doveri; complimenti; omaggi: **to pay one's devoirs to a lady**, fare i propri doveri (*o* porgere i propri omaggi) a una signora.

to **devolute** /ˈdɛvəluːt, ˈdiː-, -ljuːt/, *v. t.* devolvere; delegare.

devolution /diːvəˈluːʃn, dɛv-, -ljuː-/, *n.* **1** (*leg.*) devoluzione (*di diritti, proprietà, ecc.*) **2** (*polit.*) delegazione (*specialm. di poteri della Camera dei Comuni alle commissioni parlamentari*) **3** (*biol.*) involuzione **4** decentramento amministrativo.

to **devolve** /dɪˈvɒlv/, **A** *v. t.* (*anche leg.*) devolvere (*un diritto, ecc.*); delegare; affidare: **to d. one's work on a subordinate**, affidare il proprio lavoro a un dipendente. **B** *v. i.* **1** essere trasmesso; passare (*per competenza*): **This office devolves in strict order of seniority**, questa carica si trasmette in stretto ordine di anzianità; **When the manager is absent, his functions d. on me**, quando il direttore è assente, le sue funzioni passano a me **2** (*leg.*) passare in proprietà.

Devonian /dɪˈvəʊnɪən/, *a.* e *n.* **1** (*geogr.*) (abitante) del Devonshire **2** (*geol.*) devoniano.

Devonshire cream /ˈdɛvnʃəkriːm, -ʃɪə-/, *V.* **clotted cream**, *sotto* to **clot**.

to **devote** /dɪˈvəʊt/, *v. t.* **1** consacrare; dedicare; offrire: **He devotes all his energy to work**, dedica al lavoro ogni sua energia; **to d. oneself to God**, votarsi a Dio **2** (*raro*) votare; condannare: **They are devoted to destruction**, sono votati a fine sicura.

devoted /dɪˈvəʊtɪd/, *a.* **1** consacrato; dedicato **2** devoto; affezionato; leale; fedele: **a d. friend**, un devoto amico. || **-ly**, *avv.*

devotee /dɛvəˈtiː/, *n.* **1** devoto; fedele; appassionato: **a d. of the ballet**, un appassionato del balletto **2** persona devota (*o* pia).

devotement /dɪˈvəʊtmənt/, *n.* devozione; dedizione.

devotion /dɪˈvəʊʃn/, *n.* **1** devozione; pietà; dedizione; attaccamento: **d. to one's ideals**, devozione ai propri ideali; **d. to one's family**, devozione (*o* attaccamento) alla famiglia **2** (*pl.*) atti di devozione; devozioni; preghiere: **The bishop was at his devotions**, il vescovo diceva le devozioni (*o* recitava le sue preghiere).

devotional /dɪˈvəʊʃənl/, *a.* **1** devoto; pio; religioso: **d. books**, libri religiosi **2** di preghiera: **d. posture**, atteggiamento di preghiera. || **-ly**, *avv.*

to **devour** /dɪˈvaʊə(r)/, *v. t.* **1** (*anche fig.*) divorare: **The wolf devoured the lamb**, il lupo divorò l'agnello; **to d. a good book**, divorare un bel libro; **The horses devoured the way**, i cavalli divorarono la strada **2** mangiarsi (*fig.*); erodere: **The flood has devoured one of the river banks**, la piena si è mangiata una sponda del fiume **3** distruggere: **The Great Fire of 1666 devoured one third of London**, il grande incendio del 1666 distrusse un terzo di Londra **4** dilapidare (*un patrimonio, ecc.*). ● **to be devoured by terror**, essere in preda al terrore □ **to be devoured by curiosity**, struggersi dalla curiosità.

devourer /dɪˈvaʊərə(r)/, *n.* divoratore, divoratrice.

devouring /dɪˈvaʊərɪŋ/, *a.* **1** vorace **2** (*fig.*) divoratore: **a d. passion**, una passione divoratrice. ‖ **-ly**, *avv.*
devout /dɪˈvaʊt/, *a.* **1** devoto; pio; religioso **2** sincero; fedele; leale: **d. wishes for prosperity**, sinceri auguri di prosperità; **a d. supporter**, un fedele seguace. ‖ **-ly**, *avv.* ‖ **-ness**, *sost.*
dew /djuː, *USA* duː/, *n.* **1** rugiada (*anche fig.*); conforto: **the dew of night**, la rugiada della notte; **the dew of God's grace**, il conforto della grazia divina **2** (*fig.*, *sempre al sing.*) sudore; lacrime. ● (*fig.*) **the dew of youth**, la freschezza della giovinezza □ (*fis.*) **dew point**, punto di rugiada; temperatura di condensazione (*del vapore*) □ (*geogr.*) **dew-pond**, stagno che ha sempre l'acqua (*nell'Inghil. meridionale*) □ (*zool.*) **dew-worm** (*Lumbricus*), lombrico.
to **dew** /djuː, *USA* duː/, *v. t.* (*poet.*) bagnare di rugiada; rendere rugiadoso; imperlare; inumidire.
dewaxing /diːˈwæksɪŋ/, *n.* **1** (*chim.*) deparaffinazione **2** (*autom.*) deceratura (*di un'auto nuova*).
dewberry /ˈdjuːbərɪ, *USA* ˈduːbɛrɪ/, *n.* (*bot.*) **1** (*in G.B.*: *Rubus caesius*) mora selvatica **2** (*in U.S.A.*) *Rubus canadensis*.
dewclaw /ˈdjuːklɔː, *USA* ˈduː-/, *n.* sperone, nodello (*del cane o del gallo*).
dewdrop /ˈdjuːdrɒp, *USA* ˈduː-/, *n.* goccia di rugiada.
dewfall /ˈdjuːfɔːl, *USA* ˈduː-/, *n.* formazione della rugiada.
dewiness /ˈdjuːɪnəs, *USA* ˈduː-/, *n.* l'essere rugiadoso; umidità; freschezza.
dewlap /ˈdjuːlæp, *USA* ˈduː-/, *n.* **1** giogaia, pagliolaia (*del bue e altri animali*) **2** (*pop. scherz.*) doppio mento; pappagorgia.
dewlapped /ˈdjuːlæpt, *USA* ˈduː-/, *a.* **1** (*di un animale*) che ha la giogaia **2** (*di una persona*) con la pappagorgia.
dewy /ˈdjuːɪ, *USA* ˈduːɪ/, *a.* **1** rugiadoso **2** (*poet.*) balsamico; ristoratore: **a d. sleep**, un sonno ristoratore. ● **d.-eyed**, dagli occhi umidi (*o* rugiadosi); (*fig.*) innocente, ingenuo.
dexter /ˈdɛkstə(r)/, *a.* (*arald.*) destro.
dexterity /dɛkˈstɛrətɪ/, *n.* destrezza; abilità.
dexterous /ˈdɛkstrəs/, *a.* **1** destro; abile: **a d. typist**, un dattilografo abile (veloce) **2** che si serve della mano destra. ‖ **-ly**, *avv.* ‖ **-ness**, *sost.*
dextral /ˈdɛkstrəl/, *a.* **1** che si serve della mano destra **2** (*geol.*, *biol.*) destrorso.
dextrality /dɛkˈstrælətɪ/, *n.* (*fisiol.*) destrismo.
dextrin(e) /ˈdɛkstrɪn, -iːn/, *n.* (*biochim.*) destrina.
dextrocardia /dɛkstrəʊˈkɑːdɪə/, *n.* (*anat.*) destrocardia.
dextrogyrate /dɛkstrəʊˈdʒaɪreɪt/, *a.* (*scient.*) destrogiro.
dextrorotation /dɛkstrəʊrəˈteɪʃn/, *n.* (*scient.*) destrorotazione.
dextrorotatory /dɛkstrəʊˈrəʊtətrɪ, *USA* -tɔːrɪ/, *a.* (*scient.*) destrorotatorio.
dextrorsal /dɛkˈstrɔːsl/, **dextrorse** /dɛkˈstrɔːs/, *a.* (*bot.*) destrorso; destrogiro.
dextrose /ˈdɛkstrəʊs, -əʊz/, *n.* (*chim.*) destrosio, destroso.
dextrotropic /dɛkstrəˈtrɒpɪk, *USA* -ˈtrəʊp-/, *a.* (*biol.*) destorso.
dextrous /ˈdɛkstrəs/, *V.* **dexterous**.
Di /daɪ/, *n.* (*abbr. fam.*) Diana: **Lady Di**, Lady Diana.
diabase /ˈdaɪəbeɪs/, *n.* (*geol.*) diabase.
diabetes /daɪəˈbiːtiːz/, *n.* (*invar. al pl.*) (*med.*) diabete.
diabetic /daɪəˈbɛtɪk/, *a.* e *n.* diabetico.
diablerie /dɪˈɑːblərɪ, daɪˈæ-/, *n.* **1** diavoleria; stregoneria **2** negromanzia.
diabolic(al) /daɪəˈbɒlɪk(l)/, *a.* diabolico. ‖ **-ally**, *avv.*
diabolism /daɪˈæbəlɪzəm/, *n.* **1** magia nera; stregoneria **2** culto del demonio **3** diabolicità.
to **diabolize** /daɪˈæbəlaɪz/, *v. t.* **1** rendere diabolico **2** trasformare in (*o* raffigurare come) un demonio.
diachronic /daɪəˈkrɒnɪk/, *a.* (*geol.* e *ling.*) diacronico.
diachrony /daɪˈækrənɪ/, *n.* (*geol. e ling.*) diacronia.
diaconal /daɪˈækənl/, *a.* diaconale; di diacono.
diaconate /daɪˈækənət/, *n.* **1** diaconato **2** (*collett.*) diaconi.
diacritic /daɪəˈkrɪtɪk/, **A** *a.* diacritico. **B** *n.* segno diacritico.
diacritical /daɪəˈkrɪtɪkl/, *a.* diacritico: **d. marks**, segni diacritici.
diadelphous /daɪəˈdɛlfəs/, *a.* (*bot.*) diadelfo: **d. stamens**, stami diadelfi.
diadem /ˈdaɪədɛm/, *n.* diadema. ● (*bot.*) **d. spider** (*Araneus diadematus*), ragno crociato.
diademed /ˈdaɪədɛmd/, *a.* cinto di diadema.
diadochos /daɪˈædəkɒs/, *n.* (*pl.* **diadochi**) (*stor. greca*) diadoco.
diaeresis /daɪˈɛrəsɪs, -ˈɪər-/, *n.* (*pl.* **diaereses**) dieresi.
diagenesis /daɪəˈdʒɛnəsɪs/, *n.* (*pl.* **diagenеses**) (*geol.*) diagenesi.
to **diagnose** /ˈdaɪəgnəʊz, *USA* daɪəgˈnəʊs/, *v. t.* diagnosticare.
diagnosis /daɪəgˈnəʊsɪs/, *n.* (*pl.* **diagnoses**) **1** diagnosi **2** (*autom.*, *mecc.*) diagnosi.
diagnostic /daɪəgˈnɒstɪk/, **A** *a.* diagnostico. **B** *n.* **1** diagnosi **2** sintomo **3** (*elab.*) messaggio d'errore.
to **diagnosticate** /daɪəgˈnɒstɪkeɪt/, *v. t.* diagnosticare.
diagnostician /daɪəgnɒˈstɪʃn/, *n.* (medico) diagnostico.
diagnostics /daɪəgˈnɒstɪks/, *n. pl.* (*col verbo al sing.*) diagnostica.
diagonal /daɪˈægənl/, **A** *a.* diagonale; trasversale: **a d. line**, una linea diagonale; **a d. row**, una fila trasversale (*per es.*, *dei quadrati dello stesso colore in una scacchiera*). **B** *n.* **1** (*geom.*) diagonale **2** (= **d. cloth**) tessuto diagonale. ‖ **-ly**, *avv.*
diagram /ˈdaɪəgræm/, *n.* diagramma; grafico; schema.
diagrammatic(al) /daɪəgrəˈmætɪk(l)/, *a.* diagrammatico. ● (*stat.*) **d. map**, cartogramma. ‖ **-ally**, *avv.*
dial /ˈdaɪəl/, *n.* **1** (*di solito* **sundial**) meridiana; orologio solare **2** (= **d. plate**) quadrante (*di un orologio, di una bilancia automatica, ecc.*); mostra (*dell'orologio*) **3** disco combinatore (*del telefono*) **4** scala parlante (*di apparecchio radio*) **5** (*naut.*: *di bussola*) rosa dei venti **6** (*pop.*) faccia; muso (*pop.*). ● (*elettr.*) **d. lamp**, spia □ **d. lock**, serratura a combinazione □ (*telef.*, *USA*) **d. tone**, segnale di linea libera.
to **dial** /ˈdaɪəl/, *v. t.* **1** misurare (indicare, ecc.) per mezzo di un quadrante **2** (*telef.*) comporre; fare; chiamare: **to d. a number**, fare un numero; **We dialled the fire brigade**, chiamammo i pompieri **3** (*radio*) sintonizzarsi su, trovare (*una stazione*). ● (*telef.*) **to d. direct to Italy**, chiamare l'Italia in teleselezione.
Dial-a-Disc /ˈdaɪələdɪsk/, *locuz. n.* (*telef.*, *in G.B.*) servizio ausiliario per l'ascolto di musica registrata.
dialect /ˈdaɪəlɛkt/, *n.* dialetto; vernacolo. ● **a d. word**, una parola dialettale; un dialettalismo.
dialectal /daɪəˈlɛktl/, *a.* dialettale. ‖ **-ly**, *avv.*
dialectic (1) /daɪəˈlɛktɪk/, *n.* **1** dialettica; arte dialettica **2** (*filos.*) dialettica (*hegeliana, marxista, ecc.*).
dialectic (2) /daɪəˈlɛktɪk/, *a.* **1** (*filos.*) dialettico: **d. method**, metodo dialettico **2** dialettale.
dialectical /daɪəˈlɛktɪkl/, *a.* **1** (*filos.*) dialettico: **d. materialism**, materialismo dialettico **2** dialettale. ‖ **-ly**, *avv.*
dialectician /daɪəlɛkˈtɪʃn/, *n.* **1** dialettico; persona esperta nella dialettica **2** dialettologo.
dialectics /daɪəˈlɛktɪks/, *n. pl.* (*col verbo al sing.*) (*filos.*) dialettica.
dialectologist /daɪəlɛkˈtɒlədʒɪst/, *n.* dialettologo.
dialectology /daɪəlɛkˈtɒlədʒɪ/, *n.* dialettologia.
diallage (1) /daɪˈæləgɪ/, *n.* (*retor.*) diallage.
diallage (2) /ˈdaɪəlɪdʒ/, *n.* (*miner.*) diallagio.
dialling /ˈdaɪəlɪŋ/, *n.* **1** (*telef.*) selezione; (il) comporre un numero **2** (*radio*) sintonizzazione. ● (*telef.*) **d. code**, prefisso selettivo □ **d. tone**, segnale (acustico) di linea libera □ **direct d.**, teleselezione.
dialog /ˈdaɪəlɒg, *USA* -lɔːg/, (*USA*) *V.* **dialogue**.
dialogic(al) /daɪəˈlɒdʒɪk(l)/, *a.* dialogico.
dialogism /daɪˈælədʒɪzəm, ˈdaɪəlɒgɪzəm, *USA* -ɔːg-/, *n.* dialogismo.
dialogist /daɪˈælədʒɪst, ˈdaɪəlɒgɪst, *USA* -ɔːg-/, *n.* **1** dialogista **2** interlocutore.
dialogistic /daɪæləˈdʒɪstɪk, daɪəlɒˈgɪ-, *USA* -ɔːˈg-/, *a.* dialogistico.
to **dialogize** /daɪˈælədʒaɪz/, *v. i.* dialogare; fare un dialogo.
dialogue /ˈdaɪəlɒg, *USA* -lɔːg/, *n.* dialogo. ● **written in d.**, scritto in forma dialogica.
to **dialogue** /ˈdaɪəlɒg, *USA* -lɔːg/, *v. i.* e *t.* dialogare; dialogizzare.
dialypetalous /daɪəlɪˈpɛtələs/, *a.* (*bot.*) dialipetalo.
to **dialyse** /ˈdaɪəlaɪz/, *v. t.* (*chim.*, *med.*) dializzare.
dialysepalous /daɪəlɪˈsɛpələs/, *a.* (*bot.*) dialisepalo.
dialyser /ˈdaɪəlaɪzə(r)/, *n.* (*chim.*, *med.*) dializzatore.
dialysis /daɪˈæləsɪs/, *n.* (*pl.* **dialyses**) (*chim.*, *med.*) dialisi.
dialytic /daɪəˈlɪtɪk/, *a.* (*chim.*, *med.*) dialitico.
to **dialyze** /ˈdaɪəlaɪz/, (*USA*) *V.* **to dialyse**.
dialyzer /ˈdaɪəlaɪzə(r)/, (*USA*) *V.* **dialyser**.
diamagnetic /daɪəmægˈnɛtɪk/, (*elettr.*) **A** *a.* diamagnetico. **B** *n.* sostanza diamagnetica.
diamagnetism /daɪəˈmægnɪtɪzəm/, *n.* (*elettr.*) diamagnetismo.
diamantiferous /daɪəmænˈtɪfərəs/, *a.* diamantifero.
diameter /daɪˈæmɪtə(r)/, *n.* (*geom.*) diametro.
diametral /daɪˈæmɪtrəl/, **diametric(al)** /daɪəˈmɛtrɪkl/, *a.* (*geom.*) diametrale.
diametrically /daɪəˈmɛtrɪklɪ/, *avv.* diametralmente: **d. opposed to st.**, diametralmente opposto a q.c.
diamide /ˈdaɪəmaɪd, daɪˈæmɪd/, *n.* (*chim.*) diammide.
diamine /ˈdaɪəmiːn, -mɪn, daɪəˈmiːn/, *n.* (*chim.*) diammina.
diamond /ˈdaɪəmənd, *USA* ˈdaɪm-/, **A** *n.* **1** (*miner.*) diamante **2** (*geom.*) rombo; losanga **3** (*tipogr.*) diamante; occhio di mosca **4** (*delle carte da gioco*) (carta di) quadri; (*pl.*) (seme di) quadri: **I've only one d. (left) in my hand**, ho (mi è rimasto) soltanto un quadri in mano **5** (*tecn.*) (punta di) diamante (*per utensili da taglio*) **6** (*sport*: *baseball*) diamante. **B** *a.* **1** di diamante; di brillanti: **a d. necklace**, una collana di brillanti **2** (*geom.*) romboidale. ● (*zool.*) **d.-back moth** (*Plutella maculipennis*), tignola dei cavoli □ **d.-bearing**, diamantifero □ **d. bit**, tagliatore diamantato □ **d. cement**, colla per fissare diamanti artificiali □ (*mecc.*) **d. chisel**, scalpello a punta di diamante □ (*ind. min.*) **d. coring**, carotaggio al diamante □ (*autom.*) **d. crossing**, incrocio a losanga □ **d. cuttery**, taglieria di diamanti □ (*ind. min.*) **d. drill**, sonda a diamanti □ **d. drilling**, perforazione con sonda a diamanti □ **d. field**, giacimento diamantifero □ **d. jubilee**, giubileo di diamante □ **d. panes**, vetri romboidali □ (*mecc.*) **d. point**, punta di diamante □ **d. saw**, sega diamantata □ **d. sawing**, taglio con sega diamantata □ (*zool.*) **d. snake** (*Python spilotes*), pitone diamantino; pitone tappeto □ **d. tool**, utensile diamantato □ **d. wedding**, nozze di diamante □ **black d.**, carbonado; diamante nero □ **cutting** (*o* **glazier's**) **d.**, (punta di) diamante (*da vetraio*); tagliavetro □ **a rough d.**,

un diamante grezzo; (*fig.*) una persona rozza ma dal cuor d'oro, un burbero benefico.

to **diamond** /ˈdaɪəmənd, *USA* ˈdaɪm-/, *v. t.* adornare di diamanti (*o* di brillanti).

diamondiferous /daɪəmənˈdɪfərəs, *USA* ˈdaɪm-/, *a.* (*ind. min.*) diamantifero.

Diana /daɪˈænə/, *n.* ***1*** Diana ***2*** (*fig.*: *di donna*) cacciatrice.

Dianagate /daɪˈænəgeɪt/, *n.* (*stor., in G.B.*) lo scandalo che nel 1992 coinvolse la principessa Diana.

dianthus /daɪˈænθəs/, *n.* (*pl.* **dianthi**) (*bot., Dianthus*) dianto.

diapason /daɪəˈpeɪzn, -sn/, *n.* (*mus.*) diapason.

diaper /ˈdaɪəpə(r), *USA* ˈdaɪp-/, *n.* ***1*** (*ind. tess.*) tela operata (*a disegni romboidali*) ***2*** (*USA*) tovagliolino; pannolino (*per neonati*) ***3*** (*archit.*) decorazione con disegni romboidali (*per pannelli, ecc.*). ● (*fam. USA*) **d. play**, dramma sul rapporto figli/genitori.

to **diaper** /ˈdaɪəpə(r), *USA* ˈdaɪp-/, *v. t.* ***1*** tessere a disegni romboidali ***2*** (*archit.*) decorare (*pannelli, ecc.*) con disegni romboidali ***3*** (*USA*) mettere il pannolino a (*un bimbo*).

diaphanous /daɪˈæfənəs/, *a.* diafano; trasparente.

diaphony /daɪˈæfənɪ/, *n.* (*mus.*) diafonia.

diaphoresis /daɪəfəˈriːsɪs/, *n.* (*med.*) diaforesi.

diaphoretic /daɪəfəˈretɪk/, *a.* e *n.* (*med.*) diaforetico.

diaphragm /ˈdaɪəfræm/, *n.* ***1*** (*anche anat.*) diaframma ***2*** (*mecc., radio*) membrana ***3*** (*med.*) diaframma; pessario. ● (*mecc.*) **d. pump**, pompa a membrana □ (*fotogr.*) **d. shutter**, otturatore a diaframma.

diaphragmatic /daɪəfrægˈmætɪk/, *a.* diaframmatico.

diaphysis /daɪˈæfəsɪs/, *n.* (*pl.* **diaphyses**) (*anat.*) diafisi.

diarchy /ˈdaɪɑːkɪ/, *n.* diarchia.

diarist /ˈdaɪərɪst/, *n.* diarista; scrittore di diari.

to **diarize** /ˈdaɪəraɪz/, **A** *v. i.* tenere un diario. **B** *v. t.* annotare (q.c.) in un diario.

diarrh(o)ea /daɪəˈrɪːə/, *n.* (*med.*) diarrea.

diarrhoeal /daɪəˈriːəl/, **diarrhoeic** /daɪəˈriːɪk/, *a.* (*med.*) diarroico.

diarthrosis /daɪɑːˈθrəʊsɪs/, *n.* (*anat.*) diartrosi.

diary /ˈdaɪərɪ/, *n.* ***1*** diario ***2*** agenda; taccuino; libretto.

diaspora /daɪˈæspərə/, *n.* diaspora (*dispersione di un popolo*).

diaspore /ˈdaɪəspɔː(r)/, *n.* (*miner.*) diasporo.

diastase /ˈdaɪəsteɪz/, *n.* (*biochim.*) diastasi.

diastasis /daɪˈæstəsɪs/, *n.* (*pl.* **diastases**) (*med.*) diastasi.

diastem /ˈdaɪəstem/, *n.* (*geol.*) diastema.

diastema /daɪəˈstiːmə/, *n.* (*pl.* **diastemata**) (*med.*) diastema.

diastole /daɪˈæstəlɪ/, *n.* (*med.*) diastole.

diastolic /daɪəˈstɒlɪk/, *a.* (*med.*) diastolico.

diastrophism /daɪˈæstrəfɪzəm/, *n.* (*geol.*) diastrofismo.

diathermal /daɪəˈθɜːml/, *a.* (*fis.*) diatermano.

diathermancy /daɪəˈθɜːmənsɪ/, *n.* (*fis.*) diatermanità.

diathermanous /daɪəˈθɜːmənəs/, *a.* (*fis.*) diatermano.

diathermic /daɪəˈθɜːmɪk/, *a.* ***1*** (*med.*) diatermico ***2*** (*fis.*) diatermano.

diathermy /ˈdaɪəθɜːmɪ/, *n.* (*fis., med.*) diatermia.

diathesis /daɪˈæθəsɪs/, *n.* (*pl.* **diatheses**) (*med., ling.*) diatesi.

diatom /ˈdaɪətəm, *USA* -tɒm/, *n.* (*bot., Diatoma*) diatomea.

diatomaceous /daɪətəˈmeɪʃəs/, *a.* di diatomea. ● (*geol.*) **d. earth**, farina fossile; tripoli.

diatomic /daɪəˈtɒmɪk/, *a.* (*chim.*) biatomico.

diatomite /daɪˈætəmaɪt/, *n.* (*geol.*) diatomite; farina fossile.

diatonic /daɪəˈtɒnɪk/, *a.* (*mus.*) diatonico: **d. scale**, scala diatonica.

diatonism /ˈdaɪətɒnɪzəm/, *n.* (*mus.*) diatonia.

diatribe /ˈdaɪətraɪb/, *n.* diatriba.

diazepam /daɪˈæzɪpæm/, *n.* (*farm.*) diazepam.

diazo /daɪˈeɪzəʊ, *USA* -ˈæz-/, *a.* (*chim.*) diazo: **d. dye**, colorante diazo. ● **d. compound**, diazo composto.

diazonium /daɪəˈzəʊnɪəm/, *n.* (*chim.*) diazonio.

to **dib** /dɪb/, *v. i.* tenere l'esca a fior d'acqua.

dibasic /daɪˈbeɪsɪk/, *a.* (*chim.*) dibasico; diprotico.

dibber /ˈdɪbə(r)/, *V.* **dibble**.

dibble /ˈdɪbl/, *n.* (*agric.*) piantatoio; foraterra.

to **dibble** /ˈdɪbl/, **A** *v. t.* ***1*** forare (*il terreno*) con un piantatoio ***2*** piantare (*semi, ecc.*). **B** *v. i.* usare un piantatoio.

dibs /dɪbz/, *n. pl.* ***1*** (gioco infantile che si faceva con) ossicini di pecora ***2*** (*giocando a carte*) gettoni ***3*** (*pop. USA*) quattrini; grana (*pop.*): **to pick up a few d.**, tirar su (*o* fare) un po' di soldi. ● (*pop. USA*) **to put d. on st.**, prenotarsi per q.c.; accampare un diritto su q.c.

dice /daɪs/, *n. pl.* ***1*** (*sing.* **die**) dadi ***2*** (*col verbo al sing.*) gioco dei dadi. ● **d.-box**, bussolotto dei dadi □ (*fam.*) **No d.!**, niente da fare!

to **dice** /daɪs/, **A** *v. i.* ***1*** giocare ai dadi ***2*** (*fig.*) giocare, scherzare: **to d. with danger**, scherzare col fuoco (*fig.*). **B** *v. t.* ***1*** (*anche* **to d. away**) giocarsi (*denaro, ecc.*) ai dadi ***2*** tagliare (*carne, verdura, ecc.*) a cubetti (*o* dadini, *o* quadrettini): **a dish of diced carrots**, un piatto di carote tagliate a cubetti ***3*** disegnare a quadri, a scacchi. ● **I'll d. you for it!**, me lo gioco ai dadi!

dicephalous /daɪˈsefələs/, *a.* dicefalo.

dicer /ˈdaɪsə(r)/, *n.* giocatore di dadi. ● (*fam.*) **d.'s oath**, promessa da marinaio.

dicey /ˈdaɪsɪ/, *a.* (*fam.*) azzardato; imprevedibile; rischioso.

dichloride /daɪˈklɔːraɪd/, *n.* (*chim.*) dicloruro.

dichord /ˈdaɪkɔːd/, *n.* (*mus., stor.*) dicordo.

dichotomic /daɪkəʊˈtɒmɪk/, **dichotomous** /daɪˈkɒtəməs/, *a.* (*scient.*) dicotomo; dicotomico.

dichotomy /daɪˈkɒtəmɪ/, *n.* (*scient.*) dicotomia.

dichroic /daɪˈkrəʊɪk/, *a.* (*miner., ottica*) dicroico: **d. filter**, filtro dicroico.

dichroism /ˈdaɪkrəʊɪzəm/, *n.* (*ottica*) dicroismo.

dichromatic /daɪkrəʊˈmætɪk/, *a.* (*fis., med., zool.*) dicromatico.

dichromatism /daɪˈkrəʊmətɪzəm/, *n.* (*fis., med., zool.*) dicromatismo.

dichromic /daɪˈkrəʊmɪk/, *a.* ***1*** dicromatico ***2*** (*chim.*) dicromico.

dick (**1**) /dɪk/, *n.* (*pop.*) ***1*** individuo; tipo; tizio ***2*** (*volg.*) cazzo (*volg.*); pene. ● (*volg.*) **d.-head**, testa di cazzo (*volg.*); cretino, stupido, scemo □ **clever d.**, saputello; sapientone.

dick (**2**) /dɪk/, *n.* (*pop. USA*) investigatore; poliziotto.

Dick /dɪk/, *n. dim.* di **Richard**.

dickens /ˈdɪkɪnz/, *n.* (*fam.*) diavolo; diamine: **What the d.!**, che diamine!

Dickensian /dɪˈkenzɪən/, (*lett.*) **A** *a.* dickensiano. **B** *n.* ammiratore di Charles Dickens.

dicker (**1**) /ˈdɪkə(r)/, *n.* (*gergo comm.*) decina (*specialm. di pelli*).

dicker (**2**) /ˈdɪkə(r)/, *n.* (*fam.*) ***1*** affare ***2*** baratto; scambio.

to **dicker** /ˈdɪkə(r)/, *v. i.* (*fam.*) mercanteggiare; contrattare; tirare sul prezzo.

dickey /ˈdɪkɪ/, *V.* **dicky** (**1**).

dickty /ˈdɪktɪ/, *V.* **dicty**.

dicky (**1**) /ˈdɪkɪ/, *n.* (*fam.*) ***1*** ciuco; somarello ***2*** (*infant.*, = **d.-bird**) uccellino ***3*** falso sparato di camicia, davantino, pettorina (*che si può distaccare*) ***4*** grembiule di cuoio ***5*** (= **d. box**) sedile del guidatore (*in un veicolo*) ***6*** sedile posteriore (*di un veicolo*: *per domestici*). ● **d. bow**, (cravatta a) farfalla □ (*autom., USA*) **d. seat**, sedile ribaltabile; strapuntino □ (*fam.*) **not to say a d.-bird**, restare muto come un pesce.

dicky (**2**) /ˈdɪkɪ/, *a.* (*fam.*) debole; traballante; malsicuro: **to have a d. heart**, avere il cuore debole; **a d. ladder**, una scala traballante.

dicotyledonous /daɪkɒtɪˈliːdənəs/, *a.* (*bot.*) dicotiledone.

dicotyledons /daɪkɒtɪˈliːdənz/, *n. pl.* (*bot., Dicotyledones*) dicotiledoni.

Dictaphone /ˈdɪktəfəʊn/, *n.* (*marchio*) dittafono.

dictate /ˈdɪkteɪt, *USA* ˈdɪkteɪt/, *n.* (*generalm. al pl.*) dettame; norma; precetto: **the dictates of conscience**, i dettami della coscienza.

to **dictate** /dɪkˈteɪt, *USA* ˈdɪkteɪt/, *v. t.* e *i.* dettare; comandare; imporre; ordinare: **to d. a letter to one's secretary**, dettare una lettera alla (propria) segretaria; **to d. the terms of surrender**, dettare le condizioni di resa; **to d. one's successor**, imporre il proprio successore; **I don't want to be dictated to**, non voglio essere comandato.

dictation /dɪkˈteɪʃn/, *n.* ***1*** dettatura: **They write at the teacher's d.**, scrivono sotto dettatura dell'insegnante ***2*** dettato: **to do d.**, fare il dettato (*a scuola*); **There are no mistakes in your d.**, il tuo dettato è senza errori ***3*** (il dare o ricevere) comandi, ordini; ingiunzione; imposizione: **I'm fed up with outside dictations**, sono stufo d'imposizioni dall'esterno. ● (*di una segretaria, ecc.*) **to take d.**, scrivere sotto dettatura.

dictator /dɪkˈteɪtə(r), *USA* ˈdɪkteɪtə(r)/, *n.* ***1*** dittatore ***2*** chi detta.

dictatorial /dɪktəˈtɔːrɪəl/, *a.* dittatoriale; dittatorio; autoritario; imperioso; prepotente. || **-ly**, *avv.*

dictatorship /dɪkˈteɪtəʃɪp, *USA* ˈdɪkt-/, *n.* dittatura.

dictatress /dɪkˈteɪtrɪs/, *n.* (*polit.*) dittatrice.

diction /ˈdɪkʃn/, *n.* ***1*** dizione ***2*** espressione; stile (*di un oratore, o letterario*): **poetic d.**, stile poetico.

dictionary /ˈdɪkʃənrɪ, *USA* -nerɪ/, *n.* dizionario; vocabolario; lessico: **a d. of architecture**, un dizionario d'architettura; **a medical d.**, un dizionario di medicina. ● **d. maker**, lessicografo □ **to be a walking** (*o* **a living**) **d.**, essere informatissimo; sapere tutto; essere un'enciclopedia ambulante (*fig.*).

dictograph /ˈdɪktəgrɑːf, *USA* -æf/, *n.* dittografo.

dictum /ˈdɪktəm/, *n.* (*pl.* **dicta, dictums**) ***1*** affermazione; asserzione ***2*** (*leg.*) osservazione, affermazione (*contenuta nel dispositivo di una sentenza*) ***3*** detto; massima; proverbio.

dicty /ˈdɪktɪ/, *a.* (*fam. USA*) superbo; altezzoso.

did /dɪd, dəd, dd, d/, *pass.* di **to do**.

didactic(al) /daɪˈdæktɪk(l), dɪ-/, *a.* ***1*** didattico ***2*** didascalico: **a d. poem**, un poema didascalico.

didacticism /daɪˈdæktɪsɪzəm, dɪ-/, *n.* didattismo.

didactics /daɪˈdæktɪks, dɪ-/, *n. pl.* (*col verbo al sing.*) didattica.

didapper /ˈdaɪdæpə(r)/, *n.* (*zool.*) ***1*** (*Podiceps ruficollis*) tuffetto ***2*** (*Podilymbus podiceps*) podilimbo.

to **diddle** /ˈdɪdl/, **A** *v. t.* ***1*** (*fam.*) imbrogliare; ingannare; gabbare ***2*** (*volg. USA*) masturbare. **B** *v. i.* (*volg. USA*) masturbarsi. ● **to d. away one's time**, sprecare il tempo; bighellonare; oziare.

diddler /ˈdɪdlə(r)/, *n.* (*fam.*) imbroglione; gabbamondo.

diddly /ˈdɪdlɪ/, **A** *a.* (*fam. USA*) insignificante; senza importanza. **B** *n.* niente di niente; un accidente: **I don't know d. about guns**, di pistole non ne so un accidente.

didn't /ˈdɪdnt, -dn/, *contraz.* di **did not** (*V.* **to do**).

dido /ˈdaɪdəʊ/, *n.* (*pl.* **didoes, didos**) (*fam. USA*) ***1*** burla; scherzo ***2*** trucco; tiro mancino ***3*** stramberia; stravaganza: **to cut** (**up**) **didos**, fare stramberie.

Dido /ˈdaɪdəʊ/, *n.* (*mitol.*) Didone.

didst /dɪdst, dəds(t)/, (*arc. o poet.*) 2ª *pers. sing. indic. pass.* di **to do**.

didymium /dɪˈdɪmɪəm/, *n.* (*chim.*) didimio.

didymous /ˈdɪdɪməs/, *a.* (*bot., zool.*) didimo.

die /daɪ/, *n.* ***1*** (*pl.* **dice**) dado (*da gioco*); cubetto, dadino, quadratino (*di carne, verdura, ecc.*): **The die is cast**, il dado è tratto; **vegetables cut into dice**, verdura tagliata in cubetti ***2*** (*mecc.*: *pl.* **dies**) conio (*per monete*); matrice, stampo; filiera, trafila (*per filo metallico*); filiera, madrevite (*per filettare*) ***3*** (*archit.*: *pl.* **dies**) plinto; dado; zoccolo (*pop.*). ● (*tecn.*) **die block**, blocco stampo; matrice di estrusione □ (*metall.*) **die-casting**, pressofusione; pressogetto; pezzo ottenuto per pressofusione □ **die-sinker**, fabbricante di stampi per monete o medaglie; stampista; fresatrice per stampi □ (*tecn.*) **die sinking**, lavorazione degli stampi □ (*fig.*) **as straight** (*o* **true**) **as a die**, corretto; onesto; sincero; leale.

to **die** /daɪ/, *v. i.* ***1*** morire (*anche fig.*); perire; spegnersi; spirare; trapassare: **He died of cancer**, morì di cancro; **They died in an air crash**, morirono in un incidente aereo; **to die from wounds**, morire in seguito alle ferite; **to die with laughter**, morire dal ridere; **I am dying with curiosity**, muoio di curiosità ***2*** (*fam.*) desiderare ardentemente; morire dalla voglia: **I am dying to know**, muoio dalla voglia di sapere; **I am dying for a glass of wine**, muoio dalla voglia di bere un bicchiere di vino ***3*** (*mecc.*) arrestarsi; fermarsi; (*di un motore*) spegnersi. ● **to die at the stake**, morire sul rogo □ **to die broken-hearted**, morire di crepacuore □ **to die by one's own hand**, morire di propria mano; darsi la morte □ **to die by the sword**, perire di spada □ **to die a dog's death**, morire come un cane □ **to die a glorious death**, fare una morte gloriosa □ **to die hard**, esser duro a morire: **Old superstitions die hard**, le vecchie superstizioni sono dure a morire □ **to die in one's bed**, morire di morte naturale; morire nel proprio letto □ **to die in one's boots** (*o* **shoes**), morire di morte improvvisa (*fam.*: con le scarpe) □ (*fig.*) **to die in harness**, morire sulla breccia; morire al proprio posto di lavoro □ (*anche fig.*) **to die in the last ditch**, morire sull'ultima trincea □ (*leg.*) **to die intestate**, morire senza aver fatto testamento □ **to die a martyr**, morire da martire □ **to die of hunger**, morire di fame, d'inedia □ (*fam. USA*) **to die on one's feet**, morire in piedi; (*anche*) non stare in piedi dalla fatica □ **to die on the scaffold**, morire sul patibolo □ **to die to the world**, morire (*o* divenire estraneo, indifferente) al mondo (*fig., di chi si ritira in convento, ad es.*) □ **to die with one's boots on,** *V.* **to die in one's boots** □ **Never say die!**, non cedere (*o* non mollare, non arrenderti) mai!

♦**die away**, *v. i.* + *avv.* ***1*** (*di una persona*) svenire ***2*** (*di un suono, un rumore*) affievolirsi, smorzarsi (*o* spegnersi) a poco a poco; svanire ***3*** calare; finire; cadere: **The wind has died away**, è caduto il vento.

♦**die back**, *v. i.* + *avv.* (*di una pianta*) seccarsi da cima a fondo (*esclusa la radice*).

♦**die down**, *v. i.* + *avv.* ***1*** spegnersi: **The fire has died down**, il fuoco si è spento ***2*** smorzarsi: **Enthusiasm is dying down**, l'entusiasmo si sta smorzando ***3*** calare; finire; cessare: **The wind is dying down**, sta calando il vento; **At nightfall the fighting died down**, al cader delle tenebre il combattimento cessò ***4*** (*di piante, fiori*) morire; appassire; avvizzire ***5*** *V.* **die out**.

♦**die off**, *v. i.* + *avv.* ***1*** (*di persone*) morire una dopo l'altra: **His relatives all died off**, i parenti gli morirono tutti uno dopo l'altro ***2*** (*di piante*) morire; seccarsi.

♦**die on**, *v. i.* + *prep.* (*fam. USA*) lasciare a piedi; mollare: **The motorbike died on me**, la motocicletta mi ha lasciato a piedi.

♦**die out**, *v. i.* + *avv.* ***1*** estinguersi: **When did the mammoths die out?**, quando si sono estinti i mammut? ***2*** scomparire: **Patriarchate has died out**, il patriarcato è scomparso.

die-away /ˈdaɪəweɪ/, **A** ***1*** svenimento ***2*** svanimento (*lett.*), affievolimento (*di un suono*). **B** *a.* svenevole: **d. airs**, svenevolezze.

dieback /ˈdaɪbæk/, *n.* (*di pianta*) intisichimento (*malattia*).

die-cast /ˈdaɪkɑːst, *USA* -æst/, *a.* (*metall.*) pressofuso.

to **die-cast** /ˈdaɪkɑːst, *USA* -æst/ (*pass.* e *p. p.* **die-cast**), *v. t.* (*metall.*) colare (*o* fondere) sotto pressione; pressofondere, pressocolare.

die-hard /ˈdaɪhɑːd/, **A** *n.* ***1*** persona intransigente, ostinata, che tiene duro ***2*** (*polit.*) esponente della vecchia guardia; duro (*fam.*). **B** *a. attr.* ***1*** duro a morire; radicato: **d. optimism**, ottimismo duro a morire ***2*** (*polit.*) intransigente; vetero-: **a d. communist**, un veterocomunista; **a d. liberal**, un veteroliberale. ● **a d. conservative**, un ultraconservatore.

die-hardism /ˈdaɪhɑːdɪzəm/, *n.* (*polit.*) intransigenza; tenace conservatorismo.

die-in /ˈdaɪɪn/, *n.* (*fam. USA*) manifestazione di protesta contro il nucleare.

dielectric /daɪəˈlɛktrɪk/, *a.* e *n.* (*elettr.*) dielettrico: **d. lens**, lente dielettrica.

diencephalon /daɪɛnˈsɛfəlɒn/, *n.* (*anat.*) diencefalo.

dieresis /daɪˈɛrəsɪs, -ˈɪər-/, *V.* **diaeresis**.

diesel /ˈdiːzl/, **A** *a. attr.* diesel: **d. engine** (*o* **motor**), motore diesel; diesel; (*ferr.*) **d. railcar**, automotrice diesel. **B** *n.* ***1*** (*fam.*) gasolio per autotrazione ***2*** (*fam. specialm. USA*) diesel; autoveicolo con motore diesel. ● **d. fuel** (*o* **d. oil**), gasolio per autotrazione.

diet (**1**) /ˈdaɪət/, **A** *n.* ***1*** dieta; regime alimentare: **slimming d.**, dieta dimagrante; (*med.*) **a low-calory d.**, una dieta ipocalorica; **a severe d.**, una dieta rigorosa ***2*** alimentazione; nutrimento; vitto: **prison d.**, vitto da carcerati. **B** *a. attr.* dietetico: **d. bread**, pane dietetico. ● (*USA*) **d. pill**, pillola per dimagrire □ **d. sheet**, dieta (*lista dei cibi ammessi*) □ **to go on a d.**, mettersi a dieta □ **to be on a d.**, essere (*o* stare) a dieta.

diet (**2**) /ˈdaɪət/, *n.* dieta; assemblea (*specialm. legislativa*).

to **diet** /ˈdaɪət/, **A** *v. i.* stare (*o* essere) a dieta; fare (*o* seguire) una dieta. **B** *v. t.* mettere (*o* tenere) a dieta.

dietarian /daɪəˈtɛərɪən/, *n.* chi segue una dieta.

dietary /ˈdaɪətrɪ, *USA* -terɪ/, **A** *a.* (*med.*) dietetico. **B** *n.* ***1*** regime dietetico ***2*** vitto quotidiano (*passato in ospedale, prigione, ecc.*).

dieter /ˈdaɪətə(r)/, *n.* chi fa una dieta.

dietetic(al) /daɪəˈtɛtɪk(l)/, *a.* (*med.*) dietetico.

dietetically /daɪəˈtɛtɪklɪ/, *avv.* dieteticamente.

dietetics /daɪəˈtɛtɪks/, *n. pl.* (*col verbo al sing.*) ***1*** dietetica ***2*** dietologia.

dietician /daɪəˈtɪʃn/, *n.* dietista; dietologo.

dieting /ˈdaɪətɪŋ/, *n.* lo stare a dieta; le diete (*collett.*).

dietitian /daɪəˈtɪʃn/, *n.* (*specialm. USA*) *V.* **dietician**.

dietotherapy /daɪətəʊˈθɛrəpɪ/, *n.* (*med.*) dietoterapia.

diff /dɪf/, *n.* (*fam. USA*) differenza: **What's the d.?**, che differenza fa?

to **differ** /ˈdɪfə(r)/, *v. i.* ***1*** differire; esser diverso: **I d. from him in character**, ho un carattere diverso dal suo ***2*** non essere d'accordo; dissentire: **I entirely d. from** (*o* **with**) **you**, dissento completamente da te; **I beg to d.**, mi permetto di dissentire ***3*** disputare; litigare. ● **to agree to d.**, riconoscere l'impossibilità di mettersi d'accordo □ (*prov.*) **Tastes d.**, tutti i gusti son gusti.

difference /ˈdɪfrəns/, *n.* ***1*** differenza; diversità: **a d. in temperature**, una differenza di temperatura; **He makes a d. between his son and his daughter**, fa differenza fra (*o* tratta in modo diverso) il figlio e la figlia ***2*** (*mat.*) differenza: **The d. between 8 and 5 is 3**, 3 è la differenza fra 8 e 5 ***3*** divario; divergenza; controversia; dissapore; screzio: **a d. of opinion**, una divergenza d'opinioni; un lieve disaccordo; **During a married life of twenty years, they have not had even a d.**, durante vent'anni di vita coniugale, non c'è stato neanche uno screzio ***4*** (*leg.*) contestazione; vertenza ***5*** (*pop. USA*) cosa che avvantaggia (*q., su un avversario*) pugnale; pistola; ecc. ● (*topogr.*) **d. in height**, dislivello □ (*comm.*) **d. in price**, differenza (*o* divario) di prezzo □ (*fin.*) **d. of exchange**, differenza di cambio □ (*mat.*) **d. quotient**, rapporto incrementale □ **to split the d.**, stare a metà delle spese, fare a mezzo; (*fig.*) giungere a un compromesso □ **It makes a d.!**, allora, le cose cambiano! □ **That makes all the d.**, questo cambia tutto □ **It makes no d.**, non fa niente; non ha importanza □ (*fam.*) **What's the d.?**, che differenza fa?; e con ciò?

to **difference** /ˈdɪfrəns/, *v. t.* (*raro*) rendere differente; differenziare.

different /ˈdɪfrənt/, *a.* ***1*** differente; diverso: **d. points af view**, punti di vista differenti; **The two brothers are d. from** (*improprio, ma comune*: **to**) **each other**, i due fratelli sono diversi l'uno dall'altro; **The result is d. from what** (*USA*: **than**) **we expected**, il risultato è diverso da quello che ci aspettavamo ***2*** distinto; separato; diverso: **on d. occasions**, in diverse (*o* varie) occasioni ***3*** (*fam.*) diverso dagli altri; originale: **a d. style**, uno stile originale. ● **That's quite a d. matter**, è un altro paio di maniche (*fig.*).

differentiable /dɪfəˈrɛnʃəbl/, *a.* differenziabile.

differential /dɪfəˈrɛnʃl/, **A** *a.* ***1*** (*anche mat., mecc.*) differenziale: **d. rates on a railway**, tariffe ferroviarie differenziali; (*comm. est.*) **a d. tariff**, una tariffa differenziale; **d. calculus**, calcolo differenziale ***2*** (*med.*) differenziale: **d. diagnosis**, diagnosi differenziale. **B** *n.* ***1*** (*mat.*) differenziale ***2*** (*mecc.*, = **d. gear**) differenziale ***3*** (*econ.*) differenziale: **wage differentials**, differenziali salariali ***4*** (*pop. USA*) sedere. ● (*econ.*) **d. cost**, costo differenziale; (*anche*) costo marginale □ (*fin., rag.*) **d. costing**, contabilità industriale a costi marginali □ (*demogr.*) **d. mortality**, mortalità differenziale.

to **differentiate** /dɪfəˈrɛnʃɪeɪt/, **A** *v. t.* ***1*** rendere differente; contraddistinguere; differenziare: (*econ.*) **to d. production**, differenziare la produzione; **What differentiates the dog from the wolf?**, che cosa differenzia il cane dal lupo? ***2*** distinguere; riconoscere la differenza (fra): **We d. many varieties of animals**, noi distinguiamo molte varietà di animali ***3*** fare differenze (fra); discriminare. **B** *v. i.* ***1*** (*anche biol.*) differenziarsi; diventare differente ***2*** fare differenza, distinguere (*fra più cose*).

differentiation /dɪfərɛnʃɪˈeɪʃn/, *n.* (*anche biol., econ.*) differenziazione: **product d.**, differenziazione dei prodotti.

differently /ˈdɪfrəntlɪ/, *avv.* ***1*** differentemente; diversamente: **d. from** (*improprio*: **to**) **us**, diversamente da noi; (*USA*) **d. than usual**, diversamente dal solito; (*USA*) **d. than we expected**, contrariamente alle nostre aspettative ***2*** in modo diverso. ● **You'll know d.**, ti accorgerai che le cose non stanno così.

difficult /ˈdɪfɪklt, *USA* ˈdɪfɪkʌlt/, *a.* difficile: **a d. book** [**task, test**], un libro [un compito, una prova] difficile; **She is a d. person**, è una donna difficile; **I am rather d. over my food**, sono un po' difficile (*o* di gusti difficili) nel mangiare; **d. times**, tempi difficili. ● **d. of access**, di difficile accesso; (*di persona*) quasi inavvicinabile □ **to make life d. for sb.**, rendere la vita difficile a q. □ **to be under d. circumstances**, essere in una posizione difficile □ **This question is d. to answer**, è difficile rispondere a questa domanda.

difficulty /ˈdɪfɪkltɪ, *USA* ˈdɪfɪkʌltɪ/, *n.* **1** difficoltà: **He has some d. (in) walking**, ha difficoltà a camminare; **There were various difficulties**, ci furono varie difficoltà **2** (*spesso pl.*) situazione difficile (*o* imbarazzante); difficoltà (*pl.*): **to be in difficulties**, trovarsi in difficoltà (finanziarie): **to get out of a d.**, togliersi da una situazione difficile **3** dissapore; screzio. ● **to make** (*o* **to raise**) **difficulties**, fare difficoltà; sollevare obiezioni; trovar da ridire □ **money difficulties**, difficoltà finanziarie.

diffidence /ˈdɪfɪdəns/, *n.* **1** mancanza di fiducia in se stesso **2** modestia eccessiva; timidezza.

diffident /ˈdɪfɪdənt/, *a.* **1** che non ha fiducia in se stesso; insicuro **2** eccessivamente modesto; timido; riservato; schivo. ● **to be d.**, dubitare di sé □ **to be d. about doing st.**, esitare a fare q.c.

diffluence /ˈdɪfluəns/, *n.* (*geogr.*) diffluenza.

diffluent /ˈdɪfluənt/, *a.* (*geogr.*) diffluente.

to **diffract** /dɪˈfrækt/, *v. t.* (*fis.*) diffrangere.

diffraction /dɪˈfrækʃn/, *n.* (*fis.*) diffrazione. ● **d. grating**, reticolo di diffrazione.

diffractometer /dɪfrækˈtɒmɪtə(r)/, *n.* (*fis.*) diffrattometro.

diffuse /dɪˈfjuːs/, *a.* diffuso; prolisso; verboso: **d. light**, luce diffusa; **a d. style**, uno stile verboso; **a d. writer**, uno scrittore prolisso.

to **diffuse** /dɪˈfjuːz/, **A** *v. t.* diffondere; emanare; propagare; divulgare: **The sun diffuses its light**, il sole diffonde la sua luce; **to d. learning [a rumour]**, diffondere la cultura [una voce]; **to d. heat [a scent]**, emanare calore [un odore]. **B** *v. i.* diffondersi; spargersi; propagarsi.

diffused /dɪˈfjuːzd/, *a.* diffuso. ● **d. lighting**, illuminazione a luce diffusa (*o* indiretta).

diffusely /dɪˈfjuːslɪ/, *avv.* **1** diffusamente; prolissamente **2** qua e là; dappertutto.

diffuseness /dɪˈfjuːsnəs/, *n.* l'esser diffuso; prolissità; verbosità.

diffuser /dɪˈfjuːzə(r)/, *n.* (*anche mecc.*) diffusore.

diffusibility /dɪfjuːzəˈbɪlətɪ/, *n.* diffusibilità.

diffusible /dɪˈfjuːzəbl/, *a.* diffusibile.

diffusiometer /dɪfjuːzɪˈɒmɪtə(r)/, *n.* (*fis.*) diffusiometro.

diffusion /dɪˈfjuːʒn/, *n.* **1** diffusione; divulgazione; propagazione: **the d. of an idea [of a language]**, la diffusione di un'idea [di una lingua]; **the d. of heat [light]**, la diffusione del calore [della luce] **2** prolissità; verbosità. ● (*metall.*) **d. coating**, rivestimento per diffusione.

diffusive /dɪˈfjuːsɪv/, *a.* **1** diffusivo **2** diffuso; prolisso.

diffusor /dɪˈfjuːzə(r)/, *V.* **diffuser**.

dig /dɪg/, *n.* **1** scavo; sterro **2** (*fam.*) spinta; urto; colpo: **a dig in the ribs**, un colpo nelle costole **3** (*fig.*) frecciata; osservazione sarcastica, maligna; stoccata **4** (*pl.*) (*fam.*) camera ammobiliata **5** (*pl.*) (*pop. USA*) abitazione; casa **6** (*pop. USA*) spettacolo pornografico. ● (*pop. USA*) **dig-out**, partenza brusca; fuga.

to **dig** /dɪg/ (*pass. e p. p.* **dug**), **A** *v. t.* **1** scavare; cavare, forare (*scavando*): **He dug a hole in the ground**, scavò una buca in terra; **to dig trenches**, scavare trincee; **to dig potatoes**, cavare le patate (*scavando*) **2** conficcare; piantare: **He dug his elbow into my ribs**, mi piantò il gomito nelle costole; **He dug the spurs into the horse's sides**, piantò gli speroni nei fianchi del cavallo **3** (*pop. USA*) apprezzare; ammirare; capire; comprendere: **to dig girls**, apprezzare le donne; **I can dig that**, lo capisco **4** (*pop. USA*) guardare, osservare; ascoltare (*un musicista*): **Dig that blonde!**, guarda quella bionda! **B** *v. i.* **1** fare uno scavo; vangare; zappare **2** scavare: **to dig for gold**, scavare in cerca d'oro; cercare l'oro **3** (*pop. ingl.*) vivere in camera d'affitto: **I dig in the South End**, ho una camera ammobiliata nel South End (*di Londra*) **4** (*fam. USA*) studiare (*o* lavorare) sodo; sgobbare: **to dig away at one's homework**, sgobbare per fare il compito a casa **5** cercare; fare ricerche: **to dig for information**, cercare informazioni; **to dig into a book**, fare ricerche in (*o* spulciare) un libro. **C** to **dig oneself**, *v. rifl.* (*pop.*) tastarsi (*i genitali*); grattarsi le palle (*volg.*). ● (*fig.*) **to dig one's own grave**, scavarsi la fossa con le proprie mani □ **to dig sb. in the ribs**, dare un colpo (*o* una gomitata) nelle costole a q. □ (*fig.*) **to dig a pit for sb.**, tendere una trappola a q. □ **to dig under a river**, fare un tunnel sotto un fiume.

♦**dig at**, *v. i.* + *prep.* (*fam.*) dare frecciate a (q.); fare osservazioni sprezzanti su (q.c.).

♦**dig down**, *v. i.* + *avv.* (*pop. USA*) tirar fuori i soldi.

♦**dig in**, *v. i.* + *avv.* **1** affondare (*scavando*): **to dig one's nails in**, affondare le unghie; **The fertilizer should be dug in well**, bisogna affondare bene il concime **2** mettersi a mangiare (*o* a lavorare) di buona lena; buttarsi sul cibo **3** (*fig.*) ambientarsi, sistemarsi: **I'm well dug in now**, ormai mi sono ambientato (*nel lavoro, ecc.*) **4** (*mil.*) trincerarsi **5** (*pop. USA*) sistemarsi; trovare alloggio □ **to dig oneself in**, *V.* **dig in**, *def. 3 e 4* □ (*fig. fam.*) **to dig one's heels in**, puntare i piedi; impuntarsi.

♦**dig into**, *v. i.* + *prep.* **1** affondare; piantare: **The cat dug its nails into the mouse**, il gatto piantò le unghie nel topo **2** buttarsi sul (*cibo*).

♦**dig out**, **A** *v. t.* + *avv.* **1** tirar fuori (*scavando*); estrarre (*un minerale*); stanare: **He was buried under the ruins of his house and had to be dug out**, era sepolto sotto le macerie della sua casa e dovettero scavare per tirarlo fuori; **The boy dug out the rabbit**, il ragazzo stanò il coniglio **2** scoprire: **to dig out the truth**, scoprire la verità **3** pescare, scovare (*un oggetto in soffitta, un'informazione, ecc.*) **4** liberare (*scavando*): **We dug the car out of the snow**, liberammo la macchina dalla neve (*con una pala, ecc.*). **B** *v. i.* + *avv.* (*pop. USA*) andarsene in fretta; far fagotto; tagliare la corda; scappare.

♦**dig through**, **A** *v. i.* + *avv.* aprirsi la via scavando. **B** *v. t.* + *prep.* traforare (*un monte, ecc.*).

♦**dig up**, *v. t.* + *avv.* **1** dissodare (*il terreno*); vangare; zappare: **to dig up the kitchen garden again**, rivangare l'orto **2** scavare; riportare (*o* portare) alla luce (*scavando*); scoprire, trovare; scovare; riesumare (*fig.*): **to dig up a treasure**, scavare (*o* trovare, scoprire) un tesoro; **An old Greek vase was dug up**, gli scavi riportarono alla luce un antico vaso greco; **What can you dig up about him?**, che cosa riuscite a scovare sul suo conto?; **to dig up a scandal**, riesumare uno scandalo **3** cavare (*scavando*); eliminare: **It's time to dig up the potatoes**, è ora di cavare le patate (*dal campo*); **We've dug up the hedge**, abbiamo eliminato la siepe **4** (*fam.*) mettere insieme, tirare fuori (*soldi e sim.*) **5** (*pop. USA*) trovare, pescare (*un tizio, un importuno*).

digamma /daɪˈgæmə/, *n.* digamma.

digamous /ˈdɪgəməs/, *a.* (*leg.*) passato a seconde nozze.

digamy /ˈdɪgəmɪ/, *n.* (*leg.*) seconde nozze (*anche dopo un divorzio*).

digastric /daɪˈgæstrɪk/, *a.* (*anat.*) digastrico: **d. muscle**, muscolo digastrico.

digest /ˈdaɪdʒest/, *n.* **1** compendio; riassunto; sommario; sinossi **2** – (*stor.*) **the D.**, il Digesto (*le Pandette di Giustiniano*).

to **digest** /daɪˈdʒest, dɪ-/, **A** *v. t.* **1** digerire (*anche fig.*); smaltire; assimilare; assorbire mentalmente; tollerare: **to d. scientific knowledge**, assimilare cognizioni scientifiche; **I cannot d. these insults**, non posso digerire (*o* tollerare) questi insulti **2** assimilare; incorporare: **to d. a conquered territory**, assimilare un territorio conquistato **3** (*arc.*) compendiare; riassumere **4** classificare; ordinare: **to d. a mass of facts**, ordinare una quantità di fatti. **B** *v. i.* essere digerito; digerirsi: **Veal digests easily**, il vitello si digerisce bene. ● (*di cibo*) **hard to d.**, difficilmente digeribile.

digestant /daɪˈdʒestənt, dɪ-/, *a. e n.* (*med.*) digestivo.

digester /daɪˈdʒestə(r), dɪ-/, *n.* **1** compilatore di compendi, sommari, ecc. **2** (*med.*) digestivo **3** (*chim.*) digestore; bollitore. ● **to be a bad d.**, avere una cattiva digestione; digerire male.

digestibility /daɪdʒestəˈbɪlətɪ, dɪ-/, *n.* digeribilità.

digestible /daɪˈdʒestəbl, dɪ-/, *a.* digeribile. ‖ **-ness**, *sost.* ‖ **-bly**, *avv.*

digestion /daɪˈdʒestʃn, dɪ-/, *n.* **1** digestione: **a good d.**, una buona digestione; **a weak [a poor] d.**, una digestione difficile [laboriosa] **2** assimilazione (*di idee*) **3** (*chim.*) digestione. ● **This food is hard [easy] of d.**, questo cibo è difficile [facile] a digerirsi.

digestive /daɪˈdʒestɪv, dɪ-/, *a. e n.* digestivo. ● (*chim.*) **d. enzyme**, enzima digestivo □ (*med.*) **d. ferments**, fermenti lattici □ (*anat.*) **d. gland**, ghiandola digestiva □ (*anat.*) **d. system**, apparato digerente (*o* digestivo) □ (*anat.*) **d. tract**, canale alimentare.

digger /ˈdɪgə(r)/, *n.* **1** escavatore, escavatrice (*macchina*) **2** escavatore; sterratore; terrazziere **3** (*pop.*) australiano; soldato australiano **4** (*pop. Austr.*; *al vocat.*) amico. ● **d. accent**, accento australiano □ (*zool.*) **d.-wasp** (*Sphex*; *Bembex, ecc.*), sfecide □ **gold-digger**, cercatore d'oro.

Diggers /ˈdɪgəz/, *n. pl.* **1** (*stor., in U.S.A.*) aborigeni che si cibavano di radici **2** (*Borsa*) azioni di miniere d'oro australiane.

digging /ˈdɪgɪŋ/, *n.* **1** scavo; sterro **2** (*pl.*) materiali di sterro; giacimento aurifero; piccola miniera d'oro **3** (*pl.*) (*fam.*) camera ammobiliata.

digit /ˈdɪdʒɪt/, *n.* **1** (*anat., zool.*) dito **2** (*misura*) dito (*3/4 di pollice*) **3** (*mat., elab.*) numero semplice; cifra: **The number 578 contains three digits**, il numero 578 è composto di tre cifre. ● (*elettron.*) **d. absorbing selector**, selettore soppressore d'impulsi □ (*elab.*) **d.-punch row**, riga a perforazione di cifre □ (*mat.*) **double-d.**, a due cifre: (*econ.*) **double-d. inflation**, inflazione a due cifre.

digital /ˈdɪdʒɪtl/, *a.* **1** (*anat.*) digitale; delle dita **2** (*mat., elab.*) digitale; numerico: **d. electronic computer**, calcolatore elettronico numerico; elaboratore digitale; **d. store**, memoria numerica. ● **d. audio tape**, nastro magnetico registrato digitalmente (*ad alta fedeltà*) □ (*elettron.*) **d. circuit**, circuito digitale □ **d. clock**, orologio digitale (*di un'automobile, ecc.*) □ (*elettron.*) **d. counter**, contatore digitale □ (*elab.*) **d. data**, dati digitali □ (*elab.*) **d. encoder**, codificatore numerico □ (*elab.*) **d.-to-analog converter**, convertitore digitale-analogico.

digitalin /dɪdʒɪˈteɪlɪn/, *n.* (*farm.*) digitalina.

digitalis /dɪdʒɪˈteɪlɪs/, *n.* (*bot., farm., Digitalis*) digitale.

digitalization /dɪdʒɪtəlaɪˈzeɪʃn, *USA* -lɪˈz-/, *n.* **1** (*elab.*) digitalizzazione **2** (*med.*) digitalizzazione.

to **digitalize** /ˈdɪdʒɪtəlaɪz/, *v. t.* **1** (*elab.*) *V.* **to digitize** **2** (*med.*) digitalizzare.

digitate(d) /ˈdɪdʒɪteɪt(ɪd)/, *a.* (*zool., bot.*) digitato.

digitation /dɪdʒɪˈteɪʃn/, *n.* (*zool., bot.*) digitazione.

digitigrade /ˈdɪdʒɪtɪgreɪd/, *a. e n.* (*zool.*) digitigrado.

to **digitize** /ˈdɪdʒɪtaɪz/, *v. t.* (*elab.*) digitalizzare; rappresentare in forma digitale.

digitizer /ˈdɪdʒɪtaɪzə(r)/, *n.* (*elab.*) digitalizzatore; convertitore analogico-digitale.

digitoxin /dɪdʒɪˈtɒksɪn/, *n.* (*chim., farm.*) digitossina.

diglossia /daɪˈglɒsɪə/, *n.* (*ling.*) diglossia.

diglossic /daɪˈglɒsɪk/, *a.* (*ling.*) diglossico.

dignified /ˈdɪgnɪfaɪd/, *a.* dignitoso; nobile; solenne.

to **dignify** /ˈdɪgnɪfaɪ/, *v. t.* onorare; esaltare; nobilitare; fregiare: **We cannot possibly d. this hut with the name «house»**, non è il caso di nobilitare questa capanna con il nome di casa.
dignitary /ˈdɪgnətrɪ, *USA* -tɛrɪ/, *n.* dignitario.
dignity /ˈdɪgnətɪ/, *n.* **1** dignità; decoro: **the d. of labour**, la dignità del lavoro; **It is beneath my d. to answer this letter**, la mia dignità non mi consente di rispondere a questa lettera **2** dignità; alto ufficio; rango; carica: **to confer a d. on sb.**, conferire una carica a q. **3** (*raro*) dignitario: **the dignities of the Kingdom**, i dignitari del regno. ● **air of d.**, portamento (*o* tono, modo di fare) dignitoso □ **to lose one's d.**, perdere la dignità □ **to stand upon one's d.**, non venir meno alla propria dignità.
digraph /ˈdaɪgrɑːf, *USA* -græf/, *n.* **1** (*ling.*) digramma **2** (*mat.*) digrafo; grafo orientato.
to **digress** /daɪˈgrɛs/, *v. i.* divagare; fare digressioni: **to d. from the main subject**, divagare dall'argomento principale.
digression /daɪˈgrɛʃn/, *n.* digressione; divagazione.
digressive /daɪˈgresɪv/, *a.* digressivo.
dihedral /daɪˈhiːdrəl/, *a.* e *n.* (*geom.*) diedro: **d. angle**, angolo diedro.
dihedron /daɪˈhiːdrən/, *n.* (*geom.*) diedro.
dik dik /ˈdɪkdɪk/, *n.* (*zool.*, *Madoqua*) dik dik.
dike (1) /daɪk/, *n.* **1** fosso; fossato; canale di scolo **2** argine; diga: **There are many dikes in Holland**, ci sono molte dighe in Olanda **3** (*fig.*) barriera; ostacolo **4** (*geol.*) dicco **5** strada soprelevata (*su un terreno paludoso, ecc.*) **6** (*scozz.*) muro di cinta.
dike (2) /daɪk/, *n.* (*pop. spreg.*) lesbica con ruolo maschile; lesbicaccia (*spreg.*).
to **dike** /daɪk/, *v. t.* arginare; provvedere di dighe.
to **dilacerate** /dɪˈlæsəreɪt/, *v. t.* (*raro*) dilacerare; dilaniare.
to **dilapidate** /dɪˈlæpɪdeɪt/, **A** *v. t.* **1** demolire; rovinare; sciupare **2** (*raro*) dilapidare (*un patrimonio, ecc.*). **B** *v. i.* rovinarsi; andare in malora (*o* in sfacelo).
dilapidated /dɪˈlæpɪdeɪtɪd/, *a.* cadente; in rovina, in sfacelo: **a d. building**, un edificio cadente. ● **a d. car**, un'auto sgangherata.
dilapidation /dɪlæpɪˈdeɪʃn/, *n.* **1** rovina; sfacelo **2** deterioramento (*di un immobile*); l'essere cadente (*o* in rovina) **3** (*pl.*) (*leg.*) somma addebitata (*a un affittuario*) per deterioramento dell'immobile **4** (*geol.*) disgregazione di rocce; detriti.
dilatability /daɪleɪtəˈbɪlətɪ/, *n.* dilatabilità.
dilatable /daɪˈleɪtəbl/, *a.* dilatabile.
dilatation /daɪleɪˈteɪʃn/, *n.* **1** (*fis.*) dilatazione **2** (*mat.*) omotetia.
dilatator /daɪləˈteɪtə(r)/, *V.* **dilator**.
to **dilate** /daɪˈleɪt, dɪ-, *USA* ˈdaɪleɪt/, **A** *v. t.* dilatare; allargare; spalancare: **with dilated eyes**, con gli occhi spalancati. **B** *v. i.* **1** dilatarsi; allargarsi: **The pupils of a cat can d. very much**, le pupille del gatto possono dilatarsi moltissimo **2** diffondersi; dilungarsi: **If I had more time, I could d. on this theme**, se avessi più tempo, potrei dilungarmi sull'argomento.
dilation /daɪˈleɪʃn, dɪ-/, *n.* (*mat., med., ecc.*) dilatazione.
dilatometer /dɪləˈtɒmɪtə(r)/, *n.* (*fis.*) dilatometro.
dilatometry /dɪləˈtɒmətrɪ/, *n.* (*fis.*) dilatometria.
dilator /daɪˈleɪtə(r), dɪ-/, *n.* **1** (*med.*) dilatatore **2** (*anat.*) muscolo dilatatore.
dilatory /ˈdɪlətrɪ, *USA* -tɔːrɪ/, *a.* **1** dilatorio: (*leg.*) **d. plea**, eccezione dilatoria **2** lento (*nel fare q.c.*). || **-ily**, *avv.* || **-iness**, *sost.*
dildo /ˈdɪldəʊ/, *n.* (*pl.* **dildos**) **1** pene artificiale **2** (*pop. USA*) scemo; stupido; degenerato.
dilemma /daɪˈlɛmə, dɪ-/, *n.* **1** dilemma: **the horns of the d.**, i corni del dilemma **2** bivio (*fig.*); situazione imbarazzante: **to put sb. in** (*o* **into**) **a d.**, mettere q. di fronte a un'alternativa. ● **to be on the horns of a d.**, essere a un bivio (*fig.*).
dilettante /dɪləˈtæntɪ, *USA* -ˈtɑːnt, ˈdɪ-/, *n.* (*pl.* **dilettantes, dilettanti**) dilettante; chi coltiva un'arte (una scienza, ecc.) per diletto.
dilettantish /dɪləˈtæntɪʃ, *USA* -ɑːn-, ˈdɪ-/, *a.* da dilettante; dilettantesco.
dilettantism /dɪləˈtæntɪzəm, *USA* -ɑːn-, ˈdɪ-/, *n.* dilettantismo.
diligence (1) /ˈdɪlɪdʒəns/, *n.* diligenza (*anche leg.*); accuratezza; assiduità.
diligence (2) /ˈdɪlɪdʒəns, -ˈʒɑːns/, *n.* diligenza; carrozza pubblica.
diligent /ˈdɪlɪdʒənt/, *a.* diligente; accurato; assiduo. || **-ly**, *avv.*
dill /dɪl/, *n.* (*bot.*, *Anethum graveolens*) aneto; finocchio fetido.
dilly /ˈdɪlɪ/, *n.* (*pop. USA, anche iron.*) persona (*o* cosa) notevole; bel soggetto (*fam.*); bella roba (*fam.*).
to **dilly-dally** /ˈdɪlɪdælɪ/, *v. i.* (*fam.*) **1** bighellonare; oziare **2** indugiare; tentennare.
diluent /ˈdɪljʊənt/, *a.* e *n.* (*chim.*) diluente.
dilute /daɪˈluːt, -ˈljuːt/, **diluted** /daɪˈluːtɪd, -ˈljuː-/, *a.* (*anche fig.*) diluito; annacquato: **a d. solution**, una soluzione diluita. ● **d. liquid**, liquido diluito; annacquatura.
to **dilute** /daɪˈluːt, -ˈljuːt/, *v. t.* **1** (*anche fig.*) diluire: **to d. a colour**, diluire un colore **2** (*fig.*) annacquare; rendere più debole (*lo stile, ecc.*); smorzare.
dilution /daɪˈluːʃn, -ˈljuːt-/, *n.* **1** (*chim.*) diluizione **2** diluizione, stemperamento (*d'un colore*) **3** (*fig.*) attenuazione; indebolimento **4** (*org. az.*, = **d. of Labour**) impiego di manodopera non qualificata. ● (*fin.*) **d. of earnings**, diluizione degli utili (*di una società*).
diluvial /daɪˈluːvɪəl, -ˈljuː-/, *a.* (*anche geol.*) diluviale.
diluvium /daɪˈluːvɪəm, -ˈljuː-/, *n.* (*pl.* **diluviums, diluvia**) (*geol.*) diluvium.
dim /dɪm/, *a.* **1** fioco; oscuro; incerto; indistinto; confuso; debole: **the dim light of an oil lamp**, il fioco lume d'una lampada a olio; **the dim outline of houses in the fog**, l'incerta sagoma delle case nella nebbia; **a dim recollection**, un ricordo indistinto, confuso; **dim future**, avvenire oscuro (*o* fosco); futuro incerto **2** offuscato; velato: **His eyes were dim with tears**, aveva gli occhi velati dalle lacrime **3** (*fam.*) ottuso; stupido. ● (*della vista*) **to get dim**, indebolirsi □ **to take a dim view of st.**, essere pessimista su q.c.; non aspettarsi niente di buono da q.c.; non essere d'accordo su q.c.
to **dim** /dɪm/, **A** *v. t.* **1** oscurare; offuscare; abbassare (*l'intensità luminosa*); velare: **The lights of the theatre were dimmed**, le luci del teatro furono abbassate; **eyes dimmed with tears**, occhi velati dalle lacrime **2** (*fig.*) attenuare, offuscare, far diminuire (*sentimenti, prospettive, speranze, ecc.*). **B** *v. i.* (*della luce*) attenuarsi; offuscarsi; oscurarsi. ● (*autom.*) **to dim the lights** (*o* **headlights**), abbassare (*o* commutare) le luci (*o* i fari di profondità); mettere gli anabbaglianti.
dime /daɪm/, *n.* (*USA*) **1** «dime» (*moneta da 10 cent*) **2** (*pop.*) (scommessa da) mille dollari **3** (*pop.*) dieci anni di galera. ● (*fam. USA*) **a d. a dozen**, dozzinale; di scarso valore; da due soldi □ (*pop.*) **d. dropper**, spia, informatore (*della polizia*) □ (*USA*) **d. store**, grande magazzino a prezzi popolari.
to **dime** /daɪm/, *v. i.* (*pop. USA*) fare la spia; fare una soffiata (*su q.*).
dimension /daɪˈmɛnʃn, dɪ-/, *n.* **1** dimensione: **the three dimensions**, le tre dimensioni; (*fis.*) **the fourth d.**, la quarta dimensione **2** (*fig.*) estensione; importanza; portata (*fig.*): **a problem of large dimensions**, un problema di grande portata **3** (*algebra*) grado: **a b^2 c^3 is of the sixth d.**, il monomio a b^2 c^3 è di sesto grado **4** (*tecn.*) quota (*di un disegno*).
dimensional /daɪˈmɛnʃənl, dɪ-/, *a.* (*fis.*) dimensionale: **d. constant**, costante dimensionale. ● (*geom.*) **a three-d. figure**, una figura tridimensionale.
dimensionless /daɪˈmɛnʃnləs, dɪ-/, *a.* **1** senza dimensioni; illimitato **2** (*fis., mat.*) non dimensionale; adimensionale, adimensionato.
dimer /ˈdaɪmə(r)/, *n.* (*chim.*) dimero.
dimerous /ˈdɪmərəs/, *a.* (*biol.*) dimero.
dimeter /ˈdɪmɪtə(r)/, *n.* (*poesia*) dimetro.
dimidiate /dɪˈmɪdɪət/, *a.* (*anche biol.*) dimezzato.
to **diminish** /dɪˈmɪnɪʃ/, *v. t.* e *i.* **1** diminuire; scemare; ridurre, ridursi: **to d. in value**, diminuire di valore **2** (*archit.*) assottigliare, assottigliarsi; rastremare, rastremarsi **3** (*mus.*) diminuire **4** (*fig.*) sminuire, svalutare; screditare.
diminishable /dɪˈmɪnɪʃəbl/, *a.* diminuibile.
diminished /dɪˈmɪnɪʃt/, *a.* diminuito; ridotto. ● (*archit.*) **d. arch**, arco scemo □ (*leg.*) **d. responsibility**, seminfermità mentale.
diminishing /dɪˈmɪnɪʃɪŋ/, *a.* decrescente: (*econ.*) **d. marginal utility**, utilità marginale decrescente; **d. productivity**, produttività decrescente; **d. returns**, rendimenti decrescenti.
diminuendo /dɪmɪnjuːˈɛndəʊ, *USA* -n(j)uː-/ (*ital.*), *n.* (*pl.* **diminuendos, diminuendoes**) (*mus.*) diminuendo.
diminution /dɪmɪˈnjuːʃn, *USA* -ˈnuːʃn/, *n.* **1** (*anche mus.*) diminuzione **2** (*archit.*) rastremazione.
diminutival /dɪmɪnjuːˈtaɪvl/, *a.* (*gramm.*) diminutivo.
diminutive /dɪˈmɪnjʊtɪv/, **A** *a.* e *n.* (*gramm.*) diminutivo. **B** *a.* (*fam.*) minuscolo. ● **on a d. scale**, in miniatura.
diminutiveness /dɪˈmɪnjʊtɪvnəs/, *n.* piccolezza estrema.
dimissory /ˈdɪmɪsərɪ, *USA* -sɔːrɪ/, *a.* dimissorio: (*relig.*) **d. letter**, lettera dimissoria; dimissoria.
dimity /ˈdɪmətɪ/, *n.* tessuto di cotone con disegni in rilievo.
dimly /ˈdɪmlɪ/, *avv.* **1** fiocamente; debolmente; poco: **a d.-lit room**, una stanza poco illuminata **2** indistintamente; oscuramente.
dimmer /ˈdɪmə(r)/, *n.* **1** (*elettr., teatr.*) oscuratore graduale; graduatore **2** (*pl.*) (*autom., USA*) fari anabbaglianti. ● **d. switch**, (*elettr.*) interruttore a reostato; (*autom.*) commutatore delle luci.
dimness /ˈdɪmnəs/, *n.* **1** oscurità (*in un luogo chiuso*); debolezza (*della luce, della vista*) **2** (*fam.*) ottusità; stupidità **3** imprecisione, vaghezza (*di un ricordo*).
dimorphic /daɪˈmɔːfɪk/, *a.* (*scient.*) dimorfo.
dimorphism /daɪˈmɔːfɪzəm/, *n.* (*scient.*) dimorfismo.
dimorphous /daɪˈmɔːfəs/, *V.* **dimorphic**.
dim-out /ˈdɪmaʊt/, *n.* (*mil., USA*) oscuramento.
dimple /ˈdɪmpl/, *n.* **1** fossetta (*nelle guance*) **2** depressione, lieve ondulazione (*del terreno*) **3** increspatura (*dell'acqua*).
to **dimple** /ˈdɪmpl/, **A** *v. t.* **1** formare fossette su (*un viso*) **2** increspare: **The wind dimpled the water**, il vento increspava l'acqua **3** (*mecc.*) accecare; svasare. **B** *v. i.* **1** fare le fossette: **The little girl smiled and her face dimpled**, la bambina sorrise e fece le fossette sul viso **2** (*d'acqua*) incresparsi.
dimpling /ˈdɪmplɪŋ/, *n.* **1** (*mecc.*) accecamento; svasamento **2** (*med.*) retrazione cutanea.
dimply /ˈdɪmplɪ/, *a.* **1** che ha fossette (*nelle guance*) **2** increspato.
dimwit /ˈdɪmwɪt/, *n.* (*fam.*) stupido; testone, zuccone, fesso (*fam.*); cervellone (*iron., spreg.*).
dimwitted /ˈdɪmˈwɪtɪd/, *a.* (*fam.*) stupido; stolto; fesso (*fam.*).
din /dɪn/, *n.* chiasso; baccano; fracasso; fragore; frastuono; strepito: **to kick up a din**, fare un gran baccano.
to **din** /dɪn/, **A** *v. t.* intronare; rintronare; assordare. **B** *v. i.* far chiasso; strepitare. ● **to din st. into sb.'s ears**, ripetere q.c. a q. così da frastornarlo: **He kept dinning into my ears the importance of the bargain**, continuava a rin-

tronarmi le orecchie ripetendo che l'affare era molto importante.

dina /ˈdiːnə/, *n.* (*fis.*) dina.

dinar /ˈdiːnɑː(r)/, *n.* dinaro.

to **dine** /daɪn/, **A** *v. i.* pranzare; desinare. **B** *v. t.* ***1*** offrire un pranzo a, invitare a pranzo (q.) ***2*** (*di sala, ecc.*) contenere (*un certo numero di convitati*): **This room dines sixty**, si può pranzare in sessanta in questa sala. ● **to d. in**, pranzare a casa □ **to d. on** (*o* **off**) **st.**, pranzare a base di: **We dined on** (*o* **off**) **cold chicken**, pranzammo a base di pollo freddo □ **to d. sb. off**, pagare (*o* offrire) il pranzo a q. □ **to d. out**, pranzare fuori casa; (*pop.*) restare a pancia vuota □ (*fam.*) **to d. out on a story**, riempirsi la bocca di una storia; parlarne di continuo □ (*ferr.*) **dining car**, vagone ristorante □ **dining hall**, sala da pranzo; refettorio □ **dining room**, sala da pranzo □ **dining table**, tavola (*per la mensa*); desco (*lett.*).

diner /ˈdaɪnə(r)/, *n.* ***1*** chi pranza; convitato; commensale; cliente (*di un ristorante*) ***2*** (*ferr., USA*) vagone ristorante ***3*** (*USA*) tipico ristorante popolare (*nelle zone rurali*). ● **d. out**, chi pranza spesso fuori casa.

dinette /daɪˈnet/, *n.* tinello (*anche i mobili*); zona pranzo; angolo cottura.

dineutron /daɪˈnjuːtrɒn, *USA* -ˈnuː-/, *n.* (*fis. nucl.*) dineutrone.

ding /dɪŋ/, *n.* ***1*** din (*suono di campana*) ***2*** (*pop. USA*) matto; pazzo: **the d. ward**, il reparto dei matti ***3*** (*pop. Austr.*) festa; party ***4*** (*pop. spreg. Austr.*) immigrato italiano (*o* greco).

to **ding** /dɪŋ/, **A** *v. i.* ***1*** risuonare; scampanellare ***2*** (*fig. fam.*) parlare con enfasi. **B** *v. i.* ***1*** ripetere di continuo; ribadire ***2*** (*pop.*) picchiare; colpire; (*anche, specialm. USA*) uccidere, far fuori.

ding-a-ling /ˈdɪŋəlɪŋ/, **A** *n.* e *inter.* din din; drin drin. **B** *n.* ***1*** (*pop. USA*) individuo strambo; pazzoide; eccentrico ***2*** (*volg. USA*) arnese (*volg.*); pene.

dingbat /ˈdɪŋbæt/, *n.* ***1*** (*tipogr.*) segno di richiamo (*o* di separazione) ***2*** (*USA*) aggeggio; affare; coso ***3*** (*pop. USA*) accattone, barbone, vagabondo; balordo, scemo ***4*** (*volg. USA*) arnese (*volg.*); pene.

ding-dong /ˈdɪŋdɒŋ, *USA* -ɔːŋ/, **A** *n.* ***1*** din don; scampanio ***2*** (*fam.*) alterco; rissa; lotta furibonda ***3*** (*pop. USA*) balordo; scemo ***4*** (*volg. USA*) arnese (*volg.*); pene. **B** *a. attr.* ***1*** che fa din don; di scampanio ***2*** (*fam.*) tirato, a fasi alterne; accanito; furibondo: **a d. race**, una corsa tirata (*o* a fasi alterne); **a d. fight**, una lotta furibonda; **a d. argument**, una discussione accanita.

dinge /dɪndʒ/, *n.* (*pop. spreg. USA*) ***1*** negro ***2*** omosessuale negro.

dinghy /ˈdɪŋɪ, -ŋgɪ/, *n.* (*naut.*) ***1*** lancia (*di bordo*); canotto al traino ***2*** (*sport*) dinghy; dingo ***3*** (= **rubber d.**) battello pneumatico.

dinginess /ˈdɪndʒɪnəs/, *n.* ***1*** scurezza; tetraggine ***2*** patina di sporcizia (*causata da fumo, carbone, fango, ecc.*).

dingle /ˈdɪŋgl/, *n.* valletta (*di solito, ombreggiata da alberi*).

dingo /ˈdɪŋgəʊ/, *n.* (*pl.* **dingoes**) ***1*** (*zool., Canis dingo*) dingo (*cane austr.*) ***2*** (*pop. USA*) accattone; barbone; vagabondo.

dingus /ˈdɪŋgəs/, *n.* ***1*** (*pop. USA*) aggeggio; affare; coso ***2*** (*volg. USA*) arnese (*volg.*); pene.

dingy /ˈdɪndʒɪ/, *a.* ***1*** scuro; nerastro; incrostato di sporcizia ***2*** scolorito, sbiadito; offuscato ***3*** (*fig.*) tetro; lugubre; squallido: **a d. little hotel**, un alberghetto squallido ***4*** (*pop. USA*) squilibrato; pazzo.

dink (**1**) /dɪŋk/, *n.* (*pop. spreg. USA*) vietnamita; orientale (*in genere*).

dink (**2**) /dɪŋk/, *n.* (*acronimo fam. USA di* **double income no kids**) membro (*o* coniuge) di una famiglia senza figli e a doppio reddito.

dinkey /ˈdɪŋkɪ/, *n.* (*fam., ferr.*) piccola locomotiva da manovra.

dinkum /ˈdɪŋkəm/, (*fam. Austr.*) **A** *a.* genuino; onesto; sincero: **a fair d. offer**, un'offerta onesta. **B** *avv.* sinceramente; onestamente. ● (*fig.*) **d. oil**, la pura verità.

dinky /ˈdɪŋkɪ/, *a.* ***1*** (*fam.*) civettuolo; grazioso ***2*** (*pop. USA*) piccolo; troppo piccolo; insignificante.

dinner /ˈdɪnə(r)/, *n.* ***1*** pranzo; desinare ***2*** pranzo ufficiale. ● **d. bell**, campanello che annuncia l'ora del pranzo □ **d. dance**, pranzo con ballo □ **d. dress**, abito da mezza sera, da cocktail □ **d. jacket**, smoking □ (*nelle scuole*) **d. lady**, donna che serve il pranzo (*agli studenti*) □ **d. party**, pranzo (*con invitati*); (*collett.*) i convitati □ **d. set** (*o* **d. service**), servizio (*di posate*) da tavola □ **d. table**, tavola apparecchiata: **He doesn't know how to behave at the d. table**, non sa comportarsi a tavola □ **d. time**, ora di pranzo □ **d. wagon**, portavivande; carrello a più ripiani □ **to ask** (*o* **to invite**) **sb. to d.**, invitare q. a pranzo □ **to be at d.**, essere a tavola □ **to give a d. for** (*o* **in honour of**) **sb.**, dare un pranzo in onore di q. □ **to have d.**, pranzare; desinare.

dino (**1**) /ˈdiːnəʊ/, *n.* (*abbr. fam.*) dinosauro. ● **d. fan**, chi ha la passione dei racconti sui dinosauri.

dino (**2**) /ˈdaɪnəʊ/, *n.* ***1*** (*pop. USA*) italiano ***2*** (*pop. USA, ferr.*) manovale che lavora usando la dinamite.

dinosaur /ˈdaɪnəsɔː(r)/, *n.* (*paleont.*) dinosauro.

dinosaurian /daɪnəˈsɔːrɪən/, **A** *a.* (*paleont.*) di dinosauro. **B** *n.* dinosauro.

dint /dɪnt/, *n.* ***1*** (*arc.*) colpo; sforzo ***2*** (*raro*) forza: **by d. of**, a forza di; per mezzo di; con: **by d. of great effort**, con grandi sforzi ***3*** (*raro*) dentello; tacca; ammaccatura; segno.

to **dint** /dɪnt/, *v. t.* (*raro*) ammaccare; segnare; fare una tacca su (q.c.).

diocesan /daɪˈɒsɪsn, ˈdaɪəsiː-, -zn/, (*relig.*) **A** *a.* diocesano. **B** *n.* vescovo diocesano.

diocese /ˈdaɪəsɪs, -iːs/, *n.* (*relig.*) diocesi.

Diocletian /daɪəˈkliːʃn/, *n.* (*stor. romana*) Diocleziano.

diode /ˈdaɪəʊd/, *n.* (*elettron.*) diodo. ● **d. gate**, porta a diodi □ **d. modulator**, modulatore a diodo □ **d. pack**, gruppo di diodi integrati.

dioecious /daɪˈiːʃəs/, **dioicous** /daɪˈiːkəs/, *a.* (*biol.*) dioico.

Dionysiac /daɪəˈnɪzɪæk/, **Dionysian** /daɪəˈnɪzɪən/, *a.* dionisiaco.

Dionysus /daɪəˈnaɪsəs/, *n.* (*mitol.*) Dioniso.

diopside /daɪˈɒpsaɪd/, *n.* (*miner.*) diopside.

diopter /daɪˈɒptə(r)/, (*USA*) *V.* **dioptre**.

dioptre /daɪˈɒptə(r)/, *n.* (*fis.*) diottria.

dioptric /daɪˈɒptrɪk/, **A** *a.* (*fis.*) diottrico. **B** *n.* diottria.

dioptrics /daɪˈɒptrɪks/, *n. pl.* (*col verbo al sing.*) diottrica.

diorama /daɪəˈrɑːmə, *USA* -æmə/, *n.* diorama.

diorite /ˈdaɪəraɪt/, *n.* (*geol.*) diorite.

dioxide /daɪˈɒksaɪd/, *n.* (*chim.*) diossido; biossido: **carbon d.**, biossido di carbonio; anidride carbonica.

dioxin /daɪˈɒksɪn/, *n.* (*chim.*) diossina.

dip /dɪp/, *n.* ***1*** immersione; tuffo; (*fam.*) bagno (*nel mare, ecc.*): **at each dip of the oars**, a ogni immersione dei remi; **to have** (*o* **to take, to go for**) **a dip**, fare un bagno (*o* una nuotata) ***2*** bagno disinfestante; liquido (*per tingere, disinfettare, ecc.*): **a sheep dip**, un bagno disinfestante per le pecore ***3*** (*un tempo*) candela di sego ***4*** declivio; pendio; pendenza: **There is a dip in the railway**, la ferrovia ha un tratto in pendenza ***5*** (*naut.*) posizione intermedia (*d'una bandiera da segnali, detta «intelligenza»*): **The flag is at the dip**, l'intelligenza è alzata a metà (*segnale visto, ma non ancora interpretato*) ***6*** avvallamento, depressione (*del terreno*): **The village lies in a dip among the hills**, il paese si trova in un avvallamento fra le colline ***7*** (*ginnastica*) flessione sulle braccia (*alle parallele*) ***8*** (*astron.*) inclinazione magnetica; depressione dell'orizzonte ***9*** (*aeron.*) perdita di quota e risalita ***10*** (*econ., fin.*) calo modesto; lieve caduta, lieve flessione (*di prezzi, ecc.*): **a business dip**, una lieve recessione; **a production dip**, un modesto calo della produzione ***11*** (*cucina*) crema; salsa: **cheese dip**, crema di formaggio ***12*** (*pop.*) borsaiolo ***13*** (*geol.*) inclinazione ***14*** (*tecn.*) immersione; bagno: **dip brazing**, saldatura per immersione. ● (*naut., stor.*) **dip circle**, inclinometro □ (*geol.*) **dip fault**, faglia inclinata □ (*fig.*) **a dip into politics**, un tuffo nella politica □ (*naut., stor.*) **dip needle**, ago magnetico (*d'inclinometro*) □ **dip-net**, rete da pesca; bilancino □ (*autom.*) **dip-stick**, asta di livello; stecca (*fam.*) □ (*autom., elettr.*) **dip-switch**, commutatore delle luci.

to **dip** /dɪp/, **A** *v. t.* ***1*** bagnare; immergere; intingere; tuffare: **to dip one's face in the water**, immergere il viso nell'acqua ***2*** (*anche naut.*) abbassare; inclinare; calare: **to dip a yard**, inclinare un pennone; **to dip a sail**, calare una vela ***3*** mettere; infilare: **He dipped his hand in his pocket**, infilò la mano in tasca ***4*** piegare, flettere (*un ginocchio: per fare un inchino*) ***5*** immergere (*un abito*) per tingerlo ***6*** immergere (*pecore, polli, ecc.*) in un bagno disinfestante ***7*** (*relig.*) battezzare (q.) immergendolo nell'acqua ***8*** (*pop.*) derubare; borseggiare. **B** *v. i.* ***1*** immergersi, tuffarsi (*nell'acqua, ecc. e risalire subito alla superficie*) ***2*** abbassarsi (*improvvisamente*); tuffarsi: **The sun dipped into the ocean**, il sole si tuffò nell'oceano; **The swallows rose and dipped above the water**, le rondini si alzavano e si abbassavano sul pelo dell'acqua ***3*** scendere; essere in declivio; digradare: **The road dipped a little**, la strada era leggermente in discesa; **The meadow dips towards the house**, il prato digrada verso la casa ***4*** (*della luce, di fari, ecc.*) abbassarsi; affievolirsi ***5*** (*di un aereo*) perdere quota all'improvviso e risalire ***6*** (*geol.*) inclinarsi ***7*** attingere, fare ricorso (a): **to dip into reserves**, attingere alle riserve ***8*** (*fin.*) calare; diminuire; scemare, scendere (*di valore*): **Our shares have dipped to ten dollars**, le nostre azioni sono scese a 10 dollari; **Inflation dipped from 20% in 1980 to 5% last year**, l'anno scorso l'inflazione è scesa dal 20% del 1980 al 5%. ● (*naut.*) **to dip a flag**, abbassare una bandiera (*in segno di saluto*) □ (*fig.*) **to dip one's hand into one's purse**, spendere a piene mani; spendere e spandere □ (*autom.*) **to dip the headlights**, togliere gli abbaglianti □ **to dip in one's pocket for money**, infilare la mano in tasca per tirar fuori i soldi □ (*fam.*) **to dip in**, servirsi (*a tavola, quando ci offrono q.c., ecc.*) □ (*fig.*) **to dip into a book** [**an author, a subject**], scorrere le pagine d'un libro [studiacchiare un autore, farsi un'infarinatura su un argomento] □ (*fig.*) **to dip into conjuring tricks**, dilettarsi di giochi di prestigio □ **to dip into one's savings**, intaccare i propri risparmi □ (*fig.*) **to dip into the future**, fare un salto nel futuro; cercare di prevedere come sarà □ (*fig.*) **to dip one's pen in gall**, intingere la penna nel fiele □ **to dip up**, attingere, tirar su; raccogliere: **He lowered the pail into the well and dipped up the water**, calò la secchia nel pozzo e attinse l'acqua.

diphase /ˈdaɪfeɪz/, **diphasic** /daɪˈfeɪzɪk/, *a.* (*elettr.*) bifase, bifasico.

diphtheria /dɪfˈθɪərɪə/, *n.* (*med.*) difterite.

diphtherial /dɪfˈθɪərɪəl/, **diphtheric** /dɪfˈθerɪk/, **diphtheritic** /dɪfθəˈrɪtɪk/, *a.* (*med.*) difterico.

diphtheroid /ˈdɪfθərɔɪd/, *a.* (*med.*) difteroide.

diphthong /ˈdɪfθɒŋ, *USA* -θɔːŋ/, *n.* (*fon.*) dittongo.

diphthongal /dɪfˈθɒŋgl, *USA* -ɔːŋ-/, *a.* (*fon.*) di (*o* che forma un) dittongo.

diphthongization /dɪfθɒŋaɪˈzeɪʃn, *USA* -ɔːŋɪ-/, *n.* (*fon.*) dittongazione.

to **diphthongize** /ˈdɪfθɒŋaɪz, *USA* -ɔːŋ-/, *v. t.* (*fon.*) dittongare.

diplegia /daɪˈpliːdʒə/, *n.* (*med.*) diplegia.

diplodocus /dɪˈplɒdəkəs/, *n.* (*paleont.*) diplodoco.

diploe /ˈdɪpləʊiː/, *n.* (*anat.*) diploe.

diploid /ˈdɪplɔɪd/, *a.* (*biol.*) diploide.

diploma /dɪˈpləʊmə/, *n.* (*pl.* **diplomas, diplomata**) diploma.

diplomacy /dɪpˈləʊməsɪ/, *n.* diplomazia; (*fig.*) tatto.

diploma'd, diplomaed /dɪˈpləʊməd/, *a.* diplomato: **a d. illiterate**, un analfabeta diplomato (*o* di ritorno).

diplomaism /dɪˈpləʊməɪzəm/, *n.* mania dei diplomi; mania del pezzo di carta (*fam.*).

diplomat /ˈdɪpləmæt/, *n.* diplomatico.

diplomatic /dɪpləˈmætɪk/, *a.* **1** diplomatico: **d. corps** (*o* **d. body**), corpo diplomatico; **d. immunity**, franchigia diplomatica **2** (*fig.*) diplomatico; pieno di tatto. ● (*chim.*) **d. ink**, inchiostro simpatico. || **-ally**, *avv.*

diplomatics /dɪpləˈmætɪks/, *n. pl.* (*col verbo al sing.*) **1** (*raro*) diplomazia **2** diplomatica.

diplomatist /dɪˈpləʊmətɪst/, *n.* (*anche fig.*) diplomatico.

to **diplomatize** /dɪˈpləʊmətaɪz/, *v. i.* (*raro*) usare diplomazia.

diplopy /ˈdɪpləpɪ/, *n.* (*med.*) diplopia.

dipnoan /ˈdɪpnəʊən/, *a.* e *n.* (*zool.*) dipnoo.

dipody /ˈdɪpədɪ/, *n.* (*poesia*) dipodia.

dipole /ˈdaɪpəʊl/, *n.* (*elettr.*) dipolo. ● **d. antenna**, antenna a dipolo; dipolo.

dipper /ˈdɪpə(r)/, *n.* **1** chi si tuffa, s'immerge (*V.* **to dip**) **2** mestolo; mestolone **3** (*zool.*, *Cinclus cinclus*) merlo acquaiolo **4** – (*astron. USA*) **the D.**, l'Orsa: **the Big D.**, l'Orsa Maggiore; **the Little D.**, l'Orsa Minore **5** (*relig.*, *arc.*) anabattista **6** (*autom.*, *elettr.*) commutatore delle luci. ● (*mecc.*) **d. dredge**, draga a cucchiaia □ **giant d.**, montagne russe (*di luna park*).

dipping /ˈdɪpɪŋ/, *n.* **1** immersione **2** l'abbassarsi; affievolimento (*di luci, ecc.*) **3** inclinazione **4** avvallamento (*del terreno*). ● (*naut.*) **d. sonar**, sonar a immersione.

dippy /ˈdɪpɪ/, *a.* (*fam. USA*) matto; pazzo; picchiatello (*fam.*).

dipshit /ˈdɪpʃɪt/, *n.* (*volg. USA*) stronzo (*fig. volg.*); individuo stupido e odioso.

dipsomania /dɪpsəˈmeɪnɪə/, *n.* (*med.*) dipsomania.

dipsomaniac /dɪpsəˈmeɪnɪæk/, *a.* e *n.* (*med.*) dipsomane; alcolizzato.

dipsy /ˈdɪpsɪ/, *a.* (*pop. USA*) **1** sbronzo; ubriaco **2** tonto; scemo.

dipsy-doodle /ˈdɪpsɪˈduːdl/, *n.* (*pop. USA*) **1** imbroglio; raggiro; truffa **2** imbroglione; truffatore.

dipteral /ˈdɪptərəl/, *a.* **1** (*archit.*) dittero **2** (*zool.*) dei ditteri.

dipterans /ˈdɪptərəns/, *n. pl.* (*zool.*, *Diptera*) ditteri.

dipterous /ˈdɪptərəs/, *a.* (*zool.*) dei ditteri; relativo ai ditteri.

diptych /ˈdɪptɪk/, *n.* (*arte, archeol.*) dittico.

dire /ˈdaɪə(r)/, *a.* atroce; orrendo; spaventoso; tremendo; diro (*lett.*). ● **d. need**, pressante bisogno □ **d. poverty**, miseria nera □ (*mitol.*) **the d. sisters**, le Furie.

direct /daɪˈrɛkt, dɪ-/, **A** *a.* **1** diretto; immediato: **in a d. line**, in linea diretta; **a d. hit** (*o* **shot**), un tiro diretto (*di cannone*); **d. ray**, raggio diretto; **d. speech**, discorso diretto; **d. method**, metodo diretto **2** chiaro; franco; esplicito; preciso; sincero: **a d. answer**, una risposta precisa (*sì o no*); **He has a d. way of saying things**, dice le cose in modo esplicito **3** assoluto; esatto: **the d. opposite** (*o* **contrary**), l'esatto contrario (*proprio il contrario*). **B** *avv.* direttamente; diretto; dritto: **The train goes d. to London**, il treno va direttamente a Londra; **He went d. to heaven**, andò dritto in cielo. ● (*elab.*) **d. access**, accesso diretto □ (*mecc.*) **d.-acting**, ad azione diretta; a comando diretto □ **d. action**, azione diretta (*in un'agitazione sindacale*) □ (*alpinismo*) **d. ascent**, direttissima □ (*edil.*) **d. bearing**, piedritto; sostegno verticale □ (*elab.*) **d. code**, codice macchina □ **d. contradiction**, piena contraddizione □ (*fin.*) **d. control**, controllo di maggioranza □ (*rag.*) **d. costing**, contabilità industriale a costi diretti □ (*elettr.*) **d. current**, corrente continua □ (*econ.*) **d. demand**, domanda diretta □ (*sport*) **d. free kick**, calcio diretto (*o* di prima) □ (*telef.*) **d. dialling**, teleselezione □ (*mecc.*) **d. drive**, presa diretta □ (*stor.*, *in G.B.*) **d.-grant school**, scuola secondaria privata sovvenzionata dallo Stato (*fino al 1979*) □ **d. marketing**, commercializzazione diretta □ (*gramm.*) **d. object**, complemento oggetto □ (*polit.*) **d. rule**, controllo diretto dell'ordine pubblico (*in Irlanda del Nord*: *dal 1972*) □ (*market.*) **d. sale** (*o* **selling**), vendita diretta □ (*econ.*) **d. services**, servizi diretti; prestazioni professionali □ (*fin.*) **d. taxes**, imposte dirette.

to **direct** /daɪˈrɛkt, dɪ-/, **A** *v. t.* **1** dirigere; indirizzare; rivolgere; volgere; guidare: **to d. a firm [a company, a department]**, dirigere una ditta [una società, un dipartimento]; **Who directs the excavations?**, chi dirige gli scavi?; **He directed his remarks to you**, rivolse a te le sue osservazioni; **Duty directs my actions**, il senso del dovere guida le mie azioni; **to d. one's attention to st.**, rivolgere la propria attenzione a q.c. **2** comandare, ordinare, dare istruzioni a: **She was directed to answer the letter**, le furono date istruzioni di rispondere alla lettera **3** indicare, insegnare la strada a (q.): **I met a man who directed me to the castle**, incontrai un uomo che mi indicò la strada per il castello **4** indirizzare, inviare (*una lettera e sim.*): **to d. the mail to a new address**, indirizzare la posta a un indirizzo nuovo **5** (*mus.*) dirigere **6** (*cinem.*, *teatr.*, *TV*) dirigere; curare la regia di **7** assegnare, destinare (*fondi, ecc.*): **to d. parts of one's earnings to scholarship funds**, destinare parte dei propri guadagni a fondi per borse di studio. **B** *v. i.* **1** dare ordini; dare istruzioni **2** (*mus.*) dirigere (*un'orchestra*); guidare (*un coro*) **3** (*cinem.*, *teatr.*, *TV*) curare la regia; fare il regista. ● **to d. one's feet**, rivolgere i passi (*in una direzione*) □ **to d. a film [a play]**, dirigere un film [un dramma]; essere il regista di un film [di un dramma] □ **directing post**, cartello (indicatore) stradale □ **directing power**, potere direttivo.

directed /daɪˈrɛktɪd, dɪ-/, *a.* **1** diretto **2** (*mat.*) orientato: **d. graph**, grafo orientato; **d. segment**, segmento orientato. ● (*cinem.*) (*di un film*) **«d. by ...»**, «regia di ...»; «regista» (*più il nome*) □ (*econ.*) **d. economy**, economia dirigistica □ **as d.**, secondo le direttive (*o* le istruzioni) ricevute.

direction /daɪˈrɛkʃn, dɪ-/, *n.* **1** direzione; verso; senso: **in the d. of London**, in direzione di Londra; **sense of d.**, senso della direzione; **There have been improvements in many directions**, ci sono stati miglioramenti in molti sensi; **He wrote his thesis under my d.**, scrisse la tesi sotto la mia direzione **2** (*spesso al pl.*) ordine; istruzione; direttiva: **directions to servants**, istruzioni ai domestici; **directions on the label**, istruzioni sull'etichetta **3** (*spesso al pl.*) indirizzo (*su una lettera, un pacco, ecc.*): **insufficient directions**, indirizzo incompleto **4** (*teatr.*, *cinem.*, *TV*) regia **5** (*fin.*, *org. az.*) direzione; guida delle attività correnti **6** (*mus.*) direzione **7** (*mus.*) didascalia, indicazione. ● **d. board** (*o* **d. plate**), indicatore stradale □ (*mat.*) **d. cosines**, coseni direttori □ (*radio*) **d.-finder** (*abbr.* **D-F**), radiogoniometro □ (*aeron.*) **d. indicator**, indicatore di direzione □ (*mat.*) **d. ratio**, parametro direttore □ (*autom.*) **d. signs**, segnali (*o* cartelli) di direzione □ (*radio*) **d. station**, stazione radiogoniometrica □ (*autom.*) **d. to be followed**, senso obbligatorio.

directional /daɪˈrɛkʃənl, dɪ-/, *a.* **1** (*scient.*, *tecn.*) direzionale **2** direttivo; dirigenziale. ● (*radio*) **d. antenna**, antenna direzionale □ (*elettr.*) **d. beam**, fascio direzionale □ (*fis. nucl.*) **d. counter**, contatore direzionale □ (*naut.*) **d. homing**, radioguida direzionale.

directive /daɪˈrɛktɪv, dɪ-/, **A** *a.* **1** direttivo **2** che indica la direzione. **B** *n.* direttiva; istruzione; ordine.

directly /daɪˈrɛktlɪ, dɪ-/, **A** *avv.* **1** direttamente; diritto, dritto: **We headed d. into the desert**, c'inoltrammo direttamente nel deserto **2** immediatamente; subito; fra breve: **Go in d.!**, entra subito!; **I'll be back d.**, sarò di ritorno fra breve **3** esattamente; completamente; diametralmente: **d. opposite**, diametralmente opposto; proprio di fronte (a q.c.). **B** *cong.* (*fam.*) appena; non appena: **Send him to me d. he comes**, mandalo da me appena viene.

directness /daɪˈrɛktnəs, dɪ-/, *n.* **1** l'esser diretto; immediatezza **2** chiarezza; franchezza; precisione; sincerità; spontaneità. ● **d. of manner**, modo di fare spontaneo □ **d. of speech**, modo di parlare esplicito.

director /daɪˈrɛktə(r), dɪ-/, *n.* **1** direttore; dirigente **2** (*fin.*) consigliere d'amministrazione; amministratore **3** (*cinem.*, *teatr.*, *TV*) regista **4** (*relig.*) direttore spirituale **5** (*mus.*, = **conductor**) direttore d'orchestra **6** (*elettr.*) elemento direttore **7** (*elettron.*) selettore **8** (*mil.*) centrale di tiro **9** (*pl. collett.*) (*fin.*) consiglio d'amministrazione. ● **d. general**, direttore generale (*specialm. di ministero, ecc.*) □ (*leg.*, *in Inghil.*) **D. of Public Prosecutions**, «Direttore della Pubblica Accusa» (*non è un magistrato, ma un funzionario dello Stato*) □ (*cinem.*) **art d.**, scenografo □ (*fin.*) **d.'s shares**, pacchetto azionario (*minimo*) di un consigliere d'amministrazione □ (*fin.*) **board of directors**, consiglio d'amministrazione □ **joint d.**, condirettore □ (*fin.*) **managing d.**, consigliere delegato.

directorate /daɪˈrɛktərət, dɪ-/, *n.* **1** carica di direttore; direzione **2** (*fin.*) consiglio d'amministrazione.

directorial /daɪrɛkˈtɔːrɪəl, dɪ-/, *a.* **1** direttoriale **2** (*fin.*) del consiglio d'amministrazione **3** direttivo; direzionale.

directorship /daɪˈrɛktəʃɪp, dɪ-/, *n.* carica (*o* durata in ufficio) di direttore (*o* di consigliere d'amministrazione).

directory (**1**) /daɪˈrɛktərɪ, dɪ-/, *a.* **1** direttivo **2** (*leg.*) dispositivo. ● (*leg.*) **d. statute**, legge dispositiva; norma ordinaria (*o* derogabile).

directory (**2**) /daɪˈrɛktərɪ, dɪ-/, *n.* **1** libro d'istruzioni, di pratiche religiose, ecc. **2** elenco nominativo; annuario **3** – (*stor.*) **the D.**, il Direttorio **4** (*fin.*, *USA*) consiglio d'amministrazione **5** (*telef.*) elenco; guida **6** (*elab.*) dizionario; indice. ● (*telef.*) **d. enquiry**, servizio d'informazioni telefoniche sui numeri degli abbonati □ (*di numero telefonico*) **ex-d.**, non in elenco □ **telephone d.**, elenco telefonico.

directress /daɪˈrɛktrɪs, dɪ-/, *n.* direttrice; dirigente (*donna*). ● **social d.**, donna che organizza un party; organizzatrice.

directrice /dɪˈrɛktriːs, *USA* dɪrɛkˈtriːs/ (*franc.*), *n.* direttrice; dirigente. ● (*teatr.*) **d. of wardrobe**, capoguardarobiera □ (*fin.*) **managing d.**, consigliere delegato (*donna*).

directrix /daɪˈrɛktrɪks, dɪ-/, *n.* (*pl.* **directrixes, directrices**) **1** (*arc.*) direttrice (*V.* **directress**) **2** (*geom.*) direttrice.

direful /ˈdaɪəfl/, *a.* (*lett.*) spaventoso; terribile; orrendo. || **-ly**, *avv.*

dirge /dɜːdʒ/, *n.* (*lett.*) canto (*o* lamento) funebre; nenia (*lett.*).

dirigibility /dɪrɪdʒəˈbɪlətɪ/, *n.* dirigibilità.

dirigible /ˈdɪrɪdʒəbl, dɪˈrɪ-/, **A** *a.* dirigibile: **d. balloon**, pallone dirigibile. **B** *n.* (*aeron.*) dirigibile; aeronave.

dirigisme /diːriːˈʒɪzəm/ (*franc.*), *n.* (*econ.*) dirigismo.

diriment /ˈdɪrɪmənt/, *a.* (*leg.*) dirimente: **d. impediment**, impedimento dirimente.

dirk /dɜːk/, *n.* pugnale, daga (*specialm. in Scozia*).

to **dirk** /dɜːk/, *v. t.* pugnalare.

dirt /dɜːt/, *n.* **1** immondizia; sporcizia; sudiciume; spazzatura **2** terra; terriccio **3** (*fig.*) bruttura; lordura; sozzura **4** (*pop. USA*) notizia scandalosa; pettegolezzo; oscenità. ● **d. bike**, moto fuoristrada □ (*fam.*) **d. cheap**, a prezzo stracciato; che costa pochissimo □ **d.-eating**, geofagia □ (*fam.*) **d. farmer**, piccolo coltivatore diretto □ (*USA*) **d. road**, strada in terra battuta; strada bianca (*o* sterrata) □ (*sport*) **d. track**, pista di terra battuta (*per cavalli*); pista di cenere (*per corse motociclistiche*) □ (*fam.*) **as cheap as d.**, da due soldi; che non costa nulla o quasi □ (*fam. USA*) **to dig up the d.**, portare a galla il marciume (*fig.*) □ (*fig.*) **to eat d.**, subire un'umiliazione; ingoiare un rospo □ **to fling** (*o* **to throw**) **d. at sb.**, gettar fango su q.; parlare male di q. □ (*fam. USA*) **to hit the d.**, buttarsi a terra (*per ripararsi dagli spari, ecc.*) □ **to treat sb. like d.**, trattare q. come spazzatura □ **yellow d.**, «sudiciume giallo» (*l'oro*).

dirtily /ˈdɜːtəlɪ/, *avv.* **1** sporcamente; in modo sudicio **2** (*fig.*) scorrettamente; slealmente.

dirtiness /ˈdɜːtɪnəs/, *n.* **1** sporcizia; immondezza; lordura **2** (*fig.*) sordidezza; oscenità.

dirty /ˈdɜːtɪ/, *a.* **1** sporco; sudicio; immondo; lordo; lurido; sordido; osceno; sconcio; sboccato: **a d. handkerchief**, un fazzoletto sporco; **d. linen**, biancheria sporca; panni sporchi (*anche fig.*); **d. work**, lavoro sporco, poco pulito (*anche fig.*); **He is a d. scoundrel**, è uno sporco furfante; **a d. joke**, una barzelletta sporca (*o* sconcia); **That boy has a d. mind**, quel ragazzo ha una fantasia oscena (*o* un animo sordido); **d. yellow**, giallo sporco **2** (*del tempo, ecc.*) orribile; da cani: **I won't go out in such d. weather**, non uscirò con questo tempo da cani **3** (*fig.*) disonesto; scorretto; sleale **4** (*fis. nucl., mil.*) sporco: **a d. bomb**, una bomba sporca **5** (*fig.*: *di un cambio fluttuante*) manipolato **6** (*fam.*) che si droga; drogato. ● **a d. action**, un'azione disonesta □ (*pop. USA*) **d. bag**, donnaccia; puttana □ (*fig. pop.*) **d. dog**, turpe individuo; sporcaccione (*pop.*) □ **d. film**, film a luce rossa □ **a d. look**, un'occhiataccia □ **d. money**, denaro sporco □ (*fam. USA*) **d. pool**, comportamento sleale; colpo basso (*fig.*) □ (*naut.*) **d. ship**, petroliera sporca □ **a d. trick**, un brutto scherzo; un colpo gobbo; un tiro mancino □ **d. word**, parola sporca; parolaccia □ (*fam.*) **to do sb.'s d. work**, fare un lavoro ingrato al posto di q. □ (*fam. ingl.*) **to do the d. on sb.**, tirare un colpo basso a q.

to **dirty** /ˈdɜːtɪ/, **A** *v. t.* insudiciare; sporcare; insozzare; lordare: **He wore gloves not to d. his hands**, portava i guanti per non sporcarsi le mani; **I've never dirtied my hands with bribes**, non mi sono mai sporcato le mani con bustarelle. **B** *v. i.* insudiciarsi; sporcarsi; insozzarsi; lordarsi.

disability /dɪsəˈbɪlətɪ/, *n.* **1** (*anche leg.*) incapacità **2** (*med.*) invalidità (*al lavoro*). ● **d. benefit**, assegno d'invalidità □ (*leg.*) **d. clause**, clausola d'invalidità □ **d. pension**, pensione d'invalidità □ (*leg.*) **d. to enter a contract**, incapacità contrattuale.

to **disable** /dɪsˈeɪbl/, *v. t.* **1** rendere inabile (*o* invalido) (*al lavoro*); inabilitare (*al lavoro*) **2** (*leg.*) dichiarare (q.) incapace **3** (*tecn.*) disinserire; escludere; mettere fuori servizio. ● (*mil.*) **to d. a bomb**, disinnescare una bomba.

disabled /dɪsˈeɪbld/, *a.* **1** (*med.*) disabile; invalido **2** (*leg.*) inabile; incapace **3** (*tecn.*) (*di un meccanismo, ecc.*) disinserito; escluso. ● **d. person**, disabile, invalido; (*leg.*) inabile, incapace □ **d. quota**, quota (*di posti di lavoro*) riservata ai disabili □ **a d. soldier**, un invalido di guerra; un mutilato □ **a d. worker**, un invalido del lavoro.

disablement /dɪsˈeɪblmənt/, *n.* **1** il rendere inabile (*o* invalido) (*al lavoro*) **2** (*leg.*) inabilitazione **3** (*med.*) handicap fisico.

to **disabuse** /dɪsəˈbjuːz/, *v. t.* (*form.*) disingannare; disilludere.

disaccharide /daɪˈsækəraɪd/, *n.* (*chim.*) disaccaride.

disaccord /dɪsəˈkɔːd/, *n.* (*form.*) disaccordo; discordia; dissenso.

to **disaccord** /dɪsəˈkɔːd/, *v. i.* dissentire; essere in disaccordo.

to **disaccustom** /dɪsəˈkʌstəm/, *v. t.* disabituare; dissuefare (*lett.*).

to **disadapt** /dɪsəˈdæpt/, *v. t.* (*psic., miss.*) disadattare.

disadaptation /dɪsædæpˈteɪʃn/, *n.* (*psic., miss.*) disadattamento.

disadapted /dɪsəˈdæptɪd/, *a.* (*psic., miss.*) disadattato. ● (*miss.*: *d'astronauta*) **d. to normal gravity**, incapace di riadattarsi alla gravità della terra.

disadvantage /dɪsədˈvɑːntɪdʒ, *USA* -ˈvæn-/, *n.* **1** svantaggio; condizione sfavorevole: **If you haven't the books you need, you are working under disadvantages**, se non hai i libri che ti occorrono, lavori in condizioni sfavorevoli **2** detrimento; danno; nocumento (*lett.*). ● **at a d.**, in condizioni sfavorevoli: **We were fighting at a d.**, combattevamo in condizioni sfavorevoli □ **to put sb. at a d.**, mettere q. in condizione di svantaggio □ **to take sb. at a d.**, cogliere q. alla sprovvista.

disadvantaged /dɪsədˈvɑːntɪdʒd, *USA* -ˈvæn-/, **A** *a.* svantaggiato. **B** *n. pl.* (*econ., polit.*) **the d.**, i diseredati.

disadvantageous /dɪsædvɑːnˈteɪdʒəs, *USA* -væn-/, *a.* **1** svantaggioso; sfavorevole **2** che è a detrimento (di q.); dannoso; nocivo.

to **disaffect** /dɪsəˈfɛkt/, *v. t.* disaffezionare (*lett.*); disamorare; alienare.

disaffected /dɪsəˈfɛktɪd/, *a.* disaffezionato (*lett.*); maldisposto; ostile.

disaffection /dɪsəˈfɛkʃn/, *n.* disaffezione; malcontento (*specialm. politico*); scontento; disamore; ostilità.

to **disaffirm** /dɪsəˈfɜːm/, *v. t.* (*leg.*) **1** risolvere (*un contratto*) **2** revocare (*una dichiarazione precedente*).

to **disafforest** /dɪsəˈfɒrɪst, *USA* -ɔːr-/, *v. t.* **1** (*leg., stor.*) privare (*un terreno*) del carattere di foresta demaniale **2** disboscare; diboscare.

disafforestation /dɪsæfɒrɪˈsteɪʃn, *USA* -ɔːr-/, *n.* **1** (*leg., stor.*) privazione del carattere di foresta demaniale **2** disboscamento; diboscamento.

to **disaggregate** /dɪsˈægrɪgeɪt/, (*anche chim.*) **A** *v. t.* disaggregare. **B** *v. i.* disaggregarsi.

disaggregation /dɪsægrɪˈgeɪʃn/, *n.* (*anche chim.*) disaggregazione.

disagio /dɪsˈædʒɪəʊ/, *n.* (*chim.*) disaggio.

to **disagree** /dɪsəˈgriː/, *v. i.* **1** discordare; non coincidere; non essere d'accordo con: **Your report and our information d.**, il tuo rapporto discorda dalle informazioni in nostro possesso **2** dissentire; essere in disaccordo: **I d. with her on most issues**, dissento da lei quasi su ogni punto **3** non confarsi, fare male a: **Wet weather disagrees with me**, il tempo umido non mi si confà; **Wine disagrees with some people**, a certe persone il vino fa male **4** disputare; litigare.

disagreeable /dɪsəˈgriːəbl/, **A** *a.* **1** sgradevole; spiacevole: **d. company**, compagnia sgradevole; **a d. smell**, un odore spiacevole **2** (*di persona*) di carattere difficile; antipatico; irascibile; scontroso. **B** *n.* (*pl.*) fastidi; seccature. || **-ness**, *sost.* || **-bly**, *avv.*

disagreement /dɪsəˈgriːmənt/, *n.* **1** disaccordo; dissapore; dissenso **2** discordanza; differenza: **There is d. between the accounts**, c'è discordanza fra i due conti **3** discordia; lite; litigio.

to **disallow** /dɪsəˈlaʊ/, *v. t.* **1** (*anche leg.*) respingere; non ammettere; non riconoscere; non accettare: **The tax officials will d. your claim for a refund**, il fisco non accetterà la tua richiesta di rimborso delle tasse **2** (*specialm. polit.*) porre il veto a; non permettere.

disallowance /dɪsəˈlaʊəns/, *n.* **1** (*anche leg.*) rigetto; rifiuto **2** divieto; veto (*V.* **to disallow**).

to **disambiguate** /dɪsæmˈbɪgjʊeɪt/, *v. t.* (*anche ling.*) disambiguare.

disambiguation /dɪsæmbɪgjuːˈeɪʃn/, *n.* (*anche ling.*) disambiguazione.

to **disannul** /dɪsəˈnʌl/, *v. t.* annullare; revocare.

to **disanoint** /dɪsəˈnɔɪnt/, *v. t.* (*relig.*) sconsacrare.

to **disappear** /dɪsəˈpɪə(r)/, *v. i.* scomparire (*anche fig.*); sparire; svanire.

disappearance /dɪsəˈpɪərəns/, *n.* scomparsa; sparizione.

to **disappoint** /dɪsəˈpɔɪnt/, *v. t.* **1** deludere: **The play disappointed me**, la commedia mi ha deluso; **to d. sb.'s hopes**, deludere le speranze di q. **2** mancare di parola; venir meno a una promessa (*o* a un appuntamento, ecc.): **Please don't d. me again**, per favore, non mancarmi di parola di nuovo **3** frustrare; rendere vano; sconvolgere (*progetti e sim.*).

disappointed /dɪsəˈpɔɪntɪd/, *a.* deluso; insoddisfatto; frustrato: **a d. man**, un uomo insoddisfatto; **d. hopes**, speranze frustrate. ● **to be d. with** (*o* **in**) **sb.**, rimanere deluso di q. □ **to be d. at losing a match**, essere deluso per aver perso una partita. || **-ly**, *avv.*

disappointing /dɪsəˈpɔɪntɪŋ/, *a.* deludente; spiacevole. ● **How d.!**, che delusione!; che contrattempo!; che peccato!

disappointment /dɪsəˈpɔɪntmənt/, *n.* delusione; disappunto: **To my great d., he did not come**, con mio grande disappunto, egli non venne; **to meet with a d.**, avere una delusione.

disapprobation /dɪsæprəˈbeɪʃn/, *n.* (*form.*) disapprovazione.

disapprobative /dɪsˈæprəbeɪtɪv/, **disapprobatory** /dɪsæprəˈbeɪtrɪ, əˈprɒbətrɪ, əˈprəʊ-, *USA* əˈprəʊbətɔːrɪ, əˈprɒ-, ˈæprə-/, *a.* (*form.*) di disapprovazione; riprensivo (*lett.*).

disapproval /dɪsəˈpruːvl/, *n.* disapprovazione; riprovazione (*lett.*).

to **disapprove** /dɪsəˈpruːv/, **A** *v. t.* **1** disapprovare; riprovare (*lett.*) **2** (*polit.*) respingere (*un disegno di legge, ecc.*). **B** *v. i.* **to d. of**, disapprovare; trovare da ridire su: **I strongly d. of your behaviour**, disapprovo del tutto la tua condotta.

disapprovingly /dɪsəˈpruːvɪŋlɪ/, *avv.* con aria (*o* in segno) di disapprovazione.

to **disarm** /dɪsˈɑːm/, **A** *v. t.* **1** disarmare; rendere innocuo **2** (*fig.*) calmare; rabbonire; spuntar le armi in mano a: **She disarmed her angry boss with a smile**, con un sorriso rabbonì il capo che si era arrabbiato; **He disarmed criticism by an honest admission of his faults**, con un onesto riconoscimento delle sue colpe, egli spuntò le armi in mano alla critica **3** (*mil.*) disattivare. **B** *v. i.* (*polit.*) disarmare.

disarmament /dɪsˈɑːməmənt/, *n.* (*anche polit.*) disarmo.

disarmer /dɪsˈɑːmə(r)/, *n.* (*polit.*) chi disarma; fautore del disarmo.

disarming /dɪsˈɑːmɪŋ/, *a.* disarmante: **d. outspokenness**, disarmante schiettezza.

to **disarrange** /dɪsəˈreɪndʒ/, *v. t.* mettere in disordine; disordinare; confondere; scompigliare.

disarrangement /dɪsəˈreɪndʒmənt/, *n.* disordine; confusione; scompiglio.

disarray /dɪsəˈreɪ/, *n.* **1** disordine (*in particolare, negli abiti*); confusione; scompiglio **2** abbigliamento trasandato. ● **to throw sb. into complete d.**, sconvolgere i piani di q.; gettare q. nel caos.

to **disarray** /dɪsəˈreɪ/, *v. t.* **1** disordinare; gettare lo scompiglio (*nelle file del nemico, ecc.*); scompigliare **2** (*poet.*) svestire.

to **disarticulate** /dɪsɑːˈtɪkjʊleɪt/, *v. t.* **1** (*anche med.*) disarticolare **2** smembrare (*un pollo, ecc.*).

disarticulation /dɪsɑːtɪkjʊˈleɪʃn/, *n.* **1** (*anche med.*) disarticolazione **2** smembramento.

to **disassemble** /dɪsəˈsembl/, *v. t.* (*mecc.*) smontare: **to d. an engine**, smontare un motore.

disassembly /dɪsəˈsemblɪ/, *n.* (*mecc.*) smontaggio.

disassimilation /dɪsəsɪməˈleɪʃn/, *n.* (*med.*) disassimilazione; catabolismo.

to **disassociate** /dɪsəˈsəʊʃɪeɪt/, *v. t.* dissociare.

disassociation /dɪsəsəʊʃɪˈeɪʃn/, *n.* (*anche psic.*) dissociazione.

disaster /dɪˈzɑːstə(r), *USA* -æs-/, *n.* **1** calamità; (*anche fig.*) disastro; sventura **2** (*fin.*) dissesto; fallimento **3** (*ass.*) sinistro; incidente grave. ● **d. area**, zona sinistrata.

disastrous /dɪˈzɑːstrəs, *USA* -æs-/, *a.* disastroso. || **-ly**, *avv.*

to **disavow** /dɪsəˈvaʊ/, *v. t.* disconoscere (*anche leg.*); rinnegare; ripudiare; sconfessare.

disavowal /dɪsəˈvaʊəl/, *n.* disconoscimento (*anche leg.*); rinnegamento (*raro*); ripudio; sconfessione.

to **disband** /dɪsˈbænd/, **A** *v. t.* **1** sbandare, disperdere (*una folla*); sciogliere (*un assembramento*) **2** sciogliere, sopprimere (*un'associazione, un ente inutile, ecc.*) **3** (*mil.*) sbandare, smobilitare, congedare (*un esercito*). **B** *v. i.* sbandarsi; disperdersi; sciogliersi.

disbandment /dɪsˈbændmənt/, *n.* **1** sbandamento; dispersione; scioglimento **2** soppressione (*d'enti, ecc.*) **3** (*mil.*) sbandamento (*di truppe*).

to **disbar** /dɪsˈbɑː(r)/, *v. t.* (*leg.*) radiare (*un avvocato*) dall'albo.

disbarment /dɪsˈbɑːmənt/, *n.* (*leg.*) radiazione (*di un avvocato*) dall'albo.

disbelief /dɪsbɪˈliːf/, *n.* **1** incredulità **2** (*relig.*) miscredenza.

to **disbelieve** /dɪsbɪˈliːv/, *v. t.* e *i.* non credere, non prestar fede (a): **to d. a statement**, non credere a un'asserzione.

disbeliever /dɪsbɪˈliːvə(r)/, *n.* **1** incredulo **2** (*relig.*) miscredente.

disbenefit /dɪsˈbenɪfɪt, ˈdɪsbe-/, *n.* (*specialm. USA*) svantaggio; danno.

disbound /dɪsˈbaʊnd/, *a.* (*di libro, ecc.*) slegato; sfasciato; che ha perso la rilegatura.

to **disbranch** /dɪsˈbrɑːntʃ, *USA* -æntʃ/, *v. t.* (*raro*) **1** spogliare dei rami, scapezzare (*una pianta*) **2** potare.

to **disbud** /dɪsˈbʌd/, *v. t.* mondare (*una pianta*) dei germogli.

to **disburden** /dɪsˈbɜːdn/, *v. t.* sgravare; alleggerire (*di un peso, anche fig.*); alleviare; liberare: **to d. one's mind of st.**, liberarsi la mente di q.c. ● **to d. one's conscience**, togliersi un peso dalla coscienza □ **to d. one's heart to sb.**, aprire il cuore a q.

to **disburse** /dɪsˈbɜːs/, *v. t.* **1** sborsare (*denaro, ecc.*) **2** (*fin.*) erogare (*somme, ecc.*).

disbursement /dɪsˈbɜːsmənt/, *n.* **1** sborso; esborso **2** (*fin.*) erogazione: **the d. of a loan**, l'erogazione di un mutuo.

disc /dɪsk/, *n.* **1** (*anche anat. e bot.*) disco: **the d. of the sun**, il disco del sole; (*med.*) **to suffer from a slipped d.**, avere l'ernia al disco **2** (*mus.*) disco (fonografico) **3** (*sport: sollevamento pesi*) disco **4** (*raro*) discoteca **5** (*elab.*) *V.* **disk**. ● (*autom., mecc.*) **d. brakes**, freni a disco □ (*bot.*) **d. flower**, fiore del disco □ (*mecc.*) **d. grinding**, rettifica dei dischi □ (*agric.*) **d. harrow**, erpice a dischi □ (*radio, TV*) **d. jockey**, disc jockey (*selezionatore e presentatore di dischi di successo*) □ (*telef., in G.B.*) **D. line**, «I dischi della settimana» □ (*autom.*) **d. parking**, parcheggio in zona a disco □ **d. saw**, sega circolare □ (*autom.*) **d. zone**, zona a disco □ (*med.*) **He has slipped a d.**, gli è venuta l'ernia al disco.

discaire /dɪsˈkeə(r)/ (*franc.*), *n.* disc jockey.

discalceate /dɪsˈkælsɪət/, **discalced** /dɪsˈkælst/, *a.* (*relig.*) scalzo (*di certi ordini monastici*).

discant /ˈdɪskænt/, *n.* (*mus.*) discanto.

discard /dɪsˈkɑːd/, *n.* **1** scarto (*anche nel gioco delle carte*); rifiuto **2** carta scartata. ● **to be in d.**, essere messo da parte; essere in disuso.

to **discard** /dɪsˈkɑːd/, *v. t.* e *i.* **1** scartare (*anche nel gioco delle carte*): **to d. a dress**, scartare (*o* smettere) un vestito **2** abbandonare; rinunciare a: **to d. a habit**, abbandonare un'abitudine **3** licenziare; tagliare i ponti con (q.): **I was sorry to have to d. such an old friend**, mi dispiacque dover tagliare i ponti con un vecchio amico **4** (*ind.*) rottamare. ● (*poker*) **to d. one's hand**, buttar via le carte; non starci (*fam.*).

discarding /dɪsˈkɑːdɪŋ/, *n.* (*ind.*) rottamaggio; rottamazione.

discarnate /dɪsˈkɑːnət/, *a.* (*arc.*) **1** disincarnato; incorporeo: **d. spirits**, spiriti incorporei **2** (*di ossa*) scarnito.

to **discern** /dɪˈsɜːn/, *v. t.* e *i.* discernere; scorgere; distinguere; percepire: **I discerned a faint light far away**, scorsi un debole lume in lontananza; **to d. the difference between two things**, percepire la differenza fra due cose; **to d. good from bad**, distinguere il bene dal male.

discernible /dɪˈsɜːnəbl/, *a.* discernibile (*lett.*); distinguibile; percepibile.

discerning /dɪˈsɜːnɪŋ/, *a.* che ha discernimento; acuto; perspicace; sagace; giudizioso; (*del gusto*) sicuro, oculato.

discernment /dɪˈsɜːnmənt/, *n.* discernimento; acume; sagacia; giudizio; (*del gusto*) sicurezza, oculatezza.

discharge /ˈdɪstʃɑːdʒ/, *n.* **1** scarico; scaricamento **2** scarica (*elettrica, d'arma da fuoco, ecc.*): **a d. of arrows**, una scarica di frecce **3** (*med.*) suppurazione; emissione (*di pus*); spurgo; evacuazione **4** efflusso (*d'acque*); portata (*di fiumi, ecc.*) **5** destituzione; congedo; licenziamento: **d. from the army**, congedo dal servizio militare; **the d. of a dishonest clerk**, il licenziamento d'un impiegato disonesto **6** (*leg.*) proscioglimento (*di un imputato*); esonero (*da un obbligo, da una responsabilità*); liberazione (*anche da un'ipoteca*); rilascio; assoluzione: **the d. of the prisoners**, la liberazione dei prigionieri; **the d. of the accused man**, l'assoluzione dell'imputato **7** adempimento (*anche leg.: di un'obbligazione*); compimento; estinzione (*di un debito, ecc.*); pagamento: **the d. of a duty**, il compimento d'un dovere; **the d. of a debt**, il pagamento d'un debito **8** (*leg.*) annullamento; estinzione; risoluzione; revoca: **d. of a contract by agreement [by operation of the law, by performance]**, estinzione (*o* risoluzione) di un contratto per mutuo consenso [per effetto di legge, per adempimento]; **the d. of a warrant of arrest**, la revoca di un mandato di cattura **9** (*ind.*) liquido (*o* procedimento) usato per stingere (*una stoffa*) **10** (*naut.*) discarica **11** (*rag.*) scarico. ● (*leg.*) **d. for cause**, licenziamento per giusta causa □ **d. from employment**, licenziamento □ (*leg.*) **d. from prison**, scarcerazione □ (*mecc.*) **d. head**, prevalenza (*d'una pompa*) □ (*elettron.*) **d. lamp**, lampada a scarica (*o* a luminescenza) □ (*ind., ecol.*) **d. liquor**, effluente □ (*leg.*) **the d. of a bankrupt**, la riabilitazione di un fallito □ (*fin.*) **the d. of a bill**, l'estinzione di una cambiale □ (*leg.*) **d. of jury**, scioglimento della giuria □ **d. tube**, (*elettron.*) tubo a scarica; (*mecc.*) tubo di scarico □ (*mil.*) **certificate of d.**, foglio di congedo □ (*leg.*) **conditional d.**, libertà con sospensione condizionale della pena.

to **discharge** /dɪsˈtʃɑːdʒ/, **A** *v. t.* **1** scaricare; liberare (*da un peso, ecc.*): **to d. a ship [a cargo]**, scaricare una nave [un carico]; **Clouds d. electricity**, le nuvole scaricano elettricità; **to d. a battery**, scaricare una batteria; **to d. a gun**, scaricare un fucile (*sparando*); (*leg.*) **to d. sb. from an obligation**, liberare q. da un obbligo **2** congedare; licenziare; dimettere: **The cook was discharged (from service)**, il cuoco fu licenziato; **to d. a committee [a jury]**, congedare una commissione [una giuria]; **to d. a patient from hospital**, dimettere un infermo dall'ospedale **3** liberare; rilasciare: **The prisoner was discharged**, il detenuto fu liberato (*o* dimesso dal carcere) **4** (*form.*) adempiere; compiere; estinguere (*un debito, ecc.*); pagare: **I have a duty to d.**, ho un dovere da compiere; **to d. a vow**, adempiere un voto; **to d. a debt**, pagare un debito **5** (*leg.*) assolvere, prosciogliere (*un imputato*) **6** (*leg.*) annullare, revocare (*un provvedimento, un'ordinanza*) **7** (*leg.*) adempiere (*un'obbligazione*) **8** (*med.*) secernere (*pus*) **9** (*tintoria*) decolorare, stingere (*un tessuto*). **B** *v. i.* **1** (*di un fiume, ecc.*) scaricarsi; sboccare; sfociare **2** (*di arma da fuoco*) sparare; lasciar partire un colpo **3** (*elettr.*) scaricarsi **4** (*med.*) suppurare **5** (*di una tinta*) stingere. ● **to d. an arrow**, scagliare una freccia □ (*leg.*) **to d. a bankrupt**, riabilitare un fallito □ (*fin.*) **to d. a bill of exchange**, estinguere una cambiale □ (*leg.*) **discharged bankrupt**, fallito riabilitato □ (*fin.*) **discharged bill**, cambiale estinta □ (*naut.*) **discharging port**, porto di discarica.

dischargeable /dɪsˈtʃɑːdʒəbl/, *a.* **1** scaricabile **2** congedabile; licenziabile **3** (*leg.*) che si può prosciogliere, liberare o riabilitare **4** (*leg.*) adempibile; (*di un debito, ecc.*) estinguibile, pagabile **5** (*leg.: di contratto, ecc.*) annullabile, risolvibile, estinguibile; (*di un ordine*) revocabile.

dischargee /dɪstʃɑːˈdʒiː/, *n.* (*fin., leg., mil.*) chi è stato «discharged» (*V.* **to discharge**).

discharger /dɪsˈtʃɑːdʒə(r)/, *n.* **1** chi scarica, ecc. (*V.* **to discharge**) **2** (*specialm. elettr., mecc.*) scaricatore.

disciple /dɪˈsaɪpl/, *n.* discepolo; seguace.

discipleship /dɪˈsaɪplʃɪp/, *n.* l'esser discepolo (di q.); discepolato (*arc.*).

disciplinable /ˈdɪsəplɪnəbl/, *a.* **1** disciplinabile **2** (*leg.*) punibile.

disciplinal /ˈdɪsəplɪnl/, *a.* disciplinare.

disciplinarian /dɪsəplɪˈneərɪən/, **A** *a.* (*raro*) disciplinare. **B** *n.* chi sa imporre la disciplina; chi crede nell'utilità d'una severa disciplina.

disciplinary /ˈdɪsəplɪnrɪ, dɪsəˈplɪnrɪ, *USA* ˈdɪsəplɪnerɪ/, *a.* disciplinare: **d. rules**, norme disciplinari; **d. lay-off**, sospensione disciplinare.

discipline /ˈdɪsəplɪn/, *n.* **1** disciplina: **to keep d.**, tenere la disciplina **2** disciplina; materia di studio **3** castigo; punizione; frusta (*fig.*): **That boy needs a little d.**, quel ragazzo ha bisogno di un po' di frusta **4** (*relig.*) disciplina; mortificazione; (*anche*) flagello.

to **discipline** /ˈdɪsəplɪn/, *v. t.* **1** disciplinare; tenere in disciplina **2** castigare; punire **3** (*relig.*) disciplinare; mortificare; flagellare.

disciplined /ˈdɪsəplɪnd/, *a.* disciplinato.

to **disclaim** /dɪsˈkleɪm/, *v. t.* **1** (*form.*) disconoscere; rifiutarsi di ammettere; ritrattare; sconfessare; smentire: **to d. a confession**, ritrattare una confessione **2** (*leg.*) negare, respingere, rigettare (*un'accusa*): **He disclaimed being involved in the crime**, negò d'essere coinvolto nel reato **3** (*leg.*) declinare (*responsabilità, ecc.*) **4** (*leg.*) rifiutare (*di esercitare una funzione, ecc.*) **5** (*leg.*) rinunciare a (*un diritto di proprietà, ecc. su q.c.*). ● **to d. a libellous pamphlet**, negare d'essere l'autore di un opuscolo diffamatorio. || **-ly**, *avv.*

disclaimant /dɪsˈkleɪmənt/, *n.* (*leg.*) chi fa un «disclaimer».

disclaimer /dɪsˈkleɪmə(r)/, *n.* **1** (*form.*) disconoscimento; ritrattazione; sconfessione, smentita **2** (*leg.*) diniego, rigetto (*di un'accusa*) **3** (*leg.*) il declinare; diniego (*di responsabilità*) **4** (*leg.*) rinuncia (*a un diritto, V.* **claim**, *specialm. di proprietà*): **d. of a right (*o* of an interest)**, rinuncia a un diritto **5** (*leg.*) rifiuto (*di esercitare una funzione,* *ecc.*). • (*leg.*) **d. clause**, clausola esonerativa (*della responsabilità*) □ (*leg.*) **d. in bankruptcy**, rinuncia a beni o diritti del fallito (*da parte del* **trustee**, *q.V.*) □ (*leg.*) **d. of a contract**, denuncia di un contratto; recesso unilaterale □ (*leg.*) **d. of a gift**, rinuncia di una donazione.

to **disclose** /dɪ'skləʊz/, *v. t.* ***1*** (*arc.*) dischiudere; scoperchiare ***2*** scoprire: **to d. a hidden treasure**, scoprire un tesoro nascosto ***3*** rivelare; svelare; divulgare: **to d. a secret**, svelare un segreto; **to d. a piece of news**, divulgare una notizia.

disclosure /dɪ'skləʊʒə(r)/, *n.* ***1*** rivelazione; scoperta (*di un tesoro, ecc.*); divulgazione: (*fisc.*) **d. of turnover**, rivelazione del proprio giro d'affari ***2*** (*bur.*) informativa ***3*** (*ass., naut.*) dichiarazione (*o* informazione) obbligatoria.

disco /'dɪskəʊ/, *n.* (*pl.* **discos**) (*abbr. fam. di* **discotheque**) discoteca. • **d. music**, disco-music.

discobolus /dɪ'skɒbələs/, *n.* (*pl.* **discoboli**) (*arte*) discobolo.

discographic(al) /dɪskə'græfɪk(l)/, *a.* discografico.

discography /dɪ'skɒgrəfɪ/, *n.* discografia.

discoid /'dɪskɔɪd/, **A** *a.* discoide; discoidale; a forma di disco. **B** *n.* ***1*** (*biol.*) discoide ***2*** (*med.*) spatola a disco.

discoidal /dɪ'skɔɪdl/, *a.* discoidale: (*biol.*) **d. cleavage**, segmentazione discoidale.

to **discolour,** (*USA*) to **discolor** /dɪs'kʌlə(r)/, **A** *v. t.* ***1*** scolorare; scolorire; sbiadire ***2*** macchiare ***3*** offuscare; appannare. **B** *v. i.* ***1*** scolorirsi ***2*** offuscarsi; appannarsi.

discolouration, (*USA*) **discoloration** /dɪskʌlə'reɪʃn/, *n.* ***1*** scoloramento; scolorimento ***2*** macchia di scolorimento ***3*** offuscamento; appannamento.

discoloured /dɪs'kʌləd/, *a.* scolorito; sbiadito.

to **discomfit** /dɪs'kʌmfɪt/, *v. t.* ***1*** (*lett.*) sconfiggere ***2*** confondere; frustrare; sconcertare.

discomfiture /dɪs'kʌmfɪtʃə(r)/, *n.* ***1*** (*lett.*) sconfitta ***2*** confusione; frustrazione; sconcerto; sconcertamento (*raro*).

discomfort /dɪs'kʌmfət/, *n.* ***1*** disagio; mancanza di comodità; scomodità ***2*** disagio; imbarazzo ***3*** incomodo; fastidio; disturbo.

to **discomfort** /dɪs'kʌmfət/, *v. t.* mettere a disagio; incomodare.

to **discommode** /dɪskə'məʊd/, *v. t.* (*lett.*) incomodare; scomodare.

to **discompose** /dɪskəm'pəʊz/, *v. t.* ***1*** scompigliare; scomporre; disordinare ***2*** agitare; imbarazzare; sconcertare; turbare.

discomposedly /dɪskəm'pəʊzɪdlɪ/, *avv.* in modo scomposto (*o* disordinato, agitato).

discomposingly /dɪskəm'pəʊzɪŋlɪ/, *avv.* in modo da scomporre (*o* da disordinare, agitare).

discomposure /dɪskəm'pəʊʒə(r)/, *n.* ***1*** agitazione; imbarazzo; sconcerto; turbamento ***2*** scompiglio; disordine; confusione.

to **disconcert** /dɪskən'sɜːt/, *v. t.* ***1*** sconcertare; imbarazzare; turbare ***2*** scombinare; scombussolare; sconvolgere: **That disconcerts all my plans**, ciò scombussola tutti i miei progetti.

disconcerted /dɪskən'sɜːtɪd/, *a.* sconcertato; imbarazzato; turbato.

disconcerting /dɪskən'sɜːtɪŋ/, *a.* sconcertante; imbarazzante. || **-ly**, *avv.*

disconcertment /dɪskən'sɜːtmənt/, *n.* ***1*** sconcerto; imbarazzo; turbamento ***2*** scombinamento (*raro*); scombussolamento.

disconformity /dɪskən'fɔːmətɪ/, *n.* (*geol.*) discordanza (*tra due strati paralleli*).

to **disconnect** /dɪskə'nɛkt/, *v. t.* ***1*** sconnettere; staccare; scollegare ***2*** (*mecc.*) disinserire; disinnestare ***3*** (*elettr.*) disconnettere; interrompere (*un circuito*) ***4*** (*elab.*) disinserire ***5*** togliere l'acqua (*o* la luce, il gas) a (q.). • **to d. a phone**, staccare il telefono □ **to d. the waterpipe**, chiudere l'acqua (delle tubazioni) □ (*elettr.*) **disconnecting switch,** *V.* **disconnector** □ **Operator, I've been disconnected**, centralino, è caduta la linea.

disconnected /dɪskə'nɛktɪd/, *a.* ***1*** sconnesso; staccato; scollegato ***2*** (*mecc.*) disinserito; disinnestato ***3*** (*elettr.*) disinserito ***4*** (*fig.*) sconnesso; incoerente.

disconnectedly /dɪskə'nɛktɪdlɪ/, *avv.* in modo sconnesso; senza coerenza.

disconnectedness /dɪskə'nɛktɪdnəs/, *n.* ***1*** sconnessione; mancanza di connessione ***2*** (*fig.*) sconnessione; incoerenza.

disconnection, disconnexion /dɪskə'nɛkʃn/, *n.* ***1*** sconnessione; disgiunzione ***2*** (*elettr., mecc.*) disinnesto; disinserzione.

disconnector /dɪskə'nɛktə(r)/, *n.* (*elettr.*) sezionatore.

disconsolate /dɪs'kɒnsələt/, *a.* sconsolato; sconfortato; affranto. || **-ly**, *avv.*

discontent /dɪskən'tɛnt/, *n.* scontentezza; scontento; malcontento.

to **discontent** /dɪskən'tɛnt/, *v. t.* scontentare.

discontented /dɪskən'tɛntɪd/, *a.* ***1*** scontento; malcontento ***2*** insoddisfatto: **I am d. with my salary**, sono insoddisfatto del mio stipendio.

discontentedly /dɪskən'tɛntɪdlɪ/, *avv.* con aria insoddisfatta; in tono di scontento.

discontentedness /dɪskən'tɛntɪdnəs/, **discontentment** /dɪskən'tɛntmənt/, *n.* scontentezza; insoddisfazione.

discontinuance /dɪskən'tɪnjʊəns/, *n.* ***1*** cessazione; interruzione ***2*** (*leg.*) abbandono; desistenza: **d. of an action**, desistenza da una causa; (*pressappoco*) ritiro di querela ***3*** (*leg.*) estinzione (*di un procedimento*) ***4*** (*leg.*) sospensione. • **d. of business**, ritiro dagli affari □ (*leg.*) **d. of counterclaim**, rinuncia all'azione riconvenzionale.

to **discontinue** /dɪskən'tɪnjuː/, *v. t.* e *i.* ***1*** cessare; smettere; interrompere; abbandonare; tralasciare: **to d. paying visits to sb.**, smettere di far visite a q.; **to d. a habit**, abbandonare un'abitudine ***2*** (*leg.*) desistere da, rinunciare a (*una causa*). • **to d. a newspaper**, smettere di pubblicare (*o* di comprare) un giornale □ **to d. a subscription**, non rinnovare un abbonamento (*a un giornale, ecc.*) □ **discontinued business**, azienda che ha cessato l'attività □ (*ind., comm.*) **discontinued model**, modello non più in produzione; modello vecchio.

discontinuity /dɪskɒntɪ'njuːətɪ, *USA* -'nuː-/, *n.* ***1*** discontinuità (*anche scient., tecn.*) ***2*** interruzione.

discontinuous /dɪskən'tɪnjʊəs/, *a.* ***1*** discontinuo; interrotto; intermittente ***2*** (*geol., elettron., mat., metall.*) discontinuo.

discontinuously /dɪskən'tɪnjʊəslɪ/, *avv.* con discontinuità; in modo intermittente.

discophile /'dɪskəfaɪl/, **discophil** /'dɪskəfɪl/, *n.* (*mus.*) discofilo.

discord /'dɪskɔːd/, *n.* ***1*** discordia; disaccordo; discordanza; divergenza; dissenso: **the apple of d.**, il pomo della discordia ***2*** fragore; frastuono ***3*** (*mus.*) dissonanza.

to **discord** /dɪs'kɔːd/, *v. i.* ***1*** discordare; dissentire; essere in disaccordo ***2*** (*di suono*) discordare; essere dissonante ***3*** (*mus.*) dissonare.

discordance /dɪs'kɔːdəns/, **discordancy** /dɪs'kɔːdənsɪ/, *n.* ***1*** discordanza (*di suoni o colori*) ***2*** discordia; disaccordo; dissenso; divergenza.

discordant /dɪs'kɔːdənt/, *a.* ***1*** discorde; discordante; dissimile; divergente: **d. views**, opinioni divergenti ***2*** (*mus.*) dissonante.

discotheque /'dɪskətɛk/, *n.* discoteca.

discount /'dɪskaʊnt/, *n.* ***1*** (*comm.*) sconto; ribasso; riduzione: **We grant a 3% d. for cash**, concediamo uno sconto del 3% per pagamento in contanti ***2*** (*fin.*) sconto: **to offer a bill for d.**, presentare una cambiale allo sconto ***3*** (*fig.*) tara (*che si fa a una notizia, ecc.*). • **d. bank**, banca di sconto □ (*fin.*) **d. bond**, obbligazione sotto la pari □ (*fin.*) **d. broker**, agente di sconto; scontista □ (*market.*) **d. card**, carta di sconto □ **d. house**, (*fin.*) istituto di sconto; (*market.*) negozio che vende a prezzi scontati; discount □ (*fin.*) **d. market**, mercato dello sconto □ (*fin.*) **d. rate**, tasso di sconto; (*USA, anche*) tasso ufficiale di sconto (*cfr. ingl.* **bank rate**) □ (*market.*) **d. store**, discount □ **at a d.**, (*comm.*) sotto prezzo; (*fin., Borsa*) sotto la pari; (*fig.*) in scarsa considerazione, in poco conto; con beneficio d'inventario: **Day dreamers are at a d.**, i sognatori (a occhi aperti) godono di scarsa considerazione; **You must take what he says at a d.**, bisogna prendere quel che dice con beneficio d'inventario □ (*fig.*) **to have access to the d. window**, poter accedere alle operazioni di sconto.

to **discount** /dɪs'kaʊnt, *USA* 'dɪskaʊnt/, *v. t.* ***1*** (*comm.*) scontare; detrarre (*dal conto, ecc.*); ribassare; vendere sottocosto ***2*** (*fin.*) scontare: **to d. a bill**, scontare una cambiale ***3*** (*fig.*) fare la tara a (*una notizia, un racconto*) ***4*** sminuire l'importanza di (*una notizia, ecc., dando particolari in anticipo*).

discountable /dɪs'kaʊntəbl/, *a.* ***1*** (*anche fin.*) scontabile ***2*** (*di notizia, ecc.*) poco attendibile.

discounted /dɪs'kaʊntɪd/, *a.* ***1*** detratto ***2*** (*fin.*) scontato: **d. bills**, cambiali scontate. • (*rag.*) **d. cash flow method**, metodo dell'attualizzazione dei flussi di cassa □ (*comm.*) **d. quantity prices**, prezzi scontati per acquisti in grandi quantità.

discountenance /dɪs'kaʊntɪnəns/, *n.* ***1*** umiliazione ***2*** disapprovazione; critica.

to **discountenance** /dɪs'kaʊntɪnəns/, *v. t.* ***1*** sconcertare; umiliare ***2*** disapprovare; cercare d'impedire; scoraggiare (*un progetto, ecc.*).

discounter /'dɪskaʊntə(r)/, *n.* ***1*** (*fin.*) scontista; intermediario di sconto ***2*** (*fin.*) scontatario; chi presenta una cambiale allo sconto.

discounting /'dɪskaʊntɪŋ/, *n.* (*fin.*) sconto (*l'operazione*): **the d. of notes**, lo sconto di effetti cambiari. • **d. house**, banca (*o* istituto) di sconto.

to **discourage** /dɪs'kʌrɪdʒ, *USA* -kɜː-/, *v. t.* ***1*** scoraggiare ***2*** dissuadere: **We tried to d. him from swimming across the river**, tentammo di dissuaderlo dall'attraversare il fiume a nuoto ***3*** (*econ.*) disincentivare. • **to become discouraged**, scoraggiarsi.

discouragement /dɪs'kʌrɪdʒmənt, *USA* -kɜː-/, *n.* ***1*** scoraggiamento; sconforto ***2*** freno (*fig.*); impedimento ***3*** (*econ.*) disincentivo.

discouraging /dɪs'kʌrɪdʒɪŋ, *USA* -kɜː-/, *a.* ***1*** scoraggiante; sconfortante: **d. news**, notizie sconfortanti ***2*** (*econ.*) disincentivante. || **-ly**, *avv.*

discourse /'dɪskɔːs/, *n.* ***1*** dissertazione; conferenza; orazione; sermone; trattato ***2*** (*lett.*) discorso; conversazione ***3*** (*ling.*) discorso: **d. analysis**, analisi del discorso.

to **discourse** /dɪs'kɔːs/, **A** *v. t.* (*raro*) ***1*** pronunciare (*una conferenza, ecc.*) ***2*** suonare, eseguire (*musica*). **B** *v. i.* tenere una conferenza; dissertare: **to d. on a subject**, dissertare su un argomento.

discourteous /dɪs'kɜːtɪəs/, *a.* scortese; incivile; screanzato.

discourtesy /dɪs'kɜːtəsɪ/, *n.* scortesia; villania.

to **discover** /dɪs'kʌvə(r)/, *v. t.* ***1*** scoprire; manifestare; palesare; svelare; trovare; accorgersi di: **Amerigo Vespucci discovered South America**, Amerigo Vespucci scoprì l'America del Sud; **I discovered that he was a traitor**, m'accorsi che era un traditore ***2*** (*arc.*) lasciare scoperto; rendere visibile. • **as far as I can d.**, per quanto ne so io □ (*teatr.*) **to be discovered**, vedersi: **At curtain the hero is discovered nervously pacing up and down**, all'alzarsi del sipario si vede il protagonista che passeggia nervosamente su e giù.

discoverable /dɪs'kʌvərəbl/, *a.* scopribile; trovabile.

discoverer /dɪs'kʌvərə(r)/, *n.* scopritore, scopritrice.

discovert /dɪs'kʌvət/, *a.* (*leg.*: *di donna*) priva di tutela maritale.

discovery /dɪs'kʌvərɪ/, *n.* **1** scoperta; ritrovato: **a voyage of d.**, un viaggio di scoperta; **a scientific d.**, una scoperta scientifica **2** (*leg.*) presentazione, esibizione (*di documenti*) **3** (*leg.*) dichiarazioni (*del fallito*) sulla propria situazione patrimoniale. ● (*USA*) **D. Day**, anniversario della scoperta dell'America (*12 ottobre*).

discredit /dɪs'krɛdɪt/, *n.* **1** discredito; disistima: **to fall into d.**, cadere in discredito; **to bring d. on sb.**, mettere q. in discredito; screditare q. **2** incredulità; dubbio: **to cast d. on a report**, mettere in dubbio un resoconto **3** disonore; vergogna; disdoro (*lett.*): **He is a d. to his family**, è un disdoro per la sua famiglia.

to **discredit** /dɪs'krɛdɪt/, *v. t.* **1** screditare; gettare discredito su (q.); tornare a discredito di (q.): **His behaviour has discredited him seriously**, il suo comportamento lo ha screditato gravemente **2** screditare; revocare in dubbio, dubitare di; non credere a: **We have no reason to d. what he has stated under oath**, non abbiamo motivo di non credere a ciò che ha dichiarato sotto giuramento.

discreditable /dɪs'krɛdɪtəbl/, *a.* disonorevole; disdicevole; vergognoso: **d. behaviour**, comportamento disonorevole.

discredited /dɪs'krɛdɪtɪd/, *a.* screditato: **d. theories**, teorie screditate; **a d. financier**, un finanziere screditato.

discreet /dɪ'skri:t/, *a.* discreto; circospetto; guardingo; prudente: **a d. silence**, un silenzio prudente. || **-ly**, *avv.* || **-ness**, *sost.*

discrepancy /dɪ'skrɛpənsɪ/, *n.* discrepanza; diversità; disaccordo; divario: **There is considerable d. between the two stories**, c'è notevole discrepanza fra i due racconti.

discrepant /dɪ'skrɛpənt/, *a.* discrepante; diverso; contrastante.

discrete /dɪ'skri:t/, *a.* **1** distinto; diviso; separato **2** (*mat., elab., ling., stat.*) discreto: **d. set**, insieme discreto **3** (*filos.*) astratto. || **-ly**, *avv.* || **-ness**, *sost.*

discretion /dɪ'skrɛʃn/, *n.* **1** discrezione; discernimento; giudizio; arbitrio; libertà (*di decidere, ecc.*); moderazione; misura; prudenza: **age** (*o* **years**) **of d.**, età della discrezione (*o* della ragione); **D. is the better part of valour**, la prudenza è la miglior parte del coraggio (*detto scherzando, a giustificazione della paura*) **2** (*leg.*) discrezionalità; potere discrezionale. ● **at d.**, a discrezione; a piacere; a volontà □ **at one's d.**, secondo la propria discrezione; a proprio giudizio □ **to be at the d. of sb. else**, essere in balia (*o* nelle mani) d'altri □ **to surrender at d.**, arrendersi a discrezione (*o* senza condizioni) □ **It is within your d. to come or not**, hai piena libertà di venire o no.

discretional /dɪ'skrɛʃənl/, *V.* **discretionary**.

discretionary /dɪ'skrɛʃənrɪ, *USA* -nɛrɪ/, *a.* discrezionale: (*leg., polit.*) **d. powers**, poteri discrezionali. ● (*econ.*) **d. income**, reddito disponibile □ (*fin.*) **d. trust**, fondo comune d'investimento flessibile.

discriminant /dɪ'skrɪmɪnənt/, *a.* e *n.* (*mat.*) discriminante: (*stat.*) **d. function**, funzione discriminante.

discriminate /dɪ'skrɪmɪneɪt/, *a.* **1** discriminato; distinto **2** *V.* **discriminative**.

to **discriminate** /dɪ'skrɪmɪneɪt/, *v. t.* e *i.* **1** discriminare; distinguere; fare differenza fra; esser parziale: **The law should not d. the poor from the rich** (*o* **between the poor and the rich**), la legge non dovrebbe distinguere tra ricchi e poveri **2** discernere; distinguere: **He cannot d. good films from bad ones**, non sa distinguere un film buono da uno cattivo.

discriminating /dɪ'skrɪmɪneɪtɪŋ/, *a.* **1** che discrimina; parziale; discriminante **2** acuto; fine; perspicace; sottile: **a d. critic of music**, un fine intenditore di musica **3** (*anche comm. est.*) discriminatorio; differenziale; di favore: **a d. tariff**, una tariffa differenziale; **d. duty**, dazio differenziale; **d. treatment**, trattamento di favore. || **-ly**, *avv.*

discrimination /dɪskrɪmɪ'neɪʃn/, *n.* **1** discriminazione; parzialità: **racial d.**, discriminazione razziale; **d. in transport rates**, discriminazione in materia di prezzi di trasporto **2** (*comm. est.*) differenziazione **3** discernimento; acume; giudizio; perspicacia.

discriminative /dɪ'skrɪmɪnətɪv, *USA* -eɪtɪv/, *a.* **1** che discrimina; discriminante **2** acuto; giudizioso; perspicace **3** (*comm. est.*) differenziale.

discriminatory /dɪ'skrɪmɪnətrɪ, *USA* -tɔ:rɪ/, *a.* discriminatorio: **a d. law**, una legge discriminatoria. ● **d. measures**, discriminazioni.

to **discrown** /dɪs'kraʊn/, *v. t.* (*raro*) detronizzare; deporre (*un sovrano*).

discursive /dɪ'skɜ:sɪv/, *a.* **1** digressivo; che divaga; che salta di palo in frasca (*fig.*); sconnesso **2** (*filos.*) raziocinativo. || **-ly**, *avv.* || **-ness**, *sost.*

discus /'dɪskəs/, *n.* (*pl.* **discuses, disci**) (*sport*) disco: **d. throw**, lancio del disco. ● **d.-thrower**, lanciatore di disco; discobolo; discatore (*raro*) □ **d. throwing**, il lancio del disco; il disco (*fam.*).

to **discuss** /dɪ'skʌs/, *v. t.* discutere; dibattere (*un problema, una questione, ecc.*). ● **to d. the weather**, parlare del tempo □ (*comm.*) **«to be discussed»**, trattabile (*di un prezzo*).

discussible /dɪ'skʌsəbl/, *a.* discutibile.

discussion /dɪ'skʌʃn/, *n.* **1** discussione; dibattito: **The matter is still under d.**, la faccenda è ancora in discussione **2** analisi; esame (*di una teoria, ecc.*). ● (*di problema, ecc.*) **to come up for d.**, venire discusso; essere oggetto di discussione.

disdain /dɪs'deɪn/, *n.* disdegno; sdegno; disprezzo.

to **disdain** /dɪs'deɪn/, *v. t.* disdegnare; sdegnare; disprezzare.

disdainful /dɪs'deɪnfl/, *a.* sdegnoso; sprezzante. || **-ly**, *avv.* || **-ness**, *sost.*

disease /dɪ'zi:z/, *n.* malattia (*anche fig.*); malanno; male; infermità: **occupational d.**, malattia professionale; **blood d.**, malattia del sangue; **Bigotry is a d. of society**, il fanatismo è una malattia della società.

diseased /dɪ'zi:zd/, *a.* **1** malato (*anche fig.*: *di mente, cuore, ecc.*) **2** (*fig.*) morboso: **d. imagination**, fantasia morbosa.

diseconomy /dɪsɪ'kɒnəmɪ/, *n.* diseconomia.

to **disembark** /dɪsɪm'bɑ:k/, *v. t.* e *i.* (*naut., aeron.*) sbarcare.

disembarkation /dɪsɛmbɑ:'keɪʃn/, *n.* (*naut., aeron.*) sbarco.

to **disembarrass** /dɪsɪm'bærəs/, *v. t.* **1** sbarazzare, liberare (*q. d'un peso*) **2** togliere d'imbarazzo; trarre d'impaccio.

disembodied /dɪsɪm'bɒdɪd/, *a.* disincarnato; incorporeo.

disembodiment /dɪsɪm'bɒdɪmənt/, *n.* **1** incorporeità **2** il rendere incorporeo.

to **disembody** /dɪsɪm'bɒdɪ/, *v. t.* **1** liberare dal corpo; rendere incorporeo; disincarnare **2** (*mil., arc.*) congedare (*truppe*).

to **disembogue** /dɪsɪm'bəʊg/, *v. i.* **1** (*di fiume*) sboccare; sfociare; scaricare le acque **2** (*arc.*: *di folla*) riversarsi **3** (*arc.*: *di parole*) uscire a fiotti.

to **disembosom** /dɪsɪm'bʊzəm/ (*arc.*), **A** *v. t.* rivelare, svelare (*un segreto, ecc.*). **B** *v. i.* alleggerirsi (*d'un segreto*); aprirsi (*fig.*); confidarsi.

to **disembowel** /dɪsɪm'baʊəl/, *v. t.* sbudellare; sventrare.

disembowelment /dɪsɪm'baʊəlmənt/, *n.* sventramento.

to **disembroil** /dɪsɪm'brɔɪl/, *v. t.* sbrogliare; districare.

to **disemplane** /dɪsɪm'pleɪn/, *v. i.* (*aeron.*) sbarcare da un aereo.

to **disenchant** /dɪsɪn'tʃɑ:nt, *USA* -ænt/, *v. t.* disincantare; disilludere.

disenchanted /dɪsɪn'tʃɑ:ntɪd, *USA* -æn-/, *a.* disincantato; disilluso.

disenchantment /dɪsɪn'tʃɑ:ntmənt, *USA* -æn-/, *n.* disincanto; disillusione.

to **disencumber** /dɪsɪn'kʌmbə(r)/, *v. t.* **1** sgombrare; sbarazzare; liberare **2** (*leg.*) liberare da un'ipoteca; sgravare.

disencumbrance /dɪsɪn'kʌmbrəns/, *n.* **1** lo sbarazzarsi (*di q.c.*) **2** (*leg.*) sgravio (*da un'ipoteca, ecc.*).

to **disendow** /dɪsɪn'daʊ/, *v. t.* privare (*una chiesa*) delle dotazioni.

disendowment /dɪsɪn'daʊmənt/, *n.* privazione delle dotazioni; espropriazione (*V.* **to disendow**).

to **disengage** /dɪsɪn'geɪdʒ/, **A** *v. t.* **1** disimpegnare; districare; liberare; sbrogliare **2** (*mecc.*) disinnestare; disingranare; disimpegnare: **to d. the clutch**, disinnestare la frizione. **B** *v. i.* **1** disimpegnarsi; svincolarsi **2** (*mil.*) sganciarsi **3** (*scherma*) eseguire una cavazione. ● (*mil.*) **disengaging action**, azione di disimpegno; sganciamento □ (*mecc.*) **disengaging gear**, meccanismo di disinnesto.

disengaged /dɪsɪn'geɪdʒd/, *a.* **1** libero; non impegnato; disponibile **2** (*di un oggetto*) staccato; sciolto **3** (*polit.*) disimpegnato **4** (*mecc.*) disinnestato **5** (*mil.*) sganciato.

disengagement /dɪsɪn'geɪdʒmənt/, *n.* **1** disimpegno; libertà (*da impegni, vincoli, ecc.*); disponibilità **2** naturalezza; spigliatezza; disinvoltura **3** rottura di fidanzamento **4** (*polit.*) disimpegno **5** (*mecc.*) disinnesto **6** (*mil.*) sganciamento **7** (*scherma*) cavazione.

to **disentail** /dɪsɪn'teɪl/, *v. t.* (*leg.*) liberare (*una proprietà*) da vincoli.

to **disentangle** /dɪsɪn'tæŋgl/, **A** *v. t.* liberare; sbrogliare; districare; sciogliere (*un viluppo, ecc.*); trarre d'impaccio; sceverare (*lett.*): **to d. truth from a lot of lies**, sceverare la verità da un cumulo di bugie. **B** *v. i.* (*di fune, capelli impigliati, ecc.*) liberarsi; sbrogliarsi; districarsi.

disentanglement /dɪsɪn'tæŋglmənt/, *n.* liberazione; sbrogliamento, districamento (*raro*).

to **disenthral(l)** /dɪsɪn'θrɔ:l/, *v. t.* (*stor.*) affrancare, emancipare (*uno schiavo*); liberare.

disenthralment /dɪsɪn'θrɔ:lmənt/, *n.* (*stor.*) emancipazione (*di uno schiavo*).

to **disentomb** /dɪsɪn'tu:m/, *v. t.* esumare, dissotterrare (*un cadavere*; e *fig.*); scoprire (*dopo lunghe ricerche*).

disequilibrium /dɪsi:kwɪ'lɪbrɪəm/, *n.* (*pl.* **disequilibriums, disequilibria**) (*anche econ.*) squilibrio; instabilità.

to **disestablish** /dɪsɪ'stæblɪʃ/, *v. t.* **1** privare (*un'istituzione*) del suo carattere pubblico **2** privare (*una Chiesa*) del suo carattere di religione di Stato.

disestablishment /dɪsɪ'stæblɪʃmənt/, *n.* abolizione del carattere pubblico (*di un'istituzione, ecc.*; *V.* **to disestablish**).

disesteem /dɪsɪ'sti:m/, *n.* disistima.

to **disesteem** /dɪsɪ'sti:m/, *v. t.* disistimare.

disfavour /dɪs'feɪvə(r)/, *n.* **1** disfavore (*lett.*); sfavore; disgrazia: **to be in d.**, essere in disgrazia; **to fall into d. with sb.**, cadere in disgrazia agli occhi di q. (*o* presso q.) **2** scortesia; dispetto.

to **disfavour** /dɪs'feɪvə(r)/, *v. t.* **1** disapprovare **2** trattare male (q.).

to **disfeature** /dɪs'fi:tʃə(r)/, *v. t.* sfigurare.

disfiguration /dɪsfɪgə'reɪʃn, -gjə-/, *V.* **disfigurement**.

to **disfigure** /dɪs'fɪgə(r), *USA* dɪs'fɪgjə(r)/, *v. t.* sfigurare; deformare; deturpare.

disfigured /dɪs'fɪgəd, *USA* -gjəd/, *a.* sfigurato; deturpato.

disfigurement /dɪs'fɪgəmənt, *USA* -gjə-/, *n.* deformazione; deturpazione; sfregio.

to **disforest** /dɪs'fɒrɪst, *USA* -ɔ:r-/, *v. t.* **1** privare (*un terreno*) del carattere di foresta demaniale **2** disboscare, diboscare.

disforestation /dɪsfɒrɪ'steɪʃn, *USA* -ɔ:r-/, *n.* **1** privazione del carattere di foresta demaniale

2 disboscamento, diboscamento.

to **disfranchise** /dɪsˈfræntʃaɪz/, *v. t.* (*leg.*) *1* privare (q.) dei diritti civili *2* privare (q.) di qualsiasi diritto (*o* immunità).

disfranchisement /dɪsˈfræntʃɪzmənt, *USA* -aɪz-/, *n.* privazione (*o* perdita) dei diritti civili (*o* elettorali).

to **disfrock** /dɪsˈfrɒk/, *v. t.* sospendere (*un sacerdote*) «a divinis»; privare dell'abito talare; spretare.

to **disgorge** /dɪsˈgɔːdʒ/, *v. t.* e *i.* *1* rigettare; vomitare: (*fig.*) **to d. smoke**, vomitare fumo *2* (*fig. fam.*) tirar fuori, rendere, restituire (*il maltolto, ecc.*) *3* (*di fiume*) sboccare, sfociare, scaricarsi, scaricare le acque.

disgrace /dɪsˈgreɪs/, *n.* *1* disonore; ignominia; infamia; onta; vergogna: **I will choose death before d.**, preferisco la morte al disonore; piuttosto la morte che il disonore; **to bring d. on one's family**, arrecare onta alla propria famiglia *2* disgrazia; sfavore: **The courtier was in d.**, il cortigiano era in disgrazia; **to fall into d.**, cadere in disgrazia. ● **to be a d. to**, fare disonore (*o* arrecare onta) a: **Such crimes are a d. to mankind**, crimini del genere fanno disonore all'umanità □ **It's a d.!**, è uno scandalo! □ (*di bambini*) **to be in d.**, essere in castigo.

to **disgrace** /dɪsˈgreɪs/, *v. t.* *1* disonorare; fare (*o* recare) onta a; gettare la vergogna su: **His cowardice disgraced his family**, la sua codardia recò onta alla famiglia *2* (*di solito al passivo*) far cadere in disgrazia; screditare: **The corrupt politicians were disgraced after the trial**, dopo il processo i politicanti corrotti furono screditati.

disgraceful /dɪsˈgreɪsfl/, *a.* disonorevole; ignominioso; vergognoso: **to lead a d. life**, condurre una vita vergognosa. || **-ly**, *avv.* || **-ness**, *sost.*

to **disgregate** /ˈdɪsgrəgeɪt/, **A** *v. t.* (*anche chim.*) disgregare. **B** *v. i.* disgregarsi.

disgregation /dɪsgrəˈgeɪʃn/, *n.* (*anche chim.*) disgregazione.

disgruntled /dɪsˈgrʌntld/, *a.* scontento; di cattivo umore. ● **to be d. at** (**with, over**) **st.**, essere scontento per (*o* a causa di) q.c.

disgruntlement /dɪsˈgrʌntlmənt/, *n.* malumore; scontentezza; scontento.

disguise /dɪsˈgaɪz/, *n.* *1* travestimento; mascheramento *2* finzione; infingimento; inganno. ● **in d.**, travestito; (*fig.*) sotto mentite spoglie: **The deposed king fled in d.**, il re deposto fuggì travestito; **colonialism in d.**, colonialismo sotto mentite spoglie □ **under the d. of patriotism**, sotto la maschera del patriottismo □ **She made no d. of her hatred for him**, non faceva mistero del suo odio per lui.

to **disguise** /dɪsˈgaɪz/, *v. t.* *1* travestire; mascherare; camuffare: **He disguised himself as a Roman emperor**, si mascherò da imperatore romano; **to d. oneself in costume**, mascherarsi (*o* mettersi) in costume *2* mascherare (*fig.*); celare; nascondere: **to d. one's intentions**, mascherare (*o* dissimulare) le proprie intenzioni; **to d. one's hatred** [**sorrow**], nascondere il proprio odio [il proprio dolore] *3* contraffare; alterare: **to d. one's voice**, contraffare la voce. ● **to be disguised in** (*o* **with**) **drink**, essere ubriaco.

disguisement /dɪsˈgaɪzmənt/, *n.* travestimento; mascheramento.

disgust /dɪsˈgʌst/, *n.* disgusto; nausea; ripugnanza: **to feel d. at** (*o* **for, against, towards**) **st.**, provare (*o* avere) disgusto di q.c. ● **to abandon a committee** [**a political party**] **in d.**, abbandonare un comitato [un partito politico] perché disgustato.

to **disgust** /dɪsˈgʌst/, *v. t.* disgustare; nauseare: **to be disgusted with** (*o* **at, by**) **st.**, essere disgustato di q.c.

disgustedly /dɪsˈgʌstɪdlɪ/, *avv.* con disgusto.

disgustful /dɪsˈgʌstfl/, *a.* (*raro*) *V.* **disgusting.**

disgusting /dɪsˈgʌstɪŋ/, *a.* disgustoso; nauseante; nauseabondo; ripugnante. || **-ly**, *avv.*

dish /dɪʃ/, *n.* *1* piatto grande; piatto (*specialm.* piatto da portata); portata; pietanza; vivanda: **to do** (*o* **to wash**) **the dishes**, lavare i piatti; rigovernare; **a d. of meat and vegetables**, una portata di carne e verdura; **my favourite d.**, il mio piatto favorito *2* oggetto a forma di piatto *3* (*fotogr.*) bacinella *4* cunetta (*della strada, ecc.*) *5* (*chim.*) capsula *6* (*radar*) riflettore parabolico *7* (*TV*) piatto, disco (*di un'antenna*) *8* (*arc.*) tazza: **a d. of tea**, una tazza di tè; (*specialm.*) il prendere il tè *9* (*fig.*, = **standing d.**) argomento preferito; cavallo di battaglia (*fig.*) *10* (*pop.*) ragazza appetitosa; (bel) bocconcino *11* (*USA*) *V.* **plate**, *def 1.* ● **d.-rack**, scolapiatti □ (*USA*) **d. towel,** *V.* **dishcloth** □ **standing d.**, pietanza di tutti i giorni; (*fig.*) la solita minestra.

to **dish** /dɪʃ/, **A** *v. t.* *1* mettere nel piatto; servire; scodellare: **to d.** (**up**) **the dinner**, servire il pranzo; mettere in tavola *2* (*fig.*) ammannire, propinare (*notizie, fatti, ecc.*) *3* (*fam. arc.*) rovinare (*un'occasione, ecc.*); frustrare (*speranze, ecc.*); sconfiggere con l'astuzia (*specialm., avversari politici*) *4* scavare: **to d. a gutter**, scavare una canaletta *5* schiacciare (*il tetto di un'auto, ecc.*) *6* (*tecn.*) imbutire. **B** *v. i.* *1* incavarsi (*a forma di piatto*) *2* (*fam. USA*) chiacchierare; spettegolare. ● (*pop. USA*) **to d. the dirt**, dire malignità; spettegolare con cattiveria.

♦**dish out**, **A** *v. t.* + *avv.* *1* servire; mettere nei piatti: **to d. out bacon and eggs**, servire uova e pancetta; **to d. out the soup**, mettere la zuppa nei piatti *2* (*fig.*) distribuire; dare; prescrivere: **to d. out money** [**smiles**], distribuire denaro [sorrisi]; **to d. out good advice**, dare buoni consigli (*a manca e a destra*); **to d. out medicines**, prescrivere medicine (in abbondanza) *3* (*fig.*) rilasciare, comunicare (*notizie, ecc.*). **B** *v. i.* + *avv.* (*pop.*) sgridare, infuriarsi: **The more she dished out, the more he took**, più lei sgridava, più lui mandava giù □ (*pop.*) **to d. it out**, sgridare, tempestare, infuriarsi; picchiare, menare □ (*di un oratore, un piazzista, ecc.*) **to be able to d. it out**, saperla vendere (*anche fig.*).

♦**dish up**, **A** *v. t.* + *avv.* *1* servire (*un pasto*); mettere in tavola (*cibo*) *2* (*fig.*) ammannire, propinare; presentare (q.c.) bene, in modo piacevole. **B** *v. i.* + *avv.* mettere in tavola; fare i piatti: **Help me d. up, will you?**, aiutami a mettere in tavola, per favore!

to **dishabituate** /dɪshəˈbɪtʃʊeɪt/, *v. t.* disabituare; disassuefare.

disharmonious /dɪshɑːˈməʊnɪəs/, *a.* disarmonico.

to **disharmonize** /dɪsˈhɑːmənaɪz/, *v. t.* rendere disarmonico.

disharmony /dɪsˈhɑːmənɪ/, *n.* disarmonia.

dishcloth /ˈdɪʃklɒθ, *USA* -ɔːθ/, *n.* strofinaccio (*da cucina*); cencio per rigovernare.

dishcover /ˈdɪʃkʌvə(r)/, *n.* copripiatto.

to **dishearten** /dɪsˈhɑːtn/, *v. t.* scoraggiare; abbattere; deprimere.

disheartening /dɪsˈhɑːtnɪŋ/, *a.* scoraggiante; deprimente: **d. news**, notizie deprimenti.

disheartenment /dɪsˈhɑːtnmənt/, *n.* scoraggiamento; abbattimento.

dished /dɪʃt/, *a.* *1* concavo *2* (*mecc.: di ruota*) convergente *3* (*fam.*) sconfitto; rovinato; spacciato.

to **dishevel** /dɪˈʃɛvl/, *v. t.* arruffare; scarmigliare; scompigliare.

dishevelled /dɪˈʃɛvld/, *a.* arruffato; scarmigliato; scompigliato.

dishevelment /dɪˈʃɛvlmənt/, *n.* arruffamento; scompiglio; disordine (*dei capelli, dei vestiti*).

dishful /ˈdɪʃfʊl/, *n.* (quanto sta in un) piatto: **a d. of beans**, un piatto di fagioli.

dishonest /dɪsˈɒnɪst/, *a.* disonesto.

dishonestly /dɪsˈɒnɪstlɪ/, *avv.* *1* disonestamente *2* (*leg.*) in malafede.

dishonesty /dɪsˈɒnɪstɪ/, *n.* *1* disonestà *2* (*leg.*) malafede.

dishonour /dɪsˈɒnə(r)/, *n.* *1* disonore; onta; vergogna: **He is a d. to his family**, fa disonore alla sua famiglia *2* (*comm.*) mancata accettazione, mancato pagamento (*d'una cambiale e sim.*).

to **dishonour** /dɪsˈɒnə(r)/, *v. t.* *1* disonorare *2* (*comm.*) rifiutare di pagare (*un assegno, ecc.*); lasciar andare in protesto (*una cambiale*): **I hope the bank won't d. his cheques**, spero che la banca non rifiuterà di pagare i suoi assegni. ● **to d. one's word**, non tener fede alla parola data □ **dishonoured bill**, cambiale non onorata (*non accettata o non pagata*) □ **dishonoured cheque**, assegno a vuoto.

dishonourable /dɪsˈɒnərəbl/, *a.* disonorevole; disonorante; vergognoso. ● (*specialm. mil.*) **d. discharge**, radiazione (dai ranghi). || **-ness**, *sost.* || **-bly**, *avv.*

to **dishorn** /dɪsˈhɔːn/, *v. t.* privare delle corna.

to **dishouse** /dɪsˈhaʊz/, *v. t.* privare della casa; buttar (q.) fuori di casa.

dishpan /ˈdɪʃpæn/, *n.* (*specialm. USA*) bacinella per (lavare) i piatti.

dishrag /ˈdɪʃræg/, *n.* strofinaccio; cencio per rigovernare.

dishwarmer /ˈdɪʃwɔːmə(r)/, *n.* scaldavivande.

dishwasher /ˈdɪʃwɒʃə(r), *USA* -wɔː-/, *n.* *1* lavapiatti (*m.* e *f.*); lavastoviglie (*m.* e *f.*); sguattero, sguattera *2* (*macchina*) lavapiatti (*f.*); lavastoviglie (*f.*).

dishwashing /ˈdɪʃwɒʃɪŋ, *USA* -wɔː-/, *n.* (il) lavare i piatti. ● **d. machine**, lavapiatti; lavastoviglie.

dishwater /ˈdɪʃwɔːtə(r), *USA* -wɒ-/, *n.* *1* l'acqua in cui si sono lavati i piatti; risciacquatura; rigovernatura (*dei piatti*) *2* (*fig.*) cosa (*ad es. una bibita cattiva*) che somiglia alla risciacquatura; brodaglia. ● (*di stoviglie*) **d.-safe**, inseribile senza danno (*o* lavabile) nella lavapiatti.

dishy /ˈdɪʃɪ/, *a.* (*fam.*) attraente; affascinante; appetitoso (*fig.*); dotato di sex appeal.

disillusion /dɪsɪˈluːʒn, -lj-/, *n.* disillusione; disinganno.

to **disillusion** /dɪsɪˈluːʒn, -lj-/, *v. t.* disilludere; disingannare.

disillusioned /dɪsɪˈluːʒnd, -lj-/, *a.* disilluso; deluso.

to **disillusionize** /dɪsɪˈluːʒənaɪz, -lj-/, *v. t.* disilludere.

disillusionment /dɪsɪˈluːʒnmənt, -lj-/, *n.* disillusione.

disincentive /dɪsɪnˈsɛntɪv/, *n.* disincentivo (*anche econ.*); freno; remora.

disinclination /dɪsɪnklɪˈneɪʃn/, *n.* antipatia; avversione; ripugnanza; riluttanza: **Some pupils have a strong d. for study**, alcuni studenti hanno una forte avversione allo studio.

to **disincline** /dɪsɪnˈklaɪn/, *v. t.* suscitare antipatia (*o* avversione, ecc.) in (q.); distogliere: **to d. sb. from doing st.**, distogliere q. dal fare q.c.

disinclined /dɪsɪnˈklaɪnd/, *a.* restio; riluttante.

to **disincorporate** /dɪsɪnˈkɔːpəreɪt/, *v. t.* (*anche fin.*) sciogliere (*una società costituita, un ente pubblico*).

to **disinfect** /dɪsɪnˈfɛkt/, *v. t.* disinfettare.

disinfectant /dɪsɪnˈfɛktənt/, *a.* e *n.* disinfettante.

disinfection /dɪsɪnˈfɛkʃn/, *n.* disinfezione.

to **disinfest** /dɪsɪnˈfɛst/, *v. t.* disinfestare.

disinfestant /dɪsɪnˈfɛstənt/, *n.* disinfestante.

disinfestation /dɪsɪnfɛˈsteɪʃn/, *n.* disinfestazione.

disinfestor /dɪsɪnˈfɛstə(r)/, *n.* disinfestatore.

to **disinflate** /dɪsɪnˈfleɪt/, *v. t.* (*econ.*) disinflazionare.

disinflation /dɪsɪnˈfleɪʃn/, *n.* (*econ.*) disinflazione.

disinflationary /dɪsɪnˈfleɪʃənrɪ, *USA* -nerɪ/, *a.* (*econ.*) disinflazionistico.

disinformation /dɪsɪnfəˈmeɪʃn/, *n.* (*specialm. polit.*) *1* disinformazione *2* false informazioni (*fornite a spie di un altro paese*).

disingenuous /dɪsɪn'dʒɛnjʊəs/, *a.* falso; insincero; in malafede. || **-ly**, *avv.* || **-ness**, *sost.*

to **disinherit** /dɪsɪn'hɛrɪt/, *v. t.* diseredare.

disinheritance /dɪsɪn'hɛrɪtəns/, *n.* diseredamento (*raro*); diseredazione.

to **disinhibit** /dɪsɪn'hɪbɪt/, *v. t.* (*psic.*) disinibire.

disinhibited /dɪsɪn'hɪbɪtɪd/, *a.* (*psic.*) disinibito.

disinhibition /dɪsɪnhɪ'bɪʃn/, *n.* (*psic.*) disinibizione.

disinhibitory /dɪsɪn'hɪbɪtrɪ, *USA* -tɔːrɪ/, *a.* (*med., psic.*) disinibitorio.

to **disintegrate** /dɪs'ɪntɪgreɪt/, **A** *v. t.* (*fis. nucl.* e *fig.*) disintegrare. **B** *v. i.* disintegrarsi.

disintegration /dɪsɪntɪ'greɪʃn/, *n.* (*fis. nucl.* e *fig.*) disintegrazione.

disintegrative /dɪs'ɪntɪgrətɪv, *USA* -eɪtɪv/, *a.* **1** disintegrativo **2** dissolutivo.

disintegrator /dɪs'ɪntɪgreɪtə(r)/, *n.* (*specialm. fis.*) disintegratore.

to **disinter** /dɪsɪn'tɜː(r)/, *v. t.* dissotterrare; disseppellire; esumare.

to **disinterest** /dɪs'ɪntrəst, *USA* -tərɛst/, **A** *v. t.* disinteressare. **B** to **disinterest oneself**, *v. rifl.* disinteressarsi.

disinterested /dɪs'ɪntrəstɪd, *USA* -tərɛs-/, *a.* **1** disinteressato; imparziale **2** (*fam.*) indifferente. || **-ly**, *avv.* || **-ness**, *sost.*

disinterment /dɪsɪn'tɜːmənt/, *n.* dissotterramento; esumazione.

to **disintoxicate** /dɪsɪn'tɒksɪkeɪt/, *v. t.* (*med.*) disintossicare. ● **to get disintoxicated**, disintossicarsi.

disintoxication /dɪsɪntɒksɪ'keɪʃn/, *n.* (*med.*) disintossicazione.

to **disinvest** /dɪsɪn'vɛst/, *v. t.* (*econ.*) disinvestire.

disinvestment /dɪsɪn'vɛstmənt/, *n.* (*econ.*) disinvestimento.

to **disjoin** /dɪs'dʒɔɪn/, **A** *v. t.* disgiungere; dividere; separare; staccare. **B** *v. i.* disgiungersi; dividersi. ● (*banca*) **disjoined signature**, firma disgiunta.

to **disjoint** /dɪs'dʒɔɪnt/, *v. t.* **1** disgregare; smembrare **2** sconnettere; scomporre; disgiungere **3** (*med.*) disarticolare.

disjointed /dɪs'dʒɔɪntɪd/, *a.* **1** disgregato; smembrato **2** sconnesso; scomposto; disgiunto; disarticolato; incoerente: **a d. speech**, un discorso sconnesso **3** (*med.*) disarticolato. || **-ly**, *avv.* || **-ness**, *sost.*

disjointing /dɪs'dʒɔɪntɪŋ/, *n.* **1** disgregazione; smembramento **2** (*med.*) disarticolazione.

disjunct /dɪs'dʒʌŋkt/, *a.* **1** (*form.*) disgiunto; separato **2** (*ling.*) disgiunto **3** (*mus.*) disgiunto **4** (*zool.*) disarticolato.

disjunction /dɪs'dʒʌŋkʃn/, *n.* disgiunzione; disgiungimento.

disjunctive /dɪs'dʒʌŋktɪv/, **A** *a.* (*ling.*) disgiuntivo. **B** *n.* congiunzione (*o* proposizione) disgiuntiva.

disk /dɪsk/, *n.* **1** (*specialm. USA*) *V.* **disc 2** (*sport*: *sollevamento pesi*) disco (*di un peso*) **3** (*elab.*) disco (*magnetico*): **hard d.**, disco rigido; **floppy d.**, disco flessibile; dischetto. ● **d. capacity**, capacità del disco □ **d. drive**, unità disco □ **d. file**, archivio su dischi □ **d. master**, archivio originale su dischi □ **d. pack**, unità disco □ **d. storage unit**, unità di memoria a dischi.

diskette /dɪ'skɛt/, *n.* (*elab.*) diskette; dischetto; minidisco.

dislike /dɪs'laɪk/, *n.* antipatia; avversione; ripugnanza: **He has taken a d. to** (*o* **for**) **you**, ti ha preso in antipatia; **He has a d. of** (*o* **for**) **dogs**, ha antipatia per i cani; non può soffrire i cani.

to **dislike** /dɪs'laɪk/, *v. t.* provare antipatia (*o* avversione, ripugnanza) per (q. *o* q.c.); non piacere (*impers.*); non poter soffrire; detestare: **I strongly d. tea**, a me il tè non piace affatto; **I d. him**, non lo posso soffrire. ● **to be disliked by everybody**, essere malvisto da tutti □ **to get oneself disliked**, rendersi antipatico.

to **dislocate** /'dɪsləkeɪt, *USA* dɪs'ləʊkeɪt/, *v. t.* **1** slogare; lussare: **The boy dislocated his shoulder**, il ragazzo si slogò la spalla **2** disturbare; intralciare; ostacolare: **to d. traffic**, intralciare (*o* sconvolgere) la circolazione; **to d. the economy**, disturbare l'economia nazionale **3** (*geol.*) dislocare.

dislocation /dɪslə'keɪʃn, -ləʊ-/, *n.* **1** (*med.*) slogatura; slogamento; lussazione **2** disturbo; intralcio: **d. of traffic**, intralcio al traffico **3** (*geol.*) dislocazione.

to **dislodge** /dɪs'lɒdʒ/, *v. t.* **1** sloggiare; scacciare; far sgombrare: **They dislodged the regiment from the trenches**, sloggiarono il reggimento dalle trincee **2** stanare (*un animale selvatico*) **3** rimuovere; togliere; staccare: **to d. a stone from a wall**, staccare una pietra da un muro.

dislodg(e)ment /dɪs'lɒdʒmənt/, *n.* **1** sloggiamento **2** lo stanare **3** rimozione; distacco (*di un mattone dal muro, ecc.*).

disloyal /dɪs'lɔɪəl/, *a.* **1** sleale; infedele **2** ribelle (*contro il governo*); eversivo. ● (*leg.*) **d. to one's country**, reo d'alto tradimento.

disloyalist /dɪs'lɔɪəlɪst/, *a.* e *n.* ribelle (*contro il governo*); rivoltoso; eversore.

disloyally /dɪs'lɔɪəlɪ/, *avv.* slealmente.

disloyalty /dɪs'lɔɪəltɪ/, *n.* **1** slealtà; infedeltà **2** (= **d. to one's country**) ribellione; tradimento; eversione.

dismal /'dɪzməl/, *a.* cupo; fosco; lugubre; orribile; tetro; squallido; triste: **He is looking very d.**, ha un'aria assai tetra; **a d. climate**, un clima orribile; **in a d. tone of voice**, in tono lugubre. ● **d. attempt**, misero tentativo □ **d. efforts**, sforzi risibili □ (*scherz.*) **the d. science**, l'economia politica □ (*fam.*) **the dismals**, malinconia; depressione: **to be in the dismals**, essere giù di morale; essere depresso.

dismally /'dɪzməlɪ/, *avv.* cupamente; lugubremente; tetramente; squallidamente.

dismalness /'dɪzməlnəs/, *n.* tetraggine; squallore; lugubrità; tristezza.

to **dismantle** /dɪs'mæntl/, *v. t.* **1** smantellare; demolire: **to d. a fort**, smantellare un forte; **to d. a house**, demolire una casa **2** (*mecc.*) smontare: **to d. an engine**, smontare un motore **3** (*naut.*) disarmare (*una nave*).

dismantlement /dɪs'mæntlmənt/, *n.* **1** smantellamento; demolizione **2** (*mecc.*) smontaggio; smontatura **3** (*naut.*) disarmo.

to **dismast** /dɪs'mɑːst, *USA* -'mæst/, *v. t.* (*naut.*) disalberare (*una nave*). ● **The ship was dismasted in a gale**, la nave perse l'alberatura in una tempesta.

dismay /dɪs'meɪ/, *n.* costernazione; sgomento; sbigottimento: **to be filled with d.**, essere preso dallo sgomento.

to **dismay** /dɪs'meɪ/, *v. t.* costernare; sgomentare; sbigottire: **The sad news dismayed me**, la triste notizia mi sgomentò.

dismayed /dɪs'meɪd/, *a.* costernato; sbigottito; sgomento.

to **dismember** /dɪs'mɛmbəd/, *v. t.* smembrare.

dismemberment /dɪs'mɛmbəmənt/, *n.* smembramento.

to **dismiss** /dɪs'mɪs/, **A** *v. t.* **1** congedare; licenziare; mandar via; accomiatare; destituire, rimuovere; sciogliere: **The Minister dismissed the journalists**, il ministro accomiatò i giornalisti; **to d. an assembly**, sciogliere un'assemblea; **to d. an army**, congedare un esercito; **to d. the whole staff**, licenziare tutto il personale **2** (*mil.*) destituire; rimuovere dal grado: **to d. an officer**, destituire un ufficiale **3** bandire (*fig.*); abbandonare, accantonare; scacciare: **You must d. this impractical plan**, devi abbandonare questo progetto inattuabile; **to d. all fear**, lasciare ogni timore; **to d. st. from one's mind**, scacciare q.c. dalla mente **4** (*leg.*) prosciogliere (*un imputato*) **5** (*leg.*) respingere; rigettare; archiviare: **to d. a bankruptcy petition**, rigettare un'istanza di fallimento; **to d. a case**, archiviare una causa (*o* un processo). **B** *v. i.* (*mil.*) rompere le righe: **D.!**, rompete le righe! ● (*leg.*) **to d. a charge**, pronunciare un non luogo a procedere □ **to d. a subject**, lasciar cadere un argomento □ **the d.**, il «rompete le righe!».

dismissal /dɪs'mɪsl/, *n.* **1** congedo; licenza di partire; commiato **2** destituzione, rimozione; licenziamento: **unfair d.**, licenziamento senza giusta causa **3** espulsione **4** il bandire dalla mente, abbandono (*di un'idea, ecc.*) **5** (*leg.*) proscioglimento (*di un imputato*) **6** (*leg.*) rigetto (*d'una domanda giudiziaria*). ● **d. for cause**, licenziamento per giusta causa □ (*leg.*) **d. on the merits**, rigetto (*di una pretesa*) nel merito □ (*USA*) **d. wage**, indennità di licenziamento; liquidazione (*al lavoratore licenziato senza sua colpa*; *non è come in Italia una forma differita di salario*) □ **d. without notice**, licenziamento senza preavviso (*o* in tronco).

dismissible /dɪs'mɪsəbl/, *a.* **1** congedabile; licenziabile **2** destituibile **3** (*di un pensiero, ecc.*) che si può bandire dalla mente.

dismissive /dɪs'mɪsɪv/, *a.* che ha scarsa considerazione: **to be d. of sb.'s merits**, avere scarsa considerazione per i meriti di q.

dismount /dɪs'maʊnt/, *n.* lo smontare, lo scendere (*da cavallo, ecc.*).

to **dismount** /dɪs'maʊnt/, **A** *v. i.* smontare, scendere (*da cavallo, dalla bicicletta, ecc.*). **B** *v. t.* **1** far scendere; (*di vetturino e sim.*) far smontare (*q., dalla carrozza*) **2** appiedare: (*mil.*) **to d. the cavalry**, appiedare la cavalleria **3** disarcionare: **The knight dismounted his opponent**, il cavaliere disarcionò il suo avversario **4** (*mil., mecc.*) smontare (*un cannone, una macchina, ecc.*).

dismountable /dɪs'maʊntəbl/, *a.* (*mil., mecc.*) smontabile.

dismounted /dɪs'maʊntɪd/, *a.* **1** (*mil.*) appiedato **2** disarcionato **3** (*mil., mecc.*) (*di un cannone, ecc.*) smontato.

to **disnature** /dɪs'neɪtʃə(r)/, *v. t.* (*raro*) snaturare.

disobedience /dɪsə'biːdɪəns/, *n.* disubbidienza, disobbedienza.

disobedient /dɪsə'biːdɪənt/, *a.* disubbidiente, disobbediente.

disobediently /dɪsə'biːdɪəntlɪ/, *avv.* disobbedendo; senza ubbidire; da disubbidiente.

to **disobey** /dɪsə'beɪ/, *v. t.* e *i.* disubbidire, disobbedire: **Never d. your parents!**, non disubbidire mai ai tuoi genitori!

to **disoblige** /dɪsə'blaɪdʒ/, *v. t.* **1** essere scortese verso (q.); fare una scortesia a (q.); non aderire alla richiesta di (q.); scompiacere a (q.): **I'm sorry to d. you, but I can't lend you my car**, mi duole di non aderire alla tua richiesta, ma non posso prestarti la mia automobile **2** offendere; insultare **3** (*fam.*) incomodare; disturbare.

disobliging /dɪsə'blaɪdʒɪŋ/, *a.* **1** scortese; scompiacente **2** offensivo. || **-ly**, *avv.* || **-ness**, *sost.*

disorder /dɪs'ɔːdə(r)/, *n.* **1** disordine; confusione **2** disordine; tumulto popolare **3** (*med.*) disturbo; indisposizione; malattia; male: **mental disorders**, disturbi mentali; turbe psichiche; **liver d.**, mal di fegato.

to **disorder** /dɪs'ɔːdə(r)/, *v. t.* **1** disordinare; confondere; mettere in disordine **2** alterare; turbare (*lo stato di salute di q.*). ● **a disordered mind**, una mente malata □ **a disordered stomach**, uno stomaco in disordine.

disorderliness /dɪs'ɔːdəlɪnəs/, *n.* **1** disordine; confusione **2** turbolenza; riottosità (*lett.*); tumulti **3** sregolatezza.

disorderly /dɪs'ɔːdəlɪ/, *a.* **1** disordinato; confuso; in disordine; sottosopra **2** (*leg.*) tumultuoso; turbolento; riottoso (*lett.*): **He was arrested for d. conduct**, fu arrestato per condotta contraria all'ordine pubblico (*o* per aver turbato la quiete pubblica); **a d. crowd**, una folla tumultuosa **3** sregolato. ● **a d. house**, una casa di malaffare; una bisca clandestina.

disorganic /dɪsɔːˈgænɪk/, *a.* disorganico.

disorganization /dɪsɔːgənaɪˈzeɪʃn, *USA* -nɪˈz-/, *n.* disorganizzazione.

to **disorganize** /dɪsˈɔːgənaɪz/, *v. t.* disorganizzare. ● **to become disorganized**, disorganizzarsi.

to **disorient** /dɪsˈɔːrɪənt/, (*USA*) *V.* **to disorientate**.

to **disorientate** /dɪsˈɔːrɪənteɪtɪd/, *v. t.* disorientare.

disorientation /dɪsɔːrɪənˈteɪʃn/, *n.* disorientamento.

to **disown** /dɪsˈəʊn/, *v. t.* disconoscere; rinnegare; ripudiare: **to d. a signature**, disconoscere una firma; **to d. a friend**, rinnegare un amico; **to d. a son**, ripudiare un figlio. ● **The suspect disowned the gun**, l'indiziato rifiutò d'ammettere che la rivoltella era la sua.

disownment /dɪsˈəʊnmənt/, *n.* (*leg.*) disconoscimento: **d. of paternity**, disconoscimento della paternità.

to **disparage** /dɪˈspærɪdʒ/, *v. t.* svilire; sminuire il valore di; screditare; denigrare; disprezzare: **He has disparaged my book**, ha denigrato il mio libro.

disparagement /dɪˈspærɪdʒmənt/, *n.* svilimento; svalutazione; discredito; denigrazione; disprezzo.

disparaging /dɪˈspærɪdʒɪŋ/, *a.* **1** di discredito; denigratorio **2** di disprezzo; sprezzante.

disparagingly /dɪˈspærɪdʒɪŋlɪ/, *avv.* sprezzantemente. ● **to speak d. of sb.**, parlare con disprezzo di q.

disparate /ˈdɪspərət, -prət/, **A** *a.* disparato. **B** *n.* (*pl.*) cose disparate. || **-ly**, *avv.* || **-ness**, *sost.*

disparity /dɪˈspærətɪ/, *n.* disparità; differenza: **d. in rank**, disparità di grado; **d. in age**, differenza d'età.

to **dispart** /dɪsˈpɑːt/, **A** *v. t.* (*poet.*) dividere; separare. **B** *v. i.* dividersi; separarsi; prendere strade diverse; dipartirsi in due (*lett.*).

dispassionate /dɪsˈpæʃənət/, *a.* spassionato; calmo; equo; imparziale. || **-ly**, *avv.* || **-ness**, *sost.*

dispatch /dɪˈspætʃ/, *n.* **1** spedizione; invio: **the d. of telegrams**, l'invio di telegrammi **2** dispaccio; messaggio **3** prontezza; rapidità; sollecitudine: **to do st. with d.**, fare q.c. con prontezza (*o* alla svelta) **4** articolo (*di un inviato speciale*) **5** (*arc.*) esecuzione capitale; lo spacciare; uccisione. ● **d.-box** (*o* **d.-case**), valigia diplomatica; borsa per documenti □ **d. clerk**, addetto alle spedizioni □ (*naut.*) **d. days**, giorni di stallia risparmiati □ (*naut.*) **d. money**, premio d'accelerazione □ (*comm.*) **d. note**, bollettino (*o* avviso) di spedizione □ (*mil.*) **d.-rider**, staffetta a cavallo; motociclista portaordini.

to **dispatch** /dɪˈspætʃ/, *v. t.* **1** spedire; inviare; mandare **2** sbrigare; smaltire (*lavoro*); finire; evadere (*una pratica*): **to d. business**, sbrigare affari (*o* faccende) **3** (*fam.*) far fuori (*pop.*); trangugiare; ingoiare: **to d. one's lunch**, trangugiare la colazione **4** spacciare; uccidere: **to d. a prisoner**, uccidere un prigioniero.

dispatcher /dɪˈspætʃə(r)/, *n.* **1** chi spedisce, ecc. (*V.* **to dispatch**); mittente **2** (*ferr., ecc.*) dirigente del traffico (*in una stazione*) **3** (*ind.*) organizzatore del lavoro d'officina (*o* di reparto).

to **dispel** /dɪˈspel/, *v. t.* (*anche fig.*) disperdere; dissipare; scacciare: **The sun dispels the fog**, il sole disperde la nebbia.

dispensable /dɪˈspensəbl/, *a.* **1** di cui si può fare a meno; superfluo **2** distribuibile **3** (*relig.: di un peccato*) condonabile, remissibile.

dispensary /dɪˈspensərɪ/, *n.* **1** (*med.*) dispensario **2** farmacia (*che vende anche cosmetici, occhiali, ecc.*).

dispensation /dɪspenˈseɪʃn/, *n.* **1** dispensa; distribuzione: **the d. of medicines to the poor**, la distribuzione di medicine ai poveri **2** (*anche leg.*) esenzione; dispensa: **a d. for intermarriage**, una dispensa matrimoniale (*per matrimonio fra consanguinei*); **the d. from exams**, la dispensa dagli esami **3** legge (religiosa); religione: **the Mosaic d.**, la legge di Mosè; **the Christian d.**, la religione cristiana **4** ordine, ordinamento (*naturale o della Provvidenza*): **the d. of the world by Providence**, l'ordine delle cose, voluto dalla Provvidenza.

dispensatory /dɪˈspensətrɪ, *USA* -tɔːrɪ/, **A** *a.* di dispensa; d'esenzione. **B** *n.* (*med.*) farmacopea; ricettario; dispensario (*raro*).

to **dispense** /dɪˈspens/, **A** *v. t.* **1** dispensare; distribuire: **to d. charity**, dispensare elemosine **2** (*anche leg.*) dispensare; esimere; esentare; esonerare: **He dispensed me from learning the poem by heart**, mi esentò dall'imparare la poesia a memoria; **to d. sb. from an obligation**, dispensare q. da un obbligo **3** (*leg.* e *relig.*) amministrare: **to d. justice [a sacrament]**, amministrare la giustizia [un sacramento] **4** preparare e distribuire (*ricette, medicine*); spedire (*ricette*). **B** *v. i.* (**to d. with**) **1** esentare, esonerare da (*una disposizione, un regolamento*); liberare da (*un giuramento*) **2** fare a meno di; fare senza: **It is so cold that I cannot d. with an overcoat**, fa tanto freddo che non posso fare a meno del soprabito.

dispenser /dɪˈspensə(r)/, *n.* **1** dispensatore; chi distribuisce, ecc. (*V.* **to dispense**) **2** contenitore; recipiente **3** dispenser; dosatore (*di sapone, ecc.*); distributore (*automatico: di bevande, sigarette, ecc.*); caricatore: **change d.**, distributore di spiccioli; «cambio moneta»; **blade d.**, caricatore (*di lamette da barba*) **4** (*banca*) cassa automatica; Bancomat **5** farmacista.

dispensing /dɪˈspensɪŋ/, *a.* che dispensa. ● **d. chemist**, farmacista (*che fa anche preparati galenici*) □ **d. optician**, ottico.

to **dispeople** /dɪsˈpiːpl/, *v. t.* spopolare.

dispermous /daɪˈspɜːməs/, *a.* (*bot.*) dispermo.

dispersal /dɪˈspɜːsl/, *n.* dispersione; dissipamento. ● **fog d.**, eliminazione della nebbia; snebbiamento.

dispersant /dɪˈspɜːsənt/, *n.* (*chim.*) disperdente.

to **disperse** /dɪˈspɜːs/, *v. t.* e *i.* **1** disperdere, disperdersi; dissipare, dissiparsi: **The sun dispersed the morning mist**, il sole disperse la foschia mattutina **2** spargere, spargersi; disseminare, divulgare; sparpagliare, sparpagliarsi: **to d. news**, divulgare notizie; **The sentries were dispersed along the road**, le sentinelle erano sparpagliate lungo la strada **3** (*fis.*) decomporre (*la luce*).

dispersedly /dɪˈspɜːsɪdlɪ/, *avv.* qua e là; in ordine sparso.

dispersible /dɪˈspɜːsəbl/, *a.* dissipabile.

dispersion /dɪˈspɜːʃn, *USA* -ʒn/, *n.* **1** (*anche chim., fis., stat.*) dispersione **2** (*bot.*) disseminazione **3** (*fis.: della luce*) decomposizione **4** (*stor.*) – **the D.**, la dispersione degli Ebrei; la diaspora. ● (*mil.*) **d. pattern**, rosa di tiro.

dispersive /dɪˈspɜːsɪv/, *a.* (*anche fis.* e *ling.*) dispersivo. || **-ly**, *avv.* || **-ness**, *sost.*

to **dispirit** /dɪˈspɪrɪt/, *v. t.* abbattere; deprimere; scoraggiare.

dispirited /dɪˈspɪrɪtɪd/, *a.* abbattuto; depresso; scoraggiato.

dispiriting /dɪsˈpɪrɪtɪŋ/, *a.* deprimente; scoraggiante.

to **displace** /dɪsˈpleɪs/, *v. t.* **1** spostare; rimuovere **2** destituire; dimettere, deporre (*q., da un ufficio, ecc.*) **3** sostituire; supplire; prendere il posto di (*q. in un ufficio, ecc.*); subentrare nel posto di (q.); soppiantare: **Human labour was displaced by machinery**, il lavoro dell'uomo fu sostituito dalle macchine; **He was displaced in Jane's heart by the young captain**, egli fu soppiantato dal giovane capitano nel cuore di Jane **4** (*naut.*) dislocare **5** slogare, slogarsi (*un'articolazione*). ● **displaced persons**, rifugiati politici; profughi di guerra, ecc.; espatriati.

displaceable /dɪsˈpleɪsəbl/, *a.* spostabile; rimovibile.

displacement /dɪsˈpleɪsmənt/, *n.* **1** spostamento; rimozione: **the d. of an unjust law**, la rimozione di una legge iniqua **2** destituzione **3** sostituzione; rimpiazzo **4** (*naut.*) dislocamento: **full-load d.**, dislocamento a pieno carico **5** (*mecc.*, = **piston d.**) cilindrata (*di un motore*) **6** (*geol.*) dislocazione; deriva: **the d. theory**, la teoria della deriva dei continenti **7** (*med.*) slogatura; lussazione **8** (*psic.*) dislocazione affettiva; transfert.

display /dɪˈspleɪ/, *n.* **1** mostra; esposizione; esibizione; sfilata: **D. is the key to self-service sales**, l'esposizione (della merce) è il segreto delle vendite self-service; **air d.**, esibizione aeronautica; **fashion d.**, sfilata di moda **2** sfoggio; spiegamento; esibizione; ostentazione: **a d. of troops**, uno spiegamento di forze; **to make a d. of one's wealth**, fare sfoggio della propria ricchezza; **to hate d.**, detestare l'ostentazione (*o* le esibizioni) **3** dimostrazione: **a great d. of affection**, una grande dimostrazione d'affetto **4** (*tipogr.*) disposizione dei caratteri atta a far colpo **5** (*elettron.*) presentazione; visualizzazione: **d. screen**, schermo di visualizzazione **6** (*elettron.*) display; schermo video; visualizzatore; (*anche*) informazioni che appaiono sul display. ● **d. artist**, vetrinista □ **d. cabinet**, scaffale (refrigerato) per la merce; bacheca □ **d. case**, vetrina, bacheca □ (*elab.*) **d. console**, console (*o* terminale) video □ **d. designer**, designer per vetrine; vetrinista □ **d. model**, manichino □ **d. stand**, banco di mostra □ **d. station**, terminale video □ **d. unit**, unità video; visualizzatore □ **d. window**, vetrina per esposizione (*della merce*) □ **to go on d.**, essere esibito (*o* messo in mostra).

to **display** /dɪˈspleɪ/, **A** *v. t.* **1** mostrare; mettere in mostra; esporre; esibire; ostentare: **Shopkeepers d. their goods in the windows**, i negozianti mettono in mostra la loro merce nelle vetrine; **to d. flags**, esporre le bandiere; **His paintings were displayed at a famous gallery**, i suoi dipinti furono esposti in una galleria famosa; **«D. badge»** (*cartello*), «esibire il distintivo» **2** mostrare d'avere; dimostrare; rivelare; ostentare (*sicurezza, ecc.*): **They d. no fear**, non dimostrano timore alcuno; **That boy displays great intelligence**, quel ragazzo mostra una grande intelligenza **3** spiegare (*le penne, la coda, ecc.*) **4** (*tipogr.*) stampare a grandi caratteri. **B** *v. i.* (*zool.*) spiegare le penne (la coda, ecc.) nel corteggiamento. ● **to d. a notice**, esporre un avviso; affiggere un cartello.

displayman /dɪˈspleɪmən/, *n.* (*pl.* **displaymen**) vetrinista.

to **displease** /dɪsˈpliːz/, *v. t.* dispiacere a; dare un dispiacere a; recar dolore a; scontentare: **If you don't study, you will d. your parents**, se non studi, darai un dispiacere ai tuoi genitori. ● **to be displeased with**, essere scontento di: **Your teachers are displeased with you**, i tuoi insegnanti sono scontenti di te.

displeasing /dɪsˈpliːzɪŋ/, *a.* spiacevole; sgradevole.

displeasure /dɪsˈpleʒə(r)/, *n.* dispiacere; scontentezza; scontento. ● **to incur sb.'s d.**, incorrere nella disapprovazione di q.

to **displume** /dɪˈspluːm/, *v. t.* (*poet.*) spennare; (*fig.*) spogliare.

to **disport** /dɪˈspɔːt/, **A** *v. t.* fare mostra (*o* sfoggio) di (q.c.). **B** *v. i.* **1** (*raro*) comportarsi **2** (*di solito,* **to d. oneself**) divertirsi.

disposability /dɪspəʊzəˈbɪlətɪ/, *n.* **1** disponibilità **2** (*leg.*) l'esser alienabile, cedibile, vendibile.

disposable /dɪˈspəʊzəbl/, **A** *a.* **1** disponibile **2** usa e getta; da buttare dopo l'uso; a perdere: **a d. syringe**, una siringa usa e getta **3** (*leg.*)

alienabile; cedibile; vendibile. **B** *n.* (*USA*) oggetto (*fazzoletto di carta, contenitore, ecc.*) a perdere. ● **a d. bottle**, una bottiglia con vuoto a perdere.

disposal /dɪ'spəʊzl/, *n.* **1** disposizione; collocazione; distribuzione; schieramento: **I don't like the d. of the furniture**, non mi piace la disposizione dei mobili; **the d. of troops**, lo schieramento delle truppe; **The books are at your d.**, i libri sono a tua disposizione **2** sistemazione; disbrigo: **the d. of business affairs**, il disbrigo degli affari **3** il disfarsi di; eliminazione; smaltimento: **waste d.**, lo smaltimento dei rifiuti **4** (*leg.*) alienazione, cessione, vendita (*di beni*); trasferimento (*anche per donazione o testamento*): **d. of assets**, alienazione di attività; **the d. of property**, la cessione di proprietà privata **5** (*mil.*) eliminazione; distruzione **6** (*fam. USA*) eliminazione dei rifiuti.

to **dispose** /dɪ'spəʊz/, *v. t. e i.* **1** disporre; collocare; distribuire; schierare: **The soldiers were disposed on a wide front**, i soldati erano schierati su un ampio fronte; **to d. sb. for a piece of bad news**, preparare q. a ricevere una cattiva notizia **2** disporre; predisporre; inclinare: **The climate here disposes the people to laziness**, il clima qui predispone la gente alla pigrizia **3** – **to d. of**, sistemare; sbrigare; disbrigare: **The matter has been disposed of**, la faccenda è stata sistemata **4** – **to d. of**, disporre di; avere a disposizione: **Iraq disposed of chemical weapons**, l'Iraq disponeva di armi chimiche **5** – **to d. of**, sbarazzarsi di; smaltire (*rifiuti, scorie, ecc.*); eliminare, disfarsi di; demolire (*accuse, argomenti, ecc.*); liquidare, uccidere; (*mil.*) distruggere, eliminare: **How can we d. of the rubbish?**, come possiamo sbarazzarci dei rifiuti?; **Richard III soon disposed of his own nephews, the boy-King Edward V and his brother Richard**, Riccardo III ben presto si sbarazzò dei suoi nipoti, il re fanciullo Edoardo V e suo fratello Riccardo; **to d. of several enemy planes**, eliminare diversi aerei del nemico **6** (*leg.*) alienare, cedere, vendere (*beni*); disporre di, trasferire (*beni o diritti*): **He has disposed of his estate as he wanted**, ha disposto del suo patrimonio come ha voluto; **Second-hand cars are not easily disposed of**, è difficile vendere le auto di seconda mano **7** – **to d. of**, mangiare in fretta e furia; divorare: **He can d. of a lot of meat**, è capace di divorare una quantità enorme di carne. ● (*leg.*) **to d. by will**, disporre per testamento □ **to d. oneself to sleep**, disporsi a dormire □ (*comm.*) **an article** (**a product**) **difficult to d. of**, un articolo (un prodotto) di difficile smercio (*o* collocazione) □ (*prov.*) **Man proposes, God disposes**, l'uomo propone e Dio dispone.

disposed /dɪ'spəʊzd/, *a.* disposto; intenzionato; incline; propenso: **He isn't d. to help you**, non è disposto ad aiutarti; **Do you feel d. for a swim?**, te la senti di fare una nuotata? ● **criminally d.**, con tendenze alla criminalità □ **ill-d.** [**well-d.**] **towards sb.**, maldisposto [bendisposto] verso q.

disposedly /dɪ'spəʊzɪdlɪ/, *avv.* **1** ordinatamente **2** con compostezza; a passi misurati.

disposition /dɪspə'zɪʃn/, *n.* **1** disposizione; predisposizione; attitudine; inclinazione; carattere; indole; temperamento: **He has a d. to painting**, ha disposizione per la pittura; **a generous d.**, un carattere generoso; **a cheerful d.**, un temperamento allegro **2** (*di solito al pl.*) disposizione; collocazione; distribuzione: **I don't like the d. of the flowers**, non mi piace la disposizione dei fiori **3** disposizione; comando; ordine: **The general gave dispositions for the defence**, il generale diede disposizioni per la difesa **4** sistemazione (*di affari*); disbrigo (*di faccende*) **5** (*leg.*) cessione; alienazione (*di proprietà*); trasferimento (*di beni o diritti*) **6** (*fin., rag.*) destinazione: **d. of net income**, destinazione del reddito netto **7** dono; benedizione (*fig.*): **This is a d. of Providence**, questo è un dono della Provvidenza **8** (*med.*) predisposizione; tendenza: **to have a d. to obesity**, avere la tendenza all'obesità. ● (*leg.*) **d. by will** (*o* **by testament**), disposizione testamentaria □ **to be at sb.'s d.**, essere a disposizione di q.

dispositive /dɪ'spɒzətɪv/, *a.* dispositivo.

to **dispossess** /dɪspə'zɛs/, *v. t.* **1** (*leg.*) spossessare; spodestare; espropriare **2** spogliare; privare **3** (*leg.*) sfrattare **4** (*arc.*) liberare (*dal demonio, ecc.*); esorcizzare. ● (*leg.*) **dispossess notice**, notifica di sfratto.

dispossessed /dɪspə'zɛst/, *a.* **1** (*leg.*) spodestato; espropriato **2** (*leg.*) sfrattato. ● **the d.**, i diseredati.

dispossession /dɪspə'zɛʃn/, *n.* **1** (*leg.*) espropriazione; spodestamento **2** spoliazione **3** (*leg.*) sfratto **4** (*arc.*) esorcizzazione.

dispossessor /dɪspə'zɛsə(r)/, *n.* (*leg.*) espropriatore; chi dà lo sfratto, ecc. (*V.* **to dispossess**).

dispossessory warrant /dɪzpə'zɛsərɪ-'wɒrənt, *USA* -wɔːr-/, *locuz. n.* (*leg.*) decreto di sfratto.

dispraise /dɪs'preɪz/, *n.* discredito; biasimo; critica.

to **dispraise** /dɪs'preɪz/, *v. t.* screditare; biasimare; criticare.

Disprin /'dɪsprɪn/, *n.* (*marchio, in G.B.*: *farm.*) compressa d'aspirina.

disproduct /dɪs'prɒdʌkt/, *n.* (*econ., ind.*) prodotto difettoso.

disproof /dɪs'pruːf/, *n.* confutazione; smentita.

disproportion /dɪsprə'pɔːʃn/, *n.* sproporzione; mancanza di proporzione: **Demand is in d. with supply**, c'è una mancanza di proporzione tra la domanda e l'offerta.

disproportional /dɪsprə'pɔːʃnəl/, **disproportionate** /dɪsprə'pɔːʃənət/, *a.* sproporzionato.

disproportioned /dɪsprə'pɔːʃnd/, *a.* sproporzionato.

to **disprove** /dɪs'pruːv/, *v. t.* confutare; smentire.

disputability /dɪspjuːtə'bɪlətɪ/, *V.* **disputableness**.

disputable /dɪ'spjuːtəbl/, *a.* **1** disputabile; discutibile; opinabile **2** (*leg.*) contestabile; impugnabile: **a d. claim**, un diritto contestabile. ‖ **-ness**, *sost.* ‖ **-bly**, *avv.*

disputant /dɪ'spjuːtnt, 'dɪspjʊ-/, *a. e n.* (*form.*) disputante; disputatore.

disputation /dɪspjuː'teɪʃn/, *n.* disputa; controversia; discussione.

disputatious /dɪspjuː'teɪʃəs/, *a.* cavilloso; litigioso; polemico. ‖ **-ly**, *avv.* ‖ **-ness**, *sost.*

disputative /dɪ'spjuːtətɪv/, *a.* disputativo; cavilloso.

dispute /dɪ'spjuːt/, *n.* **1** disputa; controversia; discussione; dibattito; lite; contesa; vertenza (*anche sindacale*): **We are trying to settle the d.**, stiamo cercando di comporre la vertenza; **religious disputes**, controversie religiose; **a pay d.**, una vertenza salariale; **He was the arbitrator in the border d.**, fece da arbitro nella lite sui confini **2** (*leg.*) causa. ● **beyond** (*o* **past**) **d.**, fuori discussione □ (*leg.*) **the case under d.**, la causa in giudizio □ **the matter under d.**, la faccenda in discussione □ **without d.**, indiscutibilmente □ **The question is still in** (*o* **under**) **d.**, della questione si sta ancora discutendo.

to **dispute** /dɪ'spjuːt/, *v. i. e t.* **1** disputare; discutere; dibattere; argomentare; contendere: **to d. with** (*o* **against**) **sb. on** (*o* **about**) **a subject**, discutere con q. su un argomento; **to d. the victory**, disputare la vittoria; **The enemy disputed every inch of ground**, il nemico disputò (*o* contese) il terreno metro per metro **2** litigare; altercare; bisticciare **3** mettere in discussione (*o* in dubbio); cercare d'invalidare: **to d. a statement**, mettere in dubbio un'affermazione; **to d. a decision**, mettere in discussione la giustezza d'una decisione; **The election of the delegates was disputed**, si cercò d'invalidare l'elezione dei delegati **4** (*leg.*) contestare; impugnare: **to d. a claim**, contestare un diritto; **to d. a will**, impugnare un testamento. ● (*leg.*) **disputed claims office**, ufficio del contenzioso.

disputer /dɪ'spjuːtə(r)/, *n.* disputatore, disputatrice.

disqualification /dɪskwɒlɪfɪ'keɪʃn/, *n.* **1** squalifica (*anche sport*) **2** esclusione (*da un concorso, una gara, ecc.*) **3** (*leg.*) incapacità; mancanza dei requisiti necessari **4** (*leg.*) incapacitazione: **d. from office under the new law**, incapacitazione da un ufficio secondo la nuova legge **5** (*leg.*: *di un giudice*) inabilità a giudicare; incompatibilità (*nel sistema ingl. della ricusazione*). ● (*leg.*) **d. from driving**, sospensione della patente (di guida).

disqualified /dɪs'kwɒlɪfaɪd/, *a.* **1** (*leg.*) privo dei requisiti necessari **2** (*leg.*) incapacitato **3** (*leg.*: *di un giudice*) inabile a giudicare **4** (*sport*) squalificato; escluso.

to **disqualify** /dɪs'kwɒlɪfaɪ/, *v. t.* **1** squalificare (*anche sport*) **2** escludere (*da un concorso, una gara, ecc.*) **3** (*leg.*) incapacitare; dichiarare (q.) incapace **4** (*leg.*) dichiarare (*un giudice*) incompatibile. ● (*leg.*) **to d. sb. from holding a licence**, revocare una licenza a q. □ **Arthritis disqualifies him for work**, l'artrite lo rende inabile al lavoro.

disqualifying /dɪs'kwɒlɪfaɪɪŋ/, *a.* **1** da squalifica (*anche sport*); che provoca l'esclusione (*da un concorso, ecc.*): **a d. blow**, un colpo da squalifica **2** (*leg.*) che fa incapacitare **3** (*leg.*) che rende (*un giudice*) inabile a giudicare.

disquiet /dɪs'kwaɪət/, *n.* inquietudine; ansia; ansietà; allarme.

to **disquiet** /dɪs'kwaɪət/, *v. t.* inquietare; mettere in ansia.

disquieted /dɪs'kwaɪətɪd/, *a.* inquieto; in ansia; allarmato.

disquieting /dɪs'kwaɪətɪŋ/, *a.* inquietante.

disquietude /dɪs'kwaɪətjuːd, *USA* -tuːd/, *n.* inquietudine; ansia; allarme.

disquisition /dɪskwɪ'zɪʃn/, *n.* disquisizione; dissertazione.

disquisitional /dɪskwɪ'zɪʃənl/, *a.* dissertatorio.

to **disrate** /dɪs'reɪt/, *v. t.* **1** svilire; deprezzare (*fig.*) **2** (*naut., mil.*) degradare.

disregard /dɪsrɪ'gɑːd/, *n.* noncuranza; indifferenza; disprezzo.

to **disregard** /dɪsrɪ'gɑːd/, *v. t.* non curarsi di; non far caso a; non fare nessun conto di (q. *o* q.c.); trascurare: **Don't d. my warnings!**, non trascurare i miei avvertimenti!

disregardful /dɪsrɪ'gɑːdfl/, *a.* noncurante; indifferente; sprezzante.

disrelish /dɪs'rɛlɪʃ/, *n.* ripugnanza; avversione; antipatia.

to **disrelish** /dɪs'rɛlɪʃ/, *v. t.* provare ripugnanza (*o* avversione, antipatia) per (q. *o* q.c.); avere in uggia; detestare; non poter soffrire: **I d. tea**, non posso soffrire (*o* non mi piace) il tè.

to **disremember** /dɪsrɪ'mɛmbə(r)/, *v. t.* (*irl. o dial.*) non rammentare; non ricordarsi di.

disrepair /dɪsrɪ'pɛə(r)/, *n.* cattivo stato; rovina; sfacelo: **Tom's house is in d.**, la casa di Tom è in cattivo stato (*o* va in rovina).

disreputable /dɪs'rɛpjʊtəbl/, *a.* **1** malfamato; disdicevole; indecente; indecoroso; sconveniente: **a d. night club**, un locale notturno malfamato **2** losco; di dubbia fama (*o* onestà): **a d. businessman**, un losco affarista **3** (*d'abito, ecc.*) malandato; sciupato: **a d. overcoat**, un cappottaccio. ‖ **-ness**, *sost.* ‖ **-bly**, *avv.*

disrepute /dɪsrɪ'pjuːt/, *n.* cattiva fama (*o* reputazione); discredito: **The firm has fallen into d.**, la ditta è caduta in discredito. ● **to bring sb.** [**st.**] **into d.**, screditare q. [q.c.].

disrespect /dɪsrɪ'spɛkt/, *n.* mancanza di rispetto; irriverenza; scortesia; sgarberia: **He**

regarded my remark as a d., prese la mia osservazione come una mancanza di rispetto.

disrespectful /dɪsrɪ'spɛktfl/, *a.* che manca di rispetto; irriverente; scortese; sgarbato: **a d. son**, un figlio irriverente. ● **to be d. to sb.**, mancare di rispetto a q. ‖ **-ly**, *avv.* ‖ **-ness**, *sost.*

to **disrobe** /dɪs'rəʊb/, *v. t.* e *i.* svestire, svestirsi; spogliare, spogliarsi (*anche fig.*); togliersi gli indumenti (da cerimonia): **After the ceremony the courtiers disrobed**, dopo la cerimonia i cortigiani si tolsero gli indumenti paludati.

to **disroot** /dɪs'ruːt/, *v. t.* sradicare (*anche fig.*).

to **disrupt** /dɪs'rʌpt/, *v. t.* **1** mandare in frantumi; rompere; spezzare **2** dissestare; disgregare: **A succession of tumults seemed likely to d. the state**, una serie di tumulti sembrava dover disgregare lo stato **3** interrompere (*le comunicazioni, ecc.*) **4** scompigliare, far sciogliere (*una riunione, ecc.*) **5** (*econ.*) perturbare (*i mercati, ecc.*).

disrupter /dɪs'rʌptə(r)/, *n.* **1** chi rompe, spezza, ecc. **2** disgregatore, disgregatrice (*V.* **to disrupt**).

disruption /dɪs'rʌpʃn/, *n.* **1** rottura; frantumazione; spaccatura **2** dissesto; disgregazione: **the d. of the Chinese Empire**, il disgregamento dell'impero cinese **3** interruzione (*delle comunicazioni, ecc.*) **4** scombussolamento; scompiglio **5** (*econ.*) perturbazione (*dei mercati, ecc.*); dissesto. ● (*stor.*) **the D.**, lo Scisma della Chiesa di Scozia (*nel 1843*).

disruptive /dɪs'rʌptɪv/, *a.* **1** dirompente; disgregativo; che rompe, spezza, ecc. (*V.* **to disrupt**) **2** (*mil.*) dirompente **3** (*elettr.*) disruttivo: **d. discharge**, scarica disruttiva. ● **a d. influence**, un influsso malefico.

disruptor /dɪs'rʌptə(r)/, *V.* **disrupter**.

dissatisfaction /dɪ(s)sætɪs'fækʃn/, *n.* insoddisfazione; malcontento; malumore; scontentezza. ● **He expressed his d. with your work**, si dichiarò insoddisfatto del tuo lavoro.

dissatisfied /dɪ(s)'sætɪsfaɪd/, *a.* insoddisfatto; scontento: **We are d. with the wages we receive**, siamo scontenti del salario che riceviamo.

to **dissatisfy** /dɪ(s)'sætɪsfaɪ/, *v. t.* non soddisfare; scontentare; deludere.

dissaving /dɪ(s)'seɪvɪŋ/, *n.* **1** spesa del risparmio accumulato **2** (*econ.*) risparmio negativo; spesa in eccesso del reddito nazionale.

to **disseat** /dɪ(s)'siːt/, *v. t.* (*arc.*) **1** privare del seggio (*anche in parlamento*); privare del posto a sedere **2** disarcionare. ● (*polit.*) **The liberal M. P. was disseated**, il deputato liberale perse il seggio.

to **dissect** /dɪ'sɛkt/, *v. t.* **1** sezionare; dissezionare; anatomizzare: **to d. a body**, sezionare un cadavere **2** (*fig.*) analizzare; esaminare minutamente: (*rag.*) **to d. an account**, analizzare un conto. ● (*ottica*) **dissecting microscope**, microscopio per dissezione □ **dissecting room**, sala anatomica.

dissection /dɪ'sɛkʃn/, *n.* **1** dissezione; sezione anatomica **2** (*fig.*) analisi; esame analitico: (*rag.*) **the d. of last year's balance**, l'analisi del bilancio dell'esercizio passato **3** (*geol.*) dissezione.

dissector /dɪ'sɛktə(r)/, *n.* **1** dissettore; perito settore **2** (*med.*) scalpello chirurgico.

to **disseise** /dɪ(s)'siːz/, *v. t.* (*leg.*) espropriare ingiustamente; spossessare.

disseisin /dɪ(s)'siːzɪn, *USA* -zn/, *n.* (*leg.*) espropriazione illegale; spodestamento.

to **disseize** /dɪ(s)'siːz/, *v. t. V.* **to disseise**.

disseizin /dɪ(s)'siːzɪn, *USA* -zn/, *V.* **disseisin**.

to **dissemble** /dɪ'sɛmbl/, *v. t.* e *i.* **1** dissimulare; celare; fare l'ipocrita: **He dissembled his hatred**, dissimulava il suo odio **2** simulare; fingere: **to d. innocence**, fingersi innocente **3** (*fig.*) atteggiarsi a: **Vice sometimes dissembles virtue**, talora il vizio s'atteggia a virtù **4** (*arc.*) fingere di non vedere.

dissembler /dɪ'sɛmblə(r)/, *n.* simulatore, simulatrice; ipocrita.

dissembling /dɪ'sɛmbəlɪŋ/, **A** *a.* che dissimula (*o* finge). **B** *n.* dissimulazione; ipocrisia.

to **disseminate** /dɪ'sɛmɪneɪt/, *v. t.* disseminare (*anche fig.*); diffondere; divulgare; seminare: **to d. false doctrines**, disseminare false dottrine.

dissemination /dɪsɛmɪ'neɪʃn/, *n.* disseminazione (*anche fig.*); diffusione; divulgazione: **the d. of advertising**, la diffusione della pubblicità commerciale.

disseminator /dɪ'sɛmɪneɪtə(r)/, *n.* disseminatore, disseminatrice; (*fig.*) divulgatore, divulgatrice.

dissension /dɪ'sɛnʃn/, *n.* **1** dissenso; dissidio; discordia; dissensione (*lett.*) **2** lite; litigio. ● **to sow d.**, seminare zizzania (*fig.*).

dissent /dɪ'sɛnt/, *n.* **1** dissenso; dissidio **2** (*relig.*) dissidenza; scisma **3** (*collett.*) (i) dissidenti (*dalla Chiesa d'Inghilterra*).

to **dissent** /dɪ'sɛnt/, *v. i.* **1** dissentire; discordare: **I d. from what you say**, dissento da quello che dici **2** (*relig.*) essere dissenziente, dissidente (*dalla Chiesa d'Inghilterra*). ● **a dissenting church**, una Chiesa dissidente (*dall'Anglicana*) □ (*relig.*) **dissenting minister**, pastore protestante di setta dissidente (*dall'Anglicana*) □ (*leg. USA*) **dissenting opinion**, parere del giudice che dissente dai colleghi.

dissenter /dɪ'sɛntə(r)/, *n.* **1** dissenziente; dissidente **2** (*pl.*) (*relig.*) (i) Dissidenti (*dalla Chiesa Anglicana*).

dissentient /dɪ'sɛnʃɪənt, -ʃnt/, *a.* e *n.* (*raro*) dissenziente; dissidente.

dissepiment /dɪ'sɛpɪmənt/, *n.* (*bot., zool.*) sepimento; setto.

to **dissertate** /'dɪsəteɪt/, *v. i.* (*raro*) dissertare.

dissertation /dɪsə'teɪʃn/, *n.* dissertazione; disquisizione.

dissertational /dɪsə'teɪʃənl/, *a.* dissertatorio.

dissertationist /dɪsə'teɪʃənɪst/, *n.* (*raro*) dissertatore, dissertatrice.

dissertator /'dɪsəteɪtə(r)/, *n.* dissertatore.

disservice /dɪ'sɜːvɪs/, *n.* **1** (*org. az.*) disservizio **2** cattivo servizio; danno: **to do oneself a d.**, rendere un cattivo servizio a se stesso.

to **dissever** /dɪ'sɛvə(r)/, **A** *v. t.* dividere; separare; distaccare; staccare. **B** *v. i.* dividersi; separarsi; staccarsi.

disseverance /dɪ'sɛvərəns/, **disseveration** /dɪsɛvə'reɪʃn/, *n.* divisione; separazione.

dissidence /'dɪsɪdəns/, *n.* dissidenza; dissidio; dissenso.

dissident /'dɪsɪdənt/, *a.* e *n.* dissidente; dissenziente.

dissimilar /dɪ'sɪmələ(r)/, *a.* dissimile; diverso.

dissimilarity /dɪsɪmə'lærətɪ/, *n.* dissomiglianza; diversità.

to **dissimilate** /dɪ'sɪməleɪt/, *v. t.* (*anche fon.*) dissimilare.

dissimilation /dɪsɪmə'leɪʃn/, *n.* (*anche fon.*) dissimilazione.

dissimilitude /dɪsɪ'mɪlɪtjuːd, *USA* -tuːd/, *n.* dissimilitudine (*lett.*).

to **dissimulate** /dɪ'sɪmjʊleɪt/, *v. t.* e *i.* dissimulare; fingere; fare l'ipocrita.

dissimulation /dɪsɪmjʊ'leɪʃn/, *n.* dissimulazione; finzione; ipocrisia.

dissimulator /dɪ'sɪmjʊleɪtə(r)/, *n.* dissimulatore; ipocrita.

to **dissipate** /'dɪsɪpeɪt/, **A** *v. t.* **1** dissipare; disperdere; dissolvere: **The morning sun dissipated the mist**, il sole del mattino dissipò la nebbia; **to d. fears [doubts]**, dissipare timori [dubbi] **2** dissipare; sprecare; scialacquare; sciupare: **to d. money [one's energies]**, dissipare denaro [le proprie energie]. **B** *v. i.* **1** dissipare, dissiparsi; disperdersi: **The mist will d. later in the morning**, la nebbia si dissiperà nella tarda mattinata; **The crowd soon dissipated**, la folla si disperse in breve tempo **2** essere dissoluto; darsi ai bagordi: **People go there to d.**, la gente si reca lì per darsi ai bagordi.

dissipated /'dɪsɪpeɪtɪd/, *a.* dissipato; dissoluto: **He's a d. young man**, è un giovane dissipato.

dissipation /dɪsɪ'peɪʃn/, *n.* **1** dissipazione (*anche elettr.*); dispersione (*del calore, ecc.*) **2** dissipatezza; dissolutezza; dissipazione; bagordi. ● (*elettr.*) **d. factor**, fattore perdita □ **a life of d.**, una vita dissoluta (*o* di bagordi).

dissipative /'dɪsɪpətɪv, *USA* -eɪtɪv/, *a.* **1** che tende a dissipare (*o* a dissiparsi) **2** (*tecn.*) dissipativo; dispersivo.

dissipator /'dɪsɪpeɪtə(r)/, *n.* **1** dissipatore **2** (*tecn.*) dispersore.

dissociability /dɪsəʊʃə'bɪlətɪ/, *n.* dissociabilità.

dissociable (*def.* 1 /dɪ'səʊʃ(ɪ)əbl/, *def.* 2 /dɪ'səʊʃəbl/), *a.* **1** dissociabile; separabile **2** insocievole; non socievole; asociale; scontroso **3** (*chim.*) dissociabile.

to **dissocialize** /dɪ'səʊʃəlaɪz/, *v. t.* rendere insocievole.

to **dissociate** /dɪ'səʊʃɪeɪt/, **A** *v. t.* **1** dissociare; separare; disunire **2** (*chim., fis.*) dissociare. **B** *v. i.* **1** dissociarsi (*anche chim., fis.*); separarsi; disunirsi **2** (*psic.*) dissociarsi; sdoppiarsi. ● **to d. oneself from**, dissociarsi da; ripudiare ogni legame con; dichiararsi estraneo a: **I wish to d. myself from the conservative party**, desidero ripudiare ogni legame con il partito conservatore □ (*psic.*) **dissociated personality**, personalità dissociata.

dissociation /dɪsəʊsɪ'eɪʃn/, *n.* **1** dissociazione; separazione; scissione: (*chim., fis.*) **d. constant**, costante di dissociazione **2** (*psic.*) dissociazione psichica. ● (*psic.*) **d. of personality**, sdoppiamento della personalità.

dissociative /dɪ'səʊʃɪətɪv, *USA* -ɪeɪtɪv/, *a.* (*fis. nucl., psic.*) dissociativo: (*psic.*) **d. reaction**, reazione dissociativa.

dissolubility /dɪsɒljʊ'bɪlətɪ/, *n.* dissolubilità; l'esser dissolubile.

dissoluble /dɪ'sɒljʊbl/, *a.* dissolubile.

dissolute /'dɪsəluːt, -ljuːt/, *a.* dissoluto; licenzioso. ‖ **-ly**, *avv.* ‖ **-ness**, *sost.*

dissolution /dɪsə'luːʃn, -ljuː-/, *n.* **1** dissoluzione; dissolvimento; scioglimento: **the d. of snow**, lo scioglimento delle nevi; **the d. of Parliament**, lo scioglimento del parlamento **2** dissoluzione (*del corpo umano*); decomposizione; morte **3** fine; scomparsa **4** (*leg.*) risoluzione (*d'un contratto*) **5** (*leg.*) scioglimento: **the d. of marriage**, lo scioglimento (*o* estinzione) del matrimonio; **the d. of a partnership**, lo scioglimento di una società di persone.

dissolvability /dɪzɒlvə'bɪlətɪ/, *n.* solubilità; dissolubilità.

dissolvable /dɪ'zɒlvəbl/, *a.* solubile; dissolubile.

dissolve /dɪ'zɒlv/, *n.* (*cinem., TV*) dissolvenza.

to **dissolve** /dɪ'zɒlv/, **A** *v. t.* **1** dissolvere; disciogliere; sciogliere: **to d. salt in water**, sciogliere il sale nell'acqua; **to d. Parliament**, sciogliere il parlamento **2** sciogliere; annullare; porre termine a: **to d. a bond**, sciogliere un legame **3** (*leg.*) risolvere (*un contratto*) **4** (*leg.*) sciogliere (*una società, un matrimonio*) **5** (*chim.*) sciogliere; disperdere. **B** *v. i.* **1** dissolversi; sciogliersi: **Sugar dissolves in water**, lo zucchero si scioglie nell'acqua; **The assembly dissolved**, l'assemblea si sciolse; **She dissolved in tears**, ella si sciolse in lacrime **2** fondersi; liquefarsi; dissolversi: **snow dissolving in the sun**, neve che si dissolve al sole **3** dileguarsi; scomparire; svanire **4** (*di una folla*) disperdersi **5** (*cinem., TV*) fare (*o* eseguire) una dissolvenza. ● **to d. into laughter**, mettersi a ridere.

dissolvent /dɪ'zɒlvənt/, **A** *a.* dissolvente. **B** *n.* (*chim.*) solvente.

dissonance /'dɪsənəns/, *n.* (*specialm. fis.* e *mus.*) dissonanza; discordanza.

dissonant /'dɪsənənt/, *a.* dissonante; discordante; discorde.

to **dissuade** /dɪˈsweɪd/, *v. t.* dissuadere; distogliere; sconsigliare.

dissuader /dɪˈsweɪdə(r)/, *n.* dissuasore; dissuaditrice (*raro*).

dissuasion /dɪˈsweɪʒn/, *n.* dissuasione.

dissuasive /dɪˈsweɪsɪv/, *a.* dissuasivo.

dissyllabic /dɪsɪˈlæbɪk/, *a.* (*ling.*) disillabo; bisillabo; bisillabico.

dissyllable /dɪˈsɪləbl/, *n.* (*ling.*) disillabo; bisillabo.

dissymmetric(al) /dɪsɪˈmɛtrɪk(l)/, *a.* asimmetrico. || **-ally,** *avv.*

dissymmetry /dɪˈsɪmətrɪ/, *n.* asimmetria.

distaff /ˈdɪstɑːf, *USA* -æf/, *n.* **1** conocchia; rocca **2** (*fig.*) lavori donneschi. ● **the d. side**, il ramo femminile (*d'una famiglia*) □ (*fig.*: *di ascendenza*) **on the d. side**, per parte di madre.

distal /ˈdɪstl/, *a.* (*anat.*) distale.

distance /ˈdɪstəns/, *n.* **1** distanza (*anche fig.*); lontananza; spazio; lasso di tempo, periodo, intervallo; differenza: **The steeple can be seen at a d. of five miles**, il campanile si vede da cinque miglia di distanza; **The Statue of Liberty could be seen in the d.**, si vedeva in lontananza la Statua della Libertà; **There is a great d. between health and illness**, c'è una bella differenza tra l'esser sani o malati; **It is hard to judge, at this d. of time**, a distanza di tanto tempo, è difficile giudicare; **the d. between birth and death**, il lasso di tempo fra la nascita e la morte **2** (*sport*; =, *un tempo,* **d.-post**) distanza: **beaten by a d.**, battuto di una distanza **3** (*fig.*) distanza; distacco: **d. of manner**, riserbo **4** (*arte*) prospettiva **5** (*mus.*) intervallo **6** (*pl.*) vedute; orizzonti. ● **d. glasses**, occhiali per vederci da lontano □ (*naut.*) **d. on beam**, distanza al traverso □ (*elettr.*) **d. relay**, relè distanziometrico □ (*mecc.*) **d. ring**, anello distanziatore □ (*sport*: *atletica*) **d. runner**, fondista □ (*sport*: *atletica*) **d. running**, il fondo □ (*naut.*) **d. signal**, segnale di lontananza □ **from** (*o* **at**) **a d.**, di lontano □ (*sport* e *fig.*) **to go the d.**, reggere fino alla fine (*o* fino in fondo); compiere l'intero percorso □ **to keep one's d. from sb.**, stare (*o* girare) alla larga da q. □ **to keep sb. at a d.**, mantenere le distanze da q.; tenere q. a distanza; star sulle sue □ (*telef.*) **a long-d. call**, una chiamata interurbana □ (*arte*) **middle d.**, secondo piano (*d'un quadro, d'un paesaggio*) □ **within striking d.**, a portata di mano; (*mil.*) a tiro: **Our troops are not yet within striking d. of the enemy**, le nostre truppe non hanno ancora il nemico a tiro □ **I live within walking d. of the school**, abito abbastanza vicino alla scuola da poterci andare a piedi □ **The school is no d. at all from my house**, la scuola è vicinissima a casa mia (*o* a quattro passi da casa mia) □ **The airport is a great** (*o* **a good**) **d. off**, l'aeroporto è lontanissimo.

to **distance** /ˈdɪstəns/, *v. t.* **1** distanziare; lasciare indietro; staccare: **James Hunt soon distanced all the others**, James Hunt distanziò presto tutti gli altri **2** (*fig.*) allontanare **3** (*arte*) mettere in prospettiva: **This painter knows how to d. his landscape well**, questo pittore sa mettere in giusta prospettiva i suoi paesaggi.

distant /ˈdɪstənt/, *a.* **1** distante; lontano; remoto: **The church is ten miles d.**, la chiesa è lontana (*o* dista) dieci miglia; **a d. relative**, un lontano parente; **a d. sound**, un suono lontano; **a d. resemblance**, una lontana (*o* vaga) somiglianza; **d. ages**, età remote **2** freddo (*fig.*); riservato; altero: **a d. manner**, modi riservati, alteri; **d. politeness**, fredda cortesia **3** assente (*fig.*); distratto. ● **to be... d.**, distare: **Rome is three hundred kilometers d.**, Roma dista trecento kilometri (da qui) □ (*ferr.*) **d. signal**, segnale a distanza □ **to have a d. look in one's eyes**, guardare (*o* fissare lo sguardo) lontano □ **to have a d. view of st.**, vedere q.c. da lontano.

distantly /ˈdɪstəntlɪ/, *avv.* **1** in distanza; di lontano; alla lontana: **He is d. related to the mayor**, è imparentato alla lontana con il sindaco **2** freddamente; con (grande) distacco.

distaste /dɪsˈteɪst/, *n.* antipatia; avversione; ripugnanza: **He has a d. for reading**, ha avversione per la lettura.

distasteful /dɪsˈteɪstfl/, *a.* disgustoso; antipatico; ripugnante. || **-ly,** *avv.* || **-ness,** *sost.*

distemper (**1**) /dɪsˈtɛmpə(r)/, *n.* **1** (*arc.*) disturbo; indisposizione; malattia; male **2** (*vet.*) cimurro (*dei cani*) **3** (*fig., polit.*; *raro*) malessere (sociale); disordine; rivolta; tumulto.

distemper (**2**) /dɪsˈtɛmpə(r)/, *n.* **1** (*edil.*) tinteggiatura (*o* intonaco) a tempera **2** tempera **3** colore stemperato. ● **to paint in d.**, dipingere a tempera.

to **distemper** (**1**) /dɪsˈtɛmpə(r)/, *v. t.* (*arc., salvo il p. p.*) turbare; agitare; fare ammalare: **a distempered fancy**, una fantasia turbata (*o* malata).

to **distemper** (**2**) /dɪsˈtɛmpə(r)/, *v. t.* **1** stemperare (*un colore*) **2** dipingere a tempera **3** (*edil.*) tinteggiare a tempera.

to **distend** /dɪˈstɛnd/, *v. t.* e *i.* (*form.*) dilatare, dilatarsi; gonfiare, gonfiarsi: **to d. a balloon**, gonfiare un pallone aerostatico; **The nostrils of a horse d. when the animal is excited**, le narici del cavallo si dilatano quando l'animale è eccitato. ● **a distended vein**, una vena gonfia.

distensibility /dɪstɛnsəˈbɪlətɪ/, *n.* dilatabilità.

distensible /dɪˈstɛnsəbl/, *a.* dilatabile.

distension, distention /dɪˈstɛnʃn/, *n.* **1** dilatazione; rigonfiamento **2** (*med.*) gonfiore.

distich /ˈdɪstɪk/, *n.* (*poesia*) distico.

distichous /ˈdɪstɪkəs/, *a.* (*biol.*) distico.

to **distil(l)** /dɪˈstɪl/, **A** *v. t.* **1** distillare: **to d. salt water**, distillare l'acqua salata **2** stillare; far gocciolare; essudare **3** (*fig.*) ricavare; riassumere. **B** *v. i.* **1** essudare **2** stillare; gocciolare.

distillable /dɪˈstɪləbl/, *a.* **1** distillabile **2** (*fig.*) ricavabile.

distillate /ˈdɪstɪlət/, (*chim.*) *a.* e *n.* distillato.

distillation /dɪstɪˈleɪʃn/, *n.* **1** distillazione: **Whisky is made by the d. of malt**, il whisky si ottiene distillando il malto **2** (*fig.*) quintessenza; distillato (*fig.*).

distilled /dɪˈstɪld/, *a.* distillato: **d. water**, acqua distillata.

distiller /dɪˈstɪlə(r)/, *n.* distillatore (*anche l'apparecchio*); distillatrice: **a whisky d.**, un distillatore di whisky.

distillery /dɪˈstɪlərɪ/, *n.* distilleria.

distilling /dɪˈstɪlɪŋ/, *n.* distillazione. ● (*chim.*) **d. flask**, pallone per distillazione.

distinct /dɪˈstɪŋkt/, *a.* **1** distinto; chiaro; deciso; netto; spiccato: **a d. sound**, un suono chiaro, distinto; **a d. achievement**, un netto successo; **a d. refusal**, un netto rifiuto **2** separato; distinto; diverso: **two d. opinions**, due opinioni distinte; (*bot., zool.*) **two d. species**, due specie distinte.

distinction /dɪˈstɪŋkʃn/, *n.* **1** distinzione: **He doesn't make any d.**, non fa nessuna distinzione; **without d. of rank**, senza distinzione di grado; **He has little d. of manner**, ha poca distinzione nei modi **2** caratteristica: **The d. of this building is its height**, la caratteristica di questo edificio è l'altezza **3** eccellenza; eminenza; originalità: **Thomas Hardy is a writer of d.**, Thomas Hardy è uno scrittore eminente **4** decorazione; onorificenza; riconoscimento: **The soldier won many distinctions for bravery**, il soldato ebbe molte decorazioni per i suoi atti di valore; **The king conferred a d. on him**, il re gli conferì un'onorificenza. ● **a d. without a difference**, una differenza apparente □ **the distinctions of birth**, le differenze sociali □ **He fought with d.**, combatté valorosamente; si distinse in combattimento.

distinctive /dɪˈstɪŋktɪv/, *a.* **1** distintivo; atto a distinguere **2** caratteristico; peculiare: **Schoolboys at Eton wear a d. uniform**, a Eton gli studenti indossano un'uniforme peculiare. ● **a d. badge**, un (segno) distintivo □ **d. flag**, distintivo (*di una nave*). || **-ly,** *avv.* || **-ness,** *sost.*

distinctly /dɪˈstɪŋ(k)tlɪ/, *avv.* distintamente; chiaramente; nettamente.

distinctness /dɪˈstɪŋktnəs/, *n.* **1** l'essere distinto; chiarezza; nettezza **2** diversità.

to **distinguish** /dɪˈstɪŋgwɪʃ/, **A** *v. t.* distinguere: **I cannot d. them**, non riesco a distinguerli (*o* a vederli); **to d. right from wrong**, distinguere ciò che è giusto da ciò che è ingiusto. **B** *v. i.* distinguere: **to d. between fancy and imagination**, fare distinzione tra fantasia e immaginazione. **C** to **distinguish oneself**, *v. rifl.* distinguersi; farsi onore: **He distinguished himself in action**, si fece onore sul campo di battaglia. ● **to be distinguished**, distinguersi; riconoscersi: **Giraffes are easily distinguished by their long necks**, le giraffe si riconoscono bene per il collo lungo.

distinguishable /dɪˈstɪŋgwɪʃəbl/, *a.* distinguibile.

distinguished /dɪˈstɪŋgwɪʃt/, *a.* **1** distinto; di grande distinzione; famoso; eminente; insigne; di riguardo: **a d. writer**, un insigne scrittore; **a d.-looking man**, un uomo dall'aria distinta; **a d. foreigner**, uno straniero di riguardo; **a d. man of letters**, un letterato eminente **2** onorevole; prestato con onore: **a d. career in the government service**, un'onorevole carriera al servizio del governo; **d. service in the navy**, servizio militare prestato con onore nella marina.

distinguishing /dɪˈstɪŋgwɪʃɪŋ/, *n.* **1** che distingue **2** caratteristico; peculiare; di riconoscimento. ● **d. marks**, segni particolari □ **d. trait**, caratteristica.

to **distort** /dɪˈstɔːt/, *v. t.* **1** distorcere; storcere; stravolgere; deformare; sformare: **His face was distorted with rage**, aveva il viso stravolto dall'ira; **After the crash, the chassis of my car was all distorted**, dopo l'incidente, il telaio della mia auto era tutto deformato **2** (*fig.*) alterare; falsare; travisare: **to d. the truth**, falsare la verità; **You d. the facts**, tu travisi i fatti.

distorted /dɪˈstɔːtɪd/, *a.* **1** distorto; stravolto; deformato **2** alterato; falso; travisato. || **-ly,** *avv.* || **-ness,** *sost.*

distortion /dɪˈstɔːʃn/, *n.* **1** (*elettron., ottica, telef., radio*) distorsione (*dei suoni, delle immagini, ecc.*): **distortions of competition**, distorsioni della concorrenza **2** (*mecc.*) deformazione **3** alterazione (*della verità, ecc.*); travisamento (*dei fatti, ecc.*). ● **a d. of one's features**, un'alterazione del volto; una smorfia.

distortional /dɪˈstɔːʃənl/, *a.* di distorsione; di deformazione.

distortionist /dɪˈstɔːʃənɪst/, *n.* (*arc.*) **1** contorsionista **2** caricaturista.

to **distract** /dɪˈstrækt/, *v. t.* **1** distrarre; distogliere; sviare: **to d. sb.'s attention**, distrarre l'attenzione di q.; **to d. sb.'s mind**, distrarre la mente di q. **2** confondere; infastidire; rendere perplesso; sconcertare; turbare **3** fare impazzire; far diventare matto **4** distrarre; svagare.

distracted /dɪˈstræktɪd/, *a.* **1** confuso; perplesso; sconcertato; turbato: **He is d. between the two things**, è perplesso fra le due cose; **a d. look**, uno sguardo turbato; un aspetto sconcertato **2** pazzo; folle; matto; impazzito: **She was almost d. with grief**, era quasi impazzita per il dolore **3** distratto; svagato. ● **to drive sb. d.**, fare impazzire q. || **-ly,** *avv.* || **-ness,** *sost.*

distracter /dɪˈstræktə(r)/, *n.* **1** chi distrae **2** (*docimologia*) risposta errata (*in un test a risposte multiple*).

distracting /dɪˈstræktɪŋ/, *a.* **1** che distrae; che fa perdere la concentrazione **2** che sconcerta (*o* turba) **3** che distrae (*o* svaga); divertente. || **-ly,** *avv.*

distraction /dɪˈstrækʃn/, *n.* **1** distrazione; disattenzione; mancanza di attenzione *2* distrazione; divertimento; svago: **You won't get many distractions if you are staying in a camp**, se vai in campeggio, non avrai molti svaghi *3* confusione; fastidio; perplessità; turbamento: **Television is a d. when you are studying**, la televisione è un fastidio quando si studia *4* pazzia; follia; frenesia. ● **to drive sb. to d.**, spingere q. alla pazzia □ **to love sb. to d.**, amare q. alla follia.

to **distrain** /dɪ'streɪn/, *v. t.* e *i.* (*leg.*) pignorare; sequestrare: **to d. upon sb.'s goods for rent**, sequestrare i beni di q. per mancato pagamento dell'affitto. ● (*leg.*) **distrained chattels**, beni sequestrati □ (*leg.*) **keeper of distrained goods**, sequestratario.

distrainable /dɪ'streɪnəbl/, *a.* (*leg.*) sequestrabile; pignorabile.

distrainee /dɪstreɪ'niː/, *n.* (*leg.*) debitore pignorato; chi subisce un sequestro.

distrainer /dɪ'streɪnə(r)/, **distrainor** /dɪ's-treɪnə(r)/, *n.* (*leg.*) creditore pignorante; sequestratore; sequestrante.

distraint /dɪ'streɪnt/, *n.* (*leg.*) pignoramento; sequestro.

distrait /dɪ'streɪ/ (*franc.*), *a.* distratto.

distraught /dɪ'strɔːt/, *a.* sconvolto: **d. with grief**, sconvolto dal dolore. ● **d. with worry**, assai turbato (*o* preoccupato).

distress /dɪ'stres/, *n.* *1* angoscia; dolore: **His death was a great d. to me**, la sua morte fu un grande dolore per me *2* bisogno; miseria; indigenza: **There was great d. among the farmers**, c'era grande miseria fra i contadini *3* (*naut.*) pericolo: **a ship in d.**, una nave in pericolo *4* (*leg.*) sequestro; bene sequestrato, beni sequestrati. ● (*naut., radio*) **d. call**, S.O.S.; segnale di richiesta di soccorso □ **d. rocket**, razzo d'allarme (*per segnalare pericolo*) □ **d. sale**, (*leg.*) vendita giudiziaria; (*market.*) vendita al ribasso (*o* sottocosto) □ (*naut.*) **d. signal**, segnale (*bandiera, ecc.*) di soccorso (*o* di pericolo) □ (*leg.*) **d. warrant**, mandato di pignoramento.

to **distress** /dɪ'stres/, *v. t.* *1* angosciare; affliggere; addolorare: **His bitter words distressed the sensitive girl**, le sue parole pungenti afflissero quella sensibile ragazza *2* spossare; stremare; stressare *3* (*leg.*) sequestrare; pignorare.

distressed /dɪ'strest/, *a.* *1* angosciato; afflitto *2* spossato; stremato *3* bisognoso; indigente: **d. families**, famiglie bisognose *4* (*fin.*) in difficoltà: **d. businesses**, aziende in difficoltà (finanziarie) *5* (*naut.*: *di nave*) in pericolo *6* (*leg.*) sequestrato; pignorato. ● **d. areas**, zone disastrate.

distressful /dɪ'stresfl/, *a.* *1* doloroso; angoscioso; penoso *2* (*arc.*) disgraziato; infelice; sventurato.

distressing /dɪ'stresɪŋ/, *a.* doloroso; angoscioso; penoso.

distributable /dɪ'strɪbjuːtəbl, 'dɪs-/, *a.* distribuibile; ripartibile: (*fin., rag.*) **d. profit**, profitto (*o* utile) distribuibile.

distributary /dɪ'strɪbjuːtrɪ, 'dɪs-, *USA* -terɪ/, *n.* (*geogr.*) *1* canale deltizio *2* braccio secondario (*di fiume*).

to **distribute** /dɪ'strɪbjuːt, 'dɪs-, *USA* dɪ'strɪbjət/, *v. t.* *1* distribuire; assegnare; ripartire; spargere: (*fin.*) **to d. dividends**, distribuire i dividendi; **to d. paint over a door**, spargere la vernice su un uscio *2* (*comm.*) distribuire, smistare (*merci, pacchi, ecc.*) *3* (*tipogr.*) scomporre. ● (*fin.*) **to d. profits**, ripartire gli utili □ (*ind. costr.*) **distributed load**, carico ripartito □ (*comm.*) **a distributing centre**, un centro di distribuzione □ (*elettron.*) **distributing frame**, quadro di distribuzione; ripartitore.

distribution /dɪstrɪ'bjuːʃn/, *n.* *1* (*anche econ., fin.*) distribuzione; ripartizione: **the d. of the mail**, la distribuzione della corrispondenza; **the d. of goods**, la distribuzione dei beni; **the d. of profits**, la ripartizione degli utili *2* diffusione: **The oak has a wide d.**, la quercia è una pianta che ha una grande diffusione *3* (*stat.*) distribuzione: **the d. of population**, la distribuzione della popolazione *4* (*market.*) distribuzione (*delle merci*): **d. costs**, costi di distribuzione *5* (*leg.*) divisione (*del patrimonio: nelle successioni*) *6* (*leg.*) ripartizione (*dell'attivo di un fallito*) *7* (*tipogr.*) scomposizione. ● (*econ.*) **d. services**, servizi della distribuzione □ (*elettr.*) **d. switchboard**, quadro di distribuzione □ (*econ.*) **d. system**, sistema distributivo.

distributional /dɪstrɪ'bjuːʃənl/, *a.* (*ling.*) distribuzionale: **d. analysis**, analisi distribuzionale.

distributive /dɪ'strɪbjʊtɪv, 'dɪs-, *USA* dɪ'strɪbjə-/, **A** *a.* distributivo; della distributività: (*ind.*) **d. bargaining**, contrattazione distributiva; (*mat.*) **d. law**, legge della distributività; (*mat.*) **d. property**, proprietà distributiva; (*econ.*) **d. justice**, giustizia distributiva. **B** *n.* (*ling.*) aggettivo (*o* pronome) distributivo. ● (*econ.*) **d. costs**, costi di distribuzione □ (*leg., fin.*) **d. share**, quota di una distribuzione (*o* ripartizione; *V.* **distribution,** *def.* *5* e *6*) □ (*econ.*) **the d. trades**, il settore della distribuzione.

distributivity /dɪstrɪbjʊ'tɪvətɪ, *USA* -bjə-/, *n.* (*mat.*) distributività.

distributor /dɪ'strɪbjʊtə(r), 'dɪs-, *USA* dɪ'strɪbjə-/, *n.* *1* (*anche market.*) distributore: **exclusive d.**, distributore esclusivo; concessionario; **d. discount**, sconto per i distributori *2* (*tipogr.*) scompositore *3* (*elettr.*) distributore *4* (*elettr., autom.*) spinterogeno; distributore (d'accensione): **d. cap**, calotta dello spinterogeno; **d. points**, puntine (*o* contatti) dello spinterogeno. ● (*elettr., autom.*) **d. rotor arm**, spazzola del distributore.

district /'dɪstrɪkt/, *n.* *1* distretto (*anche leg.*); circoscrizione; circondario: **postal d.**, distretto postale; **school d.**, distretto scolastico *2* regione; territorio; zona: **a farming d.**, una regione agricola; **the Lake D.**, la regione dei laghi del Cumberland (*in Inghil.*) *3* quartiere (*d'una città*): **the business d.**, il quartiere commerciale, degli affari; **the Italian d.**, il quartiere italiano *4* (*in U.S.A.*) circoscrizione elettorale o giudiziaria: (*leg.*) **D. Court**, corte distrettuale federale; **d. judge**, giudice distrettuale. ● (*leg., USA*) **d. attorney**, procuratore distrettuale □ (*in G.B.*) **d. council**, consiglio distrettuale □ (*tecn.*) **d. heating**, riscaldamento centralizzato (*per un gruppo di case*) □ (*ferr.*) **D. Line**, una delle linee della sotterranea di Londra □ (*comm.*) **d. manager**, direttore di zona □ **d. nurse**, assistente sanitario (*o* sanitaria) di un quartiere □ **d. visitor**, visitatore (*o* visitatrice) di malati e bisognosi (*a domicilio*) □ **rural districts**, distretti rurali (*in cui è divisa la contea inglese*) □ **town d.**, distretto urbano (*in cui si divide la città*).

to **district** /'dɪstrɪkt/, *v. t.* *1* dividere in distretti *2* (*USA*) dividere in circoscrizioni (*elettorali o giudiziarie*).

distrust /dɪs'trʌst/, *n.* sfiducia; diffidenza; sospetto.

to **distrust** /dɪs'trʌst/, *v. t.* diffidare di; non aver fiducia in; sospettare. ● **to d. one's eyes**, non credere ai propri occhi.

distrustful /dɪs'trʌstfl/, *a.* diffidente; sospettoso. || **-ly**, *avv.* || **-ness**, *sost.*

to **disturb** /dɪ'stɜːb/, *v. t.* *1* disturbare; turbare: **Don't d. yourself for me**, non disturbarti per me; (*leg.*) **to d. the peace**, turbare l'ordine pubblico *2* mettere in disordine; buttare all'aria; scompigliare *3* (*radio, TV*) disturbare.

disturbance /dɪ'stɜːbəns/, *n.* *1* disturbo; incomodo; turbamento *2* agitazione; confusione; disordine; scompiglio; tumulto: **Don't make so much d. about a little thing**, non metterti in tanta agitazione per un nonnulla; **Political disturbances are common nowadays**, le agitazioni (di carattere politico) sono comuni oggigiorno *3* (*leg.*) turbativa: **d. of possession**, turbativa di possesso *4* (*meteor.* e *fig.*) perturbazione: **a d. of the economic balance**, una perturbazione dell'equilibrio economico *5* (*radio, TV*) disturbo. ● (*leg.*) **to cause a d.**, turbare l'ordine pubblico (*o* la quiete pubblica).

disturbed /dɪ'stɜːbd/, *a.* *1* disturbato *2* (*psic.*) affetto da turbe psichiche.

disturber /dɪ'stɜːbə(r)/, *n.* disturbatore, disturbatrice. ● (*leg.*) **d. of the peace**, disturbatore dell'ordine pubblico (*o* della quiete pubblica).

distyle /'dɪstaɪl/, *a.* (*archit.*) distilo.

disulphate /daɪ'sʌlfeɪt/, *n.* (*chim.*) disolfato.

disulphide /daɪ'sʌlfaɪd/, *n.* (*chim.*) disolfuro.

disunion /dɪs'juːnɪən/, *n.* disunione; separazione; discordia.

to **disunite** /dɪsjuː'naɪt/, **A** *v. t.* disunire; separare. **B** *v. i.* disunirsi; separarsi; staccarsi.

disuse /dɪs'juːs/, *n.* disuso; mancanza d'uso: **This word has fallen into d.**, questa parola è caduta in disuso; **The machinery has become rusty from d.**, il macchinario s'è arrugginito per mancanza d'uso. ● **The mine has fallen into d.**, la miniera è stata abbandonata.

to **disuse** /dɪs'juːz/, *v. t.* disusare; smettere d'usare.

disused /dɪs'juːzd/, *a.* in disuso. ● **a d. mine**, una miniera abbandonata.

disutility /dɪsjuː'tɪlətɪ/, *n.* (*econ.*) disutilità.

disyllabic /daɪsɪ'læbɪk, dɪ-/, **disyllable** /daɪ'sɪləbl, dɪ-/, *V.* **dissyllabic, dissyllable**.

ditch /dɪtʃ/, *n.* *1* fossa; fosso; fossato *2* (= **drainage d.**); canale di scolo: **excavators for digging drainage ditches**, escavatrici per la costruzione di canali di scolo *3* (*mil.*) fosso; trincea: **anti-tank d.**, fosso anticarro *4* (*costr. stradali*) cunetta: **d. check**, aletta di cunetta. ● (*fam.*) **the D.**, (*gergo aeron.*) la Manica; (*anche*) il Mare del Nord; (*USA*) il Canale di Panama □ (*bot.*) **d.-moss** (*Elodea canadensis*), elodea; peste d'acqua □ **d.-water**, acqua stagnante (*o* di fosso) □ (*fig.*) **to be as dull as d.-water**, essere noioso da morire; far morire di noia □ **a last-d. effort**, un tentativo disperato □ **to die in the last d.**, morire sull'ultima trincea; (*fig.*) difendersi disperatamente □ (*fam. USA*) **to leave sb. in the d.**, piantare in asso q.; lasciare q. nelle peste.

to **ditch** /dɪtʃ/, *v. t.* e *i.* *1* scavare fossi (*o* canali di scolo) *2* provvedere di fossi (*o* canali di scolo); prosciugare *3* mandare (*o* buttare) in un fosso: **He ditched his car while learning to drive**, mandò l'automobile nel fosso mentre imparava a guidare *4* (*fam.*) abbandonare; lasciare; mollare, piantare (*fig. fam.*) *5* (*gergo aeron.*) fare un ammaraggio di fortuna *6* (*fam. USA*) evitare, scansare, superare (*una fila d'automobili, ecc.*) *7* (*fam. USA*) far deragliare (*un treno*).

ditcher /'dɪtʃə(r)/, *n.* *1* scavatore; sterratore *2* (*agric., mecc.*) scavafossi; escavatrice per fossi.

ditching /'dɪtʃɪŋ/, *n.* *1* scavo di fossi *2* (*gergo aeron.*) ammaraggio di fortuna.

ditheism /'daɪθiːɪzəm/, *n.* (*relig.*) diteismo.

dither /'dɪðə(r)/, *n.* *1* tremito *2* (*fam.*) agitazione; eccitazione. ● (*fam.*) **to be all in a d. about st.**, essere agitatissimo per q.c.

to **dither** /'dɪðə(r)/, *v. i.* *1* tremare *2* esitare; titubare *3* (*fam.*) agitarsi; essere eccitato.

dithionate /daɪ'θaɪənaɪt/, *n.* (*chim.*) ditionato.

dithionic /daɪθaɪ'ɒnɪk/, *a.* (*chim.*) ditionico.

dithyramb /'dɪθɪræm, -mb/, *n.* (*poesia* e *fig.*) ditirambo.

dithyrambic /dɪθɪ'ræmbɪk/, *a.* ditirambico.

dittany /'dɪtənɪ/, *n.* (*bot.*) *1* (*Origanum dictamnus*) dittamo cretico *2* (*Dictamnus albus*) dittamo; frassinella.

ditto /'dɪtəʊ/, **A** *a.* e *n.* (*comm.*) idem; medesimo; predetto; suddetto (*nelle fatture, negli inventari, ecc.*): **a d. copy**, una copia del medesimo. **B** *avv.* *1* (*comm.*) come sopra *2* (*fam.*) nello stesso modo. ● **d. marks**, segno di ripetizione; virgolette □ (*fam.*) **to say d. to**

st., dichiararsi d'accordo su q.c.

dittography /dɪ'tɒgrəfɪ/, *n.* (*ling.*) dittografia.

dittology /dɪ'tɒlədʒɪ/, *n.* (*ling.*) dittologia.

ditty /'dɪtɪ/, *n.* (*poet.*) canzoncina; arietta (*parole e musica*).

ditty-bag /'dɪtɪbæg/, **ditty-box** /'dɪtɪbɒks/, *n.* borsetta (*o* cassettina) usata da marinai per articoli da toeletta, ago e filo, ecc.

diuresis /daɪjʊə'ri:sɪs/, *n.* (*pl.* **diureses**) (*med.*) diuresi.

diuretic /daɪjʊə'rɛtɪk/, *a.* e *n.* (*farm.*) diuretico.

diurnal /daɪ'ɜ:nl/, **A** *a.* (*astron., zool.*) diurno. **B** *n.* (*relig.*) diurno (*libro delle ore canoniche*).

div /dɪv/, *n.* (*abbr. fam.*) **1** (*fin.*) dividendo **2** (*mil.*) divisione.

to **divagate** /'daɪvəgeɪt/, *v. i.* divagare; fare una digressione.

divagation /daɪvə'geɪʃn, dɪ-/, *n.* divagazione; digressione.

divalent /daɪ'veɪlənt/, *a.* (*chim.*) bivalente.

divan /dɪ'væn, daɪ-, -'vɑ:n, 'daɪvæn/, *n.* **1** divano **2** (= **d. bed**) divano letto **3** (*un tempo*) sala per fumatori **4** (*stor., in Medio Oriente*) divano **5** (*stor., letter.*) divano.

divaricate /daɪ'værɪkeɪt, dɪ-/, *a.* (*bot., zool.*) divergente; divaricato.

to **divaricate** /daɪ'værɪkeɪt, dɪ-/, **A** *v. i.* (*di strade, ecc.*) divergere, diramarsi; (*di rami*) biforcarsi. **B** *v. t.* divaricare (*le dita, le gambe*).

divarication /daɪværɪ'keɪʃn, dɪ-/, *n.* **1** diramazione; biforcazione **2** divaricamento; divaricazione **3** (*form.*) divergenza (*di pareri*).

dive /daɪv/, *n.* **1** tuffo: **to take a d.**, fare un tuffo **2** (*aeron.*) picchiata **3** (*naut.*) immersione (*d'un sottomarino*) **4** taverna (*d'albergo o ristorante*): **an oyster d.**, una taverna dove si vendono ostriche **5** (*fam.*) bettola; bisca; taverna; bordello **6** (*pop., boxe*) incontro truccato: **to take a d.**, accettare un incontro truccato; gettarsi a terra fingendo un K.O. ● **d.-bomber**, bombardiere da bombardamento in picchiata □ **d.-bombing**, bombardamento in picchiata □ (*di sommergibile*) **crash d.**, immersione rapida □ (*aeron.*) **nose-d.**, affondata; (picchiata in) candela □ **quick-d. tank**, cassa di rapida immersione.

to **dive** /daɪv/, **A** *v. i.* **1** tuffarsi; fare tuffi; immergersi (*anche fig.*); gettarsi a terra, buttarsi a capofitto: **to d. for pearls**, tuffarsi in cerca di perle; **The submarine suddenly dived**, il sottomarino s'immerse improvvisamente; **to d. into the study of a subject**, immergersi nello studio d'una disciplina; **When the first shell burst, we dived for cover**, quando scoppiò la prima granata, ci gettammo tutti a terra in cerca di riparo **2** (*aeron.*) discendere in picchiata; fare una picchiata: **The plane dived and dropped its bombs**, l'aeroplano discese in picchiata e sganciò le bombe **3** affondare, cacciare la mano (*in tasca, ecc.*) **4** (*fig.*) penetrare: **to d. into the heart of the matter**, penetrare nel vivo della questione **5** dileguarsi; scomparire. **B** *v. t.* tuffare, mettere (*la mano, la testa, dentro q.c.*): **He dived his head into the water**, tuffò il capo nell'acqua. ● (*fam.*) **to d. for st.**, precipitarsi a prendere q.c. □ (*fam.*) **to d. in**, buttarsi a pesce (*a mangiare, ecc.*).

to **dive-bomb** /'daɪvbɒm/, *v. t.* (*aeron., mil.*) bombardare in picchiata.

diver /'daɪvə(r)/, *n.* **1** chi si tuffa; tuffatore: **He is a clever d.**, è un bravo tuffatore **2** palombaro; sommozzatore **3** (*zool., Colymbus ruficollis*) tuffetto **4** (*zool., Gavia*) strolaga: **great northern d.** (*Gavia immer*), strolaga maggiore. ● **deep-sea d.**, palombaro di grande profondità □ **shallow-water d.**, sommozzatore.

to **diverge** /daɪ'vɜ:dʒ, dɪ-/, **A** *v. i.* divergere; differire: **On this point their opinions d.**, su questo punto le loro opinioni divergono. **B** *v. t.* far divergere, deflettere. ● **to d. from a track**, deviare da un sentiero.

divergence /daɪ'vɜ:dʒəns, dɪ-/, **divergency** /daɪ'vɜ:dʒənsɪ, dɪ-/, *n.* **1** divergenza; differenza; disparità; deviazione **2** (*mat.*) divergenza.

divergent /daɪ'vɜ:dʒənt, dɪ-/, *a.* divergente; differente.

divers /'daɪvəz/, *a.* e *pron. pl.* (*arc. o scherz.*) diversi; vari; parecchi.

diverse /daɪ'vɜ:s, dɪ-/, *a.* diverso; differente; vario. ‖ **-ly**, *avv.* ‖ **-ness**, *sost.*

diversification /daɪvɜ:sɪfɪ'keɪʃn, dɪ-/, *n.* **1** (*anche econ.*) diversificazione: **the d. of products**, la diversificazione dei prodotti **2** (*Borsa, fin.*) differenziazione (*di portafoglio, ecc.*) **3** (*market.*) diversificazione (*dei mercati*).

diversified /daɪ'vɜ:sɪfaɪd, dɪ-/, *a.* (*fin.*) differenziato: **d. investment fund**, fondo d'investimento a portafoglio differenziato. ● (*fin.*) **d. portfolio**, portafoglio differenziato; giardinetto (*fam.*).

to **diversify** /daɪ'vɜ:sɪfaɪ, dɪ-/, **A** *v. t.* **1** diversificare (*anche econ.*); rendere diverso; variare **2** (*comm., fin.*) differenziare (*investimenti, ecc.*). **B** *v. i.* (*anche econ.*) diversificarsi.

diversion /daɪ'vɜ:ʃn, dɪ-, *USA* -ʒn/, *n.* **1** diversione **2** deviazione (*anche fig.*): **road d. ahead**, deviazione stradale (*cartello*); **the d. of a river**, la deviazione del corso di un fiume; (*autom.*) **traffic d.**, deviazione del traffico; (*market.*) **diversions of trade**, deviazioni dei traffici **3** (*arc.*) divertimento; passatempo; diversivo; svago **4** (*aeron., naut.*) dirottamento (*per la nebbia, ecc.*) **5** (*econ.*) dirottamento: **the d. of demand**, il dirottamento della domanda (*su altri beni*) **6** (*leg., fin.*) storno; distrazione: **d. of public funds**, storno di fondi pubblici; **d. of profits**, distrazione degli utili **7** (*mil.*) diversione; (*anche*) diversivo tattico **8** (*elab.*) trasferimento (*di una chiamata*). ● (*ind. costr.*) **d. gate**, paratoia deviatrice.

diversionary /daɪ'vɜ:ʃənrɪ, dɪ-, *USA* -ʒənerɪ/, *a.* (*anche mil.*) diversivo: **d. operation**, azione diversiva.

diversity /daɪ'vɜ:sətɪ, dɪ-/, *n.* diversità; differenza; varietà.

to **divert** /daɪ'vɜ:t, dɪ-/, *v. t.* **1** deviare; deflettere; stornare: **to d. water from a river into the paddies**, deviare acqua da un fiume (e immetterla) nelle risaie; **to d. the course of a river**, deviare il corso d'un fiume **2** distrarre, distogliere (*l'attenzione, ecc.*); (*arc.*) divertire (*lett.*): **Children are easily diverted**, è facile distrarre (*o* divertire) i bambini **3** (*autom., aeron., naut.*) dirottare; far deviare: **to d. traffic**, dirottare il traffico; (*aeron*: *per la nebbia e sim.*) **to divert flight N° 306**, dirottare il volo numero 306 **4** (*econ.*) dirottare (*la domanda di beni, ecc.*) **5** (*leg., fin.*) distrarre; stornare: **to d. public funds to one's own use**, distrarre fondi pubblici per uso personale **6** (*elab.*) trasferire (*una chiamata*). ● **to d. calamity from sb.'s head**, stornare un pericolo da q. □ (*autom.*) **diverted traffic**, deviazione (del traffico) (*cartello*).

diverter /daɪ'vɜ:tə(r), dɪ-/, *n.* **1** chi devia, distrae, storna, ecc. (*V.* **to divert**) **2** (*elettr.*) resistore (*o* riduttore) di campo.

diverticulitis /daɪvətɪkjʊ'laɪtɪs/, *n.* (*med.*) diverticolite.

diverticulosis /daɪvətɪkjʊ'ləʊsɪs/, *n.* (*med.*) diverticolosi.

diverticulum /daɪvə'tɪkjʊləm/, *n.* (*pl.* **diverticula**) (*anat.*) diverticolo.

divertimento /dɪvɜ:tɪ'mentəʊ/ (*ital.*), *n.* (*pl.* **divertimenti**) (*mus.*) divertimento; intermezzo.

diverting /daɪ'vɜ:tɪŋ/, *a.* divertente: **a d. play**, una commedia divertente.

divertissement /di:veə'ti:smɒŋ, *USA* dɪ-'vɜ:tɪsmənt/ (*franc.*), *n.* **1** distrazione; divertimento **2** divertimento; intermezzo (*eseguito negli intervalli d'un dramma o di un'opera*).

Dives /'daɪvi:z/, *n.* **1** (*Bibbia*) il ricco Epulone **2** (*fig.*) ricco epulone; riccone.

to **divest** /daɪ'vest/, **A** *v. t.* **1** (*form.*) svestire; spogliare **2** (*leg.*) spossessare; privare (*di un diritto, di un potere*): **The officer was divested of his rank**, l'ufficiale fu privato del grado. **B** to **divest oneself**, *v. rifl.* sbarazzarsi, liberarsi (*di q.c.*); abbandonare, cedere (q.c.); (*econ., fin.*) dismettere (*partecipazioni azionarie, società, ecc.*).

divesting /daɪ'vestɪŋ/, *n.* **1** (*leg.*) privazione (*di poteri o diritti*) **2** (*bot.*) biforcuto.

divestiture /daɪ'vestʃə(r)/, **divestment** /daɪ'vestmənt/, *n.* **1** spoliazione; privazione **2** (*econ., fin.*) dismissione; disimpegno; disinvestimento parziale; realizzo di parte dell'attivo.

divi /'dɪvɪ/, *V.* **divvy**.

dividable /dɪ'vaɪdəbl/, *a.* divisibile.

divide /dɪ'vaɪd/, *n.* **1** (*geogr.*) spartiacque **2** (*fig.*) linea di demarcazione; ciò che differenzia (*due cose*).

to **divide** /dɪ'vaɪd/, **A** *v. t.* **1** dividere; separare; ripartire; spartire; distribuire: **to d. in half**, dividere a metà; **to d. 20 by 4**, dividere 20 per 4; **15 divided by 3 is 5**, 15 diviso 3 fa 5; **The mountains d. us**, le montagne ci separano; **He divides his hair in the middle**, spartisce i capelli (*o* porta la scriminatura) nel mezzo; **I d. my spare time between my wife and my mother**, distribuisco il tempo libero fra mia moglie e mia madre **2** (*mat.*: *di un numero*) essere divisore di (*un altro*): **4 divides 20**, il quattro è un divisore del venti. **B** *v. i.* **1** dividersi; separarsi; ripartirsi: **The Po divides at its mouth**, il Po si divide alla foce **2** (*mat.*: *di un numero*) essere divisibile: **114 divides by 6**, 114 è divisibile per 6 **3** (*di pareri*) divergere **4** (*polit., in G.B.*: *del parlamento*) dividersi (in due gruppi opposti) per votare; votare per divisione. ● **to d. off**, separare □ **to d. up**, dividere; ripartire; distribuire.

divided /dɪ'vaɪdɪd/, *a.* **1** diviso **2** (*bot.*) biforcuto. ● **d. account**, (*banca*) conto separato; (*rag.*) sottoconto elementare □ (*autom., USA*) **d. highway**, strada a due corsie (*con spartitraffico*) □ (*leg.*) **d. interests**, interessi divisi (*non in comunione*) □ (*fin.*) **d. payments**, pagamenti rateali □ (*moda*) **d. skirt**, gonna pantalone. ● **opinions are d.**, i pareri sono discordi.

dividend /'dɪvɪdend/, *n.* **1** (*mat.*) dividendo **2** (*fin., ass.*) dividendo: **Our company has declared a d. of 5%**, la nostra società ha dichiarato un dividendo del 5%; **to pay dividends**, (*fin.*) pagare i dividendi; (*fig.*) rivelarsi fruttuoso, procurare vantaggi **3** (*al personale*) gratifica; bonus **4** (*market.*) buono; omaggio. ● (*fin.*) **d.-bearing securities**, titoli a reddito variabile; azioni □ (*fin.*) **d. coupon**, cedola □ (*fin.*) **d. cover**, rapporto utili/dividendi (*di una società*) □ (*fin., fisc.*) **d. income**, reddito da dividendi □ (*fin.*) **d. mandate**, delega per la riscossione dei dividendi □ (*fin., USA*: *di titolo*) **d. off**, senza cedola, secco □ (*fin., USA*) **d. on**, con cedola, con dividendo □ (*fin.*) **«d. payable»**, «godimento» (*a una certa data*) □ (*fin.*) **d. / price ratio**, rapporto prezzo / dividendo □ (*fin.*) **d. stripping**, distribuzione di utili (*agli azionisti*) con elusione fiscale □ (*fisc.*) **d. tax**, cedolare □ (*fin.*) **d. warrant**, mandato di pagamento di dividendi (*assegno inviato all'azionista*) □ (*fin.*) **d. yield**, tasso di rendimento azionario.

divider /dɪ'vaɪdə(r)/, *n.* **1** chi divide, ripartisce, ecc. (*V.* **to divide**) **2** (*elettr.*) divisore; ripartitore; partitore: **power d.**, divisore di potenza; **voltage d.**, partitore di tensione **3** (*elettron.*) divisore: **frequency d.**, divisore di frequenza **4** (*pl.*) compasso a punte fisse **5** (*autom., USA*) spartitraffico.

dividing /dɪ'vaɪdɪŋ/, *a.* di divisione; divisorio: (*edil.*) **d. wall**, muro divisorio. ● **d. line**, linea di demarcazione; ciò che distingue (*o* differenzia) □ (*stat.*) **d. value**, valore divisorio.

dividual /dɪ'vɪdjʊəl, *USA* -dʒʊəl/, *a.* **1** diviso; distinto **2** divisibile; separabile.

divination /dɪvɪ'neɪʃn/, *n.* **1** divinazione; predizione; profezia **2** (*fig.*) intuizione; acume.

divinatory /dɪˈvɪnətrɪ, *USA* -tɔːrɪ/, *a.* divinatorio.

divine /dɪˈvaɪn/, **A** *a.* **1** divino (*anche fig.*): **He was king by d. right**, era re per diritto divino; **the d. Shakespeare**, il divino Shakespeare **2** (*fam.*) perfetto; magnifico; splendido: **d. weather**, tempo magnifico; **a d. dress**, un abito splendido. **B** *n.* (*arc.*) **1** teologo **2** sacerdote; ecclesiastico. ● **d. service**, servizio religioso, funzione sacra (*nelle chiese protestanti*). || **-ly**, *avv.* || **-ness**, *sost.*

to **divine** /dɪˈvaɪn/, *v. t.* e *i.* (*raro*) divinare; predire; presagire; indovinare: **to d. sb.'s intentions**, indovinare le intenzioni di q. ● **to d. water**, scoprire l'acqua (*con la bacchetta del rabdomante*); fare il rabdomante.

diviner /dɪˈvaɪnə(r)/, *n.* **1** divinatore; indovino **2** (= **water d.**) rabdomante.

diving /ˈdaɪvɪŋ/, *n.* **1** (*anche naut.*) immersione **2** il tuffarsi; tuffo **3** (*sport*) il tuffo; le gare di tuffi **4** (*aeron.*) picchiata. ● **d. apparatus**, attrezzature per sommozzatori □ **d. bell**, campana subacquea □ (*zool.*) **d. bird**, uccello tuffatore □ **d.-board**, trampolino □ **d. dress**, scafandro da palombaro □ (*sport*) **d. equipment**, attrezzature per subacquei □ **d. mask**, maschera subacquea (*o* da sub) □ (*naut.*) **d. rudder**, timone di profondità (*di sommergibile*) □ **d. school**, scuola per subacquei □ **d. suit**, *V.* **d. dress.**

divining /dɪˈvaɪnɪŋ/, *n.* **1** divinazione; il presagire **2** rabdomanzia. ● **d. rod**, bacchetta da rabdomante.

divinity /dɪˈvɪnətɪ/, *n.* **1** divinità: **the D.**, la divinità (Dio) **2** teologia: **doctor of d.**, dottore in teologia.

divinization /dɪvɪnaɪˈzeɪʃn, *USA* -nɪˈz-/, *n.* deificazione; divinizzazione.

to **divinize** /ˈdɪvɪnaɪz/, *v. t.* divinizzare; deificare.

divisibility /dɪvɪzəˈbɪlətɪ/, *n.* (*anche mat.*) divisibilità.

divisible /dɪˈvɪzəbl/, *a.* (*anche mat.*) divisibile. ● (*leg.*) **d. contract**, contratto a esecuzione periodica (*che prevede una serie di prestazioni*) □ (*fin.*) **d. profits**, utili ripartibili.

division /dɪˈvɪʒn/, *n.* **1** (*anche mat.*) divisione; ripartizione: (*polit.*) **the d. of powers**, la divisione dei poteri; (*econ.*) **the d. of labour**, la divisione del lavoro; (*fin.*) **the d. of profits**, la ripartizione degli utili **2** divisione degli animi; disaccordo; discordia; disunione: **He stirred up divisions in his family**, egli suscitò discordia nella sua famiglia **3** (*filos.*) classificazione; distinzione **4** linea di divisione; confine **5** (*polit., in G.B.*) votazione per divisione (*dei parlamentari alla Camera dei Comuni: in due gruppi*); conta dei voti: **to come to a d.**, passare alla votazione per divisione; **The bill was passed without a d.**, il progetto di legge fu approvato senza dover ricorrere alla conta dei voti (*cioè, a grande maggioranza o all'unanimità*) **6** (*mil.*) divisione: **an armoured d.**, una divisione corazzata **7** (*USA*) divisione (*in un ministero*) **8** (*org. az.*) settore; servizio; sezione; reparto: **the sales d. of a firm**, il reparto vendite di una ditta **9** (*sport: calcio, ecc.*) divisione, serie; (*boxe*) categoria. ● (*polit.*) **d. bell**, campanello che annuncia una votazione per divisione □ (*fin.*) **d. into instalments**, rateizzazione □ (*polit.*) **d. lobby**, corridoio (*o* vestibolo) per le votazioni per divisione (*ve ne sono due ai Comuni*) □ (*ass., naut.*) **d. of loss**, ripartizione della colpa e del danno □ (*polit.*) **to force a d.**, imporre una votazione (*ai Comuni*).

divisional /dɪˈvɪʒənl/, *a.* **1** (*specialm. mil.*) divisionale **2** (*mat., fin.*) divisionario; divisionale: **d. coins**, monete divisionarie.

divisionism /dɪˈvɪʒənɪzəm/, *n.* (*pitt.*) divisionismo.

divisionist /dɪˈvɪʒənɪst/, (*pitt.*) **A** *n.* divisionista. **B** *a.* divisionistico.

divisor /dɪˈvaɪzə(r)/, *n.* (*mat.*) divisore.

divorce /dɪˈvɔːs/, *n.* **1** (*leg.*) divorzio; (*per estens.*) annullamento di matrimonio: **d. by consent**, divorzio consensuale; (*stat.*) **d. rate**, indice di frequenza dei divorzi **2** (*fig.*) separazione; dissidio: **the d. between management and labour**, il dissidio fra la dirigenza e la manodopera.

to **divorce** /dɪˈvɔːs/, **A** *v. t.* **1** (*leg.*) accordare il divorzio a (q.): **The judge divorced Mr and Mrs Johnson**, il giudice accordò il divorzio ai coniugi Johnson **2** divorziare da: **He divorced his first wife**, divorziò dalla prima moglie **3** (*fig.*) separare; tener separato; scindere: **You can't d. honesty from truth**, non puoi separare l'onestà dalla verità. **B** *v. i.* divorziare; ottenere il divorzio. ● (*di marito e moglie*) **to be divorced**, divorziare.

divorcé /dɪvɔːˈsiː, *USA* -ˈseɪ/ (*franc.*), *n.* divorziato.

divorcée /dɪvɔːˈsiː, *USA* -ˈseɪ/ (*franc.*), *n.* divorziata.

divorcee /dɪvɔːˈsiː, *USA* -ˈseɪ/, *n.* divorziato, divorziata.

divorcement /dɪˈvɔːsmənt/, *n.* **1** (*raro*) divorzio **2** (*fig.*) separazione.

divorcer /dɪˈvɔːsə(r)/, *n.* divorziante.

divot /ˈdɪvət/, *n.* (*golf*) zolla di terra erbosa (*sollevata per un errore di tiro*).

divulgation /daɪvʌlˈgeɪʃn/, *n.* divulgazione.

to **divulge** /daɪˈvʌldʒ/, *v. t.* divulgare; palesare; rivelare a tutti.

divulgement /daɪˈvʌldʒmənt/, **divulgence** /daɪˈvʌldʒəns/, *n.* divulgamento; divulgazione.

divulsion /daɪˈvʌlʃn/, *n.* (*med.*) divulsione.

divulsor /daɪˈvʌlsə(r)/, *n.* (*med.*) divulsore.

divvy /ˈdɪvɪ/, *n.* **1** (*fin., fam.*) dividendo **2** (*pop. USA*) parte del profitto (*o* del bottino).

to **divvy** /ˈdɪvɪ/, (*pop. USA*) (*spesso* **to d. up**) **A** *v. t.* dividere; spartire (*il bottino, ecc.*). **B** *v. i.* **1** fare le parti **2** dividersi; separarsi.

dixie, dixy /ˈdɪksɪ/, *n.* (*gergo mil.*) marmitta; pentolone.

Dixie /ˈdɪksɪ/, *n.* (*USA*) gli Stati del Sud. ● (*mus.*) **D. jazz**, jazz tradizionale (del Sud); dixieland.

Dixieland /ˈdɪksɪlænd/, *n.* (*USA*) gli Stati del Sud.

dixieland /ˈdɪksɪlænd/, *n.* (*mus.*) dixieland.

D.I.Y. /diːaɪˈwaɪ, ˈduːɪtʃəˈself/, *n.* (*acronimo di* **do-it-yourself**) fai da te; bricolage: **a D.I.Y. store**, un negozio di articoli di bricolage.

dizygotic /daɪzaɪˈgɒtɪk/, *a.* (*biol.*) dizigotico; biovulare.

dizzily /ˈdɪzəlɪ/, *avv.* vertiginosamente; in modo da far girare la testa.

dizziness /ˈdɪzɪnəs/, *n.* vertigini (*pl.*); capogiro.

dizzy /ˈdɪzɪ/, *a.* **1** che ha le vertigini; confuso; stordito: **to feel d.**, avere le vertigini (*o* il capogiro); **to have a d. feeling**, avere un senso di vertigine **2** vertiginoso: **a d. height**, un'altezza vertiginosa **3** (*fig.*) confuso; sconcertato **4** (*fam.*) stupido; sciocco; scervellato **5** (*fam. USA*) eccentrico; strambo; pazzo. ● **to have a d. spell**, avere un giramento di testa □ **to make sb. d.**, far venire le vertigini a q.

to **dizzy** /ˈdɪzɪ/, *v. t.* far venire il capogiro a (q.); stordire.

djinn /dʒɪn/, *n.* (*pl.* **djinns, djinn**) (*mitol.*) ginn; genietto.

DNA /diːenˈeɪ/, *n.* (*biol.*) DNA; acido deossiribonucleico; acido desossiribonucleico.

do (1) /duː, dʊ, də, dɪ, d/, *n.* (*pl.* **dos, do's**) **1** (*fam.*) imbroglio; inganno; fregatura, fregata (*pop.*) **2** (*fam.*) festa; ricevimento; trattenimento: **There is a big do on at Tom's**, c'è una gran festa (si stanno divertendo da matti) da Tom **3** (*pl.*) cose da farsi: **the do's and don'ts**, ciò che si può (*o* si deve) fare e ciò che non si può (*o* non si deve) fare; i comandamenti, le regole; **the do's and don'ts of motorway driving**, le regole della guida in autostrada **4** (*pl.*) parti; porzioni: **fair do's!**, (bisogna fare le) parti giuste!

do (2) /dəʊ/, *n.* (*pl.* **dos, do's**) (*mus.*) do (*nota*).

to **do** /duː/ (*pass.* **did**, *p. p.* **done**; *3ª pers. indic.* **does**, *congiunt. USA o arc. e poet.* **do**), **A** *v. t.* **1** fare; compiere; eseguire; portare a termine; causare; provocare; procurare; (*cinem., teatr.*) fare la parte di: **to do one's duty**, fare il proprio dovere; **to do a deed**, compiere un'azione; portare a termine un'impresa; **to do a sum**, fare una somma; **to do division**, fare le divisioni (*a scuola*); **to do French and German**, fare (*o* studiare) francese e tedesco; **What do you usually do?**, che cosa fai di solito?; **What are you doing now?**, che stai facendo ora?; **What does he do (for a living)?**, che cosa fa (che mestiere fa)?; **He couldn't do the problem**, non riuscì a fare il problema; **to do the planning**, fare la progettazione; **Do you do bus tickets, too?**, fate (*o* vendete) anche i biglietti per l'autobus?; **The express was doing ninety miles an hour**, l'espresso faceva novanta miglia all'ora; **We did the journey in two days**, facemmo il viaggio in due giorni; **I have done three copies of the letter**, ho fatto tre copie della lettera; **These pills will do you a lot of good**, queste pillole ti faranno proprio bene; **Living in a big town has done a lot of harm to my health**, vivere in una grande città ha fatto molto male alla mia salute; **Leslie Howard did Pygmalion wonderfully**, Leslie Howard fece la parte di Pigmalione divinamente **2** (*fam., tur.*) visitare; fare (*fam.*): **Have you done London yet?**, hai già visitato Londra?; **We did France in two months**, visitammo (*o* facemmo) la Francia in due mesi **3** (*fam.*) ingannare; imbrogliare; incastrare; farla a (q.): **I had a suspicion he was doing me**, sospettavo che mi stesse ingannando; **I'm afraid they did me**, ho paura che mi abbiano incastrato; **You've been done**, te l'hanno fatta **4** (*fam.*) trattare (*un ospite*); fare un trattamento a (q.): **Your host will do you very well**, il tuo ospite ti tratterà benissimo; **to do oneself well**, trattarsi bene; non farsi mancar niente **5** (*fam.*) conciare per le feste; sistemare: **I'll do you!**, ti sistemo io! **6** rifare; imitare; fare (*un personaggio famoso, ecc.*): **He does the President very well**, è bravissimo a rifare il Presidente **7** (*fam.*) scontare (*una pena*); fare (*fam.*): **He has done a long jail term**, ha scontato una lunga pena detentiva; **He has done four years in jail**, ha fatto quattro anni di carcere; (*pop.*) **to do it all**, scontare una condanna a vita. **B** *v. i.* **1** fare; agire; operare; comportarsi: **You did well to refuse**, hai fatto bene a rifiutare; **He does well when treated well**, si comporta bene quando lo si tratta bene; **Do, don't talk**, agisci e non far chiacchiere; vogliamo fatti da te e non parole **2** andare; stare: **Everything in the fields is doing splendidly this year**, tutto va benissimo nella campagna quest'anno; **He is doing very well in business**, gli affari gli vanno a gonfie vele; **Mother and child are doing very well**, la madre e il bambino stanno benissimo (*di salute*) **3** bastare: **Will fifty dollars do?**, basteranno cinquanta dollari?; **You'll have to make them do**, dovrai farli bastare; **That will do!**, basta così! (*non importa che tu continui, è sufficiente, ecc.*); (*anche*) piantala!; smettila! **4** andare (bene); rispondere a un bisogno; essere accettabile (*o* opportuno): **It doesn't do to work too hard**, lavorare troppo, non va bene (*o* non è opportuno); **This dress will do; it fits me like a glove**, questo vestito va bene; mi sta a pennello; **Your answer won't do**, la tua risposta non va (*o* non è accettabile); **You needn't use whisky; wine will do**, non importa che tu usi il whisky; va bene anche il vino **5** farsi; accadere; succedere (*soltanto nella forma progressiva*): **What's doing at your place tonight?**, che si fa da voi stasera?; che cosa c'è in programma?; **What's doing at the old club?**, che si fa al vecchio circolo?; **There was nothing doing in the little town**, nella cittadina non succedeva mai niente; la cittadina era proprio spenta; **There is something doing**, sta succedendo qualcosa; qualcosa bolle in pentola (*fig.*). **C** *verbo ausiliare* **1** fare (*determinato dal verbo precedente, di cui evita la ripetizione*): **If you want to tell him, do it now**, se vuoi dirglielo, fallo ora; (*idiom.*) **«Who took my hat?» «I did»**, «chi ha preso il mio cappello?» «sono stato io»; **«Did you see him?» «I did»**, «l'hai visto?» «sì»; **You don't love me as I do you**, tu non mi vuoi bene come te ne voglio io **2** (*nelle frasi interr., neg.* e *interr.-neg.*): **Do you understand?**, capisci?; **I don't understand**, non capisco; **Does he know?**, lo sa?; **He does not** (*o* **doesn't**) **know**, non lo sa; **Did you go?**, ci andasti?; **They did not** (*o* **didn't**) **ask me**, non mi invitarono; **Don't you like wine?**, non ti piace il vino? **3** (*nell'imper. neg.*): **Do not** (*o* **don't**) **worry!**, non prendertela!; **Don't let them interfere!**, non lasciare che si intromettano! **4** (*nelle «tag questions»*) (è) vero?; nevvero?: **You don't like him, do you?**, ti è antipatico, è vero?; **You told him, didn't you?**, glielo hai detto, nevvero?; **He didn't pay the bill, did he?**, non l'ha (mica) pagato il conto, vero?; **She doesn't know, does she?**, lei non lo sa, nevvero?; **You need some help, don't you?**, avete bisogno d'aiuto, vero? **5** (*nella costruzione inversa*): **«I don't like it» «Neither do I»**, «Non mi piace» «Neanche a me»; **«I didn't go» «Nor did I»**, «Non ci sono andato» «Nemmeno io»; **«We refused to surrender» «(And) so did they»**, «Rifiutammo d'arrenderci» «Anche loro»; **«I like opera» «So do I»**, «A me piace la lirica» «A me pure»; **You saw him and so did I**, tu l'hai visto, e io pure; **Not only did I see her, but I spoke to her**, non solo l'ho vista, ma ci ho anche parlato; (*form.*) **Rarely does it happen that...**, raramente accade che...; (*form.*) **Little did he realize that...**, quasi non si rendeva conto che... **6** (*uso enfat.*): **Please, do come!**, vieni anche tu, te ne prego!; **Do sit down!**, si accomodi, La prego!; **Do help yourself!**, serviti pure!; **But I did see her!**, certo che l'ho vista; altroché se l'ho vista!; **«You didn't tell me» «I did tell you!»**, «Non me l'hai detto» «Ma sì (che te l'ho detto)!»; **Do tell the truth!**, dì la verità, una buona volta!; **Do I love you?**, (E mi chiedi) se ti amo?; **I do love you**, ti amo davvero; **Do drop a line as soon as you arrive**, appena arrivi, non scordarti di mandarmi due righe; (*formula nel rito del matrimonio*) **«till death us do part»**, «finché morte non ci separi». ● **to do all one can** (*o* **one's utmost, everything in one's power**), fare di tutto (*o* il possibile, l'inimmaginabile, l'impossibile): **I did all I could to help her**, feci di tutto per aiutarla □ **to do sb. a bad turn**, fare uno sgarbo (*o* una scortesia, un brutto tiro) a q. □ **to do badly**, fare (*o* andare, stare) male; (*di una pianta*) crescere male: **We've done badly for exports this year**, quest'anno le esportazioni sono andate male; **You haven't done badly**, non sei andato male □ **to do st. badly**, far male, sbagliare q.c.: **You have done your work badly**, hai fatto male il lavoro □ **to do the bedrooms**, rifare i letti; fare le camere (*fam.*) □ **to do one's best** (*o* **the best one can**), fare del proprio meglio: **I'll do my best to help him**, farò del mio meglio per aiutarlo □ **to do one's bit**, fare quel po' che si può; portare la propria pagliuzza □ **to do business**, fare affari □ **to do the cleaning**, fare le pulizie (*anche come domestica*) □ **to do the cooking**, cucinare □ **to do the correspondence**, sbrigare la corrispondenza □ (*fam.*) **to do one's damnedest**, darci sotto; mettercela tutta □ (*pop. USA*) **to do drugs**, spacciare droga; (*anche*) farsi; bucarsi □ **to do the drying**, asciugare i piatti □ **to do duty as**, fare da; servire da; essere usato come: **«Fire» sometimes does duty as a verb and sometimes as a noun**, la parola «fire» a volte fa da sostantivo e a volte da verbo □ **to do evil**, far del male; commettere azioni malvagie □ **to do sb. a favour** (*o* **a kindness, a good turn**), fare un favore (*o* un piacere) a q.; rendere un servigio a q.: **He has done me many a good turn**, mi ha reso diversi servigi □ **to do the flowers**, sistemare i fiori □ (*fam.*) **to do the fumbling**, fare finta di voler pagare (*infilandosi le mani in tasca*) □ **to do good**, fare del bene: **She does good among the poor**, fa del bene ai poveri □ **to do one's hair**, acconciarsi (*o* pettinarsi, spazzolarsi, mettersi in ordine) i capelli □ **to do the ironing**, stirare (*la biancheria, i vestiti*) □ (*pop.*) **to do it**, farlo; fare l'amore; avere un rapporto □ **to do sb. justice**, rendere giustizia a q.; dare a q. quel che gli spetta: **This photograph doesn't do you justice**, sei venuto male in questa fotografia □ **to do one's nails**, tagliarsi (*fam.* farsi) le unghie □ (*pop. USA*) **to do a number on sb.**, bistrattare, maltrattare q.; mettere q. con le spalle al muro □ (*fig.*) **to do or die**, mettercela tutta: **It's a matter of do or die**, o la va o la spacca! □ **to do piecework**, lavorare a cottimo □ (*comm.*) **to do the place**, battere la piazza; fare la zona □ **to do right**, fare bene; fare una cosa giusta: **You did right to tell your mother**, hai fatto bene a dirlo alla mamma □ **to do st. right**, fare qc. bene □ **to do a room**, riordinare una stanza □ **to do one's shopping**, fare compere; fare la spesa □ **to do the sights**, visitare (*una città, ecc.*) da turista □ (*pop. USA*) **to do a take**, dare un'occhiata; guardare, controllare □ **to do one's teeth**, pulirsi (*o* lavarsi) i denti □ (*pop.*) **to do one's (own) thing**, fare quel che si vuole; fare il proprio comodo □ (*fam.*) **to do time**, scontare una condanna; (*pop. USA*) lavorare saltuariamente □ **to do one's training**, fare il tirocinio □ **to do wonders**, far meraviglie; dare ottimi risultati: **Perseverance will do wonders**, con un po' di costanza si ottiene tutto □ **to do the washing-up**, lavare i piatti; rigovernare □ **to do well**, fare (*o* andare, stare) bene; (*di una pianta, ecc.*) crescere bene: **Your son is doing very well in his new job**, tuo figlio sta facendo benissimo nel nuovo lavoro; **I didn't do well in my exams**, non sono andato bene agli esami; **You did well to accept their offer**, hai fatto bene ad accettare la loro offerta, **We are doing well for tips in this nightclub**, in questo locale notturno stiamo (*o* ce la passiamo) bene in fatto di mance □ **to do st. well**, fare bene q.c.: **You have done your work well**, hai fatto bene il lavoro □ **to do the windows**, pulire i vetri delle finestre; fare le finestre (*fam.*) □ **to do one's worst**, fare quanto più male è possibile; fare il diavolo a quattro: **Let him do his worst**; **I'm not afraid of him**, faccia pure (il diavolo a quattro); non mi fa paura □ **to do wrong**, fare male, sbagliare: **You did wrong not to come**, hai fatto male a non venire □ **to make do**, fare alla meglio; arrangiarsi (*con quello che si ha, ecc.*) □ **to make st. do**, far bastare q.c.; farcela con q.c.: **Can you make ten dollars do?**, riuscirai a farcela con dieci dollari? □ (*fam.*) **nothing doing**, niente da fare: **«Can I borrow your car?» «I'm sorry, old man; nothing doing»**, «puoi prestarmi la tua auto?» «mi dispiace, vecchio mio; niente da fare» □ (*fam.*) **Nothing doing tonight**, non si batte un chiodo (*o* non si fa una lira, ecc.) stasera □ **That does it!**, ecco fatto!; basta così! □ **How do you do?**, piacere! (*nelle presentazioni formali*); (*anche*) come sta? (*quando si conosce già la persona, ma non c'è intimità*: *cfr.* **How are you?**) □ (*fam.*) **How are you doing?**, come stai?; come va (la vita)? (*a un amico*) □ **It isn't done**, non sta bene, è cattiva educazione: **You musn't put your fingers in your mouth; it isn't done**, non devi metterti le dita in bocca; non sta bene □ **Now you've done it!**, l'hai fatta bella (*o* grossa)! □ (*prov.*) **When in Rome, do as the Romans do**, paese che vai, usanza che trovi.

♦**do away with**, *v. t. + avv. + prep.* **1** abolire; eliminare; sopprimere; sbarazzarsi di: **to do away with the poll tax**, eliminare il testatico **to do away with an old car**, sbarazzarsi d' una vecchia auto; **The Dover branch was done away with last year**, la filiale di Dover fu soppressa l'anno scorso **2** (*fam.*) eliminare uccidere; far fuori (*fam.*); abbattere: **The dictator did away with all his opponents**, il dittatore eliminò tutti i suoi oppositori; **to do away with a sick animal**, abbattere un animale malato; **He said he would do away with himself and he did**, disse che si sarebbe ucciso e lo fece.

♦**do by**, *v. i. + prep.* comportarsi (*bene, male, ecc.*) con (q.); trattare: **Our company does very well by loyal employees**, la nostra società si comporta molto bene con i dipendenti che le sono fedeli; **He has been hard done by**, è stato trattato malissimo.

♦**do down**, *v. t. + avv.* (*fam.*) **1** sparlare di; dire corna di; svilire, disprezzare: **to do down one's colleagues**, dire corna dei propri colleghi **2** battere, vincere (*in un gioco, uno sport, ecc.*) **3** imbrogliare; mettere nel sacco (*fig.*); fregare (*fam.*): **He tried to do me down over selling my car**, cercò di fregarmi nella vendita della mia automobile □ (*fam.*) **to do oneself down**, buttarsi giù (*fig. fam.*); svilirsi.

♦**do for**, *v. i. + prep.* **1** fare da; sostituire; servire da: **This armchair will have to do for a bed**, questa poltrona dovrà fare da letto **2** fare per; provvedere a: **What will you do for drinking water when you cross the Sahara?**, come farete per l'acqua potabile quando farete la traversata del Sahara? **3** (*fam.*) fare le faccende (*o* le pulizie) per (q.): **While she was ill, she was done for by the next-door neighbour**, quand'era malata, la vicina di casa le faceva le faccende **4** (*fam.*) mettere fuori combattimento; stendere (*fig. fam.*); uccidere; far fuori (*fam.*): **The last punch did for him**, l'ultimo pugno lo stese; **The Serbs did for a lot of Bosnian and Muslim civilians during the war in the Balkans**, i serbi uccisero molti civili bosniaci e musulmani durante la guerra nei Balcani **5** (*fam.*) condannare per: **They did him for rape**, lo condannarono per violenza carnale □ **to do for oneself**, provvedere a se stesso; fare (*o* cavarsela) da sé; arrangiarsi da solo □ **to do well for oneself**, andare bene; avere successo; fare fortuna; fare soldi: **Grandfather did well for himself in America**, il nonno fece fortuna in America; **As a doctor, you'll do very well for yourself if you go to Saudi Arabia**, come dottore, farai un mucchio di soldi se andrai in Arabia Saudita.

♦**do in**, *v. t. + avv.* **1** (*fam.*) stremare; spossare; stancare a morte: **The climb has really done me in**, l'arrampicata mi ha proprio stancato a morte **2** (*pop.*) spacciare; far fuori (*fam.*); uccidere: **The gang did him in**, la banda lo fece fuori **3** (*pop.*) mandare in rovina; rovinare; mandare a gambe all'aria (*fig.*): **The stock-market crash did him in**, il tracollo della Borsa lo mandò in rovina; **War has done me in**, mi ha rovinato la guerra.

♦**do into**, *v. t. + prep.* rendere in; tradurre: **He did Virgil into English**, tradusse Virgilio in inglese.

♦**do out**, *v. t. + avv.* pulire a fondo; fare (*fam.*); ripulire; rassettare: **I'll do out the sitting-room this morning**, questa mattina faccio il soggiorno □ (*fam.*) **to do sb. out of st.**, privare q. di q.c.; portare via q.c. a q.; truffare q. di q.c.; fregare q.c. a q. (*fam.*): **to do sb. out of his rights**, privare q. dei suoi diritti; **Taxation does us out of half our earnings**, le tasse ci portano via metà dei nostri guadagni; **The shopkeeper did me out of two pounds by overcharging me**, il bottegaio mi ha fregato due sterline facendomi pagare più del dovuto.

♦**do over**, *v. t. + avv.* **1** ridipingere; riverniciare; dare una ripulita a: **I'd better do over my old car**, farei bene a riverniciare la mia vecchia auto **2** (*USA*) rifare, fare di nuovo: **You'd better do over your work**, sarebbe meglio che tu rifacessi il lavoro **3** (*mecc.* e *fig.*) ripassare, dare una ripassata a: **to do over the engine**, ripassare il motore; **While I was abroad, the burglars did my flat over**, mentre ero all'estero, i ladri hanno dato una bella ripassata (*o* ripulita) al mio appartamento **4** (*pop.*) malmenare; pestare; riempire (q.) di botte: **The poor old man was done over by young thugs**, il povero vecchio fu pestato da giovani teppisti.

♦**do to**, *v. i.* + *prep.* fare a: **What have you done to my lighter?**, che cosa hai fatto al mio accendino?

♦**do unto**, *v. t.* + *prep.* (*arc.*) fare a; comportarsi con: **Do unto others as you would be done by**, fa' agli altri quello che vorresti fosse fatto a te.

♦**do up**, **A** *v. t.* + *avv.* **1** allacciare; stringere; fare: **Do up your buttons!**, allacciati i bottoni!; abbottonati!; **I did up the knot**, feci (*o* strinsi) il nodo **2** abbottonare: **She did up her blouse**, si abbottonò la camicetta **3** pulire; ripulire; rassettare; riordinare; lavare: **This flat needs doing up**, questo appartamento ha bisogno d'essere ripulito (*o* di una ripulita); **to do up the rooms**, riordinare (*o* fare) le camere; **It isn't easy to do up silk garments**, non è facile lavare la seta **4** rinnovare; rimodernare; ristrutturare: **We want to do up our parents' house**, vogliamo rimodernare la casa dei nostri genitori; **to do up an old cottage**, ristrutturare una vecchia villetta **5** acconciare; tirare su: **to do up one's hair**, acconciarsi i capelli; tirarseli su **6** confezionare; fare; fare su (*fam.*); impaccare; mettere in scatola (*o* in vasetto, ecc.); avvolgere; incartare: **to do up a parcel**, confezionare (*o* fare) un pacchetto; **We did up four basketfuls of cherries**, abbiamo messo in vaso quattro cesti di ciliege; **to do up the winter clothes in neat bundles**, impaccare bene gli abiti invernali; **to do up Christmas gifts in tinfoil**, incartare i regali di Natale nella stagnola **7** (*fam.*) ridurre a mal partito; spossare; stremare; sfiancare: **The long journey has really done me up**, il lungo viaggio mi ha proprio stremato. **B** *v. i.* + *avv.* **1** allacciarsi; abbottonarsi: **This dress does up at the back**, questo vestito si abbottona di dietro **2** (*pop. USA*) farsi; drogarsi □ (*fam. USA*) **to do up brown**, fare bene (q.c.); trattare con durezza, bistrattare (q.): **When I do a job, I do it up brown**, quando faccio un lavoro, lo faccio come si deve □ **to do oneself up**, farsi bello: **Ann is doing herself up for the ball**, Ann si sta facendo bella per il ballo □ **to be done up in**, indossare; avere indosso: **Sharon was done up in her fine new skirt**, Sharon aveva indosso la sua bella sottana nuova.

♦**do with**, *v. t.* + *prep.* **1** fare con: **What were you doing with my gun?**, che cosa facevi con la mia rivoltella (in mano)? **2** farne di: **What have you done with my lighter?**, che ne hai fatto del mio accendino?; **What shall we do with the cat?**, e del gatto, che ne facciamo? **3** (*preceduto da* **could**) avere (*o* sentire) il bisogno di: **Your jacket could do with a good brush**, la tua giacca avrebbe bisogno di una bella spazzolata; **After such a long walk, I could do with a drink**, dopo una camminata così lunga, sento il bisogno (*o* avrei bisogno) di bere **4** (*preceduto da* **can** o **could**) andare a genio; andare bene; andare (*fam.*) (*impers.*); aver voglia di: **Could you do with a drink?**, ti andrebbe un drink?; **Can you do with bacon and eggs?**, uova e pancetta: ti va bene?; **I could do with a nice cup of tea**, ho voglia di un bel tè **5** sopportare; tollerare; resistere a: **I simply cannot do with his insolent manners**, non ce la faccio più a sopportare il suo modo di fare insolente; **I can't be doing with the traffic noise any more**, non ce la faccio più a resistere al rumore del traffico □ **to have to do with**, avere a che fare con; occuparsi; trattare di; lavorare per, essere alle dipendenze di; riguardare, interessare; dipendere da, essere causato da (*o* dovuto a); entrarci (*fig.*): **My job has** (*o* **is**) **to do with computers**, il mio lavoro ha a che fare con i computer; **I don't want to have anything to do with them**, non voglio avere nulla a che fare con loro; **He has** (*o* **is**) **something to do with the C.I.A.**, lavora per la C.I.A.; **Our plan has something to do with the recovery of South of Italy**, il nostro progetto ha a che fare con la (*o* si occupa della) ripresa del Mezzogiorno; **What I do at home it's nothing to do with the firm**, quello che faccio a casa mia non è affare della ditta (*o* non deve interessare alla ditta); **His premature death has a lot to do with his overdrinking**, la sua morte prematura è in gran parte dovuta all'eccesso di alcol; **What have I got to do with the matter?**, e io, che c'entro? □ **to have done with**, aver finito di; aver chiuso con (*fig.*); **Have you done with the paper?**, hai finito di leggere il giornale? (*posso prenderlo io; ecc.?*); **Have you done with the garden hose?**, hai finito d'usare il tubo per innaffiare?; **Now I've done with him**, ormai ho chiuso con lui; tra noi due, è finita! □ **not to know what to do with oneself**, non sapere che cosa fare: **I didn't know what to do with myself when I got sacked**, quando mi licenziarono, non sapevo proprio cosa fare.

♦**do without**, *v. i.* + *prep.* **1** fare senza; fare a meno di: **The boss cannot do without my help**, il capo non può fare a meno del mio aiuto; **There is no butter left; so we've got to do without (it)**, non c'è più burro; così dobbiamo fare senza **2** fare a meno di; risparmiarsi (*fig.*): (*iron.*) **We can do without your advice, thank you!**, grazie tante, possiamo anche fare a meno dei tuoi consigli; grazie, i tuoi consigli te li puoi risparmiare!

doable /ˈduːəbl/, *a.* (*fam.*) fattibile; attuabile; realizzabile.

to **doat** /dəʊt/, *V.* **to dote**.

dobbin /ˈdɒbɪn/, *n.* cavallo da tiro.

doc /dɒk/, *n.* (*abbr. fam. di* **doctor**) **1** dottore (*medico*) **2** (*pop. USA*; *al vocat.*) capo: **Hallo, doc!**, ehi, capo!

docent /dəʊˈsɛnt/, *n.* (*USA*) **1** docente (*in certe università*) **2** guida (*in un museo*).

docentship /dəʊˈsɛntʃɪp/, *n.* (*USA*) docenza.

dochmiac /ˈdɒkmɪæk/, *n.* (*poesia*) docmio.

docile /ˈdəʊsaɪl, *USA* ˈdɒsl/, *n.* docile; arrendevole; mansueto.

docility /dəʊˈsɪlətɪ/, *n.* docilità; arrendevolezza; mansuetudine.

dock (**1**) /dɒk/, *n.* **1** (*naut.*) bacino (*d'arsenale o cantiere*); darsena: **dry d.**, bacino di carenaggio; **floating d.**, bacino di carenaggio galleggiante; **wet d.**, darsena idrostatica; **shipbuilding d.**, bacino di costruzione **2** (*pl.*) (serie di) bacini, moli o banchine, magazzini e uffici; area portuale; zona del porto; (= **dockyard**) cantiere navale **3** (*naut., USA*) molo; banchina; scalo di alaggio; scalo d'approdo **4** (*ferr.*) piattaforma di carico (*alla fine d'un binario*). ● (*comm.*) **d. dues**, diritti di bacino (*o* di banchina) □ **d. labour**, manodopera portuale □ **d. master**, direttore di darsena (*o* dei dock) □ (*naut.*) **d. pilot**, pilota di porto □ **d. strike**, sciopero dei portuali □ **d. warrant**, fede di deposito di dock □ **d. workers**, (lavoratori) portuali □ **to be in d.**, (*naut.*) essere in bacino di carenaggio; (*fig.*: *di un'automobile*) essere in officina (*fam.*: *di una persona*) essere all'ospedale.

dock (**2**) /dɒk/, *n.* (*leg.*) banco degli imputati □ (*leg., in Inghil.*) **d. brief**, istanza dell'imputato; (*anche*) patrocinio gratuito.

dock (**3**) /dɒk/, *n.* **1** mozzicone di coda; coda mozza (*di cane, ecc.*) **2** sottocoda (*nei finimenti del cavallo*). ● **d.-tailed**, dalla coda mozza.

dock (**4**) /dɒk/, *n.* (*bot., Rumex*) romice; acetosa.

to **dock** (**1**) /dɒk/, **A** *v. t.* **1** (*naut.*) mettere in bacino (*una nave*) **2** (*naut., USA*) accostare alla banchina; ormeggiare (*una nave*) **3** provvedere (*un porto*) di bacini **4** (*miss.*) attraccare; agganciare (*un'altra astronave*). **B** *v. i.* **1** (*di nave*) entrare in bacino (*o* in porto) **2** (*naut., USA*) ormeggiarsi; attraccare **3** (*miss.*: *d'astronave*) attraccare; agganciarsi.

to **dock** (**2**) /dɒk/, *v. t.* **1** mozzare (*specialm. la coda*); mozzare la coda a (*un animale*) **2** tagliar corti (*i capelli*) **3** (*fig.*) diminuire; ridurre; tagliare: **to d. a clerk's salary**, ridurre lo stipendio a un impiegato; **to d. sb.'s supplies**, tagliare i rifornimenti a q. **4** restringere, porre limiti alla libertà di (q.).

docker /ˈdɒkə(r)/, *n.* scaricatore di porto; portuale.

docket /ˈdɒkɪt/, *n.* **1** (*leg., arc.* o *USA*) lista delle cause da discutere; registro delle sentenze **2** (*leg.*) estratto di sentenza; attergato; registro degli estratti **3** (*dog.*) scontrino doganale (*attestante il pagamento del dazio*) **4** estratto, sommario (*di un documento*) **5** ordine del giorno; agenda (*dei lavori*) **6** (*banca*) modulo di benestare (*di un estratto conto*) **7** (*comm.*) etichetta, cartellino.

to **docket** /ˈdɒkɪt/, *v. t.* **1** (*leg., arc.* o *USA*) registrare (*una sentenza*) **2** (*bur.*) attergare (*una pratica*) **3** riassumere, fare l'estratto di (*un documento*) **4** mettere il cartellino a (*un pacco*).

docking /ˈdɒkɪŋ/, *n.* **1** (*naut.*) entrata (*o* messa) in bacino (*o* in darsena) **2** (*naut., USA*) attracco, ormeggio (*la manovra*) **3** (*miss.*) attracco; aggancio: **orbit d.**, attracco in orbita.

to **dockize** /ˈdɒkaɪz/, *v. t.* provvedere (*un fiume*) di bacino (*o* di banchine portuali).

dockland /ˈdɒklənd/, *n.* (*naut.*) area portuale; zona del porto.

dockyard /ˈdɒkjɑːd/, *n.* arsenale; cantiere navale; darsena. ● **d. hands**, maestranze di un cantiere navale.

doctor /ˈdɒktə(r)/, *n.* **1** dottore; medico: **You ought to see a d.**, dovresti consultare un medico; **He wants to be a d.**, vuole fare il medico **2** dottore; laureato: (*relig.*) **the Doctors of the Church**, i Dottori della Chiesa; **a d. of medicine**, un dottore in medicina; **a d. of law [divinity, literature]**, un dottore in legge [in teologia, in lettere] **3** (*mecc.*) apparecchio (*o* strumento) di emergenza **4** (*tipogr.*) raspa; raschia **5** (*sport*) mosca artificiale (*per la pesca*) **6** (*USA*) dentista **7** (*fam.*) chi ripara (q.c.); aggiustatore: **a radio d.**, un radiotecnico; uno che ripara le radio **8** (*pop. USA*) chi droga un cavallo da corsa **9** (*gergo naut.*) cuoco di bordo. ● **Doctor of Philosophy** (*abbr.* **Ph. D**), *V.* **doctorate** □ (*di paziente*) **to be on a d.'s panel**, essere mutuato; avere la mutua □ (*fam.*) **to be under the d. for st.**, essere in cura per q.c. □ **witch d.**, stregone □ **woman d.**, dottoressa.

to **doctor** /ˈdɒktə(r)/, **A** *v. t.* **1** addottorare; conferire il dottorato a (q.) **2** (*fam.*) curare; medicare: **to d. a patient [a cold]**, curare un malato [un raffreddore] **3** adulterare; fatturare; falsare; falsificare; manipolare: **to d. wine**, fatturare il vino; (*leg.*) **to d. evidence**, falsare le prove; (*leg.*) **to d. accounts**, falsificare i conti **4** (*mecc.*) riparare; accomodare **5** (*fam. eufem.*) castrare (*animali domestici*). **B** *v. i.* (*fam. raro*) fare il dottore; esercitare la medicina.

doctoral /ˈdɒktərəl/, *a.* dottorale; di (*o* del) dottorato. ● **d. dissertation**, tesi (*o* dissertazione) di dottorato.

doctorate /ˈdɒktərət/, *n.* dottorato di ricerca; laurea di terzo grado.

doctorial /dɒkˈtɔːrɪəl/, *V.* **doctoral**.

doctoring /ˈdɒktərɪŋ/, *n.* **1** trattamento medico; cure **2** (*fam. raro*) professione di medico.

doctorship /ˈdɒktəʃɪp/, **doctorhood** /ˈdɒktəhʊd/, *n.* dottorato; l'esser dottore (*o* laureato).

doctrinaire /dɒktrɪˈnɛə(r)/ (*franc.*), **A** *n.* dottrinario; teorico; visionario. **B** *a.* dottrinario;

teorico; dogmatico.

doctrinairism /dɒktrɪ'nɛərɪzəm/, *n.* dottrinarismo.

doctrinal /dɒk'traɪnl, *USA* 'dɒktrɪnl/, *a.* dottrinale.

doctrinarian /dɒktrɪ'nɛərɪən/, **doctrinarianism** /dɒktrɪ'nɛərɪənɪzəm/, *V.* **doctrinaire, doctrinairism.**

doctrine /'dɒktrɪn/, *n.* dottrina; teoria.

docudrama /'dɒkjʊdrɑːmə, *USA* -æmə/, *n.* (*fam. USA*) film tratto da un fatto di cronaca o da una situazione reale; film-documento.

document /'dɒkjʊmənt/, *n.* documento; certificato; attestato. ● (*comm.*) **documents against acceptance [payment]**, documenti contro accettazione [pagamento] □ **d. bill**, *V.* **documentary bill** □ (*leg.*) **d. of title**, titolo di proprietà; (*anche*) documento di legittimazione □ (*fig.*) **human d.**, testimonianza umana.

to **document** /'dɒkjʊmɛnt/, *v. t.* documentare; attestare; provare.

documentalist /dɒkjʊ'mɛntəlɪst/, *n.* documentalista.

documentary /dɒkjʊ'mɛntrɪ, *USA* 'dɒkjʊmənterɪ/, **A** *a.* **1** documentario: (*banca*) **d. acceptance credit**, credito documentario di accettazione; **d. bill [draft]**, cambiale [tratta] documentaria (*o* documentata); (*comm. est.*) **d. credit**, credito documentario **2** (*leg.*) documentale: **d. evidence**, prova documentale (*o* scritta). **B** *n.* (*cinem.*, *TV*) documentario. ● (*TV*) **d. sequence**, sequenza di tipo documentaristico.

documentation /dɒkjʊmɛn'teɪʃn/, *n.* **1** documentazione; prova; illustrazione **2** documentazione; (*collett.*) documenti.

dodder /'dɒdə(r)/, *n.* (*bot.*, *Cuscuta*) cuscuta.

to **dodder** /'dɒdə(r)/, *v. i.* (*fam.*) barcollare; tremare; vacillare.

doddered /'dɒdəd/, *a.* (*d'un albero*) cimato; con i rami superiori caduti (*per vecchiaia*).

dodderer /'dɒdərə(r)/, *n.* (*fam.*) vecchio (*o* vecchia) cadente (*o* barcollante, tremante).

doddery /'dɒdərɪ/, *a.* (*fam.*) tremante; debole; fiacco; malfermo.

doddle /'dɒdl/, *n.* (*fam.*) bazzecola; inezia; cosa facilissima.

dodecagon /dəʊ'dɛkəgən, *USA* -ɒn/, *n.* (*geom.*) dodecagono.

dodecahedron /dəʊdɛkə'hiːdrən, *USA* -ɒn/, *n.* (*pl.* **dodecahedrons, dodecahedra**) (*geom.*) dodecaedro.

dodecanese /dəʊdɪkə'niːz, *USA* dəʊ-'dɛkən-/, *a.* del Dodecaneso. ● (*geogr.*) **D. islands**, isole del Dodecaneso.

dodecaphonic /dəʊdɪkə'fɒnɪk/, *a.* (*mus.*) dodecafonico.

dodecaphony /dəʊdɪ'kæfənɪ/, *n.* (*mus.*) dodecafonia.

dodecasyllable /dəʊdɪkə'sɪləbl/, *n.* (*poesia*) dodecasillabo.

dodge /dɒdʒ/, *n.* **1** balzo; schivata **2** (*fam.*) gherminella; inganno; sotterfugio; trucco **3** (*fam.*) espediente; piano; progetto **4** (*pop. USA*) ramo d'affari; attività. ● (*fisc.*) **dodges used to escape taxation**, sotterfugi messi in opera per eludere l'imposizione fiscale.

to **dodge** /dɒdʒ/, *v. i.* e *t.* **1** scansare, scansarsi; schivare, schivarsi; far civetta: **He dodged when I threw the snowball at him**, si schivò quando gli lanciai la palla di neve; **to d. a blow**, schivare un colpo; **to d. the traffic**, scansare il traffico **2** (*fig.*) eludere; usare sotterfugi; far tira e molla; raggirare: **to d. the law**, eludere la (*o* sottrarsi alla) legge; **Don't try to d. your problems**, non cercare d'eludere i tuoi problemi **3** (*fam.*) imbrogliare; truffare, fregare (*fam.*). ● **to d. about**, saltellare qua e là (*come un pugile*) □ **to d. a side**, scansarsi di fianco □ **to d. behind sb. [st.]**, ripararsi, rimpiattarsi dietro q. [q.c.] □ **to d. the call-up**, sottrarsi alla chiamata alle armi; imboscarsi (*fig.*) □ **to d. past sb.**, oltrepassare q. scansandolo □ (*fam.*) **«dodg'em»**, autoscontro (*V.* **dodgem**) □ (*fisc.*) **to d. taxes**, evadere le imposte; essere un evasore fiscale □ (*fisc.*) **tax dodging**, evasione fiscale.

Dodgem /'dɒdʒəm/, *n.* (*anche al pl.*) (*marchio*) autoscontro (*la pista*). ● **Dodgem car**, autoscontro (*l'automobilina elettrica*).

dodger /'dɒdʒə(r)/, *n.* **1** imbroglione; furfante; furbacchione **2** (*fam.*) paraonde; riparo contro gli spruzzi (*sul ponte d'una nave*) **3** (*USA*) focaccia di granturco **4** (*USA*) volantino; opuscolo pubblicitario. ● (*mil.*) **call-up dodger**, renitente alla leva □ (*fisc.*) **tax d.**, evasore.

dodgy /'dɒdʒɪ/, *a.* **1** elusivo; evasivo **2** subdolo; furfantesco; ingannevole **3** dubbio; incerto; rischioso.

dodo /'dəʊdəʊ/, *n.* (*pl.* **dodoes, dodos**) **1** (*zool.*, *Raphus cucullatus*) dodo; dronte **2** (*fig.*) individuo all'antica (*o* noioso, barboso); vecchio fossile (*fig.*) **3** (*fig.*) oggetto antiquato; pezzo da museo (*fig.*) **4** (*gergo aeron.*) allievo pilota che non ha ancora volato da solo. ● **to be as dead as a d.**, essere morto e sepolto (*fig.*); essere un pezzo da museo (*fig.*).

doe /dəʊ/, *n.* (*pl.* **does, doe**) (*zool.*) femmina del cervo (*o* del daino, dell'antilope, della lepre, della volpe, ecc.); cerva; daina; coniglia; volpe femmina.

doer /'duːə(r)/, *n.* chi fa; chi agisce; chi opera: **He is a d., not a talker**, è uno che agisce, senza tante chiacchiere; **He is a d. of good**, è uno che fa del bene. ● **evil-d.**, malfattore.

does /dʌz, dəz, dz, z/, *3ª pers. sing. del pres. indic.* di **to do**.

doeskin /'dəʊskɪn/, *n.* **1** pelle di daino **2** daino (*tessuto*).

doesn't /'dʌznt, 'dəznt, -zn/, *contraz.* di **does not** (*V.* **to do**).

doest /'duːɪst, dʊəs(t), dəs(t)/, (*arc.*) *2ª pers. sing. del pres. indic.* di **to do**.

doeth /'duːɪθ, dʊəθ, dəθ/, (*arc.*, *poet.*) *3ª pers. sing. del pres. indic.* di **to do**.

to **doff** /dɒf, *USA* dɔːf/, *v. t.* (*arc.* o *form.*) **1** togliersi (*l'abito*) **2** levarsi (*il cappello*): **He doffed his hat to the parson**, salutò il parroco levandosi il cappello **3** (*raro*) abbandonare (*un'abitudine, ecc.*).

dog /dɒg, *USA* dɔːg/, **A** *n.* **1** (*zool.*, *Canis familiaris*) cane; canide (*in genere*): **guard dog**, cane da difesa; **A dog is man's best friend**, il cane è il migliore amico dell'uomo **2** cane maschio (*cfr.* **bitch**); maschio (*d'altri animali*): **a dog fox**, un maschio di volpe **3** (*fig. spreg.*) cane; individuo abietto (*o* spregevole): (*stor.*) **dog of an unbeliever!**, cane d'infedele! **4** (*fam.*) individuo; tipo; tizio: **He's a sly dog**, è un furbacchione; **He's a lazy dog**, è un pigrone; **He's a dirty dog**, è uno sporcaccione; **He's a lucky dog**, è un tipo fortunato; **You lucky dog!**, che fortuna!; fortunello! **5** (*astron.*) Cane: **the Great** (*o* **Greater**) **Dog**, il Cane Maggiore; **the Little** (*o* **Lesser**) **Dog**, il Cane Minore **6** (*mecc.*) brida; grappa; dente d'arresto; (*per legname*) arpione, rampone **7** *V.* **firedog** **8** (*meteor.*) *V.* **fogdog** **9** (*astron.*) *V.* **sundog** **10** (*pop.*) donna (*o* ragazza) brutta; racchia, racchiona (*pop.*): **We're a couple of dogs, but not repulsive**, noi due siamo brutte, ma non ripugnanti **11** (*pop. USA*) spettacolo (*o* canzone) da cani (*fig.*); spettacolo (canzone, ecc.) scadente; roba da cani (*fig. spreg.*): **The party was a real dog**, la festa è stata una roba da cani (*o* una boiata) **12** (*pop. USA*) pivello; lavoratore inesperto **13** (*pop. USA*) *V.* **hot dog** **14** (*pl.*) corse dei cani: **I've won two hundred dollars at the dogs**, ho vinto duecento dollari alle corse dei cani **15** (*pop.*, *comm.*) azienda a scarsa redditività **16** (*pl.*) (*market.*, *pop.*) merci che «vanno poco» **17** (*pl.*) (*pop. scherz.*) piedi; fettoni (*dial.*): **barking dogs**, piedi che fanno male; piedi doloranti. **B** *a. attr.* **1** da (*o* per) cane (*o* cani): **a dog collar**, un collare da cane; **dog biscuit**, biscotti per cani; **dog food**, alimenti per cani **2** (*fig. spreg.*) da cani; scadente: **dog Latin**, latino da cani; latinorum; latino maccheronico. ● (*fam.*) **a dog's age**, un sacco di tempo; secoli (*fig.*) □ (*zool.*) **dog-ape** (*Papio cynocephalus*), babbuino □ **dog boarding kennel**, albergo del cane □ (*ferr.*) **dog-box**, scompartimento per cani □ (*fam. spreg.*) **dog breakfast**, grosso pasticcio □ **dog breeder**, allevatore di cani □ **dog-catcher**, accalappiacani; (*pop. USA*) poliziotto privato □ (*fam.*) **a dog's chance**, la ben che minima possibilità: **He hasn't got a dog's chance**, è fortunato come un cane in chiesa □ **dog-cheap**, a prezzo bassissimo; da (*o* per) due soldi □ **dog-collar**, collare da cane; (*fig.*) colletto alto inamidato (*da prete*) □ (*meteor.*) **dog days**, la canicola; il solleone □ **dog('s)-ear**, orecchio dell'angolo d'una pagina □ (*di libro e sim.*) **dog-eared**, con le orecchie □ **dog-eat-dog**, crudele; spietato: **It's dog-eat-dog!**, mors tua vita mea (*lat.*) □ **dog-faced**, dal muso di cane □ (*zool.*) **dog-faced baboon**, *V.* **dog-ape** □ **dog-fancier**, cinofilo; allevatore di cani □ (*bot.*) **dog-fennel** (*Anthemis cotula*), camomilla mezzana □ (*bot.*) **dog('s)-grass**, (*Agrostis canina*) agrostide canina; (*Agropyron repens*) dente canino □ **dog grooming**, tolettatura dei cani □ **dog handler**, poliziotto che fa coppia con un cane □ **dog-headed**, dalla testa di cane; cinocefalo □ **dog-hip**, cinorrodo; frutto della rosa canina □ **dog-hole**, stanza misera; sgabuzzino; stamberga; tana; topaia □ **dogs'home**, canile pubblico □ **dog-house**, casotto con cuccia per il cane; canile □ (*fig. fam*: *di persona*) **to be in the dog-house**, essere stato messo a cuccia; essere in disgrazia □ (*fig.*) **a dog in the manger**, «un cane nella mangiatoia» (*da una favola d'Esopo*); uno che non permette che altri godano di ciò che a lui non serve □ **a dog-in-the manger attitude**, un atteggiamento di estremo e stupido egoismo □ (*mecc.*) **dog iron**, *V.* **dog**, *def.* **6** □ **dog kennel**, canile □ **dog-lead**, guinzaglio (*per cani*) □ **dog-leg(ged) staircase**, scala elicoidale (*o* a chiocciola) □ **dog-lover**, cinofilo □ **dog's meat**, carne di cavallo; (*fig.*) offa □ **dog-napper**, ladro (*o* rapitore) di cani □ **dog-napping**, ratto di cani □ (*fam.*) **dog's nose**, bibita mista di birra e gin □ **dog-paddle**, nuoto (*o* nuotata) a cane □ **dog parlour**, salone di tolettatura per cani □ **dog-rose**, *V.* **dogrose** □ (*mecc.*) **dog screw**, vite a becco (*o* a naso) □ **dog-sleep**, sonno leggero e interrotto □ (*astron.*) **Dog star**, Sirio; (*anche*) Procione □ **dog tag**, contrassegno per cani; medaglietta (*fam.*); (*gergo mil.*, *USA*) piastrina (*di riconoscimento*) □ (*bot.*) **dog('s)-tail** (*Cynosurus cristatus*), coda di cane; ventolana □ (*fam.*) **dog-tired**, stanco morto; stremato □ (*bot.*) **dog's-tongue** (*Cynoglossum officinale*), cinoglossa; erba vellutina □ (*edil.*) **dog's tooth**, dente di cane: **dog's tooth bond**, corso di mattoni a dente di cane □ (*bot.*) **dog's-tooth violet**, (*Erythronium denscanis*) dente di cane; (*Cynodon dactylon*) gramigna □ (*sport*) **dog-track**, cinodromo □ **dog training**, addestramento dei cani □ **dog training centre**, centro d'addestramento per cani □ (*bot.*) **dog violet**, (*Viola canina*) viola riviniana □ **dog-whip**, scudiscio □ (*zool.*) **dog-wolf**, lupo maschio □ **a cat-and-dog life**, una vita da cani e gatti; un continuo litigio (*specialm. fra marito e moglie*) □ **to die like a dog** (*o* **to die a dog's death**), morire come un cane □ (*fam.*) **to be dressed up like a dog's dinner**, essere vestito in modo vistoso e buffo, da arlecchino (*fig.*) □ **to give** (*o* **to throw**) **st. to the dogs**, buttar via q.c.; sprecare q.c.; gettar perle ai porci □ **to go to the dogs**, andare in malora (*o* in rovina) □ **to help a lame dog over a stile**, dimostrarsi amico di q.; soccorrere q. in un momento di bisogno □ **to lead a dog's life**, fare una vita da cani □ **to lead sb. a dog's life**, far fare a q. una vita da cane □ **to be like cat and dog**, andare d'accordo (*o* essere) come cane e gatto □ **not to have a dog's chance**, non avere nessuna possibilità di successo (*o* nessuna probabilità di cavarsela) □ **to rain cats and dogs**, piovere a dirotto (*o* a catinelle) □ (*fam.*) **to be top dog**, essere il pezzo più grosso; essere il gran capo; avere il comando □ **wolf-dog**, cane lupo □ (*prov.*) **Dog does not eat dog**, cane non mangia cane □ (*prov.*) **Every dog has its day**, per tutti, prima o poi, viene il giorno della fortuna □ (*prov.*) **Give a dog a bad name and hang him**, la calunnia uccide □ (*prov.*) **Let sleeping dogs lie**, non svegliare il can che dorme □ (*prov.*) **Love me, love my dog**, o prendermi o lasciarmi; devi prendermi così come sono □ (*prov.*) **You can't teach an old dog new tricks**, è impossibile far abbandonare ai vecchi (*o* agli abitudinari) le abitudini (*o* le idee inveterate) per adottarne di nuove.

to **dog** /dɒg, *USA* dɔːg/, *v. t.* **1** seguire; pedinare; dare la caccia a: **to dog sb.'s footsteps**, seguire le orme di q.; **to dog the baby's kidnappers**, dare la caccia ai rapitori del bambino **2** (*fig.*) perseguitare: **He is dogged by bad luck**, è perseguitato dalla sfortuna **3** (*mecc.*) assicurare con una brida (*o* con un rampone). ● (*fam. USA*) **to dog it**, vestire con eleganza, fare l'elegantone; fare lo scansafatiche; vivere a sbafo.

dogate /ˈdəʊgeɪt/, *n.* (*stor.*) dogato, dogado.

dogberry /ˈdɒgbərɪ, *USA* ˈdɔːgberɪ/, *n.* **1** (*bot., Cornus sanguinea*) sanguinella **2** frutto della sanguinella **3** – **D.**, funzionario sciocco e pomposo; poliziotto ottuso (*da un personaggio di una commedia di Shakespeare*).

dogcart /ˈdɒgkɑːt, *USA* ˈdɔːg-/, *n.* **1** carrettino tirato da un cane **2** biroccino; calesse.

doge /dəʊdʒ/, *n.* (*stor.*) doge. ● **d.'s wife**, dogaressa.

to **dog-ear** /ˈdɒgɪə(r), *USA* ˈdɔːg-/, *v. t.* fare le orecchie a (*le pagine di un libro*).

dogface /ˈdɒgfeɪs, *USA* ˈdɔːg-/, *n.* (*fam. USA*) soldato di fanteria; fantaccino.

dogfight /ˈdɒgfaɪt, *USA* ˈdɔːg-/, *n.* **1** zuffa fra cani **2** (*fig.*) mischia; combattimento; lotta accanita **3** (*mil.*) combattimento ravvicinato, duello (*fra aerei da caccia o carri armati*).

to **dogfight** /ˈdɒgfaɪt, *USA* ˈdɔːg-/ (*pass.* e *p. p.* **dogfought**), *v. i.* (*mil., aeron.*) combattere a distanza ravvicinata; duellare.

dogfish /ˈdɒgfɪʃ, *USA* ˈdɔːg-/, *n.* (*pl.* **dogfish, dogfishes**) (*zool.*) **1** (*Etmopterus*; *Centroscymnus, ecc.*) squalo, pescecane **2** (*Scyliorhinus*; *Galeus, ecc.*) gatto di mare **3** (*Galeus canis*) canesca. ● **smooth d.** (*Mustelus mustelus*), palombo.

dogged /ˈdɒgɪd, *USA* ˈdɔːgɪd/, *a.* caparbio; ostinato; tenace; accanito. ● (*prov.*) **It's d. does it!**, con la tenacia si riesce in tutto; chi la dura la vince (*prov.*). || **-ly**, *avv.* || **-ness**, *sost.*

dogger /ˈdɒgə(r), *USA* ˈdɔːg-/, *n.* (*naut.*) dogre.

doggerel /ˈdɒgərəl, -grəl, *USA* ˈdɔːg-/, **A** *n.* (= **d. verse**) versi fortemente scanditi; poesia burlesca. **B** *a.* troppo scandito; zoppicante; burlesco: **a d. poem**, una poesia burlesca.

doggie /ˈdɒgɪ, *USA* ˈdɔːgɪ/, **A** *n.* **1** (*fam. USA*) soldato di fanteria; fantaccino **2** *V.* **doggy** (1). **B** *a. V.* **doggy** (2).

doggish /ˈdɒgɪʃ, *USA* ˈdɔːg-/, *a.* **1** di (*o* da) cane; canino; cagnesco **2** ringhioso; ostile; dispettoso **3** (*fam. USA*) sgargiante; vistoso.

doggo /ˈdɒgəʊ, *USA* ˈdɔːgəʊ/, *avv.* (*pop. USA*) in disparte; tranquillamente. ● **to lie d.**, starsene fermo e quieto; fare il morto.

doggone /ˈdɒgɒn, *USA* ˈdɔːgɔːn/, *a.* (*pop. USA*; *eufem. per* **God damn**) dannato; maledetto. ● **D. it!**, dannazione!; maledizione!

doggy (1) /ˈdɒgɪ, *USA* ˈdɔːgɪ/, *n.* cagnolino; cagnetto. ● **d. bag**, sacchetto per gli avanzi per il cane (*dato in un ristorante*) □ **d. paddle**, *V.* **dog paddle**.

doggy (2) /ˈdɒgɪ, *USA* ˈdɔːgɪ/, *a.* **1** di (*o* da) cane; canino **2** amante dei cani; cinofilo **3** (*fam. USA*) elegante; pretenzioso; vistoso.

dogie /ˈdəʊgɪ/, *n.* (*USA*) vitellino (*in una mandria*) senza la madre.

dogleg /ˈdɒgdeg, *USA* ˈdɔːg-/, *n.* **1** piega netta **2** (*di strada, recinto, ecc.*) zigzag **3** (*sport: golf, ecc.*) tracciato a zigzag.

doglike /ˈdɒglaɪk, *USA* ˈdɔːg-/, *a.* **1** simile a un cane **2** da cane; canino: **d. devotion**, fedeltà canina.

dogma /ˈdɒgmə, *USA* ˈdɔːgmə/, *n.* (*pl.* **dogmas, dogmata**) (*anche relig.*) dogma.

dogmatic /dɒgˈmætɪk, *USA* dɔːg-/, *a.* dogmatico (*anche relig.*); intransigente. || **-ally**, *avv.*

dogmatics /dɒgˈmætɪks, *USA* dɔːg-/, *n. pl.* (*col verbo al sing.*) (*relig.*) dogmatica.

dogmatism /ˈdɒgmətɪzəm, *USA* ˈdɔːg-/, *n.* dogmatismo.

dogmatist /ˈdɒgmətɪst, *USA* ˈdɔːg-/, *n.* enunciatore di dogmi; dogmatista.

to **dogmatize** /ˈdɒgmətaɪz, *USA* ˈdɔːg-/, *v. t.* e *i.* dogmatizzare; parlare (*o* scrivere) in modo dogmatico; enunciare (q.c.) come dogma.

do-gooder /duːˈgʊdə(r)/, *n.* (*spreg.*) filantropo (*o* benefattore) ingenuo e inefficiente.

do-goodery /duːˈgʊdərɪ/, *n.* (*spreg.*) carità (*o* pietà) inefficace e sprovveduta.

dogrose /ˈdɒgrəʊz, *USA* ˈdɔːg-/, *n.* (*bot., Rosa canina*) rosa canina.

dogsbody /ˈdɒgzbɒdɪ, *USA* ˈdɔːg-/, *n.* (*fam. ingl.*) bestia da soma (*fig.*); travet.

dogtooth /ˈdɒgtuːθ, *USA* ˈdɔːg-/, *n.* (*pl.* **dogteeth**) **1** (*dente*) canino **2** (*bot.*, = **d. violet**) *V.* **dog's tooth violet**.

dogwatch /ˈdɒgwɒtʃ, *USA* ˈdɔːgwɔːtʃ/, *n.* (*naut., mil.*) gaettone, gaetone (*turno di guardia di due ore*).

dogwood /ˈdɒgwʊd, *USA* ˈdɔːg-/, *n.* (*bot., Cornus sanguinea*) sanguinella.

doh /dəʊ/, *n.* do (*nota musicale*).

doily /ˈdɔɪlɪ/, *n.* sottocoppa; centrino (*ricamato o di merletto*).

doing /ˈduːɪŋ/, *n.* (*fam.*) **1** azione; opera: **That's your doing**, questo è opera tua (sei stato tu)! **2** (*pl.*) azioni; imprese; fatti **3** (*fam.*) castigo; punizione; botte (*pl.*) **4** (*fam. USA*) animazione; attività; vita (*fig.*). ● **the day's doings**, i fatti del giorno □ **Tell me about your doings in France**, raccontami quel che hai fatto in Francia □ **It will take some doing!**, ci vorrà del bello e del buono!

doings /ˈduːɪŋz/, *n.* (*pl. invar.*) (*fam. ingl.*) aggeggio; affare; arnese; coso.

doit /dɔɪt/, *n.* **1** antica moneta olandese, di scarso valore **2** oggetto di scarso valore, da due soldi; inezia; quisquilia; nonnulla. ● **I don't care a d.**, non me ne importa un fico.

do-it-yourself /ˈduːɪtʃəˈself/, **A** *a.* da costruire (fare, montare, ecc.) da soli: **a d. bookshelf kit**, un corredo per fare da sé uno scaffale per libri. **B** *n.* il fardasé; il fai da te; bricolage.

do-it-yourselfer /ˈduːɪtʃəˈselfə(r)/, *n.* **1** chi pratica il fardasé **2** chi fa piccoli lavoretti da sé (*senza ricorrere ad artigiani*).

do-it-yourselfery /ˈduːɪtʃəˈselfərɪ/, *n.* (il) fardasé; bricolage.

Dolby /ˈdɒlbɪ, *USA* ˈdɔːl-, ˈdəʊl-/, *n.* (*marchio*: *elettr.*) Dolby.

dolce vita /ˈdɒltʃɪˈviːtə, *USA* ˈdəʊltʃeɪ/ (*ital.*), *n.* dolce vita.

doldrums /ˈdɒldrəmz, ˈdəʊl-, *USA* ˈdəʊl-, ˈdɔːl-, ˈdɒl-/, *n. pl.* **1** (*geogr., naut.*) doldrums; zona delle calme equatoriali **2** (*fig.*) malinconia; depressione d'animo; tristezza **3** (*econ.*) crisi; inattività; stagnazione. ● (*fig.*) **to be in the d.**, essere malinconico (*o* depresso, giù di tono); avere le paturnie (*pop.*).

dole (1) /dəʊl/, *n.* **1** (*arc.*) destino; sorte: **Happy man be his d.**, la sorte gli sia favorevole **2** (*raro*) elemosina; carità (*sotto forma di cibo, panni, ecc.*) **3** (*fam.*) sussidio di disoccupazione **4** (*fig.*) sussidio; sovvenzione; aiuti finanziari: **to live on the American d.**, vivere degli aiuti americani **5** (*leg.*) quota, parte (*specialm. di «common land»*). ● **d. queue**, coda (*o* fila) per (ritirare) il sussidio di disoccupazione □ **to go on the d.**, rimanere disoccupato □ **to be on the d.**, percepire il sussidio di disoccupazione.

dole (2) /dəʊl/, *n.* (*poet.*) duolo; dolore; lamento. ● **to make d.**, lamentarsi.

to **dole** /dəʊl/, *v. t.* (*di solito* **to d. out**) dare, distribuire (*in elemosina, o con parsimonia*).

doleful /ˈdəʊlfl/, *a.* addolorato; dolente; afflitto. || **-ly**, *avv.* || **-ness**, *sost.*

dolerite /ˈdɒləraɪt/, *n.* (*geol.*) dolerite.

dolichocephalic /dɒlɪkəʊsɪˈfælɪk/, **dolichocephalous** /dɒlɪkəʊˈsefələs/, *a.* dolicocefalo.

dolina /dəˈliːnə/, **doline** /dəˈliːn/, *n.* (*geogr.*) dolina.

doll /dɒl, *USA* dɔːl/, *n.* **1** bambola, pupattola (*anche fig.*): **d.'s house**, casa di bambola **2** (*pop.*) pupa; ragazza: **Guys and Dolls**, Bulli e pupe **3** (*pop. USA*) vero amico; tesoro (*fig.*) **4** (*pl.*) (*pop.*) «donne», «signore» (*sull'uscio di una toilette*). ● **rag d.**, bambola di pezza □ **She's a d.'s face**, è una bambola; è una fata (*una bella ragazza, con poco cervello*).

dollar /ˈdɒlə(r)/, *n.* **1** dollaro (*moneta americana, can., ecc.*): **half d.**, mezzo dollaro **2** (*fam., stor., in G.B.*) corona (*5 scellini*): **half d.**, mezza corona (*moneta da due scellini e mezzo*). ● (*fin.*) **the d. area**, l'area del dollaro □ **d. diplomacy**, politica dell'infiltrazione economica come mezzo di potere politico □ **d. king**, riccone in dollari; grosso finanziere americano □ (*fin.*) **d. gap [glut]**, scarsità [sovrabbondanza] di dollari □ (*fin.*) **d. parity**, parità in dollari □ **d. sign**, simbolo del dollaro.

dollarwise /ˈdɒləwaɪz/, *avv.* (*fam. USA*) in termini di dollari; in termini economici.

dollish /ˈdɒlɪʃ, *USA* ˈdɔːl-/, *a.* di (*o* da) bambola.

dollop /ˈdɒləp/, *n.* (*fam. spreg.*) piccola quantità, mucchietto, pezzetto, cucchiaiata (*spec. di cibo*).

to **doll up** /ˈdɒlʌp, *USA* ˈdɔːl-/, *v. t.* e *i.* (*fam.*) agghindare, agghindarsi; vestire con elegante ricercatezza.

dolly /ˈdɒlɪ, *USA* ˈdɔːlɪ/, *n.* **1** (*dim. usato specialm. al vocat.*) bambola; bambolina **2** battitoio; spatola (*per lavar panni, ecc.*) **3** (*cinem., TV*) dolly; carrello **4** (*mecc.*) controstampo **5** (*nei lavori stradali*) locomotiva a scartamento ridotto **6** (*fam.*, = **d. bird**) pupa; bambola; bella ragazza (*con poco cervello*) **7** (*tecn.*) carrello; piattaforma a rulli **8** (*cricket*) colpo (*o* lancio) facile. ● (*cinem., TV*) **d. pusher**, carrellista □ (*ind. aeron.*) **d.-shop**, carrello di sostegno della coda □ (*cinem., TV*) **d. shot**, carrellata.

to **dolly** /ˈdɒlɪ, *USA* ˈdɔːlɪ/, *v. i.* (*cinem., TV*) carrellare; fare una carrellata.

dollyman /ˈdɒlɪmən, *USA* ˈdɔːl-/, *n.* (*pl.* **dollymen**) (*cinem., TV*) carrellista.

dolman /ˈdɒlmən/, *n.* dolman.

dolmen /ˈdɒlmen, -mən/, *n.* (*archeol.*) dolmen.

dolomite /ˈdɒləmaɪt/, *n.* **1** (*miner.*) dolomite **2** (*geol.*) dolomia. ● (*geogr.*) **the Dolomites**, le Dolomiti.

dolomitic /dɒləˈmɪtɪk/, *a.* dolomitico.

dolomitization /dɒləmaɪtɪˈzeɪʃn, *USA* -tɪˈz-/, *n.* (*geol.*) dolomitizzazione.

dolor /ˈdɒlə(r), *USA* ˈdəʊl-/, *n.* (*USA*) *V.* **dolour**.

dolorific /dɒləˈrɪfɪk, *USA* dəʊl-/, *a.* dolorifico.

dolorous /ˈdɒlərəs, *USA* ˈdəʊl-/, *a.* (*poet.*) **1** doloroso; penoso **2** addolorato; dolente; triste.

dolostone /ˈdɒləstəʊn, *USA* ˈdəʊl-/, *n.* (*geol.*) dolomia.

dolour /ˈdɒlə(r), *USA* ˈdəʊl-/, *n.* (*poet.*) dolore; pena; angoscia.

dolphin /ˈdɒlfɪn, *USA* ˈdɔːl-/, *n.* **1** (*zool., Delphinus delphis*) delfino **2** (*naut.*) colonna d'ağgio; boa d'ormeggio **3** (*sport*) (nuoto a) delfino. ● (*sport*) **d. swimmer**, delfinista.

dolphinarium /dɒlfɪˈneərɪəm, *USA* dɔːl-/, *n.* acquario per delfini.

dolt /dəʊlt/, *n.* stupido; stolto; zuccone (*pop.*).

doltish /ˈdəʊltɪʃ/, *a.* sciocco; stupido; ottuso. || **-ly,** *avv.* || **-ness,** *sost.*

Dom /dɒm/, *n.* (*titolo onorifico*) don.

domain /dəʊˈmeɪn/, *n.* ***1*** dominio (*anche leg., ma non in Inghil.*); territorio dominato (*posseduto da uno Stato*); proprietà (*anche privata*) ***2*** (*fig.*) campo, sfera (*d'attività o studio*): **in the d. of psychiatry**, nel campo della psichiatria ***3*** (*mat.*) dominio. ● (*leg.*) **eminent d.**, diritto d'espropriazione (*da parte dello Stato*) per pubblica utilità.

domanial /dəʊˈmeɪnɪəl/, *a.* di un dominio; d'una proprietà.

dome /dəʊm/, *n.* ***1*** (*archit.*) cupola; volta a cupola ***2*** (*poet.*) palazzo; magione (*lett.*) ***3*** (*mecc.*) duomo (*per es., d'una caldaia*) ***4*** (*astron.*) tumulo; intumescenza ***5*** (*geol.*) cupola tettonica; duomo ***6*** (*metall.*) duomo ***7*** (*pop.*) capoccia; testa; zucca (*fig.*); (*pop. USA*) tetta. ● (*USA*) **d. car**, carrozza panoramica.

domed /dəʊmd/, *a.* fornito di cupola; fatto a cupola.

Domesday Book (**the**) /ˈduːmzdeɪbʊk/, *locuz. n.* (*stor.*) il Libro del Catasto d'Inghilterra (*fatto compilare da Guglielmo il Conquistatore nel 1086*).

domestic /dəˈmɛstɪk/, **A** *a.* ***1*** domestico: **d. happiness**, la felicità domestica; **Cats and dogs are d. animals**, i gatti e i cani sono animali domestici ***2*** nazionale; interno; dall'interno: **to buy d. goods**, comperare prodotti nazionali; **a d. loan**, un prestito nazionale; **d. trade**, commercio interno; (*in un giornale*) **d. news**, notizie dall'interno; **d. wines**, vini nazionali; (*econ.*) **d. demand**, la domanda interna ***3*** casalingo; amante della casa ***4*** (*USA*) casalingo; casereccio: **d. food**, cibo casereccio. **B** *n.* ***1*** (*arc.*) domestico; servitore ***2*** (*pl.*) (*USA*) articoli casalinghi. ● **d.** (**electrical**) **appliances**, elettrodomestici (*cucine, lavatrici e sim.*) □ (*fin.*) **d. bill**, cambiale pagabile all'interno (*di un paese*) □ **d. cars**, le auto di fabbricazione nazionale □ **d. help**, colf □ (*banca*) **d. lending**, impieghi interni □ **d. life**, vita familiare; vita di casa □ **d. refrigerator**, frigorifero per uso domestico □ **d. satellite**, *V.* **domsat** □ **d. science**, economia domestica (*materia di studio*) □ **d. worker**, addetto ai servizi domestici □ (*form.*) **to enter d. service**, andare a servizio presso privati.

domesticable /dəˈmɛstɪkəbl/, *a.* addomesticabile.

domestically /dəˈmɛstɪklɪ/, *avv.* ***1*** domesticamente ***2*** all'interno; in patria ***3*** (*econ.*) sul mercato interno.

to **domesticate** /dəˈmɛstɪkeɪt/, *v. t.* ***1*** rendere casalingo; abituare alla vita di casa; rendere esperto nelle faccende domestiche ***2*** addomesticare (*animali*) ***3*** incivilire, civilizzare (*selvaggi*). ● **to become domesticated**, addomesticarsi; incivilirsi.

domesticated /dəˈmɛstɪkeɪtɪd/, *a.* ***1*** addomesticato ***2*** casalingo; che ama la vita di casa ***3*** incivilito; civilizzato.

domestication /dəmɛstɪˈkeɪʃn/, *n.* ***1*** addomesticazione; addomesticamento ***2*** incivilimento; civilizzazione.

domesticity /dɒməˈstɪsətɪ, dəʊ-/, *n.* ***1*** vita familiare (*o* domestica) ***2*** amore per la vita domestica ***3*** l'esser domestico (*o* addomesticato) ***4*** – (*pl.*) **the domesticities**, i lavori di casa; le faccende domestiche.

domett /dəʊˈmɛt/, *n.* (*ind.*) tessuto misto di lana e cotone.

domicile /ˈdɒmɪsaɪl, ˈdəʊ-/, *n.* (*leg.*) domicilio; residenza stabile: **d. of choice**, domicilio d'elezione. ● **to fix one's d.**, domiciliarsi; prendere domicilio □ **to elect one's d. at York**, eleggere il proprio domicilio a York.

to **domicile** /ˈdɒmɪsaɪl, ˈdəʊ-/, **A** *v. t.* ***1*** stabilire, fissare la residenza di (*q., in un posto*) ***2*** (*comm.*) domiciliare (*una cambiale*). **B** *v. i.* (*raro*) fissare la propria residenza; prendere domicilio. ● (*comm.*) **domiciled bill**, cambiale domiciliata.

domiciliary /dɒmɪˈsɪlɪərɪ, dəʊ-, *USA* -ɪɛrɪ/, *a.* domiciliare; a domicilio: (*med.*) **d. care**, cure a domicilio; **d. visit**, (*med.*) visita a domicilio; (*leg.*) visita (*o* ispezione) domiciliare.

to **domiciliate** /dɒmɪˈsɪlɪeɪt, dəʊ-/, *V.* **to domicile**.

domiciliation /dɒmɪsɪlɪˈeɪʃn, dəʊ-/, *n.* ***1*** fissazione della residenza ***2*** (*comm.*) domiciliazione (*di una cambiale, ecc.*).

dominance /ˈdɒmɪnəns/, **dominancy** /ˈdɒmɪnənsɪ/, *n.* ***1*** dominio ***2*** predominio; prevalenza ***3*** ascendente; influenza ***4*** (*biol.*) dominanza.

dominant /ˈdɒmɪnənt/, **A** *a.* ***1*** (*anche mus., biol.*) dominante: **the d. note**, la nota dominante; **the d. character in a hybrid**, il carattere dominante in un ibrido; **a d. height**, un'altura dominante ***2*** più importante; più autorevole: **the d. party in a country**, il partito più importante in un paese ***3*** (*stat.*) prevalente. **B** *n.* ***1*** (*mus.*) nota dominante ***2*** (*biol.*) carattere dominante ***3*** (*psic.*) pensiero dominante.

to **dominate** /ˈdɒmɪneɪt/, *v. t.* e *i.* dominare (*in ogni senso*): **High mountains d. the valley**, la valle è dominata da alte montagne; **to d. Europe**, dominare l'Europa; (*econ.*) **to d. a market**, dominare un mercato.

domination /dɒmɪˈneɪʃn/, *n.* ***1*** dominazione ***2*** (*pl.*) (*relig.*) Dominazioni.

dominator /ˈdɒmɪneɪtə(r)/, *n.* dominatore.

to **domineer** /dɒmɪˈnɪə(r)/, *v. i.* spadroneggiare; tiranneggiare: **to d. over sb.**, tiranneggiare q. ● **a domineering fellow**, un tipo prepotente (*o* autoritario, dispotico).

dominical /dəˈmɪnɪkl/, *a.* ***1*** dominicale; di Dio; del Signore: **in the d. year**, nell'anno del Signore (*dopo Cristo*) ***2*** (*relig.*) domenicale; della domenica.

Dominican (**1**) /dəˈmɪnɪkən/, *a.* e *n.* (*relig.*) (frate) domenicano.

Dominican (**2**) /dɒmɪˈniːkən/, *a.* e *n.* (*geogr.*) dominicano.

dominie /ˈdɒmɪnɪ/, *n.* ***1*** (*scozz.*) maestro; professore ***2*** (*USA*) pastore della Chiesa Riformista Olandese; (*per estens.*) prete.

dominion /dəˈmɪnjən/, *n.* ***1*** dominio (*anche leg., ma non in Inghil.*); potere; sovranità ***2*** (*polit., stor.*) dominion (*stato membro del «Commonwealth» britannico*): **the D. of New Zealand**, il dominion della Nuova Zelanda ***3*** (*pl.*) (*relig.*) Dominazioni.

dominium /dəˈmɪnjəm/ (*lat.*), *n.* (*leg.*) dominio, proprietà assoluta (*concetto ignoto alla «common law» ingl.*).

domino /ˈdɒmɪnəʊ/, *n.* (*pl.* **dominoes**) ***1*** domino (*costume da maschera*) ***2*** tessera di domino ***3*** (*pl.*) gioco del domino. ● (*specialm. polit.*) **d. effect**, effetto valanga.

domsat /ˈdɒmsæt/, *n.* (*acronimo di* **domestic satellite**) satellite domestico (*per telecomunicazioni*).

don /dɒn/, *n.* ***1*** (*a Oxford e Cambridge*) professore d'un college (*V.* **fellow**); assistente d'un gruppo di studenti (*V.* **tutor**) ***2*** docente universitario (*in genere*) ***3*** (*fig.*) persona di riguardo; signore distinto ***4*** (*USA*) *V.* **Don** (**2**).

to **don** /dɒn/, *v. t.* (*arc. o poet.*) indossare, mettersi (*un abito, ecc.*).

Don (**1**) /dɒn/ (*spagn.*), *n.* Don (*titolo onorifico spagnolo*).

Don (**2**) /dɒn/, *n.* (*USA*) Don; Padrino; capomafia.

dona(**h**) /ˈdəʊnə/, *n.* (*pop. arc.*) donna; fidanzata; innamorata.

to **donate** /dəʊˈneɪt, *USA* ˈdəʊneɪt/, *v. t.* donare (*anche leg.*); fare dono di; dare; elargire.

donation /dəʊˈneɪʃn/, *n.* donazione (*anche leg.*); dono; elargizione di denaro.

donative /ˈdəʊnətɪv, ˈdɒn-/, *n.* donativo; dono.

donator /dəʊˈneɪtə(r), *USA* ˈdəʊneɪ-/, *n.* donatore.

donatress /dəʊˈneɪtrɪs, *USA* ˈdəʊneɪ-/, *n.* (*anche leg.*) donatrice.

done /dʌn/, **A** *p. p.* di **to do**. **B** *a.* ***1*** fatto; finito: **It's as good as d.**, ormai è cosa fatta ***2*** cotto: **The meat is d.**, la carne è cotta; **The steak is d. to a turn**, la bistecca è cotta a puntino ***3*** che è giusto (*o* corretto); che sta bene; da farsi: **the d. thing**, ciò che è giusto fare; **That isn't d.!**, non sta bene!; è da maleducato! ***4*** (*fam.*) sfinito; stanco morto; stremato ***5*** (*pop.*) gabbato; ingannato; fregato (*pop.*). **C** *inter.* d'accordo!; affare fatto!; ci sto. ● (*rif. a persona*) **to be d.**, aver finito: **When you're d., ring me up**, quando hai finito, chiamami al telefono □ **to be d. with**, avere chiuso (*fig.*): **I'm d. with soccer**, con il gioco del calcio ho chiuso □ **d. brown**, ben cotto; (*fig.*) ingannato, messo nel sacco (*fig.*) □ (*fam.*) **d. for**, finito, rovinato, nei guai; spacciato, ucciso; fatto fuori (*fam.*); (*di oggetto*) inservibile, fuori uso □ (*fam.*) **d. in** (*o* **d. up**), esausto; stanco morto; stremato □ (*di cibo*) **half-d.**, cotto a metà □ **well d.**, ben cotto □ (*prov.*) **What's d. cannot be undone**, cosa fatta capo ha □ **Well d.!**, bravo!; benissimo!

donee /dəʊˈniː/, *n.* (*leg.*) donatario.

doneness /ˈdʌnnəs/, *n.* (*cucina*) (l') essere cotto (*a puntino*): **to test the roast for d.**, provare se l'arrosto è cotto.

dong /dɒŋ, *USA* dɔːŋ/, *n.* (*volg.*) pene; cazzo (*volg.*).

donjon /ˈdɒndʒən/, *n.* torrione (*di castello*); torre interna.

Don Juan /dɒnˈdʒuːən, *USA* -wɑːn, -hwɑːn/, **A** *n.* (*pl.* **Don Juans**) (*fam.*) dongiovanni; grande seduttore. **B** *a. attr.* dongiovannesco.

donkey /ˈdɒŋkɪ, *USA* ˈdʌ-, ˈdɔː-/, *n.* ***1*** (*zool., Equus asinus*) asino; ciuco; somaro ***2*** (*fig.*) asino; stupido; imbecille. ● (*naut.*) **d. boiler**, caldaia ausiliaria; calderina □ **d. derby**, corsa degli asini □ **d. engine**, (*tecn.*) motore ausiliario; (*ferr.*) locomotiva da manovra; (*ind. petrolifera*) motore che aziona la pompa per l'estrazione del petrolio dal pozzo □ **d. jacket**, giaccone corto, di pesante stoffa blu □ (*tecn.*) **d. pump**, cavallino (*pompa azionata da macchina a vapore*) □ (*pop.*) **d.'s years**, un sacco di tempo; secoli □ (*fam.*) **to do the d.-work**, tirare la carretta (*fig.*); fare il lavoro più ingrato, faticoso □ (*fam.*) **to talk the hindlegs off a d.**, farla lunga; parlare a più non posso.

donnish /ˈdɒnɪʃ/, *a.* ***1*** di (*o* da) professore universitario ***2*** meticoloso; preciso; pedantesco; pignolo. || **-ly,** *avv.* || **-ness,** *sost.*

donor /ˈdəʊnə(r)/, *n.* donatore (*anche leg.*): **a blood d.**, un donatore di sangue. ● (*med.*) **d. card**, tessera di donatore (*di organi*).

do-nothing /ˈduːnʌθɪŋ/, *n.* fannullone; ozioso; pigrone (*fam.*).

don't /dəʊnt/, **A** *voce verb.* (*contraz. di*) **do not** (*V.* **to do**). **B** *n.* divieto; proibizione; cosa da non fare.

don't-know /ˈdəʊn(t)ˈnəʊ/, *n.* (*fam.*) incerto, indeciso; (*specialm. polit.*) elettore indeciso; (*nelle indagini*) «non sa».

doodab /ˈduːdæb/, **doodad** /ˈduːdæd/, **doodah** /ˈduːdɑː/, *n.* ***1*** aggeggio; arnese; coso ***2*** ciondolo; gingillo; ninnolo ***3*** (*volg.*) *V.* **dong**.

doodie /ˈduːdɪ/, *n.* (*volg. USA*) stronzo (*volg.*).

doodle /ˈduːdl/, *n.* disegnino; ghirigoro; scarabocchio: **His diary is all covered in doodles**, il suo diario è pieno di disegnini.

to **doodle** /ˈduːdl/, *v. i.* far disegnini, ghirigori, scarabocchi (*quasi inavvertitamente*); scarabocchiare.

doodlebug /ˈduːdlbʌg/, *n.* ***1*** (*zool., USA*) larva di formicaleone ***2*** pendolo (*da radioestesista, ecc.*) ***3*** (*fam.*) bomba volante; V1 ***4*** (*mecc.*) piccolo trattore; trattorino ***5*** (*ferr.*) carrello automotore (*per riparazioni*) ***6*** (*mil.*) carretta; tankette.

doom /duːm/, *n.* ***1*** destino (*tragico*); sorte; fato (*avverso*); distruzione; rovina; morte: **His d. is sealed**, la sua sorte è segnata ***2*** (*relig.*)

giudizio universale: **the day of d.**, il giorno del giudizio (universale) *3* (*arc.*) decreto; condanna. ● **d.-laden**, carico di cattivi presagi; apocalittico (*fig.*): **in a d.-laden voice**, in tono di voce apocalittico □ **d. writer**, rovinografo; scrittore apocalittico □ **d. writing**, rovinografia; narrativa catastrofica; fantascienza apocalittica □ **the crack of d.**, il giorno del giudizio.

to **doom** /du:m/, *v. t.* *1* condannare; predestinare: **He was doomed to die on the scaffold**, era predestinato a morire sulla forca *2* (*arc.*) decretare; condannare.

doomed /du:md/, *a.* *1* predestinato; condannato *2* (*di un progetto, ecc.*) destinato a fallire. ● **a d. ship**, una nave sul punto di affondare □ **a d. village**, un paese votato alla distruzione.

doomsday /ˈdu:mzdeɪ/, *n.* il giorno del giudizio (universale). ● (*stor.*) **the D. Book**, il Libro del Catasto dell'Inghilterra (*fatto compilare da Guglielmo il Conquistatore nel 1086*) □ **a d. scenario**, uno scenario apocalittico □ **from now till d.**, per sempre; sino alla fine del mondo.

doomster /ˈdu:mstə(r)/, *n.* *1* individuo (scrittore, ecc.) catastrofico; rovinologo; rovinografo *2* (*ecol.*) catastrofista.

doomwatch /ˈdu:mwɒtʃ, *USA* -wɔ:tʃ/, *n.* (*ecol.*) *1* catastrofismo *2* impegno (controllo, ecc.) per prevenire catastrofi ecologiche.

doomwatcher /ˈdu:mwɒtʃə(r), *USA* -wɔ:-/, *n.* (*ecol.*) ecologista impegnato nella prevenzione di catastrofi ecologiche.

door /dɔ:(r)/, *n.* *1* porta; uscio: **The door opened**, la porta si aprì; **front d.**, porta davanti (*o* principale) *2* sportello (*di mobile, automobile, treno, ecc.*); (*autom.*) portiera: **Don't open the d. until the car has come to a stop**, non aprire lo sportello finché l'automobile non s'è fermata *3* (*naut., aeron.*) portello *4* (*metall.*) porta; bocca. ● **d.-case** (*o* **d.-frame**), intelaiatura della porta □ **d.** (**and window**) **fitter**, serramentista (*installatore*) □ **d. entrance phone**, *V.* **d. phone** □ **d. entry system**, apriporta □ **d. furniture**, serrami (*collett.*) □ (*autom.*) **d. glass**, vetro dello sportello □ **d.-handle**, maniglia della porta □ **d. hardware**, serramenti per porte □ (*edil.*) **d.-jamb**, *V.* **d.-post** □ **d. key**, chiave di casa □ **d.-money**, prezzo del biglietto d'ingresso (*a uno spettacolo, ecc.*) □ **d. opener**, apriporta (*comando elettronico*) □ **d. phone**, citofono (*di una casa*) □ **d. porter**, portinaio; portiere □ **d.-post**, stipite (*o* montante) della porta □ **d.-stone**, lastra di pietra davanti alla porta; soglia □ **d.-scraper**, raschietto (*per il fango*) □ (*comm.*) **d.-to-d. sales**, vendite a domicilio □ (*comm.*) **d.-to-d. salesman**, venditore porta a porta □ (*comm.*) **d.-to-d. service**, servizio di consegna (*delle merci*) a domicilio □ (*fam.*) **to answer the d.**, rispondere al campanello; aprire la porta □ **to be at death's d.**, avere un piede nella fossa □ **back d.**, porta posteriore; porta di servizio □ (*fig.*) **behind closed doors**, a porte chiuse □ (*fig.*) **to close the d. upon**, sbarrare la strada a; rendere impossibile □ **double d.** (*o* **folding d.**), porta a due battenti □ **to go from d. to d.**, andare di porta in porta (*o* di casa in casa) □ (*fig.*) **to lay st. at sb.'s d.**, imputare q.c. a q.; dare la colpa di q.c. a q. □ **next d.**, nella casa (*o* nella stanza) accanto: **Who sleeps next d.** (**to you**)?, chi dorme nella camera accanto (alla tua)? □ **next-d. neighbours**, vicini di casa: **our next-d. neighbour**, il nostro vicino di casa (*o, in un albergo*, di stanza) □ (*fig.*) **next d. to**, quasi, pressoché: **He is next d. to crazy**, è quasi pazzo; se non è pazzo poco ci manca □ (*fam.*) **to be on the d.**, stare alla porta (*o* allo sportello); fare il controllo dei biglietti (*e sim.*) □ (*fig.*) **to open a d. to**, aprire la strada a, rendere possibile: **We hope the conference will open a d. to peace**, noi speriamo che la conferenza aprirà la strada alla pace □ **out of doors**, fuori; all'aperto □ **power d.**, porta automatica (*nei tram, ecc.*) □ **revolving d.**, porta girevole; bussola □ **to show sb. the d.**, mettere q. alla porta □ **to show sb. to the d.**, accompagnare q. alla porta □ **swinging d.**, porta a ventola □ **trap d.**, botola □ **within doors**, in casa; al chiuso □ **Our family doctor lives three doors off**, il nostro medico di famiglia abita nella terza casa dopo la nostra □ **The responsibility for the disaster lies at his d.**, la responsabilità del disastro è tutta sua.

doorbell /ˈdɔ:bɛl/, *n.* campanello della porta.

doorkeeper /ˈdɔ:ki:pə(r)/, *n.* portinaio; portiere.

doorknob /ˈdɔ:nɒb/, *n.* pomello della porta.

doorknocker /ˈdɔ:nɒkə(r)/, *n.* battente; battiporta; batacchio.

doorman /ˈdɔ:mən/, *n.* (*pl.* **doormen**) portiere, portinaio (*d'albergo, teatro, ecc.*). ● (*fam. USA*) **d.-barker**, portiere gallonato di night (*che invita i clienti a entrare*).

doormat /ˈdɔ:mæt/, *n.* *1* stuoia della porta; stuoino; zerbino *2* (*fig.*) pezza da piedi (*fig.*): **to treat sb. like a d.**, trattare q. come una pezza da piedi.

doornail /ˈdɔ:neɪl/, *n.* borchia sulla porta. ● **to be as dead as a d.**, essere morto stecchito □ **to be as deaf as a d.**, essere sordo come una campana.

doorplate /ˈdɔ:pleɪt/, *n.* targa (*o* targhetta) sulla porta.

doorscraper /ˈdɔ:skreɪpə(r)/, *n.* raschietto (*alla porta: per togliere il fango dalle scarpe*).

doorshaker /ˈdɔ:ʃeɪkə(r)/, *n.* (*pop. USA*) guardia notturna.

doorsill /ˈdɔ:sɪl/, *n.* (*edil.*) soglia.

doorstep /ˈdɔ:step/, *n.* *1* gradino davanti alla porta *2* (*pop.*) grossa fetta di pane. ● **right on your d.**, a due passi da casa tua; sotto casa.

doorstop /ˈdɔ:stɒp/, **doorstopper** /ˈdɔ:stɒpə(r)/, *n.* fermaporta.

doorstrip /ˈdɔ:strɪp/, *n.* parafreddo.

doorway /ˈdɔ:weɪ/, *n.* *1* vano della porta; entrata *2* (*fig.*) via d'accesso: **the d. to China**, la via d'accesso alla Cina. ● **to be on the d.**, stare sull'uscio.

doozie /ˈdu:zɪ/, *n.* (*pop. USA*) *1* battuta di spirito *2* cosa insolita.

dopamine /ˈdəʊpəmi:n/, *n.* (*biochim.*) dopamina.

dopant /ˈdəʊpənt/, *n.* (*elettron.*) agente di drogaggio.

dope /dəʊp/, *n.* *1* adesivo (*o* vernice) a base di esteri di cellulosa; lacca *2* (*aeron.*) vernice impermeabilizzante *3* (*autom.*) additivo *4* (*fotogr., USA*) vernice per ritocchi *5* (*fam.*) narcotico; stupefacente; droga; erba *6* (*sport*) droga; sostanza eccitante (*per stimolare cavalli da corsa, ecc.*); bomba (*pop.*) *7* (*fam.*) informazioni riservate; soffiata, imbeccata (*su cavalli da corsa o altro*) *8* (*pop. USA*) previsione *9* (*pop.*) testone; tonto; stupido. ● **d. addict**, tossicomane □ (*pop. USA*) **d. fiend**, tossicomane; drogato □ (*pop. USA*) **d.-head**, tossicomane; oppiomane □ **d. merchant** (*o* **peddler, pusher**), spacciatore di droga □ **d. ring**, giro della droga □ (*pop. USA*) **to hit the d.**, drogarsi.

to **dope** /dəʊp/, **A** *v. t.* *1* (*tecn.*) laccare; verniciare *2* (*fam.*) somministrare sostanze eccitanti (*o* stupefacenti) a (q.); drogare; dopare (*angl.*): **to d. a horse**, drogare un cavallo *3* (*pop. USA*) prevedere; calcolare. **B** *v. i.* (*pop.*) drogarsi; essere dedito alla droga. ● **to d. a drink**, drogare una bevanda □ (*pop.*) **to d. off**, essere intontito, sotto l'effetto della droga.

dop(e)y /ˈdəʊpɪ/, *a.* *1* (*fam.*) inebetito dalla droga; drogato *2* (*fam.*) assonnato; intontito; suonato (*pop.*) *3* (*pop.*) stupido; tonto; rimbambito.

doping /ˈdəʊpɪŋ/, *n.* *1* (*sport*) doping; drogaggio *2* (*tecn.*) trattamento antiadesivo *3* (*elettron.*) drogaggio; drogatura. ● **d. agent**, *V.* **dopant**.

dor /dɔ:(r)/, *n.* (*zool.*) *1* (*Vespa crabro*) calabrone *2* *V.* **dorbeetle**.

dorado /dəˈrɑ:dəʊ, *USA* -ˈreɪ-/, *n.* (*pl.* **dorados**) (*zool., Coryphaena hippurus*) cantaluzzo; corifena cavallina.

dorbeetle /ˈdɔ:bi:tl/, *n.* (*zool., Geotrupes stercorarius*) scarabeo stercorario.

do-re-mi /dɔ:reɪˈmi:/, *n.* (*pop. USA*) denaro; soldi; quattrini; grana, grano (*pop.*).

Dorian /ˈdɔ:rɪən/, **A** *a.* dorico. **B** *n.* abitante della Doride.

Doric /ˈdɒrɪk, *USA* -ɔ:r-/, **A** *a.* dorico: (*archit.*) **d. order**, ordine dorico; **a d. capital**, un capitello dorico. **B** *n.* dorico (*lingua della Doride*).

dork /dɔ:k/, *n.* *1* (*pop.*) stupido; tonto *2* (*volg. USA*) pene; cazzo (*volg.*).

dorm /dɔ:m/, *n.* (*abbr. fam.*) *V.* **dormitory**.

dormancy /ˈdɔ:mənsɪ/, *n.* *1* sonno *2* (*biol.*) letargo *3* (*bot.*) dormienza; quiescenza; diapausa *4* (*geol.*) inattività (*di un vulcano*).

dormant /ˈdɔ:mənt/, *a.* *1* addormentato; dormiente; assopito *2* inattivo: **a d. volcano**, un vulcano inattivo *3* (*biol.*) in letargo; in torpore: **d. snakes**, serpenti in letargo *4* (*bot.*) dormiente: **d. plants**, piante dormienti *5* (*fig.*) latente: **d. faculties**, facoltà latenti *6* (*arald.*) disteso; sdraiato; accovacciato: **a d. lion**, un leone accovacciato. ● (*banca*) **d. account**, conto inattivo □ (*leg.*) **d. claim**, diritto non esercitato □ (*fin.*) **d. partner**, socio non operante; (*anche*) socio accomandante □ (*leg.*) **d. warrant**, mandato in bianco.

dormer /ˈdɔ:mə(r)/, *n.* (*edil.*; = **d. window**) abbaino; lucernario.

dormitory /ˈdɔ:mətrɪ, *USA* -tɔ:rɪ/, *n.* *1* dormitorio; camerata *2* (*USA*) casa dello studente. ● (*ferr., USA*) **d. car**, vagone letto per il personale del ristoro □ **d. towns**, città dormitorio.

dormouse /ˈdɔ:maʊs/, *n.* (*pl.* **dormice**) (*zool., Glis glis*) ghiro.

Dorothy /ˈdɒrəθɪ, *USA* ˈdɔ:r-/, *n.* Dorotea. ● **d. bag**, borsa da donna (*con apertura chiusa da un cordone da infilare al polso*).

dorsal /ˈdɔ:sl/, *a.* (*anat., zool.*) dorsale: **d. fin**, pinna dorsale.

dorsigrade /ˈdɔ:sɪgreɪd/, *a.* (*zool.*) dorsigrado.

dorsosacral /dɔ:səʊˈseɪkrəl, *USA* ˈsæk-/, *a.* (*anat.*) dorsosacrale.

dorsoventral /dɔ:səʊˈventrəl/, *a.* (*anat.*) dorsoventrale.

dory (**1**) /ˈdɔ:rɪ/, *n.* barca da pesca a fondo piatto.

dory (**2**) /ˈdɔ:rɪ/, *n.* (*zool., Zeus faber*) pesce San Pietro.

dosage /ˈdəʊsɪdʒ/, *n.* *1* dosatura, dosaggio (*di medicine, ecc.*); posologia *2* quantità (*di medicina, ecc.*) data in una dose; dose.

dose /dəʊs/, *n.* *1* (*anche fig.*) dose: **a good d. of flattery**, una buona dose d'adulazione; **to strengthen the d.**, rincarare la dose *2* sostanza aromatica (*o* zucchero) (*aggiunti al vino*) *3* (*pop.*) scolo (*pop.*); gonorrea.

to **dose** /dəʊs/, *v. t.* *1* (*med.*) dosare *2* somministrare una medicina a (q.) *3* aggiungere zucchero (*o* una sostanza aromatica) a (*vino*); adulterare. ● (*fam.*) **to d. up**, imbottire (*di medicine*).

dosimeter /dəʊˈsɪmɪtə(r)/, *n.* (*tecn., anche fis. nucl.*) dosimetro.

dosimetry /dəʊˈsɪmətrɪ/, *n.* (*tecn., anche fis. nucl.*) dosimetria.

dosing /ˈdəʊsɪŋ/, *n.* (*anche med.*) dosatura; dosaggio.

doss /dɒs, *USA* dɔ:s/, *n.* (*pop.*) *1* letto; branda *2* dormitina; sonnellino; pisolino: **to have a d.**, fare un pisolino. ● **d.-house**, albergo (*o* pensione) d'infimo ordine; dormitorio pubblico.

to **doss** /dɒs, *USA* dɔ:s/, *v. i.* (*pop.*) *1* dormire in un dormitorio pubblico *2* (*spesso* **to d. down**) dormire; fare la nanna: **We'll d. down in the car**, dormiremo in macchina.

dossal /ˈdɒsl/, *n.* (*relig.*) dossale.

dosser /ˈdɒsə(r), *USA* ˈdɔː-/, *n.* (*pop.*) chi dorme in un dormitorio pubblico; vagabondo.

dossier /ˈdɒsɪə(r), -ɪeɪ, *USA* ˈdɔː-/ (*franc.*), *n.* incartamento; dossier.

dost /dʌst, dəst/, (*arc.*) *2ª pers. sing. del pres. ind.* di **to do**.

dot /dɒt/, *n.* ***1*** punto (*scrittura, mus., ecc.*); puntino; segno (*fatto con penna o matita*): **The dune buggy grew smaller and smaller until it was a mere dot on the horizon**, il fuoristrada si fece sempre più piccolo finché non fu che un puntino all'orizzonte; (*telegr.*) **dots and dashes**, punti e linee ***2*** (*mat.*) virgola (*nei numeri decimali*); punto (*segno di moltiplicazione*) ***3*** (*elettron.*) punto: **dot generator**, generatore di punti; **dot-matrix printer**, stampante a matrice di punti. ● **a dot of a child**, un bambino alto come un soldo di cacio □ **dot-wheel**, rotella per fare una linea punteggiata □ (*fam.*) **in the dot year**, secoli fa □ (*pop.*) **to be off one's dot**, essere un po' tocco; essere picchiatello □ (*fam.*) **on the dot**, all'ora precisa; puntualmente: **to arrive on the dot**, arrivare all'ora precisa; **to pay on the dot**, pagare puntualmente.

to **dot** /dɒt/, *v. t.* ***1*** mettere il puntino su (q.c.) ***2*** punteggiare: **The sea was dotted with ships**, il mare era punteggiato di navi ***3*** (*mus.*) punteggiare. ● **to dot st. about**, spargere q.c. a chiazze (*o* a puntolini, ecc.) □ **to dot one's i's and cross one's t's**, mettere i puntini sulle «i»; essere meticoloso, preciso, pignolo.

dotage /ˈdəʊtɪdʒ/, *n.* ***1*** rimbambimento; rammollimento ***2*** amore sviscerato; infatuazione; adorazione. ● **He is in his d.**, è un vecchio rimbambito.

dotal /ˈdəʊtl/, *a.* (*leg.*) dotale: **d. property**, beni dotali.

dotard /ˈdəʊtəd/, *n.* vecchio rimbambito.

to **dote** /dəʊt/, *v. i.* ***1*** essere rimbambito (*o* rammollito) ***2*** – **to d. on**, amare svisceratamente; essere infatuato di (q.): **He dotes on that girl**, è infatuato di (*o* stravede per) quella ragazza.

doth /dʌθ, dəθ/, (*arc.*) *3ª pers. sing. del pres. ind.* di **to do**.

doting /ˈdəʊtɪŋ/, **A** *a.* ***1*** rimbambito; rammollito ***2*** ciecamente innamorato; infatuato. **B** *n.* ***1*** rimbambimento ***2*** infatuazione.

dotted /ˈdɒtɪd/, *a.* ***1*** tratteggiato: **d. line**, linea tratteggiata ***2*** (*fig.*) punteggiato; costellato; trapunto: **d. with stars**, trapunto di stelle ***3*** a pallini; a pois: **a d. necktie**, una cravatta a pois ***4*** (*mus.*) puntato. ● (*fig.*) **to sign on the d. line**, accettare senza esitazioni (*o* riserve); firmare a occhi chiusi (*fig.*).

dotterel /ˈdɒtərəl/, *n.* (*pl.* **dotterels, dotterel**) (*zool.*, *Charadrius morinellus*) piviere tortolino.

dottle /ˈdɒtl/, *n.* residuo di tabacco (*in una pipa*).

dottrel /ˈdɒtrəl/, *V.* **dotterel**.

dotty /ˈdɒtɪ/, *a.* ***1*** punteggiato; coperto di puntini ***2*** (*fam.*) debole; malfermo; traballante: **He is d. on his legs**, è malfermo sulle gambe ***3*** (*fam.*) mezzo matto; un po' tocco; picchiatello; suonato (*fig.*): **He's d. about soccer**, va matto per il calcio.

double (**1**) /ˈdʌbl/, **A** *a.* ***1*** doppio; duplice; piegato in due; messo a doppio: **a d. consonant**, una (consonante) doppia; **d. space**, spazio doppio; (*fisc.*) **d. taxation**, imposizione doppia; doppia tassazione; (*ferr.*) **d. track**, doppio binario; **to pay d. fare**, pagare doppio prezzo (*o* due biglietti); **a man with a d. chin**, un uomo col doppio mento; **to perform a d. service**, fare doppio servizio; avere duplice uso; **a d. portion**, una porzione doppia; **a d. beer**, una birra doppia; **a d. meaning**, un doppio senso; **I'm d. her age**, ho il doppio della sua età ***2*** (*fig.*) doppio; falso; ambiguo; ipocrita: **to lead a d. life**, fare una doppia vita. **B** *avv.* ***1*** il doppio; due volte tanto: **It cost me d.**, mi è costato il doppio ***2*** doppio (*a immagini sdoppiate*): **I'm afraid I see d.**, temo di vederci doppio ***3*** in due; a doppio: **to fold a sheet d.**, piegare in due un lenzuolo; mettere a doppio un lenzuolo; **The poor man was bent d. with age**, il poveretto era piegato (in due) per l'età avanzata ***4*** in due; insieme: **to ride d.**, montare in due un cavallo; **to sleep d.**, dormire in due nello stesso letto. ● (*mecc.*) **d.-acting**, a doppio effetto □ **d. agent**, spia che fa il doppio gioco □ **d. axe**, ascia a doppio taglio □ (*naut., stor.*) **d.-banked**, a due ordini di remi □ (*mus.*) **d. bar**, doppia barra □ **d.-barrelled**, (*di fucile*) a due canne; (*di cognome*) doppio: **Compton-Burnett is a d.-barrelled name**, Compton-Burnett è un cognome doppio □ (*mus.*) **d. bass**, contrabbasso □ (*mus.*) **d. bassoon**, controfagotto □ **a d. bed**, un letto a due piazze (*o* matrimoniale) □ (*di camera*) **d.-bedded**, a due letti □ **d. bind**, brutto dilemma □ (*med., scient.*) **d. blind**, doppio cieco □ (*mecc.*) **d.-block brake**, freno a due ceppi □ (*USA*) **d. boiler**, *V.* **d. saucepan** □ **d. buffalo**, *V.* **d. nickels** □ **d.-buffer shoe polisher**, pulisciscarpe a due spazzole □ (*chim.*) **d. bond**, doppio legame □ (*tur.*) **d. booking**, doppia prenotazione □ (*anche naut.*) **d. bottom**, doppiofondo □ (*di giacca o cappotto*) **d.-breasted**, a doppiopetto □ **d. chin**, doppio mento; pappagorgia □ **d.-chinned**, con la pappagorgia □ **a d. coat of paint**, due mani di vernice □ **d. cream**, panna molto densa □ **d. cross**, inganno, frode; doppio gioco □ **d.-crosser**, doppiogiochista □ (*tipogr.*) **d. dagger**, doppia croce □ (*fam. USA*) **d. date**, appuntamento di due coppie (*per uscire insieme*) □ **d.-dealer**, uomo doppio, finto, ipocrita; persona sleale; doppiogiochista □ **d.-dealing**, (*agg.*) doppio, sleale, ipocrita; (*sost.*) doppiezza, slealtà, ipocrisia □ **d.-decker**, nave a due ponti; autobus a due piani; (*USA*) letto a castello; (*aeron.*) biplano; (*fam.*) sandwich (*o* tramezzino) doppio □ (*autom.*) **d.-declutching**, doppia debragliata □ **d. deuces**, il numero 22 □ (*fam. USA*) **d.-dipper**, chi prende due stipendi (*o* pensione e stipendio) □ (*fam. USA*) **d.-dome**, (*sost.*) intellettuale; (*agg.*) da intellettuale □ **d. door**, porta doppia (*o* a due battenti) □ (*fam.*) **d. Dutch**, lingua incomprensibile; turco, arabo (*fig.*): **This is d. Dutch to me**, per me questo è turco □ **d.-dyed**, tinto due volte; (*fig.*) matricolato; di tre cotte: **He is a d.-dyed scoundrel**, è un furfante di tre cotte □ **d.-eagle**, aquila bicipite; antica moneta d'oro americana (*20 dollari*) □ **d.-edged**, a doppio taglio (*anche fig.*): **a d.-edged compliment**, un complimento a doppio taglio □ **d. entendre**, doppio senso □ (*rag.*) **d. entry**, partita doppia: **d.-entry bookkeeping**, contabilità in partita doppia □ **d.-faced**, a due facce, bifronte; (*fig.*) doppio, finto, ipocrita; (*di tessuto*) double-face (*franc.*) □ (*cinem.*) **d. feature**, doppio programma □ **d. figures**, numero a due cifre □ (*econ., fin.*: *dell'inflazione, dei tassi, ecc.*) **d.-figure**, a due cifre □ **d. first**, (chi consegue) il massimo dei voti nell'esame di laurea (*nelle università inglesi*) □ (*mus.*) **d. flat**, doppio bemolle □ **d.-glazed window**, finestra a doppi vetri □ (*edil.*) **d.-glazing**, (installazione dei) doppi vetri □ **d. harness**, finimenti per una pariglia di cavalli; (*fig.*) matrimonio □ **d.-headed**, a due teste, bicipite; (*fig.*) falso, ipocrita □ (*ferr.*) **d.-header**, treno trainato da due locomotori □ (*biochim.*) **d. helix**, doppia elica □ (*leg., USA*) **d.-jeopardy**, il processare q. per un delitto per cui è già stato assolto □ **d.-jointed**, snodato □ (*tipogr.*) **d.-leaded**, a spaziatura doppia fra riga e riga □ **d. lock**, serratura doppia; (*anche*) doppia mandata □ (*mil.*) **d. march**, passo di corsa □ (*fam. USA*) **d. nickels**, il numero 55; (*autom.*) il limite delle 55 miglia all'ora □ (*fam. USA*) **d.-o**, ispezione a fondo; esame accurato □ (*Borsa*) **d. option**, stellage; stellaggio □ (*autom.*) **d.-parking**, parcheggio in seconda (*o* doppia) fila □ (*elettr.*) **d.-pole switch**, commutatore bipolare □ (*market.*) **d. pricing**, doppia prezzatura (*sulle confezioni*: *un prezzo è cancellato con un frego*) □ **d.-quick**, (*agg.*) velocissimo; (*avv.*) in un attimo, in un baleno; (*sost.*) (*mil.*) passo di corsa □ **d. room**, camera doppia (*con letto matrimoniale*) □ (*cucina*) **d. saucepan**, bagnomaria (*l'apparecchio*) □ (*canottaggio*) **d. scull**, due di coppia; doppio skiff □ (*mus.*) **d. sharp**, doppio diesis □ (*tipogr.*) **d. spread**, pagina doppia □ **d. standard**, (*econ.*) bimetallismo; (*fig.*) (valutazione con) due metri diversi (*di giudizio*); due pesi e due misure (*fig.*) □ (*astron.*) **d. star**, stella doppia □ (*fam.*) **d. take**, (seconda) occhiata di stupore; reazione a scoppio ritardato □ **d. talk**, frasi confuse, ambigue, insincere; discorso contorto, involuto (*o* ipocrita) □ **d. time**, (*econ.*) doppia paga; doppio salario (*o* stipendio); (*mus.*) tempo doppio; (*mil., USA*) passo di corsa □ **d.-tongued**, falso, infido, insincero □ (*fam. USA*) **d.-trouble**, (*di una persona*) guastafeste; (*di una cosa*) fonte di guai a non finire □ (*med.*) **d. vision**, diplopia □ (*leg.*) **d. will**, testamento congiuntivo e reciproco □ **to engage in d. dealing**, usare doppiezza (*o* finzione, ipocrisia); essere disonesto □ **a man with a d. character**, un uomo dalla duplice natura □ **a sword with a d. edge**, una spada a doppio taglio □ **to wear a d. face**, essere doppio, ipocrita.

double (**2**) /ˈdʌbl/, *n.* ***1*** doppio: **Four is the d. of two**, quattro è il doppio di due ***2*** sosia; ritratto (*fig.*): **He has his d. in his son**, suo figlio è il suo ritratto ***3*** (*teatr.*) sostituto; (*cinem.*) controfigura ***4*** (*bridge*) raddoppio ***5*** scarto (*d'animale inseguito*) ***6*** inversione di marcia; dietrofront ***7*** doppio: **Make mine a d., bartender!**, fammelo doppio, barista! ***8*** (*scommessa nelle corse dei cavalli*) duplice ***9*** doppio; Doppelgänger (*ted.*) ***10*** (*pl.*) (*tennis*) doppio: **to play doubles**, giocare il doppio; **mixed doubles**, doppio misto; **doubles side line**, linea laterale per il doppio ***11*** (*tipogr.*) *V.* **doublet**, *def. 8*. ● **d. or quits**, doppio o pari e patta; lascia o raddoppia (*gioco*) □ (*tennis*) **doubles-player**, doppista; giocatore di doppio □ (*mil.*) **at the d.**, a passo di corsa □ **on the d.**, velocissimo; in un attimo.

to **double** /ˈdʌbl/, **A** *v. t.* ***1*** raddoppiare: **to d. prices** [**revenues**], raddoppiare i prezzi [le entrate]; **D. the dose!**, raddoppia la dose! ***2*** piegare in due; mettere a doppio; raddoppiare: **She doubled the sheet**, piegò in due il lenzuolo ***3*** duplicare; ripetere ***4*** (*naut.*) doppiare: **We doubled the Cape of Good Hope**, doppiammo il Capo di Buona Speranza ***5*** (*cinem., TV*) doppiare: **to d. a film**, doppiare un film ***6*** (*cinem., teatr.*) fare la controfigura di (*un attore*); sostituire ***7*** (*naut.*) mettere (*un passeggero*) nella stessa cabina con un altro ***8*** (*biliardo e giochi di carte*) raddoppiare ***9*** (*biliardo*) far rimbalzare (*una palla*) di sponda. **B** *v. i.* ***1*** raddoppiare; diventare doppio ***2*** fare dietrofront; volgersi, voltarsi di scatto (*cambiando direzione*) ***3*** (*teatr., cinem.*) fare il sostituto (*o* la controfigura) ***4*** (*teatr., cinem.*) fare (*o* sostenere) due parti (*o* due ruoli) ***5*** (*di un oggetto*) (*anche* **to d. in brass**) essere a doppio uso; fare da: **The Land Rover doubled as a lorry**, la Land Rover faceva da camioncino ***6*** (*mil.*) andare a passo di corsa ***7*** (*biliardo*: *di palla*) rimbalzare.

♦**double back**, *v. i. + avv.* invertire la marcia; fare dietro front □ **to d. back on one's tracks**, tornare sui propri passi; tornare indietro.

♦**double over**, **A** *v. i. + avv.* piegarsi in due (*per un colpo, il dolore, ecc.*). **B** *v. t. + avv.* far piegare (q.) in due.

♦**double up**, **A** *v. i. + avv.* ***1*** *V.* **double over** ***2*** (*ingl.*) raddoppiare; scommettere quello che si è vinto. **B** *v. t. + avv. V.* **double over** □ **to d. up one's fist**, serrare (*o* stringere) il pugno (*per battersi con q.*) □ **to d. up with sb.**, dormire nella stessa camera; dividere la stanza con q.

to **double-book** /ˈdʌblˈbʊk/, *v. t.* (*tur.*) accettare prenotazioni da due persone diverse per (*una camera d'albergo*).

to **double-check** /ˈdʌblˈtʃɛk/, *v. t.* e *i.* controllare due volte; ricontrollare.

to **double-clutch** /ˈdʌblklʌtʃ/, *v. i.* (*autom., USA*) *V.* **to double-declutch**.

to **double-cross** /ˈdʌblˈkrɒs, *USA* -ɔːs/, *v. t.* (*fam.*) fare il doppio gioco con (q.); ingannare; tradire.

to **double-deal** /ˈdʌblˈdiːl/, *v. i.* ingannare; fare il doppio gioco.

to **double-declutch** /ˈdʌbldiːˈklʌtʃ/, *v. i.* (*autom.*) fare una doppia debragliata; fare la doppietta (*fam.*).

double-declutching /ˈdʌbldiːˈklʌtʃɪŋ/, *n.* (*autom.*) doppia debragliata.

to **double-glaze** /ˈdʌblˈgleɪz/, *v. t.* mettere i doppi vetri a (*una finestra*).

to **double-lock** /ˈdʌblˈlɒk/, *v. t.* chiudere a doppia mandata.

doubleness /ˈdʌblnəs/, *n.* doppiezza; duplicità; ipocrisia.

to **double-park** /ˈdʌblˈpɑːk/, *v. t.* e *i.* (*autom.*) parcheggiare in seconda (*o* doppia) fila.

to **double-space** /ˈdʌblˈspeɪs/, *v. t.* scrivere (*a macchina*) con doppia spaziatura.

doublet /ˈdʌblət/, *n.* **1** (*stor.*) farsetto: **d. and hose**, farsetto e calzoni stretti al ginocchio **2** doppione; duplicato **3** (*ling.*) doppione; allotropo **4** (*pl.*) doppietto; lo stesso numero sulle facce di due dadi gettati contemporaneamente **5** doppietta (*colpo che uccide due uccelli*) **6** (*nel microscopio*) obiettivo doppio **7** (*radio*) dipolo **8** (*tipogr.*) doppione.

to **double-talk** /ˈdʌbltɔːk/, *v. i.* (*fam.*) usare un linguaggio ambiguo; fare acrobazie verbali; arrampicarsi sugli specchi (*fig.*).

doublethink /ˈdʌblθɪŋk/, *n.* (*polit., spreg.*) doppio modo di pensare (*o* di teorizzare, ecc.); mancanza di coerenza ideologica (*dal romanzo* 1984 *di G. Orwell*).

doubleton /ˈdʌbltən/, *n.* (*a bridge, ecc.*) doppia; due carte dello stesso seme (*in una mano*).

doubling /ˈdʌblɪŋ/, *n.* **1** duplicazione; raddoppio **2** piegatura; piega **3** fodera **4** (*autom.*) improvvisa inversione (*di marcia*) **5** (*ling.*) geminazione.

doubloon /dʌˈbluːn/, *n.* doblone (*antica moneta spagnola*).

doubly /ˈdʌblɪ/, *avv.* doppiamente: **to be d. careful**, stare doppiamente attento; **He's d. mistaken**, ha doppiamente torto; sbaglia due volte.

doubt /daʊt/, *n.* dubbio: **I am in d. what to do**, sono in dubbio sul da farsi; **I have no d. about his honesty**, non ho dubbi sulla sua onestà. ● **beyond d.**, senza possibilità di dubbio □ **to give sb. the benefit of the d.**, concedere a q. il beneficio del dubbio □ (*di esito*) **to be in d.**, essere in dubbio (*o* incerto): **The result is still in d.**, il risultato è ancora dubbio; **His success is in d.**, la sua riuscita è in dubbio □ **to make no d. that...**, non aver dubbi che...; esser certo che... □ **no d.**, senza dubbio, certamente; (*fam.*) con ogni probabilità □ **without d.**, senza dubbio.

to **doubt** /daʊt/, **A** *v. i.* dubitare; essere in dubbio: **He never doubted of victory**, non dubitò mai della vittoria; **I don't d. that he will be able to pay**, non dubito che sarà in grado di pagare; **I d. whether to go or stay**, sono in dubbio se andare o restare. **B** *v. t.* dubitare di; mettere in dubbio; nutrire dubbi su: **I d. it**, ne dubito; **Do you d. my promise?**, metti in dubbio la mia promessa?; **I d. the truth of this story**, nutro dubbi sulla verità di questa storia. ● **to d. one's eyes**, non credere ai propri occhi □ (*scherz.*) **a doubting Thomas**, un incredulo, uno scettico: **Joe is a doubting Thomas**, Joe è come San Tommaso!

doubtable /ˈdaʊtəbl/, *a.* dubitabile.

doubter /ˈdaʊtə(r)/, *n.* dubitatore, dubitatrice (*raro*); persona dubbiosa.

doubtful /ˈdaʊtfl/, *a.* **1** dubbioso; dubbio; incerto, dall'esito incerto; irresoluto; indeciso: **I am d. about what to do**, sono dubbioso sul da farsi; **The political situation is very d.**, la situazione politica è assai incerta; **It is d. whether he will join us**, è dubbio che si unisca a noi; **d. result**, risultato incerto; **a d. battle**, una battaglia dall'esito incerto; **d. voters**, elettori indecisi **2** dubbio; discutibile; che dà scarso affidamento: **a d. remedy**, un rimedio discutibile; **d. reputation**, dubbia fama **3** ambiguo; equivoco: **a d. character**, un individuo equivoco; **I shouldn't like to live in such a d. district**, non vorrei abitare in un quartiere così equivoco. ● (*comm.*) **d. debts**, crediti di dubbia esigibilità □ **It's d. I'll be able to pay you on Monday**, è improbabile che io riesca a pagarti lunedì □ **His coming is a d. blessing**, è discutibile se la sua venuta sia un bene o no.

doubtfully /ˈdaʊtfəlɪ/, *avv.* dubbiosamente.

doubtfulness /ˈdaʊtflnəs/, *n.* **1** dubbiosità; irresolutezza; incertezza **2** ambiguità; l'essere equivoco.

doubtless /ˈdaʊtləs/, **doubtlessly** /ˈdaʊtləslɪ/, *avv.* **1** indubbiamente; senza dubbio; certamente: **I shall d. see him tomorrow**, lo vedrò certamente domani **2** (*fam.*) con tutta probabilità.

douche /duːʃ/, *n.* **1** doccia (*bagno*) **2** (*med.*) irrigazione (*anche vaginale*); lavaggio **3** (*pop. USA*) *V.* **d. bag.** ● **d. bag.**, (*med.*) irrigatore vaginale; (*pop. USA*) individuo spregevole; (una) merda (*volg.*) □ (*fig. fam.*) **a cold d.**, una doccia fredda.

to **douche** /duːʃ/, **A** *v. i.* **1** far la doccia **2** (*med.*) fare irrigazioni. **B** *v. t.* far la doccia a (q. *o* q.c.); irrorare.

dough /dəʊ/, *n.* **1** pasta; impasto per il pane **2** (*fam.*) denaro; quattrini; grana, grano (*pop.*).

doughboy /ˈdəʊbɔɪ/, *n.* **1** (*cucina*) gnocco bollito (*o* fritto) **2** (*pop. USA*) soldato di fanteria; fantaccino.

doughiness /ˈdəʊɪnəs/, *n.* pastosità; mollezza.

doughnut /ˈdəʊnʌt, -ət/, *n.* **1** bombolone dolce; ciambellina **2** (*fis. nucl.*) ciambella (*del ciclotrone*). ● (*autom., USA*) **d. tire**, pneumatico a bassa pressione.

doughty /ˈdaʊtɪ/, *a.* (*arc. o scherz.*) ardito; prode; valoroso.

doughy /ˈdəʊɪ/, *a.* **1** pastoso; molle; soffice **2** (*fam.: della pelle*) pallido; terreo **3** (*della voce, ecc.*) pastoso. ● **d. bread**, pane molle, poco cotto.

Douglas fir /ˈdʌgləsˈfɜː(r)/ (*o* **hemlock, pine, spruce**), *locuz. n.* (*bot., Pseudotsuga taxifolia*) abete Douglas.

doum /duːm/, *n.* (*bot., Hyphaene thebaica*; = **d. palm**) palma dum.

dour /dʊə(r)/, *a.* **1** austero; severo **2** ostinato **3** cupo; arcigno; accigliato. ‖ **-ly**, *avv.* ‖ **-ness**, *sost.*

to **douse** (**1**) /daʊs/, *v. t.* (*naut.*) ammainare (*una vela*).

to **douse** (**2**) /daʊs/, *v. t.* **1** gettare, immergere, tuffare (*specialm. nell'acqua*) **2** gettare acqua su (q.c.); bagnare **3** (*fam.*) spegnere (*la luce, la candela, il fuoco*). ● (*pop.*) **D. the glim!**, spegni la luce!

dove (**1**) /dʌv/, *n.* **1** (*zool., Columba, ecc.*) colombo, colomba; piccione **2** (*fig.*) persona innocente, mite **3** (*polit.*) colomba (*fautore della pace, del compromesso, ecc.*) **4** (*vezzegg.*) piccioncino; amor mio. ● **d.-colour(ed)**, (di un) color grigio rosato; color tortora □ **d.-cot(e)**, colombaia; piccionaia □ **d.-eyed**, dagli occhi di colomba; innocente □ (*fig.*) **to flutter the d.-cotes**, gettare lo scompiglio □ **ring d.** (*o* **wood d.**) (*Columba palumbus*), colombaccio □ **turtle d.** (*Streptopelia turtur*), tortora □ **rock d.** (*Columba livia*), piccione selvatico; colombo torraiolo.

dove (**2**) /dəʊv/, (*USA*) *pass.* di **to dive**.

dov(e)ish /ˈdʌvɪʃ/, *a.* (*polit.*) di, da colomba (*V.* **dove** (**1**)).

dov(e)ishness /ˈdʌvɪʃnəs/, *n.* (*polit.*) (l') essere una colomba (*V.* **dove** (**1**)).

dovelike /ˈdʌvlaɪk/, *a.* dolce; gentile; mansueto; mite.

dovetail /ˈdʌvteɪl/, *n.* (*tecn.*) coda di rondine: **d. joint**, incastro a coda di rondine.

to **dovetail** /ˈdʌvteɪl/, **A** *v. t.* **1** (*tecn.*) congiungere (*o* unire) con un incastro a coda di rondine **2** (*fig.*) collegare, far combaciare (*progetti, ecc.*); fare coincidere (*periodi, vacanze, ecc.*). **B** *v. i.* **1** (*tecn.*) fare un incastro a coda di rondine **2** (*fig.*) inserirsi perfettamente; essere collegato alla perfezione; combaciare; formare un tutto organico: **According to Galileo, the laws of nature and the laws of physics d.**, secondo Galileo, le leggi della natura e quelle della fisica fanno un tutto organico. ● (*fig.*) **to d. with**, combaciare (*o* coincidere) con.

Dow /daʊ/, **the** *n.* (*fam. per* **Dow Jones index**) (*Borsa, fin.*) l'indice Dow Jones; il Dow Jones.

dowager /ˈdaʊədʒə(r)/, *n.* **1** vedova nobile, titolata **2** (*fam.*) vecchia signora distinta. ● **the d. duchess**, la duchessa madre □ **the queen d.**, la regina madre.

dowdiness /ˈdaʊdɪnəs/, *n.* sciatteria, trascuratezza (*nel vestire*).

dowdy /ˈdaʊdɪ/, **A** *a.* **1** sciatto, trascurato, trasandato (*nel vestire*) **2** (*d'abito, ecc.*) poco elegante; demodé (*franc.*). **B** *n.* sciattona; donna malvestita.

dowdyish /ˈdaʊdɪɪʃ/, *a.* piuttosto sciatto.

dowel /ˈdaʊəl/, *n.* **1** (*falegn.*, = **d.-pin**) caviglia; spina **2** (*mecc.*) chiodo senza testa; perno (*di riferimento*).

to **dowel** /ˈdaʊəl/, *v. t.* congiungere, unire (q.c.) con caviglie (*o* perni); (*falegn.*) incavigliare.

dower /ˈdaʊə(r)/, *n.* **1** (*leg., stor.*) legittima (*abolita in Inghil. nel 1925*) **2** (*arc.*) dote (*di una sposa*) **3** (*fig.*) dote; dono naturale; talento.

to **dower** /ˈdaʊə(r)/, *v. t.* **1** (*leg., stor.*) assegnare la legittima a (*una donna*) **2** assegnare una dote a (*una donna*) **3** (*fig.*) dotare: **He is dowered with many talents**, è dotato di molte qualità.

dowlas /ˈdaʊləs/, *n.* tela rozza; calicò pesante.

down (**1**) /daʊn/, *n.* **1** collina erbosa **2** duna. ● (*geogr.*) **the Downs**, la rada di Deal □ (*geogr.*) **the South Downs**, le colline gessose nel sud dell'Inghilterra.

down (**2**) /daʊn/, *n.* (*pl.* **down, downs**) **1** (*di uccelli acquatici, ecc., usato per cuscini e piumini*) piumino **2** lanugine; peluria. ● **d. comforter**, piumino da letto.

down (**3**) /daʊn/, **A** *avv.* **1** giù, in giù; abbasso; di sotto; a terra: **Put that gun d.**, metti giù quel fucile; **They held him d.**, lo tennero giù (*o* a terra; *e fig.*: a freno); **He had his head d.**, teneva la testa giù; stava a capo chino; **The flap of this envelope won't stay d.**, il lembo di questa busta non vuole star giù: **Keep d.!**, sta' giù!; (*mil.*) state giù (*o* al riparo)! **2** (*comm.*) come anticipo; in contanti: **Fifty dollars d. and the remainder in instalments**, cinquanta dollari in contanti e il resto a rate **3** per iscritto; scritto; annotato; giù (*fam.*): **I have his phone number d. somewhere**, ho il suo numero di telefono scritto da qualche parte; **Did you get d. the offender's plate number?**, hai preso giù il numero di targa del trasgressore? **4** in lista: **Put me** (*o* **my name**) **d. for ten pounds**, mettimi in lista per dieci sterline **5** giù (di morale); depresso; abbattuto; avvilito; giù di corda (*fam.*): **I'm feeling d. today**, oggi mi sento giù (*o* sono giù di corda) **6** a venir giù; a partire dall'alto: **You'll find it in the third drawer d.**, lo troverai nel terzo cassetto a partire dall'alto **7** da cima a fondo; a fondo: **Let's clean it d.**, puliamolo a fondo! **8** (*idiom., per es.*:) **Nail the lid d.!**, inchioda il coperchio!; **We went d. to Sicily**, andammo in Sicilia **9** (*nei verbi frasali, è* *idiom.*; *per es.*:) **to go d.**, andare giù; scendere; tramontare; calare; affondare; ecc.; **to come d.**, venire giù; ecc. (V. *sotto* **to go, to come**; *ecc.*). **B** *avv.* e *a. pred.*: **to be d.** ***1*** essere venuto giù; essere sceso: **He's awake, but not d. yet**, è sveglio, ma non è ancora sceso (*dalla sua camera*) ***2*** essere giù; essere abbassato; (*di un fiume*) essersi abbassato, essere in stanca: **The blinds were d.**, le tendine erano giù (*o* abbassate); **The lid is d.**, il coperchio è abbassato; **The shutter is d.**, la serranda è abbassata (*o* è giù); **The river is d.**, il fiume è in stanca; l'acqua è bassa ***3*** essere andato giù (*o* tramontato, *o* caduto): **The sun is already d.**, il sole è già andato giù (*o* tramontato); **The wind is d.**, è caduto il vento ***4*** essere calato; essere sceso; (*Borsa, fin., market.*) essere andato giù di prezzo; essere in ribasso; essersi ridotto: **The tide is d.**, la marea è calata; **Gold is d. (in price)**, l'oro è in ribasso; **Unemployment is d. by 3%**, la disoccupazione è scesa del 3%; **The Dow was d. more than 50 points in an hour**, dopo un'ora il Dow Jones segnava un ribasso di 50 punti; **Exports are d. to an all-time low**, le esportazioni si sono ridotte al minimo storico ***5*** essere a terra (*anche fig.*); essere giù (*fig.*); essere depresso (*o* abbattuto, abbacchiato, avvilito, demoralizzato): (*autom.*) **One of the tyres must be d.**, devo avere una gomma a terra; **He was very d. after failing his exam**, era a terra (*o* assai giù, demoralizzato, ecc.) dopo essere stato bocciato all'esame ***6*** essere sotto (*fig.*); essere in svantaggio; essere in debito: **The gambler was 10,000 dollars d.**, il giocatore era sotto di 10.000 dollari; **We are three goals d. with four minutes to play**, siamo sotto di tre reti, con appena quattro minuti ancora da giocare ***7*** (*di un apparecchio, ecc.*) guasto; fuori uso; in panne: **My computer is d.**, il mio computer è guasto ***8*** (*fam.*) a letto; allettato: **He's d. with flu**, è a letto con l'influenza ***9*** essere in lista; essere iscritto; essersi impegnato; (*di un attore, ecc.*) essere incluso, far parte di (*un programma, ecc.*): **Are you d. for the exam tomorrow?**, sei in lista per l'esame domani?; **He was d. for Harrow before he was born**, era già iscritto a Harrow prima di nascere; **I'm d. for 50 pounds for her birthday present**, mi sono impegnato per 50 sterline per farle il regalo del compleanno ***10*** essere annotato (*o* scritto, segnato): **His phone number is d. in my notebook**, il suo numero di telefono è annotato nel mio taccuino; **All the names are d. pat**, ho proprio segnato tutti i nomi ***11*** (*fam.*) pronto; fatto; finito: **Everything is d. for the party**, tutto è pronto per la festa; **Three d., and four to go**, tre sono fatti, e quattro (ancora) da fare ***12*** (*pop. USA*) ubriaco; sbronzo: **Three whiskies, and he was d.**, tre whisky, ed era già sbronzo ***13*** (*naut.*) **to be d. by the stern**, essere appoppato ***14*** (*fam.*) **to be d. in the mouth**, essere abbattuto (*o* scoraggiato, triste) ***15*** (*fam.*) **to be d. on**, essere cattivo con (q.); avercela con (q.); dare addosso a (q.); assillare, importunare, tormentare: **Don't be so d. with him!**, non essere così cattivo con lui! (*non parlarne male, non trattarlo male, ecc.*); **The newspapers are d. on him because of his allegedly attempted briberies**, i giornali ce l'hanno con lui (*o* gli danno addosso) per i suoi presunti tentativi di corruzione; **She's always d. on her husband for a new fur**, assilla sempre il marito perché le compri una pelliccia nuova □ **to be d. on one's luck**, essere sfortunato; avere un momento di sfortuna □ **to be d. on paper**, essere messo per iscritto; essere messo nero su bianco (*fam.*) ***16*** **to be d. to**, essere ridotto a (*q.c. di spiacevole*); essere rimasto senza; (*impers.*) essere nelle mani di (*fig.*); dipendere da; essere dovuto a: **By midnight I was d. to my last penny**, a mezzanotte ero già ridotto al verde (*o* ero rimasto senza il becco di un quattrino): **It's only d. to you whether he will join us or not**, dipende solo da te se si unirà a noi o no; **Their bankruptcy is mainly d. to overspending**, il loro fallimento è soprattutto dovuto alle spese eccessive. ● **D.!**, giù!, a terra!; (*a un cane*) a cuccia!; seduto! □ **d. at the end of the street**, in fondo alla strada □ (*USA*) **D.-Easter**, abitante della Nuova Inghilterra; (*specialm.*) abitante del Maine □ **d. here**, qui attorno; da queste parti; nelle vicinanze □ **d. there**, laggiù □ **d. to**, fino a: **to name all the Popes d. to Gregory the Great**, dire i nomi di tutti i Papi fino a Gregorio Magno □ **d.-to--earth**, (*di persona*) realista, pratico; coi piedi sulla terra (*fam.*); (*di cosa*) realistico, concreto □ (*fam.*) **d. to the ground**, completamente; fino in fondo □ (*fam.*) **d. under**, dall'altra parte del mondo; agli antipodi; in Australia (*o* in Nuova Zelanda) □ **d. with**, abbasso: **D. with the dictator!**, abbasso il dittatore! □ **from king d. to cobbler**, dal re fino al più umile suddito (*o* al ciabattino) □ **further d.**, più in giù □ **up and d.**, su e giù: **They walked up and d. for hours**, camminavano su e giù per ore e ore.

down (**4**) /daʊn/, *a. attr.* (che va) in giù, verso il basso; rivolto in basso; discendente; in discesa; in pendenza: **a d. leap**, un salto in giù (*o* verso il basso); **a d. look**, uno sguardo rivolto verso il basso. ● (*econ.*) **d. cycle**, ciclo sfavorevole □ (*Borsa*) **a d. market**, un mercato al ribasso □ (*comm.*) **d.-market goods**, merci scadenti □ (*comm.*) **d. payment**, acconto, anticipo; versamento della prima rata □ (*ferr.*) **d. platform**, marciapiede di partenza (*o* d'arrivo) di un «down train» □ **d. shaft**, *V.* **downcast** (2) □ (*autom.*) **d. traffic**, traffico in uscita □ **a d. train**, un treno che dalla città principale (*per es., Londra*) porta in provincia.

down (**5**) /daʊn/, *prep.* ***1*** giù per; verso il basso, a valle di: **She ran d. the stairs**, corse giù per le scale; **to walk d. a hill**, andare giù per un colle; discendere un colle; **to sail d. a river**, navigare giù per (*o* verso la foce di) un fiume; scendere a valle ***2*** lungo; per: **Her hair was hanging d. her back**, i capelli le scendevano lungo la schiena; **He was running d. the street**, correva per la strada ***3*** in fondo a: **The train disappeared d. the tunnel**, il treno scomparve in fondo alla galleria ***4*** (*di tempo*) attraverso: **d. the centuries**, attraverso i secoli. ● **d. the ages**, attraverso i tempi (*o* le età passate) □ (*fam. USA*) **d. the line**, in linea gerarchica; facendo tutta la scala (*fig.*); (*anche*) nei quartieri malfamati (*di una città*) □ **d. the wind**, sottovento □ **The village is situated d. the Thames**, il villaggio è sul Tamigi, più a valle □ **They live just d. the road**, abitano in questa strada, un po' più giù.

down (**6**) /daʊn/, *n.* ***1*** basso; rovescio (*della sorte*): **the ups and downs of life**, gli alti e bassi della vita ***2*** (*comm.*) periodo di crisi; crisi: **seasonal downs**, crisi stagionali. ● (*fam.*) **to have a d. on sb.**, sentire avversione (*o* antipatia) per q.; avercela con q.

to **down** /daʊn/, *v. t.* (*fam.*) ***1*** mettere giù; posare; mettere via ***2*** abbattere; atterrare; gettare a terra ***3*** (*mil.*) abbattere (*un aereo, ecc.*) ***4*** battere, sconfiggere (*un avversario*) ***5*** (*polit.*) bocciare (*un disegno di legge, ecc.*) ***6*** (*naut.*) abbassare, calare (*una vela, un segnale*) ***7*** mandar giù; ingoiare, divorare; tracannare; scolarsi (*fam.*): **to d. a bottle of wine**, scolarsi una bottiglia di vino: **He downed his hot dog in a whiff**, ingoiò il panino con salsicciotto in un baleno. ● **to d. tools**, incrociare le braccia; scioperare; (*di un sindacato*) proclamare lo sciopero.

down-and-out /ˈdaʊnənˈaʊt/, **A** *a.* ***1*** fallito; spiantato; senza un soldo; al verde ***2*** malandato; malmesso ***3*** (*sport*) suonato: **a d. boxer**, un pugile suonato. **B** *n. V.* **down-and-outer**.

down-and-outer /ˈdaʊnənˈaʊtə(r)/, *n.* ***1*** poveraccio; fallito; spiantato ***2*** individuo malmesso; vagabondo; barbone.

down-at-heel /ˈdaʊnətˈhiːl/, *a.* ***1*** (*di calzatura*) scalcagnato ***2*** scalcinato: **a d. hotel**, un albergo scalcinato ***3*** (*di persona*) scalcagnato; male in arnese; scalcinato; trasandato.

downbeat /ˈdaʊnbiːt/, **A** *n.* (*mus.*) ***1*** attacco (*del direttore d'orchestra*) ***2*** prima battuta. **B** *a.* (*fam.*) ***1*** pessimistico; triste; deprimente ***2*** distaccato; indifferente; abulico. ● **a film with a d. ending**, un film con un finale triste (*o* che finisce male).

downcast (**1**) /ˈdaʊnkɑːst, *USA* -kæst/, *a.* ***1*** abbattuto; depresso; scoraggiato; triste ***2*** (*dello sguardo*) rivolto in basso. ● **with d. eyes**, con gli occhi bassi.

downcast (**2**) /ˈdaʊnkɑːst, *USA* -kæst/, *n.* (*nelle miniere*) pozzo d'aerazione.

downcomer /ˈdaʊnkʌmə(r)/, *n.* (*tecn.*) tubo discendente (*di caldaia, ecc.*).

downdraft /ˈdaʊndrɑːft, *USA* -æft/, *n.* corrente d'aria discendente.

downer /ˈdaʊnə(r)/, *n.* (*pop.*) ***1*** sedativo; tranquillante ***2*** individuo noioso; barba, borsa, lagna (*fam.*) ***3*** situazione (*o* esperienza) deprimente; depressione: **I'm on a d. today**, oggi sono giù di corda.

downfall /ˈdaʊnfɔːl/, *n.* ***1*** caduta; rovina; sfacelo: **His d. was due to ambition**, la sua rovina fu dovuta all'ambizione ***2*** forte precipitazione atmosferica: **a d. of snow**, una grande nevicata; **a d. of rain**, una forte pioggia; un rovescio; un acquazzone. ● (*polit.*) **the d. of the government**, la caduta del governo □ **the d. of my hopes**, il crollo delle mie speranze.

downgrade /ˈdaʊngreɪd/, *n.* ***1*** (*specialm. USA*) discesa, pendenza (*di strada o ferrovia*) ***2*** (*fig.*) declino; ribasso (*fig.*): **to be on the d.**, essere in declino (*anche fisicamente*) ***3*** (*tecn.*) ridimensionamento; versione ridotta.

to **downgrade** /ˈdaʊngreɪd/, *v. t.* ***1*** retrocedere, degradare (*un funzionario, ecc.*) ***2*** (*fig.*) svilire; sminuire l'importanza di (q. o q.c.) ***3*** (*tecn.*) ridimensionare.

downhearted /daʊn/, *a.* scoraggiato; abbattuto; avvilito. ‖ **-ly**, *avv.* ‖ **-ness**, *sost.*

downhill /ˈdaʊnhɪl/, **A** *a.* e *avv.* in discesa (*anche fig.*); in pendenza; in pendio: **a d. road**, una strada in discesa; **The difficult part of the work is over; it's all d. from now on**, il difficile del lavoro è fatto; d'ora innanzi è tutto in discesa; **to go d.**, andare in discesa; (*fig.*) peggiorare; essere in declino (*o* in ribasso); essere sempre più malandato (*in salute*). **B** *n.* ***1*** (*arc.*) declivio; discesa; pendio ***2*** (*fig.*) declino: **in the d. of life**, nel declino della vita ***3*** (*sci*, = **d. race**) gara di discesa. ● (*sci*) **d. racer**, discesista □ (*sci*) **d. racing**, discesa libera.

downhiller /ˈdaʊnhɪlə(r)/, *n.* (*sci*) discesista.

downiness /ˈdaʊnɪnəs/, *n.* l'esser lanuginoso (*o* soffice); morbidezza.

Downing Street /ˈdaʊnɪŋˈstriːt/, *n.* ***1*** Downing Street (*strada di Londra in cui, al n. 10, è la residenza ufficiale del Primo Ministro*) ***2*** (*fig.*) il governo britannico.

downland /ˈdaʊnlænd/, *n.* zona collinare.

to **download** /ˈdaʊnləʊd, daʊnˈl-/, *v. t.* (*elab.*) scaricare (*dati, file, ecc.*) dall'unità centrale a quelle periferiche.

downmost /ˈdaʊnməʊst/, *a.* e *avv.* (situato) più in basso di tutti.

downpipe /ˈdaʊnpaɪp/, *n.* (*edil.*) pluviale; doccia.

to **downplay** /ˈdaʊnpleɪ, daʊnˈp-/, *v. t.* (*fam. USA*) minimizzare.

downpour /ˈdaʊnpɔː(r)/, *n.* acquazzone; rovescio (*o* scroscio) di pioggia.

downright /ˈdaʊnraɪt/, **A** *a.* ***1*** onesto; franco; sincero; schietto; esplicito: **a d. person**, una persona onesta, sincera; **a d. answer**, una risposta franca, schietta ***2*** assoluto; perfetto; bell'e buono; chiaro: **It's a d. attack**, è un attacco bell'e buono; **a d. insult**, un chiaro affronto; un'offesa bell'e buona. **B** *avv.* ***1*** assolutamente; categoricamente; del tutto; proprio: **d. rude**, proprio sgarbato; **He refused**

d., rifiutò categoricamente *2* subito: **to go d. to one's work**, mettersi subito al lavoro. || **-ly**, *avv.* || **-ness**, *sost.*

to **downsize** /ˈdaʊnsaɪz/, *v. t.* (*anche ind.*) ridimensionare.

downsizeing /ˈdaʊnsaɪzɪŋ/, *n.* (*anche ind.*) ridimensionamento.

downspout /daʊn/, (*USA*) *V.* **downpipe**.

Down's syndrome /ˈdaʊnzˈsɪndrəʊm/, *locuz. n.* (*med.*) sindrome di Down; mongolismo.

downstage /daʊn/, **A** *n.* (*teatr.*) ribalta; proscenio. **B** *avv.* verso la ribalta; alla ribalta: **The heroine came d.**, la protagonista venne alla ribalta. ● **d. action**, azione che si svolge sul proscenio.

downstairs /ˈdaʊnˈstɛəz/, **A** *avv.* giù (*dalle scale*); di sotto; al piano di sotto; dabbasso: **to go d.**, andare di sotto; scendere le scale. **B** *a.* (= **downstair**) al piano inferiore; (*specialm.*) al piano terreno: **a d. room**, una stanza al piano inferiore. **C** *n. pl.* (*fam.*, *ingl.*) i domestici (*che un tempo abitavano al pianterreno*).

downstate /ˈdaʊnsteɪt/, (*USA*) **A** *n.* parte meridionale (*di uno Stato*). **B** *a.* del sud (*di uno Stato*). **C** *avv.* nel sud; verso il sud (*dello Stato*).

downstream /ˈdaʊnstriːm/, *a.* e *avv.* *1* lungo la corrente (*d'un fiume*) *2* a valle.

downstreet /ˈdaʊnstriːt/, *avv.* (*USA*) *V.* **downtown, A.**

downstroke /ˈdaʊnstrəʊk/, *n.* (*mecc.*) corsa discendente (*di un pistone*).

downswing /ˈdaʊnswɪŋ/, *n.* *1* discesa; pendio *2* (*econ.*) fase di flessione; tendenza depressionaria.

downtime /ˈdaʊntaɪm/, *n.* *1* (*elab.*) downtime; tempo di fermo (*per un guasto*) *2* (*org. az.*) tempo di attesa (*o* d'inattività) *3* (*fam. USA*) tempo libero.

downtown /ˈdaʊntaʊn/, (*specialm. USA*) **A** *avv.* verso il (*o* nel) centro (*della città*). **B** *a.* del centro: **a d. store**, un negozio del centro. **C** *n.* centro (*della città*); centro commerciale. ● **d. New York**, il centro di New York □ **to go d.**, andare in centro.

downtrend /ˈdaʊntrend/, *n.* *1* calo; declino; diminuzione *2* (*econ.*) fase di flessione; tendenza depressionaria (*o* al ribasso).

downtrodden /ˈdaʊntrɒdn/, *a.* calpestato; oppresso; tiranneggiato.

downturn /ˈdaʊntɜːn/, *n.* (*econ.*) svolta sfavorevole; flessione; calo; tendenza depressionaria.

downward (1) /ˈdaʊnwəd/, *a.* *1* in discesa; in pendio: **a d. run**, una corsa in discesa *2* in giù; verso il basso: **a d. motion**, un movimento verso il basso *3* (*fig.*) degradante; che trascina in basso. ● **a d. career**, una carriera a rovescio; la carriera dell'asino □ (*econ.*) **d. drift**, *V.* **d. trend** □ (*demogr.*) **d. mobility**, mobilità verso il basso □ (*econ.*) **d. phase**, fase di flessione □ (*econ.*) **d. stickiness**, resistenza al ribasso, vischiosità (*dei prezzi*) □ (*econ.*) **a d. trend**, una tendenza al ribasso; uno sfavorevole andamento congiunturale □ **d. turn**, *V.* **downturn**.

downward(s) (2) /ˈdaʊnwəd(z)/, *avv.* *1* in giù; verso il basso: **He was lying face d.**, giaceva a faccia in giù *2* verso tempi più recenti: **If we go d. in history...**, se, nella storia, andiamo verso tempi più recenti... *3* (*fig.*) in basso; verso la rovina. ● (*di tempo*) **d. to**, *V.* **down to**, *sotto* **down** (1).

downwash /ˈdaʊnwɒʃ, *USA* -wɔːʃ/, *n.* (*mecc. dei fluidi, aeron.*) deflessione.

downwind /ˈdaʊnˈwɪnd/, **A** *n.* (*naut.*) vento in poppa. **B** *a.* e *avv.* (*anche naut.*) sottovento.

downy (1) /ˈdaʊnɪ/, *a.* (*di terreno, paesaggio*) *1* ondulato *2* a dune; di dune.

downy (2) /ˈdaʊnɪ/, *a.* *1* coperto di piume (*o* di peluria) *2* lanuginoso; morbido; soffice; vellutato *3* (*pop.*) sveglio; che sa il fatto suo.

dowry /ˈdaʊərɪ/, *n.* *1* (*leg.*) dote *2* (*fig.*) dote naturale; dono; talento: **Poetry was his d.**, aveva il dono della poesia.

to **dowse** (1) /daʊs/, *V.* **to douse** (2).

to **dowse** (2) /daʊz/, *v. i.* cercare acqua (*o* minerali) con la bacchetta da rabdomante.

dowser /ˈdaʊzə(r)/, *n.* *1* rabdomante *2* bacchetta da rabdomante.

dowsing /ˈdaʊzɪŋ/, *n.* rabdomanzia. ● **d. rod**, bacchetta da rabdomante.

doxology /dɒkˈsɒlədʒɪ/, *n.* (*relig.*) dossologia.

doxy (1) /ˈdɒksɪ/, *n.* credo; opinione; dottrina.

doxy (2) /ˈdɒksɪ/, *n.* (*arc.*) *1* (*lett.*) donna di facili costumi; prostituta *2* (*pop.*) innamorata; amante.

doyen /ˈdɔɪən/, *n.* (*in diplomazia* e *fig.*) decano.

doyenne /dɔɪˈɛn/, *n.* decana.

doze /dəʊz/, *n.* sonnellino; (*fam.*) pisolino; pisolo.

to **doze** /dəʊz/, *v. i.* *1* sonnecchiare; dormicchiare; fare un pisolino *2* essere assopito, appisolato. ● **to d. off**, appisolarsi.

dozed /dəʊzd/, *a.* (*specialm. irl.*: *del legno*) marcio; tarlato.

dozen /ˈdʌzn/, *n.* (*pl.* **dozen, dozens**) *1* dozzina: **Eggs are 40 pence a d. today**, oggi le uova costano quaranta penny la dozzina; **two d. handkerchiefs**, due dozzine di fazzoletti; **to buy things in dozens**, comprare oggetti a dozzine *2* (*pl.*) (*fig.*) dozzine; un mucchio, un sacco di: **Dozens of people are coming behind me**, un sacco di gente mi sta seguendo. ● **baker's** (*o* **devil's, printer's**) **d.**, tredici □ **long d.**, tredici □ (*fam.*) **to talk nineteen to the d.**, parlare ininterrottamente.

dozenth /ˈdʌznθ/, *a.* *1* dodicesimo *2* (*fam.*) ennesimo: **I told him for the d. time**, glielo dissi per l'ennesima volta.

doziness /ˈdəʊzɪnəs/, *n.* sonnolenza; torpore.

dozy /ˈdəʊzɪ/, *a.* sonnolento.

drab (1) /dræb/, *a.* *1* bruno-giallastro; grigiastro beige *2* grigio (*fig.*); monotono; tetro; incolore.

drab (2) /dræb/, *n.* *1* (*arc.*) prostituta; sgualdrina *2* donna trasandata; sciattona *3* (*pl.*) *V.* **dribs**.

to **drab** /dræb/, *v. i.* (*arc.*) frequentare prostitute; andare a puttane (*volg.*).

drabbet /ˈdræbɪt/, *n.* tela grossolana (*usata per le camicie da lavoro*).

to **drabble** /ˈdræbl/, **A** *v. t.* imbrattare; sporcare (*trascinando nel fango*). **B** *v. i.* imbrattarsi; sporcarsi. ● **to d. through mud**, diguazzare nel fango.

drably /ˈdræblɪ/, *avv.* in modo incolore (*o* monotono).

drabness /ˈdræbnəs/, *n.* (*fig.*) grigiore; monotonia.

dracaena /drəˈsiːnə/, *n.* (*bot.*, *Dracaena*) dracena.

drachm /dræm/, *n.* *1* *V.* **drachma** *2* *V.* **dram**.

drachma /ˈdrækmə/, *n.* (*pl.* **drachmas, drachmae, drachmai**) dracma (*moneta greca*).

Draconian /dreɪˈkəʊnɪən/, *a.* (*stor.* e *fig.*) draconiano: **D. laws**, leggi draconiane.

draff /dræf/, *n.* *1* feccia (*del vino*); deposito; sedimento *2* scorie (*del malto*).

draft /drɑːft, *USA* dræft/, **A** *n.* *1* abbozzo; bozza; stesura; minuta; schema; schizzo; progetto; disegno: **The first d. of the novel is now called «The First Lady Chatterley»**, la prima stesura del romanzo si chiama ora *La Prima Lady Chatterley*; **the d. of a letter**, la minuta di una lettera; **a d. for a Parliamentary Bill**, uno schema di disegno di legge (parlamentare); **a d. for a machine tool**, lo schizzo (*o* il disegno schematico) d'una macchina utensile *2* (*fin.*) effetto; tratta; cambiale tratta: **A cheque is a d. on a banker**, l'assegno bancario è una tratta spiccata su una banca; **d. on demand** (*o* **sight d.**), tratta a vista *3* (*comm.*, = **d. allowance**) abbuono per «calo peso» (*o* per «corpi estranei») *4* (*mil.*) distaccamento; reparto (*scelto per un'operazione particolare*) *5* (*edil.*) orlo; listello (*su una pietra*); bozza (*su un muro*) *6* (*in questa accezione, e nelle def. 7, 8, 9* e *10, origin. USA*) tiro; trazione: **beasts of d.**, bestie da tiro *7* tirata (*di rete da pesca*); retata (*di pesce*) *8* (*di liquido*) sorso; sorsata *9* (*med.*) dose (*di medicina liquida*) *10* corrente d'aria; spiffero: (*edil.*) **d. proofing**, eliminazione degli spifferi *11* (*mil. USA*) coscrizione; chiamata alle armi; leva *12* (*costr. idrauliche*) sezione (*di una bocca di scarico*) *13* (*metall.*) sformo; spoglia *14* (*metall.*) trafilato *15* (*tecn.*) tiraggio: **forced d.**, tiraggio forzato *16* (*naut.*) pescaggio: **a ship of 20 feet d.**, una nave che pesca 20 piedi *17* (*ind. tess.*) stiro. **B** *a. attr.* preliminare; di massima: (*fin.*) **d. budget**, bilancio preventivo di massima; **d. package of requests**, piattaforma comune di richieste (preliminari). ● (*USA*) **d. board**, commissione di leva □ (*leg.*) **d. contract**, bozza (*o* schema) di contratto □ (*USA*) **d. dodger**, renitente alla leva □ **d. horse**, cavallo da tiro □ (*USA*) **d. registration**, iscrizione nella lista di leva □ (*comm.*) **banker's d.**, assegno circolare □ (*fig. fam.*) **to feel the d.**, sentire gli effetti (*di una crisi, ecc.*); risentirsene; essere a corto di soldi.

to **draft** /drɑːft, *USA* dræft/, **A** *v. t.* *1* abbozzare; fare uno schema (*o* una bozza) di; redigere, stendere (*un documento legale*); schizzare; disegnare: **to d. a Parliamentary Bill**, preparare un disegno di legge (parlamentare) *2* (*mil.*) distaccare (*un reparto*); mandare in missione speciale (*soldati*) *3* (*edil.*) incidere un orlo (*o* un listello) su (*una pietra*) *4* (*USA*) chiamare alle armi; arruolare *5* (*polit., USA*) selezionare, scegliere (*candidati*) *6* (*tecn.*) progettare. **B** *v. i.* (*autom., sport*) farsi «tirare» (*fam.*); stare nella scia (*di un'altra vettura*). ● **to d. a programme**, elaborare un programma.

draftee /drɑːfˈtiː, *USA* dræfˈtiː/, *n.* (*mil., USA*) coscritto; soldato di leva.

drafter /ˈdrɑːftə(r), *USA* ˈdræf-/, *n.* chi prepara una bozza; estensore (*di un documento*).

drafting /ˈdrɑːftɪŋ, *USA* ˈdræf-/, *n.* *1* (*comm.*) l'azione di trarre, spiccare una tratta *2* formulazione; modo in cui un documento è redatto; stesura *3* disegno; abbozzo *4* (*tecn.*) progettazione *5* elaborazione: **the d. of a programme**, l'elaborazione di un programma. ● (*arti grafiche*) **d. board** (*o* **table**), tavolo da disegno □ **d. machine**, tecnigrafo □ **d. paper**, carta da disegno (*per disegno tecnico*).

draftsman /ˈdrɑːftsmən, *USA* ˈdræf-/, *n.* (*pl.* **draftsmen**) *1* (*arti grafiche*) disegnatore tecnico; progettista *2* (= **draughtsman**) estensore di bozze di documenti; redattore di schemi di disegni di legge (parlamentare).

draftsmanship /ˈdrɑːftsmənʃɪp, *USA* ˈdræf-/, *n.* arte del disegno tecnico.

drafty /ˈdrɑːftɪ, *USA* ˈdræftɪ/, (*USA*) *V.* **draughty**.

drag /dræg/, *n.* *1* (*agric.*) erpice pesante; frangizolle *2* rozza slitta; treggia *3* (*un tempo*) carrozza chiusa; diligenza; tiro a quattro *4* (= **dragnet**) rete a strascico (*da pesca o per selvaggina*) *5* draga; cavafango *6* freno a ceppi; martinicca *7* (*fig.*) impedimento; ostacolo; peso: **His large family has always been a d. on him**, la sua numerosa famiglia è stata sempre un peso per lui *8* (*caccia*) odore di selvaggina; preda fittizia (*oggetto, che lascia un forte odore sul terreno, usato per l'allenamento di cani da caccia detti* **draghounds**) *9* (*mecc. dei fluidi*) resistenza, trascinamento; (*aeron.*) resistenza aerodinamica *10* (*metall.*) fondo della staffa *11* (*fam.*) tirata (*di sigaretta*) *12* (*fam. USA*) autorità; influenza *13* (*pop.*) avvenimento noioso; posto noioso; noia; scocciatura (*fam.*) *14* (*pop.*) individuo noioso; barba, borsa, lagna (*fam.*) *15* (*pop.*) abbigliamento di travestito *16* (*pop.*) festa di travestiti; balletto verde *17* (*pop. USA*) treno; treno merci *18* (*pop. USA*) strada; via *19* (*gergo mil., USA*) fanalino di coda (*fig.*). ●

(*teatr.*) **d. act**, numero fatto da un attore vestito da donna □ (*mecc.*) **d. bar**, barra di trazione □ **d. boat**, peschereccio a strascico □ **d. chain**, catena d'arresto di una ruota (*in un veicolo*); (*fig.*) ostacolo, peso; (*ferr.*) catena di aggancio; (*autom.*) catenella di messa a terra □ **d. hunt**, caccia con lo strascico □ (*mecc.*) **d.-link**, tirante longitudinale (*dello sterzo*); quadrilatero articolato a doppia manovella □ **d. race**, corsa di auto «hot rod» □ **d. queen**, travestito □ (*fisc.*) **fiscal d.**, drenaggio fiscale □ (*pop.*) **a man in d.**, un travestito.

to **drag** /dræg/, **A** *v. t.* **1** trascinare; strascinare; strascicare; tirare (*a fatica, con sforzo*): **The horse was dragging a heavy load**, il cavallo trascinava un grave peso; **I can hardly d. myself along**, riesco appena a trascinarmi avanti **2** (*agric.*) erpicare (*il terreno*) **3** dragare, rastrellare (*il fondo d'un fiume, ecc.*): **They dragged the river for the dead body**, dragarono il fiume per trovare il cadavere **4** frenare (*una ruota, un veicolo*) con la martinicca. **B** *v. i.* **1** trascinarsi (*anche fig.*); strascicare; strascinarsi: **The bottom of her skirt dragged in the dust**, il fondo della sottana le strascicava in terra; **Conversation dragged along**, la conversazione si trascinava stancamente **2** (*naut.*) arare: **The anchor dragged**, l'ancora arava **3** (*di motivo musicale*) essere lento; mancare di vivacità **4** pescare a strascico **5** (*mecc.*) (*dei freni*) strisciare; aderire **6** (*fam.*) tirare una boccata (*da una sigaretta, ecc.*). ● **to d. one's feet**, strascicare i piedi; (*fig.*) tirarla per le lunghe; essere riluttante (*a fare q.c.*) □ **a dragging fear**, un terrore raggelante.

♦**drag about**, *v. i. + avv.* strascicarsi di qua e di là.

♦**drag away**, *v. t. + avv.* trascinare via: **The police dragged away two demonstrators**, la polizia trascinò via due dimostranti.

♦**drag behind**, *v. i. + avv.* (*fam.*) essere il fanalino di coda (*fig. fam.*).

♦**drag down**, *v. t. + avv.* **1** trascinare in basso **2** rendere infelice: **The divorce is dragging her down**, il divorzio la rende infelice **3** buttare (q.) giù (*fig.*): **Flu' has dragged him down**, l'influenza l'ha buttato giù.

♦**drag from**, *v. t. + prep.* *V.* **drag out,** *def. 3.*

♦**drag in**, *v. t. + prep.* **1** trascinare (q.) dentro a viva forza **2** introdurre (*un argomento non pertinente*); tirare in ballo (q.c. *o* q.); tirare dentro, coinvolgere (q.): **Why d. in patriotism?**, perché tirare in ballo il patriottismo?; **I don't want to be dragged in**, non voglio essere tirato dentro (*o* coinvolto).

♦**drag into**, *v. t. + prep.* **1** trascinare (q.) a forza in: **He dragged me into the room**, mi trascinò a forza nella stanza **2** tirare dentro, coinvolgere (q.) in (q.c.).

♦**drag off**, *V.* **drag away**.

♦**drag on**, **A** *v. i. + avv.* **1** andare avanti (*o* per le lunghe); trascinarsi; protrarsi: **The peace talks dragged on for months**, le trattative di pace si trascinarono per mesi; **The meeting dragged on for hours on end**, la riunione si protrasse per ore e ore **2** passare lentamente: **Time dragged on**, il tempo passava lentamente. **B** *v. t. + avv.* trascinare (q. *o* q.c.) avanti.

♦**drag out**, *v. t. + avv.* **1** trascinare (q.) fuori a viva forza; tirare fuori: **I dragged him out of the car**, lo tirai fuori dall'automobile **2** protrarre; prolungare; tirare per le lunghe: **They dragged out the meeting**, tirarono la riunione per le lunghe **3** (*fig.*) strappare; far confessare; far tirare fuori: **I dragged the name of the traitor out of him**, gli strappai il nome del traditore; **to d. the truth out of sb.**, far confessare la verità a q. **4** condurre, trascinare (*una vita di stenti, ecc.*) □ **to d. sb. out of bed**, tirare giù q. dal letto.

♦**drag up**, *v. t.* **1** tirare su (*anche fig.*); tirare verso l'alto; allevare alla meglio: **to d. up a child**, tirare su un bambino alla meglio **2** tirar fuori (*fig.*); rinvangare: **After twenty years, she keeps dragging up the story of her husband's love affair**, dopo venti anni, continua a tirar fuori la storia della relazione amorosa di suo marito.

dragée /dræˈʒeɪ/ (*franc.*), *n.* **1** confetto; cioccolatino **2** (*farm.*) confetto.

to **draggle** /ˈdrægl/, **A** *v. t.* infangare; inzaccherare. **B** *v. i.* **1** bagnarsi; sporcarsi; infangarsi; sciuparsi (*venendo trascinato sul terreno*) **2** trascinarsi in coda; restare indietro. ● (*fam. arc.*) **d.-tail**, sciattona □ **d.-tailed**, con la gonna inzaccherata, che strascica in terra.

draggy /ˈdrægɪ/, *a.* (*fam.*) noioso; barboso, borsoso (*fam.*).

dragline /ˈdræglaɪn/, *n.* **1** (*mecc.*) escavatore a benna trascinata **2** *V.* **dragrope,** *def. 1.*

dragnet /ˈdrægnet/, *n.* **1** rete a strascico **2** (*fig.*) rete; retata (*della polizia, ecc.*).

dragoman /ˈdrægəmən/, *n.* (*pl.* **dragomans, dragomen**) dragomanno; interprete.

dragon /ˈdrægən/, *n.* **1** (*mitol.*) dragone; drago **2** (*mil.*) autoblindo **3** (*fig.*) persona feroce; (*di donna*) caporale, strega (*fig.*). ● **d.'s blood**, sangue di drago (*resina rossa*) □ (*zool.*) **d.-fly** (*Libellula*), libellula □ (*mil.*) **d.'s teeth**, difese anticarro □ (*bot.*) **d. tree** (*Dracaena draco*), dracena; drago delle Canarie □ (*relig.*) **the old D.**, Satana.

dragoon /drəˈguːn/, *n.* **1** (*mil.*) dragone **2** (*mil., stor.*) sorta di moschetto **3** (*fig.*) individuo rozzo e bellicoso.

to **dragoon** /drəˈguːn/, *v. t.* (*stor.*) infierire su (q.) con l'impiego di dragoni. ● **to d. sb. into st.**, costringere q. a fare q.c. con la forza.

dragrope /ˈdrægrəʊp/, *n.* **1** fune d'ormeggio (*o* di frenatura: *per un pallone aerostatico*) **2** (*mil.*) fune di traino.

drain /dreɪn/, *n.* **1** fognatura; fogna; chiavica **2** canale di scolo; scolmatore **3** (= **drainpipe**) tubo di scarico (*o* di scolo, di spurgo) **4** (*pl.*) fognature; rete delle fognature **5** (*fig.*) esaurimento; salasso: **a d. on one's strength**, un salasso d'energie; **fiscal d.**, salasso fiscale **6** (*fig.*) drenaggio; prosciugamento; esaurimento: (*fin.*) **a d. of funds**, un drenaggio di fondi; (*fin.*) **a d. of dollars**, un esaurimento dei dollari; (*fin.*) **the d. on liquidity**, il prosciugamento della liquidità **7** (*pop.*) sorso; goccia, goccio (*di roba da bere*). ● **d. plug**, tappo per lo scarico (*di un contenitore di liquidi*) □ **d. rod**, flessibile (*da idraulico*) □ (*fig. fam.*) **to go down the d.**, andare giù per il lavandino; andare perso, essere sprecato; (*di progetto*) andare a monte □ (*fin.*) **gold d.**, depauperamento delle riserve auree.

to **drain** /dreɪn/, **A** *v. t.* **1** prosciugare (*anche fig.*); logorare; esaurire: **to d. a marsh**, prosciugare una palude; **to d. the wealth of a nation**, esaurire le risorse d'una nazione **2** far defluire, togliere (*un liquido*); spurgare; scolare; bere: **to d. oil from an engine**, togliere l'olio da un motore; **to d. a bottle of beer**, bersi un'intera (scolarsi una) bottiglia di birra; (*fig.*) **to d. the cup** (**of sorrow, etc.**), bere il calice sino alla feccia **3** (*med.*) drenare: **The doctor drained the abscess**, il medico drenò l'ascesso **4** filtrare. **B** *v. i.* **1** sgorgare; scorrere lentamente: **The blood was draining from my wounds**, il sangue mi sgorgava dalle ferite **2** sfociare: **This river drains into the Mediterranean**, questo fiume sfocia nel Mediterraneo **3** scaricare le acque: **Central Europe drains into the Danube**, l'Europa Centrale scarica le sue acque nel Danubio **4** ricevere le acque di (*un territorio*): **The Po drains the Po valley**, il Po riceve le acque della Valle Padana **5** asciugare; scolare; sgocciolare: **Put the umbrella into the stand to d.**, metti l'ombrello nel portaombrelli a sgocciolare. ● **to d. away**, (*di liquido*) scorrere via, fluire via, defluire; (*fig.*) prosciugarsi (*fig.*); esaurirsi, finire: **My resources had drained away**, le mie risorse erano finite □ **to d. st. dry** (*o* **to the dregs**), bere fino in fondo (*o* fino alla feccia); scolare.

drainable /ˈdreɪnəbl/, *a.* **1** prosciugabile **2** drenabile **3** spurgabile.

drainage /ˈdreɪnɪdʒ/, *n.* **1** prosciugamento; bonifica **2** scarico delle acque; scolo; spurgo **3** acque di scarico (*o* di scolo) **4** (= **d. system**) rete delle fognature **5** (*med.*) drenaggio: **d. tube**, tubo di drenaggio. ● (*geogr.*) **d. basin**, bacino idrografico (*o* imbrifero) □ (*agric.*) **d. canal**, canale di scolo □ (*geogr.*) **d. pattern**, rete idrografica.

drainer /ˈdreɪnə(r)/, *n.* **1** chi fa canali di scolo, fogne, ecc.; sterratore **2** scolatoio; recipiente per scolare; colino **3** scolapiatti; rastrelliera **4** arnese per spurgare.

draining /ˈdreɪnɪŋ/, *n.* **1** prosciugamento **2** (*fig.*) esaurimento (*di risorse, ecc.*) **3** scolamento (*raro*); (lo) scolare **4** (*med.*) drenaggio. ● **d. board**, scolapiatti (*ripiano accanto al lavello*).

drainpipe /ˈdreɪnpaɪp/, *n.* **1** canale di scarico (*o* di scolo) **2** (*edil.*) pluviale; doccia **3** (*pl.*) (*moda*) calzoni (*o* pantaloni) a tubo.

drake (**1**) /dreɪk/, *n.* (*zool.*) maschio dell'anatra.

drake (**2**) /dreɪk/, *n.* **1** (*stor., mil.*) dragonetto; drago **2** (*zool.*, = **d.-fly**) mosca usata come esca **3** (*arc.*) drago; dragone **4** (*zool., Ephemera vulgata*) efemera; effimera.

dram /dræm/, *n.* **1** dracma, dramma (*1/16 di oncia «avoirdupois», pari a 1,77 grammi; 1/8 di oncia «troy», pari a 3,88 grammi*) **2** sorso di bevanda alcolica; bicchierino; cicchetto; goccio: **a d. of gin**, un goccio di gin **3** (*fig.*) briciolo; granello.

drama /ˈdrɑːmə, *USA* ˈdræmə/, *n.* **1** dramma (*anche fig.*); lavoro teatrale (*tragedia, commedia, ecc.*); teatro (*fig.*): **He is a student of Elizabethan d.**, è uno studioso del dramma (*o* del teatro) elisabettiano **2** (*fig.*) avvenimenti drammatici; drammaticità; agitazione.

dramatic /drəˈmætɪk/, *a.* **1** drammatico; teatrale: **d. criticism**, critica teatrale **2** (*fig.*) drammatico; sensazionale: **a d. appeal**, un appello drammatico; **a d. recovery**, una ripresa (*o* una guarigione) sensazionale.

dramatically /drəˈmætɪklɪ/, *avv.* drammaticamente; in modo drammatico.

dramatics /drəˈmætɪks/, *n. pl.* **1** (*col verbo al sing.*) arte drammatica **2** (*collett.*) rappresentazioni di drammi **3** (*fig.*) atteggiamento (*o* comportamento) teatrale (*o* istrionico).

dramatist /ˈdræmətɪst/, *n.* drammaturgo.

dramatization /dræmətaɪˈzeɪʃn, *USA* -tɪˈz-/, *n.* **1** drammatizzazione; riduzione (*d'un romanzo, ecc.*) in forma di dramma **2** (*fig.*) esagerazione (*di un fatto*); versione drammatica **3** (*psic.*) drammatizzazione.

to **dramatize** /ˈdræmətaɪz/, **A** *v. t.* **1** drammatizzare, ridurre in forma di dramma (*un romanzo, ecc.*) **2** (*fig.*) rendere drammatico, drammatizzare (*un avvenimento, ecc.*). **B** *v. i.* esagerare; drammatizzare: **Don't d.!**, non fare drammi!

dramaturgic /dræməˈtɜːdʒɪk/, *a.* di drammaturgo; della drammaturgia.

dramaturgist /ˈdræmətɜːdʒɪst/, *n.* drammaturgo.

dramaturgy /ˈdræmətɜːdʒɪ/, *n.* drammaturgia.

drank /dræŋk/, *pass.* di **to drink**.

drape /dreɪp/, *n.* **1** drappo; panno **2** drappeggio (*di un abito*) **3** (*pl.*) (*USA*) tende; tendaggi.

to **drape** /dreɪp/, **A** *v. t.* **1** drappeggiare; panneggiare: **She draped her fox furs round her shoulders**, si drappeggiò le volpi attorno alle spalle **2** coprire (*di drappi*); adornare; ornare: **The building fronts were draped with bunting**, le facciate degli edifici erano coperte di bandiere. **B** *v. i.* (*di stoffa*) ricadere; fare un drappeggio: **This dress drapes beautifully**, quest'abito fa un bel drappeggio. ● **to d. one's arm over the back of the armchair**, far penzolare un braccio dallo schienale della poltrona □ **They draped themselves round the**

teacher's desk, si raccolsero intorno alla cattedra.

draper /'dreɪpə(r)/, *n.* negoziante di stoffe (*o* di tessuti).

draperied /'dreɪpərɪd/, *a.* coperto (*o* ornato) di drappi.

drapery /'dreɪpərɪ/, *n.* ***1*** stoffe; tessuti ***2*** drappeggio ***3*** commercio di tessuti ***4*** (*USA*) stoffa (pesante) per tendaggi ***5*** (*pl.*) (*USA*) tende; tendaggi. ● **d. store**, negozio di stoffe.

drastic /'dræstɪk/, *a.* drastico: **d. remedies**, rimedi drastici. || **-ally**, *avv.*

drat /dræt/, *inter.* (*pop. arc.*) accidenti (a); maledetto (*dall'imper.* **God rot!**): **D. that bore!**, accidenti a quel seccatore! ● **D. it!**, accidenti!; maledizione!

dratted /'drætɪd/, *a.* (*pop. arc.*) maledetto; dannato.

draught /drɑːft, *USA* dræft/, *n.* ***1*** tiro; trazione: **beasts of d.**, bestie da tiro; **d.-horse**, cavallo da tiro ***2*** tirata (*di rete da pesca*); retata (*di pesce*) ***3*** (*di liquido*) sorso; sorsata: **a d. of cool beer**, un sorso di birra fresca ***4*** (*med.*) dose: **a sleeping d.**, una dose di sonnifero liquido ***5*** (*naut.*) pescaggio: **a ship of 20 feet d.**, una nave che pesca 20 piedi; **d. marks**, quote (*o* marche) di pescaggio ***6*** corrente d'aria; spiffero (*fam.*): **Don't sit in a d.!**, non stare seduto alla corrente! ***7*** (*tecn.*) (*di camino, ecc.*) tiraggio ***8*** (*fam.*) valvola del tiraggio; tirante ***9*** (*pl., col verbo al sing.*) gioco della dama (*cfr. USA* **checkers**) ***10*** (*a dama*) pedina (*cfr. USA* **checker**). ● **d. beer**, birra alla spina □ (*fig.*) **a d. of happiness**, un po' di felicità □ **to drink at a** (*o* **at one**) **d.**, bere d'un fiato □ **to feel the d.**, *V. sotto* **draft** □ (*di birra, ecc.*) **on d.**, alla spina; spillata dalla botte.

draughtboard /'drɑːftbɔːd, *USA* 'dræft-/, *n.* scacchiera (*cfr. USA* **checkerboard**).

draughtiness /'drɑːftɪnəs, *USA* 'dræft-/, *n.* (*di un locale*) l'esser pieno di spifferi; l'essere esposto a correnti d'aria.

draughtsman (*def. 1, 2* /'drɑːftsmən, *USA* 'dræft-/, *def. 3* /'drɑːftsmæn, *USA* 'dræft-/), *n.* (*pl.* **draughtsmen**) ***1*** disegnatore (tecnico); progettista ***2*** *V.* **draftsman,** *def. 2* ***3*** pedina (*a dama*). ● **He's a real d.**, è proprio bravo a disegnare.

draughtsmanship /'drɑːftsmənʃɪp, *USA* 'dræft-/, *n.* ***1*** arte del disegno tecnico ***2*** abilità nel disegno.

draughtswoman /'drɑːftswʊmən, *USA* 'dræft-/, *n.* (*pl.* **draughtswomen**) disegnatrice tecnica; progettista.

draughty /'drɑːftɪ, *USA* 'dræftɪ/, *a.* pieno di spifferi; esposto alle correnti d'aria.

Dravidian /drə'vɪdɪən/, **A** *n.* ***1*** (*antropol.*) dravida ***2*** lingua dravidica. **B** *a.* (= **Dravidic**) dravidico.

draw /drɔː/, *n.* ***1*** strattone; tirata; strappo ***2*** atto di cavar fuori, di estrarre (*la pistola*), di sguainare (*la spada*): **He's fast on the d.**, è rapido nello sguainare la spada; **The marshall was the quickest on the d.**, lo sceriffo era il più veloce a estrarre la pistola ***3*** estrazione; sorteggio ***4*** attrazione: **The name of the Beatles was a great d.**, il nome dei Beatles era una grande attrazione ***5*** (*sport*) pari; patta; pareggio: **The match ended in a d.**, la partita finì alla pari ***6*** (*ind. costr.*) ala di ponte levatoio ***7*** (*metall.*) cricca di ritiro ***8*** boccata (*di sigaretta, ecc.*); tirata; tiro (*pop.*) ***9*** (*fig.*) vantaggio ***10*** (*USA*) anticipo ***11*** (*USA*) burroncello. ● (*metall.*) **d.-bench**, trafilatrice; banco di trafilatura □ (*metall.*) **d. piece**, pezzo trafilato; profilato □ (*metall.*) **d.-plate**, trafila □ (*tecn.*) **d.-point**, punta per tracciare □ **d. poker**, poker in cui si prendono carte (*dopo la prima distribuzione*) □ **d.(-top) table**, tavolo allungabile □ **That's the luck of the d.!**, così ha voluto la sorte!; la fortuna è cieca! □ **That's a sure d.**, così si va a colpo sicuro □ **The battle was a d.**, (nella battaglia) non ci furono né vinti né vincitori.

to **draw** /drɔː/ (*pass.* **drew**, *p. p.* **drawn**), **A** *v. t.* ***1*** tirare; trainare; tendere: **D. the curtains**, tira le tende; **to d. the Venetian blinds**, tirare le veneziane (*per aprirle o per chiuderle*); **The oxen d. the plough**, i buoi tirano l'aratro; **to d. the bow**, tendere l'arco; **to d. the reins**, tirare le redini; **to d. a deep breath**, tirare un profondo respiro ***2*** cavare; tirar via; estrarre: (*med.*) **to d. blood**, cavar sangue; **to d. a tooth**, cavare (*o* estrarre) un dente; **to d. a gun**, estrarre una pistola; **to d. the sword**, estrarre (*o* sguainare) la spada; **to d. nails from a board**, cavare (*o* tirar via) chiodi da un'asse ***3*** attirare; attrarre; tirarsi dietro (*pop.*); tirarsi addosso; strappare (*anche fig.*): **The robbery drew a large crowd of people**, la rapina attirò una gran folla di gente; **to d. sb.'s attention**, attirare l'attenzione di q.; **to d. ruin upon oneself**, tirarsi addosso la rovina; **to d. tears [applause]**, strappare le lacrime [gli applausi] ***4*** tirare, attingere: **to d. water from the well**, tirare l'acqua dal pozzo ***5*** ottenere; ricevere; ricavare; trarre; tirare (*pop.*): **His remark drew no reply**, la sua osservazione non ottenne risposta; **That novelist draws his inspiration from history**, quel romanziere trae ispirazione dalla storia; **to d. information from sb.**, ottenere (*o* ricavare) informazioni da q.; **He draws a good salary**, riceve (*pop.*: tira) un buon stipendio ***6*** tirare; tracciare; disegnare; descrivere: **to d. a line**, tirare una riga; **to d. a circle**, disegnare un cerchio; **to d. a picture**, disegnare un quadro; descrivere una scena ***7*** formulare; stendere; redigere (*una bozza, un progetto, uno schema di disegno di legge*); scrivere: **to d. a plan**, formulare un piano; **to d. a contract**, stendere un contratto; **to d. a deed**, redigere un atto legale ***8*** (*comm.*) emettere; spiccare (*una tratta*); prelevare (*denaro*): **to d. a cheque**, emettere (*fam.*: staccare) un assegno; **to d. a bill of exchange**, spiccare una tratta, una cambiale; **to d. money from a bank**, prelevare denaro in banca ***9*** contrarre: **His face was drawn with pain**, aveva il viso contratto per il dolore; **drawn features**, lineamenti contratti (*o* tesi, tirati) ***10*** (*metall.*) rinvenire ***11*** (*mecc.*) imbutire; (*anche*) trafilare (*un metallo*): **to d. gold [silver]**, trafilare l'oro [l'argento] ***12*** (*chim.*) estrarre ***13*** (*med.*) far spurgare: **This poultice will d. the abscess**, questo impiastro farà spurgare l'ascesso ***14*** (*nei giochi di carte*) prendere; far giocare, far calare, tirar giù (*pop.*): **to d. a card from the pack**, prendere (*o* tirare) una carta dal mazzo; (*poker*) **to d. cards**, prendere carte; **I drew all his trumps**, gli feci calare (*o* gli ho tirato giù) tutte le briscole ***15*** (*stor.*) tirare (q.) a coda di cavallo; sventrare: **He was drawn and quartered**, fu tirato a coda di cavallo e squartato; **I saw major-general Harrison hanged, drawn and quartered**, vidi impiccare, sventrare e squartare il generale Harrison ***16*** (*cucina*) pulire, sventrare (*un pollo, ecc.*) ***17*** (*nella caccia*) battere (*un terreno*) per fare alzare la selvaggina ***18*** (*nella caccia*) stanare: **At last they succeeded in drawing the fox**, finalmente riuscirono a stanare la volpe ***19*** spillare (*un liquido*): **to d. beer from a barrel**, spillare birra da un barile ***20*** tenere in infusione (*il tè*): **This tea must be drawn for a long time**, questo tè deve essere tenuto a lungo in infusione ***21*** (*ind. min.*) estrarre, portare a giorno (*minerali, ecc.*) ***22*** (*ind. min.*) disarmare ***23*** (*ind. tess.*) stirare ***24*** (*naut.*) pescare: **My boat draws ten feet of water**, la mia barca pesca dieci piedi ***25*** (*sport*) pareggiare (*un incontro, una partita*). **B** *v. i.* ***1*** disegnare: **Jim is very good at drawing**, Jim è molto bravo a disegnare ***2*** estrarre (*o* tirare) a sorte: **Let's d. for partners**, tiriamo a sorte per vedere chi deve stare (*giocare, ecc.*) insieme; **to d. for who will go first**, tirare a sorte per decidere chi andrà per primo ***3*** sguainare la spada ***4*** estrarre la pistola: **The marshall is very quick at drawing**, lo sceriffo è molto veloce a estrarre la pistola ***5*** (*di un camino, ecc.*) tirare; (*del fuoco*) prendere: **This flue doesn't d. well**, questa canna (fumaria) non tira bene ***6*** (*fig.*) attirare l'attenzione (*o* l'interesse): **The film is drawing well**, il film sta avendo successo ***7*** (*del tè*) essere in infusione: **The tea is drawing**, si sta facendo il tè ***8*** (*seguito da una prep. o da un avv., quali* **to, near,** *ecc.*) muoversi verso; avvicinarsi a; arrivare a: **The speaker was drawing to a conclusion**, l'oratore s'avvicinava alla conclusione; **Holidays are drawing near**, le vacanze s'avvicinano; **At last we drew level with them**, alla fine li raggiungemmo ***9*** (*comm.*) trarre; spiccare (una) tratta; emettere (*un assegno*: *su una banca*): **You can d. on us for the amount of the invoice**, potete spiccare tratta su di noi per l'ammontare della fattura ***10*** (*nella caccia*) battere il terreno (*per fare alzare la selvaggina*) ***11*** (*sport*) fare un pareggio; pareggiare: **The two football teams drew**, le due squadre di calcio pareggiarono. ● **to d. a bath**, aprire il rubinetto dell'acqua per fare il bagno; riempire la vasca □ (*fig.*) **to d. a blank**, far fiasco; restare con un pugno di mosche; (*USA*) avere un vuoto di memoria □ **to d. blood from**, far sanguinare: **He drew blood from my arm**, mi fece sanguinare un braccio □ **to d. breath**, prendere fiato; fermarsi per riposare □ **to d. the cork from a bottle**, stappare una bottiglia □ **to d. a distinction**, fare una distinzione □ (*fig. pop.*) **to d. it fine**, spaccare un capello in quattro (*fig.*) □ (*fig.*) **to d. first blood**, essere il primo ad attaccare □ **to d. one's first breath**, emettere il primo vagito; nascere □ **to d. a game [a match]**, chiudere una partita [un incontro] alla pari □ **to d. it fine**, farcela appena (*per limite di tempo, mancanza di denaro, ecc.*) □ **to d. sb.'s eye**, attirare lo sguardo di q. □ (*fam.*) **to d. it mild**, non esagerare; sminuire la gravità (*o* l'importanza) di q.c. □ **to d. one's last breath**, dare l'ultimo respiro; esalare l'anima □ **to d. a line**, porre un limite invalicabile; dire basta (*fig.*); rifiutarsi di andare oltre (*fig.*) □ **to d. the line at**, non voler andare oltre (*un certo punto*); rifiutarsi di: **I don't mind helping him with his studies but I d. a line at writing his thesis for him**, lo aiuto volentieri nei suoi studi, ma mi rifiuto di fargli la tesi di laurea □ (*fig.*) **to d. the long bow**, esagerare; spararle grosse □ **to d. lots**, tirare a sorte: (*sport*) **to d. lots for the choice of serve or court**, tirare a sorte per la scelta della battuta o del campo □ **to d. a parallel between two things**, fare un parallelo (*o* un confronto) fra due cose □ **to d. one's pen [pencil] through st.**, tirare un frego su q.c. con la penna [con la matita] □ **to d. a prize**, vincere un premio (*per es., alla lotteria*); tirar su un numero vincente □ (*mil.*) **to d. rations**, ritirare le razioni di viveri □ **to d. rein**, tirare le redini; fermare un cavallo □ (*fig.*) **to d. sb.'s teeth**, tagliare le unghie a q.; rendere inoffensivo q. □ **to d. two salaries**, cumulare due stipendi □ **to d. the winner**, prendere un biglietto col nome del cavallo vincente; (*fig.*) aver successo □ **We couldn't d. him into talk**, non gli cavammo una parola di bocca.

♦**draw ahead**, *v. i. + avv.* andare avanti □ **to d. ahead of sb.**, sopravanzare, superare q. (*anche fig.*): **He drew ahead of the other runners [of his competitors]**, superò gli altri corridori [i suoi concorrenti].

♦**draw apart**, *v. i. + avv.* allontanarsi, staccarsi, separarsi (*anche fig.*): **Husband and wife were drawing apart (from each other)**, marito e moglie si stavano allontanando l'uno dall'altra.

♦**draw aside**, **A** *v. i. + avv.* farsi da parte; scostarsi. **B** *v. i. + avv.* ***1*** tirare da parte; scostare: **D. the curtain aside!**, scosta la tenda! ***2*** prendere da parte (q.): **He drew me aside and told me to be careful**, mi prese da parte e mi disse di stare in guardia.

♦**draw away**, **A** *v. i. + avv.* ***1*** allontanarsi; ritrarsi: **She drew away, frightened by the snake**, si ritrasse, spaventata dal serpente ***2*** allontanarsi; staccarsi: **The yacht drew away from the pier**, lo yacht si staccò dal molo. **B** *v. t. + avv.* allontanare; tirar via; staccare: **She drew her hand away from the boiling pot**, tirò via la mano dalla pentola che bolliva □ (*sport*) **to d. away from**, staccare (*un avversario*).

♦**draw back**, **A** *v. i. + avv.* tirarsi indietro (*anche fig.*); ritirarsi; indietreggiare; ritrarsi; rifiutarsi: **I drew back in terror**, indietreggiai atterrito; **At the last moment, all my friends drew back**, all'ultimo momento, tutti i miei amici si tirarono indietro; **The bank drew back from granting him a loan**, la banca rifiutò di concedergli un mutuo. **B** *v. t. + avv.* tirare indietro; ritirare (*la mano, ecc.*).

♦**draw down**, *v. t. + avv.* ***1*** tirare giù; abbassare; calare: (*a teatro*) **to d. down the curtain**, tirare giù il sipario; calare la tela ***2*** tirarsi addosso (*fig.*); provocare: **to d. down sb.'s anger on oneself**, tirarsi addosso l'ira di q.; **to d. down a lot of criticism**, provocare (*o* suscitare) molte critiche ***3*** tirare (*fam.*); prendere; percepire: **to d. down full pay**, tirare la paga per intero; percepire l'intero salario ***4*** esaurire, prosciugare (*fig.*): (*fin.*) **to d. down gold reserves**, esaurire le riserve auree; **to d. down the line of credit from one's bank**, prosciugare la linea di credito della propria banca.

♦**draw forth**, *v. t. + avv.* ***1*** provocare, suscitare (*risa, commenti, ecc.*); strappare (*fig.*): **His acting drew forth enthusiastic applause**, la sua recitazione strappò al pubblico applausi entusiastici ***2*** (*arc.*) tirare fuori, estrarre (*la spada, ecc.*).

♦**draw in**, **A** *v. i. + avv.* ***1*** (*delle giornate*) accorciarsi: **The days are drawing in**, i giorni si accorciano ***2*** (*trasp.*: *specialm. del treno*) arrivare; essere in arrivo: **Our train is drawing in**, il nostro treno è in arrivo ***3*** fare economia; tirare la cinghia (*fig., fam.*). **B** *v. t. + avv.* ***1*** tirare dentro (*anche fig.*); ritirare; coinvolgere: **Snails d. in their horns**, le lumache ritirano le corna; **I don't want to drawn in**, non voglio essere coinvolto ***2*** tirare su (*la rete da pesca e sim.*) ***3*** limitare, ridurre (*spese, ecc.*) ***4*** abbozzare, schizzare (*disegnando*) □ (*fig.*) **to d. in one's horns**, tirarsi indietro (*fig.*); farsi prudente.

♦**draw into**, *v. i. + prep.* (*trasp.*: *specialm. del treno*) arrivare in: **Our train is drawing into the station**, il nostro treno sta arrivando in stazione.

♦**draw off**, **A** *v. t. + avv.* ***1*** cavare, togliere, sfilare: **to d. off one's gloves**, cavarsi (*o* sfilarsi) i guanti ***2*** cavare; estrarre; aspirare: **to d. off some water from the radiators**, cavare dell'acqua dai radiatori; **to d. off some petrol from the tank**, estrarre (*o* aspirare) della benzina dal serbatoio ***3*** (*mil.*) ritirare (*truppe*). **B** *v. i. + avv.* ***1*** allontanarsi; partire; andarsene ***2*** (*fig.*) prendere le distanze ***3*** (*mil.*) ritirarsi.

♦**draw on**, **A** *v. t. + avv.* ***1*** mettere; infilare: **to d. on one's gloves**, mettersi i guanti; **to draw on one's stockings**, infilarsi le calze ***2*** (*fig.*) incitare, spingere, spronare (*fig.*); attrarre, attirare: **I was drawn on by the hope of making a bargain**, ero spinto dalla speranza di fare un buon affare; **It was her charming manner that drew me on**, fu la squisitezza dei suoi modi che mi attrasse a lei. **B** *v. i. + avv.* ***1*** avvicinarsi: **Winter is drawing on**, si avvicina l'inverno ***2*** (*naut.*) guadagnare in distanza. **C** *v. i. + prep.* ***1*** fare ricorso a; attingere a; ricorrere a: **If you don't know the facts, don't d. on your imagination**, se non sai come stanno i fatti, non ricorrere alla fantasia!; **to d. on one's own experience**, attingere alla propria esperienza; **to d. on stocks**, fare ricorso alle scorte ***2*** (*banca*) trarre su; prelevare denaro da: **to d. on an account**, trarre su un conto; **to d. on one's own account**, prelevare denaro dal proprio conto ***3*** (*comm.*) trarre, spiccare tratta su (q.) □ **to d. sb. on to speak**, indurre q. a parlare; fare sciogliere la lingua a q. □ **to d. on one's cigarette**, dare una tirata alla sigaretta □ **to d. on one's pipe**, tirare una boccata (di fumo) dalla pipa.

♦**draw out**, **A** *v. i. + avv.* ***1*** (*delle giornate*) allungarsi: **The days are beginning to d. out**, i giorni cominciano ad allungarsi ***2*** (*trasp.*: *specialm. del treno*) partire, essere in partenza: **The London train is drawing out (of the station)**, il treno per Londra è in partenza ***3*** (*naut.*) muoversi; uscire (*dal porto, ecc.*) ***4*** (*banca*) fare un prelievo ***5*** (*autom.*: *di un veicolo*) uscire dalla fila; fare uno scarto improvviso ***6*** (*mil.*) uscire dall'accampamento. **B** *v. t. + avv.* ***1*** tirare fuori; cavare di tasca: **The hooligan drew out a knife**, il teppista tirò fuori un coltello ***2*** cavare; togliere; estrarre: **The mouse drew the thorn out of the lion's paw**, il topo cavò la spina dalla zampa del leone ***3*** prolungare; protrarre: **to d. out one's stay**, prolungare la propria permanenza; **The meeting was drawn out until midnight**, la riunione si protrasse fino a mezzanotte ***4*** (*fig.*) far venir fuori; mettere allo scoperto (*qualità, difetti, ecc.*) ***5*** (*banca*) prelevare (*denaro*) ***6*** cavar fuori (*fig.*); strappare (*la verità, ecc.*); estorcere (*una confessione*) ***7*** far uscire (q.) dal guscio (*fig.*); far sciogliere (q.) dal ritegno (*o* la lingua a q.): **At last I managed to d. out that taciturn old man**, alla fine riuscii a far sciogliere la lingua a quel vecchio di poche parole ***8*** (*ind. del vetro*) stirare □ **The police drew him out**, la polizia lo fece cantare (*fam.*).

♦**draw over**, *v. i. + avv.* (*di un automezzo*) accostare.

♦**draw round**, *v. i. + avv.* avvicinarsi; accostarsi.

♦**draw together**, **A** *v. i. + avv.* stringersi insieme; riunirsi; accostarsi (l'un l'altro). **B** *v. t. + avv.* ***1*** riunire; mettere insieme ***2*** (*fig.*) far riavvicinare; rimettere insieme (*fig.*).

♦**draw up**, **A** *v. t. + avv.* ***1*** tirare su (*un ponte levatoio, ecc.*); attingere (*acqua*) ***2*** accostare, avvicinare: **to d. up benches against the wall**, accostare panche al muro ***3*** arrestare (*un veicolo, ecc.*); fermare: **The rider drew up his horse**, il cavaliere arrestò il cavallo; **to d. sb. up sharp**, fermare q. bruscamente ***4*** mettere uno accanto all'altro; sistemare (*autoveicoli, ecc.*) ***5*** compilare; redigere; stendere (*un documento*); preparare; stilare: **to d. up a list**, compilare una lista; **to d. up a contract**, stendere un contratto; (*leg.*) **to d. up a deed**, redigere un atto (formale); (*banca*) **to d. up a statement of account**, redigere (*o* preparare) un estratto conto; **to d. up a plan**, preparare un piano ***6*** (*leg.*) formulare: **to d. up an accusation**, formulare un'accusa ***7*** disporre, schierare (*truppe, poliziotti, ecc.*). **B** *v. i. + avv.* ***1*** (*di un veicolo*) accostare; fermarsi: **The motorboat drew up at the pier**, il motoscafo accostò al molo; **The black limousine drew up at the door**, la limousine nera si fermò alla porta ***2*** (*di truppe, poliziotti, ecc.*) disporsi; schierarsi □ **to d. up with sb.**, raggiungere q. □ **to d. oneself up**, drizzare la schiena; tirarsi su (*fam.*); alzarsi (in piedi).

drawback /ˈdrɔːbæk/, *n.* ***1*** inconveniente; svantaggio; lato negativo ***2*** (*comm. est.*) rimborso (*o* restituzione) del dazio doganale (*quando la merce è riesportata*); premio all'esportazione ***3*** ritiro: **the d. of the missile installations**, il ritiro delle installazioni missilistiche. ● **d. lock**, serratura a catenaccio azionabile dall'interno.

drawbar /ˈdrɔːbɑː/, *n.* (*ferr., autom.*) barra (*o* asta) di trazione.

drawbridge /ˈdrɔːbrɪdʒ/, *n.* ponte levatoio; ponte girevole.

drawdown /ˈdrɔːdaʊn/, *n.* ***1*** (*USA*) riduzione; taglio (*fig.*) ***2*** calo (*del livello dell'acqua*); abbassamento piezometrico.

drawee /drɔːˈiː/, *n.* (*comm.*) trattario; trassato.

drawer (*def. 1, 2, 5, 6* e *7* /ˈdrɔːə(r)/, *def. 3* /drɔː(r)/, *def. 4* /drɔːz/), *n.* ***1*** chi (*o* cosa che) tira, ecc. (*V.* **to draw**) ***2*** (*comm.*) traente (*d'una cambiale*); emittente (*d'un assegno bancario*) ***3*** cassetto: **chest of drawers**, cassettone ***4*** (*pl.*) (*arc.*) mutande lunghe; mutandoni ***5*** disegnatore ***6*** mescitore di bevande alcoliche; taverniere; barista ***7*** (*metall.*) trafilatore.

drawing /ˈdrɔːɪŋ/, *n.* ***1*** trazione; il tirare, ecc. (*V.* **to draw**) ***2*** disegno; schizzo; diagramma: **the d. of a dog**, il disegno di un cane; **d. from life**, disegno di figura; **out of d.**, disegnato male ***3*** (*comm., fin.*) prelevamento, prelievo (*di denaro*) ***4*** (*banc., fin.*) traenza (*di una cambiale*); emissione (*di un assegno*) ***5*** (*metall.*) trafilatura (*d'un metallo*); (*anche*) imbutitura ***6*** (*ind. del vetro*) stiraggio; stiro ***7*** sorteggio; estrazione a sorte; (*fin.*) estrazione (*di obbligazioni*). ● (*banca*) **d. account**, conto di traenza; conto corrente □ **d. block**, quaderno da disegno □ **d. board**, tavolo da disegno □ **d. compass(es)**, compasso da disegno □ (*banca*) **d. deposit**, deposito traibile □ (*ind.*) **d. office**, sala disegnatori □ **d. paper**, carta da disegno □ (*tecn.*) **d. pen**, tiralinee □ **d. pencil**, matita da disegno □ **d. pin**, puntina da disegno (*cfr. USA* **thumbtack**) □ (*fin.*) **d. right**, diritto di prelievo □ **d. table**, tavolo da disegno □ **d.-up**, compilazione; redazione; stesura; preparazione (*V.* **to draw up**) □ **Back to the d. board!**, ripartiamo da zero! □ (*fin.*) **special d. rights**, diritti speciali di prelievo.

drawing-room /ˈdrɔːɪŋruːm, -rʊm/, **A** *n.* ***1*** salotto ***2*** (*a Corte*) ricevimento ***3*** (*ferr., USA*) carrozza salone. **B** *a. attr.* di (*o* da) salotto; salottiero.

drawl /drɔːl/, *n.* pronuncia lenta, strascicata.

to **drawl** /drɔːl/, **A** *v. i.* parlare in modo lento (*o* affettato); strascicare le parole. **B** *v. t.* strascicare: **to d. (out) one's words**, strascicare le parole.

drawn /drɔːn/, **A** *p. p.* di **to draw**. **B** *a.* ***1*** (*del viso*) contratto; teso (*per il dolore, ecc.*) ***2*** sbudellato; sventrato ***3*** (*comm.*) spiccato; emesso ***4*** (*banca*) prelevato ***5*** (*anche sport*) pari; in pareggio: **a d. game**, una partita chiusa in pareggio ***6*** estratto (a sorte) ***7*** (*metall.*) trafilato; (*anche*) imbutito. ● **d. glass**, vetro ottenuto per stiraggio □ **d.-out**, prolisso; che va (*o* tirato) per le lunghe; prolungato: **a d.-out interview**, una lunga intervista □ (*comm.*: *di una persona*) **d. upon**, trassato □ **d. work**, ricamo sfilato □ **horse-d.**, a cavalli; ippotrainato □ **with d. swords**, con le spade sguainate.

drawsheet /ˈdrɔːʃiːt/, *n.* traversa (*da mettere sotto il lenzuolo, nel letto*).

drawstring /ˈdrɔːstrɪŋ/, *n.* cordoncino; funicella; laccio.

draw-well /ˈdrɔːwɛl/, *n.* pozzo (*munito di corda e secchio*).

dray /dreɪ/, *n.* carro per trasporti pesanti; barroccio. ● **d.-horse**, cavallo da tiro.

drayman /ˈdreɪmən/, *n.* (*pl.* **draymen**) barrocciaio; carrettiere.

dread (1) /drɛd/, *n.* timore; paura; spavento; terrore: **Criminals always live in d. of being arrested**, i delinquenti vivono sempre col terrore d'essere arrestati.

dread (2) /drɛd/, *a.* (*lett.*) ***1*** paventato (*lett.*); terribile; spaventoso ***2*** che incute riverenza e timore; maestoso; solenne.

to **dread** /drɛd/, *v. t.* e *i.* temere; aver paura (di); paventare; tremare (*fig.*): **I d. to think of the consequences**, tremo al pensiero delle conseguenze; **Does the boy d. a visit to the dentist?**, il bambino ha forse paura d'andare dal dentista?

dreadful /ˈdrɛdfl/, *a.* terribile; tremendo; orribile; spaventoso: **a d. accident**, un incidente spaventoso; **d. weather**, tempo orribile.

dreadfully /ˈdrɛdfəlɪ/, *avv.* ***1*** terribilmente; tremendamente; spaventosamente ***2*** (*fam.*) molto: **I'm d. sorry**, mi dispiace assai.

dreadfulness /ˈdrɛdflnəs/, *n.* spaventosità,

orribilità, orridezza (*raro*).

dreadlocks /ˈdrɛdlɒks/, *n. pl.* capelli lunghi, infeltriti in una massa di riccioli fitti (*acconciatura dei suonatori o ballerini di «reggae»*).

dreadnaught, dreadnought /ˈdrɛdnɔːt/, *n.* ***1*** (*arc.*) (tessuto per) pesante giaccone di lana ***2*** (*naut., mil.*) dreadnought; corazzata veloce (*armata di cannoni di grosso calibro*).

dream /driːm/, *n.* (*anche fig.*) sogno: **to have bad dreams**, fare brutti sogni; **waking d.**, sogno a occhi aperti; fantasticheria; **This hat is a d.!**, questo cappellino è un sogno! ● **d. book**, libro dei sogni □ **a d. holiday**, una vacanza di sogno □ **d. reader**, chi interpreta i sogni □ **a d. villa**, una villa di sogno □ **d. world**, il mondo della fantasia (*o* dell'irrealtà); il paese dei sogni □ **beyond one's wildest dreams**, al di là di ogni speranza □ **like a d.**, a meraviglia; alla perfezione □ **He has dreams of being a great scientist**, sogna di diventare un grande scienziato.

to **dream** /drɛmt/ (*pass. e p. p.* **dreamt, dreamed**), *v. t. e i.* sognare, sognarsi (*anche fig.*); fantasticare; immaginare: **The sailor dreamt of his native village**, il marinaio sognava il suo paese natale; **I shouldn't d. of hurting her pride**, non me lo sognerei neanche di ferirla nell'orgoglio; **He little dreamed that...**, non immaginava nemmeno lontanamente che... ● **to d. away one's time [life]**, passare il tempo [la vita] in fantasticherie □ **to d. a dream**, fare un sogno □ (*fam.*) **to d. up**, sognare; immaginare; (*spreg.*) escogitare, trovare: **to d. up some excuse**, trovare una qualche scusa.

dreamboat /ˈdriːmbəʊt/, *n.* (*pop.*) ***1*** (l') uomo dei propri sogni ***2*** (un) sogno di ragazza; (una) ragazza di sogno.

dreamer /ˈdriːmə(r)/, *n.* sognatore, sognatrice.

dreamily /ˈdriːməlɪ/, *avv.* con occhi sognanti; come in sogno.

dreaminess /ˈdriːmɪnəs/, *n.* ***1*** tendenza a fantasticare ***2*** indeterminatezza; vaghezza.

dreamland /ˈdriːmlænd/, *n.* il paese dei sogni; il regno della fantasia.

dreamless /ˈdriːmləs/, *a.* senza sogni.

dreamlike /ˈdriːmlaɪk/, *a.* ***1*** di (*o* simile a) sogno; fantastico ***2*** indeterminato; vago; irreale.

dreamt /drɛmt/, *pass. e p. p.* di **to dream**.

dreamy /ˈdriːmɪ/, *a.* ***1*** (*raro o poet.*) pieno di sogni ***2*** sognante; immerso in fantasticherie: **d. eyes**, occhi sognanti ***3*** fantastico; vago; irreale; come di sogno: **a d. remembrance**, un vago ricordo; **d. music**, musica come di sogno.

dreary /ˈdrɪərɪ/, *a.* ***1*** cupo; desolato; fosco; tetro; triste: **a d. landscape**, un paesaggio desolato; **a d. day**, una giornata tetra, triste ***2*** tedioso; monotono; noioso; uggioso: **d. work**, lavoro tedioso; **d. weather**, tempo uggioso; **d. food**, una dieta monotona. || **-ily**, *avv.* || **-iness**, *sost.*

dredge /drɛdʒ/, *n.* ***1*** (*mecc.*) draga (*macchina*) ***2*** (*oceanografia*) carotiere di fondo. ● **d. net**, draga (*rete da pesca a sacco conico*) □ (*naut.*) **d. ship**, draga (*battello*).

to **dredge** (1) /drɛdʒ/, *v. t. e i.* dragare; scavare con la draga: **to d. (up) mud**, scavare il fango con la draga; **to d. (out) a river**, dragare un fiume. ● **to d. up**, ripescare (q. *o* q.c.) dragando; (*fig.*) rivangare (*fatti, storie, ecc.*).

to **dredge** (2) /drɛdʒ/, *v. t.* (*cucina*) spargere; spolverizzare: **to d. sugar**, spargere zucchero in polvere. ● **to d. meat with flour**, infarinare la carne.

dredger (1) /ˈdrɛdʒə(r)/, *n.* ***1*** (*mecc.*) draga ***2*** (*naut.*) draga (*battello*) ***3*** draghista, dragatore (*operaio*).

dredger (2) /ˈdrɛdʒə(r)/, *n.* (= **dredging box**) vasetto (*col coperchio forato*) per spolverizzare; spargifarina; spargizucchero; spargisale.

dredging /ˈdrɛdʒɪŋ/, *n.* dragaggio. ● **d. machine**, draga.

dreg /drɛg/, *n.* pezzetto; briciolo: (*fig.*) **not a d. of pity**, neanche un briciolo di compassione.

dreggy /ˈdrɛgɪ/, *a.* feccioso; impuro; torbido.

dregs /drɛgz/, *n. pl.* ***1*** feccia (*anche fig.*); posatura; sedimento: **the d. of society**, la feccia della società ***2*** scorie. ● **to drink the cup to the d.**, bere il calice sino alla feccia (*per lo più fig.*).

drench /drɛntʃ/, *n.* ***1*** (*vet.*) beverone (*specialm. medicamentoso*) ***2*** bagnata; infradiciata ***3*** rovescio; scroscio di pioggia.

to **drench** /drɛntʃ/, *v. t.* ***1*** infradiciare; inzuppare: **He came back drenched with rain**, ritornò inzuppato di pioggia ***2*** (*vet.*) somministrare un beverone a (*un animale*) ***3*** immergere (*in un liquido*: *una pecora perché non perda il vello*; *o anche pelle per conciarla*). ● **to be drenched to the skin**, essere bagnato fradicio.

drencher /ˈdrɛntʃə(r)/, *n.* ***1*** chi bagna, inzuppa, immerge, ecc. (*V.* **to drench**) ***2*** (*fam.*) acquazzone; rovescio (*di pioggia*).

drenching /ˈdrɛntʃɪŋ/, **A** *a.* (*di pioggia*) penetrante. **B** *n.* ***1*** grossa bagnata; infradiciata: **to get a good d.**, prendersi una solenne infradiciata ***2*** rovescio (*di pioggia*).

dress /drɛs/, *n.* ***1*** abbigliamento; vestiario; costume: **national d.**, costume nazionale; **fancy d.**, costume (*da maschera*); **articles of d.**, capi di vestiario; **period d.**, abbigliamento d'epoca; costume: **actors wearing period d.**, attori in costume ***2*** vestito (*da donna o da bambina*; *cfr.* **suit**): **Jane has a lot of nice dresses**, Jane ha molti bei vestiti ***3*** (*zool.*) piumaggio: **birds in their winter d.**, uccelli con il piumaggio invernale ***4*** (= **evening d.**) abito da sera (*da donna*): **Trudi has a lot of evening dresses**, Trudi ha molti abiti da sera ***5*** (*mil.*) divisa; uniforme; tenuta: **full d.**, alta uniforme; divisa di gala ***6*** (*naut.*) pavese; gala di bandiere: **full d.**, gran pavese. ● (*a teatro*) **d. circle**, prima galleria □ **d. coat**, marsina; frac □ **d. designer**, figurinista; stilista □ **d. form**, manichino (*il busto*: *da donna*) □ **d. guard**, reticella (*su ruota di bicicletta da donna, ecc.*) □ **d. hanger**, appendiabiti; ometto, gruccia (per abiti) □ (*stor.*) **d. improver**, pouf; sellino □ **d. material**, stoffa per abiti □ (*mil.*) **d. parade**, parata in alta uniforme □ (*a teatro*) **d. rehearsal**, prova generale □ **d. shield** (*o* **d. preserver**), sottoascella □ **d. shirt**, sparato; (*anche*) camicia buona (*da portare con la cravatta*) □ **d. shop**, negozio d'abbigliamento femminile □ **d. suit**, abito (maschile) da cerimonia □ (*mil.*) **d. uniform**, alta uniforme; divisa di gala □ **evening d.**, abito da sera (*anche da uomo*; *solo sing.*) □ **morning d.**, tight.

to **dress** /drɛs/, **A** *v. t.* ***1*** vestire; abbigliare: **She was dressed in black**, era vestita di nero; **Mary Quant has dressed millions of people**, Mary Quant ha vestito milioni di persone ***2*** adornare; ornare; addobbare; decorare; parare a festa; pavesare (*una nave*): **The streets were dressed for the coronation**, le strade erano parate a festa per l'incoronazione ***3*** (*med.*) medicare; bendare; fasciare (*una ferita*) ***4*** preparare, allestire, pulire, rifinire, ecc. (*q.c. per un determinato scopo, per es.*): **to d. stones**, squadrare pietre (*da costruzione*); **to d. leather**, rifinire il cuoio; **to d. a salad**, condire l'insalata; **to d. a chicken**, conciare un pollo; **to d. a board**, levigare un'asse; **to d. a shop window**, allestire la mostra in una vetrina (di negozio) ***5*** (*mil.*) mettere in riga; allineare ***6*** (*agric.*) concimare (*campi*); potare, sarchiare (*piante*) ***7*** acconciare (*i capelli*): **to d. one's hair**, acconciarsi i capelli; pettinarsi ***8*** (*ind. tess.*) apprettare; dare l'appretto a ***9*** (*mecc.*) affilare, riaffilare (*un utensile*) ***10*** (*ind. min.*) arricchire (*o* concentrare, *o* lavare: *un minerale*). **B** *v. i.* ***1*** vestire; vestirsi; abbigliarsi: **Mary dresses well**, Mary veste bene; **I wash and d. in the morning**, la mattina, mi lavo e mi vesto; **to d. for dinner**, vestirsi (*o* cambiarsi) per il pranzo; **to d. in black**, vestire di nero ***2*** (*mil.*: *di soldati*) mettersi in riga; allinearsi. **C** to **dress oneself**, *v. rifl.* vestirsi. ● **to d. the Christmas tree**, addobbare (decorare; *pop.*: fare) l'albero di Natale □ **to d. hides**, conciare pelli □ (*naut.*) **to d. ship**, pavesare (*o* impavesare) la nave □ (*naut.*) **to d. ship overall**, alzare il gran pavese □ (*edil.*) **to d. a wall**, intonacare un muro □ **to be dressed in one's Sunday best**, indossare l'abito migliore; essere vestito a festa □ (*fam.*: *di donna*) **to be dressed (up) to kill**, avere il vestito delle grandi occasioni (*o* per fare conquiste) □ **to be dressed up to the nines**, essere vestito con ricercatezza □ **to get dressed**, vestirsi.

♦**dress down**, **A** *v. t. + avv.* ***1*** strigliare (*un cavallo*) ***2*** (*fig.*) dare una strigliata, fare una ramanzina, dare una lavata di capo a (q.). **B** *v. i. + avv.* vestirsi alla buona, meno bene del solito.

♦**dress up**, **A** *v. i. + avv.* ***1*** vestirsi con eleganza; vestirsi a festa; mettersi in ghingheri (*fam.*) ***2*** vestirsi; travestirsi: **The children are going to d. up as little devils**, i bambini si travestiranno da diavoletti. **B** *v. t. + avv.* ***1*** abbellire; infiorare (*fig.*): **You needn't d. up the unpleasant fact that you lied to your mother**, non serve che tu infiori il fatto spiacevole che hai mentito a tua madre ***2*** (*mil.*) allineare; mettere in riga.

dressage /ˈdrɛsɑːʒ, -ɪdʒ, *USA* drəˈsɑːʒ/ (*franc.*), *n.* (*sport*) dressage; dressaggio.

dresser (1) /ˈdrɛsə(r)/, *n.* ***1*** (*stor.*) cameriere; valletto ***2*** (*teatr., cinem., TV*) costumista ***3*** chi veste in un certo modo: **He is a fancy d.**, è un eccentrico, uno stravagante (*nel vestire*) ***4*** (= **window-d.**) vetrinista ***5*** conciatore (*di cuoio, ecc.*) ***6*** (*med., arc.*) assistente d'un chirurgo; infermiere ***7*** (*mecc.*) macchina affilatrice.

dresser (2) /ˈdrɛsə(r)/, *n.* ***1*** credenza (*il mobile*) ***2*** tavolo da cucina (*su cui preparare pietanze*) ***3*** (*USA*) cassettone con specchio ***4*** (*USA*) toeletta.

dressiness /ˈdrɛsɪnəs/, *n.* ricercatezza, eccentricità (*nel vestire o d'un vestito*).

dressing /ˈdrɛsɪŋ/, *n.* ***1*** abbigliamento; vestiario; il vestirsi ***2*** (*med.*) medicazione; medicamenti; bende; fasce ***3*** (*cucina*) condimento; salsa; (*USA*) ripieno ***4*** (*agric.*) composta; concime ***5*** (*ind. tess.*) apprettatura; appretto ***6*** (*naut.*) impavesata; pavesata; gala di bandiere ***7*** (= **window-d.**) vetrinistica ***8*** (*tecn.*) finitura; finissaggio; approntatura ***9*** (*metall.*) scriccatura ***10*** (*edil.*) intonacatura; intonaco ***11*** (*edil.*) squadratura (*delle pietre*) ***12*** (*mecc.*) affilatura ***13*** rifinitura (*del cuoio*); concia (*delle pelli*). ● **d. case**, nécessaire da viaggio; beauty-case □ (*fam.*) **d.-down**, lavata di capo; strigliata; ramanzina □ **d. gown**, veste da camera; vestaglia □ **d. room**, spogliatoio; (*teatr., cinem., TV*) camerino □ (*mil.*) **d. station**, posto di medicazione, di primo soccorso □ **d. table**, toeletta (*il mobile*) □ **d.-up**, travestimento; il mascherarsi □ (*fam.*) **to give sb. a good d.-down**, dare una strigliata a q.; fare una ramanzina a q.

dressmaker /ˈdrɛsmeɪkə(r)/, *n.* sarta (*o* sarto) da donna.

dressmaking /ˈdrɛsmeɪkɪŋ/, *n.* confezione d'abiti da donna.

dressy /ˈdrɛsɪ/, *a.* ***1*** elegante; ricercato; eccentrico (*nel vestire*); smanioso d'eleganza ***2*** (*d'abito*) elegante; alla moda ***3*** (*fig.*) raffinato; mondano.

drew /druː/, *pass.* di **to draw**.

drey /dreɪ/, *n.* nido di scoiattolo.

dribble /ˈdrɪbl/, *n.* ***1*** sgocciolamento; bava; spruzzo ***2*** (*calcio*) dribbling; dribblaggio ***3*** (*pallacanestro*) palleggio. ● **in dribbles**, alla spicciolata.

to **dribble** /ˈdrɪbl/, **A** *v. i.* ***1*** gocciolare; sbavare; emettere bava: **Boxers often d. at the** mouth, i (cani) boxer spesso hanno la bava alla bocca *2* (*biliardo*) andare in buca (*della palla*). **B** *v. t.* *1* far gocciolare; sgocciolare *2* (*calcio*) scartare; dribblare (*uno o più avversari*) *3* (*biliardo*) mettere (*una palla*) in buca. ● (*pallacanestro*) **to d. the ball**, palleggiare.

dribbler /ˈdrɪblə(r)/, *n.* *1* (*calcio*) dribblatore *2* (*pallacanestro*) palleggiatore.

dribbling /ˈdrɪblɪŋ/, *n.* *1* (*calcio*) dribbling; dribblaggio *2* (*pallacanestro*) palleggio.

driblet /ˈdrɪblət/, *n.* *1* gocciolina *2* (*fig.*) piccola quantità. ● **He pays his debt in driblets**, paga il suo debito a poco a poco (*o* col contagocce).

dribs /drɪbz/, *n. pl.* (*fam.*) – *nella locuz.* **in d. and drabs**, un po' per volta; pochi per volta; alla spicciolata.

dried /draɪd/, **A** *p. p.* di **to dry**. **B** *a.* essiccato; secco: **d. fruit**, frutta secca; **d. flowers**, fiori secchi. ● **d. eggs** [**milk**], uova [latte] in polvere □ **d. up**, rinsecchito; magro; (*fig.*) inaridito □ (*fam.*) **cut and d.**, prestabilito; predisposto; bell'e fatto.

drier /ˈdraɪə(r)/, *n.* *1* essiccatore *2* essiccatoio *3* (*chim.*) essiccativo; (sostanza) essiccante *4* (= **hairdrier**) asciugacapelli *5* asciugatrice (*macchina*) *6* asciugastoviglie (*macchina*).

drift /drɪft/, *n.* *1* moto; movimento; spinta (*della corrente*): **The boat was taken out to sea by the d. of the tide**, la barca fu portata al largo dal movimento della marea; **The d. of the stream was easterly**, il moto della corrente era verso est *2* (*naut.*) percorso (*o* velocità: *di una corrente*) *3* (*fig.*) spostamento; fuga (*fig.*); flusso: **the d. of labourers to the city**, l'inurbamento dei lavoratori; **the d. from the land**, la fuga dalle campagne *4* (*fig.*) tendenza; inclinazione; piega (*fig.*): **The general d. of international trade is towards stagnation**, la tendenza generale del commercio internazionale è verso il ristagno *5* significato; senso; tenore; intenzione: **Did you catch** (*o* **get**, *o* **make out**) **the d. of what he said?**, hai colto il senso del suo discorso? *6* turbine (*di pioggia, neve, ecc.*); cumulo; mucchio (*di neve, foglie secche, ecc.*): **Progress was difficult owing to big drifts of snow**, era difficile avanzare a causa della presenza di grossi cumuli di neve *7* il lasciarsi trasportare dagli eventi; inazione; immobilismo (*polit.*) *8* (*geol.*) detrito; materiale alluvionale *9* *V.* **d. net** *10* (*autom.* e *fig.*) slittamento: **four-wheel d.**, slittamento sulle quattro ruote; (*econ.*) **wage d.**, slittamento salariale *11* (*ling.*) alterazione diacronica *12* (*nelle miniere*) galleria in direzione *13* (*mecc.*) punteruolo; punzone *14* (*geogr.*) corrente marina (*lenta*): **The North Atlantic d. bathes Britain's western shores**, la corrente dell'Atlantico settentrionale bagna le coste occidentali della Gran Bretagna *15* (*naut., aeron.*) scarroccio, deriva: **d. angle**, angolo di deriva *16* (*tecn.*) deviazione (*di una corrente elettrica, di un sondaggio minerario, ecc.*). ● (*naut.*) **d. anchor**, ancora di deriva □ (*naut.*) **d. current**, corrente di deriva □ **d. ice**, banchi di ghiaccio alla deriva □ (*aeron., naut.*) **d. indicator** (*o* **d. meter**), derivometro □ **d. net**, rete (da pesca) alla deriva; tramaglio □ **a d. of smoke**, uno sbuffo di fumo □ (*mecc.*) **d.-pin**, spina conica □ (*fig.*) **to be in a state of d.**, non sapere che pesci prendere (*fig.*) □ **to let things d.**, lasciare che le cose vadano per il loro verso.

to **drift** /drɪft/, **A** *v. i.* *1* (*naut.*) scarrocciare; (*naut., aeron.*) derivare; andare alla deriva (*anche fig.*); lasciarsi trasportare dalla corrente (*o* dagli eventi): **The boat drifted ashore**, la barca fu portata a riva dalla corrente; **The ship was drifting about**, la nave andava alla deriva (*o* scarrocciava); **to d. down a river**, lasciarsi portare dalla corrente di un fiume; **That poor man is just drifting through life**, quel poveretto si lascia andare alla deriva (*o* si lascia trasportare dalla corrente) *2* accumularsi, ammucchiarsi (*per l'azione del vento, ecc.*): **The snow had drifted all over the valley**, la neve s'era accumulata su tutta la valle *3* vagare; spostarsi (lentamente): **clouds drifting in the sky**, nuvole che vagano nel cielo; **Africa was drifting towards Communism**, i paesi africani si spostavano verso il comunismo *4* (*econ., market.*: *di prezzi, ecc.*) spostarsi di poco; oscillare *5* (*ind. min.*) scavare gallerie in direzione *6* (*radio, TV*) oscillare. **B** *v. t.* *1* (*del vento, d'una corrente*) far andare alla deriva (*un'imbarcazione*); trasportare, trascinare (*foglie secche, tronchi d'albero, ecc.*) *2* accumulare; ammucchiare: **The wind has drifted the snow in front of the door**, il vento ha ammucchiato la neve contro la porta *3* ricoprire (*un terreno*) di cumuli di neve *4* (*mecc.*) punzonare; allargare (*fori*) con un punzone. ● **to d. from job to job**, cambiare di continuo lavoro □ (*Borsa, fin.*) **to d. lower**, scivolare: **Oils drifted somewhat lower yesterday**, le azioni petrolifere sono scivolate alquanto ieri.

♦**drift along**, *v. i.* + *avv.* *1* (*specialm. naut.*) andare alla deriva *2* (*fig.*) vivere alla giornata; non preoccuparsi del futuro.

♦**drift apart**, *v. i.* + *avv.* allontanarsi l'uno dall'altro; distaccarsi a poco a poco (*anche fig.*).

♦**drift away**, *v. i.* + *avv.* *1* (*della nebbia, di una folla, del fumo, ecc.*) allontanarsi a poco a poco; disperdersi; dissolversi *2* (*fig.*) allontanarsi, distaccarsi (*dalle idee di q., ecc.*) □ **The boy's attention drifted away**, il ragazzo si distrasse.

♦**drift down**, *v. i.* + *avv.* calare (*o* diminuire) a poco a poco: **Inland revenue drifted down five percent last year**, il gettito fiscale è calato dal cinque percento l'anno scorso.

♦**drift off**, *v. i.* + *avv.* *V.* **drift away**.

♦**drift out**, *v. i.* + *avv.* *1* (*specialm. naut.*) essere spinto al largo *2* (*fig.*: *della folla, ecc.*) disperdersi.

driftage /ˈdrɪftɪdʒ/, *n.* *1* l'andare alla deriva, ecc. *2* detriti; materiale di deposito *3* (*aeron., naut.*) (entità della) deriva (*rispetto alla rotta*).

drifter /ˈdrɪftə(r)/, *n.* *1* chi (*o* cosa che) va alla deriva, ecc. (*V.* **to drift**) *2* peschereccio (*o* pescatore) con tramaglio *3* (*ind. min.*) addetto allo scavo di gallerie; (*anche*) drifter, martello perforatore pesante *4* (*spreg.*) chi si sposta di continuo; vagabondo; chi cambia di continuo lavoro; chi non sta mai fermo in un posto *5* (*USA*) violenta tempesta di neve.

drifting /ˈdrɪftɪŋ/, **A** *n.* *1* l'andare alla deriva *2* (*ind. min.*) scavo di gallerie in direzione *3* (*mecc.*) punzonatura. **B** *a.* *1* (*anche fig.*) che va alla deriva *2* (*fig.*) incerto; pusillanime. ● (*naut.*) **d. mine**, mina vagante.

driftwood /ˈdrɪftwʊd/, *n.* *1* legname trasportato dalla corrente; rottami (*o* detriti) galleggianti *2* cumuli di legname sulla spiaggia.

drill (1) /drɪl/, *n.* *1* (*mecc.*, = **d. bit**) punta da trapano *2* (*mecc.*) trapano: **electric d.**, trapano elettrico *3* (*ind. min.*) trivella; sonda *4* (*med.*) trapano. **dentist's d.**, trapano da dentista *5* (*anche mil.*) esercitazione; addestramento; istruzione: **The infantry recruits were at d.**, le reclute di fanteria facevano istruzione; **fire d.**, esercitazione antincendio *6* esercizio (*per lo più orale*); esercitazione: **a pronunciation d.**, un esercizio di pronuncia *7* (*fam.*) modo; maniera; come fare (*fam.*): **What's the d. for getting in without buying a ticket?**, come si fa a entrare senza pagare il biglietto? ● (*mil.*) **d.-ground**, terreno per esercitazioni; piazza d'armi □ **d. hole**, foro di trivellazione; (*anche*) fornello da mina □ (*ind. min.*) **d. pipe**, asta di perforazione □ (*tecn.*) **d. press**, trapano a colonna □ (*mil.*) **d. sergeant**, sergente istruttore □ (*ind. min.*) **pneumatic rock-d.**, perforatrice ad aria compressa.

drill (2) /drɪl/, *n.* (*agric.*) *1* seminatrice; seminatoio *2* solco (*in cui seminare*) *3* fila di semi (*o* di piante cresciute) lungo un solco.

drill (3) /drɪl/, *n.* (*ind. tess.*) tessuto diagonale pesante (*di lino o cotone*); traliccio.

drill (4) /drɪl/, *n.* (*zool.*, *Mandrillus leucophaeus*) drillo.

to **drill** (1) /drɪl/, **A** *v. t.* *1* forare; perforare; trapanare (*anche med.*); trivellare; fare (*un foro*) *2* (*anche mil.*) esercitare; addestrare: **to d. soldiers in the use of rifles**, addestrare soldati all'uso del fucile; **to d. pupils in conversation**, esercitare alunni nella conversazione *3* crivellare: **The dead man was drilled with bullets**, il morto era crivellato di pallottole. **B** *v. i.* *1* fare perforazioni, trivellazioni, sondaggi *2* fare esercitazione, istruzione (*militare*); addestrarsi: **Our company will d. tomorrow**, la nostra compagnia farà istruzione domani *3* esercitarsi (*a scuola, ecc.*). ● **to d. for oil**, cercare il petrolio □ (*fig.*) **to d. into**, inculcare in; insegnare a.

to **drill** (2) /drɪl/, *v. t.* (*agric.*) *1* seminare a righe *2* coltivare (*un campo*) seminando a righe.

drillable /ˈdrɪləbl/, *a.* *1* perforabile; trapanabile; trivellabile *2* (*mil.*) addestrabile.

driller /ˈdrɪlə(r)/, *n.* *1* trapanatore, trapanatrice; perforatore *2* (*tecn.*) perforatrice (*macchina*).

drilling /ˈdrɪlɪŋ/, *n.* *1* (*mecc.*) foratura; trapanatura *2* (*med.*) trapanazione *3* (*ind. min.*) trivellazione; perforazione; sondaggio (*per il petrolio*): **d. rig**, impianto di trivellazione *4* esercitazioni; addestramento, istruzione (*militare*) *5* esercitazione (*a scuola, ecc.*) *6* (*ind. tess.*) *V.* **drill** (3) *7* (*pl.*) trucioli di trapanatura. ● (*mecc.*) **d. machine**, trapanatrice; perforatrice.

drillmaster /ˈdrɪlmɑːstə(r), *USA* -mæs-/, *n.* (*mil.*) sergente istruttore.

drillship /ˈdrɪlʃɪp/, *n.* (*naut.*) *1* nave per ricerche petrolifere *2* nave scuola (*interrata*).

drily /ˈdraɪlɪ/, *V.* **dryly**.

drink /drɪŋk/, *n.* *1* il bere; bevanda; bibita: **soft d.**, bevanda analcolica; bibita; **We cannot live without d.**, non si può vivere senza bere; **Don't take to d.**, non darti al bere *2* drink; bevanda alcolica: **Would you like another d.?**, vuoi un altro drink?; **strong drinks**, bevande alcoliche *3* bevuta; sorsata; sorso: **Give me a d. of water**, dammi un sorso d'acqua *4* – (*pop.*) **the d.**, il mare. ● **d. dispenser** (*o* **d. machine**), distributore automatico di bevande □ **d.-offering**, libagione sacra □ **drinks store**, spaccio di bevande alcoliche □ (*arc.*) **to be in d.**, essere ubriaco □ **to be on the d.**, essere dedito al bere □ **to smell of d.**, puzzare d'alcol □ **to stand drinks round**, offrire da bere a tutti.

to **drink** /drɪŋk/ (*pass.* **drank**, *p. p.* **drunk**), *v. t.* e *i.* *1* bere: **What are you drinking?**, che cosa bevi? (*anche offrendo*); **He drinks like a fish**, beve come una spugna (*o* come un otre); **The arid sod drank water like a sponge**, le aride zolle bevevano (*o* assorbivano) l'acqua come una spugna; **to d. sb.'s health**, bere alla salute di q.; **to d. success to sb.** [**st.**], bere al successo di q. [alla riuscita di q.c.] *2* bere (alcolici): **He doesn't d.**, non beve (è astemio) *3* mangiare (*cibo liquido*): **D. your soup!**, mangia la zuppa! ● **to d. and drive**, guidare dopo aver bevuto □ **to d. the cup of pain**, bere l'amaro calice □ **to d. deep**, bere a grandi sorsi; bere come una spugna □ **to d. one's fill**, bere a sazietà; fare il pieno (*fam. scherz.*) □ **to d. hard** (*o* **heavily, like a fish**), bere come una spugna; essere un gran bevitore □ **to d. oneself drunk**, bere tanto da ubriacarsi □ **to d. oneself into a stupor**, istupidirsi a furia di bere □ **to d. oneself out of one's job**, perdere l'impiego per il troppo bere □ **to d. oneself to death**, uccidersi col bere; bere tanto da morire d'etilismo □ **to d. straight from the bottle**, bere a collo □ **to d. to sb.**, bere alla salute di q.; fare un brindisi a q. □ **to d. a toast**, fare un brindisi □ (*un tempo*) **to d. the waters**, fare una cura termale; passare le acque □ **fit to d.**, potabile.

♦**drink away**, *v. t. + avv.* **1** sperperare al bar; bersi: **He's drunk away his wage packet again**, si è bevuto di nuovo la busta paga **2** far passare (*dispiaceri, ecc.*) bevendo (*o* con l'alcol).

♦**drink down**, *v. t. + avv.* buttare giù (*fam.*); bere; tracannare.

♦**drink in**, *v. t. + avv.* **1** assorbire **2** bere (*fig.*): **The child drank in every word of the fairy tale**, il bimbo beveva ogni parola della fiaba **3** (*fig.*) assaporare lentamente: **to d. in the beauty of the landscape**, assaporare lentamente la bellezza del paesaggio.

♦**drink off**, *v. t. + avv.* bere d'un fiato; tracannare: **He's drunk off his medicine**, ha bevuto d'un fiato la medicina.

♦**drink under**, *v. t. + prep.*; *nella locuz. fam.* **to d. sb. under the table**, superare q. in una gara a chi beve di più.

♦**drink up**, *v. t. + avv.* **1** *V.* **drink off 2** finire (di bere): **D. up your milk!**, finisci (di bere) il latte!

drinkable /ˈdrɪŋkəbl/, **A** *a.* bevibile; potabile. **B** *n. pl.* bevande.

drinker /ˈdrɪŋkə(r)/, *n.* chi beve; bevitore, bevitrice: **to be a hard** (*o* **heavy**) **d.**, essere un gran bevitore.

drinking /ˈdrɪŋkɪŋ/, **A** *n.* **1** il bere **2** il bere alcolici: **We did a lot of d. at the party**, bevemmo molto (*o* facemmo un sacco di bevute) alla festa. **B** *a. attr.* **1** che riguarda il bere; sull'uso degli alcolici: **d. laws**, leggi sulla vendita e il consumo degli alcolici **2** potabile: **d. water**, acqua potabile. ● **d. bout**, grande bevuta □ (*autom.*) **d.-driving offence**, reato di guida sotto l'effetto dell'alcol □ **d. fountain**, fontanella pubblica □ **d. song**, canzone conviviale □ (*in G.B.*) **d.-up time**, tempo concesso per finire le bevande in un pub (*oltre l'orario di chiusura*).

drip /drɪp/, *n.* **1** (= **drip drip**) gocciolio; sgocciolio; gocciolamento; stillicidio **2** gocce che cadono; sgocciolatura: **the d. of a wet umbrella**, la sgocciolatura di un ombrello bagnato **3** (*archit.*) gocciolatoio **4** (*med.*) fleboclisi: **to be put on d.**, essere sottoposto a fleboclisi **5** (*pop.*) individuo che non sa di nulla; persona insignificante. ● (*edil.*) **d. cap**, gocciolatoio (*su porta o finestra*) □ **d. drop**, gocciolio; sgocciolio; stillicidio □ **d.-dry**, «stendi e asciuga»; «non stiro»: **d.-dry underwear**, biancheria intima «non stiro» □ (*edil.*) **d. edge**, doccione □ **a d.-feed**, (*med.*) una fleboclisi; (*mecc.*) un'alimentazione a gocce □ (*med.*) **d.-feed bottle**, flacone di soluzione fisiologica □ (*agric.*) **d. irrigation**, irrigazione a gocce □ (*archit.*) **d. moulding**, gocciolatoio □ (*cucina*) **d. tray**, sgocciolatoio.

to **drip** /drɪp/, **A** *v. i.* **1** gocciolare: **coffee is dripping from the pot**, il caffè gocciola dalla caffettiera; **The tap is dripping**, il rubinetto gocciola **2** grondare: **The boy was dripping with sweat**, il ragazzo era grondante di sudore **3** sgocciolare; sgrondare: **to leave the washing to d.**, mettere i panni a sgrondare. **B** *v. t.* **1** far gocciolare; sgocciolare: **You've dripped milk over the table**, hai sgocciolato del latte sulla tavola **2** gocciolare: (*di una ferita*) **to d. blood**, gocciolare (*o* fare) sangue; **The roof is dripping water**, il tetto fa acqua **3** grondare: **I was dripping sweat**, grondavo sudore **4** (*anche med.*) mettere a gocce (*in un flacone, ecc.*). ● **Water is dripping from the eaves**, l'acqua (piovana) sgronda dal tetto.

to **drip-dry** /ˈdrɪpˈdraɪ/, **A** *v. i.* (*d'indumento*) asciugare senza fare pieghe (*sullo stenditoio, ecc.*). **B** *v. t.* (fare) asciugare (*un capo di vestiario*) senza stirare.

to **drip-feed** /ˈdrɪpˈfiːd/ (*pass.* e *p. p.* **drip-fed**), *v. t.* **1** (*med.*) alimentare per fleboclisi **2** (*mecc.*) alimentare a goccia.

dripping /ˈdrɪpɪŋ/, **A** *a.* **1** che gocciola; che perde: **a d. tap**, un rubinetto che perde **2** grondante: **d. with sweat**, grondante di sudore **3** bagnato fradicio. **B** *n.* **1** sgocciolio; stillicidio **2** sgocciolatura (*di un arrosto, ecc.*); sugo che cade **3** (*med.*) fleboclisi (*il procedimento*). ● **d. pan**, ghiotta; leccarda □ **d. wet**, bagnato fradicio.

drippolator /ˈdrɪpəleɪtə(r)/, *n.* macchinetta da caffè; napoletana.

drippy /ˈdrɪpɪ/, *a.* (*fam. USA*) **1** sdolcinato; strappalacrime **2** noioso; barboso; monotono.

dripstone /ˈdrɪpstəʊn/, *n.* **1** (*archit.*) gocciolatoio di pietra **2** (*geol.*) concrezione calcarea (*carbonato di calcio*).

drive /draɪv/, *n.* **1** gita (*o* passeggiata) in (*o* alla guida di una) carrozza (*o* automobile); scarrozzata: **Let's go for a d.!**, facciamo una gita in macchina!; **It's two hours' d. there and back**, ci sono due ore di macchina per andare e venire **2** strada carrozzabile; (*specialm.*) viale d'accesso, strada privata **3** battuta di caccia; inseguimento **4** (*mil.*) attacco; offensiva **5** spinta; propulsione **6** (*sport*) colpo (*dato a una palla*); (*tennis*) diritto, drive; (*golf*) colpo lungo, drive **7** energia; spinta (*fig.*); grinta (*fam.*); iniziativa: **A businessman should have plenty of d.**, un uomo d'affari deve avere molta iniziativa **8** (*autom.*) guida: **left-hand d.**, guida a sinistra **9** (*autom., mecc.*) trazione: **front-wheel d.**, trazione anteriore; **four-wheel d.**, trazione integrale **10** (*mecc.*) comando; trasmissione; presa: **belt d.**, trasmissione a cinghia; **direct d.**, presa diretta **11** (*psic.*) pulsione; impulso: **the sex d.**, l'impulso sessuale **12** (*anche comm.*) sforzo eccezionale; campagna (pubblicitaria): **The firm made a great d. to sell its new products**, la ditta fece una grande campagna per vendere i suoi nuovi prodotti **13** (*ind. min.*) scavo di galleria; avanzamento; (*anche*) galleria in direzione **14** (*elab.*) drive; comando; (*anche*) unità: **d. pulse**, impulso di comando; **disk d.**, unità disco **15** (*nei giochi di carte*) torneo **16** (*a tombola*) giocata. ● **d.-belt**, cinghia di trasmissione □ (*mecc.*) **d.-gear**, ingranaggio conduttore □ (*mecc.*) **d. screw**, vite autofilettante □ (*mecc.*) **d.-shaft**, albero motore □ (*radio, USA*) **d. time**, ora di massimo ascolto □ (*mecc.*) **d.-wheel**, ruota motrice □ (*econ.*) **the export d.**, l'impulso alle esportazioni.

to **drive** /draɪv/ (*pass.* **drove**, *p. p.* **driven**), **A** *v. t.* **1** spingere; cacciare; sospingere, trascinare: **The shepherd was driving his sheep**, il pastore spingeva innanzi a sé le pecore; **The storm drove the catamaran on the coral reef**, la tempesta sospinse il catamarano sulla barriera corallina; **The enemy was driven out of the town**, i nemici furono cacciati dalla città **2** (*nella caccia*) stanare (*la selvaggina*); battere (*un terreno*) **3** (*sport*) battere, colpire, scagliare (*una palla*); (*tennis*) colpire di diritto; (*golf*) colpire con un driver: **The batter drove the ball into the bleachers**, il battitore scagliò la palla nelle gradinate (*o* nei posti popolari) **4** condurre; guidare (*un veicolo*); portare (q.) in automobile (*fam.*: *in macchina*): **to d. a carriage and pair**, guidare una carrozza a due cavalli (*o* una pariglia); **Can you d. me to the office?**, puoi portarmi in macchina all'ufficio?; **to d. a locomotive**, guidare una locomotiva **5** infilare; conficcare; piantare; avvitare: **to d. a stake into the ground**, piantare un palo per terra; **to d. a screw**, avvitare una vite **6** scavare; costruire: **to d. a well**, scavare un pozzo; **to d. a tunnel through a mountain**, scavare una galleria attraverso un monte; **He drove the first railroad across the Rockies**, costruì la prima ferrovia attraverso le Montagne Rocciose **7** (*fig.*) incalzare; stimolare; stare addosso a: **He drives his workers hard**, sta troppo addosso ai suoi operai **8** (*fig.*) spingere: **to d. sb. to drink**, spingere q. a bere (*o* a darsi all'alcol); **to d. sb. to suicide**, spingere q. al suicidio **9** (*di solito al passivo*) azionare; far funzionare: **This machinery is driven by nuclear power**, questo macchinario è azionato dall'energia nucleare **10** rimandare; rinviare: **He drove the matter to the last minute**, rinviò la faccenda all'ultimo minuto. **B** *v. i.* **1** (*autom.*) guidare; portare la macchina (*fam.*): **He's learning to d.**, sta imparando a guidare; **Let me d., please!**, fa' guidare me, per favore; **He drives very well**, porta bene la macchina; **«D. slowly»** (*cartello*), «Rallentare» **2** andare (*con un veicolo privato*); andare in auto (*fam.*: in macchina): **Shall we d. or walk?**, andiamo in macchina o a piedi?; **They drove to the airport**, andarono all'aeroporto in auto **3** correre; affrettarsi; precipitarsi: **The spacecraft drove towards the moon**, la nave spaziale correva verso la luna **4** (*della pioggia, ecc.*) cadere (forte); venire giù: **The slanting rain was driving faster and faster**, la pioggia veniva giù di sghembo, sempre più forte **5** (*mil.*) spingersi; addentrarsi: **Napoleon drove (ahead) into Russia**, Napoleone si addentrò nella Russia **6** (*ind. min.*) avanzare (*con lo scavo*) **7** (*naut., spesso* **to d. along**) correre in poppa; fuggire il tempo. ● (*pop. USA*) **to d. the big** (*o* **the porcelain**) **bus**, vomitare nella toilette □ **to d. a good bargain**, fare un buon affare □ **to d. hard**, spingere a tutta forza; (*fig.*) sforzarsi □ **to d. a hard bargain**, tirare la coperta tutta dalla propria parte (*fig.*); fare un accordo molto vantaggioso □ **to d. home**, spingere (piantare, *o* avvitare) fino in fondo (*o* nella posizione desiderata); (*fig.*) far capire, mettere in chiaro (*o* in evidenza): **He succeeded in driving home his point**, riuscì a mettere in chiaro il suo punto di vista (a farlo accettare, ecc.) □ **to d. sb. mad**, fare impazzire q. □ **to d. a roaring trade**, fare affari d'oro □ (*pop. USA*) **to d. sb. nuts**, fare impazzire q. □ **to let d. at sb.**, assestare un colpo a q.; tirare un pugno a q. □ **to let d. at a ball**, colpire una palla.

♦**drive ahead**, *v. i. + avv.* **1** andare avanti: **Let's d. ahead with our plan!**, andiamo avanti con il nostro progetto! **2** (*mil.*) spingersi; addentrarsi.

♦**drive at**, *v. i. + prep.* (*fam.*) mirare a (*fig.*): **What is he driving at?**, a che cosa mira?; dove vuole arrivare?; che intenzioni ha?

♦**drive away**, **A** *v. i. + avv.* (*di o con un veicolo*) allontanarsi; partire; andare via: **After waiting for five minutes, the taxi-driver drove away**, dopo avere aspettato cinque minuti, il tassista andò via. **B** *v. t. + avv.* spingere via; cacciare, scacciare: **Lots of holiday makers were driven away by the hurricane**, l'uragano ha fatto partire in tutta fretta molti vacanzieri □ **to d. away at**, lavorare assiduamente: **We're still driving away at our dictionary**, stiamo ancora lavorando sodo al dizionario.

♦**drive back**, **A** *v. i. + avv.* (*autom.*) tornare, ritornare (in macchina): **We drove back very late**, tornammo (a casa) molto tardi; **Shall we d. back?**, torniamo in macchina? **B** *v. t. + avv.* respingere, ricacciare: **I was driven back by the flames**, fui respinto dalle fiamme; **to d. the enemy back**, ricacciare il nemico □ **to d. sb. back on**, costringere q. a ricorrere a (*mezzi propri, risorse, ecc.*).

♦**drive down**, *v. t. + avv.* **1** spingere in basso **2** far calare; far diminuire; spingere al ribasso: **to d. down prices**, far calare i prezzi.

♦**drive in** (*o* **into**), **A** *v. t. + avv.* (*o prep.*) **1** spingere dentro; piantare; conficcare: **He drove the nail into the board**, piantò il chiodo nell'asse **2** (*fig.*) portare a conclusione. **B** *v. i. + avv.* (*autom.*) entrare: **He drove into the garage**, entrò nell'autorimessa □ **to d. a business into debt**, indebitare un'azienda □ (*fig.*) **to d. sb. into a corner**, mettere q. alle corde (*fig.*).

♦**drive off**, **A** *v. i. + avv.* (*autom.*) *V.* **drive away, A. B** *v. t. + avv.* **1** portare via (*con un veicolo*): **The kidnappers drove her off in a van**, i rapitori la portarono via in un furgone **2** (*anche mil.*) respingere; ricacciare.

♦**drive out**, **A** *v. t. + avv.* ***1*** spingere fuori; stanare: **to d. out a rabbit**, stanare un coniglio ***2*** cacciare; scacciare: **He drove them out of the church**, li cacciò dalla chiesa. **B** *v. i. + avv.* (*autom.*) uscire: **to d. out of the garage**, uscire dal garage □ **to d. sb. out of his** (*o* **her**) **mind**, fare uscire q. di senno; fare impazzire q. □ **to d. st. out of one's mind**, scacciare q.c. dalla propria mente.

♦**drive through**, *v. t. + prep.* ***1*** (*autom.*) attraversare (*una regione, una città, ecc.*) ***2*** trapassare, trafiggere: **The Redskin drove his spear through the buffalo**, l'indiano trafisse il bisonte con la lancia ***3*** scavare (*una galleria, ecc.*) in (*un monte, ecc.*) □ **to d. prices through the roof**, far salire i prezzi alle stelle.

♦**drive up**, **A** *v. i. + avv.* ***1*** (*di un veicolo*) accostarsi; avvicinarsi; fermarsi: **The van drove up at the back door**, il furgone si fermò alla porta di servizio ***2*** (*di un veicolo*) sopraggiungere; farsi sotto (*fam.*): **A police car drove up**, sopraggiunse un'auto della polizia. **B** *v. t. + avv.* ***1*** spingere in alto ***2*** spingere al rialzo; far salire: **to d. up prices**, far salire i prezzi. **C** *v. i. + prep.* (*autom.*) ***1*** andare su per, percorrere (*una strada, ecc.*) ***2*** condurre, portare (q. *o* q.c.): **He drove me up the hill**, mi portò (in macchina) sulla collina □ (*fam. USA*) **to d. sb. up the wall**, fare impazzire q.

drive-in /'draɪvɪn/, *n.* ***1*** (*edil.*) viale (*o* vialetto) di accesso (*per le automobili*) ***2*** (*cinem.*, = **d. cinema**) drive-in ***3*** (*market., USA*; = **d. store**) negozio drive-in ***4*** (*banca*, = **d. bank**) banca drive-in (*o* per automobilisti) ***5*** (*tur.*, = **d. restaurant**) ristorante drive-in. ● **d. window**, sportello (*di banca*) cui si accede restando seduti in automobile.

drivel /'drɪvl/, *n.* ***1*** bava ***2*** ciance; sciocchezze; stupidaggini.

to **drivel** /'drɪvl/, *v. i.* ***1*** sbavare ***2*** (*arc.*) fluire, scorrere dalla bocca (*come bava*) ***3*** cianciare; parlare a vanvera; dire sciocchezze. ● **a drivelling idiot**, un perfetto idiota.

driveller /'drɪvlə(r)/, *n.* ***1*** sbavone, sbavona (*fam.*) ***2*** ciancione; sciocco; stolto.

driven /'drɪvn/, *p. p.* di **to drive.** ● (*di battello*) **d. ashore**, tirato in secco □ (*edil.*) **d. caisson**, cassero (*o* cassone) infisso □ (*mecc.*) **d. gear**, ingranaggio condotto □ **d. snow**, neve sospinta e accumulata dal vento □ (*mecc.*) **steam-d.**, azionato a vapore.

driver /'draɪvə(r)/, *n.* ***1*** conducente; guidatore; cocchiere; autista; automobilista: **He's a very bad d.**, è un pessimo automobilista; guida molto male ***2*** chi spinge avanti bestiame, ecc.: **cattle-d.**, mandriano; (*anche fig.*) **slave-d.**, negriero ***3*** (*mecc.*) elemento motore (*ingranaggio, biella, ecc.*) ***4*** arnese che serve per piantare, ecc.: **pile-d.**, battipalo ***5*** (*sport*) pilota (*d'auto da corsa*) ***6*** (*golf*) driver; legno 1 ***7*** (*ippica*) driver; guidatore (*nelle corse al trotto*) ***8*** (*elettron.*) pilota; stadio pilota ***9*** (*elab.*) driver; pilota. ● (*autom.*) **d.'s door mirror**, specchietto laterale □ (*elettron.*) **d. element**, elemento attivo (*o* eccitatore) □ (*autom. USA*) **d.'s license**, patente di guida □ **d.'s mate**, secondo autista (*di camion*) □ (*mecc.*) **d. plate**, menabrida □ **cab-d.**, vetturino; (*USA*) tassista □ (*ferr.*) **engine-d.**, macchinista □ (*autom.*) **test d.**, collaudatore □ **truck d.**, camionista.

driveteria /draɪvə'tɪərɪə/, *n.* (*fam. USA*) tavola calda drive-in.

drive-up window /'draɪvʌp'wɪndəʊ/, *locuz. n.* *V.* **drive-in window**, *sotto* **drive-in**.

driveway /'draɪvweɪ/, *n.* ***1*** (*autom.*) corsia d'accesso al garage; passo carraio ***2*** *V.* **drive**, *def.* 2.

driving /'draɪvɪŋ/, *n.* ***1*** (*autom., ecc.*) guida; modo di guidare: **His d. is far from satisfactory**, il suo modo di guidare è tutt'altro che soddisfacente ***2*** (*mecc.*) comando; trasmissione ***3*** il conficcare, piantare, avvitare, ecc. (*V.* **to drive**). ● **d.-belt**, cinghia di trasmissione □ (*mecc.*) **d.-gear**, ingranaggio conduttore □ **d. licence**, patente di guida □ (*autom.*) **d. mirror**, specchietto retrovisore □ **d. on the motorways**, guida autostradale □ (*mecc.*) **d. pinion**, pignone di trasmissione □ (*mecc.* e *fig.*) **d. power**, forza motrice □ (*mecc.*) **d. pulley**, puleggia di trasmissione □ **d. rain**, pioggia sferzante □ (*autom.*) **d. school**, scuola guida □ (*autom.*) **d. test**, esame di guida □ (*mecc.*) **d. shaft**, albero motore □ (*mecc.*) **d. wheel**, ruota motrice □ **open-road d.**, guida su strada □ **urban d.**, guida in città.

drizzle /'drɪzl/, *n.* pioviggine; piovischio; acquerugiola.

to **drizzle** /'drɪzl/, *v. i.* ***1*** piovigginare ***2*** cadere a goccioline: **The rain was drizzling**, la pioggia cadeva a goccioline.

drizzly /'drɪzlɪ/, *a.* piovigginoso.

drogue /drəʊg/, *n.* ***1*** (*naut.*) ancora galleggiante ***2*** (*meteor.*) manica a vento ***3*** (*aeron., mil.*) bersaglio a rimorchio ***4*** (*aeron.*) piccolo paracadute; paracadute ritardatore ***5*** (*aeron.*) manica di rifornimento in volo.

droll /drəʊl/, **A** *a.* buffo; comico; divertente; faceto; strambo. **B** *n.* ***1*** (*raro*) tipo buffo, capo ameno; persona stramba ***2*** (*arc.*) buffone.

drollery /'drəʊlərɪ/, *n.* buffoneria; facezia; scherzo; stramberia.

drollness /'drəʊlnəs/, *n.* comicità; stramberia.

drolly /'drəʊlɪ/, *avv.* comicamente; in modo faceto.

drome /drəʊm/, *n.* (*abbr. fam. di* **aerodrome**) aerodromo.

dromedary /'drɒmədrɪ, *USA* -ədərɪ/, *n.* (*zool., Camelus dromedarius*) dromedario.

drone /drəʊn/, *n.* ***1*** (*zool.*) fuco; pecchione ***2*** (*fig.*) scroccone (*fam.*); parassita; fannullone; poltrone ***3*** (*aeron.*) aeromobile senza pilota; aereo telecomandato ***4*** (*naut.*) nave teleguidata ***5*** ronzio: **the d. of traffic**, il ronzio del traffico ***6*** (*mus.*) bordone ***7*** (*fig.*) tono monotono (*o* salmodiante) ***8*** (*mus.*) canna dei toni bassi (*di cornamusa*).

to **drone** /drəʊn/, **A** *v. i.* ***1*** ronzare ***2*** parlare in modo confuso, monotono; borbottare ***3*** oziare; bighellonare. **B** *v. t.* ***1*** dire (q.c.) con voce monotona: **The boy droned out his lesson**, il ragazzo recitò la lezione con voce monotona ***2*** biascicare (*una preghiera, ecc.*). ● **to d. away one's life**, passare la vita nell'ozio.

droning /'drəʊnɪŋ/, **A** *a.* che ronza; ronzante: **a d. insect**, un insetto che ronza. **B** *n.* ***1*** ronzio ***2*** suono monotono ***3*** il bighellonare.

drool /dru:l/, *n.* (*pop. USA*) discorso a vanvera; fesserie.

to **drool** /dru:l/, *v. i.* (*spreg.*) ***1*** sbavare: **Boxers d.**, i cani boxer sbavano ***2*** (*pop. USA*) parlare a vanvera; dire fesserie; blaterare ***3*** (*pop. USA*) arraparsi (*pop.*); eccitarsi sessualmente. ● **to d. over**, sbavare per; andare matto, fare una passione per: **He drools over the new motorbike**, va matto per la moto nuova; **Fred is drooling over Jenny**, Fred fa una passione per Jenny.

drooler /'dru:lə(r)/, *n.* (*pop. USA*) ***1*** chi parla a vanvera ***2*** (*specialm. radio, TV*) presentatore che si parla addosso (*per riempire i tempi vuoti della trasmissione*).

droop /dru:p/, *n.* ***1*** abbassamento: **the d. of an eyelid**, l'abbassamento d'una palpebra ***2*** (*fig.*) abbattimento; scoraggiamento; sconforto; ammoscimento. ● **the d. of his shoulders**, il modo in cui tiene curve le spalle.

to **droop** /dru:p/, **A** *v. i.* ***1*** chinarsi; curvarsi; inclinarsi; piegarsi; abbassarsi: **The branches of the willow drooped over the water**, i rami del salice si piegavano sull'acqua; **His head drooped with fatigue**, egli chinò la testa stancamente ***2*** declinare; languire; venir meno: **My spirits drooped**, mi venne meno l'animo ***3*** (*fig.*) abbattersi; scoraggiarsi; accasciarsi; ammoscirsi ***4*** (*di fiori*) afflosciarsi; chinare il capo; appassire ***5*** (*fin.*) calare, scendere (*di prezzo*): **Industrials drooped**, le azioni industriali calarono. **B** *v. t.* abbassare (*gli occhi, le ali, le palpebre, ecc.*); piegare, chinare (*il capo*). ● **His eyelids began to d.**, gli si chiudevano le palpebre (*o* gli occhi) □ **The dog's tail drooped**, il cane abbassò la coda.

droopers /'dru:pəz/, *n. pl.* (*fam.*) seni flosci; tette cascanti.

drooping /'dru:pɪŋ/, *a.* ***1*** chino; ricurvo: **d. shoulders**, spalle ricurve ***2*** (*di un fiore*) afflosciato; a capo chino ***3*** floscio; cascante: **d. cheeks**, guance cascanti ***4*** (*fig.*) abbattuto; scoraggiato. ‖ **-ly**, *avv.*

droopy /'dru:pɪ/, *a.* ***1*** chino; curvo ***2*** floscio ***3*** (*fig.*) depresso; scoraggiato ***4*** a bracaloni: **d. pants**, calzoni a bracaloni. ● (*pop. USA*) **d.-drawers**, bracalone (*anche al vocat., specialm. a un bambino*).

drop /drɒp/, *n.* ***1*** goccia (*anche fig.*); gocciola; goccio; gocciolo; stilla (*lett.*); sorso: **drops of rain [dew, blood]**, gocce di pioggia [di rugiada, di sangue]; **Have you taken your drops?**, hai preso le gocce (*di medicina*)?; **There isn't a d. of water left**, non c'è rimasta una sola goccia d'acqua; **He's had a d. too much**, ne ha bevuto un sorso di troppo; è ubriaco ***2*** drop; caramellina (*di gomma e frutta*); pasticca: **fruit drops**, caramelline (dure) di frutta ***3*** (= **d.-off**) caduta; abbassamento (*della temperatura, ecc.*); ribasso; calo; diminuzione; contrazione, flessione: (*fis., mecc.*) **pressure d.**, caduta di pressione; (*market.*) **There was a sudden d. in prices**, ci fu un'improvvisa caduta (o un improvviso ribasso) dei prezzi; **For better-quality oils the d. in price was less marked**, per le qualità migliori di olio la contrazione (*o* flessione) del prezzo fu meno accentuata; **a d. in exports**, un calo delle esportazioni; **a d. in inland revenues**, una flessione del gettito fiscale; (*econ.*) **a d. in domestic demand**, una flessione della domanda interna; **a d. in living standard**, un abbassamento del tenore di vita ***4*** (*fig.*) abbassamento; decadimento: **A d. in social standing is always unwelcome**, il decadere a una condizione sociale inferiore è sempre sgradevole ***5*** differenza in altezza; salto; dislivello: **a d. of 100 meters**, un dislivello di 100 metri; (*naut.*) **steam d.**, salto della pressione del vapore ***6*** (= **d.-off**) discesa ripida; strapiombo ***7*** trabocchetto (*che si apre sotto i piedi del condannato all'impiccagione, ecc.*) ***8*** (*teatr.*, = **d. curtain**) siparietto; sipario ***9*** (*rugby*, = **d. kick**) drop; calcio di rimbalzo ***10*** (*aeron., mil.*) lancio (*di paracadutisti o di materiale*); discesa col paracadute ***11*** (*pl.*) (*archit.*) gocce ***12*** (*fig.*) briciolo; filo; pizzico: **a d. of sympathy**, un briciolo di simpatia ***13*** (*pop. USA*) incasso di una casa da gioco ***14*** (*pop. USA*) deposito di ricettatore; (posto di) consegna di messaggi segreti ***15*** (*pop. USA*) figlio illegittimo; trovatello. ● (*elettr.*) **d. bar**, sbarra di messa a terra □ **d. earring**, orecchino a goccia □ (*metall.*) **d.-forging**, stampaggio con maglio meccanico; fucinatura a stampo □ (*rugby*) **d. goal**, drop; marcatura su calcio di rimbalzo □ (*metall.*) **d. hammer**, maglio a caduta libera □ **d.-in**, (*elab.*) introduzione di bit parassiti; (*fam.*) visitatore casuale; locale d'incontri fortuiti □ **a d. in the bucket** (*o* **in the ocean**), una goccia nel mare; una quantità minima rispetto al totale □ (*rugby*) **d.-kick**, drop, calcio di rimbalzo □ **d.-off**, *V.* **drop,** *def.* 3 e 6 □ (*mecc.*) **d. press**, pressa meccanica verticale □ (*tennis, ecc.*) **d. shot**, tiro (*o* colpo) smorzato □ (*fotogr.*) **d. shutter**, obiettivo per istantanee □ (*costr. idrauliche*) **d. spillway**, sfioratore a stramazzo □ **d. table**, tavolo ribaltabile □ (*aeron.*) **d. tank**, serbatoio sganciabile □ (*elettr.*) **d. wire**, (filo di) discesa □ (*fig.*) **at the d. of a hat**, a un cenno; subito; ben volentieri □ (*aeron.*) **delayed d.**, caduta ritardata (*d'un paracadute*) □ (*fig. USA*) **to have the d. on sb.**, avere q. in pugno □ **in drops**, a gocce; a goccia a goccia □ (*USA*) **mail d.**, posto in cui lasciare la posta; buca per lettere.

to **drop** /drɒp/, **A** *v. i.* ***1*** gocciolare; stillare:

The rain is still dropping from the trees, la pioggia gocciola ancora dagli alberi *2* cadere (*anche fig.*); lasciarsi cadere; lasciarsi sfuggire (*di mano, di bocca, ecc.*); stramazzare: **The apples have all dropped from the branches**, tutte le mele sono cadute dai rami; **The prisoners dropped to their knees**, i prigionieri caddero in ginocchio; **He dropped into a chair**, si lasciò cadere su una sedia; **The soldiers dropped like flies under the enemy fire**, i soldati cadevano come mosche sotto il fuoco nemico; **to d. dead from a heart attack**, stramazzare fulminato da un attacco cardiaco; **Let the matter d.**, lascia cadere la cosa!; lascia perdere! *3* abbassarsi; calare; diminuire: **The temperature will d. soon**, la temperatura presto si abbasserà; **The cost of living has dropped**, il costo della vita è calato; **Prices dropped suddenly**, i prezzi diminuirono all'improvviso; **His voice dropped to a whisper**, la sua voce si fece un sussurro *4* (*del terreno*) digradare *5* cessare; finire: **Our correspondence dropped abruptly**, la nostra corrispondenza cessò d'un tratto *6* (*poker*) passare (la mano); non starci (*fam.*) *7* (*di cane da caccia*) cadere in ferma; puntare *8* (*pop. USA*) drogarsi; farsi (*pop.*) *9* (*pop. USA*) farsi arrestare; farsi beccare (*pop.*). **B** *v. t.* *1* far cadere a gocce; gocciolare; spruzzare *2* lasciar cadere; calare; lanciare (*paracadutisti, rifornimenti, ecc.*); (*mil.*) sganciare (*bombe*); imbucare (*lettere*): **He dropped the vase**, lasciò cadere il vaso; **The aeroplane dropped ten bombs**, l'aeroplano sganciò dieci bombe; **Let's d. the subject**, lasciamo cadere il discorso!; (*teatr.* e *fig.*) **to d. the curtain**, calare il sipario; **If I d. a penny, I don't bother to pick it up**, se mi casca un penny, non sto lì a raccoglierlo; **I've dropped a stitch**, mi è caduta una maglia (*sferruzzando*) *3* abbattere; atterrare; (*boxe*) mettere al tappeto; stendere (*fam.*): **He dropped ten grouse in one day**, abbatté dieci galli cedroni in un solo giorno; **to d. a tree**, abbattere un albero; **Jim dropped the pickpocket with a punch**, Jim stese il borsaiolo con un pugno *4* (*di animali*) partorire: **The ewe has dropped two lambs**, la pecora ha partorito due agnelli *5* omettere; non pronunciare; tralasciare: **The printer has dropped a whole line**, il tipografo ha omesso una riga intera; **Some Englishmen d. their aitches**, taluni inglesi non pronunciano l'acca (iniziale) *6* scrivere (*in fretta*); mandare, spedire (*una lettera*): **to d. a line**, scrivere un rigo; **D. me a postcard to let me know you've arrived**, mandami una cartolina per farmi sapere che sei arrivato *7* abbandonare; rinunciare a; perdere: **The plan has been dropped**, il progetto è stato abbandonato; **The tree has dropped its leaves**, l'albero ha perso le foglie; **You must d. that habit**, devi perdere quell'abitudine *8* tagliare i ponti con; rompere con; mollare (*fam.*): **All his schoolfellows have dropped him**, tutti i suoi compagni di scuola hanno rotto con lui; **to d. an old friend**, mollare un vecchio amico *9* abbassare; diminuire, far calare: **D. the clutch!**, abbassa la frizione!; **D. your voice, will you?**, vuoi abbassare la voce?; **to d. one's eyes**, abbassare gli occhi; **to d. the interest rates**, calare i tassi d'interesse *10* (*fam.*) far scendere (*da un'automobile, ecc.*); lasciare; deporre (*pacchi, ecc.*): **The truck driver dropped the stranger at the crossroads**, il camionista fece scendere lo sconosciuto all'incrocio; **D. the parcel at his home**, lascia il pacco a casa sua *11* (*aeron., mil.*) lanciare; paracadutare *12* (*naut.*) distanziare, lasciare indietro (*una nave*) *13* (*sport*) escludere *14* (*fam.*) perdere (*denaro, specialm. al gioco*) *15* (*sport*) lasciare fuori, escludere (*da una squadra*) *16* (*pop. USA*) uccidere; fare secco (*pop.*) *17* (*pop. USA*) arrestare; beccare (*pop.*): **He got dropped on a speeding ticket**, si fece beccare per eccesso di velocità *18* (*pop. USA*) prendere (*droga*) *19* (*pop. USA*) truccare (*un incontro, una gara*). ● **to d. asleep**, addormentarsi □ (*naut.*) **to d. anchor**, dar fondo all'ancora □ (*naut.*) **to d. astern**, rimanere indietro □ **to d. the ball**, (*sport*: *dell'arbitro*) scodellare la palla; (*fam.*) fare padella (*fig.*) □ (*pop. USA*) **to d. a bomb** (*o* **a bombshell**), dare una notizia clamorosa (*o* che è una bomba) □ (*leg.*) **to d. a charge**, ritirare un'accusa □ **to d. a curtsy**, fare un inchino □ (*pop.*) **to d. dead**, crepare; schiattare: **I told him to d. dead**, gli dissi «crepa»! □ (*fam. USA*) **to d. a dime**, tirar fuori dieci cent, dare il proprio obolo; (*anche*) cantare (*con la polizia*) □ (*cucito*) **to d. a hem**, scucire un orlo per allungare un vestito □ **to d. a hint**, dire una mezza parola (*come suggerimento, allusione, invito, ecc.*): **Just d. a hint and he'll understand**, digli una mezza parola e capirà □ **to d. like a hot potato**, mollare subito (q.); abbandonare, lasciar perdere (q.c.): **I dropped him [the idea] like a hot potato**, lo mollai [lasciai perdere l'idea] subito □ **to d. sb. a note**, scrivere un biglietto a q. □ (*sport*) **to d. a point**, perdere un punto □ **to d. tears**, versar lacrime □ (*Borsa, fin.*) **to d. to a low**, toccare il minimo: **The Milan Stock Exchange has dropped to a new low**, la Borsa di Milano ha toccato i nuovi minimi □ **D. it!**, smettila!; piantala! (*pop.*) □ **I'm ready to d.**, non sto in piedi (dalla stanchezza) □ **You could have heard a pin d.**, non si sentiva volare una mosca □ (*cucina*) **dropped eggs**, uova affogate (*o* in camicia).

♦**drop away**, *v. i.* + *avv.* *1* andarsene alla spicciolata (*o* un po' alla volta) *2* *V.* **drop off**.

♦**drop back**, *v. i.* + *avv.* *1* rimanere indietro (*o* in coda) *2* (*mil.*) arretrare; ritirarsi *3* (*di prezzi e sim.*) calare; diminuire.

♦**drop behind**, **A** *v. i.* + *avv.* rimanere indietro (*o* in coda). **B** *v. i.* + *prep.* restare indietro a (q.); finire dietro (q.).

♦**drop by**, *v. i.* + *avv.* *V.* **drop in**, *def. 1*.

♦**drop down**, **A** *v. i.* + *avv.* *1* cadere (*per terra, in ginocchio, ecc.*) *2* *V.* **drop in**, *def. 1*. **B** *v. t.* + *avv.* lasciar cadere (q.c.); calare (*una fune, ecc.*).

♦**drop in**, *v. i.* + *avv.* *1* fare un salto (*fig. fam.*); fare una visitina: **D. in any time you like**, vienci a trovare quando vuoi *2* entrare (un attimo): **There's a pub: let's d. in for a beer**, c'è un pub: entriamo a farci una birra! □ **to d. in on sb.**, andare a trovare q.; fare un salto da q. (*fam.*).

♦**drop into**, *v. i.* + *prep.* entrare (un attimo) in (*un luogo*): **We dropped into the pub for a drink**, entrammo un attimo nel pub per farci un cicchetto.

♦**drop off**, **A** *v. i.* + *avv.* *1* calare; diminuire; scemare: **Interest in soccer will never d. off**, l'interesse per il gioco del calcio non calerà mai; **Toy sales have dropped off**, le vendite di giocattoli sono diminuite *2* (*fam.*) appisolarsi; addormentarsi: **He dropped off during the lecture**, s'addormentò durante la conferenza *3* cadere; staccarsi: **I picked up the hammer and its head dropped off**, presi su il martello ma mi si staccò dal manico. **B** *v. t.* + *avv.* (*fam.*) far scendere (*da un veicolo*): **Please d. me off at Leicester Square**, per favore, fammi scendere a Leicester Square.

♦**drop out**, *v. i.* + *avv.* *1* abbandonare; ritirarsi: **Since I couldn't keep up with the other students, I decided to d. out**, poiché non riuscivo a tenere il passo degli altri studenti, decisi di ritirarmi *2* abbandonare tutto; autoemarginarsi; escludersi da ogni rapporto sociale (*o* di lavoro) *3* (*elettron.*) diseccitarsi □ **to d. out of college**, ritirarsi dal college □ **to d. out of one's job**, abbandonare il posto di lavoro.

♦**drop round**, **A** *v. i.* + *avv.* *V.* **drop in**, *def. 1*. **B** *v. t.* + *avv.* consegnare (*merce*) a domicilio; portare a casa (*dell'acquirente*).

drop-dead /ˈdrɒpdɛd/, *a. attr.* (*fam. USA*) *1* sensazionale; da lasciare a bocca aperta (*o* stecchito): **d. news**, notizie sensazionali *2* bello da morire: **d. legs**, gambe stupende (*di una donna*). ● (*elab.*) **d. halt**, arresto immediato □ **d. list**, lista di persone da licenziare; (*fig.*) lista nera: **Max is on my d. list**, Max è nella mia lista nera (*di persone da evitare*).

to **drop-forge** /ˈdrɒpfɔːdʒ/, *v. t.* (*metall.*) fucinare a stampo.

to **drop-kick** /ˈdrɒpkɪk/, *v. t.* e *i.* (*rugby*) *1* calciare di rimbalzo *2* segnare su calcio di rimbalzo.

dropleaf /ˈdrɒpliːf/, *n.* ribalta (*di un tavolo, ecc.*).

droplet /ˈdrɒplət/, *n.* gocciolina; stilla.

dropout /ˈdrɒpaʊt/, *n.* *1* abbandono; ritiro (*specialm. da scuola*) *2* chi si ritira (*da una competizione, ecc.*); (*specialm.*) persona che non ha finito gli studi *3* individuo autoemarginatosi; fannullone; ozioso *4* (*elettron.*) diseccitazione *5* (*elab.*) perdita di bit (*o* d'informazione) *6* (*rugby*) calcio di rinvio; rimessa in gioco. ● **d. rate**, tasso di abbandono (*degli studi, ecc.*).

dropper /ˈdrɒpə(r)/, *n.* *1* (*chim., med., ecc.*) contagocce *2* cane da punta *3* (*elettr., ferr.*) pendino *4* (*ind. tess.*) ponilamelle. ● **d.-in**, visitatore casuale.

dropping /ˈdrɒpɪŋ/, *n.* *1* gocciolamento *2* (*naut.*) saluto fatto ammainando le vele.

droppings /ˈdrɒpɪŋz/, *n. pl.* *1* gocce di cera (*cadute dalla candela*) *2* sterco, escrementi (*specialm. di uccelli e polli*).

drop-scene /ˈdrɒpsiːn/, *n.* *1* sipario *2* scena finale; ultimo atto (*anche fig.*).

dropsical /ˈdrɒpsɪkl/, *a.* (*med., arc.*) idropico.

dropsy /ˈdrɒpsɪ/, *n.* (*med., arc.*) idropisia.

dropwort /ˈdrɒpwɜːt/, *n.* (*bot., Filipendula hexapetala*) filipendola; erba peperina.

drosera /ˈdrɒsərə/, *n.* (*bot., Drosera*) drosera.

droshky, drosky /ˈdrɒʃkɪ/, *n.* troika.

drosometer /drəˈsɒmɪtə(r)/, *n.* (*fis.*) drosometro.

drosophila /drəˈsɒfɪlə/, *n.* (*pl.* **drosophilae** *o* **drosophilas**) (*zool., Drosophila*) drosofila; moscerino dell'aceto.

dross /drɒs, *USA* drɔːs/, *n.* (*senza pl.*) *1* (*metall.*) scorie (*pl.*) *2* (*tecn.*) materiali di scarto (*pl.*) *3* rifiuti, scarti (*pl.*).

drossy /ˈdrɒsɪ, *USA* -ɔːsɪ/, *a.* *1* pieno di scorie *2* (*fig.*) privo di valore.

drought /draʊt/, *n.* *1* siccità; aridità *2* (*arc.*) sete.

droughty /ˈdraʊtɪ/, *a.* *1* arido; asciutto; secco *2* (*arc.* o *dial.*) assetato.

drouth /draʊθ/, (*poet., scozz.* o *USA*) *V.* **drought**.

drouthy /ˈdraʊθɪ/, *V.* **droughty**.

drove (1) /drəʊv/, *pass.* di **to drive**.

drove (2) /drəʊv/, *n.* *1* branco; gregge; mandria *2* (*fig.*) folla, moltitudine, turba (*specialm. se in movimento*) *3* (*edil.*, = **d. chisel**) scalpello da sbozzo. ● **d.-way**, pista del bestiame; tratturo.

to **drove** /drəʊv/, **A** *v. t.* *1* condurre, spingere (*bestiame al mercato, ecc.*) *2* (*edil.*) sbozzare (*pietre*). **B** *v. i.* fare il mandriano.

drover /ˈdrəʊvə(r)/, *n.* *1* bovaro; mandriano *2* mercante di bestiame.

to **drown** /draʊn/, **A** *v. t.* *1* affogare; annegare: **He drowns sadness in wine**, affoga la tristezza nel vino; **He was charged with drowning his wife**, fu accusato d'avere affogato la moglie *2* allagare; inondare; sommergere: **The flood drowned several villages**, l'inondazione sommerse parecchi villaggi *3* (*anche* **to d. out**) coprire; soffocare; attutire; smorzare: **The applause drowned the speaker's voice**, gli applausi coprirono la voce dell'oratore. **B** *v. i.* affogare; annegare: **She fell overboard and drowned**, cadde in mare dalla nave e affogò. ● (*fig.*) **to d. in debts**, affogare nei debiti □ **to d. whisky**, mettere troppa acqua nel whisky □ **to be drowned**, affogare, annegare: **Lots of wild animals were drowned**, molti selvatici annegarono □ **a drowned man**, un annegato □ **to be like a drowned rat**, essere bagnato come un pulcino □ **Her cheeks were drowned with tears**, il pianto le inondava le guance □ **They were drowned out**, l'inondazione li costrinse ad abbandonare la casa.

drowning /'draʊnɪŋ/, **A** *n.* ***1*** annegamento; affogamento ***2*** allagamento; inondazione. **B** *a.* che affoga; che annega: **He saved the d. man**, salvò l'uomo che stava annegando. ● (*prov.*) **A d. man will clutch at a straw**, un uomo che affoga si attacca a uno stelo.

drowse /draʊz/, *n.* assopimento; sonnolenza; sopore.

to **drowse** /draʊz/, **A** *v. i.* ***1*** essere assonnato (*o* assopito); sonnecchiare ***2*** essere pigro, indolente. **B** *v. t.* ***1*** fare assopire; rendere sonnolento ***2*** impigrire; rendere indolente. ● **to d. away one's time**, passare il tempo sonnecchiando.

drowsily /'draʊzəlɪ/, *avv.* ***1*** in modo sonnolento; con aria sonnolenta ***2*** in modo da fare addormentare.

drowsiness /'draʊzɪnəs/, *n.* sonnolenza; sopore.

drowsy /'draʊzɪ/, *a.* ***1*** assonnato; assopito; sonnolento ***2*** pigro; indolente ***3*** soporifero; noioso; che fa dormire.

to **drub** /drʌb/, *v. t.* ***1*** battere; bastonare; picchiare ***2*** battere, sconfiggere pesantemente; stracciare (*fam.*); suonarle a (q.) (*fam.*) ***3*** (*fam.*) stroncare (*un film, una recita, ecc.*). ● **to d. a notion into sb.**, far entrare un'idea in testa a q. a furia di botte.

drubbing /'drʌbɪŋ/, *n.* ***1*** bastonatura; botte; legnate ***2*** batosta; disfatta; grossa sconfitta ***3*** (*fam.*) stroncatura.

drudge /drʌdʒ/, *n.* chi fa lavori duri (*o* sgradevoli); sgobbone, sgobbona.

to **drudge** /drʌdʒ/, *v. i.* fare un lavoro duro, ingrato; sgobbare; sfacchinare.

drudgery /'drʌdʒərɪ/, *n.* lavoro faticoso, ingrato; sgobbata; sfacchinata.

drug /drʌg/, *n.* ***1*** (*farm.*) medicina; medicinale; farmaco ***2*** droga; narcotico; stupefacente: **the d. habit**, il vizio della droga; **He was arrested on d. charges**, fu arrestato per detenzione (*o* spaccio) di stupefacenti ***3*** (*comm., di solito* **d. on the market**) articolo poco richiesto; prodotto invendibile ***4*** (*fig.*) droga (*fig.*); ossessione. ● **d. addict**, tossicomane; drogato □ **d. addiction**, tossicomania; tossicodipendenza □ (*fam.*) **d. fiend**, *V.* **d. addict** □ (*fam.*) **d. lord**, grosso trafficante di droga □ **d. pedlar** (*o* **d. pusher**), spacciatore di droga □ **d. traffic**, traffico degli stupefacenti □ **to be on** (*o* **take**) **drugs**, drogarsi.

to **drug** /drʌg/, **A** *v. t.* ***1*** drogare; mettere un narcotico in (*una bevanda*): **a drugged drink**, una bevanda drogata ***2*** drogare; narcotizzare: **He was drugged and robbed**, fu narcotizzato e derubato ***3*** (*fig.*) intontire; istupidire; annebbiare. **B** *v. i.* drogarsi; fare uso di stupefacenti.

drugget /'drʌgɪt/, *n.* ***1*** (*ind. tess.*) bigello ***2*** sottotappeto.

druggist /'drʌgɪst/, *n.* (*USA*) ***1*** farmacista ***2*** proprietario di «drugstore» (*q.V.*).

druggy /'drʌgɪ/, **A** *a.* ***1*** di farmaco; medicamentoso ***2*** di (*o* da) drogato. **B** *n.* (*fam. USA*) drogato.

drughead /'drʌghɛd/, *n.* (*fam. USA*) drogato; tossicomane.

drugola /dru'gəʊlə/, *n.* (*fam. USA*) bustarella (*o* mazzetta) pagata da un trafficante di droga.

drugster /'drʌgstə(r)/, *n.* ***1*** *V.* **druggist** ***2*** (*fam.*) drogato; tossicomane.

drugstore /'drʌgstɔ:(r)/, *n.* (*USA*) farmacia (*cfr. ingl.* **chemist's shop**; *si noti che i «drugstores» americani vendono anche cosmetici, tabacco, gelati, libri, ecc.*); emporio. ● (*fam. USA*) **d. cowboy**, cacciatore di facili amori che staziona nei pressi di locali pubblici.

Druid /'dru:ɪd/, *n.* (*stor., relig.*) druido, druida.

Druidess /'dru:ɪdɪs/, *n.* (*stor., relig.*) druida; druidessa.

Druidic(al) /dru:'ɪdɪk(l)/, *a.* (*stor., relig.*) druidico.

Druidism /'dru:ɪdɪzəm/, *n.* (*stor., relig.*) druidismo.

drum (**1**) /drʌm/, *n.* ***1*** (*mus.*) tamburo: **to play the d.**, suonare il tamburo; **the beat of the drums**, il rullo dei tamburi ***2*** oggetto a forma di tamburo; bidone; fusto: **on oil d.**, un fusto di petrolio; **a petrol d.**, un bidone di benzina ***3*** il tamburellare: **I heard the d. of the rain against my window**, sentivo il tamburellare della pioggia contro la finestra ***4*** (*mecc.*, = **hoisting d.**) tamburo di avvolgimento ***5*** (*archit.*) tamburo ***6*** (*tecn.*) tamburo collettore (*di una caldaia*) ***7*** (*anat.*) *V.* **eardrum** ***8*** (*zool.*) borbottone; pesce degli Scienidi (*V. sotto*) ***9*** (*elab.*) tamburo: **d. memory**, memoria a tamburo ***10*** (*conceria*) *V.* **d. tumbler** ***11*** (*pl.*) (*mus.*, = **set of drums**) batteria: **to play the drums**, suonare la batteria ***12*** (*mil., arc.*) tamburo; tamburino. ● (*autom., mecc.*) **d. brakes**, freni a tamburo □ (*mil.*) **d. major**, tamburo maggiore; capotamburo □ **d. majorette**, majorette □ (*edil.*) **d. mixer**, betoniera a tamburo □ **d. roll**, il rullare (*o* rullio) dei tamburi □ (*concia delle pelli*) **d. tumbler**, bottale □ (*fig.*) **to bang** (*o* **to beat**) **the d. for sb.**, battere la grancassa a q. (*fig.*) □ (*mus.*) **bass d.**, grancassa □ (*mus.*) **kettle d.**, timpano □ (*zool.*) **freshwater d.** (*Aplodinotus grunniens*), borbottone (*dei fiumi del Nordamerica*) □ (*zool.*) **sea d.** (*Pogonias cromis*), borbottone (*delle coste atlantiche delle due Americhe*) □ (*zool.*) **striped d.** (*Equetus pulcher*), borbottone striato (*delle coste atlantiche del Nordamerica*).

drum (**2**) /drʌm/, **drumlin** /'drʌmlɪn/, *n.* (*geol.*) collinetta di detrito glaciale.

to **drum** /drʌm/, **A** *v. i.* ***1*** battere (*o* suonare) il tamburo; tambureggiare ***2*** tamburellare: **He was drumming with his fingers on the counter**, tamburellava con le dita sul bancone; **The rain was drumming on the roof**, la pioggia tamburellava sul tetto ***3*** (*di uccelli o insetti*) fare un forte frullo d'ali ***4*** (*fam. USA*) fare il commesso viaggiatore; fare il propagandista. **B** *v. t.* ***1*** suonare (*un motivo*) sul tamburo ***2*** tamburellare con (*le dita*): **He drummed his fingers on the table**, tamburellava con le dita sul tavolo. ● **to d. at the door**, battere insistentemente alla porta □ **to d. one's feet on the floor**, battere i piedi sul pavimento □ (*comm.*) **to d. for business**, andare in cerca di clienti □ **to d. on the piano**, strimpellare il pianoforte.

♦**drum in**, *v. t. + avv.* insegnare mnemonicamente; inculcare: **Latin declensions were once drummed in pitilessly**, le declinazioni latine venivano un tempo inculcate senza pietà.

♦**drum into**, *v. t. + prep.* inculcare in (q.); fare entrare in testa a (q.) (*fam.*): **She drummed into the children that they should be in bed by 9 P.M.**, fece entrare in testa ai bambini che dovevano essere a letto entro le nove di sera.

♦**drum out of**, *v. t. + avv. e prep.* ***1*** (*mil.*) radiare con infamia (*dall'esercito*) ***2*** radiare, espellere, cacciare (*da un club, un'associazione, una scuola, ecc.*).

♦**drum up**, *v. t. + avv.* ***1*** (*anche mil.*) chiamare a raccolta ***2*** cercare; sollecitare: **to d. up support**, sollecitare il consenso; cercare sostenitori □ (*comm.*) **to d. up some more business**, cercare di farsi nuovi clienti □ (*comm.*) **to d. up sales**, cercare di vendere la propria merce (*o* di stimolare le vendite).

drumbeat /'drʌmbi:t/, *n.* rullo del tamburo. ● **continuous d.**, rullio di tamburi; il rullare di tamburi.

drumbeater /'drʌmbi:tə(r)/, *n.* (*fam.*) chi batte la grancassa (*a q.*).

drumbeating /'drʌmbi:tɪŋ/, *n.* (*fam.*) il battere la grancassa (*a q.*).

drumfire /'drʌmfaɪə(r)/, *n.* (*mil.*) fuoco tambureggiante (*d'artiglieria*).

drumfish /'drʌmfɪʃ/, *n.* (*zool.*) borbottone (*pesce degli Scienidi in genere*; *V. in calce a* **drum** (**1**)).

drumhead /'drʌmhɛd/, *n.* ***1*** pelle del tamburo ***2*** (*naut.*) cappello (*o* testa) dell'argano ***3*** (*anat.*) membrana del timpano. ● (*mil.*) **d. court-martial**, corte marziale straordinaria (*specialm. sul campo di battaglia*) □ (*leg.*) **d. trial**, processo sommario.

drummer /'drʌmə(r)/, *n.* ***1*** (*mil.*) tamburino ***2*** (*mus.*) batterista ***3*** (*fam. USA*) commesso viaggiatore; viaggiatore di commercio; propagandista (*venditore*) ***4*** (*zool.*) insetto che batte le zampe (*sul legno, ecc.*).

drumming /'drʌmɪŋ/, *n.* ***1*** rullo di tamburo ***2*** (*fam. USA*) mestiere del commesso viaggiatore; propaganda commerciale.

drumstick /'drʌmstɪk/, *n.* ***1*** bacchetta (*di tamburo*) ***2*** (*fam.*) coscia di pollo (*cotta*).

drunk /drʌŋk/, **A** *p. p.* di **to drink**. **B** *a.* ubriaco; ebbro (*anche fig.*); sbronzo: **He was d., not with wine, but with joy**, era ebbro di gioia, e non di vino. **C** *n.* ***1*** ubriacone; ubriaco ***2*** (*fam.*) ubriacatura; sbornia; bisboccia: **to be on a d.**, fare bisboccia. ● (*leg.*) **d. and disorderly**, in stato di ubriachezza molesta □ **to be d. as a fiddler** (**as a lord**), essere ubriaco fradicio □ **beastly** (*o* **blind, dead**) **d.**, ubriaco fradicio □ **to get d.**, ubriacarsi □ **to be half d.**, essere alticcio (*o* brillo).

drunkard /'drʌŋkəd/, *n.* ubriacone, ubriacona; beone, beona.

drunken /'drʌŋkən/, *a. attr.* ***1*** ubriaco; ebbro ***2*** alcolizzato; dedito al bere ***3*** da ubriaco; da sbornia; dovuto a ubriachezza: **d. sleep**, sonno da sbornia; **a d. stupor**, un intontimento da ubriachezza. ● **a d. brawl**, una rissa di ubriachi □ (*autom., leg.*) **d. driving**, guida in stato di ebbrezza. || **-ly**, *avv.* || **-ness**, *sost.*

drupaceous /dru:'peɪʃəs/, *a.* (*bot.*) drupaceo. ● **d. plants**, le drupacee.

drupe /dru:p/, *n.* (*bot.*) drupa.

druse /dru:z/, *n.* (*miner.*) drusa.

Druse /dru:z/, *n.* druso (*membro di una setta religiosa in Siria, Libano o Israele*).

drusy /'dru:zɪ/, *a.* (*geol.*) ricco di druse.

dry (**1**) /draɪ/, *a.* ***1*** asciutto; secco; arido: **a dry well**, un pozzo asciutto; **dry weather**, tempo asciutto; **dry wood**, legna secca; (*fin.*) **dry loss**, perdita secca; **with dry eyes**, a occhi asciutti, senza piangere; **in the dry season**, nella stagione secca; **dry cough**, tosse secca; **dry bread**, pane asciutto (*senza companatico*); **dry wine**, vino secco; **a dry nurse**, una balia asciutta ***2*** (*fam.*) assetato: **to feel dry**, essere assetato ***3*** (*comm.*) solido; per solidi: **dry provisions**, provviste solide; **dry measure**, misura per solidi, per cereali ***4*** (*specialm. USA*) astemio; proibizionista; (*di una festa, ecc.*) in cui non si servono alcolici: (*stor.*) **a dry law**, una legge proibizionista; **Kansas was a dry state**, il Kansas era uno stato proibizionista; **to go dry**, diventare astemio (*o* proibizionista) ***5*** duro; nudo (*fig.*); preciso: **the dry facts**, i nudi fatti ***6*** arido; privo d'interesse; noioso: **a dry passage**, un brano arido; **a dry lesson**, una lezione noiosa ***7*** freddo; caustico; pungente: **dry sarcasm**, freddo sarcasmo; **dry humour**, umorismo pungente; spirito caustico ***8*** distaccato; disinteressato: **to see st. in a dry light**, vedere q.c. in modo distaccato (*o* disinteressato) ***9*** (*di alimento*) essiccato; disidratato ***10*** (*edil.*) a secco: **dry wall**, muro a secco ***11*** (*metall.*) a grana grossa; fragile ***12*** (*di suono, della voce, ecc.*) aspro; roco ***13*** (*naut.*) secco: **dry cargo**, carico secco. ● (*del tempo*) **dry and bright**, asciutto e soleggiato □ (*fam.*) **dry as a bone**, del tutto asciutto; proprio secco □ **dry as dust**, noioso, pedantesco □ (*elettr.*) **dry battery**, batteria a secco □ **dry blast cleaning**, sabbiatura (*di superfici metalliche*) □ **dry-bulb thermometer**, termometro a bulbo asciutto □ **dry cell**, pila a secco □ **dry cleaner's**, lavanderia a secco; lavasecco (*fam.*) □ **dry cleaning**, lavaggio (*o* lavatura) a secco □ **dry cooper**, barilaio (*che fabbrica recipienti per cereali*) □ **dry-eyed**, con gli occhi asciutti; senza piangere □ (*naut.*) **dry dock**, bacino di carenaggio □ (*naut.*) **dry-docking**, carenaggio □ **dry farmer**, chi pratica l'aridocoltura □ **dry farming**, aridocoltura □ (*pesca*) **dry fly**, mosca artificiale; mosca galleggiante □ **dry goods**, merci secche; cereali; (*naut.*) carichi secchi; (*USA*) mercerie, tessuti □ **dry hole**, (*ind. costr.*) pozzo trivellato a secco; (*ind. petrolifera*) foro sterile □ **dry ice**, ghiaccio secco □ (*geogr.*) **dry land**, terraferma □ **dry measure**, misura di capacità per aridi □ (*fotogr.*) **dry plate**, lastra asciutta □ (*arte*) **dry-point**, (punta per) incisione a secco; puntasecca □ **dry-point etching**, incisione a puntasecca □ **dry rot**, carie (*o* marciume) del legno dovuta a basidiomiceti; (*fig.*) cancrena, depravazione, corruzione profonda □ **dry run**, prova, verifica finale; (*teatr.*) prova; (*mil.*) esercitazione; (*di giornale*) numero zero □ (*arc.*) **dry-shod**, a piedi asciutti □ **a dry spell**, un periodo di tempo asciutto; (*fam.*) un periodo in cui non si beve (alcol) □ **dry-stone wall**, muro a secco □ **to be high and dry**, essere in panne; (*fig.*) essere nei guai □ **dry work**, lavoro che fa venir sete □ (*fig. fam.*) **still not dry behind the ears**, immaturo; inesperto; ingenuo □ **to run dry**, prosciugarsi, inaridirsi; (*fig.*) restare a corto di argomenti □ **By the end of the movie, there wasn't a dry eye in the whole theatre**, alla fine del film, nel cinema piangevano tutti.

dry (2) /draɪ/, *n.* **1** (*fam. USA*) proibizionista; nemico degli alcolici **2** (*stor., in G.B.*; *scherz. o spreg.*) sostenitore accanito della politica di Mrs Thatcher.

to **dry** /draɪ/, *v. t.* e *i.* **1** asciugare, asciugarsi: **to dry one's hands**, asciugarsi le mani; **D. your tears**, asciugati le lacrime! **2** seccare, seccarsi **3** (*ind.*) essiccare, essiccarsi.

♦**dry out**, **A** *v. i.* + *avv.* **1** asciugarsi (*al sole, davanti al fuoco, ecc.*) **2** (*di vernice*) asciugarsi; (*del cemento*) seccarsi **3** (*fam.*) disintossicarsi dall'alcol **4** (*pop. USA*) calmarsi. **B** *v. t.* + *avv.* asciugare (*biancheria, ecc.*).

♦**dry up**, **A** *v. i.* + *avv.* **1** asciugarsi; seccarsi; prosciugarsi: **In summer the pond dries up**, d'estate lo stagno si prosciuga **2** (*fig.*) esaurirsi; finire; rimanere a secco (*fig.*): **At last our funds dried up**, alla fine i nostri fondi si esaurirono **3** (*teatr., fam.*) dimenticare la battuta **4** (*pop.*) zittirsi; ammutolire; tacere: **D. up!**, sta zitto! **B** *v. t.* + *avv.* **1** asciugare (*piatti, bicchieri, ecc.*) **2** inaridire; prosciugare **3** (*ind.*) essiccare.

dryable /ˈdraɪəbl/, *a.* che si può asciugare, essiccare, ecc. (*V.* **to dry**).

dryad /ˈdraɪæd, ˈdraɪəd/, *n.* (*mitol.*) driade.

to **dry-clean** /ˈdraɪˈkliːn/, *v. t.* lavare a secco. ● **«D. only»** (*istruzione*), «Lavare soltanto a secco».

to **dry-cure** /ˈdraɪkjʊə(r)/, *V.* **to dry-salt**.

to **dry-dock** /ˈdraɪdɒk/, *v. t.* (*naut.*) mettere (*una nave*) in bacino di carenaggio; carenare.

dryer /ˈdraɪə(r)/, *V.* **drier**.

to **dry-farm** /ˈdraɪˈfɑːm/, *v. t.* (*agric.*) coltivare (*terreni*) senza irrigarli.

drying /ˈdraɪɪŋ/, **A** *a.* **1** che asciuga facilmente **2** (*chim.*) essiccativo. **B** *n.* (*ind.*) essiccamento; essiccazione. ● **d. agent**, essiccante □ (*ind. tess.*) **d. chamber**, essiccatoio □ (*ind. ceramica*) **d. oven**, forno d'essiccazione □ (*tecn.*) **d. room**, essiccatoio □ **to do the d.-up**, asciugare le stoviglie.

dryly /ˈdraɪlɪ/, *avv.* **1** seccamente; con freddezza **2** ironicamente; con sarcasmo.

dryness /ˈdraɪnəs/, *n.* **1** aridità; asciuttezza; secchezza **2** monotonia; noiosità **3** freddezza; distacco **4** ironia pungente; causticità; sarcasmo tagliente.

to **dry-nurse** /ˈdraɪˈnɜːs/, *v. t.* allevare (*un bambino*) artificialmente.

to **dry-salt** /ˈdraɪsɔːlt/, *v. t.* salare, mettere sotto sale (*carne, pesce, ecc.*).

drysalter /ˈdraɪsɔːltə(r)/, *n.* **1** droghiere **2** chi vende colori, vernici, ecc.

drysaltery /ˈdraɪsɔːltərɪ/, *n.* **1** drogheria **2** mesticheria; negozio di vernici.

D.T.'s /diːˈtiːz/, *n.* (*acronimo fam. di* **delirium tremens**) *V.* **delirium**.

dual /ˈdjuːəl, *USA* ˈduːəl/, **A** *a.* **1** duplice; doppio: (*autom., aeron.*) **d. control**, doppio comando **2** (*mat.*) duale. **B** *n.* (*ling.*) duale. ● (*autom., mecc.*) **d. brake circuits**, doppio circuito frenante □ (*autom.*) **d. carriageway**, strada a doppia carreggiata a due corsie □ (*tecn.*) **d.-control**, a doppi comandi: **d.-control car [plane]**, automobile [aereo] a doppi comandi □ (*leg.*) **d. nationality**, doppia nazionalità □ (*elab.*) **d. operation**, funzionamento in parallelo □ (*market.*) **d. pricing**, applicazione di due prezzi (*a una confezione*: *quello per libbra e quello della quantità venduta*) □ (*econ.*) **d. problem**, problema duale □ (*tecn.*) **d.-purpose**, a doppio uso; a doppia funzione; bivalente: (*mil.*) **a d.-purpose gun**, un cannone bivalente □ (*aeron.*) **d.-thrust motor**, motore a spinta duale □ (*Borsa*) **d. trading**, dual trading.

dualism /ˈdjuːəlɪzəm, *USA* ˈduː-/, *n.* **1** dualità **2** (*filos.*) dualismo.

dualist /ˈdjuːəlɪst, *USA* ˈduː-/, *n.* (*filos.*) dualista.

dualistic /djuːəˈlɪstɪk, *USA* duː-/, *a.* dualistico.

duality /djuːˈælətɪ, *USA* duː-/, *n.* (*mat., ling.*) dualità.

dub (1) /dʌb/, *n.* (*scozz.*) **1** pozza profonda (*in un fiume*) **2** (*pop.*) pozzanghera.

dub (2) /dʌb/, *n.* (*USA*) individuo goffo, stupido; gonzo.

to **dub** (1) /dʌb/, *v. t.* **1** (*stor.*) creare (q.) cavaliere (*toccandogli la spalla con la spada*) **2** conferire un titolo a (q.); nominare **3** chiamare; soprannominare: **He dubbed me a scribbler**, mi chiamò scribacchino **4** (*nella pesca*) preparare (*una mosca artificiale*) **5** (*ind.*) patinare; ammorbidire (*il cuoio*) strofinandolo con sego e olio **6** sgrossare (*legname*) **7** potare (*piante, siepi*). ● (*USA*) **to dub an attempt**, fallire un tentativo □ (*USA*) **to dub an exam**, andare male in un esame.

to **dub** (2) /dʌb/, *v. t.* (*cinem., TV*) **1** doppiare: **a dubbed film**, una pellicola doppiata **2** riregistrare **3** (*anche* **to dub in**) sonorizzare (*una pellicola*).

dubber /ˈdʌbə(r)/, *n.* (*cinem., TV*) **1** doppiatore, doppiatrice **2** addetto alla riregistrazione.

dubbing (1) /ˈdʌbɪŋ/, *n.* **1** conferimento (*d'un titolo, ecc.*); il soprannominare, ecc. (*V.* **to dub** (1)) **2** (= **dubbin**) patina (per ammorbidire il cuoio).

dubbing (2) /ˈdʌbɪŋ/, *n.* (*cinem., TV*) **1** doppiaggio **2** riregistrazione. ● **d.-in**, sonorizzazione (*di una pellicola*).

dubiety /djuːˈbaɪətɪ, *USA* duː-/, **dubiosity** /djuːbɪˈɒsətɪ, *USA* duː-/, *n.* (*form.*) dubbiosità; incertezza.

dubious /ˈdjuːbɪəs, *USA* ˈduː-/, *a.* **1** dubbio; dubbioso; esitante; incerto; indistinto; vago; ambiguo: **a d. friend**, un amico dubbio (*o* incerto); **d. light**, luce incerta; **I am d. as to what to do [about your plan]**, sono dubbioso sul da farsi [ho dei dubbi sul tuo progetto]; **a d. undertaking**, un'impresa dall'esito incerto; **The struggle is d.**, la lotta è incerta **2** di dubbia fama (*o* reputazione); equivoco: **a d. company**, una società di dubbia reputazione; **a d. character**, un tipo equivoco. ● **to be d. of st.**, aver dubbi su q.c.

dubiously /ˈdjuːbɪəslɪ, *USA* ˈduː-/, *avv.* dubbiosamente.

dubiousness /ˈdjuːbɪəsnəs, *USA* ˈduː-/, *n.* dubbiosità; incertezza; ambiguità, ecc. (*V.* **dubious**).

dubitable /ˈdjuːbɪtəbl, *USA* ˈduː-/, *a.* dubitabile.

dubitation /djuːbɪˈteɪʃn, *USA* duː-/, *n.* (*arc.*) dubbio; incertezza.

dubitative /ˈdjuːbɪtətɪv, *USA* ˈduːbɪteɪtɪv/, *a.* **1** (*specialm. gramm.*) dubitativo **2** dubbioso.

Dublin /ˈdʌblɪn/, *n.* (*geogr.*) Dublino.

Dubliner /ˈdʌblɪnə(r)/, *n.* dublinese.

ducal /ˈdjuːkl, *USA* ˈduː-/, *a.* ducale.

ducat /ˈdʌkət/, *n.* **1** (*stor.*) ducato (*moneta*) **2** (*pl.*) (*fam.*) denaro; soldi; quattrini.

duchess /ˈdʌtʃɪs/, *n.* duchessa.

duchy /ˈdʌtʃɪ/, *n.* ducato (*il territorio*).

duck (1) /dʌk/, *n.* **1** (*zool., Anas*: *pl.* **ducks, duck**) anatra (*specialm. la femmina*) **2** (*fam. specialm. ingl.*) amore; caro, cara; cocco, cocca; tesoro: **a sweet old d.**, una cara vecchietta; **That girl is a real d.!**, che amore di bimba! **3** (*cricket*; = **d.'s egg**) zero (*nel punteggio*) **4** (*fam.*) individuo; tipo: **He is a queer d.**, è un tipo strano **5** (*fam. USA*) pollastrella (*fig. fam.*); bella ragazza; bocconcino (*fig.*) **6** (*gergo mil.*) anfibio; mezzo da sbarco **7** (*fam. USA*) pappagallo; pitale (*negli ospedali*) **8** (*pop. USA*) gonzo **9** (*pl.*) (*pop. USA*) biglietti. ● (*volg. USA*) **d.'s ass**, *V.* **d. tail** □ (*zool.*) **d.-hawk** (*Circus aeruginosus*), falco di palude; (*in U.S.A., Falco peregrinus anatum*) falco pellegrino □ **d.-shot**, pallini per la caccia all'anatra □ (*fam. USA*) **d. soup**, gioco da ragazzi (*fig.*); cosa facilissima □ **d. tail**, pettinatura (da ragazzo) col codino in punta □ (*sport*) **to break one's d.**, fare il primo punto; segnare □ (*fig.*) **in two shakes of a d.'s tail**, in un attimo; subito; a tamburo battente □ **lame d.**, *V. sotto* **lame** □ (*fig.*) **like water off a d.'s back**, senza effetto alcuno; senza fare impressione: **Criticism, to him, was like water off a duck's back**, le critiche non gli facevano alcuna impressione □ **to play ducks and drakes**, giocare (*o* fare) a rimbalzello □ (*fig.*) **to play** (*o* **to make**) **ducks and drakes with money**, scialacquare (*o* sperperare) il denaro; buttar via i soldi □ (*fig. fam.*) **a sitting d.**, un bersaglio facile; una facile preda □ **to take to st. like a d. to water**, imparare (*o* mettersi a fare) q.c. senza difficoltà, con naturalezza.

duck (2) /dʌk/, *n.* **1** rapida immersione; tuffo **2** breve inchino **3** scarto; schivata del capo.

duck (3) /dʌk/, *n.* **1** tela olona (*o* da vele) **2** (*pl.*) calzoni di tela olona.

to **duck** /dʌk/, **A** *v. t.* **1** immergere; tuffare; cacciare sott'acqua: **If you don't stop splashing me, I'll d. you**, se non smetti di spruzzarmi, ti caccio sott'acqua **2** chinare; piegare: **to d. one's head**, chinare la testa; far civetta **3** (*fam.*) scansare, evitare (*una persona*); schivare: **to d. a policeman**, evitare un poliziotto; **to d. a blow**, schivare un colpo. **B** *v. i.* **1** immergersi; tuffarsi **2** chinarsi; piegarsi; inchinarsi (*per salutare*) **3** fare civetta (*per scansare un colpo*) **4** (*fam.*) battersela; filare; scomparire: **The mouse ducked into the hole**, il topo s'infilò (*o* scomparve) nel buco. ● **to d. sb.'s invitation**, rifiutare l'invito di q. □ **to d. out**, uscire un attimo; fare un salto: **I'm ducking out for a drink**, esco un attimo a bere □ **to d. out of**, evitare (*un impegno*); scansare (*un lavoro*).

duckbill /ˈdʌkbɪl/, *n.* **1** (*zool., Ornithorhynchus anatinus*) ornitorinco **2** (*zool., Polyodon spathula*) pesce spatola **3** (*agric.*) frumento rosso **4** (*mecc.*) caricatrice a becco d'anatra.

duckbilled /ˈdʌkbɪld/, *a.* dal becco ad anatra. ● (*paleont.*) **d. dinosaur** (*Trachodon*), dinosauro dei tracodontidi (*o* a becco d'anatra) □ (*zool.*) **d. platypus,** *V.* **duckbill,** *def. 1.*

duckboard /ˈdʌkbɔːd/, *n.* (*pl.*) passerella di legno; ponte di tavole.

ducker (1) /ˈdʌkə(r)/, *n.* **1** allevatore di anatre **2** cacciatore di anatre.

ducker (2) /ˈdʌkə(r)/, *n.* **1** chi si tuffa, schiva, ecc. (*V.* **to duck**) **2** (*zool., Podilymbus podiceps*) podilimbo **3** (*zool., Podiceps ruficollis*) tuffetto.

ducking /ˈdʌkɪŋ/, *n.* tuffo; immersione; bagnata: **I'll give you a good d.**, ti farò fare un bel tuffo. ● (*stor.*) **d. stool**, sgabello legato all'estremità d'un palo (*sul quale venivano tuffati in acqua taluni condannati e specialm. donne linguacciute e litigiose*).

duckling /ˈdʌklɪŋ/, *n.* anatroccolo.

ducks /dʌks/, **A** *n. V.* **ducky**. **B** *n. pl. V.* **duck (3)**, *def. 2.*

duckweed /ˈdʌkwiːd/, *n.* (*bot., Lemna*) lente (*o* lenticchia) d'acqua; lemna.

ducky /ˈdʌkɪ/, **A** *n.* (*fam., specialm. al vocat.*) caro, cara; cocco, cocca; tesoro; tesoruccio; amor mio; amore. **B** *a.* (*pop. USA*) *1* carino; grazioso; bello: **That's a d. idea!**, che bella idea! *2* a posto; in ordine (*pop.*): **All's d.!**, tutto in ordine!; (*iron.*) **So that's all d.?**, e ti pare che tutto sia a posto?; credi di cavartela così?

duct /ˈdʌkt/, *n.* *1* (*anche mecc.*) condotto; conduttura; tubatura *2* (*anat.*) canale; dotto; tromba: **biliary d.**, dotto biliare; **Eustachian ducts**, trombe d'Eustachio *3* (*elettr.*) condotto; elettrodotto.

ducted fan /ˈdʌktɪdˈfæn/, *locuz. n.* (*aeron.*) elica intubata. ● **d.-fan engine**, propulsore a elica intubata.

ductile /ˈdʌktaɪl, *USA* -tl/, *a.* (*metall.*) duttile (*anche fig.*).

ductility /dʌkˈtɪlətɪ/, *n.* (*metall.*) duttilità (*anche fig.*).

ductless /ˈdʌktləs/, *a.* (*anat.*) endocrino: **d. glands**, ghiandole endocrine.

ductwork /ˈdʌktwɜːk/, *n.* (*collett.*) condotti e tubi.

dud /dʌd/, **A** *n.* (*fam.*) *1* proiettile (*o* bomba, ecc.) che fa cilecca *2* cosa che non funziona; bidone (*fam.*); progetto che va a vuoto *3* individuo inefficiente, incapace; persona che non riesce a cavare un ragno da un buco. **B** *a.* *1* (*di proiettile, ecc.*) inesploso *2* (*di persona*) incapace *3* falso; inutile; che non vale nulla: **a dud note**, una banconota falsa. ● **a d. cheque**, un assegno a vuoto.

dude /djuːd, *USA* duːd/, *n.* (*USA*) *1* (*fam.*) bellimbusto; damerino; elegantone *2* (*fam. spreg.*) individuo; tipo; tizio *3* (*pop., nel West*) turista (*specialm. della costa atlantica*). ● (*USA*) **d. ranch**, ranch per turisti.

duded up /ˈdjuːdʌp, *USA* ˈduː-/, *a.* (*fam. USA*) elegante; azzimato; vestito bene.

dudeen, dudheen /duːˈdiːn/ (*irl.*), *n.* pipa di terracotta.

dudgeon /ˈdʌdʒən/, *n.* (*form.*) risentimento; sdegno. ● **to be in high d.**, essere molto risentito.

dudish /ˈdjuːdɪʃ, *USA* ˈduː-/, *a.* (*fam. USA*) da bellimbusto; elegantissimo; lezioso.

duds /dʌdz/, *n. pl.* *1* (*arc.*) abiti; vestiti; panni; straccetti *2* (*fam. USA*) effetti personali; cose.

due (1) /djuː, *USA* duː/, **A** *a.* *1* dovuto; debito; doveroso; adeguato; giusto; meritato; causato (da): **The accident was due to the mist**, l'incidente fu dovuto alla (*o* causato dalla) nebbia; **in due time** (*o* **in due course**), a tempo debito; **It is due to him to say that...**, è doveroso verso di lui dire che...; **with due care**, con la debita cura; **You've had your due reward**, hai avuto la giusta ricompensa; **after due consideration**, dopo adeguata riflessione *2* (*comm., leg.*) dovuto; esigibile; pagabile; che scade: **The first instalment is due today**, la prima rata è esigibile oggi; **My salary was due yesterday**, il mio stipendio era pagabile ieri; **When is the bill due?**, quando scade la cambiale? *3* (*trasp.*) atteso; in arrivo (*secondo l'orario*): **The steamer is due today**, il piroscafo è atteso oggi; **Our train is due at 10.30 A.M.**, il nostro treno è in arrivo (*o* dovrebbe arrivare) alle 10,30. **B** *avv.* (*con i punti cardinali*) in direzione; verso: **He went due west**, egli andava verso occidente; **a due-north course**, una rotta verso il nord. ● (*USA*) **due bill**, riconoscimento scritto di un debito (*cfr. ingl.* **IOU**) □ (*di persone*) **to be due**, dovere: **He is due to leave tomorrow**, deve partire (*o* la partenza è fissata per) domani; **Jill's baby is due next month**, il bimbo di Jill deve nascere (*o* è atteso) il mese prossimo □ **to be due** (*o* **overdue**), essere in ritardo □ (*leg.*) **due care**, normale diligenza □ (*comm., fin.*) **due date**, data di scadenza; scadenza □ (*leg.*) **due notice**, avviso dato nei termini di legge □ (*banca*) **«due payment reserved»**, «salvo buon fine» (*di un assegno*) □ (*leg.*) **due performance**, corretto adempimento □ (*comm.*) **due register**, scadenzario □ (*fam.*) **due to**, a causa di: **I came late due to an accident**, arrivai in ritardo a causa d'un incidente □ (*comm.*) **to fall due**, scadere; essere esigibile □ **in due course**, a tempo debito; regolarmente.

due (2) /djuː, *USA* duː/, *n.* *1* (*soltanto sing.*) ciò che è dovuto, che spetta (a q.): **to give sb. his due**, dare a q. quel che gli spetta; riconoscerne i meriti *2* (*pl.*) diritti; dazi: **harbour dues**, diritti portuali; **town dues**, dazio (cittadino) *3* (*pl.*) (= **trade-union dues**) contributi sindacali. ● (*org. az.*) **dues book**, libro degli ordini in sospeso □ **dues cards**, schede degli ordinativi □ **club dues**, tasse d'iscrizione a un circolo; quote sociali □ **to give the devil his due**, dare a ognuno quello che gli è dovuto □ (*prov.*) **Give every man his due!**, a ciascuno il suo.

duel /ˈdjuːəl, *USA* ˈduːəl/, *n.* duello; (*fig.*) contesa, lotta, scontro: **a verbal d.**, uno scontro a parole. ● **to fight a d.**, battersi in duello.

to **duel** /ˈdjuːəl, *USA* ˈduːəl/, *v. i.* duellare; battersi in duello.

dueller /ˈdjuːələ(r), *USA* ˈduːə-/, *n.* duellante.

duelling /ˈdjuːəlɪŋ, *USA* ˈduːə-/, *n.* il duellare; i duelli.

duellist /ˈdjuːəlɪst, *USA* ˈduːə-/, *n.* duellante.

duenna /djuːˈɛnə, *USA* duː-/, *n.* vecchia governante; dama di compagnia.

duet /djuːˈɛt, *USA* duː-/, *n.* (*mus.*) duetto (*anche fig.*).

duettist /djuːˈɛtɪst, *USA* duː-/, *n.* (*mus.*) chi esegue un duetto; duettista.

duff (1) /dʌf/, *n.* (*dial.*) *1 V.* **dough**, *def. 1* *2* budino di farina, spesso con l'uvetta e il limone.

duff (2) /dʌf/, *a.* (*fam. ingl.*) guasto; rotto; che non funziona.

to **duff** /dʌf/, *v. t.* (*pop.*) *1* adulterare; alterare; sofisticare (*merci, sostanze, ecc.*) *2* (*Austr.*) rubare (*bestiame*) alterandone il marchio *3* (*golf*) sbagliare (*un colpo*); mancare (*la palla*). ● (*pop. ingl.*) **to d. up**, picchiare; malmenare; pestare (*pop.*).

duffel /ˈdʌfl/, *n.* *1* tessuto di lana grezza *2* corredo da cacciatore (*o* da campeggiatore). ● **d. bag**, sacca da viaggio □ (*moda*) **d. coat**, montgomery; giaccone con cappuccio, chiuso da alamari.

duffer /ˈdʌfə(r)/, *n.* *1* venditore ambulante (*specialm. di oggetti di scarso valore o di contrabbando*) *2* moneta falsa; quadro falso *3* cosa da poco; oggetto inutile *4* persona incapace, incompetente; sciocco *5* (*Austr.*) ladro di bestiame. ● **a d. at chess**, un pessimo giocatore di scacchi.

duffle /ˈdʌfl/, *V.* **duffel**.

dug (1) /dʌg/, *pass.* e *p. p.* di **to dig**.

dug (2) /dʌg/, *n.* *1* mammella, capezzolo (*d'animale*) *2* (*pl.*) (*pop.*) tette.

dugong /ˈduːgɒŋ, *USA* -ɔːŋ, -ɒŋ/, *n.* (*pl.* **dugongs, dugong**) (*zool., Dugong dugon*) dugongo.

dugout /ˈdʌgaʊt/, *n.* *1* canoa (*fatta scavando un tronco*) *2* rifugio; ricovero antiaereo *3* (*mil.*) ricovero sotterraneo; trincea coperta *4* (*gergo mil.*) ufficiale della riserva richiamato in servizio *5* (*sport*) panchina (*a bordo campo*).

duiker /ˈdaɪkə(r)/, *n.* (*pl.* **duikers, duiker**) (*zool., Cephalophus*) cefalofo.

duke /djuːk, *USA* duːk/, *n.* *1* duca *2* (*Bibbia*) capo tribù *3* (*bot.*) varietà di ciliegia *4* (*pl.*) (*pop. USA*) mani; pugni. ● (*pop. USA*) **to put up one's dukes**, mettersi in guardia.

to **duke** /djuːk, *USA* duːk/, **A** *v. t.* (*pop. USA*) porgere; dare; allungare: **I duked the porter a five**, allungai cinque dollari al facchino. **B** *v. i.* (*pop. USA*) fare a pugni.

dukedom /ˈdjuːkdəm, *USA* ˈduːk-/, *n.* ducato (*grado, titolo, territorio*).

dulcamara /dʌlkəˈmɛərə/, *n.* (*bot., Solanum dulcamara*) dulcamara.

dulcet /ˈdʌlsɪt/, *a.* (*di suono*) dolce; melodioso; gradevole.

dulcification /dʌlsɪfɪˈkeɪʃn/, *n.* dolcificazione; addolcimento.

to **dulcify** /ˈdʌlsɪfaɪ/, *v. t.* dolcificare; addolcire.

dulcimer /ˈdʌlsɪmə(r)/, *n.* (*mus., stor.*) dulcimero; dulcimelo; dolcemele.

dull /dʌl/, *a.* *1* ottuso (*anche fig.*); smussato; spuntato; duro (*di comprendonio, ecc.*); insensibile; tardo; cupo; velato; sordo: **a d. razor's edge**, il filo smussato d'un rasoio; **a d. mind**, una mente ottusa; **He's d. to grief**, è insensibile al dolore; **You must be d. of hearing**, devi essere duro d'orecchio; **a d. sound**, un suono ottuso (*o* cupo, velato, sordo); **a d. pain [headache]**, un dolore [un mal di testa] sordo *2* lento (*nei movimenti*); pigro; tardo *3* monotono; noioso; tedioso; uggioso: **a d. book [speech, play]**, un libro [un discorso, un dramma] tedioso (*o* noioso) *4* abulico; apatico; depresso; triste *5* fosco; nebbioso; offuscato; opaco; scuro; smorto: **d. weather**, tempo fosco (*o* uggioso); **a d. day**, un giorno nebbioso; **a d. mirror**, uno specchio offuscato; **a d. colour**, un colore opaco (*o* scuro, smorto) *6* (*comm.*) fermo; fiacco; stagnante: **Business is d.**, il commercio è fermo (*o* stagnante); **d. market**, mercato fiacco. ● **(as) d. as ditchwater**, noiosissimo □ **d.-brained** (*o* **d.-witted**), ottuso; tardo di mente □ (*geol.*) **d. coal**, carbone opaco □ **a d. fire**, un fuoco incerto; un focherello □ **d. light**, luce fioca □ (*tur.*) **d. season**, stagione morta □ **He is d. of sight**, ci vede poco.

to **dull** /dʌl/, **A** *v. t.* *1* ottundere (*anche fig.*); smussare; intorpidire; attutire: **to d. a razor's edge**, smussare il filo d'un rasoio; **to d. sb.'s mind**, ottundere (*o* intorpidire) la mente di q.; **to d. a sound**, attutire un suono *2* attutire; lenire; alleviare: **Time dulls sorrow**, il tempo lenisce il dolore *3* appannare; attenuare; smorzare; offuscare: **the credit squeeze has dulled the threat of inflation**, la stretta creditizia ha attenuato il pericolo dell'inflazione. **B** *v. i.* *1* (*di coltelli, ecc.*) spuntarsi *2* (*della luce, ecc.*) offuscarsi; smorzarsi *3* diventare ottuso; istupidirsi.

dullard /ˈdʌləd/, *n.* *1* (*raro*) individuo ottuso; stupido; tonto *2* (*fam.*) balordo.

dullish /ˈdʌlɪʃ/, *a.* piuttosto ottuso, monotono, tetro, ecc. (*V.* **dull**).

dullness /ˈdʌlnəs/, *n.* *1* ottusità; insensibilità *2* lentezza *3* monotonia; tediosità; uggiosità *4* tristezza; tetraggine (*V.* **dull**) *5* (*comm.*) fiacchezza; fiacca (*del mercato, ecc.*): **the seasonal d. of the summer months**, la fiacca della stagione estiva.

dullsville /ˈdʌlsvɪl/, *n.* (*fam. USA*) posto noioso; cosa noiosa. ● **to turn into d.**, diventare una noia (*o* una barba, una lagna).

dully /ˈdʌllɪ/, *avv.* *1* pigramente; lentamente *2* fiaccamente; debolmente *3* monotonamente; noiosamente.

duly /ˈdjuːlɪ, *USA* ˈduː-/, *avv.* *1* debitamente; adeguatamente; come si conviene *2* a tempo debito; puntualmente; in tempo utile *3* quanto basta; sufficientemente.

dumb /dʌm/, *a.* *1* muto *2* ammutolito; silenzioso; taciturno: **He was d. with amazement**, era ammutolito per lo stupore *3* muto; senza parole: **d. grief**, muto dolore *4* (*fam.*) ottuso; sciocco; stupido. ● **the d. animals**, gli animali; le creature senza favella □ **d. blonde** (*USA*: **d. Dora**), oca giuliva, oca (*fig. fam.*) □ (*pop. USA*) **d. bunny** (*o* **d. cluck, d.-dodo**), stupido; fesso; tonto □ (*pop. USA*) **d. ox**, bestione senza cervello (*fig.*) □ **d. piano**, tastiera muta (*per fare esercizio*) □ (*teatr.* e *fig.*) **d. show**, pantomima; scena muta □ **the deaf and d.**, i sordomuti □ (*fam.*) **to play d.**, fare il finto tonto □ **to strike sb. d.**, fare ammutolire q. (*per la sorpresa, per l'orrore, lo spavento, ecc.*) □ **Science is d. on this point**, la scienza tace su questo punto.

to **dumb** /dʌm/, **A** *v. t. V.* **to dumbfound**. **B** *v. i.* (*di solito* **to d. up**) ammutolire. ● (*fam. USA*) **to d. down**, volgarizzare, rendere più facile (*un testo*) □ **to d. the words in sb.'s mouth**, far restare q. senza parole.

dumbbell /ˈdʌmbɛl/, *n.* **1** (*di solito al pl.*) (*ginnastica*) manubrio **2** (*pop. USA*) stupido; tonto; cretino; fesso.

to **dumbfound** /dʌmˈfaʊnd/, *v. t.* sbalordire; stupire; stordire; confondere; sconcertare; rendere perplesso.

dumbfounded /dʌmˈfaʊndɪd/, *a.* stupito; confuso; sbalordito.

dumbly /ˈdʌmlɪ/, *avv.* in silenzio; senza dir verbo; senza dire una parola.

dumbness /ˈdʌmnəs/, *n.* mutismo; silenziosità; taciturnità.

dumbo /ˈdʊmbəʊ/, *n.* (*fam.*) **1** stupido; tonto; fesso **2** individuo dalle orecchie enormi.

dumbstruck /ˈdʌmstrʌk/, *a.* sbalordito; esterrefatto; senza parole.

dumbwaiter /ˈdʌmweɪtə(r)/, *n.* **1** servo muto (*tavolinetto a più ripiani*) **2** montavivande **3** (*mecc.*) montacarichi per piccoli pesi **4** vassoio girevole posto al centro della tavola.

dum-dum /ˈdʌmdʌm/, *n.* e *a.* dum-dum: **d.** (**bullet**), proiettile dum-dum.

to **dumfound** /dʌmˈfaʊnd/, *V.* **to dumbfound**.

dummy (**1**) /ˈdʌmɪ/, *n.* **1** persona (*o* personaggio) che non parla (*anche in un dramma*) **2** manichino (*da sartoria*); sagoma d'uomo (*al tiro a segno, ecc.*); fantoccio **3** (*fig.*) uomo di paglia; (*leg.*) fiduciario, prestanome **4** (*pop.*) imbecille; stupido; tonto **5** ciuccio; succhiotto; tettarella **6** (*nei giochi di carte*) morto **7** (*tipogr.*) menabò **8** (*tecn.*) modello inerte; facsimile; simulacro **9** (*ferr.*) locomotiva con condensatore **10** (*pop.*) (un) muto. ● (*a carte*) **to play d.**, fare il morto □ (*rugby*) **to sell sb. a d.**, fare un finto passaggio (*o* una finta: *a un avversario*).

dummy (**2**) /ˈdʌmɪ/, *a.* **1** falso; finto; fittizio; di comodo: **a d. gun**, una pistola finta; una pistola giocattolo; **a d. corporation**, una società commerciale fittizia (*o* di comodo); **d. name**, nome fittizio **2** giocato col morto: **d. whist**, whist col morto **3** (*mil.*) inerte: **a d. bomb**, una bomba inerte **4** (*ling.*) inoperante **5** (*mat., stat.*) muto: **d. variable**, variabile muta. ● (*sport*) **d. hare**, lepre meccanica (*nei cinodromi*) □ (*elab.*) **d. instruction**, istruzione fittizia (*o* vuota) □ **d. run**, prova generale; verifica di funzionamento □ (*mil.*) **d. target**, falso bersaglio (*visto da un aereo*) □ (*leg.*) **d. tendering**, licitazione con accordi collusivi.

to **dummy up** /ˈdʌmɪˈʌp/, *v. i.* (*fam. USA*) non parlare; non cantare (*fam.*); stare zitto. ● **to d. up on sb.**, rifiutarsi di dare informazioni a q.

dump (**1**) /dʌmp/, *n.* **1** mucchio, ammasso (*di detriti, spazzatura, ecc.*) **2** (= **rubbish d.**) discarica: **the town d.**, la discarica pubblica **3** tonfo; colpo sordo (*di q.c. che cade*) **4** (*fam.*) posto squallido; postaccio; buco, topaia (*fig.*) **5** (*fam. USA*) locale, posto (*in genere*); casa; appartamento: **Turn the d. upside down, will you?**, caccia pure per aria tutta la casa! **6** (*anche mil.*) deposito (*di viveri, munizioni, ecc.*) **7** (*elab.*) dump; copia del contenuto della memoria **8** (*ind. min.*) discarica **9** (*volg. USA*) cacata: **to have a d.**, fare una cacata. ● **d. car**, vagonetto a bilico □ (*USA*) **d. truck**, *V.* **dumper,** *def. 2.*

dump (**2**) /dʌmp/, *n.* **1** oggetto tozzo; pezzo informe: **a d. of lead**, un pezzo di piombo **2** (*in certi giochi di ragazzi*) pallina di piombo **3** specie di birillo **4** persona tozza; individuo basso e grasso. ● (*pop.*) **not worth a d.**, che non vale un soldo.

dump (**3**) /dʌmp/, *n.* (*arc.*) canto (*o* musica) triste. ● (*fam.*) **to be down in the dumps**, essere depresso; essere giù di corda.

to **dump** /dʌmp/, **A** *v. t.* **1** scaricare; mettere giù (*fam.*): **You shouldn't d. rubbish into the ditch**, non devi scaricare il pattume nel fosso; **D. your bag on the floor!**, metti giù la sacca per terra! **2** (*comm.*) vendere sottocosto (*specialm. all'estero*); svendere **3** (*elettron.*) disalimentare; scaricare **4** (*elab.*) riversare (*il contenuto della memoria*: *su nastro o altro supporto*) **5** (*anche mil.*) fare una riserva (*o* un deposito) di (*viveri, munizioni, ecc.*) **6** (*fam.*) scaricare; mollare; piantare; lasciare: **to d. one's boyfriend** (*o* **one's girlfriend**), scaricare (*o* piantare) il ragazzo (*o* la ragazza) **7** (*pop. USA*) vomitare. **B** *v. i.* **1** scaricare rifiuti **2** cadere con un tonfo **3** (*comm.*) vendere merce sottocosto. ● **to d. down**, rovesciare, scaricare; (*fig.*) sbarcare: **to d. down superfluous immigrants**, sbarcare in un paese straniero immigranti indesiderati □ **to d. a load**, scaricare (un carico); (*volg. USA*) andare di corpo, defecare □ (*fam. USA*) **to d. on sb.**, criticare, denigrare q.; (*del cattivo tempo*) colpire q. (*o* una regione) □ (*fam.*) **to d. oneself on sb.**, piazzarsi in casa di q. (*senza invito*).

dumper /ˈdʌmpə(r)/, *n.* **1** chi scarica rifiuti, ecc. (*V.* **to dump**) **2** autocarro con cassone ribaltabile **3** (*comm.*) chi vende (*o* esporta) merce sottocosto.

dumpiness /ˈdʌmpɪnəs/, *n.* l'esser tozzo; l'esser basso e grasso.

dumping /ˈdʌmpɪŋ/, *n.* **1** scarico (*di rifiuti*) **2** (*comm.*) dumping; vendita sottocosto di merce (*specialm. su mercato straniero*) **3** (*elab.*) riversamento (*del contenuto della memoria*). ● **d. ground**, discarica (pubblica) (*di rifiuti*) □ **«No d.»** (*cartello*), «Vietato scaricare rifiuti».

dumpling /ˈdʌmplɪŋ/, *n.* **1** gnocco (*condito o ripieno di carne*) **2** frutta (*specialm. mela*) avvolta in uno strato di pasta e cotta al forno **3** (*fam.*) tipo tozzo, grassottello; piccolo ciccione (*fam.*).

dumpy (**1**) /ˈdʌmpɪ/, **A** *a.* tozzo; basso e grasso. **B** *n.* gallina scozzese dalle gambe corte. ● (*topogr.*) **d. level**, livella a cannocchiale.

dumpy (**2**) /ˈdʌmpɪ/, *a.* (*fam. raro*) triste; depresso; malinconico.

dun (**1**) /dʌn/, **A** *a.* **1** bigio opaco; grigio spento **2** fosco; tetro. **B** *n.* **1** color bigio opaco (*o* grigio spento) **2** (= **dun horse**) cavallo fosco (*o* maltinto); cavallo grigio (*o* baio) maculato di nero **3** (*nella pesca*) esca artificiale. ● (*zool.*) **dun-bird** (*Aythya ferina*), moriglione; moretta □ (*zool.*) **dun diver**, piccolo (*o* femmina) dello smergo □ (*zool.*) **dun-fly** (*Haematopota pluvialis*), tafano.

dun (**2**) /dʌn/, *n.* **1** creditore insistente **2** esattore di crediti **3** richiesta di pagamento; sollecitazione; sollecito.

to **dun** (**1**) /dʌn/, *v. t.* **1** rendere bigio opaco; scurire **2** (*un tempo, in U.S.A.*) salare (*merluzzi*).

to **dun** (**2**) /dʌn/, *v. t.* chiedere insistentemente (*il pagamento d'un debito*); sollecitare (*un debitore*). ● (*comm.*) **dunning letter**, lettera di sollecito; sollecitatoria.

dunce /dʌns/, *n.* (*fam.*) asino (*fig.*); ignorante; stupido; tonto. ● **d.'s cap**, berretto a cono (*un tempo, sul capo d'uno scolaro come punizione*; *cfr. ital. «orecchie d'asino»*).

dunder /ˈdʌndə(r)/, *n.* feccia (*della canna da zucchero*: *nella fabbricazione del rum*).

dunderhead /ˈdʌndəhɛd/, *n.* (*fam. raro*) stupido; testone (*fam.*); testa di legno.

dunderheaded /ˈdʌndəhɛdɪd/, *a.* (*fam. raro*) stupido; tonto.

dune /djuːn, *USA* duːn/, *n.* (*geogr.*) duna. ● (*autom.*) **d. buggy**, dune buggy; pulce del deserto.

dung /dʌŋ/, *n.* **1** sterco; letame; concime **2** sporcizia; sudiciume. ● (*zool.*) **d. beetle** (*Geotrupes stercorarius*), scarabeo stercorario □ **d. cart**, carretto per il letame □ (*zool.*) **d. fly**, mosca del letame □ **d. fork**, forcone per il letame □ **d.-heap**, *V.* **dunghill**.

to **dung** /dʌŋ/, *v. t.* concimare con letame.

dungaree /dʌŋgəˈriː/, *n.* **1** tela grezza di cotone **2** (*pl.*) calzoni da lavoro con pettorina; salopette **3** (*pl.*) (*USA*) calzoni da lavoro.

dungeon /ˈdʌndʒən/, *n.* **1** prigione sotterranea **2** (= **donjon**) torrione (*d'un castello*).

dunghill /ˈdʌŋhɪl/, *n.* letamaio (*anche fig.*). ● **d. fowl**, pollo ruspante.

to **dunk** /dʌŋk/, *v. t.* e *i.* inzuppare, tuffare (*pane, biscotti, ecc.*).

dunking /ˈdʌŋkɪŋ/, *n.* (*pallacanestro*) schiacciata.

dunlin /ˈdʌnlɪn/, *n.* (*pl.* **dunlins, dunlin**) (*zool., Erolia alpina*) piovanello pancianera.

dunnage /ˈdʌnɪdʒ/, *n.* **1** (*naut.*) pagliolo **2** (*fam.*) bagaglio; effetti personali.

dunno /dəˈnəʊ, dʌ-/, *contraz. pop. di* **I don't know**, non lo so.

dunnock /ˈdʌnək/, *n.* (*zool., Prunella modularis*) passera scopaiola.

dunt /dʌnt/, *n.* **1** (*scozz., dial.*) colpo; percossa **2** (*aeron.*) urto di corrente d'aria ascensionale.

duo /ˈdjuːəʊ, *USA* ˈduːəʊ/, *n.* (*pl.* **duos**) **1** (*mus.*) duetto **2** (*teatr.*) duo.

duodecennial /djuːəʊdɪˈsɛnɪəl, *USA* duː-/, *a.* duodecennale.

duodecimal /djuːəʊˈdɛsɪml, *USA* duː-/, **A** *a.* (*mat.*) duodecimo; dodicesimale. **B** *n.* (*mat.*) **1** dodicesimo (*frazione*) **2** (*pl.*) sistema duodecimale.

duodecimo /djuːəʊˈdɛsɪməʊ, *USA* duː-/, *n.* (*pl.* **duodecimos**) (*tipogr.*) **1** duodecimo; formato dodicesimo **2** volume in dodicesimo.

duodenal /djuːəˈdiːnl, djuːˈɒdɪnl, *USA* duː-/, *a.* (*anat.*) duodenale: (*med.*) **d. ulcer**, ulcera duodenale.

duodenary /djuːəʊˈdiːnrɪ, -ˈɒdɪn-, *USA* duː-/, *a.* (*mat.*) duodenario; duodecimale.

duodenitis /djuːəʊdəˈnaɪtɪs, -ɒdɪn-, *USA* duː-/, *n.* (*med.*) duodenite.

duodenum /djuːəʊˈdiːnəm, -ˈɒdɪnəm, *USA* duː-/, *n.* (*pl.* **duodena, duodenums**) (*anat.*) duodeno.

duologue /ˈdjuːəlɒg, *USA* ˈduːəlɔːg/, *n.* dialogo (*specialm. di dramma*); scena a due.

duopoly /djuːˈɒpəlɪ, *USA* duː-/, *n.* (*econ.*) duopolio.

duopsony /djuːˈɒpsənɪ, *USA* duː-/, *n.* (*econ.*) duopsonio.

duotone /ˈdjuːəʊtəʊn, *USA* ˈduː-/, *n.* (*arti grafiche*) bicromia; stampa a due colori.

dupability /djuːpəˈbɪlətɪ, *USA* duː-/, *n.* credulità; dabbenaggine.

dupable /ˈdjuːpəbl, *USA* ˈduː-/, *a.* facile a gabbarsi; ingannabile; raggirabile.

dupe /djuːp, *USA* duːp/, *n.* babbeo; gonzo; credulone.

to **dupe** /djuːp, *USA* duːp/, *v. t.* gabbare; imbrogliare; ingannare; raggirare; abbindolare; fregare (*pop.*).

duper /ˈdjuːpə(r), *USA* ˈduː-/, *n.* gabbatore, gabbatrice; imbroglione, imbrogliona.

dupery /ˈdjuːpərɪ, *USA* ˈduː-/, *n.* imbroglio; inganno; raggiro; truffa; fregatura (*pop.*).

duple /ˈdjuːpl, *USA* ˈduː-/, *a.* doppio; duplice: (*mus.*) **d. time** (*o* **d. rhythm**), tempo doppio. ● (*mat.*) **d. ratio**, rapporto di 2 a 1.

duplex /ˈdjuːplɛks, *USA* ˈduː-/, **A** *a.* **1** duplice; doppio **2** (*tecn.*) duplex. **B** *n.* (*edil., USA*) **1** (= **d. apartment**) appartamento su due piani **2** (= **d. house**) villetta bifamiliare. ● (*radio*) **d. diode**, bidiodo □ **d. lamp**, lampada a due becchi □ (*metall.*) **d. process**, processo duplex.

duplicate /ˈdjuːplɪkət, *USA* ˈduː-/, **A** *a.* **1** duplice; doppio **2** esattamente uguale (*a un altro*); gemello: **a d. key**, una chiave gemella; **d. keys to the back door**, due chiavi (*uguali*) per la porta di servizio. **B** *n.* **1** duplicato; seconda copia **2** copia conforme; doppione; sosia **3** (*fotogr., cinem.*) controtipo. ● (*elab.*) **d. key**, chiave di duplicazione □ (*mat.*) **d. proportion** (*o* **d. ratio**), rapporto di uno a due □ **documents made in d.**, documenti redatti in duplice copia.

to **duplicate** /ˈdjuːplɪkeɪt, *USA* ˈduː-/, **A** *v. t.* **1** duplicare; fare una seconda copia di (q.c.) **2** replicare; ripetere: **She duplicated her former success**, ella ripeté il suo precedente successo **3** raddoppiare (*sforzi, fortificazioni, ecc.*) **4** riprodurre; riprendere lo stile di (q.c.). **B** *v. i.* (*biol.*) duplicarsi. ● **duplicating book**, blocchetto autocopiante □ **duplicating machine**, duplicatore; ciclostile.

duplication /djuːplɪˈkeɪʃn, *USA* duː-/, *n.* **1** duplicazione; riproduzione (*di un documento, ecc.*) **2** raddoppio **3** ripetizione, replica (*di un successo, ecc.*) **4** (*biol.*) duplicazione.

duplicator /ˈdjuːplɪkeɪtə(r), *USA* ˈduː-/, *n.* duplicatore; ciclostile.

duplicity /djuːˈplɪsətɪ, *USA* duː-/, *n.* duplicità; doppiezza; finzione.

durability /djʊərəˈbɪlətɪ, *USA* dʊə-/, *n.* durabilità, durevolezza (*raro*); durata.

durable /ˈdjʊərəbl, *USA* ˈdʊə-/, **A** *a.* durevole; durabile (*raro*); duraturo: (*econ.*) **d. goods**, beni durevoli. **B** *n. pl.* beni durevoli. ‖ **-ness,** *sost.* ‖ **-bly,** *avv.*

duralumin /djʊəˈræljʊmɪn, *USA* ˈdʊə-/, *n.* (*marchio*: *metall.*) duralluminio.

dura mater /ˈdjʊərəˈmeɪtə(r), *USA* ˈdʊə-/ (*lat.*), *n.* (*anat.*) duramadre.

duramen /djʊəˈreɪmen, *USA* dʊə-/, *n.* (*bot.*) durame.

durance /ˈdjʊərəns, *USA* ˈdʊə-/, *n.* (*leg., arc.*) carcerazione; prigionia: **in d. vile**, in dura prigionia.

duration /djʊˈreɪʃn, *USA* dʊˈreɪʃn/, *n.* durata. ● **d. control**, controllo di durata □ (*ling.*) **d. form**, forma durativa □ (*leg.*) **d. of an obligation**, durata di un'obbligazione □ **d. of stay**, durata del soggiorno.

durative /ˈdjʊərətɪv, *USA* ˈdʊə-/, **A** *a.* (*ling.*) durativo. **B** *n.* (*ling.*) verbo durativo.

duress /djʊˈres, ˈdjʊəres, *USA* dʊˈres/, *n.* (*leg.*) **1** carcerazione; detenzione **2** coercizione; costrizione; violenza fisica o morale: **to sign a confession under d.**, firmare una confessione estorta con minacce o atti di violenza. ● **d. of imprisonment**, sequestro di persona; arresto illegittimo □ **to be under d.**, essere fatto oggetto di violenza (*fisica o morale*).

Durex /ˈdjʊəreks, *USA* ˈdʊə-/, *n.* (*marchio*) preservativo; profilattico.

durian /ˈdjʊərɪən, *USA* ˈdʊə-/, *n.* (*bot., Durio zibethinus*) durio; durione.

duricrust /ˈdjʊərɪkrʌst, *USA* ˈdʊə-/, *n.* (*geol.*) duricrust; crostone (*nel deserto*).

during /ˈdjʊərɪŋ, *USA* ˈdʊə-/, *prep.* durante; nel corso di: **d. the day**, durante il giorno; **d. one's lifetime**, vita natural durante.

durion /ˈdjʊərɪən, *USA* ˈdʊə-/, *V.* **durian**.

durmast /ˈdɜːmɑːst, *USA* -æst/, *n.* (*bot., Quercus sessiliflora*) rovere.

to **durn** /dɜːn/, *V.* **to darn**.

durra /ˈdʌrə, *USA* ˈdɜː-/, *n.* (*bot., Sorghum vulgare durra*) durra; dura.

durst /dɜːst/, *voce verb.* (*arc.*) *pass.* di **to dare**.

dusk /dʌsk/, *n.* **1** crepuscolo: **at d.**, al crepuscolo **2** semioscurità; luce del crepuscolo: **in the d.**, nella luce del crepuscolo.

to **dusk** /dʌsk/, **A** *v. i.* (*poet.*) imbrunire; oscurarsi. **B** *v. t.* (*raro*) oscurare; offuscare.

dusky /ˈdʌskɪ/, *a.* **1** fosco; oscuro; scuro; tetro: **a d. twilight**, un fosco crepuscolo **2** (*fig. poet.*) cupo; tetro; malinconico **3** scuro; di pelle scura **4** (*spreg.*: *di persona*) di colore. ‖ **-ily,** *avv.* ‖ **-iness,** *sost.*

dust /dʌst/, *n.* **1** polvere: **a cloud of d.**, una nube di polvere; **The d. has settled**, la polvere s'è posata **2** spolverata: **Give the sofa a good d.!**, dà una bella spolverata al divano! **3** (= **yellow d.**) polline **4** (*poet.* o *lett.*) polvere; ceneri; spoglie mortali **5** (*fig. fam.*) confusione: **I'll come back when the d. has settled**, tornerò quando sarà finita la confusione **6** (*fis.*) polvere; pulviscolo. ● (*zool.*) **d.-bath**, bagno di polvere (*degli uccelli*) □ (*in U.S.A., stor.*) **the D. Bowl**, la regione (*nei Great Plains*) divenuta desertica negli anni trenta (*per siccità, disboscamento, azione del vento*) □ **d. cloth**, copertina, foderina (*su un mobile, ecc.*) □ **d. cloud**, polverone □ **d. colour**, color polvere □ **d. control** (*o* **d. extraction**), eliminazione della polvere □ **d. cover**, copertina, foderina; sopraccoperta (*di libro*) □ (*meteor.*) **d.-devil**, turbine di polvere (*nelle regioni desertiche*) □ **d. guard**, parapolvere (*di bicicletta, ecc.*) □ **d. jacket**, sopraccoperta (*di libro*) □ (*elettr., autom.*) **d.-protection cover**, coperchio parapolvere □ **d. shot**, pallini da caccia minutissimi □ **d. storm**, tempesta di polvere □ (*meteor.*) **d. whirl**, turbine di polvere □ **d. wrapper**, copertina, foderina □ (*fig.*) **to bite the d.**, mordere la polvere; cadere ferito (*o* morto); essere completamente sconfitto □ (*fig.*) **to be in the d.**, essere umiliato (*o* vinto); esser tornato polvere, essere morto □ (*fam.*) **to kick up a d. about st.**, fare fuoco e fiamme, fare un gran casino (*pop.*) per q.c. □ (*della pioggia, ecc.*) **to lay the d.**, smorzare la polvere □ (*fig.*) **to lick the d.**, mordere la polvere, morire ammazzato; umiliarsi □ (*fig.*) **to raise a d. about st.**, *V.* **to kick up a d. about st.** □ (*fig.*) **to shake the d. off one's feet**, andarsene adirato (*o* indignato, sdegnato) □ **to throw d. in sb.'s eyes**, gettare la polvere negli occhi a q.; ingannare q.

to **dust** /dʌst/, **A** *v. t.* **1** (*spesso* **to d. off**) spolverare (*mobili, ecc.*) **2** spolverizzare; spolverare; cospargere: **to d. a cake with sugar**, spolverare di zucchero un dolce **3** spargere (*sostanze in polvere*); polverizzare. **B** *v. i.* **1** spolverare; levare la polvere **2** (*d'uccelli*) fare un bagno di polvere. ● **to d. down**, spolverare (a fondo) □ (*fig.*) **to d. the eyes of sb.**, gettar la polvere negli occhi a q.; ingannare q. □ (*fig.*) **to d. sb.'s jacket**, spolverare le spalle a q.; bastonare q. □ **to d. off**, rispolverare (*anche fig.*) □ (*fam.*) **to d. up**, picchiare; malmenare; pestare (*fam.*).

dustbin /ˈdʌstbɪn/, *n.* (*ingl.*) pattumiera; bidone dell'immondizia (*o* della spazzatura) (*cfr. USA* **ash can, garbage can, trash can**).

dustcart /ˈdʌstkɑːt/, *n.* (*ingl.*) camion della nettezza urbana; autoimmondizie (*cfr. USA* **garbage truck**).

dustcoat /ˈdʌstkəʊt/, *n.* soprabito leggero; spolverino.

duster /ˈdʌstə(r)/, *n.* **1** chi spolvera, ecc. (*V.* **to dust**) **2** straccio per la polvere; spolverino (*tosc.*) **3** vasetto per spolverizzare (*zucchero, ecc.*); spolverino **4** (*USA*) soprabito leggero; spolverino **5** cancellino (*per la lavagna*) **6** (*agric., mecc.*) polverizzatore **7** (*pl.*) (*pop. USA*) tirapugni. ● **feather d.**, piumino.

dustiness /ˈdʌstɪnəs/, *n.* l'essere polveroso.

dusting /ˈdʌstɪŋ/, *n.* **1** spolverata **2** (*agric.*) irrorazione (*con un aereo*) **3** (*fam.*) bastonatura; botte.

dustless /ˈdʌstləs/, *a.* senza polvere: **a d. room**, una stanza senza polvere.

dustman /ˈdʌstmən/, *n.* (*pl.* **dustmen**) (*ingl.*) spazzino; netturbino (*cfr. USA* **garbage collector**).

dustoff /ˈdʌstɒf, *USA* -ɔːf/, *n.* (*aeron., mil.*) elicottero per l'evacuazione di feriti (*o* di truppe).

dustpan /ˈdʌstpæn/, *n.* paletta per la spazzatura.

dustsheet /ˈdʌstʃiːt/, *n.* telo, telone (*contro la polvere*: *per coprire mobili, merce, ecc.*).

dustup /ˈdʌstʌp/, *n.* (*pop.*) lite; rissa; zuffa.

dusty /ˈdʌstɪ/, *a.* **1** polveroso; coperto di polvere **2** in polvere; fine **3** (*di colore*) opaco **4** (*fig.*) incerto; nebuloso; vago: **a d. answer**, una risposta vaga (*o* incerta). ● (*nella pesca*) **d. miller**, mosca artificiale □ **to get d.**, impolverarsi □ (*fam.*) **not so d.**, discreto; abbastanza buono; mica male (*fam.*); benino.

dutch /dʌtʃ/, *n.* (*abbr. di* **duchess**) **1** (*pop.*) moglie di fruttivendolo **2** (*pop. scherz., a Londra*) – **one's d.**, la moglie.

Dutch /dʌtʃ/, **A** *a.* **1** olandese: **D. cheese**, formaggio olandese **2** (*pittura*) fiammingo **3** (*pop. USA*) tedesco. **B** *n.* **1** (lingua) olandese **2** (*arc., o pop. USA*) tedesco **3** (*collett.*) – **the D.**, gli olandesi. ● (*comm.*) **D. auction**, asta olandese (*o* al ribasso) □ **D. barn**, fienile □ **D. cap**, cuffietta olandese; (*med.*) diaframma; pessario □ **D. courage**, coraggio fittizio, prodotto da stimolanti (*liquori, ecc.*) □ (*metall.*) **D. metal**, tombacco □ **D. oven**, forno portatile; pentola a pressione □ **D. treat**, festa, pasto (*al ristorante, ecc.*) in cui ognuno paga la sua parte □ **double D.**, linguaggio incomprensibile; turco, arabo (*fig.*) □ (*fam.*) **to go D.**, fare alla romana; dividere le spese; pagare ciascuno per sé □ (*fam.*) **to drink D.**, pagare da sé quel che si beve □ (*pop. USA*) **to be in D.**, essere in difficoltà (*o* in disgrazia) □ **to talk to sb. like a D. uncle**, fare una paternale a q.

Dutchman /ˈdʌtʃmən/, *n.* (*pl.* **Dutchmen**) **1** olandese (*uomo*) **2** (*naut., stor.*) nave olandese. ● **the Flying D.**, il vascello fantasma; l'Olandese volante □ **I'm a D. if...**, non sono più io se...

Dutchwoman /ˈdʌtʃwʊmən/, *n.* (*pl.* **Dutchwomen**) olandese (*donna*).

duteous /ˈdjuːtɪəs, *USA* ˈduː-/, *a.* obbediente; ligio al dovere; sottomesso. ‖ **-ly,** *avv.* ‖ **-ness,** *sost.*

dutiable /ˈdjuːtɪəbl, *USA* ˈduː-/, *a.* (*comm.*) soggetto a dazio (*o* a dogana); schiavo di dazio; daziabile; tassabile.

dutiful /ˈdjuːtɪfl, *USA* ˈduː-/, *a.* **1** deferente; rispettoso **2** obbediente; ligio al dovere. ‖ **-ly,** *avv.* ‖ **-ness,** *sost.*

duty /ˈdjuːtɪ, *USA* ˈduːtɪ/, *n.* **1** dovere (*anche leg.*); obbligo morale: **to do one's d.**, fare il proprio dovere; **when d. calls...**, quando il dovere ci chiama...; **d. call**, visita di dovere **2** deferenza; rispetto; obbedienza **3** (*di solito pl.*) compito; funzione; lavoro; mansione; servizio: **the duties of a librarian**, i compiti di un bibliotecario; **These will be your new duties**, queste saranno le tue nuove mansioni; **a heavy-d. tractor**, un trattore per lavori pesanti; **to be on d.**, essere in servizio **4** (*econ., comm.*) dazio; imposta; tassa; diritto: **customs d.**, dazio doganale; **excise d.**, imposta di consumo; dazio; **import and export duties**, dazi d'importazione e d'esportazione; **death d.**, imposta di successione; **stamp d.**, tassa di bollo **5** (*mecc.*) rendimento di lavoro (*d'una macchina*) **6** doveri; ossequi; complimenti: **to pay one's d. to sb.**, fare i propri doveri (*o* presentare i propri ossequi) a q. ● **to be d.-bound**, avere il dovere morale (*di fare q.c.*) □ (*di merce*) **d.-free**, esente da dazio; franco di dazio □ (*tur.*) **d.-free allowance**, generi ammessi in franchigia doganale □ **d.-free entry**, importazione in franchigia doganale □ (*naut.*) **d.-free port**, porto franco □ **d.-free shop**, negozio esente da dazio □ **d.-paid**, sdaziato; sdoganato; (*avv.*) franco dogana □ (*comm.*) **d. unpaid**, dazio escluso (*da pagare*) □ **to act out of d.**, fare qualcosa per dovere □ **to do d. as** (*o* **for**), servire da, fare da: **To the soap-box orators of Hyde Park Corner, a box does d. as a stand**, per gli oratori improvvisati di Hyde Park Corner, una cassa serve da tribuna □ **to come** (*o* **to go**) **off d.**, cessare (*o* smontare) dal servizio □ **to come** (*o* **to go**) **on d.**, entrare (*o* montare) in servizio □ **to be off d.**, essere fuori servizio.

duumvir /djuːˈʌmvə(r), *USA* duː-/, *n.* (*pl.* **duumvirs, duumviri**) (*stor. romana*) duumviro.

duumvirate /djuːˈʌmvɪrət, *USA* duː-/, *n.* (*stor. romana*) duumvirato.

duvet /ˈduːveɪ, ˈdj-, *USA* duːˈveɪ/ (*franc.*), *n.* **1** (*bot.*) peluria **2** piumino (*d'oca*).

duvetyn /ˈdjuːvətɪn, *USA* ˈduː-/, **duvetyne** /ˈdjuːvətaɪn, *USA* ˈduː-/, *n.* (*ind. tess.*) duvetina; duvetine.

dwale /dweɪl/, *n.* (*bot., Atropa belladonna*) belladonna.

dwarf /dwɔːf/, **A** *n.* (*pl.* **dwarfs, dwarves**) *1* nano, nana; gnomo *2* (*bot., zool.*) animale (*o* vegetale) nano *3* (*astron.*) nana. **B** *a.* nano: **a d. tree**, un albero nano. ● (*bot.*) **d. disease**, nanismo; rachitismo □ (*astron.*) **d. star**, stella nana.

to **dwarf** /dwɔːf/, *v. t.* *1* impedire la crescita (*o* lo sviluppo) di (*una pianta, ecc.*) *2* rimpicciolire *3* far apparire piccolo (*o* basso); schiacciare (*fig.*): **King Kong dwarfed the tallest skyscrapers of New York**, King Kong faceva sembrare bassi i più alti grattacieli di New York. ● **the art of dwarfing trees**, l'arte (giapponese e cinese) di creare bonsai.

dwarfish /ˈdwɔːfɪʃ/, *a.* *1* di (*o* da) nano *2* piccolissimo; minuscolo.

dwarfishness /ˈdwɔːfɪʃnəs/, *n.* nanismo; piccolezza estrema.

dwarfism /ˈdwɔːfɪzəm/, *n.* (*med.*) nanismo.

dwarves /dwɔːvz/, *pl.* di **dwarf**.

dwell /dwɛl/, *n.* (*mecc.*) pausa, sosta (*nel movimento di una macchina*).

to **dwell** /dwɛl/ (*pass.* e *p. p.* **dwelt, dwelled**), *v. i.* *1* (*lett.*) dimorare; abitare; risiedere (*anche leg.*); soggiornare; stare: **to d. in the country**, abitare in campagna *2* (*di cavallo*) rifiutare l'ostacolo. ● (*lett.*) **to d. in poverty**, vivere in miseria □ **to d. on** (*o* **upon**) **st.**, indugiare, soffermarsi su q.c.; trattare ampiamente q.c.; dilungarsi su q.c.: **to d. on the past**, soffermarsi sul passato; **to d. on one's misfortunes**, dilungarsi sulle proprie sventure □ (*mus.*) **to d. upon a note**, prolungare una nota.

dweller /ˈdwɛlə(r)/, *n.* abitante; abitatore, abitatrice: **a city** (*o* **a town**) **d.**, un abitante della città; un cittadino; **cave dwellers**, abitatori delle caverne; cavernicoli.

dwelling /ˈdwɛlɪŋ/, *n.* *1* il dimorare; l'indugiare; il soffermarsi (*su q.c.*) *V.* **to dwell** *2* abitazione; dimora; casa. ● (*edil., leg.*) **d. house**, casa d'abitazione □ **d. place**, luogo di residenza.

dwelt /dwɛlt/, *pass.* e *p. p.* di **to dwell**.

to **dwindle** /ˈdwɪndl/, *v. i.* *1* diminuire; decrescere; rimpicciolire; ritrarsi; scemare *2* (*fig.*) perdere importanza; ridursi; risolversi: **the whole matter has dwindled to nothing**, l'intera faccenda s'è risolta in nulla.

dyad /ˈdaɪæd/, **A** *n.* *1* (*mat.*) coppia; paio *2* (*chim.*) elemento (*o* atomo, radicale) bivalente *3* (*filos., biol., mus.*) diade. **B** *a.* *1* (*filos., biol.*) diadico *2* (*chim.*) bivalente.

dyadic /daɪˈædɪk/, *a.* *1* (*mat.*) diadico; binario *2* (*chim.*) bivalente *3* (*filos., biol.*) diadico.

dye /daɪ/, *n.* *1* tinta; colore: **fast dye**, colore indelebile *2* materia colorante; colorante; tintura: **hair dye**, tintura per capelli. ● **dye-house**, tintoria (*il locale, lo stabilimento*) □ (*arti grafiche*) **dye toning**, viraggio □ **dye transfer**, fotoriproduzione □ (*fig. arc.*) **a scoundrel of the deepest dye**, un furfante della peggiore specie.

to **dye** /daɪ/ (*pass.* e *p. p.* **dyed**, *part. pres.* **dyeing**), **A** *v. t.* *1* tingere: **to dye a dress red**, tingere di rosso un vestito; **to dye one's hair black**, tingersi di nero i capelli *2* colorare; arrossare: **A warm flush dyed my cheeks**, una vampata di calore mi arrossò le guance. **B** *v. i.* (*di stoffa*) tingersi; prendere il colore: **This cloth dyes well**, questa stoffa prende bene il colore. ● **to dye in the wool [in the yarn]**, tingere la lana [il filato] (*prima della filatura*): **dyed-in-the-wool**, (*di tessuto*) tinto (*prima della filatura*); (*fig.*) connaturato, radicato, inveterato; (*di sportivo* e *sim.*) appassionato, fanatico; (*di politico*) dalla testa ai piedi, tutto d'un pezzo; (*di uno scapolo*) impenitente □ **dyed in the grain**, (*di tessuto*) tinto allo stato grezzo; (*fig.*) radicato, inveterato.

dyeing /ˈdaɪɪŋ/, *n.* tintura; tintoria (*arte del tingere*).

dyer /ˈdaɪə(r)/, *n.* tintore. ● (*bot.*) **d.'s broom** (*Genista tinctoria*), ginestrella; baccellina.

dyestuff /ˈdaɪstʌf/, *n.* colorante.

dyeworks /ˈdaɪwɜːks/, *n.* (*invar. al pl.*) tintoria: **Jane works at a d.**, Jane lavora in (una) tintoria.

dying /ˈdaɪɪŋ/, **A** *a.* *1* morente; moribondo: **a d. man**, un moribondo *2* estremo; ultimo: **His d. words were for you**, le sue ultime parole furono per te. **B** *n.* morte; agonia. ● **d. bed**, letto di morte □ **d. oath**, giuramento in punto di morte □ **a d. social order**, un ordine sociale in pieno disfacimento □ **a d. tradition**, una tradizione che si va estinguendo □ **d. wish**, ultimo desiderio (*di un morente o morituro*) □ **to one's d. day**, fino alla morte.

dyke (**1**) /daɪk/, *V.* **dike**.

dyke (**2**) /daɪk/, *n.* (*pop.*) lesbica.

dykey /ˈdaɪkɪ/, *a.* (*pop.*) di (*o* da) lesbica.

dynamic (**1**) /daɪˈnæmɪk, dɪ-/, *n.* energia; forza motrice (*della stor., ecc.*).

dynamic (**2**) /daɪˈnæmɪk, dɪ-/, *a.* *1* (*fis.* e *fig.*) dinamico: **a d. man**, un uomo dinamico; (*mecc.*) **d. balance**, equilibrio dinamico *2* in atto; non potenziale *3* (*med.*) funzionale *4* (*ling.*) durativo: **Watch is a d. verb**, «to watch» è un verbo durativo *5* (*elab.*) dinamico.

dynamical /daɪˈnæmɪkl, dɪ-/, *a.* dinamico (*anche fig.*): **a d. man**, un uomo dinamico. ‖ **-ally**, *avv.*

dynamics /daɪˈnæmɪks, dɪ-/, *n. pl.* (*col verbo al sing.*) dinamica.

dynamism /ˈdaɪnəmɪzəm/, *n.* (*filos.*) dinamismo (*anche fig.*).

dynamist /ˈdaɪnəmɪst/, *n.* (*filos.*) dinamista.

dynamistic /daɪnəˈmɪstɪk/, *a.* (*filos.*) dinamistico.

dynamitard /ˈdaɪnəmɪtɑːd/, *n.* (*raro*) dinamitardo, dinamitarda.

dynamite /ˈdaɪnəmaɪt/, **A** *n.* *1* dinamite (*anche fig.*) *2* (*fam. USA*) cosa (*o* persona) eccezionale; bomba (*fig.*). **B** *a.* (*fam. USA*) eccezionale; favoloso; ottimo.

to **dynamite** /ˈdaɪnəmaɪt/, *v. t.* far saltare con la dinamite.

dynamiter /ˈdaɪnəmaɪtə(r)/, *n.* dinamitardo, dinamitarda.

dynamo /ˈdaɪnəməʊ/, *n.* (*pl.* **dynamos**) *1* (*elettr.*) dinamo *2* (*fam.*) tipo dinamico.

dynamoelectric /daɪnəməʊɪˈlɛktrɪk/, *a.* dinamoelettrico.

dynamometer /daɪnəˈmɒmɪtə(r)/, *n.* (*mecc., med.*) dinamometro.

dynamometric(**al**) /daɪnəməʊˈmɛtrɪk(l)/, *a.* (*fis.*) dinamometrico.

dynamometry /daɪnəˈmɒmətrɪ/, *n.* (*mecc., med.*) dinamometria.

dynast /ˈdɪnæst, *USA* ˈdaɪ-/, *n.* dinasta; sovrano.

dynastic(**al**) /dɪˈnæstɪk(l), *USA* daɪ-/, *a.* dinastico.

dynasty /ˈdɪnəstɪ, *USA* ˈdaɪ-/, *n.* dinastia: **the Stuart d.**, la dinastia degli Stuart.

dyne /daɪn/, *n.* (*fis.*) dina.

d'you /djuː, djʊ, dʒə/, *contraz. fam.* di **do you**.

dyscrasia /dɪsˈkreɪzɪə, *USA* -ʒə/, *n.* (*med.*) discrasia.

dysenteric /dɪsnˈtɛrɪk/, *a.* (*med.*) dissenterico.

dysentery /ˈdɪsntrɪ, *USA* -tɛrɪ/, *n.* (*med.*) dissenteria.

dysfluency /dɪsˈfluːənsɪ/, *n.* (*med.*) dislalia.

dysfunction /dɪsˈfʌŋkʃn/, *n.* (*med.*) disfunzione (*anche fig.*).

to **dysfunction** /dɪsˈfʌŋkʃn/, *v. i.* cessare di funzionare; non funzionare; funzionare male.

dysfunctioning /dɪsˈfʌŋkʃənɪŋ/, *n.* disfunzione; malfunzionamento.

dysgenic /dɪsˈdʒɛnɪk/, *a.* (*biol.*) disgenico.

dyskinesia /dɪskaɪˈniːzɪə, -ʒə/, *n.* (*med.*) discinesia.

dyslalia /dɪsˈleɪlɪə/, *n.* (*med.*) dislalia.

dyslexia /dɪsˈlɛksɪə, *USA* dɪsˈlɛkʃə/, *n.* (*med.*) dislessia.

dyslexic /dɪsˈlɛksɪk/, *a.* (*med.*) dislessico.

dysmenorrh(**o**)**ea** /dɪsmɛnəˈriːə/, *n.* (*med.*) dismenorrea.

dysmenorrh(**o**)**eic** /dɪsmɛnəˈriːɪk/, *a.* (*med.*) dismenorroico.

dysmetry /ˈdɪsmətrɪ/, *n.* (*med.*) dismetria.

dyspepsia /dɪsˈpɛpsɪə/, **dyspepsy** /dɪsˈpɛpsɪ/, *n.* (*med.*) dispepsia.

dyspeptic /dɪsˈpɛptɪk/, *a.* e *n.* (*med.*) dispeptico.

dysphagia /dɪsˈfeɪdʒɪə/, *n.* (*med.*) disfagia.

dysphasia /dɪsˈfeɪzɪə, *USA* -ʒə/, *n.* (*med.*) disfasia.

dysphemia /dɪsˈfiːmɪə/, *n.* (*med.*) disfemia.

dysphonia /dɪsˈfəʊnɪə/, *n.* (*med.*) disfonia.

dysphonic /dɪsˈfɒnɪk/, *a.* (*med.*) disfonico.

dysplasia /dɪsˈpleɪzɪə, *USA* -ʒə/, *n.* (*med.*) displasia.

dyspn(**o**)**ea** /dɪspˈniːə/, *n.* (*med.*) dispnea.

dyspn(**o**)**eic** /dɪspˈniːɪk/, *a.* (*med.*) dispnoico.

dysprosium /dɪsˈprəʊsɪəm/, *n.* (*chim.*) disprosio.

dyssocial /dɪˈsəʊʃl/, *a.* (*psic.*) dissociale.

dysthymia /dɪsˈθaɪmɪə/, *n.* (*psic.*) distimia.

dystonia /dɪsˈtəʊnɪə/, *n.* (*med.*) distonia.

dystonic /dɪsˈtɒnɪk/, *a.* (*med.*) distonico.

dystrophia /dɪsˈtrəʊfɪə/, *V.* **dystrophy**.

dystrophic /dɪsˈtrɒfɪk, *USA* -ˈtrəʊf-/, *a.* (*med.*) distrofico.

dystrophy /ˈdɪstrəfɪ/, *n.* (*med.*) distrofia.

dysuria /dɪsˈjʊərɪə, dɪsjʊˈriːə/, **dysury** /ˈdɪsjʊrɪ/, *n.* (*med.*) disuria.

e, E

E, e /iː/, *n.* (*pl.* **E's, e's**; **Es, es**) ***1*** E, e (*quinta lettera dell'alfabeto ingl.*) ***2*** (*mus.*) mi (*nota e scala corrispondente*) ***3*** (*comm., naut.*) nave di seconda categoria (*secondo il registro del Lloyd di Londra*) ***4*** (*nelle scuole*) votazione (*o* classifica) d'insufficienza ***5*** (*elettr.*: *abbr. di* **earth**) terra ***6*** (*elab.*) E (*nella numerazione esadecimale*: *corrisponde al decimale 14*). ● (*telef.*) **e for Edward** (*USA*: **e for Easy**), e come Empoli.

each /iːtʃ/, **A** *a.* e *pron.* ciascuno; ogni; ognuno: **E. of us has a book** (*o* **we have a book e.**), ciascuno di noi ha un libro; **E. boy has his toothbrush**, ogni ragazzo ha il suo spazzolino da denti. **B** *avv.* a testa; l'uno: **They cost a pound e.**, costano una sterlina l'uno. ● **e. and all of us**, noi tutti □ **e. man**, ognuno: **E. man may try twice**, ognuno può provare due volte □ **e. other**, l'un l'altro: **They hate e. other**, si odiano (l'un l'altro); **They work for e. other**, lavorano l'uno per l'altro □ (*ippica*: *di cavallo*) **e. way**, piazzato: **I backed Black Prince e. way**, scommisi su Black Prince piazzato □ (*ippica*) **e.-way bet**, scommessa sul cavallo piazzato □ **in e.**, ogni: **one year in e. seven**, un anno ogni sette anni (*o* su sette) □ **We don't speak to e. other any more**, non ci parliamo più.

eager /ˈiːɡə(r)/, *a.* ***1*** ansioso; bramoso; desideroso; impaziente: **to be e. to begin**, essere ansioso (*o* impaziente) di cominciare; **to be e. for knowledge**, essere desideroso d'apprendere; **an e. look**, uno sguardo bramoso ***2*** entusiasta; interessato; appassionato: **e. supporters**, sostenitori entusiasti; **an e. glance**, uno sguardo interessato; **e. students**, studenti interessati ***3*** diligente; zelante. ● **to be e. about st.**, essere entusiasta di q.c. □ (*fam.*) **e. beaver**, secchione (*studente*); chi fa tutto con zelo esagerato □ **with e. attention**, con attento interesse. ‖ **-ly**, *avv.* ‖ **-ness**, *sost.*

eagle /ˈiːɡl/, *n.* ***1*** (*zool., Aquila*) aquila ***2*** (*USA*) antica moneta d'oro da dieci dollari: **double e.**, moneta da venti dollari. ● **e.-eyed**, dall'occhio d'aquila □ (*zool.*) **e. owl** (*Bubo bubo*), gufo reale □ (*zool.*) **e. ray** (*Myliobatis aquila*), aquila di mare (*pesce*).

eaglet /ˈiːɡlət/, *n.* aquilotto.

eagre /ˈeɪɡə(r)/, *n.* ondata di marea (*nell'estuario di un fiume*).

ear (1) /ɪə(r)/, *n.* ***1*** orecchio, orecchia: (*anat.*) **the outer ear**, l'orecchio esterno; **to have an ear for music**, avere orecchio per la musica; **to have a poor ear for music**, avere poco orecchio per la musica ***2*** (*d'una brocca, ecc.*) ansa; manico ***3*** (*elettr.*) attacco ***4*** (*pl.*) (*di giornale*) manchettes (*franc.*). ● (*fam. USA*) **ear bender** (*o* **ear duster**), chiacchierone, chiacchierona □ (*fam. USA*) **ear candy**, musica orecchiabile □ **ear-catcher**, cosa che colpisce l'orecchio; canzone (musica, ecc.) orecchiabile □ (*fam. USA*) **ear duster**, pettegolo, pettegola □ (*anat.*) **ear hole**, buco dell'orecchio; atrio auricolare □ (*anat.*) **ear lobe**, lobo dell'orecchio □ **ear-piercing**, *V.* **ear-splitting** □ **ear-plug**, tappo auricolare □ (*zool.*) **ear shell**, orecchia di mare; abalone □ (*zool.*) **ear snail**, chiocciola di mare □ (*med.*) **ear specialist**, otoiatra □ **ear-splitting**, penetrante; che assorda, che rintrona; che spacca gli orecchi (*fam.*) □ (*fam.*) **ear-stroking**, raccomandazione (*delle autorità economiche o monetarie*) □ (*med.*) **ear-trumpet**, cornetto acustico □ (*leg.*) **ear-witness**, testimone auricolare □ (*fig.*) **to be all ears**, essere tutt'orecchi □ **to cock one's ears**, drizzare gli orecchi □ **to come to** (*o* **to reach**) **sb.'s ears**, giungere all'orecchio di q. □ **to fall on deaf ears**, parlare a vuoto (senza ottenere ascolto) □ **to gain sb.'s ear**, riuscire a farsi ascoltare da q.; attirare l'attenzione di q. □ **to give ear** (*o* **to lend an ear**) **to sb.**, prestare orecchio a q. □ **to have** (*o* **to keep**) **an ear to the ground**, appoggiare un orecchio al suolo; (*fig.*) stare all'erta (*o* sul chi vive) □ **to have sb.'s ear**, trovare ascolto presso q.; essere ascoltato da q. □ **to be in debt** [**trouble**] **up to the ears**, essere indebitato [essere nei guai] fino al collo □ **to keep one's ears open**, tenere le orecchie aperte □ (*pop.*) **to be out on one's ear**, essere a spasso (*fig.*); essere stato licenziato (*o* buttato fuori, scalzato, ecc.) □ **to be over head and ears in debt**, essere indebitato fino al collo □ **to play by ear**, suonare a orecchio □ **to prick up one's ears**, drizzare gli orecchi; tendere l'orecchio □ **to send sb. away with a flea in his ear**, mettere una pulce nell'orecchio a q. □ **to set by the ears**, seminare zizzania: **He sets the whole family by the ears**, semina zizzania fra tutti i familiari □ **to strain one's ears**, tendere l'orecchio; stare all'erta □ (*fam.*) **a thick ear**, uno scapaccione: **to get** [**to give sb.**] **a thickear**, prendere [dare a q.] uno scapaccione □ **to turn a deaf ear**, fare il sordo; fare orecchie da mercante □ **to be up to one's ears in work**, avere lavoro fin sopra i capelli □ (*fig.*) **to be wet behind the ears**, avere ancora il latte in bocca (*fig.*); essere un novellino □ **to win sb.'s ear**, *V.* **to gain sb.'s ear** □ **A word in your ear!**, voglio dirti due parole a quattr'occhi! □ **My words fell on deaf ears**, era come parlare con il muro □ **I would give my ears...**, darei gli occhi (*o* la vita)... (*per q. o q.c.*) □ **It goes in at one ear and out at the other**, entra da un orecchio ed esce dall'altro; non lascia impressione alcuna; viene dimenticato subito □ **Were your ears burning last night?**, ti sentivi fischiare le orecchie ieri sera? (*stavamo parlando di te*) □ (*prov.*) **The walls have ears**, anche i muri hanno orecchi.

ear (2) /ɪə(r)/, *n.* (*bot.*) spiga; pannocchia: (*USA*) **an ear of corn**, una pannocchia di granturco.

to **ear** /ɪə(r)/, *v. i.* (*di cereale*) spigare; fare la spiga.

earache /ˈɪəreɪk/, *n.* (*med.*) mal d'orecchi.

earclip /ˈɪəklɪp/, *n.* orecchino a clip.

eardrop /ˈɪədrɒp/, *n.* ***1*** pendente (*orecchino*) ***2*** (*pl.*) (*farm.*) gocce per le orecchie.

eardrum /ˈɪədrʌm/, *n.* (*anat.*) timpano (*dell'orecchio*).

eared /ɪəd/, *a.* ***1*** (*zool.*) fornito d'orecchie ***2*** (*nei composti*) dalle orecchie ***3*** (*bot.*) auricolato. ● (*zool.*) **e. seal** (*Otaria*), otaria □ (*USA*) **full-e. corn**, granturco che ha le pannocchie piene □ **long-e.**, dalle orecchie lunghe □ **pink-e.**, dalle orecchie rosa □ **sharp-e.**, che ha le orecchie buone; che ci sente bene.

earflaps /ˈɪəflæps/, *n. pl.* paraorecchie (*di berretto*).

earful /ˈɪəfʊl/, *n.* ***1*** (*fam.*) tirata d'orecchi; sgridata ***2*** (*pop. USA*) (un) sacco di chiacchiere (*o* di pettegolezzi).

earing (1) /ˈɪərɪŋ/, *n.* (*agric.*) spigatura (*di cereale*).

earing (2) /ˈɪərɪŋ/, *n.* (*naut.*) matafione.

earl /ɜːl/, *n.* (*titolo nobiliare ingl. di origine anglosassone*) conte. ● **E. Marshal**, conte preposto al Collegio d'araldica.

earldom /ˈɜːldəm/, *n.* contea (*titolo e territorio*). ● **to confer an e. on sb.**, creare q. conte.

earless (1) /ˈɪələs/, *a.* ***1*** senza orecchi ***2*** che non ha orecchio; stonato.

earless (2) /ˈɪələs/, *a.* (*di cereale*) senza spiga.

earliness /ˈɜːlɪnəs/, *n.* ***1*** l'esser mattiniero ***2*** l'essere all'inizio ***3*** prossimità, vicinanza (*nel tempo*) ***4*** primitività; antichità ***5*** precocità (*di un frutto, della stagione, ecc.*) ***6*** tempestività (*di un allarme, di un preavviso*).

early /ˈɜːlɪ/, **A** *a.* ***1*** mattiniero; mattutino; della mattina; di buon mattino: **an e. visit**, una visita mattutina; **to have an e. breakfast**, far colazione di buon mattino; **by the e. train**, con il treno della mattina ***2*** primo; appena iniziato: **e. morning**, primo mattino; **the e. spring**, la primavera appena iniziata; il principio della primavera; **e. hours**, prime ore del mattino; **in the e. thirties**, nei primi anni trenta ***3*** prossimo; vicino (*nel tempo*): **to fix an e. date**, fissare una data prossima ***4*** primitivo; antico; remoto: **the E. Church**, la Chiesa cristiana primitiva; **the e. writers**, gli scrittori antichi; **e. ages**, età remote ***5*** precoce; primaticcio: **e. cherries**, ciliegie primaticce ***6*** anticipato; prematuro: **to force the country into an e. general election**, imporre al paese elezioni politiche anticipate; **an e. death**, una morte prematura ***7*** (*form.*) sollecito: **awaiting your e. reply**, in attesa di una vostra sollecita risposta. **B** *avv.* presto; di buon'ora; di buon mattino; per tempo: **to get up e.**, alzarsi di buon'ora; **to go to bed e.**, andare a letto presto; **He died e. in life**, morì presto (*o* in età immatura). ● **to be e.**, essere in anticipo; arrivare presto □ (*Borsa*) **e. bargains**, scambi in apertura □ (*archit.*) **E. Christian**, paleocristiano □ **e.-closing day**, giorno di chiusura pomeridiana (*dei negozi*) □ (*fam.*) **e. days**, (troppo) presto: **He looks quite well again, but it's e. days yet**, sembra proprio guarito, ma è troppo presto per dirlo □ (*archit.*) **e. English**, stile gotico del primo periodo (*in G.B.*) □ **e. fruit**, primizia □ **e.-morning coffee** [**tea**], caffè [tè] servito in camera di primo mattino □ **e. retirement**, pensionamento anticipato; prepensionamento □ **to be an e. riser** (*fam.* **an e. bird**), essere mattiniero; levarsi di buon mattino □ (*mil.*) **e.-warning system**, sistema di preallarme □ **at an e. hour**, di buon'ora □ **e. in one's career**, agli inizi della carriera □ (*comm.*) **at your earliest convenience**, con cortese sollecitudine; non appena possibile □ **e. next week**, ai primi (giorni) della settimana entrante □ **earlier on**, in tempi precedenti (*o* più remoti) □ **at an e. date**, prossimamente □ **at an earlier date**, precedentemente; prima □ **in the e. evening**, nel tardo pomeriggio □ **to keep e. hours**, andare a letto presto e levarsi di buon'ora □ (*prov.*) **The e. bird gets** (*o* **catches**) **the worm**, chi dorme non piglia pesci; chi tardi arriva male alloggia □ (*prov.*) **E. to be, e. to rise, makes a man healthy, wealthy and wise**, le ore del mattino hanno l'oro in bocca.

earmark /ˈɪəmɑːk/, *n.* ***1*** marchio (*sull'orecchio d'un animale, in segno di proprietà*) ***2***

(*fig.*) contrassegno; caratteristica *3* (*leg.*) marchio di proprietà (*o* d'identificazione).

to **earmark** /'ɪəmɑːk/, *v. t.* *1* marchiare, marcare (*bestiame*) *2* contrassegnare; distinguere *3* (*fig.*) mettere da parte (*per uno scopo particolare*); destinare; accantonare; stanziare: **to e. supplies for the army**, mettere da parte provviste per l'esercito; **to e. part of the national income for scientific research**, destinare parte del reddito nazionale alla ricerca scientifica.

earmarking /'ɪəmɑːkɪŋ/, *n.* accantonamento; assegnazione; destinazione; stanziamento (*per scopi specifici*).

earmuffs /'ɪəmʌfs/, *n. pl.* paraorecchie.

to **earn** /ɜːn/, *v. t.* *1* guadagnare; meritare: **to e. one's living [one's daily bread]**, guadagnarsi la vita [il pane]; **I had a well-earned reward**, ebbi una meritata ricompensa *2* procurarsi; ottenere: **to e. a great reputation**, ottenere una grande rinomanza; **to e. fame**, procurarsi la fama *3* ottenere; conquistare: **This product has earned a best rating**, questo prodotto ha ottenuto una classifica di ottimo *4* (*fin.*) fruttare; rendere: **to e. a high interest**, fruttare un alto interesse; **Money in bonds earns less**, il denaro investito in obbligazioni rende di meno. ● (*econ., fisc.*) **earned income**, redditi di lavoro.

earner /'ɜːnə(r)/, *n.* *1* (*specialm. nei composti*) chi guadagna; percettore di reddito: **wage--earner**, salariato *2* (*econ., demogr.*) sostegno economico; chi ha persone a carico.

earnest (**1**) /'ɜːnɪst/, *a.* *1* serio; sincero; convinto; sollecito; scrupoloso; zelante; assiduo: **an e. student**, uno studente serio; **an e. philanthropist**, un filantropo sincero, convinto; **an e. worker**, un assiduo lavoratore *2* ardente; caloroso; pressante; importante: **an e. desire**, un ardente desiderio; **an e. request for help**, una pressante richiesta d'aiuto; **e. matters**, cose importanti. ● **e. prayer**, fervida preghiera □ **in e.**, sul serio; seriamente: **I am in e. about this**, dico (*o* faccio) proprio sul serio su questo punto. || **-ly**, *avv.* || **-ness**, *sost.*

earnest (**2**) /'ɜːnɪst/, *n.* *1* (*comm.*, = **e. money**) caparra *2* (*leg.*) garanzia; pegno *3* (*fig. arc.*) presagio; prova: **an e. of what is to come**, un presagio di ciò che accadrà in seguito.

earning /'ɜːnɪŋz/, **A** *a.* *1* che guadagna *2* (*fin.*: *di un titolo*) che rende; che dà un certo reddito. **B** *n.* *1* (*econ., fin.*) fattore di produzione di reddito (*o* di rendita) *2* (*pl.*) (*fin.*) guadagni; profitti; utili *3* (*pl.*) guadagno; stipendio; salario: **He spends all his earnings**, spende tutto quello che guadagna *4* (*fin., rag.*) entrate: **invisible earnings**, entrate delle partite invisibili (*nella bilancia dei pagamenti*). ● (*rag.*) **e. assets**, poste (*dell'attivo patrimoniale*) che producono reddito □ (*econ.*) **e. capacity** (*o* **power**), capacità di (produrre) reddito (*di un'impresa*); capacità di guadagno (*di una persona*) □ (*econ.*) **earnings drift**, slittamento salariale □ (*fin.*) **earnings per share**, utili per azione ordinaria □ (*fin.*) **e., performance**, redditività (*di un'azienda*) □ (*fin.*) **e. rate**, tasso di redditività (*di un'azienda*) □ (*di una pensione, ecc.*) **earnings--related**, agganciato alla dinamica salariale □ (*fin.*) **earnings yield**, rendimento azionario complessivo.

earphone /'ɪəfəʊn/, *n.* *1* (*radio, TV*) auricolare *2* (*telef.*) ricevitore; auricolare *3* (*pl.*) cuffia (*di ascolto*).

earpiece /'ɪəpiːs/, *n.* *1* *V.* **earphone,** *def. 1* e *2* *2* stanghetta (*d'occhiali*) *3* paraorecchie.

earplugs /'ɪəplʌgz/, *n. pl.* tappi per le orecchie; tappi auricolari.

earring /'ɪərɪŋ, *USA* 'ɪərɪŋ, 'ɪrɪŋ/, *n.* orecchino.

earshot /'ɪəʃɒt/, *n.* portata d'orecchio (*o* di voce): **within e.**, a portata d'orecchio.

earth /ɜːθ/, *n.* *1* terra; globo; mondo; terraferma; terreno; terriccio; suolo: **The e. has only one satellite, the moon**, la terra ha un solo satellite, la luna; **The aeroplane fell to (the) e.**, l'aereo precipitò al suolo; **to fill a hole with e.**, riempire un buco di terra *2* covo, tana (*di volpe, tasso, ecc.*): **The fox ran (*o* went) to e.**, la volpe fuggì dentro la tana *3* (*elettr.*) terra; massa: **e. circuit**, circuito di terra; **e. connection**, presa di terra *4* (*chim.*) terra; ossido inodoro e insaporo: **rare earths**, terre rare *5* (*fig.*) – **the e.**, un occhio della testa; mari e monti: **to pay the e.**, pagare un occhio della testa; **to promise the e.**, promettere mari e monti. ● (*med.*) **e.-bath**, i fanghi □ **e. closet**, gabinetto senza acqua corrente □ (*geogr.*) **e.'s crust**, crosta terrestre □ **e.-dam**, diga di terra □ (*mecc.*) **e.-moving machines**, macchine (per) movimento (di) terra □ (*bot.*) **e.-nut**, (*Bunium bulbocastanum*) castagna di terra, bulbocastano; (*Tuber*) tartufo; (*Arachis hypogaea*) arachide □ (*zool.*) **e.-pig**, *V.* **aardvark** □ (*elettr.*) **e.-plate**, piastra di terra □ **e.--shaking** (*o* **e.-shattering**), clamoroso; che scuote il mondo intero □ (*radio, miss.*) **e. station**, stazione terrestre □ (*ippica*) **e. track**, pista di terra battuta □ **e.-tremor**, terremoto (*anche fig.*); sisma □ (*fig.*) **to come back** (*o* **down**) **to e.**, rimettere i piedi in terra; tornare alla realtà □ **to go to e.**, (*della volpe, ecc.*) rintanarsi; (*fig.*) nascondersi, rifugiarsi □ (*fig.*) **down to e.**, pratico, realistico □ (*fig.*) **to move heaven and e.**, muovere mari e monti; fare ogni sforzo □ **He is the greatest scientist on e.**, è il più grande scienziato del mondo □ **What on e. is that?**, che diamine è?; cosa diavolo è? □ **Why on e. didn't you come?**, perché mai non sei venuto?

to **earth** /ɜːθ/, **A** *v. t.* *1* (*anche* **to e. up**) coprire di terra; interrare: **to e. up the roots of a tree**, coprire di terra le radici d'un albero *2* costringere (*una volpe, ecc.*) a rintanarsi *3* (*elettr.*) mettere a terra. **B** *v. i.* (*di volpe, ecc.*) rintanarsi.

earthborn /'ɜːθbɔːn/, *a.* *1* (*mitol.*) nato dalla terra *2* (*fig.*) umano; mortale.

earthbound /'ɜːθbaʊnd/, *a.* *1* costretto a vivere sulla terra; (*fig.*) mondano, terreno *2* terra a terra; privo di fantasia *3* (*mil.*) (*di un missile*) diretto verso la terra.

earthday /'ɜːθdeɪ/, *n.* (*astron., miss.*) giorno terrestre.

earthen /'ɜːθn/, *a.* *1* di terra: **e. floors**, pavimenti di terra *2* di terracotta: **e. jars**, vasi di terracotta *3* (*fig.*) terreno; mondano.

earthenware /'ɜːθnweə(r)/, *n.* terraglie; terrecotte. ● **an e. vessel**, un recipiente di terracotta.

earthfall /'ɜːθfɔːl/, *n.* smottamento; frana.

earthflow /'ɜːθfləʊ/, *n.* (*geol.*) colata di fango; frana di ammollimento.

earthiness /'ɜːθɪnəs/, *n.* *1* l'essere terroso *2* l'essere terreno (*o* terrestre); mondanità *3* realismo; materialismo *4* grossolanità; rozzezza.

earthing /'ɜːθɪŋ/, *n.* (*elettr.*) messa a terra.

earthlight /'ɜːθlaɪt/, *V.* **earthshine**.

earthliness /'ɜːθlɪnəs/, *n.* l'essere terreno (*o* terrestre); mondanità.

earthling /'ɜːθlɪŋ/, *n.* (*fantascienza*) (creatura) terrestre.

earthly /'ɜːθlɪ/, *a.* *1* terreno; terrestre; mondano; materiale: **e. possessions**, beni terreni (*o* materiali); **e. pleasures**, piaceri mondani *2* (*fam.*) concepibile; immaginabile: **a thing of no e. use**, una cosa di nessuna immaginabile utilità. ● **There is no e. reason**, non c'è una ragione al mondo □ (*fam.*) **not an e. chance**, nessuna possibilità al mondo.

earthman /'ɜːθmən/, *n.* (*pl.* **earthmen**) (creatura) terrestre; abitante della terra.

earthmovers /'ɜːθmuːvəz/, *n. pl.* (*tecn.*) macchine movimento terra.

earthquake /'ɜːθkweɪk/, *n.* *1* terremoto; sisma *2* (*fig.*) terremoto; sconvolgimento. ● (*edil.*) **e.-resistant house**, abitazione antisismica □ **e. shock**, scossa sismica □ **submarine e.**, maremoto.

earthrise /'ɜːθraɪs/, *n.* (*astron., miss.*) lo spuntare della terra (*visto da un altro corpo celeste*).

earthshine /'ɜːθʃaɪn/, *n.* (*astron.*) luce cinerea (*sulla luna*).

earthward(s) /'ɜːθwəd(z)/, *avv.* verso (la) terra.

earthwork /'ɜːθwɜːk/, *n.* *1* lavori di sterro; sterramento *2* terrapieno *3* (*pl.*) (*arte*) opere d'arte ecologica.

earthworker /'ɜːθwɜːkə(r)/, *n.* (*arte*) artista ecologico.

earthworm /'ɜːθwɜːm/, *n.* (*zool.*) lombrico.

earthy /'ɜːθɪ/, *a.* *1* terroso; di terra: **e. materials**, sostanze terrose *2* terreno; mondano; materiale; realistico *3* (*fig.*) grossolano; rozzo; rusticano; rustico: **e. humour**, umorismo rusticano.

earwax /'ɪəwæks/, *n.* cerume.

earwig /'ɪəwɪg/, *n.* (*zool., Forficula auricularia*) forfecchia; forbicina.

to **earwig** /'ɪəwɪg/, *V.* **to eavesdrop**.

earwigging /'ɪəwɪgɪŋ/, *n.* (*fam.*) sgridata; lavata di capo (*fig.*).

ease /iːz/, *n.* *1* agio; comodo; calma; riposo; quiete; serenità; tranquillità: **He felt quite at (his) e.**, si sentiva del tutto a suo agio; **e. of mind**, tranquillità dello spirito; **He is at e. everywhere**, si trova a suo agio dovunque *2* facilità; disinvoltura; agevolezza; naturalezza: **to write with e.**, scrivere con grande facilità; **e. of manner**, naturalezza del modo di fare *3* (*Borsa, market.*: *di prezzi*) indebolimento; flessione; tendenza al ribasso *4* (*sartoria*) ampiezza; ricchezza (*della stoffa, ecc.*). ● **to be ill at e.**, trovarsi a disagio; essere inquieto □ **to lead a life of e.**, vivere nell'agiatezza □ **to take one's e.**, riposarsi; pigliar fiato □ **to win with e.**, vincere facilmente □ (*mil.*) **(Stand) at e.!**, riposo!

to **ease** /iːz/, **A** *v. t.* *1* alleviare; calmare; lenire; recare sollievo a; sollevare; tranquillizzare: **to e. sb.'s anxiety**, alleviare l'ansia di q.; **to e. the trade deficit**, alleviare il deficit della bilancia commerciale; **to e. the pain of a wound**, lenire il dolore d'una ferita; **to e. sb.'s mind**, sollevare l'animo di q.; tranquillizzare q. *2* allentare (*anche fig.*); mollare: **to e. a cable [a rope]**, allentare un cavo [una fune]; **to e. a heavy tension**, allentare una tensione pesante *3* alleggerire; facilitare; rendere più facile: **to e. sb.'s task**, facilitare il compito a q. *4* rallentare: **to e. (down) one's car to 30 miles an hour**, rallentare la velocità della propria automobile fino a 30 miglia all'ora (*limite in città in G.B.*) *5* mettere a posto (*o* spostare, sistemare) con cautela: **They eased the piano into place**, misero a posto il pianoforte con cautela *6* (*fig.*) attenuare (*provvedimenti restrittivi, ecc.*) *7* (*scherz.*) alleggerire; derubare: **The pickpocket eased him of his purse**, il borsaiolo lo alleggerì del portamonete. **B** *v. i.* *1* attenuarsi; calmarsi; placarsi *2* (*di prezzi, quotazioni*) calare; scendere. ● **to e. a door [a drawer]**, rendere una porta [un cassetto] meglio apribile, scorrevole □ (*naut.*) **to e. the helm**, mettersi sottovento □ (*fin.*) **to e. taxes**, allentare la pressione fiscale □ (*naut.*) **E. her!**, adagio! (*ordine dato ai macchinisti*).

♦**ease away**, *v. t.* + *avv.* (*naut.*) filare, calumare, mollare (*sartie, cavi*) □ **to e. away the sails**, mollare le vele.

♦**ease back**, *v. t.* + *avv.* *1* tirare con delicatezza (*una leva, ecc.*) *2* (*fig.*) alleggerire la pressione su (q.c.).

♦**ease down**, *v. i.* + *avv.* (*specialm. naut.*) rallentare.

♦**ease into**, *v. t.* + *prep.* mettere (*o* infilare, parcheggiare, ecc.) in (*un luogo*), facendo molta attenzione: **I eased my car into a very narrow space**, facendo molta attenzione, parcheggiai in pochissimo spazio.

♦**ease off**, **A** *v. t.* + *avv.* *1* (*naut.*) *V.* **to e. away** *2* (*fig.*) allentare, rallentare (*uno sforzo, ecc.*). **B** *v. i.* + *avv.* *1* (*naut.*) filare adagio *2* (*fig.*) attenuarsi; rallentare; calare; diminuire: **Traf-**

fic [**the rain, the tension**] **is easing off**, il traffico [la pioggia, la tensione] sta calando **3** (*econ., Borsa: della domanda, di una tendenza, ecc.*) attenuarsi **4** (*fam.*) ridurre il ritmo di lavoro; mollare un po' (*fam.*): **The doctor advised me to e. off a bit**, il dottore mi consigliò di ridurre un po' il mio ritmo di lavoro □ (*naut.*) **E. off!**, fila adagio!; molla!

♦**ease out**, *v. t. + avv.* **1** fare ponti d'oro a (q.) perché se ne vada (*senza doverlo licenziare*) **2** (*naut.*) allentare, mollare, allascare (*cavi, sartie, vele*).

♦**ease up**, *v. i. + avv.* **1** *V.* **ease off**, *def. 1* e *4* **2** (*fam.*) stringersi; fare un po' di posto: **Can you e. up a little, please?**, per favore, potete stringervi un po'?

easeful /'iːzfl/, *a.* **1** che calma; che lenisce; che dà sollievo; riposante **2** comodo; a proprio agio.

easel /'iːzl/, *n.* cavalletto (*da pittore, per lavagna, ecc.*).

easement /'iːzmənt/, *n.* **1** alleggerimento (*fig.*); alleviamento; diminuzione: **an e. of the international tension**, un alleggerimento della tensione internazionale **2** (*leg.*) servitù: **e. of air** [**of light, of water**], servitù d'aria [di luce, d'acqua] **3** (*arc.*) sollievo; conforto. ● (*leg.*) **e. over land**, servitù prediale.

easily /'iːzəlɪ/, *avv.* **1** agevolmente; facilmente; comodamente **2** bene; senza intoppi: **The machine ran e.**, la macchina funzionava bene **3** con disinvoltura **4** di gran lunga; senza dubbio: **He is e. the best pupil**, è di gran lunga l'alunno migliore; **She's e. forty**, i suoi quarant'anni deve averli. ● (*fin.*) **e. cashable** (*o* **realizable**), di facile realizzo □ **He's e. moved**, è facile a commuoversi □ **The train may e. be late**, è facile che il treno sia in ritardo.

easiness /'iːzɪnəs/, *n.* **1** agevolezza; facilità: **the e. of a problem**, la facilità d'un problema; (*fin.*) **e. of credit**, facilità di credito **2** benessere; comodità **3** disinvoltura; indifferenza; tranquillità **4** arrendevolezza; bonarietà **5** (*dello stile, ecc.*) grazia; agilità **6** (*fin.*) ristagno; periodo di quotazioni basse (*in Borsa*).

east /iːst/, **A** *n.* **1** oriente; levante; est; parte orientale: **The snow will spread to the e.**, le nevicate si estenderanno a est; **China is in the e. of Asia**, la Cina è nella parte orientale dell'Asia; **Japan is to the e. of China**, il Giappone è a est della Cina **2** (*geogr.*) – **the E.**, l'Oriente; (*in Europa*) i paesi dell'est; (*in U.S.A.*) gli stati dell'est (*o* della costa atlantica): **the Middle E.**, il Medio Oriente; **the Far E.**, l'Estremo Oriente; **the Near E.**, il Vicino Oriente (*Balcani e Turchia*). **B** *a.* **1** orientale; di levante: **an e. wind**, un vento di levante; **E. Africa**, (l') Africa Orientale; **the E. Indies**, le Indie Orientali **2** (situato a) est: **the e. entrance**, l'entrata est; **the e. side of the house**, il lato est della casa **3** (esposto, rivolto, che guarda) a est: **an e. window**, una finestra (che guarda) a est. **C** *avv.* a (*o* verso) oriente (*o* est): **The house faces e.**, la casa è esposta a est; **to go e.**, andare verso oriente. ● **the E. End**, i quartieri orientali di Londra; i quartieri operai (*ora in trasformazione industriale e residenziale*) □ **E. Ender**, abitante dei quartieri orientali di Londra □ (*stor.*) **E. Germany**, la Germania Est (*o* Orientale) □ (*fam. USA*) **back E.**, a est del Mississippi □ (*fam. USA*) **down E.**, nella Nuova Inghilterra; (*in particolare*) nel Maine □ (*fam. ingl.*) **out E.**, in Asia; in Oriente.

eastbound /'iːstbaʊnd/, *a.* diretto a oriente (*o* a est); che va verso est.

Easter /'iːstə(r)/, *n.* Pasqua: **E. Day** (*o* **E. Sunday**), il giorno di Pasqua; **E. eggs**, uova di Pasqua. ● **E. holidays**, vacanze di Pasqua; feste pasquali □ **E. Monday**, il lunedì dopo la Pasqua (*o* dell'Angelo); la pasquetta (*fam.*) □ **E. week**, la settimana dopo la domenica di Pasqua □ **at E.**, per Pasqua □ (*relig.*) **to do one's E. duty**, fare la Pasqua.

easterly /'iːstəlɪ/, **A** *a.* **1** dell'est; orientale: **an e. wind**, un vento dell'est (*o* da oriente) **2** verso l'est; verso oriente: (*naut., aeron.*) **an e. course**, una rotta verso l'est. **B** *avv.* **1** (*del vento*) da est; da levante: **The wind blew e.**, il vento soffiava da est **2** verso est; verso oriente: **to sail e.**, navigare verso oriente. **C** *n.* vento dell'est.

eastern /'iːstən/, **A** *a.* **1** orientale; d'oriente: **e. countries**, paesi orientali; **the E. question**, la questione orientale; **the E. Church**, la Chiesa d'Oriente (ortodossa); **the E. Empire**, l'Impero (Romano) d'Oriente **2** esposto (rivolto, che guarda) a est (*o* a oriente, a levante): **an e. window**, una finestra a levante. **B** *n.* **1** (*raro*) orientale **2** (*relig.*) ortodosso.

easterner /'iːstənə(r)/, *n.* **1** (abitante d'un paese) orientale **2** (*USA*) abitante di uno degli Stati dell'est.

easternmost /'iːstənməʊst/, *a.* (*d'un paese, ecc.*) posto all'estremo est; (il) più orientale.

Eastertide /'iːstətaɪd/, *n.* il periodo pasquale.

easting /'iːstɪŋ/, *n.* (*naut.*) **1** spostamento (*della rotta*) verso est **2** distanza coperta navigando verso est. ● **to make e.**, fare rotta verso est.

eastward /'iːstwəd/, **A** *a.* verso est; di levante: **in an e. direction**, in direzione di levante. **B** *avv.* (= **eastwards**) verso est; verso levante: **to travel e.**, viaggiare verso levante.

easy /'iːzɪ/, **A** *a.* **1** agevole; facile; comodo; agiato: **an e. problem**, un problema facile; **an e. life**, una vita agiata, comoda; **to be in e. circumstances**, essere di condizione agiata; **e. of access**, di facile accesso; **e. to use**, facile da usare; **within e. reach**, facile a raggiungersi; facilmente raggiungibile **2** calmo; sereno; tranquillo: **to feel e. about the future**, essere tranquillo riguardo al futuro **3** a proprio agio; spigliato; disinvolto: **e. manners**, maniere disinvolte; **to be free and e. in the company of others**, trovarsi a proprio agio in compagnia d'altri; **e. gait**, andatura disinvolta (*o* sciolta); **e. style**, stile disinvolto (*o* scorrevole) **4** arrendevole; compiacente; indulgente; accomodante: **an e. disposition**, un'indole accomodante **5** abbondante; comodo; ampio: **an e. coat**, una giacca comoda **6** (*comm.: di mercato, ecc.*) moderato, poco attivo; (*di un articolo*) poco richiesto; (*di prezzo*) ribassato, accessibile, non più in tensione **7** (*naut.*) (*di bastimento*) manovriero. **B** *avv.* **1** facilmente; con facilità **2** piano; comodamente; con calma: **E. does it!**, piano!; adagio!; sta attento!; **to go e.**, prendersela con calma; prenderla comoda; (*fam.*) **to take things e.**, prendere la vita come viene; **Take it e.!**, calma!; prenditela con calma!; non affrettarti!; non lavorare (studiare, ecc.) troppo!; tira a campare! (*fam.*). ● (*naut.*) **E. ahead!**, avanti adagio! □ (*naut.*) **E. astern!**, indietro adagio! □ **e. chair**, poltroncina; sedia a braccioli □ **E. come, e. go**, tanti presi, tanti spesi □ **an e. customer**, un cliente facile da contentare □ (*fam.*) **e. game** (*o* **e. mark**), sempliciotto; credulone; babbeo; (*di donna*) *V.* **e. make** □ (*fam.*) **e. lay**, *V.* **e. make** □ (*fam.*) **e. make** (*o* **e. ride, e. stuff**), tipo che ci sta; facile preda (*fig.*): **She's an e. make**, è una che ci sta □ (*fam.*) **e. meat**, pollo, merlo (*fig.*); fesso, babbeo; cosa facile da ottenere (*o* da fare); gioco da bambini (*fig.*) □ **e. money**, denaro guadagnato facilmente; (*econ., fin.*) denaro facile: **an e.-money policy**, una politica di denaro facile □ (*fam.*) **e. on the ear**, piacevole da ascoltare □ (*fam.*) **e. on the eye**, gradevole da guardare □ (*di scarpa*) **e. on one's feet**, comoda; che calza bene □ (*market.*) **e. on your wallet**, alla portata di tutte le tasche □ **an e. person to get on with**, una persona con cui è facile andare d'accordo □ (*arc.*) **e. virtue**, facili costumi: **a woman of e. virtue**, una donna di facili costumi □ **as e. as ABC** (*o* **as pie, as shelling peas**), facilissimo □ (*comm.*) **by e. payments**, a comode rate □ **by e. stages**, a piccole tappe □ **to go e. on**, andarci piano con: **Go e. on the whisky!**, vacci piano con il whisky!; **Go e. on the boy!**, vacci piano col ragazzo!; non sgridarlo troppo! □ **to make oneself** (*o* **one's mind**) **e. about st.**, tranquillizzarsi su q.c. □ (*fam.*) **to be on E. Street**, essere a posto; essere a cavallo (*fig.*); fare ottimi affari; avere un lavoro d'oro: **If you get that contract, you're on E. Street**, se ottieni quell'appalto sei a cavallo □ (*comm.*) **on e. terms**, con facilitazioni di pagamento; a condizioni agevolate □ **with an e. conscience**, con la coscienza a posto □ **with an e. mind**, con l'animo sereno; tranquillo; senza preoccupazioni □ (*fam. ingl.*) **I'm e.!**, a me sta bene!; ci sto! (*rispondendo a una proposta*) □ (*mil.*) **Stand e.!**, comodi!; in libertà! (*permesso di muoversi*; *cfr.* **Stand at ease!**) □ **Easier** (*o* **more easily**) **said than done!**, si fa presto a dirlo!; è una parola!; fra il dire e il fare c'è di mezzo il mare (*prov.*).

easygoing /'iːzɪ'gəʊɪŋ/, *a.* **1** che se la prende comoda; che non si scompone (*o* che tira a campare) **2** indulgente; accomodante; compiacente; bonaccione: **an e. teacher**, un professore indulgente **3** (*di un cavallo*) dall'andatura sciolta.

to **eat** /iːt/ (*pass.* **ate**, *p. p.* **eaten**), **A** *v. t.* **1** mangiare: **to eat bread and butter**, mangiare pane imburrato; **Eat your breakfast!**, mangia la colazione!; **to eat next to nothing**, mangiare come un uccellino **2** (*fig. fam.*) rodere; preoccupare; angustiare: **I wonder what's eating him**, vorrei sapere cosa c'è che lo rode **3** mangiarsi (*fig. fam.*); divorare; distruggere; erodere: **The sea has eaten** (**away**) **long stretches of the beach**, il mare s'è mangiato lunghi tratti di spiaggia; **The flames ate the wood**, le fiamme distrussero il bosco **4** (*fam. USA*) dar da mangiare a: **This little place only eats about ten people**, questo posticino dà da mangiare soltanto a una decina di persone **5** (*pop. USA*) ingerire (*droga*) **6** (*volg.*) leccare; succhiare. **B** *v. i.* mangiare; consumare i pasti: **What time do you eat?**, a che ora mangi?; **He eats like a horse** (*o* **a pig**), mangia come un lupo (*o* un maiale); **One should eat to live, and not live to eat**, si deve mangiare per vivere, non vivere per mangiare. ● (*fam. USA*) **to eat crow** (*o* **to eat dirt**), ingoiare il rospo (*fig.*); subire un'umiliazione □ **to eat one's fill**, mangiare a sazietà □ (*pop. USA*) **to eat one's gun** (*o* **to eat it**), spararsi in bocca □ (*fam.*) **to eat one's hat if**, essere molto sorpreso se: **I'll eat my hat if he comes**, scommetto la testa che non viene □ (*fam.*) **to eat sb.'s head off**, mangiarsi vivo q. □ **to eat humble pie**, umiliarsi; chiedere scusa □ **to eat one's meals in a restaurant**, consumare i pasti al ristorante □ **to eat oneself sick**, mangiare tanto da sentirsi male (*o* da avere la nausea) □ **to eat one's words**, ritrattare (*perché costretti a farlo*) le proprie parole; rimangiarsi ciò che si è detto □ (*prov.*) **You can't eat your cake and have it**, non si può avere la botte piena e la moglie ubriaca.

♦**eat away**, **A** *v. i. + avv.* **1** continuare a mangiare **2** corrodere; erodere; (*della ruggine*) intaccare: **The flood has eaten away at the river banks**, l'inondazione ha eroso le sponde del fiume. **B** *v. t. + avv.* corrodere; erodere; attaccare (*un metallo, ecc.*).

♦**eat in**, *v. i. + avv.* mangiare a casa.

♦**eat into**, *v. i. + prep.* **1** corrodere; attaccare: **Rust eats into iron**, la ruggine attacca il ferro **2** fare un buco con i denti in: **A mouse has eaten into the cheese**, un topo ha fatto un buco nel formaggio **3** (*fig.*) intaccare: **to eat into one's savings**, intaccare i propri risparmi.

♦**eat out**, **A** *v. i. + avv.* mangiare fuori (*al ristorante, ecc.*). **B** *v. t. + avv.* **1** mangiarsi (*fig.*); rodersi: **to eat one's heart out**, mangiarsi il cuore **2** (*pop. USA*) mangiare la faccia a (q.) □ **to eat one's heart for sb.**, struggersi d'amore per q. □ **to eat out of sb.'s hand**, (*di un animale*) prendere il cibo dalle mani di q.;

(*fig. fam.*) fare tutto quello che q. vuole: **At last she got her husband to eat out of her hand**, alla fine ridusse il marito in suo potere □ (*fam.*) **to eat sb. out of house and home**, mandare q. in rovina a furia di scroccargli pranzi.

♦**eat through**, *v. i. + prep.* fare un buco (aprire un varco) con i denti (*o* rodendo) in: **The rats have eaten through the floor planks**, i topi hanno fatto un buco nelle assi del pavimento □ **to eat one's way through**, farsi un varco con i denti (*o* rodendo) attraverso; perforare: **Termites eat their way through the hardest wood**, le termiti perforano anche il più duro dei legni.

♦**eat up**, **A** *v. t. + avv.* ***1*** finire: **Eat up your soup!**, finisci la minestra! ***2*** (*fig.*) mangiare (*fig.*); costare (*soldi*): **My new car eats up a lot of money for petrol and repairs**, la macchina nuova mi mangia un sacco di soldi per la benzina e le riparazioni ***3*** mangiarsi (*fig.*); consumare; rodere: **He's eaten up by envy**, l'invidia se lo mangia; **She was eaten up by jealousy**, la rodeva la gelosia ***4*** (*fig.*) distruggere; divorare (*fig.*): **Their inheritance was eaten up by debt**, la loro eredità fu divorata dai debiti ***5*** (*fam.*) bersela; credere a; **I'm not going to eat up that stuff about tax reduction**, questa balla sulla riduzione delle tasse io non me la bevo ***6*** (*fam.*) bere (*fig.*); ascoltare con ammirata attenzione: **to eat up the speaker's every word**, bere ogni parola dell'oratore ***7*** (*fam., autom.*) divorare (*la strada, la benzina, ecc.*). **B** *v. i. + avv.* ***1*** mangiare (*di buona voglia*): **Eat up!**, mangiate (*invito*) ***2*** ripulire il piatto; fare piazza pulita (*fam.*) □ **to eat up one's food**, finire di mangiare; (*anche*) mangiare tutto □ **to be eaten up with curiosity**, essere divorato dalla curiosità.

eatable /ˈiːtəbl/, **A** *a.* mangereccio; commestibile. **B** *n.* (*pl.*) commestibili; vivande; viveri.

eaten /ˈiːtn/, *p. p.* di **to eat**.

eater /ˈiːtə(r)/, *n.* ***1*** mangiatore; divoratore, divoratrice: **He is a good** (*o* **a big**) **e.**, è un gran mangiatore; è una buona forchetta ***2*** (*fam. ingl.*) mela (*o* pera) da mangiare cruda. ● (*fam. USA*) **e.-out**, uno che mangia spesso fuori (casa) □ **He is a poor e.**, mangia poco.

eatery /ˈiːtərɪ/, *n.* (*fam. USA*) ristorante economico.

eating /ˈiːtɪŋ/, **A** *n.* ***1*** il mangiare: **He is fond of e.**, gli piace mangiare ***2*** cibo: **Salmon is exquisite e.**, il salmone è un cibo squisito. **B** *a. attr.* da mangiare; da tavola: **e. grapes**, uva da tavola. ● **e. apple**, mela da mangiare cruda □ (*USA*) **e. hall**, refettorio □ **e. house**, trattoria □ **The prison food was very poor e.**, il cibo della prigione era quasi immangiabile.

eats /iːts/, *n. pl.* ***1*** (*pop.*) roba da mangiare; cibo ***2*** (*pop. USA*) pasti (*anche come insegna di un ristorante*).

eau /əʊ/ (*franc.*), *n.* (*pl.* **eaux**) acqua: **eau de Cologne**, acqua di colonia.

eaves /iːvz/, *n. pl.* (*edil.*) gronda; grondaia; cornicione del tetto.

eavesdrop /ˈiːvzdrɒp/, *n.* acqua di grondaia; grondatura.

to **eavesdrop** /ˈiːvzdrɒp/, *v. i.* ***1*** origliare; ascoltare di nascosto ***2*** intercettare telefonate.

eavesdropper /ˈiːvzdrɒpə(r)/, *n.* chi origlia; ficcanaso.

eavesdropping /ˈiːvzdrɒpɪŋ/, *n.* ***1*** l'origliare ***2*** intercettazione (*spesso elettronica*) di telefonate.

ebb /ɛb/, *n.* ***1*** riflusso: **The canoes went out on the ebb**, le canoe presero il mare al riflusso ***2*** (*fig.*) declino; ribasso: **the ebb of one's hopes**, il declino delle proprie speranze; **to be at a low ebb**, essere in ribasso (*o* a un punto basso). ● **ebb and flow**, flusso e riflusso (*del mare*); (*fig.*) moto alterno, avanti e indietro □ **ebb tide**, riflusso della marea; bassa marea.

to **ebb** /ɛb/, *v. i.* ***1*** (*della marea*) rifluire; abbassarsi; calare ***2*** (*fig.*) decadere; declinare; venir meno: **Life was ebbing away**, la vita declinava (*o* era al lumicino); **His strength was beginning to ebb**, le forze cominciavano a venirgli meno.

E-boat /ˈiːbəʊt/, *n.* (*contraz. di* **enemy boat**) motosilurante nemica.

ebon /ˈɛbən/, *a.* (*poet.*) di (*o* simile a) ebano.

ebonite /ˈɛbənaɪt/, *n.* (*ind.*) ebanite.

to **ebonize** /ˈɛbənaɪz/, *v. t.* (*ind.*) ebanitare; dare il colore dell'ebano (a).

ebony /ˈɛbənɪ/, **A** *n.* ***1*** (*legno*) ebano ***2*** (*bot., Diospyros ebenum*) ebano. **B** *a.* ***1*** d'ebano ***2*** nero come l'ebano; nero e lucente.

ebriety /iːˈbraɪətɪ/, *n.* (*raro*) ebbrezza; ubriachezza; ebrietà (*lett.*).

ebrious /ˈiːbrɪəs/, *a.* (*raro*) ebbro; ubriaco.

ebullience /ɪˈbʌlɪəns, ɪˈbʊ-/, **ebulliency** /ɪˈbʌlɪənsɪ, ɪˈbʊ-/, *n.* ***1*** ebollizione (*anche fig.*) ***2*** (*fig.*) esuberanza; vitalità.

ebullient /ɪˈbʌlɪənt, ɪˈbʊ-/, *a.* ***1*** in ebollizione; bollente ***2*** (*fig.*) esuberante; pieno di vita.

ebulliometer /ɪbʌlɪˈɒmɪtə(r), ɪbʊ-/, *n.* (*tecn.*) ebulliometro.

ebulliometry /ɪbʌlɪˈɒmətrɪ, ɪbʊ-/, *n.* (*chim., fis.*) ebulliometria.

ebullioscope /ɪˈbʌlɪəskəʊp, ɪˈbʊ-/, *n.* (*tecn.*) ebullioscopio.

ebullioscopy /ɪbʌlɪˈɒskəpɪ, ɪbʊ-/, *n.* (*chim., fis.*) ebullioscopia.

ebullition /ɛbəˈlɪʃn/, *n.* ***1*** ebollizione ***2*** (*fig.*) accesso (*d'ira, ecc.*); scoppio improvviso (*della guerra, ecc.*).

eburnation /iːbəˈneɪʃn/, *n.* (*med.*) eburneazione.

eccentric /ɪkˈsɛntrɪk/, **A** *a.* (*anche geom., mecc.*) eccentrico; (*fig.*) originale, stravagante. **B** *n.* (*anche mecc.*) eccentrico. || **-ally**, *avv.*

eccentricity /ɛksɛnˈtrɪsətɪ/, *n.* (*fis., geom.* e *fig.*) eccentricità.

ecchymosis /ɛkɪˈməʊsɪs/, *n.* (*pl.* **ecchymoses**) ecchimosi.

ecclesia /ɪˈkliːzɪə/, *n.* (*pl.* **ecclesiae**) (*stor.*) ecclesia; assemblea.

ecclesial /ɪˈkliːzɪəl/, *a.* (*relig.*) ecclesiale; ecclesiastico.

ecclesiast /ɪˈkliːzɪæst/, *n.* ***1*** (*stor.*) ecclesiaste; membro di ecclesia ***2*** (*Bibbia*) chi arringa il popolo; Salomone.

Ecclesiastes /ɪkliːzɪˈæstiːz/, *n.* (*Bibbia*) Ecclesiaste.

ecclesiastic /ɪkliːzɪˈæstɪk/, *n.* ecclesiastico; sacerdote.

ecclesiastical /ɪkliːzɪˈæstɪkl/, *a.* ecclesiastico.

ecclesiastically /ɪkliːzɪˈæstɪklɪ/, *avv.* ecclesiasticamente.

ecclesiasticism /ɪkliːzɪˈæstɪsɪzəm/, *n.* ***1*** rituale ecclesiastico ***2*** clericalismo.

ecclesiologist /ɪkliːzɪˈɒlədʒɪst/, *n.* ecclesiologo.

ecclesiology /ɪkliːzɪˈɒlədʒɪ/, *n.* ecclesiologia.

ecdysiast /ɛkˈdɪzɪæst, -ɪəst/, *n.* (*scherz.*) spogliarellista (*parola coniata da H.L. Mencken*).

ecdysis /ˈɛkdəsɪs/, *n.* (*pl.* **ecdyses**) (*zool.*) ***1*** ecdisi; muta; il mutar pelle, il cambiar guscio (*di rettili e insetti*) ***2*** spoglia; esuvia.

echelon /ˈɛʃəlɒn/, *n.* ***1*** (*mil.*) scaglione: **in e.**, a scaglioni ***2*** (*aeron., naut.*) formazione in linea ***3*** (*fig.*) gradino; grado: **the higher echelons of the Civil Service**, i gradi più alti della Pubblica Amministrazione. ● **an e. of wild geese**, uno stormo d'oche selvatiche.

to **echelon** /ˈɛʃəlɒn/, (*mil.*) **A** *v. t.* scaglionare; disporre (*truppe*) a scaglioni. **B** *v. i.* avanzare (*o* muoversi) a scaglioni.

echidna /ɪˈkɪdnə/, *n.* (*pl.* **echidnas, echidnae**) (*zool., Tachyglossus aculeatus*) echidna istrice.

echinate /ˈɛkɪneɪt/, *a.* (*bot., zool.*) echinato.

echinococcosis /ɪkaɪnəʊkɒˈkəʊsɪs/, *n.* (*pl.* **echinococcoses**) (*vet.*) echinococcosi.

echinoderms /ɪˈkaɪnəʊdɜːmz/, *n. pl.* (*zool., Echinodermata*) echinodermi.

echinus /ɪˈkaɪnəs/, *n.* (*pl.* **echini**) ***1*** (*archit.*) echino ***2*** (*zool., Echinus*) echino; riccio di mare.

echo /ˈɛkəʊ/, *n.* (*pl.* **echoes**) ***1*** (*fis., elettron.*) eco (*anche fig.*): **to listen for the e.**, ascoltare l'eco ***2*** (*fig.*) chi fa eco a uno; pedissequo imitatore (*o* seguace) ***3*** (*bridge*) carta «informativa» (*calata per indicare il numero di carte possedute in un dato seme*). ● (*elab.*) **e. check**, controllo a eco □ (*naut.*) **e.-detection goniometer**, ecogoniometro □ **e. ranging**, (*naut.*) ecometria, ecogoniometria; (*zool.*) ecolocazione (*dei delfini*) □ (*naut.*) **e. sounder**, ecometro; ecoscandaglio; ecosonda □ (*naut.*) **e. sounding**, scandaglio a ultrasuoni; sondaggio ultrasonico □ **e. speech**, *V.* **echolalia** □ (*arc.*) **to cheer sb. to the e.**, applaudire fragorosamente q.

to **echo** /ˈɛkəʊ/, **A** *v. i.* ***1*** echeggiare; risuonare: **His voice echoed in the hall**, la sua voce echeggiò nella sala ***2*** dare l'eco: **The empty room echoed**, la stanza vuota dava l'eco (*o* rimbombava). **B** *v. t.* rimandare, ripetere (*echeggiando*; *anche fig.*); fare eco a (q.): **The overhanging cliffs echoed back the noise of the battle**, le rupi sovrastanti rimandavano il rumore della battaglia; **They e. the words of their teacher**, ripetono le parole del loro insegnante.

echocardiography /ɛkəʊkɑːdɪˈɒgrəfɪ/, *n.* (*med.*) ecocardiografia.

echoencephalogram /ɛkəʊɛnˈsɛfələgræm/, *n.* (*med.*) ecoencefalogramma.

echogram /ˈɛkəʊgræm/, *n.* (*med., naut.*) ecogramma.

echograph /ˈɛkəʊgræf/, *n.* (*med., naut.*) ecografo.

echography /ɛˈkɒgrəfɪ/, *n.* (*med.*) ecografia (*il procedimento*).

echoic /ɛˈkəʊɪk/, *a.* (*poesia*) ecoico.

echolalia /ɛkəʊˈleɪlɪə/, *n.* (*psic.*) ecolalia.

echoless /ˈɛkəʊləs/, *a.* privo d'eco. ● (*cinem.*) **e. studio**, studio insonorizzato.

echolocation /ɛkəʊləˈkeɪʃn/, *n.* (*tecn., zool.*) ecolocazione (*di cui sono capaci anche i delfini*).

éclair /eɪˈklɛə(r), ɪ-/ (*franc.*), *n.* bignè lungo, ricoperto di cioccolato.

eclampsia /ɪˈklæmpsɪə/, *n.* (*med.*) eclampsia.

éclat /ˈeɪklɑː, *USA* eɪˈklɑː/ (*franc.*), *n.* ***1*** fulgore; splendore ***2*** grande successo ***3*** ostentazione; esibizione ***4*** applauso; acclamazione.

eclectic /ɪˈklɛktɪk/, *a.* e *n.* (*anche filos.*) eclettico. || **-ally**, *avv.*

eclecticism /ɪˈklɛktɪsɪzəm/, *n.* (*anche filos.*) eclettismo; eclecticismo.

eclipse /ɪˈklɪps/, *n.* ***1*** (*astron.*) eclissi, eclisse: **lunar e.**, eclissi di luna; **annular e.**, eclissi anulare ***2*** attimo d'oscuramento (*per es., della luce d'un faro*) ***3*** (*fig.*) decadenza; declino; eclissi. ● (*zool.*: *degli uccelli*) **e. plumage**, livrea eclissale □ **to be in e.**, (*di persone*) essere caduto in disgrazia; (*d'uccelli*) aver perso la livrea nuziale.

to **eclipse** /ɪˈklɪps/, *v. t.* eclissare (*anche fig.*); sorpassare; superare.

ecliptic (**1**) /ɪˈklɪptɪk/, *n.* (*astron.*) eclittica.

ecliptic(**al**) (**2**) /ɪˈklɪptɪk(l)/, *a.* (*astron.*) eclittico.

eclogue /ˈɛklɒg, *USA* -ɔːg/, *n.* (*poesia*) egloga, ecloga.

ecocatastrophe /iːkəʊkəˈtæstrəfɪ, ɛ-/, *n.* (*ecol.*) catastrofe ecologica; ecocatastrofe.

ecocidal /ˈiːkəsaɪdl, ˈɛ-/, *a.* (*ecol.*) che porta alla distruzione ecologica: **e. weapons like herbicides**, armi che portano alla distruzione ecologica, quali i diserbanti.

ecocide /ˈiːkəsaɪd, ˈɛ-/, *n.* (*ecol.*) distruzione ecologica; ecocidio; ecostrage.

ecocrisis /iːkəʊˈkraɪsɪs, ɛ-/, *n.* (*pl.* **ecocrises**) (*ecol.*) crisi ecologica.

ecofreak /ˈiːkəʊfriːk, ˈɛ-/, *n.* (*fam. USA, un po' spreg.*) ecologista accanito; fanatico ambientalista.

eco-friendly /iːkəʊˈfrɛndlɪ, ɛ-/, *a.* non dannoso per l'ambiente; ecologico: **an e. product**,

un prodotto ecologico.
ecologic(al) /iːkəˈlɒdʒɪk(l), ɛ-/, *a.* ecologico. ● **e. art**, arte ecologica □ **e. interaction**, interazione ecologica.
ecologist /ɪˈkɒlədʒɪst/, *n.* ecologo; ecologista.
ecology /ɪˈkɒlədʒɪ/, *n.* ecologia.
econometric /ɪkɒnəˈmɛtrɪk/, *a.* (*econ.*) econometrico: **e. model**, modello econometrico.
econometrician /ɪkɒnəməˈtrɪʃn/, *n.* (*econ.*) econometrista.
econometrics /ɪkɒnəˈmɛtrɪks/, *n. pl.* (*col verbo al sing.*) (*econ.*) econometria.
economic /iːkəˈnɒmɪk, ɛk-/, *a.* economico; che concerne l'economia: **e. geography**, geografia economica; **the e. policy of the crisis government**, la politica economica del governo d'emergenza. ● (*rag.*) **e. accounts**, conti economici (*o* derivati) □ **e. activity**, attività economica □ **e. barometer**, barometro congiunturale □ **e. cost**, costo economico □ **e. cycle**, ciclo economico □ (*stat.*) **e. forecasting**, previsioni economiche □ **e. growth**, sviluppo economico □ (*fin.*) **e. interest**, cointeressenza □ **e. law**, diritto dell'economia □ **e. miracle**, miracolo economico □ **e. outlook**, prospettive dell'economia; congiuntura: **The e. outlook is brightening**, c'è una schiarita della congiuntura □ **e. planning**, programmazione economica □ **e. recovery** (*o* **revival**), ripresa economica □ **e. trend**, tendenza dell'economia; (evoluzione della) congiuntura □ **to make e. sense**, essere (*o* rivelarsi) conveniente dal punto di vista economico.
economical /iːkəˈnɒmɪkl, ɛk-/, *a.* **1** economico; che fa risparmiare: **an e. fuel**, un carburante economico; **an e. method of teaching**, un metodo d'insegnamento che fa risparmiare tempo **2** economo; parsimonioso: **an e. person**, una persona economa **3** (*raro*) economico; che concerne l'economia. ● (*naut., aeron.*) **e. speed**, velocità economica □ **to be e. of one's time**, fare economia (*o* buon uso) del proprio tempo.
economically /iːkəˈnɒmɪklɪ, ɛk-/, *avv.* economicamente. ● (*market.*) **e. viable prices**, prezzi sufficientemente remunerativi.
economics /iːkəˈnɒmɪks, ɛk-/, *n. pl.* **1** (*col verbo al sing.*) economia (*la scienza*); scienze economiche: **a student of e.**, uno studioso d'economia; uno studente di scienze economiche **2** aspetto economico: **the e. of the project are doubtful**, l'aspetto economico del progetto è incerto.
economism /ɪˈkɒnəmɪzəm/, *n.* (*polit.*) economicismo.
economist /ɪˈkɒnəmɪst, ɛk-/, *n.* **1** economista **2** (*arc.*) economo; persona economa.
economization /ɪkɒnəmaɪˈzeɪʃn, *USA* -mɪˈz-/, *n.* economizzazione; economia; risparmio.
to **economize** /ɪˈkɒnəmaɪz/, *v. t.* e *i.* fare economia (di); risparmiare; economizzare: **to e. on oil**, economizzare il petrolio.
economizer /ɪˈkɒnəmaɪzə(r)/, *n.* economizzatore.
economy /ɪˈkɒnəmɪ/, *n.* economia (*in ogni senso*); parsimonia; sistema economico: **an expanding e.**, un'economia in espansione; **political e.**, economia politica; **domestic e.**, economia domestica; (*econ.*) **economies of scale**, economie di scala. ● (*autom.*) **e. car**, utilitaria □ (*aeron., naut.*) **e. class**, classe economica (*o* turistica) □ **e. drive**, campagna di risparmio □ **e.-minded**, amante delle economie; economo □ **e. size**, formato economico; confezione famiglia.
econut /ˈiːkənʌt/, *V.* **ecofreak**.
ecosphere /ˈiːkəʊsfɪə(r)/, *n.* (*astron.*) ecosfera.
ecosystem /ˈiːkəʊsɪstəm/, *n.* (*ecol.*) ecosistema.
eco-terrorism /iːkəʊˈtɛrərɪzəm, ɛ-/, *n.* terrorismo ecologico.
ecotype /ˈiːkətaɪp/, *n.* (*ecol.*) ecotipo.
ecru /ˈeɪkruː/, **A** *n.* color tela greggia; écru. **B** *a.* bianco sporco.
to **ecstasize** /ˈɛkstəsaɪz/, **A** *v. t.* estasiare; mandare in estasi; rendere estatico. **B** *v. i.* andare in estasi; estasiarsi.
ecstasy /ˈɛkstəsɪ/, *n.* **1** estasi; rapimento mistico; trasporto; parossismo: **in an e. of joy**, in un trasporto di gioia; **in an e. of fear**, nel parossismo del terrore **2** (*psic.*) estasi **3** (*pop.*) ecstasy (*potente droga*). ● **to go** (*o* **to be thrown**) **into ecstasies over st.**, andare in estasi per q.c. □ **to be in ecstasies**, essere in estasi.
ecstatic /ɪkˈstætɪk/, *a.* estatico; rapito; entusiasta.
ecstatically /ɪkˈstætɪklɪ/, *avv.* estaticamente.
ectasia /ɛkˈteɪzɪə, *USA* -ʒə/, **ectasy** /ˈɛktəsɪ/, *n.* (*med.*) ectasia.
ectocyst /ˈɛktəʊsɪst/, *n.* (*zool.*) ectocisti.
ectoderm /ˈɛktəʊdɜːm/, *n.* (*biol.*) ectoderma.
ectodermal /ɛktəʊˈdɜːml/, *a.* (*biol.*) ectodermico.
ectopia /ɛkˈtəʊpɪə/, *n.* (*med.*) ectopia.
ectopic /ɛkˈtɒpɪk/, *a.* (*med.*) ectopico: **e. beat**, battito ectopico (*del cuore*); **e. kidney**, rene ectopico. ● **e. pregnancy**, gravidanza extrauterina.
ectoplasm /ˈɛktəplæzəm/, *n.* (*biol. e parapsicologia*) ectoplasma.
ectoplasmic /ɛktəˈplæzmɪk/, *a.* (*biol.*) ectoplasmatico.
ectosarc /ˈɛktəʊsɑːk/, *n.* (*biol.*) ectosarco.
ecu /ˈeɪkjuː, ˈɛ-, ˈiː-, iːsiːˈjuː, *USA* eɪˈkuː, -juː/, *n.* (*acronimo di* **European Community unit**) (*fin.*) ecu; unità monetaria europea.
Ecuadorian /ɛkwəˈdɔːrɪən/, *a.* e *n.* ecuadoriano.
ecumenic(al) /iːkjʊˈmɛnɪk(l), *USA* ɛk-/, *a.* (*relig.*) ecumenico.
ecumenicalism /iːkjʊˈmɛnɪkəlɪzəm, *USA* ɛk-/, *n.* (*relig.*) ecumenismo.
ecumenicity /iːkjʊməˈnɪsətɪ, *USA* ɛk-/, *n.* (*relig.*) ecumenicità.
ecumenism /ɪˈkjuːmənɪzəm, *USA* ɛk-/, *n.* (*relig.*) ecumenismo.
eczema /ˈɛksɪmə, *USA* ɪgˈziːmə/, *n.* (*med.*) eczema.
eczematous /ɛkˈsɛmətəs, *USA* ɪgˈzɛ-/, *a.* (*med.*) eczematoso.
edacious /ɪˈdeɪʃəs/, *a.* (*pedantesco*) edace (*lett.*); vorace.
edacity /ɪˈdæsətɪ/, *n.* (*pedantesco*) voracità.
edaphic /ɪˈdæfɪk/, *a.* (*biol.*) edafico.
edaphology /ɛdəˈfɒlədʒɪ/, *n.* (*ecol.*) edafologia.
E-day /ˈiːdeɪ/, *n.* (*contraz. di* **Entry day**) giorno dell'entrata (*della G.B.*) nel Mercato Comune Europeo.
eddy /ˈɛdɪ/, *n.* gorgo; mulinello; risucchio; spira; turbine; vortice: **in an e. of dust**, in un turbine di polvere; **eddies of mist**, spire di nebbia; **the eddies of a river**, i gorghi di un fiume. ● **e. current**, corrente vorticosa; (*elettr.*) corrente parassita.
to **eddy** /ˈɛdɪ/, *v. i.* mulinare; turbinare; girare vorticosamente.
edelweiss /ˈeɪdlvaɪs/, *n.* (*bot., Leontopodium alpinum*) stella alpina.
edema /ɪˈdiːmə/, *n.* (*pl.* **edemata, edemas**) (*med.*) edema.
edematose /ɪˈdiːmətəʊz/, **edematous** /ɪˈdɛmətəs, ɪˈdiːmətəʊz/, *a.* (*med.*) edematico; edematoso.
Eden /ˈiːdn/, *n.* (*anche fig.*) eden; paradiso terrestre.
edenic /ɪˈdɛnɪk/, *a.* (*anche fig.*) edenico.
edentate /iːˈdɛnteɪt/, (*zool.*) **A** *a.* degli sdentati (*o* dei maldentati). **B** *n.* sdentato (*o* maldentato).
edentulous /iːˈdɛntʃʊləs/, *a.* (*med.*) edentulo; privo di denti.
Edgar /ˈɛdgə(r)/, *n.* Edgardo.
edge /ɛdʒ/, *n.* **1** estremità; margine; orlo; bordo; spigolo; sponda: **a hut on the e. of the wood**, una capanna al margine del bosco; **the e. of a pond**, la sponda di uno stagno; **to sit on the e. of a chair**, stare seduto sull'orlo d'una sedia; **to be on the e. of madness**, essere sull'orlo della pazzia **2** (*della strada*) ciglio **3** (*di ferita*) labbro **4** cresta (*di una montagna*) **5** filo; taglio: **a razor's e.**, il filo d'un rasoio; **The axe has no e.**, la scure ha perso il taglio **6** taglio della legatura (*di un libro*) **7** (*fig.*) acredine; acrimonia **8** (*fig.*) incisività; mordente: **words with an e.**, parole taglienti (*o* sarcastiche) **9** (*fam.*) vantaggio: **You have the e. on me**, sei in vantaggio su di me; tieni il coltello dalla parte del manico **10** (*pl.*) (*degli sci*) lamine. ● **e.-bone**, (*anat.*) osso sacro; (*macelleria*) culatta (*del bue*) □ (*TV*) **e. definition**, nitidezza dei contorni □ **e. tool**, arnese da taglio □ (*giardinaggio*) **e. trimmer**, tagliabordi □ **to blunt the e. of sb.'s anger**, placare l'ira di q. □ **blunted e.**, filo smussato □ **cutting e.**, taglio; tagliente (*di un coltello, ecc.*) □ (*pattinaggio*) **to do the inside** [**outside**] **e.**, pattinare appoggiandosi sull'orlo interno [esterno] del pattino □ **to give sb. the e. of one's tongue**, dare una bella sgridata a q. □ **a knife with a sharp e.**, un coltello affilato bene □ (*fig.*) **to be on e.**, avere i nervi tesi; essere irascibile (*o* nervoso) □ **to be on the e. of doing st.**, essere sul punto di fare q.c. □ **to put an e. on a knife**, affilare un coltello □ **to put an e. to a tool**, affilare un utensile □ **to put sb. to the e. of a sword**, passare q. a fil di spada □ **to set sb.'s teeth on e.**, fare rabbrividire q.; dare sui nervi a q., irritare q. □ **to take the e. off st.**, ottundere q.c.; (*fig.*) togliere il mordente (*o* il gusto) a q.c.: **It takes the e. off my appetite**, mi calma l'appetito.
to **edge** /ɛdʒ/, **A** *v. t.* **1** bordare; orlare: **to e. a handkerchief**, orlare un fazzoletto **2** affilare; arrotare: **to e. a razor**, affilare un rasoio **3** (*fig.*) aguzzare: **to e. the appetite**, aguzzare l'appetito **4** (*fig.*) fare da bordo a; fiancheggiare: **The road was edged by poplars**, la strada era fiancheggiata da pioppi **5** (*fig.*) dare una punta di: **The tone of his words was edged with envy**, il tono delle sue parole aveva una punta d'invidia **6** accostare a poco a poco: **I edged my chair closer to hers**, accostai la mia sedia a quella di lei **7** (*sport*) mettere (*gli sci*) di taglio. **B** *v. i.* **1** muoversi lentamente; spostarsi a poco a poco (*o* di fianco) **2** (*sport*) spigolare (*con gli sci*). ● **to e. along a cliff**, costeggiare una rupe a picco □ **to e. oneself into a conversation**, intrufolarsi in una conversazione □ **to e. a path with grass**, piantare erba ai margini di un sentiero □ **to e. one's way into a room**, entrare quatto quatto in una stanza □ **to e. one's way through the strikers' pickets**, farsi largo a poco a poco fra i picchetti degli scioperanti.
♦**edge away**, *v. i.* + *avv.* **1** allontanarsi lentamente; scostarsi a poco a poco **2** (*naut.*) *V.* **edge off**, *def.* 2.
♦**edge down**, *v. i.* + *avv.* **1** scendere lentamente **2** (*Borsa, fin.*) calare (*o* diminuire) di un poco.
♦**edge off**, *v. i.* + *avv.* **1** allontanarsi lentamente **2** (*naut.*) scostarsi; largarsi: **The lifeboat edged off from the ship**, la lancia si scostò dalla nave.
♦**edge out**, **A** *v. i.* + *avv.* uscire lentamente (*o* a poco a poco). **B** *v. t.* + *avv.* buttar fuori; estromettere (q.); spingere fuori.
♦**edge up**, *v. i.* + *avv.* **1** salire lentamente **2** (*Borsa, fin.*) aumentare, avanzare, salire di un poco: **The prime rate has edged up from 8% to 9%**, il prime rate è salito dall'8 al 9 per cento.
edged /ɛdʒd/, *a.* (*specialm. nei composti*) con il taglio. ● **double-e.**, a doppio taglio □ **sharp-e.**, affilato; tagliente.
edgeless /ˈɛdʒləs/, *a.* **1** senza orlo; senza bordo **2** senza taglio; che ha perso il filo; smussato.
edger /ˈɛdʒə(r)/, *n.* **1** orlatore, orlatrice **2** tagliabordi (*da giardino*) **3** (*metall.*) tagliolo.
edgeways /ˈɛdʒweɪz/, **edgewise** /ˈɛdʒwaɪz/,

avv. di taglio; di fianco; di traverso: (*edil.*) **to lay the bricks e.**, mettere i mattoni di taglio. ● **not to be able to get a word in e.**, non riuscire a inserirsi nella conversazione (*perché parlano di continuo gli altri*).

edginess /ˈɛdʒɪnəs/, n. irritabilità; nervosismo.

edging /ˈɛdʒɪŋ/, n. **1** orlo; frangia; guarnizione; orlatura; bordura: **an e. of lace**, una guarnizione di merletto **2** (*metall.*) rifinitura dei bordi. ● **e. shears**, cesoie per prato all'inglese.

edgy /ˈɛdʒɪ/, a. **1** affilato; tagliente **2** (*fig.*) irascibile; irritabile **3** (*di disegno*) a linee troppo dure; spigoloso.

edibility /ɛdəˈbɪlətɪ/, n. commestibilità.

edible /ˈɛdəbl/, a. commestibile; mangereccio; edule.

edibles /ˈɛdəbl/, n. pl. commestibili.

edict /ˈiːdɪkt/, n. editto; ordine; proclama.

edictal /iːˈdɪktl/, a. di editto; (*leg.*) edittale (*raro*).

edification /ɛdɪfɪˈkeɪʃn/, n. edificazione; beneficio (*o* conforto) morale; buon esempio.

edificatory /ɛdɪfɪˈkeɪtərɪ/, *USA* ɪˈdɪfɪkətɔːrɪ/, a. edificatorio; edificante; esemplare.

edifice /ˈɛdɪfɪs/, n. (*form.*) edificio (*anche fig.*); costruzione.

edifier /ˈɛdɪfaɪə(r)/, n. (*form.*) edificatore, edificatrice (*fig.*).

to **edify** /ˈɛdɪfaɪ/, v. t. (*form.*) edificare; ammaestrare, istruire (*con l'esempio*).

edifying /ˈɛdɪfaɪɪŋ/, a. (*form.*) edificante: **an e. speech**, un discorso edificante.

edile /ˈiːdaɪl/, n. (*stor.*) edile (*magistrato romano*).

Edinburgh /ˈɛdɪnbrə, *USA* -dnbɜːrə/, n. (*geogr.*) Edimburgo.

edit /ˈɛdɪt/, n. (*abbr. fam.*) **1** V. **editing** **2** V. **editorial**.

to **edit** /ˈɛdɪt/, v. t. **1** curare l'edizione di, dare alle stampe (*opere altrui*); editare (*anche elab.*); compilare (*un'antologia*): **to e. scientific books for a public of lay readers**, curare l'edizione di opere scientifiche per un pubblico di lettori non specializzati **2** rivedere (*un manoscritto*) per la stampa **3** dirigere (*giornali, riviste, ecc.*) **4** (*cinem., TV*) curare (*una rubrica*); redigere, preparare (*un testo*). ● **to e. out**, eliminare; espungere □ (*d'un libro*) **edited by**, a cura di.

editing /ˈɛdɪtɪŋ/, n. **1** editing; elaborazione redazionale; revisione (*di un manoscritto*) **2** direzione (*di un giornale*) **3** (*elab.*) editing; editazione **4** (*cinem., TV*) il curare (*una rubrica*); redazione (*di un testo*). ● **e. assistant**, segretario (*o* segretaria) di redazione (*di un libro, un dizionario, ecc.*) □ **e. manager**, capo della segreteria redazionale □ **e. supervisor**, revisore redazionale.

edition /ɪˈdɪʃn/, n. **1** edizione: **revised e.**, edizione riveduta; **pocket e.**, edizione tascabile; **popular e.**, edizione popolare; **library e.**, edizione per biblioteche **2** tiratura: **limited e.**, tiratura limitata **3** (*fig.*) copia; riproduzione; edizione (*fig.*): **Eve is a more charming e. of her sister**, Eva è un'edizione migliorata di sua sorella **4** (*ind.*) versione (*di un'automobile, ecc.*).

editor /ˈɛdɪtə(r)/, n. **1** curatore (*di un testo*); redattore **2** direttore, redattore (*di un giornale, una rivista, ecc.*): **literary e.**, redattore letterario; **sports e.**, redattore sportivo **3** (*cinem., TV*) tecnico del montaggio. ● **e. in chief**, redattore capo (*di giornale, ecc.*); coordinatore della redazione (*di un libro, ecc.*) □ **art e.**, grafico; impaginatore □ **city e.**, (*ingl.*) redattore finanziario; (*USA*) cronista (*di giornale*) □ (*USA*) **financial e.**, redattore finanziario □ **managing e.**, direttore responsabile □ **senior e.**, redattore capo (*di un'opera collettiva*); caposervizio (*di un giornale*) □ **staff e.**, redattore (*di un'opera collettiva*).

editorial /ɛdɪˈtɔːrɪəl/, **A** a. **1** editoriale: **e. work**, lavoro editoriale **2** del direttore (*d'un giornale*); redazionale: **E. comment has no place in news stories**, il commento redazionale non s'applica agli articoli d'informazione. **B** n. articolo di fondo; editoriale; fondo (*fam.*). ● **e. office**, (ufficio di) redazione □ **e. staff**, redazione (*di giornale*).

editorialist /ɛdɪˈtɔːrɪəlɪst/, n. editorialista.

to **editorialize** /ɛdɪˈtɔːrɪəlaɪz/, v. i. **1** esprimere un'opinione (*specialm. sotto forma di editoriale*); scrivere un editoriale **2** (*spreg.*) essere tendenzioso; manipolare le notizie.

editorially /ɛdɪˈtɔːrɪəlɪ/, avv. redazionalmente.

editorship /ˈɛdɪtəʃɪp/, n. direzione (*d'un giornale, ecc.*).

editress /ˈɛdɪtrɪs/, n. **1** curatrice (*di un libro, ecc.*) **2** direttrice, redattrice (*d'un giornale, ecc.*).

Edmund /ˈɛdmənd/, n. Edmondo.

educability /ɛdʒʊkəˈbɪlətɪ/, n. educabilità.

educable /ˈɛdʒʊkəbl/, a. (*di gusto, ecc.*) educabile; (*di persona*) educabile, che si può istruire.

to **educate** /ˈɛdʒʊkeɪt/, **A** v. t. **1** istruire, provvedere all'istruzione di (*una persona*); (*arc.*) avviare (*a una professione*): **He was educated at home, not at school**, fu istruito privatamente, non a scuola; **He has educated his orphan nephew**, ha provveduto all'istruzione del nipote orfano **2** educare, coltivare, affinare (*l'indole, le qualità*): **You should e. your taste in literature**, dovresti educare il tuo gusto letterario. **B** to **educate oneself**, v. rifl. istruirsi.

educated /ˈɛdʒʊkeɪtɪd/, a. colto; istruito: **e. speakers**, i parlanti colti. ● (*fam.*) **e. guess**, ipotesi plausibile.

education /ɛdʒʊˈkeɪʃn/, n. **1** (*di persone*) istruzione: **He received a good e.**, ha ricevuto una buona istruzione; **high-school** (*o* **secondary**) **e.**, istruzione secondaria; **classical [commercial, art] e.**, istruzione classica [tecnica commerciale, artistica] **2** educazione, affinamento (*di qualità naturali, ecc.*) **3** pedagogia. ● (*in G.B.*) **the Ministry of E. and Science**, il Ministero della Pubblica Istruzione e della Ricerca Scientifica.

educational /ɛdʒʊˈkeɪʃənl/, a. **1** educativo: **an e. film**, una pellicola educativa **2** didattico; pedagogico: **an e. journal**, una rivista didattica. ● (*psic.*) **e. age**, età scolastica □ **e. holiday**, vacanza-studio □ **e. psychologist**, psicopedagogista □ **e. psychology**, psicopedagogia □ **e. television**, le trasmissioni (*o* i servizi) della televisione che si occupano di pubblica istruzione □ **e. theory**, pedagogia □ **to be engaged in e. work**, dedicarsi all'insegnamento (*o* alla pedagogia).

educationalist /ɛdʒʊˈkeɪʃənəlɪst/, n. **1** educatore; pedagogo **2** pedagogista.

educationally /ɛdʒʊˈkeɪʃənəlɪ/, avv. **1** educativamente **2** didatticamente; pedagogicamente.

educationese /ɛdʒʊkeɪʃəˈniːz/, n. gergo della pedagogia (*o* dei pedagogisti).

educationist /ɛdʒʊˈkeɪʃənɪst/, V. **educationalist**.

educative /ˈɛdʒʊkətɪv, *USA* -eɪtɪv/, a. istruttivo; educativo.

educator /ˈɛdʒʊkeɪtə(r)/, n. **1** educatore; docente **2** pedagogista.

educatress /ˈɛdʒʊkeɪtrɪs/, n. educatrice.

to **educe** /ɪˈdjuːs, *USA* ɪˈduːs/, v. t. **1** estrarre; portare alla luce **2** (*chim.*) liberare, isolare (*un elemento da un composto*) **3** dedurre; desumere; evincere.

educible /ɪˈdjuːsəbl, *USA* ɪˈduː-/, a. **1** estraibile **2** deducibile; desumibile.

educt /ˈiːdʌkt/, n. **1** (*chim.*) elemento liberato (*da un composto*) **2** deduzione; illazione.

eduction /ɪˈdʌkʃn/, n. **1** l'estrarre, il portare alla luce, ecc. (V. **to educe**) **2** (*mecc.*) emissione; scarico: **an e. pipe**, un tubo di scarico (*di macchina a vapore*) **3** deduzione; illazione.

eductor /ɪˈdʌktə(r)/, n. (*tecn.*) eiettore (*per fluidi*).

to **edulcorate** /ɪˈdʌlkəreɪt/, v. t. **1** (*arc.*) edulcorare (*anche fig.*); dolcificare **2** (*chim.*) purificare.

edulcoration /ɪdʌlkəˈreɪʃn/, n. **1** (*arc.*) edulcorazione; dolcificazione **2** (*chim.*) purificazione.

edutainment /ɪdʌˈteɪmənt/, n. (*elab., acronimo di* **education** *e* **entertainment**) intrattenimento a fini educativi (*mediante dischetti e cd-rom*).

Edward /ˈɛdwəd/, n. Edoardo.

Edwardian /ɛdˈwɔːdɪən/, **A** a. edoardiano (*del regno di Edoardo VII: 1901-1910*): **E. architecture**, l'architettura edoardiana. **B** n. artista (*o* scrittore, ecc.) del periodo edoardiano.

eel /iːl/, n. (*pl.* **eels, eel**) (*zool., Anguilla; anche fig.*) anguilla. ● **eel-basket**, nassa per le anguille □ **eel-spear**, fiocina per anguille □ (*zool.*) **eel-worm** (*Anguillula*), anguillula □ **as slippery as an eel**, sfuggente come un'anguilla.

eelgrass /ˈiːlgrɑːs, *USA* -æs/, n. (*bot.*) **1** (*Zostera marina*) zostera **2** (*Vallisneria spiralis*) vallisneria.

eelpout /ˈiːlpaʊt/, n. (*zool.*) **1** (*Zoarces anguillaris*) blennio anguillare **2** (*Zoarces viviparus*) blennio viviparo.

eely /ˈiːlɪ/, a. anguillesco; sfuggente; viscido; scivoloso.

e'en /iːn/, (*poet.*) V. **even** (2).

e'er /ɛə(r)/, (*poet.*) V. **ever**.

eerie /ˈɪərɪ/, a. che ha del soprannaturale; lugubre; misterioso; strano: **an e. sound**, un suono lugubre. ● **an e. experience**, un'esperienza strana e terribile.

eerily /ˈɪərəlɪ/, avv. misteriosamente; stranamente, lugubremente; paurosamente.

eeriness /ˈɪərɪnəs/, n. carattere soprannaturale (*o* lugubre); stranezza; senso di mistero: **The e. of the place impressed us deeply**, il carattere soprannaturale del luogo ci fece una profonda impressione.

eery /ˈɪərɪ/, V. **eerie**.

ef, eff /ɛf/, n. effe; lettera f.

to **eff** /ɛf/, (*eufem. pop. per* **fuck**) **A** v. t. fottere (*volg.*): **Eff off!**, fatti fottere! (*volg.*); fatti friggere! (*pop.*); va al diavolo! **B** v. i. (*spesso* **to eff off**) imprecare; bestemmiare. ● (*pop.*) **to eff and blind**, tirare moccoli; smoccolare; imprecare.

to **efface** /ɪˈfeɪs/, **A** v. t. **1** cancellare; obliterare; far scomparire: **to e. the memory of the past**, cancellare il ricordo del passato; **to e. a letter in a word**, cancellare una lettera in una parola **2** eclissare; sorpassare: **The new record effaces all previous exploits**, il nuovo primato eclissa ogni precedente risultato. **B** to **efface oneself**, v. rifl. tenersi in disparte; eclissarsi; farsi piccolo (*fig.*).

effaceable /ɪˈfeɪsəbl/, a. cancellabile, ecc. (V. **to efface**).

effacement /ɪˈfeɪsmənt/, n. cancellazione; obliterazione.

effect /ɪˈfɛkt/, n. **1** effetto; conseguenza; risultato: **The medicine hasn't had any e.**, la medicina non ha sortito alcun effetto; **causes and effects**, le cause e gli effetti **2** (*anche leg.*) vigore; efficacia: **The law is still in e.**, la legge è ancora in vigore **3** senso; significato; tenore: **His letter was to this e.**, la sua lettera era di questo tenore (*o* aveva questo significato) **4** (*pl.*) beni; oggetti; effetti: **household effects**, oggetti domestici; masserizie; **personal effects**, oggetti di vestiario; effetti personali **5** (*cinem., teatr., TV*) effetto: **stage effects**, effetti scenici; **sound effects**, effetti acustici. ● **to bring** (*o* **to carry**) **st. to e.**, mandare a effetto, mettere in atto, eseguire q.c. □ **to come** (*o* **to go**) **into e.**, entrare in vigore □ **for e.**, per fare impressione; per fare colpo: **He spoke purely for e.**, parlò solamente per fare colpo □ **to give e. to**, attuare (*una promessa, un provvedimento, un progetto*) □ **in e.**, effettivamente; praticamente; in realtà □

(*comm.*) **no effects**, privo di fondi (*scritto su un assegno emesso allo scoperto*) □ **of no e.**, inefficace; inutile □ **to take e.**, avere effetto; (*di legge, ecc.*) entrare in vigore □ **to no e.**, inutilmente; invano.

to **effect** /ɪ'fɛkt/, *v. t.* **1** effettuare; compiere; eseguire; attuare; fare: **to e. a payment**, effettuare (*o* eseguire) un pagamento; **to e. a delivery**, fare una consegna **2** causare; determinare; avere come effetto (*o* risultato). ● (*leg.*) **to e. a composition**, giungere a una transazione □ (*ass.*) **to e. a policy**, sottoscrivere una polizza d'assicurazione.

effectible /ɪ'fɛktəbl/, *a.* effettuabile.

effective /ɪ'fɛktɪv/, **A** *a.* **1** efficace: **e. measures to curb inflation**, provvedimenti efficaci per tenere a freno l'inflazione **2** che fa effetto; a effetto; che colpisce (*fig.*): **an e. picture**, un quadro che colpisce **3** effettivo: (*fin.*) **e. yield**, rendimento effettivo; (*econ.*) **e. demand**, domanda effettiva; (*mil.*) **e. range of a gun**, portata effettiva d'un cannone **4** operante; in vigore: **When does the measure become e.?**, quando entra in vigore il provvedimento? **5** (*mil.*: *di nave, soldato, ecc.*) in assetto di guerra. **B** *n.* (*mil.*) effettivo. ● (*elab.*) **e. address**, indirizzo reale □ (*elab.*) **e. instruction**, istruzione operativa.

effectively /ɪ'fɛktɪvlɪ/, *avv.* **1** efficacemente **2** effettivamente; in realtà.

effectiveness /ɪ'fɛktɪvnəs/, *n.* **1** efficacia **2** rendimento (*della manodopera, ecc.*).

effectless /ɪ'fɛktləs/, *a.* inefficace; inutile.

effectual /ɪ'fɛktʃʊəl/, *a.* **1** (*form.*) efficace **2** (*leg.*) che ha efficacia giuridica; valido.

effectuality /ɪfɛktʃʊ'ælətɪ/, *n.* **1** (*form.*) efficacia **2** (*leg.*) validità.

effectually /ɪ'fɛktʃʊəlɪ/, *avv.* (*form.*) **1** efficacemente **2** effettivamente; in effetti.

effectualness /ɪ'fɛktʃʊəlnəs/, *n.* (*form.*) efficacia.

to **effectuate** /ɪ'fɛktʃʊeɪt/, *v. t.* **1** effettuare; compiere; attuare; fare **2** causare; determinare; avere come effetto (*o* risultato).

effectuation /ɪfɛktʃʊ'eɪʃn/, *n.* effettuazione; esecuzione.

effeminacy /ɪ'fɛmɪnəsɪ/, *n.* effeminatezza.

effeminate /ɪ'fɛmɪnət/, **A** *a.* effeminato. **B** *n.* uomo effeminato. || **-ly**, *avv.* || **-ness**, *sost.*

to **effeminate** /ɪ'fɛmɪneɪt/, *v. t.* e *i.* (*raro*) effeminare, effeminarsi.

efferent /'ɛfərənt/, *a.* (*anat.*) efferente: **e. duct**, dotto efferente.

to **effervesce** /ɛfə'vɛs/, *v. i.* essere effervescente (*anche fig.*); sprigionare bollicine; spumeggiare; essere esuberante (*o* vivace).

effervescence /ɛfə'vɛsns/, **effervescency** /ɛfə'vɛsnsɪ/, *n.* effervescenza (*anche fig.*); esuberanza; vivacità.

effervescent /ɛfə'vɛsnt/, *a.* effervescente; esuberante; vivace.

effete /ɪ'fiːt/, *a.* **1** esausto; indebolito; logoro; sorpassato; sterile; vecchio: **e. races**, razze esauste (*o* indebolite); **e. systems of education**, sistemi pedagogici sorpassati **2** effeminato. || **-ly**, *avv.* || **-ness**, *sost.*

efficacious /ɛfɪ'keɪʃəs/, *a.* efficace. || **-ly**, *avv.* || **-ness**, *sost.*

efficiency /ɪ'fɪʃnsɪ/, *n.* **1** efficienza: (*cronot.*) **e. comparison**, misurazione dell'efficienza; (*stat.*) **e. factor**, fattore di efficienza **2** (*org. az.*) efficienza; rendimento; operosità: **e. bonus**, premio di operosità **3** (*pubbl.*) efficacia pubblicitaria **4** (*tecn., ind.*) efficienza, rendimento: (*econ.*) **e. ratio**, indice di efficienza; **overall e.**, rendimento globale; **thermal e.**, rendimento termico **5** efficacia (*di un rimedio*) **6** (*USA*, = **e. apartment**) appartamentino; monolocale. ● (*stat.*) **e. curve**, curva di efficienza □ **e. engineer** (*o* **expert**), esperto di problemi di efficienza □ (*org. az.*) **e. pay**, retribuzione secondo il rendimento.

efficient /ɪ'fɪʃnt/, *a.* **1** efficiente: **an e. housewife**, una donna di casa efficiente; (*filos.*) **e. cause**, causa efficiente; (*stat.*) **e. estimates**, stime efficienti **2** (*econ.*) effettivo: **e. demand**, domanda effettiva (*secondo A. Marshall*).

efficiently /ɪ'fɪʃntlɪ/, *avv.* **1** efficientemente **2** con abilità; con competenza **3** efficacemente.

effigy /'ɛfɪdʒɪ/, *n.* effigie, effige. ● **to hang** [**to burn**] **sb. in e.**, impiccare [bruciare] q. in effigie.

effing /'ɛfɪŋ/, *a.* (*eufem. pop. per* **fucking**) fottuto (*volg.*); maledetto; del diavolo.

to **effloresce** /ɛflɔː'rɛs, -lə-/, *v. i.* **1** (*bot.*) fiorire (*anche fig.*); sbocciare; schiudersi **2** (*chim.*) formare (*o* coprirsi di) efflorescenze.

efflorescence /ɛflɔː'rɛsns, -lə-/, *n.* **1** (*bot.*) fioritura (*anche fig.*) **2** (*chim.*) efflorescenza **3** (*fig.*) culmine; apogeo **4** (*med.*) eruzione cutanea.

efflorescent /ɛflɔː'rɛsnt, -lə-/, *a.* **1** (*bot.*) fiorito; in fiore **2** (*chim.*) efflorescente.

effluence /'ɛflʊəns/, *n.* emanazione; efflusso; effusione (*di luce, ecc.*).

effluent /'ɛflʊənt/, **A** *a.* effluente; defluente. **B** *n.* **1** (*geogr.*) emissario **2** deflusso, scarico (*di fogna, ecc.*) **3** (*ind., ecol.*) effluente: **industrial effluents**, effluenti dell'industria.

effluvium /ɪ'fluːvɪəm/, *n.* (*pl.* **effluvia, effluviums**) effluvio (*in ogni senso*).

efflux /'ɛflʌks/, **effluxion** /ɛ'flʌkʃn/, *n.* **1** efflusso; deflusso; effusione (*di liquido, gas, ecc.*) **2** emanazione.

effort /'ɛfət/, *n.* **1** sforzo; fatica: **a great e. of will**, un grande sforzo di volontà; **the war e.**, lo sforzo bellico; **I will make every e. to finish it in time**, farò ogni sforzo per finirlo in tempo; **It takes great e.**, ci vuole molta fatica **2** (*fam.*) impresa: **It has been a pretty good e.**, è stata una bella impresa; c'è voluto del bello e del buono **3** (*fam.*) opera; creazione **4** (*mecc.*) sforzo **5** (*org. az.*) faticosità (*di un lavoro*). ● **to make an e.**, fare uno sforzo; sforzarsi; fare il possibile: **Please, make an e. to come**, cerca di fare il possibile per venire, ti prego □ **to spare no e. to do st.**, non risparmiare fatiche per fare q.c. □ (*fam.*) **That's not a bad e.**, (non è) niente male!

effortless /'ɛfətləs/, *a.* **1** che non si sforza; indolente; passivo **2** senza sforzo; facile; naturale **3** spontaneo; sciolto; disinvolto.

effrontery /ɪ'frʌntərɪ/, *n.* sfrontatezza; impudenza; sfacciataggine.

effulgence /ɪ'fʌldʒəns/, *n.* fulgore; fulgidezza (*raro*); splendore.

effulgent /ɪ'fʌldʒənt/, *a.* fulgido; splendido; splendente.

effuse /ɪ'fjuːs/, *a.* (*bot.*) effuso.

to **effuse** /ɪ'fjuːz/, *v. t.* effondere; emanare; spargere; irradiare.

effusion /ɪ'fjuːʒn/, *n.* **1** effusione; efflusso; profusione: (*med.*) **e. of blood**, effusione (*o* versamento) di sangue; **effusions of love**, effusioni d'affetto **2** (*chim., fis.*) effusione; espansione.

effusive /ɪ'fjuːsɪv/, *a.* effusivo; espansivo; esuberante; profuso: (*geol.*) **e. rocks**, rocce effusive; **e. demonstrations of affection**, esuberanti dimostrazioni d'affetto. || **-ly**, *avv.* || **-ness**, *sost.*

eft /ɛft/, *n.* (*zool., Molge cristata*) tritone crestato.

eftsoon(s) /ɛft'suːn(z)/, *avv.* (*poet.*) **1** poco dopo; di lì a poco; subito **2** di frequente; spesso.

egad /ɪ'gæd/, *inter.* (*arc., eufem.*, = **by God**) per Bacco!; perbacco!

egalitarian /ɪgælɪ'tɛərɪən/, *a.* e *n.* (*polit.*) egualitario.

egalitarianism /ɪgælɪ'tɛərɪənɪzəm/, *n.* (*polit.*) egualitarismo.

egg /ɛg/, *n.* **1** uovo: **This hen lays an egg every other day**, questa gallina fa l'uovo un giorno sì e un giorno no; **You've got egg on your shirt**, hai dell'uovo sulla camicia; **fried eggs**, uova al tegame; **boiled eggs**, uova sode; **soft-boiled eggs**, uova alla coque **2** (*biol.*) uovo; ovulo **3** (*archit.*) ovolo **4** (*pop.*) bomba; granata **5** (*pop.*) individuo; tipo; uomo: **He's a bad egg**, è un tipaccio; è un poco di buono; **He's a good egg**, è un brav'uomo (*o* un buon diavolo) **6** (*pop. USA*) testa; zucca (*fig.*) **7** (*pop.*) fiasco (*fig.*): **The film was an egg**, il film è stato un fiasco **8** (*pop. USA*) *V.* **eggbeater**. ● **egg-and-spoon race**, corsa fatta tenendo con la bocca un cucchiaio, su cui posa un uovo □ (*zool.*) **egg case** (*o* **capsule**), ooteca, ovoteca □ (*biol.*) **egg cell**, ovulo □ (*biol.*) **egg cleavage**, lo schiudersi delle uova □ **egg.-cosy**, copriuovo □ **egg custard**, crema (*a base di latte e uova*) □ **egg flip** (*o* **egg-nog**), specie di zabaione □ (*cucina, USA*) **e. roll**, *V.* **spring roll** □ **egg-shaped**, a forma d'uovo; ovoidale □ **egg.-spoon**, cucchiaio da uovo □ (*cucina*) **egg timer**, clessidra da tre minuti □ (*biol.*) **egg tooth**, protuberanza sul becco dell'embrione d'un uccello (*che a suo tempo servirà per rompere il guscio dell'uovo*) □ **egg white**, albume; chiara d'uovo (*fam.*) □ **as sure as eggs is eggs**, senza possibilità di dubbio; con certezza assoluta □ (*fig.*) **in the egg**, allo stato embrionale; sul nascere □ **to lay an egg**, fare (*o* deporre) un uovo; (*pop.*) far cilecca, far fiasco □ (*fig.*) **to put all one's eggs in one basket**, giocare il tutto per tutto; puntare tutto su una carta sola □ **to suck an egg**, bere un uovo (fresco) □ (*fig.*) **to teach one's grandmother to suck eggs**, dare consigli a chi ha più esperienza di noi □ (*fig.*) **to tread upon eggs**, camminare sulle uova □ (*fig. fam.*) **with egg on one's face**, imbarazzato; umiliato.

to **egg** /ɛg/, *v. t.* – **to egg on**, incitare; istigare; stimolare.

eggbeater /'ɛgbiːtə(r)/, *n.* **1** sbattiuova; frullino; frusta **2** (*pop. USA, aeron.*) elicottero; (*naut.*) motore fuori bordo.

eggcup /'ɛgkʌp/, *n.* portauovo.

egger /'ɛgə(r)/, *n.* (*zool.*) lasiocampa (*in genere*). ● (*zool.*) **oak e.** (*Lasiocampa quercus*), bombice delle querce.

egghead /'ɛghɛd/, *n.* **1** (*pop.*) intellettuale; testa d'uovo **2** (*spreg. USA*) testa pelata; persona calva.

eggplant /'ɛgplɑːnt, *USA* -ænt/, *n.* (*bot., Solanum melongena*) melanzana.

eggshell /'ɛgʃɛl/, *n.* guscio d'uovo.

eggwhisk /'ɛgwɪsk, *USA* -hw-/, *n.* sbattiuovo; frullino; frusta.

egis /'iːdʒɪs/, *n.* egida (*anche fig.*).

eglantine /'ɛgləntaɪn/, *n.* (*bot.*) **1** (*Rosa eglanteria*) eglantina **2** (*Rosa canina*) rosa canina; rosa di macchia.

ego /'ɛgəʊ, 'iː-, *USA* 'iː-, 'ɛ-/, *n.* (*pl.* **egos**) (*filos., psic.*) io; ego. ● (*pop.*) **ego trip**, atto egoistico; comportamento egocentrico: **to be on an ego trip**, mettersi in mostra □ (*pop.*) **ego tripper**, tipo egocentrico; uno che esalta il proprio io.

egocentric /ɛgəʊ'sɛntrɪk, iː-, *USA* iː-, ɛ-/, *a.* e *n.* egocentrico.

egocentricity /ɛgəʊsɛn'trɪsətɪ, iː-, *USA* iː-, ɛ-/, **egocentrism** /ɛgəʊ'sɛntrɪzəm, iː-, *USA* iː-, ɛ-/, *n.* egocentricità; egocentrismo.

egoism /'ɛgəʊɪzəm, 'iː-, *USA* 'iː-/, *n.* **1** egoismo **2** egotismo; egocentrismo.

egoist /'ɛgəʊɪst, 'iː-, *USA* 'iː-, 'ɛ-/, *n.* **1** egoista **2** persona egocentrica; egotista.

egoistic(al) /ɛgəʊ'ɪstɪk(l), iː-, *USA* iː-, ɛ-/, *a.* **1** egoistico **2** egocentrico. || **-ally**, *avv.*

egotism /'ɛgəʊtɪzəm, 'iː-, *USA* 'iː-, 'ɛ-/, *n.* **1** egotismo; egocentrismo **2** egoismo.

egotist /'ɛgəʊtɪst, 'iː-, *USA* 'iː-, 'ɛ-/, *n.* **1** egotista; egocentrico **2** egoista.

egotistic(al) /ɛgəʊ'tɪstɪk(l), iː-, *USA* iː-, ɛ-/, *a.* **1** egotistico **2** egoistico. || **-ally**, *avv.*

to **egotize** /'ɛgəʊtaɪz, iː-, *USA* iː-, ɛ-/, *v. i.* essere egocentrico; egotizzare (*raro*).

egregious /ɪ'griːdʒəs/, *a.* **1** (*arc.*) egregio; singolare; straordinario **2** (*spreg.*) enorme; madornale; che passa il segno: **an e. blunder**, un errore madornale; **e. folly**, follia che passa ogni segno. || **-ly**, *avv.* || **-ness**, *sost.*

egress /'iːgrɛs/, *n.* **1** uscita; egresso (*raro*) **2**

(*leg.*, = **right of e.**) diritto d'uscita **3** (*fig.*) via d'uscita; scappatoia **4** (*astron.*) egresso, uscita da un'eclissi (*della luna*).

egression /iː'grɛʃn/, *n.* (*form.*) uscita; egresso (*raro*).

egret /'iːgrət/, *n.* **1** (*zool.*, *Casmerodius albus*) airone bianco; egretta; garzetta **2** (*moda*) aigrette; pennacchio di piume di garzetta **3** (*bot.*) lanugine.

Egypt /'iːdʒɪpt/, *n.* (*geogr.*) Egitto.

Egyptian /ɪ'dʒɪpʃn/, *a.* e *n.* egiziano: **E. pound**, lira egiziana.

Egyptologist /iːdʒɪp'tɒlədʒɪst/, *n.* egittologo.

Egyptology /iːdʒɪp'tɒlədʒɪ/, *n.* egittologia.

eh /eɪ/, *inter.* (*di sorpresa, dubbio, interrogazione, ecc.*) eh!; eh?

eider /'aɪdə(r)/, *n.* (*zool.*, *Somateria mollissima*; = **e. duck**) edredone; anatra dal piumino.

eiderdown /'aɪdədaʊn/, *n.* **1** piumino della femmina dell'edredone **2** piumino; trapunta.

eidetic /aɪ'detɪk/, *a.* (*psic.*) eidetico.

eidograph /'aɪdəʊgrɑːf, *USA* -æf/, *n.* pantografo.

eidolon /aɪ'dəʊlɒn/, *n.* (*pl.* **eidola, eidolons**) **1** apparizione; fantasma **2** immagine ideale (*o* idealizzata).

eigenfrequency /'aɪgənfriːkwənsɪ/, *n.* (*fis.*) frequenza normale; frequenza propria.

eigenfunction /'aɪgənfʌŋkʃn/, *n.* (*mat.*) autofunzione.

eigenvalue /'aɪgənvæljuː/, *n.* (*mat.*) autovalore.

eight /eɪt/, *a.* e *n.* otto (*anche figura del pattinaggio, carta da gioco, equipaggio di rematori, ecc.*): **a boy of e.**, un ragazzo di otto anni. ● **the Eights**, le gare di canottaggio fra le università di Oxford e di Cambridge □ (*USA*) **e. ball**, palla nera (*al biliardo*); (*spreg.*) negro: (*pop.*) **to be behind the e. ball**, essere con le spalle al muro; essere nei guai □ **e.-hour working day**, giornata lavorativa di otto ore □ **e. hundred**, ottocento □ (*telef.*, *USA*) **800 line** (*o* **number**), numero verde □ (*sport*) **the 800-metre run**, gli ottocento □ (*canottaggio*) **an e.-oared crew**, un otto □ (*pop.*) **to have one over the e.**, ubriacarsi; prendere una sbornia.

eighteen /eɪ'tiːn/, *a.* e *n.* diciotto. ● (*in G.B.*) **an 18 film**, un film vietato ai minori di 18 anni □ (*pop. USA*) **e. wheeler**, grosso autotreno (*con 18 ruote*).

eighteenmo /eɪ'tiːnməʊ/, *a.* e *n.* (*pl.* **eighteenmos**) (*tipogr.*) diciottesimo.

eighteenth /eɪ'tiːnθ/, *a.* e *n.* diciottesimo.

eightfold /'eɪtfəʊld/, **A** *a.* ottuplo. **B** *avv.* otto volte (tanto).

eighth /eɪtθ/, **A** *a.* ottavo. **B** *n.* **1** ottavo **2** (*mus.*) ottava **3** (*mus.*, = **e. note**) croma.

eighthly /'eɪtθlɪ/, *avv.* all'ottavo posto; in ottavo luogo (*raro*).

eightieth /'eɪtɪəθ/, *a.* e *n.* ottantesimo.

eightsome /'eɪtsəm/, *n.* (= **e. reel**) danza scozzese per quattro coppie.

eighty /'eɪtɪ/, *a.* e *n.* ottanta. ● **the eighties**, gli anni '80; gli anni fra 80 e 89 (*nell'età d'una persona o in un secolo*) □ (*pop. USA*) **e.-eight**, pianoforte (*dal numero dei tasti*) □ (*pop. USA*) **e.-six**, individuo indesiderabile (*in un locale pubblico*) □ **to be in one's eighties**, essere fra gli 80 e i 90 anni d'età.

to **eighty-six** /'eɪtɪ'sɪks/, *v. t.* (*pop. USA*) **1** cacciare, buttare fuori (*da un locale pubblico*) **2** escludere; respingere.

einkorn /'aɪnkɔːn/, *n.* (*bot.*, *Triticum monococcum*) farro piccolo.

Einsteinian /aɪn'staɪnɪən/, *a.* einsteiniano.

einsteinium /aɪn'staɪnɪəm/, *n.* (*chim.*) einsteinio.

Eire /'eərə/, *n.* (*geogr.*) Eire; Irlanda.

eirenic, eirenics /aɪ'riːnɪk(s)/, *V.* **irenic, irenics**.

eisteddfod /aɪ'stɛðvɒd, aɪ'stɛdfəd/, *n.* (*pl.* **eisteddfodau, eisteddfods**) convegno di bardi e musici gallesi; certame poetico e musicale.

either /'aɪðə(r), *USA* 'iːðə(r)/, **A** *a.* e *pron.* l'uno o l'altro; uno dei due; l'uno e l'altro; entrambi; tutt'e due; ambedue, ambo (*lett.*); (*in frase neg.*) né l'uno né l'altro, nessuno dei due: **I don't want e.** (**of them**), non voglio né l'uno né l'altro; **E. of you can go**, può andare l'uno o l'altro di voi; **There are shops on e. side**, ci sono negozi su ambo i lati; **E. view is tenable**, tutt'e due le opinioni sono sostenibili. **B** *avv.* neanche; nemmeno; neppure: **I didn't go e.**, non ci sono andato nemmeno io; **I don't want that, e.**, non voglio neanche quello; **«I cannot swim» «I can't, e.»**, «Non so nuotare» «Neanch'io». **C** *cong.* o (*o idiom.*; *correl. di* **or**): **He is e. in Rome or Florence**, o è a Roma o a Firenze; **Come e. today or tomorrow**, vieni oggi o domani. ● **e. ... or**, o... o; (*in frase neg.*) né... né □ **an e.-or**, un dilemma, una sola alternativa □ (*letter.*) **an e.-or novel**, un romanzo manicheo □ (*banca*: *su un libretto, ecc.*) **«E. to sign»**, «a firma congiunta».

to **ejaculate** /ɪ'dʒækjʊleɪt/, *v. t.* **1** esclamare; dire all'improvviso **2** (*fisiol.*) eiaculare; emettere (*un fluido*).

ejaculation /ɪdʒækjʊ'leɪʃn/, *n.* **1** esclamazione **2** (*fisiol.*) eiaculazione **3** (*relig.*) giaculatoria.

ejaculatory /ɪ'dʒækjʊleɪtrɪ, 'leɪ-, *USA* -lətɔːrɪ/, *a.* **1** esclamativo; veemente: **e. words**, parole veementi **2** (*fisiol.*) eiaculatorio. ● (*relig.*) **e. prayer**, giaculatoria.

to **eject** /ɪ'dʒekt/, *v. t.* **1** emettere: **The chimney ejects smoke**, il camino emette fumo **2** espellere; estromettere; scacciare; sfrattare: **The intruder was ejected from the meeting**, l'intruso fu espulso dalla riunione; **He was ejected for not paying the rent**, fu sfrattato per non aver pagato l'affitto **3** (*mecc.*) eiettare **4** (*leg.*) espropriare **5** (*leg.*) sfrattare.

ejecta /ɪ'dʒɛktə/, *n. pl.* **1** (*geol.*) materiali piroclastici **2** (*fisiol.*) escrementi **3** (*scient.*) materia espulsa.

ejection /ɪ'dʒɛkʃn/, *n.* **1** emissione **2** espulsione; estromissione; cacciata; sfratto **3** (*mecc.*, *ling.*) eiezione **4** (*leg.*) espropriazione **5** (*leg.*) sfratto; escomio. ● (*aeron.*) **e. seat**, seggiolino eiettabile.

ejective /iː'dʒɛktɪv/, *a.* **1** che è causa di emissione, espulsione, ecc. (*V.* **ejection**) **2** (*ling.*) eiettivo.

ejectment /iː'dʒɛktmənt/, *n.* (*leg.*) **1** esproprio forzato **2** sfratto; escomio.

ejector /ɪ'dʒɛktə(r)/, *n.* **1** chi emette, espelle, ecc. (*V.* **to eject**) **2** (*mecc.*) eiettore; estrattore **3** (*mil.*) eiettore, espulsore (*d'arma da fuoco*). ● (*aeron.*) **e. seat**, seggiolino eiettabile.

to **eke** /iːk/, *v. t.* – **to eke out**, integrare; arrotondare: **He eked out his salary by working overtime**, arrotondava lo stipendio facendo del lavoro straordinario. ● **to eke out a bare living**, sbarcare il lunario.

el (**1**) /ɛl/, *n.* (*abbr. di* **elevated**) (*fam. USA*) ferrovia sopraelevata.

el (**2**) /ɛl/, *n.* elle; lettera l.

elaborate /ɪ'læbərət/, *a.* elaborato; complesso; complicato; minuzioso; particolareggiato: **an e. speech**, un discorso elaborato; **e. preparations**, preparativi minuziosi. || **-ly**, *avv.* || **-ness**, *sost.*

to **elaborate** /ɪ'læbəreɪt/, *v. t.* elaborare (*una sostanza, una teoria, ecc.*); studiare con cura; sviluppare (*un'invenzione, ecc.*). ● **Could you e. (on it)?**, potresti darci altri particolari?

elaboration /ɪlæbə'reɪʃn/, *n.* elaborazione.

elaborative /ɪ'læbərətɪv, *USA* -eɪtɪv/, *a.* capace di elaborare.

elaborator /ɪ'læbəreɪtə(r)/, *n.* chi elabora; elaboratore (*uomo*).

élan /eɪ'lɑːn, ɪ'læn/ (*franc.*), *n.* insieme di stile e vivacità; brio; slancio. ● (*filos.*) **é. vital**, slancio vitale.

eland /'iːlənd/, *n.* (*pl.* **eland, elands**) (*zool.*, *Taurotragus orix*) taurotrago orice; antilope alcina. ● (*zool.*) **giant e.** (*Taurotragus derbianus*), taurotrago; antilope gigante.

to **elapse** /ɪ'læps/, *v. i.* (*del tempo*) passare; scorrere; trascorrere.

elastic /ɪ'læstɪk/, **A** *a.* elastico (*anche fig.*); dotato di capacità di recupero; adattabile: (*anat.*) **e. tissue**, tessuto elastico; **e. step**, passo elastico; **an e. conscience**, una coscienza elastica; **an e. temper**, un carattere dotato di capacità di recupero. **B** *n.* elastico: **a piece of e.**, un pezzo d'elastico. ● **an e. band**, una fettuccia elastica; un elastico □ **e. braces**, bretelle d'elastico □ (*econ.*) **e. demand** [**supply**], domanda [offerta] elastica □ **e.-side boots** (*o* **e. sides**), stivaletti con l'elastico ai lati (*usati nell'Ottocento*).

elasticity /ɪlæ'stɪsətɪ, ɛ-, ɪ-/, *n.* elasticità (*anche fig.*); capacità di recupero; adattabilità: (*econ.*) **the e. of demand**, l'elasticità della domanda.

elasticized /ɪ'læstɪsaɪzd/, *a.* (*ind.*) elasticizzato.

elastin /ɪ'læstɪn/, *n.* (*biochim.*) elastina.

elastomer /ɪ'læstəmə(r)/, *n.* (*chim.*) elastomero.

elastomeric /ɪlæstə'merɪk, ɛ-, ɪ-/, *a.* (*chim.*) elastomerico.

Elastoplast /ɪ'læstəplɑːst, *USA* -æst/, *n.* (*marchio*) cerotto (*in G.B.*).

elate /ɪ'leɪt/, (*poet.*) *V.* **elated**.

to **elate** /ɪ'leɪt/, *v. t.* animare; esaltare; imbaldanzire; inorgoglire; fare salire il morale di (q.); far andare su di giri (*fig. fam.*).

elated /ɪ'leɪtɪd/, *a.* esaltato; esultante; giubilante; imbaldanzito; euforico; su di giri (*fig. fam.*). ● **to become e.**, andare su di giri (*fig. fam.*).

elater /'ɛlətə(r)/, *n.* **1** (*zool.*) elatere, elaterio (*insetto*) **2** (*bot.*) elatere.

elaterite /ɪ'lætəraɪt/, *n.* (*miner.*) elaterite.

elation /ɪ'leɪʃn/, *n.* esaltazione; esultanza; giubilo; baldanza; euforia.

elative /'iːlətɪv/, *a.* (*ling.*) elativo.

Elbe /ɛlb/, *n.* (*geogr.*) Elba (*fiume*).

elbow /'ɛlbəʊ/, *n.* **1** gomito (*anche fig.*); curva **2** bracciolo (*di sedia*) **3** (*pop. USA*) poliziotto. ● (*fam. USA*) **e. bender**, chi alza il gomito; grosso bevitore □ **e. chair**, sedia a braccioli □ (*fig.*) **e. grease**, sfregamento energico; olio di gomito (*fig.*) □ **e.-room**, spazio per muoversi bene; (*fig.*) libertà d'azione (*o* di movimento) □ **at one's e.**, a portata di mano □ (*pop.*) **to give sb. the e.**, respingere, rifiutare, scartare q. □ **to be out at (the) elbows**, (*di giacca*) essere sdrucita ai gomiti; (*fig.*: *di persona*) essere male in arnese □ **to push with one's e.**, urtare col gomito; dar gomitate □ (*fig.*) **to rub elbows with**, essere in confidenza con (*una persona celebre, importante*) □ (*fig.*) **to be up to the elbows in**, essere immerso fino al collo in (*un lavoro, ecc.*).

to **elbow** /'ɛlbəʊ/, **A** *v. t.* dare gomitate a; spingere (*o* spostare) a gomitate: **to e. sb. out of the way**, allontanare q. a gomitate; **to e. oneself forward**, farsi avanti a gomitate. **B** *v. i.* **1** formare (un gomito) **2** farsi largo a gomitate. ● **to e. one's way through a mob of demonstrators**, farsi largo a gomitate tra una folla di dimostranti.

elder (**1**) /'ɛldə(r)/, **A** *a.* (*compar. irr. di* **old**) **1** più vecchio; più anziano; maggiore (*d'età, fra due membri d'una famiglia*): **Which is the e.?**, qual è il primogenito (*dei due fratelli*)?; **My e. sister is married**, la mia sorella maggiore è sposata **2** anziano; di grado più alto. **B** *n. pl.* **1** maggiori (*d'età*); persone più anziane; anziani (*in una comunità religiosa, ecc.*): **You should follow the advice of your elders**, dovresti seguire i consigli delle persone più anziane di te; **Respect your elders**, rispetta i tuoi maggiori **2** antenati. ● **He is my e. by five years**, ha cinque anni più di me □ (*stor.*) **William Pitt the E.** (*o* **the E. Pitt**), Pitt il Vecchio.

elder (**2**) /'ɛldə(r)/, *n.* (*bot.*, *Sambucus nigra*) sambuco.

elderberry /ˈɛldəbrɪ, *USA* -bɛrɪ/, *n.* bacca di sambuco.
elderly /ˈɛldəlɪ/, *a.* ***1*** anziano; attempato ***2*** vecchiotto; antiquato.
eldership /ˈɛldəʃɪp/, *n.* ***1*** anzianità ***2*** dignità (o carica) di anziano (*in una comunità religiosa*).
eldest /ˈɛldɪst/, *a.* (*superl. irr. di* **old**) (il) più vecchio; (il) maggiore; primogenito: **Charles is my e. son**, Charles è il mio primogenito.
El Dorado /ɛldəˈrɑːdəʊ, *USA* -eɪdəʊ/, *n.* (*pl.* **El Dorados**) eldorado.
eldritch /ˈɛldrɪtʃ/, *a.* (*poet.*) soprannaturale; strano; pauroso.
Eleanor /ˈɛlənə(r)/, *n.* Eleonora.
Eleatic /ɛlɪˈætɪk/, *a.* e *n.* (*filos.*) eleatico.
Eleaticism /ɛlɪˈætɪsɪzəm/, *n.* (*filos.*) eleatismo.
elecampane /ɛlɪkæmˈpeɪn/, *n.* (*bot.*, *Inula helenium*) enula campana; elenio.
elect /ɪˈlɛkt/, **A** *a.* ***1*** eletto; prescelto; nominato; designato: **the bishop e.**, il vescovo nominato (*ma non ancora insediato*) ***2*** scelto; selezionato; eletto: **an e. group**, un gruppo eletto ***3*** (*relig.*) eletto; predestinato. **B** *n. collett.* ***1*** l'élite ***2*** (*relig.*, = **God's e.**) – **the e.**, gli eletti (del Signore).
to **elect** /ɪˈlɛkt/, *v. t.* ***1*** eleggere: **to e. sb. (to be) president**, eleggere q. presidente; **to e. sb. to the presidency**, eleggere q. alla presidenza ***2*** decidere; scegliere; preferire: **I elected to remain in the country**, decisi di rimanere in campagna.
election /ɪˈlɛkʃn/, *n.* elezione; scelta: **a general e.**, le elezioni generali (*o* politiche); **local elections**, elezioni amministrative. ● **e. results**, risultati elettorali.
electioneer /ɪlɛkʃəˈnɪə(r)/, *n.* galoppino elettorale.
to **electioneer** /ɪlɛkʃəˈnɪə(r)/, *v. i.* fare propaganda elettorale.
electioneering /ɪlɛkʃəˈnɪərɪŋ/, *n.* propaganda elettorale.
elective /ɪˈlɛktɪv/, *a.* ***1*** elettivo: **an e. assembly**, un'assemblea elettiva; **an e. office**, una carica elettiva ***2*** (*USA*) facoltativo, opzionale: **e. subjects**, materie opzionali (*a scuola*). ● (*chim.* e *fig.*) **e. affinity**, affinità elettiva. || **-ly**, *avv.*
electivity /ɪlɛkˈtɪvətɪ/, *n.* elettività; eleggibilità.
elector /ɪˈlɛktə(r)/, *n.* ***1*** elettore ***2*** (*stor.*) principe elettore; elettore ***3*** (*polit.*) grande elettore; membro dell'«electoral college» (*in U.S.A.*; *V. sotto* **electoral**).
electoral /ɪˈlɛktərəl/, *a.* elettorale: **e. registers**, liste elettorali. ● (*USA*) **e. college**, assemblea dei grandi elettori (*che eleggono il Presidente*; *cfr.* **constituency**, collegio elettorale *uninominale*).
electorate /ɪˈlɛktərət/, *n.* ***1*** elettorato; elettori: **The Italian e. has not yet made up its mind**, gli elettori italiani sono ancora indecisi ***2*** (*stor.*) elettorato (*titolo, territorio d'un principe elettore*).
electorship /ɪˈlɛktəʃɪp/, *n.* elettorato (*grado, ufficio di elettore*).
Electra /ɪˈlɛktrə/, *n.* (*mitol.*) Elettra. ● (*psic.*) **E. complex**, complesso di Elettra.
electress /ɪˈlɛktrɪs/, *n.* ***1*** (*raro*) elettrice ***2*** (*stor.*) consorte (*o* vedova) di principe elettore (*in Germania*).
electret /ɪˈlɛktrət/, *n.* (*fis.*) elettrete.
electric /ɪˈlɛktrɪk/, **A** *a.* ***1*** elettrico; elettro- (*nei composti*): **e. charge**, carica elettrica; **e. light**, luce elettrica; **to get an e. shock**, prendere la scossa (*elettrica*); (*med.*) **e. shock therapy**, elettroshockterapia; **the e. chair**, la sedia elettrica ***2*** dielettrico: **e. displacement** (*o* **e. induction**), induzione dielettrica. **B** *n.* (*fam.*) ***1*** automobile elettrica ***2*** tram elettrico ***3*** elettrotreno ***4*** (*pl.*) lampadine; fili; impianto elettrico. ● **e. appliances**, elettrodomestici □ **e. arc**, arco voltaico □ **e. blanket**, termocoperta □ **e. blue**, blu elettrico □ **e. cable**, cavo elettrico □ **e. drill**, trapano elettrico □ (*zool.*) **e. eel** (*Electrophorus electricus*), gimnoto □ (*fam.*) **e. eye**, occhio magico (*fam.*); cellula fotoelettrica □ **e. fence**, recinto elettrificato □ (*autom.*, *mecc.*) **e. fuel pump**, pompa elettrica (*della benzina*) □ **e. garage-door operator**, apriporta elettrico del garage □ **e. generator**, gruppo elettrogeno □ (*mus.*) **e. guitar**, chitarra elettrica □ **e. heater**, stufetta elettrica □ **e. heating**, riscaldamento elettrico □ **e. immersion heater**, scaldaacqua elettrico a immersione □ **e. iron**, ferro da stiro elettrico □ **e. lock**, serratura elettrica □ (*autom.*) **e. locks**, chiusura centralizzata (*delle portiere*) □ **e. meter**, contatore della luce (elettrica) □ **e. mixer**, frullatore □ **e. motor**, motore elettrico □ **e. oven**, forno elettrico □ **e. power**, energia elettrica □ **e. power plant**, centrale elettrica □ **e. power point**, presa di corrente (elettrica) □ **e. railway**, ferrovia elettrificata □ **e. ring**, fornello elettrico □ **e. shaver**, rasoio elettrico □ **e. shock**, scossa elettrica; (*med.*) shock da folgorazione □ (*meteor.*) **e. storm**, temporale □ **e. stove**, stufa elettrica □ **e. torch**, torcia elettrica □ (*ferr.*) **e. traction**, trazione elettrica; elettrotrazione □ (*ferr.*) **e. train**, elettrotreno □ (*tecn.*) **e. valve**, elettrovalvola □ (*autom.*) **e. windows**, alzacristalli elettrici □ (*fam. USA*) **He got the e. chair**, fu condannato alla sedia elettrica.
electrical /ɪˈlɛktrɪkl/, *a.* ***1*** elettrico: **e. unit**, unità elettrica; (*autom.*) **e. equipment**, impianto elettrico ***2*** d'energia elettrica: **e. output**, erogazione di energia elettrica ***3*** (*fig.*) elettrizzante. ● **e. appliances**, elettrodomestici, rasoi elettrici, ecc. □ **e. appliance retailer**, venditore di elettrodomestici □ **e. contractor**, elettricista (*installatore d'impianti*) □ **e. domestic appliances**, elettrodomestici □ **e. engineer**, ingegnere elettrotecnico; (*anche*) elettricista □ **e. engineering**, elettrotecnica □ **e. heating**, riscaldamento elettrico □ **e. outfitter**, elettricista □ (*autom.*) **e. repairs**, lavori di elettrauto □ (*autom.*) **e. repair shop**, elettrauto □ **e. technology**, elettrotecnica □ **e. wiring**, impianti elettrici.
electrically /ɪˈlɛktrɪklɪ/, *avv.* elettricamente. ● (*autom.*) **e. powered**, con il motore elettrico.
electrician /ɪlɛkˈtrɪʃn/, *n.* elettricista.
electricity /ɪlɛkˈtrɪsətɪ/, *n.* ***1*** (*fis.*) elettricità: **static e.**, elettricità statica; **positive [negative] e.**, elettricità positiva [negativa] ***2*** (*fig.*) tensione; nervosismo. ● **e. cut**, interruzione dell'erogazione dell'energia elettrica.
electrifiable /ɪˈlɛktrɪfaɪəbl/, *a.* ***1*** elettrificabile ***2*** (*anche fig.*) elettrizzabile.
electrification /ɪlɛktrɪfɪˈkeɪʃn/, *n.* ***1*** elettrificazione: **railway e.**, elettrificazione delle ferrovie ***2*** (*anche fig.*) elettrizzazione.
electrified /ɪˈlɛktrɪfaɪd/, *a.* ***1*** elettrificato; provvisto di energia elettrica ***2*** (*anche fig.*) elettrizzato.
to **electrify** /ɪˈlɛktrɪfaɪ/, *v. t.* ***1*** elettrificare: **to e. a railway**, elettrificare una ferrovia ***2*** (*anche fig.*) elettrizzare.
electrifying /ɪˈlɛktrɪfaɪɪŋ/, **A** *a.* (*anche fig.*) elettrizzante: **an e. speech**, un discorso elettrizzante. **B** *n. V.* **electrification**.
electro /ɪˈlɛktrəʊ/, *n.* (*pl.* **electros**) (*fam.*) ***1*** (*tipogr.*, *abbr. di* **electrotype**) galvanotipo; cliché ***2*** (*ind.*, *abbr. di* **electroplate**) oggetto placcato (mediante galvanostegia).
electroacoustics /ɪlɛktrəʊəˈkuːstɪks/, *n. pl.* (*col verbo al sing.*) elettroacustica.
electrobiology /ɪlɛktrəʊbaɪˈɒlədʒɪ/, *n.* elettrobiologia.
electrocapillarity /ɪlɛktrəʊkæpɪˈlærətɪ/, *n.* (*fis.*) elettrocapillarità.
electrocardiogram /ɪlɛktrəʊˈkɑːdɪəgræm/, *n.* (*med.*) elettrocardiogramma.
electrocardiograph /ɪlɛktrəʊˈkɑːdɪəgrɑːf, *USA* -græf/, *n.* (*med.*) elettrocardiografo.
electrocardiography /ɪlɛktrəʊkɑːdɪˈɒgrəfɪ/, *n.* (*med.*) elettrocardiografia.
electrocatalysis /ɪlɛktrəʊkəˈtæləsɪs/, *n.* (*chim.*) elettrocatalisi.
electrochemical /ɪlɛktrəʊˈkɛmɪkl/, *a.* elettrochimico.
electrochemistry /ɪlɛktrəʊˈkɛmɪstrɪ/, *n.* elettrochimica.
electrocoagulation /ɪlɛktrəʊkəʊægjʊˈleɪʃn/, *n.* (*med.*) elettrocoagulazione.
electroconductivity /ɪlɛktrəʊkɒndʌkˈtɪvətɪ/, *n.* (*fis.*) elettroconduttività.
electroconvulsive /ɪlɛktrəʊkənˈvʌlsɪv/, *a.* (*med.*) elettroconvulsivo. ● **e. therapy**, elettroconvulsivoterapia; elettroshockterapia.
to **electrocute** /ɪˈlɛktrəkjuːt/, *v. t.* ***1*** (*leg.*, *in U.S.A.*) giustiziare sulla sedia elettrica ***2*** fulminare (*con la scossa elettrica*).
electrocution /ɪlɛktrəˈkjuːʃn/, *n.* (*leg.*, *in U.S.A.*) elettroesecuzione; elettrocuzione; esecuzione capitale per mezzo della sedia elettrica.
electrode /ɪˈlɛktrəʊd/, *n.* elettrodo; piastra (*d'una batteria*). ● **e. potential**, potenziale elettrodico.
electrodeposition /ɪlɛktrəʊdɛpəˈzɪʃn/, *n.* (*tecn.*) elettrodeposizione.
electrodialysis /ɪlɛktrəʊdaɪˈæləsɪs/, *n.* (*chim.*, *fis.*) elettrodialisi.
electroduct /ɪˈlɛktrəʊdʌkt/, *n.* elettrodotto.
electrodynamic /ɪlɛktrəʊdaɪˈnæmɪk/, *a.* elettrodinamico.
electrodynamics /ɪlɛktrəʊdaɪˈnæmɪks/, *n. pl.* (*col verbo al sing.*) elettrodinamica.
electrodynamometer /ɪlɛktrəʊdaɪnəˈmɒmɪtə(r)/, *n.* (*tecn.*) elettrodinamometro.
electroencephalogram /ɪlɛktrəʊɛnˈsɛfələgræm/, *n.* (*med.*) elettroencefalogramma.
electroencephalograph /ɪlɛktrəʊɛnˈsɛfələgrɑːf, *USA* -æf/, *n.* (*med.*) elettroencefalografo.
electroencephalography /ɪlɛktrəʊɛnsəfəˈlɒgrəfɪ/, *n.* (*med.*) elettroencefalografia.
electrofishing /ɪˈlɛktrəʊfɪʃɪŋ/, *n.* pesca fatta con la corrente elettrica.
electroforming /ɪˈlɛktrəʊfɔːmɪŋ/, *n.* (*metall.*) elettroformatura.
electrogenesis /ɪlɛktrəʊˈdʒɛnəsɪs/, *n.* (*biol.*) elettrogenesi.
electrogenic /ɪlɛktrəʊˈdʒɛnɪk/, *a.* (*biol.*) elettrogenetico.
electrohydraulic /ɪlɛktrəʊhaɪˈdrɔːlɪk/, *a.* (*chim.*, *tecn.*) elettroidraulico.
electrohydraulics /ɪlɛktrəʊhaɪˈdrɔːlɪks/, *n. pl.* (*col verbo al sing.*) (*chim.*, *tecn.*) elettroidraulica.
electrokinetics /ɪlɛktrəʊkaɪˈnɛtɪks/, *n. pl.* (*col verbo al sing.*) elettrocinetica.
electrolier /ɪlɛktrəˈlɪə(r)/, *n.* (*specialm. USA*) supporto di lampada elettrica.
electrology /ɪlɛkˈtrɒlədʒɪ/, *n.* (*fis.*) elettrologia.
to **electrolyse** /ɪˈlɛktrəlaɪz/, *v. t.* (*chim.*) sottoporre a elettrolisi; elettrolizzare.
electrolyser /ɪˈlɛktrəʊlaɪzə(r)/, *n.* (*elettr.*, *chim.*) elettrolizzatore.
electrolysis /ɪlɛkˈtrɒləsɪs/, *n.* ***1*** (*chim.*) elettrolisi ***2*** (*med.*) distruzione (*di peli, ecc.*) con trattamento diatermico.
electrolyte /ɪˈlɛktrəlaɪt/, *n.* elettrolito, elettrolita.
electrolytic /ɪlɛktrəʊˈlɪtɪk/, *a.* elettrolitico.
to **electrolyze** /ɪˈlɛktrəʊlaɪz/, e *deriv.* (*USA*) *V.* **to electrolyse**, e *deriv.*
electromagnet /ɪlɛktrəʊˈmægnɪt/, *n.* elettromagnete; elettrocalamita.
electromagnetic /ɪlɛktrəʊmægˈnɛtɪk/, *a.* elettromagnetico: **e. field**, campo elettromagnetico; **e. pump**, pompa elettromagnetica.
electromagnetism /ɪlɛktrəʊˈmægnətɪzəm/, *n.* elettromagnetismo.
electrometallurgical /ɪlɛktrəʊmɛtəˈlɜːdʒɪkl/, *a.* elettrometallurgico.
electrometallurgy /ɪlɛktrəʊmɪˈtælədʒɪ, *USA* -ˈmɛtəlɜːdʒɪ/, *n.* elettrometallurgia.
electrometer /ɪlɛkˈtrɒmɪtə(r)/, *n.* (*tecn.*) elettrometro.
electromotive /ɪlɛktrəʊˈməʊtɪv/, *a.* elettro-

motore: **e. force**, forza elettromotrice.

electromotor /ɪlɛktrəʊ'məʊtə(r)/, *n.* motore elettrico; elettromotore.

electromusic /ɪlɛktrəʊ'mju:zɪk/, *n.* (*mus.*) musica suonata con chitarre elettriche.

electron /ɪ'lɛktrɒn/, *n.* (*fis.*) elettrone: **Atoms are made up of electrons and protons**, gli atomi sono composti di elettroni e protoni. ● **e. beam**, fascio di elettroni □ **e. flow**, flusso di elettroni □ **e. gun**, cannone elettronico □ **e. microscope**, microscopio elettronico □ **e. tube**, tubo elettronico; valvola elettronica □ (*fis.*) **e.-volt**, elettronvolt.

electronarcosis /ɪlɛktrəʊnɑ:'kəʊsɪs/, *n.* (*pl.* **electronarcoses**) (*med.*) elettronarcosi.

electronegative /ɪlɛktrəʊ'nɛgətɪv/, *a.* elettronegativo.

electronegativity /ɪlɛktrəʊnɛgə'tɪvətɪ/, *n.* elettronegatività.

electronic /ɪlɛk'trɒnɪk/, *a.* elettronico: **e. microscope**, microscopio elettronico. ● **e. access device**, sistema di chiusura elettronico □ **e. brain**, cervello elettronico □ (*Borsa*) **e. board**, tabellone elettronico □ **e. burglar**, pirata elettronico □ (*fam. USA*) **e. cottage**, *V.* **flexiplace** □ **e. circuitry**, circuiti elettronici □ (*elab.*) **e. data processing** (*abbr.* **EDP**), elaborazione elettronica dei dati □ **e. equipment**, apparecchiature elettroniche □ (*mus.*) **e. music**, musica elettronica □ (*elab.*) **e. pen**, penna elettronica □ **e. typewriter**, macchina da scrivere elettronica □ (*mil.*) **e. warfare**, guerra elettronica.

to **electronicize** /ɪlɛk'trɒnɪsaɪz/, *v. t.* provvedere di apparecchi elettronici; rendere elettronico.

electronics /ɪlɛk'trɒnɪks/, *n. pl.* (*col verbo al sing.*) elettronica. ● **e. technician**, perito elettronico.

electro-optics /ɪlɛktrəʊ'ɒptɪks/, *n. pl.* (*col verbo al sing.*) elettroottica.

electro-osmosis /ɪlɛktrəʊɒz'məʊsɪs/, *n.* (*chim., fis.*) elettroosmosi.

electropainting /ɪlɛktrəʊ'peɪntɪŋ/, *n.* (*tecn.*) verniciatura elettrolitica.

electrophilic /ɪlɛktrəʊ'fɪlɪk/, *a.* (*chim.*) elettrofilo: **e. reagent**, reagente elettrofilo.

to **electrophorese** /ɪlɛktrəʊfə'ri:s/, *v. t.* (*tecn.*) sottoporre a elettroforesi.

electrophoresis /ɪlɛktrəʊfə'ri:sɪs/, *n.* (*fis.*) elettroforesi.

electrophoretic /ɪlɛktrəʊfə'rɛtɪk/, *a.* elettroforetico.

electrophorus /ɪlɛk'trɒfərəs/, *n.* (*pl.* **electrophori**) (*fis.*) elettroforo.

electrophysics /ɪlɛktrəʊ'fɪzɪks/, *n. pl.* (*col verbo al sing.*) elettrofisica.

electrophysiology /ɪlɛktrəʊfɪzɪ'ɒlədʒɪ/, *n.* (*med.*) elettrofisiologia.

electroplate /ɪ'lɛktrəpleɪt/, *n.* (*collett.*) oggetti placcati (*specialm. in argento*) mediante galvanostegia.

to **electroplate** /ɪ'lɛktrəpleɪt/, *v. t.* (*metall.*) trattare con la galvanostegia; placcare (*specialm. in argento*) con la galvanoplastica.

electroplated /ɪ'lɛktrəpleɪtɪd/, *a.* (*ind.*) placcato (*in oro o argento*).

electroplater /ɪ'lɛktrəpleɪtə(r)/, *n.* galvanostegista; galvanizzatore; tecnico di galvanoplastica.

electroplating /ɪ'lɛktrəpleɪtɪŋ/, *n.* (*tecn.*) galvanostegia; galvanoplastica.

electropollution /ɪlɛktrəʊpə'lu:ʃn/, *n.* (*ecol.*) inquinamento da elettricità.

electropositive /ɪlɛktrəʊ'pɒzətɪv/, *a.* elettropositivo.

electropositivity /ɪlɛktrəʊpɒzə'tɪvətɪ/, *n.* elettropositività.

electrorefining /ɪlɛktrəʊrɪ'faɪnɪŋ/, *n.* (*chim., metall.*) elettroraffinazione.

electroscope /ɪ'lɛktrəskəʊp/, *n.* elettroscopio.

electrosensitive /ɪlɛktrəʊ'sɛnsətɪv/, *a.* (*fotogr.*) elettrosensibile.

electroshock /ɪ'lɛktrəʊʃɒk/, *n.* (*med.*) elettroshock. ● **e. therapy**, elettroshockterapia; elettroshock (*fam.*).

electrostatic /ɪlɛktrə'stætɪk/, *a.* elettrostatico: **e. field**, campo elettrostatico □ **e. gyroscope**, giroscopio elettrostatico.

electrostatics /ɪlɛktrə'stætɪks/, *n. pl.* (*col verbo al sing.*) elettrostatica.

electrostriction /ɪlɛktrəʊ'strɪkʃn/, *n.* (*mecc.*) elettrostrizione.

electrosurgical knife /ɪlɛktrəʊ'sɜ:dʒɪkl naɪf/, *locuz. n.* (*med.*) elettrobisturi.

electrosynchrotron /ɪlɛktrəʊ'sɪŋkrətrɒn/, *n.* (*fis. nucl.*) elettrosincrotrone.

electrosynthesis /ɪlɛktrəʊ'sɪnθəsɪs/, *n.* (*chim.*) elettrosintesi.

electrotechnic(al) /ɪlɛktrəʊ'tɛknɪk(l)/, *a.* elettrotecnico.

electrotechnician /ɪlɛktrəʊtɛk'nɪʃn/, *n.* elettrotecnico.

electrotechnics /ɪlɛktrəʊ'tɛknɪks/, *n. pl.* (*col verbo al sing.*) elettrotecnica.

electrotherapeutic(al) /ɪlɛktrəʊθɛrə'pju:tɪk(l)/, *a.* (*med.*) elettroterapeutico; elettroterapico.

electrotherapeutics /ɪlɛktrəʊθɛrə'pju:tɪks/, *n. pl.* (*col verbo al sing.*) (*med.*) elettroterapia.

electrotherapist /ɪlɛktrəʊ'θɛrəpɪst/, *n.* elettroterapista; medico che usa l'elettroterapia.

electrotherapy /ɪlɛktrəʊ'θɛrəpɪ/, *n.* (*med.*) elettroterapia.

electrothermal /ɪlɛktrəʊ'θɜ:ml/, **electrothermic** /ɪlɛktrəʊ'θɜ:mɪk/, *a.* elettrotermico.

electrothermancy /ɪlɛktrəʊ'θɜ:mənsɪ/, *n.* elettrotermia.

electrotonus /ɪlɛk'trɒtənəs/, *n.* (*fisiol.*) elettrotono.

electrotropic /ɪlɛktrəʊ'trɒpɪk, *USA* -'trəʊp-/, *a.* (*biol.*) elettrotropico.

electrotropism /ɪlɛk'trɒtrəpɪzəm, -ə'trəʊp-, -ə'trɒp-/, *n.* (*biol.*) elettrotropismo.

electrotype /ɪ'lɛktrəʊtaɪp/, *n.* (*tipogr.*) cliché; galvanotipo.

to **electrotype** /ɪ'lɛktrəʊtaɪp/, *v. t.* (*tipogr.*) riprodurre mediante galvanotipia.

electrotyper /ɪ'lɛktrəʊtaɪpə(r)/, *n.* galvanotipista.

electrotyping /ɪ'lɛktrəʊtaɪpɪŋ/, *n.* galvanotipia; elettrotipia.

electrovalence /ɪlɛktrəʊ'veɪləns/, **electrovalency** /ɪlɛktrəʊ'veɪlənsɪ/, *n.* (*chim.*) elettrovalenza; valenza ionica.

electrovalent /ɪlɛktrəʊ'veɪlənt/, *a.* (*chim.*) elettrovalente.

electrum /ɪ'lɛktrəm/, *n.* **1** (*miner.*) elettro; lega naturale d'oro e argento **2** argentone; lega di rame, nichel e zinco (*usata per vasellame*).

electuary /ɪ'lɛktjʊərɪ, *USA* -tʃʊɛrɪ/, *n.* (*med.*) elettuario.

eleemosynary /ɛlɪi:'mɒzɪnərɪ, -s-, *USA* -nɛrɪ/, *a.* **1** di (*o* dato in) elemosina; caritatevole **2** che vive di carità (*o* d'elemosina). ● **e. corporation**, società di beneficenza.

elegance /'ɛlɪgəns/, **elegancy** /'ɛlɪgənsɪ/, *n.* eleganza; grazia; finezza.

elegant /'ɛlɪgənt/, *a.* **1** elegante; aggraziato; fine **2** (*fam.*) eccellente; ottimo. ‖ **-ly**, *avv.*

elegiac /ɛlɪ'dʒaɪək, ɪ'li:dʒɪæk/, **A** *a.* elegiaco: **e. couplet**, distico elegiaco. **B** *n.* **1** (verso) elegiaco; pentametro **2** (*pl.*) versi elegiaci.

elegiacal /ɛlɪ'dʒaɪəkl/, *a.* elegiaco.

elegist /'ɛlɪdʒɪst/, *n.* poeta elegiaco.

to **elegize** /'ɛlɪdʒaɪz/, **A** *v. i.* scrivere elegie (*o* versi elegiaci). **B** *v. t.* commemorare con un'elegia; scrivere un'elegia su (q.).

elegy /'ɛlədʒɪ/, *n.* elegia.

elektron /ɪ'lɛktrɒn/, *n.* (*metall.*) electron; elektron (*lega*).

element /'ɛlɪmənt/, *n.* **1** elemento; elemento costitutivo; componente; fattore: **the four elements**, i quattro elementi (*secondo gli antichi*); (*elettr.*) **the elements of a battery**, gli elementi di una batteria; **to be attacked by the fury of the elements**, essere assalito dalla furia degli elementi; **Honesty is an important e.**, l'onestà è un fattore importante **2** (*chim.*) elemento **3** (*pl.*) nozioni elementari; elementi; rudimenti: **the elements of Italian grammar**, le nozioni elementari della grammatica italiana; **elements of physics**, elementi di fisica **4** settore; scomparto; gruppo **5** (*mil.*) reparto. ● (*leg.*) **e. of proof**, mezzo di prova □ **to be in [out of] one's e.**, trovarsi nel [fuori del] proprio elemento: **He is in his e. when people are talking about literature**, si trova nel suo elemento quando si parla di letteratura □ **the personal e.**, il fattore umano □ **There is an e. of truth in what he says**, c'è del vero in ciò che dice.

elemental /ɛlɪ'mɛntl/, *a.* **1** degli elementi della natura: **e. worship**, culto degli elementi della natura **2** fondamentale; primitivo; primordiale: (*psic.*) **e. drives**, impulsi primitivi **3** (*chim., filos.*) elementare; semplice. ● **e. fury**, la furia degli elementi (*della natura*).

elementary /ɛlɪ'mɛntrɪ/, *a.* elementare; rudimentale: **e. knowledge**, conoscenza rudimentale; **an e. school**, una scuola elementare; (*chim.*) **an e. particle**, una particella elementare. ‖ **-ily**, *avv.* ‖ **-iness**, *sost.*

elephant /'ɛlɪfənt/, *n.* (*pl.* **elephants, elephant**) **1** (*zool., Elephas*) elefante **2** foglio di carta (*cm 70 per 58 circa*). ● (*miss.*) **e. ear**, piastra di protezione □ (*bot.*) **e.'s ear**, begonia □ (*zool.*) **e. fish** (*Callorhynchus callorhynchus*), pesce elefante □ (*zool.*) **e. seal** (*Mirounga leonina*), elefante marino; foca elefantina □ **e. trainer**, domatore d'elefanti □ **baby e.**, elefantino □ **bull e.**, elefante maschio □ **cow e.**, elefantessa □ (*fig.*) **white e.**, cosa che costa di manutenzione più di quel che vale; cosa costosa di cui è difficile sbarazzarsi.

elephantiac /ɛlɪ'fæntɪæk/, *a.* (*med.*) elefantiaco.

elephantiasic /ɛlɪfən'taɪəsɪk/, *V.* **elephantiac**.

elephantiasis /ɛlɪfən'taɪəsɪs/, *n.* (*med.*) elefantiasi.

elephantine /ɛlɪ'fæntaɪn/, *a.* **1** di elefante; degli elefanti: (*geol.*) **the e. epoch**, l'era degli elefanti **2** elefantesco; elefantino; pesante; sgraziato; gravoso: **e. movements**, movimenti sgraziati; **an e. task**, un compito gravoso. ● **e. memory**, memoria da elefante.

Eleusinian /ɛlju:'sɪnɪən, ɛlu:-/, *a.* eleusino: (*stor., relig.*) **E. mysteries**, misteri eleusini.

Eleusis /ɪ'lju:sɪs, ɪ'lu:-/, *n.* (*geogr., stor.*) Eleusi.

to **elevate** /'ɛlɪveɪt/, *v. t.* **1** elevare (*anche fig.*); innalzare; alzare; esaltare: **to e. sb. to the peerage**, elevare q. alla carica di Pari d'Inghilterra; **to e. one's eyes**, elevare lo sguardo; **to e. one's voice**, alzare la voce **2** (*tecn.*) aumentare l'elevazione di (*uno strumento*). ● (*mil.*) **to e. a gun**, dare l'alzo a un cannone.

elevated /'ɛlɪveɪtɪd/, **A** *a.* **1** elevato; alto; nobile; sublime: **e. sentiments**, sentimenti elevati; **an e. style**, uno stile elevato; **e. aims**, nobili scopi **2** soprelevato: **an e. railway**, una ferrovia soprelevata **3** (*fam., arc.* o *USA*) alticcio; brillo. **B** *n.* (*fam.*) ferrovia soprelevata.

elevating /'ɛlɪveɪtɪŋ/, *a.* **1** che eleva lo spirito **2** (*tecn.*) elevatore; di elevazione: **e. gear**, dispositivo di elevazione. ● **e. arc**, settore di elevazione; (*mil.*) alzo (*d'arma da fuoco*) □ (*aeron.*) **e. power**, forza ascensionale.

elevation /ɛlɪ'veɪʃn/, *n.* **1** elevazione; innalzamento; altura: **e. to the peerage**, elevazione alla carica di Pari; **an e. of the ground**, un'elevazione del terreno; un'altura; (*relig.*) **the E. of the Host**, l'Elevazione (dell'ostia) **2** elevatezza; nobiltà; sublimità: **e. of thought**, elevatezza del pensiero **3** (*geogr.*) altezza; altitudine: **an e. of 3,300 feet**, un'altitudine di circa 1000 metri **4** (*mil.*) elevazione, angolo verticale (*di arma da fuoco*) **5** (*astron.*) altezza; elevazione **6** (*topogr.*) quota **7** (*disegno*) prospetto; disegno in proiezione verticale. ● **a sudden e. of temperature**, un improvviso innalzamento della temperatura.

elevator /'ɛlɪveɪtə(r)/, *n.* **1** elevatore; che eleva, ecc. (*V.* **to elevate**) *2* (*mecc.*) elevatore; montacarichi *3* (*USA*) ascensore (*cfr. ingl.* **lift**) *4* (*agric.*) silos; magazzino per cereali *5* (*mil.*) elevatore (*d'arma da fuoco*) *6* (*aeron.*) timone di profondità (*o* di quota) *7* (*di scarpe*) alzatacco interno. ● (*USA*) **e. boy**, ascensorista; lift □ **e. dredge**, draga a tazze □ **e. shaft**, pozzo dell'ascensore □ **belt e.**, elevatore a nastro.

eleven /ɪˈlɛvn/, *a.* e *n.* undici. ● (*sport*) **an e.**, un «undici», una squadra di undici uomini (*come nel calcio o nel cricket*) □ **the E.**, gli undici discepoli (*escluso Giuda*) □ (*stor., in G.B.*) **the 11-plus**, l'esame d'ammissione (alla «grammar school»).

elevenses /ɪˈlɛvnzɪz/, *n. pl.* (*fam.*) spuntino (*a metà mattina*).

eleventh /ɪˈlɛvnθ/, *a.* e *n.* undicesimo; undecimo, decimoprimo (*lett.*). ● (*fig.*) **at the e. hour**, all'ultimo momento; appena in tempo.

elevon /ˈɛlɪvɒn/, *n.* (*aeron.*) elevone.

elf /ɛlf/, *n.* (*pl.* **elves, elfs**) *1* (*mitol.*) elfo; folletto (*anche fig.*); fata; fatina: **That little boy is an elf**, quel bambino è un folletto *2* nano; nanerottolo. ● **elf arrow** (*o* **elf bolt**), punta di freccia di selce □ **elf child**, bambino sostituito a un altro dai folletti □ **elf-lock**, ciocca di capelli arruffati □ **elf-struck**, incantato; stregato.

elfin /ˈɛlfɪn/, *a.* *1* di elfo; di folletto; di fata: **e. dance**, danza degli elfi (*anche fig.*) *2* minuscolo; piccolissimo *3* allegro; birichino; vivace.

elfish /ˈɛlfɪʃ/, *a.* *1* di elfo; di folletto; di fata *2* birichino; malizioso.

Elias /ɪˈlaɪəs/, *V.* **Elijah**.

to **elicit** /ɪˈlɪsɪt/, *v. t.* *1* far uscire, cavar fuori, suscitare, strappare (*di solito fig.*): **My remark elicited an angry reply**, la mia osservazione suscitò una risposta irosa; **to e. applause from the audience**, strappare applausi al pubblico *2* dedurre; ricavare: **to e. the truth from data**, dedurre la verità da dati di fatto.

elicitation /ɪlɪsɪˈteɪʃn/, *n.* *1* (il) cavar fuori (*V.* **to elicit**) *2* deduzione.

to **elide** /ɪˈlaɪd/, *v. t.* elidere; sopprimere.

eligibility /ɛlɪdʒəˈbɪlətɪ/, *n.* *1* (*anche leg.*) eleggibilità *2* idoneità; l'essere adatto *3* (*leg.*) l'avere diritto (*a q.c.*). ● **e. for re-election**, rieleggibilità.

eligible /ˈɛlɪdʒəbl/, *a.* *1* (*anche leg.*) eleggibile *2* atto a essere scelto; adatto; idoneo; che ha i requisiti (necessari) per; che ha titolo (*o* diritto) a: **to be e. for an office**, avere i requisiti per ricoprire una carica; **to be e. for family allowance**, aver diritto agli assegni familiari; **to be e. for membership in a club**, avere i requisiti per essere ammesso a un circolo *3* (*fin.*: *di un titolo*) bancabile; stanziabile *4* (*rag.*: *di spesa*) imputabile. ● **an e. bachelor**, un buon partito (*per una donna*) □ **e. to be employed**, che ha i titoli per essere assunto □ **to be e. for re-election**, essere rieleggibile □ **an e. match**, un buon partito.

Elijah /ɪˈlaɪdʒə/, *n.* Elia (*profeta biblico*).

eliminable /ɪˈlɪmɪnəbl/, *a.* eliminabile.

to **eliminate** /ɪˈlɪmɪneɪt/, *v. t.* *1* eliminare; rimuovere; sopprimere: **to e. unnecessary details**, eliminare particolari superflui; **to e. the risk of nuclear war**, eliminare il rischio della guerra nucleare; (*mat.*) **to e. the unknown**, eliminare l'incognita *2* scartare (*una possibilità, ecc.*) *3* (*fam.*) uccidere; eliminare (*fam.*). ● (*sport*) **eliminating heat**, eliminatoria.

elimination /ɪlɪmɪˈneɪʃn/, *n.* *1* eliminazione: **the e. of customs barriers**, l'eliminazione delle barriere doganali *2* (*fam.*) eliminazione; uccisione. ● (*mat.*) **e. factor**, fattore di eliminazione □ (*sport*) **e. race**, corsa a eliminazione.

eliminative /ɪˈlɪmɪnətɪv, *USA* -eɪtɪv/, *a.* eliminatorio.

eliminator /ɪˈlɪmɪneɪtə(r)/, *n.* *1* chi elimina *2* (*elettron.*) soppressore; eliminatore.

eliminatory /ɪˈlɪmɪnətrɪ, *USA* -ətɔːrɪ/, *a.* eliminatorio.

Elisabeth /ɪˈlɪzəbəθ/, *V.* **Elizabeth**.

Elisha /ɪˈlaɪsə/, *n.* Eliseo (*profeta biblico*).

elision /ɪˈlɪʒn/, *n.* (*fon., poesia*) elisione.

elite /eɪˈliːt, ɪ-/, *n.* parte eletta; fior fiore; élite (*franc.*).

elitism /eɪˈliːtɪzəm, ɪ-/, *n.* elitarismo.

elitist /eɪˈliːtɪst, ɪ-/, **A** *a.* elitario; elitistico. **B** *n.* elitista. ● (*pop. USA*) **e. pig**, elitista altezzoso e sprezzante.

elixir /ɪˈlɪksɪə(r)/, *n.* elisir; panacea. ● **e. of life**, pietra filosofale.

Eliza /ɪˈlaɪzə/, *n.* Elisa.

Elizabeth /ɪˈlɪzəbəθ/, *n.* Elisabetta.

Elizabethan /ɪlɪzəˈbiːθn, -ɛθn, ɪˈlɪzəb-/, *a.* e *n.* elisabettiano: **the E. Age**, l'età elisabettiana (*di Elisabetta I, regina d'Inghilterra dal 1558 al 1603*); **Shakespeare was the greatest E.**, Shakespeare fu il più grande degli elisabettiani.

elk /ɛlk/, *n.* (*pl.* **elk, elks**) (*zool.*) *1* (*Alces alces*) alce *2* (*Cervus canadensis*) vapiti, wapiti. ● **elk-hound**, cane da alce.

ell /ɛl/, *n.* (= **English ell**) antica misura di lunghezza, pari a circa 114 cm; braccio. ● (*fig.*) **Give him an inch and he'll take an ell**, se gli dai un dito, si prende il braccio.

ellipse /ɪˈlɪps/, *n.* (*geom.*) ellisse.

ellipsis /ɪˈlɪpsɪs/, *n.* (*pl.* **ellipses**) *1* (*gramm.*) ellissi *2* (*tipogr.*) segno d'omissione.

ellipsograph /ɪˈlɪpsəgræf/, *n.* (*geom.*) ellissografo.

ellipsoid /ɪˈlɪpsɔɪd/, *n.* (*geom.*) ellissoide.

ellipsoidal /ɪˈlɪpsɔɪdl/, *a.* (*geom.*) ellissoidale.

elliptic(al) /ɪˈlɪptɪk(l)/, *a.* (*geom., gramm., ecc.*) ellittico: **e. orbit**, orbita ellittica; **an e. construction**, una costruzione ellittica. ● **e. compass**, ellissografo □ **e. geometry**, geometria ellittica; geometria di Riemann. || **-ally**, *avv.*

ellipticity /ɛlɪpˈtɪsətɪ/, *n.* *1* (*gramm.*) costruzione ellittica *2* (*geom., elettron.*) rapporto assiale; ellitticità.

elm /ɛlm/, *n.* (*bot., Ulmus*) olmo. ● **elm grove**, olmeto; olmaia.

elocution /ɛləˈkjuːʃn/, *n.* elocuzione; dizione; recitazione.

elocutionary /ɛləˈkjuːʃənrɪ, *USA* -ɛrɪ/, *a.* *1* pertinente all'elocuzione; elocutorio (*raro*) *2* declamatorio; oratorio.

elocutionist /ɛləˈkjuːʃənɪst/, *n.* *1* maestro d'elocuzione; professore di recitazione *2* declamatore; dicitore.

elongate /ˈiːlɒŋgeɪt, *USA* ɪˈlɔːŋ-/, *a.* (*bot., zool.*) allungato; oblungo.

to **elongate** /ˈiːlɒŋgeɪt, *USA* ɪˈlɔːŋ-/, **A** *v. t.* allungare; prolungare. **B** *v. i.* allungarsi; prolungarsi.

elongation /iːlɒŋˈgeɪʃn, *USA* -ɔːŋ-/, *n.* *1* allungamento; prolungamento *2* (*astron., geom.*) elongazione *3* (*poesia*) allungamento *4* (*tecn.*) allungamento: **e. due to pull**, allungamento da trazione.

to **elope** /ɪˈləʊp/, *v. i.* *1* (*specialm. di donna*) fuggire, scappare (*con un amante*) *2* (*di due innamorati*) fuggire (insieme).

elopement /ɪˈləʊpmənt/, *n.* fuga (*di due innamorati, o di donna con un amante*).

eloquence /ˈɛləkwəns/, *n.* eloquenza.

eloquent /ˈɛləkwənt/, *a.* eloquente (*anche fig.*): **an e. sigh**, un sospiro eloquente. ● **e. of**, che dice molto di; indicativo, significativo di: **The poor crops are e. of their farming methods**, la scarsità dei raccolti è indicativa dei loro metodi di coltivazione. ● **to have an e. tongue**, essere un buon parlatore. || **-ly**, *avv.*

else /ɛls/, **A** *a. pred.* e *avv.* (*dopo un pron. interr. o un composto di* **some, any, no, every**) altro; (di) più: **What e. could I say?**, che altro potevo dire?; **Where e. did you go?**, in quale altro luogo sei andato?; **nothing e.**, nient'altro; nulla più; **everybody e.**, tutti gli altri; **somewhere e.**, da qualche altra parte; **nowhere e.**, in nessun altro luogo. **B** *cong.* altrimenti; se no: **You must leave at once, (or) e. you'll miss your train**, devi andar via subito, altrimenti perderai il treno. ● **Whoever e. was present?**, chi altri era presente?

elsewhere /ɛlsˈwɛə(r), *USA* ˈɛlshwɛə(r)/, *avv.* altrove; in qualche altro luogo.

eluant /ˈɛljʊənt/, *n.* (*chim.*) eluente.

eluate /ˈɛljʊeɪt, -ʊət/, *n.* (*chim.*) eluato; eluito.

to **elucidate** /ɪˈluːsɪdeɪt/, *v. t.* delucidare; spiegare.

elucidation /ɪluːsɪˈdeɪʃn/, *n.* delucidazione; spiegazione; chiarimento; schiarimento.

elucidative /ɪˈluːsɪdeɪtɪv/, *a.* delucidatorio; esplicativo.

elucidator /ɪˈluːsɪdeɪtə(r)/, *n.* delucidatore; esplicatore.

elucidatory /ɪˈluːsɪdeɪtərɪ, *USA* -ətɔːrɪ/, *a.* delucidatorio; esplicativo.

to **elude** /ɪˈluːd, ɪˈljuːd/, *v. t.* eludere; schivare; sfuggire a; sottrarsi a: **to e. an inquiry**, eludere una domanda; **to e. one's pursuers**, sfuggire ai propri inseguitori; **to e. payment**, sottrarsi al pagamento; **to e. a blow**, schivare un colpo.

elusion /ɪˈluːʒn, ɪˈlj-/, *n.* elusione (*raro*); lo schivare (q.c.); lo sfuggire, il sottrarsi (*a q.* o *q.c.*).

elusive /ɪˈluːsɪv, ɪˈlj-/, *a.* *1* elusivo; evasivo: **an e. answer**, una risposta elusiva *2* fuggevole; sfuggente; difficile da afferrare (*anche fig.*); inafferrabile: **an e. concept**, un concetto difficile da afferrare. ● (*med.*) **an e. virus**, un virus difficile da isolare. || **-ly**, *avv.* || **-ness**, *sost.*

elusory /ɪˈluːsərɪ, ɪˈlj-/, *a.* elusivo; elusorio; ingannevole; illusorio.

to **elute** /iːˈluːt, ɪˈl-/, *v. t.* (*chim.*) eluire.

elution /iːˈluːʃn, ɪˈl-/, *n.* (*chim.*) eluizione.

to **elutriate** /ɪˈluːtrɪeɪt/, *v. t.* (*chim.*) elutriare.

elutriation /ɪluːtrɪˈeɪʃn/, *n.* (*chim.*) elutriazione.

elutriator /ɪˈluːtrɪeɪtə(r)/, *n.* (*chim.*) elutriatore.

eluvial /ɪˈluːvɪəl/, *a.* (*geol.*) eluviale.

eluvium /ɪˈluːvɪəm/, *n.* (*pl.* **eluvia**) (*geol.*) eluvio.

elver /ˈɛlvə(r)/, *n.* (*zool.*) ceca; anguilla giovane.

elves /ɛlvz/, *n. pl.* di **elf**.

elvish /ˈɛlvɪʃ/, *V.* **elfish**.

Elysian /ɪˈlɪzɪən/, *a.* *1* (*mitol.*) elisio: **the E. fields**, i Campi Elisi *2* (*fig.*) beato; felice; paradisiaco.

Elysium /ɪˈlɪzɪəm/, *n.* (*pl.* **Elysiums, Elysia**) *1* (*mitol.*) Elisio; Eliso *2* (*fig.*) paradiso.

elytron /ˈɛlɪtrɒn/, **elytrum** /ˈɛlɪtrəm/, *n.* (*pl.* **elytra**) (*zool.*) elitra.

Elzevir /ˈɛlzɪvɪə(r)/, *a.* e *n.* (*tipogr.*) elzeviro (*carattere e libro*).

'em /əm, m/, *pron. pers.* (*fam. per* **them**) loro; essi, esse.

em /ɛm/, *n.* *1* emme; lettera m *2* (*tipogr.*) quadratone *3* (*tipogr.*) corpo 12.

to **emaciate** /ɪˈmeɪʃɪeɪt/, **A** *v. t.* *1* emaciare; far deperire; far dimagrire *2* (*fig.*) svuotare di vigore (forza, ecc.); impoverire (*il terreno*). **B** *v. i.* emaciarsi; deperire.

emaciated /ɪˈmeɪʃɪeɪtɪd/, *a.* *1* emaciato; smunto; deperito *2* (*fig.*) svuotato di vigore (di forza, ecc.); (*di terreno*) impoverito.

emaciation /ɪmeɪsɪˈeɪʃn/, *n.* *1* emaciazione; deperimento *2* (*fig.*) perdita di vigore (di forza, ecc.).

to **emanate** /ˈɛməneɪt/, **A** *v. i.* emanare; derivare; scaturire. **B** *v. t.* emanare; diffondere.

emanation /ɛməˈneɪʃn/, *n.* emanazione: **radioactive e.**, emanazione radioattiva.

emanative /ˈɛməneɪtɪv/, *a.* che emana; che tende a emanare.

to **emancipate** /ɪˈmænsɪpeɪt/, *v. t.* (*leg., anche fig.*) emancipare: **to e. a slave**, emancipare uno schiavo.

emancipated /ɪˈmænsɪpeɪtɪd/, *a.* (*leg., anche fig.*) emancipato.

emancipation /ɪmænsɪ'peɪʃn/, *n.* (*leg., anche fig.*) emancipazione.
emancipator /ɪ'mænsɪpeɪtə(r)/, *n.* (*leg.*) emancipatore.
emancipatory /ɪ'mænsɪpətrɪ, *USA* -tɔːrɪ/, *a.* di emancipazione; che emancipa.
Emanuel /ɪ'mænjʊəl/, *V.* **Emmanuel**.
emasculate /ɪ'mæskjʊlət/, **emasculated** /ɪ'mæskjʊleɪtɪd/, *a.* ***1*** evirato ***2*** (*fig.*) effeminato; snervato; fiacco.
to **emasculate** /ɪ'mæskjʊleɪt/, *v. t.* ***1*** evirare ***2*** (*fig.*) effeminare; indebolire; infiacchire; snervare.
emasculation /ɪmæskjʊ'leɪʃn/, *n.* ***1*** evirazione ***2*** (*fig.*) effeminatezza; indebolimento; mancanza di mordente.
emasculative /ɪ'mæskjʊlətɪv, *USA* -eɪtɪv/, **emasculatory** /ɪ'mæskjʊlətrɪ, *USA* -tɔːrɪ/, *a.* (*fig.*) che effemina; che infiacchisce.
to **embalm** /ɪm'bɑːm, *USA* -m, -lm/, *v. t.* ***1*** imbalsamare ***2*** rendere balsamico.
embalmed /ɪm'bɑːmd, *USA* -m, -lm/, *a.* ***1*** imbalsamato ***2*** (*pop. USA*) sbronzo; ubriaco.
embalmer /ɪm'bɑːmə(r), *USA* -m-, -lm-/, *n.* imbalsamatore, imbalsamatrice.
embalmment /ɪm'bɑːmənt, *USA* -m-, -lm-/, *n.* imbalsamazione.
to **embank** /ɪm'bæŋk/, *v. t.* arginare (*un fiume*).
embankment /ɪm'bæŋkmənt/, *n.* ***1*** arginamento ***2*** argine; banchina; terrapieno; alzaia. ● **the E.**, il Lungotamigi settentrionale (*il* **Victoria E.**, a Londra).
embarcation /ɛmbɑː'keɪʃn/, *V.* **embarkation**.
embargo /ɪm'bɑːgəʊ/, *n.* (*pl.* **embargoes**) ***1*** (*leg., naut.*) embargo; fermo (*o* sequestro) imposto a navi mercantili (*specialm. straniere*) ***2*** (*econ.*) embargo; divieto: **e. on exports**, divieto d'esportazione (*di talune merci*) ***3*** (*fig.*) divieto; proibizione; veto: **the e. against employment of labour**, il divieto di assumere manodopera. ● **to lay an e. on**, mettere l'embargo su □ (*di un governo*) **to lay st. under an e.**, requisire q.c. □ **to lift** (*o* **to raise**) **the e. on**, togliere l'embargo a □ **to be under e.**, essere sotto embargo.
to **embargo** /ɪm'bɑːgəʊ/, *v. t.* (*leg., naut.*) ***1*** mettere l'embargo su (*navi, merci*) ***2*** requisire, sequestrare (*navi, merci*).
to **embark** /ɪm'bɑːk/, *v. t.* e *i.* (*naut., aeron.*) imbarcare; imbarcarsi (*anche fig.*): **The airplane embarked more passengers at Shannon**, l'aereo imbarcò altri passeggeri a Shannon; **to e. on a new venture [career]**, imbarcarsi in una nuova impresa [carriera].
embarkation /ɛmbɑː'keɪʃn/, *n.* ***1*** (*naut., aeron.*) imbarco ***2*** (*fig.*) (l') imbarcarsi (*fig.*): **his e. on a new adventure**, il suo essersi imbarcato in una nuova avventura.
to **embarrass** /ɪm'bærəs/, **A** *v. t.* ***1*** imbarazzare; mettere in imbarazzo; sconcertare: **She embarrassed him with her questions**, lo mise in imbarazzo con le sue domande ***2*** (*raro*) complicare, rendere difficile (*una domanda, ecc.*) ***3*** mettere (q.) in difficoltà finanziarie ***4*** (*arc.*) impedire; intralciare. **B** *v. i.* imbarazzarsi; confondersi: **I e. easily**, m'imbarazzo facilmente. ● (*fin.*) **to be embarrassed by debts**, essere gravato di debiti.
embarrassing /ɪm'bærəsɪŋ/, *a.* imbarazzante: **an e. question**, una domanda imbarazzante.
embarrassment /ɪm'bærəsmənt/, *n.* ***1*** imbarazzo; perplessità; (motivo di) disagio ***2*** (*fig.*) difficoltà: **financial e.**, difficoltà finanziarie ***3*** sovrabbondanza; quantità eccessiva: (*fig.*) **an e. of riches**, troppa ricchezza ***4*** (*arc.*) impedimento; impaccio.
embassy /'ɛmbəsɪ/, *n.* ***1*** ambasciata: **the American e. in Rome**, l'ambasciata americana a Roma ***2*** ambasceria; missione diplomatica ***3*** ambasciata; messaggio.
to **embattle** /ɪm'bætl/, *v. t.* (*mil., arc.*) ***1*** schierare in ordine di battaglia ***2*** fortificare (*una città, ecc.*).
embattled /ɪm'bætld/, *a.* ***1*** (*mil., arc.*) schierato in ordine di battaglia ***2*** (*fig.*: *di un luogo*) circondato dai nemici; in stato di guerra ***3*** (*fig.*: *di una persona*) in mezzo alle difficoltà; tormentato; angustiato ***4*** (*archit., arald.*) merlato.
embattlement /ɪm'bætlmənt/, *n.* (*archit., arald.*) merlatura.
to **embay** /ɪm'beɪ/, *v. t.* ***1*** formare una baia intorno a (q.c.): **an embayed mountain**, una montagna circondata dal mare ***2*** (*fig.*) circondare, racchiudere in (*o* come in) una baia ***3*** (*naut.*) costringere (*una nave*) a ridossarsi (*dal vento*) in una baia.
embayment /ɪm'beɪmənt/, *n.* insenatura; baia.
to **embed** /ɪm'bɛd/, *v. t.* ***1*** conficcare; incastrare; incastonare: **The knife was embedded in the wood**, il coltello era conficcato nel legno; **bricks embedded in mortar**, mattoni incastrati nella calce ***2*** (*fig.*) incidere, imprimere, radicare (*nella mente, nella memoria, ecc.*): **an embedded prejudice**, un pregiudizio radicato ***3*** (*tecn.*) includere; racchiudere.
embedding /ɪm'bɛdɪŋ/, *n.* ***1*** il conficcare, ecc. (*V.* **to embed**) ***2*** (*fig.*) l'imprimersi (*nella mente, ecc.*); radicamento ***3*** (*tecn.*) inclusione.
to **embellish** /ɪm'bɛlɪʃ/, *v. t.* abbellire; ornare.
embellishment /ɪm'bɛlɪʃmənt/, *n.* abbellimento; ornamento.
ember /'ɛmbə(r)/, *n.* ***1*** tizzone; brace ***2*** (*pl.*) brace; cenere ardente. ● **the embers of my love for her**, il mio amore per lei, che ancora cova (*o* covava) sotto la cenere.
Ember days /'ɛmbədeɪz/, *n. pl.* (*relig.*) (giorni del digiuno delle) Quattro Tempora.
ember goose /'ɛmbə'guːs/, *n.* (*pl.* **ember geese**) (*zool., Gavia immer*) strolaga maggiore.
to **embezzle** /ɪm'bɛzl/, *v. t.* (*leg.*) appropriarsi indebitamente di, sottrarre (*denaro o altri beni*); malversare.
embezzlement /ɪm'bɛzlmənt/, *n.* (*leg.*) appropriazione indebita; malversazione; peculato.
embezzler /ɪm'bɛzlə(r)/, *n.* (*leg.*) malversatore.
to **embitter** /ɪm'bɪtə(r)/, *v. t.* ***1*** amareggiare; esacerbare; esasperare ***2*** inasprire, aggravare (*un male*) ***3*** avvelenare (*un piacere, ecc.*).
embitterment /ɪm'bɪtəmənt/, *n.* ***1*** amarezza; esasperazione ***2*** inasprimento; aggravamento.
to **emblazon** /ɪm'bleɪzn/, *v. t.* ***1*** adornare; decorare (*con uno stemma o con brillanti colori*) ***2*** (*fig.*) celebrare; elogiare; cantare le lodi di (q. *o* q.c.) ***3*** (*arald.*) blasonare.
emblazonment /ɪm'bleɪznmənt/, *n.* ***1*** adornamento; decorazione ***2*** celebrazione; elogio ***3*** (*pl.*) (*arald.*) pezze onorevoli.
emblazonry /ɪm'bleɪznrɪ/, *n.* ***1*** (*collett.*) (*arald.*) blasoni; stemmi ***2*** (*arald.*) descrizione di un blasone ***3*** (*fig.*) abbellimento; ornamento.
emblem /'ɛmbləm/, *n.* ***1*** emblema; simbolo ***2*** (*arald.*) emblema; blasone; stemma.
emblematic(al) /ɛmblə'mætɪk(l)/, *a.* emblematico; simbolico. ● **The dove is e. of peace**, la colomba è il simbolo della pace.
emblematically /ɛmblə'mætɪklɪ/, *avv.* emblematicamente.
emblematist /ɛm'blɛmətɪst/, *n.* ***1*** creatore d'emblemi (*o* di simboli) ***2*** (*arald.*) disegnatore di blasoni (*o* di stemmi).
to **emblematize** /ɛm'blɛmətaɪz/, *v. t.* simboleggiare; rappresentare.
emblements /'ɛmblmənts/, *n. pl.* (*leg.*) frutti annuali della terra; prodotti del suolo.
embodiment /ɪm'bɒdɪmənt/, *n.* ***1*** incarnazione; personificazione: **She is the e. of virtue**, è la personificazione della virtù ***2*** incorporamento; inclusione.
to **embody** /ɪm'bɒdɪ/, *v. t.* ***1*** incarnare; concretare; dar forma concreta a; tradurre (*fig.*); personificare; rappresentare: **to e. an idea**, incarnare un concetto; **to e. one's principles in actions**, tradurre i propri principi in azioni; **He embodies the aspiration of his people to liberty**, egli rappresenta l'aspirazione del suo popolo alla libertà ***2*** incorporare; comprendere; includere: **Our opinions are embodied in the committee's report**, le nostre opinioni sono incluse nel rapporto della commissione. ● (*leg.*) **to e. a clause**, inserire una clausola □ **an embodied spirit**, uno spirito incarnato.
to **embolden** /ɪm'bəʊldən/, *v. t.* imbaldanzire; incoraggiare.
embolic /ɛm'bɒlɪk/, *a.* (*med.*) embolico: **e. aneurysm**, aneurisma embolico.
embolism /'ɛmbəlɪzəm/, *n.* ***1*** (*relig. cattolica*) embolismo ***2*** (*med.*) embolia; embolismo ***3*** (*fam., med.*) embolo.
embolus /'ɛmbələs/, *n.* (*pl.* **emboli**) (*med.*) embolo.
emboly /'ɛmbəlɪ/, *n.* (*med.*) gastrulazione.
to **embosom** /ɪm'bʊzəm/, *v. t.* (*lett.*) ***1*** abbracciare; stringere al seno ***2*** (*fig.*) avvolgere; cingere; circondare; racchiudere: **a cottage embosomed in an olive grove**, una casetta circondata da olivi.
to **emboss** /ɪm'bɒs, *USA* -ɔːs/, *v. t.* ***1*** lavorare a sbalzo, sbalzare (*un metallo, ecc.*) ***2*** (*tecn.*) goffrare ***3*** (*tipogr.*) imprimere a secco; stampare in rilievo: **an embossed address on one's note-paper**, un indirizzo stampato in rilievo sulla propria carta da lettere ***4*** (*fig.*) abbellire; adornare.
embossed /ɪm'bɒst, *USA* -ɔːst/, *a.* in rilievo; a sbalzo, sbalzato; goffrato: **e. work**, lavoro in rilievo. ● **e. plate**, targhetta (*per indirizzi*) □ **e. stamp**, timbro a secco.
embosser /ɪm'bɒsə(r), *USA* -ɔːs-/, *n.* (*ind.*) ***1*** goffratore; stampatore in rilievo ***2*** goffratrice (*la macchina*).
embossing /ɪm'bɒsɪŋ, *USA* -ɔːs-/, *n.* ***1*** (*metall.*) lavoro a sbalzo ***2*** (*tecn.*) goffratura; goffraggio ***3*** (*tipogr.*) impressione a secco ***4*** timbratura a secco. ● **e. machine**, goffratrice.
embossment /ɪm'bɒsmənt, *USA* -ɔːs-/, *n.* ***1*** rilievo; sbalzo ***2*** (*tecn.*) goffratura; goffraggio ***3*** figura (*o* ornamento) a sbalzo ***4*** gonfiore; protuberanza. ● **e. map**, mappa in rilievo.
embouchure /'ɒmbʊʃʊə(r)/ (*franc.*), *n.* ***1*** (*mus.*) imboccatura, bocchino (*di strumento a fiato*) ***2*** (*geogr.*) sbocco, foce (*di un fiume*).
embourgeoisement /ɒmbʊəʒwɑːz'mɒŋ, *USA* ɑːmbʊəʒwɑːzmənt, -mɑːnt/ (*franc.*), *n.* imborghesimento.
to **embowel** /ɪm'baʊəl/, *v. t.* (*raro*) sbudellare.
to **embower** /ɪm'baʊə(r)/, *v. t.* ***1*** coprire di fogliame; ricoprire di verde ***2*** (*lett.*) racchiudere, dar rifugio a (*in un pergolato*).
embrace /ɪm'breɪs/, *n.* abbraccio; amplesso (*lett.*); stretta.
to **embrace** /ɪm'breɪs/, **A** *v. t.* abbracciare (*anche fig.*); accettare; afferrare; cogliere; comprendere; afferrare (*un problema, ecc.*); stringere a sé: **to e. an opportunity**, cogliere un'occasione; **to e. Christianity**, abbracciare la fede cristiana; **Philosophy embraces the other sciences**, la filosofia abbraccia le altre scienze; **to e. an offer**, accettare un'offerta; **to e. a new profession**, abbracciare una nuova professione. **B** *v. i.* abbracciarsi. ● **to e. each other** (*o* **one another**), abbracciarsi.
embracement /ɪm'breɪsmənt/, *n.* l'abbracciare (*anche fig.*); abbraccio; accettazione; consenso.
embraceor /ɪm'breɪsə(r)/, *n.* (*leg.*) subornatore (*di testi*).
embracery /ɪm'breɪsərɪ/, *n.* (*leg.*) subornazione (*di testi*).
embranchment /ɪm'brɑːntʃmənt/, *n.* diramazione, biforcazione (*d'un fiume*).
to **embrangle** /ɪm'bræŋgl/, *v. t.* (*raro fam.*) ***1*** complicare; ingarbugliare ***2*** confondere; rendere perplesso.
embranglement /ɪm'bræŋglmənt/, *n.* (*raro fam.*) ***1*** complicazione; garbuglio ***2*** confusio-

ne; perplessità.
embrasure /ɪm'breɪʒə(r)/, *n.* ***1*** (*archit.*) strombatura; strombo (*di una finestra o porta*) ***2*** (*mil.*) cannoniera; feritoia per cannone.
to **embrocate** /'ɛmbrəʊkeɪt/, *v. t.* (*med.*) embrocare; frizionare con un linimento.
embrocation /ɛmbrəʊ'keɪʃn/, *n.* (*med.*) embrocazione; linimento.
to **embroider** /ɪm'brɔɪdə(r)/, *v. t.* e *i.* ricamare (*anche fig.*); infiorare, abbellire, aggiungere frange a (*un racconto, ecc.*).
embroiderer /ɪm'brɔɪdərə(r)/, *n.* ricamatore, ricamatrice.
embroideress /ɪm'brɔɪdərɪs/, *n.* ricamatrice.
embroidery /ɪm'brɔɪdərɪ/, *n.* ricamo (*anche fig.*); abbellimento. ● **e. kit**, servizio (*di attrezzi, ecc.*) per ricamo.
to **embroil** /ɪm'brɔɪl/, *v. t.* ***1*** confondere; imbrogliare; pasticciare ***2*** coinvolgere; immischiare: **I refuse to get embroiled**, non voglio essere coinvolto. ● **to e. matters**, imbrogliare le carte.
embroilment /ɪm'brɔɪlmənt/, *n.* ***1*** confusione; imbroglio; pasticcio; garbuglio ***2*** coinvolgimento ***3*** parapiglia; tumulto.
to **embrown** /ɪm'braʊn/, *v. t.* abbrunire; rendere bruno (*o* scuro).
embryo /'ɛmbrɪəʊ/, (*biol., anche fig.*) **A** *n.* (*pl.* **embryos**) embrione: **in e.**, in embrione. **B** *a. attr.* embrionale.
embryogenesis /ɛmbrɪəʊ'dʒɛnəsɪs/, *n.* (*biol.*) embriogenesi.
embryogenetic /ɛmbrɪəʊdʒə'nɛtɪk/, *a.* (*biol.*) embriogenetico.
embryogeny /ɛmbrɪ'ɒdʒənɪ/, *V.* **embryogenesis**.
embryological /ɛmbrɪə'lɒdʒɪkl/, *a.* (*biol.*) embriologico.
embryologist /ɛmbrɪ'ɒlədʒɪst/, *n.* embriologo.
embryology /ɛmbrɪ'ɒlədʒɪ/, *n.* (*biol.*) embriologia.
embryonal /'ɛmbrɪənl/, *V.* **embryonic**.
embryonic /ɛmbrɪ'ɒnɪk/, *a.* (*biol.* e *fig.*) embrionale.
to **embus** /ɪm'bʌs/, **A** *v. t.* ***1*** far salire (*o* imbarcare) su un autobus ***2*** (*mil.*) caricare (*truppe, ecc.*) su autocarri. **B** *v. i.* salire su un autobus.
emcee /ɛm'siː/, *n.* (*abbr. fam. di* **Master of Cerimonies**) cerimoniere; (*TV*) presentatore.
to **emcee** /ɛm'siː/, **A** *v. t.* fare da cerimoniere (*in uno spettacolo, ecc.*); (*TV*) presentare. **B** *v. i.* fare il (*o* da) cerimoniere (*o* presentatore); (*TV*) presentare.
to **emend** /ɪ'mɛnd/, *v. t.* emendare; correggere (*un testo e sim.*).
emendable /ɪ'mɛndəbl/, *a.* emendabile (*di un testo*).
emendation /iːmɛn'deɪʃn/, *n.* emendamento; emendazione; correzione (*di un testo e sim.*).
emendator /'iːmɛndeɪtə(r)/, *n.* emendatore, correttore (*d'un testo*).
emendatory /ɪ'mɛndətrɪ, *USA* -tɔːrɪ/, *a.* emendativo.
emerald /'ɛmərəld/, **A** *n.* ***1*** (*miner.*) smeraldo ***2*** (*tipogr.*) corpo sei e mezzo. **B** *a.* ***1*** di smeraldi: **an e. ring**, un anello di smeraldi ***2*** color smeraldo, smeraldino. ● **e. cut**, taglio a smeraldo □ (*fig.*) **the E. Isle**, l'isola di smeraldo (*l'Irlanda*).
emeraldine /'ɛmərəldaɪn/, *a.* smeraldino.
to **emerge** /ɪ'mɜːdʒ/, *v. i.* ***1*** emergere; spuntare; apparire; manifestarsi ***2*** sorgere: **Will a new leader e.?**, sorgerà un nuovo capo? ***3*** risultare: **Caesar emerged the victor**, Cesare risultò il vincitore ***4*** (*scient.*) derivare (*per evoluzione*).
emergence /ɪ'mɜːdʒəns/, *n.* ***1*** emersione; apparizione; manifestazione ***2*** (*scient.*) derivazione; emergenza ***3*** (*geol.*) emersione ***4*** (*fig.*) comparsa; l'apparire sulla scena.
emergency /ɪ'mɜːdʒənsɪ/, *n.* emergenza; circostanza imprevista, pericolosa. ● (*autom.*) **e. brake**, freno di stazionamento; freno a mano □ (*telef., in G.B.*) **e. dialling service**, (servizio delle) chiamate d'emergenza □ **e. door** (*o* **e. exit**), uscita di sicurezza □ (*fin.*) **e. fund**, fondo di riserva □ (*aeron.*) **e. landing**, atterraggio di fortuna □ (*aeron.*) **e. landing field**, campo di fortuna □ (*autom.*) **e. lane**, corsia d'emergenza □ **e. rescue**, salvataggio di fortuna □ (*fin.*) **e. reserve**, riserva d'emergenza □ (*mil., polit.*) **e. rule**, stato d'emergenza □ (*aeron.*) **e. runway**, pista d'emergenza □ (*med.*) **e. ward**, (reparto di) pronto soccorso □ **state of emergency**, stato di emergenza.
emergent /ɪ'mɜːdʒənt/, *a.* ***1*** (*anche polit.*) emergente: **e. countries**, i paesi emergenti ***2*** inaspettato; imprevisto.
emerging /ɪ'mɜːdʒɪŋ/, *a.* emergente: (*polit.*) **e. countries**, i paesi emergenti.
emeritus /ɪ'mɛrɪtəs/ (*lat.*), *a.* emerito: **professor e.**, professore emerito.
emersion /ɪ'mɜʃn/, *n.* (*astron., naut., ecc.*) emersione.
Emery /'ɛmərɪ/, *n.* Amerigo.
emery /'ɛmərɪ/, *n.* smeriglio. ● **e. board**, limetta per le unghie □ **e. cloth**, tela smeriglio □ **e. paper**, carta smerigliata □ (*mecc.*) **e. paste**, spoltiglia, spoltiglio □ **e. rubbing**, smerigliatura □ (*mecc.*) **e. wheel**, mola a smeriglio.
emetic /ɪ'mɛtɪk/, *a.* e *n.* (*farm.*) emetico.
emetin(e) /'ɛmɪtiːn/, *n.* (*chim., farm.*) emetina.
emiction /ɪ'mɪkʃn/, *n.* (*fisiol.*) minzione.
emigrant /'ɛmɪgrənt/, *a.* e *n.* emigrante; emigrato.
to **emigrate** /'ɛmɪgreɪt/, **A** *v. i.* emigrare. **B** *v. t.* far emigrare.
emigration /ɛmɪ'greɪʃn/, *n.* emigrazione.
emigratory /'ɛmɪgrətrɪ, *USA* -tɔːrɪ/, *a.* emigratorio; migratorio.
émigré /'ɛmɪgreɪ, *USA* ɛmɪ'greɪ/ (*franc.*), *n.* (*specialm. stor.*) rifugiato politico.
Emil /ɛ'miːl, 'ɛmɪl, *USA* ɛ'-, 'iːml/, *n.* Emilio.
Emily /'ɛməlɪ/, *n.* Emilia.
eminence /'ɛmɪnəns/, *n.* ***1*** eminenza (*in ogni senso*) ***2*** altura ***3*** (*anat.*) protuberanza. ● (*fig.*) **é. grise** (*franc.*), eminenza grigia □ (*relig.*) **His E.**, Sua Eminenza.
eminency /'ɛmɪnənsɪ/, *n.* eminenza; preminenza.
eminent /'ɛmɪnənt/, *a.* ***1*** eminente; prominente; celebre ***2*** considerevole; notevole; ragguardevole: **He is a man of e. good sense**, è un uomo di notevole buon senso. ● (*leg., USA*) **e. domain**, potere d'espropriazione per pubblica utilità. || **-ly**, *avv.*
emir /ɛ'mɪə(r)/, *n.* emiro.
emirate /'ɛmərət, ɛ'mɪər-/, *n.* (*stor., geogr.*) emirato.
emissary /'ɛmɪsərɪ, *USA* -ɛrɪ/, *n.* ***1*** emissario; spia ***2*** inviato ***3*** (*anat.*, = **e. vein**) vena emissaria.
emission /ɪ'mɪʃn/, *n.* ***1*** (*fis., fisiol., radio*) emissione: **the e. of light [heat, smell]**, l'emissione di luce [calore, odore] ***2*** (*ind., ecol.*) effluente; scarico: **distillery emissions**, gli effluenti delle distillerie ***3*** (*fisiol.*) eiaculazione ***4*** (*fin.*) emissione (*di banconote*).
emissive /ɪ'mɪsɪv/, *a.* emissivo; d'emissione.
emissivity /iːmɪ'sɪvətɪ/, *n.* (*fis.*) emissività; coefficiente d'emissione.
to **emit** /ɪ'mɪt/, *v. t.* ***1*** emettere (*in ogni senso*); lanciare (*un'imprecazione, ecc.*); esprimere (*un sentimento, ecc.*) ***2*** (*radio, TV*) trasmettere.
emittance /ɪ'mɪtəns/, *n.* (*fis.*) emittanza; potere emissivo.
emitter /ɪ'mɪtə(r)/, *n.* ***1*** chi emette ***2*** (*elettron.*) emettitore.
Emmanuel /ɪ'mænjʊəl/, *n.* Emanuele.
emmenagogue /ɪ'mɛnəgɒg/, *a.* e *n.* (*med.*) emmenagogo.
emmetrope /'ɛmɪtrəʊp/, *n.* (*med.*) emmetrope.
emmetropia /ɛmɪ'trəʊpɪə/, *n.* (*med.*) emmetropia.
emmetropic /ɛmɪ'trɒpɪk, *USA* -'trəʊ-/, *a.* (*med.*) emmetropico.
Emmy /'ɛmɪ/, *n.* (*USA*) Emmy (*statuetta d'oro che è l'Oscar televisivo*).
emollient /ɪ'mɒlɪənt/, *a.* e *n.* (*farm.*) emolliente.
emolument /ɪ'mɒljʊmənt/, *n.* emolumento; retribuzione.
to **emote** /ɪ'məʊt/, *v. i.* (*fam. USA*) essere (*o* mostrarsi) emozionato; emozionarsi in modo eccessivo.
emotion /ɪ'məʊʃn/, *n.* ***1*** emozione ***2*** (*pl.*) sentimenti.
emotional /ɪ'məʊʃənl/, *a.* ***1*** (*psic.*) emozionale ***2*** emotivo; impressionabile: **an e. girl**, una ragazza emotiva; **e. crisis**, crisi emotiva ***3*** commovente; che suscita emozioni: **an e. speech**, un discorso commovente. ● (*psic.*) **e. person**, emotivo.
emotionalism /ɪ'məʊʃənəlɪzəm/, *n.* ***1*** emotività; impressionabilità ***2*** l'essere commovente; il fare appello ai sentimenti ***3*** (*psic.*) temperamento emotivo.
emotionalist /ɪ'məʊʃnəlɪst/, *n.* ***1*** persona emotiva, impressionabile ***2*** chi fa appello ai sentimenti ***3*** (*psic.*) emotivo.
emotionality /ɪməʊʃə'nælətɪ/, *V.* **emotionalism**.
emotionally /ɪ'məʊʃənəlɪ/, *avv.* ***1*** (*psic.*) emozionalmente ***2*** emotivamente ***3*** con grande emozione.
emotive /ɪ'məʊtɪv/, *a.* ***1*** emotivo (*anche ling.*); impressionabile ***2*** che fa appello ai sentimenti; commovente; toccante. || **-ly**, *avv.* || **-ness**, *sost.*
to **empanel** /ɪm'pænl/, *v. t.* iscrivere (q.) in una lista (*o* in un albo professionale). ● (*leg.*) **to e. a jury**, formare una giuria (*traendo i nomi dalla apposita lista*).
empanelment /ɪm'pænlmənt/, *n.* iscrizione (*di q.*) in una lista, ecc. (*V.* **to empanel**).
to **empathize** /'ɛmpəθaɪz/, *v. i.* (*psic.*) identificarsi (*con q.*); simpatizzare (*con q.*).
empathy /'ɛmpəθɪ/, *n.* (*psic.*) identificazione; immedesimazione; empatia.
emperor /'ɛmpərə(r)/, *n.* ***1*** imperatore ***2*** (*zool., Saturnia pavonia*; = **e. moth**) pavonia maggiore.
emperorship /'ɛmpərəʃɪp/, *n.* dignità (*o* ufficio) d'imperatore.
emphasis /'ɛmfəsɪs/, *n.* (*pl.* **emphases**) ***1*** enfasi; efficacia; calore; forza; veemenza ***2*** importanza; rilievo; risalto; enfasi: **Some nations lay great e. on athletics**, certe nazioni danno grande importanza all'atletica ***3*** (*fon.*) accento tonico.
to **emphasize** /'ɛmfəsaɪz/, *v. t.* ***1*** (*fon.*) mettere l'accento tonico su: **In the sentence «I saw him» the pronoun «him» is not emphasized**, nella proposizione «I saw him», il pronome «him» si appoggia per l'accento al verbo che lo precede ***2*** mettere in evidenza; mettere in rilievo; sottolineare (*fig*); evidenziare; enfatizzare: **He emphasized the fact that he did not know the thief**, sottolineò il fatto che non conosceva il ladro.
emphatic /ɪm'fætɪk/, *a.* ***1*** enfatico: **e. words**, parole enfatiche; **an e. person**, una persona enfatica ***2*** energico; risoluto; vivace; teatrale: **an e. gesture**, un gesto energico (*o* teatrale) ***3*** chiaro; netto: **an e. defeat**, una netta sconfitta ***4*** (*fon.*) tonico: **e. syllable**, sillaba tonica.
emphatically /ɪm'fætɪklɪ/, *avv.* ***1*** enfaticamente ***2*** di sicuro; certamente: **I will e. not accept his offer**, non ci penso neanche ad accettare la sua offerta.
emphysema /ɛmfɪ'siːmə/, *n.* (*med.*) enfisema.
emphysematous /ɛmfɪ'siːmətəs/, *a.* (*med.*) enfisematoso.
emphyteusis /ɛmfɪ'tjuːsɪs, *USA* -'tuː-/, *n.* (*pl.* **emphyteuses**) (*leg.*: *in Italia, Francia, ecc.*) enfiteusi.
emphyteuta /ɛmfɪ'tjuːtə, *USA* -'tuː-/, *n.* (*pl.* **emphyteutae**) (*leg.*) enfiteuta.

emphyteutic /ɛmfɪ'tju:tɪk, *USA* -'tu:-/, *a.* (*leg.*) enfiteutico.
empire /'ɛmpaɪə(r)/, **A** *n.* impero; autorità assoluta; potere supremo: (*stor.*) **the British E.**, l'Impero Britannico. **B** *a. attr.* stile impero. ● (*fig.*) **e.-builder**, persona che si crea posizioni di potere (*all'interno di un'organizzazione*) □ (*USA*) **the E. State**, lo Stato di New York.
empiric /ɛm'pɪrɪk/, **A** *a.* empirico: **the e. method**, il metodo empirico; **an e. remedy**, una medicina empirica. **B** *n.* **1** empirista **2** (*spreg. arc.*) praticone; ciarlatano.
empirical /ɪm'pɪrɪkl/, *a.* empirico. || **-ly**, *avv.* || **-ness**, *sost.*
empiricism /ɪm'pɪrɪsɪzəm/, *n.* (*filos.*) empirismo.
empiricist /ɪm'pɪrɪsɪst/, *n.* (*filos.*) empirista.
emplacement /ɪm'pleɪsmənt/, *n.* **1** collocazione; ubicazione **2** (*mil.*) postazione, piazzola (*di cannone, mitragliatrice, ecc.*).
to **emplane** /ɪm'pleɪn/, **A** *v. i.* salire a bordo d'un aereo. **B** *v. t.* far salire (*o* imbarcare) su un aereo.
employ /ɪm'plɔɪ/, *n.* impiego; occupazione. ● **to be in the e. of sb.**, essere alle dipendenze di q.
to **employ** /ɪm'plɔɪ/, **A** *v. t.* **1** impiegare; adoperare; usare; valersi di: **How do you e. your spare time?**, come impieghi il tuo tempo libero? **2** (*fin.*) impiegare (*capitali, ecc.*); investire **3** (*econ.*) dare lavoro a; assumere; impiegare: **That firm employs hundreds of men**, quella ditta dà lavoro a centinaia d'uomini; **He is employed in an export firm**, è impiegato in una ditta d'esportazioni. **B** to **employ oneself**, *v. rifl.* occuparsi di; dedicarsi a: **He will e. himself in doing research work**, si dedicherà a lavori di ricerca. ● (*econ.*) **the employed workers**, gli occupati.
employable /ɪm'plɔɪəbl/, *a.* **1** impiegabile; che si può usare **2** (*fin.*) investibile; impiegabile **3** che può essere assunto; idoneo al lavoro.
employee /ɛmplɔɪ'i:, ɪm'plɔɪi:/, *n.* prestatore d'opera; impiegato; dipendente: **The firm has three hundred employees**, la ditta ha trecento dipendenti. ● **the employees**, le maestranze □ (*ind.*) **e. benefit plan**, piano previdenziale (*per i dipendenti*) □ (*fin.*) **e. shareholding**, azionariato operaio.
employer /ɪm'plɔɪə(r)/, **A** *n.* **1** datore di lavoro; principale; padrone (*di un'azienda*) **2** chi impiega, chi fa uso (*di q.c.*). **B** *a. attr.* (*econ.*) padronale; datoriale. ● **employers' association**, sindacato datoriale □ **e.'s liability**, responsabilità civile del datore di lavoro □ (*econ.*) **e.'s surplus**, rendita del datore di lavoro.
employment /ɪm'plɔɪmənt/, *n.* **1** impiego; occupazione (*anche econ.*); professione; mestiere: **to find e.**, trovare impiego; **a policy of full e.**, una politica di piena occupazione **2** (*anche fin.*) impiego; uso: **the e. of capital in industry**, l'impiego di capitali nell'industria. ● **e. agency** (*o* **e. bureau, e. office**), agenzia di collocamento □ **e. card**, libretto di lavoro □ **e. exchange**, ufficio di collocamento (*in G.B.*) □ (*econ.*) **e. index**, indice dell'occupazione □ **e. manager**, capo dell'ufficio assunzioni □ **the e. of women**, l'occupazione femminile □ (*leg.*) **e. protection**, la tutela dei lavoratori □ (*stat.*) **e. rate**, tasso d'occupazione.
to **empoison** /ɪm'pɔɪzn/, *v. t.* (*raro*) avvelenare (*arc. o fig.*); corrompere; guastare; amareggiare.
emporium /ɪm'pɔ:rɪəm/, *n.* (*pl.* **emporiums, emporia**) emporio; centro (*o* base) commerciale.
to **empower** /ɪm'paʊə(r)/, *v. t.* **1** conferire poteri a; concedere autorità a; autorizzare **2** mettere in grado, rendere capace di: **Science empowers men to make use of natural resources**, la scienza mette gli uomini in grado di utilizzare le risorse della natura. ● **The President of the United States is empowered to veto legislation**, il Presidente degli Stati Uniti ha facoltà di porre il veto alle leggi del Congresso.
empress /'ɛmprɪs/, *n.* imperatrice.
emptily /'ɛm(p)təlɪ/, *avv.* in modo vacuo; con sguardo assente.
emptiness /'ɛm(p)tɪnəs/, *n.* **1** vuoto: **a feeling of e.**, un senso di vuoto **2** vuotaggine; vacuità; vanità; futilità.
emption /'ɛm(p)ʃn/, *n.* (*leg.*) acquisto; compera: **right of e.**, diritto d'acquisto.
emptor /'ɛm(p)tə(r)/ (*lat.*), *n.* (*leg.*) acquirente; compratore.
empty /'ɛm(p)tɪ/, **A** *a.* **1** vuoto; vacuo; vano; sterile: **an e. room [house]**, una stanza [casa] vuota; **e. words**, parole vuote; **e. pleasures [promises]**, piaceri vani [promesse vane]; **an e. person**, una persona vuota, vacua **2** privo: **e. of traffic**, privo di traffico **3** (*di un posto, ecc.*) vacante; libero **4** (*filos., mat.*) nullo. **B** *n.* (recipiente, imballaggio, ecc.) vuoto: **Please return empties**, si prega di restituire i vuoti. ● **e.-handed**, a mani vuote (*anche fig.*) □ **e.-headed**, scervellato; sciocco □ **an e.-headed person**, una testa vuota; una zucca vuota (*fig.*) □ (*ferr.*) **e. journey**, percorso a vagone vuoto □ (*fam.*) **e.-nester**, genitore con i figli grandi, usciti di casa □ **e.-pated**, *V.* **e.-headed** □ **to feel e.**, sentirsi vuoto (*o* svuotato); (*anche*) avere fame □ **on an e. stomach**, a stomaco vuoto; a digiuno.
to **empty** /'ɛm(p)tɪ/, **A** *v. t.* **1** vuotare; evacuare; sgombrare: **to e. one's glass**, vuotare il bicchiere; **to e. a van**, sgombrare un furgone **2** (*fig.*) svuotare; privare: **to e. a sentence of all meaning**, svuotare una frase di ogni significato. **B** *v. i.* **1** vuotarsi: **The piazza emptied in no time**, la piazza si vuotò in un baleno **2** (*dell'acqua*) scaricarsi: **The water empties slowly**, l'acqua si scarica lentamente **3** (*di fiume*) sboccare; sfociare: **The Po river empties (itself) into the Adriatic sea**, il Po sfocia nel mare Adriatico.
to **empurple** /ɪm'pɜ:pl/, *v. t.* imporporare.
empyema /ɛmpaɪ'i:mə, ɛmpɪ-/, *n.* (*pl.* **empyemata, empyemas**) (*med.*) empiema.
empyemic /ɛmpaɪ'i:mɪc/, *a.* empiemico.
empyreal /ɛmpaɪ'ri:əl/, *a.* empireo.
empyrean /ɛmpaɪ'ri:ən/, *a.* e *n.* empireo.
E.M.S. /i:ɛm'ɛs/, *n.* (*acronimo di* **European Monetary System**) (*econ., fin.*) sistema monetario europeo (*abbr.* SME). ● **E.M.S. exchange rates**, (quotazioni dei) cambi SME.
emu /'i:mju:/, *n.* (*zool., Dromiceius novae-hollandiae*) emù.
to **emulate** /'ɛmjʊleɪt/, *v. t.* emulare.
emulation /ɛmjʊ'leɪʃn/, *n.* emulazione.
emulative /'ɛmjʊlətɪv, *USA* -eɪtɪv/, *a.* d'emulazione; emulativo.
emulator /'ɛmjʊleɪtə(r)/, *n.* emulatore; emulo.
emulous /'ɛmjʊləs/, *a.* **1** rivale **2** (*arc.*) desideroso; bramoso (*di gloria, ecc.*).
emulsible /ɪ'mʌlsəbl/, *V.* **emulsifiable**.
emulsifiable /ɪ'mʌlsɪfaɪəbl/, *a.* emulsionabile.
emulsification /ɪmʌlsɪfɪ'keɪʃn/, *n.* (*chim.*) emulsificazione.
emulsifier /ɪ'mʌlsɪfaɪə(r)/, *n.* (*chim.*) emulsionante.
to **emulsify** /ɪ'mʌlsɪfaɪ/, **A** *v. t.* emulsionare. **B** *v. i.* emulsionarsi.
emulsion /ɪ'mʌlʃn/, *n.* emulsione. ● (*tecn.*) **e. paint**, vernice con emulsionante.
to **emulsionize** /ɪ'mʌlʃənaɪz/, *v. t.* emulsionare.
emulsive /ɪ'mʌlsɪv/, *a.* emulsivo.
emunctory /ɪ'mʌŋktərɪ/, *a.* e *n.* (*anat.*) (organo) emuntorio.
en /ɛn/, *n.* **1** enne; lettera n **2** (*tipogr.*) quadratino.
to **enable** /ɪ'neɪbl/, *v. t.* **1** rendere capace; mettere in grado (*o* in condizione) di; consentire di; permettere di: **Television enables us to see what is happening in a distant place**, la televisione ci permette di vedere quello che sta succedendo in un luogo lontano **2** (*leg.*) conferire poteri, concedere autorità a (q.) **3** (*elab.*) abilitare; attivare.
enabling /ɪ'neɪbəlɪŋ, -bl-/, *a.* **1** che mette in grado **2** (*leg.*) che conferisce il potere (*di fare q.c.*). ● **e. legislation**, leggi che conferiscono specifici poteri a una persona o un'organizzazione; (*USA*) leggi che regolano l'adesione di un territorio agli Stati Uniti □ (*elab.*) **e. signal**, segnale di abilitazione.
to **enact** /ɪ'nækt/, *v. t.* **1** (*leg.*) decretare; ordinare; approvare, convertire in legge (*un disegno di legge*); emanare (*un decreto, una legge*) **2** recitare; rappresentare: **to e. a character in a play**, fare una parte (*o* la parte d'un personaggio) in un dramma. ● **to be enacted**, aver luogo, avvenire, accadere; essere commesso, compiuto: **the place where the kidnapping was enacted**, il luogo dove fu commesso il rapimento □ (*leg.*) **the enacting clause**, la formula di promulgazione di una legge.
enaction /ɪ'nækʃn/, *V.* **enactment,** *def. 1.*
enactment /ɪ'næktmənt/, *n.* (*leg.*) **1** emanazione; approvazione; conversione in legge **2** legge; decreto.
enallage /ɛ'nælədʒi:, -əgɪ/, *n.* (*ling., retor.*) enallage.
enamel /ɪ'næml/, *n.* **1** smalto (*da unghie, ecc.*) **2** pittura a smalto; lacca **3** oggetto smaltato; smalto **4** (*anat.*) smalto (*dei denti*) **5** (*fig.*) lustro. ● **e. kiln**, forno da smalto □ **e. paper**, carta patinata □ **e. ware**, stoviglie smaltate □ **stoving e.**, smalto a fuoco.
to **enamel** /ɪ'næml/, *v. t.* **1** smaltare; decorare a smalto; verniciare **2** (*fig.*) decorare a vari e vivaci colori.
enameller /ɪ'næmələ(r)/, *n.* smaltatore, smaltatrice.
enamelling /ɪ'næmlɪŋ/, *n.* smaltatura; (decorazione a) smalto.
enamellist /ɪ'næməlɪst/, *n.* smaltatore, smaltatrice.
to **enamor** /ɪ'næmə(r)/, (*USA*) *V.* **to enamour**.
to **enamour** /ɪ'næmə(r)/, *v. t.* innamorare; affascinare. ● **to be enamoured of sb. [st.]**, essere innamorato di q. [q.c.] □ **to become enamoured**, innamorarsi.
enantiomer /ɛn'æntɪəmə(r), *USA* ɪ-/, *n.* (*fis.*) enantiomero.
enantiomorphic /ɛnæntɪə'mɔ:fɪk, *USA* ɪ-/, *a.* (*scient.*) enantiomorfo.
enantiomorphism /ɛnæntɪə'mɔ:fɪzəm, *USA* ɪ-/, *n.* (*scient.*) enantiomorfismo.
enantiotropy /ɛnæntɪ'ɒtrəpɪ, *USA* ɪ-/, *n.* (*chim.*) enantiotropia.
enarthrosis /ɛnɑ:'θrəʊsɪs/, *n.* (*pl.* **enarthroses**) (*anat.*) enartrosi.
to **encage** /ɪn'keɪdʒ/, *v. t.* ingabbiare; (*fig.*) rinchiudere.
to **encamp** /ɪn'kæmp/, *v. t.* e *i.* (*mil.*) accampare, accamparsi.
encampment /ɪn'kæmpmənt/, *n.* (*mil.*) accampamento.
encapsulant /ɪn'kæpsjʊlənt, *USA* -psə-/, *n.* (*tecn.*) materiale per incapsulare.
to **encapsulate** /ɪn'kæpsjʊleɪt, *USA* -psə-/, **A** *v. t.* **1** incapsulare **2** (*fig.*) contenere «in nuce»; racchiudere. **B** *v. i.* incapsularsi.
encapsulation /ɪnkæpsjʊ'leɪʃn, *USA* -psə-/, *n.* incapsulamento.
encarpus /ɛn'kɑ:pəs/, *n.* (*pl.* **encarpi**) (*archit.*) encarpo.
to **encase** /ɪn'keɪs/, *v. t.* **1** chiudere in un astuccio (*o* in una cassa) **2** racchiudere; ricoprire **3** cingere; avvolgere; circondare.
to **encash** /ɪn'kæʃ/, *v. t.* **1** (*comm.*) incassare; introitare **2** (*fin., rag.*) convertire in contanti; realizzare (*un credito, ecc.*).
encashment /ɪn'kæʃmənt/, *n.* **1** (*comm.*) incasso; introito **2** (*fin., rag.*) realizzazione; realizzo.
encaustic /ɪn'kɔ:stɪk/, **A** *n.* (*arte*) encausto;

encaustica. **B** *a.* a encausto; decorato a fuoco: **an e. tile**, una piastrella decorata a fuoco.

encephalic /ɛnsɪ'fælɪk/, *a.* (*anat.*) encefalico.

encephalitic /ɛnsɛfə'lɪtɪk/, *a.* (*med.*) encefalitico.

encephalitis /ɛnsɛfə'laɪtɪs/, *n.* (*pl.* **encephalitides**) (*med.*) encefalite.

encephalogram /ɛn'sɛfələgræm/, *n.* (*med.*) encefalogramma.

encephalography /ɛnsɛfə'lɒgrəfɪ/, *n.* (*med.*) encefalografia.

encephalon /ɛn'sɛfəlɒn/, *n.* (*pl.* **encephala**) (*anat.*) encefalo.

encephalopathy /ɛnsɛfə'lɒpəθɪ/, *n.* (*med.*) encefalopatia.

to **enchain** /ɪn'tʃeɪn/, *v. t.* (*anche fig.*) incatenare.

enchainment /ɪn'tʃeɪnmənt/, *n.* incatenamento.

to **enchant** /ɪn'tʃɑːnt, *USA* -'tʃæn-/, *v. t.* **1** incantare; affascinare; ammaliare **2** stregare; affatturare: **a princess enchanted by a witch**, una principessa affatturata da una strega.

enchanter /ɪn'tʃɑːntə(r), *USA* -'tʃæn-/, *n.* incantatore; mago.

enchanting /ɪn'tʃɑːntɪŋ, *USA* -'tʃæn-/, *a.* incantevole; affascinante.

enchantment /ɪn'tʃɑːntmənt, *USA* -'tʃæn-/, *n.* incantesimo; incanto; malia.

enchantress /ɪn'tʃɑːntrɪs, *USA* -'tʃæn-/, *n.* **1** incantatrice; maliarda; maga **2** (*fig.*) ammaliatrice; donna affascinante.

to **enchase** /ɪn'tʃeɪs/, *V.* **to chase** (**2**).

to **encipher** /ɪn'saɪfə(r)/, *v. t.* **1** (*anche elab.*) cifrare; mettere in cifra **2** (*ricamo*) cifrare.

to **encircle** /ɪn'sɜːkl/, *v. t.* **1** circondare; cingere; attorniare **2** (*mil.*) accerchiare.

encirclement /ɪn'sɜːklmənt/, *n.* **1** il circondare **2** (*mil.*) accerchiamento.

to **enclasp** /ɪn'klɑːsp, *USA* -æsp/, *v. t.* (*raro*) abbracciare; stringere.

enclave /'ɛnkleɪv/, *n.* (*polit.*) enclave (*anche fig.*); oasi territoriale.

enclitic /ɛn'klɪtɪk/, (*gramm.*) **A** *a.* enclitico. **B** *n.* enclitica.

to **enclose** /ɪn'kləʊz/, *v. t.* **1** circondare; cingere; recingere; racchiudere: **to e. a fruit garden with a fence**, circondare un orto con uno steccato; (*stor., in G.B.*) **to e. common land**, recingere terreni, già appartenuti alla comunità **2** accludere; allegare; unire: **We are enclosing a cheque for two hundred dollars**, si allega un assegno di duecento dollari **3** (*edil.*) incassare **4** (*relig.*) mettere in clausura.

enclosed /ɪn'kləʊzd/, *a.* **1** racchiuso; cinto; recintato **2** accluso; allegato **3** (*fig.*) appartato; ritirato: **an e. community**, una comunità appartata. ● (*relig.*) **e. order**, ordine (*monastico*) di clausura.

enclosure /ɪn'kləʊʒə(r)/, *n.* **1** chiusura; recinzione: (*stor., in G.B.*) **e. of common land**, enclosure; recinzione di terre già appartenute alla comunità **2** recinto; muro di cinta; steccato **3** terreno cintato; proprietà privata **4** allegato: **Don't forget to send the enclosures with the letter**, non dimenticare di spedire gli allegati con la lettera **5** (*relig.*) clausura.

to **enclothe** /ɪn'kləʊð/, *v. t.* rivestire.

to **encode** /ɪn'kəʊd/, *v. t.* **1** mettere in cifra, cifrare (*un messaggio, ecc.*) **2** (*elab.*) codificare.

encodement /ɪn'kəʊdmənt/, *n.* **1** il cifrare **2** (*elab.*) codifica.

encoder /ɪn'kəʊdə(r)/, *n.* (*elab., ling.*) codificatore.

encoding /ɪn'kəʊdɪŋ/, *n.* (*elab., ling.*) codifica.

encomiast /ɪn'kəʊmɪæst/, *n.* encomiasta; encomiatore, encomiatrice.

encomiastic(al) /ɪnkəʊmɪ'æstɪk(l)/, *a.* encomiastico; elogiativo. || **-ally**, *avv.*

encomium /ɪn'kəʊmɪəm/, *n.* (*pl.* **encomiums, encomia**) encomio; panegirico.

to **encompass** /ɪn'kʌmpəs/, *v. t.* **1** circondare; attorniare **2** comprendere; racchiudere; includere **3** avvolgere **4** causare, determinare (*q.c. di brutto o di spiacevole*).

encore /'ɒŋkɔː(r), ɒŋ'k-, *USA* 'ɑːŋkɔː(r)/, **A** *inter.* bis! **B** *n.* **1** bis: **The pianist got an e.**, al pianista fu chiesto il bis **2** esecuzione (*canzone, ecc.*) bissata. ● **to give an e.**, concedere (*o* dare) il bis: **The violinist gave two encores**, il violinista concesse due bis.

to **encore** /ɒŋ'kɔː(r), 'ɒŋk-, *USA* 'ɑːŋkɔː(r)/, *v. t.* chiedere il bis a (q.); bissare, volere il bis di (*un pezzo, ecc.*): **The audience encored the tenor**, il pubblico chiese il bis al tenore.

encounter /ɪn'kaʊntə(r)/, *n.* **1** incontro **2** (*mil.*) scontro; combattimento. ● (*psic.*) **e. group**, gruppo di incontro.

to **encounter** /ɪn'kaʊntə(r)/, *v. t.* e *i.* **1** incontrare; imbattersi in: **to e. an old friend**, incontrare un vecchio amico; **to e. difficulties**, incontrare difficoltà **2** affrontare; scontrarsi (con): **to e. the enemy**, scontrarsi con il nemico.

to **encourage** /ɪn'kʌrɪdʒ, *USA* -ɜːr-/, *v. t.* incoraggiare; incitare; favorire; promuovere; stimolare: **to e. economic recovery**, favorire la ripresa dell'economia.

encouragement /ɪn'kʌrɪdʒmənt, *USA* -ɜːr-/, *n.* incoraggiamento.

encourager /ɪn'kʌrɪdʒə(r), *USA* -ɜːr-/, *n.* incoraggiatore, incoraggiatrice.

encouraging /ɪn'kʌrɪdʒɪŋ, *USA* -ɜːr-/, *a.* incoraggiante.

to **encrimson** /ɪn'krɪmzn/, *v. t.* (*arc.*) arrossare; rendere color cremisi.

to **encroach** /ɪn'krəʊtʃ/, *v. i.* **1** intromettersi in; introdursi in; abusare di; usurpare; invadere: **to e. upon other people's land**, invadere (*o* occupare illegalmente) terre altrui; **to e. on sb.'s time**, abusare del tempo di q.; **to e. upon sb.'s rights**, usurpare i diritti di q. **2** (*leg.*) ledere, violare (*specialm. il diritto di proprietà altrui*). ● (*del mare*) **to e. upon the land**, invadere la spiaggia.

encroacher /ɪn'krəʊtʃə(r)/, *n.* **1** (*leg.*) usurpatore, usurpatrice **2** intruso, intrusa.

encroachment /ɪn'krəʊtʃmənt/, *n.* **1** abuso; usurpazione; invasione **2** (*leg.*) violazione (*in particolare, del diritto di proprietà altrui*).

to **encrust** /ɪn'krʌst/, **A** *v. t.* **1** incrostare **2** ricoprire, rivestire, adornare fittamente di (*gioielli, ecc.*). **B** *v. i.* incrostarsi.

encrustation /ɪnkrʌ'steɪʃn/, *n.* incrostazione.

to **encumber** /ɪn'kʌmbə(r)/, *v. t.* **1** ingombrare; impacciare (*i movimenti, ecc.*); ostacolare; intralciare: **This old furniture encumbers the room**, questi vecchi mobili ingombrano la stanza **2** imbarazzare; gravare: **to be encumbered with debts**, essere gravato di debiti.

encumberment /ɪn'kʌmbəmənt/, *V.* **encumbrance**.

encumbrance /ɪn'kʌmbrəns/, *n.* **1** ingombro; impaccio; ostacolo; intralcio **2** gravame; carico (*anche di famiglia*); persona a carico **3** (*leg.*) carico ipotecario **4** (*fin., rag.*) impegno di spesa. ● **a widow without e.**, una vedova senza figli.

encyclic(al) /ɪn'sɪklɪk(l)/, **A** *a.* enciclico. **B** *n.* (*relig.*) enciclica.

encyclop(a)edia /ɪnsaɪklə'piːdɪə/, *n.* enciclopedia.

encyclop(a)edic(al) /ɪnsaɪklə'piːdɪk(l)/, *a.* enciclopedico.

encyclop(a)edism /ɪnsaɪklə'piːdɪzəm/, *n.* enciclopedismo.

encyclop(a)edist /ɪnsaɪklə'piːdɪst/, *n.* collaboratore di un'enciclopedia. ● (*stor.*) **the Encyclop(a)edists**, gli Enciclopedisti.

to **encyst** /ɛn'sɪst/, **A** *v. t.* (*scient.*) incistare. **B** *v. i.* incistarsi.

encystation /ɛnsɪ'steɪʃn/, **encystment** /ɛn'sɪstmənt/, *n.* (*scient.*) incistamento.

end /ɛnd/, *n.* **1** fine; estremità; capo (*di corda, ecc.*); punta (*di un bastone*); limite; morte: **the end of a road [of a pole, of a rope]**, la fine d'una strada [l'estremità d'un palo, il capo d'una corda]; **the end of a friendship**, la fine di un'amicizia; **the ends of a barrel**, le estremità d'un barile; **the other end of the world**, l'altro capo del mondo; **I am at the end of my forbearance**, la mia sopportazione è arrivata al limite; **the end of the day [of the year]**, la fine del giorno [dell'anno]; **He was an advocate of free trade to his very end**, fu un fautore del liberismo fino alla morte (*o* per tutta la vita) **2** fine; intento; scopo; mira (*fig.*): **to gain one's end**, raggiungere il proprio fine; **for this end**, a questo scopo **3** mozzicone; residuo: **candle ends**, mozziconi di candela; **cigarette ends**, mozziconi di sigarette **4** esito; risultato: **The end of it all was that I accepted his offer**, andò a finire che accettai la sua offerta **5** (*pop.*) fine del mondo (*fig.*); non plus ultra: **These cars are the end!**, queste automobili sono la fine del mondo! **6** (*pop.*) (*di solito,* **the rear end**) sedere; deretano **7** (*pop.*) morte; rovina: **You'll be the end of me!**, sarai la mia rovina! **8** (*pop.*, = **the absolute end**) il colmo; una frana (*pop.*) **9** (*pl.*) (*pop. USA*) (paio di) scarpe. ● (*anat.*) **end bulb**, bulbo terminale □ (*econ.*) **end-consumer**, consumatore finale □ (*d'oggetto*) **end for end**, sottosopra; capovolto □ **end-iron**, piastra mobile di fornello □ (*sport*) **end-line**, linea di fondo (*o* di fondocampo) □ **the end of the matter**, il risultato finale; la conclusione □ (*ind.*) **end-of-run model**, modello in via d'esaurimento □ (*market.*) **end-of-season sales**, saldi di fine stagione □ **end on**, di fronte; frontalmente; verso chi guarda □ (*tipogr.*) **end papers**, risguardi, risvolti □ (*mat.*) **end-point**, estremo (*di un intervallo*) □ (*econ.*) **end product**, prodotto finito □ **end-to-end**, con le estremità che si toccano; per il lungo; (*elab.*) da utente a utente: **end-to-end control**, controllo da utente a utente; **Put the tables end-to-end**, metti i tavoli per il lungo! □ (*econ., elab.*) **end-user**, utente finale □ **to be at an end**, aver finito; essere finito □ **at the end** (*o* **in the end**), in fine; alla fine □ (*fig.*) **at the end of the day**, tutto sommato □ (*fig.*) **to be at the end of one's tether** (*o* **rope**), essere al limite delle proprie capacità (*o* della propria pazienza); non poterne più □ (*fam.*) **to be at a loose end** (*USA*: **at loose ends**), essere sfaccendato; non avere nulla da fare □ **to be at one's wits' end**, essere perplesso; non sapere che pesci pigliare □ (*sport*) **to change ends**, fare il cambio di campo; cambiare campo □ **to come to an end**, arrivare alla fine; finire; cessare □ **to come to a bad end**, fare una brutta fine □ **the East End**, il quartiere orientale (*operaio*) di Londra □ **to go off the deep end**, dare in escandescenze; uscir dai gangheri □ (*fam.*) **to keep one's end up**, tener duro; resistere □ **to make both ends meet**, sbarcare il lunario; far quadrare il bilancio familiare □ **to make an end of st.**, porre fine a q.c.; farla finita □ **to make sb.'s hair stand on end**, fare inorridire q.; far rizzare i capelli in testa a q. □ (*fam.*) **no end**, assai; molto: **I am no end disappointed**, sono molto deluso □ **no end of**, senza fine; un sacco di; moltissimo; grande: **He has no end of money**, ha un sacco di quattrini; **We had no end of trouble**, avemmo un sacco di guai; **He is no end of a liar**, è un gran bugiardo □ **odds and ends**, cianfrusaglie; rimasugli; cascami □ **on end**, diritto, ritto, in posizione verticale; senza interruzione, di seguito: **Place the cases on end**, metti ritte (drizza, rizza) le casse! □ **I stood there for hours on end**, stetti là ore e ore di seguito □ **to put an end to**, mettere fine a; porre termine a; finire □ **to no end**, invano; inutilmente □ **There will be no end to this work**, questo lavoro non avrà mai fine □ **the West End**, il quartiere occidentale (*elegante*) di Londra □ **without end**, senza fine; a non finire: **We had accidents without end**, avemmo incidenti a non finire □ **Now, make an end of it!**, via, falla finita! □ (*prov.*) **The end justifies the means**, il fine giustifica i mezzi.

to **end** /ɛnd/, **A** *v. i.* finire; terminare; cessare; concludersi: **The war ended in 1990**, la guerra finì nel 1990; **The journey ends here**, il viaggio finisce qui; **His life ended in poverty**, la sua vita finì in miseria; **The concert ended at midnight**, il concerto terminò a mezzanotte; **He ended by refusing our offer**, finì col rifiutare la nostra offerta. **B** *v. t.* finire; concludere; terminare; ultimare; porre fine a: **to end a letter with one's best wishes**, finire una lettera con i migliori saluti; **The President's speech ended the ceremonies**, il discorso del Presidente concluse le cerimonie; **to end a long discussion**, porre fine a una lunga discussione. ● (*fam.*) **to end it all**, finirla (*con la vita*); suicidarsi.

♦**end in**, *v. i.* + *prep.* **1** finire in; andare a finire in: **Their marriage ended in divorce**, il loro matrimonio finì in un divorzio **2** (*di una strada*) sbucare, finire in (*una piazza, ecc.*) **3** terminare in: **Most abstract nouns end in -ness**, la maggior parte dei nomi astratti termina in -ness □ (*fig.*) **to end in smoke**, finire in fumo.

♦**end off**, *v. t.* + *avv.* portare (q.c.) a termine; finire; concludere: **The orator ended off his speech with a joke**, l'oratore concluse il discorso con una battuta.

♦**end up**, *v. i.* + *avv.* **1** finire: **You will end up in jail**, finirai in galera; (*sport*) **to end up in a tie**, finire (*o* chiudere) in pareggio **2** concludersi: **Their expedition ended up in disaster**, la loro spedizione si concluse in un disastro □ **He ended up as the head of the business**, andò a finire che divenne il capo dell'azienda.

to **endanger** /ɪn'deɪndʒə(r)/, *v. t.* rischiare; mettere in pericolo (*o* a repentaglio); compromettere: **to e. one's life**, rischiare la vita; **to e. one's chances of being elected**, compromettere le proprie possibilità d'essere eletto.

endangered /ɪn'deɪndʒəd/, *a.* **1** in pericolo **2** (*ecol.*) in pericolo (*o* in via) d'estinzione.

to **endear** /ɪn'dɪə(r)/, **A** *v. t.* accattivare; affezionare; rendere caro. **B** to **endear oneself to**, *v. rifl.* accattivarsi la benevolenza (*o* la simpatia) di; amicarsi, farsi amico: **She endeared herself to the children**, si accattivò la simpatia dei bambini.

endearing /ɪn'dɪərɪŋ/, *a.* affettuoso; dolce; gentile; tenero.

endearment /ɪn'dɪəmənt/, *n.* **1** affetto; affettuosità; tenerezza **2** (*arc.*) gesto affettuoso; parola affettuosa; carezza. ● **a term of e.**, un appellativo affettuoso; un vezzeggiativo.

endeavour /ɪn'dɛvə(r)/, *n.* sforzo; tentativo: **We're making every e. to curb inflation**, facciamo ogni sforzo per frenare l'inflazione.

to **endeavour** /ɪn'devə(r)/, *v. i.* cercare; sforzarsi; tentare: **to e. to do st.**, sforzarsi di fare q.c.

endemic /ɛn'dɛmɪk/, **A** *a.* **1** (*biol.*) endemico; tipico di una zona (*o* di una popolazione) **2** (*med.*) endemico. **B** *n.* (*med., biol.*) malattia (*o* pianta) endemica; endemia.

endemicity /ɛndɪ'mɪsətɪ/, *n.* (*med.*) endemicità.

endemism /'ɛndɪmɪzəm/, *n.* (*biol.*) endemismo.

endermic(al) /ɛn'dɜːmɪk(l)/, *a.* (*med.*) endermico.

endgame /'ɛndgeɪm/, *n.* (*scacchi*) fine partita; finale.

ending /'ɛndɪŋ/, *n.* **1** fine; conclusione; termine: **The story has a happy e.**, la storia è a lieto fine **2** (*gramm.*) desinenza.

endive /'ɛndɪv, *USA* -daɪv/, *n.* (*bot., Cichorium endivia*) indivia.

endless /'ɛndləs/, *a.* **1** senza fine; infinito; sconfinato, sterminato; interminabile: **This will save e. trouble**, questo ci risparmierà infiniti guai; **an e. speech**, un discorso interminabile **2** continuo; incessante: **e. reproaches**, rimproveri continui **3** (*mecc.*) continuo; senza fine: **an e. belt**, un nastro continuo. || **-ly**, *avv.* || **-ness**, *sost.*

endocardiac /ɛndəʊ'kɑːdɪæk/, *V.* **endocardial**.

endocardial /ɛndəʊ'kɑːdɪəl/, *a.* endocardico.

endocarditis /ɛndəʊkɑː'daɪtɪs/, *n.* (*med.*) endocardite.

endocardium /ɛndəʊ'kɑːdɪəm/, *n.* (*pl.* **endocardia**) (*anat.*) endocardio.

endocarp /'ɛndəʊkɑːp/, *n.* (*bot.*) endocarpo.

endocranial /ɛndəʊ'kreɪnɪəl/, *a.* (*anat.*) endocranico.

endocranium /ɛndəʊ'kreɪnɪəm/, *n.* (*pl.* **endocrania**) (*anat.*) endocranio.

endocrinal /ɛndəʊ'kraɪnl/, *a.* (*anat.*) endocrino.

endocrine /'ɛndəkraɪn, -krɪn/, **A** *a.* (*anat.*) endocrino. **B** *n.* **1** (*anat.*) ghiandola endocrina **2** (*fisiol.*) secrezione endocrina.

endocrinologist /ɛndəʊkrɪ'nɒlədʒɪst/, *n.* endocrinologo.

endocrinology /ɛndəʊkrɪ'nɒlədʒɪ/, *n.* (*med.*) endocrinologia.

endoderm /'ɛndəʊdɜːm/, *n.* (*biol.*) endoderma.

endogamic /ɛndəʊ'gæmɪk/, *a.* (*biol., etnol.*) endogamico.

endogamous /ɛn'dɒgəməs/, *a.* (*biol., etnol.*) endogamo.

endogamy /ɛn'dɒgəmɪ/, *n.* (*biol., etnol.*) endogamia.

endogenesis /ɛndəʊ'dʒɛnəsɪs/, *n.* (*pl.* **endogeneses**) (*biol., geol.*) endogenesi.

endogenic /ɛndəʊ'dʒɛnɪk/, *V.* **endogenous**.

endogenous /ɛn'dɒdʒənəs/, *a.* (*biol., geol.*) endogeno.

endogeny /ɛn'dɒdʒənɪ/, *n.* (*biol., geol.*) endogenesi.

endolymph /'ɛndəʊlɪmf/, *n.* (*anat.*) endolinfa.

endometritis /ɛndəʊmɪ'traɪtɪs/, *n.* (*med.*) endometrite.

endometrium /ɛndəʊ'miːtrɪəm/, *n.* (*pl.* **endometria**) (*anat.*) endometrio.

endomorph /'ɛndəʊmɔːf/, *n.* (*miner.*) minerale endomorfo.

endomorphic /ɛndəʊ'mɔːfɪk/, *a.* (*miner.*) endomorfo.

endomorphism /ɛndəʊ'mɔːfɪzəm/, *n.* (*geol., miner.*) endomorfismo.

endoparasite /ɛndəʊ'pærəsaɪt/, *n.* (*biol.*) endoparassita.

endoplasm /'ɛndəʊplæzəm/, *n.* (*biol.*) endoplasma.

endoplasmic /ɛndəʊ'plæzmɪk/, *a.* (*biol.*) endoplasmatico.

endorphin /ɛn'dɔːfɪn/, *n.* (*biochim.*) endorfina.

endorsable /ɪn'dɔːsəbl/, *a.* (*fin.*) girabile.

to **endorse** /ɪn'dɔːs/, *v. t.* **1** (*anche fin.*) attergare; firmare a tergo; girare; vistare: **to e. a cheque [a bill]**, girare un assegno [una cambiale]; **to e. a passport**, vistare un passaporto **2** (*leg.*) avallare **3** (*fig.*) sottoscrivere; approvare; appoggiare: **to e. the policy of the government**, approvare la politica del governo **4** scrivere a tergo di (*un documento*). ● (*autom., in G.B.*) **to e. a driving licence**, annotare le infrazioni sulla patente di guida.

endorsee /ɛndɔː'siː/, *n.* (*fin.*) giratario.

endorsement /ɪn'dɔːsmənt/, *n.* **1** (*anche fin.*) attergato; girata; visto: **blank e.**, girata in bianco; **qualified e.**, girata condizionata **2** (*ass.*) clausola aggiuntiva (*in una polizza di assicurazione*) **3** (*autom., in G.B.*) annotazione di un'infrazione grave (*sulla patente*) **4** (*leg.*) avallo **5** (*fig.*) approvazione; adesione; appoggio; sostegno.

endorser /ɪn'dɔːsə(r)/, *n.* **1** (*fin.*) girante **2** (*leg.*) avallante **3** (*fig.*) sostenitore; chi appoggia; chi approva.

endoscope /'ɛndəʊskəʊp/, *n.* (*med.*) endoscopio.

endoscopic /ɛndəʊ'skɒpɪk/, *a.* endoscopico.

endoscopy /ɛn'dɒskəpɪ/, *n.* (*med.*) endoscopia.

endoskeleton /'ɛndəʊskelɪtn/, *n.* (*anat.*) endoscheletro.

endosmometer /ɛndɒz'mɒmɪtə(r)/, *n.* (*tecn.*) endosmometro.

endosmosis /ɛndɒz'məʊsɪs/, *n.* (*pl.* **endosmoses**) (*fis., med.*) endosmosi.

endosmotic /ɛndɒz'mɒtɪk/, *a.* endosmotico.

endosperm /'ɛndəʊspɜːm/, *n.* (*bot.*) endosperma.

endospore /'ɛndəʊspɔː(r)/, *n.* (*bot.*) endospora.

endothelium /ɛndəʊ'θiːlɪəm/, *n.* (*pl.* **endothelia**) (*anat.*) endotelio.

endothermal /ɛndəʊ'θɜːml/, **endothermic** /ɛndəʊ'θɜːmɪk/, *a.* (*chim., fis.*) endotermico.

endotoxin /ɛndəʊ'tɒksɪn/, *n.* (*biol.*) endotossina.

to **endow** /ɪn'daʊ/, *v. t.* dotare; concedere; fornire; assegnare; dotare di fondi; sovvenzionare: **Nature endowed him with genius**, la natura lo dotò d'ingegno; **He is endowed with courage**, è dotato di coraggio; **to e. a ward in a hospital**, dotare di fondi il reparto di un ospedale.

endowed /ɪn'daʊd/, *a.* **1** dotato: **a highly e. man**, un uomo altamente dotato **2** dotato di fondi; sovvenzionato.

endowment /ɪn'daʊmənt/, *n.* **1** assegnazione, costituzione di dote (*leg.*); donazione; lascito; sovvenzione: **This university has several endowments**, quest'università gode di diversi lasciti **2** (*fig.*) dote; talento naturale: **mental endowments**, doti intellettuali. ● **e. fund**, fondo di dotazione (*per i dipendenti*) □ (*ass.*) **e. insurance**, assicurazione mista (*caso di morte o capitale a scadenza fissa*) □ (*ass.*) **e. policy**, polizza mista.

endpaper /'ɛndpeɪpə(r)/, *n.* (*editoria*) risguardo.

to **endue** /ɪn'djuː, *USA* -'duː/, *v. t.* (*arc.*) **1** dotare, fornire, provvedere (*q., di qualità o poteri*); investire (*q., d'autorità*) **2** (*raro*) vestire; rivestire.

endurable /ɪn'djʊərəbl, *USA* -'dʊə-/, *a.* sopportabile; tollerabile. || **-ness**, *sost.* || **-bly**, *avv.*

endurance /ɪn'djʊərəns, *USA* -'dʊə-/, *n.* **1** sopportazione; tolleranza; pazienza; resistenza: **He has great powers of e.**, ha grandi capacità di resistenza **2** (*mecc.*) resistenza; durata: **e. test** (*o* **trial**), prova di durata; (*autom., sport*) prova (*o* gara) di resistenza **3** (*aeron., naut.*) autonomia **4** (*sport*) tenuta. ● (*mecc.*) **e. limit**, limite di fatica □ **past** (*o* **beyond**) **e.**, insopportabile; intollerabile.

to **endure** /ɪn'djʊə(r), *USA* -'dʊə(r)/, **A** *v. t.* sopportare; resistere a; soffrire; tollerare: **to e. suffering [pain]**, sopportare le sofferenze [il dolore]; **to e. torture**, resistere alla tortura; **I cannot e. the sight of blood**, non sopporto la vista del sangue; **I can't e. that man**, non posso soffrire quell'uomo. **B** *v. i.* **1** resistere; tener duro: **The defenders of Leningrad endured to the end**, i difensori di Leningrado resistettero fino all'ultimo **2** durare; permanere: **Dante's name will e. forever**, il nome di Dante durerà in eterno.

enduring /ɪn'djʊərɪŋ, *USA* -'dʊə-/, *a.* **1** durevole; duraturo; permanente: **e. fame**, fama duratura **2** paziente; resistente; tenace.

enduro /ɪn'djʊərəʊ, *USA* -'dʊə-/, *n.* (*sport*) enduro; gara di resistenza (*per auto o moto*).

endways /'ɛndweɪz/, **endwise** /'ɛndwaɪz/, *avv.* **1** testa contro testa; di faccia; di punta **2** in posizione verticale; per ritto **3** per il lungo.

Endymion /ɛn'dɪmɪən/, *n.* (*mitol.*) Endimione.

enema /'ɛnəmə/, *n.* (*pl.* **enemas, enemata**) (*med.*) clistere; enteroclisma.

enemy /'ɛnəmɪ/, **A** *n.* nemico; avversario: **The e. were advancing**, il nemico avanzava; **Gambling is his worst e.**, il gioco d'azzardo è il suo peggior nemico. **B** *a.* nemico; del nemico: **e. aircraft**, aerei nemici; **e. goods**, proprietà del nemico. ● (*relig.*) **the E.**, il Nemico (*il Demonio*) □ **an e. alien**, un residente straniero, di nazionalità nemica (*in tempo di guer-*

ra) □ (*fam. USA*) **How goes the e.?**, che ora è?

energetic /ɛnə'dʒɛtɪk/, *a.* ***1*** energico; attivo ***2*** (*fis.*) energetico. || **-ally**, *avv.*

energetics /ɛnə'dʒɛtɪks/, *n. pl.* (*col verbo al sing.*) (*fis.*) energetica.

to **energize** /'ɛnədʒaɪz/, **A** *v. t.* ***1*** (*elettr.*) mettere sotto tensione ***2*** infondere energia in; ravvivare; stimolare. **B** *v. i.* ***1*** (*elettr.*) eccitarsi ***2*** (*raro*) agire con energia.

energized /'ɛnədʒaɪzd/, *a.* (*elettr.*) sotto tensione; caldo.

energizer /'ɛnədʒaɪzə(r)/, *n.* (*farm.*) energetico; corroborante.

energumen /ɛnə'gjuːmɛn/, *n.* energumeno.

energy /'ɛnədʒɪ/, **A** *n.* (*anche fis.*) energia: **potential e.**, energia potenziale; **electrical e.**, energia elettrica; **to waste one's energies** sprecare le proprie energie. **B** *a. attr.* energetico: (*econ.*) **e. crisis**, crisi energetica; **e. level**, livello energetico; **e. budget**, bilancio energetico; **e. source**, fonte energetica (*o* di energia). ● (*anche med.*) **e.-giving**, energetico: **e.-giving food**, cibo energetico □ (*med.*) **e.-giving tonic**, energetico.

enervate /'ɛnəveɪt/, *a.* snervato; debilitato; fiacco; molle.

to **enervate** /'ɛnəveɪt/, *v. t.* snervare; debilitare; infiacchire.

enervating /'ɛnəveɪtɪŋ/, *a.* che debilita; snervante.

enervation /ɛnə'veɪʃn/, *n.* snervamento; debilitazione; infiacchimento; mollezza.

to **enface** /ɪn'feɪs/, *v. t.* (*comm.*) ***1*** scrivere, stampare (q.c.) su una cambiale, un assegno, ecc. ***2*** munire (*una cambiale, ecc.*) di una dicitura a mano (*o* a stampa).

to **enfeeble** /ɪn'fiːbl/, *v. t.* indebolire; debilitare; infiacchire.

enfeeblement /ɪn'fiːblmənt/, *n.* indebolimento; debilitazione.

to **enfeoff** /ɪn'fiːf/, *v. t.* (*stor.*) investire (q.) di un feudo; infeudare.

enfeoffment /ɪn'fiːfmənt/, *n.* (*stor.*) investitura (*d'un feudo*); infeudamento; infeudazione.

to **enfetter** /ɪn'fɛtə(r)/, *v. t.* incatenare; mettere in ceppi.

enfilade /ɛnfɪ'leɪd/, *n.* ***1*** (*mil.*) tiro d'infilata ***2*** infilata (*di stanze, alberi, ecc.*).

to **enfilade** /ɛnfɪ'leɪd/, *v. t.* ***1*** (*mil.*) battere, colpire (*truppe, ecc.*) d'infilata ***2*** disporre in infilata (*stanze, alberi, ecc.*).

to **enfold** /ɪn'fəʊld/, *v. t.* ***1*** avviluppare; avvolgere ***2*** abbracciare; stringere fra le braccia ***3*** piegare; disporre in pieghe.

to **enforce** /ɪn'fɔːs/, *v. t.* ***1*** rafforzare: **He enforced his argument by giving examples**, rafforzò la sua argomentazione fornendo esempi ***2*** imporre; far valere: **to e. silence**, imporre il silenzio; **Don't e. your will on the boy**, non imporre la tua volontà al ragazzo; **to e. a right**, far valere un diritto ***3*** (*anche leg.*) applicare; far osservare; far rispettare: **to e. a law**, applicare una legge; **to e. a rule** [**a truce**], far rispettare una regola [una tregua]. ● **to e. obedience**, farsi obbedire.

enforceable /ɪn'fɔːsəbl/, *a.* ***1*** che si può rafforzare, costringere, imporre, ecc. (*V.* **to enforce**) ***2*** (*leg.*) esecutorio; esecutivo: **e. judgement**, sentenza esecutiva.

enforcedly /ɪn'fɔːsɪdlɪ/, *avv.* forzatamente; coercitivamente.

enforcement /ɪn'fɔːsmənt/, *n.* ***1*** rafforzamento ***2*** costrizione; imposizione ***3*** applicazione; esecuzione: **the e. of antitrust legislation**, l'applicazione delle leggi contro i monopoli ***4*** (*leg.*) esecuzione forzata (*di un contratto*); esercizio coattivo (*di un diritto*). ● **the e. of order**, il mantenimento dell'ordine pubblico.

to **enframe** /ɪn'freɪm/, *v. t.* incorniciare; far cornice a.

to **enfranchise** /ɪn'fræntʃaɪz/, *v. t.* ***1*** affrancare; emancipare; liberare (*schiavi, ecc.*) ***2*** (*polit.*) concedere il diritto di voto a: **Women were enfranchised in 1946 in Italy**, in Italia le donne ottennero il diritto di voto nel 1946.

enfranchisement /ɪn'fræntʃaɪzmənt/, *n.* ***1*** affrancamento; emancipazione; liberazione (*di schiavi, ecc.*) ***2*** (*polit.*) concessione del diritto di voto.

to **engage** /ɪn'geɪdʒ/, **A** *v. t.* ***1*** impegnare; occupare; prenotare; prendere; assumere; noleggiare: **Reading engages all my spare time**, la lettura impegna tutto il mio tempo libero; **to e. a room in a hotel**, prenotare una camera in albergo; **to e. sb. as a guide** [**a teacher**], prendere q. come guida [insegnante]; **to e. a servant**, assumere un domestico; **to e. a taxi**, noleggiare un taxi ***2*** (*di solito, al passivo*) attirare; attrarre: **My attention was engaged by the paintings**, la mia attenzione fu attirata dai dipinti ***3*** (*mil.*) impegnare; attaccare: **We engaged the enemy at once**, attaccammo subito il nemico ***4*** (*mecc.*) innestare; ingranare: **to e. the clutch**, innestare la frizione ***5*** (*di solito, al passivo*) fidanzarsi con: **He became engaged to a childhood friend**, si fidanzò con un'amica d'infanzia. **B** *v. i.* ***1*** (*anche rifl.*) impegnarsi; (*anche leg.*) obbligarsi: **I e. to pay all his debts**, m'impegno a pagare tutti i suoi debiti; **Don't e. yourself if you have no time**, non impegnarti se non hai tempo ***2*** (*mil.*) impegnare combattimento ***3*** (*mecc.*) ingranare; innestarsi; entrare: **The teeth of the two wheels won't e.**, i denti delle due ruote non vogliono ingranare. ● **to e. for**, garantire di, impegnarsi per: **I can e. for his honesty**, della sua onestà garantisco io □ **to e. in**, partecipare, prender parte a; dedicarsi a; darsi a; intraprendere: **Civil servants are forbidden to e. in any form of business**, ai funzionari statali è vietato intraprendere qualsiasi attività commerciale □ **to e. in battle**, ingaggiare battaglia □ **to e. in business**, mettersi in affari □ **to e. sb. in conversation**, attaccare discorso con q.; far partecipare q. alla conversazione □ **to e. upon a new career**, intraprendere una nuova carriera.

engaged /ɪn'geɪdʒd/, *a.* ***1*** (*di persona*) occupato; impegnato ***2*** occupato; riservato; preso: **Is this seat e.?**, è occupato questo posto? ***3*** fidanzato: **She's e. to my son**, è fidanzata con mio figlio ***4*** (*telef.*) occupato: **Sorry, (the) line (is) e.**, spiacente, ma la linea è occupata ***5*** (*mil.*) impegnato in combattimento ***6*** (*mecc.*) ingranato, innestato; in presa ***7*** (*archit.*) incassato. ● **an e. couple**, una coppia di fidanzati □ (*archit.*) **e. pillar**, lesena; parasta □ (*telef.*) **e. tone**, segnale di linea occupata □ **to get e. to sb.**, fidanzarsi con q.

engagement /ɪn'geɪdʒmənt/, *n.* ***1*** impegno; obbligo; promessa; appuntamento; occupazione: **to meet one's engagements**, far fronte ai propri impegni; **to break an e.**, non tener fede a un impegno; mancare a un appuntamento ***2*** assunzione; nomina: **labour e. sheet**, modulo di assunzione ***3*** (*mil.*) combattimento; scontro ***4*** promessa di matrimonio; fidanzamento: **e. ring**, anello di fidanzamento ***5*** (*mecc.*) ingranamento; l'innestarsi.

engaging /ɪn'geɪdʒɪŋ/, *a.* attraente; avvincente; simpatico; affascinante; seducente: **an e. smile** [**manner**], un sorriso [un modo di fare] affascinante.

to **engarland** /ɪn'gɑːlənd/, *v. t.* inghirlandare.

to **engender** /ɪn'dʒɛndə(r)/, *v. t.* ***1*** (*arc.*) generare; procreare ***2*** (*fig.*) ingenerare; generare (*fig.*); causare; produrre: **Social unrest is often engendered by unemployment**, spesso i disordini sociali sono causati dalla disoccupazione.

engine /'ɛndʒɪn/, *n.* ***1*** (*mecc.*) motore; macchina (*di nave, ecc.*): **a petrol e.**, un motore a benzina; **an oil e.**, un motore a olio pesante (*nafta, ecc.*); **a steam e.**, una macchina a vapore; (*naut.*) **e. hatchway**, boccaporto delle macchine; **internal-combustion e.**, motore a combustione interna; **explosion e.**, motore a scoppio; **engines of warfare**, macchine belliche ***2*** (*ferr.*) locomotiva (a vapore); macchina ***3*** (= **fire e.**) autopompa ***4*** (*fig.*) elemento traente: **Entrepreneurs are a major e. of economic growth**, gli imprenditori sono un importante elemento traente dello sviluppo dell'economia. ● (*mecc.*) **e. block**, monoblocco (*di motore*) □ (*ferr.*) **e. cab**, cabina del macchinista □ (*ferr.*) **e. driver**, macchinista □ (*mecc.*) **e. efficiency**, rendimento del motore □ **e. house**, rimessa delle autopompe □ (*mecc.*) **e. lathe**, tornio parallelo per filettare □ (*ferr.*) **e. pit**, buca per la riparazione delle locomotive □ (*mecc.*) **e. power**, potenza del motore □ (*autom., mecc.*) **e. reconditioning**, ripasso del motore □ (*anche naut.*) **e. room**, sala (delle) macchine □ (*autom., mecc.*) **e. size** (*o* **displacement**), cilindrata (*del motore*) □ (*autom.*) **e. starter**, motorino d'avviamento □ (*autom., mecc.*) **e. tuning**, messa a punto del motore □ (*naut.*) **after e.**, macchina poppiera; motrice di poppa □ (*mecc.*) **a four-stroke(-cycle) e.**, un motore a quattro tempi.

engined /'ɛndʒɪnd/, *a.* (*mecc.*; *nei composti*) che ha un motore (*o* una cilindrata): **a small-e. car**, un'auto di piccola cilindrata. ● (*aeron.*) **two-e. plane**, bimotore.

engineer /ɛndʒɪ'nɪə(r)/, *n.* ***1*** ingegnere: **civil e.**, ingegnere civile; **electrical e.**, ingegnere elettrotecnico; **mining e.**, ingegnere minerario ***2*** macchinista; motorista: **the chief e. of a ship**, il primo ufficiale di macchina in una nave; (*aeron.*) **flight e.**, motorista di bordo ***3*** (*ferr., USA*) macchinista (*cfr. ingl.* **engine driver**) ***4*** tecnico specializzato; tecnico: **lift e.**, tecnico della manutenzione degli ascensori; **television e.**, tecnico della televisione; (*cinem.*) **sound e.**, tecnico del suono ***5*** (*mil.*) soldato (*o* ufficiale) del genio; geniere ***6*** (*arc.*) orditore; organizzatore: **He was the e. of the plot**, fu lui a tessere le fila del complotto. ● (*naut.*) **E. Branch**, Corpo del Genio Navale □ (*mil.*) **E. Corps**, Arma del Genio □ (*mil.*) **the Engineers**, i genieri.

to **engineer** /ɛndʒɪ'nɪə(r)/, **A** *v. t.* ***1*** dirigere i lavori di; costruire; progettare (*impianti*): **to e. a railway**, dirigere i lavori di costruzione d'una ferrovia ***2*** preparare; organizzare: **to e. an advertising campaign**, organizzare una campagna pubblicitaria ***3*** (*fig.*) architettare, escogitare, ideare (*un piano, ecc.*); macchinare, tramare (*un complotto, ecc.*). **B** *v. i.* fare l'ingegnere.

engineering /ɛndʒɪ'nɪərɪŋ/, *n.* ***1*** ingegneria: **road e.**, ingegneria stradale ***2*** tecnica: **radio e.**, radiotecnica ***3*** engineering; progettazione d'impianti ***4*** (*fig.*) macchinazione; manovra: **The whole thing was of his own e.**, tutta la faccenda è stata una macchinazione sua. ● **e. department**, ufficio tecnico □ (*ass.*) **e. insurance**, assicurazione contro i rischi del montaggio industriale □ (*chim.*) **e. resin**, tecnopolimero; resina per l'ingegneria □ **civil e.**, ingegneria civile; genio civile □ **marine e.**, ingegneria navale; navalmeccanica □ **school of e.**, facoltà d'ingegneria; politecnico.

to **engird** /ɪn'gɜːd/, to **engirdle** /ɪn'gɜːdl/, *v. t.* cingere; circondare.

England /'ɪŋglənd/, *n.* (*geogr.*) Inghilterra.

Englander /'ɪŋgləndə(r)/, *n.* (*raro*) inglese.

English /'ɪŋglɪʃ/, **A** *a.* inglese. **B** *n.* ***1*** (la lingua) inglese ***2*** – (*collett.*) **the E.**, gli inglesi ***3*** (*tipogr.*) corpo 14. ● **E.-born**, inglese di nascita □ **E. breakfast**, colazione all'inglese □ (*geogr.*) **the E. Channel**, la Manica □ (*mus., USA*) **E. horn**, corno inglese □ **E. setter** (*cane*), setter inglese □ **E.-speaking**, anglofono; di lingua inglese: **E.-speaking countries**, i paesi di lingua inglese □ **American E.**, l'inglese che si parla in America □ **British E.**, l'inglese che si parla in Inghilterra □ **in plain E.**, chiaro e tondo; esplicitamente □ **King's** (*o* **Queen's**) **E.**, l'inglese puro, corretto □ (*stor., ling.*) **Old E.**, l'inglese antico; l'anglosassone.

Englisher /'ɪŋglɪʃə(r)/, *n.* ***1*** traduttore in inglese ***2*** (*raro*) inglese.

Englishism /ˈɪŋglɪʃɪzəm/, *n.* **1** inglesismo **2** caratteristica degli inglesi; modo di vita inglese **3** (*arc.*) anglofilia.

Englishman /ˈɪŋglɪʃmən/, *n.* (*pl.* **Englishmen**) **1** inglese (*uomo*) **2** (*naut.*) nave inglese.

Englishry /ˈɪŋglɪʃrɪ/, *n.* (*raro*) **1** l'essere inglese **2** (*in Irlanda*) popolazione d'origine inglese.

Englishwoman /ˈɪŋglɪʃwʊmən/, *n.* (*pl.* **Englishwomen**) inglese (*donna*).

to **englobe** /ɪnˈgləʊb/, *v. t.* inglobare.

to **engorge** /ɪnˈgɔːdʒ/, *v. t.* **1** ingozzare; divorare; ingollare; ingurgitare **2** (*med.*) congestionare (*una vena, un tessuto*).

engorgement /ɪnˈgɔːdʒmənt/, *n.* **1** ingurgitamento **2** (*med.*) congestione, ingorgo (*V.* **to engorge**).

to **engraft** /ɪnˈgrɑːft, *USA* -æft/, *v. t.* **1** (*bot.* e *fig.*) innestare; inserire; incorporare **2** (*fig.*) inculcare; infondere: **His father engrafted loyalty in his soul**, suo padre gli inculcò nell'animo la lealtà.

engraftation /ɪngrɑːfˈteɪʃn, *USA* -æf-/, **engraftment** /ɪnˈgrɑːftmənt, *USA* -æf-/, *n.* (*bot.*) innesto.

to **engrail** /ɪnˈgreɪl/, *v. t.* dentellare.

engrailment /ɪnˈgreɪlmənt/, *n.* dentellatura.

to **engrain** /ɪnˈgreɪn/, *v. t.* **1** tingere a tinta forte (*o* allo stato grezzo) **2** (*fig.*) inculcare; radicare: **engrained habits [prejudices]**, abitudini inveterate [pregiudizi fortemente radicati]. ● **an engrained rogue**, un furfante incallito.

engram /ˈɛngræm/, *n.* (*fisiol.*) engramma, traccia mnemonica.

to **engrave** /ɪnˈgreɪv/, *v. t.* incidere; intagliare; cesellare; (*fig.*) imprimere: **to e. an inscription on a tombstone**, incidere un'iscrizione su una lapide; **The scene was engraved on his memory**, la scena era impressa nella sua memoria. ● **engraved printing**, stampa in rilievo.

engraver /ɪnˈgreɪvə(r)/, *n.* incisore; intagliatore; cesellatore. ● (*tipogr.*) **process e.**, zincografo.

engraving /ɪnˈgreɪvɪŋ/, *n.* **1** incisione; cesellatura **2** (*arte*) stampa. ● **copperplate e.**, incisione su rame; calcografia □ **wood-e.**, incisione su legno; xilografia, silografia.

to **engross** /ɪnˈgrəʊs/, *v. t.* **1** scrivere a grandi lettere; stendere in forma legale; copiare (*un documento*) **2** monopolizzare (*per es., la conversazione*); assorbire completamente; occupare (*o* prendere) totalmente; avvincere: **This work engrosses me**, questo lavoro m'assorbe completamente; **to be engrossed in study**, essere totalmente preso dallo studio **3** (*econ.*) accaparrare, incettare (*merci, ecc.*) **4** (*leg.*) redigere (*un atto legale*).

engrossing /ɪnˈgrəʊsɪŋ/, **A** *a.* affascinante; avvincente; assai interessante. **B** *n.* (*econ.*) accaparramento; incetta.

engrossment /ɪnˈgrəʊsmənt/, *n.* **1** (stesura o copiatura di un) documento legale **2** (*econ.*) accaparramento; incetta **3** (*anche econ.*) il monopolizzare **4** l'essere assorto, ecc. (*V.* **to engross**).

to **engulf** /ɪnˈgʌlf/, *v. t.* **1** sommergere; immergere; inghiottire; circondare: **The stormy sea engulfed the island**, il mare in tempesta sommerse l'isola **2** (*fig.*) opprimere; divorare: **engulfed by worry**, divorato dall'ansia.

engulfment /ɪnˈgʌlfmənt/, *n.* l'inghiottire, ecc. (*V.* **to engulf**).

to **enhance** /ɪnˈhɑːns, *USA* -æns/, *v. t.* **1** aumentare, accrescere (*la bellezza, la potenza, ecc. di q.*) **2** esaltare; magnificare **3** (*econ.*) aumentare, far salire (*prezzi* e *sim.*).

enhancement /ɪnˈhɑːnsmənt, *USA* -æns-/, *n.* **1** aumento; accrescimento **2** esaltazione; magnificazione **3** aumento (*di prezzo*): **the e. of oil prices**, l'aumento del prezzo del petrolio **4** (*tecn.*) miglioramento (*dell'immagine in TV, ecc.*).

enharmonic /ɛnhɑːˈmɒnɪk/, *a.* (*mus.*) enarmonico.

enigma /ɪˈnɪgmə/, *n.* (*pl.* **enigmas, enigmata**) enigma.

enigmatic(al) /ɛnɪgˈmætɪk(l)/, *a.* enigmatico. ‖ **-ally**, *avv.*

to **enigmatize** /ɪˈnɪgmətaɪz/, *v. t.* rendere enigmatico.

to **enisle** /ɪˈnaɪl/, *v. t.* (*poet.*) **1** fare di (q.c.) un'isola **2** relegare su un'isola **3** (*fig.*) isolare; segregare.

enjambment, enjambement /ɪnˈdʒæmbmənt/, *n.* (*poesia*) continuazione dell'immagine da un verso al successivo; enjambement: **The first two lines of «Paradise Lost» offer a fine example of e.**, i primi due versi del «Paradiso perduto» offrono un bell'esempio di enjambement.

to **enjoin** /ɪnˈdʒɔɪn/, *v. t.* **1** comandare, ingiungere; (*anche leg.*) imporre, intimare: **to e. obedience**, imporre l'obbedienza; **to e. sb. that st. should be done**, intimare a q. di fare q.c. **2** (*specialm. USA*) proibire; vietare; diffidare: **The company was enjoined from selling the damaged goods**, la società fu diffidata dal vendere la merce deteriorata.

enjoinment /ɪnˈdʒɔɪnmənt/, *n.* (*anche leg.*) **1** ingiunzione; intimazione; ordine **2** (*specialm. USA*) proibizione; divieto; diffida.

to **enjoy** /ɪnˈdʒɔɪ/, **A** *v. t.* godere (di); provar gioia, trarre diletto da; gradire molto; avere molto piacere: **I enjoyed that film very much**, quel film mi è piaciuto moltissimo; **I enjoyed seeing him**, ebbi molto piacere di vederlo; **to e. good health [a good income]**, godere buona salute [di una cospicua rendita]. **B** to **enjoy oneself**, *v. rifl.* godersela; divertirsi. ● **to e. poor health**, avere poca salute □ **to e. a meal**, gustare un pasto.

enjoyable /ɪnˈdʒɔɪəbl/, *a.* dilettevole; divertente; piacevole. ‖ **-ness**, *sost.* ‖ **-bly**, *avv.*

enjoyment /ɪnˈdʒɔɪmənt/, *n.* **1** godimento; diletto; piacere: **to take great e. in doing st.**, provar grande godimento a fare q.c. **2** (*leg.*) godimento: **the e. of civil rights**, il godimento dei diritti civili.

to **enkindle** /ɪnˈkɪndl/, *v. t.* (*anche fig.*) accendere; infiammare.

to **enlace** /ɪnˈleɪs/, *v. t.* **1** avvolgere; cingere **2** (*fig.*) allacciare; stringere insieme; intrecciare.

enlacement /ɪnˈleɪsmənt/, *n.* **1** avvolgimento **2** allacciamento; abbraccio (*d'innamorati, ecc.*).

to **enlarge** /ɪnˈlɑːdʒ/, **A** *v. t.* ampliare; ingrandire; allargare (*il cuore, la mente e sim.*): **to e. one's house [fortune]**, ampliare la propria casa [ingrandire il proprio patrimonio]; **to e. a photograph**, ingrandire una fotografia. **B** *v. i.* ampliarsi; ingrandirsi; allargarsi. ● **to e. on** (*o* **upon**), diffondersi; dilungarsi: **The preacher enlarged upon the torments of hell**, il predicatore si dilungò sulle pene dell'inferno.

enlargement /ɪnˈlɑːdʒmənt/, *n.* **1** ingrandimento (*specialm. fotogr.*); ampliamento; allargamento **2** aggiunta: **The index is an e. to the book**, l'indice analitico è una aggiunta al libro **3** (*leg.*) estensione (*di diritti*). ● **an e. to a building**, un'ala nuova aggiunta a un edificio.

enlarger /ɪnˈlɑːdʒə(r)/, *n.* (*fotogr.*) ingranditore.

to **enlighten** /ɪnˈlaɪtn/, *v. t.* **1** illuminare (*fig. o poet.*); illuminare la mente di; portare (*o* rivelare) la verità a: **to e. the ignorant**, illuminare la mente degli incolti; **to e. the heathen**, portare la verità ai pagani **2** chiarire; dare schiarimenti; spiegare; illuminare (*scherz.*): **I hope you will e. me on this subject**, spero che mi darai schiarimenti su questo argomento.

enlightened /ɪnˈlaɪtnd/, *a.* illuminato (*fig.*); di larghe vedute; libero da pregiudizi: **an e. person**, una persona di larghe vedute.

enlightenment /ɪnˈlaɪtnmənt/, **A** *n.* **1** diffusione della cultura; miglioramento intellettuale **2** schiarimento; spiegazione **3** (*stor. filos.*) **the E.**, l'Illuminismo. **B** *a. attr.* illuminista: **an E. philosopher**, un (filosofo) illuminista.

to **enlist** /ɪnˈlɪst/, **A** *v. t.* **1** (*mil.*) arruolare; prendere alla leva: **to e. volunteers**, arruolare volontari; **to e. a recruit**, prendere una recluta alla leva; **to e. men for the navy**, arruolare personale per la marina militare **2** prendere (q.) a fare parte di; iscrivere (*fig.*): **We shall e. him in our movement**, lo iscriveremo al nostro movimento **3** ottenere, procurarsi (*l'aiuto, l'appoggio di q.*): **Let's e. his aid in our cause**, procuriamoci il suo aiuto per la nostra causa. **B** *v. i.* **1** (*mil.*) arruolarsi: **to e. as a volunteer**, arruolarsi volontario **2** (*fig.*) schierarsi: **to e. under the banner of freedom**, schierarsi sotto il vessillo della libertà. ● (*USA*) **enlisted man**, militare di leva.

enlistment /ɪnˈlɪstmənt/, *n.* (*mil.*) **1** arruolamento; leva **2** servizio di leva **3** periodo di leva; ferma.

to **enliven** /ɪnˈlaɪvn/, *v. t.* animare; ravvivare; rallegrare: **The wedding party was enlivened by music and songs**, la festa nuziale fu rallegrata da musica e canzoni.

to **enmesh** /ɪnˈmɛʃ/, *v. t.* irretire; avviluppare; intrappolare.

enmity /ˈɛnmətɪ/, *n.* inimicizia; ostilità; odio. ● **to be at e. with sb.**, essere nemico di q.; essere in cattivi rapporti con q.

ennead /ˈɛnɪæd/, *n.* serie di nove (*discorsi, libri, ecc.*); enneade.

to **ennoble** /ɪˈnəʊbl/, *v. t.* nobilitare; far nobile (q.); elevare.

ennoblement /ɪˈnəʊblmənt/, *n.* nobilitazione; elevazione.

ennui /ɒnˈwiː/ (*franc.*), *n.* noia; tedio.

enol /ˈiːnɒl, *USA* -ɔːl, -əʊl/, *n.* (*chim.*) enolo.

enophthalmos /ɛnɒfˈθælmɒs/, *n.* (*med.*) enoftalmo.

enormity /ɪˈnɔːmətɪ/, *n.* **1** enormità (*anche d'una colpa e sim.*); mostruosità; scelleratezza: **the e. of the crime**, l'enormità del delitto **2** enormità; atrocità; atto scellerato.

enormous /ɪˈnɔːməs/, *a.* **1** enorme; smisurato: **an e. difference**, una differenza enorme; **an e. amount of debts**, un mucchio di debiti enorme **2** atroce; scellerato: **an e. crime**, un delitto atroce. ‖ **-ly**, *avv.* ‖ **-ness**, *sost.*

enough /ɪˈnʌf/, **A** *a.*, *n.* e *avv.* **1** abbastanza; a sufficienza; quanto basta; bastante; sufficiente: **You play the piano well e.**, suoni il pianoforte abbastanza bene; **We have beer e.** (*o* **e. beer**), c'è birra a sufficienza; **I've had e., thank you**, ne ho avuto a sufficienza, grazie; **There isn't e. for all of us**, non ce n'è abbastanza per tutti (noi); **We have more than e.**, ne abbiamo più che a sufficienza; **I've had e. of him**, ne ho avuto abbastanza di lui; **We've had e.!**, ne abbiamo abbastanza (*fig.*)!; siamo stufi!; non ne possiamo più!; **Ten men are e.**, dieci uomini sono sufficienti (*o* bastano); **Is this large e.?**, è abbastanza grande?; **It is boiled e.**, ha bollito abbastanza **2** molto; assai; ben: **He was glad e. to escape**, fu ben lieto di scamparla. **B** *inter.* basta!: **E.!**, basta così!; non dire altro!; **E. of this folly!**, basta, con queste follie! ● **to cry «e.»**, arrendersi; darsi per vinto; riconoscersi sconfitto □ (*fam.*) **fair e.**, ragionevole; soddisfacente: **That's fair e.!**, mi sta bene! □ **to have e. and to spare**, avere più di quanto basta; averne anche di troppo □ **Oddly e. he wasn't there**, strano a dirsi, non c'era □ **You have done more than e.**, hai fatto anche troppo □ **Sure e., he has escaped your notice**, certamente la sua presenza t'è sfuggita □ (*prov.*) **E. is as good as a feast**, il troppo stroppia; chi si contenta gode.

to **enounce** /iːˈnaʊns/, *v. t.* (*form.*) **1** enunciare; esporre **2** annunciare; proclamare **3** enunciare; formulare.

en passant /ɒnˈpæsɒn, ɒnpæˈsɑːnt, *USA* ɑːnpɑːˈsɑːn/ (*franc.*), *avv.* **1** en passant; incidentalmente; di sfuggita **2** (*scacchi*) en passant.

to **enplane** /ɪn'pleɪn/, *V.* **to emplane**.

to **enquire** /ɪn'kwaɪə(r)/, *V.* **to inquire**.

enquiry /ɪn'kwaɪərɪ/, *V.* **inquiry**.

to **enrage** /ɪn'reɪdʒ/, *v. t.* irritare; esasperare; far andare in collera. ● **to be enraged at** (*o* **by, with**) **st.**, essere adirato per q.c.

enraged /ɪn'reɪdʒd/, *a.* adirato; arrabbiato; incollerito.

to **enrapture** /ɪn'ræptʃə(r)/, *v. t.* rapire (*fig.*); mandare in estasi.

enraptured /ɪn'ræptʃəd/, *a.* rapito (*fig.*); estasiato; in estasi.

to **enrich** /ɪn'rɪtʃ/, *v. t.* arricchire (*anche fig.*); rendere più pieno; fertilizzare; integrare: **Music has enriched my life**, la musica ha reso più piena la mia vita; **to e. the soil**, fertilizzare il terreno; **to e. milk with vitamins**, integrare il latte con l'aggiunta di vitamine. ● (*fis. nucl.*) **enriched uranium**, uranio arricchito.

enrichment /ɪn'rɪtʃmənt/, *n.* arricchimento (*anche fig.*); fertilizzazione (*del terreno*); integrazione; aggiunta.

to **enrobe** /ɪn'rəʊb/, *v. t.* rivestire (*di panni curiali*); abbigliare.

to **enrol(l)** /ɪn'rəʊl/, **A** *v. t.* ***1*** elencare; registrare (*anche un documento legale*) ***2*** (*mil.*) arruolare: **to e. men for the army**, arruolare uomini per l'esercito ***3*** iscrivere: **to e. sb. as a member of a club**, iscrivere q. come socio d'un circolo. **B** *v. i.* ***1*** (*mil.*) arruolarsi ***2*** iscriversi: **to e. in the school of medicine**, iscriversi alla facoltà di medicina.

enrol(l)ment /ɪn'rəʊlmənt/, *n.* ***1*** elencazione; registrazione (*anche leg.*) ***2*** (*mil.*) arruolamento ***3*** iscrizione ***4*** numero degli arruolati (*o* iscritti). ● **e. form**, modulo d'iscrizione.

en route /ɒn'ru:t, *USA* ɑ:n-, ɛn-/ (*franc.*), *a.* e *avv.* in viaggio; durante il viaggio: **en route delays**, ritardi durante il viaggio.

ens /ɛnz, ɛns/ (*lat.*), *n.* (*pl.* **entia**) (*filos.*) ente; entità.

ensanguined /ɪn'sæŋgwɪnd/, *a.* (*poet.*) insanguinato.

to **ensconce** /ɪn'skɒns/, **A** *v. t.* ***1*** nascondere; mettere al sicuro ***2*** collocare: **to e. a statue in a niche**, collocare una statua in una nicchia. **B** to **ensconce oneself**, *v. rifl.* ***1*** nascondersi ***2*** accomodarsi, sprofondarsi: **He ensconced himself on the sofa**, si sprofondò nel sofà.

ensemble /ɒn'sɒmbl, *USA* ɑ:n'sɑ:mb(l)/ (*franc.*), *n.* ***1*** insieme; complesso ***2*** (*mus.*) complesso ***3*** (*moda*) completo; insieme ***4*** (*teatr.*) corpo di ballo ***5*** effetto d'insieme: **The e. of the violins is very good**, l'effetto d'insieme dei violini è ottimo.

to **enshrine** /ɪn'ʃraɪn/, *v. t.* ***1*** mettere in un reliquiario ***2*** (*fig.*) conservare come una reliquia; custodire gelosamente (*un ricordo, ecc.*).

enshrinement /ɪn'ʃraɪnmənt/, *n.* il conservare come una reliquia; il custodire gelosamente.

to **enshroud** /ɪn'ʃraʊd/, *v. t.* avvolgere (*come in un sudario*); ricoprire completamente; celare alla vista.

ensiform /'ɛnsɪfɔ:m/, *a.* ensiforme: (*anat.*) **e. cartilage**, cartilagine ensiforme.

ensign /'ɛnsən/, *n.* ***1*** insegna; emblema; bandiera; stendardo; vessillo: **the white e.**, la bandiera della marina militare britannica; **the red e.**, la bandiera della marina mercantile; **the blue e.**, la bandiera della riserva navale ***2*** (*mil.*) alfiere; portabandiera; (*in passato*) sottotenente di fanteria ***3*** (*marina mil., USA*) guardiamarina.

ensigncy /'ɛnsaɪnsɪ/, **ensignship** /'ɛnsaɪnʃɪp/, *n.* ***1*** (*mil.*) grado di alfiere ***2*** (*marina mil., USA*) grado di guardiamarina.

ensilage /'ɛnsɪlɪdʒ/, *n.* (*agric.*) ***1*** insilamento (*del foraggio*) ***2*** foraggio insilato. ● **e. blower** (*o* **cutter**), insilatrice.

to **ensile** /ɪn'saɪl, 'ɛnsaɪl/, *v. t.* (*agric.*) insilare (*foraggio, ecc.*).

to **enslave** /ɪn'sleɪv/, *v. t.* asservire; assoggettare; fare schiavo. ● **to be enslaved by one's passions**, divenire schiavo delle proprie passioni.

enslavement /ɪn'sleɪvmənt/, *n.* asservimento; schiavitù (*anche fig.*).

enslaver /ɪn'sleɪvə(r)/, *n.* ***1*** chi asservisce, assoggetta, ecc. (*V.* **to enslave**) ***2*** (*di donna*) incantatrice, maliarda.

to **ensnare** /ɪn'snɛə(r)/, *v. t.* prendere in trappola; irretire, intrappolare (*anche fig.*).

to **ensoul** /ɪn'səʊl/, *v. t.* infondere un'anima in (q. *o* q.c.); animare.

to **ensphere** /ɪn'sfɪə(r)/, *v. t.* ***1*** (*anche fig.*) racchiudere (*in una sfera*); comprendere ***2*** modellare a forma di sfera.

to **ensue** /ɪn'sju:, *USA* -'su:/, *v. i.* seguire; conseguire; derivare; risultare (*come conseguenza*).

en(-)suite /ɒn'swi:t/ (*franc.*), *avv.* e *a. attr.* (*tur.*) incorporato: **a room with shower or bath e.**, una camera con bagno o doccia incorporati. ● **e. rooms**, camere con bagno.

to **ensure** /ɪn'ʃʊə(r), ɪn'ʃɔ:(r), *USA* ɪn'ʃʊə(r), ɪn'ʃɜ:(r)/, *v. t.* assicurare; affermare con sicurezza; garantire; dare per sicuro: **We cannot e. that you will get a fair income**, non possiamo garantire che otterrete un reddito equo; **to e. a good harvest**, assicurare un buon raccolto; **to e. oneself against** (*o* **from**) **outside interferences**, assicurarsi contro interferenze esterne.

to **enswathe** /ɪn'sweɪð/, *v. t.* avvolgere; bendare; fasciare.

enswathement /ɪn'sweɪðmənt/, *n.* bendatura; fasciatura.

entablature /ɛn'tæblətʃə(r)/, *n.* (*archit.*) trabeazione.

entablement /ɪn'teɪblmənt/, *n.* (*archit.*) ***1*** trabeazione ***2*** basamento di statua (*sopra il piedistallo*).

entail /ɪn'teɪl/, **entailment** /ɪn'teɪlmənt/, *n.* ***1*** (*leg.*) lascito soggetto a vincolo d'inalienabilità ***2*** (*fig.*) conseguenza inevitabile; implicazione.

to **entail** /ɪn'teɪl/, *v. t.* ***1*** comportare; implicare; richiedere (*come conseguenza*): **Your schemes e. enormous expenses**, i tuoi progetti comportano spese enormi ***2*** (*leg.*) lasciare in eredità (*terre, ecc.*) con vincolo d'inalienabilità.

to **entangle** /ɪn'tæŋgl/, *v. t.* ***1*** impigliare; intricare; intrappolare, irretire, impegolare (*fig.*): **to e. oneself in a love affair**, impegolarsi in una relazione amorosa; **to be entangled by the charms of a woman**, essere irretito dalle malie d'una donna ***2*** imbrogliare; complicare; confondere: **Don't e. the matter**, non imbrogliare la faccenda!; **to e. a question**, complicare (*o* imbrogliare) una domanda. ● **to e. a skein**, arruffare una matassa □ **to get entangled**, rimanere impigliato; (*fig.*) restare impegolato, invischiato (*fig.*).

entanglement /ɪn'tæŋglmənt/, *n.* ***1*** l'impigliarsi; l'irretire; l'essere irretito ***2*** imbroglio; complicazione; confusione; intrico; groviglio ***3*** coinvolgimento (*dei sentimenti*); relazione amorosa ***4*** (*mil.*) reticolato.

entasis /'ɛntəsɪs/, *n.* (*pl.* **entases**) (*archit.*) entasi.

entelechy /ɪn'tɛləkɪ/, *n.* (*filos.*) entelechia.

entellus /ɛn'tɛləs/, *n.* (*zool., Presbytis entellus*) entello.

entente /ɒn'tɒnt/ (*franc.*), *n.* (*polit.*) intesa: (*stor.*) **the Triple E.**, la Triplice Intesa.

enter /'ɛntə(r)/, *voce verb.* (*teatr.*) entra; entrano (*nelle didascalie di drammi*): **E. Hamlet**, entra Amleto.

to **enter** /'ɛntə(r)/, **A** *v. t.* ***1*** entrare in; penetrare in; entrare a far parte di: **I entered the room**, entrai nella stanza; **The bullet entered his head**, la pallottola gli entrò nella testa; **He will e. our club**, entrerà a far parte del nostro circolo; **Henry is entering business**, Henry entra in affari ***2*** iscrivere; mettere in elenco (*o* in lista): **He entered his son at a private school**, iscrisse suo figlio a una scuola privata; **to e. a political party**, iscriversi a un partito politico ***3*** annotare; segnare; (*comm.*) registrare, dichiarare: **I'll e. the engagement in my diary**, annoterò l'appuntamento nella mia agenda; **He entered the sum in his account book**, registrò la somma nel suo libro dei conti; **to e. a ship** [**a cargo**], registrare una nave [un carico] alla dogana; **to e. goods in transit**, dichiarare merci in transito (*alla dog.*) ***4*** (*leg.*) presentare: **to e. evidence**, presentare prove ***5*** (*leg.*) far mettere a verbale ***6*** (*leg.*) depositare (*un documento*) ***7*** intraprendere (*un mestiere*): **to e. the legal profession**, intraprendere l'attività legale; darsi all'avvocatura ***8*** (*rag.*) registrare, riportare: **to e. on the credit side**, registrare a credito; **to e. in the ledger**, riportare a mastro ***9*** (*elab.*) inserire (*dati*) ***10*** domare (*un cavallo*); cominciare a istruire (*un cane*). **B** *v. i.* ***1*** entrare; penetrare ***2*** iscriversi: **to e. (oneself) for an examination**, iscriversi a un esame. ● (*leg.*) **to e. an action against sb.**, intentare causa a q. □ (*leg.*) **to e. an appearance**, costituirsi in giudizio □ **to e. a bid at an auction**, fare un'offerta all'asta □ **to e. the Church**, farsi sacerdote (*o* prete) □ (*dog., naut.*) **to e. inwards** [**outwards**], fare dichiarazione d'entrata [di uscita] dal porto □ **to e. the Navy**, andare in marina □ **to e. oneself** (*o* **one's name**) **for a contest** [**race**], iscriversi a una competizione [corsa] □ **to e. an objection**, avanzare (*o* muovere) un'obiezione □ (*leg.*) **to e. a protest**, fare un protesto (cambiario) □ **The idea never entered my head (once)**, l'idea non m'era mai passata per la testa.

♦ **enter into**, *v. i.* + *prep.* ***1*** entrare in; avviare; iniziare: **to e. into negotiations with sb.**, entrare in trattative con q.; **to e. into conversation with sb.**, iniziare una conversazione con q.; **to e. into details**, entrare nei particolari ***2*** entrare in; rientrare in: **to e. into sb.'s calculations**, entrare (*o* rientrare) nei calcoli di q. (*o* nelle sue previsioni) □ **to e. into business connections**, iniziare relazioni d'affari □ (*leg.*) **to e. into a contract**, fare un contratto □ (*leg.*) **to e. into force**, entrare in vigore □ (*fin.*) **to e. into a partnership**, associarsi □ (*leg.*) **to e. into possession of st.**, entrare in possesso di q.c. □ (*fig.*) **to e. into the spirit of st.**, entrare nello spirito di q.c. □ **to e. into a treaty**, concludere un trattato.

♦ **enter up**, *v. t.* + *avv.* ***1*** prendere nota di; (*anche rag.*) registrare ***2*** (*rag.*) aggiornare.

♦ **enter upon**, *v. i.* + *prep.* ***1*** (*form.*) cominciare; iniziare: **to e. upon one's duties**, prendere servizio; **to e. upon a new career**, cominciare una nuova carriera; **to e. upon a subject**, cominciare a trattare un argomento ***2*** (*leg.*) entrare in possesso di: **to e. upon an inheritance**, entrare in possesso di un'eredità.

enterable /'ɛntərəbl/, *a.* accessibile, iscrivibile, registrabile, ecc. (*V.* **to enter**).

enteric /ɛn'tɛrɪk/, *a.* (*anat., med.*) enterico: **e. fever**, febbre enterica.

entering /'ɛntərɪŋ/, *n.* ***1*** (*leg.*) dichiarazione: **e. for non suit**, dichiarazione di non luogo a procedere ***2*** (*rag.*) registrazione.

enteritis /ɛntə'raɪtɪs/, *n.* (*pl.* **enteritides, enteritises**) (*med.*) enterite.

enterobacterium /ɛntərəʊbæk'tɪərɪəm/, *n.* (*pl.* **enterobacteria**) (*biol.*) enterobatterio.

enteroclysis /ɛntə'rɒkləsɪs/, *n.* (*pl.* **enteroclyses**) (*med.*) enteroclisi; enteroclisma.

enterococcus /ɛntərəʊ'kɒkəs/, *n.* (*pl.* **enterococci**) (*med.*) enterococco.

enterocolitis /ɛntərəʊkə'laɪtɪs/, *n.* (*med.*) enterocolite.

enterolith /'ɛntərəʊlɪθ/, *n.* (*med.*) enterolito.

enteropathogenic /ɛntərəʊpæθəʊ'dʒɛnɪk/, *a.* (*med.*) enteropatogeno.

enteropathy /ɛntə'rɒpəθɪ/, *n.* (*med.*) enteropatia.

enterorrhagia /ɛntərəʊ'reɪdʒ(ɪ)ə/, *n.* (*med.*) enterorragia; emorragia intestinale.

enterotomy /ɛntə'rɒtəmɪ/, *n.* (*med.*) enterotomia.

enterprise /ˈɛntəpraɪz/, *n.* *1* impresa: **a difficult e.**, un'impresa difficile; **to embark on a new e.**, accingersi a una nuova impresa *2* intraprendenza; iniziativa: **He has no e.**, non ha intraprendenza; (*econ.*) **private e.**, l'iniziativa privata *3* (*econ.*) impresa; azienda *4* (*econ.*) imprenditorialità. ● (*rag.*) **e. accounting**, contabilità d'impresa □ (*fin.*) **e. value**, valore d'avviamento □ (*in G.B.*) **e. zone**, zona di sviluppo industriale.

enterprising /ˈɛntəpraɪzɪŋ/, *a.* intraprendente; pieno d'iniziativa.

to **entertain** /ɛntəˈteɪn/, **A** *v. t.* *1* intrattenere; divertire *2* ricevere; ospitare; avere; trattenere: **to e. a friend at lunch [to dinner]**, avere un amico a colazione [a pranzo] *3* avere (*in mente, in animo*); nutrire, covare (*fig.*): **to e. an idea [a doubt]**, avere un'idea [un dubbio]; **to e. hopes of success**, nutrire speranze di buona riuscita; **to e. feelings of revenge**, nutrire sentimenti di vendetta *4* prendere in considerazione; considerare: **to e. a proposal**, prendere in considerazione una proposta; **to e. an offer**, considerare un'offerta. **B** *v. i.* dare ricevimenti; ricevere; avere ospiti: **They e. a great deal**, danno molti ricevimenti; **They often e. at dinner**, spesso hanno ospiti a pranzo. ● **to e. correspondence with sb.**, tenersi in corrispondenza con q. □ **to e. discourse with sb.**, intrattenersi a discorrere con q. □ **to e. peace with one's neighbours**, mantenere relazioni pacifiche con i propri vicini.

entertainer /ɛntəˈteɪnə(r)/, *n.* *1* ospite; persona ospitale; anfitrione *2* cantante; canzonettista, comico (*di night club, ecc.*) *3* (*econ.*) operatore dell'industria del divertimento.

entertaining /ɛntəˈteɪnɪŋ/, *a.* divertente; piacevole.

entertainment /ɛntəˈteɪnmənt/, *n.* *1* divertimento; spettacolo: **e. duty**, tassa sugli spettacoli *2* trattenimento; ricevimento: **He gives many entertainments to his friends**, offre molti ricevimenti agli amici *3* ospitalità; trattamento: **The Grand Hotel at Brighton is renowned for its e.**, il Grand Hotel di Brighton è rinomato per il trattamento (che fa ai clienti) *4* l'avere in mente (*o* nell'animo); il nutrire (*speranze, ecc.*). ● **e. allowance**, (fondo di) spese di rappresentanza □ (*USA*) **e. center**, mobile attrezzato (*con TV, mangianastri, ecc.*) □ (*econ.*) **e. industry**, industria del divertimento □ **e. system**, mobiletto per le cassette; nastroteca □ (*fisc.*) **e. tax**, tassa sugli spettacoli.

enthalpy /ˈɛnθælpɪ/, *n.* (*fis.*) entalpia.

to **enthral(l)** /ɪnˈθrɔːl/, *v. t.* *1* asservire; rendere schiavo *2* (*fig.*) ammaliare; affascinare; incantare: **I was enthralled by her simple grace**, fui affascinato dalla sua semplice grazia.

enthralling /ɪnˈθrɔːlɪŋ/, *a.* affascinante; incantevole.

enthral(l)ment /ɪnˈθrɔːlmənt/, *n.* *1* asservimento; cattività *2* l'affascinare; l'essere affascinato; malia.

to **enthrone** /ɪnˈθrəʊn/, *v. t.* *1* insediare (*sul trono*); intronizzare: **to e. a bishop**, insediare un vescovo *2* (*fig.*) esaltare; mettere su un piedistallo.

enthronement /ɪnˈθrəʊnmənt/, **enthronization** /ɪnθrəʊnɪˈzeɪʃn, *USA* -nɪˈz-/, *n.* insediamento (*sul trono*); intronizzazione.

to **enthuse** /ɪnˈθjuːz, *USA* -ˈθuːz/, *v. t.* e *i.* (*fam.*) entusiasmare, entusiasmarsi: **to e. about (*o* over) st.**, entusiasmarsi per q.c.

enthusiasm /ɪnˈθjuːzɪæzəm, *USA* -ˈθuːz-/, *n.* *1* entusiasmo: **to be full of e. for (*o* about) st.**, essere pieno d'entusiasmo per q.c. *2* passione: **His e. is fishing**, la pesca è la sua passione.

enthusiast /ɪnˈθjuːzɪæst, *USA* -ˈθuːz-/, *n.* *1* entusiasta: **He is an e. about (*o* for) modern music**, è un entusiasta della musica moderna *2* appassionato; fanatico; (*sport*) tifoso.

enthusiastic /ɪnθjuːzɪˈæstɪk, *USA* -θuːz-/, *a.* *1* entusiastico *2* (*di persona*) entusiasta: **to be e. about st.**, essere entusiasta di q.c. *3* appassionato. || **-ally**, *avv.*

enthymeme /ˈɛnθɪmiːm/, *n.* (*filos.*) entimema.

to **entice** /ɪnˈtaɪs/, *v. t.* adescare; allettare; attirare; istigare; lusingare; (*anche leg.*) sedurre: **to e. sb. into doing st.**, istigare q. a fare q.c.; **Only fools are enticed by the mirage of enormous earnings**, solo gli sciocchi sono allettati dal miraggio di enormi guadagni.

enticement /ɪnˈtaɪsmənt/, *n.* *1* allettamento; adescamento; istigazione; (*anche leg.*) seduzione *2* attrattiva; fascino; lusinga.

enticing /ɪnˈtaɪsɪŋ/, *a.* allettante; attraente; seducente.

entire /ɪnˈtaɪə(r)/, **A** *a.* intero; completo; integro; intatto. **B** *n.* *1* – **the e.**, l'intero; il tutto *2* (*zootecnia*) cavallo intero (*non castrato*); stallone. ● (*arc.*) **e. affection**, attaccamento profondo; amore cieco □ **an e. delusion**, un'illusione bell'e buona □ **to be in e. agreement with sb.**, essere del tutto d'accordo con q. □ **to be in e. ignorance of what happened**, essere completamente all'oscuro di quel che è accaduto. || **-ness**, *sost.*

entirely /ɪnˈtaɪəlɪ/, *avv.* *1* interamente; completamente: **e. forgotten**, completamente dimenticato *2* meramente; solamente; soltanto: **It's your fault e.**, è solo colpa tua.

entirety /ɪnˈtaɪərətɪ/, *n.* *1* interezza; integrità; completezza *2* complesso; insieme: **You should consider the problem in its e.**, devi considerare il problema nel suo complesso *3* totalità: **the e. of the army**, la totalità dell'esercito; tutto l'esercito *4* (*leg.*, = **possession by entireties**) proprietà indivisa tra marito e moglie.

to **entitle** /ɪnˈtaɪtl/, *v. t.* *1* intitolare; dare (*o* conferire) un titolo a (q.): **a novel entitled «Emma»**, un romanzo che si intitola «Emma» *2* conferire un diritto a (q.); dare a (q.) il diritto (di); dare facoltà a (q.); autorizzare: **This coupon entitles you to a free meal**, questo tagliando ti dà diritto a un pasto gratuito; **You are not entitled to punish**, tu non hai facoltà di punire. ● (*leg.*) **entitled to succeed**, successibile.

entitlement /ɪnˈtaɪtlmənt/, *n.* cosa (*o* condizione) cui si ha diritto; diritto acquisito (*abbuono, sconto, ecc.*).

entitling /ɪnˈtaɪt(ə)lɪŋ/, *n.* intitolazione.

entity /ˈɛntətɪ/, *n.* entità. ● (*leg.*) **e. convention**, convenzione della «persona giuridica» □ **legal e.**, persona giuridica.

to **entomb** /ɪnˈtuːm/, *v. t.* mettere nella tomba; inumare; tumulare; seppellire (*anche fig.*): **Thirty miners were entombed by the explosion**, trenta minatori furono sepolti dall'esplosione.

entombment /ɪnˈtuːmmənt/, *n.* seppellimento; sepoltura; inumazione; tumulazione. ● **the E. of Christ** (*nei dipinti*), la Deposizione nel Sepolcro.

entomic /ɪnˈtɒmɪk/, *a.* che riguarda gli insetti; entomologico.

entomologic(al) /ɛntəməˈlɒdʒɪk(l)/, *a.* entomologico.

entomologist /ɛntəˈmɒlədʒɪst/, *n.* entomologo.

to **entomologize** /ɛntəˈmɒlədʒaɪz/, *v. i.* occuparsi d'entomologia.

entomology /ɛntəˈmɒlədʒɪ/, *n.* entomologia.

entomophagous /ɛntəˈmɒfəgəs/, *a.* (*zool.*) entomofago.

entomophilous /ɛntəˈmɒfɪləs/, *a.* (*bot.*) entomofilo.

entomophily /ɛntəˈmɒfɪlɪ/, *n.* (*bot.*) entomofilia.

entourage /ˈɒntʊrɑːʒ, *USA* ɑːntʊˈrɑːʒ/ (*franc.*), *n.* *1* entourage; cerchia; seguito *2* ambiente.

entozoon /ɛntəˈzəʊən/, *n.* (*pl.* **entozoa**) (*zool.*) entozoo.

entr'acte /ˈɒntrækt, *USA* ˈɑːn-, ɑːnˈtrækt, -ɑːkt/ (*franc.*), *n.* *1* (*mus.*) intermezzo *2* (*teatr.*) intermezzo; intervallo.

entrails /ˈɛntreɪlz, -əlz/, *n. pl.* *1* (*anat.*) visceri; interiora; intestini *2* (*fig.*) viscere: **in the e. of the earth**, nelle viscere della terra.

to **entrain** /ɪnˈtreɪn/, **A** *v. t.* *1* mettere (*specialm. soldati*) sul treno *2* coinvolgere; trascinare: **A jet of water entrains air**, un getto d'acqua trascina con sé aria. **B** *v. i.* (*specialm. mil.*) salire in treno.

to **entrammel** /ɪnˈtræml/, *v. t.* impigliare; intralciare; ostacolare.

entrance /ˈɛntrəns/, *n.* *1* entrata; accesso; ingresso: **front e.**, entrata principale; **back e.**, ingresso posteriore; **An actor must not forget his entrances**, un attore non deve dimenticare le sue entrate in scena; **free e.**, ingresso libero, gratuito; **He was refused e. to the club**, gli fu vietato l'accesso al circolo; **e. channel**, canale di accesso *2* ammissione; iscrizione: **e. examination**, esame d'ammissione; **e. fee**, tassa d'ammissione (*o* d'iscrizione). ● **e. hall**, vestibolo □ **e. into (*o* upon) office**, entrata in carica □ **e. phone**, citofono (*in una casa*) □ **e. porch**, portico (*o* veranda) d'accesso □ **No e.!**, vietato l'accesso; divieto d'accesso (*su un cartello*).

to **entrance** /ɪnˈtrɑːns, *USA* -æns/, *v. t.* *1* ipnotizzare; far cadere in trance (*anche fig.*) *2* (*fig.*) estasiare; incantare; rapire (*fig.*). ● **to be entranced with joy [fear]**, essere sopraffatto dalla gioia [dal timore].

entranced /ɪnˈtrɑːnst, *USA* -ænst/, *a.* estasiato; in estasi; rapito (*fig.*).

entrancement /ɪnˈtrɑːnsmənt, *USA* -æns-/, *n.* *1* il far cadere in trance *2* (*fig.*) estasi; rapimento (*fig.*).

entrant /ˈɛntrənt/, *n.* *1* chi entra *2* chi intraprende una professione; principiante; debuttante *3* chi s'iscrive a una società; nuovo socio *4* nuovo studente *5* (*sport*) iscritto a una gara; concorrente; competitore.

to **entrap** /ɪnˈtræp/, *v. t.* prendere in trappola; intrappolare; irretire.

entrapment /ɪnˈtræpmənt/, *n.* intrappolamento.

to **entreat** /ɪnˈtriːt/, *v. t.* *1* implorare; pregare; sollecitare; supplicare: **to e. the judge to suspend the sentence**, supplicare il giudice di voler applicare la condizionale; **to e. st. of sb.**, sollecitare q.c. da q. *2* (*arc.*, *Bibbia*) negoziare; trattare.

entreatingly /ɪnˈtriːtɪŋlɪ/, *avv.* supplichevolmente; insistentemente.

entreaty /ɪnˈtriːtɪ/, *n.* implorazione; preghiera; supplica; petizione.

entrecôte /ˈɒntrəkəʊt/ (*franc.*), *n.* (*cucina*) costata.

entrée /ˈɒntreɪ/ (*franc.*), *n.* *1* accesso; adito; entrata (*a far parte di, ecc.*) *2* (*cucina*) entrée; prima portata. ● **to give sb. e. to the jet society**, aprire a q. le porte della jet society.

entremets /ˈɒntrəmeɪ, *USA* -ˈmeɪ/ (*franc.*), *n.* (*pl. invar.*) (*cucina*) entremets; piatto di mezzo (*leggero*).

to **entrench** /ɪnˈtrɛntʃ/, **A** *v. t.* *1* (*mil.*) trincerare; fortificare *2* (*fig.*) inculcare; radicare: **to e. a habit**, radicare un'abitudine. **B** *v. i.* *1* (*mil.*) trincerarsi *2* intromettersi; usurpare: **to e. upon a right**, usurpare un diritto. **C** to **entrench oneself**, *v. rifl.* trincerarsi (*anche fig.*).

entrenched /ɪnˈtrɛntʃt/, *a.* *1* (*mil.*) trincerato: **The Germans were e. on the top of the mountain**, i tedeschi erano trincerati in cima alla montagna *2* (*fig.*) trincerato; arroccato. ● (*geogr.*) **e. stream**, corso d'acqua incassato.

entrenchment /ɪnˈtrɛntʃmənt/, *n.* il trincerare; il trincerarsi; trinceramento; trincea.

entrepôt /ˈɒntrəpəʊ/ (*franc.*), *n.* (*comm.*) *1* punto franco *2* deposito franco; magazzino doganale. ● (*naut.*) **e. port**, porto franco.

entrepreneur /ɒntrəprəˈnɜː(r)/ (*franc.*), *n.* *1* (*econ.*) imprenditore; operatore economico *2* (*mus., teatr.*) impresario. ● **e.-executive**, imprenditore-manager.

entrepreneurial /ɒntrəprə'nɜːrɪəl/, *a.* (*econ.*) imprenditoriale.

entrepreneurship /ɒntrəprə'nɜːʃɪp/, *n.* (*econ.*) imprenditorialità.

entresol /'ɒntrəsɒl/ (*franc.*), *n.* (*edil.*) mezzanino; ammezzato.

entropy /'ɛntrəpɪ/, *n.* (*fis., ling.* e *fig.*) entropia.

to **entrust** /ɪn'trʌst/, *v. t.* affidare; consegnare; commettere (*lett.*): **to e. money [a new responsibility, a task] to sb.**; (*anche*) **to e. sb. with money [a new responsibility, a task]**, affidare denaro [una nuova responsabilità, un compito] a q.

entrustment /ɪn'trʌstmənt/, *n.* affidamento; consegna.

entry /'ɛntrɪ/, *n.* ***1*** entrata; accesso; ingresso; atrio; passaggio: **a triumphal e.**, un'entrata trionfale; **Italy's e. into the war**, l'entrata in guerra dell'Italia; **e. to the profession**, accesso alla professione; **a narrow e. at the back of a house**, uno stretto passaggio dietro una casa ***2*** annotazione; registrazione: **to make an e. in a notebook**, fare un'annotazione in un taccuino ***3*** (*dog.*) dichiarazione: **e. for dutiable goods**, dichiarazione per merce schiava di dazio ***4*** (*anche sport*) iscrizione, iscritto (*a una gara*); concorrente; opera presentata (*a un concorso*): **There were twenty entries for the high jump**, c'erano venti concorrenti per il salto in alto ***5*** (*leg.*, = **e. into possession**) entrata in possesso (*d'una casa, d'una proprietà, ecc.*); insediamento ***6*** (*leg.*, = **illegal e.**) violazione di domicilio ***7*** (*leg.*) inserzione (*di un atto*) in un pubblico registro; deposito, presentazione (*di un documento*) ***8*** (*rag.*) scrittura, posta, voce (contabile); partita: **e. in the balance sheet**, voce del bilancio ***9*** (*elab.*) immissione; registrazione; entrata: **e. block**, blocco d'entrata ***10*** (*di dizionario*, = **e. word, dictionary e., main e.**) lemma; voce; esponente ***11*** (*mat.*) elemento (*di una matrice*) ***12*** (*geogr.*) sbocco (*di un fiume*); foce. ● (*elab.*) **e. block**, blocco di entrata □ (*dog.*) **e. for free goods**, bolletta d'entrata di merce esente da dazio □ **e. in a register of births**, atto di nascita □ (*rag.*) **e. in reversal**, scrittura di storno □ (*leg.*) **e. into force**, entrata in vigore □ (*dog., naut.*) **e. inwards [outwards]**, bolletta doganale d'entrata [d'uscita] □ (*leg.*) **e. of appearance**, costituzione in giudizio □ (*autom.*) **e. point**, punto (*in Italia*: casello) d'entrata (*in autostrada*) □ (*dog.*) **e. underbond**, bolletta di cauzione (*o* di transito) □ **e. visa**, visto d'ingresso □ **e. word**, *V. sopra, def. 10* □ (*rag.*) **double-e. bookkeeping**, contabilità in partita doppia □ **to make an e.**, fare un'annotazione; (*rag.*) fare una registrazione □ (*teatr.*: *di un attore*) **to make one's e.**, entrare (in scena) □ (*autom.*) **«No e.»**, «divieto d'accesso» (*cartello*).

entryism /'ɛntrɪɪzəm/, *n.* (*polit.*) entrismo; infiltrazione in un partito.

entryist /'ɛntrɪɪst/, *n.* (*polit.*) entrista; chi s'infiltra in un partito; infiltrato.

entryphone /'ɛntrɪfəʊn/, *n.* (*marchio*) citofono (*in una casa*). ● **e. with a screen**, videocitofono.

entryway /'ɛntrɪweɪ/, *n.* (*USA*) entrata; ingresso; passaggio.

to **entwine** /ɪn'twaɪn/, **A** *v. t.* allacciare; intrecciare; avvincere; stringere insieme. **B** *v. i.* allacciarsi; intrecciarsi; avvinghiarsi.

to **entwist** /ɪn'twɪst/, *v. t.* avvincere; annodare; stringere insieme.

to **enucleate** /ɪ'njuːklɪeɪt, *USA* ɪ'nuː-/, *v. t.* ***1*** (*biol.*) privare del nucleo ***2*** (*arc.*) delucidare; chiarire ***3*** (*med.*) enucleare.

enucleation /ɪnjuːklɪ'eɪʃn, *USA* ɪnuː-/, *n.* ***1*** (*biol.*) asportazione del nucleo ***2*** (*arc.*) delucidazione; chiarimento ***3*** (*med.*) enucleazione.

to **enumerate** /ɪ'njuːməreɪt, *USA* ɪ'nuː-/, *v. t.* enumerare; contare; elencare.

enumeration /ɪnjuːmə'reɪʃn, *USA* ɪnuː-/, *n.* enumerazione.

enumerative /ɪ'njuːmərətɪv, *USA* ɪ-'nuːməreɪtɪv/, *a.* enumerativo.

enumerator /ɪ'njuːməreɪtə(r), *USA* ɪ'nuː-/, *n.* chi enumera; enumeratore.

enunciable /ɪ'nʌnsɪəbl/, *a.* enunciabile.

to **enunciate** /ɪ'nʌnsɪeɪt/, *v. t.* ***1*** enunciare: **Einstein enunciated a new theory**, Einstein enunciò una nuova teoria ***2*** annunciare; proclamare ***3*** pronunciare; articolare: **to e. one's words with particular clarity**, pronunciare le parole in modo particolarmente chiaro.

enunciation /ɪnʌnsɪ'eɪʃn/, *n.* ***1*** enunciazione ***2*** annuncio; proclama ***3*** pronuncia; articolazione.

enunciative /ɪ'nʌnʃɪətɪv/, *a.* ***1*** (*anche ling.*) enunciativo ***2*** che annuncia; che proclama.

enunciator /ɪ'nʌnsɪeɪtə(r)/, *n.* ***1*** enunciatore ***2*** proclamatore.

to **enure** /ɪ'njʊə(r), *USA* ɪ'nʊə(r)/, *V.* **to inure.**

enuresis /ɛnjʊə'riːsɪs, *USA* ɛnʊə-/, *n.* (*med.*) enuresi.

to **envelop** /ɪn'vɛləp/, *v. t.* ***1*** avvolgere; avviluppare; nascondere: **to e. a baby in warm clothes**, avvolgere un bambino in panni caldi; **The peak was enveloped in black clouds**, la vetta era nascosta da nuvole nere ***2*** (*mil.*) accerchiare.

envelope /'ɛnvələʊp, 'ɒn-/, *n.* ***1*** busta: **stamped e.**, busta affrancata ***2*** involto; involucro ***3*** (*bot., biol.*) involucro ***4*** (*mat.*) inviluppo. ● (*fam.*) **e. stuffer**, materiale pubblicitario.

envelopment /ɪn'vɛləpmənt/, *n.* ***1*** avvolgimento; l'avviluppare ***2*** involto; involucro ***3*** (*bot., biol.*) involucro.

to **envenom** /ɪn'vɛnəm/, *v. t.* (*anche fig.*) avvelenare.

envenomation /ɪnvɛnə'meɪʃn/, *n.* (*specialm. zool.*) avvelenamento.

envenomization /ɪnvɛnəmaɪ'zeɪʃn, *USA* -mɪ'z-/, *V.* **envenomation.**

enviable /'ɛnvɪəbl/, *a.* invidiabile. ‖ **-ness**, *sost.* ‖ **-bly**, *avv.*

envious /'ɛnvɪəs/, *a.* invidioso: **to be e. of another person's good fortune**, essere invidioso della buona fortuna altrui. ● **an e. glance**, un'occhiata d'invidia. ‖ **-ly**, *avv.* ‖ **-ness**, *sost.*

to **environ** /ɪn'vaɪərən/, *v. t.* ***1*** attorniare; circondare: **The village was environed by woods**, il paese era circondato da boschi ***2*** (*mil.*) accerchiare.

environment /ɪn'vaɪərənmənt/, *n.* ***1*** territorio circostante; dintorni ***2*** ambiente; condizioni (ambientali): **one's home e.**, il proprio ambiente familiare; **the social e.**, le condizioni sociali ***3*** (*elab.*) ambiente ***4*** (*arte*) environment. ● (*di un arnese, ecc.*) **e.-friendly**, che s'inserisce bene nell'ambiente.

environmental /ɪnvaɪərən'mɛntl/, *a.* ambientale. ● **e. conservation** (*o* **e. protection**), protezione dell'ambiente □ (*leg.*) **e. offence**, reato ecologico □ (*radio, TV*) **e. sound**, rumori di fondo.

environmentalism /ɪnvaɪərən'mɛntəlɪzəm/, *n.* ecologia; difesa dell'ambiente; ambientalismo.

environmentalist /ɪnvaɪərən'mɛntəlɪst/, *n.* ecologista; fautore della preservazione dell'ambiente; ambientalista.

environs /ɪn'vaɪərənz, 'ɛnvərənz/, *n. pl.* dintorni; periferia; sobborghi.

to **envisage** /ɪn'vɪzɪdʒ/, *v. t.* ***1*** vedere con l'occhio della mente; immaginare ***2*** avere in vista; prevedere (*futuri sviluppi, ecc.*) ***3*** (*arc. o poet.*) guardare in faccia (*fig.*); affrontare (*un pericolo, ecc.*).

to **envision** /ɪn'vɪʒn/, (*specialm. USA*) *V.* **to envisage**, *def. 1* e *2*.

envoy (**1**) /'ɛnvɔɪ/, *n.* ***1*** inviato; delegato; messo; rappresentante ***2*** (*polit.*, = **e. extraordinary**) inviato straordinario.

envoy (**2**) /'ɛnvɔɪ/, *n.* (*letter.*) commiato; congedo (*che concludeva certe composizioni poetiche*).

envoyship /'ɛnvɔɪʃɪp/, *n.* (*polit.*) carica (*o* ufficio) d'inviato.

envy /'ɛnvɪ/, *n.* ***1*** invidia: **They have** (*o* **feel**) **a wild e. of their eldest brother**, hanno (*o* provano) una fortissima invidia per il fratello maggiore; **e. at sb.'s good luck [success]**, invidia della fortuna [del successo] di q.; **out of e.**, per pura invidia ***2*** oggetto d'invidia: **She's the e. of the neighbourhood**, è l'invidia del vicinato. ● **to be green with e.**, essere verde d'invidia.

to **envy** /'ɛnvɪ/, *v. t.* invidiare: **I don't e. you this difficult task**, davvero non t'invidio questo tuo difficile compito; **Such people are to be envied**, gente siffatta è degna d'invidia (*o* è da invidiare).

to **enwind** /ɪn'waɪnd/ (*pass.* e *p. p.* **enwound**), *v. t.* avvolgersi (*o* avvilupparsi) intorno a.

to **enwomb** /ɪn'wuːm/, *v. t.* ***1*** portare in grembo (*un figlio*) ***2*** (*fig.*) racchiudere in seno (*o* in grembo).

to **enwrap** /ɪn'ræp/, *v. t.* avvolgere; avviluppare; involtare. ● (*fig.*) **to be enwrapped in thought**, essere meditabondo.

to **enwreathe** /ɪn'riːð/, *v. t.* ***1*** inghirlandare ***2*** intrecciare.

enzootic /ɛnzəʊ'ɒtɪk/, (*vet.*) **A** *a.* enzootico. **B** *n.* enzoozia.

enzymatic /ɛnzaɪ'mætɪk/, *a.* (*chim.*) enzimatico.

enzyme /'ɛnzaɪm/, *n.* (*chim.*) enzima: **Pepsin is a digestive e.**, la pepsina è un enzima della digestione. ● **e. detergent**, detergente a base di enzimi.

enzymology /ɛnzaɪ'mɒlədʒɪ/, *n.* (*scient.*) enzimologia.

Eocene /'iːəʊsiːn/, (*geol.*) **A** *n.* Eocene. **B** *a.* eocenico.

Eolithic /iːəʊ'lɪθɪk/, *a.* (*preistoria*) eolitico.

eoliths /'iːəʊlɪθs/, *n. pl.* (*paleont.*) eoliti.

eon /'iːən/, *n.* (*USA*) ***1*** (*filos.*) eone ***2*** (*fig.*) eternità.

eosin, eosine /'iːəsiːn/, *n.* (*chim., ind.*) eosina.

eosinophil(e) /iːə'sɪnəfaɪl, -fɪl/, *n.* (*biol.*) eosinofilo.

eosinophilia /iːəsɪnə'fɪlɪə/, *n.* (*med.*) eosinofilia.

eosinophilic /iːəsɪnə'fɪlɪk/, *a.* (*med.*) eosinofilo.

eozoic /iːəʊ'zəʊɪk/, *a.* e *n.* (*geol.*) eozoico.

epact /'iːpækt/, *n.* (*astron.*) epatta.

eparch /'ɛpɑːk/, *n.* eparca (*governatore o vescovo d'un distretto greco*).

eparchy /'ɛpɑːkɪ/, *n.* eparchia (*provincia o diocesi greca*).

epaulet(te) /'ɛpəlɛt/, *n.* (*mil.*) spallina. ● (*fig.*) **to win one's epaulets**, guadagnarsi le spalline.

epaxial /ɛ'pæksɪəl/, *a.* (*anat., biol.*) epiassiale.

épée /'eɪpeɪ, 'ɛ-, *USA* eɪ'peɪ/ (*franc.*), *n.* (*scherma*) spada.

épéeist /'eɪpeɪɪst, 'ɛ-, *USA* ei'-/ (*franc.*), *n.* (*scherma*) spadista.

epeirogenesis /ɪpaɪrə'dʒɛnəsɪs/, *n.* (*geol.*) epirogenesi.

epenthesis /ɛ'pɛnθəsɪs/, *n.* (*pl.* **epentheses**) (*ling.*) epentesi.

epenthetic /ɛpɛn'θɛtɪk/, *a.* (*ling.*) epentetico.

epergne /ɪ'pɜːn/ (*franc.*), *n.* centrotavola (*ornamentale*); centrino.

ephebe /'ɛfiːb, ɪ'fiːb/, *V.* **ephebus.**

ephebic /ɪ'fiːbɪk/, *a.* efebico.

ephebus /ɪ'fiːbəs/, *n.* (*pl.* **ephebi**) efebo; giovanetto.

ephedrine /'ɛfədrɪn/, *n.* (*chim.*) efedrina.

ephemera /ɪ'fɛmərə/, *n.* (*pl.* **ephemeras, ephemerae**) ***1*** (*zool., Ephemera vulgata*) effimera, efemera ***2*** (*med.*) febbre transitoria ***3*** (*biol.*) *V.* **ephemeral, B.**

ephemeral /ɪ'fɛmərəl/, **A** *a.* effimero (*anche biol.*); caduco; passeggero: **an e. fever**, una febbre effimera; **e. glory**, gloria effimera. **B** *n.* (*biol.*) insetto o fiore effimero; pianta effimera. || **-ly**, *avv.*

ephemerality /ɪfɛmə'rælətɪ/, *n.* l'essere effimero; caducità.

ephemerid /ɪ'fɛmərɪd/, *n.* (*zool.*) efemeroideo.

ephemeris /ɪ'fɛmərɪs/, *n.* (*pl.* **ephemerides**) (*astron.*) effemeride.

ephemeron /ɪ'fɛmərɒn/, *n.* (*pl.* **ephemera, ephemerons**) **1** (*zool., Ephemera vulgata*) effimera, efemera **2** (*biol.*) *V.* **ephemeral, B 3** (*pl.*) (*fig.*) cose effimere.

Ephesian /ɪ'fiːʒn/, **A** *a.* (*stor.*) efesino; di Efeso; efesio. **B** *n.* abitante di Efeso; efesino: (*relig.*) **Epistle to the Ephesians**, Lettera agli Efesini.

Ephesus /'ɛfɪsəs/, *n.* (*geogr., stor.*) Efeso.

ephod /'iːfɒd/, *n.* (*relig. ebraica*) efod.

ephor /'ɛfɔ(r)/, *n.* (*pl.* **ephors, ephori**) (*stor. greca*) eforo.

epic /'ɛpɪk/, **A** *n.* **1** poema epico; epopea: **national e.**, poema epico nazionale **2** (poesia) epica; epopea **3** (*fig.*) epopea: **the e. of the West**, l'epopea del Far West. **B** *a.* epico: **e. poetry**, poesia epica; epica; **an e. fight**, una lotta epica. || **-ally**, *avv.*

epicardium /ɛpɪ'kɑːdɪəm/, *n.* (*pl.* **epicardia**) (*anat.*) epicardio.

epicarp /'ɛpɪkɑːp/, *n.* (*bot.*) epicarpo.

epicedium /ɛpɪ'siːdɪəm/, *n.* (*pl.* **epicedia**) (*letter.*) epicedio.

epicene /'ɛpɪsiːn/, **A** *a.* **1** (*gramm.*) epiceno **2** ermafrodito **3** (*fig.*) effeminato **4** (*fig.*) asessuato. **B** *n.* ermafrodito.

epicentre /'ɛpɪsɛntə(r)/, **epicentrum** /'ɛpɪsɛntrəm/, *n.* (*geol.*) epicentro.

epicure /'ɛpɪkjʊə(r)/, *n.* **1** (*raro*) epicureo **2** (*fig.*) buongustaio; intenditore.

epicurean /ɛpɪkjʊ'riːən/, *a.* e *n.* epicureo.

epicureanism /ɛpɪkjʊ'riːənɪzəm/, **epicurism** /'ɛpɪkjʊərɪzəm/, *n.* epicureismo (*la dottrina d'Epicuro; una vita da epicureo*).

epicycle /'ɛpɪsaɪkl/, *n.* (*geom., astron.*) epiciclo.

epicyclic(al) /ɛpɪ'saɪklɪk(l)/, *a.* (*geom., astron., mecc.*) epicicloidale.

epicycloid /ɛpɪ'saɪklɔɪd/, *n.* (*geom.*) epicicloide.

epicycloidal /ɛpɪsaɪ'klɔɪdl/, *a.* (*geom.*) epicicloidale.

epideictic /ɛpɪ'daɪktɪk/, *a.* epidittico; dimostrativo; espositivo.

epidemic /ɛpɪ'dɛmɪk/, **A** *a.* (*med.*) epidemico. **B** *n.* malattia epidemica; epidemia (*anche fig.*).

epidemical /ɛpɪ'dɛmɪkl/, *a.* (*med.*) epidemico. || **-ly**, *avv.*

epidemicity /ɛpɪdɪ'mɪsətɪ/, *n.* epidemicità.

epidemiology /ɛpɪdiːmɪ'ɒlədʒɪ/, *n.* (*med.*) epidemiologia.

epidermal /ɛpɪ'dɜːml/, **epidermic** /ɛpɪ'dɜːmɪk/, *a.* (*anat.*) epidermico.

epidermis /ɛpɪ'dɜːmɪs/, *n.* (*anat.*) epidermide.

epidiascope /ɛpɪ'daɪəskəʊp/, *n.* (*fis.*) epidiascopio.

epididymis /ɛpɪ'dɪdɪməs/, *n.* (*pl.* **epididymides**) (*anat.*) epididimo.

epididymitis /ɛpɪdɪdɪ'maɪtɪs/, *n.* (*med.*) epididimite.

epidural /ɛpɪ'djʊərəl, *USA* -'dʊə-/, *a.* (*anat., med.*) epidurale.

epigastric /ɛpɪ'gæstrɪk/, *a.* (*anat.*) epigastrico.

epigastrium /ɛpɪ'gæstrɪəm/, *n.* (*pl.* **epigastria**) (*anat.*) epigastrio.

epigeal /ɛpɪ'dʒiːəl/, *a.* (*bot., zool.*) epigeo.

epigenesis /ɛpɪ'dʒɛnəsɪs/, *n.* (*scient.*) epigenesi.

epigenetic /ɛpɪdʒə'nɛtɪk/, *a.* (*scient.*) epigenetico.

epigenetics /ɛpɪdʒə'nɛtɪks/, *n. pl.* (*col verbo al sing.*) (*scient.*) epigenetica.

epigeous /ɛpɪ'dʒiːəs/, *a.* (*scient.*) epigeo.

epiglottic /ɛpɪ'glɒtɪk/, *a.* (*anat.*) epiglottico.

epiglottis /ɛpɪ'glɒtɪs/, *n.* (*pl.* **epiglottises, epiglottides**) (*anat.*) epiglottide.

epigone /'ɛpɪgəʊn/, *n.* (*raro*) epigono.

epigram /'ɛpɪgræm/, *n.* epigramma.

epigrammatic /ɛpɪgrə'mætɪk/, *a.* epigrammatico. || **-ally**, *avv.*

epigrammatist /ɛpɪ'græmətɪst/, *n.* epigrammista.

to **epigrammatize** /ɛpɪ'græmətaɪz/, **A** *v. t.* esprimere in forma epigrammatica. **B** *v. i.* **1** scrivere epigrammi **2** parlare in forma epigrammatica.

epigraph /'ɛpɪgrɑːf, *USA* -græf/, *n.* **1** epigrafe; iscrizione **2** citazione.

epigraphic /ɛpɪ'græfɪk/, *a.* epigrafico.

epigraphist /ɛ'pɪgrəfɪst/, *n.* epigrafista.

epigraphy /ɛ'pɪgrəfɪ/, *n.* epigrafia.

epilepsy /'ɛpɪlɛpsɪ/, *n.* (*med.*) epilessia.

epileptic /ɛpɪ'lɛptɪk/, *a.* e *n.* epilettico: **an e. fit**, un attacco epilettico; **an e.**, un epilettico.

epileptical /ɛpɪ'lɛptɪkl/, *a. V.* **epileptic**.

epileptoid /ɛpɪ'lɛptɔɪd/, *a.* e *n.* (*med.*) epilettoide.

epilogist /ɛ'pɪlədʒɪst/, *n.* scrittore di epiloghi.

epilogue, epilog /'ɛpɪlɒg, *USA* -ɔːg/, *n.* epilogo.

epinephrine /ɛpɪ'nɛfrɪn/, *n.* (*chim.*) epinefrina.

epiphany /ɪ'pɪfənɪ/, *n.* **1** apparizione (*d'un essere soprannaturale*); epifania (*lett.*) **2** – (*relig.*) **E.**, Epifania **3** (*fig.*) grande rivelazione; momento illuminante.

epiphenomenon /ɛpɪfɪ'nɒmɪnən/, *n.* (*pl.* **epiphenomena, epiphenomenons**) **1** (*anche filos.*) epifenomeno; fenomeno secondario **2** (*med.*) sintomo secondario.

epiphragma /ɛpɪ'frægmə/, *n.* (*bot., zool.*) epifragma.

epiphyllum /ɛpɪ'fɪləm/, *n.* (*bot.*) epifillo.

epiphyseal /ɛpɪ'fɪzɪəl/, *a.* (*anat.*) epifisario.

epiphysis /ɛ'pɪfəsɪs/, *n.* (*pl.* **epiphyses**) (*anat.*) epifisi.

epiphyte /'ɛpɪfaɪt/, *n.* (*bot.*) epifita.

Epirote /ɛ'paɪrəʊt/, *a.* e *n.* Epirota.

Epirus /ɛ'paɪrəs/, *n.* (*geogr.*) Epiro.

episcopacy /ɪ'pɪskəpəsɪ/, *n.* (*relig.*) episcopato.

episcopal /ɪ'pɪskəpl/, *a.* episcopale; vescovile. ● **the E. Church**, la Chiesa Episcopale (*in Scozia*).

Episcopalian /ɪpɪskə'peɪlɪən/, (*relig.*) **A** *a.* episcopaliano. **B** *n.* membro della Chiesa Episcopale.

Episcopalianism /ɪpɪskə'peɪlɪənɪzəm/, *n.* (*relig.*) dottrina e organizzazione della Chiesa Episcopale (*in G.B. e in U.S.A.*).

Episcopalism /ɪ'pɪskəpəlɪzəm/, *n.* (*relig.*) dottrina della Chiesa Episcopale.

episcopate /ɪ'pɪskəpət/, *n.* **1** episcopato; vescovado: **the e.**, l'episcopato (*i vescovi*) **2** episcopio (*lett.*); vescovado **3** diocesi.

episememe /ɛpɪ'siːmiːm/, *n.* (*ling.*) episemema.

episode /'ɛpɪsəʊd/, *n.* episodio.

episodic(al) /ɛpɪ'sɒdɪk(l)/, *a.* **1** episodico **2** a episodi. || **-ally**, *avv.*

epispastic /ɛpɪ'spæstɪk/, *a.* e *n.* (*farm.*) epispastico; revulsivo.

episperm /'ɛpɪspɜːm/, *n.* (*bot.*) episperma.

epistasis /ɪ'pɪstəsɪs/, *n.* (*pl.* **epistases**) (*genetica*) epistasi.

epistaxis /ɛpɪ'stæksɪs/, *n.* (*med.*) epistassi.

epistemological /ɪpɪstɪmə'lɒdʒɪkl/, *a.* (*filos.*) epistemologico.

epistemologist /ɪpɪstɪ'mɒlədʒɪst/, *n.* (*filos.*) epistemologo.

epistemology /ɪpɪstɪ'mɒlədʒɪ/, *n.* (*filos.*) epistemologia.

epistle /ɪ'pɪsl/, *n.* **1** epistola: **The Epistles**, le Epistole degli Apostoli **2** (*lett. o scherz.*) lettera; epistola.

epistolary /ɪ'pɪstələrɪ, *USA* -ɛrɪ/, *a.* epistolare.

epistoler /ɪ'pɪstələ(r)/, *n.* (*raro*) **1** chi scrive un'epistola **2** (*relig.*) chi legge un passo di un'Epistola.

epistrophe /ɛ'pɪstrəfɪ/, *n.* **1** (*retor.*) epistrofe **2** (*mus.*) ritornello.

epistyle /'ɛpɪstaɪl/, *n.* (*archit.*) epistilio; architrave.

epitaph /'ɛpɪtɑːf, *USA* -æf/, *n.* epitaffio.

epitasis /ɪ'pɪtəsɪs/, *n.* (*pl.* **epitases**) (*letter. greca*) epitasi.

epitaxial /ɛpɪ'tæksɪəl/, *a.* (*miner.*) epitassiale.

epitaxy /'ɛpɪtæksɪ/, *n.* (*miner.*) epitassia.

epithalamial /ɛpɪθə'leɪmɪəl/, **epithalamic** /ɛpɪθə'leɪmɪk/, *a.* epitalamico.

epithalamium /ɛpɪθə'leɪmɪəm/, **epithalamion** /ɛpɪθə'leɪmɪən/, *n.* (*pl.* **epithalamiums, epithalamia**) (*letter.*) epitalamio.

epithalamus /ɛpɪ'θæləməs/, *n.* (*pl.* **epithalami**) (*anat.*) epitalamo.

epithelial /ɛpɪ'θiːlɪəl/, *a.* (*anat.*) epiteliale: **e. tissue**, tessuto epiteliale.

epithelioma /ɛpɪθiːlɪ'əʊmə/, *n.* (*pl.* **epitheliomas, epitheliomata**) (*med.*) epitelioma.

epithelium /ɛpɪ'θiːlɪəm/, *n.* (*pl.* **epithelia, epitheliums**) (*anat.*) epitelio.

epithesis /ɪ'pɪθəsɪs/, *n.* (*ling.*) epitesi.

epithet /'ɛpɪθɛt/, *n.* epiteto.

epithetic(al) /ɛpɪ'θɛtɪk(l)/, *a.* di epiteto; qualificativo.

epitome /ɪ'pɪtəmɪ/, *n.* **1** epitome; compendio; sommario **2** (*fig.*) incarnazione; personificazione: **He is the e. of envy**, egli è l'invidia in carne e ossa. ● (*fig.*) **man, the world's e.**, l'uomo, questo microcosmo.

epitomist /ɪ'pɪtəmɪst/, *n.* (*raro*) epitomatore, epitomatrice.

to **epitomize** /ɪ'pɪtəmaɪz/, *v. t.* **1** (*raro*) epitomare (*lett.*); compendiare **2** (*fig.*) incarnare; impersonare.

epizoon /ɛpɪ'zəʊən/, *n.* (*pl.* **epizoa**) (*zool.*) epizoo.

epizootic /ɛpɪzəʊ'ɒtɪk/, **A** *a.* (*vet.*) epizootico: **e. aphtha**, afta epizootica. **B** *n.* (= **epizooty**) malattia epizootica; epizootia, epizoozia.

epizooty /ɛpɪ'zəʊətɪ/, *V.* **epizootic**, *def. B.*

epoch /'iːpɒk, *USA* 'ɛpək/, *n.* **1** epoca; era; età: **the Elizabethan e.**, l'età elisabettiana **2** (*astron., geol.*) epoca **3** (*fig.*) momento importante; svolta decisiva. ● **e.-making**, che fa (*o* fece) epoca; storico.

epochal /'ɛpɒkl/, *a.* **1** caratteristico di un'epoca **2** epocale; che fa epoca.

epode /'ɛpəʊd/, *n.* (*poesia*) epodo.

epodic /ɛ'pəʊdɪk/, *a.* (*poesia*) epodico.

eponym /'ɛpənɪm/, *n.* eponimo.

eponymous /ɪ'pɒnɪməs/, *a.* eponimo: **the e. hero**, l'eroe eponimo.

epopee /'ɛpəʊpiː/, **epopoeia** /ɛpəʊ'piːə/, *n.* (*raro*) epopea; poesia epica; genere epico; poema epico.

epos /'ɛpɒs/, *n.* epos (*poema epico; epopea*).

epoxide /ɪ'pɒksaɪd/, *n.* (*chim.*) epossido.

epoxy /ɪ'pɒksɪ/, *a.* (*chim.*) epossidico: **e. resins**, resine epossidiche.

epsilon /ɛp'saɪlən, *USA* 'ɛpsɪlən, -ɒn/, *n.* epsilon (*quinta lettera dell'alfabeto greco*).

Epsom /'ɛpsəm/, *n.* **1** (*geogr.*) Epsom (*città inglese*) **2** ippodromo (*o* corsa) di Epsom. ● (*farm.*) **E. salts**, sale inglese (*purgativo*).

epsomite /'ɛpsəmaɪt/, *n.* (*miner.*) epsomite.

equability /ɛkwə'bɪlətɪ/, *n.* **1** equabilità (*lett.*); uniformità **2** imperturbabilità; calma; serenità; equanimità.

equable /'ɛkwəbl/, *a.* **1** equabile (*lett.*); uniforme; costante: **e. temperature**, temperatura uniforme **2** imperturbabile; calmo; sereno; equanime: **e. affection**, affetto calmo, sereno. || **-ness**, *sost.* || **-bly**, *avv.*

equal /'iːkwəl/, **A** *a.* **1** uguale, eguale; pari; medesimo; stesso: **All men are created e.**, tutti gli uomini sono uguali alla nascita (*nella Dichiarazione d'Indipendenza americana*); **two e. shares**, due parti uguali; **There should be e. pay for e. work**, ci dovrebbe essere la stessa retribuzione per lo stesso lavoro; **I am e. to** (*o* **with**) **him in skill**, sono pari a lui in destrezza; **The two books are e. in colour**, i due libri sono dello stesso colore; **an e. fight**, una lotta pari; una lotta a parità di condizioni *2* equo; giusto: **e. laws**, leggi eque *3* imperturbabile; calmo; sereno: **to keep an e. mind in a time of trouble**, rimanere calmo (*o* sereno) in circostanze avverse *4* equo; equanime; imparziale. **B** *n.* pari; uguale: **He has no e.**, non ha l'uguale; non c'è un altro uguale a lui; (*mat.*) **Let x be the e. of y...**, sia x uguale a y... ● (*cartografia*) **e.-area**, equivalente □ (*comm.*) **e. competitive footing** (*o* **e. conditions of competition**), parità concorrenziale □ (*econ.*) **e. cost line**, isocosto □ **e. distance**, equidistanza □ (*mat.*) **e. mark** (*o* **e. sign**), segno d'uguaglianza □ (*econ.*) **e. pay (for e. work)**, parità salariale □ (*econ.*) **e. product curve**, isoquanto □ (*econ.*) **e. value**, equivalore □ **to be e. to the occasion**, essere all'altezza della situazione □ **to be of e. mind with sb.**, essere dello stesso parere di q.; essere d'accordo con q. □ **to be on e. terms with sb.** (*o* **to treat sb. as an e.**), trattare q. da pari a pari.

to **equal** /ˈiːkwəl/, *v. t.* *1* uguagliare, eguagliare; essere uguale (*o* pari) a: **Charles equals his elder brother in intelligence**, Carlo è pari a suo fratello maggiore quanto a intelligenza; (*mat.*) **If x equals 10...**, se x è uguale a 10...; **You can e. his record**, puoi uguagliare il suo primato *2* (*mat.*) essere uguale a; fare: **3 times 5 equals 15**, 3 per 5 fa 15.

equalitarian /iːkwɒlɪˈtɛərɪən/, *a.* e *n.* (*polit.*) egualitario.

equalitarianism /ɪkwɒlɪˈtɛrɪənɪzəm/, *n.* (*polit.*) egualitarismo.

equality /ɪˈkwɒlətɪ/, *n.* uguaglianza, eguaglianza; parità: **I believe in the e. of men**, credo nell'uguaglianza degli uomini. ● (*econ.*) **e. of starting points**, uguaglianza dei punti di partenza □ **to be on a footing of e. with sb.**, essere su un piede d'uguaglianza con q.

equalization /iːkwəlaɪˈzeɪʃn, *USA* -lɪˈz-/, *n.* *1* pareggiamento; uguagliamento; livellamento; perequazione: **the e. of taxes**, la perequazione delle imposte *2* (*sport*) pareggio *3* (*fin., tecn.*) equalizzazione.

to **equalize** /ˈiːkwəlaɪz/, **A** *v. t.* *1* pareggiare; uguagliare (*rendere uguale, uniforme*); livellare; equiparare; perequare: (*sport*) **to e. a match**, pareggiare una partita; **to e. salaries**, equiparare gli stipendi; **to e. the burden of taxation**, livellare il carico d'imposta *2* (*fin., tecn.*) equalizzare. **B** *v. i.* (*sport*) pareggiare; fare pareggio.

equalizer /ˈiːkwəlaɪzə(r)/, *n.* *1* chi pareggia, ecc. (*V.* **to equalize**) *2* (*mecc.*) equilibratore *3* (*elettr.*) equalizzatore *4* (*ferr.*) bilanciere *5* (*sport*) punto del pareggio *6* (*fam. USA*) pistola; arma da fuoco (*in genere*).

equalizing /ˈiːkwəlaɪzɪŋ/, **A** *a.* che parifica; perequativo: (*fin.*) **e. dividend**, dividendo perequativo. **B** *n.* pareggiamento; equalizzazione. ● (*rag.*) **e. entry**, registrazione di chiusura □ (*stat.*) **e. value**, adeguato numerico.

equally /ˈiːkwəlɪ/, *avv.* *1* ugualmente, egualmente: **They are e. strong**, sono ugualmente forti *2* in parti uguali; equamente: **Cut up the cake e.**, dividi la torta in parti uguali *3* uniformemente *4* allo stesso modo; allo stesso tempo; contestualmente.

equanimity /ɛkwəˈnɪmətɪ/, *n.* equanimità; calma; serenità.

equanimous /ɪˈkwænɪməs/, *a.* equanime; calmo; sereno.

to **equate** /ɪˈkweɪt/, *v. t.* *1* (*mat.*) uguagliare; rendere uguale *2* considerare uguale; equiparare; livellare; pareggiare: **to e. exports and imports**, pareggiare esportazioni e importazioni.

equation /ɪˈkweɪʒn/, *n.* *1* (*mat., chim.* e *fig.*) equazione: **first degree e.**, equazione di primo grado; **The e. of political idealism with** (*o* **and**) **armed terrorism cannot be accepted**, l'equazione dell'idealismo politico con il terrorismo armato è inaccettabile *2* adeguamento; equiparazione; livellamento: (*econ.*) **the e. of demand and supply**, il livellamento della domanda e dell'offerta. ● (*fig.*) **the other side of the e.**, l'altro lato della medaglia (*fig.*).

equational /ɪˈkweɪʃənl/, *a.* *1* (*mat.*) di equazione *2* (*biol.*) equazionale.

equative /ɪˈkweɪtɪv/, *a.* (*ling.*) equativo.

equator /ɪˈkweɪtə(r)/, *n.* (*geogr., astron.*) equatore: **magnetic e.**, equatore magnetico; **celestial e.**, equatore celeste.

equatorial /ɛkwəˈtɔːrɪəl/, **A** *a.* equatoriale: **E. Africa**, l'Africa equatoriale; **e. heat**, caldo equatoriale. **B** *n.* (= **e. telescope**) equatoriale; telescopio mobile.

equerry /ɪˈkwɛrɪ, ˈɛkwərɪ/, *n.* scudiero (*carica di corte*).

equestrian /ɪˈkwɛstrɪən/, **A** *a.* equestre: **an e. statue**, una statua equestre; **e. exercises**, esercizi equestri. **B** *n.* cavallerizzo (*anche di circo*). ● **e. events**, gare d'equitazione □ **e. girl**, cavallerizza (*di circo*) □ **e. skill**, abilità di cavallerizzo.

equestrienne /ɪkwɛstrɪˈɛn/, *n.* *1* amazzone (*donna che cavalca bene*) *2* cavallerizza (*di circo*).

equiangular /iːkwɪˈæŋgjʊlə(r), ɛ-/, *a.* (*geom.*) equiangolo.

equidistance /iːkwɪˈdɪstəns, ɛ-/, *n.* (*anche fig.*) equidistanza.

equidistant /iːkwɪˈdɪstənt, ɛ-/, *a.* (*anche fig.*) equidistante. || **-ly**, *avv.*

equilateral /iːkwɪˈlætərəl, ɛ-/, **A** *a.* (*geom.*) equilatero. **B** *n.* poligono equilatero.

to **equilibrate** /iːkwɪˈlaɪbreɪt, ɛ-/, *v. t.* e *i.* equilibrare, equilibrarsi.

equilibration /iːkwɪlaɪˈbreɪʃn, ɛ-/, *n.* *1* l'equilibrare *2* equilibrio.

equilibrist /ɪˈkwɪlɪbrɪst/, *n.* equilibrista; acrobata.

equilibrium /iːkwɪˈlɪbrɪəm, ɛ-/, *n.* (*pl.* **equilibriums, equilibria**) (*anche fig.*) equilibrio. ● (*econ.*) **e. price**, prezzo di equilibrio (*o* di mercato) □ (*econ.*) **e. theory**, teoria dell'equilibrio □ **to keep one's e.**, mantenersi in equilibrio.

equi-marginal /iːkwɪˈmɑːdʒɪnl, ɛ-/, *a.* (*econ.*) equi-marginale. ● (*econ.*) **e. principle**, principio dell'indifferenza.

equine /ˈɛkwaɪn, ˈiː-/, **A** *a.* *1* (*zool.*) equino *2* da cavallo; cavallino: **his e. face**, la sua faccia cavallina. **B** *n.* (*zool.*) equino.

equinoctial /iːkwɪˈnɒkʃl, ɛ-/, **A** *a.* (*astron., geogr.*) equinoziale: **e. line**, linea equinoziale. **B** *n.* *1* linea equinoziale *2* (*pl.*) venti equinoziali; temporale equinoziale.

equinox /ˈiːkwɪnɒks, ˈɛ-/, *n.* (*astron.*) equinozio: **the spring** (*o* **vernal**) **e.**, l'equinozio di primavera; **the autumnal e.**, l'equinozio d'autunno.

to **equip** /ɪˈkwɪp/, *v. t.* *1* equipaggiare, allestire (*una nave, un esercito*) *2* attrezzare (*un'officina, ecc.*); arredare (*una casa*); corredare; dotare; fornire; provvedere: **to e. oneself for a journey**, attrezzarsi per un viaggio; **to e. one's children with a good education**, dotare i propri figli d'una buona istruzione.

equipage /ˈɛkwɪpɪdʒ/, *n.* *1* equipaggiamento; attrezzatura *2* equipaggio (*nel senso di*: carrozza signorile e servi in livrea).

equipartition /iːkwɪpɑːˈtɪʃn, ɛ-/, *n.* (*scient.*) equipartizione.

equipment /ɪˈkwɪpmənt/, *n.* *1* equipaggiamento; attrezzatura; dispositivo; apparecchio; apparecchiatura: **the e. of a language lab**, l'attrezzatura d'un laboratorio linguistico; **electrical e.**, apparecchiatura elettrica (*per es., in un locomotore*) *2* equipaggiamento; allestimento; preparazione: **the e. of the new school**, l'allestimento della nuova scuola *3* (*ferr.*) materiale rotabile *4* (*mil.*) allestimento *5* (*marina mil.*) armamento *6* (*fig.*) bagaglio culturale (*o* di nozioni); preparazione. ● **e. design**, progettazione d'impianti □ **e. goods**, attrezzature.

equipoise /ˈɛkwɪpɔɪz, ˈiː-/, *n.* *1* (*spesso fig.*) equilibrio *2* (*fig.*) contrappeso; influsso che ne bilancia un altro.

to **equipoise** /ˈɛkwɪpɔɪz, ˈiː-/, *v. t.* bilanciare; equilibrare.

equipollence /iːkwɪˈpɒləns, ɛ-/, **equipollency** /iːkwɪˈpɒlənsɪ, ɛ-/, *n.* equipollenza; equivalenza.

equipollent /iːkwɪˈpɒlənt, ɛ-/, *a.* equipollente; equivalente.

equiponderant /iːkwɪˈpɒndərənt, ɛ-/, *a.* *1* che ha lo stesso peso *2* ben bilanciato (*con qualcos'altro*).

to **equiponderate** /iːkwɪˈpɒndəreɪt, ɛ-/, **A** *v. t.* controbilanciare; equilibrare. **B** *v. i.* controbilanciarsi; equilibrarsi.

equipotential /iːkwɪpəˈtɛnʃl, ɛ-/, *a.* (*fis.*) equipotenziale.

equisetum /ɛkwɪˈsiːtəm, iː-/, *n.* (*pl.* **equisetums, equiseta**) (*bot., Equisetum*) equiseto; coda cavallina.

equitable /ˈɛkwɪtəbl/, *a.* *1* equo; giusto: **an e. decision**, una sentenza giusta; **an e. price**, un prezzo equo *2* (*leg.*) che deriva dai princìpi della «equity» (*q.V.*) *3* (*leg.*) equitativo: **e. construction**, interpretazione equitativa. ● **e. lien**, privilegio che prescinde dal possesso del bene. || **-ness**, *sost.* || **-bly**, *avv.*

equitation /ɛkwɪˈteɪʃn/, *n.* equitazione.

equity /ˈɛkwətɪ/, *n.* *1* equità; giustizia *2* (*leg.*) «equity»; complesso di norme integrative della «common law» (*q.V.*), e che si applicano soltanto in materia civile (*non ha riscontro nell'ordinamento ital.*; *in caso di conflitto con la «common law», prevale la «equity»*) *3* (*fin.*) azione ordinaria *4* (*fin.*) capitale (*o* patrimonio) netto (*di una società per azioni*) *5* (*pl.*) (*leg.*) diritti (quote di proprietà, pretese, ecc.) consentiti (*o* riconosciuti) in base alle norme dell'«equity» *6* – **E.** (*per esteso*, **Actors' E. Association**), sindacato degli attori (*di teatro, ecc.*). ● (*fin.*) **e. capital**, capitale proprio □ (*fin.*) **e. interests**, partecipazioni azionarie □ (*fin.*) **e. investments trusts**, fondi comuni azionari □ (*fin.*) **the equities market**, il mercato azionario □ (*leg.*) **e. of redemption**, diritto di riscatto (*di un'ipoteca*) □ (*fin.*) **e. ratios**, indici patrimoniali (*di una società*) □ (*fin.*) **e. stake**, quota di partecipazione azionaria □ (*fin.*) **e. turnover**, indice di rotazione del capitale netto.

equivalence /ɪˈkwɪvələns/, **equivalency** /ɪˈkwɪvələnsɪ/, *n.* (*anche geom.*) equivalenza.

equivalent /ɪˈkwɪvələnt/, **A** *a.* (*anche geom.*) equivalente. **B** *n.* *1* (*anche chim., mat., fin.*) equivalente *2* (parola) equivalente: **What is the Italian e. of the English word «privacy»?**, qual è la parola italiana equivalente all'inglese «privacy»?

equivocal /ɪˈkwɪvəkl/, *a.* *1* equivoco; ambiguo; evasivo: **an e. answer**, una risposta equivoca; **e. conduct**, condotta equivoca *2* dubbio; incerto; poco chiaro: **an e. outcome**, un risultato incerto. ● (*biol., stor.*) **e. generation**, generazione spontanea.

equivocality /ɪkwɪvəˈkælətɪ/, **equivocalness** /ɪˈkwɪvəkəlnəs/, *n.* equivocità; ambiguità.

to **equivocate** /ɪˈkwɪvəkeɪt/, *v. i.* esprimersi in modo ambiguo; giocare sull'equivoco; equivocare (*su q.c.*).

equivocation /ɪkwɪvəˈkeɪʃn/, *n.* *1* ambiguità; possibilità di duplice interpretazione *2* espressione equivoca (*o* ambigua) *3* (l') equivocare (*V.* **to equivocate**); (il) parlare in modo ambiguo.

equivocator /ɪˈkwɪvəkeɪtə(r)/, *n.* chi gioca sull'equivoco.

equivoke, equivoque /ˈɛkwɪvəʊk/, *n.* espressione equivoca (*o* ambigua); ambiguità; gioco di parole; doppio senso.

er /ə, ɜː, ʌ, ʌh, əh/, *inter.* ehm (*esprime esitazione nel parlare*).

era /ˈɪərə/, *n.* era (*anche geol.*); epoca; età: **the Christian era**, l'era cristiana (*o* volgare); **the Victorian era**, l'epoca vittoriana.

to **eradiate** /ɪ'reɪdɪeɪt/, **A** *v. i.* raggiare; emettere raggi (*o* radiazioni). **B** *v. t.* irradiare; irraggiare.
eradiation /ɪreɪdɪ'eɪʃn/, *n.* irradiazione; irradiamento.
eradicable /ɪ'rædɪkəbl/, *a.* sradicabile; estirpabile; eliminabile.
to **eradicate** /ɪ'rædɪkeɪt/, *v. t.* sradicare; estirpare; eliminare: **to e. illiteracy**, eliminare l'analfabetismo.
eradication /ɪrædɪ'keɪʃn/, *n.* sradicamento; estirpazione; eliminazione.
eradicator /ɪ'rædɪkeɪtə(r)/, *n.* ***1*** sradicatore ***2*** smacchiatore (*per macchie d'inchiostro, ruggine, ecc.*).
erasable /ɪ'reɪzəbl/, *a.* cancellabile.
to **erase** /ɪ'reɪz, *USA* ɪ'reɪs/, *v. t.* ***1*** cancellare (*anche fig.*); cassare; raschiare via ***2*** (*pop. USA*) eliminare; uccidere. ● **erase head** (*o* **erasing head**), testina di cancellazione (*di registratore*).
eraser /ɪ'reɪzə(r), *USA* -s-/, *n.* ***1*** (*specialm. USA*) gomma (*da cancellare*); raschino: **a pencil e.**, una gomma da matita ***2*** (= **blackboard e.**) cimosa, cancellino (*da lavagna*).
erasion /ɪ'reɪʒn/, *n.* ***1*** cancellazione; raschiatura ***2*** (*med.*) raschiamento.
Erasmian /ɪ'ræzmɪən/, *a.* (*stor. filos.*) erasmiano.
Erasmus /ɪ'ræzməs/, *n.* (*stor.*) Erasmo.
erasure /ɪ'reɪʒə(r)/, *n.* cancellatura; cassatura; raschiatura.
erbium /'ɜːbɪəm/, *n.* (*chim.*) erbio.
ere /ɛə(r)/, *prep., cong.* e *avv.* (*poet.*) ***1*** prima; prima di; prima che ***2*** piuttosto che. ● **ere long**, fra breve; in breve tempo; presto.
Erebus /'ɛrɪbəs/, *n.* (*mitol.*) Erebo.
erect /ɪ'rɛkt/, *a.* eretto; diritto; ritto: **to sit e.**, stare seduto con la schiena dritta; **with hair e. from fright**, con i capelli ritti per la paura. ● **to stand e.**, stare dritto; raddrizzarsi.
to **erect** /ɪ'rɛkt/, *v. t.* ***1*** erigere; costruire; fabbricare; alzare; innalzare: **to e. a greasy pole**, innalzare un albero della cuccagna; **They erected arbitrary social barriers**, eressero barriere sociali arbitrarie ***2*** costituire; fondare: **to e. a new government**, costituire un nuovo governo ***3*** (*anche mecc.*) montare: **to e. a lathe**, montare un tornio ***4*** (*geom.*) tracciare ***5*** (*ottica*) raddrizzare.
erectile /ɪ'rɛktaɪl, *USA* -tl/, *a.* (*anat.*) erettile: **e. tissue**, tessuto erettile.
erection /ɪ'rɛkʃn/, *n.* ***1*** erezione; costruzione; edificazione ***2*** edificio; struttura ***3*** (*fisiol.*) erezione ***4*** (*mecc.*) montaggio.
erectness /ɪ'rɛktnəs/, *n.* portamento eretto; posizione eretta.
erector /ɪ'rɛktə(r)/, *n.* ***1*** erettore, erettrice (*rari*); chi erige, ecc. (*V.* **to erect**) ***2*** (*fis.*) sistema ottico raddrizzatore ***3*** (*mecc.*) montatore. ● (*anat.*) **e. muscle**, muscolo erettore.
eremite /'ɛrəmaɪt/, *n.* (*raro*) eremita.
eremitic(al) /ɛrə'mɪtɪk(l)/, *a.* eremitico.
erepsin /ɪ'rɛpsɪn/, *n.* (*biochim.*) erepsina.
erethism /'ɛrəθɪzəm/, *n.* (*med., psic.*) eretismo.
erethismic /ɛrə'θɪzmɪk/, *a.* (*med., psic.*) eretistico.
erg /ɜːg/, *n.* (*fis.*) erg; ergon.
ergative /'ɜːgətɪv/, *a.* (*ling.*) ergativo.
ergo /'ɜːgəʊ/, *avv.* ergo; dunque.
ergodic /ɜː'gɒdɪk, -'gəʊ-/, *a.* (*fis.*) ergodico.
ergonomic /ɜːgəʊ'nɒmɪk/, *a.* ergonomico.
ergonomics /ɜːgə'nɒmɪks/, *n. pl.* (*col verbo al sing.*) ergonomia.
ergonomist /ɜː'gɒnəmɪst/, *n.* ergonomo.
ergonomy /ɜː'gɒnəmɪ/, *V.* **ergonomics**.
ergosterol /ɜː'gɒstərɒl, *USA* -əʊl, -ɔːl/, *n.* (*chim.*) ergosterolo, ergosterina.
ergot /'ɜːgət/ (*lat.*), *n.* (*bot.*) (fungo della) segale cornuta.
ergotherapy /ɜːgəʊ'θɛrəpɪ/, *n.* (*med.*) ergoterapia.
ergotine /'ɜːgətiːn/, *n.* (*chim.*) ergotina.
ergotism /'ɜːgətɪzəm/, *n.* (*med.*) ergotismo.
Erinys /ɪ'rɪnɪs, ɪ'raɪ-/, *n.* (*pl.* **Erinyes**) (*mitol.*) Erinni.
eristic /ɛ'rɪstɪk, ɪ-/, **A** *a.* ***1*** (*filos.*) eristico ***2*** (*fig.*) capzioso; polemico. **B** *n.* (*filos.*) ***1*** eristica ***2*** filosofo eristico.
Eritrean /ɛrɪ'treɪən, *USA* -'triːən/, *a.* e *n.* eritreo.
erlking /'ɜːlkɪŋ/, *n.* (*mitol.*) (il) re degli elfi.
ermine /'ɜːmɪn/, *n.* ***1*** (*zool.*, *Mustela erminea*: *pl.* **ermines, ermine**) ermellino ***2*** (pelliccia di) ermellino ***3*** (*fig.*) toga ***4*** (*fig.*) dignità di Pari ***5*** (*arald.*) ermellino. ● (*fig.*) **to wear the e.**, vestire la toga; essere giudice: **He has worn the e. for ten years**, è giudice da dieci anni.
ermined /'ɜːmɪnd/, *a.* ***1*** che indossa l'ermellino ***2*** guarnito d'ermellino ***3*** (*arald.*) ermellinato; armellinato.
erne, ern /ɜːn/, *n.* (*zool.*, *Haliaetus albicilla*) aquila di mare.
Ernest /'ɜːnɪst/, *n.* Ernesto.
to **erode** /ɪ'rəʊd/, **A** *v. t.* ***1*** erodere (*anche geol.*); corrodere; scavare ***2*** (*fig.*) minare; intaccare; sgretolare. **B** *v. i.* ***1*** (*anche* **to e. away**) essere eroso; subire l'erosione ***2*** (*fig.*) sgretolarsi; essere intaccato.
erogenous /ɪ'rɒdʒənəs/, *a.* (*fisiol.*) erogeno; erotogeno.
eros /'ɛrɒs/, *n.* (*psic.*) eros.
erosion /ɪ'rəʊʒn/, *n.* ***1*** (*anche geol.*) erosione: **soil e.**, erosione del terreno ***2*** (*fig.*) sgretolamento.
erosional /ɪ'rəʊʒənl/, **erosive** /ɪ'rəʊsɪv/, *a.* (*anche geol.*) erosivo.
erotic /ɪ'rɒtɪk/, **A** *a.* erotico. **B** *n.* ***1*** chi ha un forte desiderio erotico ***2*** (*letter.*) poesia erotica. || **-ally**, *avv.*
erotica /ɪ'rɒtɪkə/, *n. pl.* opere d'arte (*o* letteratura) di carattere erotico.
eroticism /ɪ'rɒtɪsɪzəm/, **erotism** /'ɛrətɪzəm/, *n.* ***1*** erotismo ***2*** (*fisiol.*) desiderio (*o* impulso) sessuale.
erotization /ɛrətaɪ'zeɪʃn, *USA* -tɪ'z-/, *n.* (*psic.*) erotizzazione.
to **erotize** /'ɛrətaɪz/, *v. t.* (*psic.*) erotizzare.
erotogenic /ɪrɒtə'dʒɛnɪk/, *V.* **erogenous**.
erotology /ɛrə'tɒlədʒɪ/, *n.* erotologia.
erotomania /ɪrɒtəʊ'meɪnɪə/, *n.* (*psic.*) erotomania.
erotomaniac /ɪrɒtəʊ'meɪnɪæk/, *n.* (*psic.*) erotomane.
to **err** /ɜː(r)/, *v. i.* ***1*** errare; sbagliare ***2*** errare; peccare: **to err on the side of indulgence**, peccare per eccesso d'indulgenza.
errancy /'ɛrənsɪ/, *n.* l'errare; lo sviarsi; errore.
errand /'ɛrənd/, *n.* commissione; incarico; ambasciata; messaggio: **to go on** (*o* **to run**) **errands for sb.**, andare a fare commissioni per q. ● **e. boy**, fattorino □ (*fig.*) **a fool's e.**, un'impresa balorda.
errant /'ɛrənt/, *a.* ***1*** errante; vagante: (*stor.*) **a knight e.**, un cavaliere errante ***2*** che erra; che pecca.
errantry /'ɛrəntrɪ/, *n.* ***1*** vagabondaggio ***2*** (*stor.*) condizione (*o* ideali) d'un cavaliere errante; cavalleria.
errata /ɛ'rɑːtə, -eɪtə, *USA* -ɑː-, eɪ-, -æ-/ (*lat.*), *n. pl.* errata corrige.
erratic /ɪ'rætɪk/, **A** *a.* ***1*** eccentrico; stravagante; bizzarro; strambo ***2*** irregolare: (*med.*) **e. pulse**, polso irregolare ***3*** (*geol.*) erratico: **e. boulders**, massi erratici. **B** *n.* ***1*** persona (*o* cosa) eccentrica o irregolare ***2*** (*geol.*) masso erratico.
erratum /ɛ'rɑːtəm, -eɪ-, *USA* -ɑː-, eɪ-, -æ-/ (*lat.*), *n.* (*pl.* **errata**) errore di stampa. ● **errata slip**, errata corrige (*il foglietto allegato*).
erroneous /ɪ'rəʊnɪəs/, *a.* erroneo; sbagliato. || **-ly**, *avv.* || **-ness**, *sost.*
error /'ɛrə(r)/, *n.* errore; colpa; fallo; sbaglio: **to make an e.**, fare un errore; **a grammatical e.**, un errore di grammatica; **clerical e.**, errore di trascrizione; errore materiale; **an e. of judgement**, un errore di giudizio; **to repent the errors of one's youth**, pentirsi degli errori giovanili. ● (*comm.*) **errors and omissions excepted**, salvo errori e omissioni □ (*stat.*) **e. band**, fascia d'errore □ (*elab.*) **e. checking**, controllo degli errori □ (*elab.*) **e. display**, visualizzazione degli errori □ (*leg.*) **e. in** (*o* **of**) **law**, errore di diritto □ (*leg.*) **e. in** (*o* **of**) **fact**, errore di fatto □ (*stat.*) **e. of sampling**, errore di campionamento □ (*elab.*) **e.-prone**, carente di controlli contro gli errori □ **to do st. in e.**, fare q.c. per sbaglio □ **to lead sb. into e.**, indurre q. in errore □ (*pop.*) **You're a liar and no e.**, sei proprio un bugiardo!
ersatz /'ɛəzæts, 'ɜː-, -sɑːts/ (*ted.*), *a.* e *n.* surrogato. ● **e. coffee**, surrogato di caffè.
Erse /ɜːs/, *a.* e *n.* (*ling.*) Erse (*gaelico della Scozia o dell'Irlanda*).
erstwhile /'ɜːstwaɪl, *USA* -hw-/, **A** *a.* (*form.*) di un tempo; precedente: **his e. wife**, la sua moglie di prima. **B** *avv.* (*arc.*) prima; un tempo; una volta.
erubescence /ɛruː'bɛsns/, *n.* erubescenza (*lett.*); rossore.
erubescent /ɛruː'bɛsnt/, *n.* erubescente (*lett.*); che arrossisce.
to **eruct** /ɪ'rʌkt/, to **eructate** /ɪ'rʌkteɪt/, *v. t.* e *i.* ***1*** eruttare; ruttare ***2*** (*di vulcano*) eruttare.
eructation /ɪrʌk'teɪʃn, ɛrʌk-/, *n.* ***1*** eruttazione; rutto ***2*** (*geol.*) eruzione; materiali eruttati.
erudite /'ɛruːdaɪt/, *a.* erudito; dotto. || **-ly**, *avv.* || **-ness**, *sost.*
erudition /ɛruː'dɪʃn/, *n.* erudizione; dottrina.
to **erupt** /ɪ'rʌpt/, **A** *v. i.* ***1*** (*d'un vulcano*) entrare in eruzione ***2*** (*di lava, ecc.*) erompere; sgorgare ***3*** (*di denti, foruncoli, ecc.*) spuntare; erompere ***4*** (*fig.*) erompere; esplodere, scoppiare (*fig.*). **B** *v. t.* (*di vulcano*) eruttare.
eruption /ɪ'rʌpʃn/, *n.* ***1*** (*geol., med.*) eruzione ***2*** scoppio (*d'una guerra, di tumulti, ecc.*); l'esplodere (*delle passioni, ecc.*) ***3*** (*fisiol.*) lo spuntare (*dei denti*); eruzione.
eruptive /ɪ'rʌptɪv/, *a.* ***1*** (*geol., med.*) eruttivo: **e. rock**, roccia eruttiva ***2*** (*fig.*) che tende a scoppiare (*o* a esplodere); erompente.
erysipelas /ɛrɪ'sɪpɪləs/, *n.* (*med.*) erisipela; risipola (*pop.*).
erysipelatous /ɛrɪsɪ'pɛlətəs/, *a.* (*med.*) erisipelatoso.
erythema /ɛrɪ'θiːmə/, *n.* (*med.*) eritema.
erythrite /ɪ'rɪθraɪt/, *n.* (*chim., miner.*) eritrite.
erythritol /ɪ'rɪθrɪtɒl, *USA* -əʊl, -ɔːl/, *n.* (*chim.*) eritritolo.
erythroblast /ɪ'rɪθrəblæst/, *n.* (*biol.*) eritroblasto.
erythrocyte /ɪ'rɪθrəsaɪt/, *n.* (*anat.*) eritrocita; eritrocito.
erythrocytosis /ɪrɪθrəsaɪ'təʊsɪs/, *n.* (*med.*) eritrocitosi.
erythromycin /ɪrɪθrə'maɪsɪn, *USA* -sn/, *n.* (*chim., farm.*) eritromicina.
erythrosin /ɪ'rɪθrəsɪn/, *n.* (*chim.*) eritrosina.
es /ɛs/, *V.* ess.
escalade /ɛskə'leɪd, *USA* 'ɛs-/, *n.* (*mil., stor.*) scalata.
to **escalade** /ɛskə'leɪd, *USA* 'ɛs-/, *v. t.* (*mil., stor.*) dare la scalata a; scalare.
to **escalate** /'ɛskəleɪt/, **A** *v. t.* (*polit.*) aumentare; intensificare: **to e. the war**, intensificare le operazioni belliche. **B** *v. i.* ***1*** (*polit.*) intensificarsi; aggravarsi ***2*** (*di prezzi, salari, ecc.*) aumentare; salire; crescere.
escalation /ɛskə'leɪʃn/, *n.* ***1*** (*polit.*) escalation; intensificazione; scalata (*fig.*): **the e. from political protest to violence**, la scalata dalla protesta politica alla violenza ***2*** (*econ., fin.*) adeguamento automatico (*di salari, ecc.*); aumento (*di prezzi, ecc.*).
escalator /'ɛskəleɪtə(r)/, *n.* ***1*** (*mecc.*) scala mobile ***2*** (*econ.*, = **e. clause**) clausola dell'adeguamento monetario (*o* d'indicizzazione: *di prezzi, ecc.*) (*N.B. La scala mòbile delle retribuzioni, abolita in Italia nel 1992, non è mai esistita in G.B.*).
escalatory /ɛskə'leɪtrɪ, *USA* 'ɛskələtɔːrɪ/, *a.*

(*polit.*) dell'escalation: **e. moves**, passi verso l'escalation.

escal(l)op /ɪ'skɒləp/, *n.* ***1*** *V.* **scallop** ***2*** (*arald.*) conchiglia.

escalope /'ɛskələʊp/ (*franc.*), *n.* (*cucina*) scaloppina; scaloppa.

escapade /'ɛskəpeɪd, ɛskə'peɪd/, *n.* scappata; scappatella; avventura.

escape /ɪ'skeɪp/, *n.* ***1*** fuga; evasione (*dal carcere*): **Cellini's adventurous e. from Castel Sant'Angelo**, l'evasione romanzesca di Cellini da Castel Sant'Angelo; **an e. of gas**, una fuga di gas ***2*** lo scampare; lo sfuggire; scampo: **I am very glad for his e. from the air crash**, sono assai lieto che l'abbia scampata nel disastro aereo ***3*** (*fig.*) evasione; svago; distrazione; passatempo: **Movies are an e.**, il cinema è uno svago; **e. readings**, letture d'evasione (*o* fatte per svago) ***4*** (*di liquido*; *anche med.*) fuoriuscita; perdita ***5*** (*mecc.*) scappamento; scarico: **e. pipe**, tubo di scappamento; **e. valve**, valvola di scarico ***6*** (*edil.*) uscita (*o* scala) di sicurezza. ● **e. artist**, *V.* **escapologist**, *def.* 2 □ (*naut.*) **e. chamber**, garitta di salvataggio □ (*leg.*) **e. clause**, clausola di recesso dal contratto □ **e. door**, porta di sicurezza □ (*psic.*) **e. mechanism**, meccanismo di fuga □ **e. route**, (*naut.*, *mil.*) rotta di salvataggio (*o* di sfuggita); (*fig.*) via di salvezza □ (*nelle miniere*) **e. shaft**, galleria d'emergenza □ **e. stair**, scala di sicurezza □ (*miss.*) **e. velocity**, velocità di fuga □ (*mecc.*) **e. wheel**, ruota di scappamento □ **fire e.**, uscita di sicurezza (*in caso d'incendio, ecc.*) □ **to have a narrow** (*o* **a hairbreath**) **e.**, scamparla per miracolo (*o* per un soffio, per un pelo) □ **to make one's e.**, evadere.

to **escape** /ɪ'skeɪp/, **A** *v. i.* ***1*** scappare; fuggire; evadere: **The partisan escaped from prison**, il partigiano evase dal carcere ***2*** salvarsi; scamparla; cavarsela; uscire indenne: **Some were killed in the accident, but he escaped**, alcuni furono uccisi nell'incidente, ma egli si salvò (*o* ne uscì indenne) ***3*** fuoriuscire; sgorgare; scorrere; uscire; svanire: **The water escaped from the tub**, l'acqua usciva dalla tinozza; **The image escaped from my mind**, l'immagine mi svanì dalla mente ***4*** (*miss.*) acquistare la velocità di fuga (*da una traiettoria*). **B** *v. t.* sfuggire a; sottrarsi a; evitare; scansare; schivare: **His name [meaning] escapes me**, il suo nome [il significato delle sue parole] mi sfugge; **to e. punishment**, sfuggire alla punizione; **A scream escaped her lips**, un grido le sfuggì dalle labbra.

escapee /ɪskeɪ'piː/, *n.* evaso; fuggiasco.

escapement /ɪ'skeɪpmənt/, *n.* (*mecc.*) scappamento (*d'un orologio, ecc.*).

escapism /ɪ'skeɪpɪzəm/, *n.* escapismo; evasione dalla realtà (*in un mondo fantastico*); letteratura d'evasione.

escapist /ɪ'skeɪpɪst/, **A** *n.* escapista; persona che cerca d'evadere dalla realtà; scrittore non impegnato. **B** *a. attr.* (*arte, letter.*) d'evasione.

escapologist /ɛskə'pɒlədʒɪst/, *n.* ***1*** (*fam.*) chi cerca d'evadere dalla realtà ***2*** illusionista (*che si fa rinchiudere in bauli, ecc., liberandosi poi da solo*).

escarp /ɪ'skɑːp/, *n.* scarpata; terrapieno a scarpa.

to **escarp** /ɪ'skɑːp/, *v. t.* ***1*** tagliare (*un terreno, ecc.*) a scarpata ***2*** provvedere di scarpata.

escarpment /ɪ'skɑːpmənt/, *n.* scarpa; scarpata (*anche mil.*).

eschalot /'ɛʃəlɒt/, *n.* (*bot.*, *Allium ascalonicum*) scalogno.

eschar /'ɛskɑː(r)/, *n.* (*med.*) escara.

eschatological /ɛskətə'lɒdʒɪkl/, *a.* escatologico.

eschatologist /ɛskə'tɒlədʒɪst/, *n.* escatologo.

eschatology /ɛskə'tɒlədʒɪ/, *n.* escatologia.

escheat /ɪs'tʃiːt/, *n.* (*leg.*) ***1*** incameramento (*da parte dello Stato*: *di proprietà privata*; *per mancanza d'eredi e in assenza di testamento*) ***2*** proprietà incamerata dallo Stato.

to **escheat** /ɪs'tʃiːt/, **A** *v. t.* (*leg.*) incamerare (*V. sopra*). **B** *v. i.* (*leg.*: *di un bene*) essere incamerato dallo Stato; passare allo Stato.

to **eschew** /ɪs'tʃuː/, *v. t.* evitare; astenersi da; rifuggire da.

escort /'ɛskɔːt/, *n.* ***1*** scorta; accompagnamento; accompagnatore, accompagnatrice; gruppo d'accompagnatori ***2*** cavaliere: **Philip was her e. at the dance**, il suo cavaliere al ballo era Philip ***3*** (*mil.*) scorta: **an e. of five cruisers**, una scorta di cinque incrociatori; (*naut.*) **e. vessel**, avviso scorta. ● **e. agency**, agenzia che procura accompagnatori o accompagnatrici (cavalieri di bell'aspetto o ragazze carine) □ (*naut.*) **e. carrier**, portaerei di scorta □ (*naut.*) **antisubmarine e.**, scorta antisommergibile □ (*naut.*) **close e.**, scorta ravvicinata.

to **escort** /ɪ'skɔːt/, *v. t.* scortare (*anche mil.*); accompagnare: **The king's plane was escorted by ten jets**, l'aeroplano del re era scortato da dieci reattori; **John escorted the girl home**, John accompagnò la ragazza a casa.

to **escribe** /ɪ'skraɪb/, *v. t.* (*geom.*) exinscrivere (*un cerchio*).

escritoire /ɛskrɪ'twɑː(r)/, *n.* secrétaire (*franc.*); scrivania.

escrow /'ɛskrəʊ, ɛ's-/, *n.* ***1*** (*leg.*) impegno scritto (*affidato a terzi e inoperante fino all'adempimento di talune condizioni*) ***2*** (*banca*) deposito a garanzia.

escudo /ɛ'skuːdəʊ, ɪ-/, *n.* (*pl.* **escudos**) escudo (*unità monetaria portoghese*).

esculent /'ɛskjʊlənt/, *a.* esculento; commestibile.

escutcheon /ɪ'skʌtʃən/, *n.* ***1*** (*arald.*) scudo; arme gentilizia; stemma; blasone ***2*** bocchetta (*di serratura*) ***3*** borchia; ghiera; targa metallica (*per il nome*) ***4*** (*naut.*) quadro (*o* scudo) di poppa. ● (*fig.*) **a blot on one's e.**, una macchia sul proprio onore □ **to blot one's e.**, macchiarsi l'onore.

Eskimauan /ɛskɪ'məʊən/, *V.* **Eskimoan**.

Eskimo /'ɛskɪməʊ/, **A** *n.* (*pl.* **Eskimo, Eskimos**) eschimese, esquimese. **B** *a.* e *n.* (lingua) eschimese. ● **the E.**, gli eschimesi □ (*zool.*) **e. dog**, (cane) eschimese □ (*sport*: *canoa*) **E. roll**, eskimo.

Eskimoan /ɛskɪ'məʊən/, *a.* eschimese, esquimese.

esophageal /iːsɒfə'dʒiːəl, ɪ-/, *a.* (*anat.*) esofageo.

esophagus /iː'sɒfəgəs, ɪ-/, *n.* (*pl.* **esophagi**) (*anat.*) esofago.

esoterica /ɛsə'tɛrɪkə/, *n. pl.* aspetti esoterici; cose esoteriche: **the e. of Freemasonry**, gli aspetti esoterici della massoneria.

esoteric(al) /ɛsə'tɛrɪk(l)/, *a.* ***1*** (*relig.*, *filos.*) esoterico; riservato agli iniziati ***2*** (*fig.*) esoterico; astruso; difficile: **e. poetry**, poesia esoterica ***3*** misterioso; segreto: **an e. plan**, un piano segreto. || **-ally**, *avv.*

esotericism /ɛsə'tɛrɪsɪzəm/, *n.* (*relig.* e *fig.*) esoterismo.

espagnolette /ɛspænjəʊ'lɛt/ (*franc.*), *n.* spagnoletta (*di finestra*).

espalier /ɪ'spælɪeɪ, *USA* -ljə(r)/ (*franc.*), *n.* ***1*** spalliera; graticcio; traliccio di legno; graticciata ***2*** pianta (*o* fila di piante) a spalliera.

esparto /ɛ'spɑːtəʊ/, *n.* (*pl.* **espartos**) (*bot.*, = **e. grass**) ***1*** (*Stipa tenacissima*) alfa ***2*** (*Lygeum spartum*) sparto.

especial /ɪ'spɛʃl/, *a.* speciale; particolare; eccezionale: **a matter of e. interest**, una faccenda di particolare interesse. ● **an e. favourite**, una persona (*o* cosa) prediletta fra tutte.

especially /ɪ'spɛʃəlɪ/, *avv.* ***1*** specialmente; particolarmente; soprattutto ***2*** appositamente; a bella posta; apposta.

Esperantist /ɛspə'ræntɪst, *USA* -ɑːn-/, *n.* esperantista.

Esperanto /ɛspə'ræntəʊ, *USA* -ɑːn-/, *n.* esperanto.

espial /ɪ'spaɪl/, *n.* (*raro*) lo spiare.

espionage /'ɛspɪənɑːʒ, -ɑːdʒ, -ɪdʒ/, *n.* spionaggio.

esplanade /ɛsplə'neɪd/, *n.* ***1*** passeggiata (*specialm. a mare*) ***2*** (*anche mil.*) spianata.

espousal /ɪ'spaʊzəl/, *n.* ***1*** (*arc.*) (promessa di) matrimonio ***2*** (*fig.*) adesione; l'abbracciare (*un'idea, una causa, ecc.*).

to **espouse** /ɪ'spaʊz/, *v. t.* ***1*** (*arc.*) sposare; prendere (*una donna*) in matrimonio ***2*** sposare, abbracciare, adottare (*fig.*); aderire a: **to e. a new religion**, abbracciare una nuova religione.

espresso /ɛ'sprɛsəʊ/ (*ital.*), *n.* (*pl.* **espressos**) ***1*** (= **e. coffee**) (caffè) espresso ***2*** (= **e. machine**) macchina (per caffè) espresso ***3*** (= **e. bar**) bar dove si beve il caffè espresso all'italiana.

esprit /ɛ'spriː, ɪ-/ (*franc.*), *n.* spirito: **e. de corps**, spirito di corpo.

to **espy** /ɪ'spaɪ/, *v. t.* (*lett.*) ***1*** scorgere; vedere ***2*** scoprire (*un fallo, ecc.*).

Esquimau /'ɛskɪməʊ/, *V.* **Eskimo**.

esquire /ɪ'skwaɪə(r), *USA* 'ɛsk-/, *n.* ***1*** (*un tempo*) scudiero ***2*** (*arc.*) *V.* **squire** ***3*** (*titolo di cortesia, usato nell'indirizzare lettere a persone di riguardo*; *di solito abbreviato in* **Esq.**; *per es.*:) **Robert Smith, Esq.**, Egr. Sig. Robert Smith ***4*** (*raro*) accompagnatore (*di donna*); cavaliere.

ess /ɛs/, *n.* ***1*** esse; lettera s ***2*** oggetto fatto a esse: **a collar of esses**, un collare con disegni a esse (*emblema della Casa di Lancaster*).

essay /'ɛseɪ/, *n.* ***1*** saggio (*anche letterario*); prova; tentativo; cimento ***2*** (*a scuola*) composizione; tema ***3*** prova di stampa (*di francobolli*).

to **essay** /'ɛseɪ/, *v. t.* e *i.* saggiare; provare; cercare; tentare: **to e. to do st.**, cercare di fare q.c.; cimentarsi in q.c.

essayist /'ɛseɪɪst/, *n.* (*letter.*) saggista.

essence /'ɛsns/, *n.* ***1*** essenza; sostanza ***2*** (*chim.*, *ind.*) estratto: **meat essences**, estratti di carne ***3*** essenza; profumo. ● **in e.**, in sostanza, in fondo; fondamentalmente.

Essene /'ɛsiːn, *USA* ɪ'siːn/, *n.* (*relig.*, *stor.*) esseno.

Essenian /ɪ'siːnɪən/, **Essenic** /ɪ'sɛnɪk/, *a.* (*relig.*, *stor.*) essenico.

essential /ɪ'sɛnʃl/, **A** *a.* ***1*** essenziale; indispensabile: **Water is e. to life**, l'acqua è indispensabile alla vita; **e. character**, carattere essenziale; **e. oils**, oli essenziali ***2*** completo; perfetto: **e. happiness**, felicità perfetta ***3*** essenziale; fondamentale: **an e. difference**, una differenza fondamentale. **B** *n.* ***1*** elemento essenziale ***2*** cosa indispensabile. ● (*med.*) **e. hypertension**, ipertensione essenziale.

essentiality /ɪsɛnʃɪ'ælətɪ/, *n.* ***1*** essenzialità ***2*** essenza; sostanza ***3*** qualità essenziale ***4*** cosa indispensabile.

essentially /ɪ'sɛnʃəlɪ/, *avv.* ***1*** essenzialmente; fondamentalmente; in fondo: **He's e. good**, in fondo, è buono ***2*** necessariamente.

to **establish** /ɪ'stæblɪʃ/, **A** *v. t.* ***1*** stabilire; determinare; costruire; fondare; impiantare: **to e. the real motives of sb.'s actions**, stabilire i veri motivi delle azioni di q.; (*econ.*) **to e. prices**, stabilire i prezzi; **In 1946 we voted to e. a new republican State**, nel 1946 andammo alle urne per costituire un nuovo stato repubblicano; **This firm was established in London in the year 1840**, questa ditta fu fondata a Londra nel 1840; **to e. a big concern**, impiantare una grande azienda commerciale ***2*** sistemare; insediare; nominare: **We are now established in Paris**, ora ci siamo sistemati a Parigi; **He was established as vice president of the firm**, fu nominato vicepresidente della ditta ***3*** enunciare, provare (*in modo definitivo*); confermare: **Einstein established the law of relativity**, Einstein enunciò la legge della relatività; **It won't be easy to e. our claim to the property**, non sarà facile provare il nostro diritto alla proprietà ***4*** istituire (*una Chiesa*) come religione ufficiale dello Stato ***5*** far riconoscere; rendere accetto; dimostrare: **to e. a new theory**, dimostrare una nuova teoria. **B** to **establish oneself**, *v. rifl.* ***1*** stabilirsi; installarsi ***2*** impiantarsi; mettersi in affari; metter su negozio: **He will e. himself as a grocer**, metterà su un negozio di droghiere. ● **the Established Church**, la Chiesa nazionale inglese (*anglicana*); **an established fact**, un fatto provato; un fatto incontrovertibile; **well--established honesty**, onestà nota a tutti; (*leg.*) **establishing a norm**, normativo.

establisher /ɪ'stæblɪʃə(r)/, *n.* fondatore, fondatrice.

establishment /ɪ'stæblɪʃmənt/, *n.* ***1*** fondazione; costituzione: **the e. of the Italian republic**, la fondazione della repubblica italiana ***2*** stabilimento; fondazione; istituto; azienda; fabbrica; officina: **He has a large e. to supervise**, ha una grande azienda da dirigere ***3*** (*mil.*) effettivi; quadri (*d'un reggimento, ecc.*): **The peace e. of an army differs from nation to nation**, gli effettivi di pace d'un esercito differiscono da nazione a nazione ***4*** casa; famiglia e servitù ***5*** (*polit.*) establishment; (la) classe dirigente; (il) Palazzo; (il) sistema. ● (*relig.*) **the E.** (*o* **the Church E.**), la Chiesa nazionale inglese (*anglicana*); la Chiesa nazionale scozzese (*presbiteriana*) □ (*econ.*) **the e. of the European Common Market**, l'instaurazione del Mercato Comune Europeo □ (*leg.*) **separate e.**, il mantenere un'amante (*in una casa diversa dalla propria*) □ (*mil.*) **war e.**, effettivi di guerra.

establishmentarian /ɪstæblɪʃmən'teərɪən/, *a.* e *n.* ***1*** (persona) che propugna i principi d'una Chiesa nazionale ***2*** (*polit.*) (persona) che appartiene (*o* è favorevole) alla classe dirigente; che (*o* chi) è inserito nel sistema.

estate /ɪ'steɪt/, *n.* ***1*** stato; classe sociale; ceto: **the Three Estates**, i tre Stati (*clero, nobiltà, borghesia*); **the Third E.**, il Terzo Stato (*la borghesia*) ***2*** (*leg.*) proprietà (*specialm. terriera*); patrimonio; possedimento; podere; fondo: **He has bought an e. in Devon**, ha comprato una proprietà nel Devon; **He is the sole owner of large estates in the country**, è proprietario unico di grossi poderi (*o* di estesi fondi) ***3*** (*leg.*) asse patrimoniale ***4*** (*leg.*) situazione patrimoniale: **a bankrupt's e.**, la situazione patrimoniale (*cioè*, i beni, i diritti e le obbligazioni) d'un fallito ***5*** (*leg.*) diritto: **e. in land**, diritto immobiliare ***6*** (*arc.*) stato; condizione: **the e. of matrimony**, lo stato coniugale. ● **e. agency**, agenzia immobiliare □ **e. agent**, agente immobiliare; fattore, sovrintendente (*di azienda agricola*) □ (*leg.*) **e. and property**, asse patrimoniale □ (*di vino*) **e. bottled**, imbottigliato all'origine □ (*autom.*) **e. car**, station-wagon; familiare □ (*fisc., stor.*: *fino al 1975*) **e. duty**, imposta di successione □ **e. manager**, amministratore d'immobili □ (*fisc., USA*) **e. tax**, imposta di successione (*su beni immobili*) □ **the Fourth E.**, il quarto potere (*la stampa, i giornali*) □ (*edil.*) **housing e.**, complesso residenziale □ **industrial e.**, zona industriale □ **to reach man's e.** (*o* **the e. of manhood**), raggiungere l'età virile (*o* la maggiore età).

esteem /ɪ'stiːm/, *n.* stima; considerazione; apprezzamento. ● **to hold sb. in high e.**, fare gran conto di q.; avere q. in grande stima.

to **esteem** /ɪ'stiːm/, *v. t.* ***1*** stimare; apprezzare: **That writer is esteemed by most critics**, quello scrittore è apprezzato dalla maggior parte dei critici ***2*** (*form.*) stimare; credere; reputare; considerare: **I e. your plan a very rash one**, considero assai avventato il tuo piano. ● (*comm., pomposo*) **Your esteemed letter**, la Vostra pregiata lettera.

ester /'ɛstə(r)/, *n.* (*chim.*) estere.

esterase /'ɛstəreɪz/, *n.* (*biochim.*) esterasi.

esterification /ɛstərɪfɪ'keɪʃn/, *n.* (*chim.*) esterificazione.

to **esterify** /'ɛstərɪfaɪ/, *v. t.* (*chim.*) esterificare.

Esther /'ɛstə(r)/, *n.* Ester; Esther.

esthete /'ɛsθiːt/, **esthetic** /iːs'θɛtɪk/, e *deriv.* (*USA*) *V.* **aesthete, aesthetic**, e *deriv.*

Esthonia /ɛ'stəʊnɪə/, *V.* **Estonia.**

Esthonian /ɛ'stəʊnɪən/, *V.* **Estonian.**

estimable /'ɛstɪməbl/, *a.* ***1*** stimabile; pregevole; degno di stima ***2*** (*raro*) calcolabile; valutabile.

estimate /'ɛstɪmət/, *n.* ***1*** (*fin.*) stima; valutazione: **to make an e. of the costs**, fare una stima dei costi ***2*** (*fin., rag., comm.*) preventivo: **«free e.»**, «preventivo gratuito»; **Which is the lowest e.?**, qual è il preventivo più basso? ***3*** (*fin., rag.*) previsione di spesa ***4*** (*pl.*) – **the Estimates**, le previsioni della spesa pubblica ***5*** (*demogr., stat.*) stima (*il risultato*); valore stimato ***6*** (*fig.*) stima; giudizio; previsione; calcolo: **Your e. was quite wrong**, la tua previsione era del tutto errata; **at a rough e.**, a un calcolo approssimativo. ● (*edil.*) **e. of costs**, computo estimativo □ (*mat.*) **e. of probability**, calcolo delle probabilità □ (*edil.*) **e. of quantities**, computo metrico □ (*fin., rag.*) **e. of revenue**, previsione di entrate.

to **estimate** /'ɛstɪmeɪt/, **A** *v. t.* ***1*** (*fin.*) stimare; valutare: **The cost of the plant has been estimated at two million pounds**, il costo dell'impianto è stato stimato in due milioni di sterline; (*ass.*) **to e. damages**, stimare (*o* periziare) i danni ***2*** (*fin., rag.*) preventivare; fare il preventivo di: **to e. expenditures**, fare il preventivo delle spese ***3*** (*demogr., stat.*) stimare ***4*** (*fig.*) calcolare; giudicare; prevedere: **I e. it will be difficult to carry out our five--year plan**, prevedo che sarà difficile portare a termine il nostro piano quinquennale. **B** *v. i.* (*comm.*) fare un preventivo (*per q.c.*).

estimated /'ɛstɪmeɪtɪd/, *a.* ***1*** (*fin., rag.*) stimato; preventivato; preventivo: **e. costs**, costi stimati: **e. expenditure**, spese (*o* uscite) previste; **e. income**, reddito previsto; **e. price**, prezzo stimato (*o* di preventivo); **e. revenue**, entrate previste ***2*** (*demogr., stat.*) stimato: **e. variance**, varianza stimata ***3*** (*fig.*) calcolato; previsto. ● (*fisc.*) **e. assessment**, determinazione d'ufficio del reddito imponibile □ (*rag.*) **e. value**, valore approssimativo.

estimation /ɛstɪ'meɪʃn/, *n.* ***1*** opinione; giudizio; avviso: **in the e. of most people**, secondo il giudizio dei più; per opinione generale; **in my e.**, a mio avviso ***2*** (*anche fin.*) stima; valutazione ***3*** stima; considerazione; apprezzamento; conto: **to be held in high e.**, essere tenuto in grande considerazione ***4*** (*demogr., stat.*) stima (*il procedimento*).

estimative /'ɛstɪmətɪv, *USA* -eɪtɪv/, *a.* estimativo; atto a valutare.

estimator /'ɛstɪmeɪtə(r)/, *n.* ***1*** estimatore ***2*** (*comm.*) stimatore; valutatore (*di immobili, ecc.*); perito in preventivi; preventivista ***3*** (*stat.*) stimatore.

estival /'ɛstɪvl, ɛ'staɪvl/, to **estivate** /'iːstɪveɪt, 'ɛs-/, e *deriv.* (*USA*) *V.* **aestival, to aestivate**, e *deriv.*

Estonia /ɛ'stəʊnɪə/, *n.* (*geogr.*) Estonia.

Estonian /ɛ'stəʊnɪən/, **A** *a.* e *n.* estone. **B** *n.* (*lingua*) *estone.*

to **estop** /ɪ'stɒp/, *v. t.* (*leg.*) precludere.

estoppel /ɪ'stɒpl/, *n.* (*leg.*) preclusione (*per vari motivi*); eccezione di malafede.

estovers /ɪ'stəʊvəs/, *n. pl.* (*leg.*) (diritto di) legnatico.

estrade /ɛ'strɑːd/, *n.* piattaforma; predella; palco.

to **estrange** /ɪ'streɪndʒ/, *v. t.* alienare; allontanare; estraniare.

estrangement /ɪ'streɪndʒmənt/, *n.* alienamento; allontanamento; estraniazione; disaffezione: **the e. of a betrayed wife**, la disaffezione di una moglie tradita.

estreat /ɪ'striːt/, *n.* (*leg.*) estratto; copia (*V.* **to estreat**).

to **estreat** /ɪ'striːt/, *v. t.* (*leg.*) fare un estratto (*o* una copia) di (*specialm., un atto relativo a un procedimento penale*).

estrogen /'iːstrədʒən, *USA* 'ɛs-/, *n.* (*biochim.*) estrogeno.

estrogenic /iːstrə'dʒɛnɪk, *USA* ɛs-/, *a.* (*biochim.*) estrogenico.

estrone /'iːstrəʊn/, *n.* (*biochim.*) estrone.

estrous /'iːstrəs/, *a.* (*biol.*) estrale; dell'estro: **e. cycle**, ciclo estrale.

estrus /'iːstrəs/, **estrum** /'ɛstrəm/, *n.* (*biol.*) estro.

estuarine /'ɛstʃʊəraɪn/, *a.* (*geogr.*) formatosi (*o* depositatosi) in un estuario.

estuary /'ɛstʃʊərɪ, *USA* -ʊɛrɪ/, *n.* (*geogr.*) estuario.

esurience /ɪ'sjʊərɪəns, *USA* ɪ'sʊə-/, **esuriency** /ɪ'sjʊərɪənsɪ, *USA* ɪ'sʊə-/, *n.* (*spesso scherz.*) fame; avidità; voracità.

esurient /ɪ'sjʊərɪənt, *USA* ɪ'sʊə-/, *a.* (*spesso scherz.*) affamato; avido; vorace.

eta /'eɪtə/, *n.* eta (*settima lettera dell'alfabeto greco*).

etacism /'eɪtəsɪzəm/, *n.* (*ling.*) etacismo; pronuncia erasmiana (*del greco*).

et cetera /ɛt'sɛtrə, ɪt-/ (*lat.*), *avv.* eccetera.

etceteras /ɛt'sɛtrəz, ɪt-/, *n. pl.* annessi e connessi.

to **etch** /ɛtʃ/, **A** *v. t.* ***1*** incidere all'acquaforte ***2*** incidere (*con un coltello o sim.*) ***3*** (*chim., metall.*) attaccare; corrodere ***4*** (*fig.*) imprimere (*nella mente*). **B** *v. i.* fare incisioni all'acquaforte.

etcher /'ɛtʃə(r)/, *n.* acquafortista.

etching /'ɛtʃɪŋ/, *n.* ***1*** arte dell'acquaforte ***2*** incisione all'acquaforte; acquaforte ***3*** lastra incisa all'acquaforte ***4*** (*chim.*) corrosione (*dei metalli*). ● (*tecn.*) **e. cleaning**, disincrostazione elettrolitica □ **e.-needle**, bulino.

eternal /ɪ'tɜːnl/, *a.* ***1*** eterno: **e. life**, la vita eterna; **the E. City**, la città eterna (*Roma*) ***2*** (*fam.*) continuo; incessante; ininterrotto: **Stop your e. complaints**, smettila con le tue continue lagnanze. ● (*fig.*) **the e. triangle**, il classico (*o* il solito) triangolo.

to **eternalize** /iː'tɜːnəlaɪz/, *V.* **to eternize.**

eternity /ɪ'tɜːnətɪ/, *n.* ***1*** eternità ***2*** (*pl.*) verità eterne, immutabili. ● (*pop. USA*) **e. box**, bara □ **to send** (*o* **to blow, etc.**) **sb. to e.**, mandare q. all'altro mondo.

to **eternize** /iː'tɜːnaɪz/, *v. t.* eternare; immortalare.

ethane /'ɛθeɪn, 'iːθ-/, *n.* (*chim.*) etano.

ethanol /'ɛθənɒl/, *n.* (*chim.*) etanolo; alcol etilico.

ethene /'ɛθiːn/, *n.* (*chim.*) etilene.

ether /'iːθə(r)/, **A** *n.* etere (*in ogni senso*): (*fis.*) **cosmic e.**, etere cosmico; (*chim.*) **ethyl e.**, etere etilico. **B** *a. attr.* (*chim.*) etereo; eterico.

ethereal /ɪ'θɪərɪəl/, *a.* ***1*** etereo: **e. beauty**, bellezza eterea ***2*** (*chim.*) etereo; eterico: **e. oil**, olio etereo (*o* essenziale).

ethereality /iːθɪərɪ'ælətɪ/, *n.* l'essere etereo; spiritualità.

etherealization /iːθɪərɪəlaɪ'zeɪʃn, *USA* -lɪ'z-/, *n.* ***1*** spiritualizzazione ***2*** (*chim.*) eterizzazione.

to **etherealize** /iː'θɪərɪəlaɪz/, *v. t.* ***1*** rendere etereo; spiritualizzare ***2*** (*chim.*) eterizzare.

etherification /iːθɛrɪfɪ'keɪʃn/, *n.* (*chim.*) eterificazione.

to **etherify** /iː'θɛrɪfaɪ/, **A** *v. t.* (*chim.*) eterificare. **B** *v. i.* (*chim.*) eterificarsi.

etherism /'iːθərɪzəm/, *n.* (*med.*) eterismo.

etherization /iːθəraɪ'zeɪʃn, *USA* -rɪ'z-/, *n.* (*med.*) eterizzazione; anestesia mediante etere.

to **etherize** /'iːθəraɪz/, *v. t.* ***1*** (*med.*) eterizzare; anestetizzare con l'etere ***2*** (*fig.*) rendere (q.) insensibile.

etheromania /iːθərəʊ'meɪnɪə/, *n.* (*med.*) eteromania.

ethic /'ɛθɪk/, **A** *a.* etico; morale. **B** *n.* etica: **the Christian e.**, l'etica cristiana.

ethical /'ɛθɪkl/, *a.* etico; morale. ● (*gramm.*) **e. dative**, dativo etico □ (*farm.*) **e. drug**, medicina soggetta a prescrizione medica. || **-ly**, *avv.* || **-ness**, *sost.*

ethicality /ɛθɪ'kælətɪ/, *n.* eticità.

to **ethicize** /'ɛθɪsaɪz/, *v. t.* rendere etico; moralizzare.

ethics /ˈɛθɪks/, *n. pl.* (*col verbo al sing.*) **1** etica (*filosofia morale o trattato*) **2** etica; sistema di valori **3** eticità; moralità: **e. in government**, moralità nella vita pubblica. ● **e. question**, questione morale □ **business e.**, modo di condurre gli affari; deontologia; comportamento professionale.

Ethiopia /iːθɪˈəʊpɪə/, *n.* (*geogr.*) Etiopia.

Ethiopian /iːθɪˈəʊpɪən/, *a.* e *n.* etiope.

Ethiopic /iːθɪˈɒpɪk/, *a.* e *n.* (linguaggio) etiopico.

ethmoid /ˈɛθmɔɪd/, (*anat.*) **A** *a.* etmoidale; etmoideo. **B** *n.* etmoide.

ethnic(al) /ˈɛθnɪk(l)/, **A** *a.* **1** etnico **2** (*relig.*) etnico; pagano **3** (*specialm. USA*) esotico. **B** *n.* (*USA*) membro di una minoranza etnica. ● (*eufem.*) **e. cleaning**, pulizia etnica □ **e. group**, gruppo etnico; etnia □ **the e. peoples**, gli etnici; i gentili, i pagani □ **e. restaurant**, ristorante tipico. ‖ **-ally**, *avv.*

ethnicity /ɛθˈnisəti/, *n.* etnicità.

ethnographer /ɛθˈnɒgrəfə(r)/, *n.* etnografo.

ethnographic(al) /ɛθnəʊˈgræfɪk(l)/, *a.* etnografico. ‖ **-ally**, *avv.*

ethnography /ɛθˈnɒgrəfɪ/, *n.* etnografia.

ethnolinguistics /ɛθnəʊlɪŋˈgwɪstɪks/, *n. pl.* (*col verbo al sing.*) etnolinguistica.

ethnologic(al) /ɛθnəʊˈlɒdʒɪk(l)/, *a.* etnologico. ‖ **-ally**, *avv.*

ethnologist /ɛθˈnɒlədʒɪst/, *n.* etnologo.

ethnology /ɛθˈnɒlədʒɪ/, *n.* etnologia.

ethological /iːθəʊˈlɒdʒɪkl/, *a.* etologico.

ethologist /iːˈθɒlədʒɪst/, *n.* etologo.

ethology /iːˈθɒlədʒɪ/, *n.* etologia.

ethos /ˈiːθɒs/, *n.* ethos; costume, carattere particolare (*di un popolo, ecc.*).

ethyl /ˈiːθaɪl, ˈɛθɪl/, (*chim.*) **A** *n.* etile. **B** *a. attr.* etilico: **e. alcohol**, alcol etilico.

ethylene /ˈɛθɪliːn/, *n.* (*chim.*) etilene.

ethylic /ɛˈθɪlɪk/, *a.* (*chim.*) etilico.

to **etiolate** /ˈiːtɪəʊleɪt/, *v. t.* **1** far scolorire, far sbiadire (*per mancanza di sole*) **2** (*fig.*) fare intristire. ● (*bot.*) **an etiolated plant**, una pianta eziolata.

etiolation /ɪtɪəʊˈleɪʃən/, *n.* **1** (*bot.*) eziolamento; scolorimento, sbiadimento **2** (*fig.*) intristimento.

etiological /iːtɪəˈlɒdʒɪkl/, **etiology** /iːtɪˈɒlədʒɪ/, (*USA*) *V.* **aetiological, aetiology**.

etiopathogenesis /iːtɪəpæθəʊˈdʒɛnəsɪs/, *n.* (*pl.* **etiopathogeneses**) (*med.*) eziopatogenesi.

etiquette /ˈɛtɪkɛt, -kət/, *n.* **1** etichetta; cerimoniale; protocollo; galateo **2** etica professionale; deontologia.

etna /ˈɛtnə/, *n.* fornello a spirito.

Eton /ˈiːtn/, *n.* (*geogr.*) Eton (*città inglese, famosa per la sua «public school»*). ● **E. collar**, ampio colletto inamidato, che risvolta sopra la giacca □ **E. crop**, taglio dei capelli alla maschietta (*corti sul collo*) □ **E. jacket**, giacca nera a vita □ **E. suit**, uniforme del college di Eton; abito di foggia simile.

Etonian /iːˈtəʊnɪən/, **A** *a.* di Eton. **B** *n.* **1** studente di Eton **2** ex studente di Eton.

étrier /ˈeɪtrɪeɪ, *USA* -ɪˈeɪ/ (*franc.*), *n.* (*alpinismo*) staffa.

Etrurian /ɪˈtrʊərɪən/, *a.* e *n.* etrusco.

Etruscan /ɪˈtrʌskən/, *a.* e *n.* etrusco.

etymologic(al) /ɛtɪməˈlɒdʒɪk(l)/, *a.* etimologico. ‖ **-ally**, *avv.*

etymologist /ɛtɪˈmɒlədʒɪst/, *n.* etimologista; etimologo.

to **etymologize** /ɛtɪˈmɒlədʒaɪz/, **A** *v. t.* etimologizzare; dare l'etimologia di (*una parola*). **B** *v. i.* occuparsi d'etimologia.

etymology /ɛtɪˈmɒlədʒɪ/, *n.* etimologia.

etymon /ˈɛtɪmɒn/, *n.* (*pl.* **etyma, etymons**) (*ling.*) etimo.

eucalyptol(e) /juːkəˈlɪptɒl, *USA* -əʊl, -ɔːl/, *n.* (*chim., farm.*) eucaliptolo.

eucalyptus /juːkəˈlɪptəs/, *n.* (*pl.* **eucalypti, eucalyptuses**) (*bot., Eucalyptus*) eucalipto. ● **e. oil**, olio essenziale (*o* essenza) d'eucalipto.

Eucharist /ˈjuːkərɪst/, *n.* (*relig.*) eucaristia, eucarestia; comunione: **to give [to receive] the E.**, amministrare [ricevere] l'eucaristia.

Eucharistic(al) /juːkəˈrɪstɪk(l)/, *a.* (*relig.*) eucaristico: **E. Congress**, congresso eucaristico. ‖ **-ally**, *avv.*

euchre /ˈjuːkə(r)/, *n.* «euchre» (*gioco di carte americano, per 2, 3 o 4 persone; con mazzo di 32 carte, dal sette all'asso*).

to **euchre** /ˈjuːkə(r)/, *v. t.* **1** guadagnare due punti su (*un avversario*) al gioco dello «euchre» **2** (*fam. USA*) battere; farla in barba a (q.); fregare (*pop.*).

Euclid /ˈjuːklɪd/, *n.* **1** Euclide **2** (*fig.*) geometria euclidea.

Euclidean, Euclidian /juːˈklɪdɪən/, *a.* euclideo.

eudaemonia /juːdiːˈməʊnɪə/, *n.* (*filos.*) eudemonia.

eudaemonism /juːˈdiːmənɪzəm/, *n.* (*filos.*) eudemonismo.

eudiometer /juːdɪˈɒmɪtə(r)/, *n.* (*fis.*) eudiometro.

eudiometric(al) /juːdɪəʊˈmɛtrɪk(l)/, *a.* (*fis.*) eudiometrico.

eudiometry /juːdɪˈɒmətrɪ/, *n.* (*fis.*) eudiometria.

Eugene /ˈjuːdʒiːn/, *n.* Eugenio.

eugenic /juːˈdʒɛnɪk/, *a.* (*biol.*) eugenetico; eugenico. ‖ **-ally**, *avv.*

eugenicist /juːˈdʒɛnɪsɪst/, *n.* eugenista.

eugenics /juːˈdʒɛnɪks/, *n. pl.* (*col verbo al sing.*) eugenetica.

eugenist /ˈjuːdʒənɪst/, *n.* eugenista.

eugenol /ˈjuːdʒənɒl, *USA* -ɔːl, -əʊl/, *n.* (*chim.*) eugenolo.

euhemerism /juːˈhiːmərɪzəm/, *n.* (*filos.*) evemerismo.

euhemerist /juːˈhiːmərɪst/, *n.* (*filos.*) evemerista.

euhemeristic /juːhiːməˈrɪstɪk/, *a.* (*filos.*) evemeristico.

eukaryote /juːˈkærɪəʊt/, *n.* (*biol.*) eucariote.

eulogic /ˈjuːlədʒɪk/, *a.* elogiativo.

eulogist /ˈjuːlədʒɪst/, *n.* elogiatore; panegirista; elogista.

eulogistic /juːləˈdʒɪstɪk/, *a.* elogiativo; laudativo; encomiastico. ‖ **-ally**, *avv.*

to **eulogize** /ˈjuːlədʒaɪz/, *v. t.* elogiare; lodare vivamente.

eulogy /ˈjuːlədʒɪ/, *n.* **1** elogio; panegirico **2** (*specialm.*) elogio funebre. ● **to pronounce sb.'s e.**, fare il panegirico di q.

Eumenides /juːˈmɛnɪdiːz/, *n. pl.* (*mitol.*) Eumenidi.

eunuch /ˈjuːnək/, *n.* eunuco.

euonymus /juːˈɒnɪməs/, *n.* (*bot., Evonymus*) evonimo.

eupepsia /juːˈpɛpsɪə/, **eupepsy** /juːˈpɛpsɪ/, *n.* (*med.*) eupepsia.

eupeptic /juːˈpɛptɪk/, *a.* (*med.*) eupeptico.

euphemism /ˈjuːfəmɪzəm/, *n.* eufemismo.

euphemistic(al) /juːfɪˈmɪstɪk(l)/, *a.* eufemistico; eufemico. ‖ **-ally**, *avv.*

to **euphemize** /ˈjuːfɪmaɪz/, *v. t.* e *i.* parlare, scrivere (di q.c.) in modo eufemistico.

euphonic(al) /juːˈfɒnɪk(l)/, **euphonious** /juːˈfəʊnɪəs/, *a.* (*anche fon.*) eufonico. ‖ **-ly**, *avv.*

euphonium /juːˈfəʊnɪəm/, *n.* (*mus.*) eufonio.

to **euphonize** /ˈjuːfənaɪz/, *v. t.* (*anche fon.*) rendere eufonico.

euphony /ˈjuːfənɪ/, *n.* (*anche fon.*) eufonia.

euphorbia /juːˈfɔːbɪə/, *n.* (*bot., Euphorbia*) euforbia.

euphorbium /juːˈfɔːbɪəm/, *n.* (*bot., farm.*) euforbio.

euphoria /juːˈfɔːrɪə/, *n.* (*anche psic.*) euforia.

euphoriant /juːˈfɔːrɪənt/, *a.* (*anche psic.*) euforizzante.

euphoric /juːˈfɒrɪk, *USA* -ˈfɔːr-/, *a.* (*anche psic.*) euforico.

euphorigenic /juːfɔːrɪˈdʒɛnɪk/, *a.* (*anche psic.*) che ingenera euforia; euforizzante.

euphory /ˈjuːfərɪ/, *V.* **euphoria**.

euphrasy /ˈjuːfrəsɪ/, *n.* (*bot., Euphrasia officinalis*) eufrasia.

Euphrates /juːˈfreɪtiːz/, *n.* (*geogr.*) Eufrate.

Euphrosyne /juːˈfrɒzɪniː/, *n.* (*mitol.*) Eufrosine.

euphuism /ˈjuːfjuːɪzəm/, *n.* (*letter.*) eufuismo; manierismo (*paragonabile al nostro marinismo*); preziosità verbale.

euphuist /ˈjuːfjuːɪst/, *n.* eufuista; scrittore ampolloso (*V.* **euphuism**).

euphuistic(al) /juːfjuːˈɪstɪk(l)/, *a.* eufuistico; ampolloso. ‖ **-ally**, *avv.*

Eurafrican /jʊəˈræfrɪkən/, *a.* e *n.* euroafricano.

Eurasian /jʊəˈreɪʃn, -ʒn/, *a.* e *n.* eurasiano; eurasiatico.

eureka /jʊəˈriːkə/, *inter.* eureka.

eurhythmic(al) /juːˈrɪðmɪk(l)/, *a.* euritmico; armonioso.

eurhythmics /juːˈrɪðmɪks/, *n. pl.* (*col verbo al sing.*) euritmia; armonia di movimenti; ginnastica ritmica.

eurhythmy /juːˈrɪðmɪ/, *n.* euritmia.

Euripidean /jʊərɪpɪˈdiːən/, *a.* (*letter.*) euripideo.

Euripides /juːˈrɪpɪdiz/, *n.* (*stor. letter.*) Euripide.

Eurobanker /ˈjʊərəʊbæŋkə(r), ˈjɔː-, *USA* ˈjʊə-, ˈjɜː-/, *n.* (*fin.*) eurobanchiere.

Eurobond /ˈjʊərəʊbɒnd, ˈjɔː-, *USA* ˈjʊə-, ˈjɜː-/, *n.* (*fin.*) eurobond; euroemissione; eurobbligazione.

Eurocentric /jʊərəʊˈsɛntrɪk, ˈɔː-, *USA* jʊə-, jɜː-/, *a.* (*polit.*) eurocentrico.

Eurocheque /ˈjʊərəʊtʃɛk, ˈjɔː-, *USA* ˈjʊə-, ˈjɜː-/, *n.* (*fin.*) eurocheque; euroassegno.

Eurocommunism /jʊərəʊˈkɒmjʊnɪzəm, jɔː-, *USA* jʊə-, jɜː-/, *n.* (*polit.*) eurocomunismo.

Eurocommunist /jʊərəʊˈkɒmjʊnɪst, jɔː-, *USA* jʊə-, jɜː-/, *a.* e *n.* (*polit.*) eurocomunista.

Eurocracy /jʊəˈrɒkrəsɪ, jɔː-, *USA* jʊə-, jɜː-/, *n.* (*econ.*) eurocrazia.

Eurocrat /ˈjʊərəʊkræt, ˈjɔː-, *USA* ˈjʊə-, ˈjɜː-/, *n.* (*econ.*) eurocrate.

Eurocurrency /ˈjʊərəʊkʌrənsɪ, ˈjɔː-, *USA* ˈjʊərəʊkɜːrənsɪ, ˈjɜː-/, *n.* (*fin.*) eurodivisa; euromoneta; eurovaluta.

Eurodollar /ˈjʊərəʊdɒlə(r), ˈjɔː-, *USA* ˈjʊə-, ˈjɜː-/, *n.* (*fin.*) eurodollaro.

Euroflorin /ˈjʊərəʊflɒrɪn, ˈjɔː-, *USA* ˈjʊərəʊflɔːrɪn-, ˈjɜː-/, *n.* (*fin.*) eurofiorino.

Euromarket /ˈjʊərəʊmɑːkɪt, ˈjɔː-, *USA* ˈjʊə-, ˈjɜː-/, *n.* (*fin.*) euromercato.

Euromerger /jʊərəʊˈmɜːdʒə(r), jɔː-, *USA* jʊə-, jɜː-/, *n.* (*fin.*) eurofusione.

Euromissile /ˈjʊərəʊmɪsaɪl, ˈjɔː-, *USA* ˈjʊərəʊmɪsl, ˈjɜː-/, *n.* (*mil.*) euromissile.

Euro-MP /ˈjʊərəʊɛmˈpiː, ˈjɔː-, *USA* ˈjʊə-, ˈjɜː-/, *n.* (*polit.*) membro del Parlamento Europeo; europarlamentare.

Euro-passport /jʊərəʊˈpɑːspɔːt, jɔː-, *USA* jʊərəʊˈpæs-, jɜː-/, *n.* europassaporto.

Europe /ˈjʊərəp, ˈjɔː-, *USA* ˈjʊərəp, ˈjɜː-/, *n.* (*geogr.*) Europa.

European /jʊərəˈpiːən, ˈjɔː-, *USA* ˈjʊə-, ˈjɜː-/, *a.* e *n.* europeo.

Europeanism /jʊərəˈpiːənɪzəm, jɔː-, *USA* jʊə-, jɜː-/, *n.* europeismo.

Europeanist /jʊərəˈpiːənɪst, jɔː-, *USA* jʊə-, jɜː-/, *n.* europeista.

Europeanization /jʊərəpiːənaɪˈzeɪʃn, jɔː-, *USA* jʊərəpiːənɪ-, jɜː-/, *n.* europeizzazione.

to **Europeanize** /jʊərəˈpiːənaɪz, jɔː-, *USA* jʊə-, jɜː-/, *v. t.* europeizzare.

europium /jʊəˈrəʊpɪəm, jɔː-, *USA* jʊə-, jɜː-/, *n.* (*chim.*) europio.

Europort /ˈjʊərəpɔːt, ˈjɔː-, *USA* ˈjʊə-, ˈjɜː-/, *n.* (*comm., naut.*) europorto.

Eurosocialism /jʊərəʊˈsəʊʃəlɪzəm, jɔː-, *USA* jʊə-, jɜː-/, *n.* (*polit.*) eurosocialismo.

Eurosocialist /jʊərəʊˈsəʊʃəlɪst, jɔː-, *USA* jʊə-, jɜː-/, *a.* e *n.* eurosocialista.

Eurotunnel /ˈjʊərəʊtʌnl, ˈjɔː-, *USA* ˈjʊə-, ˈjɜː-/, *n.* tunnel sotto la Manica (*inaugurato il 6 maggio 1994*).

Eurovision /ˈjʊərəʊvɪʒn, ˈjɔː-, *USA* ˈjʊə-, ˈjɜː-/, *n.* (*TV*) eurovisione.
Euroyen /ˈjʊərəʊjen, ˈjɔː-, *USA* ˈjʊə-, ˈjɜː-/, *n.* (*fin.*) euroyen.
Eurus /ˈjʊərəs, ˈjɔː-, *USA* ˈjʊə-, ˈjɜː-/, *n.* (*mitol.*) Euro (*vento di est-sud-est*).
Eurydice /jʊəˈrɪdɪsɪ/, *n.* (*mitol.*) Euridice.
eurythmic(al) /juːˈrɪðmɪk(l)/, **eurythmy** /juːˈrɪðmɪ/, *V.* **eurhythmic(al), eurhythmy**.
Eustachian tube /juːˈsteɪʃntjuːb, -kɪən-, *USA* -tuːb/, *locuz. n.* (*anat.*) tromba d'Eustachio.
eustasy /ˈjuːstəsɪ/, *n.* (*geol., oceanografia*) eustatismo.
eustatic /juːˈstætɪk/, *a.* (*geol., oceanografia*) eustatico.
eustatism /ˈjuːstætɪzəm/, *V.* **eustasy**.
eutectic /juːˈtɛktɪk/, *a.* (*metall.*) eutettico: **e. alloy**, lega eutettica.
eutectoid /juːˈtɛktɔɪd/, *n.* (*metall.*) eutettoide.
euthanasia /juːθəˈneɪzɪə, *USA* -ʒə/, *n.* eutanasia.
eutrophia /juːˈtrəʊfɪə/, **eutrophy** /ˈjuːtrəfɪ/, *n.* (*biol.*) eutrofia.
eutrophic /juːˈtrɒfɪk/, *a.* (*biol., fisiol., farm.*) eutrofico.
eutrophication /juːtrəfɪˈkeɪʃn/, *n.* (*biol., ecol.*) eutrofizzazione.
evacuant /ɪˈvækjʊənt/, *a.* e *n.* (*farm.*) lassativo; purgante.
to **evacuate** /ɪˈvækjʊeɪt/, *v. t.* e *i.* **1** (*fisiol.*) evacuare **2** (*mil.*) evacuare; sgombrare; sfollare.
evacuation /ɪvækjʊˈeɪʃn/, *n.* **1** (*fisiol.*) evacuazione **2** (*mil.*) evacuazione; sfollamento.
evacuee /ɪvækjuːˈiː, ɪˈvækjʊiː/, *n.* sfollato.
evadable /ɪˈveɪdəbl/, *a.* che si può eludere; evitabile.
to **evade** /ɪˈveɪd/, **A** *v. i.* **1** (*raro*) evadere **2** evadere dalla realtà. **B** *v. t.* **1** eludere; evitare; schivare; sfuggire; sottrarsi a: **to e. one's pursuers** [**the police**], sfuggire ai propri inseguitori [alla polizia]; **to e. a blow** [**an obstacle**], schivare un colpo [evitare un ostacolo]; **to e. a question** [**the law**], eludere una domanda [la legge]; **to e. service during the war** [**paying taxes**], sottrarsi al servizio militare in tempo di guerra [al pagamento delle tasse] **2** (*fisc.*) evadere: **to e. taxes**, evadere il fisco.
evader /ɪˈveɪdə(r)/, *n.* evasore: **tax e.**, evasore fiscale.
to **evaginate** /ɪˈvædʒɪneɪt/, *v. t.* (*med.*) evaginare.
evagination /ɪvædʒɪˈneɪʃn/, *n.* (*med.*) evaginazione; protrusione.
to **evaluate** /ɪˈvæljʊeɪt/, *v. t.* **1** (*anche econ., fin., stat.*) valutare; stimare; giudicare: **to e. results**, valutare i risultati; **to e. books for a film company**, giudicare libri per una società cinematografica **2** (*mat.*) calcolare (*il valore numerico d'una espressione*).
evaluation /ɪvæljʊˈeɪʃn/, *n.* **1** (*anche econ., fin., stat.*) valutazione; stima: **the e. of students** [**of a survey**], la valutazione degli studenti [di un'indagine] **2** (*mat.*) valutazione; calcolo. ● (*leg.*) **e. of evidence**, valutazione delle prove.
evaluative /ɪˈvæljʊətɪv, *USA* -eɪtɪv/, *a.* (*ling.*) valutativo.
evaluator /ɪˈvæljʊeɪtə(r)/, *n.* valutatore; analista.
to **evanesce** /iːvəˈnɛs, ɛ-/, *v. i.* svanire; scomparire.
evanescence /iːvəˈnɛsns, ɛ-/, *n.* evanescenza.
evanescent /iːvəˈnɛsnt, ɛ-/, *a.* evanescente; fugace.
evangelic(al) /iːvænˈdʒɛlɪk(l)/, **A** *a.* evangelico: **the e. message**, il messaggio evangelico; **the Evangelical Churches**, le Chiese evangeliche. **B** *n.* membro d'una Chiesa evangelica; evangelico.
Evangelicalism /iːvænˈdʒɛlɪkəlɪzəm/, *n.* (*relig.*) evangelicalismo.
evangelically /iːvænˈdʒɛlɪklɪ/, *avv.* evangelicamente.
Evangeline /ɪˈvændʒɪliːn/, *n.* Evangelina.
evangelism /ɪˈvændʒəlɪzəm/, *n.* **1** predicazione evangelica **2** (*relig.*) evangelicalismo; dottrina delle Chiese evangeliche.
evangelist /ɪˈvændʒəlɪst/, *n.* **1** evangelista **2** predicatore evangelico; evangelizzatore **3** – (*Bibbia*) **E.**, Evangelista.
evangelistic /ɪvændʒɪˈlɪstɪk/, *a.* **1** d'un evangelista; d'un evangelizzatore **2** evangelico **3** – (*Bibbia*) **E.**, di uno dei quattro Evangelisti.
evangelization /ɪvændʒɪlaɪˈzeɪʃn, *USA* -lɪˈz-/, *n.* evangelizzazione.
to **evangelize** /ɪˈvændʒəlaɪz/, *v. t.* evangelizzare.
evangelizer /ɪˈvændʒɪlaɪzə(r)/, *n.* evangelizzatore.
evaporable /ɪˈvæpərəbl/, *a.* (*fis.*) evaporabile.
to **evaporate** /ɪˈvæpəreɪt/, **A** *v. i.* **1** (*fis.*) evaporare **2** (*fig. fam.*) svanire; dissolversi: **His determination evaporated**, la sua risolutezza svanì **3** (*fam.*: *di persona*) andarsene; scomparire (per sempre); morire. **B** *v. t.* far evaporare; evaporare.
evaporated /ɪˈvæpəreɪtɪd/, *a.* (*ind.*) condensato: **e. milk**, latte condensato.
evaporation /ɪvæpəˈreɪʃn/, *n.* **1** (*fis.*) evaporazione **2** (*fig. fam.*) scomparsa; sparizione; dissoluzione.
evaporative /ɪˈvæpərətɪv, *USA* -eɪtɪv/, *a.* evaporativo.
evaporator /ɪˈvæpəreɪtə(r)/, *n.* (*tecn.*) evaporatore.
evaporimeter /ɪvæpəˈrɪmɪtə(r)/, *n.* (*meteor.*) evaporimetro.
evapotranspiration /ɪvæpəʊtrænspəˈreɪʃn/, *n.* (*idrologia*) evapotraspirazione.
evasion /ɪˈveɪʒn/, *n.* **1** evasione: **tax e.**, evasione fiscale **2** pretesto; scappatoia; sotterfugio; espediente **3** discorso evasivo; risposta evasiva.
evasive /ɪˈveɪsɪv/, *a.* **1** evasivo; elusivo; ambiguo: **an e. answer**, una risposta evasiva; **e. talk**, parole ambigue **2** inafferrabile; sfuggente: **an e. prey**, una preda inafferrabile; **e. eyes**, occhi sfuggenti. ● (*mil., aeron., naut.*) **to take e. action**, sottrarsi al combattimento; disimpegnarsi. ‖ **-ly**, *avv.* ‖ **-ness**, *sost.*
Eve /iːv/, *n.* Eva: **the daughters of Eve**, le figlie d'Eva (*le donne*).
eve /iːv/, *n.* **1** vigilia: **on the eve of victory**, alla vigilia della vittoria; **Christmas Eve**, la vigilia di Natale **2** (*poet.*) sera. ● **New Year's Eve**, l'ultimo giorno dell'anno; la vigilia di Capodanno.
evection /ɪˈvɛkʃn/, *n.* (*astron.*) evezione.
Eveline /ˈiːvlɪn, ˈɛv-, -və-, -lən, -liːn/, *n.* Evelina.
Evelyn /ˈiːvlɪn, ˈɛv-, -və-, -lən/, *n.* Evelino.
even (**1**) /ˈiːvn/, *a.* **1** pari; piano; liscio; piatto; uniforme; regolare; uguale: **e. numbers**, numeri pari; (*mat.*) **e. function**, funzione pari; **e. country**, terreno piano, piatto; **The lawn is perfectly e.**, il prato è perfettamente liscio; **His style is not e.**, il suo stile non è sempre uguale (*ora è buono e ora è cattivo*); (*med.*) **e. pulse**, polso regolare **2** costante; calmo; placido; sereno; tranquillo: **an e. temper**, un umore costante; **to speak in an e. voice**, parlare con voce calma; **an e. disposition**, un temperamento tranquillo **3** equo; giusto: **an e. exchange**, uno scambio equo **4** esatto; preciso: **an e. mile**, un miglio esatto. ● **an e. bargain**, un affare equo □ **e. chances**, le stesse probabilità: **It's e. chances that he won't accept**, forse accetterà e forse no □ **an e. contest**, una lotta ad armi pari □ **e.-handed**, imparziale □ **e.-handedness**, imparzialità □ (*costr. navali*) **e. keel**, carena diritta □ **e.-minded**, imparziale; equanime □ **e. money**, cifra tonda; (*anche*) denaro scommesso alla pari □ **e. odds**, parità di probabilità (*o* di possibilità) □ **e.-tempered**, calmo; placido; sereno; tranquillo □ (*Borsa*: *di titoli*) **at e.**, alla pari □ **to be e. with sb.**, essere pari (*pop.*: pari e patta) con q. □ (*fam., comm.*) **to break e.**, far pari e patta □ **to get e. with sb.**, saldare i conti con q.; vendicarsi di q. □ **to make e.**, appianare, spianare (*una superficie*) □ (*autom.*) **«on e. days only»** (*cartello*), «sosta consentita nei giorni pari» □ (*fig.*) **on an even keel**, (*naut.*) a carena diritta; (*fig.*) stabile; a galla (*fig.*): **He kept the company on an e. keel**, tenne l'azienda a galla □ (*comm.*) **our letter of e. date**, la nostra lettera in pari (*meglio*: della stessa) data □ **to stand an e. chance of doing st.**, avere il cinquanta per cento di probabilità di fare q.c. □ (*autom.*) **to travel at an e. speed**, tenere sempre la stessa velocità (moderata) □ **Our scores are e.**, siamo pari (*al gioco*) □ (*fin.*) **The firm has stayed e.**, la ditta ha chiuso in pareggio.
even (**2**) /ˈiːvn/, *avv.* **1** anche; perfino; persino; addirittura: **E. a fool could understand it**, persino uno stupido lo capirebbe; **This book is e. more interesting than that**, questo libro è anche più interessante di quello; (*form.*) **e. unto death**, addirittura fino alla morte **2** proprio; esattamente: **E. as he went, it began to rain**, proprio mentre se ne andava, cominciò a piovere; **It happened e. as I expected**, andò a finire proprio come mi aspettavo **3** almeno: **Does he e. suspect the danger?**, ha almeno il sospetto di trovarsi in pericolo? ● **e. if** (*o* **e. though**), anche se: **E. if he is there, I don't want to speak with him**, anche se c'è, non voglio parlargli; **I will do it, e. though I have to work all day**, lo farò, anche se devo (*o* se dovessi) lavorare tutto il giorno □ **e. so**, comunque; con tutto ciò; in ogni caso: **E. so, I dont think he's dishonest**, comunque, non credo che sia disonesto □ **not e.** (*o* **never e.**), neanche; nemmeno; neppure: **He never e. answered my letter**, non ha neppure risposto alla mia lettera.
even (**3**) /ˈiːvn/, *n.* (*poet.*) sera; vespro.
to **even** /ˈiːvn/, **A** *v. t.* **1** (*anche* **to e. out**) appianare; livellare; spianare: **to e. out difficulties**, appianare difficoltà **2** (*anche* **to e. up**) pareggiare; eguagliare; livellare: **to e. up an account**, pareggiare un conto. **B** *v. i.* (*anche* **to e. out**) **1** livellarsi **2** (*fam. USA*) rimettersi a posto: **Things are evened out**, la situazione si è normalizzata **3** (*fam. USA*) rimettersi in sesto; ritrovare l'equilibrio: **Has he evened out?**, s'è rimesso?; gli è passata? ● **to e. up with sb.**, saldare i conti con q. (*anche fig.*); prendersi la rivincita su q. □ (*USA*) **to e. up the score** (**with sb.**), saldare il conto con q.; prendersi la rivincita (su q.).
evenfall /ˈiːvnfɔːl/, *n.* (*arc.*) crepuscolo.
evening /ˈiːvnɪŋ/, *n.* **1** sera; serata: **this e.**, questa sera; **on the e. of the 10th**, la sera del dieci; **in the e.**, di sera; la sera; **on Saturday e.**, sabato sera; **on Saturday evenings**, tutti i sabato sera; **We've had a pleasant e.**, abbiamo passato una bella serata; **a musical e.**, una serata musicale **2** (*fig.*) tramonto; declino: **in the e. of life**, nel tramonto della vita. ● **e. bag**, borsetta da sera □ **e. dress** (*o* **e. clothes**), abito da sera; (*da uomo*) marsina, frac; (*da donna*) vestito da sera, décolleté □ **e. gown**, abito lungo, vestito da sera □ **an e. paper**, un quotidiano della sera □ (*bot.*) **e. primrose** (*Oenothera biennis*), enotera; onagra □ **e. shoes**, scarpe da sera □ **the e. star**, la stella della sera; vespero (*Venere*) □ **e. suit**, abito da sera (*da uomo*) □ **e. wear**, abiti da sera (*collett.*) □ **to make an e. of it**, passare una bella serata.
evenings /ˈiːvnɪŋz/, *avv.* (*fam.*) di sera; la sera.
evening-up /ˈiːvnɪŋˈʌp/, *n.* **1** livellamento **2** (*rag.*) compensazione a saldo.
evenly /ˈiːvnlɪ/, *avv.* **1** in modo uguale **2** uniformemente; regolarmente **3** pacatamente; con calma; tranquillamente **4** imparzialmente; equamente **5** in parti uguali.
evenness /ˈiːvnnəs/, *n.* **1** parità; uniformità;

regolarità; uguaglianza *2* calma; serenità; tranquillità *3* equità; imparzialità.

evens /'iːvnz/, *a. attr.* e *avv.* *1* (*di scommessa*) alla pari *2* (*di cavallo, ecc.*) (dato) alla pari.

evensong /'iːvnsɒŋ, *USA* -ɔːŋ/, *n.* (*relig.*) *1* (*nella Chiesa cattolica*) vespro *2* (*nella Chiesa anglicana*) preghiera della sera.

event /ɪ'vɛnt/, *n.* *1* evento; avvenimento; caso; circostanza; eventualità: **The coronation was the chief e. of the year**, l'incoronazione fu l'avvenimento più importante dell'anno; **at all events**, in ogni caso; qualunque cosa accada; **in the e. of**, nell'eventualità di: **In the e. of the President's death, the Vice president succeeds**, nell'eventualità della morte del Presidente, subentra il Vicepresidente; **in the e. of his not coming**, nell'eventualità ch'egli non venga; caso mai non venisse; (*stat.*) **double e.**, evento duplice; **in that e.**, in quel caso; **in any e.**, in ogni caso *2* (*sport*) avvenimento sportivo; competizione; gara: **track events**, gare su pista: **golfing events**, gare di golf *3* (= **quite an e.**) avvenimento importante; fatto insolito; cosa rara. ● (*fis.*) **e. horizon**, orizzonte degli eventi □ **in the e.**, nella realtà; all'atto pratico; di fatto □ **in either e.**, in entrambi i casi □ **in the natural course of events**, nell'ordine naturale delle cose.

eventful /ɪ'vɛntfl/, *a.* *1* denso d'avvenimenti; avventuroso; movimentato: **an e. trip**, una gita avventurosa, movimentata; **an e. month**, un mese denso d'avvenimenti *2* importante; decisivo: **an e. conversation**, un colloquio decisivo, importante.

eventide /'iːvntaɪd/, *n.* (*poet.*) sera; vespro. ● **e. home**, casa di riposo (*per anziani*).

eventing /ɪ'vɛntɪŋ/, *n.* (*sport, in G.B.*) concorso ippico (*spesso dura tre giorni interi*).

eventual /ɪ'vɛntʃʊəl/, *a.* *1* definitivo; conclusivo; finale: **errors leading to e. disaster**, errori che conducono a un disastro finale *2* (*arc.*) eventuale.

eventuality /ɪvɛntʃʊ'ælətɪ/, *n.* eventualità; caso; evenienza: **to be ready for any eventuality**, essere pronto a tutte le evenienze.

eventually /ɪ'vɛntʃʊəlɪ/, *avv.* alla fine; infine; finalmente: **E. he was taken ill**, alla fine si ammalò.

to **eventuate** /ɪ'vɛntʃʊeɪt/, *v. i.* *1* andare a finire; risolversi: **to e. well [ill]**, andare a finire bene [male] *2* succedere (*come conseguenza*); conseguire (*lett.*) *3* (*USA*) accadere; succedere. ● **A terrible drought eventuated from the great heat**, il grande caldo causò una terribile siccità.

ever /'ɛvə(r)/, *avv.* *1* (*in frasi interr. e in frasi neg. col verbo afferm.*) alcuna volta; mai: **Have you e. been in London?**, sei mai stato a Londra?; **No one e. turns up here**, qui non si vede mai nessuno; **Did you e. taste it before?**, l'hai mai assaggiato prima d'ora? *2* (*arc.*) sempre: **e. at your service**, sempre ai vostri ordini *3* (*fam., idiom.*) mai; diamine: **What e. does he want?**, che diamine vuole?; **Where e. did you go?**, dove diamine sei andato?; **He's e. such a naughty boy**, è un ragazzo così birichino; **Why e. didn't you say so?**, perché mai non l'hai detto?; **It is e. so much easier**, è tanto più facile; **It's the best thing you e. did**, è la cosa migliore che tu abbia fatto mai. ● **e. after**, da allora in poi □ **e. and again**, di quando in quando □ **e.-increasing**, in continuo aumento □ **e. since**, fin da quando; da allora in poi: **I've known him e. since he came to Italy**, lo conosco fin da quando venne in Italia □ (*nelle lettere ad amici*) **E. yours**, sempre affettuosamente tuo □ **for e. (and e.)**, per sempre □ **for e. and a day**, per sempre □ **hardly** (*o* **scarcely**) **e.**, quasi mai □ (*fam. USA*) **«Did you like the book?» «Did I e.!»**, «Ti è piaciuto quel libro?» «Sì, molto!» (*o* «Altroché, moltissimo!»).

everglade /'ɛvəgleɪd/, *n.* (*USA*) terreno paludoso (*coperto da piante d'alto fusto*).

evergreen /'ɛvəgriːn/, **A** *a.* *1* (*bot.*) sempreverde *2* (*fig.*) sempre attuale, alla moda. **B** *n.* *1* (*bot.*) (pianta) sempreverde *2* (*comm.*) articolo che si vende sempre bene *3* (*fam.*) libro (canzone, ecc.) sempre sulla cresta dell'onda.

everlasting /ɛvə'lɑːstɪŋ, *USA* -æst-/, **A** *a.* *1* eterno; immortale: **e. fame**, fama immortale *2* continuo; incessante; interminabile: **I am fed up with your e. teasing**, sono stufo delle tue continue punzecchiature. **B** *n.* *1* (*poet.*) eternità *2* (*bot.*) semprevivo *3* (*ind. tess.*) fustagno. ● **the E.**, l'Eterno (*Dio*). || **-ly**, *avv.* || **-ness**, *sost.*

evermore /ɛvə'mɔː(r)/, *avv.* sempre; eternamente. ● **for e.**, per sempre; (*fam.*) di continuo, incessantemente, sempre.

eversion /ɪ'vɜːʃn, *USA* -ʒn/, *n.* eversione (*anche med.*); rovesciamento: (*med.*) **e. of the cervix**, eversione della cervice uterina.

eversive /ɪ'vɜːsɪv/, *a.* (*anche polit.*) eversivo.

to **evert** /ɪ'vɜːt/, *v. t.* rovesciare (*per es., una palpebra*).

every /'ɛvrɪ/, *a.* ogni; ciascuno, ciascuna; tutti, tutte: **He comes e. day**, viene ogni giorno; **I have seen e. film he has shot**, ho visto tutti i film che ha girato; **He has been given e. chance**, gli è stata data ogni possibilità. ● **e. bit**, tutto quanto: **I ate up e. bit of it**, me lo mangiai tutto quanto □ **e. bit as**, proprio, del tutto □ **E. man for himself!**, si salvi chi può! □ **e. minute**, da un minuto all'altro: **I expect him to arrive e. minute**, m'aspetto che arrivi da un minuto all'altro □ **e. now and then** (*o* **e. now and again**), di quando in quando □ **e. one**, ognuno; ciascuno, ciascuna; tutti, tutte: **E. one of them is wrong**, ciascuno di loro ha torto; **They were drowned, e. one of them**, morirono affogati, tutti quanti □ **e. other** (*o* **e. second**), uno sì e uno no: **He comes e. other day**, viene un giorno sì e uno no (*o* ogni due giorni, a giorni alterni) □ **e. other**, tutti gli altri: **E. other man was killed**, tutti gli altri (uomini) furono uccisi □ (*fam.*) **e. so often**, di quando in quando, ogni tanto: **The explorer stopped e. so often to look at his map**, l'esploratore si fermava ogni tanto per guardare la mappa □ **e. time**, (*avv.*) ogni volta, tutte le volte, sempre; (*cong.*) ogni volta che, tutte le volte che □ **e. three weeks** (*o* **e. third week**), ogni tre settimane □ **in e. way**, in tutto e per tutto; sotto ogni aspetto □ (*fam. USA*) **e. which way**, da tutte le parti □ (*prov.*) **E. man for himself (and God for us all)**, ognuno per sé (e Dio per tutti).

everybody /'ɛvrɪbɒdɪ/, *pron.* ognuno; ciascuno; tutti: **E. admired him**, ognuno lo ammirava; **E. is coming to the party**, alla festa vengono tutti. ● **e. else**, tutti gli altri: **E. else was absent**, tutti gli altri erano assenti; **At the meeting e. knew e. else**, alla riunione ciascuno conosceva gli altri.

everyday /'ɛvrɪdeɪ/, *a.* di ogni giorno; di tutti i giorni; quotidiano; comune: **e. shoes**, le scarpe di tutti i giorni; **e. sentences**, frasi che si dicono ogni giorno; **an e. occurrence**, una cosa che succede tutti i giorni; **e. speech**, la parlata comune; la lingua d'uso.

everyhow /'ɛvrɪhaʊ/, *avv.* (*fam. USA*) in tutti i modi.

Everyman /'ɛvrɪmæn/, *n.* «Ognuno»; l'uomo della strada.

everyone /'ɛvrɪwʌn/, *pron.* ognuno; ciascuno; tutti: **E. likes to have his way**, a tutti piace fare a modo proprio.

everyplace /'ɛvrɪpleɪs/, (*fam. USA*) *V.* **everywhere**.

everything /'ɛvrɪθɪŋ/, *pron.* ogni cosa; tutto: **He thinks he knows e.**, crede di sapere tutto; **Money is not e.**, il denaro non è tutto; **Give me e. you have!**, dammi tutto quello che hai. ● **e. else**, ogni altra cosa; tutto il resto □ (*fam.*) **and e.**, eccetera; e così via.

everywhere /'ɛvrɪwɛə(r), *USA* -hw-/, *avv.* in ogni luogo; dovunque; dappertutto: **Slavery anywhere is a danger to freedom e.**, il fatto che vi sia la schiavitù in qualche luogo mette in pericolo la libertà dappertutto; **You'll find wicked people e. you go**, troverai gente malvagia dovunque tu vada.

to **evict** /ɪ'vɪkt/, *v. t.* (*leg.*) *1* evincere; recuperare (*un bene*) per mezzo di un giudizio *2* sfrattare; escomiare; dare lo sfratto (*o* l'escomio) a (*un inquilino, un colono*).

evictee /ɪvɪk'tiː/, *n.* (*leg.*) *1* sfrattato *2* colono escomiato.

eviction /ɪ'vɪkʃn/, *n.* (*leg.*) *1* evizione *2* sfratto; escomio: **e. order**, ingiunzione di sfratto.

evictor /ɪ'vɪktə(r)/, *n.* (*leg.*) chi dà lo sfratto (*o* l'escomio).

evidence /'ɛvɪdəns/, *n.* *1* prova, prove; segno evidente; traccia: **There's no e. that the boy is lying**, non ci sono prove che il ragazzo menta; **The girl's pallor was e. of her uneasiness**, il pallore della ragazza era segno evidente del suo disagio; **There was still some e.** (*o* **there were still a few evidences**) **of the town's past splendour**, c'erano ancora tracce dell'antico splendore della città *2* (*leg.*) prova, prove: **This is an important piece of e.**, questa è una prova importante; **Is there any e. of his good faith?**, ci sono prove della sua buona fede?; **There isn't enough e. against him**, non ci sono prove sufficienti contro di lui *3* (*leg.*) deposizione, deposizioni: **I'll give my e. in court**, farò la mia deposizione in tribunale; **on the e. of the bystanders**, secondo le deposizioni degli astanti *4* evidenza; chiarezza: **the e. of the facts**, l'evidenza dei fatti *5* evidenza; mostra; spicco; risalto: **The business tycoon preferred not to be in e.**, il magnate della finanza preferiva non mettersi in evidenza; **Her jewels were much in e.**, i suoi gioielli facevano spicco (*o* bella mostra di sé). ● (*leg.*) **e. for the accused [for the prosecution]**, prova a discarico [a carico] □ **e. to the contrary**, (*leg.*) prova in contrario; (*fig.*) prova contraria □ (*comm.*: *di merce*) **«on e.»**, «come si trova» □ (*leg.*) **to produce st. in e.**, produrre q.c. come prova □ **to turn King's** (*o* **Queen's**; *USA*, **State's**) **e.**, testimoniare contro i propri complici □ **verbal e.**, deposizione verbale.

to **evidence** /'ɛvɪdəns/, **A** *v. t.* *1* (*anche leg.*) attestare; comprovare; testimoniare *2* (*leg.*) suffragare con prove. **B** *v. i.* (*leg.*) deporre; testimoniare.

evident /'ɛvɪdənt/, *a.* evidente; chiaro; manifesto; ovvio.

evidential /ɛvɪ'dɛnʃl/, **evidentiary** /ɛvɪ'dɛnʃərɪ, *USA* -ɪɛrɪ/, *a.* (*anche leg.*) probatorio: **e. matter**, elementi probatori.

evidently /'ɛvɪdəntlɪ, -dɛn-/, *avv.* evidentemente.

evil /'iːvl/, **A** *a.* *1* cattivo; dannoso; maligno; malvagio; perverso: **e. deeds**, cattive azioni; **e. weather**, cattivo tempo; **an e. taste**, un cattivo sapore; **a man of e. repute**, un uomo di cattiva fama; **She has an e. tongue**, ha una lingua maligna; è una malalingua *2* funesto; disgraziato; sventurato: **in an e. hour**, in un'ora funesta. **B** *n.* male; malvagità; danno; peccato: **to do e.**, fare del male; **to return good for e.**, ricambiare il bene per il male. **C** *avv.* (*arc.*) male. ● **e.-disposed**, maldisposto □ **the e. eye**, il malocchio; la iettatura □ **e.-minded**, malvagio, maligno; malintenzionato □ **e.-mindedness**, malvagità; malignità □ **the E. One**, il Maligno; il demonio □ **e.-tempered**, che ha un brutto carattere; bisbetico; irascibile □ **to fall on e. days**, passare un brutto periodo; cadere in miseria □ **to lead an e. life**, condurre una vita dissoluta, peccaminosa □ **a person of e. fame**, una persona malfamata □ **to speak e. of sb.**, parlar male (*o* sparlare) di q. □ **to wish sb. e.**, desiderare il male (*o* la rovina) di q. □ (*fam.*) **Hear no e., see no e., speak no e.**, non sento, non vedo, non parlo.

evildoer /'iːvlduːə(r)/, *n.* persona malvagia; malfattore.

to **evince** /ɪ'vɪns/, *v. t.* dimostrare; manifestare; rivelare: **He evinced his desire to go home**, manifestò il suo desiderio d'andare a casa.

evincive /ɪ'vɪnsɪv/, *a.* (*arc.*) dimostrativo; indicativo.

to **evirate** /'iːvɪreɪt, 'ɛv-/, *v. t.* (*arc.*) *1* evirare *2* (*fig.*) effeminare.

eviration /ɛvɪ'reɪʃn, iːv-/, *n.* (*arc.*) evirazione.

to **eviscerate** /ɪ'vɪsəreɪt/, *v. t.* *1* sviscerare (*raro*); sventrare *2* (*fig.*) svuotare (q.c.) del suo contenuto; ridurre a cosa vuota *3* (*med.*) eviscerare.

evisceration /ɪvɪsə'reɪʃn/, *n.* *1* sventramento; svuotamento *2* (*med.*) eviscerazione.

evocation /iːvə'keɪʃn, ɛv-/, *n.* (*form.*) evocazione.

evocative /ɪ'vɒkətɪv, ɪ'vəʊ-/, *a.* evocativo; evocatore; suggestivo (*di q.c.*).

evocator /'iːvəʊkeɪtə(r), 'ɛv-/, *n.* evocatore.

evocatory /ɪ'vɒkətərɪ, *USA* -ɔːrɪ/, *V.* **evocative**.

to **evoke** /ɪ'vəʊk/, *v. t.* *1* evocare: **to e. the dead**, evocare i morti; **to e. the happy memories of one's childhood**, evocare le felici memorie dell'infanzia *2* provocare; suscitare: **to e. curiosity [discontent]**, suscitare curiosità [scontentezza] *3* fare appello a; richiamare: **to e. one's energies**, fare appello alle proprie energie. ● **to e. applause**, strappare gli applausi □ **to e. no response**, non ottenere alcuna reazione (*o* risposta).

evolute /'iːvəluːt, *USA* 'ɛ-/, **A** *a.* (*bot.*) sviluppato. **B** *n.* (*geom.*, = **e. curve**) evoluta.

evolution /iːvə'luːʃn, *USA* ɛ-/, *n.* *1* evoluzione; sviluppo; svolgimento: (*scient.*) **the theory of e.**, la teoria dell'evoluzione; **the evolutions of a skater**, le evoluzioni di un pattinatore; **the e. of an argument**, lo svolgimento di un'argomentazione *2* (*fis., chim.*) emanazione (*di calore*); sviluppo (*d'un gas*) *3* (*mat.*) estrazione (*d'una radice*).

evolutional /iːvə'luːʃənl, *USA* ɛ-/, **evolutionary** /iːvə'luːʃənərɪ, *USA* ɛvə'luːʃənerɪ/, *a.* pertinente a (*o* prodotto da) evoluzione; evolutivo.

evolutionism /iːvə'luːʃənɪzəm, *USA* ɛ-/, *n.* evoluzionismo.

evolutionist /iːvə'luːʃənɪst, *USA* ɛ-/, **A** *n.* evoluzionista. **B** *a. attr.* evoluzionistico.

evolutionistic /iːvəluːʃə'nɪstɪk, *USA* ɛ-/, *a.* evoluzionistico.

evolutive /iː'vɒljuːtɪv, *USA* ɛvə'luːtɪv/, *a.* evolutivo. ● **e. conditions**, condizioni favorevoli all'evoluzione.

to **evolve** /ɪ'vɒlv, *USA* -ɒlv, -ɔːlv/, **A** *v. t.* *1* evolvere; sviluppare; svolgere: **He has evolved a new teaching technique**, ha sviluppato una nuova didattica *2* dedurre (*fatti, ecc.*) *3* (*fis., chim.*) emettere (*calore*); sviluppare (*gas*). **B** *v. i.* evolvere; evolversi; svilupparsi: **Organic life has evolved over millions of years**, gli organismi viventi si sono evoluti in milioni di anni.

evolvement /ɪ'vɒlvmənt, *USA* -ɒl-, -ɔːl-/, *n.* evoluzione; svolgimento; sviluppo.

evolvent /ɪ'vɒlvənt, *USA* -ɒl-, -ɔːl-/, *n.* (*mat.*, = **e. curve**) evolvente.

evulsion /ɪ'vʌlʃn/, *n.* (*raro*) evulsione; estirpazione.

ewe /juː/, *n.* (*zool.*) pecora (*femmina*). ● **ewe cheese**, (formaggio) pecorino □ **ewe lamb**, agnella □ (*di cavallo o di cane*) **ewe-necked**, dal collo sottile e incavato □ (*fig.*) **one's ewe lamb**, la pupilla dei propri occhi; la cosa più cara.

ewer /'juːə(r)/, *n.* brocca; caraffa.

ex (*1*) /ɛks/, *pref.* ex; già; un tempo: **ex-minister**, ex ministro; **ex-president**, ex presidente; **ex-husband**, ex marito; **ex-wife**, ex moglie.

ex (*2*) /ɛks/ (*lat.*), *prep.* *1* (*di merce*) fuori di; su; da; franco: **ex ship**, fuori della nave (*o* franco nave, allo sbarco); **ex quay**, sulla banchina (*o* franco molo); **ex factory**, franco fabbrica; **ex warehouse**, fuori magazzino; franco magazzino *2* (*fin.: di un titolo*) senza: **ex dividend**, senza dividendi; scuponato; **ex interest**, senza interessi; secco: **ex interest price**, corso (*o* prezzo) secco. ● (*Borsa, fin.*) **ex all**, senza privilegi; escluso tutto □ (*di merce*) **ex bond**, sdoganata □ (*di numero telefonico*) **ex-directory**, non sull'elenco □ (*leg.*) **ex-post facto legislation**, legislazione retroattiva (*penale*) □ **ex works**, dalla (*o* alla) fabbrica: **ex-works price**, prezzo di fabbrica.

ex (*3*) /ɛks/, *n.* (*fam.*) ex (*fam.*); ex marito; ex moglie.

to **exacerbate** /ɪg'zæsəbeɪt/, *v. t.* esacerbare; inasprire; aggravare; esasperare: **to e. a disease**, aggravare una malattia; **to e. a pain**, esacerbare un dolore.

exacerbation /ɛksæsɜː'beɪʃn/, *n.* esacerbamento; esacerbazione; inasprimento; aggravamento (*anche med.*); esasperazione.

exact /ɪg'zækt/, *a.* *1* esatto; preciso: **the e. meaning**, il significato esatto; **the e. time**, l'ora esatta; **e. instructions**, istruzioni precise; **the e. sciences**, le scienze esatte *2* minuzioso; rigoroso: **an e. philologist**, un filologo rigoroso *3* puntuale (*nei pagamenti*). ● **an e. ear**, un buon orecchio (*per la musica, i suoni, ecc.*).

to **exact** /ɪg'zækt/, *v. t.* esigere; richiedere; pretendere: **to e. respect from one's children**, esigere rispetto dai figli; **to e. payment of a debt**, esigere il pagamento d'un debito; **Such a delicate task exacts absolute secrecy**, un compito così delicato richiede segretezza assoluta. ● (*fisc.*) **to e. a tax**, esigere un tributo.

exacta /ɪg'zæktə/ (*spagn.*), *n.* (*ippica, USA*) accoppiata.

exactable /ɪg'zæktəbl/, *a.* esigibile.

exacter /ɪg'zæktə(r)/, *V.* **exactor**.

exacting /ɪg'zæktɪŋ/, *a.* *1* esigente; severo: **an e. teacher**, un insegnante esigente *2* impegnativo; difficile: **an e. job**, un lavoro difficile.

exaction /ɪg'zækʃn/, *n.* *1* esazione (*di denaro*) *2* (*leg., raro*) richiesta eccessiva; estorsione; imposizione. ● **an e. on one's time [strength]**, un impegno che richiede molto tempo [sforzo].

exactitude /ɪg'zæktɪtjuːd, *USA* -tuːd/, **exactness** /ɪg'zæktnəs/, *n.* *1* esattezza; precisione *2* minuziosità; rigore.

exactly /ɪg'zæktlɪ/, *avv.* *1* esattamente; proprio *2* (*nelle risposte*) proprio così; appunto. ● **e. nothing**, niente di niente; un bel nulla.

exactor /ɪg'zæktə(r)/, *n.* *1* chi esige; chi richiede *2* esattore.

to **exaggerate** /ɪg'zædʒəreɪt/, *v. t.* e *i.* esagerare; ingrandire.

exaggerated /ɪg'zædʒəreɪtɪd/, *a.* esagerato. || **-ly**, *avv.*

exaggeration /ɪgzædʒə'reɪʃn/, *n.* esagerazione.

exaggerative /ɪg'zædʒərətɪv, *USA* -eɪtɪv/, *a.* che tende a esagerare.

exaggerator /ɪg'zædʒəreɪtə(r)/, *n.* esageratore (*raro*); persona che esagera; esagerato (*fam.*).

to **exalt** /ɪg'zɔːlt/, *v. t.* *1* innalzare; elevare: **to e. sb. to the throne**, elevare q. al trono; **to e. sb. to the rank of ambassador**, innalzare q. al grado d'ambasciatore *2* esaltare; magnificare; lodare sperticatamente *3* esaltare; entusiasmare; infervorare *4* intensificare (*colori, ecc.*). ● **to e. sb. to the skies**, portare q. alle stelle.

exaltation /ɛgzɔːl'teɪʃn/, *n.* *1* elevamento; innalzamento *2* esaltazione; magnificazione; lodi sperticate *3* esaltazione; rapimento; infervoramento.

exalted /ɪg'zɔːltɪd/, *a.* *1* elevato; eminente; altolocato: **a man of e. position**, un uomo che occupa una posizione eminente *2* esaltato; estasiato; infervorato; rapito.

exam /ɪg'zæm/, *n.* (*abbr. fam. di* **examination**) esame. ● **the e. week**, la settimana degli esami.

examinable /ɪg'zæmɪnəbl/, *a.* esaminabile.

examinant /ɪg'zæmɪnənt/, *n.* esaminatore; esaminante.

examination /ɪgzæmɪ'neɪʃn/, *n.* *1* esame; indagine; investigazione; interrogatorio; prova (d'esame); controllo, verifica; visita (medica): **an entrance e.**, un esame d'ammissione; **an e. in history**, un esame di storia; **a written e.**, una prova scritta; **the e. of the prisoner**, l'esame (*o* l'interrogatorio) dell'accusato *2* (*dog.*) controllo; visita; ispezione: **an e. of luggage**, un controllo dei bagagli; una visita doganale; **an e. of one's sight** (*o* **an eye e.**), un esame oculistico; **a medical e.**, una visita medica; **an e. of business accounts**, una verifica dei conti aziendali. ● (*leg.*) **e. in chief**, interrogatorio dei propri testimoni □ (*leg.*) **e. of bankruptcy**, interrogatorio del fallito □ (*leg.*) **the e. of witnesses**, l'escussione dei testi □ **e. paper**, tema d'esame; compito (scritto); elaborato □ **competitive e.**, esame di concorso □ **to pass an e.**, superare un esame □ (*leg., med.*) **post-mortem e.**, autopsia □ (*a scuola*) **to sit (for) an e.**, sostenere un esame (*in genere, scritto*).

examinator /ɪg'zæmɪneɪtə(r)/, *n.* (*raro*) esaminatore.

examinatorial /ɪgzæmɪnə'tɔːrɪəl/, **examinatory** /ɪg'zæmɪnətrɪ, *USA* -tɔːrɪ/, *a.* esaminativo.

to **examine** /ɪg'zæmɪn/, *v. t.* *1* esaminare; indagare; investigare; verificare: **to e. students in geography**, esaminare studenti in geografia; **to e. old documents**, esaminare vecchi documenti *2* (*fig.*) esaminare; interrogare: **to e. one's conscience**, interrogare la propria coscienza *3* (*leg.*) interrogare; escutere: **to e. a witness in a law court**, interrogare un testimone in tribunale *4* (*med.*) visitare: **The doctor examined the patient**, il medico visitò l'ammalato. ● (*rag.*) **to e. the accounts**, verificare i conti □ **to e. one's behaviour**, fare un esame di coscienza per vedere se ci si è comportati bene □ **to e. a proposal**, prendere in esame una proposta □ (*leg.*) **examined copy**, copia collazionata □ (*fam.*) **You need to get your head examined!**, devi farti visitare!; tu sei pazzo!

examinee /ɪgzæmɪ'niː/, *n.* candidato (*a un esame*); esaminando.

examiner /ɪg'zæmɪnə(r)/, *n.* *1* esaminatore *2* ispettore.

examining /ɪg'zæmɪneɪtə(r)/, *a.* che esamina; d'esame: **e. board**, commissione d'esame. ● (*leg.*) **e. magistrate**, giudice delle indagini preliminari.

example /ɪg'zɑːmpl, *USA* -æmpl/, *n.* *1* esempio; modello; esemplare; campione: **This textbook gives a lot of examples**, questo libro di testo dà molti esempi; **for e.**, per esempio *2* avvertimento; punizione esemplare: **Let this be an e. to the rest of the class**, che ciò serva d'avvertimento al resto della classe!; **to make an e. of sb.**, infliggere a q. una punizione che serva d'esempio (agli altri). ● **cruelty without (o beyond) e.**, crudeltà senza precedenti □ **to set (o to give) a good e. (to sb.)**, dare (a q.) il buon esempio □ (*prov.*) **E. is better than precept**, l'esempio vale più dell'insegnamento.

exanimate /ɛk'sænɪmət/, *a.* (*raro*) esanime; senza vita (*anche fig.*).

exanthem /ɛksæn'θɪm/, *V.* **exanthema**.

exanthema /ɛksæn'θiːmə/, *n.* (*pl.* **exanthemata, exanthemas**) (*med.*) esantema.

exaration /ɛksə'reɪʃn/, *n.* (*geol.*) esarazione.

exarch /'ɛksɑːk/, *n.* (*stor., relig.*) esarca.

exarchate /'ɛksɑːkeɪt/, *n.* (*stor., relig.*) esarcato.

to **exasperate** /ɪg'zæspəreɪt/, *v. t.* *1* esasperare; inasprire; irritare: **I was exasperated at his carelessness**, ero esasperato dalla sua noncuranza *2* aggravare, peggiorare (*una malattia, ecc.*). ● **to e. sb. into doing st.**, provocare q. a fare q.c., esasperandolo.

exasperated /ɪg'zæspəreɪtɪd/, *a.* esasperato; infuriato; furibondo.

exasperating /ɪg'zæspəreɪtɪŋ/, *a.* esasperante. || **-ly**, avv.

exasperation /ɪgzæspəˈreɪʃn/, n. **1** esasperazione; irritazione **2** aggravamento; peggioramento.

ex cathedra /ɛkskəˈθiːdrə/ (*lat.*), avv. e a. ex cathedra.

to **excavate** /ˈɛkskəveɪt/, v. t. scavare; portare alla luce; dissotterrare; estrarre: **to e. a ditch [a tunnel]**, scavare una fossa [una galleria]; **to e. Roman ruins**, portare alla luce rovine romane; **to e. mineral ore**, estrarre minerali.

excavation /ɛkskəˈveɪʃn/, n. **1** scavatura; escavazione (*lett.*) **2** scavo; sterro: **the excavations of Pompeii**, gli scavi di Pompei. ● **e. contractors**, ditta di scavi per l'edilizia.

excavator /ˈɛkskəveɪtə(r)/, n. **1** scavatore; sterratore **2** (*mecc.*) escavatore; escavatrice: **shovel e.**, escavatore a cucchiaia. ● **e. operator**, escavatorista.

to **exceed** /ɪkˈsiːd/, **A** v. t. eccedere; oltrepassare; esorbitare da; sorpassare; superare: **He was fined for exceeding the speed limit**, fu multato per aver superato il limite di velocità; **You have exceeded your powers**, hai esorbitato dai tuoi poteri; **The show exceeded our expectations**, lo spettacolo superò la nostra aspettativa. **B** v. i. **1** eccedere; esagerare **2** eccedere nel mangiare **3** (*raro*) eccellere; essere preminente. ● **to e. all limits**, passare ogni limite.

exceeding /ɪkˈsiːdɪŋ/, a. eccessivo; estremo; straordinario.

exceedingly /ɪkˈsiːdɪŋlɪ/, avv. straordinariamente; estremamente. ● **e. good**, ottimo; eccellente; squisito.

to **excel** /ɪkˈsɛl/, **A** v. i. eccellere; primeggiare: **He excels in self-control [wit]**, eccelle per la padronanza di sé [per lo spirito]; **to e. in physics**, eccellere nella fisica. **B** v. t. sorpassare; superare; vincere: **to e. others in doing st.**, superare gli altri nel fare q.c. **C** to **excel oneself**, v. rifl. superare se stesso.

excellence /ˈɛksələns/, n. **1** eccellenza; bravura; perfezione; superiorità **2** qualità; pregio; merito.

excellency /ˈɛksələnsɪ/, n. **1** eccellenza (*titolo onorifico*): **Your [His] E.**, Vostra [Sua] Eccellenza **2** V. **excellence**.

excellent /ˈɛksələnt/, **A** a. eccellente; ottimo. **B** inter. ottimo!; benissimo!

excelsior /ɪkˈsɛlsɪɔː(r)/, **A** inter. più in alto (*usata come motto*). **B** n. (*marchio USA*) trucioli lunghi e sottili (*per imbottire poltrone, ecc.*).

excentre /ɛkˈsɛntə(r)/, n. (*mat.*) excentro.

except /ɪkˈsɛpt/, **A** prep. eccetto; salvo; eccettuato; all'infuori di; a eccezione di: **They go there every weekend e. at Easter and Whitsun**, ci vanno tutti i fine settimana eccetto a Pasqua e a Pentecoste; **They all failed e. my brother**, fallirono tutti, eccettuato mio fratello. **B** cong. (*fam.*) V. **e. that**. ● **e. for**, salvo per; fatta eccezione per: **Your dictation is good e. for some omissions**, il tuo dettato è ben fatto, salvo (per) alcune omissioni □ **e. that**, eccetto che; salvo che; se non che: **I would have arrived in time, e. that I missed my bus**, sarei arrivato in tempo, se non che persi l'autobus □ **e. when**, tranne quando.

to **except** /ɪkˈsɛpt/, **A** v. t. **1** eccettuare; escludere; omettere; tralasciare: **to e. sb. from the general pardon**, escludere q. dall'amnistia; **present company excepted**, esclusi i presenti; **nobody excepted**, nessuno eccettuato **2** (*leg.*) eccepire; obiettare (*negli ordinamenti romanistici: in Scozia, ecc.*). **B** v. i. (*raro*) eccepire; sollevare obiezioni: **He excepted to (o against) my statement**, sollevò obiezioni alla mia affermazione.

excepted /ɪkˈsɛptɪd/, a. eccettuato; escluso. ● **not e.**, compreso.

excepting /ɪkˈsɛptɪŋ/, **A** prep. eccetto; salvo. **B** cong. (*arc.*) a meno che. ● **not e.** (*o* **without e.**), senza escludere; compreso: **All are fallible, not e. you**, tutti possono sbagliare, te compreso.

exception /ɪkˈsɛpʃn/, n. **1** eccezione: **The e. proves the rule**, l'eccezione conferma la regola; **with the e. of**, a eccezione di **2** obiezione: **to take e. to st.**, muovere obiezione a q.c.; eccepire a q.c.; obiettare a q.c. **3** (*leg.*) eccezione (*in Italia, in Scozia, ecc.*). ● (*leg.*) **e. clause**, clausola esonerativa □ **by way of e.**, in via (del tutto) eccezionale □ **to take e. at st.**, sentirsi offeso per q.c.; risentirsi per q.c.

exceptionable /ɪkˈsɛpʃnəbl/, a. **1** eccepibile; criticabile **2** (*leg.*) impugnabile; opponibile. ● **There's nothing e. in it**, non c'è niente da eccepire!

exceptional /ɪkˈsɛpʃənl/, a. eccezionale; insolito; straordinario: **e. prices**, prezzi eccezionali; **an e. opportunity**, un'occasione straordinaria.

exceptionality /ɪksɛpʃəˈnælətɪ/, n. eccezionalità; singolarità.

exceptionally /ɪkˈsɛpʃənəlɪ/, avv. eccezionalmente; straordinariamente; in via d'eccezione.

exceptive /ɪkˈsɛptɪv/, a. **1** eccezionale **2** (*raro*) che tende a eccepire (*o* a criticare); capzioso; cavilloso **3** (*filos., gramm.*) eccettuativo.

excerpt /ˈɛksɜːpt/, n. estratto; stralcio; brano scelto; passo.

to **excerpt** /ɛkˈsɜːpt/, v. t. stralciare; citare (*un brano, un passo*).

excerption /ɛkˈsɜːpʃn/, n. **1** lo stralciare; citazione **2** estratto; brano scelto; passo.

excess /ɪkˈsɛs/, **A** n. **1** eccesso; dismisura; intemperanza; smoderatezza: **an e. of kindness**, un eccesso di gentilezza; **He eats to e.**, mangia a dismisura **2** (*leg.*) eccesso; abuso: **the excesses committed by war criminals**, gli eccessi commessi dai criminali di guerra **3** (*ass., leg.*) franchigia; valore scoperto **4** (*anche fin., rag.*) eccedenza; soprappiù; supero: **e. of weight**, eccedenza di peso; **Last year there was an e. of assets over liabilities**, l'anno scorso vi fu un'eccedenza delle attività sulle passività. **B** a. attr. in eccesso; in eccedenza (*al consentito, alla norma, ecc.*); addizionale; aggiuntivo: **e. luggage**, bagaglio in eccedenza; **e. postage**, affrancatura aggiuntiva (*d'una lettera*); soprattassa. ● (*econ.*) **e. capacity**, capacità produttiva inutilizzata □ (*comm.*) **e. charge** (*o* **e. price**), soprapprezzo □ (*econ.*) **e. demand**, domanda in eccesso □ (*econ.*) **e.-demand inflation**, inflazione da eccesso di domanda □ (*ferr.*) **e. fare**, supplemento di tariffa □ (*leg.*) **e. of jurisdiction**, eccesso di potere; (*anche*) difetto di giurisdizione □ (*leg.*) **e. of power**, abuso di potere □ (*fin.*) **e. profits**, sovrapprofitti □ (*fisc.*) **e.-profits duty** (*o* **tax**), tassa sui sovrapprofitti (*specialm. di guerra*) □ (*econ.*) **e. supply**, offerta in eccesso □ **in e.**, in eccesso □ **in e. of**, in eccedenza su; al di là di; più di: **to spend in e. of one's earnings**, spendere più di quello che si guadagna.

excessive /ɪkˈsɛsɪv/, a. eccessivo; intemperante; smodato: **e. demands**, richieste eccessive; **e. drinking**, bere smodato. || **-ly**, avv. || **-ness**, sost.

exchange /ɪkˈstʃeɪndʒ/, n. **1** (*anche econ.*) scambio; baratto; permuta; cambio: **an e. of goods [of greetings, prisoners]**, uno scambio di merci (*o* di beni) [di saluti, di prigionieri]; **E. is no robbery**, i baratti non sono furti; **in e. for**, in cambio di; **an e. of land**, una permuta d'immobili **2** (*fin.*) cambio: **the e. on Frankfurt**, il cambio su Francoforte; **What's the rate of e. today?**, qual è il corso del cambio oggi? **3** (*fin.,* = **stock e.**) borsa valori; Borsa: **The E. was dull yesterday**, ieri la Borsa era fiacca **4** (*fin.,* = **commodity e.**) borsa merci **5** (*fin.,* = **foreign e.**) cambio estero; valuta (*o* divisa) estera **6** (*telef.*) centrale; centralino: **private e.**, centralino privato. ● (*fin.*) **e. broker**, operatore di cambio; cambiavalute □ (*fin.*) **e. brokerage**, brokeraggio finanziario □ (*fin.*) **e. control**, controllo dei cambi □ **e. dealer**, V. **e. broker** □ (*econ.*) **e. economy**, economia di scambio □ (*fin.*) **e. equalization**, perequazione dei cambi □ (*fin.*) **e. list**, listino dei cambi □ (*fin.*) **e. office**, ufficio dei cambi □ (*fin.*) **e. official**, funzionario di Borsa □ (*telef.*) **e. operator**, centralinista □ (*fin.*) **e. rate**, corso (*o* tasso) del cambio; cambio; corso delle divise □ (*fin.*) **e. rate parity**, parità dei cambi: **central e. rates**, parità centrali □ (*fin.*) **e. reserves**, riserve valutarie (*di una banca centrale*) □ (*fin.*) **e. restrictions**, restrizioni di cambio (*o* valutarie) □ (*banca*) **e. slip**, distinta di cambio □ (*fin.*) **e. stabilization**, stabilizzazione dei cambi □ **e. student**, studente all'estero per un piano di scambi culturali; scambista □ **e. transactions**, operazioni di cambio □ **e. value**, (*econ.*) valore di scambio; (*fin.*) controvalore (*valore in valuta estera*) □ (*econ.*) **corn e.**, mercato del grano □ **labour e.**, ufficio di collocamento.

to **exchange** /ɪkˈstʃeɪndʒ/, **A** v. t. cambiare (*anche fin.*); permutare; barattare; scambiare (*anche econ.*): **to e. st. for st. else**, cambiare q.c. con q.c. altro; **to e. honour for wealth**, barattare l'onore con la ricchezza; **to e. glances [greetings, gifts] with sb.**, scambiare uno sguardo [il saluto, doni] con q.; **to e. dollars for pounds**, cambiare dollari in sterline. **B** v. i. **1** fare un cambio (*o* un baratto): **to e. from (o out of) a regiment into another**, fare cambio di reggimento (*con un altro ufficiale*) **2** (*fin.: di moneta*) cambiarsi: **Italian lire exchanged at par with French francs**, le lire italiane si cambiavano alla pari con i franchi francesi. ● **to e. blows with sb.**, venire alle mani con q. □ (*leg.*) **to e. contracts**, fare un rogito notarile; rogitare □ (*fin.*) **to e. currencies**, fare un cambio di valuta □ (*mil.*) **to e. prisoners**, fare uno scambio di prigionieri □ **to e. words with sb.**, venire a parole con q.

exchangeability /ɪkstʃeɪndʒəˈbɪlətɪ/, n. possibilità di scambio (*o* di cambio); l'esser cambiabile.

exchangeable /ɪkˈstʃeɪndʒəbl/, a. scambiabile; cambiabile; che si può scambiare. ● (*d'una merce*) **e. value**, valore di scambio.

exchanger /ɪkˈstʃeɪndʒə(r)/, n. **1** chi scambia; chi cambia **2** (*fin.*) cambiavalute.

exchequer /ɪkˈstʃɛkə(r), *USA* ˈɛkstʃɛ-/, n. **1** (*fin., in G.B.*) «Scacchiere» (*«Dipartimento dei Conti» del Ministero del Tesoro ingl., che corrisponde ai ministeri ital. del Tesoro, del Bilancio e delle Finanze*) **2** (*pl.*) (*fam.*) – **exchequers**, fondi; disponibilità (*o* risorse) finanziarie; entrate (*anche di un privato*). ● **E. and Audit Department**, Ufficio di Controllo sulla legittimità delle entrate e delle spese pubbliche (*cfr. ital. «Corte dei Conti»*) □ **E. bond**, buono del tesoro □ **E. grants**, finanziamenti dello Scacchiere (*agli enti locali*) □ **E. return**, rendiconto settimanale del Tesoro.

excipient /ɪkˈsɪpɪənt/, n. (*chim., farm.*) eccipiente.

excisable /ɪkˈsaɪzəbl/, a. (*fisc.*) soggetto a imposta di fabbricazione (*o* a dazio di consumo).

excise /ˈɛksaɪz/, n. (*fisc.*) **1** imposta indiretta **2** imposta di fabbricazione **3** dazio di consumo. ● (*in G.B.*) **the E.**, l'ufficio delle imposte indirette; (*stor.*) il Dazio □ **e. duty**, imposta sui consumi; dazio di consumo □ **e. officer**, daziere; esattore del dazio.

to **excise** (**1**) /ɪkˈsaɪz/, v. t. **1** imporre il pagamento di un'imposta indiretta (*o* di fabbricazione) a (q.); tassare; gravare d'imposta; (*stor.*) daziare **2** (*fig. raro*) taglieggiare; far pagare caro.

to **excise** (**2**) /ɪkˈsaɪz/, v. t. tagliare; omettere; recidere; asportare: **to e. a passage**, omettere un passo (*d'un libro*); (*med.*) **to e. a tumor**, asportare un tumore.

exciseman /ˈɛksaɪzmn/, n. (*pl.* **excisemen**) (*fisc.*) agente delle imposte indirette; (*stor.*) daziere.

excision /ɪkˈsɪʒn/, n. **1** taglio; omissione;

espunzione *2* (*med.*) asportazione; escissione *3* (*relig.*) scomunica.

excitability /ɪksaɪtə'bɪlətɪ/, *n.* eccitabilità.

excitable /ɪk'saɪtəbl/, *a.* eccitabile; impressionabile.

excitant /'ɛksɪtənt/, *a.* e *n.* (*farm.*) eccitante, stimolante.

excitation /ɛksɪ'teɪʃn/, *n.* eccitazione. ● (*elettr.*) **e. anode**, anodo di eccitazione □ (*fis. nucl.*) **e. function**, funzione di eccitazione.

excitative /ɛk'saɪtətɪv/, **excitatory** /ɛk'saɪtətrɪ, *USA* -tɔːrɪ/, *a.* eccitativo; eccitante.

to **excite** /ɪk'saɪt/, *v. t.* *1* eccitare (*anche elettr.* e *scient.*); agitare; stimolare: **The injection of adrenalin excited the rat**, l'iniezione di adrenalina eccitò il topo *2* suscitare; provocare; far nascere: **Jane excited his jealousy**, Jane suscitò la sua gelosia; **to e. suspicion in sb.**, far nascere sospetti in q.

excited /ɪk'saɪtɪd/, *a.* eccitato; agitato; emozionato; turbato. ● **to get e.**, eccitarsi; agitarsi.

excitement /ɪk'saɪtmənt/, *n.* eccitamento; eccitazione; agitazione; emozione; turbamento.

exciter /ɪk'saɪtə(r)/, *n.* *1* (*anche elettr., elettron.*) eccitatore, eccitatrice *2* (*farm.*) eccitante; stimolante.

exciting /ɪk'saɪtɪŋ/, *a.* eccitante; emozionante: **an e. piece of news**, una notizia eccitante; **an e. story**, una storia emozionante.

exciton /'ɛksaɪtɒn/, *n.* (*fis.*) eccitone.

to **exclaim** /ɪk'skleɪm/, *v. t.* e *i.* esclamare; gridare. ● **to e. against sb.**, inveire contro q.

exclamation /ɛksklə'meɪʃn/, *n.* *1* esclamazione; grido *2* invettiva; protesta *3* (*gramm.*) esclamazione. ● (*gramm.*) **note of e.** (*o* **e. mark,** *o USA* **e. point**), punto esclamativo.

exclamatory /ɪk'sklæmətrɪ, *USA* -tɔːrɪ/, *a.* (*anche gramm.*) esclamativo.

exclosure /ɪk'skləʊʒə/, *n.* recinzione; zona recintata.

to **exclude** /ɪk'skluːd/, *v. t.* *1* escludere; lasciar fuori; non ammettere: **to e. some immigrants as undesirables**, non ammettere taluni immigranti considerati indesiderabili *2* escludere; scartare: **to e. the possibility of an agreement**, scartare la possibilità di un accordo.

excluding /ɪk'skluːdɪŋ/, *prep.* a esclusione di; tranne; eccetto.

exclusion /ɪk'skluːʒn/, *n.* esclusione. ● (*in U.S.A.*) **e. law**, legge che esclude gli immigranti provenienti da certi paesi □ (*leg.*) **e. order**, ordine d'espulsione (*di uno straniero*) □ (*fis.*) **e. principle**, principio di esclusione □ **to the e. of**, a esclusione di.

exclusionary rule /ɪk'skluːʒnrɪ'ruːlz, *USA* -ɛrɪ/, *locuz. n.* (*leg., in U.S.A.*) regola per cui le prove ottenute con mezzi lesivi dei diritti costituzionali dell'imputato non possono essere prodotte a suo carico.

exclusionist /ɪk'skluːʒənɪst/, **A** *a.* (*USA*) della politica d'esclusione (*di certi immigranti*). **B** *n.* fautore di una politica d'esclusione (*di merci straniere, immigranti, ecc.*).

exclusive /ɪk'skluːsɪv/, **A** *a.* *1* esclusivo; solo; unico: **an e. right**, un diritto esclusivo; un'esclusiva; **Pop music is my e. hobby**, la musica pop è il mio solo hobby *2* altezzoso; altero; che mantiene le distanze *3* riservato, ristretto; esclusivo; di (gran) classe: **the most e. London clubs**, i circoli più esclusivi di Londra *4* (*fam.*) di prima qualità; costoso; di lusso; lussuoso: **an e. shop**, un negozio caro; **an e. hotel**, un albergo di lusso *5* escluso: **pages 5 to 50 e.**, pagine da 5 a 50 esclusa. **B** *n.* *1* articolo (notizia, ecc.) in esclusiva *2* persona intransigente. ● (*comm.*) **e. agency**, rappresentanza esclusiva □ **e. agent**, agente (*o* rappresentante) esclusivo; esclusivista □ (*comm.*) **e. distributor**, concessionario □ **e. interview**, intervista in esclusiva □ **e. of**, a esclusione di; eccetto □ **an e. newspaper**, un giornale pubblicato in esclusiva □ (*leg.*) **e. selling rights**, esclusiva di vendita □ (*comm.*) **The price is e. of packaging**, il prezzo non comprende l'imballaggio. || **-ly**, *avv.* || **-ness**, *sost.*

exclusivism /ɪk'skluːsɪvɪzəm/, *n.* esclusivismo.

exclusivist /ɪk'skluːsɪvɪst/, *n.* esclusivista.

to **excogitate** /ɛk'skɒdʒɪteɪt/, *v. t.* escogitare; inventare; ideare.

excogitation /ɛkskɒdʒɪ'teɪʃn/, *n.* escogitazione (*raro*); invenzione.

excogitative /ɛk'skɒdʒɪtətɪv, *USA* -eɪtɪv/, *a.* escogitativo (*raro*); inventivo.

excommunicable /ɛkskə'mjuːnɪkəbl/, *a.* (*relig.*) scomunicabile.

excommunicate /ɛkskə'mjuːnɪkeɪt/, *a.* e *n.* (*relig.*) scomunicato.

to **excommunicate** /ɛkskə'mjuːnɪkeɪt/, *v. t.* (*relig.*) scomunicare.

excommunication /ɛkskəmjuːnɪ'keɪʃn/, *n.* (*relig.*) scomunica.

excommunicative /ɛkskə'mjuːnɪkətɪv, *USA* -eɪtɪv/, *a.* (*relig.*) di scomunica.

excommunicator /ɛkskə'mjuːnɪkeɪtə(r)/, *n.* (*relig.*) chi scomunica.

excommunicatory /ɛkskə'mjuːnɪkətrɪ, *USA* -tɔːrɪ/, *a.* (*relig.*) di scomunica.

to **excoriate** /ɛk'skɔːrɪeɪt/, *v. t.* *1* escoriare; scorticare *2* (*fig.*) scuoiare (*fig.*); criticare aspramente; demolire (*fig.*).

excoriation /ɛkskɔːrɪ'eɪʃn/, *n.* *1* escoriazione; scorticatura *2* (*fig.*) aspra critica; demolizione (*fig.*).

excrement /'ɛkskrɪmənt/, *n.* escremento.

excremental /ɛkskrɪ'mɛntl/, **excrementitious** /ɛkskrɪmɛn'tɪʃəs/, *a.* escrementizio.

excrescence /ɪk'skrɛsns/, **excrescency** /ɪk'skrɛsnsɪ/, *n.* *1* escrescenza (*anche med.*); protuberanza, sporgenza *2* (*fig.*) aggiunta superflua.

excrescent /ɪk'skrɛsnt/, *a.* *1* (*med.*) escrescente *2* (*fig.*) superfluo.

excrescential /ɛkskrɪ'sɛnʃl/, *a.* (*anche med.*) di (*o* che forma) un'escrescenza.

excreta /ɪk'skriːtə/, *n. pl.* (*fisiol.*) escrementi; escrezioni.

to **excrete** /ɪk'skriːt/, *v. t.* espellere (*escrementi*); secernere (*sudore*).

excretion /ɪk'skriːʃn/, *n.* (*fisiol.*) escrezione.

excretive /ɛk'skriːtɪv/, *a.* escretivo.

excretory /ɪk'skriːtərɪ, *USA* 'ɛkskrɪtɔːrɪ/, **A** *a.* escretore; escretorio. **B** *n.* (*fisiol.*) organo escretore.

to **excruciate** /ɪk'skruːʃɪeɪt/, *v. t.* crucciare; tormentare; torturare.

excruciating /ɪk'skruːʃɪeɪtɪŋ/, *a.* tormentoso; straziante; atroce: **e. pains**, dolori atroci.

excruciation /ɪkskruːʃɪ'eɪʃn/, *n.* cruccio; tormento; tortura.

to **exculpate** /'ɛkskʌlpeɪt, ɪk'skʌlpeɪt/, *v. t.* discolpare; scolpare; assolvere.

exculpation /ɛkskʌl'peɪʃn/, *n.* discolpa; assoluzione.

exculpatory /ɛk'skʌlpətrɪ, *USA* -tɔːrɪ/, *a.* che discolpa; giustificativo.

excurrent /ɛk'skʌrənt, *USA* -ɜːr-/, *a.* *1* (*scient.*) defluente *2* (*med.*: *di sangue*) arterioso *3* (*bot.*) sporgente.

to **excurse** /ɪk'skɜːs/, *v. i.* (*raro*) *1* vagare; fare un'escursione *2* divagare; fare digressioni.

excursion /ɪk'skɜːʃn, -ʒn/, *n.* *1* escursione; gita; viaggetto: **to make** (*o* **to go on**) **an e.**, fare un'escursione; andare in gita *2* (*mecc.*) escursione; ampiezza; corsa *3* (*astron.*) deviazione *4* (*fig.*) digressione; divagazione. ● (*ferr.*) **e. rates**, tariffe speciali (per gite) □ (*ferr.*) **e. ticket**, biglietto festivo □ **e. train**, treno popolare.

excursional /ɪk'skɜːʃənl/, **excursionary** /ɪk'skɜːʃənərɪ, *USA* -ɛrɪ/, *a.* di (*o* relativo a) escursione; escursionistico.

excursionist /ɪk'skɜːʃnɪst/, *n.* escursionista; gitante.

excursive /ɛk'skɜːsɪv/, *a.* *1* saltuario: **e. readings**, letture saltuarie *2* digressivo *3* (*dello stile, ecc.*) sconnesso; slegato.

excursiveness /ɛk'skɜːsɪvnəs/, *n.* l'esser saltuario (*o* digressivo, sconnesso).

excursus /ɛk'skɜːsəs/, *n.* (*pl.* **excursuses, excursus**) *1* dissertazione *2* digressione; divagazione; excursus.

excusability /ɪkskjuːzə'bɪlətɪ/, *n.* scusabilità.

excusable /ɪk'skjuːzəbl/, *a.* scusabile; giustificabile; perdonabile.

excusableness /ɪk'skjuːzəblnəs/, *n.* scusabilità.

excusably /ɪk'skjuːzəblɪ/, *avv.* scusabilmente.

excusatory /ɪk'skjuːzətrɪ, *USA* -tɔːrɪ/, *a.* giustificativo; di scusa.

excuse /ɪk'skjuːs/, *n.* *1* scusa; giustificazione; pretesto: **to offer excuses**, addurre scuse (*o* pretesti); **He wishes to make his excuses**, desidera fare le sue scuse *2* dispensa; esenzione; esonero *3* richiesta di giustificazione *4* (*fam.*, = **poor e.**) per finta; da burla: **He's a poor e. for a husband**, è un marito da burla. ● **in e. of**, a giustificazione di □ **without e.**, senza giustificazione □ **There's no e. for not studying**, non c'è scusa che tenga per non aver studiato.

to **excuse** /ɪk'skjuːz/, **A** *v. t.* *1* scusare; scagionare; scolpare; perdonare; giustificare: **E. me for not answering before**, scusami per non averti risposto prima; **His youth excuses his mistake**, la sua giovinezza giustifica il suo errore; **to e. an absense**, giustificare un'assenza *2* dispensare; esimere; esentare; esonerare; condonare: **I cannot e. you from the gym lessons**, non posso esonerarti dalle lezioni di ginnastica; **They will e. him the fee**, gli condoneranno il pagamento della tassa *3* concedere a (q.) il permesso di andarsene; scusare (*fam.*). **B** to **excuse oneself**, *v. rifl.* *1* scusarsi; giustificarsi; farsi dispensare (*o* esentare): **I want to e. myself from attending the meeting**, chiedo di essere esentato dal partecipare alla riunione *2* (*form.*) chiedere congedo *3* (*eufem.*) andare in bagno: **May I be excused?**, posso uscire? ● **E. me!**, scusami!; mi scusi! (*rivolgendo la parola a q. e sim.*); (con) permesso! (*passando nella folla, ecc.*); (*USA*) scusa!; scusi!; pardon! (*urtando o pestando i piedi a q., ecc.*; *cfr. ingl.* **sorry!**).

ex-directory /ɛksdaɪ'rɛktərɪ, -dɪ-/, *a.* (*telef.*: *di numero*) non in elenco. ● **to go e.**, far togliere il proprio numero dall'elenco.

exeat /'ɛksɪæt/ (*lat.*), *n.* (*nei college universitari di Oxford, Cambridge, ecc.*) permesso d'assentarsi.

execrable /'ɛksɪkrəbl/, *a.* *1* esecrabile; esecrando; odioso: **e. misdeeds**, esecrabili misfatti *2* orribile; pessimo: **e. taste**, pessimo gusto. || **-ness**, *sost.* || **-bly**, *avv.*

to **execrate** /'ɛksɪkreɪt/, **A** *v. t.* *1* esecrare; detestare *2* maledire. **B** *v. i.* imprecare; maledire.

execration /ɛksɪ'kreɪʃn/, *n.* *1* esecrazione; detestazione (*lett.*) *2* imprecazione; maledizione.

execrative /'ɛksɪkreɪtɪv/, *a.* esecratorio; di esecrazione.

execratory /'ɛksɪkreɪtərɪ, *USA* -rətɔːrɪ/, *V.* **execrative**.

executable /'ɛksɪkjuːtəbl, ɪg'zɛkjʊ-/, *a.* *1* eseguibile; fattibile *2* (*leg.*) giustiziabile.

executant /ɪg'zɛkjʊtnt/, *n.* esecutore (*specialm. di musica*).

to **execute** /'ɛksɪkjuːt/, *v. t.* *1* eseguire; adempiere; mettere in atto: **to e. sb.'s orders**, eseguire gli ordini di q.; **to e. a concert [a drama, a portrait]**, eseguire un concerto [un'opera teatrale, un ritratto]; **to e. an office [a function]**, adempiere un ufficio [una funzione]; **to e. a purpose [a law]**, mettere in atto un proposito [una legge] *2* (*leg., comm.*) redigere; perfezionare; firmare: **to e. a contract**, perfezionare un contratto *3* (*leg.*) eseguire (*una sentenza*) *4* (*leg.*) dare esecuzione a (*un testamento*) *5* (*leg.*) giustiziare: **to e. a spy [a murderer]**, giustiziare una spia [un assassino] *6* (*teatr.*) recitare; interpretare. ● (*leg.*) **to e. a deed**, sottoscrivere, sigillare e consegnare un atto formale (*un tempo, alla presenza di testi*) □ (*comm.*) **to e. an order**, eseguire (*o* evadere, dar corso a) un'ordinazione □ (*ass.*) **to e. a policy**, perfezionare una polizza.

execution /ɛksɪ'kju:ʃn/, *n.* **1** esecuzione; fattura; adempimento: **The e. of the plan failed**, l'esecuzione del piano fallì; **a work of admirable e.**, un'opera di mirabile fattura; **in the e. of one's duty**, nell'adempimento del proprio dovere **2** (*leg.*) esecuzione (capitale): **the e. of a traitor**, l'esecuzione di un traditore **3** (*arc.*) distruzione; strage (*anche fig.*): **The bombs did heavy e.**, le bombe fecero una grande strage **4** (*leg., comm.*) redazione, perfezionamento, firma (*d'un contratto, ecc.*) **5** (*leg., comm.*) esecuzione; processo esecutivo; disposto esecutivo: **the e. of a judgment**, l'esecuzione di una sentenza **6** (*arte*) esecuzione; fattura **7** (*comm.*) esecuzione, evasione (*di un'ordinazione*). ● (*fin.*) **the e. of the national budget**, la gestione del bilancio dello Stato □ (*leg.*) **e. of a will**, sottoscrizione di un testamento □ **to put st. into e.**, mettere q.c. in esecuzione; dare esecuzione (*o* corso) a q.c.

executioner /ɛksɪ'kju:ʃənə(r)/, *n.* carnefice; boia.

executive /ɪg'zɛkjʊtɪv/, **A** *a.* **1** esecutivo: (*polit.*) **the e. power**, il potere esecutivo; **e. committee**, comitato esecutivo **2** direttivo; dirigenziale; da direttore: **e. ability**, capacità direttiva; **e. duties**, mansioni dirigenziali; **an e. desk**, una scrivania da direttore **3** di rappresentanza: **an e. car**, un'automobile di rappresentanza; **an e. suite**, un appartamento di rappresentanza. **B** *n.* **1** (*polit., leg.*) (potere) esecutivo **2** executive; direttore; dirigente d'azienda; dirigente; capo (*d'un servizio, ecc.*). ● **e. briefcase**, cartella portadocumenti □ (*fin.*) **e. game**, gestione simulata □ (*polit.*) **the e. head of a nation**, il capo del potere esecutivo in una nazione □ (*in U.S.A.*) **E. Mansion**, la residenza ufficiale del Presidente degli Stati Uniti (o del governatore d'uno dei 50 Stati) □ (*naut., mil.*) **the e. officer**, il comandante in seconda □ (*leg., USA*) **e. order**, provvedimento legislativo del Presidente USA (*cfr. ital. DPR*) □ (*cinem.*) **e. producer**, produttore (*organizzatore*) □ (*org. az.*) **e. pyramid**, piramide dirigenziale □ (*fin.*) **e. secretary**, segretario di direzione.

executor /ɪg'zɛkjʊtə(r)/, *n.* **1** esecutore **2** (*leg.*) esecutore testamentario. ● **literary e.**, incaricato della pubblicazione di opere postume.

executory /ɪg'zɛkjʊtrɪ, *USA* -tɔ:rɪ/, *a.* **1** esecutorio; esecutivo **2** (*leg.*) ancora da eseguire; incompleto; futuro **3** (*leg.*) condizionato; soggetto a condizioni.

executrix /ɪg'zɛkjʊtrɪks/, *n.* (*pl.* **executrices, executrixes**) **1** esecutrice **2** (*leg.*) esecutrice testamentaria.

exedra /'ɛksɪdrə, ɛk's-/, *n.* (*pl.* **exedrae**) (*archit.*) esedra.

exegesis /ɛksɪ'dʒi:sɪs/, *n.* (*pl.* **exegeses**) esegesi.

exegete /'ɛksɪdʒi:t/, *n.* esegeta; commentatore; interprete.

exegetic(al) /ɛksɪ'dʒɛtɪk(l)/, *a.* esegetico.

exegetics /ɛksɪ'dʒɛtɪks/, *n. pl.* (*col verbo al sing.*) esegetica.

exemplar /ɪg'zɛmplɑ:(r), -plə(r)/, *n.* esemplare; modello; prototipo.

exemplary /ɪg'zɛmplərɪ, *USA* 'ɛgzəmplerɪ/, *a.* esemplare; tipico: **e. behaviour**, condotta esemplare; **e. justice**, giustizia esemplare. ● (*leg.*) **e. damages**, (condanna al) risarcimento di danni superiori a quelli effettivamente arrecati (*con valore punitivo*). || **-ily**, *avv.* || **-iness**, *sost.*

exemplifiable /ɪg'zɛmplɪfaɪəbl/, *a.* esemplificabile.

exemplification /ɪgzɛmplɪfɪ'keɪʃn/, *n.* **1** esemplificazione **2** (*leg.*) copia autentica (*o* conforme) (*d'un documento*).

to **exemplify** /ɪg'zɛmplɪfaɪ/, *v. t.* **1** esemplificare; illustrare con esempi **2** essere un esempio di (q.c.) **3** (*leg.*) fare una copia autentica (*o* conforme) di (*un documento*).

exempt /ɪg'zɛmpt/, **A** *a.* esente: **These goods are e. from duty**, questa merce è esente da dazio. **B** *n.* **1** persona esente (*specialm. da imposte*) **2** (*mil.*) ufficiale delle guardie della Torre di Londra. ● **e. from military service**, esente da obblighi militari; militesente.

to **exempt** /ɪg'zɛmpt/, *v. t.* esentare; esonerare; dispensare: **to e. sb. from service in the army**, esonerare q. dal servizio militare.

exemption /ɪg'zɛmpʃn/, *n.* **1** esenzione; esonero; dispensa: **e. from taxation**, esenzione dalle imposte; esonero fiscale **2** (*fisc., in U.S.A.*) detrazione fiscale; quota esente. ● (*leg.*) **e. clause**, clausola esonerativa.

to **exenterate** /ɛg'zɛntəreɪt/, *v. t.* **1** (*med.*) eviscerare **2** (*raro*) sventrare (*solamente fig.*).

exenteration /ɛgzɛntə'reɪʃn/, *n.* **1** (*med.*) eviscerazione **2** (*raro*) sventramento (*fig.*).

exequies /'ɛksɪkwɪz/, *n. pl.* esequie.

exercisable /ɛksə'saɪzəbl/, *a.* esercitabile.

exercise /'ɛksəsaɪz/, *n.* **1** esercizio; esercizio fisico; esercitazione; compito (*a scuola*); tema: **circulatory disorders from lack of e.**, disturbi circolatori per mancanza d'esercizio fisico; **gymnastic exercises**, esercizi ginnici; **military exercises**, esercitazioni militari; **the e. of power [of one's rights]**, l'esercizio del potere [dei propri diritti]; **an e. in English spelling**, un esercizio di ortografia inglese **2** (*relig.*) esercizio spirituale (*o* di pietà) **3** sforzo: **with a tremendous e. of will**, con un tremendo sforzo di volontà **4** (*pl.*) (*USA*) cerimonie: **opening exercises**, cerimonie d'apertura (*di una riunione, ecc.*). ● **e. bike**, Cyclette (*marchio: attrezzo ginnico*) □ **e.-book**, quaderno (*degli esercizi*) □ **e. machine**, attrezzo per la ginnastica da camera □ **e. yard**, cortile dell'aria (*in un carcere*) □ **for e.**, per fare dell'esercizio: **You should play golf for e.**, dovresti giocare a golf per fare dell'esercizio □ **to take** (*USA*: **to get**) **some e.**, fare un po' di moto.

to **exercise** /'ɛksəsaɪz/, **A** *v. t.* **1** esercitare; adoperare; praticare; mettere in pratica: **to e. veto power [one's rights]**, esercitare il diritto di veto [i propri diritti]; **to e. self-control**, esercitare l'autocontrollo; fare appello alla padronanza dei propri nervi; **to e. one's authority**, esercitare la propria autorità: **to e. a function**, esercitare una funzione **2** esercitare; allenare; addestrare: **to e. sb. in judo [swimming]**, esercitare q. nel judo [nel nuoto] **3** – (*al passivo*) **to be exercised**, praticare: **She was exercised in virtue**, praticava la virtù **4** (*spesso al passivo*) preoccupare; turbare: **The minister was greatly exercised about the situation in our secondary schools**, il ministro era molto preoccupato della situazione delle nostre scuole secondarie. **B** *v. i.* esercitarsi; allenarsi; fare esercizio. **C** to **exercise oneself**, *v. rifl.* esercitarsi: **He was exercising himself in English composition**, si esercitava a comporre in inglese. ● (*Borsa*) **to e. an option**, esercitare un'opzione.

exerciser /'ɛksəsaɪzə(r)/, *n.* **1** esercitatore, esercitatrice **2** chi fa dell'esercizio fisico **3** attrezzo per esercizi fisici.

exergue /ɛk'sɜ:g/, *n.* esergo (*di una moneta*).

to **exert** /ɪg'zɜ:t/, **A** *v. t.* esercitare; applicare; fare uso di: **to e. all one's strength [will power]**, fare uso di tutta la propria forza [forza di volontà]; **to e. a profound influence on sb.**, esercitare un profondo influsso su q.; **The generals e. the real power**, il vero potere è esercitato dai generali. **B** to **exert oneself**, *v. rifl.* sforzarsi; darsi da fare: **He didn't e. himself much**, non si sforzò molto; **I hope you will e. yourself to attain your aim**, spero che ti darai da fare per raggiungere lo scopo.

exertion /ɪg'zɜ:ʃn/, *n.* **1** esercizio; impiego; uso: **the e. of real power**, l'esercizio reale del potere **2** sforzo: **All my exertions were to no end**, tutti i miei sforzi furono vani.

exertive /ɪg'zɜ:tɪv/, *a.* di sforzo; che tende (*o* incita) allo sforzo (*o* all'azione).

exeunt /'ɛksɪʌnt/ (*lat.*), *voce verb.* (*teatr.*) escono (*nelle didascalie di drammi*). ● **e. omnes**, escono tutti.

to **exfoliate** /ɛks'fəʊlɪeɪt/, **A** *v. t.* **1** sfaldare **2** ridurre in foglie (*o* in lamine). **B** *v. i.* **1** (*geol.*) sfaldarsi **2** (*med.: della pelle*) squamarsi.

exfoliation /ɛksfəʊlɪ'eɪʃn/, *n.* **1** (*geol.*) desquamazione; sfaldatura **2** (*med.*) esfoliazione (*della pelle*) **3** (*metall.*) sfogliatura.

exhalant /ɛks'heɪlənt, ɪg'zeɪ-/, *a.* esalante.

exhalation /ɛkshə'leɪʃn/, *n.* esalazione; esalamento; emanazione; effluvio; respiro. ● **an e. of anger**, uno sfogo d'ira.

to **exhale** /ɛks'heɪl/, *v. t.* e *i.* **1** esalare; emanare; emettere; espirare: **to e. a sigh**, emettere un sospiro; **to e. air**, espirare l'aria **2** (*chim.*) liberare (*gas, ecc.*); evaporare.

exhaust /ɪg'zɔ:st/, *n.* **1** (*tecn.*) apparecchio per l'aspirazione di gas, aria viziata, vapore, ecc. **2** (*mecc.*) scarico; scappamento: (*autom.*) **e. pipe**, tubo di scappamento; marmitta; **e. valve**, valvola di scarico; **e. steam**, vapore di scarico **3** gas (*o* vapore) di scarico **4** (*autom.*) *V.* **e. pipe**. ● (*autom.*) **e. emission**, fuoriuscita dei gas di scarico □ (*tecn.*) **e. fan**, aspiratore □ (*autom., mecc.*) **e. system**, lo scarico □ **e. system dealer**, rivenditore di marmitte, tubi di scarico, ecc. □ (*autom., mecc.*) **e. trouble**, guasto allo scarico.

to **exhaust** /ɪg'zɔ:st/, **A** *v. t.* **1** esaurire (*anche fig.*); consumare; rendere esausto; spossare; vuotare; svuotare: **to e. one's endurance [resources]**, esaurire la propria sopportazione [le proprie risorse]; **to e. a gold vein**, esaurire una vena aurifera; **War exhausts nations**, la guerra rende esauste le nazioni; **to e. a subject**, esaurire un argomento; **to e. a bank account**, esaurire (*o* estinguere, spegnere) un conto in banca; **to e. a wine cask**, svuotare una botte di vino **2** aspirare (*aria o gas da un recipiente*) **3** (*tecn.*) svuotare; scaricare. **B** *v. i.* (*mecc.: del gas, ecc.*) scaricarsi. **C** to **exhaust oneself**, *v. rifl.* esaurirsi; logorarsi.

exhausted /ɪg'zɔ:stɪd/, *a.* esaurito; esausto; spossato.

exhauster /ɪg'zɔ:stə(r)/, *n.* (*tecn.*) ventilatore di scarico; aspiratore.

exhaustibility /ɪgzɔ:stə'bɪlətɪ/, *n.* esauribilità.

exhaustible /ɪgzɔ:stəbl/, *a.* esauribile.

exhausting /ɪg'zɔ:stɪŋ/, *a.* **1** che rende esausto; faticoso; snervante **2** (*tecn.*) d'aspirazione; che aspira. ● (*tecn.*) **e. power**, tiraggio (*di un aspiratore*).

exhaustion /ɪg'zɔ:stʃn/, *n.* **1** esaurimento: (*rag.*) **the e. of funds**, l'esaurimento dei fondi **2** (*med.*) spossatezza.

exhaustive /ɪg'zɔ:stɪv/, *a.* esauriente; esaustivo; completo: **an e. study**, uno studio esaustivo; **an e. list of articles**, una lista d'articoli completa. || **-ly**, *avv.* || **-ness**, *sost.*

exhedra /ɛks'hi:drə, ɛk'si:-/, *n.* (*pl.* **exhedrae**) (*archit.*) esedra.

exhibit /ɪg'zɪbɪt/, *n.* **1** oggetto esposto; raccolta d'oggetti esposti **2** (*leg.*) documento, oggetto esibito (*o* prodotto) in giudizio; reperto **3** (*USA*) esposizione; mostra **4** (*pl.*) (*market.*) materiale da esposizione.

to **exhibit** /ɪg'zɪbɪt/, *v. t.* e *i.* **1** esporre; esibire; mostrare; mettere in mostra: **to e. paintings [goods in a shop window]**, esporre quadri [merce in vetrina] **2** dimostrare; rivelare: **to e. bravery [impatience]**, dimostrare valore [impazienza] **3** (*leg.*) esibire, produrre (*documenti, prove, ecc.*).

exhibition /ɛksɪ'bɪʃn/, *n.* **1** esposizione; mostra: **an art e.**, un'esposizione d'arte; **the Great E.**, la Grande Esposizione (*a Londra, nel 1851*) **2** esibizione; dimostrazione: **an e. of one's knowledge**, un'esibizione del proprio sapere **3** fondazione (universitaria); borsa di studio **4** (*leg.*) produzione, esibizione (*di documenti*) **5** (*med.*) somministrazione. ● **e. hall**, salone d'esposizione □ **to make an e. of oneself**, mettersi in mostra; dare spettacolo di sé; rendersi ridicolo.

exhibitioner /ɛksɪ'bɪʃənə(r)/, *n.* borsista (*all'università*).
exhibitionism /ɛksɪ'bɪʃənɪzəm/, *n.* (*anche psic.*) esibizionismo.
exhibitionist /ɛksɪ'bɪʃənɪst/, *n.* (*anche psic.*) esibizionista.
exhibitionistic /ɛksɪbɪʃə'nɪstɪk/, *a.* (*anche psic.*) esibizionistico.
exhibitor /ɪg'zɪbɪtə(r)/, *n.* **1** esibitore **2** (*comm.*) espositore **3** (*cinem.*) gestore (*o* esercente) di sala cinematografica. ● (*a una fiera*) **exhibitors**, espositori; ditte espositrici.
exhibitory /ɪg'zɪbɪtrɪ, *USA* -ɪtɔːrɪ/, *a.* **1** esibitivo **2** (*comm.*) da esposizione; per mostra.
exhilarant /ɪg'zɪlərənt/, **A** *a.* esilarante. **B** *n.* cosa esilarante.
to **exhilarate** /ɪg'zɪləreɪt/, *v. t.* **1** esilarare; rallegrare; rendere euforico **2** stimolare; tonificare.
exhilarating /ɪg'zɪləreɪtɪŋ/, *a.* **1** esilarante; divertente **2** stimolante; tonificante.
exhilaration /ɪgzɪlə'reɪʃn/, *n.* **1** l'esilarare; esilaramento (*raro*) **2** allegrezza; euforia **3** tonificazione; rinvigorimento.
exhilarative /ɪg'zɪlərətɪv, *USA* -eɪtɪv/, *a.* esilarante.
to **exhort** /ɪg'zɔːt/, *v. t.* esortare; ammonire; raccomandare: **The teacher exhorted us to study hard**, l'insegnante ci esortò a studiare con impegno.
exhortation /ɛgzɔː'teɪʃn/, *n.* esortazione; ammonimento.
exhortative /ɪg'zɔːtətɪv/, *a.* esortativo.
exhortatory /ɪg'zɔːtətrɪ, *USA* -ətɔːrɪ/, *a.* esortatorio.
exhorter /ɪg'zɔːtə(r)/, *n.* esortatore, esortatrice.
exhumation /ɛkshjuː'meɪʃn, *USA* ɪgzuːm-/, *n.* esumazione.
to **exhume** /ɛks'hjuːm, *USA* ɪg'zuːm/, *v. t.* (*anche fig.*) esumare.
exigence /'ɛksɪdʒəns/, **exigency** /'ɛksɪdʒənsɪ/, *n.* **1** esigenza; bisogno; necessità **2** emergenza; situazione difficile **3** urgenza.
exigent /'ɛksɪdʒənt/, *a.* **1** urgente; impellente **2** esigente.
exigible /'ɛksɪdʒəbl/, *a.* (*anche leg.*) esigibile.
exiguity /ɛgzɪ'gjuːətɪ/, *n.* esiguità; tenuità.
exiguous /ɛg'zɪgjʊəs/, *a.* esiguo; piccolo; tenue. || **-ly,** *avv.* || **-ness,** *sost.*
exile /'ɛksaɪl, 'ɛgzaɪl/, *n.* **1** esilio; bando; proscrizione: **He went into e.**, andò in esilio **2** esule; esiliato; proscritto **3** – (*stor.*) **the E.**, la cattività babilonese.
to **exile** /'ɛksaɪl, 'ɛgzaɪl/, *v. t.* esiliare; bandire; proscrivere: **Ovid was exiled at Tomis on the Black Sea**, Ovidio fu esiliato a Tomi sul Mar Nero.
exilian /ɛg'zɪlɪən/, **exilic** /ɛg'zɪlɪk/, *a.* relativo all'esilio (*specialm., degli Ebrei a Babilonia*).
to **exist** /ɪg'zɪst/, *v. i.* **1** esistere; trovarsi; vivere; esserci: **She doesn't even know I e.**, non sa neanche se esisto (*o* se sono al mondo); **Man cannot e. without air**, l'uomo non può vivere senza l'aria; **Bacteria exist in water**, nell'acqua ci sono dei batteri **2** (*fam.*) vivere (a malapena): **They e. on potatoes**, vivono di patate. ● **to e. as**, esistere in forma di.
existence /ɪg'zɪstəns/, *n.* **1** esistenza; vita **2** (*filos.*) entità. ● (*fig.*) **to call st. into e.**, far nascere q.c. □ **to come into e.**, avere origine, nascere (*fig.*) □ **to lead** (*o* **to have**) **a wretched e.**, condurre una vita infelice □ **This is the largest ship in e.**, questa è la nave più grande che esista.
existent /ɪg'zɪstənt/, *a.* esistente; attuale; presente.
existential /ɛgzɪ'stɛnʃl/, *a.* (*anche filos.*) esistenziale.
existentialism /ɛgzɪ'stɛnʃəlɪzəm/, *n.* (*filos.*) esistenzialismo.
existentialist /ɛgzɪ'stɛnʃəlɪst/, *a.* e *n.* (*filos.*) esistenzialista.
existing /ɪg'zɪstɪŋ/, *a.* esistente; attuale; presente.

exit (**1**) /'ɛksɪt/, *n.* **1** uscita: **emergency e.**, uscita di sicurezza **2** (*fig.*) fine; morte; dipartita: **to make one's e.**, morire. ● (*autom.*) **e.** (**point**), punto (*in Italia*: casello) d'uscita (*d'autostrada*) □ **e. poll**, sondaggio all'uscita dal seggio elettorale; sondaggio post-voto □ (*autom.*) **e. sign**, segnale d'uscita (*d'autostrada*) □ **e. survey**, *V.* **e. poll** □ (*tur.*) **e. visa**, visto d'uscita □ **to make an e.**, uscire; andarsene □ (*autom.*) **No e. northbound** (*cartello*), manca l'uscita dalla corsia nord.
exit (**2**) /'ɛksɪt/ (*lat.*), *voce verb.* (*teatr.*) esce (*nelle didascalie di drammi*): **E. Hamlet**, esce Amleto.
to **exit** /'ɛksɪt/, *v. i.* uscire; andare fuori; andarsene.
ex-libris /ɛks'laɪbrɪs/ (*lat.*), *n.* (*invar. al pl.*) ex libris.
exocrine /'ɛksəʊkraɪn/, **A** *a.* (*anat.*) esocrino. **B** *n.* (*anat.*, = **e. gland**) ghiandola esocrina.
exoderm /'ɛksəʊdɜːm/, *n.* (*bot.*) esoderma.
exodus /'ɛksədəs/, *n.* esodo; (*fig.*) partenza in massa: **weekend e.**, l'esodo del weekend. ● **E.**, l'Esodo (*libro della Bibbia*).
exoergic /ɛksəʊ'ɜːdʒɪk/, *a.* (*fis. nucl.*) esotermico.
ex officio /ɛksə'fɪʃɪəʊ/ (*lat.*), *a.* e *avv.* ex officio; di diritto: **an ex officio member**, (un) membro di diritto (*di un ente, ecc.*).
exogamous /ɛk'sɒgəməs/, *a.* (*antropol.*) esogamico.
exogamy /ɛk'sɒgəmɪ/, *n.* (*antropol.*) esogamia.
exogen /'ɛksədʒən/, *n.* (*bot.*) (pianta) esogena.
exogenetic /ɛksəʊdʒə'nɛtɪk/, **exogenic** /ɛksəʊ'dʒɛnɪk/, *a.* (*geol.*) esogeno.
exogenous /ɛk'sɒdʒənəs/, *a.* (*biol., geol., econ.*) esogeno: (*econ.*) **e. change**, cambiamento esogeno.
exon /'ɛksɒn/, *n.* (*mil.*) ufficiale delle guardie della Torre di Londra (*ve ne sono quattro*).
to **exonerate** /ɪg'zɒnəreɪt/, *v. t.* **1** (*anche leg.*) discolpare; prosciogliere: **to e. sb. from blame**, discolpare q. dal biasimo; **to e. sb. from a charge**, prosciogliere q. da un'accusa **2** esonerare; dispensare; sgravare.
exoneration /ɪgzɒnə'reɪʃn/, *n.* **1** (*anche leg.*) discolpa; proscioglimento **2** esonero; dispensa; sgravio.
exonerative /ɪg'zɒnərətɪv, *USA* -eɪtɪv/, *a.* **1** giustificativo; che discolpa **2** che esonera; che dispensa.
exophthalmic /ɛksɒf'θælmɪk, -səf-, -sɒp-/, *a.* (*med.*) esoftalmico.
exophthalmos /ɛksɒf'θælməs, -səf-, -sɒp-/, **exophthalmus** /ɛksɒf'θælməs, -səf-, -sɒp-/, *n.* (*med.*) esoftalmo.
exorability /ɛksərə'bɪlətɪ/, *n.* arrendevolezza (*alle preghiere*).
exorable /'ɛksərəbl/, *a.* arrendevole; cedevole.
exorbitance /ɪg'zɔːbɪtəns/, **exorbitancy** /ɪg'zɔːbɪtənsɪ/, *n.* esorbitanza; eccessività; esagerazione.
exorbitant /ɪg'zɔːbɪtənt/, *a.* esorbitante; eccessivo; esagerato; (*di un prezzo*) esoso.
to **exorcise** /'ɛksɔːsaɪz/, *V.* **to exorcize**.
exorcism /'ɛksɔːsɪzəm/, *n.* **1** esorcismo **2** esorcizzazione.
exorcist /'ɛksɔːsɪst/, *n.* **1** esorcizzatore **2** (*relig.*) esorcista.
exorcistic(**al**) /ɛksɔː'sɪstɪk(l)/, *a.* esorcistico.
to **exorcize** /'ɛksɔːsaɪz/, *v. t.* (*anche fig.*) esorcizzare.
exorcizer /'ɛksɔːsaɪzə(r)/, *n.* esorcizzatore, esorcizzatrice.
exordial /ɛk'sɔːdɪəl/, *a.* di esordio; introduttivo; proemiale (*lett.*).
exordium /ɛk'sɔːdɪəm/, *n.* (*pl.* **exordiums, exordia**) (*form.*) esordio; proemio.
exorheic /ɛksəʊ'riːɪk/, *a.* (*geogr.*) esoreico.
exoskeleton /ɛksəʊ'skɛlɪtn/, *n.* (*anat., zool.*) esoscheletro.
exosmose /'ɛksɒzməʊs/, **exosmosis** /ɛksɒz'məʊsɪs/, *n.* (*scient.*) esosmosi.
exosphere /'ɛksəʊsfɪə(r)/, *n.* (*geol.*) esosfera.
exostosis /ɛksɒ'stəʊsɪs/, *n.* (*med.*) esostosi.
exoteric(**al**) /ɛksəʊ'tɛrɪk(l)/, *a.* **1** (*filos.*) essoterico **2** (*raro*) ordinario; popolare.
exoterics /ɛksəʊ'tɛrɪks/, *n. pl.* (*col verbo al sing.*) **1** essoterismo **2** dottrine volgarizzate; trattati di divulgazione.
exothermic /ɛksəʊ'θɜːmɪk/, *a.* (*fis. nucl.*) esotermico.
exotic /ɪg'zɒtɪk/, **A** *a.* **1** esotico; forestiero; straniero **2** (*fis. nucl.*: *d'elemento, ecc.*) assai instabile. **B** *n.* **1** (*bot.*) pianta esotica (*anche fig.*) **2** (*ling.*) parola esotica; esotismo. || **-ally,** *avv.* || **-ness,** *sost.*
exoticism /ɪg'zɒtɪsɪzəm/, **exotism** /ɛg'zɒtɪzəm/, *n.* **1** esotismo; esoticità **2** (*ling.*) esotismo; parola esotica.
to **expand** /ɪk'spænd/, **A** *v. t.* **1** espandere; allargare; ampliare; dilatare: **He is trying to e. his business**, cerca di ampliare il suo giro d'affari; **Education expands the minds of children**, l'istruzione allarga la mente dei ragazzi; **The excessive heat had expanded the rails**, l'eccessivo calore aveva dilatato le rotaie **2** distendere; spiegare: **The eagle expanded its wings**, l'aquila spiegò le ali **3** (*anche mat.*) sviluppare (*un'espressione, ecc.*): **to e. a topic**, sviluppare un argomento **4** gonfiare: **to e. one's chest**, gonfiare il petto. **B** *v. i.* **1** espandersi; allargarsi; ampliarsi; dilatarsi: **Most substances e. if you warm them up**, la maggior parte delle sostanze si dilata se le si riscaldano; **Our trade will e. rapidly**, il nostro commercio si espanderà rapidamente; **Lake Garda expands there**, il lago di Garda s'allarga in quel punto **2** distendersi; spiegarsi; (*di fiori*) schiudersi: **His features expanded in a broad smile**, il viso gli si distese in un largo sorriso **3** (*fig. fam.*) diventare espansivo (*o* cordiale); aprirsi. ● (*fin.*) **to e. one's holdings**, aumentare il numero delle proprie partecipazioni azionarie □ **to e. on**, diffondersi su, sviluppare (*un argomento, ecc.*) □ (*metall.*) **expanded metal**, lamiera stirata □ (*ind.*) **expanded plastic**, resina espansa; espanso □ (*tipogr.*) **expanded type**, caratteri larghi.
expandable /ɪk'spændəbl/, *a.* espansibile; dilatabile.
expander /ɪk'spændə(r)/, *n.* **1** chi espande **2** (*ind. tess.*) tenditore **3** (*mecc.*) espansore; allargatubi; mandrino **4** (*ginnastica,* = **chest e.**) estensore.
expanding /ɪk'spændɪŋ/, *a.* che si espande; in espansione: **an e. economy**, un'economia in espansione.
expanse /ɪk'spæns/, *n.* **1** distesa; estensione: **the blue e. of the Atlantic**, l'azzurra distesa dell'Atlantico **2** espansione; allargamento.
expansibility /ɪkspænsə'bɪlətɪ/, *n.* espansibilità; dilatabilità.
expansible /ɪk'spænsəbl/, *a.* espansibile; dilatabile.
expansile /ɪk'spænsaɪl, *USA* -sl/, *a.* espansibile.
expansion /ɪk'spænʃn/, *n.* **1** espansione; allargamento; ampliamento; dilatazione: **the e. of steam**, l'espansione del vapore; **territorial e.**, espansione territoriale **2** aumento; estensione: **the e. of armaments**, l'aumento degli armamenti; (*fin.*) **the e. of currency**, l'aumento della circolazione monetaria **3** (*anche mat.*) sviluppo: **the e. of an idea**, lo sviluppo di un'idea **4** sboccio (*dei fiori*); fioritura. ● (*mecc.*) **e. coupling**, attacco (*o* giunto) ad espansione □ (*econ.*) **the e. of home demand**, la dilatazione della domanda interna □ **the e. of trade**, il moltiplicarsi degli scambi □ (*mecc.*) **triple-e. engine**, macchina a triplice espansione.
expansionary /ɪk'spænʃənərɪ, *USA* -ɛrɪ/, *a.* (*econ.*) espansionistico.
expansionism /ɪk'spænʃənɪzəm/, *n.* (*polit.,*

econ.) espansionismo.

expansionist /ɪk'spænʃənɪst/, (*polit., econ.*) **A** *n.* espansionista. **B** *a.* espansionistico; espansionista: **an e. policy**, una politica espansionista.

expansionistic /ɪkspænʃə'nɪstɪk/, *a.* (*polit., econ.*) espansionista; espansionistico.

expansive /ɪk'spænsɪv/, *a.* ***1*** espansivo; cordiale; esuberante: **an e. person**, una persona espansiva; **the e. power of steam**, la forza espansiva del vapore ***2*** ampio; esteso ***3*** (*di motore*) a espansione. || **-ly**, *avv.* || **-ness**, *sost.*

expansivity /ɛkspæn'sɪvətɪ/, *n.* ***1*** espansività ***2*** (*fis.*) coefficiente d'espansione cubica.

to **expatiate** /ɪk'speɪʃɪeɪt/, *v. i.* diffondersi, spaziare (su) (*fig.*): **to e. upon a subject**, diffondersi su un argomento.

expatiation /ɛkspeɪʃɪ'eɪʃn/, *n.* ***1*** il diffondersi; il dilungarsi ***2*** ampia relazione; lungo discorso ***3*** prolissità.

expatiatory /ɛk'speɪʃɪətrɪ, *USA* -ɪətɔ:rɪ/, *a.* ***1*** che si diffonde; che si dilunga ***2*** prolisso.

expatriate /ɛk'spætrɪət/, **A** *a.* espatriato. **B** *n.* persona espatriata; esule. ● (*comm.*) **e. enterprise**, impresa all'estero.

to **expatriate** /ɛk'spætrɪeɪt/, **A** *v. i.* ***1*** espatriare ***2*** rinunciare alla propria nazionalità. **B** *v. t.* ***1*** bandire; esiliare ***2*** togliere la cittadinanza a (q.).

expatriation /ɛkspætrɪ'eɪʃn/, *n.* ***1*** espatrio ***2*** mandata in esilio ***3*** (*leg.*) perdita della cittadinanza d'origine.

to **expect** /ɪk'spɛkt/, *v. t.* ***1*** aspettare; attendere; contare su; presumere; prevedere: **I'm expecting a wire**, aspetto un telegramma; **The ship is expected at Plymouth tomorrow**, la nave è attesa domani a Plymouth; **Just what I expected of him**, proprio quello che m'aspettavo da lui; **I e. you to be cooperative** (*o* **that you will cooperate**), conto sulla tua collaborazione; **I e. to arrive there on Monday**, presumo che sarò là lunedì; **I e. him to come** (*o* **that he will come**), prevedo che verrà ***2*** esigere; pretendere; aspettarsi: **Some parents e. too much from their children**, certi genitori pretendono troppo dai figlioli; **to e. too much of sb.**, aspettarsi troppo da q. ***3*** (*fam.*) credere; supporre; pensare: **I e. he will phone**, penso che telefonerà; **It is cheaper than I expected**, è più a buon mercato di quanto supponessi; **I e. so**, credo di sì; **I don't e. so**, credo di no. ● (*fam.*) **to be expecting**, essere in stato interessante □ **Don't e. me till you see me**, non aspettatemi: se verrò, mi vedrete □ **when least expected**, quando uno non se l'aspetta; quando meno te l'aspetti.

expectable /ɪk'spɛktəbl/, *a.* che ci si può aspettare; prevedibile.

expectance /ɪk'spɛktəns/, **expectancy** /ɪk'spɛktənsɪ/, *n.* ***1*** aspettazione; aspettativa (*anche leg.*); attesa ***2*** (*stat.*) speranza matematica; probabilità: (*mat. attuariale*) **life e.**, speranza di vita; vita presunta.

expectant /ɪk'spɛktənt/, **A** *a.* ***1*** (che è) in grande aspettazione; ansioso; speranzoso ***2*** che ha probabilità (*di riuscita, ecc.*). **B** *n.* ***1*** chi è in attesa (di q.c.) ***2*** candidato (*a un posto, ecc.*). ● **an e. mother**, una donna incinta; una mamma in attesa □ (*leg.*) **e. heir**, persona con aspettativa di futura successione □ **to be e. of st.**, aspettarsi q.c.; contare su q.c.

expectantly /ɪk'spɛktəntlɪ/, *avv.* con grande aspettativa; in ansiosa attesa.

expectation /ɛkspɛk'teɪʃn/, *n.* ***1*** aspettazione; aspettativa; attesa; previsione; prospettiva; speranza: **beyond expectations**, oltre le previsioni; **against** (*o* **contrary to**) **expectations**, contro ogni aspettazione; **to answer** (*o* **to meet**) **one's expectations**, rispondere alla propria aspettativa; **to fall short of** (*o* **not to come up to**) **sb.'s expectations**, non corrispondere all'aspettativa di q.; **to have great expectations**, avere grandi speranze, buone prospettive (*di ricevere un'eredità, ecc.*) ***2*** (*stat.*) speranza matematica; probabilità: (*mat. attuariale*) **e. of life**, aspettativa (*o* speranza) di vita; vita presunta. ● **I have great expectations of you**, m'aspetto grandi cose da te.

expectative /ɛk'spɛktətɪv/, *a.* di aspettazione; di attesa.

expectorant /ɪk'spɛktərənt/, *a.* e *n.* (*farm.*) espettorante.

to **expectorate** /ɪk'spɛktəreɪt/, *v. t.* e *i.* espettorare.

expectoration /ɛkspɛktə'reɪʃn/, *n.* (*anche med.*) ***1*** espettorazione ***2*** espettorato; escreato.

expedience /ɪk'spi:dɪəns/, **expediency** /ɪk'spi:dɪənsɪ/, *n.* ***1*** convenienza; opportunità; utilità ***2*** interesse; vantaggio personale; opportunismo.

expedient /ɪk'spi:dɪənt/, **A** *a.* ***1*** conveniente; opportuno; utile; vantaggioso ***2*** di opportunità; opportunistico: **for e. reasons**, per motivi di opportunità. **B** *n.* espediente; accorgimento; mezzo ingegnoso; ripiego.

expediential /ɪkspi:dɪ'ɛnʃl/, *a.* ***1*** basato sulla convenienza; opportunistico ***2*** usato come ripiego (*o* surrogato); di fortuna.

to **expedite** /'ɛkspɪdaɪt/, *v. t.* accelerare; facilitare; sbrigare.

expedition /ɛkspɪ'dɪʃn/, *n.* ***1*** spedizione; impresa: **an e. to the North Pole**, una spedizione al polo nord ***2*** (*tur.*) escursione; gita ***3*** (*raro*) speditezza; prontezza.

expeditionary /ɛkspɪ'dɪʃənərɪ, *USA* -ɛrɪ/, *a.* di spedizione: (*stor.*) **the American E. Force**, il corpo di spedizione americano (*nel 1918*).

expeditionist /ɛkspɪ'dɪʃənɪst/, *n.* membro d'una spedizione.

expeditious /ɛkspɪ'dɪʃəs/, *a.* (*form.*) rapido; spedito; sbrigativo; pronto; sollecito. || **-ly**, *avv.* || **-ness**, *sost.*

to **expel** /ɪk'spɛl/, *v. t.* ***1*** espellere; cacciare; scacciare: **Lew was expelled from school**, Lew fu espulso dalla scuola; **to e. the enemy from their trenches**, cacciare il nemico dalle sue trincee ***2*** (*med.*) espellere.

expellee /ɛkspɛ'li:/, *n.* espulso.

expellent /ɪk'spɛlənt/, **A** *a.* (*scient.*) espulsivo; espettorante. **B** *n.* farmaco espettorante.

to **expend** /ɪk'spɛnd/, *v. t.* ***1*** spendere (*denaro, ecc.*) ***2*** esaurire; consumare (*energie, ecc.*); passare (*il tempo*).

expendable /ɪk'spɛndəbl/, **A** *a.* ***1*** spendibile; che si può consumare; usabile ***2*** (*mil.*) sacrificabile; che si può sacrificare. **B** *n.* ***1*** cosa spendibile (*o* sacrificabile) ***2*** (*pl.*) (*ind.*) materiale di consumo. ● (*fin.*) **e. fund**, fondo disponibile □ (*prov.*) **Everyone is e.**, nessuno è indispensabile.

expenditure /ɪk'spɛndɪtʃə(r)/, *n.* ***1*** spesa; spese: **E. of the public authorities is increasing**, la spesa pubblica è in aumento ***2*** consumo; dispendio (*di tempo, di energia, ecc.*) ***3*** (*fin., rag.*) uscita; uscite: **income and e.**, le entrate e le uscite. ● **e. on medicines**, la spesa farmaceutica □ (*fisc.*) **e. tax**, imposta sui consumi.

expense /ɪk'spɛns/, *n.* ***1*** spesa: **Expenses will be charged to your account**, le spese saranno addebitate al vostro conto; **I've learnt it at my e.**, l'ho imparato a mie spese; **They pay my expenses**, mi rimborsano le spese ***2*** (*pl.*) (*banca*) spese ***3*** (*pl.*) (*leg.: in Scozia*) spese processuali (*cfr. ingl.* **costs**). ● **e. account**, conto spese; nota spese (*da rimborsare*) □ **e.-account**, (che va) in conto spese; deducibile, detraibile: **an e.-account lunch**, un pranzo che si può mettere in conto spese □ **e. account per diem**, diaria □ (*ass., fin.*) **e. ratio**, indice (*o* coefficiente) di spesa □ **e. voucher**, giustificativo di spesa; pezza d'appoggio □ (*rag.*) **at sb.'s e.**, a carico di q.: **Freight is at the importer's e.**, il nolo è a carico dell'importatore □ **at the e. of**, a scapito di: **Motorists are reluctant to buy fuel economy at the e. of performance**, gli automobilisti non vogliono sacrificare le prestazioni al risparmio di benzina □ **at public e.**, a spese dello Stato (*o* della comunità) □ **to clear one's expenses**, rifarsi delle spese □ **to go to the e. of**, sobbarcarsi alla spesa di □ **to put sb. to the e. of buying st.**, far sostenere a q. la spesa d'acquistare q.c. □ **to spare no e.**, non badare a spese □ **travelling expenses**, spese di viaggio; indennità di trasferta.

expensive /ɪk'spɛnsɪv/, *a.* costoso; caro; dispendioso: **a very e. fur coat**, una pelliccia assai costosa; **Gold is** (*o* **comes**) **e.**, l'oro costa caro.

expensively /ɪk'spɛnsɪvlɪ/, *avv.* dispendiosamente; ad alto costo (*o* prezzo).

expensiveness /ɪk'spɛnsɪvnəs/, *n.* dispendiosità; alto costo; prezzo elevato.

experience /ɪk'spɪərɪəns/, *n.* ***1*** esperienza; pratica: **a pleasant e.**, una piacevole esperienza; **I've learnt by e.**, ho imparato con l'esperienza; **teaching e.**, esperienza come insegnante; pratica d'insegnamento ***2*** esperienza; avventura: **a traumatic e.**, un'esperienza traumatica ***3*** (*ass.*) sinistrosità. ● **business e.**, pratica d'affari □ **to gain e.**, acquistare esperienza □ **to go through a sad e.**, fare una dura esperienza.

to **experience** /ɪk'spɪərɪəns/, *v. t.* ***1*** fare esperienza di; provare; sentire: **to e. joy [grief]**, provare gioia [sentir dolore]; **to e. bad treatment**, subire un cattivo trattamento ***2*** subire; incontrare: **to e. great difficulty**, incontrare grandi difficoltà; (*fin.*) **to e. a loss**, subire una perdita. ● **to e. life**, fare esperienza di vita.

experienced /ɪk'spɪərɪənst/, *a.* esperto; competente; pratico; versato: **an e. accountant**, un contabile esperto.

experiential /ɪkspɪərɪ'ɛnʃl/, *a.* sperimentale; empirico: **e. philosophy**, filosofia sperimentale.

experientialism /ɪkspɪərɪ'ɛnʃəlɪzəm/, *n.* sperimentalismo.

experientialist /ɪkspɪərɪ'ɛnʃəlɪst/, *n.* sperimentalista.

experiment /ɪk'spɛrɪmənt/, *n.* ***1*** esperimento; esperienza; prova: **to perform an e. in physics**, fare un esperimento di fisica; **an educational e.**, un esperimento didattico ***2*** lo sperimentare; sperimentazione. ● **e. station**, centro sperimentale.

to **experiment** /ɪk'spɛrɪmənt/, *v. i.* sperimentare; fare esperimenti: **to e. with new methods of teaching**, sperimentare nuovi metodi d'insegnamento; **to e. on animals**, fare esperimenti su animali.

experimental /ɪkspɛrɪ'mɛntl/, *a.* sperimentale; empirico: **e. farm**, fattoria sperimentale; **e. theatre**, teatro sperimentale; **e. methods**, metodi empirici. ● **e. animals**, animali da esperimento; cavie.

experimentalism /ɛkspɛrɪ'mɛntəlɪzəm/, *n.* sperimentalismo.

experimentalist /ɛkspɛrɪ'mɛntəlɪst/, *n.* sperimentalista.

experimentally /ɪkspɛrɪ'mɛntəlɪ/, *avv.* sperimentalmente; in via sperimentale.

experimentation /ɪkspɛrɪmɛn'teɪʃn/, *n.* sperimentazione.

experimenter /ɛk'spɛrɪmɛntə(r)/, *n.* sperimentatore, sperimentatrice.

expert (**1**) /'ɛkspɜ:t/, *a.* esperto; competente; provetto; pratico; versato: **an e. pilot**, un pilota esperto; **He is e. in (at) collecting rare objects**, è esperto nella raccolta d'oggetti rari. ● (*elab.*) **e. system**. sistema esperto □ **in an e. capacity**, in qualità d'esperto.

expert (**2**) /'ɛkspɜ:t/, *n.* ***1*** esperto; competente; perito; specialista: **a chemical e.**, un perito chimico ***2*** (*leg.*) consulente tecnico. ● (*leg.*) **e. evidence**, testimonianza di un consulente tecnico □ **e. in commercial law**, commercialista (*giurista*) □ **an e. opinion**, il parere d'un competente □ (*leg.*) **e.'s report**, perizia tecnica.

expertise /ɛkspɜ:'ti:z/, *n.* ***1*** competenza; perizia ***2*** (*arte*) perizia; expertise (*franc.*).

expertly /ˈɛkspɜːtlɪ/, *avv.* abilmente; con grande perizia.
expertness /ˈɛkspɜːtnəs/, *n.* abilità; competenza; perizia.
expiable /ˈɛkspɪəbl/, *a.* espiabile.
to **expiate** /ˈɛkspɪeɪt/, *v. t.* espiare.
expiation /ɛkspɪˈeɪʃn/, *n.* espiazione.
expiator /ˈɛkspɪeɪtə(r)/, *n.* espiatore.
expiatory /ˈɛkspɪətərɪ, *USA* -tɔːrɪ/, *a.* espiatorio.
expiration /ɛkspɪˈreɪʃn/, *n.* *1* (*fisiol.*) espirazione *2* termine; scadenza: **the e. of a contract** [**of an option**], la scadenza di un contratto [di un'opzione].
expiratory /ɪkˈspaɪərətrɪ, *USA* -ətɔːrɪ/, *a.* *1* espiratorio *2* (*anat.*) espiratore: **e. muscles**, muscoli espiratori.
to **expire** /ɪkˈspaɪə(r)/, *v. t. e i.* *1* espirare: **Air is expired from the lungs**, l'aria viene espirata dai polmoni *2* (*lett.*) spirare; morire *3* finire; terminare; scadere: **The lease will e. soon**, il contratto d'affitto scadrà presto *4* (*di fuoco e sim.*) spegnersi *5* (*di casata, ecc.*) estinguersi. ● (*market.*) **«Expires 8/11/95»**, «Offerta valida fino all'8 novembre 1995».
expiry /ɪkˈspaɪərɪ/, *n.* *1* fine; termine: **e. of a term of office**, termine della permanenza in carica *2* (*comm.*) scadenza: **e. notice**, avviso di scadenza *3* (*fig.*) lo spirare; decesso; morte.
to **explain** /ɪkˈspleɪn/, **A** *v. t.* spiegare; chiarire; manifestare: **These phenomena are very difficult to e.**, è assai difficile spiegare questi fenomeni; **to e. the facts**, chiarire i fatti. **B** *v. i.* dare spiegazioni; giustificarsi. **C** to **explain oneself**, *v. rifl.* spiegarsi; dare spiegazioni; giustificarsi. ● **to e. st. away**, spiegare (*o* giustificare) q.c. in modo soddisfacente; dissipare (*timori, sospetti, ecc.*) dando spiegazioni esaurienti.
explainable /ɪkˈspleɪnəbl/, *a.* spiegabile.
explainer /ɪkˈspleɪnə(r)/, *n.* chi spiega.
explanation /ɛkspləˈneɪʃn/, *n.* spiegazione; (s)chiarimento; delucidazione; giustificazione: **His e. is far from convincing**, la sua spiegazione è tutt'altro che convincente.
explanatory /ɪkˈsplænətrɪ, *USA* -tɔːrɪ/, *a.* esplicativo; di spiegazione.
explant /ˈɛksplɑːnt, *USA* -ænt/, *n.* (*med.*) espianto (*il tessuto*).
to **explant** /ɛkˈsplɑːnt, *USA* -ænt/, *v. t.* (*med.*) espiantare.
explantation /ɛksplænˈteɪʃn/, *n.* (*med.*) espiantazione; espianto (*l'azione*).
expletive /ɪkˈspliːtɪv, *USA* ˈɛksplətɪv/, **A** *a.* espletivo (*anche ling.*); pleonastico; riempitivo. **B** *n.* *1* (*ling.*) particella espletiva *2* (*fam.*) esclamazione; imprecazione.
expletory /ɪkˈspliːtərɪ, *USA* ˈɛksplətɔːrɪ/, *a.* (*ling.*) espletivo.
explicable /ɪkˈsplɪkəbl, ˈɛk-/, *a.* esplicabile; spiegabile.
to **explicate** /ˈɛksplɪkeɪt/, *v. t.* *1* esplicare; spiegare; chiarire *2* districare; sbrogliare.
explication /ɛksplɪˈkeɪʃn/, *n.* esplicazione; spiegazione; chiarimento.
explicative /ɛkˈsplɪkətɪv, *USA* -eɪtɪv/, **explicatory** /ɛkˈsplɪkətrɪ, *USA* ˈɛksplɪkətɔːrɪ/, *a.* esplicativo.
explicit /ɪkˈsplɪsɪt/, *a.* *1* esplicito; chiaro; franco: **an e. statement**, un'affermazione esplicita; **to be quite e. about st.**, essere molto franco su q.c. *2* netto; reciso; categorico: **an e. refusal**, un rifiuto categorico. ● **e. instructions**, istruzioni precise. || **-ly**, *avv.* || **-ness**, *sost.*
to **explode** /ɪkˈspləʊd/, *v. t. e i.* *1* esplodere (*anche fig.*); scoppiare; far scoppiare: **The mine exploded with a terrific bang**, la mina scoppiò con un terribile fracasso; **to e. a bomb**, far scoppiare una bomba; **He exploded with wrath when he heard the news of the defeat**, la sua ira esplose quando ricevette la notizia della sconfitta; **to e. with anger**, scoppiare dalla rabbia *2* screditare; demolire; smontare; dimostrare la falsità di: **to e. a myth** [**a rumour**], dimostrare la falsità di un mito [di una diceria]. ● (*di una città*) **to e.** (**outward**), scoppiare (*fig.*); avere un'esplosione demografica.
exploded /ɪkˈspləʊdɪd/, *a.* *1* esploso *2* (*tecn.*: *di disegno, grafico, ecc.*) esploso; che illustra i pezzi smontati *3* screditato; demolito: **an exploded theory**, una teoria screditata. ● (*tecn.*) **e. view**, (disegno) esploso; quadro dei pezzi (*o* dei particolari) smontati.
explodent /ɪkˈspləʊdənt/, *n.* (materiale) esplodente.
exploder /ɪkˈspləʊdə(r)/, *n.* esploditore; detonatore: **magneto e.**, detonatore elettrico (*per cariche d'esplosivo*).
exploding /ɪkˈspləʊdɪŋ/, *a.* esplodente; che esplode.
exploit /ˈɛksplɔɪt/, *n.* impresa; atto eroico; prodezza; gesta: **brave exploits**, audaci gesta.
to **exploit** /ɪkˈsplɔɪt/, *v. t.* servirsi di; utilizzare; sfruttare: **to e. natural resources**, sfruttare le risorse naturali; **to e. the working classes**, sfruttare le classi lavoratrici.
exploitable /ɪkˈsplɔɪtəbl/, *a.* sfruttabile; utilizzabile.
exploitation /ɛksplɔɪˈteɪʃn/, *n.* sfruttamento; utilizzazione: **the e. of a coal mine**, lo sfruttamento d'una miniera di carbone; **the e. of water power**, l'utilizzazione dell'energia idrica.
exploiter /ɪkˈsplɔɪtə(r)/, *n.* sfruttatore, sfruttatrice.
explorable /ɪkˈsplɔːrəbl/, *a.* esplorabile.
exploration /ɛkspləˈreɪʃn/, *n.* (*anche med.*) esplorazione.
explorative /ɛkˈsplɔːrətɪv/, **exploratory** /ɪkˈsplɒrətrɪ, *USA* -ɔːrətɔːrɪ/, *a.* (*anche med.*) esplorativo; d'esplorazione: **e. talks**, colloqui esplorativi.
to **explore** /ɪkˈsplɔː(r)/, **A** *v. t.* *1* (*anche med.*) esplorare *2* esaminare; indagare (su, intorno a); investigare: **to e. a problem** [**a question**], indagare un problema [una questione]; (*fig.*) **to e. all the possibilities**, esplorare ogni possibilità. **B** *v. i.* *1* fare ricerche: **to e. for oil**, fare ricerche petrolifere *2* esplorare; fare l'esploratore.
explorer /ɪkˈsplɔːrə(r)/, *n.* *1* esploratore, esploratrice *2* (*med.*) specillo *3* – (*miss.*) **E.**, Explorer (*satellite artificiale americano*).
explosion /ɪkˈspləʊʒn/, *n.* esplosione; scoppio: **the e. of an H-bomb**, l'esplosione di una bomba H; **an e. of wrath**, un'esplosione di collera. ● (*stat.*) **population e.**, esplosione demografica.
explosive /ɪkˈspləʊsɪv/, **A** *a.* *1* (*anche fon.*) esplosivo: **an e. substance**, una sostanza esplosiva; (*fig.*) **an e. situation**, una situazione esplosiva; **an e. consonant**, una consonante esplosiva *2* (*fig.*) collerico; irascibile. **B** *n.* *1* esplosivo: **high e.**, alto esplosivo *2* (*fon.*) consonante esplosiva. ● **e. engineer**, tecnico degli esplosivi □ (*stat.*) **e. process**, processo esplosivo. || **-ly**, *avv.* || **-ness**, *sost.*
expo /ˈɛkspəʊ/, *n.* (*pl.* **expos**) (*abbr. fam. di* **exposition**) esposizione; mostra.
exponent /ɪkˈspəʊnənt/, *n.* *1* espositore; illustratore; interprete (*di teorie, di musica, ecc.*) *2* esponente; rappresentante *3* fautore; sostenitore *4* (*mat.*) esponente; indice.
exponential /ɛkspəʊˈnɛnʃl/, *a.* (*mat.*) esponenziale: (*fis.*) **e. growth** [**decay**], crescita [decadimento] esponenziale.
export /ˈɛkspɔːt/, *n.* (*econ.*) esportazione; merce (*o* prodotto) d'esportazione; export: **e. duty**, dazio d'esportazione; (*fin.*) **the e. of capitals**, l'esportazione di capitali. ● **e. agent**, agente d'esportazioni □ **e. bounty**, premio all'esportazione □ **e. licence**, licenza d'esportazione □ **e. merchant**, esportatore □ **e. packing**, imballaggio per l'esportazione □ **e. refunds**, restituzioni (*o* rimborsi) all'esportazione.
to **export** /ɪkˈspɔːt/, *v. t.* (*econ.* e *fig.*) esportare.
exportable /ɪkˈspɔːtəbl/, *a.* esportabile.
exportation /ɛkspɔːˈteɪʃn/, *n.* (*econ.*) *1* esportazione *2* (*specialm. USA*) prodotto (*o* merce) d'esportazione.
exporter /ɪkˈspɔːtə(r)/, *n.* (*econ.*) *1* esportatore, esportatrice *2* ditta esportatrice *3* paese esportatore.
exporting /ɛkˈspɔːtɪŋ/, **A** *a.* (*econ.*) che esporta; esportatore: **e. country**, paese esportatore. **B** *n.* (*econ.*) esportazione.
exposé /ɛkˈspəʊzeɪ, *USA* ɛkspəʊˈzeɪ/ (*franc.*), *n.* denuncia; libro bianco; film (*o* articolo) di denuncia: **The exposé of the president's corruption shocked everyone**, la denuncia della corruzione del presidente scandalizzò tutti.
to **expose** /ɪkˈspəʊz/, **A** *v. t.* *1* esporre; mettere in mostra; esibire: **to e. the latest models in a stand**, esporre gli ultimi modelli in uno stand; **to e. sb. to risks**, esporre q. a rischi; **to e. a natural son**, esporre (*o* abbandonare) un figlio naturale; **This house is exposed to the east**, questa casa è esposta a oriente *2* denunciare; smascherare; svelare: **to e. a scoundrel** [**a traitor**], smascherare un furfante [un traditore]; **An anonymous letter to Lord Monteagle exposed the Gunpowder Plot in 1605**, una lettera anonima a Lord Monteagle svelò la Congiura delle Polveri nel 1605 *3* (*fotogr.*) esporre, impressionare (*una pellicola, ecc.*). **B** to **expose oneself**, *v. rifl.* *1* esporsi (*a un pericolo, al ridicolo, ecc.*) *2* (*leg.*) esibire le vergogne; scoprire i genitali (*atto osceno*).
exposed /ɪkˈspəʊzd/, *a.* *1* esposto: **e. to the wind**, esposto al vento *2* non riparato; allo scoperto; scoperto *3* smascherato *4* (*fotogr.*) impressionato.
exposition /ɛkspəˈzɪʃn/, *n.* *1* esposizione; interpretazione; spiegazione *2* esposizione; mostra: **an international e.**, un'esposizione internazionale *3* (*relig.*) esposizione. *4* (*leg.*) narrativa.
expositive /ɛkˈspɒzɪtɪv/, *a.* espositivo; descrittivo; esplicativo.
expositor /ɛkˈspɒsɪtə(r)/, *n.* espositore; commentatore; chiosatore.
expository /ɛkˈspɒzɪtrɪ, *USA* -tɔːrɪ/, *V.* **expositive**.
to **expostulate** /ɪkˈspɒstʃʊleɪt/, *v. i.* (*form.*) lagnarsi; fare rimostranze; protestare: **to e. with sb. about st.**, lagnarsi con q. per q.c.
expostulation /ɪkspɒstʃʊˈleɪʃn/, *n.* lagnanza; rimostranza; protesta.
expostulative /ɪkˈspɒstʃʊlətɪv, *USA* -eɪtɪv/, **expostulatory** /ɪkˈspɒstʃʊlətrɪ, *USA* -tɔːrɪ/, *a.* di lagnanza; di rimostranza.
exposure /ɪkˈspəʊʒə(r)/, *n.* *1* esposizione: **a bedroom with an eastern e.**, una camera da letto con esposizione a oriente; **e. to the rain** [**to the sunlight**], esposizione alla pioggia [al sole]; **e. to atomic radiation**, esposizione alle radiazioni atomiche *2* denuncia; rivelazione; scoperta; smascheramento: **the e. of a crime** [**of a plot**], la scoperta d'un delitto [d'un complotto]; **the e. of a spy** [**of a traitor**], lo smascheramento di una spia [di un traditore] *3* esposizione alle intemperie; assideramento: **to die of e.**, morire per assideramento *4* (*fotogr.*) esposizione; posa *5* (*fis. nucl.*) irradiazione. ● (*fotogr.*) **e. meter**, esposimetro □ (*leg.*) **indecent e.**, esibizione delle vergogne, oltraggio al pudore (*atto osceno*) □ (*fotogr.*) **instantaneous e.**, istantanea □ **to die of e.**, morire per assideramento □ **to live in fear of e.**, vivere nel timore d'essere smascherato (*o* scoperto).
to **expound** /ɪkˈspaʊnd/, *v. t. e i.* (*anche* **to e. on**) esporre; esprimere: **to e. a new philosophy**, esporre una nuova filosofia; **to e. one's opinions**, esprimere le proprie opinioni. ● **to e. a text**, interpretare (*o* spiegare) un testo.
expounder /ɪkˈspaʊndə(r)/, *n.* espositore, espositrice (*di teorie, ecc.*).
express (1) /ɪkˈsprɛs/, **A** *a.* *1* espresso; chiaro; esplicito; manifesto; esatto; preciso: **an e.**

injunction, un'espressa ingiunzione; **an e. provision**, una clausola esplicita; **for his e. wish**, per suo espresso desiderio; **an e. likeness**, una precisa somiglianza; **an e. reason**, un chiaro motivo *2* espresso; veloce: (*ferr.*) **an e. train**, un treno espresso (*un tempo*: un direttissimo) *3* esatto; identico *4* (*mil.*) a espansione. **B** *avv.* per espresso: **to send a package e.**, mandare un pacco per espresso. ● (*leg.*) **e. acceptance**, accettazione esplicita □ (*leg.*) **e. agreement**, accordo espresso (*o* esplicito) □ (*mil.*) **e. bullet**, proiettile a espansione □ (*USA*) **e. company**, agenzia di spedizioni per espresso □ **e. delivery**, consegna per espresso □ (*USA*) **an e. highway**, un'autostrada □ **e. letter**, (lettera) espresso □ **an e. messenger**, un messo inviato espressamente; un corriere speciale □ (*USA*) **an e. rifle**, un fucile a tiro rapido (*per la caccia grossa*).

express (2) /ɪk'sprɛs/, *n.* *1* corriere speciale *2* messaggio inviato per espresso *3* autobus espresso *4* (*ferr.*) treno espresso; (*un tempo*) direttissimo *5* fucile a tiro rapido *6* agenzia di spedizioni per espresso; servizio di corriere.

to **express** /ɪk'sprɛs/, **A** *v. t.* *1* esprimere; dichiarare; manifestare: **His face expressed sorrow**, il suo viso esprimeva dolore; **I cannot e. what I feel**, non so esprimere quel che sento *2* (*raro*) spremere; strizzare (*fam.*); far uscire: **to e. poison from a wound**, far uscire il veleno da una ferita *3* mandare (*una lettera*) per espresso *4* (*comm.*) inviare (*o* spedire) (*merci*) per espresso. **B** to **express oneself**, *v. rifl.* esprimersi: **to e. oneself strongly**, esprimersi con grande risolutezza.

expressage /ɪk'sprɛsɪdʒ/, *n.* (*specialm. USA*) *1* trasporto di pacchi per espresso *2* spese di trasporto per espresso.

expressible /ɪk'sprɛsəbl/, *a.* esprimibile.

expression /ɪk'sprɛʃn/, *n.* *1* (*anche mat.*) espressione: **She acts without e.**, recita senza espressione; **a joyful e.**, un'espressione di gioia; **an idiomatic e.**, un'espressione idiomatica *2* (*raro*) (lo) spremere; spremitura (*di un frutto*). ● **beyond** (*o* **past**) **e.**, in modo inesprimibile; indicibilmente □ **to give e. to st.**, esprimere q.c.

expressional /ɪk'sprɛʃənl/, *a.* pertinente all'espressione.

expressionism /ɪk'sprɛʃənɪzəm/, *n.* (*arte*) espressionismo.

expressionist /ɪk'sprɛʃənɪst/, *a.* e *n.* (*arte*) espressionista.

expressionistic /ɪksprɛʃə'nɪstɪk/, *a.* (*arte*) espressionistico.

expressionless /ɪk'sprɛʃnləs/, *a.* senza espressione; inespressivo; impassibile.

expressive /ɪk'sprɛsɪv/, *a.* espressivo; significativo; eloquente: **an e. voice**, una voce espressiva; **an e. look**, uno sguardo significativo; **e. silence**, silenzio eloquente. ● **e. of**, che esprime: **a song e. of joy**, un canto che esprime la gioia. || **-ly**, *avv.* || **-ness**, *sost.*

expressly /ɪk'sprɛslɪ/, *avv.* espressamente; esplicitamente; chiaramente; appositamente.

expressway /ɪk'sprɛsweɪ/, *n.* (*autom., USA*) autostrada.

to **expropriate** /ɛk'sprəʊprɪeɪt/, *v. t.* (*anche leg.*) espropriare.

expropriation /ɛksprəʊprɪ'eɪʃn/, *n.* (*anche leg.*) espropriazione; esproprio.

expropriator /ɛk'sprəʊprɪeɪtə(r)/, *n.* espropriatore, espropriatrice.

expulsion /ɪk'spʌlʃn/, *n.* espulsione; cacciata: (*polit.*) **e. order**, ordine d'espulsione.

expulsive /ɪk'spʌlsɪv/, *a.* (*anche med.*) espulsivo.

expunction /ɛk'spʌŋkʃn/, *n.* espunzione.

to **expunge** /ɪk'spʌndʒ/, *v. t.* *1* espungere; cancellare; togliere: **to e. a name from a list**, espungere un nome da un elenco *2* (*fig.*) annientare; distruggere.

to **expurgate** /'ɛkspəgeɪt/, *v. t.* espurgare; purgare (*un libro e sim.*).

expurgation /ɛkspɜ:'geɪʃn/, *n.* espurgazione.

expurgator /'ɛkspɜ:geɪtə(r)/, *n.* espurgatore, espurgatrice (*di scritti*).

expurgatorial /ɛkspɜ:gə'tɔ:rɪəl/, **expurgatory** /ɛk'spɜ:gətrɪ, *USA* -tɔ:rɪ/, *a.* espurgatorio; purificatorio.

exquisite /ɪk'skwɪzɪt, 'ɛks-/, **A** *a.* *1* squisito; delicato; raffinato; ricercato; mirabile: **e. food**, cibo squisito; **an e. pleasure**, un piacere delicato; **an e. ear for music**, un raffinato orecchio per la musica; **an e. portrait**, un ritratto mirabile *2* acuto; intenso; vivo: **an e. observer**, un acuto osservatore; **an e. pain**, un dolore intenso. **B** *n.* (*arc.*) elegantone; bellimbusto; damerino. || **-ly**, *avv.* || **-ness**, *sost.*

to **exsanguinate** /ɛk'sæŋgwɪneɪt/, *v. t.* (*raro*) dissanguare.

exsanguine /ɛk'sæŋgwɪn/, *a.* esangue; anemico.

to **exscind** /ɛk'sɪnd/, *v. t.* *1* recidere; estirpare *2* (*fig.*) omettere.

to **exsect** /ɛk'sɛkt/, *v. t.* (*med.*) asportare.

exsection /ɛk'sɛkʃn/, *n.* (*med.*) escissione; ablazione.

to **exsert** /ɛk'sɜ:t/, *v. t.* (*anche biol.*) emettere; metter fuori; protrudere. ● **to e. one's lips**, sporgere le labbra.

ex-service /ɛks'sɜ:vɪs/, *a.* (*mil.*) già appartenente alle forze armate; (già) dell'esercito: **to buy e. trucks**, comprare camion dell'esercito.

ex-serviceman /ɛks'sɜ:vɪsmən/, *n.* (*pl.* **ex-servicemen**) (*mil.*) ex combattente; reduce; veterano.

to **exsiccate** /'ɛksɪkeɪt/, *v. t.* essiccare; asciugare; prosciugare.

exsiccation /ɛksɪ'keɪʃn/, *n.* essiccazione; prosciugamento.

exstrophy /'ɛkstrəfɪ/, *n.* (*med.*) estrofia.

extant /ɛk'stænt, *USA* 'ɛkstənt/, *a.* (*di documento, opera e sim.*) ancora esistente.

extemporaneous /ɛkstɛmpə'reɪnɪəs/, *a.* *1* estemporaneo; improvvisato: **an e. speech**, un discorso estemporaneo *2* improvvisato; di fortuna: **an e. fireplace**, un focolare improvvisato. || **-ly**, *avv.* || **-ness**, *sost.*

extemporary /ɛk'stɛmprərɪ, *USA* -pərerɪ/, *a.* estemporaneo; improvvisato. || **-ily**, *avv.* || **-iness**, *sost.*

extempore /ɛk'stɛmpərɪ/, **A** *a.* estemporaneo. **B** *avv.* estemporaneamente; improvvisando: **to speak e.**, parlare improvvisando (*o* a braccio).

extemporization /ɛkstɛmpəraɪ'zeɪʃn, *USA* -rɪ'z-/, *n.* improvvisazione.

to **extemporize** /ɛk'stɛmpəraɪz/, *v. t.* e *i.* improvvisare.

extemporizer /ɛk'stɛmpəraɪzə(r)/, *n.* improvvisatore, improvvisatrice.

to **extend** /ɪk'stɛnd/, **A** *v. t.* *1* estendere; allargare; ampliare; allungare; prolungare; protrarre; stendere; tendere: **Russia extended its power into Asia**, la Russia estese il suo dominio sull'Asia; **Emperor Trajan extended the boundaries of the Roman Empire**, l'imperatore Traiano allargò i confini dell'impero romano; **to e. a school building**, ampliare un edificio scolastico; **to e. a fence [a ship canal, an underground railway line]**, prolungare uno steccato [un canale navigabile, la linea di una metropolitana]; **to e. one's stay**, protrarre la propria permanenza; **to e. one's legs**, stendere le gambe; **to e. ropes**, tendere corde; **to flex and e. one's arms**, flettere e tendere le braccia; **to e. one's holidays**, allungare le vacanze *2* offrire; porgere; accordare; concedere: **to e. a hearty welcome to sb.**, porgere un cordiale benvenuto a q.; **to e. one's sympathy**, accordare la propria simpatia *3* (*comm.*) dilazionare, differire, prorogare (*un pagamento, una scadenza*) *4* (*leg.*) stimare, valutare (*terreni, ecc.*) *5* (*gergo sportivo*) impegnare (*un avversario*) al massimo; estenuare, forzare, stancare (*un cavallo, un atleta*) *6* (*mil.*) schierare (*truppe*) *7* (*rag.*) riportare a nuovo *8* (*rag.*) totalizzare (*conti*). **B** *v. i.* *1* estendersi; protrarsi; prolungarsi; stendersi: **My farm extends as far as the foothills**, la mia fattoria si estende fino alle colline pedemontane; **The snow-covered steppe extended on all sides**, la steppa coperta di neve si stendeva da ogni lato *2* estendersi; ampliarsi *3* (*mil.*) raffermarsi. ● (*fin.*) **to e. the maturity of a bill**, differire la scadenza di una cambiale.

extendable /ɪk'stɛndəbl/, *a.* *1* estensibile; allungabile *2* (*comm.*) dilazionabile; differibile; prorogabile.

extended /ɪk'stɛndɪd/, *a.* *1* steso; disteso; teso: **e. arms**, braccia tese *2* prolungato; protratto: **an e. trip [visit]**, un viaggio prolungato [una visita protratta]; **e. shopping hours**, orario prolungato (*dei negozi*) *3* ampio; vasto: **an e. vocabulary**, un ampio vocabolario; **an e. kingdom**, un vasto regno *4* ampliato; allargato *5* (*comm.*) prorogato: (*fin.*) **e. bond**, obbligazione prorogata *6* (*mil.*) spiegato: **e. order**, ordine spiegato *7* (*rag.*) riportato a nuovo. ● (*mus.*) **e.-play record**, extended play (*disco*); microsolco a 45 giri (*che suona da 6 a 8 minuti*).

extendible /ɪk'stɛndəbl/, *a.* estendibile; estensibile; allungabile.

extensibility /ɪksɛnsə'bɪlətɪ/, *n.* estensibilità; estendibilità.

extensible /ɪk'stɛnsəbl/, *V.* **extendible**.

extensile /ɪk'stɛnsaɪl, *USA* -sl/, *a.* estendibile; protrattile.

extension /ɪk'stɛnʃn/, *n.* *1* estensione; espansione; ampiezza; allargamento; ampliamento (*anche edil.*); allungamento; aggiunta: **Trajan's reign saw the last major e. of the Roman frontiers**, durante il principato di Traiano vi fu l'ultima grande espansione delle frontiere romane; **the e. of a railway**, il prolungamento d'una ferrovia; **an e. to a building**, un'aggiunta a un edificio *2* prolungamento (*nel tempo*); (*comm.*) dilazione, proroga (*di pagamento*): **an e. of stay**, un prolungamento di soggiorno *3* (*gramm.*) apposizione *4* (*telef.*) (numero) interno: **Ask for e. 444**, chiedete l'interno 444 *5* (*med.*) estensione; trazione *6* (*elettr., mecc.*, = **e. cord**) prolunga *7* (*mil.*) rafferma *8* (*elab.*) estensione *9* (*rag.*) calcolo dell'ammontare complessivo (*di una fattura, ecc.*). ● (*università*) **e. course**, corso per studenti lavoratori □ **e. ladder**, scala allungabile □ **e. of time**, proroga dei termini □ **a telephone e.**, un telefono in più; un secondo apparecchio.

extensive /ɪk'stɛnsɪv/, *a.* *1* esteso; ampio; largo; vasto; esauriente: **an e. estate**, una vasta tenuta; **an e. report**, una relazione esauriente *2* (*agric.*) estensivo: **e. farming**, coltura estensiva. ● **e. damage**, gravi danni □ **e. repairs**, riparazioni su larga scala. || **-ly**, *avv.* || **-ness**, *sost.*

extensometer /ɛkstɛn'sɒmɪtə(r)/, *n.* (*fis.*) estensimetro.

extensor /ɪk'stɛnsə(r)/, *n.* (*anat.*, = **e. muscle**) (muscolo) estensore.

extent /ɪk'stɛnt/, *n.* *1* estensione; ampiezza; vastità: **a farm of great e.**, una fattoria di grandi dimensioni; **The e. of his powers is remarkable**, l'ampiezza dei suoi poteri è notevole *2* grado; limite; punto: **to a great e.**, in larga misura; **to the full e. of his power**, fino all'estremo limite della sua capacità; **to a certain e.**, fino a un certo punto; **To what e. can we trust him?**, fino a che punto possiamo fidarci di lui? *3* (*leg.*) confisca: **writ of e.**, ordine di confisca *4* (*elab.*) dominio, durata (*di un dato*). ● **the e. of the law**, il campo di applicazione della legge □ (*comm.*) **to the e. of**, fino alla concorrenza di: **I will supply money for the plan to the e. of 50,000 pounds**, fornirò i fondi per il progetto fino alla concorrenza di 50.000 sterline □ **within the e. of human knowledge**, nell'ambito delle conoscenze umane.

to **extenuate** /ɪk'stɛnjʊeɪt/, *v. t.* *1* attenuare; diminuire; ridurre: **Is there anything that can e. his guilt?**, c'è nulla che possa attenuare la sua colpa? *2* (*impropriamente*) giustificare;

scusare: **Don't e. yourself!**, non cercare di scusarti! *3* sminuire; minimizzare *4* (*arc.*) assottigliare; indebolire.
extenuating /ɪk'stɛnjʊeɪtɪŋ/, *a.* *1* estenuante *2* (*leg.*) attenuante: **e. circumstances**, circostanze attenuanti.
extenuation /ɪkstɛnjʊ'eɪʃn/, *n.* *1* attenuazione; diminuzione; riduzione *2* circostanza attenuante; giustificazione: **One cannot plead ignorance of the law in e. of an offence**, non si può addurre l'ignoranza della legge a giustificazione d'un reato.
extenuative /ɪk'stɛnjʊətɪv, *USA* -eɪtɪv/, **extenuatory** /ɪk'stɛnjʊətrɪ, *USA* -tɔːrɪ/, *a.* attenuante; addotto a giustificazione.
exterior /ɪk'stɪərɪə(r)/, **A** *a.* esteriore; esterno: **an e. wall**, un muro esterno; (*geom.*) **e. angle**, angolo esterno; **e. forces**, forze esterne. **B** *n.* *1* esterno; parte esterna: **the e. of a building**, la parte esterna d'un edificio *2* aspetto (esteriore) *3* (*cinem., fotogr., TV*) esterno. ● **e. paint**, vernice per esterni □ (*cinem.*) **e. shooting**, ripresa girata all'aperto; esterno.
exteriority /ɪkstɪərɪ'ɒrətɪ, *USA* -ɔːr-/, *n.* esteriorità.
exteriorization /ɪkstɪərɪəraɪ'zeɪʃn, *USA* -rɪ-'z-/, *n.* *1* (*psic., med.*) esteriorizzazione *2* estrinsecazione; espressione; manifestazione.
to **exteriorize** /ɪk'stɪərɪəraɪz/, *v. t.* *1* (*psic., med.*) esteriorizzare *2* estrinsecare; esprimere; manifestare.
exteriorly /ɪk'stɪərɪəlɪ/, *avv.* esteriormente; esternamente.
exterminable /ɪk'stɜːmɪnəbl/, *a.* sterminabile; annientabile.
to **exterminate** /ɪk'stɜːmɪneɪt/, *v. t.* sterminare, annientare, distruggere; estirpare, sradicare (*fig.*).
extermination /ɪkstɜːmɪ'neɪʃn/, *n.* sterminio; distruzione.
exterminative /ɪk'stɜːmɪnətɪv, *USA* -eɪtɪv/, **exterminatory** /ɪks'tɜːmɪnətrɪ, *USA* -tɔːrɪ/, *a.* di sterminio; distruttivo.
exterminator /ɪk'stɜːmɪneɪtə(r)/, *n.* *1* sterminatore; distruttore *2* (*chim.*) disinfestante (*topicida, ecc.*) *3* disinfestatore.
extern /'ɛkstɜːn/, *n.* *1* studente esterno *2* (*med.*) medico esterno.
external /ɪk'stɜːnl/, **A** *a.* *1* esterno; esteriore; superficiale: **lotion for e. use only**, lozione solo per uso esterno; **the e. world**, il mondo esterno; **e. politeness**, cortesia esteriore (*o* superficiale) *2* (*anche leg.*) esterno; estrinseco: **e. evidence**, prova esterna (*o* estrinseca) *3* estero: **e. affairs**, affari esteri; (*fin.*) **e. debt**, debito estero. **B** *n. pl.* aspetti esteriori; esteriorità; apparenze: **the externals of religion**, gli aspetti esteriori della religione. ● (*edil.*) **e. light**, luce all'esterno (*della casa*) □ **e. relations**, rapporti con il pubblico; (*polit.*) rapporti con l'estero □ (*econ.*) **e. trade**, scambi con l'estero; commercio estero.
externality /ɛkstɜː'nælətɪ/, *n.* esteriorità; l'essere esterno.
externalization /ɛkstɜːnəlaɪ'zeɪʃn, *USA* -lɪ-'z-/, *n.* *1* estrinsecazione; espressione; manifestazione *2* (*psic.*) esteriorizzazione.
to **externalize** /ɪk'stɜːnəlaɪz/, *v. t.* *1* estrinsecare; concretare; esprimere; manifestare *2* (*psic.*) rivolgere verso l'esterno; esteriorizzare.
externally /ɪk'stɜːnəlɪ/, *avv.* esternamente; esteriormente.
exterritorial /ɛkstɛrɪ'tɔːrɪəl/, *a.* extraterritoriale, estraterritoriale.
exterritoriality /ɛkstɛrɪtɔːrɪ'ælətɪ/, *n.* extraterritorialità, estraterritorialità.
extinct /ɪk'stɪŋkt/, *a.* *1* estinto; spento; smorzato; annullato; morto; distrutto: **an e. species**, una specie estinta; **an e. fire**, un fuoco spento; **an e. volcano**, un vulcano spento; **e. hopes**, speranze distrutte; **an e. language**, una lingua morta *2* caduto in disuso; disusato; desueto: **an e. custom**, una tradizione caduta in disuso *3* (*di sentimento*) morto; spento; finito: **Her love was e.**, il suo amore era finito. ● **to become e.**, estinguersi; spegnersi; morire; cadere in disuso.
extinction /ɪk'stɪŋkʃn/, *n.* estinzione (*in ogni senso*): **e. of a debt** [**of rights**], estinzione di un debito [di diritti].
extinctive /ɪk'stɪŋktɪv/, *a.* estintivo; che estingue; che spegne.
to **extinguish** /ɪk'stɪŋgwɪʃ/, *v. t.* *1* estinguere; spegnere; smorzare; annullare; distruggere: **to e. a light** [**a fire**], spegnere una luce [un fuoco]; **to e. sb.'s hopes**, distruggere le speranze di q. *2* eclissare; oscurare: **Her beauty extinguished that of all others**, la sua bellezza eclissava quella di tutte le altre *3* (*fin.*) estinguere: **to e. a debt**, estinguere un debito. ● (*leg.*) **to e. a mortgage**, cancellare un'ipoteca.
extinguishable /ɪk'stɪŋgwɪʃəbl/, *a.* estinguibile; spegnibile.
extinguisher /ɪk'stɪŋgwɪʃə(r)/, *n.* *1* (= **fire e.**) estintore *2* spegnitoio (*per candele*); spegnimoccolo.
extinguishment /ɪk'stɪŋgwɪʃmənt/, *n.* estinzione; spegnimento; soppressione; annullamento.
to **extirpate** /'ɛkstəpeɪt/, *v. t.* estirpare; sradicare; distruggere.
extirpation /ɛkstə'peɪʃn/, *n.* estirpazione; sradicamento.
extirpator /'ɛkstəpeɪtə(r)/, *n.* estirpatore.
to **extol** /ɪk'stəʊl/, *v. t.* celebrare; decantare; esaltare; estollere (*poet.*).
extoller /ɪk'stəʊlə(r)/, *n.* celebratore, celebratrice; esaltatore, esaltatrice.
extolment /ɪk'stəʊlmənt/, *n.* esaltazione; lode sperticata.
to **extort** /ɪk'stɔːt/, *v. t.* estorcere (*anche leg.*); strappare (*con la forza o con minacce*): **to e. a confession**, estorcere una confessione; **to e. a promise from sb.**, strappare una promessa a q.
extortion /ɪk'stɔːʃn/, *n.* *1* (*anche leg.*) estorsione *2* denaro estorto; cosa estorta. ● (*leg.*) **e. by colour of office**, concussione.
extortionate /ɪk'stɔːʃənət/, *a.* *1* che estorce *2* eccessivo; esorbitante: **an e. demand**, una richiesta eccessiva; **an e. price**, un prezzo esorbitante.
extortioner /ɪk'stɔːʃənə(r)/, *n.* chi estorce denaro; strozzino.
extortionist /ɪk'stɔːʃənɪst/, *V.* **extortioner**.
extortive /ɪk'stɔːtɪv/, *a.* di estorsione.
extra /'ɛkstrə/, **A** *a.* *1* addizionale; aggiuntivo; supplementare; straordinario; maggiore; (*comm.*) extra: **e. charge**, spesa supplementare; soprattassa; supplemento; **e. pay**, compenso aggiuntivo (*oltre la paga*); supplemento; **e. work**, lavoro straordinario; **to give sb. e. confidence**, dare a q. maggior fiducia *2* eccellente; eccezionale; di qualità superiore; (*comm.*) extra: **e. calf**, vitello di qualità superiore; cuoio extra di vitello. **B** *avv.* eccezionalmente; straordinariamente; (*comm.*) extra: **These socks are e. long**, questi calzini sono più lunghi del normale. **C** *n.* *1* aggiunta; supplemento; spesa aggiuntiva; (*comm.*) extra: **Wine is an e.**, il vino è un extra *2* edizione straordinaria (*di un giornale*) *3* (*cinem.*) comparsa. ● (*fin.*) **e. dividend**, dividendo straordinario □ (*trasp.*) **e. fare**, supplemento □ **e.-fine quality**, qualità superiore (*o* extrafine) □ **e. foolscap**, foglio protocollo di formato maggiore del normale □ (*comm., naut.*) **e. freight**, soprannolo □ **e. postage**, soprattassa (*di una lettera*) □ (*ass.*) **e. premium**, premio supplementare □ **e. price**, soprapprezzo □ (*econ.*) **e. profit**, soprapprofitto; extraprofitto □ **e.-special**, ultimissima edizione (*di un giornale*) □ (*fisc.*) **e. tax**, soprattassa; sovrimposta □ (*sport*) **e. time**, tempo supplementare □ **«No e.»**, «senza supplementi»; «tutto compreso» □ **to work e.**, fare del lavoro straordinario; fare lo straordinario.
extracellular /ɛkstrə'sɛljʊlə(r)/, *a.* (*biol.*) extracellulare.
extracorporeal /ɛkstrəkɔː'pɔːrɪəl/, *a.* (*med.*) extracorporeo.
extract /'ɛkstrækt/, *n.* *1* estratto; essenza: **e. of beef**, estratto di manzo; **vanilla e.**, essenza di vaniglia *2* stralcio; brano; citazione: **an e. from a long speech**, un brano d'una lunga orazione *3* (*leg., in Scozia*) estratto (*cfr. ingl.* **abstract**): **e. of an entry in a register of births**, estratto di atto di nascita.
to **extract** /ɪk'strækt/, *v. t.* *1* (*anche mat.*) estrarre; cavare: (*med.*) **to e. a tooth**, estrarre un dente; **to e. the juice of apples to make cider**, estrarre il succo delle mele per fare il sidro; **to e. copper from copper ore**, estrarre il rame dal minerale ramifero; (*mat.*) **to e. the square root of a number**, estrarre la radice quadrata di un numero *2* ottenere; ricavare; strappare; spremere (*denaro*): **to e. information from sb.**, ricavare informazioni da q.; **to e. examples from a grammar book**, ricavare esempi da una grammatica; **to e. full confession**, strappare una piena confessione *3* scegliere; togliere; citare: **to e. passages from a book**, scegliere brani da un libro. ● **to e. money from sb.**, estorcere (*o* spillare) denaro a q.
extractable, **extractible** /ɪk'stræktəbl/, *a.* estraibile; ricavabile.
extraction /ɪk'strækʃn/, *n.* *1* (*anche mat.*) estrazione: **the e. of oil**, l'estrazione del petrolio *2* estrazione; discendenza; lignaggio; origine: **He is of Indian e.**, è di origine indiana; **people of humble** (*o* **low**) **e.**, gente di umile origine. ● (*ind., chim.*) **e. column**, torre d'estrazione.
extractive /ɪk'stræktɪv/, **A** *a.* estrattivo: **e. industries**, industrie estrattive. **B** *n.* *1* (*bot.*) estrattivo *2* estratto; sostanza estratta.
extractor /ɪk'stræktə(r)/, *n.* *1* (*anche mecc.*) estrattore (*per es., d'un fucile*) *2* (*med.*) estrattore *3* (*tecn.*, = **e. fan**) aspiratore (*da cucina*) *4* (*tecn.*, = **e. hood**) cappa aspirante *5* (*econ.*) imprenditore dell'industria estrattiva.
extracurricular /ɛkstrəkə'rɪkjʊlə(r)/, *a.* che esula dal piano normale di studi; fuori curricolo. ● (*fam. USA*) **e. activity**, (donna con cui si commette) adulterio □ **e. activities**, attività parascolastiche.
extraditable /'ɛkstrədaɪtəbl/, *a.* (*leg.*) *1* che può essere estradato *2* (*di un reato*) che rende passibile d'estradizione.
to **extradite** /'ɛkstrədaɪt/, *v. t.* (*leg.*) *1* estradare *2* ottenere l'estradizione di (q.).
extradition /ɛkstrə'dɪʃn/, *n.* (*leg.*) estradizione.
extrados /ɛk'streɪdəs/, *n.* (*pl.* **extrados, extradoses**) (*archit.*) estradosso.
extra-European /ɛkstrəjʊərə'piːən/, *a.* (*geogr.*) extraeuropeo.
extragalactic /ɛkstrəgə'læktɪk/, *a.* (*astron.*) extragalattico.
extrajudicial /ɛkstrədʒuː'dɪʃl/, *a.* (*leg.*) extragiudiziale; stragiudiziale: **e. avoidance**, risoluzione stragiudiziale (*di un contratto*). || **-ly**, *avv.*
extralegal /ɛkstrə'liːgl/, *a.* (*leg.*) metagiuridico; extralegale.
extralinguistic /ɛkstrəlɪŋ'gwɪstɪk/, *a.* extralinguistico.
extralunar /ɛkstrə'luːnə(r)/, *a.* (*astron.*) extralunare.
extramarital /ɛkstrə'mærɪtl/, *a.* extraconiugale.
extramundane /ɛkstrə'mʌndeɪn/, *a.* ultraterreno.
extramural /ɛkstrə'mjʊərəl/, *a.* *1* fuori delle mura (*d'una città*) *2* fuori dell'università; libero: **e. classes**, corsi liberi (*non in vista di una laurea*) *3* (*sport, USA: di partita, ecc.*) contro la squadra di un'altra scuola. ● (*med.*) **e. care**, cure a domicilio □ **e. department**, dipartimento che gestisce i corsi liberi.
extraneity /ɛkstrə'niːətɪ/, *n.* estraneità.
extraneous /ɪk'streɪnɪəs/, *a.* *1* estraneo; non pertinente: **an e. substance**, una sostanza

estranea **2** che viene dal difuori: **e. noises**, rumori dall'esterno. || **-ly**, *avv.* || **-ness**, *sost.*

extranuclear /ɛkstrə'nju:klɪə(r), *USA* -'nu:-/, *a.* (*mil.*: *d'arma*) extranucleare; convenzionale.

extraordinarily /ɪk'strɔ:dnrəlɪ, *USA* -dnerəlɪ/, *avv.* straordinariamente.

extraordinariness /ɪk'strɔ:dɪnrɪnəs, *USA* -dner-/, *n.* **1** straordinarietà; eccezionalità **2** singolarità; stranezza.

extraordinary /ɪk'strɔ:dnrɪ, *USA* -dnerɪ/, *a.* **1** straordinario; eccezionale; raro: **envoy e.**, inviato straordinario; **a girl of e. beauty**, una ragazza di straordinaria (*o* rara) bellezza; (*leg.*) **e. powers**, poteri straordinari; **e. expenses**, spese eccezionali **2** singolare; strano.

extraparlamentary /ɛkstrəpɑ:lə'mɛntərɪ/, *a.* extraparlamentare. ● **an e. politician**, un extraparlamentare.

extrapolability /ɪkstræpələ'bɪlətɪ, ɛ-/, *n.* (*mat., stat.*) estrapolabilità.

extrapolable /ɪk'stræpələbl, ɛ-/, *a.* (*mat., stat.*) estrapolabile.

to **extrapolate** /ɪk'stræpəleɪt/, *v. t.* **1** (*mat., stat.*) estrapolare, extrapolare **2** (*fig.*) arguire, dedurre; estrapolare (*fig.*).

extrapolation /ɪkstræpə'leɪʃn, ɛ-/, *n.* (*mat., stat.*) estrapolazione.

extrasensory /ɛkstrə'sɛnsərɪ/, *a.* extrasensoriale: **e. perception**, percezione extrasensoriale.

extrasolar /ɛkstrə'səʊlə(r)/, *a.* (*astron.*) extrasolare.

extrasystole /ɛkstrə'sɪstəlɪ/, *n.* (*med.*) extrasistole.

extraterrestrial /ɛkstrətə'rɛstrɪəl/, **A** *a.* (*astron.*) extraterrestre. **B** *n.* (*fantascienza*) extraterrestre.

extraterritorial /ɛkstrəterɪ'tɔ:rɪəl/, *a.* extraterritoriale, estraterritoriale.

extraterritoriality /ɛkstrəterɪtɔ:rɪ'ælətɪ/, *n.* (*leg.*) extraterritorialità, estraterritorialità.

extra-urban /ɛkstrə'ɜ:bən/, *a.* extraurbano.

extrauterine /ɛkstrə'ju:təraɪn/, *a.* (*med.*) extrauterino: **e. pregnancy**, gravidanza extrauterina.

extravagance /ɪk'strævəgəns/, **extravagancy** /ɪk'strævɪgənsɪ/, *n.* **1** (*raro*) stravaganza; bizzarria **2** dispendio eccessivo; prodigalità; sperpero: **His children's e. ruined him**, la prodigalità dei suoi figli lo mandò in rovina **3** eccessività; esorbitanza (*di prezzi e sim.*) **4** esagerazione; eccesso.

extravagant /ɪk'strævəgənt/, *a.* **1** (*raro*) stravagante; bizzarro **2** prodigo **3** dispendioso: **e. tastes**, gusti dispendiosi **4** eccessivo; esorbitante; esoso: **e. prices**, prezzi esorbitanti **5** esagerato; smodato: **e. laughter**, riso smodato. || **-ly**, *avv.*

extravaganza /ɪkstrævə'gænzə/, *n.* **1** condotta (*o* discorso) stravagante **2** (*letter., teatr., mus.*) composizione fantastica o farsesca; fantasia; rappresentazione spettacolare.

to **extravasate** /ɛk'strævəseɪt/, **A** *v. t.* **1** (*med.*) far travasare (*sangue e sim.*) **2** (*geol.*) eruttare (*lava, ecc.*). **B** *v. i.* **1** (*med.*) travasarsi **2** (*geol.*) fuoriuscire.

extravasation /ɛkstrævə'seɪʃn/, *n.* **1** (*med.*) travaso **2** (*geol.*) eruttazione **3** (*geol.*) materiale eruttato.

extravascular /ɛkstrə'væskjʊlə(r)/, *a.* (*anat.*) extravascolare.

extravehicular /ɛkstrəvi:'hɪkjʊlə(r)/, *a.* (*miss.*) extraveicolare: **e. excursion**, escursione extraveicolare (*nello spazio*).

extravert /'ɛkstrəvɜ:t/, *V.* **extrovert**.

extreme /ɪk'stri:m/, **A** *a.* **1** estremo; ultimo; drastico: **the e. borders of the empire**, gli estremi confini dell'impero; **in e. old age**, nell'estrema vecchiaia; **e. poverty**, estrema povertà; (*polit.*) **the e. left**, l'estrema sinistra; (*relig.*) **e. unction**, l'estrema unzione; **an e. case**, un caso estremo; **e. measures**, provvedimenti drastici; (*stat.*) **e. values**, valori estremi **2** (*polit.*) da estremista; estremistico: **e. views**, opinioni da estremista. **B** *n.* estremo (*anche mat.*); punto estremo; eccesso; colmo: **Extremes meet**, gli estremi si toccano; **the extremes of heat and cold in the desert**, gli eccessi del caldo e del freddo nel deserto; **an e. of despair**, il colmo della disperazione. ● **extremes of wealth and poverty**, ricchezza e povertà estreme; enormi disuguaglianze sociali □ **to go to extremes** (*o* **to run to an e.**), spingere le cose all'estremo; ricorrere a rimedi estremi □ **in the e.**, estremamente; sommamente; assai: **This work is boring in the e.**, questo lavoro è estremamente noioso. || **-ly**, *avv.* || **-ness**, *sost.*

extremism /ɪk'stri:mɪzəm/, *n.* (*polit.*) estremismo; oltranzismo.

extremist /ɪk'stri:mɪst/, **A** *n.* (*polit.*) estremista; oltranzista. **B** *a.* estremistico.

extremity /ɪk'strɛmətɪ/, *n.* **1** estremità; punto estremo: (*anat.*) **the lower extremities**, le estremità inferiori **2** eccesso; colmo; stremo: **an e. of grief** [**joy**], un eccesso di dolore [gioia]; **to be driven to e.**, essere spinto allo stremo **3** caso estremo; frangente (*o* situazione) grave; estremo pericolo: **What can we do in this e.?**, che cosa possiamo fare in questo grave frangente? **4** misura estrema; provvedimento eccezionale; passo estremo: **to go** (*o* **to proceed, to resort**) **to extremities**, adottare misure estreme **5** (*polit.*) estremismo: **the e. of his political opinions**, l'estremismo delle sue idee politiche.

extricable /'ɛkstrɪkəbl/, *a.* districabile; liberabile.

to **extricate** /'ɛkstrɪkeɪt/, *v. t.* **1** districare; liberare; sbrigare; sbrogliare: **to e. one's paws from a snare**, districare le zampe da una trappola; **to e. oneself from a dangerous situation**, districarsi da una situazione pericolosa; **to e. oneself from debt**, liberarsi dai debiti **2** (*chim., raro*) liberare: **to e. a gas**, liberare un gas.

extrication /ɛkstrɪ'keɪʃn/, *n.* **1** il districarsi; il trarre (*o* trarsi) d'impaccio; liberazione **2** (*chim.*) liberazione.

extrinsic /ɛk'strɪnsɪk/, *a.* **1** estrinseco: **the e. value of a coin**, il valore estrinseco di una moneta **2** esterno; estraneo. ● (*leg.*) **e. fraud**, condotta processuale fraudolenta. || **-ally**, *avv.*

extrorse /ɪk'strɔ:s/, *a.* (*bot.*) estrorso.

extroversion /ɛkstrə'vɜ:ʃn, *USA* -ʒn/, *n.* (*psic.*) estroversione.

extrovert /'ɛkstrəvɜ:t/, **A** *n.* (*psic.*) estroverso. **B** *a.* estroverso (*anche psic.*); vivace.

extroverted /ɛkstrəʊ'vɜ:tɪd/, *a.* (*psic.*) estroverso.

to **extrude** /ɪk'stru:d/, *v. t.* **1** (*mecc., metall.*) estrudere **2** espellere.

extruder /ɛk'stru:də(r)/, *n.* (*tecn.*) estrusore.

extrusion /ɪk'stru:ʒn/, *n.* **1** (*mecc., metall.*) estrusione: **e. ingot**, lingotto di estrusione **2** espulsione **3** (*geol.*) estrusione.

extrusive /ɛk'stru:sɪv/, *a.* (*geol.*) estrusivo: **e. rocks**, rocce estrusive.

exuberance /ɪg'zu:bərəns, -zju:-/, **exuberancy** /ɪg'zu:bərənsɪ, -zju:-/, *n.* esuberanza; sovrabbondanza: **the e. of young people**, l'esuberanza dei giovani.

exuberant /ɪg'zu:bərənt, -zju:-/, *a.* esuberante; lussureggiante; sovrabbondante: **an e. person**, una persona esuberante; **e. vegetation**, vegetazione lussureggiante; **an e. crop**, un raccolto sovrabbondante.

exuberantly /ɪg'zu:bərəntlɪ, -zju:-/, *avv.* **1** esuberantemente **2** in (grande) abbondanza. ● **to be e. healthy**, scoppiare di salute.

to **exuberate** /ɪg'zu:bəreɪt, -zju:-/, *v. i.* essere esuberante; sovrabbondare.

exudate /'ɛgzjʊdeɪt, *USA* -zʊ-/, *n.* (*med.*) essudato.

exudation /ɛgzjʊ'deɪʃn, *USA* -zʊ-/, *n.* (*med.*) essudazione.

exudative /ɪg'zju:dətɪv, *USA* -zu:-/, *a.* (*med.*) essudativo.

to **exude** /ɪg'zju:d, *USA* -zu:d/, **A** *v. t.* **1** trasudare; stillare **2** (*fig.*) emanare (*un odore, ecc.*); diffondere: **The roasting pig exuded a delicious smell**, il maiale che arrostiva diffondeva un odore delizioso. **B** *v. i.* trasudare; essudare.

to **exult** /ɪg'zʌlt/, *v. i.* esultare; gioire; giubilare; rallegrarsi: **to e. in** (*o* **at**) **the victory of one's army**, esultare per la vittoria del proprio esercito; **to e. at** (*o* **in**) **one's success**, gioire per il (*o* rallegrarsi del) proprio successo. ● **to e. over a defeated enemy**, esultare per la sconfitta di un nemico.

exultance /ɪg'zʌltəns/, **exultancy** /ɪg'zʌltənsɪ/, *n.* esultanza.

exultant /ɪg'zʌltənt/, *a.* esultante.

exultation /ɛgzʌl'teɪʃn/, *n.* esultanza; giubilo.

exultingly /ɪg'zʌltɪŋlɪ/, *avv.* con grande esultanza (*o* giubilo).

exuviae /ɪg'zju:vɪi:, -'zu:-/, *n. pl.* (*biol.*) esuvie; spoglie (*degli animali*).

exuvial /ɪg'zju:vɪəl, -'zu:-/, *a.* (*biol.*) esuviale.

to **exuviate** /ɪg'zju:vɪeɪt, -'zu:-/, *v. i.* (*biol.*) spogliarsi; mutar pelle (*anche fig.*).

exuviation /ɪgzju:vɪ'eɪʃn, -zu:-/, *n.* (*biol.*) cambiamento di pelle; il mutar pelle (*di rettili, ecc.*).

eye /aɪ/, *n.* **1** occhio; (*fig.*) sguardo, vista: **I couldn't take my eyes off her**, non mi riusciva di staccare gli occhi da lei; **to cast an eye on st.**, gettar l'occhio su q.c.; **to have a keen eye**, avere la vista acuta; **He got a black eye**, gli hanno fatto un occhio nero (*con un pugno*) **2** (= **eye of the needle**) cruna (*d'ago*) **3** occhiello (*d'un ferro e sim.*) **4** occhiello, asola (*di un abito*) **5** (*meteor.*) occhio, centro (*di un ciclone*) **6** (*bot.*) occhio, gemma, bottone (*di pianta*) **7** (*zool.*) macchia tonda, occhio (*sulla coda del pavone*) **8** (*elettr.*, = **electric eye**) occhio magico; cellula fotoelettrica **9** (*fotogr.*) obiettivo **10** (*tecn.*) maglietta (*di un gancio*); foro (*di un manico*) **11** (*naut.*, = **eye hole**) gassa **12** (*pop. USA*) malocchio **13** (*pop. USA*) poliziotto privato. ● (*med.*) **eye-bath**, bagno oculare □ (*mecc.*) **eye-bolt**, bullone a occhio □ (*med.*) **eye care**, oculistica □ **eye-care clinic**, clinica oculistica □ **eye-care professional**, oculista □ **eye-catcher**, cosa (*o* oggetto, prodotto, ecc.) che attira lo sguardo □ **eye-catching**, vistoso, appariscente; (*di colore*) chiassoso □ (*med.*) **eye chart**, tabellone per l'esame della vista □ (*med.*) **eye clinic**, clinica oculistica □ (*med.*) **eye-cup**, occhino; occhiera □ **eye doctor**, oculista □ (*farm.*) **eye-drops**, gocce per gli occhi; collirio □ (*med.*) **eye examination**, esame oculistico □ (*anat.*) **eye-ground**, fondo dell'occhio □ (*ottica*) **eye lens**, oculare □ (*cosmesi*) **eye-liner**, eye-liner (*liquido o matita per il trucco degli occhi*) □ (*fig.*) **eye-opener**, cosa che fa aprir gli occhi (*o* capire le cose); (*pop.*) bicchierino di liquore bevuto di primo mattino: **Her long absence was an eye-opener for him**, la lunga assenza di lei gli aprì gli occhi □ (*poesia*) **eye rhyme**, rima all'occhio □ (*cosmesi*) **eye shadow**, ombretto □ (*anat.*) **eye socket**, orbita; cavità orbitale □ **eye splice**, occhiello di fune □ **to be all eyes**, essere tutt'occhi □ (*fig.*) **the apple of one's eye**, la pupilla dei propri occhi □ **as far as the eye can see**, a perdita d'occhio □ **to catch sb.'s eye**, attirare l'attenzione di q.; dar nell'occhio □ (*pop.*) **to do sb. in the eye**, imbrogliare, fregare q. □ **glass eye**, occhio di vetro □ **to have an eye for**, avere occhio (*capacità di valutare, apprezzare, godere*) per: **He has an eye for proportion**, ha occhio per le proporzioni; **He has no eye for modern painting**, non ha occhi per la pittura moderna □ **to have an eye on**, mettere gli occhi su (*o* addosso a); avere come mira; mirare a: **He had an eye on her fortune**, egli aveva messo gli occhi sulle ricchezze di lei □ **to have an eye to**, pensare a; tenere conto di □ (*fam.*) **to have eyes in the back of one's head**, avere gli occhi di Argo; avere occhi anche di dietro (*pop.*) □ **to have eyes only for sb.**, non avere occhi che per q.; essere innamorato pazzo di q. □ **to have a sure eye**, avere occhio; saper giudicare □ (*fig.*) **in the eyes of the law**, agli occhi della legge □ **in the mind's eye**, con l'occhio della mente (*o* dell'animo) □ **to be in the public eye**, avere una posizione eminente; essere ben conosciuto; essere in vista □ **to keep an eye on sb.**, tener d'occhio q.; sorvegliare q. □ (*fam.*) **to keep an eye out**, stare attento (*per trovare q.c.*) □ **to keep one's eyes open**, tenere gli occhi aperti □ (*fam.*) **to keep one's eyes skinned**, stare molto attento; stare all'erta □ (*anche fig.*) **to look sb. in the eye**, guardare q. negli occhi □ **to make (sheep's) eyes at sb.**, fare l'occhio di triglia a q.; fare gli occhi dolci a q.; fare l'occhiolino a q. □ **to open sb.'s eyes to st.**, aprire gli occhi a q. su q.c. □ **out of the corner of one's eye**, con la coda dell'occhio □ (*spreg.*) **to pipe one's eye** (*o* **to put one's finger in one's eye**), frignare, piagnucolare (*per mostra, tanto che è necessario cacciarsi un dito nell'occhio per cavarne lacrime*) □ **to run one's eyes over** (*o* **through**) **st.**, dare una scorsa a q.c. □ **to see eye to eye with sb.**, essere pienamente d'accordo con q.; essere dello stesso avviso di q. □ **to see with a friendly eye**, vedere di buon occhio □ **to see st. with half an eye**, capire q.c. a prima vista; accorgersi di q.c. alla prima occhiata □ **to set one's eyes on sb.**, posare gli occhi su q. □ **to sleep with one eye open**, dormire con gli occhi aperti □ **to throw dust in sb.'s eyes**, buttar polvere negli occhi a q. □ **to turn a blind eye to st.**, chiudere un occhio su q.c. □ **under sb.'s very eyes**, proprio sotto gli occhi di q.; apertamente; scopertamente □ **to be up to the** (*o* **one's**) **eyes in debt [in work]**, essere indebitato fino agli occhi [essere immerso nel lavoro fin sopra i capelli] □ **to wink an eye (at sb.)**, strizzare l'occhio, far l'occhiolino (a q.); (*fig.*) chiudere un occhio, far finta di non vedere □ (*fig.*) **with one's eyes open**, con piena consapevolezza □ **with one's eyes shut** (*o* **closed**), a occhi chiusi: **I could get home with my eyes shut!**, potrei tornare a casa a occhi chiusi! □ **with an eye to**, avendo di mira; tenendo conto di: **You must write with an eye to the public**, devi scrivere tenendo conto dei gusti del pubblico □ **with half an eye**, a prima vista; facilmente; subito: **You can see with half an eye that he is fed up**, si vede subito che è stufo □ **with the naked eye**, a occhio nudo □ (*mil.*) **Eyes front!**, fissi! □ (*mil.*) **Eyes right [left]!**, attenti a destra [a sinistra]! □ **His eyes are bigger than his belly**, ha gli occhi più capaci della pancia (*detto di chi ha preso sul piatto più cibo di quanto possa mangiarne*) □ **If you had half an eye...**, se tu non fossi cieco (*o* ottuso)...; se tu non chiudessi gli occhi alla realtà... □ (*fam.*) **It's all my eye**, sono tutte sciocchezze □ **Mind your eye!**, occhio!; occhio alla penna! (*fam.*); attenzione! □ (*pop. arc.*) **My eye!**, accidenti!; perbacco! □ (*fam.*) **That's one in the eye for him!**, ben gli sta!; se l'è meritato! □ (*fam.*) **That's all my eye (and Betty Martin)!**, tutte storie!; tutte balle! □ (*prov.*) **An eye for an eye**, occhio per occhio, dente per dente □ (*prov.*) **What the eye doesn't see, the heart doesn't grieve over**, occhio non vede, cuore non duole.

to **eye** /aɪ/, *v. t.* ***1*** guardare; osservare; sbirciare; squadrare: **to eye sb. with mistrust**, squadrare q. con sospetto; **to eye narrowly**, osservare da vicino ***2*** tener d'occhio; osservare attentamente: **to eye the fluctuations of market prices**, tener d'occhio le fluttuazioni dei prezzi di mercato ***3*** (*fig.*) mirare a; cercare d'ottenere ***4*** provvedere (*un abito*) di occhielli.

eyeball /ˈaɪbɔːl/, *n.* (*anat.*) globo dell'occhio; bulbo oculare. ● (*fam.*) **to be e. to e. with sb.**, essere ai ferri corti con q. □ **an e.-to-e. confrontation**, uno scontro ai ferri corti.

eyebright /ˈaɪbraɪt/, *n.* (*bot., Euphrasia officinalis*) eufrasia.

eyebrow /ˈaɪbraʊ/, *n.* sopracciglio: **e. pencil**, matita per le sopracciglia. ● **to knit one's eyebrows**, aggrottare le ciglia □ **to raise one's eyebrows**, alzare (*o* inarcare) le ciglia □ (*fam.*) **to be up to one's eyebrows in work**, avere lavoro fin sopra i capelli.

eyed /aɪd/, *a.* ***1*** dagli occhi (*usato nei composti*:) **a green-e. girl**, una ragazza dagli occhi verdi ***2*** occhiuto: **the e. feathers of the peacock**, le penne occhiute del pavone. ● (*fig.*) **blue-e. boy**, favorito; prediletto □ **one-eyed**, monocolo (*che ha un occhio solo*).

eyeful /ˈaɪfʊl/, *n.* (*fam.*) ***1*** lunga occhiata; sguardo: **to get an e. of st.**, dare una lunga occhiata a q.c. ***2*** cosa che riempie gli occhi ***3*** cosa assai bella (*o* con cui rifarsi gli occhi) ***4*** donna bellissima. ● **a blond e.**, una bionda favolosa (*fam.*).

eyeglass /ˈaɪglɑːs, *USA* -æs/, *n.* ***1*** lente; monocolo ***2*** oculare (*di microscopio*) ***3*** (*pl.*) occhiali. ● **rimless eyeglasses**, occhialini; pince-nez (*franc.*).

eyehole /ˈaɪhəʊl/, *n.* ***1*** orbita dell'occhio; occhiaia ***2*** spiraglio; spioncino (*di porta*) ***3*** buco per gli occhi; occhio (*per es., di una maschera*).

eyelash /ˈaɪlæʃ/, *n.* ciglio: **Jane has long eyelashes**, Jane ha le ciglia lunghe.

eyeless /ˈaɪləs/, *a.* ***1*** senz'occhi; cieco ***2*** (*di ago*) senza cruna ***3*** (*fig.*) che va (*o* procede) alla cieca.

eyelet /ˈaɪlət/, *n.* ***1*** occhiello; asola ***2*** (*mecc.*) occhiello; occhiello metallico ***3*** (*mil.*, = **e.-hole**) feritoia ***4*** piccolo occhio; occhietto. ● (*mecc.*) **e. punch**, (macchina) occhiellatrice.

eyeletting /ˈaɪlɪtɪŋ/, *n.* (*mecc.*) occhiellatura.

eyelid /ˈaɪlɪd/, *n.* palpebra. ● (*fig.*) **to hang on by one's eyelids**, essere sospeso a un capello □ (*fig.*) **without batting an e.**, senza batter ciglio.

eyepiece /ˈaɪpiːs/, *n.* oculare; lente (*di microscopio, ecc.*).

eyeshade /ˈaɪʃeɪd/, *n.* visiera.

eyeshot /ˈaɪʃɒt/, *n.* portata d'occhio (*o* vista); vista: **within e.**, a portata d'occhio; **beyond e.**, fuori di vista; a perdita d'occhio.

eyesight /ˈaɪsaɪt/, *n.* vista; capacità visiva: **a person with good [poor] e.**, una persona dalla vista buona [cattiva].

eyesore /ˈaɪsɔː(r)/, *n.* pugno nell'occhio (*fig.*); cosa sgradita (*o* spiacevole) a vedersi; cosa che offende la vista.

eyespot /ˈaɪspɒt/, *n.* ***1*** (*biol.*) macchia oculare ***2*** (*bot.*) occhio ***3*** (*zool.*) ocello.

eyestrain /ˈaɪstreɪn/, *n.* (*med.*) affaticamento degli occhi (*per il troppo leggere, ecc.*).

eyetooth /ˈaɪtuːθ/, *n.* (*pl.* **eyeteeth**) dente canino: **to cut one's eyeteeth**, mettere i canini; (*fig.*) diventare grande. ● (*fam.*) **I'd give my eyeteeth for that motorbike**, darei un occhio della testa per quella moto.

eyewash /ˈaɪwɒʃ, *USA* -wɔːʃ/, *n.* ***1*** (*farm.*) gocce per gli occhi; collirio ***2*** (*fam.*) polvere negli occhi (*fig.*); balle, fandonie; fumo negli occhi (*fig.*).

eyewear /ˈaɪweə(r)/, *n. collett.* (*comm.*) occhiali e lenti.

eyewink /ˈaɪwɪŋk/, *n.* batter d'occhi; strizzatina d'occhio; occhiolino. ● **in an e.**, in un batter d'occhio; in un baleno.

eyewitness /ˈaɪwɪtnəs, ˈaɪˈwɪt-/, *n.* (*leg.*) testimone oculare.

to **eyewitness** /ˈaɪwɪtnəs, ˈaɪˈwɪt-/, *v. t.* (*leg.*) essere testimone oculare di (q.c.).

eyot /eɪt, ˈeɪət, aɪt/, *n.* (*nei toponimi*) isoletta; isolotto.

eyre /eə(r)/, *n.* (*leg., stor.*) ***1*** corte di giustizia ambulante ***2*** itinerario (*o* seduta) di detta corte. ● **justices in e.**, giudici ambulanti.

eyrie, eyry /ˈaɪərɪ/, *n.* ***1*** nido d'aquila (*o altro uccello da preda*); (*fig.*) luogo inaccessibile ***2*** nidiata d'uccelli da preda.

f, F

F, f /ɛf/, *n.* (*pl.* **F's, f's**; **Fs, fs**) *1* F, f (*sesta lettera dell'alfabeto ingl.*) *2* (*mus.*) fa (*nota e scala corrispondente*). ● (*telef.*) **f for Fred** (*USA*: **f for Fox**), f come Firenze.

fa /fɑː/, *n.* (*pl.* **fas, fa's**) (*mus.*) fa (*nota*).

fab /fæb/, (*fam.*) *V.* **fabulous**. ● (*fam.*) **the fab four**, i Beatles.

Fabian /'feɪbɪən/, **A** *a.* *1* fabiano: (*stor.*) **the F. Society**, la Società fabiana (*fautrice di un socialismo riformista*) *2* (*fig.*) temporeggiante; di temporeggiamento: **a F. policy**, una politica di temporeggiamento. **B** *n.* fabiano (*membro della* **F. Society**).

Fabianism /'feɪbɪənɪzəm/, *n.* (*stor.*) fabianesimo; fabianismo.

fable /'feɪbl/, *n.* *1* favola: **Aesop's fables**, le favole d'Esopo *2* mito; leggenda *3* fandonia; frottola; fola (*lett.*). ● **old wives' fables**, ciance di donnicciole.

to **fable** /'feɪbl/, **A** *v. i.* *1* (*poet.*) favoleggiare *2* raccontare fandonie. **B** *v. t.* favoleggiare di (q. *o* q.c.); romanzare.

fabled /'feɪbld/, *a.* di cui si favoleggia; favoloso; leggendario; mitico.

fabler /'feɪblə(r)/, *n.* *1* favoleggiatore *2* favolista.

fabric /'fæbrɪk/, *n.* *1* (*spesso* **textile f.**) stoffa; tessuto: **cotton fabrics**, tessuti di cotone; **curtain f.**, stoffa per tendaggi *2* (*raro*) fabbrica (*del duomo, ecc.*); fabbricato; edificio *3* (*geol.* e *fig.*) composizione; struttura: **the f. of society**, la struttura della società; **the political f.**, le strutture politiche. ● **f. manufacturer**, industriale tessile.

to **fabricate** /'fæbrɪkeɪt/, *v. t.* *1* (*raro*) fabbricare; costruire; (*mecc.*) montare *2* (*fig.*) fabbricare; architettare; falsare; falsificare; inventare: **to f. a charge**, fabbricare un'accusa; **to f. a document**, falsificare un documento.

fabrication /fæbrɪ'keɪʃn/, *n.* *1* (*raro*) fabbricazione; costruzione *2* falsificazione; falso; invenzione; montatura; menzogna.

fabricator /'fæbrɪkeɪtə(r)/, *n.* *1* (*raro*) fabbricante; costruttore *2* contraffattore; falsificatore; mentitore; bugiardo.

fabulist /'fæbjʊlɪst/, *n.* *1* favolista *2* mentitore; bugiardo.

fabulosity /fæbjʊ'lɒsətɪ/, *n.* favolosità (*raro*); l'essere favoloso.

fabulous /'fæbjʊləs/, *a.* *1* favoloso; leggendario: **f. princes**, principi favolosi; **f. riches**, ricchezza favolosa *2* (*fam.*) favoloso; eccellente; fantastico; stupendo; straordinario. ● **f. historians**, storici fantasiosi (*o* che favoleggiano). || **-ly**, *avv.* || **-ness**, *sost.*

façade /fə'sɑːd/ (*franc.*), *n.* *1* (*archit.*) facciata *2* (*fig.*) aspetto esteriore; apparenza: **a f. of wellbeing**, un'apparenza di benessere. ● **a f. of mirth**, un'allegria di facciata.

face /feɪs/, *n.* *1* faccia (*anche geom., mecc.*); viso; volto; muso (*d'animale*); aspetto; sembianza; prestigio; reputazione; sfacciataggine; sfrontatezza; superficie: **He is ashamed to show his f.**, si vergogna di mostrar la faccia; **to look sb. in the f.**, guardare q. in faccia; (*fig.*) guardare bene in faccia q.; **This dog has a nice f.**, questo cane ha un bel muso; **to pull** (*o* **to make, to wear**) **a long f.**, fare la faccia lunga; fare il muso (o il broncio); assumere (*o* avere) un aspetto di scontentezza (*o* di disapprovazione); **I don't dare to tell him to his f.**, non oso dirglielo in faccia; **to save f.**, salvare la faccia; **The queen lost f. by her defeat**, la regina perse la faccia con la sconfitta; **to meet sb. f. to f.**, incontrarsi faccia a faccia con q.; **He'll only laugh in your f.**, ti riderà in faccia; **How can you have the f. to come here?**, come puoi avere la faccia (*o* la sfacciataggine) di venir qui?; **A cube has six faces**, il cubo ha sei facce; **the f. of the earth**, la faccia della terra *2* (*edil.*) facciata; faccia; fronte *3* (*di stoffa*) diritto; (*di un documento*) recto *4* (*di un monte*) parete *5* (*ind. min.*) fronte: **the coal f.**, la fronte del carbone *6* (*tipogr.*) faccia; occhio *7* quadrante (*d'orologio*) *8* (*mecc.*) faccia, taglio (*di un utensile*) *9* (*pop. USA*) persona assai nota; celebrità *10* (*pop. USA*) bianco (*di razza*). ● **f.-ache**, nevralgia facciale □ (*nel gioco delle carte*) **f. card**, figura; (*fig.*) personaggio importante □ (*tipogr.*) **f. and reverse side**, bianca e volta □ **f. cream**, crema per il viso □ **f. down**, a faccia in giù; bocconi, prono; (*di carta da gioco*) coperta □ **f. flannel**, pezzuola per (lavarsi) il viso □ (*mecc.*) **f. gear**, ingranaggio frontale □ **f. lathe**, tornio per spianatura □ **f.-lift** (*o* **f.-lifting**), (*cosmesi, med.*) eliminazione delle rughe, lifting, ritidectomia; (*edil.*) restauro della facciata; (*autom.*) rifacimento del frontale; (*fig.*) miglioramento (*specialm.* di un'immagine pubblica) □ (*archit.*) **f. of the arch**, fronte dell'arco □ **f.-off**, (*sport*) rimessa, ingaggio; (*fig. USA*) confronto, scontro, resa dei conti □ (*cosmesi*) **f. pack**, maschera di bellezza □ **f. powder**, cipria per il viso □ **f.-saver**, cosa (*o* concessione, risultato, ecc.) che salva la faccia □ **f.-saving**, che salva la faccia □ **f. to f.**, (a) faccia a faccia: **The wrestlers were brought f. to f.**, i lottatori furono messi faccia a faccia □ **a f.-to-f. discussion**, una discussione a quattr'occhi (*o* vis à vis) □ **f. up**, a faccia in su; supino; (*di carta da gioco*) scoperta □ (*fin.*) **f. value**, valore facciale (*o* nominale) (*d'una moneta, banconota, ecc.*); (*fig.*) valore apparente □ (*edil.*) **f. wall**, muro di sostegno □ (*edil.*) **f.-work**, rivestimento di facciata □ **to come f. to f. with death**, trovarsi faccia a faccia con la morte □ **to fly in the f. of sb.**, sfidare q.; disobbedire apertamente a q. □ **in the f. of**, di fronte a; a dispetto di: **What could I do in the f. of all these difficulties?**, che potevo fare di fronte a tutte queste difficoltà? □ **in the f. of day**, apertamente; a carte scoperte □ **to make** (*o* **to pull**) **a f.**, fare una smorfia □ **to make** (*o* **to pull**) **faces at sb.**, fare le boccacce a q. □ **on the f. of it**, a prima vista; a giudicare dalle apparenze: **On the f. of it the story is absurd**, questa storia sembra assurda a prima vista □ **to put a bold f. on st.**, affrontare q.c. coraggiosamente (*o* a viso aperto) □ **to put a good f. on st.**, fare buon viso a q.c. □ **to put a new f. on st.**, conferire (*o* dare) un aspetto nuovo a q.c.; cambiare q.c.: **That puts an entirely new f. on the matter**, ciò cambia totalmente la faccenda □ **to set one's f. against sb.**, far faccia (*o* fronte) a q.; contrastare q.; resistere a q. □ **to show one's f.**, mostrare la faccia; farsi (appena) vedere □ (*fig.*) **to throw st. in sb.'s f.**, rinfacciare q.c. a q. □ **to take st. at (its) f. value**, giudicare q.c. dalle apparenze; prendere q.c. alla lettera.

to **face** /feɪs/, *v. t.* e *i.* *1* fronteggiare; essere (*o* stare) di fronte a; guardare verso; essere volto a: **What's the building facing the church?**, che cos'è l'edificio che sta di fronte alla chiesa?; **My house faces the public park**, la mia casa è di fronte al parco pubblico; **The ancient temple faced** (**to the**) **east**, l'antico tempio era volto a oriente; **the foe** [**the difficulty, the problem**] **that faces us**, il nemico [la difficoltà, il problema] che ci sta di fronte (*o* che dobbiamo affrontare) *2* affrontare; far fronte a; tener testa a: **to f. danger** [**death**], affrontare il pericolo [la morte]; **to f. one's enemies**, tener testa ai propri nemici *3* voltare (*una carta*) a faccia in su *4* (*edil.*) ricoprire; rivestire: **to f. a wall with stone slabs**, rivestire un muro di lastre di pietra *5* (*sartoria*) guarnire; rivestire *6* (*mecc.*) sfacciare; spianare; tornire in piano *7* (*mil. USA*) girare, far girare (*in una direzione*): **Left f.!**, fronte sinist!; **Right f.!**, fronte dest! ● (*fig.*) **to f. the music**, affrontare un pericolo (*o* una situazione difficile); subire le conseguenze spiacevoli delle proprie azioni □ **to be faced with a serious danger**, essere minacciato da un grave pericolo.

◆**face about**, **A** *v. i.* + *avv.* *1* (*mil., USA*) fare dietro front: **About f.!**, dietro front! *2* (*fig.*) fare un voltafaccia. **B** *v. t.* + *avv.* (*mil., USA*) far fare dietro front a (*soldati, ecc.*).

◆**face away**, *v. i.* + *avv.* voltarsi (*o* guardare) dall'altra parte.

◆**face down**, **A** *v. t.* + *avv.* *1* dominare, soggiogare, sottomettere (*specialm. con lo sguardo*) *2* affrontare, sgominare (*nemici*) *3* sostenere (*un interrogatorio*). **B** *v. i.* + *avv.* stare (*o* mettersi) a faccia in giù.

◆**face off**, *v. t.* + *avv.* *1* (*edil.*) spianare, levigare (*una pietra*) *2* (*sport*: *hockey e lacrosse*) rimettere in gioco.

◆**face out**, *v. t.* + *avv.* affrontare a viso aperto; far fronte a (*nemici, ecc.*) □ **to f. it out**, tener duro; resistere.

◆**face round**, *v. i.* + *avv.* girare la testa.

◆**face up to**, *v. t.* + *avv.* + *prep.* affrontare (*un pericolo, una responsabilità, ecc.*).

◆**face with**, *v. t.* + *prep.* mettere (q.) di fronte a: **The judge faced him with overbearing evidence**, il giudice lo mise di fronte a prove schiaccianti.

facecloth /'feɪsklɒθ, *USA* -ɔːθ/, *n.* *1* (*un tempo*) pezzuola per (lavarsi) il viso *2* (*ora*) panno di spugna (*da bagno*); spugnetta (*fam.*); mano di spugna *3* telo per (coprire) il volto (*di un morto*).

faced /feɪst/, *a.* (*nei composti*) *1* dalla faccia; dal viso: **full-f.**, dalla faccia tonda; paffuto *2* (*tecn.*) con il davanti rivestito di: **a range of oak-f. units in a kitchen**, una serie di mobili componibili da cucina, con il davanti rivestito di quercia. ● **bold-f.**, sfacciato □ (*fig.*) **two-f.** (*o* **double-f.**), doppio; falso; ipocrita.

facedown /'feɪsdaʊn/, *n.* (*USA*) resa dei conti; scontro.

faceless /'feɪsləs/, *a.* *1* senza volto *2* (*fig.*) senza volto; anonimo; impersonale: **f. people**, gente anonima.

facer /'feɪsə(r)/, *n.* *1* persona che affronta, ecc. (*V.* **to face**) *2* (*fam. arc.*) schiaffo *3* (*fam.*) difficoltà improvvisa; duro colpo; batosta *4* (*mecc.*) utensile per sfacciare.

facet /'fæsɪt/, *n.* *1* faccetta (*di una gemma*); sfaccettatura *2* (*fig.*) aspetto; lato (*di una questione, ecc.*).

to **facet** /'fæsɪt/, *v. t.* sfaccettare: **a faceted**

diamond, un diamante sfaccettato.

facetiae /fəˈsiːʃiiː/ (*lat.*), *n. pl.* **1** facezie; piacevolezze **2** libri piccanti (*o* licenziosi).

facetious /fəˈsiːʃəs/, *a.* faceto; arguto; lepido. || **-ly,** *avv.* || **-ness,** *sost.*

facia /ˈfeɪʃə/, *n.* (*pl.* **faciae**) insegna di negozio.

facial /ˈfeɪʃl/, **A** *a.* facciale: (*anat.*) **f. angle**, angolo facciale; (*med.*) **f. surgery**, chirurgia facciale. **B** *n.* (*fam.*) massaggio facciale; trattamento del viso.

facile /ˈfæsaɪl, *USA* ˈfæsl/, *a.* **1** facile; superficiale: **a f. solution**, una soluzione facile; **f. success**, successo facile **2** (*arc.*) affabile; arrendevole; condiscendente; docile; remissivo: **a person with a f. temper**, una persona di carattere arrendevole **3** abile; svelto; pronto: **f. tongue**, lingua pronta.

to **facilitate** /fəˈsɪlәteɪt/, *v. t.* facilitare; agevolare.

facilitation /fəsɪləˈteɪʃn/, *n.* facilitazione; agevolazione.

facility /fəˈsɪlətɪ/, *n.* **1** facilità; abilità; destrezza: **to show f. in doing st.**, dimostrare abilità nel fare q.c. **2** facilitazione; agevolazione: **to give facilities for st.**, offrire facilitazioni per q.c. **3** arrendevolezza; condiscendenza; remissività **4** (*pl.*) attrezzature; mezzi; impianti; servizi: **port facilities**, attrezzature portuali; **good transportation facilities**, buoni mezzi di trasporto; **sport facilities**, attrezzature sportive; (*tur.*) **rooms with or without facilities**, camere con o senza servizi **5** (*pl.*) (*econ.*) infrastrutture **6** (*pl.*) (*fam.*) bagno; toilette **7** (*mil., USA*) (reparto di) base missilistica. ● (*elab.*) **f. request**, richiesta di servizio ◻ **prison facilities**, complesso carcerario.

facing /ˈfeɪsɪŋ/, **A** *n.* **1** (*d'un abito*) copririsvolto; paramontura; (*pl.; mil.*) mostrine **2** (*edil.*) rivestimento: **a brick wall with a f. of mortar**, un muro di mattoni con un rivestimento di malta **3** (*pl.*) (*mil.*) conversioni; evoluzioni **4** (*mecc.*) guarnizione, spessore (*dei dischi, ecc.*) **5** (*mecc.*) sfacciatura; tornitura in piano **6** (*metall.*) sabbia da modello. **B** *a.* prospiciente: **f. the lake**, prospiciente il (*o* al) lago. ● (*ferr.*) **a seat f. the engine**, un posto (a sedere) nel senso della direzione del treno ◻ (*mecc.*) **f. machine**, macchina per tornire in piano ◻ (*metall.*) **f. sand**, sabbia da modello ◻ (*fig.*) **to go through one's facings**, essere messo alla prova ◻ (*fig.*) **to put sb. through his facings**, mettere q. alla prova.

facsimile /fækˈsɪməlɪ/, *n.* **1** facsimile; copia esatta **2** (*telef.*) telefax; fax; facsimile: **f. bureau**, ufficio di fax. ● **f. edition**, edizione anastatica ◻ **f. machine**, fax (*l'apparecchio*).

to **facsimile** /fækˈsɪməlɪ/, *v. t.* **1** fare un facsimile di, riprodurre esattamente (q.c.) **2** riprodurre anastaticamente (*un libro*).

fact /fækt/, *n.* **1** fatto; fatto reale: **He is interested only in facts**, s'interessa solo dei fatti **2** realtà; verità: **The film is based on f.**, il film è basato sulla realtà; **the hard facts**, la verità nuda e cruda; **the f. of the matter is (that)...**, la realtà delle cose è (che)...; i fatti stanno così:... ● **f.-finder**, chi indaga sui fatti; (*leg.*) inquirente ◻ **f.-finding**, che indaga sui fatti ◻ **f.-finding board**, commissione d'inchiesta (*o* inquirente) ◻ (*org. az.*) **f.-finding sessions**, giornate d'informazione ◻ **after the f.**, a fatto compiuto ◻ **as a matter of f.** (*o* **in f.**, **in point of f.**), effettivamente; in effetti; realmente; per la verità ◻ **before the f.**, prima del fatto (*o* dell'atto) ◻ **f. of life**, fatto concreto ◻ (*fam.*) **the facts of life**, i fatti riguardanti la vita sessuale ◻ **in actual f.**, in realtà; di fatto ◻ **It's a f.!**, è un dato di fatto! ◻ **I know it for a f.**, lo so per certo.

faction (1) /ˈfækʃn/, *n.* **1** fazione; setta **2** discordia; lotta intestina **3** (*di un partito*) corrente.

faction (2) /ˈfækʃn/, *n.* (*contraz. di* **fact** e **fiction**) romanzo-verità.

factional /ˈfækʃənl/, *a.* **1** di fazione **2** dissenziente; di dissenso **3** (*polit.*) di corrente; correntizio.

factionalism /ˈfækʃnəlɪzəm/, *n.* **1** (l') essere di una fazione **2** (*polit.*) (l') essere correntizio.

factious /ˈfækʃəs/, *a.* fazioso; settario. || **-ly,** *avv.* || **-ness,** *sost.*

factitious /fækˈtɪʃəs/, *a.* fittizio; artificiale; artificioso; innaturale; falso: **f. emotion**, emozione fittizia. || **-ly,** *avv.* || **-ness,** *sost.*

factitive /ˈfæktətɪv/, *a.* (*gramm., ling.*) causativo; fattitivo: **a f. verb**, un verbo causativo.

factor /ˈfæktə(r)/, *n.* **1** fattore (*anche mat.*); coefficiente; elemento: **hereditary factors**, fattori ereditari; **the factors of production**, i fattori della produzione; **2 and 5 are factors of 20**, 2 e 5 sono i fattori primi di 20; **f. of safety** (*o* **safety f.**), coefficiente di sicurezza **2** (*comm.*) agente commissionario; depositario; mandatario (*anche leg.*) **3** (*fin.*) società di factoring **4** (*scozz.*) fattore; agente agricolo (*cfr. ingl.* **bailiff** *o* **steward**). ● (*mat., stat.*) **f. analysis**, analisi fattoriale ◻ (*ind.*) **f. cost**, costo di produzione (*di un articolo*) ◻ (*econ.*) **f.-cost line**, linea di isocosto ◻ (*econ.*) **f. of expansion**, fattore d'espansione ◻ (*org. az.*) **a f. of production**, un fattore produttivo.

to **factor** /ˈfæktə(r)/, **A** *v. t. V.* **to factorize**. **B** *v. i.* (*fin.*) fare del factoring.

factorage /ˈfæktərɪdʒ/, *n.* (*comm.*) commissione; provvigione (*di commissionario*).

factorial /fækˈtɔːrɪəl/, **A** *n.* (*mat.*) fattoriale: **The f. of 3 is 1 x 2 x 3, or 6**, il fattoriale di 3 è 1 x 2 x 3, cioè 6. **B** *a.* **1** (*mat.*) di fattore; fattoriale **2** relativo a un commissionario.

factoring /ˈfæktərɪŋ/, *n.* (*fin.*) factoring (*rilevamento e incasso di crediti di una società, dietro un compenso percentuale*). ● **f. company** (*o* **firm**), società di factoring.

to **factorize** /ˈfæktəraɪz/, *v. t.* (*mat.*) fattorizzare; scomporre in fattori.

factory /ˈfæktərɪ/, *n.* **1** fabbrica; stabilimento; manifattura; opificio **2** (*arc., comm.*) stazione commerciale (*in paese straniero*). ● (*stor., in G.B.*) **F. Acts**, leggi sul lavoro industriale ◻ **f. board**, consiglio di fabbrica ◻ (*econ.*) **f. cost**, costo di produzione; costo industriale ◻ **f. farm**, allevamento industriale (*di polli, mucche da latte, ecc.*: *il luogo*) ◻ **f. farming**, allevamento industriale ◻ **f. hand**, operaio ◻ (*in G.B.*) **f. inspectors**, ispettori del lavoro ◻ **f. owner**, manifatturiere ◻ **f. price**, prezzo di fabbrica ◻ (*naut.*) **f. ship**, peschereccio d'alto mare (*che lavora il pesce pescato*) ◻ **f. shop**, spaccio aziendale ◻ **f. workers**, operai.

factotum /fækˈtəʊtəm/, *n.* factotum; tuttofare.

factual /ˈfæktʃʊəl/, *a.* che riguarda i fatti; effettivo; reale.

facula /ˈfækjʊlə/, *n.* (*pl.* **faculae**) (*astron.*) facola; facella.

facultative /ˈfækltətɪv, *USA* -teɪt-/, *a.* **1** facoltativo **2** eventuale; possibile.

faculty /ˈfækltɪ/, *n.* **1** facoltà: **the mental faculties**, le facoltà mentali; **the f. of hearing**, le facoltà dell'udito; **the F. of Law**, la facoltà di giurisprudenza; **the science f.**, la facoltà di scienze naturali **2** abilità; capacità: **the f. of making oneself understood by everyone**, la capacità di farsi capire da tutti **3** corpo insegnante; corpo dei professori (*di una università*) **4** (*leg.*) facoltà; diritto; autorità. ● (*pop.*) **the F.**, la classe dei medici ◻ (*fisc.*) **the f. principle of taxation**, il principio della capacità contributiva.

fad /fæd/, *n.* **1** capriccio; mania (*fig.*); pallino (*pop.*); moda passeggera: **This fashion won't last; it's only a fad**, questa moda non durerà; è una mania del momento **2** ghiribizzo; ubbia; fisima: **to be full of fads**, essere pieno di ghiribizzi.

fadayeen /fædəˈjiːn/, *n.* (*pl.* **fadayeen**) feddayn.

faddict /ˈfædɪkt/, *n.* (*fam. USA*) chi è schiavo di mode passeggere.

faddiction /fæˈdɪkʃn, fə-/, *n.* (*fam. USA*) schiavitù di mode passeggere.

faddiness /ˈfædɪnəs/, *n.* **1** bizzarria **2** capricciosità; l'essere strambo; stramberia.

faddish /ˈfædɪʃ/, *a.* **1** bizzarro **2** capriccioso; maniaco, fissato (*fig.*); strambo.

faddishness /ˈfædɪʃnəs/, *V.* **faddiness**.

faddism /ˈfædɪzəm/, *n.* **1** propensione a seguire mode passeggere **2** capricciosità; stramberia.

faddist /ˈfædɪst/, *n.* **1** chi segue mode passeggere **2** persona capricciosa, stramba; maniaco, fissato (*fig.*).

faddy /ˈfædɪ/, *V.* **faddish**.

fade /feɪd/, *n.* (*cinem., TV*) dissolvenza. ● **f.-in**, dissolvenza in apertura ◻ **f.-out**, dissolvenza in chiusura. ● (*pop. USA*) **to take a f.**, scomparire; tagliare la corda (*fig.*).

to **fade** /feɪd/, **A** *v. i.* **1** affievolirsi; appassire; avvizzire: **The flowers have faded**, i fiori sono avvizziti **2** scolorire; sbiadire; stingersi; svanire: **This material will never f.**, questa stoffa non si stingerà mai; **The recollection of that happy time has faded from his mind**, il ricordo di quel tempo felice è svanito dalla sua mente **3** (*sport: di un atleta*) perdere vigore (*o* velocità); (*di una squadra*) perdere mordente **4** (*sport: della palla*) smorzarsi. **B** *v. t.* **1** affievolire; far appassire; far avvizzire; sbiadire, stingere (*fig.*): **Time has not faded the brilliancy of his style**, il tempo non ha sbiadito il suo stile brillante **2** scolorare; sbiadire; stingere.

♦**fade away**, *v. i.* + *avv.* **1** scomparire in lontananza; svanire **2** (*di un suono*) smorzarsi **3** (*di una persona*) indebolirsi; deperire: **He fell ill and slowly faded away**, s'ammalò e deperì a poco a poco **4** (*fam. USA*) dileguarsi; andarsene.

♦**fade down**, *v. t.* + *avv.* ridurre l'intensità di (*un suono*); attutire; smorzare.

♦**fade in**, *v. i.* + *avv.* **1** (*di un'immagine*) comparire a poco a poco **2** (*di un suono*) crescere d'intensità (*per gradi*) **3** (*cinem., TV*) aprire in dissolvenza.

♦**fade into**, *v. i.* + *prep.* sfumare in: **These colours f. into one another**, questi colori sfumano l'uno nell'altro.

♦**fade out**, **A** *v. i.* + *avv.* **1** (*di un'immagine*) svanire lentamente **2** (*di un suono*) smorzarsi; spegnersi **3** (*cinem., TV*) chiudere in dissolvenza. **B** *v. t.* + *avv.* **1** fare una dissolvenza di (*un'immagine*) **2** smorzare a poco a poco (*un suono*).

♦**fade up**, *v. t.* + *avv.* alzare gradualmente (*un suono, la musica, ecc.*).

faded /ˈfeɪdɪd/, *a.* **1** (*di un fiore, ecc.*) appassito; avvizzito **2** (*di un colore*) sbiadito **3** (*di un suono*) smorzato.

fadeless /ˈfeɪdləs/, *a.* **1** (*di colore, ecc.*) durevole; resistente **2** (*fig.*) che non svanisce; che non muore.

fading /ˈfeɪdɪŋ/, **A** *a.* **1** che appassisce **2** che si scolora **3** (*della luce*) che si affievolisce **4** (*di un suono*) che si smorza. **B** *n.* **1** appassimento; (*fig.*) deperimento **2** scolorimento **3** smorzamento **4** (*elettrotecnica*) fading; evanescenza; fluttuazione **5** (*cinem., TV*) dissolvenza.

faecal /ˈfiːkl/, *a.* fecale.

faeces /ˈfiːsiːz/, *n. pl.* feci; escrementi.

faerie /ˈfeɪərɪ/, **faery** /ˈfeɪərɪ/, **A** *n.* (*lett.*) **1** (il) paese delle fate **2** fata. **B** *a.* (*arc.*) fatato; immaginario.

to **faff** /fæf/, *v. i.* (*fam. ingl.*) dondolarsi, gingillarsi (*fig.*); perdere tempo; agitarsi senza combinare nulla.

fag /fæg/, *n.* **1** (*fam.*) lavoro pesante, ingrato; faticata; sfacchinata; sgobbata **2** (*in talune scuole inglesi*) studente di corso inferiore che fa piccoli servizi a un anziano **3** (*pop.*) sigaretta; cicca (*pop.*) **4** (*pop.*) omosessuale; finocchio (*pop.*); checca (*fam.*): **fag bag**, moglie di un finocchio; **fag hag**, amica di finocchi. ● **fag-end**, mozzicone, cicca; residuo, rimasuglio; estremità sfilacciata (*di corda o tes-

suto); parte finale, fine: **at the fag-end of one's holidays**, alla fine delle vacanze □ **brain-fag**, esaurimento nervoso.

to **fag** /fæg/, **A** *v. i.* ***1*** sfacchinare; faticare; sgobbare ***2*** (*in talune scuole inglesi*) fare da servitore; fare piccoli servizi: **to fag for a senior** (**student**), fare servizi per uno studente anziano. **B** *v. t.* ***1*** far sfacchinare; affaticare; stancare: **to be fagged out**, essere stanco morto ***2*** far fare piccoli servizi a (*uno studente di corso inferiore*).

fagged /fægd/, *a.* (*pop.*, = **f. out**) spossato; stremato; stanco morto (*fam.*); spompato (*pop.*).

fagging /ˈfægɪŋ/, *n.* ***1*** sfacchinata; sgobbata ***2*** (*nelle scuole inglesi*) servizietti resi a uno studente anziano.

fag(g)ot /ˈfægət/, *n.* ***1*** fascina; fascio (*di legna o di sbarre metalliche*); fastello ***2*** (*cucina*) interiora di maiale cotte al forno ***3*** (*pop.*) individuo spregevole ***4*** (*pop. USA*) *V.* **fag,** *def. 4.* ● (*stor.*) **f.-voters**, persone cui venivano fittiziamente trasferite proprietà per dar loro il diritto al voto.

to **faggot** /ˈfægət/, *v. t.* legare in fascine; affastellare.

faggotry /ˈfægətrɪ/, *n.* (*pop.*) omosessualità (*maschile*).

faggoty /ˈfægətɪ/, **faggy** /ˈfægɪ/, *a.* (*pop.*) omosessuale.

fagottist /fəˈgɒtɪst/, *n.* (*mus.*) suonatore di fagotto.

fagotto /fəˈgɒtəʊ/ (*ital.*), *n.* (*mus.*) fagotto.

faience /faɪˈɒns, *USA* feɪˈɑːns/, *n.* ceramica, porcellana (*in origine, di Faenza*); faentina.

fail /feɪl/, *n.* ***1*** fallo (*nell'espressione*:) **without f.**, senza fallo; certamente ***2*** bocciatura ***3*** bocciato (*a un esame*). ● **f.-safe**, (*mecc.*) a prova d'errore (*o* di guasto); sicuro; (*fig.*) che non sbaglia; d'arresto, d'emergenza: **f.-safe brake**, freno d'emergenza.

to **fail** /feɪl/, **A** *v. i.* ***1*** fallire; fare fiasco; non riuscire; mancare; sbagliare; venir meno: **Our attack failed**, la nostra offensiva non riuscì (*o* fallì lo scopo); **Our ammunition supply failed us**, ci vennero meno le munizioni; **His courage failed him**, gli mancò il coraggio; **Don't f. to let me know**, non mancare d'informarmi; **Words f. me**, mi mancano le parole ***2*** non riuscire: **He failed to understand why you rejected his offer**, non riuscì a capire perché tu avessi respinto la sua offerta ***3*** essere privo di; mancare di: **He is a good boy but fails in diligence**, è un buon ragazzo ma manca di diligenza ***4*** essere respinto (*o* riprovato, bocciato): **Many candidates failed**, molti candidati furono respinti ***5*** (*med.*) deperire; indebolirsi ***6*** (*mecc.*) guastarsi; smettere di funzionare: **The engine has failed**, s'è guastato il motore ***7*** (*fin.*) fallire; andar fallito. **B** *v. t.* ***1*** respingere (*a un esame*); riprovare; bocciare: **If you don't study, I'll f. you**, se non studi, ti boccio ***2*** essere respinto in; non superare: **to f. mathematics** [**one's driving test**] essere bocciato in matematica [non superare l'esame di guida] ***3*** abbandonare; venir meno a: **His good humour failed him**, gli venne meno il buonumore. ● **to f. in one's duty**, mancare al proprio dovere □ **to be failing in health**, essere di salute cagionevole; deperire □ **My memory failed me**, mi ha tradito la memoria □ (*leg.*) **The witness failed to appear**, il testimone non si presentò.

failing /ˈfeɪlɪŋ/, **A** *n.* ***1*** debolezza; difetto; manchevolezza; punto debole ***2*** *V.* **failure**. **B** *prep.* in mancanza di; venendo meno: **F. a telephone call, I'll come in person**, in mancanza d'una telefonata, verrò di persona. ● **F. this, we shall let you know**, se ciò non dovesse succedere, vi informeremo.

faille /feɪl/ (*franc.*), *n.* (*ind. tess.*) tessuto opaco di seta; faglia.

to **fail-safe** /ˈfeɪlseɪf/, *v. i.* (*di un meccanismo, ecc.*) fermarsi (*o* interrompersi) in caso di guasto.

failure /ˈfeɪlɪə(r)/, *n.* ***1*** insuccesso, fallimento; fiasco (*anche di uno spettacolo*); bocciatura (*a un esame*): **The party was a f.**, la festa fu un insuccesso; **The attack ended in f.**, l'attacco non ebbe successo ***2*** (*fig.*) fallimento; disastro (*fig.*): **As a doctor, he's a f.**, come medico, è un disastro ***3*** mancanza; omissione: **f. to obey the rules**, la mancanza di rispetto (*o* l'inosservanza) dei regolamenti ***4*** mancanza; insufficienza: **the f. of the potato crop**, l'insufficienza del raccolto delle patate ***5*** (*med.*) mancamento; collasso: **heart f.**, collasso (*o* arresto) cardiaco ***6*** (*edil.*) cedimento (*delle strutture, del terreno, ecc.*) ***7*** (*elab., mecc.*) guasto; avaria; malfunzionamento; caduta (*fig.*): **engine f.**, guasto del motore; (*naut.*) avaria alle macchine; **power f.**, caduta di potenza ***8*** (*fin., leg.*) fallimento (*di un operatore economico*) ***9*** (*stat.*) insuccesso. ● (*leg.*) **f. of issue**, mancanza di discendenti (*o* d'eredi) □ (*leg.*) **f. to appear**, mancata comparizione in giudizio; contumacia □ (*leg.*) **f. to perform**, mancata esecuzione; inadempimento contrattuale □ **to end in** (*o* **to meet with**) **f.**, fallire; far fiasco: **All my plans ended in f.**, tutti i miei progetti fallirono.

fain (**1**) /feɪn/, (*arc.*) **A** *a. pred.* ***1*** contento, lieto (di) ***2*** disposto, rassegnato (a). **B** *avv.* volentieri; di buon grado: **He would f. come with us**, verrebbe volentieri; sarebbe lieto di venire con noi.

fain (**2**) /feɪn/, *voce verb.* (*nell'espressione infant.*:) **f.**, non voglio; mi rifiuto: **F. I playing with you**, figurati se gioco con te!

fainéant /ˈfeɪnɪənt, *USA* feɪneɪˈɒŋ/ (*franc.*), **A** *a.* ozioso; pigro. **B** *n.* fannullone.

fains /feɪnz/, *V.* **fain** (**2**).

faint (**1**) /feɪnt/, *a.* ***1*** debole; fievole; flebile; fiacco; confuso; indistinto; pallido; vago; timido: **a f. effort**, un debole sforzo; **f. sounds**, suoni fievoli, indistinti; **I haven't the faintest idea what you mean**, non ho la più pallida idea di che cosa tu voglia dire; **There is a. f. hope he will survive**, c'è una vaga speranza che sopravviva; **f. green**, verde pallido ***2*** languido; fiacco; stremato; sul punto di svenire: **He was f. with hunger**, era stremato per la fame ***3*** (*arc.*: *d'aria, profumo, ecc.*) opprimente; che fa girare la testa; che dà il capogiro ***4*** (*pop. USA*) sbronzo; ubriaco. ● **f.-heart**, persona pusillanime; codardo; timido □ **f.-hearted**, pusillanime □ **f.-heartedness**, pusillanimità □ **f. lines**, rigatura (*della carta*) □ **to become** (*o* **to grow**) **f.**, affievolirsi □ **to feel f.**, sentirsi svenire □ (*prov.*) **F.-heart never won fair lady**, amante non sia chi coraggio non ha; chi non risica non rosica.

faint (**2**) /feɪnt/, *n.* svenimento; mancamento; deliquio: **to go off in a f.**, cadere in deliquio. ● **to fall down in a f.**, cadere svenuto □ **to be in a dead f.**, essere come morto (*per svenimento*).

to **faint** /feɪnt/, *v. i.* ***1*** svenire; venir meno ***2*** (*poet.*) languire; indebolirsi ***3*** sentirsi venir meno: **to f. from hunger**, sentirsi venir meno per la fame ***4*** (*arc.*) perdersi d'animo; scoraggiarsi. ● **to f. away**, attenuarsi, svanire: **The bad smell fainted away**, il cattivo odore s'attenuò.

fainting /ˈfeɪntɪŋ/, **A** *n.* ***1*** lo svenire ***2*** affievolimento, il venir meno (*della luce, di un suono, ecc.*) ***3*** scoraggiamento. **B** *a.* che viene meno, ecc. (*V.* **to faint**).

faintish /ˈfeɪntɪʃ/, *a.* deboluccio; piuttosto fiacco, indistinto, pallido. vago, ecc. (*V.* **faint** (**1**)).

faintly /ˈfeɪntlɪ/, *avv.* debolmente; flebilmente; vagamente; timidamente.

faintness /ˈfeɪntnəs/, *n.* ***1*** debolezza; fievolezza; flebilità; l'esser vago (*o* indistinto) ***2*** languore; fiacchezza.

fair (**1**) /fɛə(r)/, *n.* ***1*** fiera; mercato; mostra: **the book f.**, la fiera del libro ***2*** sagra; festa (paesana) ***3*** luna park; parco divertimenti. ● **Fairs Organisation**, Ente Fiere □ (*fig.*) **a day after the f.**, troppo tardi; al fumo delle candele.

fair (**2**) /fɛə(r)/, **A** *a.* ***1*** bello; buono; favorevole: (*arc.* o *poet.*) **f. women**, donne belle; **a f. fortune**, una bella fortuna; un bel patrimonio; **f. weather**, tempo bello, buono; **a f. copy**, una bella copia; **a f. road**, una strada buona (*sgombra da ostacoli, ecc.*); **f. promises**, belle promesse; **a f. fame** [**reputation**], una buona fama [reputazione]; **a f. name**, un buon nome; una buona rinomanza; **in f. or foul weather**, col buono o col cattivo tempo; (*fig.*) nella fortuna e nell'avversità; **a f. wind**, un vento favorevole ***2*** biondo; chiaro: **f. hair**, capelli biondi; **a f. complexion**, una carnagione chiara ***3*** giusto; equo; equanime; imparziale; leale; onesto: **a f. price**, un prezzo giusto (*o* onesto); **a f. criticism**, una critica giusta, oggettiva; **a f. exchange**, uno scambio equo; **a f. judge**, un giudice equanime; **f. treatment**, trattamento imparziale; **a f. decision**, una decisione leale; **a f. share**, una parte equa ***4*** (= **f.-to-middling**) discreto; mediocre; abbastanza buono: **a f. capital**, un discreto capitale; **His performance was merely f.**, la sua esecuzione fu appena mediocre; **a f. knowledge of English**, una discreta conoscenza della lingua inglese ***5*** (*sport*) corretto. **B** *n.* (*arc.*) ***1*** bellezza; cosa bella ***2*** bella; donna bella ***3*** ciò che è leale, che sta bene, che «vale»: (*nei giochi*) **No f.!**, non vale! ● **f. and square**, (*agg.*) leale, onesto, sincero; (*avv.*) a carte scoperte □ (*comm.*) **f. average quality**, buona qualità media □ **f. comment**, critica lecita □ (*econ.*) **f. competition**, concorrenza leale □ **f. dealing**, condotta (*o* comportamento) leale; rispetto delle regole □ **f. game**, preda consentita; (*fig.*) bersaglio lecito (*di critiche*) □ **f.-haired**, biondo; dai capelli biondi: **a f.-haired girl**, una ragazza bionda □ (*fam. USA*) **f.-haired boy**, beniamino, protetto; giovane che farà carriera □ **f.-minded**, equanime; giusto □ **f.-mindedness**, equanimità □ **f. play**, fair play; comportamento (*o* gioco) corretto; correttezza; lealtà; lo stare alle regole del gioco □ **f. rent**, canone equo (*o* giusto) □ **the f. sex**, il gentil sesso □ (*fam. USA*) **f. shake**, accordo leale; trattamento equo □ **f.-spoken**, gentile, cortese (nel parlare) □ **f. trade**, commercio basato su una reciproca parità di trattamento □ (*market.*) **f.-trade agreement**, accordo di mantenimento dei prezzi □ **f.-trade practices**, correttezza commerciale □ (*market.*) **f.-trade price**, prezzo imposto □ **f. wage**, salario equo □ **f. wear and tear**, deterioramento normale (*di un bene strumentale*) □ **f.-weather friends**, amici della buona sorte (*infidi, incostanti*) □ **to bid f.**, avere buone probabilità: **He bids f. to make money**, ha buone probabilità di far quattrini □ **by f. means**, con mezzi leciti, leali, onesti □ **by f. means or foul**, di riffa o di raffa □ **to be in a f. way to**, essere bene incamminato verso; promettere di; stare per (*vincere, ecc.*): **He is in a f. way to succeed**, è bene incamminato verso il successo □ (*prov.*) **All's f. in love and war**, in amore e in guerra tutto è lecito.

fair (**3**) /fɛə(r)/, *avv.* ***1*** correttamente; lealmente; onestamente: **to play f.**, agire correttamente; **to fight** [**to hit**] **f.**, combattere lealmente [colpire secondo le regole] ***2*** esattamente; proprio: **He struck me f. on the face**, mi colpì proprio in faccia ***3*** bene; in bei caratteri; in bella copia: **to copy a letter out f.**, copiare una lettera in bella (copia) ***4*** (*naut.*: *del vento*) in senso favorevole ***5*** (*arc.*) gentilmente; cortesemente. ● **f. enough!**, sta bene!; d'accordo! □ **f. to middling**, discretamente; abbastanza bene.

to **fair** /fɛə(r)/, **A** *v. i.* (*dial.*: *del tempo*) schiarirsi; rasserenarsi. **B** *v. t.* ***1*** ricopiare (*un documento, ecc.*) in bella (copia) ***2*** (*naut.*) lisciare, spianare (*assi della nave e sim.*) ***3*** (*aeron.*) carenare.

fairground /ˈfɛəgraʊnd/, *n.* ***1*** prato (*o* terreno) per il parco divertimenti ***2*** zona fieristica.

fairing (1) /ˈfɛərɪŋ/, *n.* (*raro arc.*) dono acquistato a una fiera.

fairing (2) /ˈfɛərɪŋ/, *n.* (*aeron.*) carenatura.

fairish /ˈfɛərɪʃ/, *a.* *1* discreto; mediocre; passabile *2* biondastro; biondiccio.

fairly /ˈfɛəlɪ/, *avv.* *1* con giustizia; equamente; onestamente: **He treated me f.**, mi trattò con giustizia *2* discretamente; abbastanza: **I am f. well**, sto abbastanza bene *3* completamente; del tutto; letteralmente: **The river was f. alive with crocodiles**, il fiume era letteralmente brulicante di coccodrilli. ● **f. good**, abbastanza buono; discreto; (*ma anche*) **That's f. good!**, mica male!

fairness /ˈfɛənəs/, *n.* *1* bellezza; bontà *2* (*di capelli*) l'esser biondi; biondezza; (*di carnagione*) l'esser chiara, chiarezza *3* equità; equanimità; imparzialità; onestà. ● **in f. to sb.**, a voler essere giusti con q.

fairway /ˈfɛəweɪ/, *n.* *1* (*naut.*) canale d'accesso; zona navigabile d'un fiume (*o* d'una baia) *2* (*golf*) fairway.

fairy /ˈfɛərɪ/, **A** *n.* *1* fata *2* (*mitol.*) elfo; folletto; spiritello *3* (*pop.*) omosessuale (passivo); finocchio (*pop.*); checca (*fam.*). **B** *a.* fatato; di (*o* da) fata; delicato; leggiadro; grazioso: **a f. forest**, una foresta fatata; **a f. smile**, un sorriso da fata. ● **f. godmother**, (*nelle favole*) fata buona; (*fig.*) benefattrice □ **f. lamps**, lampioncini alla veneziana □ **f. ring**, circolo magico; cerchio d'erba più scura, in un prato (*attribuito a danze delle fate*) □ **the f. queen**, la regina delle fate □ **f. tale**, racconto di fate; fiaba; (*per estens.*) storia incredibile, fandonia, frottola □ **f.-tale** (*agg.*), irreale; magico; di favola.

fairydom /ˈfɛərɪdəm/, *n.* regno delle fate.

fairyhood /ˈfɛərɪhʊd/, *n.* *1* l'essere fata (*o* fatato) *2* (*collett.*) le fate.

fairyland /ˈfɛərɪlænd/, *n.* *1* (il) regno delle fate *2* (*fig.*) luogo paradisiaco; paese d'incanto.

fait accompli /ˈfeɪtəˈkɒmpliː, *USA* -əkɒmˈpliː/ (*franc.*), *n.* fatto compiuto; cosa fatta: **to present sb. with a fait accompli**, mettere q. davanti al fatto compiuto.

faith /feɪθ/, *n.* fede; fiducia; credenza religiosa: **the Catholic f.**, la fede cattolica; **I haven't much f. in his skill**, non ho molta fiducia nella sua abilità; **in good f.**, in buona fede; **in bad f.**, in mala fede; **to put one's f. into sb.** [st.], riporre la propria fiducia in q. [q.c.]. ● **the f.**, la fede (*in Dio*); la religione □ **f.-cure** (*o* **f.-healing**), guarigione (di malati) per mezzo delle preghiere (*o* di suggestioni) □ **f.-curer** (*o* **f.-healer**), guaritore, guaritrice; santone; chi cura malati con le preghiere □ **to break f.**, mancare alla parola data; non essere di parola □ **to keep f.**, mantenere la parola data; tener fede alle promesse □ **to pin one's f. to** (*o* **upon**), dare (*o* prestar) fede a □ **to pledge** (*o* **to give, to plight**) **one's f.**, dare la propria parola □ **Punic f.**, fede punica; tradimento □ (*arc.*) **By my f.!** (*o* **In f.!**; **Upon my f.!**), in fede mia!; in verità!; davvero!

faithful /ˈfeɪθfl/, *a.* *1* fedele; leale: **a f. friend**, un amico fedele; **a f. wife**, una moglie fedele; **to be f. to one's word**, essere fedele alla parola data *2* fedele; accurato; esatto: **a f. copy of a document**, una copia fedele di un documento. ● (*collett.*) (*relig.*) **the f.**, i fedeli; i credenti.

faithfully /ˈfeɪθfəlɪ/, *avv.* *1* fedelmente; lealmente *2* fedelmente; esattamente. ● (*nelle lettere*) **Yours f.**, distinti saluti (*e sim.*) □ **to deal f. with sb.**, dire la dura verità a q. □ (*fam.*) **to promise f.**, promettere in modo assoluto.

faithfulness /ˈfeɪθflnəs/, *n.* *1* fedeltà; lealtà *2* accuratezza; precisione; esattezza.

faithless /ˈfeɪθləs/, *a.* *1* infedele; miscredente *2* infedele; perfido; sleale: **a f. wife**, una moglie infedele; **a f. friend**, un amico infedele. ‖ **-ly**, *avv.* ‖ **-ness**, *sost.*

fake (1) /feɪk/, **A** *n.* *1* contraffazione; falsificazione; falso: **This stamp is a f.**, questo francobollo è un falso *2* notizia falsa; trucco; raggiro *3* imbroglione, inbrogliona; truffatore, truffatrice. **B** *a. attr.* falso; finto; contraffatto: **a f. jewel**, un gioiello falso; **a f. fur**, una pelliccia finta (*o* sintetica).

fake (2) /feɪk/, *n.* (*naut.*) duglia; giro di cavo.

to **fake** (1) /feɪk/, **A** *v. t.* *1* alterare; contraffare; falsare; falsificare; truccare: **to f. accounts**, alterare (*o* falsare) i conti; **to f. a report**, falsificare un resoconto; **to f. an old master**, contraffare il quadro di un grande pittore del passato *2* fingere; (*anche sport*) simulare, fintare (*fam.*): **to f. surprise**, fingere sorpresa; **to f. a robbery**, simulare una rapina. **B** *v. i.* *1* fingere; simulare *2* (*sport*) fare una finta; fintare (*fam.*) *3* (*mus.*, *fam. USA*; *anche* **to f. it**) fare un assolo. ● **to f. up**, falsificare; inventare (*una storiella*) □ **to f. illness**, fingersi malato.

to **fake** (2) /feɪk/, *v. t.* (*naut.*) avvolgere, arrotolare (*un cavo, ecc.*).

fakement /ˈfeɪkmənt/, *n.* (*raro arc.*) alterazione; falsificazione; truffa.

faker /ˈfeɪkə(r)/, *n.* *1* contraffattore; falsificatore, falsificatrice *2* impostore, impostora; truffatore, truffatrice; ciarlatano, ciarlatana.

fakir /ˈfeɪkɪə(r), *USA* fəˈkɪə(r)/, *n.* fachiro.

Falangism /fəˈlændʒɪzəm/, *n.* (*stor.*, *polit.*) falangismo.

Falangist /fəˈlændʒɪst/, *n.* (*stor.*, *polit.*) falangista.

falbala /ˈfælbələ/, *n.* falpalà; balza (*in sartoria*).

falcate /ˈfælkeɪt/, *a.* *1* (*astron.*) falcato *2* (*biol.*) falciforme.

falcated /ˈfælkeɪtɪd/, *a.* (*astron.*) falcato (*specialm. della luna*).

falchion /ˈfɔːltʃən/, *n.* (*stor.*, *mil.*) falcione (*sorta di spada*).

falciform /ˈfælsɪfɔːm/, *a.* (*anat.*, *biol.*) falciforme: **f. ligament**, legamento falciforme.

falcon /ˈfɔːlkən, *USA* ˈfæl-/, *n.* *1* (*zool.*, *Falco*) falco; falcone *2* (*stor.*) falcone femmina (*in falconeria*) *3* (*stor.*, *mil.*) falcone. ● **f. house**, falconara.

falconer /ˈfɔːlkənə(r), *USA* ˈfæl-/, *n.* *1* falconiere *2* cacciatore col falcone.

falconet /ˈfɔːlkənɪt/, *n.* *1* (*stor.*, *mil.*) falconetto *2* (*zool.*, *Microhierax*) microierace.

falconry /ˈfɔːlkənrɪ, *USA* ˈfæl-/, *n.* falconeria.

falderal /ˈfældəræl, *USA* -rɒl, ˈfɒl-/, **falderol** /ˈfældərɒl, *USA* ˈfæl-, ˈfɒl-/, *n.* (*arc.*) *1* trallerallera; ritornello di canzone *2* gingillo; ninnolo *3* nonnulla; quisquilia.

faldstool /ˈfɔːldstuːl/, *n.* (*relig.*) *1* (*Chiesa cattolica*) faldistorio *2* inginocchiatoio *3* (*Chiesa anglicana*) banco da cui si leggono le litanie.

Falernian /fəˈlɜːnɪən/, *a.* (*lett.*) falerno; di Falerno: **F. wine**, vino di Falerno; falerno.

fall /fɔːl/, *n.* *1* caduta (*anche fig.*); cascata; crollo; precipitazione atmosferica: **a f. from a ladder**, una caduta da una scala a pioli; **the f. of the Roman Empire**, la caduta (*o* il crollo) dell'impero romano; **a heavy f. of hailstones**, una forte caduta di grandine *2* (= **waterfall**) cascata *3* declivio; discesa; pendio *4* diminuzione; calo; ribasso; abbassamento; (*econ.*, *fin.*) flessione; (*della moneta, delle quotazioni, ecc.*) svilimento: **a f. in wholesale prices**, un ribasso dei prezzi all'ingrosso; **a f. in temperature**, un abbassamento di temperatura; **a f. in exports**, una flessione delle esportazioni; **a f. in unemployment**, un calo della disoccupazione; **the f. of a flood**, l'abbassamento delle acque; il deflusso di un'inondazione *5* (*USA*) autunno: **f. weather**, tempo autunnale *6* (*lotta greco-romana*) schienata *7* (*mecc.*) catena di comando; cavo di manovra *8* (*naut.*) cavo sotto sforzo; tirante *9* (*ind. min.*) distacco (*di roccia, di minerale*) *10* (*di animali*) nascita; parto; figliata (*specialm. di agnelli*) *11* veletta (*attaccata a un cappellino da donna*) *12* toupet *13* (*pop. USA*) arresto: **f. money**, denaro accantonato per far fronte alle spese derivanti da un arresto. ● **f.-back**, ripiegamento, ritirata; riserva: **a f.-back position**, una posizione di riserva; **f.-back price**, prezzo di riserva; (*a un'asta*) prezzo base □ (*fam. USA*) **f. guy**, capro espiatorio; (*anche*) pollo, piccione (*fig. fam.*) □ **f. line**, (*sci*) linea di massima pendenza; (*geol.*) linea di caduta (*o* di stacco) □ **the F.** (**of Man**), la caduta d'Adamo; il peccato originale □ (*anche fig.*) **the f. of the curtain**, il calare del sipario □ (*anche fin.*) **f.-off**, calo; diminuzione; declino; flessione; contrazione: **a f.-off in prices**, una flessione dei prezzi; **a f.-off in exports**, una contrazione delle esportazioni □ **f. trap**, trabocchetto □ **a** (**heavy**) **f. of snow**, una (forte) nevicata □ (*fam.*) **to ride for a f.**, andare a rotta di collo; (*fig.*) agire in modo inconsulto □ **to take a bad f.**, fare una brutta caduta □ (*fam. USA*) **to take a f. out of sb.**, avere la meglio (*o* spuntarla) su q.

to **fall** /fɔːl/ (*pass.* **fell**, *p. p.* **fallen**), *v. i.* *1* cadere; cascare; ricadere; calare; scendere; precipitare; stramazzare; crollare: **He fell out of the window**, cadde dalla finestra; **The rain was falling**, cadeva la pioggia; **The wind fell**, cadde il vento; **The centre-left government has fallen**, è caduto il governo di centrosinistra; **The fortress fell to the enemy**, la fortezza cadde in mano al nemico; **Many fell in battle**, molti caddero in battaglia; **Several houses fell in the earthquake**, parecchie case crollarono nel terremoto; **Darkness fell on the earth**, le tenebre calarono (*o* scesero) sulla terra; **Night is falling**, cade la notte; **Easter falls in March this year**, la Pasqua cade di marzo quest'anno; **The barometer has fallen**, il barometro è sceso; **The land falls gently to the sea**, il terreno scende dolcemente verso il mare; **Her hair falls over her shoulders**, i capelli le cadono (*o* scendono) sulle spalle; **His voice fell to a murmur**, la sua voce si abbassò in un sussurro *2* (*fin.*) calare, scendere, diminuire, abbassarsi; (*della moneta*) deprezzarsi, svalutarsi: **Prices will f.**, i prezzi caleranno; **The national income keeps falling**, il reddito nazionale continua a diminuire *3* spettare; toccare (*come dovere, in sorte*); andare (*di diritto*): **The hardest toil fell on our company**, alla nostra compagnia toccò il lavoro più pesante; **It falls to me to introduce the orator**, tocca a me presentare l'oratore; **The inheritance falls to the widow**, l'eredità va alla vedova *4* dividersi; suddividersi: **The powers of the Federal Government f. into three branches**, i poteri del Governo Federale si dividono in tre rami; **These stories f. into** (*o* **under**) **two classes**, questi racconti si dividono in due categorie *5* (*di fiume, ecc.*) sboccare; sfociare *6* (*di faccia, espressione, ecc.*) allungarsi; mostrare disappunto; farsi triste: **His face fell at the news**, gli si allungò la faccia (*o* fece la faccia lunga) alla notizia *7* (*di animali*) nascere *8* (*pop. USA*) farsi prendere; essere arrestato. ● **to f. asleep**, addormentarsi □ **to f. due**, scadere: **The bill falls due tomorrow**, la cambiale scade domani □ **to f. flat**, cadere bocconi; (*fig.*) andare a vuoto, far fiasco, fare cilecca: **The plan fell flat** (*o* **to the ground**), il piano fallì □ **to f. flat on one's face**, cadere bocconi; (*fig.*) fare fiasco, fare una figura barbina □ **to f. foul of**, urtarsi con; litigare con; restare impigliato in; (*naut.*) entrare in collisione con (*un'altra nave*) □ (*relig.*) **to f. from grace**, perdere lo stato di grazia; cadere nel peccato □ **to f. headlong**, cadere a capofitto; precipitare □ **to f. ill**, ammalarsi □ **to f. in love with**, innamorarsi di □ (*aeron.*) **to f. in spin**, cadere in vite; avvitarsi □ **to f. in two**, spaccarsi in due □ (*di cavallo e sim.*) **to f. lame**, azzopparsi □ **to f. prey to despair**, cadere in (preda alla) disperazione □ **to f. a prey to the enemy**, diventare preda del nemico □ **to f. short**, essere troppo corto; essere insufficiente, non bastare; venir meno, venire a mancare; essere inferiore a (*speranze, aspettative, ecc.*): **Provisions fell short**, le provviste vennero a mancare □ **to f. to pieces**, andare in pezzi; rompersi □ **Her eyes fell**, ella abbassò lo sguardo □ (*mecc.*) **The engine speed is falling**, il motore perde giri.

♦**fall about**, *v. i. + avv.* ***1*** barcollare; traballare ***2*** (*fam.*) sbellicarsi; scompisciarsi: **to f. about laughing** (*o* **with laughter**), sbellicarsi dalle risa.

♦**fall among**, *v. i. + prep.* (*arc.*) cadere in mano a: **to f. among thieves**, cadere in mano ai ladri; essere derubato.

♦**fall apart**, *v. i. + avv.* ***1*** andare in pezzi; disintegrarsi; andare in rovina: **The whole country is falling apart**, l'intero paese sta andando in pezzi (*o* in rovina, ecc.) ***2*** (*fig.*) avere un crollo; crollare: **to f. apart emotionally**, avere un crollo nervoso ***3*** rompere i rapporti (*con q.*); separarsi ***4*** (*fam. USA*) perdere la calma (*o* la testa).

♦**fall astern**, *v. i. + avv.* (*naut.*) rimanere in coda a un convoglio.

♦**fall away**, *v. i. + avv.* ***1*** (*del terreno*) digradare ***2*** (*di rocce, massi, ecc.*) staccarsi; cadere ***3*** (*fig.*) calare; diminuire □ **to f. away from sb.**, abbandonare, tradire q.

♦**fall back**, *v. i. + avv.* ***1*** indietreggiare; ripiegare; ritirarsi: **The rebels had to f. back**, i rivoltosi dovettero ritirarsi ***2*** (*di prezzi, ecc.*) calare, diminuire (*dopo un precedente aumento*).

♦**fall back on**, *v. i. + avv. + prep.* ***1*** (*mil.*) ripiegare su (*una posizione*) ***2*** ricorrere, fare ricorso a: **I shall have to f. back on my reserves**, dovrò ricorrere alle mie riserve.

♦**fall behind**, *v. i. + avv.* ***1*** rimanere indietro (*anche fig.*); farsi superare: **Our firm has fallen behind Community firms**, la nostra ditta s'è fatta superare dalle aziende della Comunità ***2*** restare indietro; essere in arretrato: **to f. behind with one's payments**, restare indietro con i pagamenti.

♦**fall below**, *v. i. + prep.* scendere sotto (*o* al di sotto di): **Temperatures have fallen below zero**, le temperature sono scese sotto lo zero; **Output has fallen below average**, la produzione è scesa sotto la media.

♦**fall down**, *v. i. + avv.* ***1*** cadere giù (*o* al suolo, a terra), cadere; crollare: **I fell down and broke my leg**, caddi e mi ruppi una gamba; **Only the skyscrapers didn't f. down**, soltanto i grattacieli non crollarono ***2*** (*di prezzi, ecc.*) calare; scendere; crollare ***3*** (*fig.*) non reggere; essere inadeguato: **Your plan falls down**, il tuo piano non regge ***4*** (*fig.*) cadere (*in un esame, una materia*); fallire □ (*fam.*) **to f. down on the job**, non riuscire a far bene il proprio lavoro.

♦**fall for**, *v. i. + prep.* (*fam.*) ***1*** innamorarsi di; incapricciarsi di (q. *o* q.c.); prendere una cotta per: **I fell for her at first sight**, m'innamorai di lei a prima vista ***2*** abboccare; cascarci: **Don't f. for Tom's tricks**, non abboccare cadendo nelle trappole che ti tende Tom!

♦**fall in**, **A** *v. i. + avv.* ***1*** (*di un edificio e fig.*) crollare; (*di un pavimento, ecc.*) cedere: **My world fell in when I was sacked**, quanto mi licenziarono mi cascò il mondo addosso ***2*** (*mil.*) formare le file; serrare; (*di un solo soldato*) mettersi in riga: **F. in!**, nei ranghi!; serrate! ***3*** mettersi in riga (*fig.*); adeguarsi, conformarsi (*alle decisioni di q., ecc.*) ***4*** (*di un contratto, di un debito, ecc.*) scadere; maturare □ **to f. in alongside** (*o* **beside**) **sb.**, accodarsi a q. (*che sta camminando*). **B** *v. t. + avv.* (*mil.*) mettere (*soldati*) nei ranghi.

♦**fall in with**, *v. i. + avv. + prep.* ***1*** imbattersi in; incontrare: **On the ferry I fell in with some Japanese students**, sul traghetto incontrai degli studenti giapponesi ***2*** riunirsi con, raggiungere (*compagni di viaggio, ecc.*) ***3*** accordarsi, concordare con; convenire su, approvare (*un progetto e sim.*): **Your thoughts f. in well with mine**, i tuoi pensieri concordano (bene) con i miei.

♦**fall into**, *v. i. + prep.* ***1*** cadere in (*o* dentro) (*anche fig.*): **She fell into the river**, cadde nel fiume; **to f. into a deep sleep**, cadere in un sonno profondo ***2*** *V.* **to fall,** *def. 4* □ (*leg.*) **to f. into abeyance**, cadere in disuso □ (*fin.*) **to f. into arrears**, andare in mora □ **to f. into debt**, indebitarsi □ **to f. into a doze**, appisolarsi □ **to f. into conversation with sb.**, mettersi a conversare (*o* a parlare) con q. □ **to f. into a habit**, prendere un'abitudine □ **to f. into line**, (*mil.*) mettersi in riga; formare le file; serrare; (*fig.*) adeguarsi all'andazzo generale □ **to f. into poverty** [**ruin**], cadere in miseria [in rovina] □ **to f. into a walk**, mettersi al passo (*dopo aver corso*).

♦**fall off**, *v. i. + avv.* (*o prep.*) ***1*** cadere (da): **I fell off my motorbike**, caddi dalla motocicletta; **The picture has fallen off** (**the wall**), il quadro è caduto (dal muro) ***2*** (*di un bottone e sim.*) staccarsi; venire via ***3*** (*fig.*) staccarsi (*da un partito, ecc.*); defezionare ***4*** (*di prezzi, ecc.*) calare; diminuire; scendere; contrarsi: **Sales have fallen off**, le vendite sono calate; **The demand for consumer goods has fallen off considerably**, c'è stata una forte contrazione della domanda di generi di consumo ***5*** peggiorare; scadere: **The quality of the goods has fallen off badly**, la qualità della merce è assai peggiorata ***6*** (*naut.*) scadere sottovento; scarrocciare.

♦**fall on**, *v. i. + prep.* ***1*** (*anche mil.*) gettarsi su; attaccare; assalire: **Our soldiers fell bravely on the enemy**, i nostri attaccarono coraggiosamente il nemico ***2*** gettarsi (*o* buttarsi) su; avventarsi su: **The dogs fell on the food greedily**, i cani si buttarono avidamente sul cibo ***3*** *V.* **to fall,** *def. 3* □ (*volg. USA*) **to f. on one's ass**, restare di sasso (*o* di stucco) □ (*fig.*) **to f. on one's feet**, cadere in piedi; cavarsela □ **to f. on hard times**, andare a finire male; andare in rovina □ **to f. on one's sword**, gettarsi sulla spada (*per uccidersi*).

♦**fall out**, **A** *v. i.* ***1*** (*di acque reflue, ecc.*) fuoriuscire; essere eliminato ***2*** (*di polveri atomiche, ecc.*) ricadere ***3*** (*fig.*) accadere ; succedere; andare: **Let's wait and see how things f. out**, stiamo a vedere come si mettono le cose ***4*** (*mil.*) rompere le file (*o* le righe): **F. out!**, rompete le righe! ***5*** cadere: **Mind you don't f. out!**, sta' attento a non cadere! ***6*** (*fam. USA*) eccitarsi; emozionarsi ***7*** (*fam. USA*) addormentarsi; perdere i sensi; (*anche*) morire □ **to f. out of**, cadere da: **to f. out of bed**, cadere dal letto □ **to f. out of a habit**, perdere un'abitudine □ **to f. out well**, andare a finire bene; avere un buon esito. **B** *v. t. + avv.* (*mil.*) dare il «rompete le righe» a (*un reparto*).

♦**fall out with**, *v. i. + avv. + prep.* litigare, bisticciare, rompere i rapporti con: **He's fallen out with most of his friends**, ha litigato con quasi tutti i suoi amici.

♦**fall outside**, *v. i. e prep.* non rientrare in (*fig.*): **to f. outside sb.'s competence**, non rientrare nelle competenze di q.

♦**fall over**, **A** *v. i. + avv.* ***1*** cadere: **The poor boy fell over into the river**, il povero ragazzo cadde nel fiume ***2*** (*di una torre, un ponte, ecc.*) crollare; venir giù (*fam.*). **B** *v. i. + prep.* cadere inciampando su (*o* in): **I fell over a stump**, inciampai in un ceppo e caddi □ **to f. over one's own feet**, farsi lo sgambetto da solo □ **to f. over backwards**, cadere all'indietro; (*fig. fam.*) darsi un gran da fare, farsi in quattro (*per fare q.c.*).

♦**fall overboard**, *v. i. + avv.* cadere in mare (*da un'imbarcazione*).

♦**fall through**, **A** *v. i. + avv.* ***1*** cadere (*scivolando*) ***2*** andare a monte (*o* all'aria); fallire: **All my plans fell through**, tutti i miei progetti fallirono. **B** *v. i. + prep.* cadere scivolando su (*ghiaccio, ecc.*) □ (*fig. fam.*) **to f. through the floor**, restare di stucco.

♦**fall to**, **A** *v. i. + avv.* ***1*** (*di tende, ecc.*) cadere (*o* ricadere) chiudendosi ***2*** (*di persone*) accapigliarsi; venire alle mani ***3*** (*mil.*) attaccare; andare all'attacco ***4*** mettersi all'opera; darci sotto (*fam.*) ***5*** mettersi a mangiare; gettarsi sul cibo. **B** *v. i. + prep.* ***1*** cadere a: **to f. to the ground**, cadere a terra ***2*** calare, diminuire, scendere fino a: **The lira has fallen to its lowest level since 1978**, la lira è scesa al suo livello più basso dal 1978 ***3*** cominciare (*o* mettersi) a (*fare q.c.*): **He was fed up and fell to scolding his wife**, era stufo e si mise a sgridare la moglie □ (*fig.*) **to f. to the ground**, andare in malora; (*di un'azienda, ecc.*) fallire □ (*di un oggetto*) **to f. to pieces**, andare in pezzi cadendo.

♦**fall under**, *v. i. + prep.* ***1*** cadere (*o* andare) sotto (*un veicolo, ecc.*) ***2*** cadere sotto (*il dominio di q.*) ***3*** ricadere, rientare in (*una classe, una categoria, ecc.*).

♦**fall within**, *v. i. + prep.* ***1*** ricadere, rientrare (*in una classe, ecc.*) ***2*** fare parte di, essere incluso in □ **to f. within sb.'s competence**, essere di competenza di q.

fallacious /fəˈleɪʃəs/, *a.* fallace; falso; ingannevole: **f. expectations**, speranze fallaci. || **-ly**, *avv.* || **-ness**, *sost.*

fallacy /ˈfæləsɪ/, *n.* ***1*** fallacia; falsità; ingannevolezza: **the f. of the senses**, l'ingannevolezza dei sensi ***2*** errore; credenza erronea; superstizione; falso ragionamento; sofisma: **a popular f.**, una credenza errata, ma assai diffusa.

fallal /fæˈlæl/, *n.* ***1*** falpalà; balza pieghettata ***2*** ninnolo; fronzolo.

fallen /ˈfɔːlən/, *p. p.* di **to fall.** ● (*collett.*) **the f.**, i caduti (*in guerra*) □ (*relig.*) **a f. angel**, un angelo caduto □ **a f. woman**, una peccatrice; un'adultera.

fallibility /fæləˈbɪlətɪ/, *n.* fallibilità; disposizione a errare.

fallible /ˈfæləbl/, *a.* fallibile; che è soggetto ad errare.

falling /ˈfɔːlɪŋ/, **A** *a.* ***1*** (*anche fig.*) cadente ***2*** (*ling.*) discendente. **B** *n.* ***1*** caduta ***2*** decadimento; abbassamento ***3*** diminuzione. ● **f. away**, deperimento; defezione; rivolta; apostasia □ **f. back**, indietreggiamento; ripiegamento; ritirata □ **f. in**, crollo; sprofondamento; scadenza; (*mil.*) l'allinearsi □ **f.-off**, declino; calo; diminuzione; caduta, flessione (*di prezzi*): **a f.-off in sales**, una diminuzione delle vendite □ **f.-out**, dissidio; litigio □ (*autom.*) **F.** (*o* **fallen**) **rocks**, caduta massi (*cartello*) □ (*med.*) **f. sickness**, mal caduco □ **f. star**, stella cadente (*o* filante) □ **f. stone**, meteorite.

Fallopian tubes /fəˈləʊpɪənˈtjuːbz, *USA* -ˈtuː-/, *locuz. n.* (*anat.*) tube di Falloppio; salpingi.

fallout /ˈfɔːlaʊt/, *n.* ***1*** (*fis. nucl.*) fallout; caduta (*o* pioggia) di materiale radioattivo; ricaduta radioattiva ***2*** (*fig.*) effetto secondario; effetto derivato (*da un evento, ecc.*) ***3*** (*econ.*) derivato; prodotto derivato ***4*** (*mil.*) il «rompete le righe». ● (*stat.*) **f. rate**, percentuale di abbandono □ (*edil.*) **f. shelter**, rifugio antiradiazioni.

fallow (1) /ˈfæləʊ/, **A** *n.* (*agric.*) maggese; maggesato. **B** *a.* incolto (*anche fig.*); a maggese: **a f. mind**, una mente incolta. ● **to lie f.**, (*di un terreno*) essere a maggese; (*fig.*) essere inutilizzato.

fallow (2) /ˈfæləʊ/, *a.* fulvo; rossastro. ● (*zool.*; *invar. al pl.*) **f. deer** (*Dama dama*), daino.

to **fallow** /ˈfæləʊ/, *v. t.* (*agric.*) maggesare; tenere (*un terreno*) a maggese.

fallowness /ˈfæləʊnəs/, *n.* ***1*** (*agric.*) l'esser lasciato a maggese (*di un terreno*) ***2*** (*fig. arc.*) l'essere inutilizzato.

falls /fɔːlz/, *n. pl.* cascate (*specialm. nei toponimi*): **Niagara F.**, le cascate del Niagara.

false /fɔːls/, **A** *a.* ***1*** falso; contraffatto; falsato; falsificato; artificiale; posticcio; finto; infido; sleale: **a f. note**, una nota falsa; **a f. alarm**, un falso allarme; **f. weights**, pesi falsati; **f. coins**, monete false (*o* contraffatte); **f. teeth**, denti artificiali (*o* finti); dentiera; **f. hair**, capelli finti (*o* posticci); **a f. drawer**, un finto cassetto *2* errato; erroneo; sbagliato: (*leg.*) **a f. verdict**, un verdetto errato; (*gramm.*) **f. concord**, concordanza erronea; (*caccia* e *fig.*) **a f. scent**, una pista sbagliata *3* fuori luogo; infondato; illusorio; falso: **f. hopes**, speranze illusorie; **a f. sense of security**, un falso senso di sicurezza *4* (*elab.*) falso; non ammesso; proibito: **f. code**, carattere non ammesso *5* (*mus.*) stonato. **B** *avv.* slealmente (*solo nella locuz.*:) **to play sb. f.**, trattare qualcuno slealmente; imbrogliare (*o* ingannare, tradire) q. ● (*bot.*) **f. acacia** (*Robinia pseudoacacia*), robinia □ (*leg.*) **f. arrest**, arresto illegale □ (*edil.*) **f. attic**, falso attico; attico interposto □ **f. bottom**, doppiofondo (*di una cassa, una valigia, ecc.*) □ (*edil.*) **f. ceiling**, controsoffitto □ (*leg.*) **a f. entry**, un falso in scritture contabili □ **f.-faced**, ipocrita □ **f.-hearted**, perfido; sleale □ **f. imprisonment**, incarcerazione illegale; detenzione abusiva □ (*naut.*) **f. keel**, controchiglia □ (*leg.*) **f. pretences**, asserzioni (*o* dichiarazioni) false; raggiri; millantato credito □ (*anat.*) **f. rib**, falsa costola □ (*sport* e *fig.*) **f. start**, falsa partenza □ **to be f. to one's promises**, non tener fede alle promesse □ **to be [to put sb.] in a f. position**, essere [mettere q.] in una falsa posizione □ (*leg.*) **to give f. witness**, deporre (*o* testimoniare) il falso □ **to sail under f. colours**, (*naut.*) navigare sotto falsa bandiera; (*fig.*) spacciarsi per quello che non si è □ **to strike a f. note**, (*mus.*) fare una stecca; (*fig.*) toccare un tasto falso □ (*anche fig.*) **to take a f. step**, fare un passo falso.

falsehood /ˈfɔːlshʊd/, *n.* *1* falsità; bugia; menzogna; falso: **to tell a f.**, asserire il falso *2* credenza errata; idea sbagliata.

falsely /ˈfɔːlslɪ/, *avv.* falsamente.

falseness /ˈfɔːlsnəs/, *n.* falsità; doppiezza; perfidia; slealtà.

falsetto /fɔːlˈsetəʊ/ (*ital.*), (*mus.*) **A** *n.* (*pl.* **falsettos**) falsetto. **B** *a.* di falsetto. **C** *avv.* in falsetto.

falsework /ˈfɒlswɜːk/, *n.* (*edil.*) gabbia; armatura; ponteggio.

falsies /ˈfɔːlsɪz/, *n. pl.* (*fam.*) seno finto; reggipetto imbottito.

falsifiable /ˈfɔːlsɪfaɪəbl/, *a.* falsificabile.

falsification /fɔːlsɪfɪˈkeɪʃn/, *n.* falsificazione; contraffazione.

falsifier /ˈfɔːlsɪfaɪə(r)/, *n.* falsificatore, falsificatrice; contraffattore; falsario, falsaria.

to **falsify** /ˈfɔːlsɪfaɪ/, *v. t.* *1* falsificare; contraffare; falsare; alterare: **to f. accounts [documents]**, alterare i conti [falsificare documenti] *2* deludere (*aspettative, speranze, ecc.*); ingannare *3* dimostrare falso, infondato (*un timore* e *sim.*); dimostrare inattendibile (*una promessa, ecc.*).

falsity /ˈfɔːlsətɪ/, *n.* falsità; doppiezza; menzogna; perfidia; slealtà.

falter /ˈfɔːltə(r)/, *n.* *1* esitazione; incertezza; vacillamento *2* balbettamento; borbottio.

to **falter** /ˈfɔːltə(r)/, *v. i.* *1* incespicare; inciampare *2* esitare; vacillare: **The front ranks faltered before the enemy fire**, le prime file vacillarono sotto il fuoco nemico *3* balbettare; borbottare *4* (*mecc.*: *di un motore*) perdere colpi *5* (*fin.*: *di un'azienda, ecc.*) perdere colpi (*fig.*). ● **to f. out**, balbettare; borbottare: **He faltered out an excuse and then was silent**, balbettò una scusa e tacque.

faltering /ˈfɔːltərɪŋ/, *a.* *1* barcollante *2* esitante; incerto; vacillante.

fame /feɪm/, *n.* fama; celebrità; gloria; rinomanza; reputazione (*buona o cattiva*). ● **a house of ill f.**, una casa di malaffare □ **ill f.**, cattiva fama □ **to win f.**, diventare famoso.

to **fame** /feɪm/, *v. t.* (*raro*) rendere famoso.

famed /feɪmd/, *a.* *1* famoso; celebre; rinomato *2* conosciuto; noto: **to be f. as a liar**, essere noto come bugiardo. ● **ill-f.**, famigerato; malfamato.

familial /fəˈmɪlɪəl/, *a.* familiare; della (*o* di una) famiglia: **f. background**, ambiente familiare. ● (*med.*) **f. disease**, malattia di famiglia (*o* ereditaria) □ (*med.*) **f. Mediterranean fever**, polisierosite ricorrente familiare.

familiar /fəˈmɪlɪə(r)/, **A** *a.* *1* familiare; intimo; comune; consueto; usuale: **He is f. with the English language**, l'inglese gli è familiare; ha familiarità con l'inglese; **This sight is f. to me**, questa vista mi è familiare; **a f. friend**, un amico intimo; **Unfortunately, road accidents are a f. sight**, purtroppo gli incidenti stradali sono uno spettacolo comune (*o* consueto) *2* confidenziale; che è in confidenza: **I am not f. with the chairman**, non sono in confidenza con il presidente *3* che si prende troppa confidenza; indiscreto; invadente *4* (*di animale*) domestico. **B** *n.* *1* amico intimo *2* (*relig.*) famiglio; cameriere (*d'un vescovo, ecc.*) *3* (*mitol.*, = **f. spirit**) demone al servizio d'una strega. ● **to grow f. with**, prendere confidenza con □ **to make oneself f. with sb.**, entrare in confidenza con q.; familiarizzare con q. □ **to make oneself f. with st.**, acquistare familiarità (*o* dimestichezza) con q.c. □ (*fig.*) **to be on f. ground**, trovarsi a proprio agio (*o* nel proprio elemento) □ **to be on f. terms with sb.**, avere familiarità con q.

familiarity /fəmɪlɪˈærətɪ/, *n.* *1* familiarità; confidenza; dimestichezza; intimità; buona conoscenza: **to be on terms of f. with sb.**, avere familiarità (*o* dimestichezza) con q.; **f. with Chinese**, buona conoscenza del cinese *2* eccessiva confidenza; sfacciataggine; sfrontatezza; invadenza. ● (*prov.*) **F. breeds contempt**, confidenza toglie riverenza.

familiarization /fəmɪlɪəraɪˈzeɪʃn, *USA* -rɪˈz-/, *n.* il familiarizzare; l'entrare in rapporti familiari (*con q.*).

to **familiarize** /fəˈmɪlɪəraɪz/, **A** *v. t.* *1* diffondere; rendere universalmente noto; rendere familiare: **The war familiarized words like radar and jeep**, la guerra rese universalmente note parole come radar e jeep *2* far acquistare dimestichezza a; addestrare. **B** to **familiarize oneself**, *v. rifl.* familiarizzarsi.

familiarly /fəˈmɪlɪəlɪ/, *avv.* familiarmente; con familiarità.

familism /ˈfæməlɪzəm/, *n.* (*sociol.*) familismo. ● **amoral f.**, nepotismo.

familist /ˈfæməlɪst/, *n.* (*sociol.*) familista.

familistic /fæməˈlɪstɪk/, *a.* (*sociol.*) familistico.

family /ˈfæmlɪ, -məlɪ/, **A** *n.* famiglia; figli; (*fig.*) gruppo; discendenza: **He has a large f. to provide for**, ha una famiglia numerosa da mantenere; **a girl of good f.**, una ragazza di buona famiglia; **birds of the sparrow f.**, uccelli della famiglia del passero; **the Latin f. of languages**, la famiglia delle lingue latine. **B** *a.* *1* familiare: **inside the f. circle**, nella cerchia familiare; **f. jargon**, lessico familiare *2* in famiglia: **a f. dance**, un ballo (*fam.*: quattro salti) in famiglia *3* per famiglie: **a f. film**, un film per famiglie *4* per uso familiare; da famiglia: **a f. car**, un'automobile per uso familiare. ● **f. allowance**, assegni familiari □ **the f. Bible**, la Bibbia di famiglia (*sulle cui pagine bianche si segnano le nascite, i matrimoni, ecc.*) □ **f. budget**, bilancio familiare □ (*fin.*) **f. company**, società a carattere familiare □ (*econ.*) **f.-controlled**, a conduzione familiare □ **f. doctor**, medico di famiglia (*o* di fiducia) □ (*trasp.*) **f. fare**, tariffa ridotta per famiglie □ **f. hotel**, albergo di tipo familiare □ (*leg.*) **f. law**, diritto di famiglia □ **a f. likeness**, somiglianza tra familiari; aria di famiglia □ **a f. man**, un uomo che ha famiglia; un uomo tutto famiglia □ **f. name**, cognome □ **a f.-owned** (*o* **f.-operated**) **hotel**, un albergo a gestione familiare □ **f. planning**, limitazione delle nascite; pianificazione demografica □ (*tur.*) **f. room**, stanza a tre o più letti □ (*fin.*) **f.-run company**, società a conduzione familiare □ (*econ.*) **the f. system**, il sistema delle grandi aziende a conduzione familiare (*tipico dell'Italia*) □ (*comm.*) **f.-size package**, confezione (tipo) famiglia □ **f. tree**, albero genealogico □ (*econ.*) **f. worker**, familiare coadiuvante □ **in a f. way**, senza far cerimonie; in modo familiare □ (*fam.*: *di donna*) **to be in the f. way**, essere incinta □ (*agric., econ.*) **one-f. farm**, azienda agricola a conduzione familiare □ **to start a f.**, avere il primo figlio; mettere su famiglia (*fam.*).

famine /ˈfæmɪn/, *n.* *1* carestia *2* fame: **to die of f.**, morire di fame *3* grande scarsità: **water f.**, grande scarsità d'acqua. ● **f. prices**, prezzi molto alti (*a causa d'una carestia o fig.*).

to **famish** /ˈfæmɪʃ/, **A** *v. t.* affamare; far patire la fame a; far morire di fame. **B** *v. i.* essere affamato; patire la fame. ● (*fam.*) **to be famishing**, avere una fame da lupo.

famished /ˈfæmɪʃt/, *a.* (*fam.*) affamato; famelico.

famous /ˈfeɪməs/, *a.* *1* famoso; celebre; rinomato: **a f. novelist**, un romanziere famoso *2* (*fam., ormai raro*) eccellente; ottimo: **to have a f. dinner**, fare un ottimo pranzo *3* (*arc.*) famigerato.

famously /ˈfeɪməslɪ/, *avv.* *1* famosamente; in modo famoso *2* (*fam., ormai raro*) molto bene; benissimo; splendidamente; ottimamente.

famousness /ˈfeɪməsnəs/, *n.* rinomanza; l'essere famoso.

famulus /ˈfæmjʊləs/ (*lat.*), *n.* (*pl.* **famuli**) *1* famulus; famulo *2* (*raro*) apprendista stregone.

fan (1) /fæn/, *n.* *1* ventaglio *2* ventola; sventola *3* (*elettr., mecc.*) ventilatore; ventola: **fan blade**, pala del ventilatore; **fan belt**, cinghia del ventilatore *4* pala (*di mulino a vento*) *5* (*naut.*) pala dell'elica *6* coda (*del pavone*) *7* pinna caudale (*di balena*) *8* (*agric.*) vaglio (*per il grano*) *9* (*geol.*) conoide *10* (*pl.*) (*poet.*) vanni; ali. ● (*mecc.*) **fan blower**, soffiante a ventola □ (*ind. min.*) **fan drilling**, perforazione a ventaglio □ **fan heater**, termoconvettore □ (*archit.*) **fan-light**, lunetta a ventaglio; lunetta □ (*archit.*) **fan tracery**, motivi ornamentali a forma di ventaglio.

fan (2) /fæn/, *n.* (*fam.*) ammiratore, ammiratrice; appassionato; fanatico, fanatica; tifoso, tifosa: **soccer fans**, tifosi del calcio; **a film fan**, un fanatico del cinema. ● **fan club**, club di tifosi (*o* di ammiratori) □ **fan mail**, lettere di ammiratori (*ad attori, ecc.*).

to **fan** /fæn/, **A** *v. t.* *1* sventolare; ventilare; far vento a: **to fan the fire**, far vento al fuoco *2* (*agric.*) vagliare (*grano, ecc., dalla pula*) *3* aprire (*o* distendere) a ventaglio *4* (*fig.*) ravvivare, stimolare (*risentimento, scontento, rancore, ecc.*) *5* (*fam. USA*) perquisire; frugare. **B** *v. i.* *1* (*del vento*) soffiare lievemente *2* (*anche* **to fan out**) aprirsi (*o* distendersi) a ventaglio. **C** to **fan oneself**, *v. rifl.* farsi vento; sventolarsi. ● (*fig.*) **to fan the air**, menar colpi in aria □ **to fan away**, scacciare (*per es. mosche*) sventolando q.c. □ (*fam.*) **to fan sb.'s behind**, sculacciare q. □ (*anche fig.*) **to fan the flames**, soffiare sul fuoco.

fanatic /fəˈnætɪk/, *a.* e *n.* *1* fanatico; entusiasta *2* (*sport*) tifoso.

fanatical /fəˈnætɪkl/, *a.* fanatico; frenetico: **f. devotion**, devozione fanatica; **f. enthusiasm**, entusiasmo frenetico. || **-ly**, *avv.*

fanaticism /fəˈnætɪsɪzəm/, *n.* *1* fanatismo *2* fanatismo sportivo; tifo (*fam.*).

to **fanaticize** /fəˈnætɪsaɪz/, **A** *v. t.* rendere fanatico; fanatizzare. **B** *v. i.* comportarsi da fanatico.

fancied /ˈfænsɪd/, *a.* *1* fantastico; immaginario *2* favorito; prediletto.

fancier /ˈfænsɪə(r)/, *n.* *1* amatore; appassionato; cultore; collezionista; intenditore: **a bird [dog] f.**, un amatore di uccelli [di cani] *2* allevatore *3* coltivatore: **a rose f.**, un appassionato coltivatore di rose.

fancies /ˈfænsɪz/, *n. pl.* (*fam.* = **fancy cakes**) pasticcini extra (*o* elaborati).

fanciful /ˈfænsɪfl/, *a.* *1* fantasioso; immaginoso *2* fantastico; bizzarro; immaginario; (di) fantasia: **f. tales**, novelle fantastiche; **f.**

costumes, costumi fantasia. || **-ly**, avv.

fancifulness /ˈfænsɪflnəs/, n. *1* l'esser fantasioso; bizzarria *2* fantasticheria; capriccio.

fancy /ˈfænsɪ/, **A** n. *1* immaginazione; fantasia: **the fancies of a lover**, le fantasie d'un innamorato *2* idea; impressione: **I have a f. that he will not come at all**, ho idea (*o* l'impressione) che non verrà affatto *3* capriccio; ghiribizzo; desiderio; gusto; inclinazione; simpatia: **a passing f.**, un capriccio passeggero *4* (*collett.*) (gli) appassionati di uno sport (*specialm. della boxe*). **B** a. attr. *1* (di) fantasia; fantastico: **a f. picture**, un quadro di fantasia; **a f. necktie**, una cravatta fantasia *2* d'affezione; esorbitante: **a f. price**, un prezzo di affezione; **f. prices**, prezzi esorbitanti *3* elaborato; elegante; bizzarro; stravagante: **f. diving**, tuffi elaborati, difficili, acrobatici *4* di lusso: **a f. shop**, un negozio di lusso *5* (*di animale*) di razza (scelta); (*d'albero*) selezionato: **a f. dog**, un cane di razza *6* (*comm.*) extra; di qualità superiore: **f. fruits**, frutta extra; **f. canned goods**, cibi in scatola di qualità superiore; **f. cakes**, pasticcini extra (*o* elaborati) *7* di vari colori; multicolore: **f. carnations**, garofani multicolori (*o* screziati). ● **f. bread**, pane speciale □ **f. dress**, costume (*per maschera*) □ **f.-dress ball** (*o* **f.-ball**), ballo in maschera □ **f.-dress party**, festa in maschera; ballo mascherato □ **f. fair**, fiera di beneficenza con vendita di articoli vari □ (*fam. USA*) **f. fluff**, donna elegante e attraente □ **f.-free**, spensierato, allegro; (*anche*) non fidanzato, che ha il cuore libero □ **f. girl**, ragazza di facili costumi; donnina allegra; prostituta □ (*comm.*) **f. goods**, articoli vari; chincaglieria □ (*spreg. arc.*) **f. man**, innamorato; amante; pappone □ (*fam. USA*) **f. pants**, elegantone □ (*spreg. arc.*) **f. woman**, amante (*donna*) □ **to catch** (*o* **to take**) **sb.'s f.**, colpire la fantasia di q.; piacere a q.: **The ring caught my f. and I bought it**, l'anello mi piacque e lo comprai □ **to take a f. to** (*o* **for**), affezionarsi a, provare simpatia per (*una persona*); incapricciarsi di (*q. o q.c.*) □ **He has a f. for delicate food**, gli piacciono i cibi delicati □ **How does his proposal strike your f.?**, ti va a genio la sua proposta?

to **fancy** /ˈfænsɪ/, **A** v. t. *1* immaginare, immaginarsi; figurarsi; vedere (*fig.*); supporre; sembrare a, parere a (*impers.*): **Just f. how embarassed I was**, immagina (un po') come ero imbarazzato!; **Can you f. me as a jet pilot?**, mi ci vedi come pilota di un reattore?; **F. having to wait all day!**, figurati (che cosa sia *o* sia stato) dover aspettare tutto il giorno!; **I f. he won't forgive you**, suppongo che non ti perdonerà; **He fancied he saw a shadow in the garden**, gli parve di vedere un'ombra nel giardino *2* gradire; piacere a, andare a genio a (*impers.*); trovare (q.) simpatico: **I could f. a glass of beer**, gradirei un bicchiere di birra; **I don't f. him at all**, non mi piace per niente; non lo trovo affatto simpatico; **Do you f. the idea of a picnic?**, ti va l'idea di fare una merenda all'aperto? *3* allevare (*animali di razza*); coltivare (*piante rare*). **B** to **fancy oneself**, v. rifl. reputarsi; ritenersi; credersi. ● **F. that!**, pensa un po'!; strano! □ **Just f.!**, immaginati!; figurati! □ **F. meeting you here!**, ma guarda un po' chi c'è! □ **F. meeting you in London!**, che combinazione incontrarti a Londra!

fancywork /ˈfænsɪwɜːk/, n. ricamo.

fandangle /fænˈdæŋgl/, n. *1* (*fam. USA*) aggeggio; affarino; coso *2* (*arc.*) ornamento bizzarro.

fandango /fænˈdæŋgəʊ/, n. (*pl.* **fandangos**) (*mus.*) fandango (*danza e musica*).

fane /feɪn/, n. (*poet.*) tempio.

fanfare /ˈfænfɛə(r)/, n. *1* (*mus.*) fanfara *2* (*fig.*) ostentazione.

fanfaronade /fænfærəˈneɪd, -ˈnɑːd/, n. fanfaronata; millanteria; spacconata.

fanfold /ˈfænfəʊld/, a. attr. piegato a ventaglio. ● (*elab.*) **f. paper**, carta a modulo continuo (*o* a fogli Z).

fang /fæŋ/, n. *1* zanna *2* dente (*di serpente velenoso*) *3* punta (*di forca, bidente e sim.*) *4* (*anat.*) punta della radice (*d'un dente*).

to **fang** /fæŋ/, v. t. *1* azzannare *2* (*tecn.*) adescare (*una pompa*).

fanged /fæŋd/, a. zannuto; provvisto di zanne.

fanner /ˈfænə(r)/, n. *1* chi fa vento *2* (*agr.*) vagliatrice *3* (*fam. USA*) chi ruba i soldi in un telefono pubblico.

fanny /ˈfænɪ/, n. *1* (*volg.*) fica (*volg.*); vulva *2* (*fam. eufem. USA*) sedere; deretano; culo (*volg.*).

fanon /ˈfænən/, n. (*relig. cattolica*) fanone.

fantail /ˈfænteɪl/, n. *1* coda a ventaglio *2* (*zool.*) piccione con la coda a ventaglio *3* becco a gas con fiamma a ventaglio *4* (*di mulino a vento*) pala ausiliaria *5* (*archit.*) struttura ornamentale a ventaglio.

fantasia /fænˈteɪzɪə, *USA* -ʒə/ (*ital.*), n. (*mus., arte, ecc.*) fantasia.

to **fantasize** /ˈfæntəsaɪz/, v. i. fantasticare; perdersi in fantasticherie; sognare (*fig.*).

fantast /ˈfæntæst/, n. sognatore; fantasticone; fantasticatore.

fantastic(al) /fænˈtæstɪk(l)/, a. *1* fantastico; bizzarro; eccentrico; capriccioso; strano; stravagante: **f. figures**, figure fantastiche; **f. costumes**, costumi stravaganti; **f. ideas**, idee bizzarre; **a f. hat**, un cappellino eccentrico *2* (*fam.*) fantastico; splendido; ottimo; eccellente.

fantasticality /fæntæstɪˈkælətɪ/, **fantasticalness** /fænˈtæstɪklnəs/, n. fantasticheria; bizzarria; stranezza; stravaganza.

fantastically /fænˈtæstɪklɪ/, avv. *1* fantasticamente *2* (*fam.*) splendidamente; in modo eccellente.

fantasy /ˈfæntəsɪ/, n. *1* fantasia (*anche mus.*); immaginazione *2* fantasia di visionario; chimera; fantasticheria; illusione; capriccio *3* (= **f. coin**) moneta da collezionista (*o* di dubbia origine).

fanzine /ˈfænziːn/, n. (*contraz. fam. di* **fan magazine**) rivista per amatori (*specialm. di fantascienza e di musica pop*).

faquir /fəˈkɪə(r), ˈfeɪkɪə(r), ˈfɑː-, ˈfæ-, ˈfeɪkə(r)/, n. fachiro.

far (1) /fɑː(r)/, avv. (*compar.* **farther, further**; *superl. rel.* **farthest, furthest**) *1* lontano; lungi: **to live in a house far from the town**, abitare in una casa lontano dalla città; **They didn't go far**, non andarono lontano *2* assai; molto; di molto; di gran lunga: **far different**, molto diverso; **far better**, assai migliore; **He is far the cleverest of the brothers**, è di gran lunga il più intelligente dei fratelli *3* a fondo; fino in fondo: **to drive a nail far into the wall**, piantare un chiodo a fondo nel muro. ● **far above**, molto (al di) sopra (*le nubi, ecc.*); (*fig.*) di gran lunga superiore (*agli altri, ecc.*) □ **far ahead**, molto avanti: **He is far ahead of us**, è molto avanti a noi □ **far and away**, di gran lunga: **He's far and away the best student in the class**, è di gran lunga il miglior studente della classe □ **far and near**, vicino e lontano; dappertutto □ **far and wide**, in lungo e in largo; dappertutto: **He has travelled far and wide**, ha viaggiato in lungo e in largo □ **far-away**, lontano, distante, remoto; (*fig.*) assente, distratto: **a far-away town**, una città lontana; **a far-away look**, uno sguardo assente □ **far between**, a grandi intervalli; infrequente; raro: **Cases of the kind are few and far between**, casi del genere sono pochi e (si verificano) a grande distanza l'uno dall'altro □ **far-famed**, di vasta rinomanza; famoso □ **far-fetched**, forzato, ricercato, stiracchiato; incredibile, inverosimile □ **far-flung**, assai diffuso, esteso; lontano, remoto □ **far from**, lungi da: **I'm far from satisfied with your work**, sono lungi dall'essere soddisfatto del tuo lavoro; **Far be it from me to defend him!**, lungi da me difenderlo! □ **Far from it**, al contrario!; Dio me ne guardi!; tutt'altro! □ **to be far gone**, essere molto avanti (*nei debiti, nel bere, ecc.*); essere molto malato, essere con un piede nella tomba (*o* più di là che di qua) □ **far gone in debt**, indebitato fino agli occhi □ **far in the future**, molto avanti nel futuro; nel remoto futuro □ (*polit.*) **the far-left parties**, i partiti d'estrema sinistra □ **far-off**, lontano; distante; remoto: **far-off countries** [**times**], paesi [tempi] remoti □ **far-out**, lontano, remoto; (*fig.*) non convenzionale, originale, bizzarro; (*pop.*) eccellente, fantastico □ **far-outer**, anticonformista □ **far-reaching**, di grande estensione; di vasta portata: **a far-reaching measure**, un provvedimento di larga portata □ **far-seeing**, che vede lontano; (*fig.*) lungimirante, preveggente □ **far-sighted**, (*med.*) ipermetrope; (*fig.*) perspicace, sagace; lungimirante, preveggente □ **far-sightedness**, (*med.*) ipermetropia; (*fig.*) perspicacia, lungimiranza □ **as far as**, fino a: **We went as far as the station**, andammo fino alla stazione □ **as far as possible**, per quanto possibile □ **as far as I'm concerned**, per quel che mi riguarda; quanto a me □ **by far**, di gran lunga: **This book is by far the best**, questo libro è di gran lunga il migliore □ (*fig.*) **to go far**, andare lontano; fare molta strada: **This young man will go far**, questo giovane andrà lontano; **A ten-dollar bill doesn't go very far**, con dieci dollari non si va molto lontano □ (*fig.*) **to carry** (*o* **to take**) **st. too far**, spingere troppo avanti q.c.; esagerare □ **to go far to effect st.**, riuscire quasi a spuntarla (*o* a farcela); riuscire quasi a realizzare q.c.: **He went far to effect his plan**, c'è mancato poco che portasse a compimento il suo piano □ (*fig.*) **to go too far**, passare il segno (*fig.*) □ **how far?**, fino a che punto?; fin dove?: **How far can you walk?**, fin dove puoi camminare? □ **How far is it from here to Rome?**, quanto c'è di qui a Roma? □ **so far**, fino a questo punto; fin qui; finora; al punto di: **Now that we have come so far, we can stop for a little**, ora che siamo arrivati a questo punto, possiamo fermarci un poco; **So far, he has behaved splendidly**, finora si è comportato splendidamente; **He went so far as to suggest it was my fault**, arrivò al punto d'insinuare che la colpa era mia □ (*USA*) **so far as may be**, per quanto possibile □ **so far from doing st.**, lungi dal (*o* invece di) fare q.c. □ **So far, so good**, fin qui, tutto bene; niente da ridire □ **Do you come from far?**, vieni da lontano? □ **He is far from well**, sta tutt'altro che bene □ **I am far from blaming him**, lungi da me il biasimarlo.

far (2) /fɑː(r)/, a. (*compar.* **farther, further**; *superl. rel.* **farthest, furthest**) *1* lontano; distante; remoto: **in a far district**, in un distretto lontano; **the far past**, il lontano passato *2* lungo: **a far journey**, un lungo viaggio *3* opposto; altro: **the far side of the town**, la parte opposta della città; **a house on the far side of the hill**, una casa sull'altro fianco della collina *4* (*polit.*) estremo: **the far left** [**right**], l'estrema sinistra [destra]. ● **to be a far cry**, esserci una bella differenza: **It's a far cry from being an intelligent person to being a genius**, c'è una bella differenza fra essere intelligente ed essere un genio □ (*geogr.*) **the Far East**, l'Estremo Oriente.

farad /ˈfærəd/, n. (*elettr.*) farad.

faradaic /færəˈdeɪɪk/, **faradic** /fəˈrædɪk/, a. (*elettr.*) faradico.

farce /fɑːs/, n. *1* farsa (*anche fig.*); burla; buffonata; canzonatura *2* umorismo farsesco.

to **farce** /fɑːs/, v. t. (*cucina, arc.*) farcire.

farcical /ˈfɑːsɪkl/, a. farsesco; burlesco; buffo.

farcicality /fɑːsɪˈkælətɪ/, n. l'essere farsesco; comicità.

farcically /ˈfɑːsɪklɪ/, avv. farsescamente.

farcy /ˈfɑːsɪ/, n. (*vet.*) farcino (*specialm. del cavallo*).

fardel /ˈfɑːdl/, n. (*arc.*; *anche fig.*) fardello.

fare /fɛə(r)/, n. *1* prezzo di una corsa (*o* del

biglietto); tariffa: **What's the f. from Milan to Rome?**, qual è il prezzo del biglietto da Milano a Roma?; **railway fares**, tariffe ferroviarie **2** passeggero (*di treno, autobus, taxi, ecc.*); cliente **3** cibo; vitto: **plentiful f.**, cibo abbondante; **good f.**, vitto buono. ● **f. dodger**, viaggiatore senza biglietto; passeggero abusivo □ **f.-stage**, tratta tariffaria (*di tram, autobus, ecc.*) □ (*detto da bigliettaio di tram, ecc.*) **All fares, please!**, biglietti, prego! □ **bill of f.**, lista delle vivande.

to **fare** /fɛə(r)/, *v. i.* **1** passarsela; andare: **How did it f. with him?**, come gli è andata?; **It fared well [ill] with her**, le è andata bene [male]; **How did you f. abroad?**, come te la sei passata all'estero? **2** (*arc.*) mangiare; trattarsi (a cibo): **to f. oneself well**, trattarsi bene; **We all fared alike**, mangiammo tutti le stesse cose **3** (*poet.*) viaggiare. ● **to f. forth**, partire □ (*fam.*) **How fares it?**, come va la vita?

farewell /fɛə'wɛl/, **A** *inter.* addio: **f. to the mountains**, addio ai monti. **B** *n.* addio; congedo; commiato: **a f. bow**, un inchino di commiato. ● **f. party**, festa d'addio □ **to make one's f.**, fare gli addii; accomiatarsi □ **to take one's f. of sb.**, accomiatarsi da q.; salutare q. (partendo).

farina /fə'ri:nə, -'raɪnə/, *n.* **1** farina **2** (*chim.*) amido **3** (*bot.*) polline.

farinaceous /færɪ'neɪʃəs/, *a.* **1** farinaceo **2** (*chim.*) amidaceo **3** (*biol.*) farinoso. ● **f. foods**, i farinacei.

farinose /'færɪnəʊs/, *a.* farinoso.

farl /fɑ:l/ (*scozz.*), *n.* focaccia di farina d'avena (*o* di grano).

farm /fɑ:m/, **A** *n.* **1** podere; fattoria; azienda agricola; tenuta **2** (= **farmhouse**) fattoria; casa colonica **3** allevamento; vivaio: **chicken f.**, allevamento di polli; **oyster f.**, vivaio di ostriche **4** (*fam.*) nido d'infanzia. **B** *a.* **1** agricolo: **f. trade**, commercio agricolo; (*USA*) **f. belt**, zona agricola **2** agrario: **f. policy**, politica agraria **3** di prodotti agricoli: (*comm.*) **f. exports**, esportazioni di prodotti agricoli. ● **f. bailiff**, fattore; agente di campagna □ **f. holidays**, agriturismo □ **f. holidaymaker**, agriturista □ **f. implements**, attrezzi agricoli □ **f. labourer** (*o* **f. hand, f. worker**), bracciante agricolo □ **f. owner**, coltivatore diretto □ **f. prices**, prezzi agricoli □ **f. products**, prodotti agricoli □ **f. shop**, fattoria che vende i prodotti al pubblico □ **f. subsidies**, sussidi all'agricoltura □ (*econ.*) **f. surplus**, eccedenza agricola.

to **farm** /fɑ:m/, *v. t.* e *i.* **1** coltivare; fare l'agricoltore: **He farms 100 acres of land**, coltiva cento acri di terra; **He is farming in Kenya**, fa l'agricoltore nel Kenya **2** (*anche* **to f. out**) affittare; dare in affitto (*terreni e anche manodopera*): **Slave owners used to f. their slaves**, i proprietari di schiavi solevano affittarli (*o* darli in uso ad altri dietro compenso) **3** (*fin., anche* **to f. out**) appaltare; dare in appalto: **to f. (out) a tax**, appaltare l'esazione di un'imposta **4** (*un tempo*) prendere in custodia e allevare (*specialm. bambini*) dietro compenso. ● (*fin.*) **to f. into a company**, acquistare azioni di una società.

farmable /'fɑ:məbl/, *a.* coltivabile.

farmer /'fɑ:mə(r)/, *n.* **1** coltivatore (*diretto o affittuario*); colono; agricoltore **2** allevatore: **sheep f.**, allevatore di pecore **3** (*fin.*) appaltatore (*d'imposte*). ● **farmers' union**, consorzio agrario.

farmhouse /'fɑ:mhaʊs/, *n.* casa colonica; fattoria.

farming /'fɑ:mɪŋ/, *n.* **1** agricoltura; coltivazione **2** allevamento: **cattle f.**, allevamento di bovini; **sheep f.**, allevamento di pecore **3** (*fin.*) appalto (*d'imposte*).

farmstead /'fɑ:mstɛd/, *n.* casa colonica; fattoria.

farmyard /'fɑ:mjɑ:d/, *n.* aia; corte (*di casa colonica*).

faro /'fɛərəʊ/, *n.* (*pl.* **faros**) faraone (*gioco d'azzardo*).

farouche /fə'ru:ʃ/ (*franc.*), *a.* selvatico; scontroso; timido.

farraginous /fə'rædʒɪnəs/, *a.* farraginoso.

farrago /fə'rɑ:gəʊ, -'reɪ-/, *n.* (*pl.* **farragoes**) farragine; congerie; guazzabuglio.

farrier /'færɪə(r)/, *n.* **1** maniscalco **2** (*arc.*) veterinario.

farriery /'færɪərɪ/, *n.* mascalcia; bottega (*o* lavoro) di maniscalco.

farrow /'færəʊ/, *n.* figliata (*di scrofa*): **Ten pigs were born at one f.**, in una figliata nacquero dieci maialini.

to **farrow** /'færəʊ/, *v. t.* e *i.* (*di scrofa*) figliare.

fart /fɑ:t/, *n.* (*volg.*) **1** peto; scor(r)eggia (*volg.*) **2** verme (*fig.*); persona spregevole. ● (*volg.*) **I don't give a f.**, non me ne frega un cavolo.

to **fart** /fɑ:t/, *v. i.* (*volg.*) scor(r)eggiare.

farther /'fɑ:ðə(r)/, (*compar. di* **far**) **A** *avv.* **1** più lontano; oltre; più oltre: **I was so tired I couldn't go any f.**, ero così stanco che non potei andare oltre **2** (*raro*) ancora; in aggiunta; inoltre; ulteriormente (*cfr.* **further**). **B** *a.* **1** più lontano; più distante; più remoto: **the f. side of the mountain**, il lato più lontano (*opposto rispetto a chi guarda*) della montagna **2** (*raro*) aggiuntivo; ulteriore (*cfr.* **further**). ● **f. back**, più indietro □ **f. on**, più avanti; oltre; più oltre □ **f. off**, più lontano.

farthermost /'fɑ:ðəməʊst/, *a.* (il) più lontano (*o* distante, remoto).

farthest /'fɑ:ðɪst/, (*superl. di* **far**) **A** *a.* il più lontano (*o* distante, remoto). **B** *avv.* il più lontano possibile. ● **at (the) f.**, al massimo; al più tardi.

farthing /'fɑ:ðɪŋ/, *n.* (*stor.*) «farthing» (*moneta ingl. non più in uso; quarta parte d'un* **penny**). ● **I don't care a f.**, non me ne importa un fico (secco) □ **It isn't worth a (brass) f.**, non vale un soldo (*o* un centesimo).

farthingale /'fɑ:ðɪŋgeɪl/, *n.* (*stor.*) guardinfante; crinolina.

fasces /'fæsi:z/, *pl.* di **fascis**.

fascia (*def. 1* /'fæʃə, 'feɪ-/, *def. 2, 3* e *4* /'feɪʃə, 'fæ-/) (*lat.*), *n.* (*pl.* **fasciae, fascias**) **1** (*anat.*) fascia **2** (*autom., raro*; = **f. board**) cruscotto (*cfr.* **dashboard**) **3** insegna di negozio **4** (*edil.*) assicella (*o* mantovana) di gronda.

fasciate /'fæʃɪət/, **fasciated** /'fæʃɪeɪtɪd/, *a.* **1** (*bot.*) affastellato; fascicolato **2** (*zool.*) striato.

fascicle /'fæsɪkl/, *n.* **1** (*anche bot.*) fascetto; fastello; ciuffo **2** (*anat.*) fascicolo **3** fascicolo (*di pubblicazione a puntate*); dispensa.

fascicled /'fæsɪkld/, *V.* **fasciculate**.

fasciculate /fə'sɪkjʊlət/, *a.* (*bot.*) fascicolato.

fasciculation /fəsɪkjʊ'leɪʃn/, *n.* (*scient.*) formazione in fascetti.

fascicule /'fæsɪkju:l/, *n.* **1** (*scient.*) fascio; fascetto **2** fascicolo; dispensa.

fasciculus /fə'sɪkjʊləs/, *n.* (*pl.* **fasciculi**) *V.* **fascicule**.

to **fascinate** /'fæsɪneɪt/, *v. t.* **1** affascinare; ammaliare; incantare: **The girl was fascinated by his personality**, la ragazza fu affascinata dalla sua personalità **2** paralizzare con lo sguardo; incantare (*fam.*): **Snakes f. small birds**, i serpenti incantano gli uccellini.

fascinating /'fæsɪneɪtɪŋ/, *a.* affascinante; incantevole; seducente. ‖ **-ly**, *avv.*

fascination /fæsɪ'neɪʃn/, *n.* fascino; incanto; malia; seduzione.

fascinator /'fæsɪneɪtə(r)/, *n.* **1** affascinatore **2** (*moda, raro*) leggero scialle di merletto; velo (*da teatro, ecc.*).

fascine /fæ'si:n/, *n.* fascina (*per rafforzare trincee, argini e sim.*). ● **f. dwellings**, abitazioni su palafitte.

fascis /'fæsɪs/, *n.* (*pl.* **fasces**) (*stor.*) fascio littorio; fascio.

Fascism /'fæʃɪzəm/, *n.* (*stor.*) fascismo.

Fascist /'fæʃɪst/, *n.* e *a.* (*stor.*) fascista.

fash /fæʃ/ (*scozz.*), *n.* disturbo; fastidio; seccatura.

to **fash** /fæʃ/ (*scozz.*), *v. t.* disturbare; infastidire; seccare.

fashion (**1**) /'fæʃn/, *n.* **1** foggia; maniera; modo: **The boy behaves in a strange f.**, il ragazzo si comporta in modo strano; **to speak in a rude f.**, parlare in modo villano **2** moda; voga: **F. changes every season**, la moda cambia ogni stagione **3** (*pl.*) articoli di moda: **Italian fashions**, articoli della moda italiana. ● **f. designer**, figurinista; stilista □ **a f. magazine**, una rivista di moda □ (*anche fig.*) **f.-plate**, figurino □ **f. shop**, negozio di mode □ **f. show**, sfilata di moda □ **f. show room**, sala (delle) sfilate □ **f. wear**, indumenti alla moda; abbigliamento di moda □ **after the f. of**, a mo' di; secondo la moda di □ **after the Spanish f.**, alla spagnola □ **after a f.**, in qualche modo; più o meno; non troppo bene; alla meglio; a modo mio (tuo, suo, ecc.): **He can dance, after a f.**, a modo suo, balla; sa ballare alla meglio □ **to bring into f.**, far diventare di moda □ **to come into f.**, venire di moda □ **to follow the f.**, seguire la moda □ **in f.**, alla moda □ (*di persone*) **to be in the f.** (*o* **to keep in f.**), essere (*o* vestire) alla moda □ **out of f.**, fuori (di) moda: **This style of dress went out of f. last year**, questa foggia d'abito passò di moda l'anno scorso □ **people of f.**, gente di mondo □ **to set the f.**, dettare la moda □ **to set a f.**, lanciare una moda □ **These hats are all the f. this year**, questi cappellini sono molto di moda (*o* in gran voga) quest'anno □ (*prov.*) **Everyone after his f.**, ciascuno a suo modo.

fashion (**2**) /'fæʃn/, *suffissoide* a mo' di; alla (+ *agg. femm.*): **to walk crab-f.**, camminare a mo' dei granchi; **to eat Chinese-f.**, mangiare alla cinese; **to dress Russian-f.**, vestire alla russa.

to **fashion** /'fæʃn/, *v. t.* foggiare; formare; modellare; fare: **to f. a shelter**, farsi un riparo. ● **to f. sb.'s character**, forgiare il carattere di q. □ **to f. clay into a jug** (*o* **a jug out of clay**), fare una brocca con l'argilla □ **to f. st. to**, adattare q.c. a.

fashionable /'fæʃnəbl/, **A** *a.* alla moda; di moda; elegante: **a f. dress**, un abito elegante; **a f. tailor**, un sarto alla moda. **B** *n.* persona elegante. ● **the f. society**, il bel mondo.

fashionableness /'fæʃnəblnəs/, *n.* l'essere alla moda; eleganza.

fashionably /'fæʃnəblɪ/, *avv.* alla moda; con eleganza: **f. dressed**, vestito alla moda.

fast (**1**) /fɑ:st, *USA* fæst/, *n.* digiuno; vigilia: **f. day**, giorno di vigilia. ● **to break one's f.**, rompere il digiuno.

fast (**2**) /fɑ:st, *USA* fæst/, **A** *a.* **1** fermo; fisso; saldo; sicuro; solido; stretto: **The pole was (set) f. in the ground**, il palo era saldo (*o* saldamente conficcato) nel terreno; **Make the door f.**, assicura (ferma) la porta; **f. colours**, colori solidi, che non stingono; **a f. knot**, un nodo stretto (*che non si scioglie facilmente*); **a f. friend**, un amico sicuro; **a f. friendship**, una salda amicizia **2** celere; rapido; veloce: **a f. flight**, un volo rapido; **a f. car**, un'automobile veloce; **a f. typist**, una dattilografa veloce; **a f. worker**, uno che lavora in fretta **3** che consente alte velocità; di marcia veloce: **a f. highway**, una strada che consente alte velocità; (*autom.*) **f. lane**, corsia di marcia veloce (o di sorpasso: *in autostrada*); (*fig.*) **to live on the f. lane**, fare una vita spericolata; svolgere un'attività rischiosa **4** (*d'orologio*) che è (*o* va) avanti: **My watch is (half an hour) f.**, il mio orologio va avanti (di mezz'ora) **5** (*arc. o USA*) amorale; dissoluto; gaudente: **a f. woman**, una donna dissoluta; **a f. bunch of youngsters**, un gruppo di giovani gaudenti **6** (*fotogr.: di pellicola*) ad alta sensibilità **7** (*tecn.*) resistente: **f. to sunlight**, resistente alla luce del sole. **B** *avv.* **1** fermamente; saldamente; solidamente; bene: **The windows are shut f.**, le finestre sono ben chiuse **2** in fretta; presto; rapidamente: **Don't walk so f.**, non camminare così in fretta!; **Not so f.!**, più adagio!; (*fam.*) **to be f. on the uptake**, capire al volo ***3*** in rapida successione; uno dopo l'altro: **The bullets were coming f.**, i proiettili piovevano fitti ***4*** in anticipo; avanti: **The bus is five minutes f.**, l'autobus è in anticipo di cinque minuti; **My watch runs f.**, il mio orologio va avanti ***5*** (*arc. o raro*) in modo dissoluto. ● **to be f. asleep**, essere profondamente addormentato; dormire sodo □ (*fis. nucl.*) **f. breeder** (**reactor**), reattore autofertilizzante veloce □ (*fam. USA*) **f. buck**, denaro fatto in fretta □ (*fis. nucl.*) **f.-burst reactor**, reattore impulsato □ (*poet.*) **f. by** (*o* **f. beside**), presso; vicino a; a due passi da: **f. by the river**, a due passi dal fiume □ **f. food**, fast food; cibo precotto; cibo di rapida cottura □ (*fam. USA*) **f. food imperialism**, espansionismo del fast food □ **f. food restaurant**, fast food (*il locale*) □ **a f. prisoner**, un prigioniero saldamente legato □ **f. sleep**, sonno profondo □ (*pop.*) **f. talk**, discorso da ciarlatano; raggiro □ **f.-track**, spietatamente concorrenziale □ (*ferr.*) **a f. train**, un treno diretto □ **hard and f. rules**, regolamenti rigidi, severissimi □ **to hold f. to st.**, tenersi stretto a q.c. □ (*arc.*) **to live f.**, condurre una vita dissoluta □ **to make a boat f.**, ormeggiare una barca □ (*fam.*) **to be on the f. track**, essere ben piazzato per fare carriera □ **to play f. and lose with sb.'s affections**, fare a tira e molla con i sentimenti di q.; essere incostante, infido □ (*fam.*) **to pull a f. one on sb.**, giocare un brutto tiro a q. □ **to stand f.**, rimanere immobile; star saldo; (*fig.*) tener duro □ **to stick f.**, non riuscire a muoversi; piantarsi: **Our car stuck f. in the mud**, la nostra automobile si piantò nel fango □ **to take** (**a**) **f. hold of st.**, stringere (afferrare) q.c. saldamente □ **It is raining f.**, piove a dirotto.

to **fast** /fɑːst, *USA* fæst/, *v. i.* digiunare; far vigilia.

fastback /ˈfɑːstbæk, *USA* ˈfæs-/, *n.* ***1*** (*autom.*) (auto a) inclinazione normale del lunotto ***2*** (*zootecnia*) «fastback» (*razza di maiali magri*).

to **fasten** /ˈfɑːsn, *USA* ˈfæsn/, **A** *v. t.* ***1*** assicurare; fermare; fissare; chiudere (a chiave): **He fastened the windows [the doors shut]**, chiuse le finestre [chiuse a chiave le porte]; **to f. a bolt**, fermare un catenaccio ***2*** allacciare; attaccare; collegare; legare; affibbiare: **F. your seat belts!**, allacciarsi le cinture di sicurezza!; **to f. on a ribbon**, attaccare un nastro; **to f. a nickname upon sb.**, affibbiare un soprannome a q.; **to f. together**, legare insieme ***3*** (*fig.*) attribuire; imputare: **They fastened the crime on him**, imputarono il delitto a lui. **B** *v. i.* chiudersi; fissarsi; allacciarsi: **The shutter won't f.**, la persiana non si vuol chiudere; **Some ladies' dresses f. down the back**, certi abiti da donna si allacciano di dietro. ● **to f. one's attention on st.**, fissare la propria attenzione su q.c. □ **to f. back**, legare (*o* assicurare) nella posizione di prima; riallacciare □ **to f. one's dress**, abbottonarsi l'abito □ **to f. one's eyes on**, fissare lo sguardo su □ **to f. one's hair with pins**, fermarsi i capelli con le forcine □ **to f. on** (*o* **upon**), afferrare, tener stretto (q.); attaccarsi, tenersi stretto a (q.c.): **He fastened on a pretext**, si attaccò (*o* si aggrappò) a un pretesto □ **to f. one's sword on**, cingere la spada □ **to f. a quarrel upon sb.**, attaccar lite con q. □ **to f. up**, chiudere saldamente; serrare; legare: **to f. up a trunk**, chiudere un baule □ **to f. up the watchdog in the courtyard**, legare il cane da guardia nel cortile □ **to f. with bolts**, imbullonare □ **to f. with screws**, avvitare □ **to f. a thread off**, fissare un filo con un nodo.

fastener /ˈfɑːsnə(r), *USA* ˈfæs-/, *n.* ***1*** chi ferma, fissa, attacca, ecc. (*V.* **to fasten**) ***2*** chiusura; serratura; fibbia; fermaglio; bottone: **a zip f.**, una chiusura lampo; **a paper f.**, un fermaglio per fogli di carta; **snap fasteners**, bottoni automatici (*a pressione*) ***3*** (*mecc.*) dispositivo di chiusura; elemento di fissaggio. ● **door f.**, chiavistello.

fastening /ˈfɑːsnɪŋ, *USA* ˈfæs-/, *n.* ***1*** chiusura; legatura; fissaggio ***2*** chiavistello; catenaccio ***3*** bottone; gancio ***4*** serratura ***5*** (*mecc.*) elemento di fissaggio.

faster /ˈfɑːstə(r), *USA* ˈfæs-/, *n.* digiunatore, digiunatrice.

fastidious /fæˈstɪdɪəs/, *a.* difficile; esigente; incontentabile; meticoloso; schifiltoso; schizzinoso; pignolo: **to be f. about cleanness of the person**, essere pignolo in fatto di pulizia personale; **to be f. about one's food**, essere schizzinoso per il mangiare. ‖ **-ly**, *avv.* ‖ **-ness**, *sost.*

fastigiate /fæˈstɪdʒət/, *a.* (*archit., bot.*) fastigiato.

fasting /ˈfɑːstɪŋ, *USA* ˈfæs-/, *n.* (il) digiunare; digiuno: **f. day**, giorno di digiuno.

fastness /ˈfɑːstnəs, *USA* ˈfæs-/, *n.* ***1*** fermezza; saldezza; sicurezza; solidità (*di colori e sim.*) ***2*** (*arc. o raro*) celerità; rapidità; velocità ***3*** (*lett.*) forte; luogo fortificato; covo; rifugio (*di banditi, ecc.*): **a mountain f.**, un luogo fortificato (*o* un covo) fra i monti.

fat (**1**) /fæt/, *a.* ***1*** grasso; pingue; adiposo; fertile; oleoso; untuoso; viscoso: **a fat woman**, una donna grassa; **fat meat**, carne grassa; **fat lands**, terreni fertili; terre grasse; **fat cheese**, formaggio grasso; **a fat benefice**, un pingue beneficio (ecclesiastico); **fat lime**, calce grassa ***2*** (*fig.*) ben fornito; pieno; ben pagato; lucroso: **a fat fridge**, un frigorifero ben fornito; **a fat purse**, un borsellino pieno; **a fat job**, un lavoro ben pagato, lucroso ***3*** (*fig.*) lento; stupido; tardo ***4*** (*di carattere tipografico*) grande; grosso. ● (*fam. USA*) **fat cat**, pezzo grosso, riccone; finanziatore politico □ (*anat.*) **fat cell**, cellula adiposa □ (*fam. iron. USA*) **Fat chance!**, neanche a dirlo!; facile! (*iron.*) □ **fat coal**, carbone grasso □ (*pop. USA*) **fat farm**, centro per cura dimagrante □ **a fat fee**, un lauto compenso; una ricca parcella □ (*pop.*) **fat guts**, grassone; pancione □ (*fam.*) **fat-headed**, stupido; sciocco □ (*bot.*) **fat hen** (*Chenopodium bonus-henricus*), spinacio selvatico □ **fat lady**, donna cannone (*di circo*) □ (*pop. iron.*) **a fat lot**, assai; molto: **A fat lot of good it did you!**, per quel che ti è servito! □ **fat-witted**, stupido; stolto □ (*fig. pop.*) **to cut it fat**, fare bella mostra; fare sfoggio □ (*fig. pop.*) **to cut up fat**, lasciare una grossa eredità □ **to get fat**, ingrassare; (*fam. USA*) arricchirsi.

fat (**2**) /fæt/, *n.* ***1*** (*anche chim.*) grasso (*animale o vegetale*): **to fry st. in deep fat**, friggere q.c. in molto grasso ***2*** (*fig.*) (il) meglio; (la) bambagia; (il) lusso ***3*** (*teatr.*) pezzo di bravura; pezzo forte. ● **to be inclined to fat**, tendere a ingrassare (*o* alla pinguedine) □ (*fig.*) **to chew the fat**, chiacchierare (*o* mugugnare) insieme □ **to live off** (*o* **on**) **the fat of the land**, avere ogni ben di Dio □ **to put on fat**, ingrassare; appesantirsi □ (*fig. fam.*) **The fat is in the fire**, ci siamo!; ormai è fatta; adesso arrivano i guai!

to **fat** /fæt/, *v. t.* e *i.* ingrassare: **to fat** (**up**) **pigs for the market**, ingrassare i maiali per venderli. ● (*fig.*) **to kill the fatted calf for sb.**, ricevere a braccia aperte chi ritorna all'ovile (*o* a casa, si pente, ecc.); uccidere il vitello grasso (*fig.*).

fatal /ˈfeɪtl/, *a.* ***1*** fatale; fatidico; decisivo: **a f. mistake**, un errore fatale; **The f. day arrived**, il giorno fatidico (*o* decisivo) arrivò ***2*** funesto; disastroso; mortale: **a f. accident**, un incidente disastroso; **a f. disease**, una malattia mortale. ● (*mitol.*) **the F. Sisters**, le Parche □ **the f. shears**, le forbici di Atropo; (*fig.*) la morte.

fatalism /ˈfeɪtəlɪzəm/, *n.* fatalismo.

fatalist /ˈfeɪtəlɪst/, *n.* e *a.* fatalista.

fatalistic /feɪtəˈlɪstɪk/, *a.* fatalistico.

fatality /fəˈtælətɪ, *USA* feɪ-/, *n.* ***1*** fatalità; destino contrario; avvenimento fatale ***2*** effetto funesto; esito mortale: **the f. of a disease**, il carattere (*o* esito) mortale d'una malattia ***3*** incidente mortale; morte violenta: **Road accidents cause many fatalities**, gli incidenti stradali sono la causa di molte morti violente ***4*** (*spesso al pl.*) morto; vittima.

fatally /ˈfeɪtəlɪ/, *avv.* ***1*** fatalmente; inevitabilmente ***2*** mortalmente; a morte: **He was f. wounded**, fu ferito a morte.

fate /feɪt/, *n.* fato; destino; sorte: **I was anxious about the f. of the missing soldier**, ero in ansia per la sorte del soldato disperso. ● **the Fates**, le Parche □ **as sure as f.**, sicurissimo; quanto è vero Iddio □ **to decide sb.'s f.**, decidere della sorte di q. □ **to go to one's f.**, andare incontro al proprio destino □ **to leave sb. to his f.**, abbandonare q. al suo destino □ **to meet one's f.**, trovare la morte; restare ucciso.

to **fate** /feɪt/, *v. t.* (*arc., eccetto al passivo*) assegnare; destinare; condannare: **my fated lot in life**, la sorte che mi è assegnata nella vita; **He was fated to be killed in war**, era destinato a morire in guerra.

fateful /ˈfeɪtfl/, *a.* ***1*** fatale; fatidico; decisivo: **a f. event**, un evento fatidico ***2*** fatidico; profetico ***3*** mortale. ‖ **-ly**, *avv.* ‖ **-ness**, *sost.*

fathead /ˈfæthed/, *n.* (*fam.*) testone; zuccone; stupido.

father /ˈfɑːðə(r)/, *n.* (*anche relig.*) padre: **adoptive f.**, padre adottivo; **the F. of English poetry**, il padre della poesia inglese (*Chaucer*); **f. of his country**, padre della patria (*per es., Washington*); (*relig.*) **the Holy F.**, il Santo Padre (*il Papa*). ● (*relig.*) **the F.**, il Padre (*Dio*) □ **F. Christmas**, Babbo Natale □ (*relig.*) **f. confessor**, padre spirituale □ **F.'s Day**, la festa del papà (*3ª domenica di giugno*) □ (*psic.*) **f.-figure**, immagine (*o* figura) paterna □ **f.-in-law**, suocero □ **f.'s name**, nome del padre; paternità □ **the Fathers of the Church**, i Padri della Chiesa □ **the F. of lies**, il demonio □ (*fam.*) **Our F.**, paternostro; padrenostro □ (*stor.*) **the Pilgrim Fathers**, i Padri Pellegrini □ **to sleep with one's fathers**, riposare con i propri antenati; essere nella tomba □ **The child is f. to the man**, nel fanciullo è già prefigurato l'uomo □ (*prov.*) **The wish is f. to the thought**, si crede facilmente a ciò che fa piacere.

to **father** /ˈfɑːðə(r)/, *v. t.* ***1*** mettere al mondo; generare ***2*** fare da padre a (q.); adottare (*un bambino*) ***3*** (*fig.*) attribuire la paternità (*di un'idea, ecc.*) a (q.) ***4*** (*fig.*) essere l'autore di (*un libro*); riconoscere la paternità di (q.c.) ***5*** assumere la responsabilità di (*una dichiarazione e sim.*).

fatherhood /ˈfɑːðəhʊd/, *n.* paternità.

fatherland /ˈfɑːðəlænd/, *n.* paese d'origine; patria.

fatherless /ˈfɑːðələs/, *a.* senza padre; orfano di padre; illegittimo.

fatherlike /ˈfɑːðəlaɪk/, *a.* da padre; paterno.

fatherliness /ˈfɑːðəlɪnəs/, *n.* comportamento paterno; amore paterno.

fatherly /ˈfɑːðəlɪ/, *a.* di padre; paterno: **f. duties**, doveri di padre; **f. advice**, consigli paterni. ● **in a f. way**, paternamente.

fathom /ˈfæðəm/, *n.* (*naut.*) fathom; braccio (*misura di profondità, pari a 6 piedi o metri 1,83 circa*).

to **fathom** /ˈfæðəm/, *v. t.* ***1*** scandagliare; sondare; misurare la profondità di ***2*** (*fig., anche* **to f. out**) andare al fondo di; approfondire; penetrare; capire bene: **I cannot f. his intentions**, non riesco a capire bene le sue intenzioni.

fathomable /ˈfæðəməbl/, *a.* ***1*** sondabile; misurabile ***2*** (*fig.*) comprensibile; penetrabile.

Fathometer /fəˈðɒmɪtə(r)/, *n.* (*marchio: naut.*) ecometro; scandaglio acustico (*o* ultrasonoro).

fathomless /ˈfæðəmləs/, *a.* ***1*** incommensurabile; senza fondo; insondabile ***2*** (*fig.*) impenetrabile; incomprensibile: **a f. mystery**, un mistero impenetrabile.

fatidic(al) /feɪ'tɪdɪk/, *a.* (*raro*) fatidico; profetico.

fatigue /fə'ti:g/, *n.* *1* fatica; stanchezza; affaticamento: **bodily [mental] f.**, stanchezza fisica [mentale] *2* (*fis., tecn.*) fatica, usura (*dei metalli, ecc.*): **f. failure**, rottura per fatica *3* (*pl.*) (= **f. uniform, f. dress**) tenuta di fatica. ● **f. duty**, (*mil.*) corvé; (*naut.*) comandata □ (*mil.*) **f. party**, squadra di corvé □ (*mecc.*) **f. test**, prova di (resistenza alla) fatica □ (*mil.*) **to be [to be put] on f.**, essere [essere messo] di corvé.

fatigued /fə'ti:gd/, *a.* affaticato (*anche metall., mecc.*); stanco.

fatiguing /fə'ti:gɪŋ/, *a.* affaticante; faticoso; sfibrante; snervante.

fatless /'fætləs/, *a.* senza grasso; senza grassi: **a f. diet**, una dieta senza grassi.

fatling /'fætlɪŋ/, *n.* bestia giovane (*vitello, ecc.*) da ingrasso.

fatly /'fætlɪ/, *avv.* *1* lautamente; nel lusso; nell'abbondanza *2* grevemente; pesantemente.

fatness /'fætnəs/, *n.* *1* grassezza; pinguedine *2* oleosità; untuosità *3* (*fig.*) fertilità (*di terreni e sim.*).

to **fatten** /'fætn/, *v. t.* e *i.* ingrassare; impinguare (*anche fig.*): **to f. animals**, ingrassare bestie (*per la macellazione*); **He fattened his purse by robbing the poor**, impinguò la borsa derubando i poveri. ● (*di persona*) **to f. up**, ingrassare; (*fig.*) arricchirsi.

fattener /'fætənə(r)/, *n.* *1* ingrassatore, ingrassatrice; chi ingrassa animali *2* animale da ingrasso.

fattening /'fætnɪŋ, -tən-/, **A** *a.* che ingrassa; che fa ingrassare. **B** *n.* ingrassamento; ingrasso.

fattiness /'fætɪnəs/, *n.* *1* grassezza; pinguedine *2* untuosità.

fattish /'fætɪʃ/, *a.* grassoccio; grassottello; piuttosto pingue.

fatty /'fætɪ/, **A** *a.* *1* grasso; pingue; oleoso; untuoso; unto: **f. matters**, sostanze grasse *2* (*med.*) adiposo: **f. tissue**, tessuto adiposo. **B** *n.* (*fam.*) grassone; ciccione.

fatuity /fə'tju:ətɪ, *USA* -'tu:-/, *n.* fatuità; stoltezza; stupidaggine.

fatuous /'fætʃʊəs/, *a.* fatuo; stolto; sciocco. || **-ly**, *avv.* || **-ness**, *sost.*

faucal /'fɔ:kl/, *a.* *1* (*anat.*) faucale; delle fauci *2* (*fon.*) faucale.

fauces /'fɔ:si:z/, *n. pl.* (*anat.*) fauci; gola.

faucet /'fɔ:sɪt/, *n.* (*USA*) *1* rubinetto (*cfr. ingl.* **tap**) *2* zipolo (*di barile*).

faugh /fɔ:/, *inter.* (*di disgusto, disprezzo*) puh!

Faulknerian /fɔ:k'nɪərɪən/, *a.* (*letter.*) faulkneriano.

fault /fɔ:lt/, *n.* *1* difetto; manchevolezza; menda; magagna: **She is blind to her son's faults**, ella è incapace di vedere i difetti di suo figlio *2* colpa; fallo: **It was his f. that we were failed**, fu colpa sua se fummo bocciati; **Whose f. is it?**, di chi è la colpa?; **It is your f., not mine**, è colpa tua, non mia; **Who is at f.?**, chi è in fallo? *3* errore; sbaglio: **Your exercise is full of faults of grammar**, il tuo esercizio è pieno d'errori di grammatica *4* (*geol.*) faglia; frattura (*degli strati*) *5* (*elettr., elettron.*) guasto; avaria; anomalia *6* (*leg.*) colpa: **f. liability**, responsabilità per colpa *7* (*sport*) fallo: (*tennis*) **double f.**, doppio fallo. ● **f.-finder**, chi trova a ridire su tutto; criticone; (*tecn.*) localizzatore di guasti, cercaguasti □ **f.-finding**, tendenza al biasimo (*o* alla critica); (*tecn.*) ricerca di guasti; (*autom., mecc.*) rilevazione dei difetti (*o* dei guasti) □ **f. repairs**, riparazione guasti □ **f. technician**, riparatore di guasti □ **to be at f.**, essere colpevole, avere la colpa; (*di cani*) aver perso la pista, le tracce; (*fig.*) essere indeciso, perplesso; essere in fallo □ **if my memory is not at f.**, se la memoria non mi inganna □ **to find f.** (**with**), trovare a ridire (su); brontolare (per); lagnarsi (di) □ (*mecc.*) **metal f.**, difetto di fusione (*di metallo*) □ **through no f. of mine**, non per colpa mia □ **to a f.**, eccessivamente; (fin) troppo: **You are meticulous to a f.**, sei troppo meticoloso □ (*comm.*) **with all faults**, a rischio del compratore □ **The f. lies with the boss**, la colpa è del capo.

to **fault** /fɔ:lt/, **A** *v. t.* *1* (*raro*) biasimare; criticare *2* (*geol.*) provocare una faglia in (*uno strato*). **B** *v. i.* *1* (*geol.*) acquisire una faglia; fagliare *2* (*sport*) commettere un fallo; fare fallo.

faultily /'fɔ:ltəlɪ/, *avv.* imperfettamente; in modo difettoso; male.

faultiness /'fɔ:ltɪnəs/, *n.* imperfezione; difettosità.

faulting /'fɔ:ltɪŋ/, *n.* (*geol.*) fagliatura.

faultless /'fɔ:ltləs/, *a.* senza difetti; perfetto; impeccabile; irreprensibile; senza errori. || **-ly**, *avv.* || **-ness**, *sost.*

faulty /'fɔ:ltɪ/, *a.* *1* difettoso; imperfetto: (*naut.*) **f. stowage**, stivaggio difettoso *2* pieno d'errori; scorretto: **a f. pronunciation**, una pronuncia scorretta *3* erroneo: **f. reasoning**, ragionamento erroneo. ● **a f. memory**, una memoria poco buona.

faun /fɔ:n/, *n.* (*mitol.*) fauno.

fauna /'fɔ:nə/, *n.* (*pl.* **faunas, faunae**) fauna.

faunal /'fɔ:nl/, *a.* della fauna; faunistico: **f. region**, regione faunistica.

faunist /'fɔ:nɪst/, *n.* studioso della fauna; faunista.

faux pas /'fəʊ 'pɑ:/ (*franc.*), *n.* (*invar. al pl.*) passo falso; errore; imprudenza; gaffe (*franc.*).

favel(l)a /fə'vɛlə/ (*portoghese*), *n.* favela.

favism /'fɑ:vɪzəm/, *n.* (*med.*) favismo.

Favonian /fə'vəʊnɪən/, *a.* *1* (*meteor.*) del favonio *2* (*fig.*) favorevole; propizio. ● **F. wind**, favonio.

favor, to **favor** /'feɪvə(r)/ (*USA*), e *deriv. V.* **favour, to favour**, e *deriv.*

favour /'feɪvə(r)/, *n.* *1* favore; benevolenza; cortesia; grazia; favoritismo; protezioni; favori; grazie: **to ask a f. of sb.**, chiedere un favore a q.; **to do sb. a f.**, fare un favore a q.; **I'll speak in your f.**, parlerò in tuo favore; **under the f. of night**, con il favore delle tenebre; **a measure in f. of the working classes**, un provvedimento a favore della classe operaia; **to win sb.'s f.**, accattivarsi la benevolenza di q.; entrare nelle grazie di q.; **He got the ministerial post by f.**, ebbe il posto di ministro per favoritismo; (*arc.*: *di donna*) **to bestow one's favours on sb.** (*o* **to grant one's favours to sb.**), concedere i propri favori a q. *2* (*arc., comm.*) lettera: **We have received your f. under yesterday's date**, abbiamo ricevuto la vostra lettera in data di ieri *3* (*specialm. USA*) omaggio; dono: **The ladies received bouquets as favours at the banquet**, al banchetto le signore ricevettero mazzi di fiori in omaggio *4* distintivo (*d'appartenenza a un'associazione, ecc.*); coccarda; fiore (*artificiale*) all'occhiello; colori (*d'una squadra*) *5* (*arc.*) aspetto; fattezze. ● (*sulla busta di lettera consegnata a mano*) **by f. of Mr X**, a mezzo (*o* alla cortesia) del Sig. X □ (*comm.*) **a cheque drawn in your f.**, un assegno emesso a vostro favore □ **to curry f. with sb.**, cercare di ingraziarsi q. □ **to find f. in sb.'s eyes**, essere apprezzato da q.; essere nelle buone grazie di q. □ **to be** (*o* **to stand**) **high in sb.'s f.**, essere molto stimato da q.; essere nelle buone grazie di q. □ **to be in f. of**, essere favorevole a: **She's in f. of birth control**, è favorevole al controllo delle nascite □ **to keep sb.'s f.**, rimanere nelle grazie di q. □ **to look on a plan with f.**, guardare con occhio benevolo un progetto □ **to look on sb. with f.**, avere q. nelle proprie grazie; avere q. in simpatia □ **to lose f.**, perdere la popolarità □ **to be out of f.**, essere (caduto) in disgrazia □ **to be out of f. with the people**, non godere il favore popolare □ **to show f. towards sb.**, mostrarsi parziale verso q.; (*sport* e *fig.*) fare il tifo per q. □ (*arc.*: *di donna*) **the ultimate f.**, i favori; le grazie.

to **favour** /'feɪvə(r)/, *v. t.* *1* favorire; aiutare; concedere; dare: **Fortune favours the bold**, la fortuna aiuta gli audaci; **The mild weather favoured the formation of avalanches**, il tempo mite favoriva la formazione di valanghe; **Will you f. us with a reply within the end of the week?**, volete favorirci una risposta entro la fine della settimana?; **Will you f. me with an interview?**, volete concedermi un colloquio? *2* (*fam. arc.*) somigliare a; rassomigliare a: **The baby favours his mother**, il bambino somiglia alla madre *3* usare con grande cautela; risparmiare: **The boxer favoured his injured hand**, il pugile risparmiava la mano offesa *4* prediligere; preferire; essere parziale con; indossare, portare volentieri: **She favours her eldest son**, è parziale con il primogenito □ **Women f. green this year**, le donne portano volentieri il verde quest'anno. ● **to f. sb. with a smile**, fare un bel sorriso a q.

favourable /'feɪvərəbl/, *a.* *1* favorevole; ben disposto; propizio; vantaggioso: **a f. answer**, una risposta favorevole; **a f. climate for citrus fruits**, un clima propizio agli agrumi *2* (*econ., fin.*) favorevole; (in) attivo: **a f. balance of trade**, una bilancia commerciale attiva; **f. trend**, tendenza favorevole; alta congiuntura; **f. exchange**, cambio favorevole. ● **to have a f. reception**, essere ben accolto □ **to look at sb. with a f. eye**, guardare q. con benevolenza. || **-ness**, *sost.* || **-bly**, *avv.*

favoured /'feɪvəd/, *a.* *1* favorito; privilegiato: (*comm. est.*) **most f. nation clause**, clausola della nazione più favorita *2* favorito dalla natura; dotato. ● (*sulla busta di lettera consegnata a mano*) **f. by Mr X**, a mezzo (*o* alla cortesia) del Sig. X □ **ill-f.**, di brutto aspetto; brutto □ **well-f.**, di bell'aspetto; bello.

favourer /'feɪvərə(r)/, *n.* *1* chi favorisce *2* fautore, fautrice.

favourite /'feɪvrɪt/, **A** *a.* favorito; prediletto; preferito: **my f. novelist**, il mio romanziere prediletto. **B** *n.* *1* favorito, favorita; beniamino, beniamina: **the king's f.**, la favorita del re; **He is a general f.**, è il beniamino di tutti *2* (*sport*) favorito. ● (*USA*) **f. son**, uomo famoso, benemerito del luogo natale; (*polit.*) candidato proposto dal suo Stato natale (*alla presidenza degli U.S.A.*; *presentato anche se è improbabile che sia eletto*) □ **This singer is a great f. of mine**, questo cantante è tra i miei prediletti.

favouritism /'feɪvrɪtɪzəm/, *n.* favoritismo.

favus /'feɪvəs/ (*lat.*), *n.* *1* (*med.*) favo; tigna favosa *2* (*vet.*) favo dei polli.

fawn /fɔ:n/, **A** *n.* *1* (*zool.*) daino, cerbiatto (*di età inferiore all'anno*) *2* (= **f. colour**) (color) fulvo chiaro. **B** *a.* (= **f.-coloured**) (di color) fulvo chiaro. ● (*di cerva o daina*) **in f.**, pregna.

to **fawn** (1) /fɔ:n/, *v. t.* e *i.* (*di cerva, daina*) figliare.

to **fawn** (2) /fɔ:n/, *v. i.* *1* (*degli animali e specialm. del cane*) fare festa; far le feste (*saltando, scodinzolando, leccando le mani; ecc.*) *2* (*fig.*) adulare ignobilmente; essere servile e strisciante; leccare (*pop.*): **The courtiers fawned on the king**, i cortigiani adulavano ignobilmente il re.

fawner /'fɔ:nə(r)/, *n.* adulatore servile; leccapiedi.

fawning /'fɔ:nɪŋ/, **A** *a.* servile; strisciante. **B** *n.* adulazione servile.

fawnlike /'fɔ:nlaɪk/, *a.* di (*o* da) cerbiatto.

fax /fæks/, *n.* (*telef., elettron.*) fax; trasmettitore di telefoto; telefoto. ● (*fam. USA*) **fax hacker**, pirata del fax □ **fax machine**, fax (*l'apparecchio*) □ **fax number**, numero di fax.

to **fax** /fæks/, *v. t.* (*telef., elettron.*) *1* trasmettere (*o* inviare) (*un messaggio*) per fax *2* comunicare con (q.) per fax: **You can fax me**, puoi farmi un fax.

fay (1) /feɪ/, *n.* **1** (*poet.*) fata **2** (*spreg. USA*) bianco (*di razza*).

fay (2) /feɪ/, *n.* (*arc.*) fede: **by my fay!**, in fede mia!; affé mia!

to **faze** /feɪz/, *v. t.* (*USA*) sconcertare; preoccupare; turbare.

fealty /'fiːəltɪ/, *n.* **1** (*stor.*) omaggio, fedeltà (*di vassallo*): **to make f. to one's lord**, fare atto d'omaggio al proprio signore (feudale); **to swear f.**, giurare omaggio e fedeltà **2** (*poet.*) fedeltà; lealtà di suddito; sudditanza.

fear /fɪə(r)/, *n.* **1** paura; timore; tema (*lett.*); apprensione; ansia; spavento: **a man without f.**, un uomo senza paura; **the f. of God**, il timore di Dio; **to tremble with f.**, tremare di paura; (*leg.*) **f. of personal injury**, timore di danno grave; **He's studying hard for f. (that) he should fail the exam**, studia a più non posso per paura d'essere bocciato all'esame **2** pericolo (*fam.*); caso; probabilità: **There is no f. of that**, non c'è pericolo che ciò accada; **No f.!**, non c'è pericolo!; neanche per sogno! ● **to be in f. of one's life**, temere per la propria vita □ **to put the f. of God into sb.**, far venire a q. una paura del diavolo; terrorizzare q. □ **to stand in f.**, essere impaurito (*o* spaventato) □ **without f. or favour**, imparzialmente.

to **fear** /fɪə(r)/, *v. t. e i.* aver paura (di); temere; paventare (*lett.*); provare timore: **to f. to do** (*o* **doing**) **st.**, aver paura di fare q.c.; (*anche*) trattenersi (*per timore*) dal fare q.c.; **to f. death**, temere la morte; **We feared for his health**, temevamo per la sua salute; **I f. (that) the guests are late**, temo che gli ospiti siano in ritardo. ● **Never f.!**, niente paura!; sta' tranquillo! □ **You need not f. but (that) he will come**, non aver paura; vedrai che verrà □ **I f. not**, temo di no □ **I f. so**, temo di sì.

fearful /'fɪəfl/, *a.* **1** terribile; tremendo; spaventevole; spaventoso: **a f. sight**, uno spettacolo tremendo; **a f. cry**, un grido terribile; **a f. accident**, uno spaventoso incidente **2** pauroso; timoroso; apprensivo **3** impaurito; spaurito; spaventato: **a f. look**, uno sguardo impaurito. ● **to be f. for**, stare in ansia per □ (*fam.*) **a f. mess**, una confusione (*o* un casino) del diavolo □ **to be f. of**, aver paura di □ **to be f. that** (*o* **lest**) **st. should happen**, temere che q.c. accada.

fearfully /'fɪəfəlɪ/, *avv.* **1** con paura; timorosamente **2** terribilmente; tremendamente; spaventosamente: **to be f. tired**, essere terribilmente stanco.

fearfulness /'fɪəflnəs/, *n.* **1** terribilità; spaventosità **2** timidezza **3** timore; paura.

fearless /'fɪələs/, *a.* senza paura; impavido; intrepido. ● **f. of what may happen**, incurante di quel che può succedere.

fearlessness /'fɪələsnəs/, *n.* impavidità; intrepidezza.

fearsome /'fɪəsəm/, *a.* **1** (*spesso scherz.*) terribile; spaventevole; spaventoso **2** (*dial.*) pauroso; timoroso. || **-ly**, *avv.* || **-ness**, *sost.*

feasibility /fiːzə'bɪlətɪ/, *n.* l'esser fattibile; fattibilità; praticabilità. ● **f. study**, (*elab.*) analisi di fattibilità; (*econ.*) calcolo di convenienza economica.

feasible /'fiːzəbl/, *a.* fattibile; praticabile; possibile; attuabile; realizzabile. ● **f. solution**, (*mat.*) soluzione possibile; (*elab.*) soluzione accettabile.

feast /fiːst/, *n.* **1** festa: **a movable f.**, una festa mobile (*come la Pasqua*) **2** banchetto; convito; festino; pranzo **3** (*fig.*) diletto; piacere: **a f. for the eyes**, un piacere per gli occhi. ● **a f. day**, un giorno festivo.

to **feast** /fiːst/, **A** *v. i.* **1** banchettare **2** – **to f. on (st.)**, pascersi, dilettarsi, appagarsi (*di q.c.*). **B** *v. t.* festeggiare; intrattenere a banchetto: **to f. one's fellow students**, intrattenere a banchetto i propri compagni di università. ● **to f. away the weekend**, passare il fine settimana in feste, a divertirsi □ **to f. one's eyes on the autumn colours**, pascersi gli occhi dei colori dell'autunno □ **He feasted his eyes on her**, se la divorava con gli occhi.

feaster /'fiːstə(r)/, *n.* **1** convitato, convitata **2** anfitrione **3** gaudente; festaiolo, festaiola.

feat (1) /fiːt/, *n.* **1** atto di valore; impresa; prodezza **2** (*pl.*) gesta. ● **feats of arms**, fatti d'arme.

feat (2) /fiːt/, *a.* (*arc.*) **1** adatto; atto **2** abile; destro **3** netto; lindo.

feather /'fɛðə(r)/, *n.* **1** penna; piuma: **as light as a f.**, leggero come una piuma **2** (*collett.*) piumaggio **3** (*mil.*) pennacchio **4** (*fig.*) inezia; nonnulla **5** (*mecc.*) aletta (*o* flangia) in aggetto; nervatura **6** (*naut.*: *di remo*) spalatura **7** (*naut.*: *di periscopio*) scia. ● **f. bed**, letto di piume; (*fig.*) comodità, lusso □ **f.-brain**, cervello di gallina (*fig.*); stupido; sciocco □ (*moda*) **f. boa**, boa (*di piume*) □ **f. duster**, piumino per spolverare □ **f.-edge**, estremità ben smussata di asse; spigolo acuto; (*edil.*) stecca per lisciare; (*metall.*) bava; (*di strada ghiaiata*) manto a schiena d'asino □ **f.-head**, testolina vuota; stupido; sciocco □ **f.-headed** (*o* **f.-brained, f.-pated**), sciocco; stupido □ (*fig.*) **the f. in one's cap**, il fiore all'occhiello (*fig.*); un segno d'onore □ (*naut.*) **f.-spray**, baffi di prua □ (*zool.*) **f. star**, comatula □ **f.-stitch**, punto spiga (*o* a lisca) □ (*fig.*) **birds of a f.**, gente della stessa sorta (*o* risma) □ **to crop sb.'s feathers**, tarpare le ali a q.; umiliare q. □ (*nella caccia*) **fur and f.**, selvaggina di pelo e di penna □ (*d'uccello*) **in f.**, coperto di penne (*o* di piume); pennuto □ (*fig.*) **to be in full f.**, essere in ghingheri □ **to be in high** (*o* **fine, good**) **f.**, essere su di morale; godere ottima salute □ (*fig.*) **to show the white f.**, dare segni di paura; mostrarsi vile.

to **feather** /'fɛðə(r)/, **A** *v. t.* **1** mettere la penna (*o* le penne, *o* l'impennaggio) a; adornare di piume; impennare: **to f. an arrow**, mettere l'impennaggio a una freccia **2** (*naut.*) spalare: **to f. one's oars**, spalare i remi **3** (*aeron., mecc.*) bandierare; mettere (*un'elica*) in bandiera. **B** *v. i.* **1** (*d'uccelli*) mettere le penne **2** sembrare una piuma; ondeggiare (*o* volare) come piume. ● (*fig.*) **to f. one's nest**, arricchirsi indebitamente; farsi il nido (*pop.*).

featherbed /'fɛðəbɛd/, *a.* (*econ.*) relativo al **featherbedding** (*q.V.*). ● **f. job**, posto di lavoro creato artificiosamente.

to **featherbed** /'fɛðəbɛd/, **A** *v. t.* **1** viziare, tenere (q.) nella bambagia (*fig.*) **2** (*econ.*) sovvenzionare (*un'azienda, ecc.*). **B** *v. i.* (*econ.*) **1** impiegare manodopera superflua **2** (*econ.*) richiedere più dipendenti del necessario (*per es., con un contratto*) **3** (*d'operai, ecc.*) svolgere un lavoro fittizio (*o* superfluo).

featherbedding /'fɛðəbɛdɪŋ/, *n.* (*econ.*) concessione di sovvenzioni statali a un'industria nazionale; mantenimento di un tasso di occupazione artificialmente alto.

feathered /'fɛðəd/, *a.* **1** pennuto; piumato **2** (*fig.*) alato; veloce.

featheriness /'fɛðərɪnəs/, *n.* **1** l'essere pennuto, piumato **2** leggerezza; morbidezza.

feathering /'fɛðərɪŋ/, *n.* **1** piumaggio **2** impennaggio (*di una freccia*) **3** (*di capelli*) frangia **4** (*archit.*) ornamento a fogliami **5** (*aeron.*) messa in bandiera (*di un'elica*).

featherless /'fɛðələs/, *a.* senza penne; implume.

featherweight /'fɛðəweɪt/, *n.* **1** (*boxe*) peso piuma **2** (*fig.*) individuo insignificante (*o* che non conta).

feathery /'fɛðərɪ/, *a.* **1** pennuto; piumato **2** leggero e soffice.

feature /'fiːtʃə(r)/, *n.* **1** fattezza; lineamento: **regular** [**stern**] **features**, fattezze regolari [severe] **2** caratteristica; aspetto tipico; tratto distintivo: **the distinctive features of the Dutch landscape**, le caratteristiche (*o* gli aspetti tipici) del paesaggio olandese **3** attrattiva principale (*d'uno spettacolo, in un negozio e sim.*); «numero» **4** pezzo importante, servizio speciale (*in un giornale*) **5** (= **f. film**), (*cinem.*) lungometraggio; (*pubbl.*) film a soggetto. ● (*cinem.*) **f. program**, doppio programma □ **geographical features**, configurazione del terreno □ (*comm.*) **optional f.**, optional.

to **feature** /'fiːtʃə(r)/, **A** *v. t.* **1** rappresentare; ritrarre **2** mettere in evidenza (*o* in risalto); dare spicco a (q.c.) **3** (*cinem., teatr.*) mettere in scena, presentare (*nelle parti principali*): **a film featuring famous actors**, una pellicola che presenta attori famosi **4** (*fam. USA*) immaginare; credere. **B** *v. i.* essere presente (*o* importante); comparire (*al primo posto, ecc.*). ● **to f. largely**, avere un posto importante (*o* un ruolo preminente) □ (*cinem., TV, ecc.*) **featuring ...**, con (*seguono i nomi degli attori*).

featured /'fiːtʃəd/, *a.* (*nei composti*) dalle fattezze, dai lineamenti: **hard-f.**, dai lineamenti duri.

featureless /'fiːtʃələs/, *a.* informe; piatto; scialbo; noioso.

febrifugal /fɛbrɪ'fjuːgl, fɪ'brɪf-/, *a.* (*farm.*) febbrifugo; antipiretico.

febrifuge /'fɛbrɪfjuːdʒ/, *n.* (*farm.*) febbrifugo; antipiretico.

febrile /'fiːbraɪl, *USA* -rəl, 'fɛb-/, *a.* (*med.* e *fig.*) febbrile: **f. pulse**, polso febbrile.

February /'fɛbrʊərɪ, 'fɛbjʊrɪ, *USA* -ʊerɪ, -jʊrɪ/, **A** *n.* febbraio. **B** *a. attr.* di febbraio.

fecal /'fiːkl/, **feces** /'fiːsiːz/, (*USA*) *V.* **faecal, faeces.**

feckless /'fɛkləs/, *a.* **1** inefficiente; inetto; incapace **2** incosciente; irresponsabile **3** (*arc.*) debole; indifeso. || **-ly**, *avv.* || **-ness**, *sost.*

fecula /'fɛkjʊlə/, *n.* (*pl.* **feculae**) (*zool.*) materia fecale (*di un insetto*).

feculence /'fɛkjʊləns/, *n.* **1** l'essere stercorario **2** feccia; sudiciume.

feculent /'fɛkjʊlənt/, *a.* **1** stercorario **2** sudicio; torbido.

fecund /'fɛkənd, 'fiːk-/, *a.* fecondo; fertile; prolifico.

to **fecundate** /'fɛkəndeɪt, 'fiːk-/, *v. t.* fecondare; rendere fertile.

fecundation /fɛkən'deɪʃn, fiːk-/, *n.* fecondazione, fertilizzazione.

fecundatory /fɪ'kʌndətrɪ, *USA* -tɔːrɪ/, *a.* fecondativo.

fecundity /fɪ'kʌndətɪ/, *n.* fecondità; fertilità; prolificità.

fed /fɛd/, *pass.* e *p. p.* di **to feed.** ● (*fam.*) **fed up**, stufo, arcistufo; scocciato; seccato: **I am fed up with you**, sono stufo di te; **We're fed up!**, siamo arcistufi!; ci siamo rotti (*volg.*)!

Fed /fɛd/, *n.* (*abbr. pop. USA*) **1** (il) Governo Federale **2** impiegato del Governo Federale; (*specialm.*) agente dell'Ufficio investigativo federale (*cioè*, dell'FBI).

fedai /fɛdɑː'iː, fɛ'dɑːiː/, *n.* (*pl.* **fedayin**) *V.* **fedayin.**

fedayee /fɛdɑː'jiː, fə'dɑːjiː/, *n.* (*pl.* **fedayeen**) *V.* **fedayin.**

fedayin /fɛdɑː'jiːn, fə'dɑːjiːn/, *n.* (*pl.* **fedayin**) feddayn; guerrigliero arabo.

federal /'fɛdərəl/, **A** *a.* **1** federale: **the F. government**, il governo federale (*in U.S.A.*) **2** – (*stor. USA*) **F.**, federalista. **B** *n.* **1** federalista **2** – (*stor. USA*) **F.**, soldato (*o* sostenitore) del governo federale (*nella guerra civile*); nordista **3** – (*USA*) **F.**, impiegato del Governo Federale. ● (*USA*) **F. Bureau of Investigation** (*abbr.* **FBI**), Ufficio Investigativo Federale □ (*leg.*) **f. case**, caso di competenza della giustizia federale □ **f. law**, legge (*o* diritto) federale □ (*USA*) **F. property**, proprietà del governo federale; demanio, beni demaniali □ (*fin., in U.S.A.*) **F. Reserve Board** (**of Governors**), Comitato (delle 12 Banche) della Riserva federale (*equivale alla Banca d'Italia, alla Bank of England, ecc.*).

federalism /'fɛdərəlɪzəm/, *n.* federalismo.

federalist /'fɛdərəlɪst/, *n.* e *a.* **1** federalista **2** – (*stor. USA*) **F.**, nordista.

federalization /fɛdərəlaɪ'zeɪʃn, *USA* -lɪ'z-/,

n. atto (*o* effetto) del federare; federazione.
to **federalize** /ˈfɛdərəlaɪz/, *v. t.* federare; confederare.
federate /ˈfɛdəreɪt/, *a.* federato; confederato.
to **federate** /ˈfɛdəreɪt/, **A** *v. t.* federare; confederare. **B** *v. i.* federarsi; confederarsi.
federation /fɛdəˈreɪʃn/, *n.* federazione; confederazione; lega.
federative /ˈfɛdərətɪv, *USA* -eɪtɪv/, *a.* federativo; confederativo.
fee /fiː/, *n.* ***1*** onorario; compenso; remunerazione; emolumento; parcella: **The doctor's fee is ten pounds a visit**, l'onorario del medico è di dieci sterline per visita ***2*** tassa; quota; diritto: **school fees**, tasse scolastiche; **entrance fee**, tassa d'iscrizione (*a una scuola*); **club fees**, quote sociali (*d'un circolo*); **consular fees**, diritti consolari ***3*** canone (di abbonamento) ***4*** (*stor.*) feudo; possesso (*o* beneficio) feudale. ● (*leg.*) **fees and costs**, competenze e spese □ **fee-paying**, (*di studente, ecc.*) pagante; (*di scuola, ecc.*) a pagamento □ (*leg.*) **fee simple**, proprietà assoluta □ (*leg.*) **fee tail**, proprietà con limitazioni circa la successione □ (*leg.*) **to hold st. in fee simple**, detenere q.c. in proprietà assoluta.
to **fee** /fiː/, *v. t.* ***1*** pagare, remunerare (*un professionista*): **to fee a lawyer**, pagare un avvocato ***2*** dare la mancia a (q.) ***3*** (*arc.*) assicurarsi le prestazioni di (q.); assumere.
feeb /fiːb/, *n.* (*pop. USA*) deficiente; stupido; idiota.
Feebie /ˈfiːbɪ/, *n.* (*pop. USA*) agente dell'FBI.
feeble /ˈfiːbl/, *a.* debole; fiacco; fievole; fragile: **a f. old man**, un debole vecchio; **a f. attempt**, un debole tentativo; **a f. light**, una luce debole (*o* fioca); **a f. barrier**, una fragile barriera; **He is f. in mind**, è debole di mente (*o* di cervello). ● **f.-minded**, (*med.*) debole di mente, frenastenico; deficiente, sciocco, stupido □ **f.-mindedness**, (*med.*) frenastenia; irresolutezza; stupidità. ‖ **-ness**, *sost.* ‖ **-bly**, *avv.*
feed (1) /fiːd/, *n.* ***1*** pasto (*specialm. d'animali o bambini*) ***2*** (*fam.*) mangiata, scorpacciata: **We had a good f.**, facemmo una gran mangiata ***3*** pascolo; pastura, foraggio; mangime, alimento; razione (*d'avena, ecc.*): **The cows are out at f.**, le vacche sono al pascolo; **f. for the horses**, foraggio per i cavalli ***4*** (*mecc.*) avanzamento; rifornimento ***5*** (*elab., mecc.*) alimentazione: **petrol f.**, (sistema di) alimentazione della benzina ***6*** (*mil.*) carica (*di cannone*) ***7*** (*teatr.*) battuta ***8*** (*teatr.*) chi dà la battuta; spalla ***9*** (*ind. della birra*) mosto fermentato ***10*** (*ciclismo*) (punto di) rifornimento. ● (*agric.*) **f. grains**, cereali foraggieri (*o* per la zootecnia) □ (*mecc.*) **f.-pipe**, tubo di mandata □ (*mecc.*) **f.-pump**, pompa d'alimentazione □ (*mecc.*) **f. screw**, vite d'alimentazione □ **f. stuffs**, alimenti per animali; mangimi □ **f.-tank** (*o* **f.-trough**), serbatoio di rifornimento (*d'acqua, per locomotive*) □ (*pop.*) **to be off one's f.**, aver perso l'appetito.
feed (2) /fiːd/, *pass.* e *p. p.* di **to fee**.
to **feed** /fiːd/ (*pass.* e *p. p.* **fed**), **A** *v. t.* ***1*** alimentare (*anche fig., elettron.* e *mecc.*); cibare; nutrire; dar da mangiare a (*anche una pianta*): **He has a large family to f.**, ha molti figli da nutrire; **The saline lake of the sink is fed by subterranean springs**, il lago salato della dolina è alimentato da sorgenti sotterranee; **The news fed his anger**, la notizia alimentò la sua ira; **Please f. the stove**, per favore alimenta (*o* rifornisci di combustibile) la stufa; **Praise will f. his vanity**, gli elogi alimenteranno la sua vanità; **Grandmother feeds the chickens**, la nonna dà da mangiare ai polli; **What do you f. your cat on?**, che cosa dai da mangiare al tuo gatto? ***2*** pascolare (*bestiame*) ***3*** inserire, mettere (*monete, ecc.*): **I fed my card into the slot of the cash dispenser**, inserii la carta di credito nella fessura del Bancomat ***4*** (*sport*) fare un passaggio a (*un compagno di squadra*) ***5*** (*gergo teatr.*) dare la battuta a; suggerire a: **to f. an actor**, dare la battuta a un attore. **B** *v. i.* ***1*** (*specialm. d'animali*) mangiare; pascolare: **The sheep are feeding in the mountain pastures**, le pecore pascolano nell'alpeggio; (*pop. scherz.*) **What time do we f.?**, a che ora si mangia? ***2*** (*mecc.*) entrare (*nel motore, nel caricatore, e sim.*): **The bullets don't f. into the chamber**, i proiettili non entrano (dal caricatore) nella camera di scoppio. **C** to **feed oneself**, *v. rifl.* alimentarsi, nutrirsi; mangiare da sé, da solo. ● (*stor.*) **to f. at the high table**, mangiare al tavolo dei padroni □ **to f. a cold**, mangiare molto per farsi passare il raffreddore □ (*pop. USA*) **to f. one's face**, mangiare; rimpinzarsi □ (*autom.*) **to f. a parking meter**, inserire varie monete in un parchimetro □ **to f. well**, mangiare bene □ **to f. sb. with lies**, imbottire q. di bugie □ **F. coal [wood] into the stove**, metti carbone [legna] nella stufa.
♦**feed back**, **A** *v. t.* + *avv.* ***1*** (*elab.*) fare la retroazione di (*procedure, programmi, ecc.*) ***2*** dare, fornire (*indicazioni, idee, ecc.*) come reazione (*a un questionario, ecc.*); rinviare. **B** *v. i.* + *avv.* (*di indicazioni, informazioni, ecc.*) arrivare di ritorno; fornire un riscontro.
♦**feed in** (*o* **into**), *v. t.* + *avv.* (*o prep.*) (*elab.*) inserire; introdurre: **to f. data into a computer**, inserire dati in un elaboratore.
♦**feed off**, *v. t.* + *prep.* ***1*** cibarsi, nutrirsi di: **Elephants f. off the leaves and barks of trees**, gli elefanti si cibano delle foglie e della corteccia degli alberi ***2*** nutrirsi, prendere il cibo da: **The colt feeds off its mother**, il puledrino si nutre dalla mamma (*poppando*) □ **to f. off one's own fat**, consumare il proprio grasso: **In winter walruses f. off their own fat**, d'inverno i trichechi consumano il grasso che hanno accumulato.
♦**feed on**, **A** *v. t.* + *prep.* nutrire (q.) con: **They fed the prisoners of potatoes**, nutrivano i prigionieri con patate. **B** *v. i.* + *prep.* nutrirsi (*o* cibarsi) di; mangiare: **The natives f. on fish and game**, gli indigeni si cibano di pesce e selvaggina.
♦**feed past**, *v. t.* + *avv.* (*elab.*) far scorrere (*schede, ecc.*) su uno schermo di lettura.
♦**feed through**, *v. t.* + *prep.* ***1*** far passare attraverso: **Go on feeding the wire through the hole!**, continua a far passare il filo di ferro attraverso il foro! ***2*** (*elab.*) alimentare.
♦**feed up**, *v. t.* + *avv.* nutrire in abbondanza; (far) ingrassare.
feedback /ˈfiːdbæk/, *n.* ***1*** (*elettron.*) feedback; retroazione: **multiple-loop f.**, retroazione a più vie ***2*** (*in genere*) automatismo ***3*** ritorno di segnale (*nei sistemi di controllo*) ***4*** (*fig.*) effetto reciproco; reazione (*o* rapporto) a doppio senso (*da parte della clientela, ecc.*) ***5*** (*fam.*) feedback; informazioni di ritorno; reazioni: **The f. we get from listeners will affect the nature of future broadcasts**, il feedback che riceviamo dal pubblico condizionerà il carattere delle trasmissioni future. ● (*elettron.*) **f. amplifier**, amplificatore retroazionato □ (*fam.*) **to play the f.**, ascoltare una registrazione.
feedbag /ˈfiːdbæg/, *n.* (*USA*) musetta; sacchetto per la biada (*cfr. ingl.* **nosebag**). ● (*pop.*) **to put on the f.**, mettersi a mangiare.
feeder /ˈfiːdə(r)/, *n.* ***1*** chi ciba, nutre, ecc. (*V.* **to feed**) ***2*** chi mangia, si ciba, si nutre, ecc.: **This stove is a large f.**, questa stufa consuma (*o* mangia) molto combustibile ***3*** (*mecc.*) alimentatore; alimentazione: (*autom.*) **the petrol f.**, l'alimentazione (*il sistema*) ***4*** bavaglino (*per bimbo*) ***5*** poppatoio ***6*** affluente (*di fiume*); immissario (*di lago*) ***7*** (*ferr.*) raccordo: **f. line**, binario di raccordo ***8*** ferrovia (*o* linea aerea, fluviale, ecc.) secondaria (*o* sussidiaria) ***9*** (*elettr.*) linea (*o* cavo) d'alimentazione (*o* di distribuzione, *o* di trasmissione) ***10*** (*geol.*) filone; vena ***11*** (*mil.*) congegno d'alimentazione ***12*** (*zootecnia, specialm. USA*) animale da ingrasso ***13*** (*tipogr.*) mettifoglio. ● **a noisy f.**, uno che mangia facendo rumore.
feedforward /ˈfiːdfɔːwəd/, *n.* (*elettron.*) «feedforward»; preazione. ● **f. circuit**, circuito feedforward □ **f. control**, regolazione anticipativa (*o* stimata).
feeding /ˈfiːdɪŋ/, **A** *n.* ***1*** cibo; nutrimento; pasto; il dar da mangiare ***2*** (*mecc.*) alimentazione: (*elettr.*) **f. point**, punto di alimentazione (*della linea*). **B** *a.* ***1*** che alimenta, nutre ***2*** che si ciba, si nutre, ecc. (*V.* **to feed**). ● **f. bottle**, poppatoio; biberon □ **f. cup**, bicchiere con beccuccio (*per malati*) □ **f. ground**, terreno da pascolo □ **a f. storm**, una tempesta che cresce continuamente di intensità □ **f. stuffs**, mangimi □ **breast f.**, allattamento al seno □ (*med.*) **intravenous f.**, alimentazione per fleboclisi.
feedstock /ˈfiːdstɒk/, *n.* ***1*** (*ind.*) materia prima; materiale (*per la lavorazione*) ***2*** (*tecn.*) carica (*per una macchina o un processo di lavorazione*).
feedstuff /ˈfiːdstʌf/, *n.* (*zootecnia*) mangime.
feedthrough /ˈfiːdθruː/, *a.* e *n.* (*elettr.*) passante.
fee-faw-fum /fiːfɔːˈfʌm/, **A** *inter.* ***1*** (*dell'orco, nella favola*) ucci ucci: **F., I smell the blood of an Englishman**, ucci ucci, sento odor di cristianucci ***2*** (*per spaventare bambini*) bau bau! **B** *n.* ***1*** orco; individuo sanguinario ***2*** frottole; fandonie: **It's all f.**, sono tutte fandonie!
feel /fiːl/, *n.* ***1*** tatto: **soft to the f.**, soffice al tatto ***2*** tastata; toccata: **Let me have a f. of this cloth**, fatemi toccare (*o* dare una toccata a) questa stoffa ***3*** sensazione (tattile): **the f. of wet sawdust**, la sensazione tattile della segatura bagnata ***4*** abilità; facilità: **to have a f. for words**, saper usare le parole ***5*** (*fig.*) aria; atmosfera: **That place has the f. of home**, ci si sente a casa propria in quel posto. ● **by the f.**, al tatto □ **to have a cold [smooth, sticky] f.**, riuscire freddo [liscio, appiccicoso] al tatto.
to **feel** /fiːl/ (*pass.* e *p. p.* **felt**), **A** *v. t.* e *i.* ***1*** sentire (*con l'animo*; *con i sensi*; *specialm. col tatto*); percepire; provare; tastare; toccare; palpare; riconoscere; aver coscienza di; intendere; accorgersi di: **I don't f. much pity for him**, non sento molta compassione per lui; **I felt the floor shake under my feet**, sentii tremare il pavimento sotto i piedi; **F. whether the water is warm enough**, senti se l'acqua è abbastanza calda; **I don't f. the fatigue at all**, non sento affatto la fatica; **I f. it my duty to inform you**, sento che è mio dovere informarti; **I'm feeling better today**, mi sento meglio oggi; **I felt something terrible was going to happen**, sentivo che stava per succedere qualcosa di terribile; **He shall f. my vengeance**, proverà la mia vendetta; **The ship feels the helm**, la nave sente il (*o* risponde al) timone ***2*** credere; avere l'impressione; pensare; ritenere: **How do you f. about him?**, come la pensi su di lui?; **I f. trouble brewing**, ho l'impressione che siano in arrivo dei guai; **I f. that he is right**, credo che egli abbia ragione; **We f. that the chairman should resign**, pensiamo che il presidente debba dimettersi ***3*** (*mil.*) fare una ricognizione del (*terreno*); saggiare la forza del (*nemico*) ***4*** dare la sensazione d'essere; essere (*o* sembrare) al tatto: **Velvet feels smooth**, il velluto è liscio al tatto; **The water felt warm**, l'acqua sembrava calda, a toccarla; **The air feels chilly**, l'aria è piuttosto fredda; **It feels cold outside**, sembra che fuori faccia freddo ***5*** (*provare un'emozione, una sensazione*) sentirsi: **I f. sad today**, mi sento triste oggi; **I didn't f. quite myself**, non mi sentivo bene. **B** to **feel oneself**, *v. rifl.* sentirsi bene; stare bene: **You'll f. yourself again in a few days**, starai bene di nuovo entro pochi giorni. ● (*fig.*) **to f. all at sea**, sentirsi sperduto; essere disorientato □ **to f. angry**, essere adirato □ (*fam.*) **to f. cheap**, sentirsi un verme □ **to f. cold**, aver freddo □ (*fig. fam.*) **to f. a draft**, percepire l'ostilità; avvertire la freddezza □ to

f. one's feet (*o* **legs**), poggiare saldamente i piedi; (*fig.*) sentirsi a proprio agio □ **to f. funny**, sentirsi strano, non sentirsi bene: **My head feels funny**, mi sento strano; mi gira la testa □ **to f. giddy**, sentirsi girare la testa □ **to f. hungry**, aver fame □ **to f. in one's bones**, sentire istintivamente; sentirsela: **I felt it in my bones!**, me la sentivo! □ (*di persona*) **to f. like**, aver voglia di: **I f. like a drink**, ho voglia di bere; **I don't f. like going for a walk**, non ho voglia di fare una passeggiata □ (*di cosa*) **to f. like**, sembrare (*al tatto*): **It feels like glass**, sembra vetro, a toccarlo □ (*fam.*: *di persona*) **to f. like hell**, stare malissimo □ **to f. out of sorts**, sentirsi indisposto; essere di malumore □ (*anche fig.*) **to f. sb.'s pulse**, tastare il polso a q. □ **to f. small**, farsi piccolo (*fig.*) □ **to f. sorry**, provare dispiacere (*o* pietà); sentire il rimorso; dispiacere (*impers.*): **I felt sorry for her**, sentii pietà per lei; **I felt sorry for hurting her feelings**, mi dispiacque di aver ferito i suoi sentimenti □ **to f. sorry for oneself**, commiserarsi □ **to f. thirsty**, aver sete □ **to f. one's way**, andare brancolando (*o* a tentoni); (*fig.*) tastare il terreno □ **a felt want**, una necessità profondamente sentita; un urgente bisogno □ **It feels like rain**, sembra voglia piovere □ **F. free to ask questions!**, fate pure domande!

♦**feel about** (*o* **around**) **for**, *v. i. + avv. + prep.* brancolare per prendere; cercare (*q.c. che non si vede, e fig.*): **to f. about for an answer to a difficult problem**, cercare la risposta a un problema difficile.

♦**feel around**, *v. i. + avv.* (*fam. USA*) cercare d'informarsi; sentire in giro.

♦**feel after**, *v. i. + prep.* **1** cercare di afferrare (*q.c. che non si vede*) **2** sollecitare, andare in cerca di (*elogi, ecc.*).

♦**feel along**, *v. i. + avv.* brancicare (*nel buio, ecc.*).

♦**feel for**, *v. i. + prep.* **1** cercare (q. *o* q.c.) a tentoni **2** provare pietà, avere compassione per (q.).

♦**feel out**, *v. t. + avv.* tastare il polso a (*fig.*); sondare (*le opinioni, i sentimenti di q., ecc.*) □ (*fam.*) **to f. out of it**, sentirsi strano.

♦**feel up**, *v. t. + avv.* (*volg. USA*) tastare; stimolare sessualmente.

♦**feel up to**, *v. i. + avv. + prep.* sentirsi all'altezza di; sentirsela di: **I don't f. up to sitting my exam today**, non me la sento di sostenere l'esame oggi.

feeler /ˈfiːlə(r)/, *n.* **1** chi (*o* cosa che) sente, percepisce, ecc. (*V.* **to feel**) **2** (*di un insetto*) antenna; (*del gatto*) vibrissa, baffo **3** atto, discorso, osservazione, ecc., fatti allo scopo di tastare il terreno (*o* di saggiare le intenzioni di q.); sondaggio: (*fam.*) **peace feelers**, sondaggi per la pace; **to put** (*o* **to throw**) **out a f.** (*o* **feelers**), tastare il terreno (*fig.*); fare un sondaggio **4** (*mecc.*) sonda **5** (*mil.*) esploratore. ● **f. gauge**, (*mecc.*) calibro a spessori, spessimetro; (*ind. tess.*) tastatore.

feeling (**1**) /ˈfiːlɪŋ/, *n.* **1** sentimento; sensazione; senso; opinione; sensibilità: **a f. of hostility**, un sentimento di ostilità; **a f. of pain**, una sensazione di dolore; **I have a f. that something unpleasant will happen**, ho la sensazione che succederà qualcosa di spiacevole; **to hurt sb.'s feelings**, ferire i sentimenti di q.; urtare la suscettibilità di q.; **a f. of uneasiness**, un senso di disagio; **I've lost all f. in my right arm**, il mio braccio destro ha perso ogni sensibilità; **He has a f. for music**, ha sensibilità per la musica **2** emozione; eccitazione; ostilità: **F. ran high at his proposal to lower wages**, l'ostilità andò alle stelle alla sua proposta di diminuire i salari; **to rouse the feelings of the mob**, risvegliare le emozioni della folla **3** compassione; comprensione; simpatia: **He hasn't much f. for the needs of the poor**, non ha molta compassione per i bisogni dei poveri **4** (senso del) tatto. ● **f. sorry for oneself**, autocommiserazione □ **to appeal to sb.'s better feelings**, fare appello al lato migliore di q. □ **general f.**, opinione generale; sentimento popolare: **The general f. was against the law**, il sentimento popolare era avverso alla legge □ **good f.**, sentimento di simpatia; cordialità □ **hard feelings**, astio; rancore □ (*fam.*) **to have no hard feelings**, non serbare rancore □ **to have strong feelings on** (*o* **about**) **st.**, essere inflessibile (*o* intransigente) su q.c.; non transigere su q.c. □ **ill f.**, sentimento d'avversione; animosità; rancore □ (*fam.*) **No hard f.!**, senza rancore!

feeling (**2**) /ˈfiːlɪŋ/, *a.* **1** sensibile; che si commuove facilmente; improntato a simpatia: **a f. heart**, un animo sensibile; **a f. letter**, una lettera improntata a simpatia **2** sensibile; dotato di sentimento: **a f. creature**, una creatura sensibile. ● **He spoke in a f. way**, parlò con grande partecipazione (*o* con sincera emozione).

feelingly /ˈfiːlɪŋlɪ/, *avv.* con sincera emozione; con sentimento.

feet /fiːt/, *pl.* di **foot**.

to **feign** /feɪn/, **A** *v. t.* e *i.* **1** fingere; far finta di; simulare; ostentare: **He feigned that he was ill**, finse d'essere malato; **He feigned madness**, simulò la pazzia; **to f. surprise** [**indifference**], simulare sorpresa [ostentare indifferenza] **2** inventare; contraffare; falsificare: **to f. an accusation** [**a story**], inventare un'accusa [una storia]; **to f. a document**, falsificare un documento. **B** to **feign oneself**, *v. rifl.* fingersi: **He feigned himself dead**, si finse morto □ **to f. death**, fingersi morto.

feigned /feɪnd/, *a.* **1** finto; simulato; immaginario **2** contraffatto; falsificato; falso.

feigner /ˈfeɪnə(r)/, *n.* **1** simulatore, simulatrice **2** falsificatore, falsificatrice.

feint (**1**) /feɪnt/, *n.* **1** (*anche sport*) finta: **to make a f.**, fare una finta; **to make a f. of doing st.**, far finta di fare q.c. **2** (*mil.*) finto attacco.

feint (**2**) /feɪnt/, *n.* (*tipogr.*) regolo per righine. ● **f. lines**, righine □ **f. ruling**, rigatura sottile.

to **feint** /feɪnt/, *v. i.* **1** (*anche sport*) fintare; fare una finta: **The boxer feinted with his right hand and struck with the left**, il pugile fece una finta di destro e colpì di sinistro **2** (*mil.*) lanciare un finto attacco.

feints /feɪnts/, *n. pl.* alcol di coda; feccia di whisky scozzese.

feisty /ˈfiːstɪ/, *a.* (*fam. USA*) **1** irritabile; petulante; aggressivo **2** altezzoso; che si dà delle arie **3** *V.* **frisky**.

feldspar /ˈfɛldspɑː(r)/, *n.* (*miner.*) feldspato.

feldspathic /fɛldˈspæθɪk/, *a.* (*miner.*) feldspatico.

to **felicitate** /fəˈlɪsɪteɪt/, *v. t.* **1** congratularsi con; felicitarsi con: **May I f. you on your success?**, posso congratularmi con Lei per il Suo successo? **2** (*raro*) rendere felice.

felicitations /fəlɪsɪˈteɪʃnz/, *n. pl.* congratulazioni; felicitazioni.

felicitous /fəˈlɪsɪtəs/, *a.* felice; appropriato; ben scelto; calzante: **a f. style**, uno stile felice; **a f. expression**, un'espressione appropriata (*o* calzante).

felicity /fəˈlɪsətɪ/, *n.* **1** felicità; letizia **2** felicità; appropriatezza; proprietà: **f. of expression**, felicità di espressione **3** espressione felice (*o* appropriata).

felids /ˈfiːlɪds/, *n. pl.* (*zool. Felidae*) felidi; felini.

feline /ˈfiːlaɪn/, **A** *a.* felino; di (*o* da) gatto; (*fig.*) astuto, ingannevole, vendicativo: **f. agility**, agilità felina. **B** *n.* (*zool.*) felino.

felinity /fɪˈlɪnətɪ/, *n.* l'essere felino (*V.* **feline**).

fell (**1**) /fɛl/, *pass.* di **to fall**.

fell (**2**) /fɛl/, *n.* **1** (*USA*) quantità di legname (*di alberi abbattuti in una stagione*) **2** (*cucito*) ribattitura.

fell (**3**) /fɛl/, *n.* **1** pelle; vello **2** pellame. ● **f. of hair**, capelli arruffati, ispidi.

fell (**4**) /fɛl/, *n.* **1** collina rocciosa; monte brullo (*specialm. nei toponimi*: *per es.*, **Sca'Fell**) **2** brughiera.

fell (**5**) /fɛl/, *a.* (*poet.*) **1** crudele; feroce **2** mortale.

to **fell** /fɛl/, *v. t.* **1** abbattere; atterrare: **to f. trees**, abbattere alberi; **I felled the boar with a single shot**, abbattei il cinghiale con un sol colpo **2** (*cucito*) ribattere.

fellah /ˈfɛlə/, *n.* (*pl.* **fellahin, fellaheen**) fellah; contadino egiziano.

to **fellate** /fəˈleɪt/, *v. t.* fellare (*raro*); irrumare.

fellatio /fəˈleɪʃɪəʊ/ (*lat.*), *n.* (*pl.* **fellatios**) fellatio.

fellation /fəˈleɪʃn/, *n.* fellazione (*raro*); irrumazione.

feller (**1**) /ˈfɛlə(r)/, *n.* **1** taglialegna **2** (*cucito*) macchina per ribattiture.

feller (**2**) /ˈfɛlə(r)/, *n.* (*pop.*) individuo; tipo; tizio.

felling /ˈfɛlɪŋ/, *n.* taglio (*di un bosco, del legname*).

fellmonger /ˈfɛlmʌŋgə(r), *USA* -mɒ-/, *n.* commerciante di (*o* in) pelli.

felloe /ˈfɛləʊ/, *n.* (*falegn.*) **1** cerchio di ruota **2** gavello (*segmento circolare o settore di ruota*).

fellow /ˈfɛləʊ/, **A** *n.* **1** (*fam.*) individuo; tipo; ragazzo; uomo; diavolo (*fig.*): **He is a nice f.**, è un tipo simpatico; **He's a good f.**, è un buon diavolo; **He is a jolly good f.**, è un tipo allegro, gioviale; **Poor f.!**, povero diavolo!; poveretto!; poverino!; **a worthless f.**, un tipaccio; **a queer f.**, un tipo strano; un originale **2** compagno; camerata; collega; complice; socio: **We were fellows at Eaton**, siamo stati compagni a Eaton; (*leg.*) **fellows in a crime**, complici in un delitto **3** – **F.**, (professore universitario) membro d'un college (*specialm. a Oxford e Cambridge*); membro (*di un'accademia e sim.*) **4** – **F.**, laureato (*in possesso di un Ph. D., q.V.*) che compie lavoro di ricerca per un periodo determinato (*spesso, con compiti d'insegnamento universitario*) **5** compagno (*di cose appaiate*): **I've lost the f. of this earring**, ho perso l'orecchino compagno di questo (*o* l'altro orecchino). **B** *a. attr.* altro; compagno: **We met a f. explorer in Juba**, nel Juba incontrammo un altro esploratore. ● **f. clerk**, collega d'ufficio □ **f. being**, il (*o* un) simile □ **f. boarder**, commensale □ **f. citizens**, concittadini □ **f. countryman**, compatriota □ **one's f. creatures**, i propri simili; tutte le creature (*anche gli animali*) □ **f. feeling**, cameratismo; simpatia □ (*leg.*) **f. heir**, coerede □ **f. passengers**, compagni di viaggio □ **f. prisoner**, compagno di prigionia □ **f. soldiers**, commilitoni □ **f. traveller**, compagno di viaggio; (*polit.*) compagno di strada, fiancheggiatore, filocomunista □ **f. workers**, compagni di lavoro □ **He shall never find his f.**, non troverà mai l'uguale; nessuno l'eguaglierà mai □ **my dear f.**, caro mio.

fellowship /ˈfɛləʊʃɪp/, *n.* **1** compagnia; amicizia; colleganza; cameratismo; fratellanza **2** associazione; confraternita; società **3** (*nelle università*) borsa di studio (*V.* **fellow,** *def. 4*): **research f.**, borsa di studio per compiere ricerche scientifiche **4** (*nelle università*) grado (*o* titolo, retribuzione) di «Fellow» (*V.* **fellow,** *def. 3*). ● **good f.**, buona colleganza; cordialità; socievolezza.

felly /ˈfɛlɪ/, *V.* **felloe**.

felo de se /ˈfiːləʊdiːˈsiː, -ˈseɪ/, *n.* (*pl.* **felones de se, felos de se**) (*leg.*) **1** suicida **2** (*solo al sing.*) suicidio.

felon (**1**) /ˈfɛlən/, **A** *a.* (*poet.*) crudele; malvagio; scellerato. **B** *n.* (*leg.*) colpevole del reato di «felony»; criminale.

felon (**2**) /ˈfɛlən/, *n.* (*med.*) patereccio; giradito.

felonious /fɪˈləʊnɪəs/, *a.* **1** crudele; malvagio **2** (*leg.*) criminoso; delittuoso.

felonry /ˈfɛlənrɪ/, *n.* (*collett.*) (i) criminali.

felony /ˈfɛlənɪ/, *n.* **1** (*leg., in U.S.A.*; *stor. in Inghil. e nel Galles, dove fu abolito nel 1967*) delitto grave (*quali l'omicidio, l'incendio do-

loso, ecc.) *2* (*stor.*: *diritto feudale*) fellonia.
felsite /ˈfɛlsaɪt/, *n.* (*geol.*) felsite.
felspar /ˈfɛlspɑː(r)/, *n.* (*miner.*) feldspato.
felstone /ˈfɛlstəʊn/, *V.* **felsite**.
felt (1) /fɛlt/, *pass.* e *p. p.* di **to feel**.
felt (2) /fɛlt/, **A** *n.* *1* feltro *2* (*edil.*) cartonfeltro. **B** *a. attr.* di feltro: **a f. hat**, un cappello di feltro. ● **f.-tip** (*o* **f.-tipped**) **pen**, pennarello.
to **felt** /fɛlt/, **A** *v. t.* feltrare. **B** *v. i.* (*di panno e sim.*) infeltrire, infeltrirsi.
felting /ˈfɛltɪŋ/, *n.* *1* feltratura *2* panno feltrato (*o* per feltro).
felucca /fɛˈlʌkə, *USA* fəˈluːkə/, *n.* (*naut.*) feluca (*imbarcazione*).
female /ˈfiːmeɪl/, **A** *a.* *1* (*anche biol.*) femminile; femmineo: **the f. sex**, il sesso femminile; **f. weakness**, debolezza femminile *2* (*tecn.*) femmina: **f. gauge**, calibro femmina. **B** *n.* *1* femmina *2* (*fam. o spreg.*) donna: **a young f.**, una ragazza. ● (*TV*) **f. announcer**, annunciatrice □ **a f. child**, una bambina □ (*ass., autom.*) **f. driver**, automobilista donna (*paga meno di assicurazione*) □ **a f. elephant**, un'elefantessa □ (*bot.*) **f. fern**, (*Athyrium filix-foemina*) felce femmina; (*Pteridium aquilinum*) felce aquilina □ (*econ.*) **f. labour**, lavoro (*o* manodopera) femminile □ **f. operatives**, operaie (*di fabbrica*) □ (*fam., elettr.*) **f. plug**, presa (*di corrente*); □ (*mecc.*) **a f. screw**, una vite femmina; una madrevite □ (*polit.*) **f. suffrage**, voto alle donne □ (*leg.*) **f. ward**, pupilla.
femineity /fɛməˈneɪətɪ, -ˈniːə-/, *n.* *1* femminilità *2* effeminatezza.
feminine /ˈfɛmənɪn/, **A** *a.* *1* femminile (*anche gramm.*); femminino (*lett.*); femmineo; donnesco: **f. gender**, genere femminile; **f. virtues**, virtù femminili; **the eternal f.**, l'eterno femminino; **a f. voice**, una voce femminea *2* effeminato. **B** *n.* (*gramm.*) (il) femminile. ● (*poesia*) **f. caesura**, cesura debole □ (*poesia*) **f. rhyme**, rima femminile. || **-ly**, *avv.* || **-ness**, *sost.*
femininity /fɛməˈnɪnətɪ/, *n.* femminilità.
feminism /ˈfɛmənɪzəm/, *n.* femminismo.
feminist /ˈfɛmənɪst/, *a.* e *n.* femminista.
feminity /fəˈmɪnətɪ/, *n.* *1* femminilità *2* (*collett.*) (*raro*) (le) donne.
feminization /fɛmənaɪˈzeɪʃn, *USA* -nɪˈz-/, *n.* *1* il rendere (*o* il diventare) femminile *2* effeminatezza *3* (*biol.*) femminilizzazione.
to **feminize** /ˈfɛmənaɪz/, *v. t.* e *i.* *1* rendere (*o* diventare) femminile *2* effeminare; effeminarsi *3* (*biol.*) femminilizzare; acquisire i caratteri femminili.
Femlib /ˈfɛmlɪb/, *n.* (= **Fem Lib**) movimento per la liberazione della donna.
femoral /ˈfɛmərəl/, *a.* (*anat.*) femorale.
femur /ˈfiːmə(r)/, *n.* (*pl.* **femurs, femora**) (*anat.*) femore.
fen (1) /fɛn/, *n.* palude; maremma. ● (*geogr.*) **the Fens**, le zone paludose (ma fertili) del Cambridgeshire, del Lincolnshire e del Norfolk □ (*bot.*) **fen-berry** (*Vaccinium oxycoccus*), mortella di palude □ **fen fire**, fuoco fatuo □ **fen-man**, abitante delle paludi □ **fen-reeve**, guardiano delle paludi.
fen (2) /fɛn/, *V.* **fain** (2).
fence /fɛns/, *n.* *1* recinto; recinzione; palizzata; staccionata; steccato: **The horse jumped over the f.**, il cavallo saltò la staccionata *2* (*sport*) scherma *3* (*baseball*) recinto *4* (*ippica*) fence; fosso con siepe *5* (*mecc.*) guida di appoggio (*di un pezzo alla lavorazione*) *6* (*tecn.*) recinto schermante *7* (*mil.*) cortina radar *8* (*miss.*) linea di stazioni di controllo (*o* di rilevamento) di satelliti *9* (*pop.*) ricettatore; magazzino di ricettatore *10* (*arc.*) baluardo; difesa. ● (*fam. USA*) **f. hanger**, persona irresoluta, che non sa decidere □ **f.-mending**, riparazione di steccati; (*fig., polit.*) ricostruzione della propria reputazione □ **f. month** [**f. season, f. time**], mese [stagione, tempo] della chiusura della caccia o della pesca □ (*fig.*) **to come down on the right side of the f.**, mettersi dalla parte del vincitore □ **a master of f.**, un maestro di scherma, un abile schermidore; (*fig.*) un abile polemista □ (*fig.*) **to sit on the f.**, rimanere neutrale (*in una contesa*); essere indeciso.
to **fence** /fɛns/, **A** *v. t.* *1* recingere; cingere; cintare; recintare: **They have fenced their garden**, hanno recinto (*o* recintato) il loro giardino *2* – **to f. in** (*o* **off**), recintare; chiudere con un recinto *3* (*arc.*) difendere, proteggere *4* (*pop.*) comprare e vendere (*roba rubata*); ricettare. **B** *v. i.* *1* tirar di scherma *2* (*di cavallo*) saltare ostacoli *3* (*pop.*) fare il ricettatore *4* (*spesso* **to f. with**) schermirsi da, eludere, schivare (*in un'intervista, un interrogatorio, ecc.*): **He fenced with all my questions**, si schermiva da tutte le mie domande *5* polemizzare; usare abilmente parole e argomentazioni. ● (*fig.*) **to f. in**, costringere, imprigionare: **She feels fenced in by conventions**, si sente imprigionata dalle convenzioni □ **to f. off**, recintare, chiudere; (*fig.*) porre riparo a, evitare: **to f. off the consequences of a mistake**, porre riparo alle conseguenze d'un errore.
fenceless /ˈfɛnsləs/, *a.* *1* aperto; non recintato *2* (*poet.*) senza cinta; non fortificato; indifeso.
fencer /ˈfɛnsə(r)/, *n.* *1* (*sport*) schermidore *2* chi fa (*o* ripara) steccati.
fencibles /ˈfɛnsəblz/, *n. pl.* (*stor.*) soldati della milizia territoriale.
fencing /ˈfɛnsɪŋ/, *n.* *1* (*sport*) scherma; arte della scherma *2* materiale da recinzione (*o* per fare steccati) *3* (*collett.*) recinti; staccionate; steccati; recinzione *4* schermaglia (*fig.*); dibattito abile *5* il dare risposte evasive *6* (*pop.*) ricettazione. ● **f. contractor**, (titolare d') impresa di posa in opera di recinzioni (steccati, ecc.) □ **f. master**, maestro di scherma □ **barded-wire f.**, (recinto di) filo spinato.
to **fend** /fɛnd/, **A** *v. t.* (*poet.*) difendere. **B** *v. i.* (*arc.*) difendersi; resistere. ● **to f. for oneself**, provvedere a se stesso; arrangiarsi □ **to f. off**, parare, schivare; respingere; (*fig.*) eludere, evitare (*una domanda, ecc.*): **to f. off a blow**, parare un colpo.
fender /ˈfɛndə(r)/, *n.* *1* parafuoco (*davanti a un camino*) *2* paraurti (*di tram, locomotiva, ecc.*) *3* (*naut.*) parabordo d'accosto *4* (*USA*) parafango (*di bicicletta, automobile, ecc.*) *5* (*ferr.*) cacciapietre. ● **f. stool**, sgabello per i piedi.
feneration /fɛnəˈreɪʃn/, *n.* (*leg., raro*) usura.
fenestrate /fəˈnɛstreɪt/, *a.* (*biol.*) fenestrato.
fenestrated /fəˈnɛstreɪtɪd/, *V.* **fenestrate**.
fenestration /fɛnɪˈstreɪʃn/, *n.* *1* (*archit.*) disposizione delle finestre (*in un edificio*) *2* (*biol.*) fenestrazione.
Fenian /ˈfiːnɪən/, *n.* e *a.* (*stor.*) feniano (*membro d'una società segreta antibritannica d'irlandesi d'America*).
Fenianism /ˈfiːnɪənɪzəm/, *n.* (*stor.*) fenianismo (*V.* **Fenian**).
fenland /ˈfɛnlænd/, *n.* (*geogr.*) zona paludosa.
fennel /ˈfɛnl/, *n.* (*bot., Foeniculum vulgare*) finocchio.
fennelflower /ˈfɛnlflaʊə(r)/, *n.* (*bot., Nigella*) nigella.
fenny /ˈfɛnɪ/, *a.* *1* paludoso; pantanoso *2* palustre.
fens /fɛnz/, *V.* **fain** (2).
fent /fɛnt/, *n.* avanzo (*di stoffa*); straccio. ● **f. dealer**, straccivendolo.
fenugreek /ˈfɛnjʊgriːk/, *n.* (*bot., Trigonella foenum-graecum*) fieno greco; trigonella.
feoff /fiːf, fɛf/, *n.* (*stor.*) feudo.
to **feoff** /fiːf, fɛf/, *v. t.* (*stor.*) infeudare; dare in feudo.
feoffee /fɛˈfiː, fiːˈ-/, *n.* *1* (*stor.*) feudatario *2* (*leg.*) donatario; cessionario.
feoffment /ˈfiːfmənt, ˈfɛf-/, *n.* (*stor.*) infeudamento; infeudazione.
feoffor, **feoffer** /ˈfiːfə(r), ˈfɛf-/, *n.* chi dà terreni in feudo.
feracious /fəˈreɪʃəs/, *a.* ferace.
feracity /fəˈræsətɪ/, *n.* feracità.
feral (1) /ˈfɪərəl, *USA* ˈfɛr-/, *a.* *1* ferino; bestiale *2* selvaggio; selvatico *3* (*d'animale domestico*) inselvatichito.
feral (2) /ˈfɪərəl, *USA* ˈfɛr-/, *a.* *1* funereo; tetro *2* (*raro*) ferale; funesto.
Ferdinand /ˈfɜːdɪnənd/, *n.* Ferdinando.
feretory /ˈfɛrətrɪ, *USA* -tɔːrɪ/, *n.* *1* reliquiario; sacrario *2* (*raro*) feretro.
ferial /ˈfɪərɪəl/, *a.* (*specialm. relig.*) feriale.
ferine /ˈfɪəraɪn/, *a.* ferino; bestiale; selvaggio; selvatico.
ferment /ˈfɜːmɛnt/, *n.* *1* (*biol., chim.*) fermento; lievito *2* (*fig.*) fermento; agitazione; eccitazione; tumulto: **to be in a f.**, essere in fermento.
to **ferment** /fəˈmɛnt/, **A** *v. i.* *1* (*biol., chim.*) fermentare *2* (*fig.*) agitarsi; eccitarsi; essere in fermento. **B** *v. t.* *1* far fermentare *2* (*fig.*) agitare; eccitare; mettere in fermento.
fermentable /fəˈmɛntəbl/, *a.* (*biol., chim.*) fermentabile.
fermentation /fɜːmɛnˈteɪʃn/, *n.* *1* (*biol., chim.*) fermentazione *2* (*fig.*) fermento; agitazione; tumulto.
fermentative /fəˈmɛntətɪv/, *a.* (*biol., chim.*) fermentativo.
fermion /ˈfɜːmɪən/, *n.* (*fis. nucl.*) fermione.
fermium /ˈfɜːmɪəm/, *n.* (*chim.*) fermio.
fern /fɜːn/, *n.* (*bot.*) felce. ● (*zool.*) **f. owl** (*Caprimulgus europaeus*), succiacapre; caprimulgo.
fernery /ˈfɜːnərɪ/, *n.* *1* felceto; felceta *2* (*collett.*) felci.
ferny /ˈfɜːnɪ/, *a.* coperto (*o* ricco) di felci.
ferocious /fəˈrəʊʃəs/, *a.* *1* feroce (*anche fig.*); fiero; crudele: **The heat was f.**, faceva un caldo feroce *2* (*fam.*) enorme: **a f. appetite**, un enorme appetito. || **-ly**, *avv.* || **-ness**, *sost.*
ferocity /fəˈrɒsətɪ/, *n.* ferocia; crudeltà.
ferrate /ˈfɛreɪt/, *n.* (*chim.*) ferrato.
ferreous /ˈfɛrɪəs/, *a.* ferreo; ferrigno.
ferret (1) /ˈfɛrət/, *n.* *1* (*zool., Mustela furo*) furetto *2* (*zool., Mustela nigripes*) mustela dai piedi neri *3* (*fig.*) investigatore privato *4* (*fig.*) agente operativo (*di spionaggio*) *5* (*mil.*) radiogoniometro mobile.
ferret (2) /ˈfɛrət/, *n.* fettuccia; nastro.
to **ferret** /ˈfɛrət/, *v. t.* e *i.* *1* cacciare, stanare (*conigli, ecc.*) con il furetto *2* (*fig., spesso* **to f. out**) dare la caccia a, stanare (*nemici*) *3* (*fig.*) indagare; investigare; cercare attentamente *4* (*fig.*) frugare; rovistare. ● **to f. out a criminal**, stanare (*o* snidare) un delinquente □ **to f. out sb.'s hideout**, scoprire il nascondiglio di q. (a forza di indagare).
ferreting /ˈfɛrətɪŋ/, *V.* **ferret** (2).
ferrety /ˈfɛrətɪ/, *a.* di (*o* da) furetto.
ferriage /ˈfɛrɪɪdʒ/, *n.* (prezzo del) trasporto in nave traghetto.
ferric /ˈfɛrɪk/, *a.* (*chim.*) ferrico.
ferriferous /fɛˈrɪfərəs, fə-/, *a.* (*scient.*) ferrifero.
Ferris wheel /ˈfɛrɪswiːl, *USA* -hw-/, *n.* ruota panoramica (*di luna park*).
ferrite /ˈfɛraɪt/, *n.* *1* (*metall., miner.*) ferrite *2* (*chim.*) ferrito.
ferroalloy /fɛrəʊˈælɔɪ/, *n.* (*metall.*) ferrolega.
ferrochromium /fɛrəʊˈkrəʊmɪəm/, *n.* (*metall.*) ferrocromo.
ferroconcrete /fɛrəʊˈkɒŋkriːt/, *n.* (*edil.*) cemento armato.
ferrocyanide /fɛrəʊˈsaɪənaɪd/, *n.* (*chim.*) ferrocianuro.
ferroelectric /fɛrəʊɪˈlɛktrɪk/, *a.* (*elettr.*) ferroelettrico.
ferromagnetic /fɛrəʊmægˈnɛtɪk/, *a.* (*fis.*) ferromagnetico.
ferromagnetism /fɛrəʊˈmægnətɪzəm/, *n.* (*fis.*) ferromagnetismo.
ferromanganese /fɛrəʊˈmæŋgəniːz/, *n.* (*metall.*) ferromanganese.

ferronickel /fɛrəʊ'nɪkl/, *n.* (*metall.*) ferronichel.

ferrosilicon /fɛrəʊ'sɪlɪkən/, *n.* (*chim.*) ferrosilicio.

ferrotype /'fɛrəʊtaɪp/, *n.* (*fotogr.*) *1* ferrotipo *2* ferrotipia.

ferrous /'fɛrəs/, *a.* (*chim.*) ferroso: **f. oxide**, ossido ferroso.

ferruginous /fɛ'ru:dʒɪnəs, fə-/, *a.* *1* ferruginoso *2* ferrigno.

ferrule /'fɛru:l, *USA* 'fɛrəl/, *n.* *1* (*mecc.*) boccola; ghiera; virola *2* (*falegn.*) puntale.

ferry /'fɛrɪ/, *n.* *1* traghetto *2* nave traghetto *3* (*leg.*) diritto di traghetto. ● (*naut.*) **f. bridge**, ponte trasbordatore.

to **ferry** /'fɛrɪ/, *v. t.* e *i.* *1* traghettare: **to f. cars across a river**, traghettare automobili di là da un fiume *2* portare (*una barca di là da un fiume, canale, ecc.*) *3* (*aeron.*) trasportare (*in aereo*) *4* (*fam.*) portare (*avanti e indietro*).

ferryboat /'fɛrɪbəʊt/, *n.* traghetto; nave traghetto.

ferryman /'fɛrɪmæn/, *n.* (*pl.* **ferrymen**) traghettatore.

fertile /'fɜ:taɪl, *USA* 'fɜ:tl/, *a.* *1* (*anche fig.*) fertile; fecondo: **f. lands**, terreni fertili; **f. imagination**, immaginazione fertile; **a f. seed**, un seme fecondo *2* (*biol.*) fecondato: **f. eggs**, uova fecondate *3* (*fis. nucl.*) fertile.

fertility /fə'tɪlətɪ/, *n.* (*anche fig.*) fertilità; fecondità. ● (*farm.*) **f. drug**, medicina contro la sterilità.

fertilization /fɜ:təlaɪ'zeɪʃn, *USA* -lɪ'z-/, *n.* fertilizzazione; fecondazione.

to **fertilize** /'fɜ:təlaɪz/, *v. t.* *1* fertilizzare; fecondare *2* (*agric.*) fertilizzare; concimare *3* (*fis. nucl.*) fertilizzare.

fertilizer /'fɜ:təlaɪzə(r)/, *n.* *1* fertilizzante; concime *2* (*biol.*) fecondatore, fecondatrice; pronubo: **Bees are fertilizers of flowers**, le api sono fecondatrici dei fiori. ● (*agric.*) **f. distributor** (*o* **f. spreader**), spandiconcime.

ferula /'fɛrjʊlə, -rə-/, *n.* *1* (*bot., Ferula*: *pl.* **ferulas, ferulae**) ferula *2* *V.* **ferule**.

ferule /'fɛru:l/, *n.* ferula; bacchetta, righello (*per punire i ragazzi*).

to **ferule** /'fɛru:l/, *v. t.* (*raro*) fustigare.

fervency /'fɜ:vənsɪ/, *n.* fervore; ardore; calore (*fig.*); zelo.

fervent /'fɜ:vənt/, *a.* fervente; fervido; infuocato; ardente; caloroso: **a f. socialist**, un fervente socialista; **f. love**, ardente amore; **a f. hope**, una fervida speranza. ● **f. heat**, caldo torrido. || **-ly**, *avv.*

fervid /'fɜ:vɪd/, *a.* *1* fervido; ardente *2* (*poet.*) caldo; infuocato. || **-ly**, *avv.*

fervour /'fɜ:və(r)/, *n.* fervore; ardore; calore; zelo.

Fescennine /'fɛsənaɪn/, *a.* fescennino: **F. verses**, versi fescennini.

fescue /'fɛskju:/, *n.* *1* (*bot., Festuca*) festuca *2* (*bot.*) fuscello *3* (*arc.*) bacchetta, canna (*con cui il maestro indicava le lettere, ecc.*).

fesse /fɛs/, *n.* (*arald.*) fascia (*in mezzo a uno scudo*).

festal /'fɛstl/, *a.* *1* festivo; di (*o* da) festa: **a f. occasion**, un giorno di festa; **f. clothes**, abiti da festa *2* festoso; allegro; festante: **a f. crowd**, una folla festante.

fester /'fɛstə(r)/, *n.* (*med.*) *1* (= **festering**) suppurazione *2* ferita suppurante; piaga ulcerosa; fistola.

to **fester** /'fɛstə(r)/, **A** *v. i.* *1* (*di ferita, piaga*) suppurare; produrre pus *2* (*fig.*) farsi più aspro (*o* più amaro): **The injustice festered in his mind**, il ricordo dell'ingiustizia subita si fece sempre più amaro nel suo animo *3* (*fig.*) corrompersi; guastarsi. **B** *v. t.* *1* (*med.*) far suppurare *2* (*fig.*) aggravare, ingigantire (*un affronto, ecc.*); amareggiare, avvelenare (*fig.*).

festival /'fɛstɪvl/, **A** *n.* *1* festa; festività *2* celebrazione; serie di rappresentazioni (di concerti, ecc.): **the Bach f.**, la serie di concerti in onore di Bach *3* (*mus., cinem., ecc.*) festival: **a pop f.**, un festival di musica pop. **B** *a. attr.* festivo; di festa: **a f. day**, un giorno di festa.

festive /'fɛstɪv/, *a.* festivo; festoso; gioioso; lieto: **a f. scene**, una scena festosa. ● **the f. board**, la tavola del banchetto □ **the f. season**, le feste di Natale; le festività natalizie. || **-ly**, *avv.* || **-ness**, *sost.*

festivity /fɛ'stɪvətɪ/, *n.* *1* festività; festosità; gaiezza; lietezza *2* (*pl.*) celebrazioni festive; festeggiamenti.

festoon /fɛ'stu:n/, *n.* (*anche archit.*) festone.

to **festoon** /fɛ'stu:n/, *v. t.* ornare di festoni (*o* a mo' di festoni).

festoonery /fɛ'stu:nərɪ/, *n.* ornamento di festoni.

fetal /'fi:tl/, *a.* (*biol., med.*) fetale; di feto.

fetch (**1**) /fɛtʃ/, *n.* *1* l'andare a prendere (*V.* **to fetch**) *2* stratagemma; trucco *3* (*naut.*) distanza da percorrere *4* (*geogr.*) tratto di mare (*percorso da un'onda o dal vento*) *5* (*elab.*) prelevamento (*di dati*) da una memoria.

fetch (**2**) /fɛtʃ/, *n.* apparizione (*di persona vivente*); doppio; Doppelgänger (*ted.*).

to **fetch** /fɛtʃ/, **A** *v. t.* *1* andare a prendere (*o* a cercare); portare: **F. me a drink**, vammi a prendere da bere; **I'll f. the marshal from the town**, andrò a cercare lo sceriffo in città; **I'll f. him from the office**, andrò a prenderlo in ufficio; **Please, f. me the dictionary**, per favore, portami il vocabolario; (*a un cane*) **F.!**, porta! *2* (*di cani*) riportare *3* (*comm.*) ottenere, spuntare (*un prezzo*); rendere, valere; essere venduto per: **These goods will f. a high price**, questa merce spunterà un buon prezzo; **How much did the furniture f. at the auction sale?**, per quanto fu venduto il mobilio all'asta? *4* (*fam.*) assestare; mollare; appioppare: **I fetched him a punch on the chin**, gli assestai un pugno sul mento *5* (*fam.*) attirare; attrarre; affascinare; sedurre: **to f. large audiences**, attirare un folto pubblico *6* (*elab.*) prelevare (*dati*) da una memoria *7* (*naut.*) raggiungere, guadagnare (*il molo, il porto, ecc.*). **B** *v. i.* (*naut.*) arrivare; attraccare. ● (*fig.*) **to f. and carry** (**for sb.**), fare lavoretti (*per q.*); fare da servitore (*a q.*) □ **to f. a sigh** [**a groan**], mandare un sospiro [emettere un lamento] □ **to f. a sneeze**, fare uno starnuto □ **to go and f. st.**, andare a prendere q.c.

♦**fetch back**, *v. t.* + *avv.* riportare: **F. back the ball**, riportami la palla!

♦**fetch about**, *v. i.* + *avv.* (*naut.*) virare di bordo.

♦**fetch away**, *v. i.* + *avv.* (*naut.*: *del carico, di un oggetto sul ponte*) spostarsi (*per il rollio*); rotolare; (*se legato*) allentarsi.

♦**fetch in**, *v. t.* + *avv.* *1* portare (*o* mettere, riporre) dentro (*cose, animali, bambini*) *2* attirare, attrarre (*clienti, spettatori, ecc.*) *3* (*fin.*) portare, recare, dare (*un utile, un ricavo*).

♦**fetch out**, *v. t.* + *avv.* *1* portare (*o* mettere) fuori: **F. out the chairs!**, porta fuori le sedie! *2* (*fig.*) tirare fuori, far venire (*difetti, ecc.*) *3* dare fuori; pubblicare; comporre; scrivere: **He's fetched out a new novel**, ha dato fuori un nuovo romanzo *4* (*fig.*) far uscire (q.) dal guscio (*fig.*); fare parlare (q.) *5* far scendere (*operai, ecc.*) in sciopero.

♦**fetch up**, **A** *v. t.* + *avv.* *1* prendere su *2* portare su (*o* di sopra): **I'll f. up the early morning coffee**, porterò su il caffè del primo mattino *3* (*fig.*) mettere su (*fig.*); mettere al potere: **a dictator fetched up by tycoons**, un dittatore messo su dai grossi capitalisti *4* mandare (q.) a finire: **You'll f. me up in debt**, mi farai cacciare nei debiti *5* (*pop.*) vomitare *6* (*dial. ingl.*) tirare su, allevare (*bambini, animali*). **B** *v. i.* + *avv.* *1* (*naut.*) fermarsi, arrestarsi *2* (*naut.*) arrivare (*in un porto*); attraccare *3* (*pop.*) vomitare □ **to f. up in prison**, finire in galera □ **to f. up in trouble**, finire nei guai □ (*fam.*) **to f. up nowhere**, non approdare a nulla; non combinare niente di buono □ **to f. up the winner**, finire primo (*in una gara*) □ **to f. up with the first prize**, finire per vincere il primo premio.

fetching /'fɛtʃɪŋ/, *a.* (*fam., arc.* o *USA*) attraente; seducente.

fête /feɪt/ (*franc.*), *n.* *1* festa; festa di beneficenza *2* onomastico.

to **fête** /feɪt/ (*franc.*), *v. t.* festeggiare; fare grandi feste a (q.).

fetial /'fi:ʃl/, *a.* e *n.* (*stor. romana*) feziale, feciale.

feticide /'fi:tɪsaɪd/, *n.* (*leg.*) feticidio.

fetid /'fɛtɪd, 'fi:t-/, *a.* fetido.

fetidity /fɪ'tɪdətɪ/, **fetidness** /'fɛtɪdnəs, 'fi:-/, *n.* fetore; fetidume.

fetidly /'fɛtɪdlɪ, 'fi:-/, *avv.* fetidamente.

fetish, fetich(**e**) /'fɛtɪʃ, 'fi:-/, *n.* *1* (*relig., psic., anche fig.*) feticcio *2* (*fig.*) idolo; fissazione; mania.

fetishism /'fɛtɪʃɪzəm, 'fi:-/, *n.* *1* (*relig., psic.*) feticismo *2* (*fig.*) fanatismo; idolatria.

fetishist /'fɛtɪʃɪst, 'fi:-/, *n.* (*relig., psic.*) feticista.

fetishistic /fɛtɪ'ʃɪstɪk, 'fi:-/, *a.* feticistico.

fetlock /'fɛtlɒk/, *n.* (*di cavallo*) *1* nodello; nocca *2* fiocchetto, barbetta (*ciuffo di peli sul nodello*).

fetologist /fi:'tɒlədʒɪst/, *n.* (*med.*) fetologo.

fetology /fi:'tɒlədʒɪ/, *n.* (*med.*) fetologia.

fetor /'fi:tə(r)/, *n.* fetore.

fetoscope /'fi:təʊskəʊp/, *n.* (*med.*) fetoscopio.

fetoscopy /fi:'tɒskəpɪ/, *n.* (*med.*) fetoscopia.

fetter /'fɛtə(r)/, *n.* *1* catena (*da mettere ai piedi*) *2* (*pl.*) ceppi; ferri *3* (*pl.*) (*fig.*) impedimenti; ostacoli; pastoie.

to **fetter** /'fɛtə(r)/, *v. t.* *1* mettere in ceppi (*o* ai ferri); incatenare *2* impastoiare (*un cavallo*) *3* (*fig.*) impedire; ostacolare; inceppare.

fetterlock /'fɛtəlɒk/, *n.* *1* pastoia *2* *V.* **fetlock**.

fettle /'fɛtl/, *n.* (*fam.*) condizione; stato; forma (*fam.*): **The speaker was in fine** (*o* **good**) **f.**, l'oratore appariva in forma.

to **fettle** /'fɛtl/, *v. t.* *1* (*metall.*) scriccare *2* (*fonderia*) sbavare *3* (*fonderia*) ricoprire di materiale refrattario (*la suola di un forno*) *4* (*dial. ingl.*) aggiustare; riparare; rifinire.

fettling /'fɛtlɪŋ, -təl-/, *n.* *1* (*metall.*) scriccatura *2* (*fonderia*) sbavatura *3* (*fonderia*) materiale refrattario.

fettuccine /fɛtʊ'tʃi:nɪ/ (*ital.*), *n. pl.* (*cucina*) fettuccine.

fetus /'fi:təs/, *n.* (*pl.* **fetuses, feti**) (*biol.*) feto.

feud (**1**) /fju:d/, *n.* contesa; lotta; inimicizia; ostilità (*tra clan, ecc.*): **to be at f. with sb.**, essere in lotta con q.; **a deadly f.**, una contesa all'ultimo sangue.

feud (**2**) /fju:d/, *n.* (*stor.*) feudo.

to **feud** /fju:d/, *v. i.* (*specialm. di due clan, ecc.*) essere in lotta; litigare; contendere.

feudal /'fju:dl/, *a.* feudale: **the f. system**, il sistema feudale.

feudalism /'fju:dəlɪzəm/, *n.* (*stor.*) feudalesimo; feudalismo.

feudalist /'fju:dəlɪst/, *n.* fautore del feudalesimo.

feudalistic /fju:də'lɪstɪk/, *a.* feudale; favorevole al feudalesimo; feudalesco (*spreg.*).

feudality /fju:'dælətɪ/, *n.* *1* l'esser feudale; feudalità *2* feudo.

feudalization /fju:dəlaɪ'zeɪʃn, *USA* -lɪ'z-/, *n.* trasformazione (*dell'ordinamento politico*) in feudale.

to **feudalize** /'fju:dəlaɪz/, *v. t.* rendere feudale.

feudally /'fju:dəlɪ/, *avv.* feudalmente.

feudatory /'fju:dətrɪ, *USA* -tɔ:rɪ/, **A** *n.* (*stor.*) feudatario; vassallo. **B** *a.* feudatario; soggetto a un signore feudale.

fever /'fi:və(r)/, *n.* (*anche fig.*) febbre: **The doctor felt my pulse and said I had a high f.**, il dottore mi tastò il polso e disse che avevo la febbre alta; **yellow f.**, febbre gialla; **typhoid f.**, febbre tifoide. ● (*med.*) **f. blister**, erpete febbrile; febbre (*fam.*) □ **f. heat**, calore febbrile; (*fig.*) grande eccitazione □ **f. sore**, *V.* **f. blister** □ **at a f. pitch**, in uno stato di grande eccitazione □ (*fig.*) **to be at a f. pitch**, essere al colmo dell'eccitazione □ **to be in a f. of**

anxiety, avere un'ansia febbrile □ **scarlet f.**, scarlattina.

to **fever** /ˈfiːvə(r)/, **A** *v. t.* **1** dare (*o* far venire) la febbre a (q.) **2** (*fig.*) mettere in agitazione. **B** *v. i.* **1** avere la febbre **2** (*fig.*) agitarsi febbrilmente; essere sovreccitato.

fevered /ˈfiːvəd/, *a.* **1** febbricitante **2** (*fig.*) febbrile; agitato; eccitato: **a f. imagination**, una fantasia eccitata.

feverfew /ˈfiːvəfjuː/, *n.* (*bot.*, *Chrysanthemum parthenium*) partenio; matricale; amarella.

feverish /ˈfiːvərɪʃ/, *a.* **1** febbricitante **2** (*fig.*) febbrile: **f. activity**, attività febbrile **3** dovuto alla febbre: **f. dreams**, sogni dovuti alla febbre **4** che dà la febbre: **a f. climate**, un clima che dà la febbre. || **-ly**, *avv.* || **-ness**, *sost.*

feverous /ˈfiːvərəs/, *V.* **feverish**.

few /fjuː/, *a.* e *pron.* **1** pochi, poche; scarsi, scarse: **I have few friends in this town**, ho pochi amici in questa città; **Few know the truth**, pochi sanno la verità; **Visitors are few here**, i visitatori sono scarsi qui **2** – **a few**, alcuni, alcune; alquanti; qualcuno; qualche: **He spoke a few words**, disse qualche parola; **A few know the truth**, qualcuno sa (*o* alcuni sanno) la verità; **I'll be back in a few days**, sarò di ritorno fra qualche giorno **3** – **only a few**, pochi; troppo pochi: **Only a few of us were present**, eravamo presenti in pochi. ● **the few**, la minoranza; i meno □ **few and far between**, rari, rarissimi □ **a few more**, degli altri, delle altre; ancora: **I like these apples**: **I'd like a few more**, queste mele mi piacciono: ne vorrei delle altre □ **every few minutes** [**hours**, **days**], a intervalli di pochi minuti [di poche ore, di pochi giorni]: **The buses run every few minutes**, gli autobus passano a intervalli di pochi minuti □ (*fam.*) **a good few** (*o* **quite a few**), un bel numero (di); parecchi; molti □ **the happy few**, gli eletti □ **to name but a few**, per citarne qualcuno □ **not a few**, non pochi □ (*fam.*) **some few**, alcuni; taluni □ (*fam.*) **precious few**, pochissimi.

fewer /ˈfjuːə(r)/, *a.* (*compar. di* **few**) meno (*con nomi pl.*): **I have f. friends than you**, ho meno amici di te. ● **no f. than**, non meno di: **No f. than two hundred soldiers were killed**, non meno di duecento soldati furono uccisi.

fewest /ˈfjuːɪst/, *a.* (*superl. relat. di* **few**) meno (*con nomi pl.*); il minor numero di: **Which of you made the f. mistakes?**, chi di voi ha fatto il minor numero di errori?

fewness /ˈfjuːnəs/, *n.* scarsità; numero ristretto (*di cose o persone*).

fey /feɪ/, *a.* **1** (*arc. o scozz.*) destinato a morire; sul punto di morire **2** strambo; strano; stravagante **3** capace di vedere fate, di capire il soprannaturale; visionario **4** di (*o* da) fata; soprannaturale; bizzarro.

fez /fez/, *n.* (*pl.* **fezzes, fezes**) fez (*berretto turco*).

fiancé /fɪˈɒnseɪ, fɪˈɑːn-, *USA* fɪɑːnˈseɪ/ (*franc.*), *n.* fidanzato.

fiancée /fɪˈɒnseɪ, fɪˈɑːn-, *USA* fɪɑːnˈseɪ/ (*franc.*), *n.* fidanzata.

fiasco /fɪˈæskəʊ/ (*ital.*), *n.* (*pl.* **fiascoes, fiascos**) fallimento; fiasco; insuccesso.

fiat /ˈfiːæt, ˈfaɪæt, *USA* -ɑːt/, *n.* **1** (*leg.*) decreto; comando; ordine (*dell'autorità*) **2** (*form.*) approvazione; autorizzazione. ● (*econ., fin.*) **f. money**, moneta a corso forzoso.

to **fiat** /ˈfiːæt, ˈfaɪæt, *USA* -ɑːt/, *v. t.* (*raro*) approvare; autorizzare.

fib (**1**) /fɪb/, *n.* (*fam.*) bugia; bugiola; fandonia; frottola.

fib (**2**) /fɪb/, *n.* pugno; colpo.

to **fib** (**1**) /fɪb/, *v. i.* dir bugie; contar frottole.

to **fib** (**2**) /fɪb/, *v. t.* dar pugni a (q.); colpire; picchiare.

fibber /ˈfɪbə(r)/, *n.* bugiardo; bugiardello.

fiber /ˈfaɪbə(r)/ e *deriv.* (*USA*), *V.* **fibre** e *deriv.*

fibre /ˈfaɪbə(r)/, *n.* **1** fibra (*anche fig.*); tempra: **cotton fibres**, le fibre del cotone; **moral f.**, tempra morale **2** (*bot.*) fibra; radice fibrosa **3** (*ind.*) fibra; cartone fibra. ● (*fis.*) **f.-optics**, ottica delle fibre ottiche □ **f.-optics technician**, tecnico delle fibre ottiche □ **f.-tip** (*o* **f.-tipped**) **pen**, pennarello.

fibreboard /ˈfaɪbəbɔːd/, *n.* (*ind.*) cartone fibra; fibra.

fibrefill /ˈfaɪbəfɪl/, *n.* (*ind.*) fibra sintetica per imbottiture.

fibreglass /ˈfaɪbəglɑːs, *USA* -æs/, *n.* (*ind.*) fibra di vetro; fiberglass.

fibreless /ˈfaɪbələs/, *a.* senza fibra; (*fig.*) senza forza (morale).

fibrescope /ˈfaɪbəskəʊp/, *n.* (*med.*) fibroscopio.

fibriform /ˈfaɪbrɪfɔːm/, *a.* fibriforme.

fibril /ˈfaɪbrɪl, -əl/, *n.* (*scient.*) fibrilla.

fibrillar(**y**) /ˈfaɪbrɪlə(rɪ)/, *a.* (*biol.*) fibrillare.

fibrillation /faɪbrɪˈleɪʃn/, *n.* (*med.*) fibrillazione.

fibrillose /ˈfaɪbrɪləʊs/, **fibrillous** /ˈfaɪbrɪləs/, *a.* (*biol.*) fibrillare.

fibrin /ˈfaɪbrɪn/, *n.* (*biol.*) fibrina.

fibrinogen /faɪˈbrɪnədʒən/, *n.* (*biol.*) fibrinogeno.

fibrinous /ˈfaɪbrɪnəs/, *a.* (*biol.*) fibrinoso.

fibroblast /ˈfaɪbrəblæst/, *n.* (*biol.*) fibroblasto.

fibrocell /ˈfaɪbrəsel/, *n.* (*biol.*) fibrocellula.

fibrocement /faɪbrəsɪˈment/, *n.* (*edil.*) fibrocemento.

fibrocyte /ˈfaɪbrəsaɪt/, *n.* (*biol.*) fibrocita.

fibroid /ˈfaɪbrɔɪd/, **A** *a.* fibroide; fibroso. **B** *n.* (*med.*) tumore fibroso; fibroma.

fibroin /ˈfaɪbrəʊɪn/, *n.* (*chim.*) fibroina.

fibroma /faɪˈbrəʊmə/, *n.* (*pl.* **fibromas, fibromata**) (*med.*) fibroma.

fibrosarcoma /faɪbrəʊsɑːˈkəʊmə/, *n.* (*med.*) fibrosarcoma.

fibrosis /faɪˈbrəʊsɪs/, *n.* (*pl.* **fibroses**) (*med.*) fibrosi.

fibrous /ˈfaɪbrəs/, *a.* (*biol.*) fibroso.

fibrousness /ˈfaɪbrəsnəs/, *n.* fibrosità.

fibster /ˈfɪbstə(r)/, *n.* bugiardo; bugiardello.

fibula /ˈfɪbjʊlə/, *n.* (*pl.* **fibulae, fibulas**) **1** (*anat.*) fibula; perone **2** (*archeol.*) fibula; fibbia.

fichu /ˈfiːʃuː/ (*franc.*), *n.* fisciù; fazzoletto da collo; scialle.

fickle /ˈfɪkl/, *a.* incostante; instabile; mutevole; volubile: **a f. girl**, una ragazza volubile; **f. weather**, tempo instabile. || **-ness**, *sost.*

fictile /ˈfɪktaɪl, *USA* -tl/, *a.* **1** fittile; di terracotta **2** dell'arte ceramica.

fiction /ˈfɪkʃn/, *n.* **1** (*letter.*) narrativa; novellistica: **works of f.**, opere di narrativa; romanzi, novelle **2** invenzione; finzione; fantasie: **We want facts, not f.**, vogliamo fatti, non fantasie. ● (*leg.*) **f. of law**, finzione giuridica □ **f. writer**, romanziere; novellista.

fictional /ˈfɪkʃənl/, *a.* **1** (*letter.*) narrativo; del romanzo **2** immaginario; inventato; romanzesco.

fictionalization /fɪkʃənəlaɪˈzeɪʃn, *USA* -lɪˈz-/, *n.* il romanzare.

to **fictionalize** /ˈfɪkʃənəlaɪz/, *v. t.* romanzare.

fictionist /ˈfɪkʃənɪst/, *n.* narratore; romanziere; novellista.

fictitious /fɪkˈtɪʃəs/, *a.* **1** fittizio; immaginario; inventato; falso: **Tom Jones is a f. character**, Tom Jones è un personaggio immaginario; **to write under a f. name**, scrivere sotto falso nome **2** (*leg.*) fittizio: **f. sale**, vendita fittizia (*o* simulata) **3** (*tecn., scient.*) fittizio: (*naut.*) **f. equator**, equatore fittizio. ● (*rag.*) **f. assets**, attività fittizie □ (*leg.*) **f. payee**, beneficiario fittizio. || **-ly**, *avv.* || **-ness**, *sost.*

fictive /ˈfɪktɪv/, *a.* **1** dotato d'inventiva **2** fittizio; immaginario.

ficus /ˈfaɪkəs/, *n.* (*bot.*, *Ficus*) ficus.

fid /fɪd/, *n.* **1** (*naut.*) caviglia (*per impiombare*) **2** cuneo (*di legno o d'altro*) **3** (*naut.*, = **f. of mast**) chiave d'albero.

fiddle /ˈfɪdl/, **A** *n.* **1** (*mus.*) fiddle (*strumento popolare*) **2** (*fam. o spreg.*) violino; viola **3** (*fam.*) imbroglio; truffa. **B** *inter.* sciocchezze! ● **f. bow**, archetto del violino □ **f. case**, astuccio per violino □ **f.-de-dee!**, sciocchezze! □ (*fam.*) **f.-faddle**, inezie; sciocchezze; piccinerie □ **to be as fit as a f.**, essere sano come un pesce □ **a face as long as a f.**, faccia scontenta (*o* da funerale); muso lungo: **When he came home he had a face as long as a f.**, quando rincasò aveva una faccia da funerale □ (*fig.*) **to hang up one's f. when one comes home**, essere di buon umore fuori e tetro in casa □ (*fig.*) **to play second f.**, avere una parte di secondaria importanza.

to **fiddle** /ˈfɪdl/, *v. t.* e *i.* (*fam.*) **1** suonare il violino; suonare (*un pezzo*) sul violino **2** (*spesso* **to f. with**) baloccarsi; gingillarsi: **to f. with a gun**, gingillarsi con una pistola **3** (*fam.*) imbrogliare; truffare; fregare, fregarsi (*fam.*): **He's fiddled five pounds on his bill**, s'è fregato cinque sterline sul suo conto **4** alterare; falsificare; truccare: **to f. one's accounts**, truccare i conti delle spese **5** rovistare (*in un cassetto, ecc.*) **6** – **to f. with**, armeggiare, aggeggiare, trafficare con (*un meccanismo, ecc.*) **7** – **to f. with**, manomettere: **to f. with a door lock**, manomettere la serratura di una porta **8** giocherellare; dare segni di nervosismo (*specialm.* con le mani). ● **to f. around** (*o* **about**), sprecare tempo □ **to f. away one's time**, perdere tempo in sciocchezze.

to **fiddle-faddle** /ˈfɪdlfædl/, *v. i.* gingillarsi; baloccarsi; perdere tempo; fare (*o* dire) sciocchezze.

fiddler /ˈfɪdlə(r)/, *n.* **1** (*fam.*) violinista; strimpellatore (*di violino*) **2** (*fam.*) imbroglione; truffatore **3** (*zool.*, *Rhinobatus*) pesce chitarra. ● (*zool.*) **f. crab**, granchio violinista □ **F.'s green**, paradiso (per le anime) dei marinai.

fiddlestick /ˈfɪdlstɪk/, *n.* archetto del violino. ● **fiddlesticks!**, sciocchezze! □ (*fam.*) **I don't care a f.**, non me ne importa un fico secco.

fiddling /ˈfɪdlɪŋ/, *a.* insignificante; fatuo; minuscolo; da nulla.

Fidelism /fɪˈdelɪzəm/, *n.* (*polit.*) castrismo.

Fidelist /fɪˈdelɪst/, *n.* (*polit.*) castrista.

fidelity /fɪˈdelətɪ/, *n.* fedeltà; lealtà; esattezza; precisione: **f. to one's ideals**, fedeltà ai propri ideali; **to copy a document with complete f.**, copiare un documento con assoluta esattezza. ● (*ass.*) **f. insurance**, assicurazione contro i danni provocati dalla disonestà dei dipendenti.

fidget /ˈfɪdʒɪt/, *n.* **1** agitazione; irrequietezza **2** persona irrequieta (*o* nervosa, che s'agita). ● **to have the fidgets** (*o* **to be in a f.**), essere agitato; stare sulle spine.

to **fidget** /ˈfɪdʒɪt/, **A** *v. i.* agitarsi; dimenarsi; giocherellare (*nervosamente*): **Stop fidgeting with your pencil**, smettila di giocherellare con la matita. **B** *v. t.* mettere a disagio; infastidire.

fidgetiness /ˈfɪdʒɪtɪnəs/, *n.* agitazione; irrequietezza; nervosismo.

fidgetingly /ˈfɪdʒɪtɪŋlɪ/, *avv.* nervosamente.

fidgety /ˈfɪdʒətɪ/, *a.* agitato; irrequieto; nervoso.

fiducial /fɪˈdjuːʃɪəl, *USA* -ˈduːʃl/, *a.* **1** fiduciale; fiduciario: (*stat.*) **f. distribution**, distribuzione fiduciale **2** (*astron., ottica, agrimensura*) di riferimento: **a f. point**, un punto (*o* un segno) di riferimento.

fiduciary /fɪˈdjuːʃɪərɪ, *USA* -ˈduːʃɪerɪ/, **A** *a.* (*anche leg., fin.*) fiduciario: **a f. guardian for a minor**, un tutore fiduciario d'un minorenne; **f. circulation**, circolazione fiduciaria (*di cartamoneta*). **B** *n.* (*leg.*) fiduciario. ● (*fin.*) **f. currency** (*o* **money**), moneta a circolazione fiduciaria.

fie /faɪ/, *inter.* (*arc. o scherz.*) oibò!: **fie for shame!**, vergogna!

fief /fiːf/, *n.* (*stor.*) feudo.

field /fiːld/, *n.* **1** (*anche fig.*) campo: **a f. of oats**, un campo di avena; **a football f.**, un campo da (gioco del) calcio; **a landing f.**, un campo di atterraggio; **the f. of battle** (*o* **the battlefield**), il campo di battaglia (*anche* *fig.*); **in the f.**, sul campo (di battaglia); **in the f. of science**, nel campo della scienza; **His knowledge is confined to his particular f.**, le sue conoscenze sono limitate al suo campo di studi (*o* al suo settore) particolare; **He left his rival in possession of the f.**, lasciò il suo rivale padrone del campo **2** (*geol.*) bacino; giacimento: **gold f.**, bacino aurifero; (*in combinazione*) **a coalfield**, un giacimento carbonifero; **an oilfield**, un giacimento petrolifero **3** (*mil.*) campo di battaglia; battaglia: **a hard-fought f.**, una battaglia aspramente combattuta **4** distesa; banco: **a f. of ice** (*o* **an ice f.**), un banco di ghiaccio **5** (*sport*) (i) concorrenti in campo: **a good f.**, una schiera di ottimi concorrenti **6** (*ippica*) (i) cavalli iscritti a una corsa (*eccetto il favorito*) **7** (*caccia alla volpe*) (la) comitiva dei cacciatori **8** (*fig.*) campo; campo d'azione; settore (*di studio*); luogo, terreno (*d'osservazione*) **9** (*tecn., scient.*) campo: (*fis.*) **gravitational f.**, campo gravitazionale; **magnetic f.**, campo magnetico **10** (*elettron.*) semiquadro **11** (*elab.*) campo; zona: **f. width**, ampiezza di campo. ● **f. allowance**, soprassoldo, indennità di campagna (*pagata agli ufficiali*) □ **f. artillery**, artiglieria da campo (*o* campale) □ (*mil.*) **f. battery**, batteria campale □ **f. book**, taccuino da agrimensore □ (*elettr.*) **f. coil**, avvolgimento di campo; bobina eccitatrice □ (*anche fig.*) **f. day**, (*mil.*) giorno delle grandi manovre; giornata passata all'aperto (*per fare dello sport, studiare la natura, ecc.*) □ **f. dressing**, pacco di medicazioni d'emergenza □ **f. engineer**, ingegnere di cantiere □ (*sport*) **f. events**, gare su campo; (riunioni di) atletica leggera □ (*market.*) **f. force**, gruppo d'intervistatori □ **f. glasses**, binocolo (da campagna) □ (*pallacanestro*) **f. goal**, canestro (fatto) su azione □ **f. gun**, cannone da campagna □ (*USA*) **f. hand**, bracciante agricolo □ (*sport*) **f. handball**, pallamano □ (*sport*) **f. hockey**, hockey su prato □ **f. hospital**, ospedale da campo □ (*sport*) **f. house**, spogliatoi □ **f. ice**, banchisa □ (*market.*) **f. investigation**, ricerca esterna □ **f. kitchen**, cucina da campo □ (*market.*) **f. manager**, direttore di zona □ (*mil.*) **f. marshal**, feldmaresciallo □ (*fisiol., med.*) **f. of vision**, campo visivo □ **f. officer**, ufficiale superiore □ (*aeron.*) **f. personnel**, personale a terra □ **f. preacher**, predicatore ambulante □ **f. sports**, caccia e pesca □ **f. staff**, personale esterno (*che lavora fuori sede*) □ **f. study**, ricerca sul campo □ **f. telephone**, telefono da campo □ **f. test**, test sul campo; collaudo in condizioni reali di utilizzo □ **f. trip**, gita (scolastica) di istruzione □ (*baseball*) **f. umpire**, secondo arbitro □ **f.-work**, (*market.*) raccolta diretta di dati; (*ecol., ecc.*) osservazione diretta della natura □ **f.-worker**, chi raccoglie dati; osservatore diretto della natura □ **to burn off the fields**, bruciare le stoppie □ **to give fair f. and no favour**, concedere campo franco e sicuro; assicurare condizioni di parità a due concorrenti □ (*fam.*) **to have a f. day**, fare un colpo (*fig.*); (*anche*) divertirsi un mondo □ (*mil.*) **to hold the f.**, tenere il campo; non cedere terreno □ **to keep the f.**, (*mil.*) restare in campo; (*fig.*) non abbandonare un'attività (*o* una gara) □ **to lead the f.**, essere in testa (*anche fig.*) □ (*mil.*) **to lose the f.**, perdere (*o* cedere) il campo □ (*mil.*) **mine f.**, campo minato □ (*fam.*) **to play the f.**, correre la cavallina □ (*agric.*) **rice fields**, risaie □ **to take the f.**, (*mil., sport*) scendere in campo; (*fig.*) dare inizio a un'attività.

to **field** /fi:ld/, *v. t.* (*sport*) **1** (*in vari giochi*) prendere e rilanciare (*la palla*) **2** mettere in campo (*un giocatore, una squadra*). ● (*fig.*) **to f. a question**, rispondere bene a una domanda.

fielder /ˈfi:ldə(r)/, *n.* (*baseball, cricket*) esterno.

fieldfare /ˈfi:ldfɛə(r)/, *n.* (*zool., Turdus pilaris*) cesena; viscarda.

fieldmouse /ˈfi:ldmaus/, *n.* (*pl.* **fieldmice**) (*zool.*) topo di campagna; arvicola.

fieldpiece /ˈfi:ldpi:s/, *n.* (*mil., arc.*) cannone da campagna.

fieldsman /ˈfi:ldzmən/, *n.* (*pl.* **fieldsmen**) *V.* **fielder**.

to **field-test** /ˈfi:ldtɛst/, *v. t.* sperimentare sul campo; collaudare in condizioni reali di utilizzo.

fieldwork /ˈfi:ldwɜ:k/, *n.* (*mil.*) fortificazione campale.

fiend /fi:nd/, *n.* demonio; diavolo (*anche fig.*): **He's a f. at tennis**, a tennis è un diavolo (scatenato). ● **cigarette f.**, fumatore accanito □ **drug f.**, tossicodipendente □ **morphia f.**, morfinomane.

fiendish /ˈfi:ndɪʃ/, *a.* **1** demoniaco; diabolico; infernale **2** diabolico; machiavellico **3** (*fam.*) tremendo; enorme: **f. difficulty**, tremenda difficoltà. ‖ **-ly**, *avv.* ‖ **-ness**, *sost.*

fiendlike /ˈfi:ndlaɪk/, *a.* da demonio; diabolico; infernale.

fierce /fɪəs/, *a.* **1** fiero; feroce; crudele; selvaggio: **a f. dog**, un cane feroce; **a f. tribe**, una tribù selvaggia; **a f. look**, uno sguardo feroce **2** furioso; furibondo; violento; accanito: **a f. dispute**, una lite furibonda; **a f. struggle**, una lotta accanita; **a f. storm**, una violenta tempesta; **a f. wind**, un vento furioso; **a f. effort**, uno sforzo violento **3** eccessivo; intenso; forte: **f. heat**, caldo intenso (*o* eccessivo); **a f. colour**, un colore intenso (*o* carico); **f. loyalty**, forte attaccamento **4** (*sport*) grintoso. ● **a f. temper**, un carattere ardente (*o* focoso). ‖ **-ly**, *avv.* ‖ **-ness**, *sost.*

fierily /ˈfaɪərəlɪ/, *avv.* ardentemente; focosamente; impetuosamente.

fieriness /ˈfaɪərɪnəs/, *n.* **1** ardore; foga; impeto; impetuosità **2** infiammabilità; irritabilità.

fiery /ˈfaɪərɪ/, *a.* **1** infuocato; ardente; focoso; impetuoso: **a f. furnace**, una fornace infuocata; **a f. sun**, un sole ardente; **f. words**, parole infuocate; **a f. horse**, un cavallo focoso; **f. eyes**, occhi ardenti; **a f. nature**, un temperamento focoso **2** fiammeggiante; di fiamma: **a f. sunset**, un tramonto fiammeggiante **3** appassionato **4** infiammabile: **a f. gas**, un gas infiammabile. ● **a f. taste**, un sapore piccante □ **f. tongues**, lingue di fuoco.

fiesta /fɪˈɛstə/ (*spagn.*), *n.* festa (*specialm. religiosa*); giorno di festa.

fife /faɪf/, *n.* (*mus.*) piffero: **a f. band**, una banda di pifferi.

to **fife** /faɪf/, *v. t.* e *i.* suonare il piffero; suonare col piffero.

fifer /ˈfaɪfə(r)/, *n.* pifferaio.

fifteen /fɪfˈti:n/, **A** *a.* e *n.* quindici: **I am f.**, ho quindici anni. **B** *a.* (*di un film*: *in G.B.*) vietato ai minori di quindici anni. **C** *n.* (*rugby*) squadra (*di 15 giocatori*).

fifteenth /fɪfˈti:nθ/, **A** *a.* quindicesimo; decimoquinto (*lett.*). **B** *n.* **1** (un) quindicesimo; (la) quindicesima parte **2** (*mus.*) intervallo di due ottave.

fifth /fɪfθ/, **A** *a.* quinto. **B** *n.* **1** (un) quinto; (la) quinta parte **2** (*mus.*) quinta **3** (*nelle date*) 5: **April 5th**, 5 aprile **4** (*USA*) (un) quinto di gallone (*soprattutto come misura di liquore*). ● (*polit.*) **f. column**, quinta colonna □ **f. columnist**, partigiano □ (*a scuola*) **f. form**, classe quinta (*ultimo anno delle secondarie*) □ **f. wheel**, (*mecc.*) ralla; (*autom.*) ruota di scorta; (*fig.*) ultima ruota del carro; persona di nessun conto; cosa inutile, superflua □ (*USA*) **to take the f.** (**amendment**), invocare il quinto emendamento (*rifiutare di rispondere per non essere incriminato*).

fifthly /ˈfɪfθlɪ/, *avv.* in quinto luogo.

fiftieth /ˈfɪftɪəθ/, **A** *a.* cinquantesimo. **B** *n.* (un) cinquantesimo; (la) cinquantesima parte.

fifty /ˈfɪftɪ/, *a.* e *n.* cinquanta. ● **the fifties**, gli anni dai 50 ai 60 (*nella vita di q.*); gli anni dai '50 ai '60 (*in un secolo*); gli anni cinquanta (*specialm. del XX secolo*) □ (*fin.*) **f.-f.**, fifty-fifty; in parti uguali □ (*sport*) **the 50,000-metre walk**, la marcia dei 50 kilometri □ **f. pence** (**piece**), moneta da 50 penny (*mezza sterlina*) □ **to go f.-f. with sb.**, fare a metà con q. (*nel pagamento di q.c.*); fare alla romana (*fam.*) □ **on a f.-f. basis**, sulla base di un'equa ripartizione; in piena parità.

fiftyish /ˈfɪftɪɪʃ/, *a.* sulla cinquantina: **The woman who opened was small and f.**, la donna che venne ad aprire era piccola e sulla cinquantina.

fig (**1**) /fɪg/, *n.* **1** fico: **green figs**, fichi freschi; **dried figs**, fichi secchi **2** (*bot., Ficus carica*; = **fig tree**) fico. ● (*zool.*) **fig-eater** (*o* **fig-pecker**) (*Sylvia simplex*), beccafico □ (*anche arte*) **fig-leaf**, foglia di fico □ **I don't care a fig for him**, non me ne importa un fico, di lui □ **It isn't worth a fig**, non vale un fico (secco).

fig (**2**) /fɪg/, *n.* (*fam. arc.* o *USA*) **1** abito; vestito; arnese (*fig.*): **to be in full fig**, essere in abito di gala; essere in ghingheri; **He was in poor fig**, era male in arnese **2** condizione; forma: **He is in good fig today**, è in buone condizioni (*o* in forma) oggi.

fight /faɪt/, *n.* **1** combattimento; battaglia; lotta; scontro; conflitto; contesa: **a f. between two armies**, un combattimento fra due eserciti; **a f. for higher wages**, una lotta per ottenere salari più alti; **to give f.**, dar battaglia **2** mischia; zuffa; il fare a pugni: **a f. between two cats**, una zuffa fra due gatti **3** lite; litigio **4** ardore combattivo; combattività; volontà di combattere: **He still had some f. in him**, aveva ancora dello spirito combattivo **5** (*sport*) incontro (*di boxe*); combattimento. ● **to put up a f.**, resistere; non arrendersi □ **to put up a good** [**a poor**] **f.**, battersi bene [male] □ **a sham f.**, un finto combattimento □ **to show f.**, mostrarsi combattivo; mostrare i denti (*fig.*) □ **a stand-up f.**, una battaglia in campo aperto; una lotta dichiarata.

to **fight** /faɪt/ (*pass.* e *p. p.* **fought**), **A** *v. i.* **1** combattere; lottare; battersi; battagliare: **Italy fought against Germany in the first world war**, l'Italia combatté contro la Germania nella prima guerra mondiale **2** azzuffarsi; fare a pugni: **Dogs and cats often f.**, i cani e i gatti spesso si azzuffano; **Boys sometimes f.**, i ragazzi talvolta fanno a pugni **3** litigare: **Spouses sometimes f.**, ogni tanto gli sposi litigano **4** (*sport*) fare il pugile; boxare. **B** *v. t.* **1** combattere; contrastare; battersi contro: **Doctors f. disease**, i medici combattono le malattie; **to f. a battle** [**a war**], combattere una battaglia [una guerra]; **You shouldn't f. things you cannot possibly change**, non serve battersi contro quello che non si può cambiare **2** far combattere; manovrare in battaglia: **to f. cocks**, far combattere i galli; **The captain fought his ship well**, il capitano manovrò bene la sua nave in battaglia **3** (*sport*) combattere contro (q.); disputare (*un incontro*). ● **to f. a cause** (*o* **a suit at law**) **against sb.**, intentare (*o* fare) causa a q. □ **to f. a duel**, fare un duello; battersi (in duello) □ **to f. for breath**, respirare a fatica □ **to f. for one's** (**dear**) **life**, battersi per la vita □ **to f. the good fight**, battersi per una buona causa □ **to f. a losing battle**, battersi per una causa disperata □ **to f. shy of**, evitare di (*fare q.c.*); stare alla larga da (q.) □ **to f. to the bitter end**, battersi a oltranza □ **to f. to a finish**, combattere (*o* lottare) fino all'ultimo; □ **to f. one's way through the crowd**, farsi largo a fatica tra la folla □ **to f. one's way to the top**, arrivare in alto nella scala sociale, lottando tenacemente.

♦**fight back**, **A** *v. i.* + *avv.* rispondere a un attacco; reagire; (*mil.*) contrattaccare. **B** *v. t.* + *avv.* reprimere, ricacciare (*fig.*): **She was trying to f. back her tears**, si sforzava di ricacciare le lacrime □ **to f. back against** (*o* **at**), reagire a, contrastare con la forza; combattere: **to f. back at the terrorists**, combattere il terrorismo.

♦**fight down**, *v. t.* + *avv.* superare, contrastare;

reprimere; vincere: **to f. down one's fear**, superare (*o* vincere) la paura; **to f. down one's anger**, reprimere l'ira.

♦**fight off**, *v. t. + avv.* ***1*** respingere (q.) combattendo (*o* con la forza): **The police fought off the demonstrators**, la polizia respinse i dimostranti ***2*** vincere, stroncare: **to f. off a cold**, stroncare un raffreddore □ (*market.*) **to f. off the competition**, battere la concorrenza.

♦**fight on**, *v. i. + avv.* continuare a combattere (*o* a battersi).

♦**fight out**, *v. t. + avv.* (*fam.*; *nella locuz.*) **to f. it out**, risolvere una questione battendosi (*o* facendo a pugni); vedersela: **Let them f. it out between themselves!**, se la vedano tra di loro!

♦**fight over**, *v. i. + prep.* battersi (*o* azzuffarsi) per: **The two dogs were fighting over a bone**, i due cani si azzuffavano per un osso.

♦**fight through**, **A** *v. i. + avv.* combattere, lottare, battersi fino in fondo. **B** *v. t. + avv.* ***1*** combattere, condurre (*una lotta, ecc.*) fino alla fine ***2*** far approvare (*una proposta, ecc.*) battendosi a più non posso. **C** *v. i. + prep.* farsi largo lottando tra (*la folla, ecc.*). **D** *v. t. + prep.* ***1*** far approvare (*un progetto, ecc.*) vincendo (*l'opposizione, ecc.*) ***2*** superare lottando (*o* battendosi): **I had to f. through a lot of hard opposition**, dovetti superare un'accanita opposizione □ **to f. one's way through the jungle with a machete**, aprirsi faticosamente un varco nella giungla con un machete.

fightback /'faɪtbæk/, *n.* (*mil.* e *fig.*) contrattacco; controffensiva.

fighter /'faɪtə(r)/, *n.* ***1*** combattente; lottatore (*fig.*) ***2*** (*sport*) pugile che preferisce attaccare; fighter ***3*** (*mil.*, = **f. plane**) (aereo da) caccia. ● (*mil.*) **f. bomber**, cacciabombardiere □ (*mil.*) **f. interceptor**, caccia-intercettore □ (*mil.*) **f. pilot**, pilota da caccia.

fighting /'faɪtɪŋ/, **A** *n.* combattimento; scontro; battaglia; lotta: **Was there much f.?**, ci furono molti scontri?; si combatté molto? **B** *a.* ***1*** combattente; combattivo; battagliero: **f. men**, (soldati) combattenti ***2*** di (*o* da) combattimento: **a f. plane**, un apparecchio da combattimento □ **f. cock**, gallo da combattimento; (*fig.*) galletto (*fig.*). ● **f. spirit**, ardore combattivo; combattività □ (*mil.*) **f. line**, linea del fuoco; prima linea □ **to have a f. chance**, avere una probabilità di riuscita (*o* di successo), se ci si dà da fare.

figment /'fɪgmənt/, *n.* finzione; invenzione; fantasia; fantasma: **figments of the mind**, fantasmi della mente.

figuline /'fɪgjʊlɪn/, **A** *a.* figulino; di ceramica. **B** *n.* opera figulina; vaso di terracotta.

figurant /'fɪgjərənt/, *n.* (*teatr.*) ***1*** figurante; comparsa ***2*** ballerino classico; danzatore di balletto.

figurante /fɪgjʊ'ræntɪ, *USA* fɪgjə'rɑːnt/, *n.* (*teatr.*) ***1*** figurante; comparsa (*donna*) ***2*** ballerina classica; danzatrice di balletto.

figuration /fɪgə'reɪʃn, *USA* -gjə-/, *n.* ***1*** (*anche arte*) figurazione; rappresentazione; ornamentazione ***2*** allegoria ***3*** (*mus.*) figurazione; contrappunto fiorito.

figurative /'fɪgərətɪv, *USA* -gjə-/, *a.* ***1*** figurato; metaforico; traslato: **f. language**, linguaggio figurato ***2*** allegorico; simbolico ***3*** figurativo: **f. arts**, arti figurative ***4*** (*arte*) ornato; fiorito.

figuratively /'fɪgərətɪvlɪ, *USA* -gjə-/, *avv.* ***1*** in senso figurato; figuratamente ***2*** (*arte*) figurativamente.

figurativeness /'fɪgərətɪvnəs, *USA* -gjə-/, *n.* ***1*** l'essere figurato (*o* allegorico) ***2*** (*arte*) figuratività.

figure /'fɪgə(r), *USA* -gjə(r)/, *n.* ***1*** figura (*anche geom.*); aspetto; forma; disegno: **I saw her slender f. in the crowd**, vidi la sua esile figura tra la folla; **That man has a fine** (*o* **handsome**) **f.**, quell'uomo ha una bella figura (*o* un bel personale); **Einstein is one of the great figures of this age**, Einstein è una delle grandi figure del nostro tempo; **The wall was covered with figures of birds and flowers**, il muro era ricoperto da disegni d'uccelli e di fiori; (*geom.*) **a plane f.**, una figura piana; (*geom.*) **a solid f.**, una figura solida; **figures of speech**, figure retoriche ***2*** (*mat.*) cifra, numero; (*comm.*) somma, ammontare; (*pl.*, *fig.*) aritmetica: **in round figures**, in cifra tonda; **His income runs into five figures**, il suo reddito (*in dollari o sterline*) ascende a un numero di cinque cifre; **I am not very good at figures**, non sono molto bravo coi numeri (*o* in aritmetica) ***3*** (*specialm. di donna*) linea: **to keep one's f.**, mantenere la linea ***4*** (*pattinaggio*) figura ***5*** (*pl.*) dati: **Our figures are aggregates**, i nostri dati rappresentano valori globali. ● **f.-dance**, ballo figurato □ **f. drawing**, disegno di figura □ **f. (of) eight**, otto; nodo sabaudo; (*pattinaggio*) otto □ **a f. of fun**, una persona grottesca; un tipo ridicolo □ **a f. of sorrow**, l'immagine stessa del dolore □ (*sport*) **f. skating**, pattinaggio artistico □ **f. of speech**, modo di dire □ **to cut a fine** [**a poor**] **f.**, fare una bella [una brutta] figura □ **to cut quite a f.**, fare un figurone □ **to cut a sorry f.**, fare una figuraccia □ (*mat.*) **double figures**, numeri di due cifre □ **to get st. at a high f.**, pagare q.c. una bella cifra □ **a person of f.**, una persona distinta, notevole □ **to put a f. on st.**, dire una cifra (*o* un numero) per q.c. □ (*fin.*) **a six-f. income**, un reddito che sta entro le sei cifre (*fra 100 000 e 999 999 dollari o sterline*).

to **figure** /'fɪgə(r), *USA* -gjə(r)/, *v. t.* e *i.* ***1*** figurare; raffigurare; rappresentare; ritrarre; simboleggiare; adornare di disegni; avere un posto preminente: **His name didn't f. on my list**, il suo nome non figurava nella mia lista; **The Japanese like to f. silk**, ai giapponesi piace adornare la seta di disegni; **Roosevelt will certainly f. in history**, Roosevelt occuperà certo un posto preminente nella storia ***2*** (*anche* **to f. to oneself**) immaginare; figurarsi: **I cannot f. to myself how he could do it**, non so figurarmi come abbia potuto fare ciò ***3*** segnare (q.c.) con numeri (*o* cifre); mettere il prezzo a (*un oggetto*) ***4*** far di conto; fare calcoli ***5*** (*fam. USA*) calcolare; decidere; credere, pensare: **I f. it's time to go**, penso che sia ora d'andare ***6*** (*fam.*) quadrare; accordarsi con le aspettative: **It figures!**, la cosa quadra!; è ragionevole! ● **to f. as**, passare per, essere reputato: **He figures as an honest man**, passa per uomo onesto.

♦**figure in**, **A** *v. t. + avv.* (*fam. USA*) tener conto di, includere (*un costo in una spesa*): **Have you figured in the cost of the rent-a-car?**, hai tenuto conto del costo del noleggio dell'auto? **B** *v. i. + prep.* ***1*** essere preso in considerazione, essere calcolato in: **Does the question of expenditure f. in your plan?**, nel tuo progetto è stata calcolata la spesa? ***2*** essere presente; comparire: **to f. in sb.'s dreams**, comparire nei sogni di q.

♦**figure on**, *v. i. + prep.* (*specialm. USA*) contare su (*o* di); fare conto (*o* affidamento) su; intendere; prevedere di: **I figured on him helping me**, facevo affidamento sul suo aiuto; **I f. on having a long holiday next summer**, intendo (*o* conto di) prendermi una lunga vacanza l'estate prossima.

♦**figure out**, *v. t. + avv.* (*fam. specialm. USA*) ***1*** calcolare; risolvere: **to f. out expenses**, calcolare le spese; **to f. out a problem**, risolvere un problema ***2*** capire; immaginare: **He talks in riddles, so I can't f. him out**, parla per indovinelli, perciò non riesco a capirlo; **Can you f. out what the outcome will be?**, riesci a immaginare come andrà a finire?

♦**figure up**, **A** *v. t. + avv.* (*fam. USA*) calcolare l'ammontare di. **B** *v. i. + avv.* (*fam. USA*) ammontare (*a una certa somma*).

figured /'fɪgəd, *USA* -gjəd/, *a.* ***1*** figurato; decorato; ornato con figure: **f. language**, linguaggio figurato (*o* metaforico) ***2*** stampato: **f. satin**, raso stampato; **f. glass**, vetro stampato. ● (*mus.*) **f. bass**, basso cifrato.

figurehead /'fɪgəhed, *USA* -gjə-/, *n.* ***1*** (*naut.*) figura di prua; polena ***2*** (*fig.*) uomo di paglia; prestanome.

figurine /'fɪgəriːn, *USA* fɪgjə'riːn/, *n.* figurina; statuetta.

figwort /'fɪgwɜːt, -wɔːt/, *n.* (*bot.*) ***1*** (*Scrophularia*) scrofularia ***2*** (*Ranunculus ficaria*) favagello.

Fiji /'fiːdʒiː, fiː'dʒiː/, **A** *n.* (*geogr.*) ***1*** (= **F. Islands**) isole Figi ***2*** abitante delle Figi. **B** *a.* delle (isole) Figi.

filament /'fɪləmənt/, *n.* ***1*** filamento (*in ogni senso*); filo (*di tessuto artificiale*) ***2*** filo (*d'aria*); bava (*di vento*) ***3*** (*metall.*) filo: **f. drawing**, trafilatura di filo. ● (*elettr.*) **f. lamp**, lampada a incandescenza.

filamentary /fɪlə'mentrɪ/, **filamentous** /fɪlə'mentəs/, *a.* filamentoso.

filaria /fɪ'leərɪə/, *n.* (*pl.* **filariae**) (*zool.*) filaria.

filariasis /fɪlə'raɪəsɪs/, *n.* (*med.*, *vet.*) filariasi; filariosi.

filature /'fɪlətʃʊə(r), -tʃə(r)/, *n.* (*ind. tess.*) ***1*** filatura ***2*** filatoio ***3*** filanda.

filbert /'fɪlbət/, *n.* (*bot.*) ***1*** nocciola; avellana ***2*** (*Corylus avellana*) nocciolo; avellano.

to **filch** /fɪltʃ/, *v. t.* rubare; rubacchiare; fare man bassa di.

filcher /'fɪltʃə(r)/, *n.* ladruncolo, ladruncola.

filching /'fɪltʃɪŋ/, *n.* rubacchiamento.

file (**1**) /faɪl/, *n.* ***1*** filza (*di documenti e sim.*); archivio; dossier (*franc.*); casellario; schedario: **our** [**your**] **f.**, il nostro [il vostro] numero di riferimento (in archivio); **a confidential f.**, un dossier segreto ***2*** collezione (*di documenti, giornali, ecc.*); raccolta; incartamento: **Please, give me the f. of «The Economist»**, per favore, mi dia la raccolta dell'«Economist» ***3*** scheda: **to read one's personal f.**, leggere la propria scheda personale ***4*** (*elab.*) file; archivio: **data f.**, file di dati; **f. up dating**, aggiornamento degli archivi ***5*** (*pop. USA*, = **circular f.**) cestino (*della carta straccia*). ● **f.-card**, cartellino; scheda □ **f. clerk**, archivista □ (*elab.*) **f. gap**, intervallo fisico tra due file □ **f. folder**, raccoglitore; carpetta □ **f. material**, materiale d'archivio □ **to keep** (*o* **to have**) **a f. on sb.**, tenere q. schedato □ (*di documento*) **on f.**, registrato; schedato.

file (**2**) /faɪl/, *n.* ***1*** (*anche mil.*) fila; coda: **in** (**single**) **f.**, in fila; **in Indian f.**, in fila indiana; **to march in f.**, marciare in fila; sfilare; **to stand in f.**, fare la coda ***2*** (*scacchi*) colonna. ● **f. leader**, capofila □ **the rank and f.**, (*mil.*) la truppa e i graduati (*soldati e caporali*); (*polit.*) la base (*di un partito, ecc.*); (*fig.*) la massa, il popolino.

file (**3**) /faɪl/, *n.* ***1*** (*tecn.*) lima ***2*** (*pop. raro*) furbo; dritto; volpone; lenza (*pop.*): **He's an old** (*o* **a deep**) **f.**, è un drittone, un furbo di tre cotte ***3*** (*pop. USA*) borseggiatore. ● **f. dust**, limatura □ (*mecc.*) **f. hardness**, durezza alla lima □ **f.-holder**, portalime □ **cabinet-f.**, lima per ebanisti □ **diamond-f.**, lima a spada □ **knife-edge f.**, lima a coltello □ **three-square f.**, lima triangolare.

to **file** (**1**) /faɪl/, *v. t.* ***1*** registrare; schedare; archiviare: **F. all these invoices**, registra tutte queste fatture ***2*** presentare, depositare (*un documento*); passare agli atti: **to f. a petition** [**a protest**], presentare una petizione [una protesta]; **The documents pertaining to the case were filed by the court's clerks**, i documenti pertinenti alla causa furono messi agli atti dai cancellieri del tribunale. ● (*leg.*) **to f. a bankruptcy petition**, presentare istanza di fallimento □ (*leg.*) **to f. for a divorce**, presentare istanza di divorzio □ (*leg.*) **to f. a suit against sb.**, fare causa a q.

to **file** (**2**) /faɪl/, **A** *v. i.* marciare (*o* camminare) in fila; sfilare: **The soldiers filed out of the barracks**, i soldati uscirono in fila dalla caserma. **B** *v. t.* far marciare in fila; far sfilare. ● **to f. away** (*o* **off**), andarsene (marciando) in fila.

to **file** (3) /faɪl/, *v. t.* limare (*anche fig.*); ripulire, rifinire (*un testo letterario, ecc.*). ● **to f. away**, portar via (*o* togliere) con la lima □ **to f. down**, levigare □ **to f. through the bars**, limare le sbarre.

filemot /ˈfɪlɪmɒt/, *a.* e *n.* (del) colore delle foglie morte.

filer /ˈfaɪlə(r)/, *n.* (*tecn.*) limatore.

filial /ˈfɪlɪəl/, *a.* filiale: **f. devotion**, devozione filiale.

filiation /fɪlɪˈeɪʃn/, *n.* (*anche leg.*) filiazione.

filibuster /ˈfɪlɪbʌstə(r)/, *n.* **1** filibustiere **2** (*USA*) ostruzionismo; tattica ostruzionistica; ostruzionista (*in Parlamento*): **To halt a f. the Senate may use the arm of cloture**, per arrestare una tattica ostruzionistica il Senato può usare l'arma della mozione di chiusura del dibattito **3** *V.* **filibusterer**.

to **filibuster** /ˈfɪlɪbʌstə(r)/, *v. i.* **1** fare il filibustiere **2** (*USA*) fare ostruzionismo (*in Parlamento*).

filibusterer /ˈfɪlɪbʌstərə(r)/, *n.* (*USA*) ostruzionista (*in Parlamento*).

filibustering /ˈfɪlɪbʌstərɪŋ/, *n.* (*USA*) filibustering; ostruzionismo parlamentare.

filiform /ˈfɪlɪfɔːm/, *a.* filiforme.

filigrane /ˈfɪlɪgreɪn/, *n.* (*raro*) filigrana.

filigree /ˈfɪlɪgriː/, *n.* filigrana: **f. jewellery**, gioielli a filigrana.

filigreed /ˈfɪlɪgriːd/, *a.* filigranato; a filigrana.

filing /ˈfaɪlɪŋ/, *n.* **1** archiviazione; registrazione; schedatura **2** (*tecn., spesso al pl.*) limatura: **iron filings**, limatura di ferro **3** (*mil.*) sfilata. ● **f. cabinet**, casellario □ **f. clerk**, archivista □ **f. room**, archivio.

Filipino /fɪlɪˈpiːnəʊ/, *n.* e *a.* (*pl.* **Filipinos**) filippino; (abitante *o* nativo) delle Filippine.

fill /fɪl/, *n.* **1** sazietà, sufficienza (*di cibo o altro*); quantità sufficiente: **to eat one's f.**, mangiare a sazietà **2** (*edil., ind. costr.*) colmata; riporto; rinterro **3** carica (*della pipa*) **4** (*autom.*) pieno: **a f. of petrol**, un pieno di benzina; **to get another f. (of petrol)**, fare un altro pieno **5** (*ind. min.*) ripiena. ● **f.-in**, inserzione, inserto; rimpiazzo, sostituto, tappabuchi; (*fam. USA*) riassunto di notizie (*o* informazioni) □ (*autom.*) **f.-up**, pieno (*di benzina*) □ **to cry one's f.**, piangere tutte le proprie lacrime □ **to drink one's f.**, bere a volontà □ (*fig.*) **to have had one's f. of sb.** [st.], averne abbastanza di q. [di q.c.] □ **to have one's f. of sorrow**, avere la propria parte di dolori.

to **fill** /fɪl/, **A** *v. t.* **1** riempire; colmare; empire; nutrire; saziare; otturare; turare: **The mist filled the valley**, la nebbia riempiva la valle; **I was filled with envy**, ero pieno d'invidia; **F. the hole with mortar**, riempi il buco di malta!; tura il buco con la malta!; **This food doesn't f. me**, questo cibo non mi sazia (*o* non mi riempie); (*med.*) **to f. a tooth**, otturare un dente **2** adempiere; compiere (*un dovere, una mansione*); occupare (*un posto*); impiegare (*il proprio tempo*); tenere (*un impiego*): **to f. a vacancy**, occupare un posto vacante **3** soddisfare: **to f. a need**, soddisfare un bisogno **4** (*comm.*) eseguire; evadere: **to f. an order**, eseguire un'ordinazione **5** caricare: **to f. one's pipe**, caricare la pipa; **to f. coal into a ship's hold**, caricare carbone nella stiva d'una nave **6** (*naut.: del vento*) gonfiare (*le vele*). **B** *v. i.* **1** riempirsi; colmarsi: **The theatre soon filled**, il teatro si riempì in breve tempo **2** (*naut.: delle vele*) gonfiarsi. ● (*fam.*) **to f. the bill**, avere i requisiti necessari; fare al caso proprio; andar bene □ (*fam.*) **to f. sb.'s shoes**, prendere il posto di q.; subentrare a q. □ **to f. too full**, riempire troppo: **You've filled the pail too full**, hai riempito troppo il secchio.

♦**fill away**, *v. i.* + *avv.* (*naut.*) mettere le vele al vento.

♦**fill in**, *v. t.* + *avv.* **1** riempire; compilare; completare: **to f. in an application form**, compilare un modulo d'assunzione; **to f. in the tax form**, compilare il modulo per la dichiarazione dei redditi **2** scrivere (su un modulo); inserire: **F. in your name!**, scrivi il tuo nome!; **to f. in one's name on a cheque**, firmare un assegno **3** occupare, riempire (*il tempo libero*) **4** riempire di colore, colorare (*figure disegnate, ecc.*) **5** mettere al corrente; informare; aggiornare: **Please f. me in on what was said at the meeting**, ti prego di mettermi al corrente di quello che fu detto alla riunione **6** (*pop.*) picchiare; pestare; riempire di botte □ **to f. in for sb.**, sostituire, rimpiazzare q.: **Can you fill in for me tomorrow?**, puoi sostituirmi domani?

♦**fill out**, **A** *v. t.* + *avv.* **1** (*specialm. USA*) completare; riempire: **to f. out a document**, completare un documento; **to f. out a cheque**, riempire un assegno **2** arrotondare (*le forme del corpo*) **3** (*fig.*) rendere più corposo (*un racconto, ecc.*); rimpolpare (*uno scritto*) **4** (*specialm. USA*) sostituire, fare le veci di (q.) per (*un certo periodo*). **B** *v. i.* + *avv.* **1** ingrassare; impinguarsi; mettere su peso (*fam.*) **2** (*delle vele, ecc.*) gonfiarsi (*al vento*).

♦**fill up**, **A** *v. t.* + *avv.* **1** (*ingl.*) riempire, compilare (*un modulo, ecc.*) **2** riempire; colmare: **We filled up the pond with stones**, colmammo di sassi lo stagno; (*autom.*) **to f. up with petrol**, fare il pieno: **F. her up!**, (faccia) il pieno!; (*a chi versa q.c.*) **F. it up!**, lo riempia!; riempilo! (*il bicchiere*). **B** *v. i.* + *avv.* riempirsi; colmarsi: **The lecture room filled up in no time**, la sala delle conferenze si riempì in un baleno.

filler /ˈfɪlə(r)/, *n.* **1** chi riempie, colma, ecc. (*V.* **to fill**) **2** riempitivo; cosa (*o* sostanza) aggiunta **3** dispositivo (*pompetta e sim.*) di riempimento (*in una stilografica*) **4** (*autom.*) riporto (*della carrozzeria*); bocchettone di riempimento (*del serbatoio della benzina*) **5** (*giorn.*) tappabuco; zeppa **6** (*tecn.*) fondo (*per la vernice*); stucco, turapori **7** (*chim.*) carica **8** (*metall.*) metallo di apporto **9** (*tecn.*) filler; elemento riempitivo. ● (*autom.*) **f. cap**, tappo del serbatoio.

fillet /ˈfɪlət/, *n.* **1** benda; nastro (*per capelli, ecc.*) **2** (*cucina*) filetto (*di carne, pesce, ecc.*): **f. of beef**, filetto di manzo **3** (*archit., edil.*) listello **4** (*arald.*) filetto **5** (*mecc.*) raccordo concavo **6** (*tecn.*) striscia. ● **f. steak**, bistecca di filetto.

to **fillet** /ˈfɪlət/, *v. t.* **1** filettare; adornare di bende, di nastri o di listelli **2** disossare (*carne*) **3** sfilettare (*pesce*); tagliare in filetti.

filling /ˈfɪlɪŋ/, *n.* **1** riempimento; colmamento **2** (*med.*) (materiale da) otturazione (*specialm. d'un dente*); amalgama: **a white f.**, un'otturazione bianca (*invisibile*) **3** (*ind. tess.*) trama **4** (*geol.*) colmata **5** (*ind. costr.*) riporto; rinterro **6** (*cucina*) farcia; ripieno **7** (*comm.*) esecuzione; evasione (*di ordini*). ● (*autom.*) **f. station**, stazione di rifornimento; distributore (di benzina); (*pop. USA*) spaccio di alcolici.

fillip /ˈfɪlɪp/, *n.* **1** buffetto; schiocco (*d'un dito*) **2** (*fig.*) incentivo; incitamento; stimolo. ● **It isn't worth a f.**, non vale un fico.

to **fillip** /ˈfɪlɪp/, **A** *v. t.* **1** dare buffetti (*o* colpetti) a **2** (*fig.*) incitare; stimolare; incentivare. **B** *v. i.* dare buffetti; schioccare le dita.

fillister /ˈfɪlɪstə(r)/, *n.* (*falegn.*) **1** scanalatura, incassatura (*per finestra*) **2** incorsatoio; pialletto per scanalature.

filly /ˈfɪlɪ/, *n.* **1** puledra; cavallina **2** (*fig. pop.*) ragazzina vivace.

film /fɪlm/, *n.* **1** pellicola; strato sottile: **a f. of dust on the furniture**, un sottile strato di polvere sui mobili **2** (*fotogr., cinem.*) pellicola; film; (*pl.*) cinema: **a roll of f. for a camera**, una bobina, un rotolo di pellicola per una macchina fotografica; **Silent films have been replaced by sound films**, il cinema muto è stato sostituito dal cinema sonoro; **colour f.**, film a colori; **sub-standard f.**, film a passo ridotto **3** patina; velo: **a f. of mist [of tears]**, un velo di nebbia [di lacrime] **4** (*anat.*) pellicola; membrana. ● **a f. actor**, un attore cinematografico □ (*TV*) **f. clip**, filmato □ **f. club**, cineclub □ **f. director**, regista □ **f. distributor**, distributore di film □ **f. fan**, appassionato del cinema □ **f. jacket**, portanegativo (*per microfilm*) □ **f. library**, cineteca; filmoteca □ (*fotogr.*) **f. pack**, cartuccia □ **a f. première**, una prima cinematografica □ **f. producer**, produttore cinematografico □ **f. society**, cineclub □ **a f. star**, un divo (*o* una diva) dello schermo □ **f. script**, copione cinematografico □ **f. slide**, diapositiva □ **f. stock**, pellicola vergine □ **f. strip**, filmina □ **a f. test**, un provino cinematografico □ **f. weld**, giunta (*di pellicola*) □ **short f.**, cortometraggio □ **«F. processing»**, «si sviluppano pellicole» (*cartello*).

to **film** /fɪlm/, *v. t.* e *i.* **1** filmare; girare un film; adattare per il cinema; ricavare un film da: **They have filmed several of Shakespeare's plays**, hanno ricavato film da parecchi drammi di Shakespeare; **They filmed the story**, hanno adattato il racconto per il cinema **2** (*anche* **to f. over**) coprire (*o* ricoprirsi) d'una patina; annebbiare, annebbiarsi: **The landscape filmed over**, il paesaggio si annebbiò **3** prestarsi a un adattamento per il cinema: **This story will f. very well**, questo racconto si presterà benissimo a un adattamento cinematografico.

filmable /ˈfɪlməbl/, *a.* (*cinem.*) **1** filmabile **2** fotogenico.

filmgoer /ˈfɪlmgəʊə(r)/, *n.* frequentatore (*o* frequentatrice) di cinema: **a keen f.**, uno che va spesso al cinema.

filmily /ˈfɪlməlɪ/, *avv.* **1** in modo confuso, appannato **2** in modo trasparente.

filminess /ˈfɪlmɪnəs/, *n.* **1** opacità; nebulosità **2** trasparenza.

filmland /ˈfɪlmlænd/, *n.* il mondo del cinema.

filmlet /ˈfɪlmlət/, *n.* filmetto.

filmography /fɪlˈmɒgrəfɪ/, *n.* filmografia.

filmset /ˈfɪlmset/, *n.* set cinematografico.

to **filmset** /ˈfɪlmset/, (*pass.* e *p. p.* **filmset**), *v. t.* (*tipogr.*) fotocomporre.

filmsetter /ˈfɪlmsetə(r)/, *n.* (*tipogr.*) fotocompositrice.

filmsetting /ˈfɪlmsetɪŋ/, *n.* (*tipogr.*) fotocomposizione.

filmy /ˈfɪlmɪ/, *a.* **1** annebbiato; indistinto; velato: **a f. look**, uno sguardo velato **2** trasparente: **a f. silk dress**, un abito di seta trasparente.

filoselle /ˈfɪləsel/, *n.* (*ind. tess.*) filaticcio.

filter /ˈfɪltə(r)/, *n.* **1** filtro; (*fotogr.*) filtro luce: **a colour f. for a camera lens**, un filtro colorato per l'obiettivo d'una macchina fotografica **2** (*autom.*, = **traffic f.**) freccia direzionale (*del semaforo*). ● **f. bed**, letto filtrante (*in uno stagno, serbatoio, ecc.*) □ (*elettron.*) **f. crystal**, filtro a cristallo (*o* a quarzo) □ **f. tip**, filtro (*di sigaretta*); sigaretta (*o* sigaretto) col filtro □ (*di sigaretta*) **f.-tipped**, col filtro □ (*autom.*) **cartridge f.**, filtro cilindrico; cartuccia.

to **filter** /ˈfɪltə(r)/, *v. t.* e *i.* **1** filtrare; chiarificare; purificare (*anche fig.*): **The light filtered through the shutters**, la luce filtrava attraverso le persiane **2** (*anche* **to f. out**) togliere (*o* ottenere) filtrando **3** (*fig.*) penetrare; trapelare: **The news filtered through the whole town**, la notizia trapelò per tutta la città **4** (*autom: del traffico*) scorrere seguendo le frecce direzionali del semaforo. ● (*fig.*) **to f. out**, filtrare; trapelare.

filterability /fɪltrəˈbɪlətɪ/, *n.* filtrabilità.

filterable /ˈfɪltrəbl/, *a.* (*anche biol.*) filtrabile: **a f. virus**, un virus filtrabile.

filtering /ˈfɪltərɪŋ/, *n.* filtrazione; (*tecn.*) filtraggio.

filth /fɪlθ/, *n.* **1** lordura; sporcizia; sozzura; sudiciume **2** porcheria; indecenza; oscenità **3** linguaggio osceno; turpiloquio.

filthily /ˈfɪlθəlɪ/, *avv.* **1** in modo sporco; sozzamente **2** oscenamente; indecentemente **3** schifosamente.

filthiness /ˈfɪlθɪnəs/, *n.* *1* lordura; sporcizia; sozzura; sudiciume *2* indecenza; oscenità.

filthy /ˈfɪlθɪ/, *a.* *1* lordo; sporco; sozzo; sudicio *2* indecente; osceno *3* schifoso; ripugnante: **f. weather**, tempo schifoso. ● (*fam.*) **f. with money**, ricco sfondato.

filtrability /fɪltrəˈbɪlətɪ/, **filtrable** /ˈfɪltrəbl/, *V.* **filterability, filterable**.

filtrate /ˈfɪltreɪt/, *n.* (*chim.*) filtrato; liquido filtrato.

to **filtrate** /ˈfɪltreɪt/, *v. t.* e *i.* filtrare.

filtration /fɪlˈtreɪʃn/, *n.* filtrazione; (*tecn.*) filtraggio.

fimbriate /ˈfɪmbrɪət/, **fimbriated** /ˈfɪmbrɪeɪtɪd/, *a.* (*bot., zool.*) sfrangiato; fimbriato.

fin /fɪn/, *n.* *1* (*di pesce*) pinna; (*di mammifero acquatico*) natatoia: **dorsal fin**, pinna dorsale *2* (*aeron., naut.*) pinna; (piano di) deriva *3* (*fonderia*) bava; bavatura *4* (*mecc.*) aletta (*di termoconvettore, ecc.*) *5* (*pop. arc.*) mano; zampa (*fig.*): **Tip us your fin**, qua la mano! *6* (*sport*) pinna (*per nuotare, per la pesca subacquea, e di uno sci nautico*) *7* (*miss.*) aletta (*di missile*) *8* (*pop. USA*) biglietto da 5 dollari. ● (*naut.*) **fin keel**, chiglia di deriva; deriva □ **antirolling fin**, pinna antirollio.

finable /ˈfaɪnəbl/, *a.* soggetto a multa; multabile.

to **finagle** /fɪˈneɪgl/, **A** *v. i.* (*USA*) intrallazzare; arrangiarsi. **B** *v. t.* (*USA*) procacciarsi in modo disonesto; rimediare (*fam.*). ● **to f. sb. out of st.**, privare q. di q.c. con l'inganno.

finagler /fɪˈneɪglə(r)/, *n.* (*USA*) imbroglione, imbrogliona; intrallazzatore, intrallazzatrice.

final /ˈfaɪnl/, **A** *a.* *1* finale; ultimo: **the f. scene of a play**, l'ultima scena di un dramma; (*gramm.*) **a f. clause**, una proposizione finale; (*pubbl.*) **the f. word in kitchens**, l'ultima parola in fatto di cucine *2* definitivo; decisivo; conclusivo; irrevocabile: **a f. decision**, una decisione definitiva; (*leg.*) una sentenza inappellabile; **f. solution**, (*stor.*) soluzione finale; (*fig.*) genocidio; **a f. decree**, un decreto irrevocabile. **B** *n.* *1* (*sport*) finale: **the Cup f.**, la finale di Coppa *2* (*fam., spesso al pl.*) esame finale: **to take one's finals**, sostenere gli esami finali *3* (*fam.*) ultima edizione (*d'un giornale*) *4* (*mus.*) finale. ● (*rag.*) **f. balance**, (bilancio) consuntivo □ (*econ.*) **f. goods**, beni finali □ (*econ.*) **f. product**, prodotto finale □ (*tipogr.*) **f. proof**, cianografica □ (*leg.*) **f. statement (of a case)**, (comparsa) conclusionale.

finale /fɪˈnɑːlɪ, *USA* -nælɪ/ (*ital.*), *n.* (*mus., teatr.*) finale: **the f. of an opera [of a play]**, il finale di un'opera [d'un dramma].

finalism /ˈfaɪnəlɪzəm/, *n.* (*filos.*) finalismo.

finalist /ˈfaɪnəlɪst/, *n.* (*sport, filos.*) finalista.

finality /faɪˈnælətɪ/, *n.* *1* finalità: **the principle of f.**, il principio di finalità *2* l'essere definitivo (*o* decisivo, conclusivo) *3* (*pl.*) cose dette (*o* fatte) da ultimo; cose definitive. ● **to say st. with an air of f.**, dire q.c. con l'aria di chiudere l'argomento.

to **finalize** /ˈfaɪnəlaɪz/, *v. t.* *1* completare; finire; ultimare *2* rendere definitivo (*un accordo, ecc.*).

finally /ˈfaɪnəlɪ/, *avv.* *1* finalmente; infine *2* definitivamente: **to solve a problem f.**, risolvere un problema definitivamente.

finance /ˈfaɪnæns, f(a)ɪˈnæns/, *n.* *1* finanza *2* finanziamento *3* (*pl.*) finanze; mezzi finanziari; fondi: **We had to close down for lack of finances**, dovemmo chiudere per mancanza di fondi. ● (*leg.*) **f. act**, legge finanziaria □ **f. broker**, broker finanziario □ **f. company**, società finanziaria; istituto che finanzia le vendite rateali □ **f. corporation for industry**, istituto per i finanziamenti all'industria □ (*in G.B.*) **f. house**, *V.* **f. company** □ **f. market**, mercato finanziario □ **f. shares**, azioni finanziarie □ **f. stamp**, bollo sui titoli □ **public f.**, finanza pubblica; (*anche*) scienza delle finanze.

to **finance** /ˈfaɪnæns, f(a)ɪˈnæns/, *v. t.* finanziare; sovvenzionare: **The State will f. the scheme**, lo Stato finanzierà il progetto.

financial /f(a)ɪˈnænʃl, *USA* -fɪ-, ˈfaɪnæn-/, *a.* finanziario; della finanza: **f. difficulties**, difficoltà finanziarie; **f. adviser**, consulente finanziario; **f. charges**, oneri finanziari; **f. year**, anno (*o* esercizio) finanziario; **the f. world**, il mondo della finanza; **f. market**, mercato finanziario. ● (*leg.*) **f. ability**, solvibilità (*di un debitore*) □ **f. analyst**, specialista in analisi finanziarie □ **f. backer**, finanziatore; sovvenzionatore □ (*leg.*) **f. bill**, disegno di legge finanziaria □ **f. consultant**, consulente finanziario □ **f. expense**, spesa di finanziamento □ **f. forecast**, previsione finanziaria □ **f. horoscope**, oroscopo finanziario □ **f. incentive**, incentivo monetario □ **f. institution**, istituto finanziario □ **f. investment**, investimento mobiliare □ **f. leasing**, leasing finanziario; locazione finanziaria □ **f. leverage**, leva finanziaria □ **f. policy**, politica finanziaria □ **f. status**, posizione finanziaria □ **f. ratio**, (*rag.*) indice di bilancio; (*fin.*) indice finanziario □ **f. structure**, assetto finanziario (*di un'impresa*) □ **f. transaction**, operazione finanziaria □ **f. upheaval**, terremoto finanziario.

financially /f(a)ɪˈnænʃəlɪ, *USA* -fɪ-, ˈfaɪnæn-/, *avv.* finanziariamente. ● (*leg.*: *di un debitore*) **f. able**, solvibile.

financier /f(a)ɪˈnænsɪə(r), *USA* f(a)ɪnənˈsɪə(r)/, *n.* *1* finanziere *2* finanziatore *3* esperto di problemi finanziari.

to **financier** /f(a)ɪˈnænsɪə(r), *USA* f(a)ɪnənˈsɪə(r)/, (*USA*) **A** *v. t.* defraudare; frodare; truffare: **to f. sb. out of his money**, truffare q. del suo denaro. **B** *v. i.* (*spreg.*) fare operazioni finanziarie; fare l'aggiotatore.

financing /ˈfaɪnænsɪŋ, fɪˈnænsɪŋ/, *n.* finanziamento. ● **f. by corporate saving**, autofinanziamento □ **f. of investments assisted by government incentives**, finanziamenti a tasso agevolato.

finch /fɪntʃ/, *n.* (*zool.*) *1* (*Fringilla*) fringuello *2* passero della famiglia dei fringillidi (*canarino, cardellino, ecc.*).

find /faɪnd/, *n.* scoperta; ritrovamento; oggetto trovato: **I have made a great f. in a second-hand bookshop**, ho fatto una grande scoperta in un negozio di libri usati. ● **a sure f.**, un posto dove si può star certi di trovare q.c. (*specialm., la volpe*); un buon appostamento.

to **find** /faɪnd/ (*pass.* e *p. p.* **found**), **A** *v. t.* *1* trovare; scoprire; trovare per caso; ritrovare; reperire; rinvenire: **Have you found your wallet?**, hai ritrovato il portafoglio?; **The kidnapped boy was found injured and starving**, il ragazzo rapito fu trovato ferito e affamatissimo; **We found him (to be) dishonest**, lo trovammo disonesto; **to f. a job**, trovare lavoro; impiegarsi; sistemarsi; **to f. happiness**, trovare la felicità; **to f. one's voice**, ritrovare la voce (la favella); (*fin.*) **to f. money**, reperire capitali; **to f. oil**, scoprire il petrolio *2* accorgersi di; giudicare; reputare; stimare: **I f. that I have been mistaken**, m'accorgo che avevo torto (*o* mi sbagliavo); **I f. the terms reasonable**, giudico ragionevoli le condizioni *3* provvedere; provvedersi di; procurarsi: **All employees must f. their own tools**, i dipendenti devono tutti provvedersi degli arnesi di lavoro *4* provare: **I f. pleasure in listening to pop music**, provo piacere ad ascoltare la musica pop *5* (*leg.*) giudicare; dichiarare; riconoscere; emettere (*una sentenza o un verdetto*): **The jury found the accused guilty**, la giuria dichiarò l'imputato colpevole; **The jurors found a verdict of guilty** (*o* **found him guilty**), i giurati emisero un verdetto di colpevolezza (*o* lo riconobbero colpevole). **B** *v. i.* *1* (*caccia*) scoprire la traccia *2* (*leg.*) emettere una sentenza (*o* un verdetto). **C** to **find oneself**, *v. rifl.* trovarsi; stare, sentirsi (*di salute*); scoprire la propria vocazione: **He'll soon f. himself in prison**, si troverà presto in prigione; **How do you f. yourself today?**, come ti senti oggi? ● (*anche fig.*) **to f. one's bearings**, orientarsi □ (*di prezzi, ecc.*) **to f. a common level**, livellarsi □ **to f. fault with**, trovar da ridire su; criticare: **She finds fault with everything Johnny does**, trova da ridire su tutto quello che fa Johnny □ **to f. favour with sb.**, incontrare il favore (*o* la simpatia) di q. □ **to f. one's feet**, reggersi in piedi; riuscire a camminare (da solo); (*fig.*) ambientarsi; cavarsela □ (*arc.*) **to f. sb. in clothes [money]**, provvedere q. d'abiti [denaro] □ (*arc.*: *di un domestico, un dipendente*) **to f. oneself in clothes**, provvedere al (proprio) vestiario □ **to f. sb. in [up, in bed]**, trovare q. in casa [alzato, a letto] □ **to f. it in one's heart**, avere (*o* bastare) l'animo di; sentirsela □ (*di un proiettile*) **to f. its mark**, colpire il bersaglio; andare a segno □ **to f. mercy in sb.**, trovare compassione in q. □ **to f. one's place (in a book)**, trovare il segno (in un libro) □ **to f. one's tongue**, ritrovare la voce; trovare il coraggio di parlare □ (*anche fig.*) **to f. one's way**, trovare la strada □ **to f. one's way back**, trovare la strada del ritorno □ **to f. one's way to**, arrivare a, raggiungere (*un luogo*) □ **to f. one's way home**, ritrovare la strada di casa □ **to f. one's way in**, riuscire ad entrare □ **to f. one's way out**, riuscire ad andarsene (*dal chiuso*); trovare l'uscita □ **all found**, tutto compreso (*alloggio, vitto, ecc.*): **wages 10,000 pounds a year, and all found**, salario di 10.000 sterline l'anno, più vitto e alloggio □ **to be well found in st.**, essere ben fornito (*o* provvisto) di q.c. □ (*leg.*: *del giudice alla giuria*) **«How do you find (him)?»** (*risposta*) **«Not guilty, Your Honour»**, «Qual è il vostro verdetto?» «Innocente, Vostro Onore» □ **How did such rubbish f. its way into print?**, come si sono potute stampare sciocchezze di questo genere?

♦**find against**, *v. i.* + *prep.* (*leg.*: *della giuria*) pronunciarsi contro (*un imputato*).

♦**find for**, *v. i.* + *prep.* (*leg.*: *della giuria*) pronunciarsi a favore (*di un imputato*); emettere un verdetto favorevole a (q.).

♦**find out**, *v. t.* + *avv.* *1* scoprire; trovare: **The burglar found out where he kept the money**, lo scassinatore scoprì dove teneva il denaro; **I've found out his phone number**, ho scoperto il suo numero di telefono *2* smascherare; scoprire *3* non trovare (q.) in casa: **I was disappointed to f. you out**, mi dispiacque non trovarti in casa □ **Be sure his sins will f. him out**, sta' certo che le sue colpe verranno a galla.

findable /ˈfaɪndəbl/, *a.* che si può trovare; trovabile.

finder /ˈfaɪndə(r)/, *n.* *1* chi trova; scopritore: **Lost, a gold watch: f. will be rewarded**, smarrito un orologio d'oro: ricompensa a chi lo troverà *2* (*fotogr., fis.*) mirino; traguardo (*per es., di macchina fotografica*) *3* (*astron.*) (telescopio) cercatore *4* (*tecn.*) mirino; monitor; visore. ● (*fam.*) **Finders (are) keepers!**, la roba è di chi la trova!; l'ho trovato e me lo tengo!

fin de siècle /ˈfændəˈsjɛklə, -ɛkl/ (*franc.*), *a.* fin de siècle; (della) fine Ottocento.

finding /ˈfaɪndɪŋ/, *n.* *1* ritrovamento; reperimento; scoperta *2* (*leg.*) accertamento; sentenza; verdetto *3* (*di solito al pl.*) conclusioni, risultanze (*d'un lavoro di ricerca, ecc.*) *4* (*pl.*) (*arc.*) arnesi da lavoro; l'occorrente (*per cucire, ecc.*). ● (*fam.*) **F.'s keeping,** *V.* **Finders (are) keepers,** *sotto* **finder** □ (*aeron.*) **f. of one's bearings**, orientamento.

findspot /ˈfaɪndspɒt/, *n.* (*archeol.*) zona di reperimento.

fine (1) /faɪn/, **A** *a.* *1* bello (*anche iron.*); bravo; (*del tempo*) buono, soddisfacente; eccellente; elegante: **f. jewels**, bei gioielli; **a f. dress**, un bel vestito; **f. weather**, bel tempo; tempo buono; **a f. baby**, un bel bambino; **a f. mistake**, un bell'errore; **a f. Italian compromise**, un bel compromesso all'italiana; **a f.**

teacher, un bravo insegnante; **the f. arts**, le belle arti; **You're looking very f. today**, sei molto elegante, oggi *2* fine; acuto; aguzzo; delicato; fino; raffinato; sottile; squisito; tagliente: **f. sand**, sabbia fine; **a f. dust**, una polvere fine; **f. thread**, filo sottile; **a f. point**, una punta acuta, aguzza; **f. silk**, seta fine; **f. workmanship**, lavorazione fine; fattura squisita; **a f. distinction**, una distinzione sottile; **a knife with a f. edge**, un coltello dal filo tagliente *3* (*sport*) in ottime condizioni fisiche; in buona forma *4* troppo elegante; troppo raffinato; ricercato; lezioso: **f. writing**, modo di scrivere ricercato *5* finito; rifinito; perfetto: **f. products**, prodotti rifiniti *6* (*di metallo*) fino: **f. gold**, oro fino. **B** *n.* *1* (*arc.*) bel tempo; tempo buono: **in rain or f.**, con la pioggia e con il bel tempo *2* (*pl.*) materiale fine *3* (*pl.*) (*metall.*) fini. **C** *avv.* *1* (*fam.*) bene; benissimo: **to talk f.**, parlare bene; **I'm feeling f. today**, oggi mi sento benissimo *2* molto; moltissimo: **I like it f.**, mi piace molto *3* elegantemente *4* finemente; fino: **Cut up the meat very f.**, taglia finemente la carne!; tritala fine! ● **f. chemicals**, prodotti chimici raffinati, puri □ **f.-drawn**, rammendato con grande precisione; (*fig.*) esile, assai sottile; (*sport*) riportato entro i limiti del peso (*di pugile, ecc.*) □ **f. feathers**, belle piume; (*fig.*) abiti sfarzosi □ **a f. gentleman [lady]**, un signore [una signora] del bel mondo □ **f.-grained**, a grana fine □ (*ind. costr.*) **f. gravel**, ghiaia fine □ (*comm., fin.*) **a f. margin of profit**, un buon margine di guadagno □ **a f. net**, una rete a maglie fitte □ (*fin.*) **a f. paper**, un effetto di buona firma (*o* di prim'ordine) □ **a f. pen**, una penna dalla punta sottile □ **a f. pencil**, una matita dura, per scrivere sottile □ (*tipogr.*) **f. print**, caratteri minuti □ **f.-spoken**, che parla bene □ **f.-spun**, (*ind. tess.*) fine, sottile; (*fig.*) delicato (*di costituzione*); esile; (*di una teoria, ecc.*) sottile, ingegnoso □ **f.-toothed comb**, pettine fitto; pettinina: (*fig.*) **to go over st. with a f.-toothed comb**, esaminare q.c. a fondo; passare q.c. al setaccio □ **f.-tuning**, (*mecc.*) messa a punto; (*radio*) sintonizzazione accurata; (*anche econ.*) sintonizzazione, perfetta sintonia □ (*fam.*) **to cut** (*o* **to run**) **it f.**, farcela appena (*o* per un pelo) □ (*fig.*) **not to put too f. a point on it**, per dirla schietta; papale papale □ **one** (*o* **some**) **f. day**, un bel giorno, una volta (*nelle narrazioni*) □ **one of these f. days**, un bel giorno, un giorno o l'altro (*nelle previsioni*) □ **to say f. things about sb.**, dire bene di q. □ (*fam.*) **That's f. by me**, a me sta (*o* va) bene □ (*prov.*) **F. feathers make f. birds**, l'abito fa il monaco.

fine (2) /faɪn/, *n.* *1* multa; contravvenzione; ammenda: (*autom.*) **speeding f.**, multa per eccesso di velocità; **on-the-spot f.**, multa conciliata (*pagata subito*) *2* (*leg.*) indennità; buonuscita (*pagata dall'inquilino subentrante*).

to **fine** (1) /faɪn/, **A** *v. t.* *1* schiarire (*birra, vino, ecc.*) *2* (*spesso* **to f. down**) affinare, raffinare (*costumi, maniere, ecc.*). **B** *v. i.* (*di vino, birra, ecc.*) schiarirsi; diventare limpido. ● **to f. away** (*o* **down, off**), assottigliare, levigare, smussare; assottigliarsi, levigarsi, smussarsi; raffinare (*metalli e sim.*).

to **fine** (2) /faɪn/, *v. t.* multare; fare la contravvenzione a: **I'll f. you fifty dollars**, Le faccio una multa di cinquanta dollari. ● **to be fined**, essere multato (*o* dichiarato in multa).

fineable /ˈfaɪnəbl/, *a.* soggetto a multa; multabile.

to **fine-draw** /ˈfaɪnˈdrɔː/ (*pass.* **fine-drew**, *p. p.* **fine-drawn**), *v. t.* cucire con rammendo invisibile.

finely /ˈfaɪnlɪ/, *avv.* *1* benissimo; magnificamente: **to behave f.**, comportarsi benissimo *2* finemente; delicatamente *3* finemente; fine: **f. cut meat**, carne tritata finemente (*o* fine).

fineness /ˈfaɪnnəs/, *n.* *1* bellezza; eccellenza; eleganza *2* finezza; acutezza; delicatezza; raffinatezza; sottigliezza (*anche fig.*); squisitezza *3* (*metall.*) titolo (*dell'oro, ecc.*).

finery (1) /ˈfaɪnərɪ/, *n.* *1* eleganza; (*fig.*) splendore: **nature in its spring f.**, la natura nel suo splendore primaverile *2* abito elegante; vestito sgargiante *3* (*pl.*) fronzoli.

finery (2) /ˈfaɪnərɪ/, *n.* (*metall.*) forno di puddellaggio.

finesse /fɪˈnɛs/, *n.* *1* finezza; diplomazia; sottigliezza; tatto *2* (*arc.*) artificio; astuzia; furberia *3* (*alle carte*) impasse.

to **finesse** /fɪˈnɛs/, *v. i.* *1* usare diplomazia (*o* sottigliezza, tatto, ecc.); manovrare *2* (*nel gioco del bridge, ecc.*) fare l'impasse.

to **fine-tune** /ˈfaɪnˈtjuːn, *USA* -ˈtuːn/, *v. t.* *1* (*mecc.*) mettere a punto *2* (*radio*) sintonizzare *3* (*econ., fin.*) sintonizzare.

finger /ˈfɪŋgə(r)/, *n.* *1* dito (*della mano o di un guanto*) *2* (*fig.*) dito: **a f. of gin**, un dito di gin *3* (*mecc.*) dente; lancetta; nottolino; guida *4* (*fonderia*) maschio; pistone *5* (*cucina*) bastoncino (*di pesce*) *6* (*pop. USA*) informatore (*della polizia o della malavita*) *7* – (*volg.*) **the f.**, gesto sconcio (*col medio tenuto ritto fra le altre dita piegate*). ● **f.-alphabet**, linguaggio dei segni (*usato dai sordomuti*) □ **f. bowl** (*o* **f. glass**), coppa lavadita □ **f.'s breadth**, *V.* **fingerbreadth** □ **f. cot**, copridito; salvadito □ (*bot.*) **f. fern**, (*Ceterach officinarum*) cedracca; (*Asplenium*) asplenio; (*Phyllitis scolopendrium*) fillitide □ (*zool.*) **f.-fish** (*Asteria, Odina, Echinaster, ecc.*), stella di mare □ **f. hole**, (*mus.*) foro (*di strumento a fiato*); foro (*di palla da bowling*); (*telef.*) foro (*del disco combinatore*) □ **f. mark**, ditata; segno lasciato da un dito □ (*pop. USA*) **f. mob**, banda di delinquenti informatori della polizia (*che li copre*) □ **f. post**, cartello (stradale) indicatore di direzione □ (*anche fig.*) **to burn one's fingers**, scottarsi (*fig.*); bruciarsi le dita □ (*volg.*) **to give sb. the f.**, mandare q. a farsi fottere (*volg.*); mandare q. a prenderlo in quel posto (*eufem.*) □ (*fig.*) **to have a f. in every pie**, avere uno zampino dappertutto; aver le mani in pasta □ (*fig. fam.*) **to have itchy fingers**, avere le mani lunghe; essere un ladro □ (*fam.*) **to keep one's fingers crossed**, toccare ferro; fare scongiuri □ (*fig.*) **to lay one's f. on st.**, *V.* **to put one's f. on st.** □ **to let st. slip through one's fingers**, lasciarsi sfuggire q.c. di mano (*o* di tra le dita); (*fig.*) perdere un'occasione □ **little f.**, mignolo: **He has more wit in his little f. than you in your whole body**, c'è più intelligenza nel suo mignolo che in tutta la tua persona □ **to look through one's fingers at sb.**, guardare q. di tra le dita; far finta di non vedere q. □ **middle f.**, medio □ **not to lift** (*o* **to raise, to stir**) **a f.**, non muovere un dito (*a favore di q., ecc.*) □ **to point the f. at sb.**, mostrare a dito q.; (*fig.*) incolpare q. □ (*pop.*) **to put the f. on**, fare la spia a; designare (*la persona da uccidere, derubare, ecc.*) □ **to put one's f. on st.**, toccare leggermente q.c.; (*fig.*) mettere il dito sulla piaga □ **ring f.**, anulare □ **to show two fingers to sb.**, fare le corna a q. (*il gesto volgare*) □ **to turn** (*o* **to twist**) **sb. round one's** (**little**) **f.**, rigirare q.; fare di q. quel che si vuole □ (*fig.*) **with a wet f.**, con grande facilità; senza sforzo □ (*fam.*) **to work one's fingers to the bone**, lavorare come un negro □ **His fingers are all thumbs**, è una persona assai maldestra □ **My fingers itch**, mi prudono le dita; (*fig.*) sono impaziente.

to **finger** /ˈfɪŋgə(r)/, *v. t.* *1* toccare; tastare; palpare: **to f. the keys of a piano**, toccare i tasti di un pianoforte; **to f. the beads of a rosary**, far scorrere fra le dita i grani di un rosario *2* (*fam.*) sgraffignare; rubare; accettare, intascare (*mance, ecc.*) *3* (*mus.*) diteggiare *4* (*fam.*) indicare; denunciare: **to f. a suspect to the police**, denunciare una persona sospetta alla polizia *5* (*fam.*) designare come vittima; tradire; consegnare (*al nemico*): **to f. sb. for his foes**, consegnare q. ai suoi nemici *6* (*pop. USA*) suonare (*il pianoforte*).

fingerboard /ˈfɪŋgəbɔːd/, *n.* (*mus.*) *1* tastiera (*di pianoforte*) *2* manico (*di strumento ad arco*).

fingerbreadth /ˈfɪŋgəbrɛdθ, -ɛtθ/, *n.* (un) dito (*come misura; 2 cm circa*).

fingered /ˈfɪŋgəd/, *a.* *1* (*nei composti*) dalle dita: **light-f.**, dalle dita leggere; (*fig.*) dalle mani lunghe, ladro *2* (= **finger-marked**) segnato da ditate *3* (*biol.*) digitato *4* (*mus.*) diteggiato.

fingering (1) /ˈfɪŋgərɪŋ/, *n.* *1* il tastare; il palpare *2* (*mus.*) diteggiatura.

fingering (2) /ˈfɪŋgərɪŋ/, *n.* lana grossa per calze.

fingerling /ˈfɪŋgəlɪŋ/, *n.* *1* oggetto minuscolo (*grosso come un dito*) *2* pesciolino (*lungo un dito*); (*specialm.*) piccolo salmone.

fingernail /ˈfɪŋgəneɪl/, *n.* unghia (*della mano*). ● **f. polish**, lacca per le unghie.

fingerplate /ˈfɪŋgəpleɪt/, *n.* placca protettiva (*di vetro o di metallo: su una porta*).

fingerprint /ˈfɪŋgəprɪnt/, *n.* *1* impronta digitale *2* (*med.*) dattilogramma *3* (*fig.*) caratteristica; peculiarità.

to **fingerprint** /ˈfɪŋgəprɪnt/, *v. t.* prendere le impronte digitali a (q.).

fingerstall /ˈfɪŋgəstɔːl/, *n.* copridito; salvadito.

fingertip /ˈfɪŋgətɪp/, **A** *n.* *1* punta di un dito (*o* delle dita) *2* (*USA*) copridito; salvadito. **B** *a. attr.* a portata di mano: **f. information**, informazioni a portata di mano. ● **to have st. at one's fingertips**, sapere q.c. a menadito (*o* sulla punta delle dita) □ **He is a scholar to his fingertips**, è un vero erudito □ **He's Italian to his fingertips**, è italiano dalla testa ai piedi.

finial /ˈfɪnɪəl/, *n.* *1* (*archit.*) ornamento terminale (*di pinnacolo*), specialm. in forma di fiore cruciforme *2* (*falegn.*) pigna (*in cima a un mobile*).

finical /ˈfɪnɪkl/, *a.* *1* esigente; difficile; meticoloso; pedante; pignolo; schizzinoso; sofistico: **to be f. about one's food**, essere schizzinoso nel mangiare *2* ricercato; affettato.

finicality /fɪnɪˈkælətɪ/, **finicalness** /ˈfɪnɪklnəs/, *n.* *1* meticolosità; pedanteria; pignoleria; sofisticheria *2* affettazione; ricercatezza.

finically /ˈfɪnɪklɪ, -kəlɪ/, *avv.* meticolosamente; pedantemente; schizzinosamente; sofisticamente.

finicking /ˈfɪnɪkɪŋ/, **finicky** /ˈfɪnɪkɪ/, **finikin** /ˈfɪnɪkɪn/, *V.* **finical**.

finis /ˈfaɪnɪs/, *n.* (*solo al sing.*) fine (*specialm. d'un libro, film e sim.*).

finish /ˈfɪnɪʃ/, *n.* *1* fine: **from start to f.**, dall'inizio alla fine *2* (*sport*) finish; finale: **The f. of the car race was exciting**, il finale della corsa automobilistica fu emozionante *3* ultima fase: **to be in at the f.**, essere presente all'ultima fase (*della caccia alla volpe o d'altro*) *4* prodotto (*appretto, vernice, ecc.*) che serve a rifinire un oggetto o un prodotto *5* finitura; rifinitura; ultimo tocco: **mahogany f.**, rifinitura in mogano *6* raffinatezza; perfezione: **the exquisite f. of his works**, la squisita raffinatezza delle sue opere *7* (*ind. tess.*) finissaggio. ● **to fight to a f.**, combattere sino alla fine.

to **finish** /ˈfɪnɪʃ/, **A** *v. t.* *1* finire; completare; consumare; smettere; terminare: **to f. doing st.**, finire di fare q.c.; **to f. one's work**, finire il proprio lavoro; **to f. work at 5 P.M.**, smettere di lavorare alle 17; **He finished** (**off**) **the meal**, finì (*o* consumò) il pasto *2* finire; rovinare; uccidere; distruggere: **to f. the wounded**, dare il colpo di grazia ai feriti; **That scandal will f. him as a politician**, quello scandalo distruggerà la sua carriera politica *3* (*tecn.*) rifinire (*legno, tessuti, ecc.*). **B** *v. i.* *1* finire; cessare; terminare: **School will f. tomorrow**, le lezioni finiranno domani; **He finished by saying he would go**, finì col dire (dicendo) che sarebbe andato *2* (*sport*) finire; arrivare: **He finished third**, arrivò terzo *3* (*calcio*) segnare; realizzare *4* (*di malattia*) avere un esito: **to f. fatally**, avere un esito letale.

♦**finish off**, *v. t. + avv.* **1** finire; consumare (*cibo o bevande*): **to f. off one's soup**, finire la minestra **2** porre fine a, troncare (*una discussione, ecc.*) **3** (*fam.*) finire; completare: **to f. off one's homework**, finire il compito a casa **4** spacciare; finire; uccidere: **to f. off a wounded lion**, finire un leone ferito **5** (*fam.*) ridurre (q.) uno straccio; stremare: **Climbing the mountain has finished me off**, la scalata del monte mi ha stremato □ **to f. off with**, finire (*o* terminare) con: **The dinner finished off with a toast**, il pranzo finì con un brindisi.

♦**finish up**, **A** *v. i. + avv.* (andare a) finire: **We toured the states and finished up in New York**, il nostro giro degli Stati Uniti finì a New York; **He'll f. up in jail**, finirà in prigione; **He finished up as the head of the firm**, andò a finire che diventò il capo dell'azienda. **B** *v. t. + avv.* **to f. up**, finire, consumare (*cibo o bevande*) □ **to f. up with**, finire con: **We finished up with a glass of port**, finimmo con un bicchiere di porto.

♦**finish with**, **A** *v. i. + prep.* **1** finire, farla finita con: **I haven't finished with you yet**, non ho ancora finito con te: **I've finished with smoking**, l'ho fatta finita col fumo **2** finire con, finire di usare: **Have you finished with the newspaper?**, hai finito di leggere il giornale? **B** *v. t. + prep.* finire, concludere con: **We finished dinner with a glass of port**, finimmo il pranzo con un bicchiere di porto.

finished /ˈfɪnɪʃt/, *a.* **1** finito; concluso **2** finito; rifinito; eccellente; perfetto; raffinato: (*econ.*) **f. goods**, prodotti finiti; **a f. artist**, un artista finito, perfetto; **a f. performance**, una rappresentazione eccellente; un'esecuzione perfetta; **a f. gentleman**, un perfetto gentiluomo; **f. manners**, maniere raffinate **3** finito; che non vale più niente; rovinato. ● **to be f.**, (*di un lavoro*) essere finito; (*fam.*: *di una persona*) aver finito (*di lavorare, ecc.*); (*fam.*) essere finito, rovinato: **I'm f.**, sono un uomo finito! □ **to be f. with sb.**, aver chiuso con q.

finisher /ˈfɪnɪʃə(r)/, *n.* **1** finitore; rifinitore; chi dà l'ultimo tocco **2** (*costr. stradali*) macchina per rifinire; finitrice **3** (*fam.*) colpo di grazia; avvenimento decisivo. ● (*ind. tess.*) **f. card**, carda finitrice.

finishing /ˈfɪnɪʃɪŋ/, **A** *n.* **1** finitura; rifinitura; ultima mano **2** (*ind. tess.*) finissaggio **3** (*sport*) capacità di realizzo: **That footballer's f. is tremendous**, quel calciatore è un gran realizzatore (*o* un goleador) **4** (*pl.*) (*tecn.*) rifiniture. **B** *a.* conclusivo; ultimo: **the f. touches**, gli ultimi tocchi. ● (*sport*) **f. line**, (linea del) traguardo □ **f. school**, scuola di buone maniere (*per ragazze di buona famiglia*).

finite /ˈfaɪnaɪt/, *a.* **1** limitato; circoscritto **2** (*mat., gramm.*) finito. ‖ **-ly**, *avv.* ‖ **-ness**, *sost.*

fink /fɪŋk/, *n.* (*fam. USA*) **1** delatore; spia **2** crumiro. ● **f.-out**, ritirata; marcia indietro (*fig.*).

to **fink** /fɪŋk/, *v. i.* (*fam. USA*) **1** fare la spia **2** fare il crumiro. ● **to f. out**, ritirarsi; fare marcia indietro (*fig.*).

Finland /ˈfɪnlənd/, *n.* (*geogr.*) Finlandia.

Finlander /ˈfɪnləndə(r), -læn-/, *n.* finlandese.

Finlandization /fɪnləndaɪˈzeɪʃn, *USA* -dɪˈz-/, *n.* (*polit., stor.*) finlandizzazione.

Finn /fɪn/, *n.* finlandese.

finnan /ˈfɪnən/, *n.* (= **f. haddock**) eglefino affumicato.

finned /fɪnd/, *a.* (*zool.*) che ha le pinne; fornito di pinne.

finner /ˈfɪnə(r)/, *n.* (*zool., Balaenoptera physalus*) balenottera comune.

Finnic /ˈfɪnɪk/, *a.* finnico; dei Finni.

finnicking /ˈfɪnɪkɪŋ/, **finnicky** /ˈfɪnɪkɪ/, *V.* **finicking, finicky**.

Finnish /ˈfɪnɪʃ/, **A** *a.* finlandese. **B** *n.* (lingua) finlandese.

finny /ˈfɪnɪ/, *a.* **1** (*zool.*) fornito di pinne **2** simile a pinna; pinniforme **3** (*poet.*) ricco di pesce; pescoso.

fiord /ˈfiːɔːd, *USA* fɪˈɔːd/, *n.* (*geogr.*) fiordo.

fiorin /ˈfaɪərɪn/, *n.* (*bot., Agrostis alba*) agrostide; capellini; pennacchini.

fir /fɜː(r)/, *n.* (= **fir tree**) abete. ● **fir apple** (*o* **fir ball, fir cone**), pigna (*d'abete*) □ **fir needle**, foglia, ago (*d'abete*) □ **fir wood**, abetaia, abetina.

fire /ˈfaɪə(r)/, *n.* **1** fuoco (*anche fig.*); incendio: **coal f.**, fuoco di carbone; **forest fires**, incendi di boschi; **There is a f. in the sitting room**, c'è il fuoco acceso nel salotto; **eyes full of f.**, occhi pieni di fuoco **2** (*fig.*) ardore; entusiasmo; eccitazione; foga: **The audience was on fire**, l'uditorio era eccitato; **the f. of his oratory**, la foga della sua oratoria **3** (*mil.*) tiro; fuoco: **We were under heavy enemy f.**, eravamo esposti al fuoco intenso del nemico; **Open** [**cease**] **f.!**, aprite [cessate] il fuoco! **4** stufa; stufetta (*elettrica o a gas*) **5** (*med.*) febbre; stato febbrile **6** (*ind. min.*) segnalazione di sparo mine. ● **f. alarm**, allarme antincendio □ **f.-and-brimstone**, apocalittico □ **f. and sword**, ferro e fuoco; incendi e uccisioni (*in guerra*) □ **f. barrier**, *V.* **f. wall** □ (*edil.*) **f. basket**, cesto metallico (o fornello) per il fuoco all'aperto (*per i muratori*) □ (*zool.*) **f.-bird** (*Icterus galbula*), ittero di Baltimora □ (*bot.*) **f. blight**, malattia del luppolo □ **f.-break**, tagliafuoco; striscia di terreno dove si abbattono gli alberi, ecc., per arrestare un incendio □ **f. brigade**, corpo dei pompieri; vigili del fuoco □ **f. clay**, argilla refrattaria □ (*mil.*) **f. control**, controllo del tiro □ **f.-cracker**, petardo; castagnola □ (*USA*) **f. department**, (corpo dei) vigili del fuoco □ **f. door**, porta antincendio □ **f. drill**, esercitazione antincendio □ **f.-eater**, giocoliere che mangia il fuoco, mangiafuoco; (*fig. fam.*) attaccabrighe □ **f. engine**, macchina dei pompieri; autopompa □ **f. escape**, scala antincendio; (*specialm. USA*) uscita di sicurezza □ **f. escape ladder**, scala antincendio □ **f. extinguisher**, estintore □ (*poet.*) **f.-eyed**, dagli occhi di fuoco □ **f.-fighter**, pompiere; chi spegne incendi □ **f.-fighting**, antincendio: **a f.-fighting squad**, una squadra antincendio □ (*zool.*) **f.-flair** (*Trygon pastinaca*), pastinaca comune □ **f. hose**, manichetta; manica per acqua □ **f. hydrant**, idrante □ **f. instructions**, istruzioni in caso d'incendio □ **f. insurance**, assicurazione contro l'incendio □ **f. irons**, ferri per il caminetto (*molle, paletta, attizzatoio, ecc.*) □ (*fig.*) **a f. of remarks**, una pioggia (*o* un diluvio) di osservazioni □ **f. office**, ufficio di società d'assicurazione contro gli incendi □ **f.-pan**, braciere □ (*USA*) **f.-plug**, idrante, presa antincendio □ (*ass.*) **f. policy**, polizza antincendio □ **f. pump**, pompa d'incendio □ (*leg.*) **f. raiser**, incendiario; piromane □ (*leg.*) **f. raising**, incendio doloso □ **f. regulations**, regolamenti antincendio □ (*tecn.*) **f.-resistant**, resistente al fuoco □ (*tecn.*) **f.-retardant**, ignifugo □ (*ass.*) **f. risk**, rischio d'incendio □ **f. screen**, parafuoco (*schermo metallico*) □ **f. station**, deposito di autopompe; caserma dei vigili del fuoco □ (*mil.*) **f.-step**, banchina di tiro □ **f.-teazer**, fochista □ **f. tongs**, molle per il camino □ **f. walking**, pirobazia; il camminare sulle braci ardenti (*come fanno i fachiri, ecc.*); (*stor.*) prova del fuoco □ **f. wall**, muro tagliafuoco; parete tagliafiamma □ **f.-watcher**, vigile del servizio antincendi (*nelle foreste, in guerra, ecc.*) □ **f.-worship**, adorazione del fuoco (*come divinità*) □ (*fig.*) **to be between two fires**, essere (*o* trovarsi) tra due fuochi □ **to catch f.**, prendere fuoco; (*fig.*) pigliar fuoco, infiammarsi, stizzirsi □ (*arc.*) **to go through f. and water** (**for sb.**), correre gravi rischi, buttarsi nel fuoco (per q.) □ **to hang f.**, (*mil.*) cessare il fuoco; (*fig.*) tardare ad agire, indugiare, tirarla in lungo □ **to lay** (*o* **to set**) **a f.**, preparare il fuoco □ **to light a f.**, accendere il fuoco □ **to make a f.**, accendere un fuoco □ **on f.**, in fiamme: **The skyscraper was on f.**, il grattacielo era in fiamme (*o* andava a fuoco) □ (*fig.*) **to play with f.**, scherzare col fuoco □ (*fig.*) **to pour oil on the f.**, soffiare sul fuoco; fomentare discordie, ecc. (*avendo l'aria di deprecarle*) □ **a running f.**, una scarica (*d'arma da fuoco*); un fuoco di fila (*anche di domande, critiche e sim.*) □ (*fig.*) **to set sb. on f.**, infiammare q. □ **to set st. on f.** (*o* **to set f. to st.**), dar fuoco a, incendiare q.c. □ (*fig.*) **to set the Thames** (*o* **the world**) **on f.**, fare q.c. di eccezionale (*o* di straordinario); fare colpo □ (*med.*) **St. Anthony's f.**, fuoco di Sant'Antonio; herpes zoster □ (*naut.*) **St. Elmo's f.**, fuoco di S. Elmo □ **to stir the f.**, attizzare il fuoco □ **to strike f. from st.**, far sprizzare scintille da q.c.; accendere il fuoco battendo su q.c. □ **to take f.**, prendere fuoco; incendiarsi; (*fig.*) pigliar fuoco, infiammarsi, stizzirsi □ **to be under f.**, essere sotto il fuoco (*del nemico, dei critici, ecc.*) □ **F.!**, al fuoco! al fuoco! □ (*prov.*) **There's no smoke without f.**, non c'è fumo senza arrosto.

to **fire** /ˈfaɪə(r)/, **A** *v. t.* **1** sparare; scaricare (*un'arma*); far esplodere: **I fired** (**off**) **my gun**, scaricai il fucile; sparai un colpo; **We fired at** (*o* **on, upon**) **the enemy**, sparammo contro (*o* sul) nemico **2** dar fuoco a; appiccare il fuoco a; incendiare: **to f. a building**, appiccare il fuoco a un edificio **3** (*fig.*) infiammare; eccitare; stimolare: **to f. the imagination**, infiammare la fantasia **4** alimentare, rifornire (*di combustibile*): **to f. a boiler**, alimentare una caldaia **5** cuocere (*nella fornace*); seccare: **to f. bricks**, cuocere mattoni; **to f. tea**, seccare il tè **6** (*fam., anche* **to f. out**) licenziare: **the right to hire and f.**, il diritto d'assumere e di licenziare **7** (*fam.*) lanciare, scagliare; buttare là; chiedere a bruciapelo: **to f. a rock**, scagliare un sasso; **to f. a remark**, buttar là un'osservazione; **to f. questions**, fare domande a bruciapelo **8** brillare (*mine*) **9** (*ind. ceramica*) cuocere **10** (*miss.*) accendere (*un razzo, ecc.*) **11** (*vet.*) cauterizzare. **B** *v. i.* **1** far fuoco; sparare: **He ordered the squad to f.**, ordinò al plotone di sparare **2** accendersi; prendere fuoco; (*fig.*) infiammarsi, eccitarsi **3** lasciar partire un colpo: **The gun fired**, il fucile lasciò partire un colpo **4** (*di una pianta*) seccarsi **5** (*mecc.*: *del motore*) accendersi. ● **to f. away**, continuare a far fuoco (*o* a sparare); (*fam.*) cominciare, attaccare (*a fare q.c.*; *specialm. a far domande, a parlare*): **F. away!**, fuori il rospo!; sputa l'osso! (*fig. fam.*) □ (*fam. USA*) **to f. away at sb.**, attaccare, criticare aspramente q. □ **to f. a broadside**, (*naut.*) sparare una bordata; (*fig.*) lanciare un attacco verbale □ (*mil.*) **to f. a salute**, sparare una salva in segno di saluto □ (*naut.*) **to f. a torpedo**, lanciare un siluro □ **to f. up**, accendere (*una stufa, una fornace, ecc.*); (*fam. USA*) avviare il motore, mettersi in moto; (*fig.*) pigliar fuoco, infiammarsi, stizzirsi.

firearm /ˈfaɪərɑːm/, *n.* arma da fuoco. ● (*leg.*) **firearms offence**, reato di detenzione di armi da fuoco.

fireback /ˈfaɪəbæk/, *n.* **1** (*edil.*) piastra metallica verticale (*di un caminetto*) **2** (*zool., Lophura*) tipo di fagiano (*dell'Asia del sud*).

fireball /ˈfaɪəbɔːl/, *n.* **1** (*mil., stor.*) palla infuocata **2** (*astron.*) bolide; meteorite **3** fulmine globulare **4** (*fis. nucl.*) fireball; sfera di fuoco **5** (*fig. fam.*) fulmine; persona energica.

fireboat /ˈfaɪəbəʊt/, *n.* (*naut.*) battello antincendio; battello con motopompa.

firebomb /ˈfaɪəbɒm/, *n.* (*mil.*) bomba incendiaria.

to **firebomb** /ˈfaɪəbɒm/, *v. t.* (*mil.*) attaccare con bombe incendiarie.

firebox /ˈfaɪəbɒks/, *n.* **1** focolare (*di caldaia*) **2** (*arc.*) *V.* **tinderbox**.

firebrand /ˈfaɪəbrænd/, *n.* **1** tizzone (*ardente*) **2** (*fig.*) face della discordia; agitatore.

firebrick /ˈfaɪəbrɪk/, *n.* mattone refrattario.

firebug /ˈfaɪəbʌg/, *n.* (*fam.*) incendiario; piromane.

firecracker /ˈfaɪəkrækə(r)/, *n.* **1** petardo; castagnola *2* (*fam. USA*) individuo vivace, brillante.

firecrest /ˈfaɪəkrɛst/, *n.* (*zool., Regulus ignicapillus*) fiorrancino.

fired /ˈfaɪəd/, *a.* (*nei composti*) (alimentato) a: **oil-f. central heating**, riscaldamento a nafta (*o* a gasolio).

firedamp /ˈfaɪədæmp/, *n.* gas di miniera; grisou. ● **f. detector**, grisoumetro.

firedog /ˈfaɪədɒg, *USA* -ɔːg/, *n.* alare (*del camino*).

firedrake /ˈfaɪədreɪk/, **firedragon** /ˈfaɪədrægən/, *n.* (*mitol.*) drago che erutta fiamme.

firefly /ˈfaɪəflaɪ/, *n.* (*zool., Lampiris noctiluca*) lucciola.

fireguard /ˈfaɪəgɑːd/, *n.* parafuoco; guardacenere.

fireless /ˈfaɪələs/, *a.* *1* senza fuoco; spento *2* senza riscaldamento: **a f. room**, una stanza senza riscaldamento.

firelight /ˈfaɪəlaɪt/, *n.* luce del fuoco (*o* del caminetto).

firelighter /ˈfaɪəlaɪtə(r)/, *n.* esca per il fuoco.

firelock /ˈfaɪəlɒk/, *n.* (*mil., stor.*) *1* meccanismo di sparo con acciarino *2* fucile antiquato; cacafuoco (*scherz.*).

fireman /ˈfaɪəmən/, *n.* (*pl.* **firemen**) *1* pompiere; vigile del fuoco *2* fochista (*di locomotiva, fornace, ecc.*).

fireplace /ˈfaɪəpleɪs/, *n.* focolare; camino; caminetto.

firepower /ˈfaɪəpaʊə(r)/, *n.* (*mil.*) potenza di fuoco.

fireproof /ˈfaɪəpruːf/, *a.* *1* a prova di fuoco; incombustibile; antincendio: **a f. curtain**, un sipario incombustibile; **a f. wall**, una parete antincendio *2* refrattario.

to **fireproof** /ˈfaɪəpruːf/, *v. t.* rendere incombustibile.

firer /ˈfaɪərə(r)/, *n.* chi fa fuoco, incendia, spara, ecc. (*V.* **to fire**). ● **a six-f.**, un fucile semiautomatico a sei colpi.

fireship /ˈfaɪəʃɪp/, *n.* (*naut., mil., stor.*) brulotto.

fireside /ˈfaɪəsaɪd/, *n.* *1* cantuccio del focolare *2* (*fig.*) vita domestica; casa; focolare. ● **f. comforts**, le comodità della propria casa □ **a f. scene**, una scena d'intimità familiare.

firestone /ˈfaɪəstəʊn/, *n.* (*geol.*) pietra focaia; selce.

firetrap /ˈfaɪətræp/, *n.* edificio che può prendere fuoco con facilità; casa senza uscita di sicurezza.

firewarden /ˈfaɪəwɔːdn/, *n.* (*USA*) capo di una squadra antincendio.

firewater /ˈfaɪəwɔːtə(r), *USA* -wɒt-/, *n.* (*fam.*) liquore forte; superalcolico.

firewood /ˈfaɪəwʊd/, *n.* legna da ardere.

fireworks /ˈfaɪəwɜːks/, *n. pl.* *1* fuochi d'artificio (*anche fig.*); spettacolo pirotecnico *2* (*fig.*) scoppio; manifestazione (*col verbo al sing.*): **a f. of rage**, uno scoppio d'ira.

firing /ˈfaɪərɪŋ/, *n.* *1* cottura (*di ceramiche e sim.*) *2* alimentazione; il rifornire di combustibile (*una fornace, ecc.*) *3* (*mil.*) il far fuoco; lo sparare; sparatoria; spari; tiro *4* l'appiccare il fuoco; accensione *5* materiale da ardere; combustibile *6* brillamento, esplosione (*d'una mina, ecc.*) *7* (*elettron.*) accensione; innesco; attivazione *8* (*autom., mecc.*) accensione: **f. order**, ordine (*o* sequenza) dell'accensione (*dei cilindri*) *9* (*fam.*) licenziamento. ● (*mil.*) **f. ground**, campo di tiro; poligono □ (*nelle armi*) **f. hammer**, cane □ **f. line**, (*mil.*) linea del fuoco; (*fig.*) prima linea: **to be in the** (*USA*: **on the**) **f. line**, essere in prima linea □ (*nelle armi*) **f. lock**, congegno di sparo □ (*naut.*) **the f. of a torpedo**, il lancio d'un siluro □ (*mil.*) **f. party**, squadra che spara salve di saluto; plotone d'esecuzione □ (*nelle armi*) **f. pin**, percussore □ **f. point**, (*mil.*) postazione di tiro; (*chim., fis.*) punto (*o* temperatura) di combustione □ (*mil.*) **f. squad**, plotone d'esecuzione □ (*mil.*) **f. step**, banchina del fuoco □ (*mil.*) **f. table**, tavola di tiro.

firkin /ˈfɜːkɪn/, *n.* *1* barilotto *2* «firkin» (*misura di capacità pari a 9 galloni, 41 litri circa*).

firm (**1**) /fɜːm/, *a.* *1* fermo; saldo; sicuro; solido; sodo; incrollabile; risoluto; severo: **in a f. voice**, con voce ferma; **as f. as a rock**, saldo come una roccia; **f. flesh**, carne soda; **a f. job**, un posto sicuro; un lavoro fisso; **a f. belief**, una fede incrollabile; **a f. look**, uno sguardo risoluto *2* (*polit., econ.*) stabile: **a f. government**, un governo stabile; (*comm.*) **a f. offer**, un'offerta stabile; **f. prices**, prezzi stabili (*non soggetti a variazioni*) *3* (*leg.*) a fermo: (*Borsa*) **a f. bargain**, un contratto a fermo; (*leg.*) **a f. contract**, un contratto a fermo. ● (*fin.*) **a f. currency**, una moneta stabile; una valuta forte □ **a f. handshake**, un'energica stretta di mano □ (*fin.*) **a f. market**, un mercato sostenuto □ (*fin.*) **a f. pound sterling**, una sterlina forte □ (*fig.*) **to be on f. ground**, andare sul sicuro □ (*fig.*) **to keep a f. hand on sb.**, tenere q. sotto stretto controllo □ (*fig.*) **to stand f.**, non cedere; essere fermo nelle proprie convinzioni □ (*fin.*: *di prezzi, ecc.*) **to stay f.**, rimanere stabile.

firm (**2**) /fɜːm/, *n.* ditta; azienda; casa commerciale. ● **f. name**, ragione sociale □ **building contracting f.**, impresa edile □ **law f.**, studio legale □ **publishing f.**, casa editrice.

to **firm** /fɜːm/, **A** *v. t.* *1* fermare; consolidare *2* (*agric.*) calcare; rassodare (*il terreno dopo avervi messo piante*). **B** *v. i.* consolidarsi; rassodarsi. ● **to f. up**, rassodare (*il corpo, la carne, ecc.*); consolidare, rafforzare (*un accordo, ecc.*); (*fig.*) consolidarsi, stabilizzarsi.

firmament /ˈfɜːməmənt/, *n.* firmamento; cielo.

firmamental /fɜːməˈmentl/, *a.* del firmamento; celeste.

firman /fɜːˈmɑːn, ˈfɜː-, -mən/, *n.* (*stor. turca*) firmano.

firmness /ˈfɜːmnəs/, *n.* fermezza; saldezza; solidità; stabilità.

firmware /ˈfɜːmweə(r)/, *n. collett.* (*elab.*) firmware.

firn /fɜːn/, *n.* (*geogr.*) *1* firn; neve granulosa dei ghiacciai *2* nevato.

first (**1**) /fɜːst/, *a.* primo; prossimo; principale; primario; più importante: **the f. comer**, il primo venuto; **the f. of January**, il primo di gennaio; **Henry the F.**, Enrico Primo; **the f. two [three]**, i primi due [tre]; **to come in f.**, arrivare primo (*in una corsa*); **the f. scientists in Europe**, gli scienziati più importanti in Europa; **the f. officer of a ship**, il primo ufficiale di bordo. ● (*med.*) **f. aid**, pronto soccorso □ **f. aid-station**, posto di pronto soccorso □ (*med.*) **f.-aid training**, addestramento al pronto soccorso □ **f. base**, (*sport*: *baseball*) prima base; (*fig. USA*) fase iniziale, primo stadio □ **f.-born**, il primo nato (*di figlioli*); primogenito □ (*geol.*) **f. bottom**, fondovalle fluviale □ **f. class**, (*ferr., ecc.*) prima classe; prima qualità; (*nelle università inglesi*) massimo (*dei voti*) □ **f.-class**, di prima classe; di prima qualità; eccellente: **a f.-class cabin on a steamer**, una cabina di prima classe in un piroscafo □ **f.-class honours degree**, laurea con lode □ **a f.-class hotel**, un albergo di prima categoria; un albergo eccellente □ **f. coat**, prima mano (*di vernice*) □ (*in G.B.*) **f. degree**, laurea di primo grado □ (*anche leg., med.*) **f.-degree**, di primo grado □ **the f.-ever**, il primo che sia mai esistito (che sia stato pubblicato, ecc.) □ (*anat.*) **f. finger**, indice □ **f. floor**, primo piano; (*USA*) pianterreno □ **f. fruits**, primizie; (*fig.*) primi frutti del proprio lavoro □ (*autom.*) **f. gear**, prima (marcia) □ (*anche fig.*) **f.-generation**, della (*o* di) prima generazione □ (*polit., in U.S.A.*) **f. lady**, first lady; moglie del Presidente □ (*naut.*) **f. mate** (*o* **f. officer**), primo ufficiale di bordo □ **f. name**, nome di battesimo: **to be on f. name terms with sb.**, chiamare per nome q.; dare del tu a q. □ (*teatr.*) **f. night**, prima □ **f.-nighter**, assiduo (spettatore) di prime teatrali (*o* cinematografiche) □ (*leg.*) **f. offender**, colpevole, per la prima volta (*non recidivo*) □ **f.-order**, di prim'ordine; di prima classe □ **f. past the post**, (*ippica*) primo al traguardo; (*fig., polit.*) primo nelle votazioni □ **f.-rate**, di prima qualità; di prim'ordine; di primaria importanza □ (*polit.*) **f. reading**, prima lettura (*di un disegno di legge*) □ (*leg., market.*) **f. refusal**, diritto d'opzione □ (*cinem., USA*) **f. run**, prima visione: **a f.-run theater**, un cinema di prima visione □ **f. school**, primo triennio delle elementari □ **f. shift**, primo turno; turno di giorno □ (*autom.*) **f. speed**, prima (velocità) □ **f.-string**, (*sport*) titolare; (*fig.*) importante, di prim'ordine □ (*mil.*) **f. strike**, attacco di sorpresa □ (*mil., fis. nucl.*) **f.-strike weapon**, arma per attacco di sorpresa □ **f. things f.**, le cose più importanti (si fanno) per prime □ **f. water**, (*di pietra preziosa*) acqua purissima; (*fig.*) la più bell'acqua: **He is a scoundrel of the f. water**, è un briccone della più bell'acqua □ **at f. sight** (*o* **view, blush**), a prima vista □ (*fam.*) **to feel f.-class** (*o* **f.-rate**), stare ottimamente (*o* da papa); sentirsi benissimo □ **in the f. place**, in primo luogo □ (*fam.*) **not to have the f. idea**, non avere la più pallida idea □ (*fam.*) **I shall do it f. thing**, lo farò per prima cosa.

first (**2**) /fɜːst/, *n.* *1* (il) primo; (la) prima: **You are the f. to complain**, sei il primo a protestare *2* principio; inizio: **at f.**, in principio; dapprima; sulle prime *3* (*negli esami per gli «honours» presso le università inglesi*) massimo (dei voti) *4* studente che ottiene il massimo dei voti *5* (*autom.*) prima (*marcia o velocità*) *6* primo premio. ● (*fin.*) **f. of exchange**, prima di cambio; prima copia di una cambiale □ **from f. to last**, dall'inizio alla fine; da cima a fondo □ **from the f.**, fin dal principio.

first (**3**) /fɜːst/, *avv.* *1* prima; anzitutto; per prima cosa: **f. of all**, prima di tutto; **I must speak with him f.**, (per) prima (cosa), devo parlare con lui *2* (per) la prima volta: **When did you meet him f.?**, quando lo incontrasti la prima volta? *3* piuttosto: **When they asked him to betray his friend, he answered he would die f.**, quando gli chiesero di tradire l'amico, rispose che piuttosto sarebbe morto. ● **f. and foremost**, soprattutto □ **f. and last**, tutto considerato; tutto sommato □ (*rag.*) **f. in, f. out**, FIFO (*procedimento per fare l'inventario*) □ **f. or last**, prima o poi; presto o tardi □ **to fall head f.**, cadere a capofitto □ (*prov.*) **F. come, f. served**, chi primo arriva è servito per primo (*cfr.* Chi prima arriva macina; Chi tardi arriva male alloggia).

firsthand /ˈfɜːstˈhænd/, *a.* e *avv.* di prima mano: **f. information**, informazioni di prima mano. ● **I heard the news f.**, ho avuto la notizia da fonte sicura.

firstling /ˈfɜːstlɪŋ/, *n.* *1* (*di solito al pl.*) primizia *2* (*d'animali*) primo nato *3* (*fig.*) primo frutto; primo risultato.

firstly /ˈfɜːstlɪ/, *avv.* in primo luogo (*usato nelle enumerazioni*).

firth /fɜːθ/, *n.* stretto braccio di mare, estuario (*specialm. in Scozia*).

fisc /fɪsk/, *n.* (*stor., raro*) fisco; erario pubblico.

fiscal /ˈfɪskl/, **A** *a.* fiscale; del fisco; tributario. **B** *n.* (*leg., in Scozia*) pubblico ministero. ● (*leg.*) **the f. cases**, il contenzioso tributario □ **f. charges**, oneri fiscali □ (*econ., fin.*) **f. drag**, fiscal drag; drenaggio fiscale (*dovuto al gioco delle aliquote progressive e dell'inflazione*) □ **f. drain**, salasso fiscale □ **f. incentive**, incentivo fiscale □ **f. policy**, politica fiscale □ **f. reform**, riforma tributaria □ (*econ.*) **f. therapy**, terapia fiscale □ **f. year**, anno (*o* esercizio) finanziario.

fiscality /fɪˈskæləti/, *n.* fiscalismo; fiscalità.

fiscally /ˈfɪskəlɪ/, *avv.* fiscalmente.

fish (**1**) /fɪʃ/, *n.* *1* (*pl.* **fish, fishes**) pesce:

Fish(es) swim, i pesci nuotano; **f., flesh and fowl**, pesce, carne e pollame *2* (*fam.*) individuo, tipo; merlo, pollo (*fig.*): **He is a queer f.**, è un tipo strano; **The poor f. was taken in easily**, quel povero merlo s'è lasciato imbrogliare con grande facilità *3* (*pop. USA*) dollaro *4* (*pop. USA*) (nuovo) carcerato *5* (*pl.*) (*astron., astrol.*) **the Fishes**, i Pesci (*costellazione e XII segno dello zodiaco*). ● **f.-and--chip shop**, piccolo ristorante popolare, che vende pesce e patatine fritte □ **f. bar**, tavola calda che vende pesce (*ma anche pollo fritto, ecc.*) □ **f. bone**, lisca; spina (di pesce) □ **f. breeding**, piscicoltura □ **f. carver**, coltello grande da pesce □ **f. culture**, piscicoltura □ (*spreg. USA*) **f. eater**, cattolico □ **f.-eye**, (*tecn.*) occhio di pesce; (*fam.*) occhiata malevola; sguardo sospettoso □ (*fotogr.*) **f.-eye lens**, obiettivo grandangolare a 180 gradi □ **f. farm**, allevamento di pesci; vivaio □ **f. globe**, globo (*di vetro*) per i pesci □ **f. glue**, colla di pesce □ **f.-finger**, bastoncino di pesce □ **f. flour** (*o* **f. meal**), farina di pesce □ (*pop. USA*) **f. food**, cadavere di un assassinato □ **f.--hook**, amo □ **f. kettle**, pesciaiola, pesciera (*per lessare il pesce*) □ **f. knife**, coltello da pesce □ **f. ladder**, scala di monta (*per salmoni, ecc.*) □ **f. pond**, stagno (*o* vasca) dei pesci; peschiera; (*scherz.*) il mare □ **f. pot**, nassa □ (*cucina*) **f. slice**, paletta (*o* spatola) per il pesce □ (*zool.*) **f.-sound**, vescica natatoria □ (*USA*) **f. stick**, *V.* **f. finger** □ (*fam. USA*) **f. story** (*o* **f. tale**), grossa balla; enorme bugia □ (*naut.*) **f. tackle**, pescatore (*grosso gancio*) □ (*anche metall.*) **f.-tail**, coda di pesce □ **f.--tail**, a coda di pesce: (*tecn.*) **f.-tail burner**, becco a coda di pesce □ **as dull as a f.**, stupido come una gallina □ **as mute as a f.**, muto come un pesce □ **to drink like a f.**, bere come una spugna □ **drunk as a f.**, ubriaco fradicio □ (*fig.*) **to feed the fishes**, andare in pasto ai pesci; affogare □ **to feel like a f. out of water**, sentirsi come un pesce fuor d'acqua □ (*fig.*) **to have other f. to fry**, avere cose più importanti da fare; avere altro per il capo □ **to be neither f. nor fowl (nor good red herring)**, non essere né carne né pesce □ (*fig.*) **a pretty kettle of f.**, un bel pasticcio; un bel casino (*fam.*).

fish (2) /fɪʃ/, *n.* (*naut.*) lapazza.

to **fish** (1) /fɪʃ/, *v. t. e i.* *1* pescare; pescare in: **to f. in the Atlantic**, pescare nell'Atlantico; **to f. for salmon [cod]**, pescare il salmone [il merluzzo]; **to f. a river**, pescare in un fiume *2* cercare (*d'ottenere*); sollecitare: **to f. for compliments**, sollecitare (*o* andare in cerca di) complimenti; **to f. for information**, cercare informazioni. ● **to f. for a living**, guadagnarsi da vivere con la pesca □ **to f. for secrets**, indagare; cercare segreti □ (*fig.*) **to f. in troubled waters**, pescare nel torbido □ **to go fishing**, andare a pesca □ (*pop. USA*) **F. or cut bait!**, datti da fare, o molla tutto!

♦**fish about** (*o* **around**), *v. i.* + *avv.* cercare; frugare: **I fished about in my pocket for my credit card**, mi frugai in tasca per prendere la carta di credito; **to f. around in one's shopping bag for st.**, cercare q.c. nella borsa della spesa.

♦**fish out**, *v. t.* + *avv.* *1* tirar fuori (*dall'acqua*); ripescare (q. *o* q.c.) *2* tirar fuori; cavare: **He fished a key out of his pocket**, cavò di tasca una chiave *3* pescare (*fig.*); scoprire: **to f. out interesting information**, pescare informazioni interessanti; **to f. out a secret**, scoprire un segreto.

♦**fish up**, *v. t.* + *avv.* *1* ripescare (*q. o q.c. caduto in acqua*) *2* pescare (*fig.*); tirare su (*o* fuori): **to f. up an old tyre out of the river**, tirare su un vecchio copertone dal fiume; **to f. up an excuse to leave**, tirar fuori una scusa per andarsene.

to **fish** (2) /fɪʃ/, *v. t.* *1* (*naut.*) lapazzare *2* (*naut.*) traversare (*l'ancora*) *3* (*mecc.*) rinforzare (*o* unire) con un giunto a ganasce.

fishball /ˈfɪʃbɔːl/, *n.* (*cucina*) crocchetta (*o* polpetta) di pesce.

fishbolt /ˈfɪʃbəʊlt/, *n.* (*mecc.*) bullone per giunto a ganasce; chiavarda.

fishbowl /ˈfɪʃbəʊl/, *n.* *1* globo (*di vetro*) per i pesci rossi *2* (*pop. USA*) prigione; gattabuia (*pop.*).

fishcake /ˈfɪʃkeɪk/, *n.* (*cucina*) pasticcio (*o* tortino) di pesce.

fisher /ˈfɪʃə(r)/, *n.* *1* pescatore *2* (*naut., raro*) peschereccio *3* animale che si ciba di pesce *4* (*zool., USA*; *Martes pennanti*) martora di Pennant; pekan; pescatore. ● (*nel Vangelo*) **f. of men**, pescatore d'uomini.

fisherman /ˈfɪʃəmən/, *n.* (*pl.* **fishermen**) *1* pescatore (*di mestiere o per sport*) *2* (*naut., raro*) peschereccio. ● (*relig.*) **f.'s ring**, anello piscatorio.

fishery /ˈfɪʃərɪ/, *n.* *1* pesca; industria della pesca *2* zona di pesca: **in-shore fisheries**, zone di pesca presso la costa; **deep-sea fisheries**, zone di pesca in alto mare *3* diritto di pesca *4* peschiera; vivaio. ● (*naut.*) **f. protection ship**, nave guardapesca.

to **fishify** /ˈfɪʃɪfaɪ/, *v. t.* immettere pesci in (*un lago, ecc.*).

fishily /ˈfɪʃəlɪ/, *avv.* *1* a mo' di pesce *2* (*fam.*) in modo ambiguo; in modo sospetto.

fish-in /ˈfɪʃɪn/, *n.* pesca fatta per protesta (*contro il divieto di pescare*).

fishiness /ˈfɪʃɪnəs/, *n.* *1* pescosità *2* ottusità; stupidità *3* (*fam.*) ambiguità; sospettabilità (*V.* **fishy**).

fishing /ˈfɪʃɪŋ/, *n.* *1* pesca: **deep-sea f.**, pesca oceanica *2* pescaggio (*di arnesi caduti in un pozzo di perforazione*). ● **f. boat**, peschereccio; barca da pesca □ (*fam.*) **f. expedition** (*o* **f. trip**), tentativo di ottenere informazioni (*lecito o illecito*) □ **f. ground**, peschiera, vivaio; zona di pesca □ **f. line**, lenza □ **f. net**, rete da pesca □ **f. rod**, canna da pesca □ **f. smack**, *V.* **f. boat** □ **f. tackle**, attrezzi da pesca □ **f. tool**, utensile per recuperi; pescatore (*V. sopra, def. 2*).

fish joint /ˈfɪʃdʒɔɪnt/, *locuz. n.* (*mecc.*) giunto a ganasce.

fishline /ˈfɪʃlaɪn/, *n.* (*USA*) lenza.

fishmonger /ˈfɪʃmʌŋgə(r), *USA* -mɒ-/, *n.* pescivendolo; pesciaiolo.

fishnet /ˈfɪʃnet/, **A** *n.* *1* (*specialm. USA*) rete da pesca *2* tessuto a rete. **B** *a. attr.* a rete: **f. stockings**, calze a rete.

fishpaste /ˈfɪʃpeɪst/, *n.* (*cucina*) pasta di pesce.

fishplate /ˈfɪʃpleɪt/, *n.* (*mecc., ferr.*) stecca a ganascia; coprigiunto.

to **fishtail** /ˈfɪʃteɪl/, *v. i.* (*autom., fam.*) slittare di coda: **My car fishtailed into a cab**, la mia auto slittò di coda andando a sbattere contro un taxi.

fishwife /ˈfɪʃwaɪf/, *n.* (*pl.* **fishwives**) pescivendola; pesciaiola.

fishy /ˈfɪʃɪ/, *a.* *1* pescoso *2* di pesce: **a f. smell**, un odore di pesce *3* da pesce; come quello d'un pesce; ottuso; stupido; vitreo: **a f. stare**, uno sguardo fisso, da pesce; **a f. eye**, un occhio vitreo *4* (*fam.*) ambiguo; sospetto; equivoco; poco credibile: **a f. story**, una storia poco credibile; **There's st. of a f. nature going on**, sta succedendo q.c. di equivoco.

fissile /ˈfɪsaɪl, *USA* ˈfɪsl/, *a.* (*geol., fis. nucl.*) fissile; facile a fendersi.

fissility /fɪˈsɪlətɪ/, *n.* (*fis. nucl.*) fissilità.

fission /ˈfɪʃn/, *n.* *1* (*biol.*) divisione; scissione *2* (*fis. nucl.*, = **nuclear f.**) fissione: **f. chamber**, camera di fissione. ● **f. bomb**, bomba atomica □ (*miner.*) **f. track dating**, sistema di datazione basato sul conteggio delle tracce di fissione.

fissionable /ˈfɪʃnəbl/, (*fis. nucl.*) **A** *a.* fissile; fissionabile. **B** *n.* materiale fissile.

fissiparous /fɪˈsɪpərəs/, *a.* (*biol.*) fissiparo.

fissiped /ˈfɪsɪped, -iːd/, *a. e n.* (*zool.*) fissipede.

fissipedal /fɪˈsɪpɪdl/, *a.* (*zool.*) fissipede.

fissure /ˈfɪʃə(r)/, *n.* *1* fessura; fenditura: (*geol.*) **f. vein**, vena di fessura *2* crepa; screpolatura.

to **fissure** /ˈfɪʃə(r)/, **A** *v. t.* fendere; spaccare. **B** *v. i.* fendersi.

fist /fɪst/, *n.* *1* pugno: **He shook his f. at me**, agitò il pugno contro di me *2* (*fam.*) mano: **Give me your f.!**, qua la mano! *3* (*fam.*) scrittura; calligrafia: **I know his f.**, conosco la sua scrittura *4* *V.* **fistful**.

to **fist** /fɪst/, *v. t.* *1* colpire col pugno *2* afferrare; stringere.

fisted /ˈfɪstɪd/, *a.* (*nei composti*) dai pugni; dalle mani: **ham-f.**, dalle mani di ricotta (*fam.*); maldestro.

fistful /ˈfɪstfʊl/, *n.* manciata; pugno.

fistic(al) /ˈfɪstɪk(l)/, *a.* (*arc. o scherz.*) pugilistico.

fisticuffs /ˈfɪstɪkʌfs/, *n. pl.* (*arc. o scherz.*) *1* pugilato *2* scazzottatura.

fistula /ˈfɪstjʊlə, *USA* -tʃʊ-/, *n.* (*pl.* **fistulas, fistulae**) *1* (*med.*) fistola *2* (*vet.*) guidalesco.

fistular /ˈfɪstjʊlə(r), *USA* -tʃʊ-/, **fistulous** /ˈfɪstjʊləs, *USA* -tʃʊ-/, *a.* fistoloso.

fit (1) /fɪt/, **A** *a.* *1* adatto; atto; appropriato; conveniente; giusto; decoroso; idoneo; opportuno: **He is not fit for that job**, non è idoneo a quel lavoro; **It isn't fit that you should still be dependent on your parents**, non è giusto (*o* decoroso) che tu sia ancora a carico dei tuoi genitori; **a fit title for your book**, un titolo appropriato per il tuo libro *2* forte; sano; in forma; in condizione di; in grado di: **Are you feeling fit?**, stai bene?; **You're looking fit**, ti trovo bene; **to keep fit**, tenersi in forma; **to be fit for work [travel]**, essere in condizione di poter lavorare [in grado di viaggiare] *3* pronto: **fit for action**, pronto a entrare in azione; **fit for service**, pronto a entrare in servizio *4* degno: **He would be a fit husband for my daughter**, sarebbe un degno marito per mia figlia. **B** *avv.* (*fam.*) fino a; tanto da: **He ate fit to burst**, mangiò tanto da scoppiare; **to work fit to drop**, lavorare tanto da cascare per la fatica. ● (*fam.*) **fit as a fiddle**, sano come un pesce □ **fit for nothing**, buono a nulla □ **a dinner fit for a king**, un pranzo da re □ **keep--fit exercises**, esercizi per tenersi in forma □ **to laugh fit to burst**, crepare dal ridere □ (*di persona*) **to look fit**, avere un bell'aspetto (*o* una bella cera) □ (*biol.*) **the survival of the fittest**, la sopravvivenza del più forte; la selezione naturale □ **I worked till I was fit to drop**, lavorai tanto da non poterne più □ **Do as you think fit**, fai come meglio credi! □ (*a un bambino e sim.*) **Wash your face! You're not fit to be seen**, vatti a lavare! Non ti si può guardare in faccia! (*o* come ti sei ridotto!).

fit (2) /fɪt/, *n.* *1* adattamento; (*ling.*) adeguamento *2* (*mecc.*) accoppiamento; aggiustaggio *3* linea, taglio, misura (*d'un abito*); indumento, oggetto (*che va bene, che calza*): **This shirt is a good fit**, questa camicia (è un capo di vestiario che) sta a pennello; **a slightly tight fit**, una misura un po' stretta; una taglia un po' stretta. ● **fit-out**, equipaggiamento; corredo, capi di vestiario.

fit (3) /fɪt/, *n.* *1* (*med.*) accesso; attacco; crisi: **a fit of fever**, un accesso di febbre; **a fit of coughing**, un attacco di tosse *2* (*med.*) convulsione; parossismo: **to drop down in a fit**, cadere a terra in preda alle convulsioni *3* (*per estens.*) attacco; accesso; scatto; scoppio; convulso (*pop.*); momento; slancio: **a fit of anger**, uno scatto d'ira; **a fit of laughter**, un convulso di riso; **a fit of generosity**, uno slancio di generosità; **a fit of the blues**, un momento di malinconia *4* (*fam.*) capriccio; ticchio, grillo (*fig.*); umore: **if the fit takes me**, se mi salta il ticchio *5* (*pl.*) (*med.*) convulsioni. ● **by fits and starts**, a sbalzi; a scatti; in modo irregolare □ (*fam.*) **to give sb. a fit** (*o* **the fits**), sbalordire q.; far venire un colpo a q. (*fam.*) □ (*fam.*) **to have a fit**, andare in collera; avere la luna (di traverso) □ **to keep sb.**

in fits (**of laughter**), far ridere q. a crepapelle □ (*fam.*) **to throw a fit**, uscire dai gangheri □ **when the fit is on him**, quand'è dell'umore adatto; quando è in vena □ (*fam.*) **He'll have a fit when he sees her**, gli prende un colpo quando la vede!

fit (**4**) /fɪt/, *n.* (*arc.*) parte d'una ballata o poesia; canto (*d'un poema*).

to **fit** /fɪt/, **A** *v. t.* **1** andare bene con; andare bene a (q.) come misura; adattarsi a; accordarsi, concordare con: **This key doesn't fit the lock**, questa chiave non va bene con la serratura; **This dress fits me, but I don't think it suits me at all**, questo vestito come misura mi va bene, ma non mi pare che mi doni affatto; **His story doesn't fit the facts**, il suo racconto non concorda con i fatti **2** preparare; rendere idoneo: **To fit oneself for one's new duties**, prepararsi per le nuove mansioni; **Only hard training can fit the men for battle**, soltanto un duro addestramento può rendere gli uomini idonei al combattimento **3** fornire; dotare; munire; provvedere: **to fit one's car with a radiophone**, dotare la propria automobile di un radiotelefono **4** (*anche mecc.*) montare; installare: (*autom.*) **to fit a new exhaust pipe**, montare una marmitta nuova **5** (*anche mecc.*) aggiustare; far combaciare; incastrare **6** (*sartoria*) mettere (*un abito*) in prova; provare (*un indumento*). **B** *v. i.* andare, stare (*bene, male, ecc.*); calzare: **The handle fits badly**, il manico non va bene; **These shoes fit like a glove**, queste scarpe calzano come un guanto (*o* mi stanno a pennello). ● (*fam.*) **to fit the bill**, andar bene; fare al caso □ (*mecc.*) **to fit a coupling to a pipe**, imboccare un giunto su un tubo □ **to fit one's job perfectly**, essere perfettamente adatto al lavoro che si fa □ (*mecc.*) **to fit a new part on an engine**, montare un nuovo pezzo su un motore □ **to fit a ship with a crew**, fornire d'equipaggio una nave □ **to have a new lock fitted**, far cambiare la serratura □ **to make st. fit**, adattare, adeguare q.c.; **We must make the punishment fit the crime**, dobbiamo adeguare la pena al reato □ (*fam.*) **His face doesn't fit**, non è adatto al posto (che occupa); ci stona □ (*prov.*) **If the cap fits, wear it**, a buon intenditor poche parole.

♦**fit in**, **A** *v. i. + avv.* **1** inserirsi, ambientarsi; sentirsi nel proprio ambiente; ingranare (*fam.*): **I don't fit in with my new colleagues**, con i nuovi colleghi non ingrano **2** accordarsi, concordare; armonizzare; quadrare (*fig.*): **My plans don't fit in with yours**, i miei progetti non s'accordano con i tuoi; **He didn't fit in with my schemes**, per lui, i miei piani non quadravano. **B** *v. t. + avv.* **1** mettere; far stare; inserire, infilare: **I cannot fit in anything else in this bag**, non riesco a infilare nient'altro in questa sacca **2** inserire in una lista; ricevere: **The dentist can fit you in on Friday morning**, il dentista La può ricevere venerdì mattina **3** far coincidere: **Try and fit in your holidays with mine!**, cerca di fare coincidere le tue vacanze con le mie! **4** farci entrare; includere: **Let's fit in a visit to the Tower of London**, facciamoci entrare anche una visita alla Torre di Londra! **5** (*falegn., mecc.*) alloggiare, incassare, incastrare (*un pezzo*).

♦**fit on**, *v. t. + avv.* **1** mettere a posto; adattare. **to fit on a lid**, adattare un coperchio **2** provarsi (*un abito, ecc.*).

♦**fit out**, *v. t. + avv.* **1** attrezzare; equipaggiare: **to fit out a ship**, equipaggiare una nave **2** arredare: **to fit out Milan's new airport**, arredare la nuova stazione aeroportuale di Milano.

♦**fit up**, *v. t. + avv.* **1** (*anche mecc.*) montare; installare: **to fit up a mechanical device**, montare un dispositivo meccanico **2** fornire; mettere; provvedere: **The surgeons will fit him up with an artificial leg**, i chirurghi gli metteranno una gamba artificiale **3** adattare; trasformare: **We had to fit up the dining room as a spare bedroom**, dovemmo adattare la stanza da pranzo a camera da letto d'emergenza **4** (*pop. ingl.*) incastrare (*fig.*): **With false evidence, they fitted him up for the bank robbery**, con prove false, lo incastrarono per la rapina alla banca **5** *V.* **fit out**, *def. 1.*

fitch /fɪtʃ/, **fitchew** /ˈfɪtʃuː/, *n.* **1** (*zool., Mustela putorius*) puzzola **2** (pennello di) pelo di puzzola.

fitful /ˈfɪtfl/, *a.* **1** capriccioso; incostante **2** incostante; irregolare; intermittente; saltuario: **f. sleep**, sonno intermittente; **a f. worker**, un lavoratore incostante, saltuario (*che lavora a sbalzi*). ● **f. night**, notte (passata) senza dormire o quasi. ‖ **-ly**, *avv.* ‖ **-ness**, *sost.*

fitly /ˈfɪtlɪ/, *avv.* convenientemente; appropriatamente; in modo adatto.

fitment /ˈfɪtmənt/, *n.* **1** articolo d'arredamento; mobile **2** attrezzatura; equipaggiamento **3** (*pl.*) *V.* **fitting** (**1**), *def. 4.*

fitness /ˈfɪtnəs/, *n.* **1** appropriatezza; convenienza; idoneità **2** buona salute; forma; fitness: **exercises to keep one's f.**, esercizi per restare in forma **3** (*genetica*) fitness.

fitted /ˈfɪtɪd/, *a.* **1** attrezzato; equipaggiato; che ha in dotazione (q.c.) **2** (*di un mobile, ecc.*) fatto su misura; pre-installato: **a f. stainless steel sink unit**, un lavello di acciaio inossidabile pre-installato **3** (*d'abito*) aderente; attillato **4** (*di una persona*) adatto; idoneo: **He was f. to be a doctor**, era adatto a fare il medico. ● **f. carpet**, moquette □ **f. kitchen**, cucina modulare □ **f. sheet**, lenzuolo con gli orli elasticizzati.

fitter /ˈfɪtə(r)/, *n.* **1** (*mecc.*) aggiustatore; installatore; montatore: **an engine f.**, un montatore di macchine **2** (*sartoria*) tagliatore; (*anche*) sarto addetto alla prova (*degli abiti*). ● **gas f.**, operaio specializzato del gas.

fitting (**1**) /ˈfɪtɪŋ/, *n.* **1** adattamento, prova (*di abiti*) **2** (*mecc.*) aggiustaggio; montaggio **3** (*mecc.*) accessorio: **pipe fittings**, accessori per tubazioni **4** (*pl.*) apparecchiature, attrezzature, impianti; articoli d'arredamento: **fittings and fixtures**, apparecchiature e impianti; **office fittings**, mobili per ufficio **5** misura; taglia: **a narrow f.**, una taglia piccola **6** (*stat.*) perequazione. ● (*naut.*) **f.-out**, allestimento; armamento □ **f. room**, sala di prova (*di sarto*); camerino di prova (*di negozio di confezioni*) □ (*mecc.*) **f. shop**, officina (*o* reparto) di montaggio e aggiustaggio.

fitting (**2**) /ˈfɪtɪŋ/, *a.* **1** appropriato; adatto; conveniente; giusto; opportuno; confacente: **a f. expression**, un'espressione appropriata **2** (*nei composti*) che si adatta (che si chiude, ecc.): **tightly-f. trousers**, pantaloni attillati; **a badly-f. window**, una finestra che si chiude male.

fittingly /ˈfɪtɪŋlɪ/, *avv. V.* **fitly**.

fittingness /ˈfɪtɪŋnəs/, *n.* convenienza; appropriatezza.

fit-up /ˈfɪtʌp/, *n.* **1** (*teatr.*) scenario mobile **2** (*pop. ingl.*) l'incastrare (*V.* **to fit up**, *def. 4*). ● **f. company**, compagnia di prosa ambulante; carro di Tespi.

five /faɪv/, **A** *a.* cinque. **B** *n.* **1** cinque (*anche carta da gioco*) **2** (*sport*) squadra di pallacanestro **3** (*fam.*) banconota da cinque sterline (*o* da cinque dollari). ● (*USA*) **f.-and-ten**, negozio che vende articoli vari a poco prezzo □ **f.-day week**, settimana corta (*di cinque giorni lavorativi*) □ **f.-finger**, (*zool., Echinaster, Asteria, ecc.*), stella di mare; (*bot., Potentilla reptans*) pentafillo; (*Primula elatior*) primavera maggiore; (*Lotus corniculatus*) ginestrino □ (*pop. USA*) **f.-finger discount**, cinque dita e un po' di paura (*pop.*): **I got it with my f.-finger discount**, l'ho sgraffignato; l'ho rubato □ (*mus.*) **f.-finger exercise**, esercizio con cinque dita □ (*mat.*) **f.-figure**, di cinque cifre □ (*sport*) **f.-man defence**, difesa a zona (*a pallacanestro*) □ (*fam.*) **f. o'clock shadow**, ombra pomeridiana della barba (*fatta al mattino*) □ **f. o'clock tea**, tè delle cinque; merenda □ (*polit.*) **f.-party government**, pentapartito (*in Italia*) □ **f. pence** (**piece**), moneta (metallica) da cinque penny (*vale 1/20 di sterlina; ha sostituito il vecchio scellino*) □ (*fin.*) **f.-per cents**, azioni al cinque percento □ (*pop. USA*) **f.-per-center**, intrallazzatore che prende una tangente del cinque per cento; (*polit.*) lobbista, faccendiere □ **a f.-pound note**, un biglietto da cinque sterline □ (*fam. USA*) **f.-spot**, biglietto da cinque dollari □ (*tur.: di un albergo*) **f.-star**, a cinque stelle; di lusso □ (*sport*) **the 5000-metre run**, i cinquemila □ (*econ.*) **f.-year plan**, piano quinquennale □ (*fig. scherz.*) **a bunch of fives**, una mano; un pugno.

fivefold /ˈfaɪvfəʊld/, **A** *a.* **1** quintuplo **2** quintuplice. **B** *avv.* cinque volte.

to **five it** /ˈfaɪvɪt/, *voce verb.* (*pop. USA*) *V.* **to take the fifth**, *sotto* **fifth**.

fivepence /ˈfaɪfpəns/, *n.* cinque penny (*il valore*).

fivepenny /ˈfaɪfpənɪ/, *a.* che costa cinque penny.

fiver /ˈfaɪvə(r)/, *n.* (*fam.*) **1** banconota da cinque sterline **2** (*USA*) banconota da cinque dollari.

fives /faɪvz/, *n.* (*sport*) gioco della palla a muro; pallamuro (*praticato specialm. nel college di Eton*).

fivescore /ˈfaɪvskɔː(r)/, *a.* e *n.* (*arc.*) cento.

fix /fɪks/, *n.* **1** (*aeron., naut.*) posizione; punto calcolato, rilevato (*determinato mediante rilevamenti*); (*naut.*) punto nave **2** (*fam.*) situazione difficile (*o* imbarazzante); difficoltà; pasticcio: **to be in a** (**bad**) **fix**, essere in un brutto pasticcio **3** (*fam.*) imbroglio; intesa illegale; messa in scena (*fig.*) **4** (*pop.*) bustarella; mazzetta; tangente **5** (*pop.*) iniezione di droga; buco (*pop.*). ● **to get oneself into a fix**, mettersi nei guai □ (*d'aereo, nave, ecc.*) **radar fix**, posizione determinata mediante il radar □ (*sport*) **The match was a fix**, l'incontro era truccato.

to **fix** /fɪks/, **A** *v. t.* **1** fissare; fermare; render fisso (*o* stabile); guardar fisso; imprimere; determinare; stabilire; solidificare: **to fix a shelf in the kitchen**, fissare uno scaffale in cucina; **to fix one's eyes on st.**, fissare gli occhi su q.c.; **to fix names** [**figures**] **in one's mind**, imprimersi nomi [cifre] nella mente; **to fix colours** [**a photographic negative**], fissare colori [una negativa fotografica]; **to fix an appointment**, fissare un appuntamento □ **to fix a date** [**prices**], fissare una data [prezzi] **2** (*anche* **to fix up**) accomodare; aggiustare; riparare: **to fix a broken machine**, riparare una macchina guasta **3** (*fam., anche* **to fix up**) sistemare; mettere in ordine; preparare: **to fix one's hair**, mettersi in ordine i capelli; **to fix one's face**, sistemarsi (o rifarsi) il trucco □ **to fix packed lunches for the children**, preparare colazioni al sacco per i bambini; **to fix a fire**, preparare (*o* tenere acceso) un fuoco **4** (*fam.*) mettere a posto, sistemare, conciare per le feste; saldare i conti con (q.); (*anche*) uccidere **5** (*fam.*) influire sul risultato di (*un'elezione, una gara, ecc.*) con la corruzione; comprare la vittoria in (*una partita di calcio, ecc.*); truccare (*un incontro di boxe, ecc.*): **to fix the vote**, truccare le votazioni; **to fix a judge**, corrompere un giudice **6** (*fam.*) sterilizzare (*un animale*) **7** (*pop.*) narcotizzare. **B** *v. i.* **1** fissarsi; diventare solido **2** (*fam.*) prepararsi a; avere l'intenzione di: **I'm fixing to go hunting**, ho intenzione d'andare a caccia **3** fermarsi, stabilirsi (*in un posto*) **4** (*pop.*) drogarsi; bucarsi (*pop.*). ● **to fix one's affection on sb.**, riporre il proprio affetto in q. □ (*naut.*) **to fix the position**, orientarsi; fare il punto □ **to fix sb.'s attention** [**eyes**], attirare e mantenere (su di sé) l'attenzione [lo sguardo] di q. □ (*mil.*) **to fix bayonets**, inastare la baionetta: **Fix bayonets!**, baionetta in canna! □ **to fix the blame** [**the responsibility**] **on sb.**, dare la colpa [attribuire la responsabilità] a q. □ **to fix**

a ceiling price for st., calmierare q.c. □ **to fix lunch**, preparare il pranzo □ **to fix a quota for st.**, contingentare q.c. □ **If you want to meet him, I'll fix it**, se vuoi incontrarlo, ci penso io.

♦**fix on**, **A** *v. t. + avv.* fissare; attaccare: **The handle has come off: can you fix it on?**, s'è staccata la maniglia: riesci ad attaccarla? **B** *v. i. + prep.* fissare; stabilire; scegliere: **We've fixed on May 5th for the general meeting**, abbiamo fissato la data del 5 maggio per la riunione generale; **They've fixed on him for the job**, per quel lavoro hanno scelto lui.

♦**fix over**, *v. t. + avv.* (*fam. USA*) aggiustare; riparare; accomodare (*un abito, ecc.*).

♦**fix up**, *v. t. + avv.* ***1*** accomodare; aggiustare; riparare: **to fix up the generator**, riparare il gruppo elettrogeno ***2*** fissare; stabilire (*un appuntamento, ecc.*) ***3*** sistemare; mettere in ordine; preparare: **Can you fix me up with a bed for the night?**, puoi sistemarmi (*o* darmi da dormire) per questa notte?; **to fix up the spare room for a friend**, preparare la camera degli ospiti per un amico; **I've fixed up everything for you!**, per te, ho provveduto (*o* sistemato tutto) io! □ **to fix oneself up**, sistemarsi: **The painter has fixed himself up in a nice cottage in the country**, il pittore si è sistemato in una bella villetta in campagna.

♦**fix upon**, *v. i. + prep. V.* **fix on, B**.

fixation /fɪk'seɪʃn/, *n.* ***1*** fissazione; fissaggio; consolidamento; solidificazione: (*biol.*) **nitrogen f.**, fissazione dell'azoto ***2*** (*psic.*) fissazione; idea fissa (*o* ossessiva); ossessione ***3*** (*psic.*) arresto dello sviluppo.

fixative /'fɪksətɪv/, **A** *a.* fissativo; che serve a fissare (*colori, ecc.*). **B** *n.* ***1*** (*chim., med., pitt.*) fissativo: **denture f.**, fissativo per dentiere ***2*** (*cosmesi, microscopia*) fissatore.

fixed /fɪkst/, *a.* ***1*** fisso; fermo; immobile; fissato: **The wall-to-wall carpet is f. to the floor**, la moquette è fissata al pavimento; **a f. purpose**, un fermo proposito; **a f. gaze**, uno sguardo fisso; **f. rules**, regole fisse; **a f. smile**, un sorriso immobile ***2*** fissato; deciso; stabilito: **at the f. time**, all'ora stabilita; **The date is f. now**, ora la data è fissata ***3*** (*psic.*) fisso: **a f. idea**, un'idea fissa ***4*** (*fin., rag.*) fisso: **f. assets**, attività fisse; immobilizzazioni; immobili e impianti; **f. depreciation**, ammortamento fisso; **f. exchange rate**, tasso di cambio fisso; **f. income**, reddito fisso; **f. interest**, interesse fisso, **f. parity**, parità fissa; **f. prices**, prezzi fissi ***5*** (*econ.*) fisso; costante: **f. capital**, capitale fisso; **f. supply**, offerta costante; **f. costs**, costi fissi (*o* costanti) ***6*** (*chim.*) fisso; non volatile: **f. oils**, oli fissi ***7*** (*fam.: di un incontro, ecc.*) truccato. ● (*econ.*) **f. allowance**, razione □ (*fin.*) **f. debenture**, obbligazione con garanzia specifica (*su un immobile ipotecato*) □ (*fin.*) **f. debt**, debito consolidato □ (*banca*) **f. deposit**, deposito vincolato □ (*leg.*) **f. penalty**, ammenda (*pena pecuniaria*) □ (*di un poliziotto*) **f. point**, postazione □ (*miss.*) **f. satellite**, satellite fisso □ (*astron.*) **f. star**, stella fissa □ (*elab.*) **f. storage**, memoria fissa □ **to look at sb. with a f. gaze**, guardare fisso q. □ (*fam.*) **How are you f. with money [for ammunition]**, e a soldi [a munizioni] come stai?

fixedly /'fɪksɪdlɪ/, *avv.* fissamente.

fixedness /'fɪksɪdnəs/, *n.* fissità (*dello sguardo, ecc.*); immobilità; stabilità.

fixer /'fɪksə(r)/, *n.* ***1*** persona (*o* cosa) che fissa, aggiusta, ecc. (*V.* **to fix**) ***2*** (*chim., fotogr.*) fissatore ***3*** (*fam.*) corruttore; intrallazzatore; faccendiere.

fixing /'fɪksɪŋ/, *n.* ***1*** fissazione: **the f. of prices**, la fissazione dei prezzi ***2*** (*mecc., chim., fotogr.*) fissaggio ***3*** (*fin.*) fixing, quotazione ufficiale (*dell'oro, del dollaro, ecc.*) ***4*** (*pl.*) (*USA*) guarnizione (*di abiti o di pietanze*); equipaggiamento; accessori. ● (*chim.*) **f. agent**, fissatore □ (*ind. tess.*) **f. bath**, bagno fissatore □ (*mecc.*) **f. screw**, vite di collegamento.

fixity /'fɪksətɪ/, *V.* **fixedness**.

fixture /'fɪkstʃə(r)/, *n.* ***1*** cosa fissa sul posto; apparecchiatura; attrezzatura ***2*** (*pl.*) impianti; installazioni: **bathroom fixtures**, impianti per stanze da bagno ***3*** (*pl.*) (*leg.*) immobili per destinazione; pertinenze ***4*** (*sport*) avvenimento (*gara, incontro, ecc.*) del calendario sportivo: **football fixtures**, partite di calcio fissate nel calendario ***5*** (*fam.*) persona che ha messo radici in un posto; (un') istituzione (*fig. fam.*) ***6*** impianto (*del gas, della luce, ecc.*) ***7*** (*mecc.*) attrezzo di fissaggio.

fizgig /'fɪzgɪg/, *n.* ***1*** (*arc.*) ragazza leggera (*o* volubile); farfallina (*fig.*) ***2*** petardo; castagnola.

fizz /fɪz/, *n.* ***1*** sibilo ***2*** effervescenza; gorgoglio ***3*** (*fam.*) bevanda frizzante; vino effervescente; spumante.

to **fizz** /fɪz/, *v. i.* ***1*** sibilare ***2*** spumeggiare (*del vino*).

fizziness /'fɪzɪnəs/, *n.* effervescenza.

fizzle /'fɪzl/, *n.* ***1*** sibilo ***2*** effervescenza ***3*** (*fam.*) fallimento; fiasco.

to **fizzle** /'fɪzl/, *v. i.* ***1*** sibilare ***2*** (*di bevanda*) spumeggiare; frizzare. ● (*fam.*) **to f. out**, finire in nulla; fallire; non riuscire.

fizzy /'fɪzɪ/, *a.* frizzante; effervescente. ● **f. lemonade**, gassosa.

fjord /'fiːɔːd, *USA* fɪ'ɔːd/, *n.* (*geogr.*) fiordo.

to **flabbergast** /'flæbəgɑːst, *USA* -æst/, *v. t.* (*fam.*) far restare a bocca aperta; sbalordire.

flabby /'flæbɪ/, *a.* ***1*** flaccido; floscio; cascante: **f. flesh**, carne floscia ***2*** fiacco; molle; debole: **a f. mind**, un animo fiacco. ‖ **-ily**, *avv.* ‖ **-iness**, *sost.*

flabellate /flə'bɛlət/, **flabelliform** /flə'bɛlɪfɔːm/, *a.* (*bot., zool.*) flabellato; flabelliforme.

flaccid /'flæsɪd, -ks-/, *a.* ***1*** flaccido; floscio ***2*** fiacco; debole; irresoluto.

flaccidity /flæ'sɪdətɪ, -k's-/, *n.* ***1*** flaccidità; flaccidezza ***2*** fiacchezza.

flack (1) /flæk/, *n.* ***1*** (*pop. USA*) agente pubblicitario ***2*** materiale pubblicitario.

flack (2) /flæk/, *V.* **flak**.

flackery /'flækərɪ/, *n.* (*pop. USA*) attività promozionale; pubblicità.

flacon /'flækən, -ɒn, *USA* flæ'kəʊn/ (*franc.*), *n.* flacone.

flag (1) /flæg/, *n.* ***1*** bandiera, bandierina (*da segnalazioni, ecc.*); stendardo; pavese; vessillo: **battle f.**, bandiera di combattimento; **black f.**, bandiera nera; vessillo della pirateria; bandiera issata sulle prigioni dopo un'esecuzione capitale; **to dip the f.**, abbassare la bandiera in segno di saluto; fare il saluto con la bandiera; **to fly the Greek f.**, battere bandiera greca; **hand f.**, bandierina per segnalazioni; **to hoist the** (*o* **one's**) **f.**, issare la bandiera (*anche assumendo il comando d'una nave*); **to lower the f.**, ammainare la bandiera; **quarantine f.**, bandiera di contumacia (*o* di quarantena); **to strike the** (*o* **one's**) **f.**, ammainare la bandiera (*in segno di resa o abbandonando il comando d'una nave*); **white f.**, bandiera bianca (*in segno di resa o per parlamentare*); **yellow f.**, bandiera gialla (*di quarantena*) ***2*** (*sci*) bandierina ***3*** (*calcio*) bandierina ***4*** coda (*di cervo, di cane setter o terranova, ecc.*) ***5*** testata (*di giornale*) ***6*** (*tipogr.*) pesce ***7*** (*elab.*) indicatore ***8*** (*elettron.*) linguetta. ● **f.-bearer**, portabandiera □ (*sport*) **f. boat**, battello attorno al quale si deve virare nelle corse motonautiche □ (*naut.*) **f. bridge**, plancia ammiraglia □ (*naut., mil.*) **f. captain**, comandante di bandiera; capitano di vascello con funzioni di capo di stato maggiore (*del comandante di una squadra navale*) □ (*aeron., naut.*) **f. carrier**, compagnia di bandiera □ **f. day**, giorno in cui si vendono bandierine di carta per le strade a scopo di beneficenza □ (*USA*) **F. Day**, anniversario dell'adozione della bandiera nazionale (*14 giugno 1777*) □ **f. display**, imbandieramento □ (*naut., mil.*) **f. lieutenant**, tenente di vascello che è aiutante di bandiera □ **f. maker**, bandieraio □ (*naut.*) **f. of convenience**, bandiera ombra; bandiera di comodo □ (*naut., mil.*) **f. officer**, aiutante di bandiera (*di un ammiraglio*) □ **f.-raising**, alzabandiera □ **f. station**, stazione ferroviaria con fermata facoltativa (*su segnalazione con bandierina*) □ (*mil.*) **f.-wagging**, segnalazioni con bandierine □ **f.-waving**, l'agitar bandiere, sbandierata, sbandieramento; (*fig.*) sciovinismo, patriottismo di tipo emotivo □ (*fig.*) **to fly the f.**, portare alta la bandiera; sbandierare il proprio patriottismo □ (*fig.*) **to keep the f. flying**, tenere alta la bandiera □ **to show the f.**, (*mil.*) fare sventolare la bandiera; (*fam.*) farsi vedere □ **to show the white f.**, alzare bandiera bianca; (*fig.*) arrendersi.

flag (2) /flæg/, *n.* ***1*** (= **flagstone**) lastra di pietra; pietra da lastrico ***2*** (*pl.*) lastrico; lastricato. ● **f. floor**, (pavimento) lastricato.

flag (3) /flæg/, *n.* (*bot.*) ***1*** (*Iris pseudacorus*) acoro falso (*e altre piante del genere Iris*) ***2*** foglia di queste piante.

flag (4) /flæg/, *n.* (= **f. feather**) penna dell'ala (*di un uccello*).

to **flag** (1) /flæg/, *v. t.* ***1*** imbandierare; pavesare ***2*** segnalare con bandierine ***3*** (*spesso* **to f. down**) chiamare, fermare (*un taxi e sim.*); segnalare a (q.) di fermarsi. ● **to f. down a train**, fermare un treno facendo segnalazioni.

to **flag** (2) /flæg/, *v. t.* lastricare.

to **flag** (3) /flæg/, *v. i.* ***1*** pendere; ciondolare; penzolare ***2*** (*fig.*) avvizzire; affievolirsi; languire; venir meno: **Most plants f. in hot weather**, per lo più le piante avvizziscono al caldo; **His interest flagged**, il suo interesse s'affievolì (*o* venne meno) ***3*** (*fin., econ.*) calare; diminuire; flettersi.

flagellant /'flædʒələnt/, *a.* e *n.* (*relig.*) flagellante.

flagellate /'flædʒəleɪt/, **A** *n.* (*zool.*) flagellato. **B** *a. V.* **flagellated**.

to **flagellate** /'flædʒəleɪt/, *v. t.* (*relig.*) flagellare.

flagellated /'flædʒəleɪtɪd/, *a.* (*scient.*) ***1*** flagellato ***2*** flagelliforme.

flagellation /flædʒə'leɪʃn/, *n.* flagellazione.

flagellator /'flædʒəleɪtə(r)/, *n.* flagellatore.

flagelliform /flə'dʒɛlɪfɔːm/, *a.* (*scient.*) flagelliforme.

flagellum /flə'dʒɛləm/, *n.* (*pl.* **flagella, flagellums**) (*bot., zool.*) flagello.

flageolet /flædʒə'lɛt, 'flædʒəl-/, *n.* (*mus.*) clarinetto; zufolo.

flagged /flægd/, *a.* (*edil.*) lastricato.

flagging (1) /'flægɪŋ/, *a.* ***1*** fiacco; debole; cadente: **f. hopes**, deboli speranze ***2*** (*fig.*) in diminuzione; in calo: (*econ.*) **f. demand**, domanda in calo.

flagging (2) /'flægɪŋ/, *n.* lastrico; lastricato; pietre da lastrico.

flaggy /'flægɪ/, *a.* cadente; debole; fiacco.

flagitious /flə'dʒɪʃəs/, *a.* infame; malvagio; odioso; scellerato.

flagitiousness /flə'dʒɪʃəsnəs/, *n.* infamia; malvagità; scelleratezza.

flagman /'flægmən/, *n.* (*pl.* **flagmen**) ***1*** (*ferr.*) segnalatore (*ai passaggi a livello, ecc.*) ***2*** (*sport*) segnalatore (*nelle corse*); starter ***3*** (*topogr.*) addetto alla stadia ***4*** (*naut., mil.*; *arc.*) ammiraglio.

flagon /'flægən/, *n.* ***1*** caraffa; brocca (*per vino e sim.*); bricco (*di solito, con coperchio*) ***2*** bottiglione; fiasco.

flagpole /'flægpəʊl/, *n.* asta della bandiera.

flagrance /'fleɪgrəns/, **flagrancy** /'fleɪgrənsɪ/, *n.* ***1*** flagranza; evidenza ***2*** atrocità; enormità.

flagrant /'fleɪgrənt/, *a.* ***1*** flagrante; evidente; manifesto ***2*** famigerato; scandaloso; atroce: **a f. criminal**, un famigerato delinquente.

flagship /'flægʃɪp/, **A** *n.* ***1*** (*naut.*) nave ammiraglia ***2*** (*fig. fam.*) fiore all'occhiello. **B** *a. attr.* ***1*** (*naut.*) dell'ammiraglia ***2*** (*fig.*) principale; più importante: **our f. industry**, la nostra industria più importante.

flagstaff /'flægstɑːf, *USA* -æf/, *n.* asta della

bandiera.

flagstone /ˈflægstəʊn/, *n.* lastra di pietra; pietra da lastrico.

flail /fleɪl/, *n.* (*agric.*) correggiato.

to **flail** /fleɪl/, *v. t.* **1** battere (*il grano, ecc.*) con il correggiato **2** flagellare; battere; frustare. ● **to f. one's arms**, agitare scompostamente le braccia.

flair /flɛə(r)/, *n.* **1** acume; fiuto; intuito: **to have a f. for business**, aver fiuto per gli affari **2** gusto; sensibilità **3** attitudine; disposizione; facilità (*d'apprendere q.c.*): **to have a f. for music**, avere attitudine alla musica **4** (*fam.*) eleganza; stile: **to dress with f.**, vestire con eleganza. ● **to have a f. for hospitality**, essere molto ospitale.

flak /flæk/ (*ted.*), *n.* **1** (*mil.*) (artiglieria) antiaerea **2** (*mil.*) fuoco contraereo **3** (*fam.*) biasimo; critica; forte disaccordo. ● **f. jacket**, giubbotto antiproiettile (*in origine, per gli aviatori*).

flake (**1**) /fleɪk/, *n.* **1** fiocco, falda (*di neve e sim.*): **flakes of snow**, fiocchi di neve **2** scaglia; lamina: **soap flakes**, scaglie di sapone; **flakes of paint**, scaglie di vernice **3** favilla **4** (*bot.*) garofano dai petali screziati **5** (*metall.*) flocculo; scaglia **6** (*plastica*) granulato **7** (*pop. USA*) tipo bizzarro, stravagante; eccentrico; originale. ● (*pitt.*) **f. white**, biacca olandese □ **oats flakes**, fiocchi d'avena.

flake (**2**) /fleɪk/, *n.* grata su cui seccare cibi (*pesce, ecc.*).

to **flake** /fleɪk/, **A** *v. i.* **1** cadere a fiocchi (*o* a falde) **2** (*anche* **to f. off**) sfaldarsi; squamarsi: **The paint is flaking off**, la vernice si sta sfaldando **3** formare (*o* coprirsi di) scaglie. **B** *v. t.* **1** cospargere a fiocchi (*o* a falde) **2** sfaldare; squamare **3** coprire di scaglie. ● (*pop.*) **to f. down**, andare a letto □ (*pop.*) **to f. out**, addormentarsi (*o* crollare) per la stanchezza; perdere i sensi, svenire; filare, tagliare la corda.

flaky /ˈfleɪkɪ/, *a.* **1** a falde; a scaglie; a lamine **2** (*geol.*: *di roccia*) lamellare; che si sfalda **3** (*fam. USA*) bizzarro; stravagante **4** (*fam. USA*) eccitato **5** (*pop. USA*) incostante. ● **f. pastry**, pasta sfoglia.

flam /flæm/, *n.* (*raro*) imbroglio; inganno; fandonia; frottola.

flambeau /ˈflæmbəʊ/ (*franc.*), *n.* (*pl.* **flambeaux, flambeaus**) fiaccola; torcia.

flamboyance /flæmˈbɔɪəns/ (*franc.*), *n.* l'essere sgargiante (*o* sfavillante, *o* vistoso).

flamboyant /flæmˈbɔɪənt/, *a.* **1** (*archit.*) fiammeggiante (*di tardo stile gotico*) **2** sgargiante; sfavillante; vistoso **3** barocco; reboante; ornato; fiorito: **a f. speech**, un discorso reboante.

flame /fleɪm/, *n.* **1** fiamma (*anche fig.*); vampa: **One third of London was in flames**, un terzo di Londra era in fiamme; **to burst into flames**, andare in fiamme; (*fig.*) **an old f. of mine**, una mia vecchia fiamma (d'amore) **2** (*fig.*) fiammata; vampata: **a f. of indignation [protest]**, una fiammata di sdegno [di proteste] **3** (*fig.*) splendore, bagliore (*del tramonto, ecc.*). ● (*mecc.*) **f. arrester**, tagliafuoco □ (*tecn.*) **f. cutting**, taglio con il cannello; ossitaglio □ (*mil.*) **f.-thrower** (*o* **f.-projector**), lanciafiamme □ (*tecn.*) **f.-trap**, tagliafiamma □ (*tecn.*) **f.-welding**, saldatura autogena □ **to commit st. to the flames**, dare q.c. alle fiamme □ **to go up in flames**, andare a fuoco.

to **flame** /fleɪm/, **A** *v. i.* (*spesso* **to f. up**) fiammeggiare; ardere; avvampare; infiammarsi; accendersi: **Her eyes flamed with indignation**, gli occhi le fiammeggiavano di sdegno; **He flamed up with rage**, avvampò di rabbia; **Fields in June f. with poppies**, i campi di giugno s'accendono di (*o* del colore dei) papaveri. **B** *v. t.* **1** flambare; esporre alla fiamma: **to sterilize st. by flaming**, sterilizzare q.c. esponendola alla fiamma **2** (*poet.*) infiammare; eccitare **3** (*fig.*) accendere: **The setting sun flamed the horizon**, il sole al tramonto accendeva l'orizzonte. ● **to f. out**, divampare: **His wrath flamed out at once**, la sua ira divampò a un tratto □ **to f. up**, aver le fiamme al viso; arrossire; avvampare.

flameless /ˈfleɪmləs/, *a.* senza fiamma.

flamen /ˈfleɪmən/, *n.* (*stor. romana*) flamine.

flaming /ˈfleɪmɪŋ/, **A** *a.* **1** fiammeggiante; ardente; appassionato; focoso: **f. stars**, astri fiammeggianti; **a f. affection**, un ardente affetto **2** esagerato; eccessivo; entusiastico: **a f. description**, una descrizione entusiastica **3** di colore acceso; sgargiante; variegato **4** (*pop.*) dannato; maledetto: **He's a f. idiot**, è un dannato idiota **5** (*cucina*) alla fiamma. **B** *n.* sterilizzazione alla fiamma; flambaggio.

flamingo /fləˈmɪŋgəʊ/, *n.* (*pl.* **flamingos, flamingoes**) (*zool.*) fenicottero.

flammability /flæməˈbɪlətɪ/, *n.* (*tecn.*) infiammabilità.

flammable /ˈflæməbl/, *a.* (*tecn.*) infiammabile. ● **non-f.**, ininfiammabile.

flamy /ˈfleɪmɪ/, *a.* simile a fiamma; fiammeggiante.

flan /flæn/, *n.* **1** (*cucina*) flan; timballo; sformato **2** dischetto metallico (*da monete*); tondello.

Flanders /ˈflɑːndəz, *USA* -æn-/, *n. pl.* (*col verbo al sing.*) (*geogr.*) (le) Fiandre.

flange /flændʒ/, *n.* **1** (*mecc., ferr.*) flangia; bordo; costa; ala **2** (*mecc.*) utensile per fare flange **3** (*ferr.*: *di rotaia*) base; suola.

to **flange** /flændʒ/, *v. t.* (*mecc.*) munire di costa (*o* bordo); flangiare. ● **flanged pipe**, tubo flangiato.

flangeway /ˈflændʒweɪ/, *n.* (*ferr.*) gola (*di rotaia*).

flank /flæŋk/, *n.* **1** fianco (*in ogni senso*); lato: **to attack the right f. of an army**, attaccare il fianco destro d'un esercito; **a f. attack**, un attacco di fianco (*o* laterale) **2** (*mecc.*) fianco **3** (*costr. stradali*) ciglio (*della strada*) **4** (*macelleria*) soccoscio; noce; rosa.

to **flank** /flæŋk/, **A** *v. t.* **1** fiancheggiare: **a road flanked with trees**, una strada fiancheggiata da alberi **2** (*mil.*) proteggere il fianco di (*un'unità amica*); aggirare il fianco di (*un'unità nemica*). **B** *v. i.* – **to f. on** (*o* **upon**), fiancheggiare: **The road flanks on the river**, la strada fiancheggia il fiume.

flanker /ˈflæŋkə(r)/, *n.* (*mil.*) fortificazione ai fianchi (*d'un esercito*).

flannel /ˈflænl/, **A** *n.* **1** (indumento di) flanella **2** straccio di flanella (*per pulire, ecc.*) **3** (*pl.*) pantaloni di flanella (*per es., per il cricket*) **4** (*arc. o USA*) mutande e maglie pesanti **5** pezzuola per lavarsi **6** (*fam.*) saponata, sviolinata (*fig.*); complimento insincero **7** chiacchiere; balle; fandonie. **B** *a.* di flanella: **f. underwear**, biancheria intima di flanella.

to **flannel** /ˈflænl/, **A** *v. t.* **1** avvolgere in (*o* vestire di) flanella **2** strofinare con uno straccio di flanella **3** (*fam.*) sviolinare; adulare insinceramente. **B** *v. i.* (*pop.*) dire balle; imbrogliare; fregare (*pop.*).

flannelette /flænəˈlɛt/, *n.* flanella di cotone.

flannelled /ˈflænld/, *a.* in abito sportivo.

flap /flæp/, *n.* **1** falda; lembo; ala; paraorecchie (*di cappello*); risvolto, patta (*di tasca*); ribalta (*di tavolo, scrivania, ecc.*): **f. table**, tavolo a ribalta; **to stick the f. of an envelope**, incollare il lembo (*o* la linguetta) d'una busta **2** battito; lo sbattere; colpo (*d'ala e sim.*): **the f. of an awning**, lo sbattere d'una tenda; **the f. of the eagle's wings**, il battito delle ali dell'aquila **3** risvolto (*della sovracoperta di un libro*); bandella **4** (*mecc.*) cerniera (*di valvola, ecc.*): **f. valve**, valvola a cerniera **5** (*med.*) lembo di pelle o di carne (*per trapianti, ecc.*) **6** (*aeron.*) flap; ipersostentatore **7** (*ling.*) monovibrazione **8** (*fam.*) eccitazione; agitazione; rissa; tumulto **9** (*fam. USA*) allarme; emergenza. ● (*di un cane, ecc.*) **f.-eared**, dalle orecchie penzoloni □ (*fam.*) **to be in a f.**, essere agitato (*o* eccitato) □ (*fam.*) **to get in a f.**, agitarsi; eccitarsi.

to **flap** /flæp/, *v. t.* e *i.* **1** agitare; battere; sbattere; starnazzare: **The gale flapped the sails**, il vento forte agitava le vele; **The birds were flapping against the windowpanes**, gli uccelli sbattevano contro i vetri della finestra; **The pigeon was flapping its wings**, il piccione batteva le ali **2** colpire (*con l'ala o con q.c. di largo e piatto*); scacciare: **to f. flies away** (*o* **off**), scacciare le mosche **3** dondolare; penzolare **4** (*fam.*) agitarsi. ● (*fam. USA*) **to f. one's chops** (*o* **jaws, lips**), chiacchierare; blaterare □ (*d'uccello*) **to f. off**, volare via lentamente.

flapdoodle /ˈflæpduːdl/, *n.* (*fam.*) sciocchezze; idiozie; balle.

flapjack /ˈflæpdʒæk/, *n.* **1** (*USA*) frittella **2** biscotto dolce, di farina d'avena **3** portacipria.

flapjaw /ˈflæpdʒɔː/, *n.* (*fam. USA*) **1** chiacchierone, chiacchierona **2** chiacchierata; discorso.

flappable /ˈflæpəbl/, *a.* (*fam.*) eccitabile; che perde la testa facilmente.

flapper /ˈflæpə(r)/, *n.* **1** falda; lembo che pende **2** (*mecc.*) pezzo di cerniera **3** scacciamosche **4** raganella; spaventapasseri **5** grossa pinna **6** coda di crostaceo **7** piccolo d'anatra, di pernice (*che starnazza per imparare a volare*) **8** (*fam.*) maschietta; ragazza spigliata, vivace o spregiudicata (*specialm. degli anni venti*) **9** (*pop.*) mano **10** (*pop. USA*) bocca.

flare /flɛə(r)/, *n.* **1** bagliore; chiarore; lampo: **the f. of a flashcube**, il bagliore di un flash; **the sudden f. of a searchlight in the night**, l'improvviso lampo d'un riflettore nella notte **2** fiammata; vampa **3** (*mil.*) razzo; segnale luminoso; fuoco di segnalazione: **The airman dropped a f. over the town**, l'aviatore lanciò un razzo sulla città; **to fire off flares**, accendere fuochi di segnalazione **4** svasatura; scampanatura: **the f. of a skirt**, la svasatura d'una sottana **5** scoppio, vampa (*d'ira, ecc.*) **6** squillo (*di tromba, ecc.*) **7** (*mecc.*) svasatura **8** (*naut.*) concavità (*della carena*) **9** (*astron.*) eruzione (solare) **10** (*aeron.*) *V.* **f.-out** **11** (*med.*) arrossamento; eritema **12** (*pl.*) (*USA*) pantaloni a zampa di elefante. ● **f.-back**, ritorno di vampa (*di cannone*) □ (*aeron.*) **f.-out**, richiamata finale □ (*aeron.*) **f. path**, pista illuminata (*per un atterraggio di fortuna*) □ **f. pistol**, pistola lanciarazzi □ **f.-up**, fiammata, vampa; scoppio d'ira; lite, rissa; (*med.*) riacutizzazione.

to **flare** /flɛə(r)/, **A** *v. i.* **1** ardere; brillare; scintillare; sfolgorare: **The neon lights began to f.**, le luci al neon cominciarono a brillare **2** (*mil.*) far segnali con razzi **3** (*anche* **to f. out**; *dei fianchi d'una nave, d'una sottana, ecc.*) allargarsi; essere svasato; scampanare: **The skirt flares over the knees**, la sottana s'allarga sopra le ginocchia **4** (*aeron.*) richiamare l'aereo in atterraggio **5** (*anche fig.*) divampare: **Gang war flares**, divampa la guerra fra le bande (di malviventi). **B** *v. t.* **1** far brillare, ardere, ecc. **2** (*mil.*) segnalare (q.c.) con razzi **3** svasare (*un abito, ecc.*). ● **to f. up** (*o* **out**), andare in fiamme, prender fuoco; (*fig.*) infiammarsi, adirarsi, eccitarsi; (*di tumulto e sim.*) scoppiare, divampare.

flared /flɛəd/, *a.* (*moda*) scampanato; svasato: **a f. skirt**, una gonna scampanata.

flaring /ˈflɛərɪŋ/, **A** *a.* **1** abbagliante; sfolgorante **2** sfarzoso; sgargiante; vistoso; di cattivo gusto: **f. jewels**, gioielli troppo vistosi **3** svasato: (*naut.*) **a f. bow**, una prua svasata. **B** *n.* (*anche metall.*) svasatura.

flash (**1**) /flæʃ/, *n.* **1** bagliore; lampo, baleno (*anche fig.*); sprazzo; scintillio; fiammata; vampata: **a f. of lightning**, un lampo; un baleno; **He was back in a f.**, tornò in un lampo (*o* in un baleno); **a f. of gaiety**, uno sprazzo d'allegria; **a f. of genius**, un lampo di genio **2** (*cinem.*) breve sequenza **3** (*fotogr.*) flash (*il dispositivo*): **I used a f.**, ho usato il flash **4** (*giorn.*) notizia lampo, flash (*trasmesso per telegrafo o per radio*) **5** ostentazione; bella mostra; sfoggio **6** pila tascabile; torcia elettrica *7* (*mil.*) mostrina *8* (*chim.*) evaporazione rapida; flash *9* (*metall.*) bava; sbavatura *10* (*pop.*) lo scoprirsi (*in pubblico*) *11* (*pop.*) sensazione di benessere (*provocata dalla droga*) *12* (*pop. USA*) bevutina; sorso (*di liquore*) *13* (*pop. USA*) personaggio di spicco; (*sport*) atleta (*o* giocatore) di primo piano. ● (*elettr.*) **f. barrier**, protezione antifiamma □ (*a scuola*) **f. card**, cartellone per dimostrazione □ (*mil.*) **f. hider**, coprifiamma (*di cannone*) □ **a f. in the pan**, accensione della polvere nello scodellino d'un fucile antiquato senza che ne segua lo sparo; (*fig.*) fuoco di paglia □ (*fotogr.*) **f. lamp**, flash (*il dispositivo*) □ **f. point**, (*chim.*) punto d'infiammabilità (*del vapore d'un olio*); (*fig.*) punto critico (*di emozioni, ecc.*) □ (*mil.*) **f. suppressor**, inibitore di fiamma □ (*mecc.*) **f.-welding**, saldatura a scintillio □ (*fam.*) **After a while, a f. hit me**, dopo un po' mi venne un'idea all'improvviso.

flash (**2**) /flæʃ/, *a.* *1* (*di incendio, ecc.*) violento e improvviso *2* sgargiante; vistoso; appariscente *3* falso: **f. notes [money]**, biglietti falsi [moneta falsa] *4* (*fam.*) della malavita; dei vagabondi. ● (*fam. USA*) **f. check**, assegno a vuoto □ **a f. flood**, una piena violenta e improvvisa.

to **flash** /flæʃ/, **A** *v. i.* *1* balenare; brillare; lampeggiare; dardeggiare; scintillare; sfolgorare; avvampare; (*di lampo*) guizzare (*luminoso*): **Lighthouses f. at night**, i fari lampeggiano di notte; **An excellent excuse flashed through my mind**, una scusa formidabile mi balenò in mente; **His eyes flashed with anger**, gli occhi gli lampeggiavano d'ira *2* passare in un lampo; saettare: **The racing car flashed past**, la macchina da corsa passò (accanto) in un lampo *3* (*di un fiume*) ingrossarsi; (*di acqua*) precipitarsi *4* (*pop.*) scoprire i genitali; scoprirsi (*in pubblico*). **B** *v. t.* *1* far balenare; mostrare con un gesto rapido; far lampeggiare; lanciare; proiettare, gettare, mandare (*luce e sim.*): **He flashed his sword**, fece balenare la spada; **The cop flashed his badge**, il poliziotto mostrò (*o* fece balenare) il distintivo; **to f. a smile [a glance] at sb.**, lanciare un sorriso [uno sguardo] a q.; **to f. a beam of light on st.**, proiettare (*o* gettare) un fascio di luce su q.c.; **to f. a signal**, mandare un segnale, con una lampada (*o sim.*) *2* trasmettere, diffondere (*per telegrafo, radio, ecc.*) *3* (*ind. del vetro*) placcare; coprire (*il vetro*) d'uno strato vitreo d'altro colore *4* (*dell'acqua*) riempire (*un canale, ecc.*) *5* aprire le chiuse e riempire (*un canale, ecc.*) *6* (*fam.*) mettere in mostra; cavar fuori mettendo in bella vista: **He flashed a roll of money**, cavò fuori un rotolo di banconote mettendolo in bella vista. ● (*di una spogliarellista*) **to f. briefly**, scoprirsi (*o* denudarsi) per un attimo □ **to f. in the pan**, far fiasco dopo un brillante inizio (*V.* **a flash in the pan**, *sotto* **flash** (**1**)) □ (*autom.*) **to f. one's lights (at sb.)**, lampeggiare (a q.).

♦**flash around**, *v. t.* + *avv.* buttare via; sperperare: **to f. around one's money**, sperperare il denaro.

♦**flash back**, **A** *v. i.* + *avv. v. i.* *1* (*cinem., TV, letter.*) fare un flashback *2* (*fig.*: *della mente*) riandare, tornare di colpo (*al passato, ecc.*). **B** *v. t.* + *avv.* rispondere con un lampo di: **The prisoner's eyes flashed back defiance**, gli occhi del prigioniero risposero con un lampo di sfida.

♦**flash by**, *v. i.* + *avv.* (*di un veicolo, un automobilista, ecc.*) passare accanto in un lampo (*o* in un baleno); saettare accanto: **He flashed by on his motorbike**, mi saettò accanto in motocicletta.

♦**flash forward**, *v. i.* + *avv.* *1* (*cinema, TV, letter.*) fare un flash-forward *2* (*fig.*) (*della mente*) andare di colpo al futuro: **My mind flashed forward to the day of the trial**, pensai di colpo al giorno fissato per il processo.

♦**flash on**, **A** *v. i.* + *avv.* (*di luci, ecc.*) accendersi di colpo. **B** *v. i.* + *prep.* (*fam.*) farsi venire in mente all'improvviso: **I flashed on a great idea**, mi venne in mente di colpo una splendida idea.

♦**flash past**, **A** *v. i.* + *avv.* *V.* **to f. by**. **B** *v. t.* + *prep.* (*di un veicolo, un automobilista, ecc.*) superare (q. *o* q.c.) sfrecciando.

♦**flash out**, *v. i.* + *avv.* *1* avvampare di passione (*o* d'ira) *2* apparire con chiarezza; essere evidente *3* esclamare irosamente; esplodere (*fig.*): **«You fool!», I flashed out at him**, «stupido!», gli gridai con rabbia.

flashback /ˈflæʃbæk/, *n.* *1* (*cinem., letter.*) scena retrospettiva; flashback *2* (*mecc.*: *di motore*) ritorno di fiamma *3* (*med.*) ritorno di un'allucinazione (*da droga*).

flashboard /ˈflæʃbɔːd/, *n.* grembiale di coronamento (*di una chiusa*).

flashbomb /ˈflæʃbɒm/, *n.* (*anche mil.*) bengala.

flashbulb /ˈflæʃbʌlb/, *n.* (*fotogr.*) lampada per flash.

flashcube /ˈflæʃkjuːb/, *n.* (*fotogr.*) cubo per flash (*di plastica*).

flasher /ˈflæʃə(r)/, *n.* *1* faro (*o* boa) a luce intermittente *2* (*elettr., autom.*) lampeggiatore *3* (*fotogr.*) lampo di magnesio *4* (*pop.*) esibizionista.

to **flashflood** /ˈflæʃˈflʌd/, *v. t.* inondare all'improvviso.

flash-forward /ˈflæʃˈfɔːwəd/, *n.* (*cinem., TV, letter.*) flash-forward (*scena proiettata, o descritta, in anticipo*).

flashgun /ˈflæʃgʌn/, *n.* (*fotogr.*) flash, lampeggiatore (*il supporto*).

flashily /ˈflæʃɪlɪ/, *avv.* *1* vistosamente; in modo appariscente (*o* volgare) *2* con ostentazione.

flashiness /ˈflæʃɪnəs/, *n.* vistosità; volgarità; cattivo gusto.

flashing /ˈflæʃɪŋ/, **A** *n.* *1* (*anche autom.*) lampeggiamento *2* (*elettr.*) scintillio *3* improvviso aumento del livello dell'acqua in un canale *4* (*edil.*) scossalina; grembialina; fandale *5* (*tecn.*) flashing. **B** *a.* *1* lampeggiante; scintillante *2* (*autom.*) a intermittenza: **f. amber lights**, semaforo a intermittenza (*o* con lampeggio).

flashlight /ˈflæʃlaɪt/, *n.* *1* (*fotogr.*) lampo di magnesio *2* (*fotogr.*) flash: **Have you got your f.?**, hai il flash? *3* (*naut.*) luce intermittente (*di un faro, ecc.*) *4* (*specialm. USA*) lampadina portatile; torcia elettrica.

flashy /ˈflæʃɪ/, *a.* *1* sgargiante; vistoso; di cattivo gusto; volgare: **a f. dress**, un abito vistoso, ma da pochi soldi; **f. manners**, maniere volgari *2* focoso; impetuoso: **a f. temper**, un temperamento focoso *3* (*di un animale*) ben fatto; di belle proporzioni.

flask /flɑːsk, *USA* flæsk/, *n.* *1* fiasco (*per vino, olio, ecc.*) *2* fiaschetta; borraccia; bottiglietta tascabile (*per liquore*) *3* (*metall.*) staffa *4* (*chim.*) pallone *5* *V.* **thermos f.** ● (*chim.*) **Erlenmeyer f.**, beuta □ (*chim.*) **Florence f.**, matraccio □ (*un tempo*) **powder f.**, fiaschetta per la polvere da sparo □ **thermos f.**, thermos.

flasket /ˈflɑːskɪt, *USA* -æs-/, *n.* *1* (*arc.*) fiaschetto *2* cesta allungata (*specialm. per la biancheria da lavare*) *3* (*arc.*) cesto; paniere.

flat (**1**) /flæt/, **A** *a.* *1* piano; piatto; liscio; uguale; uniforme: **f. land**, terreno piatto, terreno piano; **a f. roof**, un tetto piano; **a f. plate**, un piatto piano (*non fondo*) *2* (*di cibo e fig.*) insaporo; insipido: **The roast is too f.**, l'arrosto è insipido *3* (*fig.*) monotono; scialbo; noioso: **a f. person**, una persona scialba; **in a f. voice**, con voce monotona; **My speech seemed f. to him**, il mio discorso gli sembrò noioso *4* (*fig.*) fisso: **to pay a f. rate for electric light**, pagare un importo fisso (*o* un prezzo forfettario) per la luce elettrica *5* netto; reciso; secco (*fig.*); puro e semplice; bell'e buono: **a f. denial**, un netto rifiuto; **That's f. nonsense**, questa è una sciocchezza pura e semplice; **a f. blasphemy**, una bestemmia bell'e buona *6* (*econ., comm.*) inattivo; rigido: **The market is f.**, il mercato è inattivo (*o* in ristagno); **Prices are f.**, i prezzi sono rigidi *7* (*di cibo*) guasto; stantio; (*di vino*) svaporato; (*di bevanda*) non più effervescente; sgassato; liscio *8* confuso; incerto: **a f. sound**, un suono confuso, incerto *9* (*di persona*) abbattuto; depresso; giù di corda; (*anche*) ottuso; tardo di comprendonio (*fam.*) *10* (*autom.*) sgonfio; a terra: **a f. tire**, un pneumatico sgonfio; una gomma a terra; (*fam. USA*) un tipo noioso *11* (*elettr.*) scarico; a secco: **f. battery**, batteria a secco *12* (*mus.*) bemolle: **D f.**, re bemolle *13* (*ling.*) bemollizzato *14* (*fam., di solito* **f. broke**) senza il becco d'un quattrino; proprio al verde; in bolletta dura *15* (*di vernice, colore*) opaco *16* (*di colore*) smorzato; uniforme *17* (*pitt.*: *di un quadro, ecc.*) piatto; senza prospettiva. **B** *avv.* *1* apertamente; scopertamente; senza vie di mezzo: **to come out f. for higher wages**, scioperare al fine scoperto di ottenere aumenti salariali *2* (*fam.*) nettamente; recisamente; seccamente: **to refuse st. f.**, rifiutare recisamente q.c. *3* (*fam.*) esattamente; precisamente; esatto; preciso: **He ran the 100-yard dash in ten seconds f.**, fece le 100 iarde piane in dieci secondi esatti *4* lungo disteso: **He fell f.**, cadde lungo disteso *5* (*mus.*) in tono più basso (*del normale*). ● (*archit.*) **f. arch**, arco ribassato (*o* scemo); piattabanda □ (*tipogr.*) **f.-bed press**, macchina piana □ (*edil., ind. min.*) **f.-bed truck**, carro piano; piattina □ (*naut.*) **f.-bottomed**, a fondo piatto □ (*fam.*) **f. broke,** *V. sopra, def. 14* □ **f. brush**, pennellessa □ (*di donna*) **f.-chested**, piatta; senza seno □ (*econ.*) **f. cost**, costo di produzione; costo primo □ (*fam. USA*) **f. food**, cibo «espresso» (*servito, anche a domicilio, da ristoranti e da tavole calde*) □ **f.-footed**, che ha i piedi piatti; (*fig.*) fermo, deciso; (*fig.*) impreparato: **to catch sb. f.-footed**, prendere q. in contropiede □ (*gramm.*) **a f. infinitive**, un infinito privo del «to» □ **a f. nose**, un naso schiacciato (*o* camuso) □ (*fam.*) **f. out**, a tutto gas, a tavoletta (*fam.*), a più non posso, a rotta di collo; (*mecc., autom.*) a tutta potenza, a pieno regime; a tutta birra (*pop.*): **The engine is now working f. out**, il motore ora funziona a pieno regime □ (*fam. USA*) **f.-out**, assoluto; completo; totale: **a f.-out failure**, un fallimento totale □ (*ippica*) **f. race**, corsa piana (*non a ostacoli*) □ (*ippica*) **f. racing**, le corse piane □ **f. rate**, tariffa forfettaria; (*fin.*) rendimento uniforme; (*fisc.*) aliquota costante; (*market.*) prezzo a forfait; importo fisso □ (*fisc.*) **f. rate income tax**, imposta sul reddito ad aliquota unica □ **f. shoes**, scarpe basse □ **f. silver**, posate d'argento □ **f. spin**, (*aeron.*) vite piatta; (*fig.*) agitazione, eccitazione: **to go into a f. spin**, agitarsi, eccitarsi, entrare in subbuglio □ (*comm.*) **at a f. rate of**, per il prezzo forfettario di □ (*fig.*) **to fall f.**, andare a vuoto; fallire; fare cilecca □ **to go f.**, (*di bevanda*) svaporare; perdere l'effervescenza □ **to spread a map f. on the table**, spiegare una carta geografica sul tavolo □ (*fam.*) **And that's f.!**, e questo è certo!; su questo non ci sono dubbi! (*o* non ci piove!) □ **He knocked the man f.**, atterrò l'uomo (*con un colpo, un pugno*).

flat (**2**) /flæt/, *n.* *1* piatto; parte piatta; palmo: **with the f. of the blade**, col piatto della lama; **the f. of the hand**, il palmo della mano *2* piano; pianura; terreno basso; pantano: **river flats**, terreni bassi presso un fiume; **a mud f.**, un terreno basso e fangoso; un pantano *3* (*naut.*) fondale basso; bassofondo; secca *4* cesta; recipiente basso *5* (*naut.*, = **flatboat**) barca a fondo piatto; chiatta *6* (*ferr., USA*, = **flatcar**) carro senza sponde; pianale *7* (*teatr.*) fondale *8* (*autom.*, = **f. tyre**) pneumatico sgonfio; gomma a terra *9* scarpa dal tacco basso *10* (*mus.*) bemolle: **sharps and flats**, diesis e bemolle *11* (*pop.*) persona ottusa; sciocco; stupido *12* (*ippica*) – **the F.**, la stagione delle corse piane. ● **to join the flats**, (*teatr.*) montare un fondale; (*fig.*) connettere le parti di un tutto □ **on the f.**, in piano; su terreno piano; in pianura.

flat (3) /flæt/, *n.* *1* appartamento *2* (*raro*) piano (*di casa*). ● **a large block of flats**, un grande caseggiato.

to **flat** /flæt/, **A** *v. t.* *1* (*mecc.*) spianare; appiattire *2* opacizzare (*una vernice*) *3* (*mus., USA*) bemollizzare (*una nota*). **B** *v. i.* spianarsi; appiattirsi; schiacciarsi al suolo; acquattarsi.

flatboat /ˈflætbəʊt/, *n.* barca a fondo piatto; chiatta.

flatcar /ˈflætkɑː(r)/, *n.* (*ferr., USA*) carro senza sponde; pianale.

flatfish /ˈflætfɪʃ/, *n.* (*zool.*) pesce dei pleurnettidi (*platessa, rombo, passera, sogliola, ecc.*).

flatfoot /ˈflætfʊt/, *n.* *1* (*med.*) piede piatto *2* (*pop.*) piedipiatti; poliziotto.

flathead /ˈflæthɛd/, *n.* *1* (= **f. rivet**) chiodo (*o* ribattino) a testa cilindrica *2* (*fam.*) zuccone; sempliciotto; sciocco.

flatheaded /ˈflætˈhɛdɪd, -th-/, *a.* (*fam.*) cretino; stupido: **a f. idea**, un'idea cretina.

flatiron /ˈflætaɪən, *USA* -aɪə[r]n/, *n.* (*un tempo*) ferro da stiro (*da scaldare sulle braci*).

flatlet /ˈflætlət/, *n.* appartamentino; monolocale.

flatly /ˈflætlɪ/, *avv.* *1* pianamente *2* in modo piatto; scialbamente; monotonamente *3* nettamente; recisamente; seccamente: **to refuse f.**, rifiutare seccamente.

flatmate /ˈflætmeɪt/, *n.* persona con cui si divide un appartamento.

flatness /ˈflætnəs/, *n.* *1* l'esser piano (*o* piatto) *2* piattezza *3* monotonia; uniformità *4* (*di un rifiuto, ecc.*) secchezza; l'essere netto, reciso (*V.* **flat** (1)).

to **flatten** /ˈflætn/, **A** *v. t.* *1* appiattire; spianare; schiacciare: **to f. st. with a hammer**, appiattire q.c. con un martello; **The car flattened the poor cat**, l'automobile schiacciò il povero gatto *2* abbattere; mettere (*o* mandare) a terra: **He flattened his opponent with a hook**, con un gancio mise a terra l'avversario *3* smorzare (*un colore*) *4* opacizzare, rendere opaco (*una vernice, un colore*) *5* (*metall.*) spianare *6* (*mus., ling.*) bemollizzare *7* (*fig.*) deprimere; prostrare. **B** *v. i.* *1* appiattirsi; spianarsi; schiacciarsi *2* (*fig.*) abbattersi; deprimersi *3* (*di colore*) opacizzarsi *4* (*di sapore*) guastarsi; (*di cibo*) diventare insipido. ● (*naut.*) **to f. (in) the sails**, bordare le vele □ **to f. out**, appiattire, spianare; appiattirsi; (*aeron.*) riportare (*un aereo*) in linea di volo; (*di un aereo*) rimettersi in linea di volo.

flattener /ˈflætənə(r)/, *n.* *1* chi spiana, ecc. (*V.* **to flatten**) *2* (*boxe*) colpo (*o* pugno) da K.O.

flattening /ˈflætnɪŋ, -tən-/, *n.* *1* appiattimento (*anche, fig., dei prezzi, dei salari, ecc.*) *2* (*metall.*) spianatura *3* (*mus., ling.*) bemollizzazione. ● **f.-out**, appiattimento, spianamento; (*aeron.*) richiamata; ripresa: **the f.-out of prices**, l'appiattimento dei prezzi.

to **flatter** /ˈflætə(r)/, **A** *v. t.* *1* adulare; blandire; lusingare; lisciare (*fig.*): **He was greatly flattered by the review of his novel**, fu molto lusingato dalla recensione del suo romanzo *2* abbellire; (*di abito*) donare; fare più bello della realtà: **This portrait does not f. you**, questo ritratto non ti fa certo più bello di quel che sei. **B** to **flatter oneself**, *v. rifl.* illudersi, lusingarsi; vantarsi, compiacersi: **Don't f. yourself that he will forgive you**, non illuderti ch'egli ti perdoni; **I f. myself that I'm the best student in the class**, mi vanto d'essere il miglior studente della classe.

flatterer /ˈflætərə(r)/, *n.* adulatore, adulatrice; lusingatore, lusingatrice.

flattering /ˈflætərɪŋ/, *a.* *1* adulatorio; lusingatore; lusinghiero *2* che rende più bello; che dona: **a f. hairdo**, un'acconciatura che dona. ● **a f. portrait**, un ritratto venuto bene. || **-ly**, *avv.*

flattery /ˈflætərɪ/, *n.* adulazione; lusinga; blandizie.

flatting /ˈflætɪŋ/, *n.* *1* appiattimento *2* smorzamento (*di colori*) *3* (*metall.*) spianatura *4* (*tecn.*) verniciatura opaca. ● **f. agent**, agente opacizzante; flatting (*per vernici*).

flattish /ˈflætɪʃ/, *a.* piuttosto piatto; pianeggiante.

flattop /ˈflættɒp/, *n.* (*fam. USA*) *1* taglio (dei capelli) a spazzola *2* (*mil., naut.*) portaerei.

flatty /ˈflætɪ/, *n.* (*pop.*) poliziotto; piedipiatti (*pop.*).

flatulence /ˈflætʃʊləns/, **flatulency** /ˈflætʃʊlənsɪ/, *n.* *1* (*med.*) flatulenza *2* (*fig.*) l'esser tronfio; boria; vanagloria.

flatulent /ˈflætʃʊlənt/, *a.* *1* (*med.*) flatulento *2* (*fig.*) tronfio; borioso; pretenzioso; vanitoso.

flatware /ˈflætwɛə(r)/, *n.* (*USA*) *1* posateria; posate *2* vasellame piatto.

flatways /ˈflætweɪz/, (*USA*) **flatwise** /ˈflætwaɪz/, *avv.* con la parte piatta; di piatto (*opposto di* **edgeways**).

flatworm /ˈflætwɜːm/, *n.* (*zool.*) platelminta.

flaunt /flɔːnt, *USA* flɔː-, flɑː-/, *n.* (*raro*) pavoneggiamento; ostentazione; sfoggio.

to **flaunt** /flɔːnt, *USA* flɔː-, flɑː-/, **A** *v. i.* *1* gloriarsi; pavoneggiarsi *2* ondeggiare; sventolare; garrire: **flags flaunting in the wind**, bandiere che garriscono al vento. **B** *v. t.* fare mostra di; ostentare; sfoggiare: **to f. one's culture**, sfoggiare la propria cultura.

flaunter /ˈflɔːntə(r), *USA* ˈflɔː-, ˈflɑː-/, *n.* ostentatore, ostentatrice; esibizionista; mattatore (*fam.*).

flaunting /ˈflɔːntɪŋ, *USA* ˈflɔː-, ˈflɑː-/, *a.* *1* pomposo; vanitoso *2* (*di una bandiera, ecc.*) che sventola; che garrisce. || **-ly**, *avv.*

flautist /ˈflɔːtɪst/, *n.* (*mus.*) flautista.

flavescent /fleɪˈvɛsnt/, *a.* biondeggiante; flavo (*lett.*).

flavin /ˈfleɪvɪn/, *n.* (*chim., biol.*) flavina.

flavone /ˈfleɪvəʊn/, *n.* (*chim.*) flavone.

flavor /ˈfleɪvə(r)/, (*USA*) e *deriv.* *V.* **flavour**, e *deriv.*

flavorous /ˈfleɪvərəs/, *a.* aromatico; fragrante; profumato.

flavour /ˈfleɪvə(r)/, *n.* *1* aroma; fragranza; gusto; sapore; profumo: **sweets with different flavours**, dolci di diverso sapore; **the f. of adventure**, il gusto (*o* il sapore) dell'avventura; **This village has the f. of France**, questo paese ha il profumo della Francia *2* (*fis. nucl.*) flavour; sapore.

to **flavour** /ˈfleɪvə(r)/, *v. t.* aromatizzare; insaporire; dare a (q.c.) il gusto di: **to f. soup with garlic**, insaporire la zuppa con l'aglio.

flavoured /ˈfleɪvəd/, *a.* (*nei composti*) al gusto di: **a strawberry-f. ice cream**, un gelato al gusto di fragola.

flavouring /ˈfleɪvərɪŋ/, **A** *n.* aroma (*aggiunto a un alimento*); condimento; essenza; estratto: **vanilla f.**, aroma di vaniglia. **B** *a.* aromatizzante. ● (*ind.*) **f. essence**, aromatizzante.

flavourless /ˈfleɪvələs/, *a.* senza aroma; insaporo; insipido.

flavoursome /ˈfleɪvəsəm/, **flavoury** /ˈfleɪvərɪ/, *a.* *1* aromatico; fragrante *2* gustoso; saporito.

flaw (1) /flɔː/, *n.* *1* crepa; fessura; incrinatura; screpolatura; spaccatura: **a f. in a crystal**, un'incrinatura in un cristallo *2* (*fig.*) difetto; errore; imperfezione; magagna; pecca: **a f. in your reasoning**, un errore nel tuo ragionamento *3* (*leg.*) vizio: **a f. in a will**, un vizio in un testamento.

flaw (2) /flɔː/, *n.* *1* (*poet.*) raffica, folata di vento *2* scroscio di pioggia *3* (*arc. o poet.*) sfogo (*d'ira, ecc.*).

to **flaw** /flɔː/, *v. t.* e *i.* *1* crepare; incrinare, incrinarsi; screpolare, screpolarsi *2* danneggiare; guastare *3* (*leg.*) viziare; invalidare.

flawless /ˈflɔːləs/, *a.* *1* senza crepe; integro *2* senza difetti; impeccabile; perfetto.

flawlessly /ˈflɔːləslɪ/, *avv.* impeccabilmente; senza difetti.

flawlessness /ˈflɔːləsnəs/, *n.* integrità; perfezione; impeccabilità.

flax /flæks/, *n.* *1* (*bot., Linum usitatissimum*) lino *2* lino (*la fibra*) *3* tela di lino. ● (*bot.*) **f. dodder** (*Cuscuta epilinum*), strozzalino □ (*bot.*) **f. lily** (*Phormium tenax*), lino della Nuova Zelanda □ **f.-seed**, seme di lino.

flaxen /ˈflæksn/, *a.* *1* di lino *2* biondo gialliccio; biondo chiaro; paglierino: **f. hair**, capelli biondo chiari.

flaxy /ˈflæksɪ/, *a.* (*specialm. di tessuto*) simile al lino.

to **flay** /fleɪ/, *v. t.* *1* scorticare (*anche fig.*); scortecciare; scuoiare; pelare (*anche fig.*); depredare, spogliare: **to f. a pig**, scuoiare un maiale; **to f. a person**, scorticare una persona *2* criticare severamente; stroncare *3* rimproverare aspramente. ● (*fig.*) **f.-flint**, uno che pela la gente; avaro; strozzino.

flayer /ˈfleɪə(r)/, *n.* *1* scorticatore, scorticatrice *2* (*fig.*) critico severo *3* (*fig.*) chi pela i clienti.

flaying /ˈfleɪɪŋ/, *n.* *1* scorticamento *2* (*fig.*) aspre critiche.

flea /fliː/, *n.* (*zool.*) pulce. ● (*bot.*) **f.-bane** (*Erigeron pulicaria*), pulicaria □ (*zool.*) **f. beetle** (*Haltica, Phyllotaeta, ecc.*), altica (*e altri coleotteri nocivi al luppolo, alla rapa, ecc.*) □ **f.-bitten**, punto (*o* infestato) dalle pulci; (*fig.*: *di cavallo*) maculato di puntini rossastri; (*fam.*) scadente, sozzo □ (*med.*) **f.-borne typhus**, tifo da pulce (*o* endemico) □ (*fig.*) **a f. in sb.'s ear**, una pulce nell'orecchio; un rimprovero, un rabbuffo □ (*zool.*) **f.-louse** (*Euphyllura, ecc.*), falso pidocchio □ **f. market**, mercato delle pulci □ (*bot.*) **f.-wort** (*Plantago psyllium*), psillio □ (*zool.*) **sand-f.** (*Tunga penetrans*), pulce penetrante □ (*zool.*) **water f.**, pulce d'acqua.

fleabag /ˈfliːbæg/, *n.* *1* individuo (*o* animale) sporco; sacco di pulci (*fig.*) *2* (*gergo mil.*) sacco a pelo *3* albergo (*o* locale) d'infimo ordine.

fleabite /ˈfliːbaɪt/, *n.* *1* morso (*propriamente*: puntura) di pulce *2* (*fig.*) bazzecola; inezia; piccola contrarietà.

fleam /fliːm/, *n.* (*vet.*) lancetta (*per cavar sangue*).

fleapit /ˈfliːpɪt/, *n.* (*pop.*) pulciaio.

flechette /fleɪˈʃɛt/ (*franc.*), *n.* (*mil.*) flechette.

fleck /flɛk/, *n.* *1* chiazza; macchia; macchiolina; lentiggine: **flecks of snow**, chiazze di neve; **a white f. on a cat's face**, una macchiolina bianca sul muso di un gatto *2* particella; (*anche, in fonderia*) fiocco; granello (*di polvere*).

to **fleck** /flɛk/, *v. t.* *1* chiazzare; macchiettare; screziare; variegare: **The carpet was flecked with blood**, il tappeto era chiazzato di sangue *2* picchiettare; punteggiare.

to **flecker** /ˈflɛkə(r)/, *V.* **to fleck**.

fleckless /ˈflɛkləs/, *a.* senza chiazze (*o* macchie); senza lentiggini.

flection /ˈflɛkʃn/, **flectional** /ˈflɛkʃənl/, *V.* **flexion, flexional**.

fled /flɛd/, *pass.* e *p. p.* di **to flee**.

to **fledge** /flɛdʒ/, **A** *v. t.* *1* allevare (*un uccello*) finché sia in grado di volare *2* fornire di penne *3* provvedere (*una freccia*) di impennatura. **B** *v. i.* (*d'un uccello*) metter le penne (*per volare*); impiumarsi.

fledged /flɛdʒd/, *a.* pennuto; in grado di volare.

fledgeless /ˈflɛdʒləs/, *a.* implume; incapace di volare.

fledg(e)ling /ˈflɛdʒlɪŋ/, *n.* *1* uccellino (*che ha appena lasciato il nido*) *2* (*fig.*) novellino; principiante; pivello *3* (*fig.*) poeta in erba.

to **flee** /fliː/ (*pass.* e *p. p.* **fled**), **A** *v. i.* *1* fuggire; scappare: **He fled from** (*o* **before**) **the angry tiger**, fuggì davanti alla tigre infuriata *2* scomparire; svanire; passare: **The night had fled**, la notte era svanita. **B** *v. t.* *1* abbandonare; fuggire da: **After killing his foe, he fled the country**, dopo aver ucciso il suo nemico, abbandonò il paese (*o* riparò all'estero) *2* (*lett.*) fuggire; evitare; scansare.

fleece /fliːs/, *n.* *1* vello *2* quantità di lana ricavata da una tosatura *3* (*per estens.*) pelame; folta chioma: **a f. of hair**, una folta chioma *4* (*fig.*) coltre: **a heavy f. of clouds**, una pesante coltre di nubi *5* (*fig.*) manto: **a f. of snow**, un manto di neve. ● **the Golden F.**, (*mitol.*) il Vello d'oro; il Toson d'oro (*onorificenza*).

to **fleece** /fliːs/, *v. t.* tosare (*pecore*; *anche fig.*); derubare, pelare, spogliare: **to f. sb. of all his money**, spogliare q. di tutto il suo denaro; **They fleeced us at that restaurant**, in quel ristorante ci hanno pelati. ● **a sky fleeced with clouds**, cielo a pecorelle.

fleecer /ˈfliːsə(r)/, *n.* (*pop.*) truffatore, truffatrice; ladro, ladra.

fleeciness /ˈfliːsɪnəs/, *n.* l'essere villoso; villosità; lanosità.

fleecy /ˈfliːsɪ/, *a.* *1* villoso, velloso; lanoso *2* fioccoso; soffice: **f. snow**, neve leggera e soffice *3* (*di capello*) lanoso. ● **f. clouds**, cielo a pecorelle.

fleer /ˈfliːə(r)/, *n.* (*arc.*) risata di scherno; sogghigno; scherno; dileggio (*lett.*).

to **fleer** /ˈfliːə(r)/, *v. i.* (*arc.*) ghignare; sogghignare. ● **to f. at sb.**, schernire q.; beffarsi di q.; dileggiare q. (*lett.*).

fleet (1) /fliːt/, *n.* *1* (*naut., mil.*) flotta: **the British f.**, la flotta inglese *2* (*naut., aeron.*) flotta; flottiglia (*di pescherecci o aerea*) *3* parco (*di autobus, autocarri, taxi, ecc.*): **f. of cars**, parco macchine. ● (*mil., naut., USA*) **F. Admiral**, Grande Ammiraglio □ (*ass.*) **f. policy**, polizza cumulativa.

fleet (2) /fliːt/, *n.* (*dial.*) *1* piccola insenatura *2* torrentello. ● **the F.**, (*un tempo*) il Fleet (*piccolo affluente del Tamigi*); (*ora*) fogna coperta (*a Londra*); (*stor.*) famosa prigione per debitori insolventi □ **F. Street**, strada di Londra, in cui hanno sede molti giornali; (*fig.*) la stampa (*o* il giorn.) inglese.

fleet (3) /fliːt/, *a.* (*poet., lett.*) agile; rapido; svelto; veloce. ● **to be f. of foot** (*o* **f.-footed**), essere lesto di gambe; essere veloce (nella corsa).

fleet (4) /fliːt/, **A** *a.* basso; poco profondo. **B** *avv.* in superficie; a poca profondità: **to plough** [**to sow**] **f.**, arare [seminare] in superficie.

to **fleet** /fliːt/, **A** *v. i.* *1* muoversi, passare, trascorrere rapidamente *2* (*arc.* o *dial.*) galleggiare; fluttuare *3* (*arc.*) scomparire; svanire *4* (*naut.*) spostarsi; cambiar posizione. **B** *v. t.* *1* far passare (*il tempo*) *2* (*naut.*) spostare.

fleeting /ˈfliːtɪŋ/, *a.* fugace; fuggitivo; passeggero; transeunte. ● (*mil.*) **f. target**, obiettivo mobile □ **to catch a f. glimpse of sb.**, vedere q. di sfuggita.

Fleming /ˈflɛmɪŋ/, *n.* fiammingo.

Flemish /ˈflɛmɪʃ/, **A** *a.* fiammingo. **B** *n.* fiammingo (*la lingua*).

to **flench** /flɛntʃ/, to **flense** /flɛns/, *v. t.* fare a pezzi, togliere il grasso a (*una balena*); scuoiare (*una foca*).

flesh /flɛʃ/, *n.* *1* carne (*di animale vivo*; *anche fig.*): **the sins of the f.**, i peccati della carne (*o* carnali) *2* parte carnosa; polpa (*di frutta, ecc.*) *3* il corpo umano; l'uomo; l'umanità: **That's more than f. can stand**, questo è più di quanto un uomo possa sopportare; **the way of all f.**, il destino di tutti gli uomini (*l'esser mortali, la morte*). ● **f. and blood**, la carne e il sangue; (*fig.*) la natura umana; carne e ossa (*fig.*): **I'm only f. and blood**, anch'io sono di carne e ossa! □ **one's own f. and blood**, il sangue del proprio sangue, i consanguinei □ (*pop. USA*) **f. circuit**, catena di locali di spettacoli di spogliarello □ **f. colour**, color carne; (color) incarnato □ **f.-coloured**, di color carne; carnicino □ (*zool.*) **f.-eater**, carnivoro (*sost.*) □ **a f.-eating animal**, un animale carnivoro □ (*zool.*) **f. fly** (*Sarcophaga*), mosca carnaria □ **f. pink**, (color) rosa carne □ **f. tights**, calzamaglia color carne □ **f. wound**, ferita superficiale □ **to demand one's pound of f.**, esigere il pagamento d'un debito fino all'ultimo centesimo (*cfr.* Shakespeare, *The Merchant of Venice*) □ **to go the way of all f.**, morire □ **to be in f.**, essere (bene) in carne □ **in the f.**, in carne e ossa; di persona; al naturale □ **to lose f.**, dimagrire □ **to make sb.'s f. creep**, fare accapponare la pelle a q.; far venire la pelle d'oca a q. □ **to be one f.**, essere due anime in un corpo solo □ (*med.*) **proud f.**, escrescenza granulosa (*sopra una ferita*) □ **to put on f.**, rimettersi in carne; ingrassare □ (*fig.*) **to put some f. on**, rimpolpare (*uno scritto, ecc.*).

to **flesh** /flɛʃ/, *v. t.* *1* aizzare, incitare (*specialm. cani*) dando da assaggiare carne *2* (*fig. arc.*) aizzare, incitare (*uomini*) facendo pregustare i vantaggi della vittoria *3* (*fig.*) indurire; temprare *4* immergere (*la spada, ecc.*) nella carne; insanguinare (*la spada, ecc.*) per la prima volta *5* scarnire; scarnificare (*pelli*). ● **to f. out** (*o* **up**), metter su carne; ingrassare; (*fig.*) rimpolpare (*uno scritto*); rafforzare (*un argomento*) □ **fleshing machine**, scarnatrice.

flesher /ˈflɛʃə(r)/, *n.* *1* scarnificatore, scarnificatrice *2* (*scozz.*) macellaio.

fleshiness /ˈflɛʃɪnəs/, *n.* carnosità; grassezza; corpulenza.

fleshings /ˈflɛʃɪŋz/, *n. pl.* *1* calzamaglia color carne (*usata da acrobati, ecc.*) *2* (*conceria*) carnicci.

fleshless /ˈflɛʃləs/, *a.* scarno; sparuto; pelle e ossa (*fam.*).

fleshliness /ˈflɛʃlɪnəs/, *n.* carnalità; sensualità; mondanità.

fleshly /ˈflɛʃlɪ/, *a.* *1* carnale; sensuale *2* materiale; corporeo; mortale; terreno.

fleshpot /ˈflɛʃpɒt/, *n.* *1* (*raro*) marmitta *2* (*fig., scherz.* o *spreg.*) locale di vita; locale notturno (*con spogliarelli, ecc.*) *3* – (*pl.*) **the fleshpots**, le comodità; il lusso; la vita lussuosa.

fleshy /ˈflɛʃɪ/, *a.* *1* carnoso; grasso; bene in carne *2* (*di frutto e sim.*) polposo; carnoso.

fleur-de-lis /ˈflɜːdəˈliː/ (*franc.*), *n.* (*pl.* **fleurs-de-lis**) *1* (*bot., Iris pseudacorus*) acoro falso; giglio giallo *2* (*arald.*) fiordaliso; giglio.

fleuret /fluəˈrɛt, flɜː-/ (*franc.*), *n.* (*archit.*) ornamento a forma di fiore.

fleuron /ˈfluərɒn, ˈflɜː-/, *n.* (*archit.*) fiorone; rosone.

fleury /ˈfluərɪ/, *a.* (*arald.*) gigliato.

flew /fluː/, *pass.* di **to fly**.

flews /fluːz/, *n. pl.* labbro superiore pendente (*di cane da caccia*).

flex /flɛks/, *n.* *1* (*elettr.*) cordoncino; filo flessibile *2* (*mat.*) flesso *3* flessione (*di muscoli*).

to **flex** /flɛks/, **A** *v. t.* (*scient.*) flettere; contrarre e rilassare (*un muscolo, ecc.*); piegare (*strati del terreno, ecc.*). **B** *v. i.* flettersi; piegarsi. ● **to f. one's muscles**, flettere i muscoli; (*sport*) scaldarsi; (*fig.*) far mostra della propria forza.

flexibility /flɛksəˈbɪlətɪ/, *n.* *1* flessibilità; pieghevolezza: (*econ.*) **the f. of prices**, la flessibilità dei prezzi *2* (*fig.*) arrendevolezza; docilità; compiacenza *3* (*fig.*) duttilità; versatilità.

flexible /ˈflɛksəbl/, *a.* *1* flessibile; pieghevole: **a f. door**, una porta pieghevole; (*org. az.*) **f. working hours**, orario flessibile (di lavoro) *2* (*fig.*) adattabile; arrendevole; docile; compiacente *3* (*fig.*) duttile; versatile; elastico *4* (*della voce, ecc.*) pastoso; modulato. ● (*fin.*) **f. exchange rate**, tasso di cambio flessibile □ (*org. az.*) **f. manning**, mobilità del personale □ **f. machinery**, macchine versatili □ **f. time**, *V.* **flexitime**.

flexibleness /ˈflɛksəblnəs/, *V.* **flexibility**.

flexicard /ˈflɛksɪkɑːd/, *n.* (*autom., in G.B.*) tessera per parcheggio a ore, con facoltà di scelta dell'orario.

flexidisc /ˈflɛksɪdɪsk/, *n.* (*elab.*) floppy disk; dischetto.

flexile /ˈflɛksaɪl, *USA* -sl/, **flexility** /flɛkˈsɪlətɪ/, *V.* **flexible, flexibility**.

flexion /ˈflɛkʃn/, *n.* flessione (*quasi in ogni senso*); piegamento. ● (*fisiol.*) **f. reflex**, riflesso flessorio.

flexional /ˈflɛkʃənl/, *a.* *1* di (*o* pertinente a) flessione *2* (*gramm.*) flessivo: **a f. language**, una lingua flessiva.

flexionless /ˈflɛkʃənləs/, *a.* senza flessione; non flesso.

flexiplace /ˈflɛksɪpleɪs/, *n.* (*contraz. fam. USA di* **flexible** e **workplace**) locale (*a casa propria*) collegato con l'ufficio per mezzo di un computer.

flexitime /ˈflɛksɪtaɪm/, *n.* (*org. az.*) orario flessibile (*di lavoro*).

flexor /ˈflɛksə(r)/, *n.* (*fisiol.*) flessore.

flexuose /ˈflɛkʃuəus/, *a.* flessuoso; sinuoso.

flexuosity /flɛkʃuˈɒsətɪ/, *n.* flessuosità.

flexuous /ˈflɛkʃuəs/, *a.* flessuoso; sinuoso.

flexural /ˈflɛkʃərəl/, *a.* (*tecn.*) flessionale.

flexure /ˈflɛkʃə(r)/, *n.* *1* (*scient.*) flessione; piegamento; cedimento *2* (*mat.*) curvatura *3* (*geol.*) flessura; flessione, piegamento *4* (*fis., mecc.*) inflessione.

flibbertigibbet /flɪbətɪˈdʒɪbɪt/, *n.* *1* persona frivola e volubile *2* chiacchierone, chiacchierona; pettegolo, pettegola.

flick (1) /flɪk/, *n.* *1* colpo secco; buffetto; colpo di frusta; schiocco *2* movimento improvviso: **a f. of the wrist**, un movimento improvviso del polso. ● (*fam.*) **f. knife**, coltello a serramanico.

flick (2) /flɪk/, *n.* (*fam.*) *1* film *2* – (*pl.*) **the flicks**, il cinema.

to **flick** /flɪk/, **A** *v. t.* *1* colpire leggermente; dare un colpetto (*o* un buffetto, una frustatina) a *2* (far) schioccare (*la frusta, ecc.*) *3* gettare (*o* lanciare) di scatto. **B** *v. i.* muoversi a scatti. ● **to f. away** (*o* **off**), far volare via (*per es., un insetto*) con un colpo della mano (*o* con uno schiacciamosche) □ **to f. the dust off**, batter via la polvere con colpi della mano (*o* con un battipanni) □ **to f. through**, sfogliare, dare una scorsa a (*un giornale, ecc.*).

flicker /ˈflɪkə(r)/, *n.* *1* (*di fiamma, luce, ecc.*) guizzo; tremolio: **the f. of a candle**, il guizzo (*o* il tremolio) d'una candela *2* fremito; sensazione passeggera: **a f. of fear**, un fremito di paura *3* (*ottica, TV*) sfarfallamento, sfarfallio (*delle immagini*). ● **a f. of hope**, un barlume di speranza.

to **flicker** /ˈflɪkə(r)/, *v. i.* *1* (*di fiamma, luce*; *anche fig.*) guizzare; tremolare: **A faint light flickered among the dark trees**, una luce fioca tremolava fra gli alberi scuri *2* agitarsi; fremere; vacillare; ondeggiare: **The shadows were flickering on the wall**, le ombre si agitavano sulla parete *3* (*di un uccello*) sbattere le ali; svolazzare *4* (*delle ciglia*) battere. ● **to f. into flame**, accendersi con un guizzo □ (*di luce, fiamma, ecc.*) **to f. out**, spegnersi con un guizzo.

flickering /ˈflɪkərɪŋ/, **A** *n.* *1* tremolio *2* ondeggiamento *3* svolazzio. **B** *a.* *1* vacillante; tremolante *2* (*di fiamma, ecc.*) guizzante. ● **a f. hope**, un barlume di speranza.

flier /ˈflaɪə(r)/, *V.* **flyer**.

flies /flaɪz/, *n. pl.* *1* patta; finta (*dei calzoni*) *2* (*teatr.*) vano macchinisti (*sopra le quinte*); soppalco.

flight (1) /flaɪt/, *n.* *1* volo (*anche fig.*); arte del volo; migrazione (*d'uccelli*): **a bird in f.**, un uccello in volo; (*aeron.*) **test f.**, volo di collaudo; **the autumn flights of swallows**, le migrazioni autunnali delle rondini; **to study blind f.**, studiare il volo cieco (*o* strumentale); (*miss.*) **f. in space**, il volo nello spazio; **a f. of the imagination**, un volo della fantasia *2* stormo (*d'uccelli o aerei*); nembo, scarica (*di frecce, proiettili*); sciame (*d'insetti*) *3* tragitto; traiettoria; portata: **the f. of an arrow**, la traiettoria d'una freccia *4* (= **f. of stairs**) rampa di scale; scala; scalinata *5* (*fam.*) posto in aereo: **to get sb. a f.**, procurare a q. un posto in aereo. ● (*aeron.*) **f. attendant**, assistente di volo □ **f. bag**, borsa da aereo □ (*aeron.*) **f. controller**, controllore di volo □ (*aeron.*) **f. coupon**, carnet del volo □ **f. deck**, (*naut.*) ponte di volo (*di portaerei*); (*aeron.*) cabina di pilotaggio □ (*aeron. mil.*) **f. engineer**, motorista di bordo □ (*aeron.*) **f. envelope**, l'insieme delle caratteristiche costruttive (*di un aereo*) □ (*zool.*) **f. feathers**, penne remiganti primarie □ (*aeron.*) **f. formation**, formazione di volo □ (*aeron. mil.*) **f. sergeant**, sergente pilota □ (*aeron. mil.*) **f. lieutenant**, tenente pilota □ **the f. of time**, il volare (*o* il trascorrere veloce) del tempo □ **a f. over the Atlantic**, una trasvolata dell'Atlantico □ (*aeron.*) **f. recorder**, registratore di volo; scatola nera (*fam.*) □ **in f.**, in volo □ (*aeron.*) **non-stop f.**, volo senza scalo □ **to take a f.**, fare un volo □ **to take** (*o* **to wing**) **one's f.**, prendere il volo.

flight (2) /flaɪt/, *n.* 1 (*anche fig.*) fuga: **The f. of the dollar is over**, la fuga del dollaro è finita; **a f. of capital abroad**, una fuga di capitali all'estero 2 (*fig.*) esodo; partenza in massa. ● **to put sb. to f.**, mettere in fuga q. □ **to take** (**to**) **f.**, darsi alla fuga.

to **flight** /flaɪt/, **A** *v. i.* (*d'uccelli*) volare in stormo; migrare. **B** *v. t.* sparare a (*uccelli in volo*).

flightily /ˈflaɪtəlɪ/, *avv.* 1 capricciosamente; volubilmente 2 con leggerezza.

flightiness /ˈflaɪtɪnəs/, *n.* 1 capricciosità; estrosità; incostanza; mutevolezza; volubilità 2 irresponsabilità; leggerezza.

flightless /ˈflaɪtləs/, *a.* (*zool.*) inabile al volo; incapace di volare.

flightseeing /ˈflaɪtsiːɪŋ/, *n.* (*contraz. fam. USA di* **flight** e **sightseeing**) giro turistico (*di una città*) in aereo o in elicottero.

flightworthy /ˈflaɪtwɜːðɪ/, *a.* (*aeron.*) 1 atto al volo 2 utilizzabile a bordo di un aereo.

flighty /ˈflaɪtɪ/, *a.* 1 capriccioso; estroso; incostante; mutevole, volubile 2 irresponsabile; leggero; pazzerello; scervellato.

flimflam /ˈflɪmflæm/, *n.* (*fam.*) 1 ciance; chiacchiere; sciocchezze; fandonie 2 imbroglio; inganno; truffa. ● **f. artist**, imbroglione; truffatore.

to **flimflam** /ˈflɪmflæm/, *v. t.* (*fam.*) imbrogliare; truffare.

flimsily /ˈflɪmzəlɪ/, *avv.* 1 fragilmente; debolmente 2 frivolamente.

flimsiness /ˈflɪmzɪnəs/, *n.* 1 fragilità; debolezza; cedevolezza 2 frivolezza; inconsistenza; superficialità.

flimsy /ˈflɪmzɪ/, **A** *a.* 1 fragile; debole; cedevole; inconsistente: **a f. structure**, una struttura fragile 2 frivolo; inconsistente; superficiale; che mostra la corda (*fig.*): **a f. explanation**, una spiegazione inconsistente (*o* che mostra la corda). **B** *n.* 1 foglio di carta velina 2 (*fam.*) velina; copia (*di una fattura, ecc.*) 3 (*fam.*) telegramma 4 (*fam.*) biglietto di banca 5 (*pl.*) (*fam.*) biancheria intima, da donna.

to **flinch** (1) /flɪntʃ/, *V.* **to flench**.

to **flinch** (2) /flɪntʃ/, *v. i.* ritirarsi; tirarsi indietro; cedere terreno; sottrarsi (a): **to f. from a heavy responsibility**, sottrarsi a una grave responsabilità. ● **without flinching**, senza batter ciglio.

flincher /ˈflɪntʃə(r)/, *n.* chi si tira indietro; chi si sottrae (*a un dovere, ecc.*).

flinching /ˈflɪntʃɪŋ/, *n.* il tirarsi indietro; il sottrarsi (*a q.c.*).

flinders /ˈflɪndəz/, *n. pl.* (*raro*) frammenti; frantumi; schegge.

fling /flɪŋ/, *n.* 1 lancio; getto; tiro: **a f. of the dice**, un lancio dei dadi 2 balzo; slancio; (*di cavallo*) impennata, scarto 3 (*fam.*) colpo di pazzia (*fig.*); periodo di pazza gioia; (*anche*) relazione (amorosa) spensierata e breve 4 (*fam.*) tentativo. ● (**at**) **full f.**, *V.* **in full f.** □ (*fam.*) **to have a f.**, spassarsela; godersela □ **to have a f. at**, fare un tentativo di; lanciare un frizzo a; dare una frecciata (*o* una stoccata) a: **He had a f. at working**, fece un tentativo di lavorare; **He likes to have a f. at his friends now and then**, gli piace di quando in quando lanciare una frecciata agli amici □ **Highland f.**, danza scozzese, assai vivace □ **in full f.**, a tutta velocità; a tutta birra (*fam.*); a pieno ritmo; a tutto vapore (*fig.*).

to **fling** /flɪŋ/ (*pass.* e *p. p.* **flung**), **A** *v. t.* 1 lanciare; gettare; scagliare; buttare: **to f. up a coin**, lanciare in aria una moneta; **to f. a stone at sb.**, scagliare una pietra a q.; **to f. oneself into a sofa**, buttarsi (*o* lasciarsi andare) su un divano 2 (*di cavallo, lottatore, ecc.*) gettare a terra (*il cavaliere, l'avversario*) 3 emettere (*suoni, ecc.*); mandare (*profumo, ecc.*); dare, diffondere (*luce*). **B** *v. i.* 1 lanciarsi; gettarsi; precipitarsi: **He flung out of the room in a rage**, si precipitò fuori dalla stanza tutto arrabbiato 2 (*di cavallo, spesso* **to f. out**) scalciare; sgroppare 3 (*di persona, di solito* **to f. out**) dare in escandescenze; prorompere in invettive. ● (*fig.*) **to f. dirt at sb.**, gettare fango su q. □ **to f. a door open**, spalancare una porta □ **to f. one's eyes on sb.**, gettare l'occhio (*o* lo sguardo) su q. □ **to f. oneself into an enterprise**, gettarsi a capofitto in un'impresa □ **to f. sb. into prison**, gettare q. in carcere; sbattere dentro q. (*fam.*) □ **to f. st. into sb.'s teeth**, rinfacciare q.c. a q. □ **to f. oneself on sb.'s compassion**, affidarsi alla misericordia di q. □ **to f. a remark**, buttare là un'osservazione □ **We flung our arms round each other**, ci gettammo le braccia al collo.

♦**fling about** (*o* **around**), *v. t.* + *avv.* 1 gettare (*o* buttare) alla rinfusa (*o* a casaccio) 2 agitare (*braccia, gambe*) scompostamente 3 (*fig.*) gettare via, sperperare (*denaro*).

♦**fling aside**, *v. t.* + *avv.* 1 gettare da parte; togliersi (*un indumento*) in fretta 2 (*fig.*) lasciar perdere, rinunciare a, abbandonare (*amici, ecc.*) 3 (*fig.*) non tener conto di, trascurare (*i desideri di q., ecc.*); violare (*regole, norme, ecc.*).

♦**fling away**, *v. t.* + *avv.* 1 mettere da parte (*scrupoli, ecc.*) 2 gettare via; sperperare (*denaro, ecc.*) □ **to f. away in a rage**, andarsene tutto arrabbiato.

♦**fling back**, *v. t.* + *avv.* 1 rilanciare; ributtare 2 respingere (*o* ricacciare) a viva forza.

♦**fling down**, *v. t.* + *avv.* gettare (q.c.) a terra; sbattere giù (*fam.*) □ **to f. oneself down**, gettarsi (*o* buttarsi) a terra □ **to f. down one's tools**, incrociare le braccia (*fig.*); scioperare.

♦**fling off**, *v. t.* + *avv.* gettare via (*o* da parte); sbarazzarsi di (*un soprabito, una valigia, ecc.*) □ **to f. off in a rage**, andarsene tutto arrabbiato.

♦**fling on**, *v. t.* + *avv.* buttarsi addosso; indossare in fretta; infilare: **He flung his clothes on**, si vestì in fretta e furia; **He flung his robe on**, s'infilò la vestaglia.

♦**fling out**, **A** *v. t.* + *avv.* 1 buttare fuori; mettere alla porta (q.) 2 gettare; lanciare: **to f. money out of the window**, gettare i soldi dalla finestra; **to f. out insults**, lanciare insulti 3 spalancare; stendere; allargare: **to f. out one's arms**, allargare le braccia □ **to f. out at sb.**, insultare (*o* ingiuriare) q. 4 rigettare, respingere (*una proposta, ecc.*) 5 fare, tirare fuori (*una proposta*); buttare là, lanciare, proporre (*un'idea*) 6 buttare fuori, sfrattare (q.). **B** *v. i.* + *avv.* 1 (*di un cavallo*) scalciare 2 (*fam.*) andarsene a precipizio; scappare via.

♦**fling up**, *v. t.* + *avv.* 1 gettare in aria 2 alzare al cielo: **to f. up one's arms in despair**, alzare le braccia al cielo in segno di disperazione 3 rinunciare a; lasciare, abbandonare (*il lavoro, lo studio, ecc.*) 4 buttare via, sciupare, sprecare (*un'occasione, ecc.*) 5 tirare su (*fam.*); costruire (*un riparo, ecc.*) in fretta 6 tirare fuori (*fam.*); tirare in ballo (*fam.*): **He keeps flinging up my supposed faults**, non fa che tirare in ballo le mie presunte colpe.

flint /flɪnt/, *n.* 1 (*geol.*) selce 2 pietra focaia: **f. and steel**, pietra focaia e acciarino 3 pietrina (*di accendisigari*) 4 (*fig.*) pietra; sasso: **a heart of f.**, un cuore di pietra. ● **f. glass**, flint (*vetro per lenti e cristalli*) □ **f.-hearted**, dal cuore di pietra □ (*fig.*) **to skin a f.**, essere avido (*o* esoso, avaro) □ (*fig.*) **to wring water from a f.**, cavar sangue da una rapa.

flintiness /ˈflɪntɪnəs/, *n.* durezza (*di cuore*); crudeltà; spietatezza.

flintlock /ˈflɪntlɒk/, *n.* (*mil., stor.*) fucile a pietra focaia.

flinty /ˈflɪntɪ/, *a.* 1 di selce; siliceo; pietroso 2 (*fig.*) duro come la selce; crudele; spietato: **a f. heart**, un cuore crudele (*o* di pietra).

flip (1) /flɪp/, *n.* 1 buffetto; colpetto; frustatina; schiocco 2 (*fam.*) giratina in auto; breve volo in aereo 3 lancio di una moneta 4 capriola; salto mortale. ● **f. side**, (*fam.*) seconda faccia, retro (*di un disco*); (*fig.*) l'altra faccia (*di q.*).

flip (2) /flɪp/, *n.* bevanda calda, di birra, sidro, ecc., con spezie e talora latte e uova. ● **egg-f.**, zabaione.

flip (3) /flɪp/, (*fam.*) *V.* **flippant**.

to **flip** /flɪp/, **A** *v. t.* 1 dare un buffetto (*o* un colpetto) a: **to flip st. off**, cacciar via (*per es., un insetto*); togliere (*per es., polvere*) con un colpetto 2 lanciare (*una pallina, una moneta*) con un dito 3 agitare (*un ventaglio*); (far) schioccare (*la frusta*); far sobbalzare (*l'esca, pescando*) 4 gettare (*o* lanciare) bruscamente (*o* casualmente): **I flipped a coin into the fountain**, gettai una moneta nella fontana 5 (*pop.*) premere (*un interruttore*). **B** *v. i.* 1 schioccare le dita 2 dare un colpetto 3 muoversi a scatti 4 (*di un uccello, ecc.*) saltellare 5 (*pop.*) eccitarsi; emozionarsi. ● (*volg. USA*) **to flip sb. the bird**, *V.* **to give sb. the finger**, *sotto* **finger** □ **to f. a coin**, fare a testa o croce □ (*pop.*) **to f. one's lid** (*o* **to f. out**), arrabbiarsi; incavolarsi (*pop.*); andar giù di testa; dare i numeri (*pop.*) □ **to f. through**, dare una scorsa a (*un giornale, ecc.*) □ **to f. up**, lanciare in aria una moneta □ **flipped eggs**, uova sbattute □ **F. the drawer shut!**, chiudi il cassetto! (*dandogli un colpo*).

flip-down /ˈflɪpdaʊn/, *a.* abbassabile: **f. toilet lid**, coperchio abbassabile del water.

flip-flop /ˈflɪpflɒp/, **A** *n.* 1 capriola all'indietro 2 (= **flip-flap**) petardo; castagnola 3 (= **flip--flap**) giostra con carrozzelle (*o* automobiline) sospese 4 (*fam.*) rovesciamento di fronte (*fig.*); mutamento repentino, esitazione; tentennamento 5 (*elettron.*) flip-flop; multivibratore bistabile. **B** *a. attr.* esitante; tentennante; a fasi alterne.

flip-flops /ˈflɪpflɒps/, *n. pl.* (*fam.*) ciabattine; infradito.

flippancy /ˈflɪpənsɪ/, *n.* 1 frivolezza; leggerezza (*fig.*) 2 impertinenza; mancanza di rispetto; irriverenza; insolenza.

flippant /ˈflɪpənt/, *a.* 1 frivolo; leggero 2 impertinente; irriverente; irrispettoso; insolente: **a f. answer**, una risposta impertinente.

flipper /ˈflɪpə(r)/, *n.* 1 (*zool.*) natatoia, pinna (*di mammiferi acquatici*); ala atta al nuoto (*dei pinguini*); zampa atta al nuoto (*di tartarughe*) 2 pinna (*di sommozzatore*) 3 (*pop.*) mano; zampa (*pop.*) 4 (*pop. USA*) fionda.

flipperty-flopperty /ˈflɪpətɪˈflɒpətɪ/, *a.* ciondolante; dondolante.

flipping /ˈflɪpɪŋ/, *a.* (*pop. eufem.*) maledetto; dannato. ● **f. rude**, tremendamente sgarbato.

flirt /flɜːt/, *n.* 1 civetta, fraschetta (*fig.*); persona (*specialm.* donna) che ha molte avventure amorose 2 bellimbusto; vagheggino 3 movimento rapido.

to **flirt** /flɜːt/, **A** *v. i.* 1 amoreggiare; flirtare; civettare (*fig.*) 2 muoversi a scatti; procedere a balzi. **B** *v. t.* 1 spingere avanti (*o* lanciare) con un buffetto 2 agitare (*un ventaglio*); scuotere (*la coda*). ● **to f. with death**, scherzare con la morte □ **to f. with the idea of**, trastullarsi con l'idea di; vagheggiare.

flirtation /flɜːˈteɪʃn/, *n.* 1 amoreggiamento; civetteria 2 amoretto; flirt 3 (*fig.*) passione passeggera; interesse breve: **a f. with gliding**, una passione passeggera per il volo a vela.

flirtatious /flɜːˈteɪʃəs/, *a.* civettuolo; leggero; che ama civettare (*o* flirtare): **a f. glance**, un'occhiata civettuola.

flirty /ˈflɜːtɪ/, *V.* **flirtatious**.

flit /flɪt/, *n.* 1 battito; movimento rapido e leggero *2* (*fam.*) trasloco (fatto) alla chetichella *3* (*pop. USA*) omosessuale; finocchio (*pop.*).

to **flit** /flɪt/, *v. i.* *1* aleggiare; svolazzare; volteggiare: **Butterflies were flitting about**, le farfalle svolazzavano intorno *2* scorrere; passare rapidamente: **Sparse clouds flitted through the sky**, rare nuvole passavano veloci nel cielo *3* (*scozz.*) sloggiare; sgombrare; traslocare *4* (*fam. ingl.*) andarsene di soppiatto (*per non pagare i debiti, ecc.*) *5* (*pop.*) scappare (*con l'innamorato*); scappare di casa. ● **A memory flitted into her mind**, le venne in mente un ricordo.

flitch /flɪtʃ/, *n.* *1* striscia di lardo (*di maiale*); lardello *2* fetta di pesce (*da affumicare*) *3* sciavero (*di un tronco d'albero*) *4* (*falegn.*) piallaccio; foglio da impiallacciatura *5* (*edil.*) elemento (*di trave*). ● (*edil.*) **f.-beam**, trave composta.

to **flitch** /flɪtʃ/, *v. t.* *1* tagliare (*un pesce*) a fette *2* tagliare (*un tronco*) in sciaveri.

to **flitter** /'flɪtə(r)/, *v. i.* (*raro*) svolazzare; volteggiare.

flittermouse /'flɪtəmaʊs/, *n.* (*pl.* **flittermice**) (*dial.*) pipistrello.

flitting /'flɪtɪŋ/, **A** *a.* fuggevole; transitorio: **f. pleasures**, piaceri fuggevoli. **B** *n.* svolazzio; batter d'ali.

flivver /'flɪvə(r)/, *n.* (*pop.*) *1* automobile vecchia e scassata; macinino (*fig.*) *2* insuccesso; fiasco.

float /fləʊt/, *n.* *1* (*naut., aeron., mecc.*) galleggiante (*dell'amo, d'idrovolante, d'una vaschetta, ecc.*); sughero (*della lenza o di rete da pesca*); tavola galleggiante (*per nuotatori*); pontone; salvagente; vescica natatoria (*di pesce*): **pool f.**, galleggiante per piscina *2* massa galleggiante (*d'erbacce, di ghiacci, ecc.*) *3* carro basso, senza sponde; carro allegorico; carro carnevalesco *4* (*un tempo*) candela da tenere accesa la notte; lampada da comodino *5* (*spesso al pl.*) luci della ribalta *6* (*edil.*) pialletto, frattazzo, taloccia (*per levigare cemento, intonaco, ecc.*) *7* (*edil.*) levigatrice; spianatrice *8* (*agric.*) erpice livellatore (a lame inclinate) *9* (*mecc.*) lima a taglio semplice *10* (= **floatboard**) pala (*d'una ruota ad acqua*) *11* provvista di spiccioli (*di un bottegaio, ecc.*; *all'inizio della giornata*) *12* (*rag.*) fondo cassa *13* (*banca, fin.*) titoli di credito (*assegni, ecc.*) in corso di compensazione *14* (*econ., fin.*) fluttuazione (*di una moneta*) *15* (*specialm. USA*) bevanda (*per es., Coca-Cola*) con una palla di gelato. ● **f. chamber**, recipiente a galleggiante; vaschetta □ (*edil.*) **f. finish**, frattazzatura □ (*ind. vetro*) **f. glass**, float □ (*bot.*) **f.-grass** (*Alopecurus geniculatus*), volpino angoloso □ **on the f.**, a galla.

to **float** /fləʊt/, **A** *v. i.* *1* galleggiare; stare a galla; (*nel nuoto*) fare il morto *2* librarsi (in volo); fluttuare in aria; essere sospeso: **Several kites floated in the sky**, molti aquiloni si libravano nel cielo; **Fog floated across the plain**, la nebbia fluttuava nella pianura *3* (*di natante o legname*) fluitare; farsi trasportare dalla corrente *4* agitarsi; fluttuare: **Confused ideas floated through his mind**, idee confuse gli si agitavano nella mente *5* (*fin.*) fluttuare: **The yen was floating**, lo yen fluttuava *6* (*fin.: di una cambiale accettata*) essere in circolazione, in attesa della scadenza. **B** *v. t.* *1* far galleggiare; tenere (*o* rimettere) a galla: **We tried hard to f. the stranded ship**, facemmo ogni sforzo per rimettere a galla la nave arenata *2* far scendere con la corrente; flottare: **to f. timber**, flottare legname *3* (*fig.*) lanciare, proporre (*un'idea, un progetto, ecc.*) *4* diffondere (*una notizia*) *5* (*fin.*) lanciare (*con emissione di titoli*): **to f. a loan**, lanciare un prestito *6* (*fin.*) lanciare; emettere: **to f. a new company**, lanciare (*o* costituire) una nuova società (*emettendo azioni, ecc.*); **to f. bonds**, emettere obbligazioni *7* (*fin.*) far fluttuare: **to f. the exchange rate**, far fluttuare il tasso di cambio *8* (*edil.*) lisciare, spianare (*cemento, intonaco, ecc.*).

♦**float about** (*o* **around**), *v. i.* + *avv.* *1* (*di oggetti*) essere in giro; esserci: **There should be some stamps floating around**, dovrebbero esserci dei francobolli in giro *2* (*di persone*) cambiare lavoro di continuo *3* (*di un'idea, una notizia*) circolare; diffondersi.

♦**float away**, *v. i.* + *avv.* andarsene galleggiando (*o* con la corrente).

♦**float down**, *v. i.* + *avv.* scendere con la corrente (*di un fiume, ecc.*).

♦**float off**, *v. i.* + *avv.* andarsene con la corrente (*o con la marea*).

floatable /'fləʊtəbl/, *a.* *1* che può galleggiare (*o* stare a galla) *2* (*di fiume*) navigabile (*per chiatte o zattere*) *3* (*ind. min.: di minerale*) flottabile.

floatage /'fləʊtɪdʒ/, *n.* (*naut.*) *1* galleggiamento *2* relitto galleggiante di nave *3* (*collett.*) imbarcazioni; natanti (*in un porto*) *4* masse galleggianti (*di ghiacci, ecc.*) *5* opera morta.

floatation /fləʊ'teɪʃn/, *n.* *1* galleggiamento *2* (*fin.*) costituzione, lancio (*di un'impresa o società commerciale*) *3* (*fin.*) emissione (*di azioni*) *4* (*ind. min.*) flottazione. ● (*naut.*) **centre of f.**, centro di gravità (*d'un natante*).

floater /'fləʊtə(r)/, *n.* *1* persona (*o* cosa) che galleggia; galleggiante; ecc. (*V.* **to float**) *2* (*fin.*) promotore d'una società per azioni *3* (*fin.*) titolo di prim'ordine al portatore *4* (*fam.*) persona che preferisce lavori saltuari; lavoratore temporaneo *5* (*fam. USA*) vagabondo *6* (*polit.*) *V.* **floating voter** *7* (*med.*) mosca volante (*nell'occhio*).

floating /'fləʊtɪŋ/, **A** *a.* *1* galleggiante: **f. bridge**, ponte galleggiante (*di barche*); **f. light**, boa luminosa galleggiante *2* (*ass., naut.*) flottante: **f. policy**, polizza flottante (*o* aperta); **f. cargo**, carico flottante *3* fluttuante; oscillante; variabile: (*fin.*) **f. balance**, saldo attivo fluttuante; (*fin.*) **f. debt**, debito fluttuante; (*econ.*) **f. devaluation**, svalutazione fluttuante; (*stat.*) **f. population**, popolazione fluttuante; (*fin.*) **f. pound**, sterlina fluttuante (*o* a cambio libero); (*fin.*) **f. rate**, cambio fluttuante; (*anche*) tasso d'interesse variabile; (*fin.*) **f.-rate bonds** (*o* **notes**), obbligazioni a tasso variabile; (*econ.*) **f. supply**, offerta fluttuante *4* (*rag.*) corrente: **f. assets**, attività correnti *5* (*fisiol., med.*) mobile: **f. ribs**, costole mobili; **f. kidney**, rene mobile *6* (*mat., elab.*) mobile: **f. point**, virgola mobile; **f.-point representation**, rappresentazione in virgola mobile *7* (*elettron.: di un dispositivo, ecc.*) isolato; appeso. **B** *n.* *1* galleggiamento *2* fluitazione (*del legname*) *3* (*fin.*) lancio (*di una società per azioni*) *4* (*fin.*) emissione (*di un prestito*) *5* (*fin.*) floating; fluttuazione (*dei cambi con l'estero*). ● (*naut.*) **f. anchor**, ancora galleggiante □ (*leg., fin.*) **f. charge**, garanzia (*o* privilegio) da cui è assistita un'obbligazione (*di una società: non esiste in Italia*) □ (*naut.*) **f. crane**, gru galleggiante □ (*fin.*) **f. currency**, moneta (*o* valuta) a tasso di cambio fluttuante (*o* a corso libero) □ (*naut.*) **f. dock**, bacino di carenaggio galleggiante □ (*polit.*) **f. voter**, elettore indeciso; elettore indipendente dai partiti politici; (*anche, specialm. in U.S.A.*) elettore che illegalmente vota più di una volta □ (*polit.*) **to win the f. vote**, ottenere i voti degli elettori indecisi.

floatplane /'fləʊtpleɪn/, *n.* (*aeron., USA*) idroplano con due galleggianti.

floatstone /'fləʊtstəʊn/, *n.* (*geol.*) pietra pomice.

floccillation /flɒksɪ'leɪʃn/, *n.* (*med.*) carfologia.

floccose /'flɒkəʊs/, *a.* (*bot.*) fioccoso; lanuginoso.

floccular /'flɒkjʊlə(r)/, *a.* (*scient.*) flocculare.

flocculation /flɒkjʊ'leɪʃn/, *n.* (*scient.*) flocculazione.

floccule /'flɒkjuːl/, *n.* *1* ciuffo; fiocco *2* (*chim.*) flocculo.

flocculence /'flɒkjʊləns/, *n.* l'esser fioccoso (*o* lanuginoso).

flocculent /'flɒkjʊlənt/, **flocculose** /'flɒkjʊləʊs/, **flocculous** /'flɒkjʊləs/, *a.* (*scient.*) fioccoso.

flocculus /'flɒkjʊləs/, *n.* (*pl.* **flocculi**) *1* (*astron.*) flocculo; facola *2* (*anat.*) flocculo.

flock (**1**) /flɒk/, *n.* *1* gregge (*di pecore, capre, e anche, fig., di fedeli*) *2* stormo (*d'uccelli*): **a f. of wild geese**, uno stormo d'oche selvatiche *3* (*di persone*) folla; massa; stuolo; turba *4* (*fig. raro*) gruppo di persone; bambini (*d'una famiglia*); scolaresca. ● **f.-master**, pastore □ **flocks and herds**, greggi e mandrie; pecore e bovini.

flock (**2**) /flɒk/, *n.* *1* fiocco (*di lana, ecc.*); bioccolo; ciuffo (*di capelli*) *2* (*pl.*) cascami; frammenti di fibra (*da cimatura o garzatura*) *3* (*pl.*) (*chim.*) flocculi. ● (*un tempo*) **f. bed**, letto con materassi di cascame □ **f. paper**, carta da parati rugosa.

to **flock** (**1**) /flɒk/, *v. i.* adunarsi; affollarsi; congregarsi; riunirsi (*in gregge, in stormo, ecc.*); accalcarsi: **The pupils flocked round the headmaster**, gli alunni si accalcarono attorno al preside.

to **flock** (**2**) /flɒk/, *v. t.* *1* imbottire di bioccoli (*o* di cascami) *2* (*ind. tess.*) floccare.

flocking /'flɒkɪŋ/, *n.* (*ind. tess.*) floccaggio.

flocky /'flɒkɪ/, *a.* fioccoso; lanuginoso.

floe /fləʊ/, *n.* (*di solito* **ice floe**) banco di ghiaccio galleggiante.

to **flog** /flɒg, *USA* flɔːg/, *v. t.* *1* frustare; fustigare; sferzare; staffilare *2* (*pop.*) battere; superare; vincere *3* (*pop.*) vendere; sbolognare (*pop.*). ● (*fig.*) **to f. a dead horse**, fare un lavoro inutile; sprecare le proprie forze (*o* il fiato): **You're just flogging a dead horse!**, fiato sprecato! □ **to f. laziness out of sb.**, togliere la pigrizia di dosso a q., a furia di frustate □ **to f. st. into a boy**, ficcare q.c. in testa a un ragazzo, a forza di frustate □ (*fam.*) **to f. a story to death**, battere sempre sullo stesso chiodo (*fig.*).

flogger /'flɒgə(r), *USA* -ɔːg-/, *n.* fustigatore, fustigatrice.

flogging /'flɒgɪŋ, *USA* -ɔːg-/, *n.* frustatura; fustigazione.

flong /flɒŋ, *USA* flɔːŋ/, *n.* (*tipogr.*) flano.

flood /flʌd/, *n.* *1* allagamento; alluvione; diluvio; inondazione *2* piena: **The river is in f.**, il fiume è in piena *3* (= **f. tide**) flusso (*della marea*); alta marea *4* (*poet.*) corso d'acqua; fiume; torrente; mare *5* (*fig.*) diluvio; profluvio; fiume; mare: **a f. of words**, un fiume di parole; **a f. of invitations**, un profluvio d'inviti; **She was in a f. of tears**, era in un mare di lacrime. ● (*Bibbia*) **the F.**, il diluvio universale □ (*poet.*) **f. and field**, il mare e la terra □ **f. control**, difesa fluviale □ **f. level**, livello di piena □ **f. plain**, golena; alveo di piena □ (*naut.*) **The tide is at the f.**, la marea è alta □ **It was raining in floods**, pioveva a catinelle; diluviava.

to **flood** /flʌd/, **A** *v. t.* *1* allagare; inondare, sommergere (*anche fig.*): **The river has flooded the fields**, il fiume ha allagato le campagne; **The hall was flooded with light**, la sala era inondata di luce; (*di una persona*) **to be flooded with**, essere sommerso da (*inviti, sollecitazioni, ecc.*) *2* (*d'acqua*) gonfiare: **The torrents were flooded by the spring thaw**, i torrenti erano gonfi a causa del disgelo primaverile *3* irrigare *4* (*mecc.*) ingolfare (*il carburatore, il motore*) *5* *V.* **to floodlight**. **B** *v. i.* *1* (*di fiumi*) gonfiarsi; straripare *2* (*della marea*) crescere; salire; montare. ● **to f. in** (*o* **into**), (*dell'acqua*) irrompere (allagando); (*fig.*) affluire abbondantemente, fioccare (*fam.*): **Readers' letters were flooding in**, fioccavano le lettere dei lettori □ (*autom.: di carburatore*) **flooded**, ingolfato □ **flooded**

light, luce diffusa □ **to be flooded with letters**, ricevere una valanga di lettere □ **We were flooded out two years ago**, due anni fa dovemmo sfollare per l'alluvione.

floodgate /ˈflʌdgeɪt/, *n.* **1** cateratta; chiusa; paratoia **2** (*fig.*) porta (*fig.*): **to open the floodgates to st.**, aprire la porta a q.c.; dare libero sfogo a q.c.

floodlight /ˈflʌdlaɪt/, *n.* **1** luce a largo fascio luminoso **2** (= **f. projector**) proiettore; riflettore.

to **floodlight** /ˈflʌdlaɪt/ (*pass. e p. p.* **floodlit**), *v. t.* illuminare a giorno (*o* con i riflettori).

floodlighting /ˈflʌdlaɪtɪŋ/, *n.* illuminazione a giorno (*o* con i riflettori).

floodlit /ˈflʌdlɪt/, *a.* illuminato a giorno.

floor /flɔː(r)/, *n.* **1** pavimento (*anche di legno*); assito; impiantito; mattonato; terra (*fam.*): **Don't sit on the f.**, non sederti sul pavimento (*fam.*: per terra); (*edil.*) **to instal** (*o* **to lay**) **a f.**, posare un pavimento **2** piano (*d'edificio*): **ground f.**, pianterreno; **the first f.**, il primo piano; (*USA*) il pianterreno; **the second, [third] f.**, il secondo [il terzo] piano; (*USA*) il primo [il secondo] piano **3** fondo; parte più bassa: **the f. of the ocean [of a cave]**, il fondo dell'oceano [d'una caverna] **4** base; fondamento: **the f. of a bridge [of a pier]**, la base d'un ponte [d'un molo] **5** (*ind. min.*) letto; fondo **6** (= **dance f.**) pista da ballo **7** (*alla Camera*) la parte più bassa, riservata ai deputati (*esclusi il banco del governo, le gallerie, ecc.*) **8** (*Borsa*) sala delle contrattazioni; recinto alle grida; corbeille (*franc.*): **f. broker**, procuratore alle grida; agente di sala **9** (*fin.*) fondo (*del tunnel monetario*) **10** (*fin., comm.*) livello (*o* prezzo) minimo; quotazione minima: **wage f.**, livello salariale minimo **11** (*naut.*) pagliolo; platea; madiere. ● **f. beam**, (*edil.*) trave portante; (*costr. ponti*) trave di controvento □ **f. cloth**, straccio per pulire il pavimento □ **f. covering**, rivestimento dei pavimenti □ (*Borsa*) **f. dealer**, *V.* **f. trader** □ (*Borsa*) **f. dealings**, contrattazioni alle grida □ (*sport, fam. USA*) **f. hockey**, hockey giocato al chiuso □ **f. lamp**, lampada a stelo □ (*edil.*) **f.-layer**, pavimentista □ (*polit., USA*) **f. leader**, capogruppo parlamentare (*d'un partito*) □ **f. plan**, pianta (*di casa o appartamento*) □ **f.-polisher**, lucidatrice (elettrica) per pavimenti; spandicera □ (*comm.*) **f. price**, prezzo minimo □ (*edil.*) **f. resurfacing**, rifacimento dei pavimenti □ **a f. safe**, una cassaforte fissata al pavimento □ (*edil.*) **f. sanding and polishing**, levigatura dei pavimenti □ **f. show**, spettacolo di varietà (*sulla pista di un night*) □ (*ind. costr.*) **f. system**, impalcato □ (*USA*) **f.-through**, appartamento di un intero piano □ (*edil.*) **f. tile**, piastrella per pavimenti □ (*edil.*) **f. tiling**, pavimentazione a mattonelle □ (*Borsa*) **f. trader**, operatore in titoli (*per conto proprio*) □ **to get [to have] the f.**, ottenere [avere] la parola (*alla Camera*) □ (*fig.*) **to hold the f.**, tenere banco (*o* il bandolo della conversazione); essere al centro dell'attenzione □ **to take the f.**, prendere la parola, partecipare a un dibattito (*alla Camera*); scendere in pista (*da ballo*); cominciare a ballare □ (*fam.*) **to wipe the f. with sb.**, annientare, schiacciare, travolgere q.

to **floor** /flɔː(r)/, *v. t.* **1** pavimentare; ammattonare **2** gettare a terra; abbattere; atterrare: **to f. a man with a right uppercut**, atterrare uno con un montante destro **3** (*fig.*) battere; sconfiggere; superare; vincere **4** (*fig.*) confondere; sbalordire; far tacere; ridurre al silenzio; mandare al tappeto (*fig.*): **to be floored by a difficult question**, essere messo al tappeto da una domanda difficile. ● (*autom.*) **to f. the accelerator** (*fam.*: **to f. it**), schiacciare a fondo l'acceleratore; andare a tavoletta (*fam.*).

floorboard /ˈflɔːbɔːd/, *n.* **1** asse (*o* tavola) di legno (*del pavimento*) **2** (*ind. min.*) tavolato.

floorer /ˈflɔːrə(r)/, *n.* **1** colpo che atterra l'avversario **2** (*fig. fam.*) domanda difficile; problema imbarazzante.

flooring /ˈflɔːrɪŋ/, *n.* **1** pavimento; assito; tavolato **2** (*edil.*) pavimentazione; posa di pavimenti **3** (*edil.*, = **f. materials**) materiali da pavimentazione. ● **f. contractors**, pavimentisti; impresa di pavimentazione □ **f. specialist**, addetto al (*o* tecnico del) rivestimento; pavimentista.

floorwalker /ˈflɔːwɔːkə(r)/, *n.* (*specialm. USA*) sorvegliante di grande magazzino; ispettore (*in borghese*) di reparto.

floozy /ˈfluːzɪ/, *n.* (*pop.*) sgualdrina; puttana (*volg.*).

flop /flɒp/, **A** *n.* **1** il piombar giù; tonfo **2** (*fam.*) fiasco; fallimento; insuccesso: **The play was a f.**, la commedia fu un fiasco **3** (*pop. USA*) posto per dormire; letto. **B** *avv.* con un tonfo: **to fall f. into a pond**, cadere con un tonfo in uno stagno. ● **f.-eared**, con le orecchie a penzoloni.

to **flop** /flɒp/, **A** *v. i.* **1** dimenarsi; dibattersi; sbattere (qua e là): **The wounded duck flopped helplessly on the water**, l'anatra ferita si dibatteva disperatamente sull'acqua **2** cadere a terra con un tonfo; fare un tonfo; buttarsi (*a sedere, in ginocchio, ecc.*); lasciarsi cadere pesantemente; piombare: **He flopped wearily into a chair**, si lasciò cadere stancamente su una sedia **3** (*fam.*) fallire; far fiasco **4** (*pop. USA*) dormire. **B** *v. t.* buttar giù (*o* a terra); lasciar cadere. ● (*fam.*) **to f. about** (*o* **around**), ciabattare (*per casa, ecc.*) □ **to f. backwards**, (*della testa, ecc.*) ricadere all'indietro □ **to f. down**, buttarsi giù; sdraiarsi.

flophouse /ˈflɒphaʊs/, *n.* (*pop. USA*) albergo (*o* pensione) d'infimo ordine.

flopover /ˈflɒpəʊvə(r)/, *n.* (*elettron., TV*) sganciamento del verticale; perdita del sincronismo.

flopper /ˈflɒpə(r)/, *n.* (*pop. USA*) transfuga politico; chi cambia partito.

floppy /ˈflɒpɪ/, *a.* **1** allentato; lento; pesante; sgraziato **2** (*anche fig.*) floscio; molle: **a f. hat**, un cappello floscio. ● (*elab.*) **f. disk**, dischetto; floppy (disk).

flora /ˈflɔːrə/, *n.* (*pl.* **floras, florae**) (*bot.*) flora.

floral /ˈflɔːrəl/, *a.* **1** floreale: **a new f. design**, un nuovo disegno floreale **2** (*bot.*) fiorale, florale. ● (*scherz.*) **f. tribute**, omaggio floreale □ **f. zone**, regione con una particolare flora.

Florence /ˈflɒrəns, *USA* ˈflɔː-/, *n.* **1** Fiorenza **2** (*geogr.*) Firenze. ● (*chim.*) **F. flask**, matraccio.

Florentine /ˈflɒrəntaɪn, *USA* ˈflɔː-/, *a. e n.* fiorentino. ● (*bot.*) **F. iris** (*Iris florentina*), giglio fiorentino.

florescence /flɔːˈresns/, *n.* (*bot.*) florescenza; fioritura (*anche fig.*).

floret /ˈflɔːrət/, *n.* (*bot.*) fioretto.

to **floriate** /ˈflɔːrɪeɪt/, *v. t.* decorare con motivi floreali.

floricultural /flɔːrɪˈkʌltʃərəl/, *a.* della floricultura; floricolo.

floriculture /ˈflɔːrɪkʌltʃə(r)/, *n.* floricultura, floricoltura.

floriculturist /flɔːrɪˈkʌltʃərɪst/, *n.* floricultore, floricoltore.

florid /ˈflɒrɪd, *USA* ˈflɔː-/, *a.* **1** florido; fresco; fiorente: **a f. old age**, una vecchiaia florida **2** rubicondo; rubizzo: **a f. old man**, un vecchio rubizzo, **a f. face**, una faccia rubiconda **3** (*archit.*) floreale **4** (*arc.*) *V.* **flowery**.

floridity /flɒˈrɪdətɪ, flə-, *USA* flɔː-, flə-/, **floridness** /ˈflɒrɪdnəs, *USA* ˈflɔː-/, *n.* **1** floridità; freschezza **2** l'esser fiorito (*fig.*); elaboratezza.

floriferous /flɔːˈrɪfərəs/, *a.* (*bot.*) fiorifero.

florilegium /flɔːrɪˈliːdʒɪəm/ (*lat.*), *n.* (*pl.* **florilegia**) florilegio.

florin /ˈflɒrɪn, *USA* ˈflɔː-/, *n.* **1** fiorino (*olandese*) **2** (*stor.*) fiorino; moneta inglese da due scellini.

florist /ˈflɒrɪst, *USA* ˈflɔː-/, *n.* **1** fioraio, fioraia; fiorista **2** floricultore.

floristic /flɔːˈrɪstɪk/, *a.* (*bot., ecol.*) floristico.

floss /flɒs, *USA* flɔːs/, *n.* **1** (*ind. tess.*) bava (*del bozzolo*); cascame di seta **2** lanugine (*di piante*) **3** (*metall.*) scoria fusa galleggiante **4** (= **dental f.**) filo interdentale. ● **f.-silk**, filaticcio; bavella.

to **floss** /flɒs, *USA* flɔːs/, *v. t.* (*USA*) pulirsi (*i denti*) con il filo interdentale.

flossy /ˈflɒsɪ, *USA* -ɔː-/, *a.* **1** fatto di cascami di seta **2** (*fig.*) serico **3** (*pop. USA*) sgargiante; vistoso; chiassoso.

flotage /ˈfləʊtɪdʒ/, **flotation** /fləʊˈteɪʃn/, *V.* **floatage, floatation**.

flotilla /fləʊˈtɪlə/, *n.* (*naut.*) flottiglia: **a torpedo-boat f.**, una flottiglia di torpediniere.

flotsam /ˈflɒtsəm/, *n.* **1** (*leg., naut.*) relitti (*o* rottami) galleggianti **2** (*fig.*) relitti umani; vagabondi **3** (*fig.*) mucchio di cose senza valore. ● **f. and jetsam**, (*naut.*) relitti galleggianti (*o* portati a riva); (*fig.*) cianfrusaglie; (*fig.*) relitti umani, vagabondi.

flounce (1) /flaʊns/, *n.* balzo; scatto; gesto d'impazienza.

flounce (2) /flaʊns/, *n.* balza, gala, volante (*d'abito da donna*); falpalà.

to **flounce (1)** /flaʊns/, *v. i.* (*di persona*) agitarsi; dibattersi; dimenarsi. ● **to f. out of a room**, precipitarsi fuori da una stanza □ **to f. up and down**, camminare nervosamente su e giù.

to **flounce (2)** /flaʊns/, *v. t.* ornare di balze (*o* gale, *o* falpalà).

flounder (1) /ˈflaʊndə(r)/, *n.* **1** il dibattersi; dimenamento; movimento stentato **2** confusione; impappinamento.

flounder (2) /ˈflaʊndə(r)/, *n.* (*pl.* **flounder, flounders**) (*zool., Pleuronectes flesus*) passera nera.

to **flounder** /ˈflaʊndə(r)/, *v. i.* **1** agitarsi; dibattersi; dimenarsi **2** confondersi; esitare e sbagliare; impappinarsi.

flour /ˈflaʊə(r)/, *n.* farina; fior di farina; polvere finissima. ● **f. bin**, madia □ **f. box**, barattolo (*con coperchio bucherellato*) per spargere la farina □ **f. dressing**, abburattatura □ **f. mill**, mulino (da grano).

to **flour** /ˈflaʊə(r)/, *v. t.* **1** infarinare **2** (*USA*) macinare (*il grano*).

flourish /ˈflʌrɪʃ, *USA* ˈflɜː-/, *n.* **1** l'agitare, il brandire, lo sventolare, ecc.; mulinello (*di spada, ecc.*): **He went away with a f. of his hat**, se ne andò sventolando il cappello **2** arabesco; ghirigoro; svolazzo; sigla: **There is his f. at the foot of the document**, c'è la sua sigla in calce al documento **3** squillo (*o* squilli) di tromba **4** (*mus.*) fioritura **5** (*fig.*) espressione fiorita; metafora ornata; fiorettatura. ● (*raro*) **to be in full f.**, essere in pieno rigoglio.

to **flourish** /ˈflʌrɪʃ, *USA* ˈflɜː-/, **A** *v. i.* **1** fiorire (*fig.*); (*bot.*) attecchire; prosperare; essere fiorente (*o* florido); godere salute florida; star bene: **Dante flourished at the end of the Middle Ages**, Dante fiorì alla fine del Medioevo; **Palm trees do not f. in cold countries**, le palme non prosperano nei paesi freddi **2** (*delle braccia, ecc.*) agitarsi in segno di saluto **3** fare svolazzi (*scrivendo a mano*) **4** usare un linguaggio (*o* uno stile) fiorito **5** (*mus.*) eseguire una fioritura; (*di trombe*) suonare una fanfara; squillare. **B** *v. t.* **1** agitare; brandire; scuotere; sventolare: **to f. one's sword**, brandire la spada; **to f. a telegram with good news**, sventolare un telegramma che porta buone notizie **2** infiorare (*fig.*); adornare **3** (*fig.*) mettere in mostra; ostentare.

flourishing /ˈflʌrɪʃɪŋ, *USA* ˈflɜː-/, *a.* fiorente; prosperoso; rigoglioso.

floury /ˈflaʊərɪ/, *a.* **1** farinoso **2** coperto di farina; infarinato.

flout /flaʊt/, *n.* beffa; scherno; derisione; dileggio.

to **flout** /flaʊt/, **A** *v. t.* beffeggiare; disprezzare; schernire; respingere, rifiutare con disprezzo: **to f. sb.'s suggestions**, respingere con disprezzo i suggerimenti di q. **B** *v. i.* essere sprezzante.

● **to f. at sb.**, deridere q.; schernire q. □ **to f. the rules**, avere in spregio le regole; non tener conto delle regole.

flouter /ˈflaʊtə(r)/, *n.* beffeggiatore, beffeggiatrice.

floutingly /ˈflaʊtɪŋlɪ/, *avv.* beffardamente; con scherno.

flow /fləʊ/, *n.* ***1*** flusso (*anche di marea*); moto (*d'un liquido*); corrente: **ebb and f.**, flusso e riflusso (*della marea*); **the main f. of traffic**, la corrente principale del traffico ***2*** portata; gettito; produzione, ricavo (*d'un liquido*): **a spring with a constant f. of water**, una sorgente d'acqua a portata costante ***3*** il fluire (*d'acque*; *o fig.*): **the f. of conversation**, il fluire della conversazione; **the f. of time**, il fluire del tempo ***4*** (*fis., elettr.*) flusso; corrente ***5*** (*elab.*) flusso ***6*** (*econ., fin.*) flusso: **f. line**, linea di flusso; **f. of capital**, flusso di capitali; **f. of funds**, flusso finanziario; **f. of money**, flusso monetario ***7*** (*autom.*, = **traffic f.**) circolazione ***8*** (*geol.*) colata. ● (*metall.*) **f. brazing**, brasatura a colata □ **the f. of tourists**, il movimento turistico □ (*comm. est.*) **the f. of trade**, le correnti di scambio □ **a f. of words**, un fiume di parole □ (*org. az.*) **f. process**, dinamica del lavoro □ (*econ.*) **f. production**, produzione a flusso continuo □ **f. sheet**, *V.* **flowchart** □ (*mecc.*) **f. soldering**, saldatura a onda.

to **flow** /fləʊ/, **A** *v. i.* ***1*** fluire (*anche fig.*); scorrere: **The river flows through the plain**, il fiume scorre nella pianura; **Angry words flowed from his lips**, parole d'ira fluivano dalle sue labbra; **Traffic was flowing freely**, il traffico scorreva liberamente ***2*** sgorgare; fuoriuscire; uscire: **Blood flowed from my wounds**, mi usciva sangue dalle ferite ***3*** (*di un fiume*) scaricare le acque; sfociare; immettersi ***4*** (*fig.*) confluire; riversarsi: **The demonstrators flowed into the square**, i dimostranti si riversarono nella piazza ***5*** (*fig.*: *dello stile*) essere scorrevole ***6*** (*fig.*: *dei capelli, ecc.*) ricadere morbidamente (*sulle spalle, ecc.*) ***7*** derivare; provenire: **Wealth does not f. only from the mining industry**, la ricchezza non deriva soltanto dall'industria mineraria ***8*** (*della marea*) montare; salire. **B** *v. t.* inondare. ● **The crowd flowed past**, la folla passava (*o* defluiva) come un fiume □ **Money flows like water here**, qui c'è un grande giro di denaro.

♦**flow away**, *v. i.* + *avv.* scorrere via; defluire.

♦**flow back**, *v. i.* + *avv.* rifluire; (*di acqua, ecc.*) risalire.

♦**flow in**, *v. i.* + *avv.* ***1*** (*di un liquido*) affluire; entrare ***2*** (*fig.*) affluire: **Foreign capital is flowing in**, affluiscono capitali dall'estero.

♦**flow out**, *v. i.* + *avv.* ***1*** (*di un liquido*) fuoriuscire; defluire ***2*** (*fig.*: *di denaro, ecc.*) essere speso; andarsene (*fam.*: *in tasse, spese, ecc.*).

♦**flow over**, **A** *v. i.* + *avv.* straripare; traboccare. **B** *v. i.* + *prep.* ***1*** (*delle acque*) superare (*gli argini, ecc.*) ***2*** (*fig.*) scorrere su (q.) come acqua; lasciare (q.) indifferente; non aver effetto su (q.): **My criticism just flowed over him**, le mie critiche lo lasciarono indifferente.

♦**flow with**, *v. i.* + *prep.* ***1*** essere inondato, coperto di (*acqua, ecc.*) ***2*** (*fig.*) essere pieno, traboccare, abbondare di: **to f. with raw materials**, abbondare di materie prime □ (*Bibbia*) **a land flowing with milk and honey**, una terra dove scorre il latte e il miele.

flowage /ˈfləʊɪdʒ/, *n.* ***1*** inondazione; straripamento ***2*** (*geol.*) colata.

flowchart /ˈfləʊtʃɑːt/, *n.* ***1*** (*elab., elettron.*) diagramma di flusso; flussoschema; flussogramma; flowchart ***2*** (*org. az.*) diagramma del ciclo di lavorazione; flowchart.

to **flowchart** /ˈfləʊtʃɑːt/, *v. t.* (*elab.*) riportare in flussogramma; diagrammare.

flowcharting /ˈfləʊtʃɑːtɪŋ/, *n.* (*elab.*) diagrammazione.

flower /ˈflaʊə(r)/, *n.* ***1*** (*anche fig.*) fiore: **The irises were in f.**, gli ireos erano in fiore; **in the f. of one's age**, nel fiore degli anni ***2*** (*fig.*) (il) fior fiore; (il) meglio: **The f. of the young men**, il fior fiore della gioventù ***3*** (*pl.*) (*chim.*) fiori: **flowers of sulphur**, fiori di zolfo. ● **f. box**, fioriera □ (*bot.*) **f.-bud**, gemma fiorale □ **f. children** (*o* **people**), figli dei fiori (*varietà di hippy*) □ (*bot.*) **f. cup**, calice □ **f.-dust**, polline □ **f. girl**, fioraia; (*USA*) ragazza che porta fiori a un matrimonio □ **f. grower**, floricoltore □ **f.-growing**, (*sost.*) floricultura; (*agg.*) floricolo □ (*bot.*) **f. head**, capolino □ **f. market**, mercato dei fiori □ **f. piece**, quadro raffigurante fiori □ **f. show**, esposizione di fiori; mostra dei fiori □ (*bot.*) **f. stalk**, peduncolo □ **flowers of speech**, fiori di lingua; fiori retorici □ **flowers of tan**, fiori (*del vino, ecc.*) □ **f.-work**, disegno a fiori □ **to burst into f.**, sbocciare; schiudersi □ **No flowers by request**, non fiori ma opere di bene.

to **flower** /ˈflaʊə(r)/, **A** *v. i.* (*anche fig.*) fiorire: **His genius flowered early**, il suo genio fiorì precocemente. **B** *v. t.* ***1*** far fiorire (*una pianta*) ***2*** ornare di fiori (*o* motivi floreali); infiorare.

flowerage /ˈflaʊərɪdʒ/, *n.* ***1*** (*raro*) fioritura ***2*** (*collett.*) fiori.

flowerbed /ˈflaʊəbɛd/, *n.* aiuola.

flowered /ˈflaʊəd/, *a.* ***1*** fiorito; in fiore ***2*** a fiori; fiorato; a fiorami: **a f. material**, una stoffa a fiori ***3*** ornato di fiori.

flowerer /ˈflaʊərə(r)/, *n.* (*nelle espress.*:) **a late f.**, una pianta che fiorisce tardi; **an abundant f.**, una pianta che dà molti fiori.

floweret /ˈflaʊərət/, *n.* (*bot.*) fioretto.

floweriness /ˈflaʊərɪnəs/, *n.* l'esser fiorito, o infiorato, ecc. (*V.* **flowery**).

flowering /ˈflaʊərɪŋ/, **A** *a.* fiorito; in fiore. **B** *n.* fioritura.

flowermatic /flaʊəˈmætɪk/, *n.* (*USA*) distributore automatico di fiori.

flowerpot /ˈflaʊəpɒt/, *n.* vaso di fiori.

flowery /ˈflaʊərɪ/, *a.* fiorito; in fiore; infiorato: **f. meadows**, prati in fiore; **f. language [style]**, linguaggio [stile] fiorito.

flowing /ˈfləʊɪŋ/, **A** *a.* ***1*** (*anche fig.*) fluente; fluido; scorrevole; **f. hair**, capelli fluenti; **a f. style**, uno stile fluido (*o* scorrevole) ***2*** (*naut.*: *di marea*) montante; crescente ***3*** (*di abito*) non aderente; che ha una linea morbida. **B** *n.* ***1*** corso, flusso (*di fiume*) ***2*** scolo (*d'acqua*). ● (*metall.*) **f. furnace**, forno di colata □ (*fig.*) **f. tide**, tendenza (*o* opinione generale) che si va affermando.

flowingness /ˈfləʊɪŋnəs/, *n.* (*anche fig.*) fluidità; scorrevolezza.

flowmeter /ˈfləʊmiːtə(r)/, *n.* (*tecn.*) flussometro.

flown (**1**) /fləʊn/, *p. p.* di **to fly**. ● **high-f.**, (*di discorso, stile, ecc.*) retorico; ampolloso.

flown (**2**) /fləʊn/, *a.* ***1*** (*arc.*) gonfio; tronfio ***2*** (*arte*) dai colori sfumati (*o* fusi): **f. porcelain**, porcellana a colori sfumati.

flu /fluː/, *n.* (*fam.*) influenza. ● (*med.*) **suffering from flu**, influenzato.

flub /flʌb/, *n.* (*fam. USA*) ***1*** errore madornale; svarione ***2*** persona goffa (*o* sgraziata). ● **verbal f.**, gaffe; granchio (*fig.*).

to **flub** /flʌb/, *v. t.* (*fam. USA, anche* **to f. up**) fare (q.c.) male; pasticciare; incasinare (*pop.*). ● **to f. the dub**, incasinarsi (*pop.*).

flubdub /ˈflʌbdʌb/, *n.* (*fam. USA*) goffaggine; inettitudine.

fluctuant /ˈflʌktʃʊənt/, *a.* fluttuante; oscillante: (*fin.*) **a f. exchange rate**, un corso dei cambi fluttuante.

to **fluctuate** /ˈflʌktʃʊeɪt/, *v. i.* ***1*** (*anche econ., fin.*) fluttuare; oscillare: **Wholesale prices are fluctuating**, i prezzi all'ingrosso oscillano; **In England, deposit rates can f. sharply**, in Inghilterra, i tassi d'interesse sui depositi bancari possono fluttuare in misura notevole ***2*** (*fig.*) ondeggiare; vacillare; essere indeciso (*o* incerto): **to f. between expectation and fear**, ondeggiare tra speranza e timore.

fluctuating /ˈflʌktʃʊeɪtɪŋ/, *a.* (*anche econ., fin.*) fluttuante; oscillante: **f. exchange rate**, tasso di cambio fluttuante; **f. prices**, prezzi oscillanti. ● (*banca*) **f. overdraft**, scoperto di conto, assistito da fido; castelletto (*fam.*).

fluctuation /flʌktʃʊˈeɪʃn/, *n.* (*anche econ., fin.*) fluttuazione; oscillazione; variazione: **There is a f. in food prices**, c'è un'oscillazione dei prezzi dei generi alimentari; **a f. in sales**, una fluttuazione delle vendite; **fluctuations in exchange rates**, oscillazioni del cambio; variazioni dei cambi. ● **f. bands of currencies**, fasce di fluttuazione delle monete □ (*naut.*) **f. of the tide**, movimento di flusso e riflusso della marea.

flue (**1**) /fluː/, *n.* ***1*** condotta (*del fumo, in una caldaia, ecc.*); tubo (*dell'aria calda e sim.*) ***2*** canna fumaria; gola del camino ***3*** cannello (*della pipa*) ***4*** (*mus.*) ancia (*di canna d'organo*): **f. pipes**, canne d'organo ad ancia.

flue (**2**) /fluː/, *n.* lanugine; peluria.

flue (**3**) /fluː/, *n.* rete da pesca (*a strascico, ecc.*).

to **flue** /fluː/, **A** *v. t.* allargare, svasare, strombare (*un'apertura*). **B** *v. i.* allargarsi (*verso l'interno o verso l'esterno*); svasarsi.

fluency /ˈfluːənsɪ/, *n.* scorrevolezza; facilità di parola; scioltezza (*della lingua*); il parlare (*una lingua*) correntemente.

fluent /ˈfluːənt/, *a.* ***1*** scorrevole; (*di lingua*) spedita; (*di parola*) facile, fluente: **f. verse**, versi scorrevoli ***2*** dalla parola facile. ● **to be f. in three languages**, parlare con scioltezza tre lingue □ **to speak f. English**, parlare l'inglese speditamente.

fluently /ˈfluːəntlɪ/, *avv.* correntemente; scorrevolmente; speditamente.

fluff /flʌf/, *n.* ***1*** lanugine; peluria ***2*** batuffolo (*di piume, ecc.*): ciuffo (*di peli, ecc.*) ***3*** (*pop.*) granchio (*fig.*); gaffe; cantonata ***4*** (*gergo teatr., della radio, ecc.*) papera ***5*** (*pop.*) cosa inconsistente (*o* sciocca) ***6*** (*pop.*) ragazza. ● (*pop.*) **a bit of f.**, una ragazza; un bel pezzo di ragazza.

to **fluff** /flʌf/, *v. t.* e *i.* ***1*** arruffare (*le penne*); (*delle penne*) arruffarsi; gonfiare, rendere (*i capelli*) vaporosi; (*dei capelli*) gonfiarsi ***2*** (*pop.*) prendere un granchio (*o* una cantonata) ***3*** (*teatr., ecc.*) impaperarsi; prendere una papera. ● **to f. out one's hair**, gonfiarsi (*o* rendere vaporosi) i capelli □ **to f. up a pillow**, sprimacciare un guanciale.

fluffy /ˈflʌfɪ/, *a.* ***1*** lanuginoso; coperto di peluria ***2*** soffice; leggero; vaporoso: **f. hair**, capelli vaporosi. || **-ily**, *avv.* || **-iness**, *sost.*

fluid /ˈfluːɪd/, **A** *a.* ***1*** fluido ***2*** (*fig.*) mutevole; incostante: **f. opinions**, opinioni mutevoli. **B** *n.* fluido. ● (*autom.*) **f. check**, controllo del livello dei fluidi □ (*med.*) **f. diet**, dieta liquida □ (*mecc.*) **f. drive**, giunto idraulico; trasmissione idrodinamica □ **f. fuel**, combustibile fluido □ (*mecc.*) **f. gear**, cambio idraulico □ **f. measure**, misura per liquidi □ (*fis.*) **f. mechanics**, meccanica dei fluidi □ (*fin.*) **f. savings**, risparmio amorfo.

fluidics /fluːˈɪdɪks/, *n. pl.* (*col verbo al sing.*) (*fis.*) fluidica.

fluidification /fluːɪdɪfɪˈkeɪʃn/, *n.* fluidificazione.

to **fluidify** /fluːˈɪdɪfaɪ/, *v. t.* e *i.* fluidificare, fluidificarsi.

fluidity /fluːˈɪdətɪ/, *n.* fluidità; fluidezza: (*fig.*) **the f. of the political situation**, la fluidità della situazione politica. ● (*econ.*) **f. of labour**, mobilità della manodopera.

fluidization /fluːɪdaɪˈzeɪʃn, *USA* -dɪˈz-/, *n.* (*chim.*) fluidizzazione.

to **fluidize** /ˈfluːɪdaɪz/, *v. t.* (*chim.*) fluidizzare.

fluidized /ˈfluːɪdaɪzd/, *a.* (*chim.*) fluidizzato. ● (*fis. nucl.*) **f.-bed** (*o* **f.**) **reactor**, reattore a combustibile fluidizzato.

fluke (**1**) /fluːk/, *n.* (*zool.*) ***1*** (*Pleuronectes flesus*) passera nera ***2*** (*Fasciola hepatica*) fasciola; distoma epatico.

fluke (**2**) /fluːk/, *n.* ***1*** (*naut.*, = **f. of anchor**) patta; palma ***2*** punta (*di freccia, lancia o ar-*

pione) **3** (*pl.*) coda della balena.

fluke (**3**) /flu:k/, *n.* tiro fortunato (*al biliardo, ecc.*); colpo di fortuna; caso fortunato: **to win by a f.**, vincere per puro caso.

to **fluke** /flu:k/, **A** *v. i.* avere un colpo di fortuna. **B** *v. t.* **1** (*biliardo*) colpire (*una palla*) per caso **2** (*fig.*) ottenere (q.c.) per puro caso.

flukicide /ˈflu:kɪsaɪd/, *n.* (*med., vet.*) antiplatelmintico.

fluky, flukey /ˈflu:kɪ/, *a.* **1** fortuito; fortunato **2** incostante; variabile: **a f. breeze**, una brezza incostante. || **-iness**, *sost.*

flume /flu:m/, *n.* **1** canale artificiale (*di solito inclinato, per usi industriali*); ponte-canale **2** burrone scavato da un torrente; canalone; gola.

to **flume** /flu:m/, *v. t.* **1** trasportare (*tronchi, ecc.*) per mezzo d'un canale (*V.* **flume**) **2** (*ind. min.*) deviare il corso di (*un fiume*).

flummery /ˈflʌmərɪ/, *n.* **1** (*cucina*) farinata d'orzo **2** budino alla crema **3** (*fig. fam.*) adulazioni; blandizie; fandonie; complimenti sciocchi.

to **flummox** /ˈflʌməks/, *v. t.* (*fam.*) confondere; mettere in imbarazzo; sconcertare.

flump /flʌmp/, *n.* colpo sordo; tonfo.

to **flump** /flʌmp/, **A** *v. i.* **1** muoversi pesantemente **2** cadere con un tonfo; piombare. **B** *v. t.* lasciar cadere (*o* buttar giù) con un tonfo.

flung /flʌŋ/, *pass.* e *p. p.* di **to fling**.

flunk /flʌŋk/, *n.* (*fam. USA*) **1** fiasco (*fig.*); bocciatura **2** (voto d') insufficienza.

to **flunk** /flʌŋk/, **A** *v. t.* (*fam. USA*) **1** cadere in, essere bocciato (*o* riprovato) in (*un esame*): **He flunked the English examination**, cadde nella prova d'inglese; fu bocciato in inglese **2** bocciare, riprovare (*uno studente*). **B** *v. i.* **1** essere riprovato (*o* bocciato): **I flunked in maths**, fui bocciato in matematica **2** cedere; ritirarsi; tirarsi indietro (*fig.*). ● **to f. out**, esser espulso (*da una scuola o dall'università*) per scarso rendimento.

flunk(e)y /ˈflʌŋkɪ/, *n.* lacchè (*anche fig.*); servo in livrea; tirapiedi.

flunk(e)yism /ˈflʌŋkɪɪzəm/, *n.* servilismo.

fluor /ˈflu:ɔ:(r), -u:ə(r)/, *n.* (*miner., raro*) fluorite.

fluorene /ˈflʊəri:n/, *n.* (*chim.*) fluorene.

to **fluoresce** /flʊəˈrɛs, flɔ:-/, *v. i.* (*fis.*) essere (*o* diventare) fluorescente.

fluorescence /flʊəˈrɛsns, flɔ:-/, *n.* (*fis.*) fluorescenza.

fluorescent /flʊəˈrɛsnt, flɔ:-/, *a.* **1** (*fis.*) fluorescente: **f. screen**, schermo fluorescente **2** (*fig.*) appariscente; brillante. ● **f. lamp**, lampada a fluorescenza □ **f. lighting**, illuminazione a fluorescenza.

to **fluoridate** /ˈflʊərɪdeɪt, ˈflɔ:-/, *v. t.* (*tecn.*) fluorizzare.

fluoridation /flʊərɪˈdeɪʃn, flɔ:-/, *n.* **1** (*tecn.*) fluorizzazione (*dell'acqua, ecc.*) **2** (*geol.*) fluoridizzazione.

fluoride /ˈflʊəraɪd, ˈflɔ:-/, *n.* (*chim.*) fluoruro: **sodium f.**, fluoruro di sodio. ● **f. toothpaste**, dentifricio al fluoro.

fluoridization /flʊərɪdaɪˈzeɪʃn, flɔ:-, *USA* -dɪˈz-/, *n.* (*med.*) fluorizzazione; somministrazione di fluoro.

to **fluoridize** /ˈflʊərɪdaɪz, ˈflɔ:-/, *v. t.* (*med.*) fluorizzare; curare con fluoro (*o* con un fluoruro).

to **fluorinate** /ˈflʊərɪneɪt, ˈflɔ:-/, *v. t.* (*chim.*) fluorurare.

fluorination /flʊərɪˈneɪʃn, flɔ:-/, *n.* (*chim.*) fluorurazione.

fluorine /ˈflʊəri:n, ˈflɔ:-, -rɪn/, *n.* (*chim.*) fluoro.

fluorite /ˈflʊəraɪt, ˈflɔ:-/, *n.* (*miner.*) fluorite; fluorina.

fluorocarbon /flʊərəʊˈkɑ:bən, ˈflɔ:-/, *n.* (*chim.*) fluorocarbonio.

fluoroscope /ˈflʊərəskəʊp, ˈflɔ:-/, *n.* (*med.*) fluoroscopio.

fluoroscopy /flʊəˈrɒskəpɪ, flɔ:-/, *n.* (*med.*) fluoroscopia.

fluorosis /flʊəˈrəʊsɪs, flɔ:-/, *n.* (*med.*) fluorosi.

fluorspar /ˈflʊəspɑ:(r)/, *n.* (*chim.*) fluorite; fluorina.

fluosilicate /flu:əˈsɪlɪkeɪt/, *n.* (*chim.*) fluosilicato.

fluosilicic /flu:əsɪˈlɪsɪk/, *a.* (*chim.*) fluosilicico: **f. acid**, acido fluosilicico.

flurry /ˈflʌrɪ, *USA* ˈflɜ:-/, *n.* **1** folata, raffica (*di vento*); scroscio (*di pioggia*); turbine (*di neve*) **2** agitazione; confusione; attività frenetica; fermento; trambusto **3** convulsioni, ultimi sussulti (*d'una balena ferita a morte*).

to **flurry** /ˈflʌrɪ, *USA* ˈflɜ:-/, **A** *v. t.* agitare; inquietare; innervosire; sconvolgere; turbare. **B** *v. i.* agitarsi; innervosirsi; turbarsi.

flush (**1**) /flʌʃ/, *n.* **1** getto (*o* flusso improvviso) d'acqua **2** afflusso di sangue al volto; rossore; vampa **3** (*poet.*) bagliore: **the f. of dawn**, i bagliori (*o* le prime luci) dell'alba **4** accesso; scoppio; impeto; trasporto (*fig.*): **in a f. of rage**, in un impeto d'ira **5** l'erompere, lo scoppiare (*fig.*); il germogliare (*delle piante*); rigoglio; vigore: **the spring f. of vegetation**, l'erompere della vegetazione a primavera; **in the f. of youth**, nel rigoglio della giovinezza **6** sciacquata; ripulitura (*di canale di scolo, ecc.*) con un getto d'acqua **7** (*med.*) caldana; bollore; vampa (*di febbre, ecc.*) **8** (*tipogr.*) giustificazione senza capoversi. ● **f. gate**, paratoia di spurgo □ **f.-tank**, (*di fogna, ecc.*) apparecchio di lavaggio; (*edil.*) cassetta di cacciata (*in un water*) □ **f.-valve**, valvola di sciacquone □ **in the first f. of success**, nell'ebbrezza del successo.

flush (**2**) /flʌʃ/, **A** *a.* **1** a filo; pari; a livello: **The tombstones are f. with the floor**, le pietre tombali sono a livello del pavimento **2** ben provvisto; ben fornito; (*fam.*) pieno di soldi, danaroso **3** generoso; prodigo; splendido: **He is f. with his money**, è prodigo del suo denaro **4** (*di fiume*) in piena; sul punto di straripare: **The river is f. with its banks**, il fiume è stracolmo **5** (*tipogr.*) senza alinea; senza capoversi. **B** *avv.* **1** a filo; a livello; a fior d'acqua **2** direttamente; in pieno: **a blow f. in the face**, un colpo in pieno viso. **C** *n.* (*pop. USA*) riccone. ● (*tecn.*) **f.-mounted**, incassato □ (*edil., elettr.*) **f. socket**, presa da incasso □ **to cut st. f.**, tagliare q.c. a filo; rifilare q.c.

flush (**3**) /flʌʃ/, *n.* (*nella caccia*) improvviso levarsi in volo (*di uccelli*).

flush (**4**) /flʌʃ/, *n.* **1** (*poker*) colore **2** (*nella primiera*) flusso. ● **royal f.**, scala reale all'asso □ **straight f.**, scala reale.

to **flush** (**1**) /flʌʃ/, **A** *v. i.* **1** (*di liquido*) diffondersi; scorrere; sgorgare; spargersi **2** pulirsi (*con un getto d'acqua*): **The toilet won't f.**, il gabinetto non si pulisce (*o* lo sciacquone non funziona) **3** arrossire: **Jenny flushed (up) when she saw him**, Jenny arrossì quando lo vide **4** avvampare; diventare infuocato **5** (*di pianta*) mettere nuovi germogli; gemmare; buttare (*fam.*). **B** *v. t.* **1** lavare abbondantemente; ripulire (*con un getto d'acqua*); spurgare; sciacquare (*anche una ferita*); irrigare: **to f. a drain**, spurgare con un getto d'acqua un canale di scolo, una fogna; **to f. a meadow**, irrigare un prato **2** fare arrossire; far salire il sangue a: **The joke flushed her face with shame**, la barzelletta la fece arrossire; **Indignation flushed his cheeks**, lo sdegno gli fece salire il sangue alle guance **3** (*del tramonto, ecc.*) arrossare, accendere (*le vette, ecc.*) **4** (*fig.*) animare; eccitare; infiammare; entusiasmare: **The soldiers were flushed with victory**, i soldati erano infiammati dalla vittoria **5** livellare; spianare: **The mason flushed the joint with mortar**, il muratore livellò la giuntura con la malta **6** far germogliare; far gemmare: **Rain flushed the plants**, la pioggia fece germogliare le piante. ● **to f. out**, pulire, disotturare (*un tubo, ecc.*) con un getto d'acqua □ **to f. the toilet**, fare scorrere l'acqua (nel water); tirare lo sciacquone □ **to f. sb. with joy**, riempire q. di gioia.

to **flush** (**2**) /flʌʃ/, **A** *v. i.* (*nella caccia: di uccelli*) levarsi in volo. **B** *v. t.* **1** far alzare in volo: **to f. a grouse**, far alzare in volo un gallo cedrone **2** (*anche* **to f. out**) snidare, stanare (*nemici, banditi, ecc.*).

flushed /flʌʃt/, *a.* **1** accaldato; rosso in viso **2** eccitato; inebriato: **to be f. with victory**, essere inebriato dalla vittoria. ● **f. with anger**, paonazzo d'ira.

flusher /ˈflʌʃə(r)/, *n.* **1** addetto alla pulizia delle strade (*o* delle fogne) **2** (*pop. USA*) gabinetto; latrina; cesso (*pop.*).

flushing /ˈflʌʃɪŋ/, *n.* **1** flusso; caduta (*o* getto) d'acqua **2** rossore; vampata **3** lavaggio, ripulitura, spurgo (*di canali di scolo, ecc.*). ● **f. tank**, cassetta di cacciata (*in un gabinetto*).

flushometer /flʌˈʃɒmɪtə(r)/, *n.* (*edil.*) sciacquone.

fluster /ˈflʌstə(r)/, *n.* agitazione; eccitazione; turbamento. ● **to be in a f.**, essere eccitato (*o* sconvolto, turbato).

to **fluster** /ˈflʌstə(r)/, **A** *v. t.* agitare; eccitare; innervosire; sconvolgere; turbare. **B** *v. i.* agitarsi; eccitarsi; turbarsi.

flute /flu:t/, *n.* **1** (*mus.*) flauto **2** (*archit., mecc., metall.*) scanalatura **3** (*di un vestito*) increspatura **4** oggetto (*bicchiere, panino, ecc.*) di forma allungata.

to **flute** /flu:t/, **A** *v. i.* suonare il flauto. **B** *v. t.* **1** suonare (*un pezzo*) sul flauto **2** scanalare, fare scanalature in (*una colonna, ecc.*).

fluted /ˈflu:tɪd/, *a.* **1** (*di un suono, ecc.*) flautato **2** scanalato: **f. columns**, colonne scanalate; **f. pilasters**, colonnine scanalate (*di un mobile*).

fluting /ˈflu:tɪŋ/, *n.* **1** il suonare il flauto **2** scanalatura **3** (*collett.*) scanalature **4** (*di un vestito*) gala; increspatura.

flutist /ˈflu:tɪst/, *n.* (*mus., USA*) flautista; suonatore di flauto.

flutter /ˈflʌtə(r)/, *n.* **1** battito; frullio (*d'ali e sim.*) **2** svolazzamento (*d'uccelli*); sventolio (*di bandiere*) **3** agitazione; confusione; eccitazione; tremito: **to be all in a f.**, essere in grande agitazione **4** (*aeron.*) sbattimento; vibrazione: **tail f.**, vibrazione di coda **5** (*pop.*) speculazione; scommessa: **to have** (*o* **to take**) **a f.**, fare una scommessa (*o* una speculazione) **6** (*med.*) flutter (*del cuore*); fibrillazione **7** (*mecc.*) sfarfallamento (*di una valvola*) **8** (*mus.*) flutter. ● **to cause** (*o* **to make**) **a f.**, far colpo □ **to put sb. in a f.**, turbare q.; mettere q. in agitazione.

to **flutter** /ˈflʌtə(r)/, **A** *v. i.* **1** battere le ali; starnazzare; svolazzare: **Butterflies were fluttering in the garden**, le farfalle svolazzavano nel giardino **2** ondeggiare; sbattere; sventolare; tremolare: **The flags were fluttering in the wind**, le bandiere sventolavano al vento **3** agitarsi; dimenarsi; andare su e giù senza posa; palpitare (*del cuore e fig.*); tremare (*per l'eccitazione e sim.*): **The «expectant father» fluttered around the corridors anxiously**, il futuro papà camminava su e giù per i corridoi nervosamente **4** (*di aereo*) vibrare **5** (*mecc.: di una valvola*) sfarfallare. **B** *v. t.* **1** battere (*le ali, le palpebre, ecc.*): **The fledgeling fluttered its wings helplessly**, l'uccellino batteva le ali disperatamente **2** sventolare (*una bandiera e sim.*); agitare (*un fazzoletto*) **3** agitare; eccitare; sconvolgere; turbare. ● **to f. about** (*o* **around**), camminare nervosamente su e giù □ (*mecc.: di un motore*) **to f. into life**, mettersi in moto con difficoltà.

fluttering /ˈflʌtərɪŋ/, **A** *a.* **1** svolazzante **2** che sventola **3** tremante; palpitante. **B** *n.* **1** battito (*di ali, ecc.*); svolazzamento **2** sventolio (*di bandiere*) **3** tremito; il palpitare; palpitazione.

fluty /ˈflu:tɪ/, *a.* dal tono flautato.

fluvial /ˈflu:vɪəl/, *a.* fluviale.

fluviatile /ˈflu:vɪətaɪl/, *a.* fluviatile; fluviale.

fluvioglacial /flu:vɪəʊˈgleɪʃl/, *a.* (*geol.*) fluvioglaciale.

fluviograph /ˈflu:vɪəʊgrɑ:f, *USA* -æf/, *V.* **flu-**

viometer.

fluviometer /fluːvɪˈɒmɪtə(r)/, *n.* (*tecn.*) fluviometro.

flux /flʌks/, *n.* **1** (*anche fig.*) flusso; il fluire; espulsione; evacuazione, versamento (*di liquidi, ecc., dal corpo*): **the f. and reflux of the tide**, il flusso e il riflusso della marea **2** continuo mutamento: **Fashion is in a state of f.**, la moda è in continuo mutamento **3** (*elettr., fis.*) flusso **4** (*fonderia, mecc.*) fondente; calcare fondente **5** (*tecn.*, = **soldering f.**) fondente per saldare; fondente **6** (*tecn.*) plastificante **7** (= **asphalt f.**) flussante per asfalto.

to **flux** /flʌks/, **A** *v. t.* trattare con fondente; flussare (*metalli*). **B** *v. i.* **1** (*metall.*) fondersi **2** (*arc.*) fluire; scorrere.

fluxion /ˈflʌkʃn/, *n.* **1** (*raro*) flusso; flussione **2** (*raro*) continuo mutamento **3** (*mat., arc.*) flussione di differenziale **4** (*med., arc.*) flussione.

fluxional /ˈflʌkʃənl/, **fluxionary** /ˈflʌkʃənrɪ, *USA* -nɛrɪ/, *a.* (*mat., med.; arc.*) di flussione; relativo alle flussioni (*V.* **fluxion**).

fluxmeter /ˈflʌksmiːtə(r)/, *n.* (*tecn.*) flussometro.

fly (**1**) /flaɪ/, *n.* **1** mosca: **He wouldn't harm** (*o* **hurt**) **a fly**, non farebbe male a una mosca **2** (*bot.*) malattia delle piante (*dovuta a punture di mosche*) **3** (*pesca*) mosca; esca artificiale. ● (*bot.*) **fly agaric** (*Amanita muscaria*), ovulo malefico, ovolaccio □ **fly-casting**, lancio dell'esca artificiale □ **fly-fishing**, pesca con la mosca □ **fly-flap**, scacciamosche □ (*fig.*) **a fly in amber**, una mosca bianca; una cosa rara □ (*fig.*) **a fly in the ointment**, un piccolo difetto che sciupa tutto □ **fly-net**, rete di protezione contro le mosche; paramosche □ (*fig.*) **fly on the wheel**, mosca cocchiera; individuo presuntuoso, tronfio □ (*pop. USA*) **fly trap** (*o* **fly-whisk**), la bocca □ (*fig.*) **to break a fly on the wheel**, sprecare le proprie energie per un nonnulla (*letteralm.*: mettere a morte una mosca sulla ruota del supplizio) □ (*pop.*) **There are no flies on him**, non c'è nulla da ridire su di lui; è un tipo in gamba.

fly (**2**) /flaɪ/, *n.* **1** (*raro*) volo: **on the fly**, in volo **2** (= **fly front**) patta; finta (*per es., dei pantaloni*): **to have one's fly undone**, avere la patta aperta **3** *V.* **flysheet**, *def. 1* **4** lunghezza, lembo estremo (*d'una bandiera*) **5** (*mecc.*, = **flywheel**) volano **6** (*arc.*) carrozza (*o* vettura) da nolo **7** (*pl.*) (*teatr.*, = **fly loft**) soppalco; ballatoio (*occupato dal macchinario*). ● (*ind.*) **fly ash**, cenere volatile; cenerino □ (*fam.*) **fly-by-night**, poco affidabile, poco raccomandabile, senza scrupoli; (= **fly-by-nighter**) chi va in giro di notte; chi taglia la corda (*di notte*) senza pagare i debiti; (*comm.*) persona screditata □ (*aeron.*) **fly-by-wire system**, telecomando a filo (elettrico) □ (*tur.*) **fly-cruise**, crociera con viaggio in aereo fino al porto d'imbarco □ **fly-the-garter**, saltamontone; cavallina (*giochi di ragazzi*).

fly (**3**) /flaɪ/, *a.* (*pop.*) furbo; sveglio; in gamba: **a fly bird**, un tipo in gamba; un furbone.

to **fly** /flaɪ/ (*pass.* **flew**, *p. p.* **flown**), **A** *v. i.* **1** volare (*anche fig.*); andare in aereo; andare con moto rapidissimo; correre a precipizio; affrettarsi: **to fly to pieces**, volare (*o* andare) in pezzi; **My dog flew to meet me**, il mio cane mi corse incontro; **The shoplifter flew down the escalator**, il taccheggiatore corse a precipizio giù per la scala mobile **2** (*aeron.*) pilotare un aereo; fare il pilota **3** aleggiare; librarsi; ondeggiare; sventolare: **Flags were flying on every mast**, le bandiere sventolavano da ogni albero della nave **4** (*di denaro*) essere speso rapidamente; non durare; volare (*pop.*) **5** involarsi; dileguarsi; fuggire; scappare; sparire: **I must fly**, devo scappare (*andarmene in tutta fretta*). **B** *v. t.* **1** far volare; lanciare (*un aquilone, ecc.*); pilotare (*un aereo*) **2** trasportare (*in aereo*): **How many people do you fly a day?**, quanti passeggeri trasportate al giorno?; **to fly one's car to the States**, trasportare in aereo la propria auto in U.S.A. **3** agitare; sventolare; battere (*una bandiera*): **The ship was flying the Italian flag**, la nave batteva bandiera italiana **4** (*tur., aeron.*) volare con (*una certa compagnia*): **I prefer to fly Swissair**, preferisco volare con la Swissair **5** sfuggire; evitare; sottrarsi a; fuggire da; abbandonare: **The rebels had to fly the country**, i ribelli dovettero fuggire dal paese **6** (*del falco*) attaccare (*una preda*). ● **to fly at higher game**, mirare più in alto □ (*pop. USA*) **to fly the coop**, tagliare la corda (*fig.*); svignarsela □ **to fly high**, volare in alto; (*fig.*) mirare in alto, essere ambizioso; (*pop. USA*) essere sotto l'effetto della droga □ **to fly in the face of sb.**, disobbedire apertamente a q.; sfidare q. □ **to fly a kite**, (*gergo comm.*) procurarsi denaro con cambiali di comodo; emettere assegni a vuoto; (*fig.*) tastare il polso alla pubblica opinione, lanciare un ballon d'essai □ (*di finestra, ecc.*) **to fly open**, spalancarsi: **The French window flew open because of the storm**, la portafinestra si spalancò per la tempesta □ **to fly to arms**, correre alle armi □ **to let fly** (**at sb.**), sparare (a q.); attaccare q. (*a sassate, ecc.*; *o anche a parole*) □ **to knock** (**sb., st.**) **flying**, *V.* **to send** (**sb., st.**) **flying** □ (*fig.*) **to make the feathers** (*o* **the dust**) **fly**, mettere confusione; seminare zizzania; far scoppiare una lite □ **to make money fly**, far volare i quattrini; spendere e spandere □ **to send sb. flying**, mandare q. a gambe all'aria (*o* a gambe levate) □ **to send st. flying**, buttare q.c. all'aria □ (*fig.*) **The bird has** (*o* **is**) **flown**, (*il nostro uomo, ecc.*) s'è reso uccel di bosco (*o* ha preso il volo).

♦**fly about**, *v. i. + avv.* **1** volare qua e là; svolazzare **2** (*di notizie*) andare in giro; diffondersi.

♦**fly across**, *v. i. + prep.* (*aeron.*) trasvolare: **Charles Lindbergh was the first to fly across the Atlantic in May 1927**, Charles Lindbergh fu il primo a trasvolare l'Atlantico nel maggio del 1927.

♦**fly apart**, *v. i. + avv.* **1** andare in pezzi; rompersi **2** (*di un fucile, ecc.*) scoppiare.

♦**fly at**, *v. i. + prep.* avventarsi, lanciarsi, scagliarsi contro (q.); attaccare; assalire.

♦**fly away**, *v. i. + avv.* **1** (*di un uccello, ecc.*) volare via; involarsi **2** (*dei capelli*) non stare a posto; scomporsi.

♦**fly back**, *v. i. + avv.* **1** tornare a volo **2** fare un salto indietro **3** (*di una molla*) scattare.

♦**fly by**, *v. i. + avv.* **1** volare accanto; passare al volo **2** (*di un proiettile*) fischiare accanto **3** (*aeron.*) fare una parata aerea **4** (*fig.*: *del tempo*) passare, scorrere veloce; volare (*fig.*).

♦**fly down**, *v. i. + avv.* **1** scendere volando; calare a volo **2** scendere di corsa; precipitarsi di sotto.

♦**fly in**, **A** *v. i. + avv.* arrivare in volo (*o* in aereo). **B** *v. t. + avv.* trasportare (*truppe, ecc.*) in aereo.

♦**fly into**, **A** *v. i. + prep.* **1** (*di uccelli, insetti, ecc.*) volare in (*un luogo*) **2** (*aeron.*) atterrare (*in un dato aeroporto*): **Our plane was forced to fly into Gatwick**, il nostro aereo dovette atterrare a Gatwick. **B** *v. t. + avv.* trasportare (q.) in aereo in (*un luogo*) □ **to fly into a panic**, farsi prendere dal panico □ **to fly into a rage** (*o* **a temper**), andare in collera; andare in furia; infuriarsi.

♦**fly off**, **A** *v. i. + avv.* **1** volare via: **The bird flew off**, l'uccello volò via **2** (*aeron.*) decollare **3** scappare (via); fuggire; andarsene **4** (*di un pezzo, una ruota, ecc.*) staccarsi di botto; volare via (*fig.*). **B** *v. i. + prep.* (*di un aereo*) decollare da (*un certo aeroporto, ecc.*). **C** *v. t. + prep.* portare via, prelevare (*con un aereo e sim.*) da: **The survivors were flown off the boat by helicopter**, i superstiti furono prelevati dalla barca con un elicottero □ (*fig. fam.*) **to fly off at a tangent**, partire per la tangente □ (*fam.*) **to fly off the handle**, andare su tutte le furie; perdere le staffe (*fig.*).

♦**fly out**, **A** *v. i. + avv.* **1** andare in aereo, volare (*lontano*) **2** precipitarsi fuori; fuggire; scappare **3** esplodere (*in parole d'ira, ecc.*). **B** *v. t. + avv.* trasportare (*merci, truppe, ecc.*) in aereo (*a notevole distanza*).

♦**fly over**, **A** *v. i. + avv.* **1** andare in aereo; volare: **I'll fly over to Glasgow**, andrò a Glasgow in aereo **2** (*di un aereo*) passare sopra (*o* in alto) **3** (*aeron.*) fare una parata aerea. **B** *v. i. + prep.* **1** volare sopra; sorvolare: **We flew over the North Pole**, sorvolammo il Polo Nord **2** (*di un ponte e sim.*) superare, scavalcare (*un fiume, ecc.*) □ **to fly over a fence**, saltare uno steccato.

♦**fly past**, *v. i. + avv.* **1** passare accanto volando (*o* al volo) **2** (*aeron.*) volare sopra in parata.

♦**fly up**, *v. i. + avv.* **1** (*di uccelli, insetti, ecc.*) alzarsi in volo **2** (*di persone*) volare, recarsi in volo **3** (*fig.*: *del cuore*) balzare (in gola, ecc.).

flyaway /ˈflaɪəweɪ/, **A** *a.* **1** (*d'abito*) ampio; svolazzante **2** (*di capelli*) che non stanno a posto; che volano via **3** (*di persona*) incostante; volubile. **B** *n.* **1** individuo volubile **2** (*zool.*) migrazione (*di uccelli*).

flyback /ˈflaɪbæk/, *n.* **1** scatto (di ritorno) **2** (*di un cronometro*) ritorno a zero; azzeramento **3** (*elettron.*) intervallo di ritorno; ritraccia **4** (*fam.*) assegno scoperto.

flybane /ˈflaɪbeɪn/, *n.* (*bot.*) **1** (*Silene*) silene **2** (*Lychnis*) fior di cuculo **3** *V.* **fly agaric**, *sotto* **fly** (**1**).

flyblow /ˈflaɪbləʊ/, *n.* uovo di mosca.

to **flyblow** /ˈflaɪbləʊ/ (*pass.* **flyblew**, *p. p.* **flyblown**), *v. t.* **1** depositare uova nella (*carne*) **2** (*fig.*) contaminare; guastare; sciupare.

flyblown /ˈflaɪbləʊn/, **A** *p. p.* di **to flyblow**. **B** *a.* **1** punteggiato (*o* sporco) di uova di mosca **2** (*fig.*) guasto; sciupato; rovinato; sgangherato (*anche fig.*): **f. boards**, assi sciupate; **an old f. story**, una vecchia storia sgangherata.

flyboat /ˈflaɪbəʊt/, *n.* (*naut.*) piccolo battello veloce.

flybook /ˈflaɪbʊk/, *n.* astuccio per le mosche (*da pesca*).

flyboy /ˈflaɪbɔɪ/, *n.* (*pop. USA*) pilota (*d'aviazione*); aviatore.

flyby /ˈflaɪbaɪ/, *n.* **1** (*miss.*) flyby; passaggio ravvicinato (*presso un corpo celeste*) **2** (*USA*) *V.* **flypast**.

flycatcher /ˈflaɪkætʃə(r)/, *n.* (*zool., Muscicapa grisola*) acchiappamosche.

flyer /ˈflaɪə(r)/, *n.* **1** aviatore **2** persona (*o* animale, veicolo) che procede a forte velocità **3** (*d'uccello*) volatore (*di solito, nelle espress.*:) **a strong** [**a poor**] **f.**, un buon [un cattivo] volatore **4** (*fam., sport*) partenza lanciata **5** (*ferr.*) treno rapido; rapido **6** (*sport*) salto di volata **7** (*mecc.*) aletta **8** (*edil.*) gradino; scalino **9** (*USA*) foglio volante; volantino; opuscolo.

to **fly-fish** /ˈflaɪfɪʃ/, *v. i.* pescare con la mosca (*o* con l'esca artificiale).

fly half /ˈflaɪhɑːf, *USA* -æf/, *locuz. n.* (*rugby*) mediano di apertura.

flying (**1**) /ˈflaɪɪŋ/, *a.* **1** volante; (*d'animale*) atto al volo; (*fig.*) rapido, veloce: **f. squirrel**, scoiattolo volante; (*mil.*) **f. column**, colonna volante **2** spiegato; al vento: **with flags f.**, a bandiere spiegate **3** breve; frettoloso: **a f. trip** [**visit**], una breve gita [visita] **4** (*aeron.*) di aviazione; di volo: **a f. ace**, un asso dell'aviazione; **f. suit**, divisa (*o* tenuta) di volo. ● (*mil.*) **f. boat**, idrovolante a scafo centrale □ (*mil.*) **f. bomb**, bomba volante □ **f. bridge**, passerella, ponte provvisorio; (*naut.*) controplancia, ponte di comando □ (*archit.*) **f. buttress**, arco rampante □ (*aeron.*) **f. circus**, parata aerea; pattuglia acrobatica □ (*mil.*) **f. camp**, campo d'aviazione secondario; campetto □ **f. colours**, bandiere spiegate; (*fig.*) grande successo, trionfo; (*a scuola*) pieni voti □ (*aeron.*) **f.-crane helicopter**, eligru □ **f. doctor**, medico che fa le visite spostandosi in aereo o in elicottero □ (*naut.*) **f. dutchman**, flying dutchman □ (*zool.*) **f. dog** (*Desmodus, ecc.*), vampiro □ **f. field**, *V.* **f. camp** □ (*zool.*) **f. fish**, pesce volante; esoceto □ (*aeron., mil.*) **f. fortress**, fortezza volante □ (*zool.*) **f. fox** (*Pteropus*), rossetta; pteropo □ (*elettron.*) **f. head**, testina flottante □ (*aeron.*) **f. instructor**, istruttore di volo □ (*naut.*) **f. jib**, controfiocco (*vela*) □ **f. jump**, salto con rincorsa □ **f. machine**, macchina volante; aeroplano □ (*mil.*) **f. man**, aviatore □ (*aeron.*) **f. personnel**, personale navigante □ (*sindacalismo*) **f. pickets**, picchetti volanti □ **f. saucer**, disco volante □ **f. squad**, squadra volante, (la) volante; (*per estens.*) squadra di pronto intervento (di pronto soccorso, ecc.) □ (*sport*) **f. start**, partenza lanciata; (*fig.*) inizio entusiastico: **He got off to a f. start**, partì in quarta (*fig. fam.*) □ **f. time**, (*aeron.*) ore di volo; (*pop. USA*) sonno.

flying (2) /ˈflaɪɪŋ/, *n.* *1* volo; il volare: **blind f.**, volo strumentale (*o* cieco) *2* (*pop. USA*) viaggio (*di drogato*). ● **f. club**, aeroclub □ (*naut.*) **f. deck**, ponte di volo (*di nave portaerei*) □ (*aeron.*) **f. school**, scuola di pilotaggio.

flyleaf /ˈflaɪliːf/, *n.* (*pl.* **flyleaves**) (*tipogr.*) risguardo.

flyman /ˈflaɪmən/, *n.* (*pl.* **flymen**) *1* (*un tempo*) vetturino (*di carrozza da nolo*) *2* (*teatr.*) macchinista.

flyover /ˈflaɪəʊvə(r)/, *n.* *1* (*autom., ferr.*) cavalcavia; sovrappasso *2* (*USA*) *V.* **flypast**.

flypaper /ˈflaɪpeɪpə(r)/, *n.* carta moschicida.

flypast /ˈflaɪpɑːst, *USA* -æst/, *n.* (*aeron.*) parata aerea; esibizione aerea.

flyscreen /ˈflaɪskriːn/, *n.* rete metallica per le mosche (*alle finestre*).

flysheet /ˈflaɪʃiːt/, *n.* *1* telo di protezione (*sull'apertura di una tenda*) *2* volantino; opuscolo.

flyspeck /ˈflaɪspɛk/, *n.* (*specialm. USA*) escremento di mosca.

flyspecked /ˈflaɪspɛkt/, *a.* (*specialm. USA*) coperto di escrementi di mosca.

flyswatter /ˈflaɪswɒtə(r)/, *n.* paletta scaccia mosche.

flytrap /ˈflaɪtræp/, *n.* (*bot., Dionaea muscipula*) pigliamosche.

flyweight /ˈflaɪweɪt/, *n.* (*boxe*) peso mosca.

flywheel /ˈflaɪwiːl, *USA* -hw-/, *n.* (*autom., mecc.*) volano.

FM /ɛfˈɛm/, *n.* (*acronimo di* **frequency modulation**) (*elettron.*) modulazione di frequenza: **an FM radio**, un radioricevitore a modulazione di frequenza.

foal /fəʊl/, *n.* (*zool.*) puledro (*di cavallo, asino o mulo*). ● (*di cavalla o asina*) **to be in** (*o* **with**) **f.**, essere pregna.

to **foal** /fəʊl/, *v. t.* e *i.* (*di cavalla, asina*) figliare; partorire.

foam /fəʊm/, *n.* *1* schiuma; spuma *2* bava *3* (*poet.*) mare *4* (*pop. USA*) birra *5* *V.* **f. rubber**. ● **f. extinguisher**, estintore a schiuma; schiumogeno □ **f. glass**, vetro multicellulare □ (*fam.*) **a f. mattress**, un materasso di gommapiuma □ **f. rubber**, gommapiuma.

to **foam** /fəʊm/, **A** *v. i.* spumare; spumeggiare; (*del sapone*) schiumare: **foaming beer**, birra che spuma; **The sea was foaming**, il mare spumeggiava. **B** *v. t.* far schiumare; far fare la schiuma a (q.c.). ● **to f. at the mouth**, avere la schiuma alla bocca □ **to f. with anger**, schiumare di rabbia; essere furibondo.

foaminess /ˈfəʊmɪnəs/, *n.* spumosità.

foaming /ˈfəʊmɪŋ/, **A** *a.* *V.* **foamy**. **B** *n.* schiuma.

foamy /ˈfəʊmɪ/, *a.* spumeggiante; spumante; spumoso; schiumoso.

fob /fɒb/, *n.* *1* taschino per l'orologio (*nei pantaloni*) *2* (= **fob chain**) catenella (*cui appendere l'orologio*). ● **fob watch**, orologio da tasca.

to **fob** (1) /fɒb/, *v. t.* mettere (*l'orologio*) nel taschino; intascare.

to **fob** (2) /fɒb/, *v. t.* (*arc.*) gabbare; imbrogliare; ingannare. ● **to fob sb. off**, tenere a bada q.; tenere sulla corda q. □ **to fob st. off on sb.**, appioppare, rifilare (*fam*: sbolognare) q.c. a q.

focal /ˈfəʊkl/, *a.* (*fis.*) focale: **f. distance** (*o* **f. length**), distanza focale; **f. plane**, piano focale. ● (*fotogr.*) **f.-plane shutter**, otturatore a tendina; **f. point**, punto focale; (*fig.*) centro, punto focale.

focalization /fəʊkəlaɪˈzeɪʃn, *USA* -lɪˈz-/, *n.* (*fotogr.*) messa a fuoco; focalizzazione.

to **focalize** /ˈfəʊkəlaɪz/, *v. t.* (*fotogr.*) mettere a fuoco; focalizzare.

fo'c'sle /ˈfəʊksl/, *V.* **forecastle**.

focus /ˈfəʊkəs/, *n.* (*pl.* **focuses, foci**) *1* (*fis., geom.*) fuoco: **real f.**, fuoco reale; **virtual f.**, fuoco virtuale; **The lens is in f.**, la lente è a fuoco *2* (*geofisica*) ipocentro: **a shallow-f. earthquake**, un terremoto a ipocentro poco profondo *3* (*fig.*) punto focale; focolaio; centro (*d'interesse*): (*med.*) **a f. of tuberculosis**, un focolaio di tubercolosi; **a f. of trouble**, un focolaio di discordia; **the f. of attention**, il centro dell'attenzione. ● (*fotogr.*) **f. control**, (dispositivo di) messa a fuoco □ **to bring** (**an object, a camera**) **into f.**, mettere a fuoco (un oggetto, una macchina fotografica) □ (*fis., fotogr.*) **out of f.**, sfuocato: **This picture is out of f.**, questa foto è sfuocata.

to **focus** /ˈfəʊkəs/, **A** *v. t.* *1* (*fis., elettron.*) mettere a fuoco; focalizzare: **to f. the lens of a polaroid**, mettere a fuoco l'obiettivo d'una polaroid *2* (*fig.*) mettere a fuoco (*un problema, ecc.*); concentrare; far convergere: **to f. one's efforts on st.**, concentrare i propri sforzi su q.c.; **to f. public attention on the problem of political violence**, far convergere l'attenzione del pubblico sul problema della violenza politica. **B** *v. i.* *1* (*fis.: di raggi, ecc.*) incontrarsi in un fuoco; convergere *2* mettere a fuoco le immagini: **A newborn baby cannot f.**, un bambino appena nato non riesce a mettere a fuoco le immagini *3* (*fig.*) concentrarsi (*nel lavoro, ecc.*). ● **to f. one's mind on work**, concentrarsi sul lavoro □ **All eyes were focused on me**, avevo addosso gli occhi di tutti.

focusing /ˈfəʊkəsɪŋ/, *n.* *1* (*fis.*) messa a fuoco; focalizzazione *2* (*fig.*) messa a fuoco: **the f. of a problem**, la messa a fuoco di un problema. ● (*fotogr.*) **f. screen**, schermo di messa a fuoco.

fodder /ˈfɒdə(r)/, *n.* *1* foraggio secco; biada *2* (*scherz.*) cibo *3* (*fam.*) roba; solfa: **the usual f.**, la solita solfa. ● **f. trough**, mangiatoia.

to **fodder** /ˈfɒdə(r)/, *v. t.* dare il foraggio a; foraggiare.

foe /fəʊ/, *n.* (*poet.*) nemico (*anche fig.*); antagonista; avversario: **Dirt is a foe to health**, la sporcizia è nemica della salute.

foeman /ˈfəʊmən/, *n.* (*pl.* **foemen**) (*arc.*) nemico (*in guerra*).

foetal /ˈfiːtl/, *V.* **fetal**.

foetid /ˈfɛtɪd/, **foetor** /ˈfiːtə(r)/, *V.* **fetid, fetor**.

foetus /ˈfiːtəs/, *n.* (*pl.* **foetuses, foeti**) *V.* **fetus**.

fog (1) /fɒg, *USA* fɔːg/, *n.* *1* nebbia (*anche fig.*); confusione; nebulosità; perplessità: **fog bank**, banco di nebbia; (*fam.*) **to be in a fog**, essere confuso, perplesso; non sapere come regolarsi *2* (*fotogr.*) velo, velatura (*sulla pellicola*). ● (*autom.*) **fog lamp**, (faro) antinebbia; fendinebbia □ (*ferr.*) **fog signal**, petardo antinebbia □ **thick fog**, nebbia fitta; nebbione.

fog (2) /fɒg, *USA* fɔːg/, *n.* *1* (*agric.*) guaime; erba autunnale; fieno settembrino *2* erba, fieno, non falciati (*della stagione precedente*); erbaccia.

to **fog** (1) /fɒg, *USA* fɔːg/, **A** *v. t.* *1* annebbiare; coprire di nebbia *2* offuscare; oscurare; appannare: **fogged glasses**, occhiali appannati *3* (*fotogr.*) velare (*una pellicola*) *4* (*fig.*) confondere; sconcertare; rendere perplesso: **to fog the real issue**, confondere il problema vero. **B** *v. i.* *1* annebbiarsi; coprirsi di nebbia *2* (*di vetro, ecc.*) appannarsi; offuscarsi *3* (*di foto*) velarsi. ● (*ferr.*) **to fog the line**, mettere petardi sui binari (*in caso di nebbia*) □ (*di piante*) **to fog off**, marcire a causa dell'umidità.

to **fog** (2) /fɒg, *USA* fɔːg/, *v. t.* *1* (*agric.*) lasciare (*il terreno*) a guaime *2* far pascolare (*il bestiame*) su terreno a guaime; dare il guaime a.

fogbound /ˈfɒgbaʊnd, *USA* ˈfɔːg-/, *a.* bloccato dalla nebbia.

fogbow /ˈfɒgbəʊ, *USA* ˈfɔːg-/, *V.* **fogdog**.

fogdog /ˈfɒgdɒg, *USA* ˈfɔːgdɔːg/, *n.* (*meteor.*) striscia di luce all'orizzonte, dovuta alla nebbia; arcobaleno bianco (*pop.*).

fogey /ˈfəʊgɪ/, *V.* **fogy**.

fogeydom /ˈfəʊgɪdəm/, *V.* **fogydom**.

fogger /ˈfɒgə(r), *USA* ˈfɔːg-/, *n.* *1* (*ferr.*) chi mette petardi sui binari, in caso di nebbia *2* (bomboletta di) insetticida spray.

foggily /ˈfɒgəlɪ, *USA* ˈfɔːg-/, *avv.* confusamente; indistintamente.

fogginess /ˈfɒgɪnəs, *USA* ˈfɔːg-/, *n.* *1* nebbiosità *2* (*fig.*) incertezza; nebulosità *3* (*fig.*) offuscamento; perplessità.

foggy /ˈfɒgɪ, *USA* ˈfɔːgɪ/, *a.* *1* nebbioso: **a f. day**, una giornata nebbiosa *2* (*fig.*) indistinto; nebuloso; vago: **a f. idea**, un'idea nebulosa, vaga *3* (*fig.*) annebbiato; confuso; perplesso *4* (*fotogr.*) velato. ● (*iron. scherz. o USA*) **F. Bottom**, il Dipartimento di Stato □ **I haven't got the foggiest idea**, non ne ho la più pallida idea.

foghorn /ˈfɒghɔːn, *USA* ˈfɔːg-/, *n.* *1* (*naut.*) sirena da nebbia *2* (*fig. fam.*) voce grossa e sgradevole; vocione.

fogle /ˈfəʊgl/, *n.* (*gergo della malavita*) fazzoletto di seta.

fogless /ˈfɒgləs, *USA* ˈfɔːg-/, *a.* senza nebbia; (*del cielo*) limpido.

foglight /ˈfɒglaɪt, *USA* ˈfɔːg-/, *V.* **fog lamp**, *sotto* **fog** (1).

fogy /ˈfəʊgɪ/, *n.* (*spreg., di solito* **old f.**) persona all'antica; parruccone; matusa (*fam.*).

fogydom /ˈfəʊgɪdɒm/, *n.* (*spreg.*) passatismo; attaccamento al passato; acceso conservatorismo.

fogyish /ˈfəʊgɪɪʃ/, *a.* (*spreg.*) d'idee arretrate; antiquato.

foible /ˈfɔɪbl/, *n.* *1* (il) debole della lama (*di una spada*) *2* fissazione; mania; pallino (*fig. fam.*).

foil (1) /fɔɪl/, *n.* *1* (*archit.*) archetto (*fra cuspidi, in una finestra gotica traforata*) *2* foglia, foglio, lamina (*di metallo*): **gold f.**, foglia d'oro *3* amalgama di mercurio e stagno (*sul retro degli specchi*) *4* (= **tin f.**) stagnola *5* (= **tin f.**) carta metallizzata; carta stagnola (*nei pacchetti di sigarette, ecc.*) *6* (*fig.*) contrasto; cosa (*o* persona) che serve a mettere in rilievo: **Laertes is** (*o* **serves as**) **a f. to Hamlet**, Laerte fa da contrasto a (*o* mette in rilievo la figura di) Amleto.

foil (2) /fɔɪl/, *n.* *1* (*nella caccia*) odore che fa perdere la traccia *2* (*arc.*) ripulsa; smacco; sconfitta.

foil (3) /fɔɪl/, *n.* (*sport*) *1* fioretto *2* (*pl.*) arte del fioretto; scherma.

to **foil** (1) /fɔɪl/, *v. t.* *1* rivestire con una foglia d'oro (*o* d'altro metallo) *2* (*raro*) far da contrasto a; mettere in rilievo *3* (*archit.*) ornare (*finestre gotiche*) con archetti.

to **foil** (2) /fɔɪl/, *v. t.* *1* (*nella caccia*) confondere, disperdere (*le tracce*); calpestare (*il terreno*) cancellando la pista *2* frustrare; sventare; sconfiggere; sgominare: **to f. an attempt**, frustrare un tentativo; **The bank robbery was foiled by the cops**, la rapina in banca fu sventata dalla polizia; **My alarm foiled the burglars**, il mio allarme sgominò gli scassinatori.

foilist /ˈfɔɪlɪst/, *n.* (*scherma*) fiorettista (*anche donna*).

foilsman /ˈfɔɪlzmən/, *n.* (*pl.* **foilsmen**) (*scherma*) fiorettista (*uomo*).

to **foist** /fɔɪst/, *v. t.* **1** inserire di nascosto; introdurre con l'inganno (*per es., una clausola in un contratto*) **2** affibbiare; rifilare; sbolognare (*fam.*): **to f. (off) bad money on sb.**, sbolognare soldi falsi a q. ● **to f. a book on sb.**, attribuire un libro a q. □ **to f. one's company on sb.**, imporre la propria compagnia a q. □ **to f. oneself on sb.**, appiccicarsi (per forza) a q.

fold (1) /fəʊld/, *n.* **1** (*anche geol.*) piega; piegatura **2** cavità; recesso (*fra i monti*) **3** battente (*di porta*) **4** spira (*di serpente, ecc.*) **5** (*anat.*) plica; piega.

fold (2) /fəʊld/, *n.* **1** ovile; addiaccio; stabbio **2** gregge (*anche fig.*); (i) fedeli. ● (*anche fig.*) **to return to the f.**, tornare all'ovile.

to **fold** (1) /fəʊld/, **A** *v. t.* **1** piegare; ripiegare: **to f. a letter**, piegare una lettera; **to f. a tent**, ripiegare una tenda **2** avviluppare; avvolgere: **to f. st. in paper**, avvolgere q.c. nella carta; **The cliffs were folded in fog**, le scogliere erano avvolte dalla nebbia **3** chiudere: **The bird folded its wings**, l'uccello chiuse le ali **4** serrare (*fra le braccia, ecc.*); stringere: **to f. a child in one's arms**, stringere un fanciullo fra le braccia. **B** *v. i.* **1** chiudersi; essere pieghevole (*anche* **to f. up**): **This table folds up**, questo tavolino è pieghevole **2** (*fam., comm.*) *V.* **fold up**. ● **to f. one's arms**, incrociare le braccia; mettersi a braccia conserte □ **to f. one's hands**, giungere le mani □ **to f. one's fingers**, intrecciare le dita □ **to f. sb. to one's breast**, abbracciare q. □ **folding bed**, branda □ **a folding chair**, una sedia pieghevole □ **folding door**, porta a libro (*o* a fisarmonica) □ (*edil.*) **folding gate**, cancello estensibile □ (*tipogr.*) **folding machine**, (macchina) piegafogli □ (*fam.*) **folding money**, moneta cartacea; biglietti di banca □ (*autom.*) **folding seat**, sedile reclinabile; strapuntino □ **with folded arms**, a braccia conserte.

♦**fold away**, **A** *v. t.* + *avv.* ripiegare, piegare (*sedie a sdraio, ecc.*). **B** *v. i.* + *avv.* (*di sedie, ecc.*) ripiegarsi; essere pieghevole.

♦**fold back**, **A** *v. t.* + *avv.* **1** piegare indietro; ripiegare **2** rimboccare: **to f. back the sleeves of one's shirt**, rimboccarsi le maniche della camicia. **B** *v. i.* + *avv.* piegarsi all'indietro.

♦**fold down**, *v. t.* + *avv.* piegare (in giù): **to f. down the corner of a page**, piegare l'angolo di una pagina.

♦**fold in**, *v. t.* + *avv.* (*cucina*) unire amalgamando; aggiungere rimestando: **F. in the egg whites**, aggiungete gli albumi e rimestate!

♦**fold into**, *v. t.* + *prep.* (*cucina*) aggiungere (rimestando) a: **F. the raisins into the batter**, aggiungete l'uva passa alla pastella e rimestate! □ (*di un tavolino, ecc.*) **to f. into oneself**, ripiegarsi; essere pieghevole.

♦**fold up**, **A** *v. t.* + *avv.* **1** piegare; ripiegare: **He folded up his serviette**, piegò il tovagliolo **2** chiudere: **to f. up the deckchairs**, chiudere le sedie a sdraio. **B** *v. i.* + *avv.* **1** piegarsi; ripiegarsi **2** piegarsi in due: **to f. up with laughter [with pain]**, piegarsi in due dal ridere [dal dolore] **3** (*fam.*) cedere; crollare (*fig.*); collassare: **The horse folded up in the home stretch**, il cavallo cedette nella dirittura d'arrivo **4** (*comm.*) cessare l'attività; chiudere bottega (*fig.*); fallire, chiudere.

to **fold** (2) /fəʊld/, *v. t.* **1** chiudere nell'ovile **2** fare stabbiare (*pecore, ecc.*) **3** (*agric.*) stabbiare (*il terreno*).

foldable /ˈfəʊldəbl/, *a.* pieghevole.

foldaway /ˈfəʊldəweɪ/, *a.* pieghevole; che si può piegare e riporre. ● **f. bed**, letto a scomparsa.

folder /ˈfəʊldə(r)/, *n.* **1** piegatore, piegatrice **2** cartella (*di cartone, per tenervi fogli*); carpetta **3** dépliant; pieghevole **4** (*tipogr.*, = **folding machine**) (macchina) piegafogli **5** pince-nez.

folding /ˈfəʊldɪŋ/, **A** *n.* (*anche geol.*) piegamento; corrugamento. **B** *a.* pieghevole (*V.* **to fold (1)**).

fold-out /ˈfəʊldaʊt/, *a.* pieghevole: **f. sleeper**, divano letto pieghevole.

foliaceous /fəʊlɪˈeɪʃəs/, *a.* (*bot.*) fogliaceo; simile a foglia.

foliage /ˈfəʊlɪɪdʒ/, *n.* (*bot., archit.*) fogliame. ● **f. plant**, pianta da fogliame □ (*arte*) **painted f.**, frappa.

foliaged /ˈfəʊlɪɪdʒd/, *a.* (*nei composti*) dal fogliame: **dark-f.**, dal fogliame scuro.

foliar /ˈfəʊlɪə(r)/, *a.* (*bot.*) fogliare; di foglia.

foliate /ˈfəʊlɪət/, *a.* **1** simile a foglia **2** che ha foglie; fronzuto.

to **foliate** /ˈfəʊlɪeɪt/, **A** *v. t.* **1** (*mecc.*) ridurre (*un metallo*) in lamine **2** (*archit.*) ornare (*una finestra gotica*) di archetti **3** numerare i fogli di (*un libro*). **B** *v. i.* **1** metter le foglie **2** dividersi in lamine; sfaldarsi. ● (*miner.*) **foliated tellurium**, tellurio auropiombifero.

foliation /fəʊlɪˈeɪʃn/, *n.* **1** (*bot.*) fogliazione **2** (*geol.*) foliazione **3** (*mecc.*) riduzione in lamine mediante battitura (*d'un metallo*) **4** numerazione dei fogli (*d'un libro*) **5** (*archit.*) decorazione ad archetti.

folic /ˈfəʊlɪk/, *a.* (*chim.*) folico: **f. acid**, acido folico.

folio /ˈfəʊlɪəʊ/, *n.* (*pl.* **folios**) **1** (*tipogr.*) foglio; pagina in-folio **2** (= **f. volume, volume in f.**) volume in-folio **3** (*tipogr.*) numero di pagina **4** foglio protocollo **5** (*rag.*) pagina, foglio intero (*di registro contabile*).

foliole /ˈfəʊlɪəʊl/, *n.* (*bot.*) fogliolina (*parte di foglia composta*).

folk /fəʊk/, **A** *n.* (*pl.* **folk, folks**) **1** (*arc.*) popolo; razza; tribù **2** gente: **country f.**, gente di campagna; **town f.**, gente di città **3** – (*pl.*) **one's folks**, i parenti; i familiari; (*specialm.*) i genitori. **B** *a.* **1** folcloristico; popolare **2** (*specialm. mus.*) folk: **f. music**, musica folk. ● **f. dance**, danza folcloristica □ **f. etymology**, etimologia popolare □ **f. museum**, museo etnografico (della civiltà contadina, ecc.) □ **f. psychology**, demopsicologia □ (*mus.*) **f. rock**, folk rock □ (*mus.*) **f.-rocker**, cantante (*o* suonatore) di folk rock □ **f. singer**, cantante folk □ **f. song**, canto popolare; canzone folk □ **f. story** (*o* **f. tale**), leggenda popolare □ **the old folks at home**, i «vecchi»; i genitori; i nonni.

folkie /ˈfəʊkɪ/, *n.* (*pop.*) cantante folk.

folklore /ˈfəʊklɔː(r)/, **A** *n.* **1** folclore; demologia **2** folclore; usi e costumi popolari; tradizioni popolari. **B** *a. attr.* folclorico; folcloristico: **f. studies**, studi folcloristici.

folkloric /ˈfəʊklɔːrɪk/, *a.* folclorico.

folklorism /ˈfəʊklɔːrɪzəm/, *n.* folclorismo.

folklorist /ˈfəʊklɔːrɪst/, *n.* studioso di folclore; folclorista.

folkloristic /fəʊklɔːˈrɪstɪk/, *a.* folcloristico.

folknik /ˈfəʊknɪk/, *n.* (*pop.*) appassionato (*o* patito) di musica folk.

folksy /ˈfəʊksɪ/, *a.* **1** del popolo; popolaresco **2** (*fam. specialm. USA*) alla buona; alla mano; socievole; cordiale **3** (*spreg.*) contadinesco; rozzo; sgraziato.

folkways /ˈfəʊkweɪz/, *n. pl.* usi e costumi di un popolo (*o* di un gruppo sociale).

follicle /ˈfɒlɪkl/, *n.* **1** (*anat., bot.*) follicolo **2** (*zool.*) bozzolo.

follicular /fəˈlɪkjʊlə(r)/, *a.* (*anat., bot.*) follicolare.

folliculate(d) /fəˈlɪkjʊleɪt(ɪd)/, *a.* **1** (*anat.*) follicolare **2** (*zool.*) racchiuso in un bozzolo; provvisto di bozzolo.

folliculin /fəˈlɪkjʊlɪn/, *n.* (*biochim.*) follicolina.

to **follow** /ˈfɒləʊ/, **A** *v. t.* **1** seguire; seguitare; imitare; conformarsi a; interessarsi di: **to f. sb.'s advice**, seguire i consigli di q.; **F. me!**, seguimi!; **I cannot f. the fashion**, non riesco a seguire la moda; **I don't f. politics**, non m'interesso di politica; **to f. the rules of a game**, conformarsi alle regole d'un gioco □ (*fig.*) **I don't quite f. you**, non ti seguo; non ti capisco **2** seguire; (*della polizia, ecc.*) ricercare: **I think we are being followed**, credo che qualcuno ci segua **3** far seguire: **to f. praise with criticism**, far seguire le critiche agli elogi **4** esercitare, fare (*un mestiere e sim.*): **He follows the plumber's trade**, fa il mestiere dell'idraulico; **to f. the law**, fare l'avvocato **5** succedere a, subentrare a (*q., in un ufficio*): **He followed his father as manager of the firm**, successe a suo padre come direttore della ditta **6** conseguire (*lett.*); derivare da; risultare da: **Disease often follows malnutrition**, spesso le malattie derivano da una cattiva nutrizione; **Superstition follows ignorance**, la superstizione è conseguenza dell'ignoranza **7** eseguire (*istruzioni, ordini*) **8** (*sport*) tifare, fare il tifo per (*una squadra*). **B** *v. i.* **1** seguire; venire dopo: **A letter will f.**, segue lettera; **I'll f. later**, verrò dopo; (*fig.*) **I don't quite f.**, non riesco a seguire (*il tuo ragionamento, ecc.*); non capisco **2** conseguire; derivare; essere la conseguenza di: **Because he is rich, it does not f. that he is dishonest**, anche se è ricco, non ne consegue che sia disonesto. ● **to f.**, come seguito; come dessert: **I'll have a hamburger and an icecream to f.**, prenderò un hamburger e poi un gelato □ **to f. one another**, succedersi □ (*naut.*) **to f. the coast**, costeggiare □ (*fig.*) **to f. st. home**, portare q.c. alle conseguenze naturali; sfruttare q.c. a fondo □ **to f. the hounds**, andare a caccia (*con i cani*) □ (*fig.*) **to f. in sb.'s footsteps** (*o* **in the wake of sb.**), seguire (*o* calcare) le orme di q. □ (*naut.*) **to f. in the wake**, seguire nella scia □ **to f. one's nose**, andare dritto (al naso); andare a lume di naso □ (*fam.*) **to f. the plough**, fare il contadino □ (*fam.*) **to f. the sea**, fare il marinaio □ **to f. suit**, (*giocando a carte*) rispondere «a colore»; (*fig.*) comportarsi come q. altro, fare lo stesso.

♦**follow after**, *v. i.* + *prep.* mettersi al seguito di; accodarsi a.

♦**follow on**, **A** *v. i.* + *avv.* **1** seguire; venire dopo: **Go ahead, and we'll f. on**, andate avanti!; noi veniamo dopo **2** (*fig.*) conseguire; derivare: **Serious damages may f. on**, possono derivarne gravi danni. **B** *v. i.* + *prep.* **1** conseguire a; essere la conseguenza di: **His dismissal followed on his quarrel with the boss**, il suo licenziamento fu la conseguenza della lite con il capo **2** seguire a; venire dopo di.

♦**follow out**, *v. t.* + *avv.* **1** seguire accuratamente (*o* fino in fondo); esaminare a fondo: **to f. out sb.'s instructions**, seguire accuratamente le istruzioni di q. **2** seguire; portare a termine: **to f. out a plan**, eseguire un piano.

♦**follow through**, *v. t.* + *avv.* **1** (*sport*) accompagnare (*un colpo, ecc.*) **2** *V.* **follow out** □ **to f. through with an idea**, portare avanti un'idea.

♦**follow up**, *v. t.* + *avv.* **1** seguire (*anche fig.*): **Please f. up my suggestions**, sei pregato di seguire i miei suggerimenti **2** far seguito a: **I followed up my telegram with a visit**, feci seguito al mio telegramma con una visita **3** approfittare di; sfruttare: **to f. up an initial military success**, sfruttare un successo militare iniziale.

♦**follow upon**, *V.* **follow on**, **B**.

follower /ˈfɒləʊə(r)/, *n.* **1** seguace; discepolo; compagno; persona del seguito **2** servitore **3** innamorato, spasimante (*specialm. d'una domestica*) **4** (*mecc.*) anello premistoppa **5** (*d'arma da fuoco*) elevatore **6** (*sport*) sostenitore; tifoso.

following /ˈfɒləʊɪŋ/, **A** *a.* seguente; successivo. **B** *n.* **1** seguito (*insieme di seguaci*): **a man with a large f.**, un uomo con un grande seguito **2** (*giorn.*) pubblico; lettori **3** (*teatr.*) uditorio; spettatori **4** (*sport*) sostenitori, tifosi; tifoseria (*fam.*). ● **the f.**, i seguenti, le seguenti persone; i sottoscritti; quel che segue (*in una enumerazione*) □ (*naut.*) **f. sea**, mare di poppa □ **f. wind**, vento in poppa.

follow-my-leader /ˈfɒləʊmaɪˈliːdə(r), -ləmɪ-/, *locuz. n.* gioco in cui ogni bambino, a turno, ripete gli atti mimati dal capofila.

follow-on /ˈfɒləʊˈɒn, *USA* -ˈɔːn/, *n.* (*fam.*)

conseguenza.

follow-the-leader /ˈfɒləʊðəˈliːdə(r), -lə-ðə-/, *locuz. n.* (*USA*) *V.* **follow-my-leader.** ● (*org. az.*) **f. planning**, pianificazione guidata.

follow-through /ˈfɒləʊˈθruː/, *n.* **1** esecuzione; evasione (*di una pratica, ecc.*) **2** (*sport*) accompagnamento (*di un colpo*).

follow-up /ˈfɒləʊʌp/, **A** *a.* **1** successivo; ulteriore: **f. instructions**, istruzioni successive **2** (*di lettera, telefonata, ecc.*) che fa seguito a una precedente azione (a un precedente contatto, ecc.): **f. letter**, lettera di sollecitazione. **B** *n.* **1** seguito (*di un'azione, di un articolo, ecc.*) **2** lettera (telefonata, visita, ecc.) che fa seguito a una precedente; sollecito **3** (*med.*) follow-up; visita di controllo (*durante la convalescenza*) **4** (*naut.*) inseguimento (*della girobussola*).

folly /ˈfɒlɪ/, *n.* **1** follia; pazzia; condotta stravagante **2** cosa folle; impresa da matti **3** (*archit.*) edificio stravagante (*specialm. in un parco*); rovine artificiali **4** (*pl.*) (*teatr.*) follie (*rivista*).

to **foment** /fəʊˈmɛnt/, *v. t.* **1** (*med.*) applicare un fomento (*o* un impacco caldo) a (q.) **2** (*fig.*) fomentare; eccitare; infiammare; istigare; provocare: **The injust tax fomented rebellion**, quell'imposta ingiusta provocò la rivolta.

fomentation /fəʊmɛnˈteɪʃn/, *n.* **1** (*med.*) fomentazione; applicazione d'impacchi caldi **2** (*med.*) fomento; impacco caldo **3** fomentazione; istigazione; provocazione.

fomenter /fəʊˈmɛntə(r)/, *n.* fomentatore, fomentatrice; istigatore, istigatrice.

fond /fɒnd/, *a.* **1** amorevole; amoroso; affezionato; tenero; troppo indulgente; che stravede (*per q.*): **a f. mother**, una madre amorevole **2** (*di desideri, speranze, ecc.*) ardente; grande; cui si tiene molto; (*anche*) vivo, ma infondato: **a f. hope**, una viva speranza; **my fondest wish**, il mio più ardente desiderio **3** (*arc. o dial.*) credulo; ingenuo; stolto. ● **to be fond of**, essere molto affezionato a; amare; voler molto bene a; essere appassionato di (*o* per); (*fam.*) avere il vizio di: **He is f. of hunting**, è appassionato per la caccia; **He's too f. of biting his nails**, ha il vizio di mangiarsi le unghie.

fondant /ˈfɒndənt/ (*franc.*), *n.* fondente.

to **fondle** /ˈfɒndl/, *v. t.* accarezzare; vezzeggiare; coccolare.

fondler /ˈfɒndlə(r), -dəl-/, *n.* vezzeggiatore, vezzeggiatrice.

fondling /ˈfɒndlɪŋ, -dəl-/, *n.* **1** beniamino, beniamina; prediletto, prediletta **2** vezzeggiamento; coccole (*fam.*).

fondly /ˈfɒndlɪ/, *avv.* **1** amorevolmente; teneramente **2** appassionatamente; ardentemente **3** (*arc. o dial.*) ingenuamente.

fondness /ˈfɒndnəs/, *n.* **1** amorevolezza; affezione; passione; tenerezza **2** inclinazione; propensione; gusto **3** (*arc. o dial.*) credulità; ingenuità; stoltezza **4** propensione; (un) debole: **My little brother has a f. for lollipops**, il mio fratellino ha un debole per i lecca lecca.

fondue /fɒnˈduː/ (*franc.*), **A** *a.* (*cucina*) fuso. **B** *n.* fonduta.

font (**1**) /fɒnt/, *n.* **1** fonte battesimale **2** acquasantiera **3** (*poet.*) fonte, sorgente (*anche fig.*); origine **4** serbatoio dell'olio (*in una lucerna*).

font (**2**) /fɒnt/, *n.* (*tipogr.*) serie completa di caratteri.

fontal /ˈfɒntl/, *a.* **1** battesimale **2** che viene dalla fonte (*fig.*); originale; primario.

fontanel(le) /fɒntəˈnɛl/, *n.* (*anat.*) fontanella.

food /fuːd/, *n.* **1** alimento, nutrimento (*anche fig.*); cibo; vitto; viveri; provviste; (il) mangiare; mangime (*per animali*): **good f.**, vitto buono; buona cucina; **mental f.**, nutrimento per la mente **2** (*fig.*) argomento; materia; oggetto: **f. for thought** (**for meditation**), argomento (*o* soggetto) di meditazione. ● **f. additives**, additivi alimentari □ (*med.*) **f. allergies**, allergie alimentari □ **f. card**, tessera annonaria □ **f. chemistry**, chimica bromatologica (*o* degli alimenti) □ **f. chain**, catena alimentare □ **f. colour**, colorante per alimenti; colorante consentito □ **f. controller**, funzionario addetto all'annona (*in tempo di guerra*) □ **f. coop**, cooperativa di alimentari □ **f. dispenser**, distributore automatico di alimenti (*panini, ecc.*) □ (*fig.*) **f. for powder**, carne da cannone □ (*agric.*) **f. grains**, cereali per alimentazione (umana) □ **f. grinder**, tritatutto □ **f. industry**, industria alimentare □ **f. machine**, *V.* **f. dispenser** □ (*ind.*) **f. machinery**, macchine per le industrie alimentari e conserviere □ **f. manufacturing,** *V.* **f. industry** □ **f. mixer**, impastatrice, sbattitore (*per alimenti*) □ (*med.*) **f. poisoning**, intossicazione alimentare □ **f. processing**, lavorazione degli alimenti □ **f. processor**, (*econ.*) operatore dell'industria alimentare; (*cucina*) tritatutto □ **f. rationing**, razionamento dei generi alimentari □ **f. science**, tecnologia degli alimenti; scienza dell'alimentazione; dietetica □ (*USA*) **f. stamp**, buono viveri □ **f. store**, negozio di generi alimentari □ **f. technologist**, alimentarista; nutrizionista □ **f. technology**, scienza dell'alimentazione; tecnologia degli alimenti □ (*fig.*) **to be f. for fishes**, essere cibo per i pesci (*essere annegato*) □ (*fig.*) **to be f. for worms**, essere cibo per i vermi; essere morto □ **to be off one's f.**, soffrire d'inappetenza.

foodless /ˈfuːdləs/, *a.* senza cibo. ● **to go f.**, rimanere digiuno.

foodstuffs /ˈfuːdstʌfs/, *n. pl.* generi alimentari; derrate alimentari.

fool (**1**) /fuːl/, **A** *n.* **1** sciocco; stolto; stupido; allocco **2** (*un tempo*) buffone; giullare. **B** *a.* (*fam. USA*) sciocco; stupido. ● **f.'s cap**, berretto da buffone (*o* da giullare); berretto conico (*un tempo imposto a uno scolaro zuccone*) □ **a f.'s errand**, un'impresa insensata; un giro inutile □ **to be a f. for one's pains**, darsi da fare per nulla; affannarsi senza alcun risultato □ (*miner.*) **f.'s gold**, pirite □ **All Fools' Day**, il primo aprile □ **any f.**, chiunque: **Any f. could do it!**, chiunque saprebbe farlo; non ci vuole mica un genio! □ **to live in a f.'s paradise**, vivere in un paradiso artificiale (*o* nel mondo della luna); chiudere gli occhi alla realtà □ **to make a f. of sb.**, prendere in giro q., farsi gioco di q. □ **to make a f. of oneself**, rendersi ridicolo □ (*fam.*) **More f. you** (**him, etc.**)**!**, che stupido! □ **to be no f.** (*o* **nobody's f.**), non essere mica fesso □ **to play the f.**, fare il buffone; fare lo stupido □ (*prov.*) **A f.'s bolt is soon shot**, gli sciocchi hanno poche frecce al loro arco (*fig.*) □ (*prov.*) **No f. like an old f.**, non v'è stupido peggiore d'un vecchio stupido.

fool (**2**) /fuːl/, *n.* dolce di frutta cotta, ricoperta di panna montata.

to **fool** /fuːl/, **A** *v. i.* **1** fare il buffone (*o* lo stupido); comportarsi da sciocco **2** scherzare; non fare sul serio. **B** *v. t.* imbrogliare; ingannare; raggirare; prendere in giro; fare fesso (*pop.*). ● (*fam.*) **You could have fooled me!**, quasi quasi ci credevo, stavo per cascarci!

♦**fool about** (*o* **around**), *v. i.* + *avv.* **1** fare lo stupido; fare lo scemo; fare il fesso (*pop.*): **He fools around with other boys' girls**, fa lo stupido con ragazze di altri giovanotti; **Don't f. around with your father's pistol**, non fare lo scemo (*o* non armeggiare) con la pistola di tuo padre!; **Don't f. around with me!**, non fare il fesso con me! **2** perdere tempo (in sciocchezze); stare in ozio: **He just fools about all day long**, non fa che starsene in ozio tutto il santo giorno.

♦**fool along**, *v. i.* + *avv.* (*USA*) andare lemme lemme; camminare lentamente.

♦**fool away**, *v. t.* + *avv.* sciupare (scioccamente); sprecare (*il tempo, ecc.*); sperperare (*denaro, ecc.*).

♦**fool into**, *v. t.* + *prep.* far fare (q.c.) a (q.) con l'inganno: **They fooled him into buying that car**, gli hanno fatto comprare quell'automobile con l'inganno; **They fooled me into believing I'd won one million pounds on the pools**, mi fecero credere che avevo vinto un milione di sterline al totocalcio.

♦**fool out of**, *v.t.* + *avv.* + *prep.* defraudare; privare, derubare (*q. di q.c.*) con l'inganno: **They fooled the poor old man out of all his savings**, defraudarono il povero vecchio di tutti i suoi risparmi.

foolery /ˈfuːlərɪ/, *n.* **1** stupidità; idiozia; insensatezza **2** stupidaggine; scempiaggine; buffonata; fesseria (*pop.*).

foolhardy /ˈfuːlhɑːdɪ/, *a.* avventato; temerario. ‖ **-ily**, *avv.* ‖ **-iness**, *sost.*

fooling /ˈfuːlɪŋ/, *n.* (*collett.*) buffonate; scempiaggini; sciocchezze.

foolish /ˈfuːlɪʃ/, *a.* sciocco; stupido; stolto; insensato; assurdo; ridicolo: **a f. answer**, una risposta insensata. ● **He is a f. fellow**, è uno stupido □ **How f. of you!**, che sciocchezza da parte tua! ‖ **-ly**, *avv.* ‖ **-ness**, *sost.*

foolproof /ˈfuːlpruːf/, *a.* **1** (*di apparecchio e sim.*) di semplice funzionamento; sicurissimo **2** (*di metodo*) infallibile **3** (*di avvertimento, ecc.*) chiarissimo; semplicissimo; elementare.

foolscap /ˈfuːlskæp/, *n.* carta formato protocollo (*17 pollici per 13 pollici e mezzo*).

foot /fʊt/, *n.* (*pl.* **feet**) **1** piede (*quasi in ogni senso*; *anche misura di lunghezza pari a cm 30,48*); piè; zampa; base; parte più bassa; fondo; coda (*fig.*): **the f. of a hill**, il piede d'un colle; **at the f. of the page**, a piè di pagina; **The child slept at the f. of the bed**, il fanciullo dormiva da piedi (del letto); **The knight was at the feet of the princess**, il cavaliere era ai piedi della principessa; (*poesia*) **an iambic f.**, un piede giambico; **This student is at the f. of the class**, questo studente è in coda alla classe; **a basketball player six foot four**, un giocatore di pallacanestro alto sei piedi e quattro pollici (m 1,90 circa); **a ten-f. pole**, una pertica di dieci piedi (3 metri circa) **2** passo: **He has a light f.**, ha il passo leggero; **He is swift of f.**, ha il passo veloce **3** (*archit.*) base; zoccolo **4** (*mil., stor.*; *pl. invar.*) fanteria: **a captain of f.**, un capitano di fanteria; **f. and horse**, fanteria e cavalleria **5** (*chim.*: *pl.* **foots**) residuo; sedimento **6** (*ferr.*) base, suola (*della rotaia*). ● (*vet.*) **f.-and-mouth disease**, afta epizootica □ (*sport*) **f. bindings**, attacchi (per sci) □ (*mecc.*) **f. brake**, freno a pedale □ (*mecc.*) **f. drill**, trapano a piede □ (*tennis*) **f. fault**, fallo di piede □ (*fam. scherz.*) **f.-in-mouth habit** (*o* **disease**), abitudine di fare delle gaffes □ **f.-muff**, scialle per i piedi □ **f.-passenger**, pedone □ (*mecc.*) **f.-pound**, piede libbra-forza □ **f.-pump**, pompa a pedale □ **f.-race**, corsa; gara podistica □ **f. rot**, (*vet.*) zoppina (*dei bovini e degli ovini*); (*bot*: *delle piante*) marciume pedale □ **f. rule**, regolo lungo un piede (30,48 cm); metro da muratore, falegname, ecc. □ (*pop.*) **f.-slogger**, camminatore; (*mil.*) fantaccino □ (*mil.*) **a f. soldier**, un soldato di fanteria; un fantaccino □ **f.-warmer**, scaldapiedi; scaldino □ **at f.**, in calce □ **to bring sb. to his** (*o* **her**) **feet**, far balzare in piedi q. □ **to carry** (*o* **to sweep**) **sb. off his feet**, rovesciare q.; (*fig.*) entusiasmare q. □ **to catch sb. on the wrong f.**, cogliere q. sbilanciato; (*fig.*) prendere q. in contropiede □ (*fig.*) **to die on one's feet**, morire (*o* crollare) all'improvviso □ **to drag one's feet**, strascicare i piedi; (*fig.*) tirarla per le lunghe □ (*fig. fam.*) **to fall on one's feet**, cadere in piedi (*come i gatti*); cavarsela, uscire indenne □ (*fam.*) **to get cold feet**, prendersi paura □ (*fam.*) **to get a f. in the door**, farsi un'entratura □ (*fam.*) **to get a f. in st.**, inserirsi in, entrare a far parte di q.c. □ **to get to one's feet**, alzarsi (in piedi) □ (*fam. USA*) **to give sb. the f.**, prendere a calci q. □ **to go at a f.'s pace**, andare al passo; camminare □ (*fam.*) **to have cold feet**, avere fifa (*o* paura) □ **to have one f. in the grave**, avere un piede nella tomba □ **to keep one's feet**, rimanere in piedi; non perdere l'equilibrio □ (*fig.*) **to keep a f. in both camps**, tenere il piede in due staffe □ (*fig.*) **to know** (*o* **to find**) **the length of sb.'s f.**, (imparare a) conoscere il debole di q.; sapere per che verso prendere q. □ (*fig.*) **to measure sb.'s f. by one's own last**, giudicare gli altri con il proprio metro (*o* prendendo se stessi a paragone) □ (*fam.*) **My f.!**, un corno!; un accidente! □ **on f.**, a piedi; in movimento; in azione; (*di progetto e sim.*) in preparazione, allo studio: **We went there on f.**, ci andammo a piedi □ **on one's feet**, in piedi; (*fig.*) in buona salute; agiato, finanziariamente indipendente □ (*fam.*) **to put one's best f. forward**, allungare il passo; (*fig.*) fare del proprio meglio □ **to put one's f. down**, (*autom.*) schiacciare l'acceleratore; (*fig.*) puntare i piedi, imporsi □ (*fig. fam.*) **to put one's f. in it** (*o* **in one's mouth**), fare una gaffe, dire uno sproposito; prendere un granchio (*fig.*) □ (*fam.*) **to put one's feet up**, stendere le gambe; rilassarsi □ **to put a f. wrong**, mettere un piede in fallo; (*fig.*) sbagliare, fare uno sbaglio □ **to rise to one's feet**, alzarsi in piedi □ **to set st. on f.**, dare l'avvio a q.c. □ **to set** (*o* **to put**) **one's f. on sb.'s neck**, mettere i piedi sul collo a q.; opprimere q. □ (*anche fig.*) **to start off on the wrong f.**, partire con il piede sbagliato □ **to tread under f.**, calpestare; (*fig.*) opprimere □ **under f.**, per terra; sotto i piedi; (*fig.*) in proprio potere □ **to be under sb.'s feet**, stare tra i piedi a q. □ (*fig.*) **to vote with one's feet**, esprimere il proprio dissenso andandosene (emigrando, fuggendo, non facendo q.c., ecc.) □ **It's very wet under f.**, il terreno (*o* il pavimento) è molto umido □ **No need to talk on our feet!**, ma perché parlare in piedi?; possiamo anche sederci (per parlare)!

to **foot** /fʊt/, **A** *v. t.* ***1*** ballare; danzare: **to f. the quadrille**, ballare la quadriglia ***2*** rifare il piede a (*una calza*) ***3*** (*fam.*) pagare: **I footed the bill**, pagai il conto. **B** *v. i.* ***1*** ballare; danzare ***2*** andare a piedi; camminare. ● **to f. it**, camminare, andare a piedi; ballare, danzare □ **to f. up an account**, addizionare, fare la somma delle varie voci di un conto □ **to f. up to**, ammontare a.

footage /ˈfʊtɪdʒ/, *n.* ***1*** lunghezza espressa in piedi ***2*** (*cinem.*) metraggio.

football /ˈfʊtbɔːl/, *n.* (*sport*) ***1*** pallone (*da calcio*) ***2*** (= **association f.**; *fam.* **soccer**) gioco del calcio: **a f. match**, una partita di calcio ***3*** (= **rugby f.**) **rugby**; **pallovale** ***4*** (*USA*) football americano ***5*** (*USA*) palla ovale (*per football*) ***6*** (*fam. USA*) patata bollente (*fig.*) ***7*** – (*fam. USA*) **the f.**, la borsa nera con i codici elettronici (*per il lancio dei missili intercontinentali a testata nucleare*). ● **f. club**, società calcistica □ **f. pitch**, campo di calcio □ **f. pools**, totocalcio.

footballer /ˈfʊtbɔːlə(r)/, *n.* (*sport*) ***1*** giocatore di calcio; calciatore ***2*** giocatore di rugby; rugbista ***3*** (*USA*) giocatore di football (americano).

footbath /ˈfʊtbɑːθ, *USA* -æθ/, *n.* ***1*** pediluvio ***2*** catino (*o* bacinella) per pediluvio.

footboard /ˈfʊtbɔːd/, *n.* ***1*** pedale (*di tornio da vasaio, ecc.*) ***2*** pediera (*di letto*) ***3*** predellino (*d'automobile, tram, ecc.*) ***4*** pedana (*di veicolo*).

footboy /ˈfʊtbɔɪ/, *n.* paggio; fattorino; valletto.

footbridge /ˈfʊtbrɪdʒ/, *n.* passerella; ponticello pedonale.

footcloth /ˈfʊtklɒθ, *USA* -ɔːθ/, *n.* gualdrappa.

footed /ˈfʊtɪd/, *a.* (*nei composti*) ***1*** che ha un certo numero di piedi: **four-f.**, quadrupede ***2*** coi piedi; a piedi: **bare-f.**, a piedi nudi ***3*** dal piede: **light-f.**, dal piede leggero.

footer /ˈfʊtə(r)/, *n.* ***1*** (*nei composti*) chi è alto un certo numero di piedi ***2*** (*pop. ingl., raro*) gioco del calcio. ● **He is a six-f.**, è un uomo alto sei piedi (più di un metro e ottanta).

footfall /ˈfʊtfɔːl/, *n.* rumore di piedi; passo; pedata.

footgear /ˈfʊtgɪə(r)/, *n.* (*collett.*) calzature.

footguards /ˈfʊtgɑːdz/, *n. pl.* (*mil.*) guardie a piedi.

foothills /ˈfʊthɪlz/, *n. pl.* colline pedemontane. ● (*geogr.*) **the f. of the Alps**, le Prealpi (*in Italia*).

foothold /ˈfʊthəʊld/, *n.* ***1*** appiglio; punto d'appoggio (*per es., in una scalata*) ***2*** (*fig.*) posizione sicura; credito; piede (*fig.*): **The rumour had gained a f.**, la voce aveva trovato credito (*o* aveva preso piede). ● **to lose one's f.**, perdere l'equilibrio.

footie /ˈfʊtɪ/, *V.* **footsie**.

footing /ˈfʊtɪŋ/, *n.* ***1*** punto d'appoggio, appiglio (*per il piede*): **The climber lost his f. and nearly fell from the wall**, lo scalatore perse l'appiglio (*o* mise un piede in fallo) e per poco non cadde dalla parete ***2*** (*fig.*) basi; posizione; appoggio: **to get a good f. in society**, farsi una buona posizione in società; **This firm must be put on a sound f.**, bisogna porre quest'azienda su basi solide ***3*** rapporto; relazione: **to be on a confidential f. with sb.**, essere in rapporti confidenziali con q. ***4*** (il) fare il piede a una calza; materiale usato a tale scopo ***5*** (= **f.-up**) l'addizionare; il totale che ne risulta ***6*** (*edil.*) plinto (di fondazione); fondamento (*d'una colonna, d'un muro*); allargamento di muro (*o* di pilastro). ● (*fig.*) **to gain a f.**, prender piede □ **to miss one's f.**, mettere il piede in fallo □ (*fig.*) **on an equal f.**, su un piano di parità □ **The army** [**the country**] **is on a wartime f.**, l'esercito [il paese] è sul piede di guerra.

footle /ˈfuːtl/, *n.* (*fam., raro*) idiozia; stupidaggine; sciocchezza.

to **footle** /ˈfuːtl/, *v. i.* (*fam. arc.*) fare lo stupido; dire sciocchezze. ● **to f. about**, gingillarsi; perdere tempo □ **to f. st. away**, sprecare q.c. stupidamente.

footless /ˈfʊtləs/, *a.* ***1*** senza piedi ***2*** (*fig.*) senz'appiglio; senza fondamento; infondato ***3*** (*fam.*) inetto; buono a nulla.

footlights /ˈfʊtlaɪts/, *n. pl.* ***1*** luci della ribalta ***2*** (*fig.*) il teatro; le scene; il mestiere dell'attore.

footling /ˈfʊtlɪŋ/, *a.* (*fam.*) ***1*** stupido; sciocco ***2*** insignificante.

footloose /ˈfʊtluːs/, *a.* ***1*** libero; indipendente: **to be f. and fancy free**, essere libero e senza legami (*specialm. di cuore*) ***2*** nomade.

footman /ˈfʊtmən/, *n.* (*pl.* **footmen**) ***1*** domestico in livrea; lacchè; valletto ***2*** (*arc.*) fante; fantaccino.

footmark /ˈfʊtmɑːk/, *n.* orma (*o* impronta) di piede; pedata.

footnote /ˈfʊtnəʊt/, *n.* nota a piè di pagina; nota in calce.

to **footnote** /ˈfʊtnəʊt/, *v. t.* corredare di note in calce; annotare.

footpad /ˈfʊtpæd/, *n.* ***1*** grassatore; predone; brigante ***2*** (*miss.*) piede (*di veicolo o modulo lunare*).

footpage /ˈfʊtpeɪdʒ/, *V.* **footboy**.

footpath /ˈfʊtpɑːθ, *USA* -æθ/, *n.* ***1*** sentiero ***2*** marciapiedi ***3*** passaggio pedonale.

footplate /ˈfʊtpleɪt/, *n.* (*ferr.*) piattaforma del fuochista e del macchinista.

footprint /ˈfʊtprɪnt/, *n.* ***1*** impronta di piede; orma; pedata ***2*** (*miss.*) zona di ricaduta.

footsie /ˈfʊtsɪ/, *n.* (*pop.*) piedino: **to play f. under the table**, far piedino sotto la tavola. ● **to play f. with sb.**, flirtare di nascosto con q.

Footsie /ˈfʊtsɪ/, *n.* (*abbr. fam. di* **Financial Times-Stock Exchange 100 Index**) (*fin.*) indice del Financial Times dei 100 Titoli principali della Borsa di Londra.

to **foot(-)slog** /ˈfʊtslɒg, *USA* -ɔːg/, *v. i.* (*fam.*) fare lunghe camminate (*o* lunghe marce).

footsore /ˈfʊtsɔː(r)/, *a.* che ha male ai piedi; coi piedi doloranti.

footstalk /ˈfʊtstɔːk/, *n.* (*bot., zool.*) peduncolo; picciolo.

footstep /ˈfʊtstep/, *n.* ***1*** passo ***2*** impronta di piede; orma: **to follow in sb.'s footsteps**, seguire le orme di q.; imitare q. ***3*** (*spesso pl.*) rumore di passi: **to hear footsteps**, sentire rumore di passi ***4*** predellino (*di carrozza, ecc.*).

footstool /ˈfʊtstuːl/, *n.* sgabello (*per i piedi*); poggiapiedi.

footsure /ˈfʊtʃʊə(r), -ʃɔː(r), *USA* -ʃʊə(r), -ʃɜː(r)/, *a.* saldo sui piedi.

footwall /ˈfʊtwɔːl/, *n.* (*geol.*) roccia di fondo; letto.

footwarmer /ˈfʊtwɔːmə(r)/, *n.* scaldapiedi; scaldino.

footway /ˈfʊtweɪ/, *V.* **footpath**.

footwell /ˈfʊtwɛl/, *n.* (*autom.*) alloggiamento dell'acceleratore e del freno (*a pedale*).

footwork /ˈfʊtwɜːk/, *n.* ***1*** movimento dei piedi (*nella danza, ecc.*) ***2*** (*boxe*) lavoro (*o* gioco) di gambe.

foozle /ˈfuːzl/, *n.* (*fam.*) ***1*** abborracciamento; pasticcio (*fig.*) ***2*** (*golf*) colpo sbagliato ***3*** persona maldestra; pasticcione.

to **foozle** /ˈfuːzl/, *v. t.* (*fam.*) ***1*** abborracciare; pasticciare ***2*** (*golf*) sbagliare (*un colpo*).

fop /fɒp/, *n.* bellimbusto; damerino; elegantone; zerbinotto.

foppery /ˈfɒpərɪ/, *n.* affettazione; fatuità; frivolezza; smanceria; vanità.

foppish /ˈfɒpɪʃ/, *a.* affettato; fatuo; frivolo; vanitoso.

foppishness /ˈfɒpɪʃnəs/, *V.* **foppery**.

for (**1**) /fɔː(r), fə(r), fr, f/, *prep.* (*compl. di tempo, direzione, scopo, prezzo, causa, ecc.*) ***1*** per; a favore di: **to dress for dinner**, vestirsi (da sera) per il pranzo; **He went for the doctor**, andò per (*o* a cercare) il medico; **I bought it for ten thousand pounds**, l'ho comprato per diecimila sterline; **the train** [**the bus**] **for London**, il treno [l'autobus] per Londra; **a machine for milking cows**, una macchina per mungere le mucche; **He was punished for stealing**, fu punito per aver rubato; **Are you for or against war?**, sei per la guerra o contro?; **to be mistaken for sb.**, essere scambiato per un altro; **He is just the man for us**, è proprio l'uomo che fa per noi; **I drove for hours**, guidai per ore; **My kingdom for a horse!**, il mio regno per un cavallo!; **There were forty votes for the motion**, ci sono stati quaranta voti a favore della mozione; **to return blow for blow**, rendere colpo per colpo ***2*** a; adatto a; conveniente: **He is fit for nothing**, non è buono a nulla; **Sea air is good for children**, l'aria marina fa bene ai bambini; **He is the right man for the job**, è l'uomo adatto a quel lavoro (*o* a quel posto); **It's bad for him to smoke**, gli fa male fumare ***3*** di: **a longing for praise**, un ardente desiderio di elogi; **anxious for peace**, ansioso di pace; **a cheque for ten pounds**, un assegno di dieci sterline; **eager for news**, desideroso di notizie; **a desire for fame**, un grande desiderio di fama ***4*** per; come; in qualità di; a mo' di; da: **This room serves for my study**, questa stanza mi serve da studio; **for my part**, per me; da parte mia; **This meat is not fit for food**, questa carne non è adatta come cibo; (*telef.*) **A for Andrew**, «a» come Ancona ***5*** in relazione; in rapporto a; come per: **She is clever for a child**, è brava come (*o* per essere una) bambina; **It's very cool for a summer day**, è molto fresco per (essere) una giornata d'estate ***6*** a dispetto di; nonostante; con: **He is still poor for all he has worked**, con tutto il lavoro che ha fatto è ancora povero; **for all that**, a dispetto di tutto ciò; **for all you say**, nonostante ciò che dici ***7*** (*nella «duration form»*) da (*o idiom.*:) **I have been waiting for an hour**, aspetto da un'ora; è un'ora che aspetto; **It hadn't rained for two weeks**, non pioveva da due settimane; erano due settimane che non pioveva ***8*** (*seguito da compl. ogg. e inf.*; *è idiom.*:) **It's necessary for you to leave at once**, è necessario che tu parta subito; **It's impossible for him to go now**, è impossibile ch'egli vada ora; gli è impossibile andare ora; **I stood aside for him to pass**, mi feci da parte perché potesse passare. ● (*Borsa*) **for the account**, a termine □ **for all**, sebbene; malgrado; benché: **For all he dislikes me, I like him**, sebbene non mi abbia in simpatia, a me è simpatico □ **for all I know**, per quel che ne so □ **for all the world**, esattamente; proprio: **It looked for all the world like a whale**, sembrava proprio una balena □ **for ever (and ever)**, per sempre; per l'eternità □ **for fear that**, per paura che: **He was walking quickly for fear that he should be late**, camminava in fretta per paura di far tardi □ **for God's sake**, per amor di Dio □ **for good (and all)**, per sempre; una volta per tutte: **I'll leave for good**, me ne andrò per sempre; **I want the matter settled for good**, voglio che la faccenda sia sistemata una volta per tutte □ **for hire**, a noleggio; a nolo □ **for life**, per tutta la vita; a vita □ **for the most part**, per la maggior parte □ **for oneself**, da solo; da sé; per conto proprio: **I can shift for myself**, posso arrangiarmi da solo □ **for the present**, per il momento; per ora □ **for sb.'s sake**, per amore di q.: **Do it for my sake!**, fallo per amor mio (*o* per me)! □ (*market.*) **for sale**, in vendita □ **For shame!**, vergogna! □ **for that matter**, quanto a questo: **I can walk, for that matter**, posso anche andare a piedi, quanto a questo □ **for the time being**, per il momento; per ora: **Take this for the time being; later I'll give you more**, per ora prendi questo; poi te ne darò ancora □ **for want (*o* lack) of**, per mancanza di □ **to be all for**, essere entusiasta di: **We're all for taking a day off**, ci piacerebbe proprio prenderci un giorno libero □ **as for me [him, her]**, quanto a me [a lui, a lei] □ **to ask for sb.**, chiedere di q. □ **to ask for st.**, chiedere q.c. □ **but for**, se non fosse (stato) per: **But for your help, I should have failed**, se non fosse stato per il tuo aiuto, avrei fatto fiasco □ **to care for**, amare; voler bene a; essere appassionato di □ **a change for the better [for the worse]**, un cambiamento in meglio [in peggio] □ (*pop.*) **to go for sb.**, attaccare q.; dare addosso a q. □ **to go for a walk**, andare a fare una passeggiata □ **to be hard up for money**, essere a corto di denaro □ **to hope for fine weather**, sperare nel (*o* che faccia) bel tempo □ **to hunger for knowledge**, essere assetato di sapere □ (*fam.*) **to be in for trouble**, stare per passare dei guai □ **to know for a fact**, sapere per certo □ **not to be for**, non essere favorevole a; non essere dell'avviso di: **I'm not for going abroad this year**, non sono dell'avviso (*o* dell'idea) di andare all'estero quest'anno □ **once (and) for all**, una volta per tutte □ **to be out for**, andare in cerca di: **You are out for trouble**, tu vai in cerca di guai □ **to pay for st.**, pagare q.c.: **How much did you pay for it?**, quanto l'hai pagato? □ **to send for sb.**, mandare a chiamare q. □ **to speak for oneself**, parlare per sé (*o* a titolo personale) □ **to be tried for one's life**, essere processato per un reato per cui è prevista la pena di morte □ **to work for one's living**, lavorare per vivere □ (*fam.*) **Now you are in for it!**, l'hai fatta bella (*o* grossa)!; vedrai che cosa ti succede, ora! □ **He is not long for this world**, ha ancora poco da campare; morirà presto □ **He sits (*o* is the member) for Chester**, è deputato di Chester ai Comuni □ **Hold it for certain**, stanne certo! □ **I for one do not believe it**, io (per me) non ci credo □ **It is for you to make the (*o* a) move**, sta a te prendere l'iniziativa □ **It's good enough for me**, per me, va bene □ **It's time for school**, è ora d'andare a scuola □ **I wouldn't do it for the world**, non lo farei per tutto l'oro del mondo □ **Now for it!**, e ora, a noi (al lavoro, ecc.)! □ **Oh, for wings!**, se avessi le ali!; se potessi volare! □ **There is nothing for it but to surrender**, non c'è altro da fare che arrendersi □ **You can take my word for it**, puoi credermi sulla parola; puoi starne certo.

for (2) /fɔː(r), fə(r)/, *cong.* (*form.*; *non si usa all'inizio di un periodo*) perché; poiché; siccome: **He did not run away, for he was a brave man**, non fuggì, poiché era un uomo coraggioso.

forage /ˈfɒrɪdʒ, *USA* ˈfɔː-/, *n.* foraggio. ● (*mil.*) **f. cap**, bustina □ (*agric.*) **f.-harvester**, raccoglitrice di foraggi (*macchina*) □ (*agric.*) **f.-press**, pressaforaggio.

to **forage** /ˈfɒrɪdʒ, *USA* ˈfɔː-/, **A** *v. i.* ***1*** (*mil.*) cercare foraggi e vettovaglie ***2*** cercare; rovistare: **to f. (about) in the kitchen for st. to eat**, rovistare in cucina in cerca di q.c. da mangiare. **B** *v. t.* ***1*** (*mil.*) depredare; saccheggiare ***2*** provvedere di foraggio; foraggiare.

forager /ˈfɒrɪdʒə(r), *USA* ˈfɔː-/, *n.* (*mil., stor.*) foraggiere.

foramen /fəˈreɪmən/, *n.* (*pl.* **foramina, foramens**) (*specialm. anat., zool.*) forame; orifizio.

forasmuch as /fərəzˈmʌtʃæz, -əz, frə-/, *cong.* (*lett.*) giacché; poiché; considerato che; dato che.

foray /ˈfɒreɪ, *USA* ˈfɔːreɪ/, *n.* ***1*** (*mil.*) incursione; scorreria ***2*** (*fig.*) attacco ***3*** (*fig.*) tentativo (di sfondare): **a f. into painting**, un tentativo di sfondare nel campo della pittura.

to **foray** /ˈfɒreɪ, *USA* ˈfɔːreɪ/, **A** *v. i.* (*mil.*) fare un'incursione (*o* una scorreria). **B** *v. t.* (*arc.*) depredare; saccheggiare.

forbad /fəˈbæd/, **forbade** /fəˈbeɪd/, *pass.* di **to forbid**.

forbear /ˈfɔːbeə(r)/, *n.* (*di solito al pl.*) antenato; progenitore.

to **forbear** /fɔːˈbeə(r)/ (*pass.* **forbore**, *p. p.* **forborne**), *v. t.* e *i.* ***1*** astenersi (da); evitare (di); fare a meno (di); trattenersi (da): **to f. from asking questions**, evitare di porre domande; **to f. to strike a man**, trattenersi dal colpire un uomo ***2*** mantenersi calmo; restar padrone di sé ***3*** (*arc.*) essere paziente (*o* indulgente); pazientare; sopportare.

forbearance /fɔːˈbeərəns/, *n.* ***1*** indulgenza; pazienza; sopportazione; tolleranza ***2*** (*leg.*) acquiescenza. ● **f. from doing (*o* to do) st.**, l'astenersi dal (*o* l'evitare di) fare q.c.

forbearing /fɔːˈbeərɪŋ/, *a.* paziente; indulgente; tollerante.

to **forbid** /fəˈbɪd/ (*pass.* **forbade, forbad**; *p. p.* **forbidden**), *v. t.* ***1*** impedire; interdire; proibire; vietare: **He was forbidden wine**, gli è stato proibito il vino; **Civil servants are forbidden to engage in any form of business**, ai funzionari statali è fatto divieto d'intraprendere qualsiasi attività commerciale ***2*** vietare l'accesso a; bandire da: **The queen forbade him the court**, la regina lo bandì da corte. ● **God forbid!**, Dio non voglia!; Dio ne scampi e liberi! □ **«Fishing forbidden»** (*cartello*), «divieto di pesca».

forbiddance /fəˈbɪdəns/, *n.* divieto; proibizione.

forbidden /fəˈbɪdn/, **A** *p. p.* di **to forbid**. **B** *a.* proibito; vietato: (*relig.* e *fig.*) **f. fruit**, frutto proibito. ● (*fis.*) **f. band**, banda proibita □ (*elab.*) **f. character**, carattere proibito □ **the f. city**, la città proibita □ (*leg.*) **f. degrees**, gradi di parentela fra i quali è proibito il matrimonio □ **f. ground (*o* f. territory)**, luogo a cui è fatto divieto d'accesso; (*fig.*) argomento tabù.

forbidding /fəˈbɪdɪŋ/, *a.* ***1*** arcigno; bieco; ostile; torvo: **a f. glance**, uno sguardo bieco ***2*** repellente; sgradevole; scostante: **a f. landscape**, un paesaggio sgradevole ***3*** di difficile accesso; inaccessibile; impervio ***4*** (*del tempo, ecc.*) minaccioso. ‖ **-ly**, *avv.* ‖ **-ness**, *sost.*

forbore /fɔːˈbɔː(r)/, *pass.* di **to forbear**.

forborne /fɔːˈbɔːn/, *p. p.* di **to forbear**.

force (1) /fɔːs/, *n.* ***1*** forza; energia; potenza; efficacia: (*fis.*) **the f. of gravity**, la forza di gravità; **great f. of character**, grande forza di carattere; **the f. of habit**, la forza dell'abitudine; **the f. of an explosion**, la potenza di un'esplosione; (*econ.*) **the forces of the market**, le forze del mercato; **You described it with much f.**, descrivesti la cosa con grande efficacia ***2*** forza; significato; valore: **the f. of a word**, il valore d'una parola ***3*** forza; gruppo; associazione; organizzazione (*d'una certa ampiezza*): **a small f. of doctors**, un gruppetto di dottori; una piccola unità medica; **a sales f.**, una forza di vendita; un'unità organizzativa di vendita ***4*** (*in senso lato*) convenienza; utilità: **I can't see the f. of doing what one dislikes**, non vedo l'utilità di fare quello che non ci piace ***5*** (*mil.*) reparto; (*pl.*) forze: **police forces**, forze di polizia ***6*** impeto; intensità; furia; violenza: **the f. of the wind**, l'intensità del vento; **the f. of the storm**, la violenza del temporale ***7*** (*leg.*) validità; vigore: **This law is no longer in f.**, questa legge non è più in vigore; **to come into f.**, entrare in vigore ***8*** – **the F.**, la forza pubblica ***9*** – (*mil.*) **the (Armed) Forces**, le Forze armate: **a Forces show**, uno spettacolo per le Forze armate. ● (*mecc.*) **f. feed**, lubrificazione forzata □ (*elettron.*) **f. feedback**, retroazione meccanica □ (*tecn.*) **f. gauge**, dinamometro □ (*tecn.*) **f. main**, tubazione di mandata □ (*mecc.*) **f. pump**, pompa premente □ (*leg.*) **to bring (*o* to put) into f.**, far entrare in vigore, promulgare (*una legge*) □ **by f.**, a forza; per forza □ **by f. of**, a forza di; per mezzo di □ **by main f.**, a viva forza □ **in f.**, (*mil.*) in forze, in gran numero; (*leg.*) in vigore: **The police turned out in f.**, la polizia arrivò in forze □ **to be in great f.**, essere in forze; essere forte (*o* vigoroso) □ (*anche mil.*) **to join forces with sb.**, unire le proprie forze a quelle di q.; unirsi a q. □ **labour f.**, la forza (*o* le forze) di lavoro; la manodopera □ (*mil.*) **land forces**, forze di terra; effettivi terrestri □ (*mil.*) **landing forces**, truppe da sbarco □ (*mil.*) **sea forces**, forze di mare; effettivi navali.

force (2) /fɔːs/, *n.* (*ingl. sett.*) cascata (*d'acqua*).

to **force** /fɔːs/, **A** *v. t.* ***1*** forzare; costringere; obbligare; sforzare; conquistare; prendere con la forza: **He forced me to leave**, mi costrinse a partire; **to f. a lock [a door]**, forzare una serratura [scassinare una porta]; **to f. one's voice**, forzare la voce; **to f. the pace [the running]**, forzare il passo [l'andatura]; (*sport*) **to f. the game**, forzare il gioco; **They forced me to accept**, mi costrinsero ad accettare; (*mecc.*) **to f. a bolt**, sforzare un dado; **to f. a pass [the enemy's stronghold]**, forzare un valico [prendere con la forza un caposaldo nemico] ***2*** usar violenza a, violentare (*una donna*) ***3*** strappare (*con la forza o fig.*): **I forced the knife from (*o* out of) his hands**, gli strappai il coltello dalle mani; **The story forced tears from her eyes**, il racconto le strappò le lacrime ***4*** (*anche polit.*) imporre: **to f. new elections**, imporre nuove elezioni ***5*** (*agric.*) forzare; affrettare la crescita di (*una pianta*; *con concime speciale, in serra, ecc.*); accelerare la maturazione di (*un frutto*). **B** to **force oneself**, *v. rifl.* sforzarsi: **I forced myself to look satisfied**, mi sforzai d'apparire soddisfatto. ● **to f. an analogy (*o* a simile)**, stiracchiare un'analogia; fare un paragone forzato □ (*comm.*) **to f. the bidding**, far salire le offerte (*a un'asta*) □ (*leg.*) **to f. an entry**, entrare con la forza □ (*fig.*) **to f. sb.'s hand**, forzare la mano a q. □ **to f. sb. into st.**, far fare q.c. a q., con la forza; costringere q. a fare q.c. □ (*leg.*) **to f. open**, forzare; aprire (*una porta, ecc.*) con la forza □ **to f. a passage**, aprirsi un varco □ **to f. the (*o* one's) pace**, forzare l'andatura (*o* il passo); accelerare □ **to f. sb.'s pace**, fare fretta a q.; (*fig.*) sollecitare q. □ (*sport*) **to f. an overlap**, imporre (*agli avversari*) una situazione di superiorità numerica □ (*market.*) **to f. sales**, spingere le vendite □ **to f. a smile**, fare un sorriso forzato □ **to f. one's way through a crowd**, farsi largo fra una folla □ **to f. a word**, forzare il significato d'una parola.

♦**force back**, *v. t.* + *avv.* ***1*** respingere; far ripiegare; cacciare: **to f. back the enemy**, respingere il nemico **2** (*fig.*) ricacciare: **to f. back one's tears**, ricacciare (*o* ingoiare) le lacrime.

♦**force down**, *v. t.* + *avv.* **1** far calare; ridurre, abbassare: **to f. down prices**, far calare i prezzi; **to f. down the cost of credit**, ridurre il costo del denaro **2** ingoiare, mandare giù (*cibo, ecc.*) controvoglia **3** (*aeron.*) costringere (*un aereo*) all'atterraggio.

♦**force in**, *v. t.* + *avv.* far entrare con la forza; conficcare (*un palo, ecc.*).

♦**force into**, *v. t.* + *prep.* **1** conficcare, ficcare, far entrare a forza (*un palo, una chiave, ecc.*) **2** forzare, obbligare, costringere (q.) a (*fare q.c.*): **He forced me into selling my house**, mi costrinse a vendere la casa.

♦**force on**, *v. t.* + *prep.* imporre a; costringere (q.) ad accettare (q.c.): **He forced his attentions on the girl**, impose la sua corte alla ragazza; **He forced his presents on us**, ci costrinse ad accettare i suoi doni □ **I don't want to f. my company** (*o* **myself**) **on you**, non voglio imporvi la mia compagnia (*o* la mia presenza).

♦**force out**, *v. t.* + *avv.* **1** far uscire con la forza; spingere fuori; cacciare fuori (*un chiodo, un palo, ecc.*) **2** strappare; estorcere: **to f. a confession out of sb.**, estorcere una confessione a q.; **to f. an answer out of sb.**, strappare una risposta a q.; costringere q. a rispondere; **to f. facts out of sb.**, strappare la verità a q.

♦**force up**, *v. t.* + *avv.* far salire; far crescere; aumentare (*prezzi, quotazioni, ecc.*).

♦**force upon**, *V.* **force on**.

forceable /ˈfɔːsəbl/, *a.* (*leg.*) forzato: **f. execution**, esecuzione forzata.

forced /fɔːst/, *a.* **1** forzato; costretto; obbligato **2** forzato; artefatto; innaturale: **a f. smile**, un sorriso forzato **3** (*agric., bot.*) forzato: **f. fruits**, frutta forzata. ● **to be f. to do st.**, essere costretto (obbligato, ecc.) a fare q.c. □ (*fin.*) **f. circulation**, circolazione forzata □ (*fin.*) **f. currency**, moneta (*o* valuta) a corso forzoso; cartamoneta inconvertibile □ (*mecc.*) **f. draft**, tiraggio forzato □ (*autom., mecc.*) **f.-feed lubrication**, lubrificazione forzata □ **f. labour**, lavoro forzato □ (*aeron.*) **f. landing**, atterraggio forzato □ (*fin.*) **a f. loan**, un prestito forzoso □ (*mil.*) **f. marches**, marce forzate □ (*leg.*) **f. sale**, vendita coatta (*o* forzata) □ (*econ.*) **f. saving**, risparmio forzato.

forcedly /ˈfɔːsɪdlɪ/, *avv.* **1** forzatamente; con la coercizione; con la forza **2** con sforzo; a stento; a fatica.

to **force-feed** /ˈfɔːsfiːd/, (*pass.* e *p. p.* **force-fed**), *v. t.* **1** sottoporre (q.) ad alimentazione forzata **2** (*fig.*) imporre con la forza; propinare per forza (*una materia, un autore, ecc.*).

forceful /ˈfɔːsfl/, *a.* **1** forte; forte di carattere; vigoroso; energico **2** efficace. || **-ly**, *avv.* || **-ness**, *sost.*

forceless /ˈfɔːsləs/, *a.* senza forza; debole.

force majeure /ˈfɔːs mæˈʒɜː(r), *USA* mɑː-/ (*franc.*), *n.* (*leg.*) forza maggiore.

forcemeat /ˈfɔːsmiːt/, *n.* (*cucina*) (carne da) ripieno; farcia.

forceps /ˈfɔːseps, -əps/, *n.* (*pl.* **forceps, forcepses, forcipes**) **1** (*med.*) forcipe **2** pinza (*da dentista*).

forcible /ˈfɔːsəbl/, *a.* **1** fatto con la forza; forzato; forzoso: **f. repatriation**, rimpatrio forzato **2** forte; energico; efficace; vigoroso; convincente; vivido: **a f. act**, un'azione energica; un atto di forza; **a f. expression**, un'espressione efficace; **f. style**, stile vigoroso; **a f. orator**, un oratore convincente; **a f. description**, una vivida descrizione. ● (*leg.*) **f. detainer**, possesso illecito □ (*leg.*) **f. entry**, irruzione (*della polizia, ecc.*).

forcibleness /ˈfɔːsəblnəs/, *n.* violenza; forza; efficacia; vigore.

forcibly /ˈfɔːsəblɪ/, *avv.* **1** con la forza; a (viva) forza **2** energicamente; vigorosamente **3** efficacemente; vividamente.

forcing /ˈfɔːsɪŋ/, *n.* **1** forzatura: **the f. of a safe**, la forzatura di una cassaforte **2** (*leg.*) effrazione; scasso **3** (*market.*) spinta (*delle vendite*) **4** (*agric.*) coltura forzata; forzatura **5** (*arti grafiche*) sviluppo forzato. ● (*agric.*) **f. house**, serra.

ford /fɔːd/, *n.* guado.

to **ford** /fɔːd/, *v. t.* guadare; passare a guado.

fordable /ˈfɔːdəbl/, *a.* guadabile.

fore (**1**) /fɔː(r)/, **A** *avv.* (*naut.*) a prua; di prora; verso prua: **f. and aft**, da prua a poppa; per tutta (la lunghezza della) nave. **B** *a.* **1** anteriore; frontale; davanti: **the f. legs**, le zampe anteriori **2** (*naut.*) di prua; prodiero: **the f. part of a ship**, la parte prodiera d'una nave. **C** *n.* **1** (la) parte anteriore, frontale; (il) davanti **2** (*naut.*) prua; prora. **D** *inter.* (*nel golf*) attenzione davanti! ● (*naut.*) **f.-and-aft**, longitudinale; per chiglia □ (*naut.*) **f.-and-aft sail**, vela di taglio □ (*ind. min.*) **f. drift**, cunicolo avanzato □ **f.-edge**, margine esterno (*delle pagine*) □ (*fig.*) **to come to the f.**, mettersi in luce; farsi avanti; venire alla ribalta; diventare attuale.

fore (**2**) /fɔː(r)/, *prep.* (*poet.*) *V.* **before**.

fore (**3**) /fɔː(r)/, *pref.* (*per es., in:*) **f.-cited**, precitato; succitato.

forearm /ˈfɔːrɑːm/, *n.* (*anat.*) avambraccio.

to **forearm** /fɔːrˈɑːm/, *v. t.* preparare alla difesa; premunire.

forebear /ˈfɔːbeə(r)/, *n.* antenato; progenitore.

to **forebode** /fɔːˈbəʊd/, *v. t.* **1** (*raro*) predire; pronosticare **2** presagire; essere presagio di; preannunciare: **The sultriness of the air forebodes a storm**, l'afa che è nell'aria è presagio di tempesta **3** presentire; avere un presentimento di: **to f. a misfortune**, avere un presentimento di sventura.

foreboding /fɔːˈbəʊdɪŋ/, *n.* **1** presagio (di male); (brutto) presentimento **2** (*raro*) predizione; pronostico.

forebodingly /fɔːˈbəʊdɪŋlɪ/, *avv.* in modo da far presagire (*un disastro, ecc.*); a mo' di presagio di sventura.

forebrain /ˈfɔːbreɪn/, *n.* (*anat.*) proencefalo.

forebridge /ˈfɔːbrɪdʒ/, *n.* (*naut.*) plancia; ponte di comando.

forecabin /ˈfɔːkæbɪn/, *n.* (*naut.*) cabina di prua.

forecast /ˈfɔːkɑːst, *USA* -kæst/, *n.* previsione; predizione; pronostico: **a f. of profits**, una previsione degli utili. ● **weather f.**, previsioni del tempo; bollettino meteorologico.

to **forecast** /ˈfɔːkɑːst, *USA* -kæst/ (*pass.* e *p. p.* **forecast** *o* **forecasted**), *v. t.* prevedere; predire; pronosticare.

forecasting /ˈfɔːkɑːstɪŋ, *USA* -kæst-/, *n.* previsione. ● (*econ.*) **f. model**, modello previsionale.

forecastle /ˈfəʊksl/, *n.* (*naut.*) castello di prua. ● **f. deck**, ponte del castello; ponte di prua.

to **foreclose** /fɔːˈkləʊz/, *v. t.* **1** precludere; escludere la possibilità di **2** (*leg.*) privare (q.) del diritto di cancellare un'ipoteca (*attribuendo la proprietà del bene ipotecato al creditore ipotecario*) **3** prendere una decisione su (*un argomento*) senza metterlo in discussione; concludere in anticipo.

foreclosure /fɔːˈkləʊʒə(r)/, *n.* **1** preclusione; esclusione **2** (*leg.*) privazione del diritto di cancellare un'ipoteca (*con il conseguente passaggio della proprietà del bene ipotecato al creditore ipotecario*).

forecourt /ˈfɔːkɔːt/, *n.* **1** corte esterna; cortile anteriore; spiazzo **2** (*tennis*) zona di battuta. ● (*ferr.*) **station f.**, piazzale della stazione.

to **foredate** /fɔːˈdeɪt/, *v. t.* antidatare (*una lettera, ecc.*).

foredeck /ˈfɔːdek/, *n.* (*naut.*) ponte di prua; ponte del castello.

to **foredoom** /fɔːˈduːm/, *v. t.* condannare (in anticipo); predestinare: **Their attack was foredoomed to defeat**, il loro attacco era condannato all'insuccesso.

forefather /ˈfɔːfɑːðə(r)/, *n.* antenato; avo; progenitore.

forefinger /ˈfɔːfɪŋgə(r)/, *n.* (*anat.*) (dito) indice.

forefoot /ˈfɔːfʊt/, *n.* (*pl.* **forefeet**) **1** piede (*o* zampa) anteriore (*di quadrupede*) **2** (*naut.*) piè di ruota (*di prora*).

forefront /ˈfɔːfrʌnt/, *n.* **1** parte anteriore; (il) davanti; facciata (*di un edificio*) **2** (*mil.*) prima linea **3** (*fig.*) avanguardia: **to be in the f. of civilization**, essere all'avanguardia della civiltà.

to **foregather** /fɔːˈgæðə(r)/, *V.* **to forgather**.

foregift /ˈfɔːgɪft/, *n.* (*leg.*) buonuscita.

to **forego** /fɔːˈgəʊ/ (*pass.* **forewent**, *p. p.* **foregone**), *v. t.* e *i.* **1** (*arc.*) venire prima; precedere **2** *V.* **to forgo**.

foregoer /fɔːˈgəʊə(r)/, *n.* predecessore; precursore, precorritrice.

foregoing /ˈfɔːgəʊɪŋ/, *a.* precedente; anteriore; summenzionato; suddetto. ● **the f.**, ciò che precede.

foregone /ˈfɔːgɒn, *USA* -ˈgɔːn/, **A** *p. p.* di **to forego**. **B** *a.* **1** precedente; anteriore **2** passato **3** previsto; preconcetto; inevitabile; scontato: **f. conclusion**, esito previsto; risultato scontato. ● **f. decision**, decisione già scontata; partito preso.

foreground /ˈfɔːgraʊnd/, *n.* **1** (*arti figurative*) primo piano **2** (*fig.*) posizione preminente (*o* di primo piano); centro (*dell'interesse*). ● **He is always in the f.**, è sempre molto in vista.

forehand /fɔːˈhænd/, **A** *a.* (*nel tennis*) (di) diritto: **a f. stroke**, un colpo diritto. **B** *n.* **1** (*tennis, ecc.*) diritto **2** parte anteriore del cavallo (*dal garrese alla testa*). **C** *avv.* (*tennis*) di diritto.

to **forehand** /fɔːˈhænd/, *v. t.* (*tennis*) effettuare (*un tiro*) di diritto.

forehanded /fɔːˈhændɪd/, *a.* 1 (*tennis*) (di) diritto **2** (*USA*) previdente; provvido; parsimonioso **3** (*USA*) benestante; ricco.

forehead /ˈfɒrɪd, ˈfɔːhed, *USA* ˈfɔː-, ˈfɔːhed/, *n.* (*anat.* e *fig.*) fronte.

foreign /ˈfɒrən, *USA* ˈfɔː-/, *a.* **1** straniero; forestiero; estero; esotico: **f. affairs**, affari esteri **2** dall'estero: **f. news**, notizie dall'estero **3** estraneo; alieno: **Unkindness is f. to his character**, la scortesia è estranea al suo carattere. ● (*econ.*) **f. aid**, aiuti ai paesi esteri □ (*in G.B., dal 1968*) **the F. and Commonwealth Office**, il Ministero degli Esteri e per i Rapporti con i Paesi del Commonwealth □ (*econ., fin.*) **f. balance**, saldo con l'estero □ (*comm.*) **f. bill**, cambiale estera □ (*med.*) **f. body**, corpo estraneo □ (*banca*) **f. borrowings**, provvista in valuta estera □ **f. correspondent**, (*comm. est.*) corrispondente all'estero; (*anche*) corrispondente in lingue estere □ (*fin.*) **f. currency**, divisa (*o* valuta) estera □ (*econ.*) **f. demand**, domanda estera □ **f. exchange**, cambio estero; *V.* **f. currency** □ **f.-exchange broker**, intermediario di cambio □ (*fin.*) **f.-exchange dealer**, cambiavalute □ (*fin.*) **f.-exchange rate**, corso (*o* tasso) di cambio □ (*fin.*) **f.-exchange reserves**, riserve valutarie □ (*econ.*) **f. manpower**, manodopera straniera □ (*mil.*) **f. legion**, legione straniera □ (*in G.B., fino al 1968*) **the F. Office**, il Ministero degli Esteri □ **F. Secretary**, Ministro degli Esteri (*in G.B.*) □ **f. trade**, commercio estero (*o* con l'estero) □ (*tur.*) **f. travel**, i viaggi all'estero.

foreigner /ˈfɒrənə(r), *USA* ˈfɔː-/, *n.* **1** straniero, straniera; forestiero, forestiera **2** (*naut.*) nave straniera **3** animale (*o* oggetto) importato dall'estero.

to **forejudge** /fɔːˈdʒʌdʒ/, *v. t.* giudicare a priori.

to **foreknow** /fɔːˈnəʊ/ (*pass.* **foreknew**, *p. p.* **foreknown**), *v. t.* conoscere in anticipo; prevedere.

foreknowledge /fɔːˈnɒlɪdʒ/, *n.* preconoscenza; prescienza.

forel /ˈfɒrəl, *USA* ˈfɔː-/, *n.* finta pergamena (*per ricoprire registri*).

foreland /ˈfɔːlənd/, *n.* *1* (*geogr.*) avanterra *2* (*geol.*) avampaese *3* (*edil.*) terreno antistante una costruzione *4* zona costiera.

foreleg /ˈfɔːlɛg/, *n.* zampa anteriore (*di quadrupede*).

forelimb /ˈfɔːlɪm/, *n.* (*zool.*) arto anteriore.

forelock (1) /ˈfɔːlɒk/, *n.* ciocca di capelli sulla fronte; ciuffo. ● **to take an occasion by the f.**, acciuffare (*o* prendere al volo) un'occasione □ **to take time by the f.**, cogliere il momento opportuno; prendere la fortuna per il ciuffo.

forelock (2) /ˈfɔːlɒk/, *n.* (*mecc.*) coppiglia.

to **forelock** /ˈfɔːlɒk/, *v. t.* (*mecc.*) assicurare, fissare (*un bullone, ecc.*) con una coppiglia.

foreman /ˈfɔːmən/, *n.* (*pl.* **foremen**) *1* caposquadra; capomastro; capo (*di operai*) *2* (*leg.*) capo della giuria; primo giurato *3* (*tipogr.*) proto. ● (*ind.*) **chief** (**shop**) **f.**, capo officina.

foremast /ˈfɔːmɑːst, -əst, *USA* -æst, -əst/, *n.* (*naut.*) albero di trinchetto.

forementioned /fɔːˈmɛnʃnd/, *a.* summenzionato; suddetto.

foremost /ˈfɔːməʊst/, **A** *a.* *1* primo: **to be f.**, essere il primo (fra tutti) *2* principale; preminente; più eminente; migliore: **Christopher Wren was the f. architect of his age**, Christopher Wren fu il miglior architetto del suo tempo. **B** *avv.* *1* in prima fila; in testa *2* (*di solito* **first and f.**) anzitutto; per prima cosa. ● **with one's head f.**, a capofitto; a precipizio.

forename /ˈfɔːneɪm/, *n.* prenome; nome di battesimo.

forenoon /ˈfɔːnuːn/, *n.* (*arc.*) mattina; mattinata.

forensic /fəˈrɛnsɪk, *USA* -zɪk/, *a.* forense. ● **f. medicine**, medicina legale (*o* forense) □ (*USA*) **f. sciences**, medicina legale.

to **foreordain** /fɔːrɔːˈdeɪn/, *v. t.* *1* preordinare *2* predestinare.

foreordination /fɔːrɔːdɪˈneɪʃn/, *n.* *1* preordinazione *2* predestinazione.

forepart /ˈfɔːpɑːt/, *n.* parte anteriore; avantreno (*di un automezzo, ecc.*).

forepaw /ˈfɔːpɔː/, *n.* zampa anteriore (*di quadrupede*).

forepeak /ˈfɔːpiːk/, *n.* (*naut.*) gavone di prua; gavone prodiero. ● **f. bulkhead**, paratia di collisione; parte stagna prodiera.

foreplay /ˈfɔːpleɪ/, *n.* preliminari (*al rapporto sessuale*).

forequarter /ˈfɔːkwɔːtə(r)/, *n.* quarto anteriore (*di bestia macellata*).

to **forereach** /fɔːˈriːtʃ/, **A** *v. t.* sorpassare; superare; sopravanzare. **B** *v. i.* *1* avvicinarsi in fretta; guadagnar terreno *2* (*naut.*) mantenere l'abbrivo.

forerun /ˈfɔːrʌn/, *n.* (*chim.*: *nella distillazione*) testa; prodotto di testa.

to **forerun** /fɔːˈrʌn/ (*pass.* **foreran**, *p. p.* **forerun**), *v. t.* precorrere; essere un precursore di; adombrare; prefigurare.

forerunner /ˈfɔːrʌnə(r)/, *n.* *1* precursore; antesignano *2* battistrada; araldo *3* presagio; indizio; sintomo *4* (*sport*) apripista (*sciatore*).

foresail /ˈfɔːseɪl/, *n.* (*naut.*) *1* vela di trinchetto *2* trinchettina; vela di strallo *3* randa di trinchetto.

to **foresee** /fɔːˈsiː/ (*pass.* **foresaw**, *p. p.* **foreseen**), *v. t.* prevedere; presentire; antivedere.

foreseeable /fɔːˈsiːəbl/, *a.* *1* prevedibile *2* prossimo; immediato; vicinissimo.

foreseeing /fɔːˈsiːɪŋ/, *a.* preveggente; profetico.

foreseer /fɔːˈsiːə(r)/, *n.* veggente; profeta, profetessa; sibilla (*lett.*).

to **foreshadow** /fɔːˈʃædəʊ/, *v. t.* adombrare; prefigurare; presagire.

foreshaft /ˈfɔːʃɑːft, *USA* -æft/, *n.* (*ind. min.*) avampozzo.

foreshore /ˈfɔːʃɔː(r)/, *n.* *1* battigia; zona intercotidale *2* (*per estens.*) spiaggia; lido.

to **foreshorten** /fɔːˈʃɔːtn/, *v. t.* *1* (*arte*) disegnare di scorcio; rappresentare di scorcio (*o* in prospettiva) *2* accorciare; scorciare; ridurre.

foreshortening /fɔːˈʃɔːtnɪŋ/, *n.* (*arte*) scorcio.

to **foreshow** /fɔːˈʃəʊ/ (*pass.* **foreshowed**, *p. p.* **foreshown**), *v. t.* (*arc.*) preannunciare; predire; prefigurare.

foresight /ˈfɔːsaɪt/, *n.* *1* preveggenza; prescienza *2* previdenza; lungimiranza; prudenza *3* lettura altimetrica *4* (*mil.*) mirino anteriore.

foresighted /fɔːˈsaɪtɪd/, *a.* *1* preveggente *2* previdente; prudente.

foreskin /ˈfɔːskɪn/, *n.* (*anat.*) prepuzio.

forest /ˈfɒrɪst, *USA* ˈfɔː-/, *n.* *1* foresta; bosco; selva (*anche fig.*): **a f. of factory chimneys**, una selva di ciminiere *2* riserva di caccia (*specialm. d'un sovrano*). ● **f. animals**, animali delle foreste □ **f. conservation**, conservazione delle foreste □ **f. laws**, leggi forestali □ **f. park**, parco nazionale di terreni boschivi □ (*USA*) **f. ranger**, guardia forestale □ **f.-tree**, albero d'alto fusto □ **pine f.**, pineta.

to **forest** /ˈfɒrɪst, *USA* ˈfɔː-/, *v. t.* afforestare; imboschire.

forestage (1) /ˈfɒrɪstɪdʒ, *USA* ˈfɔː-/, *n.* (*leg., stor.*) legnatico.

forestage (2) /ˈfɔːsteɪdʒ/, *n.* (*teatr.*) proscenio.

forestal /ˈfɒrɪstl, *USA* ˈfɔː-/, *a.* forestale; boschivo.

to **forestall** /fɔːˈstɔːl/, *v. t.* *1* prevenire; precedere: **to f. an opponent**, prevenire un avversario; **to f. competitors**, precedere (*o* anticipare) la concorrenza *2* (*econ.*) accaparrare, fare incetta di (*merci, un raccolto, ecc.*).

forestaller /fɔːˈstɔːlə(r)/, *n.* *1* bagarino *2* (*econ.*) accaparratore, accaparratrice; incettatore, incettatrice.

forestalling /fɔːˈstɔːlɪŋ/, *n.* *1* bagarinaggio *2* (*econ.*) accaparramento; incetta.

forestation /fɒrəˈsteɪʃn, *USA* fɔː-/, *n.* afforestamento; imboschimento.

forestay /ˈfɔːsteɪ/, *n.* (*naut.*) strallo (*o* straglio) di trinchetto.

forester /ˈfɒrɪstə(r), *USA* ˈfɔː-/, *n.* *1* guardia forestale; guardaboschi *2* abitante (*o* animale) dei boschi *3* silvicoltore, selvicoltore *4* (*zool., Zigaena*) zigena.

forestry /ˈfɒrɪstrɪ, *USA* ˈfɔː-/, *n.* silvicoltura, selvicoltura.

foretaste /ˈfɔːteɪst/, *n.* *1* pregustazione; assaggio *2* anticipo, assaggio (*fig.*); esperienza preliminare: **That is only a f. of what will come**, questo non è che un anticipo di quel che verrà; questo è niente a paragone di quel che verrà poi.

to **foretaste** /fɔːˈteɪst/, *v. t.* *1* pregustare; assaggiare *2* sperimentare in anticipo; fare un'esperienza preliminare di (q.c.).

to **foretell** /fɔːˈtɛl/ (*pass.* e *p. p.* **foretold**), *v. t.* predire; pronosticare.

foretelling /fɔːˈtɛlɪŋ/, *n.* predizione; profezia.

forethought /ˈfɔːθɔːt/, **A** *n.* *1* previdenza; preveggenza *2* avvertenza: **I had the f. to take my umbrella**, ebbi l'avvertenza di prendere l'ombrello *3* premeditazione. **B** *a.* premeditato; deliberato.

foretime /ˈfɔːtaɪm/, *n.* (il) passato; (i) tempi andati.

foretoken /ˈfɔːtəʊkən/, *n.* presagio; premonizione; annuncio premonitore.

to **foretoken** /fɔːˈtəʊkən/, *v. t.* presagire; preannunciare.

foretold /fɔːˈtəʊld/, *pass.* e *p. p.* di **to foretell**.

foretooth /ˈfɔːtuːθ/, *n.* (*pl.* **foreteeth**) dente davanti; incisivo.

foretop /ˈfɔːtɒp/, *n.* (*naut.*) coffa di trinchetto. ● **fore-topgallant mast**, alberetto di velaccino □ **fore-topgallant sail**, velaccino □ **fore-topmast**, albero di parrocchetto □ **fore-topsail**, vela di parrocchetto.

forever /fəˈrɛvə(r)/, *avv.* sempre; per sempre; in ogni occasione. ● (*fam.*) **It will take you f.**, ci metterai una vita!

forevermore /fərɛvəˈmɔː(r)/, *avv.* (*lett.*) per sempre; in eterno.

to **forewarn** /fɔːˈwɔːn/, *v. t.* preavvisare; preavvertire. ● (*prov.*) **Forewarned is forearmed**, uomo avvisato è mezzo salvato.

forewarning /fɔːˈwɔːnɪŋ/, *n.* avvertimento; preavviso.

forewent /fɔːˈwɛnt/, *pass.* di **to forego**.

forewoman /ˈfɔːwʊmən/, *n.* (*pl.* **forewomen**) *1* prima operaia; prima lavorante; caporeparto (*donna*); maestra (*di lavoro*) *2* (*leg.*) capo di una giuria femminile; prima giurata.

foreword /ˈfɔːwɜːd/, *n.* prefazione; introduzione; proemio.

foreyard /ˈfɔːjɑːd/, *n.* (*naut.*) pennone di trinchetto.

forfeit /ˈfɔːfɪt/, **A** *n.* *1* ammenda; multa; penalità; penale *2* (*leg.*) confisca; cosa confiscata *3* (*fig.*) fio; pena: **His life was the f.**, pagò il fio con la vita *4* (*nei giochi*) pegno; penitenza *5* (*pl.*) giochi di società con pegni: **to play forfeits**, giocare a giochi (di società) con pegni. **B** *a.* confiscato; perduto.

to **forfeit** /ˈfɔːfɪt/, *v. t.* *1* perdere; essere privato di (*q.c., per confisca, colpa propria, ecc.*); giocarsi (*fam.*): **to f. one's life**, perdere la vita; **to f. health [happiness]**, giocarsi la salute [la felicità]; **to f. one's honour**, perdere l'onore; essere disonorato *2* (*leg.*) perdere (*un diritto*) per inadempimento (*o* per violazione di una norma, confisca, ecc.). ● (*leg.*: *di chi è in libertà su cauzione*) **to f. one's bail**, non comparire in giudizio.

forfeitable /ˈfɔːfɪtəbl/, *a.* confiscabile; che può essere perduto.

forfeiter /ˈfɔːfɪtə(r)/, *n.* chi perde un bene in seguito a confisca.

forfeiting /ˈfɔːfɪtɪŋ/, *n.* (*comm. est., fin.*) forfaiting; forfetizzazione.

forfeiture /ˈfɔːfɪtʃə(r)/, *n.* (*leg.*) *1* confisca; perdita: **the f. of one's goods**, la perdita dei propri averi *2* penalità; penale *3* bene confiscato *4* (*ind. min.*) revoca della concessione. ● **the f. of a right**, la decadenza da (*o* la perdita di) un diritto.

to **forfend** /fɔːˈfɛnd/, *v. t.* *1* (*arc.*) impedire; prevenire; stornare *2* (*USA*) conservare; proteggere. ● **God f.!**, Dio ne scampi e liberi!

to **forgather** /fɔːˈgæðə(r)/, *v. i.* (*arc.*) *1* adunarsi; riunirsi *2* (*raro*) incontrarsi (*per caso*) *3* fraternizzare; essere in rapporti d'amicizia (*con q.*).

forgave /fəˈgeɪv/, *pass.* di **to forgive**.

forge /fɔːdʒ/, *n.* *1* fucina; forgia *2* fornace *3* ferriera. ● **f. bellows**, mantice □ **f. hammer**, maglio per fucinare.

to **forge** (1) /fɔːdʒ/, **A** *v. t.* *1* fucinare, forgiare (*metalli, ecc.*) *2* (*fig.*) forgiare; creare; plasmare *3* (*fig., leg.*) contraffare; falsare; falsificare: **to f. a signature**, contraffare una firma; **to f. a banknote [a cheque]**, falsificare una banconota [un assegno] *4* (*fig.*) fabbricare, inventare (*una stor., ecc.*). **B** *v. i.* *1* lavorare in una fucina; fare il fabbro ferraio *2* fare un falso.

to **forge** (2) /fɔːdʒ/, *v. i.* *1* andare avanti per gradi, con difficoltà; tirare avanti *2* (*di cavallo, podista*) portarsi in testa (*in una corsa*) *3* (*naut.*) procedere a tutta velocità. ● **to f. ahead**, avanzare con decisione (*o* con sicurezza; *fig.*); fare progressi □ (*sport*) **to f. into the lead**, prendere il comando.

forgeability /fɔːdʒəˈbɪlətɪ/, *n.* (*metall.*) fucinabilità.

forgeable /ˈfɔːdʒəbl/, *a.* (*metall.*) fucinabile.

forged /fɔːdʒd/, *a.* *1* (*di metallo*) fucinato; forgiato (*anche fig.*) *2* contraffatto; falso: **a f. passport**, un passaporto falso.

forgeman /ˈfɔːdʒmən/, *n.* (*pl.* **forgemen**) fabbro ferraio.

forgemaster /ˈfɔːdʒmɑːstə(r), *USA* -æs-/, *V.* **forgeman**.

forger /ˈfɔːdʒə(r)/, *n.* *1* (*metall.*) fucinatore; forgiatore *2* (*leg.*) contraffattore; falsario, falsaria.

forgery /ˈfɔːdʒərɪ/, *n.* *1* (*leg.*) contraffazione; falsificazione *2* documento falso; firma falsa; falso: **This signature is a f.**, questa firma è un falso. ● (*leg.*) **f. of seals**, falsificazione dei sigilli □ (*leg.*) **crime of f.**, reato di falso.

to **forget** /fəˈgɛt/ (*pass.* **forgot**, *p. p.* **forgotten**), **A** *v. t.* e *i.* *1* dimenticare, dimenticarsi; obliare (*lett.*); scordare, scordarsi; non ricordare; trascurare (*di fare q.c.*): **Don't f. about it**, non te ne scordare; **I'll never f. you**, non ti dimenticherò mai; **I f. his name**, non ricordo il suo nome *2* non tenere in nessun conto; trascurare: **Some politicians f. the wishes of the voters**, certi uomini politici non tengono in nessun conto i desideri degli elettori; **to f. one's duty**, trascurare il proprio dovere. **B** to **forget oneself**, *v. rifl.* (*fam.*) *1* comportarsi indecorosamente; perdere le staffe (*fig.*) *2* pensare solo agli altri; essere altruista (*o* disinteressato). ● **to forgive and f.**, metterci una pietra sopra (*fig.*) □ **Let's f. it**, lasciamo perdere; non parliamone più □ **«I'm sorry I've dropped your lighter» «F. it»**, «mi spiace d'aver fatto cadere il tuo accendino» «non pensarci!» (*o* «lascia perdere!») □ **not forgetting**, senza trascurare; compreso.

forgetful /fəˈgɛtfl/, *a.* *1* di poca memoria; smemorato *2* dimentico; noncurante; immemore: **He is f. of his duties**, è dimentico dei suoi doveri *3* (*poet.*) che dà l'oblio: **f. sleep**, il sonno che dà l'oblio. ‖ **-ly**, *avv.* ‖ **-ness**, *sost.*

forget-me-not /fəˈgɛtmɪnɒt/, *n.* (*bot.*, *Myosotis scorpioides*) nontiscordardimé; miosotide.

forgettable /fəˈgɛtəbl/, *a.* che si può dimenticare; dimenticabile.

forgetter /fəˈgɛtə(r)/, *n.* persona di poca memoria; smemorato.

forging /ˈfɔːdʒɪŋ/, *n.* *1* fucinatura, forgiatura (*di metalli, ecc.*) *2* (pezzo) fucinato, forgiato. ● (*metall.*) **f. machine**, fucinatrice; forgiatrice □ (*metall.*) **f. press**, pressa per fucinatura (*o* per stampaggio a caldo).

forgivable /fəˈgɪvəbl/, *a.* perdonabile.

to **forgive** /fəˈgɪv/ (*pass.* **forgave**, *p. p.* **forgiven**), *v. t.* e *i.* *1* perdonare; perdonare a: **F. me!**, perdonami! (*o* perdono!); **Can you ever f. me?**, potrai mai perdonarmi?; **to f. sb. st.**, perdonare q.c. a q.; **to f. sb. for doing st.**, perdonare a q. d'aver fatto q.c. *2* rimettere, condonare (*una colpa, una pena, ecc.*): **to f. a debt**, condonare un debito; (*relig.*) **F. our sins**, rimetti i nostri peccati. ● **F. my ignorance**, scusa la mia ignoranza!

forgiven /fəˈgɪvn/, *p. p.* di **to forgive**.

forgiveness /fəˈgɪvnəs/, *n.* *1* perdono: **to ask sb.'s f.**, chieder perdono a q. *2* remissione; condono: (*relig.*) **the f. of sins**, la remissione dei peccati *3* tendenza al perdono; clemenza; indulgenza.

forgiving /fəˈgɪvɪŋ/, *a.* clemente; indulgente; comprensivo. ‖ **-ly**, *avv.* ‖ **-ness**, *sost.*

to **forgo** /fɔːˈgəʊ/ (*pass.* **forwent**, *p. p.* **forgone**), *v. t.* astenersi da; rinunciare a; fare a meno di: **to f. a profit**, rinunciare a un profitto; **to f. one's coffee**, fare a meno del caffè.

forgone /fɔːˈgɒn/, *p. p.* di **to forgo**.

forgot /fəˈgɒt/, *pass.* di **to forget**.

forgotten /fəˈgɒtn/, *p. p.* di **to forget**. ● **never-to-be-f.**, indimenticabile; memorabile.

fork /fɔːk/, *n.* *1* forchetta *2* (*agric.*, = **pitchfork**) forca; forcone; bidente (*per scavare*); tridente (*per fieno, ecc.*): **a stable f.**, un forcone da stalla *3* ramo biforcuto; forcella (*d'albero*) *4* biforcazione; bivio: **a f. in the road**, una biforcazione della strada *5* (*anat.*) inforcatura *6* (*mecc.*) forcella (*di bicicletta, ecc.*): **telescopic f.**, forcella telescopica (*di motocicletta*) *7* (*scacchi*) forchetta *8* (*mus.*, = **tuning f.**) diapason. ● **f.-lift truck**, *V.* **f. truck** □ **a f. supper**, una cena fredda (*o* in piedi) □ (*mecc.*) **f. truck**, carrello elevatore a forcale □ (*mecc.*) **f.-wrench**, chiave a forcella.

to **fork** /fɔːk/, **A** *v. t.* *1* (*agric.*) smuovere (*o* spostare, trasportare) con la forca; inforcare: **to f. hay**, inforcare il fieno *2* biforcare; far dividere in due. **B** *v. i.* *1* biforcarsi: **The river forks here**, il fiume si biforca in questo punto *2* (*di persona*) girare, voltare, deviare (*a destra, ecc.*) *3* (*del lampo*) biforcarsi. ● **to f. down hay**, tirar giù il fieno con il forcone □ **to fork in**, interrare (*concime, ecc.*) col bidente □ (*fam.*) **to f. out** (*o* **over, up**), cacciar fuori, sborsare (*denaro*); pagare, consegnare (*merce*).

forked /fɔːkt/, *a.* *1* che si biforca; forcuto; biforcuto: **a f. road**, una strada che si biforca *2* biforcato: **f. lightning**, fulmine biforcato *3* (*mecc.*) a forcella: **a f. lever**, una leva a forcella. ● **three-f.**, a tre rebbi; a tre punte.

forkful /ˈfɔːkfʊl/, *n.* *1* forchettata: **a f. of spaghetti**, una forchettata di spaghetti *2* (*agric.*) forcata.

forklift /ˈfɔːklɪft/, *n.* (*mecc.*) elevatore a forca.

forky /ˈfɔːkɪ/, *a.* (*poet.*) forcuto; biforcuto.

forlorn /fəˈlɔːn, fɔː-/, *a.* *1* abbandonato; dimenticato da Dio; derelitto; perduto *2* disperato; misero; sconsolato *3* disperato; vano. ● **f. hope**, vana speranza; (*fig.*) impresa disperata; (*mil.*) pattuglia inviata in missione pericolosa □ (*poet.*) **to be f. of st.**, essere privo (*o* venire privato) di q.c.

form /fɔːm/, *n.* *1* forma (*quasi in ogni senso*); aspetto; apparenza; foggia; figura (*anche umana*); forme (*del corpo*); sagoma; formalità; convenzione; formula; cerimonia; maniera; stile; modo di fare; (*gramm.*) forma: **I'll do it just for f.'s sake**, lo farò tanto per la forma (per cerimonia, per salvare le apparenze); **Her tight dress revealed her f.**, l'abito attillato rivelava le sue forme; **a democratic f. of government**, una forma di governo democratica; **The wizard took the f. of a lion**, il mago assunse l'aspetto di un leone; **in the f. of a ghost**, in forma di spettro; **That is common f.**, non è che una formalità; **a f. of prayer**, una forma (*o* formula) di preghiera; **His f. in serving at tennis is good**, il suo stile nell'effettuare il servizio (a tennis) è buono; **the f. of a wedding announcement**, la formula di una partecipazione di nozze; **plural f.**, forma plurale *2* modulo: **an application f.**, un modulo di domanda (*d'impiego*); **an income tax f.**, un modulo per la denuncia dei redditi; **a telegraph f.**, un modulo telegrafico *3* modello; stampato; scheda *4* condizioni fisiche e mentali; vena (*fig.*); forma: **He is in good f.** (*o* **on f.**, *USA*: **in f.**) **today**, oggi è in buone condizioni fisiche (*o* in vena, in forma); **My horse is out of f.** (*o* **is in bad f.**), il mio cavallo non è in forma; (*d'atleta, ecc.*) **to be in** (*o* **on**) **great f.**, essere in gran forma; **to lose f.**, andar giù di forma *5* banco (*lungo e senza spalliera*); panca (*un tempo usati nelle scuole*) *6* classe (*specialm. di «public school»*); scolaresca: **I'm going to take my f. downstairs**, accompagnerò la mia classe al piano terreno *7* (*USA*: *tipogr.*, *cfr. ingl.* **forme**) forma (*di stampa*) *8* covo; tana (*di lepre e sim.*) *9* (*pop.*) fedina (penale) sporca: **to have got f.**, avere la fedina sporca *10* (*tecn.*) forma; stampo; cassaforma *11* (*elab.*) maschera di raccolta (*dei dati sullo schermo*). ● (*mecc.*) **f. grinding**, profilatura alla mola □ **f. letter**, lettera prestampata □ **f. of address**, modo di rivolgersi (a una persona) □ **a f. of speech**, un modo di dire □ **as a matter of f.**, proforma □ **bad** (*o* **poor**) **f.**, cattive maniere; maleducazione: **It is bad f. to chew gum at table**, è da maleducato masticare gomma a tavola □ **face and f.**, il viso e le forme (*le membra*) □ **for f.'s sake**, per salvare la forma □ **good f.**, buone maniere; buona educazione; ciò che si conviene; ciò che s'addice □ **in due f.**, nella debita forma; come si conviene; secondo la consuetudine □ **true to f.**, come ci si poteva aspettare □ **That is bad f.**, non sta bene!; non è buona creanza!

to **form** /fɔːm/, **A** *v. t.* *1* formare; foggiare; costituire; costruire; formulare; fare: **to f. a new government**, formare un nuovo governo; **to f. an idea about st.**, formarsi (*o* farsi) un'idea di (*o* su) q.c.; **a school formed after the English model**, una scuola costituita su modello inglese; (*fin.*) **to f. a company**, costituire una società di capitali; (*ling.*) **to f. sentences**, formare (*o* costruire) frasi; **to f. a committee**, formare una commissione; **to f. a plan**, fare (*o* formulare) un piano *2* (*specialm. mil.*) disporre; ordinare; mettere in riga: **to f. soldiers into line**, mettere in riga (*o* allineare) soldati *3* (*tecn.*) lavorare; foggiare. **B** *v. i.* *1* formarsi; farsi; costituirsi: **Ice forms when the temperature of water falls below zero**, il ghiaccio si forma quando la temperatura dell'acqua scende sotto lo zero *2* prendere forma: **A new plan formed in my mind**, un nuovo progetto prese forma nella mia mente *3* (*specialm. mil.*) disporsi; ordinarsi; mettersi: **The platoon formed (up) into a line**, il plotone si mise in riga (*o* si allineò). ● **to f. bad habits**, prendere cattive abitudini □ (*fig.*) **to f. a chain**, fare la catena □ (*mil.*) **to f. fours**, disporsi per quattro □ (*mil.*) **to f. into columns**, incolonnarsi □ **to f. st. into**, dare a q.c. la forma di: **She formed the dough into little balls and then flattened them out**, con la pasta fece tante palline e poi le schiacciò □ (*anche mil.*) **to f. up**, mettersi in riga; allinearsi □ **«F. queue this side»** (*cartello*), «mettersi in coda da questo lato» (*a una fermata d'autobus, in G.B.*) □ **to f. up**, mettere (*o* mettersi) in ordine (*o* in riga).

formability /fɔːməˈbɪlətɪ/, *n.* (*tecn.*) lavorabilità; foggiabilità.

formable /ˈfɔːməbl/, *a.* (*tecn.*) lavorabile; foggiabile.

formal /ˈfɔːml/, *a.* *1* formale; esplicito; chiaro e solenne; regolare: (*filos.*) **f. cause**, causa formale *2* convenzionale; cerimonioso; di (*o* da) cerimonia; per cerimonia; di convenienza; formale; tradizionale; ufficiale: **a f. wedding**, un matrimonio tradizionale; **f. manners**, maniere cerimoniose; **f. dress**, abito da cerimonia; **a f. call**, una visita di convenienza; **a f. bow**, un inchino formale; (*polit.*) **f. consultations**, consultazioni ufficiali; **a f. denial**, una smentita ufficiale *3* regolare; geometrico; simmetrico *4* non essenziale; non sostanziale: **a f. requirement**, un requisito non essenziale *5* (*di persona*) formalista. ● (*leg.*) **f. contract**, contratto formale □ **f. denial**, smentita ufficiale □ **a f. garden**, un giardino classico (*o* all'italiana) □ **the f. handshake**, la stretta di mano di prammatica □ (*leg.*) **f. information**, denuncia □ (*leg.*) **f. notice**, intimazione □ **The dance will be f.**, il ballo sarà di gala (*ci vorrà l'abito da sera, ecc.*).

formaldehyde /fɔːˈmældɪhaɪd/, *n.* (*chim.*) formaldeide.

formalin /ˈfɔːməlɪn/, *n.* (*chim.*) formalina.

formalism /ˈfɔːməlɪzəm/, *n.* formalismo.

formalist /ˈfɔːməlɪst/, **A** *n.* formalista. **B** *a.* formalistico.

formalistic /fɔːməˈlɪstɪk/, *a.* formalistico.

formality /fɔːˈmælətɪ/, *n.* *1* formalità; modalità: **legal formalities**, formalità legali; **a mere f.**, una pura formalità *2* cerimoniosità; convenzionalità; etichetta.

formalization /fɔːməlaɪˈzeɪʃn, *USA* -lɪˈz-/, *n.* *1* (*filos.*, *ling.*) formalizzazione *2* il rendere formale (*o* formalistico).

to **formalize** /ˈfɔːməlaɪz/, **A** *v. t.* *1* (*filos.*) formalizzare *2* rendere formale (*o* formalistico) *3* formare; foggiare; dare forma a. **B** *v. i.* essere cerimonioso; essere un formalista.

formally /ˈfɔːməlɪ/, *avv.* *1* formalmente *2* come si deve; nel modo prescritto *3* cerimoniosamente; secondo l'etichetta.

format /ˈfɔːmæt/, *n.* *1* formato (*d'un libro e sim.*) *2* (*elab.*) formato; tracciato; impaginazione; struttura.

to **format** /ˈfɔːmæt/, *v. t.* (*elab.*) formattare.

formate /ˈfɔːmeɪt/, *n.* (*chim.*) formiato (*sale dell'acido formico*).

formation /fɔːˈmeɪʃn/, *n.* formazione (*anche*

geol., mil.); composizione; costituzione; struttura; (*mil.*) ordine: (*mil.*) **f. bombing**, bombardamento in formazione; **the f. of a partnership**, la costituzione di una società di persone; **in flying f.**, in formazione di volo; **rock formations**, formazioni rocciose.

formative /'fɔːmətɪv/, **A** *a.* (*anche gramm.* e *ling.*) formativo: **f. teaching**, insegnamento formativo. **B** *n.* (*gramm.*) *1* elemento formativo; affisso *2* parola composta (*con un affisso*). ● (*di un bambino*) **f. age**, età della formazione.

formatting /'fɔːmætɪŋ/, *n.* (*elab.*) formattazione.

forme /fɔːm/, *n.* (*tipogr., cfr. USA* **form**) forma (*di stampa*).

former (1) /'fɔːmə(r)/, *n.* *1* operaio formatore *2* stampo.

former (2) /'fɔːmə(r)/, **A** *a.* *1* precedente; passato; antico; andato: **in f. times**, nei tempi andati, passati; **on a f. occasion**, in un'occasione precedente *2* ex: **my f. students**, i miei ex alunni. **B** *a.* e *pron.* primo (*di due*); (*correl. di* **latter**:) questo; l'uno: **Of the two pictures, I prefer the f.**, dei due quadri preferisco il primo; **the f..., the latter**, questo... quello; l'uno... l'altro. ● **She is once again her f. self**, è tornata quella di prima; è di nuovo se stessa □ **He's a f. friend of mine**, un tempo era mio amico.

former (3) /'fɔːmə(r)/, *a.* (*ingl., nei composti*) studente di (*un certo anno*): **a fifth-f.**, uno studente del quint'anno.

formerly /'fɔːməlɪ/, *avv.* tempo addietro; un tempo; una volta; in passato; precedentemente; già.

formic /'fɔːmɪk/, *a.* (*chim.*) formico: **f. acid**, acido formico.

Formica /fɔː'maɪkə/, *n.* (*marchio: ind.*) formica: **a F.-topped desk**, uno scrittoio dal piano di formica.

formication /fɔːmɪ'keɪʃn/, *n.* (*med.*) formicolio; informicolamento.

formidability /fɔːmɪdə'bɪlətɪ/, *n.* *1* l'essere formidabile; spaventosità *2* arduità; durezza (*V.* **formidable**).

formidable /'fɔːmɪdəbl, fɔː'mɪd-/, *a.* *1* formidabile; che incute terrore; spaventoso; che si fa rispettare; di tutto rispetto: **a f. competitor**, un concorrente formidabile *2* arduo; duro: **a f. job**, un lavoro arduo *3* formidabile; eccezionale; straordinario. || **-ness**, *sost.* || **-bly**, *avv.*

forming /'fɔːmɪŋ/, *n.* *1* (*anche elettr.*) formazione *2* (*metall., ecc.*) formatura *3* (*mecc.*) piegatura. ● (*mecc.*) **f. press**, pressa per piegatura □ (*mecc.*) **f. tool**, utensile profilatore.

formless /'fɔːmləs/, *a.* informe; amorfo.

formlessness /'fɔːmləsnəs/, *n.* l'essere informe.

formula /'fɔːmjʊlə/, *n.* (*pl.* **formulas, formulae**) *1* (*anche chim., mat.*) formula; (*relig.*) formula rituale *2* convenzione; formalità *3* ricetta (medica) *4* (*USA*) alimento in polvere; omogeneizzato (*per bimbi*) *5* (*sport*) formula: **a f.-one car**, una macchina di formula uno. ● (*fig.*) **a f. for trouble**, un modo sicuro di cacciarsi nei guai.

formulaic /fɔːmjʊ'leɪɪk/, *a.* (*scient.*) di formule; che è composto di (*o* basato su) formule.

formularization /fɔːmjʊləraɪ'zeɪʃn, *USA* -rɪ'z-/, *V.* **formulation**.

to **formularize** /'fɔːmjʊləraɪz/, *V.* **to formulate**.

formulary /'fɔːmjʊlərɪ, *USA* -erɪ/, **A** *n.* *1* (*chim.*) formulario *2* (*relig.*) prontuario di formule rituali, preghiere, ecc. *3* repertorio farmaceutico. **B** *a.* di formula; messo in formula; espresso in formule.

to **formulate** /'fɔːmjʊleɪt/, *v. t.* *1* esprimere (*o* ridurre) in formule *2* formulare; esprimere (*o* esporre) esattamente, sistematicamente: **to f. a theory**, formulare una teoria; **to f. one's ideas**, esporre esattamente le proprie idee.

formulation /fɔːmjʊ'leɪʃn/, *n.* *1* espressione (*o* riduzione) in formule *2* formulazione; esposizione esatta.

formwork /'fɔːmwɜːk/, *n.* (*edil.*) cassaforma.

formyl /'fɔːmɪl/, *n.* (*chim.*) formile.

to **fornicate** /'fɔːnɪkeɪt/, *v. i.* fornicare.

fornication /fɔːnɪ'keɪʃn/, *n.* fornicazione.

fornicator /'fɔːnɪkeɪtə(r)/, *n.* fornicatore.

fornicatory /'fɔːnɪkətrɪ, *USA* -tɔːrɪ/, *a.* fornicatorio.

fornicatrix /fɔːnɪ'keɪtrɪks/, *n.* (*pl.* **fornicatrices**) fornicatrice.

fornix /'fɔːnɪks/, *n.* (*pl.* **fornices**) (*archit., anat., bot.*) fornice.

to **forsake** /fə'seɪk/ (*pass.* **forsook**, *p. p.* **forsaken**), *v. t.* abbandonare; lasciare (*solo, senza aiuto e sim.*); rinunciare a: **to f. one's family**, abbandonare la famiglia; **to f. bad habits**, rinunciare alle cattive abitudini; **to f. an idea**, abbandonare un'idea.

forsaken /fə'seɪkən/, **A** *p. p.* di **to forsake**. **B** *a.* abbandonato; desolato; derelitto.

forsook /fə'sʊk/, *pass.* di **to forsake**.

forsooth /fə'suːθ/, *avv.* (*arc., iron.*) in verità; invero (*lett.*); affé (*arc.*).

forspent /fə'spent/, *a.* (*poet.*) esausto; stremato.

to **forswear** /fɔː'sweə(r)/ (*pass.* **forswore**, *p. p.* **forsworn**), **A** *v. t.* *1* giurare di non (*fare q.c.*): **He had forsworn to eat meat again**, aveva giurato di non mangiare mai più carne *2* rinnegare; rinunciare a (*con giuramento o in forma solenne*): **Catholic priests f. marriage**, i preti cattolici rinunciano al matrimonio *3* negare; smentire. **B** *v. i.* spergiurare; giurare il falso. **C** to **forswear oneself**, *v. rifl.* spergiurare; giurare il falso.

forswore /fɔː'swɔː(r)/, *pass.* di **to forswear**.

forsworn /fɔː'swɔːn/, **A** *p. p.* di **to forswear**. **B** *a.* spergiuro.

forsythia /fɔː'saɪθɪə, *USA* fə'sɪθɪə/, *n.* (*bot., Forsythia*) forsythia; forsizia (*fam.*).

fort /fɔːt/, *n.* (*mil.*) forte; fortino; posto fortificato.

fortalice /'fɔːtəlɪs/, *n.* *1* (*poet.*) fortezza *2* (*mil., arc.*) fortilizio.

forte (1) /fɔːt, 'fɔːteɪ, -ɪ/, *n.* *1* forte; punto forte: **Mathematics is not my f.**, la matematica non è il mio forte *2* (*nella scherma*) forte (della lama: *dall'impugnatura al mezzo*).

forte (2) /'fɔːteɪ, -ɪ/ (*ital.*), *a.* e *avv.* (*mus.*) forte.

forth /fɔːθ/, *avv.* *1* (in) avanti; innanzi: **back and f.**, avanti e indietro; **from this time f.**, d'ora in avanti; d'ora innanzi *2* fuori; in vista: **The trees put f. new leaves in spring**, gli alberi mettono (fuori) le foglie nuove a primavera. ● **and so f.**, e così via; eccetera □ **to bring f.**, portar fuori; mettere in vista (*o* in evidenza) □ (*naut.*) **to sail f.**, far vela; salpare □ **to set f.**, mettersi in viaggio.

Forth, the /ðə'fɔːθ/, *n.* (*geogr.*) il fiume Forth (*in G.B.*). ● **the F. Bridge**, il ponte ferroviario sul Forth (*di ferro; lungo 521 metri*); (*anche*) il ponte stradale sospeso sul Forth (*lungo 1.006 metri*) □ **This job is like painting the F. Bridge**, questo è un lavoro che non finisce mai (*o* che dura un'eternità).

forthcoming /'fɔːθkʌmɪŋ, fɔːθ'kʌ-/, *a.* *1* che sta per apparire (*o* per uscire); prossimo; venturo; vicino; futuro; in corso di stampa: **the f. issue**, il numero in corso di stampa *2* disponibile; pronto: **New financial aids will be f.**, saranno disponibili nuovi aiuti finanziari *3* (*fam.*) cordiale; affabile; alla mano; servizievole. ● **f. events**, celebrazioni (*o* spettacoli, gare, ecc.) in programma per la stagione □ **No answer was f.**, non venne risposta alcuna.

forthright /'fɔːθraɪt/, **A** *a.* *1* franco; esplicito; schietto; sincero: **a f. answer**, una franca risposta; **a f. comment**, un commento esplicito *2* (*arc.*) diritto; inflessibile; retto; onesto. **B** *avv.* *1* francamente; schiettamente *2* immediatamente; subito.

forthwith /fɔːθ'wɪθ, -'wɪð/, *avv.* (*form.*) immediatamente; subito.

fortieth /'fɔːtɪəθ/, *a.* e *n.* quarantesimo.

fortifiable /'fɔːtɪfaɪəbl/, *a.* fortificabile.

fortification /fɔːtɪfɪ'keɪʃn/, *n.* *1* rinvigorimento; rafforzamento *2* aggiunta di alcol; alcolizzazione (*del vino*) *3* (*pl.*) (*mil.*) fortificazioni; difese *4* arricchimento (*del pane, ecc.*). ● **I need a little f.**, ho bisogno di qualcosa che mi tiri su.

fortifier /'fɔːtɪfaɪə(r)/, *n.* *1* fortificatore, fortificatrice *2* corroborante.

to **fortify** /'fɔːtɪfaɪ/, **A** *v. t.* *1* (*mil.*) fortificare: **to f. a town**, fortificare una città *2* (*fig.*) fortificare; rafforzare; corroborare; rinvigorire: **to f. one's spirit**, fortificare lo spirito; **to f. a statement with facts**, corroborare un'asserzione con fatti *3* alcolizzare; rendere alcolico; irrobustire (*un vino*) *4* integrare, arricchire (*pane, ecc., con vitamine o altro*): **foodstuffs fortified with vitamins**, alimenti arricchiti di vitamine. **B** *v. i.* fortificarsi; costruire fortificazioni. **C** to **fortify oneself**, *v. rifl.* fortificarsi; corroborarsi. ● (*mil.*) **a fortified place**, un luogo fortificato; una piazzaforte □ **fortified wine**, vino alcolizzato.

fortifying /'fɔːtɪfaɪɪŋ/, *a.* fortificante; corroborante.

fortissimo /fɔː'tɪsɪməʊ/ (*ital.*), *a.*, *avv.* e *n.* (*pl.* **fortissimos, fortissimi**) (*mus.*) fortissimo.

fortitude /'fɔːtɪtjuːd, *USA* -tuːd/, *n.* forza d'animo; coraggio morale; fermezza.

fortnight /'fɔːtnaɪt/, *n.* due settimane; quindici giorni; (una) quindicina: **a f.'s holiday**, due settimane di vacanza; **a f.'s stay abroad**, quindici giorni di permanenza all'estero. ● **a f. ago**, due settimane fa □ **a f. today** (*o* **today f.**), oggi a quindici.

fortnightly /'fɔːtnaɪtlɪ/, **A** *a.* quindicinale; bimensile: **a f. review**, una rivista quindicinale; **f. sailings to Calcutta**, partenze bimensili (*di una nave*) per Calcutta. **B** *n.* quindicinale (*pubblicazione*). **C** *avv.* ogni due settimane; ogni quindici giorni.

Fortran /'fɔːtræn/, *n.* (*contraz. di* **Formula translation**) (*elab.*) Fortran (*linguaggio di programmazione*).

fortress /'fɔːtrɪs/, *n.* fortezza; piazzaforte. ● **a f. town**, una città fortificata.

to **fortress** /'fɔːtrɪs/, *v. t.* (*mil.*) fortificare.

fortuitism /fɔː'tjuːɪtɪzəm, *USA* -'tuː-/, *n.* (*filos.*) casualismo.

fortuitist /fɔː'tjuːɪtɪst, *USA* -'tuː-/, *n.* (*filos.*) seguace del casualismo.

fortuitous /fɔː'tjuːɪtəs, *USA* -'tuː-/, *a.* fortuito; accidentale; casuale. || **-ly**, *avv.*

fortuitousness /fɔː'tjuːɪtəsnəs, *USA* -'tuː-/, **fortuity** /fɔː'tjuːətɪ, *USA* -'tuː-/, *n.* *1* accidentalità; casualità *2* avvenimento fortuito.

fortunate /'fɔːtʃənət/, *a.* *1* fortunato; felice: **a f. choice**, una scelta felice *2* favorevole; fausto; di buon auspicio; propizio: **a f. omen**, un auspicio favorevole.

fortune /'fɔːtʃən/, *n.* fortuna (*quasi in ogni senso*); sorte; caso; ventura; grosso patrimonio: **good [bad] f.**, la buona [la cattiva] sorte; **F. smiled on me**, mi arrise la fortuna; **to tell sb. his** (*o* **her**) **f.**, predire la fortuna a q.; **to make one's f.**, far fortuna; **to make a f.**, accumulare una fortuna; **to come into a f.**, ereditare un grosso patrimonio. ● **f. hunter**, cacciatore di dote □ **the fortunes of war**, le (alterne) vicende della guerra □ **f.-teller**, indovino, indovina; chiromante □ **f.-telling**, divinazione; predizione del futuro; chiromanzia □ **to have one's f. told**, farsi predire il futuro □ **a man of f.**, un uomo che ha beni di fortuna; un uomo ricco □ **to marry a f.**, sposare un'ereditiera (*o* un uomo molto ricco) □ **to seek one's f.**, cercare (di fare) fortuna □ **soldier of f.**, soldato di ventura □ (*fam.*) **to spend a small f. on books**, spendere una (piccola) fortuna in libri □ **to try one's f.**, fare una mossa rischiosa; fare un passo avventato □ **to try the f. of war**, affidarsi alla sorte delle armi □ (*prov.*) **F. favours the brave**, la fortuna aiuta gli audaci.

to **fortune** /ˈfɔːtʃən/, *v. i.* (*poet.*) accadere; capitare; succedere: **It fortuned that...**, accadde che... ● **to f. upon sb.**, imbattersi in q.

fortuneless /ˈfɔːtʃənləs/, *a.* *1* senza fortuna; sfortunato *2* sprovvisto di beni di fortuna; povero.

forty /ˈfɔːtɪ/, *a.* e *n.* quaranta. ● **the forties**, gli anni dai 40 ai 50 (*nella vita di q.*); gli anni dal '40 al '50 (*in un secolo*); gli anni quaranta (*specialm. del Novecento*) □ **the Forties**, zona del Mare del Nord tra la Scozia e la Norvegia (*della profondità di circa 40 braccia*); (*fam. USA*) le strade di Manhattan tra la 40ª e la 49ª □ (*fam. USA*) **F.-Dence**, la 42ª strada (*centro della vita notturna e della malavita a Manhattan*) □ (*fam.*) **f.-five**, pistola del calibro di 0,45 pollici; (*mus.*) (disco a) 45 giri □ (*stor. USA*) **f.-niner**, cercatore d'oro (*andato in California nel 1849*) □ (*fam.*) **f. winks**, sonnellino; pisolino: **to have f. winks**, schiacciare un pisolino □ **to be over f.**, aver passato la quarantina □ **a man of over f.**, un uomo d'oltre quarant'anni (*o* che ha passato la quarantina) □ (*geogr.*, *naut.*) **the roaring forties**, tratto d'oceano tempestoso fra i 30 e i 50 gradi di latitudine sud.

forum /ˈfɔːrəm/, *n.* (*pl.* **forums, fora**) *1* (*stor. romana*) foro *2* (*leg.*) foro (*nel diritto internazionale privato*) *3* (*fig.*) foro; tribunale: **the f. of public opinion**, il tribunale dell'opinione pubblica *4* (*fig.*) tribuna (*fig.*): **to hold a f. on politics**, fare (*o* tenere) una tribuna politica.

forward (1) /ˈfɔːwəd/, **A** *a.* *1* in avanti; primo: **a f. movement**, un movimento in avanti; **a f. spring [march]**, un balzo [una marcia] in avanti; **the f. coaches of the train**, le prime carrozze del treno *2* avanzato; in anticipo; precoce; primaticcio; progredito; progressista; d'avanguardia: **f. views**, idee avanzate; **a f. summer**, un'estate in anticipo; **a f. child**, un bambino precoce; **f. fruits**, frutti precoci, primaticci; **a f. party**, un partito progressista; **a f. movement**, un movimento progressista; **a f. school of painting**, una scuola pittorica d'avanguardia *3* pronto; premuroso; sollecito: **He was f. in helping**, fu pronto a dare aiuto *4* impertinente; impudente; insolente; sfacciato: **a f. young man**, un giovanotto impertinente *5* (*naut.*) prodiero; di prua: **f. deck**, ponte prodiero *6* (*Borsa, fin., market.*) differito; futuro; per consegna futura (*o* differita); a termine: **f. prices**, prezzi per futura consegna; **f. delivery**, consegna differita (*o* futura); **a f. contract**, un contratto a termine; **f. purchases**, acquisti per consegna differita; **f. exchange rate**, corso (*o* tasso) di cambio a termine. **B** *n.* *1* (*sport*) avanti; attaccante; punta *2* (*pallacanestro*) ala. ● (*rag.*) **f. accounting**, contabilità di previsione □ (*econ.*) **f. buying**, stoccaggio □ (*elettron.*) **f. current**, corrente diretta □ (*tecn.*) **f.-feed of material**, avanzamento del pezzo da lavorare □ **f.-looking**, lungimirante, previdente; avanzato, progressista; **f. market**, mercato delle operazioni per consegna differita □ (*sport*) **f. pass**, passaggio in avanti □ (*fisc.*) **f. shifting**, traslazione (*d'imposta*) □ (*mecc.*) **f. speed**, marcia avanti.

forward (2) /ˈfɔːwəd/, *avv.* *1* avanti; innanzi; in avanti: **from this time f.**, d'ora in avanti; d'ora innanzi; d'ora in poi; **to go f.**, andare avanti; progredire; **to be f. with one's work**, essere avanti nel proprio lavoro; **backward**(s) **and f.**, avanti e indietro; su e giù; **to come f.**, farsi avanti; (*fig.*) offrirsi per dare aiuto, prestarsi *2* (*naut.*) a proravia; di prua: **f. of the beam**, a proravia del traverso. ● (*leg.*) **to bring f. evidence**, produrre prove □ **to bring f. new ideas [proposals]**, avanzare idee [proposte] nuove □ (*comm.*) **carriage f.**, porto assegnato □ (*comm.*) **to date f.**, postdatare □ **to look f.**, guardare innanzi a sé; pensare al futuro □ **to look f. to**, attendere con ansia; pregustare; non vedere l'ora di: **I am looking f. to meeting you**, non vedo l'ora d'incontrarti □ **to put the clock f.**, mettere avanti l'orologio □ **to put** (*o* **to set**) **f.**, addurre, mettere avanti (*un motivo, un pretesto, ecc.*) □ **to put** (*o* **to set**) **oneself f.**, farsi avanti; mettersi in vista (*o* in mostra).

to **forward** /ˈfɔːwəd/, *v. t.* *1* promuovere; aiutare; agevolare; assecondare; appoggiare: **to f. a political cause**, aiutare (*o* appoggiare) una causa politica *2* inoltrare; rispedire; far proseguire: **to f. letters to a new address**, inoltrare lettere a un nuovo indirizzo; (*sulla busta d'una lettera*) **please f.**, con preghiera d'inoltrare *3* (*comm.*) spedire; inviare (*specialm. per via di terra*): **to f. goods to a customer**, spedire merce a un cliente *4* (*rag.*) riportare (*un totale, un saldo*) a nuovo.

forwarder /ˈfɔːwədə(r)/, *n.* *1* speditore; mittente (*di merce*) *2* (*comm.*) spedizioniere *3* promotore; fautore.

forwarding /ˈfɔːwədɪŋ/, *n.* *1* (*comm.*) spedizione; invio (*di merce*) *2* (*rag.*) riporto a nuovo. ● **f. address**, indirizzo del destinatario (*della merce*) □ (*comm.*) **f. agent**, spedizioniere (*specialm. per via di terra*) □ (*comm.*) **f. and shipping agent**, spedizioniere (*in genere*) □ **f. charges**, spese di spedizione □ (*org. az.*) **f. department**, ufficio spedizioni □ (*comm.*) **f. note**, bolla (*o* bolletta) di spedizione □ (*ferr.*) **f. station**, stazione di partenza (*della merce*).

forwardness /ˈfɔːwədnəs/, *n.* *1* l'essere avanti (*o* avanzato, progredito); precocità *2* prontezza; premura; sollecitudine *3* impertinenza; impudenza; insolenza; sfacciataggine.

forwards /ˈfɔːwədz/, *V.* **forward (2)**.

forwent /fɔːˈwent/, *pass.* di **to forgo**.

Fosbury flop /ˈfɒzbrɪˈflɒp, *USA* -bɛr-/, *n.* (*sport*) Fosbury flop (*salto in alto con scavalcamento dorsale dell'asticella*).

fossa /ˈfɒsə/, *n.* (*pl.* **fossae**) (*anat.*) fossa.

fosse /fɒs/, *n.* fossa; fossato (*specialm. di fortezza*).

to **fossick** /ˈfɒsɪk/, *v. i.* (*pop.*) *1* cercare qua e là; rovistare *2* (*Austr.*) cercare oro.

fossil /ˈfɒsl/, **A** *n.* *1* (*geol., ling.*) fossile: **to hunt for fossils**, andare in cerca di fossili *2* (*fig.*) fossile; persona antiquata *3* (*pop. USA*) genitore. **B** *a.* *1* (*geol.*) fossile: **f. fuel**, combustibile fossile *2* (*fig.*) fossilizzato; fossile. ● (*paleont.*) **f. man**, uomo fossile.

fossiliferous /fɒsɪˈlɪfərəs/, *a.* (*geol.*) fossilifero: **f. soil**, terreno fossilifero.

fossilization /fɒsɪlaɪˈzeɪʃn, *USA* -lɪˈz-/, *n.* (*anche fig.*) fossilizzazione.

to **fossilize** /ˈfɒsɪlaɪz/, *v. t.* e *i.* (*anche fig.*) fossilizzare, fossilizzarsi.

fossorial /fɒˈsɔːrɪəl/, **A** *a.* (*zool.*) scavatore; atto a scavare: **f. paws**, zampe atte a scavare. **B** *n.* (*zool.*) animale scavatore.

foster /ˈfɒstə(r)/, *a.* (*nei composti*) adottivo; d'adozione. ● **f. brother**, fratello di latte □ (*leg.*) **f. care**, affidamento (*di un minore*) □ **f. child**, bambino adottato (*o* dato a balia; *o*, *leg.*, in affidamento) □ **f. father**, padre adottivo □ **f. home**, famiglia d'adozione □ **f. mother**, madre adottiva; balia, nutrice □ **f. parents**, genitori adottivi □ **f. sister**, sorella di latte.

to **foster** /ˈfɒstə(r)/, *v. t.* *1* allevare; nutrire (*anche fig.*): **She fostered hopes of becoming an actress**, nutriva speranze di diventare un'attrice *2* favorire; incoraggiare; promuovere; incrementare: **Undernourishment fosters disease**, la denutrizione favorisce l'insorgere di malattie.

fosterage /ˈfɒstərɪdʒ/, *n.* *1* allevamento (*di bambini*); baliatico *2* l'essere figlio adottivo *3* il favorire; il promuovere; incoraggiamento.

fosterer /ˈfɒstərə(r)/, *n.* *1* genitore adottivo *2* promotore; fautore.

fosterling /ˈfɒstəlɪŋ/, *n.* bambino adottivo.

fought /fɔːt/, *pass.* e *p. p.* di **to fight**.

foul (1) /faʊl/, *a.* *1* brutto, cattivo, orribile (*del tempo, ecc.*); fetido; immondo; impuro; sozzo; sporco; sudicio; viziato (*d'aria*); ripugnante; schifoso (*fam.*): **a f. temper**, un brutto carattere; un caratteraccio; **a f. smell**, un cattivo odore; **a f. cellar**, una cantina fetida, immonda; **f. linen**, biancheria sporca; **a f. day**, una giornata orribile; una giornataccia; **f. air**, aria viziata; **a f. meal**, un pasto schifoso; **f. water**, acqua impura (*o* torbida) *2* corrotto; disonesto; infame; malvagio; perfido; scorretto; sleale; (*sport*) falloso: **a f. crime**, un infame delitto; **a f. deed**, un'azione malvagia; **a f. motive**, un perfido motivo; **f. play**, (*sport*) gioco falloso (*o* scorretto); (*fig.*) disonestà, slealtà, scorrettezza; (*leg.*) atto di violenza; omicidio; assassinio *3* grossolano; ingiurioso; osceno; sconcio: **f. language** (*o* **f. talk**), linguaggio osceno *4* impigliato; incagliato; otturato; incrostato: **a f. anchor**, un'ancora impigliata; **The rope is f.**, la corda s'è impigliata; **a f. pipe**, una tubatura otturata; **a f. gun-barrel**, la canna d'un fucile otturata *5* (*di vento*) contrario; sfavorevole *6* (*tipogr.*: *di una bozza*) sporca; piena di correzioni *7* (*nei giochi di carte*) non valido: **The hand is f.**, la mano non è valida *8* (*dial.*) brutto (*di persona*). ● **f. ball**, (*baseball*) palla fuori; (*pop. USA*) individuo inetto, buono a nulla □ (*naut.*) **f. berth**, cattivo ormeggio □ (*naut.*) **f. bill of health**, patente di sanità sporca □ (*sport*) **a f. blow**, un colpo proibito □ (*naut.*) **f. bottom (of a ship)**, carena sporca (*o* incrostata) (d'una nave) □ **f. breath**, alito cattivo □ **f. copy**, brutta copia; malacopia □ (*relig.*) **the f. fiend**, il demonio, il Maligno □ **f.-mouthed** (*o* **f.-tongued**), sboccato; scurrile; triviale □ (*pallacanestro*) **f. shot**, tiro libero (*di punizione*) □ **a f.-tasting medicine**, una medicina disgustosa (*o* stomachevole) □ **by fair means or f.**, con mezzi leciti o illeciti; di riffa o di raffa.

foul (2) /faʊl/, *n.* *1* azione scorretta; atto sleale *2* (*sport*) fallo; infrazione *3* (*naut.*) collisione *4* urto (*fra cavallerizzi*). ● (*pallacanestro*) **f. line**, linea di tiro libero □ (*fam.*) **f.-up**, confusione, pasticcio (*fig.*); incasinamento, casino (*pop.*); (*mecc.*) guasto, panne □ **through fair and f.**, nella buona e nella cattiva sorte; nel bene e nel male.

foul (3) /faʊl/, *avv.* disonestamente; slealmente; scorrettamente. ● **to fall** (*o* **to go, to run**) **f. of**, (*di nave*) entrare in collisione con; (*di persona*) urtarsi, litigare con (q.) □ **to fall f. of the law**, incorrere nei rigori della legge □ **to hit f.**, (*nella boxe* e *fig.*) colpire basso (*o* sotto la cintura) □ **to play sb. f.**, ingannare q.; trattare q. in modo sleale □ **to run f. of sb. [st.]**, scontrarsi con q. [q.c.]; (*fig.*) entrare in conflitto con q. (q.c.).

to **foul** /faʊl/, **A** *v. t.* *1* (*anche fig.*) imbrattare; insozzare; insudiciare; sporcare; macchiare; contaminare; infettare; inquinare: **to f. the waters of a river**, contaminare (*o* inquinare) le acque di un fiume; **to f. one's good name**, sporcarsi la reputazione; insozzare il proprio buon nome *2* ostruire; intasare: **to f. a gun**, ostruire un'arma da fuoco *3* (*specialm. naut.*) impigliare; incagliare (*un cavo, una cima*) *4* (*naut.*) entrare in collisione con; investire; urtare: **One of the boats fouled the other**, una delle barche investì l'altra *5* (*naut.*) incrostare (*la carena d'una nave*) *6* bloccare; incagliare; ostacolare (*una strada, il traffico, ecc.*) *7* (*sport*) commettere un fallo ai danni di (*un avversario*). **B** *v. i.* *1* imbrattarsi; insozzarsi; insudiciarsi; sporcarsi *2* (*di tubazioni e sim.*) intasarsi; ostruirsi *3* impigliarsi; incagliarsi; imbrogliarsi: **The anchor fouled**, l'ancora s'impigliò *4* (*naut.*) urtarsi; entrare in collisione *5* (*sport*) commettere falli (*o* infrazioni); essere falloso. ● (*ecol.*) **to f. the air**, inquinare l'aria □ (*fig.*) **to f. one's own nest**, darsi la zappa sui piedi; denigrare se stesso (*o* la propria famiglia) □ **to f. up**, contaminare, infettare, inquinare; ostruire, intasare; pasticciare, rovinare, incasinare (*pop.*); far confusione, incasinarsi (*pop.*) □ (*sport*) **to be fouled**, subire un fallo.

foulard /ˈfuːlɑːd, *USA* fuːˈlɑːd, fə-/ (*franc.*),

n. foulard.

foully /ˈfaʊllɪ, ˈfaʊlɪ/, avv. *1* sudiciamente *2* disonestamente; perfidamente; slealmente; vilmente: **He was f. attacked**, fu vilmente attaccato *3* oscenamente; sconciamente.

foulness /ˈfaʊlnəs/, n. *1* immondezza; sozzura; sporcizia; sudiciume *2* oscenità; sconcezza *3* disonestà; malvagità; perfidia; slealtà; scelleratezza.

foumart /ˈfuːmɑːt/, n. (*arc.*; *zool.*, *Mustela putorius*) puzzola.

found /faʊnd/, pass. e p. p. di **to find**.

to **found** (1) /faʊnd/, **A** v. t. fondare; basare; creare; costituire; istituire; metter su; iniziare la costruzione di (*un edificio*): **to f. a city** [**a colony, an institution, a dynasty**], fondare una città [una colonia, un'istituzione, una dinastia]; **to f. a new theory on facts**, basare una nuova teoria sui fatti. **B** v. i. (*raro*) fondarsi; basarsi. ● **to f. a family**, fondare una dinastia; essere il capostipite d'una famiglia illustre □ **ill-founded**, infondato □ **well-founded**, (ben) fondato; sicuro.

to **found** (2) /faʊnd/, v. t. (*metall.*) fondere; colare (*un metallo*).

foundation /faʊnˈdeɪʃn/, n. *1* (*edil.*) fondazione: **f. mat**, cordolo di fondazione *2* (*edil.*) fondamento: **the foundations of a house**, le fondamenta d'una casa *3* (*fig.*) fondazione; istituzione benefica: **the Carnegie F.**, la fondazione Carnegie *4* (*fig.*) fondamento; base: **the foundations of civilization**, le basi della civiltà; **The rumour is without** [**has no**] **f.**, la voce è senza fondamento [è infondata]; **His marriage was the f. of his career**, il matrimonio fu la base della sua carriera *5* (*ind. costr.*) sottofondo: **a road f.**, il sottofondo d'una strada *6* (= **f. garment**) bustino, modellatore (*per donna*) *7* (*cosmesi*, = **f. cream**) fondotinta. ● **f. course**, corso di base (*o* propedeutico) □ (*fin.*) **f. member**, socio fondatore □ **f. scholar**, borsista □ **f. school**, scuola sovvenzionata, provvista di lascito □ **f. stone**, (*edil.*) prima pietra, pietra angolare; (*fig.*) pilastro □ (*a scuola*) **f. subjects**, materie fondamentali □ **to be on the f.**, essere sovvenzionato (*o* studiare, ecc.) con i fondi d'un lascito □ **to lay the foundations**, gettare le fondamenta; (*fig.*) porre le basi (*di q.c.*).

foundational /faʊnˈdeɪʃənl/, a. *1* di fondazione *2* fondamentale.

foundationer /faʊnˈdeɪʃənə(r)/, n. borsista; titolare di borsa di studio.

founder (1) /ˈfaʊndə(r)/, n. *1* fondatore; creatore (*di un'istituzione benefica*): **f.'s day**, giorno commemorativo del fondatore (*d'una istituzione*) *2* (*fin.*) fondatore, promotore, socio fondatore (*di una società per azioni*); **founders' shares**, azioni devolute ai promotori (*d'una società anonima*).

founder (2) /ˈfaʊndə(r)/, n. (*metall.*) fonditore.

founder (3) /ˈfaʊndə(r)/, n. (*vet.*: *di cavallo*) podoflemmatite.

to **founder** /ˈfaʊndə(r)/, **A** v. i. *1* (*di nave*) affondare; andare a picco, colare a picco (*anche fig.*): **Our plan foundered for lack of money**, il nostro progetto andò a picco per mancanza di fondi *2* (*di cavallo*) cadere a terra (*per eccesso di fatica*); azzopparsi *3* (*d'un edificio*) sfasciarsi, crollare; (*d'un argine*) franare *4* impantanarsi; piantarsi nel fango *5* (*vet.*: *di cavallo*) contrarre la podoflemmatite. **B** v. t. *1* affondare; colare (*o* mandare) a picco (*una nave*) *2* azzoppare, stremare (*un cavallo*).

founding (1) /ˈfaʊndɪŋ/, **A** n. fondazione; il fondare. **B** a. fondatore; che fonda. ● (*stor. USA*) **F. Fathers**, Padri Fondatori □ **f. speech**, discorso inaugurale.

founding (2) /ˈfaʊndɪŋ/, n. (*metall.*) fusione.

foundling /ˈfaʊndlɪŋ/, n. trovatello, trovatella. ● **f. hospital**, ospizio dei trovatelli; brefotrofio.

foundress /ˈfaʊndrɪs/, n. (*raro*) fondatrice.

foundry /ˈfaʊndrɪ/, n. (*metall.*) *1* fonderia: **type f.**, fonderia di caratteri tipografici *2* fusione. ● (*tipogr.*) **f. type**, carattere di fonderia.

fount (1) /faʊnt/, n. *1* (*poet.*, *fig.*) fonte; sorgente: **a f. of wisdom**, una fonte di saggezza *2* serbatoio (*di lampada a olio o di stilografica*).

fount (2) /faʊnt/, n. (*tipogr.*) serie completa di caratteri.

fountain /ˈfaʊntɪn, *USA* -tn/, n. *1* fontana; fonte; sorgente: **drinking f.**, fontana (pubblica) d'acqua potabile *2* (*fig.*) fonte; sorgente; origine: **the f. of honour**, la fonte dell'onore *3* getto; zampillo *4* serbatoio (*di lampada, penna, ecc.*). ● **f.-head**, sorgente (*di fiume, ecc.*); (*fig.*) fonte, origine □ **f. pen**, penna stilografica.

four /fɔː(r)/, a. e n. *1* quattro: **the f. of clubs**, il quattro di fiori; **to the f. winds**, ai quattro venti; **a party of f.**, un gruppo di quattro (persone) *2* – (*sport, naut.*) **a f.**, un quattro; un armo a quattro rematori *3* – (*autom.*) **a f.**, una «quattro cilindri» *4* (*a bocce*) squadra di quattro giocatori. ● (*mecc.*) **f.-bar linkage**, quadrilatero articolato □ (*fam. USA*) **f. bits**, mezzo dollaro □ (*tipogr.*) **f.-colour printing** (*o* **process**), quadricromia □ (*geom.*) **f.-cornered**, quadrangolare □ (*fig.*) **the f. corners of a document**, l'ampiezza (*o* la portata, il significato) d'un documento □ **the f. corners of the earth**, i punti più remoti della terra □ (*di raccolto*) **f.-course**, a rotazione quadriennale □ (*USA*: *di motore*) **f.-cycle**, a quattro tempi □ (*fis., mat.*) **f.-dimensional**, quadrimensionale □ (*aeron.*) **a f.-engined plane**, un quadrimotore □ (*aeron.*) **a f.-engined jet**, un quadrigetto; un quadrireattore □ **f. figures**, le cifre fra 1000 e 9999: **His income is in the f.-figures bracket**, il suo reddito è fra le 1000 e le 10.000 sterline (*o* fra i 1000 e i 10.000 dollari) □ (*fam.*) **f.-flusher**, bluffatore; imbroglione, impostore □ **f.-footed**, quadrupede □ **f.-handed**, (*di gioco*) che si gioca in quattro; (*di musica*) a quattro mani □ (*USA*) **the f. hundred**, la buona società, i notabili (*di una città*) □ (*sport*) **the 400-metre hurdles**, i quattrocento a ostacoli □ (*sport*) **the 400-metre relay**, la staffetta 4 × 400 □ (*sport*) **the 400-metre run**, i quattrocento (piani) □ **a f.-in-hand**, un tiro a quattro □ **a f.-leaf** (*o* **f.-leaved**) **clover**, un quadrifoglio □ **f.-legged**, che ha quattro gambe (*o* zampe) □ **a f.-letter word**, una parolaccia; una parola sconcia □ (*naut.*) **f.-masted** (**barque**), (nave) a quattro alberi □ **f. o'clock**, le quattro (*dell'orologio*); (*bot.*, *Mirabilis jalapa*), bella di notte □ (*poker*) **f. of a kind**, poker (*il punto*) □ (*di canto*) **f.-part**, a quattro voci □ (*polit.*) **f.-party government**, quadripartito (*in Italia, ecc.*) □ (*di lana, ecc.*) **f.-ply**, a quattro capi □ (*naut.*) **f.-point bearing**, rilevamento al traverso □ **f.-poster** (**bed**), letto a (quattro) colonne (*o* a baldacchino) □ (*autom.*) **f.-seater**, automobile a quattro posti □ **f.-square**, quadrato; (*fig.*: *di un edificio*) solido; (*fig.*) saldo, deciso, fermo, tenace □ (*tur.*) **a f.-star hotel**, un albergo a quattro stelle □ (*di motore*) **f.-stroke**, a quattro tempi □ (*mecc.*) **f.-stroke cycle**, ciclo a quattro tempi □ **f.-way**, (*di interruttore, semaforo, ecc.*) a quattro vie; (*di dibattito, ecc.*) a quattro □ (*autom.*) **f.-wheel drive**, trazione sulle quattro ruote □ **f.-wheeler**, carrozza a quattro ruote; (*fam. USA*) automobile □ **a coach and f.**, un tiro a quattro □ (*mus.*) **for f. hands**, per quattro mani □ (*a carte*) **to make up a f.**, fare il quarto □ **on all fours**, a quattro zampe; carponi □ (*mil.*) **Form fours!**, per quattro!

foureyes /ˈfɔːraɪz/, n. *1* (*zool.*) pesce quattrocchi *2* (*fam. scherz.*) quattrocchi; tipo occhialuto.

to **four-flush** /ˈfɔːflʌʃ/, v. i. *1* (*a poker*) bluffare fingendo di avere colore *2* (*fig.*) bluffare; imbrogliare; truffare.

fourfold /ˈfɔːfəʊld/, **A** a. *1* quadruplice; a quattro doppi *2* quadruplo. **B** avv. quattro volte (tanto, tanti, ecc.).

fourpence /ˈfɔːpəns/, n. (somma o valore di) quattro penny.

fourpenny /ˈfɔːpənɪ/, a. che costa quattro penny: **a f. stamp**, un francobollo da quattro penny.

fourscore /ˈfɔːskɔː(r)/, a. e n. (*arc.*) ottanta.

foursome /ˈfɔːsəm/, n. *1* (*golf*) partita giocata da due coppie: **a mixed f.**, una partita giocata da due coppie miste (*un uomo e una donna ciascuna*) *2* (*fam.*) comitiva (*o* gruppo) di quattro persone; quartetto.

fourteen /fɔːˈtiːn/, a. e n. quattordici.

fourteenth /fɔːˈtiːnθ/, a. e n. quattordicesimo; decimoquarto (*lett.*). ● **on April 14th**, il 14 di aprile.

fourth /fɔːθ/, **A** a. e n. quarto: **a f.**, un quarto; una quarta parte. **B** n. *1* (*mus.*) quarta *2* (*autom.*) quarta. ● (*fis., mat.*) **f. dimension**, quarta dimensione □ **the f. estate**, (*stor.*) il quarto stato; (*fig.*) il quarto potere; la stampa □ **the f. finger**, il (dito) mignolo □ (*fin.*) **f. market**, quarto mercato (*di titoli non quotati in borsa*) □ (*USA*) **the F. of July**, il quattro luglio (*data, 1776, e festa della Dichiarazione d'Indipendenza*) □ **the f. part**, la quarta parte; il quarto □ (*autom.*) **f. speed**, quarta velocità; quarta.

fourthly /ˈfɔːθlɪ/, avv. in quarto luogo (*nelle enumerazioni*).

fovea /ˈfəʊvɪə/, n. (*pl.* **foveae, foveas**) (*anat.*) fovea; fossa.

fowl /faʊl/, n. (*pl.* **fowl, fowls**) *1* (*raro o poet.*) uccello, volatile (*in genere*) *2* pollo; carne di pollo; pollame: **to keep fowls**, allevare polli *3* (= **waterfowl**) uccello acquatico. ● **f. house**, pollaio (*la costruzione*) □ (*vet.*) **f. pest**, malattia dei polli □ (*vet.*) **f. pox**, vaiolo aviario □ **f. run**, pollaio (*il recinto*) □ **barn-door** (*o* **game**) **f.**, gallo domestico; gallina domestica.

to **fowl** /faʊl/, v. i. andare a caccia di uccelli; uccellare.

fowler /ˈfaʊlə(r)/, n. cacciatore (*d'uccelli*); uccellatore.

fowling /ˈfaʊlɪŋ/, n. uccellagione. ● **f. piece**, fucile da caccia (*per uccelli o animali piccoli*).

fox /fɒks/, n. (*pl.* **fox, foxes**) *1* volpe (*anche fig.*); pelliccia di volpe; volpone, furbacchione: **Lew is a sly old fox**, Lew è una vecchia volpe *2* (*naut.*) treccia di cavi incatramata *3* (*pop. USA*) bella ragazza; (un) bel pezzo di ragazza. ● **fox brush**, coda di volpe □ **fox cub** (*o* **fox kid**), volpacchiotto □ **fox earth**, tana di volpe □ **fox-hunt** (*o* **fox-hunting**), caccia alla volpe □ (*mecc.*) **fox lathe**, tornio per filettare □ **fox terrier**, fox-terrier (*cane da tana, usato un tempo nella caccia alla volpe*) □ (*mecc.*) **fox wedge**, controchiavetta □ **bitch-fox**, volpe femmina □ **dog-fox**, volpe maschio □ **a sly fox**, un furbo di tre cotte; un drittone (*fam.*).

to **fox** /fɒks/, **A** v. i. *1* usare astuzie volpine; volpeggiare; agire con astuzia *2* (*di birra*) inacidirsi *3* (*di pagine di un libro*) scolorire, formando macchie giallastre *4* (*fam.*) fare finta; darla a bere (*fig.*). **B** v. t. *1* inacidire, rendere acido (*birra, ecc.*) *2* scolorare (*pagine, stampe, ecc.*) con macchie giallastre *3* (*fam.*) ingannare; truffare; imbrogliare *4* (*fam.*) fregare (*pop.*); mettere nel sacco (*fig.*): **That question foxed me completely**, quella domanda mi ha proprio fregato.

foxglove /ˈfɒksglʌv/, n. (*bot.*, *Digitalis purpurea*) digitale.

foxhole /ˈfɒkshəʊl/, n. *1* tana di volpe *2* (*mil.*) buca; appostamento a buca.

foxhound /ˈfɒkshaʊnd/, n. cane da volpe; foxhound.

to **fox-hunt** /ˈfɒkshʌntə(r)/, v. i. cacciare la volpe.

foxhunter /ˈfɒkshʌntə(r)/, n. *1* cacciatore di volpi *2* cavallo per la caccia alla volpe.

foxily /ˈfɒksəlɪ/, avv. astutamente; scaltramente.

foxiness /ˈfɒksɪnəs/, n. astuzia volpina; scaltrezza.

foxtail /ˈfɒksteɪl/, n. *1* coda di volpe *2* (*bot., Alopecurus pratensis*) coda di volpe *3* (*bot., Lycopodium clavatum*) licopodio.

foxtrot /ˈfɒkstrɒt/, n. fox-trot (*danza*).

to **foxtrot** /ˈfɒkstrɒt/, v. i. ballare il fox-trot.

foxy /ˈfɒksɪ/, a. *1* astuto; scaltro; volpino, da volpe: **a f. face**, una faccia da volpe *2* color della volpe; fulvo *3* (*di vecchio libro*) scolorito; stinto *4* (*di vino*) acido *5* (*pop. USA*) attraente; sensuale; arrapante (*pop.*). ● (*pop. USA*) **f. lady**, ragazza sensuale.

foy /fɔɪ/, n. (*scozz.*) festa d'addio.

foyer /ˈfɔɪeɪ, *USA* ˈfɔɪə(r)/ (*franc.*), n. *1* (*teatr.*) ridotto *2* (*USA*) atrio; sala d'attesa.

fracas /ˈfrækɑː, *USA* ˈfreɪkəs, ˈfræ-/, n. (*pl.* **fracases, fracas**) alterco; lite; rissa.

fraction /ˈfrækʃn/, n. *1* (*mat.*) frazione: **vulgar f.**, frazione ordinaria *2* frammento; pezzo; pezzetto: **not a f.**, neanche un pezzetto *3* (*relig.*) frazione (*dell'ostia*) *4* (*Borsa*) spezzatura (*di azioni*).

to **fraction** /ˈfrækʃn/, v. t. frazionare.

fractional /ˈfrækʃənl/, a. *1* (*mat.*) frazionario *2* (*chim.*) frazionato: **f. distillation**, distillazione frazionata *3* (*fam.*) piccolo; esiguo. ● (*econ.*) **f. currency** (*o* **money**), moneta divisionale (*o* divisionaria) □ (*mat.*) **f. part**, parte decimale (*di un numero*) □ (*banca*) **f. reserves**, riserve proporzionali.

fractionary /ˈfrækʃənrɪ, *USA* -nerɪ/, a. *1* (*mat.*) frazionario *2* frammentario.

to **fractionate** /ˈfrækʃəneɪt/, v. t. *1* frazionare *2* (*chim.*) sottoporre a distillazione frazionata. ● (*chim.*) **fractionating column**, colonna di frazionamento.

fractionation /frækʃəˈneɪʃn/, n. (*chim.*) frazionamento.

fractioning /ˈfrækʃənɪŋ/, n. frazionamento.

fractionization /frækʃənaɪˈzeɪʃn, *USA* -nɪ-ˈz-/, n. (*mat.*) frazionamento.

to **fractionize** /ˈfrækʃənaɪz/, v. t. (*mat.*) frazionare.

fractious /ˈfrækʃəs/, a. *1* indisciplinato; ribelle *2* irritabile; litigioso; permaloso; stizzoso: **a f. child**, un bambino stizzoso. || **-ly**, avv. || **-ness**, sost.

fracture /ˈfræktʃə(r)/, n. (*med., geol., miner.*) frattura: **compound and comminuted f.**, frattura esposta e comminuta. ● (*geol.*) **rock f.**, litoclasi □ (*med.*) **to set** (*o* **to reduce**) **a f.**, ridurre una frattura.

to **fracture** /ˈfræktʃə(r)/, v. t. e i. *1* fratturare, fratturarsi; rompere, rompersi; spezzare, spezzarsi: **to f. one's hand**, fratturarsi una mano *2* (*fam. USA*) far morire (q.) dal ridere.

fractured /ˈfræktʃəd/, a. *1* (*med.*) fratturato *2* (*fam. USA*) in preda a un riso irrefrenabile *3* (*pop. USA*) sbronzo; ubriaco.

fraenum /ˈfriːnəm/, n. (*pl.* **fraenums, fraena**) (*anat.*) frenulo.

fragile /ˈfrædʒaɪl, *USA* -dʒəl/, a. *1* fragile; delicato: **f. skin**, pelle delicata *2* debole; giù di corda (*fam.*) *3* (*med.*) gracile.

fragility /frəˈdʒɪlətɪ/, n. *1* fragilità; delicatezza *2* debolezza *3* (*med.*) gracilità.

fragment /ˈfrægmənt/, n. *1* frammento; coccio; pezzo; pezzetto; scheggia *2* (*letter.*) frammento; brano: **fragments of ancient poetry**, frammenti di poesia antica.

to **fragment** /frægˈment, *USA* ˈfrægmənt, -ent/, **A** v. t. frammentare; fare a pezzi; spezzettare. **B** v. i. frammentarsi; spezzettarsi.

fragmentary /ˈfrægməntrɪ, *USA* -terɪ/, a. frammentario. ● **f. pieces**, frammenti. || **-ily**, avv. || **-iness**, sost.

fragmentation /frægmənˈteɪʃn/, n. frammentazione. ● (*mil.*) **f. bomb**, bomba dirompente.

fragmented /frægˈmentɪd, *USA* ˈfrægmənt, -ent-/, a. *1* frammentato; in frammenti *2* frammentario: **a f. report**, un resoconto frammentario.

fragrance /ˈfreɪgrəns/, **fragrancy** /ˈfreɪgrənsɪ/, n. fragranza; profumo.

fragrant /ˈfreɪgrənt/, a. *1* fragrante; profumato; odoroso *2* (*fig.*) delizioso; gradito; piacevole.

fragrantly /ˈfreɪgrəntlɪ/, avv. profumatamente.

frail (*1*) /freɪl/, a. fragile; debole (*di salute o moralmente*); gracile; delicato: **Human nature is f.**, la natura umana è fragile. ● **a f. chance**, una vaga possibilità □ **a f. excuse**, una scusa che non sta in piedi.

frail (*2*) /freɪl/, n. cestello (per frutta); cesto di giunchi.

frailty /ˈfreɪltɪ/, n. fragilità; debolezza; gracilità.

fraise (*1*) /freɪz/, n. (*mil.*) palizzata inclinata.

fraise (*2*) /freɪz/, n. (*mecc.*) fresa.

framboesia /fræmˈbiːzɪə, -ʒə/, n. (*med.*) framboesia.

frame /freɪm/, n. *1* intelaiatura; incastellatura; castello; impalcatura; armatura; carcassa (*per es., di macchina elettrica*); (*edil.*) ossatura, struttura; (*di bicicletta, ecc.*) telaio: **the f. of an airship**, l'intelaiatura d'un dirigibile; **the f. of a window**, il telaio d'una finestra; **A skyscraper has a steel f.**, i grattacieli hanno l'armatura d'acciaio; **the f. of a plane**, il telaio di un aereo *2* costituzione fisica; ossatura; statura; struttura; taglia; corpo: **an athlete with a powerful f.**, un atleta dalla possente struttura fisica *3* cornice: **a picture f.**, la cornice d'un quadro *4* composizione; ordinamento; struttura: **the f. of society**, l'ordinamento della società; (*market.*) **the f. of distribution**, la struttura distributiva *5* stato d'animo; disposizione di spirito; umore: **to be in a happy f.** (**of mind**), essere di buon umore *6* fusto (*di ombrello*) *7* montatura (*di occhiali*) *8* (*cinem., fotogr.*) fotogramma; inquadratura *9* (*naut.*) ordinata; costa *10* (*TV*) quadro (*dell'immagine*): **f. synchronization**, sincronizzazione del quadro *11* cassetta col coperchio di vetro (*per piante*) *12* (*elettron., elab.*) frame; sequenza d'informazioni; blocco di dati; colonna di nastro *13* (*telef.*) sequenza *14* (*stat.*) delimitazione (*del campione*) *15* (*didattica*) testo da completare (*riempiendo gli spazi vuoti*) *16* (*ind. min.*) tavola per lavaggio di minerali *17* (*fam. USA*) carrozzeria (*fig.*), corpo (*di donna*) *18* mano (*di una partita a carte*) *19* (*sport*) tempo (*di una partita*) *20* (*fam.*) V. **f.-up**. ● (*TV*) **f. aerial**, antenna a gabbia □ **f. house**, casa con strutture in legno □ **f.-maker**, corniciaio □ **f. of reference**, sistema di riferimento; (*fig.*) angolazione, punto di vista □ **f. saw**, sega a telaio □ (*fam.*) **f.-up**, complotto; macchinazione; falsa prova d'accusa; montatura (*fig.*); incastrata (*fig. pop.*) □ **door-f.**, telaio di porta; infisso.

to **frame** /freɪm/, **A** v. t. *1* formare; costituire; comporre; concepire; ideare; redigere; formulare; elaborare; enunciare; costruire: **to f. a new method**, concepire (*o* escogitare) un nuovo metodo; **to f. a scheme**, ideare un piano; **to f. a new doctrine**, enunciare una nuova dottrina; **to f. an answer**, redigere una risposta; **to f. a new policy clearly**, formulare in modo chiaro una nuova linea politica; **to f. a new constitution**, elaborare una nuova costituzione; **a building framed to resist earthquakes**, un edificio costruito con criteri antisismici *2* incorniciare; mettere in cornice; inquadrare: **to f. a painting**, incorniciare un dipinto *3* (*fam.*) incastrare (*fig. pop.*); tramare contro (q.) per dimostrarne la colpevolezza; montare un'accusa contro (q.) *4* adattare; regolare *5* (*cinem., TV*) inquadrare *6* (*pop.*) truccare (*una gara, un'incontro, ecc.*). **B** v. i. (*arc.: di piani, ecc.*) andare; promettere; svilupparsi: **Our new venture is framing well**, la nostra nuova impresa va bene (*o* promette bene). ● **to f. a case against sb.**, montare una falsa accusa contro q. □ **to f. a story**, inventare una storia di sana pianta □ **to f. up**, V. *sopra, def.* 5 e 6.

framer /ˈfreɪmə(r)/, n. *1* artefice; creatore; costruttore; formulatore; enunciatore *2* (= **picture-f.**) fabbricante di cornici; corniciaio *3* (*elettron.*) inquadratore.

framework /ˈfreɪmwɜːk/, n. *1* intelaiatura; centina; ossatura; traliccio; struttura: **the f. of a house**, la struttura d'una casa; **an old railway bridge with a wooden f.**, un vecchio ponte ferroviario con il traliccio di legno *2* composizione; struttura: **the f. of our society**, la struttura della nostra società *3* (*d'un albero*) rami principali *4* (*fig.*) contesto; cornice; quadro: **the economic f.**, il contesto economico; **the political f.**, il quadro politico.

framing /ˈfreɪmɪŋ/, n. *1* composizione; costruzione; formulazione; enunciazione; ideazione; struttura *2* incorniciatura; inquadramento *3* (*cinem., TV*) inquadratura; messa in quadro *4* (*fam.*) costruzione di un castello di accuse (*o* di prove) false. ● **f. camera**, cinepresa ad aggiustamento automatico (*delle immagini*) □ **f. square**, squadra da falegname.

franc /fræŋk/, n. franco (*moneta*).

France /frɑːns, *USA* fræns/, n. (*geogr.*) Francia.

Frances /ˈfrɑːnsɪs, *USA* ˈfræn-/, n. *1* Francesca *2* Francesco.

franchise /ˈfræntʃaɪz/, n. *1* (leg.) diritto; privilegio; concessione, licenza (*comunale, governativa, ecc.*): **to have a f. for a bus service**, avere in concessione un servizio di autobus; **f. tax**, tassa di concessione *2* (*leg., market.*) (diritto di) esclusiva; privativa (*di vendita*) *3* (*leg.*) diritto di voto (*o* di cittadinanza) *4* (*leg., fin., USA*) licenza di costituzione di una società: **f. tax**, imposta sulle società *5* (*ass., naut.*) (valore in) franchigia: **f. clause**, clausola della franchigia *6* (*leg., stor.*) franchigia (*di una città, ecc.*). ● **f. business**, V. **franchising** □ **f. holder**, V. **franchisee** □ **f. stamp**, francobollo in franchigia postale.

to **franchise** /ˈfræntʃaɪz/, v. t. *1* (*leg., market.*; *specialm. USA*) concedere in esclusiva (*o* in privativa) *2* (*arc.*) V. **to enfranchise**.

franchisee /fræntʃaɪˈziː/, n. *1* (*leg.*) appaltatore (*specialm. di lavori o servizi pubblici*) *2* (*leg., market.*) concessionario di un'esclusiva (*o* di una privativa); esclusivista *3* (*leg., market.*) titolare di un contratto di franchising; affiliato.

franchiser /ˈfræntʃaɪzə(r)/, n. *1* V. **franchisor** *2* (*leg.*) chi ha diritto di voto.

franchising /ˈfræntʃaɪzɪŋ/, n. (*leg., market.*) franchising; affiliazione commerciale.

franchisor /fræntʃ(a)ɪˈzɔː(r)/, n. (*leg., market.*) concedente di un diritto di esclusiva; affiliante.

Francis /ˈfrɑːnsɪs, *USA* ˈfræn-/, n. Francesco.

Franciscan /frænˈsɪskən/, **A** a. francescano. **B** n. (frate) francescano.

francium /ˈfrænsɪəm/, n. (*chim.*) francio.

franco /ˈfræŋkəʊ/ (*ital.*), avv. (*comm. est.*) franco; senza spese: **f. domicile**, franco a domicilio. ● **f. price**, prezzo franco.

Franco- /ˈfræŋkəʊ/, pref. (*nei composti*) franco-: **the F.-Prussian war**, la guerra franco-prussiana (*del 1870-71*).

Francoism /ˈfræŋkəʊɪzəm/, n. (*stor., polit.*) franchismo.

Francoist /ˈfræŋkəʊɪst/, n. (*stor., polit.*) franchista.

francolin /ˈfræŋkəʊlɪn/, n. (*zool., Francolinus*) francolino.

Francophile /ˈfræŋkəʊfaɪl, *USA* -fɪl/, a. e n. francofilo.

Francophobe /ˈfræŋkəʊfəʊb/, a. e n. francofobo.

Francophone /ˈfræŋkəʊfəʊn/, a. e n. francofono.

franc-tireur /ˈfrɑːŋtiːˈrɜː(r)/ (*franc.*), n. franco tiratore; cecchino.

frangibility /frændʒəˈbɪlətɪ/, n. l'essere frangibile; fragilità.

frangible /ˈfrændʒəbl/, a. frangibile; fragile. ● (*mil.*) **f. grenade**, bottiglia incendiaria.

frangipane /ˈfrændʒɪpeɪn/, n. *1* (*cucina*) dolce di crema e mandorle tritate *2* V. **frangipani**, *def. 2.*

frangipani /frændʒɪ'pɑːnɪ, *USA* -ænɪ/, *n.* (*pl.* **frangipani, frangipanis**) ***1*** (*bot., Plumiera rubra*) frangipani; gelsomino rosso ***2*** profumo di gelsomino rosso.

Franglais /'frɒŋgleɪ, *USA* frɑːŋ'gleɪ/, *n.* franglais; francese pieno d'anglicismi.

frank (1) /fræŋk/, *a.* ***1*** franco; aperto (*fig.*); sincero; schietto: **a f. answer**, una risposta schietta; **f. rebellion**, aperta rivolta ***2*** esplicito; completo; pieno: **a f. avowal**, un pieno riconoscimento (*di q.c.*) ***3*** (*arc.*) generoso; prodigo.

frank (2) /fræŋk/, *n.* ***1*** lettera spedita in franchigia ***2*** (*stor.*) firma che affrancava una lettera ***3*** franchigia postale ***4*** bollo di franchigia.

frank (3) /fræŋk/, *n.* (*abbr. pop. USA*) salsicciotto di tipo tedesco; würstel.

to **frank** /fræŋk/, *v. t.* ***1*** spedire (*una lettera*) in franchigia ***2*** affrancare ***3*** annullare, obliterare (*un francobollo*) ***4*** esentare, esimere (*da un pagamento, da imposte, ecc.*).

Frank /fræŋk/, *n.* (*anche stor.*) Franco (*nome proprio di persona e di popolo*): **the Franks**, i Franchi.

frankfurt /'fræŋkfɜːt/, **frankfurter** /'fræŋkfɜːtə(r)/, *n.* (*USA*) salsicciotto di tipo tedesco; würstel.

Frankfurt /'fræŋkfət/, *n.* (*geogr.*) Francoforte.

Frankfurter /'fræŋkfɜːtə(r)/, *n.* abitante (*o* nativo) di Francoforte.

frankincense /'fræŋkɪnsɛns/, *n.* incenso.

franking /'fræŋkɪŋ/, *n.* ***1*** affrancatura ***2*** esenzione: (*telef.*) **f. privilege call**, chiamata in esenzione ***3*** (*fisc.*) franchigia fiscale ***4*** franchigia postale. ● **f. machine**, (macchina) affrancatrice.

Frankish /'fræŋkɪʃ/, **A** *a.* (*stor.*) franco; dei Franchi. **B** *n.* lingua dei Franchi.

franklin /'fræŋklɪn/, *n.* (*stor.*) libero proprietario terriero d'origine plebea (*nei secoli XIV e XV*).

frankly /'fræŋklɪ/, *avv.* francamente; sinceramente; schiettamente.

frankness /'fræŋknəs/, *n.* franchezza; sincerità; schiettezza.

frantic /'fræntɪk/, *a.* frenetico; affannoso; convulso: **f. efforts**, sforzi frenetici. ● **f. with fear**, folle di terrore □ **f. with joy**, ebbro di gioia □ **f. with pain**, pazzo di dolore □ **to drive sb. f.**, fare impazzire q. ‖ **-ally**, *avv.*

franticness /'fræntɪknəs/, *n.* stato di frenesia; grande eccitazione.

to **frap** /fræp/, *v. t.* (*naut.*) imbrigliare; legare strettamente; tesare.

frappé /'fræpeɪ, *USA* fræ'peɪ/ (*franc.*), **A** *a.* (*di vino*) ghiacciato: **wine f.**, vino ghiacciato. **B** *n.* ***1*** liquore da dessert, con ghiaccio tritato ***2*** (= **frappe**) frappé; frullato.

frat /fræt/, *n.* (*abbr. fam. USA*) *V.* **fraternity**, *def. 4.*

frater /'freɪtə(r)/, *n.* ***1*** (*relig.*) frate; confratello ***2*** (*stor.*) refettorio (*di monastero*).

fraternal /frə'tɜːnl/, *a.* ***1*** fraterno ***2*** di una confraternita ***3*** (*di gemelli*) dizigotico. ● **f. order** (*o* **f. society**), confraternita (*o* società) segreta; (*leg., USA*) società di mutuo soccorso.

fraternally /frə'tɜːnəlɪ/, *avv.* fraternamente.

fraternity /frə'tɜːnətɪ/, *n.* ***1*** fraternità; fratellanza ***2*** confraternita ***3*** associazione; società (*di professionisti, studenti, ecc.*) ***4*** (*USA*) associazione studentesca, club di studenti universitari ***5*** (*fig.*) classe; categoria: **the legal f.**, la categoria degli avvocati. ● **debating f.**, circolo culturale.

fraternization /frætənaɪ'zeɪʃn, *USA* -nɪ'z-/, *n.* fraternizzazione.

to **fraternize** /'frætənaɪz/, *v. i.* fraternizzare; socializzare; fare amicizia (*con q.*).

fratricidal /frætrɪ'saɪdl/, *a.* fratricida: **a f. war**, una guerra fratricida.

fratricide /'frætrɪsaɪd/, *n.* ***1*** fratricidio ***2*** fratricida.

fraud /frɔːd/, *n.* ***1*** (*anche leg.*) frode; malafede ***2*** (*leg.*) abuso di fiducia ***3*** (*polit.*) broglio elettorale ***4*** impostura; imbroglio; truffa: **This cure-all is a f.**, questa panacea è una truffa ***5*** (*fam.*) impostore; imbroglione, imbrogliona; truffatore. ● **f. on creditors**, frode ai danni dei creditori □ **the F. Squad**, la Squadra contro le Frodi Industriali (*alimentari, ecc.*; *in G.B.*; *cfr. ital. N.A.S., Nucleo Antisofisticazioni*).

fraudster /'frɔːdstə(r)/, *n.* truffatore; imbroglione, imbrogliona.

fraudulence /'frɔːdjʊləns, *USA* -dʒʊ-/, **fraudulency** /'frɔːdjʊlənsɪ, *USA* -dʒʊ-/, *n.* (*leg.*) fraudolenza; dolo.

fraudulent /'frɔːdjʊlənt, *USA* -dʒʊ-/, *a.* (*leg.*) fraudolento; doloso; disonesto. ● (*leg.*) **f. conversion**, distrazione dolosa, appropriazione indebita □ (*leg.*) **f. conveyance**, alienazione di beni in frode dei creditori.

fraught /frɔːt/, **A** *a.* ***1*** carico; denso; gravido; pieno (*fig.*): **The situation is f. with danger**, la situazione è gravida di pericoli; **an expedition f. with risks**, una spedizione piena di rischi; **f. with meaning**, denso di significato ***2*** (*fam.*) preoccupato; teso; seccato, scocciato (*fam.*). **B** *n.* (*naut., scozz.*) carico (*di nave*).

fraxinella /fræksɪ'nɛlə/, *n.* (*bot., Dictamnus albus*) frassinella.

fray /freɪ/, *n.* ***1*** baruffa; lite; rissa ***2*** lotta; mischia; zuffa: **eager for the f.**, ansioso di gettarsi nella mischia; **to rush into the f.**, gettarsi nella mischia.

to **fray** /freɪ/, **A** *v. t.* consumare (*per sfregamento*); logorare; sfilacciare: **to f. the edges of a coat sleeve**, logorare l'orlo della manica d'una giacca; **frayed cuffs**, polsini logori, sfilacciati; (*fig.*) **to f. sb.'s nerves**, logorare i nervi di q. **B** *v. i.* ***1*** consumarsi; logorarsi; sfilacciarsi ***2*** (*di cervi, ecc.*) sfregarsi (*contro gli alberi*). ● (*di cervi*) **to f. one's heads**, sfregare le corna (*per toglierne la peluria*).

frazzle /'fræzl/, *n.* (*fam.*) ***1*** consunzione; logorio ***2*** esaurimento; spossatezza; stanchezza ***3*** sfilacciatura ***4*** cencio; straccio. ● **worn to a f.**, ridotto a un cencio.

to **frazzle** /'fræzl/, (*fam.*) **A** *v. t.* ***1*** consumare; logorare ***2*** (*fig.*) esaurire; stancare. **B** *v. i.* consumarsi; logorarsi; stancarsi.

freak (1) /friːk/, **A** *n.* ***1*** (*arc.*) capriccio; grillo; ghiribizzo: **out of mere f.**, per puro capriccio ***2*** bizzarria; stramberia; fatto strano; strampaleria: **the freaks of the latest fashion**, le bizzarrie dell'ultima moda ***3*** (= **f. of nature**) mostro; scherzo (*o* aborto) di natura ***4*** (*nei circhi*) fenomeno (da baraccone) ***5*** (*pop.*) freak; fricchettone (*pop.*) ***6*** (*pop.*; = **pill f.**) drogato ***7*** (*pop.*) fanatico; fan; tifoso; patito: **a film f.**, un fan del cinema; **an espresso coffee f.**, un patito del caffè espresso ***8*** (*pop. USA*) droga preferita. **B** *a.* fuori del comune; anomalo; strano; strampalato: **a f. storm**, un temporale anomalo; **f. weather**, tempo strampalato. ● (*pop.*) **f.-out**, esperienza bizzarra (*specialm. provocata da allucinogeni*); azione, comportamento da drogato; drogato, individuo sotto l'effetto della droga; gruppo (*o* riunione) di fricchettoni □ **f. show**, spettacolo di mostri (nani, ecc.: *al circo*).

freak (2) /friːk/, *n.* macchiolina (*di colore*); stria.

to **freak (1)** /friːk/, **A** *v. t.* ***1*** (*pop., anche* **to f. out**) mettere in agitazione; eccitare ***2*** (*pop., anche* **to f. out**) disorientare; scioccare. **B** *v. i.* (*pop., anche* **to f. out**) ***1*** agitarsi; eccitarsi; perdere la testa; andare a pezzi ***2*** essere (*o* sentirsi come) sotto l'effetto della droga ***3*** uscire (*da un movimento, ecc.*); fare una secessione. ● **to be given on freaking out on drugs**, essere dedito alla droga.

to **freak (2)** /friːk/, *v. t.* macchiettare; screziare; striare.

freaked (1) /friːkt/, *a.* (*pop.*, = **f.-out, f.-up**) ***1*** fuori di sé; sovreccitato ***2*** sotto l'effetto della droga ***3*** disorientato; scioccato ***4*** stanco morto; esausto.

freaked (2) /friːkt/, *a.* screziato; striato; variegato.

freak house /'friːkhaʊs/, *locuz. n.* (*pop. USA*) covo di drogati.

freakish /'friːkɪʃ/, *a.* ***1*** fuori del comune; anomalo; strano ***2*** capriccioso; bizzarro; ghiribizzoso; strambo.

freakishness /'friːkɪʃnəs/, *n.* capricciosità; bizzarria; stramberia.

freaky /'friːkɪ/, *V.* **freakish**, *def. 2.*

freckle /'frɛkl/, *n.* lentiggine; efelide.

to **freckle** /'frɛkl/, **A** *v. t.* coprire di lentiggini. **B** *v. i.* coprirsi di lentiggini.

freckled /'frɛkld/, **freckly** /'frɛklɪ/, *a.* lentigginoso.

free (1) /friː/, *a.* (*compar.* **freer**, *superl.* **freest**) ***1*** libero; aperto (*fig.*); gratuito; esente; privo; scevro; sciolto; sgombro; spontaneo: (*polit.*) **the f. world**, il mondo libero; **admission f.** (*o* **admittance f.**), ingresso gratuito; **a f. translation**, una traduzione libera; **The road is f.**, la strada è sgombra; **f. from pain**, esente da dolore; **f. from** (*o* **of**) **difficulty**, privo (*o* scevro) di difficoltà; **f. of debt**, privo di debiti; **f. from doubt**, privo di dubbi; **a f. offer**, un'offerta spontanea; **One end of the cable was left f.**, un'estremità del cavo fu lasciata sciolta; (*dog.*) **f. of duty** (*o* **duty f.**), esente da dazio; **duty-f. articles**, merci esenti da dazio; **f. imports**, importazioni libere (*o* esenti da dog.); (*poesia*) **f. verse**, verso libero; endecasillabo sciolto; **a f. gait**, un'andatura sciolta; **I did it of my own f. will**, l'ho fatto di mia spontanea volontà ***2*** libero; non occupato: **Is this seat f.?**, è libero questo posto? ***3*** aggraziato; agile; disinvolto; spigliato; felice (*fig.*): **f. gestures and movements**, gesti e movimenti spigliati; **a f. style of writing**, un felice modo di scrivere; **f. lines in drawing**, linee aggraziate (*o* agili) nel disegno; **a f. step**, un passo disinvolto ***4*** confidenziale; familiare; franco; impudente; sfacciato: **f. manners**, maniere confidenziali; familiarità (*anche eccessiva*); **to be too f. in one's speech**, essere troppo franco nel parlare; **a f. behaviour**, un contegno impudente ***5*** generoso; largo; liberale; munifico; prodigo: **to be f. with one's advice**, essere prodigo di consigli; **to be f. with one's praise**, essere largo di lodi ***6*** abbondante: **a f. flow of capital**, un abbondante afflusso di capitali ***7*** (*naut.*: *del vento*) favorevole ***8*** (*mecc.*) libero; in folle ***9*** (*chim., fis.*) libero: **f. carbon**, carbonio libero; **f. electron**, elettrone libero ***10*** (*ginnastica*) a corpo libero ***11*** (*sport*) libero: **f. skating**, pattinaggio libero ***12*** (*comm.*) franco spese; franco: **f. delivery**, consegna franco spese; **f. of postage**, franco di spese postali. ● (*fig.*) **f. agent**, padrone di sé; uomo libero, indipendente □ (*trasp.*) **f. allowance**, franchigia (*di peso*) per il bagaglio □ (*trasp., naut.*) **f. alongside ship** (*abbr.* **F.A.S.**), FAS partenza; franco lungo bordo □ **f. and easy**, disinvolto, spigliato; alla buona, senza cerimonie; spensierato □ (*psic.*) **f. association**, libera associazione (*d'idee, ecc.*) □ (*trasp.*) **f. baggage**, bagaglio in franchigia □ (*telef.*) **f. call out**, chiamata gratuita □ **the F. Churches**, le Chiese non conformiste (*d'Inghilterra*) □ (*market., econ.*) **f. competition**, libera concorrenza □ (*leg.*) **f. consent**, libero consenso □ **f. diving**, immersione senza scafandro □ **f. economy**, economia di mercato □ **f. enterprise**, libera iniziativa □ **f. fall**, caduta libera: **a f.-fall drop**, un lancio a caduta libera (*dall'aereo*) □ **a f. fight**, una mischia generale; una competizione aperta a tutti □ **f.-floating**, indeciso; incerto; non impegnato; disimpegnato □ **f.-for-all**, (*agg.*) libero, aperto a tutti; senza regole (*o* restrizioni); sregolato; (*sost.*) dibattito aperto; liberalizzazione sregolata; rissa; baldoria □ **f.-form**, spontaneo; aggraziato □ (*market.*) **f. gift**, omaggio □ (*pubbl.*) **f.-gift advertising**, pubblicità con l'invio di campioni gratuiti □ **f. gold**, oro allo stato puro; (*fin., USA*) oro che eccede il fabbisogno della riserva legale □ (*econ.*) **f. good**, bene non economico (*come* *l'aria*) □ **f. hand**, mano libera: **to give sb. a f. hand**, dare mano libera a q. □ **f.-handed**, generoso; munifico; prodigo; che ha le mani bucate (*pop.*) □ **f.-hearted**, franco, spontaneo, sincero; generoso, munifico, prodigo □ (*polo*) **f. hit**, tiro libero (*o* di punizione) □ **f. house**, locale pubblico (*birreria, pub, ecc.*) che è libero di approvvigionarsi (*di birra, ecc.*) da chi vuole □ (*trasp., naut.*) **f. in and out**, franco di spese di caricazione e discarica □ (*trasp., ferr.*) **f. into wagon**, franco vagone partenza □ (*fin.*) **f. issue**, emissione di azioni gratuite □ (*sport*) **f. kick**, (calcio di) punizione; (*rugby*) tiro libero □ **f. labour**, lavoro di uomini liberi (*non di schiavi*); operai non iscritti a sindacati □ (*leg.*) **f. legal aid**, patrocinio gratuito; difesa d'ufficio □ **f. list**, (*comm. est.*) lista di merci d'importazione libera; (*teatr.*) entrate di favore □ **f.-liver**, gaudente □ **f. living**, vita libera, da gaudente □ **f. love**, libero amore □ (*trasp.*) **f. luggage**, bagaglio in franchigia □ (*econ.*) **f. market**, mercato libero; libero scambio, liberismo □ (*econ.*) **f.-market capitalism**, capitalismo liberista □ **f.-market economy**, economia di mercato libero □ (*ass., naut.*) **f. of (all) average**, franco d'avaria □ (*trasp.*) **f. of carriage**, franco di porto □ **f. of charge**, (*fisc.*) esente da imposta (*o* da tassa); (*leg.*) a titolo gratuito □ (*trasp.*) **f. of charges**, franco di ogni spesa; franco a domicilio □ (*trasp., naut.*) **f. of freight**, franco di nolo □ (*leg.*) **f. of mortgage**, libero da ipoteche □ (*market.*) **f. offer**, offerta gratuita □ (*trasp., naut.*) **f. on board** (*abbr.* **F.O.B.**), franco a bordo; FOB partenza □ (*trasp., ferr.*) **f. on rail** (*abbr.* **F.O.R.**), franco stazione (di partenza); franco vagone □ (*trasp., naut.*) **f. overside**, franco sotto paranco; FOB destino □ **f. pass**, libero accesso; lasciapassare; (*ferr.*) biglietto di libera circolazione □ (*dog.*) **f. port**, porto franco □ **f.-range chicken**, pollo ruspante □ **f.-range eggs**, uova di fattoria (*o* di campagna) □ (*fin.*) **f. rate of exchange**, (tasso di) cambio libero □ (*mil.*) **f. rocket**, razzo non guidato □ **f. shop**, negozio in franchigia doganale □ **f. speech**, libertà di parola □ (*USA*) **f.-speecher**, studente che protesta; agitatore □ **a f. spender**, uno spendaccione □ **f.-spoken**, franco; esplicito; sincero □ **a f.-stone (peach)**, una pesca spiccace □ (*nuoto*) **f.-style relay**, staffetta stile libero □ (*sport*) **f.-style wrestling**, lotta libera □ (*econ.*) **f. supply**, offerta libera □ (*pallacanestro*) **f. throw**, tiro libero □ (*econ.*) **f. trade**, libero scambio; liberismo, liberoscambismo □ (*dog.*) **f. trade zone**, punto franco □ (*econ.*) **f.-trader**, liberista; liberoscambista □ (*leg.*) **f. union**, unione libera □ (*leg.*) **f. waters**, acque internazionali □ (*mecc.*) **f. wheel**, ruota libera (*di bicicletta*) □ **f. will**, spontanea volontà; (*filos.*) libero arbitrio □ **f.-will**, volontario; spontaneo: **a f.-will offer**, un'offerta volontaria □ (*dog.*) **f. zone**, punto franco □ (*fam.*) **for f.**, gratis; a scrocco; a sbafo □ **to get f.**, liberarsi; sciogliersi (*da corde o vincoli*) □ **to give sb. a f. rein**, dare carta bianca a q. □ **to give a f. rein to one's imagination**, sbrigliare la fantasia □ **to have** (*o* **to get**) **a f. hand in st.**, avere (*o* ottenere) mano libera in q.c. □ **to have one's hands f.**, avere le mani libere (*anche fig.*) o vuote; essere libero da lavori o impegni; starsene a mani vuote □ **to make f. with sb.**, prendersi delle libertà con q. □ **to make f. with st.**, servirsi liberamente di q.c. □ **to make f. with other people's things**, usare come proprie le cose degli altri □ **to make sb. f. of one's house**, mettere la propria casa a disposizione di q. □ **to set sb. f.**, mettere q. in libertà; liberare q. □ **to spend money with a f. hand**, spendere con larghezza (*o* a piene mani) □ **He was made f. of the city**, fu fatto cittadino onorario (della città) □ **«Can I borrow your pen?» «Feel f.!»**, «Posso prendere la tua penna?» «Fai pure!».

free (2) /fri:/, *avv.* **1** gratis; gratuitamente; per niente: **f. on application**, gratis a richiesta; **to get in f.**, entrare gratis; **to give st. away f.**, dare via q.c. per niente **2** liberamente: **Don't let the children run f. on the street**, non lasciare che i bambini corrano liberamente per la strada! **3** (*idiom.*): **to pull** (*o* **to push, etc.**) **f.**, estrarre (districare, *o* liberare, ecc.): **I pulled the wounded man f. from the wrecked car**, estrassi il ferito dai rottami dell'auto; **The bolt has worked itself f.**, il bullone si è allentato. ● (*naut.*) **to sail f.**, navigare con il vento in poppa.

to **free** /fri:/, **A** *v. t.* **1** liberare; mettere in libertà: **All the prisoners were freed**, tutti i prigionieri furono liberati **2** affrancare, emancipare: **to f. slaves**, emancipare gli schiavi **3** (*anche leg.*) esonerare; esentare: **to f. sb. from a duty**, esonerare q. da un dovere **4** (*econ., fin.*) liberalizzare; togliere le restrizioni a: **to f. movements of capitals within the European Community**, liberalizzare i movimenti di capitali nell'ambito della Comunità Europea **5** (*autom., mecc.*) sbloccare: **to f. a jammed starter**, sbloccare un motorino di avviamento. **B to free oneself**, *v. rifl.* liberarsi; sbarazzarsi: **to f. oneself from debts**, liberarsi dei debiti; **to f. oneself from an unwelcome visitor**, sbarazzarsi di un visitatore sgradito.

to **free-associate** /ˈfri:əˈsəʊʃɪeɪt/, *v. i.* **1** (*psic.*) associare idee liberamente **2** (*per estens.*) parlare a ruota libera.

freebee /ˈfri:bɪ/, *V.* **freebie**.

freebie /ˈfri:bɪ/, *n.* (*fam. specialm. USA*) (oggetto dato in) omaggio; disco dato gratis; volantino in omaggio.

freeboard /ˈfri:bɔ:d/, *n.* (*naut.*) bordo libero.

to **freeboot** /ˈfri:bu:t/, *v. i.* fare il filibustiere (*o* il pirata).

freebooter /ˈfri:bu:tə(r)/, *n.* filibustiere; pirata; predone.

freeborn /ˈfri:bɔ:n/, *a.* (*leg.*) nato libero; che gode di pieni diritti politici per nascita.

freed /fri:d/, *pass.* e *p. p.* di **to free**.

freedman /ˈfri:dmæn/, *n.* (*pl.* **freedmen**) (*stor. romana*) liberto.

freedom /ˈfri:dəm/, *n.* **1** libertà; indipendenza; franchezza; schiettezza; familiarità (*anche eccessiva*); facilità; disinvoltura, scioltezza, spigliatezza (*di movimenti, d'azione*): **f. of speech [of the press, from want]**, libertà di parola [di stampa, dal bisogno]; **f. of the seas**, libertà dei mari; **the four freedoms**, le quattro libertà (*di parola, di religione, dal timore, dal bisogno*); **to take freedoms with sb.**, prendersi delle libertà con q.; **to speak with f.**, parlare con franchezza, liberamente **2** l'essere esente da (q.c.): **f. from defects [from disease]**, l'essere esente da difetti [da malattie] **3** (*stor.*) franchigia; privilegio (*di città, corporazione, ecc.*) **4** (*leg.*) esenzione; esonero; dispensa: **f. from taxation**, esenzione fiscale. ● **f. fighter**, combattente per la libertà □ **f. of the city** (*o* **of the town**), cittadinanza onoraria □ (*econ.*) **f. of trade**, libertà dei traffici; libero scambio □ **to give sb. the f. of one's office**, mettere il proprio ufficio a disposizione di q.

to **free-drop** /ˈfri:ˈdrɒp/, *v. t.* (*aeron.*) lanciare (*materiale*) a caduta libera.

freedwoman /ˈfri:dwʊmən/, *n.* (*pl.* **freedwomen**) (*stor. romana*) liberta.

freefone /ˈfri:fəʊn/, *V.* **freephone**.

freehand /ˈfri:hænd/, *a.* e *avv.* a mano libera: **f. drawing**, disegno a mano libera.

freehold /ˈfri:həʊld/, (*leg.*) **A** *n.* **1** (bene immobile tenuto in) proprietà assoluta **2** (*stor.*) allodio **3** (*stor.*) beni allodiali. **B** *a.* (*di un bene*) tenuto in proprietà assoluta. **C** *avv.* in proprietà assoluta: **We bought our house in Dover f.**, comprammo la nostra casa di Dover in proprietà assoluta.

freeholder /ˈfri:həʊldə(r)/, *n.* (*leg.*) chi possiede (*immobili*) in proprietà assoluta.

freelance /ˈfri:lɑ:ns, -ˈfri:l-, *USA* -æns/, **A** *n.* **1** (*stor.*) soldato di ventura; mercenario **2** freelance; libero professionista; giornalista (*o* fotografo) indipendente; collaboratore esterno. **B** *a. attr.* (*di un professionista, ecc.*) freelance; indipendente. ● (*moda*) **f. model**, indossatrice volante.

to **freelance** /ˈfri:lɑ:ns, ˈfri:l-, *USA* -læns/, *v. i.* (*di giornalista, ecc.*) lavorare in proprio; essere indipendente.

freelancer /ˈfri:lɑ:nsə(r), *USA* -læn-/, *n. V.* **freelance**.

to **freeload** /ˈfri:ləʊd/, *v. i.* (*fam. USA*) vivere a sbafo; scroccare; fare lo scroccone.

freeloader /ˈfri:ləʊd/, *n.* (*fam. USA*) parassita; scroccone.

freely /ˈfri:lɪ/, *avv.* **1** liberamente; apertamente; francamente; spontaneamente; volentieri **2** generosamente; prodigamente **3** gratuitamente; gratis **4** alla buona; senza cerimonie.

freeman (*def. 1* /ˈfri:mæn/, *def. 2* /ˈfri:mən/), *n.* (*pl.* **freemen**) **1** (*stor.*) uomo libero (*non schiavo o servo*); cittadino **2** cittadino onorario: **a f. of the City of Oxford**, un cittadino onorario della città di Oxford.

freemartin /ˈfri:mɑ:tɪn, *USA* -tn/, *n.* (*vet.*) vitella sterile.

freemason /ˈfri:meɪsn, fri:ˈm-/, *n.* massone; frammassone.

freemasonry /ˈfri:meɪsnrɪ, fri:ˈm-/, *n.* (*anche fig.*) massoneria; frammassoneria.

freephone /ˈfri:fəʊn/, **A** *n.* (*in G.B.*) accettazione di telefonate gratuite (*da parte di aziende commerciali*). **B** *a.* con chiamata gratuita: **f. numbers**, numeri telefonici con chiamata gratuita; numeri verdi.

Freepost /ˈfri:pəʊst/, *n.* (*in G.B.*) (servizio di) spese postali a carico del destinatario.

freesheet /ˈfri:ʃi:t/, *n.* pubblicazione (giornalino, volantino, ecc.) dato gratis (*o* in omaggio).

freesia /ˈfri:zɪə, *USA* -ʒə/, *n.* (*bot., Freesia*) fresia.

freestanding /ˈfri:ˈstændɪŋ/, *a.* (*di un oggetto*) che sta in piedi da solo; senza supporto; non fissato.

freestone /ˈfri:stəʊn/, *n.* **1** (*edil.*) pietra da taglio **2** (*bot.*) nocciolo staccabile **3** (*bot.*) frutto spiccace.

freestyle /ˈfri:staɪl/, (*sport*) **A** *n.* **1** stile libero (*di nuoto o di lotta*) **2** (*nuoto*) gara a stile libero **3** (gara di) sci acrobatico. **B** *a. attr.* e *avv.* (a) stile libero: (*nuoto*) **f. relay**, staffetta stile libero. ● (*lotta*) **f. wrestling**, lotta libera; catch.

freethinker /ˈfri:ˈθɪŋkə(r)/, *n.* libero pensatore.

freethinking /ˈfri:ˈθɪŋkɪŋ/, *n.* libertà di pensiero; libero pensiero.

freeway /ˈfri:weɪ/, *n.* (*autom., USA*) autostrada senza pedaggio.

to **freewheel** /fri:ˈwi:l, ˈfri:ˈ-, *USA* -hw-/, *v. i.* **1** andare a ruota libera (*in bicicletta*) **2** (*autom.*) andare in folle.

freewheeling /fri:ˈwi:lɪŋ, ˈfri:ˈ-, *USA* -hw-/, **A** *n.* l'andare a ruota libera (*o* in folle). **B** *a.* (*fam.*) incurante; disinvolto; noncurante; sconsiderato; menefreghista (*fam.*).

freeze /fri:z/, *n.* **1** congelamento **2** gelo; gelata **3** (*econ.*) blocco, congelamento (*di prezzi, salari, ecc.*): **f. on hiring**, blocco delle assunzioni. ● (*ind.*) **f. drying**, liofilizzazione (*di alimenti*) □ **f.-out**, varietà di poker in cui i giocatori lasciano il posto una volta perduta la posta; (*anche comm.*) eliminazione, boicottaggio.

to **freeze** /fri:z/ (*pass.* **froze**, *p. p.* **frozen**), **A** *v. t.* **1** congelare; far gelare, gelare; agghiacciare; irrigidire, solidificare (*col freddo e fig.*): **to f. meat**, congelare carne; **to make sb.'s blood f.**, far gelare (*o* agghiacciare) il sangue (nelle vene) a q.; **Intense cold freezes the soil**, il freddo intenso irrigidisce il terreno; **to f. farm incomes**, irrigidire il reddito degli agricoltori **2** (*econ.*) congelare, bloccare, fissare (*prezzi, salari, ecc.*): (*fin.*) **to f. credit**, congelare i crediti **3** (*med.*) anestetizzare (con il freddo) **4** (*fig.*) agghiacciare, raggelare (*con uno sguardo, ecc.*). **B** *v. i.* **1** gelare, gelarsi; agghiacciare; solidificarsi, irrigidirsi (*per il gelo*); coprirsi di ghiaccio: **It froze last night**, la notte scorsa ha gelato; **The roads were frozen**, le strade erano coperte di ghiaccio *2* sentirsi gelare; morire dal freddo (*fig.*): **I am freezing (stiff)**, mi sento gelare; sono un pezzo di ghiaccio (*fig.*) *3* (*fam.*) fare molto freddo; essere un freddo boia, fare un freddo cane (*fam.*) *4* attaccarsi, rimanere attaccato (*per il gelo*): **The car tyres froze to the ground**, i pneumatici dell'automobile s'attaccarono al terreno per il gelo *5* irrigidirsi; bloccarsi; rimanere immobile: **The boy froze at the sight of the tiger**, alla vista della tigre il ragazzo si bloccò. ● **to f. sb.'s blood**, (far) gelare il sangue a q.: **That sight froze my blood**, quella vista mi gelò il sangue □ (*fam.*) **to f. sb. off**, raggelare q. □ (*pop.*) **to f. on to**, tenersi stretto a; afferrare strettamente □ (*fam.*) **to f. out**, escludere, tagliar fuori; (*anche comm.*) eliminare, boicottare □ **to f. over**, gelare; ghiacciare; coprirsi di ghiaccio: **The pond froze over in January**, lo stagno gelò in gennaio □ **to f. to death**, morire assiderato □ **to f. up**, irrigidirsi, rimanere paralizzato (*per il terrore, ecc.*); *V.* **to f. over** □ (*fam.*) **F.!**, fermo!; fermi tutti!

freeze-dried /ˈfriːzˈdraɪd/, *a.* liofilizzato.

to **freeze-dry** /ˈfriːzˈdraɪ/, *v. t.* (*tecn.*) liofilizzare.

freeze-drying /ˈfriːzˈdraɪɪŋ/, *n.* (*tecn.*) liofilizzazione; crioessiccazione.

freeze-frame /ˈfriːzfreɪm/, *n.* (*cinem., TV*) inquadratura fissa; fermo immagine.

freezer /ˈfriːzə(r)/, *n.* *1* (*ind.*) impianto refrigerante; cella frigorifera *2* (*di frigorifero*) congelatore; freezer; (*anche*) comparto del ghiaccio. ● **chest f.**, bancone congelatore (*in un negozio*).

freezing /ˈfriːzɪŋ/, **A** *a.* *1* glaciale: **f. cold**, un freddo glaciale *2* (*di maniere*) gelido; glaciale. **B** *n.* *1* congelamento *2* (*econ.*) congelamento; blocco (*di salari, ecc.*) *3* (*fam.*) *V.* **f. point**. ● (*leg.*) **f. assets**, congelamento di beni; sequestro conservativo □ **f. mixture**, miscela congelante □ **f. point**, punto di congelamento (*o* di solidificazione).

freight /freɪt/, *n.* *1* (*trasp.*) trasporto (in genere); merce trasportata; carico: **air f.**, trasporto aereo; **sea f.**, trasporto via mare; (*specialm. USA*) **f. car**, carro merci; **f. train**, treno merci; **f. service**, servizio merci; **paying f.**, carico pagante *2* (*comm., specialm. USA*) spese di trasporto, porto *3* (*naut.*) nolo: **f. brokerage**, provvigione sul nolo; **f. in advance**, nolo anticipato. ● **f. broker**, sensale di noli □ (*in U.S.A.*) **F. Bureau**, Conferenza della Navigazione □ **f. charges**, spese di trasporto; (*naut.*) spese di nolo □ (*USA*) **f. collect**, *V.* **f. forward** □ (*naut.*) **F. Conference**, Conferenza della Navigazione □ (*naut.*) **f. contracting**, noleggio (*di navi*) □ (*ferr., USA*) **f. depot**, scalo merci □ (*autom.*) «**F. flow**» (*cartello*), «autocarri in manovra» □ **f. forward**, (*USA*) porto assegnato; (*naut.*) nolo pagato a destinazione (*o* posticipato) □ (*naut.*) **f. market**, mercato dei noli □ **f. rate**, (*USA*) tariffa di trasporto (*di merci*); (*naut.*) rata (*o* tariffa) di nolo □ (*naut.*) **f. steamer**, nave da carico □ (*naut.*) **f. ton**, tonnellata di noleggio □ (*naut.*) **f. unpaid**, nolo assegnato □ (*USA*) **f. yard**, *V.* **f. depot**.

to **freight** /freɪt/, *v. t.* *1* (*anche fig.*) caricare (*specialm. una nave*) *2* (*naut.*) noleggiare (*una nave*) *3* (*specialm. USA*) spedire, trasportare (*merci, con qualsiasi mezzo*).

freightage /ˈfreɪtɪdʒ/, *n.* (*comm.*) *1* nolo, noleggio (*di mezzo di trasporto, specialm. di nave*); spese di trasporto commerciale (*specialm. marittimo*) *2* carico (*specialm. di nave*).

freighter /ˈfreɪtə(r)/, *n.* *1* (*naut.*) noleggiatore *2* (*naut.*) spedizioniere marittimo *3* (*USA*) consegnatario (*di merce per trasporto via terra*) *4* nave da carico; cargo; mercantile; aereo per trasporto merci.

freightliner /ˈfreɪtlaɪnə(r)/, *n.* (*ferr., in G.B.*) treno merci per contenitori (*o* container).

fremitus /ˈfrɛmɪtəs/ (*lat.*), *n.* (*pl.* **fremitus**) (*med.*) fremito.

French /frɛntʃ/, **A** *a.* francese. **B** *n.* *1* (la lingua) francese *2* – (*collett.*) **the F.**, i francesi; il popolo francese. ● **F. beans**, fagiolini (verdi) □ **F. bread**, pane francese; baguette (*franc.*) □ **F. chalk**, gesso (*o* pietra) da sarto □ **F. cuff**, polsino doppio □ (*USA*) **F. door**, *V.* **F. window** □ (*edil.*) **F. drain**, vespaio □ **F. dressing**, salsa a base di olio e aceto (*come condimento*); (*USA*) salsa di maionese e ketchup □ **F. fries**, patatine fritte a bastoncino □ (*mus.*) **F. horn**, corno da caccia □ **F. kiss**, bacio in bocca □ **a F. lesson**, una lezione di francese □ (*fam.*) **F. letter**, preservativo □ **F. loaf**, filone (di pane) francese; baguette (*franc.*) □ **the F. master**, l'insegnante di francese □ **F. polish**, vernice a spirito a base di gommalacca (*per mobili*) □ **F. polisher**, verniciatore con la gommalacca; lucidatore (di mobili) □ (*edil.*) **F. roof**, tetto a mansarda □ **F. toast**, fetta di pane passata in una miscela di uovo e latte e fritta □ (*edil.*) **F. window**, portafinestra □ **to take F. leave**, andarsene alla chetichella (*o* all'inglese); tagliare la corda (*pop.*).

Frenchification /frɛntʃɪfɪˈkeɪʃn/, *n.* infrancesamento; francesizzazione.

to **Frenchify** /ˈfrɛntʃɪfaɪ/, **A** *v. t.* infrancesare; francesizzare. **B** *v. i.* infrancesarsi; francesizzarsi.

Frenchman /ˈfrɛntʃmən/, *n.* (*pl.* **Frenchmen**) *1* francese *2* (*naut.*) nave francese.

Frenchwoman /ˈfrɛntʃwʊmən/, *n.* (*pl.* **Frenchwomen**) (una) francese.

Frenchy /ˈfrɛntʃɪ/, **A** *a.* caratteristico dei (*o* simile ai) francesi; che franceseggia; infranciosato (*scherz.*). **B** *n.* (*spreg.*) francese (*uomo o donna*).

frenetic(al) /frəˈnɛtɪk(l)/, *a.* frenetico; forsennato; convulso. || **-ally**, *avv.*

frenulum /ˈfrɛnjʊləm/, *n.* (*pl.* **frenula**) (*anat.*) frenulo.

frenum /ˈfriːnəm/, *n.* (*pl.* **frenums, frena**) (*anat.*) freno; frenulo.

frenzied /ˈfrɛnzɪd/, *a.* frenetico; forsennato; furioso; delirante; pazzo.

frenzy /ˈfrɛnzɪ/, *n.* frenesia; smania; impeto; trasporto; pazzia; parossismo; accesso: **in a f. of delight**, in un trasporto di gioia; **in a f. of hatred**, nel parossismo dell'odio. ● **to work oneself up into a f.**, dare in smanie; smaniare.

to **frenzy** /ˈfrɛnzɪ/, *v. t.* rendere frenetico (*o* furibondo, furioso).

frequence /ˈfriːkwəns/, *V.* **frequency**.

frequency /ˈfriːkwənsɪ/, *n.* (*anche fis., mat., radio, TV*) frequenza: **high [medium, low] f.**, alta [media, bassa] frequenza; **f. modulation**, modulazione di frequenza; (*trasp.*) **f. of flights**, frequenza dei voli; **the f. of intercity rail services**, la frequenza dei servizi ferroviari che collegano due città. ● **f. band**, banda di frequenza □ (*stat.*) **f. distribution**, distribuzione di frequenza □ **f. meter**, frequenzimetro □ **f. response**, risposta in frequenza.

frequent /ˈfriːkwənt/, *a.* *1* frequente: **f. rains**, piogge frequenti; (*med.*) **f. pulse**, polso frequente *2* abituale; costante; regolare: **a f. caller**, un visitatore abituale.

to **frequent** /frɪˈkwɛnt/, *v. t.* frequentare; praticare con frequenza.

frequentable /frɪˈkwɛntəbl/, *a.* frequentabile.

frequentation /friːkwənˈteɪʃn/, *n.* frequentazione; il frequentare.

frequentative /frɪˈkwɛntətɪv/, *a.* (*gramm.*) frequentativo: **a f. verb**, un verbo frequentativo.

frequenter /frɪˈkwɛntə(r)/, *n.* frequentatore, frequentatrice.

frequently /ˈfriːkwəntlɪ/, *avv.* frequentemente; di frequente.

fresco /ˈfrɛskəʊ/, *n.* (*pl.* **frescoes, frescos**) (*pitt.*) affresco. ● **f.-painter**, affreschista □ **to paint in f.**, dipingere a fresco; affrescare.

to **fresco** /ˈfrɛskəʊ/, *v. t.* (*pitt.*) affrescare.

fresh /frɛʃ/, **A** *a.* *1* fresco; recente; nuovo; vigoroso; in forza; vivace, gagliardo (*di vento*); fatto di fresco: **f. vegetables**, verdura fresca; **the f. air of the night**, l'aria fresca della sera; **f. bread**, pane fresco; **f. from the oven**, fresco di forno; **a f. horse**, un cavallo fresco (*o* di ricambio); **a f. wind**, un vento gagliardo; **to feel still f.**, sentirsi ancora fresco (*o* vigoroso, in forza); **a f. spring day**, una fresca giornata di primavera; **f. coffee**, caffè fatto di fresco; **a f. wound**, una ferita recente; **f. information**, informazioni recenti; **to begin a f. chapter**, cominciare un capitolo nuovo; **a f. supply**, una nuova provvista; un nuovo rifornimento *2* arrivato di fresco; inesperto; novizio: **a new car f. from the factory**, un'automobile nuova, appena arrivata dalla fabbrica; **a young man, f. out of college** (*o* **f. from university**), un giovane che ha appena terminato gli studi universitari; **a f. recruit**, una recluta inesperta *3* (*di colore*) brillante; vivace *4* (*fam.*) sfacciato; impudente; impertinente *5* (*dial. ingl. sett.*) un po' sbronzo; alticcio; brillo *6* (*pop. USA*) troppo intraprendente (*con le ragazze, ecc.*). **B** *n.* *1* (il) fresco; freschezza: **in the f. of the morning**, al fresco del mattino; nella freschezza (*di mente, ecc.*) che si ha al mattino *2* piena (*di fiume*). **C** *avv.* di fresco; di recente; di nuovo; appena: **f.-caught**, preso di fresco; **f.-coined**, coniato di recente; **a f.-run salmon**, un salmone che ha appena risalito il fiume. ● **f.-air**, all'aria aperta, all'aperto □ **f. baked bread**, pane fresco (*o* di giornata) □ **f. breeze**, vento teso □ **f.-cut flowers**, fiori freschi □ **f. from the wash**, (fresco) di bucato □ (*naut.*) **f. gale**, burrasca moderata □ **f.-ground coffee**, caffè appena macinato □ (*fin.*) **f. money**, denaro fresco □ **f. off the press**, fresco di stampa □ (*fam. specialm. USA*) **to be f. out of**, avere appena esaurito (*un articolo, un prodotto*) □ **f. water**, acqua dolce (*non salata*) □ (*fam.*) **to be** (*o* **to get**) **f. with sb.**, prendersi delle libertà con q.; civettare con q. □ (*fig.*: *di persona*) **to be as f. as a daisy**, essere fresco come una rosa □ (*fig.*) **to break f. ground**, trattare un argomento nuovo; fare q.c. di originale □ **in the f. air**, all'aria aperta; al fresco □ **to make a f. start**, cominciare daccapo (*o* di nuovo) □ **to throw f. light on a subject**, gettare nuova luce su un argomento □ (*fam.*) **It's a bit f. today**, oggi fa freschino □ **I poured a f. drink**, mi versai di nuovo da bere.

to **freshen** /ˈfrɛʃn/, **A** *v. t.* *1* (*anche* **to f. up**) rinfrescare; dare una rinfrescata a *2* (*fig.*) ravvivare *3* dissalare (*acqua marina, ecc.*). **B** *v. i.* *1* rinfrescare: **The air is freshening**, l'aria rinfresca *2* rinforzare: **The wind freshens**, il vento rinforza *3* (*dell'acqua marina, ecc.*) diventare dolce; perdere la salinità. ● (*di persona*) **to f. up**, darsi una rinfrescata; ripassare (*un programma di studio, ecc.*).

freshener /ˈfrɛʃnə(r)/, *n.* *1* bibita rinfrescante *2* tonico (*per la pelle, ecc.*).

freshen-up /ˈfrɛʃnˈʌp/, *n.* (*fam.*) *1* rinfrescata *2* (*fig.*) ripassata, ripasso (*di un argomento, una materia di studio*).

fresher /ˈfrɛʃə(r)/, *V.* **freshman**.

freshet /ˈfrɛʃɪt/, *n.* *1* torrentello; corso d'acqua *2* piena primaverile (*di un fiume*).

freshly /ˈfrɛʃlɪ/, *avv.* *1* (*seguito da p. p.*) di fresco; di recente; appena: **f. baked bread**, pane cotto di fresco; **f. gathered flowers**, fiori appena colti *2* con aspetto fresco, vigoroso; con grande freschezza; con forze fresche *3* (*raro*) daccapo; di nuovo *4* (*fam.*) in modo sfacciato (*o* impudente); con impertinenza.

freshman /ˈfrɛʃmən/, *n.* (*pl.* **freshmen**) studente (universitario) del primo anno; matricola.

freshness /ˈfrɛʃnəs/, *n.* *1* freschezza *2* vivacità *3* vigoria; forze fresche.

freshwater /ˈfrɛʃwɔːtə(r), *USA* -wɒt-/, *a.* *1* d'acqua dolce: **f. fish**, pesci d'acqua dolce;

(*fig.*) **a f. sailor**, un marinaio d'acqua dolce *2* (*fig. USA*) provinciale; oscuro; poco rinomato; **a f. college**, un college poco rinomato. ● (*zool.*) **f. drum,** *V. sotto* **drum** (1).

fret (1) /fret/, *n.* *1* (*archit.*, = **Greek f.**) greca *2* intaglio; traforo *3* (*arald.*) cancello.

fret (2) /fret/, *n.* *1* corrosione; usura *2* agitazione; afflizione; cruccio; irritazione; stizza. ● **to be in a f.**, essere irritato (*o* agitato, crucciato) □ **to get in a f.**, agitarsi; affliggersi; crucciarsi.

fret (3) /fret/, *n.* (*mus.*) tasto, sbarretta trasversale (*su strumento a corda*).

to **fret** (1) /fret/, *v. t.* *1* (*archit.*) adornare di greche *2* intagliare; traforare.

to **fret** (2) /fret/, **A** *v. t.* *1* consumare; corrodere; logorare; intaccare: **Rust frets iron**, la ruggine corrode il ferro *2* agitare; affliggere; crucciare; irritare; punzecchiare; seccare (*fig.*): **Everything frets him**, tutto lo irrita *3* increspare (*l'acqua*). **B** *v. i.* *1* consumarsi; corrodersi; logorarsi *2* agitarsi; affliggersi; crucciarsi; irritarsi; turbarsi: **You shouldn't f. about everything**, non devi crucciarti per ogni cosa *3* (*del mare, dell'acqua*) incresparsi. ● **to f. and fume**, essere molto irritato e impaziente; mangiarsi (*o* rodersi) il fegato □ **to f. away** (*o* **out**) **one's life** [**one's health**], logorarsi la vita [la salute] per i troppi crucci □ **to f. oneself to death**, crucciarsi a morte (*o* oltre misura).

fretful /'fretfl/, *a.* irritabile; nervoso; scontroso; stizzoso. || **-ly**, *avv.* || **-ness**, *sost.*

fretsaw /'fretsɔː/, *n.* seghetto da traforo.

fretted /'fretɪd/, *a.* *1* (*archit., ecc.*) adorno di greche *2* (*mus.*: *di strumento a corda*) fornito di tasti.

fretting /'fretɪŋ/, *n.* *1* corrosione; usura; sfregamento *2* irritazione; cruccio.

fretty (1) /'fretɪ/, *a.* irritabile; stizzoso.

fretty (2) /'fretɪ/, *a.* (*arald.*: *di uno stemma*) adorno di cancello.

fretwork /'fretwɜːk/, *n.* *1* (*archit., ecc.*) greca; lavoro d'ornato *2* lavoro d'intaglio (*o* di traforo) (*in legno*) *3* (*fig.*) arabesco, ricamo (*fig.*).

Freudian /'frɔɪdɪən/, (*psic.*) **A** *a.* freudiano. **B** *n.* seguace di Freud. ● **F. slip**, lapsus freudiano.

Freudianism /'frɔɪdɪənɪzəm/, *n.* (*psic.*) freudismo.

Frey /freɪ/, **Freya** /'freɪə/, *n.* (*mitol.*) Freia.

friability /fraɪə'bɪlətɪ/, *n.* friabilità.

friable /'fraɪəbl/, *a.* friabile.

friableness /'fraɪəblnəs/, *n.* friabilità.

friar /'fraɪə(r)/, *n.* frate. ● (*farm.*) **f.'s balsam**, tintura di benzoino □ **Austin Friars**, agostiniani □ **Black Friars**, domenicani □ **Grey Friars**, francescani □ **White Friars**, carmelitani.

friary /'fraɪərɪ/, *n.* frateria; convento (*o* comunità) di frati.

fribble /'frɪbl/, *n.* *1* persona frivola; perditempo *2* frivolezza.

to **fribble** /'frɪbl/, *v. i.* frivoleggiare; essere frivolo; gingillarsi.

fricandeau /'frɪkəndəʊ/, *n.* (*pl.* **fricandeaus, fricandeaux**) (*cucina*) fricandò.

fricassee /'frɪkəseɪ, *USA* frɪkə'siː/, *n.* (*cucina*) fricassea; spezzatino.

to **fricassee** /'frɪkəseɪ, *USA* frɪkə'siː/, *v. t.* cucinare (*o* fare) in fricassea. ● **fricasseed chicken**, fricassea di pollo.

fricative /'frɪkətɪv/, (*fon.*) **A** *a.* fricativo. **B** *n.* (consonante) fricativa.

friction /'frɪkʃn/, *n.* *1* (*fis., mecc.*) attrito; frizione: **angle of f.**, angolo d'attrito; (*autom.*) **f. clutch**, innesto a frizione; **f. disk**, disco della frizione *2* (*fig.*) attrito; antagonismo; dissenso; disaccordo: **There's going to be f. between the two directors**, ci sarà attrito fra i due amministratori *3* (*med.*) frizione; massaggio. ● (*mecc.*) **f.-brake**, freno ad attrito □ (*mecc.*) **f. coupling**, innesto a frizione □ (*mecc.*) **f. gearing** (*o* **f. drive**), trasmissione a frizione □ (*USA*) **f. tape**, nastro isolante.

frictional /'frɪkʃənl/, *a.* *1* (*fis.*) frizionale; (*mecc.*) di attrito *2* (*econ.*) frizionale: **f. unemployment**, disoccupazione frizionale. ● (*mecc.*) **f. damper**, smorzatore per attrito □ **f. electricity**, triboelettricità □ (*ferr., mecc.*) **f. grip**, aderenza (*delle ruote alle rotaie*).

frictionless /'frɪkʃənləs/, *a.* (*fis., mecc.*) privo d'attrito.

Friday /'fraɪdeɪ, -dɪ/, *n.* venerdì: **Good F.**, il Venerdì Santo; **He'll arrive on F.** (*USA e fam. ingl.*: **F.**), arriverà venerdì; **He's at home on Fridays**, di venerdì è a casa. ● **on a F.** (*USA*: **Fridays**), di venerdì; ogni venerdì.

fridge /frɪdʒ/, *n.* (*fam.*) frigo; frigorifero. ● **f.-freezer**, frigocongelatore.

fried /fraɪd/, **A** *pass.* e *p. p.* di **to fry**. **B** *a.* *1* fritto: **f. fish**, pesce fritto *2* (*pop. USA*) brillo; sbronzo.

friend /frend/, *n.* *1* amico, amica: **a good f. of mine**, un mio buon amico; **He's no f. of virtue**, non è amico della virtù *2* – (*relig.*) **F.**, quacchero, quacchera: **the Society of Friends**, i quaccheri. ● **to be friends with**, essere amico (*o* amici) di: **John is friends with Peter**, John è amico di Peter □ (*fig.*) **to have a f. at court**, avere un protettore altolocato □ **to keep friends with sb.**, rimanere amici con q. □ **to make friends again**, rifare amicizia; rappacificarsi □ **to make friends easily**, fare amicizia facilmente □ **to make friends with sb.**, fare amicizia con q. □ (*polit.*) **my honourable f.**, il mio onorevole collega (*appellativo con cui si designa un altro deputato alla Camera dei Comuni*) □ **my learned f.**, il mio dotto collega (*appellativo usato fra avvocati in tribunale*) □ (*prov.*) **A f. in need is a f. indeed**, il vero amico si conosce al bisogno.

to **friend** /frend/, *v. t.* (*arc. o poet.*) aiutare; favorire; proteggere.

friendless /'frendləs/, *a.* senza amici; privo d'amici; solo. || **-ness**, *sost.*

friendly /'frendlɪ/, **A** *a.* *1* amico; amichevole; di (*o* da) amico; benevolo; ben disposto; cordiale: **a f. settlement**, un accordo amichevole; (*sport*) **a f. match** [**game**], un incontro [una partita] amichevole *2* propizio; favorevole: **a f. breeze**, una brezza favorevole *3* (*mil.*) alleato; non ostile: **Are those planes f.?**, sono dei nostri quegli aerei? **B** *n.* *1* (*sport*) (partita) amichevole *2* – (*collett.*) **the f.**, gli indigeni d'una tribù amica. **C** *avv.* amichevolmente; benevolmente: **They received us f.**, ci accolsero amichevolmente. ● (*leg.*) **a f. action**, un'azione amichevole □ (*leg.*) **f. composition**, transazione amichevole □ (*leg.*) **f. divorce**, divorzio consensuale □ (*econ., fin.*) **f. merger**, fusione amichevole (*di aziende*) □ **a f. society**, una società di mutuo soccorso □ **in a f. way**, amichevolmente. || **-iness**, *sost.*

friendship /'frendʃɪp/, *n.* amicizia (*in ogni senso*).

frier /'fraɪə(r)/, *V.* **fryer**.

fries /fraɪz/, *n. pl.* (*cucina*) patatine fritte a bastoncino.

frieze (1) /friːz/, *n.* (*anche archit.*) fregio; fascia ornamentale.

frieze (2) /friːz/, *n.* (*ind. tess.*) ratina; rascia.

to **frieze** /friːz/, *v. t.* (*ind. tess.*) ratinare.

friezing /'friːzɪŋ/, *n.* (*ind. tess.*) ratinatura. ● **f. machine**, ratinatrice.

frig /frɪg/, *n.* (*fam.*) frigo; frigorifero.

to **frig** /frɪg/, *v. t.* e *i.* (*volg.*) fottere, scopare (*volg.*). ● (*fam.*) **to f. about** (*o* **to f. around**), gingillarsi, perdere tempo; non fare un tubo (*pop.*); scocciare, seccare (*fam.*); rompere (*pop.*).

frigate /'frɪgət/, *n.* *1* (*stor. naut.*) fregata *2* (*zool.*, *Fregata*; = **f. bird**) fregata.

frigging /'frɪgɪŋ/, (*volg.*) **A** *a.* fottuto (*volg.*); maledetto: **You f. idiot!**, maledetto idiota! **B** *n.* scopata, scopate (*volg.*).

fright /fraɪt/, *n.* *1* paura; spavento; terrore *2* (*fam.*) persona (*o* cosa) spaventosa, assurda, ridicola; orrore: **His clothes were a f.**, i suoi abiti erano una cosa spaventosa. ● (*fam.*) **to get the f. of one's life**, morire dallo spavento □ **to give sb. a f.**, spaventare q. □ **to look a f.**, avere un aspetto orribile; essere orrendo □ **to take f. at st.**, spaventarsi di q.c.

to **fright** /fraɪt/, *v. t.* (*poet.*) spaventare; atterrire.

to **frighten** /'fraɪtn/, *v. t.* spaventare; atterrire; impaurire; intimorire; terrorizzare: **to f.** (**the**) **hell out of sb.**, spaventare a morte q. ● **to f. sb. away**, spaventare q. tanto da farlo fuggire □ **to f. sb. into doing st.**, far fare q.c. a q., intimidendolo: **They frightened him into confessing**, lo intimorirono al punto di farlo confessare □ **to f. sb. out of st.**, far desistere q. da q.c., intimorendolo □ **to f. sb. out of his senses**, fare perdere i sensi a q. per lo spavento □ **to f. sb. to death**, far morire q. di paura.

frightened /'fraɪtnd/, *a.* spaventato; atterrito; intimorito; impaurito. ● **to be f. at** (*o* **by**) **st.**, spaventarsi per q.c. □ **to be f. of sb.** [**st.**], aver paura di q. [q.c.]: **Don't b. f. of the watchdog!**, non avere paura del cane da guardia!

frightful /'fraɪtfl/, *a.* spaventoso; spaventevole; orribile; terribile; tremendo; (*fam.*) brutto, pessimo: **f. weather**, tempo orribile; **f. hunger**, fame terribile; **a f. bore**, un tremendo seccatore. || **-ly**, *avv.* || **-ness**, *sost.*

frigid /'frɪdʒɪd/, *a.* *1* molto freddo; glaciale: **a f. climate**, un clima molto freddo; **the f. zones**, le zone glaciali; **a f. reception**, un'accoglienza glaciale; **f. poetry**, poesia frigida *2* (*med., psic.*) frigido.

frigidity /frɪ'dʒɪdətɪ/, **frigidness** /'frɪdʒɪdnəs/, *n.* *1* freddezza *2* (*med., psic.*) frigidità.

frigidly /'frɪdʒɪdlɪ/, *avv.* con (grande) freddezza.

frill /frɪl/, *n.* *1* collare, collarino (*di peli o penne, in un animale*) *2* gala increspata; balza arricciata *3* (*pl.*) fronzoli; ornamenti eccessivi; ninnoli *4* (*fotogr.*) arricciamento, grumo, ecc. (*V.* **to frill**). ● (*fig.*) **to put on frills**, darsi delle arie □ **There are no frills about him**, è un tipo semplice, naturale; non si dà arie.

to **frill** /frɪl/, **A** *v. t.* *1* arricciare; increspare *2* ornare di gale (*o* di balze). **B** *v. i.* *1* arricciarsi *2* (*fotogr.*) arricciarsi, raggrumarsi ai margini (*specialm. della gelatina sulle pellicole fotografiche*).

frilled /frɪld/, *a.* ornato di gale; increspato.

frillery /'frɪlərɪ/, *n.* *1* gale; trine *2* fronzoli; ninnoli.

frillies /'frɪlɪz/, *n. pl.* (*fam.*) sottabito, sottoveste (*o* altro indumento intimo) con gale.

frilling /'frɪlɪŋ/, *n.* *1* increspatura *2* tela per trine *3* (*fotogr.*) distacco (*della gelatina*).

frilly /'frɪlɪ/, *V.* **frilled**.

fringe /frɪndʒ/, *n.* *1* frangia, frangetta (*di capelli*): **to wear a f.** (*o* **to wear one's hair in a f.**), portare la frangetta *2* orlo; margine; confine: **on the f. of the wood**, al margine del bosco; **the fringes of civilization**, i confini della civiltà *3* (*ind. tess.*) frangia ornamentale; penero *4* (*fig.*) aspetto marginale *5* (= **f. group**) frangia: **the extreme-left f.**, la frangia dell'ultrasinistra *6* (*fis.*) frangia *7* (*fotogr.*) iridescenza. ● **f. benefit**, indennità accessoria; agevolazione aggiuntiva □ (*econ.*) **f. market**, mercato marginale □ **f. theatre**, teatro d'avanguardia.

to **fringe** /frɪndʒ/, **A** *v. t.* *1* ornare di frange; frangiare *2* orlare; contornare; crescere al bordo di: **The lake is fringed with luxuriant vegetation**, il lago è contornato da una vegetazione lussureggiante; **Willows fringed the river**, lungo il fiume crescevano salici. **B** *v. i.* (*spesso* **to f. out**) estendersi come una frangia.

fringeless /'frɪndʒləs/, *a.* senza frange.

fringing /'frɪndʒɪŋ/, *n.* frangiatura. ● (*geogr.*) **f. reef**, scogliera areale.

Fringlish /'frɪŋglɪʃ/, *n.* inglese pieno di francesismi.

fringy /'frɪndʒɪ/, *a.* *1* simile a una frangia *2* ornato di frange; frangiato.

frippery /'frɪpərɪ/, *n.* *1* cianfrusaglie; fronzoli; roba da rigattiere *2* affettazione; falsa eleganza; ostentazione.

frisbee /ˈfrɪzbiː/, **frisby** /ˈfrɪzbɪ/, *n.* (*marchio*) frisbee (*disco di plastica da lanciare per gioco*). ● **to play f.**, giocare con un frisbee.

Frisco /ˈfrɪskəʊ/, *n.* (*abbr. fam. USA*) San Francisco (*California*).

Frisian /ˈfrɪzɪən/, **A** *a.* e *n.* frisone; (abitante, lingua) della Frisia. **B** *n.* vacca frisona.

frisk /frɪsk/, *n.* **1** salto; sgambetto; capriola **2** colpo (*di coda*) **3** (*fam.*) perquisizione (personale) **4** (*pop. USA*) borseggio; scippo. ● **to have a f. on the grass**, fare le capriole (*o* giocare) sull'erba.

to **frisk** /frɪsk/, **A** *v. i.* saltellare; sgambettare; zampettare; far capriole; ruzzare. **B** *v. t.* **1** agitare; scuotere: **The puppy frisked its tail**, il cucciolo agitava la coda **2** (*fam.*) tastare (q.) in cerca di armi; perquisire **3** (*pop. USA*) borseggiare; scippare.

frisket /ˈfrɪskɪt/, *n.* **1** (*tipogr.*) fraschetta **2** (*grafica*) maschera.

frisky /ˈfrɪskɪ/, *a.* **1** saltellante; sgambettante; che zampetta **2** irrequieto; svelto; vivace; vispo; giocherellone; pazzerello; sbarazzino. ‖ **-ily**, *avv.* ‖ **-ness**, *sost.*

frisson /ˈfriːsɒn, ˈfrɪ-, *USA* friːˈsəʊn/ (*franc.*), *n.* brivido (*d'eccitazione*); fremito (*di piacere*).

frit /frɪt/, *n.* **1** (*ind. del vetro*) vetro poroso **2** (*ind. ceramica*) fritta.

to **frit** /frɪt/, *v. t.* (*tecn.*) agglomerare, fondere (*materiali*).

frit fly /ˈfrɪtflaɪ/, *locuz. n.* (*zool., Oscinella frit*) oscinide; mosca frit.

frith /frɪθ/, *V.* **firth**.

fritillary /frɪˈtɪlərɪ, *USA* ˈfrɪtɪlerɪ/, *n.* **1** (*bot., Fritillaria*) fritillaria **2** (*bot., Fritillaria meleagris*) meleagride; dama a scacchiera **3** (*zool., Argynnis*) arginnide.

fritt, to **fritt** /frɪt/, *V.* **frit, to frit**.

fritter /ˈfrɪtə(r)/, *n.* frittella (*anche di frutta*); frittella ripiena.

to **fritter** /ˈfrɪtə(r)/, *v. t.* (*raro*) sminuzzare; spezzettare. ● **to f. away**, sciupare; sprecare; scialacquare: **to f. away one's time**, sciupare il proprio tempo ◻ **to f. away one's strength**, sprecare le forze ◻ **to f. away one's money**, scialacquare il proprio denaro.

Fritz /frɪts/, *n.* (*stor., spreg.*) tedesco; soldato tedesco.

to **frivol** /ˈfrɪvl/, *v. i.* (*fam.*) frivoleggiare; essere frivolo. ● **to f. away one's money**, scialacquare il proprio denaro ◻ **to f. away one's time**, sprecare il proprio tempo.

frivolity /frɪˈvɒlətɪ/, *n.* **1** frivolezza; futilità; leggerezza **2** atto (*o* discorso, divertimento) frivolo.

frivolous /ˈfrɪvələs/, *a.* frivolo; futile; leggero. ‖ **-ly**, *avv.* ‖ **-ness**, *sost.*

friz(z) /frɪz/, *n.* ricciolo; ciocca di riccioli.

to **friz**, to **frizz** (**1**) /frɪz/, *v. t.* e *i.* **1** (*di capelli*) arricciare, arricciarsi **2** (*di pelo di stoffa*) aggrovigliare, aggrovigliarsi. ● **frizzed hair**, capelli crespi (*o* ricci).

to **frizz** (**2**) /frɪz/, *v. i.* sfriggere; sfrigolare.

frizzle /ˈfrɪzl/, *n.* capelli ricci (*o* crespi).

to **frizzle** (**1**) /ˈfrɪzl/, *v. t.* e *i.* (*dei capelli*) arricciare, arricciarsi.

to **frizzle** (**2**) /ˈfrɪzl/, **A** *v. t.* friggere; abbrustolire; cuocere sulla griglia, sulla graticola. **B** *v. i.* friggere; sfrigolare: **A smell of frizzling bacon came from the kitchen**, dalla cucina veniva l'odore della pancetta che sfrigolava (sul fuoco).

frizzly /ˈfrɪzlɪ/, **frizzy** /ˈfrɪzɪ/, *a.* (*di capello*) riccio; ricciuto; crespo.

fro /frəʊ/, *avv.* (*solo nella locuz.*) **to and fro**, avanti e indietro; su e giù: **to make trips to and fro between Rome and Florence**, viaggiare avanti e indietro fra Roma e Firenze.

frock /frɒk/, *n.* **1** abito, vestito (*da donna o da bambino*); veste; vestitino **2** tonaca (*di frate*) **3** camiciotto, blusa (*da marinaio o da operaio*) **4** (= **f. coat**) finanziera; redingote **5** (*arc.*) giubbotto da operaio; grembiulone **6** tunica; giubba militare **7** (*fig.*) abito talare; ufficio di sacerdote.

to **frock** /frɒk/, *v. t.* **1** vestire; ricoprire (*V.* **frock**) **2** rivestire (q.) dell'abito talare; ordinare (q.) sacerdote.

frog /frɒg, *USA* frɔːg/, *n.* **1** rana; ranocchio **2** (*zool.*) fettone, forchetta (*di zoccolo di cavallo*) **3** (*mil.*) alamaro, passamano (*di giubba militare e sim.*) **4** (*mil.*) cinghia, dragona (*cui appendere la spada*) **5** (*ferr.*) cuore (*d'incrocio di binari*); (*USA*) rotaia a zampa di lepre **6** (*agric.*) ceppo, dentale (*dell'aratro*) **7** (*elettr.*) incrocio aereo **8** – (*pop. spreg.*, = **frogeater**) **F.**, «mangiarane»; francese. ● (*zool.*) **f.-fish**, (*Lophius piscatorius*) rana pescatrice; (*Thalassophryne*) rospo marino; (*Batrachoides*) batracoide ◻ (*fam.*) **a f. in one's throat**, raucedine ◻ **f.-spawn**, uova di rana; (*bot., Batrachospermum*) alga d'acqua dolce ◻ (*med.*) **f. test**, test della rana (*diagnosi di gravidanza*) ◻ (*med., vet.*) **f. tongue**, ranula.

frogged /frɒgd, *USA* frɔːgd/, *a.* guarnito d'alamari (*o* di passamani).

froggy /ˈfrɒgɪ, *USA* ˈfrɔːgɪ/, **A** *a.* **1** simile a rana **2** pieno di rane. **B** *n.* (*pop. spreg.*) «mangiarane»; francese.

frogman /ˈfrɒgmən, *USA* ˈfrɔːg-/, *n.* (*pl.* **frogmen**) uomo rana; sommozzatore.

frogmarch /ˈfrɒgmɑːtʃ, *USA* ˈfrɔːg-/, *n.* trasporto d'un prigioniero, con la faccia verso terra, da parte di quattro persone che lo tengono per le braccia e per le gambe.

to **frogmarch** /ˈfrɒgmɑːtʃ, *USA* ˈfrɔːg-/, *v. t.* **1** spingere (q.) che ha le braccia legate dietro la schiena **2** trascinare (q.) a faccia in giù.

frolic /ˈfrɒlɪk/, **A** *a.* (*arc.*) allegro; giocoso; scherzoso. **B** *n.* **1** allegria; gaiezza **2** birichinata; monelleria; scherzo **3** divertimento; svago; spasso. ● **to have a f.**, divertirsi (*o* giocare) un poco.

to **frolic** /ˈfrɒlɪk/, *v. i.* **1** saltellare; sgambettare; ruzzare **2** divertirsi; far birichinate; spassarsela.

frolicsome /ˈfrɒlɪksəm/, *a.* allegro; birichino; giocoso; pazzerello; scherzoso; sbarazzino; vispo: **f. children**, fanciulli birichini, vispi. ‖ **-ly**, *avv.* ‖ **-ness**, *sost.*

from /frɒm, frəm, fəm, *USA* frɒm, frʌm, frəm, fəm/, *prep.* **1** (*complem. di allontanamento, derivazione, decorrenza, origine, provenienza, separazione, causa, ecc.*) da; di; per, a causa di; a decorrere da, a partire da: **Several chemicals are made f. oil**, dal petrolio si ricavano vari prodotti chimici; **a fall f. a horse**, una caduta da cavallo; **to start f. London**, partire da Londra; **to be far f. home**, essere lontano da casa; **to go away f. home**, andarsene da casa; **I thought she was different f. the other girls**, pensavo fosse diversa dalle altre ragazze; **to tell** (*o* **to know**) **one thing f. another**, distinguere una cosa da un'altra; **Where are you f.?**, di dove (*o* di che nazione, di che città) sei?; **f. his point of view**, dal suo punto di vista; **f. next Monday**, da lunedì prossimo; **to be absent f. school**, essere assente da scuola; **gifts f. Providence**, doni della Provvidenza; **to die f. fatigue and sorrow**, morire dalle fatiche e dai dispiaceri; **to suffer f. hunger** [**the cold**], soffrire per la fame [il freddo]; **to suffer f. flu**, essere malato d'influenza; **to speak f. experience**, parlare per esperienza; **He trembled f. fear**, tremava dalla (*o* per la) paura; **I am far f. thinking that...**, sono lungi dal pensare che... **2** (*separazione*) a: **to take st. f. sb.**, portare via (*o* prendere) q.c. a q.; **to conceal** (*o* **to hide**) **the truth f. sb.**, nascondere la verità a q.; **to keep a secret f. others**, nascondere un segreto agli altri; **to require st. f. sb.**, richiedere q.c. a q. **3** da parte di: **Tell him f. me**, diteglielo da parte mia; **You will hear f. my solicitor**, avrete notizie da parte del mio avvocato; vi scriverà il mio avvocato **4** (*mezzo o materia*) con: **Flour is made f. wheat**, la farina si fa col grano **5** a giudicare da; a: **f. what I saw**, a giudicare da quello che vidi; **f. what he tells me**, a quanto mi dice (*o* asserisce). ● **f. A to Z**, dall'A alla Z; (*fig.*) da cima a fondo: **to know st. f. A to Z**, sapere q.c. a menadito ◻ **f. above**, dal di sopra; di sopra ◻ **f. bad to worse**, di male in peggio ◻ **f. behind**, da dietro ◻ **f. beneath**, dal disotto; da sotto ◻ **f. day to day**, di giorno in giorno; da un giorno all'altro ◻ **f. hand to hand**, di mano in mano ◻ **f. long ago**, da un tempo remoto ◻ **f. hand to mouth**, alla giornata ◻ **f. mouth to mouth**, di bocca in bocca ◻ **f. no fault of my own**, non per colpa mia ◻ **f. over**, dal disopra; da sopra ◻ **f. strength**, da una posizione di forza: **We must negotiate f. (a position of) strength**, dobbiamo negoziare da una posizione di forza ◻ **f. time to time**, di quando in quando; di tanto in tanto ◻ **f. top to toe**, da cima a fondo ◻ (*fam. USA*) **f. way back**, da molto tempo; da tempo immemorabile ◻ (*leg.*) **to appeal f. a lower court**, appellarsi a un tribunale superiore ◻ **to have known sb. from childhood**, conoscere q. sin da quando era ragazzo ◻ **to judge f. appearances**, giudicare dalle apparenze ◻ **to paint f. life**, dipingere dal vero ◻ (*mus.*) **to play f. memory**, suonare a memoria ◻ **to prevent sb. f. doing st.**, impedire a q. di fare q.c. ◻ **to read a book f. title to colophon**, leggere un libro da cima a fondo.

frond /frɒnd/, *n.* (*bot.*) **1** fronda di felce (*o* di palma) **2** tallo fogliaceo.

frondage /ˈfrɒndɪdʒ/, *n.* fronde; fogliame.

Fronde /frɒnd/ (*franc.*), *n.* **1** (*stor.*) Fronda **2** (*fig.*) fronda; malcontento; spirito di ribellione; partito d'opposizione.

Frondeur /ˈfrɒndɜː(r), *USA* frəʊnˈdɜː(r)/ (*franc.*), *n.* **1** (*stor.*) frondista; membro della Fronda **2** (*fig.*) frondista; malcontento; dissidente.

frondose /ˈfrɒndəʊs/, *a.* frondoso.

front /frʌnt/, **A** *n.* **1** (il) fronte (*in ogni senso*); (*archit., edil.*) facciata; (il) davanti; parte anteriore; avanguardia (*fig.*); (*mil.*) prima linea: **the f. of my house**, la facciata della mia casa; **Fresh troops were sent to the f.**, truppe fresche furono mandate al fronte; (*fig.*) **the home f.**, il fronte interno; **What's happening on the wages f.?**, che cosa succede sul fronte salariale?; (*polit.*) **the popular f.** (*o* **the People's F.**), il fronte popolare; (*mil.*) **a f. of 100 miles**, un fronte lungo 100 miglia; (*meteor.*) **a cold f.**, un fronte freddo; **to sit in the f. of a coach**, essere seduto nella parte anteriore di un torpedone **2** (*di libro*) copertina; (*anche*) prima pagina: **at the front of the book**, nella prima pagina del libro; **on the f.** (**of the book**), sulla copertina **3** (= **seafront**) lungomare; lungolago: **a hotel on the f.**, un albergo sul mare (*o* in prima linea) **4** petto, pettino (*di camicia*); sparato **5** ciuffo di capelli (*specialm. falsi*) sulla fronte; frontino **6** tesa anteriore (*di cappellino*) **7** (*fig.*) impudenza; sfacciataggine; faccia tosta: **He had the f. to ignore me**, ebbe la sfacciataggine di fingere di non vedermi **8** (*fig.*) atteggiamento; comportamento; facciata (*fig.*); aspetto esteriore: **to maintain a brave f.**, tenere un atteggiamento coraggioso; **to put up a good f.**, assumere un'aria di bonomia **9** (*fam.*) facciata (*fig.*); paravento (*fig.*); copertura: **a speak-easy under the f. of a club**, uno spaccio clandestino d'alcolici sotto la copertura di un circolo **10** (*poet.*) (la) fronte; viso; faccia **11** (*pl.*) testa (*di distillato*). **B** *a. attr.* **1** anteriore; frontale; davanti; sul davanti; primo: **a f. seat at the theatre**, un posto di prima fila a teatro; **the f. page of a newspaper**, la prima pagina d'un giornale; **the f. door**, la porta principale (*sulla strada*); **the f. garden**, il giardino davanti alla casa; **a f. room**, una stanza sul davanti della casa **2** (*fon.*) anteriore; palatale **3** (*fig.*) di facciata; di copertura; di paravento: **a f. agency** [**organisation**], un ente [un'organizzazione] di copertura. **C** *avv.* davanti; di fronte: **We were attacked f. and rear**, fummo attaccati di fronte e alle spalle. ● (*polit., ai Comuni*) **the f. benches**, i banchi davanti (*ai due lati dello Speaker*) □ (*polit.*) **f.-bencher**, parlamentare che occupa un banco davanti; membro del governo; (*anche*) membro del governo ombra (*ai Comuni*) □ (*ferr.*) **f. carriage**, carrozza di testa □ **f. cover**, copertina (*di libro, ecc.*); prima di copertina □ (*nuoto*) **f. crawl**, crawl □ (*autom.*) **f. drive**, *V.* **f.-wheel drive** □ **the f. end**, la parte davanti, il davanti (*di un automobile, ecc.*) □ **f.-end**, del (*o* sul) davanti, anteriore; (*specialm. USA*) (dato) in anticipo, anticipato □ (*fin.*) **f.-end load**, spese d'ingresso (*in un fondo d'investimento*) □ (*mecc.*) **f.-end loader**, caricatrice (*o* pala) frontale □ (*fin.*) **f.-end money**, denaro dato in anticipo; (*fin.*) capitale iniziale □ (*elab.*: *di dispositivo*) **f.-feed**, ad alimentazione frontale □ **f.-liner**, (*mil.*) chi è in prima linea; (*fig.*) oltranzista □ (*elab.*) **f.-load**, *V.* **f.-feed** □ **f. man**, (*org. az.*) addetto alle pubbliche relazioni; (*fig.*) uomo di punta; (*anche*) uomo di copertura (*o* di paglia) □ (*specialm. USA*) **f. money**, *V.* **f.-end money** □ (*fam. USA*) **f. name**, nome di battesimo □ **the f. of a shop**, la vetrina di un negozio □ **f.-page headline**, titolo di prima pagina □ **f.-page news**, notizie di (*o* da) prima pagina; notizie sensazionali □ **f. rank**, (*mil.*) prima linea; (*fig.*) posizione preminente, di rilievo □ **f.-rank**, (*mil.*) di prima linea; (*fig.*) di prim'ordine, di primo piano: **a f.-rank actor**, un attore di primo piano □ (*in G.B.*) **the f. room**, il salottino, il soggiorno (*di una casa piccola o modesta*) □ (*a teatro, ecc.*) **the f. row**, la prima fila □ **f. runner**, (*polit.*) capofila, capolista (*di candidati*); (*sport*) chi conduce, chi è in testa; (*fig.*) favorito □ (*autom., ecc.*) **f. wheel**, ruota anteriore □ (*autom.*) **f.-wheel drive**, trazione anteriore □ **at the f.**, davanti, in prima posizione; all'inizio (*di un libro*); sul davanti (*di un abito*) □ **at the f. of others**, davanti agli altri; in pubblico: **You shouldn't scold an employee in the f. of others**, non dovresti rimproverare i dipendenti in pubblico □ **to come to the f.**, farsi avanti; (*fig.*) mettersi in vista (*o* in evidenza); diventare importante (*o* rinomato) □ **a house on the f.**, una casa sul lungomare □ **in f.**, davanti; avanti: **to go in f.**, andare davanti □ **in f. of**, di fronte, dirimpetto, davanti a: **The school is in f. of you**, la scuola ti sta di fronte; **The bus stop is in f. of the church**, la fermata dell'autobus è dirimpetto alla chiesa □ (*fam.*) **out f.**, fra il pubblico; (*a teatro*) in platea □ **to put a bold f. on a situation**, affrontare con risolutezza una situazione □ **to show a bold f.**, fare fronte coraggiosamente (*al nemico, ecc.*) □ **up f.**, (*avv.*) (*mil.*) in prima linea, al fuoco; (*sport*) all'attacco; (*fam. USA*) in anticipo: **to pay a sum up f.**, pagare una somma in anticipo; (*agg.*) (*fam. USA*) aperto, leale, onesto, sincero □ (*mil.*) **Eyes f.!**, fissi!

to **front** /frʌnt/, *v. t.* ***1*** essere prospiciente a; dare su; essere di fronte (*o* di faccia, dirimpetto) a; fronteggiare: **His house fronts mine**, la sua casa è dirimpetto alla mia; **The church fronts the bus station**, la chiesa fronteggia la stazione degli autobus ***2*** affrontare; far fronte a; tener testa a ***3*** (*edil.*) provvedere (*un edificio*) della facciata; fare la facciata a (*una casa*) ***4*** essere a capo di; capeggiare; dirigere ***5*** fare da copertura a (*un'attività illecita*) ***6*** (*fam. USA*) pagare in anticipo. ● **to f. for**, fare da copertura a (*un'attività illegale*) □ **to f. on**, guardar su; dare su □ **The room fronts on to the swimming pool**, la camera dà sulla piscina □ **a house fronted with brick**, una casa dalla facciata di mattoni a vista □ (*mil.*) **F. right!**, fronte a destra!

frontage /ˈfrʌntɪdʒ/, *n.* ***1*** lato di terreno prospiciente la strada (*o* il mare): **a building plot with a f. of 200 yards**, un'area fabbricabile con un lato di circa 180 metri prospiciente la strada ***2*** esposizione, orientamento (*di una casa, ecc.*) ***3*** (lunghezza della) facciata (*d'una casa*) ***4*** terreno tra la facciata e la strada.

frontager /ˈfrʌntɪdʒə(r)/, *n.* (*leg.*) frontista.

frontal (**1**) /ˈfrʌntl/, *a.* (*anat., mil., ecc.*) frontale; di fronte: **f. bone**, osso frontale; **a f. attack**, un attacco frontale. ● (*meteor.*) **f. system**, sistema frontale.

frontal (**2**) /ˈfrʌntl/, *n.* ***1*** frontale (*parte dell'armatura, bardatura, ecc.*) ***2*** (*relig.*) paliotto ***3*** (*archit.*) facciata ***4*** (*anat.*) (osso) frontale.

frontally /ˈfrʌntəlɪ/, *avv.* frontalmente; di fronte.

frontier /ˈfrʌntɪə(r), *USA* frʌnˈt-/, **A** *n.* ***1*** frontiera; confine (*anche fig.*): **the frontiers of science**, i confini della scienza ***2*** (*stor. USA*) (la) frontiera verso l'Ovest. **B** *a. attr.* di frontiera; di confine: **a f. incident**, un incidente di frontiera; **a f. station**, un posto di confine. ● **f. area**, zona frontaliera □ **f. crossing**, attraversamento del confine; (*anche*) posto di frontiera.

frontiersman /ˈfrʌntɪəzmən, *USA* frʌnˈt-/, *n.* (*pl.* **frontiersmen**) ***1*** abitante di una zona di confine ***2*** (*stor. USA*) pioniere.

frontispiece /ˈfrʌntɪspiːs/, *n.* ***1*** (*tipogr.*) illustrazione nell'antiporta (*pagina precedente il frontespizio*) ***2*** (*archit.*) frontespizio; facciata principale ***3*** (*teatr.*) proscenio.

to **frontispiece** /ˈfrʌntɪspiːs/, *v. t.* ***1*** (*archit.*) fare il frontespizio a (*una casa*) ***2*** (*tipogr.*) mettere (*un'illustrazione*) nell'antiporta.

frontless /ˈfrʌntləs/, *a.* ***1*** senza facciata ***2*** (*raro*) sfrontato; sfacciato.

frontlet /ˈfrʌntlət/, *n.* ***1*** frontale; benda portata sulla fronte ***2*** (*zool.*) fronte (*di un animale*) ***3*** (*relig.*) filatterio, filacterio (*degli ebrei*).

fronton /ˈfrʌntən/, *n.* (*archit.*) frontone.

frontward /ˈfrʌntwəd/, *a.* e *avv.* **frontwards** *avv.* sul davanti; in avanti; (diretto) verso il davanti (*o* la parte anteriore, la prima linea, ecc.).

frore /frɔː(r)/, *a.* (*poet.*) gelato; gelido; ghiacciato; freddissimo.

frost /frɒst, *USA* -ɔːst/, *n.* ***1*** gelo; gelata; freddo (*sotto zero*); ghiaccio: **hard** (*o* **sharp**) **f.**, freddo intenso, rigido; **The fields are covered with f.**, i campi sono coperti di gelo; **We had five degrees of f. last night**, la notte scorsa abbiamo avuto cinque (gradi centigradi) sotto zero; **There is still f. on the ground**, c'è ancora ghiaccio per terra ***2*** (= **hoarfrost, white f.**) brina; brinata ***3*** (*fig.*) gelo; freddezza ***4*** (*pop.*) fallimento; fiasco (*fig.*): **The party was a f.**, il trattenimento fu un fiasco. ● (*geogr.*) **f. climate**, clima frigido □ **black f.**, freddo intenso (*senza brina*).

to **frost** /frɒst, *USA* -ɔːst/, *v. t.* ***1*** coprire di gelo (*o* di ghiaccio, di brina): **frosted windscreens**, parabrezza coperti di ghiaccio ***2*** danneggiare (*o* distruggere) col gelo: **frosted plants**, piante distrutte dal gelo ***3*** (*cucina*) glassare (*un dolce*): **to f. a cake**, glassare una torta ***4*** smerigliare (*vetro o metallo*): **frosted glass**, vetro smerigliato ***5*** congelare (*alimenti*) ***6*** ferrare a ghiaccio (*un cavallo*). ● **to f. over** (*o* **up**), coprirsi di ghiaccio (*o* di brina); ghiacciare; gelare □ **a glass frosted with sugar**, un bicchiere con l'orlo cosparso di zucchero.

frostbite /ˈfrɒstbaɪt, *USA* -ɔːs-/, *n.* (*med.*) (sintomi da) congelamento.

to **frostbite** /ˈfrɒstbaɪt, *USA* -ɔːs-/ (*pass.* **frostbit**, *p. p.* **frostbitten**), *v. t.* ***1*** (*med.*) congelare ***2*** danneggiare (*o* bruciare) (*piante*) col gelo.

frostbitten /ˈfrɒstbɪtn, *USA* -ɔːs-/, **A** *p. p.* di **to frostbite**. **B** *a.* ***1*** (*med.*) congelato ***2*** danneggiato dal gelo ***3*** (*fig.*) glaciale; freddo.

frostbound /ˈfrɒstbaʊnd, *USA* -ɔːs-/, *a.* ***1*** raggelato; bloccato dal gelo, dal ghiaccio ***2*** (*fig.*) gelido, glaciale: **f. relations**, relazioni gelide.

frostily /ˈfrɒstəlɪ, *USA* -ɔːs-/, *avv.* con freddezza; gelidamente, in modo glaciale (*anche fig.*).

frostiness /ˈfrɒstɪnəs, *USA* -ɔːs-/, *n.* ***1*** gelo; freddo gelido ***2*** (*fig.*) freddezza; gelo.

frosting /ˈfrɒstɪŋ, *USA* -ɔːs-/, *n.* ***1*** (*cucina*) glassa (*per dolci*); glassatura ***2*** smerigliatura decorativa (*del vetro, ecc.*).

frostproof /ˈfrɒstpruːf, *USA* -ɔːs-/, *a.* resistente al gelo.

frostwork /ˈfrɒstwɜːk, *USA* -ɔːs-/, *n.* ***1*** ghiaccioli; arabeschi fatti dal ghiaccio (*su vetri, alberi, ecc.*) ***2*** (*arte*) arabeschi.

frosty /ˈfrɒstɪ, *USA* -ɔːs-/, *a.* ***1*** gelido; assai freddo; di gelo; glaciale (*anche fig.*): **a f. night**, una notte gelida; **a f. reception**, un'accoglienza gelida, glaciale ***2*** ghiacciato; gelato; coperto di brina ***3*** (*di capelli*) bianco. ● **It is f.**, è brinato; ha fatto brinata.

froth /frɒθ, *USA* -ɔːθ/, *n.* ***1*** schiuma; spuma: **the f. on a glass of champagne**, la spuma in un bicchiere di champagne ***2*** (*med., zool.*) bava (*alla bocca*) ***3*** (*fig.*) frivolezze; ciance; inezie; insulsaggini. ● (*scherz.*) **f.-blower**, bevitore di birra.

to **froth** /frɒθ, *USA* -ɔːθ/, **A** *v. i.* ***1*** spumeggiare; spumare: **Beer froths when it is poured out**, la birra spuma quando la si versa ***2*** far la bava; sbavare; (*anche fig.*) aver la bava alla bocca. **B** *v. t.* ***1*** far spumare; far spumeggiare ***2*** coprire di schiuma (*o* di spuma). ● (*anche fig.*) **to f. at the mouth**, aver la schiuma (*o* la bava) alla bocca □ **to f. up the soap mixture**, far fare la schiuma al sapone in polvere.

frother /ˈfrɒθə(r), *USA* -ɔːθ-/, *n.* (*chim.*) schiumogeno.

frothily /ˈfrɒθəlɪ, *USA* -ɔːθ-/, *avv.* ***1*** spumeggiando; con la schiuma ***2*** (*fig.*) frivolamente; futilmente.

frothiness /ˈfrɒθɪnəs, *USA* -ɔːθ-/, *n.* ***1*** schiumosità; spumosità ***2*** (*fig.*) frivolezza; futilità; leggerezza.

frothy /ˈfrɒθɪ, *USA* -ɔːθɪ/, *a.* ***1*** schiumoso; con la schiuma; spumoso; spumeggiante: **f. cappuccino**, cappuccino con la schiuma; **f. beer**, birra spumeggiante ***2*** (*fig.*) frivolo; futile; leggero.

froufrou /ˈfruːfruː/, *n.* ***1*** fru fru, fruscio (*d'abiti, gonne*) ***2*** (*moda*) trine ***3*** (*fam.*) eleganza affettata.

froward /ˈfrəʊəd, ˈfrəʊwəd/, *a.* ***1*** (*raro*) indocile; caparbio; ostinato; testardo ***2*** (*arc.*) ostile; sfavorevole.

frown /fraʊn/, *n.* ***1*** aggrottamento delle ciglia; cipiglio; aspetto corrucciato; viso arcigno ***2*** occhiata di traverso ***3*** (*fig.*) disapprovazione; disgusto.

to **frown** /fraʊn/, *v. i.* aggrottare le ciglia; accigliarsi; corrugare la fronte; aggrondarsi: **Why are you frowning?**, perché sei accigliato? ● **to f. at sb.**, guardar male q.; guardare q. in cagnesco □ **to f. disapproval** [**disgust**], esprimere la propria disapprovazione [il proprio disgusto] aggrottando le ciglia □ **to f. sb. down**, far tacere q., guardandolo di traverso □ (*di monte, ecc.*) **to f. down on**, incombere minaccioso su □ **to f. on** (*o* **upon**) **st.**, disapprovare q.c.; condannare q.c.: **He frowns on smoking**, disapprova il fumo (*o* che si fumi).

frowning /ˈfraʊnɪŋ/, *a.* ***1*** accigliato; aggrondato; corrucciato ***2*** incombente; minaccioso: **f. cliffs**, dirupi minacciosi.

frowningly /ˈfraʊnɪŋlɪ/, *avv.* ***1*** in modo corrucciato; in cagnesco ***2*** minacciosamente.

frowsiness /ˈfraʊzɪnəs/, *V.* **frowziness**.

frowst /fraʊst/, *n.* caldo malsano (*in un luogo chiuso*); aria viziata; tanfo.

frowsty /ˈfraʊstɪ/, *a.* (*fam.*) caldo, viziato (*detto dell'aria in una stanza chiusa*); che sa di chiuso; pieno di tanfo.

frowsy /ˈfraʊzɪ/, *V.* **frowzy**.

frowziness /ˈfraʊzɪnəs/, *n.* ***1*** sciatteria; sporcizia; sudiciume; trasandatezza ***2*** puzzo di chiuso; cattivo odore; lezzo; tanfo.

frowzy /ˈfraʊzɪ/, *a.* ***1*** sciatto; sporco; sudicio; trasandato ***2*** che sa di chiuso; pieno di tanfo;

maleodorante.

froze /frəʊz/, *pass.* di **to freeze**.

frozen /ˈfrəʊzn/, **A** *p. p.* di **to freeze**. **B** *a.* ***1*** gelato; ghiacciato ***2*** gelido; freddissimo ***3*** (*anche fin.: di crediti, ecc.*) congelato: **f. meat**, carne congelata; **f. funds**, fondi congelati; **a f. asset**, (*fin., rag.*) un'attività congelata; (*leg.*) un bene bloccato ***4*** bruciato dal gelo ***5*** (*fig.*) gelido; glaciale: **a f. look**, uno sguardo gelido. ● **f. food**, surgelati: **f. food shop**, negozio di surgelati □ (*di un corso d'acqua, ecc.*) **f. over**, coperto dal ghiaccio; gelato □ (*med.*) **f. sleep**, ibernazione (*per interventi chirurgici*) □ (*fig.*) **f. stiff**, gelato dal freddo (*fig. fam.*) □ **f. with fear**, agghiacciato dal terrore.

fructiferous /frʌkˈtɪfərəs/, *a.* (*bot.*) fruttifero.

fructification /frʌktɪfɪˈkeɪʃn/, *n.* ***1*** (*bot.*) fruttificazione ***2*** (*bot.*) organi riproduttori (*specialm. di felci e muschi*) ***3*** (*fig.*) il dare frutto; frutto (*fig.*).

to **fructify** /ˈfrʌktɪfaɪ/, **A** *v. i.* (*bot.*) fruttificare; fruttare; dare frutti (*anche fig.*). **B** *v. t.* (*bot.*) rendere fruttifero; fertilizzare.

fructose /ˈfrʌktəʊs/, *n.* (*chim.*) fruttosio.

fructuous /ˈfrʌktʃʊəs/, *a.* (*anche fig.*) fruttuoso; fruttifero.

fructuously /ˈfrʌktʃʊəslɪ/, *avv.* fruttuosamente.

frugal /ˈfruːgl/, *a.* frugale; parco; parsimonioso; sobrio: **a f. working family**, una parsimoniosa famiglia operaia; **a f. meal**, un pasto frugale. ● **to be f. of one's money**, spendere con parsimonia.

frugality /fruːˈgælətɪ/, *n.* frugalità; parsimonia; sobrietà.

frugally /ˈfruːgəlɪ/, *avv.* frugalmente.

frugivorous /fruːˈdʒɪvərəs/, *a.* (*zool.*) fruttivoro (*raro*); frugivoro.

fruit /fruːt/, *n.* ***1*** (*bot.*) frutto (*anche fig.*); profitto; risultato: **the fruits of the earth**, i frutti della terra; **the fruits of one's labours** (*o* **work**), i frutti del proprio lavoro ***2*** frutta: **Fresh f. is more expensive in England than in Italy**, la frutta fresca è più cara in Inghilterra che in Italia ***3*** (*pop. specialm. USA*) omosessuale; finocchio (*pop.*). ● **f. bowl**, fruttiera □ (*bot.*) **f. bud**, gemma fruttifera □ **f. cocktail**, *V.* **f. salad** □ **f. farmer**, *V.* **f.-grower** □ **f. farming**, *V.* **f.-growing** □ (*zool.*) **f. fly**, moscerino della frutta; drosofila □ **f. grove**, frutteto □ **f.-grower**, frutticoltore □ **f.-growing**, (*sost.*) frutticoltura; (*agg.*) frutticolo □ **f. juice**, succo di frutta □ **f. knife**, coltello da frutta □ (*ingl.*) **f. machine**, macchina mangiasoldi (*apparecchio a gettoni*) □ (*fig.*) **f. of the womb**, frutto del grembo □ **f. orchard**, frutteto □ (*pitt.*) **f.-piece**, natura morta □ **f. salad**, macedonia di frutta □ **f. seller**, fruttivendolo □ **f. shop**, negozio di frutta □ **f. stall**, banchetto della frutta (*o* di fruttivendolo) □ (*cucina*) **f. squeezer**, spremifrutta □ **f. sugar**, fruttosio; levulosio □ **f. tree**, albero da frutto.

to **fruit** /fruːt/, **A** *v. i.* fruttificare; fruttare; dare frutti (*anche fig.*). **B** *v. t.* far fruttificare; fare dar frutti a.

fruitcake /ˈfruːtkeɪk/, *n.* ***1*** (*cucina*) torta alla frutta; panfrutto (*marchio*) ***2*** (*pop.*) eccentrico; pazzoide ***3*** (*pop. USA*) omosessuale; finocchio (*pop.*).

fruiter /ˈfruːtə(r)/, *n.* ***1*** coltivatore di frutta; frutticoltore ***2*** nave per il trasporto di frutta ***3*** albero che dà frutti: **This tree is a sure f.**, quest'albero dà sempre molti frutti.

fruiterer /ˈfruːtərə(r)/, *n.* commerciante di frutta; fruttivendolo; fruttaiolo.

fruitery /ˈfruːtərɪ/, *n.* ***1*** magazzino per la frutta ***2*** (*arc.*) frutta.

fruitful /ˈfruːtfl/, *a.* fruttifero; fruttuoso (*anche fig.*); fecondo; fertile; remunerativo; redditizio: **a f. tree**, un albero fruttifero; **a f. plan**, un piano fruttuoso (*o* vantaggioso); **f. fields**, campi fertili; **a f. occupation**, un'occupazione redditizia. || **-ly**, *avv.* || **-ness**, *sost.*

fruition /fruːˈɪʃn/, *n.* ***1*** fruizione; godimento; soddisfazione ***2*** adempimento; realizzazione; risultato: **Success was the f. of his years of hard work**, il successo fu per lui il risultato di anni di duro lavoro. ● **to be brought to f.**, essere portato a compimento □ **to come to f.**, realizzarsi.

fruitless /ˈfruːtləs/, *a.* che non dà frutto; infruttifero; infruttuoso; sterile; inutile; vano: **a f. plant**, una pianta infruttifera; **f. peace talks**, inutili (*o* sterili) negoziati di pace. || **-ly**, *avv.* || **-ness**, *sost.*

fruity /ˈfruːtɪ/, *a.* ***1*** che ha il sapore (*o* l'odore) della frutta; (*del vino*) fruttato ***2*** (*fam.*) piccante; salace; spinto: **a f. story**, una storiella spinta ***3*** morbido; pastoso: **a f. voice**, una voce morbida, pastosa ***4*** (*spreg.*) melato; sciropposo ***5*** (*pop.*) matto; tocco; suonato (*pop.*) ***6*** (*pop. specialm. USA*) omosessuale.

frumentaceous /fruːmənˈteɪʃəs/, *a.* frumentaceo.

frumentarious /fruːmənˈteərɪəs/, *a.* (*raro*) frumentario.

frumentation /fruːmənˈteɪʃn/, *n.* (*stor. romana*) frumentazione.

frumenty /ˈfruːməntɪ/, *n.* (*cucina*) frumento bollito nel latte e zuccherato.

frump /frʌmp/, *n.* (*fam.*) donna malvestita, trasandata; sciattona.

frumpish /ˈfrʌmpɪʃ/, **frumpy** /ˈfrʌmpɪ/, *a.* (*fam.*) sciatto; trasandato.

to **frustrate** /frʌˈstreɪt, *USA* ˈfrʌstreɪt/, *v. t.* ***1*** frustrare; far fallire; deludere; rendere vano: **He frustrated our plans**, frustrò i nostri piani; **to f. a plot**, far fallire una congiura ***2*** battere; sconfiggere; vincere: **He frustrated his opponents**, sconfisse i suoi avversari.

frustrated /frʌˈstreɪtɪd, *USA* ˈfrʌst-/, *a.* ***1*** frustrato; deluso: **f. ambition**, ambizione frustrata ***2*** reso vano; vanificato; inutile: **f. efforts**, sforzi vani.

frustrating /frʌˈstreɪtɪŋ, *USA* ˈfrʌst-/, *a.* frustrante; deludente.

frustration /frʌˈstreɪʃn/, *n.* ***1*** frustrazione; delusione; insuccesso; scacco ***2*** (*psic.*) frustrazione ***3*** (*leg.*) annullamento (*o* estinzione) per impossibilità di esecuzione (*di un contratto*).

frustule /ˈfrʌstjuːl, -stʃuːl/, *n.* (*zool.*) frustulo.

frustum /ˈfrʌstəm/, *n.* (*pl.* **frustums, frusta**) (*geom.*) tronco (*di cono, piramide, ecc.*).

frutescent /fruːˈtesnt/, *a.* (*bot.*) ***1*** frutescente; che dà frutti ***2*** arbustivo; cespuglioso.

frutex /ˈfruːteks/, *n.* (*bot.*) frutice; arbusto.

fruticose /ˈfruːtɪkəʊs/, *a.* (*bot.*) fruticoso.

fry (1) /fraɪ/, *n.* (*senza pl.*) ***1*** avannotti; pesciolini appena nati ***2*** piccoli (*di animali multipari*); (*fig. scherz.*) bambini, figlioli. ● **small f.**, bambini; (*spreg.*) persone di nessun conto, nullità.

fry (2) /fraɪ/, *n.* ***1*** frittura; fritto ***2*** (*pl.*) interiora fritte. ● (*USA*) **fry pan**, padella □ (*fam.*) **fry-up**, cibo fritto in fretta; veloce spuntino □ (*cucina*) **mixed fry**, fritto misto.

to **fry** /fraɪ/, **A** *v. t.* ***1*** friggere ***2*** (*pop. USA*) giustiziare (*o* mandare) sulla sedia elettrica. **B** *v. i.* ***1*** friggere ***2*** (*fam.*) arrostire (*al sole*) ***3*** (*pop. USA*) morire sulla sedia elettrica. ● (*fig.*) **to fry with impatience**, friggere d'impazienza □ **fried food**, fritto.

fryer /ˈfraɪə(r)/, *n.* ***1*** friggitore; chi frigge (*specialm. pesce*) ***2*** friggitrice; padella (*per friggere*) ***3*** (*cucina*) pollo novello.

frying /ˈfraɪɪŋ/, *n.* frittura (*l'atto*). ● **f. pan**, padella: (*fig.*) **out of the f. pan into the fire**, dalla padella alla brace □ **f. time**, tempo di frittura.

fubsy /ˈfʌbzɪ/, *a.* (*arc.* o *dial.*) piccolo e grasso; grassottello.

fuchsia /ˈfjuːʃə/, *n.* ***1*** (*bot., Fuchsia*) fucsia ***2*** (color) fucsia.

fuchsin(e) /ˈfuːksiːn/, *n.* (*chim.*) fucsina; colorante magenta.

fuck (1) /fʌk/, *n.* (*volg.*) fottuta, chiavata (*volg.*). ● **f. all**, per niente; non... un cazzo (*volg.*) □ **f.-up**, cazzata, coglionata (*volg.*); casino (*fig. pop.*), pasticcio, pastrocchio; (*anche*) cazzone, coglione (*volg.*); pasticcione □ (*volg.*) **I don't care a f.**, me ne fotto!; non me ne frega un cazzo! (*volg.*).

fuck (2) /fʌk/, *inter.* (*volg.*) cazzo! (*volg.*); maledizione!

to **fuck** /fʌk/, **A** *v. t.* (*volg.*) fottere (*anche fig.*); chiavare, scopare (*volg.*). **B** *v. i.* (*volg.*) fottersi; chiavarsi; scoparsi. ● **F. it!**, piantala!; smettila!; al diavolo! □ **F. you!**, fottiti! (*volg.*); vai in casino (*pop.*); vai al diavolo (*o* all'inferno!) □ **Go f. yourself!**, vatti a far fottere!; vaffanculo! (*volg.*).

♦**fuck about** (*o* **around**), **A** *v. i.* + *avv.* (*volg.*) ***1*** fare cazzate; fare lo stronzo; sprecare il tempo in cazzate (*volg.*): **Stop fucking about with my gun!**, smettila di fare cazzate con la mia pistola!; **Don't f. about with my wife!**, non fare lo stronzo con mia moglie! ***2*** non fare un cazzo (*volg.*): **He's always fucking around**, non fa un cazzo tutto il giorno. **B** *v. t.* + *avv.* (*volg.*) sfottere; prendere (q.) per il culo (*volg.*).

♦**fuck off**, *v. i.* + *avv.* (*volg.*) ***1*** (andare a) farsi fottere (*volg.*); smammare (*pop.*); cavarsi dai piedi: **F. off!**, fatti fottere!; vaffanculo! ***2*** smetterla di rompere (*volg.*: le palle).

♦**fuck over**, *v. t.* + *avv.* (*volg. USA*) ***1*** sfottere; infierire su (q.); tormentare ***2*** menare, picchiare, darle di santa ragione a (q.) ***3*** fottere (*volg.*); fregare.

♦**fuck up**, **A** *v. t.* + *avv.* (*volg.*) incasinare (*pop.*); impasticciare: **You've fucked up everything**, hai incasinato tutto. **B** *v. i.* + *avv.* (*volg.*) fare cazzate (*volg.*).

♦**fuck with**, *v. i.* + *prep.* (*volg.*) fottere (*volg.*); fregare: **He knows quite well he can't f. with me**, sa benissimo che non mi può fregare!

fucked-over /ˈfʌktˈəʊvə(r)/, *a.* (*volg.*) ***1*** fottuto (*pop.*); della malora: **f. radicals**, progressisti della malora ***2*** stanco morto; esausto; suonato (*pop.*).

fucked-up /ˈfʌktˈʌp/, *a.* ***1*** (*volg.*) fottuto (*volg.*); suonato (*pop.*) ***2*** incasinato; pasticciato.

fucker /ˈfʌkə(r)/, *n.* (*volg.*) ***1*** fottitore, chiavatore (*volg.*); amante ***2*** cazzone (*volg.*); fesso; idiota; stronzo (*fig. volg.*).

fuckface /ˈfʌkfeɪs/, *n.* (*volg. USA*) faccia da cazzo (*volg.*); individuo losco; tipaccio.

fuckfreak /ˈfʌkfriːk/, *n.* (*volg. USA*) (*di donna*) ninfomane.

fucking /ˈfʌkɪŋ/, **A** *a.* (*volg.*) ***1*** che fotte, scopa, chiava, ecc. (*volg.*) ***2*** fottuto (*pop.*); dannato; maledetto: **He's a f. bastard**, è un fottuto bastardo; **a f. nuisance**, una maledetta scocciatura. **B** *n.* il fottere; lo scopare (*volg.*). ● **f. hell!**, cazzo! (*volg.*); maledizione! □ **It's no f. use!**, non serve a un cazzo! (*volg.*).

fucus /ˈfjuːkəs/, *n.* (*pl.* **fuci, fucuses**) (*bot., Fucus*) fuco.

fud /fʌd/, *n.* (*fam.*) *V.* **fuddy-duddy**.

fuddle /ˈfʌdl/, *n.* ubriacatura; sbornia; stordimento (*prodotto dall'alcol*). ● **to be in a f.**, essere confuso; essere imbranato (*fam.*) □ **to get in a f.**, confondersi; perdersi (*fig. fam.*).

to **fuddle** /ˈfʌdl/, **A** *v. t.* ubriacare; istupidire, stordire (*con l'alcol*). **B** *v. i.* far baldoria; ubriacarsi. ● **to f. oneself with whisky**, ubriacarsi di whisky.

fuddy-duddy /ˈfʌdɪdʌdɪ/, *n.* (*fam.*) ***1*** persona antiquata; matusa ***2*** pedante; pignolo ***3*** individuo pomposo; pallone gonfiato (*fig.*).

fudge /fʌdʒ/, **A** *n.* ***1*** dolce caramellato, alla cioccolata ***2*** scantonamento; svicolata; raggiro ***3*** (*tipogr.*) notizie dell'ultima ora; notizia lampo. **B** *inter.* (*arc.*) frottole!; sciocchezze! ● **Cut out the f.!**, smettila di ciurlare nel manico!

to **fudge** /fʌdʒ/, **A** *v. t.* ***1*** abborracciare; rabberciare; rattoppare; raffazzonare ***2*** falsificare, truccare (*informazioni, dati, ecc.*) ***3*** eludere, evitare (*un argomento*); sottrarsi a (q.c.). **B** *v. i.* ***1*** ingannare; imbrogliare; ciurlare nel manico (*fam.*) ***2*** essere evasivo; scantonare, svicolare (*fam.*).

fuel /ˈfjuːəl/, *n.* ***1*** combustibile; carburante: **f. capacity**, dotazione di combustibile ***2*** (*fig.*) alimento; esca: **to add f. to the flames**, aggiungere esca al fuoco. ● (*chim., fis.*) **f. cell**, pila a combustibile □ **f. distance**, autonomia (*di aereo, ecc.*) □ **f. distributor**, distributore di carburanti (*la persona*) □ (*tecn.*) **f. economizer**, economizzatore di carburante □ (*autom., mecc.*) **f. injection**, iniezione (di carburante) □ **f. oil**, olio combustibile; nafta □ (*autom., mecc.*) **f. pump**, pompa della benzina □ (*fis. nucl.*) **f. rod**, barra di combustibile □ (*autom., mecc.*) **f. system**, alimentazione □ **f. tank**, serbatoio del combustibile □ (*autom., fisc.*) **f. tax**, imposta sui carburanti; soprattassa di bollo per le auto con motori diesel.

to **fuel** /ˈfjuːəl/, **A** *v. t.* ***1*** alimentare (*il fuoco* e *fig.*) ***2*** rifornire di combustibile (*o* di carburante): **to f. a ship**, rifornire di carburante una nave. **B** *v. i.* (*spesso* **to f. up**) rifornirsi di carburante; far rifornimento. ● **fuelling station**, stazione di rifornimento (*per navi, ecc.*).

fug /fʌg/, *n.* ***1*** aria viziata, odore di chiuso (*in una stanza*) ***2*** polvere, laniccio (*che si accumula negli angoli*).

to **fug** /fʌg/, *v. i.* starsene al tanfo (*in una stanza chiusa*).

fugacious /fjuːˈgeɪʃəs/, *a.* fugace; fuggevole; effimero; transitorio. || **-ly**, *avv.* || **-ness**, *sost.*

fugacity /fjuːˈgæsətɪ/, *n.* (*termodinamica*) fugacità.

fuggy /ˈfʌgɪ/, *a.* che sa di chiuso; stantio; viziato.

fugitive /ˈfjuːdʒətɪv/, **A** *a.* ***1*** fuggitivo; fuggiasco; fuggito; evaso: **a f. slave**, uno schiavo fuggitivo; **a f. prisoner**, un prigioniero evaso ***2*** fugace; fuggevole; effimero; d'interesse passeggero: **f. essays**, saggi letterari d'interesse passeggero, non duraturi. **B** *n.* fuggiasco; evaso; profugo; disertore: **political fugitives**, profughi politici; esuli. ● (*leg.*) **a f. from justice**, uno che si sottrae alla giustizia; un contumace □ (*leg.*) **f. offender**, evaso; latitante.

fugleman /ˈfjuːglmən/, *n.* (*pl.* **fuglemen**) ***1*** (*mil., arc.*) capofila; guida ***2*** (*fig.*) capopartito; esponente; fautore; portavoce.

fugue /fjuːg/, *n.* (*mus.*) fuga: **double f.**, doppia fuga.

to **fugue** /fjuːg/, *v. i.* (*mus.*) comporre (*o* eseguire) una fuga.

fuguist /ˈfjuːgɪst/, *n.* (*mus.*) compositore (*o* esecutore) di fughe.

fulcrum /ˈfʌlkrəm, ˈfʊl-/, *n.* (*pl.* **fulcrums, fulcra**) (*fis., mecc.*) fulcro (*anche fig.*); punto d'appoggio. ● (*mecc.*) **f. pin**, fulcro della leva.

to **fulfil**, (*USA*) to **fulfill** /fʊlˈfɪl/, **A** *v. t.* ***1*** adempiere; compiere; eseguire: **to f. one's task**, adempiere al proprio compito; **to f. an order**, eseguire un ordine ***2*** appagare; esaudire; rispettare, soddisfare a; rispondere a: **to f. a desire**, appagare (*o* coronare) un desiderio; **to f. a prayer**, esaudire una preghiera; **to f. a condition**, soddisfare a una condizione; (*leg.*) rispettare una condizione (*contrattuale*); **to f. a purpose**, rispondere a uno scopo ***3*** completare; effettuare; portare a termine: **to f. a period**, completare un periodo ***4*** (*comm.*) far fronte a (*un ordinativo*). **B** to **fulfil oneself**, *v. rifl.* realizzare i propri sogni (*o* le proprie aspirazioni); realizzarsi. ● **to f. an engagement**, mantenere un impegno; **to f. sb.'s expectations**, rispondere pienamente alle aspettative di q. □ (*leg.*) **to f. an obligation**, adempiere un obbligo □ **to f. a promise**, mantenere una promessa □ (*di profezia, ecc.*) **to be fulfilled**, adempiersi; avverarsi.

fulfiller /fʊlˈfɪlə(r)/, *n.* (*anche leg.*) chi adempie (*un obbligo, ecc.*); esecutore, esecutrice (*di un contratto*).

fulfilment /fʊlˈfɪlmənt/, *n.* ***1*** adempimento; compimento; esecuzione: (*leg.*) **the f. of a contract**, l'esecuzione di un contratto ***2*** appagamento; coronamento, realizzazione (*di un desiderio, ecc.*); avveramento (*di un sogno, ecc.*); soddisfazione ***3*** completamento, compimento (*di un periodo, ecc.*). ● **to come to f.**, adempiersi; realizzarsi.

fulgency /ˈfʌldʒənsɪ/, *n.* fulgidezza; fulgore.

fulgent /ˈfʌldʒənt/, *a.* (*poet.*) fulgente; fulgido; splendente.

fulgid /ˈfʌldʒɪd/, *a.* fulgido.

fulgurating /ˈfʌlgjʊreɪtɪŋ/, *a.* (*med.*) folgorante; lancinante: **a f. pain**, un dolore lancinante.

fulguration /fʌlgjʊˈreɪʃn/, *n.* lampeggiamento.

fulgurite /ˈfʌlgjʊraɪt/, *n.* (*geol.*) fulgurite.

fuliginous /fjuːˈlɪdʒɪnəs/, *a.* ***1*** fuligginoso ***2*** caliginoso; scuro.

full /fʊl/, **A** *a.* ***1*** pieno (*in ogni senso*); ripieno; colmo; completo; carnoso; grassotto; sazio; satollo: **The bottle is f.**, la bottiglia è piena; **to talk with one's mouth f.**, parlare a bocca piena; **The bus is f. (up)**, l'autobus è pieno (*o* al completo); **a f. face**, un viso grassotto; **f. cheeks**, gote carnose; **f. marks**, pieni voti; **It was f. summer**, era piena estate; **I can't eat any more**; **I'm f. (up)**, non posso mangiare altro; sono pieno (*o* sazio) ***2*** intero; completo; esauriente: **f. pay**, paga intera (*senza detrazioni*); **a f. hour**, un'ora intera; **a f. meal**, un pasto completo; **f. coverage of international news**, trattamento esauriente delle notizie di politica internazionale ***3*** ampio; abbondante; largo; copioso: **a f. skirt**, una gonna ampia; **a f. supply**, un'abbondante provvista; **a f. breakfast**, una colazione abbondante; **f. hips**, fianchi larghi ***4*** (*di vino*) corposo; pieno ***5*** (*teatr., cinem.*) esaurito: **F. house** (*cartello*), posti esauriti; completo ***6*** (*di colore*) intenso; ricco ***7*** (*di vela*) gonfia ***8*** (*di socio*) a pieno titolo; a tutti gli effetti: **f. member**, socio a pieno titolo. **B** *n.* pieno; colmo; misura completa; pienezza; punto culminante. **C** *avv.* ***1*** completamente; interamente; pienamente; del tutto (*nei composti, per es.*:) **a f.-blown flower**, un fiore completamente aperto, dischiuso; **f.-grown**, adulto; che non cresce più; pienamente sviluppato; maturo: **a f.-grown dog**, un cane adulto ***2*** in pieno; esattamente; proprio: **f. in the face**, in pieno viso. ● (*leg.*) **f. age**, età maggiore □ **f.-aged**, maggiorenne □ (*autom.*) **f. beams**, luci di profondità; abbaglianti □ (*fam.*) **f. blast**, (*avv*) a più non posso: **He sounded his horn f. blast**, suonò il clacson a più non posso □ **f. blood**, razza pura □ **f.-blooded**, di razza pura; sanguigno, vigoroso; appassionato, esuberante: **a f.-blooded style**, uno stile vigoroso; **f.-blooded capitalism**, capitalismo allo stato puro □ **f.-blown**, (*di fiore*) del tutto sbocciato; (*fig.*) completo, pieno □ (*tur.*) **f. board**, pensione completa □ **f.-bodied**, (*di vino*) che ha corpo, corposo, pieno; (*d'uomo*) corpulento, robusto □ (*naut.*) **a f.-bottomed ship**, una nave panciuta □ **a f.-bottomed wig**, una parrucca con i capelli lunghi sulla nuca □ **f. brother**, fratello germano □ (*di libro*) **f.-bound**, rilegato in tutta pelle □ (*naut.*) **f. carge**, carico completo □ **f. cousin**, cugino carnale □ (*ass.*) **f. cover** (*meno com.*: **f. coverage**), copertura totale □ **f. daylight**, giorno fatto; pieno giorno □ **f. dress**, abito da sera (*o* da cerimonia) □ (*teatr.*) **f.-dress rehearsal**, prova generale □ (*econ.*) **f. employment**, pieno impiego; piena occupazione □ **f. English breakfast**, colazione completa, all'inglese □ (*tipogr.*) **f. face**, neretto □ (*fotogr., pitt.*) **f.-face**, di fronte □ **f.-faced**, paffuto □ (*trasp.*) **f. fare**, tariffa intera □ **f.-fledged**, (*d'uccello*) che ha messo tutte le penne, capace di volare; (*fig.*) completo, esperto: **a f.-fledged pilot**, un pilota esperto □ **f.-frontal**, integrale; (*fig.*) su tutto il fronte: **a f.-frontal nude**, un nudo integrale □ (*poker*) **a f. house** (*o* **a f. hand**), un full □ **f. length**, (*sost.*) (*nuoto*) vasca: **to swim six f. lengths**, fare sei vasche (in piscina); (*avv.*) lungo disteso: **to fall f. length**, cadere lungo disteso □ (*cinem.*) **a f.-length film**, un lungometraggio □ **a f.-length mirror**, uno specchio per tutta la persona □ **a f.-length novel**, un romanzo in edizione integrale □ **a f.-length portrait**, un ritratto a grandezza naturale □ (*trasp.*) **f. load**, carico completo □ (*poet.*) **f. many**, moltissimi □ (*mil., USA*) **f.-metal jacket**, cartuccia corazzata □ **f. moon**, luna piena; plenilunio: **There is a f. moon**, c'è la luna piena; c'è il plenilunio □ (*pop. USA*) **f.-mooner**, matto; pazzo □ **f.-mouthed**, (*di bestiame*) che ha messo tutti i denti; (*di cane*) che abbaia forte; (*di stile, oratoria, ecc.*) risonante, vigoroso □ **f. name**, nome e cognome □ (*lotta greco-romana*) **f. nelson**, doppia elson □ **to be f. of oneself**, essere pieno di sé; presumere di sé □ **to be f. of confidence**, essere pieno di fiducia (*o* assai fiducioso) □ **f. on**, (*avv.*) a tutto volume: **He turned his car radio f. on**, mise l'autoradio a tutto volume □ (*mus.*) **f. orchestra**, grande orchestra; orchestra al completo □ **f.-orchestra music**, musica a piena orchestra □ **f. out**, a tutta velocità; a tutta birra (*fam.*) □ (*pubbl.*) **a f.-page advertisement**, un annuncio su tutta la pagina □ **a f.-page illustration**, un'illustrazione a piena pagina □ (*comm.*) **f. payment**, pagamento a saldo; saldo □ (*nella punteggiatura*) **f. point**, punto; punto fermo □ (*leg.*) **f. power of attorney**, procura generale □ (*naut.*) **f.-power trials**, prove a tutta forza □ (*USA*) **f. professor**, (professore) ordinario (*d'università*) □ (*naut.*) **f. rigger** (*o* **f.-rigged ship**), nave a vela completamente attrezzata; nave a tre alberi con vele quadre e bompresso □ **f. sail**, a gonfie vele (*anche fig.*); a tutta velocità □ **f.-scale**, (*di modello*) in grandezza naturale; (*fig.*) completo; esauriente; (*di conflitto*) vero e proprio; (*mil.*: *di attacco*) in grande scala: **f.-scale war**, guerra vera e propria (*o* totale) □ (*comm.*) **f. settlement**, pagamento a saldo □ (*mus.*) **f. score**, spartito completo (*per tutta l'orchestra*) □ **a f.-size drawing**, un disegno a grandezza naturale □ **f. speed**, velocità massima □ (*naut.*) **F. speed ahead!**, avanti tutta! □ **f. stop**, (*nella punteggiatura*) punto, punto fermo; (*fig.*) arresto; (*fam.*) punto e basta: **to come to a f. stop**, arrestarsi, fermarsi (del tutto); bloccarsi; **I won't argue with you, f. stop!**, con te non discuto più: punto e basta! □ **f. swing**, piena attività □ **a f.-throated cry**, un urlo a piena gola □ **f. time**, tempo pieno; (*sport*) tempo scaduto, fine (*di una partita, ecc.*); (*calcio*) 90° minuto; (*avv.*) a tempo pieno: **They work f. time**, lavorano a tempo pieno □ **f.-time**, a tempo pieno (*agg.*): **a f.-time job**, un lavoro a tempo pieno □ **f.-timer**, studente (*o* lavoratore) a tempo pieno □ **f. to the brim**, pieno fino all'orlo □ **f. to bursting**, strapieno; stracolmo; pieno zeppo □ **f. to overflowing**, pieno fino a traboccare; stracolmo □ (*mecc.*) **f.-track vehicle**, veicolo cingolato □ (*fam.*) **f. up**, sazio, satollo; pieno (*fam.*); (*di locale, veicolo, ecc.*) pieno, al completo □ **f. well**, benissimo: **I know it f. well**, lo so benissimo □ **at f. gallop**, di gran galoppo □ **at f. length**, lungo disteso; esaurientemente, per disteso, per filo e per segno □ **at f. speed**, a tutta velocità □ **at the f.**, nello stato di pienezza (*o* di completezza); in tempo d'abbondanza □ **to fill (st.) f.**, colmare; riempire: **Fill your glass f.**, riempi il tuo bicchiere □ **to give f. details**, dare ampi ragguagli; fornire ogni particolare □ **to have a f. heart**, avere il cuore gonfio □ **in f.**, completamente; pienamente; per esteso; per intero: **to quote a passage in f.**, citare un brano per intero □ **in f. career**, di gran carriera □ (*comm.*) **in f. settlement**, a saldo completo □ **to the f.**, appieno (*lett.*); pienamente, completamente, al massimo □ **to turn st. to f. account**, trarre il massimo profitto da q.c. □ **He is f. of his subject**, è tutto compreso dell'importanza della sua materia (*o* dell'oggetto dei suoi studi) □ **I cannot tell you the f. of it**, non ti posso raccontare tutta la storia.

to **full** (**1**) /fʊl/, **A** *v. t.* raccogliere in ampie pieghe; drappeggiare, rendere ampio (*un abito*). **B** *v. i.* (*USA*: *della luna*) diventare piena.

to **full** (**2**) /fʊl/, *v. t.* (*ind. tess.*) follare.

fullback /'fʊlbæk/, *n.* (*sport*) *1* (*calcio*) terzino; difensore di terza linea *2* (*rugby*) arriere *3* posizione (*o* ruolo) di difensore estremo: **to play f.**, giocare in difesa.

fuller (**1**) /'fʊlə(r)/, *n.* (*ind. tess.*) follatore. ● **f.'s earth**, argilla smettica; terra da follone.

fuller (**2**) /'fʊlə(r)/, *n.* (*metall.*) ricalcatore, presella (*per fucinatura*).

fuller (**3**) /'fʊlə(r)/, **A** *a. compar.* di **full**. **B** *a.* (*moda*) grosso; robusto: **dresses** (*o* **suits**) **for the f. figure**, vestiti da donna (*o* da uomo) per taglia robusta.

fulling /'fʊlɪŋ/, *n.* (*ind. tess.*) follatura. ● **f. agent**, follante □ **f. mill**, follone.

fullish /'fʊlɪʃ/, *a.* piuttosto pieno; pienotto.

fullness /'fʊlnəs/, *n.* *1* pienezza; completezza *2* rotondità; carnosità *3* sazietà: **to have a feeling of f. after a big meal**, provare un senso di sazietà dopo un pasto abbondante *4* ampiezza; abbondanza *5* (*di colore*) intensità; ricchezza. ● (*Bibbia*) **the f. of the heart**, la piena del cuore (*o* degli affetti) □ **in the f. of time**, a tempo debito; a suo tempo.

fully /'fʊlɪ/, *avv.* *1* pienamente; completamente; interamente; del tutto: **I'm f. satisfied with his offer**, sono del tutto soddisfatto della sua offerta *2* abbondantemente; non meno di: **There were f. five hundred people in the square**, non c'erano meno di cinquecento persone nella piazza. ● (*moda*) **f. fashioned**, (fatto) su misura; dal taglio perfetto; attillato □ **f.-glazed door**, porta a vetri □ **f. grown**, (*specialm. bot., zool.*) adulto; (*fig.*) maturo □ (*fin.*) **f. paid capital**, capitale interamente versato □ (*fin.*) **f. paid stock**, azioni interamente liberate □ (*edil.*) **f.-tiled walls**, pareti piastrellate fino al soffitto.

fulmar /'fʊlmə(r)/, *n.* (*zool., Fulmarus glacialis*) procellaria artica; fulmaro.

fulminant /'fʌlmɪnənt/, *a.* (*anche med.*) fulminante: **f. apoplexy**, apoplessia fulminante.

fulminate /'fʌlmɪneɪt, *USA* 'fʊl-/, *n.* (*chim.*) fulminato: **f. of mercury**, fulminato di mercurio.

to **fulminate** /'fʌlmɪneɪt, *USA* 'fʊl-/, **A** *v. i.* *1* (*soprattutto fig.*) fulminare; scagliar fulmini; inveire: **to f. against the corruption of petty politicians**, scagliar fulmini contro la corruzione dei politicanti *2* (*raro*) esplodere; detonare. **B** *v. t.* (*raro*) inveire contro (q. *o* q.c.). ● **fulminating oil**, olio fulminante; nitroglicerina.

fulmination /fʌlmɪ'neɪʃn/, *n.* *1* denuncia (*o* invettiva) violenta *2* (*raro*) forte esplosione.

fulminatory /'fʌlmɪnətrɪ, *USA* -tɔːrɪ/, *a.* di denuncia; d'invettiva: **f. words**, violente parole di denuncia.

to **fulmine** /'fʌlmɪn/, *v. i. e t.* (*raro, poet.*) fulminare; tuonare.

fulminic /fʌl'mɪnɪk/, *a.* (*chim.*) fulminico: **f. acid**, acido fulminico.

fulsome /'fʊlsəm/, *a.* disgustoso; nauseante; smaccato; stomachevole; stucchevole: **f. flattery**, adulazione stomachevole.

fulsomeness /'fʊlsəmnəs/, *n.* l'esser disgustoso; stucchevolezza.

fulvous /'fʌlvəs/, *a.* fulvo.

fumade /fjuː'meɪd/, *n.* sardina affumicata.

fumaric /fjuː'mærɪk/, *a.* (*chim.*) fumarico: **f. acid**, acido fumarico.

fumarole /'fjuːmərəʊl/, *n.* (*geol.*) fumarola; soffione.

fumble /'fʌmbl/, *n.* *1* armeggiamento; armeggio; annaspamento *2* tentativo maldestro *3* (*sport*) perdita della palla.

to **fumble** /'fʌmbl/, **A** *v. i.* *1* (*anche* **to f. about**) armeggiare; annaspare; frugare; cercare a tentoni: **to f. in one's pocket for a coin**, frugarsi nelle tasche per trovare una moneta; **to f. at a lighter**, armeggiare intorno a un accendino; **to f. for the right word**, annaspare in cerca della parola giusta *2* parlare in modo stentato; farfugliare *3* brancolare; andare a tentoni: **to f. in the dark**, brancolare nel buio; **to f. along a dark corridor**, andare a tentoni lungo un corridoio buio. **B** *v. t.* *1* maneggiare (q.c.) in modo maldestro *2* dire, pronunciare (*un discorso, ecc.*) in modo sconclusionato. ● (*sport*) **to f. the ball**, lasciarsi sfuggire la palla □ (*sport*) **to f. the catch**, sbagliare la presa □ **to f. the door open**, riuscire ad aprire la porta dopo molti tentativi □ **to f. for words**, cercare le parole □ **to f. with a key ring**, gingillarsi con un portachiavi.

fumbler /'fʌmblə(r)/, *n.* armeggione, armeggiona; persona goffa (*o* maldestra).

fumbling /'fʌmblɪŋ/, **A** *a.* annaspante; goffo; maldestro. **B** *n.* armeggiamento; atto di cercare soldi, ecc. ● (*fam.*) **This time I'll do the f.**, questa volta faccio finta di voler pagare io!

fume /fjuːm/, *n.* (*di solito al pl.*) fumo (*anche fig.*); esalazione; vapore; (*fig.*) collera, stizza: **the fumes of a volcano**, le esalazioni d'un vulcano; **He is in a f.**, gli son montati i fumi; è furibondo.

to **fume** /fjuːm/, **A** *v. i.* *1* fumare; esalare vapore *2* (*di vapori*) esalare *3* (*fig.*) adirarsi; essere furioso; andare in collera; smaniare: **He is fuming over the delay**, è furioso per il ritardo. **B** *v. t.* *1* affumicare; annerire; patinare; tingere (*di fumo*): **fumed oak**, quercia patinata *2* profumare (*d'incenso*). ● (*della nebbia*) **to f. down**, scendere fumando.

fumigant /'fjuːmɪgənt/, *n.* (*chim.*) fumigante; sostanza fumigatoria.

to **fumigate** /'fjuːmɪgeɪt/, *v. t.* *1* suffumicare, suffumigare; disinfestare con il fumo: **to s. a room**, suffumicare una stanza *2* (*med.*) fare suffumigi a (q.) *3* (*chim.*) fumigare *4* (*raro*) profumare (*con incenso, ecc.*).

fumigating /'fjuːmɪgeɪtɪŋ/, *n.* fumigazione. ● (*agric., ind.*) **f. services**, operazioni di fumigazione.

fumigation /fjuːmɪ'geɪʃn/, *n.* *1* suffumicazione; suffumigazione *2* (*med.*) suffumigio.

fumigator /'fjuːmɪgeɪtə(r)/, *n.* *1* suffumicatore; suffumigatore; disinfestatore (*con il fumo*) *2* (*chim.*) fumigatore.

fumitory /'fjuːmɪtrɪ, *USA* -tɔːrɪ/, *n.* (*bot., Fumaria officinalis*) fumaria.

fumy /'fjuːmɪ/, *a.* fumoso; pieno d'esalazioni (*o* di vapori).

fun /fʌn/, **A** *n.* *1* divertimento; scherzo; spasso: **Roller skating is great fun**, il pattinaggio a rotelle è un gran divertimento; **We play cards for fun, not for money**, giochiamo a carte per spasso, non per denaro; **I said it for** (*o* **in**) **fun**, l'ho detto per scherzo (*o* per burla, per celia) *2* (*fam.*) tipo divertente, spassoso; spasso. **B** *a.* (*fam. specialm. USA*) divertente; spassoso: **a fun sport**, uno sport divertente; **He's a real fun chap**, è proprio un tipo divertente; **I had a real fun time**, me la sono spassata davvero. ● (*USA*) **Fun City**, New York □ (*moda*) **fun fur**, pelliccia sintetica (*o* di pelli miste, di poco valore) □ **fun run**, corsa a piedi (*spesso per beneficenza*) □ (*USA*) **fun runner**, chi fa del jogging per divertimento □ **for fun**, per divertimento; per gioco; come passatempo: **to do st. for the fun of it** (*o* **of the thing**), fare q.c. così, tanto per farlo □ **a f. of fun**, un tipo ridicolo □ **to have fun**, divertirsi; spassarsela: **What fun we had at the party!**, come ci siamo divertiti alla festa! □ **like fun**, vigorosamente; rapidamente; molto; (*pop.*) per niente □ **to make fun of** (*o* **to poke fun at**), beffarsi, prendersi gioco di; mettere in ridicolo; prendere in giro □ **He's a man full of fun**, gli piace scherzare; è un tipo divertente; è uno spasso □ **I can't see the fun of it**, non vedo che cosa ci sia di buffo (*o* da ridere).

to **fun** /fʌn/, *v. i.* (*fam. USA*) divertirsi.

funabout /'fʌnəbaʊt/, *n.* (*autom.*) fuoristrada.

funambulism /fjuː'næmbjʊlɪzəm/, *n.* funambolismo.

funambulist /fjuː'næmbjʊlɪst/, *n.* funambolo.

function /'fʌŋkʃn/, *n.* *1* (*anche fisiol., mat., elab., ling.*) funzione: **to perform an important f.**, assolvere a una funzione importante *2* funzionamento: **to test the f. of the heart**, controllare il funzionamento del cuore *3* (*di solito al pl.*) funzione; mansione; carica; compito; incombenza: **the functions of the chairman**, le funzioni del presidente; **to take up one's functions**, entrare in funzione (*o* in carica) *4* funzione; cerimonia (*pubblica o religiosa*) *5* (*fig.*) funzione; elemento dipendente (*da un fattore*): **There 's no doubt that production costs are a f. of wages**, senza dubbio i costi di produzione sono un elemento dipendente dal fattore salari (*o* sono in funzione dei salari). ● (*elab.*) **f. code**, codice funzionale (*o* di servizio) □ (*elab.*) **f. key**, tasto di funzione (*o* di servizio) □ (*ling.*) **f. word**, parola funzionale.

to **function** /'fʌŋkʃn/, *v. i.* *1* funzionare: **The radio was not functioning**, la radio non funzionava *2* fungere (da): **A noun can f. as an adjective**, un sostantivo può fungere da aggettivo.

functional /'fʌŋkʃənl/, **A** *a.* (*anche archit., med., mat., elab.* e *ling.*) funzionale: **f. architecture**, architettura funzionale; **f. disease**, malattia funzionale; **f. load**, rendimento funzionale; (*org. az.*) **f. structure**, struttura funzionale. **B** *n.* (*mat.*) funzionale: **linear f.**, funzionale lineare. ● (*mat., econ.*) **f. analysis**, analisi funzionale □ (*elab., stat.*) **f. chart** (*o* **diagram**), diagramma funzionale □ (*fin.*) **f. costing**, determinazione dei costi per funzione □ (*org. az.*) **f. foreman**, responsabile di funzione □ (*stat.*) **f. scale**, scala funzionale □ (*elab.*) **f. unit**, elemento di macchina.

functionalism /'fʌŋkʃənəlɪzəm/, *n.* (*anche archit., psic., ling.*) funzionalismo.

functionalist /'fʌŋkʃənəlɪst/, **A** *n.* (*archit., psic., ling.*) funzionalista. **B** *a.* *V.* **functionalistic**.

functionalistic /fʌŋkʃənə'lɪstɪk/, *a.* del funzionalismo; funzionalista.

functionality /fʌŋkʃə'nælətɪ/, *n.* (*chim.* e *fisiol.*) funzionalità.

functionally /'fʌŋkʃənəlɪ, -nlɪ/, *avv.* funzionalmente.

functionary /'fʌŋkʃənrɪ, *USA* -nerɪ/, *n.* funzionario; burocrate.

to **functionate** /'fʌŋkʃəneɪt/, *v. i.* (*specialm. fisiol.*) funzionare.

functioning /'fʌŋkʃənɪŋ/, *n.* funzionamento.

functive /'fʌŋktɪv/, *a.* (*ling.*) funtivo.

functor /'fʌŋktə(r)/, *n.* *1* (*mat.*) funtore *2* (*elab.*) elemento logico.

fund /fʌnd/, *n.* *1* (*fin., rag.*) fondo; riserva; cassa; accantonamento; stanziamento: **pension f.**, fondo pensione; **sinking** (*o* **depreciation**) **f.**, fondo d'ammortamento; **sickness f.**, cassa malattia; **relief f.**, stanziamento per aiuti finanziari *2* (*fin.*) fondo (d'investimento): **funds investing only in bonds**, fondi obbligazionari; **funds investing both in equities and bonds**, fondi bilanciati *3* (*pl.*) (*fin., rag.*) disponibilità; capitali; mezzi finanziari *4* (*pl.*) (*fin., ingl.*) titoli di stato *5* (*pl.*) (*banca*) fondi; provvista (*per la copertura di assegni*): **lack of funds**, difetto totale di provvista; **«No funds»** (*su un assegno*), «mancanza di fondi» (*o* «di corrispettivo») *6* (*pl.*) (*fam.*) fondi; denaro; soldi; quattrini: **to be out of funds**, essere privo di fondi (*o* al verde); **to be in funds**, stare bene a quattrini; essere in soldi (*pop.*) *7* (*fig.*) riserva; bagaglio; provvista; stock: **a f. of tenderness**, una riserva di tenerezza; **a considerable f. of knowledge**, un notevole bagaglio culturale; **an enormous f. of jokes**, uno stock inesauribile di barzellette. ● (*rag.*) **f. account**, fondo di stanziamento □ (*fin.*) **f. drive**, sottoscrizione □ (*rag.*) **funds-flow statement**, prospetto del flusso di cassa □ (*fin., ingl.*) **f.-holder**, detentore di titoli di stato.

to **fund** /fʌnd/, *v. t.* *1* (*fin.*) accantonare fondi per: **to f. a pension plan**, accantonare fondi per un piano pensionistico *2* (*fin.*) finanziare: **to f. the Treasury's needs**, finanziare il fabbisogno monetario del Tesoro *3* (*fin.*) consolidare: **to f. a debt**, consolidare un debito *4* (*fin., ingl.*) investire (*denaro*) in titoli di stato.

fundament /'fʌndəmənt/, *n.* *1* fondamento *2* (*edil.*) fondazioni *3* (*eufem. scherz.*) fondo della schiena; deretano.

fundamental /fʌndə'mɛntl/, **A** *a.* fondamentale; basilare; essenziale: **f. research**, ricerca fondamentale (*o di base*). **B** *n.* *1* (*di solito al pl.*) fondamento; elemento essenziale; base: **the fundamentals of education**, le basi dell'istruzione *2* (*mus.*) nota fondamentale; tonica *3* (*fis.*) fondamentale; prima armonica. ● (*fis.*) **f. particle**, particella elementare.

fundamentalism /fʌndə'mɛntəlɪzəm/, *n.* (*relig., polit.*) fondamentalismo.

fundamentalist /fʌndə'mɛntəlɪst/, *n.* (*relig., polit.*) fondamentalista: **Islamic f.**, fondamentalista islamico.

fundamentality /fʌndəmɛn'tæləti/, *n.* l'esser fondamentale (*o* basilare).

fundamentally /fʌndə'mɛntəlɪ/, *avv.* fondamentalmente.

funded /'fʌndɪd/, *a.* *1* (*fin.*) accantonato: **f. reserve**, riserva accantonata *2* (*fin.*) consolidato: **f. bond**, obbligazione consolidata. ● **f. debt**, debito consolidato; debito a lunga scadenza. ● **f. pension plan**, piano pensionistico mediante accantonamento.

funding /'fʌndɪŋ/, *n.* (*fin.*) *1* consolidamento (*di un debito*) *2* finanziamento.

funeral /'fju:nərəl/, **A** *a.* funebre; funerario; dei defunti: **f. service**, ufficio dei defunti. **B** *n.* *1* funerale; esequie: **to attend a f.**, andare a un funerale *2* (= **f. train**) convoglio funebre *3* (= **f. procession**) corteo funebre. ● **f. director**, impresario di pompe funebri □ **f. directors**, impresa di pompe funebri □ (*USA*) **f. parlor** (*o* **f. home**), impresa di pompe funebri □ **f. pyre**, rogo funebre; pira □ (*fam.*) **That's your f.**, sono affari tuoi; fatti tuoi!; arrangiati!

funerary /'fju:nrərɪ, *USA* -nərɛrɪ/, *a.* funebre; funerario: **a f. urn**, un'urna funeraria.

funereal /fju:'nɪərɪəl/, *a.* funereo; lugubre; tetro; da funerale.

funfair /'fʌnfɛə(r)/, *n.* luna park; parco divertimenti.

fungal /'fʌŋgl/, *a.* *1* (*bot.*) fungino *2* (*patologia vegetale*) da fungo: **f. disease**, malattia da fungo.

fungibility /fʌndʒə'bɪlətɪ/, *n.* (*econ.*) fungibilità.

fungible /'fʌndʒəbl/, *a.* (*econ.*) fungibile: **f. goods**, beni fungibili.

fungicide /'fʌndʒɪsaɪd/, *n.* (*agric.*) fungicida; anticrittogamico.

fungiform /'fʌndʒɪfɔ:m/, *a.* fungiforme; che ha forma di fungo.

fungivorous /fʌn'dʒɪvərəs/, *a.* (*zool.*) fungivoro.

fungoid /'fʌŋgɔɪd/, *a.* fungoso; a forma di fungo: (*med.*) **f. growths**, escrescenze fungose; fungosità.

fungous /'fʌŋgəs/, *a.* *1* (*anche med.*) fungoso *2* (*fig.*) che cresce come un fungo.

fungus /'fʌŋgəs/, *n.* (*pl.* **fungi, funguses**) *1* (*bot., Fungus*) fungo *2* (*med.*) fungosità; fungo *3* (*fig. spreg.*) crescita a fungo; ammasso amorfo *4* (*scherz.*) barba. ● (*pop. USA*) **f.-face**, individuo barbuto; barba (*pop.*).

funicle /'fju:nɪkl/, *n.* (*anat., bot.*) funicolo.

funicular /fju:'nɪkjʊlə(r)/, **A** *a.* funicolare. **B** *n.* (= **f. railway**) funicolare; funivia.

funiculus /fju:'nɪkjʊləs/, *n.* (*pl.* **funiculi**) (*anat., bot.*) funicolo.

funk (**1**) /fʌŋk/, *n.* (*fam.*) *1* paura; tremarella, fifa (*fam.*): **to be in a blue f.**, avere una fifa da morire *2* depressione; abbattimento: **I can't get out of my f.**, non riesco a vincere il mio abbattimento (*o* a tirarmi su) *3* vigliacco; fifone (*pop.*). ● (*mil.*) **f. hole**, ricovero sotterraneo, rifugio; (*fig. fam.*) posto per scansafatiche.

funk (**2**) /fʌŋk/, *n.* *1* (*pop. USA*) cattivo odore; puzzo, puzza *2* (*mus.*) funk (*stile misto di jazz, country e soul*).

to **funk** /fʌŋk/, **A** *v. i.* (*fam.*) aver paura; tirarsi indietro; avere fifa. **B** *v. t.* *1* (cercare di) sottrarsi a (*un dovere*); evitare i rischi di (*un'impresa*) *2* far paura a; impaurire; spaventare.

funky (**1**) /'fʌŋkɪ/, *a.* impaurito; spaventato.

funky (**2**) /'fʌŋkɪ/, *a.* *1* (*pop. specialm. USA*) maleodorante; puzzolente *2* (*mus.*) relativo alla musica funk *3* (*pop. USA*) eccentrico; originale; non convenzionale *4* (*pop. USA*) naturale; autentico; campagnolo *5* (*pop. USA*) bello; eccellente; straordinario.

funnel /'fʌnl/, *n.* *1* imbuto *2* fumaiolo; ciminiera (*di nave, ecc.*) *3* pozzo d'aerazione *4* canna, gola (*del camino*). ● (*meteor.*) **f. cloud**, nube a proboscide □ **f.-shaped**, imbutiforme.

to **funnel** /'fʌnl/, **A** *v. t.* *1* versare (*o* travasare) con l'imbuto *2* mettere (*le mani*) a mo' d'imbuto *3* (*fig.*) incanalare (*il traffico, ecc.*) *4* trasmettere (*notizie, ecc.*). **B** *v. i.* *1* formare un imbuto *2* (*fig.*) incanalarsi. ● (*della folla*) **to f. out**, uscire a poco a poco.

funnelled /'fʌnld/, *a.* *1* provvisto di fumaiolo (*o* di ciminiera) *2* a forma d'imbuto; imbutiforme.

funnily /'fʌnəlɪ/, *avv.* *1* in modo strano *2* in modo buffo (*o* divertente). ● **f. enough**, strano a dirsi; per uno strano caso.

funniness /'fʌnɪnəs/, *n.* *1* l'essere divertente (*o* buffo); comicità *2* stranezza; bizzarria *3* spiritosaggine.

funny (**1**) /'fʌnɪ/, **A** *a.* *1* divertente; comico; buffo: **a f. joke**, una barzelletta divertente *2* faceto; scherzoso; spiritoso; divertente: **a f. chap**, un tipo scherzoso, divertente: **He's trying to be f.**, fa lo spiritoso *3* bizzarro; strano: **a f. sort of man**, un tipo bizzarro *4* singolare; strano; curioso; inspiegabile: **a f. noise**, uno strano rumore *5* (*fam.*) falso; poco chiaro; subdolo; poco pulito (*fig.*) *6* (*fam.*) guasto; che non va: **There's something f. about the TV set**, c'è qualcosa che non va nel televisore *7* (*fam.*) furbo: **Don't get f. with me!**, non fare il furbo con me! *8* (*fam.*) indisposto; giù di corda (*fam.*); stranito: **I feel a bit f. this morning**, stamattina mi sento stranito (*o* un po' giù di corda) *9* (*fam.*) (un) po' matto; giù di testa (*fam.*): **to go f.**, andare giù di testa; dare nel matto. **B** *n.* (*pl.*) (*fam. USA*, = **f. papers**) *1* fumetti (*di giornale*) *2* pagina (*o* pagine) dei fumetti. ● (*anat.*) **f. bone**, punta del gomito; olecrano: **I've hit my f. bone**, ho preso la scossa al gomito □ (*fam.*) **f. business**, faccenda poco chiara; affare poco pulito; buffonata, scempiaggine □ (*scherz.* o *spreg.*) **f. farm**, manicomio □ (*fam.*) **f. ha-ha**, divertente; umoristico; che fa ridere □ **f. man**, pagliaccio, clown; (*USA*) (attore) comico □ (*fam.*) **f. money**, moneta poco buona; (*mil.*) moneta d'occupazione □ (*fam.*) **f. peculiar**, divertente; bizzarro; originale; interessante □ (*fam.*) **to go f.**, guastarsi all'improvviso □ **It's a f. thing, but...**, (è) strano, ma... □ **Are you being f.?**, fai per scherzo, è vero? □ **I don't think that's at all f.**, c'è poco da ridere! □ **Don't try anything f.!**, niente scherzi!; niente trucchi!; non cercare di farmela!; non fare il furbo!

funny (**2**) /'fʌnɪ/, *n.* (*naut.*) piccola barca a remi (*per una persona sola*).

fur /fɜ:(r)/, *n.* *1* pelo (*d'animale*); pelame; pelliccia: (*nella caccia*) **fur and feather**, selvaggina di pelo e di penna; **She was wearing an expensive mink fur**, portava una costosa pelliccia di visone *2* incrostazione (*in una pentola, ecc.*) *3* deposito, gromma, tartaro (*di vino*) *4* patina (*sulla lingua*) *5* (*pl.*) (*comm.*) abbigliamento in pelliccia; pellicce *6* (*pop. USA*) – **the fur**, la polizia. ● **fur-bearing animals**, animali da pelliccia □ **fur breeder**, allevatore d'animali da pelliccia □ (*di persona*) **fur-clad**, impellicciato; in pelliccia: **fur-clad ladies**, signore in pelliccia □ **a fur coat**, una pelliccia □ (*moda*) □ **fur-collared**, con il collo di pelliccia □ **fur dresser**, conciatore di pelli; pellicciaio, pellicciaia □ **fur dyer**, tintore di pelli □ **fur farmer**, allevatore di animali da pelliccia □ **fur farming**, allevamento d'animali da pelliccia □ **fur-lined**, foderato di pelliccia □ (*zool.*) **fur seal**, lontra marina □ (*fig.*) **to make the fur fly**, fare il diavolo a quattro; fare un quarantotto (*fig.*) □ **When they accused him of theft, the fur started to fly**, quando l'accusarono di furto, successe un finimondo.

to **fur** /fɜ:(r)/, **A** *v. t.* *1* foderare (*o* guarnire) di pelliccia: **a furred jacket**, una giacca foderata di pelliccia *2* (*anche* **to fur up**) coprire d'incrostazioni (*o* di patina); incrostare, ingrommare: **a furred tongue**, una lingua coperta di patina; una lingua sporca *3* (*edil.*) rivestire (*un muro, un pavimento*) inserendo legnetti e strisce. **B** *v. i.* coprirsi d'incrostazioni; (*della lingua*) coprirsi di patina.

furan /'fjʊəræn, fjʊə'ræn/, *n.* (*chim.*) *1* furano *2* furfurolo. ● **f. resin**, resina furanica.

furbelow /'fɜ:bɪləʊ/, *n.* *1* falpalà; balza; striscia increspata *2* (*pl.*) (*fig.*) ornamenti vistosi; fronzoli; orpelli.

to **furbelow** /'fɜ:bɪləʊ/, *v. t.* ornare con falpalà (*o* con balze).

to **furbish** /'fɜ:bɪʃ/, *v. t.* forbire; lucidare (*anche mobili*); lustrare. ● **to f. up**, rinnovare; rinfrescare, rispolverare (*fig.*); dare una rinfrescata a: **to f. up an old flat**, dare una rinfrescata a un appartamento vecchio □ **to f. up one's German**, rispolverare il tedesco.

furbishing /'fɜ:bɪʃɪŋ/, *n.* *1* lucidatura (*anche di mobili*) *2* rinfrescata, ripassata (*fig.*).

furcate /'fɜ:keɪt/, *a.* forcuto; biforcuto.

to **furcate** /'fɜ:keɪt/, *v. i.* biforcarsi.

furcation /fɜ:'keɪʃn/, *n.* biforcazione; bivio.

furfur /'fɜ:fə(r)/, *n.* (*pl.* **furfures**) forfora.

furfuraceous /fɜ:fə'reɪʃəs/, *a.* forforoso; pieno di forfora.

furfural /'fɜ:fjʊræl/, **furfurol** /'fɜ:fjʊrɒl, *USA* -ɔ:l, -əʊl/, *n.* (*chim.*) furfurolo; aldeide furanica.

furious /'fjʊərɪəs/, *a.* furioso; furibondo; infuriato: **to be f. with sb.**, essere furioso contro q. ● **at a f. pace**, di gran corsa; a rotta di collo □ **a fast and f. mirth**, un'allegria sfrenata □ **to get f.**, infuriarsi □ **to make sb. f.**, far infuriare q.; mandare in bestia q. || **-ly**, *avv.* || **-ness**, *sost.*

to **furl** /fɜ:l/, **A** *v. t.* *1* ammainare; serrare: **to f. the sails**, ammainare le vele; **to f. a flag**, ammainare una bandiera *2* chiudere; arrotolare: **to f. an umbrella [a fan]**, chiudere un ombrello [un ventaglio]. **B** *v. i.* chiudersi; ripiegarsi. ● (*di nubi*) **to f. away**, dissolversi; dissiparsi □ (*fig.*) **to f. one's hopes**, rinunciare alle (*o* rinfoderare le) proprie speranze.

furlong /'fɜ:lɒŋ, *USA* -lɔ:ŋ/, *n.* «furlong» (*misura di lunghezza, pari a 1/8 di miglio, o a m 201,17*).

furlough /'fɜ:ləʊ/, *n.* *1* congedo, permesso (*di funzionario, specialm. se all'estero*): **to go home on f.**, andare in congedo in patria *2* (*mil.: di ufficiale, soldato*) licenza *3* (*naut.*) franchigia.

to **furlough** /'fɜ:ləʊ/, **A** *v. t.* *1* concedere un congedo (*o* un permesso) a (*un funzionario*) *2* (*mil.*) dare una licenza a; mandare in licenza. **B** *v. i.* andare in congedo temporaneo (*o* in licenza).

furmenty /'fɜ:məntɪ/, **furmety** /'fɜ:mətɪ/, *V.* **frumenty**.

furnace /'fɜ:nəs/, *n.* *1* (*ind., metall., ecc.*) forno; fornace (*anche fig.*): **air f.**, forno a riverbero; **solar f.**, forno solare *2* camera di combustione, focolare (*di una caldaia*) *3* caldaia (*dell'acqua calda*) *4* (*USA*) impianto di riscaldamento ad aria. ● **f. lining**, rivestimento (refrattario) di forno □ **annealing f.**, forno di ricottura □ **arc f.**, forno ad arco □ **blast f.**, altoforno □ **case-hardening f.**, forno di cementazione □ **hardening f.**, forno di tempra □

muffle f., forno a muffola □ **open-earth f.**, forno a suola; forno Siemens.

to **furnish** /ˈfɜːnɪʃ/, v. t. *1* fornire; guarnire; munire; provvedere: **to f. statistical data**, fornire dati statistici; **to f. an army with food and ammunition**, provvedere un esercito di viveri e munizioni *2* ammobiliare; arredare: **to f. a house**, ammobiliare una casa. ● **furnished flat**, appartamento ammobiliato.

furnisher /ˈfɜːnɪʃə(r)/, n. *1* fornitore, fornitrice (*specialm. di mobili*); mobiliere *2* arredatore, arredatrice (*di uffici, ecc.*) *3* tappezziere, tappezziera.

furnishing /ˈfɜːnɪʃɪŋ/, n. arredamento. ● **f. fabrics**, stoffe (*o* tessuti) da arredamento (*tendaggi, copripoltrone, ecc.*).

furnishings /ˈfɜːnɪʃɪŋz/, n. pl. *1* mobilia; mobili e infissi (*d'una casa o stanza*); arredamento *2* (*USA*) articoli di vestiario per uomo. ● **soft f.**, V. **furnishing fabrics**.

furniture /ˈfɜːnɪtʃə(r)/, n. (*solo sing.*) *1* mobilia; mobili: **They haven't much f.**, non hanno molti mobili *2* attrezzatura; attrezzi; arredi *3* (*arc.*) contenuto: **the f. of pockets**, il contenuto delle proprie tasche (*il denaro*); **the f. of one's shelves**, il contenuto dei propri scaffali (*i libri*) *4* (*naut.*) attrezzatura *5* (*tipogr.*) marginatura *6* (*arc.*) equipaggiamento (*di un cavaliere*); finimenti (*di cavallo*). ● **f. dealer**, commerciante di mobili; mobiliere □ **f. factory**, mobilificio □ **f. manufacturer**, fabbricante di mobili; mobiliere □ (*arc.*) **the f. of sb.'s mind**, il bagaglio culturale di q. □ **f. polisher**, lucidatore di mobili □ **f. removers**, agenzia di traslochi □ **f. restorer**, restauratore di mobili □ **f. trade**, ebanisteria □ **a piece of f.**, un mobile.

furor /ˈfjuːrɔː(r)/, *USA* -rə(r)/, **furore** /fjuːˈrɔːrɪ, ˈfjʊərɔː(r), *USA* ˈfjʊərə(r), -ɔː(r)/, n. *1* furore; scoppio d'ira *2* furore; scalpore; entusiasmo; successo: **to cause** (*o* **to create**) **quite a f.**, far furore; avere un gran successo.

furred /fɜːd/, a. *1* fornito (*o* foderato, guarnito) di pelliccia *2* (*di animale*) coperto di pelo *3* (*di persona*) impellicciato *4* (*della lingua*) impastata; sporca *5* (*edil.*: *di soffitto, ecc.*) rivestito di assicelle.

furrier /ˈfʌrɪə(r), *USA* ˈfɜː-/, n. *1* pellicciaio *2* commerciante in pellicce *3* conciatore (*di pelli*).

furriery /ˈfʌrɪərɪ, *USA* ˈfɜː-/, n. pellicceria; arte del pellicciaio.

furring /ˈfɜːrɪŋ/, n. *1* guarnizione di pelliccia *2* incrostazione *3* patina (*sulla lingua*) *4* (*edil.*) rivestimento: **f. strip**, listello per rivestimenti. ● (*edil.*) **f. brick**, mattone rigato (*o* scanalato) □ **f. tile**, piastrella da rivestimento.

furrow /ˈfʌrəʊ, *USA* ˈfɜː-/, n. *1* solco (*dell'aratro, di carri sulla strada, ecc.*) *2* grinza (*del viso*); ruga profonda *3* (*naut.*) solco della nave; scia *4* (*archit., falegn.*) scanalatura *5* (*poet.*) campo arato. ● (*agric.*) **f. press**, pressasolco □ (*agric.*) **f.-slice**, porca □ (*bot.*) **f.-weed**, loglio; zizzania.

to **furrow** /ˈfʌrəʊ, *USA* ˈfɜː-/, **A** v. t. *1* solcare (*anche, di nave, il mare*); arare: **a face furrowed by hardships**, un viso solcato dalle privazioni *2* (*archit., falegn.*) scanalare *3* segnare di rughe. **B** v. i. formare rughe; corrugarsi.

furry /ˈfɜːrɪ/, a. *1* di pelliccia; fatto di pelliccia *2* coperto (*o* guarnito, foderato) di pelliccia *3* (*di tessuto*) simile a pelliccia *4* (*della lingua*) impastata; sporca *5* (*di tubo, ecc.*) incrostato *6* (*pop. USA*) orripilante; orribile; terribile; tremendo.

further /ˈfɜːðə(r)/, (*compar. di* **far**) **A** a. *1* più lontano (*di due*); altro: **on the f. side of the mountain**, sull'altro versante del monte *2* ulteriore; nuovo; aggiuntivo; supplementare: **awaiting f. instructions**, in attesa di ulteriori istruzioni; **till f. notice**, fino a nuovo avviso. **B** avv. *1* più lontano; ulteriormente; oltre; più di: **We cannot go any f.**, non possiamo andare oltre; **It's not f. than a mile from here**, non c'è più di un miglio da qui *2* (*fam. per* **furthermore**) inoltre; in aggiunta; per di più: **Let me f. remark that...**, inoltre, permettetemi d'osservare che... ● **f. education**, istruzione superiore; insegnamento agli adulti □ (*leg.*) **f. evidence**, ulteriori prove □ (*leg.*) **f. proceedings**, udienza aggiornata □ **f. to**, facendo seguito a (*una lettera, ecc.*); a seguito di (*un accordo, ecc.*) □ **to enquire f.**, fare ulteriori indagini □ (*prov.*) **You may go f. and fare worse**, meglio un uovo oggi che una gallina domani; chi si contenta gode.

to **further** /ˈfɜːðə(r)/, v. t. agevolare; appoggiare; favorire; incoraggiare; promuovere: **to f. sb.'s plans**, favorire i piani di q.; **to f. a new enterprise**, promuovere una nuova impresa.

furtherance /ˈfɜːðərəns/, n. (*form.*) *1* appoggio; aiuto; incoraggiamento; il favorire; il promuovere *2* progresso; avanzamento.

furthermore /ˈfɜːðəmɔː(r), fɜːðəˈmɔː(r)/, avv. inoltre; in aggiunta; per di più.

furthermost /ˈfɜːðəməʊst/, a. (il) più distante; (il) più lontano; estremo.

furthest /ˈfɜːðɪst/, (*superl. rel. di* **far**) **A** a. (il) più lontano; estremo. **B** avv. (il) più lontano; alla maggior distanza (*nello spazio o nel tempo*).

furtive /ˈfɜːtɪv/, a. furtivo; clandestino; occulto; segreto: **a f. look**, uno sguardo furtivo. ‖ **-ly**, avv. ‖ **-ness**, sost.

furuncle /ˈfjʊərʌŋkl/, n. (*med.*) foruncolo.

furuncular /fjʊˈrʌŋkjʊlə(r)/, **furunculous** /fjʊˈrʌŋkjʊləs/, a. (*med.*) foruncoloso.

furunculosis /fjʊrʌŋkjʊˈləʊsɪs/, n. (*pl.* **furunculoses**) (*med.*) foruncolosi.

fury /ˈfjʊərɪ/, n. *1* furia; furore; ira violenta: **the f. of the wind [of the waves, of the battle]**, la furia del vento [delle onde, della battaglia] *2* (*fam. arc.*) – **a f.**, una furia; una donna violenta e cattiva. ● (*mitol.*) **the Furies**, le Furie □ **a f. of activity**, un'attività frenetica □ **to fly into a f.**, andare su tutte le furie □ **to be in a f.**, essere infuriato □ (*fam.*) **like f.**, come una furia; violentemente □ **to rain like f.**, piovere a dirotto □ (*arc.*) **to work like f.**, lavorare con accanimento (*o* da matti).

furze /fɜːz/, n. (*bot., Ulex europaeus*) ginestrone.

furzy /ˈfɜːzɪ/, a. coperto di ginestroni.

fusain /fjuːˈzeɪn/, n. (*geol.*) fusite.

fuscous /ˈfʌskəs/, a. (*scient.*) fosco; di colore scuro.

fuse (1) /fjuːz/, n. *1* (*anche fig.*) miccia: **to light the f.**, accendere la miccia *2* (*mil.*) detonatore; spoletta: **time f.**, spoletta a tempo; **concussion f.**, spoletta a percussione. ● **to have a short f.**, avere la miccia corta; (*fig.*) essere irritabile (*o* suscettibile).

fuse (2) /fjuːz/, n. *1* (*elettr.*) fusibile; valvola: **A f. has blown**, è saltata una valvola *2* (*fam.*) cortocircuito; interruzione della corrente. ● (*autom., elettr.*) **f. box**, scatola delle valvole; portafusibili □ **f.-carrier**, portafusibili □ (*elettron.*) **f. diode**, diodo fusibile □ **f.-holder**, portafusibili □ **box-f.**, valvola □ **plug f.**, fusibile a tappo □ **to blow a f.**, far saltare una valvola; (*fig.*) perdere la pazienza.

to **fuse** (1) /fjuːz/, v. t. munire di miccia (*o* di spoletta).

to **fuse** (2) /fjuːz/, v. t. e i. *1* (*anche fig.*) fondere, fondersi; unire, unirsi *2* (*di ossa*) riattaccarsi, saldarsi *3* (*elettr.*) fornire (*un impianto*) di valvole *4* (*elettr.*: *di valvola*) saltare. ● **to f. the lights**, far saltare le valvole □ **All the lights have fused**, sono saltate le valvole; è venuta a mancare la luce.

fused /ˈfjuːzd/, a. (*elettr.*) munito di valvole; sotto fusibile (*fam.*).

fusee /fjuːˈziː/, n. *1* (*d'orologio antico*) fuso *2* fiammifero controvento.

fuselage /ˈfjuːzəlɑːʒ, -lɪdʒ, -s-/, n. (*aeron.*) fusoliera.

fusel oil /ˈfjuːzlˈɔɪl/, locuz. n. (*chim.*) *1* olio di flemma; fuselolo (*miscela di alcoli butilici e isoamilici*) *2* alcol amilico.

fusibility /fjuːzəˈbɪlətɪ/, n. fusibilità.

fusible /ˈfjuːzəbl/, a. fusibile: **a f. metal**, un metallo fusibile. ● (*elettr.*) **f. plug**, fusibile.

fusiform /ˈfjuːzɪfɔːm/, a. fusiforme.

fusil /ˈfjuːzɪl/, **fusile** /ˈfjuːzaɪl, *USA* -zl/, n. (*stor., mil.*) schioppo; fucile.

fusileer, fusilier /fjuːzəˈlɪə(r)/, n. (*stor., mil.*) fuciliere.

fusillade /fjuːzəˈleɪd, *USA* ˈfjuːsəlɑːd/, n. (*mil.*) scarica (*d'armi da fuoco*); fuoco di fila (*anche fig.*): **a f. of questions**, un fuoco di fila di domande.

to **fusillade** /fjuːzəˈleɪd, *USA* ˈfjuːsəlɑːd/, v. t. *1* attaccare con fuoco di fucileria *2* abbattere con scariche (*d'arma da fuoco*); fucilare; passare per le armi.

fusion /ˈfjuːʒn/, n. *1* fusione (*anche fig.*); coalizione; unione: **the f. of two races**, la fusione di due razze; **the f. of the socialists and the social democrats**, la fusione (*o* l'unificazione) dei socialisti e dei socialdemocratici *2* (*metall.*) fusione *3* (*fis. nucl.*) fusione *4* (*ling.*) fusione *5* (*polit.*) coalizione: **He was elected on a f. ticket**, fu eletto come candidato di una coalizione. ● (*mil.*) **f. bomb**, bomba nucleare □ (*fis. nucl.*) **f. reactor**, reattore a fusione □ (*metall.*) **f. welding**, saldatura per fusione.

fusional /ˈfjuːʒənl/, a. (*ling.*) fusionale.

fusionism /ˈfjuːʒənɪzəm/, n. (*polit.*) fusionismo.

fusionist /ˈfjuːʒənɪst/, n. (*polit.*) fusionista.

fuss /fʌs/, n. *1* chiasso; confusione; rumore; scalpore; trambusto; tramestio; (*fam.*) difficoltà, storie: **to make a great f. about nothing**, fare un gran chiasso per nulla; fare d'una pulce un elefante *2* affaccendamento; briga; cerimonie; attenzioni; smancerie: **to make a f. of** (*o* **over**) **sb.**, darsi molta briga per q., usare mille attenzioni a q. *3* (*fam.*, = **fusspot, f.-budget**) persona che se la prende (*o* che fa storie). ● (*fam.*) **to get into a f.**, agitarsi; innervosirsi □ (*fam.*) **to make** (*o* **to kick up**) **a f.**, fare un sacco di storie; fare un gran casino (*pop.*).

to **fuss** /fʌs/, **A** v. i. *1* agitarsi; darsi briga; inquietarsi; affannarsi; preoccuparsi; (*fam.*) prendersela, fare un sacco di storie *2* darsi da fare; affaccendarsi. **B** v. t. (*fam.*) mettere in agitazione; fare inquietare; innervosire; seccare; scocciare (*fam.*). ● **to f. about st.**, preoccuparsi di (*o* prendersela troppo, fare storie per) q.c. □ **to f. about** (**up and down**), muoversi qua e là (su e giù) nervosamente □ **to f. over a guest**, darsi molto da fare per (*o* riempire di cortesie, di premure) un ospite □ **She should not fuss over her husband so much**, non dovrebbe prendersela tanto a cuore per il marito □ (*fam. USA*) **to f. up**, agghindare, azzimare; agghindarsi, farsi bello.

fussbudget /ˈfʌsbʌdʒɪt/, n. (*fam.*) piaga (*fig.*); veneranda (*fam.*); lagnone, lagnona.

fussed /fʌst/, a. (*USA*) esigente; di gusti difficili.

fusser /ˈfʌsə(r)/, n. *1* chi se la prende per un nonnulla; chi fa tante storie *2* individuo puntiglioso; pignolo.

fussily /ˈfʌsəlɪ/, avv. *1* facendo tante storie; dando troppa importanza *2* con pignoleria; puntigliosamente.

fussiness /ˈfʌsɪnəs/, n. *1* il darsi briga; l'agitarsi; il fare tante storie *2* meticolosità; puntiglio; esigenza; pignoleria (*fam.*) *3* irritabilità; nervosismo.

fusspot /ˈfʌspɒt/, n. (*fam.*) V. **fussbudget**.

fussy /ˈfʌsɪ/, a. *1* che s'agita; che se la prende; che fa un sacco di storie *2* meticoloso; puntiglioso; esigente; pignolo (*fam.*): **a f. old lady**, una vecchia signora puntigliosa; **to be f. about one's food**, essere molto esigente quanto al cibo *3* irritabile; nervoso *4* rumoroso; pieno di trambusto *5* (*di lavoro*) brigoso; meticoloso *6* (*d'abito, ecc.*) carico di fronzoli; elaborato; vistoso. ● (*fam.*) **not f.**, indifferente; che non ci fa caso □ **Are you f. about what**

time we eat?, ci tieni a mangiare a un'ora precisa?; vuoi che si mangi a una data ora o ti è indifferente? □ **I'm not f.**, per me fa lo stesso!

fustanella /fʌstəˈnɛlə/, *n.* (*moda*) fustanella.

fustian /ˈfʌstɪən, *USA* -tʃən/, **A** *n.* **1** (*ind. tess.*) fustagno **2** (*fig. raro*) discorso ampolloso; scritto pretenzioso, ma vuoto. **B** *a. attr.* **1** di fustagno **2** (*raro*) ampolloso; pomposo; pretenzioso **3** (*raro*) di scarso valore; meschino, misero.

fustic /ˈfʌstɪk/, *n.* (*bot., Chlorophora tinctoria*) legno di Cuba; fustetto vecchio.

to **fustigate** /ˈfʌstɪgeɪt/, *v. t.* (*arc.*) fustigare (*anche fig.*); criticare.

fustigation /fʌstɪˈgeɪʃn/, *n.* (*raro*) fustigazione.

fustiness /ˈfʌstɪnɪs/, *n.* **1** odore di chiuso (*o* di muffa); tanfo **2** (*fig.*) l'essere antiquato (*o* sorpassato).

fusty /ˈfʌstɪ/, *a.* **1** ammuffito; che puzza di chiuso; stantio **2** (*fig.*) antiquato; sorpassato; fuori moda.

futhark /ˈfjuːθɑːk/, **futhorc** /ˈfjuːθɔːk/, *n.* alfabeto runico.

futile /ˈfjuːtaɪl, *USA* -tl/, *a.* futile; frivolo; leggero; inutile; vano.

futilely /ˈfjuːtaɪllɪ, *USA* -təlɪ/, *avv.* futilmente.

futility /fjuːˈtɪlətɪ/, *n.* futilità; frivolezza; vanità, inutilità.

futtock /ˈfʌtək/, *n.* (*naut.*) scalmo. ● **f. shroud**, riggia.

future /ˈfjuːtʃə(r)/, **A** *a.* futuro; che verrà; venturo. **B** *n.* **1** futuro (*anche gramm.*); avvenire: **He has a great f. in politics**, egli ha un brillante avvenire nella vita politica; **a verb in the f.**, un verbo al futuro **2** (*pl.*) (*fin.*) beni per consegna a termine; futures; operazioni a termine; contratti per consegne a termine. ● (*comm.*) **f. delivery**, futura consegna □ (*fin.*) **futures market**, mercato dei futures; mercato a termine □ (*gramm.*) **f. perfect**, futuro anteriore □ (*Borsa, fin.*) **f. price**, prezzo (*o* corso) a termine □ **f. prospects**, prospettive per l'avvenire □ **for the f.**, in futuro □ **for f. use**, da usare in futuro □ **in f.** (*o* **for the f.**), in futuro; per l'avvenire; d'ora innanzi.

futureless /ˈfjuːtʃələs/, *a.* senza futuro; senza avvenire.

futurism /ˈfjuːtʃərɪzəm/, *n.* (*arte, letter.*) futurismo.

futurist /ˈfjuːtʃərɪst/, *n.* **1** (*arte, letter.*) futurista **2** futurologo.

futuristic /fjuːtʃəˈrɪstɪk/, *a.* **1** (*arte, letter.*) futuristico **2** avveniristico.

futurity /fjuːˈtjʊərətɪ, *USA* -ˈtʊə-/, *n.* futuro; avvenire; vita futura. ● (*sport*) **f. race**, corsa (ippica) per la quale i (cavalli) concorrenti vengono selezionati molto in anticipo □ **f. stakes**, denaro offerto in premio per detta corsa.

futurological /fjuːtʃərəˈlɒdʒɪkl/, *a.* futurologico.

futurologist /fjuːtʃəˈrɒlədʒɪst/, *n.* futurologo.

futurology /fjuːtʃəˈrɒlədʒɪ/, *n.* futurologia.

fuze, to **fuze** /fjuːz/, *V.* **fuse, to fuse**.

fuzz /fʌz/, *n.* **1** lanugine; peluria; polverio: **peach fuzz**, la peluria su una pesca; (*fig.*) la peluria sulle guance (*di un ragazzo*) **2** capelli gonfi e ricci **3** (*pop.*) poliziotto; piedipiatti (*pop.*); polizia; (la) madama, (la) pula (*gergo dei ladri*): **f. station**, stazione di polizia. ● (*bot.*) **f.-ball** (*Lycoperdon, Bovista*), vescia maggiore.

fuzzbuster /ˈfʌzbʌstə(r)/, *n.* (*autom., fam. USA*) dispositivo che consente di rilevare la presenza di un apparecchio «Autovelox» (*della polizia*).

fuzzily /ˈfʌzəlɪ/, *avv.* indistintamente; vagamente; confusamente.

fuzziness /ˈfʌzɪnəs/, *n.* **1** sfilacciatura **2** arricciatura; increspatura **3** l'essere indistinto, sfuocato (*V.* **fuzzy**).

fuzzword /ˈfʌzwɜːd/, *n.* (*pop. USA*) parola oscura, difficile; parolone (*fam.*).

fuzzy /ˈfʌzɪ/, *a.* **1** (*di capello*) gonfio e increspato **2** (*di tessuto*) sfilacciato; sfrangiato **3** coperto di lanugine (*o* di peluria) **4** (*d'immagine, fotogr.*) confuso; indistinto; sfocato **5** (*di suono*) confuso; poco percepibile **6** (*fig.*) confuso; illogico; incoerente **7** (*pop. USA*) intontito dall'alcol; sbronzo. ● **f.-headed**, dai capelli gonfi e crespi; (*fig.*) dalle idee confuse □ **f.-minded**, dalle idee confuse.

fuzzy-wuzzy /ˈfʌzɪwʌzɪ/, *n.* (*pop. spreg.*) negro (*dai capelli crespi*).

fy, fye /faɪ/, *V.* **fie**.

fylfot /ˈfɪlfɒt/, *n.* croce uncinata; svastica.

g,G

G, g /dʒiː/, *n.* (*pl.* **G's, g's; Gs, gs**) ***1*** G, g (*settima lettera dell'alfabeto ingl.*) ***2*** (*mus.*) sol (*nota e scala corrispondente*): **G clef**, chiave di sol ***3*** (*abbr. fam. di* **gravity**) (forza di) gravità; effetto gravitazionale ***4*** (*USA*: *abbr. pop. di* **grand**) mille dollari: **50 G**, 50 mila dollari. ● (*tel.*) **g for George**, g come Genova □ **G-string**, perizoma; (*di spogliarellista o artista di varietà*) slippino; slip ridottissimo; cache-sexe (*franc.*); (*mus.*) corda del sol □ (*USA*) **G movie**, film per tutti (*anche i bambini*) □ (*aeron.*) **g suit**, tuta antigravitazionale.

gab /gæb/, *n.* (*fam.*) chiacchiera; parlantina; facilità di parola: **to have the gift of the gab**, avere molta (*o* una gran) chiacchiera; avere lo scilinguagnolo sciolto. ● (*fam. USA*) **gab room**, vestibolo delle signore □ (*fam.*) **Cut the gab!**, chiudi il becco!

to **gab** /gæb/, *v. i.* (*fam.*) chiacchierare; ciarlare; cianciare; cicalare.

gabardine /'gæbədiːn, -'diːn/, *V.* **gaberdine**.

gabbard /'gæbəd/, **gabbart** /'gæbət/, *n.* (*naut.*) gabarra.

gabber /'gæbə(r)/, *n.* chi parla a vanvera; ciancione, cianciona.

gabble /'gæbl/, *n.* ciance; ciarle; borbottio; barbugliamento; farfugliamento; discorso a vanvera.

to **gabble** /'gæbl/, *v. t.* e *i.* ***1*** borbottare; barbugliare; ciancicare; ciangottare; farfugliare: **Don't g.; speak more slowly**, non farfugliare; parla più lentamente; **The old vicar gabbled through his prayer**, il vecchio curato borbottò in fretta la preghiera ***2*** (*delle oche, ecc.*) schiamazzare; starnazzare.

gabbler /'gæblə(r)/, *n.* borbottone, borbottona; farfuglione, farfugliona.

gabbro /'gæbrəʊ/, *n.* (*pl.* **gabbros**) (*geol.*) gabbro; granitone.

gabby /'gæbɪ/, *a.* (*fam.*) garrulo; ciarliero; loquace.

gabelle /gə'bel/, *n.* (*stor. franc.*) gabella.

gaberdine /gæbə'diːn, *USA* 'gæ-/, *n.* ***1*** (*ind. tess.*) gabardine; gabardina ***2*** (impermeabile o soprabito di) gabardine ***3*** (*stor.*) gabbana; palandrana; tabarro.

gabfest /'gæbfest/, *n.* (*fam. USA*) ***1*** chiacchierata ***2*** party in cui si fanno molte chiacchiere.

gabion /'geɪbɪən/, *n.* (*ind. costr., mil.*) gabbione.

gabionade /geɪbɪə'neɪd, *USA* 'geɪ-/, *n.* (*ind. costr., mil.*) gabbionata.

gable /'geɪbl/, *n.* (*archit.*) ***1*** frontone; timpano ***2*** (= **g. end**) fastigio ***3*** (= **g. wall**) muro sormontato da un timpano. ● **g. roof**, tetto a due falde □ **g. window**, finestra del timpano.

gabled /'geɪbld/, *a.* (*archit.*) ***1*** munito di frontoni (*o* timpani) ***2*** a due spioventi: **a g. roof**, un tetto a due spioventi.

gablet /'geɪblət/, *n.* (*archit.*) piccolo frontone (*o* timpano).

Gabonese /gæbə'niːz/, *a.* e *n.* gabonese; (abitante o nativo) del Gabon.

Gabriel /'geɪbrɪəl/, *n.* Gabriele.

gaby /'geɪbɪ/, *n.* (*arc. o dial.*) sempliciotto; semplicione.

Gad /gæd/, *inter.* (*arc.*) perbacco!; perdiana!; perdinci!

gad (**1**) /gæd/, *n.* (*nella locuz. fam.*) **to be the gad**, essere sempre in viaggio (*o* in giro: *per divertimento*).

gad (**2**) /gæd/, *n.* ***1*** pungolo (*per il bestiame*) ***2*** punta metallica ***3*** (*ind. min.*) punciotto; sbarra a cuneo ***4*** (*USA*) sprone (*nel Far West*).

to **gad** (**1**) /gæd/, *v. i.* (*di solito* **to gad about**) ***1*** bighellonare; girandolare; gironzolare ***2*** vagabondare; vagare, viaggiare (*per diletto*).

to **gad** (**2**) /gæd/, *v. t.* (*ind. min.*) spezzare (*roccia, carbone, ecc.*) con un punciotto.

gadabout /'gædəbaʊt/, *n.* (*fam.*) girandolone, girandolona; vagabondo, vagabonda.

gadder /'gædə(r)/, *V.* **gadabout**.

gadfly /'gædflaɪ/, **A** *n.* ***1*** (*zool., Tabanus*) tafano ***2*** (*zool., Oestrus*) estro ***3*** (*fig.*) zanzara (*fig.*); seccatore ***4*** (*fig.*) pungolo; stimolo. **B** *a. attr.* di pungolo; di disturbo: **That tiny party has only a g. influence on government**, quel minuscolo partito non ha che la funzione di pungolo del governo.

gadget /'gædʒɪt/, *n.* (*fam.*) aggeggio; arnese; congegno; dispositivo.

gadgetry /'gædʒɪtrɪ/, *n. collett.* (*fam.*) aggeggi; congegni; dispositivi.

Gadhelic /gə'delɪk/, *a.* e *n.* gaelico (*anche la lingua*).

gadoid /'geɪdɔɪd/, *a.* e *n.* (*zool.*) (pesce) della famiglia dei gadidi.

gadoids /'geɪdɔɪdz/, *n. pl.* (*zool., Gadidae*) gadidi.

gadolinite /'gædəlɪnaɪt/, *n.* (*miner.*) gadolinite.

gadolinium /gædə'lɪnɪəm/, *n.* (*chim.*) gadolinio.

gadroon /gə'druːn/, *n.* (*di solito al pl.*) ***1*** (*archit.*) ovolo ***2*** (*specialm. nell'argenteria*) orlatura increspata.

gadwall /'gædwɔːl/, *n.* (*zool., Anas strepera*) canapiglia.

Gael /geɪl/, *n.* celta gaelico (*specialm. nelle «Highlands» scozzesi*).

Gaelic /'geɪlɪk, 'gæ-/, *a.* e *n.* gaelico (*anche la lingua*). ● **G. coffee**, *V.* **Irish coffee**.

gaff (**1**) /gæf/, *n.* ***1*** arpione; fiocina; raffio; rampone; uncino ***2*** (*naut.*) picco (*di randa*). ● **g. sail**, vela di randa □ **g.-topsail**, controranda.

gaff (**2**) /gæf/, *n.* (*pop.*) ***1*** baggianata (*pop.*); fesseria; sciocchezza ***2*** (*USA*) imbroglio; pasticcio; difficoltà. ● **to blow the g.**, fare una soffiata; spifferare tutto; cantare (*fig. pop.*) □ (*USA*) **to stand the g.**, sopportare un affronto; resistere alle critiche (*o* agli sberleffi) □ (*USA*: *di un materiale*) **to take a great deal of g.**, resistere a una forte usura.

gaff (**3**) /gæf/, *n.* (*pop. arc. o USA*) ***1*** casa; appartamento ***2*** (= **penny-g.**) teatro; varietà (*d'infimo ordine*): **The g. was sold out**, i biglietti per lo spettacolo erano stati venduti tutti ***3*** locanda; pensione: **tiny g.**, pensioncina.

to **gaff** /gæf/, *v. t.* arpionare, fiocinare, uncinare (*un pesce*).

gaffe /gæf/, *n.* gaffe; cantonata (*fig.*); topica.

gaffer /'gæfə(r)/, *n.* ***1*** (*dial.*) compare; vecchio campagnolo ***2*** (*fam.*) caposquadra (*di operai*); capo lavorante ***3*** (*pop.*) padrone; capo ***4*** (*pop. USA*) babbo; padre ***5*** (*cinem., TV*) capoelettricista.

gag /gæg/, *n.* ***1*** (*anche fig.*) bavaglio ***2*** (*med.*) apribocca (*usato, per es., dai dentisti*) ***3*** (*in Parlamento*) chiusura di dibattito (*per impedire l'ostruzionismo*) ***4*** (*teatr.*) gag; battuta improvvisata; spunto (*di numero di varietà*) ***5*** (*fam.*) frizzo; motto scherzoso; trovata comica ***6*** (*pop.*) inganno; raggiro; trucco ***7*** (*mecc.*) distanziatore ***8*** (*tecn.*) ostruzione (*di una valvola, ecc.*). ● **gag-bit**, morso duro (*per domare cavalli*); mordacchia □ (*fam. USA*) **gag law** (*o* **gag rule**), legge (*o* norma) limitativa della libertà di parola e di stampa □ (*anche fig.*) **to put a gag on sb.**, imbavagliare q. □ (*fig.*) **to put a gag on st.**, mettere a tacere q.c.

to **gag** /gæg/, **A** *v. t.* ***1*** imbavagliare; mettere il bavaglio a (q.; *anche fig.*) ***2*** mettere il morso (*o* la mordacchia) a (*un cavallo da domare*) ***3*** (*in Parlamento*) porre limiti al diritto di discussione di (*un'assemblea, deputati e sim.*) ***4*** (*pop.*) ingannare; raggirare; fregare (*pop.*) **B** *v. i.* ***1*** avere conati di vomito; soffocare ***2*** (*di attore*) improvvisare battute; fare una gag (*o* delle gag) ***3*** (*mecc.*: *di una valvola, ecc.*) ostruirsi.

gaga /'gɑːgɑː/, *a.* (*pop.*) stupido; rimbambito; tocco. ● **to go g.**, rimbambirsi.

gage (**1**) /geɪdʒ/, *n.* ***1*** pegno (*leg.*); arra; garanzia (*leg.*) ***2*** (*stor.*) guanto (*fig.*); sfida: **to throw down the g.** (**to sb.**), gettare il guanto (a q.); lanciare una sfida.

gage (**2**) /geɪdʒ/, (*USA*) *V.* **gauge**.

gage (**3**) /geɪdʒ/, *n.* (*abbr. di* **greengage**) susina regina Claudia.

to **gage** (**1**) /geɪdʒ/, *v. t.* (*arc. o leg.*) dare in pegno (*o* in garanzia); impegnare.

to **gage** (**2**) /geɪdʒ/, (*USA*) *V.* **to gauge**.

gaggle /'gægl/, *n.* ***1*** branco d'oche ***2*** (*spreg.*) gruppo, branco (*di ragazzi, ecc.*).

to **gaggle** /'gægl/, *v. i.* (*d'oche*) schiamazzare.

gagman /'gægmæn/, *n.* (*pl.* **gagmen**) (*teatr.*) ***1*** scrittore di gag ***2*** improvvisatore di battute comiche.

gagster /'gægstə(r)/, *n.* ***1*** (*teatr.*) *V.* **gagman** ***2*** individuo faceto, che ama fare battute.

gaiety /'geɪətɪ/, *n.* ***1*** gaiezza; allegria; giocondità; vivacità: **Some birds have an extraordinary g. of plumage**, alcuni uccelli hanno una straordinaria vivacità (di colori) nel piumaggio ***2*** (*pl.*) feste; divertimenti ***3*** (*pl.*) burle; scherzi: **freshman gaieties**, burle goliardiche.

gaily /'geɪlɪ/, *avv.* gaiamente; allegramente; giocondamente.

gain (**1**) /geɪn/, *n.* ***1*** guadagno; lucro; profitto; vantaggio; vincita: **the ill-gotten gains of a wartime profiteer**, i guadagni illeciti d'un «pescecane» ***2*** aggiunta; aumento; miglioramento: **a g. in weight**, un aumento di peso; (*fin., rag.*) **a g. of three per cent over last year sales**, un aumento del tre per cento rispetto alle vendite dello scorso anno; **a g. in health**, un miglioramento della salute ***3*** (*elettr., elettron.*) guadagno. ● (*rag.*) **g. contingency**, guadagno imprevisto; plusvalenza □ (*fin.*) **capital gains**, proventi di capitale.

gain (**2**) /geɪn/, *n.* (*tecn.*) incassatura; mortasa.

to **gain** (**1**) /geɪn/, **A** *v. t.* ***1*** guadagnare; acquistare; conseguire; ottenere; raggiungere; riportare; vincere: **to g. one's living**, guadagnarsi da vivere; **to g. experience**, acquistare esperienza; **to g. an advantage**, conseguire un vantaggio; **to g. the top of a mountain**, guadagnare la cima d'un monte; **to g. time**, guadagnar tempo; **to g. ground**, guadagnar terreno; (*fig.*) fare progressi: **Oils gained ground at the close**, in chiusura i titoli petroliferi guadagnarono terreno; **to g. a victory**, ottenere (*o* riportare) una vittoria; **to g. a battle**, vincere una battaglia; **to g. one's end**, raggiungere il proprio scopo *2* mettere su (*peso corporeo*); crescere di: **I've gained two kilos at the seaside this year**, quest'anno ho messo su due kili al mare *3* (*d'orologio*) andare avanti di: **My watch gains five minutes a day**, il mio orologio va avanti di cinque minuti al giorno. **B** *v. i.* *1* guadagnarci; profittare: **You haven't anything to g. by it**, non hai niente da guadagnarci *2* progredire; aumentare; crescere: **I am gaining in weight**, sto crescendo di peso; sto ingrassando. ● **to g. admittance to**, ottenere l'accesso a; essere ammesso a □ **to g. sb.'s ear**, guadagnarsi la benevola attenzione di q. □ **to g. in popularity**, acquistare popolarità □ (*Borsa*) **to g. a listing**, essere ammesso alle quotazioni □ **to g. on** (*o* **upon**), guadagnar terreno su; distanziare (*un inseguitore, ecc.*) □ **to g. sb. over**, guadagnarsi q.; trarre q. al proprio partito (*o* dalla propria parte) □ (*naut.*) **to g. port**, guadagnare il porto □ **to g. a prize**, prendere un premio □ **to g. strength**, acquistare forza; rafforzarsi: **to g. strength after an illness**, riacquistare le forze dopo una malattia; **The market is gaining strength**, il mercato si va rafforzando □ **to g. the upper hand** (**over sb.**), avere il sopravvento (su q.) □ **The sea is gaining on the land**, il mare corrode la costa.

to **gain** (2) /geɪn/, *v. t.* (*tecn.*) mortasare; fare un incavo in.

gainable /ˈgeɪnəbl/, *a.* guadagnabile; acquistabile; ottenibile.

gainer /ˈgeɪnə(r)/, *n.* *1* chi guadagna; vincitore; vincente *2* (*sport*, = **full g.**) salto mortale all'indietro (*tuffo*).

gainful /ˈgeɪnfl/, *a.* lucrativo; profittevole; remunerativo; redditizio; vantaggioso: **g. occupations**, occupazioni remunerative. ● (*econ.*) **g. employment**, lavoro retribuito.

gainings /ˈgeɪnɪŋz/, *n. pl.* guadagni; profitti; utili; vincite.

to **gainsay** /geɪnˈseɪ/ (*pass.* e *p. p.* **gainsaid**), *v. t.* *1* negare: **That he is a competent teacher cannot be gainsaid**, non si può negare che egli sia un bravo insegnante *2* contraddire; contrastare: **He refused to be gainsaid**, non voleva essere contraddetto. ● **There is no gainsaying his competence**, la sua competenza è innegabile.

gainsayer /geɪnˈseɪə(r)/, *n.* contraddittore, contraddittrice; oppositore, oppositrice.

gainst, 'gainst /geɪnst/, *prep.* (*contraz. di* **against**) (*poet.*) contro.

gait /geɪt/, *n.* andatura; passo (*fig.*); portamento: **a heavy g.**, un'andatura pesante.

gaiter /ˈgeɪtə(r)/, *n.* *1* ghetta; uosa: **cloth gaiters**, ghette di stoffa *2* (*USA*) stivaletto (*con elastici laterali*).

gal /gæl/, *n.* (*pop.*) ragazza; ragazza attraente; ragazza fissa.

gala /ˈgɑːlə, ˈgeɪ-, *USA* ˈgeɪ-, ˈgæ-/, **A** *n.* gala; festa; lusso, sfoggio (*d'abiti, ecc.*). **B** *a. attr.* di gala: **g. dress**, abito di gala; **a g. night**, una serata di gala.

galactagogue /gəˈlæktəgɒg, *USA* -ɔːg/, *a.* e *n.* (*med.*) galattagogo.

galactic /gəˈlæktɪk/, *a.* (*astron.*) galattico.

galactometer /gælækˈtɒmɪtə(r)/, *n.* galattometro (*strumento*).

galactophorous /gælækˈtɒfərəs/, *a.* (*anat.*) galattoforo: **g. duct**, dotto galattoforo.

galactose /gəˈlæktəʊs/, *n.* (*chim.*) galattosio.

galago /gəˈlɑːgəʊ, *USA* -ˈleɪ-/, *n.* (*zool.*, *Galago galago*) galagone.

galalith /ˈgæləlɪθ/, *n.* (*marchio: ind.*) galalite.

galantine /ˈgælæntiːn, -ˈtiːn/, *n.* (*cucina*) galantina.

galanty show /gəˈlæntɪˈʃəʊ/, *locuz. n.* (spettacolo delle) ombre cinesi.

galatea /gæləˈtiːə/, *n.* stoffa di cotone a righe bianche e blu.

galaxy /ˈgæləksɪ/, *n.* *1* (*astron.*) galassia *2* – (*astron.*) **the G.**, la Galassia; la Via Lattea *3* (*fig.*) costellazione: **a g. of film stars**, una costellazione di stelle del cinema.

galbanum /ˈgælbənəm/, *n.* galbano (*resina*).

gale (1) /geɪl/, *n.* *1* vento forte, violento *2* (*naut.*) burrasca; fortunale; tempesta: **g. warning**, avviso di burrasca *3* (*poet.*) brezza; vento *4* scoppio: **a g. of laughter**, uno scoppio di risa *5* (*fam.*) eccitazione; allegria.

gale (2) /geɪl/, *n.* (*bot.*, *Myrica gale*; = **sweet g.**) mirica.

gale (3) /geɪl/, *n.* (*leg.*, *in G.B.*) *1* affitto; pigione: **hanging g.**, affitto arretrato *2* (affitto di) terreno minerario in concessione.

galea /ˈgeɪlɪə/, *n.* (*pl.* **galeae**) (*bot.*, *zool.*) galea.

galeate(d) /ˈgælɪeɪt(ɪd)/, *a.* (*bot.*, *zool.*) *1* galeato *2* galeiforme.

galeeny /gəˈliːnɪ/, *n.* (*zool.*, *Numida meleagris*) (gallina) faraona.

Galen /ˈgeɪlɪn/, *n.* *1* (*stor.*) Galeno *2* (*scherz.*) medico.

galena /gəˈliːnə/, *n.* (*miner.*) galena.

galenic (1) /gəˈlɛnɪk/, *a.* galenico; di Galeno.

galenic (2) /gəˈlɛnɪk/, *a.* (*miner.*) galenico; che contiene galena.

galenical /gəˈlɛnɪkl/, *a.* e *n.* (*farm.*) (medicamento) galenico.

Galicia /gəˈlɪsɪə/, *n.* (*geogr.*) Galizia.

Galician /gəˈlɪʃɪən, -ʃn/, **A** *a.* gallego; galiziano. **B** *n.* *1* abitante della Galizia; galiziano *2* gallego (*la lingua*).

Galilean (1) /gælɪˈliːən/, *a.* galileiano; di Galileo (*lo scienziato*).

Galilean (2) /gælɪˈliːən/, *a.* e *n.* galileo; (abitante *o* nativo) della Galilea. ● (*relig.*) **the G.**, il Galileo (*Cristo*).

galilee /ˈgælɪliː/, *n.* (*archit.*) portico esterno, cappella esterna (*di chiesa*).

Galilee /ˈgælɪliː/, *n.* (*geogr.*) Galilea.

galingale /ˈgælɪŋgeɪl/, *n.* (*bot.*) *1* (*Kaempferia galanga*) galanga *2* (*Alpinia officinarum*) galanga minore *3* (*Cyperus longus*) giunco odoroso.

galiot /ˈgælɪət/, *V.* **galliot**.

galipot /ˈgælɪpɒt/, *n.* trementina grezza; resina di pino.

gall (1) /gɔːl/, *n.* *1* bile; fiele; (*fig.*) amarezza; rancore: (*Bibbia*) **g. and wormwood**, fiele e assenzio; afflizioni e amarezze *2* (*fam.*) impudenza; sfacciataggine: **to have the g. to answer back**, avere l'impudenza di dare una rispostaccia. ● (*anat.*) **g. bladder**, cistifellea □ (*anat.*) **g. duct**, dotto biliare.

gall (2) /gɔːl/, *n.* *1* (*vet.*) galla, piccolo tumore (*del cavallo*) *2* escoriazione, scorticatura, vescica (*della pelle*) *3* (*fig.*) irritazione; molestia; seccatura *4* punto rimasto nudo, scoperto (*per sfregamento*) *5* (*fig.*) falla; punto debole *6* (*arc.*) radura (*in un bosco ceduo*).

gall (3) /gɔːl/, *n.* (*bot.*, = **gallnut**) galla; cecidio. ● (*zool.*) **g.-fly** (*Cynips*), cinipe □ **oak g.**, galla di quercia.

to **gall** /gɔːl/, *v. t.* *1* irritare (*la pelle*) per sfregamento; scorticare *2* (*fig.*) irritare; infastidire; molestare; seccare: **to g. sb. with one's sarcasm**, infastidire q. con sarcasmi.

gallant (1) /ˈgælənt/, *a.* *1* coraggioso; prode; valoroso: **a g. knight**, un prode cavaliere; **a g. soldier**, un valoroso soldato *2* bello; splendido; maestoso: **a g. ship**, una bella nave *3* galante; amoroso, cavalleresco, cortese (*con le donne*): **g. adventures**, avventure galanti *4* (*arc.*) elegante (*nel vestire*); (*d'abito*) sfarzoso. || **-ly**, *avv.* || **-ness**, *sost.*

gallant (2) /gəˈlænt/, *n.* (*arc.*) *1* gentiluomo; cavaliere; uomo di mondo *2* cicisbeo; damerino; corteggiatore; innamorato.

to **gallant** /gəˈlænt/, **A** *v. t.* *1* (*raro*) corteggiare (*una donna*) *2* (*arc.*) fare da cavaliere a, accompagnare (*una donna*). **B** *v. i.* fare il galante.

gallantry /ˈgæləntrɪ/, *n.* *1* coraggio; prodezza; valore *2* galanteria; (atto di) cortesia (*verso una donna*) *3* atto ardimentoso.

galleass /ˈgælɪæs/, *n.* (*stor.*, *naut.*) galeazza.

galleon /ˈgælɪən/, *n.* (*stor.*, *naut.*) galeone.

gallery /ˈgælərɪ/, *n.* *1* (*archit.*, *arte*, *nelle miniere, ecc.*) galleria; ballatoio; tribuna; veranda; traforo: **an art g.**, una galleria d'arte, una pinacoteca; (*polit.*) **the press g.**, la tribuna per la stampa; **the Simplon g.**, il traforo del Sempione *2* (*teatr.*) loggione *3* (*fig.*) pubblico del loggione; spettatori (*collett.*) *4* sala (*o* salone, palazzo) d'esposizione; galleria *5* (*specialm. USA*) sala di vendite all'asta; sala d'asta. ● (*naut.*) **g. deck**, ponte di batteria; sottoponte di volo (*di portaerei*) □ (*fig.*) **g. hit** (*o* **g. shot, g. stroke**), cosa che fa colpo; (*a teatro*) pezzo di bravura, pezzo forte □ (*teatr.*) **g. play**, dramma d'effetto; drammone □ (*fig.*) **to play to the g.**, recitare per il loggione; cercare di far colpo sul grosso pubblico □ (*polit.*, *USA*) **public g.**, tribuna del pubblico (*al Congresso*) □ **shooting-g.**, poligono, tiro a segno (coperto) □ (*polit.*) **strangers' g.**, tribuna del pubblico (*ai Comuni*).

galleryite /ˈgælərɪaɪt/, *n.* (*teatr.*) loggionista.

galley /ˈgælɪ/, *n.* *1* (*stor.*, *naut.*) galea; galera *2* (*naut.*, *aeron.*) cambusa; cucina di bordo *3* (*naut.*) lancia *4* (*tipogr.*) vantaggio *5* (*tipogr.*) bozza in colonna. ● **g. proofs**, bozze in colonna □ **g. slave**, rematore di galea, galeotto; (*fig.*) chi fa un lavoro pesante □ (*pop. specialm. USA*) **g.-west**, più di là che di qua; stordito; intontito: **to knock sb. g.-west**, stordire (*o* intontire) q.

galliambic /gælɪˈæmbɪk/, (*poesia*) **A** *n.* galliambo. **B** *a.* di galliambo.

galliard /ˈgælɪɑːd/, *n.* (*stor.*) gagliarda (*danza concitata*).

galliasse /ˈgælɪæs/, *V.* **galleass**.

gallic /ˈgælɪk/, *a.* (*chim.*) gallico: **g. acid**, acido gallico.

Gallic /ˈgælɪk/, *a.* *1* (*stor.*) gallico (*degli antichi Galli*) *2* francese (*di solito scherz.*): **G. charm**, fascino francese.

Gallican /ˈgælɪkən/, *a.* gallicano: **G. Church**, Chiesa gallicana.

Gallicanism /ˈgælɪkənɪzəm/, *n.* (*relig.*) gallicanismo.

Gallicanist /ˈgælɪkənɪst/, *n.* (*relig.*) fautore (*o* seguace) del gallicanismo.

gallicism /ˈgælɪsɪzəm/, *n.* (*ling.*) gallicismo; francesismo.

to **gallicize** /ˈgælɪsaɪz/, **A** *v. i.* gallicizzare; adoperare francesismi; imitare costumi (*o* usi, ecc.) francesi. **B** *v. t.* francesizzare; gallicizzare (*raro*).

galligaskins /gælɪˈgæskɪnz/, *n. pl.* *1* (*stor.*) brache ampie (*del Seicento*) *2* (*stor.*) calzoni di cuoio (*dell'Ottocento*) *3* (*scherz.*) brache; calzoni.

gallimaufry /gælɪˈmɔːfrɪ/, *n.* miscuglio; guazzabuglio.

gallinacean /gælɪˈneɪʃn/, *n.* (*zool.*) gallinaceo; galliforme.

gallinaceous /gælɪˈneɪʃəs/, *a.* (*zool.*) dei gallinacei; gallinaceo.

galling /ˈgɔːlɪŋ/, *a.* *1* irritante; molesto; seccante *2* cocente; bruciante; amaro: **g. reproaches**, rimproveri brucianti.

gallinule /ˈgælɪnjuːl, *USA* -nuːl/, *n.* (*zool.*) *1* rallide (*in genere*) *2* (*USA*, = **common g.**) *V.* **moorhen**, *def.* 2.

galliot /ˈgælɪət/, *n.* (*stor.*, *naut.*) galeotta.

gallipot /ˈgælɪpɒt/, *n.* vaso di terracotta smaltata; vaso galenico (*nelle farmacie antiche*).

gallium /ˈgælɪəm/, *n.* (*chim.*) gallio.

to **gallivant** /gælɪˈvænt/, *v. i.* (*fam.*, *scherz. o spreg.*) *1* bighellonare; andare a zonzo (*o* a divertirsi) *2* fare il galante; essere il gallo della Checca; amoreggiare.

Gallomania /gæləʊˈmeɪnɪə/, *n.* gallomania; gallofilia eccessiva.

Gallomaniac /gæləʊˈmeɪnɪæk/, *n.* gallomane; francofilo all'eccesso.

gallon /ˈgælən/, *n.* *1* gallone (*misura di capa-*

città per liquidi; *quello inglese o* **imperial g.**, *è pari a l 4,54*; *quello americano – anche* **wine g.** *– è pari a l 3,78*) *2* misura per cereali (*1/8 di bushel*).

galloon /gəˈluːn/, *n.* gallone (*sorta di guarnizione*); nastro.

gallop /ˈgæləp/, *n.* *1* galoppo; (*fig. fam.*) andatura veloce; procedimento rapido: **at a g.**, al galoppo; di galoppo; **at full g.**, al gran galoppo; a briglia sciolta *2* galoppata: **Let's go for a g.**, andiamo a fare una galoppata!

to **gallop** /ˈgæləp/, **A** *v. i.* galoppare; andare al galoppo; procedere (*leggere, parlare, ecc.*) in fretta: **The pupils galloped home**, gli alunni andarono a casa di gran corsa. **B** *v. t.* far galoppare (*un cavallo*). ● **to g. off**, partire al galoppo.

galloper /ˈgæləpə(r)/, *n.* *1* galoppatore; cavallo che galoppa *2* (*mil.*) aiutante di campo *3* (*mil.*) affusto (*o* cannone) per batteria a cavallo.

Gallophile /ˈgæləʊfaɪl, *USA* -fɪl/, *n.* gallofilo; francofilo.

Gallophobe /ˈgæləʊfəʊb/, *n.* gallofobo; francofobo.

Gallophobia /gæləʊˈfəʊbɪə/, *n.* gallofobia; francofobia.

galloping /ˈgæləpɪŋ/, *a.* galoppante; che galoppa. ● (*econ.*) **g. inflation**, inflazione galoppante □ (*med.*) **g. phthisis**, tisi galoppante.

Gallovidian /gæləʊˈvɪdɪən/, *a.* e *n.* (abitante) del Galloway (*regione della Scozia*).

galloway /ˈgæləweɪ/, *n.* (*zool.*) piccolo cavallo (*o* bovino di piccola taglia) originario del Galloway.

gallows /ˈgæləʊz/, *n. pl.* (*di solito col verbo al sing.*) *1* forca; patibolo: **to send sb. to the g.**, mandare q. alla forca *2* supporto (*a forma di forca*: *per cucina, ginnastica, ecc.*); forcella. ● (*fam.*) **g. bird**, avanzo di galera; pendaglio da forca; uomo da capestro □ **g. humor**, umorismo macabro □ **a g. look**, un'aria sinistra; una faccia patibolare □ **g. ripe**, da forca; da capestro □ **g. tree**, forca; patibolo □ **to have the g. in one's face**, avere una faccia patibolare.

gallstone /ˈgɔːlstəʊn/, *n.* (*med.*) calcolo biliare.

Gallup poll /ˈgæləppəʊl/, *n.* (*stat.*) sondaggio Gallup (*per previsioni*); indagine demoscopica.

galluses /ˈgæləsəz/, *n. pl.* (*fam. USA*) bretelle.

galoot /gəˈluːt/, *n.* (*pop. specialm. USA*) persona rozza; zoticone.

galop /ˈgæləp/, *n.* galoppo (*ballo assai vivace*).

galore /gəˈlɔː(r)/, *avv.* e *a.* (*posposto al sost.*) in abbondanza; a bizzeffe; a gogo; a iosa; a profusione; in quantità: **a party with whisky g.**, un ricevimento con whisky a profusione.

galosh /gəˈlɒʃ/, *n.* caloscia, galoscia; soprascarpa.

galoshed /gəˈlɒʃt/, *a.* munito di calosce.

to **galumph** /gəˈlʌmf/, *v. i.* *1* saltare dalla gioia; esultare *2* camminare in modo sgraziato.

galvanic /gælˈvænɪk/, *a.* *1* (*elettr.*) galvanico: **g. battery** [**pile**], batteria [pila] galvanica *2* (*fig.*) galvanizzante; elettrizzante; eccitante.

galvanically /gælˈvænɪklɪ/, *avv.* galvanicamente.

galvanism /ˈgælvənɪzəm/, *n.* (*elettr.*) galvanismo.

galvanization /gælvənaɪˈzeɪʃn, *USA* -nɪˈz-/, *n.* *1* (*elettr., med.*) galvanizzazione *2* (*metall.*) galvanizzazione; (*specialm.*) zincatura.

to **galvanize** /ˈgælvənaɪz/, *v. t.* *1* galvanizzare (*anche fig.*); elettrizzare; eccitare; stimolare: **to g. sb. into action**, stimolare q. all'azione *2* (*metall.*) galvanizzare; (*specialm.*) zincare (elettroliticamente): **galvanized iron**, ferro zincato.

galvanizer /ˈgælvənaɪzə(r)/, *n.* (*tecn.*) galvanizzatore.

galvanography /gælvəˈnɒgrəfɪ/, *n.* (*tipogr.*) galvanotipia.

galvanometer /gælvəˈnɒmɪtə(r)/, *n.* (*elettr.*) galvanometro.

galvanometric(**al**) /gælvənəˈmetrɪk(l)/, *a.* galvanometrico.

galvanoplastic /gælvənəˈplæstɪk/, *a.* galvanoplastico.

galvanoplastics /gælvənəˈplæstɪks/, *n. pl.* (*col verbo al sing.*) (*ind.*) galvanoplastica.

galvanoplasty /gælvənəˈplæstɪ/, *n.* (*ind.*) galvanoplastica.

galvanoscope /ˈgælvənəskəʊp/, *n.* (*ind., med.*) galvanoscopio.

Galwegian /gælˈwiːdʒən/, *a.* e *n.* (abitante) del Galloway (*regione della Scozia*).

gam /gæm/, *n.* *1* branco di balene *2* (*naut.*) scambio di visite (*fra ufficiali di baleniere*) *3* (*pop. USA*) visita.

to **gam** /gæm/, *v. i.* *1* (*di balene*) riunirsi in branchi *2* (*naut.*) scambiarsi visite (*V.* **gam**) *3* (*pop. USA*) mettersi in mostra; vantarsi.

gambade /gæmˈbeɪd/, *n.* *1* balzo, salto (*di cavallo*) *2* sgambetto; capriola.

gambado /gæmˈbeɪdəʊ/, *n.* (*pl.* **gambadoes, gambados**) *V.* **gambade**.

gambit /ˈgæmbɪt/, *n.* *1* (*a scacchi*) gambetto *2* (*fig.*) mossa iniziale; prima mossa *3* (*fig.*) osservazione fatta per attaccare discorso.

gamble /ˈgæmbl/, *n.* *1* gioco d'azzardo *2* azzardo; pericolo; rischio: **It's a g. whether he succeeds or fails**, c'è il rischio che faccia fiasco. ● **to be on the g.**, giocare d'azzardo; essere dedito al gioco □ **to take a g. on sb.**, puntare (*o* scommettere) su q.

to **gamble** /ˈgæmbl/, **A** *v. i.* *1* giocare d'azzardo *2* azzardare; rischiare; speculare: **He made a fortune by gambling on the Stock Exchange**, accumulò grossi capitali speculando (*o* giocando) in Borsa *3* puntare, scommettere (*su q.*); (*fig.*) fare assegnamento, contare (*su q.c.*). **B** *v. t.* *1* – **to g. away**, perdere (*o* sperperare) al gioco: **Don't g. away your wealth**, non sperperare al gioco il tuo patrimonio *2* scommettere; arrischiare. ● **to g. with**, scherzare con; mettere a repentaglio: **Don't g. with love**, non scherzare con l'amore!; **Don't g. with your life**, non mettere a repentaglio la vita!

gambler /ˈgæmblə(r)/, *n.* *1* giocatore d'azzardo; biscazziere *2* speculatore (*di Borsa*).

gambling /ˈgæmblɪŋ/, *n.* *1* gioco d'azzardo *2* speculazione (*in Borsa*). ● **g. debts**, debiti di gioco □ (*spreg.*) **g. den**, *V.* **g. house** □ **g. hall**, sala da gioco □ **g. house**, casa da gioco; bisca.

gamboge /gæmˈbəʊʒ, -ˈbuːʒ/, *n.* (*ind.*) gommagutta arancione (*dalla Cambogia*).

gambol /ˈgæmbl/, *n.* capriola; salto; sgambetto.

to **gambol** /ˈgæmbl/, *v. i.* saltellare; sgambettare; far capriole.

gambrel /ˈgæmbrəl/, *n.* *1* garretto (*di cavallo, ecc.*) *2* (= **g. stick**) gancio (*da macelleria*).

gambrel roof /ˈgæmbrəlˈruːf/, *n.* (*edil.*) tetto a mansarda.

game (**1**) /geɪm/, *n.* *1* gioco (*per lo più rispondente a regole precise*; *cfr.* **play**); partita: **Tennis and chess are games**, il tennis e gli scacchi sono giochi; **a g. of cards**, una partita a carte; **He won the g.**, vinse il gioco (*o* la partita, la posta); **That halfback plays a good g.**, quel mediano fa un bel gioco (*o* gioca bene); **the Olympic Games**, i Giochi Olimpici; **g. of skill**, gioco di destrezza; **the g. of politics**, il gioco della politica; **to make g. of sb.**, prendersi gioco di q.; burlarsi di q.; (*fig.*) **We saw through his g.**, capimmo qual era il suo gioco (*o* il suo piano) *2* (*fig.*) gioco; giochetto; inganno; trucco: **I'm fed up with your little games!**, sono stufo dei tuoi giochetti!; **I'm afraid he'll try one of his usual games**, temo che cercherà di fare uno dei suoi soliti trucchi *3* (*fig.*) piano (*d'azione*); progetto: **He spoiled my g.**, ha rovinato il mio piano; **What's his g.?**, che progetti fa? *4* (*tennis*) gioco; game: **I won three games in the second set**, vinsi tre game nel secondo set *5* (*sport*) partita; (*pallavolo*) set: **In volleyball, a match is two games out of three**, nella pallavolo, per vincere una partita occorre aggiudicarsi due set su tre *6* (*sport*) punteggio (per vincere): **At half-time the g. was three to one**, alla fine del primo tempo il punteggio era di tre a uno; **The g. is twenty**, il punteggio per vincere è di venti *7* (*pl.*) giochi ginnici; attività agonistiche; gare *8* (*pl.*) articoli sportivi: **Toys and games are sold in this shop**, in questo negozio si vendono giocattoli e articoli sportivi *9* (*pl. invar.*) cacciagione; selvaggina: **big g.**, selvaggina grossa; **to eat g.**, mangiare cacciagione; **fair** [**forbidden**] **g.**, selvaggina di cui è lecita [proibita] la caccia. ● **g. acts** (*o* **g. laws**), leggi venatorie (*o* sulla caccia) □ (*tennis*) **games all**, pari (a) cinque; cinque pari □ (*tennis*) **g. and** (*o* **g. and set**), partita (vinta); vittoria □ (*tennis*) **g. and g.**, pari (e patta) □ **g.-bag**, carniere □ (*tennis*) **g. ball**, palla decisiva □ **g. birds**, selvaggina di penna □ **g. licence**, licenza di caccia □ **games master**, professore di ginnastica □ **a g. of swans**, un branco di cigni domestici □ **g. plan**, (*sport*) tattica; (*fig.*) tattica, strategia (*in genere*) □ **g. point**, punto vincente □ **g. preserve**, riserva di caccia □ **games room**, stanza dei giochi; sala di ricreazione □ **g. shooting**, caccia agli uccelli selvatici (*gallo cedrone, pernice, pernice bianca e sim.*; *cfr.* **wildfowling**) □ (*TV*) **g. show**, spettacolo con giochi □ (*mat., stat.*) **games theory** (*o* **g. theory**), teoria dei giochi □ **g. warden**, guardacaccia □ (*fig.*) **to beat sb. at his own g.**, sconfiggere q. con le sue stesse armi □ **big-g. shooting**, caccia grossa □ **to give the g. away**, scoprire il proprio gioco (*o* i propri piani) □ **to have the g. in one's hands**, avere la vittoria in pugno □ (*arc.*) **to make g. of sb.**, prendersi gioco di q. □ (*fig.*) **to be off one's g.**, non essere in vena □ (*pop.*: *di donna*) **to be on the g.**, fare la vita □ (*fig.*) **to play a double g.**, fare il doppio gioco □ **to play a good** [**a poor**] **g.**, essere un buon [un cattivo] giocatore □ (*fig.*) **to play sb.'s g.**, fare il gioco di q.; favorire i piani di q. (*senza volerlo*) □ (*fig.*) **to play the g.**, stare al gioco; essere corretto □ **to play a winning** [**a losing**] **g.**, esser certo di vincere [di perdere] il gioco (*o* la posta); avere buone [cattive] carte in mano □ (*fam.*) **The g. is not worth the candle**, il gioco non vale la candela; l'impresa non vale la spesa □ **The g. is up**, la partita è persa; il piano è fallito; non c'è più niente da fare □ (*fig.*) **Two can play at that g.!**, è una partita che si gioca in due; posso farlo anch'io!; posso fare altrettanto! □ (*fig.*) **What's your little g.?**, a che gioco giochiamo?

game (**2**) /geɪm/, *a.* *1* della caccia; venatorio *2* ardimentoso; coraggioso; animoso; risoluto: **a g. little fellow**, un omino coraggioso *3* pronto; disposto: **I am g. for anything**, sono pronto a tutto; **I'm g.!**, ci sto! ● **to die g.**, morire da valoroso (*o* con le armi in pugno) □ **Who's g. for a walk?**, chi ha voglia di fare una passeggiata?

game (**3**) /geɪm/, *a.* (*arc.*) (*d'arto*) leso; rattrappito; zoppo: **a g. leg**, una gamba zoppa.

to **game** /geɪm/, **A** *v. i.* giocare d'azzardo. **B** *v. t.* (*arc.*) – **to g. away**, perdere (*o* sperperare) al gioco.

gamecock /ˈgeɪmkɒk/, *n.* gallo da combattimento.

gamekeeper /ˈgeɪmkiːpə(r)/, *n.* guardacaccia.

gamely /ˈgeɪmlɪ/, *avv.* arditamente; coraggiosamente.

gameness /ˈgeɪmnəs/, *n.* ardimento; coraggio.

gamesmanship /ˈgeɪmzmənʃɪp/, *n.* arte (*o* capacità) di vincere (*in un gioco o uno sport*) con l'astuzia ma senza violare del tutto le regole.

gamesome /ˈgeɪmsəm/, *a.* allegro; gaio; giocoso; scherzoso. || **-ly**, *avv.* || **-ness**, *sost.*

gamester /ˈgeɪmstə(r)/, *n.* giocatore (*d'azzardo*); biscazziere.

gamete /ˈgæmiːt/, *n.* (*biol.*) gamete.

gametic /gəˈmetɪk/, *a.* (*biol.*) gametico.

gametogenesis /gæmɪtəˈdʒenəsɪs/, *n.* (*biol.*) gametogenesi.

gametophyte /gəˈmiːtəʊfaɪt/, *n.* (*bot.*) gametofito.

gamey /ˈgeɪmɪ/, *V.* **gamy**.

gamic /ˈgæmɪk/, *a.* (*biol.*) gamico. ● **g. reproduction**, gamia.

gamin /ˈgæmɪn/ (*franc.*), *n.* monello; ragazzo di strada.

gamine /gæˈmiːn/ (*franc.*), *n.* monella.

gaminess /ˈgeɪmɪnəs/, *n.* ***1*** gusto (*o* odore) della cacciagione frollata ***2*** (*raro*) ardimento; coraggio; audacia.

gaming /ˈgeɪmɪŋ/, *n.* il giocare, gioco (*d'azzardo*). ● (*leg.*) **g. contract**, contratto aleatorio □ **g. house**, casa da gioco; bisca □ **g. table**, tavolo da gioco.

gamma /ˈgæmə/, *n.* gamma (*terza lettera dell'alfabeto greco*). ● (*chim.*) **g. acid**, acido gamma □ (*med.*) **g. globulin**, gammaglobulina □ (*fis. nucl.*) **g. rays**, raggi gamma □ (*med.*) **g. surgery**, chirurgia con raggi gamma.

gammadion /gəˈmeɪdɪən/, *n.* (*pl.* **gammadia**) (*arald.*) croce gammata (*o* uncinata).

gammer /ˈgæmə(r)/, *n.* (*fam. arc.*) comare; vecchia; nonnetta (*fam.*).

gammon (**1**) /ˈgæmən/, *n.* ***1*** prosciutto affumicato (*o* salato) ***2*** (*cucina*) gambuccio.

gammon (**2**) /ˈgæmən/, *n.* vittoria che conta per due partite vinte (*al gioco della tavola reale o trictrac*).

gammon (**3**) /ˈgæmən/, *n.* (*fam.*) ***1*** fandonie; frottole; sciocchezze ***2*** imbroglio; inganno; raggiro; fregatura (*pop.*). ● **to give g.**, fare da palo (*a un borseggiatore*) □ **to keep sb. in g.**, distrarre l'attenzione di q. (*mentre viene borseggiato*).

gammon (**4**) /ˈgæmən/, *n.* (*naut.*) trinca (*del bompresso*).

to **gammon** (**1**) /ˈgæmən/, *v. t.* affumicare, salare (*il prosciutto*).

to **gammon** (**2**) /ˈgæmən/, *v. t.* vincere (*l'avversario*) con un «gammon» (*V.* **gammon** (**2**)).

to **gammon** (**3**) /ˈgæmən/, (*fam.*) **A** *v. i.* dir fandonie; raccontar frottole. **B** *v. t.* imbrogliare; ingannare; raggirare; fregare (*pop.*).

to **gammon** (**4**) /ˈgæmən/, *v. t.* (*naut.*) trincare (*il bompresso*).

gammy /ˈgæmɪ/, *a.* (*fam.*: *d'arto*) leso; rattrappito; zoppo.

gamogenesis /gæməˈdʒenəsɪs/, *n.* (*biol.*) gamogenesi.

gamopetalous /gæməˈpetələs/, *a.* (*bot.*) gamopetalo.

gamosepalous /gæməˈsepələs/, *a.* (*bot.*) gamosepalo.

gamp /gæmp/, *n.* (*fam. arc.*) ombrello; ombrellaccio.

gamut /ˈgæmət/, *n.* ***1*** (*mus., stor.*) gammaùt ***2*** (*mus., stor.*) (la) scala di Guido d'Arezzo ***3*** (*mus.*) scala diatonica (*moderna*) ***4*** (*mus.*) gamma, estensione (*della voce*) ***5*** (*fig.*) gamma; serie (completa); successione; sfilza: **g. of colours**, gamma di colori; **the whole g. of crime**, tutta la gamma dei crimini.

gamy /ˈgeɪmɪ/, *a.* ***1*** ricco di selvaggina ***2*** che ha il gusto (*o* l'odore) della cacciagione frollata ***3*** (*di sapore*) forte; (*di cibo*) saporito ***4*** (*raro*) ardimentoso; coraggioso; audace.

gander /ˈgændə(r)/, *n.* ***1*** (*zool.*) papero ***2*** (*fig.*) sempliciotto; stolto; sciocco. ● (*fam.*) **to take a g. at st.**, dare un'occhiata (*o* una scorsa) a q.c.

gang (**1**) /gæŋ/, *n.* ***1*** squadra; gruppo (*anche di giovani*): **a g. of workmen**, una squadra di operai; **a g. of prisoners**, un gruppo di prigionieri ***2*** gang, ganga; banda; combricciola; masnada: **a g. of thieves**, una banda di ladri ***3*** (*mecc.*) batteria; gruppo di utensili, serie di macchine (*che funzionano in collegamento*). ● (*pop.*) **g. bang**, violenza carnale, da parte di una gang giovanile, ai danni di una ragazza sola; stupro di gruppo □ (*elettr.*) **g. capacitor**, condensatori variabili accoppiati □ (*agric.*) **a g. plough**, un aratro polivomere.

gang (**2**) /gæŋ/, *V.* **gangue**.

to **gang** (**1**) /gæŋ/, **A** *v. i.* formare una banda; riunirsi in una combriccola: **to g. with sb.**, far combriccola con q. **B** *v. t.* ***1*** mettere in serie, accoppiare, collegare (*utensili o macchine*) ***2*** (*fam.*) attaccare in gruppo. ● (*fam.*) **to g. up** (**against sb.**), far comunella, far lega, allearsi, coalizzarsi (contro q.).

to **gang** (**2**) /gæŋ/, *v. i.* (*scozz.*) andare; camminare.

gangboard /ˈgæŋbɔːd/, *V.* **gangplank**.

gangbusters /ˈgæŋbʌstəz/, *n.* (*pop. USA*) fatto straordinario; cosa riuscita bene.

ganger /ˈgæŋə(r)/, *n.* caposquadra (*d'operai*).

Ganges /ˈgændʒiːz/, *n.* (*geogr.*) Gange.

Gangetic /gænˈdʒetɪk/, *a.* del fiume Gange.

gangland /ˈgæŋlænd/, **A** *n.* (il) mondo della malavita; (l') impero delle gang. **B** *a. attr.* delle gang; gangsteristico: **g. revenge**, vendetta delle gang. ● **g. boss**, boss della malavita.

gangliar /ˈgæŋglɪə(r)/, *a.* (*anat.*) gangliare.

gangliform /ˈgæŋglɪfɔːm/, *a.* (*anat.*) gangliforme.

gangling /ˈgæŋglɪŋ/, *a.* allampanato; barcollante; malfermo.

ganglion /ˈgæŋglɪən/, *n.* (*pl.* **ganglia, ganglions**) ***1*** (*anat.*) ganglio (*anche fig.*): **the nervous ganglia**, i gangli nervosi ***2*** (*fig.*) ganglio; centro di vitale importanza.

ganglionic /gæŋglɪˈɒnɪk/, *a.* (*anat.*) gangliare.

gangplank /ˈgæŋplæŋk/, *n.* (*naut.*) passerella; plancia da sbarco; scalandrone.

gangrene /ˈgæŋgriːn/, *n.* (*med.*) cancrena (*anche fig.*).

to **gangrene** /ˈgæŋgriːn/, (*med.*) **A** *v. i.* andare in cancrena; incancrenire. **B** *v. t.* far incancrenire; mandare in cancrena.

gangrenous /ˈgæŋgrɪnəs/, *a.* (*med.*) cancrenoso.

gangster /ˈgæŋstə(r)/, *n.* bandito; malvivente; malavitoso; malfattore; gangster.

gangsterism /ˈgæŋstərɪzəm/, *n.* banditismo; gangsterismo.

gangue /gæŋ/, *n.* (*miner.*) ganga.

gangway /ˈgæŋweɪ/, **A** *n.* ***1*** passaggio; corridoio (*per es. nella platea d'un teatro*); corsia ***2*** (*naut.*) passavanti; passerella da sbarco; barcarizzo ***3*** (*nella Camera dei Comuni*) corridoio trasversale (*fra i banchi del governo*) ***4*** (*ferr.*) passaggio intercomunicante (*fra carrozze*) ***5*** (*aeron.*) passerella ***6*** (*ind. min.*) galleria principale. **B** *inter.* (*fam.*) (fate) largo!; pista!

gannet /ˈgænɪt/, *n.* (*pl.* **gannets, gannet**) (*zool.*) ***1*** (*Sula*) sula ***2*** (*Mycteria americana*) jabirù americano.

ganoid /ˈgænɔɪd/, *a.* e *n.* (*zool.*) (pesce) dei ganoidi.

gantlet /ˈgæntlət/, (*USA*) *V.* **gauntlet**.

gantry /ˈgæntrɪ/, *n.* ***1*** cavalletto (*per barili, ecc.*) ***2*** (*ferr., mecc.*) torre di servizio; incastellatura a cavalletto ***3*** (*miss.*) torre di servizio, incastellatura (di lancio) ***4*** (*ingl.*) riserva (*o* mostra) di bottiglie di liquore; (*fig.*) assortimento di liquori (*di un pub*). ● (*mecc.*) **g. crane**, gru a portale □ **missile g.**, incastellatura di lancio per missile □ (*ferr.*) **signal g.**, ponte segnali.

Ganymede /ˈgænɪmiːd/, *n.* ***1*** (*mitol., astron.*) Ganimede ***2*** (*scherz.*) coppiere; cameriere.

gaol /dʒeɪl/ (*ingl.*), *n.* carcere; prigione; galera: **to be sent to g.**, essere mandato in prigione. ● **g.-break**, evasione.

to **gaol** /dʒeɪl/ (*ingl.*), *v. t.* incarcerare; mettere in prigione.

gaolbird /ˈdʒeɪlbɜːd/ (*ingl.*), *n.* avanzo di galera; criminale.

gaoler /ˈdʒeɪlə(r)/ (*ingl.*), *n.* carceriere.

gap /gæp/, *n.* ***1*** soluzione di continuità; apertura; buco; interstizio; vuoto: (*autom.*) **to reset the gap of the points**, registrare l'apertura delle puntine; **a gap in the fence**, un buco (*o* un varco) nello steccato; **a gap in the conversation**, un vuoto improvviso nella conversazione ***2*** gola; passo (*fra monti*); valico; bocchetta ***3*** lacuna; differenza; distanza; divario; scarto; gap: **a gap in one's knowledge** [**in a story**], una lacuna nella propria cultura [in un racconto]; **There is a wide gap between incomes in farming and in the manufacturing industries**, c'è un grande divario tra il reddito degli agricoltori e quello degli industriali; **the generation gap**, il gap generazionale ***4*** (*mil.*) breccia; varco: **a gap in the front ranks of our army**, una breccia (*o* un vuoto) nelle prime file del nostro esercito ***5*** (*elab.*) interblocco ***6*** (*elettr.*, = **air gap**) intervallo, traferro ***7*** (*econ.*) deficit; disavanzo; saldo passivo; buco (*fam.*): **trade gap**, disavanzo (*o* buco) della bilancia commerciale ***8*** (*stat.*) saldo: **the population gap**, il saldo demografico ***9*** (*fig.*) grande differenza; divergenza (*d'opinioni, ecc.*). ● (*fin.*) **the gap between interest rates**, il differenziale dei tassi d'interesse □ **gap-toothed**, che ha i denti radi □ **to fill** (*o* **to stop**) **a gap**, chiudere una falla □ **to bridge a gap**, colmare una lacuna.

gape /geɪp/, *n.* ***1*** lo stare a bocca aperta; sbadiglio ***2*** (*anat.*) apertura boccale (*specialm. di un animale*) ***3*** sguardo fisso a bocca aperta ***4*** (*pl.*) (*vet.*) singamosi, tracheite (*malattia dei polli, che restano a bocca aperta*) ***5*** (*pl.*) (*fig., scherz.*) attacco di sbadigli ***6*** grande apertura; spaccatura; spacco.

to **gape** /geɪp/, *v. i.* ***1*** (*di baratro, cratere, ostrica, ecc.*) aprirsi; spalancarsi ***2*** spalancare la bocca; restare a bocca aperta (*per lo stupore e sim.*): **Don't stand gaping**: **do something useful!**, non star lì a bocca aperta: renditi utile! ***3*** (*di un uccello*) aprire il becco ***4*** sbadigliare. ● **to g. at sb.** [**st.**], guardare q. [q.c.] a bocca aperta □ **to g. open**, squarciarsi; lacerarsi.

gaper /ˈgeɪpə(r)/, *n.* ***1*** chi sta a bocca aperta; chi sbadiglia spesso ***2*** chi guarda fisso; osservatore; spettatore ***3*** (*pop. USA*) specchio.

gaping /ˈgeɪpɪŋ/, *a.* ***1*** stupito; di stupore: **a g. look**, uno sguardo di stupore ***2*** aperto: **a g. wound**, una ferita aperta. ● **g. hole**, grosso buco; squarcio □ **g. open**, squarciato.

gapingly /ˈgeɪpɪŋlɪ/, *avv.* a bocca aperta; con stupore.

gappy /ˈgæpɪ/, *a.* ***1*** pieno di buchi: **a g. hedge**, una siepe piena di buchi ***2*** pieno di lacune; lacunoso: **a g. report**, un resoconto lacunoso.

gar /gɑː(r)/, *n.* (*zool., Belone vulgaris*) aguglia.

garage /ˈgærɑːʒ, -ɑːdʒ, -ɪdʒ, *USA* gəˈrɑːʒ, -ɑːdʒ/, *n.* (*autom.*) ***1*** garage; autorimessa; box ***2*** autofficina; stazione di servizio; officina: **My car has been taken to the g.**, la mia auto è in officina ***3*** (= **bus g.**) rimessa di autobus; deposito: **This bus is being taken to the g.**, quest'autobus va in deposito. ● (*fam.*) **g. sale**, vendita di roba vecchia □ (*autom.*) **g. services**, lavori di officina; riparazioni.

to **garage** /ˈgærɑːʒ, -ɑːdʒ, -ɪdʒ, *USA* gəˈrɑːʒ, -ɑːdʒ/, *v. t.* mettere nell'autorimessa (*o* in garage).

garaging /ˈgærɑːʒɪŋ, -ɑːdʒ-, -ɪdʒ-, *USA* gəˈrɑːʒ-, -ɑːdʒ-/, *n.* (*autom.*) rimessaggio.

garb /gɑːb/, *n.* abbigliamento; abito; costume; foggia del vestire; aspetto esteriore: **a man in formal g.**, un uomo in abito da cerimonia.

to **garb** /gɑːb/, *v. t.* abbigliare; vestire: **to g. oneself as a cowboy**, vestirsi da cowboy.

garbage /ˈgɑːbɪdʒ/, *n.* (*specialm. USA*) ***1*** pattume; immondizie; rifiuti; spazzatura ***2*** (*fig.*) ciarpame; robaccia: **literary g.**, ciarpame, scritti senza alcun valore ***3*** (*fig.*) balle (*fig.*); bugie; fandonie ***4*** (*elab.*) garbage; insieme di dati indesiderati e non significativi. ● (*USA*)

g. can, bidone dell'immondizia; pattumiera □ (*USA*) **g. collection**, raccolta dell'immondizia; (*elab.*) eliminazione del garbage □ (*USA*) **g. collector**, spazzino; netturbino □ **g. disintegrator**, tritarifiuti □ (*USA*) **g. truck**, autoimmondizie; camion della nettezza urbana.

to **garbage down** /ˈgɑːbɪdʒˈdaʊn/, *v. t.* (*fam. USA*) ingoiare avidamente; ingozzarsi di (*cibo, ecc.*).

to **garble** /ˈgɑːbl/, *v. t.* **1** (*raro*) cernere; scegliere; vagliare **2** alterare, falsificare, mutilare (*una storia, ecc., omettendo parti o svisando fatti*) **3** arruffare, confondere (*un racconto, una citazione, ecc.*) **4** (*tecn.*) alterare, mascherare (*un messaggio*).

garboard /ˈgɑːbɔːd/, *n.* (*naut.*) torello.

garbologist /gɑːˈbɒlədʒɪst/, *n.* (*USA*) netturbino.

garçonnière /ˈgɑːsənjɛə(r), gɑːsəˈnjɛə(r)/ (*franc.*), *n.* garçonnière.

garden /ˈgɑːdn/, **A** *n.* **1** giardino **2** (= **kitchen-g., market-g., vegetable g.**) orto **3** (*pl.*) giardini pubblici. **B** *a. attr.* di (*o* da) giardino: **a g. wall**, un muro di giardino; **g. plants**, piante da giardino. ● **g. centre**, vivaio; «tutto per il giardino» □ **g. city**, città giardino □ **g. contractor**, costruttore di giardini □ (*bot.*) **g. cress** (*Lepidium sativum*), crescione degli orti; crescione inglese □ (*edil.*) **g. flat**, appartamento con giardino privato □ **g. frame**, serra □ **g. glass**, campana di vetro per proteggere piante □ **g. hose**, tubo (di gomma) per irrigazione; canna (*fam.*) □ **g. party**, garden party; trattenimento in giardino □ **g. plot**, aiuola □ **g. seat**, panchina, sedile di pietra □ **g. shed**, capanna per gli attrezzi (da giardinaggio) □ **g. spot**, giardinetto; (*fig.*) giardino, zona fertile □ (*USA*) **the G. State**, il New Jersey □ **g. suburb**, quartiere residenziale in periferia □ (*zool.*) **g.-white** (*Pieris brassicae*), cavolaia □ **botanical gardens**, orto botanico □ (*fam.*) **common or g.** (*o* **g. variety**), comune; dozzinale; ordinario □ (*pop.*) **to lead sb. up the g. path**, menare (*o* portare) a spasso q. (*fig.*); menare q. per il naso □ **roof g.**, giardino pensile □ **zoological gardens**, giardino zoologico.

to **garden** /ˈgɑːdn/, **A** *v. t.* tenere (*un terreno*) a giardino. **B** *v. i.* lavorare nel (*o* in un) giardino; fare del giardinaggio.

gardener /ˈgɑːdnə(r)/, *n.* **1** giardiniere, giardiniera **2** chi pratica il giardinaggio.

gardenia /gɑːˈdiːnɪə/, *n.* (*bot., Gardenia*) gardenia.

gardening /ˈgɑːdnɪŋ/, *n.* giardinaggio. ● **g. gloves**, guanti da giardiniere.

garefowl /ˈgɛəfaʊl/, *n.* (*pl.* **garefowl, garefowls**) (*zool., Pinguinus impennis*) alca impenne.

garfish /ˈgɑːfɪʃ/, *n.* (*pl.* **garfish, garfishes**) (*zool.*) **1** (*Belone vulgaris*) aguglia **2** (*USA, Lepisosteus*) lepisosteo (*in genere*).

garganey /ˈgɑːgənɪ/, *n.* (*zool., Anas querquedula*) marzaiola.

gargantuan /gɑːˈgæntjʊən, *USA* -tʃʊən/, *a.* gargantuesco; enorme; gigantesco.

garget /ˈgɑːgɪt/, *n.* (*vet.*) mastite cronica (*specialm. dei bovini*).

gargle /ˈgɑːgl/, *n.* **1** gargarismo **2** collutorio.

to **gargle** /ˈgɑːgl/, **A** *v. t.* gargarizzare (*la gola*). **B** *v. i.* fare gargarismi.

gargling /ˈgɑːglɪŋ/, *n.* gargarismo.

gargoyle /ˈgɑːgɔɪl/, *n.* (*archit.*) gargolla; gargouille (*franc.*); doccione.

garish /ˈgɛərɪʃ/, *a.* **1** (*di luce*) abbagliante **2** appariscente; sfarzoso; sgargiante; vistoso: **g. ornaments**, ornamenti vistosi. ‖ **-ly**, *avv.* ‖ **-ness**, *sost.*

garland /ˈgɑːlənd/, *n.* **1** ghirlanda; serto (*poet.*) **2** (*letter.*) antologia; florilegio **3** (*naut.*) ghirlanda della testa d'albero.

to **garland** /ˈgɑːlənd/, *v. t.* inghirlandare; formar ghirlanda a (q.c.).

garlic /ˈgɑːlɪk/, *n.* (*bot., Allium sativum*) aglio: **a salad with a touch of g.**, un'insalata con una punta d'aglio. ● **g. oil**, essenza d'aglio □ **clove of g.**, spicchio d'aglio.

garlicky /ˈgɑːlɪkɪ/, *a.* agliaceo; che sa d'aglio: **g. breath**, alito che sa d'aglio.

garment /ˈgɑːmənt/, *n.* **1** capo di vestiario; indumento **2** (*pl.*) abiti; indumenti; vestiti; abbigliamento: **child and baby garments**, abbigliamento per bambini e neonati **3** (*fig.*) copertura; rivestimento.

to **garment** /ˈgɑːmənt/, *v. t.* (*poet.*) abbigliare; vestire; rivestire.

garner /ˈgɑːnə(r)/, *n.* **1** (*agric.*) granaio (*anche fig.*) **2** recipiente per pesare grano.

to **garner** /ˈgɑːnə(r)/, *v. t.* **1** mettere nel granaio **2** (*fig.*) mettere insieme; raccogliere, riunire **3** (*fig. raro*) acquistare; guadagnare.

garnet /ˈgɑːnɪt/, *n.* (*miner.*) granato (*minerale e gemma*). ● **g. paper**, carta vetrata con granato in polvere.

garnish /ˈgɑːnɪʃ/, *n.* **1** guarnizione; ornamento **2** guarnizione, contorno (*a una pietanza*).

to **garnish** /ˈgɑːnɪʃ/, *v. t.* **1** guarnire; adornare; addobbare **2** guarnire, ornare (*una pietanza*): **to g. a steak with leaves of lettuce**, guarnire una bistecca con foglie di lattuga; **to g. a sole with parsley**, guarnire di prezzemolo una sogliola **3** (*leg.*) citare, precettare (*come testimone, ecc.*) **4** (*leg.*) pignorare, sequestrare (*presso un terzo*) **5** (*fam.*) estorcere denaro a (q.).

garnishee /gɑːnɪˈʃiː/, *n.* (*leg.*) **1** chi detiene beni (*o* denaro) del convenuto, ma non può disporne (*in attesa della sentenza*) **2** terzo pignorato. ● **g. proceedings**, procedimento esecutivo di pignoramento.

to **garnishee** /gɑːnɪˈʃiː/, *v. t.* (*leg.*) pignorare (*beni*) presso terzi.

garnisher /ˈgɑːnɪʃə(r)/, *n.* **1** guarnitore, guarnitrice **2** (*leg.*) sequestrante (*o* pignorante) presso terzi.

garnishing /ˈgɑːnɪʃɪŋ/, *n.* **1** guarnizione; ornamento **2** guarnizione, contorno (*di una pietanza*).

garnishment /ˈgɑːnɪʃmənt/, *n.* **1** guarnizione; decorazione; ornamento **2** (*leg.*) intimazione (*in genere*); citazione come teste **3** (*leg.*) pignoramento (*o* sequestro) presso terzi.

garniture /ˈgɑːnɪtʃə(r)/, *n.* **1** guarnizione; decorazione; ornamento **2** abbellimento (*dello stile*); fioritura (*fig.*) **3** (*cucina*) guarnizione; contorno.

garotte /gəˈrɒt/, *V.* **garrotte**.

garpike /ˈgɑːpaɪk/, *V.* **garfish**.

garret /ˈgærət/, *n.* **1** (*edil.*) soffitta; sottotetto; solaio **2** (*pop. arc.*) testa; cervello: **to be wrong in the g.**, non avere il cervello a posto.

garrison /ˈgærɪsn/, *n.* (*mil.*) **1** guarnigione; distaccamento; presidio **2** piazza fortificata; fortezza. ● **g. town**, città sede di presidio.

to **garrison** /ˈgærɪsn/, *v. t.* (*mil.*) **1** fornire di guarnigione; presidiare **2** mandare (*soldati*) in servizio di guarnigione. ● (*mil.*) **to be garrisoned at**, essere di guarnigione a.

garron /ˈgærən/, *n.* cavalluccio; ronzino.

garrot /ˈgærət/, *n.* (*zool., Bucephala clangula*) quattrocchi.

garrotte /gəˈrɒt/, *n.* **1** garrotta; (strumento per) il supplizio della strangolazione **2** garrottamento **3** (*per estens.*) strangolamento.

to **garrotte** /gəˈrɒt/, *v. t.* **1** garrottare; strangolare con la garrotta **2** (*per estens.*) strangolare.

garrotter /gəˈrɒtə(r)/, *n.* strangolatore, strangolatrice.

garrulity /gæˈruːlətɪ/, *n.* **1** garrulità (*lett.*); loquacità; petulanza **2** (*dello stile*) verbosità.

garrulous /ˈgærʊləs/, *a.* **1** garrulo (*lett.*); ciarliero; loquace **2** (*dello stile*) verboso. ‖ **-ly**, *avv.* ‖ **-ness**, *sost.*

garter /ˈgɑːtə(r)/, *n.* **1** giarrettiera **2** (*fam., in G.B.*) – **the G.**, l'Ordine della Giarrettiera. ● **g. belt**, reggicalze □ **G. King of Arms**, Gran Maestro dell'Ordine della Giarrettiera □ **the Order of the G.**, l'Ordine della Giarrettiera (*massima onorificenza inglese*).

to **garter** /ˈgɑːtə(r)/, *v. t.* **1** reggere (*una calza*) con una giarrettiera **2** mettere una giarrettiera a (*una gamba*).

garth /gɑːθ/, *n.* **1** (*archit.*) chiostro **2** (*arc.*) cortile; recinto.

gas /gæs/, *n.* (*pl.* **gases, gasses**) **1** (*fis.*) gas: **My flat is heated by gas**, il mio appartamento ha il riscaldamento a gas; **The gas is on**, il gas è acceso; **tear gas**, gas lacrimogeno **2** (*fam. USA, abbr. di* **gasoline**) benzina: **gas station**, distributore di benzina **3** (*fig. fam.*) ciarle; ciance: **Stop your gas!**, smettila di parlare a vuoto! **4** (*mil.*) gas (asfissiante) **5** (*autom.*) metano; gas **6** (*autom., fam.*) pedale dell'acceleratore **7** (*med.*) gas (*per anestesia*) **8** (*fam. USA*) cosa o persona divertente; spasso: **The party was a gas**, il party è stato uno spasso **9** (*fam. USA*) esagerazione; vanteria **10** (*pop. USA*) liquore. ● **gas appliances**, apparecchi a gas □ **gas-bag**, (*aeron.*) pallonetto (*di dirigibile*); (*fam. spreg.*) otre di chiacchiere, ciarlone, ciancione □ (*chim.*) **gas black**, nero di gas; nerofumo □ (*mil.*) **gas bomb**, bomba a gas □ **gas bottle**, bombola per (*o* di) gas □ (*un tempo*) **gas-bracket**, braccio per lampada a gas (*infisso al muro*) □ **gas burner**, bruciatore di gas; becco a gas □ **gas chamber**, camera a gas □ (*tecn.*) **gas chromatograph**, gascromatografo □ (*chim.*) **gas chromatography**, gascromatografia □ **gas coal**, carbone da gas (*o* di storta) □ **gas coke**, coke □ **gas cooker**, cucina a gas □ **gas cylinder**, *V.* **gas bottle** □ (*fis.*) **gas dynamics**, gasdinamica □ **gas engine** (*o* **gas motor**), motore a gas □ **gas engineer**, gasista □ **gas fire**, stufa a gas □ (*di un impianto*) **gas-fired**, a gas □ **gas fitter**, gasista □ **gas fittings**, apparecchi per riscaldamento a gas □ **gas fixture**, impianto per il gas □ (*autom., USA*) **gas gauge**, spia del livello della benzina □ (*fam. USA*) **gas-guzzler**, auto che «beve» molto □ **gas heater**, stufa (*o* scaldabagno) a gas □ **gas helmet**, casco munito di respiratore (*per minatori, ecc.*) □ **gas installer**, gasista □ **gas lamp**, lampada a gas □ **gas light**, luce (*o* lampada) a gas □ **gas-lighter**, accendino a gas; accendigas □ **gas main**, conduttura del gas □ **gas mantle**, reticella per il gas □ **gas mask**, maschera antigas □ **gas meter**, contatore del gas □ (*ind.*) **gas oil**, gasolio □ (*mecc.*) **gas-operated**, a gas: (*autom.*) **gas-operated dampers**, ammortizzatori a gas □ **gas oven**, forno a gas; camera a gas □ (*med., scherz.*) **gas-passer**, anestesista □ (*autom.*) **gas pedal**, pedale dell'acceleratore □ **gas pipe**, conduttura del gas □ (*ind.*) **gas pipeline**, gasdotto □ **gas producer**, gassogeno □ (*USA*) **gas pump**, *V.* **gasoline pump** □ **gas range**, cucina a gas □ **gas ring**, fornello a gas □ (*autom., USA*) **gas station**, stazione di rifornimento; distributore di benzina; stazione di servizio □ **gas stove**, cucina (*o* stufa) a gas □ **gas tank**, serbatoio del gas; (*autom., USA*) serbatoio della benzina; **gas tank door**, sportellino della benzina (*sulla fiancata*) □ **gas-tar**, catrame di gas □ (*mecc.*) **gas turbine**, turbina a gas □ **gas warfare**, guerra in cui viene fatto uso di gas velenosi □ (*metall.*) **gas-welding**, saldatura a gas □ **gas well**, pozzo di gas □ **coal gas**, gas del carbon fossile; gas illuminante □ **laughing gas**, gas esilarante □ **natural gas**, gas metano □ **poison gas**, gas tossico □ **to step on the gas**, (*autom.* e *fig.*) premere l'acceleratore (*pop.*: dare gas); (*per estens.*) accelerare; (*fig.*) fare in fretta, darci dentro □ **to turn on [off] the gas**, accendere [spegnere] il gas □ (*fam. USA*: *detto di una persona*) **What a gas!**, che forza!; (è) bestiale! (*pop.*).

to **gas** /gæs/, **A** *v. t.* **1** rifornire di gas **2** (*chim.*) sottoporre all'azione del gas **3** (*mil.*) asfissiare con gas tossici; gasare, gassare **4** (*di solito al passivo*) avvelenare col gas: **to be gassed in a mine**, essere avvelenati dal gas in una miniera **5** (*ind. tess.*) gazare **6** (*USA*) rifornire di benzina. **B** *v. i.* **1** emettere gas **2** (*fam.*) chiacchierare; parlare a vanvera **3** (*fam. USA*) esagerare; vantarsi; spararle grosse ***4*** (*fam. USA*) spassarsela; divertirsi un sacco (*fam.*). • **to gas up**, rifornire di gas; (*USA*) rifornire di benzina; (*fam. USA*) rendere più interessante; (*autom., USA*) fare benzina; fare rifornimento; (*pop. USA*) fare il pieno (*fig.*); sbronzarsi.

Gascon /ˈgæskən/, *n.* guascone (*anche fig.*); millantatore; fanfarone; spaccone.

gasconade /gæskəˈneɪd/, *n.* guasconata; millanteria; fanfaronata; spacconata.

Gascony /ˈgæskənɪ/, *n.* (*geogr.*) Guascogna.

gaseous /ˈgæsɪəs, ˈgeɪsɪəs/, *a.* gassoso: **a g. mixture**, un miscuglio gassoso; (*astron.*) **g. nebulae**, nebulose gassose.

gasfield /ˈgæsfiːld/, *n.* giacimento di gas naturale; giacimento metanifero.

gash /gæʃ/, *n.* ferita; sfregio; squarcio; taglio.

to **gash** /gæʃ/, *v. t.* sfregiare; squarciare; tagliare.

gasholder /ˈgæshəʊldə(r)/, *n.* gasometro (industriale).

gasification /gæsɪfɪˈkeɪʃn/, *n.* (*ind. chim.*) gassificazione, gasificazione.

gasiform /ˈgæsɪfɔːm/, *a.* gassoso; aeriforme.

to **gasify** /ˈgæsɪfaɪ/, *v. t.* (*ind. chim.*) gassificare, gasificare.

gasket /ˈgæskɪt/, *n.* ***1*** (*mecc.*) guarnizione (di tenuta) ***2*** (*naut.*) matafione; gerlo.

gaslight /ˈgæslaɪt/, *n.* lume a gas; illuminazione a gas.

gasman /ˈgæsmæn/, *n.* (*pl.* **gasmen**) ***1*** gasista ***2*** letturista del gas ***3*** (*fam. USA*) imbonitore; (*spreg.*) pubblicitario.

gasogene /ˈgæsədʒiːn/, *n.* ***1*** gas d'aria; gas povero ***2*** (*autom.*) apparecchio che produce gas povero (*bruciando solidi, specialm. carbonella*).

gasolene /ˈgæsəliːn/, *V.* **gasoline**.

gasoline /ˈgæsəliːn/, *n.* gasolina; benzina (*per aerei, ecc.; in U.S.A., anche quella per le automobili; cfr. ingl.* **petrol**). • (*USA*) **g. engine**, motore a benzina; (*USA*) **g. pump**, distributore di benzina; pompa (*fam.*); stazione di servizio.

gasometer /gæˈsɒmɪtə(r)/, *n.* ***1*** gasometro (*da laboratorio*) ***2*** gasometro (industriale).

gasp /gɑːsp, *USA* gæsp/, *n.* anelito; respiro affannoso; rantolo; sforzo per respirare. • **to be at one's** (*o* **at the**) **last g.**, essere all'ultimo respiro (*o* moribondo); (*fig.*) essere alle ultime battute (*o* alla fine).

to **gasp** /gɑːsp, *USA* gæsp/, *v. i.* ***1*** boccheggiare; ansare; ansimare; prender fiato a fatica ***2*** restare senza fiato; restare a bocca aperta: **I gasped at his impudence**, restai senza fiato per la sua impudenza; **He gasped with surprise** (*o* **in amazement**), restò a bocca aperta per lo stupore. • **to g. for breath**, fare sforzi per respirare □ **to g. for life**, agonizzare; rantolare □ **to g. life away** (*o* **out**), esalare l'ultimo respiro □ **to g. out a few words**, dire poche parole col fiato mozzo.

gasper /ˈgɑːspə(r), *USA* -æs-/, *n.* ***1*** chi boccheggia ***2*** (*pop.*) sigaretta che mozza il fiato; zampirone (*pop.*).

gasping /ˈgɑːspɪŋ, *USA* -æs-/, *a.* boccheggiante; ansimante; trafelato.

gaspingly /ˈgɑːspɪŋlɪ, *USA* -æs-/, *avv.* affannosamente; boccheggiando.

gassy /ˈgæsɪ/, *a.* ***1*** gassoso; pieno di gas ***2*** gassato; effervescente ***3*** (*fam.*) verboso; prolisso; pomposo ***4*** (*ind. min.*) grisutoso. ‖ **-iness**, *sost.*

gasteropodous /gæstəˈrɒpədəs/, *a.* (*zool.*) dei gasteropodi.

gasteropods /ˈgæstərəpɒdz/, *n. pl.* (*zool., Gasteropoda*) gasteropodi.

gastralgia /gæsˈtrældʒə/, *n.* (*med.*) gastralgia.

gastric /ˈgæstrɪk/, *a.* gastrico: (*fisiol.*) **g. juice**, succo gastrico; (*med.*) **g. lavage**, lavanda gastrica; (*med.*) **g. ulcer**, ulcera gastrica.

gastritis /gæˈstraɪtɪs/, *n.* (*pl.* **gastritides**) (*med.*) gastrite.

gastrocele /ˈgæstrəsiːl/, *n.* (*med.*) gastrocele.

gastroduodenal /gæstrədjuːəˈdiːnl, *USA* -duː-/, *a.* (*anat., med.*) gastroduodenale.

gastroduodenitis /gæstrədjuːədɪˈnaɪtɪs, *USA* -duː-/, *n.* (*med.*) gastroduodenite.

gastroenteric /gæstrəʊenˈterɪk/, *a.* (*med.*) gastroenterico.

gastroenteritis /gæstrəʊentəˈraɪtɪs/, *n.* (*med.*) gastroenterite.

gastroenterologist /gæstrəʊentəˈrɒlədʒɪst/, *n.* (*med.*) gastroenterologo.

gastroenterology /gæstrəʊentəˈrɒlədʒɪ/, *a.* (*med.*) gastroenterologia.

gastrohepatic /gæstrəhɪˈpætɪk/, *a.* (*anat., med.*) gastroepatico.

gastrointestinal /gæstrəʊɪnˈtestɪnl/, *a.* (*anat., med.*) gastrointestinale.

gastrological /gæstrəˈlɒdʒɪkl/, *a.* (*med.*) gastrologico.

gastrologist /gæˈstrɒlədʒɪst/, *n.* (*med.*) gastrologo.

gastrology /gæˈstrɒlədʒɪ/, *n.* gastrologia.

gastronome /ˈgæstrənəʊm/, **gastronomer** /gæˈstrɒnəmə(r)/, *n.* gastronomo.

gastronomic(al) /gæstrəˈnɒmɪk(l)/, *a.* gastronomico.

gastronomist /gæˈstrɒnəmɪst/, *n.* gastronomo.

gastronomy /gæˈstrɒnəmɪ/, *n.* gastronomia.

gastropathic /gæstrəˈpæθɪk/, *a.* (*med.*) gastropatico.

gastropathy /gæˈstrɒpəθɪ/, *n.* (*med.*) gastropatia.

gastropodous /gæˈstrɒpədəs/, *a.* (*zool.*) dei gasteropodi.

gastropods /ˈgæstrəpɒdz/, *n. pl.* (*zool., Gasteropoda*) gasteropodi.

gastroscope /ˈgæstrəskəʊp/, *n.* (*med.*) gastroscopio.

gastroscopy /gæˈstrɒskəpɪ/, *n.* (*med.*) gastroscopia.

gastrotomy /gæˈstrɒtəmɪ/, *n.* (*med.*) gastrotomia.

gastrula /ˈgæstrələ/, *n.* (*pl.* **gastrulae, gastrulas**) (*biol.*) gastrula.

gastrulation /gæstruːˈleɪʃn/, *n.* (*biol.*) gastrulazione.

gasworks /ˈgæswɜːks/, *n.* (*pl. invar.*) officina del gas.

gat /gæt/, *n.* (*abbr. pop. di* **Gatling gun**) pistola.

gate (**1**) /geɪt/, *n.* ***1*** porta (*di città*); portone (*d'accesso a un cortile*); cancello ***2*** saracinesca, paratoia (*di una chiusa, ecc.: per regolare l'acqua*): **spillway g.**, paratoia dello sfioratore ***3*** gola, passo, valico (*fra i monti*) ***4*** (*sport*) numero di entrate a pagamento (*a una partita di calcio, ecc.*); spettatori: **Gates are up this year**, gli spettatori sono cresciuti quest'anno ***5*** (*sport,* = **g. money**) incasso totale ***6*** (*ferr.*) barriera; cancello di passaggio a livello ***7*** (*aeron.*) cancello, uscita (*di aeroporto*) ***8*** (*elettron.*) porta logica; griglia; sblocco; porta: **g. pulse**, impulso di griglia; **g. winding**, avvolgimento di sblocco ***9*** (*fotogr., ecc.*) finestra; portapellicola ***10*** (*sci*) porta ***11*** (*ippica;* = **starting g.**) cancelli (*di partenza*) ***12*** *V.* **gateway.** • (*nelle università di Oxford e Cambridge*) **g.-bill**, elenco dei ritorni (*d'uno studente*) al college dopo l'ora di chiusura; multa inflitta per tale infrazione □ **g.-legged** (*o* **g.-leg**) **table**, tavolo a ribalta (*con le gambe spostabili lateralmente*) □ **g.-meeting**, riunione (*per lo più sportiva*) con ingresso a pagamento □ (*fig.*) **the g. of horn**, la porta dei sogni veritieri □ (*fig.*) **the g. of ivory**, la porta dei sogni fallaci □ (*sport*) **g. receipts**, incasso ai cancelli; incasso lordo □ (*fig.*) **the g. to success**, la via del successo □ (*mecc.*) **g. valve**, valvola a saracinesca □ (*pop. USA*) **to get the g.**, essere messo alla porta; essere licenziato □ (*pop. USA*) **to give sb. the g.**, mettere q. alla porta; licenziare q.

gate (**2**) /geɪt/, *n.* (*scozz.*) via (*usato anche come suffisso nei toponimi*).

gate (**3**) /geɪt/, *n.* (*metall.*) ***1*** attacco di colata ***2*** colame.

to **gate** /geɪt/, *v. t.* ***1*** (*nelle università di Oxford e Cambridge*) imporre a (*studenti*) di restare nel college tutto il giorno o dopo una certa ora; togliere la libera uscita a (*uno studente*) ***2*** (*elettron.*) controllare; commutare; selezionare.

to **gatecrash** /ˈgeɪtkræʃ/, *v. t.* e *i.* (*fam.*) partecipare (a una festa) senza avere l'invito; autoinvitarsi; intrufolarsi (*fam.*).

gatecrasher /ˈgeɪtkræʃə(r)/, *n.* (*fam.*) ospite non invitato; individuo autoinvitatosi; intruso (*a un ballo, ecc.*).

gatefold /ˈgeɪtfəʊld/, *n.* inserto pieghevole.

gatehouse /ˈgeɪthaʊs/, *n.* ***1*** casetta del portinaio (*all'entrata del parco d'una villa*); portineria ***2*** edificio sovrastante una porta di città (*un tempo usato spesso come prigione*) ***3*** (*stor.*) corpo di guardia ***4*** (*costr. idrauliche*) centrale (*che comanda il funzionamento delle saracinesche di una chiusa*).

gatekeeper /ˈgeɪtkiːpə(r)/, *n.* portiere, portinaio (*di villa*). • **g.'s lodge**, *V.* **gatehouse**, *def. 1.*

gatemouth /ˈgeɪtmaʊθ/, *n.* (*pop. USA*) maldicente; pettegolo, pettegola.

gatepost /ˈgeɪtpəʊst/, *n.* ***1*** pilastro di cancello ***2*** cardine della porta (*o* del portone). • (*fig.*) **between you, me and the g.**, detto tra noi (*o* a quattr'occhi).

gateway /ˈgeɪtweɪ/, *n.* ***1*** entrata; ingresso ***2*** (*fig.*) porta; strada; via: **the g. to success** [**to fame**], la strada del successo [la via della gloria] ***3*** (*elab.*) entrata; passaggio ***4*** (*telef.*) circuito selettivo; sistema di reti.

to **gather** /ˈgæðə(r)/, **A** *v. t.* ***1*** ammassare; cogliere; raccogliere; radunare; mettere insieme; fare il raccolto di; chiamare a raccolta; fare appello a: **to g. flowers** [**fruit**], cogliere fiori [frutta]; **to g. shells from the seashore**, raccogliere conchiglie sulla spiaggia; **to g. one's things**, radunare le proprie cose; **The race start had gathered a little crowd**, la partenza della corsa aveva fatto radunare una piccola folla; **to g. wheat**, fare il raccolto del grano; **to g. one's energies**, chiamare a raccolta (*o* fare appello a) tutte le proprie energie ***2*** acquistare; assumere; prendere: **The car gathered speed**, l'automobile acquistò velocità; **to g. strength** [**volume**], acquistare forza [prendere corpo, crescere di volume]; **to g. information**, assumere informazioni; **to g. courage**, prendere coraggio; **to g. one's breath**, prendere fiato ***3*** dedurre; desumere; capire; arguire: **From what he said, I gathered that his claim had been rejected**, dalle sue parole arguii che la sua domanda era stata respinta ***4*** raccogliere le pieghe di (*un abito*); increspare; pieghettare: **to g. a skirt at the waist**, increspare una sottana alla vita ***5*** avvolgere (*un mantello sulle spalle*); raccogliere (*uno sciale intorno al collo*). **B** *v. i.* ***1*** accumularsi; assembrarsi; raccogliersi; radunarsi; addensarsi: **A crowd quickly gathered on the scene of the accident**, una folla si assembrò subito sul luogo dell'incidente; **The children gathered round the teacher**, i bambini si radunarono intorno alla maestra; **The swallows are gathering to fly away**, le rondini si radunano per volar via ***2*** (*della fronte*) corrugarsi; aggrottarsi ***3*** (*med.: d'ascesso e sim.*) maturare. **C** to **gather oneself**, *v. rifl.* raccogliersi; radunarsi. • (*di malato*) **to g. colour** [**strength**], riacquistare il colorito [le forze] □ (*fig.*) **to g. dust**, prendere la polvere; essere inutilizzato □ **to g. grapes**, vendemmiare □ **to g. ground**, guadagnare terreno □ (*agric.*) **to g. in**, raccogliere e riporre (*cereali*) □ **to g. oneself together**, raccogliersi (per uno sforzo); concentrarsi; (*anche*) ricomporsi □ **to g. taxes**, riscuotere imposte □ **to g. one's thoughts**, raccogliere i propri pensieri; raccogliersi □ **to g. up**, raccogliere; mettere insieme; riunire; chiamare a raccolta: **to g. up the pieces of a broken dish**, raccogliere i pezzi d'un piatto rotto □ **to g. up into a ball**, appallottolarsi □ (*naut.*) **to g. way**, prendere l'abbrivo.

gatherer /ˈgæðərə(r)/, *n.* raccoglitore, raccoglitrice.

gathering /ˈgæðərɪŋ/, *n.* ***1*** adunata; adunanza; assembramento; raduno; riunione ***2*** raccolta (*di denaro, specialm. per beneficenza*); colletta ***3*** (*di stoffa*) increspatura ***4*** (*med.*) ascesso; suppurazione. ● **g. of statistical data**, raccolta di dati statistici; rilevazioni statistiche.

gathers /ˈgæðəz/, *n. pl.* increspature; crespe; pieghe.

gating /ˈgeɪtɪŋ/, *n.* ***1*** (*metall.*) condotto di colata ***2*** (*elettron.*) sblocco del segnale.

gator /ˈgeɪtə(r)/, *n.* (*abbr. fam. USA per* **alligator**) alligatore. ● (*cucina*) **g. on a stick**, spiedino di alligatore.

gauche /gəʊʃ/ (*franc.*), *a.* goffo; privo di tatto; rozzo; sgraziato.

gaucheness /ˈgəʊʃnəs/, *n.* mancanza di tatto; goffaggine.

gaucherie /ˈgəʊʃərɪ, *USA* -ˈriː/ (*franc.*), *n.* ***1*** goffaggine; mancanza di tatto; rozzezza ***2*** azione priva di tatto; sgarberia.

gauchist /ˈgəʊʃɪst/, **gauchiste** /gəʊˈʃiːst/ (*franc.*), *n.* (*polit.*) gauchista; sinistrorso (*fam.*).

gaucho /ˈgaʊtʃəʊ/ (*spagn.*), *n.* (*pl.* **gauchos**) gaucho.

gaud /gɔːd/, *n.* fronzolo; ninnolo; ornamento vistoso.

gaudery /ˈgɔːdərɪ/, *n.* eleganza vistosa; pacchianeria.

gaudiness /ˈgɔːdɪnəs/, *n.* fasto; sfarzo; sfoggio; pacchianeria; vistosità; volgarità.

gaudy (**1**) /ˈgɔːdɪ/, *a.* fastoso; sfarzoso; pacchiano; vistoso; volgare; di cattivo gusto: **g. ornaments**, ornamenti vistosi; **g. furniture**, mobili di cattivo gusto. || **-ily**, *avv.*

gaudy (**2**) /ˈgɔːdɪ/, *n.* grande festa annuale (*specialm. per gli ex alunni d'un college di Oxford o di Cambridge*).

gauffer /ˈgɒfə(r), ˈgɔː-, ˈgəʊ-/, *V.* **goffer**.

gauge /geɪdʒ/, *n.* ***1*** (*mecc.*) calibro ***2*** apparecchio (*o* strumento) per misurare; indicatore di livello; (*autom.*) spia (*a indice o lancetta*); manometro; asticella graduata: (*autom.*) **petrol g.** (*USA*: **gas g.**), indicatore di livello della benzina; (*autom.*) **the temperature g.**, la spia (della temperatura) dell'acqua; **pressure g.**, manometro indicatore della pressione; **rain g.**, indicatore del livello della pioggia; pluviometro; **water g.**, indicatore di livello dell'acqua; idrometro ***3*** (*mil.*) calibro: **the g. of a rifle**, il calibro d'una carabina ***4*** (*mecc.*) diametro; spessore ***5*** (*anche fig.*) misura base; criterio di misurazione; norma; stima: **to take the g. of st.**, fare la stima di q.c.; calcolare q.c. ***6*** (*ferr.*) scartamento: **standard g.**, scartamento normale; **broad** (*o* **wide**) **g.**, scartamento superiore al normale; **a narrow-g. railway**, una ferrovia a scartamento ridotto ***7*** (*autom.*) carreggiata ***8*** (*tecn.*) maschera di controllo ***9*** (*elettr.*) gauge ***10*** (*naut.*) posizione rispetto al vento o a un'altra nave: **to have the weather g. of a ship**, avere il vantaggio del vento su un'altra nave; essere sopravvento a una nave ***11*** (*naut.*) pescaggio massimo. ● (*mecc.*) **g. pressure**, pressione relativa □ (*mecc.*) **bore g.**, calibro d'alesaggio □ **go g.**, calibro passa □ **go no-go g.**, calibro passa e non passa □ (*fig.*) **to have the weather g. of sb.**, avere il sopravvento su q.; essere in posizione vantaggiosa nei confronti di q. □ **thickness g.**, spessimetro □ (*naut.*) **tide g.**, mareografo.

to **gauge** /geɪdʒ/, *v. t.* ***1*** misurare (*con uno strumento di precisione*): **to g. the diameter of a bolt**, misurare il diametro d'un bullone ***2*** (*fig.*) calcolare, stimare, valutare: **to g. a cask**, calcolare la capacità d'una botte; **to g. sb.'s strength**, valutare la forza di q. ***3*** (*mecc.*) calibrare; ridurre alle dimensioni (grossezza, ecc.) normali (*o* volute); tarare (*uno strumento*) ***4*** (*edil.*) uniformare (*pietre*); mescolare (*intonaco*). ● (*edil.*) **gauging plaster**, intonaco di gesso e grassello di calce □ (*naut.*) **gauging rod**, asta di sonda; stazza.

gaugeable /ˈgeɪdʒəbl/, *a.* misurabile; (*fig.*) stimabile, valutabile.

gauger /ˈgeɪdʒə(r)/, *n.* ***1*** stazzatore (*specialm. agente del dazio che misura il contenuto di botti di liquore e sim.*) ***2*** agente del dazio (*in genere*).

Gaul /gɔːl/, *n.* (*stor.*) ***1*** Gallia ***2*** Gallo: **the Gauls**, i Galli ***3*** (*scherz.*) francese.

Gaulish /ˈgɔːlɪʃ/, (*stor.*) **A** *a.* ***1*** gallico ***2*** (*scherz.*) francese. **B** *n.* lingua dei Galli; gallico.

Gaullist /ˈgɔːlɪst/, *n.* (*polit., stor.*) gollista; sostenitore di Charles de Gaulle.

gaunt /gɔːnt, *USA* ˈgɔː-, ˈgɑː-/, *a.* ***1*** macilento; magro; scarno; sparuto: **g. wolves**, lupi macilenti ***2*** arido; desolato; spoglio; nudo: **a g. heath**, una brughiera desolata.

gauntlet (**1**) /ˈgɔːntlət, *USA* ˈgɔː-, ˈgɑː-/, *n.* ***1*** (*stor.*) guanto d'armatura; manopola; (*fig.*) guanto di sfida, sfida: **to fling** (*o* **to throw**) **down the g.**, gettare il guanto; lanciare una sfida; **to pick** (*o* **to take**) **up the g.**, raccogliere il guanto; accettare una sfida ***2*** guanto (*di protezione: per guidare l'automobile, per la scherma, ecc.*).

gauntlet (**2**) /ˈgɔːntlət, *USA* ˈgɔː-, ˈgɑː-/, *n.* (*stor.*) pena delle verghe (*o* delle bacchette). ● **to run the g.**, passare per le bacchette (*antica punizione, usata ancora come gioco da ragazzi di strada*); (*fig.*) passare sotto le forche caudine; passare sotto il fuoco del nemico.

gauntleted /ˈgɔːntlətɪd, *USA* ˈgɔː-, ˈgɑː-/, *a.* munito di guanti (*V.* **gauntlet** (**1**)).

gauntness /ˈgɔːntnəs, *USA* ˈgɔː-, ˈgɑː-/, *n.* ***1*** l'esser macilento; estrema magrezza ***2*** aridità (*del paesaggio*); desolazione.

gauntree, gauntry /ˈgɔːntrɪ, *USA* ˈgɔː-, ˈgɑː-/, *V.* **gantry**.

gauss /gaʊs/, *n.* (*fis.*) gauss (*unità d'induzione magnetica*).

Gaussian /ˈgaʊsɪən/, *a.* (*mat.*) gaussiano.

gauze /gɔːz/, *n.* ***1*** (*ind. tess.*) velo; mussolina: **a g. veil**, un velo di mussolina ***2*** velo di nebbia; foschia ***3*** (*fotogr., cinem.*) velatino ***4*** (*med.*) garza: **antiseptic g.**, garza sterile ***5*** (*med., USA*) benda ***6*** (= **wire g.**) reticella metallica ***7*** rete (*o* reticella) di plastica. ● (*autom.*) **g. strainer**, filtro a reticella (*della pompa dell'olio, ecc.*).

gauzy /ˈgɔːzɪ/, *a.* simile a garza (*o* a velo); diafano; trasparente. || **-ily**, *avv.* || **-iness**, *sost.*

gave /geɪv/, *pass.* di **to give**.

gavel /ˈgævl/, *n.* martelletto (*di presidente d'assemblea, di banditore d'asta pubblica, o di giudice in U.S.A.*).

gavial /ˈgeɪvɪəl/, *n.* (*zool., Gavialis gangeticus*) gaviale.

gavotte /gəˈvɒt/, *n.* gavotta (*danza e musica*).

gawk /gɔːk/, *n.* (*fam.*) individuo balordo, tonto, goffo; allocco (*fig.*).

to **gawk** /gɔːk/, *v. i.* (*fam.*) stare lì allocchito. ● **to g. at sb.** [**st.**], guardare q. [q.c.] con aria sciocca.

gawky /ˈgɔːkɪ/, *a.* balordo; tonto; goffo. || **-ily**, *avv.* || **-iness**, *sost.*

to **gawp** /gɔːp/, *V.* **to gape**.

gay /geɪ/, **A** *a.* ***1*** gaio; allegro; festevole; giocondo; spensierato; vivace: **gay laughter**, gaie risate; **a gay song**, una canzone allegra; **gay colours**, colori vivaci ***2*** (*fig. arc.*) dissoluto; gaudente; licenzioso; immorale: **a gay man**, un gaudente; **a gay dog**, un (individuo) dissoluto ***3*** (*pop.*) omosessuale; gay ***4*** di (*o* per) gay: **a gay bar**, un bar frequentato da omosessuali ***5*** (*pop. USA*) ubriaco; sbronzo: **He was a little gay**, era alticcio (*o* brillo). **B** *n.* (*pop.*) omosessuale; gay; finocchio (*pop.*). ● **the Gay Liberation Front** (*abbr.* **the Gay Lib**), il Fronte per la liberazione degli omosessuali □ **the gay plague**, la peste dei gay; l'AIDS □ **to lead a gay life**, darsi alla bella vita (*o* alla dissolutezza).

gayness /ˈgeɪnəs/, *n.* ***1*** gaiezza; allegria ***2*** (*specialm.*) omosessualità.

gaze /geɪz/, *n.* (*solo al sing.*) sguardo fisso.

to **gaze** /geɪz/, *v. i.* guardare fisso, con insistenza. ● **to g. at** (*o* **on, upon**) **sb.** [**st.**], fissare q. [q.c.]: **I gazed at my daughter wonderingly**, fissai mia figlia stupito.

gazebo /gəˈziːbəʊ/, *n.* (*pl.* **gazebos, gazeboes**) (*archit.*) belvedere; balcone panoramico; chiosco (*da giardino*).

gazelle /gəˈzel/, *n.* (*pl.* **gazelles, gazelle**) (*zool., Gazella*) gazzella.

gazer /ˈgeɪzə(r)/, *n.* ***1*** chi se ne sta incantato (*o* trasognato) a rimirare ***2*** (*pop. USA*) agente della squadra narcotici.

gazette /gəˈzet/, *n.* gazzetta; gazzetta ufficiale (*che pubblica anche il bollettino dei fallimenti*); giornale (*usato specialm. nei nomi di giornali*): **the London G.**, la gazzetta ufficiale inglese; **the Belfast G.**, la gazzetta ufficiale dell'Irlanda del Nord.

to **gazette** /gəˈzet/, *v. t.* (*soprattutto al passivo*) pubblicare sulla gazzetta ufficiale: **His appointment has not yet been gazetted**, la sua nomina non è stata ancora pubblicata sulla gazzetta ufficiale. ● (*mil.*) **to be gazetted to a regiment**, essere assegnato a un reggimento.

gazetteer /gæzəˈtɪə(r)/, *n.* ***1*** dizionario geografico ***2*** – **G.**, redattore della «London Gazette» (*V. sotto* **gazette**) ***3*** (*arc.*) giornalista prezzolato.

gazizzey /gəˈzɪzɪ/, **gazob** /gəˈzɒb/, *n.* (*pop. USA*) aggeggio; affare; coso (*pop.*).

gazongas /gəˈzɒŋgəz/, *n. pl.* (*pop. USA*) (belle) tette.

gazoo /gəˈzuː/, *n.* (*pop. USA*) deretano; culo (*pop.*).

to **gazump** /gəˈzʌmp/, (*fam.*) **A** *v. i.* vendere una casa al maggior offerente, rimangiandosi la parola (*data a un primo acquirente*). **B** *v. t.* imbrogliare, raggirare (*l'aspirante compratore di un immobile*).

gazumping /gəˈzʌmpɪŋ/, *n.* (*fam.*) frode (*o* raggiro) ai danni di un compratore di un immobile (*V.* **to gazump**).

gazundering /gəˈzʌndərɪŋ/, *n.* (*fam.*) tentativo di pagare un immobile meno del prezzo pattuito.

geanticline /dʒiːˈæntɪklaɪn/, *n.* (*geol.*) geoanticlinale.

gear /gɪə(r)/, *n.* ***1*** (*mecc.*) congegno; dispositivo; meccanismo; ingranaggio, ruota dentata; (*di bicicletta*) moltiplica, rapporto; (*di automobile*) marcia, cambio; (*di cannone*) cambio di mira: **differential g.**, (ingranaggio) differenziale; **spiral g.**, ingranaggio elicoidale; **Most motor cars have five gears: first, second, third, fourth and reverse**, la maggior parte delle automobili ha cinque marce: prima, seconda, terza, quarta e retromarcia; **g. in neutral**, cambio in folle ***2*** (*fam.*) abiti; indumenti (*specialm. giovanili*) ***3*** arnesi; attrezzi; equipaggiamento: **hunting g.**, equipaggiamento per la caccia ***4*** bardatura (*di cavallo da tiro*) ***5*** (*naut.*) manovre, attrezzatura (*d'una nave*) ***6*** (*pop. USA*) cosa eccitante; cannonata (*fig.*). ● **g.-case**, (*mecc.*) scatola degli ingranaggi; (*di bicicletta*) copricatena □ (*autom., mecc.*) **g. change**, cambio di marcia □ **g. cutter**, fabbricante d'ingranaggi; (*mecc.*) dentatrice □ (*mecc.*) **g. drive**, trasmissione a ingranaggi □ (*autom.*) **g. lever**, leva (*o* cloche) del cambio □ (*autom.*) **g. ratio**, rapporto di riduzione (*delle marce*) □ **g. shaft**, (*mecc.*) albero portaingranaggi; (*autom.*) albero del cambio di velocità □ (*USA*) **g. shift**, *V.* **g. lever** □ **g. stick**, *V.* **g. lever** □ (*mecc.*) **g. teeth**, dentatura □ (*mecc.*) **g. wheel**, ruota dentata □ (*autom.*) **bottom g.**, marcia bassa; prima velocità; prima □ (*autom.*) **to change g.**, cambiare (marcia) □ (*autom.*) **to change to high g.**, mettere la quarta (*o comunque la marcia più alta*) □ (*naut.*) **depth g.**, regolatore di profondità (*di siluro*) □ (*autom.*) **direct g.**, presa diretta □ (*naut.*) **diving g.**, scafandro (di palombaro) □ (*autom.*) **to go into g.**, ingranare; entrare (*fam.*): **This car won't go into top (gear)**, questa macchina ha la quarta (*o* la quinta) che non ingrana (*o* che non entra) □ (*autom.*) **high g.**, quarta (*o* quinta) velocità; presa diretta; (*fam.*) grande velocità □ **to be in g.**, (*autom.*) avere la marcia ingranata; (*fig.*) essere in piena attività, funzionare □ (*aeron.*) **landing g.**, carrello d'atterraggio □ (*autom.*) **low g.**, prima (*o* seconda) velocità; (*fam.*) velocità assai ridotta: «**Trucks use low g.**», (*cartello stradale*) «autocarri in seconda (*o* a passo d'uomo)» □ **to be out of g.**, (*autom.*) essere in folle; (*fig.*) non essere in piena attività, non funzionare □ (*autom.*) **to put into g.**, ingranare la marcia □ (*autom.*) **reverse g.**, retromarcia: **to change into reverse g.**, mettere la retromarcia □ (*mecc.*) **ring bevel g.**, corona (dentata) conica □ (*mecc., autom.*) **to shift gears**, cambiare (marcia) □ (*autom.*) **to slip out of g.**, disinnestarsi, disinserirsi □ (*naut.*) **steering g.**, meccanismo di governo; agghiaccio (*del timone*) □ (*autom.*) **synchromesh g.**, cambio sincronizzato □ (*autom.*) **top g.**, marcia alta; presa diretta.

to **gear** /gɪə(r)/, **A** *v. t.* ***1*** (*mecc.*) provvedere (*una macchina, ecc.*) d'ingranaggi; mettere il cambio di velocità a (*una bicicletta, ecc.*) ***2*** (*mecc.*) innestare (*un congegno*); ingranare, inserire (*una marcia*) ***3*** (*spesso* **to g. up**) bardare (*una bestia da tiro*) ***4*** (*fig.*) adeguare; adattare; modificare: **to g. production to demand**, modificare la produzione secondo le esigenze della domanda. **B** *v. i.* ***1*** (*mecc.*: *di congegno, ecc.*) ingranare; ingranare bene ***2*** (*fig.*) adattarsi; adeguarsi: **Industry should g. with consumer needs**, l'industria deve adeguarsi ai bisogni dei consumatori. ● **to g. down**, (*mecc.*) demoltiplicare con ingranaggi; (*autom.*) scalare le marce; (*fig.*) abbassare, ridurre, decelerare (*l'attività, la produzione, ecc.*); rallentare □ **to g. up**, (*mecc.*) provvedere d'ingranaggi, moltiplicare con ingranaggi; (*fig.*) potenziare, potenziarsi; aumentare, accelerare (*l'attività, la produzione, ecc.*).

gearbox /ˈɡɪəbɒks/, *n.* ***1*** (*autom., mecc.*) scatola del cambio; cambio: **automatic g.**, cambio automatico ***2*** (*pop. USA*) stupido; idiota.

geared /ˈɡɪəd/, *a.* (*mecc.*) ingranato; innestato; inserito. ● (*fig.*) **to be g. for price competition**, essere in grado di far fronte alla concorrenza in fatto di prezzi □ (*di persona*) **g. up**, agitato; eccitato; teso (*fig.*) □ (*fig.*) **to be g. up for**, essere in grado (*o* essere pronto) a far fronte a (*un bisogno, un'emergenza, un pericolo*).

gearing /ˈɡɪərɪŋ/, *n.* ***1*** (*mecc.*) rotismo; sistema d'ingranaggi ***2*** (*fin.*; = **g. ratio**) rapporto indebitamento/mezzi propri ***3*** (*fin.*) differenziazione del portafoglio. ● **g.-down**, (*mecc.*) demoltiplicazione con ingranaggi; (*autom.*) lo scalare le marce; (*fig.*) riduzione, rallentamento (*dell'attività, della produzione, ecc.*) □ **g. up**, (*mecc.*) moltiplicazione con ingranaggi; (*fig.*) potenziamento, aumento, accelerazione (*dell'attività, della produzione, ecc.*); preparazione, il mettersi in grado di far fronte (*a un bisogno, un pericolo, ecc.*).

gearless /ˈɡɪələs/, *a.* (*mecc.*) senza ingranaggi. ● (*autom.*) **g. traction**, trazione diretta.

gearshift /ˈɡɪəʃɪft/, *n.* (*mecc., autom. USA*) (leva del) cambio di velocità. ● **steering-column g.**, (leva del) cambio sul volante.

gecko /ˈɡekəʊ/, *n.* (*pl.* **geckos, geckoes**) (*zool.*) geco.

gee (**1**) /dʒiː/, **gee-gee** /ˈdʒiːdʒiː/, *n.* (*fam.*) cavallino; cavalluccio (*parola del linguaggio infantile*).

gee (**2**) /dʒiː/, **gee-ho** /ˈdʒiːəʊ/, **gee-up** /ˈdʒiːʌp/, *inter.* (*per incitare cavalli, ecc.*) arri!; ih!; op!

gee (**3**) /dʒiː/, *inter.* (*pop. USA, abbr. di* **Jesus**; = **gee whizz**) ***1*** gesummaria!; gesummio! ***2*** certamente!; sicuro!; eccome!; perbacco!; perdiana!

gee (**4**), **ge** /dʒiː/, *n.* gi; lettera g.

geese /ɡiːs/, *pl.* di **goose**.

geezer /ˈɡiːzə(r)/, *n.* ***1*** (*pop.*) tipo strano; vecchio bislacco, eccentrico ***2*** (*pop. USA*) sorso (*di liquore*); dose (*di droga*).

Gehenna /ɡɪˈhenə/, *n.* (*Bibbia*) Geenna; inferno (*fig.*); luogo di tormenti.

Geiger counter /ˈɡaɪɡəˈkaʊntə(r)/, *n.* (*fis. nucl.*) contatore Geiger.

geisha /ˈɡeɪʃə/, *n.* (*pl.* **geisha, geishas**) geisha.

gel /dʒel/, *n.* (*chim., fis.*) gel; coagulato gelatinoso. ● **gel paint**, pittura gelificata □ (*chim., fis.*) **gel point**, punto di gel.

to **gel** /dʒel/, *v. i.* ***1*** gelificare; gelificarsi ***2*** (*fig.*) assumere una forma precisa; prendere forma (*nella mente, ecc.*).

to **gelate** /ˈdʒeleɪt/, *V.* **to gel**.

gelatin(e) /ˈdʒelətiːn, -ˈtiːn, *USA* ˈdʒelətn/, *n.* gelatina: (*mil.*) **blasting g.**, gelatina esplosiva; **vegetable g.**, gelatina vegetale. ● (*mil.*) **g. dynamite**, gelignite □ (*fotogr.*) **g. paper**, carta rivestita d'uno strato di gelatina □ **g. solution**, soluzione gelatinosa.

gelatinization /dʒəlætɪnaɪˈzeɪʃn, *USA* -nɪ-ˈz-/, *n.* (*chim., fis.*) gelatinizzazione.

to **gelatinize** /dʒəˈlætɪnaɪz/, **A** *v. t.* ***1*** (*chim., fis.*) gelatinizzare ***2*** (*fotogr.*) coprire con uno strato di gelatina. **B** *v. i.* gelatinizzarsi.

gelatinoid /dʒəˈlætɪnɔɪd/, *a.* e *n.* (sostanza) simile alla gelatina.

gelatinous /dʒəˈlætɪnəs/, *a.* gelatinoso.

gelation /dʒəˈleɪʃn/, *n.* (*fis., chim.*) ***1*** gelificazione ***2*** (*raro*) congelamento.

to **geld** /ɡeld/, *v. t.* ***1*** (*zootecnia*) castrare ***2*** (*fig.*) castrare; indebolire (*un argomento, ecc.*); rendere meno vitale.

gelder /ˈɡeldə(r)/, *n.* castratore.

gelding /ˈɡeldɪŋ/, *n.* (*zootecnia*) ***1*** castrone; cavallo castrato ***2*** castratura; castrazione.

gelid /ˈdʒelɪd/, *a.* gelido; gelato; freddissimo.

gelidity /dʒəˈlɪdətɪ/, *n.* gelidezza (*raro*); l'essere gelido.

gelidly /ˈdʒelɪdlɪ/, *avv.* gelidamente.

gelidness /ˈdʒelɪdnəs/, *V.* **gelidity**.

gelignite /ˈdʒelɪɡnaɪt/, *n.* (*mil.*) gelignite; nitrogelatina.

gelling /ˈdʒelɪŋ/, *n.* (*chim., fis.*) gelificazione.

gelsemium /dʒelˈsiːmɪəm/, *n.* ***1*** (*pl.* **gelsemiums, gelsemia**) (*bot.*) pianta del genere *Gelsemium* ***2*** (*farm.*) gelsemio.

gem /dʒem/, *n.* ***1*** gemma (*anche fig.*); gioiello: **This picture is the gem of the collection**, questo quadro è la gemma della collezione ***2*** (*fig.*) perla: **His girlfriend is a real gem**, la sua ragazza è proprio una perla ***3*** (*fig. spreg.*) perla; errore madornale; strafalcione.

to **gem** /dʒem/, *v. t.* ingemmare; ornare con gemme.

geminate /ˈdʒemɪnət/, **A** *a.* (*scient.*) geminato; appaiato. **B** *n.* (*ling.*) geminata; consonante (*o* vocale) geminata.

to **geminate** /ˈdʒemɪneɪt/, **A** *v. t.* geminare; appaiare; render doppio; raddoppiare; duplicare. **B** *v. i.* diventare geminato.

gemination /dʒemɪˈneɪʃn/, *n.* ***1*** (*anche ling.*) geminazione; geminatura ***2*** raddoppiamento; duplicazione.

Gemini /ˈdʒemɪnaɪ, -niː/, **A** *n. pl.* (*col verbo al sing.*) ***1*** (*astron., astrol.*) Gemelli (*costellazione e III segno dello zodiaco*) ***2*** (*astrol.*) (un) gemelli; individuo nato sotto il segno dei Gemelli. **B** *a.* (*astrol.*) dei Gemelli.

Geminian /dʒeˈmɪnɪən/, (*astrol.*) **A** *n.* persona nata sotto il segno dei Gemelli. **B** *a.* dei Gemelli.

gemma /ˈdʒemə/, *n.* (*pl.* **gemmae**) (*bot.*) gemma.

gemmaceous /dʒeˈmeɪʃəs/, *a.* gemmario; delle gemme preziose.

gemmate /ˈdʒemət/, *a.* ***1*** (*biol.*) gemmato; che si riproduce per gemmazione ***2*** (*bot., zool.*) che ha gemme.

to **gemmate** /ˈdʒemeɪt/, *v. i.* ***1*** (*bot.*) gemmare; mettere le gemme ***2*** (*biol.*) riprodursi per gemmazione.

gemmation /dʒeˈmeɪʃn/, *n.* (*bot., biol.*) gemmazione.

gemmiferous /dʒeˈmɪfərəs/, *a.* (*biol., bot.*) gemmifero.

gemmiparous /dʒeˈmɪpərəs/, *a.* (*biol.*) gemmiparo.

gemmological /dʒeməˈlɒdʒɪkl/, *a.* gemmologico.

gemmologist /dʒeˈmɒlədʒɪst/, *n.* (*scient.*) gemmologo.

gemmology /dʒeˈmɒlədʒɪ/, *n.* (*scient.*) gemmologia.

gemmule /ˈdʒemjuːl/, *n.* (*biol.*) gemmula.

gemmy /ˈdʒemɪ/, *a.* ***1*** ingemmato ***2*** simile a gemma; splendente; gemmeo (*lett.*).

gemology /dʒeˈmɒlədʒɪ/, *V.* **gemmology**.

gemsbok /ˈɡemzbɒk/, *n.* (*pl.* **gemsbok, gemsboks**) (*zool., Oryx gazella*) antilope camoscio.

gemstone /ˈdʒemstəʊn/, *n.* (*miner.*) gemma grezza; pietra preziosa.

gen /dʒen/, *n.* (*abbr. pop. di* **general information**) informazioni.

to **gen** /dʒen/, (*pop., di solito* **to gen up**) **A** *v. t.* informare; dare istruzioni a (q.). **B** *v. i.* informarsi; assumere informazioni.

gendarme /ˈʒɒndɑːm, *USA* ˈʒɑːn-/ (*franc.*), *n.* ***1*** gendarme; poliziotto ***2*** (*alpinismo*) torrione.

gendarmerie /ʒɒnˈdɑːmərɪ, *USA* ʒɑːn-/ (*franc.*), *n.* gendarmeria.

gender /ˈdʒendə(r)/, *n.* ***1*** (*gramm.*) genere: **neuter g.**, genere neutro ***2*** sesso: **non-discrimination with regard to race, religion and g.**, mancanza di ogni discriminazione per razza, religione e sesso. ● (*pop.*) **g.-bender**, (*sost.*) travestito; (*teatr.*) travesti (*franc.*); (*elettr., USA*) riduttore (*per prese e spine*); (*agg.*) (*d'abiti, ecc.*) unisex □ (*med.*) **g. clinic**, clinica prenatale in cui si può scegliere il sesso del nascituro □ (*pop.*) **g.-crossing**, unisex □ (*psic.*) **g. identity**, identità sessuale.

to **gender** /ˈdʒendə(r)/, **A** *v. t.* (*poet.*) generare. **B** *v. i.* (*raro*) accoppiarsi.

genderism /ˈdʒendərɪzəm/, *n.* (*fam. USA*) discriminazione in base al sesso.

genderless /ˈdʒendələs/, *a.* (*ling.*) che non ha forme grammaticali distinte per indicare i generi.

gene /dʒiːn/, *n.* (*biol.*) gene. ● **g. frequency**, frequenza genica.

genealogical /dʒiːnɪəˈlɒdʒɪkl/, *a.* genealogico: **g. tree**, albero genealogico.

genealogist /dʒiːnɪˈælədʒɪst/, *n.* genealogista.

to **genealogize** /dʒiːnɪˈælədʒaɪz/, **A** *v. t.* fare la genealogia di (q.). **B** *v. i.* fare ricerche genealogiche.

genealogy /dʒiːnɪˈælədʒɪ/, *n.* genealogia.

genecology /dʒenɪˈkɒlədʒɪ/, *n.* (*ecol.*) ecogenetica.

genera /ˈdʒenərə/, *pl.* di **genus**.

generable /ˈdʒenərəbl/, *a.* generabile.

general (**1**) /ˈdʒenrəl/, *a.* ***1*** generale; comune; pubblico; collettivo; universale: **a g. strike**, uno sciopero generale; **a phrase that is in g. use**, una locuzione d'uso comune; **to work for the g. welfare**, operare per il bene pubblico, per il benessere collettivo; **a g. notion**, un concetto universale ***2*** generico; indeterminato; vago: **He spoke in g. terms**, parlò in termini generici; **a g. resemblance**, una vaga somiglianza. ● (*leg.*) **g. acceptance**, accettazione incondizionata (*d'una cambiale*) □ (*med.*) **g. anaesthesia**, anestesia totale □ (*ass., naut.*) **g. average**, avaria generale (*o* comune) □ (*naut.*) **g. bill of lading**, polizza di carico collettiva □ **g. business**, varie ed eventuali (*ultima voce in un ordine del giorno*) □ (*naut.*) **g. cargo**, carico misto (*o* a collettame) □ (*in G.B.*) **the G. Council**, il Consiglio Generale (*dei sindacati britannici*) ▫ (*banca*) **g. crossing**, sbarratura semplice (*di un assegno*) ▫ (*leg.*) **g. damages**, danni presunti dalla legge e ammessi senza bisogno di prova ▫ **g. dealer**, commerciante (*o* negoziante) in generi vari ▫ **a g. degree**, una laurea generica (*in varie discipline, senza specializzazione*) ▫ (*USA*) **g. delivery**, fermo posta ▫ **g. education**, istruzione di carattere generale (*non specializzata*) ▫ **g. election**, elezioni generali (*o* politiche) ▫ (*comm.*) **g. endorsement**, girata in bianco ▫ (*leg.*) **g. heir**, erede universale ▫ (*med.*) **a g. hospital**, un policlinico ▫ **g. knowledge**, cultura enciclopedica ▫ (*fin.*) **g. management**, direzione generale ▫ **g. manager**, direttore generale ▫ (*fin.*) **g. partner**, socio accomandatario ▫ (*fin.*) **g. partnership**, società in nome collettivo ▫ **G. Post Office**, posta centrale; direzione generale delle Poste ▫ **g. practice**, medicina generica ▫ (*med.*) **g. practitioner**, medico generico; medico di base ▫ (*leg.*) **g. proxy**, delega generale ▫ **the g. public**, il grande pubblico ▫ **g.-purpose**, pluriuso, multiuso, universale: **a g.-purpose computer**, un computer universale ▫ **a g. reader**, un lettore di letteratura varia; chi legge ogni sorta di libri ▫ (*fin., leg.*) **g. reserve**, riserva statutaria ▫ (*elab.*) **g. routine**, programma generale ▫ (*stat.*) **G. Register** (*in Scozia*: **Registry Office**), Istituto Centrale di Statistica ▫ (*a scuola*) **g. science**, scienze naturali, chimica e fisica ▫ **g. servant**, domestico (*o* domestica) tuttofare ▫ (*mil.*) **g. staff**, stato maggiore ▫ **a g. store**, un negozio di generi vari (*alimentari, ecc.*); una drogheria ▫ (*stor.*) **the G. Strike**, lo sciopero del 1926 in G.B. (*durò sei mesi*) ▫ (*relig.*) **the G. Synod**, il Sinodo Generale (*della Chiesa anglicana*) ▫ (*dog.*) **g. warehouse**, magazzino generale ▫ (*leg.*) **g. warrant**, mandato di cattura in bianco ▫ **as a g. rule**, in genere; di regola; generalmente ▫ **in g.**, in genere; generalmente; di solito ▫ **inspector g.**, ispettore generale ▫ **people in g.**, la maggior parte della gente; i più ▫ **Postmaster G.**, Ministro delle Poste.

general (2) /ˈdʒɛnrəl/, *n.* **1** (*specialm. mil.*) generale: **lieutenant g.**, tenente generale; **brigadier g.**, generale di brigata; **the g. of the Dominicans**, il generale dei domenicani **2** – (*fig.*) **the g.**, il generale (*contrario di*: il particolare) **3** – (*arc.*) **the g.**, la generalità; il volgo; il popolo **4** (*pl.*) (*raro*) generalità; principi (*o* nozioni) generali **5** (*med.*) anestesia totale.

generalissimo /dʒɛnrəˈlɪsɪməʊ/, *n.* (*pl.* **generalissimos**) (*mil.*) generalissimo; comandante delle forze armate.

generalist /ˈdʒɛnrəlɪst/, *n.* (*med.*) medico generico.

generality /dʒɛnəˈrælətɪ/, *n.* **1** generalità; idea generale **2** (*form.*) maggioranza; maggior parte; moltitudine: **the g. of students**, la maggior parte degli studenti **3** osservazione di carattere generale; banalità **4** (*pl.*) generalità; concetti generici. ● **to speak in generalities**, stare (*o* restare, tenersi) sulle generali.

generalization /dʒɛnrəlaɪˈzeɪʃn, *USA* -lɪˈz-/, *n.* generalizzazione.

to **generalize** /ˈdʒɛnrəlaɪz/, **A** *v. t.* generalizzare; rendere generale; esprimere in termini generali: **to g. a law**, rendere generale l'applicazione d'una legge. **B** *v. i.* **1** generalizzare; parlare in generale **2** stare sulle generali; fare discorsi generici.

generally /ˈdʒɛnrəlɪ/, *avv.* **1** generalmente; in genere; in generale; di solito: **What time do you g. get up?**, a che ora ti alzi di solito? **2** generalmente; universalmente: **He was g. blamed**, fu generalmente biasimato.

generalship /ˈdʒɛnrəlʃɪp/, *n.* **1** (*mil.*) generalato; grado di generale **2** abilità militare; strategia; tattica.

to **generate** /ˈdʒɛnəreɪt/, *v. t.* **1** generare; procreare **2** generare; cagionare; causare; produrre: **to g. a misunderstanding**, generare un equivoco **3** (*chim., elettr., ling.*) generare: **to g. sentences**, generare frasi. ● (*elettr.*) **generating plant** (*o* **generating station**), centrale elettrica ▫ (*elettr.*) **generating set**, gruppo elettrogeno.

generated /ˈdʒɛnəreɪtɪd/, *a.* **1** generato **2** (*di una parola*) che deriva (da): **computer-g.**, che deriva dal linguaggio dell'informatica.

generation /dʒɛnəˈreɪʃn/, *n.* **1** (*biol.*) generazione: **equivocal** (*o* **spontaneous**) **g.**, generazione spontanea **2** (*demogr.*) generazione: **We have known them for three generations**, li conosciamo da tre generazioni **3** (*scient.*) generazione; produzione; sviluppo: **the g. of steam**, la produzione di vapore; **the g. of gas**, lo sviluppo di gas. ● **the g. gap**, il gap generazionale.

generational /dʒɛnəˈreɪʃənl/, *a.* generazionale.

generative /ˈdʒɛnrətɪv, *USA* -əreɪtɪv/, *a.* **1** generativo; generatore; che produce (q.c.) **2** (*ling.*) generativo: **g.-transformational grammar**, grammatica generativo-trasformazionale.

generativist /ˈdʒɛnrətɪvɪst, *USA* -əreɪt-/, *n.* (*ling.*) generativista.

generator /ˈdʒɛnəreɪtə(r)/, *n.* **1** generatore **2** (*chim.*) generatore **3** (*elettr.*) generatore; (*a corrente continua*) dinamo **4** (*autom.*) dinamo **5** (*mat.*) (curva) generatrice. ● (*mecc.*) **steam g.**, generatore di vapore.

generatrix /ˈdʒɛnəreɪtrɪks/, *n.* (*pl.* **generatrices**) (*mat.*) (curva) generatrice.

generic /dʒəˈnɛrɪk/, *a.* (*anche biol.*) generico.

generically /dʒəˈnɛrɪklɪ/, *avv.* genericamente.

generosity /dʒɛnəˈrɒsətɪ/, *n.* **1** generosità; liberalità; magnanimità; munificenza **2** atto generoso, nobile **3** abbondanza.

generous /ˈdʒɛnərəs/, *a.* **1** generoso; liberale; magnanimo; munifico: **a g. nature**, un carattere generoso **2** abbondante; ricco: **a g. portion of food**, un'abbondante porzione di cibo; **a g. harvest**, un raccolto abbondante **3** (*di vino*) generoso; forte **4** (*di terreno*) fertile. ‖ **-ly**, *avv.* ‖ **-ness**, *sost.*

genesis /ˈdʒɛnəsɪs/, *n.* (*pl.* **geneses**) genesi; origine. ● (*relig.*) **the** (**Book of**) **G.**, la Genesi.

genet /ˈdʒɛnɪt/, *n.* **1** (*zool., Genetta*) genetta **2** pelliccia di genetta.

genetic /dʒəˈnɛtɪk/, **genetical** /dʒəˈnɛtɪkl/, *a.* genetico: (*biol.*) **g. code**, codice genetico; **g. engineering**, ingegneria genetica. ● **g. map**, mappa cromosomica. ‖ **-ally**, *avv.*

geneticist /dʒəˈnɛtɪsɪst/, *n.* genetista.

genetics /dʒəˈnɛtɪks/, *n. pl.* (*col verbo al sing.*) genetica.

Geneva /dʒəˈniːvə/, *n.* (*geogr.*) Ginevra: **the Lake of G.**, il lago di Ginevra. ● **G. Cross**, Croce Rossa Internazionale ▫ **G. gown**, tunica nera (*dei predicatori calvinisti*).

Genevan /dʒəˈniːvn/, *a.* e *n.* ginevrino.

Genevese /dʒɛnɪˈviːz/, *a.* e *n.* (*invar. al pl.*) *V.* **Genevan**.

Genevieve /ʒɛnvɪˈeɪv/, *n.* Genoveffa.

genial (1) /ˈdʒiːnɪəl/, *a.* **1** cordiale; affabile; gioviale; piacevole; socievole: **a g. old sailor**, un gioviale vecchio marinaio; **a g. face**, un viso cordiale; **a g. character**, un carattere socievole **2** benefico; benigno; clemente; mite: **the g. sunshine**, i benigni raggi del sole; **a g. climate**, un clima mite **3** (*raro*) geniale; di genio: **a g. intuition**, un'intuizione geniale. ● **g. wine**, vino generoso.

genial (2) /dʒəˈniːəl/, *a.* (*anat.*) del mento.

geniality /dʒiːnɪˈælətɪ/, *n.* **1** cordialità; giocondità; giovialità; piacevolezza; socievolezza **2** mitezza (*del clima, ecc.*).

genially /ˈdʒiːnɪəlɪ/, *avv.* cordialmente; affabilmente; giovialmente.

genic /ˈdʒɛnɪk/, *a.* (*biol.*) genico; del gene.

geniculate /dʒəˈnɪkjʊlət/, **geniculated** /dʒəˈnɪkjʊleɪtɪd/, *a.* (*scient.*) genicolato.

genie /ˈdʒiːnɪ/, *n.* (*pl.* **genies, genii**) (*mitol.*) genio; genietto; spiritello.

genii /ˈdʒiːnɪaɪ/, *pl.* di **genius** *e* di **genie**.

genista /dʒəˈnɪstə/, *n.* (*bot., Genista*) ginestra.

genital /ˈdʒɛnɪtl/, *a.* (*anat.*) genitale: **g. organs**, organi genitali.

genitalia /dʒɛnɪˈteɪlɪə/, **genitals** /ˈdʒɛnɪtlz/, *n. pl.* (*anat.*) organi genitali; i genitali.

genitival /dʒɛnəˈtaɪvl/, *a.* (*gramm.*) del genitivo.

genitive /ˈdʒɛnətɪv/, *a.* e *n.* (*gramm.*) genitivo: **the g. case**, il caso genitivo; **g. absolute**, genitivo assoluto.

genito-urinary /dʒɛnɪtəʊˈjʊərɪnrɪ, *USA* -nɛrɪ/, *a.* (*anat.*) genitourinario.

genius /ˈdʒiːnɪəs/, *n.* **1** (*pl.* **geniuses**) genio (*in ogni senso*); ingegno sommo; demone; spirito: **a work of g.**, un'opera di genio; **Beethoven was a musical g.**, Beethoven è stato un genio della musica; **She has been my good** [**evil**] **g.**, è stata il mio buon [cattivo] genio **2** (*mitol.*: *pl.* **genii**) genio; genietto; spirito; demone **3** (*fig.*) genio; spirito; carattere fondamentale: **the g. of Elizabethan literature**, il carattere fondamentale della letteratura elisabettiana **4** (*fig.*) ingegno; talento: **a man of g.**, un uomo d'ingegno; **He has a g. for maths**, ha talento per la matematica. ● **g. loci**, nume tutelare; (*fig.*) atmosfera (*o* spirito) di un luogo ▫ **to have a g. for**, essere tagliato per: **He has a g. for commerce**, è tagliato per il commercio.

genned up /ˈdʒɛndˈʌp/, *a.* (*pop.*) bene informato; informatissimo; al corrente: **to be g. about** (*o* **on**) **st.**, essere al corrente di q.c.

Genoa /ˈdʒɛnəʊə/, *n.* (*geogr.*) Genova. ● **G. cake**, torta di frutta, ricoperta di mandorle ▫ (*naut.*) **G. jib**, genoa.

genocide /ˈdʒɛnəsaɪd/, *n.* genocidio.

Genoese /dʒɛnəʊˈiːz/, *a.* e *n.* (*invar. al pl.*) genovese.

genome /ˈdʒiːnəʊm/, *n.* (*biol.*) genoma.

genotype /ˈdʒɛnətaɪp/, *n.* (*biol., ling.*) genotipo.

genotypic(al) /dʒɛnəˈtɪpɪkl/, *a.* (*biol.*) genotipico.

genre /ˈʒɑːnrə, ˈʒɒn-/ (*franc.*), *n.* **1** genere; genere letterario; maniera; stile **2** (*form.*) genere; sorta; specie.

gent /dʒɛnt/, *n.* (*pop., abbr. di* **gentleman**) gentiluomo; signore. ● (*fam.*) **«gents»**, (gabinetto per) «signori» (*in un albergo e sim.*).

genteel /dʒɛnˈtiːl/, *a.* **1** distinto; signorile; garbato **2** (*iron.*) che ostenta modi raffinati; manieroso **3** (*arc.*) di nobili natali; nobile. ● **a g. expression**, un'espressione forbita ▫ **a g. position**, un'occupazione rispettabile ▫ **to live in g. poverty**, vivere in ristrettezze, ma salvando il decoro.

genteelism /dʒɛnˈtiːlɪzəm/, *n.* eufemismo (*un po' manierato*).

gentian /ˈdʒɛnʃn/, *n.* (*bot.*) **1** (*Gentiana*) genziana **2** (= **g.-root**) radice di genziana. ● (*farm.*) **g.-bitter**, amaro ricavato dalle radici della genziana.

gentianella /dʒɛnʃəˈnɛlə/, *n.* (*bot., Gentiana acaulis*) genzianella.

gentile /ˈdʒɛntaɪl/, *a.* e *n.* **1** gentile (*lett.*); pagano **2** (*gramm.*) (nome) di nazionalità.

gentilitial /dʒɛntɪˈlɪʃl/, *a.* gentilizio: **g. name**, nome gentilizio.

gentility /dʒɛnˈtɪlətɪ/, *n.* **1** nascita elevata; nobiltà d'origini; distinzione **2** gentilezza; raffinatezza; modi raffinati: **shabby g.**, raffinatezza pretenziosa (*di chi è povero*).

gentle (1) /ˈdʒɛntl/, *a.* **1** cortese; gentile; garbato: **g. manners**, modi garbati **2** delicato; grazioso; fine; lieve; mite; moderato; tenero: **a g. touch**, un tocco delicato; **a g. wind**, un lieve vento; un venticello; **a g. slope**, un lieve pendio; **a g. rebuke**, un mite rimbrotto; **g. eyes**, occhi teneri **3** (*arc.*) nato da famiglia elevata; eletto; nobile; gentilizio: **a person of g. blood**, una persona di sangue nobile; **a g. knight**, un nobile cavaliere. ● **g. breeze**, brezza tesa ▫ **the g. craft**, la pesca con la lenza ▫ **the g. sex**, il gentil sesso.

gentle (2) /ˈdʒɛntl/, *n.* baco, verme, larva (*usati come esca*).

to **gentle** /ˈdʒɛntl/, *v. t.* domare; trattare con dolce fermezza (*un cavallo*).

gentlefolk(s) /ˈdʒɛntlfəuk(s)/, *n.* gente di qualità; nobili.

gentlehood /ˈdʒɛntlhud/, *n.* nobiltà; l'esser di nascita elevata.

gentleman /ˈdʒɛntlmən/, *n.* (*pl.* **gentlemen**) *1* gentiluomo; signore: **He is a true g.**, è un vero gentiluomo; **Who's the g. down there?**, chi è quel signore laggiù? *2* (*un tempo*) uomo che vive di rendita *3* (*stor.*, = **g. in waiting**) gentiluomo di corte, del seguito (*d'un sovrano*) *4* (*stor.*) uomo libero che (*pur non essendo nobile*) aveva il diritto di portare le armi. ● **a g.'s** (*o* **gentlemen's**) **agreement**, un accordo leale (*sulla parola*); (*polit.*) un accordo in forma semplificata □ **g.-at-arms**, membro della guardia del corpo del re (*o* della regina) □ (*stor.*) **g. commoner**, studente di Oxford (*o* di Cambridge) che godeva di speciali privilegi □ (*autom., sport*) **g. driver**, pilota non professionista □ **g. farmer**, signore di campagna, proprietario terriero; (*anche*) chi fa l'agricoltore per hobby □ (*USA*) **the g. from...**, l'illustre collega, deputato per il collegio di... (*formula usata alla Camera dei Rappresentanti*) □ **g.'s g.**, domestico personale di un gentiluomo; maggiordomo □ (*ippica*) **g. rider**, cavaliere non professionista □ **g. usher**, usciere di un personaggio illustre □ **Ladies and Gentlemen!**, Signore e Signori! □ (*scherz.*) **the old g.**, il diavolo.

gentlemanlike /ˈdʒɛntlmənlaɪk/, *a.* da gentiluomo; signorile; distinto; raffinato.

gentlemanly /ˈdʒɛntlmənlɪ/, *V.* **gentlemanlike**. || **-iness**, *sost.*

gentleness /ˈdʒɛntlnəs/, *n.* *1* dolcezza (*di modi, ecc.*); cortesia; gentilezza; garbo *2* delicatezza; lievità; mitezza; tenerezza.

gentlewoman /ˈdʒɛntlwʊmən/, *n.* (*pl.* **gentlewomen**) (*arc.*) *1* gentildonna *2* signora (*ora più comune* **lady**) *3* (*stor.*) gentildonna del seguito (*della regina, ecc.*).

gently /ˈdʒɛntlɪ/, *avv.* *1* dolcemente; delicatamente; lievemente; teneramente: **Treat the boy g.**, tratta benevolmente il ragazzo!; **Put it down g.**, posalo con delicatezza (*o* piano); **He rebuked me g.**, mi rimproverò ma con delicatezza; **The hill sloped g.**, il colle digradava lievemente *2* adagio; a bassa voce; piano. ● **g. born**, di nobile lignaggio □ **g. bred**, allevato da gentiluomo.

gentrification /dʒɛntrɪfɪˈkeɪʃn/, *n.* (*edil.*) trasformazione in quartiere (*o* in strada) residenziale (*o* signorile).

to **gentrify** /ˈdʒɛntrɪfaɪ/, *v. t.* (*di solito al passivo*) trasformare (*un quartiere, una strada*) in residenziale; rendere signorile.

gentry /ˈdʒɛntrɪ/, *n.* *1* nobiltà minore; piccola nobiltà *2* persone di buona famiglia; gente perbene *3* (*iron. spreg.*) gente; gentaglia; individui: **these g.**, questa gentaglia. ● **the landed g.**, la proprietà terriera (*i proprietari*) □ **the newspaper g.**, i giornalisti.

genual /ˈdʒɛnjʊəl/, *a.* (*anat.*) del ginocchio.

to **genuflect** /ˈdʒɛnjʊflɛkt/, *v. i.* genuflettersi; inginocchiarsi.

genuflection, genuflexion /dʒɛnjʊˈflɛkʃn/, *n.* genuflessione.

genuine /ˈdʒɛnjʊɪn/, *a.* *1* genuino; naturale; autentico; schietto; sincero: **a g. vintage wine**, un vino genuino, di buona annata; **a g. signature**, una firma autentica *2* non artificiale; vero: **a g. emerald**, uno smeraldo vero; **a g. idealist**, un vero idealista. || **-ly**, *avv.* || **-ness**, *sost.*

genus /ˈdʒiːnəs/, *n.* (*pl.* **genera**) genere (*specialm. in biol., filos.* e *mat.*): **the g. Homo**, il genere umano.

geoanticline /dʒiːəʊˈæntɪklaɪn/, *V.* **geanticline.**

geocentric /dʒiːəˈsɛntrɪk/, *a.* (*astron.*) geocentrico.

geochemical /dʒiːəˈkɛmɪkl/, *a.* (*geol.*) geochimico.

geochemistry /dʒiːəˈkɛmɪstrɪ/, *n.* (*geol.*) geochimica.

geochronology /dʒiːəkrəˈnɒlədʒɪ/, *n.* (*geol.*) geocronologia; cronologia della terra.

geode /ˈdʒiːəʊd/, *n.* (*geol.*) geode.

geodesic /dʒiːəˈdɛsɪk/, **A** *a.* (*tecn., scient.*) geodetico. **B** *n.* (*mat.*) (curva) geodetica. ● (*mat.*) **g. line**, linea geodetica.

geodesist /dʒiːˈɒdəsɪst/, *n.* (*scient.*) geodeta.

geodesy /dʒiːˈɒdəsɪ/, *n.* (*geofisica*) geodesia.

geodetic(al) /dʒiːəʊˈdɛtɪk(l)/, *a.* (*scient.*) geodetico.

Geoffrey /ˈdʒɛfrɪ/, *n.* Goffredo.

geognosy /dʒɪˈɒgnəsɪ/, *n.* (*geol.*) geognosia.

geogony /dʒɪˈɒgənɪ/, *n.* (*scient.*) geogonia.

geographer /dʒɪˈɒgrəfə(r)/, *n.* geografo, geografa.

geographic(al) /dʒɪəˈgræfɪkl/, *a.* geografico. || **-ally**, *avv.*

geography /dʒɪˈɒgrəfɪ/, *n.* *1* geografia: **physical g.**, geografia fisica *2* struttura geografica; configurazione.

geoid /ˈdʒiːɔɪd/, *n.* (*scient.*) geoide.

geologic(al) /dʒɪəˈlɒdʒɪk(l)/, *a.* geologico. || **-ally**, *avv.*

geologist /dʒɪˈɒlədʒɪst/, *n.* geologo, geologa.

to **geologize** /dʒɪˈɒlədʒaɪz/, **A** *v. i.* studiare geologia (*o* la geologia d'un luogo). **B** *v. t.* (*raro*) studiare (*un luogo*) dal punto di vista geologico.

geology /dʒɪˈɒlədʒɪ/, *n.* geologia. ● **structural g.**, tettonica.

geomagnetic /dʒiːəmægˈnɛtɪk/, *a.* (*geofisica*) geomagnetico.

geomagnetism /dʒiːəˈmægnɪtɪzəm/, *n.* (*geofisica*) geomagnetismo.

geomancer /ˈdʒiːəmænsə(r)/, *n.* geomante.

geomancy /ˈdʒiːəmænsɪ/, *n.* geomanzia.

geomantic /dʒiːəˈmæntɪk/, *a.* geomantico.

geometer /dʒɪˈɒmɪtə(r)/, *n.* *1* geometra (*raro*); esperto di geometria *2* (*zool.*) geometride (*farfalla notturna*).

geometric(al) /dʒɪəˈmɛtrɪk(l)/, *a.* geometrico: **g. designs**, disegni geometrici; **g. progression**, progressione geometrica. || **-ally**, *avv.*

geometrician /dʒɪəməˈtrɪʃn/, *V.* **geometer**.

to **geometrize** /dʒɪˈɒmətraɪz/, **A** *v. i.* *1* studiare geometria *2* fare calcoli geometrici. **B** *v. t.* dare forma geometrica a.

geometry /dʒɪˈɒmətrɪ/, *n.* *1* geometria: **plane g.**, geometria piana *2* (*autom., mecc.*) assetto: **front-wheel g.**, assetto delle ruote anteriori.

geomorphologic(al) /dʒiːəmɔːfəˈlɒdʒɪk(l)/, *a.* (*geol.*) geomorfologico.

geomorphology /dʒiːəmɔːˈfɒlədʒɪ/, *n.* (*geol.*) geomorfologia.

geophagist /dʒɪˈɒfədʒɪst/, *n.* (*med.*) geofago.

geophagous /dʒɪˈɒfəgəs/, *a.* (*zool.*) geofago.

geophagy /dʒɪˈɒfədʒɪ/, *n.* (*med.*) geofagia.

geophone /ˈdʒiːəfəʊn/, *n.* (*geofisica*) geofono.

geophysical /dʒiːəʊˈfɪzɪkl/, *a.* geofisico.

geophysicist /dʒiːəʊˈfɪzɪsɪst/, *n.* studioso di geofisica; geofisico.

geophysics /dʒiːəʊˈfɪzɪks/, *n. pl.* (*col verbo al sing.*) geofisica.

geophyte /ˈdʒiːəfaɪt/, *n.* (*ecol.*) geofita.

geopolitical /dʒiːəpəˈlɪtɪkl/, *a.* geopolitico.

geopolitics /dʒiːəˈpɒlətɪks/, *n. pl.* (*col verbo al sing.*) geopolitica.

geoprobe /ˈdʒiːəprəʊb/, *n.* (*miss.*) geosonda.

George /dʒɔːdʒ/, *n.* *1* Giorgio *2* gioiello con l'immagine di San Giorgio (*parte dell'insegna dell'ordine della Giarrettiera*) *3* (*gergo aeron.*) pilota automatico. ● **G. Medal**, medaglia di San Giorgio (*decorazione al valore*) □ (*arc.*) **by G.!**, perbacco! □ **St G.**, San Giorgio (*patrono dell'Inghilterra*) □ **St G.'s cross**, la croce di San Giorgio □ **St G.'s day**, il 23 aprile.

georgette /dʒɔːˈdʒɛt/, *n.* (*ind. tess.*) georgette.

Georgian (1) /ˈdʒɔːdʒən, -ɪən/, *a.* (*stor., archit.*) georgiano (*dell'epoca dei re d'Inghilterra Giorgio I, II, III, IV o dei re Giorgio V e VI*): **G.-style bow windows**, bovindo in stile georgiano.

Georgian (2) /ˈdʒɔːdʒən, -ɪən/, *a.* e *n.* (*geogr.*) georgiano; (abitante) della Georgia.

georgic /ˈdʒɔːdʒɪk/, **A** *a.* georgico. **B** *n.* (*poesia*) georgica.

geosphere /ˈdʒiːəsfɪə(r)/, *n.* (*geol.*) geosfera.

geostationary /dʒiːəˈsteɪʃənrɪ, *USA* -nɛrɪ/, *a.* (*miss.*) geostazionario: **g. orbit**, orbita geostazionaria.

geosynchronous /dʒiːəʊˈsɪŋkrənəs/, *a.* (*miss.*) geosincrono.

geosynclinal /dʒiːəsɪnˈklaɪnl/, *a.* (*geol.*) di geosinclinale; geosinclinalico.

geosyncline /dʒiːəˈsɪnklaɪn/, *n.* (*geol.*) geosinclinale.

geothermal /dʒiːəˈθɜːml/, **geothermic** /dʒiːəˈθɜːmɪk/, *a.* (*geol., fis.*) geotermico: **g. power**, energia geotermica.

geotropic /dʒiːəˈtrɒpɪk/, *a.* (*bot.*) geotropico.

geotropism /dʒɪˈɒtrəpɪzəm/, *n.* (*bot.*) geotropismo.

Gerald /ˈdʒɛrəld/, *n.* Geraldo.

Geraldine /ˈdʒɛrəldiːn/, *n.* Geraldina.

geranium /dʒəˈreɪnɪəm/, *n.* (*bot., Geranium*) geranio.

Gerard /ˈdʒɛrɑːd, *USA* dʒəˈrɑːd/, *n.* Gerardo.

gerbil /ˈdʒɜːbɪl/, *n.* (*zool., Gerbillus gerbillus*) gerbillo.

gerfalcon /ˈdʒɜːfɔːlkən, *USA* -fæl-/, *n.* (*zool., Hierofalco*) girifalco.

geriatric /dʒɛrɪˈætrɪk/, *a.* (*med.*) geriatrico: **g. department**, reparto geriatrico. ● (*spreg.*) **g. leadership**, gerontocrazia.

geriatrician /dʒɛrɪəˈtrɪʃn/, *V.* **geriatrist**.

geriatrics /dʒɛrɪˈætrɪks/, *n. pl.* (*col verbo al sing.*) (*med.*) geriatria.

geriatrist /ˈdʒɛrɪətrɪst/, *n.* (*med.*) geriatra.

germ /dʒɜːm/, *n.* *1* (*biol.*) germe; batterio; microbo: **free from germs**, privo di germi *2* (*fig.*) germe; embrione (*biol.* e *fig.*): **the g. of an idea**, l'embrione di un'idea; **The plant is still in g.**, la pianta è ancora in germe. ● (*med.*) **g.-carrier**, portatore di germi □ (*biol.*) **g. cell**, cellula germinale □ (*mil.*) **g. warfare**, guerra batteriologica.

to **germ** /dʒɜːm/, *v. i.* (*fig. raro*) nascere, germogliare (*fig.*).

german /ˈdʒɜːmən/, *a.* germano: **brother-g.**, fratello germano; **sister-g.**, sorella germana.

German /ˈdʒɜːmən/, *a.* e *n.* tedesco (*anche la lingua*). ● (*med.*) **G. measles**, rosolia □ **G. silver**, argentone; alpacca □ **G. shepherd (dog)**, alsaziano; pastore tedesco (*cane*) □ (*ling.*) **High G.**, alto tedesco □ (*ling.*) **Low G.**, basso tedesco.

germander /dʒɜːˈmændə(r)/, *n.* (*bot., Teucrium*) teucrio. ● (*bot.*) **wall g.** (*Teucrium chamaedrys*), erba querciola.

germane /dʒɜːˈmeɪn/, **A** *a.* appropriato; concernente; pertinente: **a point g. to the subject**, un punto che ha pertinenza con l'argomento. **B** *n.* (*chim.*) germanio.

Germanic /dʒɜːˈmænɪk/, *a.* e *n.* germanico: (*stor.*) **the G. Empire**, l'impero germanico; (*ling.*) **West G.**, il germanico occidentale.

Germanism /ˈdʒɜːmənɪzəm/, *n.* germanismo; germanesimo.

Germanist /ˈdʒɜːmənɪst/, *n.* germanista.

Germanistics /dʒɜːməˈnɪstɪks/, *n. pl.* (*col verbo al sing.*) germanistica.

germanium /dʒɜːˈmeɪnɪəm/, *n.* (*chim.*) germanio.

Germanization /dʒɜːmənaɪˈzeɪʃn, *USA* -nɪˈz-/, *n.* germanizzazione.

to **germanize** /ˈdʒɜːmənaɪz/, **A** *v. t.* *1* germanizzare *2* tradurre in tedesco. **B** *v. i.* germanizzarsi.

Germanophile /dʒɜːˈmænəfaɪl, *USA* -fɪl/, *a.* e *n.* germanofilo.

Germanophobe /dʒɜːˈmænəfəʊb/, *a.* e *n.* germanofobo.

Germanophobia /dʒɜːmænəˈfəʊbɪə/, *n.* germanofobia.

Germany /ˈdʒɜːmənɪ/, *n.* (*geogr.*) Germania.

germen /ˈdʒɜːmən/, *n.* (*pl.* **germens, germina**) ***1*** germe (*soltanto fig.*) ***2*** (*bot.*) ovario.

germfree /ˈdʒɜːmfriː/, *a.* (*biol., med.*) senza germi.

germicidal /dʒɜːmɪˈsaɪdl/, *a.* germicida.

germicide /ˈdʒɜːmɪsaɪd/, *a.* e *n.* (*chim., med.*) germicida.

germinal /ˈdʒɜːmɪnəl/, *a.* ***1*** (*biol.*) germinale ***2*** (*fig.*) embrionale; in germe.

germinant /ˈdʒɜːmɪnənt/, *a.* (*bot.*) germinante; che germoglia.

to **germinate** /ˈdʒɜːmɪneɪt/, **A** *v. i.* ***1*** (*biol.*) germinare; germogliare ***2*** (*fig.*) nascere; svilupparsi. **B** *v. t.* ***1*** far germinare ***2*** (*fig.*) far nascere; produrre.

germination /dʒɜːmɪˈneɪʃn/, *n.* ***1*** (*biol.*) germinazione; (*bot.*) germogliamento ***2*** (*fig.*) nascita (*fig.*); sviluppo; evoluzione.

germinative /ˈdʒɜːmɪnətɪv, *USA* -əreɪtɪv/, *a.* ***1*** (*biol.*) germinativo ***2*** (*fig.*) che si sviluppa; che evolve.

gerontocracy /dʒɛrɒnˈtɒkrəsɪ/, *n.* (*polit.*) gerontocrazia.

gerontologist /dʒɛrɒnˈtɒlədʒɪst/, *n.* (*med.*) gerontologo.

gerontology /dʒɛrɒnˈtɒlədʒɪ/, *n.* (*med.*) gerontologia.

gerovital /dʒɛrəʊˈvaɪtl/, *n.* (*marchio*: *farm.*) gerovital.

gerrymander /ˈdʒɛrɪmændə(r)/, *n.* ***1*** manipolazione di collegi elettorali ***2*** (*per estens.*) broglio elettorale.

to **gerrymander** /ˈdʒɛrɪmændə(r)/, *v. t.* ***1*** dividere (*un territorio*) in collegi (*o* distretti elettorali) in modo da avvantaggiare un partito ***2*** manipolare (*un collegio elettorale, ecc.*).

gerrymanderer /ˈdʒɛrɪmændərə(r)/, *n.* manipolatore di collegi elettorali.

Gertrude /ˈgɜːtruːd/, *n.* Geltrude; Gertrude.

gerund /ˈdʒɛrənd/, *n.* (*gramm.*) gerundio. ● (*scherz., arc.*) **g.-grinder**, «macina-gerundi»; professore di latino; insegnante pedante.

gerundial /dʒəˈrʌndɪəl/, *a.* (*gramm.*) del gerundio; gerundivo.

gerundival /dʒɛrənˈdaɪvl/, *a.* (*gramm.*) gerundivo.

gerundive /dʒəˈrʌndɪv/, *a.* e *n.* (*gramm.*) gerundivo.

gesso /ˈdʒɛsəʊ/, *n.* (*pl.* **gessoes**) (*arte*) ***1*** gesso per calchi (*o* da stucchi) ***2*** calco in gesso.

Gestalt /gəˈʃtælt, *USA* -ɑːlt/ (*ted.*), *n.* (*psic.*) Gestalt. ● **G. psychology**, gestaltismo.

gestapo /gɛˈstɑːpəʊ, gə-/ (*ted.*), *n.* (*pl.* **gestapos**) (*stor.*) gestapo.

gestation /dʒɛˈsteɪʃn/, *n.* (*biol.*) gestazione (*anche fig.*); gravidanza: **g. period**, periodo della gravidanza; **g. time**, tempo di gestazione.

gestational /dʒɛˈsteɪʃənl/, *a.* gestazionale; della gravidanza: **g. age**, età della gravidanza.

gestatorial /dʒɛstəˈtɔːrɪəl/, *a.* gestatorio: **g. chair**, sedia gestatoria.

to **gesticulate** /dʒɛˈstɪkjʊleɪt/, **A** *v. i.* gesticolare; parlare a gesti. **B** *v. t.* dire gesticolando; esprimere a gesti.

gesticulation /dʒɛstɪkjʊˈleɪʃn/, *n.* ***1*** gesticolazione; gesticolamento ***2*** gesto.

gesticulator /dʒɛˈstɪkjʊleɪtə(r)/, *n.* gesticolatore.

gesticulatory /dʒɛˈstɪkjʊlətrɪ, *USA* -tɔːrɪ/, *a.* ***1*** di (*o* simile a) gesto ***2*** che gesticola.

gestosis /Gɛˈstəʊsɪs/, *n.* (*pl.* **gestoses**) (*med.*) gestosi.

gestural /ˈdʒɛstʃərəl/, *a.* gestuale: **g. communication**, comunicazione gestuale; **g. art**, arte gestuale.

gesture /ˈdʒɛstʃə(r)/, *n.* ***1*** gesto; atto: **a g. of despair**, un gesto di disperazione; **a g. of sympathy**, un gesto di simpatia; **a g. of friendship**, un atto d'amicizia ***2*** espressione gestuale; il gestire; la mimica. ● **g. language**, il linguaggio dei gesti.

to **gesture** /ˈdʒɛstʃə(r)/, **A** *v. i.* gestire; gesticolare. **B** *v. t.* esprimere a gesti. ● **to g. sb. over**, fare a q. il gesto di avvicinarsi.

get /gɛt/, *n.* ***1*** (*di animali*) piccolo; cucciolo ***2*** (*di animali*) procreazione ***3*** (*tennis*) rinvio difficilissimo.

to **get** /gɛt/ (*pass.* e *p. p.* **got**; *p. p. arc.* o *USA* **gotten**), **A** *v. t.* ***1*** ottenere; procurarsi; prendere; andare a prendere; acquistare; comprare: **to get a good job**, ottenere un buon impiego; **Where did you get the money?**, dove ti sei procurato il denaro?; **They pay corrupt politicians to get business**, pagano i politici corrotti per ottenere commesse di lavori; **Go and get the tickets!**, vai a comprare i biglietti!; **I'll get my suitcase**, vado a prendere la valigia; **I didn't get much for my old car**, non ho preso molto della mia auto usata; **to get a slap**, prendere (*o* beccarsi) uno schiaffo; **I got a punch in the face**, mi presi un pugno in faccia; **to get a bank loan**, ottenere un mutuo da una banca; **The children got the measles**, i bambini presero il morbillo; **Where do I get a bus to the station?**, dove si prende l'autobus per la stazione?; **Can you get Monte Carlo on your TV set?**, riesci a prendere Montecarlo con il tuo televisore?; **At last the police got the murderer**, alla fine la polizia prese l'assassino; **He got a good scolding**, si prese una bella sgridata; **I got a bad cold**, mi presi (*o* mi buscai) un brutto raffreddore ***2*** prendere; guadagnare; ricavare; ricevere: **He gets a good pension**, prendere una buona pensione; **How much do you get a week?**, quanto prendi alla settimana?; **You haven't got much by it**, non ci hai guadagnato molto; **We got a lot of money for our country house**, ricavammo un bel po' di soldi dalla vendita della nostra villa ***3*** ricevere: **He got a computer for his birthday**, per il suo compleanno ha ricevuto (in dono) un computer; **Did you get my letter?**, hai ricevuto la mia lettera? ***4*** afferrare (*fig.*); capire; comprendere; cogliere (*fig.*): **I don't get your meaning**, non afferro il significato delle tue parole; **Don't get me wrong!**, non capirmi male!; non fraintendermi!; **He didn't get the joke**, non ha colto la battuta; (*fig.*) **to get the message**, capire la situazione (*o* l'allusione, ecc.); **I don't get it**: **why did you do it?**, non lo capisco: perché l'hai fatto?; (*fam.*) **Get it?**; **Get the message** (*o* **the picture**)?, hai capito?; ci sei? ***5*** udire; sentire: **I didn't quite get what you said**, non ho sentito bene quello che hai detto ***6*** portare; condurre; far arrivare; far pervenire; accompagnare; far approdare (*fig.*): **I got her to the station and put her on the train**, la portai in stazione e la misi sul treno; **The taxi got me to the airport in time**, il taxi mi fece arrivare in tempo all'aeroporto; **Get this manuscript to the printer!**, porta (*o* fai pervenire) questo manoscritto in tipografia!; **We must get her home**, dobbiamo portarla (*o* accompagnarla) a casa; **Anger will get you nowhere**, arrabbiandoti non approderai a nulla ***7*** preparare (*un pasto*): **Will you get breakfast for us?**, ci prepari la colazione?; **I'll get the children their supper tonight**, questa sera preparo io la cena ai bambini ***8*** mettersi in contatto con (q.); trovare (q., *anche al telefono*); prendere (*una telef.*): **See if you can get the manager**, vedi se riesci a vedere (*o* a parlare con) il direttore; **«The phone is ringing» «I'll get it»**, «Suona il telefono» «Prendo io!»; **I wanted to speak to him, but I got his wife**, volevo parlare con lui, ma ho trovato (*o* mi ha risposto) sua moglie ***9*** (*fam.*) trovare; avere; esserci: **If you get time, go and see the Book Fair**, se trovi il tempo, vai a vedere la Fiera del Libro!; **I never get a chance to meet her**, non ho mai l'occasione d'incontrarla; **In summer we get plenty of sunshine here**, d'estate abbiamo molto sole qui; **You get terrible traffic jams at weekends in London**, a Londra nei weekend ci sono tremendi ingorghi di traffico ***10*** (*causativo*: *seguito da compl. ogg. più verbo all'inf.*) convincere; indurre; persuadere; fare: **I got him to leave**, lo convinsi ad andarsene; **I'll get my father to do it**, lo farò fare a mio padre ***11*** (*causativo*: *seguito da un part. pass.*) fare: **They got her married at once**, la fecero sposare subito; **I must get my watch repaired**, devo fare riparare l'orologio; **to get sb. drunk**, fare ubriacare q. ***12*** (*causativo*: *seguito da un part. pres. o un agg.*) fare: **He got my TV set working again by fiddling with some wires**, armeggiando con dei fili, mi fece funzionare di nuovo (*o* mi rimise in funzione) il televisore; **The door was jammed but I got it open**, la porta s'era incastrata ma io la feci aprire ***13*** (*causativo*: *seguito da una prep. di luogo*) fare (*più inf. di verbo di moto*): **Get that dog out of my room!**, fai uscire quel cane dalla mia stanza!; **We cannot get the table into the house**, non riusciamo a fare entrare la tavola in casa; **I'm trying to get the wire through the hole**, sto tentando di far passare il filo (metallico) attraverso il foro ***14*** (*fam.*) eccitare; emozionare; mandare in visibilio: **A ride on the roller coaster really gets him**, un giro sulle montagne russe lo manda in visibilio ***15*** (*fam.*) infastidire; seccare; urtare (*fig.*); dare ai nervi a (q.): **It really gets me when she starts complaining**, quando comincia a lagnarsi, mi dà proprio ai nervi ***16*** (*fam.*) confondere; rendere (q.) perplesso; sconcertare: **This problem is too difficult**; **it really gets me**, questo problema è troppo difficile; mi sconcerta proprio ***17*** (*fam.*) cogliere in fallo; beccare, prendere in castagna (*fam.*): **I cannot answer this question**: **you've got me there!**, a questa domanda, non so rispondere: mi hai preso in castagna! ***18*** (*fam.*) recepire; notare; osservare: **Did you get the look on his face?**, hai notato che faccia aveva (*o* che faccia ha fatto)? ***19*** (*fam.*) beccare (*fam.*); acchiappare: **They escaped from the island prison, but the sharks got them**, fuggirono dal carcere dell'isola, ma li beccarono i pescecani ***20*** beccare (*fam.*); colpire; prendere; ferire; ammazzare: **I got the lion at the first shot**, beccai il leone al primo colpo; **The bullet got me on the left leg**, la pallottola mi colpì (*o* mi prese) alla gamba sinistra ***21*** (*idiom., in numerose espressioni indicanti spostamento, cambiamento, ecc.*; *per es.*:) **to get the children ready for school**, preparare i bambini per la (*o* per mandarli a) scuola; **to get the children from school**, andare a prendere i bambini a scuola (*o* all'uscita); **to get the children to bed**, mettere a letto i bambini; **to get one's hands dirty**, sporcarsi le mani; **to get one's hair cut**, farsi (fare) i capelli; **to get one's head broken**, rompersi la testa ***22*** (*pop.*; *soltanto all'imper.*) accidenti a; ma guarda (un po')!; maledizione!: **Get you! What do you think you are to boss me about?**, accidenti a te (*o, fam.*, ti prenda un colpo)! Chi credi d'essere (*o* chi ti credi) per comandarmi a bacchetta? **B** *v. i.* ***1*** andare; arrivare; giungere; pervenire: **We got to London at 8.30 A.M.**, arrivammo a Londra alle 8 e 30; **It was very late when we got home**, era tardissimo quando arrivammo a casa; **I got to school just in time**, giunsi a scuola appena in tempo; **We got to the airport on time**, arrivammo all'aeroporto in orario; **Where has my bag got to?**, dov'è andata (a finire) la mia borsa? ***2*** diventare; divenire; farsi: **He's getting old**, sta diventando vecchio; **He's getting richer and richer**, sta diventando sempre più ricco; **It's getting late**, si fa tardi ***3*** riuscire a; fare in modo di; farcela a (*fam.*): **I'll tell him, if I get to see him**, se riesco a vederlo, glielo dico; **She never gets to drive her husband's car**, non ce la fa mai a prendere (*o* a usare) l'auto del marito; (*USA*) **At last I've gotten to see the Pope!**, finalmente sono riuscito a vedere il Papa! ***4*** (*nella voce passiva*) essere; venire; rimanere: **Our team got beaten yesterday**, ieri la nostra squadra è stata sconfitta; **The hare got caught in the net**, la lepre rimase impigliata nella rete ***5*** (*fam.*) mettersi a; cominciare: **Whenever we meet, he gets talking about our school days**, tutte le volte che c'incontriamo, si mette a parlare di quando andavamo a scuola ***6*** (*idiom., in numerose espressioni indicanti cambiamento o trasformazione; per es.:*) **to get angry**, arrabbiarsi; **to be getting cold**, raffreddarsi; **to get drunk**, ubriacarsi; **to get ill**, ammalarsi; **to get married**, sposarsi; **to get old**, invecchiare; **to be getting old** (*USA*: **to be getting to be old**), stare invecchiando; **to get ready**, prepararsi; **to get rich**, arricchire; **to get tired**, stancarsi; **to get well again**, rimettersi in salute; ristabilirsi; **to get wet**, bagnarsi; prendere la pioggia. **C** *nelle locuz.*: ***1*** – **to have got** (*con* **got** *pleonastico*) avere; possedere: **He's got a lot of money**, ha un mucchio di soldi; possiede un bel po' di denaro; **Mary has got red hair**, Mary ha i capelli rossi; **What have you got in your hand?**, che cosa hai (*o* tieni) in mano? ***2*** – (*fam.*) **to have got it**, avere fascino, avere un certo non so che ***3*** (*fam.*) **to have got it in one**, avere dei numeri (*fig.*); essere capace (*di fare q.c. di difficile*): **I didn't think he'd got it in him**, non credevo ne fosse capace (*o* che ce l'avrebbe fatta) ***4*** (*seguito da un inf.*) – **to have got to**, avere da; dovere; essere tenuto a; bisognare, occorrere (*impers.*): **What have you got to do today?**, cos'hai da fare oggi?; **I've got to see my solicitor**, devo andare dall'avvocato; **The doctor says I've got to eat less**, il medico dice che devo mangiare di meno; **I've got to pass my exam**, bisogna che superi l'esame; **It's got to be done immediately**, dev'essere fatto (*o* occorre farlo) subito; **You haven't got to do it**, non devi (mica) farlo (*se non vuoi*); non sei tenuto a farlo; non occorre tu lo faccia (*cfr.* **You mustn't do it**, non devi farlo; non voglio, o non sta bene, ecc., che tu lo faccia); **You haven't got to buy it, if you think it's too expensive**, non sei tenuto a comprarlo, se pensi che sia troppo caro. ● **to get accustomed to**, *V.* **accustomed** □ **to get the axe**, *V.* **axe** (*e così via*) □ **to get all over the place**, spargersi (*o* sparpagliarsi) dappertutto □ **to get coal from a mine**, estrarre il carbone da una miniera □ **to get done with it**, farla finita con q.c.: **Let's do our work at once and get done with it!**, facciamo il lavoro subito e non se ne parli più! □ **to get to be friends**, fare (*o* stringere) amicizia □ **to get going**, muoversi; andarsene □ **to get it**, capire, afferrare; (*fam.*) essere rimproverato (*o* punito); buscarle, prenderle □ (*pop. USA*) **to get to know sb.**, (riuscire a) fare la conoscenza di q.; imparare a conoscere q. □ **to get knowledge of st.**, avere sentore di q.c. □ **to get to like sb.**, prendere q. in simpatia □ **to get to like s.t.**, prendere gusto a q.c. □ (*comm.*) **to get time**, ottenere una dilazione (*nei pagamenti*) □ **to get a woman with child**, mettere incinta una donna.

♦**get about**, **A** *v. i.* + *avv.* ***1*** andare in giro; circolare; spostarsi; viaggiare: **I'm too old to get about much any longer**, sono troppo vecchio per andare ancora molto in giro; **You can't get about easily in a crowded town**, in una città affollata, non è facile circolare; **Being an air hostess, she gets about quite a lot**, siccome fa la hostess, viaggia moltissimo ***2*** vedere; fare vita di società ***3*** (*di una notizia*) diffondersi; divulgarsi; (*di una voce*) correre: **The rumour is getting about that the gas supply will run short**, corre voce che verrà a mancare il gas ***4*** (*dopo una malattia*) muoversi; girare. **B** *v. i.* + *prep.* spostarsi in; girare: **to get about the city by taxi**, girare la città in taxi. **C** *v. t.* + *prep.* (*di un veicolo*) trasportare in: **The tube will get you about London faster**, con la metropolitana, ti sposterai più in fretta a Londra; il metrò ti farà girare Londra in meno tempo.

♦**get above oneself**, *v. i.* + *prep.* montarsi la testa; inorgoglirsi.

♦**get abreast of**, *v. i., avv.* e *prep.* ***1*** (*anche sport*) raggiungere (*un altro concorrente*); appaiare ***2*** (*fig.*) mettersi alla pari con; giungere allo stesso livello di (*un altro scienziato, ecc.*).

♦**get abroad**, *v. i.* + *avv.* ***1*** (riuscire ad) andare all'estero ***2*** *V.* **get about, A**, *def. 3.*

♦**get across**, **A** *v. i.* + *avv.* ***1*** passare dall'altra parte; attraversare uno specchio d'acqua; traghettare: **The train got across before the bridge was blown up**, il treno passò dall'altra parte prima che il ponte saltasse in aria; **We decided on getting across to the island**, decidemmo di traghettare sull'isola ***2*** (*di un messaggio, ecc.*) arrivare; essere ricevuto (*o* recepito); essere capito: **My message got across after some time**, dopo un po', il mio messaggio fu recepito; **The candidate's speech didn't get across to the audience**, il discorso del candidato non fu capito dal pubblico ***3*** (*fig.*) comunicare; farsi capire: **Some teachers don't know how to get across to their students**, alcuni insegnanti non sanno comunicare con gli studenti. **B** *v. i.* + *prep.* attraversare; traversare; passare: **At night we got across the frontier**, di notte attraversammo (*o* passammo) il confine; **to get across the Channel**, attraversare la Manica; **The boy got across the road without looking for oncoming cars**, il ragazzo traversò la strada senza guardare se arrivavano macchine. **C** *v. t.* + *prep.* ***1*** far attraversare; portare di là di; traghettare: **It's dangerous to try and get the cavalry across the swamps**, è pericoloso tentare di far attraversare le paludi alla cavalleria; **A ferry gets passengers and cars across the estuary**, un traghetto porta i viaggiatori e le auto di là dell'estuario; **to get people across to Ireland from Anglesey**, traghettare passeggeri da Anglesey all'Irlanda ***2*** far arrivare; trasmettere; far intendere; far capire l'importanza di (q.c.): **to get across a message**, far arrivare un messaggio; **It won't be easy to get across this item on the agenda to the shareholders**, non sarà facile fare capire agli azionisti l'importanza (*o* le implicazioni) di questo punto all'ordine del giorno ***3*** (*fam. ingl.*) saltare addosso a (*fig. fam.*); attaccare; criticare; dir male di: **My boyfriend got across me making rude remarks on the way I was dressed**, il mio ragazzo mi saltò addosso facendo osservazioni sgarbate su come ero vestita ***4*** (*fam. ingl.*) infastidire; seccare: **Be careful not to get across the manager, or you'll get the sack**, bada di non seccare il direttore; se no, ti farai licenziare.

♦**get afloat**, **A** *v. t.* + *avv.* ***1*** (*naut.*) rimettere a galla; disincagliare ***2*** (*fin.*) lanciare (*un'azienda, ecc.*). **B** *v. i.* + *avv.* (*naut.*) disincagliarsi.

♦**get after**, *v. i.* + *prep.* ***1*** correre dietro a; inseguire: **Get after the cat, it's stolen the meat!**, corri dietro al gatto! ha rubato la carne ***2*** (*fam.*) star dietro a (*fig.*): **My wife has been getting after me for a year to buy her a fur**, è un anno che mia moglie mi sta dietro perché le compri la pelliccia ***3*** (*fam.*) dare addosso a (q.); rimproverare; sgridare: **The headmaster is always getting after me for being late at school**, il preside mi dà sempre addosso perché arrivo tardi a scuola.

♦**get ahead**, *v. i.* + *avv.* ***1*** andare avanti, fare progressi (*nel lavoro, ecc.*) ***2*** riuscire, avere successo ***3*** (*sport* e *fig.*) andare (*o* passare) in testa.

♦**get ahead of**, *v. i.* + *avv.* + *prep.* ***1*** sorpassare, superare (*anche fig.*): **The car industry of Japan has got ahead of European car makers**, l'industria automobilistica giapponese ha superato i costruttori d'auto europei ***2*** (*polit.*) fare il sorpasso di: **The Italian Communist Party never succeeded in getting ahead of the Christian Democrats**, il Partito Comunista Italiano non riuscì mai a effettuare il sorpasso della Democrazia Cristiana.

♦**get along**, *v. i.* + *avv.* ***1*** andare via; andarsene: **I must be getting along now**, ora devo andarmene ***2*** andare (*bene, male, ecc.*): **How is your work getting along?**, come va il lavoro?; **How are you getting along?**, come va (la vita)?; come te la passi? ***3*** tirare avanti; farcela; cavarsela; sbrigarsela: **The firm gets along quite well without him**, la ditta tira avanti benissimo anche senza di lui; **We'll get along without you**, ce la caveremo (*o* ce la faremo) senza di te ***4*** fare progressi; andare bene: **Are you getting along with your English?**, fai progressi in inglese? ***5*** andare d'accordo; ingranare (*fig. fam.*): **We get along quite well with each other**, andiamo perfettamente d'accordo; **I don't get along with my colleagues**, con i miei colleghi non ingrano. ● (*fam.*) **Get along with you!**, ma va; va là; suvvia!; andiamo!; non ci credo!

♦**get anywhere**, **A** *v. i.* + *avv.* ***1*** arrivare (*o* andare) dappertutto: **You can get anywhere by bus in London**, a Londra con l'autobus si va dappertutto ***2*** (*fam.*) andare in porto (*fig.*); concludere qualcosa: **Are the peace talks getting anywhere?**, stanno andando in porto le trattative di pace? **B** *v. t.* + *avv.* ***1*** (*di un veicolo, ecc.*) portare (*o* trasportare) dappertutto ***2*** (*fam.*) portare da qualche parte (*fig.*): **Trying to cheat me won't get you anywhere**, tentare d'imbrogliarmi non ti porterà da nessuna parte (*o* non ti servirà a niente).

♦**get around**, **A** *v. i.* + *avv.* ***1*** *V.* **get about** ***2*** riuscire (a); mettersi (a); trovare il tempo (di); farcela (a): **I'll get around to that chore in ten minutes**, mi metterò a fare quel lavoretto tra dieci minuti; **I didn't get around to ringing you up**, non ce l'ho fatta a chiamarti (al telefono). **B** *v. t.* + *avv.* ***1*** (riuscire a) superare; aggirare (*un ostacolo*); risolvere (*un problema*) ***2*** schivare, eludere: **He succeeded in getting around the tax laws**, riuscì a eludere le disposizioni di legge fiscali ***3*** circuire; girarla a (*fam.*); prendere (*fam.*): **His wife knows how to get around him**, sua moglie sa come girargliela (*o* come prenderlo).

♦**get at**, *v. i.* + *prep.* ***1*** arrivare a (*anche fig.*); accedere a; raggiungere; prendere: **The climber was unable to get at the refuge**, l'alpinista non riuscì a raggiungere il rifugio; **We never got at the truth in our bribery scandals**, non arrivammo mai alla verità nei nostri scandali della corruzione; **I need a ladder to get at the top shelf of the bookcase**, mi ci vuole la scala per arrivare all'ultimo scaffale della libreria; **The dog couldn't get at the meat on top of the table**, il cane non riuscì a prendere la carne in cima al tavolo; **One needs a special spanner to get at the plugs of this car**, ci vuole una chiave speciale per accedere alle candele di questa automobile ***2*** afferrare; mettere le mani (*o* le grinfie) su: **Mind that the Redskins don't get at our women!**, badate che i pellirosse non mettano le mani sulle nostre donne!; **The cat has got at the meat**, il gatto ha messo le grinfie sulla carne ***3*** arrivare a capire; scoprire: **What I'm trying to get at is whether he really means what he says**, quello che tento di scoprire è se dice proprio sul serio ***4*** metter mano a, mettersi a fare, affrontare, intraprendere (*un lavoro, ecc.*) ***5*** mettersi a (*fare q.c.*): **As soon as I have time, I'd like to get at redecorating the house**, appena ho un po' di tempo, vorrei mettermi a restaurare la casa ***6*** (*fam.*) arrivare a (*fig.*); voler dire; sottintendere: **What are you getting at?**, dove vuoi arrivare?; che cosa vorresti dire (con ciò)? ***7*** (*fam.*) dare addosso a (q.); criticare; punzecchiare: **You should stop getting at your wife**, devi smetterla di dare addosso a tua moglie ***8*** (*fam.*) corrompere; comprare, pagare (*fig.*): **They got at the guards to leave the prison**

door open, pagarono le guardie carcerarie perché lasciassero la porta aperta; **Some of the witnesses had been got at**, alcuni testimoni erano stati comprati ***9*** (*fam.*) stare addosso a (*fig.*); insistere: **Stop getting at me to do my homework**, smettila d'insistere perché faccia il compito di casa! ***10*** (*fam.*) manomettere (*una serratura, ecc.*); adulterare (*un cibo, una bevanda, ecc.*): **Someone has got at my whisky**, mi hanno messo qualcosa nel whisky.

♦**get away**, **A** *v. i* + *avv.* ***1*** andare via; andarsene; allontanarsi; fuggire; scappare: **Let's get away for a holiday!**, andiamocene in vacanza!; **I couldn't get away until the meeting was over**, non potei allontanarmi fino alla fine della riunione; **The net broke and the fish got away**, la rete si ruppe e i pesci scapparono ***2*** (*preceduto da* **cannot** e **couldn't**) negare: **You can't get away** (*o* **there's no getting away**) **from the fact that it would be very dangerous**, non si può negare (*o* è innegabile) che la cosa sarebbe assai pericolosa. **B** *v. t.* + *avv.* ***1*** allontanare; mandare via ***2*** togliere (via); strappare: **I couldn't get the paint away from jacket**, non riuscii a togliermi la vernice dalla giacca ***3*** liberarsi di: **That player is very good at getting the ball away**, quel giocatore è bravissimo a liberarsi della palla. ● (*fig.*) **to get away from it all**, piantar lì ogni cosa; abbandonare tutto □ (*fig.*) **to get away with it**, farla franca; passarla liscia □ (*fig.*) **to get away with murder**, passarla liscia dopo averne fatta una delle grosse: **His father lets him always get away with murder**, suo padre gliela passa sempre, qualunque cosa combini □ (*fam.*) **Get away with you!**, ma va!; va là; suvvia!; andiamo!; non ci credo!

♦**get back**, **A** *v. i.* + *avv.* tornare (indietro); ritornare: **What time did you get back?**, a che ora sei tornato?; **to get back home**, tornare a casa; **I must be getting back**, devo tornare a casa. **B** *v. t.* + *avv.* ***1*** recuperare; riavere; riottenere; farsi ridare: **I couldn't get back all my money**, non riuscii a farmi ridare tutti i soldi; **I'm trying hard to get back my old job**, cerco in tutti i modi di riavere il mio vecchio (posto di) lavoro ***2*** ridare; restituire; riportare: **If you lend me your bike, I'll get it back to you tomorrow**, se mi presti la bicicletta, te la riporto domani ***3*** rimettere a posto, risistemare (*una molla, un perno, ecc.*) □ (*fam.*) **to get back at sb.**, rifarsi con q.; fare i conti con q. (*fig.*); vendicarsi di q. □ (*fam.*) **to get one's own back**, rifarsi (*fam.*); vendicarsi □ (*polit.*) **to get back in**, tornare al potere; essere rieletto □ **I'll get back to you about it**, ne riparliamo; ci torneremo sopra □ **Let us get back to the main issue!**, torniamo (*o* rifacciamoci) all'argomento principale!

♦**get behind**, **A** *v. i.* + *avv.* rimanere (*o* restare) indietro (*anche nel lavoro, ecc.*): **I'm afraid I've got behind with the rent of my flat**, temo d'essere in arretrato con l'affitto dell'appartamento. **B** *v. t.* + *avv.* ***1*** appoggiare, sostenere (*un piano, un progetto, ecc.*) ***2*** (*fam. USA*) arrivare a capire; scoprire i motivi (le modalità, ecc.) di (q.c.).

♦**get between**, *v. i.* (*o v. t.*) e *prep.* ***1*** mettersi (*o* mettere): **The dog got between the sofa and the wall**, il cane si mise (*o* s'infilò) tra il divano e la parete; **He got the umbrella between his legs**, mise l'ombrello tra le gambe ***2*** mettersi in mezzo a (*due contendenti, ecc.*); frapporsi; intromettersi: **Never get between husband and wife!**, non intromettersi mai tra moglie e marito; tra moglie e marito, non mettere dito! (*prov.*); **I won't let anything get between myself and my career**, non permetterò che nulla si frapponga tra me e la mia carriera □ **to get st. between one's teeth**, prendere q.c. fra i denti.

♦**get by**, *v. i.* + *avv.* ***1*** (farcela a) passare; passare: **Can you get by?**, ce la fai (a passare)?; ci passi? (*con l'automobile, ecc.*) ***2*** farcela; cavarsela; tirare avanti: **We managed to get by on just 100 pounds a week**, riuscivamo a farcela con appena 100 sterline la settimana ***3*** essere passabile: **His boxing skill will get by, but only on an amateur level**, la sua tecnica pugilistica è passabile (*o* può andare), ma solo a livello dilettantistico.

♦**get down**, **A** *v. i.* + *avv.* ***1*** venire giù (*da un albero, da un monte, da una scala a pioli, ecc.*) ***2*** scendere, smontare (*da un mezzo pubblico, dalla bicicletta, da una moto, dall'aereo, da cavallo, ecc.*): **The bus was so crowded I couldn't get down at the stop**, l'autobus era così affollato che non riuscii a scendere alla fermata ***3*** (*aeron.*) atterrare; scendere ***4*** (*fam. specialm. USA*) spassarsela, divertirsi un sacco (*specialm. ballando*) ***5*** (*di un bambino*) alzarsi (da tavola): **Please, may I get down?**, posso alzarmi?; (*anche*) (con) permesso! **B** *v. i.* + *prep.* venire giù, scendere da: **Get down the ladder** [**the tree**], scendi dalla scala! [dall'albero!]; **I got down the stairs without waiting for the lift**, scesi per le scale senza aspettare l'ascensore. **C** *v. t.* + *avv.* ***1*** fare scendere; mettere (*o* tirare) giù: **May I get the child down?**, posso mettere giù il bambino?; **Get my case down, will you?**, tirami giù la valigia, per favore; **The scared cat was up the tree and couldn't be got down**, il gatto, spaventato, era sull'albero, e non si riusciva a farlo scendere ***2*** mandare giù; inghiottire; ingoiare; buttare giù: **Get down the medicine!**, manda giù la medicina! ***3*** annotare; trascrivere; scrivere; prendere, prendere giù (*fam.*): **I'll get down everything he says**, prenderò nota di tutto quello che dice; **Did you get down the plate number?**, hai preso (giù) il numero di targa? ***4*** deprimere; buttare giù (*fam.*); immalinconire; demoralizzare: **The incessant rain is getting me down**, questa pioggia incessante mi immalinconisce; **Don't let his criticism get you down!**, non farti deprimere dalle sue critiche! ***5*** (*naut.*) calare (*le lance, ecc.*); ammainare. **D** *v. t.* + *prep.* far scendere, portare giù da (*o* per): **We couldn't get the piano down the stairs**, non riuscimmo a portare il piano giù per le scale □ (*fam.*) **to get down on sb.**, prendersela con q.; prendere q. in antipatia □ **to get down on one's knees**, gettarsi in ginocchio; inginocchiarsi.

♦**get down to**, *v. i.* + *avv.* + *prep.* ***1*** mettersi a (*fare q.c.*); mettersi di buona lena (*o* di buzzo buono): **Let's get down to work!**, mettiamoci al lavoro!; **You'll never finish your dictionary if you don't get down to it**, non finirai mai il tuo dizionario se non ti ci metti di buona lena ***2*** occuparsi di: **Stop fooling around; let's get down to business!**, smettila di fare scempiaggini; occupiamoci del lavoro (*o* cominciamo a fare sul serio)! □ **to get down to** (**the**) **basics** (*o* **to brass tacks**), venire al sodo (*fig.*) □ **to get down to the facts**, venire ai fatti.

♦**get in**, **A** *v. i.* + *avv.* ***1*** entrare: **Please, get in!**, La prego, entri! ***2*** riuscire a entrare; introdursi: **The burglar got in through the back door**, il ladro s'è introdotto dalla porta di dietro ***3*** (*di un mezzo di trasporto*) arrivare: **What time does his train get in?**, a che ora arriva il suo treno? ***4*** arrivare a casa (*o* in ufficio, ecc.); rientrare: **We got in before midnight**, rientrammo prima di mezzanotte ***5*** entrare, salire (*in automobile*); salire, montare (*in treno, ecc.*) ***6*** (*fig.*) essere ammesso (*dopo una prova*); entrare (*all'università, ecc.*): **He applied to do chemistry but didn't get in**, chiese l'iscrizione alla facoltà di chimica ma non fu ammesso ***7*** (*polit.*) andare al potere; essere eletto: **He got in by a slim margin**, fu eletto di stretta misura. **B** *v. t.* + *avv.* ***1*** portare dentro: **Get in the milk, please**, porta dentro la bottiglia del latte, per favore! ***2*** raccogliere; fare una provvista di (*materie prime, cibo, ecc.*): **Farmers are getting in the hay**, i contadini stanno raccogliendo il fieno ***3*** ritirare: **to get the washing in**, ritirare il bucato ***4*** far venire; chiamare: **Let's get the eye specialist in for a second opinion**, chiamiamo l'oculista a consulto! ***5*** far pervenire; consegnare (*un articolo, un saggio, un elaborato, ecc.*) ***6*** far arrivare: **The captain managed to get the plane in on time**, il comandante riuscì a far arrivare l'aereo in orario ***7*** mandare, fare ammettere (*q. all'università, ecc.*) ***8*** (*polit.*) mandare al potere; fare eleggere ***9*** (*fig.*) infilare dentro (*una parola, ecc.*); dire (*interloquendo*); riuscire a dare (*un suggerimento, ecc.*): **May I get in a word?**, posso dire una parola (anch'io)?; **With her, I can't get in a word edgeways**, con lei, non riesco nemmeno ad aprire bocca ***10*** (*fig.*) mettere dentro, inserire (*in un programma*); riuscire a fare: **How can he get in three more interviews this morning?**, come può riuscire a fare altre tre interviste questa mattina? ***11*** coinvolgere (q.); tirare dentro (*fam.*): **Be sure I'll get him in**, sta certo che tiro dentro anche lui □ **to get in on**, riuscire a entrare in (*fig.*); inserirsi in: **I got in on a lucrative business deal**, riuscii a entrare in un grosso affare □ **to get in with**, entrare a far parte di; entrare in (*o* fare) amicizia con: **to get in with the élite**, entrare a far parte dell'élite; **The freshman luckily got in with senior students**, per sua fortuna la matricola fece amicizia con studenti anziani.

♦**get into**, **A** *v. i.* + *prep.* ***1*** entrare, penetrare, introdursi in: **The siegers got into the town through the sewers**, gli assedianti penetrarono nella città attraverso le fogne ***2*** (riuscire a) entrare: **My new car doesn't get into the garage**, la mia macchina nuova non entra in garage ***3*** entrare in (*un indumento*); mettersi; infilarsi: **I can't get into this jacket any more**, questa giacca non mi entra più; **He got into his dressing gown**, s'infilò la vestaglia ***4*** (*di un veicolo*) arrivare in (*o* a): **My train got into Euston Station at 4 p.m.**, il mio treno arrivò a Euston alle 16 ***5*** salire, montare in (*automobile*): **He got into the back seat**, salì di dietro; **Get into the car!**, monta (in macchina)! ***6*** mettersi (*anche fig.*): **Don't get into trouble!**, non metterti nei guai!; **to get into a mess**, mettersi nei pasticci ***7*** entrare a far parte di; entrare in (*fig.*): **Thanks to his performance at club level, he got into the national team**, grazie alle sue prestazioni in campionato, entrò in nazionale ***8*** (*polit.*) essere eletto a (*o* in): **to get into the Commons**, essere eletto alla Camera; **to get into Parliament**, essere eletto in parlamento ***9*** (*fam.*) fare la mano (*o* l'abitudine) a: **Once you get into skiing, you'll like it**, quando ti sarai abituato, ti piacerà sciare ***10*** (*fam.*) prendere gusto (*o* appassionarsi) a (*un hobby, un argomento, ecc.*) ***11*** (*fig.*) prendere, succedere (*impers.*): **What's got into him, I wonder?**, che cosa gli ha preso?; cosa gli è successo?; che cos'ha?; cos'ha fatto? **B** *v. t.* + *prep.* ***1*** far entrare; mettere dentro (*o* in); inserire, infilare in: **Get the car into the garage, will you?**, metti la macchina in garage, per favore!; **I cannot get the key into the lock**, non riesco a infilare la chiave nella serratura ***2*** far salire, far montare: **Get him into the car!**, fallo salire (*o* mettilo) in macchina! ***3*** mettere: **Excuse me for getting you into trouble**, scusami se ti ho messo nei guai; **to get a girl** [**a woman**] **into trouble**, inguaiare (*o* mettere incinta) una ragazza [una donna] ***4*** (*fig.*) spingere a; gettare in braccio a (*fig.*): **I don't know what's got him into drug taking**, non so cosa sia stato che l'ha gettato in braccio alla droga □ **to get into bad company**, mettersi a frequentare cattive compagnie □ **to get into bad habits**, prendere brutte abitudini □ **to get into debt**, coprirsi di debiti; indebitarsi □ **to get into a habit**, prendere un'abitudine □ (*fig.*) **to get st. into one's head**, mettersi in testa q.c.: **She got into her head that her husband had another woman**, si mise in testa che il marito avesse un'altra donna □ **to get into a rage** (*o* **a temper**), arrabbiarsi; andare in bestia □ **to get sb. into a rage**, fare arrabbiare (*o* mandare in bestia) q. □ **to get into the routine of doing st.**, prendere l'abitudine di fare q.c. □ **to get into the way of doing st.**, prendere la mano a fare q.c.; fare la mano a q.

♦**get nowhere**, **A** *v. i. + avv.* ***1*** non arrivare da nessuna parte ***2*** (*fig.*) non approdare a nulla; non combinare nulla; non concludere niente; non ottenere niente di buono: **If you go on like that, you'll get nowhere**, se continui così, non combinerai nulla. **B** *v. t. + avv.* ***1*** non portare da nessuna parte: **This path will get us nowhere**, questo sentiero non ci porterà da nessuna parte ***2*** (*fig.*) non fare approdare a nulla; non fare combinare nulla di buono a (q.): **Hiring blacklegs against the strikers will get the factory nowhere**, la fabbrica non risolverà niente mettendo in campo crumiri prezzolati.

♦**get off**, **A** *v. i. + avv.* ***1*** andare via; andarsene; allontanarsi; partire: **I must be getting off at once**, devo andarmene subito; **You'd better get off early**, faresti bene a partire di buon'ora ***2*** scendere, smontare (*da un veicolo o da cavallo*): **I'm getting off at the next stop**, scendo alla prossima (fermata) ***3*** uscire (*dal lavoro*); smontare; staccare (*fam.*): **What time do you get off?**, a che ora stacchi?; **I got off late today**, oggi sono uscito tardi ***4*** (*fig.*) venire fuori, uscirne (*da q.c. di spiacevole*); cavarsela; farla franca; passarla liscia: **It was a bad crash, but he got off very lightly**, è stato un brutto incidente, ma ne è uscito bene; **It has been a long and difficult trial, but he's got off cheaply**, è stato un processo lungo e difficile, ma se l'è cavata a buon mercato; **He got off because of his being a minor**, l'ha fatta franca perché è minorenne ***5*** (*anche* **to get off to sleep**) addormentarsi ***6*** (*fam.*) attaccare (*con una ragazza*); mettersi ad amoreggiare ***7*** (*fam.*) eccitarsi; entusiasmarsi; andare in visibilio: **He really gets off on rock music**, va proprio in visibilio per la musica rock ***8*** (*naut.*) salpare ***9*** (*aeron.*) decollare ***10*** (*pop.*) partire, andare su di giri (*per la droga*). **B** *v. i. + prep.* ***1*** allontanarsi, togliersi da: **Get off the grass!**, togliti dall'erba! ***2*** scendere, smontare da: **Don't get off the train until it stops**, non scendere dal treno finché non si ferma; **to get off a horse**, scendere da cavallo; smontare; **We got off the train at Leeds**, siamo scesi (dal treno) a Leeds ***3*** liberare; sgombrare: **The police told us to get off the square**, la polizia ci disse di sgombrare la piazza ***4*** uscire da (*il posto di lavoro*); smontare da: **to get off work**, uscire dal lavoro; smontare; staccare (*fam.*) ***5*** (*naut.*) salpare da. **C** *v. t. + avv.* ***1*** togliere; cavare: **I can't get the lid off**, non riesco a cavare il coperchio; **Get your feet off my desk!**, togli i piedi dal mio scrittoio! ***2*** far andare; mandare; spedire: **Get the children off to school, will you?**, per favore, manda a scuola i bambini!; **I'd like you to get off these letters today**, vorrei che tu spedissi queste lettere oggi stesso ***3*** cavare dai guai; fare assolvere; salvare (*fig.*): **It will take a very good barrister to get you off**, ci vorrà un avvocato molto bravo per cavarti dai guai ***4*** (*anche* **to get off to sleep**) fare addormentare (*un bambino, ecc.*) ***5*** accompagnare (*q. che parte*); mettere (*sul treno, ecc.*): **I got her off on the boat train**, l'accompagnai al (*o* la misi sul) treno per la Manica □ **to get off the ground**, far decollare (*un aereo*); (*fig.*) far decollare, avviare bene (*un'azienda, ecc.*) □ (*fig.*) **to get off to a good start**, cominciare bene; partire con il piede giusto (*fig.*) □ (*fig.*) **to tell sb. where he can get off** (*o* **where to get off**), mettere a posto q. (*fig.*); cantarla a q.; dirne quattro a q.

♦**get on**, **A** *v. i. + avv.* ***1*** montare, salire (*su un mezzo pubblico, o a cavallo, in moto, in bicicletta*): **The bus stopped and they got on**, l'autobus si fermò ed essi salirono ***2*** (*del tempo*) passare ***3*** andare avanti; continuare: **I've got to get on with my homework**, devo andare avanti con il mio compito a casa; **I must be getting on**, devo continuare ***4*** andare (*bene, male, ecc.*): **How is your work getting on?**, come va il lavoro?; **He's getting on quite well at school**, a scuola va benissimo; **How are you getting on?**, come va (la vita)?; come te la passi?; **How did you get on in your competitive exam?**, come sei andato al tuo (esame di) concorso? ***5*** fare progressi; avere successo; riuscire; cavarsela bene: **He's a clever boy**: **he'll get on in life**, è un ragazzo intelligente: avrà successo (*o* se la caverà bene) nella vita ***6*** cavarsela; farcela; tirare avanti: **We cannot get on without financial backing**, non possiamo farcela senza un aiuto finanziario; **How can we get on without them?**, come possiamo cavarcela senza di loro? ***7*** andare d'accordo; andare (*fam.*): **How are you getting on with your boss?**, come vai col tuo capo?; **He's a difficult man to get on with**, è un uomo con il quale è difficile andare d'accordo; **They never got on together**, non sono mai andati d'accordo ***8*** essere avanti con gli anni; invecchiare: **Grand father is getting on (in years)**, il nonno è avanti con gli anni. **B** *v. i. + prep.* ***1*** salire, montare su: **We got on the plane at Pisa**, salimmo in aereo (*o* prendemmo l'aereo) a Pisa; **Get on the train, or you'll miss it**, sali sul treno, se no lo perdi!; **Mind the baby**: **he's got on the chair!**, bada al bambino: è salito sulla sedia! ***2*** andare su; mettere i piedi su: **Don't get on the grass!**, non andare sull'erba! **C** *v. t. + avv.* ***1*** mettere su (*o* a posto): **I cannot get the lid on again**, non riesco a rimettere su il coperchio ***2*** mettersi (*un indumento*); indossare: **He got his raincoat on**, indossò l'impermeabile; **Get your fur on!**, mettiti la pelliccia! ***3*** (*fam.*) fare progredire; tirare su (*fam.*): **The new maths master succeeded in getting us on quickly**, il nuovo professore di matematica riuscì a tirarci su in poco tempo □ **to be getting on for**, (*del tempo*) farsi tardi; (*dell'ora*) essere circa (*o* quasi); (*dell'età*) andare per, avvicinarsi a: **It was getting on in the evening**, si faceva tarda sera; **It's getting on for midday**, è quasi mezzogiorno; **Ann is getting on for eighty**, Ann va per gli ottanta (*o* ha quasi ottant'anni) □ **to get on to**, *V.* **get onto** □ **to get st. on one's brain**, non riuscire a togliersi q.c. dalla testa (*fig.*) □ **to get on one's feet**, alzarsi in piedi; (*anche*) alzarsi per parlare in pubblico □ (*fam.*) **to get it on**, divertirsi; spassarsela; eccitarsi (*anche sessualmente*); andare su di giri (*fig. fam.*) □ **to get on in the world**, fare fortuna; avere successo □ **to get on sb.'s nerves**, dare ai nervi a q. □ (*fam.*) **Get on with you!**, ma va!, va là; andiamo!; non ci credo!; ma scherziamo!; questa sì che è bella (*o* grossa)!

♦**get onto**, **A** *v. i. + prep.* ***1*** montare in, salire su; montare a cavallo di; montare in sella a: **He got onto his bike and sped off**, montò in bicicletta e partì di volata; **We got onto the plane at Naples**, salimmo in aereo (*o* prendemmo l'aereo) a Napoli ***2*** entrare in (*un organo elettivo, ecc.*); entrare a far parte di; essere eletto (*o* nominato) in: **Jack has got onto the town council**, Jack è entrato in consiglio comunale ***3*** contattare; mettersi in contatto con; rivolgersi a: **I'll get onto the manager**, contatterò il direttore; **You should get onto the boss**, dovresti rivolgerti al capo ***4*** far intervenire, chiamare (*riparatori, tecnici per l'assistenza, ecc.*): **Let's get onto the gas people at once!**, chiamiamo subito quelli del gas! ***5*** intraprendere, affrontare (*un problema, un lavoro, ecc.*) ***6*** passare, arrivare a; cominciare a trattare (*un argomento, ecc.*): **And now we'll get onto the Restoration Theatre**, e ora passeremo al Teatro della Restaurazione; **How did we get onto that subject?**, come siamo arrivati a questo argomento?; come siamo entrati in discorso? ***7*** arrivare a (*fig.*); accorgersi di; riuscire a capire; scoprire; trovare; ricostruire (*fig.*): **How did the police get onto him?**, come ha fatto la polizia ad arrivare a lui?; **The Narcotics Bureau soon got onto their racket**, l'Antidroga fece presto a scoprire il loro racket; **to get onto sb.'s real intentions**, riuscire a capire le vere intenzioni di q.; (*della polizia, ecc.*) **to get onto a suspect's movements**, ricostruire i movimenti di una persona sospetta. **B** *v. t. + prep.* ***1*** far montare (q.) in, far salire (q.) su (*un veicolo*): **Get the children onto the coach!**, fai salire i bambini sul pullman! ***2*** mettere (q. *o* q.c.) su: **Get him onto the bike!**, mettilo sulla bicicletta; mettilo in sella!

♦**get out**, **A** *v. i. + avv.* ***1*** andare fuori; uscire (*anche fig.*): **I couldn't get out because the door was locked**, non potevo uscire perché la porta era chiusa a chiave; **He won't get out alive**, non ne uscirà vivo ***2*** andarsene; scappare; evadere: **Get out!**, vattene!; esci!; fuori!; **How did the lion get out?**, come ha fatto a scappare il leone?; **Ten prisoners got out yesterday**, ieri sono evasi dieci carcerati ***3*** scendere, smontare (*da un veicolo, un automezzo, ecc.*): **All the passengers had to get out**, tutti i passeggeri dovettero scendere; **Get out!**, smonta! ***4*** (*di un fatto*) venir (*o* saltare) fuori, scoprirsi; (*di una notizia*) trapelare: **At last it got out that he had been taking bribes for years**, alla fine venne fuori che si faceva corrompere da molti anni; **The news of their divorce got out in no time**, la notizia del loro divorzio trapelò in un baleno ***5*** (*di un libro, ecc.*) uscire; essere pubblicato ***6*** (*fam.*) uscire; fare vita di società; vedere gente: **That girl gets out a lot**, quella ragazza esce parecchio (*o* vede un sacco di gente) ***7*** (*Borsa, fin.*) uscire (*dal mercato*); realizzare il guadagno (*di un'operazione*) ***8*** (*sport*: *cricket, ecc.*) uscire dal campo; essere eliminato. **B** *v. t. + avv.* ***1*** mettere fuori; tirare fuori; cavare: **His lawyer will get him out**, l'avvocato lo tirerà fuori (*di prigione*) ***2*** emettere; dire a stento; spiccicare; uscire in (*parole, proteste, ecc.*): **He just got out a few words**, si limitò a spiccicare quattro parole; **The wounded soldier got out a long-drawn moan**, il soldato ferito emise un lungo lamento ***3*** risolvere (*un indovinello, un problema, ecc.*) ***4*** far uscire (*un libro*); pubblicare ***5*** (*market.*) mettere fuori (*o* sul mercato); produrre; presentare: **They've just got out a new model of the Jag**, hanno appena messo fuori un modello nuovo della Jaguar ***6*** (*sport*: *cricket, ecc.*) far uscire (*un giocatore*) dal campo; eliminare ***7*** prendere (*un libro*) in prestito (*da una biblioteca*) ***8*** (*naut.*) calare, mettere in mare, dare fuori (*le lance*) □ (*fam.*) **to get it out**, tirare fuori quel si ha dentro (*o* in corpo); sfogarsi: **If you get it out, you'll feel better**, se ti sfoghi, starai meglio; **Get it out!**, fuori il rospo!, sputa il rospo!, sputa l'osso! (*fam.*) □ (*fam.*) **Get on or get out!**, o ti dai da fare o te ne vai; o collabori o molli tutto.

♦**get out of**, **A** *v. i. + avv. + prep.* ***1*** andare fuori da; uscire da (*o* di): **Get out of my house!**, esci dalla mia casa!; **When did he get out of jail?**, quando è uscito di prigione? ***2*** fuggire, scappare, evadere da: **One of the tigers has got out of the zoo**, una delle tigri è scappata dallo zoo ***3*** scendere, smontare da (*un veicolo, un automezzo, ecc.*): **Get out of my car!**, scendi dalla mia macchina!; smonta! ***4*** liberarsi di (*q.c. di sgradito*); perdere (*un'abitudine*): **to get out of a bad habit**, perdere una cattiva abitudine ***5*** sottrarsi a; esimersi da; evitare (*di fare q.c.*): **He tried in vain to get out of Sunday school**, cercò invano di sottrarsi alle lezioni di dottrina (della domenica); **I cannot get out of going to the funeral**, non posso esimermi dall'andare al funerale; **He made up his mind to get out of helping me**, decise di evitare di aiutarmi. **B** *v. t. + avv. + prep.* ***1*** fare uscire, tirare fuori da; cavare, togliere da; portare fuori di: **I can't get you out of this muddle**, non posso tirarti fuori da questo pasticcio; **to get oneself out of a mess [out of trouble]**, togliersi dai pasticci [dai guai]; **When we got him out of the wrecked car, he was already dead**, quando lo cavammo dai rottami dell'auto, era già morto; **We managed to get the wardrobe out of the bedroom**, riuscimmo a portare l'armadio fuori della camera da letto ***2*** esimere, esonerare da (*q.c. di sgradito*): **I'll see if I can get you out of this unpleasant task**, vedrò se riesco a evitarti questo compito sgradevole ***3*** tirar fuori, cavare da (*fig.*); strappare (*una confessione, un segreto, ecc.*): **The police couldn't get a word out of him**, la polizia non riuscì a cavargli una parola (*di bocca*); **At last we got the truth out of him**, alla fine gli strappammo la verità ***4*** cavare, ricavare, guadagnare da; trovare un utile in (q.c.): **I tried to read Finnegan's Wake, but didn't get anything out of it**, ho provato a leggere *Finnegan's Wake*, ma non ci ho cavato niente; **The intermediary didn't get a penny out of it**, l'intermediario non ci ha ricavato una lira; **What ever do you get out of smoking?**, che cosa ci guadagni a fumare?; che cosa ci trovi nel fumo? □ **to get a kick out of sb. (st.)**, *V.* **kick (1)**, *def. 4* □ **to get out of debt**, liberarsi dei debiti; sdebitarsi □ (*fig.*) **to get out of hand**, prendere la mano (*a q.*); sottrarsi al controllo, ribellarsi □ **to get st. out of pawn**, riscattare q.c. dal monte dei pegni; disimpegnare q.c. □ (*banca*) **to get out of the red**, tornare in attivo □ **to get out of sight**, scomparire (alla vista) □ **to get out of the way**, togliersi (*o* cavarsi) dai piedi; levarsi di mezzo □ **Get out of here!**, vattene di qui!; esci!; fuori! □ (*fam.*) **Get out of it!**, ma va; va là!; ma piantala!; questa sì che è bella (*o* è grossa)!

♦**get over**, **A** *v. i. + prep.* ***1*** passare sopra a (*un ostacolo, ecc.*); scavalcare; superare (*una difficoltà, ecc.*); vincere (*un sentimento, una sensazione*); riaversi da (*una malattia, ecc.*); mandare giù (*fig.*); rassegnarsi a, riuscire ad accettare (q.c.): **The children got over the fence**, i bambini scavalcarono lo steccato; **I hope we can get over this difficulty**, spero che si possa superare questa difficoltà; **He hasn't got over the shock**, non ha ancora superato lo shock; non si è ancora ripreso dallo shock; **You should get over your shyness**, dovresti vincere la timidezza; **His wife cannot get over his getting drunk again**, sua moglie non riesce a mandare giù (*o* a passare sopra al fatto) che si sia ubriacato di nuovo ***2*** riuscire ad accettare la perdita di (q.); riuscire a dimenticare, scordare (q.): **I shall never be able to get over her**, non riuscirò mai a dimenticarla ***3*** andare oltre a (*un punto*); percorrere; coprire (*fig.*): **to get over a long distance**, coprire una distanza ragguardevole ***4*** risolvere (*un problema, ecc.*). **B** *v. t. + avv.* ***1*** far recepire, far comprendere; far entrare in testa: **We found it difficult to get such a lot of new ideas over to him**, avemmo difficoltà a fargli entrare in testa tante idee nuove ***2*** farla finita con (q.c.); finire; togliersi il pensiero di: **I'd like to get my operation over**, vorrei togliermi il pensiero dell'operazione (*che devo farmi*); **Let's get this job over!**, finiamo questo lavoro! **C** *v. t. + prep.* (riuscire a) fare attraversare (*o* superare) a (q. o q.c.): **At last we got him over the Mexican border**, finalmente riuscimmo a fargli attraversare (*o* passare) il confine con il Messico; **It won't be easy to get the tanks over the enemy defences**, non sarà facile far superare ai carri armati le difese del nemico. **D** *v. i. + avv.* (*di un messaggio*) arrivare, andare a segno; essere recepito, ritenuto accettabile (*da q.*); entrare in testa (*a q.*): **Let's hope the government's plan will get over to the unions**, speriamo che il piano del governo sia recepito (*o* ritenuto accettabile) dai sindacati! □ **to get over with**, farla finita con (q.c.); finire (q.c.); togliersi il pensiero di (q.c.): **Let's get it over with!**, facciamola finita; non pensiamoci più! □ **not to be able to get over st.**, non riuscire a capacitarsi di q.c.; stentare a credere q.c.: **I cannot get over Jane being unfaithful to her husband**, non riesco (*o* stento) a credere che Jane sia infedele al marito; **He couldn't get over meeting me there again after such a longtime**, non riusciva a capacitarsi di avermi rivisto là dopo tanto tempo; **I couldn't get over his promotion**, stentavo a credere alla sua promozione; la sua promozione mi pareva una cosa assurda.

♦**get round**, **A** *v. i. + avv. V.* **get about** e **get around, A**, *def. 2*. **B** *v. t. + avv.* ***1*** girare intorno a; fare il giro di: **I got round the house and went in through the back door**, feci il giro della casa ed entrai dalla porta di dietro; (*golf*) **to get round the course**, fare tutto il campo (*o* il percorso del campo) ***2*** *V.* **get around, B**, *def. 1* e *2* □ **to get round to doing st.**, riuscire a (*o* trovare il tempo di) fare q.c.

♦**get somewhere**, **A** *v. i. + avv.* ***1*** arrivare da qualche parte ***2*** (*fig.*) arrivare (*fig.*); avere successo; riuscire (*nella vita*): **I'm sure your little son will get somewhere one day: he's so bright!**, sono certo che il tuo figliolino farà una buona riuscita: è così intelligente! **B** *v. t. + avv.* ***1*** portare (q.) da qualche parte ***2*** (*fig.*) favorire la sistemazione di (q.); essere d'aiuto a (q.) a trovare lavoro (a sistemarsi, ecc.): **A degree in engineering will surely get you somewhere in industry**, sono certo che la laurea in ingegneria ti sarà di grande aiuto per sistemarti nel mondo dell'industria.

♦**get there**, **A** *v. i. + avv.* ***1*** arrivare là; arrivarci ***2*** (*fig.*) farcela; avere successo; riuscire. **B** *v. t. + avv.* ***1*** portare là, condurre là: **The Tube gets me there in time for work**, il metrò mi ci porta in tempo per il lavoro ***2*** (*fig.*) far arrivare (q.) in una posizione; far avere un (buon) posto a (q.): **It takes first-rate political connections to get you there**, per ottenere quel posto, occorrono relazioni politiche di prim'ordine.

♦**get through**, **A** *v. i. + avv.* ***1*** passare (*anche fig.*); arrivare (*a destinazione, ecc.*); farcela; superare un esame; (*di una mozione, un disegno di legge*) essere approvato: **I'm afraid the explorers will never get through**, temo che gli esploratori non arriveranno mai a destinazione; **Our coach couldn't get through because of the landslide**, il nostro pullman non riuscì a passare a causa della frana; **If you don't study hard, you won't get through**, se non studiate di più, non ce la farete (non passerete, ecc.); **The bill got through by a margin of ten votes**, il disegno di legge è passato (*o* è stato approvato) con un margine di dieci voti ***2*** (*specialm. USA*) finire; terminare: **When I got through, I went out**, quando ebbi finito, uscii. **B** *v. i. + prep.* ***1*** passare attraverso; attraversare; superare: **We had to get through the snow storms to rescue them**, dovremmo passare attraverso le tempeste di neve per salvarli; **The man got through the police cordon**, l'uomo attraversò il cordone di poliziotti; **to get through an exam**, superare un esame ***2*** finire; consumare; far fuori (*fam.*); sperperare: **He got through the whole duck**, ha finito (*o* s'è mangiato) un'anatra intera; **to get through the food**, finire i viveri; **He gets through three bottles of beer every night**, fa fuori (*o* si scola) tre bottiglie di birra tutte le sere; **Charles got through ten thousand pounds in one night**, Charles ha sperperato diecimila sterline in una sola notte ***3*** impiegare, far passare (*il tempo*): **There's still an hour to be got through**, c'è ancora un'ora da far passare. **C** *v. t. + prep.* o *avv.* ***1*** far attraversare; far superare: **I succeeded in getting her through her discouragement**, riuscii a farle superare il suo scoraggiamento; **to get sb. through an exam**, far superare un esame a q. ***2*** far approvare (*una mozione, ecc.*) (*da*): **The government is trying to get the bill through (Parliament)**, il Governo sta cercando di far approvare il disegno di legge (dal parlamento) □ **to get through to**, comunicare con (*anche fig.*); (riuscire a) mettersi in contatto (*o* a parlare) con (q.); (*telef.*) (riuscire ad) avere (la comunicazione con): **When she is so nervous, I can't get through to her**, quando è così nervosa, non riesco a comunicare con lei (*o* a farmi ascoltare da lei); **This morning I can't get through to London**, questa mattina non riesco ad avere (la comunicazione con) Londra (*o* a prendere Londra; *fam.*); **I rang him up several times, but couldn't get through to him**, l'ho chiamato (al telefono) parecchie volte, ma non sono riuscito a parlargli □ **to get st. through to sb.**, far arrivare (*o* pervenire) q.c. a q.; (*fig.*) far capire q.c. a q.; far entrare q.c. nella testa a q.: **It won't be easy to get food supplies through to the victims of the flood**, non sarà facile far arrivare le provviste (alimentari) agli alluvionati; **It took a lot to get it through to her that she must take a long rest after being operated on**, ci volle del bello e del buono per farle capire che doveva restare a riposo un bel po' di tempo dopo essere stata operata □ (*fam. specialm. USA*) **to get through with st.**, liberarsi (*o* sbarazzarsi) di q.c.; finire, terminare q.c.; sbrigare q.c. □ **to get through one's correspondence** (*o* **the mail**), sbrigare (*o* evadere) la corrispondenza.

♦**get to**, *v. i. + prep.* ***1*** arrivare (*o* giungere) a: **It was late when we got to Chester**, era tardi quando arrivammo a Chester ***2*** mettersi a; cominciare a: **I must get to work at once**, devo mettermi al lavoro subito; **to get to business**, mettersi a fare sul serio; venire al sodo; **She gets to worrying whenever he is late**, ogni volta che è in ritardo, lei comincia a preoccuparsi ***3*** (riuscire a) raggiungere (*o* a contattare); avvicinare: **We must find a new way to get to our perspective customers**, dobbiamo trovare un modo nuovo di avvicinare i nostri possibili clienti ***4*** (andare a) finire; cacciarsi: **Where ever has my pen got to?**, dove s'è cacciata la mia penna? ***5*** farsi sentire: **My headache is getting to me now**, adesso il mio mal di testa si fa sentire □ **to get to grips with a difficult task**, affrontare con determinazione un compito difficile.

♦**get together**, **A** *v. i. + avv.* ***1*** mettersi insieme; associarsi; adunarsi; radunarsi; riunirsi ***2*** incontrarsi; trovarsi (insieme): **When can we get together for a chat?**, quando possiamo trovarci per fare due chiacchiere? ***3*** (*fig.*) mettersi d'accordo; accordarsi. **B** *v. t. + avv.* ***1*** mettere insieme; adunare; radunare: **The barons got an army together**, i grandi feudatari misero insieme un esercito ***2*** mettere insieme; raccogliere: **to get together additional evidence**, raccogliere ulteriori prove □ (*fig.*) **to get it together**, raccogliere le idee; fare mente locale; organizzarsi.

♦**get under**, **A** *v. i. + avv.* o *prep.* ***1*** andare, mettersi, infilarsi sotto; trovare riparo sotto: **When the storm broke out, the shepherds got under an oak**, quando scoppiò il temporale, i pastori si ripararono sotto una quercia ***2*** passare di sotto: **The rats can get under (the door)**, i topi riescono a passare sotto (la porta). **B** *v. t. + avv.* ***1*** far passare (q. *o* q.c.) sotto ***2*** domare (*una rivolta, le fiamme, ecc.*) □ (*naut.*) **to get under way**, salpare □ **to get a ship under way**, far salpare una nave.

♦**get up**, **A** *v. i. + avv.* ***1*** alzarsi; alzarsi in piedi; alzarsi da letto (*la mattina, dopo una malattia, ecc.*); (*del vento*) alzarsi; (*del mare*) rinforzare, ingrossarsi; (*delle fiamme*) alzarsi; (*di un incendio*) divampare: **I usually get up late on Sundays**, di solito la domenica mi alzo tardi; **Everybody got up when the queen came**

in, tutti si alzarono quando entrò la regina; **At sunset the wind got up**, al tramonto si alzò il vento *2* salire; arrampicarsi: **The aerial fitter got up on our roof**, l'antennista salì sul nostro tetto; **The cat got up to a higher branch**, il gatto si arrampicò su un ramo più alto *3* salire, montare (*a cavallo, in motocicletta, ecc.*): **Get up behind me!**, monta dietro!; **Get up on your horse!**, monta a cavallo!; in sella! *4* (*di prezzi, ecc.*) salire; aumentare; crescere *5* (*volg.*) drizzare (*volg.*); avere un'erezione. **B** *v. i. + prep.* salire (*o* montare, arrampicarsi) su: **The cat got up the tree**, il gatto si arrampicò sull'albero; **The old lorry couldn't get up the slope**, il vecchio camion non riusciva ad arrampicarsi su per la salita (*o* a fare la salita). **C** *v. t. + avv.* *1* fare alzare; tirare giù dal letto; svegliare; rimettere in piedi (*un ammalato guarito*): **Sorry for ringing you at this unholy hour; did I get you up?**, scusa se ti chiamo a quest'ora indegna; ti ho tirato giù dal letto? (*o* eri ancora a letto?); **Get the boy up, or he'll be late again**, sveglia il ragazzo, se no fa tardi di nuovo *2* tirare su; alzare; sollevare: **Get up you case!**, tira su la valigia! *3* mettere per (*o* a) ritto; mettere in piedi: **Get the mirror up against the wall!**, prendi su lo specchio e mettilo per ritto contro la parete! *4* preparare; organizzare; mettere su (*fig. fam.*); fare: **Let's get up a nice party!**, facciamo una bella festa!; **They got up a school play**, organizzarono una recita scolastica *5* vestire; abbigliare; travestire; mascherare: **We got up the boys as Vikings**, vestimmo i maschietti da vichinghi; **She was got up as Cleopatra**, era mascherata (*o* aveva addosso un costume) da Cleopatra *6* agghindare; addobbare; parare a festa: **She was beautifully got up**, s'era messa in ghingheri; era vestita come una principessa; **The little town was got up for the visit of the Royal Family**, la cittadina era parata a festa per la visita dei Reali *7* preparare; studiare; imparare: **Have you got to get up Latin for the exam?**, dovete preparare il latino per l'esame?; dovete portare latino all'esame?; **to get up Chinese**, imparare il cinese *8* tirar fuori (*fam.*); provare, sentire (*dentro di sé*): **to get up a bit of compassion**, tirar fuori un po' di compassione; **He cannot get up a bit of affection for her**, non riesce a provare un po' d'affetto per lei; per lei non riesce a sentire nulla *9* (*fam.*) lavare e stirare; curare: **I'd like my clothes (to be) got up well**, vorrei che i miei vestiti fossero lavati e stirati bene; vorrei trovare i miei abiti in ordine *10* (*naut.*) alzare, levare (*l'ancora*). **D** *v. t. + avv. + prep.* portare, trasportare su per: **The mules were toiling hard to get the mortars up the steep hill**, i muli stentavano a trasportare i mortai su per l'erta collina; **Can we get the wardrobe up the stairs?**, ce la facciamo a portare l'armadio su per le scale? □ **to get oneself up**, agghindarsi; mettersi in ghingheri; farsi bello: **The girl got herself up for the party**, la ragazza si mise in ghingheri (*o* si fece bella) per la festa □ **to get oneself up in**, mettersi, indossare (*q.c. di elegante*): **Cinderella's sisters got themselves up in fine new dresses**, le sorelle di Cenerentola si misero dei bei vestiti nuovi □ (*a un cavallo*) **get up!**, op!; forza!; corri! □ **to get up speed**, *V. sotto* **speed** □ **to get up steam**, *V. sotto* **steam**.

♦**get up to**, *v. i. + avv. + prep.* *1* mettersi a fare (*q.c. di male*); fare ricorso a; architettare; combinare; tramare: **I'm afraid the racketeers are getting up to their usual dirty tricks**, temo che gli uomini del racket si mettano a fare i loro soliti sporchi imbrogli; **What are the children getting up to?**, che cosa stanno combinando (*o* architettando) i bambini? *2* arrivare (*o* giungere) a; raggiungere: **What page have we got up to?**, a che pagina siamo arrivati?; **We soon got up to the others**, ben presto raggiungemmo gli altri.

♦**get with it**, *v. i. + prep. + pron.* (*fam. USA*) *1* darsi da fare; darci sotto, mettersi sotto (*fig.*) *2* darsi un'ammodernata (*fig.*); svecchiarsi un po'; modernizzarsi; ammodernarsi.

♦**get within**, *v. i. + prep.* *1* (*arc.*) entrare in *2* arrivare a (*o* in); giungere a (*o* in): **Finally we got within sight of the castle**, finalmente giungemmo in vista del castello; **At sunset we got within ten metres of the top of the mountain**, al tramonto arrivammo a dieci metri dalla vetta della montagna; **When the buffalo got within the range of his rifle, the ranger let fly**, quando il bisonte giunse a portata di tiro della carabina, il ranger sparò □ **to get within the law**, rientrare nelle norme previste dalla legge; essere in regola (*fam.*): **If you wear a crash helmet, you'll get within the law**, se ti metti il casco (*da motociclista*), sei in regola □ (*leg., market.*) **to get one's prices within the limits set by the government**, portare il livello dei prezzi praticati dentro i limiti imposti dal governo.

get-at-able /gɛt'ætəbl/, *a.* (*fam.*) accessibile; raggiungibile; ottenibile.

getaway /'gɛtəweɪ/, *n.* *1* (*sport*) partenza (*in una gara, corsa, ecc.*) *2* fuga: **to make one's g.**, darsi alla fuga *3* (*mecc.*) avviamento; accelerazione. ● **the g. car**, l'auto della (*o* per la) fuga.

get-off /'gɛtɔːf/, *n.* (*aeron.*) decollo.

get-out /'gɛtaʊt/, *n.* (*fam.*) *1* fuga; evasione *2* via d'uscita; scappatoia; espediente.

get-rich-quick /gɛtrɪtʃ'kwɪk/, *a.* (*fam.*) che promette facili guadagni: **g. schemes**, sistemi per arricchirsi facilmente.

gettable /'gɛtəbl/, *a.* ottenibile; acquistabile; acquisibile.

getter /'gɛtə(r)/, *n.* *1* (*fam.*) chi ottiene, ecc. (*V.* **to get**) *2* (*chim., fis.*) getter; assorbente metallico (*di gas*). ● **g.-up**, organizzatore (*di una festa*); compilatore (*d'un libro*) □ (*pop. USA*) **go-g.**, arrivista.

get-together /'gɛttəgɛðə(r)/, *n.* (*fam.*) riunione familiare; festicciola; festa in famiglia; il ritrovarsi insieme; rimpatriata (*fam.*).

get-tough /'gɛttʌf/, *a.* (*fam.*) deciso; fermo; risoluto.

get-up /'gɛtʌp/, *n.* (*fam.*) *1* abbigliamento; modo di vestire; stile; tenuta *2* aspetto, composizione, veste (*d'un libro, ecc.*) *3* (*USA*; = **get-up-and-get, get-up-and-go**) energia; decisione; iniziativa; spinta (*fig.*).

gewgaw /'gjuːgɔː/, *n.* fronzolo; gingillo; ninnolo.

gey /geɪ/ *avv.* (*dial. scozz.*) assai; molto; considerevolmente: **It's gey hot**, fa un caldo boia.

geyser (*def. 1* /'gaɪzə(r), 'giː-/, *def. 2* /'giːzə(r), 'gaɪ-/), *n.* *1* (*geol.*) geyser *2* scaldabagno (*elettrico o a gas*).

gharry /'gærɪ/, *n.* (*anglo-ind.*) carrozza a cavalli (*di solito da nolo*).

ghastliness /'gɑːstlɪnəs, *USA* -æs-/, *n.* *1* orrore; aspetto orrendo *2* pallore di morte; pallidezza spettrale.

ghastly /'gɑːstlɪ, *USA* 'gæs-/, **A** *a.* *1* orribile; orrendo; spaventoso; squallido: **to lead a g. life**, fare una vita squallida *2* pallido come un morto; spettrale: **a g. smile**, un sorriso spettrale *3* (*fam.*) pessimo; disgustoso: **a g. meal**, un pasto pessimo *4* (*fam.*) sgradevole: **a g. job**, un lavoro sgradevole. **B** *avv.* spaventosamente; in modo spettrale: **g. pale**, spaventosamente pallido. ● **a g. mistake**, un grosso (*o* tragico) errore.

gha(u)t /gɔːt, gɑːt, gʌt/, *n.* (*anglo-ind.*) *1* passo; valico *2* catena montuosa *3* scala che conduce a un approdo fluviale.

ghee /giː/, *n.* (*anglo-ind.*) burro liquefatto, color giallo oro, ottenuto per ebollizione.

Ghent /gɛnt/, *n.* (*geogr.*) Gand.

gherkin /'gɜːkɪn/, *n.* cetriolo verde; cetriolino sottaceto.

ghetto /'gɛtəʊ/, *n.* (*pl.* **ghettos, ghettoes**) (*stor., urbanistica*) ghetto. ● (*pop.*) **g. blaster**, stereo (*o* mangianastri) portatile (*e chiassoso*).

to **ghetto** /'gɛtəʊ/, *V.* **to ghettoize**.

ghettoization /gətəʊaɪ'zeɪʃn, *USA* -əʊɪ'z-/, *n.* ghettizzazione.

to **ghettoize** /'gətəʊaɪz/, *v. t.* ghettizzare.

Ghibelline /'gɪbəlaɪn, -liːn/, *n.* e *a.* (*stor.*) ghibellino.

Ghibellinism /'gɪbəlaɪnɪzəm, -liːn-/, *n.* (*stor.*) ghibellinismo.

ghibli /'gɪblɪ/, *n.* ghibli.

ghost /gəʊst/, *n.* *1* fantasma; spettro: **to raise a g.**, evocare un fantasma (*o* uno spettro); **to lay a g.**, fare scomparire un fantasma *2* spirito; anima *3* (*ottica, TV*) falsa immagine; immagine spuria *4* (*telef.*) circuito supercombinato *5* (= **ghost writer**) scrittore che redige testi per altri; negro (*fig. scherz.*) *6* (*fam., fisc.*) evasore del tutto ignoto al fisco. ● (*elettron.*) **g. image**, immagine spuria □ (*ferr.*) **g. station**, stazione in disuso □ **g. story**, storia di spettri □ **g. town**, città abbandonata □ **g. train**, galleria degli orrori (*alle fiere, ecc.*) □ **g. word**, parola entrata nella lingua in seguito a errori di lettura, di stampa, ecc. □ **to give up the g.**, *V. in fondo a* **give up**, *sotto* **to give up** □ (*relig.*) **the Holy G.**, lo Spirito Santo □ **not to have the g. of a chance**, non avere la benché minima probabilità (*di vittoria, di successo*) □ (*gergo teatr.*) **The g. walks**, si pagano gli stipendi; oggi è San Paganino (*pop.*).

to **ghost** /gəʊst/, to **ghostwrite** /'gəʊstraɪt/, *v. t. e i.* scrivere per conto d'altri: **He ghosted the story of the life of a famous star**, scrisse (a pagamento) la storia della vita di una famosa stella (*che mise il suo nome in copertina*).

ghostlike /'gəʊstlaɪk/, *a.* spettrale.

ghostliness /'gəʊstlɪnəs/, *n.* *1* l'esser spettrale *2* (*raro*) spiritualità; religiosità.

ghostly /'gəʊstlɪ/, *a.* *1* spettrale: **a g. light**, una luce spettrale; **to look g.**, avere un aspetto spettrale *2* (*raro*) spirituale; religioso: (*relig.*) **g. father [director]**, padre [direttore] spirituale. ● **g. comfort**, il conforto della religione □ (*relig.*) **our g. enemy**, il demonio.

ghoul /guːl/, *n.* *1* (*mitol. orientale*) demonio che divora i cadaveri *2* (*fig.*) predatore di tombe; individuo crudele e rapace.

ghoulish /'guːlɪʃ/, *a.* demoniaco; orrendo; mostruoso.

ghyll /gɪl/, *V.* **gill** (**2**).

G.I. /dʒiː'aɪ/, **A** *n.* (*acronimo di* **Government Issue**) (*fam. USA*) *1* soldato; militare *2* ex combattente; reduce. **B** *a.* *1* per militari (*o* reduci): **G.I. education cheques**, buoni per l'iscrizione a un college, riservati ai reduci *2* dell'esercito USA *3* (*di un ufficiale*) troppo rigido; meticoloso; pignolo. ● **G.I. bride**, sposa di guerra □ **G.I. Jane**, ausiliaria (*dell'esercito USA*) □ **G.I. Joe**, soldato USA □ **G.I. shoes**, scarpe militari (*o* da soldato).

giant /'dʒaɪənt/, **A** *n.* (*anche fig.*) gigante. **B** *a. attr.* gigante; di (*o* da) gigante; gigantesco: **a g. cactus**, un cactus gigante; **g. strength**, forza gigantesca. ● (*fin.*) **a g. corporation**, una società di grandi dimensioni; un grande complesso finanziario □ **g. dipper**, montagne russe (*di luna park*) □ (*sport, fig.*) **a g. killer**, una squadra castigamatti □ (*zool.*) **g. panda**, panda gigante □ (*sci*) **g. slalom**, slalom gigante □ (*sci*) **g.-slalom racer**, gigantista.

giantess /'dʒaɪəntes, *USA* -tɪs/, *n.* gigantessa.

gigantism /'dʒaɪəntɪzəm/, *n.* (*med.* e *fig.*) gigantismo.

giantlike /'dʒaɪəntlaɪk/, *a.* gigantesco.

giaour /'dʒaʊə(r)/, *n.* giaurro; infedele (*termine usato dai musulmani*).

gib (**1**) /gɪb/, *n.* *1* (*mecc.*) zeppa; cuneo; bietta *2* (*mecc.*) piastra di guida (*della slitta*) *3* (*ind. min.*) puntello provvisorio.

gib (**2**) /gɪb/, *n.* gatto maschio (*di solito, castrato*).

gibber /'dʒɪbə(r)/, *n.* barbugliamento; borbottio; parole confuse (*o* inintelligibili).

to **gibber** /'dʒɪbə(r)/, *v. i.* barbugliare; borbottare; ciancicare; farfugliare; parlare in modo incomprensibile.

gibberish /ˈdʒɪbərɪʃ/, *n.* barbugliamento; borbottio; ciancichio; parole inintelligibili; gergo incomprensibile.

gibbet /ˈdʒɪbɪt/, *n.* (*stor.*) ***1*** forca; patibolo ***2*** morte per impiccagione.

to **gibbet** /ˈdʒɪbɪt/, *v. t.* ***1*** condannare all'impiccagione; impiccare ***2*** esporre sulla forca ***3*** (*fig.*) mettere alla berlina (*o* alla gogna).

gibbon /ˈgɪbən/, *n.* (*zool., Hylobates*) gibbone.

gibbose /ˈgɪbəʊs/, *a.* gibboso; gobbo.

gibbosity /gɪˈbɒsətɪ/, *n.* gibbosità; gobba.

gibbous /ˈgɪbəʊs/, *a.* ***1*** gibboso; gobbo ***2*** (*astron.*) biconvesso; gibboso: **g. moon**, luna gibbosa.

gibe /dʒaɪb/, *n.* beffa; derisione; irrisione; scherno; frecciata (*fig.*).

to **gibe** /dʒaɪb/, *v. i.* e *t.* beffare, beffarsi; deridere; irridere; schernire: **Stop gibing at me!**, smettila di beffarti di me!

giber /ˈdʒaɪbə(r)/, *n.* beffatore, beffatrice; schernitore, schernitrice.

gibingly /ˈdʒaɪbɪŋlɪ/, *avv.* derisoriamente; con scherno.

gibleh /ˈgɪblɪ/, *n.* ghibli.

giblets /ˈdʒɪbləts/, *n. pl.* frattaglie; rigaglie; interiora.

gibli /ˈgɪblɪ/, *n.* ghibli.

Gibraltar /dʒɪˈbrɔːltə(r)/, *n.* (*geogr.*) Gibilterra.

gibus /ˈdʒaɪbəs/, *n.* gibus (*cappello a cilindro pieghevole*).

giddily /ˈgɪdəlɪ/, *avv.* ***1*** da stordito; storditamente ***2*** in modo vertiginoso; vertiginosamente.

giddiness /ˈgɪdɪnəs/, *n.* ***1*** capogiro; stordimento; vertigini ***2*** vorticosità ***3*** frivolezza; incostanza; storditaggine; storditezza (*raro*).

giddy /ˈgɪdɪ/, *a.* ***1*** che ha il capogiro (*o* le vertigini); stordito: **to be g. with success**, essere stordito dal successo ***2*** vertiginoso; che dà il capogiro (*o* le vertigini): **a g. height**, un'altezza vertiginosa; **a. g. success**, un successo che dà le vertigini ***3*** vorticoso: **a g. motion**, un moto vorticoso ***4*** frivolo; sventato; sbadato; scervellato: **a g. young girl**, una ragazzina scervellata. ● **g.-go-round**, giostra □ **g. head**, persona scervellata □ **to feel g.**, avere il capogiro (*o* le vertigini) □ **to play the g. goat**, fare il buffone □ **You make me feel g.**, mi dai il capogiro; mi fai girare la testa □ **She is a g. young thing**, è una storditella.

to **giddy** /ˈgɪdɪ/, **A** *v. t.* dare il capogiro, far venire le vertigini, far girare la testa a. **B** *v. i.* avere il capogiro (*o* le vertigini).

gift /gɪft/, *n.* ***1*** dono; regalo; presente (*lett.*); strenna: **Christmas gifts**, doni natalizi; strenne di Natale ***2*** (*leg.*) donazione ***3*** (*fig.*) dono; dote; inclinazione; disposizione; talento: **to have a g. for poetry**, avere il dono della poesia; **to have a g. for languages**, avere disposizione per le lingue ***4*** (*arc.*) facoltà di dare: **The position is in his g.**, è in sua facoltà concedere il posto. ● (*market.*) **g. basket**, cesto-regalo (*di fiori, frutta, ecc.*) □ **g.-book**, libro (da) strenna □ **g. coupon**, *V.* **g. stamp** □ **g. hamper**, *V.* **g. basket** □ **g. shop**, negozio d'articoli da regalo □ **g. stamp**, buono premio; bollino □ (*fisc.*) **g. tax**, imposta sulle donazioni □ (*in G.B.*) **g. token**, buono da spendere nei negozi (*si acquista alla Posta*) □ **g. voucher**, buono omaggio (*inserito in una confezione*) □ **to have the g. of the gab**, avere il dono della chiacchiera; avere lo scilinguagnolo sciolto □ **I wouldn't have it as a g.**, (non lo prendo) neanche se me lo regalano! □ (*prov.*) **Never look a g.-horse in the mouth**, a caval donato non si guarda in bocca.

to **gift** /gɪft/, *v. t.* ***1*** donare; regalare ***2*** fare un dono a (q.).

gifted /ˈgɪftɪd/, *a.* ***1*** dotato d'ingegno; di (*o* che ha) talento: **a g. musician**, un musicista di talento ***2*** (*di un giovane*) dotato.

giftware /ˈgɪftweə(r)/, *n.* (*collett.*) articoli da regalo.

to **gift-wrap** /ˈgɪftræp/, *v. t.* incartare (*un oggetto*) in confezione regalo.

gift-wrapping /ˈgɪftræpɪŋ/, *n.* (carta da) confezione regalo.

gig (**1**) /gɪg/, *n.* ***1*** barroccino; calesse ***2*** (*naut.*) lancia; iole; barca a remi. ● **gig-lamps**, fanali da calesse; (*fig. fam. arc.*) occhiali.

gig (**2**) /gɪg/, *n.* arpione (*da pesca*); fiocina; rampone.

gig (**3**) /gɪg/, *n.* (*fam.*) ***1*** lavoro; lavoretto; servizio (*di un inviato di giornale*): **a crime gig**, un servizio di cronaca nera ***2*** (*mus., teatr.*) ingaggio, scrittura (*per una serata*) ***3*** (*mus.*) sessione di jazz improvvisato; arrangiamento jazzistico ***4*** (*USA*) festa sfrenata; orgia ***5*** (*USA*) pallino (*fig.*); passatempo preferito.

gig (**4**) /gɪg/, *n.* (*ind. tess.*) cilindro garzatore. ● **gig mill**, garzatrice; stabilimento per la garzatura.

gig (**5**) /gɪg/, *n.* (*pop. USA*) rapporto (sfavorevole); punizione.

to **gig** (**1**) /gɪg/, *v. i.* andare in calesse.

to **gig** (**2**) /gɪg/, *v. t.* ***1*** pescare con l'arpione (*o* con la fiocina); fiocinare ***2*** (*fig.*) punzecchiare; provocare.

to **gig** (**3**) /gɪg/, *v. i.* (*fam.*) ***1*** avere un lavoro; (*giorn.*) fare un servizio ***2*** (*mus., teatr.*) avere una scrittura ***3*** (*mus.*) suonare il jazz; fare un arrangiamento jazzistico.

to **gig** (**4**) /gɪg/, *v. t.* (*ind. tess.*) garzare.

to **gig** (**5**) /gɪg/, *v. t.* (*pop. USA*) fare rapporto a (q.); punire.

gigantesque /dʒaɪgænˈtɛsk/, *a.* gigantesco.

gigantic /dʒaɪˈgæntɪk/, *a.* gigantesco; enorme. ‖ **-ally**, *avv.*

gigantism /ˈdʒaɪgəntɪzəm/, *n.* (*med., bot.*) gigantismo.

gigantomachy /dʒaɪgænˈtɒməkɪ/, *n.* gigantomachia.

gigging /ˈgɪgɪŋ/, *n.* (*ind. tess.*) garzatura.

giggle /ˈgɪgl/, *n.* ***1*** riso sciocco; risolino; risatina ***2*** (*fam.*) (bello) scherzo; burla: **to do st. for a g.**, fare q.c. per scherzo (*o* per burla) ***3*** (*fam.*) tipo buffo (*o* da ridere). ● (*fam.*) **to have got the giggles**, avere la ridarella □ (*fam.*) **to be unable to check one's giggles**, non trattenere la ridarella.

to **giggle** /ˈgɪgl/, *v. i.* ridere scioccamente; ridacchiare.

giggler /ˈgɪglə(r), -gəl-/, *n.* chi fa risatine; chi ridacchia.

giggling /ˈgɪglɪŋ, -gəl-/, **A** *a.* che fa risatine; che ridacchia. **B** *n.* scoppi di risatine; il ridacchiare.

giggly /ˈgɪglɪ/, *a.* che ha spesso la ridarella; ridanciano.

giglot /ˈgɪglət/, *n.* (*arc.*) sgualdrinella; puttanella.

gigolo /ˈdʒɪgələʊ, ˈʒ-/, *n.* (*pl.* **gigolos**) ***1*** gigolò; mantenuto ***2*** ballerino a pagamento ***3*** accompagnatore (*di donne*) professionista.

gigot /ˈdʒɪgət/, *n.* gigotto; cosciotto d'agnello o capretto. ● (*sartoria*) **g. sleeve**, manica a gigot (*con un grande rigonfio sopra il gomito*).

gigue /ʒiːg/, *n.* (*mus., stor.*) giga.

gila /ˈhiːlə/, *n.* (*zool., Heloderma suspectum*; = **Gila monster**) eloderma (*grossa lucertola velenosa dell'Arizona*).

Gilbert /ˈgɪlbət/, *n.* Gilberto.

Gilbertian /gɪlˈbɜːtɪən/, *a.* comico; umoristico (*da* **W.S. Gilbert,** *autore di operette*): **a G. situation**, una situazione comica.

gild /gɪld/, *V.* **guild**.

to **gild** /gɪld/ (*pass.* e *p. p.* **gilded,** *o* **gilt**), *v. t.* dorare; indorare (*anche fig.*): **to g. the pill**, indorare la pillola. ● (*fig.*) **to g. the lily**, caricare di orpelli una cosa (già) bella di per sé; strafare (*o* esagerare) in abbellimenti.

gilded /ˈgɪldɪd/, *a.* dorato; indorato. ● **the G. Chamber**, la Camera dei Lord □ **g. spurs**, speroni d'oro (*simbolo della cavalleria*) □ **g. youth**, gioventù dorata.

gilder /ˈgɪldə(r)/, *n.* doratore, doratrice; indoratore, indoratrice.

gilding /ˈgɪldɪŋ/, *n.* doratura; indoratura; indoramento (*anche fig.*).

gilhooley /gɪlˈhuːlɪ/, *n.* (*autom., fam. USA*) testa-coda.

gill (**1**) /gɪl/, *n.* (*di solito al pl.*) ***1*** (*zool.*) branchia (*di pesce*) ***2*** (*zool.*) bargiglio; bargiglione ***3*** (*pl.*) (*scherz.*) pappagorgia; mento ***4*** (*bot.*) lamella (*di fungo*) ***5*** (*mecc.*) aletta. ● (*zool.*) **g. cover**, opercolo branchiale □ **g. net**, tramaglio □ (*fam.*) **to be blue** (*o* **green**) **about the gills**, essere verde per un malessere o lo spavento; (*USA*) essere sbronzo (*o* ubriaco) □ (*fam.*) **to get** (*o* **to go**) **green** [**white, blue**] **about the gills**, diventare verde [sbiancare] per la paura (un malessere, ecc.) □ (*fig.*: *di persona*) **rosy about the gills**, dall'aspetto sano; rubicondo.

gill (**2**) /gɪl/, *n.* ***1*** burrone; gola ***2*** torrentello.

gill (**3**) /dʒɪl/, *n.* ***1*** «gill» (*misura di capacità, pari a 0,142 litri*) ***2*** recipiente che contiene un «gill».

gill (**4**), *n.* (*arc.*) (*abbr. di* **Gillian**) ragazza; donna; fidanzata.

to **gill** /gɪl/, *v. t.* ***1*** sbuzzare, pulire (*il pesce*) ***2*** togliere le lamelle a (*funghi*) ***3*** (*anche* **to gill-net**) pescare col tramaglio.

Gillian /ˈdʒɪljən, -lɪən/, *n.* Giuliana.

gillie /ˈgɪlɪ/, *n.* ***1*** (*stor.*) seguace (*o* servo) d'un capo di clan scozzese ***2*** ragazzo che accompagna e aiuta un cacciatore (*o* un pescatore).

gilliflower /ˈdʒɪlɪflaʊə(r)/, *V.* **gillyflower**.

gilly /ˈgɪlɪ/, *V.* **gillie**.

gillyflower /ˈdʒɪlɪflaʊə(r)/, *n.* (*bot.*) ***1*** (*Dianthus caryophyllus*) garofano ***2*** (*Cheiranthus cheiri*) violacciocca gialla ***3*** (*Matthiola incana*) violacciocca.

gilt (**1**) /gɪlt/, **A** *pass.* e *p. p.* di **to gild**. **B** *a.* dorato; indorato: **a book with a g. top**, un libro con il margine superiore dorato. **C** *n.* doratura; indoratura; (*fig.*) attrattiva, fascino. ● (*bot.*) **g.-cup**, ranuncolo; botton d'oro □ **a g.-edged book**, un libro dal taglio dorato □ (*Borsa*) **the g.-edged market**, il mercato dei titoli di prim'ordine □ (*fin.*) **g.-edged securities**, titoli di prim'ordine, sicurissimi; titoli di stato.

gilt (**2**) /gɪlt/, *n.* (*zool.*) scrofa giovane.

gilthead /ˈgɪlthɛd/, *n.* (*zool., Sparus aurata*) orata.

gilts /gɪlts/, *n. pl.* (*fam., fin.*) titoli di prim'ordine (*o* sicurissimi); titoli di stato.

gimbal /ˈdʒɪmbl/, *n.* (*mecc.*) cardano; giunto cardanico. ● **g.-ring**, anello a sospensione cardanica.

gimbals /ˈdʒɪmblz/, *n. pl.* (*col verbo al sing.*) ***1*** (*mecc.*) sospensione cardanica ***2*** (*naut.*) bilancieri (*di bussola*).

gimcrack /ˈdʒɪmkræk/, **A** *n.* fronzolo; gingillo; ninnolo; cianfrusaglia. **B** *a.* ***1*** appariscente; dozzinale; vistoso ***2*** scassato, sgangherato: **g. planes**, aerei scassati.

gimcrackery /ˈdʒɪmkrækrɪ/, *n.* ciarpame; paccottiglia; cianfrusaglie.

gimcracky /ˈdʒɪmkrækɪ/, *a.* appariscente; dozzinale; vistoso.

gimlet /ˈgɪmlət/, **A** *n.* (*falegn.*) succhiello. **B** *a. attr.* (*fig.*) acuto; penetrante. ● **g.-eyed**, dalla vista acuta.

to **gimlet** /ˈgɪmlət/, *v. t.* (*falegn.*) succhiellare; forare con un succhiello.

gimme /ˈgɪmɪ/, *voce verb.* (*contraz. fam. di* **give me**) dammi!; datemi!

gimmick /ˈgɪmɪk/, *n.* (*fam.*) ***1*** espediente; idea (*o* trovata) ingegnosa (*o* pubblicitaria) ***2*** trucco; stratagemma ***3*** trucco di prestigiatore ***4*** arnese; aggeggio. ● **advertising g.**, espediente (*o* trucco) pubblicitario; trovata pubblicitaria.

gimmickry /ˈgɪmɪkrɪ/, *n. collett.* (*fam. spreg.*) ***1*** (*mecc.*) accessori (*o* dispositivi) sofisticati; ammennicoli vari ***2*** (*anche leg.*) cavilli; pretesti ***3*** uso di trucchi (*o* di stratagemmi).

gimmicky /'gɪmɪkɪ/, *a.* (*fam.*) *1* pieno di ammennicoli vari (*o* di aggeggi); tutto aggeggiato (*fam.*) *2* di (*o* da) espediente. ● **g. idea**, trovata.

gimp (1) /gɪmp/, *n.* *1* cordoncino; passamano; spighetta (*di seta o cotone ritorti*) *2* (*sport*) lenza di seta (*rinforzata con filo metallico*).

gimp (2) /gɪmp/, *n.* (*fam. USA*) zoppo.

to **gimp** /gɪmp/, *n.* (*fam. USA*) zoppicare; andare zoppo.

gin (1) /dʒɪn/, *n.* gin. ● **gin and it**, cocktail di gin e vermut italiano (**it** *sta per* **Italian**) □ **gin and tonic** (*abbr.*: **a g and t**), gin tonic; gin con acqua brillante □ **gin fizz**, gin-fizz □ (*pop. USA*) **gin mill** (*o* **gin dive**), spaccio d'alcolici; (*anche*) bar d'infimo ordine □ (*un tempo*) **gin palace**, bar arredato in modo pacchiano □ **gin sling**, bevanda fredda a base di gin aromatizzato e addolcito □ (*pop.*) **gin trap**, (la) bocca; (il) becco (*fig. pop.*).

gin (2) /dʒɪn/, *n.* *1* (*ind. tess.*, *di solito* **cotton gin**) ginnatrice, sgranatrice (*di cotone*) *2* (= **gin trap**) trappola (*per selvaggina o pesce*) *3* (*mecc.*) argano; paranco; capra. ● (*naut.*) **gin block**, bozzello da discarica; puleggia di carico □ (*mecc.*) **gin tackle**, paranco della capra.

to **gin** (1) /dʒɪn/, *v. t.* *1* (*ind. tess.*) ginnare, sgranare (*cotone*) *2* prendere in trappola; intrappolare; irretire.

to **gin** (2) /dʒɪn/, (*arc.*) *V.* **to begin**.

ginch /gɪntʃ/, *n.* (*pop. USA*) (bella) ragazza; bambola, pupa (*fig.*).

ginger /'dʒɪndʒə(r)/, **A** *n.* *1* (*bot.*, *Zingiber officinale*) zenzero *2* (*fam.*) animazione; brio; vivacità *3* (*fam.*) energia; spinta (*fig.*) *4* color zenzero; color fulvo; rossiccio. **B** *a. attr.* rossiccio; fulvo: **g. hair**, capelli rossicci. ● **g. ale**, bibita gassata aromatizzata allo zenzero (*analcolica*); gingerino; ginger □ **g. beer**, bibita gassata aromatizzata allo zenzero (*leggermente alcolica*) □ **g. biscuit**, biscotto (*tondo e duro*) allo zenzero (*spolverato con zucchero*) □ (*polit.*) **g. group**, gruppo di punta, gruppo avanzato (*in un partito, ecc.*) □ **g. nut**, *V.* **g. biscuit** □ **g. oil**, essenza di zenzero □ **g. root**, radice di zenzero □ **g. snap**, *V.* **g. biscuit** □ **g. wine**, bevanda di zenzero fermentato, acqua e zucchero.

to **ginger** /'dʒɪndʒə(r)/, *v. t.* *1* aromatizzare con zenzero *2* (*di solito* **to g. up**) animare; scuotere; ravvivare; tirare su (*fam.*): **to g. up a performance**, ravvivare uno spettacolo; **Give me a whisky to g. me up**, dammi un whisky per tirarmi su.

gingerade /'dʒɪndʒəreɪd/, *V.* **ginger ale** e **ginger beer**.

gingerbread /'dʒɪndʒəbred/, **A** *n.* *1* pan di zenzero *2* (*fig.*) ornamento appariscente, vistoso. **B** *a.* appariscente; pretenzioso; pacchiano; vistoso: **g. Gothic**, stile gotico pretenzioso.

gingerly /'dʒɪndʒəlɪ/, **A** *a.* cauto; circospetto; guardingo. **B** *avv.* cautamente; con circospezione; pian piano.

gingery /'dʒɪndʒərɪ/, *a.* *1* che sa di zenzero; aromatizzato con zenzero *2* rossiccio; fulvo (*di capelli*) *3* (*fam.*) brioso; vivace.

gingham /'gɪŋəm/, *n.* *1* percalle; gingan *2* (*fam.*) ombrello.

gingiva /dʒɪn'dʒaɪvə/, *n.* (*pl.* **gingivae**) (*anat.*) gengiva.

gingival /dʒɪn'dʒaɪvl/, *a.* *1* (*anat.*) gengivale *2* (*fon.*) alveolare.

gingivitis /dʒɪndʒɪ'vaɪtɪs/, *n.* (*med.*) gengivite.

ginglymus /'dʒɪŋglɪməs/, *n.* (*pl.* **ginglymi**) (*anat.*) ginglimo.

gink /gɪŋk/, *n.* (*pop.*) individuo; tipo; tipo strano.

ginkgo /'gɪŋkəʊ/, *n.* (*bot.*, *Ginkgo biloba*) ginkgo.

ginnery /'dʒɪnərɪ/, *n.* (*ind. tess.*) ginnatoio.

ginning /'dʒɪnɪŋ/, *n.* (*ind. tess.*) ginnatura (*del cotone*).

ginseng /'dʒɪnseŋ/, *n.* (*bot.*, *Panax ginseng*) ginseng (*anche la radice*).

ginzo /'gɪnzəʊ/, *n.* (*pop. spreg. USA*) individuo di origine italiana; italiano; maccheroni (*fig. spreg.*).

gippy /'dʒɪpɪ/, *a.* e *n.* (*pop.*) egiziano. ● (*pop.*) **g. tummy**, mal di pancia con diarrea.

gipsy /'dʒɪpsɪ/, **A** *n.* *1* zingaro, zingara *2* zingaresco; lingua degli zingari *3* (*fig.*) vagabondo. **B** *a. attr.* zingaro; di (*o* da) zingaro; gitano: **a g. girl**, una (ragazza) zingara; **a g. caravan**, una carovana di zingari. ● **g. bonnet**, cappello a larghe falde □ (*ind. min.*) **g. winch**, argano a mano.

gipsydom /'dʒɪpsɪdəm/, *n.* (il) mondo, (la) cerchia degli zingari.

gipsyhood /'dʒɪpsɪhʊd/, *n.* natura zingaresca.

gipsyish /'dʒɪpsɪɪʃ/, *a.* zingaresco.

gipsyism /'dʒɪpsɪɪzəm/, *n.* natura (*o* qualità) di zingaro.

giraffe /dʒɪ'rɑːf, *USA* -æf/, *n.* (*zool.*, *Giraffa camelopardalis*) giraffa.

girandole /'dʒɪrəndəʊl/, *n.* *1* girandola *2* candeliere a bracci *3* orecchino a pendente, con pietre incastonate.

girasol(e) /'dʒɪrəsəʊl/, *n.* (*miner.*) opale di fuoco.

to **gird** (1) /gɜːd/ (*pass.* e *p. p.* **girded** *o* **girt**), *v. t.* (*poet.*, *retor.*) *1* cingere; cingere d'assedio; circondare; assicurare (*un abito*) con la cintura: **to g. on one's sword**, cingere la spada; **to g. a town with an army**, circondare una città con un esercito *2* indossare; vestire: **to g. one's armour**, indossare l'armatura. ● (*fig.*) **to g. oneself for st.**, accingersi (*o* prepararsi) a fare q.c. □ **to g. up**, rimboccarsi (*abiti e sim.*) □ (*fig.*) **to g. up one's loins**, accingersi con grande energia a un'impresa; rimboccarsi le maniche.

to **gird** (2) /gɜːd/, *v. i.* – **to g. at**, beffarsi di; schernire.

girder /'gɜːdə(r)/, *n.* *1* (*ind. costr.*) trave; trave maestra: **a framework of steel girders**, un'intelaiatura di travi d'acciaio *2* (*mecc.*) chiave; sbarra *3* (*naut.*) struttura longitudinale; paramezzale; corrente. ● **g. rail**, rotaia a gola (*per tranvie*) □ **g. lattice**, travatura a traliccio □ **g.-tongs**, tenaglia di sospensione.

girdle (1) /'gɜːdl/, *n.* *1* (*anche anat.*) cintura; cintola; fascia; (*anat.*) cingolo: **shoulder g.**, cingolo (*o* cintura) scapolare *2* busto; guaina (*da donna*) *3* cintura (*di pietra preziosa tagliata a brillante*) *4* incisione circolare (*intorno al tronco d'un albero*) *5* (*archit.*) collarino (*di colonna*) *6* (*fig.*) cerchio; cerchia: **a g. of islands**, un cerchio di isole; **a g. of walls**, una cerchia di mura.

girdle (2) /'gɜːdl/, *n.* (*dial. scozz.*) lastra di ferro su cui cuocere focacce.

to **girdle** /'gɜːdl/, *v. t.* *1* cingere; circondare *2* fare un'incisione circolare intorno a (*un albero*) *3* girare intorno a; ruotare attorno a: **A new artificial satellite will g. Venus**, un nuovo satellite artificiale ruoterà attorno a Venere.

girl /gɜːl/, *n.* *1* ragazza; fanciulla; giovinetta; signorina: **an office g.**, una ragazza d'ufficio *2* figlia; figliola; bambina: **Her first child was a g.**, il primo figlio che le nacque fu una bambina *3* (*fam.*, = **best g.**) amorosa; fidanzata; ragazza (*fam.*) *4* domestica; donna, ragazza (*fam.*): **to employ a g. to do the housework**, assumere una ragazza per le faccende domestiche *5* donna nubile; zitella; ragazza (*pop.*) *6* (*teatr.*) girl; ballerina di fila. ● (*in una famiglia*) **the girls**, le figliole □ **g. Friday**, segretaria privata (*o* di fiducia) □ **G. Guides** (*USA* **G. Scouts**), giovani esploratrici □ (*fam.*) **old g.**, (*voc. affettuoso*) ragazza mia; ex compagna di scuola; (*spreg.*) vecchia zitella.

girlfriend /'gɜːlfrend/, *n.* ragazza; innamorata; amorosa (*fam.*).

girlhood /'gɜːlhʊd/, *n.* (*di ragazza*) adolescenza; giovinezza.

girlie /'gɜːlɪ/, *n.* *1* (*fam.*) ragazzina *2* (*pop. USA*) donnina allegra; prostituta. ● **a g. magazine**, una rivista con donnine nude (*o* per soli uomini) □ **g. show**, spettacolo di nudo (femminile).

girlish /'gɜːlɪʃ/, *a.* (*di ragazza*) fanciullesco; di (*o* da) ragazza: **g. clothes**, abiti da ragazza.

girlishness /'gɜːlɪʃnəs/, *n.* carattere (*o* modi) di fanciulla.

girly /'gɜːlɪ/, *n.* *1* (*fam.*) *V.* **girlie** *2* (*pop. USA*) cocaina.

Giro /'dʒaɪ(ə)rəʊ/, *n.* (*fam. per* **National Girobank**) «Girobanca» (*in G.B.*). ● **G. slip**, modulo d'accredito in giroconto.

giro /'dʒaɪ(ə)rəʊ/, *n.* (*pl.* **giros**) (*fin.*) giroconto (*bancario o postale*); postagiro.

Girobank /'dʒaɪ(ə)rəʊbæŋk/, *V.* **Giro**.

Girondist /dʒɪ'rɒndɪst/, *n.* e *a.* (*stor. franc.*) girondino.

girt (1) /gɜːt/, *n.* *1* circonferenza; contorno; giro *2* (*edil.*) arcareccio *3* (*edil.*) trave d'irrigidimento *4* (*ind. min.*) longherone.

girt (2) /gɜːt/, *pass.* e *p. p.* di **to gird** (1).

to **girt** /gɜːt/, **A** *v. t.* *1* cingere; munire di cintura *2* misurare il contorno (*o* la circonferenza) di (q.c.). **B** *v. i.* essere di (*o* misurare in) circonferenza.

girth /gɜːθ/, *n.* *1* (*di cavallo da sella*) sottopancia *2* perimetro; contorno; circonferenza: **an oak ten feet in g.**, una quercia di circa tre metri di circonferenza *3* (*fam.*) corpulenza; pancia (*pop.*).

to **girth** /gɜːθ/, **A** *v. t.* *1* cingere; circondare *2* affibbiare il sottopancia a (*un cavallo*). **B** *v. i.* essere di (*o* misurare in) circonferenza.

gist /dʒɪst/, *n.* essenza; sostanza; succo (*fig.*); nocciolo (*fig.*): **That's the g. of the question**, ecco il nocciolo del problema.

gittern /'gɪtɜːn/, *n.* (*mus.*, *stor.*) sorta di cetra medievale.

give /gɪv/, *n.* *1* cedimento (*di stoffa, cuoio, ecc.*) *2* lentezza (*di una fune, uno spago, ecc.*) *3* cedevolezza; elasticità: **The g. of this material is excellent**, questo materiale ha un'ottima elasticità. ● **g.-and-take**, concessioni reciproche; compromesso; aperto scambio d'idee: **a g.-and-take policy**, una politica di compromesso.

to **give** /gɪv/ (*pass.* **gave**, *p. p.* **given**), **A** *v. t.* *1* dare; donare; consegnare; fruttare, rendere; concedere; accordare; elargire; emettere; assegnare; attribuire: **They gave him a medal**, gli diedero una medaglia; **I gave it (to) him**, glielo diedi; **He was given a souvenir** (*o* **A souvenir was given to him**), gli fu dato un ricordino; **Cows g. milk**, le mucche danno il latte; (*fin.*) **This investment gives good returns**, questo investimento frutta (*o* rende) bene (*o* dà buoni frutti); (*telef.*) **G. me the Fire Brigade**, mi dia i pompieri!; **to g. one's confidence**, concedere (*o* dare) la propria fiducia; **to g. one's word**, dare la propria parola; **to g. the all-clear**, dare il segnale di via libera; **to g. a cry**, dare (in) un grido; **to g. no sign of life**, non dare segno di vita; **This lamp gives a bad light**, questa lampada dà una cattiva luce; **This gives him a right to complain about the service**, questo gli dà il diritto di lamentarsi del servizio; **to g. a message**, consegnare un messaggio; **Let's g. ourselves half an hour's break**, concediamoci mezzora d'intervallo; **I'll g. you this point**, ti concederò questo punto (*della tua argomentazione*); **They gave a concert**, diedero un concerto; **to g. a sigh**, emettere (*o* mandare) un sospiro *2* pagare: **How much** (*o* **what price**) **did you g. for that car?**, quanto hai pagato quell'automobile? *3* porgere; offrire; portare; trasmettere: **Give my regards to your mother**, porgi (*o* porta) i miei saluti a tua madre; **to g. sb. one's arm**, offrire il braccio a q.; **to g. sb. one's cheek**, porgere la guancia a q. (*da baciare*); (*comm.*) **to g. a discount**, offrire (*o* praticare) uno sconto *4* (*di solito* **to g. in marriage**) dare in moglie (*o* in sposa): **Her father gave Mary in**

marriage, Mary fu data in sposa dal padre ***5*** fare: **to g. a favour to sb.**, fare un favore a q.; **to g. honour to sb.**, fare onore a q.; **to g. sb.'s name**, fare il nome di q.; menzionare q.; **to g. sb. a permanent**, fare la permanente a q. ***6*** dare; rappresentare; rendere (*artisticamente*): **to g. a play**, dare una commedia; rappresentare un dramma; **Shakespeare has given us human nature very well**, Shakespeare ha rappresentato assai bene la natura umana ***7*** dedicare: **He gave his life to this enterprise**, ha dedicato la vita a questa impresa ***8*** (*mat.*) dare come risultato; fare: **Ten plus five gives fifteen**, dieci più cinque fa quindici ***9*** (*di un orologio, uno strumento*) segnare: **My watch doesn't g. the right time**, il mio orologio non segna l'ora giusta; **The thermometer gives 50 °C in the shade**, il termometro segna 50 °C all'ombra ***10*** (*med., fam.*) attaccare, trasmettere (*una malattia*): **The little girl has given me measles**, la bambina mi ha attaccato il morbillo ***11*** proporre un brindisi a (q.): **Gentlemen, I g. you the chairman**, signori, propongo di brindare al presidente ***12*** (*sport*: *dell'arbitro, di un guardalinee*) segnalare il fuorigioco di (*un giocatore*). **B** *v. i.* ***1*** dare (*o* fare) doni (*o* elargizioni): **It's better to g. than to receive**, è meglio dare che ricevere ***2*** cedere; piegarsi; essere cedevole; essere elastico: **The door gave when he pushed it**, quando la spinse, la porta cedette; **The floor gave under their weight**, il pavimento cedette sotto il loro peso ***3*** (*del tempo*) addolcirsi; farsi mite ***4*** (*del gelo, del ghiaccio*) sciogliersi ***5*** (*fam.*) accadere; succedere: **What gives?**, che cosa succede? **C** to **give oneself**, *v. rifl.* ***1*** darsi, dedicarsi (a q.c.) ***2*** (*di donna*) darsi; concedersi. ● **to g. oneself airs**, darsi delle arie □ **to g. and take**, fare concessioni reciproche; fare un compromesso □ **to give battle**, dar battaglia □ (*fam.*) **to g. one's best**, fare del proprio meglio; dare il massimo (*fam.*) □ **to g. birth to**, dare alla luce, mettere al mondo (*anche fig.*); dare origine a, essere la patria di: **The Queen gave birth to a son**, la regina diede alla luce un figlio maschio; **New Orleans gave birth to the blues**, New Orleans fu la patria dei blues □ (*pop.*) **to g. sb. a bit of one's mind**, dire a q. il fatto suo; dirne quattro a q. □ **to g. a bound**, fare un balzo □ (*leg.*) **to g. the case** (*o* **to g. it**) **for sb.**, pronunciarsi in favore di q. □ **to g. chase**, dare la caccia □ **to g. a child st. to cry for**, punire un bambino che piange senza ragione □ **to g. sb. a cold glance**, guardare q. con freddezza □ **to g. credence to**, rendere credibile (*un racconto, ecc.*) □ **to g. credit to**, riconoscere (*un merito, ecc.*) □ **to g. currency to a rumour**, divulgare una voce; spargere una diceria □ **to g. sb. his due**, dare a q. quel che gli è dovuto; riconoscere i meriti di q. □ **to g. ear**, ascoltare; prestare orecchio □ **to g. an eye to**, dare un'occhiata a; badare a □ (*Borsa*) **to g. for the call**, comprare a premio □ (*Borsa*) **to g. for the put**, vendere a premio (*o* con facoltà di opzione) □ (*fam.*) **to g. st. for a song**, vendere q.c. a bassissimo prezzo; «regalare» q.c. □ **to g. ground**, cedere terreno; ritirarsi; ripiegare; (*di prezzi, ecc.*) cedere, segnare una flessione □ **to g. sb. a hand**, dare una mano a q. □ **to g. heed to**, fare attenzione a (q.c.); dare retta a (q.) □ **to g. sb. [st.] into sb.'s custody**, affidare q. [q.c.] a q. □ (*fam.*) **to g. it to sb.** (*spesso*: **to g. it to sb. hot** *o* **straight**), dare una (bella) lavata di capo a q.; punire q. (*specialm. un bambino*) □ **to g. one's name**, dare il (proprio) nome; declinare le generalità □ (*sport*) **to g. sb. offside**, dichiarare q. in fuorigioco □ **g. or take**, più o meno; all'incirca: **It will take two hours, g. or take a few minutes**, ci vorranno due ore, minuto più minuto meno □ **to g. sb. a pain in his back**, far venire a q. il mal di schiena □ **to g. sb. a piece of one's mind**, dire a q. il fatto suo; dirne quattro a q. □ **to g. place to sb.**, fare posto per q.; dare la precedenza a q.; essere sostituito da q. □ (*telef.*) **to g. sb. a ring**, dare un colpo di telefono a q. □ **to g. rise to**, dare origine a; cagionare; causare □ (*fam.*) **to g. sb. the sack**, licenziare q.; mandar via q. □ (*pop.*) **to g. sb. the slip**, piantare in asso q. □ **to g. a song**, cantare una canzone: **G. us a song**, cantaci una canzone! □ **to g. a shrug of the shoulders**, stringersi nelle spalle □ **to g. the time of day**, dire l'ora (*o* che ora è) □ (*di cani*) **to g. tongue**, abbaiare; latrare; (*fig.*) parlare ad alta voce, gridare □ **to g. thought to**, pensare a, riflettere su; curarsi di: **He gives no thought to his mother's feelings**, non si cura dei sentimenti di sua madre □ **to g. oneself trouble**, darsi pena; darsi da fare; prendersela □ **to g. sb. to understand st.**, informare q. di q.c.; far capire q.c. a q. □ **to g. vent to**, sfogare; dare sfogo a □ **to g. voice to**, esprimere (*opinioni, ecc.*) □ **to g. way**, cedere, rompersi, spezzarsi; cedere terreno, ritirarsi, ripiegare; abbandonarsi, lasciarsi andare a (*un sentimento*); cedere il passo a (*q.c. di nuovo*); (*autom.*) dare la precedenza: **Don't g. way to tears**, non cedere al pianto; **The tottering bridge gave way**, il ponte traballante si spezzò; **Our army gave way**, il nostro esercito ripiegò □ (*naut.*) **to g. way to a ship**, lasciar libera la rotta a una nave □ (*autom.*) **to g. way to traffic from the right**, dare la precedenza al traffico da destra □ (*fam.*) **to g. sb. what for**, darle a q.; picchiare q.; sgridare q. □ **to g. weight to**, avvalorare (*un fatto, una previsione*); rafforzare (*una richiesta, ecc.*); integrare (*una domanda*) □ **G. me the good old times!**, oh, poter tornare ai bei tempi passati! □ **Given health, everything can be done**, se c'è la salute, si può far tutto; quando c'è la salute...! □ **Poetry has to be given to one**, la poesia è un dono naturale; «poeta nascitur» (*lat.*) □ **I would g. the world [my ears] for her**, darei tutto [la luce degli occhi] per lei.

♦**give away**, **A** *v. t. + avv.* ***1*** dare via; dare; donare; consegnare; distribuire: **He gave away all his money to the needy**, diede tutto il suo denaro ai bisognosi; **The headmaster gave away the prizes**, il preside diede via (*o* consegnò) i premi ***2*** (*comm.*) vendere (*o* dare) per poco prezzo; regalare (*fig.*): **With the lot of money you paid for them, these shoes aren't really given away, are they?**, con i soldi che le hai pagate, queste scarpe non sono regalate, è vero? ***3*** giocarsi, sprecare, buttare via (*un'occasione, ecc.*) ***4*** rivelare, svelare, spifferare, tradire (*un segreto, ecc.*); denunciare: **Don't g. away his hiding place!**, non rivelare il suo nascondiglio!; **His nasal drawl gave away the Yankee**, l'accento nasale tradì l'americano; **They gave him away to the police**, lo denunciarono alla polizia ***5*** accompagnare (*o* portare) all'altare: **The bride was given away by her uncle**, la sposa fu portata all'altare dallo zio ***6*** (*sport*: *lotta, boxe, ecc.*) rendere (*un kilo, ecc.*: *all'avversario*). **B** *v. i. + avv.* *V.* **to give, B**, *def.* *2* □ **to g. oneself away**, tradirsi; farsi scoprire □ **to g. the game** (*o* **the show**) **away**, scoprire il gioco (*fig.*); tradire un segreto □ (*volg.*: *di donna*) **to g. it away**, darla via (*volg.*) □ (*di un esaminatore*) **to g. away a question**, rendere un quesito del tutto accessibile.

♦**give back**, *v. t. + avv.* ***1*** dare indietro (*fam.*); rendere; restituire; ridare: **G. me back my money!**, ridammi i miei soldi!; **No operation can g. her back her hearing**, non c'è operazione che possa restituirle l'udito ***2*** riflettere (*un'immagine*) ***3*** rimandare (*un suono*): **The cliff gave back the sound of the waves**, la scogliera rimandava il rumore delle onde □ (*fig.*) **to g. back tit for tat**, rendere pan per focaccia (*fig.*); ripagare q. della stessa moneta (*fig.*).

♦**give forth**, *v. t. + avv.* (*arc. o form.*) ***1*** emettere (*fumo, un suono, ecc.*) ***2*** annunciare; rendere noto (*o* pubblicare).

♦**give in**, **A** *v. i. + avv.* ***1*** cedere; arrendersi; darsi per vinto; essere arrendevole: **Don't g. in to despair!**, non cedere alla disperazione; **I g. in**, mi arrendo; (*anche*) non so rispondere; **Never g. in!**, non darti mai per vinto!; **At last Sharon gave in and agreed to marry me**, alla fine Sharon cedette e accettò di sposarmi; **It's his mother's fault for giving in to him too often**, la colpa è di sua madre, che è sempre stata troppo arrendevole con lui ***2*** rassegnarsi: **to g. in to fate**, rassegnarsi al destino. **B** *v. t. + avv.* ***1*** consegnare; presentare: **to g. in the papers to the teacher**, consegnare gli elaborati all'insegnante; **to g. in one's resignation**, presentare le dimissioni; **You must g. in your immigration cards**, dovete consegnare le tessere d'immigrazione ***2*** dare (*il proprio nome*: *come adesione*): **to g. in one's name for a competition**, iscriversi a una gara.

♦**give off**, *v. t. + avv.* ***1*** emettere; mandare (fuori); emanare: **The chimney stack was giving off smoke**, la ciminiera emetteva fumo; **Sulphur gives off a bad smell**, lo zolfo emana un cattivo odore; **Flowers g. off scent**, i fiori mandano profumo ***2*** (*di piante*) estendere, stendere (*i rami*).

♦**give on** (*o* **onto**), *v. i. + prep.* dare su; guardare su; affacciarsi su: **The French window gives onto the garden**, la portafinestra dà sul giardino; **My bedroom window gives on the sea**, la finestra della mia camera s'affaccia sul mare.

♦**give out**, **A** *v. i. + avv.* ***1*** venir meno; esaurirsi; finire: **My strength gave out**, mi vennero meno le forze; **Her patience never gives out**, la sua pazienza è inesauribile; **Food supplies have given out**, si sono esaurite (*o* sono finite) le provviste ***2*** (*della luce, di una candela, ecc.*) venir meno; spegnersi ***3*** (*fam.*) guastarsi; andare in panne: **The engine has given out**, s'è guastato il motore. **B** *v. t. + avv.* ***1*** consegnare, distribuire (*premi, ecc.*) ***2*** emettere (*luce, calore, ecc.*); dare; mandare: **The sun gives out light and heat to the planets**, il sole dà luce e calore ai pianeti; **The ship gave out distress signals**, la nave mandava segnali di soccorso ***3*** rendere noto; annunciare; proclamare: **The date of the Queen's visit will soon be given out**, la data della visita della regina sarà resa nota fra breve; **It was given out on the radio that the peace talks had failed**, fu annunciato alla radio che le trattative di pace erano fallite ***4*** (*ind.*) dare fuori, dare via (*lavoro*); subappaltare (*una commessa di lavoro*) ***5*** (*sport*: *dell'arbitro*) mandare fuori, espellere (*un giocatore*) □ **to g. oneself out as** (*o* **to be**), farsi passare, spacciarsi per; fare credere d'essere: **He gave himself out as an architect**, si spacciò per architetto; **He gave himself out to be a doctor**, si fece passare per medico □ **The girl gave out a yell**, la ragazza lanciò un urlo.

♦**give over**, **A** *v. i. + avv.* (*fam.*) cessare; smettere: **Do g. over!**, smettila!; piantala! (*fam.*); **G. over teasing your little sister!**, smettila di dar noia alla tua sorellina!; **I've given over trying to persuade her**, ho cessato di tentare di convincerla; **I hope the rain will g. over**, spero che smetta di piovere. **B** *v. t. + avv.* ***1*** consegnare; affidare; dare in consegna; dare: **We'll g. the keys over to our next-door neighbours**, daremo le chiavi ai vicini di casa; **We gave him over to the police**, lo consegnammo alla polizia; **He gave the boy over to the old lady**, affidò il ragazzo alla vecchia signora ***2*** cedere; dare (*o* lasciare) in uso: **The sitting room was given over to the children for their party**, il soggiorno fu lasciato ai bambini per la loro festicciola ***3*** adibire: **The area was given over to a public park**, l'area è stata adibita a parco pubblico ***4*** dedicare: **She gave her life over to charities**, dedicò la vita a opere di bene; **The whole night was given over to dancing**, tutta la notte fu dedicata alle danze ***5*** (*arc.*) *V.* **give up, B**, *def.* *7*

□ **to g. oneself over to**, darsi, dedicarsi a; darsi, abbandonarsi a: **He gave himself over to his work**, si dedicò completamente al lavoro; **She gave herself over to despair**, si abbandonò alla disperazione.

♦**give round**, *v. t. + avv.* distribuire (in giro); distribuire (*cibo ai commensali, ecc.*).

♦**give up**, **A** *v. i. + avv.* **1** rinunciare (*a un tentativo*): **All of us swam across the river, except John who gave up after a few strokes**, tutti traversammo il fiume a nuoto, salvo John che rinunciò dopo qualche bracciata; (*fam.*) **I g. up!**, rinuncio (a indovinare); mi arrendo! **2** arrendersi; darsi per vinto; cedere: **At last the defenders gave up**, alla fine i difensori si arresero **3** smettere di lavorare; staccare (*fam.*): **The doctor told me to g. up for a while**, il medico mi disse di staccare per un po'. **B** *v. t. + avv.* **1** consegnare; cedere; abbandonare: **They gave up the town to the enemy**, cedettero (*o* abbandonarono) la città al nemico; **We gave up the escaped prisoner to the police**, consegnammo l'evaso alla polizia; **to g. up one's seat to an old person**, cedere il posto (*a sedere*) a un anziano **2** restituire (*fig.*): **The ocean never gives up its dead**, l'oceano non restituisce mai i suoi morti **3** rivelare; svelare; rendere noto: **I don't think the Mafia will ever g. up all its horrible secrets**, non credo che la mafia rivelerà mai tutti i suoi orribili segreti; **We don't g. up the names of our contributors**, non rendiamo noti i nomi dei nostri collaboratori **4** rinunciare a; smettere di: **You should g. up smoking**, dovresti rinunciare al fumo (*o* smettere di fumare); **I've given up the idea of crossing the Sahara**, ho rinunciato all'idea di fare la traversata del Sahara; **We had to g. up our little cottage by the sea**, dovremmo rinunciare alla (*o* disfarci della) nostra casetta sul mare **5** abbandonare; lasciare; piantare (*fam.*): **Don't g. up your old friends!**, non abbandonare i vecchi amici!; **He gave up his position**, lasciò il suo posto (di lavoro); abbandonò l'impiego; **to g. up all hope**, lasciare ogni speranza; **His girlfriend has given him up**, l'ha piantato la ragazza **6** (*fam.*) lasciare perdere: **We'd better g. him up: he's really hopless!**, meglio lasciarlo perdere: con lui, non c'è niente da fare! **7** dare (q.) per spacciato (morto, introvabile, bocciato, ecc.): **Grandfather had been given up by the doctors**, i medici avevano dato il nonno per spacciato; **His teachers have given him up**, gli insegnanti lo considerano irrecuperabile; **to g. sb. up for dead [for lost]**, dare q. per morto [per disperso]; **Where have you been? We'd given you up**, dove ti sei cacciato? pensavamo proprio che non ti avremmo visto (*o* che non saresti venuto) **8** dedicare; impiegare: **He gave up his life to helping the natives**, dedicò la vita all'assistenza degli indigeni; **He gives up his spare time to reading**, impiega il tempo libero nella lettura; **The whole night was given up to dancing**, l'intera notte fu dedicata alle danze **9** *V.* **give over, B**, *def.* *2* e *3* □ **to g. oneself up**, consegnarsi; (*leg.*) costituirsi; darsi, dedicarsi; abbandonarsi: **The gangster gave himself up (to the police)**, il gangster si consegnò alla polizia (*o* si costituì); **He gave himself up to writing a new novel**, si dedicò alla stesura di un nuovo romanzo; **The poor woman gave herself up to despair**, la poveretta si abbandonò alla disperazione; **He gave himself up to a life of debauchery**, si diede a una vita di dissolutezza □ (*fam.*) **to g. up the ghost**, (*arc.*) esalare lo spirito, rendere l'anima (a Dio); (*fig.*) fermarsi, piantare lì; guastarsi irrimediabilmente, piantare q.: **He gave up the ghost half way through compiling his dictionary**, quando fu a metà strada nella compilazione del dizionario, piantò lì; **The engine of my old car has given up the ghost**, il motore della mia vecchia auto mi ha piantato □ (*fam.*) **to g. up on sb.**, prenderla persa con q.; considerare q. irrecuperabile (*o* incorreggibile): **I g. up on you: you'll never learn how to behave**, con te, la prendo persa (*o* sei proprio incorreggibile): non imparerai mai a comportarti come si deve.

♦**give upon**, *v. i. + prep. V.* **give on.**

giveaway /ˈgɪvəweɪ/, *n.* **1** (*fam.*) il tradirsi; rivelazione involontaria **2** (*comm.*) (articolo dato in) omaggio **3** (*USA*) trasmissione a premi (*alla radio o alla TV*) **4** (*fam. USA*) indizio. ● (*comm.*) **g. price**, prezzo di liquidazione; prezzo stracciato (*fam.*) □ **a g. property magazine**, un gazzetta immobiliare distribuita gratuitamente □ (*radio, TV*) **g. show**, trasmissione a premi.

give back /ˈgɪvˈbæk/, *n.* **1** restituzione **2** (*fam. USA*) rinuncia valontaria a parte della retribuzione (*quando un'azienda è in difficoltà*).

given /ˈgɪvn/, **A** *p. p.* di **to give**. **B** *a.* **1** dato; prestabilito; fissato: **at a g. time**, a una data ora **2** dato che; ammesso che; supposto che: **G. good weather, the ship will arrive tomorrow**, ammesso che il tempo sia buono, la nave arriverà domani **3** (*leg.*) reso esecutivo. ● **to be g. to**, essere dato in sorte (*o* concesso: *impers.*); (*di una persona*) essere dedito (*o* portato) a, indulgere in; avere l'abitudine di (fare): **It is not g. to everyone to be borne into a well-to-do family**, non a tutti è dato in sorte nascere in una famiglia agiata; **He's g. to drinking**, è dedito al bere; **She's g. to pleasant naps (*o* taking pleasant naps) in the afternoon**, ha l'abitudine di fare dei bei pisolini il pomeriggio □ **to be g. over to**, essere dedito a, indulgere in: **He's g. over to gambling**, è dedito al gioco d'azzardo □ (*USA*) **g. name**, nome di battesimo □ **(if) g. the chance**, se me ne (te ne, gliene, ecc.) fosse data l'occasione □ **g. that**, dato che □ **in the g. period**, nel periodo preso in considerazione □ **in a g. time**, in un dato tempo □ (*leg.*) **G. under my hand and seal, etc.**, dato, firmato e sigillato, ecc.

giver /ˈgɪvə(r)/, *n.* **1** datore, datrice; donatore, donatrice; chi dà, chi dona **2** (*fin.*) venditore, venditrice **3** (*Borsa*) premista. ● (*Borsa*) **g.-on**, riportato □ (*Borsa, market.*) **The market is all givers**, il mercato è pesante.

give-up /ˈgɪvʌp/, *n.* (*Borsa*) retrocessione.

giving /ˈgɪvɪŋ/, *n.* il dare; dazione (*raro*); elargizione; donazione. ● (*Borsa*) **g. for the call**, acquisto a premio □ **g. for the put**, vendita a premio □ **g. out**, distribuzione (*di cibo, ecc.*); dichiarazione, annuncio.

gizmo /ˈgɪzməʊ/, *n.* (*pop. USA*) **1** aggeggio; affare; coso **2** individuo; tizio; tipo.

gizzard /ˈgɪzəd/, *n.* **1** ventriglio; magone (*degli uccelli*) **2** (*fam. scherz.*) stomaco (*d'uomo*). ● **to fret one's g.**, rodersi il fegato; agitarsi; preoccuparsi □ **That sticks in my g.**, questa non la mando giù; questa mi sta sullo stomaco.

glabrous /ˈgleɪbrəs/, *a.* glabro.

glacé /ˈglæseɪ, *USA* glæˈseɪ/ (*franc.*), *a.* glacé; (*di cuoio, ecc.*) liscio, lucido; (*di dolce*) glassato; (*di frutta*) candito: **g. kid gloves**, guanti glacés; **«marrons glacés»**, marroni canditi; marrons glacés.

glacial /ˈgleɪʃl/, *a.* (*geol., chim. e fig.*) glaciale: **the g. era**, l'era glaciale; **a g. reception**, un'accoglienza glaciale. ● (*geol.*) **g. boulder**, masso glaciale.

glacialism /ˈgleɪʃəlɪzəm/, *n.* (*geol.*) glacialismo.

glacially /ˈgleɪʃəlɪ/, *avv.* glacialmente.

glaciated /ˈgleɪsɪeɪtɪd, *USA* -eɪʃɪ-/, *a.* **1** (*geol.*) affetto da glaciazione; corroso dal ghiaccio **2** (*geogr.*) coperto di ghiaccio (*o* di ghiacciai).

glaciation /gleɪsɪˈeɪʃn, *USA* -eɪʃɪ-/, *n.* (*geol.*) **1** glaciazione **2** glacialismo.

glacier /ˈglæsɪə(r)/, *n.* (*geol.*) ghiacciaio. ● **g. front**, fronte del ghiacciaio.

glaciology /gleɪsɪˈɒlədʒɪ, *USA* -eɪʃɪ-/, *n.* (*geol.*) glaciologia.

glacis /ˈglæsɪs, -sɪ, *USA* glæˈsiː/, *n.* (*pl.* **glacis, glacises**) **1** pendio dolce **2** (*mil.*) spalto (*di fortificazione*).

glad (1) /glæd/, *a.* contento; lieto; felice: **I am g. of it**, ne sono lieto; **I am g. to see you**, sono contento di vederti; **I'll be g. to help them**, sarò felice di aiutarli. ● (*fam. USA*) **g.-hander**, cordialone; chi ama stringere molte mani in pubblico □ **g. news**, buone notizie □ (*fam.*) **g. rags**, abiti da festa; vestito della festa □ (*pop. arc.*) **to give sb. the g. eye**, fare l'occhio di triglia a q. □ **to give sb. the g. hand**, accogliere con ostentato calore q. □ (*iron.*) **I would be g. to know**, mi piacerebbe proprio saperlo □ **«Will you help me?» «Yes, I'll be g. to»**, «Mi aiuti?» «Sì, volentieri».

glad (2) /glæd/, *n.* (*abbr. fam. di* **gladiolus**) gladiolo.

to **glad** /glæd/, *v. t.* (*arc. o pop. USA*) allietare; rallegrare.

to **gladden** /ˈglædn/, *v. t.* allietare; rallegrare; dilettare.

glade /gleɪd/, *n.* **1** radura **2** (*USA*, = **everglade**) palude; terreno paludoso.

to **glad-hand** /ˈglædˈhænd, *USA* -dh-/, *v. t.* (*fam. USA*) stringere calorosamente la mano a (q.).

gladiator /ˈglædɪeɪtə(r)/, *n.* **1** (*stor.*) gladiatore **2** (*fig.*) polemista.

gladiatorial /glædɪəˈtɔːrɪəl/, *a.* (*stor.*) gladiatorio; da gladiatore.

gladiolus /glædɪˈəʊləs/, *n.* (*pl.* **gladiolus, gladioli, gladioluses**) (*bot., Gladiolus*) gladiolo.

gladly /ˈglædlɪ/, *avv.* con piacere; di buon grado; volentieri.

gladness /ˈglædnəs/, *n.* contentezza; gioia; letizia.

gladsome /ˈglædsəm/, *a.* (*lett.*) contento; lieto; gaio.

Gladstone /ˈglædstən/, *n.* (= **G. bag**) valigia a soffietto.

Glagolitic /glægəˈlɪtɪk/, *a.* (*ling.*) glagolitico; geronimiano.

glair /gleə(r)/, *n.* **1** albume; bianco d'uovo; chiara (*pop.*) **2** colla (*per albuminare carta, stoffa, ecc.*) **3** liquido vischioso.

to **glair** /gleə(r)/, *v. t.* ricoprire (*o* spalmare) d'albume; albuminare.

glaireous /ˈgleərɪəs/, **glairy** /ˈgleərɪ/, *a.* **1** albuminoso; coperto d'albume **2** viscido e trasparente.

glaive /gleɪv/, *n.* (*poet.*) **1** alabarda **2** spada; spadone.

glamorization /glæməraɪˈzeɪʃn, *USA* -rɪˈz-/, *n.* **1** il rendere affascinante **2** esaltazione; magnificazione.

to **glamorize** /ˈglæməraɪz/, *v. t.* **1** rendere affascinante **2** mettere in risalto il lato affascinante di (q.c.); magnificare.

glamorous /ˈglæmərəs/, *a.* affascinante; attraente; incantevole.

glamour /ˈglæmə(r)/, *n.* **1** fascino; incanto; malia: **a scene full of g.**, una scena piena d'incanto; **the g. of the South Seas**, la malia dei Mari del Sud **2** (*raro*) incantesimo. ● (*fam.*) **g. girl**, ragazza affascinante; «bellezza» □ **to cast a g. over sb.**, fare un incantesimo a q.; stregare q.

glance (1) /glɑːns, *USA* glæns/, *n.* **1** occhiata; rapido sguardo; colpo d'occhio; occhiatina: **to take a g. at a pamphlet**, dare un'occhiata a un volantino; **to see st. at a g.**, capire q.c. a colpo d'occhio; **a shifting g.**, uno sguardo sfuggente; **loving glances**, occhiatine amorose; sguardi dolci **2** balenio; lampo (*fig.*); bagliore: **the g. of swords**, il balenio delle spade **3** (*arc.*) rimbalzo; colpo deviato (*per es., di spada*). ● **at a g.**, al primo sguardo; a colpo d'occhio; subito.

glance (2) /glɑːns, *USA* glæns/, *n.* (*miner.*) minerale luccicante (*che contiene metallo*). ● **g. coal**, antracite □ **lead g.**, galena □ **silver g.**, argentite.

to **glance** /glɑːns, *USA* glæns/, **A** *v. i.* ***1*** – **to g. at**, gettare uno sguardo (*o* dare un'occhiata) a (q., q.c.): **to g. at a magazine**, dare un'occhiata a una rivista illustrata ***2*** (*lett.*) balenare; brillare: **The knight's armour glanced in the sun**, l'armatura del cavaliere balenava al sole ***3*** – **to g. off** (*o* **aside**), essere deviato, rimbalzare; scivolare: **The spear glanced off his shield**, la lancia fu deviata dallo scudo. **B** *v. t.* far deviare; deflettere. ● (*fig.*) **to g. at st.**, fare un rapido accenno (*o* accennare, alludere) a q.c. □ **to g. down**, abbassare lo sguardo □ (*fam.*) **to g. one's eye at** (*o* **over**) **st.**, dare un'occhiata (*o* una scorsa) a q.c. □ **to g. st. over** (*o* **through**), dare una scorsa a q.c.; scorrere q.c. □ **to g. round**, dare un'occhiata in giro □ **to g. up**, alzare gli occhi.

glancing /ˈglɑːnsɪŋ, *USA* -æn-/, *a.* ***1*** fugace; casuale ***2*** naturale; spontaneo.

glancingly /ˈglɑːnsɪŋlɪ, *USA* -æn-/, *avv.* fugacemente; di sfuggita.

gland (1) /glænd/, *n.* ***1*** (*anat.*) ghiandola, glandola: **ductless glands**, ghiandole endocrine; **sweat glands**, ghiandole sudorifere ***2*** (*bot.*) ghianda.

gland (2) /glænd/, *n.* (*mecc.*) (anello) premistoppa.

glandered /ˈglændəd/, **glanderous** /ˈglændərəs/, *a.* (*vet.*) affetto dalla morva (*o* dal farcino).

glanders /ˈglændəz/, *n. pl.* (*col verbo al sing.*) (*vet.*) morva; farcino (*del cavallo*).

glandiferous /glænˈdɪfərəs/, *a.* (*bot.*) ghiandifero.

glandular /ˈglændjʊlə(r), *USA* -dʒʊ-/, *a.* (*biol.*) ghiandolare; delle ghiandole. ● **g. fever**, mononucleosi infettiva.

glandule /ˈglændjuːl/, *n.* (*anat.*) ghiandoletta.

glandulose /ˈglændjʊləʊs, *USA* -dʒʊ-/, **glandulous** /ˈglændjʊləs, *USA* -dʒʊ-/, *a.* (*biol.*) ghiandolare.

glans /glænz/, *n.* (*pl.* **glandes**) (*anat.*) glande.

glare /gleə(r)/, *n.* ***1*** bagliore; barbaglio; luce abbagliante; splendore accecante; abbagliamento: **the yellowish g. of a naked bulb**, il bagliore giallastro d'una lampadina senza paralume; **the g. of publicity**, lo sfavillio della pubblicità luminosa ***2*** sguardo feroce (*o* irato, penetrante) ***3*** eleganza smaccata; vistosità; esibizione sfacciata. ● (*TV*) **g.-free**, non abbagliante (*di uno schermo*) □ **g. ice**, ghiaccio liscio □ (*autom.*) **non-g.**, anabbagliante: **non--g. mirror**, specchietto (retrovisivo) anabbagliante.

to **glare** /gleə(r)/, **A** *v. i.* ***1*** sfolgorare; risplendere di luce abbagliante; abbagliare: **The unbroken expanse of the ice field glared in the midday sunlight**, l'ininterrotta distesa della banchisa sfolgorava sotto il sole di mezzogiorno ***2*** (*fig.*: *di persona*) mettersi in mostra; dare nell'occhio ***3*** – **to g. at** (*o* **upon**), guardar fisso (*o* con ira); guardare di traverso (*o* con occhio torvo): **He glared at me like a bull at a red rag**, mi guardava con occhio torvo, come un toro guarda un panno rosso. **B** *v. t.* esprimere (*odio, sfida e sim.*) con lo sguardo: **to g. hatred at each other**, lanciarsi occhiate cariche d'odio.

glaring /ˈgleərɪŋ/, *a.* ***1*** abbagliante; accecante; sfolgorante: **g. neon signs**, sfolgoranti insegne al neon ***2*** (*di colore, ecc.*) troppo vivo; sgargiante; vistoso ***3*** (*dell'occhio, di sguardo, ecc.*) fiero; irato; torvo ***4*** evidente; macroscopico; grosso; madornale: **a g. mistake**, un errore madornale: **Other people's faults seem more g. than our own**, i difetti degli altri sembrano più grossi dei nostri. ‖ **-ly**, *avv.* ‖ **-ness**, *sost.*

glary /ˈgleərɪ/, *V.* **glaring**.

glasnost /ˈglæsnɒst, *USA* ˈglɑːsnəʊst/ (*russo*), *n.* glasnost; trasparenza.

glass /glɑːs, *USA* glæs/, **A** *n.* ***1*** vetro (*anche di finestra, finestrino, orologio, quadro, ecc.*); cristallo: **G. breaks easily**, il vetro si rompe facilmente ***2*** oggetto di vetro ***3*** (= **drinking g.**) bicchiere: **I drank a g. of wine**, bevvi un bicchiere di vino ***4*** (= **looking g.**) specchio ***5*** (*fam.*) barometro; cannocchiale; microscopio: **The g. is falling**, il barometro scende ***6*** (= **hourglass**) clessidra ***7*** (*collett.*) oggetti di vetro; vetrame; vetri; cristalli: **a noise of broken g.**, un rumore di vetri rotti; **a house well supplied with g. and china**, una casa ben provvista di cristalli e porcellane ***8*** (*pl.*) (= **eyeglasses**) occhiali; lenti ***9*** (*pl.*) binocolo: **field glasses**, binocolo da campo; **opera glasses**, binocolo da teatro ***10*** lente: **magnifying g.**, lente d'ingrandimento. **B** *a. attr.* ***1*** di vetro: **g. bottles**, bottiglie di vetro; **a g. eye**, un occhio di vetro ***2*** (*edil.*) a vetri; a vetrate: **a g. porch**, una loggia a vetri. ● **g. beveller**, molatore di vetri □ **g. bevelling**, molatura di vetri □ **g.-blower**, soffiatore (*di vetro*) □ **g.--blowing**, soffiatura del vetro □ **g. case**, vetrinetta □ **g. decorator**, vetraio (*artista*) □ **g. door**, porta a vetri □ **g. eye**, (*vet.*) cecità (*dei cavalli*); (*fig. fam. USA*) rifiuto di vedere: **to have developed a g. eye for the new traffic safety signs**, (voler) ignorare i nuovi segnali per la sicurezza stradale □ **g. fibre**, fibra di vetro □ (*chim.*) **g. of antimony**, vetro d'antimonio □ **g.-painting**, pittura vetraria; vetrocromia □ **g. paper**, carta vetrata □ **g. shade**, campana di vetro; globo di vetro □ **g. silvering**, argentatura di vetri □ (*miner.*) **g. soap**, pirolusite □ (*autom.*) **g. sunroof**, tettuccio apribile di vetro □ **g. wool**, lana di vetro □ **g. worker**, vetraio (*operaio*) □ **to be fond of one's g.**, essere amante del bere □ (*boxe*) **to have a g. jaw**, avere la mascella di vetro (*fig.*) □ **to have had a g. too much**, aver bevuto un bicchiere di troppo.

to **glass** /glɑːs, *USA* glæs/, *v. t.* ***1*** munire (*o* provvedere) di vetri; proteggere con vetro ***2*** (*raro*) rendere vitreo (*l'occhio*) ***3*** conservare in un vaso di vetro; mettere sotto vetro ***4*** specchiare; riflettere: **trees glassing themselves in the lake**, alberi che si specchiano nel lago. ● **to g. in**, chiudere (*o* coprire) con vetri.

glasscutter /ˈglɑːskʌtə(r), *USA* ˈglæs-/, *n.* ***1*** tagliatore di vetri; vetraio ***2*** intagliatore di vetro ***3*** tagliavetro; diamante (*utensile*).

glassful /ˈglɑːsfʊl, *USA* ˈglæs-/, *n.* (contenuto di un) bicchiere; bicchierata.

glasshouse /ˈglɑːshaʊs, *USA* ˈglæs-/, *n.* ***1*** serra ***2*** (*USA*) vetreria ***3*** (*fig.*) casa di vetro (*fig.*) ***4*** (*pop.*) carcere militare. ● **People who live in glasshouses shouldn't throw stones**, chi è criticabile non critichi gli altri; chi è senza peccato scagli la prima pietra.

glassiness /ˈglɑːsɪnəs, *USA* ˈglæs-/, *n.* l'esser vitreo; vetrosità; trasparenza.

glassmaker /ˈglɑːsmeɪkə(r), *USA* ˈglæs-/, *n.* vetraio.

glassmaking /ˈglɑːsmeɪkɪŋ, *USA* ˈglæs-/, *n.* ***1*** (*ind.*) fabbricazione del vetro; industria vetraria ***2*** (*arte*) arte vetraria.

glassman /ˈglɑːsmən, *USA* ˈglæs-/, *n.* (*pl.* **glassmen**) ***1*** vetraio; commerciante di vetri ***2*** (*raro*) *V.* **glazier**.

to **glass-paper** /ˈglɑːspeɪpə(r), *USA* ˈglæs-/, *v. t.* cartavetrare.

glassteel /ˈglɑːsstiːl, *USA* ˈglæs-/, *a.* (*edil.*) di vetro e d'acciaio: **g. skyscrapers**, grattacieli di vetro e d'acciaio.

glassware /ˈglɑːsweə(r), *USA* ˈglæs-/, *n.* (*collett.*) ***1*** articoli di vetro; vetrerie: **scientific g.**, articoli di vetro per laboratori scientifici ***2*** cristalleria (*da tavola*); cristalli.

glasswork /ˈglɑːswɜːk, *USA* ˈglæs-/, *n.* ***1*** lavoro di vetraio; messa in opera di vetri; fabbricazione del vetro ***2*** *V.* **glassware**.

glassworks /ˈglɑːswɜːks, *USA* ˈglæs-/, *n. pl.* (*col verbo al sing.*) vetreria.

glasswort /ˈglɑːswɜːt, *USA* ˈglæs-/, *n.* (*bot.*) ***1*** (*Salicornia europaea*) salicornia ***2*** (*Salsola kali*) erba cali; riscolo.

glassy /ˈglɑːsɪ, *USA* ˈglæsɪ/, *a.* ***1*** simile a vetro; vetroso; vitreo: **g. porcelain**, porcellana vetrosa; **a g. stare**, uno sguardo vitreo (*o* inespressivo) ***2*** calmo; limpido; liscio; trasparente: **g. water**, acqua limpida; **a g. sea**, un mare liscio (come l'olio). ● **g. stillness**, quiete assoluta.

Glaswegian /glæzˈwiːdʒən/, **A** *a.* di Glasgow. **B** *n.* abitante (*o* nativo) di Glasgow.

glaucoma /glɔːˈkəʊmə/, *n.* (*med.*) glaucoma.

glaucomatous /glɔːˈkəʊmətəs/, *a.* (*med.*) affetto da glaucoma.

glaucous /ˈglɔːkəs/, *a.* ***1*** glauco; verdazzurro ***2*** (*bot.*) pruinoso.

glaze /gleɪz/, *n.* ***1*** smalto vitreo; vernice vetrosa ***2*** (*ceramica*) vetrina ***3*** mano di vernice trasparente ***4*** gelatina (*sulla carne*) ***5*** (*meteor.*) vetrato; verglas; vetrone (*fam.*) ***6*** glassa (*di dolce*) ***7*** velo, patina (*sugli occhi*).

to **glaze** /gleɪz/, **A** *v. t.* ***1*** (*anche* **to g. in**) fornire di vetri; invetriare; racchiudere con vetri: **to g. a window**, fornire di vetri una finestra; **a glazed-in verandah**, una veranda con vetrate ***2*** smaltare a vetrina, vetrinare, invetriare (*ceramiche*) ***3*** lustrare (*stoffa*); lucidare (*cuoio*) ***4*** (*cucina*) glassare (*dolci, ecc.*) ***5*** appannare, rendere vitreo (*l'occhio, lo sguardo*). **B** *v. i.* (*dell'occhio*) appannarsi; diventare vitreo.

glazed /gleɪzd/, *a.* ***1*** (*ceramica*) vetrinato ***2*** provvisto di vetri: **a g. door**, una porta a vetri ***3*** (*cucina*) glassato; con la glassa: **a g. cake**, una torta con la glassa ***4*** vitreo; vacuo; vuoto (*fig.*): **a g. stare**, uno sguardo vitreo (*o* vuoto); **a g. expression**, un'espressione vacua. ● (*edil.*) **g. brick**, mattone greificato □ (*meteor.*) **g. frost**, vetrato; verglas □ **g. fruit**, frutta con la glassa.

glazer /ˈgleɪzə(r)/, *n.* ***1*** verniciatore a smalto; smaltatore ***2*** lucidatore (*di cuoio*).

glazier /ˈgleɪzɪə(r), *USA* -ʒə(r)/, *n.* vetraio (*installatore*). ● **g.'s point**, puntina da vetraio □ (*scherz. arc.*) **Is your father a g.?**, sei bello, ma non trasparente (*detto a chi impedisce la vista*).

glaziery /ˈgleɪzɪərɪ, *USA* -ʒə-/, *V.* **glasswork**, *def. 1.*

glazing /ˈgleɪzɪŋ/, *n.* ***1*** lavoro di vetraio ***2*** lastra di vetro; vetrata ***3*** (*edil.*) messa in opera dei vetri ***4*** verniciatura a smalto; smaltatura ***5*** (*ceramica*) vetrinatura; invetriatura ***6*** (*fotogr.*) lucidatura; smaltatura ***7*** (*pitt.*) velatura. ● **g. contractor**, vetraio (*l'impresa*) □ **g. service**, servizio di vetraio; messa in opera di vetri □ (*edil.*) **double g.**, doppi vetri.

glazy /ˈgleɪzɪ/, *a.* vetroso; vitreo.

gleam /gliːm/, *n.* barlume, sprazzo (*anche fig.*); bagliore; sprazzo di luce; luccicore riflesso: **the g. of the firelight**, il bagliore del fuoco acceso; **There isn't a g. of hope**, non c'è un barlume di speranza.

to **gleam** /gliːm/, *v. i.* ***1*** brillare di luce debole (*o* incerta); baluginare ***2*** luccicare; splendere; brillare; lucere (*lett.*): **My shoes gleamed after being shined**, le mie scarpe brillavano dopo essere state lucidate. ● **Joy gleamed in her eyes**, le lucevano gli occhi per la gioia.

gleaming /ˈgliːmɪŋ/, *a.* luccicante; splendente.

gleamy /ˈgliːmɪ/, *a.* che balugina; che luccica debolmente.

to **glean** /gliːn/, *v. t.* e *i.* spigolare (*anche fig.*); raccogliere qua e là; racimolare: **to g. corn**, spigolare il grano; **to g. news**, spigolare notizie. ● **to g. a field**, spigolare in un campo.

gleaner /ˈgliːnə(r)/, *n.* spigolatore, spigolatrice.

gleaning /ˈgliːnɪŋ/, *n.* (*anche fig.*) spigolatura.

gleanings /ˈgliːnɪŋz/, *n. pl.* ***1*** (*agric.*) spigolatura; grano spigolato ***2*** (*fig.*) spigolature; notizie racimolate.

glebe /gliːb/, *n.* ***1*** (*poet.*) gleba; terreno; terra ***2*** (= **g. land**) terreno (*o* podere) che fa parte d'un beneficio ecclesiastico.

glee /gliː/, *n.* ***1*** allegrezza; allegria; gaiezza; gioia ***2*** (*mus.*) canone a più voci (*di solito*

maschili); canzone a ripresa. ● (*mus., USA*) **g. club**, società di canto corale.
gleeful /ˈgliːfl/, *a.* allegro; gaio; giulivo. || **-ly**, *avv.* || **-ness**, *sost.*
gleeman /ˈgliːmən/, *n.* (*pl.* **gleemen**) (*stor.*) menestrello.
gleesome /ˈgliːsəm/, *a.* allegro; gaio; giulivo.
gleet /gliːt/, *n.* (*med.*) gonorrea cronica; scolo (*pop.*).
glen /glɛn/ *a.* (*scozz.*), valle stretta e lunga.
glengarry /glɛnˈgærɪ/, *n.* (= **G. bonnet**) berretto scozzese senza tesa (*e con nastri che pendono dietro*).
glenoid /ˈgliːnɔɪd/, *a.* (*anat.*) glenoideo: **g. cavity**, cavità glenoidea; glene.
glia /ˈgliːə/, *n.* (*anat.*) glia.
gliadin /ˈglaɪədɪn/, *n.* (*chim.*) gliadina.
glib /glɪb/, *a.* *1* (*di persona*) loquace; volubile; dalla lingua sciolta: **a g. speaker**, una persona dalla lingua sciolta *2* (*di discorso, ecc.*) facile; scorrevole; sciolto: **a g. tongue**, una lingua (troppo) sciolta *3* (*arc.*) (*di superficie, ecc.*) liscio; levigato *4* (*raro: di movimento*) libero. ● **a g. excuse**, una scusa pronta (*o* facile) □ (*spreg.*) **g. politicians**, politicanti parolai. || **-ly**, *avv.* || **-ness**, *sost.*
glide /glaɪd/, *n.* *1* scivolata; scivolamento *2* il fluire (*del tempo, ecc.*) *3* (*aeron.*) volo librato (*o* planato) *4* (*mus.*) legamento *5* passo strisciato (*nella danza*) *6* (*fon.*) suono transitorio; glide.
to **glide** /glaɪd/, **A** *v. i.* *1* scivolare; sdrucciolare; passare silenziosamente (*o* inosservato): **The thief glided out of the shop**, il ladro scivolò fuori dal negozio *2* fluire; scorrere placido: **The river glides between two rows of trees**, il fiume scorre placido fra due file di alberi; **Time glides away**, il tempo fluisce (*o* scorre via) *3* (*aeron.*) librarsi; planare: **The aeroplane glided down to a safe landing place**, l'aereo planò fino a trovare un punto in cui atterrare con sicurezza *4* (*mus.*) eseguire un glissando *5* (*sport*) fare il volo a vela. **B** *v. t.* *1* far scivolare; far scorrere; imprimere un moto uguale e silenzioso a: **A light breeze glided the ship on her course**, una lieve brezza spingeva la nave lungo la rotta *2* (*aeron.*) far planare. ● **to g. into st.**, scomparire (*o* sfumare) a poco a poco in q.c.: **The fish glided into the water of the lake**, il pesce scomparve a poco a poco confondendosi con l'acqua del lago.
glider /ˈglaɪdə(r)/, *n.* *1* (*aeron.*) aliante *2* (*sport*) aliantista.
gliding /ˈglaɪdɪŋ/, **A** *a.* che scivola; scivolante. **B** *n.* *1* (*sport*) volo a vela *2* (*aeron.*) planata *3* (*mus.*) glissando. ● (*biol.*) **g. bacteria**, batteri striscianti □ (*fin.*) **g. parities**, parità scivolanti □ (*org. az.*) **g. time**, orario flessibile.
glidingly /ˈglaɪdɪŋlɪ/, *avv.* scivolando; scorrevolmente.
glim /glɪm/, *n.* (*pop.*) *1* luce; lampada; lanterna; candela *2* occhio *3* (*pl.*) (*USA*) occhiali da vista.
glimmer /ˈglɪmə(r)/, *n.* barlume (*anche fig.*); luce debole (*o* intermittente); luccichio (*dell'acqua*): **a g. of hope**, un barlume di speranza. ● **at the first g. of dawn**, alle prime luci dell'alba.
to **glimmer** /ˈglɪmə(r)/, *v. i.* baluginare; luccicare debolmente.
glimmering /ˈglɪmərɪŋ/, **A** *a.* baluginante; luccicante. **B** *n. V.* **glimmer**.
glimpse /glɪmps/, *n.* *1* occhiata di sfuggita; rapido sguardo *2* rapida apparizione; lieve traccia *3* barlume (*fig.*); vaga idea. ● **to get** (*o* **to catch**) **a g. of sb.** [**st.**], intravedere, vedere di sfuggita q. [q.c.].
to **glimpse** /glɪmps/, **A** *v. t.* vedere di sfuggita; intravedere. **B** *v. i.* (*poet.* o *arc.*) apparire in forma incerta; far capolino; albeggiare. ● **to g. at st.**, guardare q.c. di sfuggita.
glint /glɪnt/, *n.* *1* bagliore; barlume; riflesso: **golden glints**, riflessi d'oro (*nei capelli, ecc.*) *2* (*fig.*) lucchichio; scintillio *3* (*elettron.*) barbaglio.
to **glint** /glɪnt/, **A** *v. i.* baluginare; brillare di luce debole; luccicare; scintillare: **Her eyes glinted with emotion**, le luccicarono gli occhi dall'emozione. **B** *v. t.* far brillare; riflettere (*una luce*).
glioma /glaɪˈəʊmə/, *n.* (*pl.* **gliomas, gliomata**) (*med.*) glioma.
glissade /glɪˈseɪd, *USA* -ˈsɑːd/ (*franc.*), *n.* *1* scivolata (*volontaria: di un alpinista*); discesa fatta scivolando sulla neve *2* (*danza*) passo strisciato; glissade.
to **glissade** /glɪˈseɪd, *USA* -ˈsɑːd/ (*franc.*), *v. i.* *1* scivolare su un pendio innevato; discendere scivolando *2* (*danza*) fare una glissade.
glissando /glɪˈsændəʊ/, **A** *n.* (*pl.* **glissandi, glissandos**) (*mus.*) glissando. **B** *a.* e *avv.* (eseguito) con un glissando.
glisten /ˈglɪsn/, *n.* brillio; luccichio; scintillio.
to **glisten** /ˈglɪsn/, *v. i.* brillare; luccicare; sfavillare; scintillare: **eyes glistening with happiness**, occhi sfavillanti di felicità.
glister /ˈglɪstə(r)/, (*arc.*) *V.* **to glisten** *e* **to glitter**.
glitch /glɪtʃ/, *n.* (*fam. USA*) *1* difetto di funzionamento (*in un computer, ecc.*); anomalia *2* (*fig.*) pecca, difetto, fallo (*in un progetto, ecc.*).
glitter /ˈglɪtə(r)/, *n.* *1* brillio; luccichio; scintillio; sfolgorio *2* splendore; lustro; sfarzo *3* (*pl.*) lustrini. ● (*fam. USA*) **g. people**, gente ricca e famosa; il bel mondo.
to **glitter** /ˈglɪtə(r)/, *v. i.* brillare; luccicare; scintillare; sfolgorare: **Millions of stars were glittering in the cold winter night**, milioni di stelle brillavano nella fredda notte invernale; **glittering jewels**, gioielli sfolgoranti. ● (*prov.*) **All that glitters is not gold**, non è tutt'oro quel che riluce.
glitterati /glɪtəˈrɑːtɪ, -iː/, *n. pl.* (*fam. USA*) scrittori (*o* critici) famosi, di gran moda.
glittering /ˈglɪtərɪŋ/, *a.* brillante; scintillante; splendente. ● **a g. occasion**, una brillante occasione □ **g. promises**, promesse seducenti.
glitteringly /ˈglɪtərɪŋlɪ/, *avv.* brillantemente; con grande lucchichio.
glittery /ˈglɪtərɪ/, *V.* **glittering**.
glitz /glɪts/, *n.* (*fam. USA*) eleganza; sfarzo.
glitzy /ˈglɪtsɪ/, *a.* (*fam. USA*) *1* elegante; sfarzoso *2* affascinante.
gloaming /ˈgləʊmɪŋ/, *n.* crepuscolo; l'imbrunire.
gloat /gləʊt/, *n.* *1* il covare con gli occhi *2* gongolamento maligno. ● **to have a good g. on sb.'s misfortunes**, gongolare malignamente per le disgrazie di q.
to **gloat** /gləʊt/, *v. i.* – **to g. on** (*o* **over**), covare con gli occhi; esultare, gongolare, provare un piacere maligno per (q.c.): **The burglar gloated over the jewels**, lo scassinatore covava con gli occhi i gioielli; **He gloats over the misfortunes of his enemy**, gongola per le sventure del suo nemico.
gloatingly /ˈgləʊtɪŋlɪ/, *avv.* *1* avidamente *2* con gioia maligna; gongolando.
glob /glɒb/, *n.* (*fam.*) *1* goccia (*di colla, d'inchiostro, ecc.*) *2* tocco (*di panna, ecc.*) *3* pezzo (*di fango, ecc.*).
global /ˈgləʊbl/, *a.* *1* globale: **g. radiation**, radiazione globale *2* a forma di globo; sferico *3* mondiale; universale: **g. warfare**, guerra mondiale *4* globale; complessivo: **the g. output of a factory**, la produzione complessiva di una fabbrica; **a g. allocation of £ 1,000,000**, uno stanziamento globale di un milione di sterline.
globalism /ˈgləʊbəlɪzəm/, *n.* *1* globalità *2* (*psic.*) globalismo.
globalization /gləʊbəlaɪˈzeɪʃən, *USA* -lɪˈz-/, *n.* (*anche psic.*) globalizzazione.
globate(d) /ˈgləʊbeɪt(ɪd)/, *a.* globulare; a forma di globo.
globe /gləʊb/, *n.* *1* globo; sfera; mappamondo; orbe: **terrestrial g.**, globo terrestre *2* (= **lamp g.**) globo di lampada; paralume *3* vaso da pesci *4* (*anat.*) globo (oculare). ● (*bot.*) **g. artichoke**, carciofo □ (*bot.*) **g.-flower** (*Trollius europaeus*), botton d'oro □ (*econ.*) **g. free trade**, totale libertà dei traffici □ **g. lightning**, fulmine a palla □ (*mecc.*) **g. valve**, valvola a sfera.
to **globe** /gləʊb/, **A** *v. t.* (*di solito al passivo*) dare forma di globo a (q.c.); conglobare. **B** *v. i.* assumere forma di globo; conglobarsi.
globefish /ˈgləʊbfɪʃ/, *n.* (*zool.*) pesce palla.
globetrotter /ˈgləʊbtrɒtə(r)/, *n.* (*fam.*) globe-trotter; giramondo.
globin /ˈgləʊbɪn/, *n.* (*biochim.*) globina.
globoid /ˈgləʊbɔɪd/, **A** *a.* sferico; simile a un globo. **B** *n.* *1* oggetto a forma di globo *2* (*bot.*) globoide.
globose /ˈgləʊbəʊs/, *a.* globoso; a forma di globo; sferico.
globosity /gləʊˈbɒsətɪ/, *n.* globosità; l'esser globoso; sfericità.
globular /ˈglɒbjʊlə(r)/, *a.* *1* globoso; sferico *2* (*biol., astron., ecc.*) globulare.
globularity /glɒbjʊˈlærətɪ/, *n.* *1* sfericità *2* l'esser globulare.
globule /ˈglɒbjuːl/, *n.* *1* (*biol., astron.*) globulo *2* (*form.*) gocciolina.
globulin /ˈglɒbjʊlɪn/, *n.* (*biochim.*) globulina.
glockenspiel /ˈglɒkənʃpiːl/ (*ted.*), *n.* (*mus.*) glockenspiel; campana (*o* triangolo) a percussione.
glomerate /ˈglɒmərət/, *a.* (*bot., anat.*) agglomerato.
glomerular /glɒˈmɛrʊlə(r)/, *a.* (*anat.*) glomerulare.
glomerule /ˈglɒməruːl/, *n.* (*bot., anat.*) glomerulo.
gloom /gluːm/, *n.* *1* (*lett.*) oscurità; buio; tenebre *2* (*fig.*) malinconia; tristezza; tetraggine *3* (*fig., econ.*) crisi; depressione *4* (*meteor.*) gloom. ● (*fig.*) **to cast** (*o* **to throw**) **a g. over**, rattristare; gettare nella tristezza.
to **gloom** /gluːm/, **A** *v. i.* *1* essere malinconico (*o* triste, tetro); essere scuro in volto *2* (*arc.: del cielo, ecc.*) oscurarsi; rabbuiarsi; essere cupo (*o* fosco). **B** *v. t.* *1* immalinconire; rattristare *2* (*arc.*) oscurare; rabbuiare.
gloomily /ˈgluːməlɪ/, *avv.* tristemente; tetramente; malinconicamente.
gloominess /ˈgluːmɪnəs/, *n.* *1* oscurità; buio; tenebre *2* tristezza; tetraggine.
gloomster /ˈgluːmstə(r)/, *V.* **doomster**.
gloomy /ˈgluːmɪ/, *a.* *1* oscuro; buio; cupo; fosco: **g. weather**, tempo fosco; foschia *2* malinconico; triste; tetro; lugubre; deprimente: **a g. landscape**, un paesaggio tetro; **a g. young man**, un giovane malinconico; **a g. prediction**, una previsione deprimente *3* depresso; pessimista; sfiduciato. ● (*fam. USA*) **g. Gus**, individuo depresso (*o, fam.,* con una faccia lunga così).
glop /glɒp/, *n.* (*pop. USA*) *1* sbobba; bobba; brodaglia *2* (*fig.*) sdolcinatura; sentimentalismo.
Gloria /ˈglɔːrɪə/, *n.* (*relig.*) gloria.
glorification /glɔːrɪfɪˈkeɪʃn/, *n.* *1* glorificazione; esaltazione *2* (*fam.*) celebrazione; festa; festeggiamenti.
glorifier /ˈglɔːrɪfaɪə(r)/, *n.* glorificatore, glorificatrice.
to **glorify** /ˈglɔːrɪfaɪ/, *v. t.* *1* glorificare; celebrare; esaltare *2* abbellire; fare apparire più bello (*o* migliore) del reale. ● **a glorified cottage**, una casa di campagna che ci si sforza di far passare per una villa signorile.
gloriole /ˈglɔːrɪəʊl/, *n.* aureola; alone.
glorious /ˈglɔːrɪəs/, *a.* *1* glorioso; illustre; preclaro: **a g. victory**, una gloriosa vittoria; **the g. reign of Alfred the Great**, il glorioso regno di Alfredo il Grande *2* magnifico; splendido; (*anche iron.*) bello: **a g. day**, una magnifica giornata; **What a g. party!**, che splendida festa!; **a g. muddle**, un bel pasticcio (*fig.*) *3* (*fam.*) beato nell'ubriachezza; che ha la sbornia allegra.
gloriously /ˈglɔːrɪəslɪ/, *avv.* *1* gloriosamente

2 splendidamente. ● **a g. sunny day**, una giornata di splendido sole.
gloriousness /ˈglɔːrɪəsnəs/, *n.* *1* l'essere glorioso *2* magnificenza; splendore.
glory /ˈglɔːrɪ/, **A** *n.* *1* gloria; onore; fama; (motivo di) vanto; gloria del Cielo; beatitudine del paradiso: **the glories of ancient Greece**, le glorie della Grecia antica; **to live with the saints in g.**, essere con i Santi nella gloria del Cielo; **«G. to God in the highest»**, «gloria a Dio nell'alto dei Cieli» *2* magnificenza; splendore: **the dying glories of evening**, gli ultimi splendori del giorno che muore *3* giubilo; grande contentezza; settimo cielo (*fig.*); prosperità; colmo del successo: **The actress was in her g.**, l'attrice era al settimo cielo *4* aureola; alone (*di santi, ecc.*) *5* (*ottica*) gloria. **B** *inter.* (*fam.*, = **g. be!**) buon Dio!; perbacco! □ **g. hole** (*fam. arc.*) ripostiglio; cassetto in disordine; (*ind. vetro*) forno di riscaldo; (*ind. min.*) coltivazione a imbuti; (*naut.*) cambusa □ (*fam.*) **to go to g.**, andare al creatore □ (*USA*) **Old G.**, la bandiera nazionale americana □ (*fam. arc.*) **to send sb. to g.**, mandare q. al creatore; ammazzare q.
to **glory** /ˈglɔːrɪ/, *v. i.* – **to g. in**, gloriarsi di; vantarsi di: **He glories in his country's victory**, si gloria della vittoria del suo paese.
gloryingly /ˈglɔːrɪɪŋlɪ/, *avv.* vanagloriosamente.
gloss (1) /glɒs, *USA* glɔːs/, *n.* *1* lucentezza; (il) lucido; lustro: **the g. of satin**, la lucentezza del raso *2* (*fig.*) apparenza, parvenza; patina; vernice (*fig.*): **a g. of respectability**, una vernice di rispettabilità *3* (*ottica*) brillantezza.
gloss (2) /glɒs, *USA* glɔːs/, *n.* *1* glossa; chiosa; annotazione *2* glossario *3* commento; parafrasi; interpretazione (*anche errata*) delle parole altrui.
to **gloss** (1) /glɒs, *USA* glɔːs/, *v. t.* *1* lucidare; lustrare *2* (*spesso* **to g. over**) sorvolare su; dissimulare; mascherare: **to g. over one's failure**, dissimulare il proprio insuccesso; **to g. over one's errors**, mascherare i propri errori.
to **gloss** (2) /glɒs, *USA* glɔːs/, *v. t.* e *i.* *1* glossare; chiosare; annotare; commentare *2* (*spesso* **to g. over**) fraintendere; interpretare erroneamente.
glossal /ˈglɒsl, *USA* ˈglɔːsl/, *a.* (*anat.*) linguale; glossico.
glossarial /glɒˈseərɪəl, *USA* glɔː-/, *a.* pertinente (*o* simile) a glossario.
glossarist /ˈglɒsərɪst, *USA* ˈglɔː-/, *n.* glossatore, glossatrice.
glossary /ˈglɒsərɪ, *USA* ˈglɔː-/, *n.* glossario.
glossator /glɒˈseɪtə(r), *USA* glɔː-/, *n.* glossatore (*specialm.*, giurista medievale).
glossematic /glɒsɪˈmætɪk, *USA* glɔː-/, *a.* (*ling.*) glossematico.
glosseme /ˈglɒsiːm, *USA* ˈglɔː-/, *n.* (*ling.*) glossema.
glossiness /ˈglɒsɪnəs, *USA* ˈglɔː-/, *n.* lucentezza; lucidità; levigatezza.
glossitis /glɒˈsaɪtɪs, *USA* glɔː-/, *n.* (*med.*) glossite.
glossographer /glɒˈsɒgrəfə(r), *USA* glɔː-/, *n.* glossografo; glossatore.
glossography /glɒˈsɒgrəfɪ, *USA* glɔː-/, *n.* glossografia.
glossology /glɒˈsɒlədʒɪ, *USA* glɔː-/, *n.* (*arc.*) glottologia.
glossy /ˈglɒsɪ, *USA* ˈglɔːsɪ/, **A** *a.* *1* lucente; lucido; liscio *2* poco plausibile; specioso *3* (*ottica*) brillante. **B** *n.* *1* (*fotogr.*) foto (su carta) lucida *2* (= **g. magazine**) rivista stampata su carta patinata.
glottal /ˈglɒtl/, *a.* *1* (*anat.*) della glottide *2* (*fon.*) glottale; linguale: **g. stop**, occlusiva glottale *3* (*fon.*) glottidale; faringeo.
glottic /ˈglɒtɪk/, *V.* **glottal**.
glottis /ˈglɒtɪs/, *n.* (*pl.* **glottises, glottides**) (*anat.*) glottide.
glottologist /glɒˈtɒlədʒɪst/, *n.* glottologo, glottologa.
glottology /glɒˈtɒlədʒɪ/, *n.* glottologia.
glove /glʌv/, *n.* *1* guanto *2* (= **boxing g.**) guanto da pugilato; guantone. ● **g. box**, guantiera, scatola per guanti; (*tecn.*) cella a guanti □ (*autom.*) **g. compartment**, vano portaoggetti; cassetto del cruscotto □ **g. maker**, guantaio (*artigiano*) □ **g. manufacturer**, guantaio (*fabbricante*) □ **g. merchant**, guantaio (*venditore*) □ **g. puppet**, burattino; pupo □ **g. stretcher**, allargaguanti □ **to fit like a g.**, stare a pennello; calzare come un guanto □ **to be hand in g. with sb.**, essere in grande intimità con q. □ **to handle sb.** (*o* **st.**) **with kid gloves**, trattare q. (*o* q.c.) con i guanti □ (*fam.*) **to put on the gloves**, mettere i guantoni; battersi (in un incontro di pugilato): **He hasn't put on the gloves for two years**, sono due anni che non ha fatto un incontro □ **to take up the g.**, raccogliere il guanto; accettare la sfida □ **to throw down the g.**, gettare il guanto; lanciare la sfida □ **The gloves were off**, i due (contendenti, ecc.) erano sul punto di azzuffarsi (*o* di darsi battaglia).
to **glove** /glʌv/, *v. t.* inguantare; mettere i guanti a.
gloveless /ˈglʌvləs/, *a.* senza guanti.
glover /ˈglʌvə(r)/, *n.* guantaio, guantaia.
glow /gləʊ/, *n.* *1* bagliore; luminescenza: **the g. of lighted neon signs**, il bagliore delle insegne al neon accese *2* fuoco (*di un sigaro, una sigaretta, ecc.*) *3* incandescenza: (*mecc.*) **g. plug**, candela a incandescenza *4* (*anche fig.*) ardore; calore; fuoco: **in a g. of enthusiasm**, nell'ardore dell'entusiasmo; **to feel a pleasant g. all over**, sentire un piacevole calore in tutto il corpo *5* (*fig.*) splendore; colore caldo e vivo: **the g. of her copper hair**, il colore caldo dei suoi capelli ramati. ● (*elettron.*) **g. discharge**, scarica a bagliore □ **g. lamp**, lampada a luminescenza □ (*zool.*) **g.-worm** (*Lampyris noctiluca*), lucciola □ **the g. of health**, il colore della salute □ **to be in a g.** (*o* **all of a g.**), essere incandescente; (*fig.*) essere (tutto) accaldato (*o* accalorato).
to **glow** /gləʊ/, *v. i.* *1* ardere; bruciare senza fiamma; essere incandescente: **Let's heat the metal until it glows**, riscaldiamo il metallo fino a renderlo incandescente! *2* brillare; luccicare: **The harbour lights were glowing**, le luci del porto brillavano *3* (*fig.*) ardere; bruciare; infiammarsi: **to be glowing with rage**, bruciare di rabbia; **to g. with zeal**, ardere di zelo; **He glowed with pride**, s'infiammò d'orgoglio *4* (*fig.*) accendersi, fiammeggiare (*fig.*); rosseggiare: **In autumn the leaves of most trees glow red and yellow**, in autunno le foglie di quasi tutti gli alberi s'accendono di tinte rosse e gialle. ● **The girl's cheeks glowed with uneasiness**, il viso della ragazza avvampò per il disagio.
glower /ˈglaʊə(r)/, *n.* sguardo torvo (*o* in cagnesco).
to **glower** /ˈglaʊə(r)/, *v. i.* (*di solito* **to g. at**) guardare in cagnesco.
glowering /ˈglaʊərɪŋ/, *a.* bieco; torvo: **a g. look**, uno sguardo bieco (*o* in cagnesco).
gloweringly /ˈglaʊərɪŋlɪ/, *avv.* in cagnesco; torvamente.
glowing /ˈgləʊɪŋ/, *a.* *1* ardente; brillante *2* acceso: **g. embers**, carboni accesi *3* (*fig.*) animato; caloroso; fervido: **He gave us a g. account of the accident**, ci fece un resoconto assai animato dell'incidente; **The boss spoke in g. terms of his work**, il capo ebbe parole di caloroso apprezzamento per il suo lavoro *4* eccellente; ottimo: **g. health**, salute ottima. ● **g. cloud**, nube ardente (*di un vulcano*) □ **to be g. with health**, avere una splendida cera; scoppiare di salute.
gloxinia /glɒkˈsɪnɪə/, *n.* (*bot.*, *Gloxinia*) gloxinia.
to **gloze** /gləʊz/, *v. t.* e *i.* *1* (*di solito* **to g. over**) coprire (*fig.*); mascherare; sminuire *2* (*arc.*) adulare; lusingare.
glucic /ˈgluːsɪk/, *a.* (*chim.*) del glucosio.
glucide /ˈgluːsaɪd/, *n.* (*chim.*) glucide.
glucidic /gluːˈsɪdɪk/, *a.* (*chim.*) glucidico.
glucinium /gluːˈsaɪnɪəm/, **glucinum** /gluːˈsaɪnəm/, *n.* (*chim.*, *arc.*) glucinio; berillio.
gluconate /ˈgluːkəneɪt/, *n.* (*chim.*) gluconato.
glucose /ˈgluːkəʊz, -s/, *n.* (*chim.*) glucosio; glicosio.
glucosic /gluːˈkɒsɪk/, *a.* (*chim.*) glucosico.
glucoside /ˈgluːkəsaɪd/, *n.* (*biochim.*) glucoside; glicoside.
glucosidic /gluːkəˈsɪdɪk/, *a.* (*biochim.*) glucosidico; glicosidico.
glue /gluː/, *n.* colla: **fish g.**, colla di pesce; **vegetable g.**, colla vegetale. ● **g. pot**, pentolino della colla □ **g.-sniffer**, chi sniffa colla (*per drogarsi*) □ **g.-sniffing**, inalazione di vapori di colla.
to **glue** /gluː/, *v. t.* *1* incollare (*anche fig.*); attaccare con la colla; appiccicare: **The little boy always stayed glued to his mother**, il ragazzino stava sempre appiccicato (*o* incollato) alla mamma; **He spends hours glued to the goggle**, passa delle ore incollato alla TV *2* (*pop. USA*) arrestare. ● **to g. oneself to one's paper**, tenere gli occhi incollati sul giornale □ (*pop. USA*) **to be glued**, essere arrestato; essere sbronzo.
gluer /ˈgluːə(r)/, *n.* *1* incollatore, incollatrice *2* (*pop. USA*) chi sniffa colla (*per drogarsi*).
gluey /ˈgluːɪ/, *a.* *1* colloso; glutinoso *2* viscoso; appiccicoso.
glug /glʌg/, *n.* (*fam.*) sorso (*di liquore, ecc.*)
to **glug** /glʌg/, *v. t.* (*fam.*) bere a sorsi; sorseggiare.
gluish /ˈgluːɪʃ/, *a.* appiccicoso; viscoso.
glum /glʌm/, *a.* accigliato; cupo; depresso; triste; tetro.
glume /gluːm/, *n.* (*bot.*) gluma.
glumiferous /gluːˈmɪfərəs/, *a.* (*bot.*) glumifero.
glumly /ˈglʌmlɪ/, *avv.* cupamente; tetramente.
glumness /ˈglʌmnəs/, *n.* cupezza; tristezza; tetraggine.
gluon /ˈgluːɒn/, *n.* (*fis.*) gluone.
glut (1) /glʌt/, *n.* *1* sazietà; eccesso (*di cibo, ecc.*); scorpacciata *2* quantità eccessiva; eccedenza; saturazione: (*econ.*) **a g. of butter in our market**, un'eccedenza di burro nel nostro mercato. ● (*fin.*) **a g. of money**, un eccesso di denaro; troppa moneta in circolazione.
glut (2) /glʌt/, *n.* *1* cuneo; zeppa *2* (*edil.*) pezzo di mattone (*per completare un corso*).
to **glut** /glʌt/, *v. t.* *1* saziare (*anche fig.*); satollare; rimpinzare: **to g. one's appetite**, saziare l'appetito; **to g. one's desire**, saziare il desiderio; **to g. oneself with sweets**, rimpinzarsi di dolci *2* intasare, ingombrare (*un passaggio, ecc.*) *3* riempire all'eccesso; saturare: (*econ.*) **to g. the market**, saturare il mercato.
glutamate /ˈgluːtəmət/, *n.* (*chim.*) glutammato.
glutamic /gluːˈtæmɪk/, *a.* (*chim.*) glutammico.
glutamine /ˈgluːtəmiːn, -mɪn/, *n.* (*chim.*) glutammina.
gluten /ˈgluːtn/, *n.* glutine. ● **g. bread**, pane glutinato.
gluteus /ˈgluːtɪəs/, *n.* (*pl.* **glutei**) (*anat.*) gluteo.
to **glutinize** /ˈgluːtɪnaɪz/, *v. t.* rendere glutinoso.
glutinosity /gluːtɪˈnɒsətɪ/, *n.* glutinosità.
glutinous /ˈgluːtənəs/, *a.* glutinoso.
glutton /ˈglʌtn/, *n.* *1* (*zool.*, *Gulo gulo*) ghiottone; volverina *2* (*zool.*, *Macronectes giganteus*; = **g. bird**) ossifraga *3* ghiottone; goloso. ● **a g. of books**, un divoratore di libri; un lettore insaziabile □ (*fam.*) **a g. for punishment**, un masochista; uno che fa più del suo dovere □ **a g. for work**, uno che non si stanca mai di lavorare; uno stacanovista.
gluttonous /ˈglʌtənəs/, *a.* ghiotto; goloso; ingordo.
gluttony /ˈglʌtənɪ/, *n.* ghiottoneria; golosità; ingordigia ● (*relig.*) **sin of g.**, peccato di gola

□ (*prov.*) **G. kills more than the sword**, ne ammazza più la gola che la spada.

glyc(a)emia /glaɪ'siːmɪə/, *n.* (*med.*) glicemia.

glyc(a)emic /glaɪ'siːmɪk/, *a.* (*med.*) glicemico.

glycerate /'glɪsəreɪt/, *n.* (*chim.*) *1* glicerato *2* glicerolato.

glyceric /glɪ'serɪk/, *a.* (*chim.*) glicerico: **g. acids**, acidi gliceridi.

glyceride /'glɪsəraɪd/, *n.* (*chim.*) gliceride.

glycerin(e) /'glɪsəriːn, *USA* -rɪn/, *n.* (*chim.*) glicerina; glicerolo.

glycerol /'glɪsərɒl, *USA* -əʊl, -ɔːl/, *n.* (*chim.*) glicerolo; glicerina.

glycerophosphate /glɪsərəʊ'fɒsfeɪt/, *n.* (*chim.*) glicerofosfato.

glyceryl /'glɪsərɪl/, *n.* (*chim.*) glicerile.

glycine /'glaɪsiːn/, *n.* (*biochim.*) glicina; glicocolla.

glycogen /'glaɪkədʒən/, *n.* (*biol.*) glicogeno.

glycogenosis /glaɪkəʊdʒə'nəʊsɪs/, *n.* (*pl.* **glycogenoses**) (*med.*) glicogenosi.

glycol /'glaɪkɒl, *USA* -əʊl, -ɔːl/, *n.* (*chim.*) glicol, glicole.

glycolipid /glaɪkəʊ'lɪpɪd/, *n.* (*chim.*) glicolipide.

glycol(l)ic /glaɪ'kɒlɪk/, *a.* (*chim.*) glicolico.

glycolysis /glaɪ'kɒləsɪs/, *n.* (*pl.* **glycolyses**) (*biochim.*) glicolisi.

glyconic /glaɪ'kɒnɪk/, *a.* e *n.* (*poesia*) gliconeo; gliconio.

glycoprotein /glaɪkəʊ'prəʊtiːn/, *n.* (*biochim.*) glicoproteina.

glycosidase /glaɪ'kəʊzɪdeɪz, -sɪdeɪs/, *n.* (*biochim.*) glicosidasi.

glycoside /'glaɪkəʊsaɪd/, *n.* (*biochim.*) glicoside; glucoside.

glycosidic /glaɪkəʊ'sɪdɪk/, *a.* (*biochim.*) glicosidico; glucosidico.

glycosuria /glaɪkəʊs'jʊərɪə, -'sʊə-, -sʊə'riːə, *USA* -kə'ʃʊ-/, *n.* (*med.*) glicosuria.

glycosuric /glaɪkəʊs'jʊərɪk, -'sʊə-, *USA* -kə'ʃʊ-/, *a.* (*med.*) glicosurico.

glycyl /'glaɪsɪl/, *n.* (*chim.*) glicile.

glyph /glɪf/, *n.* *1* (*archit.*) glifo *2* (*archeol.*) geroglifico *3* (*fam., autom.*) segnale di sole immagini (*senza parole*).

glyphography /glɪ'fɒgrəfɪ/, *n.* glifografia.

glyptic /'glɪptɪk/, *a.* (*arte*) glittico.

glyptics /'glɪptɪks/, *n. pl.* (*col verbo al sing.*) glittica.

glyptodont /'glɪptədɒnt/, *n.* (*paleont.*) gliptodonte.

glyptography /glɪp'tɒgrəfɪ/, *n.* glittografia.

G-man /'dʒiːmæn/, *n.* (*pl.* **G-men**) (*fam. USA*) agente investigativo federale (*del* **Federal Bureau of Investigation**: **G** *sta per* **Government**).

gnarl /nɑːl/, *n.* nodo (*di legno d'albero*); nocchio.

gnarled /nɑːld/, **gnarly** /'nɑːlɪ/, *a.* *1* (*d'albero*) nodoso; nocchioso; nocchieruto: **a g. old beech**, un vecchio faggio nodoso *2* (*fig.*: *di persona*) dall'aspetto ruvido, rozzo; dal viso grinzoso. ● **g. hands**, mani nodose.

to **gnash** /næʃ/, *v. t.* e *i.* arrotare, digrignare (i denti).

gnat /næt/, *n.* (*zool.*) *1* moscerino *2* (*Culex pipiens*) zanzara *3* (*USA, Simulium*) simulio. ● (*fig.*) **to strain at a g.**, fare il difficile per cose da nulla; dare importanza a un'inezia.

gnathic /'næθɪk/, *a.* (*anat.*) gnatico; mascellare; della mascella.

to **gnaw** /nɔː/ (*p. p.* **gnawed, gnawn**), *v. t.* e *i.* *1* (*spesso* **to g. at**) mordere; rodere; corrodere; erodere; rosicchiare; rosicare: **The mouse was gnawing (at) the cheese**, il topo rosicchiava il formaggio; **A 20% rate of inflation is now gnawing at our savings**, un tasso d'inflazione del 20% erode ora i nostri risparmi *2* rodere (*fig.*); attanagliare; tormentare; torturare: **Hunger gnawed my bowels**, la fame mi rodeva i visceri. ● **to g. one's fingernails**, mangiarsi le unghie □ **to g. st. in two**, spezzare q.c. in due rodendola.

gnawer /'nɔːə(r)/, *n.* roditore.

gnawing (1) /'nɔːɪŋ/, *n.* *1* rodimento; rosicchiamento *2* (*spesso al pl.*) morso (*fig.*); rimorso: **the gnawings of conscience**, i rimorsi della coscienza; **the gnawings of hunger**, il morso della fame.

gnawing (2) /'nɔːɪŋ/, *a.* *1* che rode; rosicante *2* (*fig.*) doloroso; tormentoso; che attanaglia: **g. anxiety**, dolorosa ansia; **g. grief**, tormentoso dolore; **g. hunger**, fame che attanaglia.

gnawn /nɔːn/, *p. p.* di **to gnaw**.

gneiss /naɪs/, *n.* (*geol.*) gneiss.

gnocchi /'nɒkɪ, 'nj-, -əʊkɪ/ (*ital.*), *n.* (*anche sing.*) (*cucina*) gnocchi.

gnome (1) /nəʊm/, *n.* *1* (*mitol.*) gnomo; nano *2* nanetto (*statuetta in un giardino, ecc.*) *3* (*fin.*) gnomo; banchiere; finanziere: **the Zurich gnomes**, gli gnomi di Zurigo.

gnome (2) /'nəʊmɪ, nəʊm/, *n.* (*letter.*) gnome; aforisma; massima; sentenza.

gnomic /'nəʊmɪk/, *a.* *1* (*letter.*) gnomico; sentenzioso: **g. poetry**, poesia gnomica *2* (*astron.*) gnomonico.

gnomish /'nəʊmɪʃ/, *a.* di (*o* simile a) gnomo.

gnomon /'nəʊmɒn/, *n.* (*fis., geom.*) gnomone.

gnomonic /nəʊ'mɒnɪk/, *a.* di gnomone; gnomonico.

gnomonics /nəʊ'mɒnɪks/, *n. pl.* (*col verbo al sing.*) gnomonica.

gnoseological /nəʊzɪə'lɒdʒɪkl/, *a.* gnoseologico.

gnoseology /nəʊzɪ'ɒlədʒɪ/, *n.* gnoseologia.

gnosis /'nəʊsɪs/, *n.* (*pl.* **gnoses**) (*filos., relig.*) *1* gnosi *2* gnosticismo.

gnostic /'nɒstɪk/, *a.* e *n.* (*filos., relig.*) gnostico.

gnosticism /'nɒstɪsɪzəm/, *n.* (*relig.*) gnosticismo.

gnu /nuː/, *n.* (*pl.* **gnu, gnus**) (*zool., Connochaetes gnu*) gnu.

go /gəʊ/, *n.* (*pl.* **goes**) *1* l'andare; moto; movimento: **come-and-go**, andare e venire; andirivieni; trambusto *2* (*fam.*) animazione; attività; brio; energia; entusiasmo; spirito; vigore: **He's full of go**, è pieno di brio (*o* d'energia, di vigore); **to be on the go**, essere in piena attività; lavorare a pieno ritmo *3* (*fam.*) turno: **It's my go next**, adesso è il mio turno; ora tocca a me *4* (*fam.*) prova; tentativo: **Let's have a go at it**, facciamo un tentativo!; proviamo! *5* (*fam.*) moda; voga: **to be all the go**, essere in gran voga *6* (*fam.*) porzione (*di cibo*); quantità, razione (*di liquido, di bevanda*) *7* (*fam.*) attacco d'influenza; accesso (*di tosse*) *8* (*fam.*) colpo; volta: **You can arrange your whole trip at one go**, potete organizzarvi il viaggio tutto in una (sola) volta *9* (*fam.*) impresa riuscita; successo: **He made a go of it**, ebbe un gran successo *10* (*fam. arc.*) situazione; stato di cose: **What a go!**, che situazione!; **This is a bit of a rum go**, è una situazione strana, imbarazzante. ● (*mecc.*) **go gauge**, calibro passa □ **go-go**, *V.* **go-go** □ **go-it-alone**, il fare da sé; (*econ.*) politica autarchica □ (*fam.*) **to have a go**, fare un tentativo; cercare di arrestare un criminale (*di fermare un ladro, ecc.*) □ (*fam.*) **to have a go at sb. for doing st.**, sgridare q. per aver fatto q.c.; trovare a ridire su q.c. che q. ha fatto □ (*fam.*) **to be no go**, non esserci niente da fare: **I tried hard to convince him, but it was no go**, feci di tutto per convincerlo, ma non ci fu niente da fare □ (*fam.*) **No go**, impossibile; non c'è niente da fare; è inutile □ **It's all go in the office now**, ora l'ufficio è in piena attività □ **It was a near go**, ce la siamo cavata per un pelo (*o* per un soffio) □ (*fam.*) **Is it a go?**, allora siamo d'accordo?; l'affare è fatto? □ (*mecc.*) **All systems (are) go**, tutto in ordine!; (*aeron.*) pronti al decollo!; (*miss.*) pronti al lancio!

to **go** /gəʊ/ (*pass.* **went**, *p. p.* **gone**; 3ª *pers. sing. indic.* **goes**), **A** *v. i.* *1* andare: **Shall we go by ship or by plane?**, andiamo in nave o in aereo?; **He has gone to Australia**, è andato in Australia; **All the money went to him**, tutti i soldi andarono a lui; **This size does not go**, questa taglia non va (bene); **Some savages go naked**, alcuni selvaggi vanno nudi; **On which shelf does this book go?**, in quale scaffale va questo libro?; **This road goes to Rome**, questa strada va a Roma; **The roots go deep**, le radici vanno al fondo; **This gadget goes by electricity**, questo aggeggio va a elettricità; **I can't get the car to go**, non riesco a far andare l'automobile; **Things went better**, le cose andarono meglio; **How did the election go?**, come sono andate le elezioni?; **Traveller's cheques go everywhere**, gli assegni turistici vanno dappertutto; **All his money goes on stamps for his collection**, tutto il suo denaro va in francobolli per la sua collezione; (*mil.*) **Who goes there?**, chi va là? *2* andarsene (*anche fig.*); partire; passare; cedere; spezzarsi; partire (*fig. fam.*); morire: **It's getting late; I must be going**, si fa tardi; devo andarmene; **Be gone!**, vattene!; **Go when the light turns green**, passa quando viene il verde!; **The pain has gone**, il dolore se n'è andato; **Summer is going**, l'estate se ne sta andando; **This shirt is going**, questa camicia se ne sta andando (*o* si consuma); **When does the bus go?**, quando parte l'autobus?; **I thought the branch would go any moment**, credevo che il ramo se ne andasse (*o* cedesse) da un momento all'altro; **The horse lunged forward, and in the process my back went**, il cavallo fece un balzo in avanti, e in quel momento sentii che la schiena mi partiva; **They thought he would go any minute**, credevano che se ne andasse (*o* morisse) da un minuto all'altro *3* stare a; tendere a: **That goes to prove that he is wrong**, ciò sta (*o* tende) a provare che ha torto *4* (*anche v. t.*) fare (*un verso, un rumore, ecc.*): **Cats go miaow**, il gatto fa miao; **The gun went «boom»**, il fucile fece «bum»; **The refrain goes like this**, il ritornello fa così *5* (*di campana, orologio, ecc.*) suonare: **The school bell has just gone**, è appena suonata la campanella della scuola *6* arrivare a; giungere al punto di: **I won't go so far as to say that he is dishonest, but...**, non arriverò a dire che sia disonesto, ma... *7* (*seguito da un agg.*) andare; farsi; diventare: **to go free**, andare libero; **to go hungry**, diventare affamato; **He's gone blind**, è diventato cieco; **He went green with envy**, egli divenne (*o* si fece) di tutti i colori per l'invidia; **to go red**, diventare (*o* farsi) rosso; arrossire; **to go weak**, diventare debole; indebolirsi; (*di una società*) **to go multinational**, diventare multinazionale; (*econ.*) **to go industrial**, passare all'industria *8* (*seguito dalla forma in* **-ing**) andare a: **to go shooting [fishing, skiing]**, andare a caccia [a pesca, a sciare] *9* fare; muovere: **Go like this with your right hand**, fai così con la mano destra!; muovi la destra così! *10* andare bene; essere accettabile: **Ken is the boss: what he says goes**, il capo è Ken: quello che dice lui, va bene; **As far as my wife is concerned, anything goes**, quanto a mia moglie, tutto va bene (*o* si accontenta sempre) *11* (*comm.*) andare; vendersi; essere aggiudicato: **These articles will go in a whiff**, questi articoli andranno (*o* si venderanno) in un baleno; **The silver outlery went for 300 pounds**, la posateria d'argento fu aggiudicata per 300 sterline; **The big car must go**, dobbiamo vendere la macchina grande *12* essere in vendita; costare: **to go cheap**, costare poco *13* (*solo nella forma progressiva, al pass.*) dover andare: **They were going to Greece, but they changed their minds**, dovevano andare in Grecia, ma cambiarono idea *14* **to be going** (*seguito da inf. con* **to**), stare per; essere sul punto di; accingersi a, intendere (*fare q.c.*); volere (*anche, idiom., equivale al futuro ital.*): **She is going to be operated on**, sta per essere operata; **When are you going to leave?**, quando intendi partire?; **I'm going to buy you a present**, ti voglio fare un regalo; **I'm going to be sick!**, mi verrà la nausea; **Is it going to snow?**, (pensi che) nevicherà?; **It's going to rain**, sta per piovere; **I am going to meet him tonight**, lo incontrerò stasera ***15*** (*talora*) venire: **I want to go as well**, voglio venire anch'io ***16*** (*pop.*) andare di corpo: **The dog had to go**, il cane aveva bisogno d'andare di corpo ***17*** (*dial.*) fare; dire: **Then she goes: «Don't tease me again», and he shrugs**, poi lei dice: «Non prendermi in giro di nuovo», e lui fa spallucce. **B** *v. t.* ***1*** scommettere: **I'll go ten dollars**, scommetto dieci dollari ***2*** (*a carte*) dichiarare: **to go two spades**, dichiarare due picche. ● (*USA*: *di cibo*) **to go**, da portare via; da asporto □ **to go all out**, mettercela tutta: **We went all out for a draw**, ce la mettemmo tutta per ottenere il pareggio □ (*pop.*) **to go and do it**, farla grossa; fare uno sbaglio madornale □ **to go armed**, andare (in giro) armato □ **to go bad**, andare a male; guastarsi: **The eggs went bad**, le uova andarono a male □ **to go badly**, andare male; fare male (*in affari, agli esami, ecc.*) □ (*leg.*) **to go bail for sb.**, pagare la cauzione per q. (*per ottenergli la libertà provvisoria*) □ (*fam.*) **to go belly up**, andare a gambe all'aria; fallire □ **to go better**, migliorare □ **to go (one) better**, superare, far meglio (per un punto); (*comm.*: *a un'asta, ecc.*) offrire un prezzo più alto □ (*fam.*) **to go bust**, *V.* **to go belly up** □ (*di un articolo, un prodotto*) **to go cheap**, essere venduto a basso prezzo □ (*di un paese*) **to go dry**, adottare il proibizionismo □ **to go electronic**, (*ind.*) passare all'elettronica; (*mecc.*) adottare soluzioni elettroniche □ **to go far**, andare lontano (*anche fig.*); fare strada, fare carriera; (*di cibo, provviste, ecc.*) durare; (*di denaro*) fare molto: **My income doesn't go far**, con il mio reddito non si fa molto; *V. anche* **to go a long way towards** □ **to go free**, restare impunito; cavarsela (*fam.*) □ **to go from bad to worse**, andare di male in peggio □ **to go from good to better**, andare di bene in meglio □ **to go halves**, fare a mezzo; dividere le spese; fare alla romana (*fam.*) □ **to go home**, andare a casa; tornare a casa; tornare in patria; (*fam.*) morire; (*di una macchina*) guastarsi; (*di un'osservazione, ecc.*) andare a segno, colpire il bersaglio (*fig.*) □ **to go hot and cold**, avvampare per la febbre; arrossire per la vergogna; sudar freddo, impressionarsi □ **to go hungry**, patire la fame □ **to go in rags**, vestirsi di cenci; andare tutto stracciato □ (*fam.*) **to go it**, esagerare; (*arc.*) far baldoria: **Drinking five bottles of beer in one evening is going it some!**, scolarsi cinque bottiglie di birra in una sera è un po' troppo! □ **to go it alone**, fare da sé (*o* da solo) □ **to go a long way**, andare lontano; (*fig.*) valere molto: **Fifty thousand pounds go a long way**, con cinquantamila sterline si può far molto □ **to go a long way towards**, aiutare parecchio, contribuire in modo determinante (*a fare q.c.*) □ **to go mad**, ammattire □ **to go native**, seguire i costumi degli indigeni, adattarsi al loro sistema di vita □ (*fam.*) **to go phut**, andare a rotoli (*o* in malora); guastarsi □ (*econ.*) **to go private**, privatizzarsi □ (*econ.*) **to go public**, diventare pubblico □ **to go shares**, dividere in parti uguali; fare alla romana (*fam.*) □ **to go shopping**, fare le compere; fare lo shopping □ (*mil.*) **to go sick**, darsi malato; marcar visita (*gergo mil.*) □ **to go slow**, andare piano; rallentare il lavoro, fare uno sciopero bianco □ (*del latte, ecc.*) **to go sour**, inacidire □ **to go some**, *V.* **to go it** □ **to go too far**, andare troppo lontano; (*fig.*) esagerare: **That's going too far**, qui si esagera; questo è (un po') troppo! □ **to go unnoticed**, passare inosservato □ **to go unpunished**, restare impunito; cavarsela (*fam.*) □ **to go sb.'s own way**, fare la stessa strada di q.: **Are you going to go my own way?**, fai la mia stessa strada?; vai dalle mie parti? □ **to go the way of all flesh**, fare la fine di tutti; morire □ (*fig. fam.*) **to go west**, morire; tirare le cuoia; guastarsi □ **to go white with anger**, sbiancare in volto per l'ira □ (*fam.*) **to go (the) whole hog**, andare sino in fondo □ **to go worse**, peggiorare □ **to go wrong**, sbagliare strada; (*fig.*) andare storto; guastarsi; (*di una donna*) prendere una brutta strada (*fig.*): **Something went wrong with my plans**, qualcosa è andato storto nei miei progetti; **The washing machine has gone wrong**, s'è guastata la lavatrice □ (*di due innamorati*) **to be going steady**, fare sul serio □ **to go straight**, andare (sempre) dritto □ **to be going strong**, essere forte, vigoroso; essere in gamba, andare forte (*fig. fam.*); (*di un prodotto, ecc.*) vendersi bene, tirare □ **as far as it goes**, fino a questo punto, fin qui; fino a un certo punto: **It is all very well, as (*o* so) far as it goes**, fin qui sta bene □ **as far as that goes**, quanto a questo □ **as people go**, vista la qualità media della gente: **He's not a bad teacher as teachers go nowadays**, non è un cattivo insegnante, visto il livello medio degli insegnanti d'oggi □ **as things go**, stando così le cose; visto l'andazzo generale □ **as times go**, coi tempi che corrono □ (*fam.*) **to get going**, cominciare; mettersi in moto, partire □ (*fig.*) **to let oneself go**, lasciarsi andare □ **Go easy!**, fa' piano!; prendila con calma! □ **Go easy with the butter, or there will be none left**, vacci piano col burro, se no rimaniamo senza □ **It's going hard with him**, gli va male; se la passa male; gli affari gli van male □ (*sport*) **One, two, three... go!**, uno, due, tre... via! □ **Ready, steady, go!**, pronti, attenti, via! □ **Here goes!**, (*detto iniziando un'impresa difficile*) forza, ci siamo!; o la va o la spacca! □ **Going! going! gone!**, (*comm.*: *nelle vendite all'asta*) uno, due... aggiudicato! □ **Let go!**, lascia andare!; molla! □ **Let it go!**, lascia andare! (*anche fig.*); lascia perdere! □ (*a un cane, tirando un sasso, ecc.*) **Go fetch!**, porta!; da' qui! □ **Latin must go**, il latino (lo studio del latino) dev'essere abolito! □ **I will go so far as to say...**, mi spingerò sino a dire...; dirò addirittura... □ **The story goes that...**, si dice (*o* si mormora, corre voce) che... □ (*polit.*) **Manchester goes Labour**, Manchester vota per i laburisti □ **My voice has gone**, ho perso la voce □ (*fam.*) **You've gone and done it!**, l'hai fatta grossa! □ (*volg.*) **He may go hang!**, può andare a farsi fottere (*volg.*) (*o* a farsi impiccare)!

♦**go aboard**, *v. i.* + *avv.* ***1*** (*naut., aeron.*) imbarcarsi; salire a bordo ***2*** (*ferr.*) salire (in treno); montare in carrozza.

♦**go about**, **A** *v. i.* + *avv.* ***1*** andare in giro; muoversi; girare; spostarsi; viaggiare: **He's going about with a gang of youngsters**, va in giro con una banda di giovinastri; **to go about by bus**, spostarsi (*o* girare) in autobus; **How long have Jack and Jill been going about together?**, quant'è che Jack e Jill vanno (in giro) insieme? ***2*** diffondersi; circolare; (*di una voce, ecc.*) correre: **Strange stories are going about**, circolano (*o* si sentono) strane storie; **A rumour was going about that...**, correva voce che... ***3*** esserci in giro: **There's a lot of flu going about just now**, adesso c'è in giro molta influenza ***4*** (*naut.*) virare di bordo; cambiare le mure. **B** *v. i.* + *prep.* ***1*** girare; spostarsi, viaggiare in: **to go about London by tube**, girare Londra con il metrò ***2*** mettersi a (fare q.c.); occuparsi di; fare; intraprendere; mettere mano a; badare a: **I'll go about it at once**, me ne occupo subito; **to go about one's work**, fare il (*o* badare al) proprio lavoro; **Go about your business!**, occupati di (*o* bada ai) fatti tuoi! ***3*** fare a; prendere (*fig.*); affrontare: **How do you go about building a model aircraft?**, come si fa a costruire un aeromodello?; **to go about st. in the right way**, prendere una cosa per il verso giusto; saperci fare: **Daddy will give you a new bike, if you go about it in the right way**, il babbo ti regalerà la bicicletta nuova, se ci sai fare; **to go about a difficult problem in the wrong way**, affrontare un problema difficile nel modo sbagliato ***4*** esserci in giro in: **There's a lot of flu going about the office**, c'è molta influenza in giro nel mio ufficio.

♦**go abroad**, *v. i.* + *avv.* andare all'estero.

♦**go across**, *v. i.* + *avv.*, o *prep.*, o *avv.* + *prep.* ***1*** andare (*o* passare) dall'altra parte (di); andare di fronte; attraversare; traversare: **to go across the road on a zebra crossing**, attraversare la strada sulle strisce (pedonali) ***2*** (*fig.*) passare: **to go across to the Labour Party**, passare ai laburisti ***3*** avvicinarsi (*a q.*) per parlare ***4*** (*di un'idea, un discorso, ecc.*) essere recepito (*o* capito: da q.).

♦**go adrift**, *v. i.* + *avv.* (*naut.* e *fig.*) andare alla deriva.

♦**go after**, *v. i.* + *prep.* ***1*** dare la caccia a (*anche fig.*); cercare di prendere (*o* di ottenere); correre dietro a: **to go after an escaped prisoner**, dare la caccia a un evaso; **to go after a job**, dare la caccia a un lavoro; **to go after a promotion**, correre dietro a una promozione ***2*** correre (*o* stare) dietro a (*una ragazza, un giovanotto*); corteggiare.

♦**go against**, *v. i.* + *prep.* ***1*** andare contro a; opporsi a; mettersi contro (q.): **to go against sb.'s wishes**, opporsi ai desideri di q.; **Don't go against the boss!**, non metterti contro il capo! ***2*** essere contrario a: **Cheating goes against my principles**, gl'imbrogli sono contrari ai miei principi ***3*** avere esito sfavorevole per (q.); andare male per (q.); volgere a sfavore di (q.): **The sales campaign went against them**, la campagna delle vendite andò male per loro; **Public opinion is going against the government**, il sondaggio d'opinione volge a sfavore del governo ***4*** danneggiare (*un'occasione, ecc.*) □ (*fig., impers.*) **to go against the grain**, riuscire intollerabile (*a q.*): **It goes against the grain that I should have to be kind to an enemy**, mi riesce intollerabile dover essere gentile con un nemico □ (*naut.* e *fig.*) **to go against the tide**, andare controcorrente □ (*naut.*) **to go against the wind**, rimontare il vento.

♦**go aground**, *v. i.* + *avv.* (*naut.*) andare in secca; arenarsi.

♦**go ahead**, *v. i.* + *avv.* ***1*** andare avanti; precedere: **Go ahead, and I'll come later**, andate pure avanti! io vengo dopo ***2*** andare avanti; procedere: **The peace talks are going ahead in spite of all difficulties**, le trattative di pace vanno avanti a dispetto d'ogni difficoltà; **The police told us we could go ahead**, la polizia ci disse che potevamo procedere ***3*** (*sport*) andare (*o* passare) in testa ***4*** progredire; fare progressi: **Work is going ahead**, il lavoro progredisce; **Miniaturization has gone ahead rapidly**, la miniaturizzazione ha fatto rapidi progressi ***5*** (*all'imper.*) andare avanti; continuare a parlare: **Go ahead, I'm listening!**, va avanti, ti ascolto; **Go ahead!**, avanti!; (*anche*) forza! coraggio! ***6*** (*fam.*) fare come se niente fosse; fare finta di niente; (*all'imper.*) fare pure: **You can't just go ahead and leave your brother in this terrible mess**, non puoi far finta di niente e lasciare tuo fratello in questo grosso guaio; **«D'you mind if I open the window?» «Go ahead!»**, «Ti dà fastidio se apro la finestra?» «Fa pure!» □ (*telef., fam.*) **«Go ahead!»**, «parli pure!»; «parli!».

♦**go ahead of**, *v. i.* + *avv.* + *prep.* ***1*** precedere, sopravanzare: **to go ahead of the others**, precedere gli altri ***2*** (*sport*) andare in testa a: **to go ahead of the pack**, andare in testa al gruppo (*in una corsa ciclistica, ecc.*).

♦**go ahead with**, *v. i.* + *avv.* + *prep.* ***1*** andare avanti con; continuare: **Go ahead with your story!**, continua il tuo racconto! ***2*** dare inizio a, incominciare (q.c.); cominciare, iniziare (*a fare q.c.*): **At last I was allowed to go ahead**

with my advertising campaign, finalmente mi fu concesso di dare inizio alla mia campagna pubblicitaria.

♦**go along**, *v. i. + avv.* ***1*** andare avanti; procedere (*anche fig.*); avanzare: **As we went along, the road got worse and worse**, andando avanti, la strada si faceva sempre più brutta; **How is your work going along?**, come procede il tuo lavoro?; **to go along slowly**, avanzare lentamente ***2*** (*fam., all'imper.*) andare via; andarsene: **Go along! I cannot do with you in here**, andatevene! non vi ci voglio qui □ (*fam.*) **Go along (with you)!**, va via!; vattene, andatevene!; (*anche*) ma va; va là; andiamo!; non ci credo! □ **as one goes along**, man mano che si va avanti (*o* che si procede); andando avanti; (*anche*) un po' alla volta, a rate: **You'll find it easier as you go along**, andando avanti, ti accorgerai che è più facile; **I'd rather pay you as I go along instead of waiting for the end of the month**, preferirei pagarti un po' alla volta invece d'aspettare la fine del mese.

♦**go along with**, *v. i. + avv. + prep.* ***1*** andare (*o* venire) con; accompagnare (q.): **Can I go along with you?**, posso venire con te?; **I went along with her to her house**, l'accompagnai a casa; **I went along with her to the restaurant**, andai con lei al ristorante ***2*** essere d'accordo, concordare con: **I feel I can go along with him at that point**, sento di poter concordare con lui su quel punto ***3*** adeguarsi a (*un suggerimento*); seguire (*un consiglio*) ***4*** accompagnarsi a; fare il paio con (*fig.*): **High rates of interest usually go along with slack business**, di solito gli alti tassi d'interesse s'accompagnano a un rallentamento degli affari ***5*** essere venduto insieme (*o* in blocco) con: **The Tudor furniture goes along with the ancient country house**, i mobili Tudor sono in vendita con la grande villa antica in un blocco unico.

♦**go alongside**, **A** *v. i. + avv.* (*naut.*) accostare; attraccare. **B** *v. i. + prep.* (*naut.*) accostarsi (*o* affiancarsi) a: **to go alongside a ship**, accostarsi (*o* affiancarsi) a una nave.

♦**go around**, *v. i. + avv.* ***1*** *V.* **go about** ***2*** *V.* **go round**.

♦**go ashore**, *v. i. + avv.* (*naut.*) scendere a terra; sbarcare.

♦**go astray**, *v. i. + avv.* ***1*** perdere la strada; perdersi; smarrirsi ***2*** (*fig.*) perdersi, lasciare la retta via (*fig.*); tralignare.

♦**go at**, *v. i. + prep.* (*fam.*) ***1*** attaccare, assalire; criticare aspramente; dare addosso a (*fig.*): **Our dog went at the milkman this morning**, il cane ha attaccato il lattaio stamane; **to go at the government**, dare addosso al governo ***2*** buttarsi a (*fare q.c.*); impegnarsi, immergersi (*nel lavoro, nello studio, ecc.*): **to go at it hammer and tongs**, prenderla sul serio (*o* di petto); darci sotto (*fam.*).

♦**go away**, *v. i. + avv.* ***1*** andare via; andarsene; partire ***2*** scappare (*con la cassa, la moglie di un altro, ecc.*) ***3*** andare in viaggio di nozze ***4*** (*sport*) andare via (*fam.*); essere in testa □ (*fam.*) **Go away!**, va là; non fare lo stupido!; niente schiocchezze! □ (*fam.*) **to go away with the idea that...**, mettersi in testa (l'idea) che...

♦**go back**, *v. i. + avv.* ***1*** andare (*o* tornare) indietro; arretrare; indietreggiare; tirarsi indietro: **Go back!**, (tirati) indietro!; **The regiment gave in and had to go back**, il reggimento cedette e dovette indietreggiare ***2*** ritornare, tornare (*anche fig.*): **When are you going back to school?**, quando tornate a scuola?; **Go back to bed!**, torna a letto!; **to go back to work**, tornare al lavoro; **Let's go back to what I was saying before**, torniamo a ciò che dicevo prima! ***3*** (*autom.*) fare marcia indietro; fare retromarcia ***4*** tornare con la mente; riandare: **to go back to one's youth**, riandare al tempo della giovinezza ***5*** rimettersi a (*fare q.c.*); riprendere (*un'abitudine, ecc.*) ***6*** risalire (*nel tempo*): **This church goes back 600 years** (*o* **to the fourteenth century**), questa chiesa ha 600 anni (*o* risale al quattordicesimo secolo) ***7*** (*di un terreno*) arrivare, estendersi: **How far back does your land go?**, fin dove arriva il tuo terreno?; **My building lot goes back to** (*o* **as far as**) **the river**, il mio lotto si estende fino al fiume ***8*** tornare al lavoro (*dopo uno sciopero*) □ **to go back to sleep**, riaddormentarsi □ (*fig. fam.*) **to go back to square one**, tornare al punto di partenza; ripartire da zero □ **When do the clocks go back?**, quando finisce l'ora legale? □ **The clocks go back in the autumn**, le lancette dell'orologio si mettono indietro (di un'ora) in autunno.

♦**go back on**, *v. i. + avv. + prep.* ***1*** venir meno a; non mantenere: **to go back on one's word**, venir meno alla parola data; **to go back on a promise**, non mantenere una promessa ***2*** tradire; abbandonare; piantare in asso: **I'm afraid he will go back on you**, temo che ti pianterà in asso.

♦**go before**, **A** *v. i. + avv.* venire prima, precedere (*nel tempo*). **B** *v. i. + prep.* ***1*** andare (*o* comparire) davanti a: **to go before a judge**, comparire davanti a un giudice ***2*** andare innanzi a; precedere: **A standard-bearer went before each Roman legion**, ogni legione romana era preceduta da un vessillifero ***3*** (*di un progetto, un parere, ecc.*) essere presentato a (*una commissione, ecc.: per essere esaminato*); andare in (*commissione, ecc.*).

♦**go behind**, *v. i. + prep.* ***1*** andare (*o* andare a finire, mettersi, nascondersi, ecc.) dietro (a): **The boy has gone behind the door**, il bambino s'è messo dietro la porta; **The pen has gone behind the shelf**, la penna s'è cacciata dietro lo scaffale ***2*** (*fig.*) penetrare in (*fig.*); capire (*o* afferrare) il significato recondito di (q.c.) □ (*fig.*) **to go behind sb.'s back**, agire dietro le spalle (*o* all'insaputa) di q. □ (*fig.*) **to go behind sb.'s words**, cercare il motivo recondito (*o* i sottintesi) nelle parole di q.

♦**go below**, *v. i. + avv.* (*naut.*) scendere sotto coperta.

♦**go between**, *v. i. + prep.* ***1*** fare da intermediario, mettersi di mezzo tra (*due persone*) ***2*** (*trasp.*) fare la spola tra: **The ferry went between Anglesy and Kingstown**, il traghetto faceva la spola tra Anglesey e Kingstown ***3*** (*in una lista, ecc.*) andare tra, essere da collocare tra.

♦**go beyond**, *v. i. + prep.* ***1*** andare al di là di (*o* oltre); oltrepassare; valicare; (*fig.*) eccedere: **to go beyond the river**, andare al di là del fiume; **to go beyond the mountains**, valicare i monti; **The ship went beyond the horizon**, la nave oltrepassò la linea dell'orizzonte (*o* scomparve all'orizzonte); **He was fired for going beyond his instructions**, fu licenziato per aver ecceduto le istruzioni ricevute ***2*** andare oltre; fare più di; superare (*le proprie aspettative, ecc.*): **to go beyond one's duty**, fare più del proprio dovere; **to go beyond one's hopes**, superare le proprie speranze □ **to go beyond the law**, violare la legge □ (*leg.*) **to go beyond one's powers**, commettere un abuso di potere □ (*fam.*) **I've gone beyond caring**, non me ne preoccupo più; non me ne importa più niente □ **It's gone beyond endurance**, questo non si può più sopportare! □ (*fam.*) **Your behaviour has gone beyond a joke**, c'è più poco da scherzare sul tuo comportamento!

♦**go by**, **A** *v. i. + avv.* ***1*** passare; passare vicino (*o* accanto): **The bus went by just now**, l'autobus è appena passato; **He went by as I was waiting for the bus**, è passato mentre aspettavo l'autobus; **I watched the traffic go by**, guardavo passare il traffico; **as you get by**, quando passi di lì ***2*** (*del tempo*) passare; trascorrere: **Holidays go by in a whiff**, le vacanze passano in un baleno; **as years go** (*o* **went**) **by**, con il passare degli anni ***3*** (*di un'occasione, ecc.*) perdersi; sfumare ***4*** (*di una mancanza, una colpa, ecc.*) passare inosservata. **B** *v. i. + prep.* ***1*** passare accanto (*o* vicino) a; (*di un veicolo*) sorpassare, superare; oltrepassare: **A yellow taxi went by us**, un taxi giallo ci passò accanto (*o* ci superò); **An overcrowded bus went by the stop**, un autobus affollatissimo (*o* stracolmo) oltrepassò la fermata (senza arrestarsi) ***2*** andare in (*treno, auto, ecc.*); (*anche della posta*) viaggiare per: **to go by the main roads**, viaggiare per (*o* fare) le strade maestre; **Parcels may go by air**, i pacchi possono viaggiare per posta aerea ***3*** farsi guidare da; regolarsi con; basarsi su: **We had no map to go by**, non avevamo una cartina per regolarci (*o* con cui trovare la strada); **In the days of old sailors used to navigate going by the stars**, nei tempi andati i marinai solevano navigare basandosi sulla posizione delle stelle ***4*** stare a; attenersi a; osservare; rispettare: **Our teacher always goes by the rules**, il nostro insegnante sta sempre alle regole ***5*** stare a; giudicare: **to go by appearances**, giudicare dalle apparenze; **going by what the radio says**, stando a quello che dice la radio □ **to go by the board**, (*naut.*) essere buttato a mare; (*fig.*) essere scartato □ (*fam.*) **to go by the book**, stare (*o* attenersi) alle regole □ **to go by the name of**, andare sotto il nome di; farsi passare per: **He went by the name of Jones**, si faceva passare per un certo Jones □ **to let st. go by**, lasciar correre, passare sopra a (*una mancanza, una colpa, ecc.*); sprecare (*un'occasione, ecc.*); buttare via (*un posto di lavoro, ecc.*).

♦**go down**, **A** *v. i. + avv.* ***1*** andare giù; scendere; abbassarsi: **The pearl divers go down without wearing a scuba**, i pescatori di perle vanno giù senza l'autorespiratore; **At this point the roads starts to go down**, a questo punto la strada comincia a scendere; **The water level is going down**, il livello dell'acqua si sta abbassando; **This pill won't go down**, questa pillola non vuole andare giù; **Go down!**, va giù!; va di sotto! ***2*** venire giù; cadere; crollare: **The house went down with a crash**, la casa venne giù (*o* crollò) di schianto; **The wounded soldier went down like a stone**, il soldato ferito cadde come un sasso ***3*** andare giù; calare (*di livello, d'intensità, di valore, ecc.*); diminuire; scendere; ribassare: **The flood is going down**, la piena sta calando; **The price of gold has gone down**, il prezzo dell'oro è andato giù (*o* è ribassato); **My temperature has gone down**, mi è calata la febbre; **Sugar has gone down**, lo zucchero è calato (*o* è diminuito di prezzo); **The world's supply of oil is going down**, le scorte di petrolio stanno calando in tutto il mondo ***4*** (*fig.*) decadere; degradarsi; peggiorare: **The town centre has gone down**, il centro della città è decaduto (*o* si è degradato); **The standard of the show has gone down**, il livello dello spettacolo è peggiorato ***5*** abbassarsi; sgonfiarsi: **Your nearside front tyre is going down**, ti si sta abbassando la gomma anteriore sinistra; **My wrist is going down nicely**, il polso mi si sta sgonfiando bene ***6*** (*del sole, della luna*) andare giù; tramontare ***7*** (*del vento*) andare giù; calare; calmarsi ***8*** (*del mare*) calmarsi; placarsi ***9*** (*del fuoco*) spegnersi: **The fire is going down**, si sta spegnendo il fuoco ***10*** (*di una nave, ecc.*) affondare; colare a picco ***11*** (*di un discorso, ecc.*) venire annotato; essere trascritto (*o* registrato): **Everything he says will go down on our records**, tutto quello che dice sarà messo a verbale ***12*** lasciare l'università (*alla fine di un trimestre, di un anno o degli studi*): (*di uno studente*) **to go down for the summer**, andare in vacanza per l'estate ***13*** fare una certa impressione; essere accolto (*bene, male, ecc.*); andare giù (*fam.*): **How did the candidate's speech go down?**, come è stato accolto il discorso del candidato?; **My appointment failed to go down well**, la mia nomina fu accolta male; **The idea of having to go back to school didn't go down well as the end of my holidays was drawing near**, con l'avvicinarsi della fine delle vacanze, l'idea di dover tornare a scuola non mi andava giù ***14*** fallire, fare fiasco, cadere (*in un esame, ecc.*) ***15*** cadere; arrendersi; essere battuto (*o* sconfitto): **The fortress went down before the enemy**, la fortezza cadde in mano al nemico; **Our team went down in the home match**, la nostra squadra fu sconfitta in casa ***16*** (*pop.*) andare dentro (*o* in prigione). **B** *v. i. + prep.* ***1*** andare giù per; scendere da (*o* per): **As the lift was out of order, I had to go down the stairs**, siccome l'ascensore era fuori servizio, dovetti scendere per (*o* fare) le scale ***2*** andare (*o* camminare) per: **An old man was going down the road**, un vecchio camminava per la strada □ **to go down the drain**, andare per il buco del lavandino; (*fig. fam.*) andare in malora (*o* in fumo, *o* a monte) □ **to go down in history as a hero**, passare alla storia come eroe □ **to go down in sb.'s opinion**, perdere la stima di q.; andare giù a q. (*fam.*): **He's gone down in my opinion**, mi è andato giù (del tutto) □ **to go down in value**, perdere valore; svalutarsi □ **to go down in the world**, perdere la propria posizione sociale; decadere; finire in miseria □ **to go down on all fours**, mettersi carponi □ **to go down on floor**, mettersi (giù) sul pavimento □ **to go down on one's knees**, mettersi (*o* cadere) in ginocchio □ **to go down on paper**, essere messo per iscritto.

♦**go down to**, *v. i. + avv. + prep.* ***1*** scendere a (*o* fino a): **We went down to the lake**, scendemmo al lago; **He went down to the bottom of the mine**, scese in fondo alla miniera ***2*** arrivare fino a (*anche fig.*); portare a: **My property goes down to the river**, la mia proprietà arriva (*o* va) fino al fiume; **This history book goes down to the second world war**, questo libro di storia arriva fino alla seconda guerra mondiale ***3*** calare (*o* diminuire) fino a; scendere a: **The price of consumables has gone down to an acceptable level**, il prezzo dei generi di consumo è sceso a un livello accettabile ***4*** andare a (*dalla città*): **I'd like to go down to the country to see my parents**, vorrei andare in campagna a trovare i miei genitori ***5*** essere sconfitto (*o* battuto, abbattuto) da: **He went down to an unknown player**, fu sconfitto da un giocatore sconosciuto; **He went down to a tremendous uppercut**, fu abbattuto (per la conta) da un tremendo uppercut.

♦**go down with**, *v. i. + avv. + prep.* ***1*** fare una certa impressione a; essere accolto (*bene, male, ecc.*) da: **He went down well with the girl's family on his first visit**, quando si presentò, fece una buona impressione alla famiglia della ragazza; **My collected poems went down well with the critics**, la mia raccolta di poesie fu accolta bene dai critici ***2*** mettersi a letto con, prendere (*una malattia*): **Unfortunately, I went down with a bad cold**, purtroppo, presi un brutto raffreddore.

♦**go for**, *v. i. + prep.* ***1*** andare a fare: **to go for a walk**, andare a fare una passeggiata; **to go for a drive**, andare a fare una gita in automobile; **to go for a swim**, andare a fare una nuotata; **to go for a beer**, andare a farsi una birra ***2*** andare a prendere (*o* a cercare, a chiamare): **Would you go for some bread for me, please?**, mi vai a prendere un po' di pane, per favore?; **He went for a doctor at once**, andò subito a cercare un medico ***3*** proporsi (q.c.) come obiettivo; mirare a; cercare d'ottenere; candidarsi (*o* concorrere) per (q.c.): **Italy should go for increased output**, l'Italia deve proporsi l'obiettivo di un aumento della produzione; **to go for a job**, candidarsi a un posto; **to go for a prize**, concorrere per un premio; (*sport*) **to go for gold** [**silver**], battersi per l'oro (*cioè, per il 1° posto*) [per l'argento] ***4*** approvare, appoggiare, sostenere; votare per (q.): **Let's hope his constituents will go for him**, speriamo che gli elettori del suo collegio lo votino (*o* votino per lui) ***5*** piacere (*impers.*): **I go for blondes**, a me piacciono le bionde ***6*** riferirsi a; valere per; riguardare: **My remarks go for your friend as well**, le mie osservazioni riguardano anche il tuo amico; **That goes for all of us**, ciò vale per ciascuno di noi ***7*** passare per: **He goes for a doctor**, passa per medico ***8*** voler fare (*da grande*); studiare da: **My son is going for a doctor**, mio figlio da grande vuol fare il medico ***9*** prendere (*q.c. da mangiare, da bere, ecc.*); servirsi di; scegliere: **You shouldn't go for the biggest portion**, non devi prendere la porzione più grossa; **I decided to go for question six**, decisi di scegliere la domanda numero sei ***10*** essere venduto per (*un buon prezzo*); andare a (*un dato prezzo*) ***11*** (*fam.*) attaccare; assalire (q.); criticare (q. *o* q.c.) □ (*fam.*) **to go for broke**, rischiare il tutto per tutto □ (*fam.*) **to go for a burton**, essere ucciso (*in volo o in combattimento*); (*di un progetto, ecc.*) andare a monte (*o* in malora, ecc.) □ **to go for little** (*o* **for nothing**), essere tenuto in scarso (*o* in nessun) conto; non servire a nulla □ (*fam.*) **to go for a song**, essere venduto per una cicca.

♦**go forth**, *v. i. + avv.* ***1*** (*arc., lett.*) partire; mettersi in viaggio ***2*** (*form.*: *di un decreto, ecc.*) essere emanato.

♦**go forward**, *v. i. + avv.* ***1*** andare avanti; avanzare ***2*** (*mil.*) andare in avanscoperta ***3*** (*del lavoro, ecc.*) progredire ***4*** (*di un nominativo, ecc.*) essere inoltrato (*a q.*) □ **When do the clocks go forward?**, quando inizia l'ora legale? □ **The clocks go forward in the spring**, le lancette dell'orologio si mettono avanti (di un'ora) a primavera.

♦**go in**, **A** *v. i. + avv.* ***1*** andare dentro; entrare: **He went in without saying a word**, entrò senza dire parola; **This screw won't go in**, questa vite non vuole entrare ***2*** rientrare: **It's late; I must go in**, è tardi; devo rientrare ***3*** entrarci; starci: **The wardrobe won't go in**, l'armadio non ci sta ***4*** entrare (*fam.*); attaccare (*fam.*), cominciare a lavorare: **What time do you go in in the morning?**, a che ora attacchi la mattina? ***5*** (*mil.*) attaccare; andare all'attacco ***6*** (*del sole, della luna, ecc.*) andarsene; scomparire (*dietro una nuvola*): **In autumn, when the sun goes in, it's much colder**, d'autunno, quando se ne va il sole, fa molto più freddo ***7*** (*fam.*) entrare in testa: **No matter how hard I try to understand this theory, it doesn't seem to go in**, per quanto mi sforzi di capire questa teoria, sembra proprio che non mi entri in testa ***8*** (*sport*) entrare (*o* scendere) in campo. **B** *v. t. + prep.* ***1*** entrare in (*o* da, per): **She was afraid to go in the house by herself**, aveva paura a entrare in quella casa da sola; **Go in the back door!**, entra dalla porta di dietro! ***2*** entrarci (*o* starci) in: **The piano can't go in our sitting room**, il pianoforte non ci sta nel nostro soggiorno ***3*** (*di una somma di denaro, ecc.*) andarsene in; essere speso per: **Half my income goes in food**, la metà del mio reddito se ne va in generi alimentari □ (*fam.*) **It goes in one ear and out the other**, (gli) entra da un orecchio e (gli) esce dall'altro (*fig.*).

♦**go in for**, *v. i. + avv. + prep.* ***1*** iscriversi a (*una gara, ecc.*); presentarsi a (*un esame, ecc.*); candidarsi a (*un posto*); concorrere a (*un premio*) ***2*** interessarsi di; essere dedito a; avere la passione di; praticare (*uno sport*): **to go in for poetry**, interessarsi di poesia; **to go in for stamp collecting**, aveva la passione dei francobolli; **to go in for tennis**, praticare il tennis; essere appassionato di tennis ***3*** piacere (*impers.*): **She goes in for red**, le piace il rosso; **I don't go in for pop music**, la musica pop non mi piace ***4*** darsi a, intraprendere (*una professione, una carriera, ecc.*): **to go in for politics**, darsi alla politica; **He wants to go in for medicine**, vuole fare il medico (*o* studiare medicina).

♦**go in with**, *v. i. + avv. + prep.* (*specialm. comm.*) unirsi a; associarsi (*o* entrare in società) con (q.).

♦**go into**, *v. i. + prep.* ***1*** andare in; entrare in (*anche fig.*); addentrarsi, penetrare in: **to go into town** [**into the country**], andare in città [in campagna]; **to go into hospital**, andare all'ospedale; essere ricoverato; **to go into business** [**into politics**], entrare in affari [in politica]: **to go into particulars**, entrare nei dettagli; **The patrol went into the jungle**, la pattuglia si addentrò nella giungla ***2*** andare a (*fare q.c.*): **What time do you go into work in the afternoon?**, a che ora vai al lavoro il pomeriggio? ***3*** entrare, stare in (q.c.): **No more books will go into this box**, non ce ne stanno più di libri in questa cassa ***4*** (*autom.*) andare a sbattere in (*o* contro): **My car went into the guardrail**, la mia macchina andò a sbattere contro il guardrail ***5*** indagare su; esaminare a fondo; approfondire (*un argomento, ecc.*): **The police are going into the suspect's alibi**, la polizia sta indagando sull'alibi della persona sospetta ***6*** frugare, rovistare in: **The burglar had gone into all my drawers**, lo scassinatore aveva frugato in tutti i miei cassetti ***7*** vestire a; vestirsi di; indossare, mettersi: **to go into mourning**, vestire a lutto; **to go into white**, vestirsi di bianco; **to go into winter clothing**, mettersi i vestiti pesanti ***8*** (*mat.*) entrare, stare in: **Five goes into ten twice**, il cinque sta due volte nel dieci □ **to go into one's act**, (*teatr.*) cominciare a fare il proprio numero; (*fig.*) esibirsi □ **to go into action**, entrare in azione (*anche mil.*) □ **to go into hiding**, nascondersi □ **to go (off) into hysterics**, avere una crisi isterica □ **to go into orbit**, (*miss.*) entrare in orbita; (*fig. fam.*) andare su di giri □ **to go into a temper**, arrabbiarsi □ **to go (off) into a trance**, andare in trance □ (*autom.*) **The car won't go into top gear**, la quarta (*o* la quinta) non entra.

♦**go off**, **A** *v. i. + avv.* ***1*** andare via; andarsene; andare; scappare: **He went off without saying goodbye**, andò via senza salutare; **He went off to Australia**, se ne andò in Australia; **Off we go!**, andiamo!; **Why don't you go off and get me some breakfast?**, che ne diresti di andarmi a fare un po' di colazione?; **The two lovers have gone off together**, i due innamorati sono scappati insieme; **My dog has gone off again**, mi è scappato di nuovo il cane ***2*** (*fig.*) andare, riuscire (*bene, male, ecc.*): **How did his film go off?**, com'è andato il suo film?; **The meeting went off according to plans**, la riunione andò secondo i piani ***3*** cessare; andare via; passare: **The effect of the medicine has gone off**, l'effetto della medicina è cessato; **My headache has gone off**, mi è passato (*o* andato via) il mal di testa ***4*** andarsene (*fig.*); venire a mancare; (*della luce*) spegnersi: **The power went off during the storm**, durante il temporale se ne andò la luce; **The gas has gone off again**, è venuto a mancare di nuovo il gas; **All the lights went off**, si spensero tutte le luci ***5*** (*di un allarme, ecc.*) scattare; (*di una sveglia*) suonare: **A lot of car alarms went off during the storm**, durante il temporale scattarono (*o* si misero a suonare) gli antifurto di molte automobili ***6*** (*di una bomba, un petardo, ecc.*) esplodere; (*di un'arma da fuoco*) sparare (un colpo); scoppiare (*anche fig.*): **The car bomb went off with a terrible noise**, l'autobomba scoppiò con un fracasso tremendo; **He went off into a fit of laughter**, scoppiò in una lunga risata ***7*** scadere (*in qualità*); peggiorare: **The quality of their goods has gone off**, la qualità della loro merce è scaduta; **The play goes off after the end of act one**, la commedia peggiora dopo la fine del primo atto ***8*** (*fam.*) andare a male; guastarsi: **All the eggs have gone off**, sono andate a male tutte le uova *9* (*fam.*) addormentarsi *10* (*fam.*) perdere i sensi *11* (*di un attore*) uscire (di scena); fare un'uscita. **B** *v. i. + prep.* *1* abbandonare; lasciare; uscire da: **We went off the main road**, abbandonammo la strada maestra; (*econ., fin.*) **to go off the gold standard**, abbandonare il sistema aureo; **Here the motorway goes off the map**, in questo punto l'autostrada esce dalla cartina (*non si vede più*) *2* rinunciare a; smettere (*di fare q.c.*); non piacere più (*impers.*); scapricciarsi di: **The doctor advised me to go off wine**, il medico mi consigliò di rinunciare al vino; **I've gone off detective stories**, ho smesso di leggere i gialli; **Luckily my daughter has gone off her boyfriend**, per fortuna mia figlia s'è scapricciata del suo ragazzo □ (*di una stazione radio*) **to go off the air**, cessare (*o* interrompere) le trasmissioni □ (*fig. fam.*) **to go off at a tangent**, partire per la tangente □ (*fig. fam.*) **to go off the beaten track**, fare q.c. d'insolito (*o* d'inedito) □ **to go off the boil**, smettere di bollire, sbollire; (*fig. fam.*: *di un sentimento, un rapporto, ecc.*) raffredddarsi; (*dell'interesse, ecc.*) attenuarsi, smorzarsi, ammosciarsi □ (*fam.*) **to go off the deep end**, essere furibondo; fare una sfuriata □ **to go off duty**, smontare (dal servizio); staccare (*fam.*) □ **to go off one's head** (*fam.*: **one's nut, one's rocker**), andare giù di testa □ **to go off the rails**, (*di un treno*) deragliare; (*fig. fam.*) sgarrare; farne una grossa (*fam.*).

♦**go off with**, *v. i. + avv. + prep.* *1* andarsene (*o* scappare) con: **The plumber has gone off with the doctor's daughter**, l'idraulico è scappato con la figlia del dottore *2* (*fam.*) prendersi; portare via; fregarsi (*pop.*): **He's gone off with my paper!**, mi ha portato via il giornale!; **Who's gone off with my lighter?**, chi mi ha fregato l'accendino?

♦**go on**, **A** *v. i. + avv.* *1* andare avanti; procedere; continuare; proseguire; andare in testa: **They went on in spite of the snow**, nonostante la neve, andarono avanti; **The police told us we could go on**, la polizia ci disse che potevamo procedere; **Go on talking [reading]**, continua a parlare [a leggere] *2* andare, entrare (*a q.*): **This jacket won't go on**, questa giacca non mi entra (*o* non mi va più) *3* (*del tempo*) passare; (*di un avvenimento*) durare: **as the day goes on**, con il passare delle ore; **as the days go on**, con il passare dei giorni; **How long has the strike been going on?**, quant'è che dura lo sciopero? *4* accadere; succedere; aver luogo; svolgersi: **What's going on here?**, che cosa succede qui?; **There's a ceremony going on at the town hall**, stanno facendo una cerimonia in municipio *5* (*della luce elettrica, del gas, ecc.*) accendersi: **The lights of the staircase go on when it gets dark**, la luce delle scale si accende (da sola) quando si fa buio *6* andarci vicino (*fig.*); (*di una persona*) essere avanti (*con l'età*); avvicinarsi a (*una certa età*): **«You must have spent over 100,000 pounds!» «Not quite, but going on that way»**, «Devi avere speso più di 100.000 sterline!» «Non proprio, ma ci vado vicino»; **Granny is going on in years**, la nonnina è avanti con gli anni; **He's certainly over sixty; possibly, going on 61**, di certo ha più di 60 anni; forse, s'avvicina ai 61 *7* tirare avanti; farcela: **They couldn't go on without their son's support**, non ce la farebbero senza l'aiuto del figlio *8* andare d'accordo; stare (bene) insieme; legare (*fig. fam.*): **They go on very well with each other**, quei due legano proprio bene *9* (*fam.*) agire; comportarsi (*specialm. male, o in modo strano*): **I cannot put up with the way he goes on**, non riesco a sopportare il suo modo di comportarsi *10* (*specialm. ingl. sett.*) andare (*bene, male, ecc.*): **How did you go on in your exam?**, come sei andato all'esame? *11* (*sport*) scendere (*o* entrare) in campo *12* (*teatr.*) entrare in scena. **B** *v. i. + prep.* *1* andare in, andare a fare (q.c.); partecipare a: **to go on a trip**, andare a fare una gita; andare in gita; **to go on a summer course**, partecipare a un corso estivo; (*teatr.*) **to go on a tour**, andare in tournée *2* andare a (*cavallo, ecc.*); andare su (*una giostra, ecc.*); andare in (*barca, ecc.*) *3* andare su; essere da collocare su: **The dictionary goes on the bottom shelf**, il dizionario va sullo scaffale più basso *4* cominciare a prendere (*una medicina*) *5* giudicare da; basarsi su; prestar fede a (*una notizia, ecc.*): **to go on appearances**, giudicare dalle apparenze; **They want to impeach him, but they don't have anything serious to go on**, vogliono incriminarlo, ma non hanno niente di serio su cui basarsi; **You can't go on what she says**, non si può prestarle fede *6* entrare a far parte di; entrare in; essere iscritto a (*una lista*): **to go on the board of directors**, entrare nel consiglio d'amministrazione *7* (*del tempo, del denaro e sim.*) andarsene in; essere speso per (*o* impiegato in): **Nearly half my income goes on consumables**, quasi la metà del mio reddito se ne va in generi di consumo *8* (*fam. USA*) piacere, garbare, andare a genio (*impers.*): **We don't go on Jack's proposal; we think it's too risky**, la proposta di Jack non ci va (a genio); ci pare troppo rischiosa □ **to go on all fours**, andare carponi □ (*fam.*) (*di una macchina, ecc.*) **to go on the blink**, guastarsi □ (*fam.*) **to go on the dole** (*o* **on welfare**), mettersi in disoccupazione; prendere il sussidio di disoccupazione □ **to go on duty**, montare in servizio; attaccare (*fam.*) □ (*un tempo*) **to go on the parish**, finire a carico della parrocchia (*o* della carità pubblica) □ **to go on the stage**, calcare le scene; fare l'attore (*o* l'attrice) □ (*fam.*) **to go on the streets**, battere (il marciapiede); fare la vita; fare la passeggiatrice □ **to go on strike**, entrare (*o* scendere) in sciopero □ (*fam.*) **to go on the wagon**, smetterla di bere; diventare astemio □ **Go on!**, svelto, svelti!; suvvia!; forza!; coraggio!; (*anche* **Go on with you!**) ma va!; va là!; fammi il (santo) piacere!; non ci credo!

♦**go on at**, *v. i. + prep.* (*fam.*) *1* dare addosso a; sgridare: **Don't go on at your students all the time**, non dare addosso di continuo ai tuoi studenti! *2* stare dietro a (*fig.*); importunare; assillare: **She's always going on at her husband to buy a new car**, assilla di continuo il marito perché compri un'auto nuova.

♦**go on for**, *v. i. + avv. + prep.* *1* (*impers.*: *dell'ora*) essere quasi: **It's going on for midday**, è quasi mezzogiorno *2* (*di una persona*) avvicinarsi a, avere quasi (*una certa età*): **Granny is going on for eighty**, la nonnina ha quasi ottant'anni.

♦**go on to**, *v. i. + avv. + prep.* *1* continuare il viaggio fino a; arrivare fino a: **I'll go on to the station**, arrivo fino in stazione *2* passare a; mettersi a: **Let's go on to the next item on the agenda!**, passiamo al punto successivo dell'ordine del giorno!; **The explorers had to go on to short rations**, gli esploratori dovettero mettersi a razioni ridotte.

♦**go on with**, *v. i. + avv. + prep.* *1* continuare; continuare a fare (q.c.): **He went on with his experiments**, continuò i suoi esperimenti; **Go on with your work!**, continua a fare il tuo lavoro! *2* farsi bastare; tirare avanti con (q.c.): **Here's few pounds to be going on with**, eccoti qualche sterlina per tirare avanti.

♦**go out**, *v. i. + avv.* *1* andare fuori; uscire; uscire in pubblico: **Don't go out in the rain!**, non uscire alla pioggia!; **Would you like to go out tonight?**, esci volentieri questa sera?; **She went out shopping**, uscì per fare la spesa; **They go out a lot**, escono spesso; fanno vita di società *2* andare (lontano); emigrare; trasferirsi: **He went out to Australia and made a fortune**, è andato (*o* è emigrato) in Australia e ha fatto fortuna *3* (*del fuoco, della luce, ecc.*) spegnersi: **The camp fire went out**, il fuoco dell'accampamento si spense; **The candle went out**, la candela si spense; **My pipe has gone out**, mi si è spenta la pipa *4* passare di moda; tramontare (*fig.*): **Miniskirts have gone out**, la minigonna è passata di moda *5* (*di un periodo di tempo*) finire; passare: **The term went out uneventfully**, il trimestre passò senza che accadesse niente di rilevante *6* (*del governo, ecc.*) essere battuto (*alle elezioni*); (*sport*) essere eliminato: **Our team went out in the play-offs**, la nostra squadra fu eliminata nei play-off *7* addormentarsi di botto; avere un colpo di sonno; (*fam.*) perdere i sensi *8* uscire (*con una ragazza, ecc.*): **Jim and Jill go out together**, Jim e Jill fanno coppia fissa *9* (*del mare*) ritirarsi (*dalla spiaggia*); (*della marea*) calare *10* (*di lavoratori*) scioperare *11* (*di una notizia, un fatto, ecc.*) essere pubblicato; (*di un invito, ecc.*) essere inviato *12* (*fam.*) andarsene (*fig.*); morire *13* (*un tempo*) andare a lavorare a domicilio (*di privati*); andare a servizio □ (*di una persona*) **to go out and about again**, essere di nuovo in circolazione (*o* in giro) □ (*fam.*) **to go out on a spree** (*o* **on the town**), fare baldoria; prendere una sbronza (*fam.*) □ (*fam. USA*) **to go out with sb.**, uscire con q. (*fig.*); fare l'amore con q.

♦**go out of**, *v. i. + avv. + prep.* *1* uscire da (*o* di): **The doorbell rang as I was going out of the bathroom**, suonarono alla porta mentre uscivo dal bagno; **to go out of the house**, uscire di casa *2* scomparire da; abbandonare: **All interest in life has gone out of his attitude**, dal suo atteggiamento è scomparso ogni interesse per la vita; **Fear went out of his voice**, nella sua voce non c'era più timore; **Colour went out of his face**, si scolorì in volto □ **to go out of action**, (*del telefono, ecc.*) essere messo fuori uso, andare in tilt; (*di un treno, ecc.*) essere soppresso □ (*comm.*) **to go out of business**, cessare l'attività □ **to go out of date**, perdere attualità; diventare obsoleto □ **to go out of one's depth**, andare dove non si tocca (*nuotando, facendo il bagno*); (*fig.*) sconfinare da quello che si sa; (*anche*) tentare l'impossibile □ **to go out of fashion**, passare di moda; tramontare (*fig.*) □ **to go out of one's head over sb.**, perdere la testa per q.; innamorarsi di q. alla follia □ **to go out of one's mind**, uscire di senno; impazzire □ (*fam.*) **to go out of sb.'s mind**, uscire (*o* passare) di mente a q. □ (*polit.*) **to go out of office**, lasciare una carica; (*di un partito*) perdere il potere, andare all'opposizione □ (*sport*) (*della palla*) **to go out of play**, andare fuori □ **to go out of sight**, scomparire (alla vista) □ **to go out of one's way to do st.**, darsi pena (*o* prendersi il disturbo) di fare q.c.

♦**go out to**, *v. i. + avv. + prep.* *1* andare a (*uscendo*): **He's going out to the post office**, sta andando alla posta *2* (*form.*) andare a (*fig.*); rivolgersi con simpatia a: **The poor girl was so unhappy that my heart went out to her**, la poverina era così infelice che fui preso da un'improvvisa ondata di simpatia per lei; **My thoughts go out to those who were killed in action**, il mio pensiero va ai caduti (in combattimento) □ **to go out to work**, andare a lavorare (*in fabbrica, ecc.*); impiegarsi.

♦**go over**, **A** *v. i. + avv.* *1* andare (*attraversando un fiume, un lago, il mare*); passare (*anche fig.*); passare di là (*o* sopra); (*sport*) fare un salto: **He's gone over to England**, è andato in Inghilterra; **Lots of tourists go over to Sardinia in the summer**, molti turisti vanno in Sardegna l'estate; **He went over from the Conservatives to the Liberals**, passò dai conservatori ai liberali; **He went over to the enemy**, passò al nemico; **The boy went over safely**, il ragazzo saltò di là senza farsi male; **The pole vaulter went over clean**, l'astista fece un salto pulito (*o* valido; *cioè, senza toccare l'asticella*); **I flattened myself to the ground as the bullets were going over**, mi schiacciai a terra, mentre le pallottole mi passavano sopra la testa *2* avvicinarsi; accostarsi: **The traffic warden went over to the children to help them cross the road**, il vigile si avvicinò ai bambini per aiutarli ad attraversare la strada *3* andare a trovare; fare un salto (da): **Let's go over to the Jones!**, facciamo un salto dai Jones! *4* venire giù (*fam.*); crollare: **The scaffolding is going over!**, crolla l'impalcatura! *5* fare una o più giravolte; rovesciarsi: **The lorry went over twice before stopping against a tree**, il camion fece due giravolte prima di arrestarsi contro un albero; **Don't rock the boat, or it will go over!**, non scuotere la barca, se no si rovescia! *6* essere accolto (*di solito, bene*); piacere (*impers.*): **How did the chairman's speech go over?**, com'è stato accolto il discorso del presidente?; **Pop music goes over well with young people**, la musica pop piace ai giovani *7* fare una (buona) impressione: **My boyfriend went over well with my family**, il mio ragazzo ha fatto una buona impressione alla mia famiglia *8* (*radio, TV, ecc.*) collegarsi: **And now let's go over to the scene of the accident!**, e adesso colleghiamoci con il luogo dell'incidente! **B** *v. i. + prep.* *1* andare (*o* passare) al di là (*o* al di sopra) di; valicare; superare; saltare: **Let's go over the bridge!**, passiamo di là dal ponte!; **to go over a montain pass**, valicare un passo tra i monti; (*sport*) **to go over a hurdle**, superare un ostacolo; **to go over a hedge**, saltare una siepe *2* esaminare; controllare; ispezionare; perquisire; visitare: **to go over the ground**, ispezionare il terreno; (*fig.*) esaminare tutte le circostanze; **to go over the company books**, controllare i libri contabili dell'azienda; **to go over the prisoners (of war)**, perquisire i prigionieri di guerra; **The skin specialist went over me carefully**, il dermatologo mi visitò accuratamente *3* rimettere in sesto (*un apparecchio*); (*autom.*) lavare e pulire (*un veicolo*); dare una ripassata a (*un motore*) *4* ripassare; ripetere; esercitarsi in; (*teatr.*) provare (*una scena*): **to go over one's lesson**, ripassare (*o* ripetere) la lezione; **He always goes over the same old story**, ripete sempre lo stesso ritornello (*fig.*); **to go over a piano score**, esercitarsi in uno spartito per pianoforte *5* prendere in esame (*o* in considerazione); riflettere su: **We've gone over your proposal, and will soon let you know our decision**, abbiamo riflettuto sulla vostra proposta, e vi faremo conoscere presto la nostra decisione *6* superare; eccedere: **to go over a limit**, superare un limite; **Public expenditure has been going over the gross national product in the last few years**, da qualche anno la spesa pubblica eccede il prodotto nazionale lordo □ (*fig.*) **to go over sb.'s head**, (*di una barzelletta, ecc.*) non essere capita da q.; (*di una persona*) scavalcare q. (*rivolgendosi a un superiore*) □ (*fam.*) **to go over the top**, farne una delle grosse □ (*fam.*) **to go over the wall**, evadere dal carcere.

♦**go overboard**, *v. i. + avv.* *1* cadere in mare (*da un'imbarcazione*) *2* (*fam.*) diventare strano (*fam.*); fare delle stramberie.

♦**go round**, **A** *v. i. + avv.* *1* girare (in tondo; *anche fig.*); (*di una ruota*) girare; (*di un astro, un pianeta*) ruotare: **My head is going round**, mi gira la testa; **Money makes the world go round**, sono i soldi che fan girare il mondo *2* andare in giro; muoversi; viaggiare; farsi vedere (*in pubblico*); uscire (*con una ragazza, ecc.*): **He goes round with a gang of youngsters**, va in giro con una banda di giovinastri; **He goes round saying that I owe him 1,000 pounds**, va in giro a dire che gli devo 1.000 sterline; **How long have those two been going round together?**, quant'è che quei due fanno coppia fissa? *3* andare (a trovare): **Let's go round and see your grandmother!**, andiamo a trovare la nonna! *4* (*di una notizia, ecc.*) andare in giro; diffondersi; (*dell'influenza, ecc.*) essere in giro; (*di un avviso, un invito, ecc.*) essere fatto circolare *5* fare il giro (*distribuendo q.c.*); (*di una cosa distribuita*) essercene per tutti: **There aren't enough cakes to go round**, le paste non bastano per tutti; **There's enough to go round!**, ce n'è per tutti! *6* (*trasp.*) fare una deviazione: **to go round the long way**, allungare la strada facendo una deviazione *7* (*fig.*: *di un'idea, un motivo musicale, ecc.*) girare (*o* frullare) per il capo *8* fare un giro (*in giostra e sim.*). **B** *v. i. + prep.* *1* girare intorno a; fare il giro di; girare; circondare; (*di un corpo celeste, ecc.*) ruotare intorno a: **Go round the house and get in through the back door!**, gira intorno alla casa ed entra dalla porta di dietro!; **A wall goes round the garden**, un muro circonda il giardino; **The moon goes round the earth**, la luna ruota intorno alla terra; **to go round the corner**, girare l'angolo *2* girare in (*o* per); girare: **to go round London by tube**, girare Londra in metrò *3* (*di una notizia*) diffondersi in (*un luogo*); (*di una malattia*) essere in giro in (*un posto*) *4* (*di una cosa distribuita*) bastare per; essercene per: **There's enough meat to go round the whole family**, di carne ce n'è per tutta la famiglia *5* fare un giro di; visitare: **to go round the roundabout**, fare un giro di giostra; **We went round the new factory**, visitammo la fabbrica nuova *6* (*di un avviso, ecc.*) essere fatto circolare fra (*diverse persone*) □ (*autom.*) **to go round a bend**, fare (*o* prendere) una curva □ (*fam.*) **to go round the bend**, diventare matto (*anche fig.*); ammattire; impazzire □ **to go round in circles**, andare in cerchio; (*fig. fam.*) non combinare nulla.

♦**go through**, **A** *v. i. + avv.* *1* passare, penetrare: **This needle won't go through**, quest'ago non passa *2* andare in porto (*fig.*); andare a buon fine; concludersi felicemente: **The sale of my firm has gone through**, la vendita della mia azienda è andata in porto; **That business deal has gone through**, quell'affare è andato a buon fine *3* (*leg.*) essere approvato (concesso, accordato, ecc.): **The bill will go through**, il disegno di legge sarà approvato; **Their divorce went through at last**, finalmente ottennero il divorzio *4* (*di un recipiente, un capo di vestiario, ecc.*) bucarsi; forarsi: **My sweater has gone through at the elbows**, mi s'è fatto un buco al gomito del maglione. **B** *v. i. + prep.* *1* passare (*o* penetrare) attraverso (*o* in mezzo a); entrare (*o* passare) in; sfondare: **The wardrobe won't go through the door**, l'armadio non passa dalla porta; **We went through heaps of dead bodies**, passammo in mezzo a mucchi di cadaveri; **The lorry went through my garden fence**, il camion sfondò la staccionata del mio giardino *2* passare attraverso (*fig.*); subire; superare; sopportare; passare (*fam.*): **to go through a trial**, (*leg.*) subire un processo; (*anche*) superare una prova difficile; **You don't realize what we had to go through during the war**, non potete rendervi conto di quante ne abbiamo dovuto passare durante la guerra; **The tax bill has gone through all the three readings**, il disegno di legge finanziaria ha superato tutte e tre le letture *3* (*leg.*) essere approvato (*o* accordato) da; superare l'esame di: **The bill has not yet gone through Parliament**, il disegno di legge non è stato ancora approvato dal parlamento; **She's only got a decree nisi: her divorce will have to go through the court again**, ha ottenuto soltanto una sentenza provvisoria: il divorzio (vero e proprio) dovrà superare un nuovo esame da parte del tribunale *4* esaminare (*o* discutere) a fondo; controllare; ispezionare; fare lo spoglio di; spulciare (*fam.*): **to go through a matter**, esaminare a fondo una faccenda; (*dog.*) **to go through sb.'s luggage carefully**, ispezionare attentamente il bagaglio di q.; **to go through one's mail**, fare lo spoglio della corrispondenza ricevuta; **to go through an account**, spulciare un conto *5* ripassare; ripetere; esercitarsi in; (*teatr.*) provare: **to go through one's lesson**, ripassare la lezione; **to go through one's story**, ripetere il proprio racconto; **to go through a scene**, provare una scena *6* frugare (*o* rovistare) in; perquisire; passare al setaccio (*fig.*): **to go through sb.'s drawers [pockets]**, rovistare nei cassetti [frugare nelle tasche] di q.; **The police went through the whole house**, la polizia passò al setaccio tutta la casa *7* fare fuori (*fam.*); consumare (*cibo, bevande*); spendere, sperperare, sprecare (*denaro*); logorare (*vestiti, scarpe*) *8* durare, resistere per (*un certo tempo*) *9* prendere parte a (*una cerimonia, e sim.*) *10* (*di un libro, ecc.*) essere pubblicato e venduto in (*un certo numero di copie*): **My novel went through ten thousand copies**, del mio romanzo furono vendute diecimila copie □ **to go through the files**, consultare l'archivio □ (*fam.*) **to go through fire and water for sb.**, buttarsi nel fuoco per q. (*fig.*) □ (*fig.*) **to go through sb.'s hands**, passare per le mani di q. □ (*fam.*) **to go through a hoop**, passare per un buco stretto (*fig.*); avere grosse difficoltà □ **to go through it**, passarci (*fare un'esperienza*): **We too had to go through it**, era inevitabile che ci passassimo anche noi; dovemmo passarci anche noi □ (*fam.*) **to go through the mill**, fare della gavetta □ (*fam.*) **to go through the motions**, muovere solo le labbra; fare solo la mossa □ **to go through the proper channels**, seguire la via gerarchica □ (*fam.*) **to go through the roof**, andare su tutte le furie; (*di prezzi, ecc.*) andare alle stelle □ (*fam.*) **to go through thick and thin**, affrontare ogni sorta di rischi; passarne di tutti i colori.

♦**go through with**, *v. i. + avv. + prep.* *1* portare avanti (*un progetto*); portare a termine (*un lavoro*); completare *2* andare fino in fondo a (q.c.); mantenere (*un impegno*): **Does he really want to go through with his expedition to the North Pole?**, la spedizione al Polo Nord la vuole fare sul serio, o no?; **I'm afraid you'll have to go through with it, however unpleasant it may be!**, temo proprio che ti toccherà di andare fino in fondo alla faccenda, per sgradevole che sia.

♦**go to**, *v. i. + prep.* *1* andare, portare a; arrivare fino a: **Does this road go to the town centre?**, questa strada porta al centro (della città)?; **This rope won't go to the other end**, questa fune non arriva (dall'altra parte) *2* andare in; entrare in (*fig.*): **to go to war**, entrare in guerra; **to go to hospital**, andare (*o* essere ricoverato) in ospedale *3* andare (*in eredità, ecc.*) a; essere assegnato a: **The prize went to our team**, il premio fu assegnato alla nostra squadra *4* affrontare, sostenere, sobbarcarsi a (*una spesa, ecc.*); prendersi (*un fastidio, ecc.*); darsi (*pena*); fare (*uno sforzo*): **Why should we go to such expense?**, perché dovremmo sobbarcarci a una tale spesa?; **She goes to no end of trouble to please her son**, fa l'impossibile per far piacere al figlio; **Don't go to any pain to give us lunch**, non darti da fare per prepararci il pranzo *5* contribuire a; formare: **One hundred pence go to one pound**, la sterlina è formata da cento penny □ **to go to the bad**, prendere una cattiva strada (*fig.*) □ **to go to the bar**, darsi alla professione forense; diventare avvocato □ **to go to a better world**, passare a miglior vita □ **to go to bits**, *V.* **to go to pieces** □ **to go to the bottom**, passare in coda; (*naut.*) colare a picco □ (*polit.*) **to go to the country**, fare appello al paese; indire le elezioni □ (*leg.*) **to go to court**, adire il tribunale; andare in tribunale □ (*fam.*) **to go to the dogs**, andare in malora (*o* a rotoli) □ (*di un selvatico*) **to go to earth** (*o* **to ground**), rintanarsi □ **to go to extremes**, esagerare □ **to go to the other extreme**, passare da un estremo all'altro □ (*fam.*) **to go to glory** (*o* **to kingdom come**), passare a miglior vita;

andare al creatore □ **to go to great lengths**, darsi grande pena; darsi (molto) da fare □ **to go to sb.'s head**, andare alla testa a q.: **Success went to his head**, il successo gli andò alla testa □ **to go to sb.'s heart**, commuovere (*o* addolorare) q. □ **to go to the heart of the matter**, andare al nocciolo di una questione □ (*fam.*) **Go to it!**, dacci sotto!; forza!; coraggio! □ **to go to law**, adire le vie legali □ **to go to pieces**, andare in pezzi (*anche fig.*); crollare (*fig.*) □ (*polit.*) **to go to the polls**, andare alle urne □ (*fam.*) **to go to pot**, andare in malora (*o* a rotoli) □ **to go to press**, andare in stampa □ **to go to** (**rack and**) **ruin**, andare in rovina; rovinarsi □ **to go to sea**, imbarcarsi (*come marinaio*); andare a fare il marinaio □ **to go to seed**, (*bot.*) far seme, sementire; (*fig. fam.*: *di una persona*) sciuparsi; rimminchionirsi (*pop.*) □ (*fig. fam.*) **to go to town**, fare fuoco e fiamme; fare spese pazzesche □ (*fam.*) **to go to the wall**, essere messo con le spalle al muro; essere ridotto a mal partito □ **to go to work on sb.**, esercitare forti pressioni su q. □ **to go to work** (**on st.**), rimboccarsi le maniche (per fare q.c.) (*fig.*).

♦**go together**, *v. i. + avv.* ***1*** andare insieme ***2*** fare coppia fissa ***3*** (*fig.*) accompagnarsi, fare il paio (*fig.*): **Conceit and ignorance often go together**, spesso la presunzione si accompagna all'ignoranza ***4*** andare (*o* star) bene insieme; armonizzare; intonarsi: **Brown and yellow go together** (**well**), il giallo e il marrone s'intonano.

♦**go under**, **A** *v. i. + avv.* ***1*** andare (*o* entrare, passare) di sotto: **I'm too tall to go under**, sono troppo alto per passarci sotto ***2*** andare sott'acqua; (*di un'imbarcazione*) colare a picco; affondare ***3*** (*fig.*) andare in rovina; fallire: **Lots of shopkeepers went under to keen competition from supermarkets**, molti bottegai fallirono per la forte concorrenza da parte dei supermercati ***4*** perdere coscienza (*per l'anestesia*). **B** *v. i. + prep.* ***1*** andare (*o* entrare, passare) sotto: **The cat has gone under the table**, il gatto è andato sotto la tavola; **The ring has gone under the cupboard**, l'anello è andato a finire (*o* s'è cacciato) sotto la credenza ***2*** (*in una lista*) andare sotto (*una voce, ecc.*) □ (*di un oggetto, un bene, ecc.*) **to go under the hammer**, andare (*o* essere venduto) all'asta □ **to go under the name of**, andare sotto il nome di; farsi passare per.

♦**go up**, **A** *v. i. + avv.* ***1*** andare su; salire; alzarsi: **Curls of smoke went up from the chimneypot**, volute di fumo salivano dal comignolo; **The climber started to go up**, il rocciatore cominciò a salire; **The temperature has gone up**, la temperatura si è alzata ***2*** (*di prezzi, ecc.*) salire; aumentare; crescere; rincarare; lievitare (*fig.*): **Everything is going up save wages and pensions**, tutto aumenta, salvo i salari e le pensioni; **Food prices have gone up**, i generi alimentari sono rincarati ***3*** essere distrutto (*specialm. dal fuoco*); saltare in aria (*per un'esplosione*): **The factory went up in flames**, la fabbrica fu distrutta dalle fiamme ***4*** essere costruito; essere edificato: **New houses are going up everywhere**, si costruiscono case nuove dappertutto ***5*** (*del sipario*) alzarsi: **What time does the curtain go up?**, a che ora si alza il sipario (*o* comincia lo spettacolo)? ***6*** (*ingl.*) essere promosso (*alla classe superiore*); passare. **B** *v. i. + prep.* ***1*** salire su (*un albero, un monte, una scala, ecc.*); arrampicarsi su: **The car won't go up the slope**, l'automobile non riesce a fare questa salita ***2*** fare (*le scale*): **to go up the stairs two steps at a time**, fare le scale due gradini alla volta □ (*fig. fam.*) **to go up in the air**, andare su tutte le furie □ (*fig.*) **to go up in smoke**, andare in fumo □ **to go up in the world**, farsi strada (*fig.*); avere successo □ (*fig.*) **to go up the ladder**, fare carriera □ (*fig. fam.*) **to go up the wall**, andare su tutte le furie.

♦**go up to**, *v. i. + avv. + prep.* ***1*** salire fino a; andare a (*salendo*): **The children had already gone up to bed**, i bambini erano già andati a letto; **She went up to the top of the hill**, salì in cima alla collina ***2*** (*di prezzi, della temperatura, ecc.*) salire (fino) a; arrivare a: **The temperature went up to forty degrees centigrade**, la temperatura salì a quaranta gradi; **Oil prices have gone up to an impossible level**, i prezzi del petrolio sono arrivati a un livello impossibile ***3*** andare a (*un'università, una grande città, ecc.*): **I'll go up to London next week**, la settimana prossima vado a Londra; **After the summer holidays, all the students go up to their university**, dopo le vacanze estive, tutti gli studenti tornano all'università ***4*** andare da; avvicinarsi (*o* accostarsi) a: **I went up to a policeman and asked him to show me the way to the post office**, andai da un poliziotto e gli chiesi d'indicarmi la strada per la posta ***5*** (*fig.*) arrivare a (*un certo punto, una certa data*) ***6*** (*ingl.*) essere promosso a (*o* in): **My son has gone up to the next class** [**to the fifth form**], mio figlio è stato promosso alla classe superiore [in quinta].

♦**go upon**, *v. i. + prep. V.* **go on, B**.

♦**go with**, *v. i. + prep.* ***1*** andare con (q.); venire con (q.); uscire con (*fig.*); fare l'amore con: **Let me go with you!**, fammi venire con te!; **Jill went with Jim for three years before marrying him**, Jill ha fatto l'amore con Jim per tre anni prima di sposarlo ***2*** accompagnarsi a, fare il paio con (*fig.*): **Malnutrition often goes with disease**, spesso la denutrizione si accompagna alla malattia ***3*** andare d'accordo con (q.) ***4*** andare (*o* stare) bene con; armonizzare, intonarsi con: **The tie you are wearing goes with your suit**, la cravatta che porti sta bene col vestito; **These colours don't go with each other**, questi colori non s'intonano; **Ketchup goes with most food**, il ketchup va bene con quasi tutte le vivande ***5*** (*del comportamento, ecc.*) confarsi a; essere coerente con (*le proprie idee, ecc.*) ***6*** essere venduto (*o* affittato, concesso, ecc.) in blocco con: **The large garden goes with the cottage**, il grande giardino si vende in blocco (*fam.*: va) con la villetta; **The furniture goes with the flat**, l'appartamento si vende (*o* s'affitta) arredato; **The flat goes with the job**, al dipendente è concesso l'appartamento gratis; c'è l'appartamento di servizio □ (*fig. fam.*) **to go with the crowd** (*o* **the stream**), fare quello che fanno i più; andare con la corrente □ (*fig.*) **to go with the tide** (*o* **the times**), andare con la corrente; adeguarsi ai tempi □ (*fig.*) **to go with the wind**, andare all'aria (*o* a monte); scomparire, svanire.

♦**go without**, *v. i. + prep.* o *avv.* ***1*** fare senza (di); fare a meno (di): **There's no beer left; we'll have to go without**, non c'è più birra; dobbiamo fare senza; **to go without cigarettes**, fare a meno delle sigarette; **He hasn't come; so we'll have to go without speaking to him**, non è venuto, perciò dovremo fare a meno di parlargli ***2*** astenersi da; rinunciare a: **to go without wine**, astenersi dal vino; **to go without sleep**, rinunciare al sonno; fare a meno di dormire □ (*fam.*) **It goes without saying!**, manco a dirlo! □ **It goes without saying that I will help him**, è chiaro che lo aiuterò.

goad /gəʊd/, *n.* pungolo; (*fig.*) incitamento, stimolo.

to **goad** /gəʊd/, *v. t.* pungolare; (*fig.*) incitare, stimolare, spronare: **to g. sb. into doing st.**, spronare (*o* stimolare) q. a fare q.c. ● **to g. sb. on to do st.**, incitare q. a fare q.c. □ **to g. sb. to** (*o* **into**) **a fury**, far adirare q.; mandare q. su tutte le furie.

go-ahead /ˈgəʊəhɛd/, **A** *a.* (*fam.*) intraprendente; ambizioso; attivo; energico; sbrigativo (*rif. a persona*). **B** *n.* (il) via; (il) permesso di agire; approvazione; benestare.

go-aheadism /ˈgəʊəhɛdɪzəm/, *n.* (*fam.*) intraprendenza; energia; spirito d'iniziativa.

goal /gəʊl/, *n.* ***1*** meta (*anche fig.*); traguardo; scopo; fine; obiettivo: **one's g. in life**, lo scopo della (propria) vita ***2*** (*gioco del calcio e sim.*) porta ***3*** (*calcio, ecc.*) goal; rete: **to score** (*o* **to make, to get, to kick**) **a g.**, segnare (*o* fare) una rete; **to win by two goals to nil**, vincere per due reti a zero ***4*** (*rugby*) marcatura; segnatura ***5*** (*nelle corse*) traguardo ***6*** (*stor.*) colonna (*nei circhi romani*). ● (*calcio*) **g. area**, area di porta; zona Cesarini (*fam.*) □ (*netball*) **g. attack**, attaccante a canestro □ (*lacrosse*) **g. crease**, area di porta □ (*rugby*) **g. from a mark**, marcatura ottenuta su calcio da «mark» □ (*sport*) **g. kick**, calcio di rinvio; rimessa da fondocampo □ **g. line**, (*calcio, ecc.*) linea di fondo (*o* di fondocampo); (*rugby*) linea di meta □ (*sport*) **g. post**, (*calcio*) palo della porta; (*netball*) palo del canestro □ (*calcio*) **g. scorer**, cannoniere; goleador □ (*sport*) **g. shooter**, chi effettua un tiro in porta (*o* a canestro) □ (*fam.*) **g. snatcher**, *V.* **g. scorer** □ (*sport*) **own g.**, autorete: **to score an own g.**, fare un'autorete.

goaler /ˈgəʊlə(r)/, *n.* (*sport*) portiere (*nell'hockey su ghiaccio*).

goalie /ˈgəʊlɪ/, *n.* (*fam.*) portiere (*nel gioco del calcio e sim.*).

goalkeeper /ˈgəʊlkiːpə(r)/, *n.* portiere (*nel gioco del calcio e sim.*).

goalmouth /ˈgəʊlmaʊθ/, *n.* (*sport*) specchio della porta. ● **in the g.**, sotto porta.

go-as-you-please /ˈgəʊəzjuːpliːz, -əʒuː-/, **A** *a.* (*fam.*) ***1*** libero; indisciplinato; sfrenato: **g. liberty**, sfrenata libertà ***2*** tollerante; alla mano (*fam.*); che tira a campare. **B** *n.* (*ferr.*) abbonamento settimanale (*o* mensile, *o* stagionale: *della metropolitana di Londra*). ● **Things are very g. here**, qui le cose vanno a rilento; qui si tira a campare.

goat /gəʊt/, *n.* ***1*** capra ***2*** – (*astron., astrol.*) **the G.**, il Capricorno (*costellazione e decimo segno dello zodiaco*) ***3*** (*fig.*) persona libidinosa, licenziosa; satiro (*fig.*) ***4*** (*pop.*) capro espiatorio. ● (*bot.*) **g.'s beard**, (*Spiraea ulmaria*) regina dei prati; (*Tragopogon pratensis*) barba di becco □ (*mitol.*) **the g.-god**, il dio Pan □ **g.'s wool**, lana caprina; cosa inesistente, assurda □ (*fam.*) **to get sb.'s g.**, far perdere la pazienza a q.; far uscire dai gangheri q. □ **he-g.** (*o* **billy g.**), capro; caprone; becco □ **nanny g.**, capra (*femmina*) □ **to play** (*o* **to act**) **the** (**giddy**) **g.**, fare lo scemo (*o* lo stupido).

goatee /gəʊˈtiː/, *n.* (= **g. beard**) barba caprina; barbetta a punta; pizzo.

goatherd /ˈgəʊthɜːd/, *n.* capraio, capraia.

goatish /ˈgəʊtɪʃ/, *a.* ***1*** caprino; caprigno ***2*** (*fig.*) libidinoso; lascivo. ‖ **-ly**, *avv.* ‖ **-ness**, *sost.*

goatling /ˈgəʊtlɪŋ/, *n.* capra di età fra uno e due anni; capretta.

goatskin /ˈgəʊtskɪn/, *n.* ***1*** pelle di capra ***2*** capretto; marocchino ***3*** indumento (*o* otre, ecc.) di pelle di capra.

goatsucker /ˈgəʊtsʌkə(r)/, *n.* (*zool., Caprimulgus europaeus*) caprimulgo; succiacapre.

goaty /ˈgəʊtɪ/, *a.* caprino; caprigno.

gob (**1**) /gɒb/, *n.* ***1*** pezzo di roba viscida; sputo ***2*** (*pop.*) bocca. ● (*pop.*) **gob-stopper**, caramella dura (*da succhiare*).

gob (**2**) /gɒb/, *n.* (*pop. USA*) marinaio.

to **gob** /gɒb/, *v. i.* (*pop.*) sputare.

gobbet /ˈgɒbɪt/, *n.* ***1*** (*fam.*) pezzo (*specialm. di carne*); boccone ***2*** (*gergo studentesco*) breve brano (*o* passo) da commentare (*o* da tradurre).

gobble (**1**) /ˈgɒbl/, *n.* gloglottio (*del tacchino*); glo glo; glu glu.

gobble (**2**) /ˈgɒbl/, *n.* (*golf*) colpo rapido che manda la palla in buca.

to **gobble** (**1**) /ˈgɒbl/, *v. t.* e *i.* ingoiare; ingollare; ingurgitare; trangugiare; mangiare in fretta e avidamente.

to **gobble** (**2**) /ˈgɒbl/, *v. i.* ***1*** (*del tacchino*) gloglottare; fare glu glu *2* (*fig.*) emettere suoni strozzati (*per ira, ecc.*).

gobbledegook, gobbledygook /ˈɡɒbldɪɡuːk/, *n.* (*fam.*) gergo burocratico (*o* politico); politichese; linguaggio pomposo.

gobbler (1) /ˈɡɒblə(r)/, *n.* ghiottone; mangione; trangugiatore.

gobbler (2) /ˈɡɒblə(r)/, *n.* tacchino (*il maschio*).

gobelin /ˈɡəʊbəlɪn/, **A** *a.* (*di arazzi, tappeti*) gobelin (*fabbricati a Parigi, nella fabbrica Gobelin o a imitazione di questi*). **B** *n.* arazzo gobelin.

go-between /ˈɡəʊbɪtwiːn/, *n.* *1* intermediario *2* (*spreg.*) mezzano.

goblet /ˈɡɒblət/, *n.* calice; coppa.

goblin /ˈɡɒblɪn/, *n.* (*mitol.*) spiritello maligno; folletto.

gobo /ˈɡəʊbəʊ/, *n.* (*pl.* **gobos, goboes**) (*cinem., TV*) *1* schermo paraluce *2* pannello antisonoro.

goby /ˈɡəʊbɪ/, *n.* (*pl.* **gobies, goby**) (*zool., Gobius*) ghiozzo.

go-by /ˈɡəʊbaɪ/, *n.* (*pop.*) l'evitare (q. *o* q.c.); lo snobbare: **to give sb. the g.**, evitare (*o* ignorare, fingere di non vedere, snobbare) q.; **to give st. the g.**, evitare (*o* scansare, non tener conto di) q.c.

go-cart /ˈɡəʊkɑːt/, *n.* *1* (*USA*) girello; girellino (*per bambini*) *2* (*USA*) passeggino *3* carretto a mano; carrettino *4* (*sport*) *V.* **go-kart** *5* carretto rudimentale (*per giochi di bambini*).

god /ɡɒd, *USA* ɡɒd, ɡɔːd/, *n.* *1* dio (*anche fig.*); iddio; divinità pagana; idolo: **the god of wine**, il dio del vino; Bacco; **Wealth is their only g.**, la ricchezza è il loro solo dio; **He was a god to his mother**, per sua madre egli era un dio *2* – (*relig.*) **God**, Dio; Iddio: **the Lord God**, il Signore Iddio; **Almighty God**, Dio Onnipossente; **God the Father**, Dio Padre; **to pray (to) God**, pregare Iddio; **God willing**, se Dio lo vuole; a Dio piacendo; **God (only) knows!**, Dio (solo) lo sa; lo sa Iddio! *3* (*pl.*) (*teatr.*) **the gods**, il loggione; gli spettatori del loggione, i loggionisti: **a seat in the gods**, un posto in loggione. ● **God's acre**, il camposanto; il cimitero □ (*pop.*) **g.-awful**, orrendo, orribile, bruttissimo □ **God's book**, la Bibbia □ (*pop. USA*) **God-box**, chiesa; organo (*di chiesa*) □ **god-fearing**, timorato di Dio; devoto; pio □ **God forbid!**, Dio non voglia! □ **god-forsaken**, (*di persona*) malvagio, cattivo; (*di luogo*) abbandonato da Dio, desolato □ **God's truth**, l'assoluta verità □ **by God!**, per Dio!; perdio! □ **a feast for the gods**, un banchetto degno degli dei □ **for God's sake**, per amor di Dio □ **a (little) tin god**, un (piccolo) burocrate che si dà arie da dio; un piccolo padreterno □ **to play God**, fare il padreterno □ **a sight for the gods**, uno spettacolo divino □ **thank God!**, grazie a Dio! □ **to be with God**, essere in paradiso □ (*fam. arc.*) **ye gods (and little fishes)!**, buon Dio! □ (*leg.*) **I swear to tell the truth, so help me God!**, in nome di Dio, giuro di dire la verità!

godchild /ˈɡɒdtʃaɪld, *USA* ˈɡɒd-, ˈɡɔːd-/, *n.* (*pl.* **godchildren**) figlioccio, figlioccia.

goddam(n) /ˈɡɒdæm, *USA* ˈɡɒdˈd-, ˈɡɔːdˈd-/, **goddamned** /ˈɡɒdæmd, *USA* ˈɡɒdˈd-, ˈɡɔːdˈd-/, *a.* (*pop.*) dannato; maledetto: **He's a g. bore**, è un maledetto scocciatore.

to **goddam(n)** /ˈɡɒdæm, *USA* ˈɡɒdˈd-, ˈɡɔːdˈd-/, (*pop.*) **A** *v. t.* maledire; stramaledire. **B** *v. i.* imprecare; bestemmiare; sacramentare, smoccolare, tirare moccoli (*pop.*).

goddaughter /ˈɡɒddɔːtə(r), *USA* ˈɡɒd-, ˈɡɔːd-/, *n.* figlioccia.

goddess /ˈɡɒdɪs, *USA* ˈɡɒd-, ˈɡɔːd-/, *n.* (*anche fig.*) dea: **the g. of love**, la dea dell'amore; Venere; **the g. of hell**, la dea dell'Ade; Proserpina.

go-devil /ˈɡəʊdevl/, *n.* *1* (*agric.*) rastrello *2* (*agric.*) coltivatore a slitta *3* slitta per tronchi *4* (*ferr.*) carrello di servizio *5* (*mecc., ind. min.*) go-devil.

godfather /ˈɡɒdfɑːðə(r), *USA* ˈɡɒd-, ˈɡɔːd-/, *n.* padrino (*di battesimo, o della mafia*).

Godfrey /ˈɡɒdfrɪ/, *n.* Goffredo.

godhead /ˈɡɒdhed, *USA* ˈɡɒd-, ˈɡɔːd-/, *n.* *1* divinità; natura divina *2* divinità; Dio.

godless /ˈɡɒdləs/, *a.* *1* senza Dio; ateo *2* empio; malvagio. ‖ **-ly**, *avv.* ‖ **-ness**, *sost.*

godlike /ˈɡɒdlaɪk, *USA* ˈɡɒd-, ˈɡɔːd-/, *a.* *1* divino: **g. beauty**, divina bellezza *2* simile a un dio; deiforme.

godliness /ˈɡɒdlɪnəs, *USA* ˈɡɒd-, ˈɡɔːd-/, *n.* devozione; religiosità.

godly /ˈɡɒdlɪ, *USA* ˈɡɒd-, ˈɡɔːd-/, *a.* devoto; pio; religioso.

godmother /ˈɡɒdmʌðə(r), *USA* ˈɡɒd-, ˈɡɔːd-/, *n.* madrina (*di battesimo*).

godown /ˈɡəʊdaʊn/, *n.* (*anglo-ind.*), deposito; magazzino.

godparent /ˈɡɒdpeərənt, *USA* ˈɡɒd-, ˈɡɔːd-/, *n.* padrino; madrina.

godsend /ˈɡɒdsend, *USA* ˈɡɒd-, ˈɡɔːd-/, *n.* (*contraz. di* **God's send**) dono del cielo; fortuna insperata; (*fig.*) manna; mano di Dio.

godship /ˈɡɒdʃɪp, *USA* ˈɡɒd-, ˈɡɔːd-/, *n.* divinità; natura divina.

godson /ˈɡɒdsʌn, *USA* ˈɡɒd-, ˈɡɔːd-/, *n.* figlioccio.

godspeed /ˈɡɒdˈspiːd, *USA* ˈɡɒd-, ˈɡɔːd-/, *n.* (*arc.*; *contraz. di* **God speed you!**) buona fortuna; successo; buon viaggio: **to wish sb. g.**, augurare buon viaggio a q.

godwit /ˈɡɒdwɪt, *USA* ˈɡɒd-, ˈɡɔːd-/, *n.* (*zool., Limosa*) pittima; beccaccia d'acqua.

goer /ˈɡəʊə(r)/, *n.* *1* persona che va; camminatore: **comers and goers**, persone che vanno e persone che vengono; **a good g.**, un buon camminatore *2* (*nei composti*) frequentatore: **a theatre-g.**, un frequentatore di teatri *3* (*fam.*) persona attiva, energica; tipo intraprendente. ● **She's a bit of a g.**, è una ragazza piuttosto intraprendente.

gofer /ˈɡəʊfə(r)/, *n.* (*pop. USA*) fattorino; messo; portaborsa.

goffer /ˈɡɒfə(r), ˈɡɔː-/, *n.* *1* ferro per arricciare (*o* pieghettare, *ecc.*) *2* crespa; cannoncino; pieghettatura.

to **goffer** /ˈɡɒfə(r), ˈɡɔː-/, *v. t.* arricciare; cannettare; increspare; pieghettare; goffrare (*carta, tessuti, ecc.*); stirare a cannoncini.

goffering /ˈɡɒfərɪŋ, ˈɡɔː-/, *n.* *1* arricciatura, pieghettatura, goffratura (*di carta, tessuti, ecc.*) *2* *V.* **goffer,** *def. 2.*

go-getter /ˈɡəʊɡetə(r)/, *n.* (*fam.*) tipo intraprendente; persona che si dà da fare; chi s'arrabatta; rabattino (*fam.*).

go-getting /ˈɡəʊɡetɪŋ/, *a.* (*fam.*) che si dà da fare; che s'arrabatta; intraprendente.

goggle (1) /ˈɡɒɡl/, *n.* *1* il roteare, lo strabuzzare, lo stralunare gli occhi *2* protuberanza degli occhi *3* (*pl.*) occhialoni; occhiali di protezione (*da motociclista*) *4* (*pop.*) occhiali con le lenti tonde *5* – (*pop. spreg.*) **the g.**, la televisione *6* (*vet.*) cenurosi; capogatto, capostorno. ● (*pop. spreg.*) **the g. box**, il televisore; la televisione.

goggle (2) /ˈɡɒɡl/, *a.* *1* (*d'occhio*) protuberante; sporgente *2* (*dello sguardo*) stralunato. ● **g.-eyed**, dagli occhi sporgenti.

to **goggle** /ˈɡɒɡl/, *v. t.* e *i.* *1* roteare, strabuzzare, stralunare (gli occhi) *2* guardare stralunato *3* (*degli occhi*) protrudere; essere sporgenti.

go-go /ˈɡəʊɡəʊ/, **A** *a.* (*specialm. USA*) *1* di (*o* da) discoteca (*o* night); che frequenta tali locali *2* (*fig.*) attivo; energico; intraprendente: **g. spirit**, spirito d'iniziativa *3* (*fig.*) d'avanguardia; alla moda; elegante; chic. **B** *n.* (*pl.* **go-gos**) *1* ballo in discoteca; danze al night *2* vita notturna. ● **g. dancer**, ballerina discinta e scatenata □ (*fin.*) **g. fund**, fondo d'investimento d'assalto (*assai rischioso*).

Goidel /ˈɡɔɪdəl/, *n.* celta che parla il gaelico.

Goidelic /ɡɔɪˈdelɪk/, *a.* e *n.* gaelico (*anche la lingua*).

going /ˈɡəʊɪŋ/, **A** *n.* *1* andata; partenza: **His g. was unexpected**, la sua partenza non era prevista; **Let's go while the g. is good**, andiamocene finché siamo in tempo *2* dipartita; morte *3* andatura; moto; velocità: **For a car, ninety miles an hour is good g.**, per un'automobile novanta miglia all'ora è una bella velocità *4* l'andare; condizione, stato (*del terreno, d'una strada ecc.*); percorso; (*sport*) terreno (*nelle corse*): **The g. is slow**, si procede a rilento; **Across the mountains we found the g. better**, di là dai monti ci accorgemmo che il percorso era più agevole; (*ippica*) **The g. was too soft**, il terreno era troppo molle *5* (*fam.*) quello che accade; gioco (*fig.*): **When the g. gets tough, the tough get going**, quando il gioco si fa duro, i duri scendono in campo. **B** *a.* *1* (*anche mecc.*) efficiente; che funziona *2* (*comm.*) bene avviato; in attivo; fiorente, sano (*fig.*): **a g. firm**, un'azienda bene avviata (*o* in attivo) *3* (*comm., fin.*) corrente: **the g. price [value]**, il prezzo [il valore] corrente *4* di moda; in voga: **the g. thing**, la cosa di gran moda *5* esistente; al mondo; che ci sia: **He's the biggest liar g.**, è il più gran bugiardo che ci sia (al mondo) *6* disponibile; a disposizione; (*comm.*) in vendita, sul mercato: **This is the best TV set g.**, questo è il miglior televisore sul mercato; **Is there any beer g.?**, c'è della birra (a disposizione)?; si può avere della birra?; (*fam.*) **Is there any food g.?**, c'è niente da mangiare? ● **goings and comings**, andirivieni; viavai □ (*fin.*) **g.-concern value**, valore di avviamento □ **g.-down**, discesa, calata; abbassamento (*di acque*); diminuzione (*di prezzi, ecc.*) □ **g.-in**, entrata; l'entrare □ **goings-on**, avvenimenti, vicende; comportamento, condotta (*specialm. se riprovevole*) □ **g.-out**, uscita; l'uscire □ (*fam.*) **g.-over**, esame accurato, ispezione; (*mecc.*) revisione, ripassata; sgridata, lavata di capo; botte, pestaggio □ **g. rate**, (*fin.*) tasso corrente; (*di un servizio*) tariffa ordinaria □ **to find it hard (*o* heavy) g.**, avere grosse difficoltà (*nel procedere, o nel fare q.c.*) □ (*fam.*) **to have a lot (*o* plenty) g. for it**, presentare grossi vantaggi □ (*fam.*) **to have nothing g. for it**, non presentare alcun vantaggio.

goiter (*USA*), **goitre** /ˈɡɔɪtə(r)/, *n.* (*med.*) gozzo.

goitred /ˈɡɔɪtəd/, *a.* (*med.*) gozzuto.

goitrous /ˈɡɔɪtrəs/, *a.* (*med.*) *1* simile a gozzo; di gozzo *2* affetto da gozzo; gozzuto *3* (*di una regione*) in cui il gozzo è endemico.

go-kart /ˈɡəʊkɑːt/, *n.* (*sport*) go-kart (*automobilina da corsa*).

go-karting /ˈɡəʊkɑːtɪŋ/, *n.* (*sport*) kartismo.

Golconda /ɡɒlˈkɒndə/, *n.* *1* Golconda (*città indiana, ora Hyderabad*) *2* (*fig.*) miniera d'oro; fonte di grande ricchezza.

gold /ɡəʊld/, **A** *n.* *1* oro (*anche fig.*); denaro; ricchezza; colore dell'oro: **a g. ingot**, un lingotto d'oro; **a heart of g.**, un cuor d'oro; **This boy is as good as g.**, questo è un ragazzo d'oro (*o* un ragazzo buono come il pane); **the age of g.**, l'età dell'oro; **the g. of a ripe harvest**, l'oro delle messi mature *2* (*nel tiro con l'arco*) centro del bersaglio (*di solito, dorato*) *3* (*sport*) medaglia d'oro; l'oro (*fam.*). **B** *a. attr.* *1* d'oro; aureo: **a g. coin**, una moneta d'oro; **a g. watch**, un orologio d'oro *2* dorato; color oro *3* (*econ., fin.*) aureo: **g. currency**, valuta aurea; **g. parity**, parità aurea; **g. coverage**, copertura aurea. ● (*geol.*) **g.-bearing sand**, sabbia aurifera □ **g.-beater**, battiloro □ **g.-beating**, battitura dell'oro □ **g. brick**, lingotto di metallo dorato; (*fig.*) cosa priva di valore, patacca; frode, inganno; (*fam. USA*) scansafatiche, lavativo □ (*metall.*) **g. bronze**, similoro □ **g. bullion**, oro in barre o verghe □ (*geogr., stor.*) **G. Coast**, la Costa d'Oro □ **g. digger**, cercatore d'oro; (*fam. USA, ingl. arc.*) donna che va in caccia di un marito (*o* di un amante) ricco □ **g. deposit**, giacimento aurifero □ **g. dust**, polvere d'oro; (*fig.*) mosca bianca (*fig.*); (una) rarità □ (*zool.*) **g. eagle** (*Aquila* *chrysaëtos*), aquila reale □ (*fin.*) **g.-exchange standard,** *V.* **g. standard** □ **g.-fever**, febbre dell'oro □ **g.-filled,** *V.* **g.-plated** □ **g. leaf,** foglia d'oro □ **g. medal**, medaglia d'oro □ **g.-medallist**, (vincitore di una) medaglia d'oro □ **g. mine**, (*anche fig.*) miniera d'oro □ **g. nugget**, pepita d'oro □ **g. plate**, (*metall.*) doratura elettrolitica; vasellame d'oro □ **g.-plated**, dorato □ **g.-plating**, doratura elettrolitica □ (*fin.*) **the g. pool**, il pool dell'oro □ (*fin.*) **g. reserve**, riserva aurea □ (*fin.*) **g. premium**, aggio dell'oro □ **g. rush**, corsa all'oro; febbre dell'oro □ (*fin.*) **g. standard**, sistema (monometallico) aureo □ (*miner.*) **g. stone**, avventurina □ **g. washer**, cercatore d'oro (*nei fiumi, ecc.*); piatto per vagliare le sabbie aurifere □ (*fin.*) **to go off g.**, abbandonare la parità aurea □ (*prov.*) **All that glitters is not g.**, non è tutt'oro quel che riluce.

golden /ˈgəʊldən/, *a.* d'oro; dorato; aureo (*anche fig.*); eccellente; felice; fiorente; prezioso: **g. hair**, capelli d'oro; (*mitol., letter., arte*) **the g. age**, l'età dell'oro; **g. wedding**, nozze d'oro; **the g. mean**, l'aurea mediocrità; il giusto mezzo; **a g. remedy**, un rimedio eccellente; **a g. opportunity**, un'occasione d'oro; **a g. saying**, un aureo detto; **the G. Horn**, il Corno d'Oro (*nel Bosforo*). ● **g. balls**, «palle d'oro» (*insegna d'un monte di pegni*) □ (*fig. fam.*) **g. bowler**, buon posto nella burocrazia statale □ (*bot.*) **g. chain**, *V.* **laburnum** □ (*zool.*) **g.-eye** (*Bucephala clangula*), quattrocchi □ (*fam., fin.*) **g. handshake**, grossa liquidazione (*alla cessazione del rapporto di lavoro*) □ (*fig.*) **the g. key**, il denaro che «unge le ruote»; la chiave che apre ogni porta □ (*zool.*) **g. knop** (*Coccinella*), coccinella □ (*fam., mus.*) **g. oldie**, vecchio disco di grande successo □ (*fam. USA*) **g. parachute**, accordo che garantisce stipendio e accessori (*ai dirigenti, quando c'è un cambio di proprietà di un'azienda*) □ **g.-rimmed**, orlato d'oro; dal bordo d'oro □ (*bot.*) **g. rod** (*Solidago virga-aurea*), verga d'oro □ (*fig.*) **g. rule**, regola aurea □ (*mat.*) **g. section**, sezione aurea □ **g. syrup**, melassa □ (*bot.*) **g. thistle**, *V.* **scolymus** □ (*bot.*) **g. willow**, salice dorato.

goldfield /ˈgəʊldfiːld/, *n.* bacino aurifero.

goldfinch /ˈgəʊldfɪntʃ/, *n.* (*zool.*) ***1*** (*Carduelis carduelis*) cardellino ***2*** (*Carduelis tristis*) lucherino ***3*** (*USA, Spinus tristis*) varietà di lucherino.

goldfish /ˈgəʊldfɪʃ/, *n.* (*pl.* **goldfish, goldfishes**) ***1*** (*zool., Carassius auratus*) ciprino (*o* carassio) dorato ***2*** (*fam.*) pesce rosso (*in genere*).

goldilocks /ˈgəʊldɪlɒks/, *n.* ***1*** persona dai capelli biondi; (ragazza dalle) trecce d'oro ***2*** (*bot., Ranunculus auricomus*) ranuncolo ***3*** (*bot., Trollius europaeus*) luparia.

to **gold-plate** /ˈgəʊldˈpleɪt/, *v. t.* placcare in oro; dorare (*elettroliticamente*).

goldsmith /ˈgəʊldsmɪθ/, *n.* orefice; orafo. ● (*zool.*) **g. beetle** (*Cetonia aurata*), moscon d'oro; cetonia dorata □ **g.'s work**, oreficeria (*l'arte*).

golf /gɒlf, gɒf, gɔːf, *USA* gɒlf, gɔːlf, gʌlf/, **A** *n.* (*sport*) golf. **B** *a.* (*sport*) golfistico. ● **g. bag**, sacca da golf □ **g. ball**, palla da golf; (*fam.*) testina rotante (*di macchina da scrivere elettrica*) □ **g. club**, bastone da golf; circolo di golf □ **g. course** (*o* **g. links**), campo di golf.

to **golf** /gɒlf, gɒf, gɔːf, *USA* gɒlf, gɔːlf, gʌlf/, *v. i.* giocare a golf.

golfer /ˈgɒlfə(r), ˈgɒf-, ˈgɔːf-, *USA* ˈgɒlf-, ˈgɔːlf-, ˈgʌlf-/, *n.* ***1*** giocatore (*o* giocatrice) di golf; golfista ***2*** golf; golfino; giacca di lana.

golfing /ˈgɒlfɪŋ, ˈgɒf-, ˈgɔːf-, *USA* ˈgɒlf-, ˈgɔːlf-, ˈgʌlf-/, **A** *n.* il giocare a golf. **B** *a.* golfistico; di golf: **g. events**, gare di golf; **the g. year**, l'annata golfistica. ● **g. shoes**, scarpe da golf.

goliard /ˈgəʊlɪəd, -ɑːd/, *n.* (*stor.*) goliardo.

goliardic /gəʊlɪˈɑːdɪk/, *a.* (*stor.*) goliardico.

Goliath /gəˈlaɪəθ/, *n.* Golia (*anche fig.*); gigante. ● (*mecc.*) **G. crane**, gru gigante.

golliwog(g) /ˈgɒlɪwɒg/, *n.* ***1*** bambolotto negro; fantoccio grottesco ***2*** babau; spauracchio ***3*** (*fig.*) tipo grottesco.

golly (1) /ˈgɒlɪ/, *inter.* (= **by g.!**) perbacco!; perdinci!

golly (2) /ˈgɒlɪ/, *n.* (*fam. ingl.*) *V.* **golliwog(g)**.

golosh /gəˈlɒʃ/, *n.* caloscia, galoscia; soprascarpa di gomma.

golpe /gɒlp/ (*spagn.*), *n.* (*mil., polit.*) golpe.

goluptious /gəˈlʌpʃəs/, *a.* (*scherz., arc.*) dolce; saporito; delizioso.

Gomorrah, Gomorrha /gəˈmɒrə, *USA* -ɔːrə/, *n.* (*Bibbia* e *fig.*) Gomorra.

gonad /ˈgəʊnæd, ˈgɒn-/, *n.* (*biol.*) gonade.

gonadal /gəʊˈneɪdl, ˈgɒnədl, *USA* gəʊˈnædl/, *a.* ***1*** (*anat.*) genitale: **g. fold**, piega genitale ***2*** (*med.*) gonadico.

gonadectomy /gəʊnəˈdɛktəmɪ/, *n.* (*med.*) gonadectomia.

gonadotropic /gəʊnədəˈtrɒpɪk, *USA* -nædəˈ-/, *a.* (*biochim.*) gonadotropo.

gonadotropin /gəʊnədəˈtrəʊpɪn/, *n.* (*biochim.*) gonadotropina.

gonalgia /gɒˈnældʒə/, *n.* (*med.*) gonalgia.

gonarthrosis /gɒnɑːˈθrəʊsɪs/, *n.* (*med.*) gonartrosi.

gondola /ˈgɒndələ/, *n.* ***1*** gondola ***2*** telecabina ***3*** (*aeron.*) gondola, navicella (*di dirigibile*) ***4*** (*ferr.*, = **g. car**) carro merci munito di sponde; cassettone (*gergo*) ***5*** (*edil.*) ponte di corda, piattaforma sospesa (*per imbianchini, ecc.*).

gondolier /gɒndəˈlɪə(r)/, *n.* gondoliere.

gone /gɒn, *USA* gɔːn/, **A** *p. p.* di **to go**. **B** *a.* ***1*** andato; finito, spacciato; passato; perduto: **a g. man**, un uomo finito ***2*** esausto; sfinito; stanco ***3*** lontano; assente ***4*** (*pop. USA*) partito (*fig.*); privo di sensi; fuori di sé; fuori del mondo; sbronzo ***5*** (*pop. USA*) eccezionale; fantastico. **C** *prep.* oltre: **It's g. noon**, è mezzogiorno passato; **He's g. ninety**, ha passato i novanta (anni). ● **a g. case**, un caso disperato □ (*fam.*) **to be g. on sb.**, essere innamorato (*o* cotto) di q. □ **dead and g.**, morto e sepolto □ **to be far g.**, essere gravemente ammalato, essere più di là che di qua; essere andato giù di testa; essere suonato (*pop.*); essere ormai compromesso (*o* coinvolto), non potersi più tirare indietro □ **past and g.**, irrimediabilmente passato; morto e sepolto □ **to be six months g. with child**, essere (incinta) di sei mesi □ **He's far g.!**, è andato; è spacciato □ **The disease is far g.**, la malattia è ormai incurabile.

gonef /ˈgɒnəf/, *V.* **goniff**.

goner /ˈgɒnə(r), *USA* ˈgɔːn-/, *n.* (*fam.*) ***1*** uomo finito, spacciato; caso disperato ***2*** cosa inservibile (*o* da buttare).

gonfalon /ˈgɒnfələn/, *n.* (*stor.*) gonfalone.

gonfalonier /gɒnfələˈnɪə(r)/, *n.* gonfaloniere.

gong /gɒŋ, *USA* gɔːŋ/, *n.* ***1*** gong ***2*** campana piatta ***3*** suoneria (*d'orologio*) ***4*** (*pop.*) medaglia.

to **gong** /gɒŋ, *USA* gɔːŋ/, **A** *v. i.* suonare il gong. **B** *v. t.* (*della polizia stradale*) intimare a (*un automobilista*) di fermarsi (*suonando un gong, ecc.*).

Gongorism /ˈgɒŋgərɪzəm/, *n.* (*letter.*) gongorismo.

goniff /ˈgɒnɪf/, *n.* (*pop. USA*) ***1*** imbroglione; ladro; affarista ***2*** omosessuale passivo.

goniometer /gəʊnɪˈɒmɪtə(r)/, *n.* ***1*** (*topogr.*) goniometro ***2*** (*elettr.*) radiogoniometro.

goniometric(al) /gəʊnɪəˈmɛtrɪk(l)/, *a.* goniometrico.

goniometry /gəʊnɪˈɒmɪtrɪ/, *n.* goniometria.

gonna /ˈgɒnə, ˈgɔː-, ˈgəʊ-, ˈgʌ-, ˈgə-/, *voce verb.* (*pop. per*) **going to** (*nella formazione del futuro*): **What are we g. to do now?**, e adesso che cosa facciamo?

gonococcal /gɒnəˈkɒkl/, *a.* (*med.*) gonococcico.

gonococcus /gɒnəˈkɒkəs/, *n.* (*pl.* **gonococci**) (*med.*) gonococco.

gonocyte /ˈgɒnəsaɪt/, *n.* (*biol.*) gonocita.

go no-go /ˈgəʊˈnəʊgəʊ/, *a. attr.* ***1*** (*tecn.*) (*di un calibro, ecc.*) passa-non passa: **g. test**, prova passa non passa ***2*** (*miss.*) di non ritorno: **g. point**, punto di non ritorno ***3*** (*pop. USA*: *di una decisione e sim.*) da cui non si torna indietro; irrevocabile.

gonorrh(o)ea /gɒnəˈriːə/, *n.* (*med.*) gonorrea; blenorragia.

gonorrh(o)eal /gɒnəˈriːəl/, *a.* (*med.*) gonorroico; blenorragico.

go-not-go /ˈgəʊˈnɒtgəʊ/, *V.* **go no-go**, *def. 1.*

goo /guː/, *n.* (*pl.* **goos**) (*pop.*) ***1*** sostanza appiccicosa ***2*** (*fig.*) sdolcinatura; sentimentalismo; stucchevolezza.

to **goo** /guː/, *v. i.* (*pop.*) dire parole sdolcinate; fare il sentimentale.

goober /ˈguːbə(r)/, *n.* (*pop. USA*) nocciolina americana; arachide. ● **g.-grabber**, raccoglitore di noccioline; (*fig.*) abitante (*o* nativo) della Georgia (*in U.S.A.*).

good (1) /gʊd/ (*compar.* **better**, *superl. relat.* **best**), *a.* ***1*** buono; bello; bravo; dabbene; genuino; onesto; giusto; valido; in vigore: **g. health**, buona salute; **a g. fire**, un buon (*o* bel) fuoco; **g. eggs**, uova buone (*non andate a male*); **g. money**, denaro buono, genuino; **g. eyesight**, vista buona; **to be of a g. family**, essere di buona famiglia; **a g. clerk**, un buon (*o* bravo) impiegato; **g. deeds**, opere buone; **to have a g. cry**, farsi un bel pianto; **to have a g. drink**, fare una bella bevuta; **to get a g. scolding**, ricevere una buona lavata di capo; **to fight for a g. cause**, battersi per una causa giusta; **to have g. reasons for doing st.**, avere validi motivi per fare q.c.; **This law is still g.**, questa legge è ancora valida; **my g. man** (*o* **sir**)!, buon uomo!; **It is g. to be here!**, è bello essere qui!; **a g. swimmer**, un buon nuotatore; **g. manners**, belle maniere; buona educazione; **Life is g.!**, la vita è bella! ***2*** felice; piacevole: **Life is g. here**, la vita è piacevole qui ***3*** attraente; bello: **That girl has a g. figure**, quella ragazza ha una bella figura (*fam.*: un bel fisico) ***4*** considerevole; notevole; ragguardevole: **a g. crowd**, una folla considerevole; **to go a g. way**, fare un bel pezzo di strada ***5*** (*di un arto*) sano; buono (*fam.*): **He leans on his g. leg**, si appoggia sulla gamba sana ***6*** ben fatto; ben tornito: **Ann has g. legs**, Ann ha delle belle gambe ***7*** (*fam.*) serio; bravo: **g. girls**, ragazze serie; **Girl, be g.!**, ragazza, fa la brava!; **the not-so-g. girls**, le ragazze poco serie ***8*** – **a g.** (*enfat. o rafforzativo*), ben; la bellezza di; bel: **We waited a g. twenty minutes**, aspettammo ben venti minuti; **It took a g. two hours**, ci vollero ben due ore; **I paid a g. 1,000 pounds for it**, l'ho pagato la bellezza di 1.000 sterline; **It happened a g. while a go**, è successo un bel po' di tempo fa; **It's a g. mile to the station**, c'è più di un miglio per andare in stazione ***9*** (*arc., Bibbia*) conveniente; opportuno: **to think g. to do st.**, giudicare opportuno fare q.c. ● (*relig.*) **the g.**, i buoni; gli eletti □ **to be g. and ready**, essere bell'e pronto (*o* già pronto) □ **g. appearance**, bella presenza □ **to be g. at Latin**, essere bravo in latino □ **to be g. at doing st.**, essere bravo (*o* abile) a fare q.c. □ (*fam.*) **the G. Book**, la Bibbia □ **g. breeding**, buona educazione; buone maniere □ **g. cheer**, buonumore; allegria, festa; (*anche*) buona cucina, buona tavola □ **a g. deal**, molto: **He's a g. deal better off now**, adesso se la passa molto meglio □ **a g. deal of**, una buona (*o* grande) quantità di □ (*comm.*) **g. debts**, crediti sicuri □ (*fam. USA*) **g. egg**, *V.* **g. fellow** □ (*anche leg.*) **g. faith**, buona fede □ **g. fellow**, brava persona; tipo perbene; persona cordiale (*o* gioviale, socievole) □ **g. fellowship**, cordialità; giovialità; socievolezza □ **a g. few**, molti, molte; parecchi, parecchie □ **a g.-for-nothing**, un buono a nulla; un inconcludente □ (*di persona*) **to be g. for st.**, essere capace (*fam., dial.*: buono) di fare q.c.; essere disposto a sborsare (*una* *data somma*): **His grandfather is always g. for a pound or two**, il nonno è sempre pronto ad allungargli un paio di sterline □ (*di cose*) **to be g. for sb.**, fare bene a q.: **Wine is not g. for you**, il vino non ti fa bene □ (*di cose*) **to be g. for doing st.**, essere utile, andare bene per fare q.c.: **Petrol is g. for removing gravy stains**, la benzina va bene per eliminare le macchie d'unto □ **to be g. for sb.'s health**, fare bene alla salute di q. □ (*relig.*) **G. Friday**, Venerdì Santo □ **g.-hearted**, che ha buon cuore; di buon cuore □ **g. heartedness**, bontà di cuore (*o* d'animo) □ **g. God!** (*o* **g. heavens!**, **g. gracious!**), buon Dio!; Dio buono! □ **a g. hour**, un'ora buona: **We played for a g. hour**, giocammo per un'ora buona □ **g. humour**, buonumore; bonomia, amabilità, benignità □ **g.-humoured**, di buon cuore; bonario, amabile, benigno □ **a g. job**, un buon posto (*di lavoro*); (*fam.*) una cosa buona: **It's a g. job you kept the receipt**, meno male che hai conservato la ricevuta □ **g. life**, vita morigerata, virtuosa; vita comoda, piena di agi, agiata □ (*ass.*) **a g. life**, una persona sana, che promette di vivere a lungo □ (*fam.*) **g.-looker**, persona di bell'aspetto; bell'uomo, bella donna □ **g.-looking**, bello, di bell'aspetto; (*anche*) buono, onesto all'aspetto □ **g. looks**, bellezza (*d'una persona*) □ **g. luck**, fortuna; buona sorte □ (*comm.*) **a g. man**, un uomo solvibile, reputato solido □ (*spreg.*) **the g. man**, il buon uomo; il pover'uomo; il poveretto □ **a g. many**, molti, molte; moltissimi, moltissime □ **g. nature**, cortesia; gentilezza d'animo; benignità □ **g.-natured**, cortese, gentile; di buon cuore; benigno □ **g.-neighbourhood** (*o* **g.-neighbourliness, g. neighbourship**), cordialità; amichevolezza; amabilità □ **g. offices**, buoni uffici; interessamento □ (*pop.*) **a g. old boy**, un amicone □ (*nelle fiabe*) **the g. people**, le fate □ **g. sense**, buon senso: **With such a bad fog, you should have the g. sense to go by train**, con una simile nebbia, dovresti avere il buon senso di andare in treno □ **g.-sized**, ampio; vasto: **a g. sized garden**, un ampio giardino □ (*econ.*) **g. standing**, alto tenore di vita □ **g. temper**, amabilità; pazienza □ **g.-tempered**, amabile; paziente □ **a g. thing**, una cosa buona; un affare vantaggioso □ **g. things**, cose buone; cibi raffinati □ (*leg.*) **g. title**, titolo valido; diritto inoppugnabile □ **g. turn**, cortesia; favore; piacere: **He has done me several g. turns**, mi ha fatto molti favori □ **to be g. to sb.**, essere gentile con q. □ **as g. as**, praticamente; come se; quasi: **He is as g. as dead**, è come (se fosse) morto; **Our work is as g. as done**, il nostro lavoro è quasi finito; **She as g. as refused**, praticamente ha rifiutato □ **as good as gold**, buonissimo: **This child is as g. as gold**, questo bimbo è un angelo! □ **as g. as new**, come nuovo: **My motorbike is as g. as new**, la mia moto è come nuova □ **as g. as a play**, divertentissimo □ **to be as g. as one's promise** (*o* **one's word**), essere di parola; mantenere le promesse □ (*fam.*) **to come g.**, riprendersi (*fig.*): **After a bad start, the runner came g.**, dopo una brutta partenza, il corridore si riprese □ **to do sb. a g. turn** (*o* **a g. office**), fare un favore (*o* rendere un servizio) a q. □ **to have a g. appetite**, avere un bell'appetito □ **to have a g. mind to do st.**, avere una gran voglia da fare q.c. □ **to have a g. night**, dormire bene □ **to have a g. time**, divertirsi; spassarsela □ (*fam. ingl.*) **to give as g. as one gets**, rendere pan per focaccia (*fig.*); rispondere per le rime □ **to have a g. year**, avere un'annata favorevole (*finanziariamente, ecc.*) □ **to be in g. spirits**, essere di buon umore; stare di buon animo □ **to lead** (*o* **to live**) **a g. life**, fare (*o* condurre) una vita intemerata, onesta □ **to make g.**, avere successo, fare fortuna: **He went out to Australia and made g. there**, emigrò in Australia e là fece fortuna □ **to make g. (st.)**, mettere in atto, attuare (*una minaccia, ecc.*); mantenere (*una promessa, ecc.*); risarcire (*un danno, una spesa, ecc.*); (*edil., ecc.*) risanare, ripristinare, rimediare a (*un inconveniente, un danneggiamento, ecc.*); provare, dimostrare la fondatezza di (*un'accusa*); rafforzare (*una posizione*) □ **to make g. an escape from prison**, riuscire a evadere dal carcere □ (*form.*) **to be so g. as to do st.**, essere tanto gentile da fare q.c.: **Be so g.** (*o* **g. enough**) **as to take me home**, abbia la bontà di accompagnarmi a casa □ **to say a g. word (for sb.)**, dire (*o* mettere) una buona parola (per q.) □ **too g. to be true**, troppo bello per essere vero □ **very g.**, assai buono; ottimo: **He speaks very g. English**, parla un inglese ottimo □ (*anche iron.*) **My g. friend!**, mio buon amico!; amico mio!; bello mio! □ (*scherz.*) **my g. lady**, mia moglie □ **G. luck to you!**, buona fortuna!; tanti auguri! □ **How g. of you!**, molto gentile da parte tua! □ **It seemed g. to do it**, parve bene fare ciò (*o* così) □ **That's a g. one!**, questa sì ch'è bella! □ **The meat has kept g.**, la carne s'è conservata (*o* è ancora buona) □ **Things are in g. train**, le cose (*o* gli affari) vanno bene □ **His word is as g. as his bond**, è un uomo di parola □ **All in g. time**, abbi pazienza, dai tempo al tempo!; a suo tempo!; al momento giusto! □ **«He's just won 10,000 pounds on the pools» «G. for him!»**, «Ha vinto 10.000 sterline al totocalcio» «Meglio per lui!» (*o* «Beato lui!») □ (*prov.*) **One can have too much of a g. thing**, il troppo stroppia.

good (2) /gʊd/, *n.* ***1*** bene; beneficio; profitto; utilità; vantaggio; (del) buono: **to separate g. from evil**, separare il bene dal male; **He does a lot of g. for his country**, fa molto a vantaggio del suo paese; **There's g. in him**, c'è del buono in lui ***2*** (*econ.*) bene: **a fungible g.**, un bene fungibile ***3*** (*pl.*) *V.* **goods.** ● **to come to g.**, dare un buon risultato; andare a finir bene: **That scoundrel will come to no g.**, quel mascalzone andrà a finir male □ **to do g.**, fare del bene, compiere opere buone (*o* buone azioni) □ **to do sb. g.**, fare bene (*alla salute, ecc.*): **This medicine will do you g.**, questa medicina ti farà bene □ **to do g. for sb.**, beneficiare q.; fare del bene a q. □ **for g. (and all)**, una buona volta; una volta per tutte; definitivamente: **I'm afraid of losing my job for g.**, temo di perdere il lavoro per sempre □ (*fam.*) **to be in g. with sb.**, essere nelle grazie di (*o* in buoni rapporti con) q. □ (*scherz.*) **a piece of goods**, un individuo; un uomo □ **a power for g.**, una potenza che ha un effetto benefico; un influsso benefico □ **to the g.**, in vantaggio, in attivo: **After this sale, I'll be 2,000 pounds to the g.**, con questa vendita, avrò guadagnato 2.000 sterline; **When I stopped playing, I was 500 dollars to the g.**, quando smisi di giocare, ero in attivo di 500 dollari □ **It's all to the g.!**, tanto di guadagnato! □ **What g. will it do?**, a che servirà?; a che pro? □ **So much to the g.!**, tanto di guadagnato! □ (*spesso iron.*) **Much g. may it do you!**, buon pro ti faccia! □ **It is some g.**, serve a q.c. □ **It is no g.**, non serve a nulla; è inutile □ (*iron.*) **And a lot of g. that is!**, per quel che serve!; bella roba!; tempo perso! □ **Is your new dentist any g.?**, vale qualcosa (*o* è bravo) il tuo nuovo dentista? □ **What is the g. of it** (*o* **what g. is it**)?, a che serve?; a che pro? □ **What's the g. of warning him?**, e se anche lo mettiamo in guardia, a che serve? □ **Jack is up to no g.**, Jack sta combinando qualche guaio.

good (3) /gʊd/, *inter.* ***1*** bene!; bravo!; ben fatto! ***2*** d'accordo!

goodbye /gʊd'baɪ, gəd-, gʊ-, gə-/, **A** *inter.* (*contraz. di* **God be with you!**) addio! **B** *n.* addio: **I must say g.**, devo dirti addio; devo proprio andarmene. ● **g. for the present**, arrivederci! □ **to kiss sb. g.**, dire addio a q. con un bacio □ (*fam.*) **to kiss st. g.**, dire addio a q.c.: **Now you can kiss g. to your chance of getting the job**, adesso puoi dire addio all'opportunità di avere quel posto (*o* quell'impiego).

goodiness /'gʊdɪnəs/, *n.* ***1*** santocchieria ***2*** minchioneria (*pop.*).

goodish /'gʊdɪʃ/, *a.* ***1*** abbastanza buono; discreto; passabile ***2*** abbastanza grande; considerevole; ragguardevole; discreto: **at a g. distance**, a una discreta distanza.

goodliness /'gʊdlɪnəs/, *n.* ***1*** avvenenza; bell'aspetto ***2*** (*arc.*) bontà.

goodly /'gʊdlɪ/, *a.* ***1*** avvenente; di bell'aspetto ***2*** (*arc.*) buono ***3*** considerevole; bello: **a g. heritage**, una bella eredità.

goodman /'gʊdmən/, *n.* (*pl.* **goodmen**) (*arc.*) ***1*** padrone di casa; marito ***2*** (*al vocat.*) buon uomo; messere.

goodness /'gʊdnəs/, *n.* ***1*** bontà; benevolenza; benignità; cortesia; gentilezza; onestà: **g. of heart**, bontà di cuore; **Have the g. to help me**, abbi la bontà (*o* fammi la gentilezza) d'aiutarmi ***2*** (il) buono; (il) meglio; essenza; sostanza: **Don't cook food so long that all the g. is boiled out**, non cuocere i cibi così a lungo da farne uscire tutto il buono a forza di bollire! ● **G. knows**, lo sa Iddio □ **G. me!** (*o* **G. gracious!**), buon Dio! (*o* Dio buono!) □ **for g.' sake!**, per amor di Dio! □ **I wish to g. he would'nt come!**, vorrei proprio che non venisse! □ **Thank g.!**, sia lodato il cielo!

goodnight /gʊd'naɪt, gəd-, gʊ-, gə-/, *inter.* buona notte!

goods /gʊdz/, *n. pl.* ***1*** (*econ.*) beni: **capital g.**, beni capitali (*o* strumentali); **consumer g.**, beni di consumo ***2*** (*econ., comm.*) prodotti: **In Italy imports of g. for private consumption increased by 5 percent last year**, in Italia le importazioni di prodotti destinati al consumo privato sono aumentate del 5 per cento l'anno scorso ***3*** (*market.*) merci, merce; articoli; generi: **to deliver the goods**, consegnare la merce; **The damaged g. will be sent back to the seller**, la merce deteriorata sarà restituita al venditore; **g. lying in customs**, merci in dogana (*o* da sdoganare); **g. in bond**, merce in deposito franco (*o* schiava di dazio); **sundry articles**, articoli (*o* generi) vari; **leather g.**, articoli in cuoio; pelletteria; **frozen g.**, (generi) surgelati ***4*** (*rag.*) «conto merci» (*intestazione*) ***5*** (*trasp., specialm. ingl.*) merce, merci (*cfr. USA* **freight**): (*ferr.*) **g. train**, treno merci; **g. traffic**, movimento merci; (*ferr.*) **g. yard**, scalo merci; **g. rates**, tariffe per il trasporto delle merci ***6*** (*fam.*) – **the g.**, quello che si deve (*o* che si è promesso) di fare: **to deliver the goods**, mantenere la parola; essere di parola; stare ai patti ***7*** (*fam.*) – **the g.**, una cosa eccezionale; una cannonata (*fig.*): **This car is really the g.!**, quest'auto è proprio una cannonata! ***8*** (*pop. USA*) – **the g.**, la roba (*pop.*); la droga ***9*** (*pop. USA*) – **the g.**, (tutte) le prove: **The police had the g. on the thief before he was brought to trial**, la polizia aveva già le prove in mano prima che il ladro fosse processato ***10*** (*pop. USA*) – **the g.**, la roba rubata; la refurtiva. ● (*rag.*) **g. account**, conto merci □ (*leg.*) **g. and chattels**, beni mobili □ (*fisc., in Can.*) **g. and services tax**, imposta sul valore aggiunto (*abbr.* I.V.A.) □ **g. entrance**, ingresso merci □ (*comm. est.*) **g. for temporary admission**, merce in transito □ (*ind.*) **g. in process**, (prodotti) semilavorati □ **g. in stock**, merce in magazzino □ (*trasp.*) **g. in transit**, merce in transito □ **g. lift**, montacarichi □ **g. on sale or return**, merci in conto deposito; (*clausola*) vendita con riserva di gradimento □ (*leg.*) **g. privileged from execution**, merci impignorabili □ (*ferr.*) **g. waggon**, carro merci □ (*trasp., ferr.*) **by g. train**, a piccola velocità.

good-time Charlie /'gʊdtaɪm'tʃɑːlɪ/, *locuz. n.* (*fam. USA*) ottimista; bonaccione; buontempone.

to **good-time it** /'gʊd'taɪmɪt/, *locuz. verb.* (*pop. USA*) spassarsela; fare la bella vita; fare baldoria.

goodwife /'gʊdwaɪf/, *n.* (*pl.* **goodwives**)

(*arc.*) *1* massaia; padrona di casa; moglie *2* (*al vocat.*) madama; madonna (*a una nobildonna*).

goodwill /gʊd'wɪl/, *n.* *1* benevolenza; amicizia; cordialità; gentilezza; simpatia *2* buona volontà; zelo *3* (*comm.*) avviamento (*di un'azienda, negozio, ecc.*). ● (*polit.*) **g. mission**, missione (*all'estero*) per migliorare i rapporti (*con un paese*) □ (*comm.*) **g. money**, buonuscita (*a un negoziante, ecc.*) □ (*polit.*) **g. tour**, viaggio per il miglioramento dei rapporti internazionali □ **to set to work with g.**, mettersi a lavorare di buzzo buono.

goody (1) /'gʊdɪ/, *n.* (*arc.*) comare (*spesso usato davanti al cognome*).

goody (2) /'gʊdɪ/, *n.* *1* caramella; chicca (*fam.*) *2* cosa bella (*della vita*); cosa carina: **to buy a lot of goodies at Selfridge's**, comprare un sacco di cose carine da Selfridge *3* (*fam.*) (il) buono (*in un film, ecc.*).

goody (3) /'gʊdɪ/, *inter.* (*specialm. infant.*) bene!; che bello!; che bellezza.

goody (4) /'gʊdɪ/, *a.* (*fam.*) *V.* **goody-goody**.

goody-goody /'gʊdɪgʊdɪ/, **A** *a.* *1* (*fam.*) ipocrita; che fa il santerello (*o* la santerella) *2* troppo buono; tre volte buono (*fam.*); minchione (*pop.*): **Don't be g.**, non fare il minchione! **B** *n.* santocchio, santocchia; santarello, santarella; santerello, santerella: **to play the g.**, fare la santarellina.

gooey /'gu:ɪ/, *V.* **gooy**.

goof /gu:f/, *n.* (*pop.*) *1* babbeo; sciocco; stolto; credulone *2* cantonata; granchio; gaffe.

to **goof** /gu:f/, *v. i.* (*pop.*) prendere una cantonata (*o* un granchio). ● **to g. around**, bighellonare; oziare; gingillarsi □ **to g. up**, abborracciare; pasticciare.

goofball /'gu:fbɔ:l/, *n.* *1* (*pop.*) sigaretta (*o* pillola) di marijuana; barbiturico; tranquillante *2* (*pop. USA*) *V.* **goofer** e **goofballer**.

goofballer /'gu:fbɔ:lə(r)/, *n.* (*pop. USA*) fumatore di marijuana; consumatore di barbiturici (*o* di tranquillanti).

goofer /'gu:fə(r)/, *n.* (*pop. USA*) sciocco; stupido; babbeo; credulone.

goofiness /'gu:fɪnəs/, *n.* (*pop.*) dabbenaggine; stupidità; stoltezza.

goof-off /'gu:fɒf, *USA* -ɔ:f/, *n.* (*pop. USA*) perdigiorno; lazzarone; studente svogliato.

goofy /'gu:fɪ/, *a.* (*pop.*) sciocco; stupido; stolto.

Goofy /'gu:fɪ/, *n.* (*nei fumetti*) Pippo.

goo-goo eyes /'gu:gu:'aɪz/, *locuz. n.* occhio di triglia (*fig.*): **to make goo-goo eyes at sb.**, fare l'occhio di triglia a q.

gooiness /'gu:ɪnəs/, *n.* svenevolezza; stucchevolezza.

gook /gu:k, gʊk/, *n.* *1* (*pop. USA*) liquame; salsa appiccicosa *2* (*volg. USA*) puttana *3* (*spreg.*) asiatico; orientale; muso giallo (*spreg.*).

gooky /'gʊkɪ/, *a.* (*pop. USA*) appiccicoso; attaccaticcio; unto.

goombah /'gʊmbɑ:/, *n.* (*pop. USA*; *dall'ital. merid.* cumpà) amico; compagno.

goon /gu:n/, *n.* *1* (*pop.*) individuo goffo, stupido *2* (*pop. USA*) sicario prezzolato; (*specialm.*) crumiro, agente provocatore. ● **g. squad**, banda di picchiatori (*o* di teppisti).

goop /gu:p/, *n.* (*pop. USA*) *1* liquido appiccicoso; cibo schifoso; sbobba *2* individuo scemo; cretino; stupido *3* fesserie; balle; stupidaggini.

goopy /'gu:pɪ/, *a.* (*pop. USA*) *1* appiccicoso; viscido *2* scemo; stupido.

goosander /gu:'sændə(r)/, *n.* (*zool.*, *Mergus merganser*) smergo maggiore.

goose /gu:s/, *n.* *1* (*zool.*: *pl.* **geese**) oca (*anche fig.*); babbeo; persona stupida *2* (*pl.* **gooses**) ferro da stiro per sartoria *3* (*fam. USA*) pacca (*o* pizzicotto) nel sedere. ● (*USA*) **g. egg**, zero (*sport e scolastico*); (*fam.*) bernoccolo □ **the G. Fair**, la Fiera (*in origine*) delle Oche (*a Nottingham*) □ (*fig.*) **g.-flesh**, pelle d'oca □ (*bot.*) **g.-foot** (*Chenopodium urbicum*), piè d'oca □ (*bot.*) **g.-grass**, (*Potentilla anserina*) piè di gallo; (*Galium aparine*) attaccamani; (*Bromus mollis*) spigolina □ **g. pimples**, *V.* **g.-flesh** □ **g.-quill**, penna d'oca (*specialm. per scrivere*) □ (*mil.*) **g.-step**, passo dell'oca □ (*fam.*) **to cook sb.'s g.**, rompere le uova nel paniere a q. □ **to kill the g. that lays the golden eggs**, uccidere la gallina dalle uova d'oro; sacrificare la fonte certa di un guadagno futuro □ (*fig.*) **to be unable to say boo to a g.**, essere timidissimo □ (*prov.*) **All his geese are swans**, egli tende a esagerare le buone qualità delle cose e delle persone; vede il mondo con gli occhiali rosa.

to **goose** /gu:s/, *v. t.* (*fam. USA*) dare una pacca (*o* un pizzicotto) nel sedere a (q.).

gooseberry /'gʊzbərɪ, -brɪ, *USA* 'gu:sberɪ/, *n.* (*bot.*) *1* (*Ribes grossularia*) uva spina: **g. bush**, arbusto d'uva spina *2* *V.* **currant.** ● (*cucina*) **g. fool**, dolce di uva spina (*passata al setaccio*) e panna □ **to play g. to sb.**, reggere il moccolo a q. □ (*scherz.*, *di un bambino*) **I found him** (*o* **her**) **under a g. bush**, l'ho trovato (*o* è nato) sotto un cavolo.

goosefoot /'gu:sfʊt/, *V. sotto* **goose**.

goosegog /'gʊzgɒg/, *n.* (*fam.*) uva spina.

goosegrass /'gu:sgrɑ:s, *USA* -æs/, *V. sotto* **goose**.

gooseherd /'gu:shɜ:d/, *n.* guardiano d'oche.

gooseneck /'gu:snɛk/, *n.* *1* (*mecc.*) collo d'oca *2* (*naut.*) perno di rotazione del boma. ● (*zool.*) **g. barnacle** (*Lepas*), lepade.

goosey /'gu:sɪ/, **A** *n.* ochetta; ocarottolo (*fig.*); babbeo; persona stupida. **B** *a.* *1* sciocco; stupido *2* (*pop. USA*) ipersensibile.

gooy /'gu:ɪ/, *a.* (*pop.*) *1* appiccicoso; attaccaticcio *2* (*fig.*) sdolcinato; melenso; svenevole; stucchevole.

gopher (1) /'gəʊfə(r)/, *V.* **goffer**.

gopher (2) /'gəʊfə(r)/, *n.* (*zool.*) *1* (*Gopherus polyphemus*) tartaruga gopher *2* (*Citellus*) citello.

goral /'gɔ:rəl/, *n.* (*pl.* **gorals, goral**) (*zool.*, *Naemorhedus*) goral; antilope indiana.

Gordian knot /'gɔ:dɪən'nɒt/, *n.* (*anche fig.*) nodo gordiano. ● **to cut the Gordian knot**, tagliare il nodo gordiano.

gore (1) /gɔ:(r)/, *n.* (*lett.*, *poet.*) sangue coagulato (*di ferita*).

gore (2) /gɔ:(r)/, *n.* *1* gherone, godet (*d'abito, di camicia*); spicchio (*d'ombrello, di paracadute*) *2* pezzo di terreno triangolare.

to **gore** (1) /gɔ:(r)/, *v. t.* *1* inserire un gherone (*o* gheroni) in *2* tagliare a triangolo. ● (*moda*) **gored skirt**, gonna a godet.

to **gore** (2) /gɔ:(r)/, *v. t.* incornare; trafiggere, ferir di corna (*o* con le zanne): **The bullfighter was gored to death in the middle of the ring**, il torero fu ucciso dalla cornata d'un toro in mezzo all'arena.

gorge /gɔ:dʒ/, *n.* *1* gola (*anche fra monti*); strozza; burrone; forra *2* (*archit.*, *mil.*) gola *3* (*fam.*) abbuffata; mangiata; scorpacciata *4* massa; blocco: **an ice g.**, un blocco di ghiaccio *5* (*naut.*) gola (*della puleggia*) *6* (*arc.*) gola; fauci. ● **to cast the g. at**, respingere con disgusto □ **to make sb.'s g. rise**, far venire il voltastomaco a q.; dare la nausea a q. □ **My g. rises at the thought of it**, mi si rivolta lo stomaco solo a pensarci.

to **gorge** /gɔ:dʒ/, **A** *v. t. e i.* *1* ingozzare, ingozzarsi; rimpinzare, rimpinzarsi *2* (*fig.*) bloccare; intasare. **B** to **gorge oneself**, *v. rifl.* ingozzarsi, rimpinzarsi: **He gorged himself on** (*o* **with**) **on sweets**, si rimpinzò di dolci.

gorgeous /'gɔ:dʒəs/, *a.* *1* sfarzoso; sgargiante; magnifico; fastoso; ricco; sontuoso: **a g. costume**, un costume sfarzoso; **the g. tail of a peacock**, la coda sgargiante d'un pavone; **a g. meal**, un pranzo sontuoso *2* (*fam.*) magnifico; eccellente; splendido: **g. weather**, tempo splendido. ● **to have a g. time**, divertirsi un mondo; spassarsela da matti. ‖ **-ly**, *avv.* ‖ **-ness**, *sost.*

gorgerin /'gɔ:dʒərɪn/, *n.* (*archit.*) collarino.

gorget (1) /'gɔ:dʒɪt/, *n.* *1* (*stor.*) gorgiera (*anche dell'armatura*); goletta *2* collare; collana *3* (*zool.*) collarino (*di un uccello*).

gorget (2) /'gɔ:dʒɪt/, *n.* (*med.*) sonda scanalata (*per litotomia*).

Gorgon /'gɔ:gən/, *n.* *1* (*mitol.*) Gorgone *2* – (*fig.*) **g.**, gorgone; mostro; donna orribile a vedersi.

gorgonia /gɔ:'gəʊnɪə/, *n.* (*pl.* **gorgoniae, gorgonias**) (*zool.*, *Gorgonia*) gorgonia.

Gorgonian /gɔ:'gəʊnɪən/, *a.* (*mitol.*) gorgoneo; di Gorgone.

Gorgonzola /gɔ:gən'zəʊlə/ (*ital.*), *n.* (= **G. cheese**) (formaggio) gorgonzola.

gorilla /gə'rɪlə/, *n.* *1* (*zool.*, *Gorilla gorilla*) gorilla *2* (*fig.*) gorilla (*fig.*); guardia del corpo (*di un gangster, ecc.*).

goriness /'gɔ:rɪnəs/, *n.* l'essere imbrattato di sangue.

gormand /'gɔ:mənd/, *V.* **gourmand**.

to **gormandize** /'gɔ:məndaɪz/, *v. i.* rimpinzarsi; ingozzarsi; mangiare avidamente; fare una scorpacciata.

gormandizer /'gɔ:məndaɪzə(r)/, *n.* ghiottone, ghiottona.

gormless /'gɔ:mləs/, *a.* (*fam.*) scervellato; sciocco; tonto.

gorse /gɔ:s/, *n.* (*bot.*, *Ulex europaeus*) ginestrone; ginestra spinosa.

gory /'gɔ:rɪ/, *a.* *1* insanguinato; imbrattato di sangue *2* sanguinoso; cruento: **a g. fight**, un combattimento sanguinoso *3* (*di film e sim.*) violento; pieno di violenza.

gosh /gɒʃ, *USA* gɔ:ʃ/, *inter.* (*fam.*, = **by g.!**) perbacco!; perdinci!

goshawk /'gɒshɔ:k/, *n.* (*zool.*, *Accipiter gentilis*) astore.

gosling /'gɒzlɪŋ, *USA* 'gɒ-, 'gɔ:-/, *n.* (*zool.*) papero, papera; paperino, paperina.

go-slow /'gəʊsləʊ/, *n.* rallentamento del lavoro (*in una fabbrica, ecc.*); sciopero bianco.

gospel /'gɒspl, *USA* 'gɒ-, 'gɔ:-/, *n.* vangelo (*anche fig.*); complesso di principi; dottrina; verità assoluta (*o* inconfutabile): **the G. according to St Luke**, il Vangelo secondo San Luca; **to preach the G.**, predicare il Vangelo; **the g. of «laissez faire»**, il vangelo del liberismo. ● (*pop. USA*) **g. bird**, pollo che si mangia la domenica □ **G. book**, libro dei Vangeli letti alla Comunione □ (*stor.*, *mus.*, *in U.S.A.*) **g. music**, gospel □ (*mus.*) **g. singer**, cantante di gospel □ **G. oath**, giuramento (fatto) sul Vangelo □ **G.-shop**, cappella metodista □ **g. truth**, verità sacrosanta □ **to take st. as g.**, prender q.c. per (verità di) vangelo.

gospeller /'gɒspələ(r)/, *n.* *1* lettore dei Vangeli (*nelle Chiese protestanti*) *2* predicatore: **a hot g.**, un predicatore appassionato.

gossamer /'gɒsəmə(r)/, **A** *n.* *1* (filo di) sottile ragnatela; filo della Madonna (*pop.*) *2* garza (*o* stoffa) sottilissima *3* (*fig.*) cosa sottilissima; velo. **B** *a. attr.* sottilissimo; trasparente: **a g. veil**, un velo trasparente.

gossamery /'gɒsəmrɪ/, *a.* sottilissimo; trasparente.

gossan /'gɒzn/, *n.* (*geol.*) cappellaccio.

gossip /'gɒsɪp/, *n.* *1* chiacchiera; chiacchiere; ciarle; pettegolezzo; diceria: **I hate g.**, detesto i pettegolezzi *2* chiacchierone, chiacchierona; pettegolo, pettegola: **She's the worst g. in the village**, è la donna più pettegola (*o* la malalingua) del villaggio *3* chiacchierata; conversazione amichevole; quattro chiacchiere (*fam.*): **to have a good g. with a friend**, farsi una bella chiacchierata con un amico. ● (*nei giornali*) **g. column**, colonna degli avvenimenti mondani; rubrica di cronaca rosa □ **g. writer**, scrittore mondano, a volte maldicente.

to **gossip** /'gɒsɪp/, *v. i.* chiacchierare; ciarlare; pettegolare; fare della maldicenza. ● **to g. about sb.**, sparlare di q.; spettegolare su q.

gossiper /'gɒsɪpə(r)/, *n.* chiacchierone, chiacchierona; pettegolo, pettegola.

gossiping /'gɒsɪpɪŋ/, **A** *a.* pettegolo; maldicente. **B** *n.* chiacchiere; pettegolezzi; maldicenza.

gossipmonger /ˈgɒsɪpmʌŋgə(r), *USA* -mɒ-/, *n.* pettegolo, pettegola; malalingua.

gossipry /ˈgɒsɪprɪ/, *n.* (*raro*) *1* chiacchiere; pettegolezzi *2* (*collett.*) pettegoli, pettegole; persone maldicenti.

gossipy /ˈgɒsɪpɪ/, *a.* chiacchierone; pettegolo; maldicente.

gossoon /gɒˈsuːn/, *n.* (*irl.*) ragazzo; garzone; giovane domestico.

got /gɒt/, *pass.* e *p. p.* di **to get**. ● **got-up**, artificiale; falso; ingannevole; tutto apparenza.

gotcha /ˈgɒtʃə/ (*contraz. pop. di* **I've got you**), **A** *inter.* (tipo) preso! **B** *n.* arresto; cattura.

Goth /gɒθ, *USA* gɒθ, gɔːθ/, *n.* *1* (*stor.*) goto *2* (*fig.*) barbaro; vandalo (*fig.*).

Gotham, (*def. 1* /ˈgəʊtəm, ˈgɒ-/; *def. 2* /ˈgɒθəm, ˈgəʊ-/), *n.* *1* tipica città di sciocchi (*dal nome d'un paese presso Nottingham*) *2* (*fam. USA*) la città di New York. ● **a wise man of G.**, uno sciocco; uno stupido.

Gothamite (*def. 1* /ˈgəʊtəmaɪt, ˈgəʊ-/; *def. 2* /ˈgɒθəmaɪt, ˈgəʊ-/), *n.* *1* semplicione; stolto *2* (*fam. USA*) abitante di New York.

Gothic /ˈgɒθɪk, *USA* ˈgɒ-, ˈgɔː-/, **A** *a.* *1* gotico (*in ogni senso*): (*archit.*) **a G. arch**, un arco gotico; (*tipogr.*) **G. type**, caratteri gotici *2* (*fig.*) barbarico; rozzo; vandalico (*fig.*). **B** *n.* *1* (linguaggio) gotico *2* (*archit., arte*) (stile) gotico; architettura (*o* arte) gotica *3* (*tipogr.*) gotico; caratteri gotici: **This line is in G.**, questa riga è in caratteri gotici. ● (*letter.*) **G. novel**, romanzo gotico □ (*arte*) **the G. Revival**, il Rinascimento gotico.

gothically /ˈgɒθɪklɪ, *USA* ˈgɒ-, ˈgɔː-/, *avv.* alla maniera gotica; in stile gotico.

gothicism /ˈgɒθɪsɪzəm, *USA* ˈgɒ-, ˈgɔː-/, *n.* *1* (*arte, archit.*) goticismo *2* (*spreg.*) goticume *3* (*fig.*) rozzezza.

to **gothicize** /ˈgɒθɪsaɪz, *USA* ˈgɒ-, ˈgɔː-/, *v. t.* rendere gotico; goticizzare.

go-to-meeting /ˈgəʊtəˈmiːtɪŋ/, *a. attr.* (*fam.*: *di cappello, vestito, ecc.*) buono; della domenica; della festa.

gotta /ˈgɒtə/, *voce verb.* (*contraz. pop. per:*) *1* **got to** *2* **have** (*o* **has**) **got to** (*V.* **to have got to,** *sotto* **to get**) *3* **got a**: **I g. horse**, ho un cavallo.

gotten /ˈgɒtn/, (*arc. o USA*) *p. p.* di **to get**.

gouache /gʊˈɑːʃ, gwɑːʃ/ (*franc.*), *n.* (*pitt.*) guazzo; pittura a guazzo.

Gouda /ˈgaʊdə/, *n.* (= **g. cheese**) formaggio olandese.

gouge /gaʊdʒ/, *n.* *1* (*falegn., med.*) sgorbia; scalpello concavo *2* (*fam.*) scanalatura, incavo (*fatti con la sgorbia*) *3* (*fam. USA*) frode; imbroglio *4* (*geol.*) detrito fino di faglia.

to **gouge** /gaʊdʒ/, *v. t.* *1* scanalare, scavare, perforare (*con la sgorbia o altro*): **to g. a channel**, scavare un canale *2* (*fam. USA*) defraudare; imbrogliare; ingannare *3* ficcare un dito in un occhio a (*un avversario*). ● **to g. out**, cavare (*un occhio con un dito, ecc.*).

goulash /ˈguːlæʃ, -ɑːʃ/ (*ungherese*), *n.* *1* (*cucina*) gulash *2* (*fig.*) benessere. ● (*polit., stor.*) **g. communism**, comunismo «al gulash».

gourd /gʊəd, gɔːd/, *n.* *1* (*bot.*) pianta, frutto delle cucurbitacee (*zucca, cetriolo, cocomero, ecc.*); (*specialm.*) zucca *2* zucca vuota (*usata come recipiente*).

gourmand /ˈgʊəmənd, *USA* -ˈmɑːnd/ (*franc.*), **A** *a.* ghiotto; goloso; ingordo. **B** *n.* *1* ghiottone, ghiottona *2* buongustaio, buongustaia.

to **gourmandise** /ˈgʊəməndaɪz/, *V.* **to gormandize**.

gourmandism /ˈgʊəməndɪzəm/, *n.* ghiottoneria; golosità.

gourmet /ˈgʊəmeɪ, *USA* -ˈmeɪ/ (*franc.*), *n.* buongustaio; intenditore di vini.

gout /gaʊt/, *n.* *1* (*med.*) gotta; podagra *2* (*agric.*) malattia del grano (*causata da un insetto detto* **g.-fly**) *3* goccia (*specialm. di sangue*); macchia; schizzo.

gouty /ˈgaʊtɪ/, *a.* (*med.*) gottoso; affetto da gotta; podagroso. || **-iness**, *sost.*

to **govern** /ˈgʌvn/, **A** *v. t.* e *i.* *1* governare; condurre; dirigere; guidare; amministrare; reggere: **A constitutional monarch reigns but does not g.**, un sovrano costituzionale regna ma non governa; **Man is governed by instinct rather than reason**, l'uomo si lascia guidare dall'istinto più che dalla ragione *2* tenere a freno; controllare: **You must g. your temper**, devi tenere a freno il tuo carattere *3* (*gramm.*) reggere: **Which case does this verb g.?**, che caso regge questo verbo? *4* (*mecc.*) regolare, registrare (*un motore, ecc.*). **B** to **govern oneself**, *v. rifl.* *1* governarsi; condursi; regolarsi *2* dominarsi.

governability /gʌvənəˈbɪlətɪ/, *n.* *1* governabilità *2* controllabilità.

governable /ˈgʌvənəbl/, *a.* *1* governabile *2* docile; controllabile; sottomesso.

governance /ˈgʌvənəns/, *n.* governo; direzione; dominio; potere.

governess /ˈgʌvənəs/, *n.* governante; istitutrice.

governing /ˈgʌvənɪŋ/, *a.* *1* governante; dirigente; dominante *2* (*di un principio, ecc.*) basilare; fondamentale. ● **g. body**, organo esecutivo; consiglio d'amministrazione (*d'ospedale, scuola, ecc.*) □ (*fin.*) **g. director**, amministratore unico (di una società) □ (*gramm.*) **g. word**, reggente.

government /ˈgʌvnmənt/, **A** *n.* *1* governo; amministrazione (pubblica): **to form a g.**, formare un governo (*o* un ministero); **democratic g.**, governo democratico; **the central g.**, l'amministrazione centrale; **the Federal g.**, il governo Federale (in U.S.A.) *2* (*org. az.*) amministrazione; gestione (*di un'azienda, ecc.*) *3* (*gramm.*) reggenza. **B** *a. attr.* governativo; statale; pubblico: (*polit.*) **g. bill**, disegno di legge governativo; **g. offices**, uffici statali; (*in G.B., un tempo*) **g. training centre**, centro governativo di addestramento al lavoro (*ora* **skill centre**); (*fin.*) **g. expenditure**, spesa pubblica. ● (*fin.*) **g. bank**, banca di stato □ (*fin.*) **g. bonds**, obbligazioni dello stato; titoli del debito pubblico □ **g. control**, controllo governativo; (*econ.*) dirigismo □ **g. department**, ministero; dicastero □ **g. employee**, dipendente pubblico; statale □ (*fin.*) **g. expenditure**, la spesa pubblica □ (*leg.*) **g. health warning**, avviso sulla pericolosità del fumo (*sui pacchetti di sigarette*) □ (*stor.*) **g. house**, palazzo del governo; residenza ufficiale del governatore □ (*fin.*) **g. income**, entrate pubbliche (*o* dello stato) □ (*fin.*) **g. investment**, investimento pubblico □ (*fin.*) **g. loan**, prestito pubblico □ **g. official**, funzionario statale □ (*fin.*) **g. paper**, titoli di stato □ **g. revenue**, *V.* **g. income** □ (*fin.*) **g. securities**, titoli di stato □ (*fin.*) **g. spending**, la spesa pubblica □ (*leg., USA*) **g. witness**, testimone d'accusa □ (*polit.*) **form of g.**, forma di governo; regime □ **local g.**, amministrazione locale; (*polit.*) decentramento.

governmental /gʌvnˈmentl/, *a.* governativo; del governo. ● **g. accounting**, contabilità di stato □ (*fin.*) **g. accounts**, i conti nazionali (*o* dello stato)

governor /ˈgʌvənə(r)/, *n.* *1* governatore (*in ogni senso*); amministratore: **the G. of California**, il Governatore della California; **the g. of the Bank of England**, il governatore della Banca d'Inghilterra *2* (*fam.*) padrone; principale; capo; padre *3* (*leg.*) direttore (delle carceri) *4* (*mecc.*) regolatore: **speed-g.**, regolatore di giri (*d'un motore*). ● **g.-general**, governatore generale □ **g.-generalship**, governatorato generale □ **board of governors**, consiglio d'amministrazione (*d'ospedale, scuola, ecc.*).

governorate /ˈgʌvənərət/, *n.* governatorato (*il territorio*).

governorship /ˈgʌvənəʃɪp/, *n.* governatorato (*la carica*).

gowan /ˈgaʊən/, *n.* (*scozz.*; *bot., Bellis perennis*) margheritina.

gowk /gaʊk/, *n.* (*dial.*) *1* (*zool., Cuculus canorus*) cuculo *2* sciocco; stupido; sempliciotto; merlo (*fig. fam.*).

gown /gaʊn/, *n.* *1* vestito lungo (*da donna*): **evening g.**, abito da sera; **dinner g.**, abito da pranzo; **tea g.**, abito da pomeriggio *2* toga (*di giudice, professore universitario, avvocato o sindaco ingl.*) *3* (*stor.*) tunica romana *4* (*med.*) camice (*di chirurgo, ecc.*) *5* (= **night g.**) camicia da notte *6* (= **dressing g.**) veste da camera. ● **long g.**, camicia da notte lunga (*da donna*) □ (*a Oxford e Cambridge*) **town and g.**, i cittadini e i membri dell'università.

to **gown** /gaʊn/, *v. t.* (*usato soprattutto al p. p.*, **gowned**, togato) rivestire con la toga.

goy /gɔɪ/, *n.* (*iron.* o *spreg.*) gentile; cristiano; non ebreo (*detto da un ebreo*).

gozzan /ˈgɒzn/, *V.* **gossan**.

grab /græb/, *n.* *1* atto (*o* tentativo) d'afferrare; presa; stretta: **to make a g. at st.**, fare l'atto di afferrare q.c. *2* (*mecc.*, = **g. bucket**) benna mordente; benna *3* rubamazzo (*gioco di carte per bambini*) *4* (*fig.*) l'arraffare; avidità; rapacità. ● (*pop. USA*) **g.-ass**, pomiciate pesanti; petting spinto; giochi amorosi spinti □ (*fam. USA*) **g. bag**, pésca miracolosa (*al luna park*) □ **g. crane**, gru a benna □ **g. dredger**, draga a benna mordente □ **g. loading**, caricamento con benna □ **g. lorry**, camion con benna □ (*pop.*) **to have [to get] the g. on sb.**, avere [riuscire ad avere] un grosso vantaggio su q. □ (*fam.*) **to be up for grabs**, essere a disposizione di tutti: **The appointment is up for grabs**, la nomina è di chi la vuole (*o* basta chiederla).

to **grab** /græb/, **A** *v. t.* *1* afferrare; agguantare; arraffare: **The beggar grabbed the loaf of bread**, il mendicante agguantò la pagnotta; **Don't g.!**, non arraffare!; **to g. a chance**, afferrare un'occasione *2* (*fam.*) acchiappare; catturare; arrestare *3* (*mecc.*: *di un pezzo*) ingranare con *4* (*fam.*) fare (un certo) effetto a (q.): **How does the idea of a trip to France g. you?**, che effetto ti fa la proposta di un viaggetto in Francia? *5* afferrare (*o* prendere) con la benna. **B** *v. i.* (*mecc.*) ingranare. ● **to g. at st.**, fare l'atto d'afferrare q.c. □ (*fig.*) **to g. one's audience**, conquistare l'uditorio □ (*fam.*) **to g. a bite**, mangiare un boccone □ (*econ.*) **to g. the world markets**, conquistare i mercati mondiali.

grabber /ˈgræbə(r)/, *n.* (*spreg.*) arraffone, arraffona; persona avida, rapace. ● **money-g.**, chi pensa solo a far quattrini.

grabbing /ˈgræbɪŋ/, *n.* l'afferrare; stretta improvvisa. ● (*mecc.*) **g. crane**, gru a benna.

to **grabble** /ˈgræbl/, *v. i.* *1* cercare a tastoni (*o* a tentoni): **to g. for st.**, cercar q.c. a tentoni *2* procedere a tentoni *3* andare carponi.

grabby /ˈgræbɪ/, *a.* (*fam. USA*) che arraffa; avido; insaziabile.

graben /ˈgrɑːbən/ (*ted.*), *n.* (*geol.*) fossa tettonica.

grace /greɪs/, *n.* *1* grazia; garbo; leggiadria; buona grazia; benevolenza; cortesia; favore: **She walks with the g. of youth**, ella si muove con la grazia della giovinezza; **to have the g. to do [to say] st.**, avere la buona grazia di fare [di dire] q.c. *2* (*relig.*) grazia divina; (*anche*) benedicite; breve preghiera di ringraziamento; grazie: **to be in a state of g.**, essere in stato di grazia; **to say g. before a meal**, rendere grazie al Signore prima di un pasto *3* (*mus.*, = **g.-note**) fioritura; abbellimento *4* (*comm.*) tolleranza; (concessione d'una) dilazione: **days of g.**, giorni di tolleranza; **to give a day's [a year's] g.**, concedere una dilazione d'un giorno [d'un anno] *5* – (*mitol.*) **the Graces**, le Grazie *6* (*leg., stor.*) clemenza; amnistia: **act of g.**, atto di clemenza (*di un sovrano, ecc.*); legge di amnistia *7* – **G.**, Grazia (*titolo onorifico di duchi e arcivesco-*

vi): **Your G.!**, Vostra Grazia!; **His G. the Duke of York**, Sua Grazia il duca di York. ● (*in G.B.*) **a g.-and-favour house**, una casa concessa in vitalizio dal sovrano □ **g. cup**, bicchiere della staffa; (bicchiere del) brindisi alla fine d'un banchetto □ (*ass.*) **g. period**, mora; moratoria □ **airs and graces**, arie e modi affettati; vezzi □ **by the g. of God**, per grazia di Dio □ **to fall from g.**, cadere in disgrazia; (*relig.*) perdere la grazia divina; cadere nel peccato; peccare □ **to be in sb.'s bad graces**, essere malvisto da q. □ **to be in sb.'s good graces**, essere nelle grazie di q. □ **in the year of g. 1917**, nell'anno di grazia 1917 □ **the saving g. of humour**, il dono prezioso dell'umorismo □ **with (a) bad g.**, di malagrazia; sgarbatamente; malvolentieri □ **with (a) good g.**, di buonagrazia; con garbo; amabilmente; di buon grado; volentieri.

to **grace** /greɪs/, *v. t.* **1** abbellire; ornare; ingentilire **2** onorare: **to g. sb. with a title**, onorare q. conferendogli un titolo **3** (*mus.*) abbellire; ornare. ● **The banquet was graced by the presence of the mayor**, il sindaco si è degnato di partecipare al banchetto.

Grace /greɪs/, *n.* Grazia.

graceful /ˈgreɪsfl/, *a.* aggraziato; elegante; bello; leggiadro: **a g. dancer**, una danzatrice aggraziata; **a g. little poem**, una bella poesiola. || **-ly**, *avv.* || **-ness**, *sost.*

graceless /ˈgreɪsləs/, *a.* **1** sgraziato; brutto: **a g. country girl**, una contadinotta sgraziata **2** sgarbato; indecoroso: **a g. remark**, un'osservazione sgarbata **3** (*relig.*) che ha perso la grazia divina. || **-ly**, *avv.* || **-ness**, *sost.*

gracile /ˈgræsaɪl, *USA* -sl/, *a.* **1** gracile; esile **2** sottile e aggraziato; magro **3** (*di stile*) disadorno.

gracility /græˈsɪlətɪ/, *n.* **1** gracilità; esilità **2** sottigliezza aggraziata **3** (*dello stile*) semplicità disadorna.

gracious /ˈgreɪʃəs/, *a.* **1** grazioso; benevolo; benigno; condiscendente; indulgente: **our g. Queen**, la nostra graziosa Regina **2** clemente; misericordioso **3** cortese; gentile; educato **4** (*fam.*) agiato; comodo; di lusso: **g. life**, vita agiata **5** (*arc.*) grazioso; leggiadro. ● **Good g.!** (*o* **My g.!**), Dio mio!; perbacco! □ **G. me!** (*o* **G. goodness!**), Dio mio!; perdinci! || **-ly**, *avv.* || **-ness**, *sost.*

grackle /ˈgrækl/, *n.* (*zool.*, *Gracula*) gracola.

grad /græd/, *n.* (*fam. USA*, *contraz. di* **graduate**) laureato.

to **gradate** /grəˈdeɪt, *USA* ˈgreɪdeɪt/, **A** *v. t.* **1** graduare **2** impastare gradatamente, sfumare (*colori*). **B** *v. i.* **1** disporsi per gradi **2** (*di colori*) sfumare; attenuarsi.

gradation /grəˈdeɪʃn, *USA* greɪ-/, *n.* **1** graduazione; gradazione; divisione in gradi; passaggio per via di gradi **2** (*di un colore*) sfumatura **3** (*ling.*) apofonia.

gradational /grəˈdeɪʃənl, *USA* greɪ-/, *a.* graduale; di gradazione.

grade /greɪd/, *n.* **1** grado; divisione; gradino, passo (*fig.*): **There are various grades of intelligence**, ci sono diversi gradi d'intelligenza; **an officer with the g. of lieutenant**, un ufficiale col grado di tenente **2** categoria; classe; qualità; varietà: **First-g. bananas are in great demand**, c'è una forte richiesta di banane di prima qualità; **high-g. coal**, carbone di alta qualità **3** (*soprattutto USA*; *cfr. ingl.* **gradient**) pendenza; dislivello; discesa; salita: **a 12% g. in a road**, una pendenza del 12% in una strada; **a heavy g.**, una forte salita **4** (*USA*) classe (*di scuola*); anno di corso (*cfr. ingl.* **class, form**) **5** (*USA*) voto (*scolastico*; *cfr. ingl.* **mark**): **an A g.**, un voto di ottimo **6** (*zootecnia*) animale con un progenitore di razza pura **7** (*zool.*) sottospecie **8** (*ling.*) grado dell'apofonia (*per es., uno qualsiasi della serie «sing-sang-sung»*) **9** (*autom.*) numero di ottano **10** (*geom.*) grado **11** (*ind. costr.*) sede stradale; sede ferroviaria **12** (*ind. min.*) tenore (*del minerale*) **13** (*pl.*) (*USA*) scuola elementare. ● (*fam. USA*) **g. creep**, avanzamento automatico in carriera □ (*ferr.*, *USA*) **g. crossing**, passaggio a livello □ (*USA*) **g. school**, scuola elementare □ (*USA*) **a g. teacher**, un maestro elementare □ **to make the g.**, arrivare in vetta (*alla salita o fig.*); (*fig.*) farcela; raggiungere la meta □ **on the down g.**, in discesa; (*fig.*) in declino, in ribasso □ **on the up g.**, in ascesa (*anche fig.*), in salita; (*fig.*) in via di miglioramento, in progresso, in rialzo: **The Italian economy is on the up g.**, l'economia italiana è in via di miglioramento □ (*comm.*) **up to g.**, di buona qualità media.

to **grade** /greɪd/, *v. t.* **1** classificare; selezionare; cernere (*lett.*): **to g. foodstuffs**, classificare le diverse qualità di generi alimentari **2** impastare gradatamente, sfumare (*colori*) **3** livellare, spianare (*un terreno*); graduare la pendenza di (*una strada*); preparare la sede di (*una strada, ecc.*) **4** (*zootecnia*) incrociare (*un animale*) con un altro di razza pura **5** (*USA*) classificare, valutare (*a scuola*). ● **to g. up cattle**, selezionare con incroci il bestiame.

gradely /ˈgreɪdlɪ/, **A** *n.* (*dial.*) **1** eccellente; perfetto **2** bello; avvenente **3** esatto; vero e proprio. **B** *avv.* esattamente.

grader /ˈgreɪdə(r)/, *n.* **1** classificatore; cernitore; selezionatore **2** (*agric.*, *mecc.*) livellatrice stradale; terrazzatrice **3** (*USA*) scolaro: **a fifth-g.**, uno scolaro della quinta classe (*elementare*).

gradient /ˈgreɪdɪənt/, **A** *n.* **1** pendenza, dislivello (*d'una strada, ferrovia, ecc.*): **a steep g.**, una forte pendenza; **a g. of 1 in 4**, una pendenza del 25 per cento **2** declivio; discesa; salita **3** (*meteor.*) gradiente: **barometric g.**, gradiente barometrico **4** (*elettr.*) gradiente: **g. of potential**, gradiente di potenziale **5** (*geol.*, *mat.*) gradiente. **B** *a.* in declivio uniforme.

gradin /ˈgreɪdɪn/, **gradine** /grəˈdiːn/, *n.* **1** gradino d'anfiteatro; fila di posti a sedere **2** mensola dietro l'altare (*per candelabri, ecc.*).

grading /ˈgreɪdɪŋ/, *n.* **1** classificazione; cernita; selezione **2** sfumatura (*del colore*) **3** livellamento (*del terreno*) **4** selezione (*del bestiame*) mediante incroci.

gradual (1) /ˈgrædʒʊəl/, *a.* graduale: **the g. improvement in the standard of living**, il graduale miglioramento del tenore di vita.

gradual (2) /ˈgrædʒʊəl/, *n.* (*relig.*) graduale.

gradualism /ˈgrædʒʊəlɪzəm/, *n.* gradualismo.

gradualist /ˈgrædʒʊəlɪst/, *n.* gradualista.

gradually /ˈgrædʒʊlɪ/, *avv.* gradualmente; per gradi.

gradualness /ˈgrædʒʊəlnəs/, *n.* gradualità.

graduand /ˈgrædʒʊənd/, *n.* laureando, laureanda.

graduate (1) /ˈgrædʒʊət/, *n.* **1** laureato, laureata: **Oxford graduates**, laureati dell'Università di Oxford **2** (*USA*) diplomato, diplomata: **a high-school g.**, un diplomato di scuola secondaria superiore **3** cilindro graduato (*di chimico o farmacista*).

graduate (2) /ˈgrædʒʊət/, *a.* **1** laureato **2** (*USA*) diplomato: **a g. nurse**, un'infermiera diplomata **3** che concede un titolo di specializzazione successivo alla laurea (un «M.A.», «M.S.», *o* «Ph.D.»): **g. school**, facoltà universitaria che concede tale titolo; **g. student**, studente che frequenta tale facoltà. ● **g. course**, corso di perfezionamento (*o di specializzazione*) □ **g. recruitment**, assunzione di neolaureati.

to **graduate** /ˈgrædʒʊeɪt/, **A** *v. t.* **1** laureare; conferire la laurea a: **The school of medicine graduated 500 students last year**, la facoltà di medicina conferì la laurea a 500 studenti l'anno scorso **2** (*USA*) diplomare; rilasciare un diploma a **3** (*USA*) promuovere (*da una classe a un'altra*) **4** graduare; dividere (*o* distinguere) in gradi: **a graduated glass**, un bicchiere graduato; **to g. taxes**, graduare le imposte. **B** *v. i.* **1** laurearsi; conseguire la laurea: **He graduated at Cambridge [from Harvard]**, si laureò a Cambridge [a Harvard] **2** (*USA*) diplomarsi **3** cambiare (*o* trasformarsi) per gradi **4** (*anche fig.*) essere promosso; passare di grado.

graduated /ˈgrædʒʊeɪtɪd/, *a.* graduato; distinto (*o* diviso) in gradi. ● (*fin.*, *USA*) **g. payment mortgage**, mutuo ipotecario a rate di rimborso crescenti □ (*fin.*) **g. tax**, imposta progressiva.

graduation /grædʒʊˈeɪʃn/, *n.* **1** (conseguimento della) laurea: **What will you do after g.?**, che cosa farai dopo la laurea? **2** (*USA*) (conseguimento del) diploma (*di scuola secondaria*) **3** (*USA*) cerimonia del conferimento delle lauree: **g. gowns**, toghe indossate dagli studenti al conferimento delle lauree **4** graduazione; classificazione **5** scala graduata; grado; segno di divisione: **the graduations on a ruler**, i segni (*centimetri, pollici, ecc.*) su un regolo.

graduator /ˈgrædʒʊeɪtə(r)/, *n.* (*tecn.*) strumento per graduare.

gradus /ˈgreɪdəs/, *n.* prontuario di prosodia (*specialm. classica*).

Graecism /ˈgriːsɪzəm/, *n.* **1** grecismo **2** ellenismo; imitazione dello spirito (*o* dello stile, ecc.) della Grecia antica.

to **Graecize** /ˈgriːsaɪz/, **A** *v. t.* **1** grecizzare **2** tradurre in greco. **B** *v. i.* grecizzare; comportarsi alla greca; imitare i Greci.

Graeco-Roman /griːkəʊˈrəʊmən/, *a.* greco-romano: (*sport*) **Graeco-Roman wrestling**, lotta greco-romana.

graffito /grəˈfiːtəʊ/, *n.* (*pl.* **graffiti**) **1** (*archeol.*) graffito **2** (*pl.*) graffiti; disegni murali; frasi (*o* parole) scritte su muri.

graft /grɑːft, *USA* græft/, *n.* **1** (*agric.*) innesto **2** (*agric.*) albero innestato; pianta innestata **3** (*med.*) innesto; trapianto; impianto **4** (*leg.*, *specialm. USA*) corruzione (*specialm. polit.*); peculato; concussione **5** (*fam.*) bustarella **6** (*pop.*) lavoro faticoso; sfacchinata.

to **graft** /grɑːft, *USA* græft/, **A** *v. t.* **1** (*agric.*) innestare **2** (*agric.*) produrre (*fiori, frutti*) per innesto **3** (*med.*) innestare; trapiantare; impiantare: **to g. skin**, fare un trapianto di pelle **4** (*leg.*, *specialm. USA*) procurarsi (*denaro, ecc.*) con la corruzione (*o* con mezzi illeciti). **B** *v. i.* **1** (*agric.*) fare innesti **2** (*leg.*, *specialm. USA*) rendersi colpevole di peculato **3** (*fam.*) prendere bustarelle. ● (*fig.*) **to g. on**, aggiungere, inserire (*q.c. in un testo*).

grafter /ˈgrɑːftə(r), *USA* ˈgræf-/, *n.* **1** innestatore, innestatrice **2** (*leg.*, *specialm. USA*) concussionario; funzionario corrotto **3** (*fam.*) imbroglione; truffatore; bidonatore (*pop.*) **4** (*pop.*) stacanovista; sgobbone, sgobbona.

grafting /ˈgrɑːftɪŋ/, *USA* -æf-/, *n.* (*agric.*, *med.*) innesto (*anche fig.*). ● **g. iron** (*o* **tool**), innestatoio.

grail /greɪl/, *n.* (*relig.*) graduale.

Grail /greɪl/, *n.* (*nelle leggende medievali*) Gral (*coppa che contenne il sangue di Gesù crocifisso*): **the holy G.**, il santo Gral.

grain (1) /greɪn/, *n.* **1** grano; granaglie; cereali: **a ship with a cargo of g.**, una nave con un carico di granaglie; **g. exports**, esportazioni di cereali **2** grano; granello; chicco: **a g. of sand**, un granello di sabbia; **a g. of gunpowder**, un grano di polvere da sparo; **grains of wheat**, chicchi di grano **3** grano (*la più piccola unità di peso ingl., pari a 0,0648 grammi*) **4** grana (*di metalli, marmi, ecc.*); filo, vena, venatura (*del legno*); acqua (*di pietre preziose*): **metals of coarse [fine] g.**, metalli a grana grossa [fine] **5** (*pl.*) residui di semi di malto (*nella fabbricazione della birra*) **6** (*fig.*) inclinazione; carattere; temperamento: **It goes against the g. for me to tell lies**, non è nel mio carattere dire bugie **7** (*fig.*) granello; briciolo; pizzico: **He didn't have a g. of sense**, non aveva un briciolo di buon senso **8** grana; carminio di cocciniglia **9** (*poet.*) colore; tinta **10** (*geol.*) granulo. ● (*chim.*) **g. alcohol**, alcol etilico; etanolo □ (*agric.*) **g.**

drill, seminatrice per cereali □ **g. elevator**, silos per cereali □ **g. farmer**, cerealicoltore □ **g. farming**, (*sost.*) cerealicoltura; (*agg.*) cerealicolo □ **g. leather**, cuoio fiore (*conciato e voltato dalla parte del pelo, che è stato tolto*) □ **g. merchant**, commerciante di cereali □ (*bot.*) **grains of Paradise** (*o* **Guinea grains**), grani del paradiso □ (*geol.*) **g. size**, grandezza del grano; grana □ (*tecn.*) **g. size analysis**, analisi granulometrica; granulometria □ (*fig.*) **against the** (*o* **one's**) **g.**, di malavoglia; contro la propria inclinazione □ **large-g.** [**small-g.**] **powder**, polvere da sparo a grana grossa [fine] □ (*fig.*) **with a g. of salt**, cum grano salis (*lat.*).

grain (**2**) /greɪn/, *n.* (*dial.*) *1* ramo biforcuto *2* (*fig.*) ramo (*di un fiume*); braccio (*di mare*) *3* rebbio *4* (*pl.*) fiocina (*a due rebbi*).

to **grain** /greɪn/, **A** *v. t.* *1* granire; ridurre in grani *2* granire; zigrinare *3* marmorizzare; marezzare; macchiare a finto legno *4* depilare, pelare, togliere il pelo a (*pelli conciate*). **B** *v. i.* *1* (*bot.*) formare grani; granire *2* ridursi in grani; formare granuli.

grained /greɪnd/, *a.* *1* granulato; a struttura granulare *2* granito; zigrinato *3* marmorizzato; marezzato. ● (*di metallo, sabbia, ecc.*) **coarse-g.** [**fine-g.**], a grana grossa [fine] □ **cross-g.**, (*di legno*) nodoso; (*di persona*) bisbetica, irritabile.

grainer /ˈgreɪnə(r)/, *n.* *1* granitore; incisore *2* marmorizzatore; marezzatore.

grainless /ˈgreɪnləs/, *a.* *1* senza cereali *2* (*tecn.*) privo di grana.

grainy /ˈgreɪnɪ/, *a.* *1* (*di legno, ecc.*) che ha una grana (*o* una vena) ben definita *2* granuloso.

gralloch /ˈgrælɒk/, *n.* interiora (*di cervo e sim.*).

to **gralloch** /ˈgrælɒk/, *v. t.* sventrare (*un cervo e sim.*).

gram (**1**) /græm/, *n.* grammo. ● (*chim.*) **g.-atom** (*o* **g.-atomic weight**), grammoatomo □ (*chim.*) **g. molecule**, grammomolecola.

gram (**2**) /græm/, *n.* (*bot., Cicer arietinum*) cece.

gram (**3**) /græm/, *n.* (*fam., in G.B.*) messaggio di auguri presentato da un apposito latore (*detto* **male g.** *se uomo,* **female g.** *se donna*; *V. anche* **kissagram** *e* **strippergram**).

graminaceous /græmɪˈneɪʃəs/, **gramineous** /grəˈmɪnɪəs/, *a.* (*bot.*) graminaceo: **g. plants**, piante graminacee.

graminicolous /græmɪˈnɪkələs/, *a.* (*zool.*) graminicolo.

graminivorous /græmɪˈnɪvərəs/, *a.* (*zool.*) frugivoro; erbivoro.

grammalogue /ˈgræməlɒg, *USA* -ɔ:g/, *n.* logogramma; stenogramma; segno stenografico.

grammar /ˈgræmə(r)/, *n.* *1* grammatica: **a g. lesson**, una lezione di grammatica; **a g. of English**, una grammatica inglese; **His g. was poor**, la sua grammatica lasciava molto a desiderare *2* (*fig.*) elementi; cognizioni di base: **the g. of drawing**, gli elementi del disegno. ● **g. book**, grammatica (*il libro*) □ **g. school**, (*in G.B.*) scuola secondaria (*statale o privata*: *prepara studenti che andranno all'università. Tali scuole, di cui alcune antichissime, accolgono soltanto il 3% degli studenti medi inglesi*); (*in U.S.A.*) scuola elementare □ **That is bad g.!**, questa espressione è scorretta.

grammarian /grəˈmeərɪən/, *n.* grammatico; filologo.

grammatical /grəˈmætɪkl/, *a.* *1* grammaticale *2* corretto dal punto di vista grammaticale.

grammaticality /grəmætɪˈkælətɪ/, *n.* (*ling.*) correttezza grammaticale; grammaticalità.

grammaticalization /grəmætɪkəlaɪˈzeɪʃn, *USA* -lɪˈz-/, *n.* (*ling.*) grammaticalizzazione.

to **grammaticalize** /grəˈmætɪkəlaɪz/, *v. t.* (*ling.*) grammaticalizzare.

grammatically /grəˈmætɪklɪ/, *avv.* (*ling.*) grammaticamente.

grammaticalness /grəˈmætɪklnəs/, *n.* (*ling.*) grammaticalità.

gramme /græm/, *V.* **gram** (**1**).

grammeme /ˈgræmi:m/, *n.* (*ling.*) grammema.

Gram-negative /ˈgræmˈnegətɪv/, *a.* (*biol.*) gram-negativo.

gramophone /ˈgræməfəʊn/, *n.* (*raro*) grammofono (*V.* **record player,** *sotto* **record**).

Gram-positive /ˈgræmˈpɒzətɪv/, *a.* (*biol.*) gram-positivo.

grampus /ˈgræmpəs/, *n.* *1* (*zool., Grampus griseus*) grampo grigio *2* (*zool., Orcinus orca*) orca *3* (*zool., Mastigoproctus giganteus*) telifonide (*grosso scorpione americano*) *4* (*fig. fam. arc.*) persona dal respiro rumoroso. ● (*fig.*) **to blow** (*o* **to wheeze**) **like a g.**, soffiare come un mantice.

gran /græn/, *n.* (*fam. ingl.*) nonna; nonnina.

granary /ˈgrænərɪ, *USA* ˈgreɪn-/, *n.* silo granario; granaio (*anche fig.*); regione ricca di grano.

grand (**1**) /grænd/, *a.* *1* grande; grandioso; elevato; imponente; magnifico; splendido; stupendo; superbo: **a g. spectacle**, uno spettacolo grandioso; **a g. palace**, un palazzo imponente; **to do the g.**, fare il grande; darsi un sacco di arie; **a poem written in the g. style**, un poema scritto in stile elevato; **to live in g. style**, vivere in grande stile *2* grande; grave; importante; principale: **the g. staircase of a building**, la scala principale d'un edificio; lo scalone d'onore; **g. entrance**, ingresso principale; (*stor.*) **the g. army**, la grande armata *3* grande; intero; al completo: (*mus.*) **a g. orchestra**, un'orchestra al completo *4* (*fam.*) eccellente; magnifico; ottimo: **g. weather**, tempo magnifico; (*sport*) **The ground was in g. condition**, il terreno era in condizioni eccellenti; **a g. idea**, un'ottima idea *5* altezzoso; borioso; pomposo *6* ambizioso; grandioso: **He has a g. plan**, ha un progetto ambizioso *7* (*rag., stat.*) complessivo; generale: **g. total**, totale generale *8* (*fam.*) fantastico: **He's a g. fellow**, è un tipo fantastico! ● (*geogr.*) **the G. Canyon**, il Gran Canyon □ **g. committee**, commissione permanente della Camera dei Comuni □ **g.-ducal**, granducale □ **g. duchess**, granduchessa □ **g. duchy**, granducato □ **g. duke**, granduca □ (*leg.*) **g. holidays**, ferie giudiziarie □ **a g. imposture**, una grossa impostura □ (*leg.*) **g. jury**, giuria speciale (*che decide se qualcuno debba essere rinviato a giudizio*) □ **G. Master**, Gran Maestro (*d'un ordine cavalleresco o della massoneria*) □ **a g. mistake**, un errore madornale □ (*sport*) **G. National**, corsa ippica a ostacoli (*a Liverpool*) □ (*stor. e fig.*) **the G. Old Man**, il Grande Vecchio (*in origine, William Gladstone - 1809-98: quattro volte primo ministro ingl.*) □ (*polit., USA*) **the G. Old Party**, il Partito Repubblicano □ (*mus.*) **g. opera**, opera lirica □ (*in G.B.*) **the G. Order of Water Rats**, il Grande Ordine dei Topi d'Acqua (*associazione di beneficenza*) □ **g. piano**, pianoforte a coda □ **g. slam**, (*a bridge*) grande slam; (*fig., sport*) cappotto □ (*stor.*) **g. tour**, viaggio (turistico) in Europa (*fatto dai nobili inglesi nell'Ottocento*) □ (*autom.*) **a g. touring car**, una granturismo □ (*stor.*) **G. Vizier**, Gran Visir □ **to have a g. air** (*o* **g. manners**), darsi delle arie; avere maniere grandiose, imponenti □ (*fam., arc.*) **to have a g. time**, divertirsi un mondo; spassarsela davvero.

grand (**2**) /grænd/, *n.* *1* (*fam.*) pianoforte a coda *2* (*pop. ingl.*; *invar. al pl.*) mille sterline; (*pop. USA*; *invar. al pl.*) (biglietto da) mille dollari: **fifty g.**, cinquantamila dollari. ● (*mus.*) **upright g.**, grande piano verticale.

grandad /ˈgrændæd/, **grandaddy** /ˈgrændædɪ/, *V.* **granddad**.

grandam /ˈgrændæm, -əm/, *n.* (*arc.*) *1* nonna; antenata *2* vecchia; nonnetta (*fam.*) *3* (*fam. USA*) donna da poco; donnetta.

grandaunt /ˈgrændɑ:nt, *USA* -ænt/, *n.* prozia.

grandchild /ˈgræntʃaɪld/, *n.* (*pl.* **grandchildren**) nipote (*di nonni*).

granddad /ˈgrændæd/, **granddaddy** /ˈgrændædɪ/, *n.* *1* (*fam.*) nonno; nonnino *2* (*al vocat.*) nonnetto (*a un vecchio*).

granddaughter /ˈgrændɔ:tə(r)/, *n.* nipote (*femmina, di nonni*).

grandee /grænˈdi:/, *n.* *1* grande di Spagna *2* (*fig.*) personaggio importante *3* (*fin.*) magnate.

grandeur /ˈgrændʒə(r)/, *n.* *1* grandiosità; bellezza; magnificenza; splendore: **the g. of the Rocky Mountains**, la grandiosità delle Montagne Rocciose *2* grandezza morale; elevatezza di sentimenti; nobiltà d'animo *3* grande potere; importanza.

grandfather /ˈgrænfɑ:ðə(r)/, *n.* *1* nonno *2* antenato; avo. ● **g. clock**, pendola a colonna □ (*elab.*) **g. file**, file nonno □ **great-g.**, bisnonno; bisavolo.

grandfatherly /ˈgrændfɑ:ðəlɪ/, *a.* *1* di (*o* da) nonno *2* (*fig.*) benevolo; indulgente.

grandiloquence /grænˈdɪləkwəns/, *n.* magniloquenza; grandiloquenza; ampollosità.

grandiloquent /grænˈdɪləkwənt/, *a.* magniloquente; ampolloso.

grandiose /ˈgrændɪəʊs/, *a.* *1* grandioso *2* fastoso; pomposo. ‖ **-ly**, *avv.*

grandiosity /grændɪˈɒsətɪ/, *n.* *1* grandiosità *2* fasto; pompa.

grandly /ˈgrændlɪ/, *avv.* grandiosamente; splendidamente.

grandma /ˈgrænmɑ:/, *n.* *1* (*fam.*) nonna; nonnina *2* (*fam. USA*) donna anziana.

grand mal /ˈgrɒnˈmæl, *USA* -æn-, -ɑ:n-/ (*franc.*), *n.* (*med.*) grande male; epilessia generalizzata.

grandmam(m)a /ˈgrænməmɑ:/, *n.* (*fam.*) nonna; nonnina.

grandmother /ˈgrænmʌðə(r)/, *n.* *1* nonna *2* antenata; ava. ● **great-g.**, bisnonna; bisavola □ (*fig.*) **to teach one's g. to suck eggs**, voler insegnare a chi ne sa più di noi (*cfr. prov. ital.* «i paperi menano a bere le oche»).

grandmotherly /ˈgrænmʌðəlɪ/, *a.* *1* di (*o* da) nonna *2* (*fig.*) benevolo; indulgente *3* (*fig.*) premuroso; protettivo *4* (*fig.*) meticoloso; noioso; pignolo.

grandnephew /ˈgrænnefju:, -vju:/, *n.* pronipote (*maschio, di prozii*).

grandness /ˈgrændnəs/, *n.* grandezza; grandiosità.

grandniece /ˈgrænni:s/, *n.* pronipote (*femmina, di prozii*).

grandpa /ˈgrænpɑ:/, *n.* *1* (*fam.*) nonno; nonnino *2* (*fam. USA*) uomo anziano.

grandpapa /ˈgrænpəpɑ:/, *n.* (*fam.*) nonno; nonnino.

grandparent /ˈgrænpeərənt/, *n.* nonno, nonna.

Grand Prix /ˈgrɒnˈpri:, *USA* ˈgrɑ:n-/ (*franc.*), *n.* (*pl.* **Grand Prix, Grands Prix, Grand Prixes**) (*sport*) Gran Premio (*automobilistico*).

grandsire /ˈgrænsaɪə(r)/, *n.* *1* (*raro*) nonno *2* (*arc.*) vecchio; nonnetto (*fam.*) *3* (*arc.*) antenato.

grandson /ˈgrænsʌn/, *n.* nipote (*maschio, di nonni*).

grandstand /ˈgrænstænd/, *n.* (*sport*) tribuna: **g. tickets**, biglietti di tribuna.

to **grandstand** /ˈgrænstænd/, *v. i.* (*USA*) mettersi in (bella) mostra; esibirsi; pavoneggiarsi; fare la ruota (*fig.*).

grandstander /ˈgrænstændə(r)/, *n.* (*USA*) esibizionista.

granduncle /ˈgrændʌŋkl/, *n.* prozio.

grange /greɪndʒ/, *n.* *1* casa colonica; fattoria; cascina *2* casa padronale; casa di campagna *3* (*stor.*) grangia.

granger /ˈgreɪndʒə(r)/, *n.* (*USA*) *1* agricoltore *2* ferrovia per il trasporto di cereali.

grangerism /ˈgreɪndʒərɪzəm/, *V.* **grangerization**.

grangerization /greɪndʒəraɪˈzeɪʃn, *USA* -rɪˈz-/, *n.* illustrazione di un libro mediante stampe, vignette, ecc. ritagliate da un altro volume.

to **grangerize** /'greɪndʒəraɪz/, *v. i.* illustrare (*un libro*) applicando stampe, vignette, ecc. ritagliate da un altro volume.

graniferous /græ'nɪfərəs/, *a.* granifero.

graniform /'grænɪfɔːm/, *a.* graniforme.

granite /'grænɪt/, *n.* (*geol.*) granito. ● (*geogr.*) **the G. City**, la città di granito (*Aberdeen*) □ **g.-ware**, ceramiche screziate; ferramenta smaltate.

granitic /grə'nɪtɪk/, *a.* **1** (*geol.*) granitico **2** (*fig.*) granitico.

granitiform /græ'nɪtɪfɔːm/, *a.* granitiforme.

granitoid /'grænɪtɔɪd/, *a.* (*geol.*) simile al granito; granitoide.

granivorous /græ'nɪvərəs/, *a.* (*zool.*) granivoro.

grannie /'grænɪ/, *V.* **granny**.

grannom /'grænəm/, *n.* **1** mosca (*anche artificiale*) usata per la pesca **2** (*zool., Limnophilus; Phryganea, ecc.*) tricottero.

granny /'grænɪ/, *n.* (*fam.*) **1** nonna; nonnina **2** vecchia **3** (= **g.'s knot**) nodo incrociato (*che si scioglie facilmente*). ● (*fin.*) **g. bonds**, certificati di risparmio (*indicizzati*) per anziani □ **g. flat**, appartamentino «della nonna» (*ricavato in una casa per ospitare un anziano della famiglia*) □ **g. glasses**, occhialetti; lorgnette.

granola /grə'nəʊlə/, *n.* (*USA*) (*cucina*) cereali con frutta secca (*per la prima colazione*); muesli.

granolith /'grænəlɪθ/, *n.* (*edil.*) graniglia.

granolithic /grænə'lɪθɪk/, *a.* (*edil.*) di graniglia: **a g. floor**, un pavimento di graniglia.

granpa /'grænpɑː/, *n.* **1** (*fam.*) nonno; nonnino **2** (*fam. USA*) uomo anziano.

grant /grɑːnt, *USA* grænt/, *n.* **1** concessione; assegnazione; dono: **The settlers received grants of land from the government**, i coloni ricevettero concessioni di terre dal governo **2** accoglimento; esaudimento: **the g. of a request**, l'accoglimento d'una richiesta **3** (*leg.*) cessione, trasferimento, attribuzione, conferimento (*di beni, ecc.*) **4** (*fin.*) sovvenzione: **grants amounting to 20% of the total investment**, sovvenzioni pari al 20% dell'investimento complessivo **5** (*USA*) borsa di studio. ● **g.-in-aid**, (*in G.B.*) contributo statale (*a enti pubblici*); (*in U.S.A.*) sovvenzione del governo federale □ (*ind.*) **the g. of a patent**, il rilascio di un brevetto.

to **grant** /grɑːnt, *USA* grænt/, *v. t.* **1** accordare; concedere; assegnare; ammettere; riconoscere: **to g. sb. permission to do st.**, accordare a q. il permesso di fare q.c.; **to g. a pardon**, concedere la grazia, il perdono; **to g. a patent**, concedere un brevetto; **I g. that you're right**, concedo (*o* ammetto, riconosco) che hai ragione; **We are willing to g. you a 10% discount**, siamo disposti a concedervi uno sconto del 10%; **I g. you**, te lo concedo; lo ammetto **2** accogliere; esaudire; fare: **to g. a request**, accogliere una richiesta; **to g. a wish**, esaudire un desiderio; **to g. a favour**, fare un favore **3** (*leg.*) cedere, trasmettere, trasferire, conferire, attribuire (*beni, proprietà, diritti*): **to g. land to new settlers**, cedere terreni ai nuovi coloni. ● (*leg.*) **to g. bail**, concedere la libertà su cauzione □ (*comm.*) **to g. a discount**, concedere uno sconto □ **to take st. for granted**, tenere q.c. per certo; ritenere q.c. ovvio; dare q.c. per scontato.

grantable /'grɑːntəbl, *USA* -æn-/, *a.* **1** concedibile; ammissibile **2** esaudibile; che può essere accolto.

grantee /grɑːn'tiː, *USA* -æn-/, *n.* **1** (*leg.*) concessionario (*di beni, diritti, ecc.*); cessionario; donatario; beneficiario **2** (*USA*) assegnatario di borsa di studio; borsista.

granter /'grɑːntə(r), *USA* -æn-/, *V.* **grantor**.

grantor /'grɑːntə(r), *USA* -æn-/, *n.* (*leg.*) **1** concedente; cedente; donante **2** *V.* **guarantor**.

granular /'grænjʊlə(r)/, *a.* granulare; granuloso.

granularity /grænjʊ'lærətɪ/, *n.* granulosità.

to **granulate** /'grænjʊleɪt/, **A** *v. t.* **1** granulare; ridurre in granuli **2** (*ind.*) granulare; cristallizzare: **granulated sugar**, zucchero cristallizzato. **B** *v. i.* **1** granirsi; ridursi in granelli **2** (*med.: di ferita, ecc.*) fare il tessuto di granulazione; granularsi; cicatrizzarsi.

granulated /'grænjʊleɪtɪd/, *a.* granulato; granulare.

granulation /grænjʊ'leɪʃn/, *n.* **1** (*anche astron., med.*) granulazione **2** granitura **3** (*med.*) tessuto di granulazione **4** (*bot.*) granulomatosi (*degli agrumi*).

granule /'grænjuːl/, *n.* granulo (*anche geol. e med.*); granello.

granulite /'grænjʊlaɪt/, *n.* (*geol.*) granulite.

granuloma /grænjʊ'ləʊmə/, *n.* (*pl.* **granulomata** e *reg.*) (*med.*) granuloma.

granulomatosis /grænjʊləʊmə'təʊsɪs/, *n.* (*med.*) granulomatosi.

granulometry /grænjʊ'lɒmətrɪ/, *n.* (*geol.*) granulometria.

granulous /'grænjʊləs/, *a.* granuloso.

grape /greɪp/, *n.* **1** acino; chicco d'uva **2** (= **grapevine**) vite **3** (*pl.*) uva: **a bunch of grapes**, un grappolo d'uva **4** (*pl.*) grappa, (*vet.*) tubercolosi (*del cavallo o del bue*). ● **g. brandy**, brandy di vino □ **g.-gatherer**, vendemmiatore, vendemmiatrice □ **g.-gathering**, vendemmia □ **g.-grower**, viticoltore □ **g.-growing**, viticoltura □ **g. harvest**, vendemmia □ **g. house**, serra per viti □ **g. juice**, succo d'uva □ **g.-scissors**, cesoie da viti; forbici per l'uva □ **g. sugar**, zucchero d'uva; destrosio □ **the juice of the g.**, il succo dell'uva; il vino □ (*prov.*) **The grapes are sour** (*o* **Sour grapes!**), l'uva (quando non la si può raggiungere) è acerba (*con riferimento alla favola della volpe e dell'uva*).

grapefruit /'greɪpfruːt/, *n.* **1** (*bot., Citrus paradisi*; = **g. tree**) pompelmo **2** pompelmo (*il frutto*).

grapery /'greɪprɪ/, *n.* **1** vigneto; vigna **2** serra per viti.

grapeshot /'greɪpʃɒt/, *n.* (*mil., stor.*) mitraglia.

grapestone /'greɪpstəʊn/, *n.* vinacciolo.

grapevine /'greɪpvaɪn/, *n.* **1** (*bot.*) vite **2** (*fam.*) fonte di notizie incontrollate; tam-tam (*fig.*): **I heard it through the school g.**, l'ho appreso dal tam-tam della scuola.

graph /grɑːf, *USA* græf/, *n.* **1** (*mat., stat.*) grafico; diagramma; tracciato **2** (*mat.*) grafo. ● **g. paper**, carta millimetrata □ (*elab.*) **g. theory**, teoria dei grafi.

to **graph** /grɑːf, *USA* græf/, *v. t.* rappresentare con un grafico (*o* graficamente).

grapheme /'græfiːm/, *n.* (*ling.*) grafema.

graphic /'græfɪk/, *a.* **1** grafico: **the g. arts**, le arti grafiche; la grafica **2** pittoresco; vivido, icastico: **a g. style**, uno stile icastico. ● **g. design**, progettazione e realizzazione grafica □ **g. designer**, grafico □ **g. indicator**, registratore (*strumento*).

graphically /'græfɪklɪ/, *avv.* **1** graficamente **2** pittorescamente; vividamente; icasticamente **3** per mezzo di grafici.

graphics /'græfɪks/, *n. pl.* **1** mezzi grafici **2** dispositivi grafici di comunicazione **3** (*con il verbo al sing.*) informazione grafica **4** (*con il verbo al sing.*) prospettiva (*nel disegno*).

graphite /'græfaɪt/, *n.* (*miner.*) grafite; piombaggine ● **g. grease**, grasso grafitato □ (*fis. nucl.*) **g.-moderated reactor**, reattore moderato a grafite.

graphitization /græfɪtaɪ'zeɪʃn, *USA* -tɪ'z-/, *n.* (*tecn.*) grafitazione; grafitaggio.

to **graphitize** /'græfɪtaɪz/, *v. t.* (*tecn.*) grafitare.

graphologic(al) /græfə'lɒdʒɪk(l)/, *a.* grafologico.

graphologist /græ'fɒlədʒɪst/, *n.* grafologo.

graphology /græ'fɒlədʒɪ/, *n.* grafologia.

graphometer /græ'fɒmɪtə(r)/, *n.* (*topogr.*) grafometro.

graphospasm /'græfəspæzəm/, *n.* (*med.*) grafospasmo; crampo dello scrittore.

grapnel /'græpnəl/, *n.* **1** (*mecc.*) raffio; rampino **2** (*naut.*) grappino; ancorotto.

grapple /'græpl/, *n.* **1** (*naut.*) grappa; grappino; raffio; rampino **2** lotta corpo a corpo **3** presa; stretta.

to **grapple** /'græpl/, **A** *v. t.* **1** abbrancare; afferrare; avvinghiare: **The stranger grappled me with both arms**, lo sconosciuto mi afferrò con entrambe le braccia **2** (*naut.*) rampinare; grappinare. **B** *v. i.* **1** avvinghiarsi; afferrarsi **2** venire alle prese (*o* alle strette), lottare corpo a corpo: **Grappling with bagsnatchers can be very dangerous**, lottare con gli scippatori può essere assai pericoloso. ● **to g. with**, lottare con; (*fig.*) cimentarsi, essere alle prese con: **to g. with an enemy**, lottare con un nemico; **to g. with a problem**, essere alle prese con un problema.

grappling /'græplɪŋ/, *n.* **1** presa; stretta **2** (*naut.*) arrembaggio. ● (*naut.*) **g. iron**, grappino; rampino; ancorotto.

grapy /'greɪpɪ/, *a.* **1** a grappoli; di uva; simile a uva **2** (*vet.: di animale*) affetto da grappa; tubercolotico.

grasp /grɑːsp, *USA* græsp/, *n.* **1** presa; stretta **2** padronanza; conoscenza profonda; controllo; portata di mano; (*fig.*) mani, pugno: **He has an excellent position within his g.**, ha un ottimo impiego a portata di mano; **We were in the g. of a tyrant**, eravamo nelle mani di (*o* in pugno a) un tiranno **3** comprensione; capacità di capire: **Abstract painting is beyond my g.**, la pittura astratta supera la mia capacità di comprensione **4** stretta di mano: **a powerful g.**, una forte stretta di mano **5** (*naut.*) impugnatura (*di un remo*). ● **to snatch st. from sb.'s g.**, strappare q.c. dalle mani di q. □ **to take a g. on oneself**, controllarsi; darsi una controllata (*fam.*).

to **grasp** /grɑːsp, *USA* græsp/, *v. t.* afferrare; agguantare; impugnare; stringere; tenere stretto; comprendere; capire: **to g. a rope [sb.'s hand]**, afferrare una corda [la mano di q.]; **to g. an argument**, afferrare un argomento; **to g. sb.'s meaning**, comprendere quello che q. vuol dire. ● **to g. at**, afferrarsi a; cercare d'afferrare (*o* d'arraffare); (*fig.*) afferrare, cogliere al volo □ (*fig.*) **to g. at straws**, attaccarsi a qualsiasi cosa □ (*fig.*) **to g. the nettle**, prendere il toro per le corna □ (*prov.*) **G. all, lose all**, chi troppo vuole, nulla stringe.

graspable /'grɑːspəbl, *USA* -æs-/, *a.* afferrabile; che si può capire.

grasping /'grɑːspɪŋ, *USA* -æs-/, *a.* **1** avido; cupido **2** tenace.

graspingness /'grɑːspɪŋnəs, *USA* -æs-/, *n.* **1** avidità; cupidigia **2** tenacia.

grass /grɑːs, *USA* græs/, *n.* **1** (*collett.*) erba **2** (*pl.* **grasses**) graminacea (*grano, canna, ecc.*) **3** (*pop.*, = **sparrow-g.**) asparago **4** pascolo: **to send the cattle to g.**, mandare il bestiame al pascolo **5** (*pop.*) delatore; spia (*della polizia*) **6** (*pop.*) erba (*gergo dei drogati*); marijuana **7** (*del radar*) fruscio; segnali parassiti. ● (*tennis*) **g. court**, campo d'erba □ (*agric.*) **g. crops**, colture erbacee □ **g. cutting**, taglio dell'erba □ **g.-green**, (color) verde prato □ **g. roots**, (*ind. min.*) terreno superficiale; (*fig.*) zona (*o* popolazione) rurale; (*fig.*) base, fondamento, fondo (*di un problema, ecc.*); (*polit.*) elettorato di base, la base; (*agg.*) rurale; (*polit.*) di base, della base: (*ind. min.*) **g.-roots deposit**, giacimento affiorante; (*polit.*) **g.-roots opinion**, l'opinione della base; **a g.-roots movement**, un movimento di base □ (*sport*) **g. skiing**, sci sull'erba □ **g. snake**, biscia dal collare □ **g. widow**, moglie separata (permanentemente o temporaneamente) dal marito; vedova bianca □ **g. widower**, marito separato (permanentemente o temporaneamente) dalla moglie □ (*fig.*) **to be at g.**, essere al pascolo; (*fig.*) essere a spasso, in vacanza □ (*fig.*) **to go to g.**, andare a terra, essere atterrato; andare in malora, morire □

(*fig.*) **to hear the g. grow**, sentir crescere l'erba; avere l'udito finissimo □ (*fig.*) **not to let the g. grow under one's feet**, non perdere tempo in sciocchezze; non lasciarsi sfuggire le occasioni □ **to send sb. to g.**, mandare q. a terra (*o* al tappeto); atterrare q. □ **Keep off the g.!**, è vietato calpestare l'erba!

to **grass** /grɑːs, *USA* græs/, **A** *v. t.* ***1*** ricoprire d'erba ***2*** pascolare (*bestiame*) ***3*** stendere (*tessuti*) sull'erba perché sbianchino al sole ***4*** (*fam.*) atterrare (*un avversario*) ***5*** abbattere (*un uccello*) con una fucilata ***6*** tirare a riva (*un pesce*) ***7*** (*ind. min.*) portare alla superficie. **B** *v. i.* (*pop.*) fare la spia; essere un delatore; fare una soffiata: **to g. on sb.**, fare una soffiata contro q.

grasseater /ˈgrɑːsiːtə(r), *USA* -æs-/, *n.* (*pop. USA*) poliziotto corrotto.

grasshopper /ˈgrɑːshɒpə(r), *USA* -æs-/, *n.* ***1*** (*zool.*) cavalletta ***2*** (*mil.*) cicogna; piccolo aereo da ricognizione. ● (*elettr.*) **g. fuse**, fusibile segnalatore □ (*fig.*) **to have a g. mind**, essere incapace di concentrarsi □ (*fam.*) **to be knee-high to a g.**, essere alto come un soldo di cacio.

grassiness /ˈgrɑːsɪnəs, *USA* -æs-/, *n.* l'essere erboso.

grassland /ˈgrɑslənd, *USA* -æs-/, *n.* terreno coltivato a erba; prateria. ● (*agr.*) **g. farming**, praticoltura.

grassplot /ˈgrɑːsplɒt, *USA* -æs-/, *n.* praticello (*artificiale*); campo erboso; tappeto erboso.

grassy /ˈgrɑːsɪ, *USA* -æsɪ/, *a.* ***1*** erboso; ricco d'erba ***2*** simile all'erba; erbaceo.

grate /greɪt/, *n.* ***1*** grata; inferriata; griglia ***2*** (*cucina*) gratella; graticola (*di focolare, ecc.*) ***3*** focolare.

to **grate** (1) /greɪt/, *v. t.* munire di grata (*o* d'inferriata).

to **grate** (2) /greɪt/, *v. t. e i.* ***1*** grattugiare; grattare: **to g. cheese**, grattugiare il formaggio ***2*** digrignare; far stridere (*i denti, ecc.*) ***3*** cigolare; stridere: **These gears g.**, questi ingranaggi stridono ***4*** (*mecc.*: *del cambio*) grattare ***5*** – **to g. on**, irritare; seccare; urtare: **His haughty manners g. on everyone**, il suo modo di fare altezzoso urta tutti ***6*** – **to g. on**, (*della voce*) straziare: **The voice of that girl grates upon my ear**, la voce di quella ragazza mi strazia le orecchie. ● (*autom.*) **to g. a car into gear**, grattare inserendo la marcia □ **grated breadcrumbs**, pangrattato □ **a grating voice** [**laugh**], una voce [una risata] stridula.

grateful /ˈgreɪtfl/, *a.* ***1*** grato; riconoscente: **a g. heart**, un cuore grato; **I am g. to you for your kindness**, ti sono grato per la tua gentilezza ***2*** (*lett.*) gradevole; piacevole: **a g. warmth**, un piacevole calore. ‖ **-ly**, *avv.* ‖ **-ness**, *sost.*

grater /ˈgreɪtə(r)/, *n.* ***1*** chi grattugia ***2*** grattugia.

graticule /ˈgrætɪkjuːl/, *n.* ***1*** reticolo (*di strumenti ottici*) ***2*** reticolato, reticolo (*di carte geografiche*) ***3*** (*disegno*) graticola.

gratification /grætɪfɪˈkeɪʃn/, *n.* ***1*** appagamento; piacere; soddisfacimento; il soddisfare ***2*** (*psic.*) gratificazione ***3*** gratifica; ricompensa ***4*** regalia; mancia.

to **gratify** /ˈgrætɪfaɪ/, *v. t.* ***1*** appagare; accontentare; compiacere; indulgere a; soddisfare: **to g. one's passions**, indulgere alle proprie passioni ***2*** (*psic.*) gratificare ***3*** gratificare; dare un compenso (*o* un premio) a (q.). ● **to g. a wish**, esaudire un desiderio.

gratifying /ˈgrætɪfaɪɪŋ/, *a.* gratificante; gradito; piacevole; soddisfacente.

gratin /ˈgrætn, -ɑːtn/ (*franc.*), *n.* (*cucina*) gratin. ● **au g.**, al gratin; gratinato.

grating (1) /ˈgreɪtɪŋ/, *a.* ***1*** stridente; stridulo; aspro; irritante: **a g. voice**, una voce stridula, aspra ***2*** seccante; urtante. ● **g. sound**, stridore.

grating (2) /ˈgreɪtɪŋ/, *n.* ***1*** grata; inferriata; griglia ***2*** griglia (*di fornace, ecc.*) ***3*** reticolo (*di strumenti ottici*) ***4*** (*elettr.*) reticolo.

gratis /ˈgrætɪs, -ɑːt-, -eɪt-/, **A** *avv.* gratuitamente; gratis. **B** *a.* gratuito; libero.

gratitude /ˈgrætɪtjuːd, *USA* -tuːd/, *n.* gratitudine; riconoscenza.

gratuitous /grəˈtjuːɪtəs, *USA* -ˈtuː-/, *a.* gratuito; (*fig.*) ingiustificato: **g. information**, informazioni gratuite; **a g. insult**, un insulto ingiustificato. ● (*leg.*) **g. contract**, contratto a titolo gratuito. ‖ **-ly**, *avv.* ‖ **-ness**, *sost.*

gratuity /grəˈtjuːətɪ, *USA* -ˈtuː-/, *n.* ***1*** gratifica; mancia ***2*** (*econ., ingl.*) (indennità di) buonuscita; liquidazione (*per lo più, corrisposta ai dipendenti pubblici; non è, come in Italia, una forma differita di stipendio o salario*) ***3*** (*mil.*) indennità di congedo. ● **«No gratuities»** (*cartello*), «non si accettano mance».

gratulatory /ˈgrætʃʊlətrɪ, *USA* -tɔːrɪ/, *a.* gratulatorio; congratulatorio.

gravamen /grəˈveɪmen, -ən/, *n.* (*leg.*) doglianza; fondamento di un'accusa.

grave (1) /greɪv/, **A** *n.* ***1*** tomba (*anche fig.*); fossa; sepolcro; sepoltura ***2*** (*fig.*) fine; morte: **The poor boy was brought to an early g.**, il povero ragazzo fece una fine prematura. **B** *a. attr.* tombale: (*archeol.*) **g. goods**, reperti tombali. ● **g. clothes**, lenzuolo funebre; sudario □ **g.-digger**, becchino; beccamorto (*pop.*) □ **g. robber**, predatore di tombe; sciacallo (*fig.*) □ **to be as silent as a g.**, essere muto come una tomba □ (*fig.*) **to dig one's g.**, scavarsi la fossa con le proprie mani □ (*fig.*) **to have one foot in the g.**, avere un piede nella fossa □ **to make sb. turn in his g.**, far rivoltare q. nella tomba □ **Someone is walking on my g.**, mi è passata vicino la morte (*si dice quando si ha un brivido improvviso e inspiegabile*).

grave (2) /grɑːv, greɪv/, **A** *a.* ***1*** grave; austero; dignitoso; serio; solenne; importante: **a g. person**, una persona grave (*o* seria, solenne); **a g. illness**, una grave malattia; **a g. responsibility**, una grave responsabilità ***2*** (*gramm., fon.*) grave: **a g. accent**, un accento grave ***3*** cupo; tetro: **g. colours**, tinte cupe. **B** *n.* ***1*** (il) grave; (le) cose gravi ***2*** (*fon.*) accento grave.

to **grave** /greɪv/ (*pass.* **graved**, *p. p.* **graven, graved**), *v. t.* ***1*** (*arc.*) seppellire ***2*** incidere; scolpire; (*fig.*) fissare: **to g. st. in one's mind**, fissarsi (*o* scolpirsi) q.c. nella mente.

gravel /ˈgrævl/, *n.* ***1*** ghiaia; sabbia grossa; (*ind. costr.*) ghiaietto ***2*** (*med.*) renella ***3*** (*ind. min.*) sabbia aurifera. ● **g. ballast**, massicciata di ghiaia □ (*lett.*) **g.-blind**, cieco come una talpa □ **g.-pit**, cava di ghiaia □ **g.-voiced**, dalla voce stridula □ (*ind. costr.*) **pebble g.**, ghiaia.

to **gravel** /ˈgrævl/, *v. t.* ***1*** inghiaiare; coprire di ghiaia: **to g. a road**, inghiaiare una strada ***2*** (*fig.*) confondere; imbarazzare.

graveless /ˈgreɪvləs/, *a.* senza tomba; insepolto.

gravelly /ˈgrævəlɪ/, *a.* ***1*** ghiaiato; ghiaioso ***2*** (*med.*) che contiene renella; calcoloso ***3*** (*di voce, suono*) roco; arrocato; stridulo.

gravely /ˈgreɪvlɪ/, *avv.* gravemente.

graven /ˈgreɪvn/, *p. p.* di **to grave**. ● **g. image**, idolo.

graveness /ˈgreɪvnəs/, *n.* gravità; austerità; serietà; importanza.

graver /ˈgreɪvə(r)/, *n.* ***1*** bulino ***2*** incisore; scultore.

gravestone /greɪv/, *n.* pietra tombale; lapide funeraria.

graveyard /ˈgreɪvjɑːd/, *n.* cimitero; camposanto. ● (*ind.*) **g. shift**, turno di notte.

gravid /ˈgrævɪd/, *a.* gravido.

gravidity /græˈvɪdətɪ/, *n.* gravidanza.

gravimeter /grəˈvɪmɪtə(r)/, *n.* (*fis.*) gravimetro.

gravimetric(al) /grævɪˈmetrɪk(l)/, *a.* (*fis.*) gravimetrico.

gravimetry /grəˈvɪmətrɪ/, *n.* (*fis.*) gravimetria.

graving /ˈgreɪvɪŋ/, *n.* ***1*** incisione; scultura ***2*** (*naut.*) raddobbo; carenaggio: **g. dock**, bacino di carenaggio (*in muratura*).

to **gravitate** /ˈgrævɪteɪt/, *v. i.* ***1*** gravitare (*anche fig.*); propendere; tendere; essere attratto: **Industry gravitates towards the North of Italy**, l'industria gravita sull'Italia settentrionale ***2*** (*del fango, ecc.*) depositarsi; precipitare.

gravitation /grævɪˈteɪʃn/, *n.* ***1*** (*fis.*) gravitazione ***2*** attrazione.

gravitational /grævɪˈteɪʃənl/, *a.* (*fis.*) gravitazionale: **g. field**, campo gravitazionale.

gravitative /ˈgrævɪteɪtɪv/, *V.* **gravitational**.

graviton /ˈgrævɪtɒn/, *n.* (*fis.*) gravitone.

gravity /ˈgrævətɪ/, *n.* gravità (*in ogni senso*); (*fig.*) austerità, serietà, solennità, importanza: (*fis.*) **centre of g.**, centro di gravità; **the g. of the economic situation**, la gravità della situazione economica. ● (*econ.*) **g. model**, modello gravitazionale □ (*di persona*) **to lose one's g.**, perdere il contegno □ (*scient.*) **specific g.**, peso specifico.

gravure /grəˈvjʊə(r)/, *n.* (*contraz. di* **photogravure**) fotoincisione. ● (*arti grafiche*) **g. printing**, rotocalco (*il processo*).

gravy /ˈgreɪvɪ/, *n.* ***1*** sugo (*di carne*) ***2*** salsa, intingolo (*a base di sugo di carne*) ***3*** (*fig. fam.*) soldi facili; guadagni illeciti ***4*** (*fig. fam.*) cuccagna; pacchia (*pop.*). ● (*macelleria*) **g. beef**, girello □ **g. boat**, salsiera □ (*fam.*) **g. train**, miniera d'oro (*fig.*); sinecura; mangiatoia (*fig.*).

gray /greɪ/, e *deriv. V.* **grey**, e *deriv.*

grayling /ˈgreɪlɪŋ/, *n.* (*zool.*, *Thymallus thymallus*) temolo.

graze /greɪz/, *n.* ***1*** abrasione; escoriazione; graffio (*fam.*) ***2*** tocco (*o* colpo) di striscio ***3*** (*mil.*) tiro radente.

to **graze** (1) /greɪz/, *v. i. e t.* ***1*** pascolare; brucare erba; far pascolare: **The cows were grazing in the fields**, le vacche pascolavano nei campi; **to g. cattle**, far pascolare il bestiame ***2*** tenere (*un terreno*) a pascolo. ● **to g. a meadow**, mettere bestiame al pascolo su un prato.

to **graze** (2) /greɪz/, *v. t. e i.* ***1*** abradere; escoriare; graffiare; scalfire: **I just grazed my bumpers**, ho appena graffiato i paraurti ***2*** rasentare, rasentarsi; sfiorare, sfiorarsi: **The falling tree grazed my car**, nella caduta l'albero sfiorò la mia macchina; (*autom.*) **to g. the guardrail**, rasentare il guardrail. ● **to g. one's knee**, scorticarsi (*o* sbucciarsi) un ginocchio □ (*aeron.*) **grazing flight**, volo radente □ (*mil.*) **grazing fire,** *V.* **graze,** *def. 3.*

grazier /ˈgreɪzɪə(r), *USA* -ʒə(r)/, *n.* allevatore di bestiame.

graziery /ˈgreɪzɪərɪ, *USA* -ʒə-/, *n.* allevamento di bestiame.

grazing /ˈgreɪzɪŋ/, *n.* pascolo; pastura. ● **g. land**, terreno da pascolo.

grease /griːs/, *n.* ***1*** grasso; unto; olio denso; grasso lubrificante ***2*** grasso animale; sugna ***3*** (*fam.*) brillantina ***4*** (*ind. tess.*) lana sucida ***5*** (*vet.*) malandra, tarsite (*del cavallo*) ***6*** (*pop.*) modo di fare (*o* di parlare) untuoso ***7*** (*pop. USA*) bustarella; pizzo; tangente. ● (*ferr.*) **g. box**, scatola di lubrificazione □ (*mecc.*) **g. cup**, ingrassatore (*a tazza*) □ **g. gun**, (*mecc.*) pistola per ingrassaggio; ingrassatore ad aria compressa; (*pop. USA*) pistola a tiro rapido; mitragliatore □ (*pop.*) **g. monkey**, meccanico □ (*teatr.*) **g.-paint**, cerone □ (*pop. USA*) **g. pusher**, truccatore □ (*mecc.*) **g. seal**, guarnizione a tenuta di grasso □ (*autom.*) **axle g.**, lubrificante per ponti □ (*scherz.*) **elbow g.**, olio di gomito □ (*di selvaggina*) **in g.** (*o* **in pride of g., in prime of g.**), ben grasso □ **wool in the g.**, lana sucida.

to **grease** /griːs/, *v. t.* ***1*** lubrificare; ingrassare; ungere: **to g. the wheels of a cart**, ungere le ruote d'un carro ***2*** (*fam.*) adulare; insaponare (*pop.*). ● (*fig.*) **to g. sb.'s hand** (*o* **palm**), ungere q.; corrompere q. □ (*fig.*) **to g. the wheels**, ungere le ruote; corrompere □ (*fam.*) **like greased lightning**, in un baleno.

greaseball /ˈgriːsbɔːl/, *n.* (*spreg. USA*) ***1*** messicano ***2*** sudamericano ***3*** immigrato da un paese del Mediterraneo ***4*** individuo sgradevole; teppista **5** *V.* **greaseburner** **6** (*teatr.*) attore (*o* attrice) dal trucco pesante.

greaseburner /ˈgri:sbɜ:nə(r)/, *n.* (*pop. USA*) cuoco, cuoca (*di friggitoria, ecc.*).

greaseproof /ˈgri:spru:f/, *a.* oleato: **g. paper**, carta oleata (*o* paraffinata).

greaser /ˈgri:sə(r)/, *n.* **1** lubrificatore; ingrassatore **2** (*pop. USA, spreg.*) messicano; sudamericano **3** (*gergo naut.*) macchinista **4** (*fam. USA*) giovanotto elegante degli anni cinquanta, che aveva i capelli imbrillantinati **5** (*fam.: in G.B.*) capellone che fa parte di una banda di motociclisti **6** (*pop.*) bullo; teppista **7** (*pop*) leccapiedi.

greasiness /ˈgri:sɪnəs/, *n.* **1** untuosità (*anche fig.*); oleosità; grassume; untume **2** grassezza (*della lana*).

greasing /ˈgrisɪŋ/, *n.* (*mecc.*) ingrassaggio.

greasy /ˈgri:sɪ/, *a.* **1** grasso; oleoso; untuoso (*anche fig.*); sudicio: **g. food**, cibo grasso; **g. hands**, mani unte; **g. manners**, maniere untuose **2** scivoloso; viscido: **a g. road**, una strada viscida **3** imbrillantinato; unto: **g. hair**, capelli unti. ● **g. pole**, albero della cuccagna □ (*pop.*) **g. spoon**, ristorante piccolo, antigienico e a buon mercato; friggitoria da quattro soldi □ (*ind. tess.*) **g. wool**, lana sucida.

great /greɪt/, **A** *a.* **1** grande; grosso; grave; importante; nobile e generoso; forte; intenso: **a g. painter**, un grande pittore; **a g. (big) tree**, un grande albero; **a g. loss**, una grave perdita; **a g. friend of mine**, un mio grande amico; **a g. occasion**, un'occasione importante **2** (*di lettera dell'alfabeto*) maiuscola: **a g. «a»**, un'«a» maiuscola **3** (*fam.*) divertente; eccellente; magnifico; meraviglioso: **That's g.!**, è una cosa magnifica!; è fantastico!; **Wouldn't it be g. if I could go abroad?**, non sarebbe meraviglioso se io potessi andare all'estero?; **It was g. to hear your voice again on the phone**, mi ha fatto un immenso piacere risentirti al telefono **4** eminente; famoso; insigne: **g. Victorians**, uomini famosi dell'età vittoriana **5** (*fam.*) abile; bravo; bravissimo (*a fare q.c.*): **She's g. at playing the piano**, è bravissima a suonare il pianoforte **6** (*fam.*) favorito; prediletto: **a g. joke of his**, una delle sue barzellette preferite **7** (*lett.: di donna*) incinta. **B** *n.* **1** (*specialm. al pl.*) grande; personaggio illustre **2** (*pl.*) (*fam.*) – **the Greats**, gli esami finali per la laurea in discipline umanistiche (*a Oxford e Cambridge*). ● **g. and small**, grandi e piccoli; (uomini) importanti e di poco conto □ (*zool.*) **g. ape**, scimmia antropomorfa □ **the G. Assize** (*o* **the G. Day, the G. Inquest**), il Giudizio Universale □ (*fam.*) **to be g. at st.**, essere assai bravo a fare q.c.: **He is g. at tennis**, è assai bravo a giocare a tennis □ **g.-aunt**, prozia □ (*astron.*) **the G. Bear**, l'Orsa Maggiore □ **the g. beyond**, l'aldilà □ **a g. big man**, un omone □ **a g. big plane**, un aereo grandissimo, enorme □ (*geogr.*) **G. Britain**, la Gran Bretagna □ **g. circle**, (*geodesia*) gran circolo; (*geom.*) circonferenza massima □ (*naut.*) **g.-circle**, ortodromico: **g.-circle track**, rotta ortodromica □ (*zool.*) **G. Dane**, (cane) danese □ **a g. deal (of)**, molto; un bel po' (di): **He has a g. deal of money**, ha molto denaro; **He is a g. deal better**, sta molto meglio □ **g. divide**, (*geogr.*) spartiacque continentale; (*fam. USA*) divorzio □ **a g. eater**, uno che mangia molto; un mangione □ (*stor.*) **the G. Fire of London**, il Grande Incendio di Londra (*1666*) □ **G. God!**, Dio buono! □ **g.-grandchild**, pronipote (*di nonni*) □ **g.-granddaughter**, pronipote (*femmina, di nonni*) □ **g.-grandfather**, bisnonno □ **g.-grandmother**, bisnonna □ **g.-grandparent**, bisnonno, bisnonna □ **g.-grandson**, pronipote (*maschio, di nonni*) □ **g.-g.-grandfather**, trisavolo □ **g.-g.-grandmother**, trisavola □ **g. gross**, dodici grosse (*cioè 12 volte 144 unità*) □ **g.-hearted**, che ha un gran cuore; magnanimo; nobile e generoso □ **g.-heartedness**, magnanimità; generosità □ **g. house**, casa principale, più grande delle altre (*in un paese*) □ (*geogr.*) **the G. Lakes**, i Grandi Laghi (*in U.S.A.*) □ **a g. many**, moltissimi, moltissime □ (*bot.*) **g. mullein**, *V.* **Aaron's rod** □ **g.-nephew**, pronipote (*maschio, di zii*) □ **g.-niece**, pronipote (*femmina, di zii*) □ (*fam.*) **to be g. on st.**, essere appassionato di q.c.; avere il pallino di q.c. □ (*mus.*) **g. organ**, grand'organo □ **G. Paul**, la campana della chiesa di San Paolo (*a Londra*) □ (*stor.*) **the G. Plague (of London)**, la Grande Peste (di Londra) (*1664-65*) □ (*tipogr.*) **g. primer**, corpo 18 □ **the G. Seal**, il sigillo ufficiale (*di uno stato*) □ **the g. staircase**, la scala principale □ **g. thoughts**, pensieri nobili, elevati □ (*zool.*) **g. tit** (*Parus major*); cinciallegra □ **g. toe**, alluce; dito grosso del piede □ (*stor.*) **the G. Train Robbery**, la Grande Rapina del Treno (*1963*) □ **g.-uncle**, prozio □ (*geogr.*) **the G. Wall of China**, la Grande Muraglia Cinese □ (*stor.*) **the G. War**, la Grande Guerra (*1914-18*) □ **a g. while**, molto (*o* un bel po' di) tempo □ (*arc.* o *lett.*) **g. with child**, incinta □ **the g. world**, il gran mondo; la società elegante; l'aristocrazia □ (*astron.*) **g. year**, grande anno (*circa 25.800 anni*) □ (*stor.*) **Alexander the G.**, Alessandro Magno □ (*bot.*) **greater celandine** (*Chelidonium majus*), celidonia; erba da porri □ **Greater London**, Londra e i sobborghi (*contea che copre 1.500 kilometri quadrati e ha quasi sette milioni di abitanti*) □ (*mat.*) **greatest common divisor**, massimo comun divisore □ **to live to a g. age**, vivere fino a tarda età □ (*fam.*) **I don't feel too g. today**, oggi non mi sento in forma.

greatcoat /ˈgreɪtˈkəʊt/, *n.* **1** (*raro*) soprabito pesante **2** (*mil.*) cappotto.

greatly /ˈgreɪtlɪ/, *avv.* **1** grandemente; assai; moltissimo; di gran lunga: **He was g. esteemed**, era assai stimato; **I should g. prefer...**, preferirei di gran lunga... **2** (*raro*) generosamente; nobilmente.

greatness /ˈgreɪtnəs/, *n.* grandezza (*in molti sensi*; *V.* **great**).

greaves (**1**) /gri:vz/, *n. pl.* (*stor.*) gambiere (*d'armatura*); schinieri.

greaves (**2**) /gri:vz/, *n. pl.* (*cucina*) ciccioli, siccioli.

grebe /gri:b/, *n.* (*zool.*, *Podiceps*) svasso; tuffetto.

Grecian /ˈgri:ʃn/, **A** *a.* (*stor.*) greco: **G. architecture**, architettura greca; **G. nose [profile]**, naso [profilo] greco; **a G. urn**, un'urna greca. **B** *n.* **1** (*raro*) greco, greca **2** (*arc.*) ellenista; grecista. ● (*letter.*) **G. horse**, cavallo di Troia □ **G. knot**, pettinatura alla greca; coda di cavallo □ **G. slippers**, babbucce.

Grecism /ˈgri:sɪzəm/, *n.* (*specialm. USA*) **1** grecismo **2** ellenismo.

to **Grecize** /ˈgri:saɪz/, *V.* **to Graecize**.

Greece /gri:s/, *n.* (*geogr.*) Grecia.

greed /gri:d/, **greediness** /ˈgri:dɪnəs/, *n.* **1** avidità; bramosia; cupidigia **2** ghiottoneria; golosità; ingordigia.

greedily /ˈgri:dəlɪ/, *avv.* **1** avidamente **2** golosamente.

greedy /ˈgri:dɪ/, *a.* **1** avido; bramoso; cupido: **to be g. for gold [fame]**, essere avido d'oro [bramoso di fama]; **to be g. of office [for power]**, essere affamato di cariche [avido di potere] **2** ghiotto; goloso; ingordo: **a g. boy**, un ragazzo ingordo. ● **to be g. of sb.'s love**, essere attaccatissimo a q. □ (*di una pianta*) **to be g. for water**, avere sete.

Greek /gri:k/, **A** *a.* greco: **the G. Church**, la Chiesa Greca (Ortodossa). **B** *n.* **1** greco **2** greco (*la lingua*) **3** (*fig. arc.*) uomo astuto; imbroglione. ● **at the G. Calends**, alle calende greche; mai □ (*archit.*) **G. cross**, croce greca □ (*relig.*) **the G. Fathers**, i Padri della Chiesa che scrissero in greco □ (*stor., mil.*) **G. fire**, fuoco greco □ (*archit.*) **G. fret** (*o* **G. key**), greca □ (*fig.*) **G. gift**, dono che cela un'insidia □ (*fam.*) **It's all G. to me!**, per me è greco (*o* arabo, turco); non ci capisco un'acca!

green /gri:n/, **A** *a.* **1** verde; acerbo; immaturo; non secco: **a g. blouse**, una camicetta verde; **g. peaches**, pesche ancora verdi (*o* acerbe); **g. wood**, legna verde **2** (*fig.*) verde; giovane; fresco; nuovo; vigoroso; vivido: **in my g. years**, nei miei verdi anni; **a g. old age**, una verde vecchiaia; una vecchiaia vigorosa; **Recollections of his youth were still g. in his mind**, i ricordi della giovinezza erano ancora freschi (*o* vividi) nella sua mente; (*edil.*) **g. mortar**, malta fresca; **a g. wound**, una ferita fresca (*o* ancora aperta) **3** (*fig.*) inesperto; ingenuo; di primo pelo; novellino; non specializzato: **a g. hand**, un lavorante inesperto; **g. labour**, manodopera non specializzata **4** (*di stagione, ecc.*) mite; senza neve: **a g. December**, un dicembre mite; **a g. Christmas**, un Natale senza neve **5** (*fam.*) verde (*d'invidia, ecc.*); pallido (*di carnagione*); geloso **6** (*di carne, cemento, ecc.*) fresco **7** (*polit.*) – **G.**, verde: **the G. party**, il partito dei verdi; i verdi **8** (*fin.*) verde: **the g. pound**, la sterlina verde. **B** *n.* **1** (color) verde; (il) verde: **a girl dressed in g.**, una ragazza vestita di verde **2** prato; spiazzo erboso; verde pubblico; campo (*da gioco*): **a village g.**, lo spiazzo erboso al centro d'un villaggio; **bowling g.**, campo per il gioco delle bocce; **golf g.**, campo da golf **3** (*pl.*) ortaggi, erbe, verdura; fogliame, fronde, ramoscelli: **Christmas greens**, fronde e ramoscelli (*d'abete e d'agrifoglio*) per decorazioni natalizie **4** (*polit.*) – **G.**, verde **5** (*pop. USA e irl.*) soldi; contanti. ● (*fig. fam.*) **to be g. around the gills**, *V. sotto* **gill** □ (*fam. USA*) **g. back**, *V.* **greenback** □ **g. belt**, (*urbanistica*) zona verde; verde (attrezzato); (*meteor.*) zona priva di gelate □ **the G. Berets**, i Berretti Verdi (*forze speciali dell'esercito USA e ingl.*) □ **g.-blue**, verdazzurro □ **g. card**, (*ass., autom.*) carta verde; (*in G.B.*) carta d'identità per portatori di handicap (*in attesa di occupazione*); (*USA*) permesso d'entrata in U.S.A. (*per operai agricoli messicani, ecc.*) □ **g. cheese**, formaggio fresco; (*anche*) formaggio alle erbe □ **g. crop**, erba, foraggio verde □ (*in G.B.*) **the G. Cross Code**, il Codice di Educazione Stradale (*per i bambini*) □ (*zool.*) **g. drake** (*Ephemera vulgata*), effimera □ **g. earth**, terra verde; terra di Verona □ **g.-eyed**, dagli occhi verdi; (*fig.*) geloso, invidioso □ (*lett.* o *scherz.*) **the g.-eyed monster**, la gelosia; l'invidia □ (*fam.*) **g. fingers**, abilità nel giardinaggio; il pollice verde (*fig.*): **to have g. fingers**, avere il pollice verde □ **g. food**, ortaggi; erbe; verdura □ **g. light**, (*autom.*) (luce) verde; (*fig. fam.*) via libera, autorizzazione, permesso di dare inizio a un progetto □ (*trasp.*) **G. Line coach**, autobus della linea verde (*a Londra*: *nel raggio di 65 kilometri dal centro*) □ (*zool.*) **g. linnet** (*Chloris chloris*), verdone □ **g. lumber**, legname non stagionato □ (*agric.*) **g. manure**, sovescio □ (*fam. USA*) **g. money**, cartamoneta; banconote □ (*in U.S.A.*) **the G. Mountain State**, lo Stato del Vermont □ (*polit.*) **G. Paper**, fascicolo di proposte del governo inglese al parlamento □ (*fam. USA*) **g. paper**, banconote; soldi □ (*zool., dial.*) **g. peak** (*Picus viridis*), picchio verde □ **g. pepper**, pepe verde (*o* di Caienna) □ (*fam. USA*) **g. power**, il potere del denaro □ (*agric.*) **the g. revolution**, la rivoluzione verde □ **g. stuff**, fogliame, vegetazione; ortaggi, erbe, verdura □ **g. table**, tavolo (*o* tappeto) verde; tavolo da gioco □ (*USA*) **g. thumb**, *V.* **g. fingers** □ (*miner.*) **g. vitriol**, solfato ferroso; vetriolo verde □ **g. with envy [with jealousy]**, verde d'invidia [di gelosia] □ (*zool.*) **g. woodpecker** (*Picus viridis*), picchio verde □ **bottle-g.**, verde bottiglia □ (*fig.*) **to be in the g.** (*o* **in the g. tree**), essere vegeto e robusto; essere fresco e vigoroso □ **to keep sb.'s memory g.**, tener vivo il ricordo di q. □ (*fam. USA*) **long g.**, banconote; soldi □ **sea g.**, verdemare □ (*fam.*) **Do you see any g. in my eye?**, ti sembro proprio tanto ingenuo? □ **I'm**

not so g., non sono (mica) nato ieri.
to **green** /griːn/, **A** *v. t.* **1** rendere verde; inverdire **2** (*fam. USA*) farsi beffe di; prendere (q.) in giro. **B** *v. i.* diventar verde; verdeggiare.
greenback /ˈgriːnbæk/, *n.* (*fam. USA*) biglietto di banca; banconota.
greener /ˈgriːnə(r)/, *n.* (*fam. USA*) **1** operaio inesperto **2** straniero immigrato da poco, in cerca di lavoro.
greenery /ˈgriːnərɪ/, *n.* **1** fogliame; fronde; vegetazione; verzura (*lett.*) **2** serra.
greenfinch /ˈgriːnfɪntʃ/, *n.* (*zool.*, *Chloris chloris*) verdone.
greenfly /ˈgriːnflaɪ/, *n.* (*zool.*, *Myzus persicae*) afide verde (*del pesco*).
greengage /ˈgriːngeɪdʒ/, *n.* (*bot.*) susina regina Claudia.
greengrocer /ˈgriːngrəusə(r)/, *n.* erbivendolo; fruttivendolo.
greengrocery /ˈgriːngrəusərɪ/, *n.* **1** negozio d'erbivendolo (*o* di fruttivendolo); frutteria (*raro*) **2** erbe; ortaggi; verdura e frutta.
greenhorn /ˈgriːnhɔːn/, *n.* **1** sempliciotto; babbeo; imbranato (*pop.*) **2** novellino; principiante; pivello (*fam.*) **3** (*fam. USA*) persona immigrata di fresco.
greenhouse /ˈgriːnhaus/, *n.* **1** serra **2** (*aeron.*) calotta trasparente. ● (*fis.*, *ecol.*) **g. effect**, effetto serra.
greening /ˈgriːnɪŋ/, *n.* mela dalla buccia verde.
greenish /ˈgriːnɪʃ/, *a.* verdastro; verdognolo.
Greenland /ˈgriːnlənd/, *n.* (*geogr.*) Groenlandia.
Greenlander /ˈgriːnləndə(r)/, *n.* groenlandese.
greenlet /ˈgriːnlət/, *n.* (*zool.*, *Vireo*) vireo.
greenly /ˈgriːnlɪ/, *avv.* **1** in verde; con tinte (*o* sfumature) di verde **2** (*arc.*) immaturamente; con poca esperienza; alla meglio.
greenmail /ˈgriːnmeɪl/, *n.* (*fin.*, *specialm. USA*) vantaggioso acquisto di azioni di un'altra società (*che le ricompra per timore di un'acquisizione di controllo*).
greenness /ˈgriːnnəs/, *n.* **1** l'essere verde; verde: **the g. of the grass**, il verde dell'erba **2** (*fig.*) giovinezza; freschezza; vigore **3** (*fig.*) inesperienza; immaturità **4** (*fig.*) semplicioneria; credulità.
greenroom /ˈgriːnruːm, -rum/, *n.* (*teatr.*) camerino (*di un attore*).
greensand /ˈgriːnsænd/, *n.* (*geol.*) sabbia verde.
greenshank /ˈgriːnʃæŋk/, *n.* (*zool.*, *Tringa nebularia*) pantana.
greensick /ˈgriːnsɪk/, *a.* (*med.*) malato di clorosi; clorotico.
greensickness /ˈgriːnsɪknəs/, *n.* (*med.*) clorosi (*anemia*).
greenstick /ˈgriːnstɪk/, *n.* – (*med.*) **g. fracture**, frattura a legno verde.
greenstone /ˈgriːnstəun/, *n.* **1** (*geol.*) pietra verde (*roccia basaltica alterata di colore verde scuro*) **2** (*miner.*) giada di anfibolo; nefrite.
greensward /ˈgriːnswɔːd/, *n.* (*arc. o lett.*) tappeto verde (*in giardini, ecc.*).
to **greenwash** /ˈgriːnwɒʃ, *USA* -wɔːʃ/, *v. t.* (*pop. USA*) fare il lavaggio di (*denaro sporco*).
greenweed /ˈgriːnwiːd/, *n.* (*bot.*, *Genista tinctoria*) ginestrella.
Greenwich /ˈgrɛnɪdʒ, -ɪtʃ, -rɪn-/, *n.* (*geogr.*) Greenwich (*presso Londra*): **G. (mean) time**, ora (*o* tempo medio) di Greenwich.
greenwood /ˈgriːnwud/, *n.* (*poet.*) foresta frondosa; bosco fronzuto.
greeny /ˈgriːnɪ/, *a.* (*specialm. nei composti*) verde: **g.-yellow**, verde giallo.
greenyard /ˈgriːnjaːd/, *n.* **1** cortile erboso **2** chiuso, recinto (*per bestiame*).
to **greet** (**1**) /griːt/, *v. t.* **1** salutare (*q., incontrandolo*); accogliere; dare il benvenuto a; riverire: **I greeted him by touching my hat**, lo salutai toccandomi il cappello; **Cheers greeted the close of the speech**, applausi salutarono la chiusa del discorso; **The aroma of coffee greeted us**, ci accolse l'aroma del caffè **2** (*di vista, spettacolo, ecc.*) offrirsi, presentarsi a (q.). ● (*fam.*) **to g. sb.'s eyes**, rallegrare la vista.
to **greet** (**2**) /griːt/, *v. i.* (*scozz.*) piangere.
greeting /ˈgriːtɪŋ/, *n.* **1** saluto; accoglienza; benvenuto **2** (*pl.*) auguri: **Christmas greetings**, auguri natalizi **3** (*USA*) vocativo d'apertura (*di una lettera*; *cfr. ingl.* **salutation**). ● **greetings card**, cartolina d'auguri; biglietto di saluti; partecipazione.
gregale /greɪˈgaːleɪ/ (*maltese*), *n.* (*meteor.*) grecale.
gregarious /grɪˈgɛərɪəs/, *a.* **1** (*zool.*, *bot.*) gregario: **Sheep are g. animals**, le pecore sono animali gregari **2** (*bot.*) che cresce a grappoli **3** (*di persona*) amante della compagnia; socievole.
gregariously /grɪˈgɛərɪəslɪ/, *avv.* in gruppo; in compagnia; in branco.
gregariousness /grɪˈgɛərɪəsnəs/, *n.* **1** (*biol.*) gregarismo **2** socievolezza.
Gregorian /grɪˈgɔːrɪən/, *a.* gregoriano: **G. chant**, canto gregoriano; **G. calendar**, calendario gregoriano; **G. tones**, canti gregoriani.
Gregory /ˈgrɛgərɪ/, *n.* Gregorio.
Gregory's powder /ˈgrɛgərɪzpaudə(r)/, *locuz. n.* (*un tempo*) polvere di rabarbaro (*antiacido e lassativo*).
gremial /ˈgriːmɪəl/, *n.* (*relig.*) grembiale.
gremlin /ˈgrɛmlɪn/, *n.* **1** (*fam.*) folletto; spiritello maligno **2** (*pop. USA*) piantagrane.
grenade /grəˈneɪd/, *n.* (*mil.*) **1** bomba a mano (*o* da fucile) **2** granata (*a gas, dirompente, ecc.*). ● **g. launcher**, lanciabombe □ **hand g.**, bomba a mano □ **tear-gas g.**, bomba lacrimogena.
grenadier /grɛnəˈdɪə(r)/, *n.* **1** (*mil.*) granatiere **2** (*zool.*; *Ploceus oryx, Pyromelana*) pesce dei macruridi.
grenadine (**1**) /ˈgrɛnədiːn/, *n.* granatina (*bibita*).
grenadine (**2**) /ˈgrɛnədiːn/, *n.* (*ind. tess.*) granadina.
grenadine (**3**) /ˈgrɛnədiːn/, *n.* (*cucina*) filetto di vitello (*o* di pollo) con lardo e gelatina.
gressorial /grɛˈsɒrɪəl, *USA* -ɔːr-/, *a.* (*zool.*) atto alla locomozione.
grew /gruː/, *pass.* di **to grow**.
grey /greɪ/, **A** *a.* **1** grigio; bigio; cenerognolo; (*fig.*) triste, tetro, malinconico: **The future looks g.**, il futuro si presenta grigio **2** (*fig.*) monotono; incolore; scialbo **3** (*fig.*) anziano; vecchio; esperto; maturo: **g. power**, il potere nelle mani degli anziani; la gerontocrazia. **B** *n.* **1** (color) grigio: **a woman dressed in g.**, una donna vestita di grigio **2** cavallo bigio **3** (*ind. tess.*) filato (*o* tessuto) non tinto (*o* al naturale). ● **the Greys**, il secondo reggimento dei dragoni; (*stor. USA*) i confederati, i sudisti □ **g. area**, zona grigia (*in G.B.*: *che ha disoccupati, ma non tanti da ricevere speciali sussidi governativi*); (*fig.*) zona oscura (*di un fenomeno, ecc.*); zona d'ombra (*fig.*); situazione poco chiara; terreno inesplorato (*fig.*) □ (*stor.*) **g.-coat**, fantaccino del Cumberland; (*USA*) soldato confederato □ (*USA*) **g.-collar**, di tecnico, di aggiustatore, di operaio qualificato □ (*zool.*) **g.-cock**, starna di montagna (*maschio*) □ (*zool.*) **g. crow** (*Corvus cornix*), cornacchia grigia □ (*zool.*) **g.-drake**, effimera (*la femmina adulta*) □ **g. eminence**, eminenza grigia □ **the G. Friars**, i frati francescani □ (*zool.*) **g. goose**, (*Anser anser*) oca selvatica; (*Branta canadensis*) oca canadese □ **g.-haired**, dai capelli grigi; brizzolato □ **g.-headed**, dal capo grigio; vecchio; esperto (in q.c.) □ (*fam.*) **a g. man in a g. suit**, un uomo grigio vestito di grigio (*rif. a John Major, Primo Ministro britannico dal 1990*) □ (*anat.* e *fig.*) **g. matter**, materia grigia (*del cervello*) □ **g. market**, (*econ.*) mercato «grigio» (*quasi «nero»*); (*Borsa*) mercatino □ **the G. Monks**, i frati cistercensi □ (*zool.*) **g. mullet** (*Mugil cephalus*), muggine comune; cefalo □ **a g. sister**, una terziaria francescana □ (*zool.*) **g. whale** (*Eschrichtius Eschrichtidae*), balena grigia □ **to go g.**, diventare grigio; ingrigire.
to **grey** /greɪ/, **A** *v. t.* rendere grigio. **B** *v. i.* diventare grigio; ingrigire.
greyback /ˈgreɪbæk/, *n.* (*zool.*) **1** *V.* **grey crow** **2** *V.* **grey whale**.
greybeard /ˈgreɪbɪəd/, *n.* **1** uomo dalla barba grigia; vecchione **2** grosso recipiente di gres per liquori **3** (*bot.*, *Clematis vitalba*) vitalba.
greyhen /ˈgreɪhɛn/, *n.* (*zool.*) femmina di fagiano di monte.
greyhound /ˈgreɪhaund/, *n.* levriero. ● (*sport*) **g. race**, corsa di cani □ **g. racing**, corse dei cani □ **g. track**, cinodromo □ (*stor.*, *naut.*) **ocean g.**, «levriero dei mari»; nave a vapore velocissima.
greyish /ˈgreɪɪʃ/, *a.* grigiastro.
greylag /ˈgreɪlæg/, *n.* (*zool.*, *Anser anser*) oca selvatica.
greyness /ˈgreɪnəs/, *n.* (color) grigio; tinta grigia; grigiore (*anche fig.*).
greystone /ˈgreɪstəun/, *n.* (*miner.*) roccia vulcanica grigia.
greywacke /ˈgreɪwækə/, *n.* (*geol.*) grovacca.
grid /grɪd/, *n.* **1** grata; griglia; inferriata **2** (*elettr.*, *elab.*, *elettron.*) griglia **3** reticolo, reticolato (*di cartina topografica, ecc.*) **4** rete (*di linee elettriche, del gas, idrica, ecc.*) **5** (*fin.*) griglia (*delle parità dei cambi*) **6** (*autom.*) portapacchi **7** (*sport, autom.*) griglia di partenza **8** (*arc.*, *cucina*) griglia; graticola. ● (*elettron.*) **g. drive**, eccitazione di griglia □ (*stat.*) **g. sampling**, campionamento a griglia □ **g. suppressor**, resistore di smorzamento di griglia □ **g. voltage**, tensione di griglia □ (*autom.*) **road g.**, rete stradale.
griddle /ˈgrɪdl/, *a.* **1** piastra metallica (*su cui cuocere focacce, ecc.*); teglia da forno, con mezzo manico (*anche elettrica*) **2** (*ind. min.*) crivello, vaglio (*col fondo di fil di ferro*). ● **g. cake**, focaccina; «scone».
to **griddle** /ˈgrɪdl/, *v. t.* cuocere sulla piastra.
gridiron /ˈgrɪdaɪən, *USA* -aɪ[r]n/, *n.* **1** (*cucina*) griglia; graticola; gratella **2** (*teatr.*) impalcatura delle macchine per il cambiamento delle scene **3** (*USA*) campo di football americano **4** (*naut.*) impalcatura di bacino di carenaggio. ● (*fig.*) **a g. hero**, un eroe da burletta.
gridlock /ˈgrɪdlɒk/, *n.* (*fam. USA*) **1** (*autom.*) grosso ingorgo di traffico (*specialm. a un incrocio*) **2** (*fig.*) ingorgo: **telephone g.**, ingorgo dei telefoni. ● **vocal g.**, intoppo nel parlare.
to **gridlock** /ˈgrɪdlɒk/, *n.* (*fam. USA*) (*del traffico*) intasarsi.
grief /griːf/, *n.* afflizione; cordoglio; dolore; angoscia; pena; forte rammarico: **her deep g. at her son's death**, il suo profondo dolore alla morte del figlio; **to die of g.**, morire di dolore. ● **to bring sb. to g.**, far passare dei guai a q.; mandare in malora q. □ **to come to g.**, andare in malora (*o* a rotoli); farsi male, ferirsi; fare fiasco, fallire □ **g.-stricken**, addolorato; afflitto □ **Good g.!**, buon Dio!
grievance /ˈgriːvns/, *n.* **1** danno; offesa; torto **2** doglianza (*lett.*); rimostranza; lagnanza; reclamo: **These are the grievances of the students**, queste sono le lagnanze degli studenti **3** rancore; risentimento; ruggine (*fig.*): **to nurse a g. against sb.**, nutrire rancore verso q.; avercela con q. **4** vertenza sindacale. ● **g. committee**, commissione interna (*per la discussione delle vertenze sindacali*).
grieve /griːv/, *n.* (*scozz.*) agente di campagna; fattore.
to **grieve** /griːv/, **A** *v. t.* accorare; addolorare; affliggere; crucciare; rattristare. **B** *v. i.* accorarsi; addolorarsi; affliggersi; crucciarsi; rattristarsi: **We all grieved at** (*o* **for, over**) **the death of our friend**, tutti ci rattristammo per la morte del nostro amico.
grievous /ˈgriːvəs/, *a.* **1** angoscioso; doloro-

so; penoso; triste: **a g. accident**, un penoso incidente *2* di dolore: **a g. cry**, un grido di dolore *3* grave; atroce; terribile: **a g. wound**, una ferita grave *4* gravoso; oneroso. ● (*leg.*) **g. bodily harm**, lesioni personali gravi.

griff /grɪf/, *V.* **griffin (1)**.

griffe /grɪf/, *n.* (*dial. USA*) mulatto; sanguemisto.

griffin (1) /'grɪfɪn/, *n.* (*anglo-ind.*) *1* europeo arrivato di fresco (*in India*) *2* novizio; sbarbatello; pivello (*fam.*).

griffin (2) /'grɪfɪn/, **griffon** /'grɪfn/, *n.* (*mitol., arald.*) grifone; grifo. ● (*zool.*) **griffon(-vulture)** (*Gyps fulvus*), grifone.

grift /grɪft/, *n.* (*pop. USA*) denaro guadagnato illecitamente (*barando o truffando*).

to **grift** /grɪft/, *v. i.* (*pop. USA*) barare; truffare.

grifter /'grɪftə(r)/, *n.* (*pop. USA*) baro; truffatore.

grig /grɪg/, *n.* *1* (*zool.*) piccola anguilla *2* (*fam.*) grillo; cavalletta *3* (*fig.*) individuo minuto; minuzzolo (*fam.*). ● **as merry [lively] as a g.**, allegro [vispo] come un passerotto.

grill (1) /grɪl/, *n.* *1* (*cucina*) griglia; grill; graticola; gratella *2* (*cucina*) carne alla griglia; grigliata (*anche di pesce*): **mixed g.**, grigliata mista; misto alla griglia *3* (= **motorway g.**) autogrill *4* (= **g. room**) rosticceria; grill-room. ● (*ferr., USA*) **g. car**, carrozza ristoro □ (*autom.*) **g.-type meals**, pasti di (*o* da) autogrill □ **to cook [to put] st. under the g.**, cuocere [fare] q.c. alla griglia.

grill (2) /grɪl/, *V.* **grille**.

to **grill** /grɪl/, **A** *v. t.* *1* cuocere (*o* fare) ai ferri; arrostire sulla graticola *2* (*fig.*) arrostire (*detto del caldo*); tormentare; torturare: **The sun of the tropics grilled us**, il sole dei tropici ci arrostiva *3* (*fam.*) torchiare; sottoporre (q.) a un severo interrogatorio. **B** *v. i.* *1* cuocersi sulla griglia *2* (*fig.*) esporsi al calore; lasciarsi arrostire.

grillade /grɪ'lɑːd, griː'jɑːd/ (*franc.*), *n.* (*cucina*) grigliata.

grillage /'grɪlɪdʒ, griː'jɑːʒ/, *n.* (*ind. costr.*) intelaiatura di fondazione.

grille /grɪl/, *n.* *1* grata; inferriata; griglia *2* sportello (*di banca, ufficio postale, ecc.*) *3* (*autom.*) griglia (*del radiatore*); mascherina *4* (*radio*) griglia *5* stampigliatura (*su un francobollo*).

grilled /grɪld/, *a.* *1* munito di grata; provvisto d'inferriata *2* (*cucina*) ai ferri; sulla graticola; alla griglia.

griller /'grɪlə(r)/, *n.* *1* chi cuoce ai ferri (*o* sulla graticola) *2* (*fig.*) chi tormenta; torturatore.

grilling /'grɪlɪŋ/, *n.* (*fam.*) torchiata (*fig.*); interrogatorio a fondo.

grillwork /'grɪlwɜːk/, *n.* (*edil.*) struttura a graticcio.

grilse /grɪls/, *n.* salmone di due anni circa (*che torna al fiume dal mare per la prima volta*).

grim /grɪm/, *a.* *1* arcigno; severo; torvo; truce: **a g. look**, uno sguardo severo; **a g. smile**, un truce sogghigno *2* (*lett.*) deciso; feroce; risoluto; spietato: **g. courage**, risoluto coraggio; **a g. battle**, una battaglia feroce *3* orrendo; macabro; sinistro: **a g. joke**, uno scherzo macabro; **g. humour**, umorismo sinistro *4* odioso; repellente: **a g. task**, un compito odioso *5* (*fam.*) sgradevole; spiacevole *6* (*fam.*) assai brutto; orribile; pessimo. ● (*fig.*) **the G. Reaper**, la morte □ **to hold on like g. death**, stare attaccato con le unghie e con i denti.

grimace /grɪ'meɪs, *USA* 'grɪməs/, *n.* *1* boccaccia; smorfia *2* smorfie; affettazione.

to **grimace** /grɪ'meɪs, *USA* 'grɪməs/, *v. i.* fare smorfie (*o* boccacce); storcere la bocca.

grimacer /grɪ'meɪsə(r)/, *USA* /'grɪməsə(r)/ *n.* chi fa smorfie (*o* boccacce).

grimalkin /grɪ'mælkɪn/, *n.* *1* vecchia gatta; gattaccia *2* (*fig.*) vecchia dispettosa, cattiva; megera; strega.

grime /graɪm/, *n.* sporcizia; sudiciume; sporco: **the g. on your hands**, lo sporco che hai sulle mani; **the g. of an industrial town**, il sudiciume d'una città industriale.

to **grime** /graɪm/, *v. t.* sporcare; insudiciare; imbrattare.

griminess /'graɪmɪnəs/, *n.* sporcizia; sudiciume.

grimly /'grɪmlɪ/, *avv.* *1* arcignamente; torvamente *2* risolutamente *3* orrendamente *4* odiosamente.

grimness /'grɪmnəs/, *n.* *1* aria arcigna; severità; aspetto torvo *2* decisione; risolutezza; fermezza *3* aspetto sinistro (*o* macabro).

grimy /'graɪmɪ/, *a.* sporco; sudicio; fuligginoso; imbrattato: **g. hands**, mani sporche; **g. buildings**, edifici fuligginosi.

grin /grɪn/, *n.* ghigno; sogghigno; largo sorriso; smorfia.

to **grin** /grɪn/, **A** *v. i.* ghignare; sogghignare; sorridere (*mostrando i denti*); fare una smorfia (*specialm. di dolore*): **He grinned at me**, ghignò verso di me; mi fece un ghigno; **The boy grinned from ear to ear**, il ragazzo aprì la bocca in un sorriso che gli andava da un orecchio all'altro. **B** *v. t.* esprimere (*o* manifestare) con un ghigno (*o* con un largo sorriso): **He grinned his delight**, manifestò la sua gioia con un largo sorriso. ● **to g. and bear it**, fare buon viso a cattivo gioco □ **to g. like a Cheshire cat**, sorridere scioccamente (come un gatto del Cheshire; *cfr. «Alice in Wonderland», di L. Carroll*).

grind /graɪnd/, *n.* *1* il macinare; il frantumare; lo stritolare; l'affilare, l'arrotare, ecc. (*V.* **to grind**) *2* (*fam.*) faticata; sfacchinata; sgobbata *3* (*fam. USA*) sgobbone *4* camminata faticosa *5* (*sport*) corsa a ostacoli (*di cavalli*) *6* (*volg. ingl.*) scopata (*volg.*).

to **grind** /graɪnd/ (*pass.* e *p. p.* **ground**), **A** *v. t.* *1* macinare; frantumare; sgretolare; stritolare: **to g. cereals**, macinare cereali; **to g. a bone [a stone]**, stritolare un osso [una pietra] *2* fare, produrre (*macinando*): **to g. flour**, fare la farina *3* fregare; sfregare; stropicciare *4* affilare; arrotare: **to g. a knife**, arrotare un coltello *5* levigare; molare: **to g. diamonds**, levigare le facce dei diamanti; **to g. a lens**, molare una lente *6* (*mecc.*) molare; rettificare; smerigliare: **to g. a flat surface**, rettificare una superficie piana; **to g. the valves of an engine**, smerigliare le valvole d'un motore *7* arrotare, digrignare (*i denti*) *8* azionare; girare la manovella di: **to g. a coffee mill**, girare la manovella di un macinino da caffè; **to g. a hand-organ**, azionare (*o* suonare) un organetto *9* (*fig. fam.*) inculcare; insegnare con grande impegno: **to g. grammar into a boy's head**, sudare sette camicie per insegnare la grammatica a un ragazzo. **B** *v. i.* *1* far girare le macine *2* frantumarsi; sgretolarsi *3* (*di un coltello, ecc.*) affilarsi *4* (*fig. fam., spesso* **to g. away**) lavorar sodo; sgobbare *5* macinarsi: **Some wheats g. better than others**, certe varietà di grano si macinano meglio di altre *6* (*mecc.: del cambio*) grattare *7* (*fam.*) muovere (*o* ruotare) il bacino (*nello spogliarello*). ● (*fig.*) **to g. the faces of the poor**, sfruttare i poveri; sfruttare i lavoratori □ **to g. small** (*o* **to pieces**), frantumare; fare a pezzi □ **to g. one's teeth together**, digrignare i denti □ (*di un veicolo*) **to g. to a halt** (*o* **to a standstill**), (*mecc.*) fermarsi con grande stridore; (*fig.*) arrestarsi, fermarsi: **Public works have ground to a halt**, i lavori pubblici si sono fermati □ (*fig.*) **to have an axe to g.**, avere un interesse personale, egoistico.

♦**grind along**, *v. i.* + *avv.* (*di un veicolo*) avanzare a fatica.

♦**grind away**, **A** *v. i.* + *avv.* *1* (*di un mulino*) continuare a macinare; essere in funzione *2* (*fam.*) darci sotto; sfacchinare; sgobbare: **to g. away for an exam**, sgobbare per un esame; **to g. away at maths**, darci sotto in matematica. **B** *v. t.* + *avv.* consumare, logorare (*gradini e sim., per l'attrito*).

♦**grind down**, *v. t.* + *avv.* *1* tritare; triturare; fare (*macinando*): **to g. down wheat into flour**, fare la farina macinando il grano *2* affilare, arrotare (*coltelli, ecc.*) *3* (*fig.*) opprimere; vessare: **The peasants were ground down by heavy taxation**, i contadini erano oppressi da gravose imposte.

♦**grind into**, *v. t.* + *prep.* *1* piantare, schiacciare (*con un movimento rotatorio*): **He ground the cigar into the ashtray**, schiacciò il sigaro nel portacenere; **to g. one's knee into sb.'s belly**, piantare il ginocchio nella pancia a q. *2* (*fig.*) inculcare (*nozioni, regolamenti, ecc.*) in (q.) □ **to g. st. into powder**, ridurre q.c. in polvere.

♦**grind on**, *v. i.* + *avv.* *1* (*di un veicolo*) avanzare sferragliando: **Four tanks were grinding on**, quattro carri armati avanzavano inesorabilmente *2* (*del nemico, ecc.*) avanzare lentamente.

♦**grind out**, *v. t.* + *avv.* (*spreg.*) *1* produrre (*un suono rauco o monotono*); suonare (*un motivo, ecc.*); gracidare (*fig.*) *2* produrre, scrivere, scribacchiare: **He grinds out sloppy stories for popular magazines**, scrive racconti sdolcinati per riviste di largo consumo.

♦**grind up**, *v. t.* + *avv.* ridurre in briciole; sbriciolare; sminuzzare; tritare.

grinder /'graɪndə(r)/, *n.* *1* macinatore; molitore; affilatore *2* (= **knife-g.**) arrotino; affilacoltelli *3* (= **organ g.**) suonatore d'organetto *4* (*anat.*) (dente) molare *5* (*cucina*, = **food g.**) tritatutto *6* (*cucina*, = **meat g.**) tritacarne *7* (= **coffee-g.**) macinino da caffè *8* (*mecc.*) affilatrice; molatrice; rettificatrice; smerigliatrice *9* (*mecc.*) mulino (*polverizzatore*): **ball g.**, mulino a palle *10* (*fam.*) insegnante privato; ripetitore *11* (*fam.*) spogliarellista *12* (*pop. USA*) macinino (*fig.*); vecchia auto scassata *13* (*pop. USA*) grosso panino farcito.

grindery /'graɪndərɪ/, *n.* *1* bottega d'arrotino *2* arnesi da calzolaio.

grinding /'graɪndɪŋ/, **A** *a.* *1* stridente; stridulo: **a g. sound**, un suono stridulo *2* lacerante; lancinante: **a g. pain**, un dolore lancinante *3* (*fig.*) opprimente: **g. tyranny**, tirannia opprimente. **B** *n.* *1* macinazione; macinatura; molitura *2* affilatura; arrotatura *3* digrignamento (*dei denti*) *4* (*fig.*) oppressione *5* affilatura *6* (*anche elettron.*) levigazione; rettifica *7* (*mecc.*) molatura; rettifica; smerigliatura. ● **g. mill**, tornio per gemme; (*mecc.*) mulino macinatore □ (*mecc.*) **g. wheel**, mola.

grindstone /'graɪndstəʊn/, *n.* *1* (*mecc.*) mola *2* macina (*di mulino*). ● (*fig.*) **to hold** (*o* **to keep**) **one's nose to the g.**, lavorar sodo; sgobbare.

gringo /'grɪŋgəʊ/ (*spagn.*), *n.* (*pl.* **gringos**) (*spreg.*) gringo.

grip (1) /grɪp/, *n.* *1* presa; stretta: **His hand lost its g.**, la sua mano lasciò la presa; **to let go one's g.**, abbandonare la presa *2* impugnatura; manico *3* (*fig.*) controllo; dominio; padronanza; comprensione: **to lose one's g. on the rank and file**, perdere il controllo della base (*del partito, ecc.*); **to have a good g. of a problem**, avere una buona comprensione d'un problema *4* (*USA*, = **gripsack**) borsa da viaggio; valigetta *5* (*med.*) dolore lancinante; fitta; spasmo; colica addominale *6* (*lotta*) presa *7* (*autom.*) presa (*di pneumatico*); tenuta di strada *8* (*mecc.*) chiusura; (dispositivo d') arresto *9* forcina; molletta *10* (*cinem., TV*) macchinista *11* (*tennis, ecc.*) impugnatura (*della racchetta*). ● **g.-brake**, freno a mano □ (*mil.*) **g. safety**, sicura d'impugnatura (*di rivoltella*) □ **to come to grips with**, venire alle prese con; affrontare: **The two wrestlers came to grips**, i due lottatori vennero alle prese; **Let's come to grips with the problem**, affrontiamo il problema! □ **to get into sb.'s g.**, cadere in balìa di q. □ **to get to grips with a subject**, affrontare seriamente un argomento □ (*fig.*) **to keep a firm g. on sb.**, tenere in pugno q. □ **to take a g. on st.**, afferrare q.c. □ **Keep a g. on yourself**, controllati; sii padrone di te.

grip (2) /grɪp/, *n.* (*dial.*) *1* fosso; piccolo fossato *2* grondaia.

grip (3) /grɪp/, *V.* **grippe**.

to **grip** /grɪp/, *v. t. e i.* *1* afferrare; stringere; impugnare; far presa: **This brake doesn't g. properly**, questo freno non fa presa come dovrebbe; **The anchor gripped**, l'ancora fece presa (sul fondo) *2* (*mecc.*) chiudere; stringere; serrare *3* (*fig.*) avvincere; tenere avvinto; colpire, impressionare: **The enthusiasm of the orator gripped the audience**, l'entusiasmo dell'oratore avvinse l'uditorio. ● **to be gripped by panic**, essere preso dal panico □ **a gripping story**, un racconto avvincente.

gripe /graɪp/, *n.* *1* (*raro*) l'afferrare; lo stringere; stretta; presa *2* (*raro*) afflizione; oppressione *3* (*pl.*) (*fam.*) mal di ventre; colica addominale *4* impugnatura (*d'arnese o d'arma*) *5* (*pl.*) (*naut.*) rizze *6* (*fam.*) brontolio; lagnanza. ● **to be in the g. of sb.**, essere alla mercé di q.

to **gripe** /graɪp/, **A** *v. t.* *1* (*arc.*) afferrare; stringere; impugnare *2* (*arc.*) affliggere; opprimere *3* dare il mal di ventre, provocare coliche a (q.) *4* (*naut.*) assicurare con le rizze, rizzare (*l'ancora*). **B** *v. i.* *1* (*med.*) avere coliche (*o* il mal di ventre) *2* (*naut.*) orzare *3* (*fam.*) brontolare; lagnarsi.

griping /ˈgraɪpɪŋ/, *a.* *1* che arraffa; avido; rapace *2* (*di dolore*) lancinante; acuto *3* che provoca coliche *4* (*naut.: di bastimento a vela*) orziero.

grippe /grɪp/, *n.* (*med.*) grippe; influenza.

gripper /ˈgrɪpə(r)/, *n.* *1* chi afferra, stringe, ecc. (*V.* **to grip**) *2* artiglio; grinfia (*pop.*) *3* (*tipogr.*) pinza.

gripsack /ˈgrɪpsæk/, *n.* (*USA*) borsa da viaggio; valigetta.

griseous /ˈgrɪzɪəs/, *a.* grigio perla; azzurro grigio.

griskin /ˈgrɪskɪn/, *n.* (*cucina*) braciola di maiale.

grisly /ˈgrɪzlɪ/, *a.* *1* orribile; orrendo; spaventoso *2* macabro; sinistro. ‖ **-iness**, *sost.*

grist (1) /grɪst/, *n.* *1* cereale (*grano, granturco, ecc.*) da macinare *2* malto tritato (*per la fabbricazione della birra*). ● (*fig.*) **to bring g. to the** (*o* **to one's**) **mill**, tirare l'acqua al proprio mulino □ **All is g. that comes to his mill**, per lui tutto è buono (*o* tutto fa brodo).

grist (2) /grɪst/, *n.* spessore (*di un filo, di una corda*).

gristle /ˈgrɪsl/, *n.* (*anat.*) cartilagine. ● (*fig.*) **to be in the g.**, avere ancora il latte alla bocca; essere immaturo.

gristly /ˈgrɪslɪ/, *a.* (*anat.*) cartilaginoso; cartilagineo.

gristmill /ˈgrɪstmɪl/, *n.* mulino per cereali.

grit /grɪt/, *n.* *1* (*edil.*) sabbia grossolana; tritume di pietra *2* (*geol.*, = **gritstone**) arenaria *3* grana, struttura (*della pietra*) *4* (*fig. fam.*) coraggio; fermezza; saldezza; fegato (*fig.*): **The miners showed they had g.**, i minatori dimostrarono d'aver fegato *5* (*mecc.*) graniglia (*di mola*); polvere di smeriglio. ● **a bit of g.**, un sassolino □ (*tecn.*) **g. blasting**, granigliatura.

to **grit** /grɪt/, **A** *v. t.* *1* arrotare, digrignare (*i denti*) *2* coprire di tritume di pietra. **B** *v. i.* stridere; raschiare. ● (*fig.*) **to g. one's teeth**, stringere i denti (*fig.*) □ **gritting lorry**, *V.* **gritter**.

gritrock /ˈgrɪtrɒk/, *V.* **gritstone**.

grits /grɪts/, *n. pl.* *1* farina d'avena macinata grossa *2* (*USA*) farina grossa di granturco; (*cucina*) polenta integrale (*piatto tipico nel Sud*).

gritstone /ˈgrɪtstəʊn/, *n.* (*geol.*) arenaria.

gritter /ˈgrɪtə(r)/, *n.* (autocarro con) spandisabbia (*o* spandisale).

grittiness /ˈgrɪtɪnəs/, *n.* *1* l'essere arenoso (*o* ghiaioso, sabbioso) *2* (*fig. fam.*) fegato (*fig.*); coraggio.

gritty /ˈgrɪtɪ/, *a.* *1* arenoso; ghiaioso; renoso; sabbioso *2* (*fig.*) coraggioso.

to **grizzle (1)** /ˈgrɪzl/, **A** *v. i.* diventare grigio (*o* brizzolato); ingrigire. **B** *v. t.* far ingrigire.

to **grizzle (2)** /ˈgrɪzl/, *v. i.* (*fam.*) *1* frignare; piagnucolare *2* brontolare; borbottare.

grizzled /ˈgrɪzld/, *a.* *1* (*di capello*) grigio *2* (*di persona*) dai capelli grigi; brizzolato.

grizzly /ˈgrɪzlɪ/, **A** *a.* *1* grigio; grigiastro *2* brizzolato. **B** *n.* (*zool.*, *Ursus horribilis*; = **g. bear**) orso grigio (*del Nord America*); grizzly. ● (*pesca*) **g. king** (*o* **g. queen**), mosca artificiale.

groan /grəʊn/, *n.* *1* gemito; lamento; profondo sospiro *2* mormorio (*di disapprovazione, fastidio, ecc.*) *3* cigolio; scricchiolio. ● **to give a g.**, (*di persona*) emettere un gemito, un lamento; (*di cosa*) cigolare, scricchiolare.

to **groan** /grəʊn/, **A** *v. i.* *1* gemere; lamentarsi; mandar gemiti: **The wind is groaning among the trees**, il vento geme tra gli alberi; **to g. in slavery**, gemere sotto il peso della schiavitù *2* scricchiolare; cigolare: **The plank groaned under my weight**, l'asse scricchiolò sotto il mio peso. **B** *v. t.* (*spesso* **to g. out**) esprimere (*o* dire, raccontare) con voce lamentosa: **He groaned out a short prayer**, recitò con voce lamentosa una breve preghiera. ● **to g. sb. down**, zittire q. (*con mormorii di disapprovazione*) □ (*fig.*) **to g. for st.**, desiderare q.c. ardentemente; bramare q.c. □ **to g. inwardly**, soffrire dentro; essere intimamente afflitto □ (*fig.*) **a groaning board**, una mensa stracarica di vivande.

groaningly /ˈgrəʊnɪŋlɪ/, *avv.* con grandi gemiti; lamentosamente.

groat /grəʊt/, *n.* (*stor.*) moneta d'argento, del valore di quattro penny (*in uso dal 1351 al 1662*).

groats /grəʊts/, *n. pl.* cereali (*specialm. avena o grano*) essiccati e frantumati; tritello d'avena.

grobian /ˈgrəʊbɪən/, *n.* villanzone; zoticone.

grocer /ˈgrəʊsə(r)/, *n.* droghiere. ● **g.'s** (**shop**), drogheria.

grocery /ˈgrəʊsərɪ/, *n.* *1* drogheria *2* (*pl.*) generi di drogheria; coloniali *3* lavoro del droghiere.

grog /grɒg/, *USA* grɔːg/, *n.* grog; specie di ponce. ● **g.-shop**, bettola; mescita; spaccio di alcolici.

groggy /ˈgrɒgɪ, *USA* -ɔːgɪ/, *a.* *1* (*raro*) ebbro; brillo; ubriaco *2* barcollante; debole; intontito; malfermo; malsicuro: **Flu has left me rather g.**, l'influenza mi ha lasciato piuttosto debole *3* (*di tavolo, sedia*) traballante, vacillante *4* (*sport*) groggy; suonato (*fam.*): **a g. boxer**, un pugile suonato. ● **to feel g.**, non reggersi in piedi (*o* sulle gambe); essere groggy. ‖ **-ily**, *avv.* ‖ **-iness**, *sost.*

grogram /ˈgrɒgrəm/, *n.* (*ind. tess.*) grossagrana, gros-grain (*tessuto*).

groin (1) /grɔɪn/, *n.* *1* (*anat.*) inguine *2* (*archit.*) lunetta; unghia *3* (*archit.*) nervatura; ogiva; costolone.

groin (2) /grɔɪn/, *V.* **groyne**.

to **groin** /grɔɪn/, *v. t.* (*archit.*) munire di lunette (*o* di costoloni, ogive, ecc.). ● **a groined roof**, un tetto a costoloni □ **a groined vault**, una volta a ogive.

grommet /ˈgrɒmɪt/, *V.* **grummet**.

gromwell /ˈgrɒmwəl/, *n.* (*bot.*, *Lithospermum officinale*) migliarino.

groom /gruːm, -ʊm/, *n.* *1* stalliere; mozzo di stalla; palafreniere *2* (*abbr. di* **bridegroom**) sposo *3* (*stor.*) gentiluomo di corte *4* (*arc.*) uomo; servo.

to **groom** /gruːm, -ʊm/, **A** *v. t.* *1* governare, strigliare (*cavalli*); fare la toilette a (*cani, gatti, ecc.*) *2* azzimare; lisciare; forbire: **a well-groomed young man**, un giovanotto tutto azzimato *3* avviare, istruire, preparare (*a una carriera, ecc.*): **He was groomed for political office**, fu avviato alla carriera politica. **B** *v. i.* (*di un animale*) lisciarsi; pulirsi.

grooming /ˈgruːmɪŋ, -ʊm-/, *n.* *1* governatura, strigliatura (*di cavalli*); tolettatura (*di cani, gatti, ecc.*) *2* azzimatura; forbitura *3* avvio; preparazione (*a una carriera, ecc.*).

groomsman /ˈgruːmzmən, -ʊm-/, *n.* (*pl.* **groomsmen**) testimone dello sposo; paggio.

groove /gruːv/, *n.* *1* scanalatura; incavo; incastro; solco (*per es., di grammofono*): **Sliding doors move in grooves**, le porte scorrevoli scorrono su scanalature *2* (*nelle miniere*) galleria; pozzo *3* (*fig.*) abitudine inveterata; trantran; routine *4* (*fam.*) cosa assai gradevole; esperienza eccitante *5* (*geol.*) stria; solco *6* (*mil.*) riga (*di canna d'arma da fuoco*) *7* (*anat.*) solco *8* (*ling.*) vuoto. ● (*fig.*) **to get into a g.**, diventare schiavo delle abitudini □ (*fam.*) **in the g.**, (*di cosa*) alla moda; (*di persona*) in splendida forma □ (*falegn.*) **tongue-and-g. joint**, incastro a maschio e femmina.

to **groove** /gruːv/, **A** *v. t.* *1* scanalare; incavare *2* (*fam.*) incidere (*su disco*) *3* (*fam.*) godere; apprezzare *4* (*fam.*) eccitare; mandare (q.) su di giri. **B** *v. i.* (*fam.*) *1* godersela; andare su di giri *2* andare d'accordo; essere in armonia *3* (*mus.*) suonare bene.

groover /ˈgruːvə(r)/, *n.* (*pop. arc.*) tipo alla moda; tipo in gamba (*fam.*).

grooving /ˈgruːvɪŋ/, *n.* scanalatura. ● (*tecn.*) **g. plane**, incorsatoio □ (*tecn.*) **g. saw**, sega per scanalare.

groovy /ˈgruːvɪ/, *a.* *1* scanalato; provvisto di solchi *2* (*fig.*) abitudinario *3* (*pop. arc.*) all'ultima moda; magnifico; splendido.

grope /grəʊp/, *n.* *1* brancolamento *2* (*pop.*) palpata; tastata; brancicamento.

to **grope** /grəʊp/, **A** *v. i.* brancolare; andar tentoni; andare a tastoni. **B** *v. t.* *1* cercare a tastoni *2* (*pop.*) palpare, brancicare, tastare (*una donna*). ● **to g. for** (*o* **after**) **st.**, cercare q.c. a tentoni (*o* a tastoni) □ **to g. for the right word**, cercare la parola giusta □ **to g. for truth**, cercare di scoprire la verità □ **to g. one's way**, cercare la strada a tastoni.

groper /ˈgrəʊpə(r)/, *V.* **grouper**.

gropingly /ˈgrəʊpɪŋlɪ/, *avv.* a tentoni; a tastoni.

grosbeak /ˈgrəʊsbiːk/, *n.* (*zool.*, *Coccothraustes coccothraustes*) frosone, frusone.

grosgrain /ˈgrəʊsgreɪn/, *V.* **grogram**.

gross (1) /grəʊs/, *n.* (*invar. al pl.*) grossa (*dodici dozzine*). ● **great g.**, dodici grosse.

gross (2) /grəʊs/, **A** *a.* *1* grossolano; grezzo; rozzo; volgare: **What a g. mistake!**, che errore grossolano!; **g. commodities**, derrate grezze; **g. food**, cibi grossolani; **g. language** [**manners**], linguaggio volgare [maniere rozze] *2* grosso; grave: **a g. insult** [**injustice**], un grave insulto [una grossa ingiustizia]; (*leg.*) **g. negligence**, negligenza grave *3* grasso; pingue: **a g. man**, un uomo grasso; un grassone *4* (*di vegetazione*) lussureggiante; fittissimo *5* (*dei sensi*) ottuso; poco fine *6* (*fam.*) indecente; osceno *7* (*fam.*) (*di cibo*) disgustoso *8* (*comm., econ., fin.*) complessivo; lordo; totale: **the g. amount**, l'ammontare complessivo; **g. income**, reddito lordo; **g. pay**, retribuzione lorda; **g. weight**, peso lordo; (*naut.*) **g. tonnage**, stazza lorda. **B** *n.* (il) complesso; (l') insieme: **in** (**the**) **g.**, nel complesso; in blocco, nell'insieme; (*comm.*) all'ingrosso. ● (*ass., naut.*) **g. average**, avaria generale □ (*fin., rag.*) **g. earnings**, entrate lorde; utile lordo □ (*econ.*) **g. national product**, prodotto nazionale lordo □ (*ass.*) **g. premium**, premio di tariffario □ (*rag.*) **g. profit**(s), utile lordo □ (*rag.*) **g. revenue**, fatturato lordo □ **g. ton**, tonnellata (*pari a kg 1016*) □ (*fin.*) **g. yield**, rendimento lordo (*di un titolo, ecc.*) □ (*banca*) **to pay interest g.**, pagare gli interessi al lordo d'imposta.

to **gross** /grəʊs/, *v. t.* (*comm.*) incassare, avere un introito (*o* un ricavo) lordo di (*una certa somma*). ● (*fam. USA*) **to g. out**, trattare (q.) in modo volgare; disgustare, offendere; offendersi, disgustarsi □ (*fin., rag.*) **to g. up**, calcolare l'ammontare lordo di (q.c.).

grossly /ˈgrəʊslɪ/, *avv.* *1* grossolanamente; rozzamente; volgarmente *2* gravemente *3* (*fam.*) in modo indecente, disgustoso *4* all'ingrosso (*fig.*); all'incirca.

grossness /ˈgrəʊsnəs/, *n.* ***1*** grossolanità; indecenza; rozzezza; volgarità ***2*** gravità; enormità; grossezza.

gross-out /ˈgrəʊsaʊt/, (*fam. USA*) **A** *n.* persona (*o* cosa) volgare, oscena, disgustosa. **B** *a.* disgustoso; osceno; volgare.

grot /grɒt/, *V.* **grotto**.

grotesque /grəʊˈtɛsk/, **A** *a.* grottesco; assurdo; bizzarro; fantastico: **a g. costume**, un costume grottesco; **g. manners**, maniere bizzarre. **B** *n.* ***1*** (*arte*) grottesco ***2*** (*arte*) grottesca ***3*** (*fam. arc.*) tipo grottesco; oggetto grottesco. || **-ly**, *avv.* || **-ness**, *sost.*

grotto /ˈgrɒtəʊ/, *n.* (*pl.* **grottoes, grottos**) ***1*** grotta naturale (*specialm. di arenaria*) ***2*** grotta artificiale (*ornata di conchiglie*) ***3*** (*relig.*) nicchia.

grotty /ˈgrɒtɪ/, *a.* (*pop.*) brutto; orrido; orrendo.

grouch /graʊtʃ/, *n.* (*fam.*) ***1*** brontolone, brontolona ***2*** brontolio; borbottio; lagnanza ***3*** malumore; musoneria.

to **grouch** /graʊtʃ/, *v. i.* (*fam.*) brontolare; lagnarsi; essere di cattivo umore.

ground (1) /graʊnd/, **A** *pass.* e *p. p.* di **to grind**. **B** *a.* ***1*** macinato; frantumato; tritato; in polvere: **g. coffee**, caffè macinato; **g. meat**, carne tritata; **g. rice**, riso in polvere ***2*** affilato; arrotato ***3*** (*mecc.*) rettificato; molato; smerigliato: **g. glass**, vetro smerigliato; (*anche*) polvere di vetro.

ground (2) /graʊnd/, **A** *n.* ***1*** terreno; (*specialm. USA*) terra; suolo; campo (*di gioco, ecc.*): **to till the g.**, coltivare la terra; **to sit on** [**to fall to**] **the g.**, sedere per [cadere a] terra; **a football g.**, un campo di calcio; **a hunting g.**, un terreno di caccia; **house and grounds for sale**, casa e terreno in vendita; **hospital grounds**, il terreno (*giardini, parchi, ecc.*) intorno a un ospedale ***2*** terreno; posizione; territorio: (*anche fig.*) **to gain g.**, guadagnar terreno; **These ideas are gaining g.**, queste idee guadagnano terreno; (*anche fig.*) **to lose** (*o* **to give**) **g.**, perdere terreno ***3*** (*naut.*) fondo, fondale (*del mare e sim.*): (*di nave*) **to touch g.**, toccare il fondo; **good** [**bad**] **holding g.**, fondo buon [cattivo] tenitore (*dell'ancora*) ***4*** fondamento; causa; motivo; ragione: **There is no g. for fear**, non c'è motivo d'aver paura; **He resigned on moral grounds**, si dimise per ragioni d'ordine morale; **grounds of suspicion**, cause di sospetto; (*leg.*) **grounds for divorce**, motivi per concedere (*o* ottenere) il divorzio ***5*** campo; fondo; sfondo: **a design of red flowers on a blue g.**, un disegno di fiori rossi su campo azzurro ***6*** terreno, campo (*fig.*); posizione; argomento; punto: **common g.**, terreno comune; punto su cui ci si trova d'accordo; **Let us go over the g. again**, torniamo sull'argomento!; **to stand one's g.**, tenere la propria posizione; tener duro; non deflettere; (*fig.*) **to be on one's own g.**, conoscere bene l'argomento; giocare in casa (*fig. fam.*) ***7*** (*elettr.*) terra; massa ***8*** (*pl.*) fondi; feccia; deposito; sedimento: **coffee grounds**, fondi di caffè ***9*** (*di vernice*) mano di fondo ***10*** (*arte*) imprimitura ***11*** (*geol.*) roccia; matrice rocciosa. **B** *a. attr.* ***1*** (*mil.*) terrestre; di terra: **g. forces**, forze di terra ***2*** (*elettr.*) di massa, di terra; a terra, a massa ***3*** di fondo: (*elettr.*) **g. noise**, rumore di fondo. ● **g.-air**, (*mil.*) aeroterrestre; (*miss.*) terra-aria □ **g. angling**, pesca di fondo (*con la lenza: senza galleggiante*) □ (*bot.*) **g.-ash**, giovane frassino; bastoncino di frassino □ **g. bait**, esca per la pesca di fondo □ (*mus.*) **g. bass**, basso ostinato □ (*ind. costr.*) **g. beam**, dormiente □ **g.-breaking**, che innova; innovatore; pionieristico □ (*elettr.*) **g. cable**, conduttore di terra □ (*USA*) **g. cloth**, *V.* **g.-sheet** □ **g.-colour**, imprimitura; colore di fondo □ (*aeron.*) **g. control**, radioguida da terra □ (*aeron.*) **g. controller**, controllore di volo; controllore al suolo □ (*aeron.*) **g. crew**, personale di terra (*in un aeroporto*) □ **g. cover**, tappeto vegetale; sottobosco □ (*aeron.*) **g. effect**, effetto suolo □ **g.-effect machine**, veicolo a cuscino d'aria; veicolo a effetto suolo □ (*ind. costr.*) **g. exploration**, esame geologico (*di un'area fabbricabile, ecc.*) □ **g.-fish**, pesce che vive sul fondo □ **g. floor**, pianterreno: (*fig.*) **to be** [**to get**] **in on the g. floor**, essere [entrare] in un'impresa (*o* un affare) fin dall'inizio □ **g. fog**, nebbia bassa □ **g. frost**, gelata □ **g. game**, selvaggina minuta (*esclusi i volatili*) □ (*zool.*) **g.-gudgeon** (*Cobitis barbatula*), pesce barometro □ (*bot.*) **g. ivy** (*Nepeta hederacea*), edera terrestre □ (*leg.*) **g. lessee**, titolare del diritto di superficie; superficiario □ (*leg.*) **g. lessor**, proprietario del suolo che cede il diritto di superficie □ (*naut.*) **g. log**, solcometro di fondo □ (*naut.*) **g. mine**, mina da fondo □ (*mus.*) **g. note**, nota dominante □ (*bot.*) **g. pine**, (*Ajuga chamaepitys*) camepizio; (*Lycopodium clavatum*) licopodio, muschio clavato □ **g. plan**, pianta del piano terreno (*d'un edificio*); (*fig.*) schema di base; progetto di massima □ (*leg.*) **g. rent**, canone pagato (*di solito, per 99 anni*) per un suolo ceduto in proprietà superficiaria □ (*aeron.*) **g. speed**, velocità rispetto al suolo □ (*zool.*) **g. squirrel** (*Sciuridae*), sciuride (*specialm.* marmotta) □ **g. staff**, (*aeron.*) personale di terra (*in un aeroporto*); (*sport*) personale addetto alla manutenzione del campo □ (*fis.*) **g. state**, stato fondamentale □ (*mil., aeron.*) **g. strafing**, attacco a volo radente □ (*tennis*) **g. stroke**, tiro ribattuto □ (*mil.*) **g.-to-air missile**, missile terra-aria □ (*mil.*) **g.-to-g. missile**, missile terra-terra □ (*geol.*) **g. water**, acqua freatica, acque sotterranee □ **g.-water level**, livello freatico □ **g.-water table**, falda freatica, falda idrica □ (*radio*) **g. wave**, onda di superficie □ **g. wire**, (*elettr.*) filo di messa a terra; (*edil.*) filo di guida □ (*fis. nucl., mil.*) **g. zero**, punto zero □ (*fig.*) **above g.**, ancora al mondo; vivo □ (*fig.*) **below g.**, sottoterra; morto e sepolto □ **to break g.**, (*agr.*) dissodare terreno vergine; (*ind. costr.*) iniziare i lavori di scavo; (*fig.*) preparare il terreno □ (*fig.*) **to break fresh** (*o* **new**) **g.**, essere un pioniere; fare q.c. di assolutamente nuovo (*nella scienza, ecc.*) □ **to cover much g.**, fare molta strada, percorrere una lunga distanza; (*fig.*) trattare molti argomenti □ (*fig.*) **to cut the g. from under sb.'s feet**, far mancare il terreno sotto i piedi a q. □ (*fig. fam.*) **down to the g.**, alla perfezione; a pennello: **That suits me down to the g.!**, questo mi va a pennello! □ (*fig.*) **to fall to the g.**, andare in fumo; andare a monte; fallire □ **fishing grounds**, zone di pesca □ **forbidden g.**, terreno proibito; (*fig.*) argomento da evitarsi □ (*anche fig.*) **to gain g.**, guadagnare terreno □ **high g.**, altura □ (*fig.*) **to hold** (*o* **to keep**) **one's g.**, restare sulle proprie posizioni; mantenere il proprio punto di vista; non deflettere; non cedere □ (*in un disegno, ecc.*) **middle g.**, secondo piano □ (*aeron.*) **on the g.**, a terra (*non in volo*) □ **on the grounds of**, a causa di; per motivi di □ (*fig.*) **to be on safe g.**, andare sul sicuro; trattare un argomento che si conosce bene □ (*sport*) **to play a team to the g.**, piegare (*o* stracciare) una squadra □ (*fig.*) **to shift one's own g.**, mutare la propria posizione; cambiar idea; mutare avviso □ (*naut.*) **to strike g.**, arenarsi; incagliarsi sul fondo □ (*naut.*) **to take the g. easily**, (*di barca*) essere facile da tirare in secco □ (*fig.*) **to touch g.**, venire al sodo.

to **ground** /graʊnd/, **A** *v. t.* ***1*** (*naut.*) fare arenare; fare incagliare ***2*** (*aeron.*) tenere a terra; costringere a restare a terra; impedire il decollo a: **The airplane was grounded by the fog**, l'aereo fu costretto dalla nebbia a restare a terra ***3*** basare; fondare; motivare: **G. your claims on fact**, motiva i tuoi reclami con elementi concreti ***4*** porre a terra; mettere a terra; posare per terra; mettere giù ***5*** dare le basi a (q.); istruire nei primi elementi: **I want to g. them in modern physics**, voglio istruirli nei primi elementi della fisica moderna ***6*** preparare il fondo di (*un ricamo, un disegno, ecc.*) ***7*** (*arte*) stendere un'imprimitura su (q.c.) ***8*** (*elettr.*) mettere a terra (*o* a massa) ***9*** (*aeron.*) ritirare il brevetto a (*un pilota*) ***10*** (*fam. USA*) costringere (q.) a restare in casa (*per punizione*). **B** *v. i.* ***1*** (*di nave*) arenarsi; incagliarsi ***2*** cadere a terra ***3*** (*Borsa, market.*: *di un titolo, un prezzo, ecc.*) toccare il fondo. ● (*mil.*) **G. arms!**, pied'arm! □ **ill-grounded**, mal fondato; infondato □ **well-grounded**, (*di un motivo, ecc.*) fondato; (*di persona*) ben preparato, ferrato.

groundage /ˈgraʊndɪdʒ/, *n.* (*naut.*) diritto di porto (*o* portuale).

grounded /ˈgraʊndɪd/, *a.* ***1*** (*aeron.*) tenuto a terra ***2*** (*elettr.*) collegato a massa; messo a terra ***3*** (*fam. USA*) costretto a restare in casa (*per punizione, ecc.*); bloccato (*senza l'auto, ecc.*).

groundedly /ˈgraʊndɪdlɪ/, *avv.* fondatamente; a ragione.

groundhog /ˈgraʊndhɒg, *USA* -ɔːg/, *n.* ***1*** (*zool., Marmota monax*) marmotta americana ***2*** (*pop. USA*) negro di Harlem. ● (*fam. USA*) **G. Day**, il 2 di febbraio (*in cui si crede che la marmotta esca dal letargo invernale*).

grounding /ˈgraʊndɪŋ/, *n.* ***1*** fondamenti; basi: **to have a good g. in mathematics**, avere buone basi in matematica ***2*** (*naut.*) arenamento, incagliamento (*di nave*) ***3*** (*aeron.*) l'esser costretto a restare a terra (*o* all'atterraggio) ***4*** fondo, prima mano (*di vernice*) ***5*** fondo, sfondo (*di quadro, ecc.*) ***6*** (*elettr.*) messa a terra; collegamento a massa.

groundless /ˈgraʊndləs/, *a.* infondato; ingiustificato; immotivato: **a g. charge**, un'accusa infondata; **g. fears**, timori ingiustificati. || **-ly**, *avv.* || **-ness**, *sost.*

groundling /ˈgraʊndlɪŋ/, *n.* ***1*** (*zool.*) pesce che vive sul fondo ***2*** (*bot.*) pianta del sottobosco; rampicante ***3*** (*stor.*) spettatore di platea (*nei teatri elisabettiani*) ***4*** (*fig.*) spettatore (*o* lettore) di gusti grossolani e plebei; persona incolta.

groundman /ˈgraʊndmən, -mæn/, *V.* **groundsman**.

groundmass /ˈgraʊndmæs/, *n.* (*geol.*) massa di fondo; matrice.

groundnut /ˈgraʊndnʌt/, *n.* (*bot.*) ***1*** (*Apios tuberosa*) pera di terra ***2*** (*Arachis hypogaea*) arachide; nocciolina americana.

groundsel /ˈgraʊnsl/, *n.* (*bot., Senecio vulgaris*) erba calderina; cineraria; senecio, senecione.

groundsheet /ˈgraʊndʃiːt/, *n.* telone impermeabile (*per campeggio, o per coprire un campo sportivo*).

groundsman /ˈgraʊndzmən/, *n.* (*pl.* **groundsmen**) (*sport*) addetto al campo.

groundswell /ˈgraʊndswɛl/, *n.* ***1*** (*naut.*) onde lunghe e profonde; (*anche*) frangenti (*su fondali bassi*) ***2*** (*fig.*) ondata (*di scontento, ecc.*); movimento d'opinione.

groundwork /ˈgraʊndwɜːk/, *n.* ***1*** (*edil.*) lavori di fondazione (*o* alle fondazioni) ***2*** (*fig.*) basi; fondamenti.

groundy /ˈgraʊndɪ/, *a.* (*di caffè, ecc.*) denso; feccioso; sedimentoso.

group /gruːp/, *n.* ***1*** gruppo; crocchio: **a g. of people** [**of trees, of buildings**], un gruppo di persone [d'alberi, d'edifici]; **the Latin g. of languages**, il gruppo delle lingue neolatine ***2*** (*mat., elab., stat., ecc.*) gruppo ***3*** (*chim.*) gruppo; radicale ***4*** (*pitt., scult.*) gruppo; insieme ***5*** (*elettr.*) gruppo ***6*** (*mus.*) gruppo ***7*** (*fin.*) gruppo finanziario; trust. ● (*aeron.*) **g. captain**, comandante di gruppo □ (*pop.*) **g. grope**, ammucchiata □ **g. insurance**, assicurazione collettiva (*o* popolare) □ (*market.*) **g. of products**, settore merceologico □ **g. orgy**, ammucchiata □ **g. photograph**, foto di gruppo □ (*med.*) **g. practice**, poliambulatorio □ **g. sex**, amore di gruppo □ (*mat.*) **g. theory**, teoria dei gruppi □ (*psic.*) **g. therapy**, terapia di gruppo

□ **g. work**, lavoro di gruppo.

to **group** /gru:p/, **A** *v. t.* aggruppare; raggruppare; radunare: **G. the pupils together!**, raduna gli scolari! **B** *v. i.* e **C** to **group oneself,** *v. rifl.* aggrupparsi; raggrupparsi; radunarsi: **The prisoners grouped (themselves) round the officer**, i prigionieri si raggrupparono intorno all'ufficiale.

groupage /'gru:pɪdʒ/, *n.* raggruppamento.

grouper /'gru:pə(r)/, *n.* *1* (*zool., Epinephelus*: *pl.* **groupers, grouper**) cernia *2* (*USA*) chi pratica l'amore di gruppo.

groupie /'gru:pɪ/, *n.* *1* (*pop. spreg.*) ragazza che tifa per un gruppo pop seguendone gli spostamenti; (*sport*) tifosa al seguito di una squadra *2* (*fam. ingl.*) *V.* **group captain**.

grouping /'gru:pɪŋ/, *n.* *1* raggruppamento (*anche polit.*); movimento *2* (*pitt.*) insieme, combinazione (*di colori*).

groupuscule /'gru:pəskju:l/, *n.* (*polit., ecc.*) gruppuscolo. ● **member of a g.**, membro di un gruppuscolo; gruppettaro (*romanesco*).

grouse (1) /graʊs/, *n.* (*pl.* **grouse, grouses**) (*zool.*) *1* uccello dei tetraonidi *2* (*Tetrao urogallus*) gallo cedrone; urogallo. ● **g. shooting**, caccia al gallo cedrone □ **black g.** (*Lyrurus tetrix*), fagiano di monte □ **red g.** (*Lagopus scoticus*), pernice rossa della Scozia.

grouse (2) /graʊs/, *n.* (*fam.*) brontolio; brontolamento.

to **grouse** /graʊs/, *v. i.* (*fam.*) brontolare.

grout /graʊt/, *n.* (*ind. costr.*) *1* malta liquida; boiacca *2* pietrisco.

to **grout** (1) /graʊt/, *v. t.* (*ind. costr.*) rivestire (*o* cospargere) di malta liquida; imboiaccare.

to **grout** (2) /graʊt/, *v. t.* e *i.* smuovere (la terra) col grifo; grufolare.

grouting /'graʊtɪŋ/, *n.* (*ind. costr.*) imboiaccatura.

grove /grəʊv/, *n.* *1* (*lett.*) boschetto; gruppo d'alberi *2* piantagione: **olive g.**, piantagione di olivi; oliveto.

to **grovel** /'grɒvl/, *v. i.* *1* giacere prono (*o* bocconi); strisciare per terra *2* (*fig.*) strisciare; abbassarsi; umiliarsi: **to g. in the dust**, strisciare nella polvere. ● (*fig.*) **to g. in scandals**, grufolarsi negli scandali.

groveller /'grɒvələ(r)/, *n.* persona strisciante, abietta, servile.

grovelling /'grɒvlɪŋ/, *a.* strisciante; abietto; servile.

to **grow** /grəʊ/ (*pass.* **grew**, *p. p.* **grown**), **A** *v. i.* *1* crescere; aumentare; ingrandire; diventare grande; svilupparsi; allignare; venir su: **Rice grows not only in China but also in Italy**, il riso non cresce solo in Cina ma anche in Italia; **My troubles are growing**, i miei guai aumentano; **Palms don't g. in Norway**, le palme non allignano in Norvegia; **to let one's hair g.**, farsi crescere i capelli *2* diventare (*specialm. per gradi, a poco a poco*); divenire; farsi: **He grew pale**, si fece pallido; impallidì; **My cold has grown into bronchitis**, il mio raffreddore s'è trasformato in bronchite; **to g. rich**, diventar ricco; arricchire. **B** *v. t.* *1* far crescere; coltivare; produrre: **to g. tulips**, coltivare tulipani; **to g. wheat**, coltivare (*o* produrre) grano; **to g. a beard**, farsi crescere (*o* tenere) la barba *2* (*al passivo*; *spesso* **to g. over**) ricoprire: **The region is grown over with luxuriant vegetation**, la regione è ricoperta d'una vegetazione lussureggiante. ● **to g. angry**, arrabbiarsi □ **to g. big**, ingrandirsi □ **to g. cold**, diventare freddo; raffreddarsi □ **to g. green again**, rinverdire □ **to g. less**, calare; diminuire; scemare □ **to g. old**, diventar vecchio; invecchiare □ **to g. poor**, diventar povero □ **to g. red**, arrossire □ (*di una pianta*) **to g. roots**, mettere radici; attecchire □ **to g. tired** (*o* **weary**), stancarsi □ (*bot.*) **to g. wild**, crescere spontaneamente; rinselvatichire □ **to g. young again**, ringiovanire.

♦**grow apart**, *v. i.* + *avv.* *1* crescere (*o* svilupparsi) in direzioni opposte *2* (*fig.*: *di persone*) allontanarsi, staccarsi, estraniarsi (*l'una dall'altra*).

♦**grow away from**, *v. i.* + *avv.* + *prep.* *1* crescere (*o* svilupparsi) distaccandosi da (q.c.) *2* (*fig.*: *di persone*) staccarsi, estraniarsi da (*la propria famiglia, ecc.*).

♦**grow back**, *v. i.* + *avv.* (*di capelli, piante, ecc.*) ricrescere; rispuntare.

♦**grow down**, *v. i.* + *avv.* *1* crescere in basso; svilupparsi in giù *2* (*di candela, ecc.*) accorciarsi.

♦**grow from**, **A** *v. i.* + *prep.* *1* crescere da (*un seme, ecc.*) *2* (*fig.*) nascere, derivare, svilupparsi da. **B** *v. t.* + *prep.* fare crescere da: **to g. flowers from seed**, fare crescere (*o* ottenere) fiori dalla semenza.

♦**grow in**, **A** *v. i.* + *prep.* crescere, aumentare di: **to g. in numbers**, crescere di numero; **to g. in importance**, aumentare d'importanza. **B** *v. i.* + *avv.* *1* (*dei capelli, ecc.*) ricrescere; rispuntare *2* (*delle unghie*) incarnirsi.

♦**grow into**, *v. i.* + *prep.* *1* (*di piante*) crescere dentro a (*o* invadendo q.c.): **The roots of the fir tree have grown into the wall**, le radici dell'abete, crescendo, sono entrate dentro il muro *2* diventare (*per gradi*); trasformarsi in: **Our firm has grown into a big concern**, la nostra ditta è diventata una grossa azienda *3* (*di un bambino*) crescere tanto da poter indossare (*un capo di vestiario che prima era troppo grande*): **Wait till he grows into it!**, aspetta che cresca, e vedrai che gli andrà bene *4* abituarsi, fare l'osso a (*un lavoro e sim.*).

♦**grow on**, *v. i.* + *prep.* *1* diventare abituale per (q.): **Saving is difficult at first, but it soon grows on people**, risparmiare è difficile in principio, ma poi ci si fa presto l'abitudine *2* piacere (*impers.*) a (q.): **I didn't like this record at first, but it's beginning to g. on me**, questo disco prima non mi andava, ma ora comincia a piacermi *3* crescere nella stima di (q.).

♦**grow out**, *v. i.* + *avv.* (*di piante, capelli, ecc.*) crescere in fuori; spuntare: **hair growing out above one's ears**, capelli che spuntano sopra le orecchie.

♦**grow out of**, *v. i.* + *avv.* + *prep.* *1* crescere (*o* spuntare) da: **hair growing out of one's nose**, peli che crescono (*o* spuntano) da dentro il naso *2* (*fig.*) nascere, derivare, svilupparsi da: **The Ferruzzi Group grew out of a small family business**, il Gruppo Ferruzzi nacque da una piccola azienda familiare; **My interest in soccer grew out of playing it as a child**, il mio interesse per il gioco del calcio è derivato dall'averlo praticato da bambino *3* (*di un giovane*) diventare troppo grande per potere ancora indossare (*un capo di vestiario, ecc.*): **My son has grown out of last year's clothes**, mio figlio non sta più nei vestiti dell'anno scorso *4* abbandonare, perdere (*con il tempo*: *un'abitudine, ecc.*); abbandonare, lasciare (*un innamorato dell'età giovanile, ecc.*): **to g. out of a habit**, perdere un'abitudine; **He's grown out of childish games**, ormai s'è fatto grande, e non fa più giochi da bambino □ **to g. out of fashion**, passare di moda □ **I've grown out of my shoes**, le scarpe non mi entrano più (*o* mi sono passate di misura).

♦**grow over**, **A** *v. i.* + *prep.* (*di piante, ecc.*) ricoprire (*un muro, ecc.*); infestare (*un terreno*). **B** *v. t.* + *prep.* far crescere su (*o* sopra): **He has an ugly scar on his chin, and so he has grown a beard over it to hide it**, ha una brutta cicatrice sul mento; perciò s'è fatto crescere la barba sopra per nasconderla.

♦**grow together**, *v. i.* + *avv.* *1* (*di piante*) crescere insieme; concrescere *2* (*di città, ecc.*) svilupparsi insieme; unirsi in un agglomerato unico; fondersi *3* (*fig.*: *di persone*) affiatarsi (*con il tempo*).

♦**grow up**, *v. i.* + *avv.* *1* (*di piante*) crescere verso l'alto; attecchire; spuntare *2* (*di persone*) crescere; farsi grande; diventare adulto: **to g. up fast**, crescere in fretta; **He wants to be a pilot when he grows up**, da grande vuol fare il pilota *3* (*di un'abitudine, un'usanza*) prendere piede; affermarsi; diffondersi □ **to g. up into**, farsi (crescendo); diventare: **He's grown up into a handsome young man**, con gli anni s'è fatto un bel giovanotto; **to g. up into a thief**, diventare un ladro (da grande).

♦**grow upon**, *V.* **grow on**.

growable /'grəʊəbl/, *a.* coltivabile; che si può far crescere.

grower /'grəʊə(r)/, *n.* *1* coltivatore: **a fruit-g.**, un coltivatore di frutta; un frutticoltore; **a cotton-g.**, un coltivatore di cotone *2* pianta che cresce (*piano, presto, bene, ecc.*): **That tree is a fast g.**, quell'albero cresce in fretta. ● (*agric.*) **g.'s year**, anno agricolo (*in G.B., da novembre a novembre*) □ **livestock growers in the U.S.A.**, gli allevatori di bestiame degli U.S.A. □ **vine-g.**, viticoltore.

growing /'grəʊɪŋ/, **A** *a.* crescente; sempre maggiore; in aumento. **B** *n.* *1* crescita; aumento *2* coltivazione; produzione. ● (*econ.*) **g. crops**, frutti della coltivazione □ **g. pains**, dolori agli arti dei bambini (*attribuiti alla crescita*); (*fig.*) difficoltà iniziali □ (*agric.*) **g. season**, stagione di crescita.

growingly /'grəʊɪŋlɪ/, *avv.* in modo (*o* con ritmo) crescente.

growl /graʊl/, *n.* *1* ringhio *2* brontolio; borbottio rabbioso; grugnito *3* (*geol.*) scricchiolio.

to **growl** /graʊl/, **A** *v. i.* *1* ringhiare: **The watchdog growled at the stranger**, il cane da guardia ringhiò contro il forestiero *2* brontolare; borbottare rabbiosamente; grugnire; rumoreggiare. **B** *v. t.* (*anche* **to g. out**) esprimere brontolando; brontolare; grugnire: **He growled (out) a threat**, brontolò una minaccia.

growler /'graʊlə(r)/, *n.* *1* chi brontola; brontolone *2* (*zool.*) animale che ringhia, che grugnisce *3* (*pop. USA*) secchio per la birra (*un tempo*); (*ora*) barilotto di birra (*1/8 di barile*) *4* (*fam.*) carrozza da nolo (*o* di piazza) *5* frammento galleggiante di iceberg *6* (*elettr.*) dispositivo rivelatore di cortocircuiti *7* (*pop. USA*) gabinetto; cesso.

growlingly /'graʊlɪŋlɪ/, *avv.* ringhiando; brontolando.

grown /grəʊn/, **A** *p. p.* di **to grow**. **B** *a.* adulto; maturo: **a g. man**, un uomo maturo. ● **g.-up**, adulto; grande (*fam.*) □ **a g.-up son**, un figlio adulto.

growth /grəʊθ/, *n.* *1* crescita (*anche biol.*); accrescimento; aumento; sviluppo; espansione: **My dog has not yet reached full g.**, il mio cane non ha ancora raggiunto il pieno sviluppo; **a fast g.**, un rapido sviluppo; (*stat.*) **the g. of urban population**, lo sviluppo demografico nelle città *2* coltivazione; produzione: **There is a strong demand for goods of foreign g.**, c'è una forte domanda di merci di produzione straniera *3* vegetazione: **a thick g. of bushes**, una fitta vegetazione di cespugli *4* (*med.*) proliferazione abnorme (*delle cellule*) *5* (*econ.*) crescita; espansione economica; sviluppo (industriale): **G. slowed down in Italy**, ci fu un rallentamento dell'espansione economica in Italia; **g. industry**, industria in grande sviluppo; **g. targets**, traguardi di sviluppo. ● (*econ.*) **g. area**, area di sviluppo □ (*biol.*) **g. factor**, fattore di crescita □ (*fin.*) **g. funds**, fondi comuni di sviluppo □ (*biol.*) **g. hormone**, ormone della crescita □ (*demogr.*) **g. potential**, potenziale d'incremento □ (*econ.*) **g. rate**, tasso di sviluppo □ (*bot.*) **g. ring**, anello di crescita; cerchio annuale □ (*fin.*) **g. stocks**, titoli di sviluppo (*o* di un'azienda in espansione).

groyne /grɔɪn/, *n.* frangiflutti; (*di fiume*) pennello.

grub /grʌb/, *n.* *1* (*zool.*) larva di insetto; bruco *2* chi fa un lavoro ingrato; sgobbone *3* (*pop.*) cibo; roba da mangiare: **G.'s up!**, (è) in tavola!; **What time's g.?**, a che ora si mangia? *4* (*pop. ingl.*) ragazzo sporco; sudicione.

to **grub** /grʌb/, **A** *v. i.* *1* scavare; vangare; zappare **2** lavorar sodo; sgobbare **3** (*anche* **to g. about**) cercare qua e là; rovistare; grufolare: **The pigs are grubbing about under the oaks**, i maiali grufolano sotto le querce **4** (*pop. USA*) mangiare. **B** *v. t.* **1** (*spesso* **to g. up**) estirpare; sradicare; estrarre: **We kept alive by eating the bulbs and roots we grubbed up**, ci tenemmo in vita mangiando i tuberi e le radici che estraevamo **2** liberare, ripulire (*un terreno*) dalle erbacce **3** (*pop. USA*) cibare; dar da mangiare a; sfamare: **He has ten children to g.**, ha dieci figli da sfamare. ● **to g. up**, estirpare (*radici*); afferrare, tirare su (*insetti, ecc.*); (*fam.*) tirare fuori, trovare (*q.* o *q.c. di spregevole*).

grub axe /ˈgrʌbˈæks/, *n.* accetta per estirpare ceppi.

grubber /ˈgrʌbə(r)/, *n.* **1** chi scava; chi estirpa, ecc. (*V.* **to grub**) **2** (*agric.*) estirpatore; estirpatoio; sarchiello **3** grande lavoratore; sgobbone.

grubbiness /ˈgrʌbɪnəs/, *n.* **1** l'esser infestato da larve **2** sporcizia; sudiciume.

grubbing /ˈgrʌbɪŋ/, *n.* estirpamento (*di ceppi*).

grubby /ˈgrʌbɪ/, *a.* **1** infestato da larve; bacato (*anche fig.*) **2** sporco; sudicio.

grub hoe /ˈgrʌbˈhəʊ/, *locuz. n.* zappa per estirpare ceppi; estirpatore.

grubstake /ˈgrʌbsteɪk/, *n.* (*fam. USA*) **1** provviste (*viveri, ecc.*) necessarie a un prospettore o cercatore d'oro **2** (*fig.*) sovvenzione; denaro per finanziare un'impresa **3** soldi per mangiare.

to **grubstake** /ˈgrʌbsteɪk/, *v. t.* (*fam. USA*) **1** provvedere del necessario un prospettore (*o* cercatore d'oro) **2** (*fig.*) finanziare; sovvenzionare.

Grub Street /ˈgrʌbstriːt/, **A** *n.* ambiente di scrittori da strapazzo (*dal nome di un'antica via di Londra dove essi abitavano*); la bohème delle lettere. **B** *a.* (= **Grubstreet, grubstreet**) di (*o* pertinente a) scrittori da strapazzo.

grudge /grʌdʒ/, *n.* **1** animosità; rancore; risentimento; malanimo; ruggine (*fig.*): **I bear him no g.** (*o* **I hold no g. against him**), non gli porto rancore; non ce l'ho con lui **2** causa (*o* motivo) di rancore (*o* di risentimento): **I owe that man a g.**, ho motivo di risentimento verso quell'uomo. ● **to pay off an old g.**, saldare un vecchio conto (*fig.*).

to **grudge** /grʌdʒ/, *v. t.* **1** invidiare; aver invidia di: **He grudges Charles his riches**, invidia a Charles le sue ricchezze **2** dare di malavoglia; lesinare: **The miser grudged his dog the cheapest food**, l'avaro lesinava al suo cane il cibo meno costoso; **I do not g. him the praise he deserves**, non gli lesino le lodi che merita.

grudging /ˈgrʌdʒɪŋ/, *a.* **1** invidioso **2** avaro; riluttante a dare (q.c.) **3** stentato; a denti stretti: **a g. recognition of sb.'s merits**, un riconoscimento stentato dei meriti di q.

grudgingly /ˈgrʌdʒɪŋlɪ/, *avv.* di malavoglia; a malincuore.

gruel /ˈgruːəl/, *n.* farina d'avena (*o* d'orzo, ecc.) cotta nell'acqua (*o* nel latte); farinata; pappa. ● (*fig. pop.*) **to give sb. his g.**, punire q.; sconfiggere (*o* sgominare, stracciare) q. □ (*fig. pop.*) **to have** (*o* **to get**) **one's g.**, essere punito (*o* sconfitto) duramente; avere quel che ci si merita.

gruelling /ˈgruːəlɪŋ/, **A** *a.* duro; faticoso; snervante: **a g. race**, una corsa faticosa; **g. labour**, lavoro snervante. **B** *n.* **1** fatica; faticata **2** (*pop.*) batosta; dura sconfitta.

gruesome /ˈgruːsəm/, *a.* orrendo; orribile; raccapricciante. ‖ **-ly**, *avv.* ‖ **-ness**, *sost.*

gruff /grʌf/, *a.* **1** arcigno; aspro; burbero; rude; scortese; sgarbato **2** (*di voce, suono, ecc.*) aspro; rauco; roco.

gruffish /ˈgrʌfɪʃ/, *a.* piuttosto arcigno, aspro, ecc. (*V.* **gruff**).

gruffly /ˈgrʌflɪ/, *avv.* **1** arcignamente; burberamente; sgarbatamente **2** in tono aspro; con voce roca.

gruffness /ˈgrʌfnəs/, *n.* **1** asprezza; rudezza; sgarbataggine; scortesia **2** (*della voce*) asprezza; l'essere roca.

grumble /ˈgrʌmbl/, *n.* brontolio; borbottio; lagnanza; lamentela: **the g. of distant thunder**, il lontano brontolio del tuono.

to **grumble** /ˈgrʌmbl/, **A** *v. i.* brontolare; borbottare; lagnarsi; lamentarsi: **Don't g. about** (*o* **at, over**) **everything!**, non lagnarti d'ogni cosa! **B** *v. t.* (*anche* **to g. out**) dire brontolando; borbottare; brontolare: **He grumbled (out) an answer**, borbottò una risposta.

grumbler /ˈgrʌmblə(r)/, *n.* brontolone, brontolona; borbottone, borbottona.

grumbling /ˈgrʌmblɪŋ/, **A** *a.* **1** che brontola; brontolone; lagnone: **a g. wife**, una moglie brontolona **2** (*dell'intestino*) che brontola. **B** *n.* brontolio; lagnanze. ● (*fam.*) **g. appendix**, appendice dolente.

grumblingly /ˈgrʌmblɪŋlɪ/, *avv.* brontolando; lagnandosi; malvolentieri; di malavoglia.

grume /gruːm/, *n.* (*specialm. med.*) grumo; coagulo.

grummet /ˈgrʌmɪt/, *n.* **1** (*naut.*) canestrello; anello di cavo **2** (*mecc.*) occhiello metallico; rondella; rosetta **3** (*mecc.*) anello di tenuta (*di gomma*); guarnizione di stoppa.

grumose /ˈgruməʊs/, **grumous** /ˈgruːməs/, *a.* (*bot.*) grumoso.

grumpily /ˈgrʌmpəlɪ/, *avv.* scontrosamente.

grumpiness /ˈgrʌmpɪnəs/, *n.* irritabilità; scontrosità.

grumpish /ˈgrʌmpɪʃ/, **grumpy** /ˈgrʌmpɪ/, *a.* burbero; irritabile; scontroso.

Grundyism /ˈgrʌndɪɪzəm/, *n.* gretto convenzionalismo; ristrettezza di vedute; ipocrisia puritana (*da Mrs Grundy, personaggio di un dramma di Tom Morton*).

Grundyist /ˈgrʌndɪɪst/, *n.* gretto tradizionalista; ipocrita puritano.

grunge /grʌndʒ/, *n.* (*pop. USA*) **1** roba appiccicosa, schifosa; sudiciume **2** individuo odioso, ripugnante **3** lavoro odioso; (uno) schifo di lavoro **4** (*mus.*) rock aggressivo e nichilista **5** (*moda*) grunge.

grungy /ˈgrʌndʒɪ/, *a.* (*pop. USA*) **1** scalcagnato; sgangherato; (*d'edificio*) cadente, in sfacelo: **g. shoes**, scarpe scalcagnate **2** sporco e puzzolente.

grunt /grʌnt/, *n.* **1** grugnito; (*fig.*) borbottio, brontolio **2** (*zool.*) *V.* **grunter**, *def. 3.*

to **grunt** /grʌnt/, **A** *v. i.* grugnire; (*fig.*) borbottare, brontolare. **B** *v. t.* (*spesso* **to g. out**) esprimere grugnendo; borbottare: **He grunted his disapproval**, espresse la sua disapprovazione con un grugnito.

grunter /ˈgrʌntə(r)/, *n.* **1** animale che grugnisce; (*specialm.*) maiale **2** (*fig.*) brontolone, brontolona; borbottone, borbottona **3** (*zool.*) grugnitore (*pesce della famiglia dei Pomadasidae*).

gruntingly /ˈgrʌntɪŋlɪ/, *avv.* grugnendo; brontolando; malvolentieri; di malavoglia.

Gruyère /ˈgruːjeə(r), -jə(r), *USA* -ˈjeə(r), grɪ-/ (*franc.*), *n.* gruviera (*formaggio svizzero*).

gryphon /ˈgrɪfn/, *n.* (*mitol., arald.*) grifone.

guacharo /ˈgwɑːtʃərəʊ/ (*spagn.*), *n.* (*pl.* **guacharos**) (*zool., Steatornis caripensis*) guaciaro.

guaiac /ˈgwaɪæk/, *n.* **1** (*bot., Guajacum*) guaiaco; legno santo **2** resina di guaiaco.

guaiacol /ˈgwaɪəkəʊl/, *n.* (*farm.*) guaiacolo.

guaiacum /ˈgwaɪəkəm/, *V.* **guaiac**.

guan /gwɑːn/, *n.* (*zool.*) uccello dei cracidi.

guana /ˈgwɑːnə/, *n.* (*zool., Iguana*) iguana.

guanaco /gwəˈnɑːkəʊ/, *n.* (*pl.* **guanacos, guanaco**) (*zool., Lama guanicoe*) guanaco.

guanidin(e) /ˈgwɑːnɪdiːn, -ɪn/, *n.* (*biochim.*) guanidina.

guanine /ˈgwɑːniːn, -ɪn, ˈguːə-/, *n.* (*biochim.*) guanina.

guano /ˈgwɑːnəʊ/, *n.* (*pl.* **guanos**) **1** guano **2** concime artificiale simile al guano.

guarana /gwəˈrɑːnə/ (*spagn.*), *n.* (*bot., Paullinia cupana*) guarana.

guarantee /gærənˈtiː/, *n.* **1** garanzia; (*leg.*) mallevadoria, malleveria, fideiussione: **My car has a two-year g.**, la mia auto ha una garanzia di due anni **2** garante; (*leg.*) mallevadore, mallevadrice **3** (= **bill g.**) avallo (*di una cambiale*) **4** avallato (*sost.*) **5** (*fig.*) assicurazione; promessa: **The dark clouds were a g. of rain**, le scure nubi erano una promessa di pioggia. ● (*econ.*) **a g. against rising prices**, una garanzia contro il rischio economico □ **g. bond**, cauzione □ (*banca*) **g. credit**, credito contro garanzia □ **g. deposit**, deposito cauzionale □ (*fin.*) **g. fund**, fondo comune di garanzia □ **g. society**, mutua di assicurazioni contro l'infedeltà dei dipendenti □ **to go g. for sb.**, rendersi garante per q.

to **guarantee** /gærənˈtiː/, *v. t.* **1** garantire; (*leg.*) fare da mallevadore a (q.), farsi mallevadore di (q.c.): **Our cars are guaranteed for two years**, le nostre automobili sono garantite per due anni; **I cannot g. your debts**, non posso farmi mallevadore (del pagamento) dei tuoi debiti **2** assicurare; promettere. ● **to g. sb. against** (*o* **from**) **a risk**, assicurare q. contro un rischio □ **to g. a bill [an endorsement]**, avallare una cambiale [una girata] □ (*leg.*) **to g. sb. in the possession of st.**, assicurare a q. il possesso di q.c.

guaranteed /gærənˈtiːd/, *a.* (*leg., fin.*) garantito: **g. annual wage**, salario annuo minimo garantito; (*fin.*) **g. bond**, obbligazione garantita; (*leg.*) **g. mortgage**, ipoteca garantita; (*fin.*) **g. stock**, azioni a dividendo garantito; titoli garantiti.

guarantor /gærənˈtɔː(r), *USA* ˈgærəntɔː(r)/, *n.* (*leg.*) garante; mallevadore; mallevadrice; fideiussore. ● **the g. of a bill of exchange**, l'avallante d'una cambiale.

guaranty /ˈgærəntɪ/, *n.* (*leg.*) **1** malleveria; garanzia **2** avallante; mallevadore, mallevadrice. ● (*leg.*) **g. bond**, contratto di fideiussione □ (*banca, leg., USA*) **g. fund**, fondo di garanzia.

guard /gɑːd/, *n.* **1** guardia; custodia; vigilanza: **g. of honour**, guardia d'onore; **to go on g.**, montare di guardia; **to come off g.**, smontare di guardia **2** guardia; custode; guardiano; sorvegliante: **the guards of a prison**, le guardie carcerarie; i guardiani d'una prigione; **the g. of a factory**, il sorvegliante d'una fabbrica **3** (*ferr.*) capotreno; conduttore **4** (*tecn.*) protezione; (*edil.*) parapetto; (*della bicicletta*) copricatena, carter **5** (*della spada e della sciabola*) guardia **6** (= **fireguard**) parafuoco **7** (*sport*) guardia: **to be off g.**, non essere in guardia; **to catch sb. off g.**, cogliere q. giù di guardia (*fig.*: alla sprovvista, in contropiede); **to drop** (*o* **to lower**) **one's g.**, abbassare la guardia; **to keep one's g. up**, tenere la guardia alta; **On g.!**, in guardia! **8** (*pallacanestro*) difensore **9** (*pl.*) (*mil.*) – **the Guards**, le Guardie Reali (*in G.B.*). ● (*elettron.*) **g. band**, banda di protezione; spazio libero fra due canali □ (*naut.*) **g. boat**, battello di ronda □ **g.-chain**, catena di sicurezza (*d'orologio, ecc.*) □ **g. ring**, (*elettr.*) anello di guardia; fermanello □ (*naut.*) **g. ship**, (nave) guardaporto; motovedetta □ (*ferr.*) **g.'s van**, vagone del personale viaggiante; bagagliaio □ (*fig.*) **to be caught off one's g.**, essere preso alla sprovvista (*o* in contropiede) □ (*mil.*) **the Horse Guards**, le Guardie a cavallo □ (*stor.*) **the Imperial Guards**, la Guardia Imperiale □ (*mil.*) **to keep g.**, fare la guardia □ **to lower one's g.**, abbassare la guardia □ (*mil.*) **to mount g.**, montare di guardia □ (*fig.*) **the old g.**, la vecchia guardia □ (*mil.*) **to be on g.**, essere di guardia □ **to be on one's g. against sb.**, stare in guardia contro q. □ **to put sb. on (his) g. against a danger**, mettere q. in guardia contro un pericolo □ (*mil.*) **to relieve g.**, dare il cambio alla guardia □ **sword g.**, ponticello (di spada) □ (*mil.*) **to stand g.**, essere di guardia □ **trigger g.**, ponticello (*d'arma da fuoco*);

blocco di sicurezza (*di macchina fotografica*) □ (*mil.*) **under armed g.**, sotto scorta armata □ (*anche fig.*) **His g. was up** [**down**], aveva la guardia alzata [abbassata].

to **guard** /gɑːd/, **A** *v. t.* **1** guardare (*lett.*); custodire; difendere; proteggere; salvaguardare; sorvegliare; fare la guardia a (q. *o* q.c.): **The infantry had to g. the bridge**, la fanteria doveva guardare il ponte; **to g. a secret**, custodire un segreto; **to g. one's reputation**, difendere la propria reputazione; **to g. a camp** [**prisoners**], fare la guardia a un campo [a prigionieri]; **to g. one's life**, proteggere la propria vita; **to g. a door**, sorvegliare una porta **2** tenere a freno, sotto il proprio dominio (*i pensieri, ecc.*); misurare (*le parole*) **3** (*mecc.*) mettere una protezione a (*una macchina*) **4** (*sport*) marcare (*un avversario*) **5** (*boxe*) parare: **to g. a blow**, parare un colpo. **B** *v. i.* guardarsi; stare in guardia; premunirsi; difendersi: **to g. against mistakes**, guardarsi dal commettere sbagli; **to g. against accidents**, premunirsi dagli incidenti. ● **to g. one's tongue**, tenere a freno la lingua.

guarded /ˈgɑːdɪd/, *a.* **1** guardingo; cauto; circospetto; misurato (*fig.*); prudente: **a g. answer**, una risposta guardinga; **a g. speech**, un discorso cauto **2** guardato a vista; scortato: **a g. prisoner**, un prigioniero scortato **3** difeso; protetto. || **-ly**, *avv.* || **-ness**, *sost.*

guardhouse /ˈgɑːdhaʊs/, *n.* (*mil.*) **1** corpo di guardia **2** guardina; cella di detenzione; sala di disciplina.

guardian /ˈgɑːdɪən/, **A** *n.* **1** custode; difensore; protettore **2** (*leg.*) tutore, tutrice; curatore, curatrice **3** (*relig.*) (padre) guardiano; superiore (*di frati francescani*). **B** *a. attr.* **1** custode: (*relig.* e *fig.*) **g. angel**, angelo custode **2** (*leg.*) tutelare. ● (*in G.B. e in U.S.A.*) **G. Angels**, vigilantes (*volontari anticrimine*).

guardianship /ˈgɑːdɪənʃɪp/, *n.* **1** difesa; protezione: **to be under the g. of the laws**, essere sotto la protezione della legge **2** (*leg.*) tutela; autorità tutoria; curatela.

guardless /ˈgɑːdləs/, *a.* indifeso; senza protezione.

guardrail /ˈgɑːdreɪl/, *n.* **1** (*edil.*) corrimano **2** (*autom.*) guardrail; guardavia **3** (*ferr.*) controrotaia **4** (*naut.*) paragambe; battagliola.

guardroom /ˈgɑːdruːm, -rʊm/, *V.* **guardhouse**.

guardsman /ˈgɑːdzmən/, *n.* (*pl.* **guardsmen**) **1** guardia **2** (*in G.B.*) soldato (*o* ufficiale) delle Guardie Reali **3** (*in U.S.A.*) soldato (*o* ufficiale) della Guardia Nazionale.

Guatemalan /gwɑːtəˈmɑːlən, gwæ-, gwʌ-/, *a.* e *n.* guatemalteco.

guava /ˈgwɑːvə, ˈgwɔː-/, *n.* (*pl.* **guavas, guava**) (*bot., Psidium guaiava*) pero delle Indie; psidio; guava.

gubernatorial /guːbənəˈtɔːrɪəl/, *a.* governatoriale; di governatore; di governatorato: **a g. election**, l'elezione d'un governatore.

gudgeon (**1**) /ˈgʌdʒən/, *n.* **1** (*zool., Gobio gobio*) gobione **2** (*zool., Gobius*) ghiozzo **3** (*fig.*) credulone; gonzo; semplicione.

gudgeon (**2**) /ˈgʌdʒən/, *n.* **1** (*edil.*) chiavarda **2** (*mecc.*) perno **3** (*di motore*) spinotto **4** (*naut., aeron.*) femminella. ● (*mecc.*) **g.-pin**, perno dello stantuffo; spinotto □ (*naut., aeron.*) **rudder g.**, femminella del timone.

guelder(**-**)**rose** /gɛldəˈrəʊz/, *n.* (*bot., Viburnum opulus*) palla di neve.

Guelf, **Guelph** /gwɛlf/, *n.* (*stor.*) guelfo.

Guelfic, **Guelphic** /ˈgwɛlfɪk/, *a.* (*stor.*) guelfo.

guerdon /ˈgɜːdn/, *n.* (*poet.*) guiderdone; ricompensa.

to **guerdon** /ˈgɜːdn/, *v. t.* (*poet.*) ricompensare.

guerilla /gəˈrɪlə/, *V.* **guerrilla**.

Guernsey /ˈgɜːnzɪ/, *n.* **1** (*geogr.*) Guernsey (*isola della Manica*) **2** (= **G. coat, G. shirt**) maglione di lana **3** (*zootecnia*) mucca di Guernsey.

guerrilla /gəˈrɪlə/, **A** *n.* **1** (*generalm.* **g. warfare**) guerriglia; guerra partigiana **2** guerrigliero; partigiano. **B** *a. attr.* di, da guerrigliero; di, da partigiano.

guess /gɛs/, *n.* **1** congettura; supposizione; tentativo d'indovinare **2** cosa indovinata; soluzione di un indovinello **3** ipotesi: **a bad g.**, un'ipotesi errata. ● **at a g.**, a occhio e croce; a lume di naso (*fam.*) □ **to make a good g.**, azzeccare giusto; cogliere nel segno □ **It's anybody's g.**, Dio solo lo sa □ **Your g. is as good as mine**, ne so quanto te.

to **guess** /gɛs/, *v. t.* e *i.* **1** congetturare; calcolare (*a un dipresso*); tirare a indovinare; dire: **Can you g. the weight of this trunk?**, sai calcolare il peso di questo baule?; **I would g. his age as forty** (*o* **him to be forty**), direi che abbia quarant'anni; **I guessed** (**at**) **his age and missed by only two years**, tirai a indovinare la sua età e sbagliai soltanto di due anni **2** indovinare; azzeccare; risolvere: **to g. the meaning of a new word**, indovinare il senso di una parola nuova; **to g. a riddle**, risolvere un indovinello **3** (*fam. specialm. USA*) credere; ritenere; supporre: **I g. you can make it**, credo che tu possa farcela; **I g. so**, penso (*o* credo) di sì. ● **to g. wrong**, non indovinare; sbagliare (*facendo una congettura*) □ (*fam.*) **to get sb. guessing**, mettere una pulce nell'orecchio a q. □ **to keep sb. guessing**, tenere q. sulla corda (*o* sulle spine) □ **I've guessed right**, ho indovinato.

guessable /ˈgɛsəbl/, *a.* indovinabile.

guesser /ˈgɛsə(r)/, *n.* **1** chi tira a indovinare; chi fa congetture **2** chi indovina.

guessing /ˈgɛsɪŋ/, *n.* il tirare a indovinare. ● **g. game**, quiz.

guesstimate /ˈgɛstɪmət/, *n.* (*fam., contraz. di* **guess** *e* **estimate**) *V.* **guesswork**.

to **guesstimate** /ˈgɛstɪmət/, *v. i.* (*fam., contraz. di* **guess** *e* **to estimate**) calcolare mediante congetture.

guesswork /ˈgɛswɜːk/, *n.* **1** tentativo d'indovinare; congettura **2** congetture; ipotesi: ● **by g.**, a lume di naso (*fam.*); a occhio e croce.

guest /gɛst/, *n.* **1** ospite; convitato; invitato: **g. room**, camera degli ospiti; **a wedding g.**, un invitato a nozze **2** (*tur.*) cliente, ospite (*d'albergo*); pensionante **3** (*biol.*) ospite. ● (*radio, TV*) **g. artist**, ospite d'onore □ **g. book**, libro degli ospiti; (*tur.*) registro dei clienti □ **g. night**, serata a invito (*per i non soci di un club*) □ **g. star**, *V.* **g. artist** □ (*cinem., TV, mus.*) **g.-starring**, (*nei titoli*) con la partecipazione straordinaria di (*segue il nome*) □ **g. worker**, operaio straniero □ **paying g.**, pensionante; dozzinante □ (*radio, TV*) **special g.**, ospite d'onore □ (*fam.*) **Be my g.!**, fai pure!; prego! serviti!

guest-rope /ˈgɛstrəʊp/, *n.* (*naut.*) cavo da tonneggio; alzana.

guff /gʌf/, *n.* (*fam.*) balle; bubbole; fandonie; frottole.

guffaw /gəˈfɔː/, *n.* risata sguaiata; sghignazzata.

to **guffaw** /gəˈfɔː/, *v. i.* ridere sguaiatamente; sghignazzare.

guggle /ˈgʌgl/, *n.* gorgoglio.

to **guggle** /ˈgʌgl/, *v. i.* gorgogliare.

Guianese /gaɪəˈniːz/, *a.* e *n.* (abitante, nativo) della Guyana.

guichet /giːˈʃeɪ/ (*franc.*), *n.* grata; inferriata; sportello di biglietteria.

guidable /ˈgaɪdəbl/, *a.* guidabile; governabile; docile.

guidance /ˈgaɪdns/, *n.* **1** guida; condotta; direzione; governo **2** norma; principio; regola: **for your g.**, per tua norma; a titolo orientativo **3** assistenza; consulenza; orientamento: (*econ.*) **the g. section of the Agricultural Fund**, la sezione orientamento del Fondo Agricolo **4** (*aeron.*) guida: **g. system**, sistema di guida aerea. ● (*elab.*) **g. tape**, nastro guida.

guide /gaɪd/, *n.* **1** guida (*anche mil.*); cicerone; guida alpina; manuale, trattato; norma; principio; regola: **He works as a g. for tourists**, fa la guida (il cicerone) per i turisti; **a g. to the National Gallery**, una guida (*libro*) della Galleria Nazionale; **a g. to English grammar**, guida allo studio della grammatica inglese; (*mecc.*) **inverted g.**, guida invertita **2** (= **girl g.**) guida; giovane esploratrice **3** cartello (palo, ecc.) indicatore **4** (*pl.*) (*mil.*) esploratori **5** (*pl.*) (*mecc.*) guide **6** (*pl.*) – **the Guides**, le guide (*nello scoutismo*) **7** (*pl.*) (*stor.*) – **the Guides**, il reggimento delle Guide (*alla frontiera indiana*). ● (*mecc.*) **g. bearing**, guida □ **g.-book**, guida (turistica) (*libro*) □ **g. dog**, cane guida (*per un non vedente*) □ (*econ.*) **g. price**, prezzo d'orientamento □ **g.-rail**, (*ferr.*) terza rotaia; (*edil.*) rotaia di guida □ **g. rope**, fune di sicurezza; (*aeron.*) cavo pilota □ (*tipogr.*) **g. word**, esponente; testatina □ **railway g.**, orario ferroviario □ (*mil.*) **right** [**left**] **g.**, guida a destra [a sinistra] □ (*radio*) **wave g.**, guida d'onda.

to **guide** /gaɪd/, *v. t.* guidare; condurre; dirigere; governare; regolare: **The blind man was guided by a dog**, il cieco era guidato da un cane; **The Prime Minister guides the country**, il Primo Ministro dirige la nazione. ● **to be guided by reason**, farsi guidare dalla ragione □ **guiding principle**, principio informatore □ (*arte*) **guiding stick**, appoggiamano.

guideboard /ˈgaɪdbɔːd/, *n.* cartello segnaletico (*stradale*).

guided /ˈgaɪdɪd/, *a.* guidato: (*tur.*) **g. tour**, visita guidata. ● (*miss., mil.*) **g. missile**, missile teleguidato (*o* telecomandato).

guideless /ˈgaɪdləs/, *a.* senza guida.

guideline /ˈgaɪdlaɪn/, *n.* **1** fune di sicurezza **2** (*tipogr.*) segno di correzione **3** (*fig.*; *di solito al pl.*) linea di condotta; direttiva generale; orientamento: **the guidelines of a programme**, gli orientamenti di un programma.

guidepost /ˈgaɪdpəʊst/, *n.* indicatore stradale; palo della segnaletica.

guideway /ˈgaɪdweɪ/, *n.* (*mecc.*) guida di scorrimento; scanalatura.

guidon /ˈgaɪdn/, *n.* guidone; piccolo stendardo.

guild /gɪld/, *n.* **1** (*stor.*) corporazione (d'arti e mestieri); gilda **2** associazione (*di mutua assistenza, ecc.*); consociazione; confraternita.

guilder /ˈgɪldə(r)/, *n.* fiorino (*specialm. olandese*).

guildhall /ˈgɪldhɔːl/, *n.* **1** (*stor.*) palazzo delle corporazioni **2** municipio **3** – **the G.** (*a Londra*), il palazzo municipale della City.

guildsman /ˈgɪldzmən/, *n.* (*pl.* **guildsmen**) (*stor.*) membro d'una corporazione.

guile /gaɪl/, *n.* (*form.*) **1** astuzia; furberia; scaltrezza: **the proverbial g. of the fox**, l'astuzia proverbiale della volpe **2** artificio; inganno; stratagemma.

guileful /ˈgaɪlfl/, *a.* (*form.*) astuto; furbo; scaltro.

guilefulness /ˈgaɪlflnəs/, *n.* (*form.*) astuzia; furberia; scaltrezza.

guileless /ˈgaɪlləs/, *a.* (*form.*) ingenuo; franco; schietto; semplice. || **-ly**, *avv.* || **-ness**, *sost.*

guillemot /ˈgɪlɪmɒt/, *n.* (*zool., Uria*) uria.

guillotine /ˈgɪlətiːn/ (*franc.*), *n.* **1** (*stor.*) ghigliottina **2** (*mecc.*, = **g. shears**) cesoia a ghigliottina **3** (*ind. della carta*) trancia; tagliacarte a ghigliottina **4** (*legatoria*) taglierina **5** (*arti grafiche*) trancia **6** (*med.*) tonsillotomo **7** (*polit.*) passaggio alle votazioni (*su un disegno di legge*) entro un preciso limite di tempo.

to **guillotine** /ˈgɪlətiːn/ (*franc.*), *v. t.* **1** ghigliottinare **2** (*fig.*) tagliare (*spese, ecc.*); eliminare (*sprechi*) **3** (*polit.*) mettere ai voti (*un disegno di legge*; *V.* **guillotine,** *def. 7*).

guilt /gɪlt/, *n.* (*anche leg.*) colpa; colpevolezza: **There is no evidence of his g.**, non vi sono prove della sua colpevolezza. ● **to show g.**, dare segni di colpa □ **The g. lies with the politicians**, la colpa è degli uomini politici.

guiltily /ˈgɪltəlɪ/, *avv.* colpevolmente; con aria colpevole.

guiltiness /ˈgɪltɪnəs/, *n.* colpevolezza.

guiltless /ˈgɪltləs/, *a.* **1** incolpevole; senza colpa; innocente **2** digiuno (*fig.*); ignaro; che non conosce: **to be g. of Greek**, essere digiuno di greco; **a boy g. of soap**, un ragazzo che non conosce l'uso del sapone. || **-ly**, *avv.* || **-ness**, *sost.*

guilty /ˈgɪltɪ/, *a.* colpevole; reo: (*leg.*) **to plead g.**, dichiararsi colpevole. ● **a g. conscience**, la coscienza sporca □ **a g. look**, un'aria colpevole □ (*leg.*) **g. plea**, ammissione di colpevolezza (*da parte dell'imputato*) □ (*leg.*) **not g.**, innocente: **Do you plead g. or not g.?**, Lei si dichiara colpevole o innocente? □ **a verdict of not g.**, un verdetto di non colpevolezza.

guinea /ˈgɪnɪ/, *n.* ghinea (*moneta di conto pari a 21 scellini, non più in corso, ma usata per onorari, ecc.*). ● (*fam.*) **g. pig**, professionista pagato in ghinee.

Guinea /ˈgɪnɪ/, *n.* **1** (*geogr.*) Guinea **2** (*pop. USA*) oriundo di un'isola del Pacifico **3** (*pop. USA*) oriundo italiano; italiano. ● (*zool.*) **g. fowl** (*o* **g. hen**) (*Numida meleagris*), faraona □ **g. pig** (*zool., Cavia cobaya*), cavia, porcellino d'India; (*fig.*) cavia: **Will you be my g. pig?**, vuoi farmi da cavia? □ (*zool.*) **g.-worm** (*Dracunculus medinensis*), filaria di Medina.

Guinevere /ˈgwɪnɪvɪə(r)/, *n.* Ginevra (*nome proprio*).

guipure /giːˈpjuə(r)/ (*franc.*), *n.* guipure; merletto di refe.

guise /gaɪz/, *n.* **1** guisa; foggia; sembianza: **in the g. of a peasant**, in foggia di (*o* vestito da) contadino **2** apparenza; parvenza; finzione; maschera (*fig.*): **under the g. of goodness**, sotto la maschera della bontà. ● **in a different [new] g.**, in guisa diversa [in un modo nuovo].

guitar /gɪˈtɑː(r)/, *n.* (*mus.*) chitarra: **electric g.**, chitarra elettrica.

guitarfish /gɪˈtɑːfɪʃ/, *n.* (*zool.*) pesce chitarra.

guitarist /gɪˈtɑːrɪst/, *n.* chitarrista.

gulch /gʌltʃ/, *n.* (*USA*) gola; burrone; forra.

gulden /ˈgʊldən/, *n.* (*pl.* **guldens, gulden**) fiorino olandese.

gules /gjuːlz/, *n.* e *a. attr.* (*arald.*) (color) rosso.

gulf /gʌlf/, *n.* **1** golfo: **the G. of Naples**, il Golfo di Napoli; **the G. Stream**, la corrente del Golfo **2** (*anche fig.*) abisso **3** gorgo; vortice. ● (*geogr.*) **the G. States**, gli Stati (*o* i Paesi) del Golfo (Persico); (*in U.S.A.*) gli Stati sul Golfo (del Messico).

to **gulf** /gʌlf/, *v. t.* inghiottire; ingoiare.

gull (1) /gʌl/, *n.* (*zool., Larus*) gabbiano. ● (*autom.*: *di uno sportello*) **g.-wing**, che si apre verso l'alto; a farfalla.

gull (2) /gʌl/, *n.* (*lett.*) gonzo; semplicione; minchione (*pop.*).

to **gull** /gʌl/, *v. t.* (*lett.*) gabbare; imbrogliare; ingannare; fare (q.) fesso. ● **to g. sb. into doing st.**, far fare q.c. a q. con l'inganno □ **to g. sb. out of st.**, portare via q.c. a q. con l'inganno; fregare q.c. a q. (*pop.*).

gullery /ˈgʌlərɪ/, *n.* (*lett.*) inganno; imbroglio.

gullet /ˈgʌlət/, *n.* **1** (*anat., fam.*) gola; esofago **2** canale; condotto; fosso di scolo **3** (*zool.*) citofaringe. ● (*fig.*) **It sticks in my g.**, mi sta sullo stomaco; non mi va giù (*fig.*).

gullibility /gʌləˈbɪlətɪ/, *n.* credulità; dabbenaggine; minchioneria (*pop.*).

gullible /ˈgʌləbl/, *a.* credulo; credulone; ingenuo; fesso (*fam.*). ● **a g. fellow**, un fesso (*fam.*); un minchione (*pop.*).

gully (1) /ˈgʌlɪ/, *n.* **1** burrone; gola (*fra pareti ripide*); canalone **2** canale; fosso di scolo. ● **g.-drain**, fosso di scolo; cunetta □ **g.-hole**, buca di scarico (*dell'acqua piovana*); tombino.

gully (2) /ˈgʌlɪ/, *n.* coltellaccio.

to **gully** /ˈgʌlɪ/, *v. t.* **1** scavare canali in (*un terreno*) **2** (*dell'acqua*) scavare (*terreno*) per erosione.

gulp /gʌlp/, *n.* **1** boccata; boccone; sorso; fiato: **to swallow st. at one g.**, inghiottire q.c. in un boccone; **to drink st. at one g.**, bere q.c. in un sorso (*o* d'un fiato) **2** (*anche fig.*) l'inghiottire; inghiottimento. ● **to speak in gulps**, parlare a singulti.

to **gulp** /gʌlp/, **A** *v. t.* **1** ingoiare; inghiottire; ingozzare; tracannare; trangugiare; bere con avidità: **to g. (down) a glass of water**, tracannare un bicchier d'acqua **2** trattenere; frenare; soffocare (*fig.*): **to g. down one's anger**, frenare l'ira; **to g. down one's sobs**, soffocare i singhiozzi. **B** *v. i.* **1** trattenere il fiato **2** restare senza fiato: **to g. with surprise**, restare senza fiato per la sorpresa. ● **to g. down** (*o* **back**) **one's tears**, inghiottire le lacrime (*o* il pianto).

gulpingly /ˈgʌlpɪŋlɪ/, *avv.* inghiottendo; trattenendo il fiato.

gum (1) /gʌm/, *n.* (*generalm. al pl., anat.*) gengiva. ● (*pop. USA*) **to beat one's gums**, parlare di continuo (*o* a ruota libera).

gum (2) /gʌm/, *n.* **1** gomma; colla (*per manifesti, ecc.*) **2** secrezione (*dell'occhio, ecc.*); cispa **3** (= **gumdrop**) caramella gommosa: **a fruit gum**, una caramella alla frutta **4** (= **gum tree**) albero della gomma; eucalipto **5** gomma da masticare **6** (*pl.*) *V.* **gumboots**. ● **gum arabic**, gomma arabica □ **gum dragon**, (gomma) adragante □ (*ind.*) **gum elastic**, gomma elastica (*caucciù*) □ **gum resin**, gommoresina □ **gum senegal**, gomma arabica del Senegal □ **chewing gum**, gomma da masticare (*o* americana) □ (*fig. fam.*) **to be up a gum tree**, essere nei guai; trovarsi nei pasticci.

gum (3) /gʌm/, *n.* (*pop. arc., deformazione di* **God**, *Dio, usato per es. in*:) **by gum!**, perdio!; **my gum!**, perbacco!

to **gum** /gʌm/, **A** *v. t.* **1** ingommare; incollare: **to gum down the flap of an envelope**, ingommare l'orlo d'una busta **2** (*pop. USA*) ingannare; truffare; fregare (*pop.*) **3** (*pop. USA*) ingoiare; trangugiare. **B** *v. i.* **1** secernere gomma **2** diventare gommoso. ● (*fam.*) **to gum up**, rovinare; incasinare (*pop.*): **to gum up the works**, incasinare tutto; fare un casino del diavolo.

gumbeater /ˈgʌmbiːtə(r)/, *n.* (*pop. USA*) chiacchierone, chiacchierona.

gumbeating /ˈgʌmbiːtɪŋ/, *n.* (*pop. USA*) chiacchierata; ciarle; ciance.

gumbo /ˈgʌmbəʊ/, *n.* (*pl.* **gumbos**) (*USA*) **1** (*bot., Hibiscus esculentus*) gombo; abelmosco **2** zuppa densa (*di carne o pesce*: *ispessita con baccelli di gombo*).

gumboil /ˈgʌmbɔɪl/, *n.* (*med.*) ascesso alle gengive.

gumboots /ˈgʌmbuːts/, *n. pl.* stivali di gomma.

gumdrop /ˈgʌmdrɒp/, *n.* caramella gommosa.

gumma /ˈgʌmə/, *n.* (*pl.* **gummas, gummata**) (*med.*) gomma (*tumore sifilitico*).

gummatous /ˈgʌmətəs/, *a.* (*med.*) gommoso; affetto da gomma (*V.* **gumma**).

gummed /gʌmd/, *a.* gommato: **g. paper**, carta gommata.

gummiferous /gʌˈmɪfərəs/, *a.* (*bot., ind.*) gommifero.

gumminess /ˈgʌmɪnəs/, *n.* gommosità.

gummosis /gʌˈməʊsɪs/, *n.* (*bot.*) gommosi.

gummy (1) /ˈgʌmɪ/, *a.* **1** gommoso; appiccicaticcio; viscido **2** (*delle caviglie, ecc.*) gonfio; grosso.

gummy (2) /ˈgʌmɪ/, *a.* **1** sdentato: **a g. old man**, un vecchio sdentato **2** fino alle gengive; che mostra le gengive: **a g. smile**, un sorriso fino alle gengive.

gumption /ˈgʌmpʃn/, *n.* (*fam.*) **1** accortezza; buonsenso; senso pratico **2** spirito d'iniziativa; intraprendenza; grinta.

gumshield /ˈgʌmʃiːld/, *n.* (*boxe*) paradenti.

gumshoe /ˈgʌmʃuː/, *n.* **1** caloscia (*o* soprascarpa) di gomma **2** scarpa da tennis **3** (*pop. USA*; = **gumshoer**) agente investigativo; detective; segugio (*fig.*).

gun /gʌn/, *n.* **1** (*mil.*) arma da fuoco; bocca da fuoco; pezzo (*d'artiglieria*); cannone; fucile; schioppo; carabina; moschetto: (*naut.*) **field** (*o* **landing**) **gun**, cannone da sbarco **2** revolver; pistola; rivoltella **3** colpo (*di cannone, ecc.*): **to fire a gun**, sparare un colpo; **a 21-gun salute**, una salva di 21 colpi **4** (= **air gun**) pistola ad aria compressa **5** (= **spray gun**) pistola a spruzzo (*per verniciatura, disinfestazione, ecc.*) **6** cacciatore (*che fa parte d'una comitiva*) **7** (*fam. USA*) sicario; killer **8** (*pop. USA*) capo; capoccia **9** (*pop. USA*) siringa (*per drogati*). ● **guns and butter**, «burro e cannoni»; uguale peso alle spese militari e a quelle civili □ **gun barrel**, canna (*d'arma da fuoco*) □ (*mil.*) **gun breech**, culatta □ (*mil.*) **gun carriage**, affusto a ruote □ **gun-case**, custodia per fucile da caccia □ **gun-cotton**, cotone fulminante; fulmicotone □ (*naut.*) **gun's crew**, i serventi al pezzo □ **gun dog**, cane da penna □ (*mil.*) **gun drill**, esercitazione ai pezzi □ (*fig. fam.*) **gun fodder**, carne da cannone □ **gun-harpoon**, fiocina scagliata da un cannoncino □ (*mil.*) **gun launcher**, cannone lanciamissili □ **the gun laws**, le leggi sulla caccia □ (*pop.*) **gun moll**, ragazza (*o* donna) di un gangster □ (*mil.*) **gun mount**, affusto (*di cannone*) □ **gun-pit**, trincea per bocca da fuoco □ **gun room**, (*naut.*) quadrato dei subalterni; (*in una casa*) sala delle armi da fuoco □ (*di cane, ecc.*) **gun-shy**, che ha paura degli spari □ **gun siege**, presa di ostaggi in una casa privata (*da parte di banditi che vi si rinserrano*) □ (*mil.*) **gun turret**, torretta □ **air gun**, fucile ad aria compressa □ (*del vento*) **to blow great guns**, soffiare fortissimo □ (*fig. fam.*) **big gun**, pezzo grosso; persona importante; alto papavero □ (*fig.*) **to bring up one's big guns**, sparare tutte le proprie cartucce (*fig.*) □ (*fam.*) **to give it the gun**, andare forte; (*autom.*) dare gas; (*fig.*) mettercela tutta, sforzarsi □ (*mecc.*) **grease gun**, ingrassatore (*ad aria compressa*); pistola per ingrassaggio □ (*fam.*) **to go great guns**, andare forte (*fig.*); avere un gran successo □ **to jump the gun**, (*sport*) fare una falsa partenza; (*fig.*) essere precipitoso □ **machine gun**, mitragliatrice □ **sporting gun**, fucile da caccia □ (*fam.*) **son of a gun**, farabutto; mascalzone □ **to spike sb.'s guns**, (*mil., stor.*) inchiodare i cannoni a q.; (*fig.*) frustrare i piani di q. □ (*fig.*) **to stand** (*o* **to stick**) **to one's guns**, mantenere la propria posizione; tener duro; star saldo.

to **gun** /gʌn/, **A** *v. i.* **1** andare a caccia (*con il fucile*) **2** (*fam. USA, autom.*) andare forte; andare a tutto gas: **The robbers gunned round the bend**, i rapinatori presero la curva a tutto gas. **B** *v. t.* **1** provvedere (q.) di un'arma da fuoco (*V.* **gun**) **2** sparare su (q.) **3** (*mecc.*) dare gas a (*un'automobile, un motoscafo, ecc.*). ● **to gun down**, abbattere (*o* uccidere) a colpi d'arma da fuoco □ (*fam.*) **to be gunning for**, dare la caccia a (*un ladro, ecc.*); (*fig.*) dare addosso a (*un avversario, un concorrente, ecc.*) □ **to be gunning for a job**, farsi in quattro per ottenere un posto; dare la caccia a un impiego.

gunboat /ˈgʌnbəʊt/, *n.* (*mil., naut.*) cannoniera. ● (*polit.*) **g. diplomacy**, diplomazia delle cannoniere (*o* del pugno di ferro).

gunfight /ˈgʌnfaɪt/, *n.* (*specialm. USA*) scontro a fuoco; duello alla pistola.

gunfighter /ˈgʌnfaɪtə(r)/, *n.* (*fam.*) pistolero.

gunfighting /ˈgʌnfaɪtɪŋ/, *n.* scontro a fuoco; sparatoria.

gunfire /ˈgʌnfaɪə(r)/, *n.* **1** fuoco; sparatoria **2** (*mil.*) cannoneggiamento **3** (*mil., naut.*) sparo di un colpo di cannone (*come segnale, o al mattino e alla sera*).

gunge /gʌndʒ/, *n.* (*pop.*) sostanza appiccicosa; roba sporca; porcheria (*pop.*).

gung(-)ho /ˈgʌŋˈhəʊ/, *a.* (*fam.*) entusiasta; favorevolissimo; tutto per (*fam.*): **to be g. for Government intervention**, essere favorevolissimo agli interventi governativi.

gunk /gʌŋk/, (*pop. USA*) *V.* **gunge**.

gunlayer /'gʌnleɪə(r)/, *n.* (*mil., naut.*) puntatore.

gunlaying /'gʌnleɪɪŋ/, *n.* (*mil., naut.*) puntamento.

gunless /'gʌnləs/, *a.* senz'armi da fuoco; disarmato (*V.* **gun**).

gunlock /'gʌnlɒk/, *n.* percussore; meccanismo di scatto e percussione (*d'arma da fuoco*).

gunmaker /'gʌnmeɪkə(r)/, *n.* fabbricante d'armi (*o* di cannoni).

gunman /'gʌnmən/, *n.* (*pl.* **gunmen**) ***1*** bandito; gangster; killer ***2*** pistolero ***3*** buon tiratore ***4*** (*USA*) armaiolo.

gunmetal /'gʌnmetl/, *n.* ***1*** bronzo duro ***2*** (colore) grigio piombo.

gunned /gʌnd/, *a.* munito (*o* armato) di cannoni. ● **a heavily-g. ship**, una nave armata di cannoni pesanti.

gunnel (**1**) /'gʌnl/, *n.* (*zool., Pholis gunnellus*) gunnello; farfalla di mare.

gunnel (**2**) /'gʌnl/, *V.* **gunwale**.

gunner /'gʌnə(r)/, *n.* ***1*** (*mil.*) artigliere ***2*** (*naut.*) capo cannoniere ***3*** (*aeron.*) mitragliere (di bordo) ***4*** cacciatore. ● (*naut.*) **g.'s mate**, secondo capo cannoniere □ (*fig., stor.*) **to kiss** (*o* **to marry**) **the g.'s daughter**, essere legato al cannone e frustato □ (*mil.*) **machine--g.**, mitragliere.

gunnery /'gʌnərɪ/, *n.* (*mil.*) ***1*** artiglieria ***2*** balistica ***3*** fuoco d'artiglieria; cannoneggiamento ***4*** arte di fabbricare cannoni. ● **g.-lieutenant**, tenente d'artiglieria □ (*naut.*) **g. officer**, ufficiale (addetto) alle armi.

gunning /'gʌnɪŋ/, *n.* ***1*** lo sparare; uso delle armi da fuoco ***2*** caccia (*con il fucile*): **to go g.**, andare a caccia.

gunny /'gʌnɪ/, *n.* (*specialm. USA*) ***1*** tela di juta (*da sacchi*) ***2*** (= **g. sack, g. bag**) sacco (di tela) di juta.

gunplay /'gʌnpleɪ/, *n.* scambio di colpi, sparatoria (*per es., fra polizia e banditi*).

gunpoint /'gʌnpɔɪnt/, *n.* bocca d'arma da fuoco. ● **at g.**, sotto tiro; sotto la minaccia di un'arma da fuoco.

gunpowder /'gʌnpaʊdə(r)/, *n.* ***1*** polvere da sparo; polvere pirica ***2*** tè granuloso, di color verde. ● (*stor.*) **the G. Plot**, la Congiura delle Polveri (*5 novembre 1605*).

gunrunner /'gʌnrʌnə(r)/, *n.* contrabbandiere d'armi.

gunrunning /'gʌnrʌnɪŋ/, *n.* contrabbando d'armi.

gunship /'gʌnʃɪp/, *n.* (*mil.*) grosso elicottero, con armamento pesante.

gunshot /'gʌnʃɒt/, *n.* ***1*** colpo d'arma da fuoco; sparo ***2*** portata, gittata (*d'arma da fuoco*): **to be within g.**, essere a portata di fucile; essere a tiro. ● **a g. wound**, una ferita d'arma da fuoco □ **to be out of g.**, essere fuori tiro.

gunsight /'gʌnsaɪt/, *n.* (*mil.*) congegno di mira.

gunslinger /'gʌnslɪŋgə(r)/, *n.* (*fam.*) pistolero.

gunsmith /'gʌnsmɪθ/, *n.* armaiolo.

gunstock /'gʌnstɒk/, *n.* fusto del fucile.

gunwale /'gʌnl/, *n.* (*naut.*) ***1*** parapetto superiore; capo di banda, frisata ***2*** (*d'imbarcazione piccola*) falchetta.

gup /gʌp/, *n.* (*anglo-ind.*), pettegolezzo; chiacchiera; fesseria.

guppy (**1**) /'gʌpɪ/, *n.* (*zool., Lebistes reticulatus*) guppy; pesciolino delle Barbados.

guppy (**2**) /'gʌpɪ/, *n.* (*contraz. di* **gay yuppy**, *USA*) «yuppy» (*q.V.*) omosessuale.

gurgitation /gɜːdʒɪ'teɪʃn/, *n.* ribollimento; rigurgito; gorgoglio.

gurgle /'gɜːgl/, *n.* ***1*** gorgoglio ***2*** borbottio; farfugliamento.

to **gurgle** /'gɜːgl/, **A** *v. i.* ***1*** gorgogliare ***2*** (*di bambini, ecc.*) borbottare; farfugliare. **B** *v. t.* borbottare; farfugliare.

gurnard /'gɜːnəd/, *n.* (*pl.* **gurnard, gurnards**) (*zool., Trigla*) (pesce) cappone; gallinella. ● (*zool.*) **yellow g.** (*Trigla lucerna*), cappone imperiale.

gurnet /'gɜːnɪt/, *n.* (*pl.* **gurnet, gurnets**) *V.* **gurnard**.

guru /'gʊruː, gʊ'ruː/, *n.* ***1*** guru; guida, consigliere spirituale (*fra gli Indù*) ***2*** guru; abito a casacca ***3*** (*fig.*) autorità; esperto ***4*** (*pop. USA*) consulente finanziario ***5*** (*pop. USA*) psicoanalista.

gush /gʌʃ/, *n.* ***1*** fiotto; getto; zampillo ***2*** (*fig.*) effusione; scoppio; accesso; impeto: **a g. of anger**, uno scoppio d'ira ***3*** sentimentalismo; smancerie. ● **a g. of thanks**, profusi ringraziamenti.

to **gush** /gʌʃ/, **A** *v. i.* ***1*** sgorgare; scaturire; zampillare: **water gushing from a hole in a tank**, acqua che zampilla da un foro in una cisterna ***2*** (*fig.*) effondersi smodatamente; entusiasmarsi troppo: **Some women g. at the mere idea of having babies**, ci sono donne che vanno in brodo di giuggiole al solo pensiero di avere un bambino. **B** *v. t.* far sgorgare; emettere (*sangue, ecc.*) a fiotti. ● (*fig.*) **to g. over**, esaltarsi, dare in smanie, smaniare per (q.).

gusher /'gʌʃə(r)/, *n.* ***1*** persona espansiva, che s'entusiasma troppo; tipo esuberante ***2*** pozzo di petrolio a eruzione spontanea.

gushing /'gʌʃɪŋ/, *a.* ***1*** sgorgante; zampillante ***2*** (*fig.*) espansivo; esuberante; entusiasta; smanceroso. || **-ly**, *avv.*

gushy /'gʌʃɪ/, *a.* espansivo; esuberante; che s'entusiasma facilmente; smanceroso.

gusset /'gʌsɪt/, *n.* ***1*** gherone; pezzo di stoffa triangolare (*per rinforzo*) ***2*** (*edil.*) fazzoletto d'unione (*d'intelaiatura metallica*) ***3*** (*ferr.*) raccordo a gomito ***4*** (*ind. min.*) apertura a cuneo. ● **g.-plate**, piastra nodale di rinforzo.

gussied up /'gʌsɪd'ʌp/, *a.* (*pop. USA*) ***1*** vestito a festa ***2*** addobbato.

to **gussy up** /'gʌsɪ'ʌp/, *v. t.* (*pop. USA*) ***1*** vestire a festa ***2*** addobbare.

gust (**1**) /gʌst/, *n.* ***1*** colpo, folata, raffica (di vento) ***2*** scroscio di pioggia ***3*** effusione di fumo; scoppio d'incendio; fiammata improvvisa ***4*** (*fig.*) accesso; scoppio; impeto: **gusts of rage**, scoppi di furore.

gust (**2**) /gʌst/, *n.* (*poet.*) ***1*** gusto; senso del gusto ***2*** aroma; sapore.

gustation /gʌs'teɪʃn/, *n.* ***1*** (*fisiol.*) gusto ***2*** (*raro*) degustazione.

gustative /'gʌstətɪv/, **gustatory** /'gʌstətrɪ, *USA* -tɔːrɪ/, *a.* gustativo.

gusto /'gʌstəʊ/ (*spagn.*), *n.* (*pl.* **gustoes**) ***1*** (*arc.*) gusto; sapore ***2*** slancio; fervore; entusiasmo ***3*** gusto; godimento; piacere.

gusty /'gʌstɪ/, *a.* ***1*** burrascoso; ventoso; tempestoso; che soffia a raffiche ***2*** pieno di fervore (*o* di slancio); entusiasta.

gut /gʌt/, **A** *n.* ***1*** (*pl.*) (*fam.*) budella; intestino ***2*** (*pl.*) (*fig.*) sostanza, succo: **Let's get down to the guts of the matter**, veniamo al succo della faccenda!; ***3*** (*pl.*) (*fig.*) coraggio; determinazione; risolutezza; fegato (*fig.*): **to have got guts enough to do st.**, avere il coraggio di fare q.c.; sentirsela di fare q.c.; **He alone has the guts to speak up to the boss**, lui solo ha il fegato di tener testa al gran capo ***4*** (= **catgut**) budello; minugia; catgut ***5*** (*naut.*) gola; stretto ***6*** (*pl.*) (*fig.*) frattaglie (*fig.*); ingranaggi, parti meccaniche: **the guts of a car**, gli ingranaggi di un'automobile ***7*** budello (*fig.*); strettoia ***8*** (*pop. spreg.*) pancione ***9*** (*pop. USA*) cosa facilissima. **B** *a. attr.* (*pop.*) emotivo; istintivo; profondamente sentito; che viene dal di dentro. ● **gut feeling**, sentimento istintivo □ **gut reaction**, reazione istintiva □ **gut-scraper**, strimpellatore di violino □ (*anat.*) **blind guts**, intestino cieco □ (*fig.*) **to feel st. in one's guts**, sentirsi q.c. nelle viscere □ (*pop.*) **to hate sb.'s guts**, non poter soffrire q.; avere q. sullo stomaco (*fam.*) □ **to sweat** (*o* **to work**) **one's guts out**, lavorare come un mulo (*o* un negro); darci dentro (*fam.*) □ (*fig. fam.*) **to turn sb.'s guts out**, far rivoltare lo stomaco a q.

to **gut** /gʌt/, *v. t.* ***1*** sbudellare; sventrare; pulire (*per cuocere*): **to gut a fowl**, sventrare un pollo; **to gut a fish**, pulire un pesce ***2*** distruggere; sventrare: **a house gutted by fire**, una casa sventrata dal fuoco ***3*** estrarre il succo (*o* l'essenza) di (*un libro*).

gutfighter /'gʌtfaɪtə(r)/, *n.* (*USA*) oppositore accanito; avversario temibilissimo.

gutless /'gʌtləs/, *a.* (*fam.*) pauroso; vigliacco; senza fegato (*fig.*).

gutstring /'gʌtstrɪŋ/, *n.* ***1*** minugia ***2*** (*med.*) filo per suture; catgut.

gutsy /'gʌtsɪ/, *a.* (*fam.*) ***1*** ghiotto; goloso ***2*** coraggioso; che ha fegato.

gutta (**1**) /'gʌtə/, *n.* (*pl.* **guttae, guttas**) (*archit., farm.*) goccia.

gutta (**2**) /'gʌtə/, *V.* **gutta-percha**.

gutta-percha /'gʌtə'pɜːtʃə, gʌ-/, *n.* (*chim.*) guttaperca.

guttate(**d**) /'gʌteɪt(ɪd)/, *a.* (*scient.*) a forma di goccia.

guttation /gʌ'teɪʃn/, *n.* (*bot.*) guttazione.

gutter /'gʌtə(r)/, *n.* ***1*** (*edil.*) grondaia; doccia ***2*** cunetta; fossetto di scolo; zanella ***3*** (*fig.*) fogna, fango, marciapiede (*fig.*): **language** [**manners**] **of the g.**, linguaggio [maniere] da marciapiede (*o* da trivio) ***4*** canaletta di scolo; rigagnolo ***5*** (*metall.*) gola di bavatura ***6*** (*ind. min.*) canaletto di drenaggio ***7*** (*tipogr.*) margine interno. ● (*fam. spreg.*) **g.-child**, ragazzo di strada; monello; scugnizzo □ **the g. press**, stampa scandalistica, d'infimo ordine □ (*fig.*) **to rise from the g.**, venire dal nulla; essere di bassi natali.

to **gutter** /'gʌtə(r)/, **A** *v. i.* ***1*** (*d'una candela*) colare; sgocciolare ***2*** (*di luce*) brillare fiocamente. **B** *v. t.* ***1*** (*edil.*) provvedere (*una casa*) di grondaie (*o* di docce) ***2*** provvedere (*una strada*) di cunette.

guttering /'gʌtərɪŋ/, *n.* (*edil.*) ***1*** messa in opera delle grondaie ***2*** convogliamento delle acque piovane ***3*** (*collett.*) fognature; scarichi. ● **g. services**, manutenzione degli scarichi.

guttersnipe /'gʌtəsnaɪp/, *n.* (*fam. spreg.*) ragazzo di strada; monello; scugnizzo.

to **guttle** /'gʌtl/, *v. i. e t.* mangiare avidamente; ingozzarsi; trangugiare.

guttler /'gʌtlə(r)/, *n.* mangione, mangiona; crapulone, crapulona.

guttural /'gʌtərəl/, **A** *a.* (*anat., fon.*) gutturale: **g. consonants**, consonanti gutturali. **B** *n.* (*fon.*) suono gutturale.

gutturalism /'gʌtərəlɪzəm/, *n.* gutturalismo.

gutturalization /gʌtərəlaɪ'zeɪʃn, *USA* -lɪ'z-/, *n.* (*fon.*) gutturalizzazione.

to **gutturalize** /'gʌtərəlaɪz/, *v. t.* ***1*** (*fon.*) rendere gutturale ***2*** pronunciare (*un suono*) con tono gutturale.

gutturally /'gʌtərəlɪ/, *avv.* gutturalmente.

gutturalness /'gʌtərəlnəs/, *n.* l'essere gutturale.

guv /gʌv/, **guvnor** /'gʌvnə(r)/, *n.* (*pop. ingl.*) capo (*anche al vocat.*); padrone.

guy (**1**) /gaɪ/, *n.* (= **guy rope**) ***1*** cavo (*o* catena, tirante) di ritegno; vento ***2*** (*naut.*) bozza; cavo di ritenuta.

guy (**2**) /gaɪ/, *n.* ***1*** fantoccio, pupazzo (*specialm. di Guy Fawkes*: *V. sotto* **Guy**) ***2*** spauracchio; spaventapasseri ***3*** tipo buffo; persona vestita in modo strano ***4*** (*fam.*) uomo; individuo; tipo: **He's a regular guy**, è un tipo in gamba; è un bravo ragazzo ***5*** (*fam. USA*) tipa (*fam.*); ragazza. ● (*pop.*) **«guys»**, «uomini», «signori» (*sull'uscio di una toilette*).

to **guy** (**1**) /gaɪ/, *v. t.* assicurare (*o* fissare) con un cavo; controventare.

to **guy** (**2**) /gaɪ/, *v. t.* ***1*** mostrare in effigie; caricaturare ***2*** canzonare; mettere in ridicolo; prendere in giro.

Guy /gaɪ/, *n.* Guido. ● (*in G.B.*) **Guy Fawkes' Day** (*o* **Night**), la Festa di Guy Fawkes (*il 5 novembre*: *si brucia in pubblico l'effigie di questo cospiratore che nel 1605 tentò invano* *di far saltare in aria il parlamento inglese*).

guyot /'giːəʊ/, *n.* (*geogr.*) guyot.

to **guzzle** /'gʌzl/, **A** *v. i.* darsi ai bagordi; gozzovigliare. **B** *v. t.* **1** ingozzare; trangugiare **2** tracannare; trincare. ● **to g. away one's money**, sperperare denaro in gozzoviglie.

guzzler /'gʌzlə(r)/, *n.* **1** beone, beona; crapulone, crapulona **2** scialacquatore, scialacquatrice; sperperatore, sperperatrice. ● (*fam.*) (*di un'automobile*) **gas g.**, divoratrice di benzina.

Gwendolen, Gwendolyn /'gwɛndəlɪn/, *n.* Guendalina.

gwyniad /'gwɪnɪæd/, *n.* (*zool.*, *Coregonus pennantii*) coregono (*pesce simile al salmone*).

gybe /dʒaɪb/, **gybing** /'dʒaɪbɪŋ/, *n.* (*naut.*) **1** il girare (*della vela di taglio*) **2** abbattuta.

to **gybe** /dʒaɪb/, **A** *v. i.* (*naut.*) **1** (*di vela di taglio o d'asta di fiocco*) girare **2** (*di nave o equipaggio*) tomare; mutar rotta, facendo girare la vela di taglio. **B** *v. t.* **1** far girare (*la vela di taglio*) **2** far virare (*una nave*).

gyle /gaɪl/, *n.* (*ind.*) **1** quantità di birra fabbricata in una volta **2** mosto della birra **3** botte (*o* barile) per la fermentazione.

gym /dʒɪm/, *n.* (*fam.*) **1** (*abbr. di* **gymnasium**) palestra **2** (*abbr. di* **gymnastics**) ginnastica. ● **gym shoes**, scarpe da ginnastica.

gymkhana /dʒɪm'kɑːnə/, *n.* (*sport*) riunione di gare sportive, per lo più di equitazione.

gymnasial (*def. 1* /dʒɪm'neɪzɪəl/, *def. 2* /gɪm'nɑːzɪəl/), *a.* **1** ginnastico; ginnico **2** ginnasiale, liceale (*in Europa*).

gymnasiast /gɪm'neɪzɪəst/, *n.* studente ginnasiale (*o* liceale) (*in Europa*).

gymnasium (*def. 1* /dʒɪm'neɪzɪəm/, *def. 2 e 3* /gɪm'nɑːzɪəm/), *n.* (*pl.* **gymnasiums, gymnasia**) **1** palestra **2** ginnasio, liceo classico (*in Europa*) **3** (*stor. greca*) ginnasio.

gymnast /'dʒɪmnæst, -əst/, *n.* ginnasta.

gymnastic(al) /dʒɪm'næstɪk(l)/, *a.* ginnastico; ginnico.

gymnastics /dʒɪm'næstɪks/, *n. pl.* **1** esercizi ginnici; ginnastica **2** (*col verbo al sing.*, *anche fig.*) ginnastica: **intellectual g.**, ginnastica mentale.

gymnocarpous /dʒɪmnə'kɑːpəs/, *a.* (*bot.*) ginnocarpo.

gymnosperm /'dʒɪmnəspɜːm/, *n.* (*bot.*, *Gymnospermae*) gimnosperma.

gymnospermous /dʒɪmnə'spɜːməs/, *a.* (*bot.*) delle gimnosperme.

gymnotus /dʒɪm'nəʊtəs/, *n.* (*zool.*, *Gymnotus*) gimnoto.

gymslip /'dʒɪmslɪp/, *n.* (*un tempo*) tunica per la ginnastica (*per ragazze*).

gynaeceum /gaɪ'niːʃɪəm, dʒ-/, *n.* (*pl.* **gynaeceums, gynaecea**) (*stor.*, *bot.*) gineceo.

gynaecocracy /gaɪnɪ'kɒkrəsɪ, dʒ-/, *n.* ginecocrazia; matriarcato.

gyn(a)ecologic(al) /gaɪnəkə'lɒdʒɪk(l)/, *a.* (*med.*) ginecologico.

gyn(a)ecologist /gaɪnə'kɒlədʒɪst/, *n.* (*med.*) ginecologo, ginecologa.

gyn(a)ecology /gaɪnə'kɒlədʒɪ/, *n.* (*med.*) ginecologia.

gynandrous /gaɪn'ændrəs, -aɪ'næ-, dʒ-/, *a.* (*bot.*, *med.*) ginandro.

gynandry /gaɪn'ændrɪ, -aɪ'næ-, dʒ-/, *n.* (*bot.*, *med.*) ginandria.

gynie /'gaɪnɪ, 'dʒ-/, *n.* (*pop. USA*) ginecologo, ginecologa.

gynoecium /gaɪ'niːʃɪəm, dʒ-/, *n.* (*pl.* **gynoecia**) (*bot.*) gineceo.

gyp /dʒɪp/, *n.* **1** domestico di college (*a Cambridge e Durham*) **2** (*fam.*) imbroglio; truffa **3** (*fam. USA*) imbroglione; truffatore. ● (*pop. USA*) **gyp joint**, bottega (*o* azienda) che frega i clienti □ (*pop. ingl.*) **to give gyp**, far male: **My head is giving me gyp**, mi fa male la testa.

to **gyp** /dʒɪp/, *v. t.* (*fam.*) imbrogliare; truffare.

gypper /'dʒɪpə(r)/, *n.* (*fam.*) imbroglione; truffatore.

gyppy tummy /'dʒɪpɪ'tʌmɪ/, *n.* (*pop.*) mal di pancia; infezione intestinale (*a carattere epidemico*).

gypseous /'dʒɪpsɪəs/, *a.* (*miner.*) gessoso; simile al gesso.

gypsiferous /dʒɪp'sɪfərəs/, *a.* (*miner.*) gessoso; contenente gesso.

gypsous /'dʒɪpsəs/, *V.* **gypseous**.

gypsum /'dʒɪpsəm/, *n.* (*miner.*) gesso (*solfato di calcio idrato*); pietra da gesso. ● **g. quarry**, cava di gesso; gessaia.

to **gypsum** /'dʒɪpsəm/, *v. t.* correggere (*un terreno*) con gesso.

gypsy /'dʒɪpsɪ/, *n.* **1** *V.* **gipsy** **2** (*trasp.*, *USA*) camionista in proprio; padroncino (*fam.*). ● (*USA*) **g. cab**, taxi sprovvisto di regolare licenza.

gyrate /'dʒaɪərət/, *a.* (*bot.*) circinato.

to **gyrate** /dʒaɪ'reɪt, *USA* 'dʒaɪreɪt/, *v. i.* girare; roteare; turbinare; volteggiare.

gyration /dʒaɪ'reɪʃn/, *n.* movimento in tondo; rotazione; volteggiamento.

gyratory /'dʒaɪrətrɪ, dʒaɪ'reɪtrɪ, *USA* 'dʒaɪrətɔːrɪ/, *a.* rotativo: (*mecc.*) **g. breaker** (*o* **g. crusher**), frantoio rotativo.

gyre /'dʒaɪə(r)/, *n.* **1** (*poet.*) giro; cerchio **2** *V.* **gyration**.

gyrfalcon /'dʒɜːfɔːlkən, *USA* -fæl-/, *V.* **gerfalcon**.

gyro /'dʒaɪ(ə)rəʊ/, *n.* (*pl.* **gyros**) (*fam.*) **1** (*aeron.*) autogiro **2** giroscopio **3** (*fis.*, *naut.*) bussola giroscopica; girobussola. ● **g. wheel**, rotore del giroscopio.

gyrocompass /'dʒaɪ(ə)rəʊkʌmpəs/, *n.* (*fis.*, *naut.*) girobussola; bussola giroscopica.

gyrocopter /'dʒaɪ(ə)rəʊkɒptə(r)/, *n.* (*aeron.*) aereo (con elica convenzionale ma) dotato d'ala rotante.

gyrograph /'dʒaɪ(ə)rəʊgrɑːf, *USA* -æf/, *n.* (*mecc.*) contagiri registratore.

gyromagnetic /dʒaɪ(ə)rəʊmæg'netɪk/, *a.* (*fis.*) giromagnetico: **g. ratio**, rapporto giromagnetico.

gyropendulum /dʒaɪ(ə)rəʊ'pendjʊləm, *USA* -dʒʊ-/, *n.* (*mecc.*) pendolo giroscopico.

gyropilot /'dʒaɪ(ə)rəʊpaɪlət/, *n.* (*aeron.*) pilota automatico.

gyroplane /'dʒaɪ(ə)rəʊpleɪn/, *n.* (*aeron.*) autogiro.

gyroscope /'dʒaɪ(ə)rəskəʊp/, *n.* giroscopio.

gyroscopic /dʒaɪ(ə)rə'skɒpɪk/, *a.* giroscopico.

gyrose /'dʒaɪ(ə)rəʊs/, *a.* (*bot.*) ondulato; pieghettato.

gyrostabilizer /dʒaɪ(ə)rəʊ'steɪbəlaɪzə(r)/, *n.* (*aeron.*, *naut.*) girostabilizzatore.

gyrostat /'dʒaɪ(ə)rəstæt/, *n.* (*fis.*) girostato.

gyrostatic /dʒaɪ(ə)rəʊ'stætɪk/, *a.* girostatico.

to **gyve** /dʒaɪv/, *v. t.* (*poet.*, *arc.*) incatenare; mettere in ceppi.

gyves /dʒaɪvz/, *n. pl.* (*poet.*, *arc.*) ceppi; ferri.

h, H

H, h /eɪtʃ/, *n.* (*pl.* **H's, h's; Hs, hs**) H, h (*ottava lettera dell'alfabeto ingl.*): **to drop one's h's** (**aitches**), non pronunciare l'acca (*caratteristica della pronuncia «cockney» di Londra*). ● (*mil.*) **H-bomb**, bomba H, bomba all'idrogeno □ (*telef.*) **h for Harry** (*USA*: **h for How**), h come hotel □ (*mil.*) **H-hour**, ora X □ (*edil.*) **H-iron** (*o* **H-beam**), (trave di) ferro a doppia T.

ha /hɑː/, *inter.* (*di sorpresa, gioia, meraviglia, trionfo, ecc.*) ah!

ha, to **ha** /hɑː/, *V.* **hum (1), to hum.**

haaf /hɑːf, *USA* hæf/, *n.* (*geogr.*) zona di pesca in acque profonde (*al largo delle Shetland e delle Orkney*).

habeas corpus /ˈheɪbɪəsˈkɔːpəs/, *n.* (*leg.*) habeas corpus (*nella «common law»*). ● **writ of habeas corpus**, mandato di comparizione (*dell'arrestato*) di fronte al magistrato (*che decide della legalità dell'arresto*).

haberdasher /ˈhæbədæʃə(r)/, *n.* **1** merciaio, merciaia **2** (*USA*) chi vende articoli di abbigliamento maschile; confezionista.

haberdashery /ˈhæbədæʃərɪ/, *n.* **1** merceria **2** mercerie **3** (*USA*) negozio d'abbigliamento; articoli di abbigliamento maschile (*cappelli, camicie, cravatte, guanti, ecc.*).

habergeon /ˈhæbədʒən/, *n.* (*stor.*) usbergo.

habiliment /həˈbɪlɪmənt/, *n.* **1** (*raro*) abbigliamento; vestiario **2** (*pl.*) abiti, vestiti (*specialm. da cerimonia o da parata*).

habit /ˈhæbɪt/, *n.* **1** abitudine; consuetudine; costumanza; usanza; vezzo: **Smoking is a bad h.**, il fumo è una brutta abitudine; **He does it out of h.**, lo fa per abitudine; **Have you noticed his h. of tugging at his ear in perplexity?**, hai notato il suo vezzo di tirarsi l'orecchio nei momenti di perplessità? **2** (*raro*) costituzione (*fisica e mentale*); carattere; temperamento: **a man of healthy h.**, un uomo di sana costituzione; **a cheerful h. of mind**, un temperamento allegro **3** (*zool., bot.*) habitus **4** abito, vestito (*specialm. di religioso*): **a monk's h.**, un abito da monaco; una tonaca. ● (*anche med.*) **h.-forming**, che dà assuefazione □ **to be in the h.** (*o* **to have the h.**) **of**, avere l'abitudine di; essere abituato a □ (*miner.*) **crystal h.**, abito (*o* habitus) cristallino □ **to fall into bad habits**, prendere cattive abitudini □ **to fall** (*o* **to get**) **into the h. of doing st.**, prendere l'abitudine di (*o* abituarsi a, assuefarsi a) fare q.c. □ **to form good habits**, prendere buone abitudini □ (*prov.*) **H. is second nature**, l'abitudine è una seconda natura.

to **habit** /ˈhæbɪt/, *v. t.* **1** (*raro*) abbigliare; vestire (*di solito, al passivo*): **He was habited in the garments of a monk**, era vestito da frate **2** (*arc.*) abitare.

habitability /hæbɪtəˈbɪlətɪ/, *n.* abitabilità.

habitable /ˈhæbɪtəbl/, *a.* abitabile. || **-ness**, *sost.*

habitant (*def. 1* /ˈhæbɪtənt/, *def. 2* /ˈhæbɪtɒŋ, *USA* hæbɪˈtɑːn/), *n.* **1** abitante **2** canadese d'origine francese.

habitat /ˈhæbɪtæt/, *n.* **1** (*zool., bot.*) habitat **2** (*fig.*) domicilio.

habitation /hæbɪˈteɪʃn/, *n.* **1** abitazione: **These slum-dwellings should not be considered fit for human h.**, questi tuguri non dovrebbero essere adibiti ad uso di abitazione per l'uomo **2** (*lett.*) abitazione; dimora.

habitual /həˈbɪtʃʊəl/, *a.* **1** abituale; consueto; ordinario; solito: **to sit down on one's h. armchair**, sedersi sulla solita poltrona; (*leg.*) **h. criminal**, delinquente abituale **2** dedito (a); inveterato; impenitente: **a h. coffee drinker**, uno dedito al caffè; un gran bevitore di caffè; **a h. drunkard** [**smoker**], un bevitore [un fumatore] impenitente. || **-ly**, *avv.* || **-ness**, *sost.*

to **habituate** /həˈbɪtʃʊeɪt/, **A** *v. t.* abituare; assuefare (*anche med.*); avvezzare: **to h. a boy to discipline**, abituare un ragazzo alla disciplina. **B** to **habituate oneself**, *v. rifl.* abituarsi; assuefarsi: **to h. oneself to the noise of traffic**, abituarsi al rumore del traffico.

habituation /həbɪtʃʊˈeɪʃn/, *n.* l'abituare; assuefazione (*anche med.*).

habitude /ˈhæbɪtjuːd, *USA* -tuːd/, *n.* **1** abitudine; consuetudine; costumanza; usanza **2** (*raro*) costituzione (*fisica o mentale*); carattere; temperamento.

habitué /həˈbɪtʃʊeɪ, *USA* hətʃʊˈeɪ/ (*franc.*), *n.* frequentatore abituale, cliente assiduo (*di un locale, ecc.*).

hachure /hæˈʃʊə(r)/, *V.* **hatching (2).**

hacienda /hæsɪˈendə, *USA* hɑː-/ (*spagn.*), *n.* **1** ranch; grande fattoria **2** casa principale di un ranch.

hack (1) /hæk/, *n.* **1** arnese da taglio (*o* per scavo); zappa; marra; ascia; piccone da minatore, ecc. **2** taglio, spaccatura; tacca, intaccatura **3** fendente **4** (*sport*) calcio negli stinchi **5** (*sport*) ferita da calcio **6** (*fam.*) tosse secca, insistente.

hack (2) /hæk/, *n.* **1** (*spreg.*) scrittorello; giornalista da strapazzo; scribacchino; scrittore prezzolato; «negro» **2** (*spreg.*) piccolo burocrate di partito; politicante: **an old party h.**, un politicante della vecchia guardia **3** vecchio ronzino **4** cavallo da sella **5** gita a cavallo; cavalcata **6** (*USA*) carrozza trainata da cavalli **7** (*fam. USA*) taxi **8** (*fam. USA*) tassista. ● **h. critic**, critico da strapazzo □ **h. journalism**, giornalismo di bassa lega.

hack (3) /hæk/, *n.* (*fam.*) appassionato d'informatica (*o* dei computer).

hack (4) /hæk/, *n.* **1** (*falconeria*) tavoletta su cui sta la carne per il falco **2** rastrelliera (*per fieno, per seccare formaggio, pesce, ecc.*) **3** struttura per essiccare mattoni. ● (*di un falco*) **to be kept at h.**, essere tenuto in semilibertà.

to **hack (1)** /hæk/, **A** *v. t.* **1** tagliare (*in modo irregolare*); tagliuzzare; mutilare; fare a pezzi: **He hacked the box to pieces**, fece a pezzi la cassetta (*con q.c. di tagliente*); (*anche fig.*) **to h. sb. to pieces**, fare a pezzi q. **2** fare tacche su (q.c.); intaccare; incidere **3** (*fig.*) spaccare in due; dimezzare (*una somma di denaro, ecc.*) **4** (*sport*) dare un calcio nello stinco a (*un avversario*). **B** *v. i.* tossicchiare; tossire a colpi secchi, frequenti. ● (*pop. USA*) **to h. it**, farcela; riuscirci □ **to h. one's way through the jungle**, aprirsi un varco nella giungla (*a colpi di machete, ecc.*).

♦**hack (away) at**, *v. i. + avv. + prep.* **1** menar colpi (*o* fendenti) a: **to h. away at a tree**, menar colpi d'ascia a un albero; **to h. at a foe**, menare fendenti a un nemico **2** (*fam. USA*) tentare, sforzarsi di fare (q.c.).

♦**hack down**, *v. t. + avv.* **1** abbattere (*un albero, ecc.*) **2** (*sport*) mettere a terra, atterrare (*un giocatore*).

♦**hack off**, *v. t. + avv.* tagliare, troncare (*un ramo, ecc.*).

♦**hack out**, *v. t. + avv.* **1** aprire, fare (*un varco, ecc.: con la scure e sim.*): **to h. out a clearing in the woods**, farsi una radura (*con l'accetta, ecc.*) nei boschi **2** (*fig. fam.*) escogitare (*a fatica*); inventare, trovare (*con grande sforzo*).

♦**hack up**, *v. t. + avv.* fare a pezzi, spaccare (*vecchi mobili, il ghiaccio di un fiume, ecc.*).

to **hack (2)** /hæk/, **A** *v. t.* **1** cavalcare per diletto, montare (*un cavallo*) **2** dare a nolo, noleggiare (*cavalli*) **3** scribacchiare (*un articolo, ecc.*) **4** rendere trito, banale, insulso **5** (*fam. USA*) seccare; scocciare; irritare **6** (*arc.*) assoldare (q.) come scribacchino (*o* come «negro»). **B** *v. i.* **1** cavalcare al passo (*o* per diletto) **2** (*fam. USA*) guidare un taxi; fare il tassista. ● (*fam. USA*) **to h. around**, oziare, bighellonare; scherzare, prendere in giro, sfottere (*fam.*).

to **hack (3)** /hæk/, *v. i.* (*fam.*) inserirsi abusivamente in un computer altrui; fare della pirateria elettronica.

hackamore /ˈhækəmɔː(r)/, *n.* (*USA*) cavezza.

hackberry /ˈhækbərɪ, *USA* -berɪ/, *n.* **1** (*bot., Celtis occidentalis*) bagolaro; olmo bianco; arcidiavolo (*pop.*) **2** legno (*o* frutto) del bagolaro.

hacked /hækt/, *a.* (*fam. USA*) seccato; scocciato; irritato.

hacker /ˈhækə(r)/, *n.* pirata del computer; pirata informatico.

hackie /ˈhækɪ/, *n.* (*fam. USA*) **1** taxi **2** tassista.

hacking /ˈhækɪŋ/, *n.* pirateria informatica.

hacking cough /ˈhækɪŋkɒf, *USA* -ɔːf/, *locuz. n.* tosse secca.

hackle /ˈhækl/, *n.* **1** (*ind. tess.*) pettine (*per canapa o lino*); scotola **2** piumaggio lungo del collo (*di gallo, piccione, ecc.*) **3** (*pesca,* = **h. fly**) mosca artificiale, provvista di piume. ● (*fam.*) **with one's hackles up**, con le penne arruffate; arrabbiatissimo; incavolato (*pop.*).

to **hackle (1)** /ˈhækl/, *v. t.* **1** (*ind. tess.*) pettinare (*canapa, lino*) **2** (*pesca*) mettere le penne a (*una mosca artificiale*).

to **hackle (2)** /ˈhækl/, *v. t.* (*raro*) tagliare; spaccare; fare a pezzi.

hackler /ˈhæklə(r)/, *n.* (*ind. tess.*) pettinatore; scotolatore.

hackling /ˈhæklɪŋ/, *n.* (*ind. tess.*) pettinatura, scapecchiatura, scotolatura (*della canapa, del lino, ecc.*).

hackly /ˈhæklɪ/, *a.* tagliuzzato; seghettato; dentellato.

hackmatack /ˈhækmətæk/, *n.* (*bot., Larix laricina*) larice americano.

hackney /ˈhæknɪ/, *n.* **1** cavallo da nolo; cavallo da tiro o da sella **2** (*fig.*) persona pagata per fare un lavoro ingrato, faticoso. ● **h. cab**, vettura da nolo; taxi □ **h. carriage**, vettura da nolo.

to **hackney** /ˈhæknɪ/, *v. t.* **1** dare a nolo (*cavalli, ecc.*) **2** rendere comune, trito (*per eccesso d'uso*).

hackneyed /ˈhæknɪd/, *a.* comune; trito; vieto: **«Raven hair» is a h. phrase**, «capelli corvini» è un'espressione trita (*o* una frase fatta).

hacksaw /ˈhæksɔː/, *n.* seghetto da ferro; sega per metalli.

hackwork /ˈhækwɜːk/, *n.* lavoro intellettuale senza soddisfazione; lavoro da «negro».

had /hæd, həd, əd, d/, *pass.* e *p. p.* di **to have**. ● (*fam.*) **to be had**, farsi imbrogliare; farsi fregare (*pop.*); farsi corrompere; farsi comprare (*pop.*): **I've been had!**, mi sono fatto fregare!
haddock /'hædək/, *n.* (*pl.* **haddock, haddocks**) (*zool., Gadus aeglefinus*) eglefino. ● (*cucina*) **h. chowder**, zuppa di eglefino.
Hades /'heɪdiːz/, *n.* (*mitol.*) Ade; Averno; Inferi.
hadn't /'hædnt, -dn/, *contraz.* di **had not**.
Hadrian /'heɪdrɪən/, *n.* (*stor.*) Adriano.
hadron /'heɪdrɒn/, *n.* (*fis. nucl.*) adrone.
hadst /hædst, həds(t), ə-/, (*arc.*) 2ª *pers. sing. del pass. indic.* di **to have**.
haecceity /hɛk'siːətɪ/, *n.* (*filos.*) individualità; ecceità.
haemal /'hiːml/, *a.* (*anat.*) *1* emale; ematico *2* cardiovascolare.
haemarthrosis /hiːmɑː'θrəʊsɪs/, *n.* (*med.*) emartrosi.
haematein /hiːmə'tiːn/, *n.* (*chim.*) emateina.
haematic /hɪ'mætɪk/, **A** *a.* *1* (*anat.*) ematico; del sangue *2* (*farm.*) antianemico. **B** *n.* (*farm.*) farmaco antianemico.
haematin /'hiːmətɪn/, *n.* (*biochim.*) ematina.
haematinic /hiːmə'tiːnɪk/, *n.* (*biochim.*) ematinico.
haematite /'hiːmətaɪt/, *n.* (*miner.*) ematite.
haematocele /'hiːmətəsiːl/, *n.* (*med.*) ematocele.
haematocrit /'hiːmətəkrɪt/, *n.* (*med.*) ematocrito.
haematogenous /hiːmə'tɒdʒənəs/, *a.* (*biol.*) ematogeno.
haematologic /hiːmətə'lɒdʒɪk/, *a.* (*med.*) ematologico.
haematologist /hiːmə'tɒlədʒɪst/, *n.* (*med.*) ematologo.
haematology /hiːmə'tɒlədʒɪ/, *n.* (*med.*) ematologia.
haematoma /hiːmə'təʊmə/, *n.* (*pl.* **haematomas, haematomata**) (*med.*) ematoma.
haematophagous /hiːmə'tɒfəgəs/, *a.* (*zool.*) ematofago.
haematophobia /hiːmətə'fəʊbɪə/, *n.* (*psic.*) ematofobia.
haematophobic /hiːmətə'fəʊbɪk/, *a.* (*psic.*) ematofobico.
haematopoiesis /hiːmətəpɔɪ'iːsɪs/, *n.* (*pl.* **haematopoieses**) (*biol.*) ematopoiesi.
haematopoietic /hiːmətəpɔɪ'ɛtɪk/, *a.* (*biol.*) ematopoietico.
haematosis /hiːmə'təʊsɪs/, *n.* (*med.*) ematosi.
haematoxylin /hiːmə'tɒksɪlɪn/, *n.* (*chim.*) ematossilina.
haematuria /hiːmə'tjʊərɪə, *USA* -'tʊə-/, *n.* (*med.*) ematuria.
haemic /'hiːmɪk/, *V.* **haematic**.
haemin /'hiːmɪn/, *n.* (*chim.*) emina.
haemochrome /'hiːməkrəʊm/, (*med.*) **A** *n.* emocromo. **B** *a. attr.* (*di test*) emocromocitometrico.
haemoclasia /hiːmə'kleɪzɪə, *USA* -ʒə/, *n.* (*med.*) emoclasia.
haemoculture /'hiːməkʌltʃə(r)/, *n.* (*med.*) emocultura.
haemocyanin /hiːmə'saɪənɪn/, *n.* (*biol.*) emocianina.
haemocyte /'hiːməsaɪt/, *n.* (*biol.*) emocito.
haemocytoblast /hiːmə'saɪtəʊblæst/, *n.* (*biol.*) emocitoblasto.
haemocytometer /hiːməsaɪ'tɒmɪtə(r)/, *n.* (*med.*) emocitometro.
haemodialysed /hiːmə'daɪəlaɪzd/, *a.* (*med.*) emodializzato. ● **a h. patient**, un emodializzato.
haemodialyser /hiːmə'daɪəlaɪzə(r)/, *n.* (*med.*) emodializzatore.
haemodialysis /hiːmədaɪ'æləsɪs/, *n.* (*pl.* **haemodialyses**) (*med.*) emodialisi.
haemodynamics /hiːmədaɪ'næmɪks/, *n. pl.* (*col v. al sing.*) (*med.*) emodinamica.
haemoglobin /hiːmə'gləʊbɪn, *USA* 'hiːməg-/, *n.* (*chim., biol.*) emoglobina.
haemoglobinometer /hiːməgləʊbɪ'nɒmɪtə(r)/, *n.* (*med.*) emoglobinometro.
haemoglobinuria /hiːməgləʊbɪ'njʊərɪə, *USA* -'nʊ-/, *n.* (*med.*) emoglobinuria.
haemolymph /'hiːməlɪmf/, *n.* (*biol.*) emolinfa.
haemolysis /hiː'mɒləsɪs/, *n.* (*pl.* **haemolyses**) (*med.*) emolisi.
haemolytic /hiːmə'lɪtɪk/, *a.* (*biol.*) emolitico.
haemopathia /hiːmə'pæθɪə/, *n.* (*med.*) emopatia.
haemopathology /hiːməpə'θɒlədʒɪ/, *n.* (*med.*) emopatologia.
haemophile /'hiːməfaɪl, *USA* -fɪl/, *n.* (*med.*) emofiliaco.
haemophilia /hiːmə'fɪlɪə/, *n.* (*med.*) emofilia.
haemophiliac /hiːmə'fɪlɪæk/, *n.* (*med.*) emofiliaco.
haemophilic /hiːmə'fɪlɪk/, *a.* (*med.*) emofiliaco; emofilico.
haemopoiesis /hiːməpɔɪ'iːsɪs/, *n.* (*biol.*) emopoiesi.
haemopoietic /hiːməpɔɪ'ɛtɪk/, *a.* (*biol.*) emopoietico.
haemoprotein /hiːmə'prəʊtiːn/, *n.* (*biochim.*) emoproteina.
haemoptysic(al) /hiːmɒp'tɪzɪk(l)/, *a.* (*med.*) emottoico. ● **a h. patient**, un emottoico.
haemoptysis /hɪ'mɒptəsɪs/, *n.* (*pl.* **haemoptyses**) (*med.*) emottisi.
haemorrhage /'hɛmərɪdʒ/, *n.* (*med.*) emorragia.
haemorrhagic /hɛmə'rædʒɪk/, *a.* (*med.*) emorragico.
haemorrhoids /'hɛmərɔɪdz/, *n. pl.* (*med.*) emorroidi.
haemostasis /hiːmə'steɪsɪs/, *n.* (*pl.* **haemostases**) (*med.*) emostasi.
haemostat /'hiːməstæt/, *n.* (*farm.*) emostatico.
haemostatic /hiːmə'stætɪk/, *a.* e *n.* (*farm.*) emostatico.
haemotherapy /hiːmə'θɛrəpɪ/, *n.* (*med.*) emoterapia.
haemothorax /hiːmə'θɔːræks/, *n.* (*med.*) emotorace.
haemotoxicity /hiːmətɒk'sɪsətɪ/, *n.* (*med.*) emotossicità.
haemotoxin /hiːmə'tɒksɪn/, *n.* (*biol.*) emotossina.
hafnium /'hæfnɪəm/, *n.* (*chim.*) afnio.
haft /hɑːft, *USA* hæft/, *n.* *1* manico (*d'ascia, coltello, ecc.*) *2* impugnatura (*di pugnale, ecc.*); elsa (*di spada*).
to **haft** /hɑːft, *USA* hæft/, *v. t.* *1* mettere il manico a (*un coltello, ecc.*) *2* fornire d'elsa (*una spada, ecc.*).
hag (**1**) /hæg/, *n.* *1* strega *2* vecchia brutta e maligna; megera; vecchiaccia *3* (*zool.,* = **hagfish**) missinoide (*pesce dell'ordine dei missinoidi*). ● **hag-ridden**, ossessionato, tormentato (*da incubi, ecc.*).
hag (**2**) /hæg/, *n.* *1* terreno molle in una brughiera *2* terreno solido in una palude *3* (*dial.*) acquitrino; palude.
haggard /'hægəd/, **A** *a.* *1* allampanato; macilento; smunto; sparuto; dall'aria smarrita *2* (*di falco*) preso da adulto; non addomesticato; selvaggio. **B** *n.* (*falconeria*) falco preso da adulto, non addomesticato. ● **a h. look**, un aspetto stanco; un'aria smarrita. ‖ **-ly,** *avv.* ‖ **-ness,** *sost.*
haggis /'hægɪs/, *n.* (*scozz.; cucina*) frattaglie di pecora (*o* di vitello) bollite (*con strutto, farina d'avena e cipolle*) dentro un sacchetto di plastica (*in origine, dentro lo stomaco dell'animale*).
haggish /'hægɪʃ/, *a.* di (*o* da, simile a) strega; vecchio e brutto.
haggle /'hægl/, *n.* *1* disputa; litigio *2* (*specialm.*) il tirare sul prezzo; mercanteggiamento.
to **haggle** /'hægl/, *v. i.* *1* disputare; discutere; cavillare *2* (*specialm.*) contrattare; tirare sul prezzo; mercanteggiare.
haggler /'hæglə(r)/, *n.* chi mercanteggia; chi tira sul prezzo.
haggling /'hæglɪŋ/, *n.* mercanteggiamento; contrattazione; il tirare sul prezzo.
hagiarchy /hægɪ'ɑːkɪ/, **hagiocracy** /hægɪ'ɒkrəsɪ/, *n.* *1* governo di santi (*o* di sacerdoti) *2* gerarchia di santi.
Hagiographa /hægɪ'ɒgrəfə/, *n. pl.* (*Bibbia*) (gli) Agiografi.
hagiographer /hægɪ'ɒgrəfə(r)/, *n.* agiografo.
hagiographic(al) /hægɪə'græfɪk(l)/, *a.* agiografico.
hagiography /hægɪ'ɒgrəfɪ/, *n.* agiografia.
hagiolatry /hægɪ'ɒlətrɪ/, *n.* culto dei santi.
hagiologist /hægɪ'ɒlədʒɪst/, *n.* agiologo.
hagiology /hægɪ'ɒlədʒɪ/, *n.* *1* agiologia *2* martirologio.
Hague (**the**) /heɪg/, *n.* (*geogr.*) L'Aja.
hah /hɑː/, *V.* **ha**.
ha-ha (**1**) /hɑː'hɑː, hʌ'hɑː/, *inter.* (*indicante ilarità*) ah ah!
ha-ha (**2**), **haha** /'hɑːhɑː/, *n.* steccato (muro, ecc.) costruito entro un fossato di cinta (*di parco o giardino*).
haiku /'haɪkuː/, *n.* haiku (*forma di poesia giapponese*).
hail (**1**) /heɪl/, *n.* (*meteor.*) grandine (*anche fig.*); gragnuola: **a h. of stones [of blows]**, una gragnuola di sassi [di colpi, di percosse]; **a h. of bullets**, una grandine di pallottole. ● (*ass.*) **h. insurance**, assicurazione contro la grandine □ **a h. of abuse**, una lunga sfilza d'insulti.
hail (**2**) /heɪl/, *inter.* (*specialm. lett., poet.*) salve!; salute!; ave!: **H. Mary**, Ave Maria. ● **to be h.-fellow** (*o* **h.-fellow-well-met**) **with everybody**, essere amico (*o* fare l'amico) di tutti.
hail (**3**) /heɪl/, *n.* saluto; grido di saluto; acclamazione. ● **to be within h.**, essere a portata di voce.
to **hail** (**1**) /heɪl/, **A** *v. i.* (*di solito, impers.*) *1* grandinare: **It is hailing**, grandina; sta grandinando *2* (*fig., spesso* **to h. down**) grandinare. **B** *v. t.* (*fig.*) lanciare; scagliare; rovesciare (*insulti, ecc.*); dare una scarica di (*colpi, ecc.*): **to h. curses upon sb.**, scagliare maledizioni contro q.; **to h. blows on sb.**, dare un sacco di botte (*o* pugni, ecc.) a q.
to **hail** (**2**) /heɪl/, *v. t.* e *i.* *1* fare un cenno a; (*poet.*) salutare; chiamare (*a gran voce*): **He hailed me and shook my hand**, mi salutò e mi diede la mano; **We hailed a taxi**, chiamammo un taxi *2* acclamare; proclamare a gran voce: **They hailed him their leader**, lo acclamarono loro capo; **to h. a novel as a masterpiece**, proclamare che un romanzo è un capolavoro. ● (*di nave e, form. o scherz., di persona*) **to h. from**, venire da (*porto d'origine o luogo di nascita o di residenza*) □ (*naut.*) **to h. a passing ship**, dare la voce a una nave che passa □ (*fam. USA*) **h. Columbia**, (*inter.*) al diavolo!; (*sost.*) parolacce: **to give sb. h. Columbia**, dare una rispostaccia a q.; dirne quattro a q.
hail-fellow-well-met /'heɪlfɛləʊwɛl'mɛt/, *a.* (*fam. arc.*) cameratesco; (troppo) cordiale. ● **a h. chap**, un cordialone.
hailstone /'heɪlstəʊn/, *n.* chicco di grandine.
hailstorm /'heɪlstɔːm/, *n.* grandinata.
hair /hɛə(r)/, *n.* *1* (*sing. collett.*) capelli; chioma; capigliatura; crine (*poet.*): **to have one's h. cut**, farsi (tagliare) i capelli; **That girl has red h.**, quella ragazza ha i capelli rossi *2* capello, pelo (*anche fig.*): **There's a h. on your sleeve**, hai un capello sulla manica; **He escaped death by a h.**, si salvò dalla morte per un pelo *3* pelame; pelo (*di animale, di pianta*); crine (*di cavallo*); setola (*di maiale*): **rabbit h.**, pelo di coniglio; **My dog has a good coat of h.**, il mio cane ha un bel pelo *4* (*ind. tess.,* = **haircloth, curled h.**) crine. ●

h.-breadth (*o* **h.'s breadth**), *V.* **hairbreadth** □ (*comm.*) **h.-care**, per i capelli; tricologico: **h.-care products**, prodotti tricologici □ **h. conditioner**, balsamo per i capelli □ **h. consultant**, tricologo □ **h.-clipper**, tosatrice, macchinetta □ **h.-curlers**, bigodini □ **h.-curling**, *V.* **h.-raising** □ **h.-dye**, tintura per capelli □ (*bot.*) **h. grass**, agrostide □ **h. loss**, perdita dei capelli □ (*fig. fam.*) **a** (*o* **the**) **h. of the dog** (**that bit you**), un bicchierino dello stesso liquore (della sera prima, o della sbornia) □ **h. oil**, unguento per capelli; brillantina □ **h. powder**, cipria per capelli (*nel XVIII secolo*) □ (*fam.*) **h.-raising**, che fa rizzare i capelli; orrendo; spaventoso □ **h. remover**, depilatore □ **h. restorer**, rigeneratore per capelli □ **h. shirt**, camicia di crine; cilicio □ **h. slide**, fermacapelli (*d'osso o di tartaruga*) □ (*tipogr.*) **h. space**, spazio piccolissimo; mezzo punto (*nella spaziatura*) □ **h.-splitter**, uno che spacca il capello; cavillatore, pignolo □ **h.-splitting**, (*sost.*) meticolosità, pedanteria, pignoleria; (*agg.*) meticoloso, pedante, pignolo □ **h.-spray**, spray (*o* fissatore, lacca) per i capelli □ **h.-stroke**, filetto (*nella scrittura*); (*tipogr.*) grazia □ **h. stylist**, stilista in capelli; barbiere; parrucchiera; (*cinem.*, *TV*: *nei titoli*) acconciature di (*segue il nome*) □ **h. trigger**, grilletto (*d'arma da fuoco*) assai sensibile □ **h.-trigger**, (*d'arma*) dal grilletto molto sensibile; (*fig.*: *di una reazione*) immediata; (*di una persona*) pronta a reagire, reattiva, ipersensibile: **He has a h.-trigger temper**, si accende come un fiammifero; è proprio un fiammiferino (*tosc.*) □ **h.-wave**, messa in piega □ (*zool.*) **h.-worm**, nematomorfo □ **against the h.**, contropelo; (*fig.*) controvoglia, contro la propria inclinazione □ (*ind. tess.*) **camel's h.**, pelo di cammello □ **to comb one's h.**, pettinarsi □ (*di donna*) **to do one's h.**, pettinarsi, acconciarsi i capelli; tirarsi su i capelli, pettinarsi all'insù □ **to dress sb.'s h.**, pettinare q. (*specialm. una donna*) □ (*fam.*) **to get in sb.'s h.**, stare sui piedi (*o* dare fastidio) a q. □ **to harm a single h. on sb.'s head**, torcere un capello a q. □ (*fam.*) **to have sb. by the short hairs**, tenere q. in pugno; avere q. alla propria mercé □ (*fam.*) **to keep one's h. on**, mantenere la calma; non adirarsi □ **to let one's hair down**, (*di donna*) sciogliersi i capelli; (*fig.*) rilassarsi, lasciarsi andare; parlare a ruota libera; fare il proprio comodo □ **to lose one's h.**, perdere i capelli; diventare calvo; (*pop.*) arrabbiarsi; incavolarsi (*pop.*) □ (*fam.*) **to make sb.'s h. curl**, scandalizzare, shockare q. □ **to make sb.'s h. stand on end**, far rizzare i capelli a q. (*per lo spavento*) □ **not to turn a h.**, non batter ciglio; restare impassibile □ (*di donna*) **to put up** (*o* **to turn up**) **one's h.**, pettinarsi all'insù; tirarsi su i capelli; (*fig.*: *di una ragazza*) diventare donna, entrare in società □ **to set one's h.**, farsi la messa in piega □ **to split hairs**, spaccare un capello in quattro; cercare il pelo nell'uovo; andare per il sottile □ **to tear one's h.**, strapparsi i capelli □ **to a h.**, a capello, esattamente; perfettamente; appuntino: **You've described him to a h.**, l'hai descritto a capello □ **My h. stood on end**, mi si rizzarono i capelli (*per lo spavento, l'orrore, ecc.*).

hairbreadth /ˈhɛəzbrɛdθ/, **A** *n.* pelo, capello (*fig.*): **to escape death by a h.**, sfuggire alla morte per un pelo. **B** *a. attr.* per un pelo (*fig.*); miracoloso: **a h. escape**, un salvataggio miracoloso. ● **to have a h. escape**, salvarsi per un pelo (*o* per il rotto della cuffia).

hairbrush /ˈhɛəbrʌʃ/, *n.* spazzola per capelli.

hairclip /ˈhɛəklɪp/, *n.* molletta (*per capelli*).

haircloth /ˈhɛəklɒθ, *USA* -ɔːθ/, *n.* (*ind. tess.*) tessuto di crine; crine.

haircut /ˈhɛəkʌt/, *n.* **1** taglio dei capelli: **to have** (*o* **to get**) **a h.**, farsi (tagliare) i capelli; **H. and shave!**, barba e capelli! **2** taglio (*lo stile*); acconciatura; pettinatura: **brush h.**, taglio a spazzola.

haircutting /ˈhɛəkʌtɪŋ/, *n.* taglio dei capelli (*l'operazione*).

hairdo /ˈhɛəduː/, *n.* **1** acconciatura, pettinatura (*di donna*) **2** seduta dal parrucchiere (*messa in piega, ecc.*).

hairdresser /ˈhɛədrɛsə(r)/, *n.* acconciatore; parrucchiere (*specialm. per signora*); parrucchiera. ● **ladies' h.**, parrucchiere per signora □ **men's h.**, parrucchiere da uomo.

hairdressing /ˈhɛədrɛsɪŋ/, *n.* **1** lavoro di parrucchiere **2** acconciatura dei capelli **3** (*arc.*) lozione per capelli. ● **h. salon**, salone di parrucchiere □ **h. school**, scuola per parrucchieri (*o* parrucchiere).

hairdryer /ˈhɛədraɪə(r)/, *n.* asciugacapelli; phon.

haired /hɛəd/, *a.* (*nei composti*) dai capelli: **a white-h. old man**, un vecchio dai capelli bianchi; **a red-h. girl**, una ragazza dai capelli rossi; **long-h.**, dai capelli lunghi.

hairgrip /ˈhɛəgrɪp/, *n.* molletta per capelli.

hairiness /ˈhɛərɪnəs/, *n.* pelosità; aspetto irsuto; villosità.

hairless /ˈhɛələs/, *a.* **1** senza capelli; calvo **2** senza peli; glabro: **a h. face**, una faccia glabra **3** (*pop.*) arrabbiato; incavolato (*pop.*).

hairline /ˈhɛəlaɪn/, **A** *n.* **1** attaccatura dei capelli **2** corda (*o* lenza) di crine **3** filetto (*nella scrittura*) **4** (*tipogr.*) linea sottile; filo chiaro **5** stoffa a righine. **B** *a. attr.* **1** finissimo; sottile **2** (*fig.*) esatto; preciso. ● **h. victory**, vittoria di stretta misura.

hairnet /ˈhɛənɛt/, *n.* reticella (*o* retina) per capelli.

hairpiece /ˈhɛəpiːs/, *n.* parrucchino; toupet.

hairpin /ˈhɛəpɪn/, *n.* **1** forcina; forcella (*per capelli*) **2** (*fam. USA*) casalinga **3** (= **h. bend, h. curde**) curva a zigzag; tornante.

hairspring /ˈhɛəsprɪŋ/, *n.* molla del bilanciere (*nell'orologio*).

hairstyle /ˈhɛəstaɪl/, *n.* acconciatura; pettinatura; taglio.

hairtician /hɛəˈtɪʃn/, *n.* (*fam. USA*) stilista in capelli; barbiere; parrucchiera.

hairy /ˈhɛərɪ/, *a.* **1** irsuto; peloso; villoso: **a h. ape**, una scimmia irsuta; **h. legs**, gambe pelose **2** ruvido: **a h. coat**, una giacca di stoffa ruvida **3** di (*o* simile a) pelo **4** (*pop.*) pauroso; preoccupante; assai difficile; pericoloso: **It was h. driving in the fog**, non è stato facile guidare nella nebbia. ● (*pop.*) **h.-heeled**, maleducato.

Haitian /ˈheɪʃn/, *a.* e *n.* (abitante) di Haiti; haitiano.

hake (**1**) /heɪk/, *n.* (*pl.* **hake, hakes**) (*zool.*, *Merluccius merluccius*) nasello.

hake (**2**) /heɪk/, *n.* rastrelliera (*per essiccare mattoni, ecc.*).

Hal /hæl/, *n. dim.* di **Henry** o di **Harold**.

halation /həˈleɪʃn, *USA* heɪ-/, *n.* (*elettron.*, *fotogr.*) alone.

halberd /ˈhælbɜːd, ˈhɔːl-/, *n.* (*stor.*) alabarda.

halberdier /hælbɜːˈdɪə(r), hɔːl-/, *n.* (*stor.*) alabardiere.

halbert /ˈhælbɜːt, ˈhɔːl-/, *V.* **halberd**.

halcyon /ˈhælsɪən/, **A** *n.* **1** (*mitol.*) alcione **2** (*poet.*) *V.* **kingfisher**. **B** *a. attr.* (*lett.*) alcionico; alcionio: **h. days**, giorni alcioni (*calmi, sereni*); periodo di bonaccia.

hale /heɪl/, *a.* robusto; vigoroso; arzillo; vegeto: **He's over eighty, but he is still h.**, ha più di ottant'anni, ma è ancora arzillo. ● **h. and hearty**, vivo e vegeto.

to **hale** /heɪl/, *v. t.* **1** tirare; trascinare a forza **2** (*raro*) costringere.

half /hɑːf, *USA* hæf/, **A** *n.* (*pl.* **halves**) **1** metà; mezzo: (**The**) **h. of eight is four**, la metà di otto è quattro; **Two halves make a whole**, due mezzi fanno un intero; **He wants h. the money** [**h. of the profits**], vuole la metà del denaro [dei profitti]; **h.** (**of**) **the people I met**, la metà della gente che incontrai; **H. of it is rotten**, la metà (*della mela, ecc.*) è marcia **2** (*calcio, rugby, ecc.*, = **halfback**) mediano **3** (*fam.*, = **h.-pint**) mezza pinta: **A h. of bitter, please!**, mezza pinta di birra amara, per favore! **4** (*fino al 1985*; **halfpenny**) mezzo penny: **Can you give me a penny for two halfs?**, puoi darmi un penny per due mezzi? **5** semestre (*mezzo anno scolastico*) **6** (*sport*) tempo: **first** [**second**] **h.**, primo [secondo] tempo **7** (*sport*) metà campo: **to receive the ball in one's own h.**, ricevere un passaggio nella propria metà campo **8** (*trasp.*) biglietto a metà prezzo (*per bambini e cani*). **B** *a.* **1** mezzo; semi-; (la) metà (di): **a h. length**, una mezza lunghezza; **a h. share**, una mezza parte; una metà; **h. dollar**, mezzo dollaro; **h. a pound**, mezza libbra; **h. an hour** [**a mile, a day**], mezz'ora [mezzo miglio, mezza giornata]; **a h.-hour** [**h.-mile, h.-day**], mezz'ora [mezzo miglio, mezza giornata]; **He wastes h. his time**, sciupa metà del suo tempo; **h. lustre**, semilucido **2** incompleto; imperfetto; (fatto) a metà; mezzo: **a h. smile**, un mezzo sorriso **3** (*fam.*, *dicendo le ore*) e mezzo: **h. eight** [**nine**], le otto [nove] mezzo. **C** *avv.* **1** a mezzo; a metà; mezzo: **The chicken was only h. cooked**, il pollo era cotto soltanto a metà; **h. dead**, mezzo (*o* quasi) morto; stanco morto; **h. educated**, istruito a metà; che ha poca istruzione; (*fam.*) **I was h. convinced**, ero mezzo convinto; **h. past two** [**three**], le due e mezzo [le tre e mezzo] **2** (*fam.*) fino a un certo punto; quasi: **I h. wish you were here**, vorrei quasi che tu fossi qui. ● (*un tempo*) **h. a crown**, mezza corona (*1/8 di sterlina*) □ (*elab.*) **h. adder**, semisommatore □ (*elab.*) **h. adjust**, arrotondamento □ **h.-and-h.**, (*agg.*) mezz'e mezzo; (*avv.*) metà e metà; (*sost.*) miscela di birra chiara e birra scura □ **h.-and-h. policy**, politica delle mezze misure (*o* del compromesso) □ (*geom.*) **h.-angle**, semiangolo □ **h. as much**, una volta e mezzo: **He drank h. as much as I**, bevve una volta e mezzo quello che bevvi io □ **h. as much again**, una volta e mezzo la quantità di prima: **He drank h. as much again**, bevve una volta e mezzo quanto aveva già bevuto □ (*pop. USA*) **h.-assed**, incompetente; deficiente; inefficiente; insignificante; stupido □ **h.-baked**, cotto a metà, mezzo crudo; (*fig.*) incompleto; immaturo; inesperto; sempliciotto, sciocco: **a h.-baked scheme**, un piano incompleto; **a h.-baked youth**, un giovane inesperto e sciocco; **h.-baked ideas**, idee sciocche □ **h.-binding**, rilegatura in mezza pelle (*o* in mezza tela) □ **h.-blood**, parentela (*o* parente) per parte di un solo genitore; meticcio, meticcia; (*di cavallo*) mezzosangue □ **h.-blooded**, parente per parte di un solo genitore; (*d'uomo*) di razza mista; (*d'animale*) ibrido, bastardo □ (*sport*: *a Oxford e Cambridge*) **h.-blue**, sostituto, rimpiazzo □ (*tur.*) **h. board**, mezza pensione □ (*tur.*) **h.-board accommodation**, sistemazione a mezza pensione □ **h.-boot**, stivaletto; stivale al polpaccio □ (*di libro*) **h.-bound**, rilegato in mezza pelle (*o* in mezza tela) □ **h.-bred**, di sangue misto; meticcio, bastardo □ **h.-breed**, uomo di sangue misto; (*specialm.*) meticcio, meticcia; animale ibrido, pianta ibrida; bastardo □ **h.-brother**, fratellastro □ **h.-caste**, (persona) di sangue misto; meticcio, meticcia; (*specialm.*) eurasiatico, eurasiatica □ (*fon.*) **h.-closed**, semichiuso □ (*mil.*) **h. cock**, mezzo cane, posizione di sicura (*del grilletto d'arma da fuoco*): **to go off at h. cock**, sparare a mezzo cane; (*fig.*) scattare anzitempo, agire o parlare troppo in fretta □ **h.-cocked**, (*d'arma da fuoco*) a mezzo cane, in posizione di sicura; (*fig.*) prematuro, impreparato; sciocco, stupido □ **h.-cooked**, mezzo cotto □ (*un tempo*) **h. crown**, mezza corona (*la moneta*; *per il valore, di solito* **h. a crown**) □ **h. dollar**, (*USA*) mezzo dollaro □ **h. dozen**, mezza dozzina □ **h.-duplex**, (*telef.*) semiduplex; (*elab.*) semiduplex, bidirezionale □ (*ferr.*, *ecc.*) **h.-fare ticket**, biglietto a tariffa ridotta □ **h.-finished**, finito a metà □ (*ind.*) **h.-finished product**, (prodotto) semilavorato □

h.-grown, a metà dello sviluppo □ (*bot.*) **h.-hardy**, che resiste al freddo □ **h.-hearted**, apatico, indifferente, tiepido (*fig.*); esitante, incerto □ **a h.-hearted try**, un timido tentativo □ **h.-heartedness**, apatia, indifferenza; esitazione, incertezza □ (*naut.*) **h.-hitch**, mezzo collo (*nodo*) □ **h.-holiday**, mezza festa □ **h.-hose**, calza corta; calzino □ **h.-hour**, mezzora □ **h.-hourly**, (*agg.*) di mezzora; che avviene (passa, ecc.) ogni mezzora; (*avv.*) ogni mezzora □ **h.-length**, di metà lunghezza; (*di quadro*) a mezzo busto; (*sost.*) mezza figura, mezzobusto □ **h.-lie**, mezza bugia □ **h.-life**, (*biol., mat.*) emivita; (*fis. nucl., med.*) periodo di dimezzamento; (*radiologia*) emivita □ **h.-light**, mezza luce; semioscurità; penombra □ (*geom.*) **h.-line**, semiretta □ **h. mast**, posizione di mezz'asta (*di una bandiera*) □ (*di bandiera*) **h.-mast high** (*o* **at h.-mast**), a mezz'asta □ (*fam.*) **h.-masters**, calzoni a mezza gamba; calzoni che si sono fatti corti □ **h. measures**, mezze misure; compromessi □ **h. moon**, mezza luna; (*astron.*) semiluna, semilunio; (*per estens.*) oggetto a mezzaluna □ **h.-moon**, (fatto) a mezzaluna □ **h. mourning**, mezzo lutto □ (*lotta greco-romana*) **h.-nelson**, elson □ (*mus., USA*) **h.-note**, minima □ (*fon.*) **h.-open**, semiaperto □ (*ind., mil.*) **h. pay**, mezza paga □ **h.-pint**, mezza pinta; (*fig. fam.*) tappo, mezza cartuccia □ (*geom.*) **h.-plane**, semipiano □ **h.(-)price**, a metà prezzo □ (*ind.*) **h.-processed**, semilavorato □ (*poesia*) **h.-rhyme**, rima imperfetta □ (*fam.*) **h.-seas-over**, brillo; mezzo ubriaco □ **h.-sibling**, fratellastro; sorellastra □ **h.-sister**, sorellastra □ (*di capo di vestiario*) **h.-size**, mezza taglia □ **h.-slip**, sottoveste a vita □ **h. soles**, mezze suole □ (*stor.*) **h.-sovereign**, mezza sovrana (*moneta d'oro ingl.*) □ (*mus., USA*) **h.-step**, semitono □ (*in G.B.*) **h. term**, giorno di metà quadrimestre (*a scuola*); (= **h.-term holiday**) breve vacanza di metà quadrimestre □ (*archit.*) **h.-timbered**, in legno e muratura (*come una casa elisabettiana*) □ **h.-time**, orario ridotto (*di lavoro*); (*sport*) intervallo (*fra due tempi di una partita*), «metà partita»: **h.-time score**, punteggio alla fine del primo tempo □ **h.-timer**, chi lavora a mezza giornata; studente lavoratore □ (*tipogr.*) **h.-title**, occhiello, occhietto □ (*mil.*) **h.-track**, semicingolato (*sost.*) □ (*mil.*) **h.-tracked**, semicingolato (*agg.*) □ **h.-truth**, mezza verità □ (*sport*) **h. volley**, mezza volée; mezza volata □ **h.-wit**, stupido, idiota, imbecille; (*psic.*) frenastenico □ **h.-witted**, stupido, scemo; (*psic.*) frenastenico □ **h. year**, semestre □ **h.-yearly**, semestrale; semestralmente □ (*fam.*) **and a h.**, non plus ultra: **That was a party and a h.**, questa sì che è stata una festa! □ **one's better h.**, la propria metà (*scherz.*); la moglie; (*anche*) il marito □ **by h.**, a metà; (*fam.*) di gran lunga: **to do things by h.**, fare le cose a metà; **He's the best student by h.**, è di gran lunga il miglior studente □ **to cry halves**, reclamare la metà (di q.c.) □ (*fig.*) **to get a h.-nelson on sb.**, mettere q. con le spalle al muro; avere q. in propria balìa □ **to go halves**, fare metà e metà; stare a mezzo (*pop.*); (*nel pagare*) fare alla romana □ **to go halves with sb. in st.**, fare a metà d'una cosa con q. (*prendere, pagare, ecc., una metà per ciascuno*) □ **more than h.**, una buona metà □ (*fam.*) **not h.**, affatto, del tutto, molto; per niente: **not h. bad**, niente male (*fam.*); ottimo, eccellente; **He's not h. a bad fellow**, è un buon ragazzo (*o* un buon uomo), dopotutto □ **It isn't h. windy**, altro che se tira vento! □ **«Did you like the film?» «Not h.»**, «T'è piaciuto il film?» «Eccome!» (*o* «Altro che!») □ (*trasp.: negli orari*) **on the h. hour**, ogni mezzora; ai trenta (*all'1.30, 2.30, ecc.*) □ **He is too clever by h.**, è fin troppo bravo (*o* furbo) □ (*fam.*) **This rope is not h. long enough**, questa corda non si avvicina neanche alla lunghezza giusta □ (*prov.*) **A good beginning is h. the battle**, chi ben comincia è a metà dell'opera.

halfback /ˈhɑːfbæk, *USA* ˈhæf-/, *n.* (*sport: calcio, ecc.*) mediano.

halfpenny /ˈheɪpnɪ/, *n.* ***1*** (*pl.* **halfpennies**) mezzo penny (*la moneta metallica ritirata dalla circolazione nel 1985*) ***2*** (*pl.* **halfpence**) mezzo penny (*il valore*): **twopence h.**, due penny e mezzo; **three halfpence**, un penny e mezzo (*letteralm.*: tre mezzi penny). ● (*fig.*) **a few halfpence**, pochi spiccioli □ (*fig. fam.*) **not to have two halfpennies to rub together**, non avere neanche un soldo □ **It isn't worth h.**, non vale un soldo (bucato).

halfpennyworth /ˈheɪpnɪwɜːθ/, *n.* valore di un mezzo penny; mezzo penny.

halftone /ˈhɑːftəʊn, *USA* ˈhæf-/, **A** *n.* ***1*** (*fotogr., tipogr.*) (incisione a) mezzatinta; autoincisione; autotipia ***2*** (*mus., USA*) semitono. **B** *a. attr.* a mezzatinta: **h. block**, cliché a mezzatinta. ● **h. contact screen**, retino.

halfway /ˈhɑːfˈweɪ, *USA* ˈhæf-/, **A** *avv.* ***1*** a metà (*o* a mezza) strada: **I crossed his car h.**, incrociai la sua auto a mezza strada ***2*** (*fig.*) a metà; a mezzo: **One cannot go h. in a criminal career**, non ci si può fermare a metà (*o* fare le cose a metà) nella carriera del crimine ***3*** quasi; pressoché. **B** *a.* ***1*** situato a mezza strada; di mezzo; mediano: **the h. point**, il punto di mezzo ***2*** (*fig.*) mezzo; di compromesso: **h. measures**, mezze misure; provvedimenti di compromesso. ● **h. down the road**, a metà strada □ **h. down the stairs**, a metà scala (*scendendo*) □ **h. downhill**, a metà discesa □ **h. house**, (*un tempo*) locanda (*o* trattoria) a mezza strada; (*ora*) istituzione per reinserire ex detenuti, ecc. nella società; (*fig.*) punto intermedio (*in una serie o successione*); metà strada (*fig.*) □ **h. through the winter**, a metà inverno □ **h. up the stairs**, a metà scala (*salendo*) □ **h. uphill**, a metà salita □ **to meet sb. h.**, incontrare q. a mezza strada; (*fig.*) venire incontro a q., venire a un compromesso con q. □ **to meet trouble h.**, fasciarsi la testa prima che sia rotta (*fig.*); preoccuparsi anzitempo.

halibut /ˈhælɪbət/, *n.* (*pl.* **halibut, halibuts**) ***1*** (*zool., Hippoglossus hippoglossus*) ippoglosso; halibut ***2*** (*cucina*) halibut.

halide /ˈhælaɪd/, *n.* (*chim.*) alogenuro.

halite /ˈhælaɪt/, *n.* (*miner.*) alite; salgemma.

halitosis /hælɪˈtəʊsɪs/, *n.* (*pl.* **halitoses**) (*med.*) alitosi.

hall /hɔːl/, *n.* ***1*** sala; salone: **a banqueting h.**, una sala per banchetti; **a h. for holding meetings**, una sala per riunioni; **a dance h.**, una sala da ballo; **the h. of a castle**, il salone d'un castello ***2*** palazzo; maniero; grande villa, casa di campagna (*di un nobile*): **the town** (*o* **city**) **h.**, il municipio; **the County H.**, il palazzo della Contea (*del «County Council»*); **the H. of Justice**, il Palazzo di Giustizia; **Saddlers' H.**, palazzo già della corporazione (*o* gilda) dei sellai di Londra ***3*** atrio; vestibolo: **the h. of a hotel**, l'atrio di un albergo ***4*** (*nelle università inglesi,* = **h. of residence**) casa dello studente; studentato: **Do you live in h. or in lodgings?**, stai nella casa dello studente o hai una camera (in affitto)? ***5*** (*nelle università inglesi*) refettorio; mensa: **to dine in h.**, mangiare alla mensa ***6*** (*USA*) corridoio ***7*** (*fam.*) music hall; teatro di varietà. ● **h. door**, ingresso principale □ (*specialm. USA*) **H. of Fame**, palazzo (*o* sala) che racchiude memorie di personaggi famosi che vi sono stati di passaggio; (*fig.*) gruppo di personaggi illustri □ (*USA*) **h. porter**, portiere (*o* fattorino) d'albergo □ **h. stand**, attaccapanni a parete (*con cassoncino, specchio, ecc.*) □ (*specialm. USA*) **h. tree**, attaccapanni a stelo.

halleluiah, hallelujah /hælɪˈluːjə/, *n.* e *inter.* alleluia.

halliard /ˈhælɪəd/, *V.* **halyard**.

hallmark /ˈhɔːlmɑːk/, *n.* ***1*** marchio di garanzia (*dei metalli preziosi*) ***2*** marchio di autenticità (*in genere*) ***3*** (*fig.*) ciò che distingue (q.c.); caratteristica.

to **hallmark** /ˈhɔːlmɑːk/, *v. t.* ***1*** marchiare; apporre un marchio a (q.c.) ***2*** (*fig.*) contraddistinguere; caratterizzare.

hallo /həˈləʊ, hæ-, hɛ-, hʌ-/, *inter.* e *n.* (*pl.* **hallos**) ***1*** ciao ***2*** ehi; ohé; olà ***3*** (*al telefono*) pronto ***4*** (*di sorpresa*) ohibò. ● (*fam.*) **h.-girl**, telefonista □ **to say h. to sb.**, dire ciao a q.; salutare q.

to **hallo** /həˈləʊ, hæ-, hɛ-, hʌ-/, *v. i.* dire, gridare «ehi» (*o* «ohé», «olà»); lanciare un richiamo, un saluto.

halloa /həˈləʊ/, *V.* **hallo**.

halloo /həˈluː/, *inter.* e *n.* (*pl.* **halloos**) ***1*** hallalì; grido di caccia (*lanciato ai cani*) ***2*** ehi; ohé; olà.

to **halloo** /həˈluː/, **A** *v. i.* ***1*** gridare «hallalì»; incitare a gran voce ***2*** dire, gridare «ehi» (*o* «ohé», «olà»); lanciare un richiamo, un saluto. **B** *v. t.* aizzare, incitare (*specialm. cani da caccia*).

hallow /ˈhæləʊ/, *V.* **halloo**.

to **hallow** (**1**) /ˈhæləʊ/, *v. t.* ***1*** santificare; beatificare ***2*** consacrare ***3*** venerare; santificare: **Hallowed be Thy name**, sia santificato il nome Tuo.

to **hallow** (**2**) /ˈhæləʊ/, *V.* **to halloo.**

Halloween, Hallowe'en /hæləʊˈiːn/, *n.* (*relig.*) vigilia di Ognissanti (*il 31 ottobre*).

Hallowmas /ˈhæləʊmæs/, *n.* (*arc.*) Ognissanti.

to **hallucinate** /həˈluːsɪneɪt/, **A** *v. t.* allucinare; dare allucinazioni a (q.). **B** *v. i.* avere allucinazioni.

hallucination /həluːsɪˈneɪʃn/, *n.* (*anche psic.*) allucinazione.

hallucinative /həˈluːsɪneɪtɪv/, *a.* ***1*** allucinatorio ***2*** illusorio: **h. images**, immagini illusorie; allucinazioni.

hallucinatory /həˈluːsɪnətrɪ, *USA* -tɔːrɪ/, *V.* **hallucinative**.

hallucinogen /həˈluːsɪnədʒən/, *n.* allucinogeno.

hallucinogenic /həluːsɪnəˈdʒenɪk/, *a.* allucinogeno.

hallucinosis /həluːsɪˈnəʊsɪs/, *n.* (*pl.* **hallucinoses**) (*psic.*) allucinosi.

hallux /ˈhælʌks/, *n.* (*pl.* **halluces**) (*anat.*) alluce.

hallway /ˈhɔːlweɪ/, *n.* (*USA*) atrio; vestibolo; corridoio.

halm /hɑːm, hɔːm/, *V.* **haulm**.

halo /ˈheɪləʊ/, *n.* (*pl.* **halos, haloes**) ***1*** (*astron., fis.*) alone ***2*** (*relig., pitt.*) aureola (*anche fig.*).

to **halo** /ˈheɪləʊ/, *v. t.* circondare d'un alone (*o* di un'aureola); aureolare (*lett.*).

halogen /ˈhælədʒən/, *n.* (*chim.*) alogeno. ● **h. compound**, alogenato.

to **halogenate** /ˈhælədʒəneɪt/, *v. t.* (*chim.*) alogenare.

halogenated /ˈhælədʒəneɪtɪd/, *a.* (*chim.*) alogenato.

halogenous /hæˈlɒdʒənəs/, *a.* (*chim.*) alogeno.

haloid /ˈhælɔɪd/, (*chim.*) **A** *a.* aloide; saliforme. **B** *n.* alogenuro.

halophile /ˈhæləfaɪl/, *n.* (*ecol.*) organismo alofilo.

halophilic /hæləˈfɪlɪk/, *a.* (*ecol.*) alofilo. ● **h. plants**, aloflora.

halophyte /ˈhæləfaɪt/, *n.* (*ecol.*) alofita.

halt (**1**) /hɔːlt/, **A** *n.* ***1*** (*mil.*) alt; ordine di fermarsi ***2*** arresto; fermata; sosta ***3*** fermata (*d'autobus*) ***4*** (*ferr.*) piccola stazione isolata (*lontana dal paese*). **B** *inter.* alt! ● **to bring sb.** [**st.**] **to a h.**, dare l'alt a q. [a q.c.] □ **to call a h.**, (*mil.*) dare l'alt; (*fig.*) fare una sosta, fare una pausa □ **to call a h. to st.**, arrestare (*o* fermare) q.c.; dire a q. che smetta di fare q.c. □ **to come to a h.**, arrestarsi; fermarsi.

halt (**2**) /hɔːlt/, (*raro*) **A** *a.* zoppo; storpio. **B** *n.* zoppaggine (*raro*); andatura zoppicante. ● **the h.**, gli zoppi; gli storpi.

to **halt** (**1**) /hɔːlt/, **A** *v. i.* ***1*** (*mil.*) fare alt ***2*** arrestarsi; fermarsi. **B** *v. t.* arrestare; fermare; dare l'alt a: **The captain halted the soldiers**, il capitano diede l'alt ai soldati; **The coach was halted by the snowstorm**, il pullman non poté proseguire per la nevicata; **to h. a project**, fermare un progetto. ● **Halt!**, alt!; stop! (*ai semafori pedonali*).

to **halt** (2) /hɔːlt/, *v. i.* **1** zoppicare (*anche fig.*: *di versi, ecc.*); camminare zoppicando **2** (*fig.*) esitare; essere incerto; essere in dubbio. ● **to h. in one's speech**, esitare cercando le parole; parlare esitando.

halter /ˈhɔːltə(r)/, *n.* **1** cavezza **2** capestro; (*fig.*) morte per impiccagione **3** (= **h. top**) prendisole.

to **halter** /ˈhɔːltə(r)/, *v. t.* **1** (*spesso* **to h. up**) mettere la cavezza a (*un cavallo*); legare (*un animale*) con la cavezza **2** mettere il capestro al collo di (q.); impiccare **3** (*fig.*) imbrigliare, tenere a freno (q.).

halterneck /ˈhɔːltənɛk/, **A** *a.* (*moda*: *d'abito da donna*) accollato davanti, e che lascia scoperte spalle e schiena. **B** *n.* (*moda*) top allacciato sul collo.

halting /ˈhɔːltɪŋ/, *a.* **1** zoppicante **2** (*fig.*) esitante.

to **halve** /hɑːv, *USA* hæv/, *v. t.* **1** dimezzare; smezzare; ridurre di metà: **The new road will h. the time needed for the journey**, la nuova strada ridurrà di metà la durata del viaggio **2** dividere equamente (*o* in parti uguali); spartire; fare a metà di: **The boy halved the apple with his sister**, il ragazzo fece a metà della mela con la sorella. ● (*golf*) **to halve a hole with sb.**, raggiungere una buca con lo stesso numero di colpi di q. ▫ (*golf*) **to h. a match**, pareggiare una partita.

halves /hɑːvz, *USA* hævz/, *pl. di* **half**.

halyard /ˈhæljəd/, *n.* (*naut.*) drizza; sagola.

ham (1) /hæm/, *n.* **1** coscia (*del maiale*) **2** prosciutto: **a slice of ham**, una fetta di prosciutto **3** (*pl.*) (*specialm. di animali*) coscia e natica **4** (*pl.*) (*pop.*) gambe; cosce (*di una persona*). ● **ham and eggs**, uova e prosciutto ▫ **ham curer**, affumicatore (*o* salatore) di prosciutti; addetto alla conservazione dei prosciutti ▫ **ham factory**, prosciuttificio ▫ (*pop.*) **ham-fisted**, maldestro, impacciato (*nell'usare le mani*) ▫ **ham salad**, insalata di prosciutto ▫ **ham sandwich**, sandwich al prosciutto ▫ **boiled ham**, prosciutto cotto ▫ **Parma ham**, prosciutto crudo.

ham (2) /hæm/, *n.* (*fam.*) **1** (= **ham actor**) gigione **2** radioamatore **3** (*USA*) persona che vuole strafare **4** (*USA*) dilettante.

to **ham** /hæm/, *v. t.* e *i.* **1** (*fam., teatr.*; *anche* **to ham it up**) recitare da gigione; gigioneggiare **2** (*fam. USA*) strafare; esagerare.

Ham /hæm/, *n.* (*Bibbia*) Cam.

hamadryad /hæməˈdraɪəd/, *n.* **1** (*mitol.*) amadriade **2** (*zool., Papio hamadryas*) amadriade **3** (*zool., Naja hannah*) cobra reale.

Hamburg /ˈhæmbɜːg/, *n.* (*geogr.*) Amburgo. ● **H. steak**, hamburger.

hamburger /ˈhæmbɜːgə(r)/, *n.* **1** hamburger; medaglione (di carne); svizzera **2** panino con hamburger **3** (*pop. USA*) stupido; scemo; cretino.

Hamite /ˈhæmaɪt/, *n.* camita.

Hamitic /həˈmɪtɪk/, **A** *a.* camitico. **B** *n.* camitico; lingua camitica.

hamlet /ˈhæmlət/, *n.* **1** piccolo villaggio **2** casale; borgata.

Hamlet /ˈhæmlət/, *n.* (*letter.*) Amleto.

hammer /ˈhæmə(r)/, *n.* **1** martello (*anche di banditore d'asta pubblica*); maglio; mazza: **claw h.**, martello da carpentiere; **ball-peen h.**, martello con penna tonda; **steam h.**, maglio a vapore **2** martelletto (*specialm. di pianoforte*) **3** (*d'arma da fuoco*) cane **4** (*sport*) martello **5** (*anat.*) martello (*dell'orecchio medio*) **6** (*autom., fam. USA*) acceleratore: **to press down the h.**, schiacciare l'acceleratore. ● (*polit.*) **h. and sickle**, falce e martello ▫ **h. beam**, trave a sbalzo ▫ **h.-blow**, martellata; (*anche fig.*) mazzata ▫ (*mecc.*) **h. drill**, martello perforatore; martello pneumatico ▫ (*zool.*) **h.-fish**, *V.* **hammerhead** ▫ (*metall.*) **h. forging**, fucinatura al maglio ▫ (*tecn.*) **h. mill**, mulino a martelli ▫ **h. shotgun**, fucile da caccia a martelli esterni ▫ (*sport*) **h. throw**, lancio del martello ▫ (*sport*) **h.-thrower**, lanciatore di martello; martellista ▫ (*sport*) **h. throwing**, il lancio del martello ▫ (*med.*) **h.-toe**, dito del piede a martello (*deformità*) ▫ (*fig.*) **to be** (*o* **to go**) **at it h. and tongs**, mettercela tutta; darci dentro; fare q.c. con foga: **They went at each other h. and tongs**, si affrontarono con grande impeto ▫ **brick h.**, martello da muratore; martellina ▫ (*comm.*) **to come under the h.**, essere venduto all'asta ▫ (*fig.*) **knight of the h.**, fabbro ▫ **wooden h.**, mazzuolo.

to **hammer** /ˈhæmə(r)/, **A** *v. t.* **1** martellare; battere (*o* picchiare) con un martello (*legno, metalli, ecc.*) **2** (*fig.*) martellare (q.) di domande **3** (*fig.*) criticare aspramente **4** (*fam.*) battere, sconfiggere; stracciare (*fig. fam.*) **5** (*pop.*) picchiare; dare un sacco di botte a (q.); punire **6** (*Borsa, ingl.*; *fino al 1970*) espellere (*un agente di cambio*) per indegnità professionale o per debiti insoluti. **B** *v. i.* **1** martellare (*anche fig.*); battere: **to h. at the door**, martellare alla porta (*con i pugni*) **2** (*fig.*) martellare; pulsare; battere: **My heart was hammering with fear**, mi martellava il cuore per la paura. ● (*Borsa*) **to h. the market**, far crollare il mercato con vendite massicce di titoli.

♦**hammer at**, *v. i.* + *prep.* **1** prendere a martellate; dare colpi di martello a: **to h. at a wooden box**, dare martellate a una cassetta di legno **2** battere con forza (*o* rumorosamente): **to h. at the typewriter**, battere velocemente (*o* rumorosamente) a macchina; **to h. at the piano**, battere sui tasti del pianoforte.

♦**hammer away at**, *v. i.* + *avv.* + *prep.* **1** (*fam.*) darci sotto, darci dentro (*per fare o finire q.c.*); darsi un gran da fare per: **He hammered away at finishing his homework**, ci dava sotto per finire il compito a casa **2** (*fam.*) battere, insistere su: **Daddy keeps hammering away at his point**, il babbo batte sempre sullo stesso chiodo (*fig.*) **3** (*mil.*) martellare: **guns hammering away at our positions**, cannoni che martellano le nostre posizioni.

♦**hammer down**, **A** *v. t.* + *avv.* **1** fissare (chiudere, spianare, ecc.) a martellate **2** inchiodare (*un coperchio, ecc.*) **3** (*Borsa*) far crollare il prezzo di (*un titolo*) con vendite allo scoperto. **B** *v. i.* + *avv.* **1** (*della pioggia, ecc.*) battere, picchiare con forza (*sul tetto, ecc.*) **2** (*autom., fam. USA*) andare a tavoletta (*o* a tutto gas).

♦**hammer in**, *v. t.* + *avv.* **1** conficcare, piantare (*un chiodo, un palo, ecc.*) con il martello **2** sfondare (*una porta, ecc.*) **3** (*fig. fam.*) ficcare in testa, inculcare (*nozioni, ecc.*); far capire (*un pericolo, un rischio, ecc.*).

♦**hammer into**, *v. t.* + *prep.* **1** conficcare, piantare con il martello (q.c.) in (*un muro, ecc.*) **2** (*fig. fam.*) inculcare a, far capire a (q.); far entrare (q.c.) nella testa a (q.): **to h. useful notions into children**, inculcare ai bambini nozioni utili; **I tried in vain to h. into him that he must be patient**, cercai invano di fargli capire che doveva portare pazienza ▫ **to h. st. into shape**, ridurre q.c. nella forma voluta (*o* riparare q.c.) a martellate ▫ **to h. iron into swords**, foggiare spade martellando il ferro.

♦**hammer on**, **A** *v. t.* + *avv.* fissare (q.c.) a colpi di martello. **B** *v. t.* + *prep.* battere con forza (*o* rumorosamente) su (q.c.); martellare: **to h. on the door**, martellare la (*o* alla) porta (*con i pugni*).

♦**hammer out**, *v. t.* + *avv.* **1** spianare, raddrizzare (*una lamiera o una portiera d'auto ammaccata, ecc.*) a colpi di martello **2** fabbricare, fare (*oggetti*) martellando un metallo **3** (*fig.*) elaborare, produrre a fatica (*una soluzione, un'ipotesi di accordo, ecc.*) **4** (*fam.*) battere a macchina (*un racconto, ecc.*) **5** (*fam.*) strimpellare (*un motivo al pianoforte*) **6** (*fam.*) appianare (*una difficoltà, ecc.*) ▫ **to h. out an agreement**, raggiungere faticosamente un accordo.

hammered /ˈhæməd/, *a.* (*di ferro*) martellato; battuto.

hammerhead /ˈhæməhɛd/, *n.* **1** testa del martello **2** (*zool., Sphyrna*) pesce martello **3** (*pop. USA*) zuccone; testone; testa di legno.

hammering /ˈhæmərɪŋ/, *n.* **1** martellamento (*anche fig.*); martellatura; martellio **2** lavorazione al maglio **3** (*fig.*) batosta; mazzata (*fig.*). ● (*tecn.*) **h. out**, spianatura, raddrizzatura (*delle lamiere*).

hammerless /ˈhæmələs/, *a.* (*d'arma da fuoco*) a cane interno.

hammock /ˈhæmək/, *n.* amaca; (*naut.*) branda: **to lash up a h.**, rollare una branda. ● **h. chair**, sedia pieghevole (*di legno e tela*).

hammy /ˈhæmɪ/, *a.* **1** simile al prosciutto **2** (*teatr.*) gigionesco.

hamper (1) /ˈhæmpə(r)/, *n.* (*naut.*) attrezzatura; sartiame. ● **top h.**, ingombro di coperta.

hamper (2) /ˈhæmpə(r)/, *n.* **1** canestro; cesta; cesto; paniere: **a picnic h.**, un paniere da picnic **2** (*USA*) cesto della biancheria.

to **hamper** /ˈhæmpə(r)/, *v. t.* impedire; inceppare; intralciare; ingombrare; ostacolare: **to be hampered by a heavy load**, essere impedito da un grave peso; **He has been hampered by poverty**, è stato ostacolato dalla povertà.

to **hamshackle** /ˈhæmʃækl/, *v. t.* impastoiare (*un cavallo, ecc.*).

hamster /ˈhæmstə(r)/, *n.* (*zool., Cricetus cricetus*) criceto; hamster.

hamstring /ˈhæmstrɪŋ/, *n.* (*anat.*) **1** tendine del ginocchio (*nell'uomo*) **2** tendine del garretto (*nei quadrupedi*). ● (*anat.*) **h. muscles**, muscoli posteriori della coscia.

to **hamstring** /ˈhæmstrɪŋ/, *v. t.* **1** azzoppare, rendere storpio (*tagliando il tendine del ginocchio o del garretto*); sgarrettare **2** (*fig.*) frustrare; vanificare.

hand /hænd/, *n.* **1** mano (*anche fig.*); aiuto, collaborazione; possesso; potere; controllo; tocco, segno caratteristico; grafia, scrittura; (*leg.*) firma; parte d'una partita (*a carte, ecc.*): **We are in the hands of God**, siamo nelle mani di Dio; **to ask for a lady's h.**, chiedere la mano d'una donna; **to give one's h. to sb.**, concedere la propria mano a q.; **to lend** (*o* **to give**) **a h. to sb.**, dare una mano a q.; **The house has changed hands**, la casa ha cambiato mano (*o* proprietario); **to be in enemy hands**, essere in mano al nemico; **with a light h.**, con mano leggera; **the h. of fate**, la mano del destino; **the h. of a master**, la mano di un maestro; **I write a clear h.**, ho una bella grafia; **a legible h.**, una scrittura leggibile; **The firm is in his hands now**, l'azienda è ora nelle sue mani; **His h. has been at work here**, ci si vede la sua mano; (*anche fig.*) **My hands are tied**, ho le mani legate; (*leg.*) **given under the h. of Mr X, notary public**, fatto per mano del sig. X, notaio; **to set one's h. to a document**, apporre la propria firma a un documento; **to take a h. at bridge**, fare una mano di bridge; **Let me have a h. now**, fammi fare una partita ora (*anche a biliardo, ecc.*) **2** operaio: **We need extra hands for the plant**, abbiamo bisogno di nuovi operai per lo stabilimento **3** (*naut.*) membro dell'equipaggio; marinaio: **All hands on deck!**, tutti (i marinai) in coperta! **4** (*pl.*) operai; maestranze **5** (*pl.*) (*naut.*) ciurma; equipaggio **6** ago (*di strumento*); lancetta (*di orologio*); indice (*di meridiana*): **The hour h. is smaller than the minute h.**, la lancetta delle ore è più piccola di quella dei minuti **7** giocatore (*alle carte*) **8** palmo, spanna (*per misurare l'altezza dei cavalli*; *pari a cm 10 circa*) **9** (*fam.*) battimani; applauso **10** grappolo, casco (*di banane*) **11** mazzo (*di foglie di tabacco*) **12** (*pl.*) (*sport*) fallo di mano (*nel gioco del calcio*). ● **h.-barrow**, carretto a mano, carriola;

barella □ (*autom.*) **h.-brake**, freno a mano; freno di stazionamento □ **h.'s-breath**, *V.* **handbreath** □ **h. canter**, andatura lenta (*specialm. di cavallo*) □ (*mecc.*) **h. drill**, trapano a mano □ **h. gallop**, piccolo galoppo □ (*mil.*) **h. grenade**, bomba a mano □ **h.-gun**, pistola, rivoltella □ (*di cinecamera, ecc.*) **h.-held**, portatile □ (*tecn.*) **h.-hole**, portello (*di macchinario*) □ (*fig.*) **h. in glove**, a stretto contatto; (*anche*) in combutta □ **to be h. in glove with sb.**, avere grande intimità con q.; essere culo e camicia con q. (*pop.*) □ **h. in h.**, mano nella mano; tenendosi per mano: **The two lovers were walking h. in h.**, i due innamorati camminavano tenendosi per mano □ (*di pullover, ecc.*) **h.-knit** (*o* **h.-knitted**), fatto a mano □ **h. lens**, lente d'ingrandimento □ **h. loom**, telaio a mano □ **h. luggage**, bagaglio a mano □ (*fam.*) **h.-me-down**, (*agg.*) già confezionato, bell'e fatto; smesso, di seconda mano; (*sost.*) abito confezionato; indumento smesso (*o* di seconda mano) □ **h.-mill**, macinino □ **hands off!**, giù le mani! □ **a hands-off policy**, una politica di non intervento □ (*fam.*) **hands-on**, manuale; pratico: **hands-on activities**, attività manuali □ **to be a bad h. at st.**, non essere affatto bravo a fare q.c. □ **h. organ**, organetto; organino □ (*fig.*) **h. over fist**, in fretta, a rotta di collo; (*di soldi*) a palate: **to make money h. over fist**, guadagnare soldi a palate □ (*raro*) **h. money**, caparra □ **h. over h.**, portando alternativamente una mano sopra l'altra (*come nell'arrampicarsi su una fune*); (*fig.*) con progressione rapida e continua □ **h.-painted**, dipinto a mano □ **h.-picked**, raccolto a mano; (*fig.*) scelto con grande cura □ **h.-reading**, chiromanzia; lettura della mano □ (*leg.*) **h. sale**, compravendita verbale □ (*tipogr.*) **h.-set**, composto a mano □ (*tipogr.*) **h.-setting**, composizione a mano □ (*di scarpa, stivale, ecc.*) **h.-sewn**, cucito (*o* fatto) a mano □ **a h.-to-h. fight**, un combattimento corpo a corpo □ **h.-to-mouth**, precario; alla giornata: **a h.-to-mouth existence**, vita alla giornata; **h.-to-mouth finances**, finanze precarie □ (*econ.*) **h.-to-mouth buying**, acquisti (*del consumatore*) ridotti all'osso □ (*USA*) **h. truck**, carrello a mano □ **h. vote**, voto per alzata di mano □ (*mil.*) **h. weapon**, arma da fianco □ **at h.**, a portata di mano; vicino, imminente: **The Joneses live close at h.**, i Jones abitano proprio qui vicino; **The end of the term is at h.**, la fine del trimestre è vicina (*o* imminente) □ **at the hands of**, per mano di; a opera di: **King Lear suffered greatly at the hands of his daughters**, re Lear ebbe molto a patire a opera delle figlie □ **at first** [**at second**] **h.**, di prima [di seconda] mano: **to hear st.** (**at**) **second h.**, apprendere q.c. di seconda mano □ **at sb.'s right h.**, alla destra di q. □ (*anche fig.*) **to bind sb. h. and foot**, legare q. mani e piedi □ **to bring up a baby by h.**, allevare artificialmente un bambino □ **by h.**, a mano: **This scarf is knitted by h.**, questa sciarpa è fatta a mano; **The letter was sent by h.**, la lettera fu inviata a mano □ (*fig.*) **clean hands**, «mani pulite»; innocenza, onestà □ (*comm.*) **to come to h.**, pervenire: **Your letter has come to h.**, ci è pervenuta la vostra lettera □ (*fig.*) **to eat out of sb.'s h.**, essere pronto a prendere ordini da q.; essere l'umilissimo servo (*o* il cagnolino) di q. □ **to fall** (*o* **to come**) **into sb.'s hands**, cadere in mano a q. □ **to force sb.'s h.**, forzare la mano a q. □ **for one's own h.**, per proprio conto; a proprio vantaggio; per sé: **to play for one's own h.**, fare il proprio interesse □ **to get st. off one's hands**, liberarsi (*o* sbarazzarsi, disfarsi) di q.c. □ **to get one's h. in** (**a job**), fare la mano a (un lavoro); impratichirsi di (un lavoro) □ **to get out of h.**, sfuggire di mano (*fig.*); sottrarsi all'autorità (di q.), diventare indisciplinato; prendere la mano (a q.) (*fig.*) □ **to get the upper h. of sb.**, prevalere (*o* spuntarla) su q. □ **to give one's h. on a bargain**, dare la mano (*in segno di promessa*) per concludere un affare □ (*anche fig.*) **to go h. in h. with sb.**, andare al passo (*o* di pari passo) con q. □ **to be a good h. at st.**, aver mano a q.c.; essere bravo in q.c.: **He is a good h. at wrestling**, è bravo nella lotta; è un bravo lottatore □ (*fig.*) **to have one's hands full**, essere occupatissimo □ **to have the situation in h.**, essere padrone della situazione □ (*fig.*) **in h.**, in serbo, di riserva; per le mani, in fase di esecuzione, in corso; sotto controllo; in pugno (*fig.*): **You'd better keep some money in h.**, faresti bene a tenere in serbo un po' di denaro; **The work is still in h.**, il lavoro è ancora in corso; **The commander kept the whole situation well in hand**, il comandante teneva in pugno la situazione □ **to keep** (*o* **to get**) **one's h. in**, non perdere la mano a (*fare q.c.*); stare in esercizio in (q.c.) □ **to lay hands on st.**, metter le mani sopra una cosa; impossessarsi di q.c.; imbattersi in q.c. □ **to lay hands on sb.**, metter le mani addosso a q.; (*relig.*) imporre le mani su q. □ **to lend a h.**, dare una mano; aiutare □ **to lift** (*o* **to raise**) **one's hands to** (*o* **against**) **sb.**, alzare le mani su q. □ **to live from h. to mouth**, vivere alla giornata □ (*fig.*) **not to lift a h.** (**to help sb.**), non alzare (*o* non muovere) un dito (per aiutare q.) □ (*fam.*) **not to do a h.'s turn**, non fare un bel niente; non lavorare affatto; non muovere un dito □ (*fig.*) **off one's hands**, *V.* **out of one's hands** □ **to be an old h. at a job**, essere pratico di un lavoro □ **on all hands**, da tutte le parti □ **on either h.**, da entrambe le parti; da ambo i lati □ **on h.**, a disposizione, disponibile: **We have all sorts of new items on h.**, abbiamo ogni sorta di articoli nuovi (*in bottega, in magazzino, ecc.*) a vostra disposizione □ (*di una persona*) **to be on h.**, essere (*o* rendersi) disponibile; prestarsi (*a fare q.c.*) □ (*fig.*) **on one's hands**, a proprio carico, sulle braccia: **I have two families on my hands**, ho il peso di due famiglie sulle braccia □ (*correl.*) **on the one h..., on the other h...**, da un lato (*o* per un verso)..., dall'altro (*o* per l'altro) □ **on the other h.**, d'altra parte; d'altro canto; però □ **out of h.**, (*avv.*) subito, senza pensarci su; (*agg.*) che sfugge al controllo □ (*fig.*) **out of one's hands**, non più nelle proprie mani; non più a carico; non più di propria competenza: **The matter is out of my hands**, la faccenda non è più nelle mie mani □ **a picture by the same h.**, un quadro della stessa mano (*o* dello stesso pittore) □ **to play a good h.**, giocar bene (*a carte*) □ (*fig.*) **to play into sb.'s hands**, fare il gioco di q. □ **to put** (*o* **to set**) **one's h. to st.**, mettere (*o* porre) mano a q.c. □ **ready to h.**, a portata di mano; disponibile □ **to rule with a heavy** (*o* **an iron**) **h.**, governare con il pugno di ferro □ **to shake sb.'s h.** (*o* **to shake hands with sb.**), stringere (*o* dare) la mano a q. □ **to show one's h.**, mostrare la mano; (*giocando*) mettere le carte in tavola; (*fig.*) scoprire il proprio gioco □ **to take sb. in** (*o* **into**) **h.**, prendersi cura di q.; controllare, tenere a freno, fare rigare diritto q. □ **to take st. in h.**, occuparsi di, prendere in mano q.c. (*fig.*) □ **to throw in one's h.**, (*giocando*) gettare via le carte (*mettendole nel mazzo degli scarti*); (*fig.*) gettare la spugna, arrendersi □ **to try one's h. at st.**, provare a fare q.c.; provarcisi □ **to turn one's h. to st.**, intraprendere q.c.; dedicarsi a q.c. □ (*fig.*) **to wash one's hands of st.**, lavarsi le mani di q.c. □ **to win hands down**, (*di pugile*) vincere a mani basse; (*fig.*) vincere con grande facilità (*o* in souplesse) □ (*form.*) **to win a lady's h.**, ottenere la mano d'una donna □ **with a bold** (*o* **high**) **h.**, con arroganza; da prepotente □ **with a heavy h.**, con mano pesante, in modo sgraziato; con il pugno di ferro, spietatamente □ **Hands up!**, mani in alto!; (*anche*) su le mani, chi è d'accordo alzi la mano.

to **hand** /hænd/, *v. t.* **1** dare; porgere; consegnare; passare; rimettere: **Please h. me the salt**, per favore, passami il sale; **The papers were handed to me by the clerk**, i documenti mi furono consegnati dall'impiegato **2** aiutare; guidare, sorreggere (*con la mano*): **I handed the old lady out of** (*o* **down from**) **the coach**, aiutai la vecchia signora a scendere dal pullman **3** (*fam.*) ammirare (q.); compiacersi con (q.); ammettere, concedere (q.c.): **You've got to h. it to him, he's a good player**, devi ammettere che gioca proprio bene **4** (*naut.*) serrare, ammainare (*le vele*).

♦**hand around**, *v. t. + avv.* distribuire in giro; offrire (q.c.) a tutti i presenti; dare a tutti.

♦**hand back**, *v. t. + avv.* restituire; rendere; ridare: **I handed back the newspaper**, restituii il giornale.

♦**hand down**, *v. t. + avv.* **1** dare, allungare, passare (*q.c. a q. che è più in basso*); tirare giù (*fam.*): **Will you h. me down my handbag, please?**, Le dispiace tirarmi giù la mia valigetta? **2** lasciare in eredità (*o* in retaggio); tramandare (*ai posteri, ai discendenti, ecc.*) **3** passare (*abiti smessi, scarpe, ecc.: a un fratello minore, ecc.*) **4** dichiarare, annunciare (*una decisione, ecc.*); presentare (*un preventivo, ecc.*) **5** (*leg.*) emettere: **The judge handed down his decision**, il giudice emise la sentenza.

♦**hand in**, *v. t. + avv.* **1** dare, presentare (*lettere, documenti, ecc.*) **2** consegnare (*oggetti trovati, biglietti usati, armi, ecc.*) **3** rassegnare: **to h. in one's resignation**, rassegnare le dimissioni **4** aiutare (q.) a salire (*su un veicolo*) □ **to h. in one's notice**, licenziarsi.

♦**hand off**, *v. t. + avv.* respingere; spingere (q.) da parte; scansare.

♦**hand on**, *v. t. + avv.* **1** passare (*una carica, la responsabilità, ecc.: a q. altro*) **2** trasmettere (*informazioni, ecc.*) **3** tramandare (*usanze, ecc.*).

♦**hand out**, *v. t. + avv.* **1** distribuire, dare, far circolare; dare via (*fam.*): **to h. out the exam papers**, distribuire i compiti per l'esame; **to h. out leaflets**, dare via volantini; **to h. out money to one's children**, dare soldi ai figli; **to h. out advice**, dare consigli (*spesso non richiesti*) **2** passare, allungare (*q.c. che è stato chiuso*): **Get out of the car, and I'll h. the baggage out to you**, se scendi dalla macchina, ti allungo io il bagaglio **3** aiutare (q.) a scendere (*da un veicolo*) □ (*fam.*) **to h. it out**, imperversare con sgridate o punizioni; fare la carogna (*fam.*): **The sergeant is handing it out today**, oggi il sergente fa la carogna.

♦**hand over**, **A** *v. t. + avv.* **1** consegnare, dare, passare: **to h. over an escaped prisoner to the police**, consegnare un evaso alla polizia; **to h. over a town to the enemy**, consegnare una città al nemico; **They've handed over the matter to their solicitor**, hanno passato la pratica al loro legale **2** (*leg.*) consegnare; deferire: **to h. sb. over to justice**, consegnare q. alla giustizia; deferire q. in giudizio. **B** *v. i. + avv.* **1** fare le consegne: **There seems to be no one in charge to h. over to**, sembra che non ci sia nessuno al comando cui poter fare le consegne **2** (*mil.*) arrendersi (*a q.*) □ (*naut., mil.*) **to h. over the command of a ship**, fare le consegne al nuovo comandante di una nave.

♦**hand round**, *V.* **hand around**.

♦**hand up**, *v. t. + avv.* **1** dare, allungare, passare (*q.c. a q. che è più in alto*) **2** passare, trasmettere, inoltrare (*documenti, una pratica, ecc.: a q. o a un ente più autorevole*) **3** aiutare (q.) a salire (*su un veicolo, ecc.*).

handbag /ˈhændbæg/, *n.* **1** sacco a mano; borsa da viaggio; valigetta **2** borsa da signora; borsetta. ● **h. manufacturer**, borsettiere, borsettaio □ **h. retailer**, venditore di borsette, borsettaio □ **h. snatcher**, scippatore.

handball /ˈhændbɔːl/, *n.* (*sport*) **1** pallamuro; palla a muro **2** (*nel calcio*) (fallo di) mano.

handbell /ˈhændbɛl/, *n.* (*mus.*) campanella.

handbill /ˈhændbɪl/, *n.* volantino; foglietto pubblicitario; pieghevole.

handbook /'hændbʊk/, *n.* manuale; prontuario; guida.

handbreadth /'hændbrɛdθ/, *n.* palmo (*misura di quattro «pollici», pari a 10 cm circa*); spanna.

handcar /'hændkɑ:/, *n.* (*ferr., USA*) carrello di servizio.

handcart /'hændkɑ:t/, *n.* carretto a mano; carrettino.

handclap /'hændklæp/, *n.* applauso; battimano. ● **slow h.**, il battere lentamente le mani (*in segno di disapprovazione o d'impazienza*).

handclasp /'hændklɑ:sp, *USA* -æsp/, *n.* (*USA*) stretta di mano.

(to) **handcraft** /'hændkrɑ:ft, *USA* -æft/, *V.* (to) **handicraft**.

to **handcuff** /'hændkʌf/, *v. t.* ammanettare; mettere le manette a (q.).

handcuffs /'hændkʌfs/, *n. pl.* manette.

handed /'hændɪd/, *a.* (*nei composti*) dalla mano...; che ha la mano...: **heavy-h.**, che ha la mano pesante; fatto con mano pesante; **light-h.**, che ha la mano leggera; fatto con mano leggera; **left-handed**, mancino; **open-h.**, generoso; che ha le mani bucate. ● (*carte*) **three-h. bridge**, bridge in tre.

to **handfeed** /'hændfi:d/ (*pass.* e *p. p.* **handfed**), *v. t.* nutrire, alimentare (*animali*) a mano.

handful /'hændfʊl/, *n.* **1** manciata: **a h. of beans**, una manciata di fagioli **2** manipolo; pugno (*d'uomini*); gruppetto: **a h. of people**, un gruppetto di persone **3** (*fam.*) persona indisciplinata, irrequieta; birichino; diavoletto.

hand-glass /'hændglɑ:s, *USA* -æs/, *n.* **1** lente d'ingrandimento (*con manico*) **2** specchio con il manico; specchietto.

handgrip /'hændgrɪp/, *n.* **1** stretta di mano **2** stretta; presa **3** manopola (*di manubrio di bicicletta*) **4** (*di mazza da golf*) impugnatura; grip. ● **to come to handgrips**, impegnarsi in un combattimento corpo a corpo.

handguard /'hændgɑ:d/, *n.* (*mil.*) **1** guardamano (*di spada*) **2** copricanna (*di fucile*).

handhold /'hændhəʊld/, *n.* **1** appiglio (*per la mano*: *nelle scalate, ecc.*) **2** stretta; presa.

handicap /'hændɪkæp/, *n.* **1** (*med.*) handicap; menomazione (*del corpo o della mente*) **2** (*sport*) vantaggio, abbuono (*di spazio o di tempo, di peso*); handicap **3** (*fig.*) intralcio; ostacolo; svantaggio: **Poverty may be a serious h. to a young man**, la povertà può essere un grave svantaggio per un giovane. ● (*sport*) **h. race**, corsa handicap.

to **handicap** /'hændɪkæp/, *v. t.* **1** (*sport*) assegnare a (*un concorrente*) un handicap (*V.* **handicap**) **2** (*fig*) handicappare; mettere in condizione d'inferiorità (*o* di svantaggio).

handicapped /'hændɪkæpt/, *a.* **1** (*med.*) handicappato; disabile; minorato **2** (*sport*) che ha un handicap **3** (*fig.*) handicappato; svantaggiato. ● (*med.*) **the mentally h.**, gli handicappati mentali □ (*med.*) **the physically h.**, gli handicappati fisici.

handicapper /'hændɪkæpə(r)/, *n.* (*sport*) periziatore; handicapper.

handicraft /'hændɪkrɑ:ft, *USA* -æft/, *n.* **1** lavoro d'artigiano; mestiere; artigianato **2** abilità manuale; capacità d'artigiano; maestria **3** (*pl.*) prodotti fatti a mano; oggetti di piccolo artigianato **4** (*pl.*) piccolo artigianato. ● (*econ., stor.*) **h. economy**, economia artigiana.

handicraftsman /'hændɪkrɑ:ftsmən, *USA* -æf-/, *n.* (*pl.* **handicraftsmen**) artigiano.

handie-talkie /'hændɪtɔ:kɪ/, *n.* (*radio*) ricetrasmittente portatile.

handily /'hændəlɪ/, *avv.* **1** abilmente **2** comodamente **3** facilmente: **to win h.**, vincere facilmente.

handiness /'hændɪnəs/, *n.* **1** maneggevolezza; manovrabilità; praticità d'uso **2** l'esser a portata di mano; comodità **3** abilità; destrezza.

handing down /'hændɪŋ'daʊn/, *n.* **1** il tramandare; trasmissione, passaggio (*V.* **to hand down**) **2** (*leg.*) emissione (*di una sentenza*).

handiwork /'hændɪwɜ:k/, *n.* **1** lavoro fatto a mano; lavoro artigianale **2** (*fig.*) operato; opera: **This is the rebels' h.**, questa è opera dei rivoltosi.

handkerchief /'hæŋkətʃɪf, -tʃi:f/, *n.* (*pl.* **handkerchiefs, handkerchieves**) **1** fazzoletto **2** (*raro*) *V.* **neckerchief**.

handle /'hændl/, *n.* **1** manico; maniglia; manopola; ansa (*d'anfora, vaso, ecc.*): **to carry a bucket by the h.**, portare un secchio per il manico; **the h. of the door**, la maniglia della porta **2** impugnatura (*della spada, ecc.*) **3** (*mecc.*) braccio (*della benna*) **4** (*naut.*) impugnatura del remo; girone **5** (*fig.*) appiglio; occasione; pretesto: **to give a h. to suspicion**, dare appiglio (*o* adito) al sospetto **6** (*fam.*) titolo (*per lo più nobiliare*): **He has a h. to his name**, fregia il suo nome di un titolo nobiliare (*Sir, Lord, ecc.*) **7** (*fam.*) nome; cognome; nomignolo **8** bandolo (*fig.*); soluzione: **to find the h.**, trovare il bandolo. ● (*scherz.*) **the h. of the face**, il naso □ (*fam.*) **to fly off the h.**, andare su tutte le furie □ (*autom., un tempo*) **starting h.**, manovella d'avviamento.

to **handle** /'hændl/, **A** *v. t.* **1** maneggiare; manipolare; toccare (*con le mani*); usare: **to h. a tool**, maneggiare un arnese; **You shouldn't h. the goods with dirty hands**, non dovresti toccare la merce con le mani sporche; **Can you h. a gun?**, sai usare la pistola? **2** trattare; occuparsi di: **A teacher should know how to h. young people**, un insegnante deve sapere come trattare i giovani; **This office handles claims for damages**, questo ufficio s'occupa delle richieste di risarcimento **3** (*comm.*) trattare, commerciare in: **We don't h. this sort of articles**, non trattiamo questo genere di articoli **4** trattare; discutere: **to h. a problem**, trattare un problema. **B** *v. i.* (*mecc.*) rispondere ai comandi; essere (*più o meno*) maneggevole: **This car handles well**, quest'automobile è assai maneggevole. ● (*sport*) **to h. the ball**, toccare la palla con le mani □ (*naut.*) **to h. a ship**, manovrare una nave □ **to h. sb. kindly**, trattare q. gentilmente □ **to h. sb. roughly**, trattar male q.; maltrattare q. □ **to know how to h. dogs**, saperci fare con i cani □ (*su una cassa, ecc.*) **H. with care!**, attenzione – fragile!

handlebars /'hændlbɑ:(r)/, *n. pl.* **1** manubrio (*di bicicletta*) **2** (= **handlebar moustache**) baffi a manubrio.

handler /'hændlə(r)/, *n.* **1** chi maneggia (q.c.); manipolatore **2** (*specialm.*) addestratore (*di cani da difesa, ecc.*).

handless /'hændləs/, *a.* **1** privo delle mani; senza le mani **2** (*fig. raro*) maldestro; goffo.

handline /'hændlaɪn/, *n.* (*pesca*) lenza a mano (*senza la canna*).

handling /'hændlɪŋ/, *n.* **1** maneggio; manipolazione; modo d'impiegare (q.c.) **2** trattamento, discussione (*d'un problema, ecc.*) **3** modo di trattare (q.); trattamento **4** (*naut.*) manovra: **mistake in h.**, errore di manovra **5** (*sport*) mano (*il fallo*) **6** (*comm.*) trasporto interno: **h. costs**, spese di trasporto interno **7** (*trasp.*) movimentazione (*delle merci*) **8** (*aeron.*) handling. ● **firm h.**, fermezza □ **weak h.**, debolezza (*nel trattare con q.*).

handmade /'hænd'meɪd/, *a.* fatto a mano; lavorato a mano.

handmaid /'hændmeɪd/, **handmaiden** /'hændmeɪdn/, *n.* (*arc., salvo al fig.*) serva; ancella.

handout /'hændaʊt/, *n.* **1** elemosina, carità (*fatta a un mendicante*) **2** (*fam.*) comunicato stampa **3** (*fam.*) foglietto pubblicitario; pieghevole; volantino **4** (*econ.*) sovvenzione (*statale*); contributo (*a fondo perduto*) **5** (*market.*) campione gratuito.

handover /'hændəʊvə(r)/, *n.* **1** consegna; passaggio (*delle consegne*): **the h. of a ransom**, la consegna (*o* il pagamento) di un riscatto **2** trasferimento (*di poteri, ecc.*) **3** scambio.

to **handpick** /'hænd'pɪk/, *v. t.* **1** cogliere (*o* raccogliere) a mano **2** (*fig.*) scegliere attentamente; selezionare con cura.

handpicked /'hænd'pɪkt/, *a.* **1** colto a mano **2** (*fig.*) scelto; selezionato.

handpiece /'hændpi:s/, *n.* **1** (*specialm. Austr.*) tosatrice meccanica (*per pecore*) **2** (*telef.*) *V.* **handset**.

hand-press /'hændprɛs/, *n.* (*tipogr.*) **1** (*stor.*) torchio a mano **2** tirabozze.

handpunch /'hændpʌntʃ/, *n.* **1** (*mecc.*) punzonatrice a mano; fustella **2** (*elab.*) perforatore manuale.

handrail /'hændreɪl/, *n.* corrimano; ringhiera.

handsaw /'hændsɔ:/, *n.* (*mecc.*) sega a mano.

handsel /'hænsl/, *n.* **1** strenna, dono augurale **2** (*comm.*) caparra **3** (*fig.*) assaggio (*fig.*); pregustazione.

to **handsel** /'hænsl/, *v. t.* **1** dare una strenna, fare un dono a (q.) (*V.* **handsel**) **2** inaugurare; essere il primo a usare (q.c.).

handset /'hændsɛt/, *n.* (*telef.*) cornetta con microfono; microtelefono.

handshake /'hændʃeɪk/, *n.* stretta di mano. ● **golden h.**, *V. sotto* **golden**.

handshaking /'hændʃeɪkɪŋ/, *n.* **1** lo stringersi la mano; le strette di mano **2** (*elab.*) handshaking; scambio di caratteri di controllo; prova di collegamento.

handsome /'hænsəm/, *a.* **1** (*di uomo*) bello; di belle forme; di bell'aspetto; avvenente: **a h. man**, un bell'uomo **2** (*fig.*) considerevole; notevole; bello; generoso: **a h. present**, un regalo considerevole (*o* ricco); **a h. sum**, una bella somma; una somma considerevole; **a h. fortune**, un bel (*o* un gran) patrimonio; **a h. action**, una bella azione; **a h. price**, un prezzo alto; un bel prezzo; **a h. treatment**, un trattamento generoso; un buon trattamento **3** gentile; cortese **4** (*fam. USA*) abile; bravo. ● **a h. woman**, una donna bella, di una bellezza non solo fisica; una bella figura di donna □ (*pop.*) **to come down h.**, essere largo di mano; essere generoso □ (*prov.*) **H. is that h. does**, quella che conta è la bontà, non la bellezza. || **-ly**, *avv.* || **-ness**, *sost.*

handspike /'hændspaɪk/, *n.* **1** (*anche naut.*) leva; palanchino **2** (*mil.*) maniglia (*di cannone, ecc.*).

handspring /'hændsprɪŋ/, *n.* salto mortale (*fatto appoggiando a terra le mani*).

handstand /'hændstænd/, *n.* (*ginnastica*) verticale sulle mani; antenna.

handwork /'hændwɜ:k/, *n.* lavoro fatto a mano.

handwriting /'hændraɪtɪŋ/, *n.* scrittura; grafia; calligrafia. ● **h. analysis**, analisi della scrittura; grafologia □ **h. consultant**, grafologo □ **h. expert**, perito calligrafo □ **h. test**, esame grafologico.

handwritten /'hændrɪtn/, *a.* scritto a mano.

handy /'hændɪ/, *a.* **1** abile (*di mano*); destro: **A h. man can turn his hand to anything**, un uomo abile di mano sa fare di tutto **2** a portata di mano; sottomano; vicino: **Keep your screwdriver h.**, tieni il cacciavite a portata di mano! **3** comodo; utile: **a h. device**, un dispositivo comodo; un sistema utile **4** maneggevole; maneggiabile; manovrabile: **It's a h. little car**, è una macchinina assai manovrabile **5** (*naut.*: *di bastimento*) manovriero. ● **h.-dandy**, indovina indovinello (*porgendo i pugni serrati, di cui uno contiene un oggetto, o rotandoli*); mano rota (*tosc.*) (*gioco infantile*) □ **to come in h.**, rivelarsi (*o* essere, diventare) utile: **Don't get rid of this old knife**: **it may come in h.**, non gettar via questo vecchio coltello, può rivelarsi utile.

Handybank /'hændɪbæŋk/, *n.* (*fin., in G.B.*) agenzia della Banca Cooperativa (*sportello di supermarket*).

handyman /'hændɪmæn/, *n.* (*pl.* **handymen**) **1** uomo che sa fare di tutto; uomo tuttofare **2** (*ind.*) operaio che sa fare più lavori.

hang /hæŋ/, *n.* **1** modo d'esser drappeggiato,

di cadere (*di stoffe, vestiti e sim.*); «drop»: **the h. of a dress**, il modo nel quale cade (*o* il «drop») d'un vestito da donna *2* (*fam.*) significato; senso; uso *3* (*fam.*) abilità; destrezza: **to have the h. of it**, capirci; saperci fare. ● (*fam.*) **to get the h. of st.**, imparare a usare q.c.; farsi un'idea di come funziona q.c. □ **I can't get the h. of it**, non ci capisco niente; non ci riesco proprio □ (*fam.*) **I don't care a h. about it**, non me ne importa un fico (secco).

to **hang** /hæŋ/ (*pass.* e *p. p.* **hung**, *ma* **hanged** *nel senso di impiccare*), **A** *v. t.* *1* appendere; sospendere; attaccare; stendere (*ad asciugare*): **H. your raincoat (up) on the hall-tree**, appendi il tuo impermeabile all'attaccapanni!; **I'll h. the washing out in the terrace**, stenderò la biancheria nella terrazza; **to h. wallpaper**, attaccare carta da parati; **Let's h. the curtains**, attacchiamo le tendine! *2* decorare di; ornare con: **The hall was hung with flags**, la sala era ornata (*o* pavesata) di bandiere *3* collocare, mettere, porre, montare (*su cardini e sim.*): **A door is hung on hinges so that it can swing**, le porte si montano su cardini affinché possano girare *4* appendere (*carne, ecc.*) a essiccare; appendere (*selvaggina*) a frollare: **hung beef**, carne di manzo essiccata *5* impiccare: **The murderer was hanged**, l'assassino fu impiccato *6* (*arte*) esporre (*quadri e sim.*) *7* affibbiare, appioppare (*un soprannome, ecc.*). **B** *v. i.* *1* pendere; penzolare; essere appeso (*o* attaccato); star sospeso; **The greyhound's tongue was hanging out**, il levriero aveva la lingua di fuori (*o* penzoloni); **The boy was hanging on a rope**, il ragazzo era attaccato a una corda *2* essere collocato, girare (*su cardini e sim.*) *3* (*di decisione, ecc.*: *specialm.* **to h. in the balance**) essere in sospeso; pendere (*fig.*); essere incerto *4* (*fig.*) indugiare, trattenersi; permanere, persistere; rimanere sospeso: **The smell of soup hung in the room**, l'odore della zuppa persisteva nella stanza; **The hawk hung in the air**, il falco restava sospeso (*o* immobile) nell'aria *5* (*di un quadro*) essere esposto *6* (*d'abito*) cadere (*bene, male, ecc.*) *7* morire impiccato; finire sulla forca. **C** to **hang oneself**, *v. rifl.* impiccarsi. ● **to h. fire**, (*d'arma da fuoco*) sparare in ritardo, far cilecca; (*fig.*) rinviare, procrastinare □ **to h. one's head**, abbassare la testa, stare a capo chino (*per la vergogna*) □ (*del tempo*) **to h. heavy**, passare lentamente □ (*di stoffa, ecc.*) **to h. in folds**, ricadere in pieghe □ (*fam.*) **to h. in there**, restare al proprio posto; resistere; tener duro □ (*fam.*) **to let things go h.**, lasciare che le cose vadano per il loro verso □ **H. it (all)!**, accidenti!; maledizione!; al diavolo! □ (*volg.*) **Go h.!**, impiccati! □ **I'll be hanged if I know!**, possa essere impiccato se lo so!

♦**hang about**, *v.i.* + *avv.* (*o prep.*) *1* bighellonare; ciondolare; dondolarsi; gingillarsi *2* indugiare; stare in attesa (*di q.*) *3* stare intorno a (q.); attorniare; circondarsi di (*amici, ecc.*) *4* (*di un pericolo, ecc.*) incombere su; minacciare *5* (*di una malattia*) essere allo stato latente; covare (*fig.*) □ **to h. about sb.**, ronzare intorno a q. □ **to h. about discos**, bazzicare le discoteche □ **H. about!**, stai qui!; non allontanarti!

♦**hang around**, *V.* **hang about**.

♦**hang back**, *v. i.* + *avv.* *1* restare indietro; trattenersi indietro *2* trattenersi (*prima di rispondere*); esitare *3* tirarsi indietro (*per paura, ecc.*) □ **to h. back from**, rifuggire da, rifiutarsi di (*fare q.c.*).

♦**hang behind**, *v. i.* + *avv.* restare (*o* trattenersi) indietro; attardarsi.

♦**hang by**, *v. i.* + *prep.* *1* essere appeso a: **to h. by a hair** (*o* **a thread**), essere appeso a un filo (*in senso proprio e fig.*) *2* restare appeso con (*le mani, le dita, ecc.*) □ **to h. by the neck until sb. is dead**, essere appeso per il collo finché morte non sopravvenga.

♦**hang off**, *V.* **hang back**.

♦**hang on**, **A** *v. i.* + *avv.* *1* rimanere appeso; (*di uno scalatore*) restare in parete *2* (*di un raffreddore, ecc.*) durare *3* (*fam.*) continuare (*a fare q.c.*); perseverare; tener duro (*fam.*): **H. on a little longer**, tieni duro ancora un po'! *4* (*fam.*) aspettare; trattenersi: **H. on a minute!**, aspetta un attimo!; **I'll h. on ten minutes to meet her**, mi tratterrò dieci minuti per incontrarmi con lei *5* (*fam., telef.*) restare in linea: **H. on, please!**, resti in linea, la prego! **B** *v. i.* + *prep.* *1* stare attaccato, aggrapparsi a: **to h. on sb.'s arm**, stare attaccato al braccio di q.; **to h. on a cable**, aggrapparsi a un cavo *2* tenere stretto: **Will you h. on this end of the rope until I've fastened it?**, vuoi tenere stretto questo capo della fune finché non l'ho fissata? *3* pendere da (*fig.*): **to h. on sb.'s lips** (*o* **words**), pendere dalle labbra di q.; ascoltare q. con attenzione *4* dipendere da: **The survival of the tribe hung on the maize crop**, la sopravvivenza della tribù dipendeva dal raccolto del granturco *5* (*fam.*) stare attaccato a (*o* alle sottane di): **The little child hangs on his mother all day long**, il bimbo sta attaccato alle sottane della mamma tutto il santo giorno □ (*fam. USA*) **to h. one on sb.**, assestare un colpo (*o* un pugno) a q. □ **Time hangs on his hands**, per lui il tempo non passa mai.

♦**hang onto**, *v. i.* + *prep.* *1* tenersi stretto (*o* aggrappato) a; aggrapparsi a: **to h. onto sb.'s arm**, tenersi stretto al braccio di q.; (*di uno scalatore*) **to h. onto a difficult face**, stare aggrappato a una parete difficile *2* tenere stretto: **It was so windy that I had to h. onto my umbrella with all my strength**, il vento tirava così forte che dovevo tenere stretto l'ombrello con tutta la forza *3* (*fig. fam.*) stare attaccato (*o* appiccicato) a (q.) *4* aggrapparsi a (*fig.*); poter contare, fare affidamento su (q. *o* q.c.); **The old lady has only her faith to h. onto**, la vecchia signora ha solo la fede cui aggrapparsi *5* (*fam.*) tenersi stretto; non cedere, non vendere: **I advise you to h. onto your plot of land, especially in these difficult times of ours**, ti consiglio di tenerti stretto il tuo poderino, specialmente in questi momenti difficili.

♦**hang out**, **A** *v. i.* + *avv.* *1* sporgersi: **Don't h. out of the window!**, non sporgerti dal finestrino! *2* (*fam.*) tener duro; resistere *3* (*fam.*) durare: **We managed to make our provisions h. out throughout the winter**, riuscimmo a far durare le provviste tutto l'inverno *4* (*fam.*) abitare; stare; trovarsi di solito: **Where does he h. out?**, dov'è il suo recapito?; dove bazzica di solito?; **He hangs out at the «White Hart»**, il «Cervo Bianco» è il suo ritrovo abituale. **B** *v. i.* + *prep.* *1* appendere (*un'insegna, ecc.*); mettere fuori; issare, esporre (*bandiere, ecc.*); stendere (*la biancheria*) *2* sporgere (fuori) □ (*pop.*) **to let it all h. out**, vuotare il sacco (*fig.*); spifferare tutto; (*arc.*) fare il proprio comodo.

♦**hang over**, **A** *v. i.* + *avv.* *1* sporgere *2* restare in sospeso; essere incompiuto: **Our plans are hanging over**, i nostri progetti restano in sospeso *3* perdurare; sopravvivere: **This old custom still hangs over**, questa vecchia usanza sopravvive ancora. **B** *v. i.* + *prep.* *1* appendere (q.c.) su; attaccare (q.c.) a *2* (*di un indumento, ecc.*) essere appeso a *3* (*dei capelli*) scendere su (*il collo, le spalle, ecc.*) *4* (*della nebbia, ecc.*) avvolgere; avviluppare: **A thick fog was hanging over the motorway**, una fitta nebbia avvolgeva l'autostrada *5* (*fig.*) incombere, pesare su: **The danger of atomic war was hanging over mankind**, il pericolo di una guerra atomica incombeva sull'umanità.

♦**hang round**, *V.* **hang about**.

♦**hang together**, *v. i.* + *avv.* *1* (*di quadri, ecc.*) essere appesi uno accanto all'altro *2* (*di criminali*) essere impiccati insieme *3* (*di persone*) restare uniti *4* (*di un oggetto*) restare compatto; stare insieme (*fam.*): **This old car of yours hangs together with bits of string**, questa tua vecchia auto sta insieme con il cordone! *5* (*fig. fam.*) essere coerente (*o* ben congegnato); filare (*fig.*); stare in piedi (*fig.*): **The evidence he gave didn't h. together**, la sua testimonianza non stava in piedi; **His story hangs together well**, il suo racconto è congegnato bene (*o* fila).

♦**hang up**, **A** *v. t.* + *avv.* *1* appendere; attaccare: **H. up your coat!**, appendi il cappotto! *2* (*fam.*; *di solito, al passivo*) rimandare; rinviare; sospendere: **The trade negotiations have been hung up**, i negoziati commerciali sono stati rinviati *3* (*fam. Austr.*) attaccare, legare (*il cavallo*). **B** *v. i.* + *avv.* *1* (*telef.*) mettere giù (il ricevitore); riattaccare; **Don't h. up!**, non riattaccare! *2* (*elab.*: *di un computer*) arrestarsi improvvisamente □ (*fig. fam.*) **to h. up one's hat**, attaccare il cappello a un chiodo; smettere di lavorare; cessare l'attività □ **to h. up on sb.**, stare addosso a q. (*che lavora, studia, ecc.*; *disturbandolo*); (*telef.*) sbattere giù il telefono a q.; riattaccare.

♦**hang upon**, *v. i.* + *prep.* *V.* **hang on, B**.

♦**hang with**, *v. i.* + *prep.* (*di solito, al passivo*) ricoprire; ornare; decorare: **The walls of the drawing room were hung with lots of pictures**, le pareti del salotto erano ricoperte di quadri.

hangar /ˈhæŋə(r)/, *n.* (*aeron.*) aviorimessa; hangar.

hangdog /ˈhæŋdɒg, *USA* -dɔːg/, **A** *a. attr.* *1* avvilito; abbattuto *2* vergognoso; da colpevole; furtivo. **B** *n.* individuo spregevole. ● **a h. look**, un'aria da cane bastonato.

hanger (1) /ˈhæŋə(r)/, *n.* *1* (*nei composti*) chi appende; chi attacca: **paper h.**, tappezziere (*che attacca carta da parati*) *2* gancio, uncino; catena (*del camino*): **coat h.**, attaccapanni; ometto; gruccia *3* (*stor.*) daga; spadino *4* anello (*di catena, ecc.*) con attaccato q.c. *5* segno di scrittura doppiamente ricurvo *6* (*mecc.*) asta di sospensione *7* (*elettr., telef.*) pendino. ● **h.-on**, seguace; (*specialm.*) tirapiedi (*fig.*); parassita.

hanger (2) /ˈhæŋə(r)/, *n.* bosco sul ripido pendio d'un monte.

hangfire /ˈhæŋfaɪə(r)/, *n.* (*tecn., mil.*) ritardo d'accensione.

to **hang-glide** /ˈhæŋglaɪd/, *v. i.* (*sport*) volare con il deltaplano.

hang-glider /ˈhæŋglaɪdə(r)/, *n.* (*sport*) *1* deltaplano *2* deltaplanista.

hang-gliding /ˈhæŋglaɪdɪŋ/, *n.* (*sport*) volo con il deltaplano.

hanging (1) /ˈhæŋɪŋ/, *n.* *1* l'appendere; l'attaccare *2* impiccagione *3* (*pl.*) tendaggi; tende; arazzi; (= **wall hangings**) carta da parati *4* (*comm., collett.*) tendaggi. ● **a h. committee**, una commissione che decide la collocazione dei quadri in una mostra □ **a h. matter**, un crimine da forca; un delitto da punire con l'impiccagione □ **the h. tree**, l'albero degli impiccati.

hanging (2) /ˈhæŋɪŋ/, *a.* *1* sospeso; pendente; pensile: **a h. bridge**, un ponte sospeso; **a h. garden**, un giardino pensile *2* sporgente: **h. cliffs**, scogliere sporgenti *3* (*leg.*: *di reato*) passibile di morte per impiccagione. ● **h. cupboard**, pensile (*mobile*) □ (*geogr.*) **h. glacier**, ghiacciaio pensile; vedretta □ (*edil.*) **h. gutter**, grondaia □ **a h. judge**, (*fig.*) un giudice assai duro; (*un tempo*) un giudice che condanna molta gente all'impiccagione □ **h. lamp**, lampada sospesa al soffitto □ (*geogr.*) **h. valley**, valle pensile □ (*geol.*) **h. wall**, muro di faglia.

hangman /ˈhæŋmən/, *n.* (*pl.* **hangmen**) boia; carnefice.

hangnail /ˈhæŋneɪl/, *n.* (*med.*) pipita.

hangout /ˈhæŋaʊt/, *n.* (*fam.*) (luogo di) ritrovo abituale: **a teenagers' h.**, un ritrovo di adolescenti.

hangover /ˈhæŋəʊvə(r)/, *n.* (*fam.*) *1* mal di

testa dopo una bevuta; postumi di una sbornia; doposbronza (*fam.*) **2** (*fig.*) conseguenze spiacevoli; strascico **3** (*TV*) persistenza; trascinamento. ● **love h.**, postumi dell'innamoramento; delusione amorosa.

hangup /ˈhæŋʌp/, *n.* **1** (*elab.*) arresto improvviso **2** (*pop.*) problema (*sentimentale, psicologico, ecc.*); difficoltà; fobia; mania; fissazione.

hangwire /ˈhæŋwaɪə(r)/, *n.* (*mil.*) funicella a strappo (*di paracadute, ecc.*).

hank /hæŋk/, *n.* **1** matassa **2** (*ind. tess.*) matassa di lana (*di 560 iarde, pari a circa 512 metri*) **3** (*ind. tess.*) matassa di cotone (*di 840 iarde, pari a circa 768 metri*) **4** (*naut.*) canestrello (*di ferro o di legno*); moschettone.

to **hanker** /ˈhæŋkə(r)/, *v. i.* – **to h. after** (*o* **for**), agognare; bramare; desiderare ardentemente: **to h. after fame**, bramare la celebrità.

hankering /ˈhæŋkərɪŋ/, *n.* brama; bramosia; desiderio ardente; gran bisogno: **to h. after friendship**, avere un gran bisogno di amicizia.

hankie, hanky /ˈhæŋkɪ/, *n.* (*fam.*) fazzoletto.

hanky-panky /ˈhæŋkɪˈpæŋkɪ/, *n.* (*fam.*) **1** gioco di prestigio **2** affare illegale; imbroglio; trucco; scherzo da prete (*fam.*) **3** rapporto sessuale illecito; adulterio.

Hannibal /ˈhænəbl/, *n.* (*stor.*) Annibale.

Hanover /ˈhænəʊvə(r)/, *n.* (*geogr.*) Hannover (*provincia e città tedesche*). ● (*stor.*) **the House of H.**, la casa di Hannover (*da Giorgio I alla regina Vittoria*).

Hanoverian /hænəˈvɪərɪən/, **A** *a.* **1** di Hannover **2** (*stor.*) della casa di Hannover; hannoveriano. **B** *n.* (*stor.*) **1** membro della casa di Hannover **2** seguace della casa di Hannover.

Hansard /ˈhænsɑːd/, *n.* resoconto quotidiano degli atti del parlamento britannico (*dal nome del primo compilatore e tipografo*).

Hanse /hæns/, *n.* (*stor.*) Hansa; Lega anseatica.

Hanseatic /hænsɪˈætɪk/, *a.* (*stor.*) anseatico: **the H. league**, la lega anseatica.

hansel, to **hansel** /ˈhænsl/, *V.* **handsel, to handsel**.

hansom /ˈhænsəm/, *n.* (= **h. cab**) carrozzella a due ruote, con la serpa del cocchiere a tergo.

hap /hæp/, *n.* (*arc.*) **1** caso; sorte; ventura: **by good h.**, per buona sorte **2** (*pl.*) avvenimenti fortuiti; accidenti.

to **hap** /hæp/, *v. i.* (*arc.*) accadere per caso; capitare.

hapax /ˈhæpæks/, *n.* (*ling.*) hapax.

ha'penny /ˈheɪpnɪ/, *V.* **halfpenny**.

haphazard /hæpˈhæzəd/, **A** *n.* accidente; caso: **at** (*o* **by**) **h.**, per caso. **B** *a.* **1** accidentale; casuale; fortuito **2** fatto a casaccio (*o* alla carlona). **C** *avv. V.* **haphazardly**.

haphazardly /hæpˈhæzədlɪ/, *avv.* **1** accidentalmente; casualmente **2** a casaccio; alla carlona.

hapless /ˈhæpləs/, *a.* (*lett.*) sfortunato; sventurato; infelice.

haploid /ˈhæplɔɪd/, *a.* (*biol.*) aploide.

haplology /hæpˈlɒlədʒɪ/, *n.* (*ling.*) aplologia.

haply /ˈhæplɪ/, *avv.* (*lett.*) **1** accidentalmente; per caso **2** forse.

ha'p'orth /ˈheɪpəθ/, *n.* **1** (*contraz. fam.*) *V.* **halfpennyworth** **2** (*fig.*) briciolo: **a h. of love**, un briciolo d'amore.

to **happen** /ˈhæpən/, *v. i.* **1** accadere; avvenire; capitare; succedere; darsi il caso: **What happened?**, che cosa accadde?; **What happened to him?**, che cosa gli è successo; (*anche*) che ne è stato di lui?; **If anything should h. to me...**, se mi dovesse succedere qualcosa...; **It so happened that I had** (*o* **I happened to have**) **no friends in that town**, si dava il caso che non avessi amici in quella città **2** avere la buona sorte (*o* la fortuna) di: **He happens to be the manager's son**, ha la fortuna d'essere il figlio del direttore. ● (*fam.*) **to h. by** (*o* **past, along**), passare per caso da (*un posto*) □ **to h. on** (*o* **upon**) **sb.** [**st.**], incontrare (*o* trovare) q. [q.c.] per caso □ **If you h. to be in Rome next week, ring me up**, se capiti a Roma la settimana prossima, telefonami □ **H. what may**, accada quel che può; sia quel che sia □ **Accidents will h.**, può succedere! □ **A man happened to pass there**, un uomo passava di là per caso □ **As it happens, I've left the book at home**, si dà il caso che abbia lasciato il libro a casa.

happening /ˈhæpənɪŋ/, **A** *n.* **1** (*di solito al pl.*) avvenimento; evento **2** (*arte, teatr.*) happening (*rappresentazione collettiva improvvisata*). **B** *a. attr.* (*pop. USA*) **1** vivace; brioso **2** elegante; alla moda.

happenstance /ˈhæpənstəns/, *n.* (*USA*) **1** caso; fortuna **2** evento casuale.

happily /ˈhæpəlɪ/, *avv.* **1** felicemente: **h. married**, felicemente sposato **2** lietamente: **to smile h.**, sorridere lietamente **3** per fortuna; fortunatamente.

happiness /ˈhæpɪnəs/, *n.* felicità; contentezza; gioia; lietezza.

happy /ˈhæpɪ/, *a.* **1** felice; contento; lieto; fortunato: **a h. marriage**, un matrimonio felice, fortunato; **I shall be h. to see you again**, sarò lieto di rivederti; **a h. idea**, un'idea felice; una buona idea; **a h. suggestion**, un felice suggerimento **2** (*fam.*) brillo; alticcio; su di giri (*pop.*) **3** (*nei composti*) amante di; fanatico; patito; pronto a: **publicity-h.**, amante della pubblicità; **soccer-h.**, fanatico del gioco del calcio; **motorbike-h.**, patito della motocicletta; **trigger-h.**, pronto a sparare, che ha il grilletto facile; (*fig.*) che tende a reagire affrettatamente, senza riflettere. ● **to be h. about st.**, essere contento (*o* soddisfatto) di q.c. □ (*fig.*) **h. dispatch**, harakiri □ **h. event**, felice evento (*la nascita di un bimbo*) □ **h.-go-lucky**, che prende il mondo come viene; spensierato □ (*fam.*) **h. hour**, periodo in cui le bevande (*al bar, ecc.*) costano meno (e gli stuzzichini sono offerti gratis); l'ora dell'aperitivo □ **h. medium**, aurea mediocrità □ **A h. New Year!**, buon anno! □ **to be as h. as a king** (*o* **as the day is long**), essere felice come una Pasqua □ (*come esortazione a soldati, poliziotti, e sim.*) **We h. few...**, noi che siamo in pochi, e felici di esserlo (*dall'«Enrico V» di W. Shakespeare*); pochi ma buoni!

Hapsburg /ˈhæpsbɜːg/, *n.* (*stor.*) Asburgo.

hara-kiri /ˈhærəˈkɪrɪ, *USA* ˈhɑː-/ (*giapponese*), *n.* harakiri; karakiri. ● (*fin., fam. USA*) **h. swap**, operazione di scambio di valute in perdita.

harangue /həˈræŋ/, *n.* arringa; tirata; sproloquio.

to **harangue** /həˈræŋ/, **A** *v. t.* arringare. **B** *v. i.* fare un'arringa.

haranguer /həˈræŋə(r)/, *n.* arringatore, arringatrice.

to **harass** /ˈhærəs, *USA* həˈræs/, *v. t.* **1** molestare; tormentare; turbare; infastidire; vessare: **The pioneers were harassed by the Apaches**, i pionieri erano molestati dagli Apaches; **He is harassed by poverty**, è tormentato dalla miseria **2** (*mil.*) impegnare (*il nemico*) con ripetuti attacchi.

harassing /ˈhærəsɪŋ/, *a.* molesto; fastidioso; seccante. ● (*mil.*) **h. fire**, fuoco di disturbo.

harassment /ˈhærəsmənt, *USA* həˈræsmənt/, *n.* **1** molestia; tormento; fastidio; vessazione **2** (*mil.*) impegno continuo; attacchi ripetuti. ● (*leg.*) **sexual h.**, molestie sessuali.

harbinger /ˈhɑːbɪndʒə(r)/, *n.* **1** annunciatore; araldo; messaggero **2** (*un tempo*) precursore (*d'un sovrano*) **3** (*mil.*) foriero d'alloggiamento. ● **black clouds, harbingers of the storm**, nubi nere, foriere di tempesta.

to **harbinger** /ˈhɑːbɪndʒə(r)/, *v. t.* annunciare l'arrivo di; preannunciare; esser foriero di.

harbour, (*USA*) **harbor** /ˈhɑːbə(r)/, *n.* **1** (*naut.*) porto: **a natural h.**, un porto naturale; **an artificial h.**, un porto artificiale **2** (*fig.*) porto; asilo; rifugio **3** (*di un selvatico*) tana. ● **h. basin**, bacino del porto □ **h. channel**, canale portuale □ **h. dues**, diritti portuali □ **h. engineering**, ingegneria portuale □ **h. master**, capitano di porto □ **h. office**, capitaneria di porto □ **h. utility craft**, naviglio di uso locale □ **h. workers**, (lavoratori) portuali □ **outer h.**, avamporto □ **river h.**, porto fluviale.

to **harbour,** (*USA*) to **harbor** /ˈhɑːbə(r)/, **A** *v. t.* **1** albergare; alloggiare; ospitare **2** dar ricetto a; proteggere: **to h. a criminal**, dar ricetto a un criminale **3** (*fig.*) covare, nutrire (*fig.*): **to h. a grudge**, nutrire rancore. **B** *v. i.* **1** (*naut.*) entrare in porto; gettare l'ancora (in un porto) **2** (*fig.*) rifugiarsi; trovare asilo.

harbourage, (*USA*) **harborage** /ˈhɑːbərɪdʒ/, *n.* **1** (*naut.*) ancoraggio; porto; rada **2** (*fig.*) porto; asilo; rifugio.

hard /hɑːd/, **A** *a.* **1** duro; solido; sodo: **as h. as steel**, duro come l'acciaio; **to sit on a h. bench**, essere seduto su una dura panca; **h. soil**, terreno duro (*o* solido) **2** arduo; difficile; ostico; duro (*lett.*): **h. questions**, domande difficili; **a h. decision**, una decisione difficile; **h. words**, parole difficili; **a h. task**, un compito arduo; un duro compito; **a h. case**, un caso difficile (*da trattare*) **3** duro; gravoso; faticoso: **a h. job**, un lavoro faticoso; **days of h. work**, giorni di duro lavoro **4** forte; energico; violento: **a h. push**, una forte spinta; un violento spintone **5** forte; grande; accanito, ostinato, tenace: **a h. drinker**, un forte bevitore; **a h. worker**, un gran lavoratore; un lavoratore indefesso; **a h. smoker**, un fumatore accanito **6** duro; difficile; pieno di guai: **h. life**, vita dura; **h. times**, tempi difficili; (*di un prodotto*) **h. to sell**, difficile a vendersi **7** duro; rigido; severo: **He's a h. man**, è un uomo duro; **a h. father**, un padre severo **8** duro; aspro; brusco; sgarbato: **h. words**, parole dure (*o* aspre); **h. manners**, modi bruschi (*o* sgarbati) **9** duro; inclemente; rigido: **a very h. winter**, un inverno assai duro (*o* molto rigido) **10** duro; crudele; insensibile: **a man with a h. heart**, un uomo dal cuore duro **11** duro; rigido; sgraziato: **h. features**, lineamenti duri **12** duro; aspro; sgradevole; brutto: **a h. voice**, una voce dura (*o* aspra); **a h. story**, una storia sgradevole; una brutta storia **13** fermo; deciso; secco: **a h. decision**, una ferma decisione; **a h. denial**, un secco diniego **14** forte; resistente; robusto: **a h. breed of man**, un uomo di razza forte **15** concreto; effettivo; reale: (*leg.*) **h. evidence**, prove concrete **16** (*agric., chim., fon.*) duro: **h. wheat**, grano duro; **h. water**, acqua dura; **The letter «g» is h. in «go»**, la lettera «g» è dura in «go» **17** (*ind. tess.*) liscio; rasato **18** (*fin.*) alto; sostenuto: **h. prices**, prezzi sostenuti **19** (*fin.*) forte; pregiato; solido; sostenuto: **h. currency**, moneta forte; valuta pregiata; (*anche*) moneta metallica; **a h. pound**, una sterlina sostenuta (*o* forte) **20** (*di colore*) forte; vivace **21** (*di un nodo, ecc.*) stretto **22** (*di droga*) pesante **23** (*chim.*) persistente; non biodegradabile: **h. detergent**, detergente non biodegradabile **24** (*elettr.*) a vuoto spinto; ad alto vuoto: **h. tube**, tubo ad alto vuoto. **B** *avv.* **1** energicamente; forte, violentemente: **It was raining h.**, pioveva forte (*o* a dirotto); **He was pushing h.**, spingeva energicamente; **I hit him h.**, lo colpii violentemente (*o* duro) **2** accanitamente; molto; sodo; troppo: **to fight h.**, battersi accanitamente; **to study h.**, studiare molto; **to work h.**, lavorare sodo; **to drink h.**, bere troppo **3** attentamente; intensamente: **to listen h. to sb.**, ascoltare attentamente q.; **to look h. at st.**, guardare intensamente q.c.; **to think h.**, pensare intensamente; riflettere profondamente **4** fissamente; fisso: **to look** (*o* **to gaze, to stare**) **h. at sb.**, guardare fisso q. **5** duramente; gravemente; seriamente: **I was h. hit by the slump**, fui duramente colpito dalla recessione **6** con difficoltà; a fatica: **to breath h.**, respirare a fatica **7** da presso; da vicino: **to follow h. after** (*o* **behind**) **sb.**, seguire q. da presso (*o* da vicino). **C** *n.* **1** (*naut.*) approdo dal fondo solido *2* strada rialzata (*dal fondo solido*); sentiero solido (*attraverso una palude*) *3* (*pop.*) lavori forzati *4* (*volg., di solito,* **h.-on**) erezione (*del pene*). ● **h. alcohol**, alcol forte □ **h.-and-fast**, categorico, inderogabile, ferreo, rigido: **h.-and-fast rules**, regole ferree □ (*naut.*) **H. aport!**, tutto a sinistra! □ (*volg. USA*) **a h.-ass**, un tipo deciso, sbrigativo; un duro □ (*volg. USA*) **h.-assed**, duro; deciso; sbrigativo □ **to be h. at it**, darci sotto; lavorare sodo □ **h.-baked**, troppo cotto, duro (*per eccesso di cottura*); (*fig. fam.*) duro, insensibile □ (*naut.*) **h. beach**, testa di spiaggia □ **h.-bitten**, (*d'animale*) che non lascia la presa (*mordendo*); (*fig.*) caparbio, ostinato; agguerrito, temprato; duro, indurito, insensibile □ **h.-boiled**, (*d'uovo*) sodo; (*fig.*) duro, indurito, incallito, cinico; (*fam.*) concreto, pratico; (*di un film., ecc.*) giallo, con scene di violenza □ **h.-bought**, acquistato (*fig.*: conseguito, ottenuto) a caro prezzo □ **h. by**, proprio vicino; vicinissimo (a) □ (*fin.*) **h. cash**, denaro liquido; liquido (*fam.*); denaro contante; contanti: **to demand h. cash**, voler essere pagato in contanti □ **h. coal**, antracite □ (*elab.*) **h. copy**, copia hard; copia a stampa □ **h. core**, massicciata (*di strada*); (*fig.*) nucleo intransigente (*di un gruppo*); (*polit.*) zoccolo duro (*fig.*) □ **h.-core**, intransigente: **h.-core opposition**, opposizione intransigente □ **a h.-core film**, un film hard-core; un film pornografico spinto (*con scene di sesso non simulato*) □ (*econ.*) **h.-core unemployment**, disoccupazione cronica □ (*tennis*) **h. court**, campo in terra battuta (*o* di cemento, ecc.) □ (*sport*) **h.-court**, (giocato) su campo in terra battuta □ **to be h. done by**, essere trattato male, in modo ingiusto □ **h. drink**, bevanda forte; superalcolico □ **h. drinking**, eccesso nel bere; alcolismo □ **h. drug**, droga pesante □ **h.-earned**, guadagnato con grande fatica (*o* col sudore della fronte) □ **the h. facts**, i fatti incontrovertibili; la realtà nuda e cruda (*fam.*) □ **h.-favoured** (*o* **h.-featured**), dai lineamenti duri; tagliato con l'accetta (*fig.*) □ **h. feelings**, inimicizia; rancore: **No h. feelings!**, senza rancore!; amici come prima!; non me ne vorrai, spero! □ **h.-fisted**, dalle mani forti; (*fig.*) duro, severo; (*anche*) avaro, spilorcio, tirchio □ **h. freeze**, gelo duro □ **h. frost**, gelo nero □ (*econ.*) **h. goods**, beni di consumo durevoli □ **h.-handed**, dalle mani incallite (*o* callose); (*fig.*) duro, severo, rigido □ **h. hat**, (*ingl.*) cappello duro, bombetta; (*USA*) elmetto da edile; elmetto protettivo □ (*fig.*) **to have a h. head**, avere la testa dura; essere cocciuto □ **h.-headed**, pratico, realista; accorto, avveduto; (*USA*) caparbio, ostinato, testardo □ **h.-hearted**, dal cuore duro; insensibile; crudele, spietato □ **h.-heartedness**, insensibilità; crudeltà, spietatezza □ **h.-hit**, picchiato duramente; (*fig.*) molto colpito □ (*boxe*) **a h.-hitter**, un picchiatore □ **h.-hitting**, che picchia sodo (*o* duro); (*fig.*) energico, vigoroso, incisivo □ (*metall.*) **h. iron**, ferro magnetizzabile □ (*leg.*) **h. labour**, lavori forzati (*aboliti in G.B. nel 1948*) □ (*di corda, ecc.*) **h.-laid**, strettamente intrecciato □ (*miss.*) **h. landing**, allunaggio duro □ (*metall.*) **h. lead**, piombo duro (*o* all'antimonio) □ (*polit.*) **the h. left**, l'estrema sinistra □ (*anche polit.*) **h. line**, linea dura: **to take a h. line**, seguire la linea dura; non fare concessioni □ **h.-line**, duro, inflessibile, rigido, intransigente: **a h.-line policy**, una politica intransigente □ **h.-liner**, chi segue la linea dura; (un) intransigente (*fam.*) □ (*fam.*) **h. lines,** *V.* **h. luck** □ **h. liquor,** *V.* **h. drink** □ **h. luck**, sfortuna, malasorte; disdetta, scalogna (*fam.*): **H. luck!**, che disdetta!; peccato! □ (*fam.*) **a h.-luck story**, una storia pietosa; un racconto lacrimevole (*o* strappalacrime, *fam.*) □ (*fin.*) **h. money**, moneta metallica; (*anche*) *V.* **h. currency, A**, *def. 19* □ **h.-mouthed**, (*di cavallo*) ribelle al morso; (*fig.*) indisciplinato, ribelle; testardo, ostinato □ (*fam.*) **h.-nosed**, *V.* **h.-bitten, h.-headed** □ (*fam.*) **a h. nut to crack**, un osso duro (*fig.*); un problema difficile; un tipo intrattabile □ **h. of hearing**, duro d'orecchi □ **h. on**, (*avv.*) *V.* **h. upon** □ (*volg.*) **h.-on**, erezione (*del pene*): **to get** (*o* **to have**) **a h.-on**, drizzare (*volg.*); (*pop.*) **to have a h.-on for st.**, fare una passione per q.c.; avere la fregola di q.c. (*fig.*): **He has a h.-on for politics**, ha la fregola della politica □ **to be h. on**, (*di persona*) essere duro (*o* scortese, sgarbato, severo) con (q.); (*di persona*) logorare in fretta, maltrattare (*abiti, scarpe, ecc.*); (*di cosa*) essere dannoso, fare male a: **Don't be too h. on your son**, non essere troppo duro (*o* severo) con tuo figlio!; **Reading by candlelight is h. on the eye**, leggere con la candela fa male agli occhi □ **to be h. on sb.'s heels**, essere alle calcagna di q. □ (*anat.*) **h. palate**, palato duro □ **h.-pressed**, oberato, sovraccarico; in difficoltà, alle strette □ **to be h.-pressed for money**, essere in difficoltà finanziarie □ **to be h. put (to it) to do st.**, trovarsi in imbarazzo (*o* in difficoltà) a fare q.c. □ (*ind.*) **h. rubber**, ebanite □ (*market.*) **h.-sell**, metodi di vendita con cui s'impone un prodotto al cliente □ (*market.*) **h. selling**, tecnica di vendita aggressiva □ **h.-set**, fermo, fisso, ben saldo; (*di cemento, ecc.*) indurito; (*fig.*: *di lineamenti*) duro, rigido; (*di persona*) caparbio, ostinato; in imbarazzo, in difficoltà □ **h.-shell**, *V.* **hard-shell** □ (*autom.*) **h. shoulder**, corsia d'emergenza (*d'autostrada*) □ (*mil., miss.*) **h. site**, rampa di lancio protetta □ (*di carta*) **h.-sized**, parzialmente impermeabilizzata □ **h. sleep**, sonno duro (*o* profondo) □ (*metall.*) **h. solder**, lega per brasatura (*o* per saldatura forte) □ (*naut.*) **H. starboard!**, tutto a dritta! □ (*fam.*) **the h. stuff**, i superalcolici; (*anche*) la droga pesante □ **h. tack**, galletta □ **to be h. to please**, essere difficile da contentare; essere esigente (*o* di difficile contentatura) □ **h.-to-reach**, difficile da raggiungere; di difficile accesso □ (*autom.*) **h. top**, hard top; tettuccio rigido; tettuccio amovibile □ **to be h. up**, essere a corto di quattrini; essere al verde; essere messo male a donne (*o* a uomini); essere brillo □ **to be h. up for**, essere a corto di, essere giù a (*fam.*): **I'm h. up for ideas**, sono a corto d'idee; **I'm h. up for shoes**, sono giù a scarpe □ (*lett.*) **h. upon**, subito dopo, alle spalle di; poco dopo □ **h. wear**, uso intenso (*d'abiti e sim.*) □ (*d'abito e sim.*) **h.-wearing**, che dura molto; resistente □ (*anche mil.*) **h.-won**, contrastato; ottenuto a caro prezzo □ **h.-working**, laborioso, operoso; studioso, che s'impegna □ (*fig.*) **to be as h. as nails**, essere forte, muscoloso; essere duro di cuore, insensibile □ (*fig.*) **to come h.**, essere dura: **It comes h. to be a beggar when you have been a tycoon**, è dura fare il mendicante dopo essere stato un riccone □ **to die h.**, (*di un'abitudine e sim.*) essere duro a morire; (*di una persona*) vendere la pelle a caro prezzo □ **to do st. the h. way**, fare da sé, ma con fatica; imparare a fare q.c. con la pratica □ **to drive a h. bargain**, fare un buon affare a scapito della controparte; essere spietato negli affari □ **to find it h. to do st.**, fare q.c. con grande difficoltà □ **to freeze h.**, diventare solido per il gelo; gelare □ **to get h.**, indurirsi; solidificarsi □ **to give sb. a h. life** (*o* **time**), rendere la vita difficile a q.; fare soffrire q. □ **to give sb. a h. look**, guardare q. con occhi indagatori; squadrare q. □ **to go h. with sb.**, essere dura (*o* un duro colpo) per q.: **It will go h. with you!**, sarà un duro colpo per te! □ **to have h. luck**, essere sfortunato □ **to have a h. time**, passarsela male; essere nei guai; soffrire le pene dell'inferno □ **to learn the h. way**, imparare con la pratica □ (*fam.*) **to play h. to get**, farsi desiderare; fare il prezioso (*fam.*) □ **to swear h.**, bestemmiare come un turco □ **to take (it) h.**, prenderla male □ (*fig.*) **to take a lot of h. knocks**, ricevere molti duri colpi; passarne di cotte e di crude (*o* di tutti i colori) □ **to take a h. look at st.**, guardare q.c. con occhio critico □ **to try h.**, fare ogni sforzo □ **to try one's hardest**, mettercela tutta.

hardback /ˈhɑːdbæk/, *n.* libro cartonato (*o* rilegato in tela o in pelle). ● (*di un libro*) **available in h.**, disponibile anche con copertina rigida.

hardbake /ˈhɑːdbeɪk/, *n.* croccante; dolce di zucchero e mandorle.

hardball /ˈhɑːdbɔːl/ (*fam. USA*), **A** *n.* *1* (*sport*) baseball *2* faccende gravi; cose serie. **B** *a. attr.* aggressivo; violento; turbolento. ● **to play h.**, giocare a baseball; (*fig.*) fare (*o* dire) sul serio.

to **hardball** /ˈhɑːdbɔːl/, *v. i.* (*fam. USA*) comportarsi in modo aggressivo.

to **hardbind** /ˈhɑːdbaɪnd/ (*pass.* e *p. p.* **hardbound**), *v. t.* cartonare (*un libro*).

hardboard /ˈhɑːdbɔːd/, *n.* (*ind.*) *1* pannello di truciolato *2* cartone di fibra compressa.

hardbound /ˈhɑːdbaʊnd/, *a.* (*di un libro*) cartonato; con la copertina rigida.

hardcover /ˈhɑːdkʌvə(r)/, *a.* (*di un libro*) cartonato; rilegato (*in tela, ecc.*).

to **harden** /ˈhɑːdn/, **A** *v. t.* *1* indurire *2* (*fig.*) indurire; incallire; rendere insensibile: **Sorrow has hardened his heart**, il dolore gli ha incallito il cuore *3* (*fig.*) indurire; irrobustire; rafforzare: **to h. the body**, indurire il corpo; **to h. one's hold on st.**, rafforzare la presa su q.c. *4* (*metall.*) temprare. **B** *v. i.* *1* indurirsi: **The cement has hardened**, il cemento si è indurito *2* (*fig.*) indurirsi; incallirsi; diventare insensibile *3* (*fig.*) irrobustirsi; temprarsi: **My mind hardened to difficulties**, il mio animo si temprò per affrontare le difficoltà *4* (*fig.*) consolidarsi; rafforzarsi; farsi più forte *5* (*econ.*) irrigidirsi: **Prices are hardening**, i prezzi si stanno irrigidendo *6* (*fin.*) rafforzarsi: **Finance shares will h. at the close**, i titoli finanziari si rafforzeranno in chiusura.

hardenability /hɑːdnəˈbɪlətɪ/, *n.* (*metall.*) temprabilità.

hardenable /ˈhɑːdnəbl/, *a.* (*metall.*) temprabile.

hardened /ˈhɑːdnd/, *a.* *1* indurito (*anche fig.*); incallito; inveterato: **a h. criminal**, un criminale incallito (*o* recidivo) *2* (*fig.*) temprato; assuefatto, rotto (*fig.*): **to be h. to misfortune**, essere assuefatto alla sventura *3* (*metall.*) temprato: **h. steel**, acciaio temprato. ● (*mil.*) **a h. shelter**, un rifugio sotterraneo (*o* corazzato, *o* in bunker) □ (*mil., miss.*) **h. site,** *V.* **hard site,** *sotto* **hard.**

hardener /ˈhɑːdnə(r)/, *n.* *1* (*metall.*) indurente; lega (*o* elemento) indurente *2* (*chim.*) agente indurente.

hardening /ˈhɑːdnɪŋ/, *n.* *1* indurimento *2* (*metall.*) tempra.

hardhat /ˈhɑːdhæt/, **A** *n.* *1* (*fam. USA*) operaio edile; muratore *2* (*fig.*) acceso conservatore; reazionario. **B** *a. attr.* (*fig.*) reazionario.

hardhattism /ˈhɑːdhætɪzəm/, *n.* (*polit. USA*) acceso conservatorismo; l'essere reazionario.

hardhead /ˈhɑːdhed/, *n.* persona accorta, avveduta; tipo concreto, pratico.

hardie /ˈhɑːdɪ/, *V.* **hardy (2).**

hardihood /ˈhɑːdɪhʊd/, *n.* *1* ardimento; audacia; coraggio *2* spavalderia *3* vigore.

hardily /ˈhɑːdəlɪ/, *avv.* audacemente; intrepidamente.

hardiness /ˈhɑːdɪnəs/, *n.* *1* resistenza; robustezza; vigore *2* ardimento; audacia; coraggio *3* spavalderia; baldanza.

hardly /ˈhɑːdlɪ/, *avv.* *1* appena; a malapena; a stento; sì e no: **I h. know her**, la conosco appena; **I can h. walk**, riesco a malapena a camminare; **He h. knew me**, mi conosceva sì e no *2* quasi... non: **I have h. any money**, sono quasi senza soldi; **I could h. breathe**, non riuscivo quasi a respirare *3* difficilmente: **He will h. turn up tonight**, è difficile che si faccia vivo stasera *4* non; per niente; per nulla; (niente) affatto: **That's h. to be wondered at**, non c'è (proprio) da stupirsi; **This is h. the time to go out**, questa non è certo l'ora di uscire ***5*** con grande difficoltà; con molti sforzi; a fatica; a stento: **a h. won match**, un incontro vinto a fatica ***6*** duramente; severamente: **to treat sb. h.**, trattare q. duramente ***7*** ingiustamente; male; in modo indegno. ● **h. anyone**, quasi nessuno □ **h. anything**, quasi niente: **You've h. eaten anything**, non hai mangiato quasi niente; **You've eaten h. anything**, non hai mangiato nulla □ **They agree on h. anything**, non sono (mai) d'accordo su nulla □ **h. ever**, quasi mai □ (*pop.*) **Not h.!**, niente da fare!; per niente! □ **You'll h. believe it**, stenterai a crederci □ **He's taken it so h.**, l'ha presa così male! □ **Things may go h. with you**, le cose si possono mettere male per voi.

hardness /'hɑːdnəs/, *n.* ***1*** durezza (*anche fig.*); compattezza; solidità ***2*** (*fig.*) fermezza; saldezza ***3*** (*fig.*) asprezza; rigidezza; severità ***4*** difficoltà ***5*** (*chim.*) durezza (*dell'acqua*). ● **h. test**, (*chim.*) saggio di durezza; (*tecn.*) prova di durezza □ **the h. of life**, le difficili condizioni di vita.

hardpan /'hɑːdpæn/, *n.* (*geol.*) crostone d'argilla.

hards /hɑːdz/, *n. pl.* (*ind. tess.*) lisca.

hard-shell /'hɑːdʃɛl/, *a.* ***1*** (*zool.*) dalla conchiglia dura; dal guscio duro ***2*** (*fam. USA*) inflessibile; rigido; intransigente: **a h. conservative**, un conservatore intransigente. ● (*USA*) **H. Baptists**, Battisti inflessibili (*setta religiosa*).

hardship /'hɑːdʃɪp/, *n.* fatica; pena; privazione; sofferenza; stento: **a life of h.**, una vita di stenti; **War was a cause of h.**, la guerra causò privazioni.

to **hard-solder** /'hɑːdsəʊldə(r), -sɒl-, *USA* -sɒdə(r)/, *v. t.* (*metall.*) saldare a forte; brasare.

hardtack /'hɑːdtæk/, *n.* pan biscotto; galletta.

hardtop /'hɑːdtɒp/, *n.* (*autom.*) ***1*** hard top; tettuccio rigido ***2*** (= **h. convertible**) automobile con il tettuccio rigido ***3*** (*specialm. USA*) coupé.

hardware /'hɑːdwɛə(r)/, *n.* ***1*** ferramenta; articoli di ferro; attrezzi (*per giardino, ecc.*) ***2*** (*mil.*) armamenti pesanti ***3*** (*elab.*) hardware; componenti di macchina; componenti fisiche ***4*** (*pop. USA*) superalcolici; droga pesante ***5*** (*pop. USA*) arma da fuoco; pistola. ● (*elab.*) **h. expert**, hardwarista □ **h. shop** (*o* **store**), negozio di ferramenta; ferramenta.

hardwareman /'hɑːdwɛəmæn/, *n.* (*pl.* **hardwaremen**) negoziante di ferramenta.

hardwired /'hɑːd'waɪəd/, *a.* (*elab.*: *di un dispositivo*) cablato a livello di hardware.

hardwood /'hɑːdwʊd/, *n.* legno duro (*quercia, mogano, noce, ecc.*): **h. floors**, pavimenti di legno duro. ● **h. flooring**, parquet di legno duro □ **h. forest**, foresta di latifoglie.

hardy (1) /'hɑːdɪ/, *a.* ***1*** ardito; audace; coraggioso; intrepido ***2*** baldo; spavaldo ***3*** resistente; forte; robusto ***4*** (*bot.*) resistente; rustico. ● (*di pianta*) **h. annual**, che cresce all'aperto (*o* allo stato selvatico) □ (*di pianta*) **half-h.**, che ha bisogno di riparo soltanto in inverno.

hardy (2) /'hɑːdɪ/, *n.* (*tecn.*) tagliolo da incudine.

hare /hɛə(r)/, *n.* (*pl.* **hares, hare**) (*zool., Lepus*) lepre. ● **h. and hounds**, caccia alla lepre (*gioco di ragazzi*) □ **h.-brain**, individuo strambo, tipo stravagante □ **h.-brained**, balzano, strambo, scervellato; sventato, stordito, svampito □ **h. coursing**, caccia alla lepre (*con i cani*) □ (*bot.*) **h.'s foot** (*Trifolium arvense*), trifoglio dei campi; zampino di lepre □ (*bot.*) **h.'s tail** (*Lagurus ovatus*), coda di lepre □ **as mad as a (March) h.**, matto da legare □ (*fig.*) **to raise** (*o* **to start**) **a h.**, sollevare un argomento □ **to run with the h. and hunt with the hounds**, tenere il piede in due staffe; fare il doppio gioco □ (*fig.*) **to start a h.**, fare una questione di lana caprina □ (*prov.*) **First catch your h.** (**then cook it**), non dire «gatto» se non l'hai nel sacco.

to **hare** /hɛə(r)/, *v. i.* (*fam.*) correre a più non posso. ● **to h. after sb.**, rincorrere q. □ **to h. off**, scappare a gambe levate.

harebell /'hɛəbɛl/, *n.* (*bot., Campanula rotundifolia*) campanula.

harelip /'hɛəlɪp/, *n.* (*med.*) labbro leporino.

harelipped /'hɛəlɪpt/, *a.* (*med.*) che ha il labbro leporino.

harem /'hɑːriːm, 'hɛə-, -əm, -'riːm, *USA* 'hɛərəm, 'hærəm/, *n.* harem.

haricot /'hærɪkəʊ/ (*franc.*), *n.* ***1*** stufato di montone (*o* d'agnello) con verdura ***2*** (= **h. bean**) fagiolo bianco.

to **hark** /hɑːk/, **A** *v. i.* (*lett.*) ascoltare: **H.!**, ascolta!; ascoltate! **B** *v. t.* ***1*** (*lett.*) ascoltare, dar ascolto a (q.) ***2*** richiamare (*cani da caccia*). ● **to h. back**, (*di cani*) tornare al punto di partenza (*per ritrovare la traccia della selvaggina*); (*fig.*) ritornare su, rifarsi a (*un libro, un argomento*); riandare a (*una cosa passata*); far riandare a, richiamare (q.c.) alla mente □ **H. forward!**, avanti! (*ordine dato a un cane*).

to **harken** /'hɑːkən/, *V.* **to hark**.

harl(e) /hɑːl/, *n.* ***1*** barba (*di penna*) ***2*** (*ind. tess.*) filaccia (*specialm. di canapa o lino*).

harlequin /'hɑːləkwɪn, -kɪn/ (*franc.*), **A** *n.* ***1*** arlecchino; (*fig.*) buffone, pagliaccio ***2*** alano arlecchino (*cane*). **B** *a. attr.* multicolore; variopinto. ● (*zool.*) **h. duck** (*Histrionicus histrionicus*), moretta arlecchino.

harlequinade /hɑːləkwɪ'neɪd, -kɪ-/ (*franc.*), *n.* arlecchinata.

harlot /'hɑːlət/, *n.* (*arc. o lett.*) meretrice; prostituta.

harlotry /'hɑːlətrɪ/, *n.* (*arc. o lett.*) meretricio; prostituzione.

harm /hɑːm/, *n.* ***1*** danno; offesa; pregiudizio: **The heavy rain has done little h.**, la pioggia abbondante ha causato pochi danni ***2*** male: **He did me no h.**, non mi fece alcun male; **There's no h. in it**, non c'è niente di male in ciò. ● (*leg.*) **bodily h.**, lesione corporale □ **to come to no h.**, non subire danni □ **to mean no h.**, non aver l'intenzione d'offendere □ **to be out of h.'s way**, essere al sicuro; essere messo in condizione di non subire danno né di combinare guai □ **No h. done!**, niente di male! □ (*prov.*) **There's no h. in trying**, tentar non nuoce.

to **harm** /hɑːm/, *v. t.* ***1*** danneggiare; recar danno a; nuocere, far male a: **The treatment won't h. you**, la cura non ti farà male (*non sentirai dolore*) ***2*** (*leg.*) ledere. ● **He wouldn't h. a fly**, è incapace di far male a una mosca.

harmful /'hɑːmfl/, *a.* dannoso; nocivo. ‖ **-ly**, *avv.* ‖ **-ness**, *sost.*

harmless /'hɑːmləs/, *a.* innocuo; inoffensivo: **Most spiders are h.**, la maggior parte dei ragni è innocua. ● **a h. question [remark]**, una domanda [un'osservazione] innocente. ‖ **-ly**, *avv.* ‖ **-ness**, *sost.*

harmonic /hɑː'mɒnɪk/, **A** *a.* (*mus., mat., ecc.*) armonico: **h. tones**, suoni armonici; **h. mean**, media armonica; **h. quantities**, quantità armoniche; **h. series**, serie armonica. **B** *n.* ***1*** (*acustica, fis., mat.*) armonica ***2*** (*mus.*) suono armonico. ● (*mat.*) **h. curve**, sinusoide.

harmonica /hɑː'mɒnɪkə/, *n.* (*mus.*) ***1*** armonica ***2*** armonica a bocca.

harmonically /hɑː'mɒnɪklɪ/, *avv.* ***1*** (*mus., mat.*) armonicamente ***2*** (*lett.*) armoniosamente.

harmonics /hɑː'mɒnɪks/, *n. pl.* (*col verbo al sing.*) (*mus.*) armonica (*arte musicale, scienza degli intervalli dei suoni*).

harmonious /hɑː'məʊnɪəs/, *a.* ***1*** (*mus.*) armonioso; melodioso ***2*** armonico; armonioso; ben proporzionato ***3*** che vive in buon'armonia; affiatato: **h. neighbours**, vicini che vivono in buon'armonia. ‖ **-ly**, *avv.*

harmonist /'hɑːmənɪst/, *n.* (*mus.*) ***1*** armonista ***2*** (*letter.*) armonizzatore, armonizzatrice.

harmonium /hɑː'məʊnɪəm/, *n.* (*mus.*) armonium.

harmonization /hɑːmənaɪ'zeɪʃn, *USA* -nɪ-'z-/, *n.* (*mus.* e *fig.*) armonizzazione.

to **harmonize** /'hɑːmənaɪz/, **A** *v. t.* (*anche mus.*) armonizzare; mettere d'accordo. **B** *v. i.* ***1*** essere in armonia; accordarsi: **a dress and bag that h. well**, un abito e una borsa che armonizzano bene ***2*** (*mus.*) suonare in modo armonioso.

harmonizer /'hɑːmənaɪzə(r)/, *n.* armonizzatore, armonizzatrice.

harmony /'hɑːmənɪ/, *n.* (*mus.*) armonia; (*fig.*) accordo, buon'armonia: **That musician is a master of h.**, quel musicista è un maestro dell'armonia; **There isn't much h. between us**, non c'è buon'armonia fra noi. ● **to be in h. with sb. [st.]**, essere in armonia con q. [q.c.] □ **to be out of h.**, non essere in armonia; essere in disaccordo.

harness /'hɑːnəs/, *n.* ***1*** finimenti; bardatura ***2*** (*stor.*) armatura (*del cavaliere o del cavallo*) ***3*** briglie (*per un bimbo piccolo*); dande ***4*** (*aeron.*) imbracatura (*di paracadute*) ***5*** (*miss.*) cintura di sicurezza ***6*** (*elettr.*) cablaggio ***7*** (*ind. tess.*) arcate; licci; tiranti. ● **h.-maker**, sellaio □ (*fig.*) **to die in h.**, morire sulla breccia □ (*fig.*) **in h.**, al consueto lavoro □ (*fig.*) **to run in double h.**, essere sposati □ (*fig.*) **to work in double h.**, lavorare in collaborazione (*o* in tandem).

to **harness** /'hɑːnəs/, *v. t.* ***1*** bardare; attaccare, mettere i finimenti a (*un cavallo*) ***2*** (*fig.*) imbrigliare: **to h. a river**, imbrigliare un fiume; **to h. a waterfall**, imbrigliare una cascata (*per ottenere energia elettrica*). ● **to h. the atom**, utilizzare l'energia nucleare.

Harold /'hærəld/, *n.* Aroldo.

harp /hɑːp/, *n.* (*mus.*) ***1*** arpa: **Aeolian h.**, arpa eolia ***2*** (*fam.*) armonica a bocca ***3*** (= **Jew's-h.**) scacciapensieri.

to **harp** /hɑːp/, *v. i.* suonare l'arpa; arpeggiare. ● **to h. on** (*o* **away at**), battere su (*un argomento*): **He's always harping on his experiences as a sailor**, non fa che parlare delle sue esperienze come marinaio □ (*fig.*) **to h. up the same string**, battere sempre sullo stesso tasto.

harper /'hɑːpə(r)/, **harpist** /'hɑːpɪst/, *n.* arpista; chi suona un'arpa.

harpist /'hɑːpɪst/, *n.* arpista (*di mestiere*).

harpoon /hɑː'puːn/, *n.* arpione; fiocina; rampone. ● (*pesca*) **h. gun**, lanciarpione (*cannoncino*) □ (*naut.*) **h. log**, solcometro a elica rimorchiata.

to **harpoon** /hɑː'puːn/, *v. t.* arpionare; fiocinare; colpire con la fiocina (*o* col rampone).

harpooner /hɑː'puːnə(r)/, *n.* (*caccia alla balena, ecc.*) fiociniere; fiocinatore; ramponiere.

harpsichord /'hɑːpsɪkɔːd/, *n.* (*mus.*) arpicordo.

harpy /'hɑːpɪ/, *n.* (*mitol.*) arpia (*anche fig.*). ● (*zool.*) **h. eagle** (*Harpya harpya*), arpia.

harquebus /'hɑːkwɪbəs/, *n.* (*stor.*) archibugio.

harquebusier /hɑːkwɪbə'sɪə(r)/, *n.* (*stor.*) archibugiere.

harridan /'hærɪdən/, *n.* vecchia bisbetica, maligna; vecchiaccia.

harrier (1) /'hærɪə(r)/, *n.* ***1*** (*arc.*) devastatore; saccheggiatore ***2*** (*zool., Circus*) albanella (*rapace*).

harrier (2) /'hærɪə(r)/, *n.* ***1*** cane per la caccia alla lepre ***2*** (*sport*) podista (*di corsa campestre*). ● (*collett.*) **the harriers**, i cacciatori e la muta dei cani.

Harriet /'hærɪət/, *n.* Enrichetta.

Harrovian /hə'rəʊvɪən/, *a.* e *n.* ***1*** (studente o ex alunno) di Harrow (*famosa «public school»*) ***2*** (abitante) di Harrow (*presso Londra*).

harrow /'hærəʊ/, *n.* (*agric.*) erpice: **disk h.**, erpice a dischi.

to **harrow** /'hærəʊ/, *v. t.* ***1*** (*agric.*) erpicare ***2*** (*fig., lett.*) straziare; tormentare.

harrowing /ˈhærəʊɪŋ/, **A** *a.* straziante; tormentoso; atroce. **B** (*agric.*) erpicatura. ● (*relig.*) **the h. of Hell**, le pene dell'inferno.

Harry /ˈhærɪ/, *n. dim.* di **Henry**. ● (*fam.*) **Old H.**, il diavolo.

to **harry** /ˈhærɪ/, *v. t.* **1** devastare; saccheggiare; spogliare (*dei beni, ecc.*) **2** (*lett.*) infastidire; tormentare **3** (*mil.*) attaccare di continuo; impegnare (*il nemico*) a fondo.

harsh /hɑːʃ/, *a.* **1** aspro; ruvido (*al tatto*); insensibile; duro; severo; (*di suono*) aspro, sgradevole; (*d'odore*) pungente, acre: **a h. cloth**, un tessuto ruvido; **h. words**, parole aspre (*o* dure); **a h. voice**, una voce aspra; **a h. punishment**, una dura punizione; una punizione severa; **a h. face**, una faccia dura, sgradevole; **a h. taste**, un sapore aspro, acre; **h. smoke**, acre fumo **2** (*del tempo*) rigido: **a h. climate**, un clima rigido. ● **a h. light**, una luce violenta.

to **harshen** /ˈhɑːʃn/, **A** *v. t.* inasprire. **B** *v. i.* inasprirsi.

harshly /ˈhɑːʃlɪ/, *avv.* aspramente; duramente; severamente.

harshness /ˈhɑːʃnəs/, *n.* **1** durezza, asprezza; ruvidezza; insensibilità; severità **2** (*del tempo*) rigore.

harslet /ˈhɑːslət/, *V.* **haslet**.

hart /hɑːt/, *n.* (*pl.* **harts, hart**) (*zool.*) cervo maschio (*specialm. sopra i cinque anni d'età*). ● (*bot.*) **hart's-tongue** (*Phyllitis scolopendrium*), fillitide; lingua cervina.

hartebeest /ˈhɑːtɪbiːst/, *n.* (*pl.* **hartebeests, hartebeest**) (*zool., Alcelaphus caama*) alcefalo; antilope sudafricana.

hartshorn /ˈhɑːtshɔːn/, *n.* **1** (*zool.*) corno di cervo **2** (*arc., chim.*; = **spirit of h.**) ammoniaca liquida. ● (*chim.*) **salt of h.**, sali d'ammoniaca (*da odorare*).

harum-scarum /ˈhɛərəmˈskɛərəm/, (*fam.*) **A** *a.* avventato; stordito; sventato. **B** *n.* persona (*o* azione) avventata, sconsiderata. **C** *avv.* in modo avventato, sconsiderato.

haruspex /həˈrʌspɛks/, *n.* (*pl.* **haruspices**) aruspice; indovino.

harvest /ˈhɑːvɪst/, *n.* raccolto; messe; mietitura; (*fig.*) frutto: **the corn [hay] h.**, il raccolto del granturco [del fieno]; **the h. season**, la stagione del raccolto; **to reap the h. of one's efforts**, cogliere il frutto delle proprie fatiche. ● (*zool.*) **h. bug**, tignola dei raccolti □ **h. festival**, festa religiosa di ringraziamento per il raccolto □ (*un tempo*) **h. home**, fine del raccolto; festa del raccolto (*con pranzo ai braccianti*); canto della fine della mietitura □ **the h. moon**, il plenilunio più vicino all'equinozio d'autunno; luna settembrina □ (*zool.*) **h. mouse** (*Micromys minutus*), arvicola; topolino delle risaie □ **to reap the h.**, mietere □ **h. thanksgiving**, *V.* **h. festival** □ **h. time**, tempo del raccolto.

to **harvest** /ˈhɑːvɪst/, **A** *v. t.* fare il raccolto di; raccogliere, mietere (*anche fig.*): **to h. wheat**, fare il raccolto del grano. **B** *v. i.* mietere; fare il raccolto. ● **to h. grapes**, fare la vendemmia □ **to h. honey**, fare la smielatura; smielare.

harvester /ˈhɑːvɪstə(r)/, *n.* **1** mietitore, mietitrice **2** chi coglie (*frutta, ecc.*) **3** (*mecc.*) mietitrice **4** (*zool.*) tignola dei raccolti. ● (*mecc.*) **h.-thresher**, mietitrebbia.

harvesting /ˈhɑːvɪstɪŋ/, *n.* (*agric.*) raccolto delle messi.

has /hæz, həz, əz, z, s/, *3ª pers. sing. del pres. indic.* di **to have**.

has-been /ˈhæzbiːn, -ɪn/, *n.* (*fam.*) **1** gloria del passato; persona sorpassata; attore (cantante, atleta, ecc.) dimenticato dal pubblico **2** (*di donna*) bellezza sfiorita **3** cosa sorpassata (*o* tramontata).

hash (1) /hæʃ/, *n.* **1** piatto di carne tritata; pietanza rimediata (*con gli avanzi*) **2** (*fam.*) argomento trito; roba fritta e rifritta (*fig. fam.*) **3** (*fam.*) guazzabuglio; pasticcio; casino (*fam.*): **I've made a complete h. of my exam**, ho incasinato tutto l'esame **4** (*elettr.*) friggio **5** (*elab.*) dati senza senso; segnali parassiti. ● (*cucina*) **h. browns**, crocchette di patate e cipolla □ (*pop. USA*) **h. house** (*o* **h. joint**), ristorante economico; tavola calda □ (*pop. USA*) **h. slinger**, cameriere, cameriera; cuoco, cuoca (*di ristorante economico*) □ (*elab.*) **h. total**, totale di quadratura.

hash (2) /hæʃ/, *n.* (*pop.*) hascisc; ascisc; marijuana. ● **h.-head**, fumatore di marijuana.

to **hash** /hæʃ/, *v. t.* **1** (*anche* **to h. up**) triturare, tritare; sminuzzare **2** (*fig.*) pasticciare; fare un bel pasticcio (*o* un guazzabuglio) di (q.c.) **3** (*cucina*) rielaborare, rimediare (*una pietanza*). ● (*fam.*) **to h. out**, appianare, sistemare (*una questione, ecc.*); risolvere (*una faccenda*) □ (*fam. USA*) battere e ribattere su (*un argomento e sim.*) □ **to h. up**, pasticciare; incasinare (*pop.*).

hasheesh /hæˈʃiːʃ/, **hashish** /ˈhæʃiːʃ/, *n.* hascisc; ascisc.

hasher /ˈhæʃə(r)/, n. (*pop. USA*) *V.* **hash-slinger**, sotto **hash (1)**.

haslet /ˈheɪzlət/, *n.* (*cucina*) frattaglie (*specialm. di maiale*).

hasn't /ˈhæznt, -zn/, *contraz.* di **has not**.

hasp /hɑːsp, *USA* hæsp/, *n.* **1** cerniera di chiusura; fermaglio (*di metallo*) **2** matassa (*di filo o filato*).

to **hasp** /hɑːsp, *USA* hæsp/, *v. t.* assicurare (*o* fermare) con una cerniera.

hassle /ˈhæsl/, *n.* (*fam.*) **1** disputa; controversia **2** alterco; battibecco **3** cosa difficile; problema (*fig.*); seccatura; scocciatura.

to **hassle** /ˈhæsl/, *v. t.* (*fam.*) importunare; infastidire; seccare; scocciare.

hassock /ˈhæsək/, *n.* **1** cuscino (*specialm. se usato come inginocchiatoio*) **2** (*arredamento*) pouf **3** ciuffo d'erba; zolla erbosa **4** (*nel Kent*) arenaria.

hast /hæst, həst, ə-/, (*arc.*) *2ª pers. sing. del pres. indic.* di **to have**.

hastate /ˈhæsteɪt/, *a.* (*bot.*) astato; lanceolato.

haste /heɪst/, *n.* fretta; premura; urgenza; fretta eccessiva; precipitazione: **My friend left in great h.**, il mio amico partì in gran fretta. ● **in hot h.**, in fretta e furia □ (*arc.*) **to make h.**, affrettarsi; far presto; sbrigarsi □ (*prov.*) **H. makes waste**, la gatta frettolosa fece i gattini ciechi □ (*prov.*) **More h., less speed**, chi ha fretta vada adagio.

to **haste** /heɪst/, *v. i.* (*raro* o *poet.*) affrettarsi; far presto; sbrigarsi.

to **hasten** /ˈheɪsn/, **A** *v. t.* **1** affrettare; accelerare **2** sollecitare, fare fretta a (q.). **B** *v. i.* affrettarsi; far presto; sbrigarsi; spicciarsi (*fam.*). ● **to h. away**, andar via in fretta; filar via (*fam.*) □ **to h. home**, andare a casa in gran fretta.

hastily /ˈhæstəlɪ/, *avv.* **1** frettolosamente; rapidamente; in fretta **2** avventatamente **3** con irritazione; in modo irascibile.

hastiness /ˈheɪstɪnəs/, *n.* **1** fretta; furia; precipitazione **2** avventatezza; sconsideratezza **3** impazienza; irritabilità; irascibilità.

hasty /ˈheɪstɪ/, *a.* **1** frettoloso; affrettato; rapido: **a h. departure**, una partenza affrettata **2** avventato; sconsiderato: **a h. decision**, una decisione avventata **3** impaziente; irritabile: **h. temper**, carattere impaziente. ● **h. pudding**, budino di farina di grano (*cotta nell'acqua o nel latte*); (*USA*) polenta (*che si mangia con latte e zucchero*).

hat /hæt/, *n.* cappello (*da uomo o da donna, di solito con tesa o ala*): **Take off your hat!**, togliti il cappello! ● **hat block**, forma per cappelli □ **hat brush**, spazzola per cappelli □ **hat in hand**, col cappello in mano; (*fig.*) servilmente □ **hat maker** (*o* **hat manufacturer**), fabbricante di cappelli, cappellaio □ **Hats off!**, giù il cappello! □ **hat-peg**, portacappelli □ **hat retailer**, venditore di cappelli, cappellaio □ **hat shop**, cappelleria □ **hat stand** (*specialm. USA*: **hat tree**), attaccapanni a stelo □ (*calcio, baseball*) **hat trick**, tripletta; segnatura di tre punti successivi da parte del medesimo giocatore □ (*fig.*) **a hat trick of election victories**, tre elezioni vinte di seguito □ (*fam.*) **a bad hat**, un tipaccio □ **cardinal's hat** (*o* **red hat**), cappello cardinalizio; (*fig.*) ufficio di cardinale □ **felt hat**, cappello di feltro □ (*fig.*) **to hang up one's hat**, ritirarsi dagli affari; andare in pensione □ (*fig. fam.*) **to keep st. under one's hat**, tenere segreto q.c. □ **My hat!**, un corno!; impossibile! □ (*fam.*) **old hat**, ciò ch'è trito o sorpassato; notizie vecchie, risapute □ **opera hat**, gibus; cappello a cilindro chiudibile □ (*fam.*) **to pull st. out of one's hat**, fare q.c. come per magia □ **to raise** (*o* **to lift**) **one's hat to sb.**, far tanto di cappello a q. □ **to send** (*o* **to pass**) **round the hat**, fare una colletta (*o* una raccolta) □ **straw hat**, cappello di paglia □ (*fig.*) **to take one's hat off to sb.**, salutare q. togliendosi il cappello; far tanto di cappello a q. □ (*pop.*) **to talk through one's hat**, ragionare coi piedi; dire delle fesserie (*pop.*) □ **to throw** (*o* **to toss**) **one's hat into the ring**, entrare in lizza □ **top hat**, cappello a cilindro □ (*fam.*) **Keep it under your hat!**, acqua in bocca! □ **I'll eat my hat if...**, mi mangio il cappello (*o* mi faccio frate) se...

to **hat** /hæt/, *v. t.* mettere il cappello a (q.); coprire con il cappello.

hatable /ˈheɪtəbl/, *a.* odiabile; odioso; detestabile.

hatband /ˈhætbænd/, *n.* nastro del (*o* da) cappello.

hatbox /ˈhætbɒks/, *n.* cappelliera.

hatch (1) /hætʃ/, *n.* **1** portello; mezza porta (*la parte inferiore d'un uscio ecc., apribile*); porta a ribalta **2** (*naut.*) portello di boccaporto; (= **hatchway**) boccaporto **3** porta di chiusa (*che regola il passaggio dell'acqua*) **4** (*autom.*) portellone posteriore **5** (*aeron.*) portello **6** botola **7** (= **serving h.**) passavivande **8** (*miss.*) boccaporto; portello **9** (*pop.*) bocca. ● (*pop.*) **Down the h.!**, cin cin!; salute! □ **under hatches**, (*naut.*) sotto coperta; (*fig.*) fuori servizio; fuori vista, nascosto; in cella di rigore, agli arresti; spacciato, morto.

hatch (2) /hætʃ/, *n.* nascita (*di pulcini o uccelli e fig.*); covata. ● (*scherz.*) **hatches, catches, matches, and dispatches**, (rubrica di giornale che porta) le nascite, i fidanzamenti, i matrimoni e i decessi.

hatch (3) /hætʃ/, *n.* (*arte, disegno*) tratteggio; ombreggiatura.

to **hatch (1)** /hætʃ/, **A** *v. t.* **1** far nascere; covare: **to h. chickens**, far nascere pulcini; **to h. eggs**, covare uova **2** (*fig.*) covare; ordire; tramare: **to h. a plot**, tramare una congiura. **B** *v. i.* **1** (*di pulcini, d'uccelli*) nascere; uscire dall'uovo **2** (*di uova*) schiudersi **3** (*di gallina, ecc.*) covare.

to **hatch (2)** /hætʃ/, *v. t.* (*arte, disegno*) tratteggiare; ombreggiare: (*archit.*) **hatched moulding**, modanatura tratteggiata.

hatchback /ˈhætʃbæk/, **A** *a. attr.* (*autom.*) con portellone posteriore. **B** *n.* **1** portellone (posteriore) **2** auto con portellone posteriore.

hatchery /ˈhætʃərɪ/, *n.* (*zootecnia*) **1** incubatoio industriale **2** vivaio (*di pesci*): **a trout h.**, un vivaio di trote.

hatchet /ˈhætʃɪt/, *n.* **1** accetta; ascia **2** ascia di guerra. ● **h. faced**, dalla faccia affilata; dai lineamenti taglienti □ (*fam.*) **h. job**, attacco malevolo, aspra critica □ (*fam.*) **h. man**, sicario, killer; diffamatore, critico prezzolato □ **to bury the h.**, sotterrare l'ascia di guerra; fare la pace □ **to dig up** (*o* **to take up**) **the h.**, dissotterrare l'ascia di guerra; iniziare (*o* riprendere) le ostilità □ **to do a h. job on sb.**, attaccare violentemente, criticare aspramente q. □ (*fig.*) **to throw the h.**, spararle grosse; esagerare.

hatching (1) /ˈhætʃɪŋ/, *n.* **1** il covare (*uova*) **2** schiusa (*delle uova*) **3** (*fig.*) il tramare; trame, congiure (*collett.*).

hatching (2) /ˈhætʃɪŋ/, *n.* (*arte, disegno*) tratteggio; ombreggiatura.

hatchment /ˈhætʃmənt/, *n.* (*arald.*) scudo,

stemma (*specialm. di defunto, appeso di traverso alla porta di casa o in chiesa*).

hatchway /ˈhætʃweɪ/, *n.* (*naut.*) boccaporto.

hate /heɪt/, *n.* odio; avversione. ● **He's my pet h.**, lo vedo come il fumo negli occhi.

to **hate** /heɪt/, *v. t.* ***1*** odiare; avere in odio; detestare: **He hates work**, detesta il lavoro ***2*** (*fam.*) non piacere, dispiacere (*impers.*): **I h. having to get up early**, non mi piace dovermi alzare presto; **I h. to say it**, mi dispiace doverlo dire ***3*** (*fam.*) non poter soffrire; detestare: **I h. garlic**, non posso soffrire l'aglio. ● (*fam.*) **to h. sb.'s guts**, detestare profondamente q.; odiare a morte q.

hateable /ˈheɪtəbl/, *V.* **hatable**.

hateful /ˈheɪtfl/, *a.* ***1*** odioso; detestabile: **a h. crime**, un odioso delitto ***2*** (*raro*) carico d'odio: **h. glances**, sguardi carichi d'odio. || **-ly**, *avv.* || **-ness**, *sost.*

hater /ˈheɪtə(r)/, *n.* ***1*** odiatore, odiatrice ***2*** chi detesta (*o* non può soffrire) (q.c.).

hatful /ˈhætfʊl/, *n.* ***1*** cappellata; quanto sta in un cappello ***2*** (*fig.*) mucchio, sacco (*di cose*).

hath /hæθ/, (*arc.*) *3ª pers. sing. del pres. indic.* di **to have**.

hatless /ˈhætləs/, *a.* senza cappello.

hatpin /ˈhætpɪn/, *n.* spillone per cappellino.

hatrack /ˈhætræk/, *n.* rastrelliera per cappelli.

hatred /ˈheɪtrɪd/, *n.* odio; astio; avversione; ostilità.

hatter /ˈhætə(r)/, *n.* cappellaio. ● **to be as mad as a h.**, essere matto da legare (*cfr. «Alice in Wonderland» di Lewis Carroll*).

hauberk /ˈhɔːbɜːk/, *n.* (*stor.*) usbergo; cotta di maglia.

haughtily /ˈhɔːtɪlɪ/, *avv.* altezzosamente; arrogantemente; con orgoglio; con superbia.

haughtiness /ˈhɔːtɪnəs/, *n.* altezzosità; alterigia; arroganza; boria; orgoglio; superbia.

haughty /ˈhɔːtɪ/, *n.* altezzoso; altero; arrogante; borioso; orgoglioso; superbo: **h. contempt**, altezzoso disprezzo.

haul /hɔːl/, *n.* ***1*** il tirare; il trascinare; forte strappo ***2*** (*trasp.*) distanza percorsa (*da un carico*); tirata (*fam.*); quantità di merce trasportata: **It's a long h. from London to Leeds**, è una bella tirata da Londra a Leeds ***3*** retata (*di pesce e fig.*): **a good h. of criminals**, una bella retata di criminali ***4*** (*fig.*) acquisto, guadagno, profitto ***5*** (*fig.*) bottino: **The burglars have made a good h. in the bank**, i ladri hanno fatto un grosso bottino nella banca. ● **over** (*o* **in**) **the long h.**, a lungo andare.

to **haul** /hɔːl/, **A** *v. t.* ***1*** tirare; (*naut.*) alare; rimorchiare; trainare; trascinare: **to h. at (upon) a rope**, tirare una cima; **These tractors can h. enormous tree-trunks**, questi trattori possono trascinare tronchi enormi; **to h. a hawser**, alare un cavo ***2*** trasportare (*merci su strada*); fare trasporti di: **to h. coal to the steelworks**, trasportare carbone all'acciaieria; **John hauls timber for a living**, John fa trasporti di legname per guadagnarsi la vita ***3*** (*naut.*) imbrogliare, mettere al vento (*le vele*) ***4*** (*naut.*) far mutare rotta a (*una nave*). **B** *v. i.* ***1*** (*del vento*) girare; mutare direzione ***2*** (*naut.*) stringere il vento ***3*** (*naut.*) accostare: **to h. to starboard**, accostare a dritta ***4*** (*naut.*) cambiare rotta ***5*** (*fig.*) cambiare idea; mutar corso d'azione: **He hauled around to my way of thinking**, cambiò idea, passando dalla mia (parte). ● (*volg. USA*) **to h. one's ass**, alzare il culo (*volg.*); muovere le chiappe (*pop.*) □ (*naut.*) **to h. (on, upon) one's wind**, stringere il vento; orzare.

♦**haul around**, **A** *v. i.* + *avv.* (*del vento*) girare. **B** *v. t.* + *avv.* (*naut.*) bracciare (*i pennoni*: *per virare di bordo*).

♦**haul ashore**, *v. t.* + *avv.* (*naut.*) tirare (*un'imbarcazione*) in secco.

♦**haul away**, *v. t.* + *avv.* (*naut.*) alare (*manovre*).

♦**haul down**, *v. t.* + *avv.* (*naut.*) alare abbasso, ammainare (*vele, bandiere*) □ (*mil.* e *fig.*) **to h. down one's colours**, arrendersi.

♦**haul in**, *v. t.* + *avv.* (*naut.*) ***1*** alare a bordo ***2*** recuperare (*cavi*) □ (*pop. USA*) **to h. it in**, fare soldi a palate □ (*fig.*) **to h. in one's horns**, fare marcia indietro (*fig.*); venire a più miti consigli □ **to h. in the nets**, ritirare le reti.

♦**haul off**, **A** *v. i.* + *avv.* ***1*** (*naut.*) manovrare, orzare (*per scansare un ostacolo*) ***2*** (*pop. USA*) muoversi; andarsene ***3*** (*pop. USA*) prepararsi a colpire (*sollevando i pugni*): **to h. off and hit sb.**, attaccare (colpire, picchiare) q. all'improvviso; saltare addosso a q. (*fig.*). **B** *v. t.* + *avv.* (*naut.*) disincagliare (*una nave*: *alando o rimorchiandola*).

♦**haul offshore**, *v. i.* + *avv.* (*naut.*) prendere il largo.

♦**haul out**, *v. t.* + *avv.* (*naut.*) ***1*** tirare in secco (*un'imbarcazione*) ***2*** fare uscire (*una nave*) dalla darsena (*rimorchiandola*) □ (*anche mil.*) **to h. out of line**, uscire dalla formazione.

♦**haul over**, *v. t.* + *prep.* – *nella locuz.* **to h. sb. over the coals**, criticare aspramente q.; dare una gran lavata di capo a q.

♦**haul up**, **A** *v. t.* + *avv.* ***1*** (*naut.*) imbrogliare (*una vela*) ***2*** tirare in secco (*una barca*) con un paranco ***3*** (*fam.*) trascinare (q.) in tribunale. **B** *v. i.* + *avv.* (*naut.*) mettere la prua al vento; orzare.

haulage /ˈhɔːlɪdʒ/, *n.* ***1*** (*trasp.*) trasporto (*di merci*): **coal h.**, trasporto del carbone ***2*** (*comm.*) costo (*o* prezzo) del trasporto ***3*** (*naut.*) alaggio ***4*** (*ind. min.*) carreggio. ● **h. contractor**, trasportatore; vettore □ **h. firm**, impresa di autotrasporti □ **road h.**, trasporto (*di merci*) su strada.

haulaway /ˈhɔːləweɪ/, *n.* (*autom.*) cicogna, coccodrillo, bisarca (*autotreno per il trasporto di automobili*).

hauler /ˈhɔːlə(r)/, *n.* (*USA*) *V.* **haulier**.

haulier /ˈhɔːlɪə(r)/, *n.* ***1*** chi fa trasporti (*specialm. nelle miniere*); autotrasportatore ***2*** (*un tempo*) carrettiere ***3*** (*naut.*) rimorchiatore.

haulm /hɔːm/, *n.* ***1*** (*bot.*) gambo; stelo (*di cereali, fagioli, ecc.*) ***2*** (*specialm.*) stoppia; paglia (*per ricoprire tetti, ecc.*).

haunch /hɔːntʃ, *USA* hɔː-, hɑː-/, *n.* ***1*** (*anat.*) anca ***2*** (*macelleria*) coscia; quarto ***3*** (*archit.*) fianco (*di arco*). ● (*fam., anat.*) **h. bone**, osso iliaco.

haunt /hɔːnt, *USA* hɔː-, hɑː-/, *n.* ***1*** luogo di ritrovo; rifugio, tana (*d'animali*); covo, ritrovo (*di criminali, ecc.*): **to go back to the haunts of one's childhood**, tornare ai luoghi della propria infanzia; **That house is a h. of thieves**, quella casa è un covo di ladri ***2*** (*pop. USA*) fantasma; spettro.

to **haunt** /hɔːnt, *USA* hɔː-, hɑː-/, *v. t.* ***1*** bazzicare; frequentare; praticare in (*un luogo*) ***2*** infastidire (*o* seccare) (q.) con visite importune ***3*** (*di fantasmi, spettri*) infestare: **When I was a boy, lots of places were said to be haunted**, quando ero piccolo, di molti luoghi si diceva che fossero infestati dai fantasmi (*o* che «ci si sentiva») ***4*** (*fig.*) ossessionare; perseguitare; tormentare: **Wartime memories haunted me**, i ricordi della guerra mi ossessionavano.

haunted /ˈhɔːntɪd, *USA* ˈhɔː-, ˈhɑː-/, *a.* ***1*** infestato (dagli spettri): **a h. house**, una casa infestata dagli spettri (*o* dove «ci si sente») ***2*** (*fig.*) ossessionato; perseguitato; tormentato. ● **a h. look**, un'aria spaurita.

haunter /ˈhɔːntə(r), *USA* ˈhɔː-, ˈhɑː-/, *n.* frequentatore assiduo; frequentatrice assidua.

haunting /ˈhɔːntɪŋ, *USA* ˈhɔː-, ˈhɑː-/, *a.* ***1*** ossessionante; che perseguita: **a h. tune**, un motivo musicale ossessionante ***2*** ammaliatore; incantevole; indimenticabile: **the h. beauty of the landscape**, l'incantevole bellezza del paesaggio.

hauntingly /ˈhɔːntɪŋlɪ, *USA* ˈhɔː-, ˈhɑː-/, *avv.* ***1*** in modo ossessionante ***2*** con grande malia; in modo incantevole; incantevolmente (*raro*).

hautboy /ˈəʊbɔɪ, ˈh-/, *n.* (*arc., mus.*) oboe.

hautboyist /ˈəʊbɔɪɪst, ˈh-/, *n.* (*arc., mus.*) oboista.

haute couture /əʊtkuːˈtʊə(r)/ (*franc.*), *n.* alta moda.

hauteur /əʊˈtɜː(r), h-/ *n.* (*lett.*) altezzosità; alterigia; superbia.

Havana /həˈvænə, -ɑːnə/, *n.* ***1*** (*geogr.*) Avana ***2*** (sigaro) avana.

have /hæv/, *n.* (*fam.*) ***1*** imbroglio; inganno; fregatura (*pop.*) ***2*** (*solo al pl.*) abbienti; benestanti; ricchi; nazioni ricche: **the haves and the have-nots**, i ricchi e i poveri; le nazioni ricche e quelle povere.

to **have** /hæv, həv, əv, v, f/ (*pass.* e *p. p.* **had**; *3ª pers. sing. indic. pres.* **has**), *v. t.* ***1*** (*ausiliare, nella voce attiva*) avere; essere: **«Have you seen it?» «Yes, I have [No, I haven't]»**, «l'hai visto?» «sì, l'ho visto [no, non l'ho visto]»; **He has been [gone] there**, è stato [andato] là; **He had come back**, era ritornato; **Had you come earlier...**, se tu fossi venuto prima... ***2*** avere; possedere; ottenere; ricevere: **The school has a large playing ground**, la scuola ha un grande terreno da gioco; **He has a moustache**, ha i baffi; **He has no moustache**, non ha i baffi; **I've got a bad cold**, ho un brutto raffreddore; **Do you ever h. colds?**, ce l'hai mai il raffreddore?; **I had a toothache**, avevo il mal di denti; **We had fine weather all the time**, abbiamo sempre avuto tempo buono; **She is about to h.** (*o* **she's having**) **a baby**, sta per avere un bambino; **He hasn't** (*fam.*: **hasn't got**; *USA*: **doesn't h.**) **much time**, non ha molto tempo; **How much money h. you got?** (*USA*: **do you h.**)?, quanto denaro (*fam.*: quanti soldi) hai?; **I had my work to do**, avevo il mio lavoro da fare; **I had your wire last night**, ho avuto (*o* ricevuto) il tuo telegramma ieri sera; **We h.** (*o* **are having**) **people here tonight**, abbiamo gente (*o* ospiti) stasera; **I've always wanted to h. a sports car**, ho sempre desiderato (avere) un'auto sportiva; **There was nothing to be had**, non era possibile ottenere alcunché; non si poteva avere nulla ***3*** prendere: **May I h. this one?**, posso prendere questo?; **H. some more biscuits!**, prendi degli altri biscotti!; **H. a drink!**, prendi una bibita!; bevi qualcosa!; **to h. no food**, non prender cibo; digiunare ***4*** (*in varie locuz.*) fare: **to h. a walk [a ride, a swim, a bath, a dance, a dream, a game]**, fare una passeggiata [una cavalcata, una nuotata, un bagno, un ballo, un sogno, una partita]; **They're having a meeting**, stanno facendo una riunione; **to h. a song**, fare una cantatina; **to h. a drink**, fare una bevuta; **to h. a change**, fare un cambiamento; **to h. breakfast**, far colazione ***5*** (*causativo*: *seguito da un p. p.*) fare (*più un inf.*): **I must h. my hair cut**, devo farmi tagliare i capelli; **I'll h. you examined by a doctor**, ti farò visitare da un medico; **I had my watch repaired**, feci riparare l'orologio; **H. this done at once**, fallo fare subito ***6*** (*causativo*: *seguito da un inf. o da una forma in* **-ing**) fare (*più un inf.*): **I'll h. the plumber do it**, lo farò fare all'idraulico; **He had us all laughing at his story**, con la sua storiella ci fece ridere tutti ***7*** (*anche* **to h. got**) avere da; dovere; toccare (*impers.*): **I h. to go to the dentist's**, devo andare dal dentista; **I h. to do my homework**, devo (*o* ho da) fare il compito (di casa); **You haven't** (*fam.*: **haven't got**; *USA*: **don't h.**) **to go to school today, h. you?**, non devi (mica) andare a scuola oggi, vero?; **I may h. to stay here**, può darsi che debba (*o* che mi tocchi) restare qui; **We only fight because we h. to**, ci battiamo soltanto perché dobbiamo farlo (*o* perché è nostro dovere) ***8*** permettere; sopportare; tollerare: **I won't h. bad behaviour**, non permetto che ci si comporti male; **I can't h. him shouting like that**, non posso tollerare che urli così; **I won't h. it!**, non lo permetto!; non l'accetto! ***9*** farsi; subire: **to h. a kidney operation**, farsi operare ai reni; subire un'operazione ai reni ***10*** avere alla propria mercé; tenere in pugno (*fig.*); avere la meglio su (q.): **I had**

my opponent now, ormai, tenevo in pugno il mio avversario ***11*** (*fam., di solito al passivo*) fregare (*fam.*); imbrogliare; ingannare; farla a (q.): **He has been had!**, s'è fatto fregare; **I have been had!**, me l'hanno fatta! ***12*** (*seguito da* **it**) dire; scrivere; asserire; sostenere: **as Seneca has it**, come dice Seneca; **The newspapers h. it that the firm will go bankrupt**, i giornali scrivono che la ditta è sull'orlo del fallimento; **He will h. it that your scheme is utopistic**, asserisce che il tuo piano è utopistico; **I h. it for certain**, lo so per certo ***13*** (*form.*) conoscere; sapere; parlare: **He has little Latin and no Greek**, conosce poco il latino e ancora meno il greco; **He has no English**, non sa (*o* non parla) l'inglese; **I h. it from a reliable source**, lo so (*o* l'ho) da fonte attendibile ***14*** prendere; mangiare; bere; fumare: **I only h. black coffee in the morning**, la mattina prendo solo un caffè; **I've only had a hamburger for lunch**, ho mangiato soltanto un hamburger a colazione; **Let's h. a cigar**, fumiamoci un sigaro ***15*** (*fam.*) corrompere; comprare (*fam.*): **I'm afraid he has been had**, temo (che) si sia fatto comprare ***16*** (*idiom.*; *p. es., in*:) **Let me h. a look!**, fammi dare un'occhiata!; **to h. a read**, leggere un poco; dare un'occhiata; **to h. a wash**, darsi una lavata; **Let me h. a try!**, fammi provare!; **Can I h. my Frisbee back, please?**, mi ridà il mio frisbee, per favore?; **Will you h. me stay or go?**, vuoi che resti o che me ne vada?; **What would you h. me do?**, cosa vorresti che facessi?; **I offered it to him, but he wouldn't h. it**, glielo offrii, ma lo rifiutò; **H. your homework done in an hour!**, che il tuo compito (a casa) sia finito entro un'ora!; **I'll h. your tyre mended in a minute**, ci metto un minuto a ripararti la gomma; **She had her bag snatched last night**, fu scippata ieri sera; **I had my leg broken**, mi ruppi una gamba; **Do you often h. dreams?**, sogni spesso? ● (*leg.*) **to h. and to hold**, avere (*o* possedere) a pieno titolo (*di proprietà*) □ **to h. bad colds**, soffrire molto di raffreddore □ (*pop. USA*) **to h. a ball**, divertirsi un sacco (*o* a pollo) □ **to h. charge of sb.**, avere la responsabilità, essere responsabile di q. □ **to h. charge of st.**, avere in custodia q.c.; custodire q.c. □ **to h. to do with**, avere (a) che fare (*o* a che vedere) con (q., q.c.): **I don't want to h. anything to do with him**, non voglio aver nulla a che fare con lui □ **to h. done with**, cessare, smettere (*di fare q.c.*); averla fatta finita con, non volerne più sapere di (q.): **I've done with him!**, ho rotto i ponti con lui! □ **to h. done with it**, finirla, farla finita; non pensarci più: **H. done with it!**, falla finita! □ (*pop.*) **to h. a down on sb.**, avercela con q. □ **to h. a fight with sb.**, battersi con q. □ **to h. fun**, divertirsi; spassarsela □ (*pop. USA*) **to h. a glow on**, essere sbronzo □ **to h. a good time**, divertirsi, spassarsela: **A good time was had by all**, ci divertimmo (*o* si divertirono) tutti moltissimo □ (*fam.*) **to h. had it**, essere finito (*o* rovinato, spacciato); essere esausto (*o* stremato); averci lasciato la pelle; avere perso l'ultima occasione (*fam.*: l'autobus); essere ormai fuori gioco (*fig.*); (*d'artista, cantante, ecc.*) aver fatto il proprio tempo, essere sorpassato; (*di un indumento, ecc.*) essere logoro (*o* consumato, consunto) □ **to h. it in one**, avere la stoffa (*fig.*): **I didn't think he had it in him**, non credevo avesse la stoffa (*o* la vocazione: *dell'attore, ecc.*) □ **to h. it coming to one**, tirarsi addosso un guaio; meritare (*una punizione, ecc.*): **He's had it coming to him!**, se l'è cercata!; se l'è meritata! □ (*pop. USA*) **to h. it made (in the shade)**, avercela fatta (*nella vita*); essere a cavallo (*fig.*) □ **to h. lessons**, prendere (*o* ricevere) lezioni □ **to h. one's (own) way**, fare a modo proprio; averla vinta: **At last his wife had it her way**, alla fine l'ebbe vinta la moglie □ **to h. a quarrel with sb.**, avere (a) che dire con q. □ **to h. a ride**, fare una cavalcata (*o* una gita in moto o in bicicletta); (*gergo dei marinai*) fare il lavativo □ **to h. sex with sb.**, fare l'amore (*o* andare a letto) con q. □ **to h. a woman**, avere (*lett.*: possedere; *pop.*: farsi) una donna □ **to let h.**, fare avere (*una risposta, ecc.*); dare (q.c.): **Let me h. your lighter**, dammi il tuo accendino □ (*fam.*) **to let sb. h. it**, dire a q. il fatto suo; non mandargliela a dire; (*anche*) attaccare, dare addosso a q.: **Let him h. it!**, dagli addosso!; addosso! □ (*fam.*) **I h. it!** (*o* **I've got it**), ci sono!; ho capito!; (*anche*) lo so!, so rispondere! □ (*fam.*) **to h. it from the horse's mouth**, saperlo (*o* averlo saputo) dall'interessato □ (*fam. USA*) **to h. what it takes**, avere quel che ci vuole; avere le qualità necessarie (*per fare q.c.*) □ **You have me** (*o* **you've got me**) **there!**, mi hai preso in castagna!; un punto a tuo favore!; (*anche*) non lo so (proprio)!; mi arrendo! (*fig.*) □ **I'm not having any**, non ne prendo, non ne voglio; (*fam.*) non ci sto più, non mi presto, non ne voglio più sapere! □ **I tried to convince her, but she wasn't having any**, tentai di convincerla, ma lei non voleva nemmeno sentirne parlare □ **I [you] had better**, farei [faresti] meglio; sarebbe meglio che io [tu] (*più inf. senza* **to**): **You'd better go home at once**, faresti meglio ad andare subito a casa □ **I thought I'd better tell her**, pensavo fosse meglio dirglielo □ **I [you] had rather**, preferirei [preferiresti]; preferisco [preferisci]: **I'd rather play than study**, preferirei giocare piuttosto che studiare □ **Rumour has it that...**, corre voce che... □ (*di un prodotto*) **It's to be had at the grocer's**, lo si trova (*o* ce l'hanno) dal droghiere □ **There was none to be had**, non c'era proprio modo di trovarne; non se ne trovava (*o* non ce n'era) più □ (*pop. USA*) **H. a good** (*o* **a nice**) **one!**, ciao!; stammi bene! □ (*fam.*) **H. a heart!**, abbi pietà!; fammi il (santo) piacere!

♦**have about one**, *v. t.* + *prep.* ***1*** avere con (*sé*): **I haven't (got) any change about me**, non ho spiccioli con me ***2*** avere (q. *o* q.c.) presso (*di sé*); avere in (*o* per): **I like having the children about the house**, mi piace avere i bambini per casa ***3*** avere (*esitazioni, riserve, ecc.*) su (q.c.); nutrire (*dubbi, ecc.*) su (q. *o* q.c.).

♦**have st. against sb.**, *v. t.* + *prep.* avere qc. contro q.; avercela con q.

♦**have at**, *v. i.* + *prep.* ***1*** (*arc.*) attaccare (*q., specialm. duellando o nella scherma*): **H. at you!**, toccato! ***2*** (*pop.*) fare l'amore, fare del sesso con (q.).

♦**have it away with**, *v. t., pron. impers., avv.* + *prep.* (*pop.*) farsela con (q.); portarsi a letto (*una ragazza, ecc.*).

♦**have back**, *v. t.* + *avv.* ***1*** avere indietro, riavere (q.c.) ***2*** far ritornare, riprendere con sé (q.) □ **to h. one's own back**, rifarsi, farsi pari (*con q.*); vendicarsi (*di q.*): **Now I've got my own back**, adesso siamo pari! ***3*** invitare (q.) alla propria volta.

♦**have down**, *v. t.* + *avv.* ***1*** calare, tirare giù: **I'll h. your ball down from the roof in no time**, ci metto un attimo a tirarti giù la palla dal tetto ***2*** (*fam.*) invitare, far venire (q.: *dalla città*): **Let's h. them down for the weekend!**, invitiamoli per il fine settimana!

♦**have in**, **A** *v. t.* + *avv.* ***1*** avere (q.c.) in casa; avere (*provviste, ecc.*): **H. we got any wine in?**, del vino, ne abbiamo? ***2*** invitare, far venire (*ospiti*): **We are having them in for tea**, li abbiamo invitati per il tè; vengono a prendere il tè da noi ***3*** chiamare, far venire (*operai in casa, e sim.*): **We are having the upholsterers in tomorrow**, domani abbiamo in casa i tappezzieri. **B** *v. t.* + *prep.* essere capace, in grado (*di fare q.c.*): **I always knew you had it in you to succeed**, sapevo (*o* ho sempre saputo) che ce l'avresti fatta □ (*pop.*) **to h. it in for sb.**, avercela (su) con q.

♦**have off**, *v. t.* + *avv.* ***1*** fare tagliare (*o* togliere): **H. your beard off!**, fatti tagliare la barba! ***2*** (*arc.*) sapere a memoria (*una poesia, ecc.*) □ (*pop.*) **to h. it off with**, farsela con (q.); andare a letto con (*una ragazza, ecc.*).

♦**have on**, **A** *v. t.* + *avv.* ***1*** avere indosso; indossare; portare: **She had a new dress on**, indossava un abito nuovo; **She'd got nothing on**, non aveva niente indosso; era nuda ***2*** avere in programma: **Have you (got) anything on (for) tonight?**, hai qualcosa in programma (per) stasera? ***3*** (*fam.*) prendere in giro (*fam.*: per i fondelli); fare fesso (*pop.*): **Don't listen to him! He's just having you on**, non dargli ascolto! ti sta prendendo in giro ***4*** avere (*o* tenere) acceso (*o* attaccato): **The explorers had the camp fire on all night**, gli esploratori tennero acceso il fuoco del campo tutta la notte; **to h. the iron on**, avere il ferro (da stiro) attaccato. **B** *v. t.* + *prep.* ***1*** avere con (*sé*): **I h. no** (*o* **I don't h. any**) **money on me**, non ho soldi con me ***2*** avere (*prove, o qualcosa in mano*) contro (q.): **The police had nothing on him**, la polizia non aveva prove contro di lui; **They haven't got anything on you**, non hanno niente in mano contro di te □ (*fam.*) **to h. nothing on sb.**, non essere superiore a (q.); non essere da più di (q.).

♦**have out**, *v. t.* + *avv.* ***1*** farsi togliere; farsi cavare: **to h. a tooth [one's appendix, one's tonsils] out**, farsi cavare un dente [togliere l'appendice, le tonsille] ***2*** invitare (q.) fuori (*a pranzo, a una festa, ecc.*) ***3*** decidere, risolvere (*dopo una discussione, una lite, ecc.*); mettere in chiaro: **Let's h. the whole thing out!**, mettiamo in chiaro l'intera faccenda! □ **to h. it out with sb.**, mettere le cose in chiaro (*o* avere una spiegazione) con q.; vedersela con q. □ **to h. one's sleep out**, finire di dormire.

♦**have over**, **A** *v. t.* + *avv.* ***1*** invitare (q.) a casa propria; far venire (*q. come ospite*) ***2*** superare (*q.c. di spiacevole*); non pensare più a (q.c.): **to h. one's operation over (and done with)**, non pensare più a un'operazione subita. **B** *v. t.* + *prep.* avere (q.c.) più di: **What's Mary got over me?**, che cos'ha Mary più di me? (*o* in più, *o* che io non abbia?) □ **to h. it over sb.**, essere (*o* sentirsi) da più di q.: **He has it over me that he's got a girlfriend and I haven't**, si dà arie di superiorità perché lui ha la ragazza e io no.

♦**have round**, *v. t.* + *avv.* *V.* **have over, A**, *def. 1.*

♦**have up**, *v. t.* + *avv.* ***1*** alzare, tirare su (q.c.) ***2*** (*fam.*) chiamare, convocare (q.) ***3*** (*fam.*) far venire, invitare (*in città*) ***4*** (*fam.*) portare in tribunale; denunciare; citare in giudizio: **The roadhog was had up for speeding**, il pirata della strada fu denunciato per eccesso di velocità □ **to h. one's temper up**, essere arrabbiato.

♦**have upon**, *v. t.* + *prep.* *V.* **have on, B.**

♦**have with**, *v. t.* + *prep.* (*in varie locuz.*; *per es.*:) **to h. an affair with sb.**, avere una relazione (amorosa) con q. □ (*fam.*) **to h. no truck with sb. [st.]**, non voler avere a che fare con q. [q.c.] □ **to h. a way with sb.**, saperci fare con q. □ **to h. a way with one**, essere simpatico □ (*fam.*) **to h. a word with sb.**, dire una parola a q. □ **to h. a few words with sb.**, scambiare qualche parola con q. □ (*fam.*) **to h. words with sb.**, venire a parole (*o* avere un diverbio) con q.

haven /ˈheɪvn/, *n.* ***1*** (*naut.*) porto; porto di rifugio; ancoraggio; rada ***2*** (*fig., spesso* **h. of rest**) asilo; rifugio.

haven't /ˈhævnt, -vn/, *contraz. di* **have not**.

to **haver** /ˈheɪvə(r)/, *v. i.* ***1*** (*ingl.*) esitare; titubare; essere indeciso ***2*** (*scozz.*) parlare a vanvera; cianciare.

havers /ˈheɪvəz/, *n. pl.* (*scozz.*) discorsi a vanvera; ciance.

haversack /ˈhævəsæk/, *n.* bisaccia; sacco (*per viveri, ecc.*); zaino.

havings /ˈhævɪŋz/, *n. pl.* proprietà; possedimenti; averi: **all his havings**, tutti i suoi averi.

havoc /ˈhævək/, *n.* devastazione; distruzione;

rovina; strage. ● (*stor.* e *fig.*) **to cry h.**, dare il segnale del saccheggio; dare il via alla devastazione □ **to make h. of**, far strage di; distruggere; rovinare □ **to play h. among**, distruggere; devastare □ **to play h. with**, guastare; rovinare; mandare a monte (*o* a rotoli).

haw (1) /hɔː/, *n.* **1** (*bot.*, *Crataegus oxyacantha*) biancospino **2** bacca del biancospino **3** (*arc.*) recinto.

haw (2) /hɔː/, *n.* (*zool.*) membrana nittitante (*del cavallo, del cane, ecc.*).

haw (3) /hɔː/, **A** *n.* **1** esitazione (*nel parlare*) **2** sghignazzata. **B** *inter.* ehm!

to **haw** /hɔː/, *v. i.* parlare esitando; fare ehm; esitare; titubare.

Hawaiian /həˈwaɪən/, *a.* e *n.* hawaiano; (abitante *o* nativo) delle Hawaii. ● (*geogr.*) **the H. Islands**, le isole Hawaii.

hawfinch /ˈhɔːfɪntʃ/, *n.* (*zool.*, *Coccothraustes coccothraustes*) frusone.

haw-haw /hɔːˈhɔː, ˈhɔːhɔː/, **A** *inter.* ah! ah! **B** *n.* risata fragorosa; risata volgare; sghignazzata.

to **haw-haw** /hɔːˈhɔː/, *v. i.* ridere fragorosamente; sghignazzare.

hawk (1) /hɔːk/, *n.* **1** (*zool.*, *Falco*) falco; (*Accipiter*) sparviero **2** (*fig.*) avvoltoio; persona rapace **3** (*fig., polit.*) falco **4** (*pop. USA*) – **the h.**, il vento tagliente dell'inverno. ● **h.-eyed**, dagli occhi di falco □ (*zool.*) **h. moth** (*Sphinx*), atropo (*farfalla*) □ **h.-nosed**, dal naso aquilino □ (*fig. fam.*) **to know a h. from a handsaw**, avere sufficiente discernimento; essere dotato di senso comune; non prendere fischi per fiaschi (*fam.*).

hawk (2) /hɔːk/, *n.* (*edil.*) nettatoia; sparviero; vassoio.

hawk (3) /hɔːk/, *n.* raschio (*alla gola*).

to **hawk** (1) /hɔːk/, **A** *v. i.* **1** cacciare col falco **2** (*polit.*) essere un falco. **B** *v. t.* cacciare; assalire (*la preda*) dall'alto. ● **to h. at**, assalire dall'alto.

to **hawk** (2) /hɔːk/, **A** *v. t.* **1** vendere (*merce*) per la strada (*o* di casa in casa) **2** (*fig.*) diffondere, divulgare, spargere (*notizie e sim.*). **B** *v. i.* fare il venditore ambulante.

to **hawk** (3) /hɔːk/, **A** *v. i.* raschiarsi la gola. **B** *v. t.* espettorare. ● **to h. up phlegm**, espettorare; scatarrare.

hawkbill /ˈhɔːkbɪl/, *V.* **hawksbill**.

hawker (1) /ˈhɔːkə(r)/, *n.* falconiere.

hawker (2) /ˈhɔːkə(r)/, *n.* venditore ambulante.

hawking (1) /ˈhɔːkɪŋ/, *n.* caccia col falco; falconeria.

hawking (2) /ˈhɔːkɪŋ/, *n.* ambulantato; lavoro di ambulante.

hawkish /ˈhɔːkɪʃ/, *a.* **1** da falco; simile a falco **2** (*polit.*) di (*o* da) falco; aggressivo. ‖ **-ness**, *sost.*

hawklike /ˈhɔːklaɪk/, *V.* **hawkish**.

hawksbill /ˈhɔːksbɪl/, *n.* (*zool.*, *Eretmochelis imbricata*; = **h. turtle**) tartaruga embricata.

hawse /hɔːz/, *n.* (*naut.*) **1** (= **hawsepipe**) cubia; tubo di cubia **2** (= **hawse-hole**) occhio di cubia **3** parte del mascone dove è alloggiata la cubia. ● **h. flaps**, portelli di cubia.

hawser /ˈhɔːzə(r)/, *n.* (*naut.*) gomenetta; gherlino.

hawthorn /ˈhɔːθɔːn/, *n.* (*bot.*, *Crataegus oxyacantha*) biancospino.

hay (1) /heɪ/, *n.* **1** fieno **2** (*pop.*) erba; marijuana. ● **hay-baler**, pressaforaggi; imballatrice □ **hay barn**, fienile □ (*pop. USA*) **hay burner**, cavallo da corsa sfiancato; vecchio ronzino □ (*med.*) **hay fever**, febbre da fieno □ **hay harvest**, fienagione □ **hay-loader**, caricafieno (*macchina*) □ **hay press**, pressaforaggi (*macchina*) □ **to have a roll in the hay**, rotolarsi nel fieno; (*fig.*) fare l'amore nel fieno (*o* nei campi) □ (*fam.*) **to hit the hay**, andare a letto □ (*fig.*) **to look for a needle in a bundle of hay**, cercare un ago in un pagliaio □ **to make hay**, far fieno; falciare e rivoltare il fieno al sole □ (*fig.*) **to make hay of st.**, mettere q.c. sottosopra, in disordine □ (*fig.*) **to make hay while the sun shines**, battere il ferro finché è caldo.

hay (2) /heɪ/, *n.* antica danza campestre (*assai vivace*).

to **hay** /heɪ/, **A** *v. t.* (*raro*) **1** mettere (*un terreno*) a fieno **2** far fieno di (*erbe*). **B** *v. i.* far fieno.

haybox /ˈheɪbɒks/, *n.* (*un tempo*) cassa imbottita di fieno (*per tener calde le vivande*).

haycock /ˈheɪkɒk/, *n.* mucchio di fieno (*nel campo*).

hayfork /ˈheɪfɔːk/, *n.* forcone da fieno; forca fienaia.

hayloft /ˈheɪlɒft, *USA* -ɔːft/, *n.* fienile.

haymaker /ˈheɪmeɪkə(r)/, *n.* **1** chi fa fieno; falciatore (*o* falciatrice) di fieno **2** (*agric.*) fienatrice; schiacciafieno, voltafieno (*macchina*) **3** (*fam., sport*) forte pugno (*dato con moto semicircolare del braccio*); swing.

haymaking /ˈheɪmeɪkɪŋ/, *n.* fienagione.

hayrack /ˈheɪræk/, *n.* **1** rastrelliera per il fieno **2** carro da fieno.

hayrick /ˈheɪrɪk/, *n.* cumulo di fieno; mucchio di fieno.

hayride /ˈheɪraɪd/, *n.* scampagnata su un carro da fieno.

hayseed /ˈheɪsiːd/, *n.* **1** semente da fieno **2** (*pop. USA*) contadino; villano.

haystack /ˈheɪstæk/, *V.* **hayrick**.

hayward /ˈheɪwəd/, *n.* (*stor.*) guardia campestre (*che sorveglia i recinti pubblici*).

haywire /ˈheɪwaɪə(r)/, **A** *n.* fil di ferro per legare balle di fieno. **B** *a.* (*fam.*) **1** confuso; disordinato **2** improvvisato; fatto alla carlona; messo su alla meglio **3** sgangherato: **a h. train**, un treno sgangherato **4** (*di persona*) matto; pazzo; giù di testa (*fam.*). ● **to go h.**, ammattire; impazzire; scombussolarsi; (*di uno strumento, ecc.*) guastarsi, impazzire.

hazard /ˈhæzəd/, *n.* **1** gioco d'azzardo coi dadi **2** azzardo; rischio; pericolo; repentaglio: **a life full of hazards**, una vita piena di rischi; **to put to h.**, mettere a rischio (*o* a repentaglio) **3** caso; sorte; ventura **4** (*golf*) ostacolo naturale (*in un campo*). ● (*autom.*) **h. warning flashers**, luci intermittenti di emergenza □ **at all hazards**, a qualunque costo □ **«Drowning h.»** (*cartello*), «pericolo di annegare» □ (*biliardo*) **losing h.**, il mandare in buca la propria palla □ (*biliardo*) **winning h.**, (colpo che manda la palla dell'avversario in) buca.

to **hazard** /ˈhæzəd/, *v. t.* **1** rischiare; mettere a rischio (*o* a repentaglio): **Acrobats often h. their lives**, gli acrobati rischiano spesso la vita **2** arrischiare; azzardare: **to h. a remark**, arrischiare un'osservazione.

hazardous /ˈhæzədəs/, *a.* **1** azzardato; arrischiato; rischioso; pericoloso: **a h. move**, una mossa rischiosa **2** casuale; fortuito; aleatorio. ‖ **-ly**, *avv.* ‖ **-ness**, *sost.*

haze /heɪz/, *n.* **1** foschia; bruma; caligine; nebbia leggera: **heat h.**, foschia da caldo **2** (*fig.*) offuscamento; confusione mentale **3** (*fotogr.*) velo.

to **haze** (1) /heɪz/, **A** *v. t.* **1** annebbiare **2** offuscare. **B** *v. i.* (*spesso* **to h. over**) annebbiarsi; offuscarsi.

to **haze** (2) /heɪz/, *v. t.* **1** (*naut.*) punire (*un marinaio*) condannandolo a lavori pesanti **2** (*USA*) stuzzicare; tormentare **3** (*USA*) fare la «matricola» a (*studenti novellini*).

hazel /ˈheɪzl/, *n.* **1** (*bot.*, *Corylus avellana*) nocciolo; avellano **2** (= **hazelnut**) nocciola; avellana **3** verga d'avellano **4** color nocciola. ● **h.-eyed**, dagli occhi color nocciola.

hazelly /ˈheɪzəlɪ/, *a.* **1** (*di bosco*) pieno d'avellani **2** color nocciola.

hazily /ˈheɪzəlɪ/, *avv.* confusamente; indistintamente.

haziness /ˈheɪzɪnəs/, *n.* **1** nebbiosità; foschia **2** (*fig.*) nebulosità; incertezza; confusione (*di idee, ecc.*).

hazy /ˈheɪzɪ/, *a.* **1** fosco; caliginoso; nebbioso: **h. weather**, tempo fosco **2** (*fig.*) confuso; indistinto; incerto; vago: **a h. view**, una visione confusa; **a h. idea**, un'idea vaga **3** (*di colore*) tenue; pallido: **h. blue**, azzurro pallido **4** (*di uno specchio*) appannato.

H-bomb /ˈeɪtʃbɒm/, *n.* (*mil.*) bomba H.

to **H-bomb** /ˈeɪtʃbɒm/, *v. t.* bombardare con bombe H.

he (1) /hiː, iː, hɪ, ɪ/, **A** *pron. pers. 3ª pers. sing. m.* **1** egli (*spesso sottinteso in ital.*); lui (*fam., rif. a persone o animali*): **«Where is your father?» «He's at home»**, «Dov'è tuo padre?» «È a casa»; **She called him, but he didn't answer**, lo chiamò, ma lui non rispose; **«Who is it?» «It's he»** (*form.*; *più com.*: **«It's him»**), «Chi è» «È lui»; **It's he who did it**, è stato lui a farlo; **Here he is!**, eccolo!; **He's a fine horse**, è un bel cavallo; **He's a nice little dog**, è un bel cagnetto **2** (*lett.*) colui: **He who steals shall be punished**, colui che (*o* chi) ruba sarà punito. **B** *n.* maschio; maschietto; bambino; bimbo: **Is the baby a he or a she?**, è un maschietto o una femminuccia?; è un bimbo o una bimba? **C** *a. attr.* maschio (*spesso idiom.*): **a he-goat**, un capro (*o* caprone, becco). ● **a he-man**, un uomo forte, virile; un macho (*fam.*): **He's real he-man**, è proprio un maschione □ (*pop. USA*) **he-she**, omosessuale (*uomo*); finocchio (*pop.*) □ (*pop. USA*) **he-togs**, vestiti da uomo □ **Anyone can do it if he or she** (*scrivendo*: **if he/she**) **tries hard**, chiunque può farlo, purché s'impegni a fondo.

he (2) /hiː/, *n.* (*fam.*) chiapparello (*gioco infantile*).

head /hɛd/, **A** *n.* **1** testa, capo (*anche fig.*); cima; capezzale; testata (*del letto*); estremità; promontorio; fonte; origine: **He struck me on the h.**, mi colpì sulla testa; **Your brother is taller than you by a h.**, tuo fratello ti supera di tutta la testa; **He's a hot h.**, è una testa calda; **Use your h.!**, usa la testa (*o* il cervello)!; **five dollars a h.**, cinque dollari a testa; **to be at the h. of an army [of a business]**, essere alla testa d'un esercito [di un'azienda]; **to lower one's h.**, abbassare il capo; **the h. of a family**, il capo d'una famiglia; il capofamiglia; **to sit at the h. of the table**; sedere a capotavola; **three hundred h. of cattle**, trecento capi di bestiame; **at the h. of the page**, in capo (*o* in cima) alla pagina; **Our candidate is at the h. of the poll**, il nostro candidato è in testa nelle votazioni; (*autom., mecc.*) **the cylinder h.**, la testa del cilindro; (*naut.*) **the h. of a mast**, la cima di un albero (di nave); **at the h. of a staircase**, in cima alle scale; **the h. of a nail**, la testa d'un chiodo; **the h. of a hammer**, la testa d'un martello; **the h. of a pier**, l'estremità d'un molo; (*geogr.*) **Beachy H.**, Capo Beachy **2** (*geogr.*) inizio (*d'un lago*); sorgente, capo (*di un fiume*): **at the h. of the lake**, all'inizio del lago; in cima al lago **3** bacino (*per es., idroelettrico*); canale d'afflusso (*a un mulino*): **a good h. of water**, un bacino pieno d'acqua **4** (*fis.*) pressione (*per es., del vapore dell'acqua contenuta in un recipiente*): **available h.**, salto di pressione utilizzabile **5** (*bot.*) capolino; cesto; cespo; palla: **a clover h.**, un capolino di trifoglio; **a h. of lettuce**, un cespo di lattuga; **a cabbage with a good h.**, un cavolo con una bella palla **6** cappello di panna; colletto di schiuma (*di birra, ecc.*): **a glass of milk with a good h.**, un bicchiere di latte con un bel cappello di panna **7** capocchia: **the h. of a pin**, la capocchia d'uno spillo **8** fondo: **the h. of a barrel [of a cask]**, il fondo d'un barile [d'una botte]; **the heads of a drum**, i fondi (*o* le pelli) d'un tamburo **9** punta; lama; taglio: **the h. of an arrow**, la punta d'una freccia; **the h. of an axe**, la lama di un'accetta; il taglio di un'ascia **10** capo; capitolo; paragrafo; punto; voce; intestazione, titolo (*V.* **heading**) **11** (*med.*) punta purulenta, testa (*d'un foruncolo, ecc.*) **12** (*fig.*) crisi decisiva (*o* risolutiva); punto di massima tensione: **Things may soon come to a h.**, le cose possono giungere presto a una crisi risolutiva ***13*** (*fam.*) direttore, preside (*di scuola*) ***14*** (*fam.*) mal di testa (*specialm. conseguente a una sbornia*): **Boy, do I have a h.!**, mamma mia, che mal di testa! ***15*** (*ind. min.*) galleria ***16*** (*mecc.*) testa, fungo (*di una valvola*); (*di motore*) testa, testata ***17*** (*elettron.*, = **magnetic h.**) testina (*di registratore, ecc.*) ***18*** (*naut.*) prora, prua: **The ship was h. to the wind**, la nave aveva la prua controvento (*o* era alla cappa) ***19*** (*mecc.*) fungo (*di valvola, rotaia, ecc.*) ***20*** (*edil.*) traversa (*di porta o di finestra*) ***21*** (*mil.*) testata (*di missile*); ogiva ***22*** (*pop.*; *specialm. in combinazione*) drogato: **acid-h.**, chi si droga con LSD ***23*** (*pop. USA*) tifoso; fanatico; appassionato ***24*** (*pop.*, *in origine naut.*) **– the h.**, il cesso; il gabinetto ***25*** (*pl.*) testa (*di una moneta*): **«Heads or tails?» «Heads – I win!»**, «testa o croce?» «testa – ho vinto io!»; (*fig.*) **Heads I win, tails you lose**, comunque vadano le cose, io ci guadagno e tu ci perdi. **B** *a. attr.* ***1*** capo; principale; primo: **the h. waiter**, il capo cameriere; **our h. office**, il nostro ufficio principale; la nostra sede centrale ***2*** da testa; per la testa: **a h. scarf**, un foulard; un fazzoletto da testa ***3*** di testa; situato in testa ***4*** (*naut.*) di prua; contrario: **h. wind**, vento di prua; **h. tide**, corrente contraria ***5*** (*anat.*) cefalico: **h. fold**, piega cefalica ***6*** (*pop.*) relativo alla droga: **h. kit**, attrezzatura per drogarsi; **h. shop** (*o* **store**), negozio di tali attrezzature. ● **h. and shoulders**, di tutta la testa e delle spalle; (*fig.*) di gran lunga: **Tom is h. and shoulders above any other boy in the class**, Tom è di gran lunga superiore a qualsiasi altro ragazzo della classe □ **h.-and--shoulder photograph**, fotografia formato tessera □ (*autom.*) **h. clearance**, altezza libera □ **h. clerk**, capoufficio, capo ufficio □ **h. foremost**, a testa avanti, a capo in giù, a capofitto; (*fig.*) a precipizio, avventatamente □ (*sport*) **h. guard**, casco □ (*zool.*) **h. louse** (*Pediculus humanus capitis*), pidocchio dei capelli □ **h.-money**, taglia (*su un bandito*); *V.* **h. tax** □ **h. note**, nota in testa a un capitolo; (*mus.*) nota di testa □ (*med.*) **h. nurse**, capoinfermiera □ (*fam.*) **h. of flower** (= **h. of cauliflower**), palla di cavolo □ **a h. of hair**, una (bella) testa di capelli □ (*fam.*) **one's h. off**, completamente; eccessivamente; come un matto (*fam.*): **The baby yelled its h. off**, il bambino urlava come un matto □ **h.-on**, a testa avanti; frontalmente □ **a h.-on collision**, una collisione (*o* un cozzo) frontale □ **h. over heels**, capovolto, sulla testa, a gambe all'aria; (*fig.*) fino in fondo, completamente: **to be h. over heels in debt**, essere indebitato fin sopra i capelli; **to be h. over heels in love with sb.**, essere innamorato cotto di q. □ **h.-page**, prima pagina (*di un libro*) □ **h. porter**, portiere capo, primo portiere (*d'albergo*) □ (*naut.*) **h. sea**, mare di prua □ (*sport*) **h. start**, vantaggio (*anche fig.*) □ **h. tax**, tassa procapite; testatico □ **h. teacher**, preside (*di scuola*) □ **h.-to-h.**, (*sost.*) scontro ai ferri corti; (*agg.*) testa a testa; (*fig.*) ai ferri corti: **a h.-to-h. battle**, uno scontro ai ferri corti □ **h. to wind**, controvento □ (*pop.*) **h. trip**, viaggio (*di drogato*) □ (*mus.*) **h. voice**, registro di testa □ (*idraul.*) **h. water**, acqua a monte □ **h.-wear**, *V.* **headgear**, *def. 1* □ (*di un argomento, un problema, ecc.*) **to be above one's h.**, essere superiore alle proprie forze (mentali); essere incomprensibile □ **to be at the h. of the class**, essere il primo della classe □ (*fig.*) **to bang** (*o* **to beat, hit, knock**) **one's h. against a brick wall**, sbattere la testa contro il muro □ (*fig.*) **to beat sb.'s h. off**, battere (*o* sorpassare, vincere) q. completamente □ (*fam.*) **to bite sb.'s h. off**, mangiare la faccia a q.; mangiarsi vivo q. □ **to bury one's h. in the sand**, fare come lo struzzo □ (*ippica*) **by a h.**, di una testa: **My horse won by a h.**, il mio cavallo vinse di una testa □ **to come to a h.**, (*med.*: *di foruncolo, ecc.*) suppurare; (*fig.*) giungere a una crisi risolutiva □ (*zool.*) **a deer of the first h.**, un cervo che ha appena messo le corna □ (*naut.*) (**down**) **by the h.**, appruato □ **to drag sb. by the h. and ears**, trascinare q. a viva forza □ **to drag in a subject by the h. and ears**, introdurre un argomento che c'entra come i cavoli a merenda □ **to fall h. first** (*o* **h. foremost**), cadere a testa avanti (*o* a capo in giù, a capofitto) □ **from h. to foot**, da capo a piedi; da cima a fondo □ **to go to sb.'s h.**, dare alla testa a q.: **Whisky [success] has gone to his h.**, il whisky [il successo] gli ha dato alla testa □ **to have a big h.**, avere la testa grossa; (*fig.*) essere presuntuoso □ (*fig.*) **to have a (good) h. on one's shoulders**, avere la testa sulle spalle □ **to have a good h. for business**, avere il bernoccolo degli affari □ **to have a poor h. for figures**, essere poco abile nei calcoli □ (*fig.*) **to have a swollen h.**, essersi montato la testa □ **to keep one's h.**, tener la testa a posto; non perdere la testa □ (*fig.*) **to keep one's h. above water**, tenersi a galla; (*fig.*) farcela, (*specialm.*) non fare debiti □ (*fam.*) **to knock a plan on the h.**, mandare all'aria un progetto □ **to lose one's h.**, perdere la testa □ **to make h.**, far progressi; avanzare □ **to make h. against sb.**, tener testa a q.; opporre resistenza a q. □ (*pop.*) **to be off** (*o* **out of**) **one's h.**, essere fuori di sé; esser giù di testa (*o* pazzo) □ (*fam.*) **off the top of one's h.**, a braccio, improvvisando □ (*fig.*) **an old h. on young shoulders**, una persona saggia benché giovane □ **out of one's own h.**, di testa propria □ **to be over one's h.**, *V.* **to be above one's h.** □ (*fig.*) **over sb.'s h.**, all'insaputa, senza il consenso di q., scavalcando q.: **He went over my h. to complain to the boss**, mi scavalcò andando a reclamare dal principale; **to be promoted over the heads of other persons**, ricevere una promozione scavalcando altre persone □ **to put an idea into sb.'s h.**, mettere un'idea in testa a q. □ **to put an idea out of one's h.**, togliersi un'idea dalla testa □ **to put st. out of sb.'s h.**, far passare di mente q.c. a q. □ **to shake one's h.**, scuotere il capo (in segno di diniego, di disapprovazione, o di meraviglia) □ **to snap sb.'s h. off**. *V.* **to bite sb.'s h. off** □ **to take an idea into one's h.**, mettersi in testa un'idea □ **to talk sb.'s h. off**, far venire il mal di capo a q. a furia di parlare; fargli una testa come un pallone □ **to talk over** (*o* **above**) **sb.'s h.**, parlare troppo difficile (perché q. possa capire) □ **to turn sb.'s h.**, far girare la testa a q. (*anche fig.*); dare alla testa a q.: **Success hadn't turned his h.**, il successo non gli aveva dato alla testa □ **to be unable to make h. or tail of st.**, non riuscire a trovare il bandolo di qc.; non saperci trovare né capo né coda; non capirci un'acca □ **to be weak in the h.**, avere poco sale in zucca; avere scarso comprendonio (*fam.*) □ (*fam.*) **Heads will roll**, rotolerà qualche testa!, cadranno delle teste!; qualcuno ci andrà di mezzo! □ (*sport*) **to win by a short h.**, (*ippica*) vincere di una mezza testa; (*fig.*) vincere di stretta misura □ (*pop.*) **I could do it standing on my h.**, io saprei farlo a occhi chiusi □ (*fam. USA*) **Heads up!**, attenti!; giù la testa (*per un pericolo*) □ (*lett.*) **On your h. be it!**, la colpa ricada sul tuo capo! □ **Let's put our heads together**, parliamone insieme!; consultiamoci! □ (*prov.*) **Two heads are better than one**, due teste valgono più di una.

to **head** /hɛd/, **A** *v. t.* ***1*** capeggiare; capitanare; guidare; mettersi (*o* essere) a capo di; essere in testa a: **to h. a revolt**, capeggiare una rivolta; **to h. an army**, capitanare un esercito; **to h. an expedition**, essere a capo di una spedizione; **to h. the government**, essere a capo del governo; fare il primo ministro; **to h. a parade**, essere in testa a una sfilata ***2*** fornire di testa; fare la capocchia a (*uno spillo*) ***3*** intestare; intitolare: **to h. a letter**, intestare una lettera; **to h. a chapter**, intitolare un capitolo ***4*** (*sport*) colpire (*la palla*) di testa ***5*** cimare, potare (*alberi, piante*) ***6*** condurre; dirigere: **I headed the horse towards home**, diressi il cavallo verso casa ***7*** tener testa, far fronte a (*un pericolo, ecc.*). **B** *v. i.* ***1*** dirigersi a: **The explorer headed eastward**, l'esploratore si diresse a oriente; **to h. for one's destination**, dirigersi alla propria meta ***2*** (*di piante, anche* **to h. out, to h. up**) fare cesto; accestire ***3*** (*di fiume*) aver capo; nascere ***4*** (*di un foruncolo, ecc.*) maturare. ● (*sport*) **to h. the ball into goal**, fare gol di testa □ **to h. one's class**, essere il primo della classe □ **to h. home**, andare verso casa.

♦**head after**, *v. i.* + *prep.* mettersi all'inseguimento di (q.).

♦**head away from**, *v. i.* + *avv.* + *prep.* allontanarsi da; andare nella direzione opposta di.

♦**head back**, *v. i.* + *avv.* fare dietrofront (*fig.*); mettersi sulla via del ritorno.

♦**head for**, *v. i.* + *prep.* ***1*** dirigersi a (*o* verso) ***2*** (*naut.*) fare rotta per ***3*** (*fig.*) andare incontro a: **to h. for a record year**, andare incontro a un'annata eccezionale; **Our firm is heading for disaster**, la nostra ditta sta andando incontro a un disastro ***4*** (*fig. fam.*) andare in cerca di: **He's heading for trouble**, va in cerca di guai □ **to h. for an accident**, rischiare un incidente.

♦**head in**, *v. t.* + *avv.* (*calcio*) mettere (*la palla*) in rete di testa: **to h. the ball in**, segnare di testa; **to h. the pass in**, segnare di testa su passaggio.

♦**head into**, *v. i.* + *prep.* ***1*** andare contro (*il vento*): (*aeron.*) **to take off heading into the wind**, decollare mettendosi controvento; (*naut.*) **to h. into the wind**, mettere la prua al vento ***2*** andare nella direzione di; avvicinarsi a: **to h. into a storm**, avvicinarsi a un temporale (*anche in auto, ecc.*).

♦**head off**, **A** *v. t.* + *avv.* ***1*** far deviare (q.); richiamare; dirottare (*fig.*) ***2*** precedere (*tagliando la strada*); intercettare: **to h. off the bank robbers at a crossroads**, intercettare i rapinatori della banca a un incrocio ***3*** prevenire; stornare; evitare: **to h. off an accident**, prevenire un incidente; **to h. off a misunderstanding**, evitare un fraintendimento. **B** *v. i.* + *avv.* (*naut.*) poggiare □ **to h. sb. off onto another subject**, far cambiare discorso a q.

♦**head out**, *v. i.* + *avv.* ***1*** (*bot.*: *di una pianta*) accestire; fare cesto; (*del grano*) fare la spiga ***2*** (*fig. fam. USA*: *di un dibattito, una trattativa, ecc.*) venire al dunque; giungere al momento risolutivo.

♦**head towards**, *v. i.* + *prep.* *V.* **head for**, *def. 1* e *2*.

♦**head up**, **A** *v. t.* + *avv.* ***1*** *V.* **to head**, **A**, *def. 1* ***2*** (*giorn.*) fare i titoli di (*una pagina, ecc.*) ***3*** (*naut.*) tenere (*una nave*) stretta al vento. **B** *v. i.* + *avv.* ***1*** (*bot.*) *V.* **head out**, *def. 1* ***2*** (*naut.*) stringere il vento; andare di bolina □ (*naut.*) **H. her up!**, stringi bene (il vento)!

headache /ˈhɛdeɪk/, *n.* ***1*** mal di testa; mal di capo; (*med.*) cefalea, emicrania: **to have a bad h.**, aver un gran mal di testa ***2*** (*fam.*) grattacapo; seccatura; impresa (*fig.*) ***3*** (*fam.*) seccatore, seccatrice; persona noiosa.

headachy /ˈhɛdeɪkɪ/, *a.* che ha il mal di testa.

headband /ˈhɛdbænd/, *n.* ***1*** benda, fascetta (*intorno al capo*); fermacapelli ***2*** (*legatoria*) capitello.

headbay /ˈhɛdbeɪ/, *n.* bacino a monte (*di diga*).

headboard /ˈhɛdbɔːd/, *n.* testata del letto.

headbone /ˈhɛdbəʊn/, *n.* (*pop. USA*) cranio.

headcheese /ˈhɛdtʃiːz/, *n.* (*cucina, USA*) soppressata; coppa di testa.

headcloth /ˈhɛdklɒθ, *USA* -ɔːθ/, *n.* ***1*** stoffa che riveste la testata del letto ***2*** copricapo; turbante ***3*** fazzoletto da testa.

headcount /ˈhɛdkaʊnt/, *n.* conta (*o* conteggio) dei presenti.

headdress /ˈhɛddrɛs/, *n.* ***1*** copricapo; cappello (*di uniforme, ecc.*) ***2*** acconciatura (*dei capelli*); pettinatura.

headed /ˈhɛdɪd/, *a.* ***1*** (*nei composti*) dalla testa...: **hot-h.**, dalla testa calda; esaltato **2** intestato: **h. notepaper**, carta da lettere intestata **3** (*mecc.*) con testa. ● **to be h. for**, essere diretto a □ **to be h. in the wrong direction**, andare nella direzione sbagliata (*anche fig.*) □ **light-h.**, fatuo; sventato □ **two-h.**, che ha due teste; bicipite □ (*bot.*) **white-h. cabbage**, cavolo cappuccio.

header /ˈhɛdə(r)/, *n.* **1** caduta a capofitto (*o* di testa) **2** tuffo di testa **3** (*edil.*) testata **4** (*tecn.*) collettore (*di tubi o tubazioni*) **5** (*edil.*) mattone messo di taglio (*o* di punta); «testa» **6** (*sport*) colpo di testa (*nel gioco del calcio*) **7** (*elettr.*) piastra (*per terminali*); basetta **8** (*mecc.*) ricalcatrice **9** (*elab.*) testata, intestazione (*di un messaggio*) **10** (*ind. min.*) sperone di roccia. ● (*edil.*) **h. bond**, assestamento di punta □ (*edil.*) **h. course**, ricorso di mattoni di punta.

headfast /ˈhɛdfɑːst, *USA* -æst/, *n.* (*naut.*) cavo di prua; cavo d'ormeggio.

headfirst /ˈhɛdˈfɜːst/, *a.* e *avv.* **1** a testa avanti; a capo in giù; a capofitto **2** (*fig.*) a precipizio; avventatamente. ● **to dive h.**, tuffarsi di testa.

headframe /ˈhɛdfreɪm/, *n.* (*ind. min.*) castelletto di estrazione (*o* di testa di pozzo).

headgear /ˈhɛdgɪə(r)/, *n.* **1** copricapo **2** acconciatura del capo **3** testiera (*di un cavallo*) **4** (*sport*) casco **5** (*ind. min.*) castelletto di estrazione.

headhunter /ˈhɛdhʌntə(r)/, *n.* **1** cacciatore di teste **2** (*fig. fam.*) cacciatore di teste; chi cerca personale direttivo per un'azienda **3** (*fam.*) chi ama mostrarsi (in pubblico) con personaggi influenti.

headhunting /ˈhɛdhʌntɪŋ/, *n.* **1** il cacciare teste (umane) **2** (*fig. fam.*) ricerca di dirigenti aziendali di alto livello.

headiness /ˈhɛdɪnəs/, *n.* **1** impetuosità; avventatezza; precipitazione **2** (*del vino*) l'essere inebriante **3** l'essere eccitante, stimolante.

heading /ˈhɛdɪŋ/, *n.* **1** intestazione; titolo (*di un capitolo*); (*tipogr.*) titolo corrente, testatina **2** rubrica; sezione **3** (*ind. min.*) galleria di avanzamento **4** (*aeron., naut.*) rotta (*o* prua, prora); (*anche*) avanzamento: **changes of h.**, cambiamenti di prora **5** (*calcio*) gioco di testa: **His h. is very good**, ha un magnifico gioco di testa. ● (*calcio*) **h. the ball**, gioco di testa □ (*bot.*) **h.-out** (*o* **h.-up**), accestimento.

headlamp /ˈhɛdlæmp/, *n.* (*autom.*) faro (anteriore); proiettore. ● **h. wiper**, tergifaro.

headland /ˈhɛdlənd/, *n.* **1** (*geogr.*) capo; promontorio **2** (*agric.*) striscia di terreno non arata (*in un campo*).

headless /ˈhɛdləs/, *a.* **1** (*anche mecc.*) senza testa: **h. bolt**, bullone senza testa **2** senza capo; senza guida **3** (*fam.*) scervellato; senza testa; sventato.

headlight /ˈhɛdlaɪt/, *n.* **1** (*autom.*) faro; proiettore **2** (*naut.*) luce di posizione anteriore **3** (*pl.*) (*pop. USA*) occhi **4** (*pl.*) (*volg. USA*) tette.

headline /ˈhɛdlaɪn/, **A** *n.* **1** (*in un giornale, ecc.*) titolo; titolo di testata **2** (*tipogr.*) titolo **3** (*pl.*) (*radio, TV*) sommario **4** (*naut.*) *V.* **headrope**. **B** *a. attr.* da prima pagina; clamoroso: **h. arrests of politicians and big industrialists**, arresti calmorosi di politici e grossi industriali. ● (*fam.*) **to make** (*o* **to hit**) **the headlines**, fare notizia; (*di persona*) avere gli onori della cronaca, diventare famoso.

to **headline** /ˈhɛdlaɪn/, *v. t.* **1** (*giorn.*) menzionare nei titoli; fare un titolo su (*un avvenimento*) **2** (*fig.*) evidenziare; mettere (q.c.) in risalto **3** (*di un attore, un cantante, ecc.*) essere l'attrazione principale di (*uno spettacolo*).

headlock /ˈhɛdlɒk/, *n.* (*lotta*) presa di testa.

headlong /ˈhɛdlɒŋ, *USA* -ɔːŋ/, **A** *avv.* **1** a testa avanti; a capofitto **2** (*fig.*) precipitosamente; impetuosamente. **B** *a.* **1** precipite (*lett.*); a capofitto: **a h. fall**, una caduta a capofitto **2** (*fig.*) precipitoso; impetuoso; avventato: **a h. move**, una mossa avventata. ● **a h. dive**, un tuffo di testa.

headman /ˈhɛdmæn/, *n.* (*pl.* **headmen**) **1** capo; capotribù **2** caposquadra di operai **3** (*ind. min.*) agganciatore, vagonista.

headmaster /ˈhɛdˈmɑːstə(r), *USA* -æs-/, *n.* direttore, preside (*di scuola*).

headmastership /ˈhɛdˈmɑːstəʃɪp, *USA* -æs-/, *n.* direzione, presidenza (*di una scuola*).

headmistress /ˈhɛdˈmɪstrɪs/, *n.* direttrice, preside (*di scuola*).

headmost /ˈhɛdməʊst/, *a.* che è in testa; il più avanzato; primo.

headphone /ˈhɛdfəʊn/, *n.* **1** auricolare **2** (*pl.*) cuffia; auricolare.

headpiece /ˈhɛdpiːs/, *n.* **1** copricapo **2** (*stor., mil.*) elmo; elmetto **3** (*fig.*) testa; cervello; intelligenza; mente **4** cuffia; auricolare **5** (*tipogr.*) capopagina; frontone; testata (decorativa).

headquarters /hɛdˈkwɔːtəz, *USA* ˈhɛdk-/, *n. pl.* (*spesso col verbo al sing.*) **1** (*mil.*) quartier generale **2** (la) centrale (*della polizia*) **3** (*comm., fin.*) sede centrale; direzione **4** (*fig.*) sede; luogo di raduno; ritrovo. ● (*mil.*) **the h. staff**, (gli ufficiali del)lo stato maggiore.

headrest /ˈhɛdrɛst/, *n.* **1** poggiacapo (*di poltrona di barbiere, ecc.*) **2** (*autom.*) appoggiatesta; poggiatesta.

headroom /ˈhɛdruːm, -rʊm/, *n.* **1** (*ind. costr.*) altezza libera (di passaggio) **2** (*ind. min.*) altezza (*di cantiere sotterraneo*); (*anche*) franco verticale.

headrope /ˈhɛdrəʊp/, *n.* **1** (*naut.*) gratile; ralinga **2** (*ind. min.*) fune di trazione (*o* d'estrazione).

headscarf /ˈhɛdskɑːf/, *n.* (*pl.* **headscarves**) foulard.

headset /ˈhɛdsɛt/, *n.* cuffia; auricolare.

headshake /ˈhɛdʃeɪk/, *n.* scossa del capo (*di dissenso, ecc.*).

headshaker /ˈhɛdʃeɪkə(r)/, *n.* **1** chi scuote il capo (*o* la testa) **2** (*fig.*) pessimista; scettico; incredulo.

headship /ˈhɛdʃɪp/, *n.* **1** comando; autorità suprema; guida **2** ufficio di direttore (*o* preside: *di una scuola*).

headshrinker /ˈhɛdʃrɪŋkə(r)/, *n.* **1** (*scherz.*) strizzacervelli; psichiatra **2** cacciatore di teste (*che essicca e riduce di dimensioni le teste recise*).

headsill /ˈhɛdsɪl/, *n.* (*edil.*) architrave (*di porta o finestra*).

headsman /ˈhɛdzmən/, *n.* (*pl.* **headsmen**) (*stor.*) boia; carnefice.

headspring /ˈhɛdsprɪŋ/, *n.* **1** fonte (*anche fig.*); sorgente; origine **2** (*ginnastica*) capriola in appoggio sul capo.

headsquare /ˈhɛdskwɛə(r)/, *n.* foulard.

headstall /ˈhɛdstɔːl/, *n.* testiera (*delle briglie del cavallo*).

headstand /ˈhɛdstænd/, *n.* (*ginnastica*) verticale.

headstock /ˈhɛdstɒk/, *n.* (*mecc.*) testa, tappo fisso (*di tornio, ecc.*).

headstone /ˈhɛdstəʊn/, *n.* **1** pietra tombale; lapide **2** (*edil.*) pietra angolare (*anche fig.*) **3** (*archit.*) chiave di volta (*anche fig.*).

headstrong /ˈhɛdstrɒŋ, *USA* -ɔːŋ/, *a.* caparbio; ostinato; testardo. || **-ly**, *avv.* || **-ness**, *sost.*

headwaters /ˈhɛdwɔːtəz, *USA* -wɒt-/, *n. pl.* sorgenti: **the h. of the Nile**, le sorgenti del Nilo.

headway /ˈhɛdweɪ/, *n.* **1** movimento in avanti; marcia avanti; (*fig.*) progresso **2** (*naut.*) abbrivio in avanti **3** (*ind. costr.*) altezza libera (*per es.: d'un arco, di una galleria*) **4** (*trasp.*) intervallo (*di tempo o di spazio: nelle corse di veicoli che percorrono la stessa linea*). ● (*fig.*) **to make h.**, far progressi.

headwind /ˈhɛdwɪnd/, *n.* (*naut.*) vento contrario; vento di prua.

headword /ˈhɛdwɜːd/, *n.* (*tipogr.*) **1** prima parola (*di capitolo, ecc.*) **2** (*di un dizionario*) lemma; esponente.

headwork /ˈhɛdwɜːk/, *n.* **1** lavoro mentale; lavoro di testa **2** (*sport*) gioco di testa.

headworks /ˈhɛdwɜːks/, *n. pl.* (*ind. costr.*) opere a monte.

heady /ˈhɛdɪ/, *a.* **1** impetuoso; avventato; precipitoso **2** (*di bevanda alcolica*) che dà alla testa; forte; inebriante (*anche fig.*) **3** caparbio; testardo **4** (*fig.*) eccitante; esaltante; entusiasmante **5** esaltato; inebriato: **h. with success**, inebriato dal successo.

to **heal** /hiːl/, **A** *v. t.* **1** guarire; sanare; risanare: **to h. the sick**, guarire gli ammalati; **to h. a wound**, sanare una ferita; **to h. a grief**, sanare un dolore **2** (*anche* **to h. over, up**) cicatrizzare (*una ferita, ecc.*) **3** (*fig.*) aggiustare; comporre; rimediare: **to h. a quarrel**, comporre una lite. **B** *v. i.* **1** guarire; rimettersi in salute **2** (*di ferita, anche* **to h. over, up**) cicatrizzarsi; rimarginarsi: **The wound healed in a few days**, la ferita si rimarginò in pochi giorni.

heal-all /ˈhiːlɔːl/, *n.* **1** rimedio universale; panacea **2** (*bot., Prunella vulgaris*) brunella.

healer /ˈhiːlə(r)/, *n.* **1** guaritore, guaritrice **2** (*fig.*) rimedio.

healing /ˈhiːlɪŋ/, **A** *a.* **1** che sta guarendo **2** curativo; medicamentoso; salutare: **h. ointments**, unguenti medicamentosi. **B** *n.* **1** guarigione **2** cicatrizzazione.

health /hɛlθ/, *n.* **1** salute; sanità: **good [poor] h.**, buona [cattiva] salute **2** brindisi: **to drink sb.'s h.**, fare un brindisi a q. **3** (*fig.*) prosperità. ● (*in G.B.*) **H. Authority**, l'Autorità Sanitaria □ **h. care**, la sanità (*in G.B.*) **h. centre**, centro sanitario (*o* di medicina preventiva) □ **h. certificate**, certificato medico □ **h. food**, cibo macrobiotico; alimenti naturali (*o* integrali) □ (*spreg.*) **h. freak**, fanatico dell'alimentazione naturale □ **h. inspection**, controllo sanitario □ **h. farm** (*o* **h. camp**), clinica della salute (*per cure dimagranti, ecc.*) □ **h. insurance**, assicurazione contro le malattie □ (*ass.*) **private h. insurance**, assicurazione volontaria contro le malattie □ **h. officer**, ufficiale sanitario □ **h. problems**, problemi di salute □ **h. resort**, luogo di cura; stazione climatica □ **h. salts**, sali lassativi □ **h. spa**, stazione termale (*per cure dimagranti, ecc.*) □ **h. visitor**, assistente sanitario □ **bill of h.**, patente sanitaria □ **to drink (to) the h. of sb.**, bere alla salute di q.; fare un brindisi a q. □ **Ministry of H.**, Ministero della Sanità.

healthful /ˈhɛlθfl/, *a.* **1** salubre; salutare; igienico **2** (*raro*) sano. || **-ly**, *avv.* || **-ness**, *sost.*

healthily /ˈhɛlθəlɪ/, *avv.* salubremente; salutarmente.

healthiness /ˈhɛlθɪnəs/, *n.* **1** sanità; (buona) salute **2** salubrità.

healthy /ˈhɛlθɪ/, *a.* **1** sano; che gode buona salute: **h. children**, bambini sani **2** salubre; salutare; igienico: **a h. climate**, un clima salubre **3** (*fam.*) forte; vigoroso: **a h. appetite**, un forte appetito **4** (*fig.*) prospero; fiorente; sano (*fig.*): **a h. economy**, un'economia prospera (*o* sana). ● **h.-minded**, sano di mente □ (*fin.*) **h. profits**, buoni profitti □ **to have a h. mistrust of politicians**, avere una salutare sfiducia nei politici.

heap /hiːp/, *n.* **1** mucchio; cumulo; ammasso; catasta; monte (*fig. fam.*): **a h. of rubbish**, un mucchio d'immondizia; (*fam.*) **a h. of money**, un mucchio di soldi **2** (*fam. USA*) vecchia auto (*o* motocicletta); carcassa, macinino (*fig.*). ● (*fam.*) **heaps of time**, un sacco di tempo; molto tempo □ (*fam.*) **heaps of times**, un mucchio di volte; spessissimo □ (*fam.*) **to feel heaps better**, stare molto meglio □ (*fam.*) **to be knocked** (*o* **struck**) **all of a h.**, rimanere confuso (*o* stordito).

to **heap** /hiːp/, *v. t.* **1** ammucchiare; accatastare; ammonticchiare: **to h. (up) sacks**, ammucchiare sacchi **2** accumulare; ammassare: **to h. up riches**, accumulare ricchezze **3** dare in gran quantità; profondere; riversare: **I heaped gifts upon her**, profusi doni su di lei **4** caricare; colmare: **to h. sb. with favours**, colmare q. di favori. ● **to h. insults on sb.**, coprire q. d'insulti □ **to h. stacks of wood**, accatastare la legna □ **a heaped** (*USA*: **heaping**) **spoonful**, un cucchiaio colmo.

to **hear** /hɪə(r)/ (*pass.* e *p. p.* **heard**), **A** *v. t.* ***1*** udire; sentire (*fam.*); intendere: **I can h. nothing**, non sento nulla; **We heard him call for help**, l'udimmo chiedere aiuto ***2*** ascoltare; dare ascolto; esaudire: **H. this piece of news**, ascolta questa notizia!; **I cannot h. you now**, non posso darti ascolto ora; **He heard my entreaties**, diede ascolto alle (*o* esaudì le) mie suppliche ***3*** sentire; apprendere; imparare; ricevere (*una notizia*): **Have you heard the latest?**, hai sentito l'ultima? ***4*** (*leg.*) ascoltare (*testimonianze*); esaminare (*prove*); discutere, giudicare (*una causa*); escutere (*testi*): **The case will be heard next week**, la causa sarà giudicata la prossima settimana; **The committee will h. tens of witnesses**, la commissione escuterà decine di testimoni. **B** *v. i.* sentire; sentirci: **Granny doesn't h. well**, la nonna non ci sente bene (*è un po' sorda*). ● (*leg.*) **to h. both cases**, udire entrambe le parti in causa □ **to h. a sermon**, ascoltare una predica □ (*fam.*) **to h. tell of st.**, sentir parlare di q.c.: **I've often heard tell of the expensive jewels she wears**, ho sentito parlare spesso dei costosi gioielli che porta □ (*comm.*) **hoping to h. from you as soon as possible**, nell'attesa di una Vostra gradita, sollecita risposta □ **to make oneself heard**, farsi sentire □ **I must be hearing things**, devo avere le traveggole □ **I can't h.!**, non ci sento!; (*telef.*) non si sente (nulla)! □ (*fam.*: *introducendo una barzelletta*) **Have you heard the one about...?**, la sai quella su...? □ **H.! h.!**, udite! udite!; bene!; bravo! (*anche iron.*); questa è bella!

♦ **hear about**, *v. i.* + *prep.* sentir parlare di; sentire; apprendere; avere notizia di: **Did you h. about the ambassador's reception?**, hai sentito (*o* saputo) del ricevimento all'ambasciata?; **Have you heard about Jack being arrested?**, hai sentito che hanno arrestato Jack? □ **You'll h. about it** (**later**), se ne riparla poi!; (*minaccia*) poi facciamo i conti!

♦ **hear from**, *v. i.* + *prep.* ***1*** ricevere (*o* avere) notizie da: **I haven't heard from them for a month**, è un mese che non ho loro notizie ***2*** avere una comunicazione (ufficiale) da (*un ente, ecc.*) ***3*** sentire (*fig.*): **You'll h. from the boss when he turns up!**, sentirai il capo quando rientra! □ **You'll be hearing from my solicitor**, Le scriverà il mio avvocato.

♦ **hear of**, *v. i.* + *prep.* ***1*** avere notizie di (q.) ***2*** sentir parlare di; avere notizia di (q.c.); sapere di: **How did you h. of our TV sets?**, in che modo avete saputo dei nostri televisori?; **I never heard of him**, non ne ho mai sentito parlare; non lo conosco neanche di nome; **I won't h. of it**, non voglio nemmeno sentirne parlare! ***3*** sentire dire: **I've never heard of a girl hitting her mother**, non s'è mai sentito dire (*o* saputo) che una ragazza abbia picchiato la madre □ **I won't h. of such a thing!**, neanche a parlarne!; no e poi no! □ **He went to Australia and was never heard of again**, andò in Australia e non se ne seppe più nulla.

♦ **hear out**, *v. t.* + *avv.* ***1*** ascoltare fino alla fine; ascoltare ancora un po': **to h. a lecturer out**, ascoltare un conferenziere fino alla fine (del discorso); **Please, h. me out!**, per favore, ascoltami ancora un po'! ***2*** assistere a (*un concerto, ecc.*) fino alla fine.

♦ **hear through**, *v. t.* + *avv.* ascoltare (*un disco, un concerto, ecc.*) fino alla fine.

hearable /ˈhɪərəbl/, *a.* udibile.

heard /hɜːd/, *pass.* e *p. p.* di **to hear**.

hearer /ˈhɪərə(r)/, *n.* uditore, uditrice; ascoltatore, ascoltatrice.

hearing /ˈhɪərɪŋ/, *n.* ***1*** udito: **His h. is not very good**, ha l'udito poco buono ***2*** udienza; ascolto; indagine conoscitiva: **to give sb. a h.**, dare udienza (*o* ascolto) a q. ***3*** (*leg.*) udienza: **h. in chambers**, udienza a porte chiuse. ● (*med.*) **h. aid**, apparecchio acustico (per sordità); protesi acustica □ **h. room**, sala delle udienze; (*in un carcere*) parlatoio □ **to gain** (*o* **to get**) **a h.**, riuscire a farsi ascoltare □ **to be hard of h.**, esser duro d'orecchi □ **to give sb. a fair h.**, ascoltare q. imparzialmente; dar modo a q. di spiegarsi (*o* discolparsi, ecc.) □ **in sb.'s h.**, in modo che q. possa sentire; in presenza di q.: **Don't talk about it in his h.**, non parlarne in sua presenza! □ **out of h.**, troppo lontano per essere udito □ **within h.**, a portata d'orecchio □ **It was said in my h.**, l'ho sentito con le mie orecchie.

to **hearken** /ˈhɑːkən/, *v. i.* – (*lett.*) **to h. to**, dare ascolto a, ascoltare attentamente (q.).

hearsay /ˈhɪəseɪ/, *n.* sentito dire; diceria; pettegolezzo; voce: **to know st. by h.**, saper q.c. per sentito dire. ● (*leg.*) **h. evidence**, testimonianza fondata su dicerie; prova «per sentito dire» (*o* de auditu) (*non è ammessa*).

hearse /hɜːs/, *n.* ***1*** carro funebre ***2*** (*arc.*) bara.

heart /hɑːt/, **A** *n.* ***1*** cuore (*anche fig.*); affetto; anima; animo; coraggio; centro; mezzo; grumolo: **Smoking is bad for the h.**, il fumo fa male al cuore; **a man with a good h.**, un uomo dal cuore buono; **He has no h.**, non ha cuore; **I know in my h. that...**, il cuore mi dice che...; **the h. of the tree**, il cuore del legno; **the h. of a rope**, l'anima d'una corda; **the h. of a cabbage**, il grumolo d'un cavolo; **the queen of hearts**, la regina di cuori (*nelle carte*); **in the h. of the jungle**, nel cuore della giungla ***2*** (*fig.*) parte principale; essenza; nocciolo (*di un problema, ecc.*): **the h. of the matter**, il nocciolo della faccenda ***3*** (*vezzegg., al vocat.*) cuoricino (mio); tesoro ***4*** (*naut.*) anima (*di un albero*) ***5*** (*naut.*) bigotta a mandorla ***6*** (*alle carte*) (carta di) cuori: **I've only one h.** (**left**) **in my hand**, ho soltanto un cuori in mano ***7*** (*pop. USA*) compressa di amfetamina (*o* di benzedrina). **B** *a. attr.* cardiaco: **h. attack**, attacco cardiaco. ● **h. and soul**, anima e corpo; con tutta l'anima: **to throw one's h. and soul** (*o* **to throw oneself h. and soul**) **into st.**, darsi (*o* dedicarsi) a q.c. anima e corpo □ (*fig.*) **h.('s)-blood**, sangue vitale; vita □ (*med.*) **h. complaint**, difetto (*o* vizio) cardiaco □ (*med.*) **h. disease**, malattia di cuore; cardiopatia □ **h.'s ease**, tranquillità d'animo; (*bot., Viola tricolor*) viola del pensiero □ (*med.*) **h. failure**, colpo apoplettico; infarto □ **h.-free**, che ha il cuore libero □ (*med.*) **h.-lung machine**, macchina cuore-polmone □ (*fig.*) **hearts of oak**, uomini coraggiosi □ (*fisiol.*) **h. rate**, frequenza cardiaca □ **h.-rending**, straziante □ **h.-searching**, esame di coscienza (*o* dei propri sentimenti) □ **h.-shaped**, cuoriforme □ **h.-stirring**, eccitante; emozionante □ (*med.*) **h. surgery**, cardiochirurgia □ **h.-throb**, battito cardiaco; (*fig.*) passione, amore; (*fam.*) fiamma, innamorato, innamorata; (*pop.*) (un) rubacuori: **Ann is my h.-throb**, Ann è la donna del mio cuore; il mio cuore batte per Ann □ **h.-to-h.**, (*agg.*) franco, sincero, schietto; (*avv.*) con franchezza, sinceramente: **a h.-to-h. talk**, un discorso fatto col cuore in mano; un discorso franco, schietto □ (*zool.*) **h. urchin** (*Spatangus*), riccio di mare cuoriforme □ **h.-warming**, caloroso; che fa bene al cuore; generoso; commovente, toccante: **a h.-warming offer**, un'offerta generosa □ (*raro*) **h.-whole**, che ha il cuore libero, non innamorato; sincero, schietto; intrepido, coraggioso □ **after one's** (**own**) **h.**, secondo i propri desideri; (*di persona*) di proprio gusto, che va a genio: **Jane is the girl after my own h.**, Jane è la ragazza dei miei sogni (*o* è proprio il mio tipo) □ **at h.**, in (cuor proprio; a cuore; nel cuore; in fondo: **to be sad at h.**, avere la tristezza nel cuore; avere il cuore gonfio; **to be sick at h.**, avere la morte nel cuore; essere desolato, disperato; **I have world peace at h.**, ho a cuore la pace del mondo; **He's not a bad boy at h.**, in fondo, non è un cattivo ragazzo □ **to break sb.'s h.**, spezzare il cuore di q. □ **to break one's h. over st.**, rodersi il cuore (*o* guastarsi il fegato) per q.c. □ **by h.**, a memoria: **to know st. by h.**, sapere q.c. a memoria; **to learn** (*o* **to get**) **st. by h.**, imparare q.c. a memoria □ **to clasp sb. to one's h.**, stringersi al cuore (*o* al petto) q. □ **to be close to sb.'s h.**, (*di una persona*) essere nel cuore di q., essere vicino (*o* caro) a q.; (*di un problema, ecc.*) stare a cuore a q. □ **to cry one's h. out**, piangere tutte le proprie lacrime □ **to be dear** (*o* **near**) **to sb.'s h.**, essere nel cuore a q.; essere vicino (*o* caro) a q. □ **to die of a broken h.**, morire di crepacuore □ **to eat one's h. out**, mangiarsi (*o* rodersi) il cuore □ **to feel sad** (**sick**) **at h.**, *V.* **to be sad** (**sick**) **at h.**, *sotto* **at h.** □ **to find one's way into sb.'s h.**, (riuscire ad) arrivare al cuore di q.; accattivarsi la simpatia di q. □ **from the bottom of one's h.** (*o* **from the h.**), dal profondo del cuore; sinceramente □ **to get to the h. of the matter**, andare al fondo della faccenda □ **to give one's h. to sb.**, dare (*o* donare) il cuore a q.; innamorarsi di q. □ **to harden one's h. against sb.**, assumere un atteggiamento rigido verso q. □ **to have the h. to do st.**, avere il cuore (*o* il coraggio) di fare q.c.: **I didn't have the h. to break him the bad news**, mi mancò il cuore di dargli la brutta notizia; **Can you have the h. to do it?**, ti basta il cuore di farlo?; te la senti proprio di farlo (*fam.*)? □ **to have one's h. in st.**, impegnarsi seriamente in q.c.; fare q.c. con entusiasmo □ (*fam.*) **to have one's h. in one's boots**, avere una grande paura; essersi perso d'animo □ (*fam.*) **to have one's h. in one's mouth**, avere il cuore in gola □ **to have one's h. in the right place**, avere un cuore grande così (*fam.*); essere una persona di (buon) cuore □ **to have one's h. on one's work**, dedicarsi anima e corpo al proprio lavoro □ **in one's h. of hearts**, nel profondo del cuore; nel proprio intimo □ **to keep a good h.**, stare di buon animo □ **to lay st. to h.**, prendersi a cuore q.c. □ **to let one's h. rule one's head**, dare retta al cuore (e non alla ragione) □ **to lose h.**, perdersi di cuore (*o* d'animo); scoraggiarsi □ **to lose one's h. to sb.**, dare (*o* donare) il cuore a q.; innamorarsi di q. □ **to move sb.'s h.**, toccare il cuore di q.; commuovere q. □ **to open** (*o* **to pour out**) **one's h. to sb.**, aprire il cuore a q.; confidarsi (*o* sfogarsi) con q. □ **to be out of h.**, essersi perso d'animo; essere scoraggiato □ **to pluck up h.**, *V.* **to take h.** □ **to put one's h. into st.**, fare q.c. con il cuore (*o* con passione): **Our team put their hearts into the game**, la nostra squadra ha giocato con il cuore □ **to put sb. in good h.**, fare cuore (*o* coraggio) a q.; incoraggiare q. □ **to see into sb.'s h.**, leggere nel cuore di q. □ **to set one's h. on st.**, mettere (*o* porre) il cuore in q.c. (*lett.*); decidere (*o* proporsi recisamente) di (*fare q.c.*): **My sister has set her h. on going to China on a holiday**, mia sorella ha deciso di andare in vacanza in Cina □ (*nei giochi di carte*) **a small h.**, una carta bassa di cuori □ (*med.*) **smoker's h.**, tachicardia del fumatore □ **to steel one's h. against sb.**, assumere un atteggiamento rigido nei confronti di q. □ **to take h.**, farsi cuore; farsi coraggio; rincuorarsi □ (*fig.*) **to take the h. out of sb.**, scoraggiare q. □ **to take st. to h.**, prendersi a cuore q.c.; (*anche*) prendersela per q.c.: **You shouldn't take his criticisms to h.**, non devi prendertela per le sue critiche □ **to one's h. content**, a piacere; a volontà □ **to touch sb.'s h.**, toccare il cuore di q.; commuovere q. □ **a union of hearts**, un'unione basata sull'affetto; un matrimonio d'amore □ **to wear one's h. upon one's sleeve**, avere il cuore sulle labbra; parlare con il cuore in mano □ **to win the h. of a girl**, conquistare una ragazza □ **to win the hearts and minds of the workers**, conquistare il favore degli operai □ **with all one's h.**, di tutto cuore; di vero cuore □ **with half a h.**, di malavoglia; senza entusiasmo □ **with a heavy h.**, a malincuore; malvolentieri □ **with a kind h.**, di buon cuore: **a**

man with a kind h., un uomo di cuore (*o* dal cuore d'oro) □ **with a light h.**, a cuor leggero; serenamente; volentieri □ **My h. bled for the flood victims**, mi piangeva il cuore per gli alluvionati □ **It does my h. good**, mi fa bene al cuore; mi fa molto piacere □ **My h. sank at the sight**, mi sentii mancare il cuore a quella vista □ **Can you find it in your h. to do it?**, ti regge (*o* ti basta) il cuore di farlo? □ (*prov.*) **The h. is wiser than the head**, il cuore non sbaglia (mai) □ (*prov.*) **Kind hearts are more than coronets**, la gentilezza d'animo vale più di un titolo nobiliare.

to **heart** /hɑ:t/, *v. t.* **1** (*pop. USA*) amare; voler bene a (q.) **2** (*arc.*) V. **to hearten**.

heartache /ˈhɑ:teɪk/, *n.* accoramento; angoscia; patema.

heartbeat /ˈhɑ:tbi:t/, *n.* **1** battito cardiaco; pulsazione **2** emozione; batticuore.

heartbreak /ˈhɑ:tbreɪk/, *n.* crepacuore.

heartbreaking /ˈhɑ:tbreɪkɪŋ/, *a.* **1** straziante **2** faticoso; estenuante; snervante: **a h. task**, un compito snervante.

heartbroken /ˈhɑ:tbrəʊkən/, *a.* con il cuore infranto; straziato; disperato.

heartburn /ˈhɑ:tbɜ:n/, *n.* (*med.*) bruciore di stomaco; pirosi.

heartburning /ˈhɑ:tbɜ:nɪŋ/, *n.* astio; rancore.

hearted /ˈhɑ:tɪd/, *a.* (*nei composti, per es.*:) **cold-h.**, freddo; insensibile; **half-h.**, esitante; tiepido; **hard-h.**, che ha il cuore duro, di sasso; insensibile; **light-h.**, felice; spensierato.

to **hearten** /ˈhɑ:tn/, **A** *v. t.* (*spesso* **to h. up**) rincuorare; incoraggiare: **I heartened up the poor widow**, rincuorai la povera vedova. **B** *v. i.* rincuorarsi; farsi coraggio; farsi animo.

heartening /ˈhɑ:tnɪŋ/, *a.* incoraggiante; rincuorante.

heartfelt /ˈhɑ:tfelt/, *a.* profondo (*fig.*); di cuore; sincero; vivo: **h. sympathy**, profonda (*o* viva) simpatia.

hearth /hɑ:θ/, *n.* **1** focolare; (*fig.*) focolare domestico, casa **2** (*metall.*) letto di fusione; suola **3** (*naut.*) cucina di bordo. ● (*metall.*) **h. furnace**, forno Martin □ **h. rug**, tappeto davanti al focolare.

hearthstone /ˈhɑ:θstəʊn/, *n.* **1** piastra del focolare **2** pietra per pulire focolari; pomice **3** (*fig.*) focolare domestico; casa.

heartily /ˈhɑ:təlɪ/, *avv.* **1** cordialmente; di cuore: **I thank you h.**, ti ringrazio di cuore **2** con grande entusiasmo; di buona lena (*o* voglia): **I threw myself into my work h.**, mi misi al lavoro con grande entusiasmo **3** di buon appetito: **I ate h.**, mangiai di buon appetito **4** completamente; assai, molto: **to be h. glad**, essere assai lieto. ● **I am h. sick of it**, sono arcistufo di (tutto) ciò.

heartiness /ˈhɑ:tɪnəs/, *n.* **1** cordialità; sincerità; calore (*fig.*) **2** giovialità; cordialità; allegria **3** entusiasmo; passione **4** vigoria; robustezza; vigore.

heartland /ˈhɑ:tlənd/, *n.* cuore, zona centrale (*di un paese, di un continente, ecc.*).

heartless /ˈhɑ:tləs/, *a.* **1** senza cuore; crudele; insensibile **2** (*arc.*) scoraggiato; privo d'entusiasmo. ‖ **-ly**, *avv.* ‖ **-ness**, *sost.*

heartsick /ˈhɑ:tsɪk/, *a.* afflitto; affranto; desolato; disperato.

heartsore /ˈhɑ:tsɔ:(r)/, *a.* accorato; addolorato.

heartstrings /ˈhɑ:tstrɪŋz/, *n. pl.* le corde del cuore (*fig.*); gli affetti più profondi. ● **to tug at sb.'s h.**, toccare il cuore di q.; commuovere profondamente q.

heartwood /ˈhɑ:twʊd/, *n.* (*bot.*) durame; cuore del legno.

hearty /ˈhɑ:tɪ/, **A** *a.* **1** cordiale; caloroso (*fig.*); sincero; vivo: **a h. welcome**, calorose accoglienze; **h. sympathy**, viva simpatia **2** profondo (*fig.*); forte: **a h. dislike**, una forte antipatia **3** sano; vigoroso; vegeto: **The old man is still hale and h.**, quel vecchio è ancora arzillo e vegeto **4** abbondante; buono: **a h. meal**, un pasto abbondante; **a h. appetite**, un buon appetito **5** (*fam.*) esuberante; festoso; vivace **6** (*di terreno*) fertile **7** (*fam.*) sportivo. **B** *n.* **1** (*nelle università inglesi*) studente che fa dello sport; atleta; sportivone (*fam.*) **2** (*fam.*) compagno; marinaio. ● **a rugby h.**, un giocatore di rugby □ **to be a h. eater**, mangiare di buon appetito; essere una buona forchetta (*fig.*) □ **a h. laugh**, una risata di cuore; una bella risata □ (*arc.*) **My hearties!**, miei prodi!

heat /hi:t/, *n.* **1** calore (*anche fig.*); caldo; ardore, fervore, foga, impeto: **The plants are suffering from the h.**, le piante soffrono per il (gran) caldo; **sultry h.**, caldo afoso (*o* soffocante); **to plead with great h.**, perorare con gran calore; **in the h. of discussion**, nella foga della discussione; **in the h. of the battle**, nel fervore della battaglia; nel mezzo della mischia **2** sapore piccante: **the h. of red pepper**, il sapore piccante del peperoncino rosso **3** (*sport*) eliminatoria; batteria **4** (*metall.*) infornata; colata **5** (*zool.*) calore; estro: **a bitch in h.** (*USA*: **on h.**), una cagna in calore; **to go in** (*o* **into**) **h.**, andare in calore **6** (*med.*) stato febbrile **7** (*fam.*) riscaldamento: **to turn up the h.**, accendere (*o* alzare) il riscaldamento **8** (*fam.*) coercizione; pressione. ● (*aeron.*) **h. barrier**, barriera del calore □ (*fis.*) **h. conductivity**, conduttività termica □ **h. convector**, termoconvettore □ (*med.*) **h.-cure** (*o* **h.-treatment**), termoterapia □ (*fis.*) **h. engine**, macchina termica □ (*tecn.*) **h. exchanger**, scambiatore di calore □ (*med.*) **h. exhaustion**, collasso da calore □ (*elettr.*) **h. lamp**, lampada a raggi infrarossi □ **h. lightning**, lampi estivi (*per la calura*); fulmine muto □ **h.-proof**, a prova di calore; antitermico; atermico □ (*med.*) **h. rash**, infiammazione cutanea; sfogo, calore (*fam.*) □ (*autom.*) **h. rear window**, lunotto termico □ **h.-resistant**, resistente al calore; termoresistente; (*di stoviglie*) a prova del calore, refrattario □ (*miss.*: *di un razzo*) **h.-seeking**, termico; attirato dalle fonti di calore □ (*miss.*) **h. shield**, scudo termico □ (*elettron.*) **h. sink**, dissipatore □ **h.-spot**, lentiggine □ (*metall.*) **h. treatment**, trattamento termico □ **h. wave**, ondata di caldo □ (*sport*) **a dead h.**, una gara alla pari; una prova nulla □ **high h.**, fiamma alta: **to put the kettle on a high h.**, mettere il bricco a fiamma alta □ (*fis.*) **latent h.**, calore latente □ (*cucina*) **low h.**, fiamma bassa □ (*med.*) **prickly h.**, malattia della pelle propria dei climi caldi □ (*fig.*) **to put the h. on sb.**, mettere q. sotto pressione □ (*fis.*) **specific h.**, calore specifico □ (*fig.*) **to take the h. off sb.**, allentare la pressione su q. □ **white h.**, (*metall.*) calor bianco; (*fig.*) acuta eccitazione □ (*fig. fam.*) **The h.'s on!**, la situazione si fa tesa; comincia a far caldo (*fig.*) □ (*fig.*) **If you cannot stand the h., get out of the kitchen**, o bere o affogare.

to **heat** /hi:t/, **A** *v. t.* scaldare; riscaldare; infiammare (*fig.*): **to h.** (**up**) **a room**, scaldare una stanza; **to h. up the broth**, riscaldare il brodo. **B** *v. i.* **1** scaldarsi; riscaldarsi **2** (*fig.*) accalorarsi; infiammarsi.

heated /ˈhi:tɪd/, *a.* **1** riscaldato **2** (*fig.*) accalorato; acceso; animato: **a h. debate**, un animato dibattito **3** (*di solito* **to h. up**) (*fig.*) adirato; arrabbiato. ● **to get h. with whisky**, eccitarsi col whisky.

heatedly /ˈhi:tɪdlɪ/, *avv.* calorosamente; appassionatamente; animatamente.

heater /ˈhi:tə(r)/, *n.* **1** apparecchio di riscaldamento; riscaldatore; bollitore (*per l'acqua calda*) **2** stufetta elettrica: **fan h.**, stufetta elettrica a ventola; convogliatore d'aria calda **3** (*autom.*) impianto di riscaldamento **4** (*pop. USA*) pistola. ● **bath h.**, scaldabagno □ **electric h.**, stufa elettrica □ **food h.**, scaldavivande □ **gas h.**, stufa a gas.

heath /hi:θ/, *n.* **1** brughiera; landa **2** (*bot., Erica*) erica **3** (*bot., Tamarix gallica*) cipressina; scopa marina **4** (*bot.*) *Aristida dichotoma* **5** (*bot.*) *Empetrum nigrum*. ● (*bot.*) **h. bell**, (*Erica tetralyx*) macchiaiola; *Erica cinerea*; *Cassiope mertensiana* □ (*bot.*) **h.-berry**, bacca di mirtillo (*o di altra pianta di brughiera*) □ (*zool.*) **h. cock** (*Lyrurus tetrix*), maschio del fagiano di monte.

heathen /ˈhi:ðn/, **A** *n.* **1** pagano, pagana; infedele **2** barbaro; selvaggio (*anche fig.*): **These boys behave like young heathens**, questi ragazzi si comportano da piccoli selvaggi. **B** *a.* **1** pagano **2** barbaro: **a h. land**, un paese barbaro.

heathendom /ˈhi:ðndəm/, *n.* **1** paganesimo **2** paganità; mondo pagano.

heathenish /ˈhi:ðənɪʃ/, *a.* **1** pagano; paganeggiante **2** barbaro.

heathenism /ˈhɪðənɪzəm/, *n.* **1** paganesimo **2** barbarie.

to **heathenize** /ˈhi:ðənaɪz/, **A** *v. t.* **1** rendere pagano; paganizzare **2** imbarbarire. **B** *v. i.* **1** diventar pagano **2** imbarbarirsi.

heathenry /ˈhi:ðnrɪ/, **1** V. **heathenism** **2** V. **heathendom**.

heather /ˈheðə(r)/, *n.* (*bot.*) **1** (*Erica*) erica **2** (*Calluna vulgaris*) crecchia; brentolo; brugo **3** *Hudsonia tomentosa* **4** *Empetrum nigrum*. ● (*bot.*) **h. bell**, (*Erica tetralix*) macchiaiola; *Erica cinerea* □ **h. mixture**, tessuto di lana di colori misti (*verde, porpora e marrone*: *somigliante al colore dell'erica*) □ (*scozz.*) **to take to the h.**, darsi alla macchia; diventare un bandito.

heathery /ˈheðərɪ/, *a.* **1** coperto d'erica **2** simile all'erica.

heathland /ˈhi:θlænd/, *n.* brughiera; landa.

heathy /ˈhi:θɪ/, *a.* che ha il carattere della landa (*o* della brughiera).

heating /ˈhi:tɪŋ/, *n.* riscaldamento: **central h.**, riscaldamento centrale. ● **h. apparatus**, impianto di riscaldamento; calorifero; termosifone □ **h. appliances**, apparecchi per riscaldamento (*domestico*) □ **h. consultant**, tecnico d'impianti di riscaldamento □ **h. contractor** (*o* **h. engineer, h. installer**), installatore d'impianti di riscaldamento; fumista □ **h. fuel**, nafta (*o* gasolio) da riscaldamento □ **h. oil**, olio combustibile □ **h. plant**, impianto di riscaldamento.

heatproof /ˈhi:tpru:f/, *a.* (*di stoviglie, ecc.*) resistente al calore; refrattario; pirofilo. ● **a h. pan**, una pirofila.

heatstroke /ˈhi:tstrəʊk/, *n.* (*med.*) colpo di calore.

heave /hi:v/, *n.* **1** sforzo, strappo (*per sollevare o lanciare q.c.*); sollevamento **2** il sollevarsi; il gonfiarsi; spinta: **the h. of the sea**, il gonfiarsi del mare (*che preme sulla nave*); la spinta del mare **3** lancio; tiro **4** conato di vomito **5** (*geol.*) rigetto orizzontale **6** (*pl.*) (*vet.*) bolsaggine (*del cavallo*). ● (*fam. ingl.*: *di un supermercato, ecc.*) **to be heaving**, essere affollato.

to **heave** /hi:v/ (*pass.* e *p. p.* **heaved, hove**), **A** *v. t.* **1** sollevare; alzare (*lentamente, con sforzo*); (*naut.*) alare, alzare, issare, levare: **to h. trunks**, sollevare tronchi d'albero; **to h. the anchor**, levare l'ancora **2** emettere; gettare: **to h. a groan**, gettare un lamento; **to h. a sigh**, emettere un sospiro **3** (*naut., fam.*) gettare; lanciare: **to h. st. overboard**, gettare q.c. a mare **4** (*geol.*) spostare (*uno strato*) per scorrimento. **B** *v. i.* **1** sollevarsi, alzarsi (*con moto ritmico*); (*del mare*) gonfiarsi **2** ansare; anelare; palpitare: **a heaving bosom**, un petto anelante **3** (*naut.*: *di nave*) sollevarsi sulle onde **4** (*naut.*) tonneggiare **5** (*naut.*) virare **6** vomitare; avere conati di vomito; recere (*raro*). ● (*naut.*) **to h. around**, virare sull'argano □ **to h. at st.**, cercare (*o* sforzarsi) di sollevare q.c. □ (*naut.*) **to h. down a ship**, abbattere (*o* inclinare) una nave □ (*naut.*) **to h. in sight**, apparire all'orizzonte □ **to h. on**, tirare (*un cavo*); alare (*una cima*) □ (*naut.*) **to h. out**, mollare (*una vela, ecc.*) □ (*di nave*) **to h. to**, mettersi in panna (*o* alla cappa) □ **to h. up**, vomitare; (*naut.*) levare l'ancora, salpare □ (*gergo naut.*) **H. ho!** (*o* **H. away!**), issa! □ (*lett.*)

heaving billows, cavalloni sempre più grossi □ **His chest heaved with sobs**, il suo petto era scosso dai singhiozzi.

heaven /ˈhɛvn/, *n.* cielo; paradiso: **to be in h.**, essere in cielo (*o* in paradiso); **to be at the seventh h.** (*o* **the h. of heavens**), essere al settimo cielo (*o* al colmo della felicità); **the heavens**, i cieli; **H. knows I need your help**, lo sa il Cielo se ho bisogno del tuo aiuto! ● **h.-born**, d'origine divina; celeste; divino □ (*relig.*) **h.-fallen**, caduto dal cielo □ **h.-sent**, provvidenziale □ **H. forbid!**, il Cielo non voglia! □ **by H.!**, in nome del Cielo! □ **For H.'s sake!**, per amor del Cielo! □ **Good Heavens!**, santo Cielo! □ (*fig.*) **to move h. and earth**, muovere mari e monti; fare l'impossibile (*o* di tutto).

heavenliness /ˈhɛvnlɪnəs/, *n.* l'essere celeste (*o* celestiale).

heavenly /ˈhɛvnlɪ/, *a.* **1** del Cielo; celeste; celestiale; divino: **h. bodies**, corpi celesti; **h. music**, musica celeste; **h. goodness**, bontà celestiale; **h. beauty**, bellezza divina **2** (*fam.*) eccellente; delizioso; squisito: **What h. figs!**, che fichi eccellenti! ● (*relig.*) **the H. City**, la Città Celeste □ **h.-minded**, devoto; pio; santo □ (*astron.*) **the H. Twins**, i Gemelli.

heavenward /ˈhɛvnwəd/, **A** *a.* rivolto al cielo. **B** *avv. V.* **heavenwards**.

heavenwards /ˈhɛvnwədz/, *avv.* verso il cielo.

heaver /ˈhiːvə(r)/, *n.* **1** sollevatore **2** scaricatore (*di porto*).

heavily /ˈhɛvəlɪ/, *avv.* **1** pesantemente; gravemente; faticosamente **2** assai; molto: **a h. loaded truck**, un autocarro molto carico (*o* stracarico) **3** gravemente; duramente; fortemente: **h. damaged**, gravemente danneggiato; **to be h. taxed**, essere fortemente gravato dal fisco **4** densamente: **a h. populated country**, un paese densamente popolato.

heaviness /ˈhɛvɪnəs/, *n.* **1** pesantezza; gravezza **2** (*fig.*) monotonia; malinconia **3** (*fig.*) avvilimento; tristezza (*V.* **heavy**).

heaving /ˈhiːvɪŋ/, *n.* **1** l'alzare; sollevamento **2** (*naut.*) sollevamento. ● (*naut.*) **h. and setting**, beccheggio (*di una nave all'ancora*).

heavy /ˈhɛvɪ/, **A** *a.* **1** pesante (*anche fig.*); grave; gravoso; noioso; opprimente; indigesto; greve per il sonno; assonnato: **h. artillery**, artiglieria pesante; (*fis. nucl.*) **h. hydrogen**, idrogeno pesante; (*econ.*) **h. industries**, le industrie pesanti; (*trasp.*) **h. haulage**, i trasporti pesanti □ **h. ground**, terreno pesante; **a h. fall**, una grave (*o* brutta) caduta; **a h. responsibility**, una grave responsabilità; **h. news**, notizie gravi, sgradevoli; **a h. task**, un compito gravoso; **h. food**, cibo pesante; **a h. style**, uno stile pesante; **a h. meal**, un pasto pesante; **h. eyelids**, palpebre grevi per il sonno, assonnate **2** grande; grosso; forte; violento; abbondante: **a h. crop**, un grande raccolto; un raccolto abbondante; **a h. blow**, un forte colpo; **a h. smell**, un forte odore; (*autom.*) **h. traffic**, forte traffico; traffico intenso; **h. rain**, forte pioggia; pioggia violenta; **a h. sea**, mare grosso; **a h. storm**, una violenta tempesta; (*autom.*) **a h. grade**, una forte salita; **h. expenses**, forti spese; **h. sorrow**, grave (*o* forte) dolore **3** grande; forte; accanito: **a h. drinker**, un forte bevitore; **a h. eater**, un gran mangiatore; **a h. smoker**, un fumatore accanito **4** malinconico; triste; rattristato: **a h. fate**, un triste fato; **with a h. heart**, col cuore rattristato (*o* gonfio) **5** (*di strada, ecc.*) fangoso; di difficile transito **6** (*del cielo*) coperto; nuvoloso; plumbeo **7** (*di persona*) lento, tardo (*nel parlare, pensare, ecc.*) **8** goffo; pesante; sgraziato; grossolano; massiccio; tozzo **9** (*pop.*) importante; serio; pesante: **a very h. matter**, una faccenda molto seria; **a h. date**, un appuntamento importante **10** (*pop., specialm. USA*) violento; (*specialm.*) spinto; di violenza: **a h. mob**, una folla violenta; **a h. scene**, una scena di violenza **11** (*mil.*) pesante; di grosso calibro: **h. guns**, cannoni di grosso calibro **12** (*teatr.*) pomposo; solenne; (*di ruolo*) da cattivo **13** (*Borsa*) pesante: **The market is h.**, il mercato è pesante **14** (*fin.*) grave; rilevante: **h. losses**, perdite rilevanti. **B** *n.* **1** (*pop.*) pezzo grosso (*fig.*); alto papavero (*fig.*) **2** (*teatr.*) ruolo da cattivo **3** (*teatr.*) (il) cattivo **4** (*mil.*) pezzo d'artiglieria pesante **5** (*mil., naut.*) grossa nave da guerra; corazzata; portaerei **6** (*pop.*) teppista; (*anche*) gorilla **7** (*sport*) peso massimo **8** (*pl.*) (*fam. ingl.*) i giornali seri (e noiosi) **9** (*pl.*) (*fam.*) droghe pesanti. ● (*mil.*) **h.-armed**, munito d'armamento pesante □ **the h. artillery**, (*mil.*) l'artiglieria pesante; (*fig. fam.*) i pezzi grossi □ **a h. breather**, uno che respira male; (*fig.*) uno che importuna donne con telefonate oscene □ (*aeron.*) **h. bomber**, bombardiere pesante □ (*comm.*) **a h. buyer**, un grosso acquirente □ **a h. cake**, una torta che non ha lievitato □ (*naut.*) **h. calibre**, grosso calibro; calibro principale □ **a h. cold**, un forte raffreddore □ **h. cream**, panna grassa □ (*naut.*) **h. cruiser**, incrociatore pesante □ **h.-duty**, pesante; per servizio pesante; robusto □ (*fam. USA*) **h. foot**, uno che ha il piede pesante (*sull'acceleratore*); uno che va a tavoletta □ **h. ground**, terreno pesante; (*ind. min.*) terreno instabile □ (*mil.*) **h. guns**, cannoni di grosso calibro; artiglieria pesante □ **h.-handed**, goffo, maldestro; oppressivo, tirannico; che ci va giù pesante (*fam.*); (*di un complimento, ecc.*) pesante □ **h.-hearted**, malinconico; triste; depresso □ (*USA*) **h. hitter**, (*baseball*) bravo battitore; (*fig.*) forte picchiatore; (*fig.*) negoziatore tenace □ **h. in** (*o* **on**) **hand**, (*di cavallo*) duro di morso; (*fig.*: *di persona*) tardo di mente □ **h.-laden**, che porta un grave carico; (*fig.*) dolente, triste □ **h. metal**, (*metall.*) metallo pesante; (*mil.*) artiglieria pesante; (*anche*) munizioni di grosso calibro; (*mus.*) heavy metal □ **h. metal headbanger** (*o* **freak**), metallaro □ (*chim.*) **h. oil**, olio pesante □ **to be h. on sb.**, opprimere q. □ (*mecc.*) **to be h. on**, consumare molto (*carburante, olio, ecc.*) □ **h. petting**, petting spinto □ **h.-pulling**, che tira forte (*o* con grande forza) □ **h.-set**, atticciato; tarchiato; tracagnotto □ **a h. shower** un forte acquazzone; un rovescio di pioggia □ **a h. sleeper** una persona dal sonno pesante □ (*chim.*) **h. spar**, barite □ (*chim.*) **h. water**, acqua pesante □ (*fis. nucl.*) **h.-water reactor**, reattore ad acqua pesante □ (*aeron.*) **heavier-than-air**, più pesante dell'aria (*rif. ad aereo, aliante, elicottero e sim.*) □ **to become h.**, appesantirsi; ingrassare □ **to be going h. on** (*o* **with**), darci dentro a (*vino, birra, ecc.*) □ **to lie h. on**, pesare su (*fig.*), essere di peso a: **Treason lies h. on his conscience**, il tradimento gli pesa sulla coscienza □ (*fig.*) **to make h. weather of st.**, fare (apparire) q.c. più difficile di quello che è □ **to play the h. father with sb.**, dare una bella lavata di capo (*o* strigliata) a q. □ (*teatr.*) **to play the part of the h. father**, fare la parte del padre nobile □ (*naut.*) **stern-h.**, appoppato □ **This novel is h. reading**, questo romanzo è pesante (*o* noioso) □ **The job was h. going**, il lavoro procedeva a rilento (*o* a stento) □ **Time hangs h.**, il tempo passa lentamente; le ore si succedono monotone.

heavyweight /ˈhɛvɪweɪt/, **A** *n.* **1** (*boxe, lotta*) peso massimo; massimo (*fam.*) **2** persona che è sovrappeso **3** (*fig. fam.*) persona che ha molto peso (*fig.*); pezzo grosso; alto papavero. **B** *a. attr.* **1** (*sport*) dei massimi: **h. championship**, campionato dei massimi **2** (*di tessuto*) pesante **3** (*fig. fam.*) di un certo peso (*fig.*); importante.

hebdomad /ˈhæbdəmæd/, *n.* (*lett.*) ebdomada (*lett.*); settimana.

hebdomadal /hɛbˈdɒmədl/, *a.* (*lett.*) ebdomadario (*lett.*); settimanale.

Hebe /ˈhiːbiː/, *n.* **1** (*mitol.*) Ebe **2** (*scherz.*) cameriera (*di bar*).

hebephrenia /hiːbɪˈfriːnɪə/, *n.* (*psic.*) ebefrenia.

hebephrenic /hiːbɪˈfrɛnɪk/, *a.* e *n.* (*psic.*) ebefrenico.

to **hebetate** /ˈhɛbɪteɪt/, *v. t.* e *i.* inebetire; rendere (*o* diventare) ebete.

hebetude /ˈhɛbɪtjuːd, *USA* -tuːd/, *n.* ebetismo; stupidità.

Hebraic /hiːˈbreɪɪk/, *a.* ebraico, israelitico.

Hebraism /ˈhiːbreɪɪzəm/, *n.* ebraismo.

Hebraist /ˈhiːbreɪɪst/, *n.* ebraista.

Hebraistic(al) /hiːbreɪˈɪstɪk(l)/, *a.* ebraico, israelitico.

to **Hebraize** /ˈhiːbreɪaɪz/, **A** *v. t.* ebraizzare; rendere ebreo. **B** *v. i.* **1** diventare ebreo **2** usare ebraismi.

Hebrew /ˈhiːbruː/, **A** *a.* ebreo; ebraico; israelitico. **B** *n.* **1** ebreo, ebrea; israelita **2** ebraico (*la lingua*). ● (*fam.*) **It is H. to me**, per me è arabo (*o* è incomprensibile).

Hebrides (the) /ˈhɛbrɪdiːz/, *n. pl.* (*geogr.*) le Ebridi (*isole*).

Hecate /ˈhɛkətɪ/, *n.* (*mitol.*) Ecate.

hecatomb /ˈhɛkətəʊm/, *n.* (*anche fig.*) ecatombe.

heck (1) /hɛk/, *n.* (*dial. scozz. e ingl. sett.*) grata per ostruire il passaggio dei pesci (*in un fiume*).

heck (2) /hɛk/, **A** *n.* (*pop. per* **hell**) inferno; diavolo **B** *inter.* diamine!; diavolo! ● **What the h.!**, al diavolo!; chi se ne frega!

to **heckle** /ˈhɛkl/, *v. t.* **1** (*ind. tess.*) pettinare, scapecchiare, scotolare (*lino, canapa, ecc.*) **2** (*fig.*) beccare (*fig.*), interrompere continuamente, rivolgere domande imbarazzanti a (*un oratore*) **3** (*fig.*) infastidire; importunare.

heckler /ˈhɛklə(r)/, *n.* **1** (*ind. tess.*) pettinatore; scotolatore **2** (*fig.*) interlocutore importuno; disturbatore, disturbatrice (*di comizi, ecc.*).

heckling /ˈhɛklɪŋ/, *n.* **1** (*ind. tess.*) pettinatura; scotolatura **2** interruzioni continue (*di un oratore*); azione di disturbo.

hectare /ˈhɛktɛə(r), -ɑː(r)/, *n.* ettaro.

hectic /ˈhɛktɪk/, **A** *a.* **1** (*med., raro*) etico (*raro*); tisico; di consunzione: **h. fever**, febbre ricorrente; febbre di consunzione **2** (*raro*) febbrile; acceso: **h. cheeks**, guance accese, infuocate **3** (*fam.*) agitato; febbrile; frenetico; intenso; movimentato; sfrenato; tumultuoso: **a h. activity**, un'attività febbrile; **a h. career**, una carriera movimentata. **B** *n.* (*med.*) **1** febbre ricorrente **2** (*raro*) rossore tipico dei tisici.

hectogram(me) /ˈhɛktəgræm/, *n.* ettogrammo; etto (*fam.*).

hectograph /ˈhɛktəʊgrɑːf, *USA* -æf/, *n.* poligrafo; ciclostile.

to **hectograph** /ˈhɛktəʊgrɑːf, *USA* -æf/, *v. t.* poligrafare; ciclostilare.

hectolitre /ˈhɛktəliːtə(r)/, *n.* ettolitro.

hectometre /ˈhɛktəmiːtə(r), hɛkˈtɒmɪ-/, *n.* ettometro.

hector /ˈhɛktə(r)/, *n.* gradasso; rodomonte; bravaccio; spaccone.

to **hector** /ˈhɛktə(r)/, **A** *v. t.* infastidire; insolentire; minacciare; intimidire. **B** *v. i.* fare il gradasso (*o* lo spaccone).

Hector /ˈhɛktə(r)/, *n.* (*mitol.*) Ettore.

Hecuba /ˈhɛkjʊbə/, *n.* (*mitol.*) Ecuba.

he'd /hiːd, iːd, hɪd, ɪd/, *contraz.* di **1** **he had** **2** **he would**.

heddle /ˈhɛdl/, *n.* (*ind. tess.*) liccio. ● **h. eyes**, cappi di liccio.

hedge /hɛdʒ/, *n.* **1** siepe: **quickset h.**, siepe viva **2** (*fig.*) barriera; riparo; protezione: **Buying real property is a good h. against inflation**, l'acquisto d'immobili è un buon riparo dall'inflazione **3** (*in una scommessa*) copertura; scommessa pro e contro **4** (*Borsa, fin.*) copertura (*contro le fluttuazioni del mercato*) **5** risposta evasiva. ● (*Borsa*) **h. contract**, contratto a termine □ **h. cutter**, tosasiepi; tagliasiepe □ (*bot.*) **h.-hyssop** (*Gratiola officinalis*), graziola; tossicaria □ **h.-marriage**, matrimonio clandestino □ **h.-parson** (*o* **h.-priest**), prete ambulante piuttosto incolto □ (*zool.*) **h. sparrow** (*Prunella modularis*), passera scopaiola □ **h. trimmer**, *V.* **h. cutter**.

to **hedge** /hɛdʒ/, **A** *v. t.* ***1*** circondare con una siepe: **to h. a garden**, circondare un giardino con una siepe ***2*** (*fig., di solito* **to h. in**) circondare; custodire, proteggere; impacciare, vincolare: **to h. in the enemy army**, circondare l'esercito nemico; **to h. sb. in** (*o* **round**) **with hard and fast rules**, vincolare q. con regole rigide ***3*** (*fin.*) coprirsi (*o* mettersi al riparo) da (*rischi di perdite*): **to h. creeping inflation**, mettersi al riparo dall'inflazione strisciante. **B** *v. i.* ***1*** fare (*o* piantare) siepi ***2*** cimare (*o* tagliare) siepi ***3*** (*fin.*) coprirsi dai rischi (*per es., nelle scommesse*); mettersi al riparo; proteggersi: **to h. against loss due to price fluctuations**, proteggersi dalle perdite derivanti da oscillazioni dei prezzi ***4*** evadere una domanda; essere evasivo; esitare; nicchiare. ● **to h. a bet**, scommettere pro e contro □ (*fig.*) **to h. one's bets**, tenere il piede in due staffe □ (*fig.*) **to be hedged about** (*o* **around**) **by strict rules**, essere vincolato da regole rigide.

hedgehog /ˈhɛdʒhɒg, *USA* -ɔːg/, *n.* ***1*** (*zool., Erinaceus europaeus*) riccio ***2*** (*zool., USA*) (*Erethizon*) porcospino; (*Hystrix*) istrice ***3*** (*mil.*) posizione fortificata; cavallo di Frisia; ostacolo antisbarco ***4*** (*naut.*) istrice; porcospino ***5*** (*fig.*) istrice (*fig.*); individuo scorbutico.

to **hedgehop** /ˈhɛdʒhɒp/, *v. i.* ***1*** (*aeron.*) volare (a volo) radente ***2*** (*fig.*) divagare; saltare di palo in frasca.

hedgehopping /ˈhɛdʒhɒpɪŋ/, *n.* (*aeron.*) volo radente.

hedger /ˈhɛdʒə(r)/, *n.* ***1*** chi pianta (*o* taglia) siepi ***2*** (*fin.*) chi si copre da rischi eccessivi (*nelle scommesse, ecc.*) ***3*** (*fig.*) individuo cauto, prudente.

hedgerow /ˈhɛdʒrəʊ/, *n.* siepe d'arbusti (*o* di cespugli).

hedging /ˈhɛdʒɪŋ/, *n.* ***1*** il piantar siepi ***2*** recinzione con siepi ***3*** manutenzione delle siepi ***4*** (*ippica*) scommessa pro e contro ***5*** (*Borsa, fin.*) copertura (*di compravendita, contro le fluttuazioni, ecc.*). ● (*Borsa*) **h. for the settlement**, arbitraggio a termine.

hedonic /hɪˈdɒnɪk/, *a.* ***1*** edonico (*raro*) ***2*** che dà piacere ***3*** euforico: **to be in a h. state**, essere in stato euforico.

hedonism /ˈhiːdənɪzəm/, *n.* edonismo.

hedonist /ˈhiːdənɪst/, *n.* edonista.

hedonistic /hiːdəˈnɪstɪk/, *a.* edonistico.

heebie-jeebies /hiːbɪˈdʒiːbɪz/, *n. pl.* (*pop.*) ***1*** ansia; nervosismo; paura ***2*** avversione; fastidio; insofferenza.

heed /hiːd/, *n.* attenzione; cura; precauzione: **Take h. of what I say**, fa' attenzione a quello che dico! ● **to give** (*o* **to pay**) **h. to sb.**, dare ascolto (*o* dare retta) a q. □ **to take h. of st.**, badare, prestare attenzione a q.c.

to **heed** /hiːd/, **A** *v. t.* badare a; dar retta a; tener conto di: **You must h. your teacher's advice**, devi dare retta ai consigli del tuo insegnante; **to h. a warning**, tener conto di un avvertimento. **B** *v. i.* fare (*o* prestare) attenzione.

heedful /ˈhiːdfl/, *a.* attento; accorto; cauto; vigile. || **-ly**, *avv.* || **-ness**, *sost.*

heedless /ˈhiːdləs/, *a.* disattento; incurante; sbadato; trascurato. || **-ly**, *avv.* || **-ness**, *sost.*

hee-haw /ˈhiːhɔː/, *n.* ***1*** raglio ***2*** (*fig.*) risata rumorosa, sguaiata.

to **hee-haw** /ˈhiːhɔː/, *v. i.* ***1*** ragliare ***2*** (*fig.*) ridere rumorosamente, sguaiatamente.

heel (**1**) /hiːl/, *n.* ***1*** (*anat.*) calcagno (*anche di calza o calzino*); tallone: **the h. of Achilles**, il tallone di Achille (*fig.*) □ (*fig.*) **the iron h.**, il tallone di ferro ***2*** tacco (*di scarpa o d'arnese*); fondo: **spiked** (*o* **stiletto**) **heels**, tacchi a spillo ***3*** (*mil.*) poggiaguancia (*di fucile*) ***4*** (*zool.*) garretto (*di cavallo*) ***5*** (*zool.*) sperone (*di uccello*) ***6*** (*fam.*) piede: **to be hung by one's heels**, essere appeso per i piedi ***7*** (*fam.*) cantuccio (*di pane*) ***8*** (*naut.*) calcagnolo ***9*** (*naut.*) piede d'albero; rabazza ***10*** (*agric.*) tallone (*dell'aratro*) ***11*** (*pop.*) zampa di dietro ***12*** (*pop.*) canaglia; mascalzone. ● (*fam.*) **h. bone**, calcagno □ **h. factory**, tacchificio □ (*edil.*) **h. post**, stipite (*di porta*) □ **to be at sb.'s heels**, essere alle calcagna di q. □ **to bring sb. to h.**, ridurre q. all'obbedienza; riportare q. all'ordine □ **to be carried with one's heels foremost**, essere portato via a piedi avanti (*morto*) □ **to come to h.**, (*d'un cane*) stare alle calcagna (*del padrone*); (*fig.*) essere obbediente, sottostare: (*a un cane*) (**Come to**) **h.!**, al piede! □ **to cool one's heels**, essere lasciato ad aspettare: aspettare a lungo □ (*anche fig.*) **to dig one's heels**, puntare i piedi □ **to be down at h.**, (*di scarpa*) essere scalcagnata; (*fig.*) essere scalcagnato, sciatto, malvestito, trasandato □ **to kick up one's heels**, (*di cavallo*) scalciare; (*fig.*) fare salti per la gioia □ (*fig.*) **to lay sb. by the heels**, imprigionare q.; incarcerare q. □ **to be on sb.'s heels**, essere alle calcagna di q. □ **to be out at heel**(**s**), avere i buchi nelle calze (*o* nei calzini); (*fig.*) essere sciatto, male in arnese, trasandato □ **to spin on one's h.**, *V.* **to turn on one's h.** □ **to take to one's heels** (*o* **to show a clean pair of heels**), alzare (*o* battere) i tacchi; mostrare le calcagna; darsela a gambe □ **to turn on one's heel**, girare i tacchi; voltare le spalle □ **to be under the h. of sb.**, essere sotto il dominio di q. □ **to wear** (**high**) **heels**, portare le scarpe coi tacchi (alti); portare i tacchi.

heel (**2**) /hiːl/, *n.* (*naut.*) ***1*** (= **heeling**) sbandamento, ingavonamento ***2*** inclinazione (*di nave sbandata*).

to **heel** (**1**) /hiːl/, **A** *v. t.* ***1*** fare (*o* mettere, rifare) i tacchi: **I'll have my shoes heeled**, farò rifare i tacchi alle scarpe ***2*** stare alle calcagna di; inseguire da presso; tallonare ***3*** (*sport*) colpire di tacco (*il pallone*) ***4*** (*rugby*) tallonare ***5*** armare (*galli da combattimento*) di sperone ***6*** (*pop. USA*) fornire (*q. d'armi, denaro, ecc.*). **B** *v. i.* ***1*** (*di cane*) stare alle calcagna del padrone ***2*** ballare di tacco.

to **heel** (**2**) /hiːl/, **A** *v. t.* (*naut.*) far sbandare, far ingavonare (*una nave*). **B** *v. i.* (*di nave*; *spesso* **to h. over**) sbandare; ingavonarsi.

heelball /ˈhiːlbɔːl/, *n.* cera nera per lucidare le scarpe (*usata dai calzolai*).

heeled /hiːld/, *a.* ***1*** (*nei composti*) dai tacchi: **high-h. shoes**, scarpe dai tacchi alti ***2*** (*pop.*) che ha soldi: **well-h.**, pieno di soldi ***3*** (*pop. USA*) armato (*di pistola, ecc.*) ***4*** (*pop. USA*) sbronzo.

heeler /ˈhiːlə(r)/, *n.* ciabattino; calzolaio.

heeling /ˈhiːlɪŋ/, *V.* **heel** (**2**), *def. 1*.

heelless /ˈhiːlləs/, *a.* ***1*** senza tallone ***2*** (*di scarpa*) senza tacco.

heelpiece /ˈhiːlpiːs/, *n.* tacco (*di scarpa*).

heeltap /ˈhiːltæp/, *n.* ***1*** (*di scarpa*) soprattacco ***2*** vino (*o* altro) lasciato in fondo al bicchiere; fondo; residuo. ● **No heeltaps!**, prendi il bicchiere pieno, lascia il bicchiere vuoto! (*brindando*).

heft /hɛft/, *n.* (*fam.*) ***1*** peso; (*fig.*) importanza, autorità ***2*** (*USA*) parte principale (*di q.c.*).

to **heft** /hɛft/, **A** *v. t.* (*fam.*) ***1*** alzare; sollevare ***2*** soppesare; cercare di calcolare il peso di (*un oggetto, sollevandolo*). **B** *v. i.* (*raro*) pesare.

hefty /ˈhɛftɪ/, *a.* (*fam.*) ***1*** pesante ***2*** forte; gagliardo; vigoroso ***3*** (*di cosa*) ingombrante.

Hegelian /heɪˈgiːlɪən, *USA* -ˈgeɪl-/, *a.* e *n.* (*filos.*) hegeliano.

Hegelianism /heɪˈgiːlɪənɪzəm, *USA* -ˈgeɪl-/, *n.* (*filos.*) hegelismo.

hegemonic /hɛgəˈmɒnɪk, *USA* -dʒə-/, *a.* egemonico.

hegemony /hɪˈgɛmənɪ, *USA* -ˈdʒɛ-, ˈhɛdʒəməʊnɪ/, *n.* egemonia.

Hegira /ˈhɛdʒɪrə, hɪˈdʒaɪərə/, *n.* (*stor.*) egira.

heifer /ˈhɛfə(r)/, *n.* giovenca.

heigh /heɪ/, *inter.* (*d'incoraggiamento o domanda*) ehi!; eh!

heigh-ho /heɪˈhəʊ/, *inter.* (*di delusione, noia, stanchezza*) ahimè!; ohimè; uffa!

height /haɪt/, *n.* ***1*** altezza; (*aeron.*) quota; altezza sul livello del mare; altitudine; statura: **The h. of the Telecom Tower in London is 620 feet** (**or 176 metres**), l'altezza della Torre delle Telecomunicazioni a Londra è di 620 piedi (o 176 metri); **What is your h.?**, qual è la tua statura?; quanto sei alto? ***2*** altura; collina ***3*** (*fig.*) apice; colmo; culmine; sommo: **the h. of perfection**, l'apice della perfezione; **the h. of passion**, il colmo della passione ***4*** (*aeron.*) quota: **to gain** [**to lose**] **h.**, guadagnare [perdere] quota. ● **h.-sickness**, mal di montagna □ **to dress in the h. of fashion**, vestire all'ultima moda □ **in the h. of summer**, in piena estate □ **He is six feet one in h.**, è alto sei piedi e un pollice (*m 1,85 circa*) □ **The eruption was at its h.**, l'eruzione era al colmo □ **He's afraid of heights**, ha paura del vuoto; soffre di vertigini.

to **heighten** /ˈhaɪtn/, **A** *v. t.* ***1*** elevare; innalzare ***2*** (*fig.*) accrescere; aumentare; intensificare ***3*** lumeggiare; mettere in rilievo. **B** *v. i.* ***1*** innalzarsi; elevarsi ***2*** crescere; aumentare; intensificarsi.

heinous /ˈheɪnəs/, *a.* atroce; efferato; nefando; odioso: **a h. crime**, un crimine efferato. || **-ly**, *avv.* || **-ness**, *sost.*

heir /ɛə(r)/, *n.* ***1*** erede (*anche fig.*): **the h. to the throne**, l'erede al trono; **He's the h. to the Labour leadership**, è l'erede della (*o* ha ereditato la) leadership del partito laburista ***2*** (*leg.*) discendente diretto; legatario; erede legittimo (*ma la «common law» ingl. ignora la figura dell'erede in senso stretto*) ***3*** (*leg., in Scozia*) erede (*come in Italia*). ● (*leg.*) **heirs and assignees**, eredi ed aventi diritto (*formula usata nelle cessioni di beni*) □ **h. apparent**, erede legittimo (*o* in linea diretta; *l'opposto dell'ital. «erede apparente»*) □ **h.-at-law**, erede di legittimo □ (*in Scozia, in Italia, ecc.*) **h. beneficiary**, erede beneficiario (*con beneficio d'inventario*) □ **h. by blood** (*o* **of the blood**), erede per diritto di sangue □ **h. by devise**, erede testamentario di beni immobili □ **h. presumptive**, erede presuntivo □ (*in Scozia, in Italia, ecc.*) **h. testamentary**, erede testamentario □ **h. under a will**, erede testamentario □ **to fall h. to one's father's bad temper**, avere ereditato il caratteraccio del padre □ **sole h.**, erede universale; unico erede.

heirdom /ˈɛədəm/, *n.* (*leg.*) ***1*** condizione d'erede ***2*** eredità.

heiress /ˈɛərɪs/, *n.* ***1*** (*leg.*) erede (*donna*) (*V.* **heir**) ***2*** ereditiera: **to marry an h.**, sposare un'ereditiera.

heirless /ˈɛələs/, *a.* senza eredi.

heirloom /ˈɛəluːm/, *n.* ***1*** (*leg.*) bene mobile (*della famiglia*) spettante all'erede legittimo ***2*** cimelio di famiglia ***3*** (*fig.*) retaggio.

heirship /ˈɛəʃɪp/, *n.* (*leg.*) condizione d'erede; diritto all'eredità.

heist /haɪst/, *n.* (*pop. USA*) ***1*** furto ***2*** rapina.

to **heist** /haɪst/, *v. t.* (*pop. USA*) ***1*** rubare ***2*** derubare; rapinare.

heister /ˈhaɪstə(r)/, *n.* (*pop. USA*) ***1*** ladro ***2*** rapinatore ***3*** ubriacone.

Hejira /ˈhɛdʒɪrə/, *n.* (*stor.*) egira.

held /hɛld/, *pass.* e *p. p.* di **to hold**.

Helen /ˈhɛlən/, **Helena** /ˈhɛlənə/, *n.* Elena. ● (*geogr.*) **St Helena**, /sɛntəˈliːnə/, Sant'Elena (*isola*).

heliacal /hiːˈlaɪəkl/, *a.* (*astron.*) eliaco; eliatico.

helianthus /hiːlɪˈænθəs/, *n.* (*bot., Helianthus*) elianto.

heliborne /ˈhɛlɪbɔːn/, *a.* (*aeron., mil.*) ***1*** mediante elicotteri: **h. mobility**, mobilità mediante elicotteri ***2*** elitrasportato.

helibus /ˈhɛlɪbʌs/, *n.* (*trasp.*) elibus.

helical /ˈhɛlɪkl, ˈhiːlɪkl/, *a.* (*mat., mecc.*) elicoidale; a spirale: **h. gear**, ingranaggio elicoidale; **h. pump**, pompa elicoidale. ● (*mecc.*)

h. spring, molla a elica.
helicity /hɛˈlɪsətɪ/, *n.* (*mecc.*) elicità.
helicoid /ˈhɛlɪkɔɪd/, *n.* (*geom.*) elicoide.
helicoid(al) /hɛlɪˈkɔɪd(l)/, *a.* (*geom.*) elicoidale.
Helicon /ˈhɛlɪkən/, *n.* (*geogr., mitol.*) Elicona.
Heliconian /hɛlɪˈkəʊnɪən/, *a.* (*mitol., lett.*) eliconio; dell'Elicona.
helicopter /ˈhɛlɪkɒptə(r), -ˈkɒp-, *USA* ˈhɛ-, ˈhiː-/, *n.* (*aeron.*) elicottero. ● (*mil.*) **h. gunship**, grosso elicottero con armamento pesante.
to **helilift** /ˈhɛlɪlɪft/, *v. t.* (*aeron., mil.*) trasportare (*truppe, ecc.*) con elicotteri.
helio /ˈhiːlɪəʊ/, *abbr. fam.* (*pl.* **helios**) di *1* **heliogram** *2* **heliograph**.
heliocentric(al) /hiːlɪəʊˈsɛntrɪk(l)/, *a.* (*astron.*) eliocentrico.
heliocentrism /hiːlɪəʊˈsɛntrɪzəm/, *n.* (*astron.*) eliocentrismo.
heliochrome /ˈhiːlɪəʊkrəʊm/, *n.* eliocromia (*l'immagine*).
heliochromy /ˈhiːlɪəʊkrəʊmɪ/, *n.* eliocromia (*il processo*).
heliogram /ˈhiːlɪəʊgræm/, *n.* eliogramma.
heliograph /ˈhiːlɪəʊgrɑːf, *USA* -æf/, *n.* (*astron., tipogr., telegr.*) eliografo.
to **heliograph** /ˈhiːlɪəʊgrɑːf, *USA* -æf/, *v. t.* (*telegr.*) trasmettere (*messaggi*) con l'eliografo.
heliographer /hiːlɪˈɒgrəfə(r)/, *n.* (*tipogr.*) eliografista.
heliographic /hiːlɪəʊˈgræfɪk/, *a.* (*astron., tipogr.*) eliografico.
heliography /hiːlɪˈɒgrəfɪ/, *n.* (*tipogr.*) eliografia.
heliogravure /hiːlɪəʊgrəˈvjʊə(r)/, *n.* *1* (*fotogr.*) eliotipia; fototipia *2* fotoincisione.
heliometer /hiːlɪˈɒmɪtə(r)/, *n.* (*astron.*) eliometro.
heliophilous /hiːlɪˈɒfɪləs/, *a.* (*bot.*) eliofilo.
heliophobe /ˈhiːlɪəʊfəʊb/, *n.* (*med., psic., bot.*) eliofobo; fotofobo.
heliophobia /hiːlɪəʊˈfəʊbɪə/, *n.* (*med., psic., bot.*) eliofobia; fotofobia.
heliophobous /hiːlɪˈɒfəbəs/, *a.* (*med., psic., bot.*) eliofobo.
heliophyte /ˈhiːlɪəʊfaɪt/, *n.* (*bot.*) eliofita.
helioscope /ˈhiːlɪəʊskəʊp/, *n.* (*astron.*) elioscopio.
heliosphere /ˈhiːlɪəʊsfɪə(r)/, *n.* (*astron.*) eliosfera.
heliostat /ˈhiːlɪəʊstæt/, *n.* (*astron.*) eliostato.
heliotherapic /hiːlɪəʊθəˈræpɪk/, *a.* (*med.*) elioterapico.
heliotherapy /hiːlɪəʊˈθɛrəpɪ/, *n.* (*med.*) elioterapia.
heliotrope /ˈhiːlɪətrəʊp/, *n.* *1* (*bot., Heliotropium*) eliotropio *2* (*bot., Valeriana officinalis*) valeriana *3* (*miner.*) eliotropio; eliotropia *4* (color) eliotropio; rosso violetto.
heliotropic /hiːlɪəʊˈtrɒpɪk/, *a.* (*bot.*) eliotropico.
heliotropism /hiːlɪˈɒtrəpɪzəm, -lɪəʊˈtrəʊ-/, *n.* (*bot.*) eliotropismo.
heliotype /ˈhiːlɪəʊtaɪp/, *n.* (*fotogr.*) eliotipia (*l'immagine*).
heliotypy /ˈhiːlɪəʊtaɪpɪ/, *n.* (*fotogr.*) eliotipia (*il processo*).
helipad /ˈhɛlɪpæd/, *n.* (*aeron.*) *1* piattaforma per l'atterraggio di elicotteri *2* eliporto di fortuna.
heliport /ˈhɛlɪpɔːt/, *n.* (*aeron.*) eliporto.
helispot /ˈhɛlɪspɒt/, *n.* (*aeron.*) punto d'atterraggio (provvisorio) per elicotteri.
helistop /ˈhɛlɪstɒp/, *V.* **heliport**.
helium /ˈhiːlɪəm/, *n.* (*chim.*) elio.
helix /ˈhiːlɪks/, *n.* (*pl.* **helices, helixes**) *1* (*geom., mecc.*) elica; spirale *2* (*anat.*) elice *3* (*archit.*) elice, voluta *4* (*zool., Helix*) elice *5* (*elettr.*) solenoide.
hell /hɛl/, **A** *n.* *1* (*relig.*) inferno: **to go to h.**, andare all'inferno *2* (*mitol.*) averno; inferi *3* (*fig.*) inferno: **This school is h.**, questa scuola è un inferno *4* (*fam.*) pandemonio; putiferio; casino del diavolo (*pop.*): **to raise h.**, fare un putiferio (*o* il diavolo a quattro, *o* un casino del diavolo) *5* (*fam.*) guaio: **to go through all sorts of h.**, passare ogni sorta di guai *6* (= **gambling h.**) bisca. **B** *inter.* (*fam.*) accidenti!; maledizione!; diavolo!: **Oh, h.!**, accidenti!; **Bloody h.!**, maledizione! ● (*in origine, USA*) **H.'s Angels**, gli Angeli dell'Inferno (*teppisti in motocicletta*) □ (*fam.*) **h.-bent**, caparbio, ostinato, testardo; incosciente, temerario: **to be h.-bent on doing st.**, essere deciso a fare q.c. a tutti i costi □ (*tipogr.*) **h.-box**, cassetta per i caratteri di scarto □ **h.-fire**, fiamme dell'inferno, fuoco infernale; (*fig.*) pene dell'inferno □ (*fam.*) **h. for leather**, a più non posso, a tutto spiano, a spron battuto; a tutta birra, a tutta canna (*fam.*) □ (*fam.*) **a h. of**, infernale, orribile, pessimo; proprio, davvero; del diavolo; molto, moltissimo; in gamba, bravo: **a h. of a noise**, un rumore infernale; **a h. of a lot of people**, proprio un sacco di gente; **a h. of a lot of work**, un lavoro del diavolo; un sacco di lavoro; **a h. of a guy**, un tipo in gamba □ **a h. of a day**, una giornata bestiale; una giornataccia □ (*fam.*) **to be h. on sb.** [**st.**], essere un inferno (*o* un tormento, una rovina) per q. [q.c.] □ (*pop.*) **h. to pay**, un sacco di guai; un casino (*pop.*): **There'll be h. to pay when your wife finds out**, succederà un casino (*o* la pagherai cara) quando tua moglie lo verrà a sapere □ (*fam. USA*) **h.-raiser**, piantagrane; attaccabrighe; chi pianta casini (*fam.*) □ (*bot.*) **h.-weed**, (*Cuscuta*) cuscuta; (*Convolvulus sepium*) vilucchione □ (*fam.*) **as h.**, molto; del diavolo (*fam.*): **It's as cold as h.**, fa un freddo del diavolo □ (*fam.*) **to catch h.**, prendersi una bella sgridata □ (*fam.*) **come h. or high water**, costi quel che costi; a qualunque costo; avvenga quel che può □ (*fam.*) **for the h. of it**, così; per divertirsi un po'; tanto per farlo (*o* per fare qualcosa) □ **to give sb. h.**, dare un sacco di guai a q.; far passare un brutto quarto d'ora a q. □ **to have a h. of a time**, divertirsi un frego (*pop.*); divertirsi da matti □ **to have a h. of a time with sb.**, uscire pazzo, ammattire con q.: **I've had a h. of a time with the children today**, oggi i bambini mi hanno fatto uscire pazza □ **to laugh like h.**, ridere a crepapelle □ **like h.**, (*fam.*) moltissimo, a più non posso, a rotta di collo; (*pop.*) neanche per sogno; un corno (*pop.*); col cavolo (*pop.*): **to work like h.**, lavorare a più non posso; **to run like h.**, correre a rotta di collo; **Like h. he helped me!**, col cavolo che mi ha aiutato! □ **to make a h. of a noise**, fare un fracasso del diavolo; **to make sb.'s life (a) h.**, rendere a q. la vita un inferno □ (*fam.*) **to play h. with**, fare il diavolo a quattro con (q.); mandare all'aria, rovinare, sciupare (q.c.) □ **to ride h. for leather**, andare a briglia sciolta (*o* a spron battuto) □ **to suffer h. on earth**, soffrire (*o* patire) le pene dell'inferno □ (*fam. USA*) **to h. and gone**, lontanissimo; a casa del diavolo □ **(You can) go to h.!**, va' all'inferno (*o* al diavolo)! □ **By h. I will!**, col cavolo che lo faccio (*o* ci vado, ecc.)! □ **The h. he did!**, neanche per sogno!; col cavolo che l'ha fatto (che c'è andato, ecc.) □ **To h. with your doubts!**, al diavolo i tuoi dubbi! □ **What the h. do you want?**, che diavolo (*o* che cavolo) vuoi? □ **I wish to h. he'd go away!**, vorrei proprio che se ne andasse! □ (*pop.*) **H.'s bells!**, accidenti!; maledizione!; porca miseria! □ (*prov.*) **The road to h. is paved with good intentions**, la via dell'inferno è lastricata di buone intenzioni.
he'll /hiːl, iːl, hɪl, ɪl/, *contraz.* di *1* **he will** *2* **he shall**.
hellacious /həˈleɪʃəs/, *a.* (*pop. USA*) *1* orribile; terribile *2* bestiale (*pop.*); favoloso; eccellente: **It was a h. party!**, è stato un party bestiale!
Hellas /ˈhɛlæs/, *n.* (*stor., geogr.*) Ellade.
hellcat /ˈhɛlkæt/, *n.* arpia (*fig.*); megera; strega (*fig.*).
hellebore /ˈhɛlɪbɔː(r)/, *n.* (*bot., Helleborus*) elleboro.
Hellene /ˈheliːn/, *n.* (*stor., geogr.*) elleno.
Hellenic /hɛˈliːnɪk, *USA* -lɛn-/, *a.* (*stor., geogr.*) ellenico.
Hellenism /ˈhɛlɪnɪzəm/, *n.* ellenismo.
Hellenist /ˈhɛlɪnɪst/, *n.* ellenista (*lett.*); grecista.
Hellenistic /hɛlɪˈnɪstɪk/, *a.* ellenistico.
to **Hellenize** /ˈhɛlɪnaɪz/, *v. t.* e *i.* ellenizzare; grecizzare.
heller /ˈhɛlə(r)/, *V.* **hellion**.
hellion /ˈhɛljən/, *n.* (*fam. USA*) chi pianta casini; attaccabrighe; piantagrane.
hellish /ˈhɛlɪʃ/, *a.* *1* infernale; diabolico; malvagio *2* (*fam.*) disgustoso; orribile; spiacevolissimo. || **-ly**, *avv.* || **-ness**, *sost.*
hello /həˈləʊ, hɛ-/, *inter.* e *n.* (*pl.* **hellos**) *V.* **hallo**.
to **hello** /həˈləʊ, hɛ-/, *V.* **to hallo**.
helluva /ˈhɛləvə/, *a.* (*fam.*) *V.* **hell of a**, *sotto* **hell**.
helm (1) /hɛlm/, *n.* (*naut.*) timone; barra; ruota del timone: (*di nave*) **to answer the h.**, ubbidire al timone; (*di marinaio*) **to take the h.**, prendere il timone (*anche fig.*). ● (*naut.*) **h. indicator**, assiometro □ (*fig.*) **to be at the h.**, essere al timone (*dello Stato, ecc.*); avere il comando, essere al comando.
helm (2) /hɛlm/, *n.* (*arc.* o *poet.*) elmo. ● (*archit.*) **h. roof**, tetto piramidale.
to **helm** /hɛlm/, *v. t.* (*di solito fig.*) governare; dirigere; guidare; (*naut.*) fare rotta per.
helmet /ˈhɛlmɪt/, *n.* *1* elmo; elmetto (*antico, da trincea, di pompiere, ecc.*): **steel h.**, elmetto d'acciaio *2* casco (*per es., di pilota, di motociclista, ecc.*): **sun h.**, casco coloniale; **the Blue Helmets**, i Caschi Blu (*dell'O.N.U.*) *3* (*sport*) maschera (*per la scherma*) *4* (*bot.*) galea.
helmeted /ˈhɛlmɪtɪd/, *a.* munito d'elmo (*o* d'elmetto, di casco).
helminth /ˈhɛlmɪnθ/, *n.* (*zool.*) elminto.
helminthiasis /hɛlmɪnˈθaɪəsɪs/, *n.* (*pl.* **helminthiases**) (*med.*) elmintiasi.
helminthic /hɛlˈmɪnθɪk/, *a.* (*zool., med.*) elmintico.
helminthologic(al) /hɛlmɪnθəˈlɒdʒɪkl/, *a.* (*med.*) elmintologico.
helminthologist /hɛlmɪnˈθɒlədʒɪst/, *n.* elmintologo.
helminthology /hɛlmɪnˈθɒlədʒɪ/, *n.* elmintologia.
helmsman /ˈhɛlmzmən/, *n.* (*pl.* **helmsmen**) (*naut.*) timoniere.
helot /ˈhɛlət/, *n.* *1* (*stor.*) ilota *2* (*fig.*) schiavo; oppresso.
helotism /ˈhɛlətɪzəm/, *n.* *1* (*stor.*) ilotismo *2* (*fig.*) schiavitù.
helotry /ˈhɛlətrɪ/, *n.* *1* (*collett., stor.*) (gli) iloti *2* (*stor.*) ilotismo *3* (*fig.*) schiavitù.
help /hɛlp/, **A** *n.* *1* aiuto; assistenza; soccorso: **I need your h.**, ho bisogno del tuo aiuto; **You were a great h. to me**, mi sei stato di grande aiuto *2* rimedio; via d'uscita; scampo: **There's no h. for it**, non c'è rimedio; ormai è fatta!; non c'è scampo *3* persona di servizio; domestico, domestica; servo, serva; operaio giornaliero; (*collett.*) (i) domestici; (il) personale di servizio *4* dipendente; (*specialm.*) bracciante, impiegato; (*collett.*) (gli) impiegati; (il) personale. **B** *inter.* – **H.!**, aiuto! ● (*econ.*) **h. desk**, servizio di assistenza tecnica (*alle imprese*) □ **h.-wanted column**, offerte di lavoro (*in un giornale*) □ **by h. of**, con l'aiuto di □ **to cry for h.**, invocare soccorso; gridare aiuto □ **home h.**, colf; collaboratrice domestica (*o* familiare) □ **lady h.**, dama di compagnia □ **mother's h.**, governante; bambinaia □ **past (all) h.**, perduto; andato (*fam.*); irrecuperabile □ **«No h. wanted»** (*cartello*), «non si accettano richieste di lavoro».
to **help** /hɛlp/, **A** *v. t.* *1* aiutare; assistere; soccorrere: **Will you h. me to do** (*USA*: **do**) **this problem?**, mi aiuti a risolvere questo proble-

ma?; **I helped him with his homework**, lo aiutai a fare il compito (di casa); **I have to h. my parents**, devo assistere (finanziariamente) i miei genitori; **Can I h. you?**, posso aiutarti?; (*in un negozio, a un cliente*) in che posso servirLa?; desidera? ***2*** dare, passare, versare (*cibo o bevanda, a tavola*); servire: **Can I h. you to some more cheese [wine]?**, posso darti dell'altro formaggio [versarti ancora vino]? ***3*** (*preceduto da* **can, could**) evitare; impedire; fare a meno di: **I cannot h. loving her**, non posso fare a meno d'amarla; **I couldn't h. laughing**, non potei evitare (*o* fare a meno) di ridere; **I cannot h. crying**, non posso fare a meno di piangere; **I couldn't h. him being so rude**, non riuscii a impedirgli d'essere così sgarbato ***4*** favorire; promuovere: **to h. economic development**, favorire lo sviluppo economico; **to h. international cooperation**, promuovere la cooperazione internazionale ***5*** alleviare: **This medicine will h. your cough**, questa medicina ti allevierà la tosse. **B** *v. i.* ***1*** giovare; essere di giovamento; servire; essere utile: **That doesn't h. at all**, ciò non giova affatto; ciò non è di giovamento alcuno; **Every little (bit) helps**, tutto serve (*o* può servire) ***2*** servire; servire a tavola. **C** to **help oneself**, *v. rifl.* ***1*** servirsi (*a tavola*), servirsi da solo; prendere: **Please h. yourself!**, prego, si serva (da solo)!; **H. yourself to the wine**, prendi (*o* versati) il vino!; se vuoi del vino, serviti pure! ***2*** frenarsi; trattenersi; contenersi: **I'm sorry, I couldn't h. myself**, mi dispiace, non sono riuscito a trattenermi. ● **to h. sb. to a decision [an answer]**, aiutare q. a prendere una decisione [a dare una risposta] □ **more than one can h.**, più dello stretto necessario; più del minimo indispensabile: **Don't be longer than you can h.**, non star via (*o* trattenerti) più del necessario □ **Sorry, I can't h. it**, mi dispiace, ma non posso farci nulla □ **How can I h. it?**, che cosa posso farci?; come posso evitarlo? □ **I can't h. that**, non posso farci nulla; non so che farci □ **It can't be helped**, non c'è rimedio; non c'è nulla da fare; è inevitabile! □ (*fam.*) **So h. me!**, lo giuro!; prometto!; davvero!; ma sì che... □ **So h. me God!**, che Dio mi assista (*formula solenne di giuramento*): **So help me God, I have not seen him**, giuro che non l'ho visto □ (*prov.*) **God helps those who help themselves**, aiutati che il ciel t'aiuta.

♦**help along**, *v. t. + avv.* ***1*** aiutare (*un vecchio, un infermo, ecc.*) a camminare ***2*** aiutare, favorire (*un progetto, ecc.*); promuovere (*un movimento politico, una soluzione, ecc.*).

♦**help back**, *v. t. + avv.* aiutare (q.) a tornare al suo posto: **H. the patient back into bed**, aiuta l'ammalato a tornare a letto!

♦**help down**, *v. t. + avv.* (o *prep.*) aiutare (q.) a scendere: **He helped me down the stairs**, mi aiutò a scendere le scale.

♦**help forward**, *V.* **help along**.

♦**help in**, *v. t. + avv.* aiutare (q.) a entrare (*in una stanza, in macchina, ecc.*).

♦**help into**, *v. t. + prep.* aiutare (q.) a entrare in (*un luogo*).

♦**help off**, *v. t. + avv.* aiutare (q.) a scendere (*da un albero, ecc.*).

♦**help off with**, *v. t. + avv. + prep.* aiutare (q.) a togliersi (*o* a cavarsi: *il cappotto, le scarpe, ecc.*).

♦**help on**, *v. t. + avv.* aiutare, favorire, promuovere (q.c.) □ **to h. sb. on to victory**, aiutare q. a conseguire la vittoria (*o* a vincere).

♦**help on with**, *v. t. + avv. + prep.* aiutare (q.) a mettersi (*o* a indossare: *un indumento, le scarpe, ecc.*).

♦**help out**, **A** *v. t. + avv.* aiutare (*q. che è in difficoltà*): **to h. sb. out of a difficulty**, aiutare q. a trarsi d'impaccio. **B** *v. i. + avv.* dare una mano (*fig.*) □ **to h. sb. out with money**, dare un aiuto finanziario a q.

♦**help over**, *v. t. + avv.* ***1*** aiutare (q.) a scavalcare (*un muro, uno steccato, ecc.*) ***2*** aiutare (q.) in (*o* a superare q.c.): **to h. sb. over a difficult matter**, aiutare q. in una faccenda delicata ***3*** (*di denaro e sim.*) bastare per (*un certo tempo*).

♦**help up**, *v. t. + avv.* aiutare (q.) a rialzarsi.

♦**help up with**, *v. t. + avv. + prep.* aiutare (q.) a portare (*o* ad alzare: *un oggetto pesante*).

helper /ˈhɛlpə(r)/, *n.* aiutante; assistente; aiuto.

helpful /ˈhɛlpfl/, *a.* ***1*** giovevole; vantaggioso; utile ***2*** servizievole; disponibile; che si presta. ● **h. organization**, organizzazione assistenziale □ **You're very h.**, mi sei di grande aiuto. || **-ly**, *avv.* || **-ness**, *sost.*

helping /ˈhɛlpɪŋ/, **A** *n.* ***1*** l'aiutare; aiuto; assistenza ***2*** porzione (*di cibo*). **B** *a. attr.* che aiuta; che è d'aiuto; utile. ● **to give sb. a h. hand**, dare una mano a q. (*fig.*).

helpless /ˈhɛlpləs/, *a.* ***1*** senz'aiuto; indifeso; inerme (*fig.*); derelitto: **a h. child**, un bimbo indifeso; un fanciullo inerme; **a h. old man**, un vecchio senza nessuno che l'aiuti ***2*** incapace (*di fare q.c.*); inetto; impotente; debole: **to be h. to resist an attack**, essere incapace di resistere a un attacco; **Our government is drifting h. in the midst of an economic crisis**, il governo va alla deriva, impotente a risolvere la crisi economica ***3*** inefficace; futile: **h. efforts**, futili sforzi; sforzi vani. ● **to be h.**, (*anche*) non sapere che fare; essere (*o* sentirsi) perso (*fig.*): **I'm h. without my notebook**, senza la mia agendina mi sento perso □ **in a h. way**, in modo inefficace; (*anche*) con aria smarrita □ **with a h. look**, con aria smarrita.

helplessly /ˈhɛlpləslɪ/, *avv.* ***1*** senza aiuto ***2*** impotentemente; senza poter fare niente ***3*** futilmente; senza efficacia; senza riuscirci: **He was h. trying to free himself**, tentava di liberarsi, ma non ci riusciva.

helplessness /ˈhɛlpləsnəs/, *n.* ***1*** l'essere indifeso; debolezza; impotenza ***2*** incapacità; mancanza d'iniziativa; inettitudine.

helpmate /ˈhɛlpmeɪt/, (*raro*) **helpmeet** /ˈhɛlpmiːt/, *n.* compagno, compagna (*specialm. riferito a coniugi*); partner; consorte: **my h.**, la compagna della mia vita.

help-yourself /ˈhɛlpjəˈsɛlf, -jɔː-/, *a. attr.* (*tur.*) self-service: **a h. salad cart**, un carrello self-service dei contorni.

helter-skelter /ˈhɛltəˈskɛltə(r)/, **A** *avv.* ***1*** in fretta e furia ***2*** alla rinfusa; con grande scompiglio. **B** *a.* affrettato e confuso; disordinato; scompigliato. **C** *n.* ***1*** fretta e furia ***2*** confusione; scompiglio ***3*** scivolo gigante (*a forma di spirale: al luna park*).

helve /hɛlv/, *n.* ***1*** manico (*di un arnese, specialm. di un'ascia*) ***2*** impugnatura (*di un'arma*). ● (*metall.*) **h. hammer**, maglio a leva (*o* a testa d'asino).

Helvetia /hɛlˈviːʃə/, *n.* (*geogr., stor.*) Elvezia.

Helvetian /hɛlˈviːʃn/, *a.* e *n.* (*lett.*) elvetico; svizzero.

Helvetic /hɛlˈvɛtɪk/, *a.* (*lett.*) elvetico; svizzero.

hem (1) /hɛm/, *n.* orlo (*specialm. d'indumento*); margine; bordo, bordura: **the hem of a skirt**, l'orlo di una sottana; (*cucito*) **to take the h. up**, alzare l'orlo.

hem (2) /hm, mm/, **A** *inter.* (*di richiamo, dubbio, esitazione, ecc.*) ehm! **B** *n.* ehm.

to **hem (1)** /hɛm/, *v. t.* orlare; fare l'orlo a; bordare: **to hem a doily**, fare l'orlo a un centrino. ● **to hem in** (*o* **about, around, round**), cingere; circondare; attorniare; racchiudere: **We were hemmed in by tanks**, eravamo circondati dai carri armati.

to **hem (2)** /hɛm/, *v. i.* ***1*** fare ehm; schiarirsi la voce; tossicchiare ***2*** (= **to hem and haw**) esitare nel parlare; titubare.

hemal /ˈhiːml/, **hematic** /hiːˈmætɪk/, *ecc.* (*USA*) *V.* **haemal, haematic,** *ecc.*

hematopoiesis /hiːmətəʊpɔɪˈiːsɪs/, (*USA*) *V.* **haematopoiesis**.

hemeralopia /hɛmərəˈləʊpɪə/, *n.* (*med.*) emeralopia.

hemicellulose /hɛmɪˈsɛljʊləʊz/, *n.* (*chim.*) emicellulosa.

hemicrania /hɛmɪˈkreɪnɪə/, *n.* (*med.*) emicrania.

hemicycle /ˈhɛmɪsaɪkl/, *n.* emiciclo.

hemidemisemiquaver /hɛmɪdɛmɪˈsɛmɪkweɪvə(r)/, *n.* (*mus.*) semibiscroma.

hemihedral /hɛmɪˈhiːdrəl/, *a.* (*miner.*) emiedrico.

hemionus /hɛmɪˈəʊnəs/, *n.* (*zool., Equus hemionus*) emiono; emione.

hemiparasite /hɛmɪˈpærəsaɪt/, *n.* (*ecol.*) emiparassita.

hemiparesis /hɛmɪpəˈriːsɪs, -ˈpærəsɪs/, *n.* (*med.*) emiparesi.

hemiplegia /hɛmɪˈpliːdʒə/, *n.* (*med.*) emiplegia.

hemiplegiac /hɛmɪˈpliːdʒɪæk/, *a.* e *n.* (*med.*) emiplegico.

hemiplegic /hɛmɪˈpliːdʒɪk/, *V.* **hemiplegiac**.

hemiplegy /ˈhɛmɪplɛdʒɪ/, *V.* **hemiplegia**.

hemisphere /ˈhɛmɪsfɪə(r)/, *n.* ***1*** (*anat., geogr.*) emisfero: **the Northern H.**, l'emisfero boreale; **the Southern H.**, l'emisfero australe ***2*** (*geom.*) semisfera. ● (*fis.*) **Magdeburg hemispheres**, gli emisferi di Magdeburgo.

hemispheric(al) /hɛmɪˈsfɛrɪk(l)/, *a.* (*geom.*) emisferico.

hemistich /ˈhɛmɪstɪk/, *n.* (*poesia*) emistichio.

hemline /ˈhɛmlaɪn/, *n.* orlo (*d'abito o gonna*): **to raise [to lower] the h. according to fashion**, alzare [abbassare] l'orlo (della gonna) secondo la moda.

hemlock /ˈhɛmlɒk/, *n.* (*bot.*) ***1*** (*Conium maculatum*) cicuta (*la pianta e il veleno*) ***2*** (*Abies canadensis*; = **h. spruce**) abete canadese; tsuga.

hemmer /ˈhɛmə(r)/, *n.* (*anche mecc.*) orlatore; orlatrice.

hemoglobin /hiːməˈgləʊbɪn, *USA* ˈhiːməg-/, (*USA*) *V.* **haemoglobin**.

hemorrhage /ˈhɛmərɪdʒ/, (*USA*) *V.* **haemorrhage**.

hemp /hɛmp/, *n.* ***1*** (*bot., Cannabis sativa*) canapa (*anche ind. tess.*) ***2*** hascisc; ascisc ***3*** (*scherz.*) corda per impiccare; forca (*fig.*). ● (*bot.*) **h. dogbane**, *V.* **Indian hemp** □ (*naut.*) **h. rope**, canapo.

hempen /ˈhɛmpən/, *a.* di canapa; simile a canapa; canapino. ● (*naut.*) **h. cord**, sagola.

hemstitch /ˈhɛmstɪtʃ/, *n.* (*cucito*) orlo a giorno.

to **hemstitch** /ˈhɛmstɪtʃ/, *v. t.* fare l'orlo a giorno a (*una camicetta, ecc.*).

hen /hɛn/, *n.* ***1*** gallina; chioccia ***2*** (*nei composti*) femmina (*di volatili e d'altri animali, per es.*:) **pea-hen**, femmina del pavone; pavona; pavonessa; **hen-crab**, granchio femmina ***3*** (*fam.*) vecchia pettegola; comare ***4*** (*pop.*) donna. ● (*bot.*) **hen-and-chickens** (*Sempervivum tectorum*) semprevivo; (*Nepeta hederacea*) edera terrestre □ **hen-coop**, stia; (*USA*) pollaio □ **hen-cote**, pollaio □ (*zool.*) **hen harrier** (*Circus cyaneus*), albanella reale □ **hen-hearted**, pusillanime; vile □ **h.-house**, pollaio □ (*fam. scherz.*) **hen night**, festa per sole donne □ (*fam. scherz.*) **hen party**, riunione di sole donne □ **hen-roost**, posatoio; pollaio □ (*fam.*) **hen show**, spettacolo porno per donne □ **hen-sparrow**, passera □ (*fam. USA*) **hen tracks**, zampe di gallina (*fig.*) □ **broody hen**, chioccia □ **guinea hen**, (gallina) faraona □ **to be like a hen with one chicken**, affannarsi (*o* darsi un'aria indaffarata) senza motivo.

henbane /ˈhɛnbeɪn/, *n.* (*bot., Hyoscyamus niger*) giusquiamo.

hence /hɛns/, **A** *avv.* (*form.*) ***1*** da adesso; da ora; di qui a: **a week h.**, di qui a una settimana; fra una settimana ***2*** indi (*lett.*); quindi; perciò; per cui: **h. it appears that...**, è quindi evidente che... ***3*** (*raro*) di qui; di qua. **B** *inter.* (*arc.*) via (di qui)!; va'! ● **H. with him**, portatelo via! □ (*fig.*) **departed h.**, passato a miglior vita □ **to go h.**, andarsene (*fig.*); andare al creatore; morire.

henceforth /hɛns'fɔːθ/, **henceforward** /hɛns'fɔːwəd/, *avv.* (*form.*) d'ora innanzi; d'ora in poi; per il futuro.

henchman /'hɛntʃmən/, *n.* (*pl.* **henchmen**) *1* accolito; partigiano; seguace *2* (*stor.*) paggio; scudiero *3* (*spreg.*) scagnozzo; tirapiedi.

hendecagon /hɛn'dɛkəgən, *USA* -gɒn/, *n.* (*geom.*) endecagono.

hendecasyllabic /hɛndɛkəsɪ'læbɪk/, *a.* (*poesia*) endecasillabo: **h. verse**, verso endecasillabo.

hendecasyllable /'hɛndɛkəsɪləbl/, *n.* (*poesia*) endecasillabo.

hendiadys /hɛn'daɪədɪs/, *n.* (*gramm.*) endiadi.

henna /'hɛnə/, *n.* *1* (*bot.*, *Lawsonia inermis*) henna; alcanna *2* (*per tingere*) henné.

henny /'hɛnɪ/, **A** *a.* da (*o* simile a) gallina. **B** *n.* (*raro*) gallo che ha l'aspetto d'una gallina.

to **henpeck** /'hɛnpɛk/, *v. t.* bistrattare, mettersi sotto i piedi (*il marito*).

henpecked /'hɛnpɛkt/, *a.* (*di un marito*) bistrattato dalla moglie.

Henrietta /hɛnrɪ'ɛtə/, *n.* Enrichetta.

Henry /'hɛnrɪ/, *n.* Enrico.

hep /hɛp/, *V.* **hip** (**4**). ● (*pop. USA*) **hep cat**, individuo vivace; tipo moderno; appassionato di jazz caldo; jazzista.

heparin /'hɛpərɪn/, *n.* (*biochim.*) eparina.

hepatalgia /hɛpə'tældʒə/, *n.* (*med.*) epatalgia.

hepatic /hɪ'pætɪk/, **A** *a.* (*anat.*, *med.*) epatico. **B** *n.* (*farm.*) farmaco epatico.

hepatica /hɪ'pætɪkə/, *n.* (*bot.*) *1* (*Hepatica triloba*) erba trinità *2* (*Marchantia polymorpha*) marcanzia.

hepatite /'hɛpətaɪt/, *n.* (*miner.*) epatite.

hepatitis /hɛpə'taɪtɪs/, *n.* (*med.*) epatite: **viral h.**, epatite virale.

hepatization /hɛpətaɪ'zeɪʃn, *USA* -tɪ'z-/, *n.* (*med.*) epatizzazione.

hepatobiliary /hɛpətəʊ'bɪlɪərɪ, *USA* -ɪerɪ/, *a.* (*anat.*) epatobiliare.

hepatologist /hɛpə'tɒlədʒɪst/, *n.* (*med.*) epatologo.

hepatopathy /hɛpə'tɒpəθɪ/, *n.* (*med.*) epatopatia.

hepatotoxicity /hɛpətəʊtɒk'sɪsətɪ/, *n.* (*med.*) epatotossicità.

hepatotoxin /hɛpətəʊ'tɒksɪn/, *n.* (*biochim.*) epatotossina.

hepster /'hɛpstə(r)/, *V.* **hipster**.

heptachord /'hɛptəkɔːd/, *n.* (*mus.*) eptacordo.

heptad /'hɛptæd/, *n.* *1* gruppo (*o* serie) di sette (*giorni, ecc.*) *2* (*scient.*, *tecn.*) settetto.

heptagon /'hɛptəgən, *USA* -gɒn/, *n.* (*geom.*) ettagono.

heptagonal /hɛp'tægənl/, *a.* (*geom.*) ettagonale; eptagonale.

heptahedral /hɛptə'hiːdrəl, -'hɛd-/, *a.* (*geom.*) ettaedrico; eptaedrico.

heptahedron /hɛptə'hiːdrən, -'hɛd-/, *n.* (*geom.*) ettaedro, eptaedro.

heptameter /hɛp'tæmɪtə(r)/, *n.* (*poesia*) ettametro.

heptane /'hɛpteɪn/, *n.* (*chim.*) eptano.

heptarchic(**al**) /hɛp'tɑːkɪk(l)/, *a.* (*stor.*) di un'eptarchia.

heptarchy /'hɛptɑːkɪ/, *n.* (*stor.*) eptarchia.

heptasyllabic /hɛptəsɪ'læbɪk/, *a.* (*poesia*) eptasillabo; settenario.

heptasyllable /hɛptə'sɪləbl/, *n.* (*poesia*) eptasillabo; settenario.

Heptateuch /'hɛptətjuːk, *USA* -tuːk/, *n.* (*Bibbia*) Eptateuco.

heptathlon /hɛp'tæθlən, -lɒn/, *n.* (*sport*) eptathlon.

her /hɜː(r), ɜː(r), hə(r), ə(r)/, **A** *pron. pers. 3ª pers. sing. f.* *1* (*compl.*) lei; la; a lei, le: **I saw her, not him**, vidi lei, e non lui; **I saw her**, la vidi; **Tell her to come**, dille di venire *2* (*pred.*) lei: **That's her!**, è lei; eccola!; **Was that her?**, era lei? *3* (*quando è seguito dalla forma in* **-ing**, *è idiom.*, *per es.*:) **I can't prevent her spending her own money**, non posso impedire ch'ella spenda denaro che è suo. **B** *a. poss.* (*rif. a possessore femm.*) *1* suo, sua; suoi, sue; di lei: **Mary and her baby**, Maria e il suo bambino; **It's her bag, not mine!**, è la borsa di lei, non la mia! *2* (*colloquiale*; *in combinazione con la forma in* **-ing**, *è idiom.*, *per es.*:) **I don't mind her driving so fast**, non me ne importa che guidi così veloce. ● **She took her bag with her**, prese con sé la borsetta □ **She looked about her**, si guardò intorno □ **It was very kind of her**, è stato molto gentile da parte sua.

Hera /'hiːrə/, *n.* (*mitol.*) Era.

Heracles /'hɛrəkliːz/, *n.* (*mitol.*) Eracle.

Heraclitus /hɛrə'klaɪtəs/, *n.* (*stor.*, *filos.*) Eraclito.

herald /'hɛrəld/, *n.* *1* (*stor.*) araldo *2* nunzio; messaggero (*anche fig.*) *3* conservatore di stemmari *4* (*fig.*) precursore; foriero. ● **the Heralds' College**, la Consulta Araldica (*in G.B.*).

to **herald** /'hɛrəld/, *v. t.* *1* annunciare; proclamare *2* (*fig.*) essere foriero di; preannunciare: **to h. a storm**, essere foriero di tempesta.

heraldic /hə'rældɪk/, *a.* araldico.

heraldist /'hɛrəldɪst/, *n.* araldista.

heraldry /'hɛrəldrɪ/, *n.* *1* araldica *2* (*collett.*) stemmi nobiliari *3* (*stor.*) ufficio d'araldo.

herb /hɜːb, *USA* hɜːb, ɜːb/, *n.* *1* erba (*specialm. medicinale, per la profumeria, ecc.*) *2* (*cucina*) erbetta; erba aromatica *3* (*pl.*) (*cucina*) gli odori (*fam.*) *4* (*pop.*) erba; droga. ● (*bot.*) **h. bennet** (*Geum urbanum*), ambretta selvatica; garofanaia; erba cariofillata □ (*fam.*) **h. doctor**, chi cura con le erbe □ (*bot.*, *arc.*) **h. of grace**, *V.* **rue** (**1**) □ (*bot.*) **h. Robert** (*Geranium robertianum*), erba roberta; erba cimicina □ **h. store**, erboristeria (*il negozio*) □ **h.-tea**, infuso di erbe; tisana.

herbaceous /hɜː'beɪʃəs, *USA* hɜː-, ɜː-/, *a.* (*bot.*) erbaceo. ● (*nei giardini*) **h. border**, bordo d'aiuola di fiori perenni.

herbage /'hɜːbɪdʒ, *USA* 'hɜː-, 'ɜː-/, *n.* *1* (*collett.*) erba; erbe; vegetazione erbacea *2* (*leg.*) diritto di pascolo; erbatico.

herbal /'hɜːbl, *USA* 'hɜː-, 'ɜː-/, **A** *a.* delle erbe (*aromatiche o medicinali*). **B** *n.* erbario (*libro sulle piante medicinali*). ● **h. practitioner**, chi cura con le erbe; erborista.

herbalism /'hɜːbəlɪzəm, *USA* 'hɜː-, 'ɜː-/, *n.* erboristeria (*la scienza*).

herbalist /'hɜːbəlɪst, *USA* 'hɜː-, 'ɜː-/, *n.* *1* erborista *2* chi cura con le erbe.

herbarium /hɜː'bɛərɪəm, *USA* hɜː-, ɜː-/, *n.* (*pl.* **herbaria**) erbario (*raccolta di piante essiccate*).

Herbert /'hɜːbət/, *n.* Erberto.

herbicidal /'hɜːbɪsaɪdl, *USA* 'hɜː-, 'ɜː-/, *a.* (*agric.*, *chim.*) diserbante; erbicida.

herbicide /'hɜːbɪsaɪd, *USA* 'hɜː-, 'ɜː-/, *n.* (*agric.*, *chim.*, *mil.*) erbicida; diserbante.

herbicolous /hɜː'bɪkələs, *USA* hɜː-, ɜː-/, *a.* (*zool.*) erbicolo.

herbivore /'hɜːbɪvɔː(r), *USA* 'hɜː-, 'ɜː-/, *n.* (*zool.*) erbivoro.

herbivorous /hɜː'bɪvərəs, *USA* hɜː-, ɜː-/, *a.* (*zool.*) erbivoro.

herborist /'hɜːbərɪst, *USA* 'hɜː-, 'ɜː-/, *n.* erborista.

herborization /hɜːbəraɪ'zeɪʃn, *USA* hɜːbərɪ'z-, ɜː-/, *n.* erborazione.

to **herborize** /'hɜːbəraɪz, *USA* 'hɜː-, 'ɜː-/, *v. i.* erborare.

herby /'hɜːbɪ, *USA* 'hɜː-, 'ɜː-/, *a.* *1* erboso; ricco d'erbe *2* delle erbe (*aromatiche o medicinali*).

herculean /hɜːkjʊ'liːən, hɜː'kjuːlɪən/, *a.* *1* erculeo; fortissimo *2* faticosissimo; difficilissimo: **a h. task**, un compito difficilissimo.

Herculean /hɜːkjʊ'liːən, hɜː'kjuːlɪən/, *a.* (*mitol.*) erculeo; di Ercole.

Hercules /'hɜːkjʊliːz/, *n.* (*mitol.*, *astron.*) Ercole. ● (*fig.*) **a H.**, un ercole; un uomo di forza erculea □ (*geogr.*, *stor.*) **the Pillars of H.**, le Colonne d'Ercole.

Hercynian /hɜː'sɪnɪən/, *a.* (*geol.*) ercinico; erciniano.

herd (**1**) /hɜːd/, *n.* armento; mandria; branco; gregge; (*fig. spreg.*) plebe, plebaglia, volgo: **a h. of cattle**, una mandria di buoi; **a h. of elephants**, un branco di elefanti; **the common** (*o* **vulgar**) **h.**, il gregge (*fig.*); il volgo; la plebaglia. ● **the h. instinct**, (*zool.*) l'istinto gregale; (*fig.*, *psic.*) l'istinto del gregge (*fig.*); il gregarismo.

herd (**2**) /hɜːd/, *n.* (*arc.*, *o in combinazione*) mandriano; guardiano (*di bestie*). ● **cowherd**, mandriano; bovaro □ **goatherd**, guardiano di capre; capraio.

to **herd** /hɜːd/, **A** *v. i.* *1* (*di animali*) imbrancarsi; mettersi in branco *2* far gregge (*anche fig.*); aggregarsi; raggrupparsi. **B** *v. t.* *1* imbrancare, spingere in branco, radunare (*animali*) *2* raggruppare, radunare (*persone*).

herdboy /'hɜːdbɔɪ/, *n.* aiuto mandriano.

herder /'hɜːdə(r)/, *n.* (*USA*) *V.* **herdsman**.

herdsman /'hɜːdzmən/, *n.* (*pl.* **herdsmen**) mandriano; pastore.

here /hɪə(r)/, **A** *avv.* *1* qui; qua; a questo punto; su questo punto: **I like to stay h.**, mi piace stare qui; **Come h.!**, vieni qui (*o* qua); **H. it's spring now**, qua è primavera ora; **H. we agree**, su questo punto siamo d'accordo; **He doesn't belong h.**, non è di qui; non è nativo di questo luogo; (*anche*) questo non è il suo ambiente; è un estraneo qui; **H he jumped to his feet**, a questo punto egli balzò in piedi *2* ecco (qui): **H. I am!**, eccomi!; **H. you are!**, eccoti!; **H. they are!**, eccoli (qui)!; **H. we are at last**, eccoci arrivati, finalmente; **They are h.!**, eccoli!; sono arrivati; (*trovando q.c. che si cercava*) **H. it is!**, eccolo! *3* (*offrendo o dando q.c.*): eccoti; eccovi; eccole: **H.'s your key!**, eccoti la chiave; ecco la Sua chiave!; **H. you are!**, eccoti, eccovi, ecco qui!; eccoti servito! *4* (*idiom.*): **H. comes the snow!**, viene la neve!; ecco che nevica; (*fam.*) **the student h.**, questo studente; (*fam.*) **I want this one h.**, voglio questo qui. **B** *inter.* *1* su; suvvia; coraggio: **H., that's enough!**, su, ora basta!; **H., don't cry!**, coraggio, non piangere! *2* (*rispondendo a un appello*) presente! **C** *n.* questo luogo: **My friends leave h. tonight**, i miei amici partono di qui stasera. ● **h. and now**, al momento; una volta per tutte; (*di decisione, ecc.*) su due piedi □ (*fig.*) **the h. and now**, il presente; il mondo reale □ **h. and there**, qua e là □ **h. below**, quaggiù; in questo mondo; qui sotto; qui appresso □ **h., there, and everywhere**, dappertutto □ **down h.**, quaggiù □ **from h.**, di qui; di qua □ **in h.**, qui dentro; qua dentro □ **near h.**, qui vicino □ (*fam.*) **neither h. nor there**, (cosa) che non sta né in cielo né in terra □ **up h.**, quassù □ **Look h.!**, bada qui!; senti!; ascolta! □ **H.'s to you!**, alla tua (*o* alla vostra) salute! □ (*fam.*) **H. goes!**, pronti!; cominciamo!; ecco qua! □ **H. we go**, (adesso) si va!; si comincia!; buttiamoci! □ **H. we go again**, siamo alle solite, ci risiamo! □ **Miniskirts are h. to stay, I think**, credo che la minigonna non tramonterà mai □ (*prov.*) **H. today and gone tomorrow**, oggi in figura, domani in sepoltura.

hereabout(**s**) /'hɪərəbaʊt(s)/, *avv.* qui vicino; qui intorno; in giro.

hereafter /hɪər'ɑːftə(r), *USA* -æf-/, **A** *avv.* *1* in avvenire; in futuro *2* nell'aldilà; nell'altro mondo *3* (*comm.*, *leg.*) più oltre; più avanti; in seguito. **B** *n.* – **the h.** *1* il futuro; l'avvenire *2* l'aldilà; l'altro mondo.

hereat /hɪər'æt/, *avv.* (*arc.*) *1* a questo; a ciò; al che *2* per questo; a causa di ciò.

hereby /hɪə'baɪ/, *avv.* *1* (*comm.*, *leg.*) per questo mezzo; con il presente (atto, ecc.); con la presente (lettera, ecc.) *2* qui vicino *3* (*lett.*) in tal modo; così.

hereditability /hərɛdɪtə'bɪlətɪ/, *n.* ereditabilità.

hereditable /hə'rɛdɪtəbl/, *a.* ereditabile.
hereditament /hɛrɪ'dɪtəmənt/, *n.* (*leg.*) asse ereditario.
hereditarian /hərɛdɪ'tɛərɪən/, *n.* (*scient.*) assertore della teoria dell'ereditarietà.
hereditarianism /hərɛdɪ'tɛərɪənɪzəm/, *n.* (*scient.*) (il) sostenere la teoria dell'ereditarietà.
hereditarily /hə'rɛdɪtrəlɪ, *USA* hərɛdɪ'tɛrəlɪ/, *avv.* ereditariamente.
hereditariness /hə'rɛdɪtrɪnəs, *USA* -tɛrɪ-/, *n.* ereditarietà.
hereditary /hə'rɛdɪtrɪ, *USA* -tɛrɪ/, *a.* ***1*** ereditario: **a h. disease**, una malattia ereditaria ***2*** tramandato di generazione in generazione; tradizionale; secolare: **h. customs**, abitudini secolari; **our h. allies**, i nostri alleati tradizionali ***3*** (*leg.*) ereditario: **h. succession**, successione ereditaria ***4*** (*leg.*) per diritto ereditario: **a h. ruler**, un sovrano per diritto ereditario; (*polit.*) **h. peers**, pari (*d'Inghilterra*) per diritto ereditario (*in G.B.*).
heredity /hə'rɛdətɪ/, *n.* (*biol.*) ***1*** ereditarietà ***2*** eredità; caratteri ereditari; patrimonio ereditario.
herein /'hɪərɪn/, *avv.* (*comm., leg.*) qui; in questo (libro, punto, documento, ecc.): **h. enclosed**, qui accluso.
hereinafter /hɪərɪn'ɑːftə(r), *USA* -æf-/, *avv.* (*comm., leg.*) in seguito; sotto; più avanti.
hereinbefore /hɪərɪnbɪ'fɔː(r)/, *avv.* (*comm., leg.*) in precedenza; sopra.
hereof /hɪər'ɒv, *USA* -ʌv/, *avv.* (*comm., leg.*) di questo; di ciò; del presente atto (*o* scritto).
hereon /hɪər'ɒn, *USA* -'ɔːn/, *V.* **hereupon**.
here's /hɪəz/, *contraz.* di **here is**.
heresiarch /hə'riːzɪɑːk/, *n.* eresiarca.
heresy /'hɛrəsɪ/, *n.* (*anche fig.*) eresia: **to fall into h.**, cadere nell'eresia. ● **h.-hunter**, inquisitore.
heretic /'hɛrətɪk/, *a.* e *n.* eretico.
heretical /hə'rɛtɪkl/, *a.* eretico. ‖ **-ly**, *avv.*
hereto /hɪə'tuː, -tʊ, -tə/, *avv.* ***1*** (*lett.*) finora; fin qui ***2*** (*comm., leg.*) a questo; qui: **h. enclosed**, qui accluso.
heretofore /hɪətə'fɔː(r), *USA* 'hɪətəf-/, *avv.* ***1*** (*arc.*) prima d'ora; un tempo ***2*** (*comm., leg.*) finora; fin qui.
hereunder /hɪər'ʌndə(r)/, *avv.* ***1*** (*comm., leg.*) più avanti; qui sotto ***2*** (*leg.*) in virtù del presente atto (*o* scritto, ecc.).
hereupon /hɪərə'pɒn, *USA* -ɔːn, -ʌn/, *avv.* (*form.*) ***1*** al che; in conseguenza di ciò; subito dopo ***2*** su ciò; su questo argomento.
herewith /hɪə'wɪð/, **A** *avv.* (*comm., leg.*) per questo mezzo; insieme con questo; qui: **h. enclosed**, qui accluso. **B** *a. attr.* (*di un documento, ecc.*) qui accluso; in allegato.
heritability /hɛrɪtə'bɪlətɪ/, *n.* (*leg.*) ereditabilità.
heritable /'hɛrɪtəbl/, *a.* (*leg.*) ***1*** ereditabile ***2*** capace d'ereditare. ● (*leg., in Scozia*) **h. bond**, garanzia con ipoteca immobiliare.
heritage /'hɛrɪtɪdʒ/, *n.* ***1*** (*leg.*) eredità immobiliare; asse ereditario ***2*** (*fig.*) retaggio; eredità ***3*** (*Bibbia*) (il) popolo eletto; gli Israeliti. ● (*ecol., tur.*) **h. coast**, costa protetta.
heritor /'hɛrɪtə(r)/, *n.* (*arc. o leg.*) erede (*uomo*).
heritress /'hɛrɪtrɪs/, *n.* (*arc. o leg.*) erede (*donna*).
herl /hɜːl/, *V.* **harl**(**e**).
herma /'hɜːmə/, *n.* (*pl.* **hermae, hermai**) erma.
hermaphrodite /hɜː'mæfrədaɪt/, *n.* e *a.* (*biol.*) ermafrodito.
hermaphroditic(**al**) /hɜːmæfrə'dɪtɪk(l)/, *a.* (*biol.*) ermafrodito.
hermaphroditism /hɜː'mæfrədɪtɪzəm/, *n.* (*biol.*) ermafroditismo; ermafrodismo.
hermeneut /'hɜːmənjuːt, *USA* -nuːt/, *n.* (*letter., teol.*) ermeneuta.
hermeneutic(**al**) /hɜːmə'njuːtɪk(l), *USA* -'nuː-/, *a.* (*letter., teol.*) ermeneutico.
hermeneutics /hɜːmə'njuːtɪks, *USA* -'nuː-/, *n. pl.* (*col verbo al sing.*) (*letter., teol.*) ermeneutica.
hermeneutist /hɜːmə'njuːtɪst, *USA* -'nuː-/, *n.* ermeneuta.
Hermes /'hɜːmiːz/, *n.* (*mitol.*) Ermes; Ermete.
hermetic(**al**) /hɜː'mɛtɪk(l)/, *a.* ermetico: **h. seal**, tenuta ermetica; **h. poetry**, poesia ermetica. ● **h. art**, alchimia. ‖ **-ally**, *avv.*
hermetism /'hɜːmɪtɪzəm/, *n.* (*filos., arte, letter.*) ermetismo.
hermit /'hɜːmɪt/, *n.* eremita (*anche fig.*); anacoreta, romito. ● (*zool.*) **h. crab** (*Pagurus*), paguro; bernardo l'eremita.
hermitage /'hɜːmɪtɪdʒ/, *n.* eremitaggio; eremo; romitaggio.
hern /hɜːn/, *n.* (*poet. o dial.*) airone.
hernia /'hɜːnɪə/, *n.* (*pl.* **hernias, herniae**) (*med.*) ernia.
hernial /'hɜːnɪəl/, **herniary** /'hɜːnɪərɪ, *USA* -ɪɛrɪ/, *a.* (*med.*) erniario; dell'ernia.
herniated disk /'hɜːnɪeɪtɪd'dɪsk/, *locuz. n.* (*med.*) ernia discale; ernia del disco.
herniotomy /hɜːnɪ'ɒtəmɪ/, *n.* (*med.*) erniotomia.
hero /'hɪərəʊ, 'hɪr-, *USA* 'hɪr-, 'hiːr-/, *n.* (*pl.* **heroes**) ***1*** eroe ***2*** protagonista (*di un'opera letteraria, un film, una gara, ecc.*) ***3*** (*fig.*) (una) celebrità ***4*** (*pop. USA*) grosso panino imbottito. ● **h. worship**, culto degli eroi; (*fig.*) ammirazione eccessiva, venerazione.
Hero /'hɪərəʊ, 'hɪr-, *USA* 'hɪr-, 'hiːr-/, *n.* (*mitol.*) Ero.
Herod /'hɛrəd/, *n.* (*stor.*) Erode.
Herodias /hɛ'rəʊdɪæs/, *n.* (*stor.*) Erodiade.
Herodotus /hɛ'rɒdətəs/, *n.* (*stor. letter.*) Erodoto.
heroic /hɪ'rəʊɪk/, *a.* ***1*** eroico: **h. deeds**, atti eroici; **the h. age**, l'età eroica (*di Grecia e Roma antiche*); **h. poem**, poema eroico; (*med.*) **h. remedies**, rimedi eroici ***2*** (*arte*) più grande del naturale: **a h. statue** (*o* **a statue of h. size**), una statua di dimensioni più grandi del naturale ***3*** (*fig.*) grandioso; imponente ***4*** (*fig.*) eccezionale; straordinario ***5*** (*fig.*: *di stile, ecc.*) ampolloso; retorico; melodrammatico. ● (*poesia*) **h. couplet**, distico eroico (*di pentametri giambici a rima baciata*) □ **h. poetry**, poesia epica □ **h. stanza**, strofa di versi eroici □ **h. verse**, verso eroico.
heroical /hɪ'rəʊɪkl/, *V.* **heroic**.
heroically /hɪ'rəʊɪklɪ/, *avv.* eroicamente.
heroicness /hɪ'rəʊɪknəs/, *n.* eroicità.
heroicomic(**al**) /hɪrəʊɪ'kɒmɪk(l)/, *a.* eroicomico.
heroics /hɪ'rəʊɪks/, *n. pl.* ***1*** (*poesia*) verso eroico ***2*** (*fig.*) frasi altisonanti; linguaggio retorico (*o* reboante, ampolloso, pomposo).
to **heroify** /hɪ'rəʊɪfaɪ/, *v. t.* eroicizzare; fare un eroe di (q.).
heroin /'hɛrəʊɪn/, *n.* (*chim.*) eroina. ● **h. addict**, eroinomane □ **h. addiction**, eroinomania.
heroine /'hɛrəʊɪn/, *n.* (*letter., teatr., ecc.*) eroina; protagonista.
heroism /'hɛrəʊɪzəm/, *n.* eroismo; atto eroico.
to **heroize** /'hɪərəʊaɪz, *USA* 'hiːr-/, **A** *v. t.* eroicizzare. **B** *v. i.* far l'eroe.
heron /'hɛrən/, *n.* (*pl.* **herons, heron**) (*zool., Ardea*) airone.
heronry /'hɛrənrɪ/, *n.* luogo dove gli aironi nidificano; colonia di aironi.
to **hero-worship** /'hɪərəʊwɜːʃɪp/, *v. t.* venerare (q.) come un eroe.
herpes /'hɜːpiːz/, *n.* (*med.*) herpes; erpete. ● **h. zoster**, herpes zoster; fuoco di Sant'Antonio.
herpetic /hɜː'pɛtɪk/, *a.* (*med.*) erpetico.
herpetologist /hɜːpɪ'tɒlədʒɪst/, *n.* erpetologo.
herpetology /hɜːpɪ'tɒlədʒɪ/, *n.* (*zool.*) erpetologia.
herring /'hɛrɪŋ/, *n.* (*pl.* **herrings, herring**) (*zool., Clupea harengus*) aringa. ● (*zool.*) **h. gull** (*Larus argentatus*), gabbiano reale □ (*cucina*) **h. roe**, uova di aringa □ **kippered h.**, aringa affumicata □ **to be packed as close as herrings**, essere pigiati come sardine □ **red h.**, aringa affumicata; (*fig.*) falsa pista, traccia falsa.
herringbone /'hɛrɪŋbəʊn/, **A** *n.* ***1*** (*ind. tess., edil., ecc.*) disegno (*o* struttura) a spina di pesce ***2*** (*sport: sci*) passo a spina di pesce. **B** *a. attr.* (*tecn.*) spinato; a spina di pesce: **h. pattern**, disegno spinato; (*elettron.*) diaframma a spina di pesce. ● (*cucito*) **h. stitch**, punto strega □ (*ind. tess.*) **h. tweed**, tweed spinato; spinato (*sost.*).
hers /hɜːz/, *pron. poss.* (*rif. a possessore femm.*) (il) suo, (la) sua; (i) suoi, (le) sue; di lei: **Is this book his or hers?**, questo libro è di lui o di lei?; **Have you seen Mary? I found a pen of hers**, hai visto Maria? Ho trovato una sua penna. □ **It's no business of hers**, non è cosa che la riguardi.
herself /hə'sɛlf, ə-/, **A** *pron. rifl. 3ª pers. f. sing.* se stessa; si: **Your daughter can be pleased with h.**, tua figlia può essere soddisfatta di se stessa; **My mother has hurt h.**, la mia mamma si è fatta male; **My sister has bought h. an expensive ring**, mia sorella s'è comprata un anello costoso. **B** *pron. enfat.* (ella) stessa; lei stessa; in persona; proprio; per l'appunto: **She h. went there**, ci andò lei stessa (in persona); **She said it h.**, lo disse lei stessa; **I talked to the headmistress h.**, parlai per l'appunto (*o* proprio) con la preside. **C** *n.* se stessa; lei; sé: **After the long illness, she was h. again**, dopo la lunga malattia, era di nuovo lei (*o* quella di prima). ● (**all**) **by h.**, da sé; (da) sola: **She did it all by h.**, lo fece da sé; **She was quite by h.**, era tutta sola (*o* sola soletta) □ **The little girl has a bedroom to h.**, la bimba ha una camera da letto per conto suo.
hertz /hɜːts/, *n.* (*invar. al pl.*) (*fis.*) hertz; ciclo al secondo.
Hertzian /'hɜːtsɪən/, *a.* (*fis.*) hertziano: **H. waves**, onde hertziane.
he's /hiːz, iːz, hɪz, ɪz/, *contraz.* di ***1*** **he is** ***2*** **he has**.
Hesiod /'hiːsɪɒd/, *n.* (*stor. letter.*) Esiodo.
hesitance /'hɛzɪtəns/, **hesitancy** /'hɛzɪtənsɪ/, *n.* ***1*** esitazione; indecisione; irresolutezza; titubanza ***2*** riluttanza; ritrosia.
hesitant /'hɛzɪtənt/, *a.* ***1*** esitante; indeciso; irresoluto; titubante ***2*** riluttante; restio.
to **hesitate** /'hɛzɪteɪt/, *v. i.* ***1*** esitare; essere indeciso; titubare ***2*** essere riluttante (*o* restio) ***3*** interrompersi (*parlando*); fare una pausa.
hesitater /'hɛzɪteɪtə(r)/, *n.* chi esita.
hesitatingly /'hɛzɪteɪtɪŋlɪ/, *avv.* con esitazione; irresolutamente.
hesitation /hɛzɪ'teɪʃn/, *n.* ***1*** esitazione; indecisione; irresolutezza; titubanza ***2*** riluttanza ***3*** (*mus.*) hesitation; valzer all'inglese ***4*** lieve balbuzie.
hesitative /'hɛzɪtətɪv, *USA* -eɪtɪv/, *a.* d'esitazione; esitante; incerto.
hesitator /'hɛzɪteɪtə(r)/, *n.* chi esita.
Hesperia /hɛ'spɪərɪə/, *n.* (*geogr., stor.*) Esperia.
Hesperian /hɛ'spɪərɪən/, *a.* (*poet.*) esperio (*poet., raro*); occidentale.
Hesperides /hɛ'spɛrɪdiːz/, *n. pl.* (*mitol.*) Esperidi.
hesperidium /hɛspə'rɪdɪəm/, *n.* (*bot.*) esperidio (*frutto degli agrumi*).
Hesperus /'hɛspərəs/, *n.* (*astron.*) Espero (*il pianeta Venere*).
Hesse /'hɛsɪ/, *n.* (*geogr.*) Assia.
hessian /'hɛsɪən, *USA* 'hɛʃn/, *n.* (*ind. tess.*) tela grezza di canapa o iuta; tela da sacchi.
Hessian /'hɛsɪən/, **A** *a.* e *n.* (abitante, nativo *o* soldato) dell'Assia. **B** *n.* ***1*** (*fig. USA*) (soldato) mercenario ***2*** (*fam. USA*) rompiscatole. ● **H. boots**, stivali al ginocchio; stivaloni □ (*zool.*) **H. fly** (*Phytophaga destructor*), cecidomia del grano; mosca tedesca (*fam.*).
Hester /'hɛstə(r)/, *n.* Ester.
hetaera /hɪ'tɪərə/, *n.* (*pl.* **hetaerae, hetaeras**)

etera.

hetero /ˈhɛtərəʊ/, *a.* e *n.* (*abbr. di* **heterosexual**) (*pop.*) eterosessuale.

heterocarpous /hɛtərəʊˈkɑːpəs/, *a.* (*bot.*) eterocarpo.

heterochromatic /hɛtərəʊkrəʊˈmætɪk/, *n.* ***1*** (*fis.*) eterocromatico ***2*** (*biol.*) eterocromo.

heteroclite /ˈhɛtərəʊklaɪt/, **A** *a.* ***1*** (*ling.*) eteroclito ***2*** (*fig.*) eteroclito (*lett.*); inusitato; anormale. **B** *n.* nome eteroclito.

heterodont /ˈhɛtərədɒnt/, *a.* (*zool.*) eterodonte.

heterodox /ˈhɛtərədɒks/, *a.* eterodosso.

heterodoxy /ˈhɛtərədɒksɪ/, *n.* eterodossia.

heterodyne /ˈhɛtərədaɪn/, *n.* (*elettron.*) eterodina.

heterodyning /ˈhɛtərədaɪnɪŋ/, *n.* (*radio*) eterodinaggio.

heterogamete /hɛtərəʊgəˈmiːt/, *USA* -ˈgæmiːt/, *n.* (*bot.*) eterogamete.

heterogamous /hɛtəˈrɒgəməs/, *a.* (*biol.*) eterogamo.

heterogamy /hɛtəˈrɒgəmɪ/, *n.* (*biol.*) eterogamia.

heterogeneity /hɛtərədʒəˈniːətɪ/, *n.* eterogeneità.

heterogeneous /hɛtərəʊˈdʒiːnɪəs/, *a.* eterogeneo. || **-ly,** *avv.* || **-ness,** *sost.*

heterogenesis /hɛtərəʊˈdʒɛnəsɪs/, *n.* (*biol.*) eterogenesi.

heterogenetic /hɛtərəʊdʒəˈnɛtɪk/, **heterogenic** /hɛtərəʊˈdʒiːnɪk/, *a.* (*biol.*) caratterizzato da eterogenesi.

heterogony /hɛtəˈrɒgənɪ/, *n.* (*biol.*) eterogonia.

heterograft /ˈhɛtərəʊgrɑːft, *USA* -æft/, *n.* (*med.*) eteroinnesto.

heterologous /hɛtəˈrɒləgəs/, *a.* (*chim., biol.*) eterologo.

heteromania /hɛtərəʊˈmeɪnɪə/, *n.* (*med.*) eteromania.

heteromorphic /hɛtərəʊˈmɔːfɪk/, *a.* (*biol.*) eteromorfo.

heteromorphism /hɛtərəʊˈmɔːfɪzəm/, *n.* (*biol.*) eteromorfismo.

heteromorphous /hɛtərəʊˈmɔːfəs/, *n.* (*bot.*) eteromorfo.

heteronomous /hɛtəˈrɒnəməs/, *a.* (*filos.*) eteronomo.

heteronomy /hɛtəˈrɒnəmɪ/, *n.* (*filos.*) eteronomia.

heteronym /ˈhɛtərəʊnɪm/, *n.* (*ling.*) eteronimo.

heteronymous /hɛtəˈrɒnɪməs/, *a.* (*ling.*) eteronimo.

heteronymy /hɛtəˈrɒnɪmɪ/, *n.* (*ling.*) eteronimia.

heterophony /hɛtəˈrɒfənɪ/, *n.* (*mus., stor.*) eterofonia.

heterophoria /hɛtərəʊˈfɔːrɪə/, *n.* (*med.*) eteroforia.

heterophyllous /hɛtərəʊˈfɪləs/, *a.* (*bot.*) eterofillo.

heterophylly /ˈhɛtərəʊfɪlɪ/, *n.* (*bot.*) eterofillia.

heterophyte /ˈhɛtərəʊfaɪt/, *n.* (*bot.*) eterofita.

heteropolar /hɛtərəʊˈpəʊlə(r)/, *a.* (*chim.*) eteropolare.

heteroscedastic /hɛtərəʊskɪˈdæstɪk/, *a.* (*stat.*) eteroschedastico.

heterosex /ˈhɛtərəʊsɛks/, *n.* (*abbr. fam. di* **heterosexuality**) eterosessualità.

heterosexual /hɛtərəˈsɛkʃʊəl/, *a.* e *n.* (*biol.*) eterosessuale. ● **h. orgies**, balletti rosa (*fig.*).

heterosexuality /hɛtərəsɛkʃʊˈælətɪ/, *n.* (*biol.*) eterosessualità.

heterosyllabic /hɛtərəʊsɪˈlæbɪk/, *a.* (*ling.*) eterosillabico.

heterotaxia /hɛtərəʊˈtæksɪə/, **heterotaxy** /ˈhɛtərəʊtæksɪ/, *n.* (*biol.*) eterotassia.

heterothermic /hɛtərəʊˈθɜːmɪk/, *a.* (*zool.*) eterotermo.

heterothermy /ˈhɛtərəʊθɜːmɪ/, *n.* (*zool.*) eterotermia.

heterotopy /ˈhɛtəˈrɒtəpɪ/, *n.* (*med.*) eterotopia.

heterotransplant /hɛtərəʊˈtrænsplɑːnt, *USA* -ænt/, *n.* (*med.*) eterotrapianto.

heterotransplantation /hɛtərəʊtrænsplɑːnˈteɪʃn, *USA* -æn-/, *n.* (*med.*) eterotrapianto (*l'operazione*).

heterotroph /ˈhɛtərəʊtrəʊf/, *n.* (*biol.*) organismo eterotrofo.

heterotrophic /hɛtərəʊˈtrɒfɪk/, *a.* (*biol.*) ***1*** eterotrofico ***2*** eterotrofo.

heterotrophy /hɛtəˈrɒtrəfɪ/, *n.* (*biol.*) eterotrofia.

heterozygote /hɛtərəʊˈzaɪgəʊt/, *n.* (*biol.*) eterozigote.

heterozygotic /hɛtərəʊzaɪˈgɒtɪk/, *a.* (*biol.*) eterozigotico.

heterozygous /hɛtərəʊˈzaɪgəs/, *a.* (*biol.*) eterozigotico.

het up /ˈhɛtˈʌp/, *a.* (*pop.*) ***1*** arrabbiato; adirato; in collera ***2*** eccitato; nervoso; teso. ● **to get het up about st.**, prendersela a cuore per q.c.; fare una tragedia di q.c.

heuristic /hjʊəˈrɪstɪk/, *a.* (*filos., mat.*) euristico.

heuristics /hjʊəˈrɪstɪks/, *n. pl.* (*col verbo al sing.*) euristica.

to **hew** /hjuː/ (*pass.* **hewed,** *p. p.* **hewed, hewn**), **A** *v. t.* tagliare; spaccare, fendere (*con l'ascia, la spada, ecc.*): **to hew wood**, spaccare la legna; **to hew the prisoners to pieces**, tagliare (*o* fare) a pezzi i prigionieri. **B** *v. i.* dare colpi d'ascia; tirare fendenti. ● **to hew down a tree**, abbattere un albero (con l'ascia) □ **to hew out**, scavare (*tagliando la roccia, ecc.*); (*scult.*) sbozzare, sgrossare (*una statua, ecc.*) □ **to hew out coal**, estrarre il carbone □ **to hew out an important job for oneself**, «ritagliarsi» un posto importante; farsi una bella nicchia (*fig.*); farsi il cadreghino (*pop.*) □ **to hew a path through the undergrowth**, aprirsi un sentiero nel sottobosco (*tagliando arbusti, ecc.*) □ (*USA*) **to hew to**, conformare: **to hew to the line**, stare alle regole; rigar dritto □ **hewn timber**, legname squadrato rozzamente.

hewer /hjuːə(r)/, *n.* ***1*** spaccalegna; taglialegna ***2*** minatore che stacca il carbone dal filone.

hewn /hjuːn/, *p. p.* di **to hew**.

hex /hɛks/, *n.* (*fam. USA*) ***1*** incantesimo; fattura (*fam.*); malocchio: **to put the hex on sb.**, gettare il malocchio su q. ***2*** stregone; strega.

to **hex** /hɛks/, *v. t.* (*fam. USA*) gettare il malocchio su (q. *o* q.c.).

hexachord /ˈhɛksəkɔːd/, *n.* (*mus.*) esacordo.

hexadecimal /hɛksəˈdɛsɪml/, *a.* (*elab.*) esadecimale.

hexagon /ˈhɛksəgən, *USA* -gɒn/, *n.* (*geom.*) esagono.

hexagonal /hɛkˈsægənl/, *a.* (*geom.*) esagonale.

hexagram /ˈhɛksəgræm/, *n.* (*geom.*) esagramma; stella di David.

hexahedral /hɛksəˈhiːdrəl, -ˈhɛd-/, *a.* (*geom.*) esaedrico.

hexahedron /hɛksəˈhiːdrən, -ˈhɛd-/, *n.* (*geom.*) esaedro.

hexameter /hɛkˈsæmɪtə(r)/, *n.* (*poesia*) esametro: **dactylic h.**, esametro dattilico.

hexametric /hɛksəˈmɛtrɪk/, *a.* (*poesia*) ***1*** di esametro ***2*** scritto in esametri.

hexane /ˈhɛkseɪn/, *n.* (*chim.*) esano.

hexapod /ˈhɛksəpɒd/, (*zool.*) **A** *a.* (*di insetto*) esapodo. **B** *n.* ***1*** insetto ***2*** (*pl.*) esapodi; insetti.

hexastich /ˈhɛksəstɪk/, *n.* (*poesia*) esastico.

hexastichic /hɛksəˈstɪkɪk/, *a.* (*poesia*) esastico.

hexastyle /ˈhɛksəstaɪl/, (*archit.*) **A** *a.* esastilo: **h. portico**, portico esastilo. **B** *n.* portico esastilo; facciata esastila.

hexasyllabic /hɛksəsɪˈlæbɪk/, *a.* (*poesia*) esasillabico; senario.

hex nut /ˈhɛksnʌt/, *n.* (*mecc.*) dado esagonale.

hexose /ˈhɛksəʊz, -s/, *n.* (*chim.*) esosio.

hey /heɪ/, *inter.* (*di richiamo, sorpresa, interrogazione*) ehi!; olà! ● **Hey for Jack!**, evviva Jack! □ (*fam.*) **hey presto**, all'improvviso; tutto a un tratto; (*di prestigiatore*) op là!; voilà! (*franc.*).

hey-day (**1**) /ˈheɪdeɪ/, *inter.* (*arc.*; *di gioia, sorpresa, ecc.*) oh!; ih!

heyday (**2**) /ˈheɪdeɪ/, *n.* pieno rigoglio; fiore, primavera (*fig.*); apice; apogeo: **in the h. of youth**, nel fiore degli anni; **the Elizabethan period in its h.**, l'età elisabettiana nel suo pieno rigoglio.

hi /haɪ/, *inter.* ***1*** (*di richiamo*) ehi! ***2*** (*fam.*) ciao!; salve!

hiatus /haɪˈeɪtəs/, *n.* (*pl.* **hiatuses, hiatus**) ***1*** (*anat., geol., ecc.*) iato ***2*** (*fig.*) lacuna; vuoto.

hibernant /ˈhaɪbɜːnənt/, *a.* (*zool.*) ibernante.

to **hibernate** /ˈhaɪbəneɪt/, *v. i.* ***1*** (*zool.*) ibernare; svernare; passare l'inverno in letargo; essere ibernante: **Some bears h.**, alcuni orsi sono ibernanti ***2*** (*fig.*) oziare; poltrire.

hibernation /haɪbəˈneɪʃn/, *n.* (*zool.*) ibernazione; letargo.

Hibernian /hɪˈbɜːnɪən/, *a.* e *n.* (*poet.*) irlandese.

Hibernicism /haɪˈbɜːnɪsɪzəm/, *n.* espressione (*o* costumanza, ecc.) irlandese.

hibiscus /hɪˈbɪskəs, *USA* haɪ-/, *n.* (*bot., Hibiscus*) ibisco.

hiccough, to **hiccough** /ˈhɪkʌp/, *V.* **hiccup, to hiccup**.

hiccup /ˈhɪkʌp/, *n.* singhiozzo, singulto (*nervoso*; *non di pianto*). ● **to have hiccups**, avere il singhiozzo.

to **hiccup** /ˈhɪkʌp/, **A** *v. i.* singhiozzare; avere il singhiozzo; avere il singulto. **B** *v. t.* – **to h. out**, dire singhiozzando.

hick /hɪk/, *n.* e *a.* (*fam. spreg. USA*) contadino; campagnolo; provinciale; zoticone.

hickey /ˈhɪkɪ/, *n.* (*fam. USA*) ***1*** (segno di) succhiotto ***2*** foruncolo.

hickory /ˈhɪkərɪ/, **A** *n.* ***1*** (*bot., Carya*) hickory; noce americano ***2*** (= **h. switch**) bacchetta di noce americano. **B** *a. attr.* di noce americano.

hid /hɪd/, *pass.* e *p. p.* di **to hide**.

hidable /ˈhaɪdəbl/, *a.* celabile; nascondibile.

hidalgo /hɪˈdælgəʊ/ (*spagn.*), *n.* (*pl.* **hidalgos**) idalgo.

hidden /ˈhɪdn/, **A** *p. p.* di **to hide**. **B** *a.* nascosto; ignoto; misterioso; riposto; segreto: **a h. meaning**, un significato riposto. ● (*rag.*) **h. assets**, attività occulte □ (*TV*) **h. camera**, telecamera nascosta □ (*leg.*) **h. defect**, vizio occulto □ **h. persuaders**, persuasori occulti □ (*fin.*) **h. reserve**, riserva occulta □ (*econ.*) **h. unemployment**, disoccupazione occulta. || **-ly,** *avv.* || **-ness,** *sost.*

hide (**1**) /haɪd/, *n.* ***1*** nascondiglio (*da cui osservare animali selvatici*) ***2*** (*caccia*) posta. ● **h.-and-seek** (*USA*: **h.-and-go-seek**), nascondino; rimpiattino.

hide (**2**) /haɪd/, *n.* ***1*** pelle (*d'animale, conciata o no*); pellame; cuoio: **to tan hides**, conciare pelli ***2*** (*fam. scherz.*) pelle (*dell'uomo*): **to save one's h.**, salvare la pelle; cavarsela senza danno. ● (*fam.*) **h. nor** (*o* **or**) **hair**, nessuna traccia; neanche l'ombra: **I haven't seen h. or hair of her for years**, sono anni che di lei non vedo neanche l'ombra □ (*fam.*) **to have a thick h.**, avere la pelle dura □ (*fam.*) **to tan sb.'s h.**, conciare q. per le feste; menare q. (*fam.*).

hide (**3**) /haɪd/, *n.* «hide» (*antica misura agraria, che variava da 60 a 120 acri*).

to **hide** (**1**) /haɪd/ (*pass.* **hid,** *p. p.* **hidden, hid**), **A** *v. t.* nascondere; celare: **to h. st. from sb.**, nascondere q.c. a q.; **The treasure had been hidden by the pirates**, il tesoro era stato nascosto dai pirati; **He hid his head in shame**, nascose il viso per la vergogna. **B** *v. i.* nascondersi; celarsi. **C** to **hide oneself**, *v. rifl.* nascondersi; celarsi. ● **to h. one's face**, coprirsi il viso □ **to h. one's feelings**, dissimulare □ **to h. one's light under a bushel**, mettere la fiaccola sotto il moggio; tenere nascosta una verità (*o* una virtù) □ **to h. out**, darsi alla macchia □ **to leave one's key hidden under the mat**, nascondere la chiave (di casa) sotto lo stuoino □ **Where's that document hiding?**, dove s'è andato a cacciare quel documento?

to **hide** (**2**) /haɪd/, *v. t.* ***1*** spellare; scorticare; scuoiare ***2*** (*fam. arc.*) frustare; picchiare; bastonare.

hideaway /ˈhaɪdəweɪ/, *n.* (*fam.*) nascondiglio; rifugio. ● **h. bed**, letto a scomparsa; letto ribaltabile.

hidebound /ˈhaɪdbaʊnd/, *a.* ***1*** (*d'animale*) ridotto pelle e ossa; ossuto ***2*** (*fig.*) dalla mente ristretta; gretto.

hideous /ˈhɪdɪəs/, *a.* odioso; orrendo; orribile; ripugnante; repulsivo; rivoltante: **h. features**, fattezze ripugnanti; **a h. murder**, un orribile assassinio; **a h. noise**, un rumore orrendo. || **-ly**, *avv.* || **-ness**, *sost.*

hideout /haɪd/, *n.* nascondiglio; covo (*di banditi, ecc.*).

hider /ˈhaɪdə(r)/, *n.* ***1*** chi si nasconde ***2*** dissimulatore, dissimulatrice.

hiding (**1**) /ˈhaɪdɪŋ/, *n.* ***1*** occultamento; il nascondere; l'esser nascosto ***2*** (= **h. place**) nascondiglio. ● **to be in h.**, essere (*o* tenersi) nascosto □ **to go into h.**, nascondersi; darsi alla macchia.

hiding (**2**) /ˈhaɪdɪŋ/, *n.* (*fam.*) bastonatura; legnate; botte; menata (*fam.*): **to give sb. a good h.**, dare a q. una bella menata. ● (*fam.*) **to be on a h. to nothing**, darsi un gran daffare per nulla.

to **hie** /haɪ/, *v. i.* (*poet.* o *scherz.*) affrettarsi; spicciarsi: **Hie thee**, affrettati!; spicciati!

hiemal /ˈhaɪəml/, *a.* (*poet.*) iemale (*lett.*); invernale.

hierarch /ˈhaɪərɑːk/, *n.* gerarca; (*specialm.*) alto prelato.

hierarchic(**al**) /haɪəˈrɑːkɪk(l)/, *a.* gerarchico. || **-ally**, *avv.*

hierarchism /ˈhaɪərɑːkɪzəm/, *n.* ***1*** principi gerarchici ***2*** struttura gerarchica.

to **hierarchize** /ˈhaɪərɑːkaɪz/, *v. t.* gerarchizzare.

hierarchy /ˈhaɪərɑːkɪ/, *n.* gerarchia.

hieratic(**al**) /haɪəˈrætɪk(l)/, *a.* ieratico; sacerdotale. || **-ally**, *avv.*

hierocracy /haɪəˈrɒkrəsɪ/, *n.* ierocrazia; gerocrazia; governo dei sacerdoti.

hieroglyph /ˈhaɪərəglɪf/, *n.* (*anche fig.*) geroglifico.

hieroglyphic /haɪərəˈglɪfɪk/, **A** *a.* ***1*** geroglifico ***2*** (*fig.*) illeggibile. **B** *n. pl.* (*col verbo al sing.*) geroglifici.

hieroglyphical /haɪərəˈglɪfɪkl/, *a.* ***1*** geroglifico ***2*** (*fig.*) indecifrabile; illeggibile.

hierolatry /haɪəˈrɒlətrɪ/, *n.* culto dei Santi.

hierologist /haɪəˈrɒlədʒɪst/, *n.* agiografo, agiografa.

hierology /haɪəˈrɒlədʒɪ/, *n.* ***1*** ierologia ***2*** agiografia.

Hieronymus /haɪəˈrɒnɪməs/, *n.* Gerolamo.

hierophant /ˈhaɪərəfænt/, *n.* (*stor. greca*) gerofante.

hierophantic /haɪərəʊˈfæntɪk/, *a.* gerofantico.

hi-fi /ˈhaɪfaɪ/, *a.* e *n.* (*pl.* **hi-fis**) (*fam., radio, mus.*) (ad) alta fedeltà; hi-fi. ● **hi-fi** (**set**), hi-fi; impianto hi-fi.

to **hi-fi** /ˈhaɪˈfaɪ/, *v. i.* (*fam.*) ascoltare registrazioni ad alta fedeltà.

to **higgle** /ˈhɪgl/, *v. i.* mercanteggiare; tirare sul prezzo.

higgledy-piggledy /hɪgldɪˈpɪgldɪ/, *avv.* e *a.* (messo) a catafascio; alla rinfusa.

high /haɪ/, **A** *a.* ***1*** alto; elevato; (*fig.*) grande sommo, eminente, nobile, sublime: **The house is thirty feet h.**, la casa è alta trenta piedi (*nove metri circa*); (*fis., radio*) **h. frequency**, alta frequenza; (*geogr.*) **h. latitudes**, alte latitudini; (*elettr.*) **h. tension**, alta tensione; **a h. dive**, un tuffo alto; **a h. priest**, un alto prelato; **at a h. speed**, a una velocità elevata; **a h. wall**, un muro alto; un'alta parete; **a h. mind**, un animo nobile; **h. art**, arte sublime; **a h. caste**, una casta alta (*per es., in India*) ***2*** (*di suono*) alto, acuto: **to speak in a h. voice**, parlare ad alta voce; **a h. tone** (*o* **key**), un tono alto (*o* acuto) ***3*** (*di colore*) intenso, cupo; (*di luce*) forte ***4*** caro; costoso: **This year wheat is h.**, quest'anno il frumento è caro (*o* il prezzo del frumento è alto) ***5*** avanzato; inoltrato; pieno: **h. autumn**, autunno inoltrato; **It was h. summer**, era piena estate ***6*** (*di carne, selvaggina*) andato a male; passato; troppo frollo: **This meat is h.**, questa carne è passata ***7*** (*fam.*) alticcio; brillo ***8*** (*fam.*) su di giri (*specialm. per effetto della droga*) ***9*** (*di un luogo, di un locale, e sim.*) ben frequentato; che ha una buona clientela. **B** *n.* ***1*** altura; posizione elevata; livello alto ***2*** (*nei giochi di carte*) carta alta ***3*** (*meteor.*) area d'alta pressione; anticiclone ***4*** (*Borsa, fin.*) prezzo massimo; livello massimo; quotazione più alta; punta: **highs and lows**, massimi e minimi (*delle quotazioni*) ***5*** (*autom., mecc.*) (la) marcia più alta: **to move into h.**, mettere la quarta (*o* la quinta) ***6*** (*fam.*) stato d'eccitazione. **C** *avv.* ***1*** in alto (*anche fig.*); in posizione elevata; in un grado alto; nella posizione più alta: **to fly h.**, volare in alto; **to aim h.**, mirare in alto (*anche fig.*); **The scoring value in poker played by four is ace h. down to the seven**, nel poker giocato in quattro il valore delle carte va dall'asso, che è la più alta, al sette, la più bassa ***2*** forte: **to play h.**, giocare forte (*a carte*) ***3*** lussuosamente; nel lusso: **to live h.**, vivere nel lusso. ● (*fam.*) **the H.**, *V.* **H. Street** (*specialm. a Oxford*) □ **h. altar**, altar maggiore □ **h. and dry**, (*di nave*) in secca; (*fig.: di persona*) nei guai, in difficoltà; abbandonato, derelitto, senz'aiuto □ **h. and low**, (*sost.*) gente di ogni condizione, ricchi e poveri; (*avv.*) dappertutto □ **h.-and-mighty**, arrogante; prepotente □ (*fam.*) **to be h. as a kite**, essere su di giri (*o* eccitatissimo); (*anche*) essere ubriaco fradicio □ (*ginnastica*) **h. bar**, sbarra □ (*autom.*) **h. beam**, fascio (di luce) di profondità □ (*autom.*) **h.-beam headlights**, (fari) abbaglianti; luci di profondità □ **h. chair**, seggiolone (*per bambini*) □ **H. Church**, «Chiesa Alta» (*la frazione più conservatrice della Chiesa anglicana*) □ **H. Churchman**, membro della «Chiesa Alta» □ **h.-class**, di prim'ordine, di prima qualità; d'alta classe: **h.-class goods**, merce di prim'ordine □ **h.-coloured**, dai colori vivaci; dal colore acceso; (*di persona*) colorito, florido □ (*mil.*) **h. command**, comando supremo □ **a h. complexion** [**colour**], una carnagione colorita [un colorito acceso] □ (*arte, pitt.*) **h. contrast**, contrasto forte □ (*econ.*) **h. cost of living**, carovita; caroviveri □ **H. Court** (**of Justice**), Alta Corte di giustizia □ **h. day**, giorno festivo; vacanza □ (*mil.*) **h. explosives**, alti esplosivi □ **h. farming**, agricoltura intensiva □ **h. feeding**, cibi costosi; alto costo della vita □ (*radio, mus.*) **h. fidelity**, alta fedeltà □ **h.-fidelity**, ad alta fedeltà □ (*fig.*) **h.-flier**, chi mira in alto; individuo ambizioso; (*Borsa*) titolo che «va forte» □ **h. flying**, (*sost.*) (*aeron.*) volo ad alta quota; (*fig.*) il mirare in alto; (*agg.*) (*aeron.*) che vola in alto (*o* ad alta quota); (*fig.*) ambizioso; (*anche*) che è tra le nuvole, astratto □ **h. fog**, nebbia di montagna □ (*elettron., radio*) **h.-frequency**, ad alta frequenza □ (*ling.*) **H. German**, alto tedesco □ **h.-grade**, di qualità superiore; (*di dinamite, ecc.*) di elevata potenza □ **h. ground**, altura; collinetta □ **h.-handed**, prepotente, tirannico □ **h. hat**, cappello a cilindro □ **h.-hat**, (*fam. USA*) persona altezzosa, snob; (*agg.*) altezzoso, snobistico □ **h. hopes**, buone speranze □ **to be h. in office**, occupare una posizione di rilievo □ (*fam.*) **h. jinks**, festeggiamento rumoroso; gioco scatenato; scherzi allegri; baldoria □ (*sport*) **h. jump**, salto in alto □ (*sport*) **h. jumping**, i salti in alto □ **h.-keyed**, (*mus.*) acuto; (*fig.*) eccitabile, nervoso □ **h.-level**, ad alto livello; (*di personale*) di grado elevato; (*aeron.*) ad alta quota □ **h. life**, il gran mondo; l'alta società □ **h. light**, punto culminante; momento di maggior interesse □ **h. living**, tenore di vita lussuoso □ (*relig.*) **H. Mass**, messa alta □ **h.-mettled**, (*di cavallo*) focoso; (*d'uomo*) coraggioso, intrepido □ **h.-minded**, magnanimo; di nobili sentimenti □ **h.-mindedness**, magnanimità; nobiltà d'animo □ (*di vestito*) **h.-necked**, accollato □ **h. noon**, pieno meriggio; (*fig.*) apice, culmine, vertice □ (*ind., chim.*) **h.-octane**, ad alto numero di ottano □ **to be h. on st.**, andare pazzo per q.c.; essere entusiasta (*di fare q.c.*) □ **to be h. on drugs** (*fam.*: **on pot**), essere sotto l'effetto della droga □ **to be h. on whisky**, essere sbronzo di whisky □ (*fin.*: *di un investimento, ecc.*) **h.-paying**, assai remunerativo □ **h.-pitched**, (*di suono*) acuto; (*di tetto*) aguzzo, con forte pendenza; (*fig.*: *di sentimenti, pensieri, ecc.*) elevato, nobile □ **h. point**, punto alto; (*fig.*) momento culminante (*di uno spettacolo, ecc.*); clou (*franc.*) □ **h.-powered**, (*anche elettr.*) ad alta potenza; (*econ.*) ad alto potenziale; (*fig.*) attivo, efficace, dinamico: **a h.-powered rifle**, una carabina ad alta potenza □ (*autom., mecc.*) **a h.-powered engine**, un motore potente □ **h. pressure**, (*tecn.*) alta pressione; (*fig.*) forte pressione □ **h.-pressure**, (*tecn.*) ad alta pressione; (*mecc.*: *di un cilindro, ecc.*) che resiste alle alte pressioni; (*fig.*) che esercita una forte pressione, insistente, pressante; (*anche*) intenso, stressante □ (*market.*) **h.-priced**, dal prezzo elevato; costoso □ **h. profile**, (*geogr.*) profilo alto (*di una costa, ecc.*); (*fig.*) profilo alto (*angl.*); alto livello; tono maggiore; grande rilievo (*o* rilevanza) □ (*fig.*) **h.-profile**, di profilo alto (*angl.*); di primo piano, di alto livello, in tono maggiore, di tutto rilievo; (fatto) alla grande (*fam.*): **a h.-profile campaign**, una campagna (*elettorale o pubblicitaria*) in tono maggiore: **a h.-profile position**, una posizione politica di tutto rilievo □ **h.-ranking**, di grado elevato □ (*arte*) **h. relief**, altorilievo □ (*ass.*) **h.-risk category**, categoria (*di assicurati*) ad alto rischio □ (*edil.*) **h.-rise**, (*di un edificio*) a molti piani; altissimo □ (*edil.*) **a h.-rise**, un grattacielo □ **h. road**, strada maestra; (strada) nazionale; (*fig.*) via diretta (*o* più facile) □ (*fam. USA*) **h. roller**, forte giocatore (*o* scommettitore); (*anche*) spendaccione, chi sperpera soldi nei vizi □ **h. school**, scuola secondaria □ (*sport*) **a h.-scoring game**, una partita (*o* un gioco) con molte segnature (*o* reti) □ **h. sea**, mare grosso (*o* agitato) □ (*naut.*) **the h. seas**, il mare aperto; gli oceani; le acque extraterritoriali □ (*tur.*) **h. season**, alta stagione □ (*fam. USA*) **h. shot**, pezzo grosso, alto papavero (*fig.*) □ **h. society**, l'alta società; il gran mondo □ **h.-sounding**, sonoro; altisonante □ **h. speed**, alta velocità; (*mecc., autom.*) quarta (o quinta) velocità; presa diretta □ **h.-speed**, ad alta velocità; ad azione rapida: (*elettron.*) **h.-speed oscilloscope**, oscilloscopio ad alta velocità; **h.-speed relay**, relè ad azione rapida □ **H. Speed Train** (*abbr.* **HST**) **power car**, motrice di treno ad alta velocità (*fino a 201 km all'ora*) □ **a h. spirit**, uno spirito coraggioso, intraprendente □ **h.-spirited**, animoso, coraggioso; intraprendente; allegro, brioso, vivace; (*di cavallo*) focoso □ **h. spirits**, euforia; buonumore □ **h. spot**, *V.* **h. point** □ **h. stakes**, posta forte (*nei giochi e fig.*) □ **H. Street**, il Corso (*la via principale d'una città*) □ **h.-strung**, ipersensibile; eccitabile; nervoso □ **the h. table** (*fam.* **the h.**), la tavola dei professori (*nei refettori dei colleges*) □ (*fisc.*) **a h.-tax country**, un paese a forte pressione fiscale □ **h. tea**, tè servito con pietanze a base di carne □ (*fam.*) **h.-tech**, *V.* **h.-technology**; (*di mobile, ecc.*) di tipo industriale □ (*ind.*) **h.-technology**, ad alto contenuto tecnologico □ **h.-temperature material**, materiale resistente ad alte temperature □ (*elettr.*) **h.-tension line**, linea ad alta tensione □ **h. tide**, alta marea;

(*fig.*) apice, culmine □ **h. time**, (l') ora (*di fare q.c.*); il momento giusto: **It's h. time we left**, è ora che ce ne andiamo! □ (*fig.*) **h.-toned**, elevato; nobile; (*fam. USA*) altolocato, snob □ (*leg.*) **h. treason**, alto tradimento □ (*fam.*) **h.-ups**, persone altolocate; alti papaveri (*fig.*) □ (*elettr.*) **h. voltage**, alta tensione □ (*econ.*) **h. wages**, salari elevati □ **h. water**, acqua alta; alta marea □ **h.-water mark**, livello di piena; limite dell'alta marea; (*fig.*) punto più alto, limite massimo □ **a h. wind**, un forte vento □ **h. words**, parole grosse; accenti d'ira □ (*Borsa, fin.*) **h. yielders**, titoli ad alto rendimento □ **to fly h.**, volare in alto (*o* ad alta quota); (*fig.*) mirare in alto, essere ambizioso □ **from on h.**, dall'alto; dal cielo □ (*fam.*) **to get off** [**on**] **one's h. horse**, *V. sotto* **horse** □ (*market.*) **to go h.**, andare su; salire: **Prices have gone h. lately**, i prezzi sono andati su di recente □ **to have a h.** (**old**) **time** (*o* **to have h. jinks**), divertirsi un mondo; spassarsela □ (*fig.*) **to hold one's head h.**, andare a testa alta □ **to be in h. favour**, essere in gran favore □ **to be in h. spirits**, essere euforico; essere di buon umore □ □ (*relig.*) **the Most H.**, l'Altissimo; Dio □ **on h.**, in alto; in cielo □ (*fig.*) **to be on the h. ropes**, essere su di giri (*fig.*); essere di buonumore; (*anche*) essere adirato (*o* sdegnato) □ **to pay st. h.**, pagare q.c. a caro prezzo; pagare un prezzo alto per q.c. □ (*di sentimenti e sim.*) **to run h.**, essere al massimo (*o* alle stelle); divampare: **Discontent ran h.**, divampava lo scontento □ **to search st. h. and low**, cercare q.c. per mare e per monti □ **with a h. hand**, con grande arroganza e prepotenza □ **The sea runs h.**, il mare è grosso, burrascoso.

highball /'haɪbɔːl/, *n.* (*fam. USA*) **1** highball; bevanda alcolica (*di solito, whisky*) allungata con seltz **2** (*ferr.*) segnale di via libera **3** (*ferr.*) treno espresso. ● **h. glass**, bicchiere alto; highball.

highborn /'haɪbɔːn/, *a.* d'alto lignaggio; di nobili natali.

highboy /'haɪbɔɪ/, *n.* (*USA*) cassettone alto; canterano.

highbred /'haɪbred/, *a.* **1** di famiglia nobile; di buona razza **2** bene educato; raffinato; fine.

highbrow /'haɪbraʊ/, **A** *n.* **1** intellettuale **2** (*spreg.*) intellettualoide. **B** *a. V.* **highbrowed**.

highbrowed /'haɪbraʊd/, *a.* **1** di (*o* da) intellettuale; cerebrale **2** (*spreg.*) di (*o* da) intellettualoide.

higher /'haɪə(r)/, *a.* (*compar. di* **high**) superiore; più elevato: (*zool.*) **the h. apes**, le scimmie superiori. ● **h. degree**, laurea di secondo grado; dottorato di ricerca □ **h. education**, istruzione universitaria □ (*fam.*) **the h.-ups**, i superiori; i capi; quelli che contano (*o* che comandano).

highest /'haɪɪst/, *a.* (*superl. di* **high**) massimo; (il) più elevato; (il) più alto. ● (*comm.*) **the h. bidder**, il miglior offerente: **The picture was sold to the h. bidder**, il quadro fu venduto al miglior offerente □ (*mat.*) **h. common factor**, massimo comun divisore.

highfalutin /haɪfə'luːtɪn, *USA* -tn/, (*fam.*) **highfaluting** /haɪfə'luːtɪŋ/, **A** *n.* discorso ampolloso; parole pompose. **B** *a.* ampolloso; pomposo; pretenzioso.

high(-)flown /'haɪfləʊn/, *a.* **1** ampolloso; pomposo; roboante; altisonante **2** stravagante; eccentrico.

to **high-hat** /'haɪhæt/, *v. t.* (*fam. USA*) trattare dall'alto al basso; umiliare; snobbare.

highland /'haɪlənd/, **A** *n.* (*geogr.*) altopiano; regione montuosa. **B** *a. attr.* dell'altopiano. ● (*geogr.*) **H. Britain**, le regioni montuose della Gran Bretagna □ (*collett.*; *moda, in G.B.*) **h. wear**, capi di vestiario da scozzese delle Highlands (*kilt, ecc.*).

highlander /'haɪləndə(r)/, *n.* montanaro (*specialm. scozzese*).

Highlander /'haɪləndə(r)/, *n.* **1** (*geogr.*) abitante delle «Highlands» **2** (*mil.*) soldato (*o* ufficiale) di un reggimento scozzese di Highlanders.

highlands /'haɪləndz/, *n. pl.* montagne; regione montuosa. ● (*geogr.*) **the H.**, la parte settentrionale della Scozia.

highlight /'haɪlaɪt/, *n.* **1** (*fotogr., arte*) zona di massima luce; parte lumeggiata **2** (*fig., spesso al pl.*) parte migliore; cosa (*o* avvenimento, personaggio) in vista; notizia di rilievo **3** (*fig.*) punto culminante; momento saliente; clou (*franc.*) **4** (*di solito al pl.*) mèche (*franc.*).

to **highlight** /'haɪlaɪt/, *v. t.* **1** lumeggiare (*anche fig.*); dar rilievo a; far risaltare; mettere in evidenza (*o* in luce); evidenziare **2** fare le mèches.

highlighter /'haɪlaɪtə(r)/, *n.* **1** chi evidenzia **2** cosmetico che serve a dar più luce al viso.

highly /'haɪlɪ/, *avv.* **1** altamente; estremamente; in sommo grado; assai, molto; bene: **h. interesting**, assai interessante; **a h. paid manager**, un dirigente ben retribuito **2** in alto (*fig.*); in una posizione elevata; con un grado: **to be h. placed**, avere un grado alto **3** nobilmente. ● **h.-descended**, di nobili origini; d'alto lignaggio □ **h.-strung**, *V.* **high-strung**, *sotto* **high** □ **to commend sb. h.**, fare grandi elogi a q. □ **to speak h. of sb.**, parlare favorevolmente di q.; dire molto bene di q. □ **to think h. of sb.**, avere molta stima di q.; tenere q. in grande considerazione □ **to think h. of oneself**, sentire altamente di sé; (*spreg.*) essere presuntuoso.

highness /'haɪnəs/, *n.* altezza (*fig.*); elevatezza; nobiltà: **His Royal H.**, Sua Altezza Reale; (*a un principe, ecc.*) **Your H.**, Altezza!; **the h. of his ideals**, la nobiltà dei suoi ideali. ● **the h. of taxation**, la gravosità delle imposte □ **to fall from sheer h. of ambition**, andare in rovina a causa di ambizioni troppo elevate.

to **high-pressure** /'haɪ'preʃə(r)/, *v. t.* mettere (q.) sotto pressione; fare (*o* esercitare) pressioni su (q.).

highroad /'haɪrəʊd/, *n.* (*anche fig.*) strada maestra: **the h. to success**, la strada maestra per il successo.

hight /haɪt/, *a.* (*arc., poet. o scherz.*) chiamato; a nome: **a maiden h. Elaine**, una fanciulla di nome Elaine.

to **hightail** /'haɪteɪl/, (*fam. USA*) **A** *v. i.* (*anche* **to h. it**) tagliare la corda; filarsela (alla svelta); battersela. **B** *v. t.* (*autom.*) tallonare (*un altro veicolo*).

highway /'haɪweɪ/, *n.* **1** strada pubblica; strada maestra (*anche fig.*); via: **the h. to success**, la strada maestra (*o* la via) del successo **2** strada di grande comunicazione; strada principale **3** (*naut.*) rotta **4** (*USA*) autostrada. ● (*autom.*) **the H. Code**, il codice della strada □ **h. police**, polizia della strada □ **h. robbery**, rapina sulla pubblica via; (*fig.*) furto: **Two hundred pounds? It's a h. robbery!**, duecento sterline? è un furto! □ (*naut.*) **ocean highways**, le principali rotte oceaniche.

highwayman /'haɪweɪmən/, *n.* (*pl.* **highwaymen**) bandito (di strada); rapinatore; brigante.

hijack /'haɪdʒæk/, *n.* **1** atto di pirateria (*aerea o navale*); dirottamento **2** furto di merce (*durante il trasporto*); furto violento (*di automezzi*).

to **hijack** /'haɪdʒæk/, *v. t.* **1** dirottare (*un aereo, ecc.*) **2** (*fam.*) rubare con la forza (*merce di contrabbando, durante il trasporto, ecc.*) **3** depredare, derubare, rapinare (*contrabbandieri e sim.*).

hijacker /'haɪdʒækə(r)/, *n.* **1** dirottatore; pirata (*d'aerei*) **2** (*fam.*) chi depreda, deruba, rapina (*V.* **hijack**).

hijacking /'haɪdʒækɪŋ/, *n.* dirottamento (*d'aerei, ecc.*); pirateria aerea.

Hijra /'hɪdʒrə/, *V.* **Hegira**.

hike /haɪk/, *n.* (*fam.*) **1** escursione, gita a piedi (*in campagna, nei boschi, ecc.*) **2** (*fam. specialm. USA*) aumento; (*fin., anche*) impennata: **a h. in production**, un aumento della produzione; **a price h.**, un'impennata dei prezzi. ● (*econ., fam.*) **wage h.**, aumento salariale.

to **hike** /haɪk/, (*fam.*) **A** *v. i.* andare in gita; fare un'escursione a piedi. **B** *v. t.* **1** (*fam.*) alzare; issare; sollevare; tirare su; spingere **2** (*fam. specialm. USA*) aumentare, alzare (*affitti, salari, ecc.*).

hiker /'haɪkə(r)/, *n.* chi va in gita (*a piedi*); escursionista.

hiking /'haɪkɪŋ/, *n.* escursionismo.

hilarious /hɪ'leərɪəs/, *a.* **1** ilare; giulivo; allegro **2** divertente; che fa ridere; spassoso. || **-ly**, *avv.* || **-ness**, *sost.*

Hilary /'hɪlərɪ/, *n.* **1** Ilario **2** Ilaria. ● **H. term**, secondo trimestre (*ha inizio il 13 gennaio*; *nell'anno accademico o giudiziario*).

hill /hɪl/, *n.* **1** collina; colle; altura; poggio **2** cumulo; mucchio; montagnola: **mole-h.**, cumulo di terra sopra la tana d'una talpa; **dung-h.**, mucchio di letame **3** pendio; china; salita **4** – (*fig. USA*) **the H.**, il Congresso (*da* **Capitol H.**). ● (*autom.*) **h. climb**, gara (*o* corsa) in salita □ **ant h.**, formicaio □ **to be as old as the hills**, essere vecchissimo □ **down h.**, in discesa □ (*fig.*) **to be over the h.**, avere superato una difficoltà (*o* una crisi); (*anche*) essere in decadenza (*o* in declino); stare scendendo la china □ **up h.**, in salita □ (*poet. fig.*) **up h. and down dale**, per monti e per valli.

to **hill** /hɪl/, *v. t.* ridurre a una montagnola; disporre in cumuli; ammonticchiare. ● (*agric.*) **to h. up**, rincalzare (*piante*).

hillbilly /'hɪlbɪlɪ/, *n.* **1** (*di solito, spreg.*) montanaro rozzo (*del sud-est degli Stati Uniti*) **2** musica country e western.

hillcrest /'hɪlkrest/, *n.* cresta di una collina.

hillfolk /'hɪlfəʊk/, *n. collett.* **1** i montanari **2** (*mitol.*) gli elfi delle montagne.

hilliness /'hɪlɪnəs/, *n.* carattere collinoso (*del terreno*); montuosità.

hillock /'hɪlək/, *n.* **1** collinetta; monticello; poggio **2** montagnola; cumulo di terra.

hillside /'hɪlsaɪd/, *n.* pendio (*o* fianco) di colle.

hilltop /'hɪltɒp/, *n.* cima (*o* vetta) di una collina.

hilly /'hɪlɪ/, *a.* collinoso; collinare: **a h. district**, una zona collinare.

hilt /hɪlt/, *n.* **1** elsa; impugnatura (*di spada, ecc.*) **2** manico (*di coltello*). ● (**up**) **to the h.**, fino all'elsa; (*fig.*) fino in fondo, completamente.

to **hilt** /hɪlt/, *v. t.* fornire d'elsa; mettere l'impugnatura a (q.c.).

hilum /'haɪləm/, *n.* (*pl.* **hila**) (*anat., bot.*) ilo.

him /hɪm, ɪm, əm/, *pron. pers. 3ª pers. sing. m.* **1** (*compl.*) lui; lo; gli: **I met him yesterday**, lo incontrai ieri; **I saw him, not her**, vidi lui, non lei; **Tell him!**, diglielo! **2** (*pred.*) lui: **That's him!**, è lui!; eccolo!; **Was that him?**, era lui? **3** (*colloquiale*; *seguito dalla forma in* **-ing**, *è idiom.*; *per es.*:) **I object to him marrying that girl**, non mi garba che sposi quella ragazza; **They don't mind him leaving home**, a loro non importa che se ne vada da casa. ● **He took his son with him**, prese con sé il figlio □ **He looked about him**, si guardò intorno □ **It was very kind of him**, è stato molto gentile da parte sua.

Himalaya /hɪmə'leɪə/, *n.* (*geogr.*) **1** Himalaya **2** (*pl.*) **the Himalayas**, la catena dell'Himalaya; le montagne dell'Himalaya.

Himalayan /hɪmə'leɪən/, *a.* e *n.* himalayano.

himself /hɪm'self, ɪm-/, **A** *pron. rifl. 3ª pers. m. sing.* se stesso; si: **He hurt h.**, si fece male; **He can be pleased with h.**, può esser soddisfatto di sé (stesso); **My brother has bought h. a new car**, mio fratello si è comprato la macchina (nuova). **B** *pron. enfat.* (egli) stesso; lui stesso; in persona; proprio; per l'appunto: **He did it h.**, l'ha fatto egli stesso; **I met the headmaster h.**, incontrai il preside in persona. **C** *n.* se stesso; lui; sé: **After the long illness, he**

is **h. again**, dopo la lunga malattia, è di nuovo lui (*o* quello di prima). ● **(all) by h.**, da sé; (da) solo: **He did it all by h.**, lo fece da sé; **He was quite by h.**, era tutto solo (*o* solo soletto).

hind (1) /haɪnd/, *n.* (*zool.*) cerva (*specialm. di tre anni o più*).

hind (2) /haɪnd/, *a.* posteriore; di dietro: **the h. legs of an animal**, le zampe posteriori d'un animale.

hind (3) /haɪnd/, *n.* (*raro*) *1* garzone di campagna; bracciante agricolo *2* (*scozz.*) contadino; bracciante agricolo.

hindbrain /ˈhaɪndbreɪn/, *n.* (*anat.*) rombencefalo.

hinder /ˈhaɪndə(r)/, *a.* posteriore; di dietro.

to **hinder** /ˈhɪndə(r)/, *v. t.* *1* inceppare; intralciare; ostacolare; impacciare: **Don't h. me**, non ostacolarmi!; **Don't h. his work**, non intralciare il suo lavoro! *2* impedire: **You are hindering him from working**, gli impedisci di lavorare.

hindermost /ˈhaɪndəməʊst/, *V.* **hindmost**.

hindgut /ˈhaɪndgʌt/, *n.* (*anat.*) intestino posteriore.

Hindi /ˈhɪndɪ/, *a.* e *n.* (*pl.* **Hindis**) (lingua, dialetto) hindi.

hindmost /ˈhaɪndməʊst/, *a.* (*superl. di* **hind**) (il) più indietro; (l') ultimo. ● (*prov.*) **Everyone for himself and the devil take the h.!**, ciascuno per sé e Dio per tutti! □ **Devil take the h.!**, gli altri si arrangino!; pensa a te stesso!

Hindoo /ˈhɪnduː/, *a.* e *n.* (*pl.* **Hindoos**) *V.* **Hindu**.

Hindooism /ˈhɪnduːɪzəm/, *V.* **Hinduism**.

Hindoostanee /hɪndʊˈstɑːnɪ, *USA* -ænɪ/, *V.* **Hindustani**.

hindquarter /ˈhaɪndkwɔːtə(r)/, *n.* *1* quarto posteriore (*di bestia macellata*) *2* (*pl.*) (il) posteriore (*specialm. di un quadrupede*).

hindrance /ˈhɪndrəns/, *n.* ostacolo; impedimento; intralcio; impaccio: **a h. to commerce [industry, navigation]**, un intralcio al commercio [all'industria, alla navigazione].

hindsight /ˈhaɪndsaɪt/, *n.* *1* (*mil.*) mirino posteriore (*di fucile, ecc.*); tacca di mira *2* senno di poi. ● (*prov.*) **H. is easier than foresight**, del senno di poi son piene le fosse.

Hindu /hɪnˈduː, *USA* ˈhɪnduː/, (*geogr., relig.*) **A** *n.* indù. **B** *a.* *1* indù *2* (*per estens.*) indiano.

Hinduism /ˈhɪnduːɪzəm/, *n.* (*relig.*) induismo.

to **Hinduize** /ˈhɪnduːaɪz/, *v. t.* rendere indù (*di religione, costumi, ecc.*).

Hindustan /hɪndʊˈstɑːn, *USA* -æn/, *n.* (*geogr.*) Hindustan; Indostan.

Hindustani /hɪndʊˈstɑːnɪ, *USA* -ænɪ/, *a.* e *n.* (*pl.* **Hindustanis**) indostano; (abitante, nativo, *o* lingua) dell'Indostan.

hinge /hɪndʒ/, *n.* *1* cardine; perno (*anche fig.*); ganghero: **the hinges of a door**, i cardini d'una porta *2* (*mecc.*) cerniera *3* (*filatelia*) linguella *4* (*zool.*) cerniera (*di valva di mollusco*) *5* (*anat.*; = **h. joint**) ginglimo; articolazione a cardine. ● (*mecc.*) **h.-pin**, perno di cerniera □ (*fig.*) **to be off the hinges**, (*di una porta*) essere fuori dai gangheri; (*fig.*: *di persona*) essere in cattiva salute.

to **hinge** /hɪndʒ/, **A** *v. t.* *1* munire di cardini; incardinare *2* incernierare; provvedere di cerniera. **B** *v. i.* *1* (*di porta, ecc.*) girare sui cardini *2* (*fig.*) imperniarsi; dipendere: **Everything hinges on** (*o* **upon**) **what he decides**, tutto dipende dalla sua decisione.

hinged /hɪndʒd/, *a.* *1* provvisto di cardini (*o* di gangheri) *2* (*archit., mecc.*) incernierato: **h. arch**, arco incernierato. ● (*mecc., falegn.*) **h. joint**, giunto a cerniera.

hinky /ˈhɪŋkɪ/, *a.* (*fam. USA*) *1* sospettoso; timoroso *2* sospetto; strano *3* (*di un nero*) che scimmiotta i bianchi.

hinny /ˈhɪnɪ/, *n.* (*zool.*) bardotto.

to **hinny** /ˈhɪnɪ/, *v. i.* (*raro*) nitrire.

hint /hɪnt/, *n.* *1* accenno; cenno; indizio; allusione; insinuazione; suggerimento (non esplicito): **to drop a h.**, buttar là un'allusione; fare un accenno; **to give sb. a broad h.**, far chiaramente capire q.c. a q. (con un'allusione lampante) *2* pizzico; traccia; ombra; goccia: **a h. of garlic**, un pizzico d'aglio; **a h. of perfume**, un'ombra (*o* una goccia) di profumo *3* (*pl.*) consigli; suggerimenti. ● **to take a h.**, cogliere un'allusione; capire al volo.

to **hint** /hɪnt/, *v. t.* e *i.* accennare (a); alludere (a); insinuare; suggerire: **He hinted that he might be late**, accennò alla possibilità di arrivare in ritardo (*o* di far tardi). ● **to h. at st.**, accennare, fare allusione a q.c.; insinuare (*o* suggerire) q.c.

hinterland /ˈhɪntəlænd/ (*ted.*), *n.* *1* (*geol., polit., econ.*) hinterland; entroterra; retroterra *2* territorio incolto, selvaggio; regione inesplorata (*anche fig.*).

hip (1) /hɪp/, *n.* *1* (*anat.*) anca *2* (*per estens.*) fianco: **to stand with one's hands on one's hips**, stare con le mani sui fianchi *3* (*archit.*) spigolo del tetto; colmo: **hip roof**, tetto a spigolo. ● **hip-bath**, semicupio portatile □ (*anat.*) **hip-bone**, osso iliaco □ **hip boots**, stivali da pescatore □ **hip flask**, fiaschetta da tasca (*per liquore*) □ **hip joint**, (*anat.*) articolazione coxofemorale (*o* dell'anca); (*edil.*) giunto di colmo □ **hip pocket**, tasca posteriore (*dei calzoni*) □ **hip shooter**, chi spara con la pistola all'anca; (*fig. fam.*) tipo franco (*o* precipitoso) □ (*fig.*) **to have sb. on the hip**, tenere q. alla propria mercé □ **to sway one's hips**, ancheggiare.

hip (2) /hɪp/, *n.* (*bot.*) cinorrodo, cinorrodio; frutto della rosa canina.

hip (3) /hɪp/, *n.* (*arc., abbr. di* **hypochondria**) ipocondria; umor nero; malinconia.

hip (4) /hɪp/, *a.* (*pop.*) *1* aggiornato; alla moda; al corrente; al passo con i tempi; moderno *2* relativo alla cultura beat o hippy (*degli anni '50 in U.S.A.*) *3* appassionato di jazz (*degli anni '50*). ● **to be hip to**, essere aggiornato su (*o* informato di) □ **hip chick**, ragazza moderna.

to **hip** (1) /hɪp/, *v. t.* immalinconire; rattristare.

to **hip** (2) /hɪp/, *v. t.* (*pop.*) mettere (q.) al corrente delle tendenze più recenti; aggiornare, informare (q.).

hip, hip, hurrah! /ˈhɪphɪphʊˈrɑː/, *inter.* evviva!

hipdom /ˈhɪpdəm/, *V.* **hippiedom**.

hip-hop /ˈhɪphɒp/, (*fam. USA*) **A** *n.* *1* hip-hop (*musica assai ritmata*) *2* *V.* **break dance**. **B** *a.* *V.* **hip (4)**, *def.* 2.

hiphuggers /ˈhɪphʌgəz/, *n. pl.* (*USA*) *V.* **hipsters**, *sotto* **hipster**, *def.* 4.

hiplength /ˈhɪpleŋθ/, *a. attr.* (*di una giacca, ecc.*) che arriva all'anca (*o* ai fianchi).

hipness /ˈhɪpnəs/, *n.* l'essere hippy; condizione di hippy.

hipparch /ˈhɪpɑːk/, *n.* (*stor. greca*) ipparco.

hipped (1) /hɪpt/, *a.* (*nei composti, per es.:*) (*anat.*) **broad-h.**, dal bacino ampio; dai fianchi larghi.

hipped (2) /hɪpt/, *a.* (*fam. arc.*) malinconico; triste; depresso. ● (*fam. USA*) **to be h. on st.**, essere fanatico, entusiasta di q.c.; essere un patito di q.c.

hippety-hop /ˈhɪpɪtɪhɒp/, **hippety-hoppety** /ˈhɪpɪtɪˈhɒpɪtɪ/, *avv.* (*fam.*) a balzelloni.

hippie /ˈhɪpɪ/, **A** *n.* hippy. **B** *a. attr.* di (*o* da) hippy; hippy.

hippiedom /ˈhɪpɪdəm/, *n. collett.* gli hippy; il mondo degli hippy.

hippieism /ˈhɪpɪɪzəm/, *n.* (adesione al) movimento hippy.

hippi(e)ness /ˈhɪpɪnəs/, *n.* l'essere hippy; condizione di hippy.

hippo /ˈhɪpəʊ/, *n.* (*pl.* **hippos**) (*abbr. fam. di* **hippopotamus**) ippopotamo.

hippocampus /hɪpəʊˈkæmpəs/, *n.* (*pl.* **hippocampi**) *1* (*mitol.*) ippocampo; animale mezzo cavallo e mezzo pesce *2* (*zool., Hippocampus*) ippocampo; cavalluccio marino *3* (*anat.*) ippocampo.

Hippocrates /hɪˈpɒkrətiːz/, *n.* (*stor.*) Ippocrate.

Hippocratic /hɪpəˈkrætɪk/, *a.* ippocratico: **H. oath**, giuramento ippocratico.

Hippocrene /hɪpəʊˈkriːnɪ/, *n.* (*mitol.*) Ippocrene.

hippodrome /ˈhɪpədrəʊm/, *n.* *1* (*stor.*) ippodromo *2* arena; circo *3* (*raro*) teatro di varietà.

hippogriff, **hippogryph** /ˈhɪpəʊgrɪf/, *n.* (*mitol.*) ippogrifo.

Hippolyta /hɪˈpɒlɪtə/, *n.* (*mitol.*) Ippolita.

hippopotamus /hɪpəˈpɒtəməs/, *n.* (*pl.* **hippopotamuses, hippopotami**) (*zool., Hippopotamus amphibius*) ippopotamo.

hippuric /hɪˈpjʊərɪk/, *a.* (*biochim.*) ippurico: **h. acid**, acido ippurico.

hippy /ˈhɪpɪ/, *V.* **hippie**.

hippyism /ˈhɪpɪɪzəm/, *V.* **hippieism**.

hipster /ˈhɪpstə(r)/, *n.* *1* appassionato di jazz (*degli anni '50*) *2* intellettuale anticonformista (*degli anni '30 o '50*) *3* hippy *4* (*pl.*) (*moda*) pantaloni stretti e bassi di vita.

hipsterism /ˈhɪpstərɪzəm/, *n.* *1* (l') essere un «hipster» (*q.V.*) *2* (l') essere hippy.

hirable /ˈhaɪərəbl/, *a.* che si può noleggiare; noleggiabile.

hircine /ˈhɜːsaɪn/, *a.* ircino (*lett.*); caprino.

hirco-cervus /ˈhɜːkəʊˈsɜːvəs/, *n.* (*mitol.*) ircocervo.

hire /ˈhaɪə(r)/, *n.* *1* noleggio; nolo: **car h.**, noleggio d'automobili; **h. car**, auto da noleggio; **cars for h.**, automobili da nolo *2* affitto (*per breve tempo*): **the h. of a hall**, l'affitto di una sala *3* salario; paga: **to work for h.**, lavorare a salario; essere sotto padrone (*fam.*) *4* assunzione; impiego. ● (*leg.*) **h. of services**, locazione d'opera □ (*leg., market.*) *V.* **h.-purchase sale** e **h.-purchase system** □ (*leg.*) **h.-purchase agreement**, contratto di locazione-vendita; accordo di vendita con patto di riservato dominio □ (*fin.*) **h.-purchase financing**, finanziamento delle vendite rateali □ (*leg., market.*) **h.-purchase sale**, vendita a rate; vendita con patto di riservato dominio □ (*market.*) **h.-purchase system**, sistema delle vendite a rate □ **for h.**, da nolo, da noleggio; (*di una persona*) che si può assumere, disponibile; (*di un taxi*) libero □ (*market.*) **for h. or reward**, per conto terzi □ **to be in the h. of a big concern**, essere alle dipendenze di una grande azienda □ **on h.**, a nolo; in affitto □ **«on h.»** (*cartello*), «a nolo»; (*anche*) «si loca».

to **hire** /ˈhaɪə(r)/, *v. t.* *1* noleggiare; prendere a nolo; dare a nolo; prendere in affitto: **to h. a horse [a car]**, noleggiare un cavallo [un'automobile]; **to h. a hall for one evening**, prendere in affitto una sala per una sera *2* (*anche leg.*) assumere; impiegare; dare lavoro a: **to h. a servant**, assumere un domestico; **the right to h. and fire**, il diritto di assumere e di licenziare. ● **to h. out**, noleggiare; dare a nolo; affittare □ **to h. oneself out**, occuparsi, impiegarsi, trovare lavoro (*specialm. stagionale*).

hired /ˈhaɪəd/, *a.* *1* noleggiato; affittato; preso (*o* dato) a nolo *2* assunto; preso al servizio; impiegato. ● **h. assassin**, sicario □ **h. hand** (*o* **man**), bracciante agricolo (stagionale) □ (*leg.*) **h. person**, prestatore d'opera □ **h. soldier**, (soldato) mercenario.

hireling /ˈhaɪəlɪŋ/, *n.* e *a.* (individuo) mercenario, prezzolato, venale: **a h. politician**, un uomo politico venale.

hirer /ˈhaɪərə(r)/, *n.* *1* noleggiatore, noleggiatrice; noleggiante *2* chi assume; datore di lavoro.

hiring /ˈhaɪərɪŋ/, *n.* *1* noleggio; nolo; affitto *2* assunzione; impiego (*di dipendenti*). ● (*un tempo*) **h. fair**, fiera agricola in cui venivano assunti i braccianti stagionali.

hirsute /ˈhɜːsjuːt, -suːt/, *a.* irsuto (*specialm. biol.*); ispido; peloso; villoso. || **-ness**, *sost.*

his /hɪz, ɪz/, *a.* e *pron. poss.* (*rif. a possessore masch.*) *1* (il) suo, (la) sua; (i) suoi, (le) sue; di lui: **We saw him and his wife**, vedemmo lui e sua moglie; **Is this suitcase his or hers?**, questa valigia è di lui o di lei?; **Are you a relative of his (of John's)?**, sei un suo parente (un parente di John)? *2* (*quando è in combinazione con la forma in* **-ing**, *è idiom.*; *per es.*:) **They insisted on his signing the contract at once**, insistettero perché firmasse subito il contratto; **I don't mind his going away**, non m'importa che se ne vada. ● **his-'n-hers**, unisex: **his-'n-hers flowered pyjamas**, pigiama unisex a fiori.

Hispanic /hɪ'spænɪk/, **A** *a.* ispanico; spagnolo. **B** *n.* (*USA*) cittadino d'origine messicana (*o* portoricana, ecc.); oriundo messicano (*o* di madrelingua spagnola).

Hispanicism /hɪ'spænɪsɪzəm/, *n.* ispanismo; spagnolismo.

Hispanist /'hɪspənɪst/, *n.* ispanista.

hispid /'hɪspɪd/, *a.* ispido; irto; setoloso.

hispidity /hɪ'spɪdətɪ/, *n.* l'essere ispido; ispidezza.

hiss /hɪs/, *n.* *1* fischio (*di disapprovazione*); sibilo: **to give a h.**, fare un fischio; **the h. of a snake**, il sibilo d'un serpente *2* (*radio*) sibilo; soffio.

to **hiss** /hɪs/, **A** *v. i.* fischiare (*in segno di disapprovazione*); sibilare. **B** *v. t.* (*anche*: **to h. off, to h. down**) fischiare (*a teatro*): **to h. an actor**, fischiare un attore; **He was hissed off the stage**, lo costrinsero a lasciare il palcoscenico a forza di fischi. ● **to h. (at) a new musical**, fischiare un musical alla prima (rappresentazione).

hissing /'hɪsɪŋ/, **A** *a.* che fischia; sibilante. **B** *n.* *1* (il) fischiare *2* sibilo; sibilio.

hist /st, əst, hɪst/, *inter.* (*arc.*; *per imporre il silenzio, richiamare l'attenzione, ecc.*) sst!; zitto!, zitti!

histamine /'hɪstəmiːn, -mɪn/, *n.* (*biochim.*) istamina, istammina.

histaminic /hɪstə'mɪnɪk/, *a.* (*biochim.*) istaminico.

histidine /'hɪstɪdiːn/, *n.* (*biochim.*) istidina.

histiocite /'hɪstɪəsaɪt/, *n.* (*biol.*) istiocita.

histogenesis /hɪstə'dʒenəsɪs/, **hystogeny** /hɪ'stɒdʒənɪ/, *n.* (*biol.*) istogenesi.

histogram /'hɪstəgræm/, *n.* istogramma.

histological /hɪstə'lɒdʒɪkl/, *a.* (*scient.*) istologico.

histologist /hɪ'stɒlədʒɪst/, *n.* (*scient.*) istologo.

histology /hɪ'stɒlədʒɪ/, *n.* (*scient.*) istologia.

histone /'hɪstəʊn/, *n.* (*biochim.*) istone.

histopathology /hɪstəʊpə'θɒlədʒɪ/, *n.* (*med.*) istopatologia; istologia patologica.

historian /hɪ'stɔːrɪən/, *n.* storico; storiografo.

historiated /hɪ'stɔːrɪeɪtɪd/, *a.* (*arte*) istoriato.

historic /hɪ'stɒrɪk, *USA* -ɔːr-/, *a.* storico (*anche gramm.*); famoso nella storia: **a h. place [fact]**, un luogo [un fatto] storico; **a h. battle**, una battaglia storica; **in h. times**, in tempi storici; (*gramm.*) **h. tenses**, tempi storici (*in latino e greco*); (*gramm.*) **h. present**, presente storico.

historical /hɪ'stɒrɪkl, *USA* -ɔːr-/, *a.* storico; relativo alla storia; reale: **h. characters**, personaggi storici; **a h. novel [film]**, un romanzo [un film] storico; **An H. Geography of Ireland** (*titolo di un libro*), Geografia storica dell'Irlanda; **h. studies**, studi storici; **h. evidence**, prove storiche; (*filos.*) **h. materialism**, materialismo storico.

historically /hɪ'stɒrɪklɪ, *USA* -ɔːr-/, *avv.* storicamente.

historicism /hɪ'stɒrɪsɪzəm, *USA* -ɔːr-/, *n.* (*filos.*) storicismo.

historicist /hɪ'stɒrɪsɪst, *USA* -ɔːr-/, *a.* e *n.* (*filos.*) storicista.

historicity /hɪstə'rɪsətɪ/, *n.* storicità.

historiographer /hɪstɔːrɪ'ɒgrəfə(r)/, *n.* storiografo.

historiographic(al) /hɪstɔːrɪə'græfɪk(l)/, *a.* storiografico.

historiography /hɪstɔːrɪ'ɒgrəfɪ/, *n.* storiografia.

history /'hɪstrɪ/, *n.* *1* storia: **the h. of England**, la storia d'Inghilterra; **a h. lesson**, una lezione di storia *2* (*letter.*, *teatr.*) dramma storico *3* (*med.*, = **case h.**) anamnesi. ● (*fig. fam.*) **ancient** (*o* **past**) **h.**, (una) storia vecchia; acqua passata (*fig.*) □ **to become h.**, entrare nella storia; passare alla storia □ **to make h.**, fare storia; passare alla storia □ **natural h.**, storia naturale □ **one's life h.**, la storia di una vita □ (*pop.*) **If you make a move, you're h.**, se fai una mossa, sei morto!

histrion /'hɪstrɪən/, *n.* (*raro*) istrione; attore.

histrionic /hɪstrɪ'ɒnɪk/, **A** *a.* istrionico; di (*o* da) commediante; affettato; melodrammatico; teatrale. **B** *n. pl.* *1* (*col verbo al sing.*) (*raro*) arte drammatica *2* teatralità; istrionismo.

histrionically /hɪstrɪ'ɒnɪklɪ/, *avv.* istrionicamente.

histrionicism /hɪstrɪ'ɒnɪsɪzəm/, **histrionism** /'hɪstrɪənɪzəm/, *n.* (*anche psic.*) istrionismo; teatralità.

hit /hɪt/, **A** *n.* *1* colpo; botta; percossa; urto: **a hit on the head**, una botta in testa; (*sport*) **a clever hit**, un colpo ben assestato; un bel colpo *2* colpo messo a segno: **two hits out of three**, due colpi messi a segno su tre *3* (= **lucky hit**) colpo di fortuna; cosa azzeccata; (grande) successo; personaggio di grande successo: **The musical was a hit**, la commedia musicale fu un grande successo; **to make a hit**, avere successo; far colpo *4* frecciata (*fig.*); osservazione sarcastica *5* (*pop.*) tirata (*di sigaretta*); boccata *6* (*pop.*) sorso, goccio (*di liquore*) *7* (*pop.*) dose (*o* iniezione) di droga; buco (*pop.*) *8* (*pop.*) colpo; furto con scasso; rapina *9* (*pop.*) uccisione; assassinio. **B** *a. attr.* (*fam.*) di successo: **a hit record**, un disco di successo. ● **hit-and-run attack**, attacco di sorpresa con sganciamento immediato □ **hit-and-run driver**, pirata della strada □ **hit list**, lista di persone da eliminare; (*anche*) lista di aziende (*o* di enti) da sopprimere; lista nera □ (*pop.*) **hit man**, assassino (su commissione); killer □ (*pop.*) **hit moll**, assassina (su commissione); killer (donna) □ **hit-off**, abile imitazione, parodia □ **hit-or-miss**, a casaccio; casuale □ **hit parade**, rassegna di successi musicali □ (*pop.*) **hit squad**, comando omicida; squadra di killer.

to **hit** /hɪt/ (*pass.* e *p. p.* **hit**), *v. t.* e *i.* *1* battere; colpire; percuotere; picchiare; urtare contro; (*autom.*) investire: **to hit a nail**, battere un chiodo; **to hit one's opponent on the nose**, colpire l'avversario al naso; **to be hit by a terrific punch**, essere colpito da un terribile pugno; **to h. the target**, colpire il bersaglio; **The car hit the tree**, l'automobile urtò contro l'albero; **He fired and hit the bear**, sparò e colpì l'orso; **Our dog was hit by a car**, il nostro cane è stato investito da un'automobile *2* assestare, dare (*un colpo*): **He hit him a heavy blow on the head**, gli assestò un forte colpo sulla testa *3* (*fig.*) ferire, urtare (*nei sentimenti*); colpire; danneggiare: **He was hard hit by his failure**, fu gravemente ferito (nell'orgoglio) dal suo insuccesso; **Flu hit severely last winter**, l'influenza ha colpito duro lo scorso inverno; **The Irish were hard hit by the potato famine**, gli irlandesi furono duramente colpiti dalla carestia di patate *4* colpire, cogliere; azzeccare; indovinare: **to hit the mark**, colpire nel segno (*anche fig.*); **He hit the solution of the riddle**, indovinò la soluzione dell'indovinello *5* (*fam.*) raggiungere, toccare: **Sales have hit an all-time high**, le vendite hanno toccato un livello mai raggiunto prima *6* arrivare a, in: **to hit town**, arrivare in città *7* (*autom., mecc.*: *del motore*) funzionare, andare: **The engine is hitting on three cylinders**, il motore va a tre cilindri *8* (*sport*) fare; segnare: **to hit two goals**, segnare due gol; (*pallacanestro*) **to hit the basket**, andare a canestro *9* (*pop. USA*) svaligiare; rapinare *10* (*pop. USA*) uccidere; assassinare. ● (*sport*) **to hit the ball**, colpire la palla □ **to hit sb. below the belt**, (*boxe e fig.*) tirare un colpo basso a q. □ (*fam. USA*) **to hit it big**, fare una grossa vincita □ (*fig. fam.*) **to hit the bottle**, darsi al bere □ (*naut.*) **to hit the bottom**, toccare il fondo □ (*fam. USA*) **to hit the bricks** (*o* **the pavement**), partire, andare via; scendere in sciopero □ (*fam. USA*) **to hit the deck**, alzarsi (da letto) □ (*fam.*) **to hit sb. for a loan**, chiedere un prestito a q. □ (*fam.*) **to hit sb. for six**, sbalordire q.; mettere a terra, stracciare q. □ (*fam.*) **to hit gold**, trovare l'oro □ (*pop.*) **to hit the hay** (*o* **the sack**), andare a letto □ **to hit one's head against** (*o* **on**) **a post**, battere la testa contro un palo □ **to hit the headlines**, fare notizia; apparire in prima pagina □ (*fam.*) **to hit home**, far centro (*fig.*); prenderci □ **to hit it**, azzeccarci, indovinare: **He had to guess the answer and hit it first time**, doveva indovinare la risposta e ci azzeccò subito □ (*fam. USA*) **to hit the jackpot**, fare una grossa vincita □ **to hit a man when he's down**, colpire l'avversario quando è a terra; (*fig.*) uccidere un uomo morto □ (*fig.*) **to hit the nail on the head**, cogliere nel segno; azzeccare; imbroccare giusto □ **to hit the right path**, trovare la strada giusta (*anche fig.*) □ (*fam.*) **to hit the road**, partire; (*USA*) andare via, andarsene: **Hit the road!**, vattene! □ (*fig.*) **to hit the roof** (*USA*: **the ceiling**), essere arrabbiatissimo □ (*fam. USA*: *della polizia, ecc.*) **to hit the siren**, attaccare la sirena □ (*fam. USA*) **to hit the skids**, andare in rovina (*o* a rotoli) □ (*fam. USA*) **to hit the spot**, colpire nel segno; essere nel giusto; (*anche*) andare proprio bene, essere quello che ci vuole □ (*anche fig.*) **to hit sb. where it hurts (most)**, colpire q. nel punto debole □ **to hit the wrong note**, toccare il tasto sbagliato (*anche fig.*) □ (*fam. USA*) **Hit it!**, dai!; forza!; (*anche*) attacca! (*a suonare, ecc.*) □ (*fam. USA*) **Hit me (again)!**, (*al barista*) (dammene) un altro!; (*giocando a carte*: *al mazziere*) (dammi) una carta!

♦**hit at**, *v. i. + prep.* *1* fare l'atto di colpire; cercare di colpire; tirare un pugno a (q.) *2* attaccare (*fig.*); criticare aspramente.

♦**hit back**, *v. t. + avv.* *1* colpire (q.) di rimessa; rispondere ai colpi di (q.) *2* (*sport*) battere (*la palla*) di rimando; ribattere □ **to hit back at sb. [st.]**, contrattaccare q. [reagire con violenza a q.c.].

♦**hit in**, *v. t. + avv.* (*sport*) colpire (*la palla*) mandandola in rete.

♦**hit off**, *v. t. + avv.* (*fam.*) imitare; rifare; parodiare; fare il verso a: **to hit off one's teacher to perfection**, fare il verso al professore alla perfezione; **to hit off sb.'s style**, parodiare lo stile di q. □ (*fam.*) **to hit it off**, andare d'accordo; (*USA*) avere successo: **Do you hit it off with your mother-in-law?**, vai d'accordo con tua suocera?

♦**hit on**, **A** *v. t. + prep.* battere, picchiare, colpire (q. *o* q.c.) su (*la testa, la capocchia, ecc.*): **You must hit the nail on the head**, devi battere il chiodo sulla capocchia. **B** *v. t. + prep.* *1* imbattersi in; trovare (per caso); escogitare: **to hit on a better solution**, trovare una soluzione migliore *2* azzeccare: **to hit on the right answer**, azzeccare la risposta giusta *3* (*pop. USA*) importunare, molestare (*una ragazza, ecc.*).

♦**hit out**, *v. i. + avv.* *1* menare botte da orbi *2* (*fig.*) attaccare (*fig.*); fare critiche violente *3* (*sport*) attaccare □ **to hit out at sb. [st.]**, attaccare violentemente q. [q.c.]; sparare a zero contro q. [q.c.] (*fig.*): **to hit out at the government's decision to put more taxes**, sparare a zero contro la decisione del governo di aumentare le tasse □ (*pallavolo*) **to hit the ball out of bounds**, mandare la palla fuoricampo.

♦**hit up**, *v. t. + avv.* (*sport*) colpire (*la palla*)

mandandola in alto; alzare (*la palla, il pallone*) □ (*fam. USA*) **to hit it up**, darci sotto (*con il lavoro*); darci dentro (*suonando, andando in auto, ecc.*); (*anche*) spassarsela.

♦**hit upon**, *V.* **hit on**.

hitch /hɪtʃ/, *n.* *1* colpo; strattone; balzo; sobbalzo: **to give one's trousers a h.**, dare uno strattone ai calzoni; tirarsi su i calzoni *2* (*specialm. USA*) andatura zoppicante: **to walk with a h.**, zoppicare *3* (*mecc.*) attacco (*dell'aratro, ecc.*) *4* (*naut.*) nodo *5* (*fig.*) impedimento; intoppo; difficoltà; ostacolo: **a slight h.**, un piccolo intoppo; **The ceremony went off without a h.**, la cerimonia filò via liscia (*o* senza difficoltà) *6* (*pop. USA*) imbroglio; trucco: **What's the h.?**, dove sta il trucco? *7* (*pop. USA*) periodo di ferma (*pop.*: di naia); periodo di detenzione *8* (*pop. USA*) (viaggio con l') autostop.

to **hitch** /hɪtʃ/, **A** *v. i.* *1* muoversi a strattoni (*o* a balzi; a sbalzi); sobbalzare *2* attaccarsi; legarsi *3* restare impigliato; impigliarsi: **Her skirt hitched on a thorn**, la sottana le si impigliò in uno spino *4* (*pop.*) chiedere un passaggio (*in auto, ecc.*); fare l'autostop: **They hitched from coast to coast**, fecero la traversata degli Stati Uniti con l'autostop *5* (*pop.*) sposarsi *6* (*pop. USA*) arruolarsi. **B** *v. t.* *1* muovere, spostare (q.c.) a strattoni *2* attaccare; agganciare; legare: **to h. a horse to a waggon**, attaccare un cavallo a un carro; (*ferr.*) **to h. a goods waggon**, agganciare un carro merci; **to h. a rope over a pole**, legare una fune a un palo *3* (*pop.*) ottenere (*un passaggio*): **to h. a lift** (*o* **a ride**) **on a lorry**, farsi dare un passaggio su un camion. ● (*lett.*) **to h. one's waggon to a star**, mirare in alto (*fig.*); (*specialm. polit.*) montare sul carro di un personaggio emergente □ (*pop.*) **to get hitched**, sposarsi; impiccarsi (*fig. pop.*).

♦**hitch along**, *v. i. + avv.* (*fam.*) procedere a balzi.

♦**hitch on**, *v. t. + avv.* *1* attaccare, agganciare; legare *2* (*ferr.*) aggiungere (*una carrozza, un vagone*).

♦**hitch up**, *v. t. + avv.* *1* attaccare (*cavalli, ecc.*) *2* tirarsi su: **to h. up one's trousers**, tirarsi su i calzoni (*aggiustandoseli*) □ **to h. up a cart**, attaccare il cavallo al carro.

hitcher /ˈhɪtʃə(r)/, *n.* *1* chi attacca, aggancia, ecc. (*V.* **to hitch**) *2* (*pop. USA*) autostoppista.

to **hitchhike** /ˈhɪtʃhaɪk/, *v. i.* fare l'autostop; viaggiare con l'autostop.

hitchhiker /ˈhɪtʃhaɪkə(r)/, *n.* chi fa l'autostop; autostoppista.

hitchhiking /ˈhɪtʃhaɪkɪŋ/, *n.* autostop.

hi-tech /ˈhaɪˈtek/, *V.* **high-tech**, *sotto* **high**.

hither /ˈhɪðə(r)/, **A** *avv.* (*lett.*) (*di moto*) qui; qua; per di qua: **Come h.**, vieni qua! **B** *a.* (*arc.*) da questa parte; dalla parte di qua; più vicino: **the h. horse**, il cavallo più vicino (a noi). ● **h. and thither**, qua e là; da tutte le parti □ (*fam.*) **a come-h. look**, uno sguardo invitante; un'occhiata di adescamento.

hitherto /ˈhɪðətuː, -tʊ/, *avv.* (*form.*) fin qui; finora.

Hitlerian /hɪtˈlɪərɪən/, *a.* (*stor.*) hitleriano.

Hitlerism /ˈhɪtlərɪzəm/, *n.* (*stor.*) hitlerismo.

Hitlerite /ˈhɪtləraɪt/, *a. e n.* (*stor.*) hitleriano.

hitter /ˈhɪtə(r)/, *n.* *1* chi colpisce *2* (*boxe*) colpitore; pugile che ha un buon pugno *3* (*pop. USA*) sicario; killer.

hitting /ˈhɪtɪŋ/, *n.* il colpire. ● **h. power**, (*sport*) forza con cui si colpisce (*l'avversario, la palla, ecc.*); (*mil.*) potenza di attacco.

Hittite /ˈhɪtaɪt/, *n. e a.* (*stor.*) ittita (*anche la lingua*).

hive /haɪv/, *n.* *1* alveare; arnia *2* sciame (*d'api e fig.*); folla *3* (*fig.*) alveare; brulichio: **a h. of activity**, un'attività febbrile. ● **h.-bee**, ape domestica □ **h.-off**, *V.* **hiving off**.

to **hive** /haɪv/, **A** *v. t.* *1* mettere (*api*) in un alveare *2* immagazzinare (*miele*) nell'arnia; ammassare (*miele e fig.*). **B** *v. i.* *1* entrare (*o* vivere) in un alveare *2* (*fig.*) vivere come in un alveare; vivere in comunità.

♦**hive away**, *v. t. + avv.* (*fam.*) mettere via, mettere da parte (*denaro, ecc.*).

♦**hive off**, **A** *v. i. + avv.* *1* (*delle api*) sciamare *2* (*fig.*) sciamare; andarsene; sparire *3* (*fin.*) staccarsi; creare una nuova società. **B** *v. t. + avv.* *1* (*fig.*) scindere; separare *2* (*fin.*) scorporare (*un'azienda*) *3* (*econ.*) subappaltare (*lavoro o commesse*).

♦**hive up**, *V.* **hive away**.

hiver /ˈhaɪvə(r)/, *n.* apicoltore; apicoltrice.

hives /haɪvz/, *n. pl.* (*med.*) orticaria.

hiving-off /ˈhaɪvɪŋˈɒf, *USA* -ɔːf/, *n.* *1* (*delle api*) sciamatura *2* (*fin.*) scorporo aziendale *3* (*econ.*) subappalto (*di lavoro o commesse*).

ho /həʊ/, *inter.* *1* (*lett.*: *di sorpresa, ammirazione, trionfo*; *ecc.*) oh!; ohé!; olà! *2* (*naut.*) issa!

hoar /hɔː(r)/, (*arc.*) **A** *a.* *1* bianco (*per es., di brina*): **The ground was h.**, il terreno era bianco di brina *2* (*fig.*) canuto. **B** *n.* (*lett.*) *1* bianchezza, biancore (*per es., di brina*) *2* canizie. ● **h. crystal**, cristallo di brina.

hoard /hɔːd/, *n.* *1* ammasso; mucchio (*anche di denaro*); cumulo (*anche di fatti*) *2* gruzzolo; tesoro *3* (*fig.*) miniera di fatti, di notizie *4* (*fig.*) scorta; provvista.

to **hoard** /hɔːd/, *v. t. e i.* *1* (*anche* **to h. up**) ammassare; ammucchiare; accumulare; accaparrare; fare incetta di: **to h. riches**, ammassare ricchezze; **to h. food**, accaparrare generi alimentari *2* (*econ.*) tesaurizzare: **to h. gold**, tesaurizzare l'oro.

hoarder /ˈhɔːdə(r)/, *n.* *1* accaparratore, accaparratrice; incettatore, incettatrice: **food hoarders**, accaparratori di generi alimentari *2* (*econ.*) tesaurizzatore.

hoarding (**1**) /ˈhɔːdɪŋ/, *n.* *1* accumulazione; accaparramento; incetta *2* (*econ.*) tesaurizzazione; tesoreggiamento.

hoarding (**2**) /ˈhɔːdɪŋ/, *n.* *1* staccionata; steccato; palizzata *2* (*pubbl.*) riquadro (*o* tabellone) per affissioni.

hoarfrost /ˈhɔːfrɒst, *USA* -ɔːst/, *n.* brina; brinata; galaverna.

hoariness /ˈhɔːrɪnəs/, *n.* *1* bianchezza, biancore (*per es., di brina*) *2* canizie *3* vetustà; venerabilità.

hoarse /hɔːs/, *a.* rauco; roco; fioco: **a h. voice**, una voce rauca. || **-ly**, *avv.*

to **hoarsen** /ˈhɔːsn/, *v. t. e i.* arrochire; affiochire; rendere (*o* diventare) rauco.

hoarseness /ˈhɔːsnəs/, *n.* raucedine.

hoarsening /ˈhɔːsnɪŋ/, *n.* arrochimento.

hoary /ˈhɔːrɪ/, *a.* *1* (*bot.*) canescente; pruinoso *2* bianco; canuto; incanutito: **h. hair**, capelli canuti; **a h. old man**, un vecchio canuto *3* (*fig.*) antico; vetusto; venerando: **h. ruins**, antiche rovine. ● **h.-headed**, dal capo canuto.

hoax /həʊks/, *n.* *1* beffa; burla; canzonatura; scherzo di cattivo genere; tiro mancino *2* imbroglio; inganno; mistificazione.

to **hoax** /həʊks/, *v. t.* *1* beffare; burlare; canzonare; farsi beffe di; fare un tiro a (q.) *2* imbrogliare; ingannare.

hoaxer /ˈhəʊksə(r)/, *n.* *1* beffatore, beffatrice; burlone, burlona *2* imbroglione, imbrogliona.

hob /hɒb/, *n.* *1* (*cucina*) piastra; piano di cottura *2* (*un tempo*) piolo, birillo (*usato come bersaglio nel gioco dei cerchietti*) *3* pattino di slitta *4* (*mecc.*) fresa-vite; creatore.

hobble /ˈhɒbl/, *n.* *1* zoppicamento; andatura zoppicante *2* (*fig. dial.*) intralcio; impaccio *3* pastoia (*per legare una bestia*).

to **hobble** /ˈhɒbl/, **A** *v. i.* andar zoppo; zoppicare; camminare goffamente. **B** *v. t.* *1* impastoiare (*un cavallo*) *2* (*fig. dial.*) impedire; inceppare; ostacolare. ● **to h. along**, procedere zoppicando; trascinarsi a stento.

hobbledehoy /ˈhɒbldɪhɔɪ/, *n.* (*arc. o dial.*) adolescente goffo; giovanotto impacciato.

hobby (**1**) /ˈhɒbɪ/, *n.* *1* hobby; passatempo (*o* svago) preferito; passione *2* (*arc.*) cavallino; cavalluccio. ● **h. shop**, negozio di articoli per hobby.

hobby (**2**) /ˈhɒbɪ/, *n.* (*zool., Falco subbuteo*) falco lodolaio; falco barletta.

hobbyhorse /ˈhɒbɪhɔːs/, *n.* *1* cavalluccio di legno (*giocattolo, o di una giostra*) *2* cavalluccio di vimini (*legato alla vita di un danzatore di «morris dance»*) *3* (*fig.*) cavallo di battaglia (*fig.*); argomento preferito; chiodo (*fig.*); idea fissa: **to get on one's h.**, mettersi a battere sul solito chiodo.

hobbyist /ˈhɒbɪɪst/, *n.* hobbista.

hobgoblin /ˈhɒbgɒblɪn/, *n.* *1* (*mitol.*) spiritello maligno *2* babau; uomo nero; spauracchio.

hobnail /ˈhɒbneɪl/, *n.* chiodo a capocchia grossa; chiodo da scarponi; bulletta (*per suole*). ● **h. boots**, scarponi chiodati □ (*med.*) **h. liver**, fegato a bulletta di scarpa.

hobnailed /ˈhɒbneɪld/, *a.* munito di chiodi; chiodato: **h. boots**, scarponi chiodati.

to **hobnob** /ˈhɒbnɒb/, *v. i.* *1* bere insieme (*con q.*) *2* essere in confidenza (*o* in grande amicizia) (*con q.*) *3* chiacchierare, conversare amichevolmente (*con q.*).

hobo /ˈhəʊbəʊ/, *n.* (*pl.* **hobos, hoboes**) (*specialm. USA*) *1* vagabondo *2* viaggiatore clandestino (*su treni merci*) *3* lavoratore stagionale (*specialm. agricolo*).

Hobson's choice /ˈhɒbsnztʃɔɪs/, *locuz. n.* scelta forzata; nessuna scelta; «prendere o lasciare».

hock (**1**) /hɒk/, *n.* *1* garretto (*di cavallo*) *2* (*macelleria*) zampa *3* (*pop. USA*) piede.

hock (**2**) /hɒk/, *n.* *1* vino di Hochheim (*sul Meno, in Germania*) *2* vino bianco del Reno (*in genere*).

hock (**3**) /hɒk/, *n.* (*pop. USA*) pegno. ● **in h.**, impegnato, pignorato; (*di persona*) indebitato; in galera; al fresco (*fam.*).

to **hock** /hɒk/, *v. t.* (*pop. USA*) impegnare; pignorare.

hockey /ˈhɒkɪ/, *n.* (*sport*) hockey (*su prato*). ● **h. player**, giocatore di hockey; hockeista □ **ice h.**, hockey su ghiaccio.

hockshop /ˈhɒkʃɒp/, *n.* (*pop. USA*) *1* monte dei pegni *2* prigione.

to **hocus** /ˈhəʊkəs/, *v. t.* *1* imbrogliare; ingannare *2* drogare; stordire (*con droghe*) *3* adulterare; fatturare.

hocus-pocus /ˈhəʊkəsˈpəʊkəs/, *n.* *1* abracadabra; formula usata nei giochi di prestigio *2* gioco di prestigio *3* gherminella; imbroglio; raggiro.

hod /hɒd/, *n.* *1* (*edil.*) sparviero, vassoio (*da muratore*) *2* secchio per il carbone. ● **hod carrier**, manovale.

ho-dad /ˈhəʊdæd/, **ho-daddy** /ˈhəʊdædɪ/, *n.* (*pop. USA*) *1* saccente *2* spaccone.

Hodge /hɒdʒ/, *n.* (*abbr. fam. di* **Roger**) contadino; campagnolo.

hodgepodge /ˈhɒdʒpɒdʒ/, *V.* **hotchpotch**.

hodiernal /həʊdɪˈɜːnl/, *a.* (*lett.*) odierno.

hodman /ˈhɒdmən/, *n.* (*pl.* **hodmen**) manovale (*che aiuta un muratore*).

hodograph /ˈhɒdəgræf/, *n.* (*fis., mecc.*) odografo.

hodometer /hɒˈdɒmɪtə(r)/, *n.* (*autom., USA*) odometro; contakilometri.

hodoscope /ˈhɒdəskəʊp/, *n.* (*fis. nucl.*) odoscopio.

hoe /həʊ/, *n.* zappa; marra. ● (*mecc.*) **hoe shovel**, escavatore a cucchiaia rovescia; retroescavatore.

to **hoe** /həʊ/, *v. t. e i.* zappare. ● **to hoe up weeds**, sarchiare (*o* estirpare) le erbacce.

hoecake /ˈhəʊkeɪk/, *n.* (*USA*) focaccia di granturco.

hoedown /ˈhəʊdaʊn/, *n.* (*USA*) *1* (*mus.*) quadriglia rusticana *2* festa da ballo campestre.

hoeing /ˈhəʊɪŋ/, *n.* zappatura. ● (*agric.*) **h.-machine**, sarchiatrice (*macchina*).

hoer /ˈhəʊə(r)/, *n.* zappatore; zappatrice.

hog /hɒg, *USA* hɔːg/, *n.* *1* porco, maiale (*anche fig.*); individuo goloso, egoista o sporco *2* (*naut.*) inarcamento *3* (*naut.*) frettazzo *4* (*pop. USA*) grossa vettura (*spesso truccata*) **5** (*dial.*) pecora di un anno non ancora tosata. ● **hog's back**, schiena inarcata (*o* d'asino); (*autom.*) strada a schiena d'asino; (*geogr.*) *V.* **hogback**, *def. 1* □ **hog-backed**, dalla schiena inarcata; a schiena d'asino □ (*zool.*) **hog-fish** (*Scorpaena scrofa*), scorpena rossa, scorfano; *Lachnolaimus maximus*; *Orthopristis chrysopterus* □ **hog mane**, criniera di cavallo tagliata corta □ **hog's pudding**, pasticcio d'interiora di maiale □ **to go the whole hog**, andare fino in fondo, fare le cose a fondo; bere fino alla feccia □ (*autom.*) **road hog**, pirata della strada.

to **hog** /hɒg, *USA* hɔ:g/, **A** *v. t.* **1** inarcare (*la schiena*) come un maiale **2** tagliare corta (*la criniera d'un cavallo*) **3** (*naut.*) frettare; pulire con il frettazzo **4** (*fam.*) impossessarsi di; arraffare; prendere tutto per sé: **to hog the bathroom**, tenere occupato il bagno **5** (*pop., di solito* **to hog down**) divorare; trangugiare; papparsi. **B** *v. i.* **1** inarcarsi **2** (*fam.*) comportarsi da pirata della strada. ● (*pop.*) **to hog it**, vivere in un porcile (*fig.*) □ (*autom.*) **to hog the road**, stare nel mezzo per non far passare gli altri.

hogback /ˈhɒgbæk, *USA* ˈhɔ:g-/, *n.* **1** (*geogr.*) stretta dorsale, con pareti scoscese e burroncelli **2** (*archeol.*) tomba a pareti inclinate.

hogget /ˈhɒgɪt, *USA* ˈhɔ:g-/, *n.* pecora di un anno non ancora tosata.

hoggin, hogging /ˈhɒgɪŋ, *USA* ˈhɔ:g-/, *n.* miscela di ghiaia e argilla.

hoggish /ˈhɒgɪʃ, *USA* ˈhɔ:g-/, *a.* porcino; maialesco; avido; ingordo; sporco. || **-ly**, *avv.* || **-ness**, *sost.*

hoglike /ˈhɒglaɪk, *USA* ˈhɔ:g-/, *a.* simile a un maiale; maialesco; da porci; porcino.

hogling /ˈhɒglɪŋ, *USA* ˈhɔ:g-/, *n.* porcello.

Hogmanay /ˈhɒgmənei/, *n.* (*scozz.*) **1** ultimo giorno dell'anno; notte di San Silvestro **2** dono richiesto (*o* fatto) l'ultimo giorno dell'anno. ● **H. party**, festa della sera di San Silvestro.

hogpen /ˈhɒgpeg, *USA* ˈhɔ:g-/, *n.* porcile.

hogshead /ˈhɒgzhed, *USA* ˈhɔ:g-/, *n.* **1** botte (*per birra, ecc.*) **2** misura per liquidi (*pari a 52,5 o 54 galloni in Inghilterra: litri 238 o 245 circa; pari a 63 galloni in America: litri 285,5 circa*) **3** barilotto.

hogskin /ˈhɒgskɪn, *USA* ˈhɔ:g-/, **A** *n.* (pelle di) cinghiale. **B** *a. attr.* di cinghiale: **h. gloves**, guanti di cinghiale.

to **hogtie** /ˈhɒgtaɪ, *USA* ˈhɔ:g-/, *v. t.* (*USA*) **1** legare le quattro zampe di (*un animale*); incaprettare (*una persona*) **2** (*fig.*) impedire; intralciare; ostacolare.

hogwash /ˈhɒgwɒʃ, *USA* ˈhɔ:gwɔ:ʃ/, *n.* **1** broda per maiali; brodaglia **2** (*fig., fam.*) fesserie (*fam.*); insulsaggini; cavolate (*pop.*).

hogweed /ˈhɒgwi:d, *USA* ˈhɔ:g-/, *n.* (*bot.*) *V.* **cow parsnip**.

ho-hum /ˈhəʊˈhʌm/, *a.* (*fam. USA*) **1** banale; scialbo **2** noioso; monotono.

to **hoick** /hɔɪk/, **A** *v. t.* **1** (*aeron.*) cabrare, far cabrare (*un aereo*) **2** (*fam.*) strappare; strattonare. **B** *v. i.* **1** (*aeron.*) cabrare **2** (*fam.*) dare uno strattone.

hoick(s) /hɔɪk(s)/, *inter.* (*per incitare cani*) dai!; via!

to **hoik** /hɔɪk/, *V.* **to hoick.**

hoi polloi /ˈhɔɪpəˈlɔɪ/ (*greco*), *n. pl.* (*lett.*) la plebe; il volgo.

hoist (**1**) /hɔɪst/, *n.* **1** sollevamento **2** argano di sollevamento; paranco **3** (*fam.*) spinta (*verso l'alto*): **to give sb. a h.**, dare una spinta a q. (*per aiutarlo a salire*); issare q. (*per es., su un autobus*) **4** (*naut.*) ghinda **5** (*naut.*) ghindata (*di pennone o di vela*). ● (*naut. mil.*) **ammunition h.**, elevatore di munizioni.

hoist (**2**) /hɔɪst/, *p. p.* (*del verbo arc.* **to hoise**, «issare»; *nella frase*:) **h. with his own petard**, fatto saltare in aria dal suo stesso ordigno; (*fig.*) caduto nella propria trappola.

to **hoist** /hɔɪst/, *v. t.* **1** innalzare; inalberare; sollevare **2** (*naut.*) issare, alare; ghindare (*un pennone, una vela*): **to h. a flag [a sail]**, issare una bandiera [una vela]; **to h. cases aboard**, issare a bordo delle casse; **to h. up a boat**, issare una scialuppa.

hoisting /ˈhɔɪstɪŋ/, *n.* **1** sollevamento **2** (*naut.*) ghindaggio.

hoistman /ˈhɔɪstmən/, *n.* (*pl.* **hoistmen**) arganista.

hoity-toity /ˈhɔɪtɪˈtɔɪtɪ/, **A** *a.* (*arc.*) **1** altezzoso; borioso **2** avventato; sconsiderato; volubile **3** permaloso. **B** *inter.* (*arc.*: *di disapprovazione o di sorpresa*) ohibò!

hokey-pokey /ˈhəʊkɪˈpəʊkɪ/, *n.* **1** *V.* **hocus-pocus 2** (*pop. arc.*) gelato da passeggio; gelatino (*di quelli venduti dagli ambulanti*).

hokum /ˈhəʊkəm/, *n.* (*pop. specialm. USA*) **1** (*cinem., teatr., letter.*) sbrodolatura sentimentale; battute risapute; comicità a effetto **2** balle; fesserie; cavolate.

hold (**1**) /həʊld/, *n.* **1** presa: **to keep h. of st.**, mantenere la presa su q.c. **2** stretta: **That man has got a strong h.**, quell'uomo ha una stretta (di mano) potente **3** appiglio; punto d'appoggio; sostegno **4** (*fig.*) presa (*fig.*); controllo; influenza; ascendente; autorità: **Oliver Cromwell had a great h. over his followers**, Oliviero Cromwell aveva un grande ascendente sui suoi seguaci; **to keep a h. of st.**, mantenere il controllo di q.c. **5** (*fig.*) contatto: **to lose one's h. on reality**, perdere il contatto con la realtà **6** (*fig.*) possesso; padronanza; conoscenza: **Our history teacher has a very good h. of his subject**, il nostro professore di storia ha un'ottima conoscenza della sua materia **7** carcere; prigione; guardina **8** (*mil., arc.* = **stronghold**) piazzaforte; fortezza **9** rifugio; ricovero; tana **10** (*lotta*) presa **11** (*mus.*) corona. ● **to catch h. of st.**, afferrare (*o* prendere) q.c. □ **to get h. of st.**, afferrare q.c.; procurarsi q.c.: **I must get h. of some more books on this subject**, devo procurarmi degli altri libri su questo argomento □ **to get h. of sb.**, (riuscire a) trovare q.; mettersi in contatto con q. □ (*fig.*) **to have a h. over sb.**, tenere in pugno q.; avere i mezzi per tenere q. sotto controllo □ **to lay h. of st.**, afferrare (*o* prendere) q.c. □ **to lose h. of st.**, lasciarsi sfuggire (di mano) q.c.: **The climber lost h. of the rope and fell**, al rocciatore sfuggì di mano la corda e cadde □ **on h.**, in lista d'attesa; (*telef.*) in attesa: **to put a project on h. for a year**, rinviare un progetto di un anno; **to put sb. on h.**, far restare in linea q. (*al telefono*) □ **to take h. of**, afferrare (*o* prendere) q.c.; impossessarsi di q.c. □ **to take st. off h.**, sbloccare (*o* liberare) q.c.

hold (**2**) /həʊld/, *n.* (*naut., aeron.*) stiva. ● (*naut.*) **h.-beam**, baglio di stiva □ (*aeron.*) **cargo h.**, bagagliaio.

to **hold** /həʊld/ (*pass.* **held**, *p. p.* **held**, *arc.* **holden**), **A** *v. t.* **1** tenere (*in molti sensi*); trattenere; avere; detenere; possedere; mantenere; occupare; contenere; reputare, ritenere, considerare; fare: **to h. a baby in one's arms**, tenere in braccio un bambino; **This tape holds the papers together**, questo nastro tiene insieme i documenti; **This can holds petrol**, questa tanica contiene benzina; **to h. a meeting**, tenere una riunione; **to h. shares in a business**, avere (*o* detenere, possedere) azioni d'una società commerciale; **to h. a degree in economics**, avere una laurea in economia; (*sport*) **to h. a record**, detenere un primato; **to h. land**, possedere terreni; **to h. sb. in suspense**, tenere q. in sospeso (*o* sulla corda); **to h. extreme views**, avere opinioni estremistiche; **I h. him to be an honest man**, lo considero (*o* lo reputo, lo ritengo) un uomo onesto; **to h. a fort against the enemy**, tenere (*o* mantenere) un forte contro il nemico; (*polit.*) **to h. one's seat**, mantenere il seggio □ **to h. a general election**, tenere le elezioni (politiche); **to h. sb. prisoner**, tenere q. prigioniero; **This flat cannot h. all my furniture**, questo appartamento non può contenere tutti i miei mobili; **to h. a conversation [a debate]**, fare una conversazione [una discussione]; **to h. classes**, tenere (*o* fare) lezione **2** (*anche* **to h. up**) tener su; sostenere: **This pillar holds the platform**, questo pilastro sostiene la piattaforma **3** tenere avvinto; tener desta l'attenzione di: **The speaker held the audience**, l'oratore teneva avvinto l'uditorio **4** (*della polizia*) fermare; trattenere; tenere in carcere: **They held them for three days**, li tennero in carcere tre giorni **5** tenere (*o* avere) in serbo; riservare: **Life holds many surprises**, la vita riserva molte sorprese **6** obbligare; vincolare: **to h. sb. to his word**, obbligare q. a mantenere la parola **7** occupare, ricoprire (*una carica, ecc.*) **8** giudicare (*specialm. leg.*); stimare; opinare: **He was held not guilty**, fu giudicato innocente; **I h. that your ideas are old-fashioned**, sono dell'opinione che le tue idee siano antiquate **9** puntare, spianare (*un'arma contro q.*) **10** (*trasp.*) far aspettare (*un treno, un aereo, ecc. in partenza*) **11** (*mus.*) prolungare, filare, sostenere (*una nota*) **12** (*elab.*) conservare; mantenere. **B** *v. i.* **1** tenere; reggere; resistere: **I don't think this rope will h.**, non credo che questa corda tenga; **Let's hope our defences will h.**, speriamo che le nostre difese tengano (*o* resistano) **2** tenere; reggere; resistere nel tempo; durare: **The favourable wind held for two days**, il vento favorevole durò due giorni; **How long will oil prices h.?**, quanto tempo reggeranno i prezzi del petrolio? **3** mantenere la presa; stare (*o* restare) attaccato; fare presa; tenere: **This glue won't h.**, questa colla non tiene; **H. tight!**, tienti stretto! **4** (= **to h. good**) restare valido; rimanere: **Their offer will h. until tomorrow**, la loro offerta è valida fino a domani **5** tenersi; comportarsi: **to h. (oneself) aloof**, tenersi a distanza; comportarsi in modo distaccato; (*fig.*) essere altezzoso **6** (*naut.*: *dell'ancora, ecc.*) fare presa; agguantare **7** (*pop. USA*) detenere droga. **C** to **hold oneself**, *v. rifl.* **1** tenersi: **They held themselves in readiness for the fight**, si tenevano pronti al combattimento **2** ritenersi; considerarsi; credersi: **He holds himself responsible for the failure of his firm**, si ritiene responsabile del fallimento della sua ditta. ● **to h. sb. at bay**, tenere a bada q. □ **to h. sb.'s attention**, tener desta (*o* viva) l'attenzione di q. □ **to h. one's breath**, tenere il fiato; trattenere il respiro; stare col fiato sospeso □ (*in frasi negat.*) **to h. a candle to**, reggere il confronto con; essere degno di lustrare le scarpe a (*fam.*): **Their articles cannot h. a candle to ours for quality**, per la qualità, i loro articoli non sono degni di lustrare le scarpe ai nostri □ **to h. a captaincy in the army**, avere il grado di capitano nell'esercito □ **to h. class**, fare lezione □ (*naut., aeron.*) **to h. a course**, tenere una rotta: **The ship held a northernly course**, la nave faceva rotta verso nord □ **to h. court**, ricevere gli ammiratori □ **to h. sb. [st.] dear**, tener caro q. [q.c.] □ (*mil.*) **to h. one's fire**, smettere di sparare □ (*fig.*) **to h. the fort for sb.**, difendere gli interessi di q. □ (*anche leg.*) **to h. good**, essere valido □ **to h. one's ground**, tener duro, resistere; non cedere; restare della propria opinione: **He held his ground without flinching**, tenne duro senza batter ciglio □ **to h. one's hand**, indugiare; trattenersi (*dal punire q., ecc.*) □ **to h. sb.'s hand**, tenere q. per mano □ **to h. hands with sb.**, tenersi per mano: **The little girl was holding hands with her mother**, la bambina e la mamma si tenevano per mano □ **to h. one's head high**, andare a testa alta; (*fig.*) essere orgoglioso □ **to h. one's head up**, tenere alta la testa; (*fig.*) farsi animo □ **to h. st. in one's head**, tenere a mente q.c. □ **to h. sb. in suspense**, tenere q. in ansia, sulla corda (*fig.*) □ **to h. it good to do st.**, ritenere opportuno fare q.c.: **I held it good to intervene in the**

dispute, ritenni opportuno intervenire nella disputa □ (*telef.*) **to h. the line**, restare in linea □ (*anche fig.*) **to h. one's nose**, tapparsi (*o* turarsi) il naso □ **to h. the office of chairman**, ricoprire la carica di presidente □ (*polit.*) **to h. office**, essere in carica; restare al potere: **The conservatives held office for six years**, i conservatori restarono al potere per sei anni; **to h. several offices**, cumulare varie cariche □ **to h. one's own**, tenere (duro); resistere; non cedere; restare della propria opinione □ **to h. one's own against sb.**, reggere bene il confronto con q. □ (*polit.*) **to h. a Parliament**, convocare il parlamento □ **to h. one's peace** (**o one's tongue**), tenere la lingua a posto; tacere □ **to h. one's reputation cheap**, far poco conto del proprio buon nome □ (*autom.*: *di un veicolo*) **to h. the road**, tenere la strada; avere una buona tenuta di strada □ **to h. one's sides with laughter**, tenersi la pancia dalle risa □ **to h. still**, stare fermo (*o* quieto); tener fermo, trattenere: **H. still while I shave you**, sta' fermo mentre ti rado!; **I took her hand and held her still**, le presi la mano e la tenni ferma □ **to h. a threat over sb.'s head**, tenere q. sotto una minaccia □ (*leg.*) **to h. sb. to bail**, vincolare q. con il versamento d'una cauzione □ **to h. sb. to his promise**, far mantenere la promessa (*o* la parola) a q. □ **to h. the view (that)**, essere del parere, d'avviso (che) □ (*fig. fam.*) **to be left holding the baby** (*USA*: **the bag**), rimanere incastrato (*fig.*); ricevere la patata bollente (*fig.*) □ (*fig.*) **not to h. water**, non tenere; non essere valido; fare acqua da tutte le parti □ (*fam.*) **H. hard!**, fermati!; aspetta! □ (*nelle foto di gruppo*) **H. it!**, fermi! □ (*telef.*) **H. the line!**, resti in linea! □ (*fam.*) **H. everything!**, fermo tutto! □ **He can h. his drink**, tiene (*o* regge) bene l'alcol □ **There's no holding that boy**, è impossibile tenere a freno quel ragazzo.

♦**hold against**, *v. t. + prep.* far carico (*o* colpa) di (q.c.) a (q.); imputare (q.c.) a (q.): **We don't h. it against him that he hasn't delivered the goods: the delay is due to the railway strike**, non gli facciamo colpa di non aver consegnato la merce: il ritardo è dovuto allo sciopero delle ferrovie.

♦**hold back**, **A** *v. t. + avv.* ***1*** trattenere; tenere a bada (*o* indietro); tenere a freno; contenere: **What's holding you back?**, che cosa ti trattiene (*dal fare q.c.*)?; **to h. the crowd back**, trattenere la folla; **We must try to h. back the invaders**, dobbiamo cercare di contenere l'invasore; **Part of his pay was held back**, gli fu trattenuta parte della paga; **to h. back one's anger**, tenere a freno l'ira ***2*** non rivelare; non rendere pubblica (*una notizia*); rifiutarsi di dare (*o* di dire); nascondere: **to h. back all information**, rifiutarsi di dare qualsiasi informazione; **Don't h. anything back!**, non nascondere niente! ***3*** (far) ritardare: **to h. back dinner**, ritardare il pranzo; **The storm held them back**, il temporale li fece ritardare. **B** *v. i. + avv.* ***1*** ritrarsi; tirarsi indietro: **When I asked for a volunteer, they all held back**, quando chiesi se c'era un volontario, si tirarono indietro tutti ***2*** non voler parlare; rifiutarsi di dare informazioni □ **to h. back from doing st.**, astenersi da (*o* evitare di, rinunciare a) fare q.c.

♦**hold by**, *v. i. + prep.* ***1*** attenersi a; rispettare; essere coerente con; tener fede a: **to h. by one's principles**, tener fede ai propri principî; **to h. by a decision**, rispettare una decisione ***2*** essere d'accordo con; approvare: **I don't h. by the revolutionary ideas you believe in**, non sono d'accordo con le idee rivoluzionarie in cui credi tu.

♦**hold down**, *v. t. + avv.* ***1*** tenere giù (*o* basso); tenere a terra; tenere fermo: **H. your head down!**, tieni giù la testa!; **The lid is held down by screws**, il coperchio è tenuto fermo dalle viti; (*anche sport*) **to h. one's opponent down**, tenere a terra (*o* immobilizzare) l'avversario ***2*** tenere a freno, frenare; contenere (*prezzi, ecc.*); (*econ.*) deprimere: **to h. down the prices-wages spiral**, frenare la spirale dei prezzi e dei salari; **to h. down consumption**, deprimere i consumi ***3*** (*fam.*) (riuscire a) tenersi; mantenere (*un impiego, un lavoro*).

♦**hold forth**, **A** *v. i. + avv.* ***1*** fare uno sproloquio, pontificare (*su q.c.*) ***2*** (*raro*) parlare in pubblico. **B** *v. t. + avv.* ***1*** (*form.*) offrire (*promesse, speranze, ecc.*) ***2*** (*arc.*) porgere, stendere (*la mano, ecc.*).

♦**hold in**, *v. t. + avv.* ***1*** tirare in dentro (*lo stomaco, ecc.*) ***2*** tenere a freno, trattenere (*un cavallo, sentimenti, emozioni, ecc.*).

♦**hold off**, **A** *v. t. + avv.* ***1*** tenere (q.) lontano (*o* a distanza); essere scostante con (q.): **His haughty manner holds me off**, trovo scostante la sua alterigia ***2*** respingere, rintuzzare (*un attacco, una proposta, ecc.*) ***3*** rimandare, rinviare (*una decisione, una riunione, ecc.*). **B** *v. i. + avv.* ***1*** stare (*o* girare) alla larga; tenersi in disparte (*o* a distanza) ***2*** aspettare; stare alla finestra (*fig.*): **Buyers are holding off in the hope of a fall in stock prices**, gli acquirenti stanno alla finestra sperando in un calo dei corsi azionari ***3*** (*della pioggia, della neve, ecc.*) non cadere: **The snow stopped, and it held off till morning**, la neve cessò, e non nevicò più fino al mattino □ **to h. off from doing st.**, astenersi dal (*o* evitare di, rinunciare a) fare q.c. □ **to h. off from people**, evitare (*o* scansare) la gente □ (*naut.*) **to h. off from the shore**, restare (*o* tenersi) al largo.

♦**hold on**, **A** *v. i. + avv.* ***1*** restare attaccato (*o* aggrappato); tenersi stretto; non mollare (*anche fig.*): **H. on!**, non mollare! ***2*** aspettare: **H. on a minute!**, aspetta un momento! ***3*** (*telef.*) restare in linea: **H. on!**, resti in linea! ***4*** (*anche* **to h. on one's way**) continuare a camminare (a viaggiare, ecc.); andare per la propria strada ***5*** (*fig. fam.*) tenere duro; resistere: **The survivors could only h. on for a few days**, i superstiti poterono resistere soltanto per pochi giorni ***6*** (*della pioggia, della neve*) continuare a cadere: **The rain held on for days on end**, continuò a piovere per giorni e giorni ***7*** (*di radici, ecc.*) attecchire. **B** *v. t. + avv.* tenere stretto; tenere insieme (*o* a posto); bloccare: **This nut holds the bolt on**, questo dado blocca il bullone □ **to h. one's course**, (*naut., aeron.*) mantenere la rotta; (*fig.*) seguire la propria strada.

♦**hold onto** (*o* **on to**), *v. i. + prep.* (*o + avv. + prep.*) ***1*** tenere stretto; tenersi stretto (*o* aggrappato) a; reggersi a; non mollare: **to h. onto one's umbrella**, tenere stretto l'ombrello; **to h. onto sb.'s arm**, reggersi al braccio di q.; **to h. tight on to the strap**, tenersi stretto alla cinghia; **The little girl held onto her mother's hand**, la bambina non mollava la mano della mamma ***2*** (*fig.*) stare attaccato a; non rinunciare a; tenersi stretto; non vendere: **They're holding onto their little scheme**, stanno attaccati al loro progettino; **You should h. onto the little you have**, devi tenerti stretto (*o* conservare) quel poco che hai ***3*** (*fig.*) contare, fare affidamento su; avere in mano: **The district attorney can only h. onto circumstantial evidence**, il procuratore distrettuale ha in mano soltanto delle prove indiziarie; **to have only one's faith to h. onto**, poter far conto solamente sulla propria fede religiosa □ (*fam.*) **H. onto your hat!**, tienti stretto!; ne sentirai delle belle!

♦**hold out**, **A** *v. i. + avv.* ***1*** tener duro; resistere: **We must h. out until help arrives**, dobbiamo resistere in attesa di aiuto ***2*** (*fig.*) fare il braccio di ferro (*fig.*); battersi strenuamente: **The workers were holding out for a five-day week**, i lavoratori si battevano strenuamente per ottenere la settimana corta ***3*** durare; reggere: **Let's hope this fine spell will h. out**, speriamo che il bel tempo regga! ***4*** (*di provviste, ecc.*) durare; bastare ***5*** (*fam.*) tenerla (stretta): **H. on a minute: I can't h. out much longer**, fermati un momento; non la tengo più! **B** *v. t. + avv.* ***1*** porgere, stendere (*la mano, ecc.*); tendere (*le braccia*) ***2*** tirare fuori, puntare (*una pistola, ecc.*) ***3*** offrire (*prospettive, speranze, ecc.*) □ **to h. out for a higher price**, cercare di spuntare un prezzo più alto □ (*naut.*) **to h. it out**, tenersi alla cappa (*o* di traverso) □ **to h. out under torture**, resistere alla tortura □ **to h. oneself out as a doctor**, farsi passare (*o* spacciarsi) per medico.

♦**hold out on**, *v. i. + avv. + prep.* ***1*** (*fam.*) nascondere un segreto a (q.); tenere (q.) all'oscuro: **Why didn't he tell his wife instead of holding out on her?**, perché non l'ha detto alla moglie invece di tenerla all'oscuro della faccenda? ***2*** (*fam.*) fare resistenza a (q.); rifiutarsi di risarcire (q.): **The insurance company is still holding out on him**, la compagnia d'assicurazioni continua a rifiutargli il risarcimento ***3*** bloccare, mettere il fermo su; rifiutarsi di pagare: **The bank is threatening to h. out on the interest of his account**, la banca minaccia di bloccare gli interessi del suo conto.

♦**hold over**, **A** *v. t. + avv.* ***1*** tenere in serbo; conservare; mettere da parte ***2*** accantonare; rimandare; rinviare: **to h. over an important matter**, accantonare una questione importante; **The meeting was held over till the next week**, la riunione è stata rinviata alla prossima settimana ***3*** mantenere (q.) in servizio; prorogare (*bur.*) ***4*** (*cinem., teatr.*) tenere in cartellone; continuare a programmare ***5*** (*mus.*) filare, sostenere (*una nota*). **B** *v. t. + prep.* servirsi di (q.c.) per minacciare (*o* ricattare) (q.): **He knows I've a police record and is holding it over me**, sa che ho la fedina sporca e se ne serve per minacciarmi □ **to be held over**, (*teatr., mus.*: *di un concerto, ecc.*) essere rinviato; (*cinem., teatr.*: *di un film, un dramma, un musical, ecc.*) tenere il cartellone, essere (ancora) programmato: **This play is still held over after two years**, questa commedia tiene il cartellone da due anni.

♦**hold to**, **A** *v. i. + prep.* ***1*** *V.* **hold by**, *def. 1* ***2*** restare fedele a; mantenere; confermare: **to h. to one's belief**, mantenere la propria fede; **to h. to one's previous story**, confermare il proprio racconto. **B** *v. t. + prep.* vincolare (*q.: a una promessa, a un contratto, ecc.*) □ (*naut.*: *di una nave*) **to h. to one's course**, mantenere la rotta □ (*naut.*) **to h. a ship to her course**, tenere una nave in rotta.

♦**hold together**, **A** *v. i. + avv.* ***1*** stare insieme (*fam.*); stare attaccato (unito, ecc.); stare in piedi (*fig.*): **We must h. together**, dobbiamo restare uniti; **My old car can hardly h. together**, la mia vecchia auto fa fatica a stare insieme; **This story doesn't h. together**, questa storia non sta proprio in piedi ***2*** (*fig.*: *di un matrimonio, ecc.*) durare; resistere. **B** *v. t. + avv.* ***1*** tenere (q.c.) insieme (*fam.*); tenere attaccato (unito, ecc.) ***2*** (*fig.*) tenere in piedi (*fam.*); far durare (*un'unione, ecc.*): **to h. a marriage together**, tenere in piedi un matrimonio □ **to h. oneself together**, restare padrone di sé; non lasciarsi andare (*fig.*); mantenere la calma.

♦**hold under**, *v. t. + avv.* ***1*** tenere (q.) sotto (*o* sott'acqua) ***2*** tenere (q.) sottomesso; opprimere.

♦**hold up**, **A** *v. t. + avv.* ***1*** tenere su; sostenere; sorreggere: **to h. one's trousers up**, tenere su i calzoni; **Concrete injections are needed to h. up the ancient church**, per tenere su l'antica chiesa ci vogliono iniezioni di cemento; **Four pillars h. up the roof**, quattro pilastri sorreggono il tetto ***2*** alzare: **H. up your hands!**, alzate la mano! ***3*** bloccare; fermare; trattenere: **We were held up by a big traffic jam**, fummo trattenuti da un grosso ingorgo stradale; **The train was held up by a herd of cattle that had strayed**, il treno fu bloccato da una mandria di buoi scappati dal recinto ***4*** ostacolare; ritardare: **Road traffic was held up by the transport strike**, il traffico stradale fu ostacolato dallo sciopero dei mezzi pubblici; **The building of the new bridge has been held up by the torrential rains**, la costruzione del nuovo ponte è stata ritardata dalle piogge torrenziali ***5*** esibire, esporre, presentare (*q.c. alla vista o all'ammirazione di q.*) ***6*** proporre, indicare (q. *o* q.c.): **to h. sb. [st.] up as an example**, proporre q. [q.c.] come esempio ***7*** rapinare; assaltare; svaligiare: **The bank was held up by five robbers**, la banca fu svaligiata da cinque rapinatori; (*di banditi*) **to h. up a train**, assaltare un treno ***8*** (*fam. USA*) derubare; far pagare troppo a (q.): **They h. you up in that restaurant**, in quel ristorante i clienti li derubano! **B** *v. i. + avv.* ***1*** durare; (*di provviste, ecc.*) bastare; reggere: **I hope my old car will h. up until I get the new one**, spero che la mia vecchia auto mi duri (*o* regga) finché non arriva la nuova ***2*** fermarsi; arrestarsi: **The snow storm forced us to h. up**, la nevicata ci costrinse a fermarci ***3*** reggere; resistere; tener duro; tener botta (*fam.*); (*del tempo*) reggere, durare; (*di un'accusa*) reggere, stare in piedi (*fig.*); (*econ., fin.*) tenere (*fig.*): **The poor woman was holding up for the sake of her children**, la poverina resisteva (*o* teneva duro) per amore dei figli; **Will the fine weather h. up?**, reggerà il bel tempo?; **This charge won't h. up**, questa accusa non sta in piedi; **Light industry holds up well in the general slump**, l'industria leggera tiene bene (*o* tira ancora) nella depressione generale; **Our shares are holding up quite well**, le nostre azioni tengono (*o* si comportano) bene □ **to h. one's head up**, tenere la testa alta; (*fig.*) andare a testa alta □ **to h. sb. [st.] up for** (*o* **to**) **ransom**, tenere in ostaggio q. [q.c.] □ **to h. sb. [st.] up to ridicule [to scorn]**, ridicolizzare [dileggiare] q. [q.c.] □ **to h. st. up to view**, mettere q.c. in bella vista □ (*fam.*) **H. them up!**, mani in alto!

♦**hold up on**, *v. i. + avv. + prep.* ***1*** *V.* **hold out on**, *def. 2* e *3* ***2*** rimandare, rinviare, accantonare (*progetti e sim.*).

♦**hold with**, *v. i. + prep.* (*di solito in frasi negat.*) essere d'accordo con; approvare: **I don't h. with his strange views**, non sono d'accordo con le sue strambe opinioni.

holdall /ˈhəʊldɔːl/, *n.* grande valigia; sacca da viaggio.

holdback /ˈhəʊldbæk/, *n.* ***1*** intoppo; impedimento; ostacolo ***2*** (*mecc.*) arresto; fermo ***3*** (= **h. pay**) trattenuta (*sul salario e sim.*).

holden /ˈhəʊldn/, *p. p. arc.* di **to hold**.

holder /ˈhəʊldə(r)/, *n.* ***1*** possessore; detentore ***2*** oggetto che sostiene (*o* con cui si tiene) q.c.; (*specialm.*) presa, presina (*da cucina: per tenere piatti che scottano*) ***3*** contenitore ***4*** portalampada ***5*** (*sport*) detentore (*di un titolo*) ***6*** (*università*) borsista ***7*** (*leg., fin.*) detentore; portatore; tenitore; intestatario; titolare: **the h. of a bill of exchange**, il portatore d'una cambiale; **the h. of an account**, il titolare di un conto ***8*** (*zool.*) organo prensile ***9*** (*trasp.*) sostegno; maniglia. ● (*leg.*) **h. in due course**, possessore legittimo (*di un titolo di credito*) □ (*banca*) **h. of a current account**, correntista □ **h. of a diploma**, diplomato □ **a candle h.**, un candelabro □ **cigarette-h.**, bocchino □ **an office-h.**, chi tiene un ufficio; chi ricopre una carica □ **paper-h.**, portacarte.

holdfast /ˈhəʊldfɑːst, *USA* -æst/, *n.* ***1*** presa; stretta ***2*** (*mecc.*) dispositivo di bloccaggio; gancio; morsetto; rampone; uncino.

holding /ˈhəʊldɪŋ/, *n.* ***1*** (*agric.*) tenuta; podere; appezzamento di terreno ***2*** (*di solito al pl.*) proprietà; beni immobili; patrimonio fondiario ***3*** (*fin.*) partecipazione azionaria ***4*** (*pl.*) (*fin.*) pacchetto azionario; azioni, titoli ***5*** (*mil.*) contenimento: **h. action**, azione di contenimento ***6*** (*sport*) trattenuta, trattenute; tenuta (*fallo*) ***7*** (*leg., in U.S.A.*) decisione (giudiziale). ● (*fin.*) **h. company**, holding; finanziaria; società controllante □ (*naut.*) **h. ground**, fondo di ancoraggio □ (*aeron.*) **h. pattern**, volo circolare d'attesa (*prima di poter atterrare*) □ (*aeron.*) **h. point**, punto di attesa □ (*elab.*) **h. time**, durata di occupazione (*di un canale*) □ (*autom.*) **road h.**, tenuta di strada.

holdout /ˈhəʊldaʊt/, *n.* ***1*** resistenza, rifiuto (*specialm. in una trattativa*) ***2*** chi fa opposizione ***3*** (*USA*) chi rifiuta di fare il proprio dovere (*o* quanto promesso); renitente ***4*** (*USA*) chi rifiuta di pagare.

holdover /ˈhəʊldəʊvə(r)/, *n.* ***1*** avanzo; resto ***2*** (*specialm. USA*) funzionario prorogato; chi resta in carica (*da un governo all'altro, ecc.*) ***3*** (*USA*: *a scuola*) ripetente.

holdup /ˈhəʊldʌp/, *n.* ***1*** rapina (a mano armata) ***2*** arresto, blocco, intoppo, ingorgo (*del traffico, ecc.*) ***3*** (*autom.*) guasto meccanico; panne ***4*** (*ind.*) arresto; interruzione; ritardo: **a production h.**, un ritardo nella produzione ***5*** (*chim.*) holdup; ritenzione ***6*** (*fam. USA*) furto; (*fig.*) conto (troppo salato).

hole /həʊl/, *n.* ***1*** buco (*anche fig.*); foro; pertugio; apertura: **holes in one's socks**, buchi nei calzini; **a h. in the roof**, un foro nel tetto ***2*** buca; fossa; cavità; pozza (*di fiume*); tonfano: **a road full of holes**, una strada piena di buche; **a h. in a tooth**, una cavità in un dente; **swimming h.**, specchio d'acqua (*formato da un fiume, ecc.*) in cui nuotare ***3*** tana; cunicolo; buco: **the h. of a badger**, la tana d'un tasso ***4*** (*golf*) buca; punto ottenuto facendo una buca: **to win the first h.**, fare la prima buca ***5*** (*naut.*) falla; squarcio ***6*** cella (d'isolamento) ***7*** (*fig. fam.*) buco (*fig.*); catapecchia; stamberga; brutto posto: **What a h.!**, che postaccio! ***8*** (*fam.*) difetto; imperfezione ***9*** (*fam.*) situazione delicata; pasticcio; guaio: **to be in a h.**, essere in un guaio; **to put sb. in a h.**, mettere q. in una situazione delicata, nei pasticci. ● (*fam.*) **h.-and-corner**, segreto, nascosto, sottobanco; banale, insignificante □ (*poker*) **h. card**, carta coperta (*nella varietà del gioco detta «stud poker»*; *V.* **stud** (**2**)) □ (*ind. min.*) **h. director**, guidafioretto □ **h.-puncher**, perforatrice, punzonatore (*per ufficio*) □ **arm-h.**, ascella; imboccatura di una manica □ (*fig.*) **in the h.**, in debito; al verde □ **to be like a rat in a h.**, essere senza via di scampo □ **to make a h. in st.**, fare un bel vuoto in q.c.; fare un grosso buco in (*un patrimonio*) □ (*fig.*) **to pick holes in st.**, trovare i punti deboli in q.c.; criticare q.c. □ (*fig.*) **a square peg in a round h.**, una persona inadatta al posto che occupa; un pesce fuor d'acqua (*fig.*).

to **hole** /həʊl/, **A** *v. t.* ***1*** bucare; forare; perforare ***2*** (*naut.*) squarciare il fianco di (*una nave*) ***3*** praticare (*un foro, ecc.*); fare: **They holed a tunnel through the mountain**, fecero una galleria attraverso la montagna ***4*** (*golf, anche* **to h. out**) mettere (*o* mandare) in buca: **to h. out a ball**, mettere in buca una palla ***5*** (*ind. min.*) mettere (*due gallerie*) in comunicazione. **B** *v. i.* ***1*** fare buchi ***2*** entrare in un buco ***3*** (*golf*) andare in buca; fare una buca.

♦**hole in**, *v. i. + avv.* (*fam. USA*) imbucarsi (*fam.*); trovare alloggio o rifugio: **They holed in at a wayside inn**, trovarono alloggio in una locanda lungo la strada □ (*golf*) **to h. in one [two, three, four]**, fare buca in un colpo [in due, tre, quattro colpi].

♦**hole out**, *v. i. + avv.* ***1*** (*golf*) andare in buca; fare buca ***2*** (*fam. USA*) rintanarsi; rifugiarsi; nascondersi.

♦**hole through**, *v. i. + avv.* (*ind. min.*) abbattere la parete che divide due tronchi di galleria.

♦**hole up**, **A** *v. i. + avv.* (*fam.*) ***1*** rintanarsi; rifugiarsi; nascondersi; starsene rintanato ***2*** trovare alloggio; imbucarsi (*fam.*) ***3*** abitare. **B** *v. t. + avv.* (*fam.*) ***1*** dare rifugio a (q.) ***2*** tenere (q.) prigioniero ***3*** (*fig.*) bloccare, ostacolare, ritardare (q.c.) ***4*** (*golf*) *V.* **to hole, A**, *def. 4.*

holeproof /ˈhəʊlpruːf/, *a.* ***1*** (*di calza, ecc.*) che non si buca ***2*** (*fig.*: *di prova, ecc.*) senza falle; ferreo.

holiday /ˈhɒlədeɪ, -dɪ/, **A** *n.* ***1*** festa; giorno festivo; vacanza: **a month's h.**, un mese di vacanza ***2*** (*pl.*) vacanze; ferie; villeggiatura: **the Christmas [Easter, summer] holidays**, le vacanze di Natale [di Pasqua, estive]; **holidays with pay**, ferie pagate; vacanze retribuite. **B** *a. attr.* festivo; di festa; della festa; di vacanza: **h. clothes**, abiti festivi; vestiti della festa. ● **h. behaviour**, comportamento allegro, spensierato □ (*tur.*) **h. camp**, campo di vacanze; villaggio turistico □ (*naut.*) **h. cruiser**, nave da crociera □ **h. insurance**, assicurazione per le vacanze □ **h. resort**, luogo di villeggiatura □ **to be (away) on h.**, essere in vacanza □ **to go on h.**, andare in vacanza □ **to take a h.**, prendersi una vacanza.

to **holiday** /ˈhɒlədeɪ, -dɪ/, *v. i.* passare le vacanze; essere in villeggiatura; villeggiare.

holidaymaker /ˈhɒlədɪmeɪkə(r), -deɪ-/, *n.* vacanziere; villeggiante; turista.

holier-than-thou /ˈhəʊlɪəðənˈðaʊ/, *a.* (*fam.*) santocchio; bacchettone; bigotto.

holily /ˈhəʊlɪlɪ/, *avv.* santamente; piamente.

holiness /ˈhəʊlɪnəs/, *n.* santità. ● **His H.**, Sua Santità; il Papa.

holism /ˈhəʊlɪzəm, ˈhɒ-/, *n.* (*filos., biol., med.*) olismo.

holist /ˈhəʊlɪst/, *n.* fautore (*o* seguace) dell'olismo.

holistic /həˈlɪstɪk, həʊ-/, *a.* (*scient.*) olistico. ● (*pubbl.*) **h. test**, test olistico.

holla /ˈhɒlə/, *V.* **hollo**.

holland /ˈhɒlənd/, *n.* ***1*** (*ind. tess.*) tela d'Olanda; olanda ***2*** (*pl.*) gin fabbricato in Olanda. ● **brown h.**, lino greggio.

Holland /ˈhɒlənd/, *n.* (*geogr.*) Olanda.

Hollander /ˈhɒləndə(r)/, *n.* ***1*** olandese ***2*** (*naut.*) nave olandese ***3*** – (*ind. della carta*) **h.**, olandese; pila olandese.

holler /ˈhɒlə(r)/, *n.* (*fam.*) grido; urlo: **to let out a h.**, lanciare un urlo; emettere un grido.

to **holler** /ˈhɒlə(r)/, *v. i.* e *t.* (*fam.*) gridare; urlare; vociare. ● **to h. at sb.**, chiamare q. a gran voce.

hollo /ˈhɒləʊ/, **A** *inter.* (*di richiamo, stupore, ecc.*) olà!; ohilà!; chi è là? **B** *n.* (*pl.* **hollos**) grido; urlo.

to **hollo**, to **holloa** /ˈhɒləʊ/, **A** *v. i.* gridare; vociare. **B** *v. t.* ***1*** chiamare (q.) con grida ***2*** incitare (*cani da caccia*).

hollow /ˈhɒləʊ/, **A** *a.* ***1*** cavo; incavato; scavato; vuoto: **a h. trunk**, un tronco cavo; **a h. nut**, una noce vuota ***2*** incavato; infossato: **h. cheeks**, guance incavate ***3*** (*di suono*) cupo; sordo: **a h. voice**, una voce cupa; **a h. groan**, un sordo lamento ***4*** (*fig.*) falso; ingannevole; vano; senza valore: **h. words**, parole false; **h. promises**, vane promesse; **h. pleasures**, piaceri vani; **a h. victory**, una vittoria che non vale niente; una vittoria di Pirro; **a h. excuse**, una misera scusa ***5*** (*del ventre*) vuoto; (*fam.*) affamato. **B** *n.* ***1*** cavità; conca; cavo: **in the h. of one's hand**, nel cavo della mano ***2*** depressione (*del terreno*); valletta. ● **h.-cheeked**, dalle guance incavate □ **a h. dish**, un piatto fondo; una fondina (*dial.*) □ (*ind. min.*) **h. drill**, fioretto forato □ **h.-eyed**, dagli occhi infossati □ **h.-hearted**, falso; insincero □ (*mecc.*) **h. mill**, fresa cava □ (*mecc.*) **h. punch**, fustella □ (*sport*) **a h. race**, una corsa senza interesse, scialba □ (*tecn.*) **h. space**, intercapedine □ (*edil.*) **h. tile**, mattone forato □ (*edil.*) **h. wall**, muro a cassa vuota □ (*comm.*) **h.-ware**, vasellame; pentole; tegami, casseruole; (*anche*) barili, barilotti e cilindri metallici □ (*fam.*) **to beat sb. h.**, battere (*o* sconfiggere) q. irrimediabilmente; stracciare q. (*fam.*).

to **hollow** /ˈhɒləʊ/, *v. t.* (*anche* **to h. out**) scavare; incavare; rendere cavo (*o* concavo): **The rocks of the Grand Canyon have been hollowed out by the Colorado river during**

a million and a half years, le rocce del Gran Canyon sono state scavate dal fiume Colorado nel corso di un milione e mezzo d'anni. ● **to h. a canoe out of a tree trunk**, costruire una canoa da un tronco d'albero.

Holloway /ˈhɒləweɪ/, *n.* (*un tempo*) prigione di Holloway (*per donne e debitori*).

hollowness /ˈhɒləʊnəs/, *n.* ***1*** l'esser cavo, vuoto ***2*** (*fig.*) vanità ***3*** (*fig.*) falsità; insincerità.

holly /ˈhɒlɪ/, *n.* (*bot., Ilex aquifolium*) agrifoglio.

hollyhock /ˈhɒlɪhɒk/, *n.* (*bot., Althaea rosea*) malvarosa; malvone.

holm (1), **holme** /həʊm/, *n.* ***1*** isoletta (*in un fiume o lago*) ***2*** golena; terreno golenale.

holm (2) /həʊm/, *n.* (*bot., Quercus ilex*; = **h.-oak**) leccio.

holmium /ˈhəʊlmɪəm/, *n.* (*chim.*) olmio.

holocaust /ˈhɒləkɔːst/, *n.* (*anche fig.*) olocausto.

Holocene /ˈhɒləsiːn/, (*geol.*) **A** *n.* olocene. **B** *a. attr.* olocenico.

Holofernes /hɒləˈfɜːniːz/, *n.* Oloferne.

hologram /ˈhɒləgræm, *USA* ˈhəʊ-/, *n.* (*fis.*) ologramma.

holograph /ˈhɒləgrɑːf, *USA* ˈhəʊləgræf/, *a.* e *n.* (*anche leg.*) (documento, testamento, ecc.) olografo.

holographic /hɒləˈgræfɪk, *USA* həʊ-/, *a.* ***1*** (*leg.*) olografo: **h. will**, testamento olografo ***2*** (*elab.*) olografico.

holography /hɒˈlɒgrəfɪ, *USA* həʊ-/, *n.* (*fis.*) olografia.

holohedral /hɒləʊˈhiːdrəl, *USA* həʊ-/, *a.* (*miner.*) oloedrico.

holomorphic /hɒləˈmɔːfɪk, *USA* həʊ-/, *a.* (*scient.*) olomorfo.

holophrastic /hɒləˈfræstɪk, *USA* həʊ-/, *a.* (*ling.*) olofrastico.

holothurian /hɒləʊˈθʊərɪən, -ˈθjʊə-, *USA* həʊ-/, *n.* (*zool., Holothuria*) oloturia.

holster /ˈhəʊlstə(r)/, *n.* (*mil.*: *di pistola*) fondina.

to **holster** /ˈhəʊlstə(r)/, *v. t.* mettere (*o* rimettere) nella fondina.

holt (1) /həʊlt/, *n.* (*poet.*) ***1*** bosco; boschetto ***2*** colle boscoso.

holt (2) /həʊlt/, *n.* covo, tana (*specialm. di lontra*).

holy /ˈhəʊlɪ/, *a.* ***1*** santo; sacro; consacrato; benedetto; venerando: **the H. Ghost** (*o* **Spirit**), lo Spirito Santo ***2*** santo; devoto, pio; religioso ***3*** (*fam.*) sacro; vero: **h. terror**, sacro terrore; **Dennis is a h. terror**, Dennis è una vera peste (*o* un bambino pestifero). ● (*stor.*) **the H. Alliance**, la Santa Alleanza □ **h. day**, festa religiosa □ **the H. Father**, il Santo Padre (*il papa*) □ **H. Joe**, (*fam.*) prete; bacchettone, bigotto; (*gergo mil.*) cappellano militare □ **the h. of holies**, il sancta sanctorum (*anche fig.*) □ (*stor.*) **the H. Office**, il Sant'Uffizio □ **the H. See**, la Santa Sede □ **h. war**, guerra santa; crociata □ (*relig.*) **h. water**, acqua santa □ **the H. Week**, la settimana santa □ **h. Willie**, bigotto; santocchio; ipocrita □ (*relig.*) **h. year**, anno santo □ **to live a h. life**, vivere santamente □ **to take h. orders**, ricevere gli ordini sacri; farsi prete.

holystone /ˈhəʊlɪstəʊn/, *n.* (*naut.*) mattone inglese; pietra da coperta (*per pulire il ponte*).

homage /ˈhɒmɪdʒ/, *n.* ***1*** omaggio; ossequio; tributo: **to do** (*o* **to pay**) **h. to sb.**, rendere omaggio a q. ***2*** (*stor.*) omaggio; atto di vassallaggio.

homburg /ˈhɒmbɜːg/, *n.* cappello floscio (*da uomo*).

home /həʊm/, **A** *n.* ***1*** casa (*natale o dove si abita*); dimora; focolare domestico; famiglia; vita familiare: **He left h. and joined the army**, se ne andò di casa per arruolarsi; **the joys of h.**, le gioie della vita familiare ***2*** patria (*anche fig.*); terra natia: **I left my post abroad and went h.**, lasciai il mio posto all'estero e tornai in patria; **I look upon Milan as my h.**, considero Milano la mia patria; **Paris is the h. of women's fashions**, Parigi è la patria della moda femminile ***3*** ambiente naturale; habitat: **The Arctic is the h. of the white bear**, l'Artide è l'habitat dell'orso bianco ***4*** alloggio; asilo; ricovero; casa: **homes for the veterans**, alloggi per i reduci; **a h. for the old**, un ricovero per i vecchi; **an orphans' h.**, una casa per orfani; un orfanotrofio ***5*** (*sport*) meta, traguardo; (*nel baseball*) casa base. **B** *a. attr.* ***1*** casalingo; domestico; familiare: **h. computer**, personal computer, elaboratore per uso domestico; **h. cooking**, cucina casalinga; **h. life**, vita familiare ***2*** interno; nazionale; nostrano; indigeno; domestico: **h. trade**, commercio interno; **h. products**, prodotti nazionali; **h. affairs**, affari interni; (*mil.*) **h. front**, fronte interno; **h. market**, mercato interno (*o* nazionale) ***3*** che va a segno; che raggiunge lo scopo; efficace: **a h. question**, una domanda che va a segno ***4*** (*sport*) in casa; di casa: **a h. match**, una partita in casa; **the h. team**, la squadra di casa (*o* che gioca in casa). **C** *avv.* ***1*** a casa (*di luogo e di moto a luogo*): **He went h.**, andò a casa; **Is he h. from work?**, è tornato (a casa) dal lavoro?; **He'll be** (*o* **come**) **h. by 3 P.M.**, sarà a casa per le tre ***2*** al proprio paese; in patria; a casa: **Yankees go h.!**, americani, tornate a casa vostra! ***3*** (*fam.*) in casa (*stato in luogo*): **I've been h. since midday**, sono in casa da mezzogiorno ***4*** a fondo; a posto; nel posto giusto, voluto; (*mecc.*) in sede; (*fig.*) a segno: **to hit** (*o* **to strike**) **h.**, colpire (*o* cogliere) nel segno; **to drive a nail h.**, piantare a fondo un chiodo; **His remark got h.**, la sua osservazione andò a segno ***5*** (*fig.*) alla comprensione (di q.): **to bring st. h. to sb.**, fare comprendere (*o* capire) q.c. a q. ● **h. address**, indirizzo di casa; (*elab.*) indirizzo guida □ **h. banking**, telebanca □ (*baseball*) **h. base**, casa base □ **h.-born**, nativo; indigeno □ **h.-bred**, allevato in casa; locale, indigeno, nostrano; non raffinato, rozzo □ **h. brew**, birra (*o* altra bevanda alcolica) fatta in casa □ (*di birra, ecc.*) **h.-brewed**, fatto in casa □ (*med.*) **h. call**, visita a domicilio □ (*ass.*) **h. (contents) insurance**, assicurazione casa □ (*geogr.*) **the H. Counties**, le contee intorno a Londra □ (*fin.*) **h. currency**, moneta (*o* valuta) nazionale □ (*comm.*) **h. delivery**, consegna a domicilio □ **h. development**, zona di sviluppo urbano; zona residenziale □ **h. economics**, economia domestica (*materia di studio*) □ **h. entertainment items**, elettrodomestici per lo svago (*radio, TV, apparecchi stereo, ecc.*) □ **h.-felt**, profondamente sentito □ (*eufem. USA*) **h. for senior citizens**, casa di riposo (*per anziani*) □ **h.-grown**, nazionale, nostrano, interno □ (*stor., in G.B.*) **the H. Guard**, la Milizia Territoriale (*durante la 2ª guerra mondiale*) □ **h. help**, domestica, domestico; colf (*abbr. di*: collaboratore, collaboratrice familiare); (*anche*) (persona che dà un) aiuto domestico (*ad anziani, malati, ecc.*) □ **h. help services**, servizio domestico □ **h. improvement centre**, centro di vendita di articoli fai-da-te □ (*sport*) **h. international match**, partita fra due nazionali del Regno Unito □ **h.-keeping**, d'abitudini casalinghe □ **h.-made**, di fattura casalinga; per uso domestico: **h.-made bread**, pane casalingo □ (*econ.*) **h.-made goods**, merci di produzione nazionale □ **h. news**, notizie dall'interno; notizie di politica interna □ (*org. az.*) **h. office**, sede principale (*degli affari*); quartier generale □ (*in G.B.*) **the H. Office**, il Ministero dell'Interno □ (*baseball*) **h. plate**, casa base □ (*naut.*) **h. port**, porto d'origine □ (*econ.*) **h.-produced goods**, prodotti nazionali □ (*econ.*) **h. producers**, i produttori nazionali □ (*econ.*) **h. products**, prodotti nazionali □ (*polit., stor.*) **H. Rule**, autogoverno, autonomia (*specialm. dell'Irlanda*) □ **h. run**, (*baseball*) colpo con il quale il battitore riesce a fare il giro del campo (*guadagnando un punto*); (*fig.*) risultato raggiunto □ (*baseball*) **h.-run hitter**, chi fa uno «home run» □ **H. Secretary**, Ministro dell'Interno (*in Inghilterra*) □ (*ferr.*) **h. signal**, segnale di blocco □ **h. straight** (*o* **h. stretch**), (*sport*) dirittura d'arrivo; (*fig.*) fase finale □ (*ingl.*) **h. teacher**, insegnante privato (*che va al domicilio dello studente*); precettore □ (*market.*) **h. test**, prova a domicilio □ **h. thrust**, stoccata a fondo, colpo messo a segno; (*fig.*) frecciata, allusione maligna □ **h. town**, città natia □ **a h. truth**, una verità spiacevole □ (*sport*) **h. turn**, curva prima dell'arrivo; ultima curva □ **h. unit**, unità abitativa □ (*dog.*) **h.-use entry**, bolla (*o* bolletta) d'entrata; dichiarazione per merci soggette a dazio □ (*med.*) **h. visit**, visita a domicilio □ **at h.**, a casa, in casa; in patria; (*sport*) in casa: **I left my purse at h.**, ho lasciato a casa il borsellino; **not to be at h. to anybody**, non essere in casa per nessuno; **at h. and abroad**, in patria e all'estero □ **an at-h.**, un ricevimento (dato in casa) □ (*sport*) **an at-h. win**, una vittoria in casa □ **to be [to feel, to make oneself] at h.**, essere [sentirsi, mettersi] a proprio agio; essere [sentirsi, fare] come a casa propria: **Make yourself at h.**, fate come a casa vostra! □ **to bring st. h. to sb.**, convincere, persuadere q. di q.c.; (*anche*) incolpare q. di q.c.; addebitare q.c. a q. (*fig.*): **to bring a crime h. to sb.**, addebitare un delitto a q.; **to bring h. to sb. the importance of st.**, convincere q. dell'importanza di q.c. □ **to drive an argument h.**, toccare q. nel vivo con un argomento; fare apprezzare a q. l'importanza (*o* il valore) di un argomento □ **one's last** (*o* **the long**) **h.**, l'ultima dimora; la tomba □ (*ippica*) **the line for h.**, la dirittura d'arrivo □ **the old h.**, la casa natale; la casa dei propri genitori □ **to see sb. h.**, accompagnare q. a casa □ **The truth came h. to him**, egli comprese finalmente la verità □ (*fam.*) **It's nothing to write h. about**, è cosa di nessun conto; non c'è da vantarsene □ (*tur.*) **«Good h. cooking»** (*cartello*), «cucina casalinga».

to **home** /həʊm/, **A** *v. i.* ***1*** (*specialm. di piccioni viaggiatori*) tornare a casa (*o* alla base) (*di partenza*) ***2*** abitare; stare di casa ***3*** (*mil., aeron., miss., spesso* **to h. in on**) puntare, dirigersi: **The ground-to-air missile homed in on the bomber**, il missile terra-aria puntò sul bombardiere ***4*** (*naut.*) dirigere su un punto ***5*** (*elettr.*) tornare nella posizione di partenza. **B** *v. t.* ***1*** mandare a casa; rinviare alla base (*per es., un piccione*) ***2*** (*raro*) provvedere (q.) di casa; dare una casa a (q.) ***3*** (*mil., aeron., miss.*) guidare, dirigere (*un missile su un bersaglio, ecc.*).

homebody /ˈhəʊmbɒdɪ/, *n.* (*fam.*) tipo casalingo; chi fa vita ritirata.

homebound /ˈhəʊmbaʊnd/, *a.* diretto a casa; che va (*o* ritorna) a casa (*o* in patria).

homecoming /ˈhəʊmkʌmɪŋ/, *n.* ***1*** ritorno a casa ***2*** rientro in patria ***3*** (*fam. USA*) raduno di ex-alunni.

homecraft /ˈhəʊmkrɑːft, *USA* -æft/, *n.* artigianato domestico.

homeland /ˈhəʊmlænd/, *n.* terra natia; madrepatria; patria (*anche d'adozione*).

homeless /ˈhəʊmləs/, **A** *a.* senza dimora; senza casa; senza tetto. **B** *n.* (*collett.*) – **the h.**, i senzatetto.

homelike /ˈhəʊmlaɪk/, *a.* ***1*** familiare; amichevole; semplice; alla buona ***2*** accogliente; comodo.

homeliness /ˈhəʊmlɪnəs/, *n.* ***1*** inclinazione alla vita familiare ***2*** semplicità ***3*** (*specialm. USA*) bruttezza.

Homelink /ˈhəʊmlɪŋk/, *n.* (*fin., in G.B.*) servizi bancari a domicilio; telebanca.

homely /ˈhəʊmlɪ/, *a.* ***1*** semplice; senza pretese; alla buona; alla mano: **a h. dinner**, un pranzo semplice, alla buona; **a h. welcome**, un'accoglienza senza pretese, alla buona ***2*** (*specialm. USA*) bruttino; brutto: **a h. girl**, una ragazza bruttina ***3*** casalingo; domestico;

familiare; di famiglia: **a h. atmosphere**, un'aria di famiglia.

homemaker /ˈhəʊmmeɪkə(r)/, *n.* ***1*** chi è capace di creare un ambiente domestico (*o* familiare) ***2*** assistente sociale ***3*** (*specialm. USA*) casalinga.

homeomery /həʊmɪˈɒmərɪ/, *n.* (*filos. greca*) omeomeria.

homeomorphic /həʊmɪəˈmɔːfɪk/, *a.* (*mat.*) omeomorfico.

homeomorphism /həʊmɪəˈmɔːfɪzəm/, *n.* (*mat.*) omeomorfismo.

homeopath /ˈhəʊmɪəpæθ/, *n.* (*med.*) omeopata; medico (*o* farmacista) omeopatico.

homeopathic /həʊmɪəˈpæθɪk/, *a.* (*med. e fig.*) omeopatico.

homeopathist /həʊmɪˈɒpəθɪst/, *n.* ***1*** omeopatista ***2*** *V.* **homeopath**.

homeopathy /həʊmɪˈɒpəθɪ/, *n.* (*med.*) omeopatia.

homeostasis /həʊmɪəˈsteɪsɪs/, *n.* (*biol.*) omeostasi.

homeostatic /həʊmɪəˈstætɪk/, *a.* (*biol.*) omeostatico. ● **h. organism**, omeostato.

homeotherm /ˈhəʊmɪəθɜːm/, *n.* (*biol.*) omeotermo.

homeothermic /həʊmɪəˈθɜːmɪk/, *a.* (*biol.*) omeotermo.

homeothermy /ˈhəʊmɪəθɜːmɪ/, *n.* (*biol.*) omeotermia.

homeowner /ˈhəʊməʊnə(r)/, *n.* proprietario di casa; capofamiglia.

homer (**1**) /ˈhəʊmə(r)/, *n.* ***1*** piccione viaggiatore ***2*** (*aeron.*) stazione radiogoniometrica di guida ***3*** (*mil., miss.*) missile autoguidato (*o* provvisto di guida automatica).

homer (**2**) /ˈhəʊmə(r)/, *n.* (*fam., baseball*) *V.* **home run,** *sotto* **home**.

Homer /ˈhəʊmə(r)/, *n.* (*stor. letter.*) Omero.

Homeric /həʊˈmerɪk/, *a.* omerico. ● **H. laughter**, risata omerica.

homesick /ˈhəʊmsɪk/, *a.* nostalgico, che soffre di nostalgia (*per la propria casa o patria*).

homesickness /ˈhəʊmsɪknəs/, *n.* nostalgia (*per la propria casa o patria*).

homespun /ˈhəʊmspʌn/, **A** *a.* ***1*** (*di stoffa*) tessuto in casa; fatto con il telaio a mano ***2*** (*fig.*) casalingo; semplice; senza pretese: **h. virtues**, semplici virtù. **B** *n.* stoffa tessuta in casa; stoffa fatta con il telaio a mano.

homestead /ˈhəʊmsted/, *n.* ***1*** casa colonica; fattoria; masseria; casa e podere ***2*** (*stor. USA*) appezzamento di terreno demaniale (*di 160 acri; assegnato a un colono perché lo coltivasse; in base all'***H. Act** *del 1862*).

homesteader /ˈhəʊmstedə(r)/, *n.* ***1*** agricoltore; colono; proprietario di fattoria ***2*** (*USA*) assegnatario di un appezzamento di terreno demaniale (*V.* **homestead**).

homester /ˈhəʊmstə(r)/, *n.* (*sport*) giocatore della squadra di casa.

homestretch /ˈhəʊmˈstretʃ/, *n.* (*specialm. USA*) ***1*** (*sport*) dirittura d'arrivo ***2*** (*fig.*) parte (*o* fase) finale ***3*** (*polit.*) ultima settimana della campagna per l'elezione del Presidente degli U.S.A.

homeward /ˈhəʊmwəd/, **A** *avv.* verso casa; verso la patria: **to turn h.**, dirigersi verso casa, verso la patria; iniziare il viaggio di ritorno. **B** *a.* di ritorno: **on a h. course**, sulla via del ritorno. ● **h. bound**, diretto a casa (*o* in patria); che è nel viaggio di ritorno; (*naut.*) diretto al porto di origine.

homewards /ˈhəʊmwədz/, *avv.* *V.* **homeward**.

homewear /ˈhəʊmweə(r)/, *n.* (articoli d') abbigliamento da casa.

homework /ˈhəʊmwɜːk/, *n.* ***1*** (*econ.*) lavoro a domicilio ***2*** compito (*o* compiti) a casa ***3*** (*pop. USA*) pomiciata (*pop.*); rapporto sessuale.

homeworker /ˈhəʊmwɜːkə(r)/, *n.* (*econ.*) lavorante a domicilio.

homey /ˈhəʊmɪ/, *a.* (*fam.*) ***1*** casalingo; domestico; familiare; intimo ***2*** accogliente; comodo; piacevole.

homicidal /hɒmɪˈsaɪdl/, *a.* ***1*** omicida: **h. tendencies**, tendenze omicide ***2*** che ha tendenze omicide. ● **a h. lunatic**, un pazzo criminale.

homicide /ˈhɒmɪsaɪd/, *n.* (*leg.*) ***1*** omicida ***2*** omicidio.

homiletic /hɒmɪˈletɪk/, *a.* di (*o* simile a) un'omelia; omiletico.

homiletics /hɒmɪˈletɪks/, *n. pl.* (*col verbo al sing.*) omiletica.

homilist /ˈhɒmɪlɪst/, *n.* ***1*** omileta; scrittore d'omelie ***2*** omelista; predicatore.

homily /ˈhɒməlɪ/, *n.* omelia; predica (*anche fig.*); sermone.

homing (**1**) /ˈhəʊmɪŋ/, *a.* ***1*** diretto a casa; che torna in patria ***2*** (*aeron. mil.*: *di un missile*) provvisto di guida automatica; autoguidato. ● **h. pigeon**, piccione (*o* colombo) viaggiatore.

homing (**2**) /ˈhəʊmɪŋ/, *n.* ***1*** (*zool.*) homing; ritorno (abituale) in un posto (noto) ***2*** (*aeron., mil.*: *di missile, siluro, ecc.*) homing; guida automatica; autoguida. ● **h. device**, (*elettron.*) radiobussola; (*mil.*) dispositivo di autoguida (*per missili telecomandati*); (*aeron.*) dispositivo di autoguida □ (*elettr.*) **h. relay**, relè con ritorno.

hominid /ˈhɒmɪnɪd/, *n.* (*antropol.*) ominide.

hominoid /ˈhɒmɪnɔɪd/, (*zool.*) **A** *n.* ominoideo. **B** *a.* degli ominoidei.

hominy /ˈhɒmɪnɪ/, *n.* granoturco spezzettato (*o* macinato); farina grossa di granturco; polenta (*cotta con acqua o latte*). ● (*USA*) **h. grits**, polenta integrale.

homo /ˈhəʊməʊ/, *n.* (*pl.* **homos**) (*abbr. di* **homosexual**) (*pop.*) omosessuale; checca, finocchio, frocio (*pop.*).

homocentric /həʊməˈsentrɪk, hɒ-/, *a.* (*fis.*) omocentrico.

homochromatic /həʊməkrəʊˈmætɪk, hɒ-/, *a.* (*fis.*) omocromatico.

homochromy /həˈmɒkrəʊmɪ/, *n.* (*zool.*) omocromia.

homodont /ˈhəʊmədɒnt, ˈhɒ-/, *a.* (*zool.*) omodonte.

homoeomery /həʊmɪˈɒmərɪ, hɒ-/, ecc. *V.* **homeomery,** *ecc.*

homogamous /həˈmɒgəməs/, *a.* (*biol.*) omogamo.

homogamy /həˈmɒgəmɪ/, *n.* (*biol.*) omogamia.

homogenate /həˈmɒdʒəneɪt, -ət/, *n.* (*biol.*) omogenato; omogeneizzato.

homogeneity /həʊmədʒəˈniːətɪ, hɒ-/, *n.* omogeneità.

homogeneous /həʊməˈdʒiːnɪəs, hɒ-/, *a.* (*anche mat., chim.*) omogeneo: **h. function**, funzione omogenea. || **-ly**, *avv.* || **-ness**, *sost.*

homogenesis /həʊməˈdʒenəsɪs, hɒ-/, *n.* (*biol.*) omogenesi.

homogenization /həmɒdʒənaɪˈzeɪʃn, həʊ-, *USA* -nɪˈz-/, *n.* omogeneizzazione.

to **homogenize** /həˈmɒdʒənaɪz/, *v. t.* omogeneizzare, omogenizzare.

homogenized /həˈmɒdʒənaɪzd/, *a.* omogeneizzato: **h. milk**, latte omogeneizzato. ● (*ind.*) **h. foods**, omogeneizzati.

homograft /ˈhəʊməgrɑːft, ˈhɒ-, *USA* -æft/, *n.* (*med.*) innesto autoplastico; omotrapianto.

homograph /ˈhəʊməgrɑːf, ˈhɒ-, *USA* -æf/, *n.* (*ling.*) omografo.

homographic /hɒməˈgræfɪk, həʊ-/, *a.* (*ling.*) omografo.

homoiothermic /həʊmɔɪəˈθɜːmɪk/, *a.* (*biol.*) omeotermo.

to **homologate** /həˈmɒləgeɪt/, *v. t.* (*leg., sport*) omologare.

homologation /həʊmɒləˈgeɪʃn, hɒ-/, *n.* (*leg., sport*) omologazione.

homological /həʊməˈlɒdʒɪkl, hɒ-/, *a.* (*lett., scient.*) omologico.

to **homologize** /həˈmɒlədʒaɪz/, (*lett., scient.*) **A** *v. t.* rendere (*o* dimostrare) omologo; omologare. **B** *v. i.* essere omologo.

homologous /həˈmɒləgəs/, *a.* (*lett., scient.*) omologo.

homologue /ˈhəʊməlɒg, ˈhɒ-, *USA* -ɔːg/, *n.* (*lett., scient.*) omologo.

homology /həˈmɒlədʒɪ/, *n.* (*lett., scient.*) omologia.

homomorphic /həʊməˈmɔːfɪk, hɒ-/, *a.* (*biol.*) omomorfo.

homomorphism /həʊməˈmɔːfɪzəm, hɒ-/, *n.* (*biol.*) omomorfismo.

homomorphous /həʊməˈmɔːfəs, hɒ-/, *a.* (*biol.*) omomorfo.

homonym /ˈhəʊmənɪm, ˈhɒ-/, *n.* omonimo (*anche ling.*).

homonymic /həʊməˈnɪmɪk, hɒ-/, **homonymous** /həˈmɒnɪməs/, *a.* omonimo (*anche ling.*).

homonymy /həˈmɒnəmɪ/, *n.* omonimia.

homophone /ˈhəʊməfəʊn, ˈhɒ-/, *n.* (*ling.*) omofono.

homophonic /hɒməˈfɒnɪk/, **homophonous** /həˈmɒfənəs/, *a.* (*ling., mus.*) omofono; omofonico.

homophony /həˈmɒfənɪ/, *n.* (*ling., mus.*) omofonia.

homopolar /həʊməˈpəʊlə(r), hɒ-/, *a.* (*elettr., chim.*) omopolare.

homoscedastic /həʊməskɪˈdæstɪk, hɒ-/, *a.* (*stat.*) omoschedastico.

homosex /ˈhəʊməseks, ˈhɒ-/, *n.* (*abbr. fam. di* **homosexuality**) omosessualità.

homosexual /həʊməˈsekʃʊəl, hɒ-/, *a.* e *n.* omosessuale. ● **h. orgies**, balletti verdi (*fig.*).

homosexuality /həʊməsekʃʊˈælətɪ, hɒ-/, *n.* omosessualità.

homotopy /həˈmɒtəpɪ/, *n.* (*mat.*) omotopia.

homozygote /həʊməʊˈzaɪgəʊt, hɒ-/, *n.* (*biol.*) omozigote.

homozygous /həʊməʊˈzaɪgəs, hɒ-/, *a.* (*biol.*) omozigote; omozigotico.

homuncule /həʊˈmʌŋkjuːl/, *n.* omuncolo; nanerottolo.

homunculus /həʊˈmʌŋkjʊləs/, *n.* (*pl.* **homunculi**) ***1*** omuncolo; nanerottolo ***2*** (*alchimia*) homunculus; omuncolo.

homy /ˈhəʊmɪ/, *V.* **homey**.

honcho /ˈhɒntʃəʊ/, *n.* (*pop. USA*) capo (*dal giapponese, «caposquadra»*).

Honduran /hɒnˈdjʊərən, *USA* -ˈdʊə-/, *a.* e *n.* honduregno.

hone /həʊn/, *n.* ***1*** cote; pietra per affilare (*specialm. rasoi*) ***2*** (*mecc.*) lapidello.

to **hone** /həʊn/, *v. t.* ***1*** affilare sulla cote ***2*** (*mecc.*) levigare; lapidare.

honest /ˈɒnɪst/, **A** *a.* ***1*** onesto; dabbene; leale; integro; probo; sincero; schietto: **an h. man**, un uomo onesto; un galantuomo; **h. profits**, onesti guadagni; **h. weight**, peso onesto, giusto; **an h. piece of work**, un lavoro onesto, coscienzioso; **an h. face**, una faccia onesta; **to give an h. opinion**, dare uno schietto parere ***2*** genuino; puro; semplice: **h. food**, cibo semplice; **h. wool**, lana pura; **the h. truth**, la verità pura e semplice ***3*** (*arc.*: *di donna*) onesta; casta; virtuosa. **B** *inter.* (*fam.*) davvero!; sul serio!; parola! ● **h. to God!**, parola mia!; (*anche*) santo cielo! □ (*fam.*) **h.-to-goodness** (*o* **h.-to-God**), genuino; vero; schietto □ **to be quite h. about it**, per essere sincero; per dire la verità □ **to earn** (*o* **to turn**) **an h. penny**, guadagnare denaro onestamente □ **to make an h. living**, guadagnarsi la vita onestamente □ (*arc. o scherz.*) **to make an h. woman of a girl**, sposare una ragazza con nozze riparatorie □ (*pop.*) **h. injun!**, parola d'onore! □ (*pop.*) **h. injun?**, sulla tua parola? □ (*mil., USA*) **H. John**, «Honest John» (*missile tattico terra-terra*).

honestly /ˈɒnɪstlɪ/, **A** *avv.* ***1*** onestamente; lealmente; sinceramente ***2*** davvero; sul serio: **H., I'll do it**, lo farò, davvero. **B** *inter.* francamente!; ma insomma!; ma via!

honesty /ˈɒnɪstɪ/, *n.* ***1*** onestà; lealtà; integrità; probità; sincerità; schiettezza ***2*** (*arc.*: *di donna*) onestà; castità ***3*** (*bot., Lunaria an-*

nua) lunaria; medaglia; erba luna. ● (*prov.*) **H. is the best policy**, l'onestà è la miglior linea di condotta □ **in all h.**, con tutta franchezza; francamente.

honey /'hʌnɪ/, **A** *n.* ***1*** miele; (*fig.*) dolcezza: **h.-sweet**, dolce come il miele ***2*** (*fam.*) caro, cara; tesoro ***3*** (*fam. USA*) gioiello (*fig.*); cosa eccellente (*o* favolosa): **This is a h. of a car**, questa macchina è un gioiello ***4*** (*pop. USA*) birra. **B** *a. attr.* ***1*** (*zool.*) del miele; melario ***2*** che sa di miele; dolce ***3*** addolcito con miele; melato. ● **h. bag**, borsa melaria (*dell'ape*) □ (*zool.*) **h. bear** (*Helarctos malayanus*), orso labiato □ (*pop.*) **h. bucket**, secchio per la raccolta d'escrementi □ (*pop.*) **h. cart**, carro del bottino (*o* del letame) □ (*zool.*) **h. buzzard** (*Pernis apivorus*), falco pecchiaiolo □ (*zool.*) **h.-eater** (*Meliphaga*), melifaga (*uccello*) □ (*zool.*) **h. mouse** (*Tarsipes spenserae*), tarsipede (*marsupiale austr.*) □ **h.-mouthed**, mellifluo □ (*zool.*) **h. sac**, *V.* **h. bag** □ (*agric.*) **h.-separator**, smielatrice □ (*pop. USA*) **h. shot**, primo piano di una ragazza procace □ **h.-tongued**, mellifluo.

honeybee /'hʌnɪbiː/, *n.* (*zool., Apis mellifera*) ape domestica; pecchia.

honeycomb /'hʌnɪkəum/, **A** *n.* ***1*** favo; nido d'api ***2*** struttura a nido d'ape ***3*** *V.* **honeycombing**. **B** *a.* (*tecn.*) a nido d'ape. ● (*elettr.*) **h. coil**, bobina a nido d'ape □ (*autom., mecc.*) **h. radiator**, radiatore a nido d'ape.

to **honeycomb** /'hʌnɪkəum/, *v. t.* ***1*** crivellare; perforare: **The subsoil of London is honeycombed with the tunnels of the Tube**, il sottosuolo di Londra è crivellato dalle gallerie della metropolitana ***2*** (*fig.*) permeare; pervadere: **honeycombed with spies**, pieno zeppo di spie ***3*** (*fig.*) sovvertire; minare: **honeycombed with intrigue**, minato da intrighi.

honeycombing /'hʌnɪkəum(ɪŋ)/, *n.* ***1*** fessurazione alveolare (*del legname*) ***2*** (*mecc.*) butterazione, corrosione, falla (*di metalli, specie nelle caldaie*).

honeydew /'hʌnɪdjuː, *USA* -duː/, *n.* (*zool.*) melata; mielata. ● **h. melon**, varietà di melone assai dolce.

honeyed /'hʌnɪd/, *a.* melato; dolce; (*fig.*) mellifluo, sdolcinato: **h. words**, parole melliflue.

honeymoon /'hʌnɪmuːn/, *n.* luna di miele.

to **honeymoon** /'hʌnɪmuːn/, *v. i.* andare in luna di miele; passare la luna di miele: **They will h. in Venice**, passeranno la luna di miele a Venezia.

honeymooner /'hʌnɪmuːnə(r)/, *n.* chi è in luna di miele.

honeysuckle /'hʌnɪsʌkl/, *n.* (*bot., Lonicera caprifolium*) caprifoglio; madreselva.

hong /hɒŋ, *USA* hɔːŋ/, *n.* fabbrica; casa commerciale; magazzino (*in Cina o in Giappone*).

honied /'hʌnɪd/, *V.* **honeyed**.

honing /'həunɪŋ/, *n.* ***1*** affilatura (sulla cote) ***2*** (*mecc.*) levigatura; lisciatura; lapidatura. ● **h. machine**, levigatrice □ **h. tool**, utensile levigatore (*o* per lapidare).

honk /hɒŋk, *USA* hɔːŋk/, *n.* ***1*** richiamo (*o* grido) dell'oca selvatica ***2*** colpo di clacson.

to **honk** /hɒŋk, *USA* hɔːŋk/, *v. i.* ***1*** (*dell'oca selvatica*) starnazzare ***2*** suonare il clacson ***3*** (*del clacson*) suonare. ● (*autom.*) **to h. one's horn**, suonare il clacson.

honkie, honky /'hɒŋkɪ, *USA* -ɔːŋk/, *n.* (*spreg. USA*) uomo (*o* donna) di pelle bianca; bianco, bianca (*detto da gente di colore*).

honky-tonk /'hɒŋkɪtɒŋk, *USA* 'hɔːŋkɪtɔːŋk/, **A** *n.* ***1*** (*pop. USA*) locale d'infimo ordine; balera; bettola; taverna ***2*** (*mus., stor.*) honky-tonky. **B** *a.* ***1*** (*pop. USA*) scadente; squallido ***2*** (*mus.*) di honky-tonky.

honor /'ɒnə(r)/, e *deriv.* (*USA*) *V.* **honour**, e *deriv.*

honorarium /ɒnə'reərɪəm/, *n.* (*pl.* **honoraria, honorariums**) onorario; compenso; emolumento; parcella.

honorary /'ɒnrərɪ, *USA* 'ɒnərerɪ/, *a.* ***1*** onorario; onorifico: **an h. vice-president**, un vicepresidente onorario; **an h. office**, una carica onorifica ***2*** d'onore: **h. debts**, debiti d'onore. ● **an h. degree**, una laurea ad honorem (*o* honoris causa).

honorific /ɒnə'rɪfɪk/, **A** *a.* ***1*** onorifico: **an h. title**, un titolo onorifico ***2*** (*gramm.*) di cortesia. **B** *n.* ***1*** titolo onorifico ***2*** (*gramm.*) forma di cortesia.

honour /'ɒnə(r)/, *n.* ***1*** onore; onoranza; dignità; atto d'omaggio, d'ossequio: **to be an h. to one's country**, fare onore al proprio paese; **to win h. in battle**, farsi onore sul campo di battaglia; **military h.**, onor militare (*o* della bandiera); **military honours**, onori (*o* onoranze) militari; **to do** (*o* **to give, to pay**) **h. to sb.**, fare onore (*o* atto d'omaggio, d'ossequio) a q.; **funeral** [**last**] **honours**, onoranze funebri [estremi onori] ***2*** onorificenza: **the honours list**, la lista delle onorificenze (*concesse dal sovrano*) ***3*** considerazione; rispetto; stima: **to show h. to one's elders**, mostrare rispetto per le persone più anziane ***4*** onore; virtù; castità: (*di una donna*) **to lose one's h.**, perdere l'onore ***5*** (*pl.*) (*nei giochi di carte, specialm. nel bridge*) onori; le carte dal dieci all'asso (*degli atout*); gli assi (*d'altro seme*). ● **to be h.-bound**, essere moralmente obbligato □ (*fam.*) **h. bright!**, parola d'onore! □ (*in G.B., Austr., Sud Africa, ecc., ma non in U.S.A.*) **honours course**, corso che si segue per ottenere un «honours degree» □ **honours degree**, (diploma di) laurea (*sempre di 1° grado*: *per es., un B.A. o B.Sc.*) che si consegue scegliendo un piano di studi con un maggior numero di discipline (*si divide in lauree di 1ª, 2ª e 3ª classe*; *cfr.* **pass degree**): **He got his B.A. with first-class honours from Cambridge University**, ottenne il diploma di «Bachelor of Arts» con il massimo dei voti nell'Università di Cambridge □ **an honours student**, uno studente che si prepara per un «honours degree» □ (*mil.*) **the honours of war**, l'onore delle armi □ (*banca, comm.*) **h. supra protest**, intervento: (*nelle cambiali*) **for h. supra protest**, per intervento □ (*comm.*) **acceptance of a bill for the h. of the drawer**, accettazione d'una cambiale (protestata) per salvare l'onore del traente □ **an affair of h.**, una questione d'onore; un duello □ **to be bound in h. to do st.**, essere tenuto a fare q.c. (per lealtà, per non venir meno al proprio onore) □ **to do sb. h.**, fare onore a q.; tornare a onore di q. □ **to do the honours** (**of the house**), fare gli onori di casa □ **to do the honours of the table**, fare l'anfitrione; fare onore agli ospiti (*a tavola*) □ **to hold one's h. cheap**, non aver cura della propria reputazione □ **to hold sb. in great h.**, avere molta stima di q.; tenere q. in grande considerazione □ **maid of h.**, damigella d'onore □ **on my h.**, sul mio onore; parola d'onore! □ **to be on one's h. to do st.**, avere dato la propria parola d'onore di fare q.c. □ **peace with h.**, pace onorevole □ **to put sb. on his h.**, contare sulla parola (*o* sul senso d'onore) di q. □ **upon my h.!**, parola d'onore! □ **It is on my h. to help him**, è mio impegno d'onore aiutarlo □ **Your H.**, Vostro Onore: **In England, circuit judges are called «Your H.» in court**, in Inghilterra, i giudici delle sei circoscrizioni vengono chiamati «Vostro Onore» in tribunale □ **H. to whom h. is due**, onore al merito!

to **honour** /'ɒnə(r)/, *v. t.* ***1*** onorare; far onore a; fare omaggio a; venerare: **Everybody honours him**, tutti l'onorano ***2*** conferire un'onorificenza a (q.) ***3*** tener fede a: **to h. a commitment**, tener fede a un impegno ***4*** (*comm.*) onorare; far onore a; accettare, pagare (*un titolo di credito*): **to h. a bill** [**a cheque, a draft**], onorare una cambiale [un assegno, una tratta]; **to h. one's signature**, fare onore alla propria firma. ● (*leg., comm.*) **to h. a contract**, rispettare un contratto.

honourable /'ɒnrəbl/, *a.* ***1*** onorevole; d'onore; onorabile; onorato; onesto: **an h. man**, un uomo d'onore, onesto; **Tom's intentions are h.**, le intenzioni di Tom sono oneste; **an h. peace**, una pace onorevole ***2*** (*in G.B.*) **H.**, «Honourable» (*titolo che spetta a molti Pari d'Inghilterra – V.* **Most H.** e **Right H.**; *è usato, inoltre, da un membro dei Comuni quando si riferisce a un collega*). ● **an h. burial**, un funerale solenne □ (*mil.*) **h. dismissal**, congedo (illimitato) □ (*nella Camera dei Comuni*) **my H. friend**, il mio onorevole collega (*parlando d'un altro deputato*) □ **Most H.**, «Onorevolissimo» (*titolo dato a marchesi, a insigniti dell'«Order of Bath» e a membri del «Privy Council»*) □ **Right H.**, «Molto Onorevole» (*titolo dato a nobili di grado inferiore a quello di marchese*).

honourableness /'ɒnrəblnəs/, *n.* onorabilità; onestà.

honourably /'ɒnrəblɪ/, *avv.* onorevolmente.

hoo /huː/, *inter.* ***1*** (*di stupore*) ohibò!; perdinci! ***2*** (*per chiamare q.*) ehi!

hooch /huːtʃ/, *n.* (*pop. USA*) ***1*** liquore scadente (*o* distillato alla macchia) ***2*** liquore (*in genere*). ● **h. head** (*o* **h. hound**), ubriacone, ubriacona.

hoocher /'huːtʃə(r)/, *n.* (*pop. USA*) ubriacone, ubriacona.

hood (**1**) /hud/, *n.* ***1*** cappuccio (*di persona o di falco*) ***2*** (*nelle università*) cappuccio della toga (*di colore diverso per le varie lauree*) ***3*** (*autom., USA*; *cfr. ingl.* **bonnet**) cofano: **h. fastener**, fermacofano ***4*** (*autom.*) capote, cappotta, capotta (*d'automobile aperta*) ***5*** soffietto (*di carrozzina per bambini*) ***6*** (*di cucina, ecc.*) cappa: **h. unit**, cappa di cucina componibile ***7*** (*di carro*) telone ***8*** (*fotogr.*) schermo paraluce ***9*** (*tecn.*) cupola: **armoured h.**, cupola corazzata.

hood (**2**) /hud/, *n.* (*pop. USA*) *V.* **hoodlum**.

to **hood** /hud/, *v. t.* ***1*** incappucciare; coprire con il cappuccio ***2*** (*fig.*) nascondere ***3*** (*autom.*) mettere la capote a. ● **to h. one's eyes**, socchiudere gli occhi.

hooded /'hudɪd/, *a.* ***1*** incappucciato: **a h. monk**, un monaco incappucciato ***2*** a forma di cappuccio ***3*** (*zool.*) crestato ***4*** (*d'occhio*) socchiuso: **h. eyes**, occhi socchiusi. ● (*zool.*) **h. crow** (*Corvus cornix*), cornacchia grigia □ **h. wrap robe**, accappatoio con cappuccio.

hoodie /'hudɪ/, *n.* (*zool., Corvus cornix*) cornacchia grigia.

hoodlum /'huːdləm/, *n.* (*fam.*) ***1*** uligano; teppista ***2*** gangster; bandito; malvivente; malavitoso.

hoodoo /'huːduː/, *n.* (*pl.* **hoodoos**) (*fam. specialm. USA*) ***1*** vudù; sfortuna; disdetta; scalogna, iella (*pop.*) ***2*** iettatore; menagramo.

to **hoodoo** /'huːduː/, *v. t.* (*fam. specialm. USA*) ***1*** dare la iella a (q.); portare sfortuna a (q.) ***2*** gettare il malocchio su (q.).

to **hoodwink** /'hudwɪŋk/, *v. t.* ***1*** mettere il paraocchi a (*un cavallo*) ***2*** (*fig.*) imbrogliare; ingannare; raggirare.

hoody /'hudɪ/, *V.* **hoodie**.

hooey /'huːɪ/, *n.* e *inter.* (*fam.*) balle; sciocchezze; fesserie (*pop.*).

hoof /huːf, huf/, *n.* (*pl.* **hoofs, hooves**) ***1*** zoccolo (*di animale ungulato*); unghia (*di cavallo, ecc.*) ***2*** (*pop. scherz.*) piede (*d'uomo*); zampa (*pop.*): **cloven h.**, piede fesso (*o* caprino). ● **h.-pad**, tampone per gli zoccoli (*del cavallo*) □ **h.-print**, impronta di zoccolo □ (*di bestiame*) **on the h.**, vivo; non ancora macellato.

to **hoof** /huːf, huf/, **A** *v. t.* ***1*** colpire con lo zoccolo; calpestare con gli zoccoli ***2*** (*pop.*) prendere a calci. **B** *v. i.* ***1*** (*fam., anche* **to h. it**) andare a piedi; camminare ***2*** (*pop. arc.*) ballare. ● (*pop.*) **to h. sb. out**, buttar fuori q. a calci.

hoofed /huːft, huft/, *a.* (*zool.*) che ha zoccoli; ungulato.

hoofer /'huːfə(r), 'hu-/, *n.* (*pop. USA*) ballerino, ballerina (*di professione*).

hoo-ha /ˈhuːhɑː/, *n.* (*fam.*) *1* blablà; fesserie; cavolate *2* finimondo, tragedia (*fig.*).

hook /hʊk/, *n.* *1* gancio; uncino; gancetto; uncinello: **a clothes-h.**, un gancio per appendere panni; un attaccapanni; **a h. for pots**, un gancio per attaccare la pentola (sul focolare); **a h. and eye**, un gancio con occhiello; un'allacciatura (*di abiti*) a gancio *2* (= **fish-h.**) amo; graffio; rampino *3* (*fig.*) trappola; tranello *4* (*boxe*) hook; gancio; crochet; uncino *5* (*geogr.*) ansa, gomito (*di fiume, ecc.*); lingua di terra, promontorio ad arco *6* (*naut.*) gola; ghirlanda *7* (*naut.*) ancora; ancorotto *8* (*mus.*) uncino (*della nota*) *9* (*agric.*) falcetto; pennato; roncola *10* uncinetto; crochet (*lavoro femminile*) *11* (*golf*) tiro a uncino *12* (*rugby*) calcio all'indietro *13* (*telef.*) forcella: **to take the phone off the h.**, staccare la cornetta *14* (*elettron.*) innesco *15* (*pop. USA*) droga pesante; eroina *16* (*pop. USA*) complice (*o* spalla) di un borsaiolo *17* (*pop. USA*) puttana *18* (*pop. USA*; = **h.-nose**) ebreo *19* (*pl.*) (*pop. USA*) mani. ● (*zool.*: *d'uccello*) **h.-beaked** (*o* **h.-billed**), dal becco adunco □ (*fig.*) **h., line, and sinker**, completamente; del tutto; tutto: **to swallow a story h., line and sinker**, mandare giù una storiella da cima a fondo; bersela tutta (*fig.*) □ **h.-nosed**, dal naso a becco (*o* aquilino) □ (*mecc.*) **h.-spanner** (*USA*: **h. wrench**), chiave a gancio □ (*naut.*) **boat h.**, gancio d'accosto; gaffa □ **by h. or by crook**, di riffa o di raffa; con le buone o con le cattive □ **a crochet** (*o* **a knitting**) **h.**, un uncinetto (*per lavori a rete*) □ (*pop.*) **to drop off the hooks**, tirar le cuoia; morire □ (*fig.*) **to get off the h.**, tirarsi fuori dai guai □ (*fig.*) **to be on the h.**, essere inguaiato □ (*pop.*) **on one's own h.**, per conto proprio; da solo □ (*alpinismo*) **spring h.**, moschettone □ (*pop.*) **to take** (*o* **to sling**) **one's h.**, squagliarsi; svignarsela; tagliare la corda.

to **hook** /hʊk/, **A** *v. t.* *1* agganciare; uncinare: **to h. a dress**, agganciare un vestito (da donna) *2* prendere (*un pesce*) all'amo *3* curvare (*o* piegare) a uncino *4* (*fig.*) accalappiare: **to h. a rich husband**, accalappiare un marito ricco *5* (*fig. fam.*) gabbare; imbrogliare; fregare (*fam.*) *6* (*calcio*) uncinare (*il pallone*) *7* (*rugby*) tallonare *8* (*boxe*) colpire con un gancio *9* (*naut.*) agganciare; incocciare *10* (*pop.*) adescare *11* (*pop.*) rubare. **B** *v. i.* *1* agganciarsi: **This blouse hooks at the back**, questa camicetta s'aggancia di dietro *2* curvarsi a mo' d'uncino *3* (*calcio*) uncinare il pallone *4* (*boxe*) sferrare (*o* assestare) un gancio. ● (*pop.*) **to h. it**, tagliare la corda; darsela a gambe; svignarsela □ (*di persone*) **to h. on**, prendersi sotto braccio (*o* a braccetto) □ **to h. on to**, (*di cosa*) essere agganciato a (q.c.); (*di persona*) stare alle costole di (q.) □ **to h. st. over**, attaccare q.c. a: **H. it over that nail**, attaccalo a quel chiodo □ **to h. up**, agganciare; attaccare; (*radio, telef., TV*) allacciare, collegare: **H. up my dress**, agganciami il vestito!

hookah /ˈhʊkə/, *n.* narghilè; pipa turca.

hooked /hʊkt/, *a.* *1* a uncino; ricurvo; a becco: **a h. nose**, un naso a becco *2* provvisto di ganci (*o* d'uncini) *3* fatto all'uncinetto: **a h. rug**, un tappeto fatto all'uncinetto *4* (*pop.*) sposato *5* (*pop.*) fanatico; che ha un pallino: **She's h. on skating**, ha il pallino del pattinaggio *6* (*pop.*) drogato; tossicodipendente *7* (*pop.*: *di un drogato*) assuefatto. ● **h. cross**, croce uncinata □ (*pop.*) **to be h. on sb.**, essere innamorato pazzo (*o* cotto) di q.

hooker (**1**) /ˈhʊkə(r)/, *n.* *1* chi aggancia, uncina, ecc. (*V.* **to hook**) *2* (*rugby*) tallonatore *3* (*ind.*) agganciatore; addetto all'agganciamento *4* (*pop.*) ladro; borsaiolo *5* (*pop.*) adescatrice; prostituta; puttana (*pop.*).

hooker (**2**) /ˈhʊkə(r)/, *n.* (*naut.*) *1* peschereccio olandese a due alberi *2* peschereccio inglese a un albero.

hookey /ˈhʊkɪ/, *V.* **hooky**.

hook-up /ˈhʊkʌp/, *n.* *1* (*radio, TV*) collegamento; gruppo (degli) allacciamenti e circuiti; schema di montaggio *2* (*autom.*) rimando (ai) freni *3* (*fig.*) aggancio; connessione. ● (*elettr.*) **h. wire**, (cavo) flessibile.

hookworm /ˈhʊkwɜːm/, *n.* (*zool.*, *Ancylostoma*) anchilostoma. ● (*med.*) **h. disease**, anchilostomiasi.

hooky /ˈhʊkɪ/, *n.* (*pop. USA*) assenza ingiustificata (*da scuola*). ● (*pop. USA*) **to play h.**, marinare la scuola.

hooligan /ˈhuːlɪgən/, *n.* uligano; teppista; vandalo.

hooliganism /ˈhuːlɪgənɪzəm/, *n.* teppismo; vandalismo.

hoop (**1**) /huːp, *USA* hʊp/, *n.* *1* cerchio; cerchione; anello metallico: **a barrel h.**, un cerchio di barile; **a wheel h.**, un cerchione di ruota; **to roll along a h.**, far rotolare un cerchio (*giocando*); **to trundle a h.**, giocare al cerchio *2* cerchio (*del telaio da ricamo*) *3* (*nel croquet*) archetto *4* (*moda*) guardinfante; crinolina *5* (*stor.*, = **h. skirt**) gonna a crinolina *6* (*stor.*, = **h. petticoat**) crinolina (*la sottoveste*) *7* (*pl.*) (*pop. USA*) pallacanestro. ● (*mecc.*) **h. iron**, nastro di ferro; reggetta, moietta □ **to go through the h.** (*o* **hoops**), saltare attraverso un cerchio (*nei circhi equestri*); (*fig.*) sostenere una prova difficile □ **to be put through the h.** (*o* **hoops**), passarsela male.

hoop (**2**) /huːp, *USA* hʊp/, *n.* *1* suono secco (*emesso nella pertosse*) *2* grido; urlo.

to **hoop** (**1**) /huːp, *USA* hʊp/, *v. t.* *1* cerchiare (*una botte*) *2* (*fig.*) circondare (*con un cerchio o come in cerchio*); accerchiare.

to **hoop** (**2**) /huːp, *USA* hʊp/, *v. i.* emettere un suono secco (*come nella pertosse*). ● (*med.*) **hooping cough**, pertosse; tosse convulsa (*o* asinina).

hooper /ˈhuːpə(r), *USA* hʊp-/, *n.* (*raro*) bottaio.

hoopla /ˈhuːplɑː/, *n.* *1* gioco del lancio degli anelli (*su oggetti che si vincono se vengono centrati*); pesca (*nelle fiere, ecc.*) *2* (*fam.*) andirivieni; confusione; eccitazione; trambusto *3* (*fam.*) pubblicità chiassosa; strombazzamento (*fig.*).

hoopoe /ˈhuːpuː/, *n.* (*zool.*, *Upupa epops*) upupa.

hoopoo /ˈhuːpuː/, *n.* (*pl.* **hoopoos**) *V.* **hoopoe**.

hooray /hʊˈreɪ/, *V.* **hurrah**.

hoosegow /ˈhuːsgaʊ/, *n.* (*pop. USA*) *1* gattabuia (*pop.*); prigione *2* latrina pubblica; cesso (*pop.*).

hoot (**1**) /huːt/, *n.* *1* grido (*specialm. della civetta*); strido; urlo: **hoots of rage** [**scorn**], urli di rabbia [di dileggio] *2* (*autom.*) suono di tromba; colpo di clacson *3* (*di locomotiva, sirena, ecc.*) fischio. ● (*pop.*) **h. owl**, civetta; gufo □ (*pop.*) **I don't care a h.**, non me ne importa un fico (*o* un tubo) □ (*pop.*) **It isn't worth two hoots**, non vale un fico (secco).

hoot (**2**) /huːt/, *V.* **hoots**.

to **hoot** /huːt/, *v. i.* e *i.* *1* (*della civetta*) chiurlare; stridere; squittire *2* (*autom.*) suonare la tromba (*o* il clacson); clacsonare *3* (*di locomotiva*) fischiare *4* (*di persona*) gridare (contro q.); subissare d'urla; fischiare: **to h. at a speaker**, subissare d'urla un oratore; **to h. an actor**, fischiare un attore *5* (*fam.*) farsi delle (belle) risate; ridere sguaiatamente. ● **to h. sb. down**, subissare q. di urla; zittire q. (urlando) □ **to h. an actor** [**a speaker**] **off** (*o* **away**), far scappare un attore [un oratore] subissandolo di urla.

hootch /huːtʃ/, *V.* **hooch**.

hoot(e)nanny /ˈhuːt(ə)nænɪ/, *n.* (*fam. USA*) *1* festa con canti e danze popolari *2* affare; coso; aggeggio.

hooter /ˈhuːtə(r)/, *n.* *1* (*autom.*) tromba; clacson *2* sirena (*di fabbrica, ecc.*) *3* (*pop.*) naso.

hoots /huːts/, *inter.* (*scozz. e ingl. sett.*; *di disapprovazione, impazienza*) uff!; auff!; puah!

hoove /huːv/, *n.* (*vet.*) meteorismo; timpanite.

Hoover /ˈhuːvə(r)/, *n.* (*marchio*) aspirapolvere; lucidatrice.

to **hoover** /ˈhuːvə(r)/, *v. t.* *1* pulire (*un tappeto, ecc.*) con l'aspirapolvere (*V.* **Hoover**) *2* (*fig.*) prendere su; raccogliere.

hooves /huːvz/, *pl. di* **hoof**.

hop (**1**) /hɒp/, *n.* *1* (*bot.*, *Humulus lupulus*) luppolo *2* (*pl.*) infiorescenze di luppolo *3* (*pop. USA*) droga; narcotico. ● **hop-bind** (*o* **hop-bine**), stelo rampicante del luppolo □ **hop garden** (*o* **hop field**), campo di luppoli; luppoleto; luppolaia □ (*agric.*) **hop growing**, coltivazione del luppolo □ **hop-picker**, raccoglitore (*o* raccoglitrice) di luppolo □ **hop-picking**, la raccolta del luppolo □ **hop-picking machine**, raccoglitrice di luppoli □ **hop-pole**, pertica che sorregge il luppolo □ (*USA*) **hop vine**, *V.* **hop-bind**.

hop (**2**) /hɒp/, *n.* *1* salto (*su una gamba*); saltello; salterello *2* (*fam.*) quattro salti; ballo *3* (*fam.*) salto (*fig.*); tappa; volo (*in aereo*); balzo: **a weekend hop to Paris**, un salto a Parigi per il fine settimana; **to fly from London to Hong Kong in three hops**, volare da Londra a Hong Kong in tre balzi (*facendo tre scali*). ● **hop, step, and jump**, (*sport*) salto triplo; (*fam.*) breve distanza □ (*fam.*) **to catch sb. on the hop**, prendere q. alla sprovvista (*o* contropiede) □ (*fam.*) **to be on the hop**, essere indaffarato; darsi da fare □ (*fam.*) **to keep sb. on the hop**, dare un bel daffare a q.

to **hop** (**1**) /hɒp/, **A** *v. i.* *1* raccogliere luppoli *2* coltivare il luppolo. **B** *v. t.* *1* aromatizzare (*birra, ecc.*) con luppoli *2* (*pop.*) (*di solito* **to hop up**) eccitare, stimolare; drogare (*un atleta, un cavallo*); (*autom.*) truccare (*il motore*).

to **hop** (**2**) /hɒp/, *v. i.* e *t.* *1* saltare (*su una gamba*); saltellare; zoppicare: **A blackbird came hopping about**, un merlo s'avvicinò saltellando (qua e là); **to hop a ditch**, saltare un fosso *2* (*fam.*) fare quattro salti; ballare *3* (*fam.*) fare un salto (*o* un viaggetto): **to hop across the Swiss border**, fare un salto di là dal confine con la Svizzera *4* (*fam. USA*) saltare, salire su (*un autobus, ecc.*); prendere (*un treno, un aereo, ecc.*). ● (*pop.*) **to hop it**, andarsene: **Hop it!**, vattene!; fila!; smamma! □ **to hop off**, (*fam.*) scendere (*da un veicolo*); andarsene, filare; (*gergo aeron.*) decollare □ (*fam. USA*) **to hop on sb.**, saltare addosso a q.; sgridare q. □ (*pop.*) **to hop the twig** (*o* **the stick**), andarsene improvvisamente; morire.

hope /həʊp/, *n.* speranza; speme (*poet.*): **I have good h.** (**strong hopes**) **of being accepted** (**that I shall be accepted**), ho buone (*o* forti) speranze d'essere accettato (che sarò accettato). ● **h. chest**, (*stor.*) cassa da (*o* del) corredo; (*fig. USA*) corredo da sposa □ **to hope against h.**, sperare anche quando non c'è più motivo di speranza □ **to live in hopes of better days**, vivere nella speranza di giorni migliori □ **past** (*o* **beyond**) **all h.**, oltre ogni speranza □ **to raise sb.'s hopes**, suscitare le speranze di q. □ (*iron.*) **Some h.!**, hai voglia di sperare!; magari! □ (*fam.*) **You haven't got a h. in hell!**, per te non c'è la ben che minima speranza □ (*prov.*) **While there is life there's h.**, finché c'è vita c'è speranza.

to **hope** /həʊp/, *v. i.* e *t.* sperare; confidare; aver fiducia: **We h. to meet them again in Italy**, speriamo di rivederli in Italia; **Let's h. for the best**, speriamo bene; speriamo che le cose vadano per il meglio. ● **to h. against hope**, sperare nell'impossibile □ **to h. for the best**, sperare in Dio (*fig.*) □ **I h. not**, spero di no □ **I h. so**, spero di sì.

hopeful /ˈhəʊpfl/, *a.* *1* pieno di speranza; speranzoso; fiducioso: **I am h. of victory**, sono pieno di speranza nella vittoria *2* che dà speranza; promettente; che promette bene: **Our prospects don't seem very h.**, le nostre prospettive non appaiono molto promettenti; **a h. pupil**, uno scolaro che promette bene. ● **a**

young **h.**, un (*o* una) giovane di belle speranze.

hopefully /'həʊpfəlɪ/, *avv.* **1** con (buone) speranze; fiduciosamente **2** (*fam.*) se tutto va bene; come è auspicabile: **H. we'll get there in time**, se tutto va bene, arriveremo in tempo utile.

hopefulness /'həʊpflnəs/, *n.* buona speranza; aspettazione; fiducia.

hopeless /'həʊpləs/, *a.* **1** senza speranza; disperato; irreparabile: **h. sorrow**, dolore disperato; **a h. situation**, una situazione disperata **2** incurabile; inguaribile: **a h. illness**, una malattia incurabile **3** (*fam.*) impossibile; pessimo; (*anche*) inadeguato: **a h. task**, un compito impossibile; **a h. actor**, un pessimo attore. ● (*fam.*) **He's h. at maths**, in matematica è una frana. || **-ly**, *avv.* || **-ness**, *sost.*

hophead /'hɒphed/, *n.* (*pop. USA*) drogato, tossico dipendente.

hopheaded /'hɒphedɪd/, *a.* (*pop. USA*) drogato.

hoplite /'hɒplaɪt/, *n.* (*stor. greca*) oplite.

hopped up /'hɒpt'ʌp, -tʌp/, *a.* (*pop. USA*) **1** sotto l'effetto della droga **2** eccitato; emozionato **3** (*autom.*: *di un motore*) truccato.

hopper (1) /'hɒpə(r)/, *n.* (*agric.*) **1** raccoglitore di luppolo **2** macchina per la raccolta del luppolo.

hopper (2) /'hɒpə(r)/, *n.* **1** persona (*o* animale) che saltella; pulce; cavalletta; canguro (*V.* **hop** (2)) **2** (*tecn.*) tramoggia **3** serbatoio; cassetta di cacciata (*dell'acqua*; *in un bagno*) **4** (*naut.*) chiatta (*per scaricare fango*) **5** (*elab.*, = **card h.**) raccoglitore di schede. ● (*ferr.*) **h. car**, carro a tramoggia □ **h. light** (*o* **h. casement, h. window**), finestra a tramoggia; vasistas.

hopping (1) /'hɒpɪŋ/, *n.* (*agric.*) raccolta del luppolo.

hopping (2) /'hɒpɪŋ/, *n.* **1** saltellamento (*su un piede*) **2** festa campestre con canti e danze.

hopping (3) /'hɒpɪŋ/, *a.* indaffarato; che si dà da fare. ● (*fam.*) **h. mad**, arrabbiatissimo; furibondo.

hopple /'hɒpl/, *n.* pastoia.

to **hopple** /'hɒpl/, *v. t.* impastoiare (*un cavallo, ecc.*).

hopscotch /'hɒpskɒtʃ/, *n.* gioco della campana (*o* della settimana): **to play h.**, giocare alla campana.

Horace /'hɒrəs, *USA* 'hɔː-/, *n.* Orazio.

horary /'hɔːrərɪ/, *a.* (*arc.*) orario; che si verifica ogni ora; di un'ora.

Horatian /hə'reɪʃɪən/, *a.* oraziano; di Orazio (*il poeta romano*).

horde /hɔːd/, *n.* orda (*anche fig.*); torma; accozzaglia: **hordes of barbarians**, orde di barbari; **a h. of beggars**, un'orda di pezzenti.

horehound /'hɔːhaʊnd/, *n.* (*bot.*, *Marrubium vulgare*) marrubio; mentastro.

horizon /hə'raɪzn/, *n.* (*astron.*) orizzonte (*anche fig.*): **on the h.**, all'orizzonte; **The sun was high above the h.**, il sole era alto sull'orizzonte; **to broaden one's horizons**, ampliare il proprio orizzonte. ● (*aeron.*) **h. lights**, luci di riferimento al suolo □ **apparent** (*o* **sensible, visible**) **h.**, orizzonte visibile (*o* sensibile) □ **celestial** (*o* **rational, true**) **h.**, orizzonte celeste.

horizontal /hɒrɪ'zɒntl, *USA* hɔː-/, **A** *a.* orizzontale; piano; disteso: **a h. line**, una linea orizzontale. **B** *n.* linea (*o* piano, ecc.) orizzontale. ● (*fis.*) **h. circle**, cerchio azimutale □ (*econ.*) **h. combination**, concentrazione orizzontale □ (*mecc.*) **h. lathe**, tornio orizzontale (*o* parallelo) □ (*aeron.*) **h. rudder**, timone di profondità (*di quota*) □ **out of the h.**, in posizione non orizzontale; in posizione obliqua.

horizontality /hɒrɪzɒn'tælətɪ, *USA* hɔː-/, *n.* l'essere orizzontale; orizzontalità (*raro*).

horizontally /hɒrɪ'zɒntəlɪ, *USA* hɔː-/, *avv.* orizzontalmente.

hormonal /hɔː'məʊnl/, *a.* (*biol.*) ormonale.

hormone /'hɔːməʊn/, *n.* (*biochim.*) ormone.

hormonic /hɔː'mɒnɪk/, *a.* (*biol.*) ormonico.

horn /hɔːn/, **A** *n.* **1** corno (*in ogni senso*); (*geogr.*) picco; antenna (*d'insetto*): **the horns of a snail**, le corna d'una lumaca; **a hunting h.**, un corno da caccia; (*mus.*) **a French h.**, un corno francese; (*mus.*) **an English h.**, un corno inglese; (*mitol.*) **the h. of plenty**, il corno dell'abbondanza; la cornucopia; **a walking stick with a knob of h.**, un bastone da passeggio col pomo di corno **2** (*autom.*) tromba; clacson: **a motor-h.**, una tromba d'automobile **3** (*mus.*) tromba (*del fonografo*) **4** (*naut.*) urtante (*di mina*) **5** (*pop. USA*) cornetta; telefono: **to get on the h. to sb.**, chiamare q. al telefono **6** (*pop. USA*) naso **7** (*volg.*) erezione **8** (*pl.*) (*fig. arc.*) corna (*pop.*). **B** *a. attr.* di corno: **a h. handle**, un manico di corno. ● (*geogr.*) **the H.**, Capo Horn □ (*ferr.*) **h.-bar**, asse (*di carro o carrozza*) □ (*geogr.*) **the H. of Africa**, il Corno d'Africa □ (*mus.*) **h. player**, suonatore di corno; cornista □ **h.-rimmed glasses**, occhiali con montatura di corno □ (*chim.*) **h. silver**, cerargirite □ **to blow a h.**, suonare il corno □ **to cast** (*o* **to shed**) **one's horns**, perdere le corna □ (*fig.*) **to draw** (*o* **to pull**) **in one's horns**, ritirare le corna (*pop.*); tirarsi indietro; ridurre le spese □ **to make horns at sb.**, mostrare (*o* fare) le corna a q. □ **to be on the horns of a dilemma**, avere davanti a sé i corni di un dilemma; dover fare una scelta difficile □ (*un tempo*) **a powder h.**, un corno per la polvere da sparo □ (*autom.*) **to sound one's h.**, suonare il clacson; strombettare □ (*arc.*, *raro*) **to wear the horns**, avere (*o* portare) le corna (*pop.*).

to **horn** /hɔːn/, *v. t.* **1** incornare; colpire (*o* ferire) con le corna; dare cornate a **2** spingere (*un'altra bestia*) a cornate **3** (*fig. arc.*) cornificare; fare le corna a (q.). ● (*fam.*) **to h. in**, entrare senz'essere invitato; intromettersi; ficcare il naso □ (*fam.*) **to h. in on**, interrompere (q.); interloquire, mettere il becco in (*una conversazione*).

hornbeam /'hɔːnbiːm/, *n.* (*bot.*, *Carpinus betulus*) carpino bianco; carpine.

hornbill /'hɔːnbɪl/, *n.* (*zool.*, *Buceros*) bucero.

hornblende /'hɔːnblend/, *n.* (*miner.*) orneblenda.

hornblowing /'hɔːnbləʊɪŋ/, *n.* **1** suono del corno; il suonare il corno **2** (*fam. USA*) strombazzamento (*pubblicitario*); il battere la grancassa (*fig.*).

hornbook /'hɔːnbʊk/, *n.* **1** (*un tempo*) abbecedario, tavola pitagorica (*su pergamena, protetta da una foglia d'osso trasparente*) **2** primo libro (*d'una materia*).

horned /hɔːnd/, *a.* (*zool.*) cornuto; provvisto di corna. ● **h. horse** (*Connochaetes gnu*), gnu □ **h. owl** (*Otusscops*), assiolo; chiù (*region.*) □ **h. toad** (*Phrynosoma*), frinosoma; lucertola cornuta □ **h. viper** (*Cerastes cornutus*), ceraste □ (*zool.*) **great-h. owl** (*Bubo virginianus*), gufo della Virginia □ **long-h. cattle**, bovini dalle corna lunghe □ **a one-h. animal**, un animale con un solo corno.

horner /'hɔːnə(r)/, *n.* **1** fabbricante d'articoli di corno (*cucchiai, pettini, ecc.*) **2** (*mus.*) suonatore di corno; cornista **3** (*pop. USA*) ubriacone; drogato.

hornet /'hɔːnɪt/, *n.* (*zool.*, *Vespa crabro*) calabrone. ● (*fig.*) **to stir up a hornet's nest**, suscitare un vespaio.

hornfels /'hɔːnfelz/, *n.* (*geol.*) hornfels; cornubianite.

horniness /'hɔːnɪnəs/, *n.* **1** l'esser di corno; natura cornea **2** callosità (*delle mani*) **3** (*pop.*) l'essere eccitato (*o* arrapato: *pop.*).

hornless /'hɔːnləs/, *a.* senza corna; (*d'insetto*) senza antenne.

hornpipe /'hɔːnpaɪp/, *n.* **1** (*un tempo*) cornamusa (*o* piva) di corno **2** musica allegra, danza vivace (*specialm. di marinaio*).

hornrims /'hɔːnrɪmz/, *n. pl.* (*fam.*) occhiali con la montatura di corno.

hornstone /'hɔːnstəʊn/, *V.* **hornfels**.

to **hornswoggle** /'hɔːnswɒgl/, *v. t.* (*pop. USA*) imbrogliare; truffare; fregare (*pop.*).

horny /'hɔːnɪ/, *a.* **1** corneo; di corno **2** che ha corna; cornuto **3** (*fig.*) calloso; incallito; indurito: **h. hands**, mani incallite **4** (*pop.*) eccitato (sessualmente); arrapato (*pop.*). ● (*zool.*) **h. coral** (*Gorgonacea*), gorgonia.

horologe /'hɒrəlɒdʒ, *USA* 'hɔːr-/, *n.* (*raro*) **1** orologio **2** meridiana.

horologer /hə'rɒlədʒə(r)/, **horologist** /hə'rɒlədʒɪst/, *n.* (*raro*) orologiaio; esperto di orologeria.

horology /hə'rɒlədʒɪ/, *n.* orologeria; scienza della misura del tempo.

horoscope /'hɒrəskəʊp, *USA* 'hɔːr-/, *n.* oroscopo. ● **to cast a h.**, fare un oroscopo; trarre l'oroscopo.

horoscopic(al) /hɒrə'skɒpɪk(l), *USA* hɔːr-/, *a.* dell'oroscopo.

horoscopy /hə'rɒskəpɪ/, *n.* oroscopia.

horrendous /hə'rendəs/, *a.* orrendo; orribile; spaventoso; bruttissimo.

horrent /'hɒrənt, *USA* 'hɔːr-/, *a.* (*poet.*) irto.

horrible /'hɒrəbl, *USA* 'hɔːr-/, *a.* orribile; orrendo; spaventoso; tremendo; (*fam.*) pessimo, spiacevole: **h. noise**, frastuono orribile; **h. weather**, tempo orribile; **a h. bore**, un tremendo seccatore. || **-ness**, *sost.*

horribly /'hɒrəblɪ, *USA* 'hɔːr-/, *avv.* **1** orribilmente; orrendamente **2** (*fam.*) tremendamente; terribilmente: **It was h. cold**, faceva un freddo terribile.

horrid /'hɒrɪd, *USA* 'hɔːrɪd/, *a.* **1** orrido; orribile; orrendo **2** (*fam.*) cattivo; disgustoso; sgradevole; antipatico: (*fam.*) **Don't be h.!**, non fare l'antipatico! ● (*fam.*) **He's been h. to you**, s'è comportato malissimo con te. || **-ly**, *avv.* || **-ness**, *sost.*

horrific /hə'rɪfɪk/, *a.* orribile; orripilante; raccapricciante: **a h. scene**, una scena raccapricciante. || **-ally**, *avv.*

to **horrify** /'hɒrɪfaɪ, *USA* 'hɔː-/, *v. t.* **1** far inorridire; fare raccapricciare; atterrire **2** (*fam.*) impressionare; turbare; sconvolgere; scandalizzare: **I was horrified by** (*o* **at**) **the news**, la notizia mi sconvolse.

horripilation /hɒrɪpɪ'leɪʃn, *USA* hɔː-/, *n.* (*fisiol.*) orripilazione; pelle d'oca (*fig.*).

horror /'hɒrə(r), *USA* 'hɔː-/, *n.* **1** orrore; ribrezzo; raccapriccio: **I have a h. of such things**, cose simili le ho in orrore; **the horrors of civil war**, gli orrori della guerra civile **2** (*fam.*) orrore; cosa orribile (*o* spaventosa): **That dress of hers is a h.**, quel suo vestito è un orrore **3** (*fam.*) tipo fastidioso, molesto, sgradevole: **That boy is a little h.**, quel ragazzo è un vero Pierino (*o* una peste). ● (*pop.*) **the horrors**, delirium tremens; forte depressione; scoramento (*lett.*) □ **h. comics**, fumetti dell'orrore □ **a h. film**, un film dell'orrore □ **h.-struck** (*o* **h.-stricken**), inorridito □ **chamber of horrors**, camera degli orrori □ **to have a h. of spiders**, provare ribrezzo per i ragni.

hors /ɔː(r)/ (*franc.*), *avv.* e *prep.* fuori: **h. concours**, fuori concorso; **h. de combat**, fuori combattimento. ● **h. d'oeuvre**, antipasto.

horse /hɔːs/, **A** *n.* (*pl.* **horses, horse**) **1** (*zool.*, *Equus caballus*) cavallo (*anche l'attrezzo da ginnastica*; *fam.*: *il pezzo degli scacchi, cfr.* **knight**): **to mount** [**to ride, to be on**] **a h.**, montare un [andare a, essere a] cavallo; **draught h.**, cavallo da tiro; **saddle h.**, cavallo da sella **2** cavalletto; sostegno; trespolo: **a clothes-h.**, un cavalletto per panni; uno stenditoio **3** (*geol.*) scaglia tettonica **4** (*geol.*) *V.* **horseback, A,** *def.* 2 **5** (*mil.*, *collett.*) cavalleria: **h. and foot**, cavalleria e fanteria; **light h.**, cavalleria leggera; cavalleggeri (*collett.*) **6** (*fam. USA*) bigino; traduttore **7** (*pop.*) eroina (*droga*) **8** (*pl.*) (*fam.*) cavalli (vapore): **How many horses does your car have?**, quanti cavalli ha la tua auto? **B** *a. attr.* **1** equino; cavallino; degli equidi: (*zool.*) **the h. family**, la famiglia degli equidi; (*vet.*) **h.-pox**, vaiolo equino **2** di cavallo: (*med.*) **h. serum**, siero di cavallo *3* (*sport*) ippico: **h. show**, concorso ippico. ● (*fam.*) **h.-and-buggy**, del tempo delle carrozze; (*fig.*) antiquato □ (*mil.*) **h. artillery**, artiglieria ippotrainata □ (*bot.*) **h. bean** (*Vicia faba equina*), fava cavallina □ **h.-block**, montatoio (*per montare a cavallo*) □ **h.-breaker**, domatore di cavalli; scozzone □ **h. breeder**, allevatore di cavalli □ (*bot.*) **h. chestnut** (*Aesculus hippocastanum*), ippocastano; castagno (*o* castagna) d'India □ **h.-cloth**, gualdrappa; groppiera □ (*fam.*) **h. doctor**, veterinario □ (*mil.*) **the H. Guards**, le Guardie a Cavallo □ (*a Londra*) **the H. Guards Parade**, la Parata delle Guardie a Cavallo (*il giorno del compleanno ufficiale del sovrano*) □ **h. laugh**, risata fragorosa, sguaiata; riso sgangherato □ (*zool.*) **h. mackerel**, (*Thunnus thunnus*) tonno; (*Trachurus trachurus*) scombro bastardo □ **h. marines**, personaggi inesistenti, pesci fuor d'acqua: **Tell that to the h. marines**, vallo a raccontare a qualcun altro (*pop.*: a tua nonna) □ **h.-mastership**, arte di cavallerizzo □ (*fam.*) **h.'s neck**, bevanda di brandy e gassosa allo zenzero □ (*pop. USA*) **h. opera**, film (*o* commedia) western □ **h. pistol**, pistola da sella □ **h.-pond**, pozza per abbeverarvi cavalli □ (*sport*) **h. race**, corsa di cavalli; gara ippica □ **h. racing**, ippica; le corse dei cavalli □ (*sport*) **h. riding**, equitazione □ (*fam.*) **h. sense**, senso comune; buonsenso □ **h. show**, mostra equina; (*sport*) concorso ippico □ **h. slaughterer**, macellatore di cavalli □ **h. supplies**, articoli per cavalli; selle e finimenti □ **h. trade**, commercio di cavalli; (*fig.*) mercato delle vacche (*fig.*); trattativa con reciproche concessioni □ **h. trader**, commerciante di cavalli, cavallaio; (*fig.*) chi conduce trattative astute □ **h. trading**, *V.* **h. trade** □ (*autom.*) **h. trailer**, van, rimorchio per il trasporto di cavalli □ **h. trainer**, addestratore di cavalli da corsa □ (*sport*) **h. trial**, gara equestre □ (*anche fig.*) **to back the wrong h.**, puntare sul cavallo perdente □ (*fam.*) **to come off one's high h.**, venire giù dal pero (*fig. pop.*); perdere la boria □ **a dark h.**, un cavallo vincente su cui nessuno contava; (*fig.*) una persona intorno alle cui possibilità di successo o altro si sa poco o nulla □ **to eat like a h.**, mangiare come un lupo □ (*fig.*) **to flog a dead h.**, fare cosa del tutto inutile; sprecare le proprie energie □ (*fam.*) **to get off one's high h.**, smettere di darsi delle arie; abbassare la cresta, venire giù dal pero (*fig. fam.*) □ (*fam.*) **to get on one's high h.**, darsi delle arie; diventare altezzoso, arrogante; alzare la cresta (*fig. fam.*) □ (*fig.*) **to hold one's horses**, frenare la propria impazienza □ **to play the horses**, puntare sui cavalli; giocare alle corse □ (*fig.*) **to put the cart before the h.**, mettere il carro davanti ai buoi □ **to work like a h.**, lavorare come un mulo □ (*fig.*) **a willing h.**, uno che tira la carretta (*fig.*) □ (*mil.*) **To h.!**, a cavallo! □ (*fig.*) **It's a h. of another** (*o* **of a different**) **colour**, è un'altra cosa; è tutt'altra faccenda; è un altro paio di maniche □ (*prov.*) **You can lead a h. to water but you can't make him drink**, non si può far bere l'asino per forza (*prov. lombardo*) □ (*prov.*) **Never look a gift h. in the mouth**, a caval donato non si guarda in bocca.

to **horse** /hɔːs/, **A** *v. t.* *1* provvedere (q.) di cavallo *2* attaccare i cavalli a (*una carrozza*) *3* portare (q.) a cavalluccio. **B** *v. i.* andare (*o* montare) a cavallo; cavalcare. ● (*fam.*) **to h. around** (*o* **about**), ruzzare; giocare in modo sfrenato.

horseback /ˈhɔːsbæk/, **A** *n.* *1* dorso del cavallo; groppa *2* (*geol.*) ammasso sterile (*di rocce*). **B** *avv.* a cavallo. ● (*sport*) **h. riding**, equitazione □ **on h.**, a (dorso di) cavallo □ **to get on h.**, montare a cavallo □ (*fig., polit.*) **a man on h.**, un «uomo forte»; un condottiero; un dittatore.

horsebane /ˈhɔːsbeɪn/, *n.* (*bot.*, *Oenanthe phellandrium*) finocchio acquatico.

horsebox /ˈhɔːsbɒks/, *n.* van, furgone chiuso per trasporto di cavalli da corsa.

horseflesh /ˈhɔːsflɛʃ/, *n.* *1* carne di cavallo *2* (*collett.*) cavalli. ● **to be a good judge of h.**, intendersene molto di cavalli.

horsefly /ˈhɔːsflaɪ/, *n.* (*zool.*) *1* (*Tabanus*) tafano *2* (*Hippobosca equina*) mosca cavallina.

horsehair /ˈhɔːshɛə(r)/, **A** *n.* crine (di cavallo). **B** *a. attr.* di crine: **a h. mattress**, un materasso di crine.

horseleech /ˈhɔːsliːtʃ/, *n.* *1* (*zool.*, *Haemopis sanguisuga*) sanguisuga *2* (*arc.* o *scherz.*) veterinario.

horseman /ˈhɔːsmən/, *n.* (*pl.* **horsemen**) *1* cavaliere; cavallerizzo *2* (*mil.*) soldato di cavalleria; cavalleggere; cavalleggero.

horsemanship /ˈhɔːsmənʃɪp/, *n.* *1* equitazione *2* ippologia.

horsemeat /ˈhɔːsmiːt/, *n.* (*macelleria*) carne di cavallo; carne equina.

horseplay /ˈhɔːspleɪ/, *n.* *1* gioco scatenato; scherzi rozzi *2* comportamento violento.

horsepower /ˈhɔːspaʊə(r)/, *n.* (*fis.*) (*abbr.* **h.p.**) cavallo-vapore (*abbr.* C.V.); cavallo: **a 30-h.p. engine**, un motore da trenta cavalli (*o* C.V.).

horseradish /ˈhɔːsrædɪʃ/, *n.* (*bot.*, *Armoracia rusticana*) barbaforte; rafano tedesco.

horseshit /ˈhɔːsʃɪt/, *n.* e *inter.* (*volg.*) sciocchezze; fesserie, cavolate (*pop.*); fregnacce, cazzate (*volg.*).

horseshoe /ˈhɔːsʃuː/, *n.* *1* ferro di cavallo *2* (*pl.*) gioco che consiste nel lanciare un ferro di cavallo verso un piolo. ● (*zool.*) **h.-bat** (*Rhinolofus*), ferro di cavallo (*pipistrello*) □ (*zool.*) **h. crab** (*Limulus*), limulo; granchio reale □ **a h. table**, una tavola a ferro di cavallo.

horseshoer /ˈhɔːsʃuːə(r)/, *n.* maniscalco.

horsetail /ˈhɔːsteɪl/, *n.* (*bot.*, *Equisetum*) equiseto; coda di cavallo.

horsewhip /ˈhɔːswɪp/, *USA* -hw-/, *n.* frusta da cavallo; frustino; sferza; staffile.

to **horsewhip** /ˈhɔːswɪp/, *USA* -hw-/, *v. t.* frustare; sferzare; staffilare.

horsewoman /ˈhɔːswʊmən/, *n.* (*pl.* **horsewomen**) amazzone; cavallerizza.

horsiness /ˈhɔːsɪnəs/, *n.* *1* aspetto cavallino *2* competenza in fatto di cavalli; passione per i cavalli.

horsy /ˈhɔːsɪ/, *a.* *1* di (*o* da) cavallo; cavallino; equino: (*spreg.*) **a h. face**, un viso cavallino *2* che ama i cavalli; che s'intende di cavalli.

hortative /ˈhɔːtətɪv/, **hortatory** /ˈhɔːtətrɪ, *USA* -tɔːrɪ/, *a.* esortativo.

horticultural /hɔːtɪˈkʌltʃərəl/, *a.* orticolo: **a h. show**, una mostra orticola. ● **h. builder**, costruttore di giardini, serre, ecc.

horticulture /ˈhɔːtɪkʌltʃə(r)/, *n.* orticoltura.

horticulturist /hɔːtɪˈkʌltʃərɪst/, *n.* orticoltore.

hosanna /həʊˈzænə/, *n.* e *inter.* osanna.

hose /həʊz/, *n.* *1* (*pl. collett.*) (*comm.*) calzetteria; calze; calzette *2* (= **hosepipe**) tubo flessibile; tubo di gomma; manica, manichetta; (*mecc.*) manicotto: **a h. for watering the garden**, un tubo di gomma (*o* una canna) per annaffiare il giardino; **air-h.**, manica d'aria; **a fire-h.**, una manica antincendio; un idrante; (*autom.*) **radiator h.**, manicotto per radiatore *3* (*stor.*) calzamaglia; calzabraca. ● (*mecc.*) **h. clamp**, cravatta fermatubi □ (*mecc.*) **h. fittings**, raccordi; raccorderia □ **h. rack**, avvolgitubo □ **canvas** [**rubber**] **h.**, manichetta di tela [di gomma].

to **hose** /həʊz/, *v. t.* *1* (*spesso* **to h. down**) bagnare (*o* innaffiare) con un tubo flessibile (*di gomma o altro*) *2* spegnere (*un incendio, ecc.*) con getti d'acqua *3* (*pop. USA*) imbrogliare; truffare; fregare (*pop.*). ● **to h. down one's car**, lavare l'automobile □ **to h. down the street**, lavare la strada con getti d'acqua.

hosepipe /ˈhəʊzpaɪp/, *V.* **hose**, *def. 2*.

hoser /ˈhəʊzə(r)/, *n.* (*pop. USA*) imbroglione, imbrogliona.

hosier /ˈhəʊzɪə(r), *USA* -ʒə(r)/, *n.* *1* calzettaio *2* negoziante di maglieria intima (*da uomo*).

hosiery /ˈhəʊzɪərɪ, *USA* -ʒərɪ/, *n.* *1* (*collett.*) calze e calzini; calzetteria *2* maglieria; indumenti di tessuto a maglia.

hospice /ˈhɒspɪs/, *n.* *1* ospizio *2* (*med.*) ospedale (*o* reparto) per malati terminali.

hospitable /hɒˈspɪtəbl, ˈhɒs-/, *a.* ospitale: **a h. man**, un uomo ospitale. || **-ness**, *sost.* || **-bly**, *avv.*

hospital /ˈhɒspɪtl/, *n.* *1* ospedale: (*di malato*) **to be in h.** (*USA*: **in the h.**), essere all'ospedale *2* (*seguito da un nome proprio*) ospizio; casa di riposo. ● **h. nurse**, infermiere, infermiera □ **h. nursery**, reparto neonati □ (*naut.*) **h. ship**, nave ospedale □ **h. ward**, corsia (d'ospedale) □ **to be admitted to** (**a**) **h.**, essere ricoverato in ospedale □ (*degli studenti di medicina*) **to walk the hospitals**, fare pratica ospedaliera; fare corsia (*fam.*).

hospitaler /ˈhɒspɪtlə(r)/, *V.* **hospitaller**.

hospitality /hɒspɪˈtælətɪ/, *n.* ospitalità.

hospitalization /hɒspɪtəlaɪˈzeɪʃn, *USA* -lɪˈz-/, *n.* *1* ospedalizzazione; ricovero in ospedale *2* (*fam. USA*) assicurazione ospedaliera.

to **hospitalize** /ˈhɒspɪtəlaɪz/, *v. t.* ricoverare in ospedale; ospedalizzare.

hospitaller /ˈhɒspɪtlə(r)/, *n.* *1* frate ospedaliero (*o* ospitaliere) *2* cappellano d'ospedale. ● (*stor.*) **Knights Hospitallers**, Cavalieri Ospitalieri.

host (**1**) /həʊst/, *n.* *1* ospite (*anche biol.*); anfitrione *2* (*tur.*) oste; albergatore; locandiere *3* (*TV*) conduttore; presentatore. ● (*elab.*) **h. computer**, elaboratore centrale □ (*sport*) **the h. country**, la nazione ospitante (*dei Giochi Olimpici*) □ (*geol.*) **h. rock**, roccia incassante □ (*fig.*) **to reckon without one's h.**, fare i conti senza l'oste.

host (**2**) /həʊst/, *n.* *1* (*lett.*) oste; esercito *2* folla; moltitudine; schiera: **hosts of guests**, schiere di ospiti. ● **the hosts of heaven**, (*relig.*) le celesti schiere; gli angeli; (*poet.*) il sole, la luna, le stelle □ (*Bibbia*) **Lord** (**God**) **of Hosts**, Signore (Dio) degli Eserciti.

to **host** /həʊst/, *v. t.* (*fam.*, *specialm. sport*) ospitare.

Host /həʊst/, *n.* (*relig.*) ostia (consacrata).

hostage /ˈhɒstɪdʒ/, *n.* ostaggio: **to hold sb. h.**, tenere q. in ostaggio. ● **a h. to fortune**, persona cara che si rischia di perdere.

hostageship /ˈhɒstɪdʒʃɪp/, *n.* condizione di ostaggio.

hostel /ˈhɒstl/, *n.* *1* ostello; pensionato; casa dello studente (*o* per lavoratori): **a youth h.**, un ostello della gioventù *2* (*specialm. relig.*) pensionato.

hosteller /ˈhɒstələ(r)/, *n.* *1* gestore di un ostello *2* (*relig.*) direttore (*o* direttrice) di pensionato *3* ospite di un ostello.

hostelry /ˈhɒstəlrɪ/, *n.* (*arc. o scherz.*) ostello; locanda; osteria.

hostess /ˈhəʊstɪs/, *n.* *1* ospite (*donna*); padrona di casa *2* (*tur.*) albergatrice; locandiera; ostessa *3* (*tur.*) hostess; assistente turistica *4* (*aeron.*, = **air h.**) hostess; assistente di volo *5* (*tur.*) direttrice di sala (*in un ristorante*) *6* entraineuse (*in un locale notturno*).

hostile /ˈhɒstaɪl, *USA* -tl/, **A** *a.* ostile; nemico; avverso; contrario: **a h. mob**, una folla ostile; **h. glances**, occhiate ostili; **h. territory**, territorio nemico. **B** *n.* persona ostile; nemico. ● (*fin.*) **h. takeover**, acquisizione di controllo sgradita. || **-ly**, *avv.*

hostility /hɒˈstɪlətɪ/, *n.* *1* ostilità; inimicizia; avversione: **a show of h.**, una dimostrazione d'ostilità *2* (*pl.*) (*mil.*) azioni di guerra; ostilità: **to suspend hostilities**, sospendere le ostilità.

hostler /ˈɒslə(r), ˈh-/, *n.* stalliere; mozzo di stalla.

hot /hɒt/, **A** *a.* *1* caldo; molto caldo; (*anche fig.*) bruciante, rovente, infuocato: **It's too hot near the fireplace**, fa troppo caldo vicino al caminetto; **I like my coffee hot**, il caffè mi piace caldo; **a hot drink**, una bevanda calda;

a hot wind, un vento caldo; **a hot iron**, un ferro rovente; **hot fever**, febbre bruciante; **hot blush**, rossore infuocato; **hot words**, parole roventi ***2*** (*di cibo o bevanda*) che brucia in gola; piccante ***3*** (*di profumo*) forte ***4*** (*di colore*) intenso ***5*** (*fig.*) ardente; caloroso; fervido; focoso; irruente; veemente; violento: **a hot temper**, un temperamento ardente, focoso; **a hot struggle**, una lotta violenta ***6*** ancora caldo; fresco; recente; (*fam.*) nuovo di zecca: **hot scent**, traccia fresca (*di selvaggina, ecc.*); **hot news**, notizie fresche, recenti; (*fam.*) **hot banknotes**, banconote nuove di zecca ***7*** (*fam.*) abile; esperto: **My friend is hot on vintage cars**, il mio amico è un esperto d'automobili d'epoca ***8*** (*fam.*: *di un libro, uno spettacolo, ecc.*) piccante; spinto; scandaloso ***9*** (*fam.*: *di merce, ecc.*) che scotta, di dubbia provenienza ***10*** (*fam.*: *di una persona*) ricercato dalla polizia ***11*** (*di un luogo, un rifugio, ecc.*) insicuro; pericoloso; che scotta ***12*** (*fam.*) arrabbiatissimo; furente ***13*** (*fam.*) molto richiesto ***14*** (*elettr.*) attivo; sotto tensione ***15*** (*fis. nucl.*) caldo; altamente radioattivo ***16*** (*pop.*) magnifico; splendido; eccitante (*anche sessualmente*); arrapante (*pop.*): **a hot skirt**, una ragazza eccitante ***17*** (*pop. USA*) fortunato al gioco. **B** *n. pl.* (*pop. USA*) – **the hots**, grande voglia, forte desiderio (*specialm. sessuale*); passione (*per q. o q.c.*): **to get the hots for sb.**, fare una passione (*o* prendere una cotta) per q. **C** *avv.* ***1*** (*tecn.*) ad alta temperatura ***2*** (*fig.*) focosamente; con violenza; con rabbia: (*fam.*) **to give it hot to sb.**, fare una sfuriata con q.; dare un sacco di botte a q. ● **to be hot**, (*di cibo, ecc.*) essere (troppo) caldo; (*del tempo*) fare caldo; (*di una persona, ecc.*) avere caldo □ (*fig. fam.*) **hot air**, aria fritta; parole vuote; discorsi boriosi □ **hot-air balloon**, mongolfiera □ (*fam.*) **hot and bothered**, preoccupatissimo □ (*fam.*) **hot-and-cold**, mutevole; altalenante □ (*metall.*) **hot-blast stove**, preriscaldatore d'aria □ **hot-blooded**, (*di un cavallo*) purosangue; (*fig.*) dal sangue caldo; ardente, focoso □ (*fig.*) **hot-bloodedness**, focosità □ **hot-brained**, *V.* **hot-headed** □ (*fam. USA*) **hot bunk**, cuccetta usata a turno da più marinai □ (*fam. USA*) **hot chair**, sedia elettrica □ **hot cross bun**, panino dolce con una croce sopra (*si mangia il Venerdì Santo*) □ **hot dog**, panino con würstel e senape; hot dog; (*pop. USA*) persona di grande successo; tipo impulsivo, irruente; (*sport*, = **hot-dogger**) sciatore (surfista, ecc.) acrobatico □ (*sport*) **hot-dog**, acrobatico □ (*sport*) **a hot favourite**, un concorrente favorito dai pronostici; un vincitore sicuro □ **hot fire**, fuoco vivo (*con la fiamma*) □ **hot flush** (*USA*: **hot flash**), vampata di calore (*al viso*); caldana □ (*del pane*) **hot from the oven**, appena sfornato □ **hot-headed**, dalla testa calda; esaltato; collerico □ (*sport*) **a hot hit**, una palla difficile (*per l'avversario*) □ (*mus.*) **hot jazz**, jazz caldo □ **hot line**, (*mil., polit.*) linea calda, filo rosso; (*elab., radio, TV*) linea diretta; (*telef.*) linea calda □ **hot money**, denaro che scotta; (*fin.*) capitali vaganti □ (*di un libro*) **hot off the press**, fresco di stampa □ (*fig.*) **to be hot on sb.'s heels**, essere a ridosso di q.; seguire q. dappresso; succedere subito dopo (q.c.) □ (*fig.*) **to be hot on sb.'s track** (*o* **trail**), stare alle calcagna di q. □ (*fam.*) **a hot one**, una barzelletta assai divertente (*o* piccante); una bella (*fam.*) □ **hot pants**, (*moda*) hot pants, pantaloncini cortissimi e aderenti (*da donna*); (*volg. USA*) voglia, desiderio sessuale: **Jack has hot pants for Jill**, Jack muore dalla voglia di farsi Jill □ **hot pepper**, peperoncino (rosso) □ (*fig. pop.*) **hot potato**, patata bollente (*fig.*); problema scottante; brutta rogna □ (*tecn.*) **h. pressing**, stampaggio a caldo □ **a hot pursuit**, un inseguimento ravvicinato □ (*pop.*) **hot rod**, vecchia auto con il motore truccato; (*USA, anche*) pistola che scotta (*usata per commettere un delitto*) □ (*pop.*) **hot seat**, posto (*o* lavoro) scomodo, precario; (*USA, anche*) sedia elettrica □ (*volg. USA*) **hot shit**, individuo che si crede importante; persona tronfia □ (*metall.*) **hot shortness**, fragilità a caldo □ **hot shot**, *V.* **hotshot** □ **hot spot**, (*geol., fis.*) punto caldo; (*per estens.*) locale pubblico assai animato; (*nei boschi*) zona soggetta a incendi; (*arti grafiche*) macchia di luce; (*fig.*: *mil. e polit.*) punto caldo (*o* pericoloso) □ **hot spring**, sorgente termale □ (*tecn.*) **hot stamping**, fucinatura; stampaggio a caldo □ (*cucina*) **hot stone**, piastra di pietra ollare □ (*fam.*) **hot stuff**, cosa sensazionale; spettacolo (libro, ecc.) eccitante (*o* pornografico); (*spesso iron.*) persona affascinante, eccezionale, eccitante; godimento sessuale; merce che scotta (*o* rubata, ecc.) □ **hot-tempered**, impulsivo; collerico; irascibile □ (*fig. fam.*) **hot under the collar**, arrabbiatissimo, furente; (*anche*) a disagio, in imbarazzo □ **hot war**, guerra calda; conflitto armato □ **hot water**, acqua calda; (*fig.*) guai, pasticci, seccature: **hot-water bottle** (*USA*: **bag**), borsa dell'acqua calda; **the hot-water tap** (*USA*: **faucet**), il rubinetto dell'acqua calda; (*fig.*) **to get into hot water**, mettersi nei guai □ (*tecn., mecc.*) **hot well**, pozzo caldo □ (*metall.*) **hot working**, lavorazione a caldo □ (*fig.*) **to blow hot and cold**, cambiar parere di continuo; essere una banderuola al vento □ **to drop sb. like a hot potato**, piantare (*o* mollare) definitivamente q. □ **to feel hot**, sentire (*o* avere) caldo; essere caldo al tatto □ **to get hot** (*o* **to grow hot**), riscaldarsi; farsi caldo; cominciare ad avere caldo; (*fig.*) eccitarsi, infervorarsi, scaldarsi: **They get hot over soccer matches**, si scaldano per le partite di calcio □ **to go hot all over**, avere vampate di caldo; avere le caldane □ **in hot haste**, in fretta e furia □ **in the hottest part of the battle**, nel fervore della battaglia; nel mezzo della mischia □ (*fig.*) **to make a place too hot for sb.**, far scottare il terreno sotto i piedi a q. □ (*fig.*) **to make it too hot for sb.**, rendere la vita impossibile (*o* dare del filo da torcere) a q. □ **You're getting hot**, ci sei quasi; ci stai arrivando (*a indovinare, ecc.*); (*nei giochi, cercando q.c.*) fuochino... fuoco... fuocone (*o* ti bruci)!

to **hot** /hɒt/, **A** *v. t.* (*di solito* **to hot up**) ***1*** riscaldare; scaldare: **to hot up st. for lunch**, riscaldare q.c. per la colazione ***2*** (*fig.*) rinfocolare (*malcontento, tumulti, ecc.*). **B** *v. i.* ***1*** (*di pietanza, ecc.*) scaldarsi ***2*** (*fig.*) rinfocolarsi; aggravarsi; riscaldarsi, farsi caldo: **Labour troubles are hotting up in the factories**, le agitazioni sindacali s'aggravano nelle fabbriche; **The situation was hotting up**, la situazione si faceva (sempre) più calda.

hotbed /ˈhɒtbɛd/, *n.* ***1*** (*agric.*) letto caldo; concimaia ***2*** (*metall.*) piano di raffreddamento ***3*** (*fig.*) covo; focolaio: **a h. of depravation**, un covo di depravazione; **a h. of disease**, un focolaio di malattie.

hotchpotch /ˈhɒtʃpɒtʃ/, **hotchpot** /ˈhɒtʃpɒt/, *n.* ***1*** (*cucina*) stufato di castrato (*o* di manzo); carne in umido con legumi ***2*** (*fig.*) guazzabuglio; miscuglio ***3*** (*leg.*) collazione.

to **hot-dog** /ˈhɒtdɒg, *USA* -dɔːg/, *v. i.* (*pop. USA*) praticare lo sci (il surf, ecc.) acrobatico; fare acrobazie (*sciando, ecc.*).

to **hot-draw** /ˈhɒtdrɔː/, *v. t.* (*metall.*) trafilare a caldo.

hotel /həʊˈtɛl, əʊ-, *USA* h-, ˈh-/, *n.* albergo. ● **h. booking agents**, agenzie di prenotazioni alberghiere □ **h. business**, attività alberghiera □ **h. equipment**, attrezzature alberghiere □ **h.-keeper**, albergatore, albergatrice □ **h. manager**, direttore d'albergo □ **h. thief**, topo d'albergo.

hotelier /həʊˈtɛlɪə(r)/, *n.* albergatore, albergatrice.

hotfoot /ˈhɒtfʊt/, *avv.* (*fam.*) in fretta e furia; a precipizio; di gran corsa.

to **hotfoot** /ˈhɒtfʊt/, *v. i.* – *nella locuz. fam.* **to h. it**, affrettarsi; andare (*o* andarsene) di carriera (*o* di corsa).

hothead /ˈhɒthɛd/, *n.* testa calda (*fig.*); individuo impulsivo, irruente.

hothouse /ˈhɒthaʊs/, *n.* serra. ● **h. flowers**, fiori di serra □ **h. plant**, (*agric.*) pianta di serra; (*fig.*) creatura delicata.

hotly /ˈhɒtlɪ/, *avv.* ***1*** caldamente; calorosamente; con calore ***2*** violentemente; impetuosamente ***3*** (*anche fig.*) rabbiosamente: **to pursue sb. h.**, inseguire rabbiosamente q.

hotness /ˈhɒtnəs/, *n.* calore; (*fig.*) ardore, foga, veemenza (*V.* **hot**).

hotpot /ˈhɒtpɒt/, *n.* (*cucina*) spezzatino (*o* stufato) di carne (*manzo o castrato*) con fette di patate.

hotshot /ˈhɒtʃɒt/, (*fam. USA*) **A** *n.* ***1*** persona di successo (*o* importante) ***2*** individuo tronfio (*o* che si crede importante) ***3*** notizie dell'ultima ora ***4*** (*ferr.*) treno rapido; espresso. **B** *a. attr.* ***1*** importante ***2*** tronfio; vanitoso ***3*** (*di treno*) che non fa fermate.

hotspur /ˈhɒtspɜː(r)/, *n.* testa calda (*fig.*); persona focosa, impetuosa (*dal nome d'un personaggio dell'«Enrico IV» di Shakespeare*).

Hottentot /ˈhɒtntɒt/, *n.* (*pl.* **Hottentot, Hottentots**) ottentotto (*anche la lingua e fig.*).

to **hot-wire** /ˈhɒtwaɪə(r)/, *v. t.* (*pop.*) mettere in moto (*un automezzo*) senza la chiave dell'accensione.

Houdini /huːˈdiːnɪ/, *n.* Houdini (*nome d'arte di un famoso mago in U.S.A.: 1874-1926*). ● (*fam.*) **to do a H. act**, fare un grande trucco; (*fig.*) compiere un vero miracolo.

hough /hɒk/, *n.* garretto (*di quadrupede*).

to **hough** /hɒk/, *v. t.* tagliare i garretti a (*un animale*); azzoppare.

hound /haʊnd/, *n.* ***1*** cane da caccia (*specialm. alla volpe*); bracco; segugio; levriere: **a pack of hounds**, una muta di cani da caccia ***2*** (*fig.*) cane; individuo spregevole. ● (*bot.*) **h.'s-tongue** (*Cynoglossum officinale*), cinoglossa; erba vellutina □ **to follow the hounds** (*o* **to ride to hounds**), cacciare a cavallo, con una muta di cani □ (*in G.B.*) **Master of** (**Fox**) **Hounds**, capocaccia (*nella caccia alla volpe*).

to **hound** /haʊnd/, *v. t.* ***1*** cacciare con i segugi ***2*** (*fig.*) inseguire; braccare; perseguitare: **Creditors h. him wherever he goes**, i creditori lo perseguitano dovunque vada. ● **to h. down**, acciuffare; prendere; catturare □ **to h. on**, aizzare (*cani, ecc.*); (*fig.*) incitare, spronare □ **to h. out**, cacciar via; scacciare.

hour /aʊə(r)/, *n.* ***1*** ora (*anche fig.*); momento: **to hire a car by the h.**, noleggiare un'automobile a ore; **office hours**, ore d'ufficio; **in an evil h.**, in un brutto momento; **He's the man of the h.**, è l'uomo del momento ***2*** (*pl.*) ore; orario: **Office hours are 8 a.m. to 2 p.m.**, l'orario d'ufficio è dalle 8 alle 14 ***3*** (*fig.*) giorno; momento: **He's the man of the h.**, è l'uomo del giorno; **one's h. of glory**, il proprio momento di gloria. ● **h. after h.**, per ore e ore □ **h. by h.**, d'ora in ora □ (*astron.*) **h. circle**, circolo orario □ **h. hand**, lancetta delle ore □ (*tecn.*) **h.-meter**, contaore □ **after hours**, dopo l'orario (*di lavoro, d'ufficio, o di chiusura*) □ **at an early h.**, di buon'ora; presto □ (*fig.*) **at the eleventh h.**, all'ultimo momento □ **every h. on the h.**, all'ora esatta, ogni 60 minuti (*alle 6, alle 7, alle 8, ecc.*); ai minuti 00 di ogni ora □ (*fig.*) **the finest h.**, il momento di gloria □ **a forty-h.** (**working**) **week**, una settimana (lavorativa) di quaranta ore □ **to get shorter hours**, ottenere una riduzione dell'orario di lavoro □ **half an h.**, mezz'ora □ **in a good h.**, in un momento buono □ **to keep early** (*o* **good**) **hours**, rincasare, andare a letto presto □ **to keep late** (*o* **bad**) **hours**, rincasare, andare a letto tardi; far le ore piccole □ **to keep regular hours**, fare ogni cosa all'ora giusta; avere le proprie ore □ **on the h.**, all'ora precisa □ **one's h.**, la propria ora; l'ora della morte □ **the question of the h.**, il problema del momento; la questione d'attualità □ **school hours**, ore di lezione □ **the small hours**, le ore piccole □ **visiting hours**, ore di visita (*in un ospedale*); orario d'apertura (*in un museo*) □ **working hours**, orario di lavoro; (*econ.*) ore di lavoro; ore lavorative □ **The h. is 3.47**, sono le 3 e 47 (esatte, di notte) □ (*fig.*) **His hours are numbered**, ha le ore contate.

hourglass /'aʊəglɑːs, *USA* -æs/, *n.* clessidra.

houri /'hʊərɪ/, *n.* (*pl.* **houri's**) uri; (*fig.*) donna affascinante.

hourly /'aʊəlɪ/, **A** *a.* ***1*** orario; di ogni ora; ogni ora: (*econ.*) **the h. output**, la produzione oraria; **an h. bus service**, un servizio di autobus ogni ora ***2*** a ore; orario: **h. wages**, salario orario ***3*** (*fig.*) frequente; continuo. **B** *avv.* ***1*** ogni ora; d'ora in ora; da un momento all'altro: **I'm expecting news h.**, attendo notizie da un momento all'altro ***2*** frequentemente; continuamente ***3*** (*econ.*) a ore: **to charge sb. h.**, farsi pagare da q. a ore. ● **h. rate**, paga oraria □ (*di lavoro*) **h.-rated**, retribuito a ore.

house /haʊs*pl.* haʊzɪz/, **A** *n.* ***1*** casa; abitazione; edificio; dimora; domicilio; casato; famiglia; dinastia; casa commerciale; ditta: **It will take a long time before my new h. looks like a real home**, ci vorrà molto tempo prima che la casa nuova acquisti l'aspetto di una vera casa; **There's a leakage in the bathroom at our h.**, c'è una perdita nel bagno a casa nostra; **a h. for rent**, una casa d'affitto; **council h.**, casa popolare (*costruita dalle autorità municipali*); **tenement h.**, casa divisa in appartamenti; casamento, casa di tipo popolare; **houses for workmen**, case operaie; **at one's h.**, a casa propria; **a fraternity h.**, la casa di una confraternita; **corner h.**, edificio d'angolo (*spesso sede d'un ristorante*); **an old trading h.**, una vecchia casa commerciale; (*stor.*) **the H. of Tudor**, la Casa di Tudor; **an ancient h.**, un antico casato ***2*** (*fig.*) (la gente di) casa: **The whole h. was astir**, tutta la gente di casa era sveglia e in piedi ***3*** (*polit.*) Camera: (*in U.S.A.*) **the H. of Representatives**, la Camera dei Rappresentanti (*dei deputati*); **to enter the H.**, andare (*o* essere eletto) alla Camera ***4*** teatro; pubblico, spettatori (*a teatro*): **a full h.**, un teatro pieno; un pienone (*fam.*); **a thin h.**, pochi spettatori; (*fig.*) **to bring down the h.**, far crollare il teatro per gli applausi; entusiasmare il pubblico ***5*** rappresentazione (*o* spettacolo) teatrale ***6*** (= **h. of God**) casa di Dio; chiesa ***7*** albergo; pensione; locanda; (= **eating-h.**) ristorante, trattoria; (= **public h.**) bar; «casa»; locale: **Liquors are on the h.**, i liquori sono offerti dalla casa; **It's on the h.!**, offre la casa!; (*tur., cucina*) **h. special**, specialità della casa ***8*** capannone; recinto; (*naut.*) casotto: **a carriage h.**, un capannone per i carri; **hen-h.**, recinto per le galline; pollaio ***9*** casa dello studente; convitto; convittori ***10*** (= **workhouse**) casa di pena; carcere ***11*** – (*polit.*) **the H.**, la Camera, i Comuni (*a Londra*) ***12*** (*fin.*) **the H.**, la Borsa Valori di Londra ***13*** (*mus.*, = **H. music**) house music (*degli anni '80*). **B** *a. attr.* ***1*** della casa; casalingo ***2*** per la casa; da casa: **a h. jacket**, una giacca da casa ***3*** (*d'animale*) domestico: **a h. cat**, un gatto domestico. **C** *inter.* (*a bingo*) tombola! ● **h. agent**, agente immobiliare; mediatore di case □ **one's h. and home** (*espress. enfatica per* **home**), i propri penati □ (*leg.*) **h. arrest**, arresti domiciliari □ (*leg.*) **h. brand**, marchio commerciale □ **h. builder**, imprenditore edile □ **h. clearance**, sgombero di mobili e oggetti vecchi □ (*nei circoli*) **h. dinner**, pranzo riservato ai soci □ **h.-dog**, cane da guardia □ (*naut.*) **h. flag**, bandiera della casa (*cioè, di una società mercantile*) □ (*fam.*) **h.-hunting**, ricerca di una casa: **to go h.-hunting**, cercare casa □ (*zool.*) **h. martin** (*Delichon urbica*), balestruccio □ (*zool.*) **h. mouse**, topo di casa (*o* di città) □ **a h. of cards**, un castello di carte da gioco; (*fig.*) un castello in aria □ **the H. of Commons**, la Camera dei Comuni □ (*un tempo*) **h. of correction**, casa di correzione; riformatorio □ (*un tempo*) **h. of ill fame** (*o* **repute**), casa di malaffare □ **the H. of Lords**, la Camera dei Pari; la Camera Alta □ **the Houses of Parliament**, le Camere, il Parlamento (*a Londra*) □ (*USA*) **h. on wheels**, roulotte □ **h. painter**, imbianchino □ **h. party**, riunione di ospiti in una casa di campagna □ **h. phone**, telefono interno □ **h. physician**, medico interno (*in un ospedale*) □ **h.-place**, stanza di soggiorno (*in una fattoria*) □ **h. plant**, pianta d'appartamento □ **h.-proud**, amante della casa; che ci tiene ad avere una bella casa; fanatico della pulizia in casa □ **h.-room**, spazio disponibile in casa □ (*teatr.*) **h. seat**, biglietto d'omaggio □ **h. tax**, imposta sui fabbricati □ **h.-to-h.**, di casa in casa; (*comm.*) a domicilio: **h.-to-h. selling** [**service**], vendita [servizio] a domicilio □ **h.-trained**, (*d'animale domestico*) abituato a vivere in casa; pulito; (*fig.*) addomesticato (*fig.*); reso socievole □ **h. union**, sindacato d'impresa □ (*naut.*) **chart h.**, sala nautica; casotto di navigazione □ (*fig.*) **to eat sb. out of h. and home**, mangiare a q. la casa e la camicia □ **eating h.**, trattoria □ **to get on like a h. on fire**, fare amicizia in quattro e quattr'otto □ **to keep h.**, tenere casa; badare alla (*o* occuparsi della) casa □ (*lett.*) **to keep the h.**, starsene in casa □ **to keep h. together**, dividere la casa (*o* l'appartamento; *con q.*) □ **to keep a good h.**, trattarsi bene; avere ogni ben di Dio □ **to keep open h.**, essere molto ospitale; ricevere spesso □ **like a h. on fire**, energico; rapido; veloce: **to go like a h. on fire**, andare alla svelta (*o* come un fulmine); (*anche*) andare a gonfie vele (*fig.*) □ (*polit.*) **to make a h.**, assicurarsi il numero legale; raggiungere il quorum □ **to move h.**, traslocare □ **picture h.**, cinema □ (**as**) **safe as houses**, sicuro come una fortezza □ (*fig.*) **to set one's h. in order**, sistemare i propri affari; metter le cose a posto □ (*polit.*) **This H. moves that...**, quest'assemblea propone che...

to **house** /haʊz/, **A** *v. t.* ***1*** dare una casa a; albergare; alloggiare; ospitare: **We'll h. him for the weekend**, lo ospiteremo per il week-end ***2*** collocare; riporre; sistemare: **to h. old things in the cellar**, riporre le cose vecchie in cantina ***3*** (*mecc., ecc.*) alloggiare; collocare; incassare ***4*** (*falegn.*) incastrare ***5*** (*naut.*) stivare. **B** *v. i.* ***1*** trovar ricovero; rifugiarsi ***2*** abitare; risiedere. ● (*naut.*) **to h. a mast**, calare un albero.

houseboat /'haʊsbəʊt/, *n.* casa galleggiante.

housebound /'haʊsbaʊnd/, *a.* chiuso in casa; costretto a stare in casa.

houseboy /'haʊsbɔɪ/, *n.* cameriere; domestico.

housebreaker /'haʊsbreɪkə(r)/, *n.* ***1*** scassinatore; ladro d'appartamento ***2*** demolitore di case vecchie (*cfr. USA* **housewrecker**).

housebreaking /'haʊsbreɪkɪŋ/, *n.* ***1*** (*leg.*) violazione di domicilio; furto con scasso ***2*** demolizione di case vecchie.

housebroken /'haʊsbrəʊkən/, *a.* (*USA*) ***1*** (*d'animale domestico*) abituato a vivere in casa; pulito ***2*** (*fig.*) addomesticato (*fig.*); reso socievole.

housebuilding /'haʊsbɪldɪŋ/, *n.* costruzione di case; edilizia: **council h.**, edilizia popolare; **public h.**, edilizia sovvenzionata.

housecleaning /'haʊskliːnɪŋ/, *n.* ***1*** pulizie domestiche ***2*** (*fig.*) «pulizia».

housecoat /'haʊskəʊt/, *n.* vestaglia da casa (*specialm. da donna*).

housecraft /'haʊskrɑːft, *USA* -æft/, *n.* economia domestica (*materia di studio*).

housefather /'haʊsfɑːðə(r)/, *n.* ***1*** pater familias; padre ***2*** (*specialm.*) direttore (*di casa dello studente, ostello, ecc.*) ***3*** (*in un correzionale*) prefetto.

housefly /'haʊsflaɪ/, *n.* (*zool., Musca domestica*) mosca comune (*o* domestica).

houseful /'haʊsfʊl/, *n.* ***1*** numero massimo di persone che una casa può accogliere ***2*** casa piena (*di gente*). ● **a h. of children**, una nidiata di bambini.

household /'haʊshəʊld/, *n.* ***1*** casa; famiglia (*anche nel senso, quasi arc., di servitù*); familiari e domestici: **the Royal H.**, la Casa Reale ***2*** (*demogr.*) unità familiare; famiglia (*in senso statistico*). ● **h. affairs**, affari domestici □ **h. appliances**, elettrodomestici (*cucine, lavatrici, ecc.*) □ **h. gods**, penati (*anche fig.*) □ **h. goods**, (articoli) casalinghi □ **h. insurance**, assicurazione casa □ **h. linen**, biancheria da casa □ (*econ.*) **h. saving**, risparmio familiare □ **h. stores, h. supplies**, *V.* **h. goods** □ **H. Troops**, truppe al servizio del sovrano □ **h. word**, parola familiare, d'uso comune.

householder /'haʊshəʊldə(r)/, *n.* ***1*** padrone di casa; chi vive in una casa propria ***2*** locatario di casa ***3*** (*anche demogr.*) capofamiglia.

housekeeper /'haʊskiːpə(r)/, *n.* ***1*** donna di casa; massaia ***2*** governante (*che sovrintende alla casa*) ***3*** (*d'albergo*) guardarobiera.

housekeeping /'haʊskiːpɪŋ/, *n.* ***1*** andamento, gestione, governo della casa; economia domestica ***2*** (*elab.*) operazioni ausiliarie. ● **h. money**, denaro per le spese di casa □ (*elab.*) **h. routine**, sottoprogramma di servizio.

housel /'haʊzl/, *n.* (*relig., arc.*) Eucarestia.

houseleek /'haʊsliːk/, *n.* (*bot., Sempervivum tectorum*) semprevivo.

houseless /'haʊsləs/, *a.* senza casa; senza tetto.

houselights /'haʊslaɪts/, *n. pl.* (*teatr.*) luci di sala.

housemaid /'haʊsmeɪd/, *n.* domestica; donna di servizio; cameriera; colf (*abbr. di*: collaboratrice familiare). ● **h.'s knee**, ginocchio della lavandaia (*infiammazione del ginocchio*).

houseman /'haʊsmən/, *n.* (*pl.* **housemen**) (*med.*) (medico) interno.

housemaster /'haʊsmɑːstə(r), *USA* -æs-/, *n.* direttore di convitto (maschile).

housemistress /'haʊsmɪstrɪs/, *n.* direttrice di convitto (femminile).

housemother /'haʊsmʌðə(r)/, *n.* ***1*** mater familias; madre ***2*** (*specialm.*) direttrice (*di casa dello studente, ostello, ecc.*); vigilatrice.

housephone /'haʊsfəʊn/, *n.* telefono interno.

houseroom /'haʊsruːm, -rʊm/, *n.* alloggio; posto (*o* spazio) disponibile in casa. ● **I wouldn't give that old bed h. for anything**, non mi metterei in casa quel vecchio letto nemmeno se me lo regalassero.

to **house-sit** /'haʊssɪt/, *v. i.* (*pass.* e *p. p.* **house-sat**) (*fam. USA*) badare alla casa (in assenza dei padroni) abitandovi.

housetop /'haʊstɒp/, *n.* tetto (della casa). ● (*fam.*) **to cry** (*o* **to proclaim**) **st. from the housetops**, gridare q.c. ai quattro venti; sbandierare q.c.

housewarming /'haʊswɔːmɪŋ/, *n.* festa per l'inaugurazione di una nuova residenza (*offerta dal padrone di casa*).

housewife, *def. 1* /'haʊswaɪf/, *def. 2* /'hʌzɪf/, *n.* (*pl.* **housewives**) ***1*** casalinga; donna di casa; massaia: **She's a good h.**, è una brava massaia ***2*** astuccio da lavoro (*con aghi, filo, forbici, ecc.*).

housewifely /'haʊswaɪflɪ/, *a.* di (*o* da) massaia; casalingo; domestico.

housewifery /'haʊswɪfrɪ, *USA* -waɪfrɪ/, *n.* governo della casa; amministrazione domestica.

housework /'haʊswɜːk/, *n.* faccende domestiche; lavori di casa.

housewrecker /'haʊsrekə(r)/, *n.* (*USA*) demolitore di case vecchie.

housing (1) /'haʊzɪŋ/, *n.* ***1*** l'accogliere (*o* l'essere accolto) in casa ***2*** edilizia abitativa: **council h.**, edilizia popolare (*in G.B.*) ***3*** alloggio; casa; sistemazione in alloggi: **the h. problem**, il problema della casa ***4*** ricovero; rifugio; riparo ***5*** (*mecc.*) custodia; sede ***6*** (*autom.*) scatola (dello sterzo) ***7*** (*naut.*) parte sottocoperta ***8*** (*tecn.*) astuccio; contenitore; alloggiamento; sede (*per un frigorifero, ecc.*); carcassa; gabbia; incastellatura: **plastic h.**, astuccio di plastica. ● **h. association**, cooperativa edilizia □ (*econ.*) **the h. boom**, il boom edilizio □ **h. developer**, urbanizzatore □ **h. development**, progetto abitativo □ (*archit.*) **h. estate**, complesso urbano residenziale; (*anche*) quartiere di case popolari □ **h. improvement grants**, contributi (*statali*) per la ristrutturazione di case (*in G.B.*) □ **h. project**, *V.* **h. estate** □ (*econ.*) **the h. shortage** (*o* **squeeze**), la crisi degli alloggi □ **the h. situation**, la situazione abitativa □ **h. trust**, società pubblica per il finanziamento dell'edilizia popolare.

housing (**2**) /ˈhaʊzɪŋ/, *n.* **1** gualdrappa **2** (*pl.*) finimenti.

hove /həʊv/, *pass.* e *p. p.* di **to heave**.

hovel /ˈhɒvl, ˈhʌ-, *USA* ˈhʌ-, ˈhɒ-/, *n.* **1** bicocca; casupola; tugurio **2** tana **3** capannone; tettoia.

hover /ˈhɒvə(r), ˈhʌ-, *USA* ˈhʌ-, ˈhɒ-/, *n.* **1** il librarsi; l'esser sospeso (*anche fig.*) **2** il gironzolare **3** (*aeron.* e *zool.*: *di elicottero, falco, ecc.*) volo a punto fisso; volo stazionario.

to **hover** /ˈhɒvə(r), ˈhʌ-, *USA* ˈhʌ-, ˈhɒ-/, *v. i.* **1** (*anche* **to h. about, over**) librarsi; librarsi a volo; volteggiare **2** – **to h. about**, aggirarsi; gironzolare (intorno); attardarsi; indugiare: **to h. about sb.**, ronzare intorno a q. **3** (*fig.*) essere sospeso: **to h. between life and death**, esser sospeso fra la vita e la morte **4** (*aeron.* e *zool.*: *di elicottero, falco, ecc.*) volare a punto fisso.

hoverbarge /ˈhɒvəbɑːdʒ, ˈhʌ-, *USA* ˈhʌ-, ˈhɒ-/, *n.* (*naut.*) barcone a cuscino d'aria.

hovercraft /ˈhɒvəkrɑːft, ˈhʌ-, *USA* ˈhʌvəkræft, ˈhɒ-/, *n.* (*naut.*) hovercraft; veicolo a cuscino d'aria; aeroscivolante.

hoverferry /ˈhɒvəferɪ, ˈhʌ-, *USA* ˈhʌ-, ˈhɒ-/, *n.* (*naut.*) traghetto a cuscino d'aria.

hovering /ˈhɒvərɪŋ, ˈhʌ-, *USA* ˈhʌ-, ˈhɒ-/, **A** *a.* **1** che si libra (*sulle ali, ecc.*) **2** (*fig.*) che è sospeso (*fra due cose, ecc.*). **B** *n.*, *V.* **hover**.

hoverport /ˈhɒvəpɔːt, ˈhʌ-, *USA* ˈhʌ-, ˈhɒ-/, *n.* (*naut.*) porto degli hovercraft.

hovertrain /ˈhɒvətreɪn, ˈhʌ-, *USA* ˈhʌ-, ˈhɒ-/, *n.* (*ferr.*) treno a cuscino d'aria.

how /haʊ/, **A** *avv.* (*in frasi interr. ed escl.*) **1** come; in qual modo; in che modo: **How shall I do it?**, come devo farlo?; **Tell him how to do it**, digli in che modo si fa; **How did you get there?**, come hai fatto ad arrivarci?; **How is it that you don't know?**, com'è che non lo sai? **2** come; quanto; che: **How long is it?**, quant'è lungo?; **How long ago?**, quanto tempo fa?; **How kind he is!**, quant'è gentile!; **How lovely!**, com'è bello!; **How far it is!**, com'è lontano!; **How kind of you to call on me when I was ill!**, che gentile da parte tua farmi visita quando ero ammalato! **B** *cong.* **1** come; in qualsiasi modo: **He can behave how he likes**, può comportarsi come vuole **2** (*lett.*) che. **C** *n.* (il) come; maniera; modo: **Tell me the how and why**, ditemi il come e il perché (*fam.*: il perché e il percome). ● (*fam.*) **a how-d'ye-do**, una situazione imbarazzante; un pasticcio; un guaio □ **How about going out at once?**, che ne diresti d'uscire subito? □ **I'm thirsty, how about you?**, io ho sete, e tu? □ **How about a glass of beer?**, che ne dici di un bicchiere di birra? □ (*fam.*) **How come?**, come mai?; come si spiega?: **How come he failed the exam?**, come mai è stato bocciato? □ **How do you do?** (*formula di saluto o presentazione*), piacere! □ **How are you?**, come stai?; come sta (Lei)?; (*anche*) salve!, ciao! □ **How are you feeling?**, come va la salute?; come stai (di salute)? □ **How do you like it?**, ti piace?; (*anche*) che cosa ne dici? □ (*fam.*) **How do you mean?**, che cosa vuoi dire? □ (*fam.*) **How ever...?**, come mai...?; come...?: **How ever did you manage to come?**, come (mai) sei riuscito a venire? □ **How far is it to London?**, quanto c'è di qui a Londra? □ (*pop. USA*) **How goes it?**, come va (la vita)? □ (*fam.*) **How the goodness** (*o* **How the devil, How the deuce, How on earth**)...?, come mai...?; come diamine...?; come diavolo...?: **How on earth can I get rid of him?**, come diamine faccio a sbarazzarmi di lui? □ **How is the wheat?**, quanto costa il grano? □ **how much**, quanto: **How much sugar do you want?**, quanto zucchero vuoi? □ **How now?**, che vuoi dire?; che cosa significa ciò?; e allora? □ **How often do you shave?**, quante volte ti fai la barba? □ **How so?**, come può essere?; come mai?; spiegati meglio! □ **How's that?**, come mai?; come te lo spieghi?; (*anche*) come?; vuoi ripetere? □ (*fam. specialm. USA*) **And how!**, altroché!; eccome! □ (*in un brindisi*) **Here's how!**, alla salute! □ (*pop. USA*) **How does that grab you?**, che te ne pare?

howbeit /haʊˈbiːɪt/, *cong.* ciononostante; ciononondimeno; tuttavia.

howdah /ˈhaʊdə/, *n.* palanchino (*sul dorso d'un elefante*).

howdy /ˈhaʊdɪ/, *inter.* (*fam. USA*) salve!; come va?

however /haʊˈevə(r)/, **A** *avv.* **1** comunque; in qualunque modo; per quanto: **h. that may be**, comunque stiano le cose; **h. hard you may try**, per quanto tu possa sforzarti; **h. rich you may be**, per quanto ricco tu sia **2** (*fam., in frasi interr.*) come: **H. did you make such a mess?**, come hai fatto a combinare questo pasticcio? **B** *cong.* **1** come; in qualsiasi modo: **He can behave h. he likes**, può comportarsi come vuole **2** comunque; nondimeno; però; eppure; tuttavia: **I don't know**; **h., we shall see**, non lo so; comunque, si vedrà; **A lot of my friends like that singer**; **I don't, h.**, a molti miei amici quel cantante piace; eppure, a me no; **On second thought, h., I accepted his offer**, ripensandoci, tuttavia, accettai la sua offerta.

howitzer /ˈhaʊɪtsə(r)/, *n.* (*mil.*) obice.

howl /haʊl/, *n.* **1** ululato; ululo; urlo lamentoso; lamento; gemito; mugolio: **the howls of a dog**, gli ululati d'un cane **2** grido; urlo; schiamazzo: **a h. of pain**, un urlo di dolore; **howls of derision**, grida di derisione **3** (*fam.*) chi (*o* cosa che) fa sbellicare dalle risa; individuo ridicolo; cosa buffa.

to **howl** /haʊl/, **A** *v. i.* **1** ululare; urlare lamentosamente; lamentarsi; gemere; mugolare; mugghiare: **The wolves were howling**, i lupi ululavano; **The storm howled through the sails**, la tempesta mugghiava fra le vele; **He howled with pain**, si lamentava (*o* gemeva) per il dolore **2** urlare; gridare; schiamazzare. **B** *v. t.* dire (q.c.) urlando; gridare; strillare: **to h. the latest news**, strillare le ultimissime. ● **to h. defiance**, lanciare una sfida a gran voce □ **to h. down a speaker**, far tacere un oratore a forza di urla □ (*fam.*) **to h. with laughter**, sbellicarsi dalle risa.

howler /ˈhaʊlə(r)/, *n.* **1** urlatore, urlatrice **2** (*zool., Alouatta*) aluatta; scimmia urlatrice **3** (*nei funerali*) prefica **4** (*fam.*) errore madornale; strafalcione; sfondone; sproposito **5** (*telef., elettron.*) avvisatore acustico (*ora in disuso*).

howlet /ˈhaʊlət/, *n.* (*arc.* o *poet.*) gufo.

howling /ˈhaʊlɪŋ/, *a.* **1** urlante; urlatore, urlatrice: **h. monkey**, scimmia urlatrice **2** (*Bibbia*) terribile; tremendo; spaventoso: **h. wilderness**, deserto (*o* solitudine) terribile **3** (*fam.*) enorme; grande; strepitoso: **a h. success**, un successo strepitoso.

howsoever /haʊsəʊˈevə(r)/, *avv.* (*arc.* o *lett.*) comunque; in qualunque modo.

hoy (**1**) /hɔɪ/, *n.* (*naut.*) **1** (*un tempo*) maona; specie di sloop **2** barcone; chiatta.

hoy (**2**) /hɔɪ/, *inter.* ohi!; ehilà!; olà!

hoyden /ˈhɔɪdn/, *n.* ragazza chiassosa, sguaiata; «maschiaccio».

hoydenish /ˈhɔɪdənɪʃ/, *a.* chiassoso; sguaiato.

hub /hʌb/, *n.* **1** (*mecc.*) mozzo (*di ruota, elica, ecc.*): **free-wheel hub**, mozzo a ruota libera **2** (*mecc.*) rocchetto (*di serratura di sicurezza*) **3** bocchettone (*di tubazioni*) **4** (*fig.*) fulcro; perno; centro: **the hub of the solar system**, il fulcro del sistema solare; **the hub of a railway network**, il centro di una rete ferroviaria; il nodo ferroviario.

hubble-bubble /ˈhʌblbʌbl/, *n.* **1** narghilè; pipa turca **2** gorgoglio **3** chiasso; baccano; vocio.

hubbub /ˈhʌbʌb/, *n.* **1** chiasso; baccano; frastuono; schiamazzo; strepito **2** baraonda; confusione; parapiglia.

hubby /ˈhʌbɪ/, *n.* (*fam.*) marito; maritino.

hubcap /ˈhʌbkæp/, *n.* (*autom.*) coprimozzo; coppa (*per ruota*).

Hubert /ˈhjuːbɜːt/, *n.* Uberto.

hubris /ˈhjuːbrɪs, ˈhuː-/ (*greco*), *n.* alterigia; superbia; tracotanza.

hubristic /hjuːˈbrɪstɪk, huː-/, *a.* (*lett.*) altero; superbo; tracotante.

huckaback /ˈhʌkəbæk/, *n.* tela operata (*per asciugamani, ecc.*).

huckle /ˈhʌkl/, *n.* (*anat., raro*) anca; fianco. ● **h.-backed**, gobbo □ **h.-bone**, osso dell'anca.

huckleberry /ˈhʌklbərɪ, *USA* -berɪ/, *n.* (*bot.*) **1** (*Vaccinium myrtillus*) mirtillo **2** (*USA, Gaylussacia baccata*) mirtillo americano.

huckster /ˈhʌkstə(r)/, *n.* **1** venditore ambulante; rivendugliolo **2** (*fam., market.*) propagandista aggressivo; imbonitore **3** (*fig. spreg.*) individuo venale **4** (*USA; radio, TV*) pubblicitario.

to **huckster** /ˈhʌkstə(r)/, *v. t.* e *i.* **1** commerciare in (*o* vendere) merce di poco prezzo **2** mercanteggiare; tirare sul prezzo (*di q.c.*).

huddle /ˈhʌdl/, *n.* **1** mucchio; accozzaglia; calca; folla **2** confusione; trambusto **3** (*sport* e *fam.*) consultazione (*dei giocatori riuniti, per decidere quale tattica seguire*; *dei giudici di una competizione, ecc.*) **4** (*fam. USA*) riunione, colloquio a quattr'occhi. ● (*fam.*) **to go into a h.**, riunirsi per consultazione (*per es., di giocatori*); confabulare.

to **huddle** /ˈhʌdl/, **A** *v. i.* **1** accalcarsi; affollarsi; stringersi insieme: **Animals h. together for warmth**, le bestie si stringono insieme per star calde **2** (*sport* e *fam.*) tenere una consultazione, confabulare (*V.* **huddle**, *def. 3*). **B** *v. t.* **1** ammonticchiare; ammucchiare **2** calcare; pigiare; stipare: **I huddled the children into the car**, pigiai i ragazzi dentro l'automobile. ● **to h. on one's clothes**, infagottarsi negli abiti □ **to h. over** (*o* **through**), affrettarsi, precipitarsi □ **to h. together**, stringersi l'un l'altro (*o* insieme) □ **to h. st. together**, raffazzonare q.c. □ **to h. (oneself) up**, raggomitolarsi; rannicchiarsi □ **to h. up a job**, impasticciare (*o* abborracciare) un lavoro.

hue /hjuː/, *n.* **1** colore; tinta; sfumatura; tonalità (*di colore*) **2** (*di persona*) colorito **3** (*fig.*) colore; apparenza.

hue and cry /ˈhjuːənˈkraɪ/, *locuz. n.* **1** (*stor.*) clamore, grida, frastuono di chi insegue un criminale, ecc.; (il) dagli, dagli! **2** (*stor.*) proclama per la cattura d'un criminale **3** (*fig.*) caccia spietata **4** (*fig.*) accesa protesta; violenta opposizione. ● (*fig.*) **to raise a hue and cry against sb.**, sollevare l'indignazione popolare contro q.; fare una campagna (*politica*) contro q. □ (*fig.*) **to raise a hue and cry against st.**, gridare allo scandalo per q.c.

hued /hjuːd/, *a.* (*poet., nei composti*) di colore...; dalla tonalità...: **dark-h.**, di colore scuro; **rosy-h.**, di colore roseo; **light-h.**, dalla tonalità chiara.

huff /hʌf/, *n.* **1** risentimento; ira; sdegno; stizza **2** broncio; cattivo umore **3** (*a dama*) il buffare (*o* il soffiare) una pedina. ● **to get** (*o* **to go**) **into a h.** (*o* **to take h.**), offendersi; adirarsi; stizzirsi □ **to be in a h.**, essere stizzito (*o* imbronciato).

to **huff** /hʌf/, **A** *v. t.* **1** fare il prepotente con; intimidire; offendere **2** (*a dama*) buffare, soffiare (*una pedina*) **3** (*arc.*) maltrattare. **B** *v. i.* offendersi; risentirsi; aversene a male. ● **to h. sb. into doing st.**, costringere con la prepotenza q. a fare q.c.

huffily /'hʌfəlɪ/, *avv.* stizzosamente; irascibilmente.

huffiness /'hʌfɪnəs/, *n.* irascibilità; permalosità.

huffish /'hʌfɪʃ/, *a.* irascibile; permaloso. || **-ly,** *avv.* || **-ness,** *sost.*

huffy /'hʌfɪ/, *a.* ***1*** irascibile; permaloso; stizzoso ***2*** imbronciato; di cattivo umore.

hug /hʌg/, *n.* ***1*** abbraccio; amplesso (*lett.*) ***2*** stretta. ● **to give sb. a hug,** abbracciare q.

to **hug** /hʌg/, **A** *v. t.* ***1*** abbracciare; stringere fra le braccia ***2*** (*di un orso e sim.*) abbrancare: **The bear hugged the hunter,** l'orso abbrancò il cacciatore ***3*** (*fig.*) essere attaccato a; rimanere fedele a: **to hug one's prejudices,** essere attaccato ai propri pregiudizi ***4*** tenersi molto vicino a; rasentare; costeggiare: **to hug the shore,** navigare molto vicino alla costa; tenersi sottocosta; **The path hugs the lake,** il sentiero costeggia il lago ***5*** stringere; serrare: **The car hugged the curve,** l'automobile strinse la curva (*o* prese la curva stretta); (*naut.*) **to hug the wind,** serrare il vento. **B** *v. i.* (*di due o più persone*) abbracciarsi. ● **to hug sb. goodnight,** dare la buonanotte a q. con un abbraccio □ **to hug oneself on** (*o* **over, for**) **st.,** compiacersi di q.c.; congratularsi con se stesso per q.c.

huge /hju:dʒ, *USA* hj-, j-/, *a.* enorme; grandissimo; immenso; ingente; smisurato; vasto: **a h. animal,** un animale enorme; **a man of h. strength,** un uomo di forza smisurata; **a h. success,** un successo enorme. ● (*market.*) **h. discounts,** fortissimi sconti.

hugely /'hju:dʒlɪ, *USA* hj-, j-/, *avv.* enormemente; immensamente: **h. rich,** immensamente ricco. ● **to be h. successful,** avere un enorme successo.

hugeness /'hju:dʒnəs, *USA* hj-, j-/, *n.* enormità; immensità; smisuratezza.

hugger-mugger /'hʌgəmʌgə(r)/, (*arc.*) **A** *n.* ***1*** confusione; disordine; pasticcio ***2*** segretezza. **B** *a.* ***1*** confuso; disordinato; impasticciato ***2*** segreto. **C** *avv.* ***1*** confusamente; negligentemente ***2*** segretamente; in segreto; di nascosto.

Hugh /hju:/, *n.* Ugo.

Huguenot /'hju:gənəʊ/, *n.* (*stor.*) ugonotto.

huh /hə/, *inter.* ***1*** (*d'incredulità, sorpresa, ecc.*) uh!; uhm! ***2*** (*per chiedere a q. di ripetere*) eh?

hula /'hu:lə/, **hula-hula** /'hu:lə'hu:lə/, *n.* «hula-hula» (*danza hawaiana*). ● **hula skirt,** gonnellino di paglia (*portato dalle danzatrici della «hula-hula»*).

Hula Hoop /'hu:lə'hu:p/, *n.* (*marchio*) hula-hoop.

hulk /hʌlk/, *n.* ***1*** (*naut.*) carcassa; scafo (*smantellato*); pontone ***2*** (*di solito al pl.*) galera (*ricavata da una nave in disarmo*): **to be condemned to the hulks,** esser condannato alla galera ***3*** (*fig.*) uomo grosso e goffo; omaccione ***4*** (*fig.*) oggetto ingombrante.

hulking /'hʌlkɪŋ/, *a.* ***1*** (*di persona*) grosso e goffo; corpulento e impacciato; massiccio ***2*** (*di oggetto*) ingombrante; enorme.

hull (**1**) /hʌl/, *n.* ***1*** (*bot.*) buccia; guscio; baccello ***2*** calicetto (*di fragole, lamponi, ecc.*) ***3*** mallo (*di noci*); loppa; pula (*di cereale*).

hull (**2**) /hʌl/, *n.* ***1*** (*naut.*) scafo; carena ***2*** (*mil.: di carro armato*) scafo ***3*** (*mil.*) fusoliera (*di missile e sim.*). ● (*ass., aeron. e naut.*) **h. insurance,** assicurazione sullo scafo; sicurtà di corpo.

to **hull** (**1**) /hʌl/, *v. t.* sgusciare; togliere il baccello (*o* il mallo) a: **to h. peas,** sgusciare piselli. ● (*agric.*) **hulling machine,** sgusciatrice.

to **hull** (**2**) /hʌl/, **A** *v. t.* (*naut.*) colpire (*una nave*) in pieno (*con una cannonata o un siluro*). **B** *v. i.* (*naut.: di nave*) scarrocciare; andare alla deriva.

hullabaloo /'hʌləbəlu:, -'lu:/, *n.* (*pl.* **hullabaloos**) clamore; chiasso; baccano; schiamazzo; strepito; fracasso.

to **hullo,** to **hulloa** /hʌ'ləʊ/, *V.* **to hallo.**

hully(-)gully /'hʌlɪ'gʌlɪ/, *n.* (*mus.*) hully-gully (*ballo*).

hum (**1**) /hʌm/, *n.* ***1*** ronzio; borbottio; rumore sordo e continuo: **the hum of insects,** il ronzio degli insetti; **the subdued hum of machinery,** il rumore sommesso dei macchinari ***2*** (*pl.*) (*di solito* **hums and ha's**) grida di sorpresa; borbottii d'approvazione ***3*** (*pop.*) cattivo odore; puzzo. ● (*TV*) **hum bar,** barra orizzontale (*difetto*).

hum (**2**) /hʌm/, *inter.* (*d'esitazione, dissenso, ecc.*) ehm!; uhm!

to **hum** /hʌm/, **A** *v. i.* ***1*** ronzare: **Myriads of insects were humming,** miriadi d'insetti ronzavano ***2*** cantarellare; canticchiare (*a bocca chiusa*): **Ann is always humming to herself,** Anna canticchia sempre tra sé ***3*** (*di solito* **to hum and haw**) fare «ehm»; esitare nel parlare; titubare; nicchiare ***4*** (*fam.*) essere indaffarato; darsi da fare ***5*** (*pop.*) puzzare. **B** *v. t.* ***1*** borbottare; emettere (*un suono*) a bocca chiusa ***2*** cantarellare, canticchiare (*una canzone*) a bocca chiusa. ● **to hum a child to sleep,** far addormentare un bambino canticchiandogli una canzoncina □ (*fam.*) **to hum with activity,** fervere di attività □ **to make things hum,** far procedere le cose alla svelta □ **The room hummed with voices,** nella stanza c'era un ronzio di voci.

human /'hju:mən, *USA* 'hj-, 'j-/, **A** *a.* umano: **h. nature,** la natura umana; **the h. race,** la razza umana; **a h. creature** (*o* **being**), una creatura umana; **He is more than h.,** è più che umano (*o* benevolo, comprensivo). **B** *n.* creatura umana. ● (*nei circhi equestri*) **the h. cannonball,** la donna (*o* l'uomo) cannone □ (*econ.*) **h. capital,** capitale umano □ **h. ecology,** ecologia umana □ (*org. az.*) **h. engineering,** ingegneria umana; (*anche*) ergonomia □ **h. relationist,** esperto in relazioni umane □ (*ind., psic.*) **h. relations,** relazioni umane □ (*econ.*) **h. wants,** i bisogni dell'uomo □ **h. weaknesses,** debolezze umane □ (*prov.*) **To err is h., to forgive, divine,** errare è umano, perdonare divino.

humane /hju:'meɪn, *USA* hj-, j-/, *a.* ***1*** benigno; comprensivo; cortese; compassionevole; mite; umano: **a h. boss,** un padrone comprensivo ***2*** umanitario: **h. spirits,** spirito umanitario ***3*** (*form.*) umanistico: **h. learning,** cultura umanistica; **h. studies,** studi umanistici. ● **h. killer,** strumento per uccidere (*buoi, ecc.*) senza dolore.

humanely /hju:'meɪnlɪ, *USA* hj-, j-/, *avv.* benignamente; compassionevolmente; mitemente; umanamente.

humaneness /hju:'meɪnəs, *USA* hj-, j-/, *n.* benignità; cortesia; comprensione; mitezza; umanità.

humanism /'hju:mənɪzəm, *USA* 'hj-, 'j-/, *n.* ***1*** (*letter.*) umanesimo ***2*** (*filos.*) umanitarismo ***3*** studi umanistici ***4*** studio della natura umana.

humanist /'hju:mənɪst, *USA* 'hj-, 'j-/, *n.* ***1*** umanista; studioso dei classici ***2*** (*filos.*) umanitario ***3*** studioso della natura umana.

humanistic /hju:mə'nɪstɪk, *USA* hj-, j-/, *a.* ***1*** (*letter.*) umanistico ***2*** umanitario.

humanitarian /hju:mænɪ'teərɪən, *USA* hj-, j-/, **A** *n.* persona umanitaria; filantropo. **B** *a.* umanitario; filantropico.

humanitarianism /hju:mænɪ'teərɪənɪzəm, *USA* hj-, j-/, *n.* umanitarismo; filantropia.

humanity /hju:'mænətɪ, *USA* hj-, j-/, *n.* ***1*** umanità: **a crime against h.,** un delitto contro l'umanità; **an act of h.,** un atto di umanità ***2*** la natura umana ***3*** (*pl.*) discipline classiche; studi umanistici.

humanization /hju:mənaɪ'zeɪʃn, *USA* -nɪ'z-, hj-, j-/, *n.* umanizzazione; incivilimento.

to **humanize** /'hju:mənaɪz, *USA* 'hj-, 'j-/, **A** *v. t.* ***1*** umanizzare; rendere umano; incivilire ***2*** adattare (q.c.) alla natura dell'uomo (*o* ad uso umano). **B** *v. i.* umanizzarsi; farsi umano; incivilirsi. ● **humanized milk,** latte umanizzato.

humankind /'hju:mənkaɪnd, *USA* 'hj-, 'j-/, *n.* (*lett.*) genere umano; umanità.

humanly /'hju:mənlɪ, *USA* 'hj-, 'j-/, *avv.* umanamente: **It isn't h. possible to ascend that mountain in winter,** non è umanamente possibile scalare quel monte d'inverno.

humanoid /'hju:mənɔɪd, *USA* 'hj-, 'j-/, *a.* e *n.* umanoide.

humate /'hju:meɪt, *USA* 'hj-, 'j-/, *n.* (*chim.*) umato.

Humbert /'hʌmbɜ:t/, *n.* Umberto.

humble /'hʌmbl/, *a.* umile; modesto; dimesso: **in a h. attitude,** in umile atteggiamento; **h. birth,** umili natali; **a h. life,** una vita modesta. ● (*fig.*) **to eat h. pie,** umiliarsi; andare a Canossa □ **my h. self,** la mia modesta persona □ (*un tempo, in fine di lettera*) **Your h. servant,** Vostro servo umilissimo.

to **humble** /'hʌmbl/, **A** *v. t.* umiliare; mortificare; avvilire. **B** to **humble oneself,** *v. rifl.* umiliarsi.

humblebee /'hʌmblbi:/, *n.* (*zool., Bombus*) bombo; calabrone.

humbleness /'hʌmblnəs/, *n.* umiltà.

humbling /'hʌmblɪŋ/, *a.* umiliante.

humbly /'hʌmblɪ/, *avv.* umilmente; con umiltà. ● **h. born,** di umili natali.

humbug /'hʌmbʌg/, **A** *n.* ***1*** imbroglio; inganno; raggiro; impostura; truffa ***2*** imbroglione; impostore; truffatore; gabbamondo; ciarlatano ***3*** fandonia; frottola. **B** *inter.* fandonie!; sciocchezze!

to **humbug** /'hʌmbʌg/, **A** *v. t.* imbrogliare; ingannare; raggirare; truffare; corbellare (*pop.*). **B** *v. i.* essere un imbroglione; fare l'impostore. ● **to h. sb. into doing st.,** far fare q.c. a q. con l'inganno □ **to h. sb. out of his rights,** frodare q. di ciò che gli è dovuto (*o* dei suoi diritti).

humbuggery /'hʌmbʌgərɪ/, *n.* imbroglio; inganno; impostura.

humdinger /'hʌm'dɪŋə(r)/, *n.* (*fam.*) ***1*** tipo in gamba; drago (*fig.*) ***2*** cosa eccellente; cannonata (*fam.*).

humdrum /'hʌmdrʌm/, **A** *a.* monotono; noioso; banale; trito: **a h. life,** una vita monotona; **a h. job,** un lavoro noioso. **B** *n.* ***1*** individuo noioso ***2*** cosa banale; banalità; monotonia.

humdrumness /'hʌmdrʌmnəs/, *n.* monotonia; banalità; (il) solito tran tran.

humectant /hju:'mɛktənt/, *n.* (*chim.*) umettante.

humeral /'hju:mərəl/, *a.* (*anat.*) omerale.

humerus /'hju:mərəs/, *n.* (*pl.* **humeri**) (*anat.*) omero.

humic /'hju:mɪk/, *a.* (*chim.*) umico: **h. acid,** acido umico.

humicolous /hju:'mɪkələs/, *a.* (*bot., zool.*) umicolo.

humid /'hju:mɪd/, *a.* umido.

humidification /hju:mɪdɪfɪ'keɪʃn/, *n.* umidificazione.

humidifier /hju:'mɪdɪfaɪə(r)/, *n.* (*tecn.*) umidificatore.

to **humidify** /hju:'mɪdɪfaɪ/, *v. t.* umidificare; inumidire.

humidity /hju:'mɪdətɪ/, *n.* umidità: **relative h.,** umidità relativa.

humidly /'hju:mɪdlɪ/, *avv.* umidamente.

humidor /'hju:mɪdɔ:(r)/, *n.* scatola per sigari, portasigari (*che mantiene il giusto grado di umidità*).

to **humiliate** /hju:'mɪlɪeɪt/, *v. t.* umiliare; mortificare; avvilire.

humiliating /hju:'mɪlɪeɪtɪŋ/, *a.* umiliante; avvilente.

humiliation /hju:mɪlɪ'eɪʃn/, *n.* umiliazione; mortificazione.

humility /hju:'mɪlətɪ/, *n.* umiltà.

humming (**1**) /'hʌmɪŋ/, *n.* ronzio; mormorio.

humming (**2**) /'hʌmɪŋ/, *a.* ***1*** che ronza; ronzante ***2*** (*fam.*) attivo; energico; indaffarato ***3*** (*fam.*) forte; violento: **a h. knock on the head,** un forte colpo sulla testa. ● **h. top,** trottola armonica.

hummingbird /'hʌmɪŋbɜ:d/, *n.* (*zool.*) colibrì.

hummock /'hʌmək/, *n.* ***1*** collina; collinetta; greppo (*lett.*); poggio ***2*** cresta, gibbosità (*in un banco di ghiaccio*) ***3*** duna.

hummocky /'hʌməkɪ/, *a.* collinoso; ondulato.

humongous /hju:'mɒŋgəs, -'mʌ-/, *a.* (*pop. USA*) enorme; colossale: **a h. nose**, un naso enorme.

humor, to **humor** /'hju:mə(r), *USA* 'hj-, 'j-/, (*USA*) V. **humour, to humour**.

humoral /'hju:mərəl, *USA* 'hj-, 'j-/, *a.* (*fisiol.*) umorale; degli umori del corpo.

humoralism /'hju:mərəlɪzəm, *USA* 'hj-, 'j-/, *n.* (*med. antica*) umorismo; teoria degli umori.

humoralist /'hju:mərəlɪst, *USA* 'hj-, 'j-/, *n.* (*med. antica*) umorista.

humoralistic /hju:mərə'lɪstɪk, *USA* hj-, j-/, *a.* (*med. antica*) umoristico.

humorist /'hju:mərɪst, *USA* 'hj-, 'j-/, *n.* ***1*** umorista; scrittore umoristico ***2*** (*per estens.*) persona faceta, spiritosa.

humoristic /hju:mə'rɪstɪk, *USA* hj-, j-/, *a.* umoristico; faceto; spiritoso.

humorous /'hju:mərəs, *USA* 'hj-, 'j-/, *a.* ***1*** umoristico; comico; buffo e divertente: **a h. passage**, un brano umoristico; **a h. question**, una domanda faceta ***2*** che ha humour; che ha senso dell'umorismo; spiritoso; faceto. || **-ly**, *avv.* || **-ness**, *sost.*

humour /'hju:mə(r), *USA* 'hj-, 'j-/, *n.* ***1*** umorismo, comicità; vena (*specialm. comica*); aspetto umoristico: **This poem is full of h.**, questa poesia è piena d'umorismo; **He couldn't see the h. in the situation**, non riusciva a cogliere l'aspetto umoristico della situazione; **to have no sense of h.**, non avere il senso dell'umorismo ***2*** umore; stato d'animo: **to be in a good [bad] h.**, essere di buono [cattivo] umore ***3*** capriccio; voglia: **when the h. takes him**, quando ne ha voglia; quando gli viene il capriccio ***4*** (*med. antica*) umore: **the cardinal humours**, i quattro umori fondamentali. ● **to be out of h.**, essere di cattivo umore □ **to put sb. out of h.**, mettere q. di cattivo umore □ (*anat.*) **vitreous h.**, umor vitreo (*dell'occhio*).

to **humour** /'hju:mə(r), *USA* 'hj-, 'j-/, *v. t.* ***1*** adattarsi agli umori di (q.); compiacere (q.); soddisfare; assecondare; darla vinta a (q.): **They had to h. the lunatic**, dovettero assecondare il pazzo ***2*** trattare (q.) con grande tatto.

humoured /'hju:məd, *USA* 'hj-, 'j-/, *a.* (*nei composti, per es. in:*) **good-h.**, di buon umore; di carattere buono; bonario.

humourless /'hju:mələs, *USA* 'hj-, 'j-/, *a.* privo di senso dell'umorismo.

humoursome /'hju:məsəm, *USA* 'hj-, 'j-/, *a.* (*raro*) capriccioso; ghiribizzoso (*raro*); impertinente; petulante.

hump /hʌmp/, *n.* ***1*** gobba; gibbosità; protuberanza ***2*** collina; collinetta; montagnola ***3*** (*fig.*) ostacolo; scoglio (*fig.*) ***4*** (*ferr.*) parigina; sella di smistamento a gravità ***5*** (*pop.*) malinconia; depressione; malumore: **That gives me the h.**, ciò mi mette di malumore. ● (*econ.*) **h. saving**, risparmio fluttuante (*o* saltuario) □ (*fig.*) **to be over the h.**, avere superato lo scoglio.

to **hump** /hʌmp/, **A** *v. t.* ***1*** curvare; inarcare (*la schiena, ecc.*) ***2*** (*fam.*) portare a cavalluccio (*o* sulle spalle) ***3*** (*pop.*) immalinconire; deprimere; rattristare ***4*** (*volg.*) sbattere (*una ragazza, ecc.*; *volg.*). **B** *v. i.* curvarsi; inarcarsi.

humpback /'hʌmpbæk/, *n.* ***1*** gobba; gibbosità: **to have a h.**, avere la gobba; essere gobbo ***2*** gobbo, gobba. ● **h. bridge**, ponte a schiena d'asino □ (*autom.*) **h. ridge**, cunetta; dosso.

humpbacked /'hʌmpbækt/, *a.* gobbo; gibboso. ● **h. bridge**, ponte a schiena d'asino.

humped /hʌmpt/, *a.* ***1*** gobbo; gibboso ***2*** (*pop.*) immalinconito; rattristato; depresso.

humph /hʌmf/, *inter.* (*di dubbio, insoddisfazione, incredulità, ecc.*) puh!; bah!; uffa!

humpty /'hʌmptɪ/, *n.* sgabello imbottito; pouf (*franc.*).

humpty-dumpty /'hʌmptɪ'dʌmptɪ/, *n.* ***1*** (*fam.*) individuo piccolo e tozzo; tappo, tappetto (*fam.*) ***2*** – **H.D.**, l'Uovo (*protagonista di una canzoncina infantile*; *cfr. ital.* Bombolo).

humpy (**1**) /'hʌmpɪ/, *a.* ***1*** gobbo; gibboso ***2*** simile a una gobba ***3*** (*pop.*) malinconico; depresso.

humpy (**2**) /'hʌmpɪ/, *n.* (*Austr.*) capanna.

humus /'hju:məs/, *n.* (*agric.*) humus.

Hun /hʌn/, *n.* ***1*** (*stor.*) unno ***2*** (*fig.*) barbaro; vandalo ***3*** (*spreg.*) tedesco; crucco (*spreg.*) ***4*** (*spreg.*) soldato (*o* paracadutista) inglese (*in Irlanda del Nord*).

hunch /hʌntʃ/, *n.* ***1*** gobba; gibbosità ***2*** pezzo; tozzo: **a h. of bread**, un tozzo di pane ***3*** (*fam.*) intuizione; impressione; sensazione; sospetto: **I have a h. that they are pulling my leg**, ho la sensazione che si stiano prendendo gioco di me. ● (*fam.*) **to act on a h.**, agire in base a una (vaga) sensazione; seguire un'intuizione.

to **hunch** /hʌntʃ/, **A** *v. t.* curvare; arcuare; inarcare: **Don't h. your back like that**, non curvare la schiena in questo modo! **B** *v. i.* ***1*** curvarsi ***2*** acquattarsi.

hunchback /'hʌntʃbæk/, *n.* ***1*** gobba; gibbosità ***2*** gobbo, gobba.

hunchbacked /'hʌntʃbækt/, *a.* gobbo; gibboso.

hundred /'hʌndrəd/, *n.* e *a.* (*pl.* **hundreds, hundred**) cento; centinaio: **a** (*o* **one**) **h. men**, cento uomini; **a h. and twelve**, centododici; **a few h. soldiers**, alcune centinaia di soldati; **hundreds of men**, centinaia di uomini; **to be a h. per cent efficient**, essere efficiente al cento per cento. ● **the h.-and-first**, il centunesimo; il centesimo primo □ (*fig.*) **a h. and one proposals**, mille proposte □ **a h. pounds**, cento sterline □ (*cucina*) **hundreds and thousands**, peperini; confetti minutissimi (*per decorare dolci*) □ (*sport*) **the 100-metre dash**, i cento (metri) piani □ (*arc.*) **great** (*o* **long**) **h.**, sei ventine; centoventi □ (*fam.*) **to have a h. and one things to do**, avere mille cose da fare □ **in hundreds**, a centinaia □ (*scherz.*) **not a h. miles from here**, a due passi; qui vicino □ **two [three, four] h.**, duecento [trecento, quattrocento].

hundredfold /'hʌndrədfəʊld/, **A** *n.* e *a.* centuplo. **B** *avv.* cento volte (tanto). ● **I repaid him a h.**, l'ho ripagato a cento doppi.

hundredth /'hʌndrətθ/, *a.* e *n.* centesimo; centesima (parte).

hundredweight /'hʌndrədweɪt/, *n.* (*pl.* **hundredweight, hundredweights**) «hundredweight» (*abbr.* **cwt.**; *misura di peso, pari a 112 libbre – 50,80 kg – in Inghilterra*; *a 110 libbre – 45,36 kg – in U.S.A.*). ● **long h.**, «hundredweight» inglese (*50,80 kg*) □ **short h.**, «hundredweight» americano (*45,36 kg*).

hung /hʌŋ/, *pass.* e *p. p.* di **to hang.** ● (*leg., in U.S.A.*) **h. jury**, giuria che, a causa del dissenso di uno o più membri, non riesce a raggiungere un verdetto unanime □ (*fam.*) **to be h. on sb.**, essere infatuato di q. □ (*fam.*) **to be h. on st.**, avere una fissazione per q.c.; avere il pallino di q.c. □ (*fam.*) **to be h. over**, essere ancora sotto l'effetto dell'alcol; soffrire per i postumi di una sbornia □ (*polit.*) **h. Parliament**, parlamento in cui nessun partito ha la maggioranza assoluta (*in G.B.*) □ (*fam.*) **h. up**, ansioso, in difficoltà, pieno di problemi; infatuato, (tutto) preso (*fig.*); ossessionato: **to be h. up on st.**, farsi una croce di q.c.; **to be h. up on sb.**, essere infatuato di q.

Hungarian /hʌŋ'geərɪən/, *a.* e *n.* ungherese (*anche la lingua*).

Hungary /'hʌŋgərɪ/, *n.* (*geogr.*) Ungheria.

hunger /'hʌŋgə(r)/, *n.* fame; appetito; (*fig.*) brama, ardente desiderio: **to feel h.**, sentire il morso della fame; **to suffer from h.**, soffrire la fame; **to die of h.**, morire di fame; **to satisfy one's h.**, saziare la fame; **a h. for knowledge**, un ardente desiderio di sapere. ● **h. for money**, sete di denaro □ **h. march**, marcia della fame □ **h. marcher**, dimostrante che partecipa alla marcia della fame □ **h. strike**, sciopero della fame □ **h. striker**, chi fa lo sciopero della fame □ (*prov.*) **H. is the best sauce**, il miglior condimento è l'appetito.

to **hunger** /'hʌŋgə(r)/, **A** *v. i.* ***1*** aver fame; esser affamato; patire la fame ***2*** (*fig.*) agognare; bramare; avere un grande desiderio di: **to h. for friends [kindness]**, avere un grande desiderio di amicizia [di gentilezza]. **B** *v. t.* (*raro*) affamare. ● **to h. sb. into st.**, costringere q. a fare q.c. per fame (*o* affamandolo).

hungrily /'hʌŋgrəlɪ/, *avv.* ***1*** famelicamente; con grande appetito ***2*** (*fig.*) avidamente; ingordamente.

hungriness /'hʌŋgrɪnəs/, *n.* fame.

hungry /'hʌŋgrɪ/, *a.* ***1*** affamato; famelico: **h. wolves**, lupi famelici; **The tramp stood in front of the shop window with a h. look**, il vagabondo stava davanti alla vetrina con un'aria affamata ***2*** (*fig.*) bramoso; desideroso; ingordo: **Mary was h. for love**, Mary era desiderosa (*o* aveva bisogno) d'amore ***3*** che fa venir fame; che stimola l'appetito: **This is h. work**, questo è un lavoro che fa venir fame ***4*** (*di terreno*) povero; sterile. ● (*stor.*) **the H. Forties**, gli anni della fame (*in Inghilterra, dal 1840 al 1849*) □ **to be** (*o* **to feel**) **h.**, aver fame □ **to be h. for glory**, essere assetato di gloria □ **to be as h. as a hunter**, avere una fame da lupo □ **to go h.**, fare (*o* patire) la fame.

hunk /hʌŋk/, *n.* (*fam.*) ***1*** pezzo; tozzo: **a h. of meat**, un pezzo di carne; **a h. of bread**, un tozzo di pane ***2*** (*fam.*) pezzo d'uomo; fusto (*fam.*).

hunkers /'hʌŋkəz/, *n. pl.* (*fam.*) natiche; sedere. ● **on one's h.**, accosciato; accovacciato.

hunks /hʌŋks/, *n. pl.* (*di solito col verbo al sing.*) persona gretta, spilorcia; avaro; taccagno.

hunky (**1**) /'hʌŋkɪ/, *n.* (*pop. spreg. USA*) immigrato d'origine ungherese (*o* da un paese dell'Europa centrale).

hunky (**2**) /'hʌŋkɪ/, *a.* ***1*** (*fam.*) buono; in buone condizioni ***2*** (*pop. USA*) di corporatura atletica; ben piantato.

hunky-dory /'hʌŋkɪ'dɔ:rɪ/, *a.* (*fam.*) eccellente; ottimo.

Hunnish /'hʌnɪʃ/, *a.* ***1*** (*stor.*) unnico; degli unni ***2*** (*spreg.*) barbaro.

hunt /hʌnt/, *n.* ***1*** caccia; inseguimento; partita di caccia; comitiva di cacciatori: **to have a good h.**, far buona caccia; **the h. for the terrorists**, la caccia ai terroristi ***2*** (*specialm.*) caccia alla volpe ***3*** (*fig.*) ricerca: **The h.'s on for a new candidate**, è già cominciata la ricerca di un nuovo candidato; **the h. for a house**, la ricerca di un alloggio ***4*** terreno di caccia. ● **h. kennel**, allevamento di cani da caccia □ **a member of the h.**, un cacciatore (*nella caccia alla volpe*) □ (*fig.*) **to be on the h. for st.**, essere a caccia (*o* alla ricerca) di q.c.

to **hunt** /hʌnt/, *v. t.* e *i.* ***1*** cacciare; andare a caccia (di); dar la caccia a; inseguire; perseguitare; scacciare: **to h. the fox [the deer]**, cacciare la volpe [il cervo]; **I don't like hunting**, non mi piace andare a caccia; **to h. big game**, andare a caccia grossa; **to h. sb. from** (*o* **out of**) **the country**, cacciare q. dal paese; bandire q. ***2*** battere, esplorare, perlustrare (*un luogo*). ● **to h. the county**, cacciare (la volpe) per tutta la contea □ **to h. the hounds**, guidare una muta di cani nella caccia alla volpe □ **to go hunting**, andare a caccia (*di cervi, volpi, lepri e sim.*; *di solito, con i cani*).

♦**hunt after**, *v. i.* + *prep.* dare la caccia a (*anche fig.*); andare in cerca di (q.c.).

♦**hunt down**, *v. t.* + *avv.* ***1*** cacciare e uccidere (*un selvatico*) ***2*** (*fig.*) andare in cerca di (q.c.) ***3*** (*fig.*) snidare, scovare: **to h. down a criminal**, scovare un criminale.

♦**hunt for**, *v. i. + prep.* **1** andare a caccia di (*animali*) **2** cacciare per procurarsi (q.c.): **to h. for one's food**, cacciare per procurarsi il cibo **3** (*fig.*) cercare: **to h. for a hidden treasure**, cercare un tesoro nascosto.

♦**hunt out**, *v. t. + avv.* riuscire a trovare, scovare (*documenti, lettere, ecc.*).

♦**hunt over**, *v. i. + prep.* andare a caccia (*specialm. della volpe*) su (*un territorio*).

♦**hunt through**, *v. t. + prep.* rovistare in (*cassetti, ecc.*).

♦**hunt up**, *v. t. + avv.* dare la caccia a (*fig.*); cercare: **to h. up old papers**, dare la caccia a vecchi documenti.

hunter /ˈhʌntə*/, *n.* **1** (*anche fig.*) cacciatore: **a fortune h.**, un cacciatore di dote **2** cavallo da caccia **3** cane da caccia **4** orologio a doppia cassa; saponetta (*fam.*). ● (*naut.*) **h. killer**, sottomarino antisommergibili □ (*naut.*) **h.-killer ship**, nave per la ricerca e la caccia di sommergibili □ **h.'s moon**, prima luna piena dopo la mietitura □ **half-h.**, orologio a doppia cassa, ma con un dischetto di vetro al centro (*per vedere l'ora*).

Hunter /ˈhʌntə(r)/, *n.* (*astron.*) Orione.

hunting /ˈhʌntɪŋ/, **A** *n.* caccia; (*specialm. fox-h.*) caccia alla volpe: **I am very fond of h.**, sono appassionato della caccia. **B** *a. attr.* di (*o* da) caccia; per la caccia: **a h. box** (*o* **lodge**), un capanno da caccia; **h. ground**, terreno di caccia (*anche fig.*); **h. horn**, corno da caccia; **a h. knife**, un coltello da caccia. ● **h. crop**, frustino □ **a h. man**, un appassionato della caccia alla volpe; un cacciatore di volpi □ **h. pink**, (colore) rosso «caccia alla volpe» □ **the h. season**, la stagione della caccia □ **the happy h. grounds**, ottimi terreni di caccia, il paradiso (*per gli indiani d'America*); (*fig.*) miniera d'oro (*fig.*).

huntress /ˈhʌntrɪs/, *n.* cacciatrice.

huntsman /ˈhʌntsmən/, *n.* (*pl.* **huntsmen**) **1** cacciatore **2** capocaccia (*specialm. nella caccia alla volpe*).

huntsmanship /ˈhʌntsmənʃɪp/, *n.* arte della caccia; arte venatoria.

hunt's-up /ˈhʌntsʌp/, *locuz. n.* segnale d'inizio della caccia.

hunt-the-thimble /ˈhʌntðəˈθɪmbl/, *locuz. n.* caccia al ditale (*gioco infantile*).

hurdle /ˈhɜːdl/, *n.* **1** graticcio; graticciato; barriera portatile; steccato amovibile **2** (*sport*) ostacolo (*anche fig.*); difficoltà: **to jump a h.**, saltare un ostacolo **3** (*pl.*) (*sport*, = **h.-race**) corsa a ostacoli **4** (*stor.*) carretta (*o* treggia) su cui i condannati erano portati al patibolo.

to **hurdle** /ˈhɜːdl/, **A** *v. t.* **1** – **to h. off**, recingere con un graticcio **2** (*sport*) saltare (*un ostacolo*) **3** (*fig.*) superare: **to h. a difficulty**, superare una difficoltà. **B** *v. i.* (*sport*) partecipare a una corsa a ostacoli.

hurdler /ˈhɜːdlə(r)/, *n.* (*sport*) ostacolista.

hurdling /ˈhɜːdlɪŋ/, *n.* (*sport*) **1** (*atletica*) le corse a ostacoli **2** (*ippica*) le corse a ostacoli semplici (*o* a siepi).

hurdy-gurdy /ˈhɜːdɪgɜːdɪ/, *n.* organetto di Barberia; organino.

hurl /hɜːl/, *n.* **1** lancio (*violento*) **2** (*scozz.*) corsa, trasporto (*in un veicolo*).

to **hurl** /hɜːl/, **A** *v. t.* **1** lanciare; scagliare; vibrare: **to h. an assegai at a lion**, scagliare una zagaglia a (*o* contro) un leone; **to h. threats [insults, reproaches] at sb.**, lanciare minacce [insulti, rimbrotti] a q. **2** (*scozz.*) trasportare (*su un veicolo*). **B** to **hurl oneself**, *v. rifl.* lanciarsi; scagliarsi; precipitarsi: **They hurled themselves at** (*o* **upon**) **the invaders**, si lanciarono sugli invasori.

hurler /ˈhɜːlə(r)/, *n.* **1** lanciatore, lanciatrice **2** (*sport*) giocatore di hockey irlandese.

hurley /ˈhɜːlɪ/, **hurling** /ˈhɜːlɪŋ/, *n.* (*sport*) hockey irlandese.

hurly /ˈhɜːlɪ/, *n.* confusione; baccano; chiasso; trambusto.

hurly-burly /ˈhɜːlɪbɜːlɪ/, **A** *a.* chiassoso; scompigliato; tumultuoso; scomposto. **B** *n.* V. **hurly**.

hurrah /hʊˈrɑː/, **hurray** /hʊˈrɑː/, **A** *inter.* urrà!, hurrà!; evviva!; viva!: **H. for peace!**, viva la pace! **B** *n.* urrà; evviva.

to **hurrah** /hʊˈrɑː/, to **hurray** /hʊˈreɪ/, **A** *v. i.* gridare evviva; applaudire. **B** *v. t.* applaudire; salutare (q.) con grida d'evviva.

hurricane /ˈhʌrɪkən, *USA* ˈhɜːrɪkeɪn/, *n.* uragano (*anche fig.*); ciclone tropicale. ● (*zool.*) **h. bird** (*Fregata*), fregata □ (*naut.*) **h. deck**, ponte di manovra (*di nave da guerra*); ponte di passeggiata (*di nave passeggeri*) □ **h. lamp**, lanterna controvento □ **h. watch**, (servizio di) vigilanza per gli uragani.

hurried /ˈhʌrɪd, *USA* ˈhɜː-/, *a.* affrettato; frettoloso; precipitoso: **a h. visit**, una visita frettolosa; **a h. piece of work**, un lavoro affrettato.

hurriedly /ˈhʌrɪdlɪ, *USA* ˈhɜː-/, *avv.* in fretta; affrettatamente; frettolosamente.

hurriedness /ˈhʌrɪdnəs, *USA* ˈhɜː-/, *n.* fretta; precipitazione.

hurry /ˈhʌrɪ, *USA* ˈhɜː-/, *n.* fretta; fretta e furia; premura; precipitosità; urgenza: **There's no h. to go to school**, non c'è fretta d'andare a scuola; **to do st. in a h.**, far q.c. in fretta e furia. ● (*fam.*) **h.-scurry**, (*avv.*) in fretta e furia; (*agg.*) frettoloso, precipitoso; (*sost.*) fretta, precipitazione □ **to be in a h.**, aver fretta; essere impaziente: **Why are you in such a h.?**, perché hai tanta fretta?; **He is in a h. to leave**, è impaziente di partire □ **to be in no h.**, non avere fretta; (*fam.*) non avere desiderio (*o* voglia: *di fare q.c.*) □ **I won't forget in a h.**, non lo dimenticherò tanto presto □ **What's your h.?**, perché hai tanta fretta? □ (*fam.*) **You won't beat that in a h.**, non farai meglio tanto facilmente; non ti sarà facile fare meglio.

to **hurry** /ˈhʌrɪ, *USA* ˈhɜː-/, **A** *v. i.* affrettarsi; sbrigarsi; far presto; spicciarsi; affannarsi: **Don't h.!**, non affannarti! **B** *v. t.* **1** fare (q.c.) in fretta; affrettare; sbrigare; accelerare; precipitare; far fretta a (q.); sollecitare; incalzare: **Don't h. the work!**, non affrettare il lavoro!; **He doesn't like to be hurried**, non ama essere sollecitato **2** mandare (*o* spedire) in tutta fretta: **More troops were hurried to the front**, altre truppe furono mandate al fronte in tutta fretta. ● **to h. home**, andare subito a casa; affrettarsi a rincasare.

♦**hurry along**, **A** *v. i. + avv.* andare in fretta; affrettarsi; spicciarsi. **B** *v. t. + avv.* **1** fare fretta (*o* premura) a (q.); dire a (q.) di andarsene in fretta; mandare via **2** affrettare, sollecitare (*una decisione, ecc.*) □ **to h. along the road**, camminare (*o* viaggiare) in fretta per la strada.

♦**hurry away**, **A** *v. i. + avv.* andarsene di fretta. **B** *v. t. + avv.* mandare via (q.) in tutta fretta.

♦**hurry back**, *v. i. + avv.* tornare in fretta; fare presto a ritornare.

♦**hurry down**, *v. i. + avv.* scendere in fretta; fare in fretta a scendere.

♦**hurry forward**, *V.* **hurry along**.

♦**hurry in**, *v. i. + avv.* entrare in fretta; fare presto a entrare.

♦**hurry into**, **A** *v. i. + prep.* **1** entrare in fretta in (*un luogo*) **2** affrettarsi a (*fare q.c.*). **B** *v. t. + prep.* **1** far entrare (q.) in fretta in (*un luogo*) **2** sollecitare (*q. a fare. q.c.*) □ **to h. sb. into a decision**, sollecitare q. a prendere una decisione.

♦**hurry off**, *V.* **hurry away**.

♦**hurry on**, *V.* **hurry along**.

♦**hurry out**, **A** *v. i. + avv.* uscire in fretta; affrettarsi a uscire. **B** *v. t. + avv.* fare uscire (q.) in fretta.

♦**hurry up**, **A** *v. i. + avv.* affrettarsi; fare in fretta; spicciarsi: **H. up!**, spicciati!; sbrigati! **B** *v. t. + avv.* **1** affrettare, accelerare (q.c.) **2** fare fretta (*o* premura) a (q.); sollecitare (q.) □ **to h. up to sb.**, avvicinarsi a q. in tutta fretta.

to **hurry-scurry** /ˈhʌrɪˈskʌrɪ, *USA* ˈhɜːrɪˈskɜːrɪ/, *v. i.* andare a precipizio (*o* in fretta e furia).

hurst /hɜːst/, *n.* (*arc.*) **1** collina; collinetta **2** banco di sabbia **3** cima boscosa; bosco in vetta a un monte.

hurt /hɜːt/, **A** *n.* lesione; ferita (*anche fig.*); danno; colpo (*fig.*): **It was a severe h. to our prestige**, fu una grave ferita (*o* un grave colpo) per il nostro prestigio. **B** *a.* **1** ferito **2** danneggiato; leso **3** (*fig.*) offeso; risentito **4** addolorato; dolente: **a h. look**, uno sguardo addolorato. ● **to get h.**, farsi male; ferirsi.

to **hurt** /hɜːt/ (*pass.* e *p. p.* **hurt**), **A** *v. t.* far male a; ferire (*anche fig.*); addolorare; danneggiare; ledere; offendere; nuocere a: **I hurt my leg when I stumbled on a stump**, mi feci male a una gamba quando inciampai in un ceppo; **He was badly hurt**, si fece molto male; **He was slightly hurt**, si ferì leggermente; **He was hurt by your words**, restò offeso dalle tue parole; **It hurts your eyes to read when the light is too dim**, nuoce alla vista leggere quando c'è poca luce. **B** *v. i.* (*fam.*) far male; dolere: **My leg hurts**, mi fa male la gamba. **C** to **hurt oneself**, *v. rifl.* farsi male; ferirsi. ● **to h. sb.'s feelings**, ferire i sentimenti di q. □ **He wouldn't h. a fly**, è incapace di far male a una mosca □ **It won't h. to take some precautions**, non c'è niente di male se prendiamo qualche precauzione.

hurtful /ˈhɜːtfl/, *a.* che fa male; dannoso; nocivo; pernicioso. ● **a h. remark**, un'osservazione che ferisce (*o* che urta). ‖ **-ly**, *avv.* ‖ **-ness**, *sost.*

hurtle /ˈhɜːtl/, *n.* (*poet.*) **1** cozzo; scontro; urto **2** fracasso; schianto.

to **hurtle** /ˈhɜːtl/, **A** *v. i.* **1** fracassarsi; schiantarsi: **The aeroplane hurtled to the ground**, l'aereo si schiantò al suolo **2** fare uno schianto; rimbombare; strepitare: **The noise of the battle hurtled in the air**, il rumore della battaglia rimbombava nell'aria **3** muoversi rumorosamente; precipitarsi con fracasso. **B** *v. t.* **1** lanciare; scagliare **2** (*arc.*) cozzare; urtare. ● **to h. against st.**, sbattere violentemente contro q.c. □ **to h. together**, urtarsi con violenza.

hurtless /ˈhɜːtləs/, *a.* (*arc.*) innocuo; inoffensivo.

husband /ˈhʌzbənd/, *n.* **1** marito **2** (*arc.*) amministratore; economo: **a good h.**, un buon economo **3** (*naut.*, = **ship's h.**) capitano d'armamento; raccomandatario.

to **husband** /ˈhʌzbənd/, *v. t.* **1** far economia di; risparmiare; economizzare; fare saggio uso di: **We must h. our energies**, dobbiamo risparmiare le nostre energie; **Let's h. our resources!**, facciamo buon uso delle nostre risorse! **2** (*poet.* o *scherz.*) maritare, dar marito a (*una donna*) **3** (*raro*) sposare (*una donna*) **4** (*arc.*) coltivare (*la terra, piante, ecc.*).

husbandless /ˈhʌzbəndləs/, *a.* senza marito.

husbandman /ˈhʌzbəndmən/, *n.* (*pl.* **husbandmen**) (*poet.*) agricoltore; colono; contadino.

husbandry /ˈhʌzbəndrɪ/, *n.* **1** agricoltura; lavoro dei campi **2** gestione degli affari; governo (*della casa, ecc.*): **good h.**, amministrazione oculata **3** frugalità; economia; parsimonia. ● **animal h.**, zootecnia.

hush /hʌʃ/, **A** *n.* silenzio; calma; quiete: **Can we have a bit of h.?**, si può avere un po' di silenzio?; **in the h. of the night**, nel silenzio della notte. **B** *inter.* zitto!; zitti!; silenzio! ● (*fam.*) **h.-h.**, segretissimo □ **h. money**, prezzo del silenzio; denaro pagato a qualcuno perché taccia (non vada a testimoniare, ecc.).

to **hush** /hʌʃ/, **A** *v. t.* **1** far tacere **2** calmare; sopire; placare. **B** *v. i.* tacere; far silenzio; stare zitto: **H. (up)!**, taci! ● **to h. to sleep**, cullare; ninnare □ **to h. up**, mettere a tacere; nascondere; soffocare (*fig.*): **to h. up a scandal**, soffocare uno scandalo.

hushaby /ˈhʌʃəbaɪ/, *inter.* ninna nanna!; fa' la nanna!

hushed /hʌʃt/, *a.* (*di suono, ecc.*) soffocato. ● **in a h. voice**, sottovoce.

husk /hʌsk/, *n.* **1** (*bot.*) buccia, guscio, pellicola (*specialm. di cereali*); cartoccio (*del granturco*); pula, lolla, loppa **2** (*fig.*) involucro, cartoccio **3** (*pl.*) scarti; roba senza valore **4** (*vet.*) tosse **5** (*med.*) raucedine. ● **olive husks**, sansa di olive.

to **husk** /hʌsk/, **A** *v. t.* sbucciare; mondare; scartocciare, spannocchiare (*granturco*); pilare (*cereali*). **B** *v. i.* **1** (*della voce*) arrochirsi; velarsi **2** (*vet.*: *di un animale*) tossire.

huskily /ˈhʌskəlɪ/, *avv.* con voce roca; fiocamente; flebilmente.

huskiness /ˈhʌskɪnəs/, *n.* **1** asprezza (*di voce, ecc.*); raucedine **2** (*fam.*) forza; robustezza; vigore fisico.

husking /ˈhʌskɪŋ/, *n.* sbucciatura, sgusciatura; pilatura (*di cereali*); scartocciatura, spannocchiatura (*del granturco*). ● (*USA*) **h. bee**, festa della spannocchiatura.

husky /ˈhʌskɪ/, **A** *a.* **1** pieno di bucce (*o* di gusci); simile a pellicola (*o* a pula) **2** rauco; secco; roco; fioco: **a h. cough**, una tosse secca; **a h. voice**, una voce rauca **3** (*fam.*) forte; robusto; grosso; virile: **He's a h. fellow**, è un tipo ben piantato. **B** *n.* persona forte, robusta; fusto, marcantonio (*fam.*).

Husky /ˈhʌskɪ/, *n.* **1** eschimese, esquimese (*anche la lingua*) **2** (*di solito* **h.**) cane eschimese (*o* esquimese, da slitta); husky.

huss /hʌs/, (*zool.*) *V.* **dogfish**.

hussar /hʊˈzɑː(r)/, *n.* (*mil., stor.*) ussaro, ussero.

Hussites /ˈhʌsaɪts/, *n. pl.* (*stor., relig.*) Ussiti.

hussy /ˈhʌsɪ/, *n.* (*arc.*) **1** donna leggera; donnaccia; sgualdrina **2** ragazza impertinente, sfacciata.

hustings /ˈhʌstɪŋz/, *n. pl.* (*di solito col verbo al sing.*) **1** campagna (*o* propaganda) elettorale **2** tribuna (*degli oratori politici*) **3** (*stor.*) assemblea; tribunale **4** (*stor.*) piattaforma dalla quale venivano nominati i candidati al parlamento (*prima del 1872*).

hustle /ˈhʌsl/, *n.* (*soltanto al sing.*) **1** spinta, spinte, spintoni; urti **2** (*fam.*) attività febbrile, incessante; scompiglio; andirivieni; trambusto: **the h. and bustle of life in a camp of pioneers**, il trambusto della vita in un campo di pionieri.

to **hustle** /ˈhʌsl/, **A** *v. t.* **1** spingere; urtare; dare spintoni a; far fretta a; incalzare; sollecitare: **The kidnappers hustled their hostage into the car**, i rapitori spinsero il loro ostaggio dentro l'automobile; **They hustled me into a rash move**, incalzandomi mi fecero fare una mossa avventata **2** (*pop. USA*) fregare; scroccare; spillare **3** (*pop. USA*) fregare; rubare. **B** *v. i.* **1** affrettarsi; sbrigarsi; spicciarsi: **H.!**, spicciati!; presto! **2** (*fam.*) spingere; fare a gomitate; sgomitare **3** (*fam.*) essere attivo, energico; darsi da fare **4** (*pop. USA*) battere (il marciapiede).

hustler /ˈhʌslə(r)/, *n.* **1** chi spinge; chi sgomita **2** (*fig. fam.*) persona energica, attiva **3** (*pop. USA*) prostituta; passeggiatrice; battona (*pop.*) **4** (*pop. USA*) chi frega, spilla, ecc.; scroccone, scroccona **5** (*pop. USA*) ladro **6** (*pop. USA*) giocatore (*d'azzardo*) di professione.

hut /hʌt/, *n.* **1** capanna; casupola; tugurio **2** (*mil.*) baracca **3** capanno, casotto (*per attrezzi*) **4** (*sport*) rifugio (*alpino*).

to **hut** /hʌt/, **A** *v. t.* sistemare (*o* alloggiare) in capanne (*o* baracche). **B** *v. i.* vivere in capanne; abitare in baracche.

hutch /hʌtʃ/, *n.* **1** gabbia (*specialm. per conigli*); conigliera; stia **2** capanna; casupola; tugurio **3** cassa, cesta (*per conservare grano, ecc.*) **4** (*ind. min.*) carrello per montacarichi **5** (*ind. min.*) scomparto di raccolta (*del crivello*) **6** (*un tempo*) madia **7** (*USA*) credenza (*da cucina*).

hutment /ˈhʌtmənt/, *n.* (*mil.*) baraccamento.

huzza, to **huzza** /həˈzɑː/, (*arc.*) *V.* **hurrah, to hurrah**.

hyacinth /ˈhaɪəsɪnθ/, *n.* **1** (*bot., Hyacinthus orientalis*) giacinto **2** (*miner.*) giacinto (*varietà di zircone*).

hyacinthine /haɪəˈsɪnθaɪn/, *a.* color del giacinto; giacintino.

Hyades /ˈhaɪədiːz/, *n. pl.* (*mitol., astron.*) Iadi.

hyaena /haɪˈiːnə/, *n.* (*zool., Hyaena*) iena.

hyalin /ˈhaɪəlɪn/, *n.* (*biol.*) sostanza ialina.

hyaline /ˈhaɪəlaɪn/, **A** *a.* **1** (*biol., geol., miner.*) ialino **2** (*fig.*) diafano; trasparente. **B** *n.* **1** (*biol.*) sostanza ialina **2** (*poet.*) mare calmo **3** (*poet.*) cielo sereno.

hyalite /ˈhaɪəlaɪt/, *n.* (*miner.*) ialite.

hyaloid /ˈhaɪəlɔɪd/, **A** *a.* (*anat.*) ialoideo; ialoide: **h. membrane**, membrana ialoidea (*dell'occhio*). **B** *n.* (*anat.*) membrana ialoidea.

hybrid /ˈhaɪbrɪd/, **A** *n.* (*biol., ling., ecc.*) ibrido; animale ibrido; composto ibrido; cosa ibrida. **B** *a.* ibrido: **The hinny is a h. animal**, il bardotto è un (animale) ibrido. ● (*aeron.*) **h. propulsion**, propulsione ibrida □ (*biol.*) **h. sterility**, sterilità degli ibridi.

hybridism /ˈhaɪbrɪdɪzəm/, *n.* (*biol.* e *fig.*) ibridismo.

hybridization /haɪbrɪdaɪˈzeɪʃn, *USA* -dɪˈz-/, *n.* (*biol.*) ibridazione.

to **hybridize** /ˈhaɪbrɪdaɪz/, **A** *v. t.* (*biol.*) ibridare (*animali, piante*). **B** *v. i.* **1** (*biol.*) ibridarsi **2** produrre ibridi.

hydatid /ˈhaɪdətɪd/, *n.* (*med.*) idatide.

Hydra /ˈhaɪdrə/, *n.* (*astron.*) Idra femmina.

hydra /ˈhaɪdrə/, *n.* (*mitol.*; *zool., Hydra*) idra (*anche fig.*).

hydracid /haɪˈdræsɪd/, *n.* (*chim.*) idracido.

hydraemia /haɪˈdriːmɪə/, *n.* (*med.*) idremia.

hydramnion /haɪˈdræmnɪən, *USA* -ɒn/, *n.* (*med.*) idramnio.

hydrangea /haɪˈdreɪndʒə/, *n.* (*bot., Hydrangea hortensia*) ortensia.

hydrant /ˈhaɪdrənt/, *n.* (= **fire h.**) idrante; bocca d'acqua.

hydrargyria /haɪdrɑːˈdʒɪərɪə/, **hydrargyrism** /haɪˈdrɑːdʒɪrɪzəm/, *n.* (*med.*) idrargirismo.

hydrargyrum /haɪˈdrɑːdʒɪrəm/, *n.* (*chim.*) idrargirio (*arc.*); mercurio.

hydrarthrus /haɪˈdrɑːθrəs/, *n.* (*med.*) idrarto.

hydrase /ˈhaɪdreɪz, -s/, *n.* (*biochim.*) idrasi.

hydrastine /haɪˈdræstiːn, -tɪn/, *n.* (*chim.*) idrastina.

hydrastis /haɪˈdræstɪs/, *n.* (*bot., Hydrastis canadensis*) idraste.

hydratable /haɪˈdreɪtəbl/, *a.* idratabile.

hydrate /ˈhaɪdreɪt/, *n.* (*chim.*) idrato.

to **hydrate** /ˈhaɪdreɪt/, *v. t.* e *i.* (*chim.*) idratare, idratarsi.

hydrated /haɪˈdreɪtɪd/, *a.* (*chim.*) idrato; idratato.

hydrating /haɪˈdreɪtɪŋ, *USA* ˈhaɪd-/, *a.* (*chim.*) idratante.

hydration /haɪˈdreɪʃn/, *n.* (*chim.*) idratazione.

hydrator /ˈhaɪdreɪtə(r)/, *n.* (*chim.*) idratatore.

hydraulic /haɪˈdrɔːlɪk/, *a.* idraulico: **h. engineer**, ingegnere (*o* tecnico) idraulico; **h. engineering**, ingegneria idraulica; **a h. lift**, un montacarichi idraulico; **a h. press**, una pressa idraulica. ● (*autom.*) **h. brakes**, freni idraulici □ (*ind. costr.*) **h. cement**, cemento idraulico □ (*mecc.*) **h. drill**, perforatrice idraulica □ (*mecc.*) **h. drive**, comando idraulico; trasmissione idraulica □ (*mecc.*) **h. jack**, martinetto idraulico. || **-ally**, *avv.*

hydraulics /haɪˈdrɔːlɪks/, *n. pl.* (*col verbo al sing.*) (*fis.*) idraulica.

hydrazine /ˈhaɪdrəziːn, -zɪn/, *n.* (*chim.*) idrazina.

hydrazone /ˈhaɪdrəzəʊn/, *n.* (*chim.*) idrazone.

hydric /ˈhaɪdrɪk/, *a.* **1** (*chim.*) idrogenato; che contiene idrogeno **2** (*bot.*) igrofilo.

hydrid /ˈhaɪdrɪd/, **hydride** /ˈhaɪdraɪd/, *n.* (*chim.*) idruro.

hydriodic /haɪdrɪˈɒdɪk/, *a.* (*chim.*) iodidrico: **h. acid**, acido iodidrico.

hydro /ˈhaɪdrəʊ/, *n.* (*pl.* **hydros**) (*fam.*) centro idroterapico; stabilimento termale.

hydrobiologist /haɪdrəbaɪˈɒlədʒɪst/, *n.* (*scient.*) idrobiologo.

hydrobiology /haɪdrəbaɪˈɒlədʒɪ/, *n.* (*scient.*) idrobiologia.

hydrobromic /haɪdrəˈbrəʊmɪk/, *a.* (*chim.*) bromidrico.

hydrocarbon /haɪdrəˈkɑːbən/, *n.* (*chim.*) idrocarburo.

hydrocele /ˈhaɪdrəsiːl/, *n.* (*med.*) idrocele.

hydrocellulose /haɪdrəˈseljʊləʊs/, *n.* (*chim.*) idrocellulosa.

hydrocephalic /haɪdrəʊsəˈfælɪk/, **hydrocephalous** /haɪdrəʊˈsefələs/, *a.* (*med.*) idrocefalico.

hydrocephalus /haɪdrəʊˈsefələs/, **hydrocephaly** /haɪdrəʊˈsefəlɪ/, *n.* (*med.*) idrocefalo; idrocefalia.

hydrochloric /haɪdrəˈklɒrɪk, *USA* -lɔː-/, *a.* (*chim.*) cloridrico: **h. acid**, acido cloridrico; acido muriatico.

hydrochloride /haɪdrəˈklɔraɪd, *USA* -lɔː-/, *n.* (*chim.*) cloridrato.

hydrochoria /haɪdrəˈkɔːrɪə/, *n.* (*bot.*) idrocoria.

hydrocracking /ˈhaɪdrəkrækɪŋ/, *n.* (*chim., ind. petrolifera*) idrocracking.

hydrocyanic /haɪdrəsaɪˈænɪk/, *a.* (*chim.*) cianidrico: **h. acid**, acido cianidrico (*o* prussico).

hydrodynamic(al) /haɪdrədaɪˈnæmɪk(l)/, *a.* (*fis.*) idrodinamico. || **-ally**, *avv.*

hydrodynamics /haɪdrədaɪˈnæmɪks/, *n. pl.* (*col verbo al sing.*) (*fis.*) idrodinamica.

hydroelectric /haɪdrəʊɪˈlektrɪk/, *a.* idroelettrico: **h. plant** (*o* **h. power station**), centrale idroelettrica.

hydroelectricity /haɪdrəʊɪlekˈtrɪsətɪ/, *n.* energia idroelettrica.

hydrofining /ˈhaɪdrəʊfaɪnɪŋ/, *n.* (*chim.*) idrogenazione (*della benzina*).

hydrofluoric /haɪdrəfluːˈɒrɪk, *USA* -ˈɔː-/, *a.* (*chim.*) fluoridrico.

hydrofoil /ˈhaɪdrəfɔɪl/, *n.* (*naut.*) **1** aletta idrodinamica; ala portante **2** piano idrodinamico **3** (= **h. boat**) aliscafo.

hydroforming /ˈhaɪdrəfɔːmɪŋ/, *n.* (*chim.*) hydroforming; idroforming.

hydrogel /ˈhaɪdrədʒel/, *n.* (*chim.*) idrogel.

hydrogen /ˈhaɪdrədʒən/, *n.* (*chim.*) idrogeno: **heavy h.**, idrogeno pesante. ● **h. bomb**, bomba all'idrogeno □ (*chim.*) **h. ion**, idrogenione □ **h. dioxide** (*o* **h. peroxide**), perossido d'idrogeno; acqua ossigenata □ **h. sulphide**, solfuro d'idrogeno; acido solfidrico.

hydrogenase /haɪˈdrɒdʒəneɪz, -s/, *n.* (*biochim.*) idrogenasi.

to **hydrogenate** /haɪˈdrɒdʒəneɪt/, *v. t.* (*chim.*) idrogenare.

hydrogenation /haɪdrɒdʒəˈneɪʃn/, *n.* (*chim.*) idrogenazione.

to **hydrogenize** /haɪˈdrɒdʒənaɪz, *USA* ˈhaɪdrədʒ-/, *v. t.* (*chim.*) idrogenare.

hydrogenous /haɪˈdrɒdʒənəs/, *a.* (*chim.*) idrogenico; di (*o* contenente) idrogeno.

hydrogeologic(al) /haɪdrədʒɪəˈlɒdʒɪk(l)/, *a.* (*scient.*) idrogeologico.

hydrogeologist /haɪdrədʒɪˈɒlədʒɪst/, *n.* (*scient.*) idrogeologo.

hydrogeology /haɪdrədʒɪˈɒlədʒɪ/, *n.* (*scient.*) idrogeologia.

hydrographer /haɪˈdrɒgrəfə(r)/, *n.* idrografo.

hydrographic(al) /haɪdrəˈgræfɪk(l)/, *a.* idrografico.

hydrography /haɪˈdrɒgrəfɪ/, *n.* (*geogr.*) idrografia.

hydrokinetic(al) /haɪdrəkaɪˈnetɪk(l)/, *a.* (*fis.*) idrocinetico.

hydrokinetics /haɪdrəkaɪˈnetɪks/, *n. pl.* (*col verbo al sing.*) (*fis.*) idrocinetica.

hydrolastic /haɪdrəˈlæstɪk/, *a.* (*autom., mecc.*) idropneumatico.

hydrologic(al) /haɪdrəˈlɒdʒɪk(l)/, *a.* idrologico. || **-ally**, *avv.*

hydrologist /haɪˈdrɒlədʒɪst/, *n.* idrologo.

hydrology /haɪˈdrɒlədʒɪ/, *n.* idrologia.

hydrolysis /haɪˈdrɒləsɪs/, *n.* (*chim.*) idrolisi.

hydrolyte /ˈhaɪdrəlaɪt/, *n.* (*chim., med.*) idrolito.

hydrolytic /haɪdrəˈlɪtɪk/, *a.* (*chim.*) idrolitico.

to **hydrolyze** /ˈhaɪdrəlaɪz/, **A** *v. t.* (*chim.*) idrolizzare. **B** *v. i.* (*chim.*) idrolizzarsi.

hydromancy /ˈhaɪdrəmænsɪ/, *n.* idromanzia.

hydromassage /haɪdrəˈmæsɑːʒ, *USA* -əməˈsɑːʒ/, *n.* (*med.*) idromassaggio.

hydromechanics /haɪdrəmɪˈkænɪks/, *n. pl.* (*col verbo al sing.*) (*fis.*) idromeccanica.

hydromel /ˈhaɪdrəmɛl/, *n.* (*arc.*) idromele.

hydrometer /haɪˈdrɒmɪtə(r)/, *n.* (*fis.*) idrometro; densimetro.

hydrometric(al) /haɪdrəˈmɛtrɪk(l)/, *a.* (*fis.*) idrometrico. || **-ally**, *avv.*

hydrometry /haɪˈdrɒmətrɪ/, *n.* (*fis.*) idrometria.

hydronaut /ˈhaɪdrənɔːt/, *n.* idronauta.

hydronautics /haɪdrəˈnɔːtɪks/, *n. pl.* (*col verbo al sing.*) idronautica.

hydropathic /haɪdrəˈpæθɪk/, **A** *a.* (*med.*) idroterapico; termale: **a h. establishment**, uno stabilimento idroterapico. **B** *n.* stabilimento idroterapico.

hydropathist /haɪˈdrɒpəθɪst/, *n.* (*med.*) fautore dell'idroterapia.

hydropathy /haɪˈdrɒpəθɪ/, *n.* (*med.*) idroterapia; cure termali.

hydrophile /ˈhaɪdrəfaɪl, *USA* -fɪl/, *a.* (*chim.*) sostanza idrofila.

hydrophilic /haɪdrəˈfɪlɪk/, *a.* (*chim.*) idrofilo.

hydrophilite /haɪˈdrɒfɪlaɪt/, *n.* (*miner.*) clorocalcite.

hydrophilous /haɪˈdrɒfɪləs/, *a.* (*bot.*) idrofilo.

hydrophobia /haɪdrəˈfəʊbɪə/, *n.* ***1*** (*med.*) idrofobia ***2*** (*psic.*) idrofobia; paura morbosa dell'acqua.

hydrophobic /haɪdrəˈfəʊbɪk/, *a.* ***1*** (*med.*) idrofobo; idrofobico ***2*** (*chim.*) idrofobo ***3*** (*psic.*) che ha una paura morbosa dell'acqua.

hydrophone /ˈhaɪdrəfəʊn/, *n.* (*fis., naut.*) idrofono. ● **h. contact**, contatto idrofonico, scoperta idrofonica (*di sommergibili*).

hydrophyte /ˈhaɪdrəfaɪt/, *n.* (*bot.*) idrofita; pianta acquatica.

hydropic /haɪˈdrɒpɪk/, *a.* (*med.*) idropico.

hydroplane /ˈhaɪdrəpleɪn/, *n.* ***1*** (*aeron.*) idrovolante (*più comune* **seaplane**) ***2*** (*naut.*) idroplano; idroscivolante ***3*** (*naut.*) timone di profondità (*di sottomarino*).

to **hydroplane** /ˈhaɪdrəpleɪn/, *v. i.* (*autom.*) subire l'effetto idroplano.

hydroplaning /ˈhaɪdrəpleɪnɪŋ/, *n.* (*autom.*) effetto idroplano (*slittamento dovuto a un sottile strato d'acqua sotto le gomme*).

hydropneumatic /haɪdrəʊnjʊˈmætɪk, *USA* -nʊ-/, *a.* (*mecc.*) idropneumatico.

hydroponic /haɪdrəˈpɒnɪk/, *a.* (*chim., agric.*) idroponico.

hydroponics /haɪdrəˈpɒnɪks/, *n. pl.* (*col verbo al sing.*) (*agric.*) idroponica; coltura idroponica.

hydropsy /ˈhaɪdrɒpsɪ/, *n.* (*arc., med.*) idropisia.

hydroquinone /haɪdrəkwɪˈnəʊn/, *n.* (*chim., fotogr., med.*) idrochinone.

hydroscope /ˈhaɪdrəskəʊp/, *n.* (*ottica, naut.*) idroscopio.

hydroskimmer /ˈhaɪdrəskɪmə(r)/, *n.* (*naut.*) veicolo a cuscino d'aria (*per impiego sull'acqua*).

hydrosphere /ˈhaɪdrəsfɪə(r)/, *n.* (*geogr.*) idrosfera.

hydrostat /ˈhaɪdrəstæt/, *n.* segnalatore (*o* regolatore) di livello.

hydrostatic(al) /haɪdrəˈstætɪk(l)/, *a.* (*tecn., scient.*) idrostatico.

hydrostatics /haɪdrəˈstætɪks/, *n. pl.* (*col verbo al sing.*) (*fis.*) idrostatica.

hydrosulphide /haɪdrəˈsʌlfaɪd/, *n.* (*chim.*) idrogenosolfuro.

hydrosulphite /haɪdrəˈsʌlfaɪt/, *n.* (*chim.*) iposolfito.

hydrotherapeutic /haɪdrəθɛrəˈpjuːtɪk/, *a.* (*med.*) idroterapeutico, idroterapico.

hydrotherapeutics /haɪdrəθɛrəˈpjuːtɪks/, *n. pl.* (*col verbo al sing.*) idroterapia (*la scienza*).

hydrotherapic /haɪdrəθəˈræpɪk/, *a.* (*med.*) idroterapico.

hydrotherapist /haɪdrəˈθɛrəpɪst/, *n.* (*med.*) tecnico d'idroterapia.

hydrotherapy /haɪdrəˈθɛrəpɪ/, *n.* (*med.*) idroterapia (*la cura*).

hydrothermal /haɪdrəˈθɜːml/, *a.* (*geol.*) idrotermale.

hydrothorax /haɪdrəˈθɔːræks/, *n.* (*pl.* **hydrothoraxes, hydrothoraces**) (*med.*) idrotorace.

hydrotropism /haɪˈdrɒtrəpɪzəm/, *n.* (*bot.*) idrotropismo.

hydrous /ˈhaɪdrəs/, *a.* (*chim., miner.*) idrato; idratato.

hydroxide /haɪˈdrɒksaɪd/, *n.* (*chim.*) idrossido.

hydroxy /haɪˈdrɒksɪ/, *a.* (*chim.*) ossidrilico; idrossilico (*raro*).

hydroxyl /haɪˈdrɒksɪl/, *n.* (*chim.*) ossidrile; idrossile (*raro*).

hydroxylamine /haɪdrɒksɪləˈmiːn, *USA* -ˈdrɒksɪləm-/, *n.* (*chim.*) idrossilammina.

hydrozoans /haɪdrəˈzəʊənz/, *n. pl.* (*zool., Hydrozoa*) idrozoi.

hyena /haɪˈiːnə/, *n.* ***1*** (*zool., Hyaena*) iena: **striped h.** (*Hyaena hyaena*), iena striata ***2*** (*fig.*) iena; sciacallo.

hyetograph /ˈhaɪətəʊgrɑːf, *USA* -æft/, *n.* (*meteor.*) ***1*** ietografo; pluviografo ***2*** diagramma delle precipitazioni medie in un anno.

hyetography /haɪəˈtɒgrəfɪ/, *n.* (*meteor.*) ietografia; studio della distribuzione delle precipitazioni.

hyetometer /haɪəˈtɒmɪtə(r)/, *n.* (*meteor.*) pluviometro.

Hygeia /haɪˈdʒiːə/, *n.* (*mitol.*) Igea; (dea della) salute.

hygeian /haɪˈdʒiːən/, *a.* d'Igea; della salute; salutare.

hygiene /ˈhaɪdʒiːn/, *n.* igiene.

hygienic /haɪˈdʒiːnɪk(l), *USA* -dʒɪˈɛn-, -ˈdʒɛn-/, *a.* igienico. || **-ally**, *avv.*

hygienics /haɪˈdʒiːnɪks, *USA* -dʒɪˈɛn-, -ˈdʒɛn-/, *n. pl.* (*col verbo al sing.*) igiene (*la scienza*).

hygienist /ˈhaɪdʒiːnɪst, *USA* -ˈdʒiːn-, -ˈdʒɛn-/, *n.* igienista.

hygienization /haɪdʒiːnaɪˈzeɪʃn, *USA* -nɪˈz-/, *n.* igienizzazione.

to **hygienize** /ˈhaɪdʒiːnaɪz/, *v. t.* igienizzare; rendere igienico.

hygrograph /ˈhaɪgrəgrɑːf, *USA* -æf/, *n.* (*meteor.*) igrografo.

hygrometer /haɪˈgrɒmɪtə(r)/, *n.* (*meteor.*) igrometro.

hygrometric /haɪgrəˈmɛtrɪk/, *a.* (*meteor.*) igrometrico.

hygrometry /haɪˈgrɒmətrɪ/, *n.* (*meteor.*) igrometria.

hygrophile /ˈhaɪgrəfaɪl, *USA* -fɪl/, *n.* (*biol.*) (organismo) igrofilo.

hygrophilous /haɪˈgrɒfɪləs/, *a.* (*biol.*) igrofilo.

hygrophite /ˈhaɪgrəfaɪt/, *n.* (*bot.*) (pianta) igrofita.

hygrophitic /haɪgrəˈfɪtɪk/, *a.* (*bot.*) igrofito.

hygroscope /ˈhaɪgrəskəʊp/, *n.* (*fis.*) igroscopio.

hygroscopic /haɪgrəˈskɒpɪk/, *a.* (*chim., bot.*) igroscopico. || **-ally**, *avv.*

hygroscopy /haɪˈgrɒskəpɪ/, *n.* (*meteor.*) igroscopia.

hyla /ˈhaɪlə/, *n.* (*zool., Hyla*) ila; raganella.

hylomorphism /haɪləˈmɔːfɪzəm/, *n.* (*filos.*) ilomorfismo.

hylozoic /haɪləˈzəʊɪk/, *a.* (*filos.*) ilozoistico.

hylozoism /haɪləˈzəʊɪzəm/, *n.* (*filos.*) ilozoismo.

hymen /ˈhaɪmən/, *n.* (*anat.*) imene.

Hymen /ˈhaɪmən/, *n.* (*mitol.*) Imene.

hymenal /ˈhaɪmənl/, *a.* (*anat.*) imenale.

hymeneal /haɪməˈniːəl/, *a.* delle nozze; nuziale; imeneo.

hymenopter /ˈhaɪmənɒptə(r)/, *n.* (*zool.*) imenottero.

hymenopteral /haɪməˈnɒptərəl/, *a.* (*zool.*) degli imenotteri.

hymenopterans /haɪməˈnɒptərənz/, *n. pl.* (*zool., Hymenoptera*) imenotteri.

hymenopteron /haɪməˈnɒptərɒn/, *n.* (*pl.* **hymenoptera, hymenopterons**) (*zool.*) imenottero.

hymenopterous /haɪməˈnɒptərəs/, *a.* (*zool.*) degli imenotteri.

hymn /hɪm/, *n.* inno; inno religioso; canto sacro; carme. ● **h. book**, libro d'inni religiosi; innario.

to **hymn** /hɪm/, **A** *v. t.* inneggiare a, celebrare con lodi (*Dio, ecc.*). **B** *v. i.* inneggiare; cantare inni.

hymnal /ˈhɪmnəl/, **A** *a.* d'inno. **B** *n.* libro d'inni religiosi; innario.

hymnary /ˈhɪmnərɪ/, *n.* (*relig.*) innario.

hymnic /ˈhɪmnɪk/, *a.* d'inno; innografico.

hymnist /ˈhɪmnɪst/, **hymnodist** /ˈhɪmnədɪst/, *n.* innografo; compositore d'inni sacri.

hymnody /ˈhɪmnədɪ/, *n.* ***1*** innodia ***2*** raccolta di inni.

hymnographer /hɪmˈnɒgrəfə(r)/, *n.* innografo.

hymnography /hɪmˈnɒgrəfɪ/, *n.* innografia.

hymnologic /hɪmnəˈlɒdʒɪk/, *a.* innologico.

hymnologist /hɪmˈnɒlədʒɪst/, *n.* innologo.

hymnology /hɪmˈnɒlədʒɪ/, *n.* innologia.

hyoid /ˈhaɪɔɪd/, **A** *a.* (*anat.*) ioide: **h. bone**, osso ioide. **B** *n.* (osso) ioide.

hyoscyamine /haɪəʊˈsaɪəmaɪn/, *n.* (*chim.*) iosciamina.

hyp /ˈhɪp/, *n.* (*arc., già fam.*; *di solito* **the hips**) ipocondria; malinconia.

hypaethral /haɪˈpiːθrəl/, *a.* (*archit. classica*) ipetro (*privo di tetto*).

hypallage /haɪˈpæləgiː/, *n.* (*ling., retor.*) ipallage.

hype (**1**) /haɪp/, *n.* ***1*** pubblicità aggressiva (*o* stravagante) ***2*** grosso lancio pubblicitario; strombazzata ***3*** (*fam.*) gonfiatura, montatura giornalistica ***4*** (*pop.*) imbroglio; inganno; fregatura (*pop.*). ● **h. artist**, agente pubblicitario che strombazza un prodotto □ **media h.**, lancio pubblicitario dei media.

hype (**2**) /haɪp/, *n.* (*pop.*) ***1*** ago ipodermico ***2*** iniezione di droga; buco (*pop.*) ***3*** tossicomane; eroinomane ***4*** spacciatore di droga ***5*** donna che si prostituisce per drogarsi.

to **hype** (**1**) /haɪp/, *v. t.* ***1*** fare un grosso lancio pubblicitario a (*un prodotto*); reclamizzare a tutto spiano, strombazzare, spingere (*fam.*) ***2*** (*fam.*) gonfiare, montare (*una notizia, ecc.*) ***3*** (*pop.*) imbrogliare; ingannare; fregare (*pop.*) ***4*** (*di un negoziante*) fregare (*i clienti*) sul resto. ● **to h. up**, lanciare, strombazzare, spingere (*un prodotto*).

to **hype** (**2**) /haɪp/, **A** *v. i.* (*pop., di solito*, **to h. up**) ***1*** farsi, bucarsi ***2*** andare su di giri (*con la droga, ecc.*); eccitarsi. **B** *v. t.* (*pop, di solito* **to h. up**) eccitare, mandare (q.) su di giri (*con la droga, ecc.*).

hyped-up (**1**) /ˈhaɪptˈʌp/, *a.* ***1*** troppo reclamizzato: **h. films**, film troppo reclamizzati ***2*** gonfiato; artificiale; falso; montato (*fig.*).

hyped-up (**2**) /ˈhaɪptˈʌp/, *a.* (*pop.*) ***1*** drogato; sotto l'effetto della droga ***2*** eccitato, su di giri (*per effetto dell'alcol, di stimolanti, ecc.*); sballato (*pop.*).

hyper (**1**) /ˈhaɪpə(r)/, *n.* (*fam. USA*) *V.* **hype artist,** *sotto* **hype** (**1**).

hyper (**2**) /ˈhaɪpə(r)/, **A** *n.* (*pop.*) ***1*** chi si fa; chi si buca; drogato ***2*** uno che ha un temperamento eretistico; chi si agita (*o* si eccita facilmente, ecc.); chi si dà un gran daffare. **B** *a.* (*pop.*) ***1*** sovreccitato; agitato ***2*** iperattivo; che si dà da fare.

hyperacid /haɪpərˈæsɪd/, *a.* (*med.*) iperacido.

hyperacidity /haɪpərəˈsɪdətɪ/, *n.* (*med.*) iperacidità.

hyperactive /haɪpərˈæktɪv/, *a.* iperattivo.

hyperactivity /haɪpəræk'tɪvətɪ/, *n.* iperattività.

hyperaemia /haɪpəˈriːmɪə/, *n.* (*med.*) iperemia.

hyperaemic /haɪpəˈriːmɪk/, *a.* (*med.*) iperemico.

hyperaesthesia /haɪpərəsˈθiːzɪə, -ʒə/, *n.* (*med.*) iperestesia.

hyperaggressive /haɪpərəˈgresɪv/, *a.* (*psic.*) iperaggressivo.

hyperalimentation /ˈhaɪpərælɪmenˈteɪʃn/, *n.* (*med.*) iperalimentazione.

hyperbaric /haɪpəˈbærɪk/, *a.* iperbarico: **h. chamber**, camera iperbarica (*o* di compressione).

hyperbaton /haɪˈpɜːbətɒn/, *n.* (*pl.* **hyperbatons, hyperbata**) (*ling.*) iperbato.

hyperbola /haɪˈpɜːbələ/, *n.* (*pl.* **hyperbolas, hyperbolae**) (*geom.*) iperbole.

hyperbole /haɪˈpɜːbəlɪ/, *n.* (*ling., retor.*) iperbole.

hyperbolic /haɪpəˈbɒlɪk/, *a.* ***1*** (*geom., ecc.*) iperbolico: **h. cotangent**, cotangente iperbolica ***2*** (*retor.*) *V.* **hyperbolical**.

hyperbolical /haɪpəˈbɒlɪkl/, *a.* (*retor.*) iperbolico. || **-ly**, *avv.*

hyperbolism /haɪˈpɜːbəlɪzəm/, *n.* uso d'iperboli; l'iperboleggiare.

hyperbolist /haɪˈpɜːbəlɪst/, *n.* iperboleggiatore (*lett.*); chi fa uso d'iperboli.

to **hyperbolize** /haɪˈpɜːbəlaɪz/, **A** *v. t.* esprimere con iperboli. **B** *v. i.* iperboleggiare; esagerare.

hyperboloid /haɪˈpɜːbəlɔɪd/, *n.* (*geom.*) iperboloide.

hyperborean /haɪpəˈbɔːrɪən/, **A** *a.* iperboreo (*lett.*); dell'estremo settentrione. **B** *n.* ***1*** (*mitol.*) uno degli Iperborei ***2*** abitante dell'estremo settentrione.

hypercatalectic /haɪpəkætəˈlektɪk/, *a.* (*poesia*) ipercatalettico.

hypercharge /ˈhaɪpətʃɑːdʒ/, *n.* (*fis.*) ipercarica.

hyperchlorhydria /haɪpəklɔːˈhaɪdrɪə/, *n.* (*med.*) ipercloridria.

hypercorrection /haɪpəkəˈrekʃn/, *n.* (*ling.*) ipercorrettismo.

hypercritic(al) /haɪpəˈkrɪtɪk(l)/, *a.* ipercritico. || **-ally**, *avv.*

hypercriticism /haɪpəˈkrɪtɪsɪzəm/, *n.* ipercriticismo.

to **hypercriticize** /haɪpəˈkrɪtɪsaɪz/, *v. t.* criticare eccessivamente.

hyperdulia /haɪpədʊˈlaɪə/, *n.* (*relig.*) iperdulia.

hyperemia /haɪpəˈriːmɪə/, e *deriv.* (*USA*) *V.* **hyperaemia**, e *deriv.*

hyperesthesia /haɪpərəsˈθiːzɪə, -ʒə/, *n.* (*med.*) iperestesia.

hyperexcitability /haɪpərɪksaɪtəˈbɪlətɪ/, *n.* ipereccitabilità.

hyperexcitable /haɪpərɪkˈsaɪtəbl/, *a.* ipereccitabile.

hyperglyc(a)emia /haɪpəglaɪˈsiːmɪə/, *n.* (*med.*) iperglicemia.

hyperglyc(a)emic /haɪpəglaɪˈsiːmɪk/, *a.* (*med.*) iperglicemico.

hyperinflation /haɪpərɪnˈfleɪʃn/, *n.* (*econ.*) iperinflazione; inflazione incontrollabile.

Hyperion /haɪˈpɪərɪən/, *n.* (*mitol.*) Iperione.

hypermarket /ˈhaɪpəmɑːkɪt/, *n.* (*comm.*) ipermercato.

hypermeter /haɪˈpɜːmɪtə(r)/, *n.* (*poesia*) ipermetro.

hypermetric(al) /haɪpəˈmetrɪk(l)/, *a.* (*poesia*) ipermetro.

hypermetrope /haɪpəˈmetrəʊp/, *n.* (*med.*) ipermetrope.

hypermetropia /haɪpəməˈtrəʊpɪə/, *n.* (*med.*) ipermetropia.

hypermetropic /haɪpəməˈtrɒpɪk/, *a.* (*med.*) ipermetrope.

hyperon /ˈhaɪpərɒn/, *n.* (*fis.*) iperone.

hyperphysical /haɪpəˈfɪzɪkl/, *a.* soprannaturale.

hyperplane /ˈhaɪpəpleɪn/, *n.* (*geom.*) iperpiano.

hyperplasia /haɪpəˈpleɪzɪə, *USA* -ʒə/, *n.* (*med.*) iperplasia.

hypersensitive /haɪpəˈsensətɪv/, *a.* ipersensibile. || **-ness**, *sost.*

hypersensitivity /haɪpəsensəˈtɪvətɪ/, *n.* ipersensibilità.

hypersensitization /haɪpəsensətaɪˈzeɪʃn, *USA* -tɪˈz-/, *n.* (*med.*) ipersensibilizzazione.

hypersonic /haɪpəˈsɒnɪk/, *a.* (*fis.*) ipersonico. ● (*aeron.*) **h. flight**, volo ipersonico □ **h. speed**, velocità ipersonica.

hyperspace /ˈhaɪpəspeɪs/, *n.* (*mat.*) iperspazio.

hypersthenia /haɪpəˈsθiːnɪə/, *n.* (*med.*) iperstenia.

hypersthenic /haɪpəˈsθenɪk, -θiː-/, *a.* (*med.*) iperstenico.

hypertension /haɪpəˈtenʃn/, *n.* (*med.*) ipertensione.

hypertensive /haɪpəˈtensɪv/, (*med.*) **A** *a.* ipertensivo. **B** *a.* e *n.* iperteso. **C** *n.* (*farm.*) ipertensivo.

hypertensor /haɪpəˈtensə(r)/, *n.* (*farm.*) ipertensivo.

hyperthyroid /haɪpəˈθaɪrɔɪd/, *a.* e *n.* (*med.*) ipertiroideo.

hyperthyroidism /haɪpəˈθaɪrɔɪdɪzəm/, *n.* (*med.*) ipertiroidismo.

hypertonia /haɪpəˈtəʊnɪə/, *n.* (*med.*) ipertonia.

hypertonic /haɪpəˈtɒnɪk/, *a.* (*med.*) ipertonico.

hypertonicity /haɪpətəʊˈnɪsətɪ/, *n.* (*med.*) ipertonia; l'essere ipertonico.

hypertrichosis /haɪpətrɪˈkəʊsɪs/, *n.* (*pl.* **hypertrichoses**) (*med.*) ipertricosi.

hypertrophic /haɪpəˈtrɒfɪk/, **hypertrophied** /haɪˈpɜːtrəfɪd/, *a.* (*med.*) ipertrofico.

hypertrophy /haɪˈpɜːtrəfɪ/, *n.* (*med.*) ipertrofia.

hypervelocity /haɪpəvəˈlɒsətɪ/, *n.* (*fis. nucl., miss., mil.*) velocità elevatissima; ipervelocità.

hyperventilation /haɪpəventɪˈleɪʃn/, *n.* (*med.*) iperventilazione.

hypervitaminosis /haɪpəvɪtəmɪˈnəʊsɪs/, *n.* (*med.*) ipervitaminosi.

hypethral /haɪˈpiːθrəl/, *V.* **hypaethral**.

hypha /ˈhaɪfə/, *n.* (*pl.* **hyphae**) (*bot.*) ifa.

hyphen /ˈhaɪfn/, *n.* ***1*** tratto d'unione; trattino (*nelle parole composte*) ***2*** (*tipogr.*) lineetta (*per andare a capo*).

to **hyphen** /ˈhaɪfn/, to **hyphenate** /ˈhaɪfəneɪt/, *v. t.* ***1*** unire (*una parola*) con una lineetta, con un trattino ***2*** scrivere, stampare (*una parola*) con una lineetta, con un trattino. ● **hyphenated Americans**, americani naturalizzati (*per es.*, **German-Americans**) □ **hyphenated words**, parole composte, che si scrivono con un trattino.

hyphenation /haɪfəˈneɪʃn/, *n.* unione (*di due parole*) mediante un trattino.

hypnagogic, hypnogogic /hɪpnəˈgɒdʒɪk/, *a.* (*psic.*) ipnagogico.

hypnology /hɪpˈnɒlədʒɪ/, *n.* (*scient.*) ipnologia.

hypnopedia /hɪpnəˈpiːdɪə/, *n.* ipnopedia.

hypnosis /hɪpˈnəʊsɪs/, *n.* (*pl.* **hypnoses**) (*psic.*) ipnosi.

hypnotherapist /hɪpnəˈθerəpɪst/, *n.* ipnoterapista.

hypnotherapy /hɪpnəˈθerəpɪ/, *n.* (*med.*) ipnoterapia.

hypnotic /hɪpˈnɒtɪk/, **A** *a.* ipnotico: **in a h. state**, in stato ipnotico. **B** *n.* ***1*** (*farm.*) ipnotico; sonnifero ***2*** persona ipnotizzata; soggetto facilmente ipnotizzabile. || **-ally**, *avv.*

hypnotism /ˈhɪpnətɪzəm/, *n.* (*psic.*) ipnotismo.

hypnotist /ˈhɪpnətɪst/, *n.* (*med.*) ipnotizzatore, ipnotizzatrice.

hypnotization /hɪpnətaɪˈzeɪʃn, *USA* -tɪˈz-/, *n.* (*psic.*) ipnotizzazione.

to **hypnotize** /ˈhɪpnətaɪz/, *v. t.* (*anche fig.*) ipnotizzare.

hypnotizer /ˈhɪpnətaɪzə(r)/, *n.* ipnotizzatore, ipnotizzatrice.

hypo (**1**) /ˈhaɪpəʊ/, *n.* (*pl.* **hypos**) (*abbr. di* **sodium hyposulfite**) (*comm., fotogr.*) iposolfito (*o* tiosolfato) di sodio.

hypo (**2**) /ˈhaɪpəʊ/, *n.* (*pl.* **hypos**) (*abbr. di* **hypodermic**) (*fam., med.*) iniezione (*o* siringa) ipodermica. ● (*pop.*) **h. kit**, borsa con quanto occorre per bucarsi.

hypo (**3**) /ˈhaɪpəʊ/, *n.* (*pl.* **hypos**) (*fam., psic.*) ***1*** ipocondriaco ***2*** ipocondria.

hypoacidity /haɪpəʊəˈsɪdətɪ/, *n.* (*med.*) ipoacidità.

hypoacusia /haɪpəʊəˈkjuːsɪə, -ʃə/, *n.* (*med.*) ipoacusia.

hypoblast /ˈhaɪpəblɑːst, *USA* -æst/, *n.* (*biol.*) ipoblasto.

hypocaust /ˈhaɪpəkɔːst/, *n.* (*archeol.*) ipocausto.

hypochlorhydria /haɪpəklɔːˈhaɪdrɪə/, *n.* (*med.*) ipocloridria.

hypochlorite /haɪpəˈklɔːraɪt/, *n.* (*chim.*) ipoclorito.

hypochlorous /haɪpəˈklɔːrəs/, *a.* (*chim.*) ipocloroso.

hypochondria /haɪpəˈkɒndrɪə/, *n.* (*psic.*) ipocondria.

hypochondriac /haɪpəˈkɒndrɪæk/, *a.* e *n.* (*psic.*) ipocondriaco.

hypochondriacal /haɪpəʊkɒnˈdraɪəkl/, *a.* (*psic.*) ipocondriaco.

hypochondriasis /haɪpəkɒnˈdraɪəsɪs/, *n.* (*pl.* **hypochondriases**) (*psic.*) ipocondria.

hypochondrium /haɪpəˈkɒndrɪəm/, *n.* (*pl.* **hypochondria**) (*anat.*) ipocondrio.

hypocrisy /hɪˈpɒkrəsɪ/, *n.* ipocrisia.

hypocrite /ˈhɪpəkrɪt/, *n.* ipocrita.

hypocritical /hɪpəˈkrɪtɪkl/, *a.* ipocrita; falso. || **-ly**, *avv.*

hypocycloid /haɪpəˈsaɪklɔɪd/, *n.* (*mat.*) ipocicloide.

hypoderm /ˈhaɪpədɜːm/, *n.* *V.* **hypoderma** e **hypodermis**.

hypoderma /haɪpəˈdɜːmə/, *n.* (*pl.* **hypodermas, hypodermata**) ***1*** (*zool.*) ipoderma ***2*** (*bot.*) ipodermide.

hypodermic /haɪpəˈdɜːmɪk/, **A** *a.* (*med., anat.*) ipodermico: **a h. injection**, un'iniezione ipodermica; **h. syringe**, siringa ipodermica. **B** *n.* iniezione (*o* siringa) ipodermica.

hypodermis /haɪpəˈdɜːmɪs/, *n.* (*bot. e zool.*) ipodermide.

hypodermoclysis /haɪpədəˈmɒkləsɪs/, *n.* (*pl.* **hypodermoclyses**) (*med.*) ipodermoclisi.

hypofunction /haɪpəˈfʌŋkʃn/, *n.* (*med.*) ipofunzione.

hypofunctional /haɪpəˈfʌŋkʃənl/, *a.* (*med.*) ipofunzionale.

hypogastric /haɪpəˈgæstrɪk/, *a.* (*anat.*) ipogastrico.

hypogastrium /haɪpəˈgæstrɪəm/, *n.* (*pl.* **hypogastria**) (*anat.*) ipogastrio.

hypogeal /haɪpəˈdʒiːəl/, **hypogean** /haɪpəˈdʒiːən/, **hypogeous** /haɪpəˈdʒiːəs/, *a.* (*scient.*) ipogeo; sotterraneo: **h. fauna**, fauna ipogea.

hypogeum /haɪpəˈdʒiːəm/, *n.* (*pl.* **hypogea**) (*archeol.*) ipogeo.

hypoglossal /haɪpəˈglɒsl, *USA* -ɔːs-/, **A** *a.* (*anat.*) ipoglosso: **h. nerve**, nervo ipoglosso. **B** *n.* (nervo) ipoglosso.

hypoglyc(a)emia /haɪpəʊglaɪˈsiːmɪə/, *n.* (*med.*) ipoglicemia.

hypoglyc(a)emic /haɪpəʊglaɪˈsiːmɪk/, *a.* e *n.* (*med.*) ipoglicemico.

hypogynous /haɪˈpɒdʒənəs/, *a.* (*bot.*) ipogino.

hyponitrite /haɪpəˈnaɪtraɪt/, *n.* (*chim.*) iponitrito.

hyponitrous /haɪpəˈnaɪtrəs/, *a.* (*chim.*) iponitroso.

hypophosphate /haɪpəˈfɒsfeɪt/, *n.* (*chim.*) ipofosfato.

hypophosphite /haɪpəˈfɒsfaɪt/, *n.* (*chim.*)

ipofosfito.

hypophosphoric /haɪpəfɒsˈfɒrɪk, *USA* -ɔːr-/, a. (*chim.*) ipofosforico.

hypophosphorous /haɪpəˈfɒsfərəs/, a. (*chim.*) ipofosforoso.

hypophyseal, hypophysial /haɪpəˈfɪzɪəl/, a. (*anat.*) ipofisario.

hypophysis /haɪˈpɒfəsɪs/, n. (*pl.* **hypophyses**) (*anat.*) ipofisi.

hypoplasia /haɪpəʊˈpleɪzɪə, *USA* -ʒə/, n. (*med.*) ipoplasia.

hypostasis /haɪˈpɒstəsɪs/, n. (*pl.* **hypostases**) (*med., filos., ling., relig.*) ipostasi.

hypostatic(al) /haɪpəˈstætɪk(l)/, a. (*med., filos., relig., ling.*) ipostatico. || **-ally**, avv.

hypostatization /haɪpɒstətaɪˈzeɪʃn, *USA* -tɪˈz-/, n. (*filos., relig.*) ipostatizzazione.

to **hypostatize** /haɪˈpɒstətaɪz/, v. t. (*filos., relig.*) ipostatizzare.

hypostyle /ˈhaɪpəstaɪl/, n. (*archit.*) ipostilo.

hyposulfite /haɪpəˈsʌlfaɪt/, (*USA*) *V.* **hyposulphite**.

hyposulphite /haɪpəˈsʌlfaɪt/, n. ***1*** (*chim.*) iposolfito; idrosolfito ***2*** (*comm., fotogr.*) iposolfito (*o* tiosolfato) di sodio.

hypotactic /haɪpəˈtæktɪk/, a. (*ling.*) ipotattico.

hypotaxis /haɪpəˈtæksɪs/, n. (*ling.*) ipotassi.

hypotension /haɪpəʊˈtɛnʃn/, n. (*med.*) ipotensione.

hypotensive /haɪpəʊˈtɛnsɪv/, (*med.*) **A** a. ipotensivo. **B** a. e n. ipoteso. **C** n. (*farm.*) ipotensivo.

hypotenuse /haɪˈpɒtənjuːz, *USA* -nuːs/, n. (*geom.*) ipotenusa.

hypothalamus /haɪpəˈθæləməs/, n. (*pl.* **hypothalami**) (*anat.*) ipotalamo.

hypothec /haɪˈpɒθɪk/, n. (*leg.*) (*in Scozia, in Italia, ecc.*) ipoteca (*Cfr.* **mortgage**).

hypothecary /haɪˈpɒθəkrɪ/, a. (*leg.*) (*in Scozia, ecc.*) ipotecario.

to **hypothecate** /haɪˈpɒθəkeɪt/, v. t. (*leg.*) (*in Scozia, ecc.*) ipotecare.

hypothecation /haɪpɒθəˈkeɪʃn/, n. (*leg.*) (*in Scozia, ecc.*) iscrizione d'ipoteca.

hypothermia /haɪpəˈθɜːmɪə/, n. (*med.*) ipotermia.

hypothesis /haɪˈpɒθəsɪs/, n. (*pl.* **hypotheses**) ipotesi.

to **hypothesize** /haɪˈpɒθəsaɪz/, v. i. e t. fare ipotesi; ipotizzare.

hypothetic(al) /haɪpəˈθɛtɪk(l)/, a. ipotetico. ● **a h. mind**, una mente abituata a ragionare per ipotesi. || **-ally**, avv.

hypothyroid /haɪpəʊˈθaɪrɔɪd/, a. e n. (*med.*) ipotiroideo.

hypothyroidism /haɪpəʊˈθaɪrɔɪdɪzəm/, n. (*med.*) ipotiroidismo.

hypotonic /haɪpəʊˈtɒnɪk/, a. (*chim., med.*) ipotonico.

hypotrophy /haɪˈpɒtrəfɪ/, n. (*med.*) ipotrofia.

hypotyposis /haɪpəʊtaɪˈpəʊsɪs/, n. (*pl.* **hypotyposes**) (*retor.*) ipotiposi.

hypoventilation /haɪpəʊvɛntɪˈleɪʃn/, n. (*med.*) ipoventilazione.

hypovitaminosis /haɪpəʊvɪtəmɪˈnəʊsɪs/, n. (*med.*) ipovitaminosi.

hypsography /hɪpˈsɒgrəfɪ/, n. (*geogr.*) ipsografia; scienza delle rilevazioni topografiche.

hypsometer /hɪpˈsɒmɪtə(r)/, n. (*geogr.*) ipsometro; misuratore di livello.

hypsometric(al) /hɪpsəˈmɛtrɪk(l)/, a. (*geogr.*) ipsometrico. || **-ally**, avv.

hypsometry /hɪpˈsɒmətrɪ/, n. (*geogr.*) ipsometria.

hyrax /ˈhaɪəræks/, n. (*pl.* **hyraxes, hyraces**) (*zool., Hyrax*) irace.

hyson /ˈhaɪsn/, n. tè verde della Cina.

hy-spy /ˈhaɪspaɪ/, n. (*fam.*) nascondino; rimpiattino.

hyssop /ˈhɪsəp/, n. (*bot.*) ***1*** (*Hyssopus officinalis*) issopo ***2*** (*Bibbia*; *Capparis spinosa*) cappero.

hysterectomy /hɪstəˈrɛktəmɪ/, n. (*med.*) isterectomia.

hysteresis /hɪstəˈriːsɪs/, n. (*pl.* **hystereses**) (*elettron., fis.*) isteresi.

hysteria /hɪˈstɪərɪə, *USA* -ɛrɪə/, n. (*psic.*) isterismo; isteria.

hysteric /hɪˈstɛrɪk/, **A** a. (*psic.*) isterico. **B** n. persona isterica.

hysterical /hɪˈstɛrɪkl/, a. ***1*** (*psic.*) isterico: **h. laughter**, risata isterica ***2*** (*fam.*) buffissimo; divertentissimo. || **-ly**, avv.

hysterics /hɪˈstɛrɪks/, n. pl. (*talora col verbo al sing.*) accesso d'isterismo; attacco isterico; crisi isterica: (*fam.*) **to go** (*o* **to fall**) **into h.**, avere un attacco d'isterismo; (*per estens.*) avere una crisi di nervi.

hysterogenic /hɪstərəˈdʒɛnɪk/, a. (*med.*) isterogeno.

hysteroid /ˈhɪstərɔɪd/, a. (*psic.*) isteroide: **h. behaviour**, comportamento isteroide.

hysteroscope /ˈhɪstərəskəʊp/, n. (*med.*) isteroscopio.

hysterotome /ˈhɪstərətəʊm/, n. (*med.*) isterotomo.

hysterotomy /hɪstəˈrɒtəmɪ/, n. (*med.*) isterotomia.

i, I

I (1), i /aɪ/, *n.* (*pl.* **I's, i's**; **Is, is**) I, i (*nona lettera dell'alfabeto ingl.*). ● (*telef.*) **i for Isaac** (*USA*: **I for Item**), i come Imola □ (*edil.*) **I-bar** (*o* **I-beam**), trave a doppia T.

I (2) /aɪ, ʌɪ, ʌ, ə/, **A** *pron. pers. 1ª pers. sing.* ***1*** (*sogg.*) io: **you and I**, tu e io; io e te (*fam.*); **I am writing**, (io) sto scrivendo; (*lett.*) **It was I** (*fam.*: **It was me**) **who did it**, sono stato io (*a farlo*)! ***2*** (*fam., improprio*: *compl. ogg.*) me: **between you and I**, fra te e me. **B** *n.* (*filos.*) io: **the I**, l'io. ● **Here I am**, eccomi □ **He reads more books than I (do)**, legge più libri di me.

iamb /ˈaɪæm, -mb/, *n.* (*poesia*) giambo.

iambic /aɪˈæmbɪk/, (*poesia*) **A** *a.* giambico: **i. verse**, verso giambico. **B** *n.* verso giambico.

iambus /aɪˈæmbəs/, *n.* (*pl.* **iambuses, iambi**) (*poesia*) giambo.

iatrogenic /aɪætrəʊˈdʒenɪk/, *a.* (*med.*) iatrogeno.

iatrogenicity /aɪætrəʊdʒəˈnɪsətɪ/, *n.* (*med.*) iatrogenicità.

Iberian /aɪˈbɪərɪən/, *a.* e *n.* iberico.

ibex /ˈaɪbeks/, *n.* (*pl.* **ibex, ibexes**) (*zool., Capra ibex*) stambecco; ibice (*raro*).

ibidem /ˈɪbɪdem, ɪˈbaɪ-/ (*lat.*), *avv.* (*abbr.* **ibid.**) ibidem; nello stesso luogo (*nelle citazioni*).

ibis /ˈaɪbɪs/, *n.* (*pl.* **ibis, ibises**) (*zool., Threskiornis*) ibis.

Icarian /ɪˈkeərɪən, aɪ-/, *a.* icario (*lett.*); d'Icaro.

Icarus /ˈɪkərəs, ˈaɪ-/, *n.* (*mitol.*) Icaro.

ice /aɪs/, **A** *n.* ***1*** ghiaccio: **ice bucket**, secchiello per il ghiaccio; **My hands were like ice**, avevo le mani di ghiaccio ***2*** (= **ice cream**) gelato ***3*** (*anche* **water ice**) sorbetto ***4*** (*fam. USA*) gioielli, diamanti (*collett.*) ***5*** (*pop. USA*) bustarella. **B** *a. attr.* ***1*** di ghiaccio: **ice cubes**, cubetti di ghiaccio ***2*** per ghiaccio: **ice bag**, borsa per ghiaccio ***3*** da ghiaccio: (*sport*) **ice skate**, pattino da ghiaccio ***4*** (*geogr.*) glaciale. ● (*geol.*) **ice age**, era glaciale □ (*sport*) **ice axe**, piccozza (da ghiaccio) □ **ice bag**, borsa del ghiaccio □ (*geogr.*) **the ice barrier**, la barriera dei ghiacci □ **ice-boat**, (*sport*) slitta a vela; (*naut.*) rompighiaccio □ (*geogr.*) **ice cap**, calotta glaciale □ (*un tempo*) **ice-chest**, ghiacciaia (*il mobile*) □ **ice-cold**, ghiacciato, gelato, freddissimo; (*fig.*) gelido, glaciale: **an ice-cold pepsi**, una pepsicola ghiacciata; **ice-cold hands**, mani ghiacce □ **ice cream**, gelato: **a strawberry ice cream**, un gelato alla fragola □ **ice-cream cake**, torta gelato □ **ice-cream cone**, cono (gelato) □ **ice-cream cornet**, cornetto □ **ice-cream freezer**, gelatiera □ **ice-cream man** (*o* **vendor**), gelataio □ **ice-cream shop** (*o* **ice-cream parlour**), gelateria □ **ice-cream soda**, gelato con soda e sciroppo □ (*sport*) **ice dancing**, danza sul ghiaccio (*con i pattini*) □ **ice-fall**, seraccata □ (*geogr.*) **ice field**, campo di ghiaccio; (*anche*) banchisa □ (*naut.*) **ice floe**, blocco di ghiaccio galleggiante □ (*geogr.*) **ice foot**, «ice-foot»; piattaforma di ghiaccio □ **ice-free**, libero (*o* sgombro) da ghiaccio (*o* dai ghiacci) □ (*sport*) **ice hockey**, hockey su ghiaccio □ **ice house**, ghiacciaia (*costruita sottoterra*) □ **ice lolly**, ghiacciolo (*da succhiare*) □ **ice making machine**, macchina per fare il ghiaccio □ **ice needle**, ago di ghiaccio □ **ice-out**, disgelo (*di un fiume e sim.*) □ **ice pack**, borsa del ghiaccio; (*geogr.*) pack, banchisa □ **ice pick**, rompighiaccio (*arnese a punta*) □ **ice plant**, (*ind.*) fabbrica del ghiaccio; (*bot., Mesembryanthemum cristallinum*), erba cristallina; erba diacciola □ (*fis.*) **ice point**, temperatura del ghiaccio fondente □ **ice-rink**, pista di ghiaccio; pattinatoio □ (*sport*) **ice race**, corsa (*in motocicletta*) sul ghiaccio □ **ice-run**, (*geogr.*) disgelo, deflusso glaciale; (*sport*) pista per toboga □ (*geogr.*) **ice sheet**, coltre glaciale □ **ice show**, rivista sul ghiaccio (*spettacolo artistico*) □ (*sport*) **ice-skater**, pattinatore (su ghiaccio) □ (*sport*) **ice-skating**, pattinaggio su ghiaccio □ (*geogr.*) **ice stream**, corrente di ghiaccio □ (*geogr.*) **ice tongue**, lingua glaciale □ **ice tongs**, mollette per il ghiaccio □ **ice-up**, disgelo □ **ice-wall**, parete di ghiaccio □ **ice water**, acqua ghiacciata (*da bere*) □ (*sport*) **ice-yachting**, «ice-yachting» □ (*fig.*) **to break the ice**, rompere il ghiaccio □ (*fig.*) **to cut no ice with sb.**, non fare presa su q.; lasciare q. indifferente: (*fam.*) **That cuts no ice!**, non serve a nulla!; non bagna! (*pop.*) □ **on ice**, in ghiaccio; sul ghiaccio; (*fig. fam.*) da parte, in sospeso; (*pop.*) al fresco, in gattabuia: **Keep the drinks on ice!**, tieni in ghiaccio le bibite!; **«Holiday on Ice»**, «Vacanze sul Ghiaccio»; **My plan was put on ice**, il mio progetto fu messo da parte (*o* fu congelato) □ (*fig.*) **to be (skating) on thin ice**, trovarsi in una situazione rischiosa; camminare sul filo del rasoio.

to **ice** /aɪs/, **A** *v. t.* ***1*** ghiacciare; congelare ***2*** coprire di ghiaccio; mettere in ghiaccio: **to ice a bottle of wine**, mettere in ghiaccio una bottiglia di vino ***3*** (*cucina*) glassare: **to ice a cake**, glassare una torta ***4*** (*pop. USA*) uccidere; freddare; far fuori (*pop.*) ***5*** (*pop. USA*) (*spesso* **to ice out**) snobbare, ignorare (q.). **B** *v. i.* ***1*** (*spesso* **to ice up, to ice over**) ghiacciare; gelare: **The lake was iced over**, il lago era ghiacciato ***2*** ghiacciarsi; ricoprirsi di ghiaccio. ● **to be icing**, (*di bevanda*) essere in ghiaccio (*o* in frigo); (*fig.*) essere in preparazione □ (*di una persona*) **to be iced in**, essere bloccato dal ghiaccio.

iceberg /ˈaɪsbɜːɡ/, *n.* ***1*** iceberg ***2*** (*fig. pop.*) pezzo di ghiaccio; persona fredda, impassibile. ● (*fig.*) **the tip of the i.**, la punta dell'iceberg.

iceblink /ˈaɪsblɪŋk/, *n.* ***1*** riflesso (*o* riverbero) del ghiaccio (*all'orizzonte*) ***2*** parete di ghiaccio sulla costa.

icebound /ˈaɪsbaʊnd/, *a.* ***1*** bloccato (*o* imprigionato) dal ghiaccio ***2*** (*di porto e sim.*) bloccato (*o* ostruito) dal ghiaccio.

icebox /ˈaɪsbɒks/, *n.* ***1*** (*un tempo*) ghiacciaia (*il mobile*) ***2*** (*fam. arc. USA*) frigorifero ***3*** (*pop. USA*) gattabuia; prigione; cella d'isolamento ***4*** (*pop. USA*) camera mortuaria.

icebreaker /ˈaɪsbreɪkə(r)/, *n.* (*naut.*) (nave) rompighiaccio.

iced /aɪst/, *a.* ***1*** ghiacciato; coperto dal ghiaccio ***2*** ghiacciato; gelato; freddo: **Will you have hot or i. coffee?**, vuoi un caffè caldo o un caffè freddo? ***3*** (*cucina*: *di dolce e sim.*) glassato ***4*** (*pop. USA*: *di un affare, ecc.*) sistemato.

Iceland /ˈaɪslənd/, *n.* (*geogr.*) Islanda. ● (*bot.*) **I. lichen** (*o* **I. moss**) (*Cetraria islandica*), lichene d'Islanda □ (*miner.*) **I. spar**, spato d'Islanda.

Icelander /ˈaɪsləndə(r)/, *n.* islandese.

Icelandic /aɪsˈlændɪk/, **A** *a.* islandese. **B** *n.* (lingua) islandese.

iceman /ˈaɪsmæn/, *n.* (*pl.* **icemen**) ***1*** «uomo del ghiaccio»; chi fa (*o* vende, consegna) il ghiaccio ***2*** (*sport*) chi fa dell'alpinismo su ghiaccio ***3*** (*pop. USA*) ladro di gioielli ***4*** (*pop. USA*) assassino; sicario.

to **ice-skate** /ˈaɪ(s)skeɪt/, *v. i.* (*sport*) pattinare (sul ghiaccio).

ichneumon /ɪkˈnjuːmən, *USA* -nuː-/, *n.* (*zool., Herpestes ichneumon*) mangusta icneumone. ● (*zool.*) **i. fly** (*Ichneumon*), icneumonide (*imenottero*).

ichnographer /ɪkˈnɒɡrəfə(r)/, *n.* icnografo.

ichnographic(al) /ɪknəˈɡræfɪk(l)/, *a.* icnografico. || **-ally**, *avv.*

ichnography /ɪkˈnɒɡrəfɪ/, *n.* icnografia.

ichor /ˈaɪkɔː(r)/, *n.* (*mitol., med.*) icore.

ichorous /ˈaɪkərəs/, *a.* (*mitol., med.*) icoroso.

ichthyic /ˈɪkθɪɪk/, *a.* ittico.

ichthyologic(al) /ɪkθɪəˈlɒdʒɪk(l)/, *a.* ittiologico. || **-ally**, *avv.*

ichthyologist /ɪkθɪˈɒlədʒɪst/, *n.* ittiologo.

ichthyology /ɪkθɪˈɒlədʒɪ/, *n.* ittiologia.

ichthyophagist /ɪkθɪˈɒfədʒɪst/, *n.* ittiofago.

ichthyophagous /ɪkθɪˈɒfəɡəs/, *a.* ittiofago.

ichthyosaur /ˈɪkθɪəsɔː(r)/, **ichthyosaurus** /ɪkθɪəˈsɔːrəs/, *n.* (*paleont.*) ittiosauro.

ichthyosis /ɪkθɪˈəʊsɪs/, *n.* (*pl.* **ichthyoses**) (*med.*) ittiosi.

ichthyotic /ɪkθɪˈɒtɪk/, *a.* (*med.*) ittiotico.

icicle /ˈaɪsɪkl/, *n.* ghiacciolo.

icicled /ˈaɪsɪkld/, *a.* coperto di ghiaccioli.

icily /ˈaɪsəlɪ/, *avv.* gelidamente; con grande freddezza.

iciness /ˈaɪsɪnəs/, *n.* ***1*** gelidità (*raro*); freddo glaciale ***2*** (*fig.*) gelidezza; freddezza.

icing /ˈaɪsɪŋ/, *n.* ***1*** (*cucina*) glassa ***2*** (*meteor.*) gelicidio; galaverna, calaverna ***3*** formazione (*o* incrostazione) di ghiaccio (*per es., sulle ali d'un aereo*). ● **i. sugar**, zucchero a velo □ (*fig.*) **It's the i. on the cake!**, è la ciliegina sulla torta!

icky /ˈɪkɪ/, *a.* (*fam. USA*) ***1*** malaticcio; indisposto; giù di corda (*pop.*) ***2*** sgradevole ***3*** lacrimoso; svenevole. ● **i.-poo**, disgustoso; schifoso.

icon /ˈaɪkɒn/, *n.* ***1*** icona ***2*** (*elab., pubbl.*) icona.

iconic /aɪˈkɒnɪk/, *a.* ***1*** iconico ***2*** (*fig.*) convenzionale; stereotipato.

iconoclasm /aɪˈkɒnəklæzəm/, *n.* (*anche fig.*) iconoclastia.

iconoclast /aɪˈkɒnəklæst/, *n.* (*anche fig.*) iconoclasta.

iconoclastic /aɪkɒnəˈklæstɪk/, *a.* iconoclastico.

iconographer /aɪkəˈnɒɡrəfə(r)/, *n.* iconografo.

iconographic(al) /aɪkɒnəˈɡræfɪk(l)/, *a.* iconografico.

iconography /aɪkəˈnɒɡrəfɪ/, *n.* iconografia.

iconolater /aɪkəˈnɒlətə(r)/, *n.* iconolatra.

iconolatry /aɪkəˈnɒlətrɪ/, *n.* iconolatria.

iconology /aɪkəˈnɒlədʒɪ/, *n.* iconologia.

iconometer /aɪkəˈnɒmɪtə(r)/, *n.* (*ottica*) iconometro.

iconoscope /aɪˈkɒnəskəʊp/, *n.* (*TV*) iconoscopio.

iconostasis /aɪkəˈnɒstəsɪs/, *n.* (*pl.* **iconostases**) (*archit., relig.*) iconostasi.

icosahedral /aɪkəʊsəˈhiːdrəl, -ˈhed-/, *a.*

(*geom.*) icosaedrico.
icosahedron /aɪkəʊsəˈhiːdrən, -ˈhɛd-/, *n.* (*pl.* **icosahedra**) (*geom.*) icosaedro.
icteric(al) /ɪkˈtɛrɪk(l)/, *a.* (*med.*) itterico.
icterus /ˈɪktərəs/, *n.* (*med.*) itterizia; ittero.
ictus /ˈɪktəs/, *n.* ***1*** (*poesia, mus.*) ictus ***2*** (*med.*) ictus; attacco.
icy /ˈaɪsɪ/, *a.* ***1*** ghiacciato; gelato; gelido; freddissimo: **icy roads**, strade ghiacciate; **My hands are icy**, ho le mani gelate ***2*** (*fig.*) gelido; freddo: **an icy reception**, un'accoglienza gelida. ● (*autom.*) **in icy weather**, col ghiaccio; quando c'è il ghiaccio (*sulle strade*).
id /ɪd/, *n.* (*psic.*) id; Es.
I'd /aɪd, ʌɪd, ʌd/, *contraz.* di: ***1*** **I had** ***2*** **I would**.
I D card /aɪˈdiːkɑːd/, *locuz. n. V.* **identity card.**
idea /aɪˈdɪə, *USA* -iːə, ˈaɪdɪə/, *n.* ***1*** idea; pensiero; opinione: **I have no i. (as to) what you mean**, non ho idea di quel che tu voglia dire; **I have no i.**, non ho idea; non saprei; **to form an i. of st.**, farsi un'idea di q.c.; **What a good i.!**, che bell'idea!; **What an i.!**, che bell'idea! (*iron.*); **to force one's ideas on sb.**, imporre le proprie opinioni a q. ***2*** concetto; nozione: **the i. of freedom**, il concetto di libertà ***3*** intenzione; proposito. ● (*USA, spesso iron.*) **the big i.**, idea luminosa; bellissima trovata □ **to get an i. of st.**, farsi un'idea di q.c. □ **to get the i. that...**, farsi l'idea che... □ **to get ideas into one's head**, mettersi idee (*o* fantasie) in testa; farsi delle illusioni □ **to have an i.**, avere idea: **I have an i. that they will agree to our proposal**, ho idea che accoglieranno la nostra proposta □ **a man of ideas**, un uomo pieno d'idee (*o* di trovate, di risorse); un uomo ingegnoso □ **one's i.**, la propria idea; il modo ideale per q.: **Watching T.V. is not my i. of spending an evening well**, guardare la tivù non è per me il modo ideale di passare bene una serata; non concepisco che si passi una serata a guardare la tivù □ **to put ideas in sb.'s head**, mettere (delle) idee in testa a q. □ **the very i.**, il solo pensiero: **The very i. of flying makes me sick**, solo a pensare di volare mi sento male □ **The very i. of it!**, neanche per idea!; nemmeno per sogno! □ **That's the i.!**, così va bene!; continua così! □ (*fam.*) **What's the i.?**, cosa ti salta in mente?
ideal /aɪˈdɪəl, *USA* -iːəl, ˈaɪdɪəl/, *a.* e *n.* ideale: **an i. house**, una casa ideale; **to realize one's ideals**, realizzare (*o* raggiungere) i propri ideali. ● **i. characters**, personaggi immaginari □ (*fis.*) **i. gas**, gas perfetto (*o* ideale) □ (*mat.*) **i. line**, retta impropria (*o* all'infinito).
idealism /aɪˈdɪəlɪzəm, *USA* ˈaɪ-/, *n.* (*anche arte, filos.*) idealismo.
idealist /aɪˈdɪəlɪst, *USA* -iːə-/, *n.* idealista.
idealistic /aɪdɪəˈlɪstɪk, *USA* -iːə-/, *a.* idealistico.
ideality /aɪdɪˈælətɪ/, *n.* ***1*** idealità ***2*** facoltà d'ideare.
idealization /aɪdɪəlaɪˈzeɪʃn, *USA* -iːəlɪˈz-, aɪdɪəlɪˈz-/, *n.* idealizzazione.
to **idealize** /aɪˈdɪəlaɪz, *USA* -iːə-, ˈaɪdɪə-/, **A** *v. t.* idealizzare. **B** *v. i.* essere un idealista.
ideally /aɪˈdɪəlɪ, *USA* -iːəlɪ/, *avv.* idealmente.
to **ideate** /ˈaɪdɪeɪt/, *v. t.* e *i.* ideare; immaginare; concepire.
ideation /aɪdɪˈeɪʃn/, *n.* ideazione (*anche psic.*); immaginazione.
ideational /aɪdɪˈeɪʃənl/, *a.* (*psic.*) ideatorio.
idée fixe /ˈiːdeɪˈfɪks, iːˈdeɪ-, -ˈfiːks/ (*franc.*), *n.* (*pl.* **idées fixes**) idea fissa; (*psic.*) monomania.
idem /ˈɪdɛm, ˈaɪ-, ˈiː/ (*lat.*), *pron.* e *a.* idem; lo stesso (*autore, ecc.*); la stessa (cosa).
identic /aɪˈdɛntɪk/, *a.* (*specialm. in diplomazia*) identico: **i. note**, nota identica.
identical /aɪˈdɛntɪkl/, *a.* ***1*** identico (*anche mat.*): **The two brothers are i.**, i due fratelli sono identici; **This lighter is i. with** (*meno bene:* **to**) **mine**, quest'accendino è identico al mio ***2*** medesimo; stesso; proprio: **This is the i. spot where the accident happened**, questo è proprio il punto in cui accadde l'incidente. ● (*biol.*) **i. twins**, gemelli monozigotici. || **-ly**, *avv.* || **-ness**, *sost.*
identifiable /aɪdɛntɪˈfaɪəbl/, *a.* identificabile.
identification /aɪdɛntɪfɪˈkeɪʃn/, *n.* (*anche psic.*) identificazione. ● **i. bracelet**, braccialetto con piastrina di riconoscimento □ **i. card**, tessera di riconoscimento □ (*mil.*) **i. disc**, piastrina di riconoscimento □ **i. mark**, contrassegno □ (*fisc.*) **i. number**, numero di codice fiscale □ (*autom.*) **i. numbers**, numero d'immatricolazione □ (*leg., comm.*) **i. of the goods**, specificazione della merce (*nella compravendita*) □ (*leg.*) **i. parade**, confronto all'americana □ **i. tag**, (*di un bagaglio, ecc.*) scontrino; (*mil.*) *V.* **i. disc**.
identifier /aɪˈdɛntɪfaɪə(r)/, *n.* ***1*** identificatore, identificatrice ***2*** (*elab.*) identificatore.
to **identify** /aɪˈdɛntɪfaɪ/, *v. t.* ***1*** identificare; giudicare identico; riconoscere: **to i. a criminal**, identificare un criminale; **to i. one's lost luggage**, riconoscere il proprio bagaglio ch'era stato smarrito; **Never i. dreams with reality**, non identificare i sogni con la realtà! ***2*** (*biol.*) classificare. ● **to i. oneself to sb.**, farsi identificare (*o* riconoscere) da q. □ **to i. with**, identificarsi con (*un personaggio e sim.*) □ **to i. oneself with**, identificarsi con (*anche psic.*); (*fig.*) dare appoggio incondizionato a: **The minister refused to i. himself with such a policy**, il ministro non volle dare il suo appoggio incondizionato a tale politica.
identikit /aɪˈdɛntɪkɪt/, *n.* (*anche fig.*) identikit.
identity /aɪˈdɛntətɪ/, *n.* (*anche mat.*) identità. ● **i. card**, carta d'identità (*usata, in G.B., soltanto in periodo bellico*); tessera di riconoscimento (*di associazioni, ecc.*) □ (*psic.*) **i. crisis**, crisi d'identità □ (*mil.*) **i. disc**, piastrina di riconoscimento □ (*mat.*) **i. matrix**, matrice identica.
ideogram /ˈɪdɪəgræm/, **ideograph** /ˈɪdɪəgrɑːf, *USA* -æf/, *n.* ideogramma.
ideographic(al) /ɪdɪəˈgræfɪk(l)/, *a.* ideografico. || **-ally**, *avv.*
ideography /ɪdɪˈɒgrəfɪ/, *n.* ideografia.
ideologic(al) /aɪdɪəˈlɒdʒɪk(l)/, *a.* ideologico. || **-ally**, *avv.*
ideologism /aɪdɪˈɒlədʒɪzəm/, *n.* (*filos., polit.*) ideologismo.
ideologist /aɪdɪˈɒlədʒɪst/, *n.* ideologo.
ideologue /ˈaɪdɪəlɒg, *USA* -ɔːg/, *n.* (*spreg.*) persona affetta da ideologismi; ideologista (*raro*).
ideology /aɪdɪˈɒlədʒɪ/, *n.* ideologia.
ideomotor /aɪdɪəˈməʊtə(r)/, *a. attr.* (*med.*) ideomotorio; psicomotorio.
ides /aɪdz/, *n. pl.* (*col verbo al sing.*) (*stor. romana*) idi: **Beware the i. of March**, guardati dalle idi di marzo!
id est /ɪdˈɛst/, *locuz. lat.* cioè (*quasi sempre abbreviato in* **i. e.**).
idiocy /ˈɪdɪəsɪ/, *n.* ***1*** (*med.*) idiozia; idiotismo; cretinismo ***2*** idiozia; azione (*o* osservazione) da idiota.
idioglossia /ɪdɪəˈglɒsɪə, *USA* -ɔːs-/, *n.* (*med.*) idioglossia.
idiolect /ˈɪdɪəlɛkt/, *n.* (*ling.*) idioletto.
idiom /ˈɪdɪəm/, *n.* ***1*** idioma; linguaggio: **the Spanish i.**, l'idioma spagnolo ***2*** (*ling.*) idiotismo; espressione idiomatica; locuzione particolare; modo di dire ***3*** stile; linguaggio: **the i. of John Donne**, il linguaggio di John Donne.
idiomatic(al) /ɪdɪəˈmætɪk(l)/, *a.* ***1*** idiomatico; fraseologico: **i. expressions**, espressioni idiomatiche ***2*** ricco d'idiotismi: **an i. language**, un linguaggio ricco d'idiotismi. || **-ally**, *avv.*
idiopathic /ɪdɪəˈpæθɪk/, *a.* (*med.*) idiopatico.
idiopathy /ɪdɪˈɒpəθɪ/, *n.* (*med.*) idiopatia.
idioplasm /ˈɪdɪəʊplæzəm/, *n.* (*biol.*) idioplasma.
idiosyncrasy /ɪdɪəˈsɪŋkrəsɪ/, *n.* (*anche med.*) idiosincrasia.
idiosyncratic /ɪdɪəsɪŋˈkrætɪk/, *a.* ***1*** (*med.*) di (*o* da) idiosincrasia; soggetto a idiosincrasie ***2*** eccentrico; stravagante ***3*** caratteristico; tipico.
idiot /ˈɪdɪət/, *n.* ***1*** (*psic.*) idiota ***2*** idiota; imbecille, stupido. ● (*TV*) **i. board**, gobbo; tabella dei suggerimenti □ (*pop.*) **i. box** (*o* **i.'s lantern**), il televisore □ **i.-stitch**, punto a catenella (*nel cucito*).
idiotic /ɪdɪˈɒtɪk/, *a.* idiota; stupido; stolto. || **-ally**, *avv.*
idiotism /ˈɪdɪətɪzəm/, *n.* ***1*** (*psic.*) idiotismo; idiozia ***2*** idiozia; azione (*o* osservazione) da idiota.
idle /ˈaɪdl/, **A** *a.* ***1*** ozioso; pigro; indolente; infingardo; neghittoso: **an i. boy**, un ragazzo pigro ***2*** inattivo; fermo: **i. machines**, macchine ferme ***3*** (*fig.*) ozioso; inutile; futile; vano: **an i. question**, una domanda oziosa, inutile; **i. tears**, lacrime vane; **an i. tale**, un racconto futile; **an i. wish**, un desiderio vano ***4*** inattivo; disoccupato: **i. workmen**, operai disoccupati. **B** *n.* (*mecc.*) minimo: **to run at i.**, girare al minimo. ● (*fin.*) **i. balances**, saldi monetari infruttiferi □ (*fin.*) **i. capitals**, capitali inattivi □ (*autom.*) **i. speed cut-off**, interruzione del flusso del carburante in fase di rilascio □ (*fin.*) **i. money**, moneta inattiva; risparmio amorfo □ **i. rumours**, voci infondate □ (*autom., mecc.*) **i. speed**, minimo: **The ignition warning light stays on above i. speed**, la spia dell'accensione sta accesa al di sopra del minimo □ (*mecc.*) **i. stroke**, corsa a vuoto □ **i. time**, (*cronot.*) tempo d'attesa (*o* d'ozio); (*elab.*) tempo d'inattività, tempo morto □ (*mecc.*) **i. wheel**, ruota di rinvio □ (*autom., mecc.*) **at i. speed**, al minimo; (*anche*) in fase di rilascio □ (*fin.*) **to lie i.**, essere infruttifero.
to **idle** /ˈaɪdl/, **A** *v. i.* ***1*** oziare; pigrire, impigrirsi ***2*** (*mecc.: d'un motore*) girare al minimo ***3*** (*d'una macchina*) girare a vuoto. **B** *v. t.* ***1*** (*USA*) rendere inattivo: **to i. thousands of workers**, rendere inattivi operai a migliaia ***2*** – **to i. away**, sciupare (*o* sprecare) nell'ozio: **Don't i. away the years of your youth**, non sprecare la gioventù nell'ozio ***3*** (*autom., mecc.*) far girare (*o* tenere) al minimo (*un motore*).
idleness /ˈaɪdlnəs/, *n.* ***1*** ozio; pigrizia; inazione; indolenza; infingardaggine; neghittosità: **to live in i.**, vivere nell'ozio ***2*** (*fig.*) oziosità; futilità; inutilità; vanità ***3*** inattività; disoccupazione.
idler /ˈaɪdlə(r)/, *n.* ***1*** ozioso; pigro; fannullone; pigrone (*fam.*) ***2*** (*mecc.*) ingranaggio (*o* ruota) di rinvio ***3*** (*mecc.*) puleggia folle. ● (*autom.*) **i. arm**, leva di rinvio □ (*mecc.*) **i. gear**, ruota folle (*o* intermedia) □ (*mecc.*) **i. pulley**, puleggia folle.
idling /ˈaɪdlɪŋ, -dəl-/, *n.* ***1*** l'oziare; ozio ***2*** (*mecc.*) funzionamento a vuoto (*o* al minimo, in folle). ● (*mecc.*) **i. jet**, getto del minimo.
idly /ˈaɪdlɪ/, *avv.* ***1*** oziosamente; pigramente ***2*** (*fig.*) inutilmente.
idocrase /ˈaɪdəkreɪs/, *n.* (*miner.*) idocrasio; vesuvianite.
idol /ˈaɪdl/, *n.* (*anche fig.*) idolo: **That little girl is the i. of her mother**, quella bambina è l'idolo di sua madre. ● (*filos. di Bacone*) **idols of the tribe** [**cave**], idola tribus [specus].
idolater /aɪˈdɒlətə(r)/, *n.* (*anche fig.*) idolatra (*uomo*).
idolatress /aɪˈdɒlətrɪs/, *n.* (*anche fig.*) idolatra (*donna*).
idolatric(al) /aɪdəˈlætrɪk(l)/, *a.* idolatrico; idolatra.
to **idolatrize** /aɪˈdɒlətraɪz/, **A** *v. t.* idolatrare; idoleggiare. **B** *v. i.* adorare gli idoli.
idolatrous /aɪˈdɒlətrəs/, *a.* ***1*** (*relig.*) idolatra ***2*** (*anche fig.*) idolatrico.
idolatry /aɪˈdɒlətrɪ/, *n.* (*anche fig.*) idolatria. ● **to honour sb. on this side of i.**, onorare q. senza perciò idolatrarlo.
idolization /aɪdəlaɪˈzeɪʃn, *USA* -lɪˈz-/, *n.* ***1*** l'idoleggiare; l'idolatrare ***2*** l'essere idolatrato.
to **idolize** /ˈaɪdəlaɪz/, *v. t.* e *i.* idoleggiare; idolatrare.

idolizer /ˈaɪdəlaɪzə(r)/, *n.* idolatra; chi idoleggia.

idyl(l) /ˈɪdl, *USA* ˈaɪdl/, *n.* idillio; poesia semplice; poemetto pastorale.

idyllic /ɪˈdɪlɪk, *USA* aɪ-/, *a.* idilliaco; idillico.

idyllist /ˈaɪdəlɪst/, *n.* (*letter.*) scrittore d'idilli.

if /ɪf, *USA* ɪf, əf/, **A** *cong.* ***1*** se; nel caso che; posto che; quando: **If he comes** (*o* **should come**), **let me know**, se viene (*o* dovesse venire), avvisami; **I wouldn't go, if I were you**, se fossi in te, non andrei; **If I feel any doubt, I enquire**, se (*o* quando) ho qualche dubbio, chiedo informazioni ***2*** (*al posto di* **whether**: *dubitativo*) se: **I wonder if he is at home**, vorrei proprio sapere se è (*o* mi chiedo se sia) a casa ***3*** se; ammesso che: **If I am wrong, you are wrong too**, se ho torto io, (allora) hai torto anche tu ***4*** anche se; quand'anche: **If my children are naughty, at least they're healthy**, anche se i miei figli sono cattivelli, almeno sono sani; **I'll do it, if I die in the attempt!**, lo farò, quand'anche dovessi morire nel tentativo! ***5*** se; che: **I don't care if she's poor**, non me ne importa se è (*o* che sia) povera; **I'm sorry if he's angry**, mi dispiace che sia arrabbiato. **B** *n.* se: **There are too many «ifs»**, ci sono troppi «se»; **If «ifs» and «ans» were pots and pans** (**there were no need of tinkers**), con i «se» e i «casomai» non si risolve nulla. ● **if anything**, se mai; semmai: **If anything, it's more difficult now**, semmai, ora è più difficile □ **if not**, se non, anche se non; (*anche*) se no, altrimenti, in caso contrario: **It was a nice lunch, if not the best I've ever had**, è stato un buon pranzo, se non il migliore che io abbia fatto; **If he signs the contract, I'll sign it as well**; **if not, I'll get in touch with you**, se firma il contratto, lo firmo anch'io; altrimenti, mi metterò in contatto con te □ **if only**, se solo; se almeno: **If only he would help me!**, se almeno volesse aiutarmi!; **If only he could come!**, se (soltanto) potesse venire! □ **if so**, se è così; se le cose stanno così □ **if that**, se pure; al massimo: **He has done half his homework, if that**, avrà fatto al massimo la metà del compito a casa □ **if you like**, se vuoi; se vogliamo, se si vuole: **It's a defeat, if you like, more than a victory**, è una sconfitta, se vogliamo, più che una vittoria □ **as if**, come se; quasi: **He walks as if he were drunk**, cammina come se fosse ubriaco; **As if you didn't know!**, come se tu non lo sapessi! □ **even if**, anche se: **Even if they insist, I won't accept their offer**, anche se insistono, non accetterò la loro offerta □ **it isn't as if**, non (è) che: **It isn't as if she weren't honest**, non che non sia onesta □ **He looks as if he were tired**, ha l'aria d'essere stanco □ **It looks as if he won't arrive before tomorrow**, sembra proprio che non arrivi fino a domani □ **If he didn't do it!**, lo fece, eccome!

iffy /ˈɪfɪ/, *a.* (*fam.*) in forse; aleatorio; pieno d'incertezze: **an i. project**, un progetto in forse; **an i. situation**, una situazione piena d'incertezze.

to **ig(g)** /ɪg/, **A** *v. t.* (*pop. USA*) ignorare. **B** *v. i.* (*pop. USA*) fare finta di nulla; fare l'indiano (*pop.*).

igloo /ˈɪgluː/, *n.* (*pl.* **igloos**) igloo, iglù. ● **i.-dweller**, abitatore d'iglù.

Ignatius /ɪgˈneɪʃəs/, *n.* Ignazio.

igneous /ˈɪgnɪəs/, *a.* igneo; (*geol.*) eruttivo: **i. rocks**, rocce ignee.

igniferous /ɪgˈnɪfərəs/, *a.* ignifero (*lett.*).

ignis fatuus /ˈɪgnɪsˈfætʃʊəs/ (*lat.*), *n.* (*pl.* **ignes fatui**) (*anche fig.*) fuoco fatuo.

ignitable /ɪgˈnaɪtəbl/, *a.* accendibile; incendiabile; infiammabile.

to **ignite** /ɪgˈnaɪt/, **A** *v. t.* ***1*** accendere; incendiare; infiammare (*anche fig.*): **His speech ignited the crowd**, il suo discorso infiammò la folla ***2*** (*chim.*) calcinare; incenerire. **B** *v. i.* accendersi; prendere fuoco. ● (*mil.*) **igniting fuse**, miccia d'accensione.

igniter /ɪgˈnaɪtə(r)/, *n.* (*tecn.*) accenditore.

ignitible /ɪgˈnaɪtəbl/, *V.* **ignitable**.

ignition /ɪgˈnɪʃn/, *n.* ***1*** (*anche chim., mecc.*) accensione; meccanismo d'accensione: **The i. is on**, l'accensione è inserita ***2*** (*chim.*) ignizione ***3*** (*miss.*) accensione: **5, 4, 3, 2, 1: i.!**, 5, 4, 3, 2, 1: accensione! ● (*autom., elettr.*) **i. coil**, bobina d'accensione □ (*autom.*) **i. key**, chiave dell'accensione □ (*autom.*) **i. plug**, candela □ (*autom., elettr.*) **the i. system**, l'accensione (*l'impianto*) □ (*autom., elettr.*) **i. vane switch**, captatore magnetico.

ignitron /ɪgˈnaɪtrɒn/, *n.* (*elettr.*) ignitron.

ignobility /ɪgnəˈbɪlətɪ/, *n.* ignobiltà.

ignoble /ɪgˈnəʊbl/, *a.* ignobile; turpe; vile. || **-ness**, *sost.* || **-bly**, *avv.*

ignominious /ɪgnəˈmɪnɪəs/, *a.* ignominioso; infamante; vergognoso. || **-ly**, *avv.*

ignominy /ˈɪgnəmɪnɪ/, *n.* ignominia; infamia; disonore.

ignoramus /ɪgnəˈreɪməs/, *n.* ignorantone, ignorantona.

ignorance /ˈɪgnərəns/, *n.* ignoranza: **I. of the law is no excuse**, non è ammessa l'ignoranza della legge; **from** (*o* **out of, through**) **i.**, per ignoranza. ● **to be in i. of st.**, essere all'oscuro di q.c.

ignorant /ˈɪgnərənt/, *a.* ***1*** ignorante; rozzo: **an i. boy**, un ragazzo ignorante; **i. behaviour**, modo rozzo di comportarsi ***2*** ignaro: **He was quite i. of the fact**, era del tutto ignaro del fatto. ● **to be i. of Greek**, ignorare il greco. || **-ly**, *avv.*

to **ignore** /ɪgˈnɔː(r)/, *v. t.* ***1*** fingere (*o* far finta) di non conoscere (*o* di non vedere, di non sentire); non tener conto di; passare sotto silenzio; trascurare; ignorare: **That girl ignores me**, quella ragazza mi ignora; **I ignored his insults**, feci finta di non udire i suoi insulti; (*autom.*) **to i. the speed limit**, non tener conto del limite di velocità; **to i. evidence**, non tener conto delle prove ***2*** (*leg.*) lasciar cadere (*un'incriminazione*) per mancanza di prove o per falsità; dichiarare (*un'accusa*) irricevibile.

iguana /ɪgˈwɑːnə, ɪgjuːˈɑː-/, *n.* (*zool., Iguana*) iguana.

iguanodon /ɪˈgwɑːnədɒn, -ən, ɪgjuːˈɑː-/, *n.* (*paleont.*) iguanodonte.

ikebana /iːkeɪˈbɑːnə/ (*giapponese*), *n.* ikebana.

ileal /ˈɪlɪəl/, *a.* (*anat.*) ileale.

ileitis /ɪlɪˈaɪtɪs/, *n.* (*pl.* **ileitides**) (*med.*) ileite.

ileoc(a)ecal /ɪlɪəˈsiːkl/, *a.* (*anat.*) ileocecale.

ileocolitis /ɪlɪəkəˈlaɪtɪs/, *n.* (*med.*) ileocolite.

ileostomy /ɪlɪˈɒstəmɪ/, *n.* (*med.*) ileostomia.

ileotomy /ɪlɪˈɒtəmɪ/, *n.* (*med.*) ileotomia.

ileum /ˈɪlɪəm/, *n.* (*pl.* **ilea**) (*anat.*) ileo (*parte dell'intestino*).

ileus /ˈɪlɪəs/, *n.* (*med.*) ileo; occlusione intestinale.

ilex /ˈaɪlɛks/, *n.* (*bot.*) ***1*** (*Quercus ilex*) leccio; elce ***2*** (*Ilex*) agrifoglio. ● **i. wood**, lecceto; elceto.

iliac /ˈɪlɪæk/, *a.* (*anat.*) iliaco: **i. artery**, arteria iliaca.

Iliad /ˈɪlɪəd/, *n.* (*letter. greca*) Iliade. ● (*fig.*) **an I. of woes**, un'odissea di traversie.

ilium /ˈɪlɪəm/, *n.* (*pl.* **ilia**) (*anat.*) ilio (*stor., geogr.*).

Ilium /ˈɪlɪəm/, *n.* (*stor., geogr.*) Ilio.

ilk /ɪlk/, **A** *a.* (*specialm. scozz.*) ogni; ognuno. **B** *n.* (*scozz.*) famiglia, stirpe; (*spreg. o scherz.*) specie, razza, classe, categoria. ● **of that ilk**, (*spreg.*) di quella classe; (*scozz.*) dello stesso nome (*d'un possedimento o d'un luogo di nascita*): **Mac Donald of that ilk**, un Mac Donald di (quelli del luogo o del possedimento, chiamato) Mac Donald.

I'll /aɪl, ʌɪl, ʌl/, *contraz.* di: ***1*** **I will** ***2*** **I shall**.

ill (1) /ɪl/, **A** *a.* (*compar.* **worse**, *superl. rel.* **worst**) ***1*** (*di solito pred.*) ammalato; malato; infermo; tormentato; infelice: **My father is ill**, mio padre è malato; **He was ill with jealousy**, era tormentato dalla gelosia ***2*** (*sempre attr.*) cattivo; dannoso; malefico; nocivo; sfavorevole: **ill health**, cattiva salute; **ill blood**, cattivo sangue; rancore; **ill temper** (*o* **ill nature**), cattivo carattere; **ill humour**, cattivo umore, malumore; **ill fame**, cattiva fama; **ill breeding**, cattiva educazione, maleducazione; **an ill omen**, un presagio sfavorevole; **to get ill news**, ricevere cattive notizie; **ill luck**, sorte avversa; malasorte ***3*** cattivo; errato; sbagliato; imperfetto: **ill management**, cattiva gestione, cattiva amministrazione (*degli affari, ecc.*); **ill success**, riuscita imperfetta ***4*** in cattive condizioni (di salute); messo male. **B** *n.* ***1*** male; cattiva azione: **to do ill**, fare del male; commettere cattive azioni ***2*** male; malanno; malattia ***3*** (*pl.*) mali; disgrazie; sventure: **social ills**, i mali della società. ● **ill-being**, malessere □ **ill-doer**, malfattore □ **ill-doing**, malfatto, malefatta □ **ill feeling**, malumore, rancore, ostilità □ (*fin.*) **ill goodwill**, avviamento negativo □ **ill manners**, cattive maniere, maleducazione □ **ill repute**, cattiva reputazione: **a place of ill repute**, un posto malfamato □ **ill treatment** (*o* **ill usage**), maltrattamento □ **ill will**, malevolenza; malanimo; ostilità; inimicizia: **to bear sb. ill will**, avere del malanimo verso q.; avercela con q. □ **to do sb. an ill turn**, fare un brutto tiro a q.; rendere un cattivo servizio a q. □ **to fall** (*o* **to be taken**) **ill**, cadere ammalato; ammalarsi □ **to have ill luck**, essere sfortunato □ **a house of ill fame**, una casa di malaffare □ (*prov.*) **It's an ill wind that blows nobody any good**, non tutto il male vien per nuocere □ (*prov.*) **Ill weeds grow apace**, l'erba cattiva cresce in fretta.

ill (2) /ɪl/, *avv.* (*compar.* **worse**, *superl. rel.* **worst**) ***1*** male; malamente; in malo modo; in mala parte; sfavorevolmente: **to fare ill**, passarsela male; **to speak ill of sb.**, dire male di q.; sparlare di q.; **to treat sb. ill**, trattar male q.; **to take st. ill**, prendere q.c. in mala parte; aversene a male; offendersi; **It will go ill with him**, le cose andranno male per lui; se la passerà male ***2*** a malapena; poco; scarsamente; non: **to be ill provided with st.**, essere scarsamente provvisto di q.c.; **He can ill afford to refuse**, non può permettersi di rifiutare ***3*** malevolmente; con malevolenza. ● **ill-advised**, imprudente, malaccorto, sconsiderato □ **ill-affected**, maldisposto □ **ill-assorted**, mal assortito □ **to be ill at ease**, essere (sentirsi) a disagio, imbarazzato □ **ill-behaved**, maleducato; sgarbato □ **ill-boding**, infausto, funesto □ **ill-bred**, maleducato; rozzo; sgarbato □ **ill-conditioned**, malevolo, maligno; in cattive condizioni di salute, malandato □ **ill-deserved**, immeritato □ **ill-disposed**, malevolo; maligno; maldisposto □ **ill-equipped**, (*mil., ecc.*) male equipaggiato; male attrezzato; (*fig.*) impreparato (*a fare q.c.*) □ **ill-famed**, malfamato □ **ill-fated**, infelice, sfortunato; che porta sfortuna, infausto □ **ill-favoured**, brutto, sgraziato; sgradito, sgradevole, offensivo □ **ill-fed**, malnutrito; denutrito □ **ill-fitted**, non adatto; inadatto □ (*di un sospetto, ecc.*) **ill-founded**, infondato □ **ill-geared**, (*mecc.*) mal collegato; (*fig.*) mal coordinato, scoordinato □ **ill-gotten**, male acquistato; disonesto: **ill-gotten gains**, guadagni disonesti □ **ill-grounded**, immotivato □ **ill-humoured**, di cattivo umore; bisbetico, stizzoso □ **ill-informed**, male informato □ **ill-intentioned**, malintenzionato □ **ill-judged**, imprudente; sconsiderato; malaccorto □ **ill-mannered**, maleducato; rozzo; sgarbato □ **ill-natured**, di carattere cattivo; bisbetico, stizzoso □ **ill-omened**, malaugurato; nefasto; sfortunato □ (*ind.*) **an ill-qualified worker**, un lavoratore che non ha una buona qualifica □ **ill-starred**, nato sotto una cattiva stella; sfortunato □ **ill-suited**, non adatto; inadatto □ **ill-tempered**, bisbetico; irritabile; stizzoso □ **ill-timed**, intempestivo; inopportuno □ **ill-treated** (*o* **ill-used**), trattato male; maltrattato.

illation /ɪˈleɪʃn/, *n.* illazione.

illative /ɪˈleɪtɪv/, *a.* e *n.* (*ling.*) illativo.

illegal /ɪˈliːɡl/, *a.* illegale; illecito: (*leg.*) **i. acts**, azioni illegali; (*leg.*) **i. consideration**, controprestazione illegale; **i. strike**, sciopero illegale; **i. trade**, commercio illecito.

illegality /ɪlɪˈɡælətɪ/, *n.* illegalità.

illegally /ɪˈliːɡəlɪ/, *avv.* illegalmente.

illegibility /ɪledʒəˈbɪlətɪ/, *n.* illeggibilità.

illegible /ɪˈledʒəbl/, *a.* illeggibile; indecifrabile.

illegibly /ɪˈledʒəblɪ/, *avv.* illeggibilmente.

illegitimacy /ɪlɪˈdʒɪtɪməsɪ/, *n.* illegittimità: **the i. of an act** [**of a son**], l'illegittimità di un atto [di un figlio].

illegitimate /ɪlɪˈdʒɪtɪmət/, **A** *a.* *1* illegittimo; illecito; arbitrario *2* irragionevole; illogico; irregolare. **B** *n.* (figlio) illegittimo.

to **illegitimate** /ɪlɪˈdʒɪtɪmeɪt/, *v. t.* dichiarare illegittimo.

illegitimation /ɪlɪdʒɪtɪˈmeɪʃn/, *n.* dichiarazione d'illegittimità.

illiberal /ɪˈlɪbərəl/, *a.* illiberale; ingeneroso; gretto; meschino.

illiberality /ɪlɪbəˈrælətɪ/, *n.* illiberalità; grettezza; meschinità.

illiberally /ɪˈlɪb(ə)rəlɪ/, *avv.* illiberalmente; ingenerosamente.

illicit /ɪˈlɪsɪt/, *a.* illecito; illegale. ● (*leg.*) **i. consideration**, controprestazione illecita. || **-ly**, *avv.* || **-ness**, *sost.*

illimitability /ɪlɪmɪtəˈbɪlətɪ/, *n.* illimitatezza.

illimitable /ɪˈlɪmɪtəbl/, *a.* illimitato; sconfinato; enorme: **i. space**, spazio illimitato; **i. wealth**, enorme ricchezza. || **-ness**, *sost.* || **-bly**, *avv.*

illimitate /ɪˈlɪmɪteɪt/, *a.* illimitato.

illimitation /ɪlɪmɪˈteɪʃn/, *n.* illimitatezza.

illinium /ɪˈlɪnɪəm/, *n.* (*fis. nucl.*) illinio (*arc.*); promezio; prometeo.

illiquid /ɪˈlɪkwɪd/, *a.* (*fin.*) illiquido; non liquido: **i. assets**, attività non liquide.

illiquidity /ɪlɪˈkwɪdətɪ/, *n.* (*fin.*) illiquidità.

illiteracy /ɪˈlɪtərəsɪ/, *n.* *1* analfabetismo *2* ignoranza; mancanza d'istruzione *3* errore di lingua (*nel parlare o nello scrivere*).

illiterate /ɪˈlɪtərət/, **A** *a.* *1* analfabeta; illetterato; che non sa né leggere né scrivere *2* incolto; ignorante: **i. savages**, selvaggi ignoranti *3* da persona incolta; scorretto: **i. writings**, scritti scorretti. **B** *n.* *1* analfabeta *2* persona incolta; individuo ignorante. ● **He is musically i.**, non se ne intende affatto di musica.

illiterateness /ɪˈlɪtərətnəs/, *V.* **illiteracy**, *def. 1* e 2.

illness /ˈɪlnəs/, *n.* malattia; indisposizione; infermità; malanno.

illocutionary /ɪləˈkjuːʃənrɪ, *USA* -nerɪ/, *a.* (*ling.*) illocutorio.

illocutive /ɪˈlɒkjʊtɪv/, *a.* (*ling.*) illocutivo.

illogical /ɪˈlɒdʒɪkl/, *a.* illogico; assurdo. || **-ly**, *avv.* || **-ness**, *sost.*

illogicality /ɪlɒdʒɪˈkælətɪ/, *n.* illogicità; assurdità.

to **ill-treat** /ˈɪlˈtriːt/, *v. t.* maltrattare.

to **illume** /ɪˈluːm, ɪˈljuːm/, *v. t.* (*poet.*, *anche fig.*) illuminare.

illuminable /ɪˈluːmɪnəbl, *USA* ɪˈljuː-/, *a.* illuminabile.

illuminance /ɪˈluːmɪnəns, -lj-/, *n.* (*ottica*) illuminamento.

illuminant /ɪˈluːmɪnənt, -lj-/, **A** *a.* illuminante. **B** *n.* *1* materiale illuminante; mezzo d'illuminazione *2* (*raro*) sorgente luminosa.

to **illuminate** /ɪˈluːmɪneɪt, -lj-/, *v. t.* *1* illuminare (*anche fig.*); rischiarare; delucidare; chiarire: **The house was beautifully illuminated for the party**, la casa era splendidamente illuminata per la festa; **a church illuminated by candles**, una chiesa illuminata da ceri; **to i. a mysterious case**, chiarire un caso misterioso *2* illuminare a festa *3* miniare: **to i. a manuscript**, miniare un manoscritto.

illuminated /ɪˈluːmɪneɪtɪd, -lj-/, *a.* illuminato. ● (*pubbl.*) **i. sign**, insegna luminosa.

illuminating /ɪˈluːmɪneɪtɪŋ, -lj-/, *a.* illuminante; (*fig.*) che delucida (*o* chiarisce). ● (*un tempo*) **i. gas**, gas illuminante.

illumination /ɪluːmɪˈneɪʃn, -lj-/, *n.* *1* illuminazione *2* (*fig.*) delucidazione; chiarimento *3* (*pl.*) luminarie *4* miniatura (*di libri e sim.*) *5* (*ottica*) *V.* **illuminance**.

illuminative /ɪˈluːmɪnətɪv, -lj-, *USA* -eɪt-/, *a.* illuminativo (*raro*); che illumina.

illuminator /ɪˈluːmɪneɪtə(r), -lj-/, *n.* *1* illuminatore *2* (*fig.*) delucidatore; chi chiarisce *3* miniatore; miniaturista.

to **illumine** /ɪˈluːmɪn, -lj-/, *v. t.* (*lett.*; *anche fig.*) illuminare.

illuminism /ɪˈluːmɪnɪzəm, -lj-/, *n.* (*stor. filos.*) illuminismo.

illuminist /ɪˈluːmɪnɪst, -lj-/, *n.* (*stor. filos.*) illuminista.

to **ill-use** /ɪlˈjuːz/, *v. t.* maltrattare.

illusion /ɪˈluːʒn, -lj-/, *n.* *1* illusione: **optical i.**, illusione ottica *2* illusione; inganno; chimera *3* (*ind. tess.*) tulle finissimo *4* (*psic.*) illusione. ● **to cherish the i. that...**, cullarsi nell'illusione che... □ **to have no illusions about st.**, non farsi (delle) illusioni su q.c. □ **to be under an i.**, farsi (delle) illusioni; sbagliarsi.

illusionism /ɪˈluːʒənɪzəm, -lj-/, *n.* illusionismo.

illusionist /ɪˈluːʒənɪst, -lj-/, *n.* illusionista.

illusive /ɪˈluːsɪv, -lj-/, *a.* illusorio; ingannevole. || **-ly**, *avv.* || **-ness**, *sost.*

illusory /ɪˈluːsərɪ, -lj-/, *a.* illusorio; ingannevole. ● (*stat.*) **i. correlation**, correlazione illusoria. || **-ily**, *avv.* || **-iness**, *sost.*

to **illustrate** /ˈɪləstreɪt, *USA* ɪˈlʌstreɪt/, *v. t.* *1* illustrare; chiarire; delucidare; spiegare *2* illustrare; fornire d'illustrazioni: **to i. children's books**, illustrare libri per i bambini.

illustrated /ˈɪləstreɪtɪd, *USA* ɪˈlʌstreɪ-/, **A** *a.* illustrato: **an i. catalogue**, un catalogo illustrato; **an i. magazine**, una rivista illustrata. **B** *n.* *1* quotidiano illustrato *2* rivista illustrata.

illustration /ɪləˈstreɪʃn/, *n.* *1* illustrazione; chiarimento; delucidazione; spiegazione *2* illustrazione; figura; disegno: **a book with many illustrations**, un libro con molte illustrazioni *3* dimostrazione; esempio (pratico): **by way of i.**, a mo' d'esempio.

illustrative /ˈɪləstrətɪv, -eɪt-, *USA* ɪˈlʌstreɪ-, -ətɪv/, *a.* illustrativo.

illustratively /ˈɪləstrətɪvlɪ, -eɪt-, *USA* ɪˈlʌstreɪ-, -ətɪv/, *avv.* come illustrazione; a mo' d'esempio.

illustrator /ˈɪləstreɪtə(r), *USA* ɪˈlʌstreɪ-/, *n.* *1* illustratore (*di libri, ecc.*) *2* chi chiarisce; chi spiega; delucidatore.

illustrious /ɪˈlʌstrɪəs/, *a.* illustre; celebre; famoso; insigne. || **-ly**, *avv.* || **-ness**, *sost.*

illuvial /ɪˈluːvɪəl/, *a.* (*geol.*) illuviale.

illuviation /ɪluːvɪˈeɪʃn/, *n.* (*geol.*) illuviazione.

Illyria /ɪˈlɪərɪə/, *n.* (*stor., geogr.*) Illiria.

Illyrian /ɪˈlɪərɪən/, (*stor.*) **A** *a.* illirico. **B** *n.* *1* abitante (*o* nativo) dell'Illiria *2* illirico (*la lingua*). ● **the Illyrians**, gli illiri.

ilmenite /ˈɪlmənaɪt/, *n.* (*miner.*) ilmenite.

I'm /aɪm, ʌɪm, ʌm/, *contraz.* di **I am**.

image /ˈɪmɪdʒ/, *n.* *1* immagine (*anche fis., fotogr., mat., psic.*); effigie; figura; ritratto (*anche fig.*): **the i. of Jesus**, l'immagine di Gesù; **Man was made the i. of God**, l'uomo fu creato a immagine di Dio; **You are the very i. of your father**, sei proprio il ritratto di tuo padre; **to speak in poetical images**, esprimersi con immagini poetiche *2* (*fig.*) immagine; esempio tipico; incarnazione; simbolo; specchio (*fig.*): **He is the i. of laziness**, è l'incarnazione della pigrizia; **This novel is the i. of life**, questo romanzo è lo specchio della vita *3* (*polit., pubbl.*) immagine: **i. building**, creazione dell'immagine *4* (*retor.*) figura retorica. ● (*pubbl.*) **i. development**, miglioramento dell'immagine □ (*polit., fam. USA*) **i. spill**, perdita di credibilità □ (*elettron.*) **i. tube**, tubo convertitore d'immagine □ **i. worship**, iconolatria.

to **image** /ˈɪmɪdʒ/, *v. t.* *1* (*raro*) effigiare; raffigurare; rappresentare; ritrarre *2* riflettere; rispecchiare *3* rappresentare; simboleggiare *4* immaginare, immaginarsi. ● **to i. st. to oneself**, immaginarsi q.c.

imageable /ˈɪmɪdʒəbl/, *a.* effigiabile; rappresentabile.

imageless /ˈɪmɪdʒləs/, *a.* privo d'immagini.

imagery /ˈɪmɪdʒrɪ/, *n.* *1* immagini; linguaggio immaginoso; figure retoriche: **Shakespeare's poetry is rich in i.**, la poesia di Shakespeare è ricca d'immagini *2* (*raro, arte*) figure; statuaria.

imaginable /ɪˈmædʒɪnəbl/, *a.* immaginabile. || **-ness**, *sost.* || **-bly**, *avv.*

imaginal /ɪˈmædʒɪnl/, *a.* (*zool.*) immaginale; d'insetto perfetto.

imaginary /ɪˈmædʒɪnrɪ, *USA* -ənerɪ/, **A** *a.* (*anche mat.*) immaginario: **i. axis**, asse immaginario; **i. number**, numero immaginario. **B** *n.* (*mat.*) numero immaginario.

imagination /ɪmædʒɪˈneɪʃn/, *n.* *1* (*filos., psic., letter.*) immaginazione *2* immaginativa; fantasia: **to capture sb.'s i.**, colpire la fantasia di q. *3* parto della fantasia; frutto dell'immaginazione. ● **Your pains are pure i.**, sei un malato immaginario.

imaginative /ɪˈmædʒɪnətɪv, *USA* -əneɪtɪv/, *a.* *1* immaginativo; immaginoso; fantasioso: **i. writers**, scrittori immaginosi *2* di fantasia: **an i. interpretation**, un'interpretazione di fantasia. || **-ly**, *avv.* || **-ness**, *sost.*

to **imagine** /ɪˈmædʒɪn/, **A** *v. t.* *1* immaginare, immaginarsi; figurarsi; supporre: **I cannot i. what he is doing**, non riesco a immaginare che cosa stia facendo; **I imagined her as a plump brunette**, me la immaginavo una brunetta grassottella *2* farsi un'idea di (q.c.). **B** *v. i.* fare congetture; fantasticare. ● **to i. things**, immaginare cose inesistenti □ **Just i. (it)!**, immagina un po'; te l'immagini? □ **Can you i. me doing the housework?**, mi ci vedi a fare le faccende di casa?

imaginer /ɪˈmædʒɪnə(r)/, *n.* immaginatore; chi immagina.

imaging /ˈɪmɪdʒɪŋ/, *n.* (*fis.*) formazione d'immagini. ● (*tecn.*) **i. radar**, radar topografico.

imaginings /ɪˈmædʒɪnɪŋz/, *n. pl.* (*lett.*) frutti dell'immaginazione; fantasie.

imagism /ˈɪmɪdʒɪzəm/, *n.* (*letter.*) imagismo (*V.* **imagist**).

imagist /ˈɪmɪdʒɪst/, *n.* (*letter.*) imagista; poeta del gruppo degli imagisti (*movimento letterario del primo Novecento*).

imago /ɪˈmeɪɡəʊ, ɪˈmɑː-/, *n.* (*pl.* **imagoes, imagines**) *1* (*zool.*) immagine; insetto perfetto *2* (*psic.*) imago.

imam /ɪˈmɑːm, ˈiːmɑːm/, *n.* (*relig.*) imam; imano; iman.

imamate /ɪˈmɑːmeɪt/, *n.* (*relig.*) imanato.

imbalance /ɪmˈbæləns/, *n.* *1* squilibrio (mentale) *2* (*econ.*) squilibrio; sbilancio *3* (*fig.*) squilibrio; sperequazione.

imbalanced /ɪmˈbælənst/, *a.* (*anche fig.*) sbilanciato.

imbecile /ˈɪmbəsiːl, -aɪl, *USA* -sɪl, -sl/, *a.* e *n.* *1* imbecille; deficiente; ebete; scemo; stupido *2* (*psic.*) (persona) debole di mente; imbecille.

imbecility /ɪmbəˈsɪlətɪ/, *n.* *1* imbecillità; imbecillaggine; ebetismo; scemenza; stupidità *2* (*psic.*) debolezza di mente; imbecillità.

to **imbed** /ɪmˈbed/, *V.* **to embed**.

to **imbibe** /ɪmˈbaɪb/, **A** *v. t.* *1* imbevere (*raro*); permearsi di (q.c.); assorbire *2* (*fig.*) imbeversi di; assimilare: **to i. new theories**, imbeversi di teorie nuove *3* (*fam.*) bere: **to i. wine**, bere vino *4* (*chim.*) imbibire. **B** *v. i.* *1* imbeversi; impregnarsi *2* (*fam.*) bere *3* (*chim.*) imbibirsi.

imbiber /ɪmˈbaɪbə(r)/, *n.* *1* chi assorbe *2* (*chim., fis.*) imbibente *3* (*fig.*) assimilatore.

imbibition /ɪmbɪˈbɪʃn/, *n.* *1* (*chim.*) imbibizione; assorbimento *2* (*fig.*) assimilazione (*d'idee, ecc.*).

imbricate /ˈɪmbrɪkət/, **imbricated** /ˈɪmbrɪkeɪtɪd/, *a.* **1** (*bot., zool., geol.*) imbricato **2** embricato, imbricato; sovrapposto (*a mo' di tegole*).

to **imbricate** /ˈɪmbrɪkeɪt/, **A** *v. t.* mettere (*embrici, tegole, ecc.*) l'uno sull'altro; embricare; (*fig.*) sovrapporre. **B** *v. i.* embricarsi.

imbrication /ɪmbrɪˈkeɪʃn/, *n.* (*anche geol.*) embricatura.

imbroglio /ɪmˈbrəʊlɪəʊ/ (*ital.*), *n.* (*pl.* **imbroglios**) imbroglio; situazione (*politica, teatrale, ecc.*) confusa; pasticcio.

to **imbrue** /ɪmˈbru:/, *v. t.* (*raro*) **1** bagnare; inzuppare **2** macchiare; tingere: **to i. one's hand in blood**, macchiarsi le mani di sangue.

to **imbrute** /ɪmˈbru:t/, (*raro*) **A** *v. t.* abbrutire. **B** *v. i.* abbrutirsi.

to **imbue** /ɪmˈbju:/, *v. t.* **1** imbevere; impregnare; permeare; saturare: **He is imbued with the sense of honour**, è permeato di senso dell'onore **2** (*raro*) macchiare; tingere **3** (*fig.*) infondere; instillare: **to i. the minds of the young with moral principles**, instillare principi morali nell'animo dei giovani.

imitability /ɪmɪtəˈbɪlətɪ/, *n.* l'essere imitabile.

imitable /ˈɪmɪtəbl/, *a.* imitabile.

to **imitate** /ˈɪmɪteɪt/, *v. t.* imitare; contraffare; copiare; scimmiottare (*fam.*).

imitation /ɪmɪˈteɪʃn/, **A** *n.* **1** imitazione; contraffazione **2** (*biol.*) mimetismo. **B** *a. attr.* contraffatto; artificiale; falso; finto: **i. leather**, finto cuoio; finta pelle; similpelle.

imitative /ˈɪmɪtətɪv, *USA* -teɪtɪv/, *a.* **1** imitativo; che sa imitare (*o* contraffare): **i. arts**, arti imitative (*o* figurative) **2** contraffatto; artificiale; falso; finto **3** onomatopeico: **an i. word**, una parola onomatopeica **4** (*biol.*) mimetico. || **-ly**, *avv.*

imitativeness /ˈɪmɪtətɪvnəs, *USA* -eɪt-/, *n.* **1** facoltà imitativa; spirito d'imitazione **2** l'essere imitativo **3** artificialità; falsità.

imitator /ˈɪmɪteɪtə(r)/, *n.* imitatore, imitatrice.

immaculacy /ɪˈmækjʊləsɪ/, *V.* **immaculateness.**

immaculate /ɪˈmækjʊlət/, *a.* **1** immacolato; incontaminato; puro: **an i. shirt**, una camicia immacolata **2** impeccabile; perfettamente corretto; senza errori **3** (*zool.*) di colore uniforme. ● (*relig.*) **the I. Conception**, l'Immacolata Concezione. || **-ly**, *avv.* || **-ness**, *sost.*

immanence /ˈɪmənəns/, **immanency** /ˈɪmənənsɪ/, *n.* (*filos.*) immanenza.

immanent /ˈɪmənənt/, *a.* (*filos.*) immanente.

immanentism /ˈɪmənəntɪzəm/, *n.* (*filos.*) immanentismo.

immanentist /ˈɪmənəntɪst/, *n.* (*filos.*) immanentista.

immanentistic /ɪmənənˈtɪstɪk/, *a.* (*filos.*) immanentistico.

immaterial /ɪməˈtɪərɪəl/, *a.* **1** immateriale; incorporeo; spirituale **2** indifferente; irrilevante; senza importanza: **Whether he comes or not, it's i. to me**, venga o non venga, mi è indifferente.

immaterialism /ɪməˈtɪərɪəlɪzəm/, *n.* (*filos.*) immaterialismo.

immaterialist /ɪməˈtɪərɪəlɪst/, *n.* (*filos.*) immaterialista.

immateriality /ɪmətɪərɪˈælətɪ/, *n.* **1** immaterialità; spiritualità **2** indifferenza; irrilevanza.

to **immaterialize** /ɪməˈtɪərɪəlaɪz/, *v. t.* rendere immateriale.

immaterially /ɪməˈtɪərɪəlɪ/, *avv.* immaterialmente.

immature /ɪməˈtʃʊə(r), *USA* -ˈtʊə(r)/, *a.* (*anche fig.*) immaturo: **an i. boy**, un ragazzo immaturo. || **-ly**, *avv.*

immaturity /ɪməˈtʃʊərətɪ, *USA* -ˈtʊə-/, *n.* immaturità.

immeasurability /ɪmeʒərəˈbɪlətɪ/, *n.* incommensurabilità; immensurabilità (*raro*).

immeasurable /ɪˈmeʒərəbl/, *a.* incommensurabile; immensurabile (*raro*). || **-ness**, *sost.* || **-bly**, *avv.*

immediacy /ɪˈmi:dɪəsɪ/, *n.* **1** immediatezza **2** prossimità; vicinanza.

immediate /ɪˈmi:dɪət/, *a.* **1** immediato; diretto; senza intervallo: **an i. response**, una risposta immediata; **i. cause**, causa immediata; **i. inference**, deduzione immediata; **the i. heir to the throne**, l'erede diretto al trono **2** prossimo; stretto; vicino: **one's i. family**, i parenti stretti (*o* prossimi). ● (*fin.*) **i. annuity**, rendita immediata □ **i. information**, informazione di prima mano □ **one's i. neighbour**, il vicino di casa.

immediately /ɪˈmi:dɪətlɪ/, **A** *avv.* immediatamente; direttamente; subito; all'istante; senza indugio. **B** *cong.* (*fam.*) (non) appena; subito dopo che: **I. his intentions are known, he will be allowed to leave the country**, appena si conosceranno le sue intenzioni, potrà lasciare il paese.

immediateness /ɪˈmi:dɪətnəs/, *V.* **immediacy.**

immedicable /ɪˈmedɪkəbl/, *a.* incurabile; senza rimedio.

immemorial /ɪməˈmɔ:rɪəl/, *a.* immemorabile; antichissimo: **i. traditions**, tradizioni antichissime. ● **from** (*o* **since**) **time i.**, da tempo immemorabile.

immense /ɪˈmens/, *a.* **1** immenso; smisurato; enorme **2** (*pop.*) eccellente; ottimo; splendido. || **-ly**, *avv.* || **-ness**, *sost.*

immensurability /ɪmenʃərəˈbɪlətɪ/, *n.* immensurabilità.

immensurable /ɪˈmenʃərəbl/, *a.* immensurabile (*raro*); smisurato.

to **immerge** /ɪˈmɜ:dʒ/, *v. t.* (*raro*) immergere.

to **immerse** /ɪˈmɜ:s/, **A** *v. t.* **1** immergere (*anche fig.*); affondare; tuffare: **to i. one's hands in the water**, immergere le mani nell'acqua; **I was immersed in my thoughts**, ero immerso (*o* assorto) nei miei pensieri **2** (*relig.*) battezzare per immersione. **B** to **immerse oneself**, *v. rifl.* (*anche fig.*) immergersi: **to i. oneself in work**, immergersi nel lavoro.

immersion /ɪˈmɜ:ʃn, *USA* -ʒn/, *n.* **1** (*anche astron.*) immersione **2** (*fig.*) l'essere immerso (*in meditazioni, ecc.*); astrazione **3** (*relig.*) battesimo per immersione. ● **i. classrooms**, aule per lo studio a immersione totale □ (*tecn.*) **i. heater**, riscaldatore a immersione.

immigrant /ˈɪmɪgrənt/, *a.* e *n.* immigrante. ● (*fin.*) **i. remittances**, le rimesse degli immigranti.

to **immigrate** /ˈɪmɪgreɪt/, **A** *v. i.* immigrare. **B** *v. t.* far immigrare.

immigration /ɪmɪˈgreɪʃn/, *n.* immigrazione. ● (*dog.*) **i. control**, controllo passaporti □ **i. quota**, quota d'immigrazione.

imminence /ˈɪmɪnəns/, *n.* **1** imminenza **2** pericolo incombente.

imminent /ˈɪmɪnənt/, *a.* imminente; prossimo; sovrastante: **I'm afraid war is i.**, temo che la guerra sia imminente. || **-ly**, *avv.*

immiscibility /ɪmɪsəˈbɪlətɪ/, *n.* (*chim., fis.*) immiscibilità.

immiscible /ɪˈmɪsəbl/, *a.* (*chim., fis.*) immiscibile.

immitigable /ɪˈmɪtɪgəbl/, *a.* immitigabile (*raro*); implacabile; che non si può lenire.

immixture /ɪˈmɪkstʃə(r)/, *a.* **1** mescolanza **2** (*fig.*) l'esser coinvolto.

immobile /ɪˈməʊbaɪl, *USA* -bl, -bi:l/, *a.* immobile.

immobilism /ɪˈməʊbəlɪzəm/, *n.* (*polit., econ.*) immobilismo.

immobility /ɪməˈbɪlətɪ/, *n.* immobilità: (*econ.*) **the i. of labour**, l'immobilità della manodopera.

immobilization /ɪməʊbɪlaɪˈzeɪʃn, *USA* -lɪˈz-/, *n.* **1** (*anche med.*) immobilizzazione **2** (*fin., rag.*) immobilizzazione; immobilizzo.

to **immobilize** /ɪˈməʊbɪlaɪz/, *v. t.* **1** immobilizzare (*anche med.*); tener fermo **2** (*econ.*) ritirare (*moneta metallica*) dalla circolazione **3** (*fin., rag.*) immobilizzare (*capitali circolanti, ecc.*).

immoderacy /ɪˈmɒdərəsɪ/, *V.* **immoderation.**

immoderate /ɪˈmɒdərət/, *a.* immoderato; smoderato; smodato; eccessivo: **i. spending**, spese eccessive. || **-ly**, *avv.*

immoderation /ɪmɒdəˈreɪʃn/, *n.* smoderatezza; intemperanza; eccesso.

immodest /ɪˈmɒdɪst/, *a.* **1** immodesto; impudico; impudente; sfacciato; spudorato **2** (*d'abito, ecc.*) indecente; indecoroso.

immodesty /ɪˈmɒdəstɪ/, *n.* **1** immodestia; impudicizia; impudenza; sfacciataggine; spudoratezza **2** indecenza; indecorosità.

to **immolate** /ˈɪməleɪt/, **A** *v. t.* immolare (*anche fig.*); sacrificare. **B** to **immolate oneself**, *v. rifl.* immolarsi; sacrificarsi.

immolation /ɪməˈleɪʃn/, *n.* immolazione; sacrificio.

immolator /ˈɪməleɪtə(r)/, *n.* immolatore (*raro*); chi immola.

immoral /ɪˈmɒrəl, *USA* ɪˈmɔ:-/, *a.* immorale; dissoluto; licenzioso. ● (*leg.*) **i. behaviour**, malcostume.

immorality /ɪməˈrælətɪ/, *n.* immoralità; dissolutezza; licenziosità.

immorally /ɪˈmɒrəlɪ, *USA* ɪˈmɔ:-/, *avv.* immoralmente.

immortal /ɪˈmɔ:tl/, **A** *a.* immortale; eterno; perenne; perpetuo: **the i. gods**, gli dei immortali; **an i. poem**, un poema immortale. **B** *n.* (un) immortale.

immortality /ɪmɔ:ˈtælətɪ/, *n.* **1** immortalità; eternità **2** (*fig.*) immortalità; fama imperitura.

immortalization /ɪmɔ:təlaɪˈzeɪʃn, *USA* -lɪˈz-/, *n.* l'immortalare.

to **immortalize** /ɪˈmɔ:təlaɪz/, *v. t.* immortalare; rendere immortale.

immortally /ɪˈmɔ:təlɪ/, *avv.* **1** eternamente; perpetuamente **2** (*fam.*) infinitamente; moltissimo.

immortelle /ɪmɔ:ˈtel/, *n.* (*bot.*) pianta perenne.

immovability /ɪmu:vəˈbɪlətɪ/, *n.* **1** immobilità; inamovibilità **2** irremovibilità **3** impassibilità.

immovable /ɪˈmu:vəbl/, *a.* **1** immobile; fermo; fisso; inamovibile **2** irremovibile: **an i. purpose**, un proposito irremovibile **3** (*leg.*) immobile; immobiliare: **i. property**, beni immobili **4** imperturbabile; impassibile. ● (*leg.*) **immovables**, beni immobili. || **-ness**, *sost.* || **-bly**, *avv.*

immune /ɪˈmju:n/, **A** *a.* **1** immune (*anche med.*); esente **2** (*med.*) immunitario: **i. system**, sistema immunitario **3** (*med.*) immunizzante. **B** *n.* persona immune. ● (*biol.*) **i. body**, anticorpo □ **i. reaction**, immunoreazione □ (*med.*) **i. serum**, siero immune; immunsiero.

immunity /ɪˈmju:nətɪ/, *n.* **1** (*anche med. e leg.*) immunità: **diplomatic i.**, immunità diplomatica **2** esenzione: **i. from taxes**, esenzione da imposte. ● (*leg., in U.S.A.*) **i. bath**, immunità totale, impunibilità (*di un teste che collabora con l'accusa*) □ (*leg.*) **i. from distress**, impignorabilità □ (*leg., in U.S.A.*) **i. from prosecution**, immunità dall'azione penale.

immunization /ɪmjʊnaɪˈzeɪʃn, -mju:-, *USA* -nɪˈz-/, *n.* (*med.* e *fig.*) immunizzazione.

to **immunize** /ˈɪmjʊnaɪz/, *v. t.* (*med.* e *fig.*) immunizzare; rendere immune.

immunizing /ˈɪmjʊnaɪzɪŋ/, *a.* (*med.*) immunizzante.

immunodeficiency /ɪmjʊnəʊdɪˈfɪʃnsɪ, ɪmju:-/, *n.* (*med.*) immunodeficienza.

immunogen /ɪˈmju:nədʒən/, *n.* (*med.*) immunogeno.

immunoglobulin /ɪmjʊnəʊˈglɒbjʊlɪn, ɪmju:-/, *n.* (*biochim.*) immunoglobulina.

immunologic(al) /ɪmjʊnəʊˈlɒdʒɪk(l), ɪmju:-/, *a.* (*med.*) immunologico.

immunologist /ɪmjʊˈnɒlədʒɪst/, *n.* (*med.*) immunologo.

immunology /ɪmjʊˈnɒlədʒɪ/, *n.* (*med.*) immunologia.

immunoreactive /ɪmjʊnəʊri:ˈæktɪv, ɪmju:-/,

a. (*med.*) immunoreattivo.

immunotherapeutic /ɪmjʊnəʊθɛrə'pju:tɪk, ɪmju:-/, a. (*med.*) immunoterapeutico.

immunotherapy /ɪmjʊnəʊ'θɛrəpɪ, ɪmju:-/, n. (*med.*) immunoterapia.

to **immure** /ɪ'mjʊə(r)/, **A** v. t. **1** imprigionare **2** rinchiudere (fra quattro mura); murare **3** (*un tempo*) immurare (*come supplizio*). **B** to **immure oneself**, v. rifl. **1** rinchiudersi; fare vita ritirata; isolarsi **2** immergersi, sprofondarsi (*fig.*): **He immured himself in his books**, s'immerse nella lettura (*o* nello studio) dei suoi libri.

immurement /ɪ'mjʊəmənt/, n. **1** imprigionamento **2** il murare **3** il rinchiudersi; isolamento **4** (*un tempo*) immurazione (*supplizio*).

immutability /ɪmju:tə'bɪlətɪ/, n. immutabilità; invariabilità.

immutable /ɪ'mju:təbl/, a. immutabile; invariabile. || **-ness**, sost. || **-bly**, avv.

Imogen /'ɪməʊdʒən/, n. Imogene.

imp /ɪmp/, n. **1** diavoletto; folletto **2** (*fig.*) diavoletto; monello.

impact /'ɪmpækt/, n. **1** collisione; cozzo; urto; impatto **2** forza d'urto; forte influsso, impatto: **the i. of the French Revolution on English political thought**, l'impatto della Rivoluzione francese sul pensiero politico inglese **3** (*mil.*) impatto: **the i. angle of a missile**, l'angolo d'impatto d'un missile; **on i.**, all'impatto **4** (*psic.*) impatto; urto **5** (*fisc.*) incidenza (*della tassazione*) **6** (*pubbl.*) forza (*di un messaggio*). ● (*mil.*) **i. bomb**, bomba a percussione □ (*mecc.*) **i. breaker**, trituratore a urto □ (*tecn.*) **i. drill**, trapano a percussione □ (*aeron.*) **i. pressure**, pressione dinamica □ (*elab.*) **i. printer**, stampante a impatto □ **i. strength**, forza d'impatto □ (*astron.*) **i.-supporter**, impattista.

to **impact** /ɪm'pækt/, v. t. **1** configgere; incastrare; comprimere **2** (*fig.*) scontrarsi con; urtare contro **3** (*fig.*) imprimere. ● (*USA*) **to i. on**, avere un impatto (*o* un effetto) su (q.c.).

impacted /ɪm'pæktɪd/, a. **1** (*med.*: *di frattura*) composta, incuneata; (*di frammento osseo*) fatto collimare **2** (*med.*: *di un calcolo*) occludente; che occlude **3** (*med.*: *di un dente*) incluso **4** (*USA*) che è sotto l'impatto di: **a racially i. district**, un distretto che è sotto l'impatto della pressione razziale.

impaction /ɪm'pækʃn/, n. **1** compressione; pressione **2** (*med.*) collimazione (*di due ossa*) **3** (*med.*) occlusione; ristagno: **fecal i.**, ristagno delle feci **4** (*med.*: *di un dente*) inclusione.

to **impair** /ɪm'pɛə(r)/, v. t. **1** indebolire **2** danneggiare; deteriorare; guastare; intaccare; menomare; peggiorare; pregiudicare: **to i. one's health**, danneggiare la propria salute.

impaired /ɪm'pɛəd/, a. **1** indebolito **2** deteriorato; intaccato; menomato. ● **to become i.**, guastarsi; deperire; indebolirsi □ **the hearing i**, quelli che ci sentono poco.

impairment /ɪm'pɛəmənt/, n. **1** indebolimento **2** danneggiamento; deterioramento; menomazione; peggioramento.

impala /ɪm'pɑ:lə, *USA* -ælə/, n. (*pl.* **impalas, impala**) (*zool.*, *Aepyceros melampus*) impala.

to **impale** /ɪm'peɪl/, v. t. **1** (*un tempo*) impalare (*come supplizio*) **2** infilzare; trafiggere **3** (*fig.*) far restare impalato; inchiodare (*con lo sguardo, ecc.*) **4** (*arald.*) bipartire (*uno stemma*).

impalement /ɪm'peɪlmənt/, n. **1** (*un tempo*) impalamento; impalatura (*supplizio*) **2** l'inchiodare con uno sguardo **3** (*arald.*) bipartizione.

impalpability /ɪmpælpə'bɪlətɪ/, n. **1** impalpabilità **2** (*fig.*) impercettibilità.

impalpable /ɪm'pælpəbl/, a. **1** impalpabile **2** (*fig.*) inafferrabile; impercettibile: **i. variations**, variazioni impercettibili. || **-bly**, avv.

impanation /ɪmpə'neɪʃn/, n. (*relig.*) impanazione.

to **impanel** /ɪm'pænl/, V. **to empanel**.

to **imparadise** /ɪm'pærədaɪs/, v. t. (*lett.*) **1** imparadisare (*poet.*); mandare al settimo cielo **2** fare (*di un luogo*) un paradiso.

imparisyllabic /ɪmpærɪsɪ'læbɪk/, a. e n. (*gramm., poesia*) imparisillabo.

imparity /ɪm'pærətɪ/, n. (*raro*) imparità (*raro*); disparità; disuguaglianza.

to **impark** /ɪm'pɑ:k/, v. t. (*arc.*) **1** mettere (*bestie*) nel recinto **2** recingere (*terreni*) per farne parchi.

to **impart** /ɪm'pɑ:t/, v. t. **1** impartire (*nozioni, ecc.*); conferire, dare (*un gusto, un sapore, ecc.*) **2** comunicare; rivelare; svelare: **to i. news to sb.**, comunicare notizie a q.; **to i. a secret**, rivelare un segreto **3** spartire; distribuire; assegnare **4** (*fis.*) trasmettere (*una quantità di moto, ecc.*).

impartation /ɪmpɑ:'teɪʃn/, n. **1** l'impartire **2** comunicazione.

impartial /ɪm'pɑ:ʃl/, a. imparziale; giusto; equo; equanime. || **-ly**, avv.

impartiality /ɪmpɑ:ʃɪ'ælətɪ/, n. imparzialità; equità; equanimità.

impartible (**1**) /ɪm'pɑ:təbl/, a. (*leg., di un patrimonio, ecc.*) indivisibile.

impartible (**2**) /ɪm'pɑ:təbl/, a. (*raro*) impartibile; comunicabile.

impartment /ɪm'pɑ:tmənt/, V. **impartation**.

impassability /'ɪmpɑ:sə'bɪlətɪ, *USA* -æs-/, n. impraticabilità; intransitabilità; invalicabilità.

impassable /ɪm'pɑ:səbl, *USA* -æs-/, a. impraticabile; intransitabile; invalicabile.

impasse /æm'pɑ:s, ɪm-, *USA* 'ɪmpæs/ (*franc.*), n. **1** vicolo cieco, impasse (*anche fig.*); situazione senza via d'uscita (*o* di scampo); punto morto **2** (*bridge*) impasse **3** (*econ.*) fase di stanchezza; ristagno.

impassibility /ɪmpæsə'bɪlətɪ/, n. (*raro*) impassibilità; imperturbabilità; insensibilità.

impassible /ɪm'pæsəbl/, a. (*raro*) impassibile; imperturbabile; insensibile. || **-ness**, sost.

to **impassion** /ɪm'pæʃn/, v. t. appassionare; commuovere fortemente; infiammare (*fig.*).

impassioned /ɪm'pæʃnd/, a. appassionato; commosso; caloroso; infiammato (*fig.*): **an i. speech**, un discorso appassionato.

impassive /ɪm'pæsɪv/, a. impassibile; imperturbabile; insensibile. || **-ly**, avv.

impassiveness /ɪm'pæsɪvnəs/, **impassivity** /ɪmpæ'sɪvətɪ/, n. impassibilità; imperturbabilità; insensibilità.

to **impaste** /ɪm'peɪst/, v. t. **1** impastare **2** (*pitt.*) coprire (*la tela*) con uno spesso strato di colore.

impasto /ɪm'pæstəʊ/ (*ital.*), n. (*pl.* **impastos**) (*pitt.*) impasto.

impatience /ɪm'peɪʃns/, n. impazienza; insofferenza; intolleranza.

impatient /ɪm'peɪʃnt/, a. impaziente; insofferente; intollerante. ● **to be i. of st.**, non sopportare q.c.: **to be i. of advice**, non tollerare i consigli □ **to become** (*o* **to get, to grow**) **i.**, spazientirsi; perdere la pazienza.

impavid /ɪm'pævɪd/, a. (*raro*) impavido.

to **impawn** /ɪm'pɔ:n/, v. t. (*arc.*) impegnare; mettere in pegno.

to **impeach** /ɪm'pi:tʃ/, v. t. **1** (*leg.*) accusare; denunciare; incriminare; mettere in stato d'accusa: **to i. sb. of** (*o* **with**) **a crime**, accusare q. d'un delitto; **If the House of Representatives decides to i. any government official, the Senate sits as a jury**, se la Camera dei Rappresentanti decide d'incriminare un membro del governo, il Senato si costituisce in giuria **2** mettere in dubbio; sollevare dubbi su; trovar da ridire su: **to i. sb.'s honour** [**loyalty**], sollevare dubbi sull'onorabilità [sulla fedeltà] di q.; **I don't i. your motives**, non metto in dubbio l'onestà dei tuoi motivi **3** (*leg.*) impugnare; invalidare: **to i. a contract**, invalidare un contratto **4** (*leg.*) revocare (*una donazione*). ● (*leg.*) **to i. a witness**, contestare la deposizione di un teste.

impeachable /ɪm'pi:tʃəbl/, a. accusabile; denunciabile; incriminabile.

impeachment /ɪm'pi:tʃmənt/, n. **1** (*leg.*) accusa; denuncia; incriminazione; messa in stato d'accusa: **The President of the U.S. can be removed by i.**, il Presidente degli U.S.A. può essere destituito mediante incriminazione **2** biasimo; censura.

impeccability /ɪmpɛkə'bɪlətɪ/, n. impeccabilità; irreprensibilità; inappuntabilità.

impeccable /ɪm'pɛkəbl/, a. impeccabile; inappuntabile; irreprensibile. || **-bly**, avv.

impeccant /ɪm'pɛkənt/, a. che non pecca; incensurabile.

impecuniosity /ɪmpɪkju:nɪ'ɒsətɪ/, n. (*form.*) mancanza di denaro; povertà.

impecunious /ɪmpɪ'kju:nɪəs/, a. (*form.*) privo di denaro; povero.

impedance /ɪm'pi:dəns/, n. (*elettr.*) impedenza. ● **i. coil**, reattore (*bobina*).

to **impede** /ɪm'pi:d/, v. t. impedire; inceppare; intralciare; ostacolare.

impediment /ɪm'pɛdɪmənt/, n. **1** impedimento (*anche leg.*); ostacolo **2** (= **speech i.**) impedimento nel parlare; balbuzie **3** (*pl.*) V. **impedimenta**.

impedimenta /ɪmpɛdɪ'mɛntə/ (*lat.*), n. pl. (*mil., lett.*) bagagli; carriaggi; salmerie.

impedimental /ɪmpɛdɪ'mɛntl/, a. che è d'impedimento; impediente (*lett.*).

to **impel** /ɪm'pɛl/, v. t. **1** costringere; forzare; incitare **2** (*form.*) spingere; impellere (*lett.*).

impellent /ɪm'pɛlənt/, **A** a. impellente. **B** n. **1** causa (*o* motivo) impellente **2** incentivo; stimolo.

impeller /ɪm'pɛlə(r)/, n. (*mecc.*) ventola; girante; rotore.

to **impend** /ɪm'pɛnd/, v. i. incombere; essere imminente; sovrastare; minacciare: **an impending danger**, un pericolo imminente.

impendence /ɪm'pɛndəns/, n. (*arc.*) l'essere imminente; il sovrastare; imminenza.

impendent /ɪm'pɛndənt/, a. V. **impending**.

impending /ɪm'pɛndɪŋ/, a. incombente; imminente: **an i. danger**, un pericolo incombente.

impenetrability /ɪmpɛnətrə'bɪlətɪ/, n. impenetrabilità; (*fig.*) incomprensibilità.

impenetrable /ɪm'pɛnətrəbl/, a. **1** impenetrabile; (*fig.*) incomprensibile: **an i. plot**, un intreccio incomprensibile **2** refrattario: **i. to all requests**, refrattario a ogni richiesta. || **-ness**, sost. || **-bly**, avv.

impenitence /ɪm'pɛnɪtəns/, **impenitency** /ɪm'pɛnɪtənsɪ/, n. impenitenza (*raro*); l'essere impenitente.

impenitent /ɪm'pɛnɪtənt/, a. impenitente.

imperatival /ɪmpɛrə'taɪvl/, a. (*gramm.*) dell'imperativo; che ha valore d'imperativo.

imperative /ɪm'pɛrətɪv/, **A** a. **1** imperativo (*anche gramm.*); imperioso: (*gramm.*) **i. mood**, modo imperativo; **an i. manner**, un modo di fare imperioso **2** essenziale; necessario; indispensabile: **It is i. that I should go at once**, è necessario che io vada subito. **B** n. **1** (*gramm.*) (modo) imperativo **2** (*filos.*) imperativo: **categorical i.**, imperativo categorico **3** comando **4** comandamento; obbligo: **social imperatives**, obblighi sociali **5** bisogno; necessità: **an economic i.**, una necessità economica. ● **i. ways**, maniere autoritarie. || **-ly**, avv. || **-ness**, sost.

imperator /ɪmpə'rɑ:tɔ:(r), -'reɪ-/ (*lat.*), n. (*stor. romana*) imperatore.

imperatorial /ɪmpɛrə'tɔrɪəl, *USA* -ɔ:-/, a. (*stor. romana*) imperatorio.

imperceptibility /ɪmpəsɛptə'bɪlətɪ/, n. impercettibilità.

imperceptible /ɪmpə'sɛptəbl/, a. impercettibile.

imperceptibly /ɪmpə'sɛptəblɪ/, avv. impercettibilmente.

imperceptive /ɪmpə'sɛptɪv/, a. che non percepisce; ottuso (*fig.*).

impercipient /ɪmpə'sɪpɪənt/, V. **imperceptive**.

imperfect /ɪm'pɜ:fɪkt/, **A** a. imperfetto (*an-*

che gramm.); incompleto; difettoso; manchevole: (*gramm.*) **i. tense**, tempo imperfetto; (*econ.*) **i. competition**, concorrenza imperfetta. **B** *n.* (*gramm.*) (tempo) imperfetto.
imperfection /ɪmpəˈfɛkʃn/, *n.* imperfezione; incompletezza; difetto; manchevolezza.
imperfective /ɪmpəˈfɛktɪv/, *a.* (*ling.*) imperfettivo.
imperfectly /ɪmˈpɜːfɪktlɪ/, *avv.* imperfettamente.
imperforate /ɪmˈpɜːfərət/, *a.* (*specialm. anat.*) non perforato; imperforato: **an i. stamp**, un francobollo non perforato.
imperial /ɪmˈpɪərɪəl/, **A** *a.* imperiale; augusto; maestoso; magnifico; sovrano; dell'Impero Britannico: **His I. Majesty**, Sua Maestà Imperiale; (*stor.*) **i. trade**, commercio fra i paesi dell'Impero britannico. **B** *n.* **1** imperiale (*di carrozza, autobus, ecc.*) **2** pizzo, pizzetto (*secondo la moda dell'Imperatore Napoleone III*) **3** imperiale (*moneta d'oro della Russia zarista*). ● **i. gallon**, gallone imperiale (*o* britannico) □ (*leg.*) **i. obligations**, obblighi morali (*o* naturali) □ (*econ.*) **i. preference**, trattamento tariffario di favore (*fra i paesi del Commonwealth*).
imperialism /ɪmˈpɪərɪəlɪzəm/, *n.* imperialismo.
imperialist /ɪmˈpɪərɪəlɪst/, *n.* imperialista.
imperialistic /ɪmpɪərɪəˈlɪstɪk/, *a.* imperialistico; imperialista.
to **imperil** /ɪmˈpɛrəl/, *v. t.* (*form.*) mettere in pericolo; arrischiare.
imperilled /ɪmˈpɛrəld/, *a.* (*ass.*) in pericolo; a rischio.
imperious /ɪmˈpɪərɪəs/, *a.* **1** imperioso; autoritario; arrogante: **an i. tone of voice**, un tono imperioso **2** (*raro*) impellente; necessario; urgente. || **-ly**, *avv.* || **-ness**, *sost.*
imperishability /ɪmpɛrɪʃəˈbɪlətɪ/, *n.* (*form.*) l'essere imperituro; indistruttibilità.
imperishable /ɪmˈpɛrɪʃəbl/, *a.* imperituro; indistruttibile.
imperishableness /ɪmˈpɛrɪʃəblnəs/, *V.* **imperishability**.
imperium /ɪmˈpɪərɪəm/ (*lat.*), *n.* (*pl.* **imperiums, imperia**) (*form.*) imperio (*arc.*); impero; autorità piena; potere assoluto.
impermanence /ɪmˈpɜːmənəns/, **impermanency** /ɪmˈpɜːmənənsɪ/, *n.* instabilità; precarietà; temporaneità; transitorietà.
impermanent /ɪmˈpɜːmənənt/, *a.* instabile; precario; temporaneo; transitorio.
impermeability /ɪmpɜːmɪəˈbɪlətɪ/, *n.* impermeabilità.
impermeable /ɪmˈpɜːmɪəbl/, *a.* impermeabile. || **-bly**, *avv.*
impermissible /ɪmpəˈmɪsəbl/, *a.* non permissibile; intollerabile.
imperscriptible /ɪmpəˈskrɪptəbl/, *a.* (*form.*) imperscrittibile.
impersonal /ɪmˈpɜːsənl/, *a.* (*anche gramm.*) impersonale: **i. verbs**, verbi impersonali; **an i. remark**, un'osservazione impersonale. ● (*banca*) **i. account**, conto impersonale (*non intestato*) □ (*leg.*) **i. security**, garanzia non personale.
impersonality /ɪmpɜːsəˈnælətɪ/, *n.* impersonalità.
to **impersonalize** /ɪmˈpɜːsənəlaɪz/, *v. t.* spersonalizzare.
impersonally /ɪmˈpɜːsənəlɪ/, *avv.* impersonalmente.
to **impersonate** /ɪmˈpɜːsəneɪt/, *v. t.* **1** (*raro*) impersonare; personificare **2** interpretare (*un ruolo, un personaggio*) **3** spacciarsi per (q.) **4** imitare (q.).
impersonation /ɪmpɜːsəˈneɪʃn/, *n.* **1** (*raro*) personificazione **2** interpretazione (*d'una parte, a teatro*) **3** lo spacciarsi per un altro; (*leg.*) sostituzione di persona **4** imitazione (*d'un personaggio*).
impersonator /ɪmˈpɜːsəneɪtə(r)/, *n.* **1** (*raro*) chi impersona; chi personifica **2** (*teatr.*) interprete **3** chi si spaccia per un altro; (*leg.*) reo di sostituzione di persona **4** imitatore; attore che fa l'imitazione di personaggi noti.
impertinence /ɪmˈpɜːtɪnəns/, **impertinency** /ɪmˈpɜːtɪnənsɪ/, *n.* **1** impertinenza; insolenza; sconvenienza **2** mancanza di pertinenza; irrilevanza.
impertinent /ɪmˈpɜːtɪnənt/, *a.* **1** impertinente; insolente; sconveniente: **an i. question**, una domanda impertinente **2** non pertinente; irrilevante. || **-ly**, *avv.*
imperturbability /ɪmpətɜːbəˈbɪlətɪ/, *n.* imperturbabilità.
imperturbable /ɪmpəˈtɜːbəbl/, *a.* imperturbabile. || **-ness**, *sost.* || **-bly**, *avv.*
impervious /ɪmˈpɜːvɪəs/, *a.* **1** impervio; inaccessibile **2** impenetrabile: **the i. Amazonas**, l'impenetrabile Amazzonia **3** (*fig.*) sordo (*fig.*); che non dà ascolto; che non dà importanza: **a man who is i. to arguments**, un uomo sordo a ogni ragione; **a man i. to criticism**, un uomo che non dà importanza alle critiche. ● **i. to bullets**, a prova di proiettile □ **i. to water**, impermeabile. || **-ly**, *avv.* || **-ness**, *sost.*
impetiginous /ɪmpɪˈtɪdʒɪnəs/, *a.* (*med.*) impetiginoso.
impetigo /ɪmpɪˈtaɪgəʊ/, *n.* (*pl.* **impetigos**) (*med.*) impetigine.
to **impetrate** /ˈɪmpɪtreɪt/, *v. t.* impetrare; supplicare.
impetration /ɪmpɪˈtreɪʃn/, *n.* impetrazione (*lett.*); supplica.
impetratory /ɪmpɪˈtreɪtərɪ/, *USA* ˈɪmpɪtrətɔːrɪ/, *a.* impetratorio (*raro*).
impetuosity /ɪmpɛtʃʊˈɒsətɪ/, *n.* **1** impetuosità; impulsività; irruenza **2** azione impetuosa; osservazione precipitosa.
impetuous /ɪmˈpɛtʃʊəs/, *a.* impetuoso; irruente; precipitoso; impulsivo: **i. winds**, venti impetuosi; **an i. decision**, una decisione precipitosa. || **-ly**, *avv.* || **-ness**, *sost.*
impetus /ˈɪmpɪtəs/, *n.* **1** impeto; impulso; foga; slancio; spinta (*fig.*) **2** (*fig.*) impulso; incentivo: **Our foreign trade has received a great i.**, il nostro commercio estero ha ricevuto un grande impulso **3** (*fis.*) impulso. ● **under one's own i.**, per forza d'inerzia (*fig.*).
impiety /ɪmˈpaɪətɪ/, *n.* **1** empietà; irreligiosità **2** irriverenza.
to **impinge** /ɪmˈpɪndʒ/, *v. i.* **1** – **to i. on** (*o* **upon, against**), urtare (*o* sbattere) contro; percuotere **2** – **to i. on** (*o* **upon**), influire su; interferire con (*l'autorità di q.*); invadere, violare (*la proprietà, il campo di competenza altrui, ecc.*).
impingement /ɪmˈpɪndʒmənt/, *n.* **1** urto; colpo **2** interferenza; violazione **3** (*fig.*) influsso; influenza **4** (*tecn.*) separazione a urto.
impious /ˈɪmpɪəs/, *a.* **1** empio; sacrilego **2** irriverente. || **-ly**, *avv.*
impish /ˈɪmpɪʃ/, *a.* da diavoletto; birichino; malizioso; sbarazzino. || **-ly**, *avv.* || **-ness**, *sost.*
impiteous /ɪmˈpɪtɪəs/, *a.* (*poet.*) spietato.
implacability /ɪmplækəˈbɪlətɪ/, *n.* implacabilità.
implacable /ɪmˈplækəbl/, *a.* implacabile. || **-bly**, *avv.*
implacental /ɪmpləˈsɛntl/, *a.* (*zool.*) privo di placenta.
implant /ˈɪmplɑːnt, *USA* -ænt/, *n.* (*med.*) impianto; innesto; trapianto.
to **implant** /ɪmˈplɑːnt, *USA* -ænt/, *v. t.* **1** piantare; fissare **2** (*fig.*) inculcare; imprimere; instillare **3** (*med.*) impiantare.
implantation /ɪmplɑːnˈteɪʃn, *USA* -æn-/, *n.* **1** il piantare; fissamento; fissaggio **2** (*fig.*) inculcamento (*raro*); instillazione **3** (*med.*) impianto **4** (*biol.*) annidamento (*dell'uovo*).
implantological /ɪmplɑːntəˈlɒdʒɪkəl, *USA* -æn-/, *a.* implantologico.
implantologist /ɪmplɑːnˈtɒlədʒɪst, *USA* -æn-/, *n.* (*med.*) implantologo, implantologa.
implantology /ɪmplɑːnˈtɒlədʒɪ, *USA* -æn-/, *n.* (*med.*) implantologia.
implausibility /ɪmplɔːzəˈbɪlətɪ/, *n.* mancanza di plausibilità.
implausible /ɪmˈplɔːzəbl/, *a.* non plausibile.
implausibly /ɪmˈplɔːzəblɪ/, *avv.* implausibilmente.
to **implead** /ɪmˈpliːd/, *v. t.* (*leg., raro*) citare in giudizio.
implement /ˈɪmplɪmənt/, *n.* **1** attrezzo; arnese; strumento; utensile: **farm implements**, attrezzi agricoli **2** mezzo; strumento **3** (*leg.*) mezzo (*o* strumento) legale. ● (*raro*) **implements**, mobilio; masserizie.
to **implement** /ˈɪmplɪmɛnt/, *v. t.* **1** adempiere; compiere; mettere in atto; attuare; effettuare: **to i. an engagement**, adempiere un impegno **2** (*leg., comm.*) perfezionare: **to i. a contract**, perfezionare un contratto **3** (*tecn.*) implementare **4** (*elab.*) implementare; realizzare.
implementation /ɪmplɪmɛnˈteɪʃn/, *n.* **1** adempimento; compimento; attuazione; effettuazione; esecuzione: (*econ.*) **the i. of common policies**, l'attuazione delle politiche comunitarie **2** (*leg., comm.*) perfezionamento (*d'un contratto*) **3** (*tecn.*) implementazione **4** (*elab.*) implementazione; realizzazione; installazione. ● **the i. of a treaty**, l'applicazione (*o* l'esecuzione) di un trattato.
impletion /ɪmˈpliːʃn/, *n.* (*arc.*) **1** riempimento; completamento **2** pienezza; completezza.
to **implicate** /ˈɪmplɪkeɪt/, *v. t.* **1** implicare; compromettere; coinvolgere: **His confession implicated several accomplices**, la sua confessione coinvolse diversi complici **2** (*raro*) implicare; racchiudere; sottintendere.
implication /ɪmplɪˈkeɪʃn/, *n.* **1** implicazione; connessione; coinvolgimento: **Too much unemployment has always political implications**, un'eccessiva disoccupazione ha sempre implicazioni politiche **2** allusione; insinuazione; sottinteso: **I don't get the implications of his remarks**, non riesco a capire a che cosa alluda con le sue osservazioni **3** conseguenza: **political implications**, conseguenze politiche **4** (*leg.*) presunzione. ● **by i.**, implicitamente; (*leg.*) tacitamente; ope legis (*lat.*) □ **with the i. that**, sottintendendo che.
implicative /ɪmˈplɪkətɪv, *USA* -eɪt-/, **implicatory** /ɪmˈplɪkətrɪ, ˈɪmplɪkeɪtrɪ, *USA* ˈɪmplɪkətɔːrɪ, ɪmˈplɪ-/, *a.* implicatorio (*raro*); implicante; che implica.
implicit /ɪmˈplɪsɪt/, *a.* **1** implicito (*anche mat.*); tacito; sottinteso: **an i. promise**, una promessa implicita; (*mat.*) **i. function**, funzione implicita; **i. consent**, tacito consenso **2** assoluto; completo; incondizionato: **i. obedience**, obbedienza assoluta. ● (*econ.*) **i. wages**, retribuzione figurativa. || **-ly**, *avv.* || **-ness**, *sost.*
implied /ɪmˈplaɪd/, *a.* **1** implicito; sottinteso: **an i. criticism**, una critica implicita; **an i. threat**, una minaccia sottintesa **2** (*leg.*) implicito; tacito; presunto (*con una finzione giuridica*): **i. admission**, tacito riconoscimento; **i. condition**, condizione implicita; **i. terms**, condizioni implicite; (*in U.S.A.*) **i. consent**, tacita rinuncia (*a taluni diritti*); **i. agency**, rappresentanza presunta (*attribuita tacitamente*); **i. warranty**, garanzia implicita; **i. waiver**, rinuncia implicita.
to **implode** /ɪmˈpləʊd/, *v. i.* (*tecn.*) implodere.
imploration /ɪmplɔːˈreɪʃn/, *n.* implorazione.
to **implore** /ɪmˈplɔː(r)/, *v. t.* implorare; impetrare; supplicare: **to i. sb. for forgiveness**, implorare il perdono di q.
implorer /ɪmˈplɔːrə(r)/, *n.* imploratore (*raro*); supplicante.
imploring /ɪmˈplɔːrɪŋ/, *a.* implorante; supplichevole. || **-ly**, *avv.* || **-ness**, *sost.*
implosion /ɪmˈpləʊʒn/, *n.* (*chim., ling.*) implosione. ● (*mil.*) **i. weapon**, arma a implosione.
implosive /ɪmˈpləʊsɪv/, *a.* (*ling.*) implosivo.
impluvium /ɪmˈpluːvɪəm/ (*lat.*), *n.* (*pl.* **impluvia**) (*archit. romana*) impluvio.
to **imply** /ɪmˈplaɪ/, *v. t.* **1** implicare; avere in sé; racchiudere: **Drama implies conflict**, il dramma implica conflitto **2** accennare a

(q.c.); indicare; insinuare; significare; suggerire: **I hope you don't want to i. that I am unfair**, spero che tu non voglia insinuare che io sono ingiusto; **His attitude implied boredom**, il suo atteggiamento indicava che era annoiato ***3*** comportare; esigere; richiedere: **Democracy implies both rights and duties**, la democrazia comporta non solo diritti ma anche doveri. ● **Silence implies consent**, chi tace acconsente (*prov.*).

impolicy /ɪm'pɒləsɪ/, *n.* ***1*** impoliticità; l'essere impolitico ***2*** imprudenza; inopportunità.

impolite /ɪmpə'laɪt/, *a.* scortese; sgarbato; maleducato; villano. || **-ly**, *avv.* || **-ness**, *sost.*

impolitic /ɪm'pɒlɪtɪk/, *a.* ***1*** impolitico ***2*** imprudente; inopportuno.

imponderability /ɪmpɒndərə'bɪlətɪ/, *n.* imponderabilità.

imponderable /ɪm'pɒndərəbl/, **A** *a.* imponderabile (*anche fig.*): **the i. human factor**, il fattore uomo, che è imponderabile. **B** *n.* (*di solito al pl.*) (causa, elemento, motivo) imponderabile.

import /'ɪmpɔːt/, *n.* ***1*** (*econ.*) importazione; merce (*o* prodotto) d'importazione; import: **i. duty**, dazio d'importazione; (*fin.*) **the i. of capitals**, l'importazione di capitali ***2*** (*ling.*) prestito; imprestito ***3*** (*form.*) importanza; rilevanza; portata (*fig.*); valore: **a law of great i.**, un provvedimento legislativo di grande portata ***4*** (*form.*) significato; senso: **What is the i. of his remarks?**, qual è il senso delle sue osservazioni? ● **i. ban**, *V.* **i. prohibition** □ **i. broker**, intermediario d'importazioni □ **i. (commission) agent**, commissionario d'importazione □ (*dog.*) **i. entry**, bolletta d'importazione □ (*comm. est.*) **i.-export movements**, interscambio □ (*econ.*) **i. levy**, dazio compensativo □ **i. licence**, licenza d'importazione □ **i. merchant**, importatore in proprio □ **i. prohibition**, divieto d'importazione □ (*comm. est.*) **i. quotas**, contingenti d'importazione □ **i. restrictions**, restrizioni delle importazioni □ **i. surcharge**, sopraddazio d'importazione.

to **import** /ɪm'pɔːt/, **A** *v. t.* ***1*** (*econ.* e *fig.*) importare; introdurre (*merci, una nuova moda, ecc.*): **We i. cotton from Egypt**, importiamo cotone dall'Egitto; **to i. a new fashion**, importare una nuova moda ***2*** (*form.*) implicare; comportare ***3*** (*form.*) significare; voler dire: **What does this piece of news i.?**, che cosa significa questa notizia? ***4*** (*arc.*) concernere, riguardare, interessare a; importare a (*impers.*): **It imports us to be at peace with our neighbours**, ci importa (*o* c'interessa) vivere in pace con i nostri vicini. **B** *v. i.* avere importanza.

importable /ɪm'pɔːtəbl/, *a.* importabile.

importance /ɪm'pɔːtns/, *n.* ***1*** importanza; gravità: **Some raw materials are of great i. to industry**, certe materie prime hanno grande importanza per l'industria ***2*** (= **self-i.**) pompa; sussiego.

important /ɪm'pɔːtnt/, *a.* ***1*** importante; rilevante; grave ***2*** (= **self-i.**) che si dà arie d'importanza; pomposo.

importation /ɪmpɔː'teɪʃn/, *n.* (*econ.*) ***1*** importazione ***2*** (*specialm. USA*) prodotto (*o* merce) d'importazione. ● (*dog.*) **the i. voucher of a pass sheet**, il foglio di entrata in un trittico.

importer /ɪm'pɔːtə(r)/, *n.* (*econ.*) ***1*** importatore, importatrice ***2*** ditta importatrice ***3*** paese importatore.

importing /ɪm'pɔːtɪŋ/, **A** *a.* (*econ.*) che importa; importatore, importatrice: **i. countries**, i paesi importatori. **B** *n.* (*econ.*) importazione.

importunate /ɪm'pɔːtʃʊnət/, *a.* ***1*** importuno; insistente; molesto: **an i. child**, un bambino importuno ***2*** pressante; urgente: **an i. affair**, un affare urgente. ● **an i. person**, un seccatore. || **-ly**, *avv.*

importune /ɪmpə'tjuːn, *USA* -'tuːn/, *V.* **importunate**.

to **importune** /ɪmpə'tjuːn, *USA* -'tuːn/, *v. t.* importunare; molestare; seccare.

importuner /ɪmpə'tjuːnə(r), *USA* -'tuː-/, *n.* importuno, importuna; chi insiste.

importunity /ɪmpə'tjuːnətɪ, *USA* -'tuː-/, *n.* importunità; insistenza; molestia.

to **impose** /ɪm'pəʊz/, **A** *v. t.* ***1*** imporre (*in ogni senso*): **The king imposed new taxes on the people**, il re impose al popolo nuovi balzelli; (*relig.*) **to i. one's hands on sb.'s head**, imporre le mani sul capo di q. ***2*** (*tipogr.*) mettere in ordine (*pagine di caratteri composti*) ***3*** (*tipogr.*) mettere in macchina (*un giornale*) ***4*** spacciare per vero; imporre ingannando: **He imposed his story on his family**, spacciò la sua storia per vera alla famiglia ***5*** (*leg.*) comminare, irrogare (*una pena, ecc.*). **B** *v. i.* ***1*** (*anche* **to i. on, upon**) disturbare; recare disturbo a (q.); imporre la propria presenza a (q.) ***2*** – **to i. on** (*o* **upon**), approfittare di: **You have imposed on his goodness**, hai approfittato della sua bontà; **She's easily imposed on**, è facile approfittarsi di lei. **C** to **impose oneself**, *v. rifl.* approfittare dell'ospitalità di (q.); imporre la propria presenza (*o* compagnia) a (q.).

imposing /ɪm'pəʊzɪŋ/, *a.* imponente; grandioso; maestoso; solenne. || **-ness**, *sost.*

imposition /ɪmpə'zɪʃn/, *n.* ***1*** imposizione ***2*** (*fisc.*) imposizione; tassazione; imposta; tributo: **the i. of new burdens on the people**, l'imposizione di nuovi gravami sul popolo ***3*** (*relig.*) imposizione: **the i. of hands**, l'imposizione delle mani ***4*** impostura; imbroglio; inganno ***5*** (*a scuola*) penso (*arc.*); compito assegnato per castigo ***6*** (*tipogr.*) messa in macchina ***7*** (*tipogr.*) menabò ***8*** (*leg.*) comminazione, irrogazione (*di una pena*).

impossibility /ɪmpɒsə'bɪlətɪ/, *n.* ***1*** impossibilità ***2*** cosa impossibile.

impossible /ɪm'pɒsəbl/, *a.* ***1*** impossibile: **It was i. for me to come yesterday**, mi è stato impossibile venire ieri ***2*** assurdo; inverosimile; stravagante: **What an i. story!**, che storia inverosimile! ***3*** (*fam.*) impossibile; insopportabile; intrattabile: **You're i.!**, sei impossibile! ***4*** (*fam.*) impossibile; non accettabile; assurdo: **an i. hat**, un cappellino assurdo.

impossibly /ɪm'pɒsəblɪ/, *avv.* ***1*** impossibilmente (*raro*); in modo impossibile ***2*** enormemente; assai; molto: **an i. difficult task**, un compito difficilissimo.

impost (**1**) /'ɪmpəʊst/, *n.* ***1*** (*fisc.*) imposta; balzello; (*specialm.*) dazio d'importazione ***2*** (*ippica*) handicap.

impost (**2**) /'ɪmpəʊst/, *n.* (*archit.*) imposta.

to **impost** /'ɪmpəʊst/, *v. t.* (*dog., specialm. USA*) classificare (*la merce importata*) per stabilire il dazio (*da far pagare*).

impostor /ɪm'pɒstə(r)/, *n.* impostore; frodatore; ingannatore.

imposture /ɪm'pɒstʃə(r)/, *n.* impostura; frode; inganno.

impot /'ɪmpɒt/, *n.* (*abbr. di* **imposition**) (*fam.: a scuola*) penso (*arc.*); compito assegnato per castigo.

impotence /'ɪmpətəns/, **impotency** /'ɪmpətənsɪ/, *n.* impotenza (*anche med.*); debolezza; incapacità.

impotent /'ɪmpətənt/, *a.* impotente (*anche med.*); debole; incapace. ● **to be i. to help sb.**, non essere in grado d'aiutare q. || **-ly**, *avv.*

impound /ɪm'paʊnd/, *n.* ***1*** bacino idrico; serbatoio di ritenuta ***2*** rimozione (*di automobili parcheggiate in divieto di sosta*). ● **i. area**, zona di rimozione (*di autoveicoli*).

to **impound** /ɪm'paʊnd/, *v. t.* ***1*** (*leg.*) confiscare; sequestrare ***2*** chiudere, rinchiudere (*specialm. animali*) ***3*** raccogliere (*acqua*) ***4*** rimuovere (*automobili in divieto di sosta*). ● **impounding reservoir**, *V.* **impound**, *def. 1.*

to **impoverish** /ɪm'pɒvərɪʃ/, *v. t.* impoverire; immiserire; depauperare.

impoverishment /ɪm'pɒvərɪʃmənt/, *n.* impoverimento; immiserimento; depauperamento: (*agric.*) **the i. of the soil**, l'impoverimento del terreno.

impracticability /ɪmpræktɪkə'bɪlətɪ/, *n.* ***1*** impraticabilità (*delle strade, ecc. e fig.*); inattuabilità; impossibilità: **the i. of this plan**, l'inattuabilità di questo piano ***2*** mancanza di senso pratico.

impracticable /ɪm'præktɪkəbl/, *a.* ***1*** impraticabile; inattuabile; impossibile: **an i. road**, una strada impraticabile; **an i. plan**, un piano inattuabile ***2*** privo di senso pratico: **an i. man**, un uomo che non ha senso pratico ***3*** (*arc.*) impraticabile; intrattabile. || **-ness**, *sost.* || **-bly**, *avv.*

impractical /ɪm'præktɪkl/, *a.* ***1*** non pratico; teorico ***2*** privo di senso pratico: **a totally i. man**, un uomo del tutto privo di senso pratico ***3*** (*di un progetto, ecc.*) impraticabile; inattuabile.

impracticality /ɪmpræktɪ'kælətɪ/, *n.* ***1*** scarsa praticità ***2*** mancanza di senso pratico ***3*** impraticabilità; inattuabilità.

to **imprecate** /'ɪmprɪkeɪt/, **A** *v. t.* (*arc.*) ***1*** imprecare (*lett.*); invocare; augurare: **to i. misfortune upon sb.**, imprecare disgrazie a q. ***2*** imprecare contro (q.); maledire. **B** *v. i.* imprecare; bestemmiare.

imprecation /ɪmprɪ'keɪʃn/, *n.* imprecazione; maledizione.

imprecatory /'ɪmprɪkeɪtrɪ, ɪm'prekətrɪ, *USA* -ətɔːrɪ/, *a.* imprecatorio (*raro*); imprecativo.

imprecise /ɪmprɪ'saɪs/, *a.* impreciso. || **-ly**, *avv.*

imprecision /ɪmprɪ'sɪʒn/, *n.* imprecisione.

impregnability /ɪmpregnə'bɪlətɪ/, *n.* imprendibilità; inespugnabilità.

impregnable (**1**) /ɪm'pregnəbl/, *a.* ***1*** imprendibile; inespugnabile: **an i. trench**, una trincea inespugnabile ***2*** (*fig.*) incrollabile; fermo; saldo: **an i. belief**, una fede incrollabile.

impregnable (**2**) /ɪm'pregnəbl/, *a.* (*biol.*) impregnabile.

impregnate /ɪm'pregnət/, *a.* (*biol.* e *fig.*) pregno, gravido; (*fig.*) impregnato, saturo, intriso, pervaso.

to **impregnate** /'ɪmpregneɪt, *USA* ɪm'preg-/, *v. t.* ***1*** (*biol.*) impregnare; ingravidare; fecondare ***2*** (*anche fig.*) impregnare; imbevere; saturare, pervadere ***3*** (*fig.*) instillare; infondere. ● **to i. sb. with moral principles**, instillare a q. principi morali.

impregnated /'ɪmpregneɪtɪd, *USA* ɪm'preg-/, *V.* **impregnate**.

impregnation /ɪmpreg'neɪʃn/, *n.* (*biol.*) impregnazione (*anche fig.*); ingravidamento; fecondazione.

impresario /ɪmprə'sɑːrɪəʊ, *USA* -eərɪəʊ/, *n.* (*pl.* **impresarios**) (*teatr.*) impresario.

imprescriptibility /ɪmprɪskrɪptə'bɪlətɪ/, *n.* (*leg.*) imprescrittibilità.

imprescriptible /ɪmprɪ'skrɪptəbl/, *a.* (*leg.*) imprescrittibile.

impress (**1**) /'ɪmpres/, *n.* (*form.*) ***1*** impronta (*anche fig.*); segno caratteristico; marchio: **Sufferings have left their i. on the poor woman**, le sofferenze hanno lasciato la loro impronta sulla poveretta ***2*** impressione.

impress (**2**) /'ɪmpres/, *n.* (*arald.*) impresa; blasone; stemma.

to **impress** (**1**) /ɪm'pres/, *v. t.* ***1*** impressionare; fare una (*generalm. buona*) impressione; colpire (*fig.*); far colpo su (q.): **How did the candidates i. you?**, che impressione ti hanno fatto i candidati?; **I'd like to know what impressed you most**, vorrei sapere che cosa ti ha colpito di più; **This film hasn't impressed me at all**, questo film non mi ha fatto una buona impressione; **I was favourably impressed by his work**, il suo lavoro mi ha fatto una buona impressione ***2*** imprimere (q.c.) nella mente (*di q.*); inculcare: **Her mother impressed on her the value of loyalty**, la mamma le inculcò il senso del valore della lealtà ***3*** premere: **to i. a seal in wax**, premere un sigillo sulla ceralacca ***4*** imprimere; applicare, apporre (*premendo*): **to i. one's seal on a document**, apporre il proprio sigillo a un documento ***5*** (*elettr., elettron.*) applicare (*una certa tensione*) ***6*** (*arc.*) imprimere; stampare.

to **impress** (**2**) /ɪm'prɛs/, *v. t.* ***1*** (*stor., mil.*) arruolare forzatamente (*nell'esercito e, specialm., nella marina*) ***2*** (*leg.*) confiscare (*denaro, proprietà, ecc.*); requisire (*merci, per uso pubblico*).

impressed /ɪm'prɛst/, *a.* ***1*** impresso: **His ideas on social reform are i. on my mind**, le sue idee di riforma sociale mi sono impresse nella mente ***2*** (bene) impressionato; colpito (*fig.*); che ha un'impressione: **We're favourably i. with your latest TV set**, abbiamo una buona impressione del vostro nuovo televisore ***3*** (*elettr., elettron.*) applicato: **i. voltage**, tensione applicata.

impressibility /ɪmprɛsə'bɪlətɪ/, *n.* impressionabilità; emotività.

impressible /ɪm'prɛsəbl/, *a.* impressionabile; emotivo.

impression /ɪm'prɛʃn/, *n.* ***1*** impressione (*in ogni senso*); impronta: **the i. of a seal on a letter**, l'impressione d'un sigillo su una lettera; **the i. of a foot on sand**, l'impronta d'un piede sulla sabbia; **He did a good i. on the boss**, fece una buona impressione al capo; **I was under the i. that he was at home**, avevo l'impressione ch'egli fosse a casa ***2*** (*tipogr.*) stampa; tiratura: **a second i. of ten thousand copies**, una seconda tiratura di diecimila copie ***3*** (*geol., med., metall.*) impronta ***4*** imitazione; parodia; caricatura. ● **His acting makes little i. on me**, la sua recitazione non mi entusiasma molto.

impressionability /ɪmprɛʃnə'bɪlətɪ/, *n.* impressionabilità; l'essere influenzabile; emotività.

impressionable /ɪm'prɛʃnəbl/, *a.* impressionabile; influenzabile; emotivo.

impressionism /ɪm'prɛʃnɪzəm/, *n.* (*arte*) impressionismo.

impressionist /ɪm'prɛʃənɪst/, *n.* ***1*** (*arte*) impressionista ***2*** (*spettacolo*) imitatore.

impressionistic /ɪmprɛʃə'nɪstɪk/, *a.* (*arte*) impressionistico; impressionista.

impressive /ɪm'prɛsɪv/, *a.* impressionante; emozionante; di grande effetto; solenne: **an i. scene**, una scena di grande effetto. || **-ly**, *avv.* || **-ness**, *sost.*

impressment /ɪm'prɛsmənt/, *n.* (*stor., mil.*) ***1*** arruolamento forzato ***2*** (*leg.*) confisca; requisizione.

imprest /'ɪmprɛst/, *n.* (*fin.*) anticipazione (*di denaro*); prestito (*specialm., dello stato a un privato, per lavori di pubblica utilità*). ● (*rag.*) **i. system**, sistema delle anticipazioni; contabilità previsionale.

imprimatur /ɪmprɪ'meɪtə(r), -'mɑːtə(r)/ (*lat.*), *n.* ***1*** (*relig.*) imprimatur; licenza di dare alle stampe ***2*** (*fig.*) approvazione; sanzione.

imprint /'ɪmprɪnt/, *n.* ***1*** impronta (*anche fig.*); impressione; traccia; segno: **the i. of a foot**, l'impronta d'un piede; **the i. of vice on sb.'s face**, l'impronta del vizio sulla faccia di q. ***2*** (= **publisher's i.**) sigla editoriale; colophon. ● **i. stamp**, bollo a secco □ (*di un libro*) **no i.**, senza indicazione dell'editore.

to **imprint** /ɪm'prɪnt/, *v. t.* ***1*** imprimere (*anche fig.*); stampare (*fig.*): **He imprinted the paper with his seal**, impresse il suo sigillo sul documento; **The mother imprinted a kiss on her child's forehead**, la madre stampò un bacio in fronte al figlio; **scenes imprinted on one's memory**, scene impresse nella memoria ***2*** applicare; apporre: **to i. a postmark on a letter**, applicare un francobollo a una lettera ***3*** (*tipogr.*) stampare. ● **to i. a letter with a postmark**, timbrare una lettera.

imprinted /ɪm'prɪntɪd/, *a.* ***1*** impresso; stampato (*fig.*) ***2*** applicato; apposto ***3*** (*tipogr.*) stampato. ● **i. form**, modulo a stampa.

imprinter /ɪm'prɪntə(r)/, *n.* (*grafica*) stampante.

imprinting /ɪm'prɪntɪŋ/, *n.* (*etologia*) imprinting.

to **imprison** /ɪm'prɪzn/, *v. t.* ***1*** imprigionare (*anche fig.*); racchiudere ***2*** (*fig.*) confinare; relegare; limitare; restringere.

imprisonment /ɪm'prɪznmənt/, *n.* ***1*** imprigionamento; incarcerazione ***2*** prigionia; reclusione. ● (*leg.*) **i. for debt**, reclusione per debiti (*verso lo stato; quella per debiti verso privati fu abolita nel 1869*) □ **life i.**, carcere a vita; ergastolo.

improbability /ɪmprɒbə'bɪlətɪ/, *n.* improbabilità; inverosimiglianza.

improbable /ɪm'prɒbəbl/, *a.* improbabile; inverosimile: **an i. tale**, un racconto inverosimile. || **-bly**, *avv.*

improbity /ɪm'prəʊbətɪ/, *n.* improbità; disonestà; malvagità.

impromptu /ɪm'prɒmptjuː, *USA* -tuː/, **A** *a.* estemporaneo; improvvisato: **an i. speech**, un discorso improvvisato. **B** *avv.* estemporaneamente; improvvisando; all'impronta: **to speak i.**, parlare improvvisando. **C** *n.* ***1*** discorso (*o* spettacolo, ecc.) estemporaneo; improvvisazione ***2*** (*mus.*) improvviso; impromptu.

improper /ɪm'prɒpə(r)/, *a.* ***1*** improprio; inadatto; erroneo; sbagliato: **an i. treatment** (**of a disease**), una cura sbagliata (d'una malattia); (*mat.*) **i. fractions**, frazioni improprie ***2*** indecente; sconveniente; scostumato: **It is i. to chew gum at table**, è sconveniente masticare gomma a tavola; **an i. suggestion**, una proposta sconveniente ***3*** (*anche leg.*) scorretto; illecito; irregolare: **i. delivery of goods**, consegna irregolare della merce. || **-ly**, *avv.*

to **impropriate** /ɪm'prəʊprɪeɪt/, *v. t.* (*leg.*) appropriarsi di (*benefici ecclesiastici*); secolarizzare (*beni della Chiesa*).

impropriation /ɪmprəʊprɪ'eɪʃn/, *n.* (*leg.*) cessione (*di beni ecclesiastici*) in proprietà a laici; secolarizzazione.

impropriety /ɪmprə'praɪətɪ/, *n.* ***1*** improprietà; erroneità; scorrettezza ***2*** indecenza; sconvenienza; scostumatezza.

improvability /ɪmpruːvə'bɪlətɪ/, *n.* l'essere migliorabile (*o* perfezionabile).

improvable /ɪm'pruːvəbl/, *a.* ***1*** migliorabile; perfezionabile ***2*** (*di terreno*) bonificabile. || **-ness**, *sost.* || **-bly**, *avv.*

to **improve** /ɪm'pruːv/, **A** *v. t.* ***1*** migliorare; perfezionare; correggere: **to i. a method**, perfezionare un metodo; **You should i. your knowledge of English**, devi migliorare la tua conoscenza dell'inglese ***2*** fare migliorie a, valorizzare, bonificare (*un terreno, ecc.*); ingrandire e abbellire (*una casa*) ***3*** avvantaggiarsi di; profittare di; far buon uso di: **to i. the occasion** (*o* **opportunity**), approfittare dell'occasione. **B** *v. i.* ***1*** migliorare; stare meglio: **The patient is improving steadily**, il malato sta migliorando di continuo; **My health is improving**, sto meglio di salute ***2*** (*econ., fin.*) aumentare; essere in rialzo: **Demand is improving**, la domanda è in aumento; **Alco shares improved yesterday**, le azioni Alco ieri erano in rialzo. ● **to i. on st.**, migliorare q.c.; far meglio una cosa (già fatta): **Your translation can hardly be improved on**, è difficile migliorare la traduzione che hai fatto.

improvement /ɪm'pruːvmənt/, *n.* ***1*** miglioramento; perfezionamento; progresso: **an i. in the living standard of the people**, un miglioramento del tenore di vita del popolo ***2*** miglioria, valorizzazione (*d'un terreno*); ingrandimento e abbellimento (*d'una casa*). ● **i. area**, zona di risanamento (urbano) □ (*fisc.*) **i. charge**, contributo per oneri di urbanizzazione □ **land i.**, bonifica □ **room for i.**, possibilità di fare meglio □ **i. tax**, *V.* **i. charge** □ **This composition is an i. on** (*o* **over**) **your last**, questo componimento è migliore dell'ultimo che hai scritto.

improver /ɪm'pruːvə(r)/, *n.* ***1*** chi migliora, perfeziona, corregge, ecc. (*V.* **to improve**) ***2*** (*raro*) apprendista; chi si perfeziona in un mestiere.

improvidence /ɪm'prɒvɪdəns/, *n.* imprevidenza; sconsideratezza.

improvident /ɪm'prɒvɪdənt/, *a.* imprevidente; improvvido (*lett.*); sconsiderato. || **-ly**, *avv.*

improving /ɪm'pruːvɪŋ/, *a.* ***1*** che migliora; in miglioramento: **i. health**, salute in miglioramento ***2*** che fa migliorare; che perfeziona.

improvisation /ɪmprəvaɪ'zeɪʃn, *USA* ɪmprɒvɪ'z-/, *n.* improvvisazione.

improvisator /ɪm'prɒvɪzeɪtə(r)/, *n.* improvvisatore.

improvisatorial /ɪmprɒvɪzə'tɔːrɪəl/, **improvisatory** /ɪmprə'vaɪzətrɪ, *USA* ɪm'prɒvɪzətɔːrɪ/, *a.* (*raro*) pertinente a improvvisazione; estemporaneo.

to **improvise** /'ɪmprəvaɪz/, *v. t.* e *i.* improvvisare: **Actors sometimes i.**, gli attori a volte improvvisano; **to i. on the piano**, improvvisare al pianoforte; **to i. a bed** [**a meal**], improvvisare un letto [un pasto].

improvised /'ɪmprəvaɪzd/, *a.* improvvisato: **an i. shelter**, un rifugio improvvisato.

improviser /'ɪmprəvaɪzə(r)/, *n.* improvvisatore, improvvisatrice.

imprudence /ɪm'pruːdns/, *n.* imprudenza.

imprudent /ɪm'pruːdnt/, *a.* imprudente; incauto. || **-ly**, *avv.*

impudence /'ɪmpjʊdəns/, **impudency** /'ɪmpjʊdənsɪ/, *n.* impudenza; insolenza; sfacciataggine.

impudent /'ɪmpjʊdənt/, *a.* impudente; insolente; sfacciato. || **-ly**, *avv.*

impudicity /ɪmpjʊ'dɪsətɪ/, *n.* impudicizia.

to **impugn** /ɪm'pjuːn/, *v. t.* ***1*** contestare; mettere in dubbio; criticare; attaccare (*fig.*) ***2*** (*leg.*) impugnare (*una sentenza, una clausola, ecc.*).

impugnable /ɪm'pjuːnəbl/, *a.* ***1*** oppugnabile; contestabile ***2*** (*leg.*) impugnabile.

impugnation /ɪmpjʊ'neɪʃn/, **impugnment** /ɪm'pjuːnmənt/, *n.* (*leg.*) impugnazione; impugnativa.

impuissance /ɪm'pjuːɪsns/, *n.* (*raro*) impotenza; debolezza.

impuissant /ɪm'pjuːɪsnt/, *a.* (*raro*) impotente; debole.

impulse /'ɪmpʌls/, *n.* impulso (*anche fis.* e *psic.*); impeto; spinta; (*fig.*) eccitamento, stimolo: **an electrical i.**, un impulso elettrico; **the sexual i.**, lo stimolo sessuale; **to be guided by i. more than by reason**, lasciarsi guidare dall'impulso più che dalla ragione; **We must give a new i. to scientific research**, dobbiamo dare nuovo impulso alla ricerca scientifica; **s. impulse**, stimolo sessuale. ● (*econ.*) **i. buyer**, chi acquista per impulso □ (*econ.*) **i. buying**, acquisti fatti per impulso (*non programmati*) □ (*naut., mil.*) **i. charge**, carica di lancio □ (*elettron.*) **i. generator**, generatore d'impulsi; impulsatore □ (*TV*) **i. separator**, separatore.

impulsion /ɪm'pʌlʃn/, *n.* ***1*** impulsione (*raro*); il dare impulso ***2*** impulso; impeto ***3*** (*mecc.*) impulsione; propulsione; spinta ***4*** (*fig.*) eccitamento; stimolo ***5*** (*psic.*) compulsione; stimolo.

impulsive /ɪm'pʌlsɪv/, *a.* ***1*** impulsivo ***2*** (*mecc.*) propulsore. || **-ly**, *avv.* || **-ness**, *sost.*

impunity /ɪm'pjuːnətɪ/, *n.* impunità. ● **with i.**, impunemente.

impure /ɪm'pjʊə(r), -jɔː(r)/, *a.* impuro; immondo; impudico; inverecondo: **i. water**, acqua impura; **i. thoughts**, pensieri impuri; **i. motives**, motivi disonesti. || **-ly**, *avv.*

impurity /ɪm'pjʊərətɪ, -jɔː-/, *n.* ***1*** impurezza; impurità ***2*** impudicizia; inverecondia.

imputability /ɪmpjuːtə'bɪlətɪ/, *n.* (*leg., rag.*) imputabilità.

imputable /ɪm'pjuːtəbl/, *a.* imputabile; ascrivibile; attribuibile: (*rag.*) **cost i. to overheads**, costo imputabile alle spese generali.

imputation /ɪmpjuː'teɪʃn/, *n.* ***1*** (*anche leg.*) imputazione; accusa; addebito ***2*** (*rag.*) imputazione; attribuzione ***3*** insinuazione; diffamazione.

imputative /ɪm'pju:tətɪv/, *a.* che tende a imputare (*o* ad accusare).

to **impute** /ɪm'pju:t/, *v. t.* ***1*** (*anche leg.*) imputare; ascrivere; attribuire; addebitare (*fig.*): **to i. a crime to sb.**, imputare q. d'un delitto; **to i. st. as a fault**, imputare q.c. a colpa ***2*** (*rag.*) imputare.

imputed /ɪm'pju:tɪd/, *a.* ***1*** (*anche leg.*) imputato; attribuito ***2*** (*leg.*) presunto: **i. knowledge** (*o* **notice**), conoscenza presunta ***3*** (*rag., fin.*) di computo: **i. interest**, interesse di computo. ● (*econ.*) **i. rent**, affitto figurativo.

in (**1**) /ɪn, *USA* ɪn, ən/, *prep.* ***1*** (*compl. di stato in luogo, posizione, condizione, ecc.*) in; a; su; in mezzo a; di: **in London**, a Londra; **in Italy**, in Italia; **I've read it in «The Times»**, l'ho letto sul «Times»; **in a crowd**, in mezzo a una folla; **We saw a man in the distance**, vedemmo un uomo in lontananza; **to bask in the sun**, crogiolarsi al sole; **in (the) hospital**, in ospedale; **in uniform**, in uniforme; **in the dark**, al buio; **to be in the army**, essere nell'esercito (*o* sotto le armi); **to be in evening dress**, essere in abito da sera; **to express oneself in mathematical terms**, esprimersi in termini matematici; **to write in ink**, scrivere a penna (*o* con l'inchiostro); **to be in a good mood**, esser di buon umore; **to be dressed in rags [in black, in mourning]**, essere vestito di stracci [in nero, a lutto]; **He's in business [politics]**, è in affari [in politica] ***2*** (*compl. di tempo*) in; entro; durante; in capo a; tra, fra; di: **in April**, in aprile; **in (the year) 1999**, nel 1999; **in all my life**, in tutta la mia vita; **in three months**, in (*o* entro) tre mesi; **in an hour's time**, in un'ora; in capo a un'ora; **in the morning [afternoon, evening]**, di mattina [pomeriggio, sera]; **in the day**, di giorno; **in the night**, di notte; **in time**, in tempo; in tempo utile ***3*** (*compl. di moto entro luogo; invece di* **into**) in; dentro: **Put it in your pocket**, mettilo in tasca; **Come in the house**, vieni dentro (*o* entra in) casa ***4*** (*compl. di modo, condizione, ecc.*) in; a; con; su; per: **in public**, in pubblico; **in rows**, in file; **in groups**, a gruppi; **in danger**, in pericolo; **in tears**, in lacrime; **to do st. in anger**, fare q.c. con (*o* per la) rabbia: **to look at sb. in surprise**, guardare q. con stupore; **in earnest**, sul serio; **in fun**, per scherzo ***5*** (*compl. di limitazione, misura, ecc.*) in; di; su: **to be weak in algebra**, essere debole in algebra; **to be wanting in courage**, essere privo di coraggio; **There were four in number**, ce n'erano quattro di numero; **four feet in width**, quattro piedi (*m 1,20 circa*) di larghezza; **one in a hundred**, uno su cento ***6*** (*compl. di causa*) per; a causa di: **I cried in pain**, gridai per il dolore ***7*** (*compl. di materia*) di: **The coat was in green velvet**, la giacca era di velluto verde; **a floor in marble**, un pavimento in marmo ***8*** (*seguito da gerundio*) in (*o idiom.*): **In writing the letter you've made several mistakes**, nello scrivere (*o* scrivendo) la lettera, hai fatto parecchi errori; **In crossing the river, I fell into the water**, attraversando (*o* nell'attraversare) il fiume, caddi in acqua; **I succeeded in passing my exam**, riuscii a superare l'esame ***9*** in fatto di; quanto a: **This is the latest thing in language labs**, questa è l'ultima novità in fatto di laboratori linguistici ***10*** (*cinem., teatr., TV: di un attore*) nella parte di. ● **in all**, nell'insieme; nel complesso □ **to be in cash**, essere ben provvisto di (*o* stare bene a) quattrini □ **to be in demand**, (*econ.: di un bene*) essere richiesto; (*fig.: di una persona*) essere ricercato, essere popolare □ **in fact**, in realtà; effettivamente □ **in fashion**, alla moda; in voga □ (*leg.*) **in kind**, in natura □ **to be in love**, essere innamorato □ **in my opinion**, secondo me □ **to be in politics**, occuparsi di politica □ **in print**, in corso di stampa; (*anche*) in circolazione, disponibile □ (*di frutta, ecc.*) **in season**, di stagione □ **in so far as**, inquantoché; fino al punto che □ **to be in television**, lavorare in televisione; fare della televisione □ **in that**, in ciò; (*cong.*) in quanto che, poiché, dacché □ **in the rain**, sotto la pioggia □ **in the sun**, (*anche*) sotto il sole: **to work in the sun**, lavorare sotto il sole □ **in truth**, in verità; invero □ **in vain**, invano; inutilmente □ **as far as in me lies**, per quanto sta in me □ **to be blind in one eye**, esser cieco da un occhio □ **to cut st. in half**, tagliare q.c. a metà □ **to engage in trade**, occuparsi di affari (*o* di commercio) □ (*fig.*) **not to be in it**, non essere un concorrente pericoloso; non essere in predicato per la vittoria □ **to paint in oils**, dipingere a olio □ **to sit in a luxury car**, essere a bordo di un'automobile di lusso □ **a woman in black**, una donna vestita di nero □ **It is good in itself**, è cosa buona per se stessa (*o* di per sé) □ (*fam.*) **I did not think Tom had it in him**, non credevo che Tom avesse la stoffa (*o* i numeri; *fig.*); non credevo che Tom fosse capace di tanto.

in (**2**) /ɪn/, *avv.* ***1*** dentro; entro (*raro*); in casa (in ufficio, ecc.): **He is in**, è in (*o* a) casa; **Is anybody in?**, c'è nessuno (in casa, in ufficio, ecc.)? ***2*** (*di fuoco e sim.*) acceso: **Keep the fire in**, mantieni acceso il fuoco ***3*** (*di treno, nave, ecc.*) arrivato: **Is your plane in yet?**, è arrivato il tuo aereo?; **Summer is in**, è arrivata l'estate ***4*** (*di frutta, ecc.*) di stagione; in arrivo (*fam.*): **When will strawberries be in?**, quando arrivano le fragole?; quand'è la stagione delle fragole? ***5*** (*di domande, documenti, ecc.*) pervenuto: **All applications must be in by November 1st**, tutte le domande devono pervenire entro il 1° di novembre ***6*** (*di un partito politico*) al potere; in carica; al governo: **The Labour Party was in**, il partito laburista era al potere ***7*** (*di un raccolto*) riposto; immagazzinato; insilato: **The maize crop must be in before the rainy season**, il raccolto del granturco dev'essere insilato prima della stagione delle piogge ***8*** di moda; in (gran) voga; «in»: **Miniskirts are in this year**, quest'anno le minigonne sono di moda ***9*** (*naut.: della marea*) al massimo: **We could sail up the river only when the tide was** (*o* **came in**), potemmo risalire il fiume soltanto con l'alta marea ***10*** (*sport*) alla battuta: **Our side were in**, i nostri erano alla battuta (*o* avevano la battuta) ***11*** (*nei verbi frasali, è idiom.*; *per es.*:) **to bring in**, far entrare; introdurre; fruttare, rendere; guadagnare; **to come in**, entrare, venire dentro; arrivare; venire in uso, diventare di moda (*o* «in»); **to give in**, cedere; arrendersi, ecc. (*V. sotto* **to bring, to come, to give,** *ecc.*). ● **in and out**, dentro e fuori; su e giù; a fasi alterne □ (*fam.*) **to be in for**, andare incontro a, doversi aspettare: **Italy is in for a big recession**, l'Italia va incontro a una grave recessione; **You're in for trouble!**, ti capiterà un guaio!; **We're in for a storm**, è in arrivo un temporale!; arriva la tempesta! □ **to be in for an exam**, essersi iscritto a un esame; prepararsi a sostenere un esame □ **to be in for it**, essere in ballo (*fig.*); essere implicato (*o* impegnato) in q.c.; (*pop.*) aspettarsi una punizione, aspettarsela □ **to be in for a prize**, concorrere a un premio □ (*sport*) **to be in for a race**, essere iscritto a una corsa □ **to be in for an unpleasant** (*o* **a bad**) **time**, vedersela brutta; dover aspettarsi delle seccature □ **to be in on**, essere al corrente di (q.c.); entrare in, partecipare a (q.c.): **I want to be in on the bargain**, voglio entrarci anch'io nell'affare; **Are you in on it?**, ci sei dentro anche tu?; fai parte della comitiva?; (*anche*) sei al corrente? □ **to be (well) in with sb.**, esser in stretta amicizia con q.; essere nelle grazie (*o* nella manica) di q.; essere ammanigliato (*o* farsela) con q. (*fam.*): **He's in with all the big shots in Rome**, se la fa con tutti i pezzi grossi a Roma □ (*comm.*) **all in**, tutto compreso □ (*fam.*) **to be all in**, essere sfinito, stremato □ (*fam.*) **to have it in for sb.**, avercela con q.; non potere soffrire q. □ **In with it!**, coraggio!; forza!; vediamo un po'! □ **In with you!**, su, entra!

in (**3**) /ɪn/, *a.* ***1*** interno; che è (*o* risiede) dentro: **the in door**, la porta interna; **an in-patient**, un paziente interno ***2*** in arrivo: **the in boat**, il battello in arrivo ***3*** (*polit.*) al potere; in carica: **the in group**, il gruppo politico che detiene il potere ***4*** (*sport*) che batte; che è alla battuta: **the in team**, la squadra che è alla battuta ***5*** (*fam.*) in attivo di: **He is in one thousand dollars**, è in attivo di (*o* ci ha guadagnato) mille dollari ***6*** (*fam.*) per pochi; da iniziati: **an in joke**, una barzelletta non alla portata di tutti ***7*** (*fam.*: *del fuoco*) acceso ***8*** (*fam.*) «in»; alla moda; in voga: **the in seaside resort**, la spiaggia alla moda; **This is the in thing to do**, questa è la cosa da fare che è «in».

in (**4**) /ɪn/, *n.* ***1*** (*di solito al pl.*) – **the ins**, quelli che sono al potere (*o* in carica); (*sport*) quelli che hanno la battuta ***2*** (*cartello*) «entrata». ● **ins and outs**, (*autom.*) tortuosità, curve a esse; (*fig.*) giravolte, retroscena (*fig.*); alterne fortune (*o* vicende); particolari, dettagli: **I know all the ins and outs of this affair**, conosco tutti i retroscena di questa faccenda.

inability /ɪnə'bɪlətɪ/, *n.* inabilità; incapacità; inettitudine. ● (*leg.*) **i. to meet one's obligations**, incapacità di far fronte ai propri impegni □ **i. to work**, inabilità al lavoro.

inaccessibility /ɪnæksɛsə'bɪlətɪ/, *n.* inaccessibilità.

inaccessible /ɪnæk'sɛsəbl/, *a.* ***1*** inaccessibile; irraggiungibile ***2*** (*di persona*) inavvicinabile; inaccessibile.

inaccessibly /ɪnæk'sɛsəblɪ/, *avv.* inaccessibilmente.

inaccuracy /ɪn'ækjərəsɪ/, *n.* imprecisione; inesattezza.

inaccurate /ɪn'ækjərət/, *a.* impreciso; inesatto.

inaccurately /ɪn'ækjərətlɪ/, *avv.* in modo impreciso.

inaction /ɪn'ækʃn/, *n.* inazione; inattività; inerzia.

to **inactivate** /ɪn'æktɪveɪt/, *v. t.* (*scient., mil., ecc.*) inattivare.

inactivation /ɪnæktɪ'veɪʃn/, *n.* (*scient., mil., ecc.*) inattivazione.

inactive /ɪn'æktɪv/, *a.* ***1*** inattivo; inoperoso: **an i. machine**, una macchina inoperosa ***2*** (*chim.*) inattivo; inerte ***3*** (*mil.*) non in servizio attivo ***4*** (*fin.*) inattivo; inutilizzato: **i. money**, moneta inattiva. ● (*leg.*) **an i. contract**, un contratto che non è in vigore □ (*Borsa*) **i. stocks**, titoli inattivi (*o* a scarso flottante). || **-ly**, *avv.*

inactivity /ɪnæk'tɪvətɪ/, *n.* inattività; inoperosità; inerzia.

inadaptability /ɪnədæptə'bɪlətɪ/, *n.* (*raro*) inadattabilità.

inadaptable /ɪnə'dæptəbl/, *a.* (*raro*) inadattabile.

inadequacy /ɪn'ædɪkwəsɪ/, *n.* ***1*** inadeguatezza; insufficienza; manchevolezza: **i. of electric power**, insufficienza d'energia elettrica ***2*** inidoneità.

inadequate /ɪn'ædɪkwət/, *a.* ***1*** inadeguato; insufficiente; manchevole: (*psic.*) **i. personality**, personalità inadeguata ***2*** inadatto; inidoneo. ● **to be [to feel] i. to the occasion**, non essere [non sentirsi] all'altezza della situazione. || **-ly**, *avv.*

inadmissibility /ɪnədmɪsə'bɪlətɪ/, *n.* inammissibilità; (*leg.*) improponibilità.

inadmissible /ɪnəd'mɪsəbl/, *a.* inammissibile; (*leg.*) improponibile.

inadvertence /ɪnəd'vɜ:təns/, **inadvertency** /ɪnəd'vɜ:tənsɪ/, *n.* inavvertenza; disattenzione; sbadataggine; svista.

inadvertent /ɪnəd'vɜ:tənt/, *a.* ***1*** disattento; distratto; sbadato ***2*** involontario; non intenzionale. || **-ly**, *avv.*

inadvisable /ɪnəd'vaɪzəbl/, *a.* sconsigliabile; sconsiderato.

inalienability /ɪneɪlɪənə'bɪlətɪ/, *n.* (*leg.*) inalienabilità.

inalienable /ɪn'eɪlɪənəbl/, *a.* (*leg.*) inalienabile: **i. rights**, diritti inalienabili.

inalterability /ɪnɔːltərə'bɪlətɪ/, *n.* inalterabilità; immutabilità.

inalterable /ɪn'ɔːltərəbl/, *a.* inalterabile; immutabile. || **-bly**, *avv.*

inane /ɪ'neɪn/, **A** *a.* inane (*lett.*); vacuo; vuoto (*anche fig.*); insensato: **an i. person**, una persona vacua; **an i. remark**, un'osservazione insensata. **B** *n.* (*arc.*) (il) vuoto; vacuità.

inanimate /ɪn'ænɪmət/, *a.* *1* inanimato; esanime; senza vita (*anche fig.*): **i. things**, cose inanimate; **i. acting**, recitazione senza vita *2* fiacco; bolso (*fig.*).

inanimation /ɪnænɪ'meɪʃn/, *n.* mancanza di vita.

inanition /ɪnə'nɪʃn/, *n.* *1* (*med.*) inanizione *2* (*fig.*) esaurimento mentale; inerzia morale; letargo (*fig.*).

inanity /ɪ'nænətɪ/, *n.* inanità (*lett.*); vacuità; insensatezza.

inappeasable /ɪnə'piːzəbl/, *a.* implacabile; inappagabile.

inappellability /ɪnəpelə'bɪlətɪ/, *n.* (*leg.*) inappellabilità.

inappellable /ɪnə'peləbl/, *a.* (*leg.*) inappellabile.

inappetence /ɪn'æpɪtəns/, **inappetency** /ɪn'æpɪtənsɪ/, *n.* (*raro, med.*) inappetenza.

inappetent /ɪn'æpɪtənt/, *a.* (*raro*) inappetente.

inapplicability /ɪnæplɪkə'bɪlətɪ/, *n.* inapplicabilità.

inapplicable /ɪn'æplɪkəbl, ɪnə'plɪk-/, *a.* inapplicabile: **The rule is i. to this case**, la regola è inapplicabile a questo caso. || **-bly**, *avv.*

inapposite /ɪn'æpəzɪt/, *a.* improprio; non appropriato; fuori luogo. || **-ly**, *avv.*

inappreciable /ɪnə'priːʃəbl/, *a.* *1* inapprezzabile; non valutabile *2* impercettibile; trascurabile: **an i. contribution**, un contributo trascurabile. || **-ness**, *sost.* || **-bly**, *avv.*

inappreciation /ɪnəpriːʃɪ'eɪʃn/, *n.* incapacità d'apprezzare.

inappreciative /ɪnə'priːʃɪətɪv/, *USA* -ieɪt-/, *a.* che non apprezza.

inapprehensible /ɪnæprɪ'hensəbl/, *a.* inapprensibile; incomprensibile.

inapprehensive /ɪnæprɪ'hensɪv/, *a.* *1* che non riesce a capire; tardo (di comprendonio) *2* senza apprensione; impavido.

inapproachable /ɪnə'prəʊtʃəbl/, *a.* inaccessibile; inaccostabile; inavvicinabile.

inappropriate /ɪnə'prəʊprɪət/, *a.* improprio; inadatto; fuori luogo. || **-ly**, *avv.* || **-ness**, *sost.*

inapt /ɪn'æpt/, *a.* *1* inadatto; disadatto; improprio; fuori luogo: **an i. comparison**, un confronto fuori luogo *2* inetto; maldestro: **an i. person**, una persona maldestra.

inaptitude /ɪn'æptɪtjuːd, *USA* -tuːd/, **inaptness** /ɪn'æptnəs/, *n.* *1* l'essere disadatto; improprietà *2* inettitudine: **i. for a job**, inettitudine a (*o* incapacità di fare) un lavoro.

inarticulate /ɪnɑː'tɪkjʊlət/, *a.* *1* inarticolato (*anche zool.*); disarticolato; indistinto: **i. sounds**, suoni inarticolati *2* inespresso; tacito: **i. passion**, passione inespressa *3* (*di persona*) che s'esprime con difficoltà; che balbetta *4* (*di persona*) incapace d'esprimersi; muto. || **-ly**, *avv.* || **-ness**, *sost.*

inartificial /ɪnɑːtɪ'fɪʃl/, *a.* *1* non artificiale; naturale *2* senz'arte; non artistico *3* semplice; spontaneo; naturale.

inartistic /ɪnɑː'tɪstɪk/, *a.* *1* non artistico *2* privo di senso artistico; senza gusto artistico.

inasmuch /ɪnəz'mʌtʃ/, *avv.* in quanto. ● **i. as** (*cong.*), in quanto (che); poiché; dacché; giacché.

inattention /ɪnə'tenʃn/, *n.* *1* disattenzione; sbadataggine *2* negligenza; trascuratezza.

inattentive /ɪnə'tentɪv/, *a.* *1* disattento; sbadato *2* negligente; trascurato. || **-ly**, *avv.* || **-ness**, *sost.*

inaudibility /ɪnɔːdə'bɪlətɪ/, *n.* impercettibilità (*di suono, ecc.*).

inaudible /ɪn'ɔːdəbl/, *a.* impercettibile (*di suono, ecc.*).

inaugural /ɪ'nɔːgjʊrəl/, **A** *a.* inaugurale. **B** *n.* discorso inaugurale (*specialm. del Presidente degli U.S.A.*).

to **inaugurate** /ɪ'nɔːgjʊreɪt/, *v. t.* *1* insediare (*con pubblica cerimonia*): (*USA*) **to i. a President**, insediare un Presidente *2* inaugurare; aprire al pubblico: **The mayor inaugurated the new theatre**, il sindaco inaugurò il nuovo teatro *3* (*fig.*) avviare; cominciare; inaugurare; segnare l'inizio di: **to i. a new system of elections**, inaugurare un nuovo sistema elettorale; **to i. a new era**, segnare l'inizio di una nuova era.

inauguration /ɪnɔːgjʊ'reɪʃn/, *n.* *1* insediamento: **the i. of the President of the U.S.A.**, l'insediamento del Presidente degli Stati Uniti *2* inaugurazione. ● (*USA*) **I. Day**, il giorno dell'insediamento del nuovo Presidente (*il 20 gennaio*).

inaugurator /ɪn'ɔːgjʊreɪtə(r)/, *n.* inauguratore.

inauguratory /ɪn'ɔːgjʊrətrɪ, *USA* -tɔːrɪ/, *a.* inaugurale; inaugurativo (*raro*).

inauspicious /ɪnɔː'spɪʃəs/, *a.* inauspicato (*lett.*); infausto; malaugurato; funesto. || **-ly**, *avv.* || **-ness**, *sost.*

in-between /ɪnbɪ'twiːn/, **A** *a.* di mezzo; intermedio: **an i. position**, una posizione intermedia. **B** *n.* *1* posizione intermedia *2* intermediario.

inboard /'ɪnbɔːd/, (*naut.*) **A** *avv.* all'interno, verso il centro (della nave). **B** *a.* entrobordo: **i. motor**, motore entrobordo; entrobordo. **C** *n.* motore entrobordo. ● **i. motorboat**, (motoscafo) entrobordo.

inbond /'ɪnbɒnd/, *a. attr.* (*edil.*: *di mattone*) di punta.

inborn /'ɪnbɔːn/, *a.* innato; congenito; connaturato: **an i. talent for music**, una disposizione innata per la musica.

inbound /'ɪnbaʊnd/, *a.* diretto in patria; nel viaggio di ritorno: **an i. ship**, una nave diretta in patria.

to **inbreathe** /ɪn'briːð/, *v. t.* *1* inspirare *2* (*fig.*) assorbire.

inbred /ɪn'bred/, *a.* *1* innato; congenito; connaturato *2* (*d'animale*) ottenuto mediante accoppiamento tra soggetti consanguinei.

to **inbreed** /ɪn'briːd/ (*pass.* e *p. p.* **inbred**), **A** *v. t.* *1* (*zootecnia*) ottenere (*animali*) mediante accoppiamento tra soggetti consanguinei *2* fare sposare (*persone*) che sono consanguinee. **B** *v. i.* *1* (*zootecnia*) praticare l'inincrocio *2* (*di persone*) unirsi tra consanguinei.

inbreeding /ɪn'briːdɪŋ/, *n.* *1* (*d'animali*) inincrocio; accoppiamento tra soggetti consanguinei *2* sistema dei matrimoni (*o* delle unioni) tra consanguinei *3* (*fig.*) limitatezza di vedute; provincialismo: **intellectual i.**, provincialismo intellettuale.

Inc. /ɪŋk/, *abbr.* di **incorporated** (*fin., USA*) S.p.A.; (società) per azioni: **General Motors, Inc.**, la General Motors S.p.A. ● (*fig.*) **Murder, Inc.**, la Società (Anonima) del Crimine (Organizzato).

Inca /'ɪŋkə/, (*stor.*) **A** *n.* (*pl.* **Incas, Inca**) Inca. **B** *a.* inca; incaico.

Incaic /ɪŋ'keɪɪk/, *a.* incaico.

incalculability /ɪnkælkjʊlə'bɪlətɪ/, *n.* *1* incalcolabilità *2* imprevedibilità.

incalculable /ɪn'kælkjʊləbl/, *a.* *1* incalcolabile: **an i. distance**, una distanza incalcolabile *2* imprevedibile: **a boss with an i. temper**, un padrone dal carattere imprevedibile. || **-bly**, *avv.*

to **incandesce** /ɪnkæn'des/, **A** *v. i.* divenire incandescente. **B** *v. t.* rendere incandescente.

incandescence /ɪnkæn'desns/, **incandescency** /ɪnkæn'desnsɪ/, *n.* incandescenza.

incandescent /ɪnkæn'desnt/, *a.* incandescente. ● (*elettr.*) **i. lamp**, lampada a incandescenza.

incantation /ɪnkæn'teɪʃn/, *n.* incanto; incantesimo; magia.

incapability /ɪnkeɪpə'bɪlətɪ/, *n.* (*anche leg.*) incapacità; inettitudine.

incapable /ɪn'keɪpəbl/, **A** *a.* (*anche leg.*) incapace; inetto: **i. of change**, incapace di cambiare; **to be i. of doing st.**, essere incapace di fare q.c.; **an i. organizer**, un organizzatore inetto. **B** *n.* (un) incapace (*specialm.*: d'intendere e di volere). || **-bly**, *avv.*

incapacitant /ɪnkə'pæsɪtənt/, *n.* (*chim., mil.*) agente (*o* farmaco) inabilitante (*o* invalidante).

to **incapacitate** /ɪnkə'pæsɪteɪt/, *v. t.* *1* inabilitare; rendere inabile (*o* incapace): **His age incapacitated him for active service**, l'età lo rendeva inabile al servizio attivo *2* (*leg.*) inabilitare; dichiarare (q.) incapace; interdire.

incapacitating /ɪnkə'pæsɪteɪtɪŋ/, *a.* (*chim., mil.*) inabilitante; invalidante.

incapacitation /ɪnkəpæsɪ'teɪʃn/, *n.* *1* inabilitazione; il rendere (*o* l'essere reso) inabile *2* (*leg.*) inabilitazione; interdizione.

incapacity /ɪnkə'pæsətɪ/, *n.* incapacità (*anche giuridica*); inabilità: **i. to work** (*o* **for work, from working**), inabilità al lavoro.

to **incarcerate** /ɪn'kɑːsəreɪt/, *v. t.* *1* incarcerare; imprigionare *2* (*fig.*) confinare; relegare; rinchiudere. ● (*med.*) **incarcerated hernia**, ernia incarcerata.

incarceration /ɪnkɑːsə'reɪʃn/, *n.* *1* incarceramento; incarcerazione; carcerazione *2* (*med.*) incarceramento (*di un'ernia*).

incarcerator /ɪn'kɑːsəreɪtə(r)/, *n.* incarceratore; imprigionatore.

incarnadine /ɪn'kɑːnədaɪn/, *a.* (*poet.*) *1* incarnato; rosa carne *2* carnicino; cremisi; vermiglio.

to **incarnadine** /ɪn'kɑːnədaɪn/, *v. t.* (*poet.*) *1* rendere color rosa carne (*o* incarnato) *2* invermigliare (*lett.*); tingere di rosso.

incarnate /ɪn'kɑːnət/, *a.* incarnato; fatto persona; personificato; impersonato: **He is a devil i.**, è un diavolo incarnato; **She is goodness i.**, è la bontà personificata. ● (*relig.*) **the Word I.**, il Verbo Incarnato.

to **incarnate** /'ɪnkɑːneɪt/, *v. t.* incarnare; personificare; impersonare: **to i. an idea**, incarnare un concetto; **He incarnates the courage of the whole race**, egli impersona il coraggio di tutta la sua razza.

incarnation /ɪnkɑː'neɪʃn/, *n.* incarnazione; personificazione: **He is the i. of courage**, è l'incarnazione del coraggio. ● (*relig.*) **the I.**, l'Incarnazione.

incautious /ɪn'kɔːʃəs/, *a.* incauto; imprudente; sconsiderato. || **-ly**, *avv.* || **-ness**, *sost.*

incendiarism /ɪn'sendɪərɪzəm/, *n.* *1* mania incendiaria; piromania *2* (*fig. arc.*) sobillazione; sovversivismo.

incendiary /ɪn'sendɪərɪ, *USA* -dɪerɪ/, **A** *a.* (*anche fig.*) incendiario: **an i. bomb**, una bomba incendiaria; **an i. speech**, un discorso incendiario. **B** *n.* *1* incendiario; piromane *2* (*fig.*) agitatore; sovversivo *3* (*mil.*) bomba incendiaria.

incensation /ɪnsen'seɪʃn/, *n.* incensamento; incensatura.

incense /'ɪnsens/, *n.* *1* incenso *2* fumo (*o* odore) d'incenso; (*fig.*) fragranza, odore piacevole *3* (*fig.*) adulazione; incensamento. ● (*relig.*) **i.-boat**, navicella □ **i.-burner**, incensiere; turibolo.

to **incense** (1) /ɪn'sens/, *v. t.* *1* (*anche fig.*) incensare *2* profumare (*con incenso o sim.*).

to **incense** (2) /ɪn'sens/, *v. t.* irritare; esasperare; rendere furibondo; infiammare d'ira: **to be incensed by sb. [at sb.'s remarks]**, essere esasperato da q. [irritarsi per le osservazioni di q.]; **to be incensed against sb.**, essere furibondo contro q.

incensement /ɪn'sensmənt/, *n.* irritazione; esasperazione; furore.

incensory /ɪn'sensərɪ, *USA* 'ɪnsensɔːrɪ, -sənsɔːrɪ/, *n.* incensiere; turibolo.

incentive /ɪn'sɛntɪv/, **A** *a.* incoraggiante; stimolante. **B** *n.* incentivo; incitamento; stimolo: **an i. to invest more money**, un incentivo a investire altro denaro; **financial [promotional, tax] incentives**, incentivi finanziari [promozionali, fiscali]. ● (*market.*) **i. discount**, sconto per incentivare le vendite □ **i. pay**, retribuzione a incentivo.

incentre /'ɪnsɛntə(r)/, *n.* (*geom.*) incentro.

inception /ɪn'sɛpʃn/, *n.* inizio; principio.

inceptive /ɪn'sɛptɪv/, *a.* **1** iniziale; introduttivo **2** (*gramm.*) incoativo: **an i. verb**, un verbo incoativo.

incertitude /ɪn'sɜːtɪtjuːd, *USA* -tuːd/, *n.* **1** incertezza; dubbiosità; indecisione **2** mancanza di sicurezza; insicurezza.

incessancy /ɪn'sɛsnsɪ/, *n.* l'essere incessante; continuità.

incessant /ɪn'sɛsnt/, *a.* incessante; continuo: **i. rain**, pioggia incessante; **i. chatter**, chiacchiericcio incessante. || **-ly**, *avv.* || **-ness**, *sost.*

incest /'ɪnsɛst/, *n.* incesto.

incestuous /ɪn'sɛstjʊəs, *USA* -tʃʊəs/, *a.* **1** incestuoso **2** (*fig.*: *di un rapporto*) troppo intimo; troppo stretto. || **-ly**, *avv.* || **-ness**, *sost.*

inch (**1**) /ɪntʃ/, *n.* **1** pollice (*misura lineare ingl. pari a cm 2,54*): **a square i.**, un pollice quadrato; **How many inches of rain fell last year?**, quanti pollici di pioggia caddero l'anno scorso?; **He is five feet ten inches**, è alto cinque piedi e dieci pollici (*pari a m 1,78 circa*) **2** (*pl.*) altezza; statura: **a man of your inches**, un uomo della tua statura. ● **i. by i.**, a poco a poco; per gradi □ (*fig. raro*) **an i. of cold steel**, un colpo di spada; una pugnalata □ **by inches**, a poco a poco, lentamente, gradatamente; di poco, per un pelo, di un soffio (*fig.*): **He is dying by inches**, sta morendo a poco a poco □ **every i.**, da capo a piedi; da cima a fondo; completamente: **He is every i. a politician**, è un uomo politico da capo a piedi □ **to flog sb. within an i. of his life**, fustigare q. fino a provocarne quasi la morte □ (*anche fig.*) **not to budge** (*o* **not to yield**) **an i.**, non cedere d'un millimetro □ **within an i. of**, a un pelo da: **I came within an i. of being hit by the snowball**, per un pelo non fui colpito dalla palla di neve □ **Give him an i. and he'll take an ell** (*o* **a mile, a yard**), se gli dai un dito, si prende un braccio.

inch (**2**) /ɪntʃ/, *n.* (*scozz., irl.*) isola; isoletta.

to **inch** /ɪntʃ/, *v. t.* e *i.* muovere, muoversi, gradatamente (*o* lentamente). ● **to i. forward**, spingere (*o* spingersi) avanti a poco a poco □ **to i. one's way through the jungle**, farsi strada a poco a poco attraverso la giungla.

inched /ɪntʃt/, *a.* **1** graduato in pollici: **an i. scale**, una scala in pollici **2** (*nei composti, per es.*:) che misura un certo numero di pollici: **a five-i. hook**, un gancio di cinque pollici.

incher /'ɪntʃə(r)/, *n.* (*nei composti, per es.*:) **a six-incher**, un oggetto (*o* un animale) della lunghezza (*o* del diametro, ecc.) di sei pollici (*V.* **inch (1)**).

inchmeal /'ɪntʃmiːl/, *avv.* (*arc.*) a poco a poco; per gradi.

inchoate /ɪn'kəʊeɪt, 'ɪn-/, *a.* **1** incipiente; appena iniziato; iniziale **2** non ancora sviluppato; rudimentale.

to **inchoate** /'ɪnkəʊeɪt/, *v. t.* (*arc., raro*) cominciare; iniziare.

inchoation /ɪnkəʊ'eɪʃn/, *n.* (*raro*) inizio; principio.

inchoative /ɪn'kəʊətɪv/, **A** *a.* **1** (*raro*) incipiente; iniziale **2** (*gramm.*) incoativo. **B** *n.* (*gramm.*) verbo incoativo.

inchworm /'ɪntʃwɜːm/, *n.* (*zool., Geometridae*) geometride; bruco misuratore.

incidence /'ɪnsɪdəns/, *n.* (*anche scient.*) incidenza: **the i. of a disease [of a tax]**, l'incidenza di una malattia [di un'imposta]; (*fis.*) **angle of i.**, angolo d'incidenza.

incident (**1**) /'ɪnsɪdənt/, *n.* **1** incidente: **a border i.**, un incidente di frontiera **2** (*letter.*) avvenimento; episodio **3** (*leg.*) diritto accessorio (*o* connesso).

incident (**2**) /'ɪnsɪdənt/, *a.* **1** inerente; insito; connesso: **the duties i. to leadership**, i doveri inerenti alla posizione di capo; **the social problems i. to a fast-developing industrial society**, i problemi sociali inerenti a una società industriale in rapido sviluppo **2** che può accadere come conseguenza; conseguente (a): **the general rush i. to the explosion of a bomb**, il fuggifuggi generale conseguente all'esplosione di una bomba **3** (*leg.*) accessorio **4** (*fis.*) incidente: **i. rays**, raggi incidenti.

incidental /ɪnsɪ'dɛntl/, **A** *a.* **1** inerente; insito; (inevitabilmente) connesso: **the dangers i. to big-game hunting**, i pericoli inevitabilmente connessi con la caccia grossa **2** incidentale; accessorio; secondario: **a play with i. music**, un dramma con accompagnamento musicale **3** accidentale; occasionale; casuale; fortuito: **an i. fellow traveller**, un occasionale compagno di viaggio; **i. expenses**, spese occasionali (*o* impreviste). **B** *n. pl.* **1** l'imponderabile **2** (*comm.*) spese occasionali; imprevisti. ● (*cinem., teatr.*) **i. music**, musica di fondo. || **-ly**, *avv.*

to **incinerate** /ɪn'sɪnəreɪt/, *v. t.* **1** incenerire; ridurre in cenere **2** (*USA*) cremare.

incineration /ɪnsɪnə'reɪʃn/, *n.* **1** incenerimento **2** (*USA*) cremazione.

incinerator /ɪn'sɪnəreɪtə(r)/, *n.* **1** inceneritore **2** (*USA*) forno crematorio.

incipience /ɪn'sɪpɪəns/, **incipiency** /ɪn'sɪpɪənsɪ/, *n.* (*anche med.*) incipienza; condizione (*o* stato) iniziale; inizio; principio.

incipient /ɪn'sɪpɪənt/, *a.* (*anche med.*) incipiente; allo stato iniziale: **i. social unrest**, incipienti disordini sociali.

incircle /ɪn'sɜːkl/, *n.* (*geom.*) cerchio inscritto.

to **incise** /ɪn'saɪz/, *v. t.* **1** incidere (*anche med.*); tagliare **2** intagliare.

incision /ɪn'sɪʒn/, *n.* **1** incisione (*anche med.*); taglio **2** intaglio.

incisive /ɪn'saɪsɪv/, *a.* incisivo (*anche fig.*); acuto; penetrante; tagliente; sarcastico; caustico: **an i. style**, uno stile incisivo; **an i. mind**, una mente acuta; **i. remarks**, osservazioni taglienti. || **-ly**, *avv.* || **-ness**, *sost.*

incisor /ɪn'saɪzə(r)/, *n.* (*anat.*) (dente) incisivo.

incisorial /ɪnsaɪ'zɔːrɪəl/, **incisory** /ɪn'saɪzərɪ/, *a.* incisorio.

incisure /ɪn'saɪʒə(r)/, *n.* (*anat.*) incisura; fessura; solco.

incitation /ɪnsaɪ'teɪʃn/, *n.* incitazione; incitamento.

to **incite** /ɪn'saɪt/, *v. t.* **1** incitare; stimolare; spronare (*fig.*) **2** eccitare; suscitare: **Injustice and inequality i. hatred and revolt**, l'ingiustizia e la disuguaglianza suscitano l'odio e la ribellione.

incitement /ɪn'saɪtmənt/, *n.* **1** incitamento; eccitazione; stimolazione **2** stimolo; incentivo **3** (*leg.*) incitazione; istigazione: **i. to (commit a) crime**, istigazione a delinquere.

inciter /ɪn'saɪtə(r)/, *n.* incitatore, incitatrice; istigatore, istigatrice.

in-city /'ɪn'sɪtɪ/, *a.* dentro la città; della città. ● (*trasp.*) **i. passengers**, viaggiatori della rete urbana.

incivility /ɪnsɪ'vɪlətɪ/, *n.* inciviltà; rozzezza; scortesia; villania.

incivism /'ɪnsɪvɪzəm/, *n.* (*polit.*) mancanza di civismo.

in-clearing /'ɪnklɪərɪŋ/, *n.* (*fin., in G.B.*) compensazione in entrata; insieme degli assegni, ecc., spiccati su una banca e da questa presentati alla stanza di compensazione.

inclemency /ɪn'klɛmənsɪ/, *n.* inclemenza; (*del clima*) rigidità.

inclement /ɪn'klɛmənt/, *a.* inclemente; (*del clima*) rigido. || **-ly**, *avv.*

inclinable /ɪn'klaɪnəbl/, *a.* **1** incline; proclive (*lett.*); propenso **2** inclinabile.

inclination /ɪnklɪ'neɪʃn/, *n.* **1** inclinazione (*in ogni senso*); pendenza; disposizione; propensione; simpatia; tendenza: **to follow one's own inclinations**, seguire le proprie inclinazioni; **an i. to melancholy**, una tendenza alla malinconia **2** flessione; piegamento: **an i. of the body**, una flessione del corpo (*un inchino*); **an i. of the head**, un piegamento della testa (*un cenno del capo*) **3** china; pendio; declivio **4** (*astron., geom.*) inclinazione. ● **to have no i. to be a teacher**, non essere portato all'insegnamento □ **to show no i. to do st.**, non mostrarsi incline (*o* disposto) a fare q.c.

incline /'ɪnklaɪn/, *n.* **1** pendenza; pendio; inclinazione: **a steep i.**, un pendio ripido; **an i. of ten per cent**, una pendenza del dieci per cento **2** (*tecn.*) rampa; scivolo. ● (*ind. min.*) **i. shaft**, pozzo inclinato.

to **incline** /ɪn'klaɪn/, **A** *v. t.* **1** inclinare; chinare; piegare: **to i. one's head**, chinare il capo **2** (*fig.*) disporre, indurre: **His words i. me to believe he is a liar**, le sue parole m'inducono a crederlo un bugiardo. **B** *v. i.* **1** inclinarsi; chinarsi; piegarsi **2** (*fig.*) inclinare, propendere, tendere: **I i. to think that...**, inclino (*o* propendo) a credere che...; **to i. to stoutness**, tendere alla pinguedine **3** (*di un colore*) tendere (*al rosso, al verde, ecc.*). ● (*arc.*) **to i. one's ear**, prestare orecchio.

inclined /ɪn'klaɪnd/, *a.* **1** inclinato: **i. plane**, piano inclinato **2** incline; ben disposto; propenso: **to be i. to do st.**, essere incline (*o* propenso) a fare q.c.; **to be i. towards sb.**, essere ben disposto verso q. ● **to be i. to music**, essere portato per la musica □ **to be i. to sudden fears**, andare soggetto a timori improvvisi.

inclinometer /ɪnklɪ'nɒmɪtə(r)/, *n.* (*aeron., naut.*) inclinometro.

to **inclose** /ɪn'kləʊz/, *V.* **to enclose**.

inclosure /ɪn'kləʊʒə(r)/, *V.* **enclosure**.

to **include** /ɪn'kluːd/, *v. t.* **1** includere; annoverare; comprendere: **His name has been included in the list**, il suo nome è stato incluso nella lista; **I i. him among my best friends**, lo annovero tra i miei amici migliori; **The price includes V.A.T.**, nel prezzo è compresa l'I.V.A. **2** (*raro*) contenere; racchiudere.

including /ɪn'kluːdɪŋ/, **A** *a.* che include; comprendente; comprensivo di. **B** *prep.* compreso, incluso: **Ten were killed, i. the officer**, dieci furono uccisi, compreso l'ufficiale.

inclusion /ɪn'kluːʒn/, *n.* **1** (*anche mat.*) inclusione **2** (*geol.*) incluso. ● (*chim.*) **i. complex**, composto d'inclusione.

inclusive /ɪn'kluːsɪv/, *a.* **1** incluso; compreso: **from March 10th to April the 2nd i.**, dal 10 marzo al 2 aprile compreso; **a total of six persons, i. of the driver**, un numero complessivo di sei persone, compreso l'autista **2** inclusivo; comprensivo: **The price is i. of freight**, il prezzo è comprensivo (*o* inclusivo) del nolo marittimo **3** complessivo; totale: **the i. sum**, il totale; **i. charge**, spesa complessiva **4** (*ling.*) inclusivo. ● **i. of everything**, tutto compreso □ (*comm.*) **i. price**, (prezzo) tutto compreso □ (*in un albergo*) **i. terms**, tutto compreso □ (*tur.*) **i. tour**, inclusive tour. || **-ly**, *avv.* || **-ness**, *sost.*

incoercible /ɪnkəʊ'ɜːsəbl/, *a.* incoercibile; incomprimibile.

incog /ɪn'kɒg/, (*abbr. fam.*) *V.* **incognito**.

incognito /ɪnkɒg'niːtəʊ, *USA* ɪn'kɒgnɪtəʊ/, **A** *a.* e *n.* (*pl.* **incognitos**) incognito; (persona) che va in incognito, sotto mentite spoglie: **a film star i.**, una stella del cinema in incognito. **B** *avv.* in incognito: **The king travelled i.**, il re viaggiava in incognito.

incognizable /ɪn'kɒgnɪzəbl/, *a.* inconoscibile.

incognizance /ɪn'kɒgnɪzəns/, *n.* inconsapevolezza.

incognizant /ɪn'kɒgnɪzənt/, *a.* inconsapevole; inconscio (di q.c.).

incoherence /ɪnkəʊ'hɪərəns/, **incoherency** /ɪnkəʊ'hɪərənsɪ/, *n.* **1** incoerenza (*anche med.*) **2** inconsistenza.

incoherent /ɪnkəʊ'hɪərənt/, *a.* **1** incoerente

(*anche scient.*) *2* inconsistente. ● **to be quite i. from sorrow**, non connettere affatto per il dolore. || **-ly,** *avv.*
incohesive /ɪnkəʊ'hiːsɪv/, *a.* che manca di coesione.
incombustibility /ɪnkəmbʌstə'bɪlətɪ/, *n.* incombustibilità.
incombustible /ɪnkəm'bʌstəbl/, *a.* incombustibile. || **-ness,** *sost.*
income /'ɪnkʌm/, *n.* *1* (*econ., fin.*) entrata; entrate; reddito: **earned i.**, reddito da lavoro; **unearned i.**, reddito di capitale; rendita; **net i.**, entrate nette; **i. tax**, imposta sul reddito *2* (*fin., rag.*) profitto; utile; ricavo: **i. for the year**, utile d'esercizio. ● (*rag.*) **i. account**, conto profitti e perdite; conto economico □ (*fisc.*) **i. base**, base imponibile □ (*fin.*) **i. bracket**, fascia di reddito; categoria di contribuenti □ **i. distribution**, distribuzione del reddito □ **i. from employment**, reddito di lavoro subordinato □ (*fin.*) **i. group**, *V.* **i. bracket** □ (*econ.*) **incomes policy**, politica dei redditi □ (*fisc.*) **i. range**, classe di reddito □ (*fisc.*) **i. return**, denuncia dei redditi □ (*rag.*) **i. statement**, *V.* **i. account** □ (*in G.B.*) **i. support**, assegno integrativo (*ai salari più bassi*) □ (*fin.*) **i. surtax**, (imposta) complementare sul reddito □ **i.-tax return**, dichiarazione dei redditi □ (*econ.*) **i. transfers**, trasferimenti □ (*fin.*) **i. yield**, rendimento (*di un titolo*) □ **to live above one's i.**, spendere più di quel che si guadagna; fare il passo più lungo della gamba (*fig.*) □ **to live on unearned i.**, vivere di rendita □ **to live within one's i.**, vivere senza spendere più delle proprie entrate □ (*econ.*) **low-i. families**, famiglie a basso reddito.
incomer /'ɪnkʌmə(r)/, *n.* *1* chi entra; chi subentra *2* sopravvenuto; successore *3* immigrante *4* intruso.
incoming (1) /'ɪnkʌmɪŋ/, *a.* *1* entrante; subentrante: **the i. tenant**, l'affittuario subentrante *2* sopravveniente; in entrata: **i. traffic**, traffico in entrata *3* in arrivo; nuovo: **the i. train**, il treno in arrivo; **i. letters**, corrispondenza in arrivo *4* (*elettr.*) entrante; in entrata *5* (*naut.*) montante: **the i. tide**, la marea montante. ● (*rag.*) **i. profits**, profitti in via di maturazione.
incoming (2) /'ɪnkʌmɪŋ/, *n.* *1* entrata; arrivo *2* (*della marea*) flusso *3* (*di solito al pl.*) (*fin.*) entrate; ricavi.
incommensurability /ɪnkəmenʃərə'bɪlətɪ/, *n.* incommensurabilità.
incommensurable /ɪnkə'menʃərəbl/, *a.* incommensurabile. || **-bly,** *sost.*
incommensurate /ɪnkə'menʃərət/, *a.* *1* inadeguato; insufficiente; sproporzionato: **His means are i. to his many needs**, i suoi mezzi sono inadeguati ai suoi molti bisogni *2* *V.* **incommensurable.** || **-ness,** *sost.*
to **incommode** /ɪnkə'məʊd/, *v. t.* (*form.*) incomodare; scomodare; disturbare; recare disturbo a (q.).
incommodious /ɪnkə'məʊdɪəs/, *a.* (*form.*) scomodo; disagevole. || **-ness,** *sost.*
incommunicability /ɪnkəmjuːnɪkə'bɪlətɪ/, *n.* incomunicabilità.
incommunicable /ɪnkə'mjuːnɪkəbl/, *a.* incomunicabile. || **-ness,** *sost.* || **-bly,** *avv.*
incommunicado /ɪnkəmjuːnɪ'kɑːdəʊ/, **A** *a.* senza possibilità (*o* permesso) di comunicare; segregato. **B** *avv.* in segregazione: **The prisoners were held i.**, i prigionieri furono tenuti in segregazione.
incommunicative /ɪnkə'mjuːnɪkətɪv, *USA* -eɪt-/, *a.* reticente; riservato. || **-ly,** *avv.* || **-ness,** *sost.*
incommutability /ɪnkəmjuːtə'bɪlətɪ/, *n.* incommutabilità.
incommutable /ɪnkə'mjuːtəbl/, *a.* incommutabile; immutabile. || **-bly,** *avv.*
incompact /ɪnkəm'pækt/, *a.* *1* non compatto; disgregato *2* (*fig.*) discorde; diviso.
in-company /'ɪn'kʌmpənɪ/, *a.* (*fin.*) che avviene all'interno di una società; intra-aziendale; interno.
incomparability /ɪnkɒmpərə'bɪlətɪ/, *n.* incomparabilità; l'essere incomparabile (*o* ineguagliabile).
incomparable /ɪn'kɒmpərəbl/, *a.* incomparabile; ineguagliabile. || **-ness,** *sost.* || **-bly,** *avv.*
incompatibility /ɪnkəmpætə'bɪlətɪ/, *n.* incompatibilità: **i. of temper**, incompatibilità di carattere.
incompatible /ɪnkəm'pætəbl/, **A** *a.* *1* incompatibile; inconciliabile *2* (*chim., med., mat.*) incompatibile. **B** *n. pl.* *1* persone (*o* cose) incompatibili (*fra loro*) *2* (*farm.*) medicinale incompatibile. || **-bly,** *avv.*
incompetence /ɪn'kɒmpɪtəns/, **incompetency** /ɪn'kɒmpɪtənsɪ/, *n.* *1* incompetenza; incapacità *2* (*leg.*) incompetenza *3* (*leg.*) incapacità: **i. to contract**, incapacità contrattuale *4* (*med.*) insufficienza: **aortic i.**, insufficienza aortica.
incompetent /ɪn'kɒmpɪtənt/, **A** *a.* *1* incompetente; incapace *2* (*leg.*) incompetente *3* (*leg.*) incapace (*specialm.*: di testimoniare) *4* (*med.*) insufficiente. **B** *n.* *1* incompetente *2* (*leg.*) incapace. || **-ly,** *avv.*
incomplete /ɪnkəm'pliːt/, *a.* incompleto; incompiuto. || **-ly,** *avv.* || **-ness,** *sost.*
incompliance /ɪnkəm'plaɪəns/, *n.* *1* inflessibilità; ostinazione *2* indisponibilità; scortesia.
incompliant /ɪnkəm'plaɪənt/, *a.* *1* inflessibile; ostinato *2* indisponibile; scortese.
incomprehensibility /ɪnkɒmprɪhensə'bɪlətɪ/, *n.* incomprensibilità.
incomprehensible /ɪnkɒmprɪ'hensəbl/, *a.* incomprensibile. || **-ness,** *sost.* || **-bly,** *avv.*
incomprehension /ɪnkɒmprɪ'henʃn/, *n.* incomprensione.
incomprehensive /ɪnkɒmprɪ'hensɪv/, *a.* *1* limitato; ristretto *2* poco comprensivo.
incompressibility /ɪnkəmpresə'bɪlətɪ/, *n.* incompressibilità; incomprimibilità.
incompressible /ɪnkəm'presəbl/, *a.* incompressibile; incomprimibile (*anche mecc.*).
incomputability /ɪnkəmpjuːtə'bɪlətɪ/, *n.* l'essere incomputabile.
incomputable /ɪnkəm'pjuːtəbl/, *a.* incomputabile; incalcolabile.
inconceivability /ɪnkənsiːvə'bɪlətɪ/, *n.* inconcepibilità.
inconceivable /ɪnkən'siːvəbl/, *a.* *1* inconcepibile *2* (*fig. fam.*) inconcepibile; incredibile; straordinario. || **-bly,** *avv.*
inconclusive /ɪnkən'kluːsɪv/, *a.* *1* inconcludente; sconclusionato *2* (*anche leg.*) non conclusivo; inutile: **i. evidence**, prove non conclusive (*o* che non provano nulla); **an i. action**, un'azione inutile. || **-ly,** *avv.* || **-ness,** *sost.*
incondensability /ɪnkəndensə'bɪlətɪ/, *n.* incondensabilità.
incondensable /ɪnkən'densəbl/, *a.* incondensabile (*raro*); che non si può condensare.
incondite /ɪn'kɒndɪt/, *a.* incondito (*lett.*); disordinato; rozzo; sciatto.
inconformity /ɪnkən'fɔːmətɪ/, *n.* difformità; disuguaglianza.
incongruence /ɪn'kɒŋgrʊəns/, **incongruity** /ɪnkən'gruːətɪ/, *n.* incongruenza; assurdità.
incongruous /ɪn'kɒŋgrʊəs/, *a.* incongruo; incongruente; assurdo. || **-ly,** *avv.* || **-ness,** *sost.*
inconsecutive /ɪnkən'sekjʊtɪv/, *a.* non consecutivo; inconseguente. || **-ness,** *sost.*
inconsequence /ɪn'kɒnsɪkwəns/, *n.* *1* inconseguenza *2* incoerenza; illogicità; incongruenza.
inconsequent /ɪn'kɒnsɪkwənt/, *a.* *1* inconseguente; sconclusionato *2* incoerente; illogico; incongruente: **an i. conclusion**, una conclusione illogica; **an i. person**, una persona incoerente *3* irrilevante; senza importanza; insignificante.
inconsequential /ɪnkɒnsɪ'kwenʃl/, *a.* *1* inconseguente; illogico; incoerente; incongruente *2* irrilevante; senza importanza; insignificante.
inconsequentiality /ɪnkɒnsɪkwenʃɪ'ælətɪ/, *n.* *1* inconseguenza; incoerenza; incongruenza *2* irrilevanza.
inconsequentially /ɪnkɒnsɪ'kwenʃəlɪ/, **inconsequently** /ɪn'kɒnsɪkwəntlɪ/, *avv.* inconseguentemente; illogicamente.
inconsiderable /ɪnkən'sɪdrəbl/, *a.* inconsiderabile; irrilevante; trascurabile; senza importanza.
inconsiderate /ɪnkən'sɪd(ə)rət/, *a.* *1* inconsiderato; sconsiderato; avventato: **an i. boy**, un ragazzo avventato *2* irriverente; mancante di riguardo; privo di rispetto: **i. actions**, atti irriverenti. || **-ly,** *avv.* || **-ness,** *sost.*
inconsideration /ɪnkənsɪdə'reɪʃn/, *n.* *1* inconsideratezza; sconsideratezza; avventatezza *2* irriverenza; mancanza di riguardo.
inconsistence /ɪnkən'sɪstəns/, **inconsistency** /ɪnkən'sɪstənsɪ/, *n.* *1* contraddittorietà; incompatibilità *2* incoerenza; incongruenza; contraddizione *3* controsenso; assurdità; notizia senza fondamento *4* (*stat.*) inconsistenza *5* (*elab.*) incoerenza. ● **newspaper reports that are full of inconsistencies**, resoconti giornalistici che non stanno in piedi.
inconsistent /ɪnkən'sɪstənt/, *a.* *1* contraddittorio: **an i. narrative**, una narrazione contraddittoria *2* incoerente; incongruente: **i. behaviour**, comportamento incoerente *3* contrario (a); incompatibile (con): **Your conduct is i. with what you preach**, la tua condotta è incompatibile con quel che predichi *4* incostante, discontinuo (*nel lavoro, ecc.*) *5* (*stat.*) inconsistente. || **-ly,** *avv.*
inconsolable /ɪnkən'səʊləbl/, *a.* inconsolabile. || **-bly,** *avv.*
inconsonance /ɪn'kɒnsənəns/, *n.* disaccordo; discordanza; disarmonia.
inconsonant /ɪn'kɒnsənənt/, *a.* discordante; discorde; contrario.
inconspicuous /ɪnkən'spɪkjʊəs/, *a.* *1* che si vede appena; quasi invisibile *2* che non dà nell'occhio; non appariscente: **an i. way of dressing**, un modo di vestire che non dà nell'occhio. ● **to make oneself i.**, non mettersi in evidenza; farsi piccolo (*fig.*).
inconspicuously /ɪnkən'spɪkjʊəslɪ/, *avv.* senza (voler) dare nell'occhio: **She stood i. in a corner**, se ne stava in un angolo, senza dare nell'occhio. ● **to be dressed i.**, essere vestito in modo sobrio.
inconspicuousness /ɪnkən'spɪkjʊəsnəs/, *n.* il non dare nell'occhio; mancanza d'appariscenza; sobrietà (*nel vestire*).
inconstancy /ɪn'kɒnstənsɪ/, *n.* incostanza; instabilità; mutevolezza; variabilità; volubilità.
inconstant /ɪn'kɒnstənt/, *a.* incostante; instabile; mutevole; variabile; volubile. || **-ly,** *avv.*
inconsumable /ɪnkən'suːməbl, -sj-/, *a.* *1* inconsumabile *2* (*econ.: di un bene, ecc.*) non di consumo.
incontestability /ɪnkəntestə'bɪlətɪ/, *n.* (*anche leg.*) incontestabilità; inconfutabilità: (*ass.*) **i. clause**, clausola dell'incontestabilità.
incontestable /ɪnkən'testəbl/, *a.* incontestabile; inconfutabile: (*leg.*) **i. evidence**, prove inconfutabili. || **-bly,** *avv.*
incontinence /ɪn'kɒntɪnəns/, *n.* incontinenza (*anche med.*); intemperanza: **i. of urine**, incontinenza dell'urina; enuresi.
incontinent /ɪn'kɒntɪnənt/, *a.* incontinente (*anche med.*); intemperante; smodato. ● **i. of information**, privo di riservatezza □ **i. of secrets**, che non sa serbare (*o* tenere) un segreto. || **-ly,** *avv.*
incontrollable /ɪnkən'trəʊləbl/, *a.* incontrollabile. || **-bly,** *avv.*
incontrovertibility /ɪnkɒntrəvɜːtə'bɪlətɪ/, *n.* incontrovertibilità.
incontrovertible /ɪnkɒntrə'vɜːtəbl/, *a.* incontrovertibile. || **-bly,** *avv.*
inconvenience /ɪnkən'viːnɪəns/, **inconveniency** /ɪnkən'viːnɪənsɪ/, *n.* *1* disturbo; disagio; fastidio; molestia; incomodo: **to put sb. to i.**, dare (*o* arrecare) disturbo a q.; **to**

cause great i. to sb., essere di grave incomodo a q. ***2*** inconveniente; seccatura; svantaggio: **the inconveniences of commuting**, gli inconvenienti d'essere un pendolare.

to **inconvenience** /ɪnkən'viːnɪəns/, *v. t.* disturbare; importunare; infastidire; incomodare; recar disturbo a; seccare.

inconvenient /ɪnkən'viːnɪənt/, *a.* ***1*** che reca disturbo; fastidioso; molesto; importuno; incomodo; scomodo; seccante: **If it's not i. to you, I'll call on you tonight**, se non Le è d'incomodo, verrò da Lei stasera; **an i. time**, un'ora scomoda ***2*** (*arc.*) inconveniente (*raro*); non conveniente; sconveniente. || **-ly**, *avv.*

inconvertibility /ɪnkənvɜːtə'bɪlətɪ/, *n.* (*econ.*) inconvertibilità.

inconvertible /ɪnkən'vɜːtəbl/, *a.* (*econ.*) inconvertibile. ● **i. circulation**, corso forzoso □ **i. currency**, valuta non convertibile.

inconvincible /ɪnkən'vɪnsəbl/, *a.* inconvincibile.

incoordinate /ɪnkəʊ'ɔːdənət/, *a.* ***1*** scoordinato ***2*** (*med.*) scoordinato; atassico.

incoordination /ɪnkəʊɔːdɪ'neɪʃn/, *n.* ***1*** mancanza di coordinazione ***2*** (*med.*) scoordinazione; incoordinazione (motoria); atassia.

incorporate /ɪn'kɔːpərɪt/, *a.* ***1*** incorporato; che fa parte di una corporazione ***2*** (*leg.*) avente personalità giuridica ***3*** (*raro*) incarnato ***4*** (*arc.*) incorporeo.

to **incorporate** /ɪn'kɔːpəreɪt/, **A** *v. t.* ***1*** incorporare; includere; comprendere: **Louisiana was incorporated into the United States in 1803**, la Louisiana fu incorporata negli Stati Uniti nel 1803; **to i. sb.'s suggestions into one's scheme**, includere le idee suggerite da q. nel proprio programma ***2*** (*leg.*) costituire (*un ente, un organo, una società commerciale*) come persona giuridica; «registrare» (*un'azienda*) ***3*** (*fin.*) incorporare, amalgamare, fondere (*società diverse*) ***4*** accettare (q.) come membro; associare (q.) ***5*** (*raro*) incarnare (*qualità, virtù, ecc.*). **B** *v. i.* ***1*** incorporarsi ***2*** (*leg.*: *di una società, ecc.*) acquistare personalità giuridica; costituirsi in persona giuridica ***3*** (*fin.*) associarsi; amalgamarsi; fondersi: **The two firms will i. as soon as their turnovers get bigger**, le due ditte si fonderanno non appena il loro giro d'affari sarà maggiore.

incorporated /ɪn'kɔːpəreɪtɪd/, *a.* ***1*** incorporato ***2*** unito in corporazione ***3*** (*leg.*) eretto in ente giuridico (morale, o pubblico); costituito in persona giuridica. ● **i. association**, associazione dotata di personalità giuridica □ (*fin.*) **i. company**, società anonima, società per azioni (*regolarmente «registrata»*).

incorporation /ɪnkɔːpə'reɪʃn/, *n.* ***1*** incorporazione ***2*** (*leg.*) erezione in ente pubblico (*o* morale); costituzione (*di una società*) in persona giuridica; «registrazione»: **the i. of a company**, la costituzione di una società di capitali ***3*** (*fin.*) fusione (*di varie società*).

incorporator /ɪn'kɔːpəreɪtə(r)/, *n.* ***1*** incorporatore ***2*** chi erige (*un istituto*) in ente giuridico, morale o pubblico ***3*** (*fin., leg.*) chi costituisce una società; socio fondatore.

incorporeal /ɪnkɔː'pɔːrɪəl/, *a.* ***1*** incorporeo; immateriale ***2*** (*leg.*) immateriale: **i. chattels**, beni (*o* diritti) immateriali (*diritti d'autore, brevetti, ecc.*). || **-ly**, *avv.*

incorporeality /ɪnkɔːpɔːrɪ'ælətɪ/, *n.* incorporeità.

incorporeity /ɪnkɔːpə'riːətɪ/, *n.* incorporeità.

incorrect /ɪnkə'rekt/, *a.* ***1*** scorretto; impreciso; inadatto; inesatto; sbagliato ***2*** scorretto; sconveniente. || **-ly**, *avv.* || **-ness**, *sost.*

incorrigibility /ɪnkɒrɪdʒə'bɪlətɪ, *USA* -ɔː-/, *n.* incorreggibilità.

incorrigible /ɪn'kɒrɪdʒəbl, *USA* -ɔː-/, *a.* incorreggibile: **an i. liar**, un bugiardo incorreggibile. || **-bly**, *avv.*

incorrupt /ɪnkə'rʌpt/, *a.* incorrotto.

incorruptibility /ɪnkərʌptə'bɪlətɪ/, *n.* incorruttibilità.

incorruptible /ɪnkə'rʌptəbl/, *a.* incorruttibile. || **-bly**, *avv.*

incorruption /ɪnkə'rʌpʃn/, *n.* incorruttibilità; onestà.

Incoterms /'ɪŋkəʊtɜːmz/, *n. pl.* (*comm. est.*) Incoterms (*norme internazionali per l'interpretazione dei termini commerciali*).

in-country /'ɪn'kʌntrɪ/, *a.* (*polit.*) che avviene all'interno di un paese; nazionale; domestico. ● **i. war**, guerra civile.

incrassate /ɪn'kræsət/, *a.* (*bot., zool.*) grosso; gonfio; rigonfio.

increasable /ɪn'kriːsəbl/, *a.* aumentabile.

increase /'ɪŋkriːs/, *n.* ***1*** aumento; accrescimento; crescita; crescenza; incremento; ingrandimento: **an i. in population**, un aumento della popolazione; un incremento demografico; **an i. in prices**, un aumento dei prezzi; (*fin.*) **an i. of capital**, un aumento del capitale ***2*** (*di prezzi*; *anche*) dilatazione; rialzo; lievitazione; dinamica ***3*** (*mat.*) incremento ***4*** scatto (*di salario, ecc.*). ● (*econ.*) **the i. and decrease of economic activity**, le fluttuazioni della congiuntura □ (*ass.*) **i. of (the) risk**, aggravamento del rischio □ **i. (of wages) according to age**, scatto (di salario) per anzianità □ **to be on the i.**, essere in aumento.

to **increase** /ɪn'kriːs/, *v. t. e i.* ***1*** aumentare; accrescere; crescere; elevare; ingrandire; ingrandirsi; moltiplicarsi: **to i. prices**, aumentare (*o* alzare) i prezzi; **The boss increased my salary**, il principale mi aumentò lo stipendio; **Raw materials are increasing in price**, le materie prime aumentano di prezzo; **to i. one's power**, accrescere il proprio potere ***2*** (*di prezzi*; *anche*) dilatarsi; lievitare (*fig.*).

increaser /ɪn'kriːsə(r)/, *n.* ***1*** chi aumenta; aumentatore ***2*** giunto conico (*per collegare tubi, ecc.*).

increasing /ɪn'kriːsɪŋ/, *a.* in aumento; crescente: (*econ.*) **i. costs**, costi crescenti; (*mat.*) **i. function**, funzione crescente; (*econ.*) **i. returns**, rendimenti crescenti.

increasingly /ɪn'kriːsɪŋlɪ/, *avv.* in modo crescente; sempre più.

incredibility /ɪnkredə'bɪlətɪ/, *n.* incredibilità.

incredible /ɪn'kredəbl/, *a.* ***1*** incredibile ***2*** (*fam.*) incredibilmente bello; eccezionale; straordinario. || **-bly**, *avv.*

incredulity /ɪnkrə'djuːlətɪ, *USA* -'duː-/, *n.* incredulità.

incredulous /ɪn'kredjʊləs, *USA* -dʒʊ-/, *a.* incredulo. || **-ly**, *avv.* || **-ness**, *sost.*

increment /'ɪŋkrɪmənt/, *n.* incremento (*anche mat.*); accrescimento; aumento: **You'll get a monthly i. of 200 dollars**, avrai un aumento mensile di 200 dollari. ● (*econ.*) **unearned i.**, plusvalenza.

incremental /ɪŋkrɪ'mentl/, *a.* ***1*** incrementivo (*raro*); di (*o* in) aumento ***2*** (*mat., elab., ling.*) incrementale. ● (*econ.*) **i. cost**, costo marginale.

to **incriminate** /ɪn'krɪmɪneɪt/, *v. t.* (*leg.*) incriminare.

incrimination /ɪnkrɪmɪ'neɪʃn/, *n.* (*leg.*) incriminazione.

incriminatory /ɪn'krɪmɪneɪtrɪ, -nətrɪ, *USA* -tɔːrɪ/, *a.* incriminante; incriminatorio.

incross /'ɪnkrɒs, *USA* -ɔːs/, *n.* (*biol.*) incrocio.

to **incross** /'ɪnkrɒs, *USA* -ɔːs/, *v. t.* (*biol.*) incrociare.

to **incrust** /ɪn'krʌst/, *V.* **to encrust**.

incrustation /ɪnkrʌ'steɪʃn/, *n.* ***1*** incrostazione (*anche fig.*); incrostatura ***2*** rivestimento di marmo (*e sim., in un edificio*).

to **incubate** /'ɪŋkjʊbeɪt/, **A** *v. t.* ***1*** (*zootecnia*) covare ***2*** (*med.*) incubare ***3*** tenere in incubatrice ***4*** (*fig.*) progettare; tramare. **B** *v. i.* ***1*** covare ***2*** stare in incubatrice ***3*** (*fig.*) svilupparsi; essere in incubazione.

incubation /ɪŋkjʊ'beɪʃn/, *n.* (*anche med.*) incubazione.

incubative /'ɪŋkjʊbeɪtɪv/, *a.* d'incubazione.

incubator /'ɪŋkjʊbeɪtə(r)/, *n.* ***1*** incubatrice ***2*** stufa termostatica.

incubatory /'ɪŋkjʊbeɪtrɪ, *USA* -ətɔːrɪ/, *a.* d'incubazione. ● (*med.*) **i. carrier**, portatore di malattie in fase d'incubazione.

incubus /'ɪŋkjʊbəs/, *n.* (*pl.* **incubi, incubuses**) (*anche fig.*) incubo.

to **inculcate** /'ɪnkʌlkeɪt, *USA* ɪn'kʌl-/, *v. t.* inculcare; imprimere; instillare.

inculcation /ɪnkʌl'keɪʃn/, *n.* l'inculcare; l'instillare.

inculcator /'ɪnkʌlkeɪtə(r)/, *n.* inculcatore (*raro*); chi inculca.

inculpable /ɪn'kʌlpəbl/, *a.* senza colpa; incolpevole; innocente.

to **inculpate** /'ɪnkʌlpeɪt, *USA* ɪn'kʌl-/, *v. t.* incolpare; incriminare.

inculpation /ɪnkʌl'peɪʃn/, *n.* incolpamento (*raro*); imputazione di colpa; incriminazione.

inculpatory /ɪn'kʌlpətrɪ, *USA* -tɔːrɪ/, *a.* che incolpa; accusatorio; incriminatorio; d'accusa: (*leg.*) **i. witness**, testimone d'accusa.

incult /ɪn'kʌlt/, *a.* (*raro*) incolto (*in ogni senso*); negletto; rozzo.

incumbency /ɪn'kʌmbənsɪ/, *n.* ***1*** (*relig.*) beneficio ecclesiastico; prebenda ***2*** incombenza; obbligo ***3*** (*form.*) l'essere in carica; permanenza in carica.

incumbent (**1**) /ɪn'kʌmbənt/, *n.* ***1*** titolare d'un beneficio ecclesiastico; prebendario ***2*** (*form.*) titolare d'una carica (*o* d'un ufficio).

incumbent (**2**) /ɪn'kʌmbənt/, *a.* ***1*** incombente; sovrastante; imminente (*poet.*) ***2*** (*form.*) in carica: **the i. President**, il Presidente in carica. ● **to be i. on sb.**, incombere (*o* spettare) a q.: **It is i. on his son to assist him financially**, spetta al figlio aiutarlo finanziariamente.

incunabulum /ɪnkjuː'næbjʊləm/ (*lat.*), *n.* (*pl.* **incunabula**) ***1*** incunabolo ***2*** (*pl.*) fasi iniziali (di q.c.); inizi; principio.

to **incur** /ɪn'kɜː(r)/, *v. t.* ***1*** incorrere in; esporsi a; attirarsi: **to i. punishment**, incorrere in una punizione; **to i. danger**, esporsi al pericolo; **to i. sb.'s blame**, attirarsi il biasimo di q. ***2*** contrarre; fare; sostenere: **to i. large debts**, contrarre grossi debiti; **to i. heavy expenses**, sostenere grandi spese.

incurability /ɪnkjʊərə'bɪlətɪ, -kjɔː-/, *n.* (*med.*) incurabilità.

incurable /ɪn'kjʊərəbl, -'kjɔː-/, **A** *a.* ***1*** incurabile; inguaribile; insanabile ***2*** incorreggibile; irrimediabile: **an i. habit**, un'abitudine incorreggibile. **B** *n.* (*med.*) malato incurabile; malato cronico. || **-ness**, *sost.* || **-bly**, *avv.*

incurably /ɪn'kjʊərəblɪ, -'kjɔː-/, *avv.* incurabilmente.

incuriosity /ɪnkjʊərɪ'ɒsətɪ, -kjɔː-/, *n.* mancanza di curiosità; indifferenza; apatia.

incurious /ɪn'kjʊərɪəs, -'kjɔː-/, *a.* non curioso; privo di curiosità; apatico; indifferente.

incursion /ɪn'kɜːʃn, *USA* -ʒn/, *n.* incursione; irruzione; scorreria.

incursive /ɪn'kɜːsɪv/, *a.* d'incursione; incursore.

to **incurvate** /'ɪnkɜːveɪt/, *v. t. e i.* incurvare, incurvarsi.

incurvation /ɪnkɜː'veɪʃn/, *n.* incurvamento; incurvatura.

to **incurve** /ɪn'kɜːv/, *v. t. e i.* incurvare, incurvarsi.

incurved /ɪn'kɜːvd/, *a.* incurvato; ricurvo.

incus /'ɪŋkəs/ (*lat.*), *n.* (*pl.* **incudes**) (*anat.*) incudine.

incuse /ɪn'kjuːz/, **A** *a.* (*del disegno d'una moneta*) impresso; incuso (*raro*). **B** *n.* figura impressa; incuso (*raro*).

to **incuse** /ɪn'kjuːz/, *v. t.* ***1*** imprimere (*una figura*) su una moneta ***2*** fregiare (*una moneta*) con una figura.

indanthrene /'ɪndənθriːn/, *n.* (*chim.*) indantrene.

indebted /ɪn'detɪd/, *a.* indebitato (*anche fig.*); obbligato, grato: **I am greatly i. to my teacher for his advice**, sono molto grato al mio insegnante per i suoi consigli. ● (*comm.*

e *fig.*) **to be i. to sb.**, essere debitore verso q.

indebtedness /ɪn'dɛtɪdnəs/, *n.* **1** debito (*anche fig.*); obbligo (morale) **2** (*fin.*) indebitamento; situazione debitoria: **short-term i.**, indebitamento a breve **3** (*rag.*) passività.

indecency /ɪn'diːsnsɪ/, *n.* indecenza; immodestia; oscenità; sconvenienza.

indecent /ɪn'diːsnt/, *a.* indecente; immodesto; osceno; sconveniente: **i. behaviour**, comportamento indecente; (*leg.*) oltraggio al pudore; **i. books**, libri osceni; **i. haste**, fretta sconveniente. ● (*leg.*) **i. assault**, tentata violenza carnale □ (*leg.*) **i. exposure**, (atto di) esibizionismo degli organi sessuali □ (*fam.*) **i. wages**, salario troppo basso. || **-ly,** *avv.*

indeciduous /ɪndɪ'sɪdjʊəs, *USA* -dʒʊəs/, *a.* (*bot.*) non deciduo; non caduco; perenne.

indecipherability /ɪndɪsaɪfərə'bɪlətɪ/, *n.* indecifrabilità.

indecipherable /ɪndɪ'saɪfrəbl/, *a.* indecifrabile.

indecision /ɪndɪ'sɪʒn/, *n.* indecisione; esitazione; irresolutezza.

indecisive /ɪndɪ'saɪsɪv/, *a.* **1** non decisivo: **an i. war**, una guerra non decisiva **2** indeciso; irresoluto; titubante. || **-ly,** *avv.* || **-ness,** *sost.*

indeclinable /ɪndɪ'klaɪnəbl/, *a.* (*gramm.*) indeclinabile.

indecomposable /ɪndiːkəm'pəʊzəbl/, *a.* indecomponibile.

indecorous /ɪn'dɛkərəs/, *a.* (*form.*) indecoroso; disdicevole; sconveniente. || **-ly,** *avv.* || **-ness,** *sost.*

indeed /ɪn'diːd/, **A** *avv.* **1** davvero; in verità; invero; certamente; certo; proprio: **You are i. very helpful**, sei davvero di grande aiuto; **There are i. exceptions**, in verità, ci sono delle eccezioni; **«Are you coming as well?» «Yes, i.!»**, «vieni anche tu?» «sì, certo» (certamente) **2** per meglio dire; anzi. **B** *inter.* ma davvero!; ma va là!; guarda un po'!: **«He came in first» «Oh, i.!»**, «è arrivato primo» «ma davvero?».

indefatigability /ɪndɪfætɪgə'bɪlətɪ/, *n.* infaticabilità.

indefatigable /ɪndɪ'fætɪgəbl/, *a.* infaticabile; indefesso; instancabile. || **-bly,** *avv.*

indefeasibility /ɪndɪfiːzə'bɪlətɪ/, *n.* (*leg.*) inalienabilità; imprescrittibilità; inoppugnabilità.

indefeasible /ɪndɪ'fiːzəbl/, *a.* (*leg.*) inalienabile; imprescrittibile; inoppugnabile: **i. claims**, richieste inoppugnabili; **i. rights**, diritti inalienabili.

indefectible /ɪndɪ'fɛktəbl/, *a.* **1** indefettibile **2** senza difetti; perfetto; impeccabile.

indefensibility /ɪndɪfɛnsə'bɪlətɪ/, *n.* **1** l'essere indifendibile **2** (*fig.*) insostenibilità.

indefensible /ɪndɪ'fɛnsəbl/, *a.* **1** indifendibile **2** (*fig.*) insostenibile **3** (*di un'azione*) imperdonabile.

indefinable /ɪndɪ'faɪnəbl/, *a.* indefinibile. || **-ness,** *sost.* || **-bly,** *avv.*

indefinite /ɪn'dɛfənət/, *a.* (*anche gramm. e mat.*) indefinito, indeterminato; impreciso; vago: **i. articles** [**pronouns**], articoli [pronomi] indefiniti; **i. integral**, integrale indefinito; **an i. boundary**, un confine impreciso; **an i. reply**, una risposta vaga. ● (*mil.*) **i. leave**, congedo illimitato. || **-ly,** *avv.* || **-ness,** *sost.*

indehiscence /ɪndɪ'hɪsns/, *n.* (*bot.*) indeiscenza.

indehiscent /ɪndɪ'hɪsnt/, *a.* (*bot.*) indeiscente.

indelibility /ɪndɛlə'bɪlətɪ/, *n.* indelebilità.

indelible /ɪn'dɛləbl/, *a.* indelebile; incancellabile: **i. ink**, inchiostro indelebile; **i. dishonour**, un'onta incancellabile. || **-bly,** *avv.*

indelicacy /ɪn'dɛlɪkəsɪ/, *n.* indelicatezza; grossolanità; sconvenienza.

indelicate /ɪn'dɛlɪkət/, *a.* indelicato; grossolano; sconveniente. || **-ly,** *avv.*

indemnifiable /ɪndɛmnɪ'faɪəbl/, *a.* indennizzabile; risarcibile.

indemnification /ɪndɛmnɪfɪ'keɪʃn/, *n.* risarcimento; indennizzo.

to **indemnify** /ɪn'dɛmnɪfaɪ/, **A** *v. t.* **1** indennizzare; risarcire **2** assicurare, garantire (*contro perdite, danni, ecc.*): **to i. sb. from** (*o* **against**) **damage**, assicurare q. contro i danni. **B** to **indemnify oneself**, *v. rifl.* garantirsi, tutelarsi (*contro perdite, rischi, ecc.*).

indemnitee /ɪndɛmnə'tiː/, *n.* (*ass.*) chi ha diritto a essere indennizzato.

indemnitor /ɪn'dɛmnɪtə(r)/, *n.* **1** (*ass.*) indennizzatore **2** chi è tenuto a indennizzare.

indemnity /ɪn'dɛmnətɪ/, *n.* **1** indennità; indennizzo; risarcimento **2** assicurazione (*contro perdite, danni, ecc.*) **3** esenzione (*da penali, responsabilità, ecc.*) **4** (*Borsa, USA*) *V.* **straddle,** *def. 3.* ● (*ass., naut.*) **i. club**, sezione avarie.

indemonstrability /ɪndɪmɒnstrə'bɪlətɪ, -dɛmən-/, *n.* indimostrabilità.

indemonstrable /ɪndɪ'mɒnstrəbl, -'dɛmən-/, *a.* indimostrabile.

indent (**1**) /'ɪndɛnt/, *n.* **1** dentellatura; tacca; intaccatura **2** (*stor.*) contratto di assunzione d'un apprendista **3** (*tipogr.*) rientranza; capoverso rientrato **4** (*comm.*) ordinazione di merci (*specialm. dall'estero*) **5** (*leg.*) requisizione ufficiale (*di merci, ecc.*).

indent (**2**) /'ɪndɛnt/, *n.* incavo; solco; ammaccatura (*nella carrozzeria di un'automobile, ecc.*).

to **indent** (**1**) /ɪn'dɛnt/, **A** *v. t.* **1** dentellare; intaccare; intagliare; fare incastri in (q.c.) **2** frastagliare: **Erosion has indented the coastline**, la costa è stata frastagliata dall'erosione **3** dividere in due (*un documento in duplice copia*) tracciando una linea dentellata **4** compilare, redigere (*un documento*) in duplice copia **5** (*tipogr.*) far rientrare (*l'inizio di una riga*) dal margine della pagina **6** (*comm.*) ordinare (*merci, specialm. dall'estero*) **7** (*stor.*) vincolare (*un apprendista*) con contratto. **B** *v. i.* **1** essere dentellato (*o* intaccato) **2** essere frastagliato **3** compilare documenti in duplice copia **4** (*comm.*) ordinare: **to i. on a firm for goods**, ordinare merci a una ditta **5** (*tipogr.*) fare un capoverso rientrato. ● **to i. upon st.**, attingere (*o* fare ricorso) a q.c.: (*fin.*) **to i. upon reserves**, attingere alle riserve.

to **indent** (**2**) /ɪn'dɛnt/, *v. t.* **1** fare un incavo (*o* un solco) in (q.c.); ammaccare **2** imprimere, stampare (*un segno, ecc. su q.c.*).

indentation /ɪndɛn'teɪʃn/, *n.* **1** dentellatura; intaccatura; tacca **2** frastagliatura; linea a zigzag; profonda insenatura **3** (*tipogr.*) rientranza; capoverso rientrato.

indented (**1**) /ɪn'dɛntɪd/, *a.* **1** dentellato; intaccato **2** frastagliato **3** (*tipogr.*) rientrato.

indented (**2**) /ɪn'dɛntɪd/, *a.* solcato; ammaccato: **an i. car door**, uno sportello d'automobile ammaccato.

indention /ɪn'dɛnʃn/, *n.* **1** (*tipogr.*) rientranza; capoverso rientrato **2** intaccatura; tacca.

indenture /ɪn'dɛntʃə(r)/, *n.* **1** (*leg.*) contratto bilaterale; accordo **2** accordo scritto; documento (*originariamente*) in duplice copia **3** certificato (*inventario, lista, ecc.*) ufficiale **4** dentellatura; intaccatura; tacca **5** (*spesso pl., stor.*) contratto d'apprendistato. ● **to take up one's indentures**, finire l'apprendistato.

to **indenture** /ɪn'dɛntʃə(r)/, *v. t.* vincolare con contratto (*specialm. un apprendista*); collocare (q.) come apprendista.

independence /ɪndɪ'pɛndəns/, *n.* indipendenza: **to win one's i.**, conquistare l'indipendenza. ● (*USA*) **I. Day**, festa dell'indipendenza (*4 luglio*).

independency /ɪndɪ'pɛndənsɪ/, *n.* **1** stato (*o* nazione, territorio) indipendente **2** (*relig.*) congregazionalismo.

independent /ɪndɪ'pɛndənt/, **A** *a.* **1** indipendente; libero; imparziale: **an i. woman**, una donna indipendente; **an i. researcher**, un ricercatore libero; **an i. observer**, un osservatore imparziale **2** in grado di (*o* sufficiente per) vivere senza lavorare. **B** *n.* **1** (*specialm. polit.*) indipendente **2** (*relig.*) congregazionalista. ● (*gramm.*) **i. clause**, proposizione indipendente □ **i. of**, senza considerare; senza tener conto di □ **to be i. of**, essere indipendente da; non dipendere da; non essere a carico di: **If you accept my offer, you'll be i. of everyone**, se accetti la mia offerta, non dipenderai più da nessuno; **He's i. of his parents**, non è più a carico dei genitori □ (*leg.*) **i. proofs**, prove bastevoli, sufficienti di per sé □ (*in G.B.*) **i. school**, scuola privata (*di buon livello*) □ (*mat., stat., econ.*) **i. variable**, variabile indipendente □ **a man of i. means**, un uomo che vive del suo. || **-ly,** *avv.*

in-depth /ɪn'dɛpθ/, *a. attr.* in profondità; approfondito: **an i. study**, uno studio approfondito.

indescribability /ɪndɪskraɪbə'bɪlətɪ/, *n.* l'essere indescrivibile.

indescribable /ɪndɪ'skraɪbəbl/, *a.* indescrivibile. || **-bly,** *avv.*

indestructibility /ɪndɪstrʌktə'bɪlətɪ/, *n.* indistruttibilità.

indestructible /ɪndɪ'strʌktəbl/, *a.* indistruttibile. || **-bly,** *avv.*

indeterminable /ɪndɪ'tɜːmɪnəbl/, *a.* **1** indeterminabile **2** che non può essere deciso. ● **an i. question**, una domanda senza risposta. || **-ness,** *sost.*

indeterminacy /ɪndɪ'tɜːmɪnəsɪ/, *n.* **1** indeterminatezza **2** (*fis.*) indeterminazione: **i. principle**, principio dell'indeterminazione.

indeterminate /ɪndɪ'tɜːmɪnət/, *a.* **1** (*anche filos., scient.*) indeterminato; astratto; incerto; vago: **an i. result**, un risultato incerto **2** (*fon.*) indistinto: **i. vowel**, vocale indistinta. ● (*leg.*) **i. sentence of imprisonment**, sentenza di condanna al carcere per un numero variabile d'anni (*dipendente dalla condotta del carcerato*). || **-ly,** *avv.* || **-ness,** *sost.*

indetermination /ɪndɪtɜːmɪ'neɪʃn/, *n.* **1** indeterminazione; irresolutezza **2** *V.* **indeterminateness.**

indeterminism /ɪndɪ'tɜːmɪnɪzəm/, *n.* (*filos.*) indeterminismo.

indeterminist /ɪndɪ'tɜːmɪnɪst/, *n.* (*filos.*) seguace dell'indeterminismo.

indeterministic /ɪndɪ'tɜːmɪnɪstɪk/, *a.* (*filos.*) indeterministico.

index /'ɪndɛks/, *n.* (*pl.* **indexes, indices**) **1** (*anat.*, = **i. finger**) (dito) indice **2** (*anche elab., stat., ecc.*) indice (*anche fig.*); ago, lancetta; indizio, segno: **Performance is an i. of ability**, il saper eseguire è indice di capacità; **the i. of retail prices**, l'indice dei prezzi al minuto; (*econ., fin.*) **cost-of-living i.**, indice del costo della vita; (*econ.*) **i. of productivity**, indice della produttività **3** indice alfabetico, analitico (*di un libro*) **4** catalogo; schedario: **a library i.**, lo schedario d'una biblioteca; **a card i.**, uno schedario **5** (*mat.*) indice; esponente **6** (*Borsa*) – **the I.**, l'indice delle trenta azioni principali (*sul «Financial Times»*) **7** (*relig.*) – **the I.**, l'Indice (*dei libri proibiti*). ● (*naut.*) **i. arm**, alidada □ **i. card**, scheda □ (*econ., fin.*) **i.-linked**, indicizzato □ **i.-linked wage rises for Italian workers each year**, aumenti salariali annui indicizzati per i lavoratori italiani; la scala mobile (*mai esistita in G.B. e in U.S.A.*; *in Italia, abolita nel 1992*) □ (*econ., fin.*) **i.-linking**, indicizzazione □ (*tipogr.*) **i. mark**, manina □ (*stat.*) **i. number**, numero indice □ (*elab.*) **i. point**, posizione di riferimento □ (*elab.*) **i. word**, modificatore.

to **index** /'ɪndɛks/, *v. t.* **1** fornire (*un libro*) di indice analitico **2** includere (q.c.) in un indice **3** (*relig.*) mettere (*un libro*) all'Indice **4** (*econ., fin.*) indicizzare: **to i. incomes** [**interests**], indicizzare i redditi [gli interessi] **5** (*elab.*) indicizzare **6** (*elab.*) indirizzare mediante registro.

indexation /ɪndɛk'seɪʃn/, *n.* (*econ., fin.*) indicizzazione.

indexed /'ɪndɛkst/, *a.* **1** (*econ., fin.*) indicizzato: **i. bond**, obbligazione indicizzata; **i. pension**, pensione indicizzata **2** (*elab.*) con indice; a indici.

indexer /ˈɪndɛksə(r)/, *n.* **1** compilatore di indici e cataloghi **2** (*econ., fin.*) indicizzatore.

indexing /ˈɪndɛksɪŋ/, *V.* **indexation.**

to **index-link** /ˈɪndɛksˈlɪŋk/, *v. t.* (*econ., fin.*) indicizzare.

India /ˈɪndɪə/, *n.* (*geogr.*) India. ● (*USA*) **I. ink,** *V.* **Indian ink,** *sotto* **Indian** □ (*stor.*) **I. Office**, Dicastero per le relazioni con l'India □ **I. paper**, carta India; carta Bibbia □ **I. rubber**, caucciù; gomma (*per cancellare*).

Indiaman /ˈɪndɪəmən/, *n.* (*pl.* **Indiamen**) (*stor., naut.*) grosso mercantile per il commercio con l'India.

Indian /ˈɪndɪən/, *a.* e *n.* indiano (*anche la lingua*). ● (*stor.*) **I. civilian**, funzionario dell'amministrazione civile dell'India □ **I. club**, clava (*per ginnastica*) □ **I. corn**, granoturco □ (*bot.*) **I. fig** (*Opuntia ficus-indica*), fico d'India □ **I. file**, fila indiana □ **I. fire**, bengala □ (*pop. USA*) **I. giver**, chi rivuole indietro subito una cosa prestata □ (*bot.*) **I. hemp** (*Apocynum cannabium*), canapa indiana; (*o* **I. hay**, *pop. USA*) marijuana □ **I. ink**, inchiostro di china □ **I. meal**, farina di granoturco □ (*bot.*) **I. millet** (*Sorghum vulgare*), saggina; sorgo □ (*chim.*) **I. red**, rosso d'India (*ossido ferrico*) □ (*pop. USA*) **I. rope**, *V.* **I. hemp** □ (*pop. USA*) **I. sign**, malocchio □ **I. summer**, estate indiana (*equivalente all'estate di S. Martino*) □ **I. weed**, tabacco □ **I. wrestling**, braccio di ferro □ **Red I.**, indiano d'America; pellerossa.

Indianness /ˈɪndɪənnəs/, *n.* (*USA*) l'essere indiano; appartenenza a un'etnia indiana.

indican /ˈɪndɪkən/, *n.* (*biochim.*) indicano.

to **indicate** /ˈɪndɪkeɪt/, **A** *v. t.* **1** indicare; additare; mostrare (a dito) **2** mostrare; manifestare; chiarire: **Let's i. that we don't want him**, chiariamogli che non lo vogliamo **3** denotare; rivelare; essere indizio di (q.c.) **4** suggerire; richiedere: **Some illnesses i. severe treatment**, talune malattie richiedono una cura energica. **B** *v. i.* (*autom.*) indicare (*una certa direzione*); fare segno (*di svolta*): **Be careful! The lorry driver is indicating right**, sta attento! il camionista fa segno di svoltare a destra (*o* indica la svolta a destra). ● **to be indicated**, essere necessario (*o* consigliabile, opportuno): **Strict measures against corruption are indicated**, occorrono severi provvedimenti contro la corruzione □ (*mecc.*) **indicated horsepower**, potenza indicata in cavalli (*d'un motore*) □ (*elettr.*) **indicating light**, spia luminosa.

indication /ɪndɪˈkeɪʃn/, *n.* **1** indicazione **2** cenno; segno; indizio: **The natives gave no i. that they understood us**, gli indigeni non davano segno d'averci capiti **3** (*med.*) prescrizione.

indicative /ɪnˈdɪkətɪv/, **A** *a.* (*anche gramm.*) indicativo: **i. mood**, modo indicativo; (*fin.*) **i. rate**, tasso (*o* cambio) indicativo. **B** *n.* (*gramm.*) (modo) indicativo. ● **to be i. of**, essere indice (*o* segno) di: **The frontier incident may be i. of the tension existing between the two countries**, l'incidente di frontiera può essere indice della tensione esistente fra i due paesi. || **-ly**, *avv.*

indicator /ˈɪndɪkeɪtə(r)/, *n.* **1** indicatore (*persona o strumento*); lancetta (*di uno strumento*); spia luminosa: **speed i.**, indicatore della velocità; tachimetro; (*naut.*) **i. flare**, fuoco indicatore (di siluro) **2** (*econ., stat.*) indice; indicatore; parametro: **i. of prosperity**, parametro di prosperità **3** (*autom.: un tempo*) freccia (direzionale); (*ora*) indicatore di direzione; lampeggiatore (*di direzione*) **4** indice; indizio: **Paleness may be an i. of illness**, il pallore può essere indice di malattia. ● (*autom.*) **i. light**, lampeggiatore, luce di direzione □ (*naut.*) **i. net**, sbarramento d'allarme □ (*autom.*) **i. switch**, levetta del cambio di direzione.

indicatory /ɪnˈdɪkətrɪ, *USA* -tɔːrɪ/, *a.* indicativo; indicatore. ● **to be i. of**, essere indicativo di; essere indice (*o* segno) di.

indices /ˈɪndɪsiːz/, *pl.* di **index**.

to **indict** /ɪnˈdaɪt/, *v. t.* (*leg.* e *fig.*) accusare; mettere in stato d'accusa; incriminare: **to i. sb. for arson**, accusare q. d'incendio doloso.

indictable /ɪnˈdaɪtəbl/, *a.* (*leg.*) **1** accusabile; incriminabile **2** perseguibile; passibile di pena: **an i. offence**, un'infrazione passibile di pena.

indictee /ɪndaɪˈtiː, ɪnˈdaɪtiː/, *n.* (*leg.*) accusato; imputato; incriminato.

indicter /ɪnˈdaɪtə(r)/, *V.* **indictor**.

indiction /ɪnˈdɪkʃn/, *n.* **1** (*stor.*) indizione **2** proclamazione.

indictment /ɪnˈdaɪtmənt/, *n.* (*leg.*) **1** accusa (*anche fig.*); accusa scritta **2** messa in stato d'accusa; incriminazione. ● **bill of i.**, atto d'accusa; imputazione.

indictor /ɪnˈdaɪtə(r)/, *n.* (*leg.*) accusatore; chi incrimina.

Indies /ˈɪndɪz/, *n. pl.* (*geogr.*) Indie: **the East I.**, le Indie Orientali; **the West I.**, le Indie Occidentali.

indifference /ɪnˈdɪfrəns/, *n.* **1** indifferenza; apatia; mancanza d'interesse: **to feign i.**, fingere indifferenza **2** irrilevanza; mancanza di valore (*o* di importanza): **a matter of i.**, una faccenda priva d'importanza **3** mediocrità; l'essere scadente **4** imparzialità; neutralità **5** (*econ., stat.*) indifferenza: **i. curve**, curva d'indifferenza.

indifferent /ɪnˈdɪfrənt/, **A** *a.* **1** indifferente; incurante, apatico; non interessato: **Your criticism leaves me i.**, le tue critiche mi lasciano indifferente **2** insensibile: **He was quite i. to my entreaties**, era del tutto insensibile alle mie suppliche **3** indifferente; irrilevante; privo d'importanza: **It's i. to me whether she marries him or not**, che lo sposi o no, per me è indifferente **4** mediocre; scadente: **His French is i.**, il suo francese è mediocre; **It seems rather an i. play**, per me la commedia è alquanto scadente **5** di media grandezza; di medio livello (*o* valore, ecc.): **I'm an i. cook**, in cucina me la cavo appena **6** imparziale; neutrale: **to remain i.**, rimanere neutrale **7** (*chim., elettr.*) neutro **8** (*biol.*) indifferente; indifferenziato. **B** *n. V.* **indifferentist.** ● **an i. driver**, un guidatore come tanti altri □ **i. health**, salute cagionevole.

indifferentism /ɪnˈdɪfrəntɪzəm/, *n.* indifferentismo; agnosticismo; mancanza d'interesse (*per la politica, la religione, ecc.*).

indifferentist /ɪnˈdɪfrəntɪst/, *n.* persona che si disinteressa di religione o di politica; agnostico; neutrale.

indifferently /ɪnˈdɪfrəntlɪ/, *avv.* indifferentemente.

indigence /ˈɪndɪdʒəns/, *n.* indigenza; povertà estrema.

indigene /ˈɪndɪdʒiːn/, *n.* **1** indigeno; aborigeno **2** (*zool.*) animale indigeno **3** (*bot.*) pianta indigena.

indigenous /ɪnˈdɪdʒənəs/, *a.* **1** indigeno (*anche scient.*); nativo **2** innato; insito **3** degli indigeni.

indigent /ˈɪndɪdʒənt/, *a.* indigente; poverissimo.

indigested /ɪndɪˈdʒɛstɪd/, *a.* **1** non digerito **2** (*fig.*) confuso, disordinato; amorfo; non ben meditato.

indigestibility /ɪndɪdʒɛstəˈbɪlətɪ/, *n.* **1** indigeribilità **2** (*fig.*) incomprensibilità (*V.* **indigestible**).

indigestible /ɪndɪˈdʒɛstəbl/, *a.* **1** indigeribile, indigesto (*anche fig.*) **2** (*fig.*) insopportabile; difficile da mandare giù (*fig.*) **3** (*fig.*) incomprensibile.

indigestion /ɪndɪˈdʒɛstʃn/, *n.* **1** (*anche fig.*) indigestione **2** (*med.*) cattiva digestione; dispepsia: **He suffers from i.**, soffre di cattiva digestione.

indigestive /ɪndɪˈdʒɛstɪv/, *a.* (*med.*) che soffre di cattiva digestione; dispeptico.

indign /ɪnˈdaɪn/, *a.* (*arc., poet.*) indegno.

indignant /ɪnˈdɪgnənt/, *a.* indignato; sdegnato: **He was very i. at the attempt to bribe him**, fu assai sdegnato per il tentativo di corromperlo. || **-ly**, *avv.*

indignation /ɪndɪgˈneɪʃn/, *n.* indignazione; sdegno. ● (*polit.*) **i. meeting**, comizio di protesta.

indignity /ɪnˈdɪgnətɪ/, *n.* **1** trattamento indegno; affronto; offesa; oltraggio; umiliazione **2** (*arc.*) *V.* **indignation.**

indigo /ˈɪndɪgəʊ/, *n.* (*pl.* **indigos, indigoes**) **1** (*chim.*) indaco naturale **2** color indaco. ● **i. blue**, indaco (*il colore*) □ (*zool.*) **i. bird** (*o* **i. bunting**, *o* **i. finch**) (*Passerina cyanea*), beccogrosso azzurro □ (*bot.*) **i. plant** (*Indigofera tinctoria*), indigofera.

indigotin /ɪnˈdɪgətɪn/, *n.* (*chim.*) indigotina.

indirect /ɪndaɪˈrɛkt, -dɪ-/, *a.* **1** indiretto (*anche gramm.*); obliquo; traverso: **an i. reply**, una risposta indiretta; **an i. reference**, un riferimento indiretto (*un'allusione*); **i. speech**, discorso indiretto; **i. roads**, vie traverse **2** (*fig.*) scorretto; sleale; subdolo. ● (*econ.*) **i. costs**, costi indiretti (*o* fissi) □ **i. dealings**, trattative sottobanco □ (*fin.*) **i. exchange**, cambio indiretto □ (*rag.*) **i. expenses**, spese indirette □ (*sport*) **i. free kick**, calcio a due; calcio di seconda □ **i. incentive**, incentivo indiretto □ **i. lighting**, luce diffusa □ (*gramm. ingl.*) **i. object**, complemento indiretto □ (*fin.*) **i. parity**, parità indiretta (*dei cambi*) □ **an i. route**, un percorso non diretto (*o* tortuoso) □ (*gramm. ingl.*) **i. passive**, «falso» passivo □ (*fisc.*) **i. tax [taxation]**, imposta [imposizione] indiretta.

indirection /ɪndaɪˈrɛkʃn, -dɪ-/, *n.* **1** vie indirette (*o* traverse) (*fig.*); raggiri **2** disonestà; inganno **3** mancanza di direzione; incertezza di movimenti (*o* di mosse). ● **by i.**, per mezzo di raggiri.

indirectly /ɪndaɪˈrɛktlɪ, -dɪ-/, *avv.* **1** indirettamente; per vie traverse **2** (*fig.*) disonestamente; con l'inganno.

indirectness /ɪndaɪˈrɛktnəs, -dɪ-/, *n.* l'essere indiretto; obliquità.

indiscernible /ɪndɪˈsɜːnəbl/, *a.* indiscernibile; impercettibile. || **-bly**, *avv.*

indisciplinable /ɪnˈdɪsəplɪnəbl/, *a.* indisciplinabile.

indiscipline /ɪnˈdɪsəplɪn/, *n.* indisciplina.

indiscreet /ɪndɪˈskriːt/, *a.* **1** indiscreto; indelicato; sconveniente **2** imprudente; irriflessivo; avventato; sconsiderato. || **-ly**, *avv.*

indiscrete /ɪndɪˈskriːt/, *a.* compatto; omogeneo; non separato.

indiscretion /ɪndɪˈskrɛʃn/, *n.* **1** indiscrezione; indelicatezza; mancanza di tatto: **a calculated i.**, un'indiscrezione voluta **2** imprudenza; avventatezza; sconsideratezza.

indiscriminate /ɪndɪˈskrɪmɪnɪt/, *a.* **1** indiscriminato; confuso; caotico: **i. praise**, elogi indiscriminati; **i. violence**, violenza indiscriminata **2** che non discrimina; che non distingue; che sceglie a caso; che non va (*o* non guarda) per il sottile: **an i. reader**, un lettore che non guarda per il sottile; **to be i. in choosing one's partners**, non andare per il sottile nella scelta dei propri soci (*o* dei propri compagni). || **-ly**, *avv.* || **-ness**, *sost.*

indiscriminating /ɪndɪˈskrɪmɪneɪtɪŋ/, *a.* privo di discernimento; che non discrimina; confusionario.

indiscrimination /ɪndɪskrɪmɪˈneɪʃn/, *V.* **indiscriminateness.**

indiscriminative /ɪndɪˈskrɪmɪnətɪv, *USA* -eɪt-/, *V.* **indiscriminating.**

indispensability /ɪndɪspɛnsəˈbɪlətɪ/, *n.* indispensabilità (*raro*); l'essere indispensabile.

indispensable /ɪndɪˈspɛnsəbl/, *a.* indispensabile; necessario; essenziale. || **-ness**, *sost.* || **-bly**, *avv.*

to **indispose** /ɪndɪˈspəʊz/, *v. t.* **1** indisporre; indispettire; rendere maldisposto (*verso q. o q.c.*); distogliere **2** rendere incapace (*o* inabile); inabilitare.

indisposed /ɪndɪ'spəʊzd/, *a.* **1** indisposto; lievemente malato **2** maldisposto; avverso; contrario; alieno; indisponibile; riluttante: **He's i. to collaborate in a concrete manner**, è indisponibile per una collaborazione concreta. ● **i. to help**, indisponibile (*in assoluto*). || **-ly**, *avv.* || **-ness**, *sost.*

indisposition /ɪndɪspə'zɪʃn/, *n.* **1** indisposizione; lieve malattia **2** cattiva disposizione d'animo; avversione; indisponibilità; riluttanza: **a certain i. to face unpleasant facts**, una certa riluttanza ad affrontare fatti spiacevoli.

indisputability /ɪndɪspju:tə'bɪlətɪ/, *n.* incontestabilità; indiscutibilità.

indisputable /ɪndɪ'spju:təbl/, *a.* indisputabile; incontestabile; indiscutibile. || **-ness**, *sost.* || **-bly**, *avv.*

indisputed /ɪndɪ'spju:tɪd/, *a.* indiscusso; indisputato (*lett.*).

indissolubility /ɪndɪsɒljʊ'bɪlətɪ/, *n.* indissolubilità.

indissoluble /ɪndɪ'sɒljʊbl/, *a.* **1** indissolubile: **an i. bond**, un legame indissolubile **2** (*chim.*) insolubile. || **-bly**, *avv.*

indistinct /ɪndɪ'stɪŋkt/, *a.* indistinto; confuso; vago: **i. words**, parole indistinte; **an i. murmur**, un confuso mormorio; **i. recollections**, ricordi vaghi.

indistinctive /ɪndɪ'stɪŋktɪv/, *a.* **1** che non si distingue; indistinto; confuso **2** incapace di distinguere. || **-ly**, *avv.*

indistinctly /ɪndɪ'stɪŋktlɪ/, *avv.* indistintamente.

indistinctness /ɪndɪ'stɪŋktnəs/, *n.* l'essere indistinto; confusione; mancanza di chiarezza.

indistinguishability /ɪndɪstɪŋgwɪʃə'bɪlətɪ/, *n.* indistinguibilità.

indistinguishable /ɪndɪ'stɪŋgwɪʃəbl/, *a.* indistinguibile; impercettibile. || **-bly**, *avv.*

indistributable /ɪndɪ'strɪbjʊtəbl, ɪn'dɪs-/, *a.* non distribuibile.

to **indite** /ɪn'daɪt/, *v. t.* (*arc. o scherz.*) comporre; redigere; scrivere: **to i. a few limericks**, comporre alcuni «limerick»; **to i. a letter**, redigere una lettera.

indium /'ɪndɪəm/, *n.* (*chim.*) indio.

indivertible /ɪndɪ'vɜ:təbl/, *a.* che non si può deviare.

individual /ɪndɪ'vɪdʒʊəl/, **A** *a.* individuale; caratteristico; personale; singolo: **i. liberty**, libertà individuale; **an i. way of addressing people**, un modo caratteristico di rivolgersi alla gente; **an i. style**, uno stile personale; **to give i. attention to sb.**, concedere un'attenzione particolare a q.; **the powers of the i. States**, i poteri dei singoli stati (*in U.S.A.*). **B** *n.* individuo: **the rights of the i.**, i diritti dell'individuo. ● (*demogr.*) **i. aging**, senescenza □ (*nuoto*) **i. medley**, individuale «quattro stili» □ (*leg.*) **i. person**, persona fisica □ (*ass.*) **i. policy**, polizza individuale □ (*sport*) **i. sports**, sport individuali.

individualism /ɪndɪ'vɪdʒʊəlɪzəm/, *n.* individualismo; (*per estens.*) egocentrismo: **the deep-rooted i. of the Italian people**, il radicato individualismo degli italiani.

individualist /ɪndɪ'vɪdʒʊəlɪst/, *n.* individualista.

individualistic /ɪndɪvɪdʒʊə'lɪstɪk/, *a.* individualistico. || **-ally**, *avv.*

individuality /ɪndɪvɪdʒʊ'ælətɪ/, *n.* **1** individualità **2** personalità (*specialm. se forte e spiccata*) **3** (*pl.*) gusti personali.

individualization /ɪndɪvɪdʒʊəlaɪ'zeɪʃn, *USA* -lɪ'z-/, *n.* **1** individualizzazione; personalizzazione **2** individuazione.

to **individualize** /ɪndɪ'vɪdʒʊəlaɪz/, *v. t.* **1** individualizzare; adattare ai bisogni dell'individuo; personalizzare: **This is an individualized model**, questo è un modello personalizzato **2** individuare; far riconoscere (*come individuale, caratteristico*); caratterizzare **3** considerare individualmente; specificare.

individually /ɪndɪ'vɪdʒʊəlɪ/, *avv.* individualmente; personalmente; singolarmente; uno alla volta: **to be i. responsible**, essere responsabile personalmente. ● (*di una casa*) **i. designed**, costruita su disegno originale (*o* per il committente) □ **i. different**, diversi come individui.

to **individuate** /ɪndɪ'vɪdʒʊeɪt/, *v. t.* individuare.

individuation /ɪndɪvɪdʒʊ'eɪʃn/, *n.* individuazione.

indivisibility /ɪndɪvɪzə'bɪlətɪ/, *n.* indivisibilità.

indivisible /ɪndɪ'vɪzəbl/, **A** *a.* indivisibile. **B** *n.* particella indivisibile. || **-ness**, *sost.* || **-bly**, *avv.*

Indo-Aryan /'ɪndəʊ'eərɪən/, *a.* e *n.* indo-ariano.

Indo(-)China /'ɪndəʊ'tʃaɪnə/, *n.* (*geogr.*) Indocina.

Indo(-)Chinese /'ɪndəʊtʃaɪ'ni:z/, *a.* e *n.* (*invar. al pl.*) indocinese.

indocile /ɪn'dəʊsaɪl, *USA* -'dɒsl/, *a.* indocile.

indocility /ɪndəʊ'sɪlətɪ, *USA* -dɒ's-/, *n.* indocilità.

to **indoctrinate** /ɪn'dɒktrɪneɪt/, *v. t.* **1** indottrinare: **to i. sb. with mindless totalitarianism**, indottrinare q. in un totalitarismo viscerale **2** (*raro*) addottrinare; istruire.

indoctrination /ɪndɒktrɪ'neɪʃn/, *n.* addottrinamento; indottrinamento.

Indo-European /ɪndəʊjʊərə'pi:ən/, *a.* e *n.* indoeuropeo.

Indo-Germanic /'ɪndəʊdʒɜ:'mænɪk/, *a.* e *n.* indogermanico.

Indo-Iranian /'ɪndəʊɪ'reɪnɪən/, *a.* e *n.* indoiranico; ario.

indolence /'ɪndələns/, *n.* indolenza; neghittosità.

indolent /'ɪndələnt/, *a.* **1** indolente; neghittoso **2** che non duole; indolente: (*med.*) **i. tumour**, tumore indolente **3** (*med.*) torpido. || **-ly**, *avv.*

indomitable /ɪn'dɒmɪtəbl/, *a.* indomabile (*anche fig.*); indomito: **i. courage**, coraggio indomito; **i. will**, volontà indomabile. || **-bly**, *avv.*

Indonesian /ɪndəʊ'ni:zjən, -ʒn/, *a.* e *n.* indonesiano.

indoor /'ɪndɔ:(r)/, **A** *a.* **1** interno (*in un edificio*); al coperto; (fatto) al chiuso: **i. sports**, sport praticati al chiuso (*o* al coperto) **2** (*di persona*) casalingo; che fa vita ritirata **3** (*sport*) indoor: **i. events**, gare indoor. **B** *n.* (*sport*) incontro indoor. ● **i cats**, gatti che vivono (sempre) in casa (*o* al chiuso) □ **i. game**, gioco di società □ **i. green**, campo di bocce coperto □ **an i. dress**, un vestito da portare in casa □ **i. plants**, piante da appartamento □ (*stor.*) **i. relief**, assistenza ai ricoverati □ **an i. swimming pool**, una piscina coperta.

indoors /ɪn'dɔ:z/, *avv.* in casa; al coperto; all'interno (*d'un edificio*); dentro: **to stay i.**, restare in casa; **to go i.**, andare dentro (*o* in casa).

indorsation /ɪndɔ:'seɪʃn/, *V.* **endorsement**.

to **indorse** /ɪn'dɔ:s/, *V.* **to endorse**.

indorsee /ɪndɔ:'si:/, *V.* **endorsee**.

indorsement /ɪn'dɔ:smənt/, *V.* **endorsement**.

indraught, (*USA*) **indraft** /'ɪndrɑ:ft, *USA* -æft/, *n.* **1** attrazione verso l'interno **2** corrente (*d'aria, acqua, ecc.*) dall'esterno verso l'interno.

indrawn /ɪn'drɔ:n/, *a.* **1** (*di respiro*) inspirato **2** (*fig.*) introspettivo; introverso.

indri /'ɪndrɪ/, *n.* (*pl.* **indris**) (*zool., Indri brevicaudatus*) indri dalla coda corta.

indubitability /ɪndju:bɪtə'bɪlətɪ, *USA* -du:-/, *n.* indubitabilità.

indubitable /ɪn'dju:bɪtəbl, *USA* -du:-/, *a.* indubitabile; indubbio. || **-ness**, *sost.* || **-bly**, *avv.*

to **induce** /ɪn'dju:s, *USA* -du:s/, *v. t.* **1** indurre; cagionare; produrre; incitare; persuadere; spingere: **Nothing shall i. me to do that**, niente m'indurrà a fare ciò; **His euphoria had been induced by stimulants**, la sua euforia era stata prodotta da stimolanti **2** (*leg.*) istigare **3** (*elettr.*) indurre **4** (*med.*) indurre; provocare la nascita di (*un bimbo*), il parto di (*una donna*).

induced /ɪn'dju:st, *USA* -du:-/, *a.* indotto. ● **i. abortion**, aborto procurato □ (*econ.*) **i. consumption**, consumo indotto □ (*elettr.*) **i. current**, corrente indotta □ (*mecc.*) **i. draft**, tiraggio indotto.

inducement /ɪn'dju:smənt, *USA* -du:-/, *n.* **1** allettamento; incitamento; incentivo; lusinga; persuasione; stimolo **2** (*leg.*) istigazione **3** (*leg.*) parte introduttiva (*di atto legale*). ● (*econ., fin.*) **i. to invest**, incentivo all'investimento.

inducer /ɪn'dju:sə(r), *USA* -du:-/, *n.* **1** chi induce, incita, persuade, ecc. **2** (*leg.*) istigatore, istigatrice.

inducible /ɪn'dju:səbl, *USA* -du:-/, *a.* che può essere indotto, persuaso, ecc.

to **induct** /ɪn'dʌkt/, *v. t.* **1** insediare; installare; investire: **to i. sb. to a benefice**, investire q. di un beneficio ecclesiastico **2** introdurre; iniziare: **to i. sb. into a profession**, iniziare q. a una professione **3** (*elettr.*) indurre **4** (*mil., USA*) reclutare.

inductance /ɪn'dʌktəns/, *n.* (*elettr.*) induttanza.

inductee /ɪndʌk'ti:/, *n.* (*mil., USA*) recluta.

inductile /ɪn'dʌktaɪl, *USA* -tl/, *a.* (*metall.*) non duttile.

induction /ɪn'dʌkʃn/, *n.* **1** (*logica*) induzione **2** insediamento; installamento; investitura (*d'un beneficio ecclesiastico*) **3** introduzione (*di q. in un'azienda, ecc.*); investitura (*fig.*); iniziazione **4** (*anche elettr., mat.*) induzione: **mathematical i.**, induzione matematica **5** (*mil., USA*) reclutamento **6** addestramento; tirocinio: **i. course**, corso d'addestramento **7** (*med.*) induzione (*d'un parto*: *con stimolanti*); parto indotto. ● (*elettr.*) **i. coil**, rocchetto di Ruhmkorff; bobina d'induzione □ (*elettr.*) **i. motor**, motore a induzione □ (*med.*) **i. of labour**, stimolazione delle doglie.

inductive /ɪn'dʌktɪv/, *a.* (*anche elettr., ling.*) induttivo. || **-ly**, *avv.*

inductiveness /ɪn'dʌktɪvnəs/, **inductivity** /ɪndʌk'tɪvətɪ/, *n.* (*anche elettr.*) induttività.

inductor /ɪn'dʌktə(r)/, *n.* **1** chi introduce un nuovo assunto; chi investe di un beneficio ecclesiastico, ecc. (*V.* **to induce**) **2** (*elettr.*) induttore.

to **indue** /ɪn'dju:, *USA* -du:/, *V.* **to endue**.

to **indulge** /ɪn'dʌldʒ/, **A** *v. t.* **1** appagare; compiacere; lasciar libero corso a; soddisfare: **to i. one's desires**, appagare i propri desideri **2** assecondare; essere indulgente con (q.); compiacere; viziare: **to i. the whims of an old lady**, assecondare i capricci di una vecchia signora; **Don't i. your children**, non viziare i tuoi figlioli! **3** (*relig.*) concedere un'indulgenza a (q.) **4** (*arc.*) concedere, accordare (*un favore, una grazia, ecc.*). **B** *v. i.* **1** (*anche v. rifl.*, **to indulge oneself**) indulgere (a); abbandonarsi (a); lasciarsi andare (a); concedersi il lusso (di): **He seldom indulges in a holiday**, raramente si concede il lusso d'una vacanza **2** (*fam. arc.*) essere dedito al bere; indulgere ai liquori.

indulgence /ɪn'dʌldʒəns/, *n.* **1** (*anche relig.*) indulgenza; condiscendenza; perdono; remissione **2** (= **self-i.**) appagamento; compiacimento; soddisfazione dei propri desideri; l'indulgere (*a q.c.*): **Excessive i. in smoking can be very dangerous**, l'eccessivo indulgere al vizio del fumo può essere assai pericoloso **3** cosa cui s'indulge; piacere; debolezza; vizio: **He used to live in riches and i.**, viveva tra le ricchezze e i piaceri; **Smoking is his only i.**, il fumo è il solo vizio che egli abbia **4** concessione; privilegio accordato **5** (*comm.*) dilazione. ● (*stor. ingl.*) **Declaration of I.**, dichiarazione della concessione di libertà religiosa (*specialm. quelle di Carlo II e di Giacomo II*).

indulgenced /ɪn'dʌldʒənst/, *a.* (*relig.*: *di preghiera, ecc.*) che fa ottenere un'indulgenza.
indulgent /ɪn'dʌldʒənt/, *a.* indulgente; condiscendente; troppo benevolo: **an i. mother**, una madre indulgente. || **-ly**, *avv.*
indulger /ɪn'dʌldʒə(r)/, *n.* chi indulge. ● **an i. in drink**, uno che indulge al vizio del bere.
indult /ɪn'dʌlt/, *n.* (*relig. cattolica*) indulto.
to **indurate** /'ɪndjʊəreɪt, *USA* -dʊə-/, **A** *v. t.* indurire (*anche fig.*); rendere duro (*o* insensibile, ostinato). **B** *v. i.* indurirsi; incallirsi; ostinarsi.
induration /ɪndjʊə'reɪʃn, *USA* -dʊə-/, *n.* indurimento; incallimento; ostinazione.
indurative /ɪn'djʊərətɪv, *USA* 'ɪndʊəreɪtɪv/, *a.* che fa indurire; che rende ostinato.
Indus /'ɪndəs/, *n.* (*geogr.*) Indo.
indusium /ɪn'dju:zɪəm, *USA* -du:-/ (*lat.*), *n.* (*pl.* **indusia**) *1* (*bot.*) indusio *2* (*zool.*) involucro (*delle larve degli insetti*) *3* (*anat.*) amnio; membrana di rivestimento.
industrial /ɪn'dʌstrɪəl/, **A** *a.* *1* industriale: (*stor.*) **the i. revolution**, la rivoluzione industriale; **an i. school**, una scuola industriale; **Italy is an important i. power**, l'Italia è un'importante potenza industriale *2* industrializzato. **B** *n.* *1* lavoratore dell'industria *2* (*pl.*) (*fin.*) azioni (*o* titoli) d'imprese industriali. ● **i. accident**, infortunio sul lavoro □ **i. action**, agitazione (*o* azione) sindacale □ **i. alcohol**, alcol per uso industriale □ (*econ.*) **i. area**, regione (*o* zona) industriale □ (*Borsa*) **i. average**, indice delle azioni industriali □ (*econ.*) **i. combination**, concentrazione d'imprese □ (*leg., in G.B.*) **i. court**, tribunale per le controversie di lavoro □ (*agric.*) **i. crop**, coltura industriale □ **i. design**, industrial design □ **an i. disease**, una malattia professionale □ (*econ.*) **i. disputes**, conflitti del lavoro; vertenze sindacali □ (*ind.*) **i. emissions**, scarichi industriali □ **i. estate**, zona industriale □ (*econ.*) **i. goods**, beni strumentali □ **i. injury**, infortunio sul lavoro □ **i. injury legislation**, legislazione infortunistica □ **i. law**, diritto del lavoro □ **i. medicine**, medicina del lavoro □ (*USA*) **i. park**, *V.* **i. estate** □ (*leg.*) **i. property**, proprietà (*o* privativa) industriale □ **i. relations**, relazioni industriali □ (*polit.*) **i. relations act**, legislazione antisciopero □ **i. reorganization**, riconversione industriale □ **i. safety**, sicurezza sul lavoro □ **i. site**, zona industriale (*d'una città*) □ **i. union**, sindacato di un'industria.
industrialism /ɪn'dʌstrɪəlɪzəm/, *n.* industrialismo.
industrialist /ɪn'dʌstrɪəlɪst/, *n.* industriale.
industrialization /ɪndʌstrɪəlaɪ'zeɪʃn, *USA* -lɪ'z-/, *n.* industrializzazione.
to **industrialize** /ɪn'dʌstrɪəlaɪz/, *v. t.* e *i.* industrializzare, industrializzarsi.
industrially /ɪn'dʌstrɪəlɪ/, *avv.* industrialmente.
industrious /ɪn'dʌstrɪəs/, *a.* industrioso; industre (*lett.*); assiduo; attivo; laborioso; operoso. || **-ly**, *avv.*
industry /'ɪndəstrɪ/, *n.* *1* industria; manifattura: **the paper i.**, l'industria della carta; **the iron i.**, l'industria siderurgica; **the wool i.**, l'industria laniera *2* laboriosità; operosità; industriosità. ● **i.-wide bargaining**, contrattazione a livello d'interi settori dell'industria □ **the building i.**, l'industria delle costruzioni; l'edilizia.
to **indwell** /'ɪndwel/ (*pass.* e *p. p.* **indwelt**), *v. t.* e *i.* abitare, dimorare (*di solito, fig.*); essere insito; risiedere.
indwelling /'ɪndwelɪŋ/, *a.* *1* insito *2* (*med.*: *di un catetere, ecc.*) a permanenza; fisso.
to **inearth** /ɪn'ɜ:θ/, *v. t.* (*poet.*) interrare; inumare; seppellire.
inebriant /ɪ'ni:brɪənt/, **A** *a.* inebriante. **B** *n.* sostanza inebriante.
inebriate /ɪ'ni:brɪət/, **A** *a.* *1* ubriaco; ebbro *2* (*fig.*) inebriato; ebbro. **B** *n.* ubriacone; alcolizzato.
to **inebriate** /ɪ'ni:brɪeɪt/, *v. t.* *1* inebriare; ubriacare *2* (*fig.*) inebriare.
inebriation /ɪni:brɪ'eɪʃn/, *n.* *1* inebriamento *2* ebbrezza; ubriachezza.
inebriety /ɪni:'braɪətɪ/, *n.* ebbrezza; ubriachezza; ubriachezza abituale.
inedibility /ɪnedə'bɪlətɪ/, *n.* immangiabilità; non commestibilità.
inedible /ɪn'edəbl/, *a.* immangiabile; non commestibile.
inedited /ɪn'edɪtɪd/, *a.* *1* inedito *2* (*di un libro, ecc.*) pubblicato senza commenti o aggiunte.
ineducability /ɪnedʒʊkə'bɪlətɪ/, *n.* ineducabilità.
ineducable /ɪn'edʒʊkəbl/, *a.* ineducabile; che non si può educare.
ineffability /ɪnefə'bɪlətɪ/, *n.* ineffabilità.
ineffable /ɪn'efəbl/, *a.* ineffabile: **i. joy**, gioia ineffabile. || **-bly**, *avv.*
ineffaceability /ɪnɪfeɪsə'bɪlətɪ/, *n.* l'essere indelebile.
ineffaceable /ɪnɪ'feɪsəbl/, *a.* indelebile; incancellabile. || **-bly**, *avv.*
ineffective /ɪnɪ'fektɪv/, *a.* *1* inefficace; inutile; vano: **an i. effort**, uno sforzo vano *2* inefficiente; poco efficiente; incapace; di scarso aiuto: **He is i. in an emergency**, egli è di scarso aiuto in un caso d'emergenza. || **-ly**, *avv.* || **-ness**, *sost.*
ineffectual /ɪnɪ'fektʃʊəl/, *a.* *1* inefficace; inutile; vano *2* impotente; incapace *3* debole; fiacco (*fig.*). ● **i. satire**, satira che non va a segno. || **-ly**, *avv.* || **-ness**, *sost.*
inefficacious /ɪnefɪ'keɪʃəs/, *a.* inefficace; inutile; vano: **an i. remedy**, un rimedio inefficace. || **-ly**, *avv.* || **-ness**, *sost.*
inefficacy /ɪn'efɪkəsɪ/, *n.* inefficacia; inutilità; vanità.
inefficiency /ɪnɪ'fɪʃnsɪ/, *n.* inefficienza; incapacità.
inefficient /ɪnɪ'fɪʃnt/, *a.* inefficiente; poco efficiente; incapace. || **-ly**, *avv.*
inelastic /ɪnɪ'læstɪk/, *a.* anelastico, inelastico (*mecc.* e *fig.*); non elastico; senza elasticità; (*fig.*) inflessibile, rigido: (*econ.*) **Public expenditure is very i.**, la spesa pubblica è assai inelastica.
inelasticity /ɪnɪlæ'stɪsətɪ/, *n.* anelasticità; inelasticità; mancanza d'elasticità; (*fig.*) inflessibilità, rigidità: (*econ.*) **the i. of demand [of supply]**, la rigidità (*o* l'inelasticità) della domanda [dell'offerta].
inelegance /ɪn'elɪgəns/, **inelegancy** /ɪn'elɪgənsɪ/, *n.* ineleganza.
inelegant /ɪn'elɪgənt/, *a.* inelegante. || **-ly**, *avv.*
ineligibility /ɪnelɪdʒə'bɪlətɪ/, *n.* *1* ineleggibilità *2* il non poter essere scelto *3* inabilità (*al servizio militare*).
ineligible /ɪn'elɪdʒəbl/, *a.* *1* ineleggibile *2* che non può essere scelto *3* inabile (*al servizio militare*) *4* inadatto; inopportuno. ● **i. for promotion**, non promuovibile □ **i. to vote**, che non ha diritto di voto.
ineloquent /ɪn'eləkwənt/, *a.* ineloquente (*raro*); privo di eloquenza.
ineluctability /ɪnɪlʌktə'bɪlətɪ/, *n.* ineluttabilità.
ineluctable /ɪnɪ'lʌktəbl/, *a.* ineluttabile: **i. fate**, il fato ineluttabile. || **-bly**, *avv.*
inenarrable /ɪnɪ'nærəbl/, *a.* inenarrabile.
inept /ɪ'nept/, *a.* *1* inetto; incapace; inabile: **an i. professional**, un professionista inetto *2* fatuo; sciocco; stolto *3* inopportuno; sconveniente.
ineptitude /ɪ'neptɪtju:d, *USA* -tu:d/, **ineptness** /ɪ'neptnəs/, *n.* *1* inettitudine; incapacità *2* fatuità; stoltezza *3* inopportunità. || **-ly**, *avv.*
inequable /ɪn'ekwəbl/, *a.* non uniforme; mutevole.
inequality /ɪnɪ'kwɒlətɪ/, *n.* *1* ineguaglianza; disuguaglianza (*anche mat.*); sperequazione; differenza; irregolarità: **social i.**, disuguaglianza sociale; **inequalities of income**, sperequazioni di reddito; **inequalities of the ground**, irregolarità del terreno *2* (*astron.*) deviazione (*dall'orbita*).
inequitable /ɪn'ekwɪtəbl/, *a.* iniquo; non equo; ingiusto. || **-bly**, *avv.*
inequity /ɪn'ekwətɪ/, *n.* iniquità; ingiustizia.
ineradicable /ɪnɪ'rædɪkəbl/, *a.* inestirpabile.
inerrability /ɪnerə'bɪlətɪ/, *n.* infallibilità.
inerrable /ɪn'erəbl/, *a.* infallibile.
inerrancy /ɪn'erənsɪ/, *n.* infallibilità.
inerrant /ɪn'erənt/, *a.* che non erra; infallibile.
inert /ɪ'nɜ:t/, *a.* inerte (*anche chim., fis.*); indolente; inoperoso; apatico; passivo: **i. matter**, materia inerte; **an i. gas**, un gas inerte.
inertia /ɪ'nɜ:ʃə/, *n.* (*pl.* **inertias, inertiae**) inerzia (*anche chim., fis.*); indolenza; apatia; passività: **force of i.**, forza d'inerzia. ● (*mecc.*) **i. governor**, regolatore a inerzia □ (*market.*) **i. selling**, vendita inerziale.
inertial /ɪ'nɜ:ʃl/, *a.* (*scient., tecn.*) inerziale.
inertness /ɪ'nɜ:tnəs/, *n.* inerzia (*anche chim., fis.*); indolenza; apatia; passività.
inescapable /ɪnɪ'skeɪpəbl/, *a.* inevitabile; cui non si può sfuggire.
inessential /ɪnɪ'senʃl/, **A** *a.* non essenziale. **B** *n.* cosa secondaria.
inestimable /ɪn'estɪməbl/, *a.* inestimabile. || **-bly**, *avv.*
inevitability /ɪnevɪtə'bɪlətɪ/, *n.* inevitabilità; ineluttabilità.
inevitable /ɪn'evɪtəbl/, *a.* *1* inevitabile; ineluttabile *2* (*fam.*) solito; immancabile: **an i. outcome**, un risultato immancabile. || **-ness**, *sost.* || **-bly**, *avv.*
inexact /ɪnɪg'zækt/, *a.* inesatto; scorretto.
inexactitude /ɪnɪg'zæktɪtju:d, *USA* -tu:d/, **inexactness** /ɪnɪg'zæktnəs/, *n.* inesattezza; imprecisione; errore.
inexactly /ɪnɪg'zæktlɪ/, *avv.* inesattamente.
inexcusability /ɪnɪkskju:zə'bɪlətɪ/, *n.* l'essere inescusabile.
inexcusable /ɪnɪk'skju:zəbl/, *a.* inescusabile (*lett.*); imperdonabile.
inexecutable /ɪn'eksɪkjʊtəbl/, *a.* ineseguibile.
inexhaustibility /ɪnɪgzɔ:stə'bɪlətɪ/, *n.* *1* inesauribilità *2* instancabilità.
inexhaustible /ɪnɪg'zɔ:stəbl/, *a.* *1* inesauribile *2* instancabile. || **-ness**, *sost.* || **-bly**, *avv.*
inexistence /ɪnɪg'zɪstəns/, *n.* *1* inesistenza *2* (*arc., filos.*) immanenza.
inexistent /ɪnɪg'zɪstənt/, *a.* *1* inesistente *2* (*arc., filos.*) immanente.
inexorability /ɪneksərə'bɪlətɪ/, *n.* inesorabilità.
inexorable /ɪn'eksərəbl/, *a.* inesorabile. || **-ness**, *sost.* || **-bly**, *avv.*
inexpedience /ɪnɪk'spi:dɪəns/, **inexpediency** /ɪnɪk'spi:dɪənsɪ/, *n.* *1* inopportunità; inutilità *2* scomodità.
inexpedient /ɪnɪk'spi:dɪənt/, *a.* *1* inopportuno; sconsigliabile; inutile *2* scomodo.
inexpensive /ɪnɪk'spensɪv/, *a.* poco costoso; di poco prezzo; a buon mercato; economico. || **-ly**, *avv.* || **-ness**, *sost.*
inexperience /ɪnɪk'spɪərɪəns/, *n.* inesperienza; imperizia.
inexperienced /ɪnɪk'spɪərɪənst/, *a.* inesperto; senza esperienza.
inexpert /ɪn'ekspɜ:t/, *a.* inesperto; inabile; maldestro. || **-ly**, *avv.* || **-ness**, *sost.*
inexpiable /ɪn'ekspɪəbl/, *a.* *1* inespiabile *2* (*arc.*) implacabile. || **-bly**, *avv.*
inexplainable /ɪnɪk'spleɪnəbl/, *a.* inspiegabile.
inexplicability /ɪneksplɪkə'bɪlətɪ/, *n.* inesplicabilità.
inexplicable /ɪnɪk'splɪkəbl/, *a.* inesplicabile; inspiegabile. || **-bly**, *avv.*
inexplicit /ɪnɪk'splɪsɪt/, *a.* non esplicito; oscuro; vago. || **-ness**, *sost.*
inexplosive /ɪnɪk'spləʊsɪv/, *a.* non esplosivo; che non esplode.
inexpressible /ɪnɪk'spresəbl/, *a.* inesprimibile; indicibile. || **-ness**, *sost.* || **-bly**, *avv.*
inexpressive /ɪnɪk'spresɪv/, *a.* inespressivo; non espressivo; privo d'espressione. || **-ly**, *avv.*

|| **-ness**, *sost.*
inexpugnable /ɪnɪk'spʌgnəbl/, *a.* inespugnabile; invincibile.
inextensible /ɪnɪk'stɛnsəbl/, *a.* inestensibile; non estensibile.
inextinguishable /ɪnɪk'stɪŋgwɪʃəbl/, *a.* (*anche fig.*) inestinguibile: **i. hatred**, odio inestinguibile.
inextirpable /ɪnɪk'stɜ:pəbl/, *a.* inestirpabile.
in extremis /ɪnɪk'stri:mɪs/ (*lat.*), *avv.* in extremis: **to save oneself in extremis**, salvarsi in extremis (*fig. fam.*: in zona Cesarini).
inextricable /ɪn'ɛkstrɪkəbl, ɪnɪk'strɪk-/, *a.* **1** inestricabile: **i. difficulties**, difficoltà inestricabili **2** da cui non ci si può districare. || **-bly**, *avv.*
infallibilism /ɪn'fæləbəlɪzəm/, *n.* (*relig. cattolica*) dogma dell'infallibilità del papa.
infallibilist /ɪn'fæləbəlɪst/, *n.* (*relig. cattolica*) infallibilista.
infallibility /ɪnfælə'bɪlətɪ/, *n.* infallibilità.
infallible /ɪn'fæləbl/, *a.* infallibile: **an i. remedy**, un rimedio infallibile.
infallibly /ɪn'fæləblɪ/, *avv.* **1** infallibilmente **2** (*fam.*) immancabilmente; senza fallo (*lett.*).
to **infamize** /'ɪnfəmaɪz/, *v. t.* infamare.
infamous /'ɪnfəməs/, *a.* **1** infame; scellerato; ignominioso; turpe: **an i. crime**, un infame delitto; **i. conduct**, condotta vituperevole; **an i. vice**, un turpe vizio **2** (*stor.*: *di delitto*) infamante **3** (*leg.*: *di crimine*) gravissimo; (*anche*) che comporta la perdita dei diritti civili **4** (*leg.*: *di persona*) colpevole di un delitto gravissimo. ● (*stor.*) **i. crime against nature**, delitto contro natura; sodomia. || **-ly**, *avv.*
infamy /'ɪnfəmɪ/, *n.* **1** infamia; scelleratezza; disonore; vituperio; ignominia **2** (*leg.*) perdita dei diritti civili (*conseguente a condanna per grave delitto*).
infancy /'ɪnfənsɪ/, *n.* **1** infanzia (*anche fig.*); prima puerizia: **the i. of a people**, l'infanzia d'un popolo **2** (*leg.*) minorità; età minore **3** (*geol.*) stadio giovanile (*dell'erosione*).
infant /'ɪnfənt/, **A** *n.* **1** infante; bambino, bambina **2** (*leg.*) minorenne; minore. **B** *a. attr.* **1** infantile; da (*o* per) bambini: **i. mortality**, mortalità infantile; **i. food**, cibo per bambini **2** (*fig.*) nascente; nuovo: **i. industries**, industrie nascenti. ● **i. king**, re bambino □ **i. prodigy**, bambino prodigio □ **i. school**, asilo infantile; scuola materna.
infanta /ɪn'fæntə/, *n.* (*stor.*) infanta.
infante /ɪn'fæntɪ/, *n.* (*stor.*) infante (*principe reale di Spagna, non primogenito*).
infanticidal /ɪnfæntɪ'saɪdl/, *a.* (*leg.*) relativo a un infanticidio.
infanticide /ɪn'fæntɪsaɪd/, *n.* **1** (*leg.*) infanticidio **2** infanticida.
infantile /'ɪnfəntaɪl, *USA* -tl/, *a.* **1** infantile; puerile: **i. games**, giochi infantili; (*med.*) **i. paralysis**, paralisi infantile **2** (*med.*) affetto da infantilismo; immaturo.
infantilism /ɪn'fæntəlɪzəm/, *n.* (*med.*) infantilismo.
infantry /'ɪnfəntrɪ/, *n.* (*mil.*) fanteria.
infantryman /'ɪnfəntrɪmən/, *n.* (*pl.* **infantrymen**) soldato di fanteria; fante; fantaccino.
infarct /ɪn'fɑ:kt/, **infarction** /ɪn'fɑ:kʃn/, *n.* (*med.*) infarto.
to **infatuate** /ɪn'fætʃʊeɪt/, *v. t.* infatuare; esaltare; accendere (q.) di eccessivo ardore. ● **to become infatuated with a girl**, infatuarsi di una ragazza.
infatuated /ɪn'fætʃʊeɪtɪd/, *a.* infatuato; invaghito.
infatuation /ɪnfætʃʊ'eɪʃn/, *n.* infatuazione; folle passione.
infeasible /ɪn'fi:zəbl/, *a.* infattibile (*raro*); ineffettuabile; irrealizzabile.
to **infect** /ɪn'fɛkt/, *v. t.* **1** infettare (*anche fig.*); appestare; contagiare; corrompere: **This virus does not i. man,** questo virus non contagia l'uomo **2** (*fig.*) attaccare, comunicare, trasmettere a: **My friends infected me with their mirth**, gli amici mi attaccarono la loro allegria **3** (*fon.*) alterare.
infected /ɪn'fɛktɪd/, *a.* infetto: **an i. wound**, una ferita infetta. ● **i. area**, zona contaminata □ **to become i.**, infettarsi.
infection /ɪn'fɛkʃn/, *n.* **1** infezione; contagio (*anche fig.*); contaminazione; corruzione (*fig.*) **2** inquinamento, contaminazione (*dell'acqua, ecc.*) **3** (*fon.*) alterazione.
infectious /ɪn'fɛkʃəs/, *a.* **1** infettivo; contagioso (*anche fig.*): **an i. disease**, una malattia infettiva; **an i. laugh**, una risata contagiosa **2** malsano; inquinato; pestilenziale **3** (*leg., nel diritto internazionale*: *di un contratto*) viziato. ● (*med.*) **i. hepatitis**, epatite virale. || **-ly**, *avv.* || **-ness**, *sost.*
infective /ɪn'fɛktɪv/, *a.* (*med.*) infettivo; contagioso. || **-ly**, *avv.*
infectiveness /ɪn'fɛktɪvnəs/, **infectivity** /ɪnfɛk'tɪvətɪ/, *n.* (*med.*) l'esser infettivo; contagiosità.
infector /ɪn'fɛktə(r)/, *n.* infettatore; contaminatore; (*fig.*) corruttore.
infecund /ɪn'fi:kənd/, *a.* infecondo.
infecundity /ɪnfɪ'kʌndətɪ/, *n.* infecondità.
infelicitous /ɪnfə'lɪsɪtəs/, *a.* infelice; sfortunato; inopportuno; stonato (*fig.*); fuori luogo: **an i. remark**, un'osservazione infelice (*o* fuori luogo).
infelicity /ɪnfə'lɪsətɪ/, *n.* **1** infelicità; inopportunità **2** espressione (*frase, ecc.*) infelice; gaffe.
infelt /'ɪnfɛlt/, *a.* provato (*o* sentito) nell'intimo; profondo.
to **infer** /ɪn'fɜ:(r)/, *v. t.* **1** inferire; dedurre; desumere; arguire; concludere: **I don't know what we can i. from that**, non so che cosa se ne possa dedurre; **I looked at him and inferred that he was the boss**, lo guardai e arguii che era lui il padrone **2** (*improprio*) implicare; presupporre **3** (*fam.*) insinuare.
inferable /ɪn'fɜ:rəbl/, *a.* deducibile; desumibile; arguibile.
inference /'ɪnfərəns/, *n.* inferenza (*raro*); illazione; deduzione; conclusione. ● **by i.**, per illazione.
inferential /ɪnfə'rɛnʃl/, *a.* deduttivo: **i. reasoning**, ragionamento deduttivo. || **-ly**, *avv.*
inferior /ɪn'fɪərɪə(r)/, **A** *a.* **1** inferiore; sottoposto; sottostante: **i. officers**, ufficiali inferiori; **an i. court of law**, un tribunale (di grado) inferiore **2** mediocre; scadente: **goods of i. quality**, merce di qualità scadente **3** (*tipogr.*) stampato un po' sotto la riga. **B** *n.* **1** inferiore; subalterno; subordinato: **You must be kind to your inferiors**, devi essere gentile con gli inferiori **2** (*tipogr.*, = **i. character**) deponente. ● (*econ.*) **i. goods**, merci povere.
inferiority /ɪnfɪərɪ'ɒrətɪ, *USA* -ɪ'ɔ:-/, *n.* inferiorità: (*psic.*) **i. complex**, complesso d'inferiorità.
inferiorly /ɪn'fɪərɪəlɪ/, *avv.* inferiormente.
infernal /ɪn'fɜ:nl/, *a.* infernale; diabolico (*anche fig.*): **an i. machine**, una macchina (*o* un ordigno) infernale; **i. wickedness**, cattiveria diabolica.
infernality /ɪnfɜ:'nælətɪ/, *n.* l'essere infernale; infernalità (*raro*).
infernally /ɪn'fɜ:nəlɪ/, *avv.* **1** infernalmente **2** (*fam.*) terribilmente; tremendamente. ● **It's i. hot**, fa un caldo infernale.
inferno /ɪn'fɜ:nəʊ/ (*ital.*), *n.* (*pl.* **infernos**) inferno (*anche fig.*): **the i. of war,** l'inferno della guerra.
infertile /ɪn'fɜ:taɪl, *USA* -tl/, *a.* sterile; infecondo; improduttivo.
infertility /ɪnfə'tɪlətɪ/, *n.* sterilità; infecondità.
to **infest** /ɪn'fɛst/, *v. t.* infestare; invadere (*fig.*): **a house infested with rats**, una casa infestata dai topi.
infestation /ɪnfɛ'steɪʃn/, *n.* infestamento; infestazione.
infeudation /ɪnfju:'deɪʃn/, *n.* **1** (*stor.*) infeudamento; infeudazione **2** (*relig.*, = **i. of tithes**) concessione di decime a laici.
infibulation /ɪnfɪbjʊ'leɪʃn/, *n.* infibulazione.
infidel /'ɪnfɪdl/, **A** *n.* **1** ateo; miscredente **2** (*stor.*) infedele: **The crusaders fought against the infidels**, i crociati combattevano contro gli infedeli. **B** *a.* **1** ateo; miscredente **2** sacrilego; da miscredente.
infidelity /ɪnfɪ'dɛlətɪ/, *n.* **1** incredulità; miscredenza **2** infedeltà (*specialm. coniugale*).
infield /'ɪnfi:ld/, *n.* **1** (*agric.*) terreno attorno (*o* vicino) alla casa colonica; terreno coltivabile **2** (*cricket*) parte del campo di gioco vicina alla porta; (*collett.*) i giocatori che vi stanno **3** (*baseball*) diamante.
infielder /'ɪnfi:ldə(r)/, *n.* (*sport*) «infielder»; interno (*V.* **infield,** *def.* 2 e 3).
infighter /'ɪnfaɪtə(r)/, *n.* **1** (*boxe*) pugile bravo nel corpo a corpo **2** (*fig.*) che s'impegna in lotte fratricide.
infighting /'ɪnfaɪtɪŋ/, *n.* **1** (*boxe*) (lotta a) corpo a corpo **2** (*fig.*) lotte interne (*o* intestine); lotta senza quartiere: **fratricidal i.**, lotte fratricide.
infiltrate /'ɪnfɪltreɪt, *USA* ɪn'f-/, *n.* (*med.*) infiltrato.
to **infiltrate** /'ɪnfɪltreɪt, *USA* ɪn'f-/, **A** *v. t.* **1** fare entrare (*un liquido*) in; permeare **2** (*mil.* e *fig.*) infiltrarsi in: **to i. the enemy defenses**, infiltrarsi nelle linee difensive nemiche **3** (*mil.* e *fig.*) fare infiltrare (*agenti, spie, ecc.*). **B** *v. i.* infiltrarsi; insinuarsi (*anche fig.*); (*d'idee, ecc.*) entrare (*o* insinuarsi) nella mente.
infiltration /ɪnfɪl'treɪʃn/, *n.* infiltrazione (*anche med.*); infiltramento.
infiltrator /'ɪnfɪltreɪtə(r), *USA* ɪn'fɪ-/, *n.* chi s'infiltra; (*polit.*) infiltrato, spia.
infinite /'ɪnfɪnət/, **A** *a.* **1** infinito; illimitato; innumerevole; grandissimo: **i. space**; lo spazio infinito **2** (*gramm., mat.*) infinito: **i. series**, serie infinita. **B** *n.* **1** – **the i.**, l'infinito (*lo spazio*) **2** (*gramm.*) (modo) infinito. ● (*relig.*) **the I.**, Dio. || **-ly**, *avv.* || **-ness**, *sost.*
infinitesimal /ɪnfɪnɪ'tɛsɪml/, **A** *a.* infinitesimo; (*mat.*) infinitesimale: **i. calculus**, calcolo infinitesimale. **B** *n.* infinitesimo.
infinitival /ɪnfɪnɪ'taɪvl/, *a.* (*gramm.*) infinitivale.
infinitive /ɪn'fɪnətɪv/, (*gramm.*) **A** *n.* (modo) infinito: **a verb in the i.**, un verbo all'infinito. **B** *a.* infinitivo.
infinitude /ɪn'fɪnɪtju:d, *USA* -tu:d/, *n.* infinità; quantità (*o* estensione) infinita; immensità.
infinity /ɪn'fɪnətɪ/, *n.* **1** infinità; quantità (*o* estensione) infinita; immensità **2** (*mat., fis.*) infinito: (*fotogr.*) **i. focusing**, messa a fuoco all'infinito. ● **to i.**, senza fine; all'infinito.
infirm /ɪn'fɜ:m/, *a.* **1** malfermo; debole; infermo; fiacco **2** incerto; irresoluto **3** (*leg.*) poco sicuro; non valido: **an i. title to property**, un titolo di proprietà non valido. ● **i. of purpose**, debole; irresoluto.
infirmary /ɪn'fɜ:mərɪ/, *n.* **1** infermeria **2** ospedale.
infirmity /ɪn'fɜ:mətɪ/, *n.* **1** debolezza (*anche d'animo*); fiacchezza; irresolutezza **2** infermità (*fisica o mentale*). ● **i. of purpose**, irresolutezza.
infirmly /ɪn'fɜ:mlɪ/, *avv.* in modo debole (*o* fiacco).
infix /ɪn'fɪks/, *n.* (*ling.*) infisso.
to **infix** /ɪn'fɪks/, *v. t.* **1** infiggere (*anche nella memoria*); conficcare; imprimere (*nella mente*) **2** (*ling.*) inserire un infisso in (*una parola*).
to **inflame** /ɪn'fleɪm/, **A** *v. t.* **1** infiammare (*anche fig.*); accendere; eccitare: **The tribune's oration inflamed the people**, l'orazione del tribuno infiammò il popolo **2** accendere (*fig.*); arrossare, tingere di rosso (*il cielo, ecc.*). **B** *v. i.* **1** infiammarsi, accendersi (*anche fig.*) **2** (*med.*) infiammarsi.
inflammability /ɪnflæmə'bɪlətɪ/, *n.* infiammabilità; eccitabilità.
inflammable /ɪn'flæməbl/, *a.* infiammabile (*anche fig.*); eccitabile. || **-ness**, *sost.*
inflammation /ɪnflə'meɪʃn/, *n.* **1** l'infiammare; l'essere infiammato (*anche fig.*) **2** (*med.*)

infiammazione; flogosi: **i. of the lungs**, infiammazione dei polmoni.
inflammatory /ɪn'flæmətrɪ, *USA* -tɔːrɪ/, *a.* *1* (*med.*) infiammatorio; flogistico *2* (*fig.*) incendiario; che eccita; sedizioso: **i. speeches**, discorsi incendiari.
inflammeable /ɪn'flæməbl/, *V.* **inflammable.**
inflatable /ɪn'fleɪtəbl/, **A** *a.* gonfiabile; (*di canotto, ecc.*) pneumatico. **B** *n.* struttura gonfiabile.
to **inflate** /ɪn'fleɪt/, *v. t.* e *i.* *1* gonfiare, gonfiarsi (*anche fig.*); enfiare; dilatare: **to i. the tyres of a car**, gonfiare le gomme di un'automobile *2* (*fig.*) inorgoglire; animare; imbaldanzire *3* (*comm.*) alzare artificiosamente, gonfiare (*i prezzi*); (*dei prezzi*) gonfiarsi, aumentare, salire *4* (*econ.*) inflazionare; far ricorso all'inflazione: **to i. a currency**, inflazionare una moneta.
inflated /ɪn'fleɪtɪd/, *a.* *1* gonfiato; gonfio; (*fig.*) tronfio, turgido: **i. style**, stile tronfio; **to be i. with self-conceit**, esser gonfio di presunzione; essere tronfio *2* (*comm.*: *di un prezzo*) gonfiato, esagerato *3* (*econ.*) inflazionato: **i. currency**, moneta inflazionata.
inflater /ɪn'fleɪtə(r)/, *V.* **inflator**.
inflation /ɪn'fleɪʃn/, *n.* *1* gonfiamento; gonfiatura; enfiagione *2* (*di stile, ecc.*) turgidità; turgidezza; turgore (*lett.*) *3* (*econ.*) inflazione: **i. rate**, tasso d'inflazione *4* (*astrofisica*) inflazione (*dell'universo*) *5* (*autom., ecc.*) gonfiaggio: **i. pressure**, pressione di gonfiaggio (*dei pneumatici*). ● (*econ.*) **i. policy**, politica inflazionistica □ **i.-proof**, (*econ.*) a prova d'inflazione; (*fin.*) indicizzato.
inflationary /ɪn'fleɪʃənrɪ, *USA* -nerɪ/, *a.* (*econ.*) inflazionistico: **i. pressure**, pressione inflazionistica; **i. spiral**, spirale inflazionistica; **i. strains**, spinte inflazionistiche.
inflationism /ɪn'fleɪʃənɪzəm/, *n.* (*econ.*) inflazionismo.
inflationist /ɪn'fleɪʃənɪst/, **A** *n.* (*econ.*) inflazionista. **B** *a.* (*econ.*) inflazionistico.
inflator /ɪn'fleɪtə(r)/, *n.* *1* chi gonfia; gonfiatore *2* pompa (*da bicicletta, ecc.*).
to **inflect** /ɪn'flekt/, **A** *v. t.* *1* flettere; curvare; piegare *2* modulare (*la voce*) *3* (*ling.*) flettere; declinare. **B** *v. i.* (*ling.*) flettersi; declinarsi.
inflected /ɪn'flektɪd/, *a.* *1* flesso *2* (*bot.*) inflesso *3* (*ling.*) flesso.
inflection /ɪn'flekʃn/, (*specialm. USA*) *V.* **inflexion.**
inflectional /ɪn'flekʃənl/, (*specialm. USA*) *V.* **inflexional**.
inflective /ɪn'flektɪv/, *a.* (*ling.*) flessivo; della flessione.
inflexibility /ɪnfleksə'bɪlətɪ/, *n.* *1* inflessibilità; rigidità *2* irremovibilità; rigidezza *3* inderogabilità; immutabilità.
inflexible /ɪn'fleksəbl/, *a.* *1* inflessibile; rigido *2* irremovibile; inflessibile: **i. purpose**, propositi irremovibili *3* inderogabile; immutabile: **an i. rule**, una regola inderogabile. ‖ **-bly**, *avv.*
inflexion /ɪn'flekʃn/, *n.* *1* inflessione; l'inflettere, l'inflettersi; curva, piega; cadenza, modulazione (*della voce*) *2* (*ling.*) flessione *3* (*ling.*) forma flessiva; desinenza; suffisso *4* (*mat.*) flesso.
inflexional /ɪn'flekʃənl/, *a.* (*ling.*) flessionale; flessivo: **i. languages**, lingue flessive; **i. forms**, forme flessionali.
to **inflict** /ɪn'flɪkt/, *v. t.* *1* infliggere; imporre: **to i. a punishment on sb.**, infliggere una punizione a q.; **to i. a disagreable task on sb.**, imporre a q. un compito sgradevole *2* (*leg.*) comminare, irrogare (*una pena, ecc.*) *3* (*fam.*) appiccicare, appioppare (*un bambino da badare e sim.*). ● **to i. a blow on sb.**, assestare un colpo a q.
infliction /ɪn'flɪkʃn/, *n.* *1* inflizione; l'infliggere *2* pena; punizione; castigo *3* (*raro*) fastidio; seccatura: **What an i.!**, che fastidio! *4* (*leg.*) comminazione, irrogazione (*di una pena, ecc.*).
in-flight /ɪn'flaɪt/, *a. attr.* (*aeron., tur.*) *1* offerto durante il volo: **an i. meal**, un pasto offerto durante il volo *2* (*di un film*) proiettato durante il volo: ● **i. telephone**, telefono dall'aereo (*per i viaggiatori*).
inflorescence /ɪnflə'resns/, *n.* *1* (*bot.*) infiorescenza *2* fioritura (*anche fig.*); rigoglio.
inflow /'ɪnfləʊ/, *n.* *1* afflusso; l'affluire (*d'acqua e sim.*) *2* (*econ., fin.*) afflusso; apporto: **the i. of capital**, l'afflusso di capitali *3* (*comm.*) entrata (*di merci*).
inflowing /'ɪnfləʊɪŋ/, **A** *n.* afflusso (*d'acqua e sim.*). **B** *a.* che affluisce.
influence /'ɪnflʊəns/, *n.* *1* influenza, influsso (*anche astron.*); ascendente; autorità; credito: **the i. of the sun on all forms of life on earth**, l'influenza del sole su tutte le forme di vita sulla terra; **to exercise one's i. over** (*o* **with**) **sb.**, far valere la propria autorità su q.; **to have a bad i. on sb.**, esercitare un influsso malefico su q. *2* persona influente, autorevole; cosa che esercita un influsso: **Italy has been the major civilising i. on western Europe**, l'Italia ha esercitato l'influsso civilizzatore più importante sull'Europa occidentale *3* (*anche med.*) effetto: **He's under the i. of the drug**, è sotto l'effetto della droga *4* (*fis.*) influsso *5* (*elettr.*) induzione. ● **an i. for good**, un effetto benefico □ (*pop.*) **to be under the i.**, essere sbronzo.
to **influence** /'ɪnflʊəns/, *v. t.* *1* influenzare; influire su; esercitare un influsso su: **Consumers are always influenced by advertising**, i consumatori sono sempre influenzati dalla pubblicità; **Electoral considerations may i. the government's policy**, considerazioni elettorali possono influire sulla politica del governo *2* determinare (*una scelta, ecc.*).
influenceable /'ɪnflʊənsəbl/, *a.* influenzabile.
influent /'ɪnflʊənt/, *a.* e *n.* (*geogr.*, = **i. stream**) immissario; affluente.
influential /ɪnflʊ'enʃl/, *a.* *1* influente; autorevole; potente: **i. courtiers**, cortigiani influenti *2* che influisce (*su q.c.*).
influenza /ɪnflʊ'enzə/, *n.* (*med.*) influenza.
influenzal /ɪnflʊ'enzl/, *a.* (*med.*) influenzale.
influx /'ɪnflʌks/, *n.* *1* afflusso; affluenza; concorso (*di gente*); flusso: **an i. of capital**, un afflusso di capitali *2* (*geogr.*) confluenza (*d'un fiume*); foce.
info /'ɪnfəʊ/, *n.* (*pl.* **infos**) (*abbr. fam. di* **information**) informazione; informazioni. ● (*comm.*) **i. quote**, quotazione a titolo informativo.
infobit /'ɪnfəʊbɪt/, *n.* (*contraz. fam. USA di* **information bit**) (*elab.*) bit d'informazione.
to **infold** /ɪn'fəʊld/, *V.* **to enfold**.
infomercial /ɪnfəʊ'mɜːʃl/, *n.* (*contraz. fam. di* **information commercial**) (*radio, TV*) spot pubblicitario; asta televisiva.
to **inform** /ɪn'fɔːm/, **A** *v. t.* *1* informare (*in ogni senso*); dar forma a; formare; dare notizie a; avvertire; ragguagliare: **He will i. you** (**as to**) **where Mr Smith lives**, t'informerà circa il luogo dove abita Mr Smith; **to i. the minds of young people with noble principles**, informare l'animo dei giovani a nobili principi *2* permeare; pervadere. **B** *v. i.* *1* dare informazioni (*alla polizia*); fare la spia *2* – **to i. against**, denunciare: **to i. against a thief**, denunciare un ladro (*alla polizia*). ● **to i. against** (*o* **on**) **one's accomplices**, denunciare i propri complici □ **to i. to the police**, fare l'informatore della polizia.
informal /ɪn'fɔːml/, *a.* *1* non ufficiale; informale; senza cerimonie; senza formalità; alla buona: **an i. visit**, una visita senza formalità; **i. talks**, conversazioni non ufficiali; **an i. talk**, un discorso alla buona *2* (*leg.*) informale; irregolare; non a norma di legge: **i. agreement**, accordo informale (*o* di massima) *3* (*arte*) informale *4* (*ling.*) familiare; colloquiale; dell'uso familiare.
informality /ɪnfɔː'mælətɪ/, *n.* *1* mancanza di formalità; tono familiare *2* (*leg.*) irregolarità; vizio di forma.
informally /ɪn'fɔːməlɪ/, *avv.* senza formalità; senza cerimonie.
informant /ɪn'fɔːmənt/, *n.* *1* informatore, informatrice; confidente della polizia *2* (*ling.*) soggetto parlante.
informatics /ɪnfə'mætɪks/, *n. pl.* (*col verbo al sing.*) (*marchio; raro nell'uso comune*) informatica.
information /ɪnfə'meɪʃn/, **A** *n.* *1* (*collett.*; *senza pl.*) informazioni; notizie; ragguagli: **We would like some i. about your new machines**, gradiremmo avere delle informazioni sui vostri nuovi macchinari; **That's an interesting piece of i.**, questa è un'informazione interessante; **a source of i.**, una fonte d'informazioni; **for your i.**, a titolo d'informazione *2* (*collett., senza pl.*) (*elab.*) informazione, informazioni *3* (*leg.*) denuncia; (*per approssimazione*) querela: **to file an i. against sb.**, sporgere querela contro q. *4* (*leg.*) atto d'accusa (*emesso da un pubblico accusatore*): **to file an i. against sb.**, mettere q. in stato di accusa *5* (*arc.*) conoscenza; scienza; sapere. **B** *a. attr.* *1* di (*o* della) informazione; delle informazioni; informativo: **i. desk**, banco (delle) informazioni; **i. science**, scienza delle informazioni; informatica; **i. system**, sistema informativo (*o* d'informazione) *2* (*elab.*) d'informatica; informatico: **i. centre**, centro d'informatica; centro meccanografico; **i. engineer**, ingegnere informatico. ● (*elab.*) **i. bit**, bit d'informazione □ **i. bureau**, ufficio informazioni □ (*elab.*) **i. channel**, canale di trasmissione dati □ (*elab.*) **i. gathering**, raccolta dei dati □ (*elab.*) **i. processing**, elaborazione dell'informazione; elaborazione dati □ (*elab.*) **i. retrieval**, reperimento (*o* recupero) dell'informazione □ (*elab.*) **i. scientist**, informatico (*sost.*) □ (*elab.*) **i. technology**, informatica □ (*ric. op., stat.*) **i. theory**, teoria dell'informazione.
informational /ɪnfə'meɪʃənl/, *a.* informativo; dell'informazione.
informative /ɪn'fɔːmətɪv/, **informatory** /ɪn'fɔːmətrɪ, *USA* -tɔːrɪ/, *a.* *1* informativo: **i. advertising**, pubblicità informativa *2* istruttivo.
informed /ɪn'fɔːmd/, *a.* *1* informato; al corrente: **well-i.**, ben informato; istruito, colto; **ill-i.**, male informato *2* colto; educato; istruito: **i. taste**, gusto educato. ● (*leg., USA*) **i. consent**, consenso consapevole □ **i. opinion**, opinione basata su dati concreti.
informer /ɪn'fɔːmə(r)/, *n.* *1* (*leg.*) denunciante; querelante *2* informatore (*specialm. della polizia*), informatrice; delatore, delatrice; confidente; spia: **to turn i.**, fare la spia.
infracostal /ɪnfrə'kɒstl/, *a.* (*anat.*) sottocostale.
to **infract** /ɪn'frækt/, *v. t.* (*leg.*) infrangere.
infraction /ɪn'frækʃn/, *n.* *1* infrazione, violazione (*d'una legge, d'un patto*); contravvenzione (*a una legge*); trasgressione *2* (*med.*) infrazione: **bone i.**, infrazione ossea.
infra dig /'ɪnfrə'dɪg/, (*abbr. fam.*) *V.* **infra dignitatem**.
infra dignitatem /'ɪnfrədɪgnɪ'tɑːtem/ (*lat.*), *a. pred.* poco dignitoso; indecoroso; disdicevole; sconveniente.
infraglenoid /ɪnfrə'gliːnɔɪd/, *a.* (*anat.*) sottoglenoideo.
infrangibility /ɪnfrændʒə'bɪlətɪ/, *n.* infrangibilità.
infrangible /ɪn'frændʒəbl/, *a.* infrangibile.
infraorbital /ɪnfrə'ɔːbɪtl/, *a.* (*anat.*) infraorbitario.
infrared /ɪnfrə'red/, **A** *a.* (*fis.*) infrarosso: **i. rays**, raggi infrarossi. **B** *n.* infrarosso. ● (*elettr.*) **i. lamp**, lampada a radiazione infrarossa.
infrasonic /ɪnfrə'sɒnɪk/, *a.* (*fis.*) infrasonico; d'infrasuono.
infrasound /ɪnfrə'saʊnd/, *n.* (*fis.*) infrasuono.

infrastructural /ɪnfrə'strʌktʃərəl/, *a.* infrastrutturale.
infrastructure /'ɪnfrəstrʌktʃə(r)/, *n.* (*ind. costr., econ., mil., ecc.*) infrastruttura. ● (*econ.*) **i. costs**, costi infrastrutturali □ **i. works**, opere infrastrutturali.
infrequence /ɪn'fri:kwəns/, **infrequency** /ɪn'fri:kwənsɪ/, *n.* infrequenza; rarità.
infrequent /ɪn'fri:kwənt/, *a.* infrequente; raro. || **-ly**, *avv.*
to **infringe** /ɪn'frɪndʒ/, *v. t.* (*leg.*) infrangere; violare; contravvenire a; trasgredire: **to i. a law [an oath]**, infrangere una legge [un giuramento]; **to i. a rule**, contravvenire a una regola. ● **to i. copyright**, violare la legge sul diritto d'autore □ **to i. upon**, violare; calpestare (*fig.*): **to i. upon sb.'s rights**, calpestare i diritti di q.
infringement /ɪn'frɪndʒmənt/, *n.* (*leg.*) infrazione; contravvenzione; trasgressione; violazione: **i. of the law**, violazione della legge; (*leg.*) **i. of patent**, violazione di brevetto. ● **i. of the trademarks**, contraffazione dei marchi di fabbrica.
infringer /ɪn'frɪndʒə(r)/, *n.* (*leg.*) **1** contravventore; trasgressore; colui che viola il diritto altrui (*specialm. su un brevetto*) **2** chi usa illegalmente l'altrui ragione sociale (*o* l'altrui marchio di fabbrica).
infructescence /ɪnfrək'tesns/, *n.* (*bot.*) infruttescenza.
infructuous /ɪn'frʌktʃʊəs/, *a.* infruttuoso (*anche fig.*); sterile.
infula /'ɪnfjʊlə/ (*lat.*), *n.* (*pl.* **infulae**) (*stor., relig.*) infula.
infundibular /ɪnfʌn'dɪbjʊlə(r)/, *a.* (*anat., biol.*) infundibolare.
infundibulum /ɪnfʌn'dɪbjʊləm/ (*lat.*), *n.* (*pl.* **infundibula**) (*anat., biol.*) infundibolo.
to **infuriate** /ɪn'fjʊərɪeɪt, -jɔ:-/, *v. t.* far infuriare; rendere furibondo.
infuriated /ɪn'fjʊərɪeɪtɪd, -jɔ:-/, *a.* infuriato; furente; furibondo.
infuriating /ɪn'fjʊərɪeɪtɪŋ, -jɔ:-/, *a.* che rende furibondo; esasperante.
to **infuse** /ɪn'fju:z/, **A** *v. t.* **1** fare un'infusione di; mettere in infusione; versare (*un liquido in o sopra q.c.*): **to i. tea [tea leaves]**, fare un'infusione di tè [di foglie di tè]; **Tea is infused in hot water**, il tè viene infuso nell'acqua calda **2** (*fig.*) infondere; instillare; suscitare: **to i. a feeling of security into sb.**, infondere in q. un senso di sicurezza. **B** *v. i.* essere (*o* stare) in infusione.
infuser /ɪn'fju:zə(r)/, *n.* **1** infonditore; chi infonde (*coraggio, ecc.*) **2** recipiente per infusione.
infusibility /ɪnfju:zə'bɪlətɪ/, *n.* infusibilità.
infusible /ɪn'fju:zəbl/, *a.* infusibile; che non può essere fuso.
infusion /ɪn'fju:ʒn/, *n.* **1** l'infondere; (*fig.*) l'instillare, il suscitare; immissione (*di capitali, ecc.*): **the i. of life into inanimate things**, l'infondere vita in cose inanimate **2** infusione; infuso.
infusorial /ɪnfju:'zɔ:rɪəl/, *a.* (*zool., geol.*) degli infusori. ● **i. earth**, (terra di) tripoli; farina fossile.
infusorian /ɪnfju:'zɔ:rɪən/, *n.* (*zool.*) infusore.
infusorians /ɪnfju:'zɔ:rɪənz/, *n. pl.* (*zool., Infusoria*) infusori.
to **ingather** /'ɪngæðə(r)/, **A** *v. t.* (*agric.*) raccogliere. **B** *v. i.* fare il raccolto.
ingathering /'ɪngæðərɪŋ/, *n.* **1** (*agric.*) raccolto; messe **2** (*lett.*) raccolta; adunanza.
to **ingeminate** /ɪn'dʒemɪneɪt/, *v. t.* (*raro*) ripetere; reiterare. ● **to i. peace**, insistere sulla necessità di fare (*o* di mantenere) la pace.
to **ingenerate** /ɪn'dʒenəreɪt/, *v. t.* (*arc.*) ingenerare; produrre.
ingenious /ɪn'dʒi:nɪəs/, *a.* ingegnoso: **an i. invention**, un'invenzione ingegnosa; **an i. gadget**, un aggeggio ingegnoso. || **-ly**, *avv.* || **-ness**, *sost.*
ingenue /'ænʒənju:, *USA* -dʒənu:, 'ɑ:n-/ (*franc.*), *n.* **1** ragazza ingenua **2** (*teatr., cinem.*) ingenua.
ingenuity /ɪndʒə'nju:ətɪ, *USA* -'nu:-/, *n.* ingegnosità; abilità; bravura.
ingenuous /ɪn'dʒenjʊəs/, *a.* ingenuo; senza malizia; aperto (*fig.*); franco; sincero; schietto: **You're too i. in trusting him**, sei troppo ingenuo a fidarti di lui; **an i. explanation**, una spiegazione franca. || **-ly**, *avv.* || **-ness**, *sost.*
to **ingest** /ɪn'dʒest/, *v. t.* ingerire; mandar giù (*cibo, medicine, ecc.*).
ingestion /ɪn'dʒestʃn/, *n.* ingestione.
ingestive /ɪn'dʒestɪv/, *a.* che serve a ingerire.
ingle /'ɪŋgl/, *n.* (*arc.*) **1** fuoco che arde nel camino **2** focolare.
inglenook /'ɪŋglnʊk/, *n.* cantuccio presso il focolare.
inglorious /ɪn'glɔ:rɪəs/, *a.* **1** inglorioso; ignobile; ignominioso: **an i. defeat**, una sconfitta ingloriosa **2** poco noto; oscuro: **to live an i. life**, condurre una vita oscura. || **-ly**, *avv.* || **-ness**, *sost.*
ingluvies /ɪn'glu:vii:z/, *n.* (*zool.*) ingluvie; gozzo.
in-goal /'ɪn'gəʊl/, *n.* (*rugby*, = **i. area**) area di meta.
ingoing /'ɪngəʊɪŋ/, **A** *n.* **1** entrata **2** buonuscita (*somma pagata per subentrare*) **3** (*comm.*) (indennità d') avviamento. **B** *a.* che entra; entrante; in entrata; subentrante: **i. tenant**, inquilino subentrante. ● (*naut.*) **i. tide**, marea montante.
ingot /'ɪŋgət/, *n.* lingotto; verga (*d'oro, ecc.*); pane (*di ghisa, piombo*). ● (*metall.*) **i. iron**, ferro fuso; acciaio omogeneo □ **i. mould**, lingottiera.
to **ingraft** /ɪn'grɑ:ft, *USA* -æft/, *V.* **to engraft**.
ingrain /'ɪngreɪn/, *a.* **1** tinto in filato, prima della tessitura **2** (*fig.*) *V.* **ingrained**.
to **ingrain** /ɪn'greɪn/, *V.* **to engrain**.
ingrained /ɪn'greɪnd/, *a.* **1** inveterato; radicato: **i. principles**, principi ben radicati **2** incallito; inveterato: **an i. liar**, un mentitore inveterato.
to **ingratiate** /ɪn'greɪʃɪeɪt/, **A** *v. t.* ingraziare, ingraziarsi; accattivarsi. **B** to **ingratiate oneself with sb.**, *v. rifl.* ingraziarsi q.
ingratiating /ɪn'greɪʃɪeɪtɪŋ/, *a.* suadente; insinuante.
ingratitude /ɪn'grætɪtju:d, *USA* -tu:d/, *n.* ingratitudine.
ingravescence /ɪngrə'vesns/, *n.* (*med.*) aggravamento; peggioramento.
ingravescent /ɪngrə'vesnt/, *a.* (*med.*: *di una malattia*) che va aggravandosi.
ingredient /ɪn'gri:dɪənt/, *n.* **1** ingrediente: **the ingredients for a pudding**, gli ingredienti di un budino **2** elemento; componente: **the ingredients of a brilliant business career**, gli elementi che concorrono a costruire una brillante carriera nel mondo degli affari.
ingress /'ɪngres/, *n.* **1** (*raro*) ingresso; entrata **2** (*leg.*) diritto, permesso d'entrata **3** (*astron.*) ingresso, immersione (*di un astro*).
ingressive /ɪn'gresɪv/, *a.* (*ling.*) ingressivo.
in-group /'ɪngru:p/, *n.* (*sociol.*) gruppo ristretto; gruppo a sé; (*spreg.*) cricca; camarilla.
ingrowing /'ɪngrəʊɪŋ/, *a.* **1** che cresce verso l'interno **2** (*di pelo*) arricciato **3** (*d'unghia*) che tende a incarnirsi.
ingrown /'ɪngrəʊn/, *a.* **1** cresciuto verso l'interno **2** (*d'unghia o pelo*) incarnito **3** (*fig.*) congenito; innato **4** inculcato; radicato **5** introverso; chiuso (*fig.*).
ingrowth /'ɪngrəʊθ/, *n.* **1** crescita verso l'interno **2** parte cresciuta internamente.
inguinal /'ɪŋgwɪnəl/, *a.* (*anat.*) inguinale: (*med.*) **i. hernia**, ernia inguinale.
to **ingurgitate** /ɪn'gɜ:dʒɪteɪt/, *v. t.* **1** ingurgitare; ingollare **2** (*fig.*) inghiottire; ingoiare.
ingurgitation /ɪngɜ:dʒɪ'teɪʃn/, *n.* l'ingurgitare.
to **inhabit** /ɪn'hæbɪt/, *v. t.* **1** abitare; abitare in; occupare (*una regione, ecc.*) **2** (*fig.*) essere situato in; appartenere a.
inhabitability /ɪnhæbɪtə'bɪlətɪ/, *n.* abitabilità.
inhabitable /ɪn'hæbɪtəbl/, *a.* abitabile: **i. areas**, zone abitabili.
inhabitancy /ɪn'hæbɪtənsɪ/, *n.* abitazione; domicilio; residenza.
inhabitant /ɪn'hæbɪtənt/, *n.* **1** abitante **2** (*zool.*) animale stanziale.
inhabitation /ɪnhæbɪ'teɪʃn/, *n.* l'abitare; l'esser abitato.
inhabited /ɪn'hæbɪtɪd/, *a.* abitato.
inhalant /ɪn'heɪlənt/, **A** *a.* **1** che inspira **2** (*med.*) per inalazioni. **B** *n.* (*med.*) farmaco per inalazioni.
inhalation /ɪnhə'leɪʃn/, *n.* **1** (*fisiol.*) inalazione; inspirazione **2** (*med.*) inalazione **3** aspirazione (*del fumo*).
inhalator /ɪn'heɪlətə(r)/, *n.* (*med.*) inalatore.
to **inhale** /ɪn'heɪl/, *v. t.* e *i.* **1** (*med.*) inalare **2** inspirare, aspirare (*aria, fumo, ecc.*). ● **to i. when smoking**, aspirare il fumo (*della sigaretta*).
inhaler /ɪn'heɪlə(r)/, *n.* **1** chi aspira; chi inala **2** (*med.*) inalatore.
inharmonic /ɪnhɑ:'mɒnɪk/, *V.* **inharmonious**.
inharmonious /ɪnhɑ:'məʊnɪəs/, *a.* **1** disarmonico; non armonioso **2** che non è in armonia (*con q.c.*); discordante.
inharmoniously /ɪnhɑ:'məʊnɪəslɪ/, *avv.* disarmonicamente.
inharmoniousness /ɪnhɑ:'məʊnɪəsnəs/, *n.* disarmonia.
to **inhere** /ɪn'hɪə(r)/, *v. i.* inerire (*raro*). ● **to i. in**, essere inerente a; essere proprio di.
inherence /ɪn'hɪərəns/, *n.* inerenza; l'esser inerente.
inherent /ɪn'hɪərənt, ɪn'herənt/, *a.* **1** inerente: **These difficulties are i. in the economic situation of the country**, queste difficoltà sono inerenti alla situazione economica del paese **2** innato; insito: **an i. sense of justice**, un innato senso della giustizia. ● (*leg.*) **i. vice**, vizio intrinseco. || **-ly**, *avv.*
to **inherit** /ɪn'herɪt/, *v. t.* e *i.* **1** ereditare: **A grandson will i. the whole estate**, un nipote erediterà l'intero patrimonio **2** (*fig.*) avere (ereditato): **Rose inherits her grandmother's fair hair**, Rose ha (ereditato) i capelli biondi della nonna.
inheritability /ɪnherɪtə'bɪlətɪ/, *n.* ereditabilità (*raro*); ereditarietà.
inheritable /ɪn'herɪtəbl/, *a.* ereditabile (*raro*); ereditario.
inheritance /ɪn'herɪtəns/, *n.* **1** (*leg.*) eredità; (*fig.*) retaggio, patrimonio: **to receive st. by i.**, ricevere q.c. in eredità; **the i. of ill-feeling from the civil war**, il retaggio di rancore lasciato dalla guerra civile **2** (*biol.*) eredità; fattori ereditari. ● (*leg.*) **i. tax**, imposta di successione.
inheritor /ɪn'herɪtə(r)/, *n.* erede (*uomo*).
inheritress /ɪn'herɪtrɪs/, **inheritrix** /ɪn'herɪtrɪks/, *n.* erede (*donna*); ereditiera.
inhesion /ɪn'hi:ʒn/, *n.* inerenza; l'essere inerente.
to **inhibit** /ɪn'hɪbɪt/, *v. t.* **1** inibire (*anche psic.*); reprimere; tenere a freno; trattenere: **to i. bad impulses**, tenere a freno gli impulsi cattivi **2** impedire; proibire; vietare: **to i. sb. from doing st.**, impedire a q. di fare q.c. **3** (*relig.*) interdire, sospendere: **to i. a priest from performing church functions**, sospendere un sacerdote a divinis.
inhibited /ɪn'hɪbɪtɪd/, *a.* (*anche psic.*) inibito: **an i. person**, una persona inibita; un inibito.
inhibition /ɪnhɪ'bɪʃn, ɪnɪ'b-/, *n.* **1** inibizione (*anche psic.*) **2** proibizione; divieto **3** (*relig.*) sospensione a divinis. ● **to free sb. from i.**, disinibire q.
inhibitor /ɪn'hɪbɪtə(r)/, *n.* (*chim.*) inibitore.
inhibitory /ɪn'hɪbɪtrɪ, *USA* -tɔ:rɪ/, *a.* (*psic.*) inibitorio; inibitore.
inhospitable /ɪnhɒ'spɪtəbl, ɪn'hɒs-/, *a.* ino-

spitale; inospite (*lett.*). || **-ness**, *sost.* || **-bly**, *avv.*

in-house /ˈɪnhaʊs, -ˈhaʊs/, *a. attr.* ***1*** fatto nell'ambito di un gruppo (*di una società, ecc.*) ***2*** (*org. az.*) intra-aziendale; interno; ristretto: **i. meetings**, riunioni ristrette.

inhuman /ɪnˈhjuːmən, *USA* -hj-, -j-/, *a.* ***1*** inumano; disumano; crudele; brutale ***2*** disumano; che non ha nulla di umano ***3*** (*raro*) freddo; impersonale.

inhumane /ɪnhjuːˈmeɪn, *USA* -hj-, -j-/, *a.* inumano; disumano; crudele.

inhumanity /ɪnhjuːˈmænətɪ, *USA* -hj-, -j-/, *n.* inumanità; disumanità.

inhumanly /ɪnˈhjuːmənlɪ, *USA* -hj-, -j-/, *avv.* disumanamente.

inhumation /ɪnhjuːˈmeɪʃn, *USA* -hj-, -j-/, *n.* inumazione; seppellimento.

to **inhume** /ɪnˈhjuːm, *USA* -hj-, -j-/, *v. t.* inumare; seppellire; sotterrare.

inimical /ɪˈnɪmɪkl/, *a.* ostile; nemico; avverso; contrario: **acts i. to peace**, azioni contrarie alla pace. || **-ly**, *avv.*

inimitability /ɪnɪmɪtəˈbɪlətɪ/, *n.* inimitabilità; l'essere inimitabile.

inimitable /ɪˈnɪmɪtəbl/, *a.* inimitabile; impareggiabile. || **-ness**, *sost.* || **-bly**, *avv.*

iniquitous /ɪˈnɪkwɪtəs/, *a.* iniquo; ingiusto; malvagio.

iniquity /ɪˈnɪkwətɪ/, *n.* iniquità; ingiustizia; malvagità.

initial /ɪˈnɪʃl/, **A** *a.* iniziale; primo: **the i. chapter of a book**, il capitolo iniziale d'un libro; **the i. stage**, lo stadio iniziale; **i. expenses**, le prime spese. **B** *n.* (*generalm. al pl.*) (lettera) iniziale; sigla. ● (*fin.*) **i. capital**, capitale iniziale (*o* d'avviamento).

to **initial** /ɪˈnɪʃl/, *v. t.* apporre le (proprie) iniziali a; siglare: **to i. an alteration**, siglare una correzione.

initialism /ɪˈnɪʃəlɪzəm/, *n.* acronimo composto dalle lettere iniziali; sigla.

to **initialize** /ɪˈnɪʃəlaɪz/, *v. t.* (*elab.*) inizializzare.

initially /ɪˈnɪʃəlɪ/, *avv.* inizialmente.

initiate /ɪˈnɪʃɪət/, **A** *a.* iniziato; cominciato. **B** *n.* iniziato, iniziata.

to **initiate** /ɪˈnɪʃɪeɪt/, *v. t.* iniziare (*in ogni senso*); avviare; introdurre: **to i. one's work**, iniziare il lavoro; **to i. an advertising campaign**, iniziare una campagna pubblicitaria; **to i. sb. in the mysteries of a new religion**, iniziare q. ai misteri d'una nuova religione; **to i. sb. into a secret society**, introdurre q. in una società segreta.

initiation /ɪnɪʃɪˈeɪʃn/, *n.* ***1*** (*anche relig.*) iniziazione: **i. rites**, riti d'iniziazione ***2*** inizio; principio; avvio ***3*** l'essere un iniziato.

initiative /ɪˈnɪʃətɪv, -ʃɪə-/, **A** *a.* iniziale; introduttivo. **B** *n.* ***1*** iniziativa; intraprendenza: **to take the i.**, prendere l'iniziativa; (*specialm. mil., sport*) **to have the i.**, avere l'iniziativa; **He has no i.**, è senza iniziativa; non è affatto intraprendente ***2*** (*polit.*) iniziativa legislativa; potere d'iniziativa. ● **on one's own i.**, di propria iniziativa; (*bur., leg.*) d'ufficio.

initiator /ɪˈnɪʃɪeɪtə(r)/, *n.* iniziatore; chi inizia (*V.* **to initiate**).

initiatory /ɪˈnɪʃɪətrɪ, -eɪtrɪ, *USA* -ɪətɔːrɪ/, *a.* ***1*** iniziativo (*lett.*); preliminare ***2*** d'iniziazione: **i. ceremonies**, cerimonie d'iniziazione.

initiatrix /ɪˈnɪʃɪətrɪks/, *n.* (*pl.* **initiatrices**) iniziatrice.

to **inject** /ɪnˈdʒɛkt/, *v. t.* ***1*** iniettare (*in ogni senso*): **to i. a drug** [**a poison**], iniettare una medicina [un veleno]; **to i. intravenously**, iniettare per endovena ***2*** (*fig.*) immettere; introdurre: **to i. a comical element into a situation**, introdurre un elemento di comicità in una situazione.

injectable /ɪnˈdʒɛktəbl/, **A** *a.* (*med.*) iniettabile. **B** *n.* (*med.*) sostanza iniettabile.

injection /ɪnˈdʒɛkʃn/, *n.* ***1*** (*med., mecc., elettron.*) iniezione: **to give an i. of penicillin**, fare un'iniezione di penicillina; **i. engine**, motore a iniezione ***2*** (*miss.*) inserimento (*o* messa, *o* iniezione) in orbita ***3*** (*econ.*) iniezione: **an i. of capital in an economic sector**, un'iniezione di capitali in un settore dell'economia ***4*** (*mat.*) iniezione ***5*** (*fig.*) immissione; introduzione.

injective /ɪnˈdʒɛktɪv/, *a.* ***1*** (*mat.*) iniettivo: **i. mapping**, applicazione iniettiva; iniezione ***2*** (*ling.*) iniettivo.

injector /ɪnˈdʒɛktə(r)/, *n.* (*anche mecc., elettron.*) iniettore.

in-joke /ˈɪndʒəʊk/, *n.* (*fam.*) battuta comprensibile solo a un gruppo ristretto; barzelletta non alla portata di tutti.

injudicial /ɪndʒuːˈdɪʃl/, *a.* (*leg.*) extragiudiziale.

injudicious /ɪndʒuːˈdɪʃəs/, *a.* imprudente; sconsiderato; avventato; sventato. || **-ly**, *avv.* || **-ness**, *sost.*

Injun /ˈɪndʒən/, *n.* (*pop.* o *spreg. USA per* **Indian**) indiano (d'America); pellerossa. ● **honest I.!**, parola d'onore!

to **injunct** /ɪnˈdʒʌŋkt/, *v. t.* (*raro*) ingiungere; comandare; imporre.

injunction /ɪnˈdʒʌŋkʃn/, *n.* (*anche leg.*) ingiunzione; intimazione; comando; ordine; imposizione.

injunctive /ɪnˈdʒʌŋktɪv/, *a.* (*leg., ling.*) ingiuntivo.

to **injure** /ˈɪndʒə(r)/, *v. t.* danneggiare; nuocere a; far male a; ferire; guastare; ledere; menomare; pregiudicare; offendere: **The blow injured my leg**, il colpo mi ferì (*o* mi lese) la gamba; **to i. one's health**, guastarsi la salute; **to i. sb.'s reputation**, ledere la reputazione di q.; **Your words injured his pride**, le tue parole offesero (*o* ferirono) il suo orgoglio.

injured /ˈɪndʒəd/, *a.* ***1*** danneggiato; ferito; leso; menomato; offeso: **an i. limb**, un arto ferito, menomato; **He was fatally i.**, era ferito mortalmente; (*leg.*) **the i. party**, la parte lesa ***2*** (*ass.*) sinistrato. ● **in an i. voice**, con voce lamentevole, di chi si reputa offeso; in tono offeso.

injurious /ɪnˈdʒʊərɪəs/, *a.* ***1*** dannoso; lesivo; nocivo: **i. to one's health**, nocivo alla salute ***2*** ingiurioso; offensivo; oltraggioso: **i. words**, parole ingiuriose. || **-ly**, *avv.* || **-ness**, *sost.*

injury /ˈɪndʒərɪ/, *n.* ***1*** danno; lesione; nocumento (*lett.*); ferita; ingiustizia; male; offesa; torto: **to add insult to i.**, aggiungere l'ingiuria al danno; **to suffer injuries to the head**, riportare ferite al capo; **an i. to sb.'s good name**, un'offesa alla reputazione di q. ***2*** (*leg.*) atto illecito; illecito ***3*** incidente; infortunio: **i. at work**, infortunio sul lavoro ***4*** (*arc.*) ingiuria. ● **i. benefit**, assegno d'invalidità (*o* di malattia) □ (*sport*) **i. time**, minuti di recupero.

injustice /ɪnˈdʒʌstɪs/, *n.* ***1*** ingiustizia; torto: **to do sb. an i.**, far torto a q. (*anche, giudicandolo male*) ***2*** (*leg.*) diniego di giustizia.

ink /ɪŋk/, *n.* ***1*** inchiostro (*d'ogni sorta; anche quello della seppia*): **to write a letter in ink**, scrivere una lettera con l'inchiostro ***2*** (*pop. USA*) carta stampata; menzione sulla stampa ***3*** (*pop. USA*) vino scadente ***4*** (*spreg. USA*) negro. ● (*zool.*) **ink-bag**, tasca del nero (*d'una seppia, ecc.*) □ **ink-bottle**, calamaio □ **ink eraser**, gomma da inchiostro (*specialm. di macchina da scrivere*) □ (*arti grafiche*) **ink knife**, spatola □ **i. roller**, nastro inchiostratore □ **ink-sac**, *V.* **ink-bag** □ (*spreg. USA*) **ink slinger**, imbrattacarte; scrittorello; giornalista da strapazzo □ **Indian ink** (*o* **China ink**), inchiostro di china □ **invisible ink**, inchiostro simpatico □ **printer's ink**, inchiostro da stampa □ (*fam.*) **to sling ink**, fare lo scrittore; (*spreg.*) scrivere articoli offensivi.

to **ink** /ɪŋk/, *v. t.* ***1*** inchiostrare; coprire (*o* macchiare) d'inchiostro: **to ink one's hands**, inchiostrarsi le mani ***2*** segnare (*o* colorare) con l'inchiostro ***3*** (*tipogr.*) inchiostrare ***4*** (*fam. USA*) firmare (*un contratto, ecc.*). ● **to ink in a drawing**, ripassare a penna un disegno □ **to ink out**, cancellare a penna.

inkblot /ˈɪŋkblɒt/, *n.* macchia d'inchiostro. ● (*psic.*) **i. test**, test delle macchie d'inchiostro.

inked /ɪŋkt/, *a.* inchiostrato. ● **i. ribbon**, nastro dattilografico.

inker /ˈɪŋkə(r)/, *n.* (*tipogr.*) rullo inchiostratore.

inkiness /ˈɪŋkɪnəs/, *n.* ***1*** l'esser coperto d'inchiostro ***2*** nerezza (*raro*); nero d'inchiostro.

inkling /ˈɪŋklɪŋ/, *n.* ***1*** accenno; suggerimento ***2*** vaga idea; sentore; sospetto: **to get an i. of what is happening**, aver sentore di quel che sta accadendo. ● **to give sb. an i. of st.**, dare a q. un'idea di q.c.

inkpad /ˈɪŋkpæd/, *n.* tampone per timbri.

inkpot /ˈɪŋkpɒt/, *n.* calamaio.

inkstand /ˈɪŋkstænd/, *n.* calamaio (*da scrittoio*).

inkstick /ˈɪŋkstɪk/, *n.* (*fam. USA*) (penna) stilografica.

inkwell /ˈɪŋkwɛl/, *n.* calamaio (*inserito in un banco di scuola*).

inky /ˈɪŋkɪ/, *a.* ***1*** sporco (*o* coperto) d'inchiostro; inchiostrato: **i. fingers**, dita inchiostrate ***2*** nero come l'inchiostro ***3*** scritto con l'inchiostro; a inchiostro. ● **i. darkness**, oscurità assoluta.

inlaid /ˈɪnleɪd, ɪnˈleɪd/, **A** *pass.* e *p. p.* di **to inlay**. **B** *a.* ***1*** inserito (*in una decorazione*); impresso ***2*** intarsiato. ● (*tecn.*) **i. veneer**, tassello per intarsio □ (*arte*) **i. work**, intarsio.

inland /ˈɪnlənd/, **A** *n.* interno del paese; retroterra; entroterra. **B** *a.* ***1*** situato nel retroterra; dell'entroterra; racchiuso fra terre emerse; (dell') interno: **an i. district**, una regione dell'entroterra; **i. waters**, acque interne; **an i. sea**, un mare interno ***2*** (*econ., comm.*) interno: **i. trade**, commercio interno; **i. consumption**, consumo interno; (*fisc.*) **i. duty**, dazio interno; **i. navigation**, navigazione interna (*fluviale o per idrovie*). **C** *avv.* all'interno; verso l'interno; nell'entroterra: **to go i.**, andare verso l'interno (*d'un paese*); **to live i.**, abitare nell'entroterra. ● (*fin.*) **i. bill**, cambiale pagabile all'interno □ (*fisc.*) **i. revenue**, imposte e dazi interni; gettito fiscale; erario, fisco □ **i.-revenue stamp**, bollo fiscale □ **i. waterways**, canali navigabili; idrovie interne.

inlander /ˈɪnləndə(r)/, *n.* abitante dell'entroterra.

in-law /ˈɪnlɔː/, *n.* (*fam., di solito al pl.*) parente acquisito; affine.

inlay /ˈɪnleɪ/, *n.* ***1*** (*arte*) intarsio; lavoro a intarsio ***2*** (*med.*) intarsio, otturazione (*di un dente*).

to **inlay** /ˈɪnleɪ, ɪnˈleɪ/ (*pass.* e *p. p.* **inlaid**), *v. t.* ***1*** inserire (*pezzetti di legno, oro, ecc.*) in una superficie, per decorazione ***2*** (*arte*) intarsiare; lavorare a intarsio: **to i. a panel of wood with ivory**, intarsiare d'avorio un pannello di legno.

inlayer /ˈɪnleɪə(r)/, *n.* intarsiatore, intarsiatrice.

inlaying /ˈɪnleɪɪŋ, ɪnˈl-/, *n.* intarsiatura.

inlet /ˈɪnlɛt/, *n.* ***1*** (*geogr.*) braccio di mare; piccola baia; insenatura ***2*** (*geogr.*) immissario ***3*** (*mecc.*) ammissione; immissione; entrata: **i. valve**, valvola di ammissione ***4*** (*autom., mecc.*) aspirazione ***5*** pezzo inserito ***6*** (*tecn.*) sacca. ● (*d'un motore*) **i. stroke**, fase di aspirazione □ (*mecc.*) **air i.**, presa d'aria (*in un carburatore*).

in-line /ˈɪnˈlaɪn, ˈɪnl-/, *a. attr.* ***1*** allineato ***2*** (*mecc.*) in linea: **i. engine**, motore in linea ***3*** (*elab.*) interno: **i. coding**, codice interno.

inlying /ˈɪnlaɪɪŋ/, *a.* che è (*o* che giace) all'interno (*o* nell'entroterra).

inmate /ˈɪnmeɪt/, *n.* ***1*** paziente (*d'ospedale*); ricoverato (*in un ospizio*) ***2*** carcerato; recluso; detenuto ***3*** (*arc.*) inquilino; coinquilino. ● **the inmates of the house**, gli abitanti (*o* gli inquilini) della casa.

in-migrant /ˈɪnmaɪgrənt/, *n.* (*econ.*) chi si trasferisce, per motivi di lavoro, all'interno di uno stato.

in-migration /ɪnmaɪˈgreɪʃn/, *n.* (*econ.*) immigrazione interna.

inmost /ˈɪnməust/, *a.* intimo; (il) più interno; (il) più recondito; (il) più riposto; (il) più segreto: **one's i. feelings**, i sentimenti più intimi; **one's i. thoughts**, i pensieri più segreti. ● **in one's i. heart**, nell'intimo del cuore.

inn /ɪn/, *n.* locanda; alberghetto; osteria: **to put up at an inn**, fermarsi in una locanda (*per prendervi alloggio*). ● **Inns of Chancery**, edifici londinesi, già occupati da studenti di giurisprudenza; associazioni che ora occupano tali edifici □ (*leg.*) **Inns of Court**, (edifici, a Londra, appartenenti a) quattro associazioni professionali inglesi che abilitano all'esercizio della professione forense (di «barrister») □ **inn sign**, insegna di una locanda.

innards /ˈɪnədz/, *n. pl.* (*fam.*) *1* interno; parti interne (*anche di una macchina*) *2* (*fam.*) budella; visceri *3* (*fam.*) stomaco.

innate /ɪˈneɪt/, *a.* innato; congenito; insito; naturale: (*filos.*) **i. ideas**, idee innate; **i. ability**, abilità naturale. || **-ly**, *avv.* || **-ness**, *sost.*

innatism /ɪˈneɪtɪzəm/, *n.* (*filos.*) innatismo.

innavigable /ɪˈnævɪgəbl/, *a.* innavigabile; non navigabile.

inner /ˈɪnə(r)/, **A** *a.* *1* interno; intimo; riposto; segreto: **an i. room**, una stanza interna; (*geogr.*) **I. Mongolia**, la Mongolia Interna; **i. emotions**, emozioni intime, riposte; (*naut.*) **i. harbour**, parte interna del porto; porto interno *2* ristretto: (*polit.*) **i. cabinet**, consiglio (dei ministri) ristretto; **i. circle**, cerchia ristretta; entourage. **B** *n.* *1* (l') interno *2* (colpo che va a segno nel) primo cerchio del bersaglio (*quello più vicino al centro*). ● **i. city**, centro della città (*abitato da poveri, degradato, ecc.*) □ **i. court**, cortile interno; retrocorte □ (*anat.*) **i. ear**, orecchio interno □ **the i. man**, l'anima, lo spirito; (*scherz.*) la gola, lo stomaco □ **i. meaning**, significato recondito □ (*rag.*) **i. reserve**, riserva occulta □ **i. tube**, camera d'aria (*di un pneumatico*).

innermost /ˈɪnəməust/, *a.* intimo; (il) più interno; (il) più recondito.

innerspring mattress /ˈɪnəsprɪŋˈmætrəs/, *n.* materasso a molle.

to **innervate** /ˈɪnɜːveɪt/, *v. t.* *1* (*anat.*) innervare *2* (*fig.*) stimolare; rinvigorire.

innervation /ɪnɜːˈveɪʃn/, *n.* (*anat.*) innervazione.

in-ness /ˈɪnnəs/, *n.* (*fam.*) l'essere «in» (*o* alla moda, di moda).

inning /ˈɪnɪŋ/, *n.* (*baseball*) inning.

innings /ˈɪnɪŋz/, *n.* (*pl. invar., o – fam. –* **inningses**) *1* (*cricket*) periodo in cui una squadra è alla battuta; turno (*del battitore*) *2* (*fig.*) periodo di permanenza (*d'un partito politico o di una persona*) al potere; durata in carica; momento di successo (*o* di gloria, ecc.). ● (*fam.*) **to have a good i.**, avere successo □ **to have had a long i.**, avere vissuto una vita lunga e piena.

innkeeper /ˈɪnkiːpə(r)/, *n.* locandiere, locandiera; albergatore.

innocence /ˈɪnəsns/, *n.* *1* innocenza (*in ogni senso*); innocuità *2* semplicità; ingenuità.

innocent /ˈɪnəsnt/, **A** *a.* *1* innocente (*in ogni senso*); puro; innocuo: **The poor man was i. of that theft**, il pover'uomo era innocente di quel furto; **an i. child**, un bambino innocente; **i. games**, giochi innocenti *2* semplice; ingenuo; sciocco; sprovveduto: **I am not so i. as to believe it**, non sono così ingenuo da crederlo *3* (*med.*) benigno: **an i. tumor**, un tumore benigno *4* (*fam.*) mancante, privo (di); senza: **a face i. of make-up**, un viso senza trucco. **B** *n.* *1* (persona) innocente; bambino: **the slaughter of the innocents**, la strage degli innocenti *2* persona ingenua; sciocco; sprovveduto. ● (*leg.*) **i. party**, parte in causa non responsabile. || **-ly**, *avv.*

innocuity /ɪnɒˈkjuːətɪ/, *n.* innocuità.

innocuous /ɪˈnɒkjʊəs/, *a.* innocuo; inoffensivo: **an i. snake**, una serpe innocua. || **-ly**, *avv.* || **-ness**, *sost.*

innominate /ɪˈnɒmɪnət/, *a.* innominato; anonimo. ● (*anat.*) **i. bone**, osso innominato; osso iliaco.

to **innovate** /ˈɪnəveɪt/, **A** *v. t.* inventare; introdurre (*una novità*). **B** *v. i.* (*spesso* **to i. in, on** *o* **upon**) innovare; fare innovazioni (*in q.c.*); introdurre novità.

innovation /ɪnəˈveɪʃn/, *n.* *1* innovazione *2* novità.

innovative /ˈɪnəvətɪv, -veɪ-, ɪˈnəuvə-, *USA* ˈɪnəveɪ-/, *a.* innovativo.

innovator /ˈɪnəveɪtə(r)/, *n.* innovatore.

innovatory /ˈɪnəveɪtrɪ, -vətrɪ, *USA* -ətɔːrɪ/, *a.* che innova; innovatore.

innoxious /ɪˈnɒkʃəs/, *a.* innocuo; inoffensivo. || **-ly**, *avv.*

innuendo /ɪnjuːˈɛndəu/, *n.* (*pl.* **innuendos, innuendoes**) *1* accenno; allusione: **to make innuendoes about st.**, fare allusioni a q.c. *2* insinuazione; malignità *3* (*leg.*) insinuazione diffamatoria.

to **innuendo** /ɪnjuːˈɛndəu/, *v. i.* alludere; fare insinuazioni.

innumerability /ɪnjuːmərəˈbɪlətɪ/, *n.* innumerabilità (*lett., raro*); l'essere innumerevole.

innumerable /ɪˈnjuːmərəbl, *USA* ɪˈnuː-/, *a.* innumerabile (*lett.*); innumerevole. || **-ness**, *sost.* || **-bly**, *avv.*

innutrition /ɪnjuːˈtrɪʃn, *USA* ɪnuː-/, *n.* mancanza di nutrizione; denutrizione.

innutritious /ɪnjuːˈtrɪʃəs, *USA* ɪnuː-/, *a.* non nutriente.

inobservance /ɪnəbˈzɜːvəns/, *n.* *1* (*anche leg.*) inosservanza *2* mancanza d'attenzione; disattenzione.

inobservant /ɪnəbˈzɜːvənt/, *a.* *1* inosservante *2* disattento.

inoculable /ɪˈnɒkjʊləbl/, *a.* (*med.*) inoculabile.

to **inoculate** /ɪˈnɒkjʊleɪt/, *v. t.* *1* inoculare (*med.* e *fig.*); iniettare; instillare: **to i. sb. with smallpox vaccine**, inoculare il vaccino del vaiolo a q.; **to i. bad principles**, inoculare (instillare) cattivi principi *2* (*med.*) immunizzare (*con inoculazione di vaccino, siero, ecc.*); vaccinare: **to i. children against polio**, vaccinare i bambini contro la poliomelite; **to i. sb. with the rabies virus**, immunizzare q. inoculandogli il virus antirabbico.

inoculation /ɪnɒkjʊˈleɪʃn/, *n.* (*med.*) *1* inoculazione *2* immunizzazione; vaccinazione.

inoculative /ɪˈnɒkjʊlətɪv, *USA* -eɪt-/, *a.* (*med.*) d'inoculazione; da inoculare.

inoculator /ɪˈnɒkjʊleɪtə(r)/, *n.* (*med.*) inoculatore; chi inocula; strumento per inoculare.

inodorous /ɪnˈəudərəs/, *a.* inodoro, inodore.

inoffensive /ɪnəˈfensɪv/, *a.* inoffensivo; innocuo. || **-ly**, *avv.* || **-ness**, *sost.*

inofficious /ɪnəˈfɪʃəs/, *a.* (*leg.*) inofficioso (*raro*); che viola un dovere morale.

inoperable /ɪnˈɒpərəbl/, *a.* *1* (*med.*) inoperabile; che non si può operare *2* (*di un progetto, ecc.*) inattuabile.

inoperative /ɪnˈɒpərətɪv, *USA* -eɪt-/, *a.* *1* inattivo; inutilizzato *2* (*di legge, ecc.*) inefficace; non operante; non in vigore.

inopportune /ɪnˈɒpətjuːn, *USA* ɪnɒpəˈtuːn/, *a.* inopportuno; intempestivo. || **-ly**, *avv.* || **-ness**, *sost.*

inopportunity /ɪnɒpəˈtjuːnətɪ, *USA* -ˈtuːn-/, *n.* inopportunità; intempestività.

inordinate /ɪnˈɔːdənət/, *a.* *1* immoderato; smoderato; eccessivo; sfrenato; sregolato: **i. requests**, richieste eccessive; **an i. desire for wealth**, una sfrenata brama di ricchezza *2* disordinato; irregolare. || **-ly**, *avv.*

inorganic /ɪnɔːˈgænɪk/, *a.* *1* inorganico (*chim.* e *fig.*); non organico: **i. chemistry**, chimica inorganica *2* non organizzato; disorganico. || **-ally**, *avv.*

to **inosculate** /ɪˈnɒskjʊleɪt/, **A** *v. i.* *1* (*specialm. anat.: d'arterie, ecc.*) anastomizzarsi *2* (*fig.*) congiungersi; unirsi. **B** *v. t.* *1* (*med.*) anastomizzare *2* (*fig.*) congiungere; unire.

inosculation /ɪnɒskjʊˈleɪʃn/, *n.* *1* (*anat., med.*) anastomosi *2* (*fig.*) congiungimento; unione.

inosine /ˈaɪnəsiːn/, *n.* (*biochim.*) inosina.

inosinic /aɪnəˈsɪnɪk/, *a.* (*biochim.*) inosinico.

inositol /ɪˈnəusɪtɒl, *USA* -ɔːl, -əul/, *n.* (*chim.*) inositolo; inosite.

inoxidizable /ɪnɒksɪˈdaɪzəbl/, *a.* (*chim.*) inossidabile.

in-patient /ˈɪnpeɪʃnt/, *n.* (*med.*) degente; paziente interno.

in-payment /ˈɪnpeɪmənt/, *n.* (*banca*) versamento.

in-plant /ɪnˈplɑːnt, *USA* -ænt/, *a. attr.* (*org. az.*) nell'ambito di uno stabilimento; in fabbrica; aziendale: **i. courses**, corsi aziendali. ● (*elab.*) **i. system**, sistema localizzato.

inpouring /ˈɪnpɔːrɪŋ/, **A** *a.* che affluisce. **B** *n.* versamento; afflusso.

input /ˈɪnpʊt/, *n.* *1* introduzione; immissione *2* (*elettr.*) alimentazione: **i. circuit**, circuito di alimentazione *3* (*elettron.*) input; entrata; ingresso: **i. block**, blocco d'entrata; **i. signal**, segnale d'ingresso *4* (*elab.*) immissione; ingresso: **i. data**, dati d'immissione *5* (*econ.*) fattore produttivo; input. ● (*econ.*) **i. / output analysis**, analisi delle interdipendenze settoriali □ (*fisc.*) **i. tax**, I.V.A. a credito.

to **input** /ˈɪnpʊt/ (*pass.* e *p. p.* **input**), *v. t.* immettere, inserire, introdurre (*dati, ecc.: in un elaboratore*).

inquest /ˈɪŋkwest/, *n.* (*leg.*) inchiesta: **coroner's i.**, inchiesta giudiziaria svolta dal coroner (*nei casi di morte violenta o innaturale*). ● **grand i.**, giuria di un processo istruttorio (*da 12 a 23 giurati*).

inquiet /ɪnˈkwaɪət/, *a.* inquieto; turbato.

inquietude /ɪnˈkwaɪətjuːd, *USA* -tuːd/, *n.* inquietudine; turbamento.

inquiline /ˈɪnkwɪlaɪn/, *n.* (*biol.*) inquilino.

inquilinism /ˈɪnkwɪlɪnɪzəm/, *n.* (*biol.*) inquilinismo.

to **inquire** /ɪnˈkwaɪə(r)/, **A** *v. i.* informarsi; indagare; fare indagini; investigare; fare ricerche. **B** *v. t.* domandare; chiedere; informarsi di: **to i. sb.'s name and address**, chiedere le generalità e l'indirizzo di q.; **I inquired what he wanted**, (gli) chiesi che cosa volesse; **to i. the way**, informarsi della via (da prendere). ● **I. within** (*cartello*), per informazioni, favorite entrare.

♦**inquire about**, *v. i. + prep.* informarsi su; chiedere notizie di: **to i. about some missing papers**, chiedere notizie di documenti smarriti.

♦**inquire after**, *v. i. + prep.* *1* chiedere informazioni su (q.c.) *2* informarsi della salute di (q.).

♦**inquire for**, *v. i. + prep.* *1* chiedere di, cercare (q.; *per parlargli*) *2* cercare (*un articolo in un negozio, ecc.*).

♦**inquire into**, *v. i. + prep.* indagare su, svolgere indagini su: **A coroner inquires into the causes of unnatural death**, il coroner svolge indagini sulle cause delle morti innaturali.

♦**inquire of**, *v. i. + prep.* chiedere a (q.); informarsi presso: **I'll i. of my sister where she bought her new dress**, chiederò a mia sorella dove ha comprato l'abito nuovo.

inquirer /ɪnˈkwaɪərə(r)/, *n.* *1* chi chiede informazioni; chi s'informa *2* indagatore.

inquiring /ɪnˈkwaɪərɪŋ/, *a.* indagatore; scrutatore: **an i. look**, uno sguardo indagatore. ● **an i. mind**, una mente avida di sapere. || **-ly**, *avv.*

inquiry /ɪnˈkwaɪərɪ, *USA* ˈɪnkwərɪ/, *n.* *1* richiesta d'informazioni; indagine: **to make inquiries**, fare indagini; assumere informazioni; **to learn st. by i.**, apprendere q.c. attraverso indagini (*o* ricerche) fatte *2* (*leg.*) inchiesta: **to hold an i. into st.**, fare un'inchiesta su q.c. *3* domanda; interrogazione *4* (*elab.*) interrogazione; richiesta; consultazione (*di un archivio*): **i. character**, carattere d'interrogazione. ● **i. agent**, investigatore privato □ **i. office**, ufficio informazioni □ (*telef.*) **i. operator**, informazioni □ **board of i.**, commissione d'inchiesta □ **on i.**, fatte le dovute ricerche.

inquisition /ɪnkwɪ'zɪʃn/, *n.* **1** (*spesso spreg.*) indagine; investigazione **2** (*leg.*) inchiesta. ● (*stor.*) **the I.**, l'Inquisizione.

inquisitional /ɪnkwɪ'zɪʃənl/, *a.* inquisitorio.

inquisitive /ɪn'kwɪzətɪv/, *a.* **1** che indaga; curioso; avido di sapere **2** curioso; indiscreto; che ficca il naso nelle faccende altrui (*fam.*). || **-ly**, *avv.* || **-ness**, *sost.*

inquisitor /ɪn'kwɪzɪtə(r)/, *n.* **1** (*anche leg.*) (magistrato) inquirente; indagatore **2** (*stor.*) inquisitore: **Grand I.**, Grande Inquisitore.

inquisitorial /ɪnkwɪzɪ'tɔːrɪəl/, *a.* **1** (*anche stor.*) inquisitorio; dell'Inquisizione; (*fig.*) da inquisitore **2** curioso; indiscreto; che ama indagare (*fam.*: ficcanasare) **3** (*leg.*) inquisitorio.

inquisitorially /ɪnkwɪzɪ'tɔːrɪəlɪ/, *avv.* **1** *V.* **inquisitively** **2** (*leg.*) secondo il sistema inquisitorio.

inroad /'ɪnrəʊd/, *n.* **1** incursione; irruzione; scorreria **2** (*fin.*) prelievo: **inroads on funds**, prelievi di fondi. ● (*fig.*) **to make inroads on**, danneggiare; intaccare gravemente: **Hospital expenses made inroads on my savings**, le spese ospedaliere intaccarono gravemente i miei risparmi □ **Extra work makes inroads on my spare time**, il lavoro straordinario mi porta via molto tempo libero.

inrun /'ɪnrʌn/, *n.* (*sci*) **1** rincorsa (*prima del salto*) **2** trampolino (*per lo slancio*).

inrush /'ɪnrʌʃ/, *n.* **1** il precipitarsi; irruzione **2** afflusso (*d'aria, ecc.*).

to **insalivate** /ɪn'sælɪveɪt/, *v. t.* insalivare (*il cibo, masticando*).

insalivation /ɪnsælɪ'veɪʃn/, *n.* insalivazione.

insalubrious /ɪnsə'luːbrɪəs/, *a.* insalubre; malsano.

insalubrity /ɪnsə'luːbrətɪ/, *n.* insalubrità.

insane /ɪn'seɪn/, *a.* **1** insano; alienato; demente; folle; matto; pazzo: **i. jealousy**, insana gelosia; **an i. person**, un alienato; un demente **2** per alienati: **an i. asylum**, un ricovero per alienati; un manicomio **3** insano (*lett.*); dissennato; irragionevole; insensato: **an i. action**, un atto insano. || **-ly**, *avv.* || **-ness**, *sost.*

insanitary /ɪn'sænətrɪ, *USA* -terɪ/, *a.* malsano; insalubre; antigienico.

insanity /ɪn'sænətɪ/, *n.* **1** alienazione mentale; infermità mentale; demenza; follia; pazzia **2** insania (*lett.*); dissennatezza; irragionevolezza; insensatezza.

insatiability /ɪnseɪʃə'bɪlətɪ/, *n.* insaziabilità.

insatiable /ɪn'seɪʃəbl/, *a.* (*anche fig.*) insaziabile. || **-bly**, *avv.*

insatiate /ɪn'seɪʃɪət/, *a.* (*lett.*) insaziato (*lett.*); insaziabile.

inscribable /ɪn'skraɪbəbl/, *a.* **1** che può essere iscritto **2** (*geom.*) inscrivibile; inscrittibile.

to **inscribe** /ɪn'skraɪb/, *v. t.* **1** iscrivere (*in ogni senso*); incidere; scolpire (*anche, fig., nella mente*): **to i. a name on a tombstone**, iscrivere (*o* incidere) un nome su una pietra sepolcrale **2** (*geom.*) inscrivere **3** scrivere: **to i. one's name in a register**, scrivere il proprio nome su un registro **4** firmare, fare una dedica (*su un libro e sim.*): **to i. a book to** (*o* **for**) **sb.**, firmare un libro a q.

inscribed /ɪn'skraɪbd/, *a.* **1** iscritto **2** (*geom.*) inscritto. ● **an i. book**, un libro con dedica autografa □ (*fin.*) **i. stock**, azioni nominative; titoli nominativi.

inscription /ɪn'skrɪpʃn/, *n.* **1** iscrizione (*in ogni senso*); epitaffio **2** (*geom.*) inscrizione **3** dedica autografa (*d'un libro, ecc.*) **4** leggenda (*di una moneta, ecc.*) **5** (*leg., comm.*) trascrizione; iscrizione nei registri immobiliari.

inscriptional /ɪn'skrɪpʃənl/, **inscriptive** /ɪn'skrɪptɪv/, *a.* di (*o* simile a) iscrizione.

inscrutability /ɪnskruːtə'bɪlətɪ/, *n.* inscrutabilità (*raro*); imperscrutabilità.

inscrutable /ɪn'skruːtəbl/, *a.* inscrutabile (*lett.*); imperscrutabile. || **-ness**, *sost.* || **-bly**, *avv.*

in-seam /'ɪnsiːm/, *a. attr.* (*sartoria*: *di misura di calzoni*) al cavallo.

in-season /'ɪnsiːzn/, *a. attr.* (*tur.*) stagionale: **i. accommodation**, ricettività stagionale.

insect /'ɪnsɛkt/, *n.* insetto (*in ogni senso*: *zool., pop.* e *fig.*); persona spregevole. ● **i. disposal system**, scaccia insetti (*elettronico, ecc.*) □ (*agric.*) **i. killer**, insetticida □ **i. powder**, polvere insetticida □ **i. repellent**, insettifugo.

insectarium /ɪnsɛk'tɛərɪəm/, *n.* (*pl.* **insectaria**) (*scient.*) insettario.

insecticidal /ɪnsɛktɪ'saɪdl/, *a.* insetticida; antiparassitario.

insecticide /ɪn'sɛktɪsaɪd/, *n.* insetticida; antiparassitario.

insectivores /ɪn'sɛktɪvɔːz/, *n. pl.* (*zool., Insectivora*) insettivori.

insectivorous /ɪnsɛk'tɪvərəs/, *a.* (*zool.*) insettivoro: (*bot.*) **i. plant**, pianta insettivora.

insectology /ɪnsɛk'tɒlədʒɪ/, *n.* (*scient.*) insettologia (*raro*); entomologia.

insecure /ɪnsɪ'kjʊə(r), -jɔː(r)/, *a.* insicuro; malsicuro; malfermo; instabile; infido; rischioso: **i. ice**, ghiaccio malfermo, instabile; **i. seas**, mari infidi. || **-ly**, *avv.*

insecurity /ɪnsɪ'kjʊərətɪ, -jɔː-/, *n.* insicurezza; mancanza di sicurezza; incertezza; instabilità; l'esser infido, rischioso: **financial i.**, insicurezza economica.

to **inseminate** /ɪn'sɛmɪneɪt/, *v. t.* **1** gettare il seme di (q.c.); instillare **2** (*biol., med.*) inseminare; fecondare (*anche fig.*).

insemination /ɪnsɛmɪ'neɪʃn/, *n.* (*biol., med.*) inseminazione; fecondazione: **artificial i.**, fecondazione artificiale.

inseminator /ɪn'sɛmɪneɪtə(r)/, *n.* (*biol., med.*) fecondatore; donatore di seme.

insensate /ɪn'sɛnseɪt/, *a.* **1** insensato; dissennato; stolto; stupido: **i. fury**, furia dissennata; **i. wickedness**, cattiveria stupida **2** insensibile; incapace di sentire; inanimato: **i. stone**, pietra inanimata. || **-ly**, *avv.*

insensibility /ɪnsɛnsə'bɪlətɪ/, *n.* **1** insensibilità; indifferenza; impassibilità **2** incoscienza; deliquio; svenimento. ● **to be in a state of i.**, essere in deliquio; essere svenuto.

insensible /ɪn'sɛnsəbl/, *a.* **1** insensibile (*in ogni senso*): indifferente; impassibile: **to be i. to cold**, esser insensibile al freddo **2** impercettibile: **an i. difference**, una differenza impercettibile **3** privo di sensi; inanimato; svenuto: **I fell down i.**, caddi privo di sensi **4** inconsapevole; inconscio; ignaro: **The explorer was i. of his danger**, l'esploratore era inconsapevole del pericolo che correva. || **-ness**, *sost.* || **-bly**, *avv.*

insensitive /ɪn'sɛnsətɪv/, *a.* insensibile; incapace di sentire; insensitivo (*raro*): **to be i. to beauty**, esser insensibile alla bellezza. ● **an i. answer**, una risposta indifferente □ **an i. remark**, un'osservazione priva di tatto. || **-ly**, *avv.* || **-ness**, *sost.*

insensitivity /ɪnsɛnsə'tɪvətɪ/, *n.* insensibilità; insensitività (*raro*).

insentient /ɪn'sɛnʃənt/, *a.* privo di sensi; inanimato; senza vita.

inseparability /ɪnsɛprə'bɪlətɪ/, *n.* inseparabilità.

inseparable /ɪn'sɛprəbl/, **A** *a.* inseparabile: **i. friends**, amici inseparabili. **B** *n. pl.* cose inseparabili; persone inseparabili. || **-bly**, *avv.*

insert /'ɪnsɜːt/, *n.* **1** inserto; foglio, fascicolo (*inserito in un giornale*); supplemento **2** (*cinem.*) inserto **3** (*mecc.*) elemento riportato **4** (*metall.*) inserto; tassello.

to **insert** /ɪn'sɜːt/, *v. t.* inserire; introdurre; intercalare: **to i. a key in the lock**, inserire una chiave nella serratura; **to i. a coin in a slot machine**, introdurre una moneta in un distributore automatico; **to i. an ad in a paper**, inserire un annuncio in un giornale.

insertion /ɪn'sɜːʃn/, *n.* **1** inserzione; l'inserire; avviso pubblicitario **2** aggiunta; applicazione **3** (*anat.*) punto (*o* modo) d'inserzione (*d'un muscolo*) **4** (*bot.*) innesto **5** (*mecc.*) riporto **6** (*sartoria*) entre-deux (*franc.*); tramezzo (*di pizzo o di ricamo*) **7** (*miss.*) inserimento in orbita. ● **lace i.**, tramezzo di pizzo; entre-deux (*franc.*).

in-service /'ɪn'sɜːvɪs/, *a.* (che avviene) in servizio: **i. training**, addestramento (*o* formazione) professionale mediante un servizio lavorativo effettivamente prestato.

inset (**1**) /'ɪnsɛt/, *n.* **1** inserto; riquadro (*per es., un ingrandimento parziale inserito in una mappa*) **2** foglio (*o* fascicolo) supplementare (*inserito in un giornale, in un libro*); supplemento **3** aggiunta; tramezzo; entre-deux (*franc.*): **a lace i.**, un entre-deux di pizzo (*in un abito*). ● **i. photo**, foto inserita nel testo.

inset (**2**) /'ɪnsɛt/, *a.* inserito; preinstallato: **i. hob with extractor**, piano di cottura preinstallato, con cappa aspirante.

to **inset** /'ɪnsɛt/ (*pass.* e *p. p.* **inset, insetted**), *v. t.* **1** inserire; introdurre; aggiungere **2** (*sartoria*) inserire un tramezzo in (*un abito, ecc.*) **3** (*tipogr.*) accavallare.

inshore /ɪn'ʃɔː(r)/, **A** *avv.* presso (*o* verso) la riva. **B** *a.* **1** vicino alla spiaggia; costiero: **i. fishing**, pesca costiera; (*naut.*) **i. route**, rotta costiera **2** diretto a riva: **an i. current**, una corrente diretta a riva. ● (*naut.*) **i. minesweeper**, dragamine portuale □ **i. of**, più vicino alla riva di: **Their boat was i. of ours**, la loro barca era più vicina alla riva della nostra.

inside (**1**) /'ɪnsaɪd/, **A** *n.* **1** parte interna; (l') interno; (il) didentro: **the i. of a trunk**, l'interno di un baule; **the i. of a curve**, la parte interna d'una curva **2** (*fam.*; *anche pl.*) (l') intestino; (il) ventre; (la) pancia (*pop.*): **to have a pain in one's i.**, avere mal di pancia **3** (*calcio*; *un tempo*) interno; mezzala. **B** *a. attr.* **1** interno; interiore; situato all'interno: **the i. walls of a house**, le pareti interne d'una casa **2** intimo; riservato; segreto: **i. clothing**, biancheria intima; **i. knowledge**, conoscenza intima; **i. information**, informazioni riservate; **the i. story**, la storia segreta (*di un avvenimento*). ● **i. and out**, *V.* **i. out** □ (*mecc.*) **i. caliper**, compasso per interni □ (*pop. USA*) **i. dope**, informazioni riservate; retroscena □ (*calcio*; *un tempo*) **i. forward**, interno; mezzala □ (*di libro*) **i.-front cover**, seconda di copertina □ (*calcio*) **i. left** [**right**], mezzala sinistra [destra] □ **an i. job**, un attentato (*o* sabotaggio, ecc.) a opera di chi ha accesso a un luogo; un furto (*o* una rapina, ecc.) compiuto con l'aiuto di una «talpa» (*o* di un infiltrato) □ **i. lane**, *V.* **i. track** □ **i. out**, alla rovescia, rovesciato, rivoltato; sottosopra; a fondo: **You've put your socks on i. out**, ti sei messo i calzini alla rovescia; **I turned my flat i. out but couldn't find the earrings**, misi sottosopra l'appartamento ma non riuscii a trovare gli orecchini; **He knows his business i. out**, conosce a fondo (*o* a menadito) il suo lavoro □ (*pop. USA*) **i. stuff**, *V.* **i. dope** □ **i. track**, (*sport*) corsia interna; (*fig.*) posizione di vantaggio □ **turned i. out**, rovesciato; rivoltato.

inside (**2**) /'ɪnsaɪd/, **A** *avv.* **1** dentro; entro (*raro*): **Go i.**, va' dentro!; **Is the dog i.?**, è dentro (*o* è in casa) il cane? **2** (*pop.*) dentro; in prigione. **B** *prep.* dentro; all'interno di: **Strangers are not allowed i. the building yard**, gli estranei non sono ammessi dentro il cantiere. ● (*USA*) **i. of**, dentro (*prep.*) □ (*fam.*) **i. of**, entro (*o* in meno di): **I'll do it i. of a week**, lo farò in meno d'una settimana.

insider /ɪn'saɪdə(r)/, *n.* **1** chi sta dentro (*un luogo, un gruppo*); membro d'una società, di una cerchia ristretta **2** chi è addentro alle segrete cose; iniziato; adepto **3** persona che ha accesso a (*o* che è in possesso di) informazioni riservate. ● (*Borsa*) **i. trading** (*o* **i. dealing**), insider trading (*dal 7 maggio 1991 è vietato e punito anche in Italia*).

insidious /ɪn'sɪdɪəs/, *a.* insidioso: **an i. disease**, un male insidioso. || **-ly**, *avv.* || **-ness**, *sost.*

insight /'ɪnsaɪt/, *n.* **1** acume; discernimento;

intuito; penetrazione; perspicacia: **a politician of i.**, un uomo politico dotato di buon intuito *2* (*psic.*) introspezione. ● (*psic.*) **i. therapy**, terapia della presa di coscienza □ **to gain an i. into sb.'s mind**, intuire ciò che q. ha in animo.

insignia /ɪn'sɪgnɪə/, *n.* (*pl.* **insignia, insignias**) *1* insegna (*cavalleresca, reale, onorifica*) *2* decorazione *3* (*mil.*) mostrina.

insignificance /ɪnsɪg'nɪfɪkəns/, **insignificancy** /ɪnsɪg'nɪfɪkənsɪ/, *n.* esiguità; futilità; banalità; scarsa importanza.

insignificant /ɪnsɪg'nɪfɪkənt/, *a.* *1* insignificante; senza significato *2* esiguo; futile; inconcludente; di nessun conto; insignificante; banale: **i. wages**, salario esiguo; **an i. dispute**, una lite futile.

insincere /ɪnsɪn'sɪə(r)/, *a.* insincero; falso; finto. || **-ly**, *avv.*

insincerity /ɪnsɪn'serətɪ/, *n.* insincerità; falsità; finzione.

to **insinuate** /ɪn'sɪnjʊeɪt/, **A** *v. t.* *1* insinuare (*specialm. fig.*); far credere; dare a intendere: **John insinuated fears into my mind**, John insinuò dei timori nel mio animo; **I don't want to i. that he is a liar**, non voglio insinuare che sia un bugiardo *2* insinuare; introdurre di soppiatto. **B** to **insinuate oneself**, *v. rifl.* insinuarsi: **to i. oneself into sb.'s favour**, insinuarsi nelle grazie di q.

insinuating /ɪn'sɪnjʊeɪtɪŋ/, *a.* insinuante; lusinghevole; subdolo.

insinuation /ɪnsɪnjʊ'eɪʃn/, *n.* *1* insinuazione; l'insinuare, l'insinuarsi *2* insinuazione; accusa maligna; parole subdole.

insinuative /ɪn'sɪnjʊətɪv, *USA* -ʊeɪt-/, *a.* insinuativo (*raro*); insinuante.

insinuator /ɪn'sɪnjʊeɪtə(r)/, *n.* insinuatore.

insipid /ɪn'sɪpɪd/, *a.* insipido (*anche fig.*); scipito; insulso; sciocco: **i. boiled fish**, pesce lesso insipido; **i. talks**, discorsi insulsi; **a pretty but i. girl**, una ragazza carina ma sciocca. || **-ly**, *avv.* || **-ness**, *sost.*

insipidity /ɪnsɪ'pɪdətɪ/, *n.* insipidezza (*anche fig.*); insipidità; scipitaggine; insulsaggine; stoltezza.

insipience /ɪn'sɪpɪəns/, *n.* insipienza; stoltezza.

insipient /ɪn'sɪpɪənt/, *a.* insipiente; stolto.

to **insist** /ɪn'sɪst/, *v. i.* e *t.* insistere; perseverare (*nel volere, nel fare, nel dire q.c.*); sostenere: **I must i. on this point**, devo insistere su questo punto; **to i. on the exactness of one's report**, sostenere l'esattezza della propria relazione; **I i. (on it) that you shall come** (*USA*: **that you come**), insisto perché tu venga; **Let me i. on your being present**, permetti che insista perché tu sia presente; **to i. on the rights of the minorities**, sostenere i diritti delle minoranze.

insistence /ɪn'sɪstəns/, **insistency** /ɪn'sɪstənsɪ/, *n.* insistenza.

insistent /ɪn'sɪstənt/, *a.* insistente; ostinato; persistente: **i. demands**, domande insistenti; **i. rain**, pioggia insistente. || **-ly**, *avv.*

in situ /ɪn'sɪtjuː, -tʃuː, -'saɪ-, *USA* -'saɪtuː, -'siːt-, -'sɪt-/ (*lat.*), **A** *avv.* in situ; in loco. **B** *a. attr.* fatto (*o* montato) in loco: **in-situ floor tiles**, mattonelle montate in loco.

insobriety /ɪnsəʊ'braɪətɪ/, *n.* intemperanza (*specialm. nel bere*).

insociability /ɪnsəʊʃə'bɪlətɪ/, *n.* insocievolezza.

insociable /ɪn'səʊʃəbl/, *a.* insocievole.

in so far, (*USA*) **insofar** /ɪnsə'fɑː(r)/, *avv.* pertanto; così facendo. ● **i. that** (*o* **i. as**), per quanto; in quanto; nella misura in cui: **i. as I know**, per quanto so io; **You will succeed i. that you stick together**, avrete successo nella misura in cui starete uniti.

to **insolate** /'ɪnsəʊleɪt/, *v. t.* soleggiare; esporre al sole.

insolation /ɪnsəʊ'leɪʃn/, *n.* (*anche med.*) insolazione.

insole /'ɪnsəʊl/, *n.* *1* soletta *2* tramezza (*di scarpa*).

insolence /'ɪnsələns/, *n.* insolenza; arroganza; impertinenza.

insolent /'ɪnsələnt/, *a.* insolente; arrogante; impertinente. || **-ly**, *avv.*

insolubility /ɪnsɒljʊ'bɪlətɪ/, *n.* (*anche fig.*) insolubilità.

insoluble /ɪn'sɒljʊbl/, *a.* insolubile; non solubile: (*chim.*) **i. substances**, sostanze insolubili; **an i. problem**, un problema insolubile. || **-ness**, *sost.* || **-bly**, *avv.*

insolvable /ɪn'sɒlvəbl/, *a.* (*USA*) insolubile; indissolubile; che non offre soluzione: **an i. problem**, un problema insolubile.

insolvency /ɪn'sɒlvənsɪ/, *n.* (*leg., comm.*) insolvenza. ● (*in G.B.*) **i. practitioner**, legale che si occupa del recupero di crediti (*nel caso di debitori insolventi*).

insolvent /ɪn'sɒlvənt/, **A** *a.* (*leg., comm.*) *1* insolvente: **an i. debtor**, un debitore insolvente *2* (in) passivo; che non permette di pagare i debiti: **an i. inheritance**, un'eredità passiva. **B** *n.* (*leg., comm.*) debitore insolvente. ● **i. laws**, leggi sui debitori insolventi.

insomnia /ɪn'sɒmnɪə/, *n.* (*med.*) insonnia.

insomniac /ɪn'sɒmnɪæk/, *a.* e *n.* (*med.*) sofferente d'insonnia.

insomuch /ɪnsə'mʌtʃ, -səʊ-/, *avv.* a tal punto; talmente; tanto. ● **i. as**, in quanto che; visto (e considerato) che □ **i. that**, a tal punto che; tanto che: **He walked very fast, i. that he was there in ten minutes**, camminò in gran fretta, tanto che arrivò in dieci minuti.

insouciance /ɪn'suːsɪəns/ (*franc.*), *n.* spensieratezza; indifferenza; noncuranza.

insouciant /ɪn'suːsɪənt/ (*franc.*), *a.* spensierato; indifferente; noncurante.

to **inspan** /ɪn'spæn/, *v. t.* (*nel Sud Africa*) aggiogare (*buoi*); attaccare (*cavalli*) a un carro.

to **inspect** /ɪn'spekt/, *v. t.* *1* ispezionare; esaminare; visitare; verificare: **The supervisor will i. our course tomorrow**, il sovrintendente ispezionerà il nostro corso domani *2* (*mecc.*) collaudare; controllare *3* (*mil.*) passare in rassegna. ● (*leg., rag.*) **to i. the books**, esaminare i libri contabili □ **to i. the luggage**, ispezionare il bagaglio.

inspection /ɪn'spekʃn/, *n.* *1* ispezione; esame; visita; verifica *2* (*mil.*) rassegna (*di truppe*) *3* (*mecc.*) collaudo; controllo. ● (*dog.*) **i. order**, ordine d'ispezione (*dei bagagli*) □ **i. tour**, giro d'ispezioni.

inspector /ɪn'spektə(r)/, *n.* *1* ispettore: **a police i.**, un ispettore di polizia *2* (*mecc.*) collaudatore; controllore. ● **i. general**, ispettore generale; (*mil., USA*) generale ispettore □ (*pop. USA*) **i. of pavements**, disoccupato □ (*fisc.*) **i. of taxes**, agente del fisco □ **i.'s office**, ispettorato.

inspectoral /ɪn'spektərəl/, **inspectorial** /ɪnspek'tɔːrɪəl/, *a.* d'ispettore; ispettivo.

inspectorate /ɪn'spektərət/, *n.* ispettorato (*in ogni senso*).

inspectorship /ɪn'spektəʃɪp/, *n.* ispettorato (*mansione e durata in carica*).

inspectress /ɪn'spektrɪs/, *n.* ispettrice.

inspirable /ɪn'spaɪərəbl/, *a.* *1* (*d'aria*) respirabile *2* ispirabile (*lett.*); che può essere ispirato *3* (*med.*) inspirabile.

inspirate /'ɪnspərət/, *n.* (*ling.*) inspirata.

inspiration /ɪnspə'reɪʃn/, *n.* *1* (*anche relig.*) ispirazione: **In his novels, Walter Scott draws his i. from history**, nei suoi romanzi, Walter Scott trae ispirazione dalla storia *2* illuminazione (*fig.*); idea brillante; ispirazione *3* influsso; stimolo; ispiratore, ispiratrice: **His wife was a constant i. to him**, sua moglie fu sempre la sua ispiratrice *4* (*fisiol.*) inspirazione; respiro *5* (*ling.*) inspirazione. ● **the i. of a rumour**, la fonte di una diceria.

inspirational /ɪnspə'reɪʃənl/, *a.* *1* che ispira; ispiratore *2* (*anche relig.*) dell'ispirazione *3* ispirato: **an i. orator**, un oratore ispirato.

inspirator /'ɪnspəreɪtə(r)/, *n.* *1* ispiratore *2* (*raro, tecn.*) respiratore.

inspiratory /ɪn'spaɪərətrɪ, *USA* -tɔːrɪ/, *a.* (*fisiol.*) inspiratorio. ● (*anat.*) **i. muscle**, (muscolo) inspiratore.

to **inspire** /ɪn'spaɪə(r)/, *v. t.* *1* (*fisiol.*) inspirare: **to i. and expire air**, inspirare ed espirare l'aria *2* ispirare; infondere; incutere; riempire (di): **God inspired the Scriptures**, Dio ispirò le Sacre Scritture; **Kindness inspires love**, la gentilezza ispira amore; **to i. sb. with hope** (*o* **to i. hope into sb.**), infondere speranza a q.; **That threat inspired us with fear**, quella minaccia ci riempì di spavento *3* indurre; stimolare: **He inspired me to do my best**, mi stimolò a fare del mio meglio *4* suggerire: **That move was inspired by the secret service**, quella mossa fu suggerita dai servizi segreti.

inspired /ɪn'spaɪəd/, *a.* *1* ispirato: **an i. poet**, un poeta ispirato *2* (*fisiol.*) inspirato. ● **an i. guess**, un'intuizione □ **an i. idea**, un'idea brillante; un'ispirazione □ **in an i. moment**, in un momento d'ispirazione.

inspirer /ɪn'spaɪərə(r)/, *n.* ispiratore, ispiratrice.

inspiring /ɪn'spaɪərɪŋ/, *a.* che ispira; ispiratore: **i. music**, musica che ispira.

to **inspirit** /ɪn'spɪrɪt/, *v. t.* *1* animare; far animo a; incoraggiare: **to i. sb. to an action [to do st.]**, incoraggiare q. a un'azione [a fare q.c.] *2* far possedere (q.) da uno spirito; indemoniare.

inspiriting /ɪn'spɪrɪtɪŋ/, *a.* che anima; incoraggiante.

to **inspissate** /ɪn'spɪseɪt/, **A** *v. t.* ispessire, inspessire; condensare. **B** *v. i.* ispessirsi; condensarsi.

inspissation /ɪnspɪ'seɪʃn/, *n.* ispessimento; condensazione.

instability /ɪnstə'bɪlətɪ/, *n.* instabilità (*anche fig.*); incostanza: **economic i.**, instabilità economica.

instable /ɪn'steɪbl/, *a.* (*raro*) instabile (*più comune* **unstable**).

to **install** /ɪn'stɔːl/, **A** *v. t.* installare, impiantare; insediare (*q. in una carica*); collocare; mettere: **to i. a fire alarm**, installare un allarme antincendio. **B** to **install oneself**, *v. rifl.* insediarsi; stabilirsi; sistemarsi: **We installed ourselves in our new home**, c'insediammo nella nostra nuova casa; **He installed himself in front of the fireplace**, si sistemò davanti al caminetto.

installation /ɪnstə'leɪʃn/, *n.* *1* l'installare; l'insediare; l'essere insediato; insediamento (*di q. in carica*) *2* (*tecn.*) installazione; messa in opera *3* impianto: **a heating i.**, un impianto di riscaldamento *4* (*pl.*) installazioni militari.

installed /ɪn'stɔːld/, *a.* installato: (*elettr.*) **i. capacity**, potenza installata. ● **i. base**, (*mil.*) base installata; (*elab.*) parco macchine.

instalment (1) /ɪn'stɔːlmənt/, (*USA*) **installment** *n.* *1* (*comm.*) rata: **to buy a car and pay for it by instalments**, comperare un'automobile e pagarla a rate *2* puntata; dispensa: **The story was published in instalments**, il racconto fu pubblicato a puntate *3* parte; quota; lotto: **the first i. of a lot of goods**, il primo lotto di una partita di merce. ● **i. buying**, acquisti a rate □ (*leg.*) **i. contract**, contratto a consegne ripartite □ **i. finance**, finanziamento con il credito rateale □ (*fin., USA*) **the i. plan**, (il sistema di) vendita a rate, a pagamenti rateali (*cfr. ingl.* **hire purchase**) □ **i. sale**, vendita rateale □ **i. selling**, vendite rateali □ (*market.*) **on the i. plan**, a rate; rateale.

instalment (2) /ɪn'stɔːlmənt/, *n.* (*tecn.*) installazione; messa in opera.

instance /'ɪnstəns/, *n.* *1* esempio; caso: **for i.**, per esempio; **in this i.**, in questo caso; **in your i.**, nel caso tuo; **Give me a definite i.**, fammi un caso concreto *2* (*anche fig.*) istanza; petizione; richiesta: **His case was reviewed at his i.**, il suo caso fu ripreso in considerazione su sua richiesta (*o* istanza) *3* (*leg.*) istanza; grado: **court of first i.**, tribunale di prima istanza; **a case of second i.**, una causa di secondo grado. ● (*leg.*) **at the i. of the parties**, su istanza di parte □ **in the first i.**, dapprima; in un primo momento; in un primo tempo; (*leg.*) in prima istanza.

to **instance** /'ɪnstəns/, **A** *v. t.* citare (*un fatto, ecc.*) a esempio; esemplificare. **B** *v. i.* fare esempi. ● **The game was exciting, as is instanced by the score**, la partita fu emozionante, come dimostra il punteggio.

instancy /'ɪnstənsɪ/, *n.* ***1*** urgenza; insistenza ***2*** imminenza.

instant (1) /'ɪnstənt/, *a.* ***1*** immediato; istantaneo; urgente: **i. relief**, sollievo immediato; (*ass.*) **i. cover**, copertura immediata; **an i. need**, un urgente bisogno ***2*** (*comm., arc.*) corrente; presente: **in reply to your letter of the 6th instant** (*abbr.* **inst.**), in risposta alla vostra lettera del 6 corrente ***3*** imminente; prossimo: **i. danger**, pericolo imminente ***4*** (*di cibo*) espresso; pronto; istantaneo: **i. coffee**, caffè istantaneo (*o* solubile).

instant (2) /'ɪnstənt/, *n.* istante; attimo; momento: **I'll do it in an i.**, lo farò in un attimo (*o* in un istante). ● **the i. (that)**, appena: **I told you the i. I knew**, te lo dissi appena lo seppi □ **the next i.**, dopo un attimo; subito dopo □ **on the i.**, immediatamente; subito □ **Come here this i.!**, vieni subito!

instantaneity /ɪnstæntə'ni:ətɪ/, *n.* istantaneità; immediatezza.

instantaneous /ɪnstən'teɪnɪəs/, *a.* istantaneo; immediato: **an i. response**, una reazione immediata. ● (*tecn.*) **i. fuse**, miccia detonante □ **an i. photo**, un'istantanea. || **-ly**, *avv.* || **-ness**, *sost.*

instanter /ɪn'stæntə(r)/, *avv.* (*leg.*) immediatamente; subito.

instantly /'ɪnstəntlɪ/, **A** *avv.* all'istante; immediatamente; subito. **B** *cong.* (non) appena: **I went i. I knew of his arrival**, andai (non) appena seppi del suo arrivo.

to **instate** /ɪn'steɪt/, *v. t.* insediare; investire (*fig.*).

instatement /ɪn'steɪtmənt/, *n.* insediamento; investitura (*fig.*).

instauration /ɪnstɔ:'reɪʃn/, *n.* (*raro*) restauro; riparazione.

instaurator /'ɪnstɔ:reɪtə(r)/, *n.* (*raro*) restauratore.

instead /ɪn'stɛd/, *avv.* ***1*** al posto (di); invece; in vece: **Since Charles was busy, Tom came i.**, siccome Charles era occupato, venne Tom in vece (sua) ***2*** invece; piuttosto: **I'll go for a swim, i.**, invece, andrò a fare una nuotata. ● **i. of**, invece di; in vece di; al posto, in luogo di: **I'll have beer i. of wine**, berrò birra invece del vino; **You should be studying i. of playing**, dovresti studiare, invece di giocare.

instep /'ɪnstɛp/, *n.* ***1*** (*anat.*) collo del piede ***2*** collo (*di calza o scarpa*) ***3*** (*zool.*) cannone; stinco di equino.

to **instigate** /'ɪnstɪgeɪt/, *v. t.* ***1*** istigare; incitare; stimolare: **to i. workers to go on strike**, incitare operai a mettersi in sciopero; (*leg.*) **to i. sb. to commit a crime**, istigare q. a commettere un reato ***2*** fomentare: **to i. a rebellion**, fomentare una rivolta.

instigation /ɪnstɪ'geɪʃn/, *n.* ***1*** istigazione; istigamento; incitamento ***2*** fomentazione. ● (*leg.*) **i. to commit a crime**, istigazione a delinquere.

instigator /'ɪnstɪgeɪtə(r)/, *n.* ***1*** istigatore; incitatore ***2*** fomentatore.

to **instil(l)** /ɪn'stɪl/, *v. t.* ***1*** instillare, istillare; infondere; inculcare: **to i. good principles into sb.'s mind**, instillare sani principi nell'animo di q. ***2*** instillare; immettere (*un liquido*) a stille (*o* a gocce).

instillation /ɪnstɪ'leɪʃn/, **instilment** /ɪn'stɪlmənt/, *n.* ***1*** l'instillare; l'infondere (*sentimenti, ecc.*) ***2*** instillazione; immissione (*di un liquido*) a stille.

instinct (1) /'ɪnstɪŋkt/, *n.* ***1*** istinto; attitudine; propensione naturale: **Dogs know how to swim by i.**, i cani sanno nuotare per istinto ***2*** istinto; impulso: **to act on i.**, agire per istinto; **an i. for doing bad things**, l'istinto del male ***3*** (*spesso pl.*) istinto; sesto senso: **to trust one's instincts**, fidarsi del proprio istinto.

instinct (2) /'ɪnstɪŋkt/, *a.* imbevuto; penetrato; pieno; pervaso.

instinctive /ɪn'stɪŋktɪv/, *a.* ***1*** istintivo: **an i. love for animals**, un amore istintivo per gli animali ***2*** fatto per istinto; impulsivo. || **-ly**, *avv.*

instinctual /ɪn'stɪŋktʃʊəl/, *a.* (*psic.*) istintuale.

institute /'ɪnstɪtju:t, *USA* -tu:t/, *n.* ***1*** istituto: **a scientific i.**, un istituto scientifico; **a banking i.**, un istituto bancario ***2*** (*pl.*) (*leg.*) istituzioni: **institutes in law**, istituzioni di diritto. ● **the Institutes of Justinian**, il Codice di Giustiniano.

to **institute** /'ɪnstɪtju:t, *USA* -tu:t/, *v. t.* ***1*** istituire; fondare; avviare: **to i. a rule**, istituire una regola; **to i. an inquiry**, istituire un'inchiesta ***2*** nominare; insediare; installare: **to i. sb. into office**, nominare q. a un ufficio; insediare q. in una carica ***3*** dare inizio a; iniziare: **to i. a thorough search**, dare inizio ad accurate ricerche ***4*** (*leg.*) dare inizio a (*un'azione legale*); incriminare; intentare: **to i. (legal) proceedings against sb.**, intentare causa a q. ● (*leg.*) **to i. an inquiry**, procedere a un'inchiesta □ (*leg.*) **to i. sb. heir**, nominare q. erede □ **to i. sb. to a benefice**, conferire a q. un beneficio (ecclesiastico).

institution /ɪnstɪ'tju:ʃn, *USA* -tu:ʃn/, *n.* ***1*** istituzione; l'istituire; norma; ordinamento; (*fam.*) cosa nota a tutti, personaggio familiare: **the i. of customs and laws**, l'istituzione di consuetudini e di leggi; **That man has become quite an i.**, quell'uomo è diventato una vera e propria istituzione ***2*** istituto (*pubblico, assistenziale, ecc.*); associazione; organizzazione: **Homes for orphan children are institutions**, gli orfanotrofi sono istituti assistenziali ***3*** (*relig.*) nomina; insediamento ***4*** (*eufem.*) casa di riposo; ricovero; riformatorio; manicomio ***5*** (*relig.*) conferimento di un beneficio.

institutional /ɪnstɪ'tju:ʃənl, *USA* -tu:-/, *a.* istituzionale. ● (*Borsa*) **i. dealers**, operatori istituzionali □ (*fin.*) **i. investors**, investitori istituzionali.

institutionalism /ɪnstɪ'tju:ʃnəlɪzəm, *USA* -tu:-/, *n.* (*econ.*) istituzionalismo.

institutionalist /ɪnstɪ'tju:ʃnəlɪst, *USA* -tu:-/, *n.* (*econ.*) istituzionalista.

to **institutionalize** /ɪnstɪ'tju:ʃnəlaɪz, *USA* -tu:-/, *v. t.* ***1*** istituzionalizzare ***2*** ricoverare (q.) in un istituto assistenziale (*V.* **institution,** *def.* 2 e 4) ***3*** condizionare (*ricoverati, prigionieri, ecc.*).

institutionally /ɪnstɪ'tju:ʃnəlɪ, *USA* -tu:-/, *avv.* istituzionalmente; per istituto.

institutive /'ɪnstɪtju:tɪv, *USA* -tu:-/, *a.* ***1*** istitutivo ***2*** (*leg.*) istituito dalla legge (*o* dalla consuetudine). ● (*leg.*) **i. instrument**, atto costitutivo.

institutor /'ɪnstɪtju:tə(r), *USA* -tu:-/, *n.* ***1*** istitutore; fondatore ***2*** (*relig.*) vescovo (*o un suo delegato*) che insedia un ecclesiastico in un beneficio.

in-store /'ɪnstɔ:(r)/, *a. attr.* interno (*in un grande magazzino*): **i. banking facilities**, sportelli bancari interni.

to **instruct** /ɪn'strʌkt/, *v. t.* ***1*** istruire; ammaestrare; insegnare a (q.): **to i. a class in Latin**, insegnare il latino a una scolaresca ***2*** dare istruzioni (*o* ordini, informazioni, ecc.) a (q.); incaricare; ordinare a (q.): **At the end of a trial, the judge instructs the jury**, alla fine di un processo, il giudice dà istruzioni alla giuria; **The captain instructed the sentry to shoot**, il capitano diede ordine alla sentinella di sparare; **Have you been instructed when to leave?**, hai ricevuto istruzioni sulla data della partenza?

instruction /ɪn'strʌkʃn/, *n.* ***1*** istruzione; ammaestramento; insegnamento ***2*** (*pl.*) istruzioni; avvertimenti; informazioni: **instructions for use**, istruzioni per l'uso ***3*** (*pl.*) istruzioni; ordini; disposizioni: **to give sb. strict instructions to do st.**, dare a q. severe istruzioni di fare q.c. ***4*** (*pl.*) (*mil.*) consegne ***5*** (*elab.*) istruzione: **i. code**, codice d'istruzione; **i. counter**, contatore delle istruzioni. ● (*org. az.*) **i. card**, foglio d'istruzioni □ **to be still under i.**, essere ancora in addestramento.

instructional /ɪn'strʌkʃənl/, *a.* istruttivo; educativo: **an i. film**, un film istruttivo; **i. television**, televisione educativa (*o* scolastica).

instructive /ɪn'strʌktɪv/, *a.* ***1*** istruttivo; educativo: **an i. book**, un libro istruttivo ***2*** informativo; che serve a dare istruzioni. || **-ly**, *avv.* || **-ness**, *sost.*

instructor /ɪn'strʌktə(r)/, *n.* ***1*** istruttore; educatore ***2*** (*USA*) esercitatore (*all'università*): **a physics i.**, un esercitatore di fisica ***3*** libro istruttivo (*che dà informazioni su un particolare argomento*). ● (*autom.*) **driving i.**, istruttore di (scuola) guida □ (*aeron.*) **flying i.**, istruttore di volo; pilota istruttore.

instructress /ɪn'strʌktrɪs/, *n.* istruttrice; educatrice.

instrument /'ɪnstrəmənt/, *n.* ***1*** strumento; apparecchio; arnese; congegno: **scientific instruments**, strumenti scientifici; (*mus.*) **stringed [wind] instruments**, strumenti a corda [a fiato] ***2*** (*fig.*) strumento; mezzo: **to be the i. of sb.'s revenge**, essere lo strumento della vendetta di q. ***3*** (*leg.*) documento formale; atto notarile (*o* pubblico); strumento: **to sign an i.**, firmare un atto notarile ***4*** (*comm.*) titolo: **a negotiable i.**, un titolo trasferibile. ● **i. board**, quadro portastrumenti; (*autom., aeron.*) cruscotto, plancia portastrumenti □ **i. designer**, (tecnico) strumentista □ (*aeron.*) **i. flying**, volo strumentale; volo cieco □ (*aeron.*) **i. landing**, atterraggio guidato □ (*leg., fin.*) **i. of credit**, titolo di credito □ **to be the i. of sb.'s death**, essere la causa (*o* essere responsabile) della morte di q. □ (*fig.*) **the i. of fate**, la mano del destino □ (*leg.*) **i. of transfer**, atto di cessione □ (*autom., aeron.*) **i. panel**, plancia portastrumenti □ (*autom., ecc.*) **i. system**, strumentazione.

to **instrument** /'ɪnstrəmənt/, *v. t.* ***1*** (*mus.*) strumentare; orchestrare ***2*** provvedere di strumenti.

instrumental /ɪnstrə'mɛntl/, *a.* ***1*** che serve (*a compiere un'azione*); che giova (*a ottenere q.c.*); utile; di valido aiuto: **to be i. in the signing of a truce**, essere di valido aiuto per la firma di una tregua ***2*** strumentale; fatto con (*o* che deriva dall'uso di) uno strumento: **i. music**, musica strumentale; **i. errors**, errori strumentali (*derivanti da calcoli basati sull'uso di strumenti*) ***3*** (*econ.*) strumentale: **i. goods**, beni strumentali ***4*** (*ling.*) strumentale: **i. case**, caso strumentale ***5*** (*stat.*) strumentale: **i. variable**, variabile strumentale.

instrumentalism /ɪnstrə'mɛntəlɪzəm/, *n.* (*filos.*) strumentalismo.

instrumentalist /ɪnstrə'mɛntəlɪst/, *n.* ***1*** (*mus.*) strumentista ***2*** (*filos.*) seguace dello strumentalismo.

instrumentality /ɪnstrəmɛn'tælətɪ/, *n.* mezzo; aiuto; intercessione; opera (*soprattutto, nell'espressione*): **by** (*o* **through**) **the i. of sb.**, per mezzo di q.; a opera di q.

instrumentation /ɪnstrəmɛn'teɪʃn/, *n.* ***1*** (*mus.*) strumentazione; orchestrazione ***2*** uso di strumenti; lavoro fatto con strumenti (scientifici o chirurgici) ***3*** (*collett.*) (gli) strumenti; strumentazione ***4*** *V.* **instrumentality**.

insubordinate /ɪnsə'bɔ:dənət/, *a.* e *n.* insubordinato; indisciplinato. || **-ly**, *avv.*

insubordination /ɪnsəbɔ:dɪ'neɪʃn/, *n.* insubordinazione; indisciplina.

insubstantial /ɪnsəb'stænʃl/, *a.* ***1*** incorporeo; irreale; immaginario ***2*** inconsistente; privo di solidità; debole ***3*** poco sostanzioso: **an i. meal**, un pasto poco sostanzioso.

insubstantiality /ɪnsəbstænʃɪ'ælətɪ/, *n.* ***1*** incorporeità; irrealtà ***2*** inconsistenza; mancanza di solidità; debolezza.

insufferable /ɪn'sʌfrəbl/, *a.* insopportabile; insoffribile; intollerabile: **i. pain**, dolore intollerabile; **an i. child**, un bambino insopportabile. || **-bly**, *avv.*

insufficience /ɪnsə'fɪʃns/, *n.* insufficienza; inadeguatezza; scarsità.

insufficiency /ɪnsə'fɪʃnsɪ/, *n.* ***1*** insufficienza; inadeguatezza; scarsità ***2*** (*pl.*) manchevolezza; difetti ***3*** (*med.*) insufficienza: **kidney i.**, insufficienza renale.

insufficient /ɪnsə'fɪʃnt/, *a.* insufficiente; inadeguato; scarso. || **-ly**, *avv.*

to **insufflate** /'ɪnsəfleɪt/, *v. t.* ***1*** insufflare (*lett.*); far penetrare dentro (*aria, gas*) soffiando ***2*** (*med.*) insufflare (*vapori, ecc.*; *specialm. nei polmoni*); inalare.

insufflation /ɪnsə'fleɪʃn/, *n.* (*med.*) insufflazione; inalazione.

insufflator /'ɪnsəfleɪtə(r)/, *n.* (*med.*) insufflatore; inalatore.

insular /'ɪnsjʊlə(r), *USA* -sə-/, *a.* ***1*** insulare; isolano: **an i. climate**, un clima insulare ***2*** (*fig. spreg.*) gretto; di corte vedute; di mente ristretta ***3*** (*biol.*) insulare.

insularism /'ɪnsjʊlərɪzəm, *USA* -sə-/, *V.* **insularity**.

insularity /ɪnsjʊ'lærətɪ, *USA* -sə-/, *n.* ***1*** insularità; posizione insulare: **the i. of the English**, l'insularità degli inglesi ***2*** (*fig. spreg.*) grettezza; cortezza di vedute; ristrettezza mentale.

insularly /'ɪnsjʊləlɪ, *USA* -sə-/, *avv.* ***1*** da isolano; in modo insulare ***2*** (*spreg.*) grettamente.

to **insulate** /'ɪnsjʊleɪt, *USA* -sə-/, *v. t.* ***1*** isolare (*in ogni senso*); separare: **to i. an electric wire**, isolare un filo elettrico; **to i. an oven**, isolare (*rivestire di materiale isolante*) un forno ***2*** (*fig.*) isolare; proteggere.

insulated /'ɪnsjʊleɪtɪd, *USA* -sə-/, *a.* isolato: (*elettr.*) **i. conductor**, conduttore isolato; (*edil.*) **i. roof space**, sottotetto isolato.

insulating /'ɪnsjʊleɪtɪŋ, *USA* -sə-/, *a.* isolante: **i. tape**, nastro isolante. ● (*edil.*) **i. board**, pannello isolante.

insulation /ɪnsjʊ'leɪʃn, *USA* -sə-/, *n.* ***1*** isolamento (*in ogni senso*): **heat i.**, isolamento termico (*di case, ecc.*); **thermal i.**, isolamento termico (*di tubi, ecc.*) ***2*** materiale isolante ***3*** (*fig.*) isolamento; protezione. ● **i. contractor**, installatore di materiale isolante □ **i. installer**, tecnico d'impianti d'isolamento □ **noise i.**, isolamento acustico.

insulator /'ɪnsjʊleɪtə(r), *USA* -sə-/, *n.* ***1*** (*elettr.*) isolatore ***2*** (*fis., tecn.*) isolante. ● (*mecc.*) **i. cap**, cappellotto isolante.

insulin /'ɪnsjʊlɪn, *USA* -sə-/, *n.* (*biochim.*) insulina. ● **i. shock**, shock insulinico.

insulinase /'ɪnsjʊlɪneɪz, *USA* -sə-/, *n.* (*biochim.*) insulinasi.

insult /'ɪnsʌlt/, *n.* insulto (*anche med.*); affronto; ingiuria; offesa; oltraggio.

to **insult** /ɪn'sʌlt/, *v. t.* insultare; ingiuriare; insolentire; oltraggiare.

insulter /ɪn'sʌltə(r)/, *n.* insultatore, insultatrice.

insulting /ɪn'sʌltɪŋ/, *a.* insultante; ingiurioso; insolente; oltraggioso.

insuperability /ɪnsuːprə'bɪlətɪ, -sj-/, *n.* insuperabilità.

insuperable /ɪn'suːprəbl, -sj-/, *a.* insuperabile; insormontabile; invalicabile: **i. difficulties**, difficoltà insormontabili; **i. mountains**, montagne invalicabili. || **-ness**, *sost.* || **-bly**, *avv.*

insupportable /ɪnsə'pɔːtəbl/, *a.* ***1*** insopportabile; intollerabile ***2*** insostenibile. || **-bly**, *avv.*

insuppressible /ɪnsə'presəbl/, *a.* insopprimibile. || **-bly**, *avv.*

insurable /ɪn'ʃʊərəbl, -'ʃɔː-, *USA* -'ʃʊə-, -'ʃɜː-/, *a.* (*ass.*) assicurabile: **i. value**, valore assicurabile.

insurance /ɪn'ʃʊərəns, -'ʃɔː-, *USA* -'ʃʊə-, -'ʃɜː-/, *n.* ***1*** (*ass.*) assicurazione: **car** (*o* **motor**) **i.**, assicurazione dell'automobile; **third-party i.**, assicurazione per la responsabilità civile (*abbr.*: R.C.); **I've taken out two insurances**: **a life i. and a fire i.**, ho fatto due assicurazioni: una sulla vita, l'altra contro l'incendio ***2*** assicurazioni: **He works in i.**, lavora nelle assicurazioni ***3*** sicurezza: **This padlock is for additional i.**, questo lucchetto è per maggiore sicurezza. ● **i. adjuster**, liquidatore (*o* perito) d'assicurazioni □ **i. agency**, agenzia d'assicurazioni □ **i. agent**, agente d'assicurazioni □ **i. claim**, denuncia dei danni □ **i. claim assessor**, perito liquidatore □ **i. company**, società d'assicurazioni □ **i. consultant**, consulente di assicurazioni □ **i. cover**, copertura assicurativa □ **i. policy**, polizza d'assicurazione □ **i. premium**, premio d'assicurazione □ **i. rates**, tariffe d'assicurazione □ **i. salesman**, produttore □ **i. stamp**, marca assicurativa; marchetta (*della mutua*) □ (*autom.*) **i. work**, lavori di carrozzeria coperti da assicurazione R.C.A. □ **accident i.**, assicurazione contro gli infortuni □ **disability i.**, assicurazione contro l'invalidità □ **marine i.**, assicurazione marittima □ **non-life i.**, rami elementari (*di assicurazione*).

insurant /ɪn'ʃʊərənt, -'ʃɔː-, *USA* -'ʃʊə-, -'ʃɜː-/, *n.* (*ass.*) assicurato, assicurata.

to **insure** /ɪn'ʃʊə(r), -'ʃɔː(r), *USA* -'ʃʊə(r), -'ʃɜː(r)/, *v. t.* ***1*** (*ass.*) assicurare: **to i. oneself** (*o* **one's life**) **for 100,000 pounds**, assicurarsi sulla vita per la somma di 100.000 sterline; **to i. oneself against a risk**, assicurarsi contro un rischio; **This company doesn't i. ships**, questa società non assicura le navi ***2*** (*specialm. USA*) assicurare; garantire; assicurarsi di: **Please, i. the accuracy of your reports**, per favore, assicurati dell'esattezza dei tuoi rapporti; **Your degree will i. you a job**, la tua laurea ti assicurerà un lavoro. ● **to i. one's life**, assicurarsi sulla vita.

insured /ɪn'ʃʊəd, -'ʃɔːd, *USA* -'ʃʊəd, -'ʃɜːd/, *a.* e *n.* (*ass.*) assicurato, assicurata: **Are you i. against theft?**, sei assicurato contro il furto? ● **i. capital**, capitale assicurato □ **i. property**, la cosa assicurata □ (*di una ditta*) **«fully i., so you can rest assured»**, «con copertura assicurativa totale, per farvi sentire al sicuro».

insurer /ɪn'ʃʊərə(r), -'ʃɔː-, *USA* -'ʃʊə-, -'ʃɜː-/, *n.* (*ass.*) assicuratore, assicuratrice.

insurgence /ɪn'sɜːdʒəns/, **insurgency** /ɪn'sɜːdʒənsɪ/, *n.* insurrezione; sollevazione; sommossa.

insurgent /ɪn'sɜːdʒənt/, **A** *a.* che insorge; ribelle; rivoltoso: **i. troops**, truppe in rivolta. **B** *n.* insorto; ribelle.

insurmountability /ɪnsəːmaʊntə'bɪlətɪ/, *n.* insormontabilità.

insurmountable /ɪnsə'maʊntəbl/, *a.* insormontabile.

insurrection /ɪnsə'rekʃn/, *n.* insurrezione; sollevazione; sommossa.

insurrectional /ɪnsə'rekʃənl/, **insurrectionary** /ɪnsə'rekʃənrɪ, *USA* -nerɪ/, *a.* insurrezionale.

insurrectionist /ɪnsə'rekʃənɪst/, *n.* insorto; ribelle.

insusceptibility /ɪnsəseptə'bɪlətɪ/, *n.* ***1*** mancanza di suscettibilità ***2*** insensibilità.

insusceptible /ɪnsə'septəbl/, *a.* ***1*** non suscettibile ***2*** insensibile; refrattario: **i. to disease**, refrattario alle malattie.

intact /ɪn'tækt/, *a.* intatto; integro; intero; immutato. || **-ness**, *sost.*

intagliated /ɪn'tæljeɪtɪd/, *a.* (*arte*) intagliato.

intaglio /ɪn'tɑːlɪəʊ, *USA* -æl-/, *n.* (*pl.* **intaglios**) (*arte*) intaglio; oggetto intagliato; gemma intagliata.

to **intaglio** /ɪn'tɑːlɪəʊ, *USA* -æl-/, *v. t.* (*arte*) intagliare.

intake /'ɪnteɪk/, *n.* ***1*** (*ind., mecc.*) presa (*d'acqua, d'aria, ecc.*): **air i.**, presa d'aria (*d'un motore, in una miniera, ecc.*) ***2*** quantità di cibo assunto; quantità di liquido assorbito; capacità di assorbimento; (*tecn.*) energia assorbita: **The sewer i. is too small**, la capacità d'assorbimento della fogna è troppo piccola ***3*** strozzatura, restringimento (*d'un tubo, d'una calza*) ***4*** (*mecc.*) aspirazione (*di una pompa, ecc.*) ***5*** (*ind. min.*) galleria di ventilazione ***6*** (*agric.*) terreno bonificato ***7*** (*econ., ind.*) assunzione; (capacità d') assorbimento (*di manodopera*) ***8*** (*mil.*) gruppo (*o* scaglione) di reclute ***9*** numero di studenti ammessi (*a una facoltà, ecc.*) ***10*** (*trasp.*) quantità di merce caricata. ● (*mecc.*) **i. manifold**, collettore d'aspirazione □ (*mecc.*) **i. stroke**, corsa d'aspirazione □ **i. well**, pozzo (*petrolifero*) di sondaggio.

intangibility /ɪntændʒə'bɪlətɪ/, *n.* ***1*** intangibilità; impalpabilità; incorporeità ***2*** (*fig.*) inafferrabilità; incomprensibilità.

intangible /ɪn'tændʒəbl/, *a.* ***1*** intangibile; impalpabile; incorporeo ***2*** (*fig.*) inafferrabile; incomprensibile: **i. concepts**, concetti inafferrabili. ● (*fin., rag.*) **i. assets**, attività immateriali (*o* invisibili); diritti immobiliari.

intarsia /ɪn'tɑːsɪə/, *n.* (*arte, grafica*) intarsio.

integer /'ɪntɪdʒə(r)/, *n.* ***1*** (*mat.*) numero intero: **4, 6, 15 are integers**, 4, 6, 15 sono numeri interi ***2*** cosa completa in sé; (un) tutto unico. ● **i. part**, parte intera (*di un numero*).

integrable /'ɪntɪgrəbl/, *a.* (*anche mat.*) integrabile.

integral /'ɪntɪgrəl/, **A** *a.* ***1*** integrante; integrale; necessario: **Technology is by now an i. part of western civilization**, la tecnologia è ormai una parte integrante della civiltà occidentale ***2*** integro; intero; completo ***3*** (*mat.*) integrale: **i. calculus**, calcolo integrale. **B** *n.* (*mat.*) integrale. || **-ly**, *avv.*

integrality /ɪntɪ'grælətɪ/, *n.* integrità; completezza.

integrand /'ɪntɪgrænd/, *n.* (*mat.*) funzione integranda.

integrant /'ɪntɪgrənt/, **A** *a.* integrante; necessario: **an i. part**, una parte integrante. **B** *n.* parte integrante.

integrate /'ɪntɪgrət/, *a.* integro; intero; completo.

to **integrate** /'ɪntɪgreɪt/, **A** *v. t.* ***1*** integrare (*anche mat., econ.*); completare ***2*** mettere insieme; unificare ***3*** (*anche mil.*) incorporare ***4*** desegregare; abolire la segregazione razziale (*o* religiosa) in (*una scuola, ecc.*). **B** to **integrate oneself**, *v. rifl.* integrarsi. ● **to i. sb. back into society**, reintegrare q. nella società.

integrated /'ɪntɪgreɪtɪd/, *a.* integrato (*in ogni senso*): (*elettron.*) **an i. circuit**, un circuito integrato. ● (*stat.*) **i. data**, dati complessivi □ **an i. school**, una scuola senza segregazione razziale □ **a badly-i. student**, uno studente che non si è integrato □ **a well-integrated person**, una persona integrata (*nel sistema, ecc.*).

integration /ɪntɪ'greɪʃn/, *n.* ***1*** (*anche mat., econ.*) integrazione: **vertical i.**, integrazione verticale ***2*** unificazione ***3*** (*anche mil.*) incorporamento ***4*** integrazione razziale (*o* religiosa).

integrationism /ɪntɪ'greɪʃənɪzəm/, *n.* integrazionismo.

integrationist /ɪntɪ'greɪʃənɪst/, **A** *n.* integrazionista. **B** *a.* integrazionista; integrazionistico.

integrative /'ɪntɪgrətɪv, *USA* -eɪt-/, *a.* (*anche ling.*) integrativo.

integrator /'ɪntɪgreɪtə(r)/, *n.* integratore.

integrity /ɪn'tegrətɪ/, *n.* ***1*** integrità; onestà ***2*** completezza; interezza: **the territorial i. of a country**, l'integrità territoriale di una nazione. ● **a man of i.**, un uomo integro.

integument /ɪn'tegjʊmənt/, *n.* (*anat., bot.*) tegumento.

integumentary /ɪntegjʊ'mentrɪ/, *a.* (*scient.*) tegumentario.

intellect /'ɪntəlekt/, *n.* intelletto; intelligenza; mente; intendimento: **He is a poet of i.**, è un poeta di grande intelletto; **He is one of the outstanding intellects of our age**, è una delle più belle menti della nostra età.

intellection /ɪntə'lekʃn/, *n.* ***1*** (*filos.*) intellezione *2* attività dell'intelletto; conoscenza *3* idea; pensiero.

intellective /ɪntəˈlɛktɪv/, *a.* intellettivo.

intellectual /ɪntəˈlɛktʃʊəl/, **A** *a.* intellettuale: **the i. faculties**, le facoltà intellettuali. **B** *n.* *1* intellettuale *2* (*spreg.*) intellettualoide. ● (*leg.*) **i. property**, opere dell'ingegno.

intellectualism /ɪntəˈlɛktʃʊəlɪzəm/, *n.* (*anche filos.*) intellettualismo.

intellectualist /ɪntəˈlɛktʃʊəlɪst/, (*anche filos.*) **A** *n.* intellettualista. **B** *a.* intellettualistico.

intellectuality /ɪntəlɛktʃʊˈælətɪ/, *n.* intellettualità.

intellectualization /ɪntəlɛktʃʊəlaɪˈzeɪʃn, *USA* -lɪˈz-/, *n.* l'intellettualizzare.

to **intellectualize** /ɪntəˈlɛktʃʊəlaɪz/, **A** *v. t.* *1* intellettualizzare; rendere intellettuale *2* razionalizzare (*un problema, ecc.*). **B** *v. i.* pensare; ragionare.

intellectually /ɪntəˈlɛktʃʊəlɪ/, *avv.* intellettualmente.

intelligence /ɪnˈtɛlɪdʒəns/, *n.* *1* intelligenza; capacità intellettuale; perspicacia; sagacia: **to show great [very little] i.**, dimostrare grande [scarsissima] intelligenza; **i. test**, test d'intelligenza *2* (*collett.*) informazioni; notizie: **to maintain i. with the enemy**, fornire informazioni al nemico *3* (= **i. service**) servizio informazioni; servizio segreto: **He is** (*o* **works**) **in i.**, lavora nel servizio segreto. ● (*polit., mil.*) **the I. Department** (*o* **I. Bureau**), il Servizio Segreto □ (*psic.*) **i. quotient** (*abbr.* **I. Q.**), quoziente d'intelligenza (*abbr.* Q.I.) □ **i. report**, rapporto del servizio segreto □ **a glance of i.**, uno sguardo d'intesa.

intelligencer /ɪnˈtɛlɪdʒənsə(r)/, *n.* (*arc.*) informatore; (*specialm.*) agente segreto, spia.

intelligent /ɪnˈtɛlɪdʒənt/, *a.* intelligente; perspicace; sagace. ● (*banca*) **i. card**, *V.* **smart card**.

intelligential /ɪntɛlɪˈdʒɛnʃl/, *a.* *1* dell'intelligenza *2* d'informazione; informativo: **i. channels**, vie (*o* mezzi, canali) d'informazione.

intelligently /ɪnˈtɛlɪdʒəntlɪ/, *avv.* intelligentemente.

intelligentsia, intelligentzia /ɪntɛlɪˈdʒɛntsɪə, -ˈgɛn-/, *n.* (*collett., di solito con l'art. def.*); intellighenzia; (la) classe colta (*d'una nazione, una città, ecc.*).

intelligibility /ɪntɛlɪdʒəˈbɪlətɪ/, *n.* intelligibilità; chiarezza.

intelligible /ɪnˈtɛlɪdʒəbl/, *a.* intelligibile (*anche filos.*); comprensibile; chiaro: **i. words**, parole intelligibili. || **-ness**, *sost.* || **-bly**, *avv.*

Intelpost /ˈɪntɛlpəʊst/, *n.* (*in G.B.*) servizio di teletrasmissione (*di lettere o documenti*) per fax via satellite.

intelsat /ˈɪntɛlsæt/, *n.* (*acronimo di* **international telecommunications satellite**) satellite per telecomunicazioni (*del Consorzio Internazionale*).

intemerate /ɪnˈtɛmərət/, *a.* (*raro*) intemerato; puro.

intemperance /ɪnˈtɛmpərəns/, *n.* *1* intemperanza; smoderatezza; sregolatezza; eccesso *2* intemperanza nel bere; alcolismo *3* rigore, inclemenza (*del tempo*).

intemperate /ɪnˈtɛmpərət/, *a.* *1* intemperante; immoderato; sfrenato; smoderato; smodato; sregolato: **i. language**, linguaggio intemperante *2* intemperante nel bere; alcolizzato *3* (*del tempo*) inclemente; rigido. || **-ly**, *avv.* || **-ness**, *sost.*

to **intend** /ɪnˈtɛnd/, *v. t.* *1* intendere; aver intenzione di (*fare q.c.*); prefiggersi; proporsi; volere: **I intended to write you**, intendevo scriverti; **We intended no harm**, non intendevamo fare del male (*o* offendere); **We i. them to work harder**, intendiamo che lavorino di più; **I i. that it shall be done today**, intendo (*o* voglio) che sia fatto oggi *2* intendere; voler dire: **What does he i. by these words?**, che cosa intende dire con queste parole? *3* designare; destinare: **Their son is intended for the bar**, il loro figliolo è destinato alla carriera forense *4* destinare; rivolgere: **His remark was intended for me**, la sua osservazione era rivolta a me *5* (*leg.*) presumere. ● **It was intended as a compliment**, voleva essere un complimento □ **The present was intended for me, but she took it for herself**, il regalo era per me, ma se l'è preso lei.

intendancy /ɪnˈtɛndənsɪ/, *n.* intendenza; sovrintendenza.

intendant /ɪnˈtɛndənt/, *n.* intendente; sovrintendente.

intended /ɪnˈtɛndɪd/, **A** *a.* *1* intenzionale; deliberato; premeditato: **Was this i.?**, è stata una cosa intenzionale? *2* designato; futuro: **his i. wife**, la sua futura sposa *3* inteso, tendente, volto a (*conseguire uno scopo*). **B** *n.* (*arc. o scherz.*) fidanzato, fidanzata.

intendment /ɪnˈtɛndmənt/, *n.* *1* (*leg.*) presunzione legale; spirito della legge *2* (*arc.*) intendimento; intenzione.

intense /ɪnˈtɛns/, *a.* *1* intenso; fortissimo; veemente; vivissimo: **i. cold**, freddo intenso; **i. light**, luce intensa *2* (*di sentimento, ecc.*) fervente; profondo; vivo: **i. thought**, fervente pensiero *3* animato; veemente: **an i. discussion**, una discussione animata *4* (*di persona*) che si lascia coinvolgere (*o* prendere); emotivo; sensibile; ipersensibile: **an i. man**, un uomo di forti sentimenti; **an i. young girl**, una fanciulla emotiva. || **-ly**, *avv.* || **-ness**, *sost.*

intensification /ɪntɛnsɪfɪˈkeɪʃn/, *n.* *1* intensificazione *2* (*fotogr.*) rinforzo.

intensifier /ɪnˈtɛnsɪfaɪə(r)/, *n.* *1* (*grafica*) intensificatore *2* (*ind. petrolifera*) additivo *3* (*ling.*) elemento rafforzativo.

to **intensify** /ɪnˈtɛnsɪfaɪ/, **A** *v. t.* *1* intensificare; rendere più intenso *2* (*fotogr.*) rinforzare. **B** *v. i.* farsi (più) intenso; intensificarsi.

intension /ɪnˈtɛnʃn/, *n.* (*raro*) *1* intensità; forza; veemenza *2* determinazione; sforzo, tensione (*della mente, della volontà*).

intensity /ɪnˈtɛnsətɪ/, *n.* *1* intensità (*anche fis., fotogr., ecc.*); forza; veemenza *2* fervore, profondità (*di sentimenti*) *3* aria di concentrazione; serietà (*del volto, ecc.*).

intensive /ɪnˈtɛnsɪv/, **A** *a.* *1* intensivo: **i. agriculture**, agricoltura intensiva *2* intenso: **i. study**, studio intenso *3* (*ling.*) intensivo: **«Oneself» is often used as an i. word**, «oneself» è spesso usato come parola intensiva. **B** *n.* (*ling.*) elemento intensivo. ● (*med.*) **i. care**, terapia intensiva □ (*med.*) **i. care room**, camera di rianimazione □ (*med.*) **i. care unit**, centro di rianimazione. || **-ly**, *avv.*

intent (1) /ɪnˈtɛnt/, *n.* *1* intenzione; (*anche leg.*) intento; scopo; proposito deliberato: **The gunman assaulted me with the i. to kill**, il pistolero mi aggredì con l'intento di uccidere; **hostile i.**, intenzioni ostili; **with malicious i.**, con cattive intenzioni *2* (*leg., anche*) dolo: **specific i.**, dolo specifico *3* (*fin.*) intenti: **letter of i.**, lettera d'intenti; protocollo d'intesa. ● **to all intents and purposes**, a tutti gli effetti; effettivamente; sotto ogni aspetto.

intent (2) /ɪnˈtɛnt/, *a.* *1* intento; assorto; dedito: **I was i. on my studies**, ero tutto intento ai miei studi *2* deciso; risoluto: **i. on doing one's best**, risoluto a fare del proprio meglio; **He was i. on going away**, era deciso ad andarsene *3* intenso: **an i. look**, uno sguardo intenso.

intention /ɪnˈtɛnʃn/, *n.* *1* intenzione; proposito; proponimento; fine; scopo: **What is your i.?**, qual è la tua intenzione?; **If I've offended you, it was quite without i.**, se ti ho offeso, non ne avevo proprio l'intenzione *2* (*filos.*) intenzione *3* (*pl.*) intenzioni: **What are your intentions?**, che intenzioni hai?; la sposi o non la sposi?; (*raro o scherz.*) **I have honourable intentions**, le mie intenzioni sono oneste *4* (*med.*) intenzione; modalità di guarigione *5* (*relig.*) intenzione. ● (*med.*) **first [second] i.**, prima [seconda] intenzione (*d'una ferita che cicatrizza*) □ (*fin.*) **letter of i.**, lettera d'intenti (*di un governo: per ottenere finanziamenti internazionali*) □ (*relig.*) **particular i.**, intenzione particolare (*per cui si celebra una messa*) □ **without i.**, senza intenzione; involontariamente.

intentional /ɪnˈtɛnʃənl/, *a.* intenzionale; deliberato; premeditato: (*leg.*) **i. damage**, danno intenzionale; **i. wrong**, illecito intenzionale. ● (*fam.*) **It wasn't i.**, non l'ho fatto (*o* detto, ecc.) apposta.

intentionality /ɪntɛnʃəˈnælətɪ/, *n.* intenzionalità.

intentionally /ɪnˈtɛnʃnəlɪ/, *avv.* intenzionalmente; di proposito.

intentioned /ɪnˈtɛnʃnd/, *a.* intenzionato (*nei composti*): **ill-i.**, malintenzionato; **well-i.**, benintenzionato.

intently /ɪnˈtɛntlɪ/, *avv.* *1* intentamente *2* intensamente.

intentness /ɪnˈtɛntnəs/, *n.* grande attenzione; dedizione; impegno.

to **inter** /ɪnˈtɜː(r)/, *v. t.* sotterrare; seppellire; inumare.

interact /ˈɪntərækt/, *n.* (*teatr.*) intermezzo; interludio.

to **interact** /ɪntərˈækt/, *v. i.* agire reciprocamente; interagire.

interaction /ɪntərˈækʃn/, *n.* azione reciproca; interazione.

interactive /ɪntərˈæktɪv/, *a.* interagente; interattivo: **an i. relationship**, un rapporto interattivo; **i. videogames**, videogiochi interattivi.

interbank /ˈɪntəbæŋk/, *a.* (*fin.*) interbancario: **i. deposits**, depositi interbancari.

interbedded /ɪntəˈbɛdɪd/, *a.* (*geol.*) interstratificato.

to **interblend** /ɪntəˈblɛnd/ **A** *v. t.* mescolare insieme; miscelare. **B** *v. i.* mescolarsi.

interblock /ˈɪntəblɒk/, *n.* (*elab.*) blocco interferenze.

to **interbreed** /ɪntəˈbriːd/ (*pass.* e *p. p.* **interbred**), **A** *v. t.* ibridare, incrociare (*animali e piante*). **B** *v. i.* *1* allevare ibridi; fare incroci *2* (*di animali, piante*) incrociarsi; generare ibridi *3* (*demogr.*) unirsi fra consanguinei (*o* all'interno di una popolazione chiusa).

interbreeding /ɪntəˈbriːdɪŋ/, *n.* ibridazione.

intercalary /ɪnˈtɜːkəlrɪ, ɪntəˈkæl-, *USA* -əlɛrɪ/, *a.* *1* intercalare: **i. day**, giorno intercalare *2* (*d'anno*) bisestile *3* intercalato; interpolato; frapposto *4* (*bot.*) intercalare.

to **intercalate** /ɪnˈtɜːkəleɪt/, *v. t.* *1* intercalare; interporre; frapporre *2* interpolare; inserire.

intercalated /ɪnˈtɜːkəleɪtɪd/, *a.* *1* (*anche anat.*) intercalato *2* *V.* **intercalary,** *def. 1.*

intercalation /ɪntɜːkəˈleɪʃn/, *n.* *1* intercalazione *2* interpolazione.

to **intercede** /ɪntəˈsiːd/, *v. i.* intercedere; farsi mediatore (*per q.*): **to i. with sb. for** (*o* **on behalf of**) **a friend**, intercedere presso q. per (*o* in favore di) un amico.

interceder /ɪntəˈsiːdə(r)/, *n.* intercessore.

intercellular /ɪntəˈsɛljʊlə(r)/, *a.* (*biol.*) intercellulare.

intercept /ˈɪntəsɛpt/, *n.* *1* intercettamento *2* messaggio intercettato *3* (*mat.*) intercetta; ordinata all'origine *4* (*sport, USA*) intercettamento.

to **intercept** /ɪntəˈsɛpt/, *v. t.* *1* (*anche geom.*) intercettare: **to i. a message [the light]**, intercettare un messaggio [la luce]; **Our ships intercepted the enemy's convoy**, le nostre navi intercettarono il convoglio nemico *2* arrestare; fermare; impedire: **The police intercepted the escape of the thief**, la polizia impedì la fuga del ladro *3* (*sport*) intercettare.

intercepter /ɪntəˈsɛptə(r)/, *V.* **interceptor**.

interception /ɪntəˈsɛpʃn/, *n.* *1* (*anche sport*) intercettamento; intercettazione *2* (*mat.*) intercezione.

interceptive /ɪntəˈsɛptɪv/, *a.* che intercetta; intercettatore.

interceptor /ɪntəˈsɛptə(r)/, *n.* *1* chi intercetta; intercettatore *2* (*aeron.*) (caccia) intercettore.

intercession /ɪntəˈsɛʃn/, *n.* intercessione.

intercessional /ɪntəˈsɛʃnəl/, *a.* d'intercessione.

intercessor /ɪntəˈsɛsə(r), ˈɪntəsɛ-/, *n.* intercessore.

intercessorial /ɪntəsəˈsɔːrɪəl/, **intercessory** /ɪntəˈsɛsərɪ/, *a.* che intercede; intercedente.

interchange /ˈɪntətʃeɪndʒ/, *n.* ***1*** scambio; interscambio: **an i. of ideas**, un interscambio d'idee ***2*** alternazione; avvicendamento ***3*** (*autom.*) interscambio; svincolo (*d'autostrada*); intersezione. ● (*econ., fin.*) **the i. of currency between nations**, lo scambio di valuta fra nazioni □ **i. station**, stazione di collegamento (*fra treno e pullman, ecc.*) □ (*in G.B.*) **motorway i.**, entrata in (*o* uscita da) un'autostrada; rampe d'accesso.

to **interchange** /ɪntəˈtʃeɪndʒ/, **A** *v. t.* ***1*** scambiare, scambiarsi: **to i. presents [opinions]**, scambiarsi doni [opinioni] ***2*** alternare; avvicendare: **They i. study with play**, essi alternano lo studio con lo svago. **B** *v. i.* ***1*** scambiarsi ***2*** alternarsi; avvicendarsi ***3*** fare uno scambio.

interchangeability /ɪntətʃeɪndʒəˈbɪlətɪ/, *n.* (*specialm. mecc.*) intercambiabilità (*di pezzi di macchine*).

interchangeable /ɪntəˈtʃeɪndʒəbl/, *a.* ***1*** (*specialm. mecc.*) intercambiabile ***2*** (*econ.*) che può essere oggetto di scambio. ‖ **-bly**, *avv.*

inter(-)city /ɪntəˈsɪtɪ/, **A** *a.* interurbano: **i. bus**, autobus interurbano. **B** *n.* (*ferr.*) (treno) intercity. ● (*ferr.*) **I. 125**, veloce servizio diesel da Londra a Bristol e al Galles (*con rapidi HST*: *V.* **High Speed Train,** *sotto* **high**).

interclass /ˈɪntəklɑːs, *USA* -æs/, *a.* (*polit., ecc.*) interclassista; interclassistico. ● **i. movement**, interclassismo.

inter(-)club /ˈɪntəklʌb/, *a.* (*sport*) fra varie società: **an i. tournament**, un torneo fra società diverse.

intercollegiate /ɪntəkəˈliːdʒət/, *a.* che si svolge fra college; interuniversitario; universitario: (*sport*) **i. games**, giochi universitari.

intercolumn /ɪntəˈkɒləm/, *n.* (*archit.*) intercolunnio.

intercolumnar /ɪntəkəˈlʌmnə(r)/, *a.* (*archit.*) intercolonnare; che è fra due colonne.

intercolumniation /ɪntəkəlʌmnɪˈeɪʃn/, *n.* (*archit.*) intercolunnio.

intercom /ˈɪntəkɒm/, *n.* (*fam.*) ***1*** citofono ***2*** interfono, interfonico. ● **i. system**, impianto interfonico, citofono □ **i. video entry**, videocitofono.

intercommunicability /ɪntəkəmjuːnɪkəˈbɪlətɪ/, *n.* intercomunicabilità.

intercommunicable /ɪntəkəˈmjuːnɪkəbl/, *a.* intercomunicabile.

to **intercommunicate** /ɪntəkəˈmjuːnɪkeɪt/, *v. i.* ***1*** (*di stanze, ecc.*) essere intercomunicanti ***2*** comunicare, avere rapporti (*con q.*).

intercommunication /ɪntəkəmjuːnɪˈkeɪʃn/, *n.* ***1*** (*di stanza, ecc.*) l'esser comunicante (*con un'altra*); comunicazione diretta ***2*** (*scient., tecn.*) intercomunicazione.

intercommunion /ɪntəkəˈmjuːnɪən/, *n.* ***1*** intima unione; rapporti stretti ***2*** (*relig.*) comunione ecumenica.

intercommunity /ɪntəkəˈmjuːnətɪ/, **A** *n.* ***1*** l'essere comune; appartenenza contemporanea ***2*** comunanza; comunione. **B** *a.* fra due (*o* più) comunità.

intercompany /ɪntəˈkʌmpənɪ/, *a.* (*econ.*) interaziendale.

to **interconnect** /ɪntəkəˈnɛkt/, **A** *v. t.* collegare; connettere. **B** *v. i.* collegarsi.

interconnection /ɪntəkəˈnɛkʃn/, *n.* (*anche elettr.*) interconnessione.

intercontinental /ɪntəkɒntɪˈnɛntl/, *a.* intercontinentale: **i. war**, guerra intercontinentale; **i. missile**, missile intercontinentale.

intercooler /ɪntəˈkuːlə(r)/, *n.* (*autom., mecc.*) intercooler.

intercorporate /ɪntəˈkɔːpərət/, *a.* (*econ.*) interaziendale.

intercostal /ɪntəˈkɒstl/, *a.* (*anat.*) intercostale.

inter(-)county /ɪntəˈkaʊntɪ/, *a.* fra varie contee: (*sport*) **an i. match**, una partita (*o* un incontro) fra contee.

intercourse /ˈɪntəkɔːs/, *n.* ***1*** rapporti; relazioni; contatti: **social i.**, rapporti sociali; **commercial** (*o* **trade**) **i.**, rapporti commerciali ***2*** (*relig.*) comunione (*con Dio*) ***3*** (*spesso* **sexual i.**) rapporti sessuali.

intercropping /ɪntəˈkrɒpɪŋ/, *n.* (*agric.*) coltivazione intercalare.

intercross /ˈɪntəkrɒs, *USA* -ɔːs/, *n.* (*zool., bot.*) ***1*** ibridazione; incrocio ***2*** ibrido.

to **intercross** /ɪntəˈkrɒs, *USA* -ɔːs/, *v. t.* e *i.* incrociare, incrociarsi.

intercurrence /ɪntəˈkʌrəns, *USA* -ɜːr-/, *n.* (*anche med.*) l'intercorrere; intercorrenza.

intercurrent /ɪntəˈkʌrənt, *USA* -ɜːr-/, *a.* (*anche med.*) intercorrente: **an i. disease**, una malattia intercorrente.

interdenominational /ɪntədɪnɒmɪˈneɪʃənl/, *a.* (*relig.*) interconfessionale.

interdental /ɪntəˈdɛntl/, *a.* (*anat., fon.*) interdentale.

interdepartmental /ɪntədiːpɑːtˈmɛntl, -dɪ-/, *a.* ***1*** interministeriale: **i. order**, decreto interministeriale ***2*** interdipartimentale (*all'università*).

to **interdepend** /ɪntədɪˈpɛnd/, *v. i.* essere interdipendente; dipendere l'uno dall'altro.

interdependence /ɪntədɪˈpɛndəns/, **interdependency** /ɪntədɪˈpɛndənsɪ/, *n.* interdipendenza.

interdependent /ɪntədɪˈpɛndənt/, *a.* interdipendente.

interdict /ˈɪntədɪkt/, *n.* ***1*** interdizione (*anche leg.*); proibizione; divieto ***2*** (*leg., relig.*) interdetto.

to **interdict** /ɪntəˈdɪkt/, *v. t.* ***1*** interdire; proibire; vietare: **I i. you from speaking**, ti proibisco di parlare; (*relig.*) **to i. a parish [a parson]**, interdire una parrocchia [un parroco] ***2*** (*mil.*) interdire.

interdiction /ɪntəˈdɪkʃn/, *n.* interdizione; proibizione; divieto. ● (*mil.*) **i. fire**, fuoco d'interdizione.

interdictive /ɪntəˈdɪktɪv/, **interdictory** /ɪntəˈdɪktərɪ, -trɪ/, *a.* interdittorio; che interdice. ● (*leg.*) **i. decree**, decreto interdittorio (*o* d'interdizione).

interdigital /ɪntəˈdɪdʒɪtl/, *a.* (*anat.*) interdigitale.

interdisciplinary /ɪntəˈdɪsəplɪnrɪ, -ˈplɪnərɪ, *USA* -ˈdɪsəplənerɪ/, *a.* interdisciplinare.

interest /ˈɪntrəst, *USA* -tərest/, *n.* ***1*** interesse; vantaggio; profitto; importanza; rilevanza: **He takes no i. in the game**, non prende interesse al gioco; **to arouse sb.'s i.**, suscitare l'interesse di q.; **to lose i. in st.**, perdere interesse per q.c.; **I did it in your own i.**, l'ho fatto nel tuo interesse; **to look after one's own interests**, badare ai propri interessi; **It's a question of great scientific i.**, è una questione di grande importanza scientifica ***2*** interessamento: **John obtain a government position through i. with a minister**, John ottenne un impiego governativo per l'interessamento di un ministro ***3*** (*senza pl.*) (*fin.*) interesse, interessi: **I. accrues from January 1st**, gli interessi decorrono dal 1° gennaio; **compound i.**, interesse composto; **simple i.**, interesse semplice; (*banca*) **i. and commission**, interessi e commissioni; **to lend money at 9 per cent i.**, prestare denaro all'interesse del 9 per cento ***4*** (*fin.*) interessenza; partecipazione (azionaria); pacchetto azionario: **controlling i.**, partecipazione di maggioranza; **I sold my i. in the company**, ho venduto il mio pacchetto azionario ***5*** (*leg.*) interesse (giuridico); diritto; bene (*la «common law» ignora la distinzione ital. tra diritto soggettivo e interesse legittimo*). ● **i. account**, conto interessi □ **i. accrued**, (rateo di) interessi maturati □ **i. accruing from a certain date**, interesse decorrente da una certa data □ (*banca*) **i. allowed**, interesse passivo □ (*banca*) **i. arbitrage**, arbitraggio di interessi □ **i. balance**, saldo degli interessi □ (*fin.*) **i.-bearing**, fruttifero □ (*banca*) **i.-bearing deposit**, deposito fruttifero □ (*banca*) **i. charged** (*o* **earned**), interesse attivo □ (*leg.*) **i. for years**, diritto immobiliare limitato a un certo numero d'anni (*V.* **lease**) □ **i. free**, senza interessi: **an i.-free loan**, un prestito (*o* mutuo) a interesse zero □ (*econ., fin.*) **i. group**, gruppo d'interesse □ (*banca*) **i. paid**, interesse passivo □ **i. rate**, tasso d'interesse □ (*banca*) **«i. to run from October 1st»**, «valuta 1° ottobre» □ (*fin.*) **i. swap**, riporto in interesse □ **i. tables**, tavole finanziarie; prontuario degli interessi □ (*banca*) **i. warrant**, mandato di pagamento di interessi □ (*econ.*) **the business interests**, le aziende commerciali; i commercianti □ (*specialm. polit.*) **to declare an** (*o* **one's**) **i.**, dichiarare (*o* ammettere) di avere un interesse finanziario (*o* un'interessenza) in un affare (*o* in un'azienda) □ (*fin.*) **to have an i. in a business**, essere cointeressato in un'azienda □ **to have an i. in politics**, interessarsi di politica □ (*econ.*) **the landed interests**, gli agrari; i proprietari terrieri □ (*fin.*) **non-i.-bearing**, infruttifero: **non-i.-bearing government notes**, buoni del tesoro infruttiferi □ (*fin.*) **participating interests**, partecipazioni azionarie □ (*econ.*) **the steel interests**, gli industriali dell'acciaio □ **to take no further i. in st.**, disinteressarsi di q.c. □ (*fig.*) **with i.**, con gli interessi: **He returned my insults with i.**, mi restituì gli insulti con gli interessi □ **That's of no i. to me**, non m'interessa per niente!

to **interest** /ˈɪntrəst, *USA* -tərest/, **A** *v. t.* interessare; fare partecipe (q.) d'un interesse; destare interesse in (q.): **That doesn't i. me**, questo non mi interessa; **Can I i. you in joining our club?**, posso interessarti in favore dell'adesione al nostro circolo?; **I want to i. him in the plan**, voglio interessarlo al progetto. **B** to **interest oneself in st.**, *v. rifl.* interessarsi di (*o* a) q.c.

interested /ˈɪntrəstɪd, *USA* -tərεs-/, *a.* ***1*** interessato; egoistico; avido: **an i. offer**, un'offerta interessata; **i. motives**, motivi egoistici ***2*** (*fin.*) interessato; cointeressato. ● **to be i. in**, essere interessato a (*un'offerta, ecc.*); interessarsi di: **He is i. in sport**, s'interessa di sport □ (*leg.*) **the i. parties**, le parti interessate; gli interessati; le parti in causa.

interestedly /ˈɪntrəstɪdlɪ, *USA* -tərεs-/, *avv.* interessatamente; per interesse.

interesting /ˈɪntrəstɪŋ, *USA* -tərεs-/, *a.* interessante: **an i. film**, un film interessante; **an i. woman**, una donna interessante. ● (*fam. arc.*: *di donna*) **in an i. condition**, in stato interessante; incinta.

interestingly /ˈɪntrəstɪŋlɪ, *USA* -tərεs-/, *avv.* in modo interessante. ● **i. enough**, strano a dirsi; stranamente.

interface /ˈɪntəfeɪs/, *n.* ***1*** (*scient., tecn.*) interfaccia ***2*** (*fig.*) punto d'intersezione (*o* d'incontro); **the i. between man and the computer**, il punto d'incontro fra l'uomo e il computer.

to **interface** /ˈɪntəfeɪs/, **A** *v. t.* ***1*** (*scient., tecn.*) interfacciare, interfacciarsi ***2*** fare da punto d'incontro (o da collegamento) per (q.c.). **B** *v. i.* ***1*** costituire un'interfaccia ***2*** (*fig.*) essere collegato; interagire: **Man and machine must i.**, l'uomo e la macchina devono interagire.

interfacial /ɪntəˈfeɪʃl/, *a.* (*scient., tecn.*) interfacciale.

interfacing /ˈɪntəfeɪsɪŋ/, *n.* (*scient., tecn.*) interfacciamento.

to **interfere** /ɪntəˈfɪə(r)/, *v. i.* ***1*** interferire; ingerirsi; inframmettersi; immischiarsi; impicciarsi; intromettersi: **Don't i.!**, non intrometterti!; **Don't i. in other people's affairs**, non ingerirti nelle faccende altrui!; **You mustn't let pleasure i. with business**, non devi permettere che gli svaghi interferiscano con il tuo lavoro *2* interloquire; interporsi; partecipare: **I didn't i. in the debate**, non interloquii nella discussione *3* (*sport*) effettuare un intervento (*anche illecito*) *4* (*elettr., fis.*) interferire. ● **to i. with**, impedire, ostacolare; manomettere, buttare all'aria (*cose d'altri*); (*eufem.*) infastidire, dar fastidio a (*una ragazza, ecc.*): **The harvest was interfered with by the rain**, il raccolto fu ostacolato dalla pioggia.

interference /ɪntə'fɪərəns/, *n.* *1* interferenza; ingerenza; conflitto di competenze; intrammettenza; intromissione: **political interferences**, interferenze politiche *2* impedimento; ostacolo *3* (*sport*) intervento (*specialm.* falloso) *4* (*elettr., fis.*) interferenza.

interferential /ɪntəfə'renʃl/, *a.* (*elettr., fis.*) interferenziale.

interferer /ɪntə'fɪərə(r)/, *n.* chi interferisce; chi s'intromette.

interfering /ɪntə'fɪərɪŋ/, *a.* inframmettente; che s'ingerisce.

interferometer /ɪntəfə'rɒmɪtə(r)/, *n.* (*fis.*) interferometro.

interferometry /ɪntəfə'rɒmətrɪ/, *n.* (*fis.*) interferometria.

interferon /ɪntə'fɪərɒn/, *n.* (*med.*) interferon(e).

inter-firm /'ɪntəfɜ:m/, *a.* (*econ.*) interaziendale.

interflow /'ɪntəfləʊ/, *n.* (*scient.*) interflusso.

interfluent /ɪn'tɜ:fluənt/, *a.* confluente. ● **The two rivers are i.**, i due fiumi confluiscono.

to **interfuse** /ɪntə'fju:z/, **A** *v. t.* *1* fondere; mescolare; mischiare *2* infondere; far passare (*una cosa dentro un'altra*) *3* permeare. **B** *v. i.* fondersi; mescolarsi; mischiarsi.

interfusion /ɪntə'fju:ʒn/, *n.* fusione (*di forze, ecc.*); mescolanza (*di popoli, ecc.*).

intergalactic /ɪntəgə'læktɪk/, *a.* (*astron.*) intergalattico.

interglacial /ɪntə'gleɪʃl/, (*geol.*) **A** *a.* interglaciale. **B** *n.* periodo interglaciale.

intergovernmental /ɪntəgʌvn'mentl/, *a.* (*polit.*) intergovernativo.

intergradation /ɪntəgrə'deɪʃn/, *n.* passaggio graduale.

intergrade /'ɪntəgreɪd/, *n.* fase intermedia; stadio intermedio.

to **intergrade** /ɪntə'greɪd/, *v. i.* trasformarsi (*o* passare) per gradi.

interim /'ɪntərɪm/ (*lat.*), **A** *avv.* (*raro*) frattanto; nel frattempo. **B** *n.* *1* interim; intervallo (*di tempo*) *2* (*polit.*) interim; interinato. **C** *a.* *1* provvisorio; temporaneo: (*fin.*) **i. dividend**, dividendo provvisorio (*in acconto*); (*leg.*) **i. receiver**, curatore fallimentare provvisorio (*in G.B.*); **i. report**, rapporto provvisorio *2* (*leg.*) interlocutorio: **i. award**, lodo interlocutorio; (*anche*) provvisionale; **i. judgment**, sentenza interlocutoria. ● **in the i.**, nel frattempo.

interindividual /ɪntərɪndɪ'vɪdʒʊəl/, *a.* interpersonale: **i. relations**, rapporti interpersonali.

inter-industry /ɪntər'ɪndəstrɪ/, **interindustrial** /ɪntərɪn'dʌstrɪəl/, *a.* (*econ.*) interindustriale.

interior /ɪn'tɪərɪə(r)/, **A** *a.* *1* interiore; interno; dell'interno; dell'entroterra: (*geom.*) **i. angle**, angolo interno; **an i. town**, una città dell'entroterra *2* interno; domestico; nazionale *3* interiore; intimo. **B** *n.* *1* interno; parte (*o* regione) interna; entroterra: **the i. of a country**, l'entroterra d'un paese *2* (*cinem., teatr.*) interno *3* (*pl.*) arredamenti: **Interiors to the Lloyd's building were supplied by an Italian firm**, gli arredamenti della sede dei Lloyd sono stati forniti da una ditta italiana. ● **i. decoration**, arredamento (*di case, ecc.*) □ **i. decorator**, arredatore d'interni; (*anche*) pittore, imbianchino □ **i. paint**, vernice per interni □ (*USA*) **Department of the I.**, Ministero dell'Ambiente e delle Risorse Naturali □ **i. designer**, arredatore d'interni.

interiority /ɪntɪərɪ'ɒrətɪ/, *USA* -ɪ'ɔ:-/, *n.* interiorità.

interiorization /ɪntɪərɪəraɪ'zeɪʃn/, *USA* -rɪ'z-/, *n.* interiorizzazione: **i. of social values**, interiorizzazione di valori sociali.

to **interiorize** /ɪn'tɪərɪəraɪz/, *v. t.* (*psic.*) interiorizzare.

interjacent /ɪntə'dʒeɪsnt/, *a.* infragiacente (*raro*); intermedio.

to **interject** /ɪntə'dʒekt/, *v. t.* intercalare; interloquire; esclamare; dire improvvisamente. ● **to i. a question** [**a remark**], fare improvvisamente una domanda [un'osservazione; *interrompendo chi parla*].

interjection /ɪntə'dʒekʃn/, *n.* *1* (*gramm.*) interiezione; esclamazione *2* (*arc.*) intromissione.

interjectional /ɪntə'dʒekʃənl/, **interjectionary** /ɪntə'dʒekʃənrɪ/, *USA* -nerɪ/, *a.* (*gramm.*) interiettivo.

to **interknit** /ɪntə'nɪt/, *v. t.* allacciare; intrecciare.

to **interlace** /ɪntə'leɪs/, **A** *v. t.* *1* allacciare; avviluppare; intrecciare: **to i. one's fingers**, intrecciare le dita *2* mischiare; incrociare: **prose interlaced with verse**, prosa con versi frammisti *3* (*elab.*) interallacciare. **B** *v. i.* allacciarsi; avvilupparsi; intrecciarsi. ● (*archit.*) **interlaced arches**, archi incrociati □ **interlacing boughs**, rami che s'intrecciano.

interlacement /ɪntə'leɪsmənt/, *n.* allacciamento; intreccio (*di fibre tessili, ecc.*); incrocio; viluppo (*anche fig.*).

to **interlard** /ɪntə'lɑ:d/, *v. t.* lardellare, infarcire, infiorare (*fig.*): **The professor interlarded his lecture with Latin words**, il professore infarcì di parole latine la sua conferenza.

interlarding /ɪntə'lɑ:dɪŋ/, *n.* lardellatura (*anche fig.*).

interleaf /'ɪntəli:f/, *n.* (*pl.* **interleaves**) interfoglio, interfolio (*anche elab.*).

to **interleave** /ɪntə'li:v/, *v. t.* interfogliare, interfoliare; inserire qua e là: **an album interleaved with sheets of tissue paper**, un album con interposti fogli di carta velina.

interleaving /ɪntə'li:vɪŋ/, *n.* interfogliatura, interfoliatura.

to **interline** /ɪntə'laɪn/, *v. t.* *1* interlineare; scrivere (*o* stampare) fra le righe di: **a textbook interlined with translations in pencil**, un libro di testo con la traduzione scritta a matita fra le righe *2* fare da controfodera a *3* mettere una controfodera a (*un abito*).

interlinear /ɪntə'lɪnɪə(r)/, *a.* interlineare: **i. translation**, traduzione interlineare.

interlineation /ɪntəlɪnɪ'eɪʃn/, *n.* *1* interlineazione (*raro*); interlineatura *2* interlinea; parole inserite (*fra le righe di un testo*).

interlinguistic /ɪntəlɪŋ'gwɪstɪk/, *a.* (*ling.*) interlinguistico.

interlining /'ɪntəlaɪnɪŋ/, *n.* *1* controfodera *2* stoffa per controfodere.

to **interlink** /ɪntə'lɪŋk/, *v. t.* unire; concatenare; collegare.

interlock /'ɪntəlɒk/, *n.* *1* (*mecc.*) dispositivo di blocco *2* (*cinem.*) (dispositivo di) sincronizzazione.

to **interlock** /ɪntə'lɒk/, **A** *v. t.* *1* collegare; connettere; concatenare *2* (*tecn.*) asservire; rendere interdipendenti (*segnali ferroviari, ecc.*) *3* (*elettr.*) interbloccare. **B** *v. i.* *1* unirsi; essere collegato (*o* connesso, concatenato) *2* (*tecn.*) essere interdipendente (*o* asservito).

interlock fabric /'ɪntəlɒk'fæbrɪk/, *locuz. n.* stoffa a trama fitta.

interlocking /ɪntə'lɒkɪŋ/, **A** *a.* *1* che collega, connette *2* che è collegato *3* (*tecn.*) interdipendente; asservito: (*ferr.*) **i. signals**, segnali interdipendenti. **B** *n.* (*tecn.*) asservimento; collegamento interdipendente. ● (*fin.*) **i. stock ownership**, partecipazione azionaria incrociata.

interlocution /ɪntələʊ'kju:ʃn/, *n.* colloquio; dialogo.

interlocutor /ɪntə'lɒkjʊtə(r)/, *n.* interlocutore.

interlocutory /ɪntə'lɒkjʊtrɪ/, *USA* -tɔ:rɪ/, *a.* *1* (*anche leg.*) interlocutorio: **an i. judgement**, una sentenza interlocutoria *2* dialogico; in forma di dialogo. ● (*leg.*) **i. question**, pregiudiziale.

interlocutress /ɪntə'lɒkjʊtrɪs/, **interlocutrix** /ɪntə'lɒkjʊtrɪks/, *n.* (*pl.* **interlocutrices**) interlocutrice.

to **interlope** /ɪntə'ləʊp/, *v. i.* inframmettersi, ingerirsi, interferire, intrufolarsi (*specialm. per trarne profitto per sé*).

interloper /'ɪntələʊpə(r)/, *n.* *1* persona che s'intrufola; intruso *2* (*stor.*) mercante dedito a traffici illeciti; contrabbandiere.

interlude /'ɪntəlu:d/, *n.* *1* (*mus.*) interludio; intermezzo *2* intervallo; (*fig.*) parentesi: **an i. of comparative quiet**, una parentesi di relativa tranquillità *3* (*elab.*) routine d'intermezzo *4* (*letter. ingl.*) «interlude»; intermezzo teatrale.

intermarriage /ɪntə'mærɪdʒ/, *n.* *1* matrimonio fra membri di famiglie (*o* caste, razze, tribù) diverse *2* matrimonio fra consanguinei.

to **intermarry** /ɪntə'mærɪ/, *v. i.* *1* (*di famiglie, tribù, ecc.*) imparentarsi (*per mezzo di matrimoni*) *2* sposarsi fra consanguinei.

to **intermeddle** /ɪntə'medl/, *v. i.* inframmettersi; immischiarsi; ingerirsi; intromettersi nelle faccende altrui.

intermediacy /ɪntə'mi:dɪəsɪ/, *n.* posizione intermedia; l'essere intermedio.

intermediary /ɪntə'mi:dɪərɪ/, *USA* -dɪerɪ/, **A** *a.* *1* che si mette fra due persone; che fa da mediatore *2* intermedio; intermediario. **B** *n.* *1* intermediario; mediatore *2* mezzo; espediente; tramite.

intermediate /ɪntə'mi:dɪət/, **A** *a.* intermedio; medio; di passaggio: **at an i. stage**, in uno stadio intermedio; (*aeron.*) **i. landing**, scalo intermedio; (*elettron.*) **i. frequency**, frequenza intermedia. **B** *n.* *1* cosa intermedia *2* intermediario; mediatore *3* (*USA*) automobile di media cilindrata *4* (*chim.*) (composto) intermedio. ● (*ind.*) **i. cadres**, quadri intermedi □ (*nelle università ingl.*) **the i. examination**, l'esame catenaccio (*dopo il biennio*) □ (*mecc.*) **i. gear**, ingranaggio di rinvio □ (*econ.*) **i. goods**, beni intermedi □ (*naut.*) **i. port**, scalo intermedio □ (*mecc.*) **i. shaft**, albero di rinvio □ **i. school**, scuola media □ (*elab.*) **i. storage**, memoria intermedia.

to **intermediate** /ɪntə'mi:dɪeɪt/, *v. i.* fare da intermediario (*o* da mediatore); interporsi; intromettersi.

intermediately /ɪntə'mi:dɪətlɪ/, *avv.* in posizione intermedia.

intermediation /ɪntəmi:dɪ'eɪʃn/, *n.* (*banca, fin.*) intermediazione; mediazione.

intermediator /ɪntə'mi:dɪeɪtə(r)/, *n.* intermediario; mediatore.

intermedium /ɪntə'mi:dɪəm/ (*lat.*), *n.* (*pl.* **intermedia, intermediums**) *1* mezzo; strumento; tramite *2* (*mus.*) intermezzo *3* (*anat.*) osso intermedio.

interment /ɪn'tɜ:mənt/, *n.* inumazione; seppellimento; sepoltura.

intermezzo /ɪntə'metsəʊ, -dzəʊ/ (*ital.*), *n.* (*pl.* **intermezzi, intermezzos**) (*mus., teatr.*) intermezzo; interludio.

intermigration /ɪntəmaɪ'greɪʃn/, *n.* (*biol., ecol.*) migrazione scambievole.

interminable /ɪn'tɜ:mɪnəbl/, *a.* interminabile. || **-ness**, *sost.* || **-bly**, *avv.*

to **intermingle** /ɪntə'mɪŋgl/, **A** *v. t.* mescolare; mischiare; fondere. **B** *v. i.* mescolarsi; mischiarsi; fondersi.

intermission /ɪntə'mɪʃn/, *n.* *1* intermissione (*lett.*); interruzione; pausa; intervallo: **without i.**, senza intermissione; **We have a short break for tea, and a longer i. for lunch**, abbiamo una breve pausa per il tè, e un intervallo più lungo per la seconda colazione *2* (*med.*) scomparsa dei sintomi.

to **intermit** /ɪntə'mɪt/, **A** *v. t.* *1* interrompere;

sospendere *2* rendere intermittente. **B** *v. i.* *1* interrompersi; cessare *2* essere intermittente.

intermittence /ɪntəˈmɪtns/, **intermittency** /ɪntəˈmɪtnsɪ/, *n.* intermittenza.

intermittent /ɪntəˈmɪtnt/, *a.* intermittente: (*med.*) **i. fever**, febbre intermittente; (*elettr.*) **i. current**, corrente intermittente. ● (*econ.*) **i. strike**, sciopero a singhiozzo.

to **intermix** /ɪntəˈmɪks/, **A** *v. t.* mescolare; mischiare. **B** *v. i.* mescolarsi; mischiarsi.

intermixture /ɪntəˈmɪkstʃə(r)/, *n.* mescolanza; miscela; miscuglio.

intermodulation /ɪntəmɒdjʊˈleɪʃn, *USA* -dʒʊ-/, *n.* (*elettron.*) intermodulazione.

intermolecular /ɪntəməˈlɛkjʊlə(r)/, *a.* (*fis.*) intermolecolare.

intern /ˈɪntɜːn/, *n.* (*USA*) *1* medico interno; interno *2* studente di medicina che fa pratica (*in un ospedale*).

to **intern** **A** /ɪnˈtɜːn/, *v. t.* (*polit.*) internare; confinare; mandare al confino. **B** /ˈɪntɜːn/, *v. i.* (*med., specialm. USA*) fare l'internato; lavorare come interno.

internal /ɪnˈtɜːnl/, **A** *a.* interno; interiore; intimo; intrinseco: (*med.*) **i. injuries**, lesioni interne; (*anat.*) **i. ear**, orecchio interno; (*econ.*) **i. demand**, domanda interna; **i. navigation**, navigazione interna; **i. security**, sicurezza interna; **i. medicine**, medicina interna; (*filol.*) **i. evidence**, prova interna. **B** *n.* *1* (*fam.*) visita ginecologica *2* (*pl.*) caratteri intrinseci. ● **i. auditing**, revisione contabile interna □ **i. auditor**, revisore contabile interno □ (*mecc.*) **i.-combustion engine**, motore a combustione interna; motore a scoppio □ **i. power struggle**, lotta intestina per il potere □ (*fisc., USA*) **the I. Revenue Service**, il Fisco □ **i. wars**, guerre civili.

internality /ɪntəˈnælətɪ/, *n.* l'essere interno; interiorità.

internally /ɪnˈtɜːnəlɪ/, *avv.* internalmente.

international /ɪntəˈnæʃnəl/, **A** *a.* internazionale: **an i. court**, un tribunale internazionale; **i. law**, diritto internazionale; **i. trade**, commercio internazionale. **B** *n.* *1* (*sport*) atleta che partecipa a gare internazionali; «nazionale» *2* (*sport*) competizione (*o* gara, incontro) internazionale *3* (*polit.*) membro di un'Internazionale. ● (*polit.*) **i. arbitration**, arbitrato internazionale □ (*leg.*) **i. award**, lodo arbitrale internazionale □ (*fin.*) **i. company**, (società) multinazionale □ (*fin.*) **i. liquidity**, liquidità internazionale □ (*sport*) **i. match**, partita internazionale □ **the I. Monetary Fund**, il Fondo Monetario Internazionale □ (*fin.*) **i. money order**, vaglia internazionale □ (*polit.*) **the First [Second, Third] I.**, la Prima [Seconda, Terza] Internazionale.

internationale /ɪntənæʃəˈnɑːl, -ʃɪə-/ (*franc.*), *n.* (l') internazionale (*l'inno del comunismo internazionale*).

internationalism /ɪntəˈnæʃnəlɪzəm/, *n.* internazionalismo.

internationalist /ɪntəˈnæʃnəlɪst/, *n.* internazionalista.

internationality /ɪntənæʃəˈnælətɪ/, *n.* internazionalità.

internationalization /ɪntənæʃnəlaɪˈzeɪʃn, *USA* -lɪˈz-/, *n.* (*polit., econ.*) internazionalizzazione.

to **internationalize** /ɪntəˈnæʃnəlaɪz/, *v. t.* (*polit., econ.*) internazionalizzare; rendere internazionale.

internationally /ɪntəˈnæʃnəlɪ/, *avv.* internazionalmente.

interne /ˈɪntɜːn/, *V.* **intern**.

internecine /ɪntəˈniːsaɪn, *USA* -sn, -ˈnɛ-/, *a.* *1* micidiale; mortale: **an i. war**, una guerra micidiale *2* senza vinti né vincitori *3* intestino: **i. conflict**, conflitto intestino.

internee /ɪntɜːˈniː/, *n.* (*polit.*) internato, internata.

Internet /ˈɪntənət/, *n.* (*elab.*) Internet.

internist /ɪnˈtɜːnɪst/, *n.* (*med.*) internista.

internment /ɪnˈtɜːnmənt/, *n.* (*polit.*) internamento: **an i. camp**, un campo d'internamento.

internode /ˈɪntənəʊd/, *n.* (*bot.*) internodio, internodo.

internship /ɪnˈtɜːnʃɪp/, *n.* (*med., USA*) internato (*V.* **intern**).

internuncial /ɪntəˈnʌnʃl/, *a.* (*anat.*) di connessione: **i. neuron**, neurone di connessione.

internuncio /ɪntəˈnʌnʃɪəʊ/, *n.* (*pl.* **internuncios**) (*relig.*) internunzio.

interoceanic /ɪntərəʊʃɪˈænɪk/, *a.* (*geogr.*) interoceanico.

interoffice /ɪntərˈɒfɪs, *USA* -ɔːf-/, *a.* fra due o più uffici (*di un'azienda, ecc.*); interno: **i. memo**, promemoria interno.

interosseous /ɪntərˈɒsɪəs/, *a.* (*anat.*) interosseo.

interparietal /ɪntəpəˈraɪətl/, *a.* (*anat.*) interparietale.

interparliamentary /ɪntəpɑːləˈmɛntrɪ/, *a.* (*polit.*) interparlamentare.

interpellant /ɪntəˈpɛlənt/, *n.* (*polit.*) interpellante.

to **interpellate** /ɪnˈtɜːpəleɪt, *USA* -təˈpɛleɪt/, *v. t.* (*polit.*) interpellare, fare un'interpellanza a (*un ministro*).

interpellation /ɪntəpəˈleɪʃn, ɪntɜː-/, *n.* (*polit.*) interpellanza.

interpellator /ɪnˈtɜːpəleɪtə(r), *USA* -təˈpɛleɪ-/, *n.* (*polit.*) interpellante.

to **interpenetrate** /ɪntəˈpɛnɪtreɪt/, **A** *v. t.* compenetrare; permeare, pervadere. **B** *v. i.* compenetrarsi.

interpenetration /ɪntəpɛnɪˈtreɪʃn/, *n.* compenetrazione.

interpenetrative /ɪntəˈpɛnɪtrətɪv, *USA* -eɪt-/, *a.* che compenetra.

interpersonal /ɪntəˈpɜːsənl/, *a.* interpersonale: **i. relations**, rapporti interpersonali.

interphone /ˈɪntəfəʊn/, *V.* **intercom**.

interplanetary /ɪntəˈplænətrɪ, *USA* -tɛrɪ/, *a.* (*astron.*) interplanetario: (*miss.*) **i. probe**, sonda interplanetaria.

interplay /ˈɪntəpleɪ/, *n.* azione reciproca; interazione: **the i. of political and of economic problems**, l'interazione dei problemi politici e di quelli economici. ● **i. of colours**, gioco di colori.

interpleader /ɪntəˈpliːdə(r)/, *n.* (*leg.*) azione (*o* procedimento) di estromissione dell'obbligato.

Interpol /ˈɪntəpɒl, *USA* -əʊl/, *n.* Interpol.

to **interpolate** /ɪnˈtɜːpəleɪt/, *v. t.* (*anche mat.*) interpolare; intercalare; inserire. ● (*gramm.*) **an interpolated clause**, un inciso.

interpolation /ɪntəpəˈleɪʃn, ɪntɜː-/, *n.* (*anche mat.*) interpolazione.

interpolator /ɪnˈtɜːpəleɪtə(r)/, *n.* interpolatore.

interposal /ɪntəˈpəʊzl/, *n.* *1* interposizione; frapposizione *2* interferenza; intervento.

to **interpose** /ɪntəˈpəʊz/, **A** *v. t.* *1* frapporre; interporre; mettere in mezzo; inserire: **to i. a barrier between two countries**, frapporre una barriera fra due nazioni *2* dire, esclamare (*interrompendo chi parla*): **«You are a fool!», interposed Mr Clark**, «sei uno stupido!», esclamò Mr Clark. **B** *v. i.* *1* interporsi; frapporsi; intervenire: **to i. in a dispute**, intervenire in una disputa *2* interrompere; fare interruzioni. ● **to i. an objection**, sollevare un'obiezione □ **to i. a remark**, fare improvvisamente un'osservazione □ **to i. one's veto**, porre il proprio veto.

interposer /ɪntəˈpəʊzə(r)/, *n.* chi si frappone; chi s'intromette.

interposition /ɪntəpəˈzɪʃn, ɪntɜː-/, *n.* *1* interposizione; frapposizione *2* intervento; intromissione; interferenza; mediazione.

to **interpret** /ɪnˈtɜːprɪt/, **A** *v. t.* *1* interpretare (*in ogni senso*); chiarire; spiegare; intendere: **to i. an inscription [a dream]**, interpretare un'iscrizione [un sogno]; **to i. the role of Othello**, interpretare la parte di Otello; **They interpreted my embarrassment as an admission of fault**, interpretarono il mio imbarazzo come un'ammissione di colpa *2* (*elab.*) interpretare; decodificare; tradurre. **B** *v. i.* fare da interprete; tradurre.

interpretable /ɪnˈtɜːprɪtəbl/, *a.* interpretabile.

interpretation /ɪntəprɪˈteɪʃn, ɪntɜː-/, *n.* interpretazione (*anche teatr.*); spiegazione: **the i. of a law**, l'interpretazione di una legge. ● (*leg.*) **i. clause**, clausola interpretativa.

interpretational /ɪntəprɪˈteɪʃnəl, ɪntɜː-/, *a.* interpretativo.

interpretative /ɪnˈtɜːprɪtətɪv, *USA* -eɪt-/, *a.* interpretativo.

interpreter /ɪnˈtɜːprɪtə(r)/, *n.* *1* (*anche mus. e teatr.*) interprete *2* (*elab.*) macchina interprete *3* (*elab.*) programma interprete.

interpretership /ɪnˈtɜːprɪtəʃɪp/, *n.* interpretariato.

interpretive /ɪnˈtɜːprɪtɪv/, *V.* **interpretative**.

interpretress /ɪnˈtɜːprɪtrɪs/, *n.* interprete (*donna*).

interprovincial /ɪntəprəˈvɪnʃl/, *a.* interprovinciale.

interpunction /ɪntəˈpʌŋkʃn/, *n.* interpunzione; punteggiatura.

to **interpunctuate** /ɪntəˈpʌŋktʃʊeɪt/, *v. t.* (*ling.*) interpungere.

interracial /ɪntəˈreɪʃl/, *a.* interrazziale.

interregnum /ɪntəˈrɛgnəm/, *n.* (*pl.* **interregna, interregnums**) *1* interregno *2* (*fig.*) intervallo.

to **interrelate** /ɪntərɪˈleɪt/, **A** *v. i.* essere collegato (*o* in correlazione). **B** *v. t.* mettere in correlazione; collegare.

interrelated /ɪntərɪˈleɪtɪd/, *a.* interrelato; collegato; in correlazione (*con q.c.*).

interrelation /ɪntərɪˈleɪʃn/, **interrelationship** /ɪntərɪˈleɪʃnʃɪp/, *n.* interrelazione; rapporto reciproco; interdipendenza.

interrex /ˈɪntərɛks/, *n.* (*pl.* **interreges**) reggente (*di un regno*).

interrobang /ɪnˈtɛrəbæŋ/, *n.* (*tipogr.*) segno che unisce un punto esclamativo e uno interrogativo.

to **interrogate** /ɪnˈtɛrəgeɪt/, *v. t.* interrogare: **The prosecuting attorney interrogated the witness**, il pubblico accusatore interrogò il testimone.

interrogation /ɪntɛrəˈgeɪʃn/, *n.* *1* interrogazione *2* (*leg., ecc.*) interrogatorio. ● (*leg.*) **i. by the police**, interrogatorio di polizia □ **i. mark**, punto interrogativo.

interrogative /ɪntəˈrɒgətɪv/, **A** *a.* (*anche gramm.*) interrogativo; interrogatorio: **an i. sentence**, una frase interrogativa; **with an i. voice inflection**, con un'inflessione di voce interrogativa; **an i. pronoun**, un pronome interrogativo. **B** *n.* (*gramm.*) pronome interrogativo; particella interrogativa; punto interrogativo. ● **to put a statement into the i.**, trasformare una frase da affermativa in interrogativa. || **-ly**, *avv.*

interrogator /ɪnˈtɛrəgeɪtə(r)/, *n.* interrogatore (*anche elettron.*); chi interroga; interrogante.

interrogatory /ɪntəˈrɒgətrɪ, *USA* -tɔːrɪ/, **A** *a.* interrogatorio; interrogativo: **in an i. tone**, in tono interrogativo. **B** *n.* *1* interrogatorio *2* (*pl.*) (*leg.*) interrogatorio scritto (*nella fase del «pre-trial», q.V.; cfr.* **examination**).

interrupt /ɪntəˈrʌpt/, *n.* *1* interruzione (*anche elab.*): **i. signal**, segnale d'interruzione *2* distacco; frattura; separazione.

to **interrupt** /ɪntəˈrʌpt/, *v. t.* *1* interrompere; sospendere; troncare: **to i. a speaker [a conversation]**, interrompere un oratore [una conversazione] *2* ostacolare; impedire: **to i. the view**, impedire la vista. ● **to i. the silence**, rompere il silenzio.

interruptedly /ɪntəˈrʌptɪdlɪ/, *avv.* interrottamente; con interruzioni.

interrupter /ɪntəˈrʌptə(r)/, *n.* *1* chi interrompe; interruttore *2* (*elettr.*) interruttore. ● (*elettr.*) **i. vibrator**, vibratore.

interruption /ɪntəˈrʌpʃn/, *n.* interruzione; sospensione. ● (*leg.*) **i. of the period of limitation**, interruzione dei termini di prescrizione.

interruptive /ɪntəˈrʌptɪv/, *a.* che interrompe; che serve a interrompere.

interruptory /ɪntəˈrʌptərɪ/, *V.* **interruptive**.

interscapular /ɪntəˈskæpjʊlə(r)/, *a.* (*anat.*) interscapolare.

to **intersect** /ɪntəˈsɛkt/, **A** *v. t.* intersecare; incrociare; tagliare. **B** *v. i.* intersecarsi; incrociarsi.

intersection /ɪntəˈsɛkʃn/, *n.* ***1*** (*geom.*) intersecazione; intersezione ***2*** intersezione; incrocio: **street i.**, incrocio stradale.

intersectional /ɪntəˈsɛkʃənl/, *a.* d'intersezione.

intersex /ˈɪntəsɛks/, *n.* (*biol.*) individuo con caratteri del maschio e della femmina.

intersexual /ɪntəˈsɛkʃʊəl/, *a.* (*biol.*) intersessuale.

intersexuality /ɪntəsɛkʃʊˈælətɪ/, *n.* (*biol.*) intersessualità.

interspace /ɪntəˈspeɪs/, *n.* ***1*** intervallo (*di spazio o di tempo*) ***2*** (*edil.*) intercapedine ***3*** (*naut.*: *di sottomarino*) intercapedine.

to **intersperse** /ɪntəˈspɜːs/, *v. t.* ***1*** cospargere; spargere qua e là; disseminare; sparpagliare ***2*** frammischiare; frammezzare.

interspersion /ɪntəˈspɜːʃn/, *n.* cospargimento (*raro*); disseminazione; sparpagliamento.

interspinal /ɪntəˈspaɪnl/, *a.* (*anat.*) interspinale.

interstate /ɪntəˈsteɪt/, **A** *a.* (*USA*) interstatale: **i. commerce**, commercio interstatale (*fra Stati dell'Unione*). **B** *n.* (*USA*; = **i. highway**) strada interstatale.

interstellar /ɪntəˈstɛlə(r)/, *a.* (*astron.*) interstellare.

interstice /ɪnˈtɜːstɪs/, *n.* (*di solito al pl.*) interstizio.

interstitial /ɪntəˈstɪʃl/, *a.* (*specialm. anat.*) interstiziale.

intertexture /ɪntəˈtɛkstʃə(r)/, *n.* intessitura.

intertidal /ɪntəˈtaɪdl/, *a.* (*geogr.*) intercotidale.

intertribal /ɪntəˈtraɪbl/, *a.* comune (*o* relativo) a tribù diverse; fra tribù diverse: **i. marriages**, matrimoni fra tribù diverse.

intertropical /ɪntəˈtrɒpɪkl/, *a.* (*geogr.*) intertropicale.

to **intertwine** /ɪntəˈtwaɪn/, **A** *v. t.* attorcere (*lett.*); attorcigliare; intrecciare. **B** *v. i.* intrecciarsi; attorcigliarsi; avvolgersi; avvilupparsi.

intertwinement /ɪntəˈtwaɪnmənt/, *n.* intreccio; viluppo.

to **intertwist** /ɪntəˈtwɪst/, *v. t.* intrecciare; attorcigliare.

interurban /ɪntərˈɜːbən/, *a.* interurbano: **i. traffic**, traffico interurbano. ● (*autom.*) **i. roads**, strade di collegamento fra due città.

interval /ˈɪntəvl/, *n.* (*anche mus.*) intervallo (*in ogni senso*): **at five-minute intervals**, a intervalli di cinque minuti; **the i. between two acts of a play**, l'intervallo fra due atti di un dramma; **at short intervals**, a brevi intervalli; a tratti. ● (*stat.*) **i. estimate**, stima intervallare □ (*tecn.*) **i. timer**, temporizzatore.

intervallic /ɪntəˈvælɪk/, *a.* (*mus.*) d'intervallo.

to **intervene** /ɪntəˈviːn/, *v. i.* ***1*** intervenire; avvenire, accadere (*nel frattempo*); sopravvenire; intromettersi; frapporsi: **If nothing intervenes, I'll be there on Monday**, se non interviene (*o* non accade) nulla, sarò là lunedì; **to i. in a dispute**, intervenire in una disputa; **to i. between two persons who are quarrelling**, frapporsi fra due litiganti ***2*** intercorrere; trascorrere: **the short periods of peace that intervened**, i brevi periodi di pace che intercorsero ***3*** esser situato; trovarsi: **The Mediterranean intervenes between Europe and Africa**, il Mediterraneo si trova fra l'Europa e l'Africa ***4*** (*polit., econ., fin.*) intervenire.

intervener /ɪntəˈviːnə(r)/, *n.* ***1*** chi interviene; chi s'interpone ***2*** (*leg.*) interveniente.

intervenient /ɪntəˈviːnɪənt/, *a.* ***1*** interveniente ***2*** frapposto; intercorrente; intermedio.

intervening /ɪntəˈviːnɪŋ/, *a.* ***1*** che s'interpone; che intercorre ***2*** (*leg.*) interveniente: **i. party**, parte interveniente. ● **in the i. time**, nel frattempo.

intervention /ɪntəˈvɛnʃn/, *n.* ***1*** intervento; interposizione; intromissione; mediazione: **an i. in a dispute**, un intervento in una disputa ***2*** (*polit., econ., fin.*) intervento ***3*** (*leg.*) intervento: **i. in a snit**, intervento in una causa ***4*** (*med.*) intervento. ● (*econ.*) **i. prices**, prezzi d'intervento □ (*polit.*) **armed i.**, intervento armato.

interventionist /ɪntəˈvɛnʃənɪst/, **A** *n.* (*polit., econ.*) interventista. **B** *a.* (*polit., econ.*) interventistico.

intervertebral /ɪntəˈvɜːtɪbrəl/, *a.* (*anat.*) intervertebrale.

interview /ˈɪntəvjuː/, *n.* intervista; abboccamento; colloquio: **an i. with a Minister**, un'intervista con un ministro; **to hold an i.**, fare un'intervista; **an i. between an employer and a job applicant**, un colloquio fra un datore di lavoro e un aspirante a un impiego.

to **interview** /ˈɪntəvjuː/, *v. t.* intervistare; abboccarsi con (q.); avere un colloquio con (q.): **to i. job applicants**, intervistare i candidati a un posto di lavoro.

interviewee /ɪntəvjuːˈiː/, *n.* intervistato, intervistata.

interviewer /ˈɪntəvjuːə(r)/, *n.* intervistatore, intervistatrice.

intervocalic /ɪntəvəˈkælɪk/, *a.* (*fon.*) intervocalico.

inter(-)war /ɪntəˈwɔː(r)/, *a. attr.* fra (le) due guerre: **in the i. years**, negli anni fra le due guerre.

to **interweave** /ɪntəˈwiːv/ (*pass.* **interwove**, *p. p.* **interwoven**), **A** *v. t.* ***1*** intessere; intrecciare ***2*** (*fig.*) collegare strettamente; mescolare; fondere. **B** *v. i.* ***1*** intrecciarsi ***2*** (*fig.*) mescolarsi; fondersi.

to **interwind** /ɪntəˈwaɪnd/ (*pass.* e *p. p.* **interwound**), **A** *v. t.* avvolgere insieme; avviluppare; intrecciare (*anche fig.*). **B** *v. i.* avvolgersi insieme; avvilupparsi.

interwove /ɪntəˈwəʊv/, *pass.* di **to interweave**.

interwoven /ɪntəˈwəʊvən/, **A** *p. p.* di **to interweave**. **B** *a.* intessuto; intrecciato. ● (*fin.*) **i. holdings** (*o* **i. participations**), partecipazioni incrociate.

intestable /ɪnˈtɛstəbl/, *a.* (*leg.*) incapace di testare: **an i. minor**, un minorenne che non può fare testamento. ● **an i. person**, un intestabile.

intestacy /ɪnˈtɛstəsɪ/, *n.* (*leg.*) il morire intestato; mancanza di testamento.

intestate /ɪnˈtɛsteɪt/, **A** *a.* (*leg.*) intestato; senza aver fatto testamento. **B** *n.* persona che muore intestata; intestato.

intestinal /ɪnˈtɛstɪnl, ɪntɛˈstaɪnl/, *a.* (*anat., fisiol., med.*) intestinale: **i. flora**, flora intestinale; **i. troubles**, disturbi intestinali.

intestine (**1**) /ɪnˈtɛstɪn/, *n.* (*anat.*; *di solito al pl.*) intestino, intestini. ● **large i.**, intestino crasso □ **small i.**, intestino tenue.

intestine (**2**) /ɪnˈtɛstɪn/, *a.* intestino (*lett.*); interno; civile; domestico: **i. wars**, guerre intestine (*o* civili).

in thing /ˈɪnθɪŋ/, *locuz. n.* (*fam.*) cosa alla moda; oggetto di gran moda (*o* in voga).

to **inthrall** /ɪnˈθrɔːl/, *V.* **to enthral(l)**.

to **inthrone** /ɪnˈθrəʊn/, *V.* **to enthrone**.

intimacy /ˈɪntɪməsɪ/, *n.* ***1*** intimità; dimestichezza; familiarità ***2*** atto affettuoso (*bacio, carezza*) ***3*** (*eufem.*) rapporti intimi; relazione amorosa. ● **to be on terms of i. with sb.**, essere in intimità con q.; essere intimo di q.

intimate /ˈɪntɪmət/, **A** *a.* ***1*** intimo; (il) più segreto; intrinseco: **i. underwear**, biancheria intima; **one's i. feelings**, i propri sentimenti intimi; **an i. friend**, un amico intimo; **i. relations**, rapporti intimi; **one's i. thoughts**, i pensieri più segreti; **an i. diary**, un diario segreto ***2*** profondo: **an i. knowledge of astronomy**, una profonda conoscenza dell'astronomia. **B** *n.* (amico) intimo. ● **to be on i. terms with sb.**, essere intimo di q.; essere in intimità con q. || **-ly**, *avv.*

to **intimate** /ˈɪntɪmeɪt/, *v. t.* ***1*** annunciare; dichiarare, manifestare (*formalmente, solennemente*): **to i. one's reluctance to accept an offer** [**that one is reluctant to accept an offer**], manifestare la propria riluttanza ad accettare un'offerta [dichiarare che si è riluttanti ad accettare un'offerta] ***2*** insinuare; sottintendere; suggerire: **You seem to say one thing and i. another**, sembra che tu dica una cosa e ne sottintenda un'altra ***3*** (*leg.*) intimare; notificare.

intimation /ɪntɪˈmeɪʃn/, *n.* ***1*** annuncio; dichiarazione ***2*** cenno; indizio; suggerimento ***3*** (*leg.*) intimazione; notificazione.

to **intimidate** /ɪnˈtɪmɪdeɪt/, *v. t.* intimidire; intimorire; incutere timore a (q.); minacciare: **to i. a witness**, minacciare un testimone. ● **to i. sb. into doing st.**, costringere q. a fare q.c., intimorendolo.

intimidation /ɪntɪmɪˈdeɪʃn/, *n.* intimidazione; intimorimento.

intimidator /ɪnˈtɪmɪdeɪtə(r)/, *n.* chi intimorisce; chi intimidisce.

intimidatory /ɪnˈtɪmɪdeɪtrɪ, -ˈdeɪtrɪ, *USA* -dətɔːrɪ/, *a.* intimidatorio.

intimism /ˈɪntɪmɪzəm/, *n.* (*pitt., letter.*) intimismo.

intimist /ˈɪntɪmɪst/, *n.* (*pitt., letter.*) intimista.

to **intitule** /ɪnˈtɪtjuːl, *USA* -tuːl/, *v. t.* (*in G.B.*) intitolare (*una legge parlamentare, ecc.*).

into /ˈɪntuː, ˈɪntʊ, ˈɪntə/, *prep.* ***1*** (*moto entro luogo, direzione, mutamento, trasformazione*) dentro; entro; in: **Come i. my room!**, vieni in camera mia!; **Put it into the drawer**, mettilo nel cassetto; **Look i. the box**, guarda nella scatola!; **All that King Midas touched turned i. gold**, tutto ciò che il re Mida toccava si mutava in oro; **to change from a caterpillar i. a butterfly**, trasformarsi da bruco in farfalla; **to change pounds i. dollars**, cambiare sterline in dollari; **to get i. trouble**, mettersi nei guai ***2*** (*moto a luogo fig.*) su: **an investigation i. a burglary**, un'indagine su un furto con scasso; **to inquire into a matter**, indagare su una faccenda ***3*** (*mat.*) in: **Five i. ten goes twice** (*o* **Five i. ten is two**), il cinque nel dieci ci sta due volte. ● (*fam.*) **to be i.**, interessarsi di, dilettarsi a (*fare q.c.*); essere in debito con (q.): **He is i. making wine**, si diletta a fare il vino (in casa); **He's into us for a few hundred pounds**, ci deve qualche centinaio di sterline □ **to be i. one's fifties**, avere più di cinquant'anni; **to change i. evening dress**, mettersi in abito da sera □ **far i. the night**, fino a tarda notte □ **to flog sb. i. submission**, sottomettere q. a suon di frustate □ **to fold st. i. a square**, piegare q.c. in quattro □ **to go i. a career**, intraprendere una carriera □ **to look i. a matter**, esaminare una faccenda □ **to translate st. from French i. English**, tradurre q.c. dal francese in inglese.

in(-)toed /ˈɪntəʊd/, *a.* (*med.*: *di piede*) varo.

intolerability /ɪntɒlərəˈbɪlətɪ/, *n.* intollerabilità.

intolerable /ɪnˈtɒlərəbl/, *a.* intollerabile; insopportabile: **i. arrogance**, arroganza intollerabile; **i. cold**, freddo insopportabile. || **-ness**, *sost.* || **-bly**, *avv.*

intolerance /ɪnˈtɒlərəns/, *n.* (*anche med.*) intolleranza.

intolerant /ɪnˈtɒlərənt/, *a.* intollerante: **to be i. of other people's opinions**, essere intollerante delle opinioni altrui. || **-ly**, *avv.*

to **intomb** /ɪnˈtuːm/, *V.* **to entomb**.

to **intonate** /ˈɪntəneɪt/, *V.* **to intone**.

intonation /ɪntəˈneɪʃn/, *n.* (*mus., fon., ecc.*) intonazione; inflessione; modulazione (*della voce*): **He speaks Italian with a foreign i.**, parla l'italiano con inflessione straniera.

to **intone** /ɪnˈtəʊn/, **A** *v. t.* ***1*** (*anche mus.*) intonare (*un canto, un discorso, ecc.*) ***2*** (*relig.*) cantare (*un salmo, una preghiera, ecc.*). **B** *v. i.* salmodiare.

intoxicant /ɪnˈtɒksɪkənt/, **A** *a.* ***1*** inebriante ***2***

(*med.*) intossicante. **B** *n.* **1** bevanda alcolica **2** (*med.*) sostanza intossicante.

to **intoxicate** /ɪn'tɒksɪkeɪt/, *v. t.* **1** inebriare (*anche fig.*); ubriacare; eccitare: **to become intoxicated by wine**, ubriacarsi di vino; **to be intoxicated by success**, essere inebriato dal (*o* ebbro di) successo **2** (*med.*) intossicare.

intoxicated /ɪn'tɒksɪkeɪtɪd/, *a.* **1** ubriaco **2** (*fig.*) eccitato **3** (*med.*) intossicato.

intoxicating /ɪn'tɒksɪkeɪtɪŋ/, *a.* inebriante (*anche fig.*); che ubriaca; eccitante.

intoxication /ɪntɒksɪ'keɪʃn/, *n.* **1** ebbrezza; ubriachezza **2** (*fig.*) inebriamento; eccitazione **3** (*med.*) intossicazione.

intracellular /ɪntrə'sɛljʊlə(r)/, *a.* (*biol.*) intracellulare.

intracerebral /ɪntrə'sɛrəbrəl, *USA* -sə'riːb-/, *a.* (*anat.*) intracerebrale.

intra(-)community /ɪntrəkə'mjuːnətɪ/, *a.* (*econ., comm.*) intracomunitario.

intracranial /ɪntrə'kreɪnɪəl/, *a.* (*anat.*) intracranico.

intractability /ɪntræktə'bɪlətɪ/, *n.* intrattabilità.

intractable /ɪn'træktəbl/, *a.* **1** intrattabile; scontroso; difficile **2** (*ind.*) intrattabile; difficile da lavorare. || **-ness**, *sost.* || **-bly**, *avv.*

intracutaneous /ɪntrəkjuː'teɪnɪəs/, *a.* (*anat.*) intradermico.

intradermal /ɪntrə'dɜːml/, **intradermic** /ɪntrə'dɜːmɪk/, *a.* intradermico.

intradermoreaction /ɪntrədɜːməʊrɪ'ækʃn/, *n.* (*med.*) intradermoreazione.

intrados /ɪn'treɪdɒs, *USA* 'ɪntrədɒs, -dəʊ/, *n.* (*pl.* **intrados, intradoses**) (*archit.*) intradosso.

intragalactic /ɪntəgə'læktɪk/, *a.* (*astron.*) infragalattico.

intragovernmental /ɪntrəgʌvən'mentl/, *a.* (*polit.*) nell'ambito del governo; interministeriale.

intramolecular /ɪntrəmə'lekjʊlə(r)/, *a.* (*chim., fis.*) intramolecolare.

intramural /ɪntrə'mjʊərəl/, *a.* **1** che è (*o* che si svolge) entro le mura (*d'una città, d'un college*): **i. athletics**, gare d'atletica nell'ambito d'un college **2** (*anat., med.*) intramurale.

intramuscular /ɪntrə'mʌskjələ(r)/, *a.* (*med.*) intramuscolare; endomuscolare: **an i. injection**, un'iniezione intramuscolare.

intransigence /ɪn'trænsɪdʒəns/, **intransigency** /ɪn'trænsɪdʒənsɪ/, *n.* intransigenza.

intransigent /ɪn'trænsɪdʒənt/, *a.* e *n.* intransigente.

in-transit /'ɪntrænsɪt/, *a. attr.* (*trasp.*) in transito: **i. goods**, merce in transito. ● (*USA*) **i. freight rates**, tariffe per merci in transito.

intransitive /ɪn'trænsətɪv/, *a.* e *n.* (*gramm.*) intransitivo. || **-ly**, *avv.*

intrant /'ɪntrənt/, *n.* (*raro*) **1** chi entra a far parte di un'associazione, di un college **2** chi assume una carica **3** (*relig.*) chi prende gli ordini sacri; novizio, novizia.

intraocular /ɪntrə'ɒkjʊlə(r)/, *a.* (*anat.*) intraoculare; endooculare.

intrapelvic /ɪntrə'pɛlvɪk/, *a.* (*anat.*) intrapelvico.

intraperitoneal /ɪntrəpɛrɪtə'niːəl/, *a.* (*anat.*) intraperitoneale.

intrastate /ɪntrə'steɪt/, *a.* (*specialm. USA*) all'interno di uno Stato (*dell'Unione*).

intratelluric /ɪntrəte'lʊərɪk, -'lj-/, *a.* (*geol.*) intratellurico.

intrathoracic /ɪntrəθɔː'ræsɪk, *USA* -θə-/, *a.* (*anat.*) intratoracico.

intratracheal /ɪntrətrə'kiːəl, *USA* -'treɪkɪəl/, *a.* (*anat.*) endotracheale.

intrauterine /ɪntrə'juːtəraɪn, *USA* -rən/, *a.* intrauterino: **i. device** (*abbr.* **IUD**), contraccettivo intrauterino; spirale.

intravenous /ɪntrə'viːnəs/, **A** *a.* (*med.*) endovenoso; intravenoso. **B** *n.* iniezione (*o* trasfusione) endovenosa; endovenosa. ● (*med.*) **i. tension**, pressione venosa.

intraventricular /ɪntrəvɛn'trɪkjʊlə(r)/, *a.* (*anat., med.*) intraventricolare.

in-tray /'ɪntreɪ/, *n.* (*comm.*) cassetta (*o* vaschetta, cestello) della corrispondenza in arrivo (*o* da evadere).

to **intrench** /ɪn'trɛntʃ/, *V.* **to entrench**.

intrepid /ɪn'trɛpɪd/, *a.* intrepido; impavido.

intrepidity /ɪntrə'pɪdətɪ/, *n.* intrepidità (*raro*); intrepidezza.

intrepidly /ɪn'trɛpɪdlɪ/, *avv.* intrepidamente.

intricacy /'ɪntrɪkəsɪ/, *n.* **1** l'essere intricato; complessità; complicazione; difficoltà: **the intricacies of Latin grammar**, le difficoltà della grammatica latina **2** intrico; groviglio; viluppo.

intricate /'ɪntrɪkət/, *a.* intricato; complesso; complicato; difficile; imbrogliato; involuto: **an i. question**, una questione intricata (*o* complicata); **an i. path**, un sentiero difficile; **an i. organization**, un'organizzazione complessa; **i. directions**, istruzioni complicate. || **-ly**, *avv.*

intrigant /'ɪntrɪgənt, æntrɪ'gɒn, *USA* ɪntrɪ'gɑːnt, æn-/, *n.* (*arc.*) intrigante (*uomo*).

intrigante /ɪntrɪ'gɒnt, æn- *USA* -ɑːnt/, *n.* (*arc.*) intrigante (*donna*).

intriguant /'ɪntrɪgənt, æntrɪ'gɒn, *USA* -ɑːnt/, *V.* **intrigant**.

intrigue /'ɪntriːg, ɪn't-/, *n.* **1** intrigo; macchinazione; raggiro **2** relazione amorosa; tresca **3** (*letter., teatr.*) intrigo; intreccio.

to **intrigue** /ɪn'triːg/, **A** *v. i.* **1** intrigare; fare intrighi; brigare **2** (*spesso* **to i. with**) avere una tresca; avere una relazione amorosa. **B** *v. t.* **1** procurarsi (*o* ottenere) con intrighi **2** (*fam.*) incuriosire; interessare; stuzzicare la curiosità di: **The puzzle intrigued me**, l'enigma stuzzicò la mia curiosità **3** confondere; disorientare.

intriguer /ɪn'triːgə(r)/, *n.* intrigante.

intriguing /ɪn'triːgɪŋ/, *a.* affascinante; interessante; che suscita curiosità; stimolante; intrigante (*angl.*): **an i. piece of news**, una notizia interessante.

intrinsic(al) /ɪn'trɪnsɪk(l), -z-/, *a.* intrinseco; essenziale; reale: (*econ., fin.*) **the i. value of a coin**, il valore intrinseco d'una moneta. || **-ally**, *avv.*

intro /'ɪntrəʊ/, *n.* (*pl.* **intros**) (*abbr. fam. di* **introduction**) **1** presentazione **2** (*mus.*) introduzione.

to **introduce** /ɪntrə'djuːs, *USA* -duːs/, **A** *v. t.* **1** introdurre; immettere; inserire: **to i. a wire into a tube**, introdurre un filo metallico in un tubo; **to i. an idea**, introdurre un'idea; **Tea was introduced into Europe from Asia**, il tè fu introdotto in Europa dall'Asia; **The war introduced many new words**, la guerra introdusse molti vocaboli nuovi **2** presentare; far conoscere: **to i. two people**, presentare due persone (*l'una all'altra*); **Please i. me to your friend**, per favore, presentami al tuo amico **3** (*polit.*) presentare; proporre: (*USA*) **to i. a bill into Congress**, presentare un progetto di legge al Congresso **4** cominciare; iniziare: **He introduced his speech with a joke**, cominciò il discorso con una battuta di spirito **5** (*pubbl.*) presentare (*un articolo*); dare inizio a (*una moda*) **6** (*leg.*) recepire (*una disposizione di legge, una norma, ecc.*). **B** to **introduce oneself**, *v. rifl.* presentarsi; farsi conoscere.

introducer /ɪntrə'djuːsə(r), *USA* -duː-/, *n.* **1** introduttore, introduttrice **2** chi presenta (q. *o* q.c.).

introduction /ɪntrə'dʌkʃn/, *n.* **1** introduzione (*in ogni senso*); immissione; prefazione; esordio: **a few words of i.**, poche parole d'introduzione; **i. of steam**, immissione di vapore **2** presentazione: **letter of i.**, lettera di presentazione **3** (*polit.*) presentazione, proposta (*di un disegno di legge*) **4** (libro di) testo elementare (*o* propedeutico) **5** (*fig.*) primo contatto (*con q.c.*). ● **i. agency**, agenzia matrimoniale (*o* per l'incontro di persone sole di diverso sesso).

introductive /ɪntrə'dʌktɪv/, *V.* **introductory**.

introductory /ɪntrə'dʌktərɪ/, *a.* introduttivo; preliminare: **an i. course in linguistics**, un corso introduttivo di linguistica; **i. remarks**, osservazioni preliminari. ● (*ass., in G.B.*) **i. discount**, sconto praticato ai nuovi assicurati.

introit /'ɪntrɔɪt/, *n.* (*relig.*) introito.

to **introject** /ɪntrə'dʒɛkt/, *v. t.* (*psic.*) introiettare.

introjection /ɪntrə'dʒɛkʃn/, *n.* (*psic.*) introiezione.

intromission /ɪntrə'mɪʃn/, *n.* **1** introduzione **2** intromissione; ingerenza **3** (*med.*) inserimento.

to **intromit** /ɪntrə'mɪt/, *v. t.* (*raro*) **1** introdurre; mettere dentro; inserire **2** ammettere; far entrare.

introrse /ɪn'trɔːs/, *a.* (*bot.*) introrso.

to **introspect** /ɪntrə'spɛkt/, *v. i.* (*psic.*) essere introspettivo; analizzare i propri sentimenti; autoesaminarsi.

introspection /ɪntrə'spɛkʃn/, *n.* (*psic.*) introspezione; analisi dei propri sentimenti.

introspectionist /ɪntrə'spɛkʃənɪst/, *n.* chi esercita l'introspezione; chi analizza se stesso (*o* i propri sentimenti).

introspective /ɪntrə'spɛktɪv/, *a.* introspettivo. || **-ly**, *avv.* || **-ness**, *sost.*

introversion /ɪntrə'vɜːʃn, *USA* -ʒn/, *n.* (*specialm. psic.*) introversione.

introversive /ɪntrə'vɜːsɪv/, *a.* (*specialm. psic.*) introversivo.

introvert /'ɪntrəvɜːt/, *a.* e *n.* (*psic.*) introverso.

to **introvert** /ɪntrə'vɜːt/, *v. t.* **1** (*psic.*) introvertire **2** (*zool.*) introvertere; ritrarre.

introverted /ɪntrə'vɜːtɪd/, *a.* (*psic.*) introverso; introvertito.

introvertive /ɪntrə'vɜːtɪv/, *a.* (*specialm. psic.*) introversivo.

to **intrude** /ɪn'truːd/, **A** *v. t.* **1** intrudere (*lett.*); cacciare dentro; intromettere **2** imporre: **I don't want to i. my views upon you**, non voglio importi le mie opinioni. **B** *v. i.* e **C** to **intrude oneself**, *v. rifl.* intrudersi (*lett.*); immischiarsi; frapporsi; intromettersi: **to i. into a company**, intrudersi in una comitiva. ● **to i. upon sb.**, imporre la propria presenza a q. (*come ospite indesiderato*) □ **to i. upon sb.'s privacy**, intromettersi nella vita privata di q. □ **to i. upon sb.'s time**, portar via (*o* far perdere) tempo a q.

intruder /ɪn'truːdə(r)/, *n.* intruso, intrusa; persona importuna.

intrusion /ɪn'truːʒn/, *n.* **1** intrusione; intramettenza; intromissione; ingerenza: **I deeply resented his i. upon my privacy**, la sua intromissione nei miei affari privati m'infastidì assai; **I won't bear any intrusions on my own affairs**, non tollererò ingerenze nei fatti miei **2** (*geol.*) intrusione **3** (*leg.*) violazione dei diritti di proprietà altrui (*per entrata abusiva o turbativa del possesso*); occupazione abusiva.

intrusive /ɪn'truːsɪv/, *a.* **1** importuno; intramettente; invadente **2** (*geol.*) intrusivo: **i. rocks**, rocce intrusive **3** (*fon.*) epentetico. || **-ly**, *avv.* || **-ness**, *sost.*

to **intrust** /ɪn'trʌst/, *V.* **to entrust**.

to **intubate** /'ɪntjʊbeɪt, *USA* -tʊ-/, *v. t.* (*med.*) intubare.

intubation /ɪntjʊ'beɪʃn, *USA* -tʊ-/, *n.* (*med.*) intubazione.

to **intuit** /ɪn'tjuːɪt, *USA* -tuː-/, *v. t.* e *i.* (*form.*) intuire; avere intuito.

intuition /ɪntjuː'ɪʃn, *USA* -tuː-/, *n.* **1** (*filos.*) intuizione **2** intuizione; intuito **3** intuizione; cosa intuita. ● **to have great powers of i.**, avere un grande intuito □ **woman's i.**, intuito femminile.

intuitional /ɪntjuː'ɪʃənl, *USA* -tuː-/, *a.* intuitivo: **i. power**, facoltà intuitiva.

intuitionalism /ɪntjuː'ɪʃənəlɪzəm, *USA* -tuː-/, *n.* (*filos.*) intuizionismo.

intuitionalist /ɪntjuː'ɪʃənəlɪst, *USA* -tuː-/, *n.* (*filos.*) intuizionista.

intuitionism /ɪntjuː'ɪʃənɪzəm, *USA* -tuː-/, *V.*

intuitionalism.
intuitionist /ɪntju:'ɪʃənɪst, *USA* -tu:-/, *V.* **intuitionalist**.
intuitive /ɪn'tju:ɪtɪv, *USA* -tu:-/, *a.* ***1*** dotato d'intuito; intuitivo: **Some believe that poets are more i. than ordinary people**, taluni credono che i poeti abbiano maggior intuito delle persone comuni ***2*** intuitivo: **an i. truth**, una verità intuitiva. || **-ly**, *avv.* || **-ness**, *sost.*
intuitivism /ɪn'tju:ɪtɪvɪzəm, *USA* -tu:-/, *n.* (*filos.*) intuitivismo.
intuitivist /ɪn'tju:ɪtɪvɪst, *USA* -tu:-/, *n.* (*filos.*) intuitivista.
to **intumesce** /ɪntju:'mɛs, *USA* -tu:-/, *v. i.* intumidire; tumefarsi.
intumescence /ɪntju:'mɛsns, *USA* -tu:-/, *n.* (*anche med.*) intumescenza; tumefazione.
intumescent /ɪntju:'mɛsnt, *USA* -tu:-/, *a.* intumescente; tumido; tumefatto.
intussusception /ɪntəsə'sɛpʃn/, *n.* ***1*** (*arc.*) assimilazione (*del cibo, ecc.*); (*fig.*) assorbimento (*d'idee, ecc.*) ***2*** (*med.*) intussuscezione; invaginazione.
inunction /ɪn'ʌŋkʃn/, *n.* ***1*** (*med.*) unzione ***2*** (*med.*) frizione con un unguento ***3*** (*farm.*) unguento; pomata.
to **inundate** /'ɪnʌndeɪt, 'ɪnə-/, *v. t.* inondare (*anche fig.*); allagare; sommergere: **to i. sb. with letters**, inondare q. di lettere.
inundation /ɪnʌn'deɪʃn, ɪnə-/, *n.* inondazione (*anche fig.*); alluvione; inondamento (*raro*).
inurbane /ɪnɜ:'beɪn/, *a.* (*raro*) inurbano; incivile; scortese.
inurbanity /ɪnɜ:'bænətɪ/, *n.* (*raro*) inurbanità; inciviltà; scortesia.
to **inure** /ɪ'njʊə(r), *USA* ɪ'nʊə(r)/, **A** *v. t.* abituare; assuefare; avvezzare: **to be inured to hard work**, essere assuefatto al lavoro duro. **B** *v. i.* (*specialm. leg.*) avere effetto; entrare in vigore; cominciare: **Compensation benefits i. from the first day of disability**, i benefici d'indennizzo cominciano dal primo giorno d'invalidità.
inurement /ɪ'njʊəmənt, *USA* ɪ'nʊə-/, *n.* abitudine; assuefazione.
to **inurn** /ɪn'ɜ:n/, *v. t.* mettere (*ceneri*) nell'urna funeraria.
inutile /ɪn'ju:taɪl, *USA* -tl/, *a.* (*raro*) inutile.
inutility /ɪnju:'tɪlətɪ/, *n.* (*form.*) inutilità.
to **invade** /ɪn'veɪd/, *v. t.* ***1*** invadere (*anche fig.*); occupare; pervadere: **Crowds of holidaymakers invaded the seaside resorts**, folle di turisti invasero le spiagge; **Othello's mind was invaded by jealousy**, la mente di Otello era pervasa dalla gelosia ***2*** calpestare, infrangere (*fig.*); violare: **to i. sb.'s rights**, calpestare i diritti di q. ● **to i. sb.'s privacy**, insinuarsi in casa di q.; intrudersi (*lett.*), fare l'intruso.
invader /ɪn'veɪdə(r)/, *n.* ***1*** invasore ***2*** chi calpesta (*diritti altrui*); violatore, violatrice.
invading /ɪn'veɪdɪŋ/, *a.* invasore: **the i. army**, l'esercito invasore.
to **invaginate** /ɪn'vædʒɪneɪt/, **A** *v. t.* ***1*** inguainare; invaginare ***2*** rivoltare (*una guaina tubolare*) in dentro. **B** *v. i.* (*med.*) invaginarsi.
invagination /ɪnvædʒɪ'neɪʃn/, *n.* (*anche med.*) invaginazione.
invalid (**1**) /'ɪnvəli:d, *USA* -ɪd/, **A** *a.* ***1*** invalido; inabile; infermo; debole; malato: **a home for i. workmen**, un ricovero per lavoratori invalidi ***2*** di (*o* per) invalidi: **an i. home**, un ospizio degli invalidi; **an i. carriage**, una carrozzella per invalidi; **an i. chair**, una poltrona per invalidi. **B** *n.* invalido, invalida.
invalid (**2**) /ɪn'vælɪd/, *a.* (*anche leg.*) invalido (*non comune*); non valido; nullo: **an i. will**, un testamento nullo. ● **to declare i.**, dichiarare nullo; annullare: **to declare a marriage i.**, annullare un matrimonio.
to **invalid** /'ɪnvəli:d, *USA* -ɪd/, **A** *v. t.* ***1*** rendere invalido (*o* infermo); inabilitare ***2*** (*mil.*) dichiarare inabile; riformare: **My father was invalided home**, mio padre fu rimandato in patria come invalido. **B** *v. i.* diventare invalido. ● **to i. sb. out of the army**, congedare q. per invalidità.
to **invalidate** /ɪn'vælɪdeɪt/, *v. t.* (*anche leg.*) invalidare; rendere nullo: **to i. a will**, invalidare un testamento.
invalidation /ɪnvælɪ'deɪʃn/, *n.* (*anche leg.*) invalidazione.
invalidism /'ɪnvəli:dɪzəm, *USA* -lɪd-/, *n.* ***1*** (*med.*) invalidità cronica ***2*** (*stat.*) percentuale d'invalidi.
invalidity /ɪnvə'lɪdətɪ/, *n.* (*leg.* e *med.*) invalidità; mancanza di validità; nullità. ● (*econ.*) **i. pension**, pensione di invalidità (*in G.B., consegue al* **sickness benefit**, *q.V.*).
invalidly /ɪn'vælɪdlɪ/, *avv.* invalidamente.
invaluable /ɪn'væljʊəbl/, *a.* inapprezzabile; inestimabile; prezioso. || **-ness**, *sost.* || **-bly**, *avv.*
invar /ɪn'vɑ:(r)/, *n.* (*marchio*: *ind.*) invar (*lega d'acciaio e nickel*).
invariability /ɪnvɛərɪə'bɪlətɪ/, *n.* invariabilità.
invariable /ɪn'vɛərɪəbl/, *a.* (*anche mat.*) invariabile; costante; fisso. || **-ness**, *sost.* || **-bly**, *avv.*
invariance /ɪn'vɛərɪəns/, *n.* (*fis., mat.*) invarianza.
invariant /ɪn'vɛərɪənt/, *a.* e *n.* (*fis., mat.*) invariante.
invasion /ɪn'veɪʒn/, *n.* ***1*** invasione (*anche fig.*); irruzione ***2*** intromissione; intrusione; violazione: **I don't like these invasions of my privacy**, non mi piacciono queste intrusioni nei fatti miei ***3*** (*med.*) invasione, aggressione (*di virus*); attecchimento (*d'una malattia*).
invasive /ɪn'veɪsɪv/, *a.* ***1*** di (*o* simile a) un'invasione ***2*** che s'intromette; invadente ***3*** (*med.*) invasivo.
invective /ɪn'vɛktɪv/, **A** *a.* che inveisce. **B** *n.* ***1*** invettiva ***2*** (*pl.*) male parole; ingiurie: **a volley of invectives**, una scarica di male parole.
to **inveigh** /ɪn'veɪ/, *v. i.* inveire: **He inveighed against the traitor**, inveì contro il traditore.
to **inveigle** /ɪn'veɪgl, -'vi:-/, *v. t.* (*form.*) adescare; allettare; sedurre; tentare: **to i. sb. into doing st. wrong**, allettare q. a fare q.c. di male.
inveiglement /ɪn'veɪglmənt, -'vi:-/, *n.* (*form.*) allettamento; lusinga; seduzione.
to **invent** /ɪn'vɛnt/, *v. t.* inventare: **Morse invented the telegraph**, Morse inventò il telegrafo; **Don't i. an excuse**, non inventare una scusa!
invention /ɪn'vɛnʃn/, *n.* ***1*** invenzione (*in ogni senso*); storia inventata, falsa; frottola: **the i. of the steam engine**, l'invenzione della macchina a vapore; **Some tabloids are full of inventions**, taluni giornali sono pieni di storie inventate (*o* di frottole) ***2*** inventiva; immaginativa. ● (*prov.*) **Necessity is the mother of i.**, il bisogno aguzza l'ingegno.
inventive /ɪn'vɛntɪv/, *a.* inventivo: **an i. genius**, un genio inventivo.
inventiveness /ɪn'vɛntɪvnəs/, *n.* capacità d'invenzione; inventiva.
inventor /ɪn'vɛntə(r)/, *n.* inventore.
inventory /'ɪnvəntrɪ, *USA* -tɔ:rɪ/, *n.* ***1*** (*leg., rag.*) inventario ***2*** (*comm.*) giacenze; scorte; merci in magazzino; beni inventariati. ● (*rag.*) **i. accounting**, contabilità di magazzino □ **i. adjustment**, adeguamento delle scorte □ **i. control**, controllo del magazzino □ **i. management**, gestione dei materiali (*o* delle scorte) □ (*rag.*) **i. pricing**, valutazione delle scorte □ (*rag.*) **i. taking**, ricognizione fisica delle scorte □ **i. turnover**, rotazione (*o* indice di rotazione) delle scorte; ricambio del magazzino.
to **inventory** /'ɪnvəntrɪ, *USA* -tɔ:rɪ/, *v. t.* (*leg., rag.*) inventariare; fare l'inventario di (*beni, ecc.*). ● (*rag.*) **to i. at**, avere un valore d'inventario pari a.
inventress /ɪn'vɛntrɪs/, *n.* (*raro*) inventrice.
inveracity /ɪnvə'ræsətɪ/, *n.* (*form.*) mancanza di veracità; falsità.
inverness /ɪnvə'nɛs/, *n.* (= **i. overcoat**) soprabito con mantellina staccabile.
inverse /'ɪnvɜ:s/, **A** *a.* inverso; contrario; opposto: **Love is the i. of hate**, l'amore è il contrario dell'odio; (*mat.*) **in i. ratio** [**proportion**], in ragione [proporzione] inversa. **B** *n.* ***1*** (l') inverso; (l') opposto ***2*** (*mat.*) reciproco: **the i. of a complex number**, il reciproco di un numero complesso. ● (*mecc.*) **i. cam**, camma inversa. || **-ly**, *avv.*
inversion /ɪn'vɜ:ʃn, *USA* -ʒn/, *n.* ***1*** (*anche gramm., mat., mus., ecc.*) inversione; capovolgimento; rovesciamento ***2*** (*fon.*) retroflessione ***3*** (*psic.*) inversione (sessuale). ● (*meteor.*) **i. layer**, strato d'inversione.
inversive /ɪn'vɜ:sɪv/, *a.* (*specialm. ling.*) inversivo.
invert (**1**) /'ɪnvɜ:t/, *a.* (*chim.*) invertito: **i. sugar**, zucchero invertito.
invert (**2**) /'ɪnvɜ:t/, *n.* ***1*** (*ing. civile*) arco rovescio ***2*** (*psic.*) invertito.
to **invert** /ɪn'vɜ:t/, *v. t.* (*anche gramm., mus., ecc.*) invertire; capovolgere; rovesciare: **to i. an hourglass**, capovolgere una clessidra.
invertase /ɪn'vɜ:teɪz, -s/, *n.* (*chim.*) invertasi.
invertebrate /ɪn'vɜ:tɪbrət/, *a.* e *n.* ***1*** (*zool.*) invertebrato ***2*** (*fig.*) (individuo) senza spina dorsale; smidollato.
inverted /ɪn'vɜ:tɪd/, *a.* invertito; capovolto; rovesciato. ● (*ing. civile*) **i. arch**, arco rovescio □ **i. commas**, virgolette (*di citazione*) □ (*spreg.*) **i. snob**, chi snobba i nobili; chi s'atteggia a popolano.
inverter /ɪn'vɜ:tə(r)/, *n.* ***1*** chi inverte ***2*** (*elettr.*) invertitore.
invertibility /ɪnvɜ:tə'bɪlətɪ/, *n.* invertibilità.
invertible /ɪn'vɜ:təbl/, *a.* invertibile: (*mat.*) **i. matrix**, matrice invertibile.
to **invest** /ɪn'vɛst/, **A** *v. t.* ***1*** (*anche fin.*) investire; collocare, impiegare (*denaro, in maniera fruttifera*): **to i. one's money in Treasury bonds**, investire il proprio denaro in buoni del Tesoro; **The President of the USA is invested with a wide range of enormous powers**, il Presidente degli USA è investito di una vasta gamma d'enormi poteri ***2*** (*mil.*) investire; assalire; assediare: **The enemy invested the town**, i nemici investirono la città ***3*** (*raro, salvo al fig.*) vestire; rivestire; adornare: **His actions were invested with mystery**, le sue azioni erano rivestite di un'aura misteriosa. **B** *v. i.* ***1*** (*fin.*) investire denaro; fare investimenti: **to i. in stocks and shares**, investire denaro in titoli e azioni ***2*** (*fam.*) spendere denaro: **to i. in trifles**, spendere denaro in sciocchezze. ● **to i. one's hopes in st.**, riporre le proprie speranze in q.c. □ (*fam.*) **to i. in**, comprare, acquistare.
invested /ɪn'vɛstɪd/, *a.* (*fin.*) investito: **i. capital turnover**, indice di rotazione del capitale investito.
investible /ɪn'vɛstəbl/, *a.* (*fin.*) investibile.
investigable /ɪn'vɛstɪgəbl/, *a.* investigabile.
to **investigate** /ɪn'vɛstɪgeɪt/, *v. t.* e *i.* investigare; indagare; fare indagini su: **to i. the causes of an air crash**, investigare le cause d'un incidente aereo; **to i. a crime**, fare indagini su un delitto.
investigating /ɪn'vɛstɪgeɪtɪŋ/, *a.* (*leg.*) inquirente. ● **i. magistrate**, giudice delle inchieste preliminari □ **i. officer**, poliziotto incaricato delle indagini.
investigation /ɪnvɛstɪ'geɪʃn/, *n.* investigazione; indagine; accertamento: **the i. of a crime**, le indagini su un delitto.
investigative /ɪn'vɛstɪgətɪv, *USA* -geɪtɪv/, *a.* ***1*** investigativo ***2*** che ama investigare; curioso.
investigator /ɪn'vɛstɪgeɪtə(r)/, *n.* ***1*** investigatore; indagatore ***2*** investigatore privato ***3*** agente investigativo ***4*** (*ass.*) liquidatore; perito.
investigatory /ɪn'vɛstɪgeɪtrɪ, -'geɪ-, *USA* ɪn'vɛstɪgətɔ:rɪ/, *a.* investigativo.
investing /ɪn'vɛstɪŋ/, *a.* (*fin.*) che investe; investitore, investitrice: **the i. company**, la so-

cietà investitrice.

investiture /ɪn'vɛstɪtʃə(r), *USA* -tʃʊə(r)/, *n.* (*anche stor.*) investitura; l'investire.

investment /ɪn'vɛstmənt/, *n.* ***1*** (*fin.*) investimento; collocazione, impiego (*di denaro*): **a profitable i.**, un investimento proficuo; **an i. of 10,000 pounds in a loan**, l'investimento di diecimila sterline in un prestito ***2*** (*mil.*) investimento; assedio: **the i. of a town**, l'assedio a una città ***3*** (*biol.*) rivestimento; tegumento ***4*** *V.* **investiture**. ● **i. adviser**, esperto (*o* consulente) finanziario ◻ (*fisc.*) **i. allowance**, detrazione per investimenti ◻ **i. bank**, investment bank (*finanziaria che colloca nuove azioni*) ◻ **i. fund**, fondo comune d'investimento ◻ (*econ.*) **i. goods**, beni d'investimento ◻ (*econ.*) **i.-led boom**, boom alimentato dagli investimenti ◻ (*banca*) **i. management**, gestione patrimoniale ◻ **i. manager**, gestore di fondi d'investimento ◻ **i. policy**, politica degli investimenti ◻ **i. trust**, *V.* **i. fund**.

investor /ɪn'vɛstə(r)/, *n.* (*fin.*) investitore, investitrice.

inveteracy /ɪn'vɛtərəsɪ/, *n.* ***1*** (*med.*) l'esser inveterato; cronicità (*d'una malattia*) ***2*** ostinazione; pervicacia ***3*** odio (*o* pregiudizio) inveterato.

inveterate /ɪn'vɛtərət/, *a.* ***1*** inveterato; radicato: **an i. habit**, un'abitudine radicata ***2*** ostinato; pervicace; impenitente: **an i. liar**, un bugiardo impenitente ***3*** (*med.*) cronico: **an i. disease**, una malattia cronica. ‖ **-ly**, *avv.*

invidious /ɪn'vɪdɪəs/, *a.* ***1*** odioso; spiacevole; antipatico; irritante; ingiusto; offensivo: **to make i. comparisons**, fare paragoni odiosi; **an i. task**, un compito antipatico ***2*** (*arc.*) invidioso. ‖ **-ly**, *avv.* ‖ **-ness**, *sost.*

to **invigilate** /ɪn'vɪdʒəleɪt/, *v. i.* fare assistenza (*agli esami*); fare la vigilanza (*o* la sorveglianza) durante gli esami scritti.

invigilation /ɪnvɪdʒə'leɪʃn/, *n.* assistenza (*o* vigilanza) agli esami (*generalm. scritti*).

invigilator /ɪn'vɪdʒəleɪtə(r)/, *n.* insegnante incaricato della vigilanza agli esami; assistente.

to **invigorate** /ɪn'vɪgəreɪt/, *v. t.* invigorire; rinvigorire; corroborare; fortificare; rinforzare; tonificare.

invigorating /ɪn'vɪgəreɪtɪŋ/, *a.* corroborante; che invigorisce; che fortifica; tonificante; energetico: **an i. climate**, un clima corroborante.

invigoration /ɪnvɪgə'reɪʃn/, *n.* invigorimento; rinvigorimento.

invigorative /ɪn'vɪgərətɪv, *USA* -eɪt-/, *a.* corroborante; tonificante.

invigorator /ɪn'vɪgəreɪtə(r)/, *n.* ***1*** chi fortifica; chi rinvigorisce ***2*** cosa che rinvigorisce; corroborante.

invincibility /ɪnvɪnsə'bɪlətɪ/, *n.* invincibilità.

invincible /ɪn'vɪnsəbl/, *a.* ***1*** invincibile: **an i. team**, una squadra invincibile ***2*** irriducibile: **the i. ignorance of some boys**, l'irriducibile ignoranza di certi ragazzi. ‖ **-bly**, *avv.*

inviolability /ɪnvaɪələ'bɪlətɪ/, *n.* inviolabilità.

inviolable /ɪn'vaɪələbl/, *a.* (*anche fig.*) inviolabile: **an i. oath**, un giuramento inviolabile; **the i. heavens**, i cieli inviolabili. ‖ **-bly**, *avv.*

inviolacy /ɪn'vaɪələsɪ/, *n.* l'essere inviolato; integrità; purezza.

inviolate /ɪn'vaɪələt/, *a.* inviolato; integro; intatto; puro. ● **to keep a promise i.**, mantenere una promessa ◻ **to keep a rule i.**, non violare una regola; osservare una regola.

inviolateness /ɪn'vaɪələtnəs/, *V.* **inviolacy**.

invisibility /ɪnvɪzə'bɪlətɪ/, *n.* invisibilità.

invisible /ɪn'vɪzəbl/, **A** *a.* invisibile; impercettibile. **B** *n.* – **the I.**, l'Invisibile; Dio. ● (*fin.*, *rag.*) **i. assets**, attività immateriali ◻ (*econ.*) **i. exports**, esportazioni invisibili ◻ **i. ink**, inchiostro invisibile (*o* simpatico) ◻ (*econ.*) **i. items**, partite invisibili (*della bilancia dei pagamenti*) ◻ (*econ.*) **i. trade**, scambi invisibili. ‖ **-ness**, *sost.* ‖ **-bly**, *avv.*

invisibles /ɪn'vɪzəblz/, *n. pl.* (*econ.*) partite invisibili.

invitation /ɪnvɪ'teɪʃn/, *n.* invito; richiamo; allettamento; stimolo: **letter of i.**, lettera d'invito; **an i. to dinner**, un invito a pranzo; **Dry laws were an i. to bootlegging**, le leggi proibizioniste erano uno stimolo al contrabbando di liquori. ● **i. card**, biglietto d'invito ◻ **to do st. at sb.'s i.**, fare q.c. dietro (*o* su) invito di q. ◻ (*fig.*) **an open i.**, un invito a nozze (*fig.*).

invitatory /ɪn'vaɪtətrɪ, *USA* -tɔːrɪ/, *a.* che serve da invito; invitatorio (*raro*). ● (*relig.*) **an i. prayer**, un invitatorio.

invite /'ɪnvaɪt/, *n.* (*fam.*) invito.

to **invite** /ɪn'vaɪt/, *v. t.* ***1*** invitare (*anche fig.*); allettare; attrarre; stimolare: **to i. sb. to dinner [to a party]**, invitare q. a pranzo [a un ricevimento]; **The sunshine invited us to go out for a walk**, il sole ci invitava a uscire per una passeggiata ***2*** sollecitare; provocare; richiedere: (*comm.*) **to i. orders**, sollecitare ordinativi; **The speaker invited questions**, l'oratore sollecitò domande; **Talk invites scandal**, le chiacchiere provocano gli scandali. ● **to i. sb. in**, invitare q. a entrare (*in casa propria, ecc.*) ◻ **to i. sb.'s opinions**, invitare q. a dire le sue opinioni ◻ **to i. sb. over for a drink**, invitare q. per una bicchierata ◻ **to i. tenders**, bandire una gara d'appalto.

invitee /ɪnvaɪ'tiː, *USA* -vɪ-/, *n.* invitato, invitata.

inviter /ɪn'vaɪtə(r)/, *n.* invitatore, invitatrice.

inviting /ɪn'vaɪtɪŋ/, *a.* invitante; allettante; attraente; seducente. ‖ **-ly**, *avv.* ‖ **-ness**, *sost.*

in vitro /ɪn'viːtrəʊ/ (*lat.*), *avv.* e *a. attr.* (*biol.*) in vitro: **in vitro fertilization**, fecondazione in vitro.

in vivo /ɪn'viːvəʊ/, *avv.* (*biol*) in vivo.

invocation /ɪnvə'keɪʃn/, *n.* ***1*** invocazione; implorazione; supplica ***2*** evocazione.

invocatory /ɪn'vɒkətrɪ, *USA* -tɔːrɪ/, *a.* invocatorio; invocativo.

invoice /'ɪnvɔɪs/, *n.* (*comm.*) ***1*** fattura: **pro-forma i.**, fattura proforma; **i. price**, prezzo di fattura ***2*** (= **i. form**) modulo di fattura ***3*** (*USA*) bolletta di spedizione. ● **i. book**, copiafatture ◻ **i. clerk**, fatturista ◻ **i. control**, controllo della fatturazione.

to **invoice** /'ɪnvɔɪs/, *v. t.* (*comm.*) ***1*** fatturare; mettere in fattura ***2*** intestare una fattura a (q.) ***3*** (*USA*) spedire (*merce*).

invoicing /'ɪnvɔɪsɪŋ/, *n.* (*comm.*) fatturazione. ● **i. machine**, fatturatrice (*macchina*).

to **invoke** /ɪn'vəʊk/, *v. t.* ***1*** invocare (*in ogni senso*); implorare; impetrare; fare appello a; chiedere: **to i. the gods**, invocare gli dei; **to i. the powers of the law**, invocare la legge; **to i. disciplinary sanctions**, chiedere sanzioni disciplinari; **to i. sb.'s forgiveness**, impetrare il perdono di q. ***2*** evocare: **to i. the devil**, evocare il demonio.

involucre /'ɪnvəluːkə(r), -lj-/, *n.* (*anat.*, *bot.*) involucro.

involuntary /ɪn'vɒləntrɪ, *USA* -terɪ/, *a.* involontario: (*econ.*) **i. unemployment**, disoccupazione involontaria. ● (*econ.*) **i. saving**, risparmio forzato. ‖ **-ily**, *avv.* ‖ **-iness**, *sost.*

involute /'ɪnvəluːt, -ljuːt/, **A** *a.* ***1*** (*biol.*) involuto: **i. leaves**, foglie involute; **i. shells**, conchiglie involute ***2*** (*fig.*) involuto; complicato; intricato. **B** *n.* ***1*** (*mat.*) evolvente ***2*** (*mecc.*) evolvente. ● (*mecc.*) **i. gear tooth**, dente (con profilo) a evolvente.

involuted /'ɪnvəluːtɪd, -lj-/, *a.* ***1*** (*fisiol.*) involuto: **i. uterus**, utero involuto (*dopo il parto*) ***2*** (*fig.*) involuto; complicato; intricato: **an i. speech**, un discorso involuto; **an i. man**, un uomo complicato.

involution /ɪnvə'luːʃn, -lj-/, *n.* ***1*** (*fisiol.*, *biol.*, *ecc.*) involuzione ***2*** (*fig.*) involuzione; l'essere complicato (*o* intricato); complicatezza (*raro*) ***3*** (*mat.*) involuzione.

involutional /ɪnvə'luːʃənl, -lj-/, *a.* (*psic.*) involutivo: **i. psychosis**, psicosi involutiva.

to **involve** /ɪn'vɒlv/, **A** *v. t.* ***1*** coinvolgere; implicare: **The accident involved two trains**, l'incidente coinvolse due treni; **to be involved in a bankruptcy**, essere coinvolto in un fallimento ***2*** complicare; rendere intricato: **to i. a question**, complicare una questione ***3*** comportare, richiedere (*come conseguenza*): **Expansion in business involves an enormous expenditure**, l'allargamento del giro d'affari richiede spese enormi ***4*** comprendere; contare: **The procession involved thousands of people**, il corteo contava migliaia di persone ***5*** complicare; rendere intricato ***6*** (*arc.*) involgere; avvolgere; attorcigliare. **B** to **involve oneself**, *v. rifl.* compromettersi; (*anche polit.*) impegnarsi: **He didn't want to i. himself with that girl**, non voleva impegnarsi con quella ragazza. ● **to be involved in great difficulties**, essere alle prese con gravi difficoltà ◻ **to be involved in working out a solution to a problem**, essere immerso nella ricerca della soluzione d'un problema.

involved /ɪn'vɒlvd/, *a.* ***1*** involuto (*fig.*); complicato; intricato; oscuro: **an i. style**, uno stile involuto ***2*** coinvolto; implicato: **to be i. in a robbery**, essere coinvolto in una rapina ***3*** (*polit.*, *ecc.*) impegnato ***4*** in questione: **the measure i.**, il provvedimento in questione. ● **to become** (*o* **to get**) **i.**, essere (*o* venire) coinvolto; immischiarsi, impicciarsi; (*polit.*) impegnarsi ◻ **to be deeply i. with a girl**, essersi compromesso con una ragazza.

involvement /ɪn'vɒlvmənt/, *n.* ***1*** coinvolgimento; implicazione ***2*** complicatezza (*raro*); affare intricato; faccenda complicata ***3*** (*comm.*) imbarazzo pecuniario; dissesto ***4*** (*polit.*, *ecc.*) impegno.

invulnerability /ɪnvʌlnərə'bɪlətɪ/, *n.* invulnerabilità.

invulnerable /ɪn'vʌlnərəbl/, *a.* ***1*** invulnerabile ***2*** inattaccabile: **an i. position**, una posizione inattaccabile ***3*** (*fig.*) inoppugnabile: **i. theories**, teorie inoppugnabili.

inward (1) /'ɪnwəd/, **A** *a.* ***1*** interno; interiore; intimo; spirituale: **the i. organs of the body**, gli organi interni del corpo; **i. peace**, pace interiore, dello spirito; **one's i. thoughts**, gl'intimi pensieri ***2*** interno; (diretto) verso l'interno ***3*** (*naut.*) di ritorno. **B** *n. pl.* – (*fam.*) **the inwards** (*pronuncia* /'ɪnədz/), gli intestini, le viscere. ● (*geogr.*) **I. Asia**, l'Asia interiore ◻ (*naut.*) **i. bound**, in viaggio di ritorno: **i.-bound vessel**, nave in viaggio di ritorno ◻ (*fin.*) **i. capital movements**, entrate di capitali ◻ **i.-looking**, che guarda verso l'interno; (*fig.*) isolazionistico; (*psic.*) introverso ◻ (*comm.*) **i. freight**, nolo d'entrata.

inward (2) /'ɪnwəd/, *avv.* *V.* **inwards**.

inwardly /'ɪnwədlɪ/, *avv.* ***1*** all'interno; dentro ***2*** nell'intimo; dentro di sé; interiormente; intimamente: **to rejoice i.**, rallegrarsi nell'intimo; **to be i. resentful**, nutrire risentimento dentro di sé ***3*** fra sé (e sé); a bassa voce.

inwardness /'ɪnwədnəs/, *n.* ***1*** essenza; intima natura: **the real i. of a poet**, la vera intima natura di un poeta ***2*** (*arc.*) interiorità; intimità; spiritualità.

inwards /'ɪnwədz/, *avv.* ***1*** all'interno; dentro; verso l'interno ***2*** nell'intimo (*dell'anima, del cuore*); interiormente; intimamente.

to **inweave** /ɪn'wiːv/ (*pass.* **inwove**, *p. p.* **inwoven**), *v. t.* (*anche fig.*) intessere; intrecciare.

inwrought /ɪn'rɔːt/, *a.* ***1*** (*poet.*) (*di tessuto e fig.*) adorno di ricami; figurato; ricamato; trapunto: **star-i.**, trapunto di stelle ***2*** (*di figura, disegno, ecc.*) intessuto; inserito ***3*** (*fig.*) amalgamato; strettamente connesso.

inyala /ɪn'jɑːlə/, *n.* (*pl.* **inyala, inyalas**) (*zool.*, *Tragelaphus angasi*) nyala.

iodate /'aɪədeɪt/, *n.* (*chim.*) iodato.

iodic /aɪ'ɒdɪk/!, *a.* ***1*** (*chim.*) iodico: **i. acid**, acido iodico ***2*** (*med.*) (causato) da iodio: **i. poisoning**, avvelenamento da iodio.

iodide /'aɪədaɪd/, *n.* (*chim.*) ioduro.

to **iodinate** /'aɪədɪneɪt/, *v. t.* (*chim.*) iodurare.

iodination /aɪədɪ'neɪʃn/, *n.* (*chim.*) iodurazione.

iodine /ˈaɪədiːn, *USA* -daɪn/, **iodin** /ˈaɪədɪn/, *n.* (*chim.*) ***1*** iodio ***2*** (*fam.*, = **tincture of i.**) tintura di iodio.

iodism /ˈaɪədɪzəm/, *n.* (*med.*) iodismo.

to **iodize** /ˈaɪədaɪz/, *v. t.* ***1*** (*chim.*) iodare; trattare con iodio ***2*** (*med.*, *fotogr.*) iodare; curare con tintura di iodio; trattare con ioduro.

iodized /ˈaɪədaɪzd/, *a.* (*chim.*) iodato.

iodoform /aɪˈɒdəfɔːm/, *n.* (*chim.*, *med.*) iodoformio.

iodous /aɪˈɒdəs, *USA* -ˈəʊ-/, *a.* (*chim.*) iodoso.

iolite /ˈaɪəlaɪt/, *n.* (*miner.*) iolite.

ion /ˈaɪən, ˈaɪɒn/, *n.* (*fis.*) ione. ● (*fis.*, *nucl.*) **ion accelerator**, acceleratore di ioni □ **ion chamber**, camera di ionizzazione □ **i. exchange**, scambio ionico (*o* di ioni) □ (*elettron.*) **ion trap**, trappola ionica.

Ionian /aɪˈəʊnɪən/, **A** *a.* (*geogr.*) ionio; ionico: **the I. Sea**, il Mar Ionio; **the I. Islands**, le Isole Ionie. **B** *n.* (*stor.*) abitante della Ionia.

Ionic /aɪˈɒnɪk/, **A** *a.* (*stor.*, *archit.*) ionico: **I. dialect**, dialetto ionico; **I. order**, ordine ionico. **B** *n.* (*poesia*) ionico.

ionic /aɪˈɒnɪk/, *a.* (*fis.*) ionico: **i. charge**, carica ionica.

ionium /aɪˈəʊnɪəm/, *n.* (*chim.*) ionio.

ionization /aɪənaɪˈzeɪʃn, *USA* -nɪˈz-/, *n.* (*fis.*) ionizzazione: **i. chamber**, camera di ionizzazione.

to **ionize** /ˈaɪənaɪz/, **A** *v. t.* (*fis.*) ionizzare. **B** *v. i.* mutarsi in ioni.

ionizing /ˈaɪənaɪzɪŋ/, *a.* (*chim.*, *fis.*) ionizzante: **i. radiation**, radiazione ionizzante.

ionosonde /aɪˈɒnəsɒnd/, *n.* (*astron.*) ionosonda.

ionosphere /aɪˈɒnəsfɪə(r)/, *n.* (*scient.*) ionosfera.

ionospheric /aɪɒnəˈsferɪk/, *a.* ionosferico.

iota /aɪˈəʊtə/, *n.* ***1*** iota (*nona lettera dell'alfabeto greco*) ***2*** (*fig.*) ette, briciolo: **There's not an i. of truth in what he says**, non c'è un briciolo di verità in ciò che dice.

iotacism /aɪˈəʊtəsɪzəm/, *n.* (*ling.*) iotacismo.

IOU /aɪəʊˈjuː/, *n.* (*abbr. di* **I owe you**) (*comm.*) riconoscimento scritto di un debito.

ipecacuanha /ɪpɪkækjʊˈænə/, *n.* (*bot.*, *Cephaelis ipecacuanha*; *med.*) ipecacuana.

Iphigenia /ɪfɪdʒɪˈnaɪə, aɪ-, -ˈniːə, ɪfɪˈdʒiːnɪə/, *n.* (*mitol.*) Ifigenia.

ipso facto /ˈɪpsəʊˈfæktəʊ/ (*lat.*), *avv.* ipso facto; di per sé.

iracund /ˈaɪrəkʌnd/, *a.* (*arc.*) iracondo.

Iraki /ɪˈrɑːkɪ, -ækɪ/, *a.* e *n.* (*pl.* **Irakis**) *V.* **Iraqi**.

Irangate /ɪˈrɑːngeɪt, ɪˈræ-/, *n.* (*stor.*) Irangate (*scandalo del 1986*).

Iranian /ɪˈreɪnɪən, ɪˈrɑː-/, **A** *a.* iraniano; persiano. **B** *n.* ***1*** iraniano; iranico; persiano ***2*** iranico (*la lingua*).

Iraqi /ɪˈrɑːkɪ, -ækɪ/, *a.* e *n.* (*pl.* **Iraquis**) iracheno.

irascibility /ɪræsəˈbɪlətɪ/, *n.* irascibilità; irritabilità.

irascible /ɪˈræsəbl/, *a.* irascibile; irritabile. || **-bly**, *avv.*

irate /aɪˈreɪt, *USA* ˈaɪreɪt/, *a.* irato; adirato. || **-ly**, *avv.*

ire /ˈaɪə(r)/, *n.* (*poet.*) ira; corruccio; collera.

ireful /ˈaɪəfl/, *a.* (*poet.*) irato; adirato; corrucciato.

Ireland /ˈaɪələnd/, *n.* (*geogr.*) Irlanda.

irenic(al) /aɪˈriːnɪk(l)/, *a.* (*lett.*) pacifico; favorevole alla pace.

irenics /aɪˈriːnɪks/, *n. pl.* (*col verbo al sing.*) (*relig.*) irenismo.

iridaceous /ɪrɪˈdeɪʃəs, aɪ-/, *a.* (*bot.*) delle iridacee.

iridectomy /ɪrɪˈdektəmɪ, aɪ-/, *n.* (*med.*) iridectomia.

iridescence /ɪrɪˈdesns, aɪ-/, *n.* iridescenza.

iridescent /ɪrɪˈdesnt, aɪ-/, *a.* iridescente; cangiante.

iridic /ɪˈrɪdɪk, aɪ-/, *a.* (*chim.*) iridico.

iridium /ɪˈrɪdɪəm, aɪ-/, *n.* (*chim.*) iridio.

iridosmine /ɪrɪˈdɒsmiːn, aɪ-/, *n.* (*miner.*) iridosmina; osmiridio.

iris /ˈaɪərɪs/, *n.* (*pl.* **irises, irides**) ***1*** (*meteor.*) iride; arcobaleno ***2*** (*anat.*) iride (*dell'occhio*) ***3*** (*bot.*, *Iris*) iris; ireos; giaggiolo; iride (*non comune*). ● (*fotogr.*) **i. diaphragm**, diaframma a iride.

Iris /ˈaɪərɪs/, *n.* (*mitol.*) Iride.

Irish /ˈaɪərɪʃ/, **A** *a.* irlandese: (*polit.*) **the I. question**, la questione irlandese. **B** *n.* ***1*** (lingua) irlandese ***2*** – (*pl. collett.*) **the I.**, gli irlandesi. ● (*fam. USA*) **I. buggy**, carriola □ **I. coffee**, Irish coffee; caffè con panna, corretto con whisky □ (*stor.*) **the I. Free State**, lo Stato Libero d'Irlanda □ (*polit.*) **the I. Republican Army**, l'I.R.A. □ (*geogr.*) **the I. Sea**, il Mar d'Irlanda □ **I. setter** (*cane*), setter irlandese □ (*cucina*) **I. stew**, stufato (*di castrato, ecc.*) con cipolle e patate □ (*fam. arc.*) **to get one's I. up**, farsi saltare la mosca al naso; perdere le staffe.

Irisher /ˈaɪərɪʃə(r)/, *n.* (*USA*) persona di origine irlandese.

Irishism /ˈaɪərɪʃɪzəm/, *n.* locuzione (*o* costume, ecc.) irlandese.

to **Irishize** /ˈaɪərɪʃaɪz/, *v. t.* rendere irlandese.

Irishman /ˈaɪərɪʃmən/, *n.* (*pl.* **Irishmen**) irlandese (*uomo*).

Irishwoman /ˈaɪərɪʃwʊmən/, *n.* (*pl.* **Irishwomen**) irlandese (*donna*).

iritis /aɪˈraɪtɪs/, *n.* (*med.*) irite.

to **irk** /ɜːk/, *v. t.* (*fam.*) affliggere; tediare; infastidire; seccare; turbare: **It irks me to do it again**, mi secca rifarlo.

irksome /ˈɜːksəm/, *a.* tedioso; fastidioso; increscioso; seccante. || **-ly**, *avv.* || **-ness**, *sost.*

iron /ˈaɪən, *USA* ˈaɪə[r]n/, **A** *n.* ***1*** (*anche fig.*) ferro: **I. is heavier than aluminium**, il ferro è più pesante dell'alluminio; **gates made of wrought i.**, cancelli di ferro battuto; **as hard as i.**, duro come il ferro; **a man of i.**, un uomo di ferro (*o* inflessibile) ***2*** strumento di ferro; ferro da stiro: **Don't leave the i. on the table**, non lasciare il ferro (da stiro) sul tavolo! ***3*** (*pl.*) ferri; catene; ceppi: **to be put in irons**, esser messo ai ferri, in catene ***4*** (*golf*) ferro ***5*** (*med.*) ricostituente a base di ferro ***6*** staffa (*per cavalcare*) ***7*** (*pl.*) (*med.*) stecche di metallo (*per un arto fratturato*) ***8*** (*pop. USA*) pistola; rivoltella ***9*** (*pop. USA*) automobile; motocicletta ***10*** (*pop. USA*) *V.* **hardware**. **B** *a. attr.* ***1*** di ferro (*anche fig.*); ferreo; forte; duro; tenace; spietato: **an i. ring**, un anello di ferro; **i. gates**, cancelli di ferro; **an i. crown**, una corona ferrea; **an i. will**, una volontà ferrea; **an i. constitution**, una salute di ferro ***2*** color ferro; ferrigno ***3*** ferruginoso ***4*** (*di suono*) metallico. ● **the I. Age**, l'età del ferro □ **i.-and-steel industry**, industria siderurgica □ (*bot.*) **i.-bark**, tipo di eucalipto australiano che fornisce legname da costruzione □ **i.-bound**, cerchiato di ferro; (*di costa*) chiusa da scogli; (*fig.*) inflessibile, rigoroso, severo □ (*fig.*, *stor.*) **the i. curtain**, la cortina di ferro □ (*fig.*) **the i. fist** (*o* **i. hand**) **in the velvet glove**, pugno di ferro in guanto di velluto □ **i. foundry**, fonderia di ghisa □ **i. grey**, (color) grigio ferro □ (*fig. fam. arc.*) **i. horse**, cavallo d'acciaio; bicicletta; locomotiva a vapore □ (*fam. USA*) **i. house**, carcere; prigione □ (*med.*) **i. lung**, polmone d'acciaio □ **i. man**, (*fam.*) tipo instancabile; automa, robot; (*pop. USA*) dollaro (*specialm. d'argento*) □ **i. metallurgy**, siderurgia □ **i. mould**, macchia di ruggine □ **i. ore**, minerale di ferro □ (*mil.*) **i. rations**, razioni d'emergenza; viveri di riserva □ (*ind. costr.*) **i. rod**, ferro tondo; tondino □ **i. wire**, fil di ferro □ (*ind.*) **i. worker**, (operaio) siderurgico □ **i. working**, siderurgia □ **a curling i.**, un ferro per arricciare i capelli □ **ductile i.**, ferro dolce □ (*fig.*) **to have too many irons in the fire**, avere troppa carne al fuoco (*fig.*) □ **a man [a woman] of i.**, un uomo [una donna] che ha il pugno di ferro □ **pig i.**, ghisa (*di prima fusione*) □ **to rule with a rod of i.** (*o* **with an i. hand**), governare con mano (*o* con pugno) di ferro □ **scrap i.**, rottami di ferro □ (*prov.*) **to strike while the i. is hot**, battere il ferro finché è caldo.

to **iron** /ˈaɪən, *USA* ˈaɪə[r]n/, **A** *v. t.* ***1*** stirare: **I haven't ironed your shirts yet**, non ho ancora stirato le tue camicie ***2*** munire di ferro; rivestire di ferro ***3*** (*raro*) mettere (q.) ai ferri. **B** *v. i.* (*di panni*) stirarsi (*bene, male, ecc.*). ● **to i. out**, togliere, eliminare col ferro (*da stiro*: *pieghe, ecc.*); (*fig.*) eliminare, appianare; (*pop. USA*) stendere (*fig. fam.*), ammazzare (*con un'arma da fuoco*): **to i. out difficulties**, appianare (*o* eliminare) le difficoltà.

ironclad /ˈaɪənˈklæd, *USA* ˈaɪə[r]n-/, **A** *a.* ***1*** rivestito di ferro; corazzato ***2*** (*fig.*) inflessibile; rigido ***3*** (*fig.*) sicuro; inoppugnabile. **B** *n.* (*naut.*, *mil.*) corazzata.

ironer /ˈaɪənə(r), *USA* ˈaɪə[r]-/, *n.* stiratore, stiratrice.

ironhanded /ˈaɪənˈhændɪd, *USA* ˈaɪə[r]-/, *a.* inflessibile; rigoroso; severo.

ironhearted /ˈaɪənˈhɑːtɪd, *USA* ˈaɪə[r]-/, *a.* crudele; spietato.

ironic(al) /aɪˈrɒnɪk(l)/, *a.* ironico; che fa dell'ironia: **an i. question**, una domanda ironica; **an i. teacher**, un insegnante che fa dell'ironia. || **-ally**, *avv.*

ironing /ˈaɪənɪŋ, *USA* ˈaɪə[r]-/, *n.* ***1*** stiratura ***2*** panni stirati (*o* da stirare). ● **i. board**, asse da stiro □ **i. room**, stireria (*la stanza*) □ **i. shop**, stireria (*il locale*) □ **to do the i.**, stirare.

ironist /ˈaɪərənɪst, *USA* ˈaɪə[r]-/, *n.* ironista (*lett.*).

ironmaster /ˈaɪənmɑːstə(r), *USA* ˈaɪə[r]nmæs-/, *n.* padrone di ferriera.

ironmonger /ˈaɪənmʌŋgə(r), *USA* ˈaɪə[r]nmɒŋ-/, *n.* commerciante di ferramenta. ● **i.'s**, ferramenta (*il negozio*).

ironmongery /ˈaɪənmʌŋgərɪ, *USA* ˈaɪə[r]nmɒŋ-/, *n.* (negozio di) ferramenta; ferrareccia. ● **i. wholesaler**, grossista di ferramenta.

ironside /ˈaɪənsaɪd, *USA* ˈaɪə[r]-/, *n.* ***1*** (*arc.*) uomo coraggioso, risoluto ***2*** (*pl.*) (*col verbo al sing.*) (*naut.*, *raro*) corazzata. ● (*stor.*) **the Ironsides**, i cavalleggeri di Oliver Cromwell.

ironsmith /ˈaɪənsmɪθ, *USA* ˈaɪə[r]-/, *n.* fabbro ferraio.

ironstone /ˈaɪənstəʊn, *USA* ˈaɪə[r]-/, *n.* ***1*** minerale di ferro ***2*** (= **i. china**) porcellana dura.

ironware /ˈaɪənweə(r), *USA* ˈaɪə[r]-/, *n.* ferramenta.

ironwork /ˈaɪənwɜːk, *USA* ˈaɪə[r]-/, *n.* ***1*** lavoro in ferro; ferro battuto ***2*** ferrame; oggetti di ferro.

ironworker /ˈaɪənwɜːkə(r), *USA* ˈaɪə[r]-/, *n.* (operaio) siderurgico.

ironworks /ˈaɪənwɜːks, *USA* ˈaɪə[r]-/, *n. pl.* (*anche col verbo al sing.*) ferriera.

irony (1) /ˈaɪərənɪ/, *n.* ironia: **an i. of life**, un'ironia della vita; (*filos.*) **Socratic i.**, ironia socratica.

irony (2) /ˈaɪənɪ, *USA* ˈaɪə[r]nɪ/, *a.* di ferro; simile a ferro; ferreo; ferrigno.

Iroquoian /ɪrəˈkwɔɪən/, *a.* (*stor.*) irochese.

Iroquois /ˈɪrəkwɔɪ/, *n.* (*stor.*) irochese.

irradiance /ɪˈreɪdɪəns/, *n.* (*fis.*) irradiazione; irraggiamento.

irradiant /ɪˈreɪdɪənt/, *a.* radiante; raggiante; splendente.

to **irradiate** /ɪˈreɪdɪeɪt/, *v. t.* ***1*** (*anche fis.*, *med.*) irradiare; irraggiare; sottoporre a radiazioni ***2*** irradiare; esser raggiante di: **to i. happiness**, esser raggiante di felicità ***3*** (*fig.*) illuminare; chiarire, far luce su (*un argomento, ecc.*).

irradiation /ɪreɪdɪˈeɪʃn/, *n.* ***1*** (*anche fis.*, *med.*) irradiazione; irradiamento; irraggiamento ***2*** (*fig.*) l'essere illuminato; illuminazione (*fig.*); apertura mentale.

irradiative /ɪˈreɪdɪətɪv, *USA* -ɪeɪt-/, *a.* (*fis.*, *med.*) irradiante.

irradiator /ɪˈreɪdɪeɪtə(r)/, *n.* irradiatore.

irrational /ɪˈræʃənl/, **A** *a.* irrazionale (*anche mat.*); irragionevole: **an i. number**, un numero irrazionale; **i. suspicions**, sospetti irragio-

nevoli. **B** *n.* (*mat.*) numero irrazionale.
irrationalism /ɪ'ræʃənəlɪzəm/, *n.* (*filos*) irrazionalismo.
irrationalist /ɪ'ræʃənəlɪst/, **A** *n.* (*filos.*) irrazionalista. **B** *a.* irrazionalistico.
irrationality /ɪræʃə'nælətɪ/, *n.* irrazionalità; irragionevolezza.
irrationally /ɪ'ræʃənəlɪ/, *avv.* irrazionalmente.
irrealizable /ɪ'rɪəlaɪzəbl, ɪ'riːə-/, *a.* irrealizzabile; inattuabile.
irreclaimable /ɪrɪ'kleɪməbl/, *a.* **1** irrimediabile; irrecuperabile; incorreggibile **2** (*di terreno, ecc.*) non bonificabile; non prosciugabile.
irrecognizable /ɪ'rɛkəgnaɪzəbl/, *a.* irriconoscibile.
irreconcilability /ɪrɛkənsaɪlə'bɪlətɪ/, *n.* irreconciliabilità; inconciliabilità; incompatibilità.
irreconcilable /ɪrɛkən'saɪləbl, ɪ'rɛkəns-/, **A** *a.* irreconciliabile; inconciliabile; incompatibile: **i. foes**, nemici irreconciliabili (*o* implacabili); **i. ideas**, idee inconciliabili. **B** *n.* (*polit.*) intransigente. || **-ness,** *sost.* || **-bly,** *avv.*
irrecoverable /ɪrɪ'kʌvərəbl/, *a.* **1** irrecuperabile; irreparabile; irrimediabile: **i. losses**, perdite irreparabili **2** (*di credito*) inesigibile. || **-ness,** *sost.* || **-bly,** *avv.*
irrecusable /ɪrɪ'kjuːzəbl/, *a.* irrecusabile.
irredeemable /ɪrɪ'diːməbl/, **A** *a.* **1** (*anche fin.*) irredimibile; (*di cartamoneta*) non convertibile: **i. debenture**, obbligazione irredimibile **2** incorreggibile: **an i. sinner**, un peccatore incorreggibile **3** irreparabile; irrimediabile: **an i. loss**, una perdita irreparabile. **B** *n. pl.* (*fin.*) obbligazioni irredimibili. ● **i. bond**, cartella di rendita.
irredentism /ɪrɪ'dɛntɪzəm/, *n.* (*stor., polit.*) irredentismo.
irredentist /ɪrɪ'dɛntɪst/, **A** *n.* (*stor., polit.*) irredentista. **B** *a.* irredentistico.
irredimability /ɪrɪ'diːməblɪ/, *n.* irredimibilità.
irreducibility /ɪrɪdjuːsə'bɪlətɪ, *USA* -duː-/, *n.* (*anche mat.*) irriducibilità.
irreducible /ɪrɪ'djuːsəbl, *USA* -duː-/, *a.* (*anche mat.*) irriducibile. || **-bly,** *avv.*
irrefragability /ɪrɛfrəgə'bɪlətɪ/, *n.* irrefragabilità.
irrefragable /ɪ'rɛfrəgəbl/, *a.* irrefragabile; inoppugnabile.
irrefrangible /ɪrɪ'frændʒəbl/, *a.* **1** infrangibile; inviolabile **2** (*fis.*) non rifrangibile.
irrefutability /ɪrɛfjʊtə'bɪlətɪ/, *n.* irrefutabilità.
irrefutable /ɪrɪ'fjuːtəbl, ɪ'rɛfjʊt-/, *a.* irrefutabile. ● (*leg.*) **i. evidence**, prova certa. || **-bly,** *avv.*
irregular /ɪ'rɛgjʊlə(r)/, **A** *a.* **1** irregolare (*anche gramm.*); disuguale; inuguale; anormale: **an i. verb**, un verbo irregolare; **an i. surface**, una superficie irregolare, inuguale; **i. payments**, pagamenti irregolari; **i. troops**, milizie irregolari **2** disordinato; sregolato; sconveniente: **i. conduct**, condotta sregolata **3** (*leg.*) irregolare: **i. procedure**, procedura irregolare. **B** *n.* **1** cosa irregolare **2** persona sregolata **3** (*pl.*) milizie irregolari. ● (*demogr.*) **i. fluctuation**, variazione erratica □ **to be i. in one's attendance at school**, frequentare la scuola in modo irregolare, saltuario □ **an i. worker**, un lavoratore saltuario.
irregularity /ɪrɛgjʊ'lærətɪ/, *n.* **1** irregolarità; ineguaglianza; anormalità: **the irregularities in one's business accounts**, le irregolarità dei propri libri contabili **2** disordine; sregolatezza; sconvenienza: **irregularities in conduct**, sconvenienze di comportamento; condotta sregolata.
irregularly /ɪ'rɛgjʊləlɪ/, *avv.* irregolarmente.
irrelative /ɪ'rɛlətɪv/, *a.* **1** non collegato; non connesso; senza relazione **2** non relativo; assoluto.
irrelevance /ɪ'rɛləvəns/, **irrelevancy** /ɪ'rɛləvənsɪ/, *n.* **1** irrilevanza; mancanza d'appropriatezza; non pertinenza **2** domanda (osservazione, ecc.) non pertinente **3** mancanza d'attualità; inattualità.
irrelevant /ɪ'rɛləvənt/, *a.* **1** irrilevante; non appropriato; non pertinente: **i. questions**, domande non pertinenti **2** non attuale; inattuale. ● (*leg.*) **i. evidence**, prova irrilevante (*non è ammissibile*). || **-ly,** *avv.*
irreligion /ɪrɪ'lɪdʒn/, *n.* irreligione; irreligiosità.
irreligionist /ɪrɪ'lɪdʒənɪst/, *n.* persona irreligiosa.
irreligious /ɪrɪ'lɪdʒəs/, *a.* **1** irreligioso **2** antireligioso. || **-ly,** *avv.*
irremediable /ɪrɪ'miːdɪəbl/, *a.* irremediabile; irreparabile. || **-ness,** *sost.* || **-bly,** *avv.*
irremissible /ɪrɪ'mɪsəbl/, *a.* **1** irremissibile; imperdonabile: **i. sin**, peccato irremissibile **2** obbligatorio; inderogabile. || **-ness,** *sost.* || **-bly,** *avv.*
irremovability /ɪrɪmuːvə'bɪlətɪ/, *n.* **1** irremovibilità **2** inamovibilità.
irremovable /ɪrɪ'muːvəbl/, *a.* **1** irremovibile; che non si può rimuovere **2** inamovibile. || **-bly,** *avv.*
irrepairable /ɪrɪ'pɛərəbl/, *a.* non riparabile; che non si può aggiustare.
irreparability /ɪrɛpərə'bɪlətɪ/, *n.* irreparabilità.
irreparable /ɪ'rɛpərəbl/, *a.* irreparabile; irrimediabile. || **-ness,** *sost.* || **-bly,** *avv.*
irrepealable /ɪrɪ'piːləbl/, *a.* (*leg., polit.*) irrevocabile.
irreplaceable /ɪrɪ'pleɪsəbl/, *a.* insostituibile.
irrepressibility /ɪrɪprɛsə'bɪlətɪ/, *n.* irrefrenabilità.
irrepressible /ɪrɪ'prɛsəbl/, **A** *a.* **1** irrefrenabile; irreprimibile: **i. laugh**, riso irrefrenabile; **the i. individualism of the Italians**, l'irreprimibile individualismo degli italiani **2** (*rif. a persona*) esuberante. **B** *n.* (*fam.*) persona che non si può tenere a freno. ● **an i. talker**, uno che non la smette mai di parlare. || **-bly,** *avv.*
irreproachability /ɪrɪprəʊtʃə'bɪlətɪ/, *n.* irreprensibilità.
irreproachable /ɪrɪ'prəʊtʃəbl/, *a.* irreprensibile; irriprovevole. || **-bly,** *avv.*
irresistibility /ɪrɪzɪstə'bɪlətɪ/, *n.* irresistibilità.
irresistible /ɪrɪ'zɪstəbl/, *a.* irresistibile; (*fig.*) affascinante. || **-bly,** *avv.*
irresoluble /ɪ'rɛzəlʊbl, -lj-/, *a.* irresolubile; insolubile.
irresolute /ɪ'rɛzəluːt, -lj-/, *a.* irresoluto: esitante; incerto; indeciso. || **-ly,** *avv.* || **-ness,** *sost.*
irresolution /ɪrɛzə'luːʃn, -lj-/, *n.* irresolutezza; irresoluzione; esitazione; incertezza; indecisione.
irresolvable /ɪrɪ'zɒlvəbl/, *a.* **1** irresolubile; insolubile **2** indissolubile; non separabile.
irrespective /ɪrɪ'spɛktɪv/, *a.* (*raro*) irrispettoso; noncurante. ● **i. of**, astraendo da; prescindendo da; senza curarsi di; a prescindere da; senza riguardo a: **He threw himself into the flames, i. of the consequences**, si precipitò tra le fiamme, senza curarsi delle conseguenze; **The posts were filled i. of the age of the applicants**, i posti furono assegnati senza riguardo all'età degli aspiranti.
irrespectively /ɪrɪ'spɛktɪvlɪ/, *avv.* indipendentemente (da); senza riguardo (a); senza badare (a).
irrespirable /ɪ'rɛspɪrəbl/, *a.* irrespirabile.
irresponsibility /ɪrɪspɒnsə'bɪlətɪ/, *n.* irresponsabilità.
irresponsible /ɪrɪ'spɒnsəbl/, *a.* irresponsabile; non responsabile. || **-bly,** *avv.*
irresponsive /ɪrɪ'spɒnsɪv/, *a.* **1** che non risponde; che non reagisce; refrattario (*fig.*) **2** indifferente; insensibile. || **-ly,** *avv.* || **-ness,** *sost.*
irretention /ɪrɪ'tɛnʃn/, *n.* (*anche med.*) incapacità di ritenere (*specialm. l'urina*); mancanza di ritenzione.
irretentive /ɪrɪ'tɛntɪv/, *a.* che non ritiene (*V.* **irretention**). ● **i. memory**, memoria labile. || **-ness,** *sost.*
irretrievability /ɪrɪtriːvə'bɪlətɪ/, *n.* **1** irrecuperabilità **2** irreparabilità.
irretrievable /ɪrɪ'triːvəbl/, *a.* **1** irrecuperabile **2** irreparabile: **an i. loss**, una perdita irreparabile. || **-bly,** *avv.*
irreverence /ɪ'rɛvərəns/, *n.* irriverenza; empietà; insolenza.
irreverent /ɪ'rɛvərənt/, *a.* irriverente; empio; insolente. || **-ly,** *avv.*
irreverential /ɪrɛvə'rɛnʃl/, *a.* irriverente.
irreversibility /ɪrɪvɜːsə'bɪlətɪ/, *n.* **1** l'essere non abrogabile; irrevocabilità **2** (*scient., tecn.*) irreversibilità.
irreversible /ɪrɪ'vɜːsəbl/, *a.* **1** non abrogabile; irrevocabile **2** (*scient., tecn.*) irreversibile. || **-bly,** *avv.*
irrevocability /ɪrɛvəkə'bɪlətɪ/, *n.* irrevocabilità.
irrevocable /ɪ'rɛvəkəbl/, *a.* irrevocabile; immutabile: **an i. engagement**, un impegno irrevocabile; (*leg.*) **i. offer**, offerta irrevocabile. ● (*fin.*) **i. credit**, credito irrevocabile. || **-bly,** *avv.*
irrigable /'ɪrɪgəbl/, *a.* irrigabile; irriguo.
to **irrigate** /'ɪrɪgeɪt/, *v. t.* **1** (*agric., med.*) irrigare: **to i. the arid plains of Apulia**, irrigare le aride pianure della Puglia; **to i. a wound**, irrigare una ferita **2** (*fig.*) bagnare; irrorare.
irrigation /ɪrɪ'geɪʃn/, **A** *n.* (*agric., med.*) irrigazione; irrigamento. **B** *a. attr.* **1** d'irrigazione: **i. canal**, canale d'irrigazione **2** (*agric.*) irriguo.
irrigative /'ɪrɪgeɪtɪv/, *a.* irrigatorio.
irrigator /'ɪrɪgeɪtə(r)/, *n.* (*agric., med.*) irrigatore.
irriguous /ɪ'rɪgjʊəs/, *a.* irriguo: **i. streams**, acque irrigue.
irritability /ɪrɪtə'bɪlətɪ/, *n.* irritabilità; irascibilità.
irritable /'ɪrɪtəbl/, *a.* irritabile (*anche med.*); irascibile. || **-bly,** *avv.*
irritancy (1) /'ɪrɪtənsɪ/, *n.* irritazione; irritamento; fastidio.
irritancy (2) /'ɪrɪtənsɪ/, *n.* (*leg.*) invalidazione; annullamento.
irritant (1) /'ɪrɪtənt/, **A** *a.* irritante; fastidioso. **B** *n.* (*med.*) sostanza irritante.
irritant (2) /'ɪrɪtənt/, *a.* (*leg.*) che rende irrito; invalidante: **i. clause**, clausola invalidante.
to **irritate (1)** /'ɪrɪteɪt/, *v. t.* irritare; eccitare; stuzzicare: **The thick smoke irritated my throat**, il fumo denso m'irritò la gola.
to **irritate (2)** /'ɪrɪteɪt/, *v. t.* (*leg.*) rendere irrito; invalidare.
irritating /'ɪrɪteɪtɪŋ/, *a.* irritante. || **-ly,** *avv.*
irritation /ɪrɪ'teɪʃn/, *n.* **1** irritazione; eccitazione **2** cosa che irrita; fonte d'irritazione.
irritative /'ɪrɪteɪtɪv/, *a.* **1** (*med.*) irritativo **2** irritante.
irrotational /ɪrəʊ'teɪʃnəl/, *a.* (*scient.*) irrotazionale: (*geol.*) **i. strain**, deformazione irrotazionale; (*mecc. dei fluidi*) **i. flow**, corrente irrotazionale.
to **irrupt** /ɪ'rʌpt/, *v. i.* irrompere; fare irruzione.
irruption /ɪ'rʌpʃn/, *n.* irruzione; incursione; scorreria.
I.R.S. /aɪɑːr'ɛs/, *n.* (*acronimo di* **Internal Revenue Service**) (*fisc., USA*) il fisco: **an I.R.S. agent**, un funzionario del fisco; un agente delle imposte (*fam.*: delle tasse).
is /ɪz, z, s, *USA* ɪz, əz, z, s/, *3ª pers. sing. del pres. indic.* di **to be**.
Isaac /'aɪzək/, *n.* Isacco.
Isabel /'ɪzəbɛl/, **Isabella** /ɪzə'bɛlə/, **A** *n.* Isabella. **B** – **i.** *n.* e *a.* (color) isabella; giallo lionato.
isabelline /ɪzə'bɛlaɪn/, *a.* isabellino; color isabella; giallo lionato.
isagoge /'aɪsəgəʊdʒɪ/, *n.* isagoge (*lett.*); introduzione.
isagogic /aɪsə'gɒdʒɪk/, *a.* isagogico (*lett.*); introduttivo.
isagogics /aɪsə'gɒdʒɪks/, *n. pl.* (*col verbo al sing.*) scritti isagogici.
Isaiah /aɪ'zaɪə/, *n.* (*Bibbia*) Isaia.
isatin /'aɪsətɪn/, **isatine** /'aɪsətiːn/, *n.* (*chim.*) isatina.
Iscariot /ɪ'skærɪət/, *n.* (Giuda) Iscariota;

(*fig.*) traditore.
ischemia /ɪ'skiːmɪə/, *n.* (*med.*) ischemia.
ischemic /ɪ'skiːmɪk/, *a.* (*med.*) ischemico.
ischiadic /ɪskɪ'ædɪk/, **ischiatic** /ɪskɪ'ætɪk/, *a.* (*anat.*) ischiatico.
ischial /'ɪskɪəl/, *a.* (*med.*) ischiatico; sciatico.
ischialgia /ɪskɪ'ældʒə/, *n.* (*med.*) ischialgia.
ischium /'ɪskɪəm/, *n.* (*pl.* **ischia**) (*anat.*) ischio.
isentropic /aɪsen'trɒpɪk, *USA* -'trəʊp-, -sn-'tr-/, *a.* (*fis., meteor.*) isoentropico; isentropico.
Iseult /iː'zuːlt, ɪ's-/, *n.* Isotta.
Ishmael /'ɪʃmeɪl/, *n.* (*Bibbia*) Ismaele; (*fig.*) reietto, paria.
Ishmaelite /'ɪʃmɪəlaɪt/, *n.* (*relig.*) ismaelita.
Isidor(e) /'ɪzɪdɔː(r)/, *n.* Isidoro.
isinglass /'aɪzɪŋglɑːs, *USA* -æs/, *n.* **1** gelatina (*o* colla) di pesce; ittiocolla **2** (*miner.*) mica.
Isis /'aɪsɪs/, *n.* (*mitol.*) Iside.
Islam /'ɪzlɑːm, -læm, -'lɑːm/, *n.* Islam; islamismo; (il) mondo islamico.
Islamic /ɪz'læmɪk/, *a.* islamico.
Islamism /'ɪzlæmɪzəm/, *n.* islamismo.
Islamite /'ɪzləmaɪt/, *n.* islamita.
Islamitic /ɪzlə'mɪtɪk/, *a.* islamitico.
island /'aɪlənd/, *n.* **1** (*geogr., naut., anat.*; *anche fig.*) isola: **a floating i. of ice**, un'isola di ghiaccio fluttuante; (*anat.*) **islands of Langerhans**, isole di Langerhans (*nel pancreas*) **2** (*naut.*) ponte di comando (*di portaerei*); isola **3** (= **traffic i.**, *USA* **safety i.**) salvagente (stradale) **4** (*ferr.*) marciapiede. ● (*mil., stor.*) **i.-hopping**, avanzata (*specialm. nel Pacifico*) fatta occupando isole a una a una □ (*geogr., polit.*) **i. state**, nazione insulare.
to **island** /'aɪlənd/, *v. t.* (*raro*) **1** trasformare in un'isola **2** (*fig.*) cospargere; punteggiare: **a prairie islanded with wooded tracts**, una prateria cosparsa di tratti di terreno boschivo **3** (*fig.*) isolare.
islander /'aɪləndə(r)/, *n.* isolano, isolana.
isle /aɪl/, *n.* (*poet. o nei toponimi*) isola; piccola isola: **the I. of Man**, l'isola di Man; **the Scilly Isles**, le Isole Scilly.
islet /'aɪlɪt/, *n.* **1** isoletta; isolotto **2** (*anat.*) isola.
ism /'ɪzəm/, *n.* (*di solito, spreg.*) «ismo»; dottrina; sistema; teoria.
Ismaili /ɪz'meɪlɪ/, *n.* (*pl.* **Ismailis**) (*relig.*) ismailita.
Ismailian /ɪz'meɪlɪən/, *V.* **Ismaili**.
isn't /'ɪznt, -zn/, *contraz.* di **is not**.
isoamyl /aɪsəʊ'æmɪl/, *n.* (*chim.*) isoamile. ● **i. alcohol**, alcol isamilico.
isobar /'aɪsəbɑː(r)/, *n.* **1** (*meteor.*) (linea) isobara **2** (*fis. nucl.*) isobaro.
isobaric /aɪsə'bærɪk/, *a.* **1** (*meteor.*) isobarico: **an i. chart**, una carta isobarica **2** isobaro: **i. lines**, linee isobare; **i. expansion**, espansione isobara **3** (*fis. nucl.*) isobaro; isobarico: **i. isotope**, isotopo isobarico.
isobath /'aɪsəbæθ, -ɑːθ/, *n.* (*geogr.*) isobata.
isobutane /aɪsə'bjuːteɪn/, *n.* (*chim.*) isobutano.
isobutene /aɪsə'bjuːtiːn/, *n.* (*chim.*) isobutene.
isobutyl /aɪsə'bjuːt(a)ɪl, *USA* -tl/, *n.* (*chim.*) isobutile.
isocheim /'aɪsəkaɪm/, *n.* (*meteor.*) (linea) isochimena.
isocheimal /aɪsə'kaɪml/, **isocheimenal** /aɪsə-'kaɪmənl/, (*meteor.*) **A** *a.* isochimeno: **i. lines**, linee isochimene. **B** *n.* (linea) isochimena.
isochore /'aɪsəkɔː(r)/, *n.* (*fis.*) isocora.
isochoric /aɪsə'kɔːrɪk/, *a.* (*fis.*) isocorico.
isochromatic /aɪsəkrəʊ'mætɪk/, *a.* (*fis., fotogr.*) isocromatico.
isochronism /aɪ'sɒkrənɪzəm/, *n.* (*fis., mecc.*) isocronismo.
isochronous /aɪ'sɒkrənəs/, *a.* (*fis.*) isocrono.
isoclinal /aɪsə'klaɪnl/, **A** *a.* (*geol.*) isoclino: **i. lines**, linee isocline. **B** *n.* (linea) isoclina.
isocline /'aɪsəklaɪn/, *n.* **1** (*fis.*) isoclina **2** (*geol.*) isoclinale.
isoclinic /aɪsə'klaɪnɪk/, *a.* (*geol.*) isoclino. ● **i. line**, isoclina.
isocolon /aɪsə'kəʊlən/, *n.* (*retor.*) isocolo.
isocost /'aɪsəkɒst, *USA* -ɔːst/, *n.* (*econ.*) isocosto: **i. curve**, curva d'isocosto.
isocracy /aɪ'sɒkrəsɪ/, *n.* (*polit.*) isocrazia; democrazia diretta.
Isocrates /aɪ'sɒkrətiːz/, *n.* (*stor.*) Isocrate.
isocratic /aɪsə'krætɪk/, *a.* (*polit.*) isocratico.
isocyanate /aɪsə'saɪəneɪt/, *n.* (*chim.*) isocianato.
isocyanic /aɪsəsaɪ'ænɪk/, *a.* (*chim.*) isocianico.
isocyanine /aɪsə'saɪəniːn/, *n.* (*chim.*) isocianina.
isodactylous /aɪsə'dæktɪləs/, *a.* (*zool.*) isodattilo.
isodynamic /aɪsədaɪ'næmɪk/, *a.* (*fis., geogr.*) isodinamico.
isogamete /aɪsəgə'miːt/, *n.* (*biol.*) isogamete.
isogamy /aɪ'sɒgəmɪ/, *n.* (*biol.*) isogamia.
isogeotherm /aɪsə'dʒiːəʊθɜːm/, *n.* (*geol.*) isogeoterma.
isogloss /'aɪsəglɒs, *USA* -ɔːs/, *n.* (*ling.*) isoglossa.
isogonal /aɪ'sɒgənl/, **isogonic** /aɪsə'gɒnɪk/, **A** *a.* **1** (*geom.*) isogonale **2** (*geogr.*) isogono: **i. lines on a map**, linee isogone su una carta. **B** *n.* (*geogr.*) (linea) isogona.
isohaline /aɪsə'heɪliːn, -laɪn/, *n.* (*geogr.*) isoalina.
isohyet /'aɪsəhaɪət/, *n.* (*meteor.*) isoieta.
isohypse /'aɪsəhɪps/, *n.* (*geogr.*) isoipsa.
isolable /'aɪsələbl, *USA* '(a)ɪs-/, *a.* isolabile.
to **isolate** /'aɪsəleɪt, *USA* '(a)ɪs-/, *v. t.* (*chim., fis., med., ecc.*) isolare; separare: **Hundreds of farms have been isolated by the flood**, centinaia di fattorie sono rimaste isolate per l'alluvione; **to i. a patient**, isolare un malato; **to i. a virus**, isolare un virus. ● (*elettr.*) **isolating switch**, sezionatore.
isolated /'aɪsəleɪtɪd, *USA* '(a)ɪs-/, *a.* isolato (*in ogni senso*). ● **on one i. occasion**, in una sola occasione.
isolation /aɪsə'leɪʃn, *USA* (a)ɪs-/, *n.* isolamento; completa solitudine. ● (*med.*) **an i. ward in a hospital**, un reparto d'isolamento in un ospedale.
isolationism /aɪsə'leɪʃənɪzəm, *USA* (a)ɪs-/, *n.* (*polit.*) isolazionismo.
isolationist /aɪsə'leɪʃənɪst, *USA* (a)ɪs-/, **A** *n.* (*polit.*) isolazionista. **B** *a.* isolazionista; isolazionistico.
isolator /'aɪsəleɪtə(r), *USA* (a)ɪs-/, *n.* **1** chi isola **2** (*fis.*) isolante **3** (*elettr., elettron.*) isolatore **4** (*mecc.*) antivibrante.
isomer /'aɪsəmə(r)/, *n.* (*chim.*) isomero.
isomerase /aɪ'sɒməreɪz, -s/, *n.* (*biochim.*) isomerasi.
isomeric /aɪsə'merɪk/, *a.* (*chim.*) isomerico; isomero: **i. compound**, composto isomero.
isomerism /aɪ'sɒmərɪzəm/, *n.* (*chim.*) isomeria.
isomerization /aɪsɒmərаɪ'zeɪʃn, *USA* -rɪ'z-/, *n.* (*chim.*) isomerizzazione.
isometric(al) /aɪsə'metrɪk(l)/, *a.* (*geogr., stat., ecc.*) isometrico: **i. projection**, proiezione isometrica; **i. chart**, diagramma isometrico.
isometrics /aɪsə'metrɪks/, *n. pl.* (*col v. al sing.*) ginnastica isometrica.
isometry /aɪ'sɒmətrɪ/, *n.* (*geogr., mat., stat., ecc.*) isometria.
isomorphic /aɪsə'mɔːfɪk/, *a.* (*biol., chim., mat., miner.*) isomorfico.
isomorphism /aɪsə'mɔːfɪzəm/, *n.* (*ling., miner., mat., ecc.*) isomorfismo.
isomorphous /aɪsə'mɔːfəs/, *a.* (*miner.*) isomorfo.
isonomy /aɪ'sɒnəmɪ/, *n.* (*stor. greca* e *leg.*) isonomia.
isooctane /aɪsə'ɒkteɪn/, *n.* (*chim.*) isoottano.
isopetalous /aɪsəʊ'petələs/, *a.* (*bot.*) isopetalo.
isophone /'aɪsəfəʊn/, *n.* (*ling.*) isofona.
isopleth /'aɪsəpleθ/, *n.* (*geogr.*) isopleta.
isopods /'aɪsəpɒdz/, *n. pl.* (*zool., Isopoda*) isopodi.
isoprene /'aɪsəpriːn/, *n.* (*chim.*) isoprene.
isoproduct curve (*o* **line**) /aɪsə'prɒdʌk(t)-'kɜːv, -k(t)'laɪn/, *locuz. n.* (*econ.*) curva (*o* linea) di indifferenza del produttore; isoprodotto; isoquanto.
isoquant /'aɪsəkwɒnt/, *n.* (*econ.*) isoquanto.
isosceles /aɪ'sɒsəliːz/, *a.* (*geom.*) isoscele: **i. triangle**, triangolo isoscele.
isoseismal /aɪsə'saɪzml/, **A** *a.* (*geol.*) isosismico: **i. lines**, linee isosismiche. **B** *n.* (linea) isosismica.
isoseismic /aɪsə'saɪzmɪk/, *a.* (*geol.*) isosismico.
isospin /'aɪsəspɪn/, *n.* (*fis.*) spin isotopico.
isostasy, isostacy /aɪ'sɒstəsɪ/, *n.* (*geol.*) isostasia, isostasi.
isostatic /aɪsə'stætɪk/, *a.* (*geol.*) isostatico.
isotactic /aɪsə'tæktɪk/, *a.* (*chim.*) isotattico.
isotheral /aɪsə'θɪərəl/, (*geogr.*) **A** *a.* isotero: **i. lines**, linee isotere. **B** *n.* isotera.
isothere /'aɪsəθɪə(r)/, *n.* (*geogr.*) isotera.
isotherm /'aɪsəθɜːm/, *n.* (*meteor.*) (linea) isoterma.
isothermal /aɪsə'θɜːml/, **A** *a.* **1** (*meteor.*) isotermo: **i. lines**, linee isoterme **2** (*fis.*) isotermico. **B** *n.* (*meteor.*) isoterma.
isotone /'aɪsətəʊn/, *n.* (*fis. nucl.*) isotono.
isotonic /aɪsə'tɒnɪk/, *a.* (*chim. e med.*) isotonico.
isotonicity /aɪsətəʊ'nɪsətɪ/, *n.* (*chim.*) isotonia.
isotope /'aɪsətəʊp/, *n.* (*chim., fis.*) isotopo: **radioactive isotopes**, isotopi radioattivi.
isotopic /aɪsə'tɒpɪk/, *a.* (*chim., fis.*) isotopico: **i. tracer**, tracciante isotopico; marcatore radioattivo.
isotopy /aɪ'sɒtəpɪ/, *n.* (*chim., fis.*) isotopia; isotopismo.
isotropic /aɪsə'trɒpɪk/, *a.* (*biol., fis.*) isotropo.
isotropism /aɪ'sɒtrəpɪzəm/, *n.* (*fis.*) isotropia.
isotropy /aɪ'sɒtrəpɪ/, *n.* (*fis.*) isotropia.
isotype /'aɪsətaɪp/, *n.* (*chim.*) isotipo.
isotypy /'aɪsətaɪpɪ/, *n.* (*chim.*) isotipia.
I-spy /'aɪ'spaɪ/, *n.* indovina-indovinello (*gioco infantile*).
Israel /'ɪzrɪəl, -eɪl/, *n.* (*stor., geogr.*) Israele (*il popolo e lo stato*).
Israeli /ɪz'reɪlɪ/, *a.* e *n.* (*pl.* **Israelis, Israeli**) (abitante *o* nativo) d'Israele; israeliano.
Israelite /'ɪzrɪəlaɪt, -reɪ-, -rə-/, *n.* e *a.* israelita.
Israelitic /ɪzrɪə'lɪtɪk/, **Israelitish** /ɪzrɪə'laɪtɪʃ/, *a.* israelitico.
issuable /'ɪʃuːəbl, 'ɪsj-/, *a.* **1** emissibile (*anche fin.*) **2** pubblicabile **3** promulgabile **4** (*leg.*) che può essere oggetto di contesa legale.
issuance /'ɪʃuːəns, 'ɪsj-/, *n.* **1** rilascio; emissione **2** pubblicazione **3** promulgazione **4** fuoruscita.
issue /'ɪʃuː, 'ɪsjuː/, *n.* **1** uscita; fuoruscita; sbocco; perdita: **the point of i. of the visitors**, il punto d'uscita dei visitatori; **the i. of water from a cracked radiator**, la fuoruscita (*o* la perdita) d'acqua da un radiatore incrinato **2** emissione (*anche fin.*); distribuzione; consegna; rilascio: **the i. of new stamps**, l'emissione di nuovi francobolli; **the i. of overcoats to soldiers**, la distribuzione di cappotti ai soldati; **an i. of bonds**, un'emissione di titoli; **the i. of a loan**, l'emissione di un prestito; **an i. of shares**, un'emissione azionaria; (*ass.*) **the i. of a policy**, l'emissione di una polizza **3** pubblicazione; stampa; tiratura **4** edizione; copia; numero (*di un giornale*): **to receive free issues**, ricevere copie in omaggio (*di una rivista, ecc.*); **the latest issues of a newspaper**, gli ultimi numeri d'un giornale; **the April i. of a magazine**, il numero d'aprile d'una rivista illustrata **5** (*anche leg.*) questione; problema: **to raise a new i.**, sollevare una nuova questione; **to debate an i.**, discutere un problema; **to argue political issues**, discutere questioni politiche; **i. of fact**, questione di fat-

to; **i. of law**, questione di diritto *6* controversia; discussione: **to be at i. with sb.**, essere in lite con q.; **This is the matter [the point] at i.**, questa è la cosa [questo è il punto] in discussione; **to join i. with sb. on st.**, entrare in discussione con q. su q.c. *7* esito; conclusione; fine; risultato; riuscita; termine: **to bring a matter to a successful i.**, portare a buon fine un affare; **the final i.**, il risultato finale *8* (*leg.*) discendenza; figliolanza; prole; figli: **without male i.**, senza figli maschi; **to die without i.**, morire senza discendenza *9* (*med.*) scolo purulento *10* (*geogr.*) foce (*di fiume*) *11* (*mil., ecc.*) dotazione; equipaggiamento; fornitura. ● (*fin.*) **i. expressed in dollars**, emissione in dollari □ (*fin.*) **the i. market**, il mercato delle emissioni □ **bank of i.**, banca d'emissione □ **to dodge the real i.**, eludere il problema di fondo □ **to force the i.**, spingere a una conclusione □ **in the i.**, in fin dei conti; in conclusione; alla fine □ (*form.*) **to take i. with**, essere in disaccordo con.

to **issue** /ˈɪʃuː, ˈɪsjuː/, **A** *v. i.* *1* uscire; venir fuori; scaturire; sgorgare: **A lot of blood issued from the cut on the boxer's cheekbone**, dal taglio sullo zigomo del pugile sgorgava molto sangue *2* derivare; discendere; originare; aver origine; provenire: **His failure issued from lack of preparation**, il suo fallimento derivò da mancanza di preparazione; **to i. from an ancient family**, discendere da una famiglia antica *3* – **to i. in**, finire in; aver come conseguenza (*o* risultato) *4* (*di giornale, ecc.*) uscire; essere pubblicato (*o* messo in circolazione). **B** *v. t.* *1* (*anche fin.*) emettere; rilasciare; distribuire; consegnare; dare: **to i. bank notes [stamps]**, emettere banconote [francobolli]; (*ass.*) **to i. a policy**, emettere una polizza; **to i. shares**, emettere azioni; **to i. tickets**, rilasciare biglietti; **to i. a passport**, rilasciare un passaporto; **to i. food and clothing to the soldiers**, distribuire viveri e vestiario ai soldati; **to i. strict orders**, dare (*o* impartire, emettere) ordini severi *2* pubblicare; mettere in circolazione: **to i. a newspaper**, pubblicare un giornale *3* (*leg.*) emanare; spiccare: **to i. a decree**, emanare un decreto; **to i. a warrant of arrest**, spiccare un mandato di cattura *4* (*mil., ecc.*) provvedere, fornire: **to i. policemen with crash helmets**, fornire ai poliziotti elmetti di protezione. ● **to i. a bill of exchange**, emettere una cambiale; spiccare una tratta □ **to i. a cheque**, emettere (*fam.*: staccare) un assegno □ (*mil.*) **to i. soldiers with ammunition**, distribuire le munizioni ai soldati.

issued /ˈɪʃuːd, ˈɪsj-/, *a.* (*fin.*) emesso: **i. capital**, capitale emesso.

issueless /ˈɪʃuːləs, ˈɪsj-/, *a.* *1* inutile; vano *2* (*leg.*) senza prole; senza discendenti.

issuer /ˈɪʃʊə(r), ˈɪsj-/, *n.* *1* (*fin.*) emittente (*di titoli, di lettera di credito, ecc.*) *2* chi pubblica (*una rivista, ecc.*).

issuing /ˈɪʃuːɪŋ, ˈɪsj-/, *n.* uscita; emissione; ecc. (*V.* **to issue**). ● (*fin.*) **i. bank**, banca emittente (*di una lettera di credito*) □ (*fin.*) **i. house**, società promotrice (*finanziaria che si occupa del lancio di società per azioni*).

isthmian /ˈɪsθmɪən/, **A** *a.* istmico: (*stor. greca*) **i. games**, giochi istmici. **B** *n.* abitante di un istmo.

isthmus /ˈɪsməs/, *n.* (*pl.* **isthmuses, isthmi**) istmo: (*geogr.*) **the i. of Panama**, l'istmo di Panama; (*anat.*) **the i. of the thyroid**, l'istmo della tiroide.

istle /ˈɪstlɪ/, *n.* istle, ixtle (*fibra ricavata da un'agave messicana*).

Istrian /ˈɪstrɪən/, *a.* e *n.* (abitante) dell'Istria; istriano.

it (**1**) /ɪt, *USA* ɪt, ət/, **A** *pron. neutro 3ª pers. sing.* (*sogg. e compl.*) *1* esso, essa; lo, la (*più spesso è idiom. e non ha equivalente in italiano*): **I. don't want it**, non lo voglio (*un oggetto, un animale qualsiasi*); **I don't want to do it**, non voglio farlo; **Who is it?**, chi è?; chi bussa?; **It's me**, sono io; **It's John**, è John; **«Who's scratching the door?» «It's the dog»**, «chi è che gratta all'uscio?» «è il cane»; **I like that picture**; **it is beautiful, indeed**, mi piace quel quadro; è davvero bellissimo; **It's all right**, va benissimo; sta bene così; (*anche*) non importa, non fa nulla; **I've had enough of it**, ne ho avuto abbastanza *2* (*sogg. di verbo impers., anche passivo*): **It never rains but it pours**, piove (sempre) sul bagnato; **It is winter**, è inverno; **It is getting cold**, si sta facendo freddo; **It is Easter Sunday**, è la domenica di Pasqua; **It's five o'clock**; **let's have a cup of tea**, sono le cinque; prendiamo una tazza di tè!; **It is forty miles to London**, ci sono quaranta miglia di qui a Londra; **I would go if it weren't for the expense**, andrei, se non fosse per la spesa; **It is said that the meeting has been called off**, si dice che la riunione sia stata disdetta *3* (*prolettico*: *introduce una frase*) **It's clear that he wants to go**, è chiaro che vuole andarsene; **It's incredible that he should refuse**, è incredibile che rifiuti; **It is absurd talking** (*o* **to talk**) **like that**, è ridicolo parlare così; **It's to him you must apply**, è a lui che devi rivolgerti; **I take it that you will start at once**, credo (*o* suppongo) che partirai subito; **It was Jack that began it**, è stato Jack a cominciare; **It was a watch that I lost**, quello che ho perso era un orologio; **What is it you want?**, che cosa (*o* che diamine) volete?; **It was I** (*fam.*: **me**) **who said that**, sono stato io a dirlo *4* (*in locuz. idiom. particolari, per es.*:) **to catch it**, prenderle, buscarle; prendersi una sgridata; **to lord it**, farla da padrone; **to lord it over sb.**, spadroneggiare su q.; **to make it**, riuscire (*in q.c.*); farcela; **to have done it**, averla fatta bella (*o* grossa); **to face it out**, affrontare q.c. con coraggio; accettare le conseguenze di q.c.; **to keep at it**, non mollare q.c.; continuare a fare q.c.; **to run for it**, correre (*per prendere il treno, per salvarsi, ecc.*). **B** *n.* *1* (*fam.*) il non plus ultra; persona (*o* cosa) insuperabile; cannonata, schianto (*fam.*): **For barefaced lying you really are it**, quanto a dire le menzogne più spudorate, sei veramente insuperabile *2* (*fam. raro*) un certo non so che; sex appeal; fascino: **She has got it**, quella donna è affascinante *3* (*nei giochi infantili*) chi «sta sotto». ● **Go it!**, dacci sotto!; forza! □ **That's it!**, basta (così); (*anche*) proprio così; così va bene, così si fa; (*alla fine di una riunione, ecc.*) è tutto! □ (*pop. raro*) **with it**, (*agg.*) alla moda, chic, à la page; pronto, sveglio, dritto (*fig.*) □ **So it appears!**, sembra (proprio) di sì! □ **How's it going?**, come va?; come va la vita (*o* il lavoro, ecc.)?

it (**2**) /ɪt/, *n.* (*abbr. di* **Italian vermouth**) (*fam.*) vermut italiano: **gin and it**, gin e vermut italiano.

itacism /ˈiːtəsɪzəm/, *n.* (*fon.*) itacismo.

Italian /ɪˈtæljən/, **A** *a.* italiano. **B** *n.* italiano (*anche la lingua*). ● **I.-American**, italoamericano □ (*stor.*) **I. handwriting**, scrittura italica □ **I. warehouse** [**I. warehouseman**], negozio [negoziante] di alimentari importati dall'Italia (*olio d'oliva, frutta, ecc.*).

Italianate /ɪˈtæljəneɪt/, *a.* italianizzato: **An Englishman i. is a devil incarnate**, un inglese italianizzato è un diavolo incarnato (*prov. dell'età elisabettiana*).

Italianism /ɪˈtæljənɪzəm/, *n.* *1* italianismo *2* italianità.

Italianization /ɪtæljənaɪˈzeɪʃn, *USA* -nɪˈz-/, *n.* italianizzazione.

to **Italianize** /ɪˈtæljənaɪz/, **A** *v. t.* italianizzare; rendere italiano. **B** *v. i.* *1* italianizzarsi *2* italianeggiare.

italic /ɪˈtælɪk/, (*tipogr.*) **A** *a.* corsivo: **i. type**, carattere corsivo. **B** *n. pl.* corsivo: **in italics**, in corsivo.

Italic /ɪˈtælɪk/, *a.* *1* (*stor.*) italico: **i. peoples**, popolazioni italiche *2* (*ling.*) italico: **i. languages**, lingue italiche.

to **italicize** /ɪˈtælɪsaɪz/, **A** *v. t.* *1* (*tipogr.*) stampare in corsivo *2* sottolineare (*scrivendo a mano o a macchina*). **B** *v. i.* usare il corsivo.

Italiot /ɪˈtæljət/, **Italiote** /ɪˈtæljəʊt/, *n.* e *a.* (*stor.*) italiota.

Italy /ˈɪtəlɪ/, *n.* (*geogr.*) Italia.

itch /ɪtʃ/, *n.* *1* prurito (*anche fig.*); pizzicore: **to have [to suffer from] the i.** (*o* **an i.**), avere [soffrire] il prurito *2* (*fig.*) desiderio smodato; smania; voglia: **to have an i. for glory [to travel]**, avere un desiderio smodato di gloria [di viaggiare] *3* (*med.*) rogna; scabbia. ● (*zool.*) **i. mite** (*Sarcoptes scabiei*), acaro della scabbia □ (*fig.*) **the seventh year's i.**, il prurito del settimo anno (*di matrimonio*).

to **itch** /ɪtʃ/, **A** *v. i.* *1* prudere; pizzicare: **My feet i. badly**, mi prudono i piedi in modo fastidioso; ho un forte prurito ai piedi *2* avere il prurito *3* (*fig.*) avere una gran voglia; avere un desiderio sfrenato; non veder l'ora: **The whole family was itching to go on holiday**, tutta la famiglia non vedeva l'ora d'andare in vacanza. **B** *v. t.* dare il prurito a; far prudere: **A woollen vest often itches one's chest**, la maglietta di lana spesso dà il prurito al petto. ● **to i. with impatience**, fremere d'impazienza □ **I was itching to get off**, mi scottava la terra sotto i piedi (*fig.*).

itchiness /ˈɪtʃɪnəs/, *n.* *1* prurito; pizzicore *2* (*fig.*) nervosismo.

itching palm /ˈɪtʃɪŋˈpɑːm/, *locuz. n.* (*fig. fam.*) avidità; cupidigia □ **to have an itching palm**, essere avido di denaro.

itchy /ˈɪtʃɪ/, *a.* *1* che prude; che pizzica *2* che ha il prurito *3* simile al prurito. ● (*fig.*) **to have i. feet**, avere l'istinto del nomade □ (*fam.*) **to have i. fingers**, avere le mani lunghe (*fig.*); essere un ladro □ **to be i. for st.**, avere una voglia matta di q.c.

it'd /ˈɪtəd/, *contraz.* di: *1* **it would** *2* **it had**.

item (**1**) /ˈaɪtəm/, *n.* *1* (*anche comm.*) articolo; particolare; voce (*d'elenco, bilancio commerciale, fattura, ecc.*): **the items of a catalogue**, le voci di un catalogo *2* (*teatr.*) numero (*d'un programma*): **the last i. on the programme**, l'ultimo numero del programma *3* (= **news i.**) notizia; informazione *4* (*elab. e ling.*) item; elemento; articolo. ● (*rag.*) **the items of a balance sheet**, le poste di un bilancio □ **an i. of clothing**, un capo di vestiario □ (*rag.*) **items for collection**, partite all'incasso □ (*fin.*) **i. of expenditure**, capo (*o* capitolo) di spesa □ **items on the agenda**, questioni (*o* punti) all'ordine del giorno □ **collector's i.**, pezzo da collezione.

item (**2**) /ˈaɪtəm/, *avv.* (*arc.*) item; parimenti; altresì; anche.

to **itemize** /ˈaɪtəmaɪz/, *v. t.* particolareggiare; specificare; scrivere (q.c.) dando particolari: **an itemized account**, un conto particolareggiato; **to i. all expenses**, specificare tutte le spese. ● (*rag.*) **itemized billing**, addebito (scritto) voce per voce.

iterance /ˈɪtərəns/, **iterancy** /ˈɪtərənsɪ/, *n.* (*raro*) iterazione; ripetizione.

iterant /ˈɪtərənt/, *a.* iterativo; che si ripete.

to **iterate** /ˈɪtəreɪt/, *v. t.* iterare; reiterare; ripetere.

iteration /ɪtəˈreɪʃn/, *n.* iterazione; ripetizione.

iterative /ˈɪtərətɪv/, *a.* *1* iterativo *2* (*ling.*) iterativo; frequentativo.

ithyphallic /ɪθɪˈfælɪk/, **A** *a.* itifallico; (*fig.*) lascivo, licenzioso. **B** *n.* *1* itifallo (*inno bacchico*) *2* (*fig.*) poema licenzioso.

itineracy /ɪˈtɪnərəsɪ/, **itinerancy** /ɪˈtɪnərənsɪ/, *n.* *1* l'essere ambulante, girovago *2* lo spostarsi (*o* il viaggiare) di luogo in luogo (*specialm. come magistrato o predicatore*).

itinerant /aɪˈtɪnərənt, ɪ-/, **A** *a.* *1* ambulante; girovago: **an i. vegetable seller**, un fruttivendolo ambulante; **i. musicians**, suonatori ambulanti *2* (*un tempo*: *di magistrato, predicatore, ecc.*) che si sposta (*o* viaggia) di luogo in luogo; itinerante. **B** *n.* *1* girovago *2* itinerante. ● (*teatr.*) **i. company** (*o* **i. theatrical**

troupe), compagnia di giro.

itinerary /aɪ'tɪnrərɪ, ɪ-, *USA* -ərerɪ/, **A** *n.* ***1*** itinerario ***2*** (*tur.*) piano di viaggio; guida turistica ***3*** diario di viaggio. **B** *a.* itinerario (*raro*); di strade; di viaggi.

to **itinerate** /ɪ'tɪnəreɪt/, *v. i.* spostarsi (*o* viaggiare) di luogo in luogo (*specialm., un tempo, di giudice o predicatore*).

it'll /'ɪtl/, *contraz.* di: ***1*** **it will** ***2*** **it shall**.

its /ɪts, *USA* ɪts, əts/, *a. poss. neutro* ***1*** suo, sua; suoi, sue: **Nature and its mysteries**, la natura e i suoi misteri ***2*** (*idiom.*) **The horse broke its leg**, il cavallo si ruppe una gamba.

it's /ɪts, ts, *USA* ɪts, əts, ts/, *contraz.* di: ***1*** **it is** ***2*** **it has**.

itself /ɪt'self, *USA* ɪt-, ət-/, *pron. neutro 3ª pers. sing.* ***1*** (*rifl.*) esso stesso, essa stessa; se stesso, se stessa; si: **The dog was scratching i.**, il cane si grattava ***2*** (*enfat.*) stesso, stessa: **The frame i. is a work of art**, la cornice stessa è un'opera d'arte. ● **(all) by i.**, da solo, da sola; da sé; isolato; senz'aiuto: **An automatic machine is one that works by i.**, una macchina automatica è una macchina che funziona da sola; **The tower stands by i.**, la torre è isolata □ **in i.**, in sé; in sé e per sé □ **of i.**, da solo, da sola; indipendentemente: **The light went out of i.**, la luce si spense da sola □ **She is kindness i.**, ella è la gentilezza fatta persona □ **The cat is not i. today**, il gatto non sta bene oggi.

itsy-bitsy /'ɪtsɪ'bɪtsɪ/, *a.* (*fam.*) ***1*** piccolissimo; piccino; piccino picciò ***2*** spezzettato; sbriciolato (*fig.*).

itty-bitty /'ɪtɪ'bɪtɪ/, *V.* **itsy-bitsy**.

IUD /aɪjuː'diː/, *n.* (*abbr. di* **intrauterine device**) contraccettivo intrauterino; spirale.

Ivanhoe /'aɪvənhəʊ/, *n.* (*letter.*) Ivanhoe.

I've /aɪv, ʌɪv, ʌv/, *contraz.* di **I have**.

ivied /'aɪvɪd/, *a.* coperto d'edera.

ivory /'aɪvərɪ/, **A** *n.* ***1*** avorio ***2*** (color) avorio ***3*** (*pl.*) (*pop.*) palle di biliardo, bilie ***4*** (*pl.*) (*pop.*) tasti del pianoforte; tastiera ***5*** (*pl.*) (*pop.*) denti ***6*** (*pl.*) (*pop. USA*) dadi (*da gioco*). **B** *a. attr.* d'avorio; eburneo; bianco come l'avorio: **i. piano keys**, tastiera (di pianoforte) d'avorio; **an i. forehead**, una fronte eburnea. ● **i. black**, nero d'avorio □ (*pop. USA*) **i.-dome**, stupido; testone; asino (*fig.*) □ (*bot.*) **i. nut**, avorio vegetale; corozo; noce d'America □ (*fig.*) **i. tower**, torre d'avorio □ (*fig.*) **i.-towered**, chiuso in una torre d'avorio; appartato □ (*pop. USA*) **i. thumper** (*o* **i. tickler**), pianista □ (*fig., stor.*) **black i.**, avorio nero (*gli schiavi africani*) □ (*scherz.*) **to tickle the ivories**, strimpellare il pianoforte.

ivy /'aɪvɪ/, *n.* (*bot., Hedera helix*) edera. ● (*bot.*) **i. geranium** (*Pelargonium peltatum*), geranio edera □ (*USA*) **the I. League**, gruppo di otto università di grande prestigio del nord-est degli Stati Uniti; (*fig.*) stile di vita (*o* atteggiamento) snobistico dei loro laureati □ (*USA*) **Ivy Leaguer**, conservatore e snob.

Ivy /'aɪvɪ/, *n.* Edera (*nome di donna*).

ixia /'ɪksɪə/, *n.* (*bot., Ixia*) ixia; issia.

Ixion /ɪk'saɪən/, *n.* (*mitol. greca*) Issione. ● **I.'s wheel**, la ruota d'Issione.

izard /'ɪzəd/, *n.* (*pl.* **izard, izards**) (*zool.*) antilope dei Pirenei (*affine al camoscio*).

izzard /'ɪzəd, 'ɪzɑːd/, *n.* (*arc. o USA*) zeta (*la lettera*): **from A to I.**, dalla a alla zeta.

j, J

J, j /dʒeɪ/, *n.* (*pl.* **J's, j's**; **Js, js**) ***1*** J, j (*decima lettera dell'alfabeto ingl.*) ***2*** oggetto a forma di j. ● (*telef.*) **j for Jack** (*USA*: **j for Juliett**), j come jolly.

jab /dʒæb/, *n.* ***1*** stilettata; stoccata ***2*** colpetto, toccata (*con la punta di q.c.*) ***3*** (*boxe*) diretto corto; jab ***4*** (*fam.*, = **jab-off**) iniezione (*specialm. di droga*); buco.

to **jab** /dʒæb/, *v. t.* ***1*** conficcare; cacciare; infiggere: **He jabbed the spear into the lion's neck**, conficcò la lancia nel collo del leone ***2*** vibrar colpi a (q.); pugnalare; stilettare ***3*** (*boxe*) colpire con diretti corti.

jabber /ˈdʒæbə(r)/, *n.* ***1*** parole dette in fretta, confuse, indistinte; borbottamento ***2*** chiacchierio; chiacchiericcio; cicaleccio; ciarlio (*raro*) ***3*** (*pop. USA*) drogato; chi si buca.

to **jabber** /ˈdʒæbə(r)/, **A** *v. i.* ***1*** borbottare; farfugliare ***2*** chiacchierare; ciarlare; cicalare. **B** *v. t.* pronunciare (*parole*) in fretta, in modo indistinto; balbettare; borbottare.

jabberer /ˈdʒæbərə(r)/, *n.* ***1*** chi farfuglia ***2*** chiacchierone, chiacchierona; chi parla a vanvera.

jaborandi /dʒæbəˈrændɪ/, *n.* (*pl.* **jaborandis**) (*bot.*, *Pilocarpus jaborandi*) iaborandi, jaborandi.

jabot /ˈʒæbəʊ, *USA* ʒæˈbəʊ/ (*franc.*), *n.* (*moda*) jabot.

jacaranda /dʒækəˈrændə/, *n.* (*bot.*, *Jacaranda copaia*) jacaranda.

jacinth /ˈdʒæsɪnθ, *USA* ˈdʒeɪsnθ/, *n.* (*miner.*) giacinto (*varietà rossa di zircone*).

jack (**1**) /dʒæk/, *n.* ***1*** – **J.**, individuo comune; il primo che capita; uomo; ragazzo; operaio; manovale: **J. is as good as his master**, l'operaio non vale meno del padrone ***2*** (*arc.*, = **J. Tar**) marinaio inglese ***3*** (= **lumberjack**) boscaiolo; taglialegna ***4*** (*mecc.*) cricco; martinello; martinetto: **car j.**, cricco per automobile; **hydraulic j.**, martinetto idraulico ***5*** (*bocce*) boccino ***6*** (*carte*) jack; fante ***7*** girarrosto ***8*** maschio (*di falco, asino, lepre, ecc.*) ***9*** (*zool.*, *Corvus monedula*) taccola ***10*** (*zool.*, *fam.*; = **jackfish**) luccio ***11*** (*elettr.*) jack; connettore a spina ***12*** (*ind. tess.*) banco a fusi ***13*** (*telef.*, *telegr.*) jack; spina a conduttori coassiali ***14*** (*pop. USA*) grana (*pop.*); soldi. ● **J. Frost**, il Gelo (*personificato*) □ **j. hare**, leprotto □ **j.-in-the-box**, pupazzo a molla; scatola a sorpresa □ **j. in office**, funzionario che si dà delle arie □ (*naut.*) **j. ladder**, *V.* **Jacob's ladder** □ **J. Ketch**, il boia □ **j.-knife**, coltello a serramanico; (*sport*) tuffo in avanti carpiato □ (*pop. ingl.*) **J. the Lad**, giovane bullo; bulletto □ **j. of all trades**, factotum; uomo tuttofare □ (*fam. USA*) **j.-off**, individuo cretino, incompetente; scemo □ **j.-o'-lantern**, fuoco fatuo (*anche fig.*); lanterna fatta con una zucca □ (*bot.*) **j. pine**, *Pinus banksiana* (*del Nordamerica*) □ **j. plane**, pialla per lavori di sgrossatura; sbozzino □ (*zool.*) **j. rabbit** (*Lepus americanus*), lepre del Nord America □ (*edil.*) **j. rafter**, corrente; travetto per la struttura del tetto □ (*stor.*) **J. the Ripper**, Jack lo Squartatore (*1888*) □ **j. towel**, bandinella; asciugamano girevole su rullo □ (*edil.*) **j. truss**, capriata secondaria □ (*fam. USA*) **j.-up**, aumento □ **before you can say J. Robinson**, in un batter d'occhio; in men che non si dica □ (*arc.*) **every man j.**, ognuno; tutti quanti.

jack (**2**) /dʒæk/, *n.* (*naut.*) bandiera di bompresso; bandiera (*di nave*): **yellow j.**, bandiera gialla (*di nave in quarantena*); **the French j.**, la bandiera francese. ● **j. staff**, asta della bandiera di bompresso □ **the Union J.**, la bandiera britannica, del Regno Unito.

jack (**3**) /dʒæk/, *n.* (*bot.*, *Artocarpus integrifolia*) artocarpo; albero del pane.

jack (**4**) /dʒæk/, *n.* (*stor.*) cotta d'arme.

to **jack** /dʒæk/, *v. t.* (*spesso* **to j. up**) ***1*** sollevare col cricco (*o* col martinetto): **It isn't an easy task to j. up a lorry**, non è cosa facile alzare un camion con il cricco ***2*** (*fam.*) alzare; crescere; aumentare: **to j.** (**up**) **one's fees**, alzare le parcelle ***3*** (*fam.*) alzare; tirare su: **to j. up one's trousers**, tirarsi su i pantaloni.

♦**jack around**, **A** *v. i.* + *avv.* (*fam. USA*) ***1*** bighellonare; oziare ***2*** avere a che fare; farsela, intendersela (*con q.*). **B** *v. t.* + *avv.* (*fam. USA*) infastidire; importunare; prendere in giro.

♦**jack in**, *v. t.* + *avv.* (*pop. ingl.*) abbandonare; lasciare; dare un calcio a (*fig.*): **to j. in an unrewarding job**, dare un calcio a un lavoro ingrato.

♦**jack off**, **A** *v. t.* + *avv.* ***1*** *V.* **jack in** ***2*** (*volg. USA*) masturbare. **B** *v. i.* + *avv.* ***1*** (*fam. USA*) *V.* **jack around** ***2*** (*volg. USA*) masturbarsi.

♦**jack out**, *v. t.* + *avv.* (*fam. USA*) tirar fuori, estrarre (*la pistola, ecc.*).

♦**jack up**, *v. t.* ***1*** sollevare col cricco (*o* col martinetto) ***2*** (*fig.*) alzare, aumentare (*i prezzi, ecc.*) ***3*** (*fam. USA*) dare una lavata di capo a (q.); rimproverare aspramente.

Jack /dʒæk/, *n.* (*dim. di* **John**) Giovannino; Gianni.

jackal /ˈdʒækɔːl, *USA* -kl/, *n.* ***1*** (*zool.*, *Canis aureus*) sciacallo ***2*** (*fig.*) sciacallo.

jackanapes /ˈdʒækəneɪps/, *n.* (*pl. invar.*) ***1*** persona impertinente, impudente, sfacciata; (*di bambino*) sfacciatello ***2*** damerino; bellimbusto.

jackass /ˈdʒækæs/, *n.* ***1*** (*zool.*, *Equus asinus*) asino; ciuco; somaro ***2*** (*fig.*) somaro; imbecille; stupido. ● (*zool.*) **laughing j.** (*Dacelo gigas*), alcione gigante.

jackboot /ˈdʒækbuːt/, *n.* ***1*** stivale alla scudiera ***2*** (*fig.*) intimidazione; forti pressioni ***3*** (*fig.*) prepotente; duro (*sost.*). ● **j. tactics**, tattica intimidatrice.

jackdaw /ˈdʒækdɔː/, *n.* (*zool.*, *Corvus monedula*) taccola.

jacked (**out**) /ˈdʒækt(ˈaʊt)/, *a.* (*pop. USA*) arrabbiato: **j. at sb.**, arrabbiato con q.

jacked up /ˈdʒæktˈʌp/, *a.* (*pop. USA*) ***1*** eccitato; su di giri (*fig.*) ***2*** turbato; preoccupato ***3*** sotto l'effetto della droga.

jackeroo /dʒækəˈruː/, *n.* (*pl.* **jackeroos**) (*fam.*, *Austr.*) garzone (*bovaro o pastore*).

jacket /ˈdʒækɪt/, *n.* ***1*** giacca (*da uomo o da donna*); giacchetta; giubba ***2*** (*mecc.*) camicia; guaina; involucro (*o* rivestimento) di protezione: **water j.**, camicia d'acqua (*intorno a un cilindro di motore*) ***3*** (*di un libro*) sopraccoperta; copertina ***4*** (*mil.*) manicotto di raffreddamento (*d'arma da fuoco*) ***5*** (*specialm. USA*) copertina (*di un disco grammofonico*) ***6*** buccia: **potatoes boiled in their jackets**, patate lessate con la buccia. ● (*med.*) **j. crown**, corona artificiale (*di un dente*) □ **dinner j.**, smoking □ (*fig. arc.*) **to dust sb.'s j.**, spolverare le spalle (*o* il groppone) a q.; bastonare q.

to **jacket** /ˈdʒækɪt/, *v. t.* ***1*** mettere una giacca a (q.) ***2*** coprire (q.c.) con un rivestimento protettivo (*V.* **jacket**) ***3*** (*tecn.*) incamiciare; inguainare.

jackfish /ˈdʒækfɪʃ/, *n.* (*zool.*, *fam.*) luccio.

jackhammer /ˈdʒækhæmə(r)/, *n.* (*specialm. USA*) martello pneumatico.

jacking /ˈdʒækɪŋ/, *n.* sollevamento col cricco (*o* col martinetto). ● (*specialm. aeron.*) **j.-up**, criccaggio.

to **jack-knife** /ˈdʒæknaɪf/, *v. i.* (*trasp.*) (*di un autoarticolato*) piegarsi in due (*a serramanico: per un guasto*).

jackpot /ˈdʒækpɒt/, *n.* ***1*** (*poker*) mano con apertura ai jack (*ai fanti*) ***2*** (*fig.*) piatto ricco ***3*** (*fig.*) successo strabiliante ***4*** (*specialm. TV*) monte premi ***5*** (*pl.*) poker con apertura fissa (*ai due jack, ecc.*; *ogni giocatore mette su una fiche*; *è giocato soprattutto in USA e in Can.*). ● (*fam.*) **to hit the j.**, avere un colpo di fortuna; fare un colpo grosso; avere successo, farcela, sfondare.

jackscrew /ˈdʒækskruː/, *n.* (*mecc.*) ***1*** vite di martinello ***2*** martinello a vite.

jackshit /ˈdʒækʃɪt/, *n.* (*volg. USA*) ***1*** individuo (*o* cosa) di nessun conto; merda (*volg.*) ***2*** balle, fesserie, cavolate (*pop.*).

jacksnipe /ˈdʒæksnaɪp/, *n.* (*zool.*) ***1*** (*Erolia melanotus*) piovanello macchiato ***2*** (*Lymnocryptes minimus*) frullino.

jackstay /ˈdʒæksteɪ/, *n.* (*naut.*) controstraglio.

jackstraw /ˈdʒækstrɔː/, *n.* ***1*** spaventapasseri ***2*** (*fig. arc.*) nullità; pezzente ***3*** bastoncino da sciangai ***4*** (*pl.*) sciangai (*gioco*).

Jacky /ˈdʒækɪ/, *n. dim.* di **Jack**.

Jacob /ˈdʒeɪkəb/, *n.* Giacobbe. ● (*naut.*) **J.'s ladder**, scala a tarozzi; biscaglina □ **J.'s staff**, asta ferrata (*usata dai geometri, per misurazioni*); (*stor.*, *naut.*) quadrante (di Giacobbe).

Jacobean /dʒækəˈbiːən/, (*stor.*) **A** *a.* ***1*** del regno di Giacomo I d'Inghilterra (*1603-1625*) ***2*** (*archit.*) giacobiano. **B** *n.* personaggio (*o* scrittore) del periodo di Giacomo I d'Inghilterra.

jacobin /ˈdʒækəbɪn/, *n.* ***1*** (*zool.*) piccione cappuccino ***2*** (*bot.*, *Florisuga mellivora*) giacobina.

Jacobin /ˈdʒækəbɪn/, **A** *n.* (*stor.*, *polit.*, *relig.*) giacobino (*rivoluzionario francese*; *frate domenicano*). **B** *a.* (*stor.*) giacobino.

Jacobinic(**al**) /dʒækəˈbɪnɪk(l)/, *a.* (*stor.*, *polit.*) giacobino.

Jacobinism /ˈdʒækəbɪnɪzəm/, *n.* (*stor.*, *polit.*) giacobinismo.

Jacobite /ˈdʒækəbaɪt/, (*stor.*) **A** *n.* giacobita; seguace di Giacomo II d'Inghilterra (*1685-1688*) e dei suoi discendenti. **B** *a.* dei giacobiti: **a. J. plot**, una congiura dei giacobiti.

Jacobitical /dʒækəˈbɪtɪkl/, *a.* (*stor.*) di giacobita; dei giacobiti (*V.* **Jacobite**).

Jacobitism /ˈdʒækəbaɪtɪzəm/, *n.* (*stor.*) giacobitismo; legalitarismo dei giacobiti (*V.* **Jacobite**).

jaconet /ˈdʒækənɪt/, *n.* (*ind. tess.*) giaconetta.

jacquard /ˈdʒækɑːd/, *n.* (*ind. tess.*) jacquard; tessuto operato.

Jacqueline /ˈdʒækliːn/, *n.* Giacomina.

jactation /dʒækˈteɪʃn/, *n.* *V.* **jactitation,** *def. 1* e *2*.

jactitating /ˈdʒæktɪteɪtɪŋ/, *a.* arrogante; tracotante; vanaglorioso.

jactitation /dʒæktɪˈteɪʃn/, *n.* ***1*** iattanza; arroganza; millanteria; tracotanza *2* (*med.*) iattazione *3* (*leg.*) falsa dichiarazione: **j. of marriage**, falsa dichiarazione di aver contratto matrimonio.

Jacuzzi /dʒəˈkuːzɪ/, *n.* (*pl.* **Jacuzzis**) (*marchio*) vasca (*o* bagno) per idromassaggio; idromassaggiatore.

jade (**1**) /dʒeɪd/, **A** *n.* (*miner.*) giada. **B** *a.* (= **j. green**) color verde giada.

jade (**2**) /dʒeɪd/, *n.* *1* ronzino; rozza *2* (*spreg. o scherz.*) donna; donnetta *3* (*spreg.*) donnaccia; puttanella.

to **jade** /dʒeɪd/, *v. t.* affaticare; logorare, sfinire; spossare; stremare.

jaded /ˈdʒeɪdɪd/, *a.* *1* affaticato; logoro; sfinito; spossato; stremato *2* sazio; stanco: **He was j. with pleasures**, era sazio di piaceri. ● **j. appetites**, voglie soddisfatte.

jadeite /ˈdʒeɪdaɪt/, *n.* (*miner.*) giadeite.

jaffa /ˈdʒæfə/, *n.* arancia israeliana (*grossa e ovale*).

jag (**1**) /dʒæg/, *n.* *1* sporgenza appuntita; punta, dente (*di roccia, ecc.*): **a jag of rock**, un dente di roccia *2* (*fam.*) spaccatura; strappo (*nella stoffa, ecc.*).

jag (**2**) /dʒæg/, *n.* (*fam.*) *1* sbornia; sbronza: **to have a jag on**, essere sbronzo *2* crisi; attacco (*isterico, ecc.*): **a crying jag**, una crisi di pianto.

jag (**3**) /dʒæg/, *n.* (*abbr. fam. di* **Jaguar**) (*autom.*) Jaguar.

to **jag** /dʒæg/, *v. t.* *1* frastagliare; dentellare; seghettare *2* lacerare; strappare.

jäger /ˈjeɪgə(r), ˈdʒ-/ (*ted.*), *n.* (*stor., mil.*) cacciatore delle Alpi.

jagged /ˈdʒægɪd/, *a.* *1* frastagliato; dentellato; seghettato; puntuto: **a j. coastline**, una costa frastagliata; **j. rocks**, rocce puntute *2* (*fam.*) sbronzo; ubriaco. ‖ **-ly**, *avv.*

jaggedness /ˈdʒægɪdnəs/, *n.* *1* l'essere frastagliato (*o* dentellato) *2* asperità; scabrosità.

jagger /ˈdʒægə(r)/, *n.* rotellina dentata.

jaggery /ˈdʒægərɪ/, *n.* zucchero grezzo e scuro (*specialm. quello estratto dalla linfa di una palma indiana*).

jagging /ˈdʒægɪŋ/, *n.* frastagliamento; dentellatura; seghettatura. ● (*cucina*) **j. wheel**, tagliapasta; rotella tagliapasta.

jaggy /ˈdʒægɪ/, *a.* frastagliato; dentellato; intaccato; seghettato.

jaguar /ˈdʒægjʊə(r), *USA* -gwɑː(r)/, *n.* (*zool., Panthera onca*) giaguaro.

Jah /dʒɑː/, **Jahve**(**h**) /ˈjɑːveɪ/, *n.* (*Bibbia*) Jahvè.

jail /dʒeɪl/, *n.* prigione; carcere. ● (*fam.*) **j.-bird**, avanzo di galera □ **j.-break**, evasione □ **j. delivery**, liberazione di carcerati con la forza.

to **jail** /dʒeɪl/, *v. t.* incarcerare; imprigionare.

jailer, jailor /ˈdʒeɪlə(r)/, *n.* carceriere; secondino.

Jakarta /dʒəˈkɑːtə/, *n.* (*geogr.*) Giacarta; Djakarta.

jake /dʒeɪk/, (*pop. USA*) **A** *a.* perfetto; soddisfacente; a posto. **B** *n.* *1* individuo stupido; scemo *2* cesso; latrina.

jalap /ˈdʒæləp/, *n.* *1* (*bot., Ipomoea purga*) gialappa *2* (*farm.*) gialappa (*purgante*).

jalop(**p**)**y** /dʒəˈlɒpɪ/, *n.* (*fam.*) vecchia automobile; aeroplano scassato; macinino; vecchia carcassa.

jalousie /ˈʒæluziː, -ˈziː, *USA* ˈdʒæləsɪ/ (*franc.*), *n.* gelosia (*di finestra*); persiana.

jam (**1**) /dʒæm/, *n.* *1* compressione; pigiamento (*raro*) *2* (*mecc.*) blocco; inceppamento; incaglio *3* (*fam.*) guaio; pasticcio: **You're in a bad jam**, sei proprio incasinato *4* (*pallacanestro*) schiacciata (a canestro). ● (*mecc.*) **jam-nut**, controdado □ **jam session**, jam session; riunione di musicisti (*specialm.* di jazz) per suonare improvvisando □ **ice jam**, ostruzione dovuta ai ghiacci □ **log jam**, ammasso di tronchi (*che ostruisce un fiume*) □ (*autom.*) **traffic jam**, congestione del traffico; ingorgo stradale.

jam (**2**) /dʒæm/, *n.* *1* marmellata (*di frutta, ma non d'agrumi*; *cfr.* **marmalade**) *2* (*fam.*) cosa assai desiderabile. ● **jam and marmalade industry**, industria delle conserve di frutta (*o* della marmellata) □ **jam-jar** (*o* **jam-pot**), vasetto da marmellata.

to **jam** /dʒæm/, **A** *v. t.* *1* comprimere; premere; pigiare; stipare; incuneare; incastrare: **a cartridge jammed in the gun barrel**, una cartuccia incastrata nella canna della pistola; **to jam prisoners into a truck**, pigiare prigionieri in un camion *2* bloccare; ostacolare; ostruire (*un passaggio, ecc.*): **Traffic was completely jammed by the demonstrators**, il traffico fu del tutto bloccato dai dimostranti *3* (*mecc.*) bloccare; inceppare: **to jam the brakes**, bloccare i freni *4* (*radio*) disturbare con interferenze *5* (*pallacanestro*) schiacciare (*la palla*) a canestro. **B** *v. i.* *1* (*mecc.*) bloccarsi; incastrarsi; incepparsi; incantarsi (*fam.*) *2* cozzare, urtarsi (*per mancanza di spazio*): **The blocks of ice jammed in the stormy sea**, i blocchi di ghiaccio cozzavano l'uno contro l'altro nel mare in tempesta *3* (*specialm. nel jazz*) improvvisare *4* (*pop. USA*) avere un rapporto sessuale; andare a letto *5* (*pop. USA*) sniffare. ● (*pop. USA*) **to jam off**, andarsene in fretta; squagliarsela □ (*autom.*) **to jam on the brakes**, inchiodare la macchina; frenare di colpo.

Jamaica /dʒəˈmeɪkə/, *n.* (*geogr.*) Giamaica. ● **J. pepper**, pepe della Giamaica; pimento.

Jamaican /dʒəˈmeɪkən/, *a.* e *n.* giamaicano.

jamb(**e**) /dʒæm/, *n.* (*archit.*) *1* montante, stipite (*di porta o di finestra*) *2* (*pl.*) fianchi verticali (*o* spalle) del focolare.

jamboree /dʒæmbəˈriː/, *n.* *1* raduno di giovani esploratori *2* (*arc.*) festa chiassosa; baldoria.

James /dʒeɪmz/, *n.* Giacomo.

jammed /dʒæmd/, *a.* *1* (*mecc.*) bloccato; inceppato: **to have a j. starter**, avere lo starter bloccato *2* (*radio*) disturbato da interferenze *3* (*fam.*) affollato; pieno zeppo: **The nightclub was j.**, il night-club era pieno zeppo.

jammer /ˈdʒæmə(r)/, *n.* *1* jammer; disturbatore di attrezzature elettroniche *2* (*mus.*) improvvisatore (*di jazz*).

jamming /ˈdʒæmɪŋ/, *n.* *1* (*mecc.*) blocco; inceppamento *2* jamming; disturbo intenzionale (*di una trasmissione radio o di attrezzature elettroniche*) *3* (*mus.*) improvvisazione.

jammy /ˈdʒæmɪ/, *a.* *1* appiccicoso; attaccaticcio *2* (*fam.*) eccezionale; formidabile; straordinario *3* (*pop.*) facile; facilissimo *4* (*pop.*) fortunato.

to **jam-pack** /ˈdʒæmpæk/, *v. t.* gremire; stipare; pigiare.

Jane /dʒeɪn/, *n.* Giovanna.

jane /dʒeɪn/, *n.* (*pop. specialm. USA*) ragazza; donna.

Janet /ˈdʒænɪt/, *n.* (*dim. di* **Jane**) Gianna; Giannina.

jangle /ˈdʒæŋgl/, *n.* *1* suono stonato, aspro, stridulo *2* (*arc.*) alterco; litigio; baruffa.

to **jangle** /ˈdʒæŋgl/, **A** *v. i.* *1* dare un suono stridulo, aspro; stridere; stonare: **The bell jangled**, la campana diede un suono stridulo (*o* stonato) *2* (*arc.*) altercare; bisticciare; litigare. **B** *v. t.* *1* far suonare (*una campana, ecc.*) in modo stonato *2* pronunciare con voce chioccia, stridula. ● **to j. a bell**, scampanellare □ **to j. sb.'s nerves**, dare ai nervi a q.

jangled /ˈdʒæŋgld/, *a.* teso: **j. nerves**, nervi tesi.

jangling /ˈdʒæŋglɪŋ/, **A** *a.* chioccio; stridente; stonato. **B** *n.* *1* suono aspro, stridulo *2* scampanellata.

janissary /ˈdʒænɪsərɪ, *USA* -erɪ/, *n.* (*stor.*) giannizzero.

janitor /ˈdʒænɪtə(r)/, *n.* *1* portinaio; portiere; custode *2* (*scozz.*) bidello (*di scuola*).

janitorial /dʒænɪˈtɔːrɪəl/, *a.* di (*o* da) portinaio; per portineria: **j. equipment**, attrezzi per lavori di portineria.

janitress /ˈdʒænɪtrɪs/, *n.* *1* portinaia; portiera *2* (*scozz.*) bidella (*di scuola*).

janizary /ˈdʒænɪzərɪ, *USA* -erɪ/, *V.* **janissary**.

Jansenism /ˈdʒænsənɪzəm/, *n.* (*stor. relig.*) giansenismo.

Jansenist /ˈdʒænsənɪst/, *n.* (*stor. relig.*) giansenista.

Jansenistic /dʒænsəˈnɪstɪk/, *a.* (*stor. relig.*) giansenistico.

January /ˈdʒænjʊərɪ, *USA* -jʊerɪ/, **A** *n.* gennaio. **B** *a. attr.* di gennaio.

Janus /ˈdʒeɪnəs/, *n.* (*mitol.*) Giano.

Jap (**1**) /dʒæp/, *n.* e *a.* (*abbr. di* **Japanese**, *spesso spreg.*) giapponese; (muso) giallo.

Jap (**2**) /dʒæp/, *n.* (*acronimo di* **Jewish American princess**) ragazza ebrea americana, ricca e viziata.

japan /dʒəˈpæn/, *n.* *1* lacca giapponese, lacca nera *2* (*collett.*; = **j. ware**) oggetti di lacca.

Japan /dʒəˈpæn/, *n.* (*geogr.*) Giappone.

to **japan** /dʒəˈpæn/, *v. t.* verniciare con lacca nera; laccare.

Japanese /dʒæpəˈniːz/, *a.* e *n.* (*invar. al pl.*) giapponese (*anche la lingua*). ● (*bot.*) **J. persimmon** (*Diospyros kaki*), cachi.

Japanesque /dʒæpəˈnɛsk/, *a.* alla giapponese; secondo la moda giapponese.

jape /dʒeɪp/, *n.* (*arc. o lett.*) scherzo; scherzo da prete; tiro.

to **jape** /dʒeɪp/, *v. i.* (*arc. o lett.*) scherzare; giocare un tiro.

Japheth /ˈdʒeɪfɪθ/, *n.* (*Bibbia*) Iafet.

Japhetic /dʒeɪˈfɛtɪk/, *a.* di Iafet; iafetico, giafetico.

Japlish /ˈdʒæplɪʃ/, *n.* misto di giapponese e d'inglese (*lingua franca in Giappone*).

japonica /dʒəˈpɒnɪkə/, *n.* (*bot.*) *1* (*Camellia japonica*) camelia *2* (*Chaenomeles japonica*) cotogno del Giappone.

jar (**1**) /dʒɑː(r)/, *n.* *1* suono discordante; vibrazione aspra; scossa; stridore: **Glass and chinaware should be protected against jars**, bisogna proteggere dalle scosse il vetro e la porcellana; **the jar of the brakes**, lo stridore dei freni *2* (*mus.*) dissonanza; stonatura *3* (*fig.*) colpo; urto; shock: **The bad news gave him a jar**, la brutta notizia fu per lui un duro colpo; **The fall gave my spine a jar**, nella caduta ho ricevuto un colpo alla spina dorsale *4* (*arc.*) alterco; baruffa; lite; litigio; contrasto.

jar (**2**) /dʒɑː(r)/, *n.* *1* barattolo; vasetto; vaso: **a jar of honey**, un vasetto di miele *2* giara; orcio *3* brocca *4* (= **jarful**) quanto contiene un barattolo, un vasetto *5* (*elettr.*) vaschetta (*d'una batteria*).

jar (**3**) /dʒɑː(r)/, *n.* – (*fam.*) **on the jar**, socchiuso: **The door is on the jar**, la porta è socchiusa (*V.* **ajar** (**1**)).

to **jar** /dʒɑː(r)/, **A** *v. i.* *1* dissonare; essere discordante; stonare; stridere: **The brakes jarred as the car suddenly stopped**, i freni stridettero quando l'automobile si fermò di botto *2* (*di un oggetto colpito*) risuonare (*o* vibrare) con stridore *3* dare ai nervi; urtare (*fig.*): **His haughty tone of voice jars on me**, il suo tono di voce altezzoso mi urta *4* essere discorde; (*fig.*) fare a pugni, cozzare: **Their political ideas jar with mine**, le loro opinioni politiche fanno a pugni con le mie *5* (*arc.*) altercare; litigare. **B** *v. t.* *1* far risuonare (*o* vibrare) per un urto improvviso *2* (*fig.*) far sobbalzare (*anche fig.*); scuotere: **I was quite jarred by the sad news of his untimely death**, fui profondamente scosso dalla triste notizia della sua morte prematura. ● **to jar against** (*o* **with**), stonare con; essere in stridente contrasto con: **Your tie jars with the shirt you're wearing**, la tua cravatta stona con la camicia che porti □ **to jar on sb.'s nerves**, dare ai nervi a q.

jardinière /dʒɑːdɪˈnjeə(r)/ (*franc.*), *n.* *1* giardiniera; portavasi; fioriera *2* (*cucina*) contorno di verdure miste (*cotte e tagliate a cubetti*).

jarful /ˈdʒɑːfʊl/, *V.* **jar** (**2**), *def.* *4*.

jargon (**1**) /ˈdʒɑːgən/, *n.* **1** (*spesso spreg.*) gergo; linguaggio convenzionale (*o* incomprensibile): **the critics' j.**, il gergo dei critici **2** (*arc.*) ciangottio (*di bimbo*); cinguettio (*d'uccello*) **3** (*ling.*) gergo; dialetto.

jargon (**2**) /ˈdʒɑːgən/, *n.* (*miner.*) zirconite.

jargoneer /dʒɑːgəˈnɪə(r)/, *n.* (*ling.*) gergante.

jargonistic /dʒɑːgəˈnɪstɪk/, *a.* (*ling.*) gergale.

to **jargonize** /ˈdʒɑːgənaɪz/, **A** *v. i.* parlare (*o* scrivere) in gergo. **B** *v. t.* esprimere (q.c.) in gergo.

jargoon /dʒɑːˈguːn/, *V.* **jargon** (**2**).

jarl /jɑːl/, *n.* (*stor.*) jarl (*capo o nobile, danese o scandinavo*).

jarring /ˈdʒɑːrɪŋ/, **A** *a.* **1** discordante; stonato: (*anche fig.*) **a j. note**, una nota stonata **2** stridente; stridulo **3** che scuote (*fig.*); impressionante; doloroso. **B** *n.* **1** scuotimento **2** contrasto; conflitto. || **-ly**, *avv.*

jarvey /ˈdʒɑːvɪ/, *n.* (*fam. arc.*) vetturino; cocchiere di piazza.

Jarvis /ˈdʒɑːvɪs/, *n.* Gervasio.

jasmin(e) /ˈdʒæsmɪn/, *n.* (*bot., Jasminum*) gelsomino.

Jasmine /ˈdʒæsmɪn/, *n.* Gelsomina.

Jason /ˈdʒeɪsn/, *n.* (*mitol.*) Giasone.

jasper /ˈdʒæspə(r)/, *n.* (*miner.*) diaspro.

Jasper /ˈdʒæspə(r)/, *n.* Gaspare.

jaundice /ˈdʒɔːndɪs/, *n.* **1** (*med.*) ittero; itterizia **2** (*fig.*) avversione; antipatia; astio; ostilità.

to **jaundice** /ˈdʒɔːndɪs/, *v. t.* **1** (*med.*) provocare l'itterizia in (q.) **2** (*fig.*) invelenire; rendere astioso (*o* geloso, invidioso).

jaundiced /ˈdʒɔːndɪst/, *a.* **1** (*med.*) affetto da itterizia; itterico **2** (*fig.*) geloso; invidioso; sospettoso; invelenito; ostile. ● **a j. view**, un'opinione distorta da gelosia (*o* da invidia, ecc.).

jaunt /dʒɔːnt/, *n.* gita; escursione; viaggio di piacere.

to **jaunt** /dʒɔːnt/, *v. i.* andare in gita; fare una gita. ● **jaunting car**, calessino (*un tempo comune in Irlanda*).

jaunty /ˈdʒɔːntɪ/, *a.* **1** disinvolto; spigliato **2** allegro; brioso; gaio; vivace; sbarazzino: **a j. little hat**, un cappellino sbarazzino **3** (*raro*) elegante; alla moda. || **-ily**, *avv.* || **-iness**, *sost.*

java /ˈdʒɑːvə/, *n.* (*pop. USA*) caffè: **a cup of j.**, una tazzina di caffè.

Java /ˈdʒɑːvə/, *n.* (*geogr.*) Giava. ● **J. Sea**, Mare di Giava.

Javan /ˈdʒɑːvən/, *a.* e *n.* giavanese.

Javanese /dʒɑːvəˈniːz/, *a.* e *n.* (*invar. al pl.*) giavanese (*anche la lingua*).

javelin /ˈdʒævlɪn/, *n.* (*stor., sport*) giavellotto. ● (*sport*) **j. throw**, lancio del giavellotto □ **j. thrower**, lanciatore di giavellotto; giavellottista □ **j. throwing**, il lancio del giavellotto.

jaw /dʒɔː/, *n.* **1** (*anat.*) mascella; mandibola; ganascia: **the upper jaw and the lower jaw**, la mascella superiore e quella inferiore; **a punch on the jaw**, un pugno alla mascella **2** (*pl.*) fauci; bocca **3** (*mecc.*) ganascia (*per es., d'incudine*); ceppo (*di freno*); griffa **4** (*pl.*) porte (*di un canale marittimo, ecc.*) **5** (*geogr.*) gola (*fra monti*) **6** (*fam.*) predica, lavata di capo, tirata d'orecchi (*fig.*); rimprovero **7** (*fam. spreg.*) chiacchierata; chiacchiere; ciance **8** (*fam. arc.*) parole offensive. ● **jaw-breaker** (*o* **jaw crusher**), (*mecc.*) frantoio a mascelle; (*fam.*) parola difficile a pronunciarsi; (*USA*) caramella dura □ (*fam.*) **jaw-jaw**, lungo discorso; lunga chiacchierata (*o* discussione) □ (*fig.*) **in the jaws of death**, in pericolo di vita; nelle fauci della morte □ (*fam.*) **Hold your jaw!**, tieni la lingua a posto; sta' zitto!

to **jaw** /dʒɔː/, **A** *v. t.* (*fam.*) fare una predica a, dare una lavata di capo a (*fig.*); rimproverare. **B** *v. i.* **1** chiacchierare **2** sermoneggiare (*raro*); far prediche (*fig.*).

jawbone /ˈdʒɔːbəʊn/, *n.* **1** (*anat.*) osso mandibolare; mascella **2** (*pop. USA*) prestito.

to **jawbone** /ˈdʒɔːbəʊn/, (*fam. USA*) **A** *v. i.* chiacchierare; ciarlare. **B** *v. t.* **1** convincere, persuadere (*a furia d'insistere*) **2** prendere a prestito.

jay (**1**) /dʒeɪ/, *n.* **1** (*zool., Garrulus glandarius*) ghiandaia **2** (*fig. fam.*) chiacchierone; chi parla a vanvera; sempliciotto; fesso. ● (*fam. USA*) **jay-walker**, pedone disattento, che non bada al traffico.

jay (**2**) /dʒeɪ/, *n.* lettera j.

to **jay(-)walk** /ˈdʒeɪwɔːk/, *v. i.* (*fam.*) attraversare la strada senza badare al traffico.

jazz /dʒæz/, **A** *n.* **1** (*mus.*, = **j. music**) jazz; musica jazz **2** ballo jazz **3** (*fig. fam.*) vivacità; sfrenatezza **4** (*pop.*) balle; frottole; fesserie. **B** *a. attr.* (*mus.*) jazzistico; jazz. ● **a j. band**, una banda di jazz □ **j. singer**, cantante di jazz; jazzista □ (*pop.*) **and all that j.**, e così via.

to **jazz** /dʒæz/, **A** *v. i.* (*mus.*) **1** suonare (*o* ballare) il jazz **2** (*fig. fam.*) comportarsi con grande vivacità (*o* sfrenatezza). **B** *v. t.* suonare (*musica*) a tempo di jazz. ● (*fam.*) **to j. up**, rendere vivace, chiassoso; animare (*una festa e sim.*).

jazzed /dʒæzd/, *a.* (*pop. USA*) eccitato; su di giri.

jazzer /ˈdʒæzə(r)/, *n.* (*mus.*) jazzista.

jazzily /ˈdʒæzəlɪ/, *avv.* (*pop.*) **1** (*mus.*) a tempo di jazz **2** (*fig.*) con animazione, con brio.

jazzman /ˈdʒæzmæn/, *n.* (*pl.* **jazzmen**) suonatore di jazz; jazzista.

jazzy /ˈdʒæzɪ/, *a.* **1** (*mus.*) jazzistico **2** vivace; sgargiante; chiassoso: **j. patterns**, disegni (*di stoffa*) a colori vivaci, chiassosi **3** (*pop. USA*) eccitante.

jealous /ˈdʒɛləs/, *a.* geloso; invidioso; sospettoso; malevolo: **a j. wife**, una moglie gelosa; **to be j. of a rival's success**, essere geloso del successo d'un rivale; **to be j. of one's rights**, essere geloso dei propri diritti. ● **to keep a j. eye on sb.'s movements**, tenere sospettosamente d'occhio le mosse di q. || **-ly**, *avv.* || **-ness**, *sost.*

jealousy /ˈdʒɛləsɪ/, *n.* gelosia; invidia.

jean /dʒiːn/, *n.* **1** (*ind. tess.*) tela ruvida **2** (*pl.*) jeans; calzoni di tela ruvida. ● **jeans shop**, jeanseria.

Jean /dʒiːn/, *n.* Giovanna.

jeep /dʒiːp/, *n.* (*marchio: autom.*) jeep; camionetta.

to **jeep** /dʒiːp/, *v. i.* (*fam. USA*) andare in jeep.

jeer (**1**) /dʒɪə(r)/, *n.* beffa; derisione; dileggio; scherno; canzonatura (*fam.*).

jeer (**2**) /dʒɪə(r)/, *n.* (*naut., di solito al pl.*) drizza di pennone.

to **jeer** /dʒɪə(r)/, *v. t.* e *i.* beffarsi (di); deridere; dileggiare; schernire; canzonare (*fam.*): **The hooligans always jeered at the old beggar**, i teppisti schernivano sempre il vecchio mendicante.

jeering /ˈdʒɪərɪŋ/, *a.* beffardo; derisorio; canzonatorio. || **-ly**, *avv.*

Jeff /dʒɛf/, *n. dim.* di **Jeffrey**.

jeff /dʒɛf/, *n.* (*pop. USA*) **1** bianco; individuo di razza bianca **2** noioso; seccatore.

Jeffrey /ˈdʒɛfrɪ/, *n.* Goffredo.

Jehoshaphat /dʒɪˈhɒʃəfæt, *USA* -sə-/, *n.* (*Bibbia*) Giosafat.

Jehovah /dʒɪˈhəʊvə/, *n.* (*relig.*) Geova; Iehova. ● **J.'s Witness**, testimone di Geova.

jejune /dʒɪˈdʒuːn/, *a.* **1** arido; sterile; gramo; meschino; vacuo: **a j. land**, un terreno sterile; **a j. story**, un racconto arido (*o* privo d'interesse) **2** inesperto; bambinesco; puerile **3** (*di dieta, cibo, ecc.*) insufficiente; scarso. || **-ly**, *avv.* || **-ness**, *sost.*

jejunum /dʒɪˈdʒuːnəm/, *n.* (*anat.*) (intestino) digiuno.

Jekyll and Hyde /ˈdʒɛkələnˈhaɪd, ˈdʒiː-/, *n.* individuo dalla doppia personalità; persona che ha una doppia vita (*dal romanzo di R.L. Stevenson*).

to **jell** /dʒɛl/, **A** *v. i.* **1** gelatinizzarsi; rassodarsi **2** (*fig. fam.*) prendere forma; concretizzarsi. **B** *v. t.* (*fam.*) concretare; dare forma a (*idee e sim.*).

jellied /ˈdʒɛlɪd/, *a.* **1** gelatinoso **2** (*di cibo*) in gelatina.

jello /ˈdʒɛləʊ/, *n.* (*USA*) *V.* **jelly**, *def. 1.*

jelly /ˈdʒɛlɪ/, *n.* **1** gelatina (*di carne o di frutta*) **2** sostanza gelatinosa **3** (*USA*) marmellata; confettura **4** (*pl.*) (*fam. USA*) scarpette colorate, da ginnastica (*da donna*). ● **j. baby**, caramella gommosa di frutta (*a forma di bambolina*) □ (*USA*) **j. beans**, gelatine; caramelle (gelatinose) alla frutta □ (*fam. USA*) **j. bean shoes**, *V.* **jelly**, *def. 4* □ **j. roll**, rotolo di pan di spagna farcito di marmellata.

to **jelly** /ˈdʒɛlɪ/, **A** *v. t.* **1** ridurre in gelatina; rendere gelatinoso **2** mettere gelatina su (*un cibo*). **B** *v. i.* **1** gelatinizzarsi; diventare gelatinoso **2** (*fam.*) fare gelatine di frutta.

jellyfish /ˈdʒɛlɪfɪʃ/, *n.* (*zool.*) medusa.

jemmy /ˈdʒɛmɪ/, *n.* **1** palanchino; piede di porco **2** (*pop.*) testa di pecora (*cotta al forno*).

to **jemmy** /ˈdʒɛmɪ/, *v. t.* (*spesso* **to j. open**) forzare con un palanchino; scassinare.

je ne sais quoi /ʒənəseɪˈkwɑː/ (*franc.*), *n.* (un) non so che.

jennet /ˈdʒɛnɪt/, *n.* ginnetto; cavallino spagnolo.

jenny /ˈdʒɛnɪ/, *n.* **1** (= **spinning j.**) filatoio intermittente **2** gru mobile **3** (*ferr.*) gru per locomotiva **4** (*zool.*, = **j. ass**) asina **5** (*zool.*) femmina (*di vari animali*). ● **j. wren**, (*zool.*) femmina dello scricciolo; (*fam.*) scricciolo (*nelle poesiole infantili*).

Jenny /ˈdʒɛnɪ/, *n.* (*dim. di* **Jane**) Giannina.

to **jeopardize** /ˈdʒɛpədaɪz/, *v. t.* arrischiare; azzardare; mettere in pericolo (*o* a repentaglio): **to j. one's life**, arrischiare la vita.

jeopardy /ˈdʒɛpədɪ/, *n.* **1** azzardo; pericolo; rischio; repentaglio **2** (*leg.*) pericolo di condanna penale. ● (*leg., in U.S.A.*) azione giudiziale contro chi ha già subito un processo per la stessa incriminazione.

jerboa /dʒɜːˈbəʊə/, *n.* (*zool., Jaculus jaculus*) topo delle piramidi.

jeremiad /dʒɛrɪˈmaɪæd/, *n.* geremiade; lamentazione.

Jeremiah /dʒɛrɪˈmaɪə/, *n.* (*Bibbia*) Geremia.

Jeremy /ˈdʒɛrəmɪ/, *n.* Geremia.

Jericho /ˈdʒɛrɪkəʊ/, *n.* (*Bibbia, geogr.*) Gerico. ● (*pop. arc.*) **Go to J.!**, vattene!; va' a farti benedire!

jerk (**1**) /dʒɜːk/, *n.* **1** scossa; strattone; strappo; scatto; sobbalzo **2** contrazione (*d'un muscolo*); spasmo; tic nervoso **3** (*mecc.*) velocità d'accelerazione **4** (*pop. specialm. USA*) scemo; stupido; tonto **5** (*pl.*) (*pop. USA*) convulsioni; delirium tremens. ● (*fam.*) **physical jerks**, ginnastica da camera □ (*pop.*) **Put a j. in it!**, muoviti!; spicciati!

jerk (**2**) /dʒɜːk/, *n.* carne (*specialm. di bue*) essiccata al sole.

to **jerk** (**1**) /dʒɜːk/, **A** *v. t.* dare una scossa (*o* uno strattone) a; spingere; tirare; lanciare: **to j. a cart out of the mud**, tirare un carro fuori dal fango. **B** *v. i.* muoversi a strappi; procedere a scosse (*o* a sobbalzi). ● (*fig. USA*) **to j. sb. around**, strapazzare q. □ **to j. oneself free**, liberarsi con uno strattone □ (*volg.*) **to j. off**, masturbare, masturbarsi □ **to j. out one's words**, parlare a scatti □ (*di un veicolo*) **to j. to a stop**, fermarsi con un sobbalzo.

to **jerk** (**2**) /dʒɜːk/, *v. t.* conservare (*carne, specialm. di bue*) tagliandola a fette ed essiccandola al sole.

jerkily /ˈdʒɜːkəlɪ/, *avv.* a scosse; a balzelloni.

jerkin /ˈdʒɜːkɪn/, *n.* **1** (*stor.*) farsetto; giustacuore **2** (*moda*) giacchetta senza maniche.

jerkiness /ˈdʒɜːkɪnəs/, *n.* il muoversi a strappi, con scosse; andatura a balzelloni.

jerky /ˈdʒɜːkɪ/, **A** *a.* **1** a scatti; a scosse; a sobbalzi; spasmodico; convulso **2** (*pop. specialm. USA*) scemo; stupido; tonto. **B** *n.* *V.* **jerk** (**2**).

jeroboam /dʒɛrəˈbəʊəm/, *n.* geroboamo (*bottiglione per vini pregiati*).

Jeroboam /dʒɛrəˈbəʊəm/, *n.* (*Bibbia*) Geroboamo.

Jerome /dʒəˈrəʊm/, *n.* Gerolamo; Geronimo.
jerry /ˈdʒerɪ/, *n.* **1** (*pop. raro*) vaso da notte **2** (= **j.-shop**) birreria d'infimo ordine. ● (*specialm. mil.*) **j. can**, tanica (*di benzina, ecc.*).
Jerry /ˈdʒerɪ/, *n.* **1** *dim.* di **Gerard** **2** (*pop.*) (soldato) tedesco.
jerry-builder /ˈdʒerɪbɪldə(r)/, *n.* costruttore di case per speculazione; imprenditore edile disonesto.
jerry-building /ˈdʒerɪbɪldɪŋ/, *n.* costruzione (*di case, ecc.*) con materiale scadente; speculazione edilizia.
jerry-built /ˈdʒerɪbɪlt/, *a.* (*di edificio*) costruito con materiale scadente.
jersey /ˈdʒɜːzɪ/, *n.* **1** (*ind. tess.*) jersey **2** maglia attillata di lana; maglietta **3** giacchetta; pullover **4** (*USA*) canottiera.
Jersey /ˈdʒɜːzɪ/, *n.* **1** (*geogr.*) Jersey (*una delle Isole Normanne*) **2** (= **J. cow**) mucca di razza Jersey.
Jerusalem /dʒəˈruːsələm/, *n.* (*geogr.*) Gerusalemme. ● (*bot.*) **J. artichoke** (*Helianthus tuberosus*), topinambùr.
jess /dʒes/, *n.* (*falconeria*) geto.
to **jess** /dʒes/, *v. t.* mettere il geto alla zampa di (*un falco*).
jessamine /ˈdʒesəmɪn/, *n.* (*bot., Jasminum*) gelsomino.
jest /dʒest/, *n.* **1** burla; celia; canzonatura; motteggio; scherzo: **in j.**, per scherzo **2** facezia; frizzo; motto **3** oggetto di derisione; zimbello: **He is a standing j.**, è sempre lo zimbello di tutti. ● (*prov.*) **Many a true word is spoken in j.**, spesso burlando si dice il vero.
to **jest** /dʒest/, **A** *v. i.* burlare; celiare; motteggiare; scherzare. **B** *v. t.* (*arc.*) motteggiare; prendersi gioco di (q.); prendere in giro.
jester /ˈdʒestə(r)/, *n.* **1** burlone, burlona **2** (*un tempo*) buffone (*di corte*); giullare.
jesting /ˈdʒestɪŋ/, *a.* faceto; che ama scherzare; scherzoso; burlone: **a j. chap**, un (tipo) burlone; **a j. answer**, una risposta scherzosa. ‖ **-ly,** *avv.*
Jesuit /ˈdʒezjʊɪt, *USA* -ʒʊ-/, *n.* (*relig., anche fig.*) gesuita.
Jesuitic(al) /dʒezjʊˈɪtɪk(l), *USA* -ʒʊ-/, *a.* (*relig., anche fig.*) gesuitico. ‖ **-ally,** *avv.*
Jesuitism /ˈdʒezjʊɪtɪzəm, *USA* -ʒʊ-/, *n.* (*relig.*) gesuitismo; (*fig. spreg.*) finzione, doppiezza, ipocrisia.
Jesuitry /ˈdʒezjʊɪtrɪ, *USA* -ʒʊ-/, *n.* **1** (*relig.*) gesuitismo **2** (*spreg.*) gesuiteria.
Jesus /ˈdʒiːzəs/, *n.* (*relig.*) Gesù.
jet (**1**) /dʒet/, *n.* **1** getto (*d'acqua, di gas, di vapore, ecc.*); spruzzo, zampillo: **water jets**, getti d'acqua; **jets of blood**, zampilli di sangue **2** (*autom., mecc.*) getto; polverizzatore; ugello; spruzzatore: **idling jet**, ugello del minimo **3** (*tecn.*) becco: **a gas jet**, un becco a gas **4** (*aeron.*) aviogetto; getto; aereo a reazione; reattore (*fam.*); jet **5** (*zool.*) sfiatatoio (*di un cetaceo*) **6** (*fig.*) zampillo (*fig.*); flusso: **brilliant jets of humour**, brillanti zampilli di umorismo; **a jet of four-letter words**, un flusso di parolacce. ● (*aeron.*) **jet airliner**, aereo di linea a reazione; aviogetto di linea □ (*aeron.*) **jet engine**, motore a getto; propulsore a reazione diretta □ (*aeron. mil.*) **jet fighter**, caccia a reazione □ **jet fuel**, combustibile per aviogetti □ **jet lag**, jetlag; malessere (*di un viaggiatore in aereo*) dovuto al rapido spostamento attraverso vari fusi orari □ (*aeron., miss.*) **jet nozzle**, ugello di scarico; effusore □ **jet pilot**, pilota d'aviogetto □ **jet pipe**, (*aeron.*) tubo di scarico; (*zool.*) sfiatatoio (*di cetacei*) □ (*aeron.*) **jet plane,** *V. sopra, def. 4* □ (*aeron.*) **jet-propelled plane**, aereo con motore a getto □ (*aeron.*) **jet propulsion**, propulsione a reazione diretta (*o* a getto); gettopropulsione □ **jet set**, jet set; **jet-set**, del jet set □ **jet-setter**, uno del jet set □ (*sport*) **jet ski**, jet ski; acquascooter; scooter acquatico □ **jet skier**, chi pratica il jet ski □ **jet skiing**, il jet ski (*lo sport*) □ **jet society**, jet society □ **jet stream**, (*aeron.*) getto; (*meteor.*) corrente a getto □ (*med.*) **jet syndrome**, sindrome da jet.
jet (**2**) /dʒet/, **A** *n.* **1** (*miner.*) giavazzo; giaietto; ambra nera **2** color nero lucente. **B** *a.* **1** di giavazzo **2** nero come giavazzo. ● **jet-black**, nero come l'ebano.
to **jet** /dʒet/, **A** *v. t.* emettere a getti (*o* a zampilli); scaricare; (*mecc.*) eiettare. **B** *v. i.* **1** uscire a getti; scaturire; sgorgare; zampillare **2** (*aeron.*) viaggiare in aviogetto.
jetboat /ˈdʒetbəʊt/, *n.* (*naut.*) imbarcazione a gettopropulsione.
jetborne /ˈdʒetbɔːn/, *a.* (*aeron.*) trasportato (*o* che viaggia) in aviogetto.
jetfoil /ˈdʒetfɔɪl/, *n.* (*naut.*) aliscafo.
to **jet-hop** /ˈdʒethɒp/, *v. i.* (*fam.*) viaggiare in aviogetto; volare in jet.
jetliner /ˈdʒetlaɪnə(r)/, *n.* (*aeron.*) aereo di linea a reazione.
jetport /ˈdʒetpɔːt/, *n.* (*aeron.*) aeroporto per aviogetti.
jetsam /ˈdʒetsəm/, *n.* **1** (*naut.*) gettito; merci gettate fuori bordo (*per alleggerire il carico di una nave in pericolo*) **2** (*fig.*) relitto umano; persona senza arte né parte; spostato (*fam.*) **3** (*fig.*) robaccia; ciarpame.
to **jet-ski** /ˈdʒetskiː/, *v. i.* (*sport*) praticare il jet ski.
jetties /ˈdʒetɪz/, *n. pl.* (*pop. USA*) *V.* **jet lag,** *sotto* **jet** (**1**).
jettison /ˈdʒetɪsn/, *n.* **1** (*naut., leg.*) getto del carico (*o di parte di esso*) a mare (*per alleggerire la nave in pericolo*) **2** (*naut.*) gettito; carico gettato a mare **3** (*aeron.*) scarico in volo.
to **jettison** /ˈdʒetɪsn/, *v. t.* **1** (*naut.*) gettare a mare (*il carico o parte di esso*) **2** (*aeron.*) sganciare in volo, alleggerirsi di (q.c.) **3** (*fig.*) gettar via; disfarsi (*o* liberarsi) di (q. o q.c.).
jetton /ˈdʒetn/, *n.* gettone (*specialm. della roulette*).
jetty (**1**) /ˈdʒetɪ/, *n.* gettata; molo; pontile.
jetty (**2**) /ˈdʒetɪ/, *a.* nero come giavazzo; nero come l'ebano.
Jew /dʒuː/, *n.* ebreo (*anche fig.*); israelita; (*spreg.*) avaro, rabbino (*fig.*). ● **Jew-baiter**, persecutore d'ebrei □ **Jew-baiting**, persecuzione degli ebrei □ (*bot.*) **Jew's ear** (*Auricularia auricula-Judae*), orecchio di Giuda.
to **jew down** /ˈdʒuːˈdaʊn/, *v. t.* (*pop. USA*) ottenere uno sconto da (q.) tirando sul prezzo.
jewel /ˈdʒuːəl/, *n.* **1** gioiello (*anche fig.*); gemma; gioia: **Our maid is a j.**, la nostra domestica è un gioiello **2** pietra dura, rubino (*d'orologio*): **a 17-j. wristwatch**, un orologio da polso con 17 rubini **3** (*ferr.*) bronzina. ● (*ferr.*) **j. bearing**, bronzina □ **j.-case**, astuccio dei gioielli; portagioie □ **the j. house**, le sale dei gioielli della Corona inglese (*nella Torre di Londra*).
to **jewel** /ˈdʒuːəl/, *v. t.* **1** ingioiellare; ingemmare; ornare di pietre preziose: **a jewelled ring**, un anello adorno di pietre preziose **2** provvedere di rubini: **a jewelled watch**, un orologio con rubini.
jeweller /ˈdʒuːələ(r)/, *n.* gioielliere; orefice. ● **j.'s shop**, gioielleria.
jewel(le)ry /ˈdʒuːəlrɪ/, *n.* **1** (*collett.*) gioielli; pietre preziose; gemme; gioie **2** gioielleria (*arte*). ● **costume j.**, bigiotteria.
Jewess /ˈdʒuːes/, *n.* ebrea.
Jewish /ˈdʒuːɪʃ/, **A** *a.* **1** ebreo; giudaico; giudeo **2** (*spreg.*) avaro; da rabbino. **B** *n.* (*pop.*) *V.* **Yiddish.** ‖ **ly,** *avv.*
Jewry /ˈdʒʊərɪ/, *n.* **1** (*collett.*) gli ebrei; comunità ebraica: **the American J.**, gli ebrei d'America **2** (il) ghetto.
jew's harp /ˈdʒuːzhɑːp/, *locuz. n.* (*mus.*) scacciapensieri.
Jezebel /ˈdʒezəbl, -bel/, *n.* **1** (*Bibbia*) Jezabel; Gezabele **2** (*fig.*) donna lasciva; donna dissoluta.
jib (**1**) /dʒɪb/, *n.* **1** (*naut.*) fiocco: **jib boom**, asta del fiocco **2** (*mecc.*) braccio (*di gru, d'argano*). ● (*mecc.*) **jib crane**, gru a bandiera (*o* a braccio) □ (*fig. fam. arc.*) **the cut of sb.'s jib**, l'aspetto esteriore di q.; il modo di vestire di q. □ (*naut.*) **flying jib**, controfiocco.
jib (**2**) /dʒɪb/, **jibber** /ˈdʒɪbə(r)/, *n.* cavallo recalcitrante, che s'impenna.
to **jib** /dʒɪb/, *v. i.* recalcitrare (*anche fig.*); impuntarsi; fermarsi; rifiutare d'andare avanti. ● **to jib at st.**, mostrare ripugnanza per q.c. □ **to jib at doing st.**, esitare a fare q.c.
jib door /ˈdʒɪbdɔː(r)/, *locuz. n.* porta dissimulata; usciolo a muro.
jibe /dʒaɪb/, *V.* **gibe.**
to **jibe** (**1**) /dʒaɪb/, *V.* **to gibe.**
to **jibe** (**2**) /dʒaɪb/, *V.* **to gybe.**
to **jibe** (**3**) /dʒaɪb/, *v. i.* (*fam.*) andare d'accordo; combaciare, coincidere (*con q.c.*).
jiff /dʒɪf/, **jiffy** /ˈdʒɪfɪ/, *n.* (*fam.*) attimo; istante; momento; minuto: **in a. j.**, in un momento; in un batter d'occhio.
Jiffy (*o* **jiffy**) **bag** /ˈdʒɪfɪbæg/, *locuz. n.* (*marchio*) busta imbottita (*per libri, ecc.*).
jig (**1**) /dʒɪg/, *n.* **1** (*mus.*) giga; (musica per) danza vivace: **to dance a jig**, ballare una giga **2** (*mecc.*) maschera (di montaggio); attrezzatura di guida dell'utensile **3** (*ind. min.*) crivello oscillante **4** (*pesca*) cucchiaino. ● (*mecc.*) **jig borer**, tracciatrice; alesatrice a coordinate □ (*pop. USA*) **The jig is up**, la festa è finita (*fig.*).
jig (**2**) /dʒɪg/, *V.* **jigaboo.**
to **jig** /dʒɪg/, **A** *v. i.* **1** ballare la giga **2** ballare (*fig.*); saltellare; salterellare: **The little girl jigged up and down for joy**, la bambina ballava (*o* saltellava) per la gioia **3** pescare con il cucchiaino. **B** *v. t.* **1** far ballare (q.) a tempo di giga **2** far ballare (*fig.*); far saltare: **to jig one's keys in one's hand**, far saltare le chiavi tenendole in mano **3** (*mecc.*) lavorare con maschere (*o* con attrezzature munite di guide) **4** (*ind. min.*) crivellare, vagliare (*un minerale*).
jigaboo /ˈdʒɪgəbuː/, *n.* (*pop. spreg. USA*) negro; individuo di colore.
jigger (**1**) /ˈdʒɪgə(r)/, *n.* **1** danzatore (*o* danzatrice) di giga **2** (*naut.*) paranco a coda **3** (*naut.*) vela di mezzana; piccola vela **4** (*naut.*) iole a vela **5** (*pop.*) appoggio per la stecca (*di biliardo*) **6** (*ind. min.*) crivellatore **7** (*ind. min.*) canale a scosse; canale trasportatore oscillante **8** (*fam.*) aggeggio **9** (*fam.*) misurino per liquori (*da un'oncia e mezzo*); (*fig.*) goccio, sorso **10** (*naut.*, = **jiggermast**) albero di mezzana; piccolo albero a poppa.
jigger (**2**) /ˈdʒɪgə(r)/, *n.* (*zool., Tunga penetrans*) pulce penetrante.
to **jigger** /ˈdʒɪgə(r)/, *v. t.* (*pop.*) guastare; rovinare; mandare all'aria (*progetti, ecc.*).
jiggered /ˈdʒɪgəd/, *a.* **1** (*fam.*) maledetto; dannato: **I'm j. if he makes it!**, col cavolo che ce la fa! **2** (*scozz. o dial. sett.*) stanco morto; stracciato **3** (*pop. USA*) ubriaco; sbronzo.
jiggery-pokery /ˈdʒɪgərɪˈpəʊkərɪ/, *n.* (*fam.*) imbroglio; inganno; raggiro.
jiggle /ˈdʒɪgl/, *n.* lieve scossa; tremolio.
to **jiggle** /ˈdʒɪgl/, **A** *v. t.* muovere a scatti; scuotere lievemente: **to j. the door handle**, scuotere lievemente la maniglia della porta. **B** *v. i.* tremolare; scuotersi.
jigsaw /ˈdʒɪgsɔː/, *n.* seghetto alternativo; sega da traforo. ● **j. puzzle**, puzzle; gioco delle composizioni (*pezzi irregolari con cui ricomporre una figura, un disegno*).
Jildi five /ˈdʒɪldɪfaɪv/, *n.* (*tombola*) cinquina.
jill, Jill /dʒɪl/, *V.* **gill** (**4**), **Gill.**
jillion /ˈdʒɪljən/, *n.* (*pop. USA*) (un) mucchio; (una) quantità: **I've got a j. things to do**, ho un mucchio di cose da fare.
jilt /dʒɪlt/, *n.* donna capricciosa e leggera; civetta, fraschetta (*fig.*).
to **jilt** /dʒɪlt/, *v. t.* civettare con (q.) e poi abbandonarlo; abbandonare, piantare (*un innamorato*).
Jim /dʒɪm/, **Jimmy** /ˈdʒɪmɪ/, *n.* (*dim. di* **James**) Giacomino.
Jim Crow /ˈdʒɪmˈkrəʊ/, *n.* **1** (*spreg. USA*) ne-

gro **2** (*fam. USA*) discriminazione razziale (*contro i negri*); segregazionismo **3** – (*ferr.*) **jim crow**, martinetto piegarotaie; cagna. ● **Jim Crow car**, carrozza ferroviaria (*o* tranviaria, ecc.) per soli negri □ **Jim-Crow school**, scuola per soli negri.

jim-dandy /'dʒɪm'dændɪ/, (*fam. USA*) **A** *n.* cosa (*o* persona) eccezionale, fantastica. **B** *a.* eccezionale, fantastico.

jimjams /'dʒɪmdʒæmz/, *n. pl.* (*pop.*) **1** ballo di san Vito **2** *V.* **jimmies**.

jimmies /'dʒɪmɪz/, *n. pl.* (*pop. USA*) brividi; pelle d'oca; nervosismo: **to give sb. the j.**, far venire i nervi a q.

jimmy /'dʒɪmɪ/, *n.* (*USA*) *V.* **jemmy**, *def 1.*

Jimmy /'dʒɪmɪ/, *n.* (*dim. di* **James**) Giacomino.

to **jimmy** /'dʒɪmɪ/, *v. t.* (*USA*) *V.* **to jemmy.**

jimp /dʒɪmp/, *a.* (*scozz.*) **1** esile; grazioso **2** scarso.

jimsonweed /'dʒɪmsənwiːd/, *n.* (*bot., USA, Datura stramonium*) stramonio.

jingle /'dʒɪŋgl/, *n.* **1** tintinnio; scampanellio; squillo **2** cantilena, filastrocca; poesiola; canzonetta **3** (*radio, TV*) filastrocca musicale. ● **j. bell**, sonaglio tondo; bubbolo.

to **jingle** /'dʒɪŋgl/, **A** *v. i.* **1** tintinnare; scampanellare **2** (*di versi*) avere un ritmo monotono, uniforme. **B** *v. t.* far tintinnare: **He jingled the coins in his pocket**, fece tintinnare le monetine che aveva in tasca.

jingle-jangle /'dʒɪŋgl'dʒæŋgl/, (*pop. USA*) **A** *a.* scassato: **a j. car**, un'automobile scassata. **B** *n.* (*collett.*) monetine; spiccioli.

jingo /'dʒɪŋgəʊ/, **A** *n.* (*pl.* **jingoes**) nazionalista fanatico; sciovinista. **B** *a.* sciovinistico. ● (*pop.*) **by j.!**, perbacco!; perdinci!

jingoism /'dʒɪŋgəʊɪzəm/, *n.* nazionalismo esasperato; sciovinismo.

jingoist /'dʒɪŋgəʊɪst/, *n.* nazionalista fanatico; sciovinista.

jingoistic /dʒɪŋgəʊ'ɪstɪk/, *a.* sciovinistico; sciovinista.

jink /dʒɪŋk/, *n.* balzo; scatto; andatura a zigzag. ● (*fig. fam.*) **high jinks**, allegria sfrenata; baldoria.

to **jink** /dʒɪŋk/, **A** *v. i.* **1** andare (*o* muoversi) a zigzag; scansarsi; far civetta **2** (*gergo aeron.*) volare a zigzag (*per sottrarsi al fuoco antiaereo*). **B** *v. t.* sottrarsi a; scansare, schivare (*un inseguitore, ecc.*).

jinn /dʒɪn/, **jinni** /'dʒɪnɪ/, *n.* (*pl.* **jinn**) (*mitol.*) genio; genietto.

jinx /dʒɪŋks/, *n.* (*fam.*) **1** persona (*o* cosa) che porta sfortuna (*o* iella); iettatore; menagramo **2** iettatura; malocchio; iella: **to put a j. on sb.**, gettare il malocchio su q. ● **to be a j.**, portare iella.

to **jinx** /dʒɪŋks/, *v. t.* (*fam.*) **1** portare iella (*o* scalogna) a (q.) **2** gettare il malocchio su (q.).

jinxed /dʒɪŋkst/, *a.* (*fam.*) iellato, iettato, scalognato (*fam.*); sfigato (*volg.*).

jitney /'dʒɪtnɪ/, *n.* (*pop. USA*) **1** moneta da cinque centesimi (di dollaro) **2** piccolo autobus; maxitaxi.

jitter /'dʒɪtə(r)/, *n.* **1** (*elettron.*) tremolio (*difetto*) **2** (*pl.*) (*fam.*) nervosismo; agitazione; paura. ● (*pop.*) **to have the jitters**, essere innervosito; aver fifa (*pop.*).

to **jitter** /'dʒɪtə(r)/, *v. i.* **1** (*elettron.*: *dell'immagine, ecc.*) tremolare **2** (*fam.*) essere nervoso (*o* innervosito); aver paura.

jitterbug /'dʒɪtəbʌg/, *n.* (*fam.*) **1** ballo sfrenato, a ritmo di jazz **2** ballerino sfrenato di jazz; fanatico del jazz **3** (*arc.*) tipo nervosissimo.

jittery /'dʒɪtərɪ/, *a.* (*fam.*) nervoso; innervosito; impaurito; che ha una fifa blu (*pop.*). ● **to grow j.**, innervosirsi. || **-iness**, *sost.*

jiujitsu /dʒuː'dʒɪtsuː/, *V.* **jujitsu**.

jive /dʒaɪv/, *n.* **1** (*mus.*) varietà di jazz degli anni '50 **2** (*USA*, = **j. talk**) gergo dei negri (*specialm. dei jazzisti*) **3** (*pop. USA*) fesserie; sciocchezze; balle (*pop.*).

to **jive** /dʒaɪv/, *v. i.* (*fam.*) **1** ballare il «jive» (*q.V.*) **2** suonare il «jive» **3** (*USA*) parlare il gergo dei jazzisti.

Joan /dʒəʊn/, **Joanna** /dʒəʊ'ænə/, *n.* Giovanna.

job (**1**) /dʒɒb/, *n.* **1** lavoro; compito; mansione: **to make a good job of it**, fare un buon lavoro; lavorare bene; **It isn't my job**, non è compito mio **2** affare (*anche poco pulito*); intrallazzo: (*iron.*) **a pretty job!**, bell'affare! **3** lavoro; impiego; occupazione; posto: **She has a job as a typist**, ha un posto di dattilografa; ha trovato un impiego come dattilografa **4** (*fam.*) compito difficile; impresa: **It's a job to give one's children a good education**, è un'impresa dare una buona istruzione ai propri figli; **I had a job finishing it**, ho avuto un bel daffare per finirlo **5** (*fam.*) cosa ben fatta; bell'esemplare; tipetto: **This bike is a beautiful job**, che bella bicicletta!; **Who's that blond job?**, chi è quella biondina? **6** (*fam.*) automobile di pregio **7** (*fam.*) operazione chirurgica; lavoro (*fam.*): **She's had a nose job**, s'è fatta rifare il naso **8** (*pop.*) lavoretto (*pop.*); colpo (*di criminali*); rapina: **a bank job**, una rapina a una banca **9** (*elab.*) job; lavoro **10** (*org. az.*) *V.* **job order 11** (*volg.*) bisogno; bisognino: **to do a job**, fare i propri bisogni. ● **job action**, azione sindacale che esclude lo sciopero generale □ **job centre**, ufficio di collocamento □ (*org. az.*) **job classification**, classificazione delle mansioni □ **job cuts**, riduzione dei posti di lavoro □ **job estimate**, preventivo dei lavori (*da eseguire*) □ **job evaluation** (*o* **rating**), valutazione del lavoro (*o* delle mansioni) □ (*fam.*) **jobs for the boys**, posti assegnati (*o* da assegnare) agli amici □ **a job lot**, (*comm.*) una partita di merce disparata; (*fig.*) un'accozzaglia (*di cose*) □ (*econ.*) **the job market**, il mercato del lavoro □ **job offers**, offerte di lavoro □ **job opportunities**, possibilità d'impiego □ (*org. az.*) **job order**, ordine (*o* buono) di lavorazione; commessa □ (*econ.*) **job production**, produzione su commessa □ **job rating**, (*org. az.*) valutazione del lavoro (*o* delle mansioni); (*fig.*) sondaggio sulla popolarità (*di un politico, un uomo di governo, ecc.*) □ (*econ.*) **job release scheme**, piano di prepensionamento □ **job rotation**, rotazione delle mansioni □ **job security**, sicurezza del posto di lavoro □ (*elab.*) **job step**, fase di un job; passo di lavoro □ **job ticket**, scheda di commessa □ **job work**, lavoro fatto a cottimo □ (*comm.*) **to charge sb. on a job-by-job basis**, farsi pagare da q. in economia □ (*volg.*) **to do the job on a girl**, farsi una ragazza (*volg.*) □ **to do a bad job**, lavorar male □ (*fig.*) **to do sb.'s job**, fare la festa a q.; mandare in rovina q. □ **to give up sb. [st.] as a bad job**, lasciar perdere q. [q.c.] □ **job in hand**, lavoro in corso □ **just the job**, proprio quel che ci vuole (*o* ci voleva) □ **to make the best of a bad job**, fare buon viso a cattiva sorte □ **odd jobs**, lavori saltuari; lavoretti □ **an odd-job man**, un uomo che fa lavori disparati, saltuari □ **to be on the job**, essere al lavoro (*o* in attività); essere impegnato nel proprio lavoro □ **on-the-job training**, formazione sul lavoro □ (*fam.*) **to be out of a job**, essere disoccupato □ **to be paid [to work] by the job**, essere pagato [lavorare] a cottimo □ (*pop.*) **to pull a job**, fare una rapina □ (*fam.*) **put-up job**, faccenda sporca; messinscena; montatura □ **It's a bad job**, è fatica sprecata □ **It's a bad job for you**, è un affare serio per te □ **It's a good job that...**, è una buona cosa che...; meno male che... □ **He's off, and a good job too**, meno male che se n'è andato! □ **«Good job!»**, «bravo!»; «ben fatto!» (*a un bambino, a un cane che riporta q.c., ecc.*).

job (**2**) /dʒɒb/, *V.* **jab**.

to **job** (**1**) /dʒɒb/, **A** *v. i.* **1** fare lavori disparati (*o* saltuari); lavorare a cottimo **2** (*comm.*) comprare all'ingrosso; fare il grossista; trafficare **3** (*fin.*) speculare in borsa **4** (*di uomo di Stato, funzionario e sim.*) essere corrotto; prevaricare. **B** *v. t.* **1** (*comm.*) comprare all'ingrosso; trafficare in (*certe merci*) **2** (*Borsa*) speculare in (*certi titoli*) **3** subappaltare, dare in subappalto (*lavori*) **4** approfittare illecitamente di; trattare (*affari pubblici*) in modo disonesto, a fin di lucro **5** noleggiare; dare (*o* prendere) a nolo (*cavalli, carrozza*). ● **to job sb. into a well-paid post**, procurare un posto ben remunerato a q., con mezzi illeciti □ (*comm.*) **to job off**, svendere □ **to job sb. out of st.**, togliere q.c. a q., con raggiri; fregare q.c. a q. (*fam.*).

to **job** (**2**) /dʒɒb/, *V.* **to jab.**

Job /dʒəʊb/, *n.* (*Bibbia*) Giobbe. ● **Job's comforter**, chi tenta malamente di consolare; pessimo consolatore.

jobation /dʒəʊ'beɪʃn/, *n.* (*fam. arc.*) lavata di capo (*fig.*); ramanzina.

jobber /'dʒɒbə(r)/, *n.* **1** (*comm.*) grossista; rivenditore **2** (*comm.*) affarista; trafficante **3** (*fin., stor.*) operatore di borsa (*professionista*); jobber **4** (*econ.*) lavoratore a cottimo; cottimista **5** noleggiatore; chi dà a nolo cavalli (*o* carrozze) **6** prevaricatore; profittatore; trafficante disonesto. ● (*Borsa*) **j.'s turn**, margine (*o* profitto) dell'operatore di borsa.

jobbernowl /'dʒɒbənəʊl/, *n.* (*fam.*) tonto.

jobbery /'dʒɒbərɪ/, *n.* affarismo; prevaricazione; disonestà (*d'uomo politico o di pubblico funzionario*).

jobbing /'dʒɒbɪŋ/, **A** *n.* **1** (lavorazione a) cottimo **2** (*econ., org. az.*) fabbricazione su commessa (*o* per conto terzi) **3** (*Borsa*) operazioni di borsa; intermediazione mobiliare **4** subappalto (*di lavori*) **5** affarismo; speculazione **6** stampa commerciale **7** noleggio (*di cavalli o carrozze*). **B** *a. attr.* (*di lavoratore*) saltuario; a cottimo: **a j. gardener**, uno che fa il giardiniere a cottimo; chi fa lavori di giardinaggio per diversi clienti. ● **j. contract**, contratto di lavoro a cottimo □ (*Borsa*) **j. in contangoes**, arbitraggio dei riporti □ (*econ.*) **j. production**, produzione su commessa □ (*fin.*) **j. profits**, utili d'intermediazione mobiliare □ **j. work**, lavoro a cottimo.

jobholder /'dʒɒbhəʊldə(r)/, *n.* **1** chi occupa un posto di lavoro; dipendente **2** (*USA*) impiegato (*o* funzionario) statale.

to **job-hop** /'dʒɒbhɒp/, *v. i.* cambiar lavoro (*o* posto) di continuo.

job-hopper /'dʒɒbhɒpə(r)/, *n.* chi muta lavoro (*o* cambia posto) di continuo.

jobless /'dʒɒbləs/, **A** *a.* disoccupato. **B** *n.* (*collett.*) – **the j.**, i senzalavoro; i disoccupati. ● (*ass.*) **j. insurance**, assicurazione contro la disoccupazione □ (*stat.*) **j. rate**, tasso di disoccupazione. || **-ness**, *sost.*

jobsharer /'dʒɒbʃɛərə(r)/, *n.* chi divide con un altro un lavoro a tempo pieno.

jobsharing /'dʒɒbʃɛərɪŋ/, *n.* (*econ.*) divisione di un lavoro a tempo pieno tra due persone che lavorano part time.

Jock /dʒɒk/, *n.* **1** (*gergo mil.*) soldato scozzese (*specialm. delle Highlands*) **2** scozzese tipico.

jock /dʒɒk/, *n.* **1** (*anche sport*) sospensorio **2** (*fig. fam. USA*) atleta (*specialm. universitario*).

jockey /'dʒɒkɪ/, *n.* **1** (*sport*: *corse al galoppo*) jockey; fantino **2** (*fam. USA*) autista; conducente; manovratore: **elevator j.**, ascensorista; **truck j.**, camionista. ● **j. cap**, berretto da fantino □ **J. Club**, associazione per le corse ippiche □ (*radio*) **disc j.**, disc-jockey; selezionatore e presentatore d'un programma di dischi fonografici.

to **jockey** /'dʒɒkɪ/, **A** *v. t.* **1** (*sport*) montare (*un cavallo*) in una corsa **2** convincere (q.) con destrezza; manovrare (q.) **3** (*fam.*) destreggiarsi **4** (*fam. USA*) guidare; manovrare; spostare; parcheggiare (*automobili, ecc.*) **5** (*arc.*) imbrogliare; ingannare; gabbare; truffare. **B** *v. i.* brigare; intrigare; manovrare; macchinare. ● **to j. for position**, destreggiarsi (*o* manovrare abilmente) per raggiungere una posizione vantaggiosa; (*sport*) farsi luce □ **to j. sb. into doing st.**, convincere q. a fare q.c., con arti subdole □ **to j. sb. out of st.**, spogliare q. di q.c., con l'inganno; defraudare q. di q.c.

jocko /ˈdʒɒkəʊ/, *n.* (*pl.* **jockos**) (*zool., Pan troglodytes*) scimpanzé.

jockstrap /ˈdʒɒkstræp/, *n.* (*anche sport*) sospensorio.

jocose /dʒəʊˈkəʊs/, *a.* giocoso; gioviale; faceto; scherzoso. || **-ly**, *avv.*

jocoseness /dʒəʊˈkəʊsnəs/, **jocosity** /dʒəʊˈkɒsətɪ/, *n.* *1* giocosità; giovialità; scherzosità *2* facezia; piacevolezza.

jocular /ˈdʒɒkjʊlə(r)/, *a.* giocoso; buffo; gioviale; faceto; scherzoso. || **-ly**, *avv.*

jocularity /dʒɒkjʊˈlærətɪ/, *n.* *1* giocosità; giovialità; scherzosità *2* facezia; piacevolezza.

jocund /ˈdʒɒkənd/, *a.* giocondo; gaio; gioviale; allegro; lieto. || **-ly**, *avv.* || **-ness**, *sost.*

jocundity /dʒəˈkʌndətɪ/, *n.* *1* giocondità; gaiezza; giovialità; allegria; lietezza *2* discorso gioviale, allegro; piacevolezza.

jodhpurs /ˈdʒɒdpəz/, *n. pl.* jodhpurs; calzoni da equitazione.

joe /dʒəʊ/, *n.* (*pop. USA*) caffè.

Joe /dʒəʊ/, *n.* (*dim. di* **Joseph**) Beppe, Beppino, Pino. ● (*USA*) **Joe Blow** (*o* **Joe Doakes, Joe Citizen**), l'americano tipico (*o* medio) □ (*USA*) **Joe College**, lo studente americano tipico; l'universitario americano; chi affetta il modo di fare dell'universitario □ **Joe Public**, l'uomo della strada; il cittadino qualunque.

joepot /ˈdʒəʊpɒt/, *n.* (*pop. USA*) caffettiera.

joey /ˈdʒəʊɪ/, *n.* (*zool.*) *1* piccolo canguro; cangurino *2* piccolo (*di vari animali*).

jog (1) /dʒɒg, *USA* dʒɔːg/, *n.* *1* lieve scossa; piccola spinta; leggero urto *2* colpetto di gomito; lieve gomitata *3* andatura lenta *4* (*mecc.*) movimento a intermittenza *5* *V.* **jogtrot**. ● **to move at a jog**, fare una corsetta; trotterellare.

jog (2) /dʒɒg, *USA* dʒɔːg/, *n.* (*USA*) *1* (*edil.*) sporgenza; rientro; nicchia *2* cambio di direzione; svolta.

to **jog** /dʒɒg, *USA* dʒɔːg/, **A** *v. t.* *1* spingere (*o* urtare, scuotere) lievemente; far sobbalzare; sballottare: **The waggons jogged the pioneers up and down**, i carri facevano sobbalzare i pionieri *2* dar di gomito a (q.). **B** *v. i.* *1* avanzare a scatti; procedere a sbalzi; procedere lentamente *2* (*fam.*) andarsene: **We must be jogging now**, dobbiamo andarcene, ora *3* (*mecc.*) avanzare con moto intermittente *4* (*sport*) fare il jogging. ● (*di un oggetto*) **to jog against st.**, sbattere contro q.c. □ **to jog along** (*o* **on**), camminare lentamente, andare al piccolo trotto, trotterellare; (*fig.*) tirare avanti, seguire il solito tran tran □ **to jog sb.'s memory**, rinfrescare la memoria a q. □ **to jog the reins**, dare una tiratina di redini.

jogger /ˈdʒɒgə(r), *USA* ˈdʒɔːg-/, *n.* *1* persona (*o* cosa) che avanza a scatti *2* persona che pratica il jogging *3* (*tecn.*) dispositivo a intermittenza.

jogging /ˈdʒɒgɪŋ, *USA* ˈdʒɔːg-/, *n.* *1* jogging *2* (*elettr.*) comando a impulsi.

joggle (1) /ˈdʒɒgl/, *n.* lieve scossa; sobbalzo; piccola spinta; leggero urto.

joggle (2) /ˈdʒɒgl/, *n.* *1* (*falegn., mecc.*) caletta; immorsatura; gorgia *2* (*edil.*) chiavarda *3* (*ind. min.*) incastellatura.

to **joggle** (1) /ˈdʒɒgl/, **A** *v. t.* *1* spingere (*o* urtare, scuotere) lievemente; far sobbalzare; sballottare *2* spostare a scatti. **B** *v. i.* *1* sobbalzare; essere sballottato *2* avanzare a scatti, a intermittenza.

to **joggle** (2) /ˈdʒɒgl/, *v. t.* *1* (*falegn., mecc.*) calettare; immorsare *2* (*edil.*) sfalsare (*un mattone*). ● (*edil.*) **j. post**, monaco.

jog trot /ˈdʒɒgtrɒt, *USA* ˈdʒɔːg-/, *n.* *1* piccolo trotto; trotterello *2* (*fig.*) routine; tran tran.

to **jogtrot** /ˈdʒɒgtrɒt, *USA* ˈdʒɔːg-/, *v. i.* *1* andare al piccolo trotto; trotterellare *2* (*fig.*) seguire il solito tran tran.

John /dʒɒn/, *n.* Giovanni. ● **J. Bull**, l'inglese tipico; il popolo inglese □ **J. Doe**, il signor Rossi (*persona fittizia, nei trattati giuridici*); (*USA*) l'uomo della strada □ (*fam. USA*) **J. Hancock**, firma (*dal nome del primo firmatario della Dichiarazione d'Indipendenza*) □ (*geogr.*) **from J.-o'-Groats to Land's End**, dalla Scozia settentrionale alla punta della Cornovaglia; in tutta la Gran Bretagna.

john /dʒɒn/, *n.* (*pop. USA*) *1* tipo; tizio; individuo *2* puttaniere (*volg.*) *3* gabinetto; ritirata; cesso (*pop.*) *4* poliziotto *5* cittadino ligio; vittima (*di malviventi*).

Johnnie /ˈdʒɒnɪ/, *n.* (*dim. di* **John**) Giovannino; Gianni.

johnny /ˈdʒɒnɪ/, *n.* (*fam.*) *1* (*arc.*) individuo; tipo; tizio *2* gabinetto; ritirata *3* (*pop. ingl.*) preservativo. ● (*USA*) **J.-be-good**, poliziotto □ **J.-come-lately**, ritardatario □ **J. Raw**, principiante; novellino; recluta.

Johnny /ˈdʒɒnɪ/, *V.* **Johnnie**.

join /dʒɔɪn/, *n.* giuntura; punto di giunzione.

to **join** /dʒɔɪn/, **A** *v. t.* *1* congiungere; unire; collegare; connettere; riunire: **to j. one thing to another**, collegare una cosa con un'altra; **to j. forces**, unire le forze; **A wooden bridge joins the two halves of the village**, un ponte di legno collega le due metà del paese; **to j. a man and a woman in marriage**, unire un uomo e una donna in matrimonio *2* entrare a far parte di; iscriversi a; arruolarsi in: **to j. a club**, iscriversi a un circolo; **to j. the army**, arruolarsi nell'esercito; **to j. the parliamentary majority that supports the government**, entrare a far parte della maggioranza che appoggia il governo *3* unirsi a; raggiungere: **I'll j. you later**, ti raggiungerò più tardi; **to j. one's regiment**, raggiungere il proprio reggimento; **Will you j. me for dinner?**, vuoi venire a pranzo con me? *4* confluire in; gettarsi in: **The path joins the highway**, il sentiero confluisce nella strada maestra; **The Cam joins the Ouse**, il fiume Cam si getta nello Ouse *5* unirsi a; associarsi a: **My parents j. me in thanking you**, i miei genitori si associano a me nel ringraziarti *6* (*di un luogo*) essere adiacente (*o* contiguo) a (*un altro*). **B** *v. i.* *1* congiungersi; unirsi; riunirsi; confluire: **The two streams j. (each other) there**, i due corsi d'acqua confluiscono in quel punto *2* associarsi; consociarsi. ● **to j. battle with the enemy**, attaccare battaglia □ **to j. battle with the government**, attaccare il governo □ **to j. a church**, diventare membro di una chiesa; aderire a una chiesa □ **to j. forces with sb.**, unire le proprie forze a quelle di q.; associarsi (*o* collaborare) con q. □ **to j. hands**, giungere le mani; prendersi per mano; (*fig.*) associarsi in un'impresa, collaborare (*con q.*) □ (*fam.*) **to j. the party**, unirsi agli altri; essere della partita.

♦**join in**, *v. i. + avv.* (*o prep.*) *1* prendere parte, partecipare (a); unirsi (agli altri): **This boy never joins in (other children's games)**, questo bambino non partecipa mai (ai giochi degli altri); **May I j. in your conversation?**, posso prendere parte alla vostra conversazione? *2* mettersi insieme (*con q.*: *per sostenere una spesa*) □ **Do j. us in a drink!**, forza, vieni a bere con noi!

♦**join on** (*o* **onto**), **A** *v. t. + prep.* attaccare, collegare, unire (q.c.) a (*un'altra*). **B** *v. i. + prep.* *1* essere attaccato, essere collegato (*con q.c.*): **The head of the horse joins on the rest of the toy with wire**, la testa del cavalluccio è attaccata al corpo con filo metallico *2* unirsi, riunirsi a (q.).

♦**join up**, **A** *v. t. + avv.* *1* collegare: **to j. up two towns by phone**, collegare due cittadine col telefono *2* amalgamare, fondere (*aziende, ecc.*). **B** *v. i.* *1* unirsi, riunirsi (*a q.*): **They joined up with the rest of the army**, si unirono al resto dell'esercito *2* (*mil.*) arruolarsi.

♦**join up into**, *v. i. + avv. + prep.* unirsi a formare (q.c.): **Several streams j. up into a single river**, vari ruscelli si uniscono formando un unico fiume.

joinder /ˈdʒɔɪndə(r)/, *n.* (*leg.*) unione, riunione, cumulo (*di procedimenti*). ● **j. of defendants**, litisconsorzio passivo □ **j. of offences**, riunione di reati □ **j. of parties**, litisconsorzio.

joiner /ˈdʒɔɪnə(r)/, *n.* *1* chi (*o* cosa che) collega, congiunge, riunisce (*V.* **to join**) *2* falegname *3* (*tecn.*) giuntatore *4* (*fam.*) presenzialista.

joinery /ˈdʒɔɪnərɪ/, *n.* *1* falegnameria; arte del falegname *2* lavori di falegnameria *3* parti (*d'una casa, ecc.*) in legno. ● **j. manufacturer**, fabbricante di mobili; mobiliere.

joining /ˈdʒɔɪnɪŋ/, *n.* *1* congiunzione; unione; collegamento (*V.* **to join**) *2* giuntura; punto di giunzione.

joint (1) /dʒɔɪnt/, *n.* *1* (*mecc., falegn., anat.*) giuntura; giunzione; connessione; giunto; articolazione (*di ossa*); snodatura; snodo: **the joints in the wooden skeleton of a frame house**, le giunture dell'ossatura di legno di una casa; **hydraulic j.**, giunto idraulico; **universal j.**, giunto cardanico (*o* universale); **the finger joints**, le articolazioni delle dita; (*mecc.*) **knuckle j.**, giunto a snodo *2* pezzo di bestia macellata (*con l'osso*); taglio di carne per arrosto: **a nice j. of beef**, un bel pezzo di carne di manzo *3* (*bot.*) nodo (*di ramo, ecc.*) *4* (*geol.*) giunto; diaclasi *5* (*legatoria*) morso; spigolo *6* (*pop.*) bettola; osteria; casa da gioco *7* (*pop.*) sigaretta alla marijuana; spinello (*pop.*) *8* (*pop. USA*) gattabuia (*pop.*); prigione. ● **out of j.**, (*d'osso*) slogato, spostato; (*fig.*) scontento, insoddisfatto; (*d'occasione*) sfavorevole; (*di cosa*) non coordinata, non rapportata, fuori misura □ (*fam.*) **to put sb.** (*o* **sb.'s nose**) **out of j.**, turbare, scombussolare q. □ **to put sb.'s wrist out of j.**, slogare il polso a q.

joint (2) /dʒɔɪnt/, *a.* *1* unito; congiunto; comune; collettivo; riunito: **our j. efforts**, i nostri sforzi congiunti; **a j. declaration**, una dichiarazione comune (*sottoscritta da tutti*); **a j. property** (*o* **estate**), una proprietà comune *2* (*leg.*) solidale: **j. responsibility**, responsabilità solidale, collettiva *3* (*leg.*) collettivo; congiunto: **j. action**, azione (*in giudizio*) congiunta, collettiva. ● (*banca*) **j. account**, conto cointestato, a firme congiunte; (*di un'azienda*) conto sociale (*o* in partecipazione) □ (*leg.*) **j. and several**, congiunto e solidale □ **j. author**, coautore □ **j. committee**, commissione mista (*lavoratori e datori di lavoro*) □ (*econ.*) **j. commodity**, bene complementare □ (*leg.*) **j. cause**, concausa □ **j. director**, condirettore □ (*leg.*) **j. estate**, beni in regime di comunione □ (*fin.*) **j. floating**, fluttuazione comune (*delle valute*) □ (*leg.*) **j. heir**, coerede □ **j. manager**, *V.* **j. director** □ (*leg.*) **j. owner**, comproprietario □ (*leg.*) **j. ownership**, comproprietà; proprietà indivisa □ **j. pension**, pensione reversibile □ (*polit.*) **j. resolution**, provvedimento legislativo approvato dai due rami d'un parlamento □ **j. signatures**, firme abbinate (*o* congiunte) □ (*fin.*) **j. stock**, capitale sociale; capitale azionario □ (*fin.*) **j.-stock company**, società per azioni; società anonima □ (*leg.*) **j. surety**, cogarante □ (*leg.*) **j. undertaking** (*o* **venture**), associazione in partecipazione; iniziativa imprenditoriale associata □ (*leg., in G.B.*) **j. wills**, testamenti congiunti (*o* reciproci).

to **joint** /dʒɔɪnt/, *v. t.* *1* (*mecc., falegn., ecc.*) congiungere; commettere; connettere; collegare: **to j. boards**, commettere tavole di legno *2* (*edil.*) commettere (*mattoni, ecc.*) *3* tagliare, fare a pezzi (*carne di bestia macellata, ecc.*) *4* (*mecc.*) rendere snodato; provvedere di snodo *5* raccordare (*tubazioni*).

jointed /ˈdʒɔɪntɪd/, *a.* *1* articolato; snodato; snodabile: **a j. doll**, una bambola snodabile *2* connesso; giuntato.

jointer /ˈdʒɔɪntə(r)/, *n.* *1* chi collega; chi connette; (*tecn.*) giuntatore *2* (*falegn.*) pialla grande *3* (*agric.*) avanvomere; coltello (*di* *aratro*) **4** (*ind. costr.*) sbozzatore, riquadratore (*di pietre*) **5** (*mecc.*) lima per denti di sega.

jointing /ˈdʒɔɪntɪŋ/, *n.* **1** (*tecn.*) giunzione; giunto **2** (*edil.*) stuccatura dei giunti. ● (*edil.*) **j. rule**, squadra da muratore.

jointly /ˈdʒɔɪntlɪ/, *avv.* **1** congiuntamente; in comune **2** (*leg., fin.*; *spesso* **j. and severally**) solidalmente; in solido.

jointress /ˈdʒɔɪntrɪs/, *n.* (*leg.*) vedova dotata di appannaggio.

jointure /ˈdʒɔɪntʃə(r)/, *n.* (*leg.*) appannaggio vedovile (*assegnato all'atto del matrimonio*).

to **jointure** /ˈdʒɔɪntʃə(r)/, *v. t.* (*leg.*) assegnare un appannaggio vedovile a (*una donna*).

joist /dʒɔɪst/, *n.* (*edil.*) travetto; travicello.

joisted /ˈdʒɔɪstɪd/, *a.* (*di soffitto, ecc.*) provvisto di travicelli.

joke /dʒəʊk/, *n.* **1** scherzo; burla; celia; facezia; arguzia; barzelletta: **to play a j. on sb.**, fare uno scherzo a q.; **in j.**, per scherzo; per burla; **no j.**, senza scherzi; sul serio; **to crack a j. about sb.**, dire una barzelletta sul conto di q. **2** oggetto di ludibrio; cosa ridicola; zimbello: **the j. of the village**, lo zimbello del paese. ● **the best of the j.**, la cosa più divertente □ **to make a j. about st.**, prendere q.c. in scherzo □ **a practical j.**, un tiro birbone (*o* mancino); uno scherzo da prete (*pop.*) □ **to take a j.**, stare allo scherzo □ **It's no j.**, c'è poco da scherzare; è una cosa seria □ **The j. is on you!**, sei tu che ti fai ridere dietro!

to **joke** /dʒəʊk/, **A** *v. i.* scherzare; celiare; fare per scherzo: **Come on, I was only joking**, suvvia, stavo solo scherzando! **B** *v. t.* prendere (q.) in giro; burlarsi di; motteggiare; canzonare.

joker /ˈdʒəʊkə(r)/, *n.* **1** burlone; buffone; tipo ameno **2** (*nei giochi di carte*) matta; jolly **3** (*pop.*) individuo; tipo; tizio **4** (*leg., polit., USA*) clausola tranello; cavillo; rampino legale (*fam.*).

jokey /ˈdʒəʊkɪ/, *a. V.* **joky**.

joking /ˈdʒəʊkɪŋ/, *a.* faceto; scherzoso.

jokingly /ˈdʒəʊkɪŋlɪ/, *avv.* per scherzo; scherzosamente; per ridere.

joky /ˈdʒəʊkɪ/, *a.* incline allo scherzo; faceto.

jollification /dʒɒlɪfɪˈkeɪʃn/, *n.* (*fam.*) allegria; ilarità; baldoria.

to **jollify** /ˈdʒɒlɪfaɪ/, **A** *v. i.* (*fam.*) far festa; far baldoria; stare allegro. **B** *v. t.* rendere allegro, tenere allegro (q.).

jolliness /ˈdʒɒlɪnəs/, **jollity** /ˈdʒɒlətɪ/, *n.* allegria; ilarità; baldoria.

jolly (1) /ˈdʒɒlɪ/, **A** *a.* **1** allegro; gaio; giocondo; festoso; divertente **2** (*fam.*) alticcio; brillo; su di giri (*fam.*) **3** (*fam.*) bello (*anche iron.*); piacevole: **a j. song**, una bella canzone; **He must be a j. fool to do it**, dev'essere un bello stupido per fare ciò. **B** *avv.* (*fam.*) molto; completamente; del tutto; proprio; veramente: **j. good**, proprio buono; **j. well**, veramente bene; (*fam.*) altroché, certo, eccome, sicuro: **I j. well told the boss!**, sicuro che gliel'ho cantata al padrone! **C** *inter.* benissimo!; eccellente, magnifico, splendido! **D** *n.* **1** (*fam.*) festa; baldoria **2** (*fam.*) viaggio di piacere **3** (*pop.*) soldato della fanteria da sbarco (*inglese*). ● **a j. good fellow**, un giovialone, un cordialone □ **to have a j. time**, divertirsi un mondo; spassarsela.

jolly (2) /ˈdʒɒlɪ/, *V.* **jolly boat**.

to **jolly** /ˈdʒɒlɪ/, *v. t.* (*fam.*) **1** adulare; blandire; lisciare (*fig.*); prendere (q.) con le buone **2** convincere con le buone; persuadere con blandizie. ● **to j. up**, rallegrare, ravvivare; tirare su di morale; tirare su (*fam.*).

jolly boat /ˈdʒɒlɪbəʊt/, *n.* (*naut.*) iole; lancia.

Jolly Roger /ˈdʒɒlɪˈrɒdʒə(r)/, *n.* (*stor.*) (la) bandiera dei pirati.

jolt /dʒəʊlt/, *n.* **1** scossa; sobbalzo **2** (*fig.*) colpo (*fig.*); shock: **The news gave us all a j.**, la notizia fu un grosso colpo per noi tutti.

to **jolt** /dʒəʊlt/, **A** *v. i.* (*di veicolo*; *spesso* **to j. along**) sobbalzare; procedere a scosse (*o* a sobbalzi). **B** *v. t.* **1** sballottare; scuotere **2** (*fig.*) colpire (*fig.*); scuotere; sconvolgere; sorprendere.

joltingly /ˈdʒəʊltɪŋlɪ/, *avv.* a scosse; sobbalzando.

jolty /ˈdʒəʊltɪ/, *a.* che procede a scosse (*o* a sobbalzi); traballante.

Jonah /ˈdʒəʊnə/, *n.* **1** (*Bibbia*) Giona **2** (*fig.*) iettatore.

Jonathan /ˈdʒɒnəθn/, *n.* **1** (*Bibbia*) Gionata **2** (= **Brother J.**) americano tipico **3** (*USA*) varietà di mela rossa.

jongleur /ʒɒŋˈglɜː(r), *USA* ʒəʊ-, ˈdʒɒŋglə(r)/ (*franc.*), *n.* (*stor.*) menestrello; giullare.

jonquil /ˈdʒɒŋkwɪl/, *n.* (*bot., Narcissus jonquilla*) giunchiglia; tromboncino.

Jordan /ˈdʒɔːdn/, *n.* (*geogr.*) **1** Giordano **2** (*geogr.*) Giordania.

Jordanian /dʒɔːˈdeɪnɪən/, *a.* e *n.* giordano.

jorum /ˈdʒɔːrəm/, *n.* (*raro*) grande coppa (*o* tazza).

joseph /ˈdʒəʊzɪf/, *n.* (*stor.*) mantello da amazzone, con cappuccio.

Joseph /ˈdʒəʊzɪf/, *n.* **1** Giuseppe **2** (*fig.*) casto Giuseppe.

Josephine /ˈdʒəʊzɪfiːn/, *n.* Giuseppina.

josh /dʒɒʃ/, *n.* (*fam. USA*) motteggio; scherzo bonario; amichevole presa in giro; canzonatura.

to **josh** /dʒɒʃ/, *v. t.* e *i.* (*fam. USA*) motteggiare; scherzare bonariamente; prendere in giro amichevolmente; canzonare.

josher /ˈdʒɒʃə(r)/, *n.* (*fam. USA*) burlone, burlona.

Joshua /ˈdʒɒʃʊə/, *n.* (*Bibbia*) Giosuè.

joss /dʒɒs, *USA* dʒɔːs/, *n.* idolo cinese. ● **j.-house**, tempio cinese □ **j. stick** bastoncino d'incenso.

josser /ˈdʒɒsə(r), *USA* -ɔːs-/, *n.* (*pop.*) **1** semplicione; stolto; sciocco **2** individuo; tipo; tizio.

jostle /ˈdʒɒsl/, *n.* spinta; spintone; urto.

to **jostle** /ˈdʒɒsl/, **A** *v. i.* **1** spingersi; urtarsi; farsi largo a gomitate: **In the crowd we jostled one another**, nella calca ci urtavamo l'un l'altro **2** (*pop. USA*) fare il borsaiolo; borseggiare. **B** *v. t.* spingere; urtare; dar gomitate a; pigiare; sballottare: **The boat was jostled by the waves**, la barca era sballottata dalle onde. ● **to j. sb. from st.**, allontanare a spinte q. da q.c. □ **to j. with sb. for st.**, lottare con q. per prendere q.c.

jostler /ˈdʒɒslə(r)/, *n.* **1** chi spinge **2** (*pop. USA*) borsaiolo; borseggiatore.

jostling /ˈdʒɒslɪŋ/, *n.* **1** calca; folla; pigia pigia **2** lo spingere; spintoni **3** (*pop. USA*) borseggio.

jot /dʒɒt/, *n.* iota, acca, ette (*fig.*); nulla, particella minima: **I do not care a jot for him**, non me ne importa un'acca di lui.

to **jot** /dʒɒt/, *v. t.* (*di solito* **to jot down**) annotare in fretta; buttar giù appunti (*o* note frettolose) su (q.c.); scribacchiare.

jotter /ˈdʒɒtə(r)/, *n.* block-notes; taccuino.

jotting /ˈdʒɒtɪŋ/, *n.* breve appunto; annotazione frettolosa.

joule /dʒuːl/, *n.* (*fis.*) joule (*unità di misura dell'energia o del lavoro*).

to **jounce** /dʒaʊns/, **A** *v. t.* scuotere; far sobbalzare; sballottare. **B** *v. i.* scuotere; sobbalzare.

journal /ˈdʒɜːnl/, *n.* **1** giornale; diario (*di viaggio, ecc.*) **2** (*rag.*) giornale; libro giornale: **j. entry**, registrazione a giornale **3** giornale; quotidiano; rivista **4** (*naut.*) giornale di bordo **5** (*mecc.*) perno di banco. ● (*mecc.*) **j. bearing**, cuscinetto portante □ (*mecc.*) **j. box**, boccola (a olio); supporto □ (*polit.*) **the Journals**, (registrazione quotidiana degli) atti parlamentari.

journalese /dʒɜːnəˈliːz/, *n.* gergo giornalistico.

journalism /ˈdʒɜːnəlɪzəm/, *n.* giornalismo.

journalist /ˈdʒɜːnəlɪst/, *n.* giornalista.

journalistic /dʒɜːnəˈlɪstɪk/, *a.* giornalistico.

journalization /dʒɜːnəlaɪˈzeɪʃn, *USA* -lɪˈz-/, *n.* **1** annotazione su un diario **2** (*rag.*) registrazione su giornale.

to **journalize** /ˈdʒɜːnəlaɪz/, **A** *v. i.* **1** tenere un diario **2** (*rag.*) fare registrazioni su giornale. **B** *v. t.* **1** annotare (*in un diario*) **2** (*rag.*) registrare su giornale; mettere a giornale.

journey /ˈdʒɜːnɪ/, *n.* viaggio (*specialm. per via di terra*); escursione: **to make** (*o* **to take, to go on**) **a j.**, fare un viaggio; **the j. out**, il viaggio d'andata. ● **j. by plane**, viaggio in aereo □ **to break one's j.**, spezzare il viaggio □ **to break off one's j.**, interrompere il viaggio (*per sempre*) □ **to go** (*o* **to set out**) **on a j.**, mettersi in viaggio □ (*comm.*) **j. order**, ordinativo passato (*da un dettagliante*) direttamente al rappresentante del produttore.

to **journey** /ˈdʒɜːnɪ/, *v. i.* viaggiare; fare un viaggio.

journeyman /ˈdʒɜːnɪmən/, *n.* (*pl.* **journeymen**) **1** (*un tempo*) operaio (pagato) a giornata; giornaliero **2** operaio qualificato.

journeywork /ˈdʒɜːnɪwɜːk/, *n.* **1** lavoro d'operaio (*o* manuale) **2** (*fig.*) lavoro monotono, noioso; lavoro di routine.

joust /dʒaʊst/, *n.* (*stor.*) giostra; torneo.

to **joust** /dʒaʊst/, *v. i.* (*stor.*) giostrare; correre la giostra.

Jove /dʒəʊv/, *n.* (*mitol., astron.*) Giove. ● **by J.!**, per Giove!

jovial /ˈdʒəʊvɪəl/, *a.* gioviale; allegro; giocondo. || **-ly**, *avv.* || **-ness**, *sost.*

joviality /dʒəʊvɪˈælətɪ/, *n.* giovialità; allegria; giocondità.

Jovian /ˈdʒəʊvɪən/, *a.* **1** (*mitol.*) di Giove; simile a Giove; maestoso **2** (*astron.*) gioviano; del pianeta Giove.

jowl /dʒaʊl/, *n.* **1** mascella; mandibola (*specialm. l'inferiore*) **2** guancia; gota (*lett.*) **3** giogaia (*di bue, ecc.*) **4** gozzo (*di pollo, ecc.*) **5** testa (*di pesce*). ● **cheek by j.**, guancia a guancia; vicinissimo.

joy /dʒɔɪ/, *n.* **1** gioia; allegrezza; contentezza; letizia; felicità; gaudio (*lett.*): **the joys of country life**, le gioie della vita in campagna; **to dance for joy**, ballare dalla gioia **2** (*fam.*) fortuna; riuscita: **I tried hard to get in touch with the boss, but I didn't have any joy**, ho fatto ogni sforzo per mettermi in contatto con il capo, ma senza fortuna. ● **joy-bells**, campane a festa □ (*fig. fam. USA*) **joy germ**, allegria contagiosa □ (*pop. USA*) **j. house**, casa di malaffare (*o* di tolleranza); casino □ (*fam.*) **«Did you meet the girl?» «No joy, sorry»**, «hai incontrato la ragazza?» «purtroppo, no» (*o* «macché»).

to **joy** /dʒɔɪ/, **A** *v. i.* (*poet.*) gioire; allietarsi; rallegrarsi: **I joy in my son's happiness**, gioisco della felicità di mio figlio. **B** *v. t.* allietare; rallegrare.

Joycean /ˈdʒɔɪsɪən/, *a.* (*letter.*) joyciano (*di James Joyce*).

joyful /ˈdʒɔɪfl/, *a.* gioioso; allegro; felice; lieto. || **-ly**, *avv.* || **-ness**, *sost.*

joyless /ˈdʒɔɪləs/, *a.* senza gioia; mesto; triste. || **-ly**, *avv.* || **-ness**, *sost.*

joyous /ˈdʒɔɪəs/, *a.* gioioso; allegro; felice; lieto. || **-ly**, *avv.* || **-ness**, *sost.*

joyride /ˈdʒɔɪraɪd/, *n.* **1** gita di piacere in automobile **2** (*specialm. fam.*) scorribanda su un'auto rubata (*guidata in modo spericolato, così da danneggiarla o distruggerla*).

to **joyride** /ˈdʒɔɪraɪd/ (*pass.* **joyrode**, *p. p.* **joyridden**), *v. t.* e *i.* (*fam.*) guidare (*o* andare in giro su) un'auto rubata (*spesso fracassandola*).

joyrider /ˈdʒɔɪraɪdə(r)/, *n.* (*fam.*) ladro d'auto, che si diverte a «farci un giro».

joyriding /ˈdʒɔɪraɪdɪŋ/, *n.* (*fam.*) svago teppistico di fare scorribande su auto rubate (*che finiscono per lo più sfasciate*).

joystick /ˈdʒɔɪstɪk/, *n.* **1** (*aeron., fam.*) barra (*o* leva) di comando; cloche **2** (*di videogame, ecc.*) joystick; leva di comando **3** (*pop. USA*) membro virile.

jubilance /ˈdʒuːbɪləns/, *n.* giubilo; esultanza.
jubilant /ˈdʒuːbɪlənt/, *a.* giubilante; esultante. || **-ly,** *avv.*
to **jubilate** /ˈdʒuːbɪleɪt/, *v. i.* giubilare; esultare.
jubilation /dʒuːbɪˈleɪʃn/, *n.* giubilo; esultanza.
jubilee /ˈdʒuːbɪliː/, *n.* *1* giubileo; cinquantenario; nozze d'oro: **j. year**, anno del giubileo *2* anniversario (*di un sovrano, ecc.*) *3* (*fig.*) grande festa; giubilo; celebrazione solenne. ● **diamond j.**, sessantesimo anniversario □ (*stor.*) **the Diamond J.**, il sessantesimo anniversario dell'ascesa al trono della regina Vittoria (1897) □ **silver j.**, venticinquesimo anniversario; nozze d'argento.
Judaea /dʒuːˈdɪə/, *n.* (*stor., geogr.*) Giudea.
Judaean /dʒuːˈdiːən/, *a.* e *n.* (*stor.*) giudeo.
Judaic /dʒuːˈdeɪɪk/, *a.* giudaico; ebraico.
Judaism /ˈdʒuːdeɪɪzəm, *USA* -dɪɪz-/, *n.* giudaismo; ebraismo.
Judaist /ˈdʒuːdeɪɪst/, *n.* seguace del giudaismo.
judas /ˈdʒuːdəs/, *n.* (= **j.-hole**) spia, spioncino (*in una porta*).
Judas /ˈdʒuːdəs/, *n.* Giuda; (*fig.*) traditore. ● (*di barba, di pelo*) **J.-coloured**, rosso □ **J. kiss**, il bacio di Giuda □ (*bot.*) **J. tree** (*Cercis siliquastrum*), albero di Giuda.
judder /ˈdʒʌdə(r)/, *n.* forte vibrazione; sussulto.
to **judder** /ˈdʒʌdə(r)/, *v. i.* *1* sussultare violentemente *2* (*di un motore*) vibrare forte.
Jude /dʒuːd/, *n.* Giuda.
Judea /dʒuːˈdiːə/, *V.* **Judaea**.
Judean /dʒuːˈdiːən/, *V.* **Judaean**.
judge /dʒʌdʒ/, *n.* *1* (*leg.*) giudice (*di carriera; cfr.* **magistrate**) *2* (*sport*) giudice; arbitro: **the judges at an athletic meeting**, i giudici di una riunione d'atletica *3* giudice; intenditore; esperto: **He is a good j. of wines**, in fatto di vini è buon giudice; **He's no j. of that**, non è un intenditore; non è un'autorità in materia. ● (*relig.*) **Judges**, il libro dei Giudici (*nel Vecchio Testamento*) □ (*mil.*) **j. advocate**, giudice di tribunale militare □ (*in G.B.*) **J. Advocate General**, alto ufficiale che è il sommo consulente giuridico della Corona in materia di diritto militare □ (*leg.*) **j.-made law**, giurisprudenza (*diritto creato dai giudici stessi, basato sul «precedente» giudiziario*).
to **judge** /dʒʌdʒ/, *v. t.* e *i.* *1* giudicare; esprimere giudizi (su); farsi un'opinione (di); reputare; stimare; ritenere: (*leg.*) **to j. a person [a case]**, giudicare una persona [una causa legale]; **to j. from appearances**, giudicare dalle apparenze; **They j. it better** (*o* **that it is better**) **to start at once**, reputano che sia meglio partire subito *2* appianare (*una vertenza*); fare da giudice, fare da arbitro in (*una controversia*).
judgement /ˈdʒʌdʒmənt/, *V.* **judgment**.
judgeship /ˈdʒʌdʒʃɪp/, *n.* (*leg.*) carica (*o* ufficio) di giudice.
judgment /ˈdʒʌdʒmənt/, *n.* *1* giudizio (*quasi in ogni senso*); sentenza; discernimento, senno, criterio; avviso, parere: **in my j.**, a mio giudizio; a mio avviso; **to pass j. on st.**, dare un giudizio su q.c.; **a man of good j.**, un uomo di giudizio (*o* assennato); **to show excellent j.**, mostrare molto giudizio (*o* discernimento); **an error of j.**, un errore di giudizio *2* castigo di Dio; punizione divina; giusta punizione: **It's a j. on him for having always been too strict**, è la giusta punizione per essere stato sempre troppo severo *3* (*leg.*) giudizio; sentenza: **j. for the plaintiff**, sentenza a favore dell'attore; **j. in** (*o* **by**) **default**, sentenza contumaciale; **to give** (*o* **to pass**) **j. on sb.**, emettere una sentenza contro q. ● (*leg.*) **j. creditor**, creditore giudiziario □ (*leg.*) **j. debtor**, debitore giudiziario □ (*leg.*) **j. seat**, banco del giudice □ (*leg.*) **j. with costs**, sentenza di condanna al pagamento delle spese processuali □ (*relig.*) **the Day of J.**, il giorno del Giudizio □ (*relig.*) **the Last J.**, il Giudizio universale □ **to sit in j.**, (*leg.*) giudicare; (*fig.*) impancarsi a giudice.
judgmental /dʒʌdʒˈmentl/, *a.* (*leg.*) giudiziale: **j. error**, errore giudiziale.
judicable /ˈdʒuːdɪkəbl/, *a.* (*leg.*) giudicabile.
judicatory /ˈdʒuːdɪkətrɪ, *USA* -tɔːrɪ/, **A** *a.* (*leg.*) *1* giudiziario *2* giudiziale. **B** *n.* (*leg., specialm. in Scozia*) corte di giustizia.
judicature /ˈdʒuːdɪkətʃə(r)/, *n.* (*leg.*) *1* magistratura; ordinamento giudiziario; amministrazione della giustizia *2* (*collett.*) giudici; magistratura *3* corte di giustizia; tribunale *4* carica (*o* ufficio) di giudice *5* giurisdizione. ● **the Supreme Court of J.**, la Suprema Corte di Giustizia (*in G.B.; è composta dalla Corte d'Appello e dall'Alta Corte*).
judicial /dʒuːˈdɪʃl/, *a.* *1* (*leg.*) giudiziale; giudiziario: **j. acts**, atti giudiziali; **j. power**, potere giudiziario *2* legale: **j. separation**, separazione legale; **to take j. proceedings against sb.**, adire le vie legali contro q. *3* (*fig.*) equo; imparziale. ● **j. activism**, protagonismo del potere giudiziario □ **a j. assembly**, una corte di giustizia □ **the j. bench**, il banco del giudice □ **j. controversy**, vertenza giudiziaria □ **j. murder**, assassinio legale; condanna a morte di un innocente □ (*in G.B.*) **j. precedent**, precedente giudiziario □ **j. proceedings**, azione legale □ **j. record**, dispositivo della sentenza □ **j. sale**, vendita giudiziale (*o* giudiziaria). || **-ly,** *avv.*
judiciary /dʒuːˈdɪʃɪərɪ, *USA* -ʃɪerɪ/, **A** *n.* (*leg.*) *1* ordinamento giudiziario *2* potere giudiziario *3* (*collett.*) giudici; magistratura. **B** *a.* giudiziario.
judicious /dʒuːˈdɪʃəs/, *a.* giudizioso; assennato; prudente. || **-ly,** *avv.* || **-ness,** *sost.*
Judith /ˈdʒuːdɪθ/, *n.* Giuditta.
judo /ˈdʒuːdəʊ/, *n.* (*sport*) lotta giapponese; judo.
judoist /ˈdʒuːdəʊɪst/, *n.* (*sport*) judoista.
judoka /ˈdʒuːdəʊkɑː, -ˈkɑː/, *n.* (*sport: invar. al pl.*) judoka.
judy /ˈdʒuːdɪ/, *n.* (*pop.*) ragazza; donna.
Judy /ˈdʒuːdɪ/, *n. dim.* di **Judith**.
jug (1) /dʒʌg/, *n.* *1* brocca; caraffa; bricco *2* giara; orcio *3* (*pop.*) prigione; galera; gattabuia (*pop.*) *4* (*pl.*) (*pop. USA*) tette. ● (*pop.*) **jug wine**, vino da pasto.
jug (2) /dʒʌg/, *n.* gorgheggio (*dell'usignolo*).
to **jug** (1) /dʒʌg/, *v. t.* *1* mettere in una brocca (*o* in una caraffa, ecc.) *2* cuocere (*lepre, coniglio*) in salmì *3* (*pop.*) imprigionare; mettere in gattabuia (*pop.*).
to **jug** (2) /dʒʌg/, *v. i.* (*dell'usignolo*) gorgheggiare.
jugful /ˈdʒʌgfʊl/, *n.* (quanto sta in una) brocca (*o* caraffa, ecc.).
jugged hare /ˈdʒʌgdˈheə(r)/, *locuz. n.* (*cucina*) lepre in salmì.
Juggernaut /ˈdʒʌgənɔːt/, *n.* *1* Jagannath (*divinità indù*) *2* (*fig.*) mostruosa e malefica potenza; macchina (*fig.*): **the j. of war**, la mostruosa e malefica potenza della guerra; la macchina bellica *3* (*fam., autom.*) bisonte della strada; grosso camion; bestione (*fam.*).
juggins /ˈdʒʌgɪnz/, *n.* (*pop.*) sempliciotto; stupido; sciocco.
juggle /ˈdʒʌgl/, *n.* *1* gioco di bussolotti (*o* di destrezza, di prestigio) *2* (*fig.*) imbroglio; inganno; manipolazione; raggiro; truffa.
to **juggle** /ˈdʒʌgl/, **A** *v. i.* giocare ai bussolotti; fare giochi di destrezza (*o* di prestigio): **to j. with balls [knives]**, fare giochi di destrezza con palle [coltelli]. **B** *v. t.* *1* fare giochi di prestigio (*o* di destrezza) con (*palle, coltelli, ecc.*) *2* imbrogliare; manipolare: **The cashier juggled the figures to conceal the cash shortage**, il cassiere manipolò le cifre per nascondere l'ammanco di cassa *3* destreggiarsi (*a fatica*) fra: **He juggles three jobs**, si destreggia fra tre lavori. ● **to j. st. into st. else**, trasformare q.c. in qualcos'altro (con gioco di prestigio) □ **to j. sb. out of st.**, privare q. di q.c., con l'inganno □ **to j. with data**, manipolare i dati □ **to j. (with) the facts**, travisare i fatti □ **to j. (with) the figures**, alterare le cifre □ **to j. with words**, giocare con le parole; equivocare.
juggler /ˈdʒʌglə(r)/, *n.* *1* giocoliere; prestigiatore *2* (*fig.*) imbroglione; impostore; truffatore.
jugglery /ˈdʒʌglərɪ/, *n.* *1* giochi di destrezza, di prestigio; destrezza di mano *2* (*fig.*) gherminelle; inganni; imbrogli; raggiri.
juggling /ˈdʒʌglɪŋ, -gəl-/, **A** *a.* *1* che fa giochi di destrezza (*o* di prestigio) *2* (*fig.*) che imbroglia. **B** *n.* *V.* **jugglery**.
Jugoslav /ˈjuːgəʊslɑːv, -æv, -ˈsl-/, *n.* e *a.* jugoslavo, iugoslavo.
Jugoslavia /juːgəʊˈslɑːvɪə/, *n.* (*geogr., stor.*) Jugoslavia, Iugoslavia.
Jugoslavian /juːgəʊˈslɑːvɪən/, *a.* e *n.* jugoslavo, iugoslavo.
jugular /ˈdʒʌgjʊlə(r)/, **A** *a.* (*anat.*) giugulare, iugulare: **the j. veins**, le vene giugulari. **B** *n.* (*anat.*) (vena) giugulare. ● (*fig.*) **to go for the j.**, attaccare ferocemente nel punto più debole.
to **jugulate** /ˈdʒʌgjʊleɪt/, *v. t.* *1* scannare; strozzare *2* (*fig., med.*) stroncare (*una malattia*).
juice /dʒuːs/, *n.* *1* succo; sugo; (*fig.*) essenza, spirito: **the j. of an orange**, il succo di un'arancia; (*biol.*) **gastric j.**, succo gastrico *2* (*fam.*) fonte energetica; benzina; nafta; forza motrice; elettricità *3* (*pop. USA*) superalcolico *4* (*pop. USA*) situazione favorevole; posizione di vantaggio; influenza *5* (*pop. USA*) prestito (*o* tasso d'interesse) da strozzino. ● (*cucina*) **j. extractor**, spremifrutta □ (*pop. USA*) **j. man**, strozzino; usuraio; esattore della malavita □ (*fig.*) **to stew in one's own j.**, cuocere nel proprio brodo.
to **juice** /dʒuːs/, *v. t.* estrarre il succo di (q.c.). ● (*fam. USA*) **to j. up**, ravvivare; elettrizzare (*fig.*).
juiced /dʒuːst/, *a.* (*pop. USA*) ubriaco; sbronzo (*pop.*). ● **to get j. up**, sbronzarsi.
juicehead /ˈdʒuːshed/, *a.* (*pop. USA*) ubriacone; alcolizzato.
juiceless /ˈdʒuːsləs/, *a.* senza succo; senza sugo (*anche fig.*).
juicer /ˈdʒuːsə(r)/, *n.* (*USA*) *1* spremiagrumi *2* (*cinem., teatr., TV*) datore di luci *3* (*pop.*) beone; ubriacone.
juicy /ˈdʒuːsɪ/, *a.* *1* succoso; sugoso; (*fig.*) interessante, piccante, pepato, vivace: **a j. story**, una storia piccante *2* (*fig.*) redditizio; remunerativo; vantaggioso *3* (*pop.*) (*di donna*) appetitosa. ● **Clare's a j. bit**, Clare è un bel bocconcino. || **-ily,** *avv.* || **-iness,** *sost.*
jujitsu /dʒuːˈdʒɪtsuː/, *n.* (*sport*) lotta giapponese; jujitsu.
ju-ju /ˈdʒuːdʒuː/, *n.* *1* feticcio africano *2* (*fig.*) magia nera; potere occulto *3* (*pop. USA*) droga in pillole; sigaretta di marijuana.
jujube /ˈdʒuːdʒuːb/, *n.* *1* (*bot., Zizyphus jujuba-sativa*) giuggiolo; giuggiola *2* giuggiola; pasticca gelatinosa.
juke /dʒuːk/, *n.* (*pop. USA*) *1* musica scadente *2* *V.* **jukebox** *3* *V.* **juke-joint**.
to **juke** /dʒuːk/, *v. i.* (*pop. USA*) *1* fare il giro dei bar *2* divertirsi; spassarsela.
jukebox /ˈdʒuːkbɒks/, *n.* juke-box (*macchina a gettoni per suonare dischi*).
juke-joint /ˈdʒuːkdʒɔɪnt/, *n.* (*fam. USA*) locale con juke-box; bar.
julep /ˈdʒuːlɪp/, *n.* *1* (*farm.*) giulebbe *2* (*USA*, = **mint j.**) whisky (*o* brandy) con zucchero e menta.
Julia /ˈdʒuːlɪə/, *n.* Giulia.
Julian /ˈdʒuːlɪən/, **A** *n.* Giuliano. **B** *a.* giuliano (*di Giulio Cesare*): **J. calender**, calendario giuliano. ● (*geogr.*) **the J. Alps**, le Alpi Giulie.
Juliana /dʒuːlɪˈɑːnə, *USA* -ænə/, *n.* Giuliana.
Juliet /ˈdʒuːlɪət/, *n.* Giulietta.
Julius /ˈdʒuːlɪəs/, *n.* Giulio.
July /dʒʊˈlaɪ, dʒə-/, **A** *n.* luglio. **B** *a. attr.* di luglio.
jumbal /ˈdʒʌmbl/, *n.* (*arc.*) pasticcino (*fatto ad anello*); ciambellina.
jumble (1) /ˈdʒʌmbl/, *n.* confusione; mesco-

lanza; miscuglio; mucchio; guazzabuglio. ● **j. sale**, vendita di oggetti spaiati, di poco prezzo; vendita di beneficenza □ **j. shop**, bazar.

jumble (2) /ˈdʒʌmbl/, *V.* **jumbal**.

to **jumble** /ˈdʒʌmbl/, **A** *v. t.* confondere; mischiare; ammucchiare; gettare alla rinfusa: **Our things were jumbled** (**up, together**) **in the trunk**, le nostre cose furono gettate alla rinfusa nel baule. **B** *v. i.* confondersi; mescolarsi; ammucchiarsi.

jumbly /ˈdʒʌmblɪ/, *a.* ammucchiato; mischiato; alla rinfusa.

jumbo /ˈdʒʌmbəʊ/, **A** *n.* (*pl.* **jumbos**) *1* persona (*o* animale, cosa) di dimensioni enormi; (*fig.*) colosso, gigante, pachiderma *2* (*aeron.*, = **j. jet**). jumbo. **B** *a. attr.* (= **j.-sized**) enorme; maxi- (*pref.*). ● **j. olives**, olive giganti □ (*market.*) **j. package**, imballaggio jumbo.

jump /dʒʌmp/, *n.* *1* salto (*anche sport*); balzo; sobbalzo; aumento improvviso: **the high j.**, il salto in alto; **the long** (*o* **broad**) **j.**, il salto in lungo; **a j. in prices**, un aumento improvviso dei prezzi *2* ostacolo da saltare *3* sbalzo (*della temperatura e sim.*) *4* (*a dama*) il mangiare una pedina *5* (*aeron.*) lancio (*col paracadute*) *6* (*elab.*) salto; rinvio *7* (*giorn.*) continuazione (*di un articolo*) *8* (*pl.*) (*pop.*) nervosismo acuto; ballo di San Vito (*fig.*). ● (*aeron.*) **j. jet**, jet a decollo verticale □ (*elettr.*) **j. leads**, *V.* **jumper cables** □ **j.-off**, (*sport*) partenza; (*ippica*) spareggio; (*fig.*) inizio □ (*USA*) **j. rope**, corda per saltare □ (*autom.*) **j. seat**, strapuntino □ (*pallacanestro*) **j. shot**, tiro in sospensione □ **j. suit**, tuta □ (*fam.*) **to have the j. on sb.**, essere in vantaggio su q. □ **to stay** (*o* **to be**) **one j. ahead of sb.**, essere un passo più avanti di q. (*fig.*).

to **jump** /dʒʌmp/, **A** *v. i.* *1* saltare; balzare; sobbalzare; sussultare; trasalire: **to j. over a hedge**, saltare una siepe; **to j. to one's feet**, balzare in piedi; **to j. for joy**; saltare dalla gioia; **I jumped with fright at the explosion of the bomb**, sobbalzai per la paura all'esplosione della bomba; **The noise made me j.**, il rumore mi fece trasalire *2* (*fig.*: *di prezzi*) fare un balzo; aumentare improvvisamente *3* (*a dama*) mangiare una pedina; mangiare *4* (*sport*) saltare un ostacolo *5* (*aeron.*) saltare; lanciarsi (*col paracadute*) *6* (*elab.*) fare un salto. **B** *v. t.* *1* saltare; scavalcare; superare d'un balzo: **to j. a hurdle**, saltare un ostacolo; **to j. a chapter in a book**, saltare un capitolo di un libro *2* far saltare: **I jumped my horse over the ditch**, feci saltare il mio cavallo al di là del fossato *3* far sobbalzare; far sussultare; far trasalire *4* (*ind. min.*) perforare (*una roccia*) con una sonda a percussione a mano *5* (*fam.*) saltare addosso a (q.); piombare su (q.); aggredire *6* (*USA*) promuovere (q.) all'improvviso *7* (*pop.*) abbandonare; fuggire da; scappare da: **The thief jumped town**, il ladro abbandonò la città *8* (*autom.*) mettere in moto (*una macchina*) con due cavetti portatili (*collegando due batterie*) *9* (*a dama*) mangiare (*una pedina*) *10* (*pop.*) derubare; rapinare *11* (*volg.*) sbattere, fottere, scopare (*volg.*). ● (*leg.*) **to j. one's bail**, non comparire in giudizio lasciando in mano alla giustizia il denaro della cauzione □ (*fam.*) **to j. a claim**, impossessarsi di un terreno o di diritti minerari, scavalcando q. □ (*USA*) **to j. a freight**, abbordare un treno merci; viaggiare abusivamente su un merci □ **to j. the gun**, (*sport*) scattare prima del segnale (di partenza); (*fig.*) essere troppo precipitoso □ (*autom.*) **to j. the lights** (*o* **the traffic lights**), bruciare un semaforo; passare col rosso □ (*fam.*: *di una cosa*) **to j. out at sb.**, saltare agli occhi a (q.); essere evidente per (q.) □ (*fig.*) **to j. out of the frying pan into the fire**, cadere dalla padella nella brace □ **to j. out of one's skin**, rimanere di stucco (*o* sbalordito) □ (*fam.*) **to j. the queue**, non fare la coda; passare avanti agli altri (*anche fig.*) □ (*di treno, tram*) **to j. the rails** (*o* **the track**), deragliare □ (*USA*) **to j. rope**, saltare con la corda (*gioco*) □ **to j. ship**, (*d'immigrante*) sbarcare clandestinamente; (*di marinaio*) abbandonare la nave (*in un porto*) □ (*mil.*) **to j. to attention**, scattare sull'attenti □ **to j. to conclusions**, affrettarsi a concludere; giungere a una conclusione affrettata □ **to j. to one's feet**, scattare in piedi □ **to j. the town**, scappare dalla città □ **to j. a train**, prendere al volo un treno; viaggiare (di nascosto) su un treno merci □ (*fam.*) **J. to it!**, scattare!; presto!; forza!

♦**jump at**, *v. i.* + *prep.* *1* saltare su, addosso a (q.) *2* (*fam.*) affrettarsi ad accettare (*un'offerta*); cogliere al volo (*un'occasione*).

♦**jump down**, **A** *v. i.* + *avv.* saltare giù. **B** *v. i.* + *prep.* saltare giù per: **to j. down the stairs**, saltare giù per le scale □ **to j. down sb.'s throat**, saltare alla gola di q.; mangiare la faccia a q. (*fig.*).

♦**jump in**, *v. i.* + *avv.* *1* saltare dentro (*l'acqua, la piscina, ecc.*) *2* (*fam.*) buttarsi dentro, buttarcisi (*fig.*).

♦**jump off**, *v. i.* + *avv.* *1* saltare giù (*da un muro, ecc.*) *2* (*mil.*: *di un attacco, ecc.*) scattare; essere sferrato □ (*fam.*) **to j. off the deep end**, andare su tutte le furie; uscire dai gangheri (*fig.*).

♦**jump on**, *v. i.* + *prep.* *1* saltare su (q.c.) *2* (*fam.*) maltrattare; tartassare; mangiare la faccia a (q.) □ (*fam.*) **to j. on the bandwagon**, salire sul carro del vincitore; aggregarsi (*fig.*).

♦**jump up**, *v. i.* + *avv.* *1* saltare *2* saltare su; balzare in piedi; scattare in piedi *3* (*mus., fam. USA*) aumentare il ritmo.

jumped-up /ˈdʒʌmptʌp/, *a.* (*fam.*) *1* (*spreg.*) pieno di sé; borioso *2* (*USA*) raffazzonato; improvvisato.

jumper (1) /ˈdʒʌmpə(r)/, *n.* *1* chi salta; saltatore; insetto saltatore (*per es., la pulce*) *2* sorta di slitta *3* (*elettr., telef.*) ponte; ponticello *4* (*ind. min.*) sonda a percussione a mano *5* (*atletica, sci*) saltatore *6* (*fam.*) controllore. ● **j. cables**, cavi con morsetti (*per collegare batterie, ecc.*).

jumper (2) /ˈdʒʌmpə(r)/, *n.* *1* blusotto (*da marinaio, operaio, ecc.*) *2* maglietta, pullover (*da donna*) *3* (*USA*) scamiciato (*abito o tunica*) *4* (*pl.*) pagliaccetto, tutina (*per bimbi*).

jumpiness /ˈdʒʌmpɪnəs/, *n.* eccitabilità; nervosismo.

jumping /ˈdʒʌmpɪŋ/, **A** *a.* (*specialm. d'animali*) che salta; saltatore: **j. hare**, lepre saltatrice. **B** *n.* (*sport*) *1* (*atletica*) i salti *2* (*ippica*) le corse a ostacoli. ● (*zool.*) **j.-deer** (*Odocoileus hemionus*), cervo mulo; coda nera □ **j. jack**, saltamartino, fantoccio a molla; tric-trac (*fuoco d'artificio*) □ (*zool.*) **j. mouse** (*Zapodidae*), zapo □ **j.-off place**, punto di partenza (*per un viaggio, ecc.*); (*fig.*) trampolino □ (*USA*) **j. rope**, corda per saltare.

jumpy /ˈdʒʌmpɪ/, *a.* (*fam.*) eccitabile; nervoso.

junction /ˈdʒʌŋkʃn/, *n.* *1* congiungimento; congiunzione; ricongiungimento: **The British and the Prussian armies operated a j. at Waterloo**, i due eserciti inglese e prussiano operarono un ricongiungimento a Waterloo *2* (*mecc., falegn.*) giuntura; giunzione *3* (*elettr.*) connessione; giunzione: **j. box**, scatola di giunzione *4* (*elettron.*) giunzione *5* (*costr. stradali*) raccordo, nodo stradale; incrocio; intersezione, svincolo (*di autostrada*) *6* (*ferr.*) nodo ferroviario; stazione (*di raccordo*); raccordo: **Clapham J.**, la stazione di Clapham *7* (*ling.*) giunzione. ● (*ottica*) **j. laser**, laser a giunzione □ (*elettr.*) **j. pole**, palo di diramazione.

junctive /ˈdʒʌŋktɪv/, *a.* (*ling.*) giuntivo.

juncture /ˈdʒʌŋktʃə(r)/, *n.* *1* (*anche mecc., falegn.*) congiuntura; connessione; giunzione *2* (*mecc.*) giuntura; punto di giunzione; giunto *3* (*anat.*) giuntura; articolazione *4* (*fig.*) congiuntura; frangente; momento: **at this j.**, in questa congiuntura; in questo frangente.

June /dʒuːn/, **A** *n.* giugno. **B** *a. attr.* di giugno.

jungle /ˈdʒʌŋgl/, *n.* *1* giungla *2* (*fig.*) giungla; groviglio, labirinto: **a j. of regulations**, una giungla di regolamenti; **the concrete j.**, la giungla d'asfalto (*nelle metropoli*). ● (*pop. spreg. USA*) **j. bunny**, negro □ (*USA*) **j. gym**, castello (*di tubi metallici*: *per giochi infantili*) □ **the law of the j.**, la legge della giungla.

jungled /ˈdʒʌŋgld/, *a.* coperto di giungle.

jungly /ˈdʒʌŋglɪ/, *a.* (*anche fig.*) di (*o* simile a) una giungla.

junior /ˈdʒuːnɪə(r)/, **A** *a.* *1* junior; iuniore; inferiore di grado; (*fra padre e figlio, dello stesso nome*) il giovane; (*di fratelli*) minore, cadetto: **John Smith, J.**, John Smith, junior (*o* il giovane) *2* (*fin.*: *di un titolo*) di secondo grado. **B** *n.* *1* persona più giovane (*di un'altra*): **He is my j.**, è più giovane di me *2* (*anche mil.*) subalterno *3* (*in G.B.*) alunno delle elementari *4* (*nelle università e nelle scuole superiori USA*) studente del terz'anno *5* (*fam. ingl. e USA*) il proprio figlio; il figliolo: **Take j. with you!**, porta anche tuo figlio! ● **the juniors**, i più giovani; i meno importanti □ **j. clerk**, impiegato subalterno □ (*in U.S.A.*) **j. college**, istituto universitario con il solo biennio □ (*in G.B.*) **j. school**, scuola elementare (*dai 7 agli 11 anni*) □ (*mil.*) **j. officers**, ufficiali subalterni □ (*comm.*) **j. partner**, socio di data più recente; socio di minore importanza.

juniority /dʒuːnɪˈɒrətɪ/, *USA* -ɪˈɔːr-/, *n.* l'esser più giovane; l'essere inferiore di grado (*V.* **junior**).

juniper /ˈdʒuːnɪpə(r)/, *n.* (*bot.*, *Juniperus communis*) ginepro: **oil of j.**, olio essenziale (*o* essenza) di ginepro.

junk (1) /dʒʌŋk/, *n.* (*naut.*) giunca.

junk (2) /dʒʌŋk/, *n.* *1* cianfrusaglie; ciarpame; paccottiglia; robaccia *2* pezzo, tozzo (di q.c.) *3* (*gergo naut.*) carne sotto sale; (*anche*) cavo vecchio *4* (*fam.*) fesserie; stupidaggini *5* (*pop.*) droga; eroina. ● **j. art**, arte fatta con materiali di scarto □ **j. artist**, artista della «junk art» (*q.V.*) □ (*fin.*) **j. bonds**, titoli spazzatura (*ad alto rischio e rendimento*) □ (*USA*) **j. bottle**, bottiglia di vetro grosso (*verde o nera*) □ **j. dealer**, robivecchi; rigattiere □ **j. food**, «cibo spazzatura» (*ad alto contenuto calorico, ma poco nutriente*: *merendine, dolcetti, ecc.*) □ (*market.*) **j. food imperialism**, espansionismo del cibo spazzatura □ **j. jewelry**, bigiotteria □ (*spreg.*) **j. mail**, stampe pubblicitarie □ **j. shop**, negozio di rigattiere □ **j. yard**, deposito di robivecchi.

to **junk** /dʒʌŋk/, *v. t.* (*fam.*) *1* fare a pezzi; ridurre in stoppa *2* buttare, gettar via, scartare (*roba inutile*).

junket /ˈdʒʌŋkɪt/, *n.* *1* giuncata; cagliata *2* festa; gita; merenda all'aperto; scampagnata *3* (*fam. USA*) viaggio ufficiale; viaggio (*o* viaggetto) a spese del governo.

to **junket** /ˈdʒʌŋkɪt/, *v. i.* *1* fare una festa (*o* una merenda) all'aperto; andare in gita; far festa; divertirsi *2* (*fam. USA*) andare in visita ufficiale; fare un viaggio a spese del governo.

junketing /ˈdʒʌŋkɪtɪŋ/, *n.* (*fam.*) *1* feste; divertimenti *2* (*specialm. USA*) festeggiamenti per una persona importante.

junkie /ˈdʒʌŋkɪ/, *n.* (*pop.*) *1* tossicomane; eroinomane *2* (*per estens.*) fanatico; appassionato (*di q.c.*).

Juno /ˈdʒuːnəʊ/, *n.* (*mitol., astron.*) Giunone.

Junoesque /dʒuːnəʊˈɛsk/, **Junonian** /dʒuːˈnəʊnɪən/, *a.* giunonico.

junta /ˈdʒʌntə, ˈdʒʊ-, ˈhʊ-/, *n.* (*polit.*) *1* giunta militare *2* *V.* **junto**.

junto /ˈdʒʌntəʊ/, *n.* (*pl.* **juntos**) (*polit.*) *1* fazione politica (*specialm., se tiene in suo potere un partito*) *2* (*spreg.*) cricca; combriccola.

Jupiter /ˈdʒuːpɪtə(r)/, *n.* *1* (*mitol.*) Giove: **J. Pluvius**, Giove Pluvio *2* (*astron.*) Giove.

jural /ˈdʒʊərəl/, *a.* legale; giuridico.

Jurassic /dʒʊəˈræsɪk/, *a.* e *n.* (*geol.*) giurassico.

jurat /ˈdʒʊəræt/, *n.* *1* funzionario (*in talune città inglesi*) *2* magistrato (*in certe città francesi e nelle Isole Normanne*).

juridic(al) /dʒʊəˈrɪdɪk(l)/, *a.* giuridico; legale. ● **j. days**, giorni di udienza □ (*leg.*) **j.**

person, persona giuridica. || **-ally**, avv.

jurisconsult /ˈdʒʊərɪskənsʌlt/, n. giureconsulto.

jurisdiction /dʒʊərɪsˈdɪkʃn/, n. *1* (*leg.*) giurisdizione; potestà di giudicare *2* (*fig.*) autorità; competenza; sfera d'autorità; poteri.

jurisdictional /dʒʊərɪsˈdɪkʃənl/, a. giurisdizionale.

jurisprudence /dʒʊərɪˈspru:dns/, n. (*leg.*) *1* giurisprudenza; dottrina (*o* teoria, studio) del diritto *2* filosofia del diritto *3* repertorio di sentenze *4* (*USA*) branca del diritto. ● **medical j.**, medicina legale.

jurisprudent /ˈdʒʊərɪspru:dənt/, **A** n. giureconsulto; giurista. **B** a. dotto in giurisprudenza; esperto in teoria del diritto.

jurisprudential /dʒʊərɪspru:ˈdenʃl/, a. giurisprudenziale.

jurist /ˈdʒʊərɪst/, n. *1* giurista *2* (*USA*) avvocato *3* (*USA*) magistrato.

juristic(al) /dʒʊəˈrɪstɪk(l)/, a. giuristico; giuridico; legale.

juror /ˈdʒʊərə(r)/, n. (*leg.*) giurato; membro di giuria.

jury /ˈdʒʊərɪ/, n. (*leg.*) giuria; giurì; giurati (*collett.*); comitato che assegna premi in gare: **If the j. finds the accused guilty, the judge pronounces sentence**, se la giuria dichiara colpevole l'imputato, il giudice emette la sentenza. ● **j. box**, banco dei giurati □ **coroner's j.**, giuria del «coroner» (*che indaga nei casi di morte violenta o innaturale*) □ **foreman of the j.**, presidente della giuria □ **hung jury**, *V. sotto* **hung** □ **to serve** (*o* **to sit**) **on a j.**, fare parte d'una giuria.

juryman /ˈdʒʊərɪmən/, n. (*pl.* **jurymen**) (*leg.*) giurato.

jury-mast /ˈdʒʊərɪmɑ:st, *USA* -æst/, n. (*naut.*) albero di fortuna.

jury-rigged /ˈdʒʊərɪrɪgd/, a. (*naut.*) con attrezzatura di fortuna.

jury-rudder /ˈdʒʊərɪrʌdə(r)/, n. (*naut.*) timone di fortuna.

jurywoman /ˈdʒʊərɪwʊmən/, n. (*pl.* **jurywomen**) (*leg.*) giurata.

jus relictae /dʒʌsrəˈlɪkti:/ (*lat.*), n. (*leg.*) legittima; quota indisponibile (*in Scozia*).

jussive /ˈdʒʌsɪv/, a. (*ling.*) iussivo.

just (1) /dʒʌst/, a. *1* giusto; equo; equanime; imparziale; onesto; retto: **a j. man**, un uomo giusto (*o* retto); **a j. trial**, un processo equo; **to be j. to sb.**, essere giusto verso q. *2* giusto; giustificato; adeguato; meritato: **a j. reward**, una giusta ricompensa; **j. resentment**, risentimento giustificato *3* giusto; preciso; esatto; corretto: **j. proportions**, giuste proporzioni. ● **j. suspicion**, sospetto fondato □ (*leg.*) **j. title**, titolo legittimo (*di proprietà*) □ **to get one's j. deserts**, avere quello che ci si merita. || **-ly**, avv. || **-ness**, sost.

just (2) /dʒʌst, dʒest, dʒɪst, dʒəst, dʒəs/, avv. *1* esattamente; precisamente; proprio; appunto; per l'appunto; giusto (*fam.*): **It's j. four o'clock**, sono le quattro precise; **J. what I was looking for!**, proprio quel che cercavo!; **J. so!**, proprio così; per l'appunto *2* appena; a mala pena; solamente; soltanto: **I have j. enough money**, ho appena denaro a sufficienza; **Take j. one!**, prendine soltanto (*o* almeno) uno!; **I've j. seen him**, l'ho visto soltanto (*non abbiamo parlato, ecc.*) *3* appena; or ora; poco fa: **I've j. seen him**, l'ho visto or ora; **She has j. gone away**, è appena partita; se n'è andata or ora *4* (= **only j.**) per poco; a mala pena; per un soffio; per un pelo: **He (only) j. caught the bus**, ha preso l'autobus per un pelo (*o* a mala pena); **I j. missed the pheasant**, ho mancato il fagiano per un pelo *5* (*idiom., per es.:*) **J. a moment, please**, un momento, prego; **J. shut the door, will you?**, vuoi chiudere la porta, per favore?. ● **j. about**, appena appena; quasi: **«Have you got enough money with you?» «J. about»**, «I soldi che hai ti bastano?» «Appena appena»; **We're j. about ready**, siamo quasi pronti □ **j. about enough**, quasi abbastanza; quanto basta o quasi □ **j. about here**, qui intorno; da qualche parte; qui in giro □ **j. as**, (così) come; proprio quando; nel momento in cui: **Do j. as you like**, fa' come vuoi; **j. as I was going to answer**, proprio quando stavo per rispondere □ **j. as well**, anche; menomale: **You might j. as well tell her**, potresti anche dirglielo; **It's j. as well I brought my umbrella**, meno male che ho preso l'ombrello □ **j. in case**, nel caso che; caso mai: **j. in case it should rain**, caso mai dovesse piovere □ **j. a moment!**, un momento!; un attimo! □ **j. my luck!**, la (mia) solita sfortuna! □ **j. now**, ora, proprio adesso, in questo momento; poco fa, or ora, un minuto fa: **He's out j. now**, ora non c'è; **I met him j. now**, l'ho incontrato poco fa; **He was here j. now**, era qui un minuto fa □ **j. on**, esattamente: **It's j. on 6 o'clock**, sono le sei precise □ **j. the same**, proprio lo stesso (*o* il medesimo); lo stesso, ciononondimeno: **My watch is j. the same as yours**, il mio orologio è uguale al tuo; **I'll go j. the same**, andrò lo stesso; ciononondimeno andrò □ (*di una cosa*) **j. so**, in ordine; al posto giusto; a posto □ **j. so**, proprio così!; esatto! □ **j. then**, proprio allora; in quel momento □ **j. the thing!**; (*pop. USA*) **j. the ticket**, proprio quello che ci vuole (*o* che ci voleva)!; proprio così! □ **j. yet**, non ancora □ **That's j. it**, appunto!; si tratta appunto di questo! □ (*fam. enfat.*) **It's j. beautiful**, è veramente bello, ecco! □ (*fam.*) **I should j. think so!**, vorrei vedere (*che non fosse così*)!; sarebbe bella! □ **The girl looks j. like her mother**, la ragazza è precisa a sua madre; **That fur coat looks j. like you**, quella pelliccia addosso a te fa un figurone.

just (3), to **just** /dʒʌst/, *V.* **joust, to joust**.

justice /ˈdʒʌstɪs/, n. *1* giustizia; equità; imparzialità: **to treat sb. with j.**, trattare q. con giustizia; **J. has been done**, è stata fatta giustizia *2* (*leg.*) giustizia: **to administer j.**, amministrare la giustizia *3* (*leg.*) giudice (*di grado assai elevato*): **In England, a judge in the High Court of J. is styled «Mr J.», and in the Court of Appeal «Lord J.»**, in Inghilterra, un giudice dell'Alta Corte di Giustizia viene chiamato «Mr Justice», e un giudice della Corte d'Appello «Lord Justice»; **The Supreme Court of the United States is made up of a Chief J. and eight Associate Justices**, la Corte Suprema degli Stati Uniti è composta da un «Chief Justice» (*che la presiede*) e da otto «Justices Associati» *4* (*leg., fam.*) giudice di grado inferiore (*V.* **j. of the peace**) *5* giustezza: **I must admit the j. of his remarks**, devo ammettere la giustezza delle sue osservazioni. ● (*in Inghil.*) **justices'clerk**, cancelliere (*di un tribunale*) □ **j. court**, tribunale presieduto da un giudice di pace □ **j. of the peace**, giudice di pace (*non è un giudice di carriera, e non è retribuito, anche se in Inghil. tratta il 98% delle cause penali; è nominato dai ranghi degli avvocati con cinque anni di attività professionale*) □ **to bring a criminal to j.**, assicurare un delinquente alla giustizia □ **a court of j.**, una corte di giustizia; un tribunale □ **to do j.**, operare con giustizia; essere giusto □ **to do j. to sb.**, rendere giustizia a q. □ **to do j. to st.**, far onore a q.c.: **We did j. to the excellent food of the house**, facemmo onore al cibo eccellente della casa □ **to do oneself j.**, fare bella figura; farsi onore □ **To do him j., I must admit he's always punctual**, a esser giusti, devo ammettere che è sempre puntuale □ **in j.**, a esser giusti; per giustizia □ **in all j.**, in tutta onestà; per essere onesto □ (*in Inghil.*) **Lord Chief J.**, Presidente della Divisione del «Queen's Bench» dell'Alta Corte di Giustizia □ **with j.**, con giustizia; a buon diritto, a ragione.

justiceship /ˈdʒʌstɪsʃɪp/, n. (*leg.*) ufficio (*o* durata in carica) di un giudice (*V.* **justice**, *def. 3 e 4*). ● **chief j.**, presidenza della Corte Suprema degli Stati Uniti d'America.

justiciable /dʒʌˈstɪʃəbl, -ʃɪə-/, a. (*leg.*) passibile di giudizio; processabile.

justiciar /dʒʌˈstɪʃɪə(r)/, n. (*stor.*) altissimo magistrato, giudice supremo (*sotto i re normanni e i primi Plantageneti*).

justiciary /dʒʌˈstɪʃɪərɪ, *USA* -ɪerɪ/, **A** a. (*leg.*) giudiziario. **B** n. *1* (*leg.*) giudice; magistrato *2* (*stor.*) *V.* **justiciar**.

justifiability /dʒʌstɪfaɪəˈbɪlətɪ/, n. *1* l'esser giustificabile *2* (*leg.*) legittimità (*di difesa*).

justifiable /ˈdʒʌstɪfaɪəbl/, a. giustificabile; lecito; permesso; scusabile. ● (*leg.*) **j. homicide**, omicidio per legittima difesa (o, *in genere*, commesso in stato di necessità). || **-bly**, avv. || **-ness**, sost.

justification /dʒʌstɪfɪˈkeɪʃn/, n. *1* giustificazione; scusa; discolpa *2* (*tipogr.*) giustificazione; messa a giustezza *3* (*elab.*) allineamento *4* (*leg.*) adduzione (*di un mezzo*) a difesa.

justificative /ˈdʒʌstɪfɪkeɪtɪv/, a. giustificativo.

justificatory /ˈdʒʌstɪfɪkeɪtrɪ, -ɪkə-, -ɪˈkeɪ- *USA* dʒəˈstɪfɪkətɔ:rɪ/, a. giustificatorio; giustificativo.

justifier /ˈdʒʌstɪfaɪə(r)/, n. giustificatore, giustificatrice.

to **justify** /ˈdʒʌstɪfaɪ/, **A** v. t. *1* giustificare (*in ogni senso*); difendere; scusare; scagionare; discolpare *2* (*leg.*) addurre (*un mezzo*) a difesa *3* comprovare; sostenere: **to j. a statement**, comprovare una dichiarazione *4* (*tipogr.*) giustificare: **to j. a line**, giustificare una riga (di composizione) *5* (*elab.*) allineare. **B** to **justify oneself**, v. rifl. giustificarsi. ● **to be [to feel] justified in doing st.**, avere buone ragioni [sentirsi in diritto] di fare q.c. □ (*prov.*) **The end justifies the means**, il fine giustifica i mezzi.

Justin /ˈdʒʌstɪn/, n. Giustino.

Justine /dʒʌˈsti:n/, n. Giustina.

Justinian /dʒʌˈstɪnɪən/, n. (*stor.*) Giustiniano.

to **justle** /ˈdʒʌsl/, *V.* **to jostle**.

jut /dʒʌt/, n. (*anche mecc., ind. costr.*) sporgenza; aggetto.

to **jut** /dʒʌt/, v. i. *1* sporgere; protendersi *2* (*ind. costr., spesso* **to jut out, to jut forth**) aggettare.

jute /dʒu:t/, n. *1* (*bot., Corchorus capsularis*) iuta *2* (*ind. tess.*) iuta. ● **j. board**, pannello di iuta □ **j. bag** (*o* **j. sack**), sacco di iuta □ **j. factory** (*o* **mill**), iutificio.

Jutes /dʒu:ts/, n. pl. (*stor.*) Juti.

Jutish /ˈdʒu:tɪʃ/, a. (*stor.*) degli Juti.

jutting /ˈdʒʌtɪŋ/, a. *1* sporgente *2* (*ind. costr.*) in aggetto.

Juvenal /ˈdʒu:vənl/, n. (*stor. letter.*) Giovenale.

juvenescence /dʒu:vəˈnesns/, n. adolescenza.

juvenescent /dʒu:vəˈnesnt/, a. adolescente.

juvenile /ˈdʒu:vənaɪl, *USA* -nl/, **A** a. *1* giovane; da giovane *2* giovanile: **j. works**, opere giovanili *3* per la gioventù; per ragazzi: **j. books**, libri per ragazzi *4* infantile; puerile; immaturo *5* (*leg.*) minorile. **B** n. *1* giovane; fanciullo *2* (*teatr.*) attor giovane *3* (*pl.*) libri per ragazzi. ● (*leg., in G.B.*) **j. court**, tribunale dei minorenni (*in età da 10 a 16 anni*) □ (*leg.*) **j. delinquency**, delinquenza minorile □ (*leg.*) **j. delinquent**, delinquente minorenne □ (*leg., in U.S.A.*) **j. detention center**, casa di rieducazione; riformatorio □ **j. offender**, *V.* **j. delinquent.** || **-ly**, avv. || **-ness**, sost.

juvenilia /dʒu:vəˈnɪlɪə/ (*lat.*), n. pl. iuvenilia; opere giovanili.

juvenility /dʒu:vəˈnɪlətɪ/, n. *1* giovinezza; gioventù *2* aspetto giovanile *3* infantilismo, immaturità *4* (*specialm. al pl.*) azione (*o* modo di fare) da ragazzi; fanciullaggine.

juvey, juvie /ˈdʒu:vɪ/, n. (*pop. USA*) *1* giovane teppista; delinquente minorenne *2* casa di correzione; riformatorio *3* poliziotto addetto al controllo della delinquenza minorile.

to **juxtapose** /dʒʌkstəˈpəʊz/, v. t. giustapporre; mettere fianco a fianco; porre accanto.

juxtaposition /dʒʌkstəpəˈzɪʃn/, n. giustapposizione.

k, K

K, k /keɪ/, *n.* (*pl.* **K's, k's; Ks, ks**) ***1*** K, k (*undicesima lettera dell'alfabeto ingl.*) ***2*** oggetto a forma di kappa ***3*** (*pop. USA*) mille dollari. ● (*telef.*) **k for King**, k come Kursaal □ (*geogr.*) **K2**, K2 (*monte dell'Himalaya*).
kabala /kə'bɑːlə, 'kæbələ/, **kabbala(h)** /kə'bɑːlə, 'kæbələ/, *n.* cabala.
kabob /kə'bɒb/, *V.* **kebab**.
kabyle /kə'baɪl/, *n.* (*pl.* **kabyles, kabyle**) (*geogr.*) ***1*** cabila ***2*** cabilano (*berbero d'Algeria o di Tunisia*) ***3*** dialetto berbero dei cabilani.
to **kack** /kæk/, *v. i.* (*pop. USA*) vomitare.
kadi /'kɑːdɪ, 'keɪ-/, *n.* cadì.
Kaf(f)ir /'kæfə(r), *USA* 'kɑː-/, *n.* (*pl.* **Kaf(f)ir, Kaf(f)irs**) ***1*** (*geogr.*) cafro ***2*** dialetto cafro ***3*** (*spreg.*) africano; negro; persona di colore ***4*** (*spreg.*) infedele; non musulmano. ● (*fin.*) **Kafirs**, azioni minerarie del Sud Africa.
Kafkaesque /kæfkə'ɛsk, *USA* kɑːf-/, *a.* (*letter.*) kafkiano.
kafooster /kə'fuːstə(r)/, *n.* (*pop. USA*) sciocchezze; balle, fesserie (*pop.*).
kail /keɪl/, *V.* **kale**.
kailyard /'keɪljɑːd/, *n.* (*scozz.*) orto. ● (*letter.*) **the K. School**, scrittori che trattavano argomenti di vita scozzese, facendo largo uso del dialetto.
kainite /'kaɪnaɪt/, *n.* (*miner.*) kainite.
kakapo /'kɑːkəpəʊ, *USA* kɑkə'pəʊ/, *n.* (*zool.*, *Strigos habroptilus*) kakapo; strigope (*della Nuova Zelanda*).
kaki /'kɑːkɪ, *USA* 'kæ-/, *n.* (*pl.* **kakis**) (*bot.*, *Diospyros kaki*) cachi; kaki.
kale /keɪl/, *n.* ***1*** (*bot.*, *Brassica napus*) ravizzone ***2*** (*bot.*, *Brassica oleracea acephala*) cavolo verde ***3*** (*scozz.*) zuppa di cavoli.
kaleidoscope /kə'laɪdəskəʊp/, *n.* (*anche fig.*) caleidoscopio.
kaleidoscopic(al) /kəlaɪdə'skɒpɪk(l)/, *a.* (*anche fig.*) caleidoscopico. ‖ **-ally**, *avv.*
kalends /'kælɛndz, -əndz/, *n. pl.* (*stor.*) calende.
kaleyard /'keɪljɑːd/, *V.* **kailyard**.
kali /'kælɪ/, *n.* (*bot.*, *Salsola kali*) erba cali; riscolo.
Kalmuck /'kælmʌk/, *a.* e *n.* calmucco (*anche la lingua*).
kamikaze /kæmɪ'kɑːzɪ, *USA* kɑː-/ (*giapponese*), **A** *n.* kamikaze. **B** *a. attr.* da kamikaze; (*fig.*) suicida: **a k. attack**, un attacco suicida.
Kanaka /'kænəkə/, *n.* ***1*** «kanaka» (*indigeno delle isole dei Mari del Sud*) ***2*** hawaiano.
kangaroo /kæŋgə'ruː/, *n.* (*pl.* **kangaroos**) ***1*** (*zool.*, *Setonyx, Dendrolagus, ecc.*) canguro ***2*** (*fam.*) australiano. ● (*fin.*) **Kangaroos**, azioni minerarie australiane □ (*fam.*) **k. court**, tribunale illegale; tribunale fittizio (*o* per burla) □ (*zool.*) **k. rat**, *V.* **rat kangaroo**.
Kantian /'kæntɪən/, *a.* e *n.* (*filos.*) kantiano.
Kantianism /'kæntɪənɪzəm/, **Kantism** /'kæntɪzəm/, *n.* (*filos.*) kantismo.
kaolin(e) /'keɪəlɪn/, *n.* (*miner.*) caolino.
kaolinite /'keɪəlɪnaɪt/, *n.* (*miner.*) caolinite.
kaolinization /keɪəlɪnaɪ'zeɪʃn, *USA* -nɪ'z-/, *n.* (*geol.*) caolinizzazione.
to **kaolinize** /'keɪəlɪnaɪz/, *v. t.* (*geol.*) caolinizzare.
kaon /'keɪɒn/, *n.* (*fis.*) kaone.
kapok /'keɪpɒk/, *n.* (*ind. tess.*) kapok; cotone di Giava. ● (*bot.*) **K. tree** (*Ceiba pentandra*), kapok (*l'albero*).
kappa /'kæpə/, *n.* cappa (*decima lettera dell'alfabeto greco*).
kaput /kæ'pʊt/ (*ted.*), *a.* (*pop.*) finito; rovinato; spacciato; andato a monte (*o* in malora).
karabiner /kærə'biːnə(r)/, *n.* (*alpinismo*) moschettone.
karat /'kærət/, *n.* (*USA*) *V.* **carat**.
karate /kə'rɑːtɪ/, *n.* (*sport*) karate: **k. chop**, colpo (*di taglio*) di karate.
to **karate** /kə'rɑːtɪ/, *v. t.* colpire (*o* atterrare) con una mossa di karate.
karateka /kə'rɑːtɪkɑː, -'kɑː/ (*giapponese*), *n.* (*sport*) karateka; chi pratica il karate.
Karen /'kɛərən, 'kɑːrən/, *n. dim.* di **Katharina**.
karma /'kɑːmə/, *n.* ***1*** (*relig.*) karma ***2*** (*fig.*) destino; sorte ***3*** (*fam. USA*) atmosfera, aria (*fig.*): **There's bad k. here**, qui tira una brutta aria (*fig.*).
kar(r)oo /kə'ruː/, *n.* (*pl.* **kar(r)oos**) (*geogr.*) karroo; altipiano argilloso (*nel Sud Africa*).
Karst /kɑːst/, *n.* (*geogr.*) Carso.
karstic /'kɑːstɪk/, *a.* (*geol.*) carsico.
kart /kɑːt/, *n.* (*sport*) kart; go-kart.
karting /'kɑːtɪŋ/, *n.* (*sport*) kartismo.
karyogenesis /kærɪə'dʒɛnəsɪs/, *n.* (*biol.*) cariogenesi.
karyokinesis /kærɪəkaɪ'niːsɪs, *USA* -kɪ'n-/, *n.* (*biol.*) cariocinesi.
karyokinetic /kærɪəkaɪ'nɛtɪk, *USA* -kɪ'n-/, *a.* (*biol.*) cariocinetico.
karyolysis /kærɪ'ɒləsɪs/, *n.* (*biol.*) cariolisi.
karyotype /'kærɪətaɪp/, *n.* (*biol.*) cariotipo.
kasher /kɑː'ʃɛə(r)/, *V.* **kosher**.
Kashmir /kæʃ'mɪə(r), *USA* 'kæ-/, *n.* (*geogr.*) Kashmir.
Kashmiri /kæʃ'mɪərɪ/, *n.* (*pl.* **Kashmiris, Kashmiri**) ***1*** abitante (*o* nativo) del Kashmir ***2*** lingua del Kashmir.
katabolism /kə'tæbəlɪzəm/, *n.* (*biol.*) catabolismo.
Kate /keɪt/, *n. dim.* di **Katharina**.
Katharina /kæθə'riːnə/, **Katharine** /'kæθərɪn/, **Katherine** /'kæθərɪn/, *n.* Caterina.
kathode /'kæθəʊd/, *n.* (*elettr.*) catodo.
Katie /'keɪtɪ/, *n. dim.* di **Katherine**.
kation /'kætɪən/, *V.* **cation**.
katydid /'keɪtɪdɪd/, *n.* (*zool.*, *Cyrtophyllum concavum*) grossa cavalletta verde.
katyusha /kə'tjuːʃə/ (*russo*), *n.* (*mil.*) katiuscia (*lanciarazzi*).
kauri /'kaʊrɪ/, *n.* (*pl.* **kauris**) (*bot.*, *Agathis australis*) abete kauri.
kay /keɪ/, *n.* cappa; lettera k.
Kay /keɪ/, *n. dim.* di **Katharina**.
kayak /'kaɪæk/, *n.* kayak, caiacco (*canoa eschimese*).
to **kayak** /'kaɪæk/, *v. i.* andare in kayak.
kayaker /'kaɪækə(r)/, *n.* (*sport*) kayakista.
kayo /'keɪəʊ, 'keɪ'əʊ/, *n.* (*boxe*) K.O., atterramento.
to **kayo** /'keɪəʊ, 'keɪ'əʊ/, *v. t.* (*boxe*) mettere (q.) K.O.; atterrare.
kea /'kiːə, 'keɪə/, *n.* (*zool.*, *Nestor notabilis*) nestore.
kebab /kə'bæb/, **kebob** /kə'bɒb/, *n.* (*cucina*) spiedino di carne e verdure.
to **keck** /kɛk/, *v. i.* ***1*** avere conati di vomito ***2*** provare gran disgusto. ● **to k. at** (**food**), rifiutare (cibo) con grande ripugnanza.
kedge /kɛdʒ/, *n.* (*naut.*, = **k.-anchor**) ancorotto; ancora di tonneggio. ● **k. rope**, cavo da tonneggio; tonneggio.
to **kedge** /kɛdʒ/, *v. t.* (*naut.*) tonneggiare.
kedgeree /'kɛdʒəriː, kɛdʒə'riː/, *n.* (*cucina indiana*) riso con pesce (*con l'aggiunta, spesso, di panna, cipolla e uova*).
kedging /'kɛdʒɪŋ/, *n.* (*naut.*) tonneggio.
keek /kiːk/, *n.* (*scozz.*) sbirciata.
to **keek** /kiːk/, *v. i.* (*scozz.*) sbirciare; spiare.
keel (**1**) /kiːl/, *n.* ***1*** (*naut.*) chiglia ***2*** (*poet.*) nave ***3*** (*zool.*) carena dello sterno; carena ***4*** (*bot.*) costola ***5*** (*aeron.*) chiglia (*di aerostato*). ● **k.-block**, taccata □ **bilge k.**, aletta di rollio □ **false k.**, falsa chiglia; sottochiglia □ **inner k.**, paramezzale □ **to lay down a k.**, mettere in cantiere una nuova nave □ **on an even k.**, (*di nave*) che ha uguale pescaggio a poppa e a prua; (*fig.*) in equilibrio; in tutta calma.
keel (**2**) /kiːl/, *n.* (*naut.*) chiatta; barcone (*a fondo piatto*).
to **keel** /kiːl/, (*naut.*) **A** *v. t.* carenare, abbattere in carena (*un'imbarcazione*). **B** *v. i.* (*di nave*) capovolgersi. ● **to k. over**, (*di nave*) capovolgersi, rovesciarsi; (*fig. fam.*) cadere a terra, crollare di colpo □ **to k. over with laughter**, piegarsi in due dal ridere.
keelboat /'kiːlbəʊt/, *n.* (*naut.*) barca a fondo piatto; chiatta.
to **keelhaul** /'kiːlhɔːl/, *v. t.* ***1*** (*naut.*, *stor.*) punire (q.) con un giro di chiglia ***2*** (*fig. fam.*) dare una lavata di capo (*o* una strigliata) a (q.).
keelson /'kɛlsn/, *n.* ***1*** (*naut.*) paramezzale ***2*** (*aeron.*) controchiglia (*di aerostato*).
keen (**1**) /kiːn/, *a.* ***1*** acuto (*anche fig.*); acuminato; aguzzo; affilato; tagliente; penetrante; perspicace; pungente: **a k. blade**, una lama affilata; **k. intelligence**, ingegno acuto; **a k. wind**, un vento tagliente; **a k. sorrow**, un acuto dolore; **k. sight**, vista acuta; **k. sarcasm**, sarcasmo pungente ***2*** appassionato; desideroso; entusiasta: **He's very k. to succeed**, è molto desideroso di riuscire; **I'm k. on water skiing**, sono appassionato dello sci nautico ***3*** intenso; vivo: **k. desire**, intenso desiderio ***4*** astuto; scaltro ***5*** (*comm.*: *di prezzo*) basso; conveniente; competitivo: **very k. prices**, prezzi assai convenienti. ● **a k. appetite**, un buon appetito □ (*comm.*) **a k. competition**, una forte (*o* vivace) concorrenza □ **k.-edged**, tagliente, affilato; (*fig.*) pungente, mordace □ **k.-eyed**, dalla vista acuta □ (*fam.*) **to be k. on**, essere appassionato di; avere una gran voglia di: **I'm very k. on tennis**, sono un appassionato del tennis; **He's very k. on marrying that girl**, ha una gran voglia di sposare quella ragazza □ (*di cane, ecc.*) **k.-scented**, dall'olfatto fine □ **k.-set for**, avido di; bramoso di □ **k.-witted**, acuto; sagace; scaltro □ (*fam.*) **as k. as mustard**, entusiasta.
keen (**2**) /kiːn/, *n.* (*irl.*) lamento funebre.
to **keen** /kiːn/, (*irl.*) **A** *v. i.* fare un lamento funebre. **B** *v. t.* piangere (*un morto*) levando un lamento funebre.
keenly /'kiːnlɪ/, *avv.* ***1*** acutamente; con acume; con perspicacia ***2*** in modo penetrante (*o* pungente); intensamente; profondamente: **to stare k. at sb.**, fissare intensamente q.; **k. felt sorrow**, profondo dolore ***3*** vivamente; con passione: **to be k. interested in sb.** [**st.**], essere vivamente interessato a q. [q.c.] ***4*** aspramente; fieramente: **to argue k.**, disputare aspramente. ● (*comm.*) **to compete k. with sb.** [**st.**], essere in forte concorrenza con q.

[q.c.].

keenness /ˈkiːnnəs/, *n.* *1* l'essere acuto (*o* penetrante, ecc.) *2* acutezza *3* acume; perspicacia *4* brama; vivo desiderio *5* intensità; vivezza *6* (*comm.*) convenienza (*del prezzo*) *7* (*market.*) vivacità (*della concorrenza*). ● **k. of sight**, acutezza visiva.

keep /kiːp/, *n.* *1* (*stor.*) maschio, mastio; (*per estens.*) castello, fortezza *2* mantenimento; sostentamento; vitto e alloggio *3* (*fam.*) prigione *4* (*mecc.*) cappello. ● **to earn one's k.**, guadagnarsi da vivere (*o* il pane che si mangia) □ (*fam.*) **for keeps**, per sempre; proprio: **It's yours for keeps**, è tuo; puoi tenerlo (per sempre) □ (*fam.*) **to give sb. st. for keeps**, far dono di q.c. a q. □ **to play for keeps**, fare sul serio, con l'intenzione di ottenere il meglio ad ogni costo □ **I think this marriage will be for keeps**, credo che questo matrimonio sia destinato a durare.

to **keep** /kiːp/ (*pass.* e *p. p.* **kept**), **A** *v. t.* *1* tenere; avere; ritenere; trattenere; tenere in serbo; serbare; conservare; mantenere; custodire; (*mil.* e *fig.*) difendere: **to k. one's hands in one's pockets**, tenere le mani in tasca; **You may k. this book**, puoi tenere (*o* serbare) per te questo libro; **K. the change!**, tenga il resto!; **K. this seat for me**, tienmi il posto; **to k. a diary**, tenere un diario; **to k. the books**, tenere i libri contabili; **I won't k. you long**, non ti tratterrò a lungo; **to k. a town against the enemy**, difendere una città contro il nemico; **to k. servants [boarders]**, tenere domestici [pensionanti]; **K. the engine running**, tieni in moto il motore; **to k. sb. in prison**, tenere q. in prigione; (*comm.*) **We won't k. this line**, non terremo questi articoli *2* gestire; esercire; avere: **Tom keeps a small shop**, Tom ha un negozietto; **He keeps a hotel**, fa l'albergatore *3* mantenere; sostentare; provvedere a: **He has a family to k.**, ha una famiglia da mantenere (*o* da sostentare); **My daughter keeps herself in clothes**, mia figlia provvede ai suoi vestiti *4* tenere fede a; attenersi a; osservare; rispettare; stare a: **to k. the law**, osservare (*o* rispettare) la legge *5* osservare; rispettare; celebrare: **to k. the Sabbath**, osservare le feste comandate; **to k. Christmas [one's birthday]**, celebrare il Natale [il proprio compleanno] *6* (*comm.*) tenere; avere: **Do you k. «The Independent»?**, avete l'«Independent»? (*a un'edicola*). **B** *v. i.* *1* stare; restare: **K. where you are!**, resta dove sei!; (*fam. arc.*) **How are you keeping?**, come stai (di salute)?; **K. quiet, please**, state buoni (*o* zitti), per favore; restate tranquilli! *2* continuare; durare: **It kept raining all the time**, continuò a piovere per tutto il tempo; **I kept talking**, continuai a parlare; (*fam.*) **Will school k. all day?**, dureranno tutto il giorno le lezioni? *3* mantenersi; conservarsi: **Meat doesn't k. long in hot weather**, col caldo la carne non si conserva a lungo *4* tenere (*o* seguire) una strada: **K. straight on for two miles**, segui la strada (*o* va' dritto) per due miglia! ● (*rag.*) **to k. an account alive**, tenere acceso un conto □ **to k. the accounts** (*o* **the books**), tenere la contabilità □ **to k. awake**, restare sveglio □ **to k. one's balance**, mantenersi in equilibrio; restar calmo, sereno □ (*fig.*) **to k. the ball rolling**, far andare avanti le cose; tener viva l'attività; mandare avanti la baracca; tirare avanti □ **to k. one's business going**, mandare avanti la propria azienda □ (*fig.*) **to k. cool**, mantenere la calma; restare calmo □ **to k. early** (*o* **good**) **hours**, andare a letto (*o* alzarsi) presto □ **to k. one's feet**, restare in piedi; non cedere □ **to k. the fire burning**, alimentare il fuoco □ **to k. fit**, mantenersi in forma □ **to k. st. for oneself**, tenere q.c. per sé: **He kept the gifts for himself**, tenne per sé i regali □ (*sport*) **to k. goal**, giocare in porta □ (*fig.*) **to k. one's hand in st.**, tenersi in esercizio in q.c. □ **to k. one's head**, non perdere la testa; restar calmo □ **to k. hold of sb. [st.]**, tenere stretto q. [q.c.] □ **to k. house for sb.**, avere il governo della casa di q.; fare da governante a q. □ **to k. house on a few dollars a week**, mandare avanti la casa con pochi dollari la settimana □ **to k. st. in mind**, tenersi a mente q.c.; ricordarsi q.c. □ **to k. in touch with sb.**, tenersi in contatto con q. □ **to k. late** (*o* **bad**) **hours**, andare a letto (*o* smettere di lavorare, ecc.) a tarda ora □ (*naut.*) **to k. the luff**, tenersi al vento □ (*naut.*) **to k. an offing**, tenersi al largo □ **to k. open house**, tener corte bandita; essere assai ospitale □ **to k. one's own counsel**, nascondere i propri propositi; celare i propri pensieri □ **to k. pace with**, andare al passo con (*anche fig.*) □ **to k. the peace**, mantenere la pace; (*leg.*) tenere una buona condotta □ (*econ.*) **to k. prices steady**, stabilizzare i prezzi □ (*naut.*) **to k. the sea**, tenere il mare □ **to k. a secret**, tenere un segreto □ **to k. silence**, mantenere il silenzio; stare zitto □ **to k. step with**, *V.* **to k. pace with** □ **to k. one's temper**, non perdere la pazienza; mantenere la calma □ (*naut.*) **to k. to windward**, mantenersi all'orza □ **to k. track of**, non perdere di vista (q.); tener dietro a, seguire (q. *o* q.c.): **It isn't easy to k. track of all the new scientific discoveries**, non è facile tener dietro a tutte le nuove scoperte scientifiche □ **to k. sb. waiting**, far aspettare q. □ (*autom.*) **«K. clear»**, «lasciare libero (il passaggio)» (*cartello*: *cfr. ital. «passo carraio»*) □ (*autom.*) **«K. left!»** (*cartello*), «tenere la sinistra!» □ (*piuttosto antiquato*) **God keep you!**, Dio ti guardi! □ **This clock keeps good time**, questo orologio va bene (*o* segna l'ora esatta).

♦**keep about**, *v. t.* + *avv.* (*o prep.*) tenere (q.c.) a portata di mano; tenere (q.) intorno a: **to k. watchdogs about the farmhouse**, tenere cani da guardia intorno alla casa colonica.

♦**keep abreast of**, *v. i.* + *avv.* + *prep.* *1* tener testa a (q.) (*in una corsa, una gara, ecc.*) *2* (*fig.*) stare al corrente di (*nuove tecniche, ecc.*).

♦**keep afloat**, **A** *v. i.* + *avv.* restare a galla (*anche fig.*). **B** *v. t.* + *avv.* tenere a galla (*anche fig.*): **to k. afloat the economy**, tenere a galla l'economia.

♦**keep after**, *v. i.* + *prep.* *1* stare dietro a (q.); inseguire *2* (*fam.*) stare dietro a (*fig.*); assillare; chiedere a (q.) con insistenza *3* sgridare.

♦**keep around**, *v. i.* + *avv.* (*o prep.*) *V.* **keep about**.

♦**keep at**, **A** *v. i.* + *prep.* *1* continuare (*il proprio lavoro, ecc.*); persistere nel (*fare q.c.*) *2* *V.* **keep after**, *def.* 2. **B** *v. t.* + *prep.* tenere (q.) impegnato; farlo lavorare (*o* studiare, ecc.) sodo □ **to k. at bay**, tenere a bada (*o* sotto controllo): **to k. inflation at bay**, tenere sotto controllo l'inflazione □ (*fig.*) **to k. sb. at a distance** (*o* **at arm's length**), tenere a distanza q. □ **K. at it!**, persevera!; dacci sotto! (*fam.*).

♦**keep away**, **A** *v. i.* + *avv.* stare lontano (*o* alla larga); tenersi lontano: **K. away from the road!**, sta lontano dalla strada! **B** *v. t.* + *avv.* tenere lontano; levare di torno: (*prov.*) **An apple a day keeps the doctor away**, una mela al giorno, leva il medico di torno.

♦**keep away from**, *v. t.* + *avv.* + *prep.* *1* tenere (q.) lontano da *2* tenere (q.c.) fuori della portata di (q.) *3* evitare (*cibi, bevande, ecc.*) *4* impedire a (q.) di andare (*al lavoro, a scuola, ecc.*).

♦**keep back**, **A** *v. t.* + *avv.* *1* tenere (q.) indietro; trattenere; tenere a freno: **The police kept the rioters back**, la polizia tenne a freno i rivoltosi; **to k. back the flood [one's anger, one's tears]**, trattenere l'inondazione [la rabbia, le lacrime] *2* tenere da parte; trattenere; non dare (non vendere, ecc.): **They will k. back part of my salary**, mi tratterranno parte dello stipendio; **Don't sell it; k. it back!**, non venderlo; tienlo da parte! *3* ritardare (q.c.); far ritardare (q.); far restare (q.) indietro. **B** *v. i.* + *avv.* stare (*o* tenersi) indietro: **K. back!**, indietro!

♦**keep back from**, *v. t.* + *avv.* + *prep.* *1* stare alla larga da; evitare *2* impedire a (*q.*: *di fare q.c.*): **I kept him back from killing the toad**, gli impedii di uccidere il rospo *3* celare, nascondere (q.c.) a (q.): **Don't k. anything back (from me)!**, non nascondermi nulla!

♦**keep behind**, **A** *v. i.* + *avv.* *1* restare indietro *2* (*autom.*) tenersi a distanza di sicurezza. **B** *v. t.* + *avv.* tenere (q.) indietro; trattenere: **I was kept behind at the office**, fui trattenuto in ufficio.

♦**keep by**, **A** *v. t.* + *avv.* (*o prep.*) tenere (q.c.) a portata di mano (di): **I always k. my gun by (me)**, tengo sempre a portata di mano la pistola. **B** *v. i.* + *prep.* restare vicino a (q.).

♦**keep down**, **A** *v. t.* + *avv.* *1* tenere giù (*la testa, i piedi, ecc.*) *2* tenere (q.c.) basso; tenere a freno, frenare; limitare; contenere; controllare: **to k. prices down**, tenere i prezzi bassi; **to k. expenses down**, limitare le spese; **to k. one's anger down**, tenere a freno l'ira; **to k. the grass down in one's garden**, controllare la crescita dell'erba nel giardino; tenerla tagliata *3* tenere (q.) assoggettato; opprimere (*il popolo, ecc.*) *4* tenere (q.c.) nello stomaco; trattenere (*cibo, ecc.*) *5* (*a scuola, in G.B.*) fare ripetere una classe a (*uno studente*): **The boy was kept down in the third form**, il ragazzo ripeté la terza. **B** *v. i.* + *avv.* *1* stare giù; stare basso *2* (*del vento, delle onde, ecc.*) restare calmo; non soffiare *3* (*fig.*) defilarsi; acquattarsi; restare quatto □ **to k. one's voice down**, parlare a bassa voce.

♦**keep from**, **A** *v. t.* + *prep.* *1* celare, nascondere, tenere (q.c.) nascosto a (q.): **to k. information [a secret] from sb.**, nascondere informazioni [un segreto] a q. *2* trattenere (q.), impedire a (*q.*: *di fare q.c.*): **to k. sb. from his work**, trattenere q. dal fare il suo lavoro; **to k. the lira from being devalued**, impedire che la lira sia svalutata. **B** *v. i.* + *prep.* trattenersi da; fare a meno di: **I couldn't k. from laughing in his face**, non potei fare a meno di ridergli in faccia □ (*fig. fam.*) **to k. the wolf from the door**, far quadrare il bilancio (*fig.*); farcela (*a sopravvivere*).

♦**keep in**, **A** *v. t.* + *avv.* *1* lasciare (q.c.) al suo posto; lasciare stare (q.c.); non eliminare: **That's the best scene in the film; you must k. it in**, è la scena più bella del film; non devi eliminarla *2* tenere (q.) in casa (*specialm. per punizione*); (*del cattivo tempo, ecc.*) non permettere a (q.) di uscire *3* trattenere (q.) a scuola (*o* in classe) *4* mantenere (*il fuoco*) acceso *5* tenere in casa (*cibo, bevande, ecc.*: *come provvista, per un'emergenza, ecc.*) *6* (*fig.*) trattenere, frenare, tenere a freno (*la rabbia, le risa, ecc.*): **I was unable to k. it in**, non riuscii a frenarmi. **B** *v. t.* + *prep.* mantenere (q.) a: **I'm fed up keeping you in cigarettes**, sono stufo di mantenerti a sigarette. **C** *v. i.* + *avv.* *1* stare in casa; restare dentro; non uscire *2* stare in fila *3* rimanere a scuola (*o* in classe) (*per punizione*) *4* (*del fuoco*) restare acceso; continuare a bruciare □ **to k. in sight**, farsi vedere; non allontanarsi troppo □ **to k. in touch with sb.**, restare in contatto con q. □ **to k. in training**, tenersi in esercizio.

♦**keep in with**, *v. i.* + *avv.* + *prep.* (*fam.*) rimanere in buoni rapporti con (q.); tenersi buono (q .) (*fam.*): **He manages to k. in with the boss**, riesce a tenersi buono il capo.

♦**keep indoors**, **A** *v. t.* + *avv.* tenere (q.) in casa; tenere (q.) dentro. **B** *v. i.* + *avv.* stare in casa; restare dentro; non uscire □ **The snow kept us indoors**, non potemmo uscire per la neve.

♦**keep off**, **A** *v. i.* + *avv.* (*o prep.*) *1* stare lontano; tenersi al largo (*fig.*); stare alla larga (da): girare al largo (di): **«Danger, k. off»** (*cartello*), «Pericolo, stare lontano!»; **«K. off the grass»** (*cartello*), «vietato calpestare l'erba!»; **to k. off from bad companions**, stare alla larga dalle cattive compagnie *2* (*della pioggia, neve, ecc.*) non cadere: **Let's hope the rain will k. off until tomorrow**, speriamo che non piova fino a domani! ***3*** astenersi da; evitare: **You should k. off animal fats**, dovresti evitare i grassi animali; **Let's k. off politics!**, evitiamo di parlare di politica! **B** *v. t. + avv.* ***1*** tenere lontano; allontanare; tenere a bada; trattenere; stornare (*uno scandalo, ecc.*): **to k. off hunger** [**thirst**], tenere lontano la fame [la sete]; **to k. off danger**, allontanare il pericolo; **to k. the protesters off**, tenere a bada i dimostranti ***2*** tenere fuori (*fig.*); fermare; riparare da: **Take a sunshade to k. the sun off**, prendi l'ombrellino per ripararti dal sole! **C** *v. t. + prep.* ***1*** tenere (q.) lontano da (q.c.): **to k. one's children off the street**, tenere i propri figli lontano dalla strada; **to k. sb. off alcohol**, tenere q. lontano dall'alcol ***2*** tenere a casa (*da scuola, ecc.*): **The doctor said I'd better k. you off school today**, il dottore ha detto che farei bene a non mandarti a scuola (*o* a tenerti a casa) oggi □ (*in frasi neg.*) **to k. one's eyes off**, staccare gli occhi da □ (*anche fig.*) **to k. one's fingers** (*o* **hands**) **off**, non mettere le mani (*o* le dita) su; non toccare: **K. your hands off (her)!**, giù le mani; non toccarla! □ (*fig.*) **to k. one's hands off other men's wives**, lasciare in pace (*fam.*: lasciare stare) le mogli degli altri.

♦**keep on**, **A** *v. t. + avv.* ***1*** tenere addosso (*o* in testa: *capi di vestiario*); tenersi: **to k. one's coat on**, tenere il cappotto; **to k. one's hat on**, tenere (il cappello) in testa; non scoprirsi ***2*** mantenere (q.) in servizio; continuare a tenere (*un domestico, ecc.*) ***3*** tenere acceso (*un impianto elettrico, ecc.*): **to k. the lights on**, tenere accesa la luce ***4*** tenere ancora (*un appartamento, una macchina, ecc.*). **B** *v. i. + avv.* ***1*** andare (avanti); proseguire: **K. straight on to the bus stop and then turn right!**, va dritto fino alla fermata dell'autobus e poi volta a destra! ***2*** continuare (*a fare q.c.*); perseverare: **I'm fed up with this work, but I must k. on**, sono stufo di questo lavoro, ma devo perseverare; **Don't k. on doing foolish things!**, non continuare a fare stupidaggini! ***3*** (*fam.*) continuare a parlare; ripetersi; farla lunga (*fam.*). **C** *v. t.* (*o v. i.*) *+ prep.* ***1*** tenere (q.c.) su: **to k. a ball on one's head**, tenere una palla sulla testa ***2*** mantenere: **to k. on one's way**, mantenere la direzione di marcia; (*naut.*) **to k. a ship on her course**, mantenere in rotta una nave ***3*** continuare a prendere (*una medicina, ecc.*) ***4*** (*di un medico*) continuare a far prendere (*una certa medicina*) a (*un paziente*) □ (*fam.*) **to k. on at sb.**, dare addosso a, sgridare q.; stare addosso a, assillare q. □ **to k. an eye** (*o* **one's eye**) **on sb.** [**st.**], tenere d'occhio q. [q.c.] □ **to k. on one's feet**, restare in piedi □ **to k. sb. on his feet**, tenere in piedi q. □ **to k. on good terms with sb.**, mantenersi in buoni rapporti con q. □ (*fam.*) **K. your hair** (*o* **your shirt**) **on!**, tieni la testa a posto!; stai calmo!; non preoccuparti!; non prendertela! □ **The dog keeps on barking**, il cane abbaia di continuo (*o* non fa che abbaiare).

♦**keep out**, **A** *v. t. + avv.* ***1*** tenere fuori; tenere alla larga: **Don't k. the dog out in the cold!**, non tenere fuori il cane al freddo!; **to k. out gypsies**, tenere alla larga gli zingari ***2*** (*di un indumento, ecc.*) non far passare, riparare da (*freddo, caldo, ecc.*). **B** *v. i. + avv.* stare fuori; tenersi fuori (*o* alla larga); non entrare: **«K. out!»** (*cartello*), «vietato l'ingresso!».

♦**keep out of**, **A** *v. t. + avv. + prep.* tenere fuori di (*o* da): **to k. goats out of the fields**, tenere le capre fuori dai campi; **to k. sb. out of trouble**, tenere q. fuori dai guai. **B** *v. i. + avv. + prep.* stare (*o* tenersi) fuori di (*o* da): **to k. out of the playing ground**, stare fuori del campo di gioco; **to k. out of trouble**, tenersi fuori dai guai; evitare i guai □ **to k. out of debt**, non fare debiti; non indebitarsi; restare in attivo □ **to k. sb. out of harm's way**, badare che q. non si faccia male (*o* che non combini guai) □ (*fam.*) **to k. one's nose out of st.**, non ficcare il naso in q.c.; non impicciarsi di q.c. □ **to k. out of sb.'s way**, non stare tra i piedi a q.; non intralciare q.

♦**keep to**, **A** *v. i. + prep.* ***1*** stare in (*una certa posizione*); tenersi da (*o* su): **to k. to one's bed**, restare a letto; **to k. to one side**, tenersi da una parte; fare largo; **to k. to the main road**, tenersi sulla (*o* non lasciare la) strada maestra ***2*** (*del traffico*) tenere: **Traffic keeps to the right in Italy**, il traffico tiene la destra in Italia ***3*** restare in; limitarsi a: **to k. to the subject**, restare in argomento ***4*** restare fedele a; attenersi a; rispettare, osservare: **The heretic kept to his faith in spite of torture**, benché sottoposto alla tortura, l'eretico restò fedele alla sua religione; **to k. to sb.'s decisions**, attenersi alle decisioni di q.; **to k. to the rules**, rispettare le regole. **B** *v. t. + prep.* ***1*** tenere, trattenere (*q.: in casa, a letto, ecc.*) ***2*** tenere (q.) vincolato a (q.c.); fare mantenere (q.c.) a (q.): **You cannot expect to k. me to this unfair agreement**, non potete sperare di tenermi vincolato a questo accordo iniquo; **to k. sb. to his promise**, fare mantenere una promessa a q. □ **to k. (oneself) to oneself**, starsene per conto proprio; non fare comunella con nessuno; non essere socievole □ **to k. st. to oneself**, tenersi q.c. per sé; non rivelare (*o* comunicare) q.c. agli altri □ **to k. sb. to the point**, fare restare q. in argomento.

♦**keep together**, **A** *v. t. + avv.* ***1*** tenere insieme (*o* uniti): **K. the sheep together!**, tieni insieme le pecore! ***2*** (*fig.*) cementare (*fig.*); tenere (*un gruppo, un partito, ecc.*) compatto. **B** *v. i. + avv.* ***1*** stare insieme; restare uniti ***2*** (*mus.*) cantare all'unisono ***3*** (*sport*) restare in gruppo □ (*fam.*) **to k. body and soul together**, sbarcare il lunario.

♦**keep under**, **A** *v. t. + avv.* (*o prep.*) ***1*** tenere sotto: **A whirlpool kept him under**, fu tenuto sotto (*o* sott'acqua) da un mulinello; **to k. one's feet under the table**, tenere i piedi sotto la tavola ***2*** (*fig.*) tenere (q.) sotto di sé (*o* soggiogato); dominare, opprimere (*un popolo, ecc.*) ***3*** (*fig.*) tenere sotto controllo (*un incendio, un sentimento, ecc.*); domare; tenere a freno, reprimere: **to k. a fire under**, domare un incendio. **B** *v. i. + avv.* ***1*** restare (*o* rimanere) sotto ***2*** restare al coperto (*fig.*); restare nascosto □ **to k. sb.** [**st.**] **under control**, tenere q. [q.c.] sotto controllo □ (*fam.*) **to k. st. under one's hat**, tenere segreto q.c.: **K. it under your hat!**, acqua in bocca! □ (*med.*) **to k. sb. under observation**, tenere q. in osservazione □ (*fam.*) **to k. sb. under one's thumb**, far rigare dritto q.

♦**keep up**, **A** *v. t. + avv.* ***1*** tenere su; sostenere; reggere: **Four pillars k. up the roof**, quattro pilastri sostengono il tetto ***2*** tenere (q.) alzato; tenere (q.) in piedi: **The hurricane kept us up all night**, l'uragano ci tenne alzati tutta la notte ***3*** tenere (q.) a galla (*anche fig.*); tenere alto (*il morale, ecc.*): **K. your head up!**, tieni alta (*o* a galla) la testa!; **I kept up my spirits humming a tune**, mi facevo coraggio canticchiando; **to k. oneself up**, mantenersi (*o* stare) a galla ***4*** tenere (*o* mantenere) alto (*un prezzo, ecc.*): **to k. the price of oil up**, tenere alto il prezzo del petrolio ***5*** mantenere, tenere bene (*una casa, ecc.*) ***6*** mantenere, conservare; mantenere vivo; continuare a praticare (*o* a esercitarsi in): **K. up your courage!**, conservate il vostro coraggio!; fatevi animo!; **Old customs are still kept up here**, qui si conservano ancora le vecchie usanze; **to k. up a friendship with sb.**, mantenere l'amicizia con q.; **to k. up one's French**, tenersi in esercizio in francese; **to k. up a family tradition**, mantenere viva una tradizione familiare ***7*** continuare; proseguire; protrarre: **to k. up one's studies**, continuare gli studi; **The attack was kept up all day**, l'attacco si protrasse per tutto il giorno ***8*** continuare a effettuare (*un pagamento rateale*). **B** *v. i. + avv.* ***1*** stare su; stare in piedi: **How does that house of cards k. up?**, come fa a stare in piedi quel castello di carte? ***2*** restare (*o* mantenersi) alto; rimanere intatto: **Their spirits kept up**, il loro coraggio si mantenne intatto ***3*** restare alzato, restare in piedi (*la notte*): **We k. up late**, restiamo alzati fino a tardi ***4*** (*specialm. del tempo*) continuare; durare: **Do you think the fine weather will k. up?**, credi che duri il bel tempo? ***5*** raggiungere gli altri; (*fig.*) rimanere alla pari con gli altri ***6*** tenersi al corrente: **to k. up on international affairs**, tenersi al corrente degli affari internazionali □ **to k. up appearances**, salvare le apparenze □ **to k. up to date**, tenersi aggiornato; stare al corrente; stare al passo con i tempi □ **to k. sb.** [**st.**] **up to date**, tenere aggiornato q. [q.c.]: (*rag.*) **to k. the books up to date**, tenere aggiornati i conti □ **to k. up to date with the news**, tenersi informato delle ultime novità.

♦**keep up to**, **A** *v. i. + prep.* rimanere alla pari con (q.). **B** *v. t. + avv. + prep.* mantenere (q.c.) a (*un dato livello*): **to k. unemployment up to last year's level**, mantenere la disoccupazione allo stesso livello dell'anno scorso.

♦**keep up with**, *v. i. + avv. + prep.* ***1*** rimanere alla pari con (q.); non restare indietro rispetto a (q.): **I did my best to k. up with the other runners**, feci di tutto per non rimanere indietro rispetto agli altri corridori; **to k. up with one's classmates**, tenere il passo degli altri studenti della classe (*fig.*) ***2*** (*fig.*) stare al passo con (*fig.*); essere all'altezza di: **to k. up with the fashion**, stare al passo con la moda; **to k. up with the times**, essere all'altezza dei tempi ***3*** (*fig.*) tenersi al corrente di; stare informato su: **to k. up with the latest news**, essere al corrente delle ultime notizie □ **to k. up with the Joneses**, non voler essere da meno dei vicini di casa; voler stare alla pari dei vicini (*anche se più ricchi*).

♦**keep within**, *v. i. + prep.* restare dentro (*o* sotto); non superare: (*autom.*) **to k. within the speed limit**, non superare il limite di velocità □ **to k. within bounds**, restare entro i limiti □ **to k. st. within bounds**, fare in modo che q.c. (*una spesa, ecc.*) non superi un certo limite.

keeper /ˈkiːpə(r)/, *n.* ***1*** custode; guardiano; guardia; sorvegliante: **a zoo k.**, un guardiano dello zoo ***2*** (= **gamekeeper**) guardacaccia, guardiacaccia ***3*** fermaglio; (*specialm.*) fermanello ***4*** chiavistello; saliscendi ***5*** (*elettr.*) ancora; armatura di protezione ***6*** frutto (*o* vegetale) che si conserva bene ***7*** (*fam., sport*; = **goalkeeper**) portiere. ● **park k.**, custode di parco.

keep-fit /ˈkiːpfɪt/, *n.* esercizi ginnici per mantenersi in forma.

keeping /ˈkiːpɪŋ/, *n.* ***1*** custodia; cura; guardia: **The jewels are in good k.**, i gioielli sono sotto buona guardia (*o* in buone mani, al sicuro) ***2*** allevamento: **the k. of bees**, l'allevamento delle api ***3*** mantenimento; conservazione: **peace k.**, il mantenimento della pace ***4*** conformità; armonia; accordo: **Your actions are not in k. with your ideals**, le tue azioni non sono in armonia con le tue idee ***5*** osservanza, rispetto (*di norme, ecc.*); adempimento (*d'obblighi, promesse, ecc.*). ● **k. apples**, mele adatte alla conservazione □ (*pop. USA*) **k. room**, (stanza di) soggiorno □ **in safe k.**, al sicuro; ben custodito □ **to be out of k. with**, non andare d'accordo con, accordarsi male con (q.c.) □ **to leave sb.** [**st.**] **in sb.'s k.**, affidare (*o* dare in custodia) q. [q.c.] a q.

keepsake /ˈkiːpseɪk/, *n.* ricordo (*oggetto*); pegno d'amicizia, d'affetto.

keg /kɛg/, *n.* ***1*** barilotto, fusto di legno (*di solito, contiene meno di dieci galloni*) ***2*** (= **keg beer**) birra alla spina. ● **keg party**, *V.* **kegger**.

kegger /ˈkɛgə(r)/, *n.* (*pop. USA*) grande bevuta di birra (alla spina); festa studentesca.

keister /ˈkiːstə(r), ˈkaɪs-/, *n.* (*pop. USA*) natiche; deretano; sedere (*pop.*).

keloid /ˈkiːlɔɪd/, *n.* (*med.*) cheloide.

kelp /kɛlp/, *n.* ***1*** (*bot.*) fuco ***2*** ceneri di alghe.

kelpie, kelpy /ˈkɛlpɪ/, *n.* (*mitol. scozz.*) spirito maligno delle acque (*appare in forma di cavallo*).

kelson /ˈkɛlsn/, *V.* **keelson.**

kelt /kɛlt/, *n.* (*zool.*) salmone (*o* trota) che ha deposto le uova.

Kelt /kɛlt/, **Keltic** /ˈkɛltɪk/, *V.* **Celt, Celtic.**

kemp /kɛmp/, *n.* (*ind. tess.*) fibra ruvida (*della lana*).

kempy /ˈkɛmpɪ/, *a.* (*ind. tess.*) ispido; ruvido.

ken /kɛn/, *n.* (*lett.*) comprensione; conoscenza: **outside** (*o* **beyond**) **one's k.**, al di là della propria comprensione.

to **ken** /kɛn/ (*pass.* e *p. p.* **kenned** *o* **kent**), *v. t.* e *i.* (*scozz.*) ***1*** conoscere; sapere ***2*** riconoscere.

kennel (**1**) /ˈkɛnl/, *n.* ***1*** canile; casotto per cuccia ***2*** (*fig.*) tugurio; covo, tana ***3*** muta di cani ***4*** (*USA*) *V.* **kennels.**

kennel (**2**) /ˈkɛnl/, *n.* fossetta di scolo; rigagnolo; cunetta.

to **kennel** /ˈkɛnl/, **A** *v. i.* ***1*** stare in un canile ***2*** rifugiarsi (*o* andare) nel canile. **B** *v. t.* ***1*** tenere in un canile ***2*** portare al canile.

kennels /ˈkɛnlz/, *n.* (*invar. al pl.*) canile (pubblico); casa del cane (e del gatto): **to leave one's dog in a k.**, mettere il proprio cane nel canile (*per le ferie, ecc.*).

kenning /ˈkɛnɪŋ/, *n.* (*poet.*) metafora, perifrasi (*tipica della poesia anglosassone; per es.*: **sea-steed**, destriero del mare, *per* **ship**, nave).

kent /kɛnt/, *pass.* e *p. p.* di **to ken.**

Kentish /ˈkɛntɪʃ/, **A** *a.* (*geogr.*) del Kent. **B** *n.* (*stor.*) dialetto del Kent.

kentledge /ˈkɛntlɪdʒ/, *n.* (*naut.*) zavorra di pani di ghisa.

Kentucky /kɛnˈtʌkɪ/, *n.* (*geogr.*) Kentucky (*uno dei 50 Stati degli U.S.A.*). ● **K. Derby**, corsa ippica annuale a Louisville (*nel Kentucky*); **«K. Fried Chicken»** (*marchio*), (negozio di una) catena di rosticcerie di pollame (*in G.B. e in U.S.A.*).

Kenya /ˈkɛnjə, ˈkiːn-/, *n.* (*geogr.*) Kenya.

Kenyan /ˈkɛnjən, ˈkiːn-/, *a.* e *n.* keniano; keniota.

kepi /ˈkeɪpɪ/, *n.* (*pl.* **kepis**) (*stor.*) chepì; kepi; cheppì.

Keplerian /kɛˈplɪərɪən, -lɛə-/, *a.* (*astron.*) kepleriano.

kept /kɛpt/, *pass.* e *p. p.* di **to keep.** ● (*arc. o scherz.*) **a k. woman**, una mantenuta.

keptie /ˈkɛptɪ/, *n.* (*pop. USA*) mantenuta; amante.

keratin /ˈkɛrətɪn, *USA* -tn/, *n.* (*biochim.*) cheratina.

keratinization /kərætɪnaɪˈzeɪʃn, *USA* -nɪˈz-/, *n.* (*biol.*) cheratinizzazione.

to **keratinize** /kəˈrætɪnaɪz/, *v. t.* (*biol.*) cheratinizzare.

keratinous /kəˈrætɪnəs/, *a.* (*biol., anat.*) cheratinico.

keratitis /kɛrəˈtaɪtɪs/, *n.* (*pl.* **keratitides**) (*med.*) cheratite.

keratoplasty /ˈkɛrətəplæstɪ/, *n.* (*med.*) cheratoplastica.

keratose /ˈkɛrətəʊs, -z/, **A** *a.* (*biol.*) corneo. **B** *n.* sostanza cheratinosa (*nelle spugne*).

keratosis /kɛrəˈtəʊɪs/, *n.* (*med.*) cheratosi.

keratotomy /kɛrəˈtɒtəmɪ/, *n.* (*med.*) cheratotomia.

kerb /kɜːb/, *n.* ***1*** cordone di marciapiede ***2*** (*per estens.*) marciapiede; bordo della strada: (*autom.*) **to pull over to the k.**, accostarsi al marciapiede ***3*** – **the k.** (*o* **the k. exchange**), (*fin., stor., in U.S.A.*) la «American Stock Exchange». ● (*Borsa, fin.*) **k. broker**, operatore del terzo mercato □ (*fam. ingl.*) **k. crawler**, automobilista (*uomo*) in cerca di prostitute di strada □ (*Borsa, fin.*) **k. market**, terzo mercato; mercatino; fuoriborsa.

kerbstone /ˈkɜːbstəʊn/, *n.* pietra del cordone del marciapiede.

kerchief /ˈkɜːtʃɪf/, *n.* (*pl.* **kerchief, kerchieves**) ***1*** fazzoletto da testa (*o* da collo) ***2*** (*poet.*) fazzoletto.

kerchiefed /ˈkɜːtʃɪft/, *a.* col fazzoletto in testa.

kerf /kɜːf/, *n.* ***1*** taglio, intaccatura, tacca (*specialm. d'ascia o di sega*) ***2*** (*ind. min.*) intaglio; sottoscavo.

kerfuffle /kəˈfʌfl/, *n.* (*fam.*) ***1*** chiasso; confusione; scalpore ***2*** agitazione; panico; fifa (*fam.*).

kermes /ˈkɜːmɪz/, *n.* (*invar. al pl.*) ***1*** (*zool.*) femmina pregna di *Coccus ilicis* ***2*** (*tintoria*) chermes, kermes.

kermess, kermis /ˈkɜːmɪs/, *n.* (*stor., o in U.S.A.*) kermesse.

kern(e) /kɜːn/, *n.* ***1*** (*stor.*) fante irlandese (*con armatura leggera*) ***2*** contadino irlandese ***3*** (*fig.*) zoticone.

kernel /ˈkɜːnl/, *n.* ***1*** nocciolo (*anche fig.*); mandorla (*d'albicocca, pesca, ecc.*); gheriglio (*di noce*); essenza, nucleo, fondo: **the k. of the question**, il nocciolo della questione; **There's a k. of truth in his criticism**, c'è un fondo di verità nelle sue critiche ***2*** (*bot.*) cariosside; chicco, seme (*del grano, granturco, ecc.*) ***3*** (*bot.*) nocella ***4*** (*fis.*) nucleo. ● (*ling.*) **k. sentence**, frase nucleo.

kerning /ˈkɜːnɪŋ/, *n.* (*elab., tipogr.*) kerning; crenatura.

kerosene, kerosine /ˈkɛrəsiːn/, *n.* (*chim.*) kerosene, cherosene: **a k. stove**, una stufa a cherosene. ● **k. propellant**, cherosene per aviogetti.

kersey /ˈkɜːzɪ/, *n.* (*ind. tess.*) tessuto di lana a coste.

kestrel /ˈkɛstrəl/, *n.* (*zool., Falco tinnunculus*) gheppio.

ketch /kɛtʃ/, *n.* (*naut.*) ketch.

ketchup /ˈkɛtʃəp/, *n.* (*cucina*) ketchup; salsa piccante (*a base di pomodoro, aceto, spezie*).

ketene /ˈkiːtiːn/, *n.* (*chim.*) chetene.

ketogenesis /kiːtəˈdʒɛnəsɪs/, *n.* (*biochim.*) chetogenesi.

ketogenic /kiːtəˈdʒɛnɪk/, *a.* (*biochim.*) chetogeno; chetogenico.

ketolysis /kiːˈtɒləsɪs/, *n.* (*biochim.*) chetolisi.

ketone /ˈkiːtəʊn/, *n.* (*chim.*) chetone.

ketosis /kiːˈtəʊsɪs/, *n.* (*med.*) chetosi; acidosi.

ketosteroid /kiːtəˈstɪərɔɪd/, *n.* (*biochim.*) chetosteroide.

kettle /ˈkɛtl/, *n.* ***1*** bollitore; pentolino; bricco (*da tè*); cuccuma: **electric k.**, bollitore elettrico ***2*** caldaietta ***3*** (*geol.*, = **k. hole**) marmitta: **giant's k.**, marmitta dei giganti. ● (*mus.*) **k.-drum**, timpano □ (*mus.*) **k.-drummer**, timpanista □ (*cucina*) **k.-holder**, presina □ (*fig.*) **a pretty** (*o* **fine**) **k. of fish**, un bel pasticcio □ (*fam.*) **It's a different k. of fish**, è un altro paio di maniche.

kevel /ˈkɛvl/, *n.* (*naut.*) ***1*** gancio di murata; cazzascotte; tesascotte ***2*** bittarella; tacchetto a cuore.

key (**1**) /kiː/, **A** *n.* ***1*** chiave (*in ogni senso, anche mus.* e *fig.*): **«Keys made here»** (*cartello*), «si fanno chiavi»; **the key of a clock**, la chiave d'un orologio; **the key to a problem**, la chiave d'un problema; **the key to success**, la chiave del successo; **the key of C major**, la chiave di do maggiore; **to write in a cheerful key**, scrivere in chiave allegra ***2*** (*mus., telef., ecc.*) tasto: **the keys of a piano**, i tasti d'un pianoforte; **the keys of a typewriter**, i tasti d'una macchina da scrivere ***3*** (*mus.*) tono; tonalità: **to speak in a high key**, parlare in tono di voce alto; **in a minor key**, in tono smorzato; **all in the same key**, in tono monotono; (*fig.*) nello stesso stile ***4*** (*mecc.*) chiavetta; bietta ***5*** (*archit.*) chiave (*dell'arco, della volta*) ***6*** appendice (*a un testo*); opuscolo con spiegazioni e soluzioni ***7*** (*d'orologio*) chiavetta ***8*** (*elettr.*) chiavetta; interruttore a leva ***9*** (*di elaboratore*) chiave ***10*** (*di mappa, ecc.*) leggenda ***11*** (*bot.*) samara; frutto indeiscente (*del frassino e dell'olmo*) ***12*** (*edil.*) rinzaffo; stuccatura ***13*** (*pl.*) tastiera (*V.* **keyboard**). **B** *a. attr.* chiave; importante; principale: (*fin.*) **k. currency**, valuta chiave (*per es., il marco tedesco*); (*econ.*) **a key industry**, un'industria chiave; **a key position**, una posizione chiave; un posto chiave; **key word**, parola chiave; **to take notes on the key issues**, prendere appunti sui punti principali. ● (*geol.*) **key bed**, strato guida □ **key box**, buchetta della chiave (*in un albergo e sim.*) □ (*mus.*) **key bugle**, cornetto a pistone □ **key-chain**, portachiavi a catenella □ **key cutting**, (il) fare repliche di chiavi; riproduzione di chiavi □ **key money**, buonuscita (*per un appartamento*) □ (*elab.*) **key punch**, perforatrice (di schede) □ **key ring**, anello per le chiavi; portachiavi □ (*fig.*) **the golden** (*o* **silver**) **key**, la chiave che apre tutte le porte; il denaro □ **to have** (*o* **to get**) **the key of the street**, rimanere chiuso fuori di casa; essere lasciato a ciel sereno □ (*fig.*) **to keep** (*o* **to handle**) **st. in a low key**, minimizzare q.c. □ (*fig., relig.*) **the power of the keys**, il potere ecclesiastico; l'autorità pontificia □ (*mus.*) **key signature**, chiave □ **to speak in a low key**, parlare a bassa voce; (*fig.*) parlare in tono dimesso □ **to work oneself up to a high key**, eccitarsi molto.

key (**2**) /kiː/, *n.* (*geogr.*) ***1*** isolotto (*specialm. in Florida*) ***2*** banco corallino.

to **key** /kiː/, *v. t.* ***1*** (*mecc., spesso* **to key in, to key on**) inchiavettare; fermare (*o* assicurare) con chiavetta ***2*** (*archit.*) mettere la chiave di volta a (*un arco*) ***3*** provvedere (*un testo*) di appendice (*o* di un opuscolo) con spiegazioni ***4*** (*mus.*) accordare (*un pianoforte, ecc.*) ***5*** (*fig.*) adattare; rendere intonato (*a q.c.*); armonizzare: **I keyed my words to the situation**, adattai le mie parole alla situazione ***6*** (*sport*) marcare. ● (*elab.*) **to key in**, immettere, introdurre (*dati, ecc.*) □ (*sport*) **to key on sb.**, marcare stretto q. □ **to key up**, (*mus.*) alzare il tono di (*uno strumento*); (*fig.*) eccitare, innervosire, stimolare □ **to key up an endeavour**, aumentare uno sforzo □ **to be keyed up**, essere agitato, nervoso, teso.

keyboard /ˈkiːbɔːd/, *n.* (*anche mus.*) tastiera. ● (*elab.*) **k. layout**, disposizione della tastiera □ **k. operator**, tastierista □ (*mus.*) **pedal k.**, pedaliera (*d'un organo*).

to **keyboard** /ˈkiːbɔːd/, **A** *v. i.* ***1*** fare il tastierista ***2*** battere su una tastiera. **B** *v. t.* ***1*** (*elab.*) digitare ***2*** (*tipogr.*) comporre con la tastiera.

keyboarder /ˈkiːbɔːdə(r)/, *n.* tastierista.

keyed /kiːd/, *a.* ***1*** provvisto di chiave ***2*** (*mus.*: *di uno strumento*) a tastiera ***3*** (*mecc.*) inchiavettato ***4*** (*fig.*) adatto; adeguato: **remarks k. to the present situation**, osservazioni adatte alla situazione attuale ***5*** (*archit.*: *di un arco*) munito di chiave di volta.

keyhole /ˈkiːhəʊl/, *n.* ***1*** buco della serratura ***2*** (*mecc.*) incavo per chiavetta. ● (*mecc.*) **k. saw**, gattuccio.

keying /ˈkiːɪŋ/, *n.* ***1*** (*mecc.*) inchiavettatura ***2*** (*mus.*) accordatura.

keyless /ˈkiːlɪs/, *a.* (*d'orologio, ecc.*) senza chiave.

keylock /ˈkiːlɒk/, *n.* (*elab.*) bloccaggio della tastiera.

Keynesian /ˈkeɪnzɪən/, *a.* (*econ.*) keynesiano.

keynote /ˈkiːnəʊt/, *n.* ***1*** (*mus.*) nota di chiave; tonica ***2*** (*fig.*) nota dominante; concetto fondamentale. ● **k. speech**, discorso chiave (*che dà il tono, l'impronta*).

to **keynote** /ˈkiːnəʊt/, *v. t.* mettere in evidenza (*o* in risalto); evidenziare.

keypad /ˈkiːpæd/, *n.* (*elab.*) griglia della tastiera.

keypunch /ˈkiːpʌntʃ/, *n.* (*elab.*) perforatrice di schede.

to **keypunch** /ˈkiːpʌntʃ/, *v. i.* (*elab.*) perforare (*una scheda meccanografica*).

keystone /ˈkiːstəʊn/, *n.* ***1*** (*archit.*) chiave di volta (*dell'arco*) ***2*** (*fig.*) chiave di volta; fulcro; perno.

keyswinger /ˈkiːswɪŋə(r)/, *n.* (*fig. pop. USA*) rodomonte; sbruffone, sbruffona.

keyway /ˈkiːweɪ/, *n.* ***1*** fessura per la chiave ***2*** (*mecc.*) sede per chiavetta ***3*** (*tecn.*) canale;

scanalatura.

keyword /ˈki:wɜ:d/, *n.* (*elab. e fig.*) parola chiave.

khaki /ˈkɑ:kɪ, *USA* ˈkæ-/, **A** *a.* cachi; kaki. **B** *n.* (*pl.* **khakis**) *1* color cachi *2* tela cachi. ● (*mil.*) **khakis**, divise cachi □ **to get into k.**, indossare la divisa; arruolarsi.

khalif /ˈkeɪlɪf, ˈkæ-/, *n.* califfo.

khalifate /ˈkælɪfeɪt, ˈkeɪ-/, *n.* califfato.

khan (1) /kɑ:n, *USA* kæn/, *n.* (*stor., polit.*) khan; capo (*o* principe) orientale.

khan (2) /kɑ:n, *USA* kæn/, *n.* caravanserraglio.

khanate /ˈkɑ:neɪt/, *n.* (*stor., polit.*) canato (*V.* **khan (1)**).

khedive /kɪˈdi:v/, *n.* (*stor., polit.*) kedivè; viceré dell'Egitto.

kibbutz /kɪˈbʊts/, *n.* (*pl.* **kibbutzim, kibbutzes**) kibbutz.

kibe /kaɪb/, *n.* gelone ulcerato. ● (*fig.*) **to tread on sb.'s kibes**, pestare i piedi a q.; offendere q.

to **kibitz** /ˈkɪbɪts/, *v. i.* (*fam. USA*) dare consigli non richiesti (*detto specialm. dello spettatore di un gioco di carte*).

kibitzer /ˈkɪbɪtsə(r), kɪˈbɪ-/, *n.* (*fam. USA*) spettatore importuno (*a un gioco di carte*); chi dà consigli non richiesti; ficcanaso.

kibosh /ˈkaɪbɒʃ/, *n.* *1* (*fam.*) sciocchezze; stupidaggini, fandonie *2* (*pop. USA*) colpo decisivo; fine; cosa che mette fine (*a q.c.*). ● **to put the k. on sb.** [**st.**], farla finita con q. [q.c.]; eliminare q. [mettere fine a q.c.].

kick (1) /kɪk/, *n.* *1* calcio; colpo di piede; pedata *2* (*mil.*: *d'arma da fuoco*) contraccolpo; rinculo *3* (*sport*) calcio; (*fam.*) calciatore, giocatore (*di calcio*): **penalty k.**, calcio di rigore; **He's a good k.**, è un bravo calciatore; colpisce bene la palla di piede *4* (*fam.*) eccitazione; stimolo; gusto; piacere: **I get quite a k. out of him**, con lui mi eccito in modo straordinario; **She gets a k. out of her grandchildren**, si emoziona quando vede i nipotini; **He gets a big k. out of pop music**, prova un gran piacere ad ascoltare la musica pop; **a game with no k. in it**, un gioco che non dà gusto *5* (*fam.*) energia; forza; capacità di stimolare: **He has no k. in him**, è rimasto privo d'ogni energia; è a terra; **a drink with no k. in it**, un drink senza forza *6* (*d'arma da fuoco*) rinculo *7* (*pop.*) lagnanza *8* (*pop. USA*) tasca. ● **k.-start**, avviamento a pedale; pedale d'avviamento (*di motocicletta*) □ **k.-starter**, pedale d'avviamento (*di motocicletta*) □ **k. wheel**, tornio a pedale (*da vasaio*) □ (*sport*) **back k.**, rovesciata □ (*pop.*) **for a k.**, tanto per cominciare □ (*fam.*) **for kicks**, per divertimento; per divertirsi □ (*fig. fam.*) **to get a k. in the teeth**, ricevere un calcio in faccia □ (*fig.*) **to get more kicks than halfpence**, ricevere più rimproveri che gentilezze; ricevere più calci che carezze □ (*fam.*) **to get the k.**, essere licenziato □ **to give sb. a good k. up the rear**, dare un bel calcio nel sedere a q.

kick (2) /kɪk/, *n.* fondo di bottiglia rientrante (*che ne riduce la capacità*).

to **kick** /kɪk/, **A** *v. i.* *1* calciare; recalcitrare; scalciare; tirar calci: **That mule kicks**, quel mulo tira calci *2* (*mil.*: *di fucile, cannone, ecc.*) rinculare *3* (*fam.*) recalcitrare (*fig.*); brontolare; protestare; resistere; ribellarsi: **If people are ruled with an iron hand, they will k. against authority**, la gente, se viene governata col pugno di ferro, si ribella all'autorità. **B** *v. t.* *1* dare calci a; prendere a calci (*o* a pedate): **Don't k. the dog**, non prendere a calci il cane! *2* colpire col piede; (*sport*) calciare, mandare con un calcio *3* (*fig. fam.*) liberarsi di, smettere (*un vizio, un'abitudine, ecc.*). ● (*fam.*) **to k. the bucket**, morire; tirare le cuoia (*fam.*) □ (*pop.*) **to k. the habit**, smettere di drogarsi □ (*fam.*) **to k. one's heels**, aspettare a lungo; fare anticamera.

♦**kick about**, **A** *v. i.* + *avv.* *1* (*fam.*) essere al mondo; essere ancora vivo; essere (ancora) in circolazione *2* (*fam.*: *di un oggetto*) essere buttato là; essere abbandonato (*in un luogo*): **I found this towel kicking about in the bathroom; is it yours?**, ho trovato questo asciugamano abbandonato nel bagno; è tuo? **B** *v. t.* + *avv.* *1* prendere a calci; spostare a calci *2* strapazzare; maltrattare; trattare (q.) a pesci in faccia *3* (*fam.*) comandare a bacchetta (*dipendenti, ecc.*) *4* (*fam.*) sviscerare, discutere a fondo (*un argomento*). **C** *v. t.* + *prep.* *1* prendere a calci (q.c.) in (*o* per): **to k. a ball about the street**, prendere a calci un pallone per la strada (*per gioco*) *2* (*fam.*) girare (*un posto, un paese, ecc.*) per lungo e per largo □ **to k. the ball about**, dare calci alla palla; (*sport*: *calcio*) fare melina.

♦**kick against**, *v. i.* + *prep.* (*fam.*) ribellarsi contro; opporsi a: **to k. against paying new taxes**, ribellarsi contro il pagamento di nuove tasse □ (*fig.*) **to k. against the pricks**, dare calci contro il muro; dibattersi invano e a proprio danno.

♦**kick around**, *V.* **kick about**.

♦**kick at**, *v. i.* + *prep.* *1* fare l'atto di dare un calcio a (q.) *2* (*sport*) cercare di colpire (*la palla*) di piede *3* (*fam.*) *V.* **kick against**.

♦**kick away**, *v. t.* + *avv.* spostare a calci □ (*sport*: *calcio*) **to k. away at the ball**, fare del palleggio; palleggiare.

♦**kick back**, **A** *v. t.* + *avv.* *1* restituire un calcio a (q.) *2* (*sport*: *calcio*) restituire (*la palla*) con un calcio *3* (*fam.*) dare (*denaro*) come tangente a (q.). **B** *v. i.* + *avv.* *1* restituire la palla (*a un compagno di squadra*) *2* (*mecc.*) dare un contraccolpo *3* (*fam.*: *di una malattia*) colpire di nuovo.

♦**kick back at**, *v. i.* + *avv.* + *prep.* (*fig.*) colpire (q.) a propria volta; rifarsi su (q.).

♦**kick down**, **A** *v. t.* + *avv.* buttare (q.) a terra a calci; atterrare (q.) con un calcio. **B** *v. i.* + *avv.* (*di un motociclista*) scalare una marcia.

♦**kick downstairs**, *v. t.* + *avv.* *1* fare ruzzolare le scale a (q.) a calci *2* (*fam.*) ridurre (q.) di grado; degradare; destituire.

♦**kick in**, *v. t.* + *avv.* *1* fare entrare (q.) con un calcio *2* (*sport*: *calcio*) calciare dentro; mettere in porta (*il pallone*) con un calcio *3* buttare giù, sfondare (q.c.) a calci *4* (*fam.*) contribuire con (*una somma di denaro*) □ (*fig. fam.*) **to k. sb. in the teeth**, strapazzare; dare una bella batosta a (q.) □ (*rugby*) **to k. in to touch**, mandare la palla in uscita laterale (*o* in touche).

♦**kick off**, **A** *v. t.* + *avv.* *1* spostare a calci; respingere (q.) con un calcio *2* (*fam.*) cominciare (*uno spettacolo, una stagione, ecc.*). **B** *v. i.* + *avv.* *1* (*sport*: *calcio*) dare il calcio d'inizio (*o* di rimessa in gioco) (*da centrocampo*) *2* (*fam. USA*) andare via; andarsene *3* (*fam. USA*) crepare; tirare le cuoia; morire *4* (*fam. USA*: *di un motore e sim.*) guastarsi □ **to k. off one's shoes**, togliersi le scarpe scalciando.

♦**kick on**, *v. i.* + *avv.* (*di macchine, motori, ecc.*) mettersi in moto, avviarsi (*all'improvviso*).

♦**kick out**, *v. t.* + *avv.* *1* cacciare, buttare fuori (q.) a calci, a pedate *2* (*sport*: *calcio*) calciare fuori, mandare (*la palla*) in fallo laterale *3* (*fig. fam.*) cacciare (via); scacciare, espellere (*da un luogo, un ufficio*; *dall'esercito, ecc.*); licenziare □ **to k. sb. out of the house**, cacciare q. di casa.

♦**kick over**, *v. t.* + *avv.* rovesciare (q.c.) a calci; buttare a terra (q.) a pedate □ (*fig. fam.*) **to k. over the traces**, togliersi le briglie di dosso; sfrenarsi.

♦**kick round**, *V.* **kick about**.

♦**kick up**, *v. t.* + *avv.* *1* alzare (sollevare, ecc.) con i piedi: **to k. up sand** [**a cloud of dust**], sollevare la sabbia con i piedi [alzare una nuvola di polvere; *marciando*] *2* arrotolare (*un tappeto e sim.*) a calci □ (*fam.*) **to k. up a fuss** (**a dust, a row, a shindy, a stink**), fare un (gran) casino (*fam.*); fare un gran baccano; fare una chiassata; piantare una grana; sollevare un putiferio □ **to k. up one's heels**, (*di cavalli*) correre forte; (*fam.*: *di persone*) spassarsela, darsi alla pazza gioia.

♦**kick upstairs**, *v. t.* + *avv.* (*fig. fam.*) promuovere (q.) a un grado più alto (a una carica più prestigiosa, ecc.) ma che comporta minor potere (*cfr. prov. lat. «Promoveatur ut amoveatur»*).

kickback /ˈkɪkbæk/, *n.* *1* (*mecc.*) contraccolpo *2* (*fam.*) abbuono (*o* sconto) sottobanco *3* (*pop.*) tangente; pizzo; bustarella; mazzetta.

kickdown /ˈkɪkdaʊn/, *n.* (*mecc.*) passaggio a una marcia inferiore; lo scalare una marcia.

kicker /ˈkɪkə(r)/, *n.* *1* cavallo che tira calci *2* (*sport*) chi effettua (*o* ha effettuato) un tiro: **In all free kicks the ball must be touched by another player before the k. can play it again**, in tutti i tiri di punizione la palla dev'essere toccata da un altro giocatore prima che chi ha effettuato il tiro possa calciarla di nuovo *3* (*rugby*) chi effettua i calci piazzati *4* (*fam. USA*) tranello, trappola (*per es. in un contratto*).

kickfighting /ˈkɪkfaɪtɪŋ/, *n.* (*sport*) lotta vietnamita.

kickoff /ˈkɪkɒf, *USA* -ɔ:f/, *n.* *1* (*sport*) calcio da centrocampo; calcio d'inizio (*o* di rimessa in gioco) *2* (*fig.*) inizio (*di una partita, ecc.*).

kickout /ˈkɪkaʊt/, *n.* *1* (*sport*: *calcio*) invio (*o* uscita) in fallo laterale *2* (*fig. fam.*) cacciata; espulsione; licenziamento *3* (*mil.*) congedo disonorevole.

kickshaw /ˈkɪkʃɔ:/, *n.* (*arc.*) *1* ghiottoneria; leccornia; manicaretto *2* gingillo; ninnolo.

kickstand /ˈkɪkstænd/, *n.* cavalletto (*di motocicletta*).

to **kick-start** /ˈkɪkstɑ:t/, *v. t.* *1* mettere in moto (*una motocicletta*) con il pedale (*d'avviamento*); avviare (*il motore*) a pedale *2* (*fig.*) dare una spinta a (*fig.*); riattivare: **to k. the economy**, riattivare l'economia.

kick-up /ˈkɪkʌp/, *n.* (*pop.*) putiferio; baccano; (gran) casino (*pop.*).

kicky /ˈkɪkɪ/, *a.* (*pop.*) *1* brioso; vivace; pieno di vita *2* (*USA*) elegante; alla moda; vistoso.

kid (1) /kɪd/, *n.* *1* capretto *2* pelle di capretto: **shoes of kid**, scarpe di capretto; **kid gloves**, guanti di pelle di capretto *3* (*fam.*) bambino; bimbo; piccino. ● (*fam.*) **my kid sister**, la mia sorellina □ (*pop. USA*) **kid-vid**, la TV per i (*o* dei) bambini □ **to handle** (*o* **to treat**) **sb. with kid gloves**, trattare q. coi guanti.

kid (2) /kɪd/, *n.* (*fam.*) *1* imbroglio; inganno *2* beffa.

kid (3) /kɪd/, *n.* (*naut., mil.*) gamella; gavetta.

to **kid** (1) /kɪd/, **A** *v. t.* partorire (*un capretto*). **B** *v. i.* (*di capra*) figliare.

to **kid** (2) /kɪd/ (*fam.*) **A** *v. t.* *1* gabbare; imbrogliare; ingannare *2* beffare; prendere in giro. **B** *v. i.* scherzare; fare per scherzo: **You're kidding, aren't you?**, non fai mica sul serio, vero? ● (*fam.*) **No kidding!**, sul serio!

kidder /ˈkɪdə(r)/, *n.* chi scherza; chi fa per gioco; burlone, burlona.

kiddie /ˈkɪdɪ/, *V.* **kiddy**.

kiddo /ˈkɪdəʊ/, *n.* (*pop. USA*) giovanotto: **Hallo, k.!**, ehi, giovanotto!

kiddy /ˈkɪdɪ/, *n.* (*fam.*) bambino; bimbo; piccino. ● **k. ride**, giostra (*o* montagne russe, ecc.) per bambini.

kidglove /ˈkɪdglʌv/, *a.* *1* troppo delicato; troppo raffinato *2* diplomatico; garbato; che ha tatto: **k. methods**, modi di fare ispirati a delicatezza, a gran tatto.

to **kidnap** /ˈkɪdnæp/, *v. t.* rapire, sequestrare (*a scopo di estorsione*).

kidnapper /ˈkɪdnæpə(r)/, *n.* kidnapper; rapitore (*specialm. di bambini*).

kidnapping /ˈkɪdnæpɪŋ/, *n.* kidnapping; sequestro di persona; rapimento, ratto (*specialm. di bambini*).

kidney /ˈkɪdnɪ/, *n.* *1* (*anat.*) rene *2* (*cucina*) rognone *3* (*fig. arc.*) temperamento; tempra; sorta: **a man of that k.**, un uomo di quella sorta. ● (*bot.*) **k. bean**, (*Phaseolus vulgaris*) fagiolo comune; (*Phaseolus multiflorus*) fagiolo di Spagna □ **k. desk**, fagiolino (*mobile*) □ (*med.*) **k. machine**, rene artificiale □ **k.-shaped**, a forma di rene; reniforme; fatto a fagiolo □ (*med.*) **k. stone**, calcolo renale.

kidskin /'kɪdskɪn/, **A** *n.* pelle di capretto. **B** *a. attr.* di (pelle di) capretto.

kiefer /'ki:fə(r)/, *n.* (*nuoto*) kiefer; capovolta.

kier /kɪə(r)/, *n.* (*ind. tess.*) autoclave; vasca.

kieselguhr /'ki:zlgʊə(r)/ (*ted.*), *n.* (*miner.*) tripoli; farina fossile.

kike /kaɪk/, *n.* (*spreg. USA*) ebreo; ebrea.

kilderkin /'kɪldəkɪn/, *n.* barilotto (*della capacità di 16-18 galloni*).

Kilimanjaro /kɪlɪmən'dʒɑ:rəʊ/, *n.* (*geogr.*) Kilimangiaro.

kill /kɪl/, *n.* **1** uccisione (*specialm. di selvatici*) **2** cacciagione; preda (*anche fig.*): **The tiger was devouring his k.**, la tigre stava divorando la preda; **The bomber was an easy k. for the Spitfires**, il bombardiere fu una facile preda per gli Spitfire **3** (*fam.*) assassinio; omicidio **4** (*mil.*) unità nemica distrutta; aereo abbattuto; nave affondata; sottomarino affondato **5** (*sport: calcio*) stoppata **6** (*tennis, USA*) schiacciata; smash **7** (*tipogr.*) materiale soppresso **8** (*fig.*) momento cruciale (*o* culminante). ● **to be in at the k.**, essere presente all'uccisione (*della volpe, del toro nella corrida, ecc.*); (*fig.*) essere presente (*o* sul posto) nel momento cruciale: **I was at the k. when the riots started**, ero sul posto quando scoppiarono i tumulti □ **to be on the k.**, (*di un carnivoro*) essere in caccia della preda; (*fig.*) fare fuoco e fiamme, andare allo sbaraglio; (*sport*) andare all'attacco, tirare fuori la grinta.

to **kill** /kɪl/, **A** *v. t.* **1** uccidere (*anche fig.*); ammazzare; far morire (*anche fig.*): **Frost kills plants**, il gelo uccide (*o* fa morire) le piante; **He was killed in war**, fu ucciso in guerra; (*fam.*) **I bet the boss will k. you!**, credo che il capo ti ucciderà; (*fam.*) **to k. sb. with laughter**, far morire q. dal ridere **2** distruggere; rovinare; sopprimere: **to k. sb.'s hopes**, distruggere le speranze di q.; **The editor killed the story**, il direttore (*del giornale, della rivista*) soppresse il racconto **3** respingere; bocciare; affossare (*un provvedimento, ecc.*): **to k. a bill in Parliament**, respingere una proposta di legge in Parlamento; **to k. a proposal**, bocciare una proposta **4** (*fig.*) smorzare (*l'effetto di un colore*); ammazzare (*fig. fam.*); guastare, sciupare (*un quadro, un ritratto, ecc.*): **The yellow sunflowers in the foreground k. (the effect of) the white sheep**, il giallo dei girasoli in primo piano ammazza il bianco delle pecore **5** eliminare; far passare: **These pills will k. your pain**, queste pillole ti faranno passare il dolore **6** (*fam.*) far morire (q.) dal ridere; divertire moltissimo: **Comic strips k. me**, i fumetti mi fanno morire dal ridere **7** (*fam.*) spegnere (*la luce, una sigaretta, un motore, ecc.*): **K. the lights, please!**, spegni la luce, per favore! **8** (*elab.*) sopprimere (*una procedura*) **9** (*tipogr.*) eliminare (*parole*); scomporre (*un testo*) **10** (*sport*) smorzare (*una palla*) **11** (*calcio*) stoppare (*un pallone*) **12** (*tennis, USA*) schiacciare (*una palla*) **13** (*metall.*) calmare (*l'acciaio*) **14** (*pop.*) fare fuori (*pop.*); scolare (*una bottiglia*); spazzare via, divorare (*cibo*). **B** *v. i.* **1** uccidere; ammazzare: **Thou shalt not k.**, non ammazzare! **2** (*fam.*) fare colpo; fare impressione: **She was dressed to k.**, era vestita in modo da fare colpo; si era messa in ghingheri. **C** to **kill oneself**, *v. rifl.* uccidersi; suicidarsi (*anche fig.*): **to k. oneself with laughter** (*o* **with mirth**), morire (*o* crepare) dal ridere. ● **to k. an article** [**a story**], non far pubblicare (*o* non passare) un articolo [un racconto] □ (*USA*) **to k. a postage stamp**, annullare un francobollo □ (*fig.*) **to k. time**, ammazzare il tempo □ (*fig.*) **to k. two birds with one stone**, prendere due piccioni con una fava □ **to k. sb. with kindness**, colmare (*o* soffocare) q. di gentilezze; essere troppo indulgente con q. □ (*fam.*) **It's k. or cure!**, o la va o la spacca! □ **My shoes** [**my feet**] **are killing me**, le scarpe [i piedi] mi fanno un male da morire □ **I don't think it will k. you if you lend a hand with the washing up!**, non ti sciupi mica se dai una mano a lavare i piatti!

♦**kill off**, *v. t.* + *avv.* uccidere; eliminare; sterminare; far morire (*uno alla volta*): **The Black Death of 1348 killed off one quarter of the English population**, la Peste Nera del 1348 sterminò un quarto della popolazione inglese.

killer /'kɪlə(r)/, **A** *n.* **1** killer; assassino prezzolato; sicario **2** macellatore **3** (*zool.*) killer; uccisore; animale da preda; predatore **4** (*fig.*) causa di morte; cosa che uccide (*l'Aids, il cancro, ecc.*) **5** (*fig. fam.*) cosa (*o* esperienza, ecc.) assai faticosa; faticata **6** (*fam.*) cannonata; schianto; la fine del mondo: **This car is really a k.**, questa automobile è proprio una cannonata; **That girl is a k.**, quella ragazza è uno schianto **7** (*fam.*) barzelletta molto buona (*o* assai divertente): **This joke is really a k.**, questa sì che è buona! **8** (*USA*) timbro di annullo postale **9** (*Austr.*) bestia da macello. **B** *a. attr.* mortale; letale; assassino: **k. diseases**, malattie mortali; **a k. smog**, uno smog assassino. ● **k. instinct**, (*zool.*) istinto di uccidere; (*fig., sport*) grinta □ (*mil., miss.*) **k. satellite**, satellite antisatellite □ (*sport*) **k. shot**, tiro (*o* palla, pallone) imprendibile □ **k. tiger**, tigre assassina, divoratrice d'uomini □ (*zool.*) **k. whale** (*Orcinus orca*), orca.

killick /'kɪlɪk/, *n.* (*naut.*) ancorotto.

killing /'kɪlɪŋ/, **A** *a.* **1** mortale; fatale; distruttivo; micidiale **2** faticoso; pesante; massacrante **3** (*fam.*) affascinante; irresistibile **4** divertentissimo; buffissimo; tutto da ridere. **B** *n.* **1** uccisione; assassinio; killeraggio **2** (*fin.*) operazione assai vantaggiosa; bel colpo (*fig.*): **He made a k. and immediately got off**, fece un bel colpo in borsa e realizzò subito il guadagno. ● (*fam.*) **a k. look**, uno sguardo assassino □ (*sport*) **k. shot**, tiro (*o* palla, pallone) imprendibile □ (*fig. fam.*) **to make a k.**, avere un colpo di fortuna; far quattrini all'improvviso □ **mercy k.**, eutanasia.

killingly /'kɪlɪŋlɪ/, *avv.* (*fam.*) in modo estremo (*o* irresistibile).

killjoy /'kɪldʒɔɪ/, *n.* guastafeste.

killock /'kɪlək/, *n.* (*naut.*) ancorotto.

kill-time /'kɪltaɪm/, *n.* passatempo. ● **k. pursuits**, attività ludiche.

kiln /kɪln/, *n.* **1** forno; fornace: **brick-k.**, forno da mattoni **2** essiccatoio; camera d'essiccazione: **hop-k.**, essiccatoio da luppoli.

Kilner jar /'kɪlnə(r)/, *locuz. n.* (*marchio*) vasetto a chiusura ermetica (*per marmellata, ecc.*).

kilo /'ki:ləʊ, 'kɪ-/, *n.* (*abbr.*; *pl.* **kilos**) **1** kilo; kilogrammo **2** kilometro.

kilobit /'kɪləbɪt, 'ki:-/, *n.* (*elab.*) kilobit (*mille bit*).

kilobyte /'kɪləbaɪt, 'ki:-/, *n.* (*elab.*) kilobyte (*1024 byte*).

kilocalorie /'kɪləkælərɪ, 'ki:-/, *n.* (*fis.*) kilocaloria (*1000 calorie*).

kilocycle /'kɪləsaɪkl, 'ki:-/, *n.* (*fis.*) kilociclo (*1000 cicli*).

kilogram(me) /'kɪləgræm, 'ki:-/, *n.* kilogrammo.

kilogram-metre /'kɪləgræm'mi:tə(r), 'ki:-/, *n.* (*fis.*) kilogrammetro.

kilohertz /'kɪləhɜ:ts, 'ki:-/, *n.* (*fis.*) kilohertz.

kilolitre /'kɪləli:tə(r), 'ki:-/, *n.* kilolitro.

kilometre /'kɪləmi:tə(r), 'ki:-, kɪ'lɒmɪtə(r), *USA* kɪ'l-, 'k-/, *n.* kilometro.

kilometric(al) /kɪlə'mɛtrɪk(l)/, *a.* kilometrico.

kiloton /'kɪlətʌn, 'ki:-, *USA* -ən, -ɒn/, *n.* kiloton; kilotone.

kilowatt /'kɪləwɒt, 'ki:-/, *n.* (*elettr.*) kilowatt.

kilowatt-hour /'kɪləwɒtaʊə(r), 'ki:-/, *n.* (*elettr.*) kilowattora.

kilt /kɪlt/, *n.* kilt; gonnellino scozzese.

to **kilt** /kɪlt/, *v. t.* **1** (*scozz.*) sollevare, tirare su (*la gonna*) **2** pieghettare, plissettare (*una gonna*). ● (*mil.*) **kilted regiments**, reggimenti scozzesi col kilt.

kilter /'kɪltə(r)/, *n.* (*fam. specialm. USA*) buona condizione; buon stato. ● **out of k.**, fuori uso; guasto.

kiltie /'kɪltɪ/, *n.* **1** chi porta il kilt **2** (*mil.*) soldato scozzese.

kimono /kɪ'məʊnəʊ, *USA* -nə/ (*giapponese*), *n.* (*pl.* **kimonos**) kimono; chimono.

kin /kɪn/, **A** *n.* (*pl. invar.*) **1** ceppo; famiglia; stirpe: **That girl comes of good kin**, quella ragazza discende da un buon ceppo **2** (*collett.*) parentela; parenti; congiunti: **They are no kin of mine**, non sono miei parenti **3** (*fig.*) simili: **flatterers and their kin**, gli adulatori e simili (*fam.*: e soci). **B** *a. pred.* parente; imparentato: **We are kin**, siamo parenti; **He is kin to her**, è imparentato con lei. ● **next of kin**, parente prossimo; i parenti più stretti □ **He's no kin to me**, (io e lui) non siamo parenti.

kind (**1**) /kaɪnd/, *n.* **1** genere; sorta; specie; qualità; razza; tipo; varietà: **the human k.**, il genere umano; **the rabbit k.**, la razza dei conigli; **pears of various kinds**, pere di diverse qualità; **people of this k.** (*fam.* **these k. of people**), gente di questa sorta; **that k. of woman**, quel genere di donna; **She's my k. of girl**, quella ragazza è il mio tipo; **something of the k.**, qualcosa del genere (*o* di simile); **What k. of animal is this?**, che specie d'animale è questo? **2** carattere; qualità; natura: **They differ in k.**, sono cose di natura diversa **3** (*arc.*) natura: **the law of k.**, la legge della natura. ● (*fam.*) **k. of**, quasi; in un certo qual modo: **I k. of expected it**, quasi me l'aspettavo □ **in a k. of way**, in un certo qual modo □ **of a k.**, della stessa specie, uguale; una specie di, mediocre: **He's a k. of doctor**, è una specie di medico; **two of a k.**, due cose (*o* persone) uguali; (*carte*) **three of a k.**, tris; (*carte*) **four of a k.**, poker (*il punto*) □ **to pay in k.**, pagare in natura □ **to pay back in k.**, *V.* **to repay in k.** □ **payment in k.**, pagamento in natura □ **to repay in k.**, ripagare della stessa moneta; rendere pan per focaccia □ **something of the k.**, qualcosa del genere □ **Nothing of the k.!**, niente di simile!; niente affatto!

kind (**2**) /kaɪnd/, *a.* **1** gentile; benevolo; compiacente; buono; premuroso; cordiale: **It's very k. of you**, è molto gentile da parte vostra; **Be k. to your friends**, sii gentile con i tuoi amici; **a k. word**, una buona parola; **k. regards**, cordiali saluti; ossequi **2** (*del tempo*) clemente; mite **3** (*fam.*) tenero: **k. looks**, teneri sguardi **4** (*arc.*) affettuoso; affezionato. ● **k.-hearted**, di cuore buono; gentile; tenero; generoso; umano; indulgente □ **k.-heartedness**, gentilezza; tenerezza; generosità; umanità; indulgenza □ **to be k. in one's judgement of sb.**, essere indulgente nel giudicare q. □ **Be k. to animals**, tratta bene gli animali! □ **Will you be k. enough** (*o* **so k. as**) **to switch off the TV?**, abbia (*o* abbiate) la gentilezza di spegnere il televisore.

kindergarten /'kɪndəgɑ:tn/ (*ted.*), *n.* giardino d'infanzia; asilo infantile; scuola materna.

to **kindle** /'kɪndl/, **A** *v. t.* appiccare il fuoco a; dar fuoco a; accendere; attizzare; infiammare; (*fig.*) destare, suscitare, far avvampare: **The match kindled the shavings**, il fiammifero appiccò il fuoco ai trucioli; **to k. a fire**, accendere un fuoco; **to k. sb.'s imagination**, accendere la fantasia di q.; **to k. sb.'s anger**, attizzare l'ira di q.; **to k. the interest of one's readers**, destare (*o* suscitare) l'interesse dei propri lettori. **B** *v. i.* (*anche fig.*) prendere fuoco; accendersi; infiammarsi, eccitarsi; avvampare; (*fig.*) splendere, divampare: **Her eyes kindled with joy**, gli occhi di lei splendevano per la gioia; **Their fratricidal hatred kindled again**, il loro odio fratricida divampò di nuovo. ● **His eyes were kindled with desire**, aveva gli occhi accesi di desiderio.

kindliness /ˈkaɪndlɪnəs/, *n.* gentilezza; benevolenza; amabilità; amorevolezza; affabilità; bontà.

kindling /ˈkɪndlɪŋ/, *n.* **1** accensione (*anche fig.*) **2** materiale combustibile; sterpi, legna minuta (*per accendere il fuoco*).

kindly (**1**) /ˈkaɪndlɪ/, *avv.* **1** gentilmente; benevolmente; cordialmente **2** per favore; per cortesia: **Will you k. shut the door?**, vuoi chiudere la porta, per favore? **3** sentitamente; calorosamente: **I thank you k.**, ti ringrazio sentitamente **4** prontamente; spontaneamente; volentieri. ● **to take a joke k.**, saper stare a uno scherzo □ **to take k. to sb.**, prendere q. in simpatia □ **to take k. to st.**, accettare q.c. come un fatto naturale; vedere q.c. di buon occhio □ **to think k. of sb.** [**st.**], avere una buona opinione di q. [q.c.].

kindly (**2**) /ˈkaɪndlɪ/, *a.* **1** gentile; benevolo; amabile; amorevole; affabile; buono; premuroso: **a man with a k. heart**, un uomo di buon cuore **2** dolce; mite: **a k. climate**, un clima mite **3** (*arc.*) indigeno; nato nel paese. ● **a k. wind**, un venticello; (*naut.*) un vento favorevole.

kindness /ˈkaɪndnəs/, *n.* gentilezza; cortesia; benevolenza; bontà; cordialità; favore; piacere: **He said so out of k.**, lo disse per gentilezza, per bontà; **You did me a great k. in helping my son**, mi hai fatto un grande favore ad aiutare mio figlio.

kindred /ˈkɪndrɪd/, **A** *n.* **1** (*collett., col verbo al pl.*) congiunti; affini; parenti **2** affinità; (*leg.*) parentela: **He claims k. with me**, sostiene che c'è parentela fra me e lui. **B** *a.* **1** congiunto; consanguineo; imparentato: **k. peoples**, popoli consanguinei; **k. races**, razze imparentate **2** (*fig.*) affine; analogo; simile: **k. languages**, lingue affini; **k. phenomena**, fenomeni analoghi. ● **k. souls**, anime gemelle □ **Jim and Jill are k. spirits**, Jim e Jill sono due corpi e un'anima.

kine /kaɪn/, *n.* (*pl. arc. di* **cow**) **1** vacche, mucche **2** bovini.

kinema /ˈkɪnɪmə/, **kinematograph** /kɪnɪˈmætəgrɑːf, kaɪ-, *USA* -æf/, *e deriv. V.* **cinema, cinematograph**, *e deriv.*

kinematic(**al**) /kɪnɪˈmætɪk(l), kaɪ-/, *a.* (*fis.*) cinematico.

kinematics /kɪnɪˈmætɪks, kaɪ-/, *n. pl.* (*col verbo al sing.*) (*fis.*) cinematica.

kinescope /ˈkɪnəskəʊp, ˈkaɪ-/, *n.* **1** (*med.*) cinescopio **2** (*TV, USA*) cinescopio.

kinesiatrics /kɪniːsɪˈætrɪks, kaɪ-/, *n. pl.* (*col verbo al sing.*) (*med.*) chinesiterapia, cinesiterapia.

kinesics /kɪˈniːsɪks, kaɪ-/, *n. pl.* (*col verbo al sing.*) cinesica.

kinesis /kɪˈniːsɪs, kaɪ-/, *n.* (*med.*) chinesi, cinesi.

kinesitherapy /kɪniːsɪˈθɛrəpɪ, kaɪ-/, *n.* (*med.*) chinesiterapia, cinesiterapia.

kinetic /kɪˈnɛtɪk, kaɪ-/, *a.* **1** (*fis.*) cinetico: **k. energy**, energia cinetica **2** (*arte*) cinetico **3** (*fig.*) attivo; dinamico; energico.

kinetics /kɪˈnɛtɪks, kaɪ-/, *n. pl.* (*col verbo al sing.*) (*fis.*) cinetica.

kinfolk /ˈkɪnfəʊk/, (*USA*) *V.* **kinsfolk**.

king /kɪŋ/, *n.* **1** re (*in ogni senso*); monarca; sovrano: **the K. of England**, il re d'Inghilterra; **a constitutional k.**, un re costituzionale; **He is the k. of painters**, è il re dei pittori; (*a carte*) **the k. of hearts**, il re di cuori **2** (*a dama*) dama **3** (*pl.*) (*relig.*) (il) libro dei Re (*nella Bibbia*). ● (*leg., in G.B.*; *quando il sovrano è un re*) **K.'s Bench Division**, *V.* **Queen's Bench Division** □ (*leg.*) **K.'s Counsel**, *V.* **Queen's Counsel** □ (*zool.*) **k. crab**, limulo □ (*stor.*) **the K. Emperor**, il re d'Inghilterra e Imperatore d'India □ **K.'s English**, l'inglese puro (*con riferimento al linguaggio*) □ (*leg.*) **K.'s evidence**, *V.* **Queen's evidence** □ (*med., arc.*) **the K.'s evil**, la scrofola □ (*fig.*) **K. Log**, il re Travicello; un re debole □ **K.-of-arms**, re d'arme; primo araldo □ **the k. of beasts**, il re degli animali; il leone □ **the k. of birds**, l'aquila □ (*relig.*) **the K. of Kings**, il Re dei re; Dio □ **the K. of Terrors**, la Morte □ (*leg., stor.*) **the K.'s peace**, la quiete pubblica; l'ordine pubblico □ (*fam.*) **a k.'s ransom**, un pozzo di soldi □ **k.-size** (*o* **k.-sized**), (*comm.*) king-size; (*fam.*) più grande del normale: **a k.-size cigarette**, una sigaretta king-size □ (*fig.*) **K. Stork**, un re tiranno □ **the Three Kings**, i Re Magi.

to **king** /kɪŋ/, **A** *v. i.* **1** fare il re; governare da re **2** (*specialm.* **to k. it**) farla da padrone; fare il despota. **B** *v. t.* creare (q.) re.

kingbird /ˈkɪŋbɜːd/, *n.* (*zool., Tyrannus*) tiranno.

kingbolt /ˈkɪŋbəʊlt/, *n.* **1** (*di un carro, di una carrozza*) perno di sterzaggio (*delle ruote anteriori*) **2** (*ferr.*) perno ralla **3** (*edil.*) tirante centrale.

kingcraft /ˈkɪŋkrɑːft, *USA* -æft/, *n.* arte del regnare.

kingcup /ˈkɪŋkʌp/, *n.* (*bot.*) **1** (*Ranunculus acer*) ranuncolo dei prati **2** (*Ranunculus bulbosus*) ranuncolo bulboso; ranuncolo selvatico; botton d'oro **3** (*Ranunculus repens*) ranuncolo dei fossi **4** (*Caltha palustris*) calta palustre.

kingdom /ˈkɪŋdəm/, *n.* **1** regno; reame: (*polit.*) **the United K.**, il Regno Unito; (*relig.*) **«Thy K. come»**, «venga il Regno Tuo» **2** (*fig.*) regno; mondo; impero: **the k. of poetry**, il regno della poesia; **the k. of learning**, il mondo della cultura; **The war between the Mafia families brought about the ruin of their gambling kingdoms**, la guerra tra le famiglie della mafia determinò la rovina dei loro imperi delle bische **3** (*tassonomia*) regno: **the mineral kingdom**, il regno minerale. ● (*fam.*) **k. come**, l'altro mondo; l'aldilà; la fine del mondo: **They sent him to k. come**, lo spedirono all'altro mondo □ (*relig.*) **the k. of heaven**, il regno dei cieli; il Paradiso □ (*fam.*) **gone to k. come**, andato all'altro mondo; morto □ **the keys of the K.**, le chiavi del Paradiso.

kingfisher /ˈkɪŋfɪʃə(r)/, *n.* (*zool., Alcedo hispida*) martin pescatore.

kingless /ˈkɪŋləs/, *a.* senza re.

kinglet /ˈkɪŋlət/, *n.* **1** (*spreg.*) reuccio; piccolo re **2** (*zool., Regulus*) regolo.

kingliness /ˈkɪŋlɪnəs/, *n.* **1** regalità **2** (*fig.*) maestosità; munificenza.

kingly /ˈkɪŋlɪ/, *a.* **1** regale; reale; augusto **2** regale; regio: **k. power**, potere regale **3** (*fig.*) maestoso; munifico.

kingmaker /ˈkɪŋmeɪkə(r)/, *n.* **1** (*stor.*) «colui che fa i re»; (il) creatore di re (*specialm. il Conte di Warwick, durante la Guerra delle due Rose nel XV secolo*) **2** (*specialm. polit.*) chi influenza (*o* controlla) l'attribuzione d'incarichi di alta responsabilità.

kingpin /ˈkɪŋpɪn/, *n.* **1** (*mecc.*) perno di sterzaggio (*delle ruote anteriori*); perno del fuso a snodo **2** (*fig.*) perno; fulcro; capo, leader **3** (*bowling*) birillo centrale. ● (*autom.*) **k. inclination**, angolo dei perni dei fusi.

kingpost /ˈkɪŋpəʊst/, *n.* **1** (*edil.*) monaco; ometto **2** (*naut.*) colonna di bigo. ● (*edil.*) **k. truss**, capriata semplice.

kingship /ˈkɪŋʃɪp/, *n.* **1** regalità; dignità regale; potere sovrano **2** (*raro*) governo monarchico **3** (*come titolo*) maestà: **His K.**, Sua Maestà.

kinin /ˈkaɪnɪn/, (*USA*) *V.* **quinine**.

kink /kɪŋk/, *n.* **1** piega accidentale (*in una corda, un filo metallico, ecc.*); nodo **2** (*fig. fam.*) capriccio; ghiribizzo; grillo: **to have a k. in one's brain**, aver grilli per la testa **3** (*pop.*) tipo eccentrico, strambo; deviante (*sessualmente*); (*anche*) eccentricità, stramberia; devianza sessuale, comportamento anormale.

to **kink** /kɪŋk/, **A** *v. i.* annodarsi; attorcigliarsi. **B** *v. t.* annodare; attorcigliare.

kinky /ˈkɪŋkɪ/, *a.* **1** pieno di nodi; ingarbugliato; attorcigliato **2** (*di capello*) crespo; ricciuto **3** (*fam.*) eccentrico; bizzarro; stravagante **4** (*pop.*) deviante (*sessualmente*); pervertito; di (*o* da) pervertito. || **-ily**, *avv.* || **-iness**, *sost.*

kinsfolk /ˈkɪnsfəʊk/, *n. pl.* (*collett.*) parentado; parenti; congiunti.

kinship /ˈkɪnʃɪp/, *n.* **1** parentela; consanguineità **2** (*fig.*) affinità; analogia; somiglianza. ● **the call of k.**, la voce del sangue.

kinsman /ˈkɪnzmən/, *n.* (*pl.* **kinsmen**) (*arc.*) parente; congiunto.

kinswoman /ˈkɪnzwʊmən/, *n.* (*pl.* **kinswomen**) (*arc.*) parente; congiunta.

kiosk, kiosque /kɪˈɒsk/, *n.* **1** chiosco; edicola **2** palco della banda **3** (*form.*) cabina telefonica.

kip (**1**) /kɪp/, *n.* pelle non conciata di vitello (*o* d'agnello, ecc.).

kip (**2**) /kɪp/, *n.* **1** (*arc.*) pensione d'infimo ordine **2** (*arc.*) posto per dormire; letto **3** (*pop.*) dormitina; sonnellino; pisolino: **to have a kip**, fare una dormitina; schiacciare un pisolino.

to **kip** /kɪp/, *v. i.* (*pop., spesso* **to kip down**) andare a letto; dormire.

kipper /ˈkɪpə(r)/, *n.* **1** aringa affumicata **2** salmone affumicato **3** salmone maschio (*all'epoca della riproduzione*) **4** (*pop. arc.*) tipo; tizio; individuo **5** (*spreg., Austr.*) inglese.

to **kipper** /ˈkɪpə(r)/, *v. t.* affumicare (*aringhe, salmoni, ecc.*). ● **kippered herring**, aringa affumicata.

kipskin /ˈkɪpskɪn/, *V.* **kip** (**1**).

Kirghiz /ˈkɜːgɪz, ˈkɪə-, *USA* kɪəˈgiːz/, *a.* e *n.* (*pl.* **Kirghiz, Kirghizes**) kirghiso, chirghiso (*anche la lingua*).

kirk /kɜːk/, *n.* (*scozz.*) chiesa. ● (*fam.*) **the K.**, la Chiesa scozzese; la Chiesa presbiteriana.

kirsch /kɪəʃ/ (*ted.*), *n.* kirsch; acquavite di (ciliegie) marasche.

kirtle /ˈkɜːtl/, *n.* (*stor.*) **1** abito lungo, veste (*da donna*) **2** tunica (*da uomo*).

kismat, kismet /ˈkɪsmɛt/, *n.* destino; fato.

kiss /kɪs/, *n.* **1** bacio **2** (*fig.*) leggero tocco; sfioramento **3** (*biliardo*) leggero tocco (*di palle in movimento*) **4** (*USA*) meringa. ● **a k.-and-tell story**, una storia d'amore scandalistica, narrata da uno dei due protagonisti □ **k. curl**, tirabaci □ **k. of death**, bacio mortale, che dà la morte; (*fig.*) azione (*o* relazione, ecc.) disastrosa (*o* fatale); colpo mortale □ **k. of life**, (*fam.*) respirazione bocca a bocca; (*fig.*) grosso aiuto; intervento provvidenziale; boccata d'aria (*fig.*).

to **kiss** /kɪs/, *v. t.* e *i.* **1** baciare **2** (*fig.*) sfiorare; lambire **3** (*biliardo*: *di palle*) toccarsi leggermente. ● **to k. away sb.'s tears**, asciugare le lacrime a q. con i baci □ **to k. the Book**, baciare la Bibbia (*per giurare*) □ (*fig.*) **to k. the dust**, mordere la polvere; essere umiliato (*o* ucciso) □ **to k. each other**, baciarsi □ (*pop. USA*) **to k. off**, lasciare, abbandonare (*una speranza, un progetto*); ignorare (*una persona, per es. un avversario*); licenziare (q.); (*anche*) uccidere □ **to k. sb. goodnight**, dare a q. il bacio della buonanotte □ (*fig.*) **to k. the ground**, prostrarsi; umiliarsi □ **to k. the hand** (*o* **to k. hands**), baciare la mano (*o* le mani); fare il baciamano □ (*polit., in G.B.*) **to k. hands**, essere ricevuto a Corte come membro del governo □ **to k. one's hand to sb.**, mandare un bacio a q. sulla punta delle dita □ (*fig. arc.*) **to k. the rod**, accettare umilmente il castigo.

kissable /ˈkɪsəbl/, *a.* che attira i baci.

kissagram /ˈkɪsəgræm/, *n.* (*in G.B.*) servizio privato d'invio di auguri (*il latore, retribuito, bacia il destinatario a nome del mittente*).

kiss-ass /ˈkɪsæs/, *n.* (*volg. USA*) leccaculo (*volg.*); leccapiedi.

kisser /ˈkɪsə(r)/, *n.* **1** chi bacia **2** (*pop.*) bocca **3** (*pop.*) faccia.

kiss-in /ˈkɪsɪn/, *n.* (*USA*) manifestazione di gay che si baciano in pubblico (*per dimostrare che non temono il contagio dell'Aids per un* *bacio*).

kissing /'kɪsɪŋ/, *n.* il baciare; baci. ● (*fam.*) **k. cousin** (*o* **kin**), parente stretto □ **k. of hands**, baciamano.

kiss-off /'kɪsɒf, *USA* -ɔ:f/, *n.* (*pop. USA*) ***1*** licenziamento; benservito ***2*** morte.

kissproof /'kɪspru:f/, *a.* (*di rossetto*) indelebile.

kit (1) /kɪt/, *n.* ***1*** equipaggiamento; corredo; attrezzatura; attrezzi; arnesi da lavoro: **a plumber's kit**, gli attrezzi d'un idraulico; **skiing kit**, equipaggiamento per sciare (*o* da sci) ***2*** scatola di montaggio: **a boat kit**, una scatola di montaggio per un battellino ***3*** (*anche mil.*) tenuta; uniforme: **in battle kit**, in tenuta di guerra ***4*** (*biol., med., ecc.*) kit. ● (*mil.*) **kit bag**, zaino; sacco da corredo □ (*mil.*) **kit inspection**, rivista (*o* rassegna) dell'equipaggiamento □ **tool kit**, borsa utensili; cassetta degli attrezzi □ (*pop.*) **the whole kit and caboodle**, baracca e burattini.

kit (2) /kɪt/, *n.* (*abbr. di* **kitten**) gattino, gattina.

kit (3) /kɪt/, *n.* (*raro*) piccolo violino.

to **kit** /kɪt/, *v. i.* (*spesso* **to kit up**) equipaggiare; attrezzare.

kitbag /'kɪtbæg/, *n.* (*mil.*) zaino; sacco militare.

kitchen /'kɪtʃən/, *n.* cucina. ● (*comm.*) **k. aids**, accessori per la cucina (*elettrodomestici, ecc.*) □ **k. boy**, sguattero □ (*polit., in U.S.A.*) **k. cabinet**, gruppo di consiglieri privati del Presidente (*spesso più influente del governo*) □ **k. furniture**, mobili da cucina □ **k. garden**, orto □ **k.-maid**, sguattera □ **k. range**, cucina economica; cucina a gas; fornelli □ **k. sink**, lavello; acquaio; (*agg.*) (*teatr.*: *di commedia*) che mostra aspetti della vita della classe operaia □ (*scherz.*) **the k.-sink contract**, il matrimonio □ **k. stuff**, roba da cucina, cibi; (*specialm.*) verdura □ **k. unit**, modulo di cucina componibile □ (*mil.*) **army field k.**, cucina da campo □ (*fam.*) **everything but the k. sink**, tutto; baracca e burattini.

kitchenette /kɪtʃə'nɛt/, *n.* (*edil.*) cucinino.

kitchenware /'kɪtʃənwɛə(r)/, *n.* utensili da cucina.

kite /kaɪt/, *n.* ***1*** (*zool., Milvus*) nibbio ***2*** (*fig. arc.*) individuo avido e rapace ***3*** aquilone; cervo volante ***4*** (*fam.*) aereo; aliante ***5*** (*comm.*) cambiale di comodo (*o* di favore); assegno a vuoto (*o* senza copertura) ***6*** (*pop. USA*) messaggio introdotto di nascosto in un carcere. ● (*aeron.*) **k. balloon**, pallone drago □ **k. flier**, aquilonista □ **k. flying**, (*comm.*) emissione di cambiali di comodo (*o* di assegni a vuoto); (*polit.*) il tastare il polso alla pubblica opinione □ **to fly a k.**, far volare un aquilone; (*fig.*) tastare il polso alla pubblica opinione; lanciare un ballon d'essai; (*comm.*) procurarsi denaro con cambiali di comodo; emettere assegni a vuoto.

to **kite** /kaɪt/, **A** *v. i.* volare come un nibbio; librarsi; planare. **B** *v. t.* ***1*** far volare; far planare ***2*** (*comm.*) emettere (*una cambiale di comodo*); spiccare (*un assegno a vuoto*).

kitemark /'kaɪtmɑ:k/, *n.* (*comm., leg.*) marchio di buona qualità; marchio «dell'aquilone» (*dall'intreccio delle lettere* **B, S** *e* **I, British Standards Institution**).

kith /kɪθ/, *n.* (*arc.*) amici; conoscenti. ● **k. and kin**, amici e parenti.

kiting /'kaɪtɪŋ/, *V.* **kite-flying**, *sotto* **kite**.

kitsch /kɪtʃ/ (*ted.*), *n.* ***1*** arte (letteratura, ecc.) da due soldi ***2*** kitsch; cattivo gusto; volgarità; (*collett.*) cose di pessimo gusto.

kitschy /'kɪtʃɪ/, *a.* (*arte, ecc.*) kitsch; di cattivo gusto; volgare.

kitten /'kɪtn/, *n.* gattino, gattina; micino, micina. ● (*fam.*) **to have kittens**, avere i nervi; essere nervoso.

to **kitten** /'kɪtn/, **A** *v. t.* fare (*i gattini*). **B** *v. i.* (*di gatta*) figliare.

kittenish /'kɪtənɪʃ/, *a.* ***1*** da gattino; giocoso; scherzoso ***2*** (*di donna*) che fa la gattina; affettuosa.

kittiwake /'kɪtɪweɪk/, *n.* (*zool., Rissa tridactyla*) gabbiano tridattilo.

kittle /'kɪtl/, *a.* (*scozz.*) difficile; intrattabile; permaloso; suscettibile.

kitty (1) /'kɪtɪ/, *n.* (*fam.*) gattino; micino (*usato anche come nome di gatto*).

kitty (2) /'kɪtɪ/, *n.* ***1*** posta; piatto (*nel poker e altri giochi di carte*) ***2*** fondo comune; cassa; gruzzolo ***3*** (*nelle bocce*) boccino; pallino.

Kitty /'kɪtɪ/, *n.* (*dim. di* **Katherine**) Caterina, Caterinetta, Rina.

kiwi /'ki:wi:/, *n.* (*pl.* **kiwis**) ***1*** (*zool., Apteryx australis*) kiwi ***2*** (*gergo aeron.*) soldato (*o* ufficiale) dei servizi a terra ***3*** (*fam.*) neozelandese ***4*** (*bot., Actinidia chinensis*) actinidia; kiwi (*pianta e frutto*).

Klan /klæn/, (*USA*) *V.* **Ku Klux Klan**.

klaxon /'klæksn/, *n.* clacson; tromba (*d'automobile*).

kleenex /'kli:nɛks/, *n.* (*pl.* **kleenex, kleenexes**) (*marchio*) kleenex; fazzoletto di carta soffice.

kleptomania /klɛptə'meɪnɪə/, *n.* (*psic.*) cleptomania.

kleptomaniac /klɛptə'meɪnɪæk/, *n.* (*psic.*) cleptomane.

klipbok /'klɪpbɒk/, **klipspringer** /'klɪpsprɪŋə(r)/, *n.* (*zool., Oreotragus oreotragus*) saltarupi (*del Sud Africa*).

kloof /klu:f/, *n.* stretta gola montana; burrone (*nel Sud Africa*).

klutz /klʌts/, *n.* (*fam. USA*) persona maldestra e goffa.

klystron /'klaɪstrɒn/, *n.* (*elettron.*) klystron.

knack /næk/, *n.* ***1*** abilità; arte; destrezza: **That boy has the k. of solving complicated problems**, quel ragazzo ha l'abilità di risolvere problemi complicati ***2*** trucco: **to have got the k. of it**, conoscere il trucco; sapere come si fa. ● **to have a k. for st.**, essere tagliato per q.c. □ **once you get the k. of it**, una volta che ci hai fatto la mano.

knacker /'nækə(r)/, *n.* ***1*** acquirente e macellatore di cavalli vecchi ***2*** chi compra case (*o* navi, ecc.) vecchie, per utilizzarne il materiale; demolitore. ● **ready for the k.'s yard**, da portare al macello; (*fig.*) da buttare, da rottamare.

knackered /'nækəd/, *a.* (*pop.*) esausto; stanco morto; fatto (*pop.*).

knackery /'nækərɪ/, *n.* mattatoio di cavalli.

knacky /'nækɪ/, *a.* abile; destro; ingegnoso.

knag /næg/, *n.* ***1*** nocchio; nodo (*del legno*) ***2*** piolo.

knaggy /'nægɪ/, *a.* nocchieruto; nodoso.

knap (1) /næp/, *n.* (*dial.*) colpo; battito.

knap (2) /næp/, *n.* (*dial.*) cima d'un colle; altura; vetta.

to **knap** /næp/, *v. t.* (*dial.*) ***1*** spaccare (*pietre*) col martello ***2*** battere; picchiare.

knapper /'næpə(r)/, *n.* ***1*** spaccapietre ***2*** martello da spaccapietre.

knapsack /'næpsæk/, *n.* zaino; sacco da montagna; sacca.

knapweed /'næpwi:d/, *n.* (*bot., Centaurea nigra*) centaurea nera.

knar /nɑ:(r)/, *n.* nocchio; nodo (*del legno*).

knarry /'nɑ:rɪ/, *a.* nocchieruto; nodoso.

knave /neɪv/, *n.* ***1*** (*arc.*) briccone; canaglia; farabutto; furfante; mariolo ***2*** (*nei giochi di carte*) fante: **the k. of spades**, il fante di quadri.

knavery /'neɪvərɪ/, *n.* (*arc.*) bricconeria; bricconata; furfanteria.

knavish /'neɪvɪʃ/, *a.* (*arc.*) da briccone; disonesto; birbone; furfantesco. || **-ly**, *avv.* || **-ness**, *sost.*

to **knead** /ni:d/, *v. t.* ***1*** impastare (*farina o argilla*) ***2*** fare (*oggetti di ceramica*) impastando argilla ***3*** (*fig.*) modellare ***4*** sottoporre (q.) a impastamento (*tipo di massaggio*). ● **to k. bread**, impastare il pane.

kneader /'ni:də(r)/, *n.* ***1*** impastatore, impastatrice ***2*** (*tecn.*) impastatrice (*macchina*).

kneading /'ni:dɪŋ/, *n.* ***1*** l'impastare; impastatura; impastamento ***2*** impastamento (*massaggio*). ● **k. machine**, impastatrice (*macchina*) □ **k. trough**, madia; (*ind.*) gramolatrice.

knee /ni:/, *n.* ***1*** ginocchio: (**Down**) **on your knees!**, in ginocchio!; **Your trousers bag at the knees**, i calzoni ti fanno le borse ai ginocchi ***2*** (*mecc., falegn., ecc.*) giunto a ginocchio; tubo a gomito; pezzo di legno a squadra; mensola (*di fresatrice*) ***3*** (*naut.*, = **k.-piece**) bracciolo ***4*** (*archit.*) gomito; curva. ● **k. bend**, flessione; piegamento □ (*pop. USA*) **k.-bender**, baciapile; bigotto □ **k.-breeches**, calzoni al ginocchio □ **k.-deep** (*o* **k.-high**), (che arriva) fino al ginocchio: **We stood k.-deep in water**, l'acqua ci arrivava alle ginocchia □ **k.-high boots**, stivali al ginocchio □ (*fig. fam.*) **to be k.-high to a grasshopper**, essere alto come un soldo di cacio (*fig.*) □ **k.-hole**, posto per le gambe (*in uno scrittoio*) □ (*med.*) **k. jerk**, riflesso patellare; (*fig.*) (persona) che reagisce automaticamente; impulsivo; imprevedibile □ (*polit.*) **a k.-jerk communist**, un comunista viscerale □ (*fig.*) **k.-jerk reaction**, reazione automatica (*o* istintiva) □ **k.-joint**, (*anat.*) articolazione del ginocchio; (*mecc.*) giunto a ginocchio □ **k.-pad**, ginocchiera (*rinforzo nei calzoni*) □ (*anat.*) **k.-pan**, rotula □ (*stor.*) **k.-piece**, ginocchiera (*dell'armatura*) □ **k.-room**, spazio per le gambe (*in auto, in aereo, ecc.*) □ (*fam. USA*) **k.-slapper**, barzelletta umoristica, battuta di spirito □ (*mus.*) **k.-swell**, leva d'organo (*azionata col ginocchio*) □ (*fam.*) **knees-up**, festa rumorosa; party vivace; baldoria □ (*fig.*) **to bend** (*o* **to bow**) **the k.** (*o* **one's k.**) **to sb.**, piegare il ginocchio (*o* le ginocchia) a q.; umiliarsi davanti a q. □ **to bring sb. to his knees**, mettere q. in ginocchio; sottomettere q. □ (*sport*) **to give a k. to a boxer**, sostenere un pugile sulle gambe (*negli intervalli*) □ **to go** (**down**) **on one's knees**, buttarsi in ginocchio; inginocchiarsi □ **He is k.-deep in debt**, è nei debiti fino al collo.

to **knee** /ni:/, **A** *v. t.* ***1*** toccare col ginocchio ***2*** dare una ginocchiata a (q.) ***3*** rammendare i ginocchi di (*calzoni*) ***4*** (*falegn.*) assicurare (*o* fissare) con pezzi di legno a squadra. **B** *v. i.* (*di calzoni*) fare i ginocchielli (*o* le borse ai ginocchi).

kneecap /'ni:kæp/, *n.* ***1*** (*anat.*) rotula ***2*** ginocchiera ***3*** (*di cavallo*) ginocchiello.

to **kneecap** /'ni:kæp/, *v. t.* gambizzare: **He was kneecapped by terrorists**, fu gambizzato dai terroristi.

to **kneel** /ni:l/ (*pass.* e *p. p.* **knelt**), *v. i.* (*anche* **to k. down**) inginocchiarsi; genuflettersi.

kneeler /'ni:lə(r)/, *n.* ***1*** chi s'inginocchia ***2*** inginocchiatoio.

kneeling /'ni:lɪŋ/, **A** *a.* ***1*** genuflesso; inginocchiato ***2*** per inginocchiarsi; da inginocchiatoio: **a k. cushion**, un cuscino da inginocchiatoio. **B** *n.* genuflessione.

knell /nɛl/, *n.* ***1*** rintocco funebre (*anche fig.*); campana a morto ***2*** (*fig.*) presagio di morte, di rovina.

to **knell** /nɛl/, **A** *v. i.* rintoccare; mandare rintocchi funebri; suonare a morto. **B** *v. t.* ***1*** chiamare (*o* annunciare) con rintocchi funebri; suonare a morto per (q.) ***2*** (*fig.*) far presagire; esser presagio di; annunciare: **to k. the downfall of an empire**, far presagire la caduta d'un impero.

knelt /nɛlt/, *pass.* e *p. p.* di **to kneel**.

knew /nju:, *USA* nu:/, *pass.* di **to know**.

Knickerbocker /'nɪkəbɒkə(r)/, *n.* ***1*** discendente dei coloni olandesi, primi abitanti di New York ***2*** abitante di New York; newyorkese (*da Diedrich K., autore immaginario della «Storia di New York» di W. Irving*).

knickerbockers /'nɪkəbɒkəz/, *n. pl.* calzoni corti alla zuava; knickerbockers.

knickers /'nɪkəz/, **A** *n. pl.* ***1*** (*abbr. fam. USA*) *V.* **knickerbockers** ***2*** (*fam.*) mutandine (*da donna*). **B** *inter.* (*pop.*) accidenti!; mannaggia! ● (*fam. scherz.*) **to get one's k. in a twist**, confondersi; (*anche*) arrabbiarsi; incavolarsi (*fam.*).

knickknack /ˈnɪknæk/, *n.* gingillo, ninnolo; soprammobile.

knickknackery /ˈnɪknækərɪ/, *n.* ninnoli; soprammobili; cianfrusaglie; chincaglierie.

knife /naɪf/, *n.* (*pl.* **knives**) *1* coltello: **a table k.**, un coltello da tavola; **a carving k.**, un coltello per trinciare la carne; un trinciante *2* (*med.*) bisturi. ● **k.-box**, coltelliera □ **k. edge**, filo del coltello; (*mecc.*) coltello (*di leva di bilancia, orologio, ecc.*); cresta (*di monti*) □ **k.-file**, lima a coltello □ **k. grinder**, arrotino □ (*agric.*) **k. harrow**, erpice a coltelli □ **k.-point**, punta del coltello: **to hold sb. at k.-point**, tenere q. sotto la minaccia di un coltello □ (*elettr.*) **k. switch**, interruttore a coltello □ (*arc.*) **before you can say k.**, in un baleno; in un batter d'occhio □ (*fig.*) **to get one's k. into sb.**, attaccare (*o* criticare) ferocemente q. □ (*fam.*) **to have a horror of the k.**, avere una gran paura di farsi operare (*o* dei ferri chirurgici) □ (*fig.*) **to have one's k. in sb.**, avercela a morte con q. □ **to be on a k. edge**, (*di cosa*) essere in bilico; (*di persona*) essere in ansia □ **paper-k.**, tagliacarte □ **pocket-k.**, temperino; coltello □ (*fig.*) **to turn** (*o* **to twist**) **the k. in the wound**, inasprire una ferita □ (*fam.*) **under the k.**, sotto il bisturi; sotto i ferri (*del chirurgo*) □ **war to the k.**, guerra a oltranza; guerra accanita.

to **knife** /naɪf/, *v. t.* *1* accoltellare; dare una coltellata a (q.) *2* incidere con il coltello *3* (*fam.*) colpire (q.) a tradimento; pugnalare (q.) alle spalle.

kniferest /ˈnaɪfrest/, *n.* reggiposata.

knight /naɪt/, *n.* *1* (*anche stor.*) cavaliere (*titolo onorifico*); campione (*d'una dama*) *2* (*a scacchi*) cavallo *3* (*fig.*) campione; difensore. ● **a k. errant**, (*stor.*) un cavaliere errante; (*fig.*) un Don Chisciotte □ **k. errantry**, (*stor.*) cavalleria; (*fig.*) donchisciottismo □ **K. Hospitaller**, Cavaliere di Malta □ (*fig.*) **a k. in shining armour**, un (insperato) soccorritore □ (*stor.*) **k. of the post**, chi prestava false testimonianze □ **k. of the road**, (*stor.*) bandito, predone; (*fam.*) vagabondo; camionista; (*scherz.*) viaggiatore di commercio □ (*stor.*) **k. of the shire**, rappresentante della contea in parlamento □ (*stor.*) **k.-service**, servizio prestato come cavaliere, con ricompensa di un feudo □ (*mitol., letter.*) **the Knights of the Round Table**, i Cavalieri della Tavola Rotonda □ (*stor.*) **K. Templar**, templare.

to **knight** /naɪt/, *v. t.* fare (q.) cavaliere.

knightage /ˈnaɪtɪdʒ/, *n.* (la) classe dei cavalieri; i cavalieri.

knighthead /ˈnaɪthed/, *n.* (*naut.*) apostolo.

knighthood /ˈnaɪthʊd/, *n.* *1* cavalierato *2* (la) classe dei cavalieri; i cavalieri *3* (*stor.*) cavalleria; qualità cavalleresche. ● **He received a k.**, fu fatto cavaliere.

knightlike /ˈnaɪtlaɪk/, *a.* cavalleresco; leale.

knightliness /ˈnaɪtlɪnəs/, *n.* cavalleria; carattere cavalleresco; virtù cavalleresche.

knightly /ˈnaɪtlɪ/, **A** *a.* cavalleresco; leale. **B** *avv.* cavallerescamente.

knit (1) /nɪt/, *n.* *1* (punto) diritto; maglia diritta (*sferruzzando*) *2* indumento a maglia; maglione: **a heavy k.**, un maglione pesante.

knit (2) /nɪt/, **A** *p. p.* di **to knit**. **B** *a.* *1* (*di frattura, ecc.*) saldato *2* (*fig.*) unito. ● **a closely k. family**, una famiglia compatta □ **a well-knit frame**, una corporatura robusta.

to **knit** /nɪt/ (*pass.* e *p. p.* **knitted, knit**), **A** *v. i.* *1* lavorare a maglia; sferruzzare; fare la calza: **She was knitting**, faceva la calza *2* (*spesso* **to k. together**) attaccarsi; congiungersi; saldarsi: **Broken bones k. together**, le ossa rotte si saldano *3* aggrottarsi; corrugarsi; inarcarsi: **His brows k. in thought**, quando pensa, gli si aggrottano le ciglia. **B** *v. t.* *1* fare a maglia; lavorare ai ferri: **to k. stockings out of wool** (*o* **to k. wool into stockings**), fare (a maglia) calze di lana *2* (*spesso* **to k. together**) far attaccare; far combaciare; unire, tenere unito: **You need mortar to k. bricks and stones together**, ci vuole la malta per tenere uniti i mattoni e le pietre; **The two families are knit by common interests**, le due famiglie sono unite da interessi comuni *3* aggrottare; corrugare; inarcare: **to k. one's brows**, aggrottare le ciglia.

♦**knit back**, *v. i.* + *avv.* tornare indietro (*lavorando a maglia*).

♦**knit up**, **A** *v. t.* + *avv.* *1* rammendare (*lavorando a maglia*) *2* fare, finire (*un pullover, ecc.*) a maglia *3* (*fig.*) riannodare (*un'amicizia, ecc.*). **B** *v. i.* + *avv.* *1* (*di lana, ecc.*) lavorarsi (a maglia): **This wool knits up well**, questa lana si lavora bene *2* (*di ossa, ecc.*) saldarsi. ● (*nei lavori a maglia*) **K. one, purl one**, un diritto, un rovescio.

knitted /ˈnɪtɪd/, *a.* (lavorato) a maglia. ● **k. fabric**, tessuto a maglia □ **k. fabrics**, maglieria □ **k. garments**, maglie; maglieria □ **k. underwear**, maglieria intima.

knitter /ˈnɪtə(r)/, *n.* *1* chi lavora a maglia; chi fa la calza; magliaia *2* (*ind. tess.*) telaio per maglieria *3* (*ind. tess.*) macchina per maglieria.

knitting /ˈnɪtɪŋ/, *n.* *1* lavoro (*o* lavorazione) a maglia; lavoro ai ferri *2* lavori a maglia; maglieria. ● **the k. industry**, l'industria magliera (*o* della maglia) □ **k. machine**, macchina per maglieria □ **k. needle**, ferro da calza.

knitwear /ˈnɪtweə(r)/, *n. collett.* *1* indumenti a maglia; maglieria *2* maglieria e calzetteria. ● **k. designer**, perito magliero □ **k. factory**, maglificio □ **k. manufacturer**, industriale della maglieria; maglierista (*raro*) □ **k. retailer**, venditore di maglie; maglieria (*negozio*).

knives /naɪvz/, *pl.* di **knife**.

knob /nɒb/, *n.* *1* protuberanza; bozza; nodo (*del legno*) *2* pomo (*di bastone, porta, ecc.*); pomello; manopola (*d'apparecchio radio, ecc.*); bottone (*di strumento ottico*): **door-k.**, pomello della porta; maniglia *3* cubetto; pezzo (*tondeggiante*); zolla: **a k. of coal**, un pezzo di carbone; **a k. of sugar**, una zolla di zucchero *4* (*pop. arc. ingl. o USA*; *di solito* **nob**) testa *5* (*volg.*) cazzo (*volg.*); pene. ● **a k. of butter**, una noce di burro □ (*pop. arc.*) **with knobs on**, altroché!; eccome!

knobbed /nɒbd/, *a.* nodoso; pieno di protuberanze.

knobbiness /ˈnɒbɪnəs/, *n.* nodosità.

knobble /ˈnɒbl/, *n.* piccola bozza o protuberanza (*V.* **knob**).

knobbly /ˈnɒblɪ/, *a.* nodoso; nocchieruto; bitorzoluto.

knobby /ˈnɒbɪ/, (*USA*) *V.* **knobbly**.

knock /nɒk/, *n.* *1* botta; busso; bussata; colpo; percossa; picchio; urto: **I heard two knocks at the door**, sentii due colpi alla porta *2* (*autom., mecc.*) battito in testa; detonazione: **k. intensity**, intensità di detonazione *3* (*fam.*) attacco (*fig.*); critica; stroncatura *4* (*fig.*) duro colpo; fastidio; seccatura *5* (*pop. USA*) donna che ci sta. ● (*rugby*) **k. forward**, spinta in avanti □ (*med.*) **k.-knee**, ginocchio valgo □ **k.-kneed**, (*med.*) dal ginocchio valgo; che ha le gambe a ics (*pop.*) □ **k.-on**, (*sost.*) (*rugby*) in-avanti (*fallo*); (*a. attr.*) a catena: **k.-on effect**, effetto a catena □ (*autom.*) **k. suppressor**, antidetonante □ **k.-up**, (*sport*) palleggio (*specialm. prima di una partita di tennis*); (*volg. USA*) scopata, chiavata (*volg.*) □ (*pop.*) **to take a k.**, subire un grave danno finanziario; ricevere un brutto colpo.

to **knock** /nɒk/, **A** *v. t.* *1* battere; colpire; picchiare; urtare; sbatacchiare: **I knocked my knee on** (*o* **against**) **the knob**, ho battuto (*o* picchiato) il ginocchio contro il pomello; **I knocked him on the chin**, lo colpii al mento; **Don't k. those bottles!**, non sbatacchiare quelle bottiglie! *2* fare (*un buco, ecc.*) con un colpo: **He knocked a hole in the screen**, con un pugno, fece un buco nello schermo *3* (*fam.*) criticare, stroncare (q. *o* q.c.) *4* (*volg. ingl.*) sbattere, scopare, fottere (*volg.*) *5* (*pop. arc.*) fare colpo su, fare impressione a (q.). **B** *v. i.* *1* picchiare; sbattere; urtare; sbatacchiare: **Something was knocking against the window**, c'era qualcosa che sbatteva (*o* sbatacchiava) contro la finestra; **My car knocked against a wall**, la mia auto andò a sbattere contro un muretto *2* battere: **My heart was knocking with fear**, mi batteva il cuore per la paura *3* bussare: **K. before going in!**, bussa prima di entrare! *4* (*mecc.*: *di un motore*) detonare; battere in testa *5* (*pop. USA*) parlare; discutere. ● **to k. sb. cold**, mettere q. fuori combattimento; (*fig.*) sbalordire, sconcertare, lasciare esterrefatto q. □ (*fam.*) **to k. sb. flat**, gettare a terra (*o* atterrare) q. (*con un colpo*) □ **to k. head**, toccare il suolo con la fronte (*saluto cinese*) □ **to k. a plan** (*o* **a scheme**) **on the head**, sventare (*o* mandare a monte) un piano □ **to k. sb. unconscious**, far perdere i sensi a q. (*con un colpo*).

♦**knock about**, **A** *v. i.* + *avv.* *1* (*fam.*) essere (ancora) al mondo *2* (*di un oggetto*) essere buttato là (*o* lasciato in giro) *3* (*fam.*) viaggiare qua e là; girare il mondo *4* (*fam.*) andare (*o* farsi vedere) in giro (*con q.*); amoreggiare (*con q.*) *5* andare in giro; scorrazzare: **to k. about in a car**, andare in giro (*o* scorrazzare) in auto (*per diletto*). **B** *v. t.* + *avv.* *1* spingere (q.c.) qua e là, a colpi; sballottare: **to k. about a ball**, dare quattro calci a un pallone (*per gioco*) *2* maltrattare, strapazzare (q. *o* q.c.): **The pickpocket was knocked about by the crowd**, il borsaiolo fu malmenato dalla folla. **C** *v. t.* + *prep.* *1* (*fam.*) viaggiare per; girare in lungo e in largo: **to k. about Asia**, girare l'Asia in lungo e in largo *2* (*fam.*) battere, bazzicare: **to k. about a few night clubs**, bazzicare qualche locale notturno *3* (*fam.*) lavoricchiare, fare lavoretti in (*casa, giardino, ecc.*).

♦**knock at**, *v. i.* + *prep.* battere, bussare a: **Someone was knocking at the door**, qualcuno bussava alla porta.

♦**knock around**, *V.* **knock about**.

♦**knock away**, **A** *v. i.* + *avv.* continuare a battere (*o* a bussare). **B** *v. t.* + *avv.* far saltare via (q.c.) con un colpo.

♦**knock back**, **A** *v. i.* + *avv.* rispondere (*con uno o più colpi*: *a uno che ha bussato, battuto sul muro, ecc.*). **B** *v. t.* + *avv.* *1* respingere (*o* allontanare, ecc.) (q.c.) a colpi *2* (*fam.*) buttare giù, tracannare, scolarsi (*bevande, specialm. alcoliche*) *3* (*fam.*) colpire; sbalordire; lasciare (q.) di stucco *4* (*fam.*) costare (*un mucchio di soldi, ecc.*) a (q.).

♦**knock down**, *v. t.* + *avv.* *1* abbattere; rovesciare; gettare a terra; atterrare; (*boxe*) mandare (q.) al tappeto; (*autom.*) investire: **The enemy knocked down one of the town gates**, i nemici abbatterono una delle porte della città; **The poor old woman was knocked down by a bus**, la povera vecchia fu gettata a terra da un autobus *2* abbattere; demolire (*anche fig.*); stroncare (*un argomento*): **The clock tower was knocked down by the Germans**, la torre dell'orologio fu demolita dai tedeschi *3* smontare (*mobili, macchinari, ecc.*: *per trasferirli*) *4* aggiudicare (*un oggetto venduto all'asta*) *5* (*fam.*) calare, ridurre, tirare giù, abbassare (*un prezzo e sim.*) *6* (*fam.*) farsi fare uno sconto (*sul prezzo*) da (q.): **He was asking £ 100, but I knocked him down to £ 90**, chiedeva 100 sterline, ma l'ho portato a 90 *7* (*fam.*) sbalordire, lasciare (q.) di stucco *8* (*fam. USA*) guadagnare; fare (*fam.*): **A clever doctor can k. down 200,000 dollars a year**, un buon medico riesce a fare 200.000 dollari l'anno □ (*fam.*) **You could have knocked me down with a feather!**, rimasi di stucco (*o* a bocca aperta).

♦**knock in**, *v. t.* + *avv.* *1* conficcare, piantare (*un chiodo, ecc.*) *2* (*fam.*) far entrare nella testa (*nozioni, ecc.*); inculcare *3* (*sport*) mettere (*o* mandare) (*la palla*) in rete.

♦**knock into**, *v. t.* + *prep.* *1* conficcare, piantare

(*chiodi, ecc.*) in (*un'asse, ecc.*) *2* (*fam.*) inculcare (*nozioni, ecc.*) in (q.) *3* (*fam.*) imbattersi in (q.) □ (*fam.*) **to k. sb. into a cocked hat**, ridurre q. uno straccio; stracciare q. (*fig.*) □ (*fam.*) **to k. sb. into the middle of next week**, conciare q. per le feste □ (*fam.*) **to k. st. into shape**, mettere a posto, sistemare q.c.; rendere q.c. soddisfacente.

♦**knock off**, **A** *v. t. + avv.* *1* far cadere, buttare giù (*con un colpo*); togliere; scuotere, fare saltar via; rovesciare: **to k. off sb.'s hat**, far cadere (*o* far saltare via) il cappello a q.; **to k. off dust [cigarette ash]**, togliere la polvere [scuotere la cenere dalla sigaretta]; **to k. off a glass of wine**, rovesciare un bicchiere di vino *2* (*fam.*) detrarre, fare lo sconto di, scontare (*da un prezzo*); lasciare (*fam.*): **If you buy both, I'll k. off £ 10**, se li compra entrambi, Le lascio dieci sterline *3* (*fam.*) buttare giù; scrivere, comporre (q.c) in fretta *4* (*fam.*) distruggere; far fuori (*fam.*); uccidere *5* (*fam.*) rubare, fregare (*oggetti*); derubare, rapinare (*una banca, ecc.*) *6* (*fam.*) finire (*un lavoro*) *7* (*fam.*) far fuori, divorare (*cibo*) *8* (*volg.*) sbattere, scopare, fottere (*volg.*). **B** *v. i. + avv.* (*fam.*) smettere di lavorare; smontare; staccare (*fam.*). **C** *v. t. + prep.* far cadere, buttare giù, togliere (q.c.) da; rovesciare da: **to k. a glass of wine off the table**, rovesciare un bicchiere di vino dalla tavola; **to k. the dust off one's coat**, togliersi la polvere dal soprabito (*a colpetti*) □ (*pop.*) **to k. sb.'s block off**, spaccare la faccia (*o* rompere il muso) a q. □ **to k. off business**, sbrigare affari □ (*autom., mecc.*) **to k. off the clutch**, disinnestare la frizione □ (*fig.*) **to k. sb. off his pedestal**, tirare giù q. dal piedistallo □ (*fam.*) **to k. spots off**, superare di gran lunga (q.c.); battere (q.) con grande facilità □ (*volg.*) **to k. off with sb.**, scopare con q. (*volg.*) □ **to k. off work**, smettere di lavorare; piantare lì (*fam.*) □ (*fam.*) **K. it off!**, piantala!; smettila!

♦**knock on**, **A** *v. i. + avv.* (*fam.*) continuare a lavorare; tirare avanti (*fam.*): **to k. on with the sewing**, continuare a cucire. **B** *v. t. + avv.* (*fam.*) far aumentare, far crescere (*un prezzo, una spesa, ecc.*). **C** *v. t. + prep.* *1* battere, picchiare (*la testa, ecc.*) contro (*q.c. di duro*) *2* bussare a: **K. on the door!**, bussa alla porta! *3* colpire, picchiare, battere su: **to k. sb. on the head**, picchiare q. sulla testa; tramortire q. □ (*volg.*) **to k. on with**, scopare con q. (*volg.*) □ **to k. on wood**, toccare ferro (*per scaramanzia*) □ **He's knocking on for 80**, ha quasi ottant'anni.

♦**knock out**, *v. t. + avv.* *1* cavare, far uscire (*con un colpo*); togliere; far saltare via (*con un colpo*): **The snowball nearly knocked the boy's eye out**, per poco la palla di neve non cavò un occhio al ragazzo; **to k. the dust out of sb.'s jacket**, togliere la polvere dalla giacca di q. (*a colpetti*); **I knocked the knife out of his hand**, gli feci saltar via il coltello di mano *2* mettere (q.c.) fuori uso; interrompere (*comunicazioni, linee telefoniche, ecc.*) *3* far perdere i sensi a (q.); (*anche*) anestetizzare *4* (*boxe e fig.*) mettere (q.) K.O. (*o* fuori combattimento) *5* fare fuori (*fam.*); eliminare: (*mil.*) **to k. out the enemy sentries [guns]**, eliminare le sentinelle [ridurre al silenzio i cannoni] del nemico *6* (*fam.*) stancare (q.) a morte; sfiancare; stremare: **to k. oneself out with work**, sfiancarsi (*o* ammazzarsi) dal lavoro *7* (*fam.*) sbalordire, lasciare (q.) di stucco *8* (*mus.*) strimpellare *9* (*sport*) eliminare *10* (*fam.*) buttare giù (*un racconto*); improvvisare (*un piano*) □ (*fam.*) **to k. the bottom out of**, far crollare, rovinare (*un'attività, il commercio, ecc.*); dimostrare l'inconsistenza di (*un argomento, ecc.*) □ (*fam.*) **to k. the hell** (*o* **the living lights**) **out of sb.**, dare un sacco di botte a q. □ **to k. out one's pipe**, vuotare la pipa battendola (*contro q.c.*).

♦**knock over**, *v. t. + avv.* *1* rovesciare, abbattere (q.c.) urtandola: **to k. over a cup of coffee**, rovesciare una tazzina di caffè; (*sport*) **to k. over an obstacle**, abbattere un ostacolo *2* buttare a terra; atterrare; (*autom.*) investire *3* (*fam.*) sbalordire; lasciare (q.) di stucco *4* (*fam.*) battere; sconfiggere; stracciare (*fig. fam.*) *5* (*fam. USA*) *V.* **knock off, A**, *def. 5.*

♦**knock through**, **A** *v. t. + avv.* (*edil.*) abbattere (*un muro divisorio*). **B** *v. i. + avv.* (*edil.*) abbattere un divisorio (*o* un tramezzo) □ **to k. two small rooms through into one**, abbattere il tramezzo che divide due stanze piccole per farne una grande.

♦**knock together**, **A** *v. t. + avv.* *1* battere (*oggetti*) uno contro l'altro *2* fare (costruire, ecc.) alla meglio; raffazzonare; improvvisare (*la cena, ecc.*); mettere insieme (*fam.*). **B** *v. i. + avv.* (*di oggetti*) battere, sbattere (*o* urtarsi) l'uno contro l'altro □ **My knees were knocking together out of fear**, mi tremavano le ginocchia per la paura.

♦**knock up**, **A** *v. t. + avv.* *1* colpire (q.c.) dal basso all'alto; gettare (q.c.) in aria con un colpo *2* dare la sveglia a (q.) bussando *3* (*fam.*) mettere insieme (q.c.) alla meglio; raffazzonare; improvvisare (*un pasto, ecc.*) *4* (*fam. ingl.*) guadagnare; fare (*fam.*): **We knocked up £ 50,000 last year**, l'anno scorso abbiamo fatto 50.000 sterline *5* (*anche sport*) totalizzare (*punti, ecc.*) *6* (*fam.*) stremare; sfiancare; stancare (q.) a morte: **to k. oneself up**, stremarsi; sfiancarsi *7* (*pop. USA*) mettere (*una donna*) incinta; ingravidare. **B** *v. i. + avv.* *1* (*polit.*) fare propaganda di casa in casa *2* (*sport*) fare esercizi di palleggio.

♦**knock up against**, *v. i. + avv. + prep.* *1* (andare a) sbattere contro (*un muro, un lampione, un palo, ecc.*) *2* imbattersi in (q.).

knockabout /ˈnɒkəbaʊt/, *a.* *1* chiassoso; rumoroso; vivace: **a k. performance**, uno spettacolo chiassoso *2* (*di indumento*) da fatica; da strapazzo; resistente: **a k. suit**, un vestito da strapazzo. ● **a k. comedian**, un guitto □ **a k. farce**, una farsa sguaiata.

knockdown /ˈnɒkdaʊn/, **A** *n.* *1* (*boxe*) atterramento *2* (*fig.*) duro colpo *3* (*market.*) abbattimento, calo, riduzione, ribasso (*dei prezzi*). **B** *a. pred.* (*boxe*) knock-down; atterrato, al tappeto. **C** *a. attr.* *1* schiacciante; inconfutabile: **a k. defeat**, una sconfitta schiacciante; **a k. proof**, una prova inconfutabile *2* (*market.*: *di prezzo*) di liquidazione; (ridotto) all'osso; stracciato (*fam.*) *3* (*fin.*) minimo: **a k. rate of interest**, un tasso minimo d'interesse *4* (*del prezzo di un oggetto messo all'asta*) battuto *5* (*USA*: *di un mobile, di una macchina, ecc.*) smontabile; a elementi: **a k. table**, un tavolo smontabile. ● (*anche fig.*) **a k. blow**, un colpo tremendo; una mazzata (*fig.*).

knocked down /ˈnɒktˈdaʊn/, *a.* *1* atterrato; abbattuto; demolito *2* (*di macchinario*) smontato *3* (*di oggetto venduto all'asta*) aggiudicato.

knocker /ˈnɒkə(r)/, *n.* *1* chi batte, bussa, picchia, ecc. (*V.* **to knock**) *2* (*della porta*) batacchio; battente *3* (*mitol.*) folletto delle miniere *4* venditore a domicilio; propagandista *5* (*fam.*) criticone, criticona *6* (*pl.*) (*pop.*) seni turgidi; tettone (*pop.*). ● (*Austr.*) **to pay on the k.**, pagare sull'unghia □ (*pop.*) **up to the k.**, alla perfezione □ (*fam.*) **to work on the k.**, lavorare per una ditta di vendite a domicilio.

knocking /ˈnɒkɪŋ/, *n.* *1* il battere, bussare, ecc. (*V.* **to knock**) *2* bussi; colpi; fracasso; strepito *3* (*mecc.*) detonazione (*di un motore a scoppio*); il battere in testa. ● (*pubbl.*) **k. copy**, testo (*o* messaggio) che denigra i prodotti della concorrenza □ **k.-down**, aggiudicazione (*nelle vendite all'asta*) □ (*pop. ingl.*) **k.-shop**, bordello; casino (*pop.*).

knockoff /ˈnɒkɒf, *USA* -ɔːf/, *n.* *1* (*mecc.*) (meccanismo di) disinnesto *2* (*ind.*) stacco; ora di smontare (*dal lavoro*) *3* (*market.*) riduzione; sconto *4* (*USA*) riproduzione (abusiva) di un modello.

knockout /ˈnɒkaʊt/, **A** *n.* *1* (*boxe*) knock-out; K.O.; fuori combattimento *2* (*sport*) gara a eliminazione *3* (*fam.*) persona (*o* cosa) straordinaria; cannonata, schianto, favola, sogno: **That girl is a real k.**, quella ragazza è uno schianto; **Your blouse is a k.**, hai una camicetta favolosa *4* (= **k. blow**) colpo da K.O.; (*fig.*) colpo durissimo *5* (*fam.*) asta truccata. **B** *a. pred.* (*boxe*) fuori combattimento; K.O.; al tappeto per la conta finale. **C** *a. attr.* *1* (*sport*) a eliminazione: **a k. competition**, una gara (*o* un torneo) a eliminazione (diretta) *2* (*fam.*) straordinario; eccellente; stupendo; da favola; da sogno: **a k. dress**, un vestito da favola; **a k. idea**, un'idea eccellente; **a k. evening**, una serata straordinaria.

knoll /nəʊl/, *n.* *1* (*geogr.*) collinetta; montagnola; poggio *2* (*geol.*) collina sottomarina.

knot (**1**) /nɒt/, *n.* *1* nodo (*anche naut. e fig.*); nodo del legno; (*fig.*) legame, vincolo; difficoltà, intoppo: **to tie a k. in one's handkerchief**, farsi un nodo al fazzoletto; **to make a k.**, fare un nodo; **to undo a k.**, disfare un nodo; **the marriage k.** (*o* **the wedding k.**), il nodo coniugale; **Gordian k.**, nodo gordiano; **a vessel that does** (*o* **makes**) **thirty knots**, una nave che fa trenta nodi (trenta miglia marine all'ora) *2* crocchio; capannello: **Onlookers were standing in knots**, i curiosi avevano formato capannelli *3* (*anat.*) nodulo *4* (*dei capelli*) crocchia *5* (*arte*) borchia ornamentale. ● (*bot.*) **k.-grass** (*Polygonum aviculare*), centinodia; correggiola □ **to cut the k.**, tagliare (*o* troncare) il nodo; (*fig.*) eliminare le difficoltà □ **figure-of-eight k.**, nodo di Savoia □ (*naut.*) **reef k.**, nodo piano □ **running k.** (*o* **slip-k.**), nodo scorsoio; cappio □ (*naut.*) **thumb k.**, nodo semplice □ (*fig.*) **to tie oneself** (**up**) **in knots**, confondersi; imbrogliarsi.

knot (**2**) /nɒt/, *n.* (*zool., Calidris canutus*) piovanello maggiore.

to **knot** /nɒt/, **A** *v. t.* *1* annodare; fare il nodo a; legare; stringere insieme: **to k. two shoestrings together**, annodare insieme due lacci; **to k. one's necktie**, annodarsi la cravatta; **to k. a bundle**, legare un fagotto *2* fare (*frange, passamani, ecc.*) annodando insieme capi di cordoncino (*o* di filo). **B** *v. i.* annodarsi; aggrovigliarsi; formar nodi. ● **to k. one's brows**, aggrottare le ciglia □ **to k. one's tie**, farsi il nodo alla cravatta.

knothead /ˈnɒthɛd/, *n.* (*pop. USA*) fesso; stupido; scemo.

knothole /ˈnɒthəʊl/, *n.* buco di un nocchio (*o* di un nodo: *nel legno*).

knotted /ˈnɒtɪd/, *a.* *1* (*del legno*) nodoso; nocchieruto *2* pieno di nodi; ingarbugliato: **a k. string**, un cordoncino pieno di nodi. ● (*pop.*) **Get k.!**, va' in malora!

knottiness /ˈnɒtɪnəs/, *n.* *1* nodosità *2* (*fig.*) difficoltà; complessità.

knotting /ˈnɒtɪŋ/, *n.* *1* annodamento; annodatura *2* decorazione (*o* frangia) di fili annodati; macramè *3* (*pitt.*) vernice alla gommalacca.

knotty /ˈnɒtɪ/, *a.* *1* nodoso; nocchieruto; pieno di nodi *2* (*fig.*) imbrogliato; intricato; difficile: **a k. problem**, un problema difficile (*o* spinoso).

knout /naʊt/, *n.* knut; staffile; gatto a nove code.

to **knout** /naʊt/, *v. t.* staffilare.

know /nəʊ/, *n.* – (*nella locuz. fam.*) **to be in the k.**, essere al corrente; essere addentro alle segrete cose.

to **know** /nəʊ/ (*pass.* **knew**, *p. p.* **known**), *v. t.* *1* sapere; conoscere; intendersi di: **I wish I knew English well**, mi piacerebbe conoscere bene l'inglese; **Everybody knows that**, lo sanno tutti; **I k. he is** (*o* **I k. him to be**) **a good boy**, so che è un buon ragazzo; **He is known to be a good friend of the manager**, si sa che è un buon amico del direttore *2* conoscere; fare la conoscenza di: **I should like to k. Mr Stone**, mi piacerebbe fare la conoscenza di Mr Stone *3* riconoscere: **I'd k. that face anywhere**, riconoscerei quella faccia fra mille *4* conoscere; sperimentare; fare esperienza di: **I have known better days**, ho conosciuto giorni migliori *5* discernere; distinguere: **It's not always easy to k. right from wrong**, non è sempre facile distinguere tra il bene e il male (*o* la ragione dal torto); **They are twins and it's difficult to k. him from his brother**, sono gemelli ed è difficile distinguerlo dal fratello. ● **to k. sb. again**, riconoscere q. □ **to k. all the answers**, sapere tutto; saperla lunga; essere saccente (*fam.*: un sapientone) □ **to k. best**, conoscere (q., q.c.) meglio di tutti □ **You k. best**, sei tu il miglior giudice □ **to k. better**, conoscere (q., q.c.) meglio (*di un altro*) □ **to k. better than**, avere tanto criterio (*o* buon senso) da: **You ought to k. better than to go out in such weather**, dovresti avere tanto buon senso da non uscire con questo tempo □ **to k. one's business**, conoscere il proprio mestiere; (*fig.*) sapere il fatto proprio □ **to k. st. by heart**, sapere q.c. a memoria □ **to k. sb. by name**, conoscere q. di nome □ **to k. sb. by sight**, conoscere q. di vista: **I k. her by sight but I don't k. who she is**, la conosco di vista ma non so chi sia □ **to k. how**, sapere; saper fare: **Do you k. how to open this door?**, sai aprire questa porta?; **He would repair the car if he knew how** (*o* **if he knew the way**), riparerebbe l'automobile se ne fosse capace (*o* se sapesse come si fa) □ **to k. sb. inside out**, conoscere a fondo q. □ **to k. one's own mind**, sapere quel che si vuole □ (*fam.*) **to k. one's onions** (*o* **to k. what's what, to k. a thing or two, to k. the ropes**), sapere il fatto proprio; saperla lunga; avere buon senso; sapersi barcamenare □ **as far as I k.**, per quel che ne so io; che io sappia □ **to be known as**, esser noto come: **He is known as a competent teacher**, è noto come un insegnante che sa il fatto suo □ **to do all one knows**, fare tutto il possibile; fare del proprio meglio □ **to get to k.**, fare la conoscenza di (*una persona*); venire a sapere (*una cosa*) □ **to make oneself known**, farsi un nome, farsi conoscere □ **to make oneself known to sb.**, presentarsi a q. □ **to make it known that...**, rendere noto che... □ **You never k.**, non si sa mai; fosse che fosse (*fam.*) □ (*fam.*) **I don't k. him from Adam**, non lo conosco affatto; non l'ho mai visto né conosciuto □ **I k. better (than that)**, so che le cose non stanno così; so che la verità è un'altra □ **There's no knowing when he will come back**, non c'è modo di sapere quando tornerà □ **Don't I k. it!**, a chi lo dici! □ **She's very pretty and doesn't she k. it!**, è molto bella, e sa d'esserlo! □ **Goodness knows!**, vattelapesca!

♦**know about**, *v. i.* + *prep.* *1* essere al corrente (*o* a conoscenza) di; essere informato di; conoscere; sapere: **I knew about it long ago**, ne ero a conoscenza da tempo; è un pezzo che lo sapevo; **I don't k. about that**, non ne so nulla *2* intendersene di: **He knows about computers**, se ne intende di calcolatori □ (*fam.*) **I don't k. about beautiful, but she's certainly very pretty**, non sarà bellissima, ma di sicuro è assai graziosa.

♦**know apart**, *v. t.* + *avv.* distinguere (*uno dall'altro*); riconoscere (*persone o cose assai simili*).

♦**know backwards**, *v. t.* + *avv.* conoscere (q.c.) alla perfezione (*o, fam.*, a menadito).

♦**know for**, *v. t.* + *prep.* *1* conoscere da (*un certo tempo*): **I've known Paris for ten years**, conosco Parigi da dieci anni *2* conoscere (q.) come: **I k. him for an honest man**, lo conosco come (*o* so che è un) galantuomo.

♦**know of**, *v. i.* + *prep.* *1* sapere di; avere conoscenza di; essere informato di: **I k. of a good restaurant round the corner**, so di (*o* so che c'è) un buon ristorante girato l'angolo; **What do you k. of this firm?**, che ne sai di questa ditta? *2* avere sentito parlare di (q.): **I've known of them, but I've never met them**, ne ho sentito parlare, ma non li ho mai conosciuti □ **Do you k. of a way to hire a plane?**, sai se c'è modo di noleggiare un aereo? □ **Not that I k. of**, no, che io sappia; a quanto ne so io, no.

knowability /nəʊə'bɪlətɪ/, *n.* *1* conoscibilità; riconoscibilità *2* l'essere apprendibile.

knowable /'nəʊəbl/, *a.* *1* conoscibile; riconoscibile *2* apprendibile. || **-ness**, *sost.*

know-all /'nəʊɔ:l/, *n.* (*fam.*) sapientone, sapientona; saccente.

knower /'nəʊə(r)/, *n.* conoscitore, conoscitrice; intenditore, intenditrice.

know-how /'nəʊhaʊ/, *n.* know-how; abilità tecnica; complesso di cognizioni tecniche. ● (*leg.*) **k. contracts**, contratti di utilizzazione di know-how.

knowing /'nəʊɪŋ/, *a.* *1* che sa; che sa fare; bene informato; accorto *2* che sa il fatto suo; intelligente; perspicace; sagace; furbo; sveglio (*fam.*): **a k. chap**, un tipo che sa il fatto suo; **a k. dog**, un cane intelligente; **a k. boy**, un ragazzo sveglio *3* di chi la sa lunga; d'intesa; furbesco: **a k. glance**, un'occhiata furbesca; **a k. smile**, un sorriso d'intesa *4* deliberato; intenzionale; fatto apposta.

knowingly /'nəʊɪŋlɪ/, *avv.* *1* a bella posta; di proposito; intenzionalmente; consapevolmente; scientemente: **to harm sb. k.**, fare del male a q. a bella posta *2* accortamente; astutamente *3* che si sappia; che si sapesse; a mia (tua, ecc.) saputa: **We were never k. undersold**, a nostra saputa, la concorrenza non ci ha mai battuto in fatto di prezzi. ● **to smile k.**, sorridere con l'aria di chi la sa lunga.

knowingness /'nəʊɪŋnəs/, *n.* accortezza; intelligenza; perspicacia; sagacia; furbizia.

know-it-all /nəʊɪt'ɔ:l/, *n.* (*fam.*) cervellone (*fam.*); sapientone, sapientona; saccente.

knowledge /'nɒlɪdʒ/, *n.* *1* conoscenza; cognizione; pratica: **I wish I had a good k. of the English language**, mi piacerebbe avere una buona conoscenza della lingua inglese; **It has come to my k. that...**, è giunto a mia conoscenza che...; **He has some k. of TV sets**, ha una certa pratica di televisori *2* consapevolezza; coscienza: **A baby has no k. of what he is doing**, i bambini piccoli non hanno coscienza di quello che fanno *3* sapere; sapienza; dottrina; scienza; scibile: **He's a man of great k.**, è un uomo di grande dottrina; **every branch of k.**, ogni branca del sapere *4* notizia: **K. of the victory reached London in no time**, la notizia della vittoria giunse a Londra in un baleno. ● **to deny all k. of st.**, negare di essere al corrente di q.c. □ **not to my k.**, non che io sappia □ (*form.*) **to the best of my k.**, per quel che ne so io; a quanto mi consta □ **without my k.**, a mia insaputa □ **without sb.'s k.**, all'insaputa di q.; senza che q. lo sappia □ **I had no k. of it**, non ne sapevo nulla □ **It's common k. that he is a blackmailer**, che sia un ricattatore, è cosa di dominio pubblico □ (*prov.*) **K. is power**, sapere è potere.

knowledgeable /'nɒlɪdʒəbl/, *a.* (*fam.*) *1* bene informato; che sa il fatto suo *2* intelligente; accorto; perspicace; sagace.

known /nəʊn/, **A** *p. p.* di **to know**. **B** *a.* *1* noto; conosciuto: **He's a k. thief**, è noto come ladro; **the k. world**, il mondo conosciuto *2* riconosciuto: **He's a k. authority on the matter**, è un'autorità riconosciuta in materia *3* provato; sperimentato; specchiato: **a man of k. honesty**, un uomo di specchiata onestà. ● **k. quantity**, (*mat.*) valore noto; (*fig.*) persona (*o* cosa) ben conosciuta e prevedibile.

know-nothing /'nəʊnʌθɪŋ/, *n.* *1* ignorante; ignorantone, ignorantona *2* agnostico.

know-what /'nəʊwɒt, *USA* -hwɒt, -ʌt/, *n.* chiarezza d'idee; chiara visione degli obiettivi.

knuckle /'nʌkl/, *n.* *1* (*anat.*) nocca; articolazione interfalangea: **I've bruised my knuckles**, mi sono scorticato le nocche *2* (*zool.*) nocca; nodello *3* (*d'animale macellato*) zampetto; peduccio; piedino *4* (*mecc.*) articolazione; elemento di cerniera. ● (*mecc.*) **k. joint**, giunto a snodo (*o* a ginocchiera) □ (*mecc.*) **k. pin**, spinotto □ (*pop. USA*) **k. sandwich**, pugno in faccia □ **brass knuckles**, pugno di ferro □ (*fam.*) **near the k.**, indecente, scollacciato, spinto: **a joke near the k.**, una barzelletta spinta □ **to rap sb. over the knuckles**, picchiare q. sulle nocche; (*fig.*) sgridare (*o* criticare) aspramente q.

to **knuckle** /'nʌkl/, **A** *v. t.* battere (*o* colpire, premere) con le nocche. **B** *v. i.* (*di solito* **to k. down**) darci dentro (*fig.*); mettercela tutta. ● **to k. down to work**, mettersi al lavoro di buona lena □ (*fam.*) **to k. under to sb.**, sottomettersi a q.; farsi mettere i piedi sulla testa da q. (*fig.*).

knucklebone /'nʌklbəʊn/, *n.* *1* (*anat.*) falange *2* garretto (*specialm. di pecora*) *3* (*pl.*) gioco degli astragali (*o* degli aliossi).

knuckle-dragger /'nʌkldrægə(r)/, *n.* (*pop. USA*) bestione, scimmione (*rif. a un uomo*).

knuckleduster /'nʌkldʌstə(r)/, *n.* pugno di ferro; tirapugni.

to **knuckle-walk** /'nʌklwɔ:k/, *v. i.* camminare come un gorilla (*con le braccia penzoloni e le mani quasi a terra*).

knur /nɜ:(r)/, *n.* *1* nodo (*del legno*); nocchio *2* palla di legno.

knurl /nɜ:l/, *n.* *1* pomo; pomello *2* nodo (*del legno*); nocchio *3* (*mecc.*) zigrinatura; godronatura.

to **knurl** /nɜ:l/, *v. t.* (*mecc.*) zigrinare; godronare.

knurled /nɜ:ld/, *a.* (*mecc.*) zigrinato; godronato.

knurly /'nɜ:lɪ/, *a.* (*di legno*) nocchieruto; nodoso.

knurr /nɜ:(r)/, *V.* **knur**.

KO /'keɪəʊ/, *n.* (*pl.* **KO's**) (*acronimo fam. di* **knockout**) (*boxe*) K.O.; ko; kappaò; fuori combattimento.

to **KO** /'keɪ'əʊ/, *v. t.* (*fam.*) mettere K.O.; mettere (*un pugile*) fuori combattimento.

koala /kəʊ'ɑ:lə/, *n.* (*zool., Phascolarctos cinereus*; = **k. bear**) koala; orso marsupiale.

kobold /'kɒbəʊld/, *n.* (*mitol. germanica*) coboldo (*gnomo*).

Kodiak /'kəʊdɪæk/, *n.* *1* (*geogr.*) Kodiak (*isola dell'Alaska*) *2* (*zool., Ursus arctos middendorffi*; = **K. bear**) kodiak; orso dell'Alaska.

kohl /kəʊl/, *n.* kohl (*polvere d'antimonio usata in Oriente per scurire le palpebre*).

kohlrabi /kəʊl'rɑ:bɪ, -æbɪ, *USA* 'k-/, *n.* (*pl.* **kohlrabies**) (*bot., Brassica oleracea gongylodes*) cavolo rapa.

koine /'kɔɪneɪ, -ni:/ (*greco*), *n.* *1* (*ling.*) koinè; coinè *2* lingua franca.

kola /'kəʊlə/, *n.* (*bot.*) cola. ● **k. nut**, noce di cola.

Komodo /kə'məʊdəʊ/, *n.* (*geogr.*) Komodo (*isola dell'Indonesia*). ● (*zool.*) **k. dragon** (*Varanus comodoensis*), drago di Komodo.

Konrad /'kɒnræd/, *n.* Corrado.

koodoo /'ku:du:/, *n.* (*pl.* **koodoos**) (*zool., Strepsiceros strepsiceros*) cudù maggiore. ● (*zool.*) **lesser k.** (*Strepsiceros imberbis*), cudù minore.

kook /ku:k/, **A** *n.* (*pop. USA*) eccentrico; stravagante; originale; pazzoide. **B** *a. attr.* da eccentrico; folle; pazzesco.

kookaburra /'kʊkəbʌrə, *USA* -ɜ:rə/, *n.* (*zool., Dacelo gigas*) kookaburra; orologio dei coloni (*uccello*).

kookie /'ku:kɪ/, *a.* (*pop. USA*) eccentrico; bizzarro; originale; stravagante.

kooky /'ku:kɪ/, *V.* **kookie**.

kopeck, kopek /'kəʊpek/, *V.* **copeck**.

kopje /'kɒpɪ/ (*afrikaans*), *n.* collinetta; poggio.

Koran /kə'rɑ:n, -æn/, *n.* (*relig.*) Corano.

Koranic /kə'rænɪk/, *a.* del Corano; coranico.

Korea /kə'ri:ə/, *n.* (*geogr.*) Corea.

Korean /kə'ri:ən/, *a.* e *n.* coreano.

kosher /ˈkəʊʃə(r)/, **A** *a.* ***1*** (*di cibo*) kasher; puro secondo la religione ebraica ***2*** (*di cucina, ecc.*) che prepara (*o* serve) pietanze kasher ***3*** (*fig.*) appropriato; conveniente; lecito; che sta bene; decente. **B** *n.* cibo kasher; cibo preparato secondo la religione ebraica.

kotow /kəʊˈtaʊ, *USA* ˈkəʊtəʊ/, **kowtow** /kaʊˈtaʊ, *USA* ˈk-/, *n.* il prostrarsi toccando il suolo con la fronte (*forma di saluto, d'omaggio, in Cina*); inchino cinese.

to **kotow** /kəʊˈtaʊ, *USA* ˈkəʊtəʊ/, to **kowtow** /kaʊˈtaʊ, *USA* ˈk-/, *v. i.* toccare il suolo con la fronte (*salutando*). ● (*fig.*) **to k. to sb.**, mostrare (eccessiva) deferenza verso q.; prostrarsi davanti a q.

kraal /krɑːl/, *n.* (*nel Sud Africa*) ***1*** kraal; villaggio di capanne, circondato da steccato ***2*** recinto per bestiame.

krait /kraɪt/, *n.* (*zool., Bungarus*) krait (*serpente velenoso*).

kraton /ˈkreɪtn, -ɒn, ˈkræ-/, *n.* (*geol.*) cratone.

kraut /kraʊt/, *n.* ***1*** (*cucina*) crauti (*pl.*) ***2*** (*pop. spreg.*) tedesco; crucco.

Kremlin /ˈkremlɪn/, *n.* (*polit.*) Cremlino.

Kremlinologist /kremlɪˈnɒlədʒɪst/, *n.* (*polit.*) cremlinologo.

Kremlinology /kremlɪˈnɒlədʒɪ/, *n.* (*polit.*) cremlinologia.

krill /krɪl/, *n.* (*zool.*) krill.

kris /kriːs, -ɪs/, *n.* kriss; pugnale malese.

Krishna /ˈkrɪʃnə/, *n.* (*relig.*) Krishna.

Krishnaism /ˈkrɪʃnəɪzəm/, *n.* (*relig.*) adorazione di Krishna.

Kriss Kringle /ˈkrɪsˈkrɪŋgl/, *locuz. n.* (*fam. USA*) Babbo Natale.

krona /ˈkrəʊnə/, *n.* (*pl.* **kronor**) corona svedese (*moneta*).

krone /ˈkrəʊnə/, *n.* (*pl.* **kroner**) corona (*moneta danese e norvegese, un tempo anche austriaca e tedesca*).

Kronos /ˈkrəʊnɒs/, *n.* (*mitol.*) Crono.

krypton /ˈkrɪptɒn, -ən/, *n.* (*chim.*) cripto, cripton.

kudos /ˈkjuːdɒs, ˈkuː-, -əʊs/, *n.* (*invar. al pl.*) (*fam.*) gloria; fama; prestigio; rinomanza.

kudu /ˈkuːduː, ˈkʊ-/, *V.* **koodoo**.

Kufic /ˈkuːfɪk, ˈkjuː-/, *V.* **Cufic**.

Ku Klux Klan /ˈkuːˈklʌksˈklæn, ˈkjuː-/, *locuz. n.* (*USA*) (il) Ku Klux Klan.

kümmel /ˈkʊml, *USA* ˈkɪml/ (*ted.*), *n.* kümmel.

kumquat /ˈkʌmkwɒt/, *n.* (*bot., Fortunella*) kumquat (*pianta e frutto*).

kung fu /kʊŋˈfuː, kʌŋ-/ (*giapponese*), *n.* kung fu (*metodo di difesa personale*).

Kurd /kɜːd, kʊəd/, *n.* curdo; abitante del Kurdistan.

Kurdish /ˈkɜːdɪʃ/, **A** *a.* curdo. **B** *n.* curdo (*la lingua*).

Kurdistan /kɜːdɪˈstæn, -ɑːn/, *n.* (*geogr.*) Kurdistan.

kvass /kvɑːs, -æs/ (*russo*), *n.* kvass (*bevanda leggermente alcolica*).

kvetch /kvetʃ/, *n.* (*fam. USA*) piagnucolone, piagnucolona.

to **kvetch** /kvetʃ/, *v. i.* (*fam. USA*) piagnucolare; lagnarsi. ● **to k. about sb.**, fare delle storie, preoccuparsi per q.

kwela /ˈkweɪlə/, *n.* (*mus.*) kwela (*musica dei neri in Sud Africa*).

kyanite /ˈkaɪənaɪt/, *n.* (*miner.*) cianite.

kyloe /ˈkaɪləʊ/, *n.* piccolo bue, con lunghe corna (*di razza scozzese*).

kymogram /ˈkaɪməgræm/, *n.* (*med.*) chimogramma.

kymograph /ˈkaɪməgrɑːf, *USA* -æf/, *n.* (*med.*) chimografo.

kymography /kaɪˈmɒgrəfɪ/, *n.* (*med.*) chimografia.

Kymric /ˈkɪmrɪk/, *a.* e *n.* (*stor.*) cimrico.

kyphosis /kaɪˈfəʊsɪs/, *n.* (*pl.* **kyphoses**) (*med.*) cifosi.

Kyrie eleison /ˈkɪrɪiːɪˈleɪsɒn/ (*greco*), *locuz. verb.* e *n.* (*relig.*) kyrie eleison.

l, L

L, l /ɛl/, *n.* (*pl.* **L's, l's**; **Ls, ls**) ***1*** L, l (*dodicesima lettera dell'alfabeto ingl.*) ***2*** oggetto a forma di L; (*specialm.*) ala d'un edificio: **an L-iron**, un ferro a forma di L. ● (*ind., metall.*) **L-beam**, angolare; profilato a L □ (*autom.*) **L-driver**, principiante (*L sta per* **learner**) □ (*telef.*) **l for Lucy** (*USA*: **l for Love**), l come Livorno □ (*autom.*) **L-plate**, targa da principiante (*con una L rossa su fondo bianco*).

la /lɑː/, *n.* (*mus.*) la (*nota*).

laager /ˈlɑːgə(r)/, *n.* ***1*** (*in Africa*) accampamento delimitato da carri disposti in cerchio ***2*** (*mil.*) accampamento delimitato da automezzi corazzati ***3*** (*fig.*) lager (*fig.*). ● **a l. mentality**, una mentalità reazionaria.

to **laager** /ˈlɑːgə(r)/, **A** *v. t.* ***1*** disporre (*veicoli*) in cerchio ***2*** far accampare. **B** *v. i.* accamparsi (*V.* **laager**).

lab /læb/, *n.* (*abbr. fam. di* **laboratory**) laboratorio.

Lab /læb/, (*fam.*) *V.* **Labour Party**.

labarum /ˈlæbərəm/ (*lat.*), *n.* (*pl.* **labarums, labara**) labaro.

labdanum /ˈlæbdənəm/, *n.* (*chim.*) ladano.

labefaction /læbɪˈfækʃn/, *n.* (*raro*) deterioramento; infiacchimento.

label /ˈleɪbl/, *n.* ***1*** cartellino; etichetta: **to tie a l. to a suitcase**, attaccare un cartellino a una valigia; **the l. on a bottle**, l'etichetta su una bottiglia ***2*** (*fig.*) etichetta; frase fatta; nome generico ***3*** (*archit.*) gocciolatoio; cornicione, modanatura sporgente (*su porta o finestra*) ***4*** (*arald.*) lambello ***5*** (*mus.*) marca (*o* casa produttrice) di dischi; casa discografica ***6*** (*chim., fis.*) tracciante isotopico; marcatore radioattivo. ● (*grafica*) **l. paper**, carta monolucida.

to **label** /ˈleɪbl/, *v. t.* ***1*** contrassegnare con un cartellino; mettere un'etichetta a; etichettare: **labelled boxes**, casse munite di cartellino ***2*** (*fig.*) etichettare; classificare; qualificare ***3*** (*chim., fis.*) marcare (*con un tracciante isotopico*). ● (*chim.*) **labelled compound**, composto marcato.

labeller /ˈleɪbələ(r), -bl-/, *n.* etichettatore, etichettatrice.

labelling /ˈleɪbəlɪŋ, -bl-/, *n.* etichettatura. ● **l. machine**, etichettatrice (*macchina*) □ **l. maker** (*o* **l. printer**), chi fabbrica etichette; etichettificio.

labellum /ləˈbɛləm/, *n.* (*pl.* **labella**) (*bot.*) labello.

labial /ˈleɪbɪəl/, **A** *a.* (*fon., anat.*) labiale: **l. consonants**, consonanti labiali. **B** *n.* (*fon.*) (consonante) labiale.

labialism /ˈleɪbɪəlɪzəm/, *n.* (*fon.*) labialismo.

labialization /leɪbɪəlaɪˈzeɪʃn, *USA* -lɪˈz-/, *n.* (*fon.*) labializzazione.

to **labialize** /ˈleɪbɪəlaɪz/, *v. t.* (*fon.*) labializzare.

labiate /ˈleɪbɪeɪt/, (*bot.*) **A** *a.* labiato. **B** *n.* labiata.

labile /ˈleɪbaɪl, *USA* -bl/, *a.* ***1*** instabile; mutevole; incostante; (*anche*) adattabile ***2*** (*chim., fis., psic.*) labile.

lability /leɪˈbɪlətɪ/, *n.* (*psic.*) labilità.

labiodental /leɪbɪəʊˈdɛntl/, *a.* e *n.* (*fon.*) labiodentale.

labionasal /leɪbɪəʊˈneɪzl/, *a.* e *n.* (*fon.*) labionasale.

labiovelar /leɪbɪəʊˈviːlə(r)/, *a.* e *n.* (*fon.*) labiovelare.

labium /ˈleɪbɪəm/ (*lat.*), *n.* (*pl.* **labia**) (*anat., bot.*) labbro.

labonza /ləˈbɒnzə/, *n.* (*pop. USA*) stomaco; pancia; sedere.

labor /ˈleɪbə(r)/, e *deriv.* (*USA*) *V.* **labour**, e *deriv.*

laboratorial /læbərəˈtɔːrɪəl/, *a.* di laboratorio.

laboratory /ləˈbɒrətrɪ, *USA* ˈlæbrətɔːrɪ/, *n.* laboratorio: **l. test**, prova di laboratorio. ● **l. equipment**, apparecchi (*o* attrezzature) per laboratorio.

laborious /ləˈbɔːrɪəs/, *a.* laborioso; gravoso; faticoso; operoso: **a l. young man**, un giovane laborioso; **a l. job**, un lavoro gravoso; **a l. research**, una ricerca laboriosa. ‖ **-ly**, *avv.*

laboriousness /ləˈbɔːrɪəsnəs/, *n.* ***1*** laboriosità; fatica; operosità ***2*** elaborazione faticosa (*di uno stile*).

labour /ˈleɪbə(r)/, *n.* ***1*** lavoro; fatica; impresa: **manual l.**, lavoro manuale; **lost l.**, fatica sprecata; (*mitol.*) **the labours of Hercules**, le fatiche d'Ercole ***2*** (*collett.*) (*econ.*) lavoro; manodopera; lavoratori: **l. and capital**, il lavoro e il capitale; **skilled l.**, manodopera specializzata ***3*** – (*polit.*) **L.**, il partito laburista; i laburisti ***4*** (*med.*) travaglio del parto; doglie: **a woman in l.**, una donna in travaglio. ● **l. camp**, campo di lavoro □ **l. costs**, costo del lavoro, oneri salariali □ **L. Day**, festa del lavoro (*o* dei lavoratori) □ **l. dispute**, controversia (*o* vertenza) sindacale □ **l. engagement form**, modulo d'assunzione (*al lavoro*) □ (*stor.*) **L. Exchanges**, uffici di collocamento □ **l. force**, forza lavoro; popolazione attiva □ (*econ.*) **l.-intensive**, ad alto impiego di manodopera: **The service sectors are l.-intensive**, il terziario impiega molta manodopera □ **l. law**, diritto del lavoro □ **l. laws**, legislazione del lavoro □ **a L. leader**, un uomo politico laburista □ **a l. leader**, un dirigente sindacale, un sindacalista □ (*econ.*) **l. market**, mercato del lavoro □ **the L. Party**, il partito laburista □ **the l. question**, la questione operaia □ **l. relations**, rapporti fra i lavoratori e i datori di lavoro □ **l.-saving**, che fa risparmiare lavoro e fatica □ **l. shortage**, scarsità di manodopera □ **the l. situation**, il clima sindacale □ **l. strife**, conflittualità nelle aziende □ (*USA*) **labor union**, sindacato □ (*USA*) **labor unionism**, sindacalismo; movimento sindacale □ (*econ.*) **l. unrest**, vertenzialità; conflittualità.

to **labour** /ˈleɪbə(r)/, **A** *v. i.* ***1*** lavorare; operare: **to l. for the restoration of peace**, operare per il ristabilimento della pace ***2*** affaticarsi; sforzarsi: **to l. to carry on a difficult assignment**, sforzarsi di portare avanti un compito difficile ***3*** avanzare faticosamente; procedere con difficoltà: **The old car laboured up the slope**, la vecchia automobile saliva con grande difficoltà lungo il pendio ***4*** (*med.*) avere le doglie ***5*** (*fig.*) battersi; lottare: **to l. for peace**, lottare per la pace ***6*** (*naut.*) rollare pesantemente. **B** *v. t.* ***1*** elaborare; ribadire; insistere su: **I will not l. the point**, non insisterò su questo punto ***2*** (*poet.*) lavorare, coltivare (*la terra*). ● **to l. under a delusion**, essere vittima di un'illusione; ingannarsi □ **to l. under a false impression**, avere un'impressione errata □ **a labouring man**, un lavoratore; un operaio □ (*lett.*) **her labouring heart**, il suo cuore affaticato, travagliato.

laboured /ˈleɪbəd/, *a.* ***1*** faticoso; gravoso; penoso; pesante ***2*** affaticato; difficile: **l. breathing**, respiro difficile ***3*** elaborato; affettato; studiato: **l. prose**, prosa elaborata.

labourer /ˈleɪbərə(r)/, *n.* lavoratore; operaio; manovale: **agricultural l.**, lavoratore agricolo. ● **day-l.**, giornaliero; bracciante.

Labourism /ˈleɪbərɪzəm/, *n.* (*polit.*) laburismo.

Labourite /ˈleɪbəraɪt/, *n.* (*polit.*) laburista.

Labrador /ˈlæbrədɔː(r)/, *n.* ***1*** (*geogr.*) Labrador ***2*** (= **L. retriever**) labrador (*cane*).

labradorite /læbrəˈdɔːraɪt/, *n.* (*miner.*) labradorite.

laburnum /ləˈbɜːnəm/, *n.* (*bot.*, *Laburnum anagyroides*) laburno; maggiociondolo.

labyrinth /ˈlæbərɪnθ/, *n.* (*anche anat., mecc., fig.*) labirinto.

labyrinthine /læbəˈrɪnθaɪn, *USA* -θɪn/, *a.* labirintico; intricato; difficile.

labyrinthitis /læbərɪnˈθaɪtɪs/, *n.* (*med.*) labirintite.

lac /læk/, *n.* gommalacca; lacca.

laccolith /ˈlækəlɪθ/, *n.* (*geol.*) laccolite.

lace /leɪs/, *n.* ***1*** merletto, merletti; pizzo; trina, trine: **l. trimming**, guarnizione in pizzo; **a l. collar**, un colletto di trine ***2*** laccio; stringa; (= **shoelace**) laccio da scarpe ***3*** gallone; spighetta: **gold** [**silver**] **l.**, gallone d'oro [d'argento] ***4*** schizzo (*pop.*: *aggiunto a una bevanda*); correzione (*pop.*). ● **l. glass**, bicchiere (*o* vetro) con disegno a filigrana □ **l.-maker**, merlettaia; **l.-making**, arte del merletto □ **l. pillow**, tombolo.

to **lace** /leɪs/, **A** *v. t.* ***1*** (*spesso* **to l. up**) allacciare; legare; stringere: **to l. (up) one's shoes**, allacciarsi le scarpe ***2*** ornare di trine (*o* merletti); gallonare: **to l. a dress**, ornare di merletti un vestito ***3*** (*di solito al passivo*) striare: **The sky is laced with crimson**, il cielo è striato di cremisi ***4*** aggiungere liquore a (*caffè, latte, birra, ecc.*); correggere (*una bevanda*) ***5*** (*fam., anche* **to l. into**) battere; bastonare; frustare; dare una strigliata a (q.) ***6*** (*elab.*) multiperforare. **B** *v. i.* ***1*** fare merletti (*o* trine) ***2*** (*d'abito*) allacciarsi: **This dress laces up at the back**, questo vestito s'allaccia dietro. ● (*di donna, un tempo*) **to l. one's breast**, mettersi il busto □ **to l. a cord through st.**, far passare un cordoncino attraverso q.c.

lacerable /ˈlæsərəbl/, *a.* lacerabile.

lacerate /ˈlæsərət/, *a.* ***1*** lacerato; lacero ***2*** (*fig.*) straziato.

to **lacerate** /ˈlæsəreɪt/, *v. t.* ***1*** lacerare; strappare ***2*** (*fig.*) esulcerare; straziare. ● **to l. sb.'s feelings**, ferire q. nei sentimenti.

laceration /læsəˈreɪʃn/, *n.* ***1*** lacerazione; strappo ***2*** (*med.*) lacerazione; ferita.

lacertian /ləˈsɜːʃn/, **lacertine** /ləˈsɜːtaɪn/, *a.* (*zool.*) di lucertola; simile a lucertola.

lace-ups /ˈleɪsʌps/, *n. pl.* (*fam.*) scarpe che s'allacciano.

lacework /ˈleɪswɜːk/, *n.* merletto; pizzo; trina, trine.

laches /ˈleɪtʃɪz/, *n.* (*invar. al pl.*) (*leg.*) negligenza; morosità; ritardo (*nell'esercitare un diritto, ecc.*).

Lachesis /ˈlækɪsɪs/, *n.* (*mitol.*) Lachesi (*una delle Parche*).

lachrymal /ˈlækrɪml/, ***1*** *V.* **lacrimal** ***2*** *V.* **lachrymose**.

lachrymation /lækrɪˈmeɪʃn/, *n. V.* **lacrimation**.

lachrymator /ˈlækrɪmeɪtə(r)/, *n. V.* **lacri-**

mator.

lachrymatory /lækrɪ'meɪtrɪ, 'lækrɪm-, -ətrɪ, *USA* 'lækrɪmətɔːrɪ/, **A** *V.* **lacrimatory**. **B** *n.* (*archeol.*) vaso lacrimale; lacrimatoio, lacrimatorio.

lachrymose /'lækrɪməʊs/, *a.* lacrimoso; dolente; triste.

lacing /'leɪsɪŋ/, *n.* **1** allacciamento; l'allacciare **2** laccio; stringa **3** gallone; spighetta **4** correzione (*d'una bevanda*) **5** (*fam.*) bastonatura; fustigazione; strigliata **6** (*edil.*) ricorso di listatura **7** (*elab.*) multiperforazione.

laciniate /lə'sɪnɪət/, **laciniated** /lə'sɪnɪeɪtɪd/, *a.* (*bot., zool.*) laciniato; sfrangiato.

lack /læk/, *n.* mancanza; difetto; penuria; insufficienza; scarsità: **for l. of money**, per mancanza di denaro; **There's no l. of teachers**, non c'è scarsità d'insegnanti. ● **l. of balance**, squilibrio □ **for l. of anything better**, in mancanza di meglio □ (*leg.*) **l. of evidence**, mancanza di prove □ (*leg.*) **l. of jurisdiction**, difetto di giurisdizione.

to **lack** /læk/, **A** *v. t.* difettare di; mancare di; scarseggiare di; essere privo di: **to l. experience**, essere privo di esperienza; **I l. the courage to do it**, mi manca il coraggio di farlo. **B** *v. i.* (*per lo più nelle forme in* **-ing**) far difetto; mancare; scarseggiare: **Ammunition was lacking for the defence of the town**, mancavano le munizioni per la difesa della città. ● (*polit.*) **to l. a majority in Parliament**, non avere la maggioranza in parlamento □ **to l. words with which to express one's deepest sympathy for an irretrievable loss**, non aver parole per esprimere le proprie condoglianze per una perdita irreparabile □ **to be lacking in**, essere privo di; fare difetto (*impers.*): **He is lacking in perseverance**, gli fa difetto la tenacia.

lackadaisical /lækə'deɪzɪkl/, *a.* apatico; fiacco; svogliato. || **-ly**, *avv.* || **-ness**, *sost.*

to **lacker** /'lækə(r)/, *V.* **to lacquer**.

lackey /'lækɪ/, *n.* lacchè (*anche fig.*); valletto in livrea.

to **lackey** /'lækɪ/, *v. t.* fare da lacchè a (q.); (*fig.*) comportarsi servilmente con (q.).

lackland /'læklənd/, *a.* e *n.* (persona) che non ha terre. ● (*stor.*) **John L.**, Giovanni Senzaterra.

lackluster /'læklʌstə(r)/, (*USA*) *V.* **lacklustre**.

lacklustre /'læklʌstə(r)/, *a.* **1** (*specialm. dell'occhio*) smorto; spento **2** (*fig.*) debole; fiacco; poco brillante: **a l. performance**, un risultato poco brillante.

laconic /lə'kɒnɪk/, *a.* laconico; di poche parole; conciso. || **-ally**, *avv.*

laconicism /lə'kɒnɪsɪzəm/, **laconism** /'lækənɪzəm/, *n.* **1** laconicità; concisione; laconismo **2** detto (*o* motto) conciso.

lacquer /'lækə(r)/, *n.* **1** lacca: **Japanese l.**, lacca giapponese **2** vernice alla cellulosa (*o* a spirito) **3** oggetto di legno laccato **4** lacca (*per i capelli*) **5** lacca (*o* smalto) per le unghie.

to **lacquer** /'lækə(r)/, *v. t.* **1** laccare **2** verniciare alla cellulosa.

lacquerer /'lækərə(r)/, *n.* laccatore; verniciatore (*alla cellulosa*).

lacquerware /'lækəwɛə(r)/, *n.* (*collett.*) lacche; oggetti di legno laccati.

lacquey, to **lacquey** /'lækɪ/, *V.* **lackey, to lackey**.

lacrimal /'lækrɪml/, *a.* **1** (*anat.*) lacrimale: **the l. glands**, le ghiandole lacrimali **2** *V.* **lachrymose**.

lacrimation /'lækrɪmeɪʃn/, *n.* lacrimazione.

lacrimator /'lækrɪmeɪtə(r)/, *n.* (*chim., mil.*) gas lacrimogeno.

lacrimatory /'lækrɪmətrɪ, -eɪtrɪ, *USA* -ətɔːrɪ/, *a.* lacrimatorio.

lacrosse /lə'krɒs, *USA* -'krɔːs/, *n.* (*sport*) lacrosse (*gioco can., praticato in origine dagli indiani d'America*).

lactam /'læktæm/, *n.* (*biochim.*) lattame.

lactase /'lækteɪz, -teɪs/, *n.* (*biochim.*) lattasi.

lactate /læk'teɪt/, *n.* (*chim.*) lattato.

lactation /læk'teɪʃn/, *n.* (*fisiol.*) **1** lattazione **2** periodo dell'allattamento.

lacteal /'læktɪəl/, **A** *a.* **1** (*scient.*) latteo; lattiginoso **2** (*anat.*) chilifero. **B** *n. pl.* (*anat.*) vasi chiliferi (*dell'intestino*).

lactescence /læk'tesns/, *n.* (*scient.*) lattescenza.

lactescent /læk'tesnt/, *a.* (*scient.*) lattescente.

lactic /'læktɪk/, *a.* lattico: (*biochim.*) **l. acid**, acido lattico.

lactide /'læktaɪd/, *n.* (*chim.*) lattide.

lactiferous /læk'tɪfərəs/, *a.* **1** (*anat.*) lattifero **2** (*bot.*) lattiginoso; che dà latice.

lactobacillus /læktəʊbə'sɪləs/, *n.* (*pl.* **lactobacilli**) (*biol.*) lattobacillo.

lactometer /læk'tɒmɪtə(r)/, *n.* (*scient.*) lattimetro; lattodensimetro.

lactoprotein /læktəʊ'prəʊtiːn/, *n.* (*chim.*) proteina del latte.

lactoscope /'læktəʊskəʊp/, *n.* (*scient.*) lattoscopio.

lactose /'læktəʊs, -z/, *n.* (*chim.*) lattosio.

lacuna /lə'kjuːnə, *USA* -'kuː-/, *n.* (*pl.* **lacunae, lacunas**) lacuna; cavità.

lacunal /lə'kjuːnl, *USA* -'kuː-/, *V.* **lacunar** (2).

lacunar (1) /lə'kjuːnə(r), *USA* -'kuː-/, *n.* (*archit.*) lacunare; soffitto a cassettoni.

lacunar (2) /lə'kjuːnə(r), *USA* -'kuː-/, **lacunary** /lə'kjuːnərɪ, *USA* -'kuː-/, *n.* **1** di (*o* simile a) lacuna **2** lacunoso.

lacunose /lə'kjuːnəʊs, *USA* -'kuː-/, *a.* lacunoso.

lacustrian /lə'kʌstrɪən/, **A** *n.* palafitticolo. **B** *a.* lacustre.

lacustrine /lə'kʌstraɪn, *USA* -trən/, *a.* lacustre.

lacy /'leɪsɪ/, *a.* **1** di (*o* simile a) pizzo; merlettato **2** (*pop. USA*) effeminato.

lad /læd/, *n.* **1** giovinetto; giovanotto; ragazzo **2** mozzo di stalla **3** (*fam., di solito* **a bit of a lad**) tipo sveglio (*o* svelto).

ladder /'lædə(r)/, *n.* **1** scala (*non in muratura*): **rung l.**, scala a pioli; **rope l.**, scala di corda; (*naut.*) barcarizzo **2** (*ginnastica*) scala svedese **3** (*sport*) graduatoria **4** (*di calza*) smagliatura. ● **l. ditcher**, escavatore (*di trincee*) a catena di tazze □ **l. dredge**, draga a tazze □ (*elettron.*) **l. network**, rete a scala □ **l. stitch**, punto a scala (*nel ricamo*) □ (*fig.*) **the l. to success**, il mezzo per conseguire il successo □ (*ferr.*) **l. track**, binario di smistamento □ **l. trencher**, *V.* **l. ditcher** □ **l. truck**, autoscala (*dei pompieri*) □ **to mend ladders in a stocking**, rimagliare una calza □ (*fig.*) **the social l.**, la scala sociale.

to **ladder** /'lædə(r)/, **A** *v. t.* smagliare (*una calza*). **B** *v. i.* (*di calze*) smagliarsi.

ladderproof /'lædəpruːf/, *a.* (*di calza*) indemagliabile.

laddie /'lædɪ/, (*specialm. scozz. e USA*) *V.* **lad**.

to **lade** /leɪd/ (*p. p.* **laden**), *v. t.* **1** (*specialm. naut.*) caricare: **to l. a ship with a cargo of cereals**, caricare una nave di cereali **2** cavare con un mestolo, travasare (*acqua, ecc.*).

laden /'leɪdn/, **A** *p. p.* di **to lade**. **B** *a.* **1** carico; caricato: **a ship l. with timber**, una nave carica di legname; **a tree l. with fruits**, un albero carico di frutti **2** (*fig.*) gravato; afflitto: **l. with a heavy pain**, afflitto da un grave dolore. ● (*di un veicolo*) **l. weight**, peso a pieno carico.

la-di-da(h) /lɑːdɪ'dɑː/, *a.* e *n.* (*fam.*) (individuo) affettato, lezioso, manieroso, pretenzioso, ricercato.

Ladin /læ'diːn, *USA* lə-/, *a.* e *n.* ladino (*anche la lingua*).

lading /'leɪdɪŋ/, *n.* (*specialm. naut.*) carico; caricazione: **l. port**, porto di caricazione. ● (*comm.*) **bill of l.**, polizza di carico.

ladle /'leɪdl/, *n.* **1** mestolo; ramaiolo **2** (*metall.*) cucchiaione; secchia; siviera **3** pala (*di ruota idraulica*).

to **ladle** /'leɪdl/, *v. t.* cavare (*o* distribuire, versare) con un mestolo; scodellare (*la zuppa, ecc.*). ● (*fig.*) **to l. out**, distribuire a piene mani, profondere (*doni, ecc.*).

ladleful /'leɪdlfʊl/, *n.* mestolata; contenuto d'un mestolo.

lady /'leɪdɪ/, *n.* **1** signora; dama; gentildonna; padrona: **There were four ladies**, c'erano quattro signore; **the l. of the castle**, la signora del castello; la castellana; **the l. of the house**, la padrona di casa; (*vocat.*) **Ladies and gentlemen!**, signore e signori! **2** – **L.**, Lady (*titolo onorifico attribuito a nobildonne e a mogli di nobiluomini*): **L. Jane Grey**, Lady Jane Grey; **the L. Mayoress**, la moglie del sindaco di Londra (*detto* **Lord Mayor**) **3** (*arc. o fam.*) moglie: **your good l.**, Vostra moglie **4** (*usato come attr.*) donna; femmina: **l. doctor**, dottoressa; **l. president**, presidentessa **5** (*pl.*) (*col verbo al sing.*) toilette per signore. ● (*relig.*) **L. Altar**, altare della Madonna □ **ladies' band**, vera (*o* fede nuziale) per donna □ (*iron.*) **L. Bountiful**, donna esageratamente generosa; fata benefica (*fig.*) □ (*sport*) **l. champion**, campionessa □ (*relig.*) **L. Chapel**, cappella dedicata alla Madonna □ (*relig.*) **L. Day**, festa dell'Annunciazione (*25 marzo*) □ (*sport*) **Ladies' Day**, la giornata dell'hockey femminile (*campionato mondiale*) □ (*ass.*) **l. driver**, automobilista donna (*paga meno in G.B.*) □ **ladies' fashions**, articoli di moda femminile; modelli da donna □ (*bot.*) **l. fern** (*Athyrium filix-foemina*), felce femmina □ **l. friend**, amica; amante □ **Ladies' gallery**, galleria riservata alle signore (*nella Camera dei Comuni*) □ **l.-help**, domestica; colf □ **l.-in-waiting**, dama di compagnia □ **l.--killer**, conquistatore; rubacuori; dongiovanni □ **l. lingerie**, biancheria intima da donna □ (*arc.*) **l.-love**, amorosa; innamorata □ **L. Luck**, la Fortuna (*personificata*) □ **l.'s maid**, cameriera personale □ **a ladies' man**, un damerino; un conquistatore di donne □ **ladies' room**, toilette per signore □ (*bot.*) **l.'s slipper** (*o* **l.-slipper**) (*Cypripedium calceolus*), pianella della Madonna □ (*bot.*) **l. smock** (*Cardamine pratensis*), cardamine; viola dei pesci, billeri (*region.*) □ (*bot.*) **l. tulip** (*Tulipa silvestris*), tulipano selvatico; lancetta □ **ladies' wear**, vestiti da donna □ (*polit., USA*) **the First L.**, la first lady (*la moglie del presidente degli U.S.A.*) □ (*relig.*) **Our L.**, Nostra Signora; la Madonna □ **young l.**, signorina.

ladybird /'leɪdɪbɜːd/, *n.* (*zool., Coccinella*) coccinella.

ladybug /'leɪdɪbʌg/, *n.* (*USA*; *zool., Coccinella*) coccinella.

to **ladyfy** /'leɪdɪfaɪ/, *v. t.* **1** fare (*di una donna*) una «signora» **2** dare della signora a (*una donna*); chiamare «signora».

ladylike /'leɪdɪlaɪk/, *a.* **1** (*rif. a donna*) da signora; educato; distinto; raffinato; signorile **2** (*d'uomo*) effeminato **3** (*spreg.*) donnesco.

ladyship /'leɪdɪʃɪp/, *n.* **1** l'essere una signora; condizione (*o* posizione, rango) di gran dama **2** (*appellativo usato con donne cui compete il titolo di* **Lady**) signoria; vossignoria; eccellenza: **Your L.**, Vossignoria; **Her L.**, Sua Eccellenza.

Laertes /leɪ'ɜːtiːz/, *n.* (*letter.*) Laerte.

Laetitia /lɪ'tɪʃɪə/, *n.* Letizia.

laevogyrate /liːvəʊ'dʒaɪreɪt/, *V.* **levogyrate**.

lag (1) /læg/, *n.* **1** (*elettron., mecc., ecc.*) ritardo: **with a time lag of one month**, con un mese di ritardo; **technological lag**, ritardo tecnologico **2** (*econ.*) sfasamento. ● (*med.*) **lag phase**, fase di latenza.

lag (2) /læg/, *n.* **1** assicella; doga **2** (materiale) coibente; rivestimento isolante. ● (*mecc.*) **l. screw**, vite da legno con testa quadra.

lag (3) /læg/, *n.* (*pop.*) ergastolano; forzato.

to **lag** (1) /læg/, *v. i.* **1** (*spesso* **to lag behind**) attardarsi; restare indietro (*anche fig.*); trascinarsi: **The damaged cargo lagged behind the other ships**, il mercantile danneggiato restava indietro rispetto alle altre navi *2* (*elettron., mecc.*) ritardare *3* (*fig., anche econ.*) ristagnare: **Business is lagging**, l'attività commerciale ristagna.

to **lag** (2) /læg/, *v. t.* coibentare (*tecn.*); rivestire (*specialm. con materiale isolante*); isolare: **to lag water pipes**, rivestire le tubazioni dell'acqua.

to **lag** (3) /læg/, *v. t.* (*pop.*) condannare ai lavori forzati; deportare.

lagan /'lægən/, *n.* (*leg.*) merce gettata in mare (*spesso legata a una boa, che ne identifica il proprietario*).

lager /'lɑːgə(r), *USA* 'lɑː-, 'lɔː-/, *n.* birra chiara (*in origine tedesca*).

laggard /'lægəd/, **A** *n.* *1* ritardatario *2* indolente; infingardo. **B** *a.* (*raro*) lento; pigro; tardo.

lagging (1) /'lægɪŋ/, *a.* lento; pigro; tardo. ● (*econ.*) **l. indicator**, indicatore ritardato.

lagging (2) /'lægɪŋ/, *n.* *1* (*edil.*) centinatura; (*anche*) puntello *2* coibentazione (*tecn.*); rivestimento isolante; isolamento.

lagoon /lə'guːn/, *n.* (*geogr.*) laguna.

lah-di-dah /lɑːdɪ'dɑː/, *V.* **la-di-da(h)**.

laic /'leɪɪk/, **A** *a.* laicale. **B** *n.* laico.

laical /'leɪɪkl/, *a.* laicale. || **-ly**, *avv.*

laicism /'leɪɪsɪzəm/, *n.* laicismo.

laicization /leɪɪsaɪ'zeɪʃn, *USA* -sɪ'z-/, *n.* laicizzazione.

to **laicize** /'leɪɪsaɪz/, *v. t.* laicizzare.

laid /leɪd/, *pass.* e *p. p.* di **to lay**. ● (*pop.*) **l.-back**, disteso (*fig.*); rilassato; tranquillo □ (*ind. della carta*) **l. line**, vergatura □ (*econ.*) **l.-off**, sospeso temporaneamente dal lavoro; lasciato a casa (*fam.*) □ (*pop. USA*) **laid-out**, intontito (*dall'alcol o dalla droga*) □ **l. paper**, carta vergata □ **l.-up**, (*di nave*) in disarmo, disarmata; (*fam.*) infermo, incapace di muoversi, costretto a letto □ **l. wool**, lana sucida □ **l. work**, punto piatto (*nel ricamo*).

lain /leɪn/, *p. p.* di **to lie** (2).

lair /lɛə(r)/, *n.* *1* covo, tana (*specialm. d'animale selvatico*) *2* (*fig.*) covo; nascondiglio; rifugio *3* recinto per il bestiame (*diretto al mercato*) *4* (*poet.*) recesso.

to **lair** /lɛə(r)/, *v. i.* rintanarsi; rifugiarsi nel covo.

laird /'lɛəd/, *n.* (*scozz.*) proprietario terriero; possidente.

laissez-faire /'leɪseɪ'fɛə(r), 'les-/ (*franc.*), **A** *n.* *1* (*polit.*) non interferenza *2* (*econ.*) liberismo. **B** *a.* *1* (*polit.*) di non interferenza *2* (*econ.*) liberistico: **a laissez-faire policy**, una politica liberistica.

laity /'leɪətɪ/, *n.* (*collett.*) *1* condizione secolare; laicato; (i) laici *2* (i) profani.

lake (1) /leɪk/, *n.* lago (*anche fig.*). ● **the L. Country** (*o* **the L. District, the Lakes**), la Regione dei laghi (*Grassmere, Windermere, ecc. in G.B.*) □ **l. dweller**, palafitticolo □ **l. dwelling**, abitazione lacustre; palafitta □ **l. peat**, torba lacustre □ (*letter.*) **the L. poets**, i (poeti) laghisti □ (*geogr.*) **the Great Lakes**, i Grandi Laghi (*fra gli U.S.A. e il Canada*).

lake (2) /leɪk/, *n.* *1* (*ind., chim.*) lacca pigmento; lacca colorante *2* (*pitt.*) lacca. ● **l. red**, rosso lacca.

lakefront /'leɪkfrʌnt/, *n.* lungolago.

lakeland /'leɪklənd/, *n.* regione lacustre. ● (*geogr.*) **L.**, (la) Regione dei laghi (*in G.B.*).

lakelet /'leɪklət/, *n.* laghetto.

lakeside /'leɪksaɪd/, *n.* riva (*o* sponda) del lago.

laky /'leɪkɪ/, *a.* rosso lacca.

lallation /lə'leɪʃn/, *n.* (*ling., med.*) lallazione.

to **lam** /læm/, *v. t.* e *i.* *1* (*pop.*; *di solito*, **to lam into**) attaccare (*anche a parole*); battere; percuotere; picchiare *2* (*pop. USA*) sottrarsi all'arresto; (*anche*) scappare di prigione, evadere.

lama (1) /'lɑːmə/, *n.* (*relig.*) lama (*monaco buddista*).

lama (2) /'lɑːmə/, *V.* **llama**.

Lamaism /'lɑːmaɪzəm/, *n.* (*relig.*) lamaismo.

Lamaist /'lɑːməɪst/, *n.* e *a.* (*relig.*) lamaista; (seguace) del lamaismo.

lamasery /'lɑːməsərɪ, *USA* -ɛrɪ/, *n.* (*relig.*) monastero di lama; lamasseria.

lamb /læm/, *n.* *1* agnello (*anche fig.*): **roast l.**, agnello arrosto; **the L.** (**of God**), l'agnello di Dio; Gesù *2* agnellino; pelliccia d'agnello *3* (*vezzegg.*) tesoro; tesoruccio *4* (*pop. USA*) credulone; minchione. ● (*cucina*) **l. chop**, costoletta d'agnello □ (*bot.*) **l.'s-tails**, gattini (*o* amenti) di nocciolo □ **l.'s wool**, lambswool; lana d'agnello inglese □ **to be like a l.**, essere docile (*o* mite, innocente) come un agnello □ (*fig.*) **a wolf in l.'s skin**, un lupo in veste d'agnello □ (*prov.*) **One may as well be hanged for a sheep as a l.**, tanto vale essere impiccato per avere rubato una pecora (e non un agnello soltanto).

to **lamb** /læm/, **A** *v. i.* (*di pecora*) figliare. **B** *v. t.* assistere (*una pecora*) durante il parto.

to **lambaste** /læm'beɪst/, *v. t.* (*pop.*) *1* battere; picchiare; percuotere *2* dare una strigliata a; rimproverare; redarguire; stroncare (*fig.*).

lambda /'læmdə/, *n.* lambda (*undicesima lettera dell'alfabeto greco*).

lambdacism /'læmdəsɪzəm/, *n.* (*med.*) lambdacismo, labdacismo.

lambdoid /'læmdɔɪd/, **lambdoidal** /læm'dɔɪdl/, *a.* (*anat., med.*) lambdoideo: **l. suture**, sutura lambdoidea; lambdoide.

lambency /'læmbənsɪ/, *n.* *1* il lambire; lo sfiorare *2* luminosità; luce radente; fosforescenza *3* spirito (*o* umorismo) brillante.

lambent /'læmbənt/, *a.* *1* (*di fiamma, luce*) lambente; guizzante; che sfiora (q.c.) *2* (*di cielo, occhi, ecc.*) brillante; splendente *3* (*di spirito, umorismo*) vivace; brillante; scintillante.

Lambert /'læmbɜːt/, *n.* Lamberto.

lambie /'læmɪ/, *n.* (*fam. USA, specialm. al vocat.*) amore; tesoro.

lambkin /'læmkɪn/, *n.* *1* agnellino *2* (*fig.*) bimbo; piccino.

lamblike /'læmlaɪk/, *a.* da agnello; docile; mite; innocente.

lambrequin /'læmbəkɪn/, *n.* *1* mantovana *2* (*pl.*) (*anche arald.*) lambrecchini.

lambskin /'læmskɪn/, *n.* *1* pelle d'agnello (*anche cuoio o pergamena*) *2* pelliccia d'agnello; agnellino *3* cartapecora.

lame /leɪm/, *a.* *1* zoppo (*anche fig.*); difettoso; imperfetto, zoppicante, che non regge; inefficace: **l. in one leg**, zoppo da una gamba; **a l. argument** [**excuse**], un ragionamento [una scusa] che non regge; **a l. line**, un verso zoppicante *2* storpio; rigido e dolorante: **a l. back**, una schiena rigida e dolorante *3* (*pop. USA*) incapace; inetto; rozzo. ● (*collett.*) **the l.**, gli zoppi □ (*fig.*) **a l. duck**, una cosa inservibile, gravemente danneggiata (*per es., una nave senza timone*); un fiasco, un fallimento; (*fin.*) un operatore di borsa dichiarato insolvente; (*econ.*) un'industria improduttiva, un'azienda che traballa; (*polit. USA*) un deputato (*o* un senatore, un presidente) non rieletto ma ancora in carica (*pop.*: trombato) □ **a l. man**, uno zoppo □ (*di cavallo, ecc.*) **to go l.**, azzopparsi.

to **lame** /leɪm/, *v. t.* *1* azzoppare *2* storpiare *3* (*fig.*) frustrare; rendere inefficace, debole.

lamé /'lɑːmeɪ, 'læ-, *USA* -'meɪ/ (*franc.*), *a.* e *n.* (*moda*) lamé.

lamebrained /'leɪmbreɪnd/, *a.* (*pop. USA*) stupido; scemo; imbranato (*pop.*).

lamella /lə'mɛlə/, *n.* (*pl.* **lamellae, lamellas**) (*scient.*) lamella.

lamellar /lə'mɛlə(r)/, **lamellate** /lə'mɛlət/, **lamellated** /'læməleɪtɪd/, *a.* (*scient.*) lamellare; lamellato.

lamellibranchia /ləmɛlɪ'bræŋkjə/, *n. pl.* (*zool., Lamellibranchia*) lamellibranchi.

lamelliform /lə'mɛlɪfɔːm/, *a.* (*scient.*) lamelliforme.

lamely /'leɪmlɪ/, *avv.* *1* zoppicando; zoppiconi *2* (*fig.*) debolmente; malamente.

lameness /'leɪmnəs/, *n.* *1* l'essere zoppo; zoppia; zoppaggine (*raro*) *2* (*fig.*) debolezza; difettosità; imperfezione.

lament /lə'mɛnt/, *n.* lamento; pianto: **a funeral l.**, un lamento funebre.

to **lament** /lə'mɛnt/, *v. t.* e *i.* lamentare; piangere; compiangere; deplorare; dolersi di: **to l.** (**over**) **the loss of a beloved person** (*o* **to l. for a beloved person**), piangere la perdita (*o* dolersi della morte) d'una persona amata.

lamentable /'læməntəbl, lə'mɛn-/, *a.* *1* lacrimevole; doloroso; da rimpiangere: **l. fate**, lacrimevole sorte; **the l. loss of a friend**, la dolorosa perdita di un amico *2* deplorevole; mediocre; cattivo; pessimo: **a l. show**, un pessimo spettacolo. || **-bly**, *avv.*

lamentation /læmən'teɪʃn/, *n.* lamentazione; lamento.

lamented /lə'mɛntɪd/, *a.* compianto; rimpianto: **our l. friend**, il nostro compianto amico. ● **the late lamented Mr J. Brown**, il compianto Sig. J. Brown.

lamentingly /lə'mɛntɪŋlɪ/, *avv.* lamentosamente.

lamia /'leɪmɪə/, *n.* (*pl.* **lamias, lamiae**) *1* (*mitol.*) lamia *2* (*per estens.*) strega.

lamina /'læmɪnə/, *n.* (*pl.* **laminae, laminas**) (*scient.*) lamina.

laminable /'læmɪnəbl/, *a.* laminabile.

laminar /'læmɪnə(r)/, **laminate** (1) /'læmɪnət/, *a.* (*scient.*) laminare; lamellare: **l. layer**, strato laminare.

laminate (2) /'læmɪnət/, *n.* (*tecn.*) laminato (*specialm. plastico o di legno*).

to **laminate** /'læmɪneɪt/, *v. t.* *1* (*specialm. metall.*) laminare *2* rivestire di lamine *3* ridurre in lamine (*o* lamelle).

laminated /'læmɪneɪtɪd/, *a.* laminato. ● **l. plastics**, laminati plastici □ **l. wood**, laminato di legno.

lamination /læmɪ'neɪʃn/, *n.* *1* (*anche metall.*) laminazione; laminatura *2* (*geol.*) laminazione *3* lamina; strato laminato.

laminitis /læmɪ'naɪtɪs/, *n.* (*vet.*) podoflemmatite; laminite.

laminotomy /læmɪ'nɒtəmɪ/, *n.* (*med.*) laminotomia.

Lammas /'læməs/, *n.* (*relig. cattolica*) (il) primo d'agosto (*un tempo, festa del raccolto anche in Inghil.*).

Lammastide /'læməstaɪd/, *n.* (*arc.*) *V.* **Lammas**.

lammergeyer /'læməgaɪə(r)/, *n.* (*zool., Gypaetus barbatus*) gipeto.

lamming /'læmɪŋ/, *n.* (*pop.*) violento attacco (*anche a parole*); botte; percosse; sberle (*pop.*).

lamp /læmp/, *n.* *1* lampada; lampadina; lanterna; lucerna; lampione; fanale; (*fig.*) lume, lampa (*poet.*): **an electric l.**, una lampadina elettrica; **a spirit l.**, una lampada a spirito; **a street-l.**, un lampione; un fanale; **a table l.**, una lampada da tavolo; **an oil l.**, un lume a petrolio; **a bicycle l.**, un fanale da bicicletta; (*un tempo*) **gas l.**, lampione a gas; **arc l.**, lampada ad arco; **safety l.**, lampada di sicurezza (*nelle miniere*) *2* (*autom.*) faro; proiettore *3* (*pl.*) (*pop. USA*) occhi. ● **l.-holder**, portalampada □ **l. oil**, olio per lampade; petrolio; cherosene □ (*ind. min.*) **l. room**, lampisteria □ **l. standard**, palo della luce □ (*fig.*) **to pass** (*o* **to hand**) **on the l.**, portare innanzi e passare ad altri la fiaccola del sapere; fare la propria parte in favore del progresso (*o* di una causa) □ (*autom.*) **rear stop-l.**, fanalino d'arresto □ (*di stile*) **to smell of the l.**, essere pedantesco, libresco; sapere di lucerna.

to **lamp** /læmp/, **A** *v. i.* (*poet.*) splendere; risplendere. **B** *v. t.* *1* (*poet.*) illuminare *2* (*pop. USA*) guardare *3* fornire di lampade (*o* di lampioni).

lampas (1) /'læmpəz/, *n.* (*vet.*) lampasco.

lampas (2) /'læmpəs/, *n.* (*ind. tess.*) lampasso.

lampblack /'læmpblæk/, *n.* nerofumo (*di*

lampada).

lamper eel /'læmpəriːl/, *locuz. n.* (*zool.*, *Petromyzon*) lampreda.

lampern /'læmpən/, *n.* (*zool.*, *Lampetra fluviatilis*) lampreda di fiume.

lamplight /'læmplaɪt/, *n.* lume di lampada; luce artificiale.

lamplighter /'læmplaɪtə(r)/, *n.* (*un tempo*) lampionaio.

lampman /'læmpmən/, *n.* (*pl.* **lampmen**) (*ind. min.*) lampista.

lampoon /læm'puːn/, *n.* libello satirico; satira; pasquinata.

to **lampoon** /læm'puːn/, *v. t.* satireggiare; scrivere satire contro (q.).

lampooner /læm'puːnə(r)/, **lampoonist** /læm'puːnɪst/, *n.* scrittore di libelli satirici; libellista.

lamppost /'læmppəʊst/, *n.* palo della luce.

lamprey /'læmprɪ/, *n.* (*zool.*, *Petromyzon*; = **l. eel**) lampreda.

lampshade /'læmpʃeɪd/, *n.* paralume.

Lancastrian /læŋ'kæstrɪən/, *a.* e *n.* ***1*** (*stor.*) lancastriano (*della Casa di Lancaster*) ***2*** (*geogr.*) (abitante *o* nativo) di Lancaster (*o* del Lancashire).

lance /lɑːns, *USA* læns/, *n.* ***1*** (*mil.*, *stor.*) lancia ***2*** (*mil.*, *stor.*) lanciere: **twenty lances**, venti lancieri ***3*** arpione (*da pesca*) ***4*** (*med.*) lancetta; bisturi ***5*** (= **oxygen l.**) lancia termica. ● (*mil.*) **l. corporal**, (*gergo* **l.-jack**), appuntato; caporale onorario □ (*zool.*) **l.-fish** (*Ammodytes*), ammodite □ (*mil.*) **l. sergeant**, caporale che fa funzione di sergente □ (*fig.*) **to break a l. with sb.**, entrare in polemica con q.

to **lance** /lɑːns, *USA* læns/, *v. t.* ***1*** trafiggere con una lancia ***2*** (*med.*) incidere con la lancetta ***3*** (*poet.*) lanciare; scagliare.

lancelet /'lɑːnslət, *USA* 'læn-/, *n.* (*zool.*, *Branchiostoma*) anfiosso; lancetta.

Lancelot /'lɑːnslət, *USA* 'læn-/, *n.* (*letter.*) Lancillotto.

lanceolate /'lɑːnsɪəʊlət, *USA* 'læn-/, *a.* (*bot.*) lanceolato.

lancer /'lɑːnsə(r), *USA* 'læn-/, *n.* ***1*** (*mil.*) lanciere ***2*** (*pl.*) i lancieri (*specie di quadriglia*).

lancet /'lɑːnsɪt, *USA* 'læn-/, *n.* (*med.*) lancetta; bisturi. ● (*archit.*) **l. arch**, arco gotico (*o* a sesto acuto) □ (*archit.*) **l. window**, finestra ogivale.

lanceted /'lɑːnsɪtɪd, *USA* 'læn-/, *a.* (*archit.*) che ha archi (*o* finestre) ogivali.

lancinating /'lɑːnsɪneɪtɪŋ, *USA* 'læn-/, *a.* (*med.*) lancinante: **a l. pain**, un dolore lancinante.

land /lænd/, **A** *n.* ***1*** terra; terraferma; terreno; paese; patria; suolo; contrada; regione: **to travel by l.**, viaggiare per via di terra; **to travel over l. and sea**, viaggiare per terra e per mare; **rich l.**, terreno ricco, fertile; **to emigrate to a remote l.**, emigrare in un paese lontano; **one's native l.**, la terra natale; la patria; **the Promised L.** (*o* **the L. of Promise**), la Terra Promessa; **good wheat l.**, suolo adatto alla coltivazione del grano; **Let's go back to the l.**, torniamo alla terra (*o* alla campagna)!; **to work the l.**, lavorare la terra; **the l. of dreams**, il paese dei sogni ***2*** fondo; podere; tenuta ***3*** (*pl.*) terreni; proprietà terriera ***4*** (*elettr.*) terra ***5*** (*mecc.*) pieno (*della rigatura della canna d'un fucile, ecc.*) ***6*** (*di disco grammofonico*) intersolco ***7*** (*mecc.*) dorso (*d'arnese da taglio*). **B** *a. attr.* ***1*** terrestre; di terra: **l. animals**, animali terrestri ***2*** (*econ.*) agrario; fondiario; immobiliare; terriero: **l. rent**, rendita fondiaria ***3*** dei terreni: **l. prices**, i prezzi dei terreni. ● **l. agency**, lavoro di fattore; mansione di mediatore di terreni; agenzia immobiliare □ **l. agent**, agente agricolo, fattore; mediatore di terreni; agente immobiliare □ **l. bank**, banca di credito agricolo □ **l. breeze**, brezza di terra □ (*geol.*) **l. bridge**, ponte continentale □ **l. broker**, mediatore di terreni □ **l. carriage**, trasporto per via di terra □ **l. certificate**, certificato catastale □ **L. Charges Register**, Registro delle Ipoteche Immobiliari □ **l. credit**, credito fondiario □ (*mil.*) **l. force(s)**, forza di terra; esercito □ **l.-hunger**, «fame» (*o* desiderio sfrenato) di terra □ **l. improvement**, miglioria fondiaria □ **l.-jobber**, speculatore di beni immobili □ **l. laws**, leggi terriere □ (*mil.*) **l. mine**, mina terrestre □ **l. office**, ufficio del catasto □ (*fam. USA*) **l.-office business**, attività commerciale che va a gonfie vele; affari d'oro □ **l. pollution**, inquinamento del suolo □ **l. rail**, *V.* **corncrake** □ **l. reclamation**, bonifica agraria □ **l. reform**, riforma agraria (*o* fondiaria) □ **L. Registrar** [**Registry**], Conservatore [Conservatoria] dei Registri Immobiliari □ (*trasp.*) **l. route**, via di terra □ **l. steward**, fattore agricolo □ **l. survey**, rilevamento del terreno □ **l. surveying**, agrimensura □ **l. surveyor**, agrimensore □ (*fisc.*) **l. tax**, imposta fondiaria □ (*ind. costr.*) **l. tie**, catena di ancoraggio (*per sostenere un muro*) □ (*mil.*) **l.-to-l.** terra-terra: **a l.-to-l. missile**, un missile terra-terra □ (*naut.*) **to come to** (*o* **to reach, to make**) **l.**, toccare terra, approdare □ **to go back to the l.**, tornare alla terra, a lavorare la terra □ (*fig.*) **how the l. lies**, come stanno le cose; qual è la situazione □ **public l.**, terreno demaniale □ **to work on the l.**, lavorare la terra; fare il contadino.

to **land** /lænd/, **A** *v. t.* ***1*** (*naut.*, *aeron.*) sbarcare; scaricare: **to l. passengers and goods**, sbarcare passeggeri e scaricare merci ***2*** portare (*a destinazione*): **This train will l. you in Rome tonight**, questo treno ti porterà a Roma in serata ***3*** gettare; far finire: **The fight landed them both in jail**, la rissa li fece finire tutti e due in carcere ***4*** (*aeron.*) portare a terra; far atterrare (*un aereo*); far ammarare (*un idrovolante*); (*naut.*) far approdare (*una barca, una nave*) ***5*** tirare a riva: **I couldn't l. the fish I had hooked**, non riuscii a tirare a riva il pesce che avevo preso all'amo ***6*** (*fam.*) acchiappare; prendere al laccio (*come marito, ecc.*); assicurarsi; riuscire a procurarsi: **She has landed a very rich man**, ha preso al laccio un riccone; **He landed a good job**, riuscì ad assicurarsi un buon lavoro ***7*** (*fam.*) dare, assestare (*un colpo*); mollare (*un cazzotto*): **to l. a punch on sb.'s chin**, dare a q. un pugno sul mento ***8*** (*fam.*) affibbiare; sbolognare (*fam.*); scaricare (*fig.*): **She's been landed with the granchildren**, le hanno sbolognato i nipotini. **B** *v. i.* ***1*** (*naut.*) sbarcare; approdare; toccare terra: **We landed at Aden**, sbarcammo ad Aden ***2*** scendere (*da un veicolo*); arrivare (*a destinazione*) ***3*** (*aeron.*) atterrare; toccare terra ***4*** (*aeron.*: *d'idrovolante*) ammarare ***5*** (*miss.*: *di veicolo spaziale*) allunare ***6*** (*di gocce, bombe, ecc.*) cadere ***7*** (*fig.*) cadere (*bene, male, ecc.*): **to l. on one's feet**, cadere in piedi. ● (*fam.*) **to l. up**, (andare a) finire; capitare: **I landed up in a fishermen's village**, capitai in un villaggio di pescatori □ **to be landed in an unknown territory**, trovarsi in un territorio sconosciuto □ **to be landed in a real mess**, trovarsi nei guai fino al collo.

landau /'lændɔː/, *n.* landau; landò.

landed /'lændɪd/, *a.* ***1*** terriero; agricolo; fondiario: **l. property** (*o* **estate**), proprietà fondiaria; beni fondiari; **a l. proprietor**, un proprietario terriero ***2*** (*naut.*) sbarcato: **newly l.**, appena sbarcato. ● **the l. interests**, gli interessi agrari □ (*naut.*) **l. terms**, franco di spese allo sbarco.

lander /'lændə(r)/, *n.* ***1*** (*ind. min.*) addetto al carico e allo scarico ***2*** (*aeron.*, *miss.*) veicolo per l'atterraggio (soffice).

landfall /'lændfɔːl/, *n.* ***1*** (*naut.*) (primo) approdo (*durante un viaggio*) ***2*** (*naut.*) avvistamento della terra; terra in vista ***3*** (*geol.*) frana; smottamento.

landfill /'lændfɪl/, *n.* (*ind. costr.*) interramento.

landforce /'lændfɔːs/, *n.* (*mil.*) forze di terra; esercito.

landform /'lændfɔːm/, *n.* (*geogr.*) morfologia terrestre; forma del suolo.

landgirl /'lændgɜːl/, *n.* ragazza di fattoria; lavoratrice agricola.

landgrave /'lændgreɪv/, *n.* (*stor.*) langravio.

landgraviate /lænd'greɪvɪət/, *n.* (*stor.*) langraviato.

landgravine /'lændgrəviːn/, *n.* (*stor.*) moglie di langravio.

landholder /'lændhəʊldə(r)/, *n.* ***1*** proprietario terriero; possidente ***2*** affittuario; fittavolo.

landing /'lændɪŋ/, *n.* ***1*** (*naut.*) sbarco; approdo ***2*** (*mil.*) sbarco ***3*** (*aeron.*) atterraggio (*d'aereo*); (*d'idrovolante*) ammaraggio: **l. field**, pista d'atterraggio; campo d'aviazione ***4*** (*edil.*) pianerottolo ***5*** (*salto con gli sci*) atterraggio: **l. hill**, pista d'atterraggio ***6*** (*miss.*, = **moon l.**) allunaggio. ● (*nei salti*) **l. area**, zona di caduta □ (*naut.*) **l. craft**, mezzo da sbarco; motozattera □ (*aeron.*) **l. flap**, ipersostentatore □ (*mil.*) **l. force**, truppe da sbarco □ **l. gear**, (*aeron.*) carrello (di atterraggio); (*trasp.*) zampa d'appoggio (*del rimorchio di un autoarticolato*) □ (*pesca*) **l. net**, bertovello; retino (*con manico*) □ (*dog.*) **l. officer**, funzionario di dogana □ (*mil.*) **l. party**, compagnia da sbarco □ **l. place**, (*naut.*) approdo; banchina, calata, molo; (*aeron.*) scalo □ (*aeron.*) **l. rope**, malloppo (*cavo d'ormeggio per dirigibili*) □ **l. stage**, pontile da sbarco; imbarcadero; sbarcatoio □ (*naut.*) **l. steps**, scalandrone; scala d'approdo □ (*aeron.*) **l. strip**, pista d'atterraggio □ (*aeron.*, *miss.*) **l. vehicle**, *V.* **lander,** *def.* 2.

landlady /'lænleɪdɪ/, *n.* ***1*** padrona di casa; proprietaria (*d'appartamento, ecc., dato in affitto*); (*leg.*) locatrice ***2*** padrona, proprietaria (*d'albergo, pensione, ecc.*); albergatrice; locandiera; affittacamere ***3*** proprietaria di terreni (*dati in affitto*).

landless /'lændləs/, *a.* privo di terra; senza beni immobili.

landlocked /'lændlɒkt/, *a.* ***1*** (*geogr.*) (*di un mare*) chiuso (*o* circondato) da terre emerse ***2*** (*polit.*) senza sbocco al mare.

landlord /'lænlɔːd/, *n.* ***1*** padrone di casa; proprietario (*d'appartamento, ecc., dato in affitto*); (*leg.*) locatore ***2*** padrone, proprietario (*di albergo, pensione, ecc.*); albergatore; locandiere ***3*** proprietario di terreni (*dati in affitto*); possidente terriero. ● (*leg.*) **l. and tenant**, diritto relativo alle locazioni immobiliari □ (*agric.*, *leg.*) **code of l.-tenant relationships**, codice dei rapporti concedente-affittuario (*in G.B.*; *cfr. ital. «patti agrari»*).

landlordism /'lændlɔːdɪzəm/, *n.* (*econ.*) la grande proprietà terriera; il (sistema del) latifondo.

landlubber /'lændlʌbə(r)/, *n.* (*gergo naut.*, *spreg.*) chi non è avvezzo alla vita di mare; «marinaio d'acqua dolce»; «terraiolo».

landmark /'lændmɑːk/, *n.* ***1*** pietra confinaria; segno di confine ***2*** (*fig.*) pietra miliare: **a l. in the long history of civilization**, una pietra miliare nella lunga storia della civiltà ***3*** punto di riferimento; contrassegno; segnacolo (*lett.*): **The steeple was a well-known l.**, il campanile era un punto di riferimento conosciuto da tutti. ● (*di un evento*) **to be a l.**, fare epoca.

landmass /'lændmæs/, *n.* (*geogr.*) massa terrestre; continente.

landowner /'lændəʊnə(r)/, *n.* proprietario terriero; possidente.

landowning /'lændəʊnɪŋ/, **A** *n.* possesso di terreni; proprietà terriera. **B** *a.* che possiede terreni; terriero: **the l. nobility**, la nobiltà terriera.

Land-rover /'lændrəʊvə(r)/, *n.* (*marchio*) Land Rover; fuoristrada (*automobile*).

landscape /'lænskeɪp/, *n.* ***1*** (*anche arte*) paesaggio; panorama ***2*** (*geogr.*) morfologia del terreno. ● **l. architect**, architetto di giardini all'inglese □ **l. engineer**, tecnico del paesaggio □ **l. garden**, giardino all'inglese □ **l.**

gardener, *V.* **l. architect** □ **l. painter**, paesista; pittore di paesaggi; paesaggista □ (*pitt.*) **l. painting**, paesaggistica.

landscapist /ˈlænskeɪpɪst/, *n.* (*arte*) paesista; paesaggista.

landslide /ˈlænslaɪd/, *n.* ***1*** frana; smottamento ***2*** (*fig., polit.*) valanga di voti; schiacciante vittoria elettorale: **a Labour l.**, una valanga di voti in favore del partito laburista.

landslip /ˈlændslɪp/, *n.* piccola frana; smottamento.

landsman (**1**) /ˈlændzmən/, *n.* (*pl.* **landsmen**) ***1*** uomo della terraferma ***2*** marinaio inesperto; «marinaio d'acqua dolce».

landsman (**2**) /ˈlændzmən/, *n.* (*pl.* **landsmen**) (*fam. USA*) compaesano; compatriota (*dallo yiddish*).

landswell /ˈlændswɛl/, *V.* **groundswell**.

landward /ˈlændwəd/, *a.* e *avv.* (situato, che guarda) verso terra, verso l'interno (*d'un paese*). ● **l. wind**, vento di terra.

landwards /ˈlændwədz/, *avv.* verso terra; verso l'interno (*d'un paese*).

lane /leɪn/, *n.* ***1*** viottolo; viuzza; vicolo; stradetta; stradicciola: **the country lanes in England**, i viottoli della campagna inglese ***2*** (*aeron., autom., sport*) corsia: **a six-l. motorway**, un'autostrada a sei corsie; **landing l.**, corsia d'atterraggio; **to move out of the left-hand l.**, abbandonare la corsia di sinistra (*per fare un sorpasso: in G.B.*) ***3*** (*naut., aeron.*) canale. ● **the L.**, (il teatro di) Drury Lane (*a Londra*) □ (*autom.*) **l. closures**, chiusure di corsie (*in autostrada*) □ (*atletica*) **l. line**, linea della corsia □ **to make a l. for sb.**, fare ala al passaggio di q. □ (*prov.*) **It is a long l. that has no turning**, niente dura in eterno; l'ora buona arriva per chi sa aspettare.

langlauf /ˈlæŋlaʊf/ (*ted.*), *n.* (*sport*) sci di fondo.

langläufer /ˈlæŋlaʊfə(r)/ (*ted.*), *n.* (*pl.* **langläufer, langläufers**) (*sport: sci*) fondista.

lang syne, langsyne /læŋˈsaɪn, -ŋˈz-/, (*scozz.*) **A** *avv.* molto tempo fa; un tempo; una volta. **B** *n.* i tempi antichi; il bel tempo andato.

language /ˈlæŋgwɪdʒ/, *n.* ***1*** lingua; linguaggio; idioma; parlata: **foreign languages**, lingue straniere; **technical l.**, la lingua della tecnica; **the l. of poetry**, il linguaggio poetico; **dead languages**, le lingue morte ***2*** favella: **Animals do not possess l.**, gli animali non possiedono la favella. ● **l. laboratory**, laboratorio linguistico □ **l. pedagogy**, glottodidattica □ **l. pollution**, imbastardimento della lingua □ (*elab.*) **l. statement**, istruzione □ (*elab.*) **l. translator**, programma traduttore □ **bad l.**, linguaggio scorretto (*o* sboccato) □ **strong l.**, linguaggio violento (*o* volgare) □ **to use bad l.**, usare un linguaggio volgare, da trivio.

langue /lɒŋg, lɑː-, -ŋ/ (*franc.*), *n.* (*ling.*) lingua.

languid /ˈlæŋgwɪd/, *a.* ***1*** languido; languente; debole; fiacco; smorto; snervato; spossato: **The corn market was l.**, il mercato del grano era debole (*o* languiva) ***2*** apatico; indifferente. || **-ly**, *avv.* || **-ness**, *sost.*

to **languish** /ˈlæŋgwɪʃ/, *v. i.* ***1*** languire; venir meno; infiacchirsi; struggersi: **He languished in poverty for many years**, languì nella miseria per molti anni; **to l. for sb.** [**st.**], struggersi per q. [q.c.] ***2*** assumere un'aria languida.

languishing /ˈlæŋgwɪʃɪŋ/, *a.* ***1*** languente ***2*** languido; fiacco; sentimentale; svenevole: **l. eyes**, occhi languidi. || **-ly**, *avv.*

languor /ˈlæŋgə(r)/, *n.* ***1*** languore; languidezza; fiacchezza; spossatezza ***2*** apatia; disinteresse; indifferenza ***3*** calma; immobilità (*dell'aria, ecc.*).

languorous /ˈlæŋgərəs/, *a.* ***1*** languido; svenevole ***2*** che dà languore. || **-ly**, *avv.*

langur /lʌŋˈgʊə(r)/, *n.* (*zool., Pithecus entellus*) entello.

laniard /ˈlænjəd/, *V.* **lanyard**.

laniary /ˈleɪnɪərɪ, *USA* -ɪerɪ/, *a.* e *n.* (*anat.*) (dente) canino.

laniferous /leɪˈnɪfərəs/, **lanigerous** /leɪˈnɪdʒərəs/, *a.* (*anche biol.*) lanoso; lanuto; lanigero (*lett.*).

lank /læŋk/, *a.* ***1*** allampanato; macilento; scarno; smilzo; sparuto ***2*** (*d'erba*) alta e floscia ***3*** (*di capello*) liscio e floscio.

lankiness /ˈlæŋkɪnəs/, *n.* ***1*** esilità; magrezza; l'essere smilzo ***2*** (*di capelli*) l'essere liscio (*o* floscio).

lanky /ˈlæŋkɪ/, *a.* allampanato; smilzo; dinoccolato: **a l. boy**, un ragazzo allampanato; **l. legs**, gambe smilze.

lanner /ˈlænə(r)/, **lanneret** /ˈlænərət/, *n.* (*zool., Falco biarmicus feldeggi*) lanario.

lanolin /ˈlænəlɪn/, *n.* (*chim., farm.*) lanolina.

lanose /ˈleɪnəʊs/, *a.* lanoso; lanuto.

lansquenet /ˈlɑːnskənet, *USA* ˈlæn-/, *n.* (*stor.*) lanzichenecco.

lantern /ˈlæntən/, *n.* lanterna (*in ogni senso*); fanale; faro; (*archit.*) lucernaio: **dark l.**, lanterna cieca; **magic l.**, lanterna magica (*proiettore*). ● (*zool.*) **l. fish**, pesce lanterna □ (*zool.*) **l. fly** (*Fulgora*), lanternaria; fulgora □ **l.-jawed**, macilento; scarno □ **l. jaws**, mascelle affilate; guance infossate.

lanthanide /lænθəˈnaɪd/, *n.* (*chim.*) lantanide.

lanthanum /ˈlænθənəm/, *n.* (*chim.*) lantanio.

lanuginose /ləˈnjuːdʒɪnəʊs, *USA* -ˈnuː-/, **lanuginous** /ləˈnjuːdʒɪnəs, *USA* -ˈnuː-/, *a.* lanuginoso.

lanugo /ləˈnjuːgəʊ, *USA* -ˈnuː-/, *n.* (*pl.* **lanugos**) (*anat.*) lanugine.

lanyard /ˈlænjəd/, *n.* ***1*** (*naut.*) spezzone di cima; sagola; sagoletta; corridore ***2*** cordone, cordoncino (*portato al collo dai marinai, che vi appendono un fischietto o un coltello*) ***3*** (*mil.*) cordellina.

Laocoon /leɪˈɒkəʊɒn, -ən/, *n.* (*mitol.*) Laocoonte.

Laotian /leɪˈəʊʃn, ˈlaʊʃn, -ʃɪən/, *a.* e *n.* laotiano.

lap (**1**) /læp/, *n.* ***1*** grembo: **You shouldn't always sit on grandma's lap**, non devi stare sempre in grembo alla nonna ***2*** lembo; falda; risvolto: **the lap of a skirt**, il lembo d'una sottana ***3*** (*sport*) giro (*di pista*); tappa; frazione ***4*** avvolgimento; giro (*di corda, ecc.*) ***5*** (*ind. tess.*) falda, tela (*d'ovatta, cotone, ecc.*) ***6*** (*edil., metall.*) sovrapposizione ***7*** (*tecn.*) abrasivo per lappatura ***8*** (*tecn.*) disco (*o* piattello) per lappare. ● (*autom., USA*) **lap belt**, cintura (di sicurezza) addominale □ (*cinem., TV*) **lap dissolve**, dissolvenza incrociata □ (*mecc.*) **lap joint**, giunto a sovrapposizione □ (*ind. tess.*) **lap machine**, avvolgitore □ (*anat.*) **the lap of the ear**, il lobo dell'orecchio □ (*USA*) **lap robe**, coperta da viaggio □ (*ind. tess.*) **lap roll**, rullo avvolgitore □ (*mecc.*) **lap-welding**, saldatura a sovrapposizione □ **half lap**, *V.* **lap joint** □ **to be in Fortune's lap**, essere il beniamino della fortuna □ (*fig.*) **to be in the lap of the gods**, essere in grembo a Giove □ (*fig.*) **to be in the lap of luxury**, vivere nel lusso □ (*sport* e *fig.*) **to be on the last lap**, essere all'ultimo giro.

lap (**2**) /læp/, *n.* ***1*** il lappare; leccata: **The cat drank all the milk in a few laps of the tongue**, il gatto bevve tutto il latte in poche leccate ***2*** broda, pappa (*per cani o gatti*) ***3*** (*d'acqua*) sciabordio: **the lap of the ocean at the foot of the cliffs**, lo sciabordio delle onde ai piedi delle scogliere.

to **lap** (**1**) /læp/, **A** *v. t.* ***1*** (*lett.*) avvolgere; avviluppare; piegare; ripiegare ***2*** tenere in grembo; coccolare; vezzeggiare ***3*** sovrapporre (parzialmente); fare sporgere: **The second board must lap** (**over**) **the first**, parte della seconda asse deve essere sovrapposta alla prima (*o* sporgere rispetto alla prima) ***4*** (*tecn.*) lappare, lapidare (*gemme, vetri*) ***5*** (*sport*) doppiare; superare d'uno o più giri (*l'avversario in pista*). **B** *v. i.* ***1*** essere piegato; rientrare: **Rough edges must lap under**, i margini grezzi devono rientrare ***2*** – **to lap over**, essere parzialmente sovrapposto a; coprire in parte; sporgere ***3*** estendersi, andare oltre un limite (*nello spazio e nel tempo*) ***4*** (*falegn., mecc.*) fare giunti a sovrapposizione ***5*** (*sport*) fare un giro di pista; girare: **Alesi lapped in under three minutes**, Alesi ha girato in meno di tre minuti. ● **to lap one's arm in a bandage**, bendarsi un braccio □ (*fig.*) **to be lapped in luxury**, vivere nel lusso.

to **lap** (**2**) /læp/, *v. t.* e *i.* ***1*** leccare; lappare; bere (*o* mangiare) avidamente; papparsi; ingollare: **The dog laps** (**up**) **the broth**, il cane lappa il brodo; **My kitten likes to lap milk**, al mio gattino piace leccare il latte; **to lap up** (**down**) **a plate of soup**, papparsi un piatto di zuppa ***2*** (*d'acqua*) lambire; sciabordare: **The waves were lapping at our feet**, le onde lambivano i nostri piedi; **The sea laps the base of the lighthouse**, il mare sciaborda contro la base del faro. ● **to lap up sb.'s praise**, bearsi degli elogi di q.

laparoscope /ˈlæpərəskəʊp/, *n.* (*med.*) laparoscopio.

laparoscopy /læpəˈrɒskəpɪ/, *n.* (*med.*) laparoscopia.

laparotomy /læpəˈrɒtəmɪ/, *n.* (*med.*) laparatomia.

lapdog /ˈlæpdɒg, *USA* -dɔːg/, *n.* ***1*** cagnolino di lusso (*o* da salotto) ***2*** (*fig. spreg.*) tirapiedi; leccapiedi.

lapel /ləˈpel/, *n.* risvolto, mostra (*di giacca, ecc.*).

lapelled /ləˈpeld/, *a.* (*di giacca, ecc.*) con risvolti.

lapful /ˈlæpfʊl/, *n.* grembialata; quanto sta in grembo.

lapheld /ˈlæphɛld/, *V.* **laptop**.

lapidary /ˈlæpɪdərɪ, *USA* -derɪ/, **A** *a.* ***1*** lapidario (*anche fig.*); (*fig.*) nitido, preciso, incisivo: **l. style**, stile lapidario ***2*** relativo alle gemme. **B** *n.* ***1*** lapidario; faccettatore di gemme ***2*** lapidaria (*arte del faccettare gemme*).

to **lapidate** /ˈlæpɪdeɪt/, *v. t.* lapidare.

lapidation /læpɪˈdeɪʃn/, *n.* lapidazione.

lapidator /ˈlæpɪdeɪtə(r)/, *n.* lapidatore.

lapidification /ləpɪdɪfɪˈkeɪʃn/, *n.* (*raro*) pietrificazione.

to **lapidify** /ləˈpɪdɪfaɪ/, *v. t.* e *i.* (*raro*) pietrificare, pietrificarsi.

lapillus /ləˈpɪləs/ (*lat.*), *n.* (*pl.* **lapilli**) (*geol.*) lapillo (*di un vulcano*).

lapis lazuli /ˈlæpɪsˈlæzjʊlaɪ, -lɪ, *USA* -ˈlæzə-, -ʒə-/, *n.* (*pl.* **lapis lazulis**) (*miner.*) lapislazzuli.

Lapland /ˈlæplænd/, *n.* (*geogr.*) Lapponia.

Laplander /ˈlæplændə(r)/, *n.* lappone.

Laplandish /ˈlæpləndɪʃ, -læn-/, *a.* lappone.

Lapp /læp/, *a.* e *n.* lappone (*anche la lingua*).

lapper /ˈlæpə(r)/, *n.* (*tecn.*) ***1*** lappatore; lapidatore ***2*** lappatrice, lapidatrice (*macchina*).

lappet /ˈlæpɪt/, *n.* ***1*** falda; lembo; risvolto ***2*** (*zool.*) lobo dell'orecchio; bargiglio (*di uccello*) ***3*** pappagorgia ***4*** copritoppa (*dischetto metallico*) ***5*** (*ind. tess.*) telaio da ricamo.

lapping /ˈlæpɪŋ/, *n.* ***1*** (*tecn.*) lappatura; lapidatura ***2*** (*elettron.*) lappatura.

Lappish /ˈlæpɪʃ/, **A** *a.* lappone. **B** *n.* lappone (*la lingua*).

lapse /læps/, *n.* ***1*** errore; sbaglio; vuoto; caduta (*fig.*); dimenticanza; perdita; errore involontario di penna, di lingua (*cfr.* lapsus calami, lapsus linguae): **a l. of memory**, un vuoto della memoria; una dimenticanza; **a l. from one's dignity**, una perdita di dignità; **a l. into heresy**, il cadere nell'eresia ***2*** decadenza; decadimento; abbandono: **the l. of a custom**, l'abbandono di una costumanza ***3*** il trascorrere; decorso; intervallo; periodo; lasso: **the l. of time**, il trascorrere del tempo; **a considerable l. of time**, un lungo periodo di tempo ***4*** (*leg.*) cessazione; estinzione; decadenza; prescrizione: **the l. of a right**, la decadenza di un diritto ***5*** (*ass.*) cessazione di copertura ***6*** (*d'acqua*) il fluire; flusso. ● **l. of duty**, inosservanza dei propri doveri □ (*leg.*) **the l. of an**

offer, la decadenza di un'offerta □ (*meteor.*) **l. rate**, gradiente termico.

to **lapse** /læps/, *v. i.* *1* cadere; scivolare; ricadere (*in un vezzo, ecc.*): **to l. into oblivion**, cadere nell'oblio; **to l. into barbarism**, cadere nella barbarie *2* (*leg.*) passare: **The inheritance lapsed to a nephew**, l'eredità passò a un nipote *3* (*del tempo*) passare; trascorrere *4* (*leg.*) decadere; cadere in prescrizione: **Privileges and rights may l.**, i privilegi e i diritti possono cadere in prescrizione *5* (*ass.*) scadere; perdere validità *6* (*relig.*) cadere nell'apostasia; ripudiare la propria fede. ● **to l. back into poverty**, ricadere nella povertà □ **to l. into unconsciousness**, perdere coscienza; perdere i sensi.

lapsed /læpst/, *a.* *1* caduto in disuso; obsoleto *2* (*leg.*) decaduto; caduto in prescrizione; prescritto *3* (*ass.*) scaduto *4* (*relig.*) non osservante; che ha ripudiato la fede.

laptop /ˈlæptɒp/, **A** *a. attr.* (*di un computer, ecc.*) portatile. **B** *n.* computer portatile.

Laputan /ləˈpjuːtn/, *a.* e *n.* (abitante) di Laputa (*isola immaginaria nei «Gulliver's Travels» di J. Swift*).

lapwing /ˈlæpwɪŋ/, *n.* (*zool., Vanellus vanellus*) pavoncella.

lar /lɑː(r)/, *n.* (*pl.* **lares**) (*mitol.*) lare: **Lares and Penates**, i Lari e i Penati.

larboard /ˈlɑːbəd, -ɔːd/, **A** *n.* (*naut., arc.*; *ora* **port**) babordo; sinistra. **B** *a.* di (*o* a) babordo.

larcener /ˈlɑːsnə(r)/, **larcenist** /ˈlɑːsnɪst/, *n.* (*leg.*) colpevole di furto; ladro.

larceny /ˈlɑːsənɪ/, *n.* *1* (*leg., in U.S.A.*) furto (*di varia gravità*) *2* (*leg., stor. in G.B.*) furto semplice (*fino al «Theft Act» del 1968*; *V.* **plain theft**).

larch /lɑːtʃ/, *n.* (*bot., Larix europaea*) larice (*albero e legno*).

lard /lɑːd/, *n.* *1* lardo; grasso di maiale; (*specialm.*) strutto *2* (*fig.*) lardo, grasso (*di una persona corpulenta*).

to **lard** /lɑːd/, *v. t.* lardellare; (*fig.*) infiorare, infarcire: **to l. a speech with Latin words**, infarcire un discorso di parole latine. ● **larding needle** (*o* **larding pin**), lardatoio.

lardaceous /lɑːˈdeɪʃəs/, *a.* (*med.*) adiposo; lardaceo.

larder /ˈlɑːdə(r)/, *n.* dispensa; stanza (*o* armadio) per le vivande.

lardon /ˈlɑːdn/, **lardoon** /lɑːˈduːn/, *n.* pezzo di lardo; lardello.

lardy /ˈlɑːdɪ/, *a.* *1* simile a lardo; lardaceo *2* lardoso.

lardy-dardy /ˈlɑːdɪˈdɑːdɪ/, *a.* (*pop.*) affettato; lezioso; svenevole.

lares /ˈlɛəriːz/, *pl.* di **lar**.

large /lɑːdʒ/, *a.* *1* grande; ampio; grosso; esteso; spazioso; vasto; numeroso: **a l. office**, un ufficio spazioso; **a l. flat**, un appartamento grande; **a l. sum of money**, una grossa somma di denaro; **a l. manufacturer**, un grande industriale; **l. concerns**, grosse aziende; **l. understanding**, ampia comprensione; **a l. family**, una famiglia numerosa; **a l. expenditure**, grandi spese *2* (*lett.*) largo (*fig.*); generoso; munifico; liberale: **l. views**, vedute larghe; **a l. heart**, un cuore generoso *3* (*naut.*: *del vento*) favorevole. ● **l. expenditures**, forti spese □ **l.-handed**, generoso; munifico □ **l.-hearted**, magnanimo; generoso □ **l.-heartedness**, magnanimità; generosità □ (*anat.*) **l. intestine**, intestino crasso □ **l.-minded**, di larghe vedute; di mente aperta □ **l.-mindedness**, larghezza di vedute; apertura mentale □ (*stat.*) **l. sampling method**, metodo per grandi campioni □ **l.-scale**, (*di mappa*) in grande scala; (*fig.*) su vasta scala, in grande: (*econ.*) **l.-scale production**, produzione su grande scala □ (*USA*) **a l.-scale corporation**, una grande società per azioni □ (*econ.*) **l.-scale economies**, economie di scala □ **a l.-scale penetration into the market**, una massiccia penetrazione sul mercato □ **l. size**, formato grande; (*d'abito*) taglia forte □ (*fig.*) **as l. as life**, in persona □ **at l.**, in libertà (*specialm. di criminali*); diffusamente, curando tutti i particolari; in generale, nell'insieme; a casaccio, a caso: **to be at l.**, essere in libertà; **to talk** [**to write**] **at l.**, parlare [scrivere] diffusamente (*o* a vanvera, a ruota libera); **people at l.**, la gente in generale □ **by and l.**, in complesso; nell'insieme □ **in l.**, su grande scala; ampiamente □ **on a l. scale**, su vasta scala.

largely /ˈlɑːdʒlɪ/, *avv.* *1* ampiamente; in larga misura; in gran parte; prevalentemente *2* largamente; con larghezza; generosamente. ● **l. because**, soprattutto perché.

to **largen** /ˈlɑːdʒən/, *v. t.* e *i.* (*poet.*) allargare, allargarsi.

largeness /ˈlɑːdʒnəs/, *n.* *1* ampiezza; grandezza; estensione; grossezza *2* larghezza (*fig.*); liberalità; generosità. ● **l. of views**, larghezza di vedute.

largess(**e**) /ˈlɑːdʒɛs/, *n.* (*lett.*) *1* liberalità; generosità; munificenza *2* dono munifico; grosso regalo.

largish /ˈlɑːdʒɪʃ/, *a.* piuttosto grande (*o* grosso, ecc.) (*V.* **large**).

largo /ˈlɑːgəʊ/, (*mus.*) **A** *avv.* largo. **B** *n.* (*pl.* **largos**) largo.

lariat /ˈlærɪət/, *n.* (*specialm. USA*) *1* corda; pastoia *2* laccio (*per prendere cavalli*).

lark (**1**) /lɑːk/, *n.* (*zool., Alauda arvensis*) allodola. ● (*bot.*) **l.-heel**, *V.* **larkspur** □ (*fig.*) **to rise with the l.**, alzarsi di buon'ora; levarsi al canto del gallo □ (*prov.*) **If the sky falls, we shall catch larks**, non tutto il male viene per nuocere.

lark (**2**) /lɑːk/, *n.* (*fam.*) burla; spasso; gioco; scherzo; birichinata: **What a l.!**, che spasso!; **I did it only for a l.**, l'ho fatto solo per scherzo.

to **lark** /lɑːk/, **A** *v. i.* divertirsi; scherzare; fare scherzi (*o* birichinate); spassarsela. **B** *v. t.* (*fam.*) prendere in giro; motteggiare; farsi beffe di. ● **to l. about** (*o* **around**), divertirsi un sacco; fare scherzi da prete (*fam.*).

larkspur /ˈlɑːkspɜː(r)/, *n.* (*bot., Delphinium*) speronella. ● (*bot.*) **common l.** (*Delphinium consolida*), spron di cavaliere.

larky /ˈlɑːkɪ/, *a.* *1* allegro; gaio *2* birichino; burlone; spensierato.

larrikin /ˈlærɪkɪn/, *n.* (*pop. Austr.*) giovinastro; teppista.

to **larrup** /ˈlærəp/, *v. t.* (*fam.*) bastonare; percuotere; picchiare.

Larry /ˈlærɪ/, *n.* (*dim. di* **Lawrence**) Renzo.

larva /ˈlɑːvə/, *n.* (*pl.* **larvae, larvas**) *1* (*zool.*) larva *2* (*arc.*) larva; fantasma.

larval /ˈlɑːvl/, *a.* (*zool.*) larvale.

larvate(**d**) /ˈlɑːveɪt(ɪd)/, *a.* (*anche med.*) larvato.

larvicide /ˈlɑːvɪsaɪd/, *n.* larvicida.

laryngeal /lærənˈdʒiːəl, ləˈrɪndʒəl/, **laryngal** /ləˈrɪngl/, *a.* *1* (*anat.*) laringeo *2* (*fon.*) laringale.

laryngectomy /lærənˈdʒɛktəmɪ/, *n.* (*med.*) laringectomia.

laryngitis /lærənˈdʒaɪtɪs/, *n.* (*pl.* **laryngitides**) (*med.*) laringite.

laryngologist /lærɪŋˈgɒlədʒɪst/, *n.* (*med.*) laringologo, laringologa.

laryngology /lærɪŋˈgɒlədʒɪ/, *n.* (*scient.*) *1* laringologia *2* laringoiatria.

laryngopharyngitis /ləˈrɪŋgəfærənˈdʒaɪtɪs/, *n.* (*med.*) laringofaringite.

laryngophone /ləˈrɪŋgəfəʊn/, *n.* (*scient.*) laringofono.

laryngoscope /ləˈrɪŋgəskəʊp/, *n.* (*med.*) laringoscopio.

laryngoscopy /lærɪŋˈgɒskəpɪ/, *n.* (*med.*) laringoscopia.

laryngotomy /lærɪŋˈgɒtəmɪ/, *n.* (*med.*) laringotomia.

larynx /ˈlærɪŋks/, *n.* (*pl.* **larynges, larynxes**) (*anat.*) laringe.

lasagna /ləˈzænjə/ (*ital.*), *n.* (*cucina*) lasagne.

lascivious /ləˈsɪvɪəs/, *a.* lascivo; impudico; libidinoso. || **-ly**, *avv.* || **-ness**, *sost.*

laser /ˈleɪzə(r)/, *n.* (*fis., naut.*) laser. ● (*ottica*) **l. beam**, fascio laser □ (*fam. USA*) **l.-eyed**, dall'occhio scrutatore; occhiuto; sospettoso □ (*fis. nucl.*) **l. fusion**, fusione laser □ (*elab.*) **l. memory**, memoria laser □ (*elab.*) **l. printer**, stampante laser □ (*med.*) **l. surgery**, chirurgia con il laser.

laserphoto /ˈleɪzəfəʊtəʊ/, *n.* (*scient., tecn.*) laserfoto.

lash /læʃ/, *n.* *1* (= **whiplash**) sverzino; sferzino *2* frustata; scudisciata; sferzata (*anche fig.*): **The fugitive slave got ten lashes**, lo schiavo fuggito si ebbe dieci frustate *3* (*stor.*) fustigazione *4* (*fig.*) flagello; furia; sferza: **the l. of the waves against the rocks**, la furia delle onde contro gli scogli; **the l. of the rain**, la sferza della pioggia *5* (*dell'occhio*, = **eyelash**) ciglio *6* (*fig.*) sarcasmo.

to **lash** (**1**) /læʃ/, **A** *v. t.* *1* frustare; scudisciare; sferzare (*anche fig.*); urtare contro: **to l. a horse**, frustare un cavallo; **to l. vices**, sferzare (*o* censurare aspramente) i vizi; **The waves lashed the white cliffs**, le onde sferzavano le bianche scogliere *2* aizzare; incitare; far montare (su tutte le furie): **The rebuke lashed him into fury**, il rimprovero lo fece montare su tutte le furie *3* sferzare, agitare, scuotere (*la coda, ecc.*). **B** *v. i.* *1* agitarsi violentemente; sferzare l'aria: **The cat's tail was lashing about**, la coda del gatto sferzava l'aria *2* dare sferzate; menar frustate: **He kept lashing at everybody who came near**, continuava a menar frustate a quanti gli si avvicinavano. ● (*della pioggia*) **to l. down**, cadere a dirotto □ **to l. oneself into a fury**, montare su tutte le furie □ **to l. out**, menar colpi alla cieca; (*di cavallo*) sferrare calci; (*fam.*) sperperare (*denaro*); spendere e spandere □ **to l. out at sb.**, scagliarsi contro, picchiare q.; (*fig.*) inveire contro, sgridare aspramente q. □ **to l. out at Stalinism**, criticare (*o* attaccare) aspramente lo stalinismo □ **to l. out into strong language**, usare parole grosse.

to **lash** (**2**) /læʃ/, *v. t.* (*di solito*, **to l. down**) *1* legare (*o* assicurare) con funi (*il carico, ecc.*) *2* (*naut.*) rizzare (*cose a bordo*); trincare (*vele*).

lasher /ˈlæʃə(r)/, *n.* *1* frustatore; flagellatore; sferzatore *2* (*dial.*) diga di sbarramento (*d'un fiume*); chiusa *3* (*dial.*) pozza d'acqua (*sotto la diga*).

lashing (**1**) /ˈlæʃɪŋ/, *n.* *1* frustatura; fustigazione; busse; botte *2* (*fig.*) aspro rimprovero; sgridata *3* (*pl.*) (*fam.*) abbondanza; gran quantità; profusione; mucchio, palate (*fam.*): **lashings of sweets**, dolci a profusione; **lashings of money**, quattrini a palate.

lashing (**2**) /ˈlæʃɪŋ/, *n.* *1* legatura *2* fune; corda *3* (*naut.*) rizza; trinca.

lass /læs/, **lassie** /ˈlæsɪ/, *n.* (*scozz. o poet.*) *1* ragazza; giovane donna *2* innamorata; fidanzata *3* servetta.

lassitude /ˈlæsɪtjuːd, *USA* -tuːd/, *n.* (*form.*) stanchezza; apatia; accasciamento.

lasso /læˈsuː, ˈlæsəʊ, *USA* ˈlæsəʊ, læˈsuː/, *n.* (*pl.* **lassos, lassoes**) laccio (*per prendere cavalli e bovini*); lasso; lazo.

to **lasso** /læˈsuː, ˈlæsəʊ, *USA* ˈlæsəʊ, læˈsuː/, *v. t.* prendere con il laccio (*o* lasso, lazo).

last (**1**) /lɑːst, *USA* læst/, **A** *a.* *1* ultimo, estremo; conclusivo; definitivo; finale: **the l. page in a book**, l'ultima pagina d'un libro; **the l. news we received**, le ultime notizie che ricevemmo; **the l. thing** (*o* **word**) **in raincoats**, l'ultima novità (*o* l'ultimo grido) in fatto d'impermeabili; **one's l. cent**, l'ultimo centesimo; **one's l. hope**, l'ultima speranza; **That's the l. thing I would do**, è l'ultima cosa che farei; **as I said in my last** (**letter**), come dissi nella mia ultima (lettera) *2* scorso; trascorso; passato: **l. week**, la scorsa settimana; **l. Christmas**, lo scorso Natale; **l. year**, l'anno scorso; l'anno passato *3* precedente: **Have you seen Taylor's latest play? It's much**

better than his l. one, hai visto l'ultima commedia di Taylor? È molto meglio di quella precedente *4* (*raro*) estremo; massimo: **a matter of the l. importance**, una cosa della massima importanza. **B** *n.* – **the l.**, *1* l'ultimo: **the l. of the Tudor House**, l'ultimo (sovrano) della dinastia Tudor; **This is the l. of the cakes**, questa è l'ultima delle torte *2* la fine: **I'm afraid this is the l. of the expedition**, temo che questa sia la fine della spedizione. ● (*leg.*) **l. born** (**child**), ultimogenito □ **l. but not least**, ultimo ma non da meno (*degli altri*; *per es., in un elenco di nomi*): **L. but not least, Mr Zurlo**, da ultimo, ma non da meno, il Sig. Zurlo □ **l. but one**, penultimo □ **l. but two**, terzultimo □ (*fig.*) **the L. Day**, il giorno del giudizio universale □ **l.-ditch**, (*di combattimento*) accanito; (*di sforzo*) disperato □ (*rag.*) **l. in, first out**, lifo; LIFO □ **l. name**, cognome □ **l. night**, ieri sera; la notte scorsa □ (*mil.*) **l. post**, il silenzio (*segnale*) □ (*relig.*) **l. rites**, estrema unzione □ (*fig.*) **the l. straw**, l'ultima goccia; la goccia che fa traboccare il vaso; il colmo □ (*leg.*) **l. will**, ultime volontà; testamento □ **the l. word**, l'ultima parola; l'ultima novità, l'ultimo grido (*in fatto di moda, ecc.*) □ **at** (**long**) **l.**, alla fine; infine; finalmente: **He succeeded at l.**, finalmente ci riuscì □ **before l.**, prima dello scorso (*giorno, mese, ecc.*): **the night before l.**, ierlaltro sera; **the week before l.**, due settimane fa □ **to breathe one's l.**, esalare l'ultimo respiro □ **to hear the l. of st.**, sentir parlare di q.c. per l'ultima volta (*per es., nella frase*:) **Shall I ever hear the l. of that old story?**, si smetterà mai di ricordarmi (*o* rimproverarmi, rinfacciarmi) quella vecchia storia? □ **to hold on to the l.**, tener duro sino alla fine (*o* fino all'ultimo, fino alla morte) □ **to look one's l.**, lanciare l'ultimo sguardo □ (*fam.*) **to be on one's l. legs**, (*di persona*) essere stremato; (*di cosa*) andare a pezzi, essere sfasciata □ **to see the l. of sb.**, vedere q. per l'ultima volta; liberarsi di q. □ **to speak one's l.**, pronunciare l'ultima parola □ (*fam.*) **Mrs Stone's l.**, l'ultimo figlio (*o* l'ultimogenito) della signora Stone.

last (2) /lɑːst, *USA* læst/, *avv.* *1* per ultimo; ultimo: **Which speedboat came in l.?**, quale motoscafo è arrivato per ultimo? *2* (per) l'ultima volta; ultimamente: **When did you see him l.?**, quando l'hai visto l'ultima volta? *3* da ultimo; in ultimo; alla fine. ● **l.-made**, fatto per ultimo □ **l.-mentioned** (*o* **l.-named**), nominato (*o* menzionato) da ultimo; l'ultimo (*di tre o più*; *cfr.* **latter**).

last (3) /lɑːst, *USA* læst/, *n.* (*raro*) (capacità di) resistenza.

last (4) /lɑːst, *USA* læst/, *n.* forma da scarpe. ● (*fig.*) **to stick to one's l.**, badare al proprio lavoro; impicciarsi dei fatti propri.

last (5) /lɑːst, *USA* læst/, *n.* (*comm.*) lasta (*misura di capacità o di peso, variabile di luogo in luogo*; *in genere 2000 kilogrammi circa*).

to **last** /lɑːst, *USA* læst/, *v. i.* durare; andare per le lunghe; protrarsi; (*di cibo*) conservarsi, mantenersi: **These shoes will l. me for years**, queste scarpe mi dureranno degli anni; **How long will the lecture l.?**, quanto durerà la conferenza? ● **to l. out**, durare; resistere; superare: **We have enough firewood to l. out a long winter**, abbiamo legna a sufficienza per superare un lungo inverno □ (*di un malato grave*) **to l. out the night**, passare la notte □ **We have enough ammunitions to l. us for a month's siege**, abbiamo munizioni a sufficienza per un mese d'assedio.

lasting /ˈlɑːstɪŋ, *USA* ˈlæs-/, **A** *a.* durevole; duraturo; permanente: **a l. peace**, una pace duratura. **B** *n.* tessuto di cotone resistente. || **-ly**, *avv.* || **-ness**, *sost.*

lastly /ˈlɑːstlɪ, *USA* ˈlæs-/, *avv.* da ultimo; in ultimo; alla fine; infine; come ultima cosa.

latch /lætʃ/, *n.* *1* saliscendi; chiavistello; paletto: **The door is on the l.**, la porta è chiusa col chiavistello *2* serratura a scatto. ● (*mecc.*) **l. bolt**, chiavistello a scatto □ (*d'uscio*) **off the l.**, socchiuso.

to **latch** /lætʃ/, **A** *v. t.* chiudere (*una porta*) col saliscendi (*o* col chiavistello); mettere il paletto a. **B** *v. i.* (*di porta*) chiudersi col saliscendi (*o* col chiavistello). ● (*fam.*) **to l. on**, afferrare, capire □ (*fam.*) **to l. on to**, capire, intendere (q.c.); attaccarsi a (*una persona, un'idea, ecc.*); attaccare un bottone a (*fig.*).

latchkey /ˈlætʃkiː/, *n.* chiave di serratura a scatto; chiave di casa. ● **l. child**, bambino che ha le chiavi di casa perché i genitori sono fuori, al lavoro, dalla mattina alla sera; bambino abbandonato a se stesso.

latchstring /ˈlætʃstrɪŋ/, *n.* corda del saliscendi.

late (1) /leɪt/, *a.* (*compar.* **later, latter**; *superl. rel.* **latest, last**) *1* (*pred.*) in ritardo; tardi: **It is too l. to go**, è troppo tardi per andare; **I was l. for school**, arrivai a scuola in ritardo; **The wheat harvest is l. this year**, il raccolto del grano è in ritardo quest'anno *2* (*attr.*) tardo; tardivo; avanzato; inoltrato; a ora tarda: **in l. spring**, nella tarda primavera; **in the l. Middle Ages**, nel tardo Medioevo; **l. snowfalls**, nevicate tardive *3* (*attr.*) recente; ultimo: **the l. floods**, le recenti inondazioni; (*form.*) **of l. years**, negli ultimi anni; di recente *4* (*attr.*) defunto; compianto; povero (*fam.*): **the l. king**, il defunto re; **my l. wife**, la mia povera moglie *5* (*attr.*) già; ex; passato; precedente: **the l. president**, l'ex presidente; **my l. residence**, la mia precedente dimora. ● (*ling.*) **L. Latin**, tardo latino; latino della decadenza □ (*market.*) **l.** (*o* **l.-night**) **shopping**, spesa fatta a tarda sera (*sotto Natale, ecc.*) □ **in the l. thirties**, negli ultimi anni trenta □ **to keep l. hours**, rientrare a tarda notte; fare le ore piccole □ **of l.**, recentemente; ultimamente □ **Sorry I am l.**, scusate il ritardo.

late (2) /leɪt/, *avv.* (*compar.* **later**, *superl. rel.* **latest, last**) *1* tardi; in ritardo; (fino) a tarda ora; fino a tardi: **I arrived l.**, arrivai tardi (*o* in ritardo); **early** (*o* **soon**) **or l.**, presto o tardi; prima o poi; una volta o l'altra; **We sat up** (*o* **stayed up**) **l.**, stemmo alzati fino a tarda ora; **I'm working l. tonight**, lavoro fino a tardi stasera *2* di recente; recentemente; ultimamente. ● **l.-blooming**, (*bot.*) che fiorisce tardi; (*fig.*) che si sviluppa tardi, tardivo □ (*fam.*) **l. in the day**, a un'ora avanzata del giorno; (*fig.*) tardi, troppo tardi: **His help arrived l. in the day**, il suo aiuto arrivò (troppo) tardi □ **l. in the season**, a stagione inoltrata □ **l. in September**, verso la fine di settembre □ **l. in summer**, nella tarda estate □ **as l. as**, fino a; non più tardi di: **The custom remained as l. as the Tudor times**, l'usanza durò fino al tempo dei Tudor; **I met her as l. as yesterday**, l'ho incontrata non più tardi di ieri □ (*prov.*) **Better l. than never**, meglio tardi che mai.

latecomer /ˈleɪtkʌmə(r)/, *n.* *1* ritardatario *2* cliente che rientra tardi (*in albergo*).

lateen /ləˈtiːn/, *a.* (*naut.*) latino: **l. sail**, vela latina. ● (*di nave*) **l.-rigged**, a vela latina.

lately /ˈleɪtlɪ/, *avv.* *1* di recente; ultimamente; negli ultimi tempi: **I haven't seen him l.**, non l'ho visto ultimamente *2* (*form.*) già; fino a poco tempo fa: **Professor Jones, l. of Oxford**, il Professor Jones, già a Oxford.

latency /ˈleɪtnsɪ/, *n.* (*anche elab., med., psic.*) latenza: **l. period**, periodo di latenza.

lateness /ˈleɪtnəs/, *n.* l'essere in ritardo; ritardo. ● **the l. of the hour**, l'ora tarda (*o* avanzata) □ **the l. of their arrival**, il fatto che arrivarono così tardi.

latent /ˈleɪtnt/, *a.* (*anche med., psic.*) latente; nascosto; potenziale: (*fis.*) **l. heat**, calore latente; (*med.*) **l. germs**, germi latenti; **l. qualities**, qualità nascoste (*o* potenziali). ● (*leg.*) **l. defect** (*o* **fault**), vizio occulto □ (*med., psic.*) **l. period**, periodo di latenza. || **-ly**, *avv.*

later /ˈleɪtə(r)/, **A** *a.* (*compar. di* **late**) posteriore; più tardo; più avanzato; più recente; successivo: **at a l. date**, in data posteriore; **l. events**, avvenimenti successivi. **B** *avv.* più tardi; poi; dopo: **I'll see you l.**, ci vediamo dopo (*o* più tardi); **ten years l.**, dieci anni dopo. ● **l. on**, più avanti; in seguito □ **not l. than**, non più tardi di, entro (*una certa ora o data*) □ **sooner or l.**, prima o poi; presto o tardi; una volta o l'altra □ **See you l.!**, arrivederci!

lateral /ˈlætərəl/, **A** *a.* laterale: (*bot.*) **l. buds**, germogli (*o* gemme) laterali; (*econ.*) **l. integration**, integrazione laterale; **the l. branch of a family**, il ramo laterale d'una famiglia. **B** *n.* *1* oggetto (*o* parte) laterale (*ramo, germoglio, ecc.*) *2* (*sport*: *calcio*) passaggio laterale *3* (*fon.*) consonante laterale *4* (*ind. min.*) traversa; (*anche*) discenderia laterale. || **-ly**, *avv.*

Lateran /ˈlætərən/, **A** *n.* *1* – **the L.**, il Laterano *2* S. Giovanni in Laterano (*la chiesa*). **B** *a.* lateranense: **the L. Council**, il Concilio lateranense.

laterite /ˈlætəraɪt/, *n.* (*geol.*) laterite.

lateritic /lætəˈrɪtɪk/, *a.* (*geol.*) lateritico.

latest /ˈleɪtɪst/, **A** *a.* (*superl. di* **late**) ultimo; (il) più recente; recentissimo: **the l. news**, le ultime notizie; **the l. edition**, l'ultima edizione; l'edizione più recente. **B** *n.* *1* ultime notizie; ultimissime (*su un giornale*) *2* ultimo grido (*fig.*); ultima moda *3* ultima (barzelletta): **Have you heard the l.?**, la sai l'ultima? **C** *avv.* – **at** (**the**) **l.**, al più tardi: **I'll be back on Sunday at the l.**, sarò di ritorno domenica al più tardi. ● **Have you heard the l. about John?**, hai sentito l'ultima su John?

latex /ˈleɪtɛks/, *n.* (*pl.* **latexes, latices**) (*bot.*) latice, lattice. ● **l. cement**, adesivo a base di latice □ **l. rubber**, latice di gomma.

lath /lɑːθ, *USA* læθ, -ð/, *n.* (*pl.* **laths, lath**) (*edil.*) *1* assicella; arella; listello *2* (*collett.*) canniccio *3* (*edil.*) graticcio *4* (*di persiana*) stecca. ● (*edil.*) **l. brick**, tavella.

to **lath** /lɑːθ, *USA* læθ, -ð/, *v. t.* (*edil.*) coprire di assicelle; incannicciare.

lathe (1) /leɪð/, *n.* (*mecc., falegn.*; = **turning l.**) tornio: **chuck l.**, tornio di testa; **engine l.**, tornio parallelo per filettare; **metal-turning l.**, tornio per metalli; **potter's l.**, tornio del vasaio; **turret l.**, tornio a revolver. ● **l. bed**, bancale del tornio □ **l. carrier** (*o* **l. bearer, l. dog**), brida □ **l. centre**, punta da tornio.

lathe (2) /leɪð/, *n.* (*geogr., stor.*) «lathe» (*uno dei distretti della contea di Kent*).

to **lathe** /leɪð/, *v. t.* (*mecc., falegn., ecc.*) tornire.

lather /ˈlɑːðə(r), ˈlæ-, *USA* ˈlæ-/, *n.* *1* schiuma di sapone (*o* di detergente); saponata: **I make a l. on my face before I shave**, mi faccio la saponata sul viso prima di radermi *2* (*di cavallo*) schiuma *3* (*fig. fam.*) agitazione; eccitazione; nervosismo. ● **to work oneself into a l.**, sudare tutto per la fatica; (*più spesso*) agitarsi, innervosirsi.

to **lather** /ˈlɑːðə(r), ˈlæ-, *USA* ˈlæ-/, **A** *v. t.* *1* insaponare: **to l. one's face**, insaponarsi la faccia *2* coprire di schiuma: **The horses were profusely lathered**, i cavalli erano tutti coperti di schiuma *3* (*fam. USA*) battere; bastonare; picchiare. **B** *v. i.* *1* fare (la) schiuma; schiumare: **This soap doesn't l. well**, questo sapone fa poca schiuma *2* (*di un cavallo e sim.*) schiumare.

lathering /ˈlɑːðərɪŋ, ˈlæ-, *USA* ˈlæ-/, *n.* *1* saponata *2* (*fam. USA*) bastonatura; percosse; botte.

lathery /ˈlɑːðərɪ, ˈlæ-, *USA* ˈlæ-/, *a.* *1* (*di sapone*) schiumoso; che fa schiuma *2* (*di cavallo*) coperto di schiuma.

lathing /ˈlɑːθɪŋ, ˈlæ-, *USA* ˈlæ-, -ðɪŋ/, *n.* (*edil.*) *1* canniccio; incannicciata *2* incannicciatura.

lathwork /ˈlɑːθwɜːk, *USA* ˈlæ-, -ð-/, *n.* (*edil.*) canniccio; incannicciata.

lathy /ˈlɑːθɪ, *USA* ˈlæ-, -ðɪ/, *a.* secco come un chiodo; magro come uno stecco.

latifundism /lætɪˈfʌndɪzəm/, *n.* (*econ.*) latifondismo.

latifundist /lætɪˈfʌndɪst/, *n.* (*econ.*) latifondista.

latifundium /lætɪˈfʌndɪəm/ (*lat.*), *n.* (*pl.* **latifundia**) (*stor., econ.*) latifondo.

Latin /ˈlætɪn, *USA* ˈlætn/, **A** *a.* *1* latino; (*per estens.*) neolatino, romanzo: **L. peoples**, popoli latini (*o* neolatini); **L. languages**, lingue neolatine (*o* romanze) *2* (*USA*) sudamericano. **B** *n.* *1* latino; lingua latina: **old L.**, latino arcaico; **classical L.**, latino classico; **low L.**, basso latino *2* (*USA*) nativo del sudamerica; sudamericano. ● **L. America**, America latina □ **L. American**, dell'America latina; (*sost.*, *USA*) latino-americano; americano di origine sudamericana □ **the L. Church**, la Chiesa Romana (cattolica) □ **L. lover**, latin lover; amante latino □ **L. Quarter**, Quartiere Latino (*a Parigi*) □ **dog L**, latinorum □ **thieves' L.**, gergo della malavita.

Latinism /ˈlætɪnɪzəm/, *n.* latinismo.

Latinist /ˈlætɪnɪst/, *n.* latinista.

Latinity /ləˈtɪnətɪ/, *n.* latinità.

latinization /lætɪnaɪˈzeɪʃn, *USA* -nɪˈz-/, *n.* latinizzazione.

to **latinize** /ˈlætɪnaɪz/, **A** *v. t.* latinizzare. **B** *v. i.* *1* latinizzarsi *2* latineggiare.

latinizer /ˈlætɪnaɪzə(r)/, *n.* latinizzatore, latinizzatrice.

Latino /læˈtiːnəʊ/, *n.* (*pl.* **Latinos**) (*fam. USA*) americano di origine sudamericana.

latish /ˈleɪtɪʃ/, **A** *a.* piuttosto tardi; un po' in ritardo. **B** *avv.* sul tardi; piuttosto tardi; un po' tardi.

latitude /ˈlætɪtjuːd, *USA* -tuːd/, *n.* *1* (*geogr., astron.*) latitudine: **forty degrees of l. north (of the equator)**, quaranta gradi di latitudine nord (boreale); **high [low] latitudes**, latitudini alte [basse]; **l. of a star**, latitudine di un astro *2* (*geogr.*; *di solito al pl.*) latitudine; regione: **cold latitudes**, regioni fredde *3* (*fig.*) larghezza di vedute; tolleranza; libertà di pensiero (*o* d'azione): **to allow people great l. in religion**, concedere alla gente una grande libertà in fatto di religione *4* (*arc.*) latitudine (*lett.*); estensione; larghezza: **a hat with a great l. of brim**, un cappello che ha una notevole larghezza di tesa.

latitudinal /lætɪˈtjuːdɪnl, *USA* -tuːdənl/, *a.* (*geogr.*) latitudinale.

latitudinarian /lætɪtjuːdɪˈneərɪən, *USA* -tuː-/, *a.* e *n.* *1* (*relig.*) latitudinario *2* (*per estens.*) (persona) liberale, tollerante.

latitudinarianism /lætɪtjuːdɪˈneərɪənɪzəm, *USA* -tuː-/, *n.* *1* (*relig.*) latitudinarismo *2* (*per estens.*) liberalità; tolleranza.

Latium /ˈleɪʃɪəm/, *n.* (*geogr.*) Lazio.

latrine /ləˈtriːn/, *n.* latrina (*specialm. di caserma, di campo militare, ecc.*). ● (*pop. USA*) **l. lips**, persona sboccata □ (*mil., USA*) **l. rumor**, voce di corridoio; diceria □ (*mil., USA*) **l. wireless**, radio fante (*fig.*).

latten /ˈlætn/, *n.* (*metall.*) lamierino: **brass l.**, lamierino d'ottone. ● **white l.**, lamierino di ferro stagnato.

latter /ˈlætə(r)/, **A** *a.* (*compar. di* **late**) *1* più avanzato; posteriore; più recente *2* secondo; ultimo: **in the l. half of the century**, nella seconda metà del secolo; **in these l. days**, negli ultimi tempi **B** *pron.* – **the l.**, il secondo; l'ultimo nominato (*di due*); quest'ultimo (*cfr.* **last-named**): **Of these two boys the former is healthy but the l. is sickly**, di questi due ragazzi il primo è sano ma il secondo è malaticcio. ● (*arc.*) **l.-day**, dei giorni nostri; recente; moderno □ (*relig.*) **L.-Day Saints**, i mormoni □ (*fig. arc.*) **l. grass**, conseguenze; strascichi □ (*lett.*) **our l. end**, la morte.

latterly /ˈlætəlɪ/, *avv.* (*form.*) recentemente; ultimamente; oggigiorno.

lattermost /ˈlætəməʊst/, *a.* ultimo; estremo.

lattice /ˈlætɪs/, *n.* *1* graticcio; traliccio: (*ind. costr.*) **a l. frame [girder, pylon]**, una struttura [una travatura, un pilone] a traliccio metallico; **a l. tower**, un pilone a traliccio (*di linea elettrica*) *2* *V.* **latticework** *3* (*miner., ottica, mat., stat.*) reticolo: **l. cell**, cella del reticolo; **l. sampling**, campionatura a reticolo *4* (*fis. nucl.*) reticolo *5* *V.* **l. window**. ● (*fis., chim.*) **l. energy**, energia reticolare □ (*elettron.*) **l. filter**, filtro a traliccio □ **a l. window**, una finestra con vetrate all'antica (*formate da piccoli vetri uniti da piombi*).

to **lattice** /ˈlætɪs/, *v. t.* *1* ingraticciare; intrecciare *2* munire di graticcio (*o* di traliccio).

latticed /ˈlætɪst/, *a.* *1* a graticcio; a traliccio *2* munito di graticcio (*o* di traliccio).

latticework /ˈlætɪswɜːk/, *n.* struttura a traliccio metallico.

latticing /ˈlætɪsɪŋ/, *n.* *1* l'ingraticciare; ingraticciatura *2* graticcio; traliccio; graticolato.

Latvia /ˈlætvɪə/, *n.* (*geogr.*) Lettonia.

Latvian /ˈlætvɪən/, *a.* e *n.* lettone (*anche la lingua*).

laud /lɔːd/, *n.* (*lett.*) *1* laude, lauda (*lett.*); lode *2* (*pl.*) (*relig.*) laudi.

to **laud** /lɔːd/, *v. t.* (*lett.*) laudare (*arc. o scherz.*); lodare (*specialm. Iddio*).

laudability /lɔːdəˈbɪlətɪ/, *n.* lodabilità (*raro*); l'essere lodabile.

laudable /ˈlɔːdəbl/, *a.* laudabile (*arc. o poet.*); lodabile; lodevole. ‖ **-bly**, *avv.*

laudanine /ˈlɔːdəniːn, -naɪn/, *n.* (*chim.*) laudanina.

laudanum /ˈlɔːdənəm/, *n.* (*farm.*) laudano.

laudation /lɔːˈdeɪʃn/, *n.* (*raro*) lode; elogio.

laudative /ˈlɔːdətɪv/, *a.* (*anche ling.*) laudativo.

laudator /lɔːˈdeɪtə(r)/, *n.* lodatore; elogiatore.

laudatory /ˈlɔːdətrɪ, *USA* -tɔːrɪ/, *a.* laudatorio.

laugh /lɑːf, *USA* læf/, *n.* *1* risata; riso; modo di ridere: **Let's have a good l.**, facciamoci una bella risata (*o* quattro risate)! *2* divertimento; spasso *3* (*fam.*) tipo divertente. ● (*fam.*) **l.-in**, situazione comica □ **l. line**, ruga all'angolo esterno dell'occhio; battuta umoristica, motto di spirito □ **to break** (*o* **to burst**) **into a l.**, scoppiare in una risata □ **to give a forced l.**, ridere forzatamente □ **to have** (*o* **to get**) **the l. on sb.**, ridere a spese di q. □ **to have the last l.**, ridere per ultimo (*fig.*) □ **to join in the l.**, ridere con gli altri; accettare un motteggio con spirito, con buona grazia □ **to raise a l.**, suscitare il riso; destare ilarità □ (*fam.*) **He did it for a l.** (*o* **for laughs**), l'ha fatto per ridere □ **Now I had the l. on my side**, ora era il mio turno di ridere; potevo ben ridere io, ora.

to **laugh** /lɑːf, *USA* læf/, **A** *v. i.* *1* ridere (*anche fig.*); (*di paesaggio, ecc.*) essere ridente: **I'm in no mood for laughing**, ho poca voglia di ridere; **There's nothing to l. at**, non c'è niente da ridere *2* (*fam., nella forma progressiva*) essere a posto (*o* a cavallo): **If I get the job, I'll be laughing**, se mi danno il posto, sono a cavallo. **B** *v. t.* esprimere (*o* dire, pronunciare) ridendo: **to l. one's approval**, manifestare col riso la propria approvazione. ● **to l. at**, ridere di; ridere per; beffarsi di, deridere; ridersela di, infischiarsene di: **to l. at a funny story**, ridere di una storiella buffa; **to l. at sb. in trouble**, deridere q. che si trova in difficoltà; **to l. at danger**, ridersi del pericolo; non temere il pericolo □ **to l. bravely**, ridere per non piangere □ **to l. one's consent**, acconsentire con una risatina □ **to l. heartily**, ridere di cuore (*o* di gusto) □ **to l. in sb.'s face**, ridere in faccia a q. □ (*fig.*) **to l. in** (*o* **up**) **one's sleeve**, ridere sotto i baffi; ridere fra sé e sé □ (*fam.*) **to l. like a drain**, ridere a crepapelle □ **to l. oneself helpless** (*o* **sick**), non poterne più dal ridere □ **to l. on the wrong** (*o* **on the other**) **side of one's mouth** (*o* **face**), farsi passare la voglia di ridere □ **to l. over a letter**, ridere leggendo una lettera □ **to l. to oneself**, fare una risatina fra sé (e sé) □ **to l. sb. to scorn**, deridere q.; additare q. all'altrui derisione □ **to make a cat l.**, far ridere i polli (*o* i sassi) □ (*prov.*) **He laughs best who laughs last**, ride bene chi ride ultimo.

♦**laugh away**, **A** *v. i.* + *avv.* continuare a ridere. **B** *v. t.* + *avv.* allontanare, far scomparire, dissipare con una risata: **to l. away sb.'s misgivings**, dissipare ridendo le apprensioni di q. □ **to l. away one's fear**, farsi passare la paura con una risata □ **to l. away time**, passare il tempo ridendo.

♦**laugh down**, *v. t.* + *avv.* far tacere, zittire (q.) con una risata; mettere a tacere (q.c.) ridendoci sopra.

♦**laugh into**, *v. i.* + *avv.* ridursi (*in un certo stato*) a furia di ridere: **I laughed myself into a state of helplessness**, non ne potevo più dal gran ridere.

♦**laugh off**, *v. t.* + *avv.* *1* sbarazzarsi di, vincere (q.c.) con una risata: **to l. off one's worries**, sbarazzarsi dei propri guai ridendoci sopra; **to l. off one's shyness**, vincere la timidezza con una risata *2* (*fam.*) buttare (*o* prendere) in ridere (q.c.) □ (*fam.*) **to l. one's head off**, sbellicarsi dalle risa.

♦**laugh out of**, *v. t.* + *avv.* + *prep.* *1* far passare (*paure, preoccupazioni, ecc.*) a (q.) ridendone; liberare (q.) da (q.c.) buttandola in ridere: **I was afraid but he laughed me out of it**, avevo paura, ma me la fece passare buttandola in ridere; **to l. sb. out of superstitions**, liberare q. dalle sue superstizioni ridendoci sopra *2* far uscire, buttare fuori (q.) da (*un locale*) a furia di risate □ (*fam.*) **to l. sb. [st.] out of court**, mettere in ridicolo, ridicolizzare q. [q.c.].

laughable /ˈlɑːfəbl, *USA* ˈlæf-/, *a.* risibile; ridicolo; comico: **l. results**, risultati risibili; **a l. affair**, una cosa ridicola. ‖ **-ably**, *avv.* ‖ **-ness**, *sost.*

laugher /ˈlɑːfə(r), *USA* ˈlæf-/, *n.* chi ride; persona ridanciana.

laughing /ˈlɑːfɪŋ, *USA* ˈlæfɪŋ/, **A** *a.* *1* ridente; allegro; gioioso: **a l. face**, un viso ridente; **a l. countryside**, un paesaggio ridente *2* da ridere; che fa ridere; risibile: **That's no l. matter!**, c'è poco da ridere! **B** *n.* riso; risata: **Too much l. here!**, troppe risate!; si ride troppo qui! ● (*chim.*) **l. gas**, gas esilarante □ (*zool.*) **l. jackass**, *V.* **kookaburra** □ **l. stock**, oggetto di derisione; zimbello □ **to make a l. stock of oneself**, rendersi ridicolo; far ridere i polli (*fam.*). ‖ **-ly**, *avv.*

laughter /ˈlɑːftə(r), *USA* ˈlæf-/, *n.* (*solo al sing.*) riso; risata: **a Homeric l.**, una risata omerica. ● **to break** (*o* **to burst**) **into l.**, scoppiare in una risata; scoppiare a ridere □ **to burst with l.**, scoppiare dal ridere; ridere a crepapelle □ **to roar with l.**, ridere rumorosamente (*o* sguaiatamente) □ **to split one's sides with l.**, sbellicarsi dalle risa.

launce /lɔːns, lɑːns/, *n.* (*zool., Ammodytes*) ammodite.

launch (1) /lɔːntʃ, *USA* ˈlɔː-, ˈlɑː-/, *n.* *1* (*naut.*) varo: **the l. of a new liner**, il varo di un nuovo transatlantico *2* (*miss.*) lancio: **l. window**, periodo favorevole a un lancio; «finestra» di lancio *3* (*market., pubbl.*) lancio (*di un prodotto, di un libro, ecc.*). ● (*miss.*) **l. pad**, *V.* **launching pad** □ (*miss.*) **l. vehicle**, vettore spaziale.

launch (2) /lɔːntʃ, *USA* ˈlɔː-, ˈlɑː-/, *n.* (*naut.*) lancia; motolancia; scialuppa.

to **launch** /lɔːntʃ, *USA* ˈlɔː-, ˈlɑː-/, *v. t.* *1* lanciare (*anche fig.*); scagliare; (*fig.*) avviare: **The catapult launched the plane into the air**, la catapulta lanciò in aria l'aereo; **to l. a rocket**, lanciare un razzo; **to l. a threat**, lanciare una minaccia; **to l. an author [a new product on the market]**, lanciare un autore [un nuovo prodotto sul mercato]; **to l. an arrow**, scagliare una freccia; (*miss.*) **to l. an artificial satellite**, lanciare un satellite artificiale *2* (*naut.*) mettere in acqua, calare in mare (*una barca, ecc.*) *3* (*naut.* e *fig.*) varare: **to l. a ship**, varare una nave; **to l. a new business concern**, varare una nuova impresa commerciale *4* sferrare; vibrare: **to l. an attack**, sferrare un attacco; **to l. a blow**, vibrare un colpo.

♦**launch forth**, *v. i.* + *avv.* lanciarsi (*specialm.*

fig.): **to l. forth into a long speech**, lanciarsi in una lunga tirata; **to l. forth on a new undertaking**, lanciarsi in una nuova impresa.

♦**launch into**, *v. i. + prep.* **1** lanciarsi, buttarsi, gettarsi in (*acqua, mare, ecc.*) **2** (*naut.*) varare (*un battello*) in (*un fiume, lago, ecc.*) **3** (*fig.*) lanciarsi: **to l. into a long discussion**, lanciarsi in una lunga discussione **4** (*fig.*) impegnarsi: **to l. oneself into work**, impegnarsi nel proprio lavoro; gettarsi a capofitto nel lavoro.

♦**launch off**, *v. i. + avv.* andarsene; partire.

♦**launch on**, *v. i. + prep.* **1** lanciare a (*o* contro): **to l. on attack on the government**, lanciare un attacco al governo **2** mettersi a (*fare q.c.*); intraprendere; mettere mano a (*fig.*).

♦**launch out**, **A** *v. i. + avv.* **1** (*naut.*) imbarcarsi; mettersi in viaggio: **to l. out on a voyage of discovery**, imbarcarsi per un viaggio d'esplorazione **2** (*fig.*) imbarcarsi (*in un'impresa nuova*); mettersi a fare: **to l. out as a novelist**, mettersi a fare il romanziere; **to l. out into business for oneself**, mettersi in affari per conto proprio **3** (*comm.*) lanciarsi; mettersi in affari. **B** *v. t. + avv.* (*market., pubbl.*) lanciare (*un prodotto, ecc.*).

♦**launch out on**, *v. i. + avv. + prep.* **1** lanciarsi in, intraprendere (*un'attività nuova, ecc.*) **2** (*fam.*) spendere un mucchio di soldi per: **I cannot afford to l. out on a new car**, non posso permettermi di spendere un mucchio di soldi per una macchina nuova.

♦**launch upon**, *V.* **launch on.**

launcher /ˈlɔːntʃə(r), *USA* ˈlɔː-, ˈlɑː-/, *n.* **1** chi lancia; lanciatore **2** (*mil.*, = **grenade l.**) lanciabombe (*da applicare al fucile*) **3** (*mil.*, = **missile l.**) lanciamissili **4** (*mil.*, = **rocket l.**) lanciarazzi.

launching /ˈlɔːntʃɪŋ, *USA* ˈlɔː-, ˈlɑː-/, *n.* **1** (*naut.* e *fig.*) varo: **the l. of a ship [of a new company]**, il varo di una nave [di una nuova società] **2** (*miss.*) lancio: **l. ramp**, rampa di lancio; **l. site**, poligono di lancio **3** (*market., pubbl.*) lancio; presentazione (*di un libro*). ● (*naut.*) **l. cradle**, invasatura di varo □ **l. pad**, (*miss.*) piattaforma di lancio; (*fig.*) trampolino di lancio (*fig.*).

launder /ˈlɔːndə(r), *USA* ˈlɔː-, ˈlɑː-/, *n.* trogolo (*specialm. per lavare minerali*).

to **launder** /ˈlɔːndə(r), *USA* ˈlɔː-, ˈlɑː-/, **A** *v. t.* **1** lavare (*panni, ecc.*); lavare e stirare **2** (*fig. fam.*) rendere pulito, riciclare (*denaro sporco*). **B** *v. i.* **1** fare il bucato **2** lavarsi; resistere alla lavatura: **This underwear doesn't l. neatly**, questa biancheria intima non si lava bene. ● (*di biancheria*) **freshly laundered**, di bucato.

launderer /ˈlɔːndərə(r), *USA* ˈlɔː-, ˈlɑː-/, *n.* (titolare di) lavanderia.

launderette /lɔːnˈdrɛt, -dəˈrɛt, *USA* lɔː-, lɑː-/, *n.* (*marchio*) lavanderia a gettoni.

laundering /ˈlɔːndərɪŋ, *USA* ˈlɔː-, ˈlɑː-/, *n.* **1** il fare il bucato **2** (*fig. fam.*) riciclaggio (*del denaro sporco*).

laundress /ˈlɔːndrɪs, *USA* ˈlɔː-, ˈlɑː-/, *n.* lavandaia.

laundromat /ˈlɔːndrəmæt, *USA* ˈlɔː-, ˈlɑː-/, *n.* (*marchio, USA*) lavanderia a gettoni.

laundry /ˈlɔːndrɪ, *USA* ˈlɔː-, ˈlɑː-/, *n.* **1** lavanderia **2** biancheria da lavare; bucato **3** biancheria lavata (*in albergo, ecc.*) **4** (*fig. fam.*) luogo (*banca, ecc.*) di riciclaggio del denaro sporco. ● **l. bag [basket]**, sacchetto [cesto] della biancheria da lavare □ **l. list**, lista della lavandaia (*o* della biancheria); (*fig. USA*) lista lunga e dettagliata □ **l. service**, servizio guardaroba (*in un albergo*).

laundryman /ˈlɔːndrɪmən, *USA* ˈlɔː-, ˈlɑː-/, *n.* (*pl.* **laundrymen**) lavandaio; addetto a una lavanderia.

laundrywoman /ˈlɔːndrɪwʊmən, *USA* ˈlɔː-, ˈlɑː-/, (*pl.* **laundrywomen**) *V.* **laundress**.

laureate /ˈlɒrɪət, *USA* ˈlɔː-/, **A** *a.* coronato d'alloro. **B** *n.* (= **poet l.**) poeta laureato; poeta cesareo (*in G.B., è il poeta ufficiale della nazione*).

laureateship /ˈlɔːrɪətʃɪp, *USA* ˈlɔː-/, *n.* ufficio di poeta laureato (*V.* **laureate, B**).

laurel /ˈlɒrəl, *USA* ˈlɔː-/, *n.* **1** (*bot., Laurus nobilis*) lauro, alloro **2** (*bot., Prunus lancerasus*; = **cherry l.**) lauroceraso **3** (*pl.*) (*fig.*) allori; gloria, fama, vittoria: **to win** (*o* **to gain**) **laurels**, riportare l'alloro; conseguire la fama. ● **to look to one's laurels**, tutelare la propria buona rinomanza (*perché minacciata dai rivali*) □ **to reap laurels**, mietere allori □ **to rest on one's laurels**, riposare (*o* dormire) sugli allori.

to **laurel** /ˈlɒrəl, *USA* ˈlɔː-/, *v. t.* coronare d'alloro (*anche fig.*).

laurelled /ˈlɒrəld, *USA* ˈlɔː-/, *a.* coronato d'alloro; onorato; venerato.

Laurence /ˈlɒrəns, *USA* ˈlɔː-/, *n.* Lorenzo.

Laurentian /lɔːˈrɛnʃən/, *a.* (*geol.*) laurenziano.

lauric /ˈlɔːrɪk/, *a.* (*chim.*) laurico: **l. acid**, acido laurico.

laurite /ˈlɔːraɪt/, *n.* (*miner.*) laurite.

laurustine /ˈlɒrəstaɪn, *USA* ˈlɔː-/, **laurustinus** /lɒrəˈstaɪnəs, *USA* lɔː-/, *n.* (*bot., Viburnum tinus*) lentaggine; laurotino.

lav /læv/, (*fam.*) *V.* **lavatory**.

lava /ˈlɑːvə, *USA* ˈlɑːvə, ˈlæ-/, **A** *n.* (*geol.*) lava. **B** *a. attr.* lavico: **a l. bed**, uno strato lavico; **l. flow**, colata lavica.

lavabo /ləˈveɪbəʊ, -ˈvɑː-/, *n.* (*pl.* **lavabos, lavaboes**) **1** lavabo (*specialm. di sacrestia o monastero*) **2** (*relig.*) lavacro rituale (*del celebrante*).

lavage /ˈlævɪdʒ/, *n.* (*med.*) lavaggio; lavanda (*specialm. gastrica*).

lavaret /ˈlævərət, lævəˈrɛt/, *n.* (*zool., Coregonus lavaretus*) lavarello.

lavation /ləˈveɪʃn/, *n.* **1** (*raro*) lavatura; lavacro **2** (*med.*) abluzione.

lavatory /ˈlævətrɪ, *USA* -tɔːrɪ/, *n.* **1** gabinetto (*di toilette*); ritirata; cesso (*pop.*) **2** (*raro*) lavabo (*lo stanzino*) **3** (*arc.*) bacinella; recipiente (*per lavarsi*).

to **lave** /leɪv/, **A** *v. t.* (*poet.*) lavare; bagnare. **B** *v. i.* (*d'acque*) fluire; scorrere.

lavender /ˈlævəndə(r)/, **A** *n.* **1** (*bot., Lavandula officinalis*) lavanda **2** (fiori di) lavanda **3** (colore) lavanda **4** *V.* **l. water**. **B** *a.* color lavanda. ● **l. oil**, olio essenziale (*o* essenza) di lavanda □ **l. water**, acqua di lavanda □ **to lay up in l.**, riporre (*biancheria, ecc.*) con la lavanda; (*fig.*) mettere da parte per il futuro, conservare gelosamente.

laver (**1**) /ˈleɪvə(r)/, *n.* (*bot., Porphyra*) alga rossa commestibile. ● (*cucina*) **l. bread,** *Porphyra* fritta che si mangia a colazione.

laver (**2**) /ˈleɪvə(r)/, *n.* **1** (*arc.*) lavabo; fonte (*specialm. negli antichi templi ebraici*) **2** (*relig.*) fonte battesimale **3** (*fig.*) lavacro (*spirituale o battesimale*).

laverock /ˈlævrək/, *n.* (*arc. o scozz.*) allodola.

lavish /ˈlævɪʃ/, *a.* **1** prodigo; liberale; largo (*nel dare*); munifico: **to be l. in distributing gifts**, essere largo nel distribuire doni; **to be l. of one's advice**, essere prodigo di consigli **2** abbondante; copioso; eccessivo; stravagante: **l. praise**, copiosi elogi; **l. expenses**, spese stravaganti **3** fastoso; sontuoso. || **-ly**, *avv.* || **-ness**, *sost.*

to **lavish** /ˈlævɪʃ/, *v. t.* prodigare; profondere: **They l. love on their relatives**, profondono affetto ai loro parenti. ● **to l. favours on sb.**, colmare q. di favori.

law (**1**) /lɔː/, *n.* **1** legge; giurisprudenza; (*fig.*) regola: **All are equal before the law**, la legge è uguale per tutti; **to break the law**, violare la legge; **a law student**, uno studente di legge; **to study** (*o* **to read**) **law**, studiare legge (*o* giurisprudenza); (*fig.*) **His word is law**, la sua parola è legge; **to maintain law and order**, far osservare la legge e mantenere l'ordine; (*econ.*) **the law of supply and demand,** la legge della domanda e dell'offerta; **the laws of perspective**, le leggi della prospettiva; (*fis.*) **Newton's laws**, le leggi di Newton; **the laws of painting**, le regole della pittura **2** (*leg.*) diritto: **civil law**, diritto civile; **criminal law**, diritto penale; **commercial law**, diritto commerciale **3** giustizia: **to resort to law**, fare ricorso alla giustizia **4** (*fam.*) forza pubblica; polizia: **to call in the law on sb.**, chiamare la polizia contro q. **5** – (*relig.*) **the Law**, la legge mosaica. ● **law-abiding**, ligio alle leggi; rispettoso della legge □ **law-abidingness**, rispetto della legge □ (*polit.: di provvedimento, partito, ecc.*) **law-and-order**, a favore dell'ordine; per il mantenimento dell'ordine pubblico □ **law book**, trattato di giurisprudenza □ (*in G.B.*) **law centre**, ufficio di consulenza legale gratuita □ **law costs**, spese giudiziarie □ **law court**, corte di giustizia; tribunale □ **law day**, giorno di udienza (*in tribunale*) □ (*in G.B.*) **law firm**, studio legale □ (*leg.*) **law in issue**, punto di diritto □ (*in G.B.*) **the Law Lords**, i nove Lord che, nella Camera dei Pari d'Inghilterra, costituiscono la Suprema Corte di Giustizia □ **law-making**, potere normativo (*del giudice ingl.*) □ **law merchant**, diritto commerciale □ **the law of nations**, il diritto delle genti; il diritto internazionale □ **law of nature**, diritto naturale □ **the law of retaliation**, la legge del taglione □ **law office**, ufficio legale □ **law officer**, magistrato (*specialm., l'***Attorney General** *e il* **Solicitor General**); (*anche*) funzionario di polizia □ **the law of self-preservation**, l'istinto di conservazione □ **to be a law unto oneself**, non conoscer legge; fare a modo proprio □ **law term**, termine (*o* espressione) legale; (*anche*) durata d'un periodo di sessione giudiziaria □ **to be at law**, essere in causa (legale) □ (*USA*) **attorney at law**, procuratore legale; avvocato □ **by law**, per legge; a norma di legge □ **to follow** (*o* **to go in for**) **the law**, studiare da avvocato □ **to give the law to sb.**, dettar legge a q.; imporre la propria volontà a q. □ (*fam.*) **to go to law against sb.**, ricorrere alla giustizia contro q.; intentare causa a q. □ **to keep the law**, rispettare la legge □ **to keep within the law**, rimanere nella legge □ **to lay down the law**, stabilire la legge; (*fig.*) dettar legge □ **to practise the law**, fare pratica come avvocato □ **to take the law into one's hands**, farsi giustizia da sé □ (*prov.*) **Necessity knows no law**, necessità fa legge.

law (**2**) /lɔː/, *inter.* (*di sorpresa, stupore; pop. arc.*) perbacco!; toh!

lawbreaker /ˈlɔːbreɪkə(r)/, *n.* violatore (*o* trasgressore) della legge.

lawbreaking /ˈlɔːbreɪkɪŋ/, *n.* violazione della legge.

lawful /ˈlɔːfl/, *a.* **1** (*leg.*) legale; legittimo; lecito; permesso: **the l. sovereign**, il sovrano legittimo; **l. acts**, azioni lecite **2** rispettoso delle leggi; ligio alla legge: **a l. citizen**, un cittadino che rispetta la legge. ● **l. age**, età legale □ **a l. claim**, una giusta rivendicazione □ **l. debts**, crediti (*o* diritti) riconosciuti dalla legge □ (*leg.*) **l. holder**, detentore (*o* portatore) legittimo □ (*fin.*) **l. money**, moneta a corso legale □ **to reach l. age**, diventare maggiorenne. || **-ly**, *avv.* || **-ness**, *sost.*

lawgiver /ˈlɔːgɪvə(r)/, *n.* legislatore.

lawgiving /ˈlɔːgɪvɪŋ/, **A** *a.* legiferante; legislativo. **B** *n.* il legiferare; legislazione.

lawk(**s**) /lɔːk(s)/, *inter.* (*di sorpresa, stupore; pop.*) perbacco!; toh!

lawless /ˈlɔːləs/, *a.* **1** senza legge; in preda all'anarchia: **a l. country**, un paese in preda all'anarchia **2** illegale; illecito; contrario alla legge: **l. acts**, azioni illegali **3** (*fig.*) disordinato; sfrenato; sregolato. || **-ly**, *avv.* || **-ness**, *sost.*

lawmaker /ˈlɔːmeɪkə(r)/, *n.* legislatore.

lawman /ˈlɔːmən/, *n.* (*pl.* **lawmen**) **1** uomo di legge; magistrato **2** (*USA*) poliziotto; sceriffo.

lawn (**1**) /lɔːn/, *n.* prato all'inglese; tappeto verde. ● **l. mower**, falciatrice per prati; tagliaerba; tosaerba □ (*USA*) **l. party**, *V.* **garden party** □ **l. sprinkler**, irrigatore per prati all'inglese □ (*sport*) **l. tennis**, tennis su prato (*su campo erboso*); tennis (*in genere*; *cfr.* **court tennis**).

lawn (**2**) /lɔːn/, *n.* (*ind. tess.*) rensa; linone; batista, battista.

lawny (**1**) /ˈlɔːnɪ/, *a.* a tappeto verde; erboso.

lawny (**2**) /ˈlɔːnɪ/, *a.* (*ind. tess.*) di (*o* simile a) rensa.

Lawrence /ˈlɒrəns, *USA* ˈlɔː-/, *n.* Lorenzo.

lawrencium /ləˈrɛnsɪəm, lɔː-, lɒ-/, *n.* (*chim.*) laurenzio.

lawsuit /ˈlɔːsuːt/, *n.* (*leg.*) ***1*** azione legale; causa civile; lite ***2*** processo.

lawyer /ˈlɔːjə(r), ˈlɔɪə(r)/, *n.* (*leg.*) avvocato; legale; patrocinatore legale (*termine generico*): **In England and Wales, lawyers are either barristers or solicitors; in Scotland, they are either advocates or writers**, in Inghilterra e nel Galles, gli avvocati si chiamano «barrister» o «solicitor»; in Scozia, «advocate» o «writer».

lax /læks/, *a.* ***1*** fiacco (*moralmente*); molle; rilassato; negligente; snervato; trascurato: **l. conduct**, condotta negligente; **l. morals**, morale rilassata ***2*** non teso; molle; lento: **a lax rope**, una corda lenta ***3*** (*raro*) non compatto; allentato; poroso ***4*** (*med.*: *detto dell'intestino*) affetto da diarrea ***5*** (*fon.*) rilassato. ‖ **-ly**, *avv.*

laxative /ˈlæksətɪv/, *a.* e *n.* (*farm.*) lassativo.

laxity /ˈlæksətɪ/, **laxness** /ˈlæksnəs/, *n.* ***1*** lassismo; fiacchezza; mollezza; rilassamento; negligenza; trascuratezza; lentezza ***2*** (*fon.*) lassità.

lay (**1**) /leɪ/, *n.* ***1*** (*USA*) disposizione; posizione; configurazione: **the lay of the land**, la configurazione del terreno; (*fig.*) la situazione attuale ***2*** (*comm., naut.*) interessenza; partecipazione agli utili ***3*** (*tecn.*) commettitura (*dei trefoli d'una corda*) ***4*** (*fam.*) ramo d'affari; lavoro; attività ***5*** (*fam.*) prezzo ***6*** (*volg.*) scopata, chiavata (*volg.*) ***7*** (*volg.*) partner sessuale; (*specialm.*) donna da letto (*volg.*). ● (*tipogr.*) **lay of the pages of a book**, impaginazione □ **left-hand lay rope**, fune metallica a trefolo ellittico.

lay (**2**) /leɪ/, *n.* (*poet.*) ***1*** ballata ***2*** melodia; canzone; lamento.

lay (**3**) /leɪ/, *a. attr.* ***1*** laico; secolare: (*relig.*) **a lay brother**, un «fratello» laico; un converso (*di monastero*) ***2*** incompetente; profano. ● (*leg., in Inghil.*) **lay judge**, giudice onorario (*non di carriera*; *V.* **magistrate** *e* **justice of the peace**) □ **lay reader**, (*relig.*) predicatore laico; (*fig.*) profano □ (*relig.*) **lay sister**, sorella laica; conversa.

lay (**4**) /leɪ/, *pass.* di **to lie** (**2**).

to **lay** /leɪ/ (*pass.* e *p. p.* **laid**), **A** *v. t.* ***1*** posare; porre; mettere; mettere a posto; collocare; distendere; stendere; spalmare: **He laid the keys on the desk**, posò le chiavi sullo scrittoio; **to lay bricks**, posare i mattoni l'uno sull'altro; **to lay the foundation of st.**, porre (*o* gettare) le fondamenta di q.c.; **to lay a railway track**, posare un binario; **to lay the cloth**, stendere (*o* mettere) la tovaglia; **to lay paint** [**plaster**], stendere la vernice [l'intonaco] ***2*** deporre, fare (*uova*); fare le uova: **Hens lay eggs**, le galline fanno le uova; **Reptiles lay eggs**, i rettili depongono le uova ***3*** calmare; acquietare; smorzare; fugare; placare: **The rain has laid the dust**, la pioggia ha smorzato la polvere; **to lay sb.'s doubts**, fugare ogni dubbio dalla mente di q. ***4*** preparare; progettare; elaborare; fare: **to lay a fire**, preparare (disporre la legna, il carbone per) il fuoco; **to lay a hedge**, fare una siepe; **to lay one's plans carefully**, preparare (*o* fare) accuratamente i propri piani ***5*** mettere innanzi a; esporre; presentare; muovere (*accuse*): **The lawyer laid his case before the court**, l'avvocato presentò (*o* espose) il caso al tribunale ***6*** imporre; dare (*ordini, ecc.*): **The King laid heavy taxes on tea**, il re impose balzelli gravosi sul tè; **to lay strict injunctions on sb.**, dare severi ordini a q. ***7*** coprire; ricoprire; rivestire: **to lay a floor with wall-to-wall carpeting**, coprire un pavimento con la moquette; **to lay a wall with paper**, rivestire una parete di carta da parati ***8*** scommettere; fare (*una scommessa*); puntare: **We laid a wager on who would come in first**, facemmo una scommessa su chi sarebbe arrivato primo; **I'll lay ten pounds that you will not succeed**, scommetto dieci sterline che non riuscirai; **to lay a hundred dollars on a dark horse**, puntare cento dollari su un cavallo poco noto (su un outsider) ***9*** appianare; spianare; lisciare: **I laid the nap of the cloth**, spianai il pelo della stoffa ***10*** attribuire; ascrivere; imputare: **The murder was laid to a certain Smith**, l'assassinio fu attribuito a un certo Smith ***11*** (*mil.*) puntare (*per es., i cannoni*); posare (*mine*); (*aeron.*) sganciare (*bombe*) ***12*** (*tecn.*) commettere (*i trefoli d'una corda*) ***13*** (*volg.*) fare all'amore con (q.); scopare (*volg.*). **B** *v. i.* ***1*** fare le uova: **My hens are laying well now**, ora le mie galline fanno molte uova ***2*** (*naut.*) dirigersi; mettersi (*in una posizione*); fare prua (*su*). ● (*fig.*) **to lay st. at sb.'s door**, dare la colpa di q.c. a q. □ **to lay bare**, denudare; mettere a nudo; (*fig.*) aprire: **to lay bare one's heart**, mettere a nudo il proprio cuore □ **to lay the blame for st. on sb.**, attribuire la colpa di q.c. a q. □ **to lay blows on sb.**, percuotere q.; picchiare q. □ (*fig.*) **to lay sb. by the heels**, prendere in trappola, arrestare, incarcerare: **The police laid the thief by the heels**, la polizia arrestò il ladro □ **to lay claim to**, avanzare una pretesa su; pretendere a: **The prince laid claim to the English throne**, il principe pretendeva al trono d'Inghilterra □ (*leg.*) **to lay a claim to a right**, rivendicare un diritto □ **to lay a course**, (*naut.*) seguire una rotta; (*fig.*) seguire una linea di condotta □ (*leg., ass.*) **to lay damages at a certain sum**, fissare una certa somma come risarcimento dei danni □ **to lay eyes on**, gettare l'occhio (*o* lo sguardo) su □ (*agric.*) **to lay fallow**, lasciare (*un terreno*) a maggese □ **to lay a finger on**, toccare (*con intenzioni ostili*): **Don't dare to lay a finger on him**, non azzardarti a toccarlo neanche con un dito! □ **to lay one's finger on st. wrong**, mettere il dito sulla piaga (*fig.*) □ **to lay sb. flat**, abbattere (*o* buttare a terra) q.; stendere q. (*fam.*) □ **to lay great** [**little**] **store upon**, dare grande [scarsa] importanza a □ **to lay hands on oneself**, uccidersi; suicidarsi □ **to lay hands on sb.**, mettere le mani addosso a q., percuotere q.; (*relig.*) imporre le mani sul capo di q. (*per consacrarlo, ordinarlo sacerdote*) □ **to lay hands on st.**, metter le mani su q.c.; impadronirsi di q.c. □ (*fig.*) **to lay heads together**, mettersi insieme a discutere (*o* a far progetti) □ **to lay hold of** (*o* **on**), acchiappare, agguantare, afferrare, prendere; (*fig.*) approfittare di, trarre vantaggio da □ **to lay one's hopes on sb.**, riporre le proprie speranze in q. □ **to lay sb. low**, abbattere (*o* atterrare) q.; (*fig.*: *di malattia*) buttare giù q. □ **to lay oneself open to attack**, esporsi agli attacchi □ **to lay open**, scoprire, esporre; svelare; tagliare, spaccare: **to lay open a wound**, scoprire una ferita; **to lay open a plot**, svelare una congiura; **to lay one's cheek** [**arm, leg**] **open**, prodursi uno squarcio in una guancia [un braccio, una gamba] □ (*stor.*) **to lay siege to a castle**, mettere l'assedio a un castello □ **to lay a snare** [**a trap, an ambush**], tendere un laccio [una trappola, un'imboscata] □ (*pop. USA*) **to lay some rubber**, sgommare (*guidando un'automobile*) □ **to lay stress** (*o* **weight, emphasis**) **on st.**, dare un gran peso a q.c. □ **to lay the table**, apparecchiare (la tavola) □ **to lay st. to sb.'s charge**, dare la colpa di q.c. a q. □ **to lay st. to heart**, prendere a cuore q.c. □ **to lay sb. to rest** [**to sleep**], mettere q. a riposare [a letto]; (*fig. eufem.*) seppellire q. □ **to lay waste**, devastare, mettere a ferro e fuoco (*un paese, ecc.*).

♦**lay aback**, *v. t.* + *avv.* (*naut.*) mettere a collo (*una vela*).

♦**lay aboard**, *v. t.* + *avv.* (*naut., stor.*) abbordare (*una nave*).

♦**lay about**, *v. t.* + *prep.* ***1*** attaccare, colpire: **He laid about the thugs with a stick**, colpì i teppisti con un bastone ***2*** – **to lay about one** (*arc.*), menar colpi all'impazzata; dare botte da orbi.

♦**lay aft**, *v. i.* + *avv.* (*naut.*) mettersi a poppavia (*di q.c.*).

♦**lay aside**, *v. t.* + *avv.* ***1*** mettere via; posare; mettere giù; deporre: **She laid aside her knitting**, mise via il lavoro a maglia ***2*** mettere da parte; risparmiare: **I lay aside a few pounds every week**, metto da parte qualche sterlina ogni settimana ***3*** tenere da parte; serbare (*un articolo per un cliente, ecc.*) ***4*** mettere da parte; abbandonare; trascurare: **to lay aside inveterate prejudices**, abbandonare pregiudizi inveterati; **to lay aside differences**, trascurare le divergenze (*o* gli screzi).

♦**lay away**, *V.* **lay aside**.

♦**lay back**, *v. t.* + *avv.* (*di un cane, ecc.*) tenere (*le orecchie*) basse.

♦**lay before**, *v. t.* + *prep.* ***1*** posare, deporre (q.c.) davanti a (q.) ***2*** presentare, sottoporre (*un progetto, prove, ecc.*) a (q.).

♦**lay by**, *v. i.* + *avv.* ***1*** *V.* **lay aside,** *def.* 2 ***2*** (*naut.*) *V.* **lay to.**

♦**lay close** (**to the wind**), *v. i.* + *avv.* (+ *prep.*) (*naut.*) stringere il vento.

♦**lay down**, **A** *v. t.* + *avv.* ***1*** mettere giù; posare; deporre; adagiare: **to lay down one's arms**, deporre le armi; **to lay down one's tools**, posare gli attrezzi; (*dei lavoratori*) incrociare le braccia (*per protesta*); **to lay down the victim of an accident carefully**, adagiare con gran cura la vittima di un incidente ***2*** porre (*fondamenta, condizioni, limiti, ecc.*) ***3*** fissare; indicare; stabilire (*norme, regole, ecc.*) ***4*** (*edil.*) porre le fondamenta di; posare (*un pavimento*); cominciare a costruire: **to lay down a railway**, iniziare la costruzione di una ferrovia ***5*** (*naut.*) impostare, mettere in cantiere (*una nave*) ***6*** mettere (*vino, ecc.*) in cantina; fare una provvista di; mettere: **to lay down eggs in lime**, mettere le uova nella calce ***7*** mettere fuori (*fam.*), pagare, rischiare (*denaro*). **B** *v. i.* + *avv.* (*anche, v. rifl.*, **to lay oneself down**) coricarsi; sdraiarsi; stendersi □ **to lay down the law**, *V. sotto* **law** □ **to lay down one's life for sb.**, dare (*o* sacrificare) la vita per q. □ **to lay down a plan for one's holidays**, fare un progetto per le vacanze □ **to lay down one's powers** [**prerogatives**], perdere il proprio potere [rinunciare alle proprie prerogative].

♦**lay down to**, *v. t.* + *avv.* + *prep.* (*agric.*) mettere (*un terreno*) a (*grano, ecc.*) □ (*fam.*) **to lay oneself down to**, mettersi di buona lena a (*lavorare, studiare, ecc.*); mettersi sotto a (*fam.*).

♦**lay in**, **A** *v. t.* + *prep.* ***1*** porre, posare (q. *o* q.c.) in (*un luogo*) ***2*** collocare, ambientare in: **The scene is laid in France**, l'azione è ambientata in Francia. **B** *v. t.* + *avv.* mettere in serbo; fare provvista di (q.c.).

♦**lay into**, *v. i.* + *prep.* (*fam.*) attaccare violentemente; criticare aspramente; colpire con forza.

♦**lay off**, **A** *v. t.* + *prep.* ***1*** smettere di; rinunciare a: **to lay off smoking** [**wine**], smettere di fumare [rinunciare al vino] ***2*** sospendere (q.) dal lavoro; lasciare a casa (*fam.*): **Business was slack and a lot of men were laid off work**, c'era un ristagno dell'attività economica e molti operai furono lasciati a casa ***3*** (*fam.*) smettere di dar fastidio a (q.). **B** *v. i.* + *avv.* ***1*** smettere di (fare q.c.); smetterla; smettere di lavorare; prendersi un po' di riposo: **Lay off shouting!**, smettetela di gridare!; **You should lay off more**, dovresti prenderti un po' più di riposo ***2*** (*naut.*) stare (*o* dirigersi) al largo ***3*** (*nella caccia*) spostare la mira. **C** *v. t.*

+ *avv.* **1** lasciare a casa (*operai, ecc.*) **2** (*naut.*) ancorare (*una nave*) al largo **3** (*USA*) mettere via, riporre (*abiti, ecc.*) **4** (*fam. USA*) prendere le misure di **5** (*calcio*) passare, scodellare (*la palla*) □ (*fam.*) **to lay one's fingers** (*o* **hands**) **off sb.** [**st.**], lasciare stare, non toccare, togliere le zampe da q. [q.c.].

♦**lay on**, *v. t.* + *avv.* **1** fornire; dare; attaccare (*fam.*): **to lay on water**, fornire l'acqua (*a una casa*); **to lay on electricity**, dare l'elettricità; attaccare la corrente **2** imporre (*tasse*) **3** (*fam.*) preparare (*un pranzo*); organizzare (*un ricevimento, una festa, ecc.*) **4** applicare (*intonaco, ecc.*); stendere, dare (*la vernice*) □ (*fam.*) **to lay it on** (**thick,** *o* **with a trowel**), esagerare; farla lunga.

♦**lay out**, *v. t.* + *avv.* **1** distendere, stendere, spiegare: **The poor man's possessions were laid out on the pavement**, le povere cose del mendicante erano stese sul marciapiede **2** (*market.*) esporre (*merce in vendita*) **3** disporre (*biancheria, ecc.*) in bell'ordine; mettere (*il pranzo, ecc.*) in tavola; sistemare (*un giardino, ecc.*) **4** (*fam.*) tirare fuori; spendere, investire (*denaro*): **to lay out all one's strength**, tirare fuori (*o* impiegare) tutta la propria forza **5** stancare a morte (q.); stendere (*fam.*); fare fuori (*fam.*): **With one shot he laid out two of the enemy**, con un solo colpo fece fuori due nemici **6** (*mecc.*) tracciare **7** (*fam. USA*) sgridare; rimproverare □ **to lay oneself out**, darsi un gran daffare; farsi in quattro (*fig.*) □ **to lay out a body**, comporre (*o* preparare per il funerale) un morto □ **to lay out the pages of a book**, impaginare un libro □ **to lay out one's tools**, preparare gli arnesi (*del proprio lavoro*).

♦**lay over**, **A** *v. t.* + *avv.* **1** rimandare; rinviare; posporre **2** abbellire; decorare; ornare. **B** *v. i.* + *avv.* (*USA*) fare una fermata, una sosta; fare tappa per la notte (*specialm. in un viaggio in aereo*).

♦**lay to**, **A** *v. i.* + *avv.* (*naut.*) essere (*o* restare) alla cappa. **B** *v. t.* + *avv.* (*naut.*) mettere (*una nave*) alla cappa.

♦**lay under**, *v. t.* + *prep.* mettere (*o* porre) (q.c.) sotto (q.c. altro) □ (*form.*) **to lay sb. under contribution**, costringere q. a dare il suo contributo (*finanziario*) □ **to lay sb. under the necessity** (*o* **obligation**) **to do** (*o* **of doing**) **st.**, imporre a q. l'obbligo di fare q.c.

♦**lay up**, *v. t.* + *avv.* **1** fare provvista (*o* una scorta) di; accumulare: **Squirrels lay up hazelnuts for the winter**, gli scoiattoli fanno provvista di nocciole per l'inverno; **to lay up goods**, accumulare merci **2** riporre, mettere al riparo; mettere in rimessa (*un'automobile per riparazioni, ecc.*) **3** costringere (q.) a letto: **He was laid up with a sprained ankle**, fu costretto a letto da una storta alla caviglia **4** (*naut.*) mettere (*una nave*) in bacino di carenaggio (*o anche*: in disarmo); disarmare; fare il rimessaggio di (*un'imbarcazione*) □ **to lay up for oneself**, procurarsi, andare in cerca di (*guai, ecc.*).

layabout /ˈleɪəbaʊt/, *n.* (*fam.*) sfaccendato; perdigiorno.

lay-by /ˈleɪbaɪ/, *n.* **1** (*autom.*) piazzuola (*di sosta*) **2** (*ferr.*) binario di raddoppio (*o* di scambio) **3** (*naut.*) banchina di attracco (*di un fiume, ecc.*).

lay days /ˈleɪdeɪz/, *n. pl.* (*comm., naut.*) stallie.

lay-down /ˈleɪdaʊn/, *n.* (*naut.*) impostazione, messa in cantiere (*di una nave*).

layer /ˈleɪə(r)/, *n.* **1** (*anche geol.*) strato: **a l. of sandstone**, uno strato di arenaria; **a l. of paint**, uno strato di vernice **2** (*agric.*) margotta; propaggine **3** allibratore **4** (*mil.*) puntatore (*di cannone*) **5** (*ferr.*) chi posa rotaie; posatore di binari **6** (gallina) ovaiola: **This hen is a good l.**, questa gallina fa molte uova. ● **l. cake**, torta a più strati □ **l. of carpets**, tappezziere □ **l. structure**, struttura a strati □ **cement-l.**, cementista □ **floor-l.**, pavimentatore; pavimentista □ **ozone l.**, strato dell'ozono (*nell'atmosfera*).

to **layer** /ˈleɪə(r)/, **A** *v. t.* **1** coprire con uno strato di: **to l. a cutlet with cheese**, ricoprire una cotoletta con uno strato di formaggio **2** (*agric.*) margottare; propagginare (*piante*). **B** *v. i.* **1** (*bot.*) riprodursi per propaggine **2** (*del grano, ecc.*) piegarsi a terra; allettarsi.

layered /ˈleɪəd/, *a.* stratificato; a strati.

layering /ˈleɪərɪŋ/, *n.* **1** (*agric.*) il margottare (*piante*); propagginazione **2** (*geol.*) stratificazione.

layette /leɪˈɛt/ (*franc.*), *n.* corredino (*per neonato*).

lay figure /ˈleɪfɪgə(r), *USA* -gj-/, *n.* **1** (*arte*) manichino **2** (*fig.*) fantoccio; burattino (*fig.*).

laying /ˈleɪɪŋ/, *n.* **1** posa; posa in opera; installazione: **l. of cables**, posa in opera di cavi **2** (*mil.*) puntamento (*d'un cannone*) **3** (*tecn.*) commettitura (*dei trefoli d'una corda*). ● **l. of eggs**, deposizione delle uova □ (*relig.*) **l. on of hands**, imposizione delle mani □ (*naut.*) **l.-up**, rimessaggio: **l.-up yard**, posti di rimessaggio (*per barche*).

layman /ˈleɪmən/, *n.* (*pl.* **laymen**) **1** laico; secolare **2** profano; «non addetto» (ai lavori): **When medicine is concerned, I am only a l.**, in fatto di medicina, non sono che un profano.

lay-off /ˈleɪɒf, *USA* -ɔːf/, *n.* (*econ.*) **1** sospensione (*del lavoro*) **2** periodo di mancanza di lavoro; stagione morta **3** licenziamento; sospensione temporanea (*di operai*) dal lavoro: **l. pay**, indennità di licenziamento **4** (*pl.*) procedure di ridimensionamento aziendale.

layout /ˈleɪaʊt/, *n.* **1** disposizione; posizione; configurazione: **the l. of the land**, la configurazione del paese (*o* del terreno) **2** pianta (*d'un giardino, d'una fabbrica, ecc.*); tracciato (*d'una strada, ecc.*): **the l. of a building**, la pianta d'un edificio **3** (*ind.*) layout; disegno; piano, schema (*di lavoro, ecc.*); progetto **4** (*tipogr.*) impaginazione; impaginatura; disposizione (*d'una pagina*) **5** (*ind.*) corredo (*d'attrezzi, ecc.*) **6** (*elab., pubbl.*) layout. ● (*tipogr.*) **l. man**, impaginatore.

layover /ˈleɪəʊvə(r)/, *n.* (*specialm. USA*) sosta, tappa (*durante un viaggio, specialm. in aereo*).

laystall /ˈleɪstɔːl/, *n.* immondezzaio; cumulo di rifiuti.

lay-up /ˈleɪʌp/, *n.* (*naut.*) **1** messa in bacino di carenaggio **2** messa in disarmo.

laywoman /ˈleɪwʊmən/, *n.* (*pl.* **laywomen**) **1** laica; secolare **2** profana; «non addetta» (ai lavori).

lazaret(te) /læzəˈrɛt/, *V.* **lazaretto.**

lazaretto /læzəˈrɛtəʊ/, *n.* (*pl.* **lazarettos**) **1** lazzaretto **2** (*naut.*) interponte; deposito di poppa.

Lazarus /ˈlæzərəs/, *n.* **1** Lazzaro **2** (*fig.*) mendicante; lebbroso.

laze /leɪz/, *n.* (*fam.*) ozio; pigrizia.

to **laze** /leɪz/, *v. i.* (*fam., anche* **to l. about**) poltrire; oziare; ciondolare. ● **to l. away one's time**, passare il tempo nell'ozio (*o* a poltrire).

lazily /ˈleɪzəlɪ/, *avv.* pigramente.

laziness /ˈleɪzɪnəs/, *n.* pigrizia; poltroneria; indolenza; infingardaggine.

lazuli /ˈlæzjʊlaɪ, -lɪ, *USA* -ʒə-, -ʒə-/, *n.* (*pl.* **lazulis**) *V.* **lapis lazuli.**

lazulite /ˈlæzjʊlaɪt, *USA* -zə-, -ʒə-/, *n.* (*miner.*) lazulite.

lazy /ˈleɪzɪ/, *a.* **1** pigro; poltrone; indolente; infingardo: **a l. boy**, un ragazzo indolente (*o* pigro) **2** lento: **l. motion**, moto lento; **a l. river**, un fiume lento **3** (*del tempo, ecc.*) accidioso; che invita all'ozio. ● (*med.*) **l.-eye blindness** (*o* **l. eyes**), ambliopia □ **l. Susan**, vassoio girevole (*posto al centro della tavola*) □ (*mecc.*) **l. tongs**, molle estensibili.

lazybones /ˈleɪzɪbəʊnz/, *n.* (*invar.*) (*fam.*) pigrone; poltrone; scansafatiche; sfaticato.

L-driver /ˈɛldraɪvə(r)/, *n.* (*autom.*) principiante.

lea (**1**) /liː/, **A** *n.* (*poet.*) campo; prato; prateria. **B** *a. attr.* (*agric.*) a maggese.

lea (**2**) /liː/, *n.* matassa, filzuolo (*misura di solito pari a 80 iarde per la lana, a 120 per la seta e il cotone, e a 300 per filati di lino*).

leach /liːtʃ/, *n.* **1** (*chim.*) liscivia **2** lisciviatore (*l'apparecchio*).

to **leach** /liːtʃ/, **A** *v. t.* **1** colare, filtrare (*un liquido*) **2** (*chim.*) lisciviare: **Wood ashes are leached to extract lye**, la cenere di legna viene lisciviata per estrarne la soda caustica **3** (*chim.*) ricavare per lisciviazione **4** (*agric., geol.*) lisciviare; dissolvere. **B** *v. i.* **1** filtrare **2** sciogliersi ed essere asportato (*dal suolo, ecc.*) per lisciviazione: **Much of the mineral content of this soil has leached out**, gran parte del contenuto minerale di questo terreno s'è disciolto ed è stato asportato.

leaching /ˈliːtʃɪŋ/, *n.* **1** (*chim.*) lisciviazione **2** (*agric., geol.*) lisciviazione. ● (*edil.*) **l. cesspool**, fossa biologica a dispersione.

lead (**1**) /lɛd/, *n.* **1** (*chim.*) piombo: **l. acetate**, acetato di piombo; **l. arsenate**, arseniato di piombo **2** (*naut.*) piombo; piombino; scandaglio: **sounding l.**, piombo per scandaglio; **l. line**, sagola per scandaglio **3** (= **blacklead**) grafite; piombaggine; mina (*di matita*) **4** (*tipogr.*) interlinea **5** (*pl.*) piombi (*listelli di vetrata antica*; *lastre per ricoprire un tetto*). ● (*elettr.*) **l.-covered cable**, cavo sotto piombo □ (*fam. USA*) **l. foot**, automobilista che ha il piede pesante □ (*chim., ecc.*) **l.-free,** *V.* **leadless** □ (*miner.*) **l. glance**, galena □ **l. grey**, (color) plumbeo: **The sky turned a l. grey**, il cielo si fece plumbeo □ **l. paint**, minio □ **l. pencil**, matita (*di grafite*) □ (*pop. USA*) **l.-pipe cinch**, fatto inevitabile; certezza assoluta □ **l. piping**, tubazione di piombo □ (*med.*) **l. poisoning**, avvelenamento da piombo; saturnismo □ **l. shot**, pallini di piombo □ **l. wool**, lana di piombo (*per condutture dell'acqua*) □ **l. work**, impiombatura; lavoro di vetraio; lavoro di fontaniere □ **l. works**, fonderia di piombo □ (*naut.*) **to cast** (*o* **to heave**) **the l.**, gettare lo scandaglio □ (*fig.*) **an ounce of l.**, una pallottola; un proiettile □ (*pop.*) **to swing the l.**, bighellonare; oziare; non lavorare.

lead (**2**) /liːd/, *n.* **1** direzione; comando; guida: **to take the l.**, prendere il comando **2** il lasciarsi guidare: **We will follow your l.**, ci lasceremo guidare da te; ti verremo dietro **3** posizione di testa; primo posto; avanguardia (*fig.*): **to have the l. in a race**, essere in (posizione di) testa in una gara; **to gain** (*o* **to take**) **the l.**, andare in testa; **England has taken the l. in the production of silicones**, l'Inghilterra è all'avanguardia nella produzione dei siliconi; **to lose the l.**, perdere il primo posto (*in una corsa e sim.*) **4** vantaggio: **He has a good l. over the other competitors**, ha un buon vantaggio sugli altri candidati **5** suggerimento; indizio; pista, traccia: **to give sb. a l. in solving a problem**, dare a q. un suggerimento per la soluzione d'un problema **6** guinzaglio; laccio: **The dog was on the l.**, il cane era al guinzaglio **7** (*teatr.*) parte principale (*in un dramma*); primo attore, prima attrice **8** (*a carte*) mano: **Whose l. is it?**, chi è di mano?; **Your l.!**, la mano è tua!; sta a te!; sei di mano tu! **9** canale artificiale (*specialm., che porta acqua a un mulino*) **10** canale sgombro (*fra i ghiacci*) **11** (*elettr.*) conduttore isolato; (*anche*) anticipo di fase **12** (*ind. min.*) filone (*di minerale*) **13** (*mecc.*) passo (*di vite*) **14** (*giorn.*) articolo di fondo (*o* di spalla) **15** (*comm. est.*) anticipo (*di pagamento*) **16** (*econ.*) anticipo (*di una variabile*) **17** (*sport*) vantaggio: **In volleyball play may continue until a two-point l. has been gained by one of the two teams**, nella pallavolo, il gioco può continuare finché una delle due squadre non abbia ottenuto un vantaggio di due punti **18** (*boxe*) colpo d'inizio **19** (*pl.*) (*autom., elettr.*) collegamenti; fili **20** (*mil., caccia*) anticipo. ● **the l. horse**, il cavallo di testa (*in un tiro*) □ **l.-in**, introduzione; (*radio,*

TV) filo dell'antenna, discesa d'antenna □ (*mecc.*) **l.-nut**, madrevite □ (*specialm. sport*) **l.-off**, inizio; principio □ (*mecc.*) **l.-screw**, vite madre □ **l. time**, intervallo tra la progettazione e la produzione (*o* tra l'ordinazione e la consegna: *di un prodotto*) □ (*mus.*) **l. violin**, primo violino □ **to give sb. a l.**, fare strada a, instradare q. □ **to be in the l.**, essere in testa (*o* al comando); (*fig.*) essere all'avanguardia (*fig.*) □ (*a carte*) **return l.**, rimessa (*di carta dello stesso seme*) □ **to take the l.**, andare in testa, prendere il comando (*anche sport*); passare in vantaggio; (*fig.*) prendere l'iniziativa □ (*anche sport*) **to win a clear l. over sb.**, conquistare un netto vantaggio su q.

to **lead** (1) /lɛd/, **A** *v. t.* ***1*** impiombare; coprire di piombo; mettere il piombo (*o* i piombi) a ***2*** (*tipogr.*) interlineare. **B** *v. i.* (*della canna d'arma da fuoco*) incrostarsi di piombo.

to **lead** (2) /liːd/ (*pass.* e *p. p.* **led**), **A** *v. t.* ***1*** condurre, guidare (*anche nella danza*); condurre a mano; tenere (*un cane*) al guinzaglio: **to l. the oxen**, condurre a mano i buoi; **to l. a blind man**, guidare un cieco; **to l. sb. away [out]**, condurre via [fuori] q. ***2*** dirigere; capeggiare; comandare; essere in testa a (*o* a capo di): **to l. an expedition**, condurre una spedizione; **to l. the race**, essere in testa alla corsa (*sport*: condurre); **to l. the Republicans**, essere a capo dei repubblicani ***3*** condurre, portare (*a*): **This road will l. you to the country house**, questa strada ti condurrà (*o* ti porterà) alla villa; **This pipe leads the water into the reservoir**, questo tubo porta l'acqua al serbatoio ***4*** condurre; fare; avere: **to l. a peaceful existence**, condurre una vita tranquilla; **to l. a double life**, fare (*o* avere) una doppia vita ***5*** far fare: **to l. sb. a dog's life**, far fare a q. una vita da cani ***6*** convincere; persuadere; indurre; portare (*fig.*): **His embarrassment led me to believe he was lying**, il suo imbarazzo mi indusse (*o* portò) a credere che mentisse ***7*** cominciare; aprire: **to l. the dance**, aprire le danze ***8*** far passare, immettere (*acqua in un canale*); passare (*una corda, attraverso q.c.*) ***9*** (*mus.*) dirigere: **to l. an orchestra [a band, a chorus]**, dirigere un'orchestra [una banda, un coro] ***10*** (*a carte*) giocare (*o* calare) come prima carta; aprire il gioco con: **to l. the ace of hearts**, calare l'asso di cuori (in apertura di gioco). **B** *v. i.* ***1*** essere in testa; fare strada; essere in vantaggio; (*sport*) condurre: **Which car is leading?**, quale macchina è in testa (*o* conduce)? ***2*** – **to l. to**, condurre a; portare a: **All roads l. to Rome**, tutte le strade portano a Roma; **One border incident led to the outbreak of war**, un solo incidente di frontiera portò allo scoppio della guerra ***3*** (*boxe*) attaccare: **Never l. with your right**, non attaccare mai di destro! ***4*** (*a carte*) avere la mano; aprire ***5*** (*elettr.*) essere in anticipo. ● **to l. sb. by the hand**, condurre q. per mano □ **to l. sb. by the nose**, menare q. per il naso □ **to l. sb. captive**, far prigioniero q. □ **to l. a double life**, avere una doppia vita □ (*fig.*) **to l. sb. a fine** (*o* **a pretty**) **dance**, tener q. sulla corda; far sospirare q.c. a q. □ **to l. the fashion**, dettare la moda □ (*fam.*) **to l. sb. a hard life**, rendere la vita difficile a q.; tormentare q. □ **to l. a parade**, aprire una sfilata □ **to l. sb. to the altar**, condurre q. all'altare □ **to l. the way**, fare strada, marciare in testa; (*fig.*) prendere l'iniziativa □ (*econ.*) **to l. the world in the production of oil**, essere il primo paese del mondo per la produzione del petrolio □ **led horse**, cavallo condotto a mano; cavallo di riserva □ (*prov.*) **One thing leads to another**, da cosa nasce cosa.

♦**lead astray**, *v. t. + avv.* ***1*** sviare, mettere (q.) fuori strada (*anche fig.*) ***2*** traviare: **He was led astray by evil companions**, fu traviato dalle cattive compagnie.

♦**lead away**, *v. t. + avv.* ***1*** portare via (q.); allontanare ***2*** distogliere; far allontanare (*q. dalla famiglia, ecc.*) ***3*** traviare ***4*** sviare, distogliere (*l'attenzione, ecc.*).

♦**lead back**, *v. t. + avv.* ricondurre, riportare (*in un luogo, a un argomento, alla fede, ecc.*).

♦**lead in**, *v. t. + avv.* ***1*** introdurre, far entrare (*q. in un luogo*) ***2*** introdurre (*un argomento*); aprire (*un discorso*) ***3*** far passare, infilare (*un filo elettrico, ecc.*) ***4*** (*mus.*) introdurre.

♦**lead into**, *v. t. + prep.* ***1*** introdurre, far entrare (q.) in (*un luogo*); avviare (*il traffico*) in entrata (*in città*) ***2*** entrare in (*un argomento, ecc.*) ***3*** indurre: **L. us not into temptation**, non indurci in tentazione (*preghiera*) ● **to l. sb. into trouble**, mettere q. nei guai.

♦**lead nowhere**, *v. t. + avv.* ***1*** (*di una strada, ecc.*) non portare da nessuna parte ***2*** (*fig.*) non portare ad alcun risultato; non servire a nulla.

♦**lead off**, *v. t. + avv.* (*o prep.*) ***1*** uscire alla testa di; condurre fuori: **The sergeant led the squad off the training ground**, il sergente uscì dal campo di esercitazione alla testa della squadra ***2*** (*anche v. i.*) cominciare; iniziare; esordire; dare il via (a): **to l. off the dance**, dare il via alle danze □ **to l. off with the first question**, fare la prima domanda.

♦**lead on**, **A** *v. t. + avv.* ***1*** guidare, fare strada a (q.) ***2*** (*fam.*) indurre, spingere (*q. a fare q.c. di male*) ***3*** (*fam.*) indurre (*a credere q.c.*); ingannare; circuire. **B** *v. i. + avv.* fare strada; andare avanti: **L. on!**, vai avanti!

♦**lead out**, **A** *v. t. + avv.* ***1*** fare uscire (q.); avviare (*il traffico*) in uscita (*dalla città*) ***2*** fare in modo che (q.) si apra (*fig.*); indurre (q.) a parlare. **B** *v. i. + avv.* fare strada in uscita.

♦**lead up**, *v. t. + avv.* (*o prep.*) ***1*** condurre, guidare (q.) su: **The guide led us up the mountain**, la guida ci accompagnò nella scalata del monte ***2*** portare su (*o* in cima a): **This path leads you up the hill**, questo sentiero porta in cima al colle □ (*fam.*) **to l. sb. up the garden path**, menare q. per il naso; farsi gioco di q.

♦**lead up to**, **A** *v. t. + avv. + prep.* ***1*** condurre, guidare (q.) a (*un luogo in alto*) ***2*** accingersi a (*dire, fare, suggerire q.c.*): **to be leading up to the queen of hearts**, accingersi a giocare la regina di cuori ***3*** preparare la strada a (*fig.*); precedere, portare a (q.c.): **The event led up to the Premier's resignation**, l'avvenimento portò alle dimissioni del primo ministro; **in the months leading up to the war**, nei mesi che precedettero la guerra. **B** *v. i. + avv. + prep.* (*di strada, scala, ecc.*) condurre (*o* portare) a (*un luogo in alto*) □ **I wonder what he's leading up to**, mi chiedo dove voglia arrivare (*fig.*).

leadable /ˈliːdəbl/, *a.* che si può dirigere; che si lascia guidare.

leaded /ˈlɛdɪd/, *a.* ***1*** impiombato; piombato; coperto di piombo: **l. glass window**, finestra con i vetri piombati ***2*** (*tipogr.*) interlineato.

leaden /ˈlɛdn/, *a.* ***1*** di piombo; plumbeo: **a l. box**, una cassetta di piombo; **a l. sky**, un cielo plumbeo ***2*** grave; greve; pesante: **l. limbs**, membra pesanti; **a l. heart**, un cuore greve; **a l. silence**, un silenzio pesante (*o* profondo) ***3*** depresso; triste; tetro. ● **a l. rule**, una regola (*o* una disciplina) opprimente. ‖ **-ly**, *avv.* ‖ **-ness**, *sost.*

leader /ˈliːdə(r)/, *n.* ***1*** leader; comandante; capo; guida; capopartito; chi dirige, comanda, ecc.: (*polit.*) **the l. of the opposition**, il leader dell'opposizione; **the l. of the union**, il capo del sindacato; **He's a born l.**, è nato per comandare ***2*** (*sport*) leader; chi è in testa (*alla classifica, o in una corsa*); (*ippica*) cavallo di testa: **Arsenal is the current l. in the soccer championship**, al momento l'Arsenal è in testa nel campionato di calcio ***3*** (*sport*, = **team l.**) capitano (*di una squadra*) ***4*** (*leg.*) avvocato principale (*in una causa*): **the l. for the defence**, il primo difensore; l'avvocato che guida il collegio di difesa ***5*** (*Borsa*) titolo guida ***6*** (*econ.*) *V.* **leading indicator** ***7*** (*fin.*) azienda (*o* impresa) leader ***8*** (*market.*, = **loss l.**) articolo civetta ***9*** (*giorn.*) articolo di fondo; fondo (*fam.*); editoriale ***10*** (*mus.*) primo esecutore; primo tenore; primoviolino (*e così via*) ***11*** (*mus., USA*) direttore d'orchestra ***12*** (*anat.*) tendine ***13*** (*bot.*) germoglio terminale ***14*** (*cinem., fotogr.*) linguetta iniziale (*di pellicola*) ***15*** (*edil.*) pluviale ***16*** (*tecn.*) tubo adduttore (*di conduttura d'acqua*) ***17*** (*ind. min.*) vena secondaria ***18*** (*tipogr.*) (linea di) puntini di guida ***19*** (*pesca*) basso (*o* finale) di lenza. ● (*ciclismo*) **the l. group**, il gruppetto di testa □ (*polit., in G.B.*) **the L. of the House of Commons**, il leader della maggioranza ai Comuni □ (*zool.*) **l. of the pack**, capobranco □ (*giorn.*) **l. writer**, editorialista.

leaderette /liːdəˈrɛt/, *n.* (*giorn.*) breve articolo di fondo.

leaderless /ˈliːdələs/, *a.* senza capo; privo di guida.

leadership /ˈliːdəʃɪp/, *n.* ***1*** comando; direzione; guida; leadership ***2*** primo posto; primato; supremazia; leadership ***3*** capacità di dirigere; attitudine al comando.

leading (1) /ˈlɛdɪŋ/, *n.* ***1*** articoli di piombo ***2*** (*edil.*) impiombatura ***3*** (*tipogr.*) interlinea addizionale.

leading (2) /ˈliːdɪŋ/, **A** *n.* ***1*** comando; direzione; guida ***2*** (*fig.*) influenza; (forza dell') esempio. **B** *a.* ***1*** che guida; che comanda; che dirige ***2*** (*anche sport*) che è in testa; che è all'avanguardia (*fig.*) ***3*** eminente; preminente; primo; primario; principale: **a l. concern**, un'azienda primaria; **a l. scientist**, un eminente scienziato; (*geom.*) **l. diagonal**, diagonale principale. ● **l. article**, (*giorn.*) *V.* **leader,** *def.* *9* □ (*teatr.*) **l. business**, parti principali (*riservate al primo attore*) □ (*leg.*) **l. case**, caso che fa testo; sentenza che serve da precedente □ (*elettr.*) **l. current**, corrente in anticipo □ **l. edge**, (*aeron.*) bordo d'attacco, bordo d'entrata (*dell'ala*); (*elab.*) bordo di entrata (*di una scheda*) □ (*econ.*) **l. indicator**, indicatore di tendenza; indice significativo □ (*cinem., teatr.*) **l. lady**, primadonna; protagonista □ **l. light**, (*naut.*) fanale di allineamento; (*fig.*: *di persona*) luminare □ (*cinem., teatr.*) **l. man**, primo attore; protagonista □ (*naut.*) **l. mark**, meda; segnale □ (*mus.*) **l. motive**, motivo conduttore; tema melodico ricorrente □ (*mus.*) **l. note**, nota sensibile □ (*specialm. leg.*) **l. question**, domanda tendenziosa; domanda posta in modo da suggerire una certa risposta (*e perciò non consentita e non ammessa*) □ **l. rein**, briglia; cavezza □ **l. reins,** *V.* **l. strings** □ (*econ.*) **the l. sectors**, i settori di punta □ (*Borsa*) **l. securities**, titoli guida □ (*naut.*) **l. ship**, nave capofila □ **l. strings**, dande; guinzaglio per bambini piccoli □ **l. topics**, argomenti d'attualità □ (*mat., telef., ecc.*) **l. zero**, zero iniziale □ (*fig.*: *di adulto*) **to be in l. strings**, venir fatto rigare dritto; essere sotto stretto controllo.

leadless /ˈlɛdləs/, *a.* (*chim., autom.*) senza piombo: **l. petrol**, benzina senza piombo.

leadsman /ˈlɛdzmən/, *n.* (*pl.* **leadsmen**) (*naut.*) scandagliatore.

leady /ˈlɛdɪ/, *a.* simile al piombo; plumbeo.

leaf /liːf/, *n.* (*pl.* **leaves**) ***1*** (*bot.* e *fig.*) foglia; (*fam.*) petalo; (*collett.*) foglie: **green leaves**, foglie verdi; **a rose-l.**, un petalo di rosa; **a frame covered with gold l.**, una cornice coperta di foglia d'oro; una cornice dorata; (*di pianta*) **to be in l.**, avere le foglie; **choice tobacco l.**, foglie scelte di tabacco ***2*** (*di libro, ecc.*) foglio; pagina: **A book with two hundred pages has a hundred leaves**, un libro di duecento pagine ha cento fogli ***3*** (*di tavola allungabile*) prolunga; ribalta ***4*** (*di porta, d'imposta*) battente ***5*** (*mecc.*) lamina; (*anche*) *V.* **l. spring** ***6*** (*mecc.*) paletta (*di ruota a palette*) ***7*** (*pop. USA*) erba; cocaina. ● (*bot.*) **l. blade**, lamina (*della foglia*) □ (*bot.*) **l. buds**, gemme fogliari □ (*bot.*) **l. cure**, bolla □ (*bot.*) **l. cushion**, cuscinetto fogliare □ **l. green**, (*bot.*) clorofilla; (color) verde prato □ **l. mould**, terriccio formato da foglie in decomposizione; pacciame □ (*mecc.*) **l. spring**, molla a balestra □ **l. table**, tavolo con prolunga □ **l. tea**, tè in foglie; tè vero (*specialm. se usato nei distributori automatici*: *non un estratto di tè*) □ (*di piante*) **to come into l.**, mettere le foglie □ (*fig.*) **to take a l. out of sb.'s book**, seguire l'esempio di q.; imitare q. □ **to turn over** (*o* **to flip through**) **the leaves of a book**, sfogliare un libro □ **to turn over a new l.**, voltar pagina; (*fig.*) cominciare una vita nuova; ricominciare da capo (*fig.*).

to **leaf** /liːf/, **A** *v. i.* (*spesso* **to l. out**) mettere le foglie; fogliare; frondeggiare (*lett.*). **B** *v. t.* (*spesso* **to l. through**) sfogliare (*un libro, ecc.*).

leafage /ˈliːfɪdʒ/, *n.* fogliame.

leafiness /ˈliːfɪnəs/, *n.* abbondanza di foglie; ricchezza di fogliame.

leafless /ˈliːfləs/, *a.* senza foglie; senza fronde; sfrondato. || **-ness**, *sost.*

leaflet /ˈliːflət/, *n.* **1** (*bot.*) fogliolina **2** depliant; volantino; manifestino: **propaganda leaflets**, volantini pubblicitari.

to **leaflet** /ˈliːflət/, *v. i.* distribuire volantini; fare il volantinaggio.

leafletting /ˈliːflətɪŋ/, *n.* volantinaggio.

leafstalk /ˈliːfstɔːk/, *n.* (*bot.*) picciolo.

leafy /ˈliːfɪ/, *a.* **1** ricco di foglie; frondoso; fronzuto **2** simile a una foglia.

league (**1**) /liːg/, *n.* **1** lega (*anche sport*) alleanza; unione; società: **to be in l. with sb.**, essere (unito) in lega con q.; (*stor.*) **the L. of Nations**, la Lega (*o* la Società) delle Nazioni **2** (*fam.*) categoria; classe; livello (*fig.*): **The two boys are in the same l.**, i due ragazzi sono dello stesso livello. ● (*sport*) **l. football matches**, partite (*di calcio*) di campionato □ (*sport*) **l. table**, classifica del campionato □ (*calcio, in G.B.*) **the big l.**, la serie A □ (*spreg.*) **to be in l. with sb.**, essere in combutta con q.

league (**2**) /liːg/, *n.* lega (*misura itineraria, ormai antiquata*; *pari a tre miglia o m 4828 circa*; *misura marina, pari a m 5560*).

to **league** /liːg/, **A** *v. t.* unire in lega; alleare; confederare. **B** *v. i.* unirsi in lega; formare una lega; allearsi; confederarsi.

leaguer /ˈliːgə(r)/, *n.* membro d'una lega; leghista; alleato.

leak /liːk/, *n.* **1** crepa; fenditura; fessura: **a l. in the petrol tank**, una crepa nel serbatoio della benzina **2** fuga; perdita (*di liquido, ecc.*): **a gas l.**, una fuga di gas; **to stop leaks**, eliminare le perdite **3** (*naut.*) falla; via d'acqua **4** (*elettr.*) dispersione **5** (*fig.*) fuga (*di notizie*). ● (*tecn.*) **l. detector**, rivelatore di perdite □ **to spring a l.**, aprire una falla □ (*pop.*) **to take** (*o* **to have**) **a l.**, spandere acqua; orinare.

to **leak** /liːk/, **A** *v. i.* **1** perdere; colare: **The gas bottle leaks**, la bombola del gas perde **2** (*naut.*) imbarcare acqua: **The boat was leaking badly**, la barca imbarcava acqua da tutte le parti **3** (*spesso* **to l. out**) spandersi; filtrare, trapelare (*anche fig.*): **The news of the scandal has leaked out**, la notizia dello scandalo è trapelata **4** (*pop.*) spandere acqua; orinare. **B** *v. t.* **1** far trapelare: **to l. secret information**, far trapelare informazioni segrete **2** lasciare uscire, perdere (*un liquido, gas, ecc.*). ● **to l. in**, infiltrarsi; penetrare: **The rain leaks in through the roof**, la pioggia penetra attraverso il tetto.

leakage /ˈliːkɪdʒ/, *n.* **1** perdita (*di liquido*); fuga (*di gas*); (*elettr.*) dispersione **2** infiltramento; infiltrazione **3** (*fig.*) fuga, il trapelare (*di notizie*) **4** (*trasp.*) colaggio; calo (*di liquidi*); dispersione; sfrido **5** (*comm.*) abbuono per colaggio. ● **economic l.**, dispersione; impedimento alla formazione del reddito.

leakiness /ˈliːkɪnəs/, *n.* **1** il perdere da crepe (*o* da fessure) **2** (*naut.*) l'imbarcare acqua **3** (*fig.*) mancanza di riserbo; inaffidabilità (*di un servizio segreto*).

leaky /ˈliːkɪ/, *a.* **1** che perde; che non tiene: **a l. kettle**, un bricco che non tiene (*l'acqua*) **2** (*naut.*) che imbarca acqua **3** (*elettr.*) privo d'isolamento **4** (*fig.*) che non tiene un segreto; privo di riservatezza: (*di un servizio segreto*) inaffidabile.

leal /liːl/, *a.* (*lett., scozz.*) leale; onesto.

lean (**1**) /liːn/, **A** *a.* magro (*anche fig.*); scarno; smilzo; sparuto; scarso; povero: **a l. man**, un uomo magro, sparuto; **a l. profit**, un magro profitto; **l. years**, anni magri; **a l. diet**, una dieta povera. **B** *n.* magro; carne magra. ● (*pop. USA*) **l. and mean**, efficiente ed energico □ (*autom.*) **l. mixture**, miscela povera.

lean (**2**) /liːn/, *n.* inclinazione; pendenza: **a steeple with a slight l.**, un campanile con una lieve inclinazione. ● **on the l.**, inclinato.

to **lean** /liːn/ (*pass.* e *p. p.* **leaned, leant**), **A** *v. i.* **1** inclinarsi; pendere; piegarsi: **The willow leans over the pond**, il salice pende sopra lo stagno **2** appoggiarsi: **He leaned on his staff**, si appoggiava al bastone; **L. on my arm**, appoggiati al mio braccio! **3** contare (su); fare affidamento (su): **to l. on one's father's connections to be accepted in the foreign service**, contare sulle conoscenze del padre per entrare in diplomazia **4** propendere; essere propenso (*o* incline) a; tendere a: **to l. to** (*o* **toward**) **mercy**, essere propenso alla misericordia; **to l. towards mysticism**, tendere al misticismo. **B** *v. t.* **1** far inclinare; piegare: **The hurricane leaned the telephone poles over**, l'uragano piegò i pali del telefono **2** appoggiare; poggiare: **to l. a pole against the wall**, appoggiare un palo al muro; **to l. one's elbows on the writing desk**, poggiare i gomiti sulla scrivania. ● **to l. forward** [**back**], pendere in avanti [all'indietro] □ (*fig.*) **to l. on sb.**, fare pressioni su q.: **The government is leaning heavily on FIAT to produce cars that burn less fuel**, il governo esercita forti pressioni sulla FIAT perché produca automobili che consumino meno □ **to l. out of a window**, sporgersi da una finestra □ (*fig. fam.*) **to l. over backwards**, fare l'impossibile; fare più di quanto uno si aspetta □ **to l. over a hedge**, sporgersi sopra una siepe.

Leander /liːˈændə(r)/, *n.* (*letter.*) Leandro.

leaning /ˈliːnɪŋ/, **A** *n.* inclinazione (*anche fig.*); pendenza; propensione; tendenza: **to have a l. towards radicalism**, avere una tendenza al radicalismo. **B** *a.* inclinato; pendente. ● (*archit.*) **the L. Tower of Pisa**, la torre di Pisa.

leanness /ˈliːnnəs/, *n.* magrezza; sparutezza.

leant /lɛnt/, *pass.* e *p. p.* di **to lean**.

lean-to /ˈliːntuː/, *a.* e *n.* (tetto, tettoia, capanna, ecc.) a una falda.

leap /liːp/, *n.* **1** salto; balzo **2** (*fig.*) sbalzo; aumento improvviso: **a l. in prices**, un aumento improvviso dei prezzi **3** (*fig.*) balzo; grande passo avanti; enorme progresso **4** salto d'acqua (*in un fiume*) **5** monta (*d'animali*) **6** (*mus.*) intervallo. ● **l. day**, giorno intercalare; il 29 di febbraio □ (*fig.*) **a l. in the dark**, un salto nel buio □ **l. year**, anno bisestile □ **l.-year day**, *V.* **l. day** □ **by leaps and bounds**, a salti e a sbalzi; (*fig.*) a passi da gigante □ **It takes a l. of the imagination to picture myself as a scientist**, ci vuole una bella fantasia a pensare che io possa diventare uno scienziato.

to **leap** /liːp/ (*pass.* e *p. p.* **leapt, leaped**), **A** *v. i.* saltare; far salti; balzare; fare un balzo; lanciarsi: **Look before you l.**, guarda prima di saltare!; (*fig.*) rifletti prima di agire; **to l. for joy**, saltare dalla gioia; **to l. to one's feet**, balzare in piedi; **to l. on one's enemy**, lanciarsi sul nemico. **B** *v. t.* (*spesso* **to l. over**) **1** saltare; superare d'un balzo: **I couldn't l.** (**over**) **the wall**, non riuscii a saltare il muretto **2** far saltare: **to l. a horse over an obstacle**, far saltare un ostacolo a un cavallo **3** (*di animali*) montare, coprire (*una femmina*). ● **to l. about**, saltellare qua e là □ **to l. at an offer**, accettare di buon grado un'offerta; fare i salti (*fig. fam.*) □ **to l. from one subject to another**, saltare di palo in frasca □ (*di un'idea, ecc.*) **to l. into sb.'s mind**, venire in mente a q. □ (*fig.*) **to l. out at sb.**, balzare agli occhi di q. □ (*fam.*) **to l. out of one's skin**, prendersi uno spavento.

leaper /ˈliːpə(r)/, *n.* saltatore, saltatrice.

leapfrog /ˈliːpfrɒg, *USA* -ɔːg/, *n.* saltamontone; cavallina (*gioco infantile*).

to **leapfrog** /ˈliːpfrɒg, *USA* -ɔːg/, **A** *v. t.* – **to l. over sb.**, saltare sopra q. giocando alla cavallina. **B** *v. i.* **1** giocare alla cavallina **2** (*fig.*) passare bruscamente: **to l. from consols to industrials**, passare dai titoli del consolidato agli investimenti industriali. ● (*fig.*) **to l. each other**, superarsi a vicenda (*o* a turno).

leapfrogging /ˈliːpfrɒgɪŋ, *USA* -ɔːg-/, *n.* **1** (*econ.*) (*di prezzi e salari*) rincorsa **2** (*leg.*) presentazione di un appello direttamente alla Camera dei Lord (*saltando la Corte d'Appello*).

leapt /liːpt/, *pass.* e *p. p.* di **to leap**.

to **learn** /lɜːn/ (*pass.* e *p. p.* **learned, learnt**), **A** *v. t.* **1** imparare: **I'm trying to l. German**, sto cercando d'imparare il tedesco; **to l. st. by heart**, imparare q.c. a memoria; **to l. to read and write**, imparare a leggere e a scrivere; **to l. to drive a lorry**, imparare a guidare il camion **2** studiare: **The teacher told us to l. the lesson by heart**, il professore ci disse di studiare la lezione a memoria **3** imparare (a proprie spese); rendersi conto di: **You should l. that you cannot treat your employees like slaves**, devi renderti conto che non puoi trattare da schiavi i tuoi dipendenti **4** venire a sapere; apprendere; imparare (*region.*): **I've learnt that...**, ho appreso che... **5** (*pop.*) servire di lezione a (q.); insegnare a: **I'll l. you!**, te l'insegno io! (*che non si deve fare così, ecc.*); te la do io una lezione! **B** *v. i.* **1** imparare: **The boy is learning quite well**, il ragazzo impara benissimo **2** studiare: **He's learning to be an architect**, studia da architetto. ● **to l. a trade**, imparare un mestiere □ **I have yet to l. it**, questa mi riesce nuova.

♦ **learn about**, *v. i.* + *prep.* **1** imparare (q.c.), apprendere nozioni su: **to l. about the life of insects**, apprendere nozioni sulla vita degli insetti; **to l. new facts about an old subject**, imparare fatti nuovi su un vecchio argomento **2** avere notizia di; apprendere; (venire a) sapere di; imparare (*region.*): **We've learnt about your new TV set through the press**, abbiamo saputo del vostro nuovo modello di televisore attraverso la stampa.

♦ **learn by**, *v. i.* + *prep.* imparare da (*o* con): **to l. by one's mistakes**, imparare dai propri errori; **to l. by example**, imparare con l'esempio (degli altri) □ (*teatr.*) **to l. one's lines** (*o* **words**) **by heart**, imparare la parte a memoria.

♦ **learn from**, *v. i.* + *prep.* **1** imparare da (*un insegnante e sim.*) **2** imparare da (*o* per): **to l. from one's mistakes**, imparare dai propri errori; **to l. from life**, imparare dalla vita; **to have learnt patience from bitter experience**, avere imparato ad essere paziente per amara esperienza.

♦ **learn of**, *V.* **learn about,** *def. 2.*

♦ **learn off**, *v. t.* + *avv.* imparare (q.c.) a memoria.

♦ **learn up**, *v. t.* + *avv.* (*fam.*) imparare (q.c.) a fondo.

learnable /ˈlɜːnəbl/, *a.* apprendibile; che si può imparare.

learned /ˈlɜːnɪd/, *a.* **1** dotto; colto; erudito; istruito; sapiente: **a l. man**, un uomo colto; un dotto; un erudito; **a l. word**, una parola dotta **2** (*di giornale, ecc.*) specialistico; per specialisti. ● **a l. profession**, una professione liberale □ (*in parlamento*) **my l. friend**, il mio dotto (*o* onorevole) collega (*in G.B.*) □ **a l. work**, un'opera d'erudizione. || **-ly**, *avv.* || **-ness**, *sost.*

learner /ˈlɜːnə(r)/, *n.* **1** discente; studente; scolaro **2** apprendista **3** (*autom., ecc.*) principiante. ● (*autom.*) **l. driver**, principiante: **L. drivers must not use motorways**, i principianti non possono guidare in autostrada □ a

slow l., uno che è lento ad apprendere.

learning /ˈlɜːnɪŋ/, *n.* ***1*** cultura; erudizione; dottrina; sapienza; sapere ***2*** apprendimento: **l. theory**, teoria dell'apprendimento; **l. curve**, curva di apprendimento; **l. style**, modo di apprendimento. ● (*stor.*) **the New L.**, l'Umanesimo.

learnt /lɜːnt/, *pass.* e *p. p.* di **to learn**.

leasable /ˈliːsəbl/, *a.* affittabile; che si può affittare.

lease (**1**) /liːs/, *n.* ***1*** (*leg.*) «lease» (*istituto ignoto all'ordinamento ital.*); (cessione di) proprietà superficiaria; (*pressappoco*) concessione in uso; (contratto di) affitto, locazione, affittanza: **We bought a house in central London on a 99-year l.**, comprammo una casa nel centro di Londra con un «lease» di 99 anni; **When they moved abroad, I took a two-year l. on their flat**, quando si trasferirono all'estero, presi «in affitto» il loro appartamento per due anni ***2*** (*leg.*) immobile dato in «lease» ***3*** (*fin.*) *V.* **financial leasing** ***4*** (*arc.*) durata; termine. ● (*fig.*) **a new l. of life** (*USA*: **on life**), nuove aperture (*o* prospettive) di vita; nuovi orizzonti (*fig.*).

lease (**2**) /liːs/, *n.* (*ind. tess.*) ***1*** incrocio; invergatura (*dei fili dell'ordito*) ***2*** liccio; maglia. ● **l.-bar**, bacchetta d'invergatura.

to **lease** /liːs/, **A** *v. t.* ***1*** (*leg.*) (*anche* **to l. out**) cedere la proprietà superficiaria di (*un immobile*); (*pressappoco*) affittare, dare in affitto, locare ***2*** (*leg.*) avere (*o* acquistare) la proprietà superficiaria di (*un immobile*); (*pressappoco*) affittare, prendere in affitto: **We own the freehold of our house, but we l. the premises of our restaurant**, abbiamo la proprietà assoluta della nostra casa, ma dei locali del ristorante soltanto la proprietà superficiaria ***3*** (*fin.*) avere a noleggio (*o* noleggiare) con il leasing: **We l. all our cars** [**machines**], abbiamo tutte le nostre auto [macchine] in leasing. **B** *v. i.* (*di un immobile*) vendersi con un «lease», affittarsi (*bene, male, per un certo canone, ecc.*). ● (*fig.*) **to l. back**, locare (*un immobile*), noleggiare (*un impianto*: *a chi l'ha venduto*) con la possibilità di riscattarlo (*alla fine del contratto*).

leaseback /ˈliːsbæk/, *n.* (*fin.*) leasing immobiliare; vendita con patto di locazione; vendita d'impianti a una società di leasing (*che li affitta al venditore con possibilità di riscatto*).

leasehold /ˈliːshəʊld/, (*leg.*) **A** *n.* ***1*** (*leg.*) (diritto di) possesso immobiliare in base a un «lease» (*q.V.*) ***2*** (*leg. USA*) possesso di beni mobili (*macchinari, ecc.*) in locazione-vendita ***3*** (*leg.*; *per approssimazione*) affittanza, conduzione, locazione. **B** *a.* (*di un immobile*) posseduto in base a un «lease»; di cui si ha la proprietà superficiaria. **C** *avv.* in proprietà superficiaria: **to buy a house l.**, acquistare la proprietà superficiaria di una casa (*a vita o per un certo numero di anni*; *cosa alquanto comune in G.B. nelle città grandi, come Londra, o nei centri storici*). ● (*leg.*) **l. estate**, immobile la cui titolarità si basa su un «lease» (*cfr.* **freehold estate**).

leaseholder /ˈliːshəʊldə(r)/, *n.* (*leg.*) titolare di un «leasehold» (*q.V.*); superficiario (*per un periodo di tempo determinato, anche se lungo fino a 99 anni e oltre*); (*all'incirca*) locatario, affittuario, conduttore (*di un bene immobile*).

leash /liːʃ/, *n.* ***1*** guinzaglio; laccio ***2*** (*nella caccia*) muta di tre cani. ● **to hold in l.**, tenere al guinzaglio; (*fig.*) tenere a freno □ **to let one's dogs off the l.**, sguinzagliare i cani □ **to strain at the l.**, (*di un cane*) tirare il guinzaglio; (*fig.*) mordere il freno.

to **leash** /liːʃ/, *v. t.* mettere il guinzaglio a; tenere al guinzaglio.

leasing /ˈliːsɪŋ/, *n.* (*fin.*) locazione-vendita (*di macchinari, locali, ecc.*); locazione finanziaria; leasing. ● (*leg.*) **l. agreement**, accordo (*o* contratto) di locazione finanziaria □ (*fin.*) **l. company**, società di leasing.

least /liːst/, (*superl. di* **little**) **A** *a.* (il) più piccolo; minimo: (*mat.*) **the l. common multiple**, il minimo comune multiplo; **There isn't the l. doubt about his guilt**, non c'è il minimo dubbio sulla sua colpevolezza. **B** *n.* – **the l.**, il minimo: **The l. you can do for him is not to interfere**, il minimo che puoi fare per lui è di non interferire. **C** *avv.* (il) meno; meno di tutti: **the l. expensive**, il meno costoso (*più comune*: **the cheapest**, il più economico); **You studied the l. and got the highest mark**, hai studiato meno di tutti e hai avuto il voto più alto. ● **l. of all**, meno di tutti; (*anche*) tanto meno: **He deserves it l. of all**, lo merita meno di tutti; **Don't tell anybody, l. of all your wife**, non dirlo a nessuno, e tanto meno a tua moglie! □ **at l.**, almeno, perlomeno; (= **at the l.**) perlomeno, a dir poco □ **for the l. thing**, a (*o* per) un nonnulla: **These stockings ladder for the l. thing**, queste calze si smagliano per un nonnulla (*o* solo a guardarle) □ **not l. because...**, anche perché... □ **not in the l.** (**degree**), per nulla; (niente) affatto: **I am not in the l. tired**, non sono affatto stanco □ **to say the l.** (**of it**), a dir poco □ (*prov.*) **L. said, soonest mended**, meno si parla, meglio è; il silenzio è d'oro □ **I haven't the l. idea**, non ne ho la più pallida idea.

leastways /ˈliːstweɪz/, *avv.* (*fam.*) almeno; perlomeno.

leastwise /ˈliːstwaɪz/, (*USA*) *V.* **leastways**.

leat /liːt/, *n.* canale (*specialm. per portare acqua a un mulino*); gora.

leather /ˈlɛðə(r)/, **A** *n.* ***1*** cuoio; pelle: **chamois l.**, pelle di camoscio; **imitation l.**, finta pelle ***2*** oggetto di cuoio; (= **stirrup-l.**) striscia di cuoio, cinghia ***3*** pelle di daino (*per pulire*) ***4*** (*sport, fam.*) palla da cricket; pallone (*da gioco del calcio*) ***5*** (*pl.*) calzoni di pelle; gambali di cuoio ***6*** (*pop. USA*) guantoni da pugile ***7*** (*pop. USA*) portafoglio; borsa. **B** *a. attr.* di pelle; di cuoio; in pelle: **l. binding**, legatura in pelle. ● **l.-back**, dorso (*di libro*) in cuoio; schienale in pelle; (*zool., Dermochelys coriacea*) dermochelide coriacea □ **l. bag**, otre □ **l.-bound**, rilegato in pelle □ **l. clothing**, abbigliamento in pelle □ **l. garments**, capi di vestiario di cuoio □ **l. goods**, pelletteria (*anche l'insegna di negozio*) □ **l.-goods dealer**, pellettiere □ **l. goods shop**, pelletteria (*il negozio*) □ **l.-head**, (*mil.*) testa di cuoio; (*fig. fam.*) testa di legno; zuccone □ (*zool.*) **l.-jacket**, (*Balistes capriscus*) pesce balestra; (*Monacanthus*) larva della tipula □ (*pop. USA*) **l.-neck**, marine; fante del Marine Corps (*corpo speciale delle forze armate americane*) □ **l. paper**, carta marocchinata □ **American l.**, tela cerata □ (*pop.*) **to lose l.**, perdere un pezzetto di pelle; scorticarsi □ **patent l.**, cuoio verniciato; coppale, vernice (*per farne scarpe, ecc.*) □ (*fig.*) **Nothing like l.**, le cose proprie servono meglio (*di quelle altrui*).

to **leather** /ˈlɛðə(r)/, *v. t.* ***1*** rivestire di pelle ***2*** rilegare in pelle ***3*** (*fam.*) picchiare con la cinghia; dare cinghiate a (q.).

leatherette /lɛðəˈrɛt/, *n.* (*marchio*) finta pelle; dermoide; similpelle.

leathering /ˈlɛðərɪŋ/, *n.* ***1*** rivestimento in pelle ***2*** rilegatura in pelle ***3*** (*fam.*) cinghiate; staffilate; un sacco di botte.

leatherman /ˈlɛðəmən/, *n.* (*pl.* **leathermen**) uomo vestito di cuoio da capo a piedi.

leathern /ˈlɛðən/, *a.* (*arc.*) ***1*** di cuoio; di pelle ***2*** simile al cuoio.

leatheroid /ˈlɛðərɔɪd/, *n.* fibra (*per valigie, borse, ecc.*).

leatherware /ˈlɛðəwɛə(r)/, *n.* articoli di cuoio; pelletteria.

leathery /ˈlɛðərɪ/, *a.* coriaceo: **l. meat**, carne coriacea.

leave /liːv/, *n.* ***1*** permesso; licenza; autorizzazione: (*form.*) **to beg l.**, chiedere il permesso; **You have my l. to go out**, ti do il permesso d'uscire; **by your l.**, col vostro permesso ***2*** (= **l. of absence**) permesso; licenza; congedo; aspettativa: **to ask for l.**, chiedere un permesso; **to be on l.**, essere in congedo (*o* in licenza, in permesso); **a two weeks' l.**, due settimane di congedo; **l. with pay**, permesso (*o* congedo) retribuito ***3*** congedo; commiato; partenza: **to take one's l. of sb.**, prendere congedo (*o* commiato) da q. ***4*** periodo di vacanza; ferie: **annual l.**, ferie di un anno. ● **l.-breaker**, impiegato (*o* militare, ecc.) che non si ripresenta allo scadere del congedo □ (*leg.*) **l. of the court**, autorizzazione del giudice □ **a l. on full** [**on half**] **salary** (*o* **wages**), un congedo con trattamento economico pieno [dimezzato] □ (*form.*) **l.-taking**, commiato; congedo □ **extended l.**, congedo prolungato; aspettativa □ **to be on l.**, essere in congedo, in vacanza; (*mil.*) essere in licenza □ (*mil.*) **short l.**, libera uscita □ **sick l.**, congedo per motivi di salute; (*mil.*) licenza di convalescenza □ **to take l.**, accomiatarsi; congedarsi □ **to take one's l. of sb.**, accomiatarsi (*o* congedarsi) da q. □ (*fig.*) **to take l. of one's senses**, perdere il ben dell'intelletto; uscire di senno □ **to take French l.**, andarsene alla chetichella (*o* all'inglese) □ (*fam.*) **without so much as «with your l.»** (*o* **«by your l.»**), senza nemmeno chiedere il permesso.

to **leave** (**1**) /liːv/ (*pass.* e *p. p.* **left**), **A** *v. t.* ***1*** lasciare; abbandonare; lasciare in eredità; dimenticare; partire da; uscire da; affidare: **We left him alone**, lo lasciammo solo; **This leaves me cold**, la cosa mi lascia indifferente; **We left Rome yesterday**, partimmo da Roma ieri; **I always l. home at 8 o'clock**, esco sempre di casa alle 8; **I left my bag on the train**, ho dimenticato la borsa in treno; **I'll l. the matter in your hands**, affiderò a te la faccenda; **The victim leaves a widow and three children**, la vittima lascia la moglie e tre bambini; **He left his wife for a younger woman**, lasciò (*o* abbandonò) la moglie per una donna più giovane; **to l. nothing but debts**, non lasciare che debiti; **to l. one's job**, abbandonare (*o* lasciare) il proprio lavoro; **to l. the track**, abbandonare la traccia, la pista; **We left him quite well an hour ago**, l'abbiamo lasciato un'ora fa e stava benissimo; **L. it to me!**, lascialo a me!; (*anche*) lascia fare a me!; **L. him to me!**, lascialo a me!; lo sistemo io! ***2*** (*mat.*) fare; restare: **Ten minus two leaves eight**, dieci meno due fa otto; togliendo due da dieci resta otto ***3*** (*pop.*) lasciare; permettere: **L. us go now**, lasciaci andare, ora! **B** *v. i.* ***1*** partire; andarsene: **They are leaving tomorrow**, partono domani ***2*** (*specialm. USA*) interrompersi; smettere. ● **to l. sb. alone**, lasciar stare q.; lasciare in pace q. □ **to l. the army for the Church**, abbandonare la carriera militare per il sacerdozio □ **to l. sb.** [**st.**] **be**, lasciare stare q. [q.c.]; non occuparsi di q. (q.c.); lasciare in pace q. □ (*leg.*) **to l. by will**, legare per testamento □ **to l. one's card with sb.**, lasciare il proprio biglietto da visita a q. □ (*fig.*) **to l. the chair**, togliere la seduta; (*anche*) lasciare la presidenza □ **to l. st. to chance**, affidare q.c. alla sorte; lasciar decidere q.c. al caso □ **to l. sb. for dead**, lasciare q. per morto □ **to l. for a place**, dirigersi verso (*o* partire per) un luogo □ (*fam.*) **to l. go**, lasciar andare; abbandonare la presa □ **to l. hold of**, lasciar andare; abbandonare la presa; non trattenere più □ **to l. home**, (*anche*) andarsene da casa; scappare da casa □ **to l. sb. in charge of st.** (*o* **to l. st. in sb.'s charge**), affidare (la custodia di) q.c. a q. □ **to l. sb. in the lurch**, lasciare q. nei guai (*o* nei pasticci); piantare in asso q. □ (*fig.*) **to l. no stone unturned**, non lasciar nulla d'intentato; fare tutto il possibile □ (*naut.*) **to l. port**, uscire dal porto; salpare □ (*ferr.*) **to l. the rails** (*o* **the track**), deragliare □ (*autom.*) **to l. the road**, uscire di strada □ **to l. school**, finire gli studi, diplomarsi; (*anche*) non andare più a scuola, abbandonare gli studi □ (*fam.*) **to l. sb. standing**, lasciare q. a bocca aperta (*fig.*) □ **to**

l. the table, alzarzi da tavola □ **to l. sb. to himself** (*o* **to his own devices**), lasciare che q. faccia a modo suo; lasciare q. in balìa di se stesso □ (*fam.*) **to l. sb. to it**, lasciar perdere q. □ **to l. st. unsaid**, trascurare di dire q.c.; passare q.c. sotto silenzio □ **to l. well** (*USA*: **well enough**) **alone**, non pretendere troppo; contentarsi: **L. well alone!**, chi si contenta gode (*prov.*) □ **to l. word**, lasciar detto: **He has left word with my secretary that he'll call tomorrow**, ha lasciato detto alla mia segretaria che passerà domani □ (*fam.*) **Let's l. it at that**, lasciamo perdere!; non parliamone più □ **I l. it to you**, mi rimetto a te □ **This composition leaves much to be desidered**, questo tema lascia molto a desiderare □ **I was left broke**, rimasi al verde □ **I have only one pound left**, mi resta (*o* mi è rimasta) solo una sterlina.

♦**leave about**, *v. t.* + *avv.* lasciare (*indumenti, ecc.*) in giro.

♦**leave around**, *V.* **leave about**.

♦**leave aside**, *v. t.* + *avv.* trascurare (*un fatto, ecc.*); non tener conto di.

♦**leave behind**, *v. t.* + *avv.* ***1*** lasciare dietro di sé; lasciarsi dietro (*rovine, sventure, ecc.*); lasciare (*debiti, ecc.*) ***2*** (*anche v. t. + prep.*) lasciare a casa; dimenticare (*di prendere q.c.*): **I left the keys behind** (**me**), ho dimenticato le chiavi; **I left behind my umbrella**, ho lasciato a casa l'ombrello.

♦**leave down**, *v. t.* + *avv.* ***1*** lasciare abbassato (*un interruttore, una leva, ecc.*) ***2*** tenere (*la luce, la radio, ecc.*) bassa.

♦**leave in**, *v. t.* + *avv.* ***1*** lasciare (*la chiave, ecc.*) dentro ***2*** lasciare (q.) in casa ***3*** lasciare (*il fuoco, ecc.*) acceso ***4*** lasciare (q.c.) dov'è; non eliminare.

♦**leave off**, **A** *v. t.* + *avv.* ***1*** mettere via; smettere d'indossare (*un vestito pesante, ecc.*) ***2*** abbandonare, rinunciare a (*un'abitudine, ecc.*) ***3*** cessare, smettere (*di fare q.c.*): **L. off complaining!**, smettila di lamentarti!; **We l. off work at 2 p.m.**, smettiamo di lavorare alle due. **B** *v. i.* + *avv.* ***1*** finire: **taking up where volume I leaves off**, riprendendo da dove finisce il 1° volume ***2*** cessare; smettere: **Has the storm left off?**, è cessato il temporale? □ **to l. off business**, ritirarsi (dagli affari) □ **Where did we l. off last time?**, dove siamo rimasti (*a leggere, ecc.*) l'ultima volta?

♦**leave on**, *v. t.* + *avv.* ***1*** lasciare (q.c.) su; non staccare (q.c.) ***2*** tenersi addosso, non togliersi (*un indumento*) ***3*** lasciare acceso (*la luce, ecc.*) ***4*** (*cucina*) lasciare (*cibo, pentole, ecc.*) sul fuoco; lasciare cuocere (bollire, ecc.) □ **to l. on one's hat**, tenere il cappello in testa.

♦**leave out**, *v. t.* + *avv.* ***1*** lasciare fuori (*o* all'aperto) ***2*** lasciare fuori (*sulla tavola, ecc.*: *cibo, ecc.*) ***3*** tralasciare; trascurare; dimenticare; omettere; escludere: **You've left out two words**, hai tralasciato due parole; **His parents don't l. out anything to please him**, i genitori non trascurano niente per farlo contento; **You've left out butter in your list**, nella lista hai dimenticato il burro; **He was left out of the team**, fu escluso dalla squadra; non lo misero in squadra □ (*fam.*) **L. it out!**, piantala!; smettila! □ (*fig.*) **L. me out of it!**, lasciami fuori (*dalla faccenda*)! □ **to feel left out**, sentirsi escluso (trascurato, ecc.).

♦**leave over**, *v. t.* + *avv.* lasciare in sospeso; rimandare; rinviare □ **to be left over**, rimanere, avanzare; (*mat.*) restare (*tutti impers.*): **After going round with the cakes, there were three left over**, dopo aver fatto il giro con le paste, ne rimasero tre; **If you divide 18 by 4, you have 2 left over**, se dividi 18 per 4, resta 2.

♦**leave up**, *v. t.* + *avv.* lasciare (q.c.) su; lasciare appeso.

to **leave** (**2**) /liːv/, *V.* **to leaf.**

leaved /liːvd/, *a.* ***1*** (*raro*) frondoso; fronzuto ***2*** (*nei composti, per es.*:) **red-l.**, dalle foglie rosse; **narrow-l.**, dalle foglie strette ***3*** (*di porta*) a due battenti. ● **four-l. clover**, quadrifoglio □ **a one-l. table**, una tavola allungabile con una sola ribalta.

leaven /ˈlɛvn/, *n.* lievito (*anche fig.*); fermento: **a l. of new ideas**, un fermento d'idee nuove. ● (*Bibbia*) **the old l.**, le tracce dell'antico vizio (*dell'uomo*).

to **leaven** /ˈlɛvn/, *v. t.* ***1*** far lievitare; far fermentare ***2*** (*fig. raro*) far fermentare (*idee nuove, ecc.*); vivacizzare, ravvivare.

leavening /ˈlɛvnɪŋ, -vən-/, *n.* ***1*** lievito ***2*** (*fig.*) fermento; cosa che stimola, ravviva, vivacizza.

leaves /liːvz/, *pl.* di **leaf**.

leavings /ˈliːvɪŋz/, *n. pl.* avanzi; residui; rifiuti; rimasugli.

Lebanese /lɛbəˈniːz/, *a.* e *n.* (*invar. al pl.*) libanese.

Lebanon /ˈlɛbənən/, *n.* (*geogr.*) Libano.

lech /lɛtʃ/, **A** *n.* (*pop.*) ***1*** lussuria; lascivia; concupiscenza ***2*** persona dissoluta. **B** *a. attr.* dissoluto; lussurioso.

to **lech** /lɛtʃ/, *v. i.* (*pop.*) essere dissoluto; essere lussurioso. ● **to l. after a girl**, concupire una ragazza.

lecher /ˈlɛtʃə(r)/, *n.* fornicatore; lussurioso; satiro (*fig.*).

lecherous /ˈlɛtʃərəs/, *a.* lascivo; lussurioso; impudico. ‖ **-ly**, *avv.*

lechery /ˈlɛtʃərɪ/, *n.* lascivia; lussuria; impudicizia.

lecithin /ˈlɛsɪθɪn/, *n.* (*chim., biol.*) lecitina.

lectern /ˈlɛktɜːn/, *n.* leggio (*per poggiarvi la Bibbia, ecc.*).

lection /ˈlɛkʃn/, *n.* ***1*** (*filol.*) lezione; variante ***2*** (*relig.*) lettura delle Sacre Scritture (*fatta in chiesa*); lectio.

lectionary /ˈlɛkʃənrɪ, *USA* -nɛrɪ/, *n.* (*relig.*) lezionario.

lector /ˈlɛktɔː(r)/, *n.* (*in talune università e relig.*) lettore.

lecture /ˈlɛktʃə(r)/, *n.* ***1*** conferenza; lezione (*universitaria*): **He gave us a l. on contemporary poetry**, ci fece una conferenza sulla poesia contemporanea; **to go on a l. tour**, fare un giro di conferenze; **to attend lectures**, andare a lezione ***2*** predicozzo; ramanzina; paternale: **to give** (*o* **to read**) **sb. a good l.**, fare a q. una bella ramanzina. ● **l. hall** (*o* **l. room**), sala per conferenze; aula universitaria □ **l. theatre**, auditorio, auditorium.

to **lecture** /ˈlɛktʃə(r)/, **A** *v. i.* fare conferenze; tenere un corso di lezioni; parlare in pubblico; fare discorsi. **B** *v. t.* ***1*** fare una conferenza a; far lezione a (*una classe, ecc.*) ***2*** fare un predicozzo, una ramanzina, una paternale a (q.); rimproverare, sgridare.

lecturer /ˈlɛktʃərə(r)/, *n.* ***1*** conferenziere; oratore ***2*** (*nelle università USA*) professore: **He's the best l. we have**, è il nostro miglior professore ***3*** (*nelle università ingl.*) «lecturer» (*che è meno di «full professor»*) ***4*** (*talora*) professore incaricato (*o* a contratto) ***5*** (*relig.*) predicatore (*della Chiesa Anglicana*).

lectureship /ˈlɛktʃəʃɪp/, *n.* ***1*** condizione (*o* grado, ufficio) di **lecturer** (*q.V.*) ***2*** incarico (*o* contratto) universitario ***3*** ciclo di conferenze (*o* di lezioni universitarie).

led /lɛd/, *pass.* e *p. p.* di **to lead.**

ledge /lɛdʒ/, *n.* ***1*** sporgenza; aggetto; ripiano; (*falegn.*) listello ***2*** (*di finestra,* = **window l.**) bancale (*di davanzale*) ***3*** (*di montagna*) cornice; cengia: **a l. of rock on the side of a cliff**, una cornice di roccia sul fianco d'una parete (*o* d'una scogliera) ***4*** (*naut.*) scoglio sommerso ***5*** (*ind. min.*) strato, vena (*del minerale*) ***6*** (*metall.*) attacco di colata.

ledged /lɛdʒd/, *V.* **ledgy.**

ledger /ˈlɛdʒə(r)/, *n.* ***1*** (*rag.*) libro mastro; mastro; partitario ***2*** (*edil.*) traversa ***3*** lapide; pietra tombale (*orizzontale*). ● (*rag.*) **l. account**, conto di mastro □ **l. board**, tavola da ponteggio; (*anche*) corrimano □ **l. line**, (*pesca*) lenza fissa; (*mus.*) lineetta supplementare, taglio □ **l. paper**, carta da registri □ (*pesca*) **l. tackle**, lenza di fondo.

ledgy /ˈlɛdʒɪ/, *a.* pieno di sporgenze, di rocce, di scogli (*V.* **ledge**).

lee /liː/, **A** *n.* ***1*** riparo (*dal vento*): **under the lee of a house**, al riparo d'una casa ***2*** luogo protetto, riparato (*specialm. dal vento*) ***3*** (*naut.*) (lato) sottovento; poggia. **B** *a. attr.* (*specialm. naut.*) sottovento: **the lee side of a ship**, il lato sottovento d'una nave. ● **a lee shore**, (*naut.*) una costa di sottovento (*rispetto a una nave*); (*fig.*) una grossa difficoltà, un serio pericolo □ **a lee tide**, una corrente di marea nella direzione del vento.

leech (**1**) /liːtʃ/, *n.* ***1*** (*zool., Hirudo*) sanguisuga (*anche fig.*); mignatta: **to stick like a l.**, stare attaccato come una mignatta ***2*** (*arc. o scherz.*) cerusico; medico.

leech (**2**) /liːtʃ/, *n.* (*naut.*) caduta di poppa (*di vela*).

to **leech** /liːtʃ/, *v. t.* salassare (*anche fig.*).

leek /liːk/, *n.* (*bot., Allium porrum*) porro (*è il simbolo del Galles*).

leer /lɪə(r)/, *n.* sbirciata; occhiata furtiva; sguardo di traverso; sguardo maligno, malizioso o lascivo.

to **leer** /lɪə(r)/, *v. i.* sbirciare; guardare con la coda dell'occhio (*o* di traverso); dare occhiate maligne, maliziose o lascive. ● **to l. at sb.**, sbirciare q.; guardare q. con malizia (*o* con bramosia).

leeringly /ˈlɪərɪŋlɪ/, *avv.* di sottecchi; sbirciando con malizia (*o* con bramosia, con lascivia).

leery /ˈlɪərɪ/, *a.* ***1*** (*arc.*) che la sa lunga; astuto ***2*** (*pop.*) sospettoso; diffidente. ● **to be l. of sb.**, diffidare di q.

lees /liːz/, *n. pl.* feccia; sedimento; fondi. ● (*fig.*) **to drink a cup to the l.**, bere l'amaro calice fino alla feccia.

leeward /ˈliːwəd, ˈluːəd/, (*naut.*) **A** *a.* e *avv.* ***1*** sottovento ***2*** verso (*o* a) sottovento. **B** *n.* sottovento; lato sottovento (*di nave*). ● **on the l.**, sottovento □ **to steer to l.**, mettere la barra sottovento.

leewardly /ˈliːwədlɪ, ˈluːəd-/, *a.* (*naut.*: *di nave*) che scade sottovento; che tende ad andare alla deriva.

leeway /ˈliːweɪ/, *n.* ***1*** (*naut., aeron.*) scarroccio; deriva ***2*** (*aeron.*) angolo di deriva ***3*** (*fig.*) flessibilità (*fig.*); libertà d'azione (*o* di pensiero); (*anche*) margine di sicurezza: **financial l.**, margine di sicurezza finanziaria ***4*** (*fig.*) ritardo; svantaggio: **to make up the l.**, recuperare il ritardo; colmare lo svantaggio. ● **to have much l. to make up**, essere molto indietro nel proprio lavoro; avere un grosso svantaggio da colmare □ (*naut., aeron.*) **to make l.**, scarrocciare.

left (**1**) /lɛft/, **A** *a.* ***1*** sinistro; mancino: **Show me your l. hand**, mostrami la mano sinistra; **the l. wing** [**flank**] **of an army**, l'ala sinistra [il fianco sinistro] d'un esercito ***2*** a sinistra: **«No l. turn»** (*cartello*), «divieto di svolta a sinistra» ***3*** (*polit.*) a (*o* di) sinistra: **He's very l.**, è molto di sinistra. **B** *n.* ***1*** sinistra; lato sinistro: **He was sitting on my l.**, era seduto alla mia sinistra ***2*** (mano) sinistra ***3*** (*boxe*) sinistro: **He got in one with his l.**, mise a segno un colpo di sinistro ***4*** (*mil.*) ala sinistra, fianco sinistro (*d'un esercito*) ***5*** (*polit.*) – **the L.**, la sinistra: **the extreme l.**, l'estrema sinistra. **C** *avv.* a sinistra (*anche polit.*); a manca (*lett.*): **to turn** [**to look**] **l.**, voltare [guardare] a sinistra; **The voters have moved l.**, l'elettorato s'è spostato a sinistra; (*mil.*) **L. turn!**, fronte a sinist'! ● (*polit.*) **L.-Centre**, (il) centrosinistra □ **L.-Centre government**, governo di centrosinistra □ (*rugby*) **l. centre**, primo centro (*giocatore*) □ (*baseball*) **l. fielder**, esterno sinistro □ (*sport*) **l. half**, mediano (*o* laterale) sinistro □ **l. hand**, sinistro, di sinistra; a sinistra; di sinistro; (*mecc.*) sinistro, sinistrorso: **the l.-hand side of the canal**, il lato sinistro del canale; **a l.-hand bend**, una curva a sinistra; (*autom.*) **l.-hand drive** (*o* **steering**), guida a sinistra; **a l.-hand throw**, un lancio di sinistro; **a l.-hand screw**, una vite sinistra □ (*leg.*) **l.-hand marriage**, matrimonio morganatico □ (*leg.*) **l.-hand son**, figlio illegittimo □ **l.-handed**, mancino; (*di un arnese, ecc.*) per mancini; (*di colpo, lancio, ecc.*) di sinistro; (*fig.*) goffo, impacciato; ambiguo, equivoco; illegale, illecito, (*mecc., mat., ecc.*) sinistrorso; (*leg.*: *di matrimonio*) morganatico; (*di figlio, ecc.*) illegittimo: **I'm l.-handed**, sono mancino; **l.-handed scissors**, forbici per mancini; **a l.-handed blow**, un colpo di sinistro; (*boxe*) un sinistro; **a l.-handed compliment**, un complimento ambiguo; (*mat.*) **l.-handed system**, sistema di riferimento sinistrorso □ (*pop. scherz.*) **a l.-handed monkey wrench**, una chiave inglese a rullino per mancini; un arnese inesistente; (*fig.*) una tazza per mancini (*che ovviamente non esiste*) □ **l.-handedly**, di sinistro □ **l-handedness**, l'essere mancino, mancinismo; (*fig.*) goffaggine; ambiguità; illegalità □ **l.-hander**, mancino; colpo di sinistro; (*boxe*) sinistro □ **l.-laid cable** [**rope**], cavo [fune] ad avvolgimento crociato sinistro □ **l. wing**, (*polit.*) ala sinistra; (*rugby*) ala sinistra □ **l.-wing**, (*polit.*) di sinistra, radicale; (*spreg.*) sinistroide; (*sport*) sinistro □ **l.-winger**, (*polit.*) uomo di sinistra; (*spreg.*) sinistroide; (*sport*: *calcio*) ala sinistra □ **to marry sb. with the l. hand**, sposare q. con matrimonio morganatico.

left (2) /lɛft/, **A** *pass.* e *p. p.* di **to leave**. **B** *a.* lasciato; rimasto. ● (*ferr.*) **l.-luggage office**, deposito bagagli □ (*d'abito*) **l.-off**, smesso.

leftie /ˈlɛftɪ/, *V.* **lefty**.

leftism /ˈlɛftɪzəm/, *n.* (*fam., polit.*) l'essere di sinistra; sinistrismo; politica di sinistra.

leftist /ˈlɛftɪst/, (*fam., polit.*) **A** *a.* di sinistra; (*spreg.*) sinistroide: **l. ideas**, idee politiche di sinistra. **B** *n.* uomo politico di sinistra; (*spreg.*) sinistroide.

leftover /ˈlɛftəʊvə(r)/, **A** *n.* **1** (*cucina*) piatto di avanzi **2** (*fig.*) rudere, residuo; reperto archeologico (*fig.*) **3** (*pl.*) avanzi; resti; rimasugli (*di roba da mangiare*). **B** *a.* avanzato; rimasto: **l. material**, stoffa avanzata; **l. roast**, arrosto rimasto.

leftward /ˈlɛftwəd/, *a.* a (*o* verso) sinistra: **a l. turn**, una curva a sinistra.

leftwards /ˈlɛftwədz/, *avv.* a (*o* verso) sinistra.

lefty /ˈlɛftɪ/, *n.* **1** (*specialm. USA*) mancino (*spesso usato come nomignolo*) **2** (*fam. spreg. ingl.*) sinistroide.

leg /lɛg/, *n.* **1** gamba; (*d'animale*) zampa; (*di stivale*) gambale: **Birds have two legs; quadrupeds have four**, gli uccelli hanno due zampe; i quadrupedi ne hanno quattro; **I injured my leg**, mi feci male alla gamba; **the leg of a stocking**, la gamba d'una calza; **the legs of a chair** [**of a table**], le gambe d'una sedia [d'una tavola]; **a wooden leg**, una gamba di legno **2** (*d'animale macellato*) coscia; cosciotto: **the leg of a fowl**, la coscia d'un pollo **3** (*geom.*) lato (*di triangolo, esclusa la base*); cateto **4** (*fam.*) tratta; tappa (*di un viaggio*) **5** (*sport*) frazione; ripresa; tempo **6** (*naut.*) tratta; tratto di rotta **7** (*elab.*) ramo **8** (*agric.*) braccio (*dell'aratro*) **9** (= **blackleg**) crumiro; imbroglione. ● **leg-bail**, *V.* **to give leg-bail** □ (*sport*) **leg-guard**, gambiera; parastinchi □ **leg holster**, fondina (*di pistola*) da portare al polpaccio □ (*moda*) **a leg-of--mutton sleeve**, una manica a gigot □ (*fam.*) **leg-pull**, presa in giro; canzonatura; sfottitura □ **l.-pulling**, lo sfottere □ **leg-rest**, appoggio per le gambe (*per un malato*) □ **leg room**, spazio per le gambe (*in automobile, ecc.*) □ (*nel cricket*) **leg-stump**, paletto di sinistra □ **to be all legs**, essere tutto gambe; essere alto e magro □ **to change the leg**, cambiare andatura □ (*d'un bambino*) **to feel** (*o* **to find**) **one's legs**, muovere i primi passi; cominciare a camminare □ **to get** (**up**) **on one's** (**hind**) **legs**, (*d'animale*) alzarsi sulle zampe di dietro; (*fig.*) alzarsi a parlare, fare un intervento □ (*fig. fam.*) **to give leg-bail**, affidare la propria salvezza alle gambe; darsela a gambe; scomparire dalla circolazione □ **to give sb. a leg up**, aiutare q. ad arrampicarsi, a montare in sella; (*fig.*) aiutare q. a far carriera; dare una spinta a q. (*fig.*) □ (*fig.*) **to have the legs of sb.**, essere più veloce di q.; staccare q. □ (*fig.*) **to have no leg to stand on**, non avere un buon motivo □ **to keep one's legs**, rimanere in piedi; non cadere □ (*fig.*) **not to have a** (*o* **to have no**) **leg to stand on**, non avere un motivo (*o* una ragione, una scusa) che stia in piedi (*o* che tenga) □ (*di cosa, oggetto*) **to be on one's last legs**, (*di una persona*) essere ridotto a malpartito, essere al lumicino; (*di una cosa*) essere agli sgoccioli; essere consumato (*o* logoro) □ (*fig.*) **to be on one's legs** (*scherz.*: **on one's hind legs**), esser di nuovo in piedi, in gamba (*dopo una malattia*); alzarsi in piedi (*per fare un discorso*) □ (*fam.*) **to pull sb.'s leg**, prendere in giro (*o* sfottere) q. □ **to run sb. off his legs**, far correre q. qua e là; tenere q. occupatissimo □ **to set** (*o* **to get**) **sb. on his legs**, rimettere in piedi q. (*dopo una malattia*); aiutare q. a far carriera, a impiantarsi (*nel commercio, ecc.*) □ (*fam.*) **to shake a leg**, far quattro salti; fare un ballo alla buona; (*anche*) darsi una mossa: **Shake a leg!**, datti una mossa!; spicciati! □ **to stand on one leg**, stare ritto su un piede solo □ **to stand on one's own legs**, stare in piedi, reggersi da solo; (*fig.*) essere indipendente, reggersi con le proprie forze, fare coi propri mezzi □ **to stretch one's legs**, stendere (*o* allungare) le gambe; (*fig.*) sgranchirsi le gambe, fare quattro passi □ **to take to one's legs**, darsela a gambe □ **to walk sb. off his legs**, far venire il fiato corto a q. a forza di camminare.

to **leg** /lɛg/, *v. i.* (*fam.*: *nella locuz.* **to leg it**) andare a piedi; camminare; correre; darsela a gambe: **We had to leg it back**, dovemmo ritornare a piedi.

legacy /ˈlɛgəsɪ/, *n.* **1** (*leg.*) legato di beni mobili; lascito **2** (*fig.*) strascico; retaggio: **a l. of hatred**, uno strascico d'odio. ● (*fisc.*) **l. duty** (*USA*: **l. tax**), imposta di successione.

legal /ˈliːgl/, *a.* **1** legale; legittimo; giuridico: **l. acts**, atti legali; **to take l. steps**, adire le vie legali; **l. adviser**, consulente legale; **l. heir**, erede legittimo; **l. relationship**, rapporto giuridico **2** perseguibile a termini di legge: **a l. offense**, un reato perseguibile a termini di legge **3** giudiziario: **l. system**, ordinamento giudiziario. ● **l. abortion**, aborto legale □ **l. action**, azione legale □ **l. age**, età legale; maggiore età □ **l. assets**, massa ereditaria □ **l. capacity**, capacità di agire in giudizio □ **l. consideration**, causa lecita (*in un contratto*) □ **l. costs** (*o* **l. expenses**), spese legali (*o* di giudizio) □ **l. department**, (ufficio del) contenzioso □ **l. fees and costs**, *V.* **l. costs** □ (*fin.*) **l. interest**, interesse legale □ **l. medicine**, medicina legale □ (*fin.*) **l. person**, persona giuridica □ **l. power of attorney**, procura legale □ **l. proceedings**, vie legali □ **l. representation**, rappresentanza legale; patrocinio □ **l. reserve**, (*fin.*) riserva legale; (*ass.*) riserva matematica □ **l. rights**, diritti riconosciuti dalla legge □ **l. separation**, separazione legale □ **l. status**, personalità giuridica □ (*econ., fin.*) **l. tender** (**currency**), moneta a corso legale □ **l. theory**, filosofia del diritto □ **l. transaction**, negozio giuridico □ **l. wrong**, illecito □ **l. year**, anno giudiziario. || **-ly**, *avv.*

legalism /ˈliːgəlɪzəm/, *n.* stretta legalità; legalismo.

legalist /ˈliːgəlɪst/, *n.* legalista.

legalistic /liːgəˈlɪstɪk/, *a.* legalistico.

legality /liːˈgælətɪ/, *n.* legalità; legittimità.

legalization /liːgəlaɪˈzeɪʃn, *USA* -lɪˈz-/, *n.* **1** legalizzazione; legittimazione: **the l. of drugs**, la legalizzazione della droga **2** (*raro*) autenticazione.

to **legalize** /ˈliːgəlaɪz/, *v. t.* **1** legalizzare; legittimare; rendere legale **2** (*raro*) autenticare (*un documento*).

legate /ˈlɛgət/, *n.* **1** (*stor. romana*) legato **2** emissario; inviato **3** (*relig.*) legato pontificio; nunzio apostolico.

legatee /lɛgəˈtiː/, *n.* (*leg.*) legatario, legataria.

legateship /ˈlɛgətʃɪp/, *n.* (*relig.*) legazione; carica (*o* ufficio) di legato.

legatine /ˈlɛgətaɪn/, *a.* (*relig.*) di legato pontificio; legatizio.

legation /lɪˈgeɪʃn/, *n.* **1** legazione; ambasceria **2** (*polit.*) legazione: **the Italian l.**, la legazione italiana **3** (*relig.*) *V.* **legateship**.

legato /lɪˈgɑːtəʊ/ (*ital.*), *a.*, *avv.* e *n.* (*pl.* **legatos**) (*mus.*) legato.

legator /lɪˈgeɪtə(r)/, *n.* (*leg.*) legante; chi lascia (q.c.) per legato.

legend /ˈlɛdʒənd/, *n.* **1** leggenda (*in tutti i sensi*); mito: **the l. of Robin Hood**, la leggenda di Robin Hood **2** (*raro*) legenda, leggenda; didascalia: **the l. of a medal** [**of a map**], la leggenda d'una medaglia [d'una carta geografica] **3** (*fig.*) figura leggendaria. ● **He was a l. in his own time**, già fin da vivo, era una figura leggendaria.

legendary /ˈlɛdʒəndrɪ, *USA* -dɛrɪ/, **A** *a.* leggendario; mitico: **l. events**, avvenimenti leggendari. **B** *n.* (*relig.*) leggendario.

legendry /ˈlɛdʒəndrɪ/, *n.* (*collett.*) leggende; miti.

leger /ˈlɛdʒə(r)/, (*mus.*, = **l. line**) *V.* **ledger line**.

legerdemain /lɛdʒədəˈmeɪn/, *n.* **1** destrezza di mano; gioco di prestigio; prestidigitazione **2** (*fig.*) imbroglio; inganno; gherminella; raggiro. ● **legal l.**, cavilli giuridici

legged /lɛgd/, *a.* che ha gambe (*di solito, nei composti*; *per es.*:) **long-l.**, dalle gambe lunghe; **two-l.**, bipede; **four-l.**, quadrupede.

legginess /ˈlɛgɪnəs/, *n.* esagerata lunghezza delle gambe.

leggings /ˈlɛgɪŋz/, *n. pl.* **1** gambali di cuoio **2** ghette lunghe (*per es., per bambini*).

leggo /ˈlɛgəʊ/, *voce verb.* (*contraz. pop. di* **let go!**) lascia (andare)!; molla!

leggy /ˈlɛgɪ/, *a.* **1** (*di bambino, puledro, ecc.*) dalle gambe lunghe **2** (*di donna*) dalle gambe belle.

leghorn /lɛˈgɔːn, lɛgˈhɔːn, *USA* ˈlɛghɔːn, -gɔːn, -gən/, *n.* **1** paglia per cappelli **2** cappello di paglia di Firenze **3** gallina di razza livornese.

Leghorn /ˈlɛghɔːn/, *n.* (*geogr.*) Livorno.

legibility /lɛdʒəˈbɪlətɪ/, *n.* leggibilità.

legible /ˈlɛdʒəbl/, *a.* leggibile: **a l. handwriting**, una scrittura leggibile. || **-bly**, *avv.*

legion /ˈliːdʒən/, *n.* **1** (*stor. romana*) legione **2** (*mil.*) legione; (*fig.*) moltitudine, folta schiera: **Their name is l.**, sono legioni; **Jill has a l. of admirers**, Jill ha un folta schiera di ammiratori. ● **the L. of Honour**, la Legion d'onore □ (*in U.S.A.*) **the American L.**, Associazione dei Combattenti e Reduci □ (*in G.B.*) **the British L.**, Associazione dei Combattenti e Reduci □ (*mil.*) **the Foreign L.**, la Legione straniera.

legionary /ˈliːdʒənərɪ, *USA* -nɛrɪ/, **A** *a.* legionario. **B** *n.* (*stor. romana, mil.*) legionario.

Legionnaires' disease /liːdʒəˈnɛəzdɪziːz/, *locuz. n.* (*med.*) malattia (*o* morbo) dei legionari (*dal Convegno dell'American Legion del 1976*).

to **legislate** /ˈlɛdʒɪsleɪt/, **A** *v. i.* legiferare; promulgare leggi: **to l. against political corruption**, promulgare leggi contro la corruzione politica. **B** *v. t.* creare (*o* inculcare, instillare, ecc.) per legge: **It's impossible to l. morality**, è impossibile inculcare la moralità per legge. ● **to l. for**, prevedere; provvedere a.

legislation /lɛdʒɪsˈleɪʃn/, *n.* legislazione.

legislative /ˈlɛdʒɪslətɪv, *USA* -leɪtɪv/, *a.* legislativo: **the l. power**, il potere legislativo.

legislator /ˈlɛdʒɪsleɪtə(r)/, *n.* legislatore.

legislature /ˈlɛdʒɪsleɪtʃə(r)/, *n.* corpo legislativo; assemblea legislativa.

legist /ˈliːdʒɪst/, *n.* giurista.

legit /lɪ'dʒɪt/, (*pop.*) *V.* **legitimate**.

legitim /'lɛdʒɪtɪm/, *n.* (*leg.*) legittima; quota indisponibile (*in Scozia*).

legitimacy /lɪ'dʒɪtɪməsɪ/, *n.* (*leg.*) legittimità (*anche di una nascita*).

legitimate /lɪ'dʒɪtɪmət/, *a.* *1* legittimo; lecito; giusto; valido: **a l. child**, un figlio legittimo; **a l. sovereign**, un sovrano legittimo; **a l. motive**, un motivo valido *2* (*teatr.*) regolare: **the l. drama**, il dramma regolare (*vero e proprio*); la prosa.

to **legitimate** /lɪ'dʒɪtɪmeɪt/, *v. t.* *1* (*leg.*) legittimare *2* legittimare; giustificare; scusare.

legitimation /lɪdʒɪtɪ'meɪʃn/, *n.* legittimazione.

to **legitimatize** /lɪ'dʒɪtɪmətaɪz/, *v. t.* legittimare; rendere legale.

legitimism /lɪ'dʒɪtɪmɪzəm/, *n.* (*polit.*) legittimismo.

legitimist /lɪ'dʒɪtɪmɪst/, *n.* (*polit.*) legittimista.

legitimistic /lɪdʒɪtɪ'mɪstɪk/, *a.* (*polit.*) legittimistico.

legitimization /lɪdʒɪtɪmaɪ'zeɪʃn, *USA* -mɪ'z-/, *n.* legittimazione.

to **legitimize** /lɪ'dʒɪtɪmaɪz/, *v. t.* legittimare; rendere legale: **to l. a child**, legittimare un bambino.

legless /'lɛgləs/, *a.* *1* senza gambe *2* (*fam.*) ubriaco fradicio; che non sta in piedi.

legume /'lɛgju:m/, *n.* *1* legume *2* (*bot.*) leguminosa. ● (*agric.*) **l. forage**, leguminosa da foraggio.

legumen /lɪ'gju:mən/, *n.* (*pl.* **legumina, legumens**) *V.* **legume**.

leguminous /lɪ'gju:mɪnəs/, *a.* *1* a baccelli *2* (*bot.*) delle leguminose.

legwarmer /'lɛgwɔ:mə(r)/, *n.* scaldamuscoli (*per acrobati, ballerini, ecc.*).

legwork /'lɛgwɜ:k/, *n.* (*fam.*) il camminare molto. ● **This job takes a lot of l.**, bisogna sgambettare parecchio in questo lavoro.

lei /leɪ/, *n.* «lei» (*ghirlanda di fiori hawaiana*).

leishmaniasis /li:ʃmə'naɪəsɪs, laɪʃ-/, **leishmaniosis** /li:ʃmænɪ'əʊsɪs, -meɪnɪ-, laɪʃ-/, *n.* (*med.*) leishmaniosi.

leister /'li:stə(r)/, *n.* fiocina per salmoni (*di solito, a tre denti*).

to **leister** /'li:stə(r)/, *v. t.* fiocinare (*pesci*) (*V.* **leister**).

leisure /'lɛʒə(r), *USA* 'li:-/, *n.* agio; comodi; riposo; tempo libero; svago; tranquillità: **to have l. to do st.**, aver agio di fare q.c.; **to wait sb.'s l.**, aspettare i comodi di q. ● **l. centre**, centro di attività del tempo libero; centro sportivo □ **l. equipment**, giochi meccanici (*biliardini, ecc.*) □ **l. industries**, industrie del tempo libero □ **l. time**, tempo libero □ **l. wear**, abiti da buon comando □ **at l.**, libero (dal lavoro, ecc.); senza fretta □ **to do st. at one's l.**, fare q.c. con comodo (*o* tranquillamente, senza fretta).

leisured /'lɛʒəd, *USA* 'li:-/, *a.* *1* (che ha molto tempo) libero; non occupato; non preso dal lavoro *2* fatto con comodo (*o* senza fretta, tranquillamente); lento, tranquillo. ● (*econ.*) **the l. classes**, le classi agiate; i ricchi.

leisureliness /'lɛʒəlɪnəs, *USA* 'li:-/, *n.* comodità; tranquillità; mancanza di fretta; lentezza.

leisurely /'lɛʒəlɪ, *USA* 'li:-/, **A** *a.* comodo; fatto con comodo (*o* senza fretta, a proprio agio); tranquillo, lento: **a l. walk**, una passeggiata tranquilla. **B** *avv.* con comodo; senza fretta; tranquillamente; a proprio agio.

leisurewear /'lɛʒəwɛə(r), *USA* 'li:-/, *n.* articoli d'abbigliamento sportivo.

leitmotif, leitmotiv /'laɪtməʊti:f/ (*ted.*), *n.* (*mus.* e *fig.*) leitmotiv.

lemma /'lɛmə/, *n.* (*pl.* **lemmas, lemmata**) *1* (*mat., filol.*) lemma *2* (*bot.*) lemma; glumetta inferiore.

lemming /'lɛmɪŋ/, *n.* (*zool., Lemmus*) lemming; lemmo.

lemniscate /'lɛmnɪskət/, *n.* (*mat.*) lemniscata.

lemon /'lɛmən/, **A** *n.* *1* (*bot., Citrus limon*) limone (*anche il frutto*) *2* giallo limone *3* (*pop.*) bidone (*fig.*); fregatura, fregata (*pop.*); disastro *4* (*pop.*) fesso (*pop.*); scemo; stupido; imbranato (*pop.*). **B** *a. attr.* *1* giallo limone *2* al limone: **l. tea**, tè al limone *3* di limone. ● **l. cheese** (*o* **l. curd**), crema al limone (*da spalmare sul pane*) □ **l. drop**, caramella al limone □ (*bot.*) **l. grass** (*Cymbopogon nardus*), citronella □ (*USA*) **l.-lime**, gassosa □ **l. pudding**, budino aromatizzato con succo di limone □ (*USA*) **l. soda**, limonata (*a base di acido citrico*) □ (*zool.*) **l. sole** (*Solea lascaris*), sogliola dal porro (*assai pregiata*) □ **l. squash**, limonata (*artificiale*) □ **l. squeezer**, spremilimoni □ (*bot.*) **l. tree**, limone (*l'albero*) □ (*bot.*) **l. verbena** (*Lippia citriodora*), cedrina; limoncina; erba luisa.

lemonade /lɛmə'neɪd/, *n.* *1* limonata (*a base d'acido citrico*) *2* (= **fizzy l.**) gassosa *3* (= **still l.**) limonata; spremuta di limone.

lemur /'li:mə(r)/, *n.* (*zool., Lemur*) lemure.

lemures /'lɛmjʊri:z/, *n. pl.* (*mitol. romana*) lemuri.

lemurids /'lɛmjʊrɪdz/, *n. pl.* (*zool., Lemuridae*) lemuridi.

lemurine /'lɛmjʊraɪn/, *a.* (*zool.*) di (*o* simile a) lemure.

lemuroid /'lɛmjʊrɔɪd/, (*zool.*) **A** *a.* di (*o* simile a) lemure. **B** *n. pl.* lemuroidei.

to **lend** /lɛnd/ (*pass.* e *p. p.* **lent**), **A** *v. t.* *1* prestare; imprestare (*pop.*); dare a prestito; dare in mutuo: **I lent him a hundred pounds**, gli prestai cento sterline *2* (*fig.*) conferire; dare: **A fire lends cheer to a room**, il fuoco dà allegria ad una stanza; **The latest findings l. credibility to his intuitions**, le ultime scoperte conferiscono credibilità alle sue intuizioni. **B** *v. i.* concedere prestiti: **to l. at the rate of 10%**, concedere un prestito al 10%. **C** to **lend oneself**, *v. rifl.* prestarsi: **Don't l. yourself to her manoeuvres**, non prestarti alle manovre di lei!; **Velvet lends itself to this use**, il velluto si presta a quest'uso. ● **to l. attraction to a plan** [**an idea**], rendere attraente un progetto [un'idea] □ **to l. ear** (*o* **an ear, one's ear**), prestare orecchio; dare ascolto □ **to l. sb. a** (**helping**) **hand**, dare una mano a q.; prestare manforte a q. □ (*Borsa*) **to l. stock**, dare titoli a riporto.

lendable /'lɛndəbl/, *a.* prestabile; che si può prestare.

lender /'lɛndə(r)/, *n.* *1* prestatore, prestatrice; chi presta *2* (*fin.*) mutuante. ● (*econ., fin.*) **the l. of last resort**, l'ultima fonte di credito (*la Banca d'Inghilterra*).

lending /'lɛndɪŋ/, **A** *a.* *1* che presta *2* (*fin.*) mutuante. **B** *n.* *1* il prestare *2* (*fin.*) attività creditizia; concessione di prestiti e mutui *3* (*banca*) impieghi (*collett.*). ● **l. library**, biblioteca circolante □ (*banca*) **l. limit**, tetto degli impieghi □ (*banca*) **l. operations**, operazioni attive; impieghi □ **l. rate** (**of interest**), (*fin.*) tasso d'interesse ufficiale; (*banca*) tasso d'impiego □ (*fin.*) **l. short**, finanziamento a breve □ **l. transactions**, *V.* **l. operations**.

length /lɛŋθ/, *n.* *1* lunghezza (*in ogni senso*); (il) lungo: **the l. of a railway**, la lunghezza d'una ferrovia; **the l. of a vowel**, la lunghezza d'una vocale; **four feet in l. and three feet in breadth**, quattro piedi in (*o* per il) lungo e tre in largo; **The favourite won by a l.**, il favorito vinse per una lunghezza *2* distanza; portata: **at arm's l.**, alla distanza d'un braccio; a portata di mano; **The two ships were a cable's l. apart**, le due navi erano alla distanza d'un cavo *3* (*di tempo*) durata: **a tour of some l.**, un giro turistico d'una certa durata *4* tratto; pezzo; spezzone: **a l. of piping**, un tratto di tubatura; **a l. of cable**, un pezzo di cavo *5* (*di stoffa*) taglio: **a l. of material**, un taglio di stoffa *6* quantità (*di una sillaba*) *7* (*nuoto*) vasca: **to swim five lengths**, fare cinque vasche. ● **l. of service**, anzianità di servizio □ (*naut.*) **l. overall**, fuoritutto □ **at l.**, per esteso, esaurientemente; alla fine, finalmente: **to discuss at l. about st.**, discutere per esteso di q.c. □ **at full l.**, lungo disteso; (= **at great l.**) per esteso, con tutti i particolari □ **to fall full l.**, cadere lungo disteso □ **a full-l. portrait**, un ritratto a figura intera, in piedi □ (*fig.*) **to go all lengths** (*o* **to any l., to any lengths**), non fermarsi davanti ad alcun ostacolo; fare qualunque cosa: **He would go to any l. to help me**, farebbe qualunque cosa per aiutarmi □ **to go to great lengths to do st.**, fare ogni sforzo per fare q.c. □ **to go to the l. of saying that...**, arrivare al punto di dire che... □ (*fig.*) **to keep sb. at arm's l.**, tenere q. a debita distanza; trattare q. con distacco, con freddezza □ **a knee-l. skirt**, una gonna al ginocchio □ **to travel the l. and breadth of Scotland**, girare la Scozia in lungo e in largo □ (*radio*) **wave-l.**, lunghezza d'onda.

to **lengthen** /'lɛŋθən/, *v. t.* e *i.* allungare, allungarsi; prolungare, prolungarsi.

lengthening /'lɛŋθənɪŋ/, *n.* allungamento; prolungamento.

lengthily /'lɛŋθəlɪ/, *avv.* in modo prolisso; dilungandosi.

lengthiness /'lɛŋθɪnəs/, *n.* *1* lunghezza eccessiva *2* lungaggine; prolissità.

lengthways /'lɛŋθweɪz/, *V.* **lengthwise**.

lengthwise /'lɛŋθwaɪz/, **A** *avv.* per il lungo; nel senso della lunghezza; longitudinalmente. **B** *a.* messo per il lungo; longitudinale.

lengthy /'lɛŋθɪ/, *a.* *1* lungo: **a l. trip**, un lungo viaggio *2* troppo lungo; prolisso: **a l. speech**, un discorso prolisso.

lenience /'li:nɪəns/, **leniency** /'li:nɪənsɪ/, *n.* clemenza; indulgenza; mitezza.

lenient /'li:nɪənt/, *a.* *1* clemente; indulgente; mite: **a l. judge**, un giudice clemente; **a l. punishment**, una punizione mite *2* accomodante; di manica larga (*fam.*). ‖ **-ly**, *avv.*

Leningrad /'lɛnɪngræd, -ɑ:d/, *n.* (*geogr.*) Leningrado.

Leninism /'lɛnɪnɪzəm/, *n.* (*polit.*) leninismo.

Leninist /'lɛnɪnɪst/, **Leninite** /'lɛnɪnaɪt/, *n.* e *a.* (*polit.*) leninista.

lenitive /'lɛnɪtɪv/, *a.* e *n.* (*farm.*) lenitivo; sedativo; calmante.

lenity /'lɛnətɪ/, *n.* (*raro*) clemenza; indulgenza; mitezza.

leno /'li:nəʊ/, *n.* (*pl.* **lenos**) (*ind. tess.*) linone.

lens /lɛnz/, *n.* *1* (*ottica*) lente: **concave l.**, lente concava; **convex l.**, lente convessa *2* (*ottica, fotogr.*) obiettivo *3* (*anat.*) cristallino. ● **l.-holder**, portaobiettivo □ (*fotogr.*) **l. hood**, paraluce □ **l.-shutter**, otturatore (*d'obiettivo*) □ **l. tissue**, carta speciale per pulire le lenti □ (*di cinepresa*) **l. turret**, torretta portaobiettivi □ **l. wearer**, chi porta le lenti a contatto.

lent /lɛnt/, *pass.* e *p. p.* di **to lend**.

Lent /lɛnt/, *n.* *1* (*relig.*) quaresima *2* (*pl.*) gare di canottaggio in primavera (*a Cambridge*). ● (*bot.*) **L. lily** (*Narcissus pseudo-narcissus*), trombone; giunchiglia grande □ **L. term**, trimestre di quaresima; secondo trimestre (*nelle università inglesi*).

Lenten /'lɛntən/, *a.* (*relig.*) quaresimale; di (*o* da) quaresima: **L. services**, (prediche, ecc.) quaresimali; **L. fare**, vitto quaresimale: **to eat L. fare**, mangiare di magro. ● (*fig.*) **a L. face**, un viso lungo come la quaresima.

lenticel /'lɛntɪsɛl/, *n.* (*bot.*) lenticella.

lenticular /lɛn'tɪkjʊlə(r)/, *a.* *1* (*anat.*) lentiforme; lenticolare: **l. apophysis**, apofisi lenticolare *2* (*anat.*) del cristallino.

lentiginous /lɛn'tɪdʒɪnəs/, *a.* lentigginoso.

lentigo /lɛn'taɪgəʊ/, *n.* (*pl.* **lentigines**) (*med.*) lentiggine.

lentil /'lɛntl/, *n.* *1* (*bot., Lens esculenta*) lenticchia *2* (*geol.*) lente.

lentisk /'lɛntɪsk/, *n.* (*bot., Pistacia lentiscus*) lentisco.

lento /'lɛntəʊ/ (*ital.*), *a.*, *avv.* e *n.* (*pl.* **lentos**) (*mus.*) lento.

lentoid /'lɛntɔɪd/, *a.* (*scient.*) lentiforme.

Leo /'li:əʊ/, **A** *n.* *1* (*astron., astrol., stor.*)

Leone (*costellazione, V segno dello zodiaco e nome proprio*): **Leo XIII**, Leone XIII (*papa*) ***2*** Leo (*nome proprio*) ***3*** (*astrol.*: *pl.* **Leos**) (un) leone; individuo nato sotto il segno del Leone. **B** *a.* (*astrol.*) del Leone.

Leonard /ˈlɛnəd/, *n.* Leonardo.

Leonardesque /leɪənɑːˈdɛsk/, *a.* leonardesco.

Leonian /liːˈəʊnɪən/, (*astrol.*) **A** *n.* persona nata sotto il segno del Leone. **B** *a.* del Leone.

Leonidas /liːˈɒnɪdæs/, *n.* (*stor.*) Leonida.

leonine /ˈliːənaɪn/, *a.* leonino. ● **the L. City**, la città leonina (*parte di Roma*) □ (*poesia*) **l. verse**, verso leonino.

leopard /ˈlɛpəd/, *n.* ***1*** (*zool., Felis pardus*) leopardo; pantera ***2*** (*arald.*) leopardo in maestà. ● (*zool.*) **American l.** (*Panthera onca*), leopardo americano; giaguaro □ **hunting l.**, ghepardo (*usato per la caccia*) □ (*modo prov.*) **Can the l. change his spots?**, la volpe perde il pelo ma non il vizio.

leopardess /ˈlɛpədɪs/, *n.* femmina di leopardo.

Leopold /ˈliːəpəʊld/, *n.* Leopoldo.

leotard /ˈliːətɑːd/, *n.* ***1*** pagliaccetto (*per acrobati, ecc.*) ***2*** (*moda*) body.

leper /ˈlɛpə(r)/, *n.* lebbroso, lebbrosa; (*fig.*) appestato, appestata. ● **l. hospital**, lebbrosario.

lepidopter /lɛpɪˈdɒptə(r)/, *n.* (*zool.*) lepidottero.

lepidopteron /lɛpɪˈdɒptərɒn/, *n.* (*pl.* **lepidoptera**) (*zool.*) lepidottero.

lepidopterous /lɛpɪˈdɒptərəs/, *a.* (*zool.*) dei lepidotteri.

leporine /ˈlɛpəraɪn/, *a.* (*zool.*) leporino; di (*o* simile a) lepre.

leprechaun /ˈlɛprəkɔːn/, *n.* (*mitol. irl.*) gnomo; folletto.

leprosarium /lɛprəˈsɛərɪəm/ (*lat.*), *n.* (*pl.* **leprosaria, leprosariums**) (*med.*) lebbrosario.

leprosy /ˈlɛprəsɪ/, *n.* (*med.*) lebbra; (*fig.*) corruzione, contagio.

leprous /ˈlɛprəs/, *a.* ***1*** (*med.*) lebbroso ***2*** simile alla lebbra ***3*** (*biol.*) a squame; squamoso.

leptomeninges /lɛptəmɛˈnɪndʒiːz/, *n. pl.* (*anat.*) leptomeningi.

leptomeningitis /lɛptəmɛnɪnˈdʒaɪtɪs/, *n.* (*med.*) leptomeningite.

leptomeninx /lɛptəˈmɛnɪŋks/, *n.* (*pl.* **leptomeninges**) leptomeninge.

lepton /ˈlɛptɒn/, *n.* (*fis. nucl.*) leptone.

leptospirosis /lɛptəspaɪəˈrəʊsɪs/, *n.* (*med.*) leptospirosi.

Lesbian /ˈlɛzbɪən/, **A** *a.* ***1*** di Lesbo; lesbio (*lett.*) ***2*** – **l.**, lesbico. **B** *n.* – **l.**, lesbica.

lesbianism /ˈlɛzbɪənɪzəm/, *n.* lesbismo; amore lesbico; saffismo.

Lesbos /ˈlɛzbɒs, *USA* -ɒs, -əʊs/, *n.* (*geogr.*) Lesbo.

lese-majesty /ˈleɪzˈmædʒəsteɪ, ˈliːzˈmædʒəstɪ/, *n.* (*leg.*) lesa maestà; alto tradimento.

lesion /ˈliːʒn/, *n.* (*anche med.*) lesione.

less /lɛs/, (*compar. di* **little**) **A** *a.* meno; minore; più piccolo: **Four is l. than five**, quattro è meno di cinque; **L. noise, please!**, meno rumore, prego!; **It should take l. time**, dovrebbe volerci meno tempo. **B** *n.* meno; quantità (*o* misura) minore: **I cannot take l.**, non posso prendere (*o* accettare) di meno. **C** *avv.* meno; di meno: **You should work l.**, dovresti lavorare di meno; **I earn much l. than you**, guadagno molto meno di te; **You are l. diligent than your sister**, sei meno diligente di tua sorella. **D** *prep.* meno: **a month l. two days**, un mese meno due giorni. ● **l. and l.**, sempre meno □ **l. frequently**, meno di frequente; più di rado □ (*in frasi neg.*) **any the l.**, non meno; lo stesso: **I don't love her any the l.**, le voglio bene lo stesso □ **to get l.**, diminuire; scemare; prendere (ricevere, guadagnare) meno (di) □ **to grow l.**, rimpicciolirsi; diminuire □ **in l. than no time**, in un batter d'occhio; in men che non si dica □ **more or l.**, più o meno; all'incirca: **I've got 40 pounds, more or l.**, ho circa 40 sterline □ **no l. (a person) than**, nientemeno che (*detto di una persona importante*) □ **no l. than**, non meno di; per lo meno: **It takes no l. than five hundred dollars to buy it**, ci vogliono non meno di cinquecento dollari per comprarlo □ **none the l.**, nondimeno; ciononostante; tuttavia □ **still l.**, tanto meno; meno che mai □ **The l. you work, the l. you earn**, meno lavori, meno guadagni.

lessee /lɛˈsiː/, *n.* (*leg.*) titolare di un «lease» (*q.V.*); (*pressappoco*) affittuario; locatario; inquilino.

to **lessen** /ˈlɛsn/, *v. t.* e *i.* ***1*** diminuire; rimpicciolire, rimpicciolirsi; ridurre, ridursi; scemare; attenuare, attenuarsi ***2*** sminuire: **to l. sb.'s merits**, sminuire i meriti di q.

lessening /ˈlɛsnɪŋ, -sən-/, *n.* ***1*** diminuzione; riduzione ***2*** attenuazione. ● (*fig.*) **l. of strain**, distensione.

lesser /ˈlɛsə(r)/, *a. attr.* (*compar. di* **little**) minore; più piccolo; inferiore; di minore importanza: (*astron.*) **the L. Bear**, l'Orsa Minore; **to choose the l. evil**, tra due mali, scegliere il minore. ● **one of the l.-known writers**, uno degli scrittori meno noti.

lesson /ˈlɛsn/, *n.* ***1*** lezione: **a Latin l.**, una lezione di latino; **to give [to take] lessons in painting**, dare [prendere] lezioni di pittura; **His severe punishment shall be a l. to the others**, la sua severa punizione servirà di lezione a tutti gli altri ***2*** (*relig.*) lezione; lettura: **first [second] l.**, lettura del Vecchio [del Nuovo] Testamento; prima [seconda] lettura. ● (*fig.*) **to teach sb. a l.**, dare una lezione a q. (*fig.*).

to **lesson** /ˈlɛsn/, *v. t.* dare una lezione a (q.); rimproverare; redarguire; sgridare.

lessor /lɛˈsɔː(r)/, *n.* (*leg.*) concedente di un «lease» (*q.V.*); (*pressappoco*) locatore; concedente.

lest /lɛst/, *cong.* ***1*** per tema che (*lett.*); per paura (*o* per timore) che; affinché non: **He hid in the wood l. we should catch him**, si nascose nel bosco per paura che lo prendessimo ***2*** (*dopo espressioni indicanti timore*) che: **I was afraid l. he should fall**, temevo che cadesse.

let (**1**) /lɛt/, *n.* ***1*** affitto; locazione; contratto d'affitto: **a good let**, una locazione che rende molto ***2*** casa affittata (*o* da affittare).

let (**2**) /lɛt/, *n.* ***1*** (*arc. o leg.*) impedimento; ostacolo: **without let or hindrance**, senza alcun impedimento ***2*** (*tennis*) colpo nullo da ripetere (*nel servizio*); let.

to **let** (**1**) /lɛt/ (*pass.* e *p. p.* **let**), **A** *v. t.* ***1*** (*causativo*) lasciare; permettere; fare; farsi: **Don't let the children make such a noise**, non lasciare che i bambini facciano tanto chiasso!; **I wanted to go to the party, but mother wouldn't let me**, volevo andare alla festa, ma la mamma non me lo permise; **Let me see your homework**, fammi vedere il tuo compito a casa; **They let the prisoner escape**, si fecero (*ma anche*: lasciarono) scappare il prigioniero; **Let them play**, lasciali (*o* falli) giocare ***2*** (*ausiliare nell'imper. per la 1ª e 3ª pers. sing. e pl., e in qualche altro caso*; *è idiom.*; *per es.*:) **Let us pray**, preghiamo!; **Let him try**, provi pure!; **Let every man do his duty**, ognuno faccia il suo dovere; **Let you and me go at once**, andiamo subito noi due; **Let me see...**, vediamo un po'...; **Let's go!**, andiamocene!; **Let's not** (*form.*: **let us not**) **go there!**, non andiamoci!; (*ingl., ma non USA*) **Don't let us go there!**, non andiamoci!; (*mat.*) **Let x equal y**, sia x uguale a y ***3*** affittare; dare in affitto; concedere; locare; appigionare: **to let a house for a year**, appigionare una casa per un anno; **House to let**, casa da affittare; **to let lands**, dare terreni in affitto ***4*** far uscire, emettere, scaricare (*aria, acqua, ecc.*): **to let air out of a tyre**, fare uscire l'aria da un pneumatico; sgonfiare una gomma ***5*** (*geom.*) mandare (*una linea perpendicolare*) ***6*** noleggiare; dare a nolo (*cavalli, barche, ecc.*) ***7*** dare in appalto (*un lavoro*); assegnare (*un contratto d'appalto*): **Bids are open before the contract is let**, prima che l'appalto sia assegnato, si aprono le offerte. **B** *v. i.* essere affittato (*o* appigionato); affittarsi; appigionarsi: **This flat does not let easily**, questo appartamento non si affitta facilmente; **How much does this house let for?**, a quanto s'affitta (*o* qual è l'affitto di) questa casa? ● **to let sb. alone**, lasciare in pace q., lasciar stare q.: **Mummy is busy; let her alone**, mamma ha da fare; lasciala in pace! □ **to let be**, lasciar stare; lasciare in pace: **Let him be!**, lascialo in pace!; **Let it be!**, e sia!; e va bene! □ **Let it be at that!**, lasciamo perdere, lasciamo stare! □ (*med.*) **to let blood**, cavare sangue □ **to let drive at sb.**, tirare (*o* assestare) un colpo a q.: **He drew his sword and let drive at me**, trasse la spada e mi tirò un colpo □ **to let drop**, lasciar cadere; lasciar andare; lasciar perdere: **Shall we let the matter drop?**, dobbiamo lasciar perdere (*o* vuoi che lasciamo perdere) la faccenda? □ **to let fall**, lasciar cadere (*anche fig.*); buttare là (*un'osservazione, ecc.*) □ **to let fall a hint**, fare un'allusione □ **to let fly**, lanciare, scagliare; (*sport*) lasciare partire (*un colpo, un lancio*): **He picked up a stone and let fly at me**, raccolse un sasso e me lo scagliò contro; **The old sailor let fly a torrent of abuse**, il vecchio marinaio lanciò un torrente d'ingiurie □ **to let sb. go**, lasciar andare q.; (*eufem.*) licenziare q. □ **to let go (of)**, allentare; lasciare; lasciar andare, mollare: **Let go your hold**, lascia la presa!; **The pan was hot and she let it go** (*o* **let go of it**) **at once**, il tegame scottava e lei lo lasciò andare subito □ **to let oneself go**, lasciarsi andare; abbandonarsi; (*anche*) trascurare il proprio aspetto (vestiario, ecc.): **They let themselves go at the party**, alla festa si lasciarono andare □ (*naut.*) **to let go the anchor**, dar fondo all'ancora □ (*fam.*) **to let st. go hang**, lasciare che q.c. vada alla malora □ (*naut.*) **to let go the moorings**, mollare gli ormeggi □ **to let sb. know**, far sapere a q.; informare q. □ **to let loose**, sciogliere, mettere in libertà; (*fig.*) dare mano libera a (q.) □ **to let st. pass**, tralasciare q.c.; trascurare q.c. □ (*fam.*) **to let st. ride**, lasciar correre q.c.; lasciare che q.c. vada per il suo verso □ **to let slip**, sciogliere, lasciar libero (*un cane, ecc.*); lasciarsi scappare (*un segreto*); perdere (*un'occasione*) □ **let alone**, per non parlare di; tanto meno; lungi da: **We couldn't even hold our ground, let alone advance**, lungi dall'avanzare, non riuscivamo neanche a tenere le nostre posizioni □ **«To Let»** (*cartello*), «affittasi» □ **Let me be!**, lasciami stare (*o* in pace)!; **Let me go!**, lasciami andare!; mollami! □ (*prov.*) **Let well** (*USA*: **well enough**) **alone**, non cercare di far meglio!; non strafare! (*cfr. ital.* il meglio è nemico del bene).

♦**let by**, *v. t.* + *avv.* ***1*** far passare: **We slowed down to let the ambulance by**, rallentammo per far passare l'ambulanza ***2*** (*fig.*) lasciar correre (*errori, osservazioni, ecc.*); lasciar perdere.

♦**let down**, **A** *v. t.* + *avv.* ***1*** allungare; calare; far scendere: **to let down a rope (to sb.)**, calare una fune (allungare una corda a q.); **Let down the nets!**, calate le reti! ***2*** (*naut.*) ammainare (*le vele*) ***3*** allungare (*una gonna, ecc.*); calare (*un orlo*) ***4*** sciogliere, lasciar cadere (*i capelli*: *sulle spalle*) ***5*** sgonfiare: **to let down one's tyres**, sgonfiare le gomme ***6*** abbassare, tirare giù (*serrande, ecc.*) ***7*** deludere; venir meno alle aspettative di (q.); tradire (*fig.*): **Don't let me down!**, non deludermi! (*aiutami, vieni alla festa, ecc.*); **Never let your friends down!**, non tradire mai gli amici! ***8*** (*aeron.*) far atterrare; portare giù (*fam.*: *un aereo*). **B** *v. i.* + *avv.* ***1*** (*aeron.*: *di un aereo*) atterrare ***2*** (*fam. USA*) rallentare lo sforzo; arrendersi (*fig.*) □ **to let oneself down with a rope**, calarsi con una fune □ (*fam.*) **to let one's (back) hair down**, lasciarsi andare (*fig.*); darsi alla pazza gioia □ (*fam.*) **to let sb. down gently**, andarci piano (*o* con delicatezza) con q. □ **to be [to feel] let down**, essere [sentirsi] deluso (*o* abbandonato, derelitto).

♦**let in**, *v. t. + avv.* ***1*** fare (*o* lasciare) entrare; ammettere (*anche fig.*); fare (*o* lasciare) passare: **Let the dog in!**, fa' entrare il cane!; **We were let in at 7.30 p.m.**, fummo fatti entrare (*o* ammessi) alle 19.30; **to let in the possibility of doubt**, ammettere la possibilità del dubbio; **to let in fresh air**, fare entrare (*o* immettere) aria fresca; **My old shoes let the rain in**, le mie vecchie scarpe non tengono l'acqua ***2*** introdurre: **to let a rubber pipe in**, introdurre un tubicino di gomma ***3*** aggiungere (*un pezzo di stoffa, un tassello, ecc.*) ***4*** (*mecc.*) inserire: **to let in the clutch**, inserire (*o* innestare) la frizione ***5*** (*fig.*) causare, produrre (*guai, ecc.*) □ **to let oneself in**, entrare (*con la chiave*).

♦**let in for**, *v. + avv. + prep.* (*fam.*) costringere (q.) a fare (*un duro lavoro, ecc.*); obbligare (q.) a sostenere (*una spesa*), a pagare (*un conto salato, ecc.*) □ **to let oneself in for**, cacciarsi (*nei guai*); imbarcarsi (*in un'impresa difficile*); sobbarcarsi (*a una spesa, ecc.*).

♦**let in on**, *v. t. + avv. + prep.* (*fam.*) ***1*** far entrare, mettere dentro (q.) in (*un progetto, ecc.*); prendere (q.) come socio in (*un affaretto, ecc.*); fare (q.) partecipe di (q.c.) ***2*** mettere (q.) al corrente (*o* a parte di: *un segreto, ecc.*) □ (*fig. fam.*) **to let sb. in on the ground floor**, far cominciare q. dalla gavetta.

♦**let into**, *v. t. + prep.* ***1*** fare (*o* lasciare) entrare (q.) in (*un luogo*); ammettere (q.) in ***2*** fare (*o* lasciare) passare (*aria, acqua, ecc.*) in ***3*** inserire (*un tassello, ecc.*) in ***4*** fare un'aggiunta di (*stoffa, ecc.*) a (*un abito, ecc.*) ***5*** mettere (q.) al corrente di (*progetti, ecc.*); mettere (q.) a parte di (*un segreto*) ***6*** (*fam.*) attaccare; colpire; criticare □ **to let oneself into a house**, entrare (*o* introdursi) in una casa.

♦**let off**, **A** *v. t. + avv.* (*o prep.*) ***1*** mettere giù (*da un'auto*); fare scendere, scaricare (*da un veicolo o da una nave*): **Let me off at the corner!**, mettimi giù all'angolo!; **to let sb. off the bus**, far scendere q. dall'autobus ***2*** scaricare (*un'arma da fuoco*); far esplodere (*bombe, petardi, ecc.*); sparare un colpo di: **to let off a gun**, sparare un colpo di cannone (*o* di fucile, di pistola); **to let off the fireworks**, fare i fuochi d'artificio (*pop.*: i botti) ***3*** (*fam.*) esonerare, esentare, dispensare (*q. dal fare q.c.*); lasciare andare, lasciare libero; mandare assolto: **to let sb. off the heavy work [washing up]**, esentare q. dal lavoro pesante [dal lavare i piatti]; **If you finish your homework, I'll let you off**, se finisci il compito, ti lascio libero; **The judge let him off because he was so young**, il giudice lo mandò assolto per la sua giovane età ***4*** emettere, lasciar uscire (*vapore, ecc.*) ***5*** dare in affitto (*un palazzo, ecc.*) frazionato in appartamenti. **B** *v. i. + avv.* (*volg.*) fare (*o* mollare) una scoreggia (*volg.*) □ (*fig. fam.*) **to let sb. off the hook**, lasciar andare, liberare, disimpegnare, perdonare, farla passare liscia a (q.) □ **to get off lightly**, cavarsela a buon mercato □ (*fig. fam.*) **to let off steam**, sfogarsi □ **to get** (*o* **to be**) **let off from doing st.**, essere esonerato (*o* esentato, dispensato) dal fare q.c.

♦**let on**, **A** *v. t. + avv.* ***1*** far salire (*q.: su un mezzo pubblico*) ***2*** (*fam.*) dire: **Don't let on that he told me!**, non dire che me l'ha detto! **B** *v. i. + avv.* ***1*** (*fam.*) rivelare un segreto; dire (*o* spiattellare) tutto; parlare: **Don't let on about the party**, non parlare del party con nessuno! ***2*** (*fam.*) fare finta; fingere: **She's not so young as she lets on**, non è così giovane come finge d'essere.

♦**let out**, **A** *v. t. + avv.* ***1*** fare (*o* lasciare) uscire q. (*o* q.c.); dimettere, liberare: **Let the cat out!**, fa' uscire il gatto!; **to be let out of hospital [prison]**, essere dimesso dall'ospedale [dal carcere] ***2*** emettere (*un grido, un gemito, ecc.*) ***3*** sfogare (*un sentimento*) ***4*** lasciarsi sfuggire, svelare (*un segreto, ecc.*) ***5*** far uscire, scaricare (*acqua, vapore, ecc.*) ***6*** allargare (*un vestito, ecc.*) ***7*** (*mecc.*) disinserire, staccare: **to let out the clutch**, staccare la frizione ***8*** (*naut.*) mollare (*le vele*) ***9*** (*naut.*) filare (*un cavo*) ***10*** affittare, dare in affitto (*immobili*) ***11*** noleggiare, dare a nolo (*cavalli, barche, ecc.*) ***12*** (*fam.*) mollare (*fam.*); mandare (q.) libero, impunito ***13*** lasciare fuori, non coinvolgere: **I'm glad to be let out of this racket**, sono contento di non essere coinvolto in (*o* di essere lasciato fuori da) questo losco affare; **Well, luckily that lets me out!**, per fortuna, così io ne sono fuori! **B** *v. i. + avv.* ***1*** (*fam.*) menar botte: **to let out in all directions**, menar botte da orbi; **to let out at sb.**, picchiare, attaccare, criticare q. ***2*** (*fam. USA*: *del lavoro, della scuola, ecc.*) finire (*a una certa ora*); cessare, smettere □ (*fig. fam.*) **to let the cat out of the bag**, spiattellare, spifferare tutto; svelare un segreto □ (*leg.*) **to let sb. out on bail**, mettere q. in libertà provvisoria su cauzione □ **to let out on contract**, appaltare; dare in appalto.

♦**let past**, *V.* **let by**.

♦**let through**, *v. t. + avv.* (*o prep.*) ***1*** far passare (*q., l'aria, la luce, il caldo, il freddo, ecc.*); far entrare (*spettatori, la folla, ecc.*) (in) ***2*** far approvare (*un provvedimento, un rapporto, ecc.*) ***3*** promuovere (*uno studente*); promuovere (q.) in (*un esame*).

♦**let up**, **A** *v. t. + avv.* far salire (*q.: al piano di sopra*). **B** *v. i. + avv.* ***1*** rallentare; diminuire; cessare a poco a poco: **When will the snow let up?**, quando rallenterà la nevicata?; **The pain didn't let up**, il dolore non diminuiva ***2*** rallentare il ritmo (*del lavoro, ecc.*); mollare (*fam.*): **Don't let up now!**, non mollare ora! ***3*** (*della tensione e sim.*) allentarsi.

♦**let up on**, *v. i. + avv. + prep.* ***1*** rallentare (*il lavoro, ecc.*); diminuire (*uno sforzo*) ***2*** allentare la pressione su (q.); allentare le briglie a (q.); essere meno esigente con (q.) □ **without letting up**, senza smettere mai, senza sosta; (*anche*) senza mollare mai.

to **let** (**2**) /lɛt/ (*pass.* e *p. p.* **letted, let**), *v. t.* (*arc.*) impedire; ostacolare.

letdown /ˈlɛtdaʊn/, *n.* (*fam.*) ***1*** allentamento (*della tensione*) ***2*** delusione; disappunto ***3*** diminuzione, calo (*nel ritmo di lavoro, ecc.*) ***4*** (*aeron.*) discesa.

lethal /ˈliːθl/, *a.* letale; mortale: **the l. bite of a snake**, il morso letale di un serpente. ● **l. chamber**, camera della morte (*col gas*). || **-ly**, *avv.*

lethargic /lɪˈθɑːdʒɪk/, *a.* ***1*** letargico ***2*** apatico; indolente. || **-ally**, *avv.*

lethargy /ˈlɛθədʒɪ/, *n.* ***1*** letargo; letargia ***2*** apatia; indolenza.

Lethe /ˈliːθiː/, *n.* ***1*** (*mitol. classica*) Lete ***2*** (*fig.*) completo oblio.

Lethean /lɪˈθiːən/, *a.* ***1*** leteo; di Lete ***2*** (*fig.*) che dà l'oblio.

Leto /ˈliːtəʊ/, *n.* (*mitol. greca*) Latona.

let-off /ˈlɛtɒf, *USA* -ɔːf/, *n.* (*fam.*) ***1*** (il) cavarsela a buon mercato; (il) passarla liscia (*o* quasi) ***2*** (*mecc.*) scatto.

let-out /ˈlɛtaʊt/, **A** *n.* ***1*** via d'uscita (*fig.*); scappatoia ***2*** (*irl.*) banchetto; festino. **B** *a. attr.* di (*o* che serve da) scappatoia. ● (*leg.*) **l. clause**, clausola liberatoria.

let's /lɛts/, *contraz.* di **let us**.

Lett /lɛt/, *n.* lettone (*anche la lingua*).

letter /ˈlɛtə(r)/, *n.* ***1*** lettera; carattere (*di stampa*); epistola; missiva: **capital letters**, lettere maiuscole; **small letters**, lettere minuscole; **a business l.**, una lettera d'affari; **love letters**, lettere d'amore; **a l. of introduction**, una lettera di presentazione ***2*** lettera; senso letterale: **to carry out an order to the l.**, eseguire un ordine alla lettera ***3*** (*pl.*) lettere; belle lettere; letteratura: **a man of letters**, un uomo di lettere; **the profession of letters**, la professione delle lettere; **the commonwealth of letters**, la repubblica delle lettere. ● **l. balance**, bilancia per lettere; pesalettere □ **l. basket**, cestello per la corrispondenza □ **l. bomb**, lettera esplosiva □ (*comm.*) **l. book**, copialettere □ **l.-bound**, troppo attaccato alla lettera □ **l. box**, cassetta per le lettere; (*anche*) buca delle lettere □ **l. card**, biglietto postale □ **l. heading**, *V.* **letterhead** □ (*banca*) **l. of advise**, lettera d'avviso □ **l. of application**, domanda d'assunzione; (*fin.*) richiesta di sottoscrizione di azioni □ (*leg.*) **l. of attorney**, lettera di procura □ (*polit.*) **letters of credence**, credenziali □ (*banca, fin.*) **l. of credit**, lettera di credito □ (*comm., fin.*) **l. of intent**, lettera d'intenti □ **l.-lock**, serratura a combinazione □ (*USA*) **l. opener**, tagliacarte □ **l. paper**, carta da lettere □ **letters patent**, lettere patenti, decreti di un sovrano; (*leg.*) brevetto (*d'invenzione*) □ (*specialm. USA*) **l.-perfect**, perfetto in ogni dettaglio; (*teatr.*) che sa la parte alla perfezione □ (*leg.*: *diritto internazionale*) **letters rogatory**, rogatoria □ **l. scales**, *V.* **l. balance** □ **l. sheet**, biglietto postale □ (*tipogr.*) **l. spacing**, spaziatura fra le lettere □ **l. tray**, vaschetta per la corrispondenza □ **open l.**, lettera aperta (*a un giornale*) □ **registred l.**, raccomandata □ **special-delivery l.**, espresso.

to **letter** /ˈlɛtə(r)/, *v. t.* ***1*** segnare (*o* classificare) con lettere ***2*** stampare il titolo su (*la copertina d'un libro*) ***3*** scrivere in stampatello: **He lettered his name on the blank page**, scrisse il suo nome in stampatello sulla pagina bianca ***4*** mettere una scritta su (q.c.).

lettered /ˈlɛtəd/, *a.* ***1*** letterato; che sa leggere ***2*** colto; dotto; istruito ***3*** scritto (in lettere): **The title on the cover was l. in gold**, il titolo sulla copertina era scritto a caratteri d'oro ***4*** marcato con lettere.

lettergram /ˈlɛtəgræm/, *n.* telegramma lettera.

letterhead /ˈlɛtəhɛd/, *n.* ***1*** intestazione di carta da lettere ***2*** foglio di carta intestata.

lettering /ˈlɛtərɪŋ/, *n.* ***1*** caratteri a mano ***2*** iscrizione; dicitura; titolo (*di un libro*) ***3*** segnatura (*che dà la collocazione d'un volume in una biblioteca*) ***4*** (*tipogr.*) lettering; progettazione grafica (*dei caratteri*). ● (*tipogr.*) **l.-guide**, normografo.

letterless /ˈlɛtələs/, *a.* illetterato.

letterpress /ˈlɛtəprɛs/, *n.* ***1*** materiale a stampa; testo (*di un libro*; *specialm. in quanto distinto dalle illustrazioni*) ***2*** (*tipogr.*) stampa rilievografica; rilievografia ***3*** copialettere (*di tipo antiquato*).

Lettic /ˈlɛtɪk/, **A** *a.* lettone. **B** *n.* lettone (*la lingua*).

letting /ˈlɛtɪŋ/, *n.* ***1*** affitto; locazione ***2*** noleggio; nolo ***3*** (*pl.*) case (*o* appartamenti) da affittare. ● (*aeron.*) **l.-down**, discesa □ (*fin.*) **l. value**, valore locativo.

Lettish /ˈlɛtɪʃ/, **A** *a.* lettone. **B** *n.* lettone (*la lingua*).

lettuce /ˈlɛtɪs/, *n.* ***1*** (*bot., Lactuca sativa*) lattuga ***2*** (*pop. USA*) grana; soldi. ● **cabbage l.** (*Lactuca sativa capitata*), cappuccina.

let-up /ˈlɛtʌp/, *n.* (*fam.*) cessazione; rallentamento; diminuzione; interruzione. ● **with no l.** (*o* **without any l.**), incessantemente; ininterrottamente; senza posa.

leuc(a)emia /luːˈkiːmɪə, ljː-/, *n.* (*med.*) leucemia.

leucine /ˈluːsiːn, ˈlj-/, *n.* (*biochim.*) leucina.

leucite /ˈluːsaɪt, ˈlj-/, *n.* (*miner.*) leucite.

leucocyte /ˈluːkəsaɪt, ˈlj-/, *n.* (*biol.*) leucocito; leucocita.

leucocytosis /luːkəsaɪˈtəʊsɪs, lj-/, *n.* (*pl.* **leucocytoses**) (*med.*) leucocitosi.

leucoplast(id) /ˈluːkəplæst(ɪd), ˈlj-/, *n.* (*bot.*) leucoplasto.

leucosis /luːˈkəʊsɪs, lj-/, *n.* (*med.*) leucosi.

leuk(a)emia /luːˈkiːmɪə, lj-/, *n.* (*med.*) leucemia.

leuk(a)emic /luːˈkiːmɪk, lj-/, *a.* (*med.*) leucemico.

leukocyte /ˈluːkəsaɪt, ˈlj-/, *n.* (*biol.*) leucocito, leucocita; globulo bianco.

leukoma /luːˈkəʊmə, lj-/, *n.* (*med.*) leucoma.

leukorrh(o)ea /luːkəˈriːə, lj-/, *n.* (*med.*) leucorrea.

Levant /ləˈvænt/, *n.* (*geogr., stor.*) (il) Levante; (il) Vicino Oriente.

to **levant** /ləˈvænt/, *v. i.* tagliar la corda (*fig.*), svignarsela (*specialm., senza pagare i debiti*).

levanter (1) /ləˈvæntə(r)/, *n.* vento di levante; levante.

levanter (2) /ləˈvæntə(r)/, *n.* chi taglia la corda, chi se la svigna (*senza pagare i debiti*).

Levanter /ləˈvæntə(r)/, *n.* (*geogr.*) levantino.

Levantine /ˈlɛvəntaɪn, -tiːn, *USA* ləˈvæntaɪn, -tn/, *a.* e *n.* (*geogr.*) levantino.

levator /ləˈveɪtə(r)/, *n.* (*pl.* **levatores, levators**) *1* (*anat.*) (muscolo) elevatore *2* (*med.*) elevatore; leva chirurgica.

levee (1) /ˈlɛvɪ, -eɪ, *USA* -ɪ, lɛˈviː/, *n.* *1* (*stor.*) udienza concessa dal sovrano all'ora di levarsi dal letto *2* (*in G.B.*) ricevimento a corte (*solo per uomini, nel pomeriggio*) *3* (*fam. USA*) ricevimento elegante.

levee (2) /ˈlɛvɪ/, *n.* (*USA*) *1* (*geogr.*) argine naturale (*di fiume*) *2* argine artificiale (*di contenimento*) *3* pontile di sbarco (*su fiume*).

level /ˈlɛvl/, **A** *n.* *1* (*anche fig.*) livello: **the l. of water [of oil]**, il livello dell'acqua [dell'olio]; **to be on a l. with**, essere a livello di (q.c.); **five hundred yards above sea l.**, cinquecento iarde sul livello del mare; **the l. of prices**, il livello dei prezzi; **Few can rise to that man's moral l.**, pochi possono innalzarsi al livello morale di quell'uomo *2* livella: **a spirit l.**, una livella a bolla d'aria *3* piano; superficie piana; piano orizzontale *4* piana; spianata; terreno pianeggiante *5* (*fam.*) altitudine: **Water boils more quickly at this l.**, l'acqua raggiunge il punto d'ebollizione più rapidamente a questa altitudine *6* (*elettr., elettron.*) livello *7* (*fis.*; = **energy l.**) livello energetico *8* (*ind. costr.*) canaletto di scolo. **B** *a.* *1* piano; orizzontale; piatto; spianato: **a l. surface**, una superficie piana; **l. reaches**, distese piatte *2* equo; equilibrato; imparziale: **a l. match**, una gara equilibrata *3* al posto giusto; a posto; assennato: **to have a l. head**, avere la testa a posto; essere equilibrato; **to keep a l. head**, tenere la testa a posto; restare calmo *4* raso: **a l. teaspoonful**, un cucchiaino raso *5* costante; uniforme: **l. temperature**, temperatura costante *6* calmo; fermo; pacato: **a l. look**, uno sguardo fermo; **in a l. tone of voice**, in tono pacato. **C** *avv.* a livello; allo stesso livello; alla pari: **to run l. with**, correre allo stesso livello di (q.c.); essere alla pari di (q.) in una corsa; (*sport*) **to finish l.**, finire alla pari. ● (*aeron., mil.*) **l. bombing**, bombardamento in quota □ (*autom., ferr.*) **l. crossing**, passaggio a livello □ **l. crossing with [without] barrier or gate**, passaggio a livello custodito [incustodito] □ (*ind. min.*) **l. drive**, galleria di livello □ (*aeron.*) **l. flight**, volo orizzontale □ **l.-headed**, che ha la testa a posto; equilibrato; dotato di buonsenso □ **l.-headedness**, quadratura mentale □ (*econ.*) **the l. of living**, il livello (*o* tenore) di vita □ (*ass.*) **l. premium**, premio costante □ (*fam.*) **to do one's l. best**, fare del proprio meglio □ **to find one's l.**, (*di liquido*) livellarsi; (*fig.*) raggiungere una posizione sociale adeguata □ **to give sb. a l. glance**, guardare q. diritto negli occhi (*o* in faccia) □ **to keep l. with sb.**, andare di pari passo con q. □ **to lead a l. life**, fare una vita regolata □ (*fam.*) **on the l.**, onestamente, in buona fede; su giuste basi □ **on the practical l.**, sul piano pratico □ (*autom.*) **L. crossing without gate** (*o* **without barrier**) **ahead** (*cartello*), passaggio a livello incustodito.

to **level** /ˈlɛvl/, **A** *v. t.* *1* livellare (*anche fig.*); spianare; pareggiare; uguagliare; rendere uguale: **to l. a road**, spianare una strada; **Love levels all classes**, l'amore rende tutti uguali *2* spianare; demolire; radere al suolo; abbattere, atterrare (*una persona*): **The earthquake levelled the whole town**, il terremoto rase al suolo l'intera città *3* spianare, puntare (*un fucile, una pistola*) *4* rivolgere, lanciare, scagliare (*un'accusa, ecc.*): **to l. severe criticisms at sb.**, rivolgere severe critiche a q. *5* appiattire (*prezzi, salari, ecc.*) *6* (*topogr.*) livellare; fare la livellazione di (*un terreno*). **B** *v. i.* *1* livellarsi; farsi pianeggiante *2* (*di una tinta, ecc.*) distribuirsi equamente. ● **to l. at sb.**, prendere di mira q. (*anche fig.*) □ **to l. away social distinctions**, abolire le distinzioni sociali □ **to l. a blow at sb.**, assestare (*o* vibrare) un colpo a q. □ **to l. st. in the dust** (*o* **to the ground**), spianare q.c.; radere al suolo q.c.

♦**level against**, *v. t.* + *prep.* indirizzare, rivolgere contro (q.) □ (*leg.*) **to l. a charge against sb.**, formulare un'accusa contro q.

♦**level down**, *v. t.* + *avv.* *1* (*econ.*) livellare al basso (*prezzi, salari, ecc.*); appiattire: **to l. down the incomes of the well-off to those of the needy**, appiattire il reddito dei benestanti portandolo al livello di quello dei bisognosi *2* livellare; pareggiare; spianare.

♦**level off**, **A** *v. t.* + *avv.* *1* livellare, spianare (*un terreno, ecc.*) *2* pareggiare; mettere (q.c.) in piano (*con una livella, ecc.*) *3* (*econ.*) livellare, stabilizzare (*prezzi, salari, ecc.*) *4* (*aeron.*) mettere (*un aereo*) in assetto orizzontale (*per es., per l'atterraggio*). **B** *v. i.* + *avv.* *1* (*econ.*) livellarsi; stabilizzarsi: **The lira has levelled off**, la lira si è stabilizzata *2* (*aeron.: di un aereo*) mettersi in assetto orizzontale *3* (*di condizioni di vita, ecc.*) appiattirsi.

♦**level out**, **A** *v. t.* + *avv.* appianare; ridurre: **to l. out the huge differences between the well-off and the needy**, appianare (*o* ridurre) le enormi differenze esistenti tra benestanti e poveri. **B** *v. i.* + *avv.* *V.* **level off, B**.

♦**level up**, *v. t.* + *avv.* (*econ.*) livellare verso l'alto (*prezzi, salari, ecc.*); elevare (*il livello di vita, ecc.*).

♦**level with**, *v. i.* + *prep.* (*fam.*) dire le cose come stanno, dire la verità a (q.); mettere le cose in chiaro con (q.).

leveller /ˈlɛvələ(r)/, *n.* *1* livellatore, livellatrice *2* (*specialm.*) chi vuole abolire le differenze sociali; egualitario.

levelling /ˈlɛvəlɪŋ, -vl-/, *n.* *1* livellamento; appiattimento; spianamento *2* (*topogr.*) livellazione *3* puntamento (*d'arma da fuoco*). ● (*fig.*) **l.-down** (*o* **l.-out**), appiattimento (*di prezzi, salari, ecc.*) □ **l. rod** (*o* **l. staff**), stadia □ (*mecc.*) **l. screw**, vite di livello; vite calante.

levelly /ˈlɛvəlɪ, -llɪ/, *avv.* con calma; pacatamente.

lever /ˈliːvə(r), *USA* ˈlɛv-/, *n.* *1* (*fis., mecc.*) leva (*anche fig.*): **l. of first [second, third] order**, leva di primo [secondo, terzo] genere; (*autom.*) **gear-l.**, leva del cambio di velocità; **the levers of economic power**, le leve del potere economico *2* (*fig.*) mezzo (*o* strumento) di pressione *3* leva di comando; levetta. ● **l. arm**, braccio di leva □ **l. escapement**, scappamento a leve (*o* ad ancora) □ (*elettr.*) **l. switch**, interruttore a leva □ **l. watch**, orologio ad ancora.

to **lever** /ˈliːvə(r), *USA* ˈlɛv-/, **A** *v. t.* *1* spostare (*o* sollevare) con una leva *2* far leva con (q.c.); usare come leva. **B** *v. i.* *1* fare da leva *2* usare una leva; usare leve. ● **to l. out**, togliere (q.c.) facendo leva; (*fig.*) esautorare (q.) con un trucco □ **to l. up**, sollevare (q.c.) facendo leva □ **to l. oneself out** (*o* **up**), sollevarsi a fatica.

leverage /ˈliːvərɪdʒ, *USA* ˈlɛv-/, *n.* (*fis., mecc.*) *1* azione di una leva *2* leveraggio; sistema di leve *3* modo di far leva (*anche fig.*); autorità, influsso, influenza, potere: **You should use your l. with the trade union**, devi usare la tua influenza sul sindacato *4* (*Borsa*) leva finanziaria *5* (*fin.*) rapporto reddito-prezzo (*di un titolo*) *6* (*fin., specialm. USA*) rapporto d'indebitamento (*di una società*).

leveraged buyout /ˈliːvərɪdʒdˈbaɪaʊt, -vr-, *USA* ˈlɛv-/, *locuz. n.* (*fin.*) offerta pubblica di acquisto (*di una società*) a fronte di debito.

leveret /ˈlɛvərət/, *n.* leprotto (*specialm. sotto l'anno d'età*).

leviable /ˈlɛvɪəbl/, *a.* *1* (*di tassa, ecc.*) imponibile *2* (*di bene*) soggetto a imposta; tassabile.

leviathan /lɪˈvaɪəθn/, *n.* *1* (*Bibbia*) leviatano; mostro marino *2* (*fig.*) cosa enorme *3* persona straordinaria (*per abilità, ricchezza, ecc.*); mostro (*fig. fam.*).

to **levigate** /ˈlɛvɪgeɪt/, *v. t.* *1* elutriare *2* polverizzare *3* (*arc.*) levigare.

levigation /lɛvɪˈgeɪʃn/, *n.* *1* elutriazione *2* polverizzazione *3* (*arc.*) levigazione.

levirate /ˈlɛvɪrət/, *n.* (*stor. ebraica*) levirato.

Levis /ˈliːvaɪz/, *n. pl.* (*marchio: moda*) Levis; blue-jeans.

to **levitate** /ˈlɛvɪteɪt/, (*parapsicologia*) **A** *v. i.* levitare. **B** *v. t.* far levitare.

levitation /lɛvɪˈteɪʃn/, *n.* (*parapsicologia*) levitazione.

Levite /ˈliːvaɪt/, *n.* (*Bibbia*) levita.

Levitical /lɪˈvɪtɪkl/, *a.* (*Bibbia*) levitico.

Leviticus /lɪˈvɪtɪkəs/, *n.* (*relig.*) (il) Levitico.

levity /ˈlɛvətɪ/, *n.* *1* leggerezza (*fig.*); frivolezza; incostanza; spensieratezza *2* (*raro*) leggerezza (*di peso*).

levogyrate /liːvəʊˈdʒaɪərət, -reɪt/, *a.* (*scient.*) levogiro; sinistrorso.

levorotation /liːvəʊrəʊˈteɪʃn/, *n.* (*scient.*) levorotazione.

levorotatory /liːvəʊrəʊˈteɪtərɪ, -ˈrəʊtə-, *USA* -ˈrəʊtətɔːrɪ/, *a.* (*scient.*) levorotatorio.

levulin(e) /ˈliːvjʊlɪn, -iːn/, *n.* (*chim.*) levulina.

levulose /ˈlɛvjʊləʊs, -z/, *n.* (*chim.*) levulosio.

levy /ˈlɛvɪ/, *n.* *1* (*fisc.*) imposizione, esazione (*di imposte*); prelievo; imposta, tassa (*come gettito*): **levies charged on imports from non-member countries**, prelievi riscossi nei confronti dei paesi terzi *2* (*leg.*) pignoramento; esecuzione forzata *3* (*mil.*) leva; coscrizione; (*collett.*) soldati di leva, coscritti: **l. in mass**, coscrizione generale. ● **capital l.**, imposta sul capitale □ **the l. system**, il regime dei prelievi fiscali.

to **levy** /ˈlɛvɪ/, *v. t.* *1* imporre, esigere, riscuotere (*tasse, tributi, ecc.*) *2* (*leg.*) agire esecutivamente contro (q.) *3* (*mil.*) coscrivere, arruolare (*truppe*). ● **to l. blackmail**, estorcere denaro col ricatto □ **to l. execution on a defaulting debtor**, escutere un debitore moroso □ (*leg.*) **to l. on sb.'s property**, agire esecutivamente sui beni di q. (*per pagare i creditori*) □ **to l. taxes on imports**, stabilire imposizioni all'importazione □ **to l. war upon** (*o* **against**) **sb.**, fare guerra a q.

lewd /luːd, ljuːd/, *a.* dissoluto; lascivo; libidinoso; impudico. ‖ **-ly**, *avv.* ‖ **-ness**, *sost.*

lewis /ˈluːɪs/, *n.* (*ind. costr.*) ulivella (*per sollevare pietre*).

Lewis /ˈluːɪs/, *n.* Luigi.

lexeme /ˈlɛksiːm/, *n.* (*ling.*) lessema.

lexia /ˈlɛksɪə/, *n.* (*ling.*) lessia.

lexical /ˈlɛksɪkl/, *a.* lessicale.

lexicalization /lɛksɪkəlaɪˈzeɪʃn, *USA* -lɪˈz-/, *n.* (*ling.*) lessicalizzazione.

lexicographer /lɛksɪˈkɒgrəfə(r)/, *n.* lessicografo.

lexicographic(al) /lɛksɪkəˈgræfɪk(l)/, *a.* lessicografico.

lexicography /lɛksɪˈkɒgrəfɪ/, *n.* lessicografia.

lexicology /lɛksɪˈkɒlədʒɪ/, *n.* lessicologia.

lexicon /ˈlɛksɪkən, *USA* -ɒn/, *n.* (*pl.* **lexica, lexicons**) *1* lessico *2* vocabolario; dizionario.

lexis /ˈlɛksɪs/, *n.* (*pl.* **lexes**) (*ling.*) lessico; vocabolario; patrimonio lessicale.

ley /liː/, *n.* terreno erboso (*tenuto a prato per un anno*).

Leyden /ˈlaɪdn/, *n.* (*geogr.*) Leida. ● (*fis.*) **L. jar**, bottiglia di Leida.

liability /laɪə'bɪlətɪ/, *n.* ***1*** responsabilità (*anche leg., ass.*); l'essere soggetto (a); obbligo; obbligazione: (*comm.*) **the l. of the carrier**, la responsabilità del vettore; **l. for military service**, l'esser soggetto a obblighi militari; **the l. to make good damages**, l'obbligo di risarcire i danni ***2*** l'essere soggetto; predisposizione: **the l. to (catch) colds**, la predisposizione al raffreddore ***3*** (*fin., rag.; di solito al pl.*) passivo; passività; debiti; impegni: **assets and liabilities**, attivo e passivo; attività e passività; **to meet one's liabilities**, far fronte ai propri impegni ***4*** (*fig.*) ostacolo; svantaggio; inconveniente; handicap. ● (*leg.*) **l. in contract**, responsabilità contrattuale ▫ **l. insurance**, assicurazione contro i rischi di responsabilità civile ▫ (*ass.*) **l. limit**, massimale.

liable /'laɪəbl/, *a.* ***1*** (*leg.*) responsabile (di); obbligato (a); tenuto (a): **I am not l. for your debts**, non sono responsabile dei (*o* tenuto a pagare i) tuoi debiti ***2*** soggetto (a); esposto (a): **He is l. to heart attacks**, va soggetto ad attacchi di cuore ***3*** (*leg.*) passibile; punibile: **to be l. to a term in jail**, essere passibile d'una pena detentiva ***4*** possibile; probabile: **The bomb is l. to explode any minute**, è possibile che la bomba esploda (*o* la bomba può scoppiare) da un momento all'altro. ● (*fin.*) **l. to audit**, soggetto a revisione contabile, verificabile ▫ (*leg.*) **l. to deferment**, prorogabile ▫ **l. to a fine**, passibile di multa.

to **liaise** /lɪ'eɪz/, *v. i.* ***1*** – **to l. with sb.**, mettersi in collegamento con q.; allacciare una relazione (*specialm. amorosa*) con q. ***2*** (*mil.*) fare l'ufficiale di collegamento.

liaison /lɪ'eɪzn, laɪ-, -ɒn, *USA* 'liːəzɒn, 'leɪə-, -'zɒn/, *n.* ***1*** relazione (*specialm. amorosa*); legame ***2*** (*comm., mil.*) collegamento: **l. office**, ufficio di collegamento; **l. officer**, ufficiale di collegamento ***3*** (*fon.*) liaison; legamento.

liana /lɪ'ɑːnə, -ænə/, **liane** /lɪ'ɑːn, -æn/, *n.* (*bot.*) liana.

liar /'laɪə(r)/, *n.* bugiardo, bugiarda; mentitore, mentitrice.

lias /'laɪəs/, *n.* (*geol.*) lias.

liassic /laɪ'æsɪk/, *a.* (*geol.*) liassico.

lib /lɪb/, *n.* (*fam.*, = **lib movement**) movimento di liberazione: **women's lib**, movimento di liberazione della donna.

Lib /lɪb/, *n.* (*fam.*) *V.* **Liberal Party**. ● (*polit.*) **Lib-Lab**, (di) coalizione fra liberali e laburisti; liberal-socialista.

libation /laɪ'beɪʃn/, *n.* (*form.*) libagione; libazione (*raro*).

libber /'lɪbə(r)/, *n.* (*fam.*; = **women's l.**) fautore della liberazione della donna; femminista.

libel /'laɪbl/, *n.* ***1*** libello (diffamatorio); calunnia; (*fig.*) offesa, oltraggio, torto: **The pamphlet is a l. upon my country**, l'opuscolo fa torto al mio paese; **The book is a l. on human nature**, quel libro è un'offesa alla natura umana ***2*** (*leg.*) diffamazione a mezzo stampa; reato di stampa: **action for l.**, causa per diffamazione.

to **libel** /'laɪbl/, *v. t.* ***1*** diffamare (*a mezzo stampa*) ***2*** (*fig. fam.*) far torto a; calunniare ***3*** (*leg.*) intentare un giudizio per diffamazione contro (q.).

libellant /'laɪbələnt/, *n.* (*leg.*) attore in un processo per diffamazione.

libellee /laɪbə'liː/, *n.* (*leg.*) convenuto in un processo per diffamazione.

libeller /'laɪbələ(r)/, *n.* libellista; diffamatore; calunniatore.

libellous /'laɪbələs/, *a.* ***1*** diffamatorio; calunnioso: **l. rumours**, voci calunniose ***2*** che diffama. ● **a l. fellow**, un diffamatore.

liberal /'lɪbərəl/, **A** *a.* ***1*** liberale; generoso; munifico; prodigo; abbondante; copioso: **l. education**, educazione liberale; **a l. donor**, un munifico donatore ***2*** (*polit.*) liberale: **the L. Party**, il partito liberale ***3*** (*fig.*) di larghe vedute; di mente aperta; tollerante ***4*** (*polit.*) progressista. **B** *n.* (*polit.*) ***1*** liberale ***2*** democratico di sinistra; liberal; progressista. ● **l. arts**, materie umanistiche ▫ (*leg.*) **a l. construction**, un'interpretazione libera (*o* lata) ▫ (*polit., in G.B.*) **L. Democrat**, liberaldemocratico ▫ **a l. table**, una tavola ben fornita ▫ **to be l. with one's advice**, essere prodigo di consigli. || **-ly**, *avv.* || **-ness**, *sost.*

liberalism /'lɪbərəlɪzəm/, *n.* ***1*** (*polit.*) liberalismo ***2*** (*fig.*) larghezza di vedute; tolleranza ***3*** (*polit.*) progressismo ***4*** (*econ.*) liberismo.

liberalist /'lɪbərəlɪst/, *n.* ***1*** (*polit.*) liberalista ***2*** (*econ.*) liberista.

liberalistic /lɪbərə'lɪstɪk/, *a.* (*polit.*) liberale; liberalistico.

liberality /lɪbə'rælətɪ/, *n.* ***1*** liberalità; generosità; munificenza ***2*** larghezza di vedute ***3*** dono munifico.

liberalization /lɪbərəlaɪ'zeɪʃn, *USA* -lɪ'z-/, *n.* liberalizzazione: **the l. of trade**, la liberalizzazione degli scambi commerciali.

to **liberalize** /'lɪbərəlaɪz/, **A** *v. t.* rendere liberale; liberalizzare: **to l. foreign trade**, liberalizzare il commercio estero. **B** *v. i.* (*raro*) liberalizzarsi.

to **liberate** /'lɪbəreɪt/, *v. t.* ***1*** (*anche chim.*) liberare: **to l. prisoners**, liberare prigionieri; **to l. gas**, liberare gas ***2*** (*pop. USA*) rubare.

liberated /'lɪbəreɪtɪd/, *a.* ***1*** libero ***2*** emancipato.

liberation /lɪbə'reɪʃn/, *n.* (*anche chim.*) liberazione.

liberator /'lɪbəreɪtə(r)/, *n.* liberatore.

Liberian /laɪ'bɪərɪən/, *a.* e *n.* liberiano.

libertarian /lɪbə'teərɪən/, **A** *n.* ***1*** (*relig.*) seguace della dottrina del libero arbitrio ***2*** (*polit.*) fautore delle piene libertà civili ***3*** – (*polit. USA*) **L.**, seguace del «L. Party» (*piccolo partito di estrema destra*). **B** *a.* libertario.

libertarianism /lɪbə'teərɪənɪzəm/, *n.* (*relig.*) dottrina del libero arbitrio.

liberticidal /lɪbɜːtɪ'saɪdl/, *a.* liberticida.

liberticide /lɪ'bɜːtɪsaɪd/, *n.* ***1*** liberticida ***2*** liberticidio.

libertinage /'lɪbətiːnədʒ/, *n.* libertinaggio.

libertine /'lɪbətiːn/, **A** *n.* ***1*** libertino ***2*** (*stor.*) liberto ***3*** (*arc.*) libero pensatore. **B** *a.* libertino; dissoluto; vizioso.

libertinism /'lɪbɜːtɪnɪzəm/, *n.* ***1*** libertinaggio ***2*** (*stor.*) libertinismo ***3*** (*arc.*) libero pensiero.

liberty /'lɪbətɪ/, *n.* ***1*** libertà: **l. of conscience**, libertà di coscienza; **civil l.**, libertà civile; **l. of the press**, libertà di stampa; **l. of speech**, libertà di parola; **to take the l. to do (*o* of doing) st.**, prendersi la libertà di fare q.c.; **to take liberties with sb.**, prendersi delle libertà con q. ***2*** (*arte*) liberty; stile floreale ***3*** (*pl.*) diritti, privilegi (*di una città, ecc.*). ● (*stor.*) **l. cap**, berretto frigio ▫ (*econ.*) **l. of contract**, libertà contrattuale ▫ **to be at l.**, essere in libertà; essere libero (*anche dal lavoro*); (*fam. USA*) essere disoccupato ▫ **to set sb. at l.**, mettere q. in libertà; liberare q. ▫ **You are at l. to do what you like**, sei libero di fare quel che vuoi.

libidinous /lɪ'bɪdɪnəs/, *a.* libidinoso; lascivo; lussurioso. || **-ly**, *avv.*

libido /lɪ'biːdəʊ, 'lɪbɪdəʊ/, *n.* (*pl.* **libidos**) (*psic.*) libido.

libra /'laɪbrə/, *n.* (*pl.* **librae**) (*stor. romana*) libbra.

Libra /'liːbrə/, **A** *n.* ***1*** (*astron., astrol.*) Bilancia, Libra (*costellazione e VII segno dello zodiaco*) ***2*** (*astrol.*) (una) bilancia; individuo nato sotto il segno della Bilancia. **B** *a.* (*astrol.*) della Bilancia.

Libran /'liːbrən/, (*astrol.*) **A** *n.* persona nata sotto il segno della Bilancia. **B** *a.* della Bilancia.

librarian /laɪ'breərɪən/, *n.* bibliotecario, bibliotecaria.

librarianship /laɪ'breərɪənʃɪp/, *n.* ***1*** lavoro (*o* ufficio) di bibliotecario ***2*** biblioteconomia.

library /'laɪbrərɪ, *USA* -brerɪ/, *n.* ***1*** biblioteca: **a lending l.**, una biblioteca circolante; **a public l.**, una biblioteca pubblica ***2*** (*elab.*) libreria. ● **l. edition**, edizione di lusso (*di un libro*) ▫ **l. science**, biblioteconomia ▫ **l. van**, autolibro; bibliobus ▫ **film l.**, cineteca ▫ **newspaper l.**, emeroteca ▫ **record l.**, discoteca ▫ **wine l.**, enoteca.

to **librate** /'laɪbreɪt/, *v. i.* ***1*** librarsi; tenersi sospeso (*o* in equilibrio) ***2*** oscillare; ondeggiare.

libration /laɪ'breɪʃn/, *n.* librazione (*anche fis.*); oscillazione; ondeggiamento: (*astron.*) **l. of the moon**, librazione della luna.

libratory /'laɪbrətərɪ, *USA* -tɔːrɪ/, *a.* oscillatorio.

librettist /lɪ'bretɪst/, *n.* (*mus.*) librettista.

libretto /lɪ'bretəʊ/, *n.* (*pl.* **librettos, libretti**) (*mus.*) libretto.

librium /'lɪbrɪəm/, *n.* (*marchio*: *farm.*) librium.

Libya /'lɪbɪə/, *n.* (*geogr.*) Libia.

Libyan /'lɪbɪən/, *a.* e *n.* libico; (abitante, lingua) della Libia.

lice /laɪs/, *pl.* di **louse**.

licence /'laɪsns/, *n.* ***1*** licenza; permesso; autorizzazione (*anche leg.*); concessione governativa; patente: **marriage l.**, permesso di contrarre matrimonio; **driving l.**, patente di guida; **to do st. under l.**, fare q.c. con la necessaria autorizzazione ***2*** licenza; arbitrio: **poetic l.**, licenza poetica ***3*** licenza; licenziosità; sfrenatezza ***4*** (*leg.*) concessione del diritto di utilizzazione; brevetto ***5*** (*leg.*) licenza premio (*a un detenuto*) ***6*** (*aeron.*) brevetto (*da pilota*). ● (*fisc.*) **l. fee**, tassa sulle concessioni governative ▫ **l. holder**, concessionario di una licenza; (*radio, TV*) abbonato ▫ **l. tax**, *V.* **l. fee** ▫ (*autom.*) **provisional l.**, patente provvisoria (*in G.B.*; *cfr. ital.* «foglio rosa») ▫ **road l.**, bollo di circolazione ▫ **television l.**, abbonamento alla televisione.

to **licence** /'laɪsens/, *V.* **to license**.

license /'laɪsns/, *n.* (*USA*) ***1*** *V.* **licence** ***2*** (*naut.*; = **master's l.**) brevetto (*di capitano*; *cfr. ingl.* **certificate**). ● (*autom.*) **l. plate**, targa (*cfr. ingl.* **numberplate**).

to **license** /'laɪsns/, *v. t.* ***1*** dar licenza a (q.); permettere; autorizzare: **a shop licensed to sell spirits**, un esercizio autorizzato alla vendita degli alcolici ***2*** (*leg.*) concedere una licenza (*d'esercizio, ecc.*), il diritto di utilizzazione (*di opere dell'ingegno*) a (q.). ● **licensed premises**, spaccio d'alcolici ▫ **licensing hours**, orario di vendita degli alcolici (*in G.B.*).

licensee /laɪsn'siː/, *n.* (*anche comm.*) concessionario di licenza; chi ha acquistato un brevetto (*o* una patente, un diritto di utilizzazione); (*leg.*) licenziatario.

licenser /'laɪsnsə(r)/, *n.* ***1*** chi concede licenze (*o* permessi, ecc.) ***2*** (= **l. of the press, l. of plays**) censore (di libri o di drammi).

licensor /'laɪsnsə(r)/, *n.* (*leg.*) chi concede un brevetto (*o* una licenza, ecc).

licentiate /laɪ'senʃɪət/, *n.* ***1*** persona abilitata (*all'esercizio d'una professione, ecc.*) ***2*** (*in talune università*) licenziato, diplomato; (*anche*) (certificato di) abilitazione ***3*** (*relig.*) predicatore (*specialm. presbiteriano, non ancora «pastore»*).

licentious /laɪ'senʃəs/, *a.* licenzioso; dissoluto; lascivo; scostumato. || **-ly**, *avv.* || **-ness**, *sost.*

lich /lɪtʃ/, *n.* (*arc., scozz. o dial.*) cadavere. ● **l.-gate**, portico all'ingresso di un cimitero ▫ **l.-house**, camera mortuaria ▫ **l.-owl**, civetta (*messaggera di morte*) ▫ **l.-wake**, veglia funebre.

lichen /'laɪkən/, *n.* (*bot.*) lichene.

lichened /'laɪkənd/, *a.* (*bot.*) coperto di licheni.

lichenology /laɪkə'nɒlədʒɪ/, *n.* (*bot.*) lichenologia.

lichenous /'laɪkɪnəs/, *a.* (*bot.*) lichenoso.

licit /'lɪsɪt/, *a.* (*raro*) lecito; legittimo. || **-ly**, *avv.* || **-ness**, *sost.*

lick /lɪk/, *n.* ***1*** leccata ***2*** piccola quantità; leggero strato: **a l. of work**, un po' di lavoro; **a l. of paint**, un leggero strato di vernice ***3*** (=

salt-l.) terreno salato (*che gli animali selvatici vanno a leccare*) *4* (*fam.*) forte colpo *5* sprazzo di energia *6* (*fam.*) passo veloce: **at full l.** (*o* **at a great l.**), a tutta velocità; di gran corsa. ● (*fam.*) **a l. and a promise**, una lavatina (*o* una pulitina) superficiale; pulizia sommaria □ (*fam.*) **a l. in the face**, un manrovescio.

to **lick** /lɪk/, **A** *v. t.* *1* leccare: **The little girl was licking her fingers**, la ragazzina si leccava le dita *2* lambire; sfiorare: **The flames are licking the ends of the log**, le fiamme lambiscono le estremità del ceppo *3* (*fam.*) bastonare; percuotere; picchiare *4* (*fam.*) battere; superare; sconfiggere *5* (*fam.*) confondere; sconcertare: **That licks me**, questo supera la mia capacità di comprensione. **B** *v. i.* (*fam.*) andare; affrettarsi; correre: **as hard as one can l.**, correndo a più non posso. ● **to l. sb.'s boots**, *V.* **to l. sb.'s shoes** □ **to l. clean**, pulire leccando: **The child licked his fingers clean**, il bambino si pulì le dita leccandosele □ (*fig.*) **to l. the dust**, mordere la polvere □ (*fam.*) **to l. into shape**, foggiare; rifinire; rendere (q.c.) presentabile □ (*fig.*) **to l. one's lips**, leccarsi i baffi (*o* le dita) □ **to l. sb.'s shoes**, leccare i piedi a q. (*fig.*); adulare ignobilmente q. □ (*fig.*) **to l. one's wounds**, leccarsi le ferite □ **to l. up** (*o* **off**), togliere (*o* pulire) leccando □ (*fam.*) **to get a problem licked**, riuscire a risolvere un problema.

licker /ˈlɪkə(r)/, *n.* chi lecca; leccatore, leccatrice (*raro*).

lickerish /ˈlɪkərɪʃ/, *a.* (*arc.*) *1* ghiotto; goloso *2* lascivo; lussurioso.

lickety-split /ˈlɪkətɪˈsplɪt/, *avv.* (*fam. USA*) a tutta birra; a tutto spiano; (*autom.*) a tutto gas.

licking /ˈlɪkɪŋ/, *n.* *1* leccatura; leccata *2* (*fam.*) bastonatura; botte; busse *3* (*fam.*) sconfitta; batosta (*fam.*).

lickspittle /ˈlɪkspɪtl/, *n.* (*spreg.*) leccapiedi; adulatore servile.

licorice /ˈlɪkərɪs, -ɪʃ/, (*USA*) *V.* **liquorice**.

lictor /ˈlɪktə(r), -ɔː(r)/, *n.* (*stor. romana*) littore.

lictorian /lɪkˈtɔːrɪən/, *a.* (*stor. romana*) littorio.

lid /lɪd/, *n.* *1* coperchio *2* (= **eyelid**) palpebra *3* (*bot.*) opercolo *4* (*fig. fam.*) controllo; freno: **to put the lid on juvenile crimes**, mettere un freno alla delinquenza minorile *5* (*pop.*) cappello *6* (*pop.*) casco. ● **to blow** (*o* **to lift, to take**) **the l. off st.**, rivelare (*o* svelare) q.c. □ (*fig.*) **with the lid off**, allo scoperto, apertamente; mettendo in mostra tutto il marcio, le magagne, ecc. □ (*fam.*) **That puts the** (**tin**) **lid on it!**, è il colmo della sfortuna!; ci mancava questa!; piove sul bagnato!

lidar /ˈlaɪdɑː(r)/, *n.* (*tecn.*) lidar, radar ottico (*laserlocalizzatore*).

lidded /ˈlɪdɪd/, *a.* munito di coperchio. ● **heavy-l. eyes**, occhi dalle palpebre pesanti.

lido /ˈliːdəʊ/, *n.* (*pl.* **lidos**) *1* stabilimento balneare *2* piscina pubblica scoperta.

lie (**1**) /laɪ/, *n.* *1* bugia; menzogna; frottola; fandonia: **to tell lies**, dire bugie; **a pack of lies**, un mucchio (*o* un sacco) di bugie *2* falsità; menzogna *3* idea fallace; falsa credenza; impostura; menzogna: **to maintain a lie**, sostenere un'idea fallace. ● **lie detector**, macchina della verità □ **to act a lie**, agire slealmente □ **to give sb. the lie**, smentire q.; sbugiardare q. (*fam.*) □ **to give the lie to a supposition**, smentire una supposizione □ **a white lie**, una bugia innocente; una bugietta.

lie (**2**) /laɪ/, *n.* *1* disposizione; posizione; situazione; configurazione: **the lie of the land**, la configurazione del terreno; (*fig.*) lo stato delle cose; la situazione (*degli affari, ecc.*) *2* (*d'animale*) covo; tana; rifugio.

to **lie** (**1**) /laɪ/ (*part. pres.* **lying**, *pass.* e *p. p.* **lied**), *v. i.* *1* mentire; dire bugie *2* (*di cose*) ingannare: **The mirror doesn't lie**, lo specchio non inganna (*o* dice la verità). ● **to lie oneself into office**, conseguire un impiego (*o* un posto) a forza di menzogne □ **to lie oneself out of trouble**, trarsi d'impaccio (*o* cavarsi dai guai) con una bugia □ (*arc. o scherz.*) **to lie in one's throat** (*o* **in one's teeth**), mentire per la gola.

to **lie** (**2**) /laɪ/ (*part. pres.* **lying**, *pass.* **lay**, *p. p.* **lain**), *v. i.* *1* giacere; stare disteso (*o* sdraiato): **His mortal remains lie in Westminster Abbey**, le sue spoglie mortali giacciono nell'abbazia di Westminster; **Don't lie on the ground**; **you'll catch a cold**, non stare disteso per terra; prenderai il raffreddore *2* essere, stare (*in una certa posizione, situazione, ecc.*); restare, rimanere: **The newspaper lay open on her lap**, il giornale stava aperto sul suo grembo; **to lie asleep** [**sick**], essere a letto addormentato [malato]; **to lie idle** [**in prison**], essere in ozio [in prigione]; **The land lay barren**, la terra rimaneva incolta; **His motives lie hidden**, i suoi motivi restano nascosti *3* stendersi; spiegarsi: **The plain lay at our feet**, la pianura si stendeva ai nostri piedi *4* essere situato; trovarsi: **Ireland lies to the west of England**, l'Irlanda si trova (*o* è situata) a ovest dell'Inghilterra *5* (*leg.*) essere fondato; essere ammissibile *6* (*mil.*: *di truppe*) essere accampato *7* (*naut.*: *di nave*) essere alla fonda *8* (*arc.*) alloggiare; dimorare. ● (*naut.*) **to lie at anchor**, essere all'ancora (*o* alla fonda) □ **to lie at the mercy of sb.**, essere alla mercé di q. □ (*fam.*) **to lie at death's door**, avere un piede nella tomba □ (*di colpa, ecc.*) **to lie at sb.'s door**, essere da attribuire a q. □ **to lie fallow**, (*di un terreno*) essere lasciato a maggese; (*fig.*: *del cervello*) restare inattivo, inerte □ **to lie heavy on sb.'s conscience** [**stomach**], pesare sulla coscienza di q. [restare sullo stomaco, appesantire lo stomaco di q.] □ **to lie low**, (*di un paesino, ecc.*) essere adagiato (*tra i monti, ecc.*); (*di persona o animale*) stare rintanato, stare nascosto □ (*fig.*) **to lie on the bed one has made**, avere quel che ci si merita □ **to lie open to attack**, essere esposto agli attacchi □ (*fig.*) **to find out how the land lies**, scoprire come stanno le cose □ **Life still lies in front of you**, hai ancora tutta la vita davanti a te □ **I'll do as far as in me lies**, farò quanto sta in me; farò del mio meglio □ (*prov.*) **Let sleeping dogs lie**, non svegliare il can che dorme.

♦**lie about**, **A** *v. i.* + *avv.* *1* oziare; bighellonare; poltrire; stare con le mani in mano *2* (*di oggetti*) essere in disordine (*o* buttato là); essere sparsi qua e là. **B** *v. t.* + *prep.* (*di monti, ecc.*) circondare (*un luogo*).

♦**lie ahead**, *v. i.* + *avv.* *1* essere situato (*o* trovarsi) davanti *2* essere in vista (*nel futuro*): **A big slump lies ahead**, ci attende una grossa depressione economica.

♦**lie along**, *v. i.* + *avv.* (*naut.*) *V.* **lie over,** *def.* 2.

♦**lie around**, *V.* **lie about.**

♦**lie back**, *v. i.* + *avv.* reclinare il capo (*sul cuscino, su uno schienale, ecc.*); adagiarsi; sdraiarsi.

♦**lie behind**, **A** *v. i.* + *avv.* essere (ormai) alle spalle; essere cosa del passato. **B** *v. i.* + *prep.* *1* essere alle spalle di (*nel tempo*) *2* (*fig.*) esserci dietro a (q.c.): **Something must lie behind his proposal**, dev'esserci qualcosa dietro la sua proposta.

♦**lie by**, **A** *v. i.* + *avv.* *1* fermarsi; fare una sosta *2* (*naut.*: *di navi*) restare vicino (*o* accanto). **B** *v. i.* + *prep.* (*anche* **lie beside**) stare vicino (*o* accanto) a.

♦**lie doggo**, *v. i.* + *avv.* (*fam.*) stare fermo, immobile (*in un nascondiglio*).

♦**lie down**, *v. i.* + *avv.* *1* stare giù (*o* a terra); stare disteso *2* coricarsi; stendersi; fare un riposino □ (*fam.*) **to lie down on the job**, lavorare a ritmo ridotto; fare uno sciopero bianco □ (*fam.*) **to take st. lying down**, accettare (*o* sopportare) q.c. senza reagire.

♦**lie down under**, *v. i.* + *avv.* + *prep.* (*fam.*) accettare (q.c.), ricevere (*un insulto*), rassegnarsi a (*una sconfitta*) senza reagire.

♦**lie in**, **A** *v. i.* + *avv.* *1* restare a letto (*fino a tardi*) *2* (*arc.*) essere a letto in attesa di partorire. **B** *v. i.* + *prep.* *1* restare: **to lie in bed**, restare a letto *2* giacere in; essere sepolto in *3* (*di denaro*) essere depositato in (*banca, ecc.*) *4* (*fig.*) essere; trovarsi: **The defect lies in the designing**, il difetto è nella progettazione *5* (*di speranza, ecc.*) essere riposto in (q. o q.c.) □ **to lie in ambush** (*o* **in wait**) **for sb.**, stare in agguato per assalire q. □ (*di un morto*) **to lie in state**, essere esposto nella camera ardente.

♦**lie off**, *v. i.* + *avv.* *1* smettere di lavorare (*per un poco*) *2* (*anche v. t.*) (*naut.*) stare al largo (di); essere alla fonda lontano (da: *un molo, ecc.*).

♦**lie out**, *v. i.* + *avv.* *1* essere sdraiato (*al sole, ecc.*) *2* (*di un luogo*) essere situato (*o* trovarsi) lontano *3* (*di denaro*) essere impiegato (*o* investito).

♦**lie over**, *v. i.* + *avv.* *1* (*di una decisione, di un debito, ecc.*) rimanere in sospeso *2* (*naut.*) essere alla banda; sbandare.

♦**lie to**, *v. i.* + *avv.* (*naut.*) essere alla cappa (*o* in panna).

♦**lie up**, *v. i.* + *avv.* *1* restare a letto (*per malattia o convalescenza*) *2* restare nascosto; essere uccel di bosco (*fig.*) *3* (*naut.*: *di nave*) rimanere in porto (*o* in bacino di raddobbo); (*di barca*) restare in porto (*d'inverno, ecc.*) *4* (*di un'automobile, ecc.*) essere fuori uso; non essere usato.

♦**lie with**, *v. i.* + *prep.* *1* (*di un compito, ecc.*) toccare a; spettare a: **It lies with the prosecutor to prove that he is guilty**, spetta al pubblico ministero provare la sua colpevolezza *2* (*arc.*) giacersi con (*una donna, ecc.*).

♦**lie within**, *v. i.* + *prep.* *1* essere situato (*o* trovarsi) dentro (*un luogo*) *2* (*fig.*) essere, rientrare: **It lies within his power to take the final decision**, rientra nei suoi poteri prendere la decisione finale □ **to lie within sb.'s control**, essere sotto il controllo di q.

lie-abed /ˈlaɪəbed/, *n.* (*arc.*) dormiglione; poltrone.

lie-down /ˈlaɪdaʊn/, *n.* *1* dormitina; sonnellino; pisolino *2* *V.* **lie-in**, *def. 2.*

lief /liːf/, **A** *a.* (*arc.*) caro; amato. **B** *avv.* (*raro*) volentieri. ● **I would** (*o* **I had**) **as l. go as stay**, per me tanto vale andare che rimanere.

liege /liːdʒ, -ʒ/, **A** *a.* (*diritto feudale*) *1* che ha diritto alla fedeltà dei vassalli; feudale: **a l. lord**, un signore feudale (un feudatario) *2* ligio: **l. subjects**, vassalli ligi *3* (*fig.*) ligio; fedele. **B** *n.* *1* signore (feudale); feudatario *2* uomo ligio; vassallo *3* (*fig.*) fido sostenitore.

liegeman /ˈliːdʒmən, ˈliːʒ-/, *n.* (*pl.* **liegemen**) *1* (*diritto feudale*) uomo ligio; vassallo *2* (*fig.*) seguace fedele; sostenitore fidato.

lie-in /ˈlaɪɪn/, *n.* *1* (*fam.*) lo starsene a letto più del solito (*per es., la domenica mattina*) *2* protesta fatta sdraiandosi per terra (*o* sui binari, ecc.).

lien /ˈliːən, liːn/, *n.* (*leg.*) privilegio; diritto di prelazione; diritto di riservato dominio; (diritto di) pegno. ● **l. creditor**, creditore privilegiato □ (*naut.*) **l. on freight**, privilegio sul nolo □ (*fin.*) **l. on shares**, diritto di pegno sulle azioni.

lieu /luː, ljuː/, *n.* luogo (*nella locuz.:*) **in l. of**, in luogo di; invece di.

lieutenancy /lefˈtenənsɪ, ləf-, *USA* luː-/, *n.* (*mil.*) luogotenenza; tenenza (*V.* **lieutenant**).

lieutenant /lefˈtenənt, ləf-, *USA* luː-/, *n.* *1* (*nell'esercito*) tenente *2* (*nella marina*) tenente di vascello *3* luogotenente; vice. ● **l. colonel**, tenente colonnello □ (*nella marina*) **l. commander**, capitano di corvetta □ **l. general**, tenente generale □ **l. governor**, vicegovernatore □ **l. governorship**, vicegovernatorato □ (*nella marina americana*) **l. junior grade**, sottotenente di vascello □ **L. of the Tower**, Luogotenente della Torre di Londra □ (*USA*) **first l.**, tenente □ **flag l.**, aiutante di bandiera □ (*ingl. e USA*) **second l.**, sottotenente.

lieutenantship /lefˈtenəntʃɪp, ləf-, *USA*

luː-/, *n.* (*raro*) *V.* **lieutenancy**.

life /laɪf/, *n.* (*pl.* **lives**) *1* vita (*quasi in ogni senso*); esistenza; (*di cose*) durata: **How's l.?**, come va la vita?; **He lost his l. in a road accident**, perse la vita in un incidente stradale; **There is no l. on Mars**, non c'è vita su Marte; **the struggle for l.**, la lotta per l'esistenza; **this l.**, questa vita; la vita terrena; **the eternal l.**, la vita eterna; **to spend one's l. in idleness**, passare la vita nell'ozio; **She was the l. of her family**, ella era la vita (*o* l'anima) della famiglia; **military l.**, la vita militare; **country l.**, la vita di campagna; **city l.**, la vita di città; **high l.**, la vita elegante, dell'alta società; **low l.**, vita mediocre, misera; **to lead a good l.**, fare una bella vita; (*arc.*) fare una vita intemerata; **to lead a happy l.**, condurre un'esistenza serena; **You must put more l. in your acting**, devi mettere più vita nel tuo modo di recitare; **Most fashions have a very short l.**, per lo più le mode hanno vita brevissima; **the l. of a government**, la durata d'un governo; **the l. of an ocean liner**, la durata (*o* la vita) di un transatlantico *2* (*arte*) naturale; vero; vivo: **to draw sb. to the l.**, ritrarre q. al naturale; **to draw from (the) l.**, disegnare dal vero *3* (*baseball* e *cricket*) occasione; opportunità (*data al battitore*) *4* (= **l. story**) vita; biografia (*di q.*): **Plutarch's «Lives»**, le «Vite» di Plutarco *5* (= **l. sentence**) condanna a vita (*o* all'ergastolo); (= **l. imprisonment**) ergastolo: **The terrorist got l.**, il terrorista fu condannato all'ergastolo; **a man serving l.**, un uomo che sconta una condanna all'ergastolo; un ergastolano *6* (*pop. USA*) – **the l.**, la vita; il mestiere di prostituta. ● **l. annuity**, (assegno) vitalizio □ **l. assurance,** *V.* **l. insurance** □ **l. blood**, (*poet.*) sangue, linfa vitale; (*fig.*) influsso vivificante; anima, vita (*fig.*): **Competition is the l. blood of commerce**, la concorrenza è l'anima del commercio □ (*biol.*) **l. cycle**, ciclo vitale □ (*leg.*) **l. estate**, usufrutto a vita □ (*ass., stat.*) **l. expectancy**, aspettativa di vita; vita media residua □ **l.-giving**, vivificante; che rianima; che rinvigorisce □ (*mil., in G.B.*) **the L. Guards**, le Guardie del Corpo del Sovrano (*due reggimenti di cavalleria*) □ **L. Guardsman**, soldato della Guardia del Corpo □ **l. insurance**, assicurazione sulla vita □ (*leg.*) **l. interest**, usufrutto a vita □ (*naut.*) **l. jacket**, giubbotto (di salvataggio) □ (*med.*) **l. machine**, respiratore artificiale □ (*pop. USA*) **the l. of Riley**, la bella vita; la vita comoda (*o* di Michelaccio) □ (*ass.*) **l.-office**, agenzia di assicurazioni sulla vita □ **a l.-or-death battle**, un combattimento all'ultimo sangue □ **a l.-or-death matter**, una questione di vita o di morte □ (*polit.*) **L. Peer**, Pari (d'Inghilterra) nominato a vita □ (*ass.*) **l. policy**, polizza di assicurazione sulla vita □ **l. preserver**, bastone animato; tirapugni; (*USA, naut.*) salvagente □ **l.-saver**, *V.* **lifesaver** □ (*elettr.*) **l. saving appliance**, salvavita □ **l. sciences**, scienze naturali □ **l. scientist**, naturalista □ (*leg.*) **a l. sentence**, una condanna a vita (*o* all'ergastolo) □ (*arte: di quadro, statua, ecc.*) **l.-size** (*o* **l.-sized**), a grandezza naturale; al naturale □ **l. span**, arco (*o* durata) della vita □ **l. spring**, fonte di vita □ (*tecn.*) **l.-support**, che assicura la sopravvivenza □ (*ass., stat.*) **l. tables**, tavole di mortalità □ (*leg.*) **l. tenancy**, usufrutto a vita □ (*leg.*) **l. tenant**, usufruttuario a vita □ (*ind.*) **l. tests**, prove di durata □ **to be l.-weary**, essere stanco della vita □ **l. work**, il lavoro di tutta una vita □ (*ecol.*) **l. zone**, zona biotica □ **as large as l.**, a grandezza naturale; (*fam. scherz.*) in persona: **a portrait as large as l.**, un ritratto al naturale; **Here he is, as large as l.**, eccolo in persona! □ **to bring to l.**, rianimare, far tornare in vita; animare, vivificare □ (*arte*) **a class in l.**, una classe di studenti che imparano a ritrarre dal vero □ **to come to l.**, nascere, venire alla luce, cominciare a vivere; rinvenire, riaversi, tornare in sé; (*fig.*) mostrare interesse, svegliarsi □ **to come back to l.**, tornare in sé; riaversi; rinvenire □ **for l.**, per tutta la vita; fino alla morte □ (*in frasi neg.*) **for the l. of me**, per nulla al mondo; mai e poi mai □ **for dear l.**, tenacemente; con tutte le proprie forze □ (*ass.*) **a good** [**a bad**] **l.**, uno che ha molte [che ha scarse] probabilità di vivere sino all'età media presunta □ (*fam.*) **to have the time of one's l.**, divertirsi un mondo □ **to imitate sb. to the l.**, imitare qualcuno a pennello □ **large as l.**, *V.* **as large as l.** □ **to lay down one's l. for**, dare la vita per □ **to lose** [**to save**] **one's l.**, perdere [salvare] la vita □ **to marry early in l.**, sposarsi giovane □ **Not on your l.!**, certo che no! □ **nothing in l.**, nulla di nulla; assolutamente nulla □ **the other l.** (*o* **future, everlasting l.**), l'altra vita (*o* la vita futura, eterna) □ **to run for one's** (*o* **for dear, for very**) **l.**, cercare scampo nella fuga □ **to be safe in l. and limb**, essere sano e salvo □ (*in frasi neg.*) **to save one's l.**, per nulla al mondo; mai e poi mai □ **to take sb.'s l.**, toglier la vita a q. □ **to take one's own l.**, togliersi la vita □ (*fam.*) **to take one's l. in one's** (**own**) **hands**, mettere a repentaglio la vita; (*anche*) prendere in mano la situazione □ **to the l.**, somigliantissimo; tale e quale: (*di un ritratto*) **It's him to the l.!**, è lui nato e sputato! □ **true to l.**, rispondente alla realtà; naturale; reale □ **upon my l.**, in fede mia; parola mia □ **with all the pleasure in l.**, col massimo piacere; con grande gioia □ **A cat has nine lives**, i gatti hanno sette vite □ (*prov.*) **While there's l. there's hope**, finché c'è vita c'è speranza.

lifebelt /ˈlaɪfbɛlt/, *n.* (*naut.*) cintura di salvataggio.

lifeboat /ˈlaɪfbəʊt/, *n.* (*naut.*) *1* battello di salvataggio *2* lancia di salvataggio.

lifebuoy /ˈlaɪfbɔɪ/, *n.* (*naut.*) salvagente (*specialm. ad anello*).

lifeguard /ˈlaɪfgɑːd/, *n.* bagnino.

lifeless /ˈlaɪfləs/, *a.* *1* senza vita; esanime; inanimato *2* (*fig.*) senza vita; freddo; inerte. || **-ly**, *avv.* || **-ness**, *sost.*

lifelike /ˈlaɪflaɪk/, *a.* *1* realistico; vivo; vivido: **a l. picture of early America**, una viva descrizione dell'America primitiva *2* (*di ritratto, ecc.*) fedele; somigliante; parlante (*fig.*).

lifeline /ˈlaɪflaɪn/, *n.* *1* (*naut.*) sagola di salvataggio *2* (*chiromanzia*) linea della vita *3* cavo di recupero (*di un sommozzatore*) *4* (*fig., econ.*) linea di comunicazione (*o* di rifornimento) d'importanza vitale *5* (*fig.*) ancora di salvezza.

lifelong /ˈlaɪflɒŋ, *USA* -ɔːŋ/, *a.* che dura tutta la vita. ● **a l. defender of liberty**, uno che ha speso tutta la vita nella difesa della libertà.

lifemanship /ˈlaɪfmənʃɪp/, *n.* abilità nel farsi largo nella vita (*anche a spese degli altri*).

lifer /ˈlaɪfə(r)/, *n.* *1* (*pop.*) condannato (*o* condanna) ai lavori forzati a vita; ergastolano; ergastolo *2* (*pop. USA*) ufficiale (*o* sottufficiale) di carriera; firmaiolo (*pop.*). ● (*fam.*) **a simple l.**, uno che fa vita semplice.

liferaft /ˈlaɪfrɑːft, *USA* -æft/, *n.* (*naut.*) zattera di salvataggio.

lifesaver /ˈlaɪfseɪvə(r)/, *n.* *1* bagnino (*per i salvataggi*) *2* (*naut.*) salvagente *3* (*fig.*) chi (*o* cosa che) salva la vita.

lifestyle /ˈlaɪfstaɪl/, *n.* stile di vita; modo di vivere.

lifetime /ˈlaɪftaɪm/, *n.* (durata della) vita. ● **a l. job**, un lavoro fisso, che dura tutta la vita □ (*leg., market.*) **l. warranty**, garanzia a vita □ **It's the chance of a l.**, è un'occasione unica.

lift /lɪft/, *n.* *1* sollevamento; spinta: **One more l.!**, un'altra spinta! *2* abolizione; soppressione: **the l. of a ban**, l'abolizione di un divieto *3* ascensore; montacarichi; montavivande (*cfr. USA* **elevator**) *4* soprattacco (*in una scarpa*) *5* (*autom.*) passaggio; strappo (*pop.*): **to give sb. a l.**, dare un passaggio a q. *6* (*fis.*) sostentazione, sostentamento; (*aeron.*, = **aerodynamic l.**) portanza, forza ascensionale: (*aeron.*) **jet l.**, sostentazione a getto; gettosostentazione *7* (*aeron.*, = **airlift**) ponte aereo *8* (*fig.*) sollievo: **Hearing from him at last gave me a real l.**, fu per me un grande sollievo avere finalmente sue notizie *9* (*pattinaggio artistico*) sollevamento *10* (*atletica*) sollevamento (*di un peso graduato*) *11* (*econ., fin.*) aumento, rialzo (*di costi, prezzi, ecc.*) *12* (*autom., mecc.*) ponte (elevatore) *13* (*naut.*) amantiglio; mantiglio. ● **l. bridge**, ponte sollevabile □ **l. engineer**, installatore di ascensori □ (*aeron.*) **l. fan**, ventola di sostentamento (*per decollo verticale*) □ **l. shaft**, pozzo dell'ascensore □ (*mecc.*) **l. truck**, carrello elevatore □ (*trasp.*) **l. van**, contenitore; container.

to **lift** /lɪft/, **A** *v. t.* *1* alzare; sollevare; levare in alto; elevare; portare in alto; (*fig.*) tirare su il morale di (q.): **I cannot l. this trunk**, non riesco a sollevare questo baule; **to l. one's feet**, alzare i piedi; **The church lifts its spire**, la chiesa leva in alto la sua guglia *2* cavare; scavare: **to l. potatoes**, cavar patate (*dal terreno*) *3* (*fig.*) plagiare; prendere di sana pianta (*un passo da un autore, ecc.*) *4* (*atletica*) sollevare (*un peso*) *5* abolire, sopprimere, togliere (*un divieto, ecc.*): **to l. the embargo** [**a siege**], togliere l'embargo [un assedio] *6* (*leg.*) estinguere (*un'obbligazione, ecc.*) *7* (*econ., market.*) aumentare (*i prezzi*) *8* (*aeron.*) trasportare *9* (*fis.*) sostentare (*un natante, un aeromobile, ecc.*) *10* (*med.*) sottoporre a un lifting *11* (*pop.*) rubare; grattare, sgraffignare (*pop.*). **B** *v. i.* *1* alzarsi; levarsi; sollevarsi: **The lid of the trapdoor won't l.**, il coperchio della botola non vuole sollevarsi; **The fog began to l.**, la nebbia cominciava ad alzarsi *2* ergersi; elevarsi; innalzarsi *3* (*del pavimento*) alzarsi; essere rigonfio. ● **to l. sb.'s face**, fare il lifting a q. □ **to l. one's hand**, alzare la mano (*per giurare*) □ (*fam.*) **to l. one's hand against sb.**, alzare le mani su q. □ **to l. one's hat**, scappellarsi □ **to l. one's hand** [**heart**] **in prayer**, levare (*o* giungere) le mani [elevare il cuore a Dio] in preghiera □ (*USA*) **to l. a mortgage**, togliere un'ipoteca □ **to l. the tents**, levare (*o* togliere) le tende □ **not to l. a hand** (**o a finger**) **to help sb.**, non muovere un dito per aiutare q.

♦ **lift down**, *v. t. + avv.* *1* tirare giù (*una valigia, ecc.*) *2* portare giù: **He went into the burning house and lifted down the screaming woman**, entrò nella casa in fiamme e portò giù la donna che urlava.

♦ **lift off**, **A** *v. t. + avv.* sollevare; alzare; togliere: **to l. off one's hat**, sollevare il cappello; **to l. off a lid**, togliere un coperchio. **B** *v. i. + avv.* (*miss.: di un razzo, ecc.*) partire.

♦ **lift up**, *v. t. + avv.* *1* alzare; sollevare (*anche fig.*): **to l. up one's eyes**, sollevare gli occhi (*o* lo sguardo); **to l. up one's head**, alzare la testa; **to l. up one's voice**, alzare la voce; farsi sentire (*fig.*) *2* (*fig.*) tirare su: **to l. up sb.'s spirits**, tirare su il morale a q. □ (*leg.*) **to l. up the hand**, alzare la mano per giurare.

liftback /ˈlɪftbæk/, *a. attr.* (*autom.*) con portellone posteriore.

liftboy /ˈlɪftbɔɪ/, *V.* **liftman**.

lifter /ˈlɪftə(r)/, *n.* *1* chi alza; chi solleva; sollevatore *2* (*mecc.*) camma; eccentrico *3* (*atletica*) sollevatore di pesi; pesista. ● (*autom.*) **l. rod**, asta di punteria □ (*mecc.*) **valve l.**, alzavalvole.

lifting /ˈlɪftɪŋ/, *n.* *1* sollevamento *2* (*fis.*) spinta (*dell'acqua o aerostatica*) *3* abolizione; soppressione: **a temporary l. of quotas on imports**, l'abolizione temporanea delle quote d'importazione *4* (*med.*; = **face l.**) lifting *5* (*pop.*) furto. ● (*mecc.*) **l. dog**, estrattore □ **l. gear**, meccanismo di sollevamento □ **l. jack**, binda; cricco; martinetto □ **l. power**, portata massima (*per es., d'una gru*).

liftman /ˈlɪftmən/, *n.* (*pl.* **liftmen**) ascensorista; ragazzo dell'ascensore.

lift(-)off /ˈlɪftɒf, *USA* -ɔːf/, *n.* *1* decollo (*di un aereo*) *2* (*miss.*) partenza (*di un razzo*).

ligament /ˈlɪgəmənt/, *n.* (*anat.*) legamento.

ligamental /lɪgəˈmɛntl/, **ligamentary** /lɪgəˈmɛntərɪ/, **ligamentous** /lɪgəˈmɛntəs/, *a.* (*anat.*) legamentoso.

ligand /ˈlɪgənd/, *n.* (*chim.* e *biol.*) legante.

to **ligate** /ˈlaɪgeɪt/, *v. t.* (*med.*) legare (*arterie, ecc.*).

ligation /laɪˈgeɪʃn/, *n.* (*med.*) legatura.

ligature /ˈlɪgətʃə(r)/, *n.* ***1*** (*mus., tipogr.*) legatura ***2*** (*med.*) laccio; filo per legature; filo metallico (*per dentisti*) ***3*** (*fig.*) legame.

light (**1**) /laɪt/, *n.* ***1*** luce; lume; lampada; fanale; chiarore; splendore; (*fig.*) aspetto, punto di vista: **the l. of the sun [of the moon, of an electric bulb]**, la luce del sole [della luna, di una lampadina elettrica]; **Switch on the l., will you?**, accendi la luce, per favore; **I saw a distant l.**, vidi un lume in lontananza; **There was a strange l. in the girl's eyes**, c'era una strana luce negli occhi della ragazza; **to put sb. in a bad l. before sb. else**, mettere q. in cattiva luce agli occhi di q. altro; **to bring new facts to l.**, portare alla luce fatti nuovi; **to see one's children in the best l.**, vedere i propri figli nella luce (*o* sotto l'aspetto) migliore: **a five-l. chandelier**, un lampadario a cinque luci (*o* lampade) ***2*** fiammifero; fuoco: **to strike a l.**, accendere un fiammifero; **Give me a l. for my pipe, please**, per favore, dammi del fuoco per la pipa ***3*** (*fig.*) luminare: **He was one of the leading lights of the century**, egli fu uno dei luminari del secolo ***4*** (*poet.*) luce degli occhi; vista ***5*** (*pl.*) (*pop.*) (gli) occhi; (le) luci (*poet.*) ***6*** (*edil.*) luce; lastra di vetro; apertura in un muro (*per finestra, ecc.*); lucernario ***7*** (*autom.* = **indicator l.**) spia: **main-beam l.**, spia degli abbaglianti ***8*** (*pl.*) semaforo (*stradale*): **When you get to the (traffic) lights, turn right**, quando arrivi al semaforo, volta a destra! ***9*** (*pl.*) (*teatr.*) luci della ribalta. ● **to be l.**, fare giorno; farsi luce □ (*arte*) **l. and shade**, luce e ombra; zone in luce e zone in ombra □ **l. beam**, raggio di luce □ (*elettr.*) **l. bulb**, lampadina □ (*naut.*) **l. buoy**, boa luminosa □ (*naut.*) **l. list**, elenco dei fari e fanali □ (*tecn.*) **l. meter**, fotometro portatile; esposimetro □ (*elettron.*) **l.-negative**, fotoresistente □ (*di una persona*) **to be the l. of one's life**, essere caro come la luce degli occhi □ **lights-out**, ora di spegnere le luci; (*mil.*) ordine di spegnere le luci (*in caserma*); (*fig. fam. USA*) la fine, l'ora della morte □ (*edil.*) **l. point**, punto luce □ **l. range**, portata luminosa □ (*ottica*) **l. ray**, raggio di luce; raggio luminoso □ (*elettron.*) **l.-sensitive**, fotosensibile □ (*naut.*) **l. station**, stazione semaforica □ (*astron.*) **a l. year**, un anno luce; (*fig.*) secoli, un'eternità □ **according to one's lights**, secondo i propri lumi; a proprio giudizio □ (*naut.*) **anchor l.**, fanale di fonda □ **to appear in the l. of a scoundrel**, fare la figura del mascalzone □ **to bring st. to l.**, portare q.c. alla luce; mettere q.c. in luce; rivelare q.c. □ **by the l. of a candle**, a lume di candela □ **by the l. of the moon**, al chiaro di luna □ **to cast** (*o* **to throw**) **l. on st.**, far luce su, chiarire q.c. □ **to come to l.**, venire in luce; manifestarsi □ **flashing l.**, luce intermittente □ (*autom.*) **fog-l.**, fanale (*o* faro) antinebbia □ (*Bibbia*) **to hide one's l. under a bushel**, mettere la fiaccola sotto il moggio □ (*arte*) **the high lights**, i chiari; la zona d'un quadro in piena luce □ **in the l. of**, alla luce di: **in the l. of what he told me later**, alla luce di quello che mi disse in seguito □ (*naut.*) **navigation l.**, fanale di via □ (*autom.*) **parking l.**, luce di posizione □ **to see the l.**, vedere la luce, venire alla luce; aprire gli occhi su q.c., accorgersi di q.c.; diventare noto □ **to set l. to st.**, dare fuoco a q.c. □ **to shed** (*o* **to throw**) **l. on st.**, gettare (*o* fare) luce su q.c. □ **to stand in one's own l.**, togliersi la luce, farsi ombra; (*fig.*) nuocere a se stesso □ **to stand in sb.'s l.**, togliere la luce (*o* fare ombra) a q.; (*fig.*) danneggiare, ostacolare q. □ (*autom., USA*) **tail-l.**, fanalino di coda.

light (**2**) /laɪt/, *a.* ***1*** chiaro; luminoso; rischiarato: **in a l. summer day**, in una luminosa giornata d'estate ***2*** (*di colore*) chiaro: **l. green**, verde chiaro ***3*** (*di capelli*) biondi ***4*** (*di carnagione*) pallido: **a l. complexion**, una carnagione pallida ***5*** (= **l.-coloured**) chiaro: **a light-coloured dress**, un vestito chiaro; **light ale**, birra chiara. ● **l. blue**, azzurro □ **the L. Blues**, *V. sotto* **blue** □ **l.-skinned**, dalla pelle chiara; pallido.

light (**3**) /laɪt/, **A** *a.* ***1*** leggero (*in ogni senso*); lieve; agile; (*fig.*) incostante, frivolo, spensierato, allegro: **a l. box**, una scatola leggera; **l. clothing**, abiti leggeri; (*mil., naut.*) **a l. cruiser**, un incrociatore leggero; (*mil.*) **l. weapons**, armi leggere; **a l. blow**, un lieve colpo; **a l. wind**, un lieve vento; un venticello; **l. wine**, vino leggero; **a l. rain**, una lieve pioggia; una pioggerella; **a l. sound**, un lieve suono; **with l. steps**, a passi leggeri; **a l. meal**, un pasto leggero; **l. sleep**, sonno leggero; **l. work**, lavoro leggero; **l. behaviour**, comportamento leggero (*o* frivolo, incostante); **l. comedy**, commedia leggera; **a l. punishment**, una lieve punizione; **with a l. expense**, con lieve spesa; **a l. heart**, un animo spensierato; un cuor contento; **I did it with a l. heart**, lo feci a cuor leggero; **a l. woman**, una donna frivola, leggera ***2*** troppo leggero; scarso (*di peso*): **to give l. weight**, dare il peso scarso; rubare sul peso; **a l. coin**, una moneta di peso scarso ***3*** friabile; soffice: **l. soil**, terreno friabile; **l. bread**, pane soffice ***4*** (*fon.*: *di sillaba*) non accentata. **B** *avv.* ***1*** con poco bagaglio: **to travel l.**, viaggiare con poco bagaglio ***2*** (*naut.*) con poco carico. ● (*mil.*) **l.-armed**, con armamento leggero □ (*naut.*) **l. displacement**, dislocamento a vuoto □ **a l. drink**, una bevanda poco alcolica, un drink leggero □ **l.-fingered**, dalle dita agili, veloci; (*fig.*) lesto di mano, bravo a rubare □ **l.-footed**, agile; lesto; svelto □ **l.-footedness**, agilità, sveltezza □ **l.-handed**, dalla mano leggera, dal guanto di velluto; che non ha pesi da portare, o quasi □ **l.-handedness**, l'avere la mano leggera; (*fig.*) tatto □ **l.-headed**, stordito, che ha le vertigini; sbadato, sventato, frivolo; (*anche*) brillo □ **l.-headedness**, giramento di capo; sbadataggine; sventatezza, frivolezza □ **l.-hearted**, gaio; allegro; spensierato □ **l.-heartedness**, gaiezza; allegria; spensieratezza □ (*sport*) **l. heavy-weight**, peso mediomassimo □ (*mil.*) **l. horse**, cavalleria leggera □ **l. in the head**, che ha il capogiro; sempliciotto, stolto, stupido □ (*econ.*) **l. industry**, industria leggera □ (*mil.*) **l. infantry**, fanteria con armamento leggero □ (*mil.*) **l. machine gun**, mitragliatrice leggera; fucile mitragliatore □ (*metall.*) **l. metal**, metallo leggero; lega leggera □ (*sport*) **l. middle-weight**, peso medioleggero □ **l.-minded**, frivolo, leggero □ **l.-mindedness**, frivolezza; leggerezza □ **l. of foot** (*o* **l. on one's feet**), agile di gambe; svelto □ (*mus.*) **l. opera**, operetta □ **a l. railway**, una ferrovia secondaria (*per traffico leggero*) □ **l. reading**, letture amene □ **l. remarks**, osservazioni frivole □ **a l. sleeper**, uno che ha il sonno leggero □ **a l. smoker**, uno che non fuma molto □ **a l. tank**, un carro (armato) leggero □ (*trasp.*) **l. truck**, autocarro leggero □ (*polit.*) **a l. vote**, un numero scarso di votanti □ (*fis. nucl.*) **l. water**, acqua leggera □ (*fis. nucl.*) **l.-water reactor**, reattore ad acqua leggera □ (*sport*) **l. welterweight**, peso superleggero □ (*fam.*) **to get off l.**, cavarsela a buon mercato □ **to have l. fingers**, avere dita agili; (*fig.*) essere svelto di mano, bravo a rubare □ **to have a l. hand** (*o* **touch**) avere la mano leggera; essere abile, bravo (*nel far dolci, ecc.*); (*fig.*) essere pieno di tatto □ **to make l. of st.**, non dar peso a q.c.; prender q.c. alla leggera □ (*aeron.*) **lighter-than-air**, aerostatico.

to **light** (**1**) /laɪt/ (*pass.* e *p. p.* **lighted, lit**), **A** *v. t.* ***1*** accendere; dar fuoco a: **to l. a lamp [a fire]**, accendere una lampada [un fuoco] ***2*** illuminare; rischiarare: **Lamps l. the streets**, le lampade (*o* i fanali) illuminano le strade; **A shining smile lit her face**, un sorriso luminoso le rischiarò il viso ***3*** far luce a; illuminare la strada a: **He lit me down the stairs**, mi fece lume mentre scendevo le scale. **B** *v. i.* (*spesso* **to l. up**) ***1*** accendersi; prendere fuoco: **The bonfire lit up at once**, il falò si accese subito ***2*** illuminarsi; rischiararsi. ● **a lighted match**, un fiammifero acceso □ **The match is lit**, il fiammifero è acceso.

♦**light up**, **A** *v. t.* + *avv.* ***1*** accendere (*una sigaretta, la pipa, ecc.*) ***2*** illuminare (*anche fig.*): **to l. up a room**, illuminare una stanza; **A smile lit up her face**, un sorriso le illuminò il viso ***3*** (*del fuoco, ecc.*) rischiarare (*una stanza, ecc.*). **B** *v. i.* + *avv.* ***1*** accendere; mettersi a fumare: **Have you lit up?**, hai acceso? ***2*** accendere le luci (*nella città*); accendere le luci (*o* i fari; *in automobile*) ***3*** accendersi, illuminarsi (*anche fig.*): **Her face lit up with pleasure**, il volto le si accese per il piacere.

to **light** (**2**) /laɪt/ (*pass.* e *p. p.* **lighted, lit**), **A** *v. i.* ***1*** (*raro*) scendere, smontare (*da cavallo, da un veicolo*; *V.* **to alight**) ***2*** atterrare; cadere: **to l. on one's feet**, cadere in piedi ***3*** (*di uccelli*) posarsi: **We waited for the ducks to l.**, aspettammo che le anitre si posassero. **B** *v. t.* (*naut.*) *V.* **to lighten** (**2**), *def* 2.

♦**light into**, *v. i.* + *prep.* (*fam. USA*) ***1*** attaccare; assalire; colpire ***2*** attaccare; criticare aspramente.

♦**light on**, *v. i.* + *prep.* ***1*** (*di uccelli, ecc.*) posarsi su ***2*** (*dello sguardo, dell'occhio*) posarsi su ***3*** (*anche fig.*) cadere su: **A few drops of rain have lighted on my head**, mi è caduta in testa qualche goccia (di pioggia); **Their choice lighted on him**, la loro scelta cadde su di lui ***4*** (*lett.*) imbattersi in (q.c.); trovare per caso.

♦**light out**, *v. i.* + *avv.* (*fam. USA*) andarsene in fretta; scappare.

♦**light to**, *v. i.* + *avv.* (*naut.*) allascare; filare in bando.

♦**light upon**, *V.* **light on**.

lighted /ˈlaɪtɪd/, *a. attr.* ***1*** illuminato: **a l. room**, una stanza illuminata ***2*** acceso: **a l. cigarette**, una sigaretta accesa. ● (*naut.*) **lighted buoy**, boa fanale.

to **lighten** (**1**) /ˈlaɪtn/, **A** *v. t.* ***1*** illuminare (*anche fig.*); rischiarare: **A single chandelier lightened the great hall**, un solo lampadario rischiarava la grande sala ***2*** emettere un lampo; lampeggiare (*poet.*): **His eyes lightened out** (*o* **forth**) **scorn**, i suoi occhi lampeggiavano disprezzo. **B** *v. i.* ***1*** illuminarsi; rischiararsi (*anche fig.*): **Her face lightened with joy**, le si illuminò il viso per la gioia ***2*** lampeggiare; balenare: **It thundered and lightened**, tuonava e lampeggiava.

to **lighten** (**2**) /ˈlaɪtn/, **A** *v. t.* ***1*** alleggerire: **to l. a load**, alleggerire un carico ***2*** (*naut.*) alleggiare; allibare (*una nave*) ***3*** (*fig.*) alleggerire; alleviare; mitigare: **to l. taxation**, alleggerire il carico fiscale; **to l. a punishment**, mitigare una punizione. **B** *v. i.* ***1*** alleggerirsi ***2*** (*fig.*) alleviarsi; mitigarsi.

lightening /ˈlaɪtnɪŋ/, *n.* ***1*** alleggerimento; alleviamento ***2*** (*naut.*) alleggio, aleggio; allibo.

lighter (**1**) /ˈlaɪtə(r)/, *n.* ***1*** chi accende; chi illumina ***2*** accenditore automatico ***3*** (= **cigar-l., cigarette-l.**) accendisigaro; accendino (*fam.*). ● (*autom.*) **l. socket**, presa per l'accendisigaro.

lighter (**2**) /ˈlaɪtə(r)/, *n.* (*naut.*) chiatta; maona; pontone.

to **lighter** /ˈlaɪtə(r)/, *v. t.* (*naut.*) scaricare (*una nave*) con chiatte.

lighterage /ˈlaɪtərɪdʒ/, *n.* (*comm., naut.*) ***1*** zatteraggio; trasporto su chiatte ***2*** spese di alleggio (*o* di allibo); costo di zatteraggio.

lighterman /ˈlaɪtəmən/, *n.* (*pl.* **lightermen**) chiattaiolo.

lightfast /ˈlaɪtfɑːst, *USA* -æst/, *a.* (*di colore*) solido; che non sbiadisce alla luce.

lightfoot /ˈlaɪtfʊt/, *a.* (*poet.*) agile; veloce;

pieveloce (*lett.*).

lighthouse /ˈlaɪthaʊs/, *n.* (*naut.*) faro: **floating l.**, faro galleggiante. ● **l. keeper**, guardiano del faro.

lighting /ˈlaɪtɪŋ/, *n.* **1** illuminazione **2** accensione (*delle luci, del fuoco, ecc.*) **3** (*arte*) luce. ● (*cinem.*) **l. cameraman**, datore di luci □ **l. equipment** (*o* **l. fittings, l. goods**), lampade e lampadari □ **l. installer**, installatore d'impianti d'illuminazione; elettricista □ (*edil.*) **l. point**, punto luce □ **l.-up time**, l'ora di accendere le luci (*nelle strade*); l'ora di accendere i fari (*degli automezzi*).

lightish (**1**) /ˈlaɪtɪʃ/, *a.* (*di colore, ecc.*) piuttosto chiaro.

lightish (**2**) /ˈlaɪtɪʃ/, *a.* piuttosto leggero.

lightkeeper /ˈlaɪtkiːpə(r)/, *n.* (*naut.*) **1** guardiano di faro **2** fanalista.

lightless /ˈlaɪtləs/, *a.* privo di luce; oscuro; buio.

lightly /ˈlaɪtlɪ/, *avv.* **1** leggermente; lievemente; agilmente **2** poco: **l. cooked**, poco cotto **3** frivolmente; spensieratamente **4** alla leggera; con leggerezza: **to take st. l.**, prendere q.c. alla leggera **5** a buon mercato: **to come off** (*o* **to get off**) **l.**, cavarsela a buon mercato. ● **to sleep l.**, avere il sonno leggero.

lightness (**1**) /ˈlaɪtnəs/, *n.* **1** luminosità; splendore **2** pallore; biancore.

lightness (**2**) /ˈlaɪtnəs/, *n.* **1** leggerezza; lievità **2** agilità; sveltezza **3** frivolezza; incostanza; spensieratezza.

lightning /ˈlaɪtnɪŋ/, *n.* **1** (*di solito,* **flash of l.**) lampo; baleno **2** fulmine; saetta: **to be struck by l.**, essere colpito dal fulmine. ● **l. conductor** (*USA*: **l. rod**), parafulmine □ **l. strike**, sciopero senza preavviso; sciopero lampo □ **a l. visit**, una visita lampo □ (*pop. USA*) **greased l.**, liquore forte; veicolo assai veloce □ **like l.**, in un lampo; in un baleno; in un battibaleno □ **to run away with l. speed** (*pop.*: **like greased l.**), fuggir via come un lampo □ **summer** (*o* **heat**) **l.**, lampi d'estate (*senza tuono*).

lightning bug /ˈlaɪtnɪŋbʌg/, *locuz. n.* (*USA*) *V.* **firefly**.

lightproof /ˈlaɪtpruːf/, *a.* (*tecn.*) a tenuta di luce.

lights /laɪts/, *n. pl.* (*arc.*) frattaglie (*specialm.* polmoni) d'animali macellati (*date in cibo a cani, gatti, ecc.*).

lightship /ˈlaɪtʃɪp/, *n.* (*naut.*) nave faro; faro galleggiante.

lightsome (**1**) /ˈlaɪtsəm/, *a.* **1** agile; grazioso; vivace **2** allegro; gaio; spensierato **3** frivolo; incostante; leggero. || **-ly**, *avv.* || **-ness**, *sost.*

lightsome (**2**) /ˈlaɪtsəm/, *a.* (*raro*) **1** luminoso **2** bene illuminato.

lightweight /ˈlaɪtweɪt/, **A** *a.* **1** (*d'abito, ecc.*) leggero **2** (*fig. fam.*) poco serio; di scarsa importanza; insignificante **3** (*sport*) dei pesi leggeri: **the l. champion**, il campione dei pesi leggeri. **B** *n.* **1** persona (*o* cosa) di peso inferiore alla media **2** (*fig. fam.*) persona di scarsa importanza; tipo insignificante **3** (*sport*) peso leggero.

lignaloes /laɪˈnæləʊz/, *n.* **1** (*bot.*) legno di aloe **2** (*farm.*) aloe.

ligneous /ˈlɪgnɪəs/, *a.* (*bot.*) ligneo; legnoso.

ligniferous /lɪgˈnɪfərəs/, *a.* (*scient.*) che produce legno.

lignification /lɪgnɪfɪˈkeɪʃn/, *n.* (*bot.*) lignificazione.

to **lignify** /ˈlɪgnɪfaɪ/, (*bot.*) **A** *v. t.* lignificare. **B** *v. i.* lignificarsi.

lignin /ˈlɪgnɪn/, *n.* (*biochim.*) lignina.

lignite /ˈlɪgnaɪt/, *n.* (*geol.*) lignite.

lignum vitae /ˈlɪgnəmˈvaɪtɪ, ˈviːtaɪ/, *n.* (*pl.* **lignum vitaes**) (*bot., Guaiacum officinale*) guaiaco.

ligula /ˈlɪgjʊlə/, *n.* (*pl.* **ligulae, ligulas**) **1** (*zool.*) ligula **2** (*bot.*) *V.* **ligule**.

ligulate /ˈlɪgjʊleɪt/, *a.* **1** (*bot.*) ligulato **2** (*zool.*) provvisto di ligula.

ligule /ˈlɪgjuːl/, *n.* (*bot.*) ligula.

Ligurian /lɪˈgjʊərɪən/, *a.* e *n.* (*geogr.*) ligure; **the L. Sea**, il Mar Ligure.

likable /ˈlaɪkəbl/, *a.* attraente; piacente; simpatico. || **-ness**, *sost.*

like (**1**) /laɪk/, **A** *a.* simile; somigliante; similare; uguale; pari; medesimo, stesso: **The two signatures are very l.**, le due firme sono molto simili; **They are as l. as two peas**, si somigliano come due gocce d'acqua; (*mat.*) **l. quantities**, quantità uguali; (*mat.*) **l. signs**, segni uguali; **a cup of sugar and a l. amount of flour**, una tazzina di zucchero e la stessa quantità di farina; **in a l. manner**, in modo simile. **B** *prep.* **1** come; nello stesso modo di; alla maniera di; da: **She sings l. a bird**, canta come un uccello; **They are behaving l. children**, si comportano da bambini **2** caratteristico, tipico di; proprio da; in carattere: **It's not l. you to swear**, non è da te imprecare; **It was l. him to think of himself last**, è stato tipico di lui pensare a sé per ultimo; **That's l. your impudence**, ciò è in carattere con la tua impudenza. **C** *n.* **1** (l') uguale; (il) pari; (il) simile: **When shall we see his l. again?**, quando rivedremo il suo pari (*o* un uomo come lui)?; **Mix with your likes**, frequenta i tuoi simili! **2** cosa simile (*o* uguale); cosa del genere: **We will never do the l. again**, non faremo mai più una cosa simile; **I've never heard** (*o* **seen**) **the l.!**, non s'è mai sentita (*o* vista) una cosa del genere! **D** *avv.* **1** (*pop.*) per così dire; (*come intercalare*) come dire: **His face is all swollen, l.**, ha la faccia gonfia come un pallone, per così dire; **His behaviour is, l., so silly**, il suo modo di fare è, come dire, così stupido **2** (*dial.*) alquanto; piuttosto. **E** *cong.* **1** (*fam.*; *invece di* **as**) come: **It was just l. you said**, era proprio come dicevi tu; **I cannot do it l. you do**, non riesco a farlo come te **2** (*dial.*; *invece di* **as if**) come se: **They treated me l. I was a king**, mi trattarono come se fossi un re. ● **l. anything** (*o* **l. blazes, l. crazy, l. mad**), a più non posso; in fretta e furia; a gambe levate; a crepapelle: **He ran away l. anything**, corse via a più non posso (*o* a gambe levate); **He works l. mad**, lavora come un (*o* da) matto □ (*fam.*) **l. enough**, probabilmente; quasi di sicuro □ (*fam.*) **l. hell**, moltissimo: **It hurts l. hell**, fa un male del diavolo! □ (*pop.*) **L. hell!**, col cavolo!; ma no! □ **l.-minded**, che ha le stesse idee, gli stessi gusti (*di q.*); che la pensa allo stesso modo □ (*fam.*) **the likes of me**, i pari miei; la gente della mia condizione □ (*fam.*) **the likes of you**, i pari tuoi; la gente della tua condizione □ (*fig.*) **l. a shot**, in un lampo; in un battibaleno □ **l. so**, in questo modo; così: **You pull the lever l. so** (*o* **l. this**), si tira la leva così □ **l. that**, così, in questo modo; fatto così, siffatto: **Don't speak to me l. that**, non parlarmi in questo modo!; **I admire people l. that**, uomini siffatti, io li ammiro □ **and the l.**, e simili; e così via; ecc.: **He studies biology, zoology and the l.**, studia biologia, zoologia, e simili □ **anything l. it**, qualcosa di simile: **I'd never seen anything l. it**, non avevo mai visto niente di simile □ (*fam.*) **as l. as not**, probabilmente; quasi di sicuro □ **to drink l. a fish**, bere come una spugna □ **to feel l.**, aver voglia di; sentirsela: **I feel l. a drink**, ho voglia di qualcosa da bere; **I feel l. sleeping**, ho voglia di dormire; **I don't feel l. work** (*o* **working**) **today**, non me la sento di lavorare, oggi □ **to hate sb. l. poison**, vedere q. come il fumo negli occhi □ **to look l.**, sembrare: **It looks l. rain**, sembra che voglia piovere; **The rain looks l. lasting**, sembra che la pioggia voglia durare; **It looks l. snow** (*o* **snowing**), sembra che voglia nevicare; è tempo da neve; **It looks l. rabbits here**, sembra che ci siano conigli qui □ **more l.**, piuttosto; meglio; vorrai dire: **«It will take an hour» «More l. two hours»**, «Ci vorrà un'ora» «Vorrai dire due!» □ **nothing l.**, non... affatto, per nulla; che non somiglia nemmeno di lontano (*a q.c.*): **It is nothing l. as expensive as I thought**, non è per nulla caro come credevo; **The game they're playing is nothing l. soccer**, quella che giocano è tutto fuorché una partita di calcio □ **There is nothing l. a good sleep**, non c'è niente di meglio d'una buona dormita □ **to smoke l. a chimney**, fumare come un turco □ **something l.**, qualcosa come; circa; a un dipresso: **It cost me something l. a million lire**, m'è costato circa un milione di lire □ **This is something l. a day**, questo è un giorno memorabile □ **What is your boyfriend l.?**, com'è (*o* che aspetto ha, che tipo è) il tuo ragazzo? □ **What was the film l.?**, com'era il film?; è stato bello il film? □ (*prov.*) **L. father, l. son** (*o* **l. master, l. man**), tale il padre, tale il figlio □ (*prov.*) **L. attracts l.**, chi s'assomiglia si piglia.

like (**2**) /laɪk/, *n. nella locuz.*: **likes and dislikes**, simpatie e antipatie. ● (*market.*) **the likes and dislikes of the public**, i gusti del pubblico.

to **like** /laɪk/, **A** *v. t.* **1** piacere (*impers.*); gradire; amare; desiderare; preferire; trovare attraente; aver simpatia per (q.): **Do you l. oysters?**, ti piacciono le ostriche?; **I l. to see them now and then**, mi piace vederli di quando in quando; **I l. swimming** (*USA*: **I l. to swim**) **in a pool**, mi piace nuotare in piscina; **I l. his visits**, gradisco le sue visite; le sue visite mi sono gradite; **I l. you to be within call**, desidero che tu resti a portata di voce; **I l. poetry**, amo la poesia, **How do you l. your coffee, sweet or bitter?**, come ti piace il caffè, amaro o dolce?; **How do you l. my new dress?**, ti piace il mio vestito nuovo?; **I l. him better than his brother**, mi è più simpatico lui di suo fratello; **I don't l. him at all**, mi è proprio antipatico **2** (*specialm. al condiz.*) volere; piacere (*impers.*): **I'd l. a glass of wine**, vorrei un bicchiere di vino; **I shouldn't l. him to meet you**, non vorrei (*o* mi dispiacerebbe) che ti incontrasse; **I'd l. it mended for tomorrow**, vorrei che fosse riparato entro domani; favorisca ripararlo per domani **3** (*in frasi neg.*) dispiacere (*impers.*); non volere: **I don't l. to disturb you, but I can't help it**, mi dispiace (*o* non vorrei) disturbarti, ma non posso evitarlo; **I didn't l. to interrupt him**, mi dispiaceva (*o* non volli) interromperlo. **B** *v. i.* **1** (*arc. o scherz., impers.*) piacere (*impers.*): **It likes me well**, mi piace molto **2** volere; desiderare: **Do as you l.**, fa' (un po') come vuoi; **if you l.**, se lo desideri; **You may go whenever you l.**, puoi andartene quando vuoi (*o* quando ti pare e piace). ● **to l. better**, preferire (*tra due*) □ **to l. best**, preferire (*tra più di due*) □ **if you l.**, (*anche*) se vuoi; se si vuole: **I am shy, if you l., but not misanthropic**, sono timido, se vuoi, ma non un misantropo □ **whether you like (he likes, etc.) it or not**, volente o nolente □ **I'd l. my steak underdone**, la bistecca al sangue, per piacere! □ **I l. his cheek!**, che faccia tosta!; che sfacciato! □ **Well! I l. that!**, questa è bella!; questa è grossa! □ (*fam.*) **I l. onions but they don't l. me**, le cipolle mi piacciono, ma mi fanno male □ (*pop.*) **L. it or lump it!**, prendere o lasciare!

likeable /ˈlaɪkəbl/, *V.* **likable**.

likelihood /ˈlaɪklɪhʊd/, *n.* **1** probabilità; verosimiglianza: **in all l.**, con ogni probabilità **2** (*mat.*) verosimiglianza: **l. function**, funzione di verosimiglianza.

likely /ˈlaɪklɪ/, **A** *a.* **1** probabile: **It is l. to rain**, è probabile che piova; **It is not l. (that) he will come**, non è probabile (*o* è improbabile) ch'egli venga **2** verosimile; attendibile; credibile: **a l. account of the riots**, un resoconto verosimile dei tumulti **3** adatto; che dà affidamento: **a l. place to find deer**, un posto dove è facile trovare cervi; **He seems a l. young fellow for the job**, sembra un giovanotto adatto a questo lavoro **4** (*fam.*) promettente; che promette bene: **a l. lad**, un ragazzo promettente *5* che ha probabilità di riuscire; accettabile: **a l. plan**, un piano accettabile. **B** *avv.* (*di solito* **very l., most l.**) probabilmente: **He will very l. go there**, probabilmente, ci andrà. ● **to be l.**, essere probabile, potere, potersi dare (*impers.*): **Where are you l. to be this afternoon?**, dov'è probabile che tu sia (dove ti si può trovare) nel pomeriggio?; **You're not l. to win**, non è probabile (*o* è improbabile) che tu vinca; **He is l. to come**, può darsi che venga □ **as l. as not**, forse: **He will pass the exam as l. as not**, forse supererà l'esame e forse no □ **That's a l. story!**, ma va là!; questa è grossa! □ (*fam.*) **Not l.!**, nemmeno per sogno!; mai e poi mai!

to **liken** /ˈlaɪkən/, *v. t.* *1* (*form.*) comparare; paragonare *2* (*raro*) rendere simile.

likeness /ˈlaɪknəs/, *n.* *1* somiglianza; rassomiglianza *2* aspetto; sembianza; veste (*fig.*): **Jupiter appeared in the l. of a swan**, Giove apparve in sembianza di cigno *3* (*arc.*) ritratto; fotografia: **Would you like to have your l. taken?**, ti piacerebbe farti fare il ritratto?

likewise /ˈlaɪkwaɪz/, *avv.* *1* similmente; nello stesso modo; altrettanto: **If I advance, you must do l.**, se io avanzo, voi dovete fare altrettanto *2* altrettanto: (*a una presentazione*) **«Glad to meet you» «L.»**, «piacere» «altrettanto» *3* parimenti; così pure; inoltre. ● **to do l.**, fare lo stesso (*o* la stessa cosa).

liking /ˈlaɪkɪŋ/, *n.* *1* simpatia; inclinazione; predilezione: **Mary has a great l. for him**, Mary ha molta simpatia per lui; **I have a great l. for cigars**, ho una spiccata predilezione per i sigari *2* gradimento; gusto: **Is it to your l.?**, è di tuo gusto?; ti va a genio? ● **to have no l. for flattery**, non gradire le adulazioni □ **to take a l. to**, prender gusto a (q.c.); prendere in simpatia (q.).

lilac /ˈlaɪlək/, **A** *n.* (*bot., Syringa vulgaris*) serenella; lillà: **a bunch of l.** (*sing.*), un mazzo di lillà. **B** *n. e a.* (color) lilla: **a l. silk blouse**, una camicetta di seta lilla.

liliaceous /lɪlɪˈeɪʃəs/, *a.* (*bot.*) gigliaceo; liliaceo (*lett.*).

Lilian, Lillian /ˈlɪlɪən/, *n.* Liliana.

Lilliput /ˈlɪlɪpʌt/, *n.* (*letter.*) «Lilliput».

lilliputian /lɪlɪˈpjuːʃən, -ʃɪən/, *a. e n.* (*anche fig.*) lillipuziano.

Lilly, Lily /ˈlɪlɪ/, *n.* (*dim. di* **Lilian**) Liliana.

Lilo /ˈlaɪləʊ/, *n.* (*pl.* **lilos**) (*marchio*) materassino (*da spiaggia*: *gonfiabile*).

lilt /lɪlt/, *n.* *1* cadenza; ritmo accentuato: **to speak with a Welsh l.**, parlare con la cadenza gallese *2* canzone allegra, vivace *3* moto ritmico; molleggiamento.

to **lilt** /lɪlt/, *v. t. e i.* *1* cantare melodiosamente *2* parlare con una cadenza (*o* in modo ritmico) *3* muoversi con vivacità (*o* con moto ritmico).

lilting /ˈlɪltɪŋ/, *a.* cadenzato; ritmato; vivace; allegro.

lily /ˈlɪlɪ/, *n.* *1* (*bot., Lilium*; *anche fig.*) giglio *2* (*arc. o fam. USA*) uomo effeminato; omosessuale. ● (*fam.*) **l.-livered**, codardo; vile □ (*poet.*) **l. maid**, fanciulla bianca come un giglio □ (*bot.*) **l. of the valley** (*Convallaria majalis*), mughetto; giglio delle convalli; *V. sopra, def.* 2 □ **l.-white**, bianco (*o* candido) come un giglio; (*fig.*) casto, immacolato, puro; (*fam. USA*: *di quartiere*) abitato da soli bianchi; (*di persona*) razzista, che discrimina i negri □ **Easter l.**, giglio bianco (*o* di S. Antonio) □ **tiger l.**, giglio rosso (tigrato) □ **water l.**, ninfea.

lilylike /ˈlɪlɪlaɪk/, *a.* simile a un giglio; liliale (*lett.*).

lima bean /ˈliːməbiːn, *USA* ˈlaɪ-/, *n.* (*bot., Phaseolus limensis*) fagiolo di Lima.

limb (**1**) /lɪm/, *n.* *1* membro; arto: **upper [lower] limbs**, membra (*o* arti) superiori [inferiori] *2* (*fig.*) rappresentante; membro: **A policeman is a l. of the law**, il poliziotto è un rappresentante della legge *3* (*d'albero*) grosso ramo *4* (*della croce*) braccio. ● **to escape with life and l.**, uscirne sano e salvo □ (*fam.*) **out on a l.**, in una posizione difficile; in pericolo; (*anche*) isolato (*specialm. dall'opinione pubblica*) □ **to tear sb. l. from l.**, squartare q. membro a membro; smembrare q.

limb (**2**) /lɪm/, *n.* *1* (*astron.*) lembo; margine; bordo: **the lower l. of the moon**, il margine inferiore della luna *2* (*fis.*) lembo, orlo graduato (*di sestante, teodolite, ecc.*) *3* (*mecc.*) asta graduata *4* (*bot.*) lembo.

to **limb** /lɪm/, *v. t.* squartare (*anche fig.*); fare a pezzi.

limbed /lɪmd/, *a.* (*nei composti, per es.*:) **crooked-l.**, dalle membra storte; **strong-l.**, forzuto; tarchiato.

limber (**1**) /ˈlɪmbə(r)/, *n.* (*mil.*) avantreno (*di cannone*).

limber (**2**) /ˈlɪmbə(r)/, *a.* *1* agile; sciolto *2* flessibile; pieghevole *3* (*fig.*) sveglio; svelto; pronto; intelligente. ‖ **-ness**, *sost.*

limber (**3**) /ˈlɪmbə(r)/, *n.* (*naut.*) ombrinale. ● **l. board**, pagliolo; serretta □ **l. hole**, foro d'ombrinale (*o* di biscia).

to **limber** (**1**) /ˈlɪmbə(r)/, **A** *v. t.* (*mil., spesso* **to l. up**) attaccare (*un cannone*) all'avantreno. **B** *v. i.* attaccare il cannone all'avantreno.

to **limber** (**2**) /ˈlɪmbə(r)/, **A** *v. t.* (*di solito* **to l. up**) (*sport*) scaldare i muscoli. **B** *v. i.* (*dei muscoli*) scaldarsi.

limbo (**1**) /ˈlɪmbəʊ/, *n.* (*pl.* **limbos**) *1* – (*relig.*) **L.**, limbo *2* (*fig.*) limbo; condizione (*o* stato) d'incertezza *3* (*fig.*) dimenticatoio; oblio *4* (*fig.*) carcere; prigione.

limbo (**2**) /ˈlɪmbəʊ/, *n.* (*pl.* **limbos**) (*mus.*) limbo (*danza acrobatica delle Indie Occidentali*).

limbus /ˈlɪmbəs/, *n.* (*pl.* **limbi**) (*anat.*) margine; bordo; limbo.

lime (**1**) /laɪm/, *n.* *1* calce; calcina: **caustic** (*o* **burnt**) **l.**, calce viva; **slaked l.**, calce spenta *2* (*di solito* **birdlime**) pania; vischio. ● **l. burner**, fornaciaio che fa la calce □ **l.-cast**, intonaco di calce □ **l. glass**, vetro calcareo □ **l. pit**, buca della calce (*per calcinare pelli*) □ (*edil.*) **l. putty**, grassello □ **l.-twig**, ramoscello impaniato □ **l.-water**, acqua di calce □ **quick l.**, calce viva.

lime (**2**) /laɪm/, *n.* (*bot., Tilia europaea*; *spesso* **l. tree**) tiglio.

lime (**3**) /laɪm/, *n.* *1* (*bot., Citrus aurantifolia*) limetta; limetta acida *2* limetta (*il frutto*). ● **l. juice**, succo di limetta □ (*pop. USA*) **l.-juicer**, inglese.

to **lime** /laɪm/, *v. t.* *1* cementare *2* calcinare (*pelli*) *3* (*agric.*) calcinare; correggere (*terreni*) con calce *4* impaniare; spalmare di pania (*o* di vischio); prendere alla pania (*uccelli, e fig.*).

limeade /ˈlaɪmeɪd/, *n.* *1* spremuta di limetta *2* bibita gassosa a base di succo di limetta.

limekiln /ˈlaɪmkɪln/, *n.* fornace da calce; calcara.

limelight /ˈlaɪmlaɪt/, *n.* *1* (*stor.*) luce bianca (*prodotta dall'ossidazione di calce*; *usata un tempo nei teatri*) *2* (*teatr.*) riflettore lenticolare *3* (*teatr.*) ribalta (*anche fig.*) *4* (*pl.*) (*teatr.*) luci della ribalta *5* (*fig.*) pubblicità; notorietà: **to be fond of the l.**, essere amante della pubblicità, della notorietà. ● (*fig.*) **to be in the l.**, essere alla ribalta (*fig.*); essere molto in vista.

limen /ˈlaɪmɛn/, *n.* (*pl.* **limens, limina**) (*psic.*) «limen»; soglia.

limerick /ˈlɪmərɪk/, *n.* (*letter.*) limerick (*poesiola scherzosa, di cinque versi*).

limestone /ˈlaɪmstəʊn/, *n.* (*geol.*) calcare.

limewash /ˈlaɪmwɒʃ, *USA* -wɔːʃ/, *n.* bianco di calce; latte di calce.

to **limewash** /ˈlaɪmwɒʃ, *USA* -wɔːʃ/, *v. t.* (*edil.*) imbiancare (*pareti*).

limey /ˈlaɪmɪ/, *n.* (*pop. USA*) *1* marinaio inglese *2* inglese.

liming /ˈlaɪmɪŋ/, *n.* *1* (*agric.*) calcinazione *2* depilazione (*di pelli*) con calce.

limit /ˈlɪmɪt/, *n.* *1* limite, confine; termine: **speed l.**, limite di velocità; **the lower l. of st.**, il limite inferiore di q.c.; **You don't know your own limits**, non conosci i tuoi limiti; **Napoleon's ambition knew no l.** (*o* **no limits**), l'ambizione di Napoleone non conosceva limiti *2* numero massimo; quantità consentita: **We soon caught the l. for one day of salmon fishing**, in breve avevamo già preso il massimo di salmoni consentito in un giorno di pesca *3* (*mat.*) estremo: **l. of integration**, estremo d'integrazione. ● (*ass.*) **l. of liability**, massimale □ (*sport*) **l. man**, concorrente che riceve il massimo vantaggio (*in una corsa a handicap*) □ **off limits**, (*mil.*) divieto d'accesso; (*fig.*) vietato: **That subject is off limits**, di quell'argomento non si parla □ **within limits**, entro un certo limite; fino a un certo punto □ **without l.**, senza limiti; illimitatamente □ (*fam.*) **That's the l.!**, questo è il colmo! □ (*fam.*) **You're the l.!**, sei insopportabile!; sei una peste!

to **limit** /ˈlɪmɪt/, **A** *v. t.* limitare; porre un limite a; ridurre; restringere: **We must l. the output of consumer goods**, dobbiamo limitare la produzione dei beni di consumo; **to l. one's ambitions**, ridurre le proprie ambizioni. **B** to **limit oneself**, *v. rifl.* limitarsi.

limitable /ˈlɪmɪtəbl/, *a.* limitabile.

limitary /ˈlɪmɪtrɪ, *USA* -tɛrɪ/, *a.* *1* (*raro*) limitato; ristretto *2* limitativo; restrittivo.

limitation /lɪmɪˈteɪʃn/, *n.* *1* limitazione; restrizione; limite *2* (*leg.*) periodo utile (*prima che un diritto cada in prescrizione*); termine di prescrizione *3* (*ass.*) limitazione della copertura (*di un rischio*).

limitative /ˈlɪmɪtətɪv, *USA* -eɪtɪv/, *a.* limitativo; restrittivo.

limited /ˈlɪmɪtɪd/, *a.* limitato; esiguo; scarso; ristretto: **My powers are l.**, i miei poteri sono limitati; **His funds are l.**, i suoi fondi sono esigui. ● (*fin.*) **l. company**, società di capitali a responsabilità limitata dalle azioni; società per azioni □ (*tipogr.*) **l. edition**, edizione numerata □ (*leg.*) **l. liability**, responsabilità limitata □ (*polit.*) **a l. monarchy**, una monarchia costituzionale □ (*fin.*) **l. partner**, socio accomandante □ (*fin.*) **l. partnership**, società in accomandita semplice □ (*autom.*) **L. catering facilities** (*cartello autostradale in G.B.*), posto di ristoro. ‖ **-ly**, *avv.*

limiter /ˈlɪmɪtə(r)/, *n.* *1* limitatore (*anche l'apparecchio*); limitatrice *2* (*elettron.*) limitatore d'ampiezza.

limiting /ˈlɪmɪtɪŋ/, *a.* limitativo; restrittivo.

limitless /ˈlɪmɪtləs/, *a.* illimitato; sconfinato; immenso: **l. pride**, orgoglio sconfinato; **the l. sea**, l'immenso mare.

limitrophe /ˈlɪmɪtrəʊf/, *a.* limitrofo; finitimo.

to **limn** /lɪm/, *v. t.* *1* (*raro*) descrivere *2* (*arc.*) disegnare; miniare.

limnetic /lɪmˈnɛtɪk/, *a.* (*scient.*) limnetico.

limnimeter /lɪmˈnɪmɪtə(r)/, *n.* (*scient.*) limnimetro.

limnological /lɪmnəˈlɒdʒɪkl/, *a.* (*scient.*) limnologico.

limnologist /lɪmˈnɒlədʒɪst/, *n.* (*scient.*) limnologo.

limnology /lɪmˈnɒlədʒɪ/, *n.* (*scient.*) limnologia.

limnophilous /lɪmˈnɒfɪləs/, *a.* (*biol.*) limnofilo.

limo /ˈlɪməʊ/, (*abbr. fam.*) *V.* **limousine**.

limonite /ˈlaɪmənaɪt/, *n.* (*miner.*) limonite.

limousine /ˈlɪməziːn, -ˈziːn/, *n.* (*autom.*) *1* limousine; berlina *2* automobile di rappresentanza. ● (*polit., USA*) **l. liberal**, progressista assai ricco (*e perciò poco credibile*); liberal chic.

limp (**1**) /lɪmp/, *n.* zoppicamento; andatura zoppicante. ● **to have a bad l.**, zoppicare molto □ **to walk with a l.**, andare zoppo.

limp (**2**) /lɪmp/, *a.* *1* floscio; flaccido; molle: **a l. hat**, un cappello floscio *2* (*fig.*) fiacco; cascante; debole; senza energia: **a l. character**, un carattere debole *3* (*pop. USA*) sbronzo *4* (*di rilegatura*) flessibile (*non cartonata*). ●

(*pop. USA*) **l. dick**, mollaccione, tipo senza spina dorsale; (*anche*) impotente □ (*pop. USA*) **l. dishrag**, mollaccione □ (*pop. USA*) **l. wrist(ed)**, (uomo) effeminato; omosessuale □ **to go l.**, accasciarsi; afflosciarsi (*fig.*).

to **limp** /lɪmp/, *v. i.* **1** zoppicare; claudicare; andare zoppo **2** (*d'aereo, nave, ecc.*) procedere con difficoltà **3** (*fig.*: *di un ragionamento, ecc.*) zoppicare. ● **to l. off**, allontanarsi zoppicando.

limpet /ˈlɪmpɪt/, *n.* **1** (*zool., Patella*) patella **2** (*fig.*) chi sta appiccicato ad altri (*o* attaccato all'impiego, ecc.). ● (*mil.*) **l. mine**, mina attaccata al fondo d'una nave; mignatta □ **to cling** (*o* **to hold on**) **like a l.**, stare attaccato come una mignatta.

limpid /ˈlɪmpɪd/, *a.* limpido; chiaro; terso (*anche fig.*). ‖ **-ly**, *avv.*

limpidity /lɪmˈpɪdətɪ/, **limpidness** /ˈlɪmpɪdnəs/, *n.* limpidità (*raro*); limpidezza (*anche fig.*).

limpingly /ˈlɪmpɪŋlɪ/, *avv.* zoppicando; zoppiconi (*fam.*).

limpness /ˈlɪmpnəs/, *n.* l'essere floscio; (*fig.*) fiacchezza, debolezza.

limy /ˈlaɪmɪ/, *a.* **1** vischioso, viscoso; appiccicoso **2** calcareo: **l. soil**, terreno calcareo **3** coperto di vischio; impaniato.

linac /ˈlɪnæk/, *n.* (*acronimo di* **linear accelerator**) (*fis. nucl.*) acceleratore lineare.

linage /ˈlaɪnɪdʒ/, *n.* **1** numero di righe (*di testo a stampa*); rigaggio **2** retribuzione a un tanto la riga; tariffa per riga.

linchpin /ˈlɪntʃpɪn/, *n.* **1** (*mecc.*) acciarino (*della ruota*); chiodo del mozzo **2** (*fig.*) fulcro, perno, pernio (*fig.*).

linctus /ˈlɪŋktəs/, *n.* (*farm.*) sciroppo per la tosse.

linden /ˈlɪndən/, *n.* (*bot., Tilia europaea*) tiglio.

line (**1**) /laɪn/, *n.* **1** linea; tratto, segno (*grafico*); riga; fila; riga (*di parole*); (*mus.*) rigo: (*geom.*) **a straight l.**, una linea retta; **l. of demarcation**, linea di demarcazione; **a telephone l.**, una linea telefonica; (*telef.*) **Hold the l.!**, resti in linea!; **purity of l.**, purezza di linee; **a l. of trees** [**of cars**], una fila d'alberi [di auto]; **The soldiers were standing in** (**a**) **l.**, i soldati stavano in fila (*o* in riga); **People were standing in a l. outside the theatre**, la gente faceva la fila fuori del teatro; **The teacher drew the boys up in l.**, l'insegnante mise in riga i ragazzi; (*ferr.*) **the l. to London** (*o* **the up l.**), la linea ferroviaria per Londra; **to fall from a train on to the l.**, cadere dal treno sulla linea ferroviaria (*o* sui binari); **communication lines**, linee di comunicazione; (*mil.*) **the front l.**, la linea del fronte; **to descend from sb. in the female l.**, discendere da q. in linea femminile; **the first l. on page 87**, la prima riga a pagina 87; **to drop** (*o* **to send**) **a few lines**, scrivere poche righe; (*trasp.*) **a bus l.**, una linea d'autobus; **a railway l.**, una linea ferroviaria; (*naut.*) **a shipping l.**, una linea (*o* una compagnia) di navigazione **2** corda; fune; filo; lenza; (*naut.*) cima, gomena, sagola: **a clothes-l.**, una corda da stendere i panni; **a plumb l.**, un filo a piombo; **a fishing l.**, una lenza da pesca **3** ruga: **His face was covered with deep lines**, aveva il viso solcato da profonde rughe **4** linea di confine; confine: **the lines of one's estate**, i confini dei propri possedimenti **5** – (*geogr.*) **the L.**, l'equatore: **to cross** (*o* **to pass**) **the L.**, attraversare l'equatore **6** linea di condotta (*o* d'azione); metodo: **He refuses to follow the party l.**, non vuole seguire la linea del suo partito; **I advise you to take a firm l. with the rebels**, ti consiglio di seguire un'energica linea di condotta verso i ribelli; **You're going on the wrong lines**, stai seguendo un metodo sbagliato (*o* una strada sbagliata) **7** linea (*di parentela*); discendenza; stirpe; famiglia; (*per estens.*) serie: **to descend from a noble l.**, essere di famiglia nobile; **Edward the Confessor was the last king of the l. of Alfred**, Edoardo il Confessore fu l'ultimo re della stirpe di Alfredo; **a l. of Democratic presidents**, una serie di presidenti democratici **8** (*poesia*) verso: **We have fifty lines to learn by heart**, abbiamo cinquanta versi da imparare a memoria **9** (*mil.*) fila di tende; campo: **to inspect the lines**, fare un'ispezione al campo **10** (*sport*) traguardo: **He was the first to cross the l.**, fu il primo a tagliare il traguardo **11** area di attività (*o* d'interesse); settore (*o* ramo) d'affari; occupazione: **What is his l.?**, qual è il suo genere d'affari?; **His l. is leather goods**, il suo ramo d'affari sono gli articoli di cuoio; **That's completely out of my l.**, non è per nulla il mio genere d'affari; (*fig.*) non è cosa di cui io mi interessi (o m'intenda) **12** (*market.*) classe di merci; linea di prodotti; gamma; serie; articoli: **a new l. of accessories**, una nuova gamma (*o* linea) d'accessori; **This is our best l. in shirts**, questi sono i nostri articoli migliori in fatto di camicie da uomo **13** (*org. az.*) linea gerarchica; line **14** (*mil.*) prima linea; fronte: **to go up the l.**, andare al fronte **15** (*fam.*) informazione: **I couldn't get a l. on him**, non sono riuscito ad avere informazioni sul suo conto **16** «line» (*misura lineare, pari a 1/12 di «pollice» e cioè a mm 2,12*) **17** (*pop.*) balla; storia, storiella; fandonia: **I've heard that l. before**, questa storiella l'ho già sentita **18** (*pl.*) (*teatr.*) battute, parte (*d'un attore*): **The young actress had forgotten her lines**, la giovane attrice aveva dimenticato la parte **19** (*pl.*) linea; foggia; stile: **Italian cars have beautiful lines**, le automobili italiane hanno una bella linea **20** (*pl.*) (*costr. navali*) piano di costruzione; disegno; progetto **21** (*pl.*) (*mecc.*) tubi; tubazioni (*della lubrificazione, ecc.*). ● (*grafica*) **l. cut**, incisione al tratto □ **l. cliché**, cliché al tratto □ **l. drawing**, disegno al tratto □ (*elab.*) **l. driver**, *V.* **bus driver** □ (*org. az.*) **l. employee**, impiegato d'ordine □ (*arte*) **l. engraving**, incisione al tratto □ (*org. az.*) **l. extension**, ampliamento della gamma dei propri prodotti □ (*mil.*) **l. firing**, fuoco di fila □ **l. fishing**, pesca con la lenza □ (*stat.*) **l. graph**, grafico lineare □ (*tennis*) **l. judge**, guardalinee □ (*org. az.*) **l. manager**, dirigente che si occupa del prodotto principale dell'azienda □ (*mil.*) **l. of battle**, linea (*o* ordine, schieramento) di battaglia □ (*naut., mil.*) **l.-of-battle ship**, nave da battaglia (*o* di linea) □ **l. of business**, genere d'affari, settore d'attività □ (*banca*) **l. of credit**, castelletto, plafond □ **l. of fire**, (*mil.*) linea del fuoco; (*anche*) linea di mira (*dal mirino al bersaglio*): **to be in sb.'s l. of fire**, essere nel mirino di q. (*o* sotto tiro) □ (*aeron.*) **l. of flight**, linea di volo □ (*chiromanzia*) **the l. of life** [**of fortune**], la linea della vita [della fortuna] □ (*mat.*) **l. of symmetry**, asse di simmetria □ (*rugby*) **l.-out**, (allineamento per) la rimessa in gioco laterale □ (*elab.*) **l. printer**, stampante di linea □ (*mil.*) **l. regiment**, reggimento di linea □ (*mecc.*) **l. shafting**, trasmissione ad alberi □ **l. space**, interlinea (*di macchina da scrivere*) □ **l. spacer**, leva dell'interlinea □ **l. spacing**, spaziatura tra le righe □ (*elab.*) **l. speed**, velocità di trasmissione dei segnali su una linea □ (*elettr.*) **l. trap**, filtro della rete □ **l.-up**, allineamento, schieramento (*anche mil*); (*sport*) formazione (*di gioco*); (*fig.*) serie (*o* successione) di fatti; (*stat.*) coda d'attesa; (*mecc., autom.*) messa a punto □ (*leg., USA*) confronto all'americana □ (*ind.*) **assembly l.**, catena di montaggio □ (*ferr.*) **a branch line**, una linea secondaria □ **to bring sb. into l.**, mettere in riga q. (*fig.*); ridurre q. all'obbedienza □ **to bring** (**st.**) **into l. with**, rendere conforme, adeguare (*la propria condotta, le azioni, ecc.*) a (*una linea politica, gli accordi presi, ecc.*) □ **to come** (*o* **to fall**) **into l. with sb.** [**st.**], allinearsi sulle posizioni di q. [allinearsi su (*una posizione*); prendere la stessa posizione su q.c.] □ (*fam.*) **to come of a good l.**, essere di buona famiglia □ (*fam.*) **down the l.**, fino in fondo: **I'll support him down the l.**, lo appoggerò fino in fondo □ (*fig.*) **to draw the l.**, segnare (*o* porre) un limite □ **to fall back into l.**, rimettersi in riga (*anche fig.*) □ **to fall out of l.**, rompere le righe □ (*geol.*) **fault l.**, linea di faglia □ (*mil.*) **to form** (*o* **to wheel into**) **l.**, mettersi in linea, in riga □ **to go as straight as a l.**, andare in linea retta; andare sempre diritto □ (*di donna*) **to go on the l.**, mettersi a battere; mettersi a fare la vita □ (*fam.*) **Hard lines!**, che sfortuna! □ **to hold the l.**, (*telef.*) restare in linea; (*mil.*) tenere la posizione; (*fig.*) restare invariato □ (*mecc.*: *di motore, ecc.*) **in l.**, in linea; in fila; in riga; allineato: (*autom.*) **four cylinders in l.**, quattro cilindri in linea □ (*fig.*) **to be in l. for st.**, essere in predicato per q.c.; essere sulla buona strada per ottenere q.c. □ (*fig.*) **to be in l. with**, essere in linea, in armonia, d'accordo con □ **to keep in l.**, restare allineati; (*fig.*) restare in linea (*con una direttiva politica, ecc.*) □ **to keep sb. in l.**, tenere (*bambini, soldati, ecc.*) allineati; (*fig.*) far restare (q.) in linea, assicurarsi l'adesione di q. □ (*fig.*) **to lay** (*o* **to put**) **on the l.**, mettere a repentaglio, rischiare (*la carriera, ecc.*) □ (*naut.*) **mooring l.**, cavo di ormeggio □ (*elab.*) **on-l. storage**, memoria in linea □ (*fig.*) **on the l.**, al limite; né di qua né di là; nell'incertezza □ **on the right lines**, sulla buona strada (*fig.*): **You haven't guessed yet, but you're on the right lines**, non hai indovinato, ma sei sulla buona strada □ (*fig.*) **on the same l.**, seguendo la stessa linea di condotta; nello stesso modo □ **party l.**, (*polit.*) linea ufficiale del partito; (*telef. USA*) linea di duplex (*che serve due o più abbonati*) □ **to pay st. on the l.**, pagare q.c. sull'unghia □ (*econ., org. az.*) **production l.**, linea di produzione □ (*fig.*) **to read between the lines**, leggere fra le righe □ (*pop.*) **to shoot a l.**, spararle grosse □ (*sport*) **starting l.**, linea di partenza □ (*fig.*) **to take up a l. of one's own**, seguire una linea di condotta personale; fare a modo proprio □ (*polit.*) **to take a tough** (*o* **a strong**) **l. with sb.**, seguire una linea dura con q. □ (*fig.*) **to toe the l.**, rigare dritto; stare agli ordini; accettare la disciplina (*di partito, ecc.*) □ (*telef.*) **L. engaged** (*USA* **L. busy**), la linea è occupata! □ **Debating was right in his l.**, le discussioni erano proprio il suo cavallo di battaglia □ **Rugby is not my l.**, il rugby non fa per me.

line (**2**) /laɪn/, *n.* (*ind. tess.*) filato (*o* tessuto) di lino.

to **line** (**1**) /laɪn/, **A** *v. t.* **1** segnare con linee (*o* con righe); rigare: **to l. a sheet of paper**, rigare un foglio di carta **2** segnare, solcare (*di rughe*): **His face was lined with pain**, il suo viso era segnato (*o* solcato) dal dolore **3** fiancheggiare: **Great cypresses l. the road**, grandi cipressi fiancheggiano la strada **4** disporsi (in fila) lungo (q.c.): **The crowds lined the streets of the town**, la folla era disposta lungo le strade della città **5** solcare di rughe; rendere rugoso.

♦**line out**, **A** *v. t. + avv.* **1** allineare **2** tracciare (*un disegno*); disegnare (*un progetto*). **B** *v. i. + avv.* allinearsi.

♦**line up**, **A** *v. t. + avv.* **1** allineare; mettere in fila (*o* in riga): **The sergeant lined up his soldiers**, il sergente allineò i soldati **2** schierare (*anche sport*): **to l. up a team in order of play**, schierare una squadra secondo la formazione di gioco; **The army is lined up against the government**, l'esercito è schierato contro il governo **3** riuscire a ottenere, procurarsi (*appoggi, sostegni, ecc.*) **4** organizzare, preparare (*uno spettacolo, ecc.*); prenotare (*un oratore, ecc.*) **5** (*tipogr.*) allineare. **B** *v. i. + avv.* **1** allinearsi; mettersi in fila **2** fare la fila **3** (*fig.*) schierarsi, prendere posizione (*a favore di q.c.*) **4** (*polit.*) allearsi □ **to have sb.** [**st.**] **lined up in one's sights**, avere q. [q.c.] nel centro del mirino.

to **line** (**2**) /laɪn/, *v. t.* ***1*** foderare: **to l. a dress**, foderare un abito; **to l. an overcoat with fur**, foderare di pelliccia un soprabito ***2*** rivestire: **to l. a wall with tiles**, rivestire una parete di mattonelle ***3*** (*costr. navali*) mettere il fasciame interno a (*una nave*). ● (*fig.*) **to l. one's belly**, riempirsi la pancia □ (*fig.*) **to l. one's pocket** (*o* **purse**), riempirsi le tasche (la borsa) di soldi; fare soldi □ **Strong cloth lined the trunk**, il baule era foderato di tela forte.

to **line** (**3**) /laɪn/, *v. t.* coprire, montare (*una cagna*).

lineage (**1**) /ˈlɪnɪɪdʒ, -nɪdʒ/, *n.* ***1*** lignaggio; discendenza; stirpe; schiatta ***2*** (*genetica*) pedigree.

lineage (**2**) /ˈlaɪnɪdʒ/, *V.* **linage**.

lineal /ˈlɪnɪəl/, *a.* in linea diretta: **a l. descendant**, un discendente in linea diretta. ● (*leg.*) **a l. heir**, un erede diretto.

lineally /ˈlɪnɪəlɪ/, *avv.* (*di discendenza*) in linea diretta.

lineament /ˈlɪnɪəmənt/, *n.* (*generalm. al pl.*) ***1*** lineamento; fattezza; tratto (*del viso*) ***2*** caratteristica; aspetto essenziale; elemento tipico.

linear /ˈlɪnɪə(r)/, *a.* lineare: **l. measures**, misure lineari; (*mat.*) **l. equation**, equazione lineare. ● **a l. design**, un disegno al tratto □ (*elettr.*) **l. motor**, motore lineare. || **-ly**, *avv.*

linearity /lɪnɪˈærətɪ/, *n.* (*fis., mat., ecc.*) linearità.

lineate /ˈlɪnɪət/, *a.* rigato; a strisce; striato.

lineation /lɪnɪˈeɪʃn/, *n.* ***1*** rigatura ***2*** divisione in linee ***3*** sistema di linee ***4*** (*poesia*) divisione in versi.

lined (**1**) /laɪnd/, *a.* ***1*** a linee; rigato: **l. paper**, carta rigata ***2*** grinzoso; rugoso; pieno di rughe.

lined (**2**) /laɪnd/, *a.* foderato: **l. with fur**, foderato di pelo. ● (*fig.*) **to have one's purse well-l.**, avere il portafogli pieno.

lineman /ˈlaɪnmən/, *n.* (*pl.* **linemen**) ***1*** (*USA*) guardafili (*di linea telefonica, ecc.*) ***2*** (*ferr.*) guardalinee ***3*** (*sport*) *V.* **linesman**.

linen /ˈlɪnɪn/, *n.* ***1*** (= **l. cloth**) lino; tela di lino ***2*** biancheria; panni: **bed l.**, biancheria da letto; **table l.**, biancheria da tavola; **a change of l.**, un cambio di biancheria ***3*** indumento (*o* tovaglia, ecc.) di lino ***4*** (*ind. della carta*, = **l. paper**) carta di lino (*o* da stracci). ● **l. closet** (*o* **l. cupboard**), armadio della biancheria □ (*arc.*) **l. draper**, negoziante di telerie □ **l. thread**, filo di lino □ (*fig.*) **to wash one's dirty l. at home**, lavare i panni sporchi in casa.

liner (**1**) /ˈlaɪnə(r)/, *n.* ***1*** (*naut.*) nave di linea; transatlantico ***2*** (*aeron.*, = **airliner**) aereo di linea ***3*** (= **eye-liner**) eye-liner; matita (*o* liquido) per il trucco degli occhi. ● **an Atlantic l.**, un transatlantico □ (*comm.*) **l. freighting**, noleggio a collettame.

liner (**2**) /ˈlaɪnə(r)/, *n.* ***1*** chi fa (*o* chi attacca) fodere ***2*** fodera ***3*** (*mecc.*) canna; camicia (*per es., di cilindro*) ***4*** (*mil.*) tubo dell'anima (*di cannone*) ***5*** (*ind.*) rivestitore ***6*** (*metall.*) (cilindro) contenitore; (*anche*) incamiciatura. ● **dustbin l.**, sacchetto di plastica per il pattume □ **helmet l.**, calotta interna di un elmetto.

linertrain /ˈlaɪnətreɪn/, *n.* (*ferr.*) treno merci per contenitori (*o* container).

lineshooter /ˈlaɪnʃuːtə(r)/, *n.* (*pop.*) spaccone; vantatore (*raro*); vantone (*fam.*).

lineshooting /ˈlaɪnʃuːtɪŋ/, *n.* (*pop.*) spacconate; vanterie.

linesman /ˈlaɪnzmən/, *n.* (*pl.* **linesmen**) ***1*** guardafili (*di linea telefonica ecc.*) ***2*** (*ferr.*) guardalinee ***3*** (*mil.*) soldato di reggimento di linea ***4*** (*sport*) segnalinee; guardalinee.

ling (**1**) /lɪŋ/, *n.* (*zool.*) ***1*** (*Molva molva*) molva ***2*** (*USA, Lota lota*) bottatrice.

ling (**2**) /lɪŋ/, *n.* (*bot., Calluna vulgaris*) brentolo; brugo.

to **linger** /ˈlɪŋgə(r)/, **A** *v. i.* ***1*** attardarsi; esitare; indugiare; fermarsi; soffermarsi: **He lingered before the fire**, si soffermò davanti al fuoco; **I lingered around for a while**, mi attardai ancora un poco ***2*** (*fig.*) essere lento a scomparire; perdurare; resistere: **Old customs still l. in the country**, le vecchie costumanze resistono ancora in campagna ***3*** – **to l. on**, essere prossimo alla fine; tirare avanti a stento; trascinarsi. **B** *v. t.* passare (*il tempo*) lentamente. ● **to l. away one's time**, perdere tempo (in indugi) □ **to l. behind**, restare indietro □ **to l. homewards**, avviarsi pian piano verso casa □ **to l. over a subject**, dilungarsi su un argomento □ **to l. over one's work**, procedere a rilento nel proprio lavoro.

lingerer /ˈlɪŋgərə(r)/, *n.* chi indugia; chi s'attarda; ritardatario.

lingerie /ˈlænʒəriː, ˈlɒn-, *USA* læn(d)ʒəˈreɪ, lɒn-/ (*franc.*), *n.* biancheria intima (*da donna*).

lingering /ˈlɪŋgərɪŋ/, **A** *a.* ***1*** lungo; prolungato: **a l. disease**, una lunga malattia ***2*** lento; tardo: **a l. twilight**, un lento crepuscolo ***3*** duraturo; persistente; tenace: **l. hopes**, speranze tenaci. **B** *n.* ***1*** indugio; ritardo ***2*** lentezza; lungaggine. ● **a l. look**, uno sguardo che s'attarda su q. (*o* q.c.) da cui non ci si vorrebbe staccare; un'occhiata nostalgica. || **-ly**, *avv.*

lingo /ˈlɪŋgəʊ/, *n.* (*pl.* **lingoes, lingos**) ***1*** (*fam.*) lingua straniera ***2*** gergo; linguaggio tecnico: **the l. of medical men**, il gergo dei medici.

lingua franca /ˈlɪŋgwəˈfræŋkə/, *n.* (*pl.* **lingua francas, linguae francae**) (*ling.* e *fig.*) lingua franca.

lingual /ˈlɪŋgwəl/, **A** *a.* (*anat., scient., fon.*) linguale. **B** *n.* (*fon.*) consonante linguale. ● (*raro*) **l. studies**, studi linguistici.

linguiform /ˈlɪŋgwɪfɔːm/, *a.* (*scient.*) linguiforme.

linguine /lɪŋˈgwiːneɪ/ (*ital.*), *n. collett.* (*cucina*) linguine.

linguist /ˈlɪŋgwɪst/, *n.* ***1*** linguista; glottologo ***2*** poliglotta.

linguistic /ˈlɪŋgwɪstɪk/, *a.* linguistico; glottologico: **l. atlas**, atlante linguistico. || **-ally**, *avv.*

linguistician /lɪŋgwɪˈstɪʃn/, *n.* (*USA*) linguista.

linguistics /ˈlɪŋgwɪstɪks/, *n. pl.* (*col verbo al sing.*) linguistica.

lingulate /ˈlɪŋgjʊleɪt/, **lingulated** /ˈlɪŋgjʊleɪtɪd/, *a.* (*scient.*) linguiforme.

liniment /ˈlɪnɪmənt/, *n.* (*farm.*) linimento; unguento.

lining (**1**) /ˈlaɪnɪŋ/, *n.* ***1*** rigatura ***2*** (*tipogr.*) allineamento.

lining (**2**) /ˈlaɪnɪŋ/, *n.* ***1*** fodera; foderame: **the l. of a jacket**, la fodera d'una giacca ***2*** rivestimento (*interno o isolante*); materiale di rivestimento ***3*** guarnizione (*di cappello*) ***4*** (*mecc.*) spessore (*di freno*); pastiglia; ferodo ***5*** (*naut.*) fasciame. ● (*mecc.*) **l. bar**, palanchino □ (*prov.*) **Every cloud has a silver l.**, non tutto il male vien per nuocere.

link (**1**) /lɪŋk/, *n.* ***1*** anello (*d'una catena*; *anche fig.*); maglia: **a weak l. in a scientific demonstration**, un anello (*o* un punto) debole in una dimostrazione scientifica; (*antropol.*) **the missing l.**, l'anello mancante (*nella catena della derivazione dell'uomo dalla scimmia*) ***2*** «link» (*misura lineare, pari a otto «pollici» e cioè a cm 20 circa*) ***3*** collegamento; legame; vincolo: **That was the last l. with my past**, quello era l'ultimo legame col mio passato ***4*** (*anche mecc.*) articolazione; connessione articolata; giunto ***5*** (*chim.*) legame ***6*** (*elab.*) collegamento (*di dispositivi*) ***7*** (*elettr.*) elemento fusibile ***8*** gemello da polsino. ● **l.-up**, presa di contatto; (*radio, TV*) collegamento □ (*autom.*) **l.-up motorway**, bretella (autostradale) □ **radio l.**, ponte radio.

link (**2**) /lɪŋk/, *n.* (*un tempo*) fiaccola; torcia.

to **link** /lɪŋk/, **A** *v. t.* ***1*** collegare; connettere; congiungere; unire ***2*** giungere, congiungere (*le mani*). **B** *v. i.* collegarsi; congiungersi; legarsi: **Each clue links up with the next**, ogni indizio si collega col successivo. ● **to l. arms**, tenersi (*o* stare) sottobraccio □ **to l. one's arm in** (*o* **through**) **sb.'s arm**, prendere q. sottobraccio □ **to l. oneself on to a company**, unirsi a una compagnia.

linkage /ˈlɪŋkɪdʒ/, *n.* ***1*** collegamento; connessione ***2*** (*mecc.*) collegamento articolato; sistema di trasmissione meccanica; biellismo ***3*** (*genetica*) linkage; associazione (*di geni*: *nel cromosoma*) ***4*** (*elab.*) linkaggio; concatenamento; collegamento.

linkboy /ˈlɪŋkbɔɪ/, *n.* (*stor.*) portatore di fiaccola (*per illuminare il cammino*); tedoforo.

linking /ˈlɪŋkɪŋ/, *n.* (*ling.*) concatenamento; liaison (*franc.*).

linkman /ˈlɪŋkmən/, *n.* (*pl.* **linkmen**) ***1*** (*sport*) uomo di collegamento ***2*** (*radio, TV*) conduttore; presentatore; moderatore ***3*** intermediario; mediatore ***4*** *V.* **linkboy**.

links /lɪŋks/, *n. pl.* ***1*** (*scozz.*) dune erbose (*specialm. sulla costa*) ***2*** (*sing.*; *invar. al pl.*; *sport*) campo da golf.

linkwoman /ˈlɪŋkwʊmən/, *n.* (*pl.* **linkwomen**) (*radio, TV*) conduttrice; presentatrice; moderatrice.

linn (**1**) /lɪn/ , *n.* (*soprattutto scozz.*) ***1*** cascata d'acqua ***2*** botro.

linn (**2**) /lɪn/, *n.* (*bot., Tilia europaea*) tiglio.

Linn(**a**)**ean** /lɪˈniːən/, *a.* (*scient.*) linneano.

linnet /ˈlɪnɪt/, *n.* (*zool., Carduelis cannabina*) fanello; montanello.

lino /ˈlaɪnəʊ/, *n.* (*pl.* **linos**) *abbr.* di ***1*** **linoleum** ***2*** **Linotype.**

linocut /ˈlaɪnəʊkʌt/, *n.* (*arte*) (stampa ottenuta con una) incisione in linoleum.

linoleic /lɪnəˈliːɪk/, *a.* (*chim.*) linoleico.

linolein /lɪˈnəʊlɪɪn/, *n.* (*chim.*) linoleina.

linoleum /lɪˈnəʊlɪəm/, *n.* (*ind.*) linoleum.

Linotype /ˈlaɪnəʊtaɪp/, *n.* (*marchio*: *tipogr.*) linotype; macchina linotipica. ● **L. operator**, linotipista □ **L. printing**, linotipia.

to **linotype** /ˈlaɪnəʊtaɪp/, *v. t.* (*tipogr.*) comporre con una linotype.

linotyper /ˈlaɪnəʊtaɪpə(r)/, **linotypist** /ˈlaɪnəʊtaɪpɪst/, *n.* (*tipogr.*) linotipista.

linseed /ˈlɪnsiːd/, *n.* seme di lino. ● **l. cake**, panello di lino □ **l. oil**, olio di lino □ **l. poultice**, cataplasma (*o* impiastro) di semi di lino.

linsey-woolsey /ˈlɪnzɪˈwʊlzɪ/, *n.* ***1*** (*ind. tess.*) mezzalana ***2*** (*fig.*) guazzabuglio; miscuglio; confusione.

lint /lɪnt/, *n.* ***1*** garza (*usata per medicazioni*); filaccia ***2*** lanugine; laniccio.

lintel /ˈlɪntl/, *n.* (*archit.*) ***1*** architrave ***2*** piattabanda.

liny /ˈlaɪnɪ/, *a.* ***1*** simile a una linea; sottile ***2*** segnato da linee ***3*** rugoso ***4*** (*arte*) che fa un uso eccessivo del tratto.

lion /ˈlaɪən/, *n.* ***1*** (*zool., Felis leo*) leone; (*fig.*) persona coraggiosa ***2*** (*fig.*) persona celebre; celebrità (*la cui presenza è ricercata nelle riunioni mondane*): **He's the l. of the day**, è la celebrità del giorno ***3*** – (*astron., astrol.*) **the L.**, il Leone (*costellazione e V segno dello zodiaco*) ***4*** (*pl.*) (*arc.*) bellezze naturali, curiosità (*di un luogo*). ● **l.-hearted**, che ha un cuore di leone; coraggioso; temerario □ **l.-hunter**, cacciatore di leoni; (*fig.*) anfitrione che conta sulla presenza di celebrità ai suoi ricevimenti □ (*fig.*) **a l. in the way** (*o* **in the path**), un ostacolo, un pericolo (*specialm. immaginario*) □ (*fig.*) **the l.'s share**, la parte del leone □ **l.'s skin**, pelle del leone; (*fig.*) (ostentazione di) finto coraggio □ (*fig.*) **to be in the l.'s mouth**, essere in una posizione molto pericolosa □ (*fig.*) **to beard a l. in his den**, affrontare una persona influente (*specialm. per chiedere un favore*).

Lionel /ˈlaɪənl/, *n.* Lionello.

lioness /ˈlaɪənes, -ɪs, -ˈnes/, *n.* leonessa.

lionet /ˈlaɪənɪt/, *n.* leoncino.

lionism /ˈlaɪənɪzəm/, *n.* (*arc.*) il trattare q. (*o* l'essere trattato) come una celebrità.

lionization /laɪənaɪˈzeɪʃn, *USA* -nɪˈz-/, *n.* ***1*** idoleggiamento (*di q.*) ***2*** (*arc.*) visita alle bellezze naturali o artistiche (*di un luogo*).

to **lionize** /ˈlaɪənaɪz/, **A** *v. t.* ***1*** trattare (q.) come una celebrità; idoleggiare; ricercare: **The playwright was lionized by all the highbrows**, il commediografo era idoleggiato da tutti gli intellettuali ***2*** (*arc.*) visitare le bellezze naturali o artistiche di (*un luogo*) ***3*** (*arc.*) mostrare le bellezze d'un luogo a (*un visitatore*). **B** *v. i.* (*arc.*) visitare le bellezze d'un luogo.

lionlike /ˈlaɪənlaɪk/, *a.* leonino.

lip /lɪp/, *n.* ***1*** (*anat.*) labbro; (*fig.*) orlo, margine: **He kissed me on the lips**, mi baciò sulle labbra; **the lip of a cup**, l'orlo d'una tazza; **the lip of a volcano**, il bordo di un vulcano; **the lips of a wound**, i labbri d'una ferita ***2*** (*della punta a sgorbia*) tagliente ***3*** sporgenza; lama (*fig.*): **a narrow lip of rock on a mountain wall**, una stretta lama di roccia (*o* cengia) sulla parete di un monte ***4*** becco, beccuccio (*di recipiente*) ***5*** (*mus.*) imboccatura; modo d'imboccare uno strumento a fiato ***6*** (*fam.*) impertinenza; impudenza; sfacciataggine: **None of your lip!**, non essere sfacciato! ● **lip Christian**, cristiano a parole (*o* a chiacchiere) □ (*fon.*) **lip consonant**, consonante labiale □ **lip-deep**, falso; insincero; superficiale; a parole: **a lip-deep friendship**, un'amicizia a parole □ **lip-homage**, omaggio insincero, a parole □ **lip-language**, linguaggio delle labbra (*o* dei sordomuti) □ **lip-reading**, labiolettura □ **lip religion**, religiosità superficiale □ **lip salve**, balsamo per le labbra; (*fig.*) (parole di) adulazione □ **lip server**, chi pratica il **lip service** (*q.V.*) □ **lip service**, devozione finta; rispetto puramente verbale; adesione meramente formale: **to pay lip service to the ideals of democracy**, dare un'adesione puramente formale agli ideali della democrazia □ (*relig.*) **lip worship**, devozione insincera □ (*fig.*) **to bite one's lips**, mordersi le labbra □ (*pop.*) **to button (up) one's lip**, cucirsi la bocca (*fig.*) □ **to curl one's lips**, arricciare le labbra; storcere la bocca □ (*fig.*) **to hang on sb.'s lips**, pendere dalle labbra di q. □ (*fam.*) **to keep a stiff upper lip**, tener duro; non mollare □ **to lick one's lips**, leccarsi le labbra; (*fig.*) leccarsi i baffi (*o* le dita) □ (*fig.*) **to refuse to open one's lips**, non voler aprir bocca; rifiutarsi di parlare □ **to smack one's lips**, schioccare le labbra; (*fig.*) leccarsi i baffi (*o* le dita) □ (*pop. USA*) **to watch one's lip**, stare attento a come si parla; evitare di dire parolacce.

to **lip** /lɪp/, **A** *v. t.* ***1*** toccare con le labbra; baciare ***2*** (*d'acqua*) lambire; sfiorare ***3*** (*golf*) lanciare la palla fino all'orlo di (*una buca*) ***4*** (*golf*: *della palla*) arrivare all'orlo di (*una buca*). **B** *v. i.* ***1*** (*mus.*) imboccare uno strumento (a fiato) ***2*** (*pop. USA*) baciarsi ***3*** (*pop. USA*) parlare in modo insolente.

liparite /ˈlɪpəraɪt/, *n.* (*miner.*) liparite.

lipase /ˈlaɪpeɪs, ˈlɪp-, -z/, *n.* (*chim.*) lipasi.

lipid /ˈlɪpɪd, *USA* ˈlaɪ-/, *n.* (*chim., biol.*) lipide.

lipidic /lɪˈpɪdɪk/, *a.* (*chim., biol.*) lipidico.

lipoid /ˈlɪpɔɪd, *USA* ˈlaɪ-/, **A** *a.* (*chim., biol.*) lipoideo. **B** *n.* lipoide.

lipolysis /lɪˈpɒləsɪs, *USA* laɪ-/, *n.* (*fisiol.*) lipolisi.

lipolytic /lɪpəˈlɪtɪk, *USA* laɪ-/, *a.* (*chim.*) lipolitico.

lipoma /lɪˈpəʊmə, *USA* laɪ-/, *n.* (*pl.* **lipomas, lipomata**) (*med.*) lipoma.

lipomatosis /lɪpəʊməˈtəʊsɪs, *USA* laɪ-/, *n.* (*med.*) lipomatosi.

lipoprotein /lɪpəˈprəʊtiːn, *USA* laɪ-/, *n.* (*biochim.*) lipoproteina.

liposuction /ˈlɪpəsʌkʃn, *USA* ˈlaɪ-/, *n.* (*med.*) liposuzione.

lipothymia /lɪpəˈθaɪmɪə, *USA* laɪ-/, *n.* (*med.*) lipotimia; breve svenimento.

lipped /lɪpt/, *a.* ***1*** (*bot.*) labiato ***2*** (*nei composti, per es.*:) **thick-l.**, dalle labbra grosse; **tight-l.**, che tiene le labbra strette; che tiene la bocca chiusa, che non vuol parlare.

to **lip-read** /ˈlɪpriːd/ (*pass.* e *p. p.* **lip-read**), *v. t.* e *i.* (*dei sordomuti*) leggere (*le parole*) sulle labbra (*dell'interlocutore*).

lipstick /ˈlɪpstɪk/, *n.* rossetto (*per le labbra*).

to **lip-synch** /ˈlɪpsɪŋk/, *v. i.* (*pop. USA*) cantare in playback.

to **liquate** /ˈlaɪkweɪt/, *v. t.* (*metall.*) sottoporre (*metalli*) alla liquazione.

liquation /lɪˈkweɪʃn, *USA* laɪ-/, *n.* (*metall.*) liquazione.

liquefacient /lɪkwɪˈfeɪʃnt/, *a.* che liquefà: liquefacente.

liquefaction /lɪkwɪˈfækʃn/, *n.* (*fis.*) liquefazione.

liquefiable /ˈlɪkwɪfaɪəbl/, *a.* liquefattibile; che si può liquefare.

liquefied /ˈlɪkwɪfaɪd/, *a.* liquefatto. ● **l. petroleum gas**, gas liquido (*abbr.* G.P.L.).

liquefier /ˈlɪkwɪfaɪə(r)/, *n.* ***1*** (*tecn.*) apparecchio per liquefazione (*di gas, ecc.*) ***2*** (*chim.*) sostanza liquefacente.

to **liquefy** /ˈlɪkwɪfaɪ/, *v. t.* e *i.* (*fis.*) liquefare, liquefarsi.

liquescence /lɪˈkwɛsns/, *n.* (*fis.*) liquescenza.

liquescent /lɪˈkwɛsnt/, *a.* (*fis.*) liquescente.

liqueur /lɪˈkjʊə(r), -kjɔː-, -kjɜː-, *USA* -kɜː-, -kjʊə-/ (*franc.*), *n.* liquore dolce; liquore digestivo. ● **l. frame** (*o* **l. stand**), armadietto dei liquori □ **l. glass**, bicchierino da liquore.

liquid /ˈlɪkwɪd/, **A** *n.* ***1*** liquido: **Water is a l.**, l'acqua è un liquido ***2*** (*fon.*) (consonante) liquida. **B** *a.* ***1*** liquido (*anche fin.*); acquoso; diluito; fluido: **l. food**, cibo liquido; **This mortar is too l.**, questa malta è troppo liquida; (*fin.*) **l. assets**, attività liquide ***2*** chiaro; limpido; lucente; trasparente: **l. air**, aria limpida; **a l. sky**, un cielo limpido; **l. eyes**, occhi lucenti ***3*** (*di suono*) chiaro; puro; melodioso; scorrevole: **in her l. Italian**, nel suo melodioso italiano; **l. verse**, versi scorrevoli ***4*** incostante; instabile; mutevole: **He has very l. convictions**, le sue convinzioni sono assai mutevoli. ● (*fis.*) **l. air**, aria liquida □ (*tecn.*) **l. cooling**, raffreddamento a liquido □ (*chim.*) **l. filter**, filtro per liquido □ (*mil.*) **l. fire**, miscela infiammabile per lanciafiamme □ **l. measure**, misura per liquidi □ **L. Paper White Out** (*marchio, USA*) bianchetto □ (*chim.*) **l. paraffin**, olio minerale □ (*fin.*) **l. ratio**, rapporto di liquidità □ (*elettron.*) **l. rheostat**, reostato liquido □ (*pop. USA*) **to go l.**, perdere i sensi. || **-ly**, *avv.* || **-ness**, *sost.*

to **liquidate** /ˈlɪkwɪdeɪt/, **A** *v. t.* ***1*** liquidare; liberarsi, sbarazzarsi di (q.); uccidere: **We must try to l. our opponents**, dobbiamo cercare di liquidare i nostri avversari ***2*** liquidare; estinguere (*un debito*) ***3*** (*fin.*) liquidare; mettere in liquidazione (*una società*) ***4*** (*ass.*) liquidare (*un danno*) ***5*** (*fin., rag.*) convertire in liquidità; realizzare. **B** *v. i.* (*fin.*: *di una società*) andare in liquidazione. ● (*Borsa*) **to l. a position**, pareggiare.

liquidation /lɪkwɪˈdeɪʃn/, *n.* ***1*** liquidazione; eliminazione; uccisione ***2*** (*fin.*) liquidazione: **The company has been put into l.**, la società è stata messa in liquidazione ***3*** (*fin., rag.*) conversione in liquidità.

liquidator /ˈlɪkwɪdeɪtə(r)/, *n.* (*ass., fin.*) liquidatore.

liquidity /lɪˈkwɪdətɪ/, *n.* ***1*** (*anche fis.*) liquidità; scorrevolezza ***2*** limpidezza; trasparenza ***3*** (*fin., rag.*) liquidità: **l. ratio**, rapporto di liquidità.

to **liquidize** /ˈlɪkwɪdaɪz/, *v. t.* ***1*** rendere liquido ***2*** (*cucina*) frullare (*frutta o verdura*).

liquidizer /ˈlɪkwɪdaɪzə(r)/, *n.* (*cucina*) frullatore.

liquor /ˈlɪkə(r)/, *n.* ***1*** liquido; sostanza liquida ***2*** liquore; bevanda alcolica: **hard l.**, liquori forti; superalcolici ***3*** (*chim.*) soluzione; soluzione chiara: **l. ammoniae**, soluzione d'ammoniaca ***4*** (*ind.*) sugo verde (*di canna da zucchero*) ***5*** (*cucina, raro*) sugo (*della carne*). ● **to be in l.** (*o* **to be the worse for l.**), essere ubriaco □ **spirituous l.**, bevanda alcolica.

to **liquor** /ˈlɪkə(r)/, **A** *v. t.* ***1*** mettere a bagno (*il malto*) ***2*** (*pop., anche* **to l. up**) fare bere liquori a (q.) ***3*** (*arc.*) ingrassare (*pelle, scarpe, ecc.*). **B** *v. i.* (*pop., anche* **to l. up**) bere liquori; ubriacarsi.

liquorice /ˈlɪkərɪs, -ɪʃ/, *n.* (*bot., Glycyrrhiza glabra*) liquirizia. ● **l. all sorts**, pasticche multicolori alla liquirizia.

liquorish /ˈlɪkərɪʃ/, *a.* ***1*** amante dei liquori ***2*** *V.* **lickerish**.

lira /ˈlɪərə/, *n.* (*pl.* **liras, lire**) lira (*moneta*).

Lisbon /ˈlɪzbən/, *n.* (*geogr.*) Lisbona.

lisle /laɪl/, *n.* filo di Scozia.

lisp /lɪsp/, *n.* ***1*** pronunzia blesa; blesità; lisca (*pop.*) ***2*** mormorio (*d'acqua*); fruscio (*di fronde*). ● **to have** (*o* **to speak with**) **a l.**, essere bleso.

to **lisp** /lɪsp/, **A** *v. i.* essere bleso; avere la lisca (*pop.*). **B** *v. t.* ***1*** pronunciare in modo bleso ***2*** (*specialm. di bambino, anche* **to l. out**) biascicare; balbettare; farfugliare: **He lisped out an excuse**, balbettò una scusa.

lisping /ˈlɪspɪŋ/, **A** *a.* bleso; che ha la lisca (*pop.*). **B** *n.* (*med., ling.*) blesità.

lissom(e) /ˈlɪsəm/, *a.* ***1*** flessuoso; pieghevole ***2*** agile; aggraziato; snello; svelto. || **-ly**, *avv.* || **-ness**, *sost.*

list (1) /lɪst/, *n.* ***1*** lista; elenco: **His name stands first on the l.**, il suo nome è il primo della lista; **waiting l.**, lista d'attesa; **shopping l.**, lista della spesa ***2*** (*comm.*) distinta; nota; specifica: **l. of bills for discount**, distinta degli effetti allo sconto; (*banca*) borderò di sconto ***3*** (*Borsa, fin., market.*) listino: **price l.**, listino prezzi; **l. price**, prezzo di listino ***4*** (*market.*, = **mailing l.**) indirizzario commerciale ***5*** (*fisc.*, = **l. of tax payers**) ruolo d'imposta ***6*** (*anche leg.*) ruolo: **the l. of cases**, il ruolo delle udienze; (*naut., aeron.*) **the l. of the crew**, il ruolo dell'equipaggio ***7*** graduatoria (*di merito*): **He was high on the l.**, era in uno dei primi posti della graduatoria ***8*** (*elab.*) lista; listato. ● **l. broker**, fornitore d'indirizzari commerciali □ **l. of questions**, questionario □ **l. of rates**, tariffario □ (*mil.*) **active l.**, ruolo degli ufficiali in servizio attivo □ **civil l.**, appannaggio della Casa Reale □ (*dog.*) **free l.**, elenco delle merci in esenzione doganale.

list (2) /lɪst/, *n.* ***1*** lista; listello; striscia ***2*** (*ind. tess.*) cimosa; vivagno ***3*** (*archit.*) listello ***4*** (*pl.*) (*stor.*) lizza; (*fig.*) arena, campo di combattimento: **to enter the lists**, entrare in lizza; (*fig.*) scendere in campo ***5*** (*agric.*) porca (*tra due solchi*: *in un campo arato*) ***6*** (*arc.*) confine; frontiera; limite.

list (3) /lɪst/, *n.* (*specialm. naut.*) sbandamento; inclinazione; sbandata: **to take a l. to starboard**, prendere una sbandata a dritta.

to **list** (1) /lɪst/, *v. t.* ***1*** mettere in lista; includere in un elenco: **to l. the names of tax-evaders**, includere in un elenco i nomi degli evasori fiscali; **No such name is listed here**, questo nome non è nella lista ***2*** elencare; catalogare; fare una lista di: **to l. all one's books**, fare una lista di tutti i propri libri ***3*** (*market.*) mettere in listino: **to l. the latest models**, mettere nel listino prezzi gli ultimi modelli ***4*** (*Borsa, fin.*) inserire (*titoli*) nel listino ufficiale; quotare ***5*** (*fisc.*) mettere (*beni, contribuenti*) a ruolo. ● (*market.*: *d'un prodotto*) **to l. at**, essere in catalogo al prezzo di; avere un prezzo di listino di.

to **list** (2) /lɪst/, *v. t.* ***1*** listare ***2*** tagliare a strisce (*o* a listelli) ***3*** (*agric.*) arare (*un campo*) a porche.

to **list** (3) /lɪst/, *v. i.* (*special. naut.*) sbandare; inclinarsi: **The yacht listed to port**, il panfilo sbandava a sinistra.

listed /ˈlɪstɪd/, *a.* ***1*** messo in lista; elencato; catalogato ***2*** (*Borsa*: *di titolo*) quotato. ● (*urbanistica*) **l. building**, edificio dichiarato d'interesse architettonico o storico □ **l. monument**, monumento nazionale.

listen /ˈlɪsn/, *n.* (*fam.*) l'ascoltare; ascolto. ● **Have a l. to this record!**, ascolta questo disco!

to **listen** /ˈlɪsn/, *v. i.* ascoltare; dare ascolto; prestare orecchio: **I listened to the music (the conversation, etc.)**, ascoltai la musica (la conversazione, ecc.); **Don't l. to his promises**, non dare ascolto alle sue promesse! ● **to l. to temptation**, cedere alla tentazione □ **L. to me!**, dammi retta! □ (*mil.*) **listening post**, posto d'ascolto □ (*radar, radio*) **listening station**, stazione d'ascolto.

♦**listen for**, *v. i. + prep.* stare in ascolto per sentire (*o* sentire annunciare q.c.): **I was listening for the doorbell to ring**, stavo in ascolto per sentire il campanello (della porta); **For half an hour, the arrival of the train had been listened for**, era mezz'ora che si aspettava di sentire annunciare l'arrivo del treno.

♦**listen in**, *v. i. + avv.* *1* (*radio*) essere (*o* stare) in ascolto; ascoltare la radio *2* ascoltare (*o* stare in ascolto) di nascosto; origliare.

♦**listen in on**, *v. i. + avv. + prep.* ascoltare di nascosto (*una conversazione, ecc.*).

♦**listen in to**, *v. i. + avv. + prep.* ascoltare (*un programma, ecc.*) alla radio: **to l. in to the news**, ascoltare il giornale radio.

♦**listen out**, *v. i. + avv.* (*nelle radiocomunicazioni*) passare: **Listening out now**, passo e chiudo.

♦**listen out for**, *v. i. + avv. + prep.* stare in ascolto per sentire; stare attento a: **L. out for the doorbell!**, sta attento al campanello!

♦**listen up**, *v. i. + avv.* ascoltare attentamente; stare in orecchio.

listenable /ˈlɪsnəbl/, *a.* (*fam.*) che si può ascoltare; gradevole.

listener /ˈlɪsnə(r)/, *n.* ascoltatore. ● **l.-in**, radioascoltatore; (*anche*) uno che origlia □ **a good l.**, uno che sa ascoltare pazientemente gli altri.

listen-in /ˈlɪsnˈɪn/, *n.* (*radio*) ascolto.

lister /ˈlɪstə(r)/, *n.* (*agric.*, = **l. plough**) aratro assolcatore.

listing (**1**) /ˈlɪstɪŋ/, *n.* *1* elencazione; (*anche*) l'essere in elenco *2* (*Borsa, fin.*) quotazione: **the l. of securities**, la quotazione di titoli *3* (*elab.*) listato; lista *4* (*pl.*) (rubrica degli) spettacoli (*nei giornali*). ● (*Borsa*) **l. admission**, ammissione alla quotazione □ (*telef.*) **to find a l. for sb. in the directory**, trovare il nome di q. sull'elenco telefonico.

listing (**2**) /ˈlɪstɪŋ/, *n.* (*ind. tess.*) cimosa; vivagno.

listless /ˈlɪstləs/, *a.* *1* disattento; incurante; indifferente; sbadato *2* fiacco; indolente; svogliato. || **-ly**, *avv.* || **-ness**, *sost.*

lit (**1**) /lɪt/, **A** *pass.* e *p. p.* di **to light**. **B** *a. pred.* *1* illuminato: **The room was lit with candles**, la stanza era illuminata da candele *2* acceso: **The cigarette is lit**, la sigaretta è accesa. ● (*pop.*) **lit-up**, ubriaco fradicio, sbronzo; sotto l'effetto della droga.

lit (**2**) /lɪt/, *n.* (*abbr. fam. di* **literature**) letteratura (*come materia di studio*).

litany /ˈlɪtənɪ/, *n.* (*relig.*) litania (*anche fig.*).

litchi /laɪˈtʃiː/, *n.* (*pl.* **litchis**) (*bot., Litchi chinensis*) litchi (*albero e frutto*). ● **l. nut**, frutto del litchi seccato.

liter /ˈliːtə(r)/, (*USA*) *V.* **litre**.

literacy /ˈlɪtrəsɪ/, *n.* *1* il saper leggere e scrivere; alfabetismo *2* alfabetizzazione: **a l. campaign**, una campagna di alfabetizzazione.

literal /ˈlɪtərəl/, **A** *a.* *1* espresso in lettere: (*USA*) **a l. grade**, un voto (*scolastico, d'esame, ecc.*) espresso in lettere (*A, B, C, ecc.*) *2* letterale; alla lettera: **a l. translation**, una traduzione letterale; **l. meaning**, senso letterale *3* che prende le cose alla lettera; prosaico; pratico; pedantesco: **a l. person**, una persona che prende le cose alla lettera; **a l. education**, un'educazione pedantesca *4* testuale; esatto; preciso; puro: **the l. truth**, la pura verità; **a l. description**, una descrizione precisa. **B** *n.* errore di stampa; refuso. ● (*fam.*) **a l. decimation**, una decimazione vera e propria □ **a l. error**, un errore di grafia (*o* di stampa) □ **l.-minded**, prosaico; privo di fantasia. || **-ness**, *sost.*

literalism /ˈlɪtrəlɪzəm/, *n.* *1* stretta aderenza alla lettera; interpretazione letterale *2* prosaicità; pedanteria *3* (*arte, letter.*) realismo.

literalist /ˈlɪtrəlɪst/, *n.* *1* chi si attiene alla lettera *2* persona prosaica; pedante.

literality /lɪtəˈrælətɪ/, *n.* *1* l'essere letterale *2* il prendere le cose alla lettera *3* prosaicità; pedanteria.

to **literalize** /ˈlɪtərəlaɪz/, *v. t.* interpretare (q.c.) alla lettera.

literally /ˈlɪtrəlɪ/, *avv.* letteralmente; alla lettera (*in ogni senso*).

literarily /ˈlɪtrərəlɪ, USA -tərerə-/, *avv.* letterariamente.

literariness /ˈlɪtrərɪnəs, USA -tərerɪ-/, *n.* letterarietà; qualità letteraria.

literary /ˈlɪtrərɪ, USA ˈlɪtərerɪ/, *a.* letterario; di (*o* delle) lettere: **a l. education**, un'educazione letteraria; **l. criticism**, critica letteraria; (*leg.*) **l. property**, proprietà letteraria; **a l. man**, un uomo di lettere; un letterato; (*anche*) una persona con interessi letterari. ● **l. agent**, agente letterario □ **l. essay**, elzeviro □ **l. page**, pagina culturale, terza pagina (*di giornale*) □ (*leg.*) **l. piracy**, plagio □ (*leg.*) **l. property**, proprietà letteraria.

literate /ˈlɪtərət/, **A** *a.* *1* che sa leggere e scrivere; istruito *2* colto; dotto; erudito. **B** *n.* *1* chi sa leggere e scrivere *2* persona colta; dotto; letterato. ● **to be computer-l.**, sapere usare il computer.

literati /lɪtəˈrɑːtiː/ (*lat.*), *n. pl.* (*collett.*) letterati; (la) classe colta.

literature /ˈlɪtrətʃə(r), USA -tʃ(ʊ)ə(r)/, *n.* *1* letteratura: **American l.**, la letteratura americana *2* letteratura; stampati illustrativi o pubblicitari; materiale bibliografico; opuscoli a stampa: **medical l.**, letteratura medica; **mathematical l.**, pubblicazioni di matematica. ● **to be engaged in l.**, fare il letterato; essere uomo di lettere □ **light l.**, letteratura amena.

litharge /ˈlɪθɑːdʒ/, *n.* (*chim.*) litargirio.

lithe /laɪð/, *a.* flessibile; flessuoso; agile; snello. || **-ly**, *avv.* || **-ness**, *sost.*

lithesome /ˈlaɪðsəm/, *a.* flessibile; agile; snello. || **-ly**, *avv.* || **-ness**, *sost.*

lithia /ˈlɪθɪə/, *n.* (*chim.*) ossido di litio. ● **l. water**, acqua litiosa.

lithiasis /lɪˈθaɪəsɪs/, *n.* (*pl.* **lithiases**) (*med.*) litiasi; calcolosi.

lithic (**1**) /ˈlɪθɪk/, *a.* (*geol.*) litico; di pietra: **l. artifacts**, manufatti litici.

lithic (**2**) /ˈlɪθɪk/, *a.* (*chim., med.*) litico.

lithification /lɪθɪfɪˈkeɪʃn/, *n.* (*geol.*) litificazione.

lithium /ˈlɪθɪəm/, *n.* (*chim.*) litio.

litho /ˈlaɪθəʊ/, *n.* (*abbrev. di*) *1* **litograph** *2* **lithography**. ● **l. print**, litografia □ **l. printer**, litografo.

lithoclase /ˈlɪθəkleɪz/, *n.* (*geol.*) litoclasi.

lithogenesis /lɪθəˈdʒenəsɪs/, *n.* (*geol.*) litogenesi.

lithograph /ˈlɪθəgrɑːf, USA -æf/, *n.* litografia; riproduzione litografica.

to **lithograph** /ˈlɪθəgrɑːf, USA -æf/, **A** *v. t.* litografare. **B** *v. i.* fare litografie.

lithographer /lɪˈθɒgrəfə(r)/, *n.* litografo.

lithographic(al) /lɪθəˈgræfɪk(l)/, *a.* litografico: **l. plate**, lastra litografica. || **-ally**, *avv.*

lithography /lɪˈθɒgrəfɪ/, *n.* litografia; procedimento litografico.

lithoid /ˈlɪθɔɪd/, **lithoidal** /lɪˈθɔɪdl/, *a.* (*geol.*) litoide.

lithological /lɪθəˈlɒdʒɪkl/, *a.* (*geol.*) litologico. || **-ly**, *avv.*

lithologist /lɪˈθɒlədʒɪst/, *n.* *1* (*geol.*) litologo *2* (*med.*) litologo.

lithology /lɪˈθɒlədʒɪ/, *n.* (*geol.*) *1* litologia *2* (*med.*) litologia; studio delle calcolosi.

lithonephritis /lɪθənɪˈfraɪtɪs/, *n.* (*med.*) litonefrosi.

lithopedion /lɪθəˈpiːdɪən/, *n.* (*med.*) litopedio.

lithophane /ˈlɪθəfeɪn/, *n.* (*relig., arte*) litofania.

lithophile /ˈlɪθəfaɪl, USA -fɪl/, *n.* (*biol.*) litofilo.

lithophyte /ˈlɪθəfaɪt/, *n.* (*bot.*) litofita.

lithopone /ˈlɪθəpəʊn/, *n.* (*chim.*) litopone.

lithosphere /ˈlɪθəsfɪə(r)/, *n.* (*geol.*) litosfera.

lithostratigraphic(al) /lɪθəstrætɪˈgræfɪk(l)/, *a.* litostratigrafico.

lithostratigraphy /lɪθəstrəˈtɪgrəfɪ/, *n.* (*geol.*) litostratigrafia.

lithotomic(al) /lɪθəˈtɒmɪk(l)/, *a.* (*med.*) litotomico.

lithotomy /lɪˈθɒtəmɪ/, *n.* (*med.*) litotomia.

lithotripsy /ˈlɪθətrɪpsɪ/, *n.* (*med.*) litotripsia; litotrissia.

lithotripter /ˈlɪθətrɪptə(r)/, *n.* (*med.*) litotritore a onde d'urto (*macchina*).

lithotrite /ˈlɪθətraɪt/, *n.* (*med.*) litotritore (*strumento*).

lithotrity /lɪˈθɒtrətɪ/, *n.* (*med.*) litotripsia.

Lithuania /lɪθjuːˈeɪnɪə, -θuː-/, *n.* (*geogr.*) Lituania.

Lithuanian /lɪθjuːˈeɪnɪən, -θuː-/, *a.* e *n.* lituano (*anche la lingua*).

litigant /ˈlɪtɪgənt/, **A** *a.* (*leg.*) litigante; contendente. **B** *n.* parte in causa.

to **litigate** /ˈlɪtɪgeɪt/, **A** *v. i.* (*leg.*) essere in lite (*o* in causa). **B** *v. t.* *1* muovere causa, fare causa a (q.) *2* contestare in giudizio (*la validità di q.c.*).

litigation /lɪtɪˈgeɪʃn/, *n.* (*leg.*) *1* controversia; causa; processo; vertenza *2* (il) contenzioso (*di un'azienda, ecc.*).

litigious /lɪˈtɪdʒəs/, *a.* (*leg.*) *1* litigioso; pronto a intentare liti (*o* cause) *2* che è in contestazione davanti a un tribunale. || **-ly**, *avv.* || **-ness**, *sost.*

litmus /ˈlɪtməs/, *n.* (*chim.*) tornasole: **l. paper**, cartina al tornasole. ● **l. test**, prova con la cartina al tornasole; (*fig.*) prova decisiva (*o* del nove).

litotes /ˈlaɪtəʊtiːz/, *n.* (*invar. al pl.*) (*retor.*) litote.

litre /ˈliːtə(r)/, *n.* litro (*misura di capacità*).

litter (**1**) /ˈlɪtə(r)/, *n.* lettiga; barella; portantina. ● **l.-bearer**, barelliere, portantino; (*mil.*) portaferiti.

litter (**2**) /ˈlɪtə(r)/, *n.* *1* lettiera; strame (*nella stalla*) *2* figliata (*di animali*): **a l. of kittens**, una figliata di gattini *3* rifiuti; cartaccia: **Earls Court Road was so full of l. as to be called «the dirtiest street in London»**, Earls Court Road era così piena di rifiuti da essere chiamata «la strada più sporca di Londra» *4* (*fig.*) confusione; disordine; scompiglio. ● **l. bag**, sacco (*di plastica, ecc.*) per l'immondizia □ **l. lout**, chi butta immondizia nelle strade □ **l. patrol**, pattuglia di vigilanza sulla pulizia nelle strade □ **«Leave no l.»** (*cartello*), «divieto di gettare rifiuti».

to **litter** /ˈlɪtə(r)/, **A** *v. t.* *1* (*di solito* **to l. down**) fare la lettiera, un letto di strame a (*un cavallo, ecc.*); preparare la lettiera in (*una stalla*); spargere strame su *2* (*spesso* **to l. up**) imbrattare, ingombrare; mettere in disordine: **to l. the streets with rubbish**, imbrattare le strade d'immondizia; **to l. one's bed with one's underwear**, ingombrare il letto con la biancheria intima; **to l. up one's bedroom**, mettere in disordine la camera da letto *3* spargere; sparpagliare: **He littered peanut hulls over the floor**, sparpagliò bucce di noccioline sul pavimento. **B** *v. i.* *1* (*d'animali, specialm. di cagne e scrofe*) figliare *2* buttare immondizia (*nelle strade, ecc.*). ● (*di uno scritto*) **to be littered with mistakes**, essere pieno zeppo di errori.

litterbin /ˈlɪtəbɪn/, *n.* recipiente (*cestino, ecc.*) per rifiuti.

litterbug /ˈlɪtəbʌg/, *n.* (*USA*) chi butta immondizia nelle strade.

littery /ˈlɪtərɪ/, *a.* imbrattato; sporco; ingombro (*di cartacce, di rifiuti*).

little (**1**) /ˈlɪtl/, *a.* (*compar.* **less**, *superl. rel.* **least**) *1* piccolo (*di statura, d'età, ecc.*); poco; piccino (*anche di mente*); corto; basso; breve; lieve; esiguo, scarso; gretto, meschino: **l. bread** [**money**], poco pane [denaro]; **big and l., alike**, grandi (*o* potenti, ricchi) e piccoli; grossi e piccini; tutti quanti; **a l. man**, un uomo piccolo; un omino; un ometto; **a l. man with a l. mind**, un uomo piccino di mente; un uomo gretto, meschino; **l. help**, un piccolo (*o* ben poco) aiuto ***2*** piccolo; poco importante; comune: **Why do you come to me with every l. difficulty?**, perché vieni da me per ogni piccola difficoltà (*o* per ogni piccolezza, inezia)?; **Don't worry about l. things**, non preoccuparti delle piccole cose; **the rights of the l. man**, i diritti dell'uomo comune ***3*** (*idiom., equivalente dei dim. ital.*; *per es.*:) **a l. bear**, un orsacchiotto; **a l. lamb**, un agnellino; **a l. ring**, un anellino; **a l. bird**, un uccellino; **a l. boy**, un bambino; **a l. girl**, una bambina; **my l. girl**, la mia bambina (*mia figlia*) ***4*** – **a. l.**, un po' di: **Give me a l. butter**, dammi un po' di burro; **a l. care**, un po' d'attenzione; **a l. help**, un po' di aiuto. ● **the l.**, i piccoli; le persone comuni, di poca importanza □ (*astron.*) **the L. Bear**, l'Orsa Minore □ (*fam.*) **a l. bit**, un po'; un pochino: **All you need is a l. bit of courage**, non ti ci vuole che un po' di coraggio □ **l. brother**, fratello minore; fratellino □ (*polit., stor.*) **L.-Englander**, fautore di un'Inghilterra «piccola»; anti-imperialista; anticolonialista □ (*anat.*) **the l. finger**, il dito mignolo □ (*bot.*) **l. leaf**, foglia nana; nanismo fogliare □ (*fam.*) **l. Mary**, il pancino □ **the l. ones**, i piccoli; i piccini; i bambini □ **the l. people**, le fate; i folletti; gli gnomi □ (*a bridge*) **l. slam**, piccolo slam □ **l. sister**, sorella minore; sorellina □ **l. thing**, cosa da poco, inezia, bazzecola; (*di bambino*) carino: **She always worries about l. things**, lei se la prende sempre per delle inezie □ (*anat.*) **the l. toe**, il dito piccolo (*del piede*) □ **a l. way**, un piccolo tratto; per un po' (*di strada*): **Shall I go a l. way with you?**, vuoi che t'accompagni per un po'? □ **a l. while**, un po' di tempo; un poco: **Please stay a l. while with me**, per favore, resta un po' con me! □ **in l.**, in piccolo □ **poor l. efforts**, sforzi vani (*o* commoventi, patetici) □ **very l.**, piccolissimo; pochissimo: **There was only a very l. boy in the house**, nella casa c'era solo un bimbo piccolissimo; **There is very l. bread**, c'è pochissimo pane □ **Here are the l. Joneses!**, ecco i bambini dei Jones! □ (*a un bimbo, a una bimba*) **Well, my l. man** [**woman**]!, come va, ometto [donnina]! □ **So that's your l. game!**, ah, sì! questo è il giochetto che cerchi di fare (*o* il tuo piccolo piano segreto)! □ **I know all about his l. ways**, conosco bene i suoi mezzucci (*o* i suoi vizietti).

little (**2**) /ˈlɪtl/, *pron. indef.* e *n.* ***1*** poco; po'; pochino: **He remembers very l. of what happened**, ricorda ben poco di quel che è successo; **We must keep what l. we have**, dobbiamo serbare quel po' che abbiamo; **The l. of the book that I have read is very good indeed**, quel po' del libro che ho letto è davvero ottimo ***2*** – **a l.**, un po'; un poco: **I want to taste a l. of everything**, voglio assaggiare un po' di tutto; **Stay a l. longer!**, resta ancora un poco!; **Give me a l.**, dammene un po'! ● **l. by l.**, a poco a poco, piano piano, per gradi: **L. by l. you'll begin to understand English**, a poco a poco comincerai a capire l'inglese □ **l. or nothing**, poco o nulla; quasi niente □ **after a l.**, dopo un po' (*di tempo*); di lì a poco □ **to make l. of**, capirci poco in (*una spiegazione, ecc.*) □ **to make** (*o* **to think**) **l. of sb.** [**st.**], tenere q. [q.c.] in poco conto; avere poca stima di [q.]; dar poca importanza (*o* non dare peso) a q. [q.c.] □ **to think l. of**, non pensarci su due volte; metterci poco a: **He thinks l. of killing a man**, non ci pensa su due volte a uccidere un uomo □ **as l. as possible**, il meno possibile □ **too l.**, troppo poco □ **A l. makes them happy**, basta poco a farli felici □ **Every l.** (**bit**) **helps**, tutto serve; tutto fa brodo (*pop.*) □ (*prov.*) **A l. is better than none**, meglio poco che niente.

little (**3**) /ˈlɪtl/, *avv.* (*compar.* **less**, *superl. rel.* **least**) ***1*** (*di solito,* **very l.**) poco: **I sleep very l.**, dormo pochissimo ***2*** – **a l.**, un po'; alquanto; piuttosto: **I'm a l. better today**, sto un po' meglio oggi; **These shoes are a l. too tight**, queste scarpe sono un po' troppo strette ***3*** non... affatto; niente... affatto; per niente; neanche lontanamente: **He l. knows that we are on his tracks**, non sa affatto che lo stiamo seguendo; **I l. thought that I should marry her**, non pensavo davvero di sposarla; **He l. dreams that we know everything about him**, non se lo sogna neanche che sappiamo tutto sul suo conto; **She l. cares**, non gliene importa nulla ***4*** di rado; poco: **I go there very l.**, ci vado pochissimo (*o* assai di rado). ● **a l.-known author**, un autore poco noto.

littleness /ˈlɪtlnəs/, *n.* piccolezza; pochezza; scarsezza; grettezza.

littoral /ˈlɪtərəl/, **A** *a.* litorale; litoraneo. **B** *n.* litorale. ● (*naut.*) **l. current**, corrente litorale □ (*geogr.*) **l. zone**, zona litoranea (*o* litorale).

liturgic(**al**) /lɪˈtɜːdʒɪk(l)/, *a.* (*relig.*) liturgico. || **-ally**, *avv.*

liturgics /lɪˈtɜːdʒɪks/, *n. pl.* (*col verbo al sing.*) (*relig.*) studio della liturgia.

liturgist /ˈlɪtɜːdʒɪst/, *n.* (*relig.*) liturgista.

liturgy /ˈlɪtədʒɪ/, *n.* (*relig.*) liturgia.

livability /lɪvəˈbɪlətɪ/, *n.* ***1*** (*di una casa, ecc.*) abitabilità; (*anche*) l'essere vivibile ***2*** (*zootecnia*) capacità di sopravvivenza ***3*** (*della vita, ecc.*) sopportabilità.

livable /ˈlɪvəbl/, *a.* ***1*** (*della vita*) degna d'esser vissuta; sopportabile ***2*** (*di una casa, ecc.*) abitabile; vivibile ***3*** (*di persona,* = **l. with**) con cui si può vivere; socievole ***4*** (*di dolore*) sopportabile. ● **l. with**, (*di persona*) con cui si può vivere; (*di comportamento e sim.*) accettabile, passabile.

livableness /ˈlɪvəblnəs/, *n.* ***1*** sopportabilità ***2*** (*di una casa, ecc.*) abitabilità; (*anche, fam.*) l'essere vivibile.

live /laɪv/, **A** *a. attr.* ***1*** vivo; vivente; vitale; energico; ardente; acceso: **a l. lobster**, un'aragosta viva; **a l. person**, una persona vivace (*o* piena di vita); **a l. colour**, un colore vivo, acceso; **to make the question a l. issue**, tener viva la questione; **l. fire**, fuoco vivo; **l. coals**, carboni ardenti; **a l. cigarette**, una sigaretta accesa; **l. air**, aria viva (*fresca e pura*) ***2*** (*mil.*) carico; inesploso: **a l. shell**, un proiettile inesploso; **a l. gun**, un fucile (*o* un revolver) carico ***3*** non utilizzato; ancora buono: **a l. match**, un fiammifero non utilizzato ***4*** (*elettr.*) sotto tensione ***5*** (*mecc.*: *di motore, asse, ruote, ecc.*) che sviluppa (*o* trasmette) energia ***6*** (*radio, TV*) in collegamento diretto; in diretta; dal vivo: **l. TV coverage**, servizio in diretta ***7*** (*sport: della palla*) in gioco ***8*** (*scherz.,* = **real l.**) vivo e parlante; in carne e ossa; vero e proprio: **a real l. martian**, un marziano in carne e ossa; **a l. steam engine**, una macchina a vapore vera (*non un giocattolo*) ***9*** (*fis. nucl.*) attivo. **B** *avv.* (*radio, TV*) dal vivo; in diretta. ● (*naut., mil.*) **l. ammunition**, munizionamento da guerra □ (*radio, TV*) **l. audience**, pubblico di una trasmissione in diretta □ (*autom., mecc.*) **l. axle**, asse motore; motoassale; ponte (posteriore) rigido □ (*sport*) **l. bait**, esca viva □ **l.-born**, nato vivo □ **a l.-born child**, un nato vivo □ **a l. cartridge**, una cartuccia piena □ (*mecc.*) **l. centre**, contropunta girevole (*di tornio, ecc.*) □ **l. food**, animali vivi usati come cibo per altri animali (*per serpenti, ecc.*) □ **l. load**, (*edil.*) carico accidentale, carico di traffico; (*trasp.*) carico utile (*d'un autobus, ecc.*) □ (*bot.*) **l. oak,** *Quercus virginiana* □ **a l. question**, un problema di attualità □ (*mecc.*) **l. wheels**, ruote motrici □ **l. wire**, (*elettr.*) filo sotto tensione; (*fig.*) persona piena di vita.

to live /lɪv/, **A** *v. i.* ***1*** vivere; campare; aver vita; esistere; sopravvivere: **They found him still living**, lo trovarono ancora in vita; **to l. to be a hundred**, vivere fino a cent'anni; **The doctors don't think that the patient will l.**, i dottori non credono che il malato sopravviverà; **to l. to oneself**, vivere per conto proprio; far vita a sé; fare vita ritirata ***2*** vivere; abitare; stare; dimorare: **to l. on a boat**, vivere in una barca; **They l. in Rome**, abitano (*o* stanno) a Roma; **to l. in a hotel** [**in the country**], vivere, risiedere in albergo [vivere, abitare in campagna] ***3*** vivere; alimentarsi; nutrirsi; cibarsi: **to l. on vegetables**, vivere di verdura; **to l. on one's wages**, vivere del proprio salario; **Bats l. on insects**, i pipistrelli si cibano d'insetti ***4*** (*fig.*) restare vivo; essere vivido: **The episode still lives in my memory**, l'episodio è ancora vivo nella mia memoria ***5*** (*di cose*) durare; mantenersi; resistere; salvarsi (*dalla distruzione*): **Fire lives long in smothered coals**, il fuoco si mantiene a lungo sotto la cenere; **Most of our bombers managed to l. and fly safely home**, la maggior parte dei nostri bombardieri riuscì a salvarsi e a tornare indenne alla base. **B** *v. t.* vivere, fare (*una vita*): **to l. a peaceful life**, vivere una vita tranquilla; **to l. a life of ease**, far vita comoda; **to l. a useful life**, condurre una vita utile (agli altri). ● (*fam.*) **to l. and breathe**, non vedere altro che, vivere soltanto per (*il calcio, ecc.*) □ **to l. a day at a time**, vivere giorno per giorno (*o* alla giornata) □ **to l. a double life**, avere una doppia vita □ **to l. for the day when...**, non vedere l'ora che (*accada q.c.*) □ **to l. from day to day**, vivere alla giornata (*senza un futuro*) □ **to l. from hand to mouth**, vivere alla giornata (*senza mezzi*) □ (*fam.*) **to l. in a fool's paradise**, vivere nel mondo della luna □ **to l. in a small way**, condurre una vita semplice; vivere senza pretese □ **to l. a lie**, vivere una vita falsa □ **to l. like a saint**, vivere santamente □ **L. and learn!**, c'è sempre qualcosa da imparare! □ **L. and let l.!**, vivi e lascia vivere!; tira a campare! (*fam.*) □ **Now we're really living!**, questa sì che è vita! □ **This room doesn't seem to be lived in**, questa stanza sembra disabitata □ (*prov.*) **One cannot l. on bread alone** (*o* **Man does not l. by bread alone**), non si vive di solo pane.

♦**live above**, *v. i.* + *prep.* ***1*** abitare; stare: **The fruiterer lives above his shop**, il fruttivendolo abita sopra il negozio ***2*** vivere al di sopra di: **Our next-door neighbours l. above their means**, i nostri vicini di casa vivono al di sopra dei loro mezzi.

♦**live again**, **A** *v. i.* + *avv.* rivivere; tornare in vita. **B** *v. t.* + *avv.* rivivere (*un'esperienza, ecc.*).

♦**live apart**, *v. i.* + *avv.* vivere separato (*da q.*); vivere per conto proprio.

♦**live beyond**, *V.* **live above,** *def. 2.*

♦**live by**, *v. i.* + *prep.* ***1*** vivere, abitare presso (*un fiume, ecc.*): **They l. by the sea**, abitano in riva al mare ***2*** vivere, campare di (*o* facendo q.c.): **I l. by my work**, vivo del mio lavoro; **He lives by his wits**, campa d'espedienti; **Andrew lives by selling cars**, Andrew si guadagna da vivere vendendo automobili ***3*** vivere secondo: **I try hard to l. by my principles**, faccio ogni sforzo per vivere secondo i miei principi □ **to l. by oneself**, vivere da solo □ **to l. by one's faith**, vivere secondo i dettami della propria fede.

♦**live down**, *v. t.* + *avv.* far dimenticare, farsi perdonare (con il tempo): **to l. down a little mistake**, far dimenticare, con il tempo, un piccolo errore; **If your wife should learn you were unfaithful to her, you'll never l. it down**, se tua moglie dovesse imparare che le sei stato infedele, non ti perdonerà più per tutta la vita.

♦**live high**, *v. i.* + *avv.* (*fam. USA*) *V.* **live well,** *def. 1.*

♦**live in**, *v. i.* + *avv.* ***1*** (*di domestico*; *un tempo*) essere a tutto servizio; essere fisso ***2*** (*di stu-*

dente) essere interno (*in un collegio, ecc.*) **3** (*di un custode, ecc.*) avere l'alloggio di servizio.

♦**live off**, *v. t. + prep.* **1** vivere, cibarsi, nutrirsi di (q.c.) **2** vivere alle spese (*o* alle spalle) di (q.): **The invaders lived off the country**, gli invasori vivevano delle risorse del paese; **He still lives off his parents**, vive ancora alle spalle dei genitori **3** vivere di; guadagnarsi da vivere con: **I l. with my writings**, vivo del mio lavoro di scrittore: **She tried in vain to l. off the land**, tentò invano di guadagnarsi da vivere con l'agricoltura □ (*fam.*) **to l. off the fat of the land**, vivere nell'abbondanza; nuotare nell'oro.

♦**live on**, **A** *v. i. + avv.* **1** continuare a vivere; rimanere in vita **2** (*di un costume, un'usanza*) durare ancora; perdurare **3** (*di un nome, un ricordo*) aver vita; restare vivo; non essere dimenticato. **B** *v. i. + prep.* **1** vivere, cibarsi, nutrirsi di (q.c.) **2** vivere di, guadagnarsi la vita con (q.c.): **He lives on his wages**, vive del suo salario **3** vivere alle spese (*o* alle spalle) di (q.) □ **to l. on air**, campare d'aria □ **to l. on the fat of the land** (*o* **on one's wits**), *V. sotto* **live off** e **live by** □ **to l. on one's name** (*o* **reputation**), vivere di rendita (*fig.*) □ **to l. on one's own**, vivere da solo.

♦**live out**, **A** *v. i. + avv.* **1** vivere fuori; abitare lontano (*dal posto di lavoro*); (*di domestico: un tempo*) essere a mezzo servizio **2** (*di studente*) essere esterno. **B** *v. t. + avv.* **1** passare; finire: **I'm afraid the patient won't l. out the week**, temo che il malato non passerà la settimana; **to l. out one's days in peace**, finire in pace i propri giorni, trascorrere in pace il resto della vita **2** superare (*una malattia*) **3** condurre, fare (*un certo tipo di vita*) □ **to l. out one's life**, passare la vita intera.

♦**live out of**, *v. i. + avv. + prep.* **1** abitare fuori di; vivere lontano da **2** vivere di: **to l. out of tins**, vivere di scatolame □ (*fam.*) **to l. out of a suitcase**, vivere con la valigia in mano; essere sempre in viaggio.

♦**live over**, *v. t. + prep.* **1** vivere di (*ricordi, ecc.*) **2** rivivere (*la vita, il passato, ecc.*).

♦**live through**, *v. i. + prep.* sopravvivere, scampare a; superare: **We have lived through two world wars**, siamo scampati a due guerre mondiali; **Will the patient l. through the night**, supererà la notte il malato?

♦**live together**, *v. i. + avv.* **1** vivere insieme **2** (*anche polit.*) convivere **3** (*leg.*) convivere; vivere «more uxorio».

♦**live it up**, *v. t. + pron. + avv.* (*fam.*) darsi alla bella vita.

♦**live up to**, *v. i. + avv. + prep.* essere (*o* vivere) all'altezza di (q. *o* q.c.); essere degno di; rispondere a: **to l. up to one's name [reputation]**, essere all'altezza del proprio nome [della propria reputazione]; **to l. up to sb.'s expectations**, rispondere alle aspettative di q.

♦**live well**, *v. i. + avv.* **1** vivere nell'agiatezza; vivere bene **2** vivere onestamente (*o* rettamente); fare una vita intemerata (*o* virtuosa).

♦**live with**, *v. i. + prep.* **1** vivere (*o* convivere) con (q.) **2** convivere con (*un malanno, ecc.*); adattarsi, rassegnarsi a; sopportare: **Of course, I don't like headaches, but I have to l. with them**, certo, il mal di testa non mi piace, ma mi ci devo adattare.

♦**live within**, *v. i. + prep.* **1** vivere dentro: **to l. within the town walls**, vivere dentro le mura; vivere in centro **2** vivere stando entro i limiti di (*un reddito, i propri mezzi, ecc.*).

liveable /ˈlɪvəbl/, *V.* **livable**.

lived /lɪvd/, *a.* (*nei composti, per es.:*) **short-l.**, che ha vita breve; (*di cosa, esperienza, moda, ecc.*) che dura poco, caduco, passeggero.

live-in /ˈlɪvɪn/, **A** *a.* **1** che abita (*o* risiede) nel posto di lavoro (nella città, ecc.); (*di domestico*) a tutto servizio; fisso; (*di studente*) interno **2** (*di lavoro*) che comporta l'obbligo di residenza **3** che vive (*o* convive) con q.: **John and his l. girl-friend**, John e la ragazza che vive con lui **4** (*di custode, ecc.*) che ha l'alloggio di servizio. **B** *n.* (*fam.*) convivente.

livelihood /ˈlaɪvlɪhʊd/, *n.* mezzi di sussistenza; sostentamento; vita: **to get one's l. from cod-fishing**, ricavare il proprio sostentamento dalla pesca del merluzzo; **to earn an easy l.**, guadagnarsi la vita facilmente □ **It's my l.**, lo faccio per vivere; è il mio mestiere.

liveliness /ˈlaɪvlɪnəs/, *n.* vivacità; brio; animazione.

livelong /ˈlɪvlɒŋ, *USA* ˈlaɪvlɔːŋ/, *a.* (*lett.*) lungo; intero; eterno (*fig.*): **the l. night**, la lunga notte. ● **all the l. day**, tutto il santo giorno.

lively /ˈlaɪvlɪ/, *a.* **1** vivace; vivo; vivido; brioso; animato; movimentato; energico; attivo: **a l. little girl**, una ragazzina vivace; **l. colours**, vividi colori; **a l. imagination**, una fantasia vivace; **a l. sense of gratitude**, una viva riconoscenza; **a l. discussion**, una discussione animata; **a l. party**, una festa movimentata **2** realistico: **to give sb. a l. idea of st.**, dare a q. un'idea realistica di q.c. **3** forte: **a l. breeze**, un forte vento. ● **a l. ball**, una palla che rimbalza bene □ **a l. boat**, una barca svelta e leggera □ **a l. mind**, un ingegno vivo; un'intelligenza acuta □ **l. trade**, commercio attivo; interscambio animato □ (*fam.*) **to have a l. time**, avere un gran daffare; (*anche*) trovarsi in difficoltà □ (*fam.*) **to look l.**, muoversi (*fig.*); darsi da fare □ (*fam.*) **to make it l. for sb.**, rendere la vita difficile a q.; dare del filo da torcere a q.

to **liven** /ˈlaɪvn/, (*di solito* **to l. up**) **A** *v. t.* ravvivare; animare: **to l. up a party**, animare una festa. **B** *v. i.* ravvivarsi; animarsi.

live-out /ˈlɪvaʊt/, *a.* **1** che non risiede nel luogo in cui lavora; che dorme fuori: **a l. home help**, una domestica che dorme a casa sua; una domestica a mezzo servizio **2** (*di studente*) esterno **3** (*di custode, ecc.*) che non ha l'alloggio di servizio.

liver (**1**) /ˈlɪvə(r)/, *n.* **1** (*anat.*) fegato **2** (*cucina*) fegato **3** (*fam.*) mal di fegato **4** (= **l.-colour**) color rosso bruno. ● **l.-coloured**, di color rosso bruno; rossastro □ (*med.*) **l. complaint**, epatopatia □ (*farm.*) **l. extract**, estratto epatico □ (*med.*) **l. failure**, insufficienza epatica □ **l. sausage**, salsiccia di fegato.

liver (**2**) /ˈlɪvə(r)/, *n.* chi vive in un certo modo: **a plain l.**, chi vive alla buona; **an evil l.**, chi conduce una vita malvagia; **a loose l.**, chi conduce una vita dissoluta; un libertino.

Liver bird /ˈlɪvəbɜːd/, *locuz. n.* (*fam.*) *V.* **Liverpudlian**.

liveried /ˈlɪvərɪd/, *a.* in livrea: **a l. servant**, un domestico in livrea.

liverish /ˈlɪvərɪʃ/, *a.* **1** (*fam.*) fegatoso; bilioso; astioso; rabbioso **2** (*med.*) fegatoso; epatico **3** rosso bruno. || **-ness**, *sost.*

Liverpudlian /lɪvəˈpʌdlɪən/, *a.* e *n.* (abitante) di Liverpool.

liverwort /ˈlɪvəwɜːt/, *n.* (*bot.*) **1** (*Marchantia polimorpha*) marcanzia **2** (*Anemone hepatica*) epatica; erba trinità; fegatella.

liverwurst /ˈlɪvəwɜːst/, *n.* (*USA*) salsiccia di fegato.

livery (**1**) /ˈlɪvərɪ/, *n.* **1** livrea: **a waiter in l.**, un cameriere in livrea **2** (*fig.* o *poet.*) veste, aspetto, aria; (*d'alberi*) fogliame; (*d'uccelli*) piumaggio: **to wear the l. of grief**, avere un'aria addolorata; vestire a lutto **3** livrea, costume (*di una corporazione cittadina*) **4** stallaggio; stallatico; noleggio (*di cavalli*): **l. horse**, cavallo da noleggio. ● **l. company**, (*stor.*) corporazione (*d'arti e mestieri*); (*ora*) associazione professionale (*ve ne sono 83, a Londra*) □ (*stor.*) **l. fine**, tassa d'iscrizione a una corporazione □ **l. servant**, domestico in livrea □ **l. stable** (*o* **l. stables**), scuderia di cavalli da nolo □ (*di cavallo*) **at l.**, tenuto nello stallaggio □ (*di domestico*) **out of l.**, senza livrea; in abito borghese □ (*stor.*) **to take up one's l.**, entrare a far parte d'una corporazione.

livery (**2**) /ˈlɪvərɪ/, *a.* **1** che ha la consistenza (*o* il colore) del fegato; rosso bruno **2** fegatoso; bilioso; irritabile **3** (*di terreno*) tenace; duro.

liveryman /ˈlɪvərɪmən/, *n.* (*pl.* **liverymen**) **1** (*stor.*) membro d'una corporazione (*di Londra*) **2** membro di un'associazione professionale (*di Londra*) **3** stalliere; padrone di stallaggio.

lives /laɪvz/, *pl.* di **life**.

livestock /ˈlaɪvstɒk/, *n.* (*agric.*) bestiame; scorte vive. ● **l. breeder**, allevatore di bestiame □ (*econ.*) **l. products**, prodotti zootecnici.

liveware /ˈlaɪvweə(r)/, *n.* (*collett.*) (*elab., fam.*) il personale addetto a (*o* gli operatori di) un sistema informatico.

livid /ˈlɪvɪd/, *a.* **1** livido; bluastro: **to have l. marks on one's back**, aver segni bluastri (*o* lividi) sulla schiena; **l. lips**, labbra livide **2** (*del cielo, ecc.*) livido; plumbeo **3** (*fam.*) livido di rabbia; furibondo. ● **a l. bruise**, un livido; una lividura. || **-ly**, *avv.*

lividity /lɪˈvɪdətɪ/, *n.* lividezza; lividore.

living (**1**) /ˈlɪvɪŋ/, *a.* **1** vivo (*anche fig.*); vivente; contemporaneo: (*fisiol., med.*) **l. tissue**, tessuto vivo; **l. languages**, lingue vive; **He is the l. likeness of his mother**, è il ritratto vivente di sua madre; **a l. reality**, una viva realtà; **the greatest l. painter**, il maggior pittore contemporaneo **2** vivo; ancora in uso **3** (*di corso d'acqua*) perenne. ● (*collett.*) **the l.**, i vivi □ **a l. being**, un essere vivente □ **l. coals**, carboni accesi, ardenti □ (*fam.*) **the l. daylights**, la vita: **to knock the l. daylights out of sb.**, ammazzare (quasi) q. a furia di botte; **to scare the l. daylights out of sb.**, spaventare q. a morte □ **l. death**, morte apparente; (*fig.*) vita miserrima □ **l. fossil**, (*zool., bot.*) fossile vivente; (*fig. fam.*) fossile □ (*arte*) **l. picture**, quadro vivente □ (*geol.*) **l. rocks**, rocce vive □ (*teatr.*) **l. theatre**, living theatre □ **l. water**, acqua perenne □ **within l. memory**, a memoria d'uomo.

living (**2**) /ˈlɪvɪŋ/, **A** *n.* **1** (il) vivere; mezzi di sussistenza (*o* di sostentamento); vita; modo di vivere: **to make** (*o* **to earn**) **one's l. as a broker**, guadagnarsi da vivere (*o* la vita) facendo il mediatore; **plain l.**, vita modesta (*o* alla buona); **standard of l.**, tenore di vita; **good l.**, vita agiata; il vivere nell'abbondanza; **right l.**, vita intemerata, virtuosa **2** (*relig.*) beneficio; prebenda. **B** *a. attr.* di vita: **l. conditions**, condizioni di vita; **l. standard**, tenore di vita. ● **l. room**, (stanza di) soggiorno; tinello □ **l. space**, (*polit.*) spazio vitale; (*edil.*) spazio abitabile (*o* utile); (*edil.*) zona giorno □ (*econ.*) **l. standard**, tenore di vita □ (*edil.*) **l. unit**, alloggio unifamiliare □ **a l. wage**, un salario sufficiente per vivere □ **That's really l.!**, questa sì che è vita! □ **What do you do for a l.?**, che mestiere fai?

Livy /ˈlɪvɪ/, *n.* (*stor., letter.*) Livio (*Tito Livio*).

to **lixiviate** /lɪkˈsɪvɪeɪt/, *v. t.* (*chim.*) lisciviare.

lixiviation /lɪksɪvɪˈeɪʃn/, *n.* (*chim.*) lisciviazione.

Liza /ˈlaɪzə/, *n. dim.* di **Elizabeth**.

lizard /ˈlɪzəd/, *n.* (*zool., Lacerta*) lucertola.

Lizzie /ˈlɪzɪ/, *n. dim.* di **Elizabeth**.

'll /l, əl/, *contraz.* di **shall** o di **will** in **I'll, you'll, he'll**, *ecc.*

llama /ˈlɑːmə/, *n.* (*pl.* **llamas, llama**) **1** (*zool., Lama glama*) lama **2** (tessuto di) pelo di lama.

Lloyd's /lɔɪdz/, *n.* (*ass., naut.*) Compagnia del Lloyd (*di Londra*). ● **L. list**, bollettino (*o* giornale) del Lloyd □ **L. Register**, registro di classificazione (*delle navi*) del Lloyd.

lo /ləʊ/, *inter.* (*arc.*) guarda!; ecco! ● (*fam.*) **lo and behold!**, quand'ecco che...

loach /ləʊtʃ/, *n.* (*zool.*) **1** (*Cobitis barbatula*) pesce barometro **2** (*Cobitis*) cobitide (*in genere*).

load /ləʊd/, *n.* **1** carico, peso (*anche fig.*); fardello; soma: **a l. of wood**, un carico di legna; **a lorry with a full l.**, un camion a pieno carico; **to hike a l. on one's shoulders**, caricarsi un peso sulle spalle; **to take a great l. off sb.'s mind**, togliere a q. un grosso peso dall'animo *2* (*elettr., elettron., mecc.*) carico: **l. voltage**, tensione di carico; **l. factor**, fattore di carico *3* carica (*d'un fucile, ecc.*) *4* (*elab.*) caricamento; (*anche*) istruzione di caricamento *5* (*fin., market.*) ricarico; maggiorazione di prezzo *6* (*fin.*, = **front l.**) carico, sovrapprezzo (*di quota di fondo d'investimento*) *7* (*pl.*) (*fam.*) (un) sacco; (un) mucchio: **to have loads of money**, avere un sacco di quattrini. ● (*edil.*) **a l.-bearing wall**, un muro portante □ (*elettr.*) **l. cell**, cella di carico □ (*elettron.*) **l. circuit**, circuito di carico □ (*naut.*) **l. displacement**, dislocamento a pieno carico □ (*naut.*) **l. draught**, pescaggio a carico normale □ (*naut.*) **l. line**, linea di galleggiamento a pieno carico; marca di bordo libero □ (*elettr.*) **l. loss**, perdita a carico □ (*aeron.*) **l. master**, addetto al carico □ **l. shedding**, (*trasp.*) perdita del carico (*da un veicolo*); (*econ.*) ripartizione del carico (*con interruzioni dell'erogazione dell'energia elettrica*) □ (*ind. costr.*) **capacity l.**, portata □ (*pop.*) **to get a l.**, fare il pieno (*bevendo alcolici*) □ (*fam.*) **to get a l. off one's chest**, togliersi un peso dal cuore □ (*pop.*) **Get a l. of this!**, prendi su! piglia e porta a casa!

to **load** /ləʊd/, **A** *v. t.* *1* caricare (*anche fig.*); colmare; gravare, opprimere: **to l. a cart [a ship]**, caricare un carro [una nave]; **to l. a steamboat with goods and passengers**, caricare un vaporetto di merci e passeggeri; **to l. cases aboard a ship**, caricare casse su una nave; **to l. sb. with gifts**, colmare q. di doni; **to l. a gun**, caricare un cannone (*o* una pistola); **a life loaded with grief**, una vita oppressa dal dolore *2* appesantire; zavorrare: **to l. st. with lead shot**, zavorrare q.c. con pallini di piombo *3* adulterare; alterare; sofisticare: **I am afraid they l. the wine**, temo che adulterino il vino *4* (*elab.*) caricare *5* (*fin., market.*) caricare, ricaricare (*un prezzo*) *6* (*comm.*: *d'assicurazione sulla vita*) aggiungere un'addizionale a, maggiorare (*un premio*). **B** *v. i.* *1* (*anche* **to l. up**) caricare; fare un carico; essere sotto carico: **Trucks were loading**, i camion erano sotto carico *2* caricare un'arma da fuoco *3* (*d'arma*) caricarsi: **This mortar loads at the muzzle**, questo mortaio si carica dalla bocca. ● **to l. a camera**, caricare una macchina fotografica □ **to l. the dice**, truccare i dadi (*appesantendoli con piombo*) □ (*fig.*) **to l. the dice against [in favour of] sb.**, svantaggiare [avvantaggiare] scorrettamente q. □ **to l. down**, appesantire; sovraccaricare; zavorrare □ **to l. one's pipe**, caricare la pipa □ **to l. one's questions (with insinuations)**, fare domande tendenziose □ **to l. up**, stracaricare, caricare all'eccesso; appesantire; (*fam. USA*) imbottire (*di chiacchiere, informazioni, ecc.*).

loaded /ˈləʊdɪd/, *a.* *1* caricato; carico (*anche fig.*): **a cart l. with fruit**, un carretto carico di frutta: **He's l. with worries**, è carico (*o* pieno) di preoccupazioni *2* (*di fucile, ecc.*) carico *3* (*di un dado*) truccato *4* (*fig.*) fazioso; di parte, parziale; prevenuto: **a l. argument**, un argomento fazioso; **a l. decision**, una decisione di parte *5* (*di una domanda, ecc.*) tendenzioso; insidioso; capzioso *6* (*di vino*) adulterato *7* (*pop.*) ricco sfondo *8* (*fam. USA*: *di una persona*) pronto a esplodere, ad arrabbiarsi; (*di una situazione, ecc.*) esplosivo *9* (*pop. USA*) sbronzo; sotto l'effetto della droga *10* (*pop. USA*: *di un veicolo*) accessoriato. ● **l. cane** (*o* **stick**), bastone con l'anima di ferro □ **a l. cigar**, un sigaro esplosivo (*come arma*) □ (*trasp.*) **l. weight**, peso a pieno carico □ (*pop.*) **to get l. on whisky**, sbronzarsi di whisky □ **to be l. down with debts**, essere carico di debiti □ **to be l. down with work**, essere stracarico di lavoro.

loader /ˈləʊdə(r)/, *n.* *1* caricatore (*facchino o operaio*) *2* (*mil.*) caricatore (*addetto al caricamento del cannone*) *3* chi carica il fucile per un cacciatore (*nella caccia grossa*) *4* (*elab.*) programma caricatore *5* (*tecn.*) caricatore; macchina per caricare. ● (*mil.*) **a breech-l.**, un'arma che si carica dalla culatta.

loading /ˈləʊdɪŋ/, *n.* *1* carico; caricamento: **l. operations**, operazioni di carico; (*trasp.*) **l. gauge**, sagoma massima ammessa per il carico *2* (*mil.*) caricamento (*di un'arma da fuoco*): **l. chamber**, camera di caricamento *3* (*chim., metall., fis. nucl.*) caricamento *4* (*elab.*) caricamento *5* (*elettr.*) carico *6* (*ind. tess., ind. della carta*) carica *7* (*fin., market.*) ricarico; sovrapprezzo *8* (*ass.*) addizionale (*di premio*) *9* (*naut.*) carico; caricazione: **l. and unloading charges**, spese di caricazione e di discarica. ● (*naut.*) **l. aboard**, messa (*o* caricazione) a bordo □ (*trasp.*) **l. bay**, piattaforma di carico □ (*naut.*) **l. broker**, mediatore di carichi □ (*elettr.*) **l. coil**, bobina di carico □ (*naut.*) **l. deck**, ponte d'imbarco □ (*ferr.*) **l. platform**, piano caricatore (*o* di carico) □ (*tecn.*) **l. shovel**, pala di caricamento.

loadstar /ˈləʊdstɑː(r)/, *V.* **lodestar**.

loadstone /ˈləʊdstəʊn/, *V.* **lodestone**.

loaf (1) /ləʊf/, *n.* (*pl.* **loaves**) *1* pagnotta: **a brown l.**, una pagnotta di pane scuro *2* pane; panetto; pane in cassetta: **sliced l.**, pane a fette *3* (*bot.*) cespo, cesto (*di lattuga, ecc.*) *4* (*pop.*) testa; zucca; cervello: **Use your l.**, usa il cervello! ● **l. sugar**, zucchero a quadretti, a cubetti □ **a meat l.**, un polpettone □ (*prov.*) **Half a l. is better than no bread**, meglio poco che niente; meglio un uovo oggi che una gallina domani.

loaf (2) /ləʊf/, *n.* (*fam.*) lo stare in ozio. ● **to be on the l.**, essere in ozio □ **We are going to have a good l.**, adesso ce ne staremo finalmente un po' in ozio.

to **loaf** /ləʊf/, **A** *v. i.* (*fam.*) bighellonare; oziare; andare a zonzo; perdere tempo: **to l. at the office**, perdere tempo in ufficio. **B** *v. t.* (*anche* **to l. away**) sciupare, passare nell'ozio: **Don't l. away whole days**, non sciupare intere giornate nell'ozio.

loafer /ˈləʊfə(r)/, *n.* *1* (*fam.*) bighellone; fannullone; ozioso; perdigiorno *2* (*USA*) specie di mocassino.

loam /ləʊm/, *n.* *1* (*agric.*) loam; terra grassa *2* terra grassa, argilla (*per mattoni, o da formatore*) *3* terriccio.

to **loam** /ləʊm/, *v. t.* *1* (*ind. costr.*) rivestire di argilla *2* (*agric.*) concimare (*o* coprire) con terra grassa.

loaming /ˈləʊmɪŋ/, *n.* *1* (*ind. costr.*) rivestimento di argilla *2* (*agric.*) concimazione con terra grassa.

loamy /ˈləʊmɪ/, *a.* ricco; con alta percentuale di loam: **a l. soil**, un terreno ricco (*o* grasso).

loan (1) /ləʊn/, *n.* *1* prestito; imprestito: **to ask for the l. of st.**, chiedere q.c. in prestito; **Can I have the l. of your motorbike for an hour?**, puoi darmi in prestito (*o* prestarmi) la tua moto per un'ora? *2* (*fin.*) prestito; mutuo; anticipazione: **to take out a l.**, fare un mutuo; (*banca*) **l. account**, conto anticipazioni *3* (*ling.*) *V.* **loanword**. ● (*banca*) **l. at call**, prestito rimborsabile a richiesta □ (*banca*) **l. business**, la concessione di mutui □ (*fin.*) **l. capital**, capitale obbligazionario (*di una società*); capitale di prestito □ (*leg.*) **l. for use**, (*pressappoco*) comodato □ (*fin.*) **l. holder**, detentore di obbligazioni □ (*fin.*) **the l. market**, il mercato dei prestiti □ **l. on mortgage**, prestito (*o* mutuo) ipotecario □ (*banca*) **l. on overdraft**, apertura di credito mediante scoperto di conto corrente □ **l. on one's salary**, prestito sullo stipendio; cessione del quinto (*in Italia*) □ (*banca*) **l. on stock**, prestito su garanzia di titoli □ (*banca*) **l. operations**, operazioni attive □ (*fam.*) **l. shark**, usuraio; strozzino □ (*fam.*) **l. sharking**, strozzinaggio □ **l. society**, associazione di credito operaio; società di mutuo soccorso (*senza fini di lucro*) □ (*fin.*) **l. stock**, capitale obbligazionario (*di una società*) □ (*ass.*) **l. value**, valore redimibile (*o* di riscatto: *di una polizza*) □ (*fin.*) **to issue** (*o* **to raise**) **a l.**, emettere un prestito □ (*fin.*) **long-term l.**, finanziamento a lungo termine □ **on l.**, (*fin.*) a (*o* in) prestito; (*di un dipendente*) comandato; assegnato temporaneamente (*a un ufficio, ecc.*) □ (*fin.*) **public l.**, debito pubblico.

loan (2) /ləʊn/, *n.* (*scozz.*) *1* viottolo *2* cortile per la mungitura.

to **loan** /ləʊn/, *v. t.* *1* (*specialm. USA*) prestare; dare in prestito *2* (*fin.*) prestare; dare a mutuo; mutuare.

loanable /ˈləʊnəbl/, *a.* che può essere dato in prestito; mutuabile.

loanback /ˈləʊnbæk/, *n.* (*ass.*) prestito su una polizza vita.

loanword /ˈləʊnwɜːd/, *n.* (*ling.*) prestito.

loath /ləʊθ/, *a. pred.* contrario; poco incline; restio; riluttante; sfavorevole: **They were l. to depart**, erano restii ad andarsene. ● (*lett.*) **nothing l.**, volentieri. || **-ly**, *avv.* || **-ness**, *sost.*

to **loathe** /ləʊð/, *v. t.* *1* aborrire; detestare; avere a nausea; provare disgusto per; sentire ripugnanza per: **I l. the taste of cucumbers**, detesto il sapore dei cetrioli *2* (*fam.*) non poter soffrire (*una persona*): **I l. that silly woman**, non posso soffrire quella donna sciocca.

loathing /ˈləʊðɪŋ/, *n.* *1* aborrimento; disgusto; ripugnanza; ribrezzo *2* avversione, profonda antipatia (*per q.*); detestazione.

loathingly /ˈləʊðɪŋlɪ/, *avv.* con disgusto; con ripugnanza.

loathsome /ˈləʊðsəm/, *a.* *1* disgustoso; ripugnante; ributtante; schifoso: **a l. smell**, un odore disgustoso; **a l. disease**, una malattia ripugnante *2* detestabile; odioso. || **-ly**, *avv.* || **-ness**, *sost.*

loaves /ləʊvz/, *pl.* di **loaf** (1).

lob /lɒb/, *n.* (*sport*) *1* (*tennis* e *calcio*) pallonetto; lob *2* (*cricket*) colpo dato ad arco; palla lanciata ad arco.

to **lob** /lɒb/, **A** *v. i.* *1* (*spesso* **to lob along**) muoversi a stento; trascinarsi *2* (*tennis e calcio*) fare pallonetti (*o* un pallonetto). **B** *v. t.* *1* (*sport*) lanciare (*una palla*) in alto, ad arco *2* (*per estens.*) lanciare (*bombe a mano, ecc.*). ● (*tennis*) **to lob the ball at sb.**, rinviare la palla a q. con un pallonetto.

lobar /ˈləʊbɑː(r)/, *a.* (*anat.*) lobare: (*med.*) **l. pneumonia**, polmonite lobare.

lobate /ˈləʊbeɪt/, *a.* (*bot., zool.*) lobato.

lobation /ləʊˈbeɪʃn/, *n.* (*bot., zool.*) formazione di lobi.

lobby /ˈlɒbɪ/, *n.* *1* atrio; ingresso; vestibolo *2* (*polit.*) corridoio (*ve ne sono due, per le votazioni per divisione*); (*anche*) sala per incontri con il pubblico (*alla Camera dei Comuni*) *3* (*polit.*) lobby; gruppo d'interesse; gruppo di pressione *4* (*per estens.*) campagna (politica) *5* (*di teatro*) ridotto. ● (*polit.*) **division l.**, corridoio per votazioni per divisione.

to **lobby** /ˈlɒbɪ/, **A** *v. t.* *1* fare pressioni su (q.); influenzare *2* (*spesso* **to l. through**) far approvare (*una legge, ecc.*) esercitando forti pressioni. **B** *v. i.* *1* esercitare pressioni politiche; sollecitare voti (*in favore d'una legge*): **to l. on behalf of business interests**, esercitare pressioni per ottenere leggi favorevoli agli interessi dei grandi industriali e commercianti *2* fare (*o* esercitare) pressioni; darsi da fare: **to l. for ministers in the new government**, darsi da fare per ottenere posti ministeriali nel nuovo governo.

lobbying /ˈlɒbɪɪŋ/, **lobbyism** /ˈlɒbɪɪzəm/, *n.* (*polit.*) pressioni politiche (*in favore d'un gruppo o d'interessi particolari*).

lobbyist /ˈlɒbɪɪst/, *n.* (*polit.*) lobbista; maneggione; intrallazzatore.

lobe /ləʊb/, *n.* *1* (*anat., bot.*) lobo: **the l. of the ear**, il lobo dell'orecchio; **a brain l.**, un lobo cerebrale *2* (*elettr., mecc.*) lobo.

lobectomy /ləʊˈbɛktəmɪ/, *n.* (*med.*) lobectomia.

lobed /ləʊbd/, *a.* *1* (*specialm. bot.*) lobato *2* (*anat.*) lobare.

lobelia /lə'bi:lɪə/, *n.* (*bot., Lobelia*) lobelia.

to **lobotomize** /ləʊ'bɒtəmaɪz/, *v. t.* (*med.*) lobotomizzare.

lobotomized /ləʊ'bɒtəmaɪzd/, *a.* ***1*** (*med.*) lobotomizzato ***2*** (*fig.*) lento; tardo; stupido.

lobotomy /ləʊ'bɒtəmɪ/, *n.* (*med., psic.*) lobotomia.

lobster /'lɒbstə(r)/, *n.* (*pl.* **lobsters**; *anche* **lobster,** *def. 1 e 2*) ***1*** (*zool., Palinurus vulgaris*; = **spiny l.**) aragosta ***2*** (*zool., Homarus vulgaris*) omaro; astice; gambero marino; lupicante ***3*** (*spreg., stor.*) soldato inglese. ● (*cucina*) **l. bisque**, zuppa d'aragosta □ **l.-eyed**, che ha occhi sporgenti □ **l. pot**, nassa per aragoste □ **as red as a l.**, rosso come un gambero □ (*fam. USA*) **l. shift**, turno di notte.

lobular /'lɒbjʊlə(r)/, *n.* lobulare; (a forma) di lobulo.

lobule /'lɒbju:l/, *n.* (*anat., biol.*) lobulo.

lobworm /'lɒbwɜ:m/, *n.* (*zool., Arenicola*) arenicola.

local /'ləʊkl/, **A** *a.* ***1*** locale; del luogo: (*med.*) **l. anaesthesia**, anestesia locale; (*gramm.*) **a l. adverb**, un avverbio di luogo; **l. customs**, usanze locali; **l. government**, amministrazione locale; **the l. doctor**, il dottore del luogo; **a l. train**, un treno locale ***2*** d'interesse locale: **l. news**, notizie d'interesse locale (*o* di cronaca cittadina) ***3*** campanilistico; limitato; ristretto: **l. outlook**, vedute ristrette. **B** *n.* ***1*** treno (*o* autobus) locale ***2*** notizia d'interesse locale (*o* di cronaca cittadina) ***3*** dottore (*o* avvocato, ecc.) del luogo ***4*** predicatore del luogo ***5*** (*fam.*) pub della zona; locale pubblico che uno frequenta ***6*** (*spesso pl.*) persona del luogo: **one of the locals**, uno del luogo ***7*** (*USA*) sezione locale di un sindacato ***8*** (*sport*) – **the locals**, la squadra di casa. ● (*scritto sulla busta d'una lettera*) **«local»**, «città» □ (*in G.B.*) **l. authority**, ente locale (*consiglio comunale, di contea, ecc.*) □ (*telef.*) **l. call**, chiamata (*o* telefonata) urbana □ (*elettr.*) **l. cell**, cella galvanica □ **l. colour**, colore locale □ (*sport*: *calcio*) **l. derby**, derby □ **l. elections**, elezioni amministrative □ **l. line**, linea (*d'autobus, ecc.*) locale □ (*in G.B.*) **l. loan**, mutuo di ente locale □ **the l. movie theatre**, il cinema rionale (*o* del paese) □ **l. newspaper**, giornale di provincia □ (*autom.*) **l. service area**, area di servizio □ **l. time**, ora locale.

locale /ləʊ'kɑ:l, *USA* -'kæl/, *n.* ***1*** luogo; località; posto (*noto, o d'interesse*) ***2*** ambientazione; scena (*fig.*): **Rome is the l. of the play**, Roma è la scena del dramma; il dramma è ambientato a Roma.

localism /'ləʊkəlɪzəm/, *n.* ***1*** provincialismo; campanilismo ***2*** (*ling.*) idiotismo (*di una regione*); regionalismo.

locality /ləʊ'kælətɪ/, *n.* località; luogo; posto; zona. ● **to have a good sense of l.**, avere una buona memoria locale; avere uno spiccato senso dell'orientamento.

localization /ləʊkəlaɪ'zeɪʃn, *USA* -lɪ'z-/, *n.* (*anche elab.*) localizzazione.

to **localize** /'ləʊkəlaɪz/, **A** *v. t.* ***1*** (*form.*) localizzare; circoscrivere; limitare ***2*** (*tecn.*) localizzare: (*med.*) **localized peritonitis**, peritonite localizzata ***3*** (*raro*) dare un colore locale a (q.c.). **B** *v. i.* (*tecn.*) localizzarsi.

localizer /'ləʊkəlaɪzə(r)/, *n.* ***1*** (*med.*) localizzatore ***2*** (*aeron.*) radiolocalizzatore (*di pista*).

locally /'ləʊkəlɪ/, *avv.* ***1*** localmente ***2*** nelle vicinanze; in zona: **They live l.**, abitano nelle vicinanze; **There are no pubs l.**, non ci sono pub nella zona.

to **locate** /ləʊ'keɪt, *USA* 'ləʊkeɪt/, **A** *v. t.* ***1*** individuare (*la posizione, il luogo di*); localizzare; riconoscere la posizione di; trovare: **to l. a fault**, localizzare un guasto; **They soon located the camp**, riuscirono presto a individuare l'accampamento; **to l. a river on a blank map**, trovare un fiume su una cartina geografica muta ***2*** ubicare; collocare; fissare; situare; stabilire: **Where shall we l. our new office?**, dove stabiliremo il nostro nuovo ufficio? ***3*** (*ind. min.*) picchettare (*una concessione*) ***4*** (*elab.*) posizionare. **B** *v. i.* (*USA*) stabilirsi (*in un luogo*). ● **to be located**, essere situato (*o* ubicato); trovarsi: **His offices are located on the fifth floor**, i suoi uffici si trovano al quinto piano.

location /ləʊ'keɪʃn/, *n.* ***1*** posizione; posto; sito (*lett.*): **a suitable l. for a supermarket**, un posto adatto per costruirvi un supermercato ***2*** ubicazione; localizzazione: (*econ.*) **the l. of industry**, la localizzazione dell'industria ***3*** (*form.*) sede: **Our competitors have moved to a new l.**, i nostri concorrenti si sono trasferiti in una sede nuova ***4*** (*anche mil.*) localizzazione (*del nemico, ecc.*) ***5*** (*elab.*) posizione (*o* indirizzo) di memoria ***6*** (*cinem.*) set all'aperto, esterni: (*di un film*) **shot on l. in Spain**, girato in esterni in Spagna ***7*** (*in Sud Africa*) quartiere urbano per soli neri ***8*** (*leg.*) (*in Scozia, in Italia, ecc.*) locazione ***9*** (*pl.*) (*specialm. USA*) località (*pl.*); luoghi, posti (*da visitare, ecc.*).

locative /'lɒkətɪv/, *a.* e *n.* (*gramm.*) (caso) locativo.

locator /ləʊ'keɪtə(r)/, *n.* ***1*** (*econ.*) localizzatore ***2*** (*leg.*) (in Scozia, in Italia, ecc.) locatore.

loch /lɒk, lɒx/, *n.* (*scozz.*) ***1*** lago ***2*** stretto braccio di mare.

lock (1) /lɒk/, *n.* ***1*** ricciolo; riccio; ciocca (*di capelli*) ***2*** fiocco, bioccolo (*di lana, ecc.*).

lock (2) /lɒk/, *n.* ***1*** serratura (*di porta, cassetto, ecc.*): **double l.**, serratura a doppia mandata ***2*** (*d'arma da fuoco*) otturatore ***3*** (*di fiume, canale, ecc.*) chiusa; diga; (*di canale navigabile*) conca ***4*** (*mecc.*) blocco; bloccaggio; fermo ***5*** (*tecn.*) camera stagna ***6*** (*autom.*) angolo di sterzata ***7*** (*sport*: *lotta*) chiave; immobilizzazione ***8*** (*rugby*) mediano di terza linea. ● (*fin.*) **l.-away**, titolo di cassetta (*da tenere a lungo*) □ **l. chain**, catena per bloccare le ruote d'un veicolo □ **l. cutting**, riproduzione (*o* il fare repliche) di serrature □ **l. gate**, serranda di chiusa; cateratta □ **l.-in**, protesta con asserragliamento nel posto di lavoro (*o* nelle celle: *da parte di carcerati che si rifiutano di uscire*); (*elettron.*) agganciamento □ **l.-keeper,** *V.* **locksman** □ **l. manufacturer**, fabbricante di serrature e lucchetti □ (*elettron.*) **l.-on,** *V.* **l.-in** □ (*cucito*) **l. stitch**, punto a filo doppio □ (*fig.*) **l., stock, and barrel**, con tutto l'armamentario; armi e bagagli □ **l.-up**, ora di chiusura; (*fam.*) guardina, camera di sicurezza; (*fin.*) immobilizzazione, immobilizzo, investimento (*di denaro*) □ (*edil.*) **l.-up garage**, garage individuale; box □ (*fin.*) **l.-up investment**, investimento di cassetta □ **a l.-up shop**, un negozio che viene chiuso dal di fuori la sera (*il padrone abita altrove*) □ (*mecc.*) **l. washer**, rosetta di bloccaggio □ **a car with a good l.**, un'auto che sterza bene □ (*mecc.*: *di macchina*) **in the l. position**, in posizione di arresto □ (*autom.*) **steering l.**, bloccasterzo □ **under l. and key**, (*di un oggetto*) sotto chiave; (*fig.*) al sicuro; (*anche*) in prigione, in gattabuia.

to **lock** /lɒk/, **A** *v. t.* ***1*** chiudere (*una porta, un baule, ecc.*) a chiave; serrare; sprangare: **L. the door!**, spranga la porta! ***2*** chiudere (*anche fig.*); rinchiudere; racchiudere; circondare: **He was locked in his bedroom**, era chiuso (a chiave) in camera; **The fields were locked by steep hills**, i campi erano circondati da colline scoscese ***3*** allacciare; collegare; congiungere ***4*** (*mecc.*) bloccare: (*aeron.*) **to l. the controls**, bloccare i comandi ***5*** abbracciare; abbrancare; avvinghiare; stringere ***6*** provvedere (*un canale, ecc.*) di chiuse (*o* di conche) ***7*** (*elettron.*) agganciare; bloccare. **B** *v. i.* ***1*** avere la serratura; chiudersi (a chiave): **Does this casket l.?**, si chiude (a chiave) questo scrigno? ***2*** serrarsi; stringersi: **His arms locked round the giant's neck**, le sue braccia si serrarono intorno al collo del gigante ***3*** (*mecc.*: *per es., d'ingranaggi*) bloccarsi; incepparsi; grippare ***4*** allacciarsi; congiungersi ***5*** (*autom.*) avere un certo angolo di sterzata ***6*** (*mil.*) marciare a ridosso (*della prima fila*). ● **to l. horns**, (*di animali*) dar di cozzo l'un l'altro, fare alle cornate; (*fig.*) scornarsi, scontrarsi □ (*modo prov.*) **to l. the stable door after the horse has been stolen**, chiudere la stalla dopo che i buoi sono scappati □ **to have one's senses locked in sleep**, essere immerso nel sonno; essere in braccio a Morfeo (*scherz.*).

♦**lock away**, *v. t. + avv.* ***1*** chiudere (q.c.) in cassaforte; mettere (*preziosi, denaro, ecc.*) sotto chiave ***2*** rinchiudere (q.) in prigione (*o* in manicomio): **He's crazy; he ought to be locked away**, è proprio matto; è da rinchiudere! ***3*** serbare, tenere per sé (un ricordo, ecc.).

♦**lock in**, *v. t. + avv.* chiudere a chiave; rinchiudere: **The cat has been locked in for hours**, il gatto è rimasto chiuso in casa per ore □ **to l. oneself in**, chiudersi dentro (*per sbaglio*); rimanere chiuso dentro □ **to be locked in**, (*di un paese*) non avere accesso al mare; (*di denaro*) essere immobilizzato (*o* vincolato).

♦**lock into**, *v. i. + prep.* (*mecc.*) ingranare con.

♦**lock on**, **A** *v. t. + avv.* (*ferr.*) agganciare (*vagoni*). **B** *v. t. + prep.* (*ferr.*) agganciare a (*un locomotore, ecc.*). **C** *v. i. + avv.* (*ferr.*) (*di vagoni*) agganciarsi.

♦**lock onto**, **A** *v. i. + prep.* ***1*** (*ferr., miss.*) agganciarsi con (*il locomotore, una stazione orbitale, ecc.*) ***2*** (*del radar*) localizzare ***3*** (*mil.*: *di un missile*) localizzare e inseguire (*un bersaglio mobile*: *per distruggerlo*) ***4*** (*fig.*) abbrancare (q.); tenere agganciato (q.): **My mother-in-law locked onto me for over an hour**, mia suocera mi ha tenuto agganciato per un'ora buona. **B** *v. t. + prep.* (*ferr., miss.*) agganciare (*vagoni, un'astronave*) a.

♦**lock out**, *v. t. + avv.* ***1*** chiudere (q.) fuori; non fare entrare (q.) ***2*** (*econ.*) attuare una serrata contro (*operai, ecc.*) ***3*** (*elab.*) inibire l'accesso a (*un'informazione, ecc.*) □ **to l. oneself out**, chiudersi fuori; restare fuori casa.

♦**lock together**, **A** *v. t. + avv.* incastrare insieme: **Four cars were locked together in the accident**, nell'incidente quattro macchine rimasero incastrate l'una nell'altra. **B** *v. i. + avv.* (*dei denti, ecc.*) serrarsi: **My teeth locked together for the pain**, strinsi i denti per il dolore □ **to be locked together**, (*di lottatori*) essere avvinghiati; (*di innamorati*) essere allacciati (*o* strettamente abbracciati).

♦**lock up**, **A** *v. t.* ***1*** mettere (*o* tenere) sotto chiave; mettere (*o* tenere) in cassaforte; chiudere (*o* tenere chiuso) (q. *o* q.c.) a chiave ***2*** *V.* **lock away,** *def. 2* ***3*** *V.* **lock away,** *def. 3* ***4*** racchiudere: **An enormons amount of energy is locked up in atoms**, negli atomi è racchiusa una quantità enorme di energia ***5*** (*fin.*) immobilizzare, impegnare, investire (*capitali, ecc.*): **Most of my money is locked up in gilts**, la maggior parte del mio denaro è investita in titoli di stato ***6*** (*del ghiaccio*) bloccare (*un porto*). **B** *v. i. + avv.* chiudere bene; chiudere casa per bene □ **to l. oneself up**, chiudersi a chiave (*deliberatamente*); (*fig.*) isolarsi (dal mondo).

lockage /'lɒkɪdʒ/, *n.* ***1*** passaggio d'una chiusa (*o* d'una conca) ***2*** sistema di chiuse (*o* di conche: *in un canale*) ***3*** (*naut.*) diritti di passaggio d'una chiusa (*o* di una conca).

locker /'lɒkə(r)/, *n.* ***1*** chi chiude a chiave, ecc. (*V.* **to lock**) ***2*** armadietto metallico (*con serratura*) ***3*** (*naut.*) bauletto; cassone ***4*** (*USA*) scomparto per alimenti surgelati. ● **l. room**, spogliatoio (*di palestra, ecc.*) □ (*scherz.*) **Davy Jones's l.**, il fondo del mare; (*fig.*) morte per annegamento: **to go to Davy Jones's l.**, finire ai pesci; annegare.

locket /'lɒkɪt/, *n.* medaglione (*che si porta appeso al collo*).

lockfast /'lɒkfɑ:st, *USA* -æst/, *a.* chiuso a chiave.

locking /'lɒkɪŋ/, *n.* ***1*** (*mecc.*) bloccaggio ***2*** (*radar*) localizzazione. ● (*mecc.*) **l. fastener**, elemento di bloccaggio □ (*fin.*) **l.-up**, immobilizzazione, immobilizzo (*di capitali*).

lockjaw /ˈlɒkdʒɔː/, *n.* (*med., fam.*) *1* trisma *2* tetano.

locknut /ˈlɒknʌt/, *n.* (*mecc.*) *1* controdado *2* dado autobloccante.

lockout /ˈlɒkaʊt/, *n.* *1* (*econ.*) serrata *2* (*tecn.*) chiusura, esclusione (*di contatti elettrici, ecc.*) *3* (*elab.*) blocco.

locksman /ˈlɒksmən/, *n.* (*pl.* **locksmen**) guardiano di chiusa.

locksmith /ˈlɒksmɪθ/, *n.* magnano; chiavaio; fabbro per serrature.

lockup /ˈlɒkʌp/, *n.* *V. sotto* **lock** (**2**).

loco (**1**) /ˈləʊkəʊ/, *n.* (*pl.* **locos**) (*abbr. fam. di* **locomotive**) locomotiva.

loco (**2**) /ˈləʊkəʊ/, *n.* (*pl.* **locoes, locos**) *1* (*bot., Astragalus*; = **locoweed**) astragalo *2* (*vet.,* = **l. disease**) avvelenamento da astragalo.

loco (**3**) /ˈləʊkəʊ/ (*spagn.*), *a.* e *n.* (*pop. USA*) pazzo; matto. ● **to drive sb. l.**, far impazzire q.

locomobile /ˈləʊkəməbiːl, ləʊkəməˈbiːl/, **A** *a.* semovente. **B** *n.* (veicolo) semovente.

locomotion /ləʊkəˈməʊʃn/, *n.* locomozione.

locomotive /ləʊkəˈməʊtɪv/, **A** *n.* *1* (*ferr.*) locomotiva; locomotore *2* (*biol.*) animale capace di locomozione. **B** *a.* *1* (*tecn.*) locomotivo; semovente *2* (*scient.*) locomotore; locomotorio: **l. faculty**, facoltà locomotoria. ● (*ferr.*) **l. crane**, gru (ferroviaria) semovente □ **a l. engine**, una locomotiva □ (*ferr.*) **l. gradient**, pendenza massima superabile □ (*biol.*) **the l. organs**, l'apparato locomotore.

locomotor /ˈləʊkəməʊtə(r)/, **A** *a.* locomotore, locomotorio: (*zool.*) **l. system**, sistema locomotore; (*med.*) **l. ataxy**, atassia locomotoria. **B** *n.* cosa (*o* persona) capace di locomozione.

locoweed /ˈləʊkəʊwiːd/, *n.* *1* (*bot.*) *V.* **loco** (**2**), *def. 1* *2* (*pop.*) marijuana.

locular /ˈlɒkjʊlə(r)/, *a.* (*bot., zool.*) alveolare.

loculus /ˈlɒkjʊləs/, *n.* (*pl.* **loculi**) *1* loculo (*di catacomba*) *2* (*bot., zool.*) alveolo.

locum /ˈləʊkəm/, *n.* (*fam.*) *V.* **locum tenens**.

locum tenens /ˈləʊkəmˈtɛnɛnz, ˈlɒ-, -kʊm-, -ˈtiː-, -nənz/ (*lat.*), *locuz. n.* (*pl.* **locum tenentes**) facente funzione; sostituto; (medico) interino. ● **to act as locum tenens for sb.**, sostituire q.; rimpiazzare q.

locus /ˈləʊkəs/, *n.* (*pl.* **loci, loca**) *1* località *2* (*geom.*) luogo geometrico *3* (*letter.*) passo *4* (*genetica*) locus. ● (*lett.*) **l. classicus**, citazione classica; passo arcinoto.

locust /ˈləʊkəst/, *n.* *1* (*zool., Locusta, Pachytylus*) locusta; cavalletta *2* (*bot., Ceratonia siliqua*; = **l. tree**) carrubo *3* (*bot., Robinia pseudo-acacia*; = **l. tree**) robinia *4* (*bot., Gleditsia triacanthos*; = **l. tree**) spino di Giuda. ● **l. bean**, carruba □ (*fig.*) **l. years**, anni di privazioni (*o* di stenti); anni magri.

locution /ləˈkjuːʃn/, *n.* *1* eloquio; dizione *2* locuzione; modo di dire.

locutive /ˈləʊkjʊtɪv/, *a.* (*ling.*) locutivo.

locutory /ˈlɒkjʊtərɪ, *USA* -tɔːrɪ/, *n.* *1* parlatorio (*specialm. di monastero*) *2* grata (*o* inferriata) di parlatorio.

lode /ləʊd/, *n.* *1* (*geol.*) fessura mineralizzata *2* (*ind. min.*) filone a vene parallele *3* (*fig.*) filone.

lodestar /ˈləʊdstɑː(r)/, *n.* *1* (*astron.*) stella che segna il cammino; stella polare *2* (*fig.*) principio informatore; guida; modello.

lodestone /ˈləʊdstəʊn/, *n.* *1* (*miner.*) magnetite; calamita naturale *2* calamita *3* (*fig.*) calamita; potente attrazione; persona affascinante.

lodge /lɒdʒ/, *n.* *1* casetta; casotto; casino: **the caretaker's l.**, la casetta del custode (*d'una villa con parco*); **a hunting l.**, un casino (*o* padiglione) di caccia *2* (= **porter's l.**) portineria (*di collegio, condominio, ecc.*) *3* loggia (*massonica*): **the grand l.**, la grande loggia *4* tana (*di castoro, lontra, ecc.*) *5* (*USA*) tenda (*o* capanna) di pellirosse; (*fig.*) famiglia (di indiani) *6* (*USA*) villetta *7* (*USA*) edificio dei servizi (*di un campeggio*).

to **lodge** /lɒdʒ/, **A** *v. t.* *1* alloggiare; ospitare; sistemare: **The refugees were lodged in camps**, i profughi furono sistemati in campi d'accoglienza *2* prendere (q.) a pensione, come pensionante: **to l. students**, prendere studenti a pensione *3* (*di casa*) dare alloggio a; ospitare *4* piantare (*una freccia, una pallottola*): **to l. a bullet into the trunk of a tree**, piantare un proiettile nel tronco d'un albero *5* (*fin.*) collocare; mettere; depositare: **to l. money in a bank**, depositare il proprio denaro in banca *6* affidare; depositare: **to l. a document with sb.**, affidare un documento a q. *7* (*leg.*) presentare: **to l. a complaint** [**an accusation**], presentare un reclamo [un'accusa] *8* (*del vento, della pioggia*) allettare (*il grano, ecc.*). **B** *v. i.* *1* alloggiare; abitare; stare: **to l. with friends**, stare in casa di amici *2* essere (*o* stare) a pensione: **You can l. with your uncle**, puoi stare a pensione dallo zio *3* conficcarsi; piantarsi: **The bullet lodged in his arm**, la pallottola gli si piantò nel braccio. ● (*leg.*) **to l. an appeal**, interporre appello □ **to l. a petition**, presentare un'istanza (*o* una petizione) □ (*form.*: *di un potere, un diritto, ecc.*) **to be lodged in**, essere riposto in; essere pertinenza di.

lodgement /ˈlɒdʒmənt/, *n.* *1* (*raro*) alloggio; alloggiamento *2* (*leg.*) presentazione: **the l. of a complaint**, la presentazione d'un reclamo *3* accumulo; deposito: **a l. of dirt in a pipe**, un accumulo di rifiuti in una tubazione *4* (*fin.*) deposito, versamento (*in banca*) *5* (*mil.*) posizione saldamente tenuta.

lodger /ˈlɒdʒə(r)/, *n.* pensionante; pigionante; inquilino.

lodging /ˈlɒdʒɪŋ/, *n.* *1* alloggio; sistemazione; ospitalità: **to find l. for the night**, trovare alloggio per la notte *2* (*pl.*) appartamento, camera d'affitto (*ammobiliati*). ● **l. house**, casa con camere d'affitto; pensione □ **l. house keeper**, affittacamere □ **board and l.**, vitto e alloggio.

lodgment /ˈlɒdʒmənt/, *V.* **lodgement**.

loess /ˈləʊɛs, *USA* ˈlɛs/, *n.* (*miner.*) loess (*terriccio marnoso molto fertile*).

lofar /ˈləʊfɑː(r)/, *n.* (*acronimo di* **low-frequency acquisition and ranging**) (*naut., mil.*) lofar (*dispositivo antisommergibile*).

lo-fi /ˈləʊfaɪ/, **A** *a.* (*di disco, registrazione, ecc.*) di cattiva qualità. **B** *n.* registrazione (attrezzatura, ecc.) di cattiva qualità.

loft /lɒft, *USA* lɔːft/, *n.* *1* soffitta; solaio; sottotetto: **l. ladder**, scala (retrattile, ecc.) per sottotetto *2* (*agric.*) fienile *3* piccionaia *4* (*archit.*) balconata, galleria (*in chiese, ecc.*): **the choir l.**, la galleria del coro; la cantoria *5* (*ind.*) area di lavoro *6* (*USA*) magazzino *7* (*USA*) loft; magazzino o altro locale trasformato in appartamento. ● (*edil.*) **l. conversion**, trasformazione di una soffitta in attico.

to **loft** /lɒft, *USA* lɔːft/, *v. t.* *1* mettere in soffitta (*o* in solaio) *2* tenere (*piccioni*) in piccionaia *3* (*golf*) colpire (*la palla*) così da farle descrivere un'alta parabola *4* (*miss.*) lanciare (*razzi, satelliti, ecc.*).

lofter /ˈlɒftə(r), *USA* ˈlɔːf-/, *n.* «lofter» (*bastone da golf*); *V.* **to loft**.

loftiness /ˈlɒftɪnəs, *USA* ˈlɔːf-/, *n.* *1* altezza; elevatezza; (*fig.*) grandezza, nobiltà *2* (*fig.*) alterigia; superbia.

lofty /ˈlɒftɪ, *USA* ˈlɔːftɪ/, *a.* *1* alto; elevato; (*fig.*) grande, nobile, sublime: **a l. cliff**, un'alta scogliera; **a l. brow**, una fronte alta (*o* nobile); **l. ideals**, nobili ideali *2* (*fig.*) altero; altezzoso; superbo: **a l. appearance**, un aspetto altero; **l. scorn**, disprezzo altezzoso.

log (**1**) /lɒg, *USA* lɔːg/, **A** *n.* *1* tronco (*d'albero, grezzo o squadrato*); ceppo; ciocco: **log chute**, scivolo per tronchi d'albero *2* (*naut.*) solcometro; misuratore della velocità *3* (*naut., aeron.*; = **logbook**) giornale di bordo *4* (*per estens.*) libretto, registro (*d'immatricolazione, ecc.*) *5* (*elab.*) giornale; registrazione *6* (*geol.*) carotaggio geofisico. **B** *a. attr.* di tronchi: **a log cabin**, una capanna di tronchi d'albero. ● (*USA*) **log jam**, *V.* **logjam** □ (*naut.*) **log line**, sagola del solcometro □ **to fall like a log**, cadere pesantemente □ **to float** [**to lie**] **like a log**, galleggiare [star lì] come un pezzo di legno □ **King Log**, il re Travicello □ **to sleep like a log**, dormire come un ciocco □ (*prov.*) **Roll my log and I'll roll yours**, una mano lava l'altra; do ut des.

log (**2**) /lɒg, *USA* lɔːg/, *n.* (*mat., abbr. di* **logarithm**) logaritmo.

to **log** /lɒg, *USA* lɔːg/, **A** *v. t.* *1* tagliare (*alberi*) in tronchi *2* (*naut., aeron.*) annotare, registrare (*fatti*) nel giornale di bordo *3* (*naut., aeron.*) coprire (*una distanza*); fare, filare (*un certo numero di nodi all'ora*); viaggiare alla velocità di *4* tagliare gli alberi in (*un bosco, una zona, ecc.*) *5* (*elab.*) registrare (*un dato, un'elaborazione*) in ordine cronologico *6* (*geol.*) fare il carotaggio geofisico di (*una zona*). **B** *v. i.* fare legname; tagliare e trasportare tronchi. ● (*elab.*) **to log in**, entrare in un sistema usando una chiave d'identificazione □ (*elab.*) **to log off** (*o* **out**), uscire da un sistema chiudendo l'accesso mediante una chiave d'identificazione □ (*aeron., naut.*) **to log up**, fare, totalizzare (*un certo numero di ore di volo*); percorrere in totale (*un certo numero di miglia, ecc.*).

loganberry /ˈləʊgənbrɪ, *USA* -berɪ/, *n.* (*bot., Rubus ursinus loganobaccus*) «loganberry» (*la pianta e il frutto edule*).

logaoedic /lɒgəˈiːdɪk/, (*poesia*) **A** *a.* (*di verso*) logaedico. **B** *n.* logaedo.

logarithm /ˈlɒgərɪðəm, *USA* ˈlɔːg-/, *n.* (*mat.*) logaritmo.

logarithmic /lɒgəˈrɪθmɪk, *USA* ˈlɔːg-/, *a.* (*mat.*) logaritmico: **l. spiral**, spirale logaritmica. ● **l. function**, funzione logaritmo.

logbook /ˈlɒgbʊk, *USA* ˈlɔːg-/, *V.* **log** (**1**), *def. 3* e *4*.

logger /ˈlɒgə(r), *USA* ˈlɔːg-/, *n.* boscaiolo; taglialegna.

loggerhead /ˈlɒgəhɛd, *USA* ˈlɔːg-/, *n.* *1* mestolo usato per sciogliere catrame, pece, ecc. *2* (*zool., Caretta caretta*) caretta; (*Macrochelys temmincki*) testuggine alligatore; (*Chelydra serpentina*) testuggine azzannatrice *3* (*raro*) testa di legno; testone; zuccone. ● **to be at loggerheads with sb.**, essere in disaccordo (*o* in lite, ai ferri corti) con q.

loggia /ˈləʊdʒə, ˈlɒdʒɪə, *USA* ˈləʊdʒə, ˈlɔː-/, *n.* (*pl.* **loggias, loggie**) (*archit.*) *1* loggia *2* galleria; balconata.

logging /ˈlɒgɪŋ, *USA* ˈlɔːg-/, *n.* *1* taglio e trasporto di tronchi d'albero *2* (*elab.*) registrazione cronologica (*di dati*); raccolta, consegna (*di dati*). ● **a l. camp**, un accampamento di boscaioli.

logic /ˈlɒdʒɪk/, **A** *n.* *1* (*filos.*) logica (*anche fig.*): **the l. of facts**, la logica dei fatti *2* (*mat.*) operazioni logiche; logica: **computer l.**, le operazioni logiche di un elaboratore; logica di macchina *3* (*fam.*) senso (comune): **There's no l. in smoking**, non ha senso fumare. **B** *a. attr.* logico: **a l. element**, un elemento logico. ● (*elab.*) **l. file**, file logico □ (*elab.*) **l. gate**, porta logica.

logical /ˈlɒdʒɪkl/, *a.* *1* (*filos.*) logico: **a l. inference**, una deduzione logica *2* logico; razionale; ragionevole: **a l. outcome**, una conseguenza logica. ● **to have a l. mind**, saper ragionare; avere raziocinio.

logicality /lɒdʒɪˈkælətɪ/, *n.* logicità.

logically /ˈlɒdʒɪklɪ/, *avv.* *1* (*filos.*) logicamente *2* logicamente; a fil (*o* a rigor) di logica.

logician /ləˈdʒɪʃn/, *n.* *1* (*filos.*) logico *2* buon ragionatore.

logie /ˈləʊgɪ/, *n.* (*teatr.*) gioiello falso.

logistic(**al**) /ləˈdʒɪstɪk(l)/, *a.* (*anche mil.*) logistico. ‖ **-ally**, *avv.*

logistics /ləˈdʒɪstɪks/, *n. pl.* (*col verbo al*

sing.) *1* (*mil.*) logistica *2* (*specialm. ind.*) logistica; organizzazione.

logjam /'lɒgdʒæm, *USA* 'lɔːg-/, *n.* *1* ingorgo (*o* intasamento) di tronchi (*fatti scendere lungo un fiume*) *2* (*fig. specialm. USA*) impasse; intoppo; ostacolo.

logo /'ləʊgəʊ, 'lɒ-/, *n.* (*pl.* **logos**) (*abbr. di* **logotype**) (*comm.*) logo, logotipo.

logogram /'lɒgəʊgræm, *USA* 'lɔː-/, *n.* (*ling., stenografia*) logogramma.

logograph /'lɒgəʊgrɑːf, *USA* 'lɔːgəʊgræf/, *V.* **logogram**.

logographer /lə'gɒgrəfə(r)/, *n.* (*letter. greca*) logografo; mitografo.

logography /lə'gɒgrəfɪ/, *n.* (*letter. greca*) logografia.

logogriph /'lɒgəgrɪf, *USA* 'lɔː-/, *n.* logogrifo.

logomachy /lə'gɒməkɪ/, *n.* (*lett.*) logomachia.

logopathia /lɒgə'pæθɪə, *USA* lɔː-/, *n.* (*med.*) logopatia.

logopathic /lɒgə'pæθɪk, *USA* lɔː-/, *a.* (*med.*) logopatico.

logopedia /lɒgə'piːdɪə, *USA* lɔː-/, *V.* **logopedics**.

logopedics /lɒgə'piːdɪks, *USA* lɔː-/, *n. pl.* (*col verbo al sing.*) (*med.*) logopedia.

logorrhea /lɒgə'riːə, *USA* lɔː-/, *n.* (*psic.*) logorrea.

logorrheic /lɒgə'riːɪk, *USA* lɔː-/, *a.* (*psic.*) logorroico.

logos /'lɒgɒs, *USA* 'ləʊg-, -əʊs/, *n.* (*pl.* **logoi**) (*filos.*) logos.

Logos /'lɒgɒs, 'ləʊ-, *USA* 'ləʊgɒs, -ɔːs, -əʊs/, *n.* (*relig.*) Logos; il Verbo.

logotype /'lɒgəʊtaɪp, *USA* 'lɔː-/, *n.* *1* (*tipogr.*) logotipo *2* (*comm.*) logotipo; logo; marchio, acrostico, sigla (*di una società*).

to **logroll** /'lɒgrəʊl, *USA* 'lɔːg-/, *v. i.* *1* (*dei taglialegna*) far rotolare tronchi galleggianti standovi sopra in piedi; (*anche*) starvi sopra in equilibrio, per gioco *2* (*polit., USA*) scambiarsi favori; praticare il do ut des; accordarsi nelle votazioni. ● (*USA*) **to l. through**, fare approvare (*una legge*) con accordi di scambio di voti tra partiti o parlamentari diversi.

logrolling /'lɒgrəʊlɪŋ, *USA* 'lɔːg-/, *n.* *1* trasporto dei tronchi tagliati *2* rotolamento di tronchi galleggianti (*V.* **to logroll**) *3* (*fam.*) scambio di favori; do ut des *4* (*polit., USA*) accordi (*più o meno leciti*) nelle votazioni.

logwood /'lɒgwʊd, *USA* 'lɔːg-/, *n.* *1* (*bot., Haematoxylon campechianum*) campeggio *2* legno di campeggio.

logy /'ləʊgɪ/, *a.* (*fam. USA*) *1* fiacco; debole *2* assonnato; intontito.

loin /lɔɪn/, *n.* *1* (*anat.*; *di solito al pl.*) lombo *2* (*d'animale macellato*) lombata; lombo; lonza. ● (*fig., lett.*) **fruit of** (*o* **sprung from**) **sb.'s loins**, frutto dei (*o* disceso dai) lombi di q. □ (*fig.*) **to gird up one's loins**, rimboccarsi le maniche; prepararsi a un lavoro (*o* a un viaggio).

loincloth /'lɔɪnklɒθ, *USA* -ɔːθ/, *n.* perizoma.

loir /'lɔɪə(r)/, *n.* (*zool., Glis glis*) ghiro.

to **loiter** /'lɔɪtə(r)/, **A** *v. i.* attardarsi; bighellonare; gironzolare; indugiare; oziare: **to l. on the way**, attardarsi strada facendo. **B** *v. t.* (= **to l. away**) perdere, sciupare (*il tempo*) nell'ozio.

loiterer /'lɔɪtərə(r)/, *n.* bighellone, bighellona; fannullone, fannullona.

loiteringly /'lɔɪtərɪŋlɪ/, *avv.* pigramente; indolentemente; oziando.

to **loll** /lɒl/, **A** *v. i.* *1* pendere; penzolare; pencolare; ciondolare; stare a penzoloni: **After the hunt the hounds lay down, with lolling tongues**, dopo la caccia i cani stavano accucciati, con la lingua penzoloni; **The old man's head lolled forward in his sleep**, la testa del vecchio addormentato pencolava *2* stare rilassato (*o* in panciolle); sedere in modo scomposto; stare sdraiato. **B** *v. t.* lasciar penzolare (*la lingua*); far pencolare, ciondolare (*la testa*).

Lollard /'lɒləd/, *n.* (*stor.*) lollardo (*eretico seguace di John Wycliffe*).

lollingly /'lɒlɪŋlɪ/, *avv.* penzoloni; a penzoloni.

lollipop /'lɒlɪpɒp/, *n.* *1* (*dolce*) lecca lecca *2* (= **ice-lolly**) ghiacciolo (*da succhiare*) *3* (*autom.*) paletta (*tonda, con il manico lungo: per regolare il traffico*). ● (*fam.*) **l. lady** [**l. man**], donna [uomo] che ferma il traffico per far passare scolari, anziani, ecc.

to **lollop** /'lɒləp/, *v. i.* (*fam.*) *1* bighellonare; attardarsi *2* camminare a balzelloni; ballonzolare.

lolly /'lɒlɪ/, *n.* *1* (*fam.*) *V.* **lollipop** *2* (*pop.*) quattrini; denaro; grana (*pop.*).

Lombard /'lɒmbəd/, *a.* e *n.* *1* lombardo *2* (*stor.*) longobardo *3* (*fig., fin.*) finanziatore; banchiere. ● (*fin.*) **L. rate**, tasso (di sconto) Lombard □ **L. Street**, strada di Londra in cui hanno sede molte banche (*un tempo, dei banchieri italiani*); (*fig.*) il mercato finanziario; il mondo della finanza.

Lombardic /lɒm'bɑːdɪk/, *a.* *1* lombardo *2* (*stor.*) longobardo *3* (*archit.*) lombardesco.

Lombardy /'lɒmbədɪ/, *n.* (*geogr.*) Lombardia.

loment /'ləʊmənt/, *n.* (*bot.*) lomento.

London /'lʌndən/, **A** *n.* (*geogr.*) Londra. **B** *a. attr.* londinese; di Londra: **L. theatres**, i teatri londinesi; **L. Airport**, l'aeroporto di Londra (*Heathrow*); **the L. zoo**, lo zoo di Londra; **L. Underground**, la metropolitana di Londra □ (*bot.*) **L. pride**, (*Saxifraga umbrosa*) sassifraga ombrosa, disperazione dei pittori; (*Dianthus barbatus*) garofano a mazzetti, garofano dei poeti; (*Lychnis chalcedonica*) croce di Malta, saponaria di Levante □ **L. smoke**, color fumo di Londra.

Londoner /'lʌndənə(r)/, *n.* Londinese.

to **Londonize** /'lʌndənaɪz/, *v. t.* rendere londinese.

lone /ləʊn/, *a. attr.* (*poet., lett.*) *1* solo; solitario; abbandonato; isolato *2* (*raro, di donna*) nubile; vedova. ● **l. wolf**, lupo solitario; (*fig.*) tipo solitario, gufo (*fig.*); scapolo impenitente; divorziato □ **to play a l. hand**, giocare (a carte) da solo, contro due o più giocatori; (*fig.*) fare da solo, senza l'appoggio di nessuno.

loneliness /'ləʊnlɪnəs/, *n.* *1* solitudine; isolamento *2* desolazione; squallore: **the l. of mass civilization**, la desolazione della civiltà di massa *3* malinconia; tristezza.

lonely /'ləʊnlɪ/, *a.* *1* solitario; isolato; abbandonato; deserto; fuori mano: **a l. shepherd**, un pastore solitario; **a l. path**, un sentiero solitario; **a l. inn**, una locanda isolata; **a l. spot**, un posto fuori mano *2* (che si sente) solo; malinconico; triste: **to feel l.**, sentirsi solo. ● **l. hearts club**, club dei cuori solitari.

loner /'ləʊnə(r)/, *n.* (*fam.*) tipo solitario.

lonesome /'ləʊnsəm/, *n.* *1* solitario; fuori mano; isolato; desolato *2* (che si sente) solo; malinconico; triste. || **-ly**, *avv.* || **-ness**, *sost.*

long (**1**) /lɒŋ, *USA* lɔːŋ/, *a.* *1* lungo; esteso; prolungato: **a l. journey**, un lungo viaggio; **This room is twenty feet l.**, questa stanza è lunga venti piedi (*6 metri circa*); **a l. day**, una giornata lunga; **a l. vowel**, una vocale lunga; **to have a l. memory**, avere la memoria lunga; **to have l. sight**, avere la vista lunga; **a l. speech**, un discorso lungo (*o* tedioso); (*fig.*) **to have a l. tongue**, avere la lingua lunga; (*radio*) **l. waves**, onde lunghe *2* di lunghezza; lineare: **l. measures**, misure di lunghezza (*o* lineari) *3* (*ind. tess.*) a fibre lunghe: **l. flax**, lino a fibre lunghe *4* (*fam.*) lungo; alto di statura *5* (*fin.*) a lunga scadenza: **a l. bill** (*o* **draft**), un effetto (*o* una cambiale) a lunga scadenza. ● **to be l. about doing st.**, essere lento a fare q.c.; metterci molto tempo a fare q.c. □ **to be l. about it**, prendersela comoda □ **l. ago**, (*agg.*) del passato remoto; (*sost.*) (il) lontano passato: **l. ago battles**, battaglie del passato □ (*fig.*) **the l. arm of the law**, il lungo braccio della giustizia (*o* della legge) □ (*un tempo*) **l. clothes**, vesti lunghe (*per neonato*) □ **a l. custom**, un'antica usanza □ **a l. date**, una data lontana □ (*fin.*) **l.-dated bill**, cambiale a lunga scadenza □ **l.-distance**, (*di un autista, ecc.*) che copre una lunga distanza; (*di un volo, ecc.*) a lunga percorrenza; (*telef.*) interurbano; (*sport*) di fondo: **l.-distance call**, chiamata interurbana; (*telef.*) **l.-distance line**, linea interurbana; (*sport*) **l.-distance race**, corsa di fondo □ (*sport*) **l.-distance runner**, fondista □ **l.-distance running**, le corse di fondo; il fondo (*in atletica*) □ (*TV*) **l.-distance shot**, ripresa in campo lungo □ **l.-distance ski-racing**, sci di fondo □ (*meteor.*) **l.-distance weather forecast**, previsione meteorologica a lunga scadenza □ **to be l. doing st.**, metterci molto tempo a fare q.c.: **He was l. finding it out**, ci ha messo molto tempo a scoprirlo □ **l. dozen**, tredici □ **l.-drawn** (*o* **l.-drawn-out**), tirato per le lunghe; protratto □ **l. drink**, long drink; bevanda alcolica diluita (*con succhi di frutta, ecc.*) □ **l.-eared**, dalle orecchie lunghe, orecchiuto; (*fig.*) ignorante, stupido, stolto □ (*zool.*) **l.-eared owl** (*Asio otus*), gufo comune □ **a l. face**, il viso lungo; (*fig.*) il muso lungo: **He had a l. face**, aveva il muso lungo (*o* tanto di muso); **to pull a l. face**, fare il muso (lungo) □ (*fig.*) **l.-faced**, immusonito □ **the l. finger**, il dito medio □ **l.-forgotten**, dimenticato da tempo □ (*pop. USA*) **l. green**, quattrini, soldi, grana, bigliettoni □ **a l. haul**, un lungo viaggio; (*fig.*) un lavoro lungo □ **l.-headed**, (*scient.*) dolicocefalo; (*fig.*) che la sa lunga, accorto, avveduto □ (*fig.*) **l.-headedness**, accortezza; avvedutezza □ **l. hundredweight**, «hundredweight» inglese (*pari a kg 50,80*) □ (*fam.*) **to be l. in the tooth**, essere avanti negli anni; essere ormai stagionato □ (*un tempo; fam.*) **l. johns**, mutandoni (*da uomo*) □ (*sport*) **l. jump**, salto in lungo □ **l. jumping**, i salti in lungo □ **l.-legged**, dalle gambe lunghe, gambuto □ (*di generi alimentari*) **l.-life**, a lunga conservazione □ **l.-lived**, di lunga vita, longevo; (*di cosa*) durevole, duraturo □ **l.-lost**, perduto da tempo □ (*poesia*) **l. metre**, strofe di quattro ottonari □ **l. odds**, scommessa fortemente ineguale (*per es., 10 a 1*); (*ippica*) quota alta; (*fig.*) scarse probabilità, grave svantaggio □ (*fam.*) **to be l. on**, essere ben fornito (*o* pieno) di: **He's l. on good ideas**, è pieno di buone idee □ **l. pig**, carne umana (*per i cannibali*) □ **l.-player** (*o* **l.-playing record**), (disco) microsolco; long playing □ **a l. price**, un prezzo alto □ (*tipogr.*) **l. primer**, (carattere) corpo dieci □ **a l. purse**, un portafoglio imbottito di soldi □ **l.-range**, a lungo termine, a lungo raggio; (*mil.*) a lunga gittata: (*stat., econ.*) **l.-range forecasts**, previsioni a lungo termine; (*mil.*) **l.-range guns**, cannoni a lunga gittata □ **l. run**, (*econ.*) lungo periodo; (*giorn.*) forte tiratura □ (*econ.*) **l.-run**, di lungo periodo (*o* termine): **l.-run trend**, tendenza di lungo termine □ **l. service**, anzianità di servizio: **l.-service allowance**, indennità di anzianità (*a un dipendente*) □ **l. shot**, (*mil.*) tiro lungo; (*ippica*) cavallo non favorito, brocco; scommessa azzardata; (*fig.*) impresa rischiosa; (*cinem., TV*) teleripresa, campo lungo □ **l.-sighted**, che ha la vista lunga; (*med.*) presbite; (*fig.*) accorto, lungimirante, previdente □ **l.-sightedness**, (*med.*) presbiopia; (*fig.*) lungimiranza, previdenza □ **l.-suffering**, (*sost.*) longanimità, pazienza, sopportazione; (*agg.*) longanime, paziente □ (*al gioco*) **a l. suit**, molte carte dello stesso seme □ (*fig. fam.*) **one's l. suit**, il (pezzo) forte, il (proprio) cavallo di battaglia □ **l.-term**, a lungo termine; a lunga scadenza: (*fin.*) **l.-term credit**, credito a lungo termine; **l.-term loans**, mutui a lunga scadenza □ (*med.*) **l.-term care**, trattamento dei lungodegenti □ (*fin.*) **l.-term investor**, cassettista □ (*econ.*) **l.-term unemployed**, disoccupato cronico □ (*med.*) **l.-time patient**, lungodegente □ **l. ton**, tonnellata inglese (*pari a kg 1016 circa*) □ **l.-tongued**, linguacciuto; pettegolo □ **l. vacation**, vacanze estive □ **l. waist**, vita lunga, bassa (*in un vestito*) □ **l.-winded**, che ha molto fiato, resistente; prolisso, stiracchiato, tedioso □ **l.-windedness**, l'avere molto fiato, molta resistenza; (*fig.*) prolissità, tediosità □ (*ind. tess.*) **l. wool**, lana a fibra lunga □ **at l. last**, finalmente □ **by a l. way** (*fam.*: **by a l. chalk**), di gran lunga □ **a firm of l. standing**, una ditta che esiste da molto tempo □ **a friend of l. standing**, un amico di vecchia data □ **to have a face as l. as a fiddle**, avere una faccia da funerale □ **to have a l. wind**, avere molto fiato (da spendere) □ **in the l. run**, a lungo andare; (*econ.*) nel lungo periodo □ **in the l. term**, a lungo termine; (*econ.*) nel lungo periodo □ **to make a l. arm**, stendere il braccio (*o* allungare la mano: *per prendere q.c.*) □ (*fam.*) **not by a long chalk** (*o* **shot**), neanche di lontano; nemmeno per sogno □ (*telef.*) **to phone l.-distance**, fare un'interurbana □ **to take the l. view of an action**, valutare gli effetti futuri di un'azione; guardare oltre (*fig.*) □ **That's a l. business!**, la cosa va per le lunghe! □ **It will be a l. day before he gets the first prize**, ce ne vorrà prima che vinca il primo premio □ (*fam.*) **It is as broad as it is l.**, comunque tu la giri, è sempre la stessa cosa; se non è zuppa è pan bagnato (*fam.*).

long (2) /lɒŋ, *USA* lɔːŋ/, *avv.* ***1*** molto; molto tempo: **Will you be l.?**, starai via molto?; **I haven't l. been back**, non è molto che sono tornato ***2*** a lungo; (per) molto tempo; lungamente; un pezzo (*fam.*): **l. after**, molto tempo dopo; **since l.**, da molto tempo; **l. before**, molto tempo prima; **I'm not going to wait much longer for him**, non l'aspetterò per molto tempo ancora; **Have you known l.?**, è un pezzo che lo sai? ● **l. ago**, molto tempo fa □ **all day l.**, tutto il santo giorno □ **all his life l.**, per tutta la (sua) vita □ **any** (*o* **no**) **longer**, (non) più; (non) oltre: **I can't stay any longer**, non posso trattenermi più (*o* oltre); **He's no longer in charge of the head office**, non è più a capo della sede centrale □ **as l. as**, finché; per tutto il tempo che; purché: **You can keep it as l. as you need it**, puoi tenerlo finché ne hai bisogno; **You can take it as l. as you give it back to me tomorrow**, puoi prenderlo purché tu me lo restituisca domani □ **at** (**the**) **longest**, alla più lunga; al massimo: **It will take me two hours at** (**the**) **longest**, ci metterò due ore al massimo □ **not to be l. for this world**, avere pochi anni (*o* mesi, giorni, ecc.) di vita davanti a sé □ **so l. as**, purché; a condizione che; a patto che □ **So l.!**, ciao; arrivederci; a fra poco! □ **How l. will it take?**, quanto tempo ci vorrà?

long (3) /lɒŋ, *USA* lɔːŋ/, *n.* ***1*** molto tempo: **Do you think the crossing of the Channel will take l.?**, credi che la traversata della Manica richiederà molto tempo? ***2*** (*fon., poesia*) (vocale *o* sillaba) lunga: **the longs and the shorts**, le lunghe e le brevi ***3*** (*di un abito, ecc.*) misura lunga ***4*** linea (*dell'alfabeto Morse*) ***5*** (*pl.*) (*fam.*) calzoni lunghi ***6*** (*pl.*) (*fin.*) titoli poliennali (*o* a lunga scadenza; *di solito, oltre 15 anni*). ● **before l.**, presto; fra breve; di qui (*o* di lì) a poco □ **for l.**, a lungo; per molto tempo □ **to know the l. and short of it**, sapere per filo e per segno come stanno le cose □ **The l. and short of it is, I was failed**, per farla corta, sono stato bocciato.

to **long** /lɒŋ, *USA* lɔːŋ/, *v. i.* bramare; desiderare ardentemente; non veder l'ora di: **We are longing to go home** (*o* **for home**), desideriamo ardentemente di tornare a casa (*o* in patria). ● **longed-for**, bramato.

longanimity /lɒŋgəˈnɪmətɪ, *USA* lɔːŋ-/, *n.* longanimità.

longanimous /lɒŋˈgænɪməs, *USA* lɔːŋ-/, *a.* longanime.

longboat /ˈlɒŋbəʊt, *USA* ˈlɔːŋ-/, *n.* ***1*** (*naut.*) barcaccia (*di veliero*) ***2*** *V.* **longship**.

longbow /ˈlɒŋbəʊ, *USA* ˈlɔːŋ-/, *n.* (*mil., stor.*) arco lungo. ● (*fig. fam.*) **to draw the l.**, sbalarle (*o* spararle) grosse.

longcloth /ˈlɒŋklɒθ, *USA* ˈlɔːŋklɔːθ/, *n.* (*ind. tess.*) mussolina fine.

longeron /ˈlɒndʒərən, *USA* -ɒn/, *n.* (*aeron.*) longherone.

longevity /lɒnˈdʒevətɪ/, *n.* longevità. ● **l. in office**, lunga permanenza in carica □ **l. pay**, indennità d'anzianità.

longevous /lɒnˈdʒiːvəs/, *a.* longevo.

longhair /ˈlɒŋheə(r), *USA* ˈlɔːŋ-/, *n.* (*fam.*) ***1*** artista (*o* musicista, ecc.) zazzeruto; intellettualoide (*spreg.*) ***2*** (*spreg.*) capellone.

longhaired /ˈlɒŋˈheəd, *USA* ˈlɔːŋ-/, *a.* ***1*** dai capelli lunghi ***2*** (*fam. spreg.*) che affetta gusti artistici; intellettualoide.

longhand /ˈlɒŋhænd, *USA* ˈlɔːŋ-/, *n.* scrittura normale, a mano (*non steno o dattilografia*).

longhorn /ˈlɒŋhɔːn, *USA* ˈlɔːŋ-/, *n.* ***1*** (*agric.*) bue (*o* vacca) dalle corna lunghe ***2*** bovino di razza Longhorn ***3*** (*pop. USA*) abitante del Texas; texano.

longing /ˈlɒŋɪŋ, *USA* ˈlɔːŋ-/, **A** *n.* brama; desiderio intenso; voglia. **B** *a.* bramoso; desideroso; di desiderio: **a l. look**, uno sguardo di desiderio. ● **to feel a l. for home**, sentire nostalgia di casa.

longingly /ˈlɒŋɪŋlɪ, *USA* ˈlɔːŋ-/, *avv.* con vivo desiderio; ardentemente. ● **to look l. at sb.**, mangiarsi q. con gli occhi.

longish /ˈlɒŋɪʃ, *USA* ˈlɔːŋɪʃ/, *a.* piuttosto lungo; lunghetto.

longitude /ˈlɒndʒɪtjuːd, -gɪ-, *USA* -tuːd/, *n.* ***1*** (*geogr.*) longitudine ***2*** (*arc.*) lunghezza.

longitudinal /lɒndʒɪˈtjuːdɪnl, -gɪ-, *USA* -ˈtuːdnl/, *a.* (*scient., tecn.*) longitudinale: (*geol.*) **l. fault**, faglia longitudinale; **l. section**, sezione longitudinale. ● (*elettr.*) **l. circuit**, circuito unipolare. || **-ly**, *avv.*

Longobard /ˈlɒŋgəʊbɑːd, *USA* ˈlɔːŋ-/, *n.* (*stor.*) longobardo.

Longobardic /lɒŋgəʊˈbɑːdɪk, *USA* lɔːŋ-/, *a.* (*stor.*) longobardo.

longship /ˈlɒŋʃɪp, *USA* ˈlɔːŋ-/, *n.* (*stor.*) nave vichinga.

longshore /ˈlɒŋʃɔː(r), *USA* ˈlɔːŋ-/, *a. attr.* (*naut.*) che si trova sottocosta; litorale: **l. current**, corrente litorale.

longshoreman /ˈlɒŋʃɔːmən, *USA* ˈlɔːŋ-/, *n.* (*pl.* **longshoremen**) scaricatore (*di porto*); portuale.

longways /ˈlɒŋweɪz, *USA* ˈlɔːŋ-/, **longwise** /ˈlɒŋwaɪz, *USA* ˈlɔːŋ-/, *avv.* per il lungo; nel senso della lunghezza.

loo (1) /luː/, *n.* (*pl.* **loos**) gioco di carte, simile a «bestia».

loo (2) /luː/, *n.* (*pl.* **loos**) (*fam.*) gabinetto; cesso; latrina.

looby /ˈluːbɪ/, *n.* zoticone; babbeo; tonto.

loofah /ˈluːfə/, *n.* ***1*** (*bot., Luffa*) luffa ***2*** spugna vegetale (*da bagno*).

look (1) /lʊk/, *n.* ***1*** occhiata; sguardo: **Can I have a l. at your paper?**, posso dare un'occhiata al tuo giornale?; **a kind l.**, uno sguardo gentile ***2*** aspetto; apparenza; aria; cera (*fig.*); sembianza; espressione: **Her dress has a foreign l.**, il suo vestito ha l'aria di essere straniero; **to judge by looks**, giudicare dalle apparenze ***3*** (*moda*) look; stile ***4*** (*pl.*) bellezza: **She has looks but no brain**, è bella, ma non ha cervello; **She has looks and youth**, è giovane e bella. ● (*radio*) **a l. at today's papers**, cosa scrivono i giornali, un'occhiata ai giornali (*rubrica*) □ **by the l. of it**, a quanto pare □ **to cast a l. at sb.**, lanciare un'occhiata a q. □ **good looks**, bell'aspetto, bella presenza; bellezza □ **to have a good l. at st.**, esaminare q.c. attentamente □ **to wear an ugly l. on one's face**, avere una brutta cera (*o* faccia) □ **I don't like the l. of it**, non mi piace l'aria che tira (*fig.*)! □ **I don't like the l. of that crack in the wall**, quella crepa nel muro mi piace poco.

look (2) /lʊk/, *inter.* (= **l. here!**) ehi!; guarda!; senti (un po')!

to **look** /lʊk/, **A** *v. i.* ***1*** guardare; dare un'occhiata a; considerare; esaminare; osservare: **I looked carefully but found nothing**, guardai attentamente ma non trovai nulla; **I took out my watch and looked at it**, cavai fuori l'orologio e lo guardai; **L.** (**up**) **at the stars!**, guarda le stelle!; **L.** (**down**) **on earth!**, guarda a terra!; **Will you l. at this sentence, please?**, vuoi dare un'occhiata a (*o* esaminare) questa frase, per favore?; **when one looks deeper**, se si esaminano le cose più a fondo ***2*** badare; stare attento: **L. where you're putting your feet!**, bada dove metti i piedi! ***3*** dare su; essere esposto a; guardare a: **The windows l. onto the garden**, le finestre danno sul giardino; **The bedroom looks east**, la camera da letto guarda a levante (*o* è esposta a oriente) ***4*** apparire; parere; sembrare; aver l'aria di; essere (all'aspetto): **You l. pale**, sei pallido; **He looks dejected**, ha un'aria depressa; **He looks a fool**, sembra (*o* ha l'aspetto di) uno stupido; **He looks like an honest man**, ha l'aria d'essere un uomo onesto; **He looks about forty**, dimostra una quarantina d'anni. **B** *v. t.* ***1*** guardare: **He couldn't l. us in the face**, non osava guardarci in faccia; **to l. death in the face**, guardare in faccia la morte ***2*** dimostrare, rivelare (*all'aspetto*); esprimere con lo sguardo: **My mother doesn't l. her age** (*o* **her years**), mia madre non dimostra gli anni che ha; **to l. compassion**, dimostrare compassione con lo sguardo; **He looked his despair**, il suo aspetto esprimeva (*o* rivelava) la sua disperazione; **to l. one's thanks** [**consent**], esprimere con lo sguardo la propria gratitudine [il proprio consenso]. ● **to l. oneself**, essere quello di sempre; avere il solito aspetto: **You don't l. yourself today**, oggi non sembri (più) tu □ **to l. oneself again**, essere quello di prima; star bene di nuovo □ **to l. alike**, *V.* **to l. like** □ **to l. alive**, muoversi; darsi da fare □ **to l. bad**, avere la faccia da cattivo; (*di cibo*) avere un brutto aspetto; (*di un vestito, ecc.*) stare male; (*del tempo, ecc.*) non promettere niente di buono □ (*fig.*) **to l. black**, essere nero, essere di malumore; (*del futuro*) essere nero (*o* buio) □ (*fig.*) **to l. blue**, essere blu (*in viso*: *per il freddo*); essere scuro in volto; essere triste, malinconico □ **to l. daggers at sb.**, fare gli occhiacci a q.; guardare in cagnesco q. □ **to l. ill**, avere una brutta cera □ **to l. like**, assomigliare, somigliare a (q.); avere un certo aspetto; sembrare, parere, aver l'aria di, aver l'aspetto di; essere probabile: **You l. like your mother**, somigli a tua madre; **He looks like growing very tall**, sembra voglia (*o* promette di) diventare molto alto; **What does she l. like?**, che aspetto ha?; che tipo è? □ **It looks like rain**, sembra voglia (*o* stia per) piovere; il tempo minaccia pioggia □ (*fig.*) **to l. small**, sembrare insignificante: **to make sb. l. small**, sminuire l'importanza di q. □ **to l. twice**, dare due occhiate; (*fig.*) pensarci (su) due volte □ **to l. well**, avere un bell'aspetto (*o* una buona cera); (*di un abito, ecc.*) star bene, figurare; **Green looks well on you**, il verde ti sta bene (*o* ti si addice); **You l. well in uniform**, stai bene in divisa; la divisa ti dona □ **way of looking at things**, modo di considerare le cose; modo di vedere □ **L. here!**, guarda!; senti!; senti un po'! □ **L. alive!**, muoviti! datti da fare!; sbrigati! □ (*fam.*) **L. sharp!**, affrettati!; sbrigati!; spicciati! □ **It looks as if it is about to rain**, sembra che stia per piovere □ (*prov.*) **L. after the pence and the pounds will l. after themselves**, il risparmio comincia dal poco □ (*prov.*) **L. before you leap!**, medita prima di agire!; non buttarti alla cieca! □ (*prov.*) **You don't l. a gift horse in the mouth**, a caval donato non si guarda in bocca.

♦**look about**, **A** *v. i.* + *avv.* guardare in giro; guardarsi intorno (*o* attorno): **to l. about before deciding what make of car to buy**, guardare in giro prima di decidere che tipo di macchina comprare. **B** *v. i.* + *prep.* guardare in giro per (*la casa, la città, ecc.*: *in cerca di q. o q.c.*) □ **to l. about one**, guardarsi attorno.

♦**look about for**, *v. i.* + *avv.* + *prep.* cercare: **to l.**

about for a new job, cercare un nuovo lavoro.
♦**look after**, *v. i. + prep.* seguire (q. *o* q.c.) con lo sguardo; badare a; avere (*o* prendersi) cura di, occuparsi di: **The girl can l. after herself**, la ragazza sa badarsi da sola; **to l. after one's interests**, badare ai propri affari; **L. after yourself!**, abbi cura di te!; riguardati!; **to l. after the preparations**, occuparsi dei preparativi.
♦**look ahead**, *v. i. + avv.* guardare avanti (*anche fig.*); guardare (*o* pensare) al futuro: **to l. ahead to the problem of population explosion in Africa in the near future**, pensare al problema dell'esplosione demografica in Africa nel prossimo futuro □ **L. ahead!**, attenzione!
♦**look around**, *V.* **look about** e **look round**.
♦**look aside**, *v. i. + avv.* guardare da una parte; distogliere lo sguardo □ **to l. aside from one's work**, trascurare il proprio lavoro.
♦**look at**, *v. i. + prep.* **1** guardare; guardare in faccia: **Jane looked at him in surprise**, Jane lo guardò sorpresa; (*modo prov.*) **A cat may l. at a king**, anche un gatto può guardare in faccia un re **2** dare un'occhiata a; esaminare; vedere; visitare: **Youd'd better have the engine looked at**, faresti bene a far dare un'occhiata al motore; **You should have your shoulder looked at (by a doctor)**, dovresti fare vedere la spalla (da un dottore) **3** guardare dietro: **If you go out in that miniskirt, you'll get looked at**, se esci con quella minigonna, ti farai guardare dietro **4** prendere in considerazione (*una proposta, un'offerta, un accordo, ecc.*) □ **to l. at**, da guardare, a guardarsi; all'aspetto; a vedersi: **pleasant to l. at**, piacevole a guardarsi; **The girl isn't much to l. at, but she's very kind**, la ragazza non è gran che (*come aspetto*), ma è molto gentile; **To l. at her, you wouldn't say she's an actress**, a guardarla, non si direbbe che sia un'attrice.
♦**look away**, *v. i. + avv.* distogliere lo sguardo, guardare da un'altra parte □ **What a terrible accident**; **l. away!**, che orribile incidente; non guardare!
♦**look back**, *v. i. + avv.* **1** guardare indietro; volgere lo sguardo; volgersi indietro **2** riandare col pensiero, pensare; ricordare: **to l. back at the past**, pensare al passato; **to l. back on the good old days**, ricordare i giorni felici **3** (*in frasi neg.*) fermarsi: **Once your first film is out, you'll never l. back**, quando avrai finito il primo film, non ti fermerai più.
♦**look beyond**, *v. i. + prep.* **1** guardare oltre (*o* al di là di) **2** (*fig.*) rassegnarsi a (*difficoltà passeggere*); accettare di buon grado (*risultati insoddisfacenti, ecc.*).
♦**look down**, **A** *v. i. + avv.* **1** guardare (in) giù; guardare in basso **2** abbassare gli occhi (*o* lo sguardo): **He looked down in shame**, abbassò lo sguardo per la vergogna **3** (*market.*: *di merce*) essere in ribasso; tendere al ribasso. **B** *v. i. + prep.* dirigere lo sguardo su: **to l. down the street**, guardare lungo la strada □ **to l. down at one's shoes**, guardarsi le scarpe □ (*fam.*) **to l. down one's nose at sb. [st.]**, guardare dall'alto in basso q. [arricciare (*o* torcere) il naso per (*un'offerta, ecc.*)].
♦**look down on** (*o* **upon**), *v. i. + avv. + prep.* **1** guardare (q.) dall'alto in basso; tenere (q.) in scarsa considerazione **2** arricciare (*o* torcere) il naso per (*un'offerta, ecc.*) **3** disapprovare (*la condotta di q., un matrimonio, ecc.*): **My family looked down on my marrying that girl**, i miei non erano contenti che sposassi quella ragazza.
♦**look for**, *v. i. + prep.* **1** cercare: **to l. for one's glasses [a lost earring, survivors, missing soldiers]**, cercare gli occhiali [un orecchino smarrito, superstiti, soldati dispersi] **2** andare in cerca di: **You're looking for trouble**, tu vai in cerca di guai **3** aspettarsi: **I'm looking for a good result [an improvement]**, mi aspetto un buon risultato [un miglioramento] □ **to be looking for a fight**, voler fare a pugni.
♦**look forward**, *v. i. + avv.* guardare avanti; pensare al futuro.
♦**look forward to**, *v. i. + avv. + prep.* attendere con ansia (*o* con impazienza); non veder l'ora di: **We all are looking forward to the long vacation coming**, siamo tutti in viva attesa delle vacanze estive; **I'm looking forward to hearing from you soon**, non vedo l'ora di avere tue notizie.
♦**look in**, *v. i. + avv.* **1** guardare dentro **2** guardare la televisione **3** fare un saluto; fare una visitina; passare (da q.): **I'll l. in again tomorrow**, ripasso (*o* ritorno: *in visita*) domani; **to l. in on one's friends**, fare un salto dagli amici.
♦**look into**, *v. i. + prep.* **1** guardare dentro (*una stanza, ecc.*); guardare (*nello specchio*) **2** guardare su (*il giornale, ecc.*) **3** esaminare a fondo; indagare, investigare su: **We'll have to l. into the matter**, dovremo esaminare a fondo la faccenda; **The police are looking into the disappearance of a young girl**, la polizia indaga sulla scomparsa di una ragazzina **4** (*fam.*) fare un salto in (*un negozio, ecc.*) □ **I'll l. into the train schedules**, mi informerò sugli orari dei treni; guarderò l'orario ferroviario.
♦**look on**, **A** *v. i. + avv.* **1** stare a guardare; guardare senza intervenire **2** leggere stando alle spalle di q. **B** *v. i. + prep.* (*anche* **look upon**) considerare, reputare: **I l. on him as a good friend**, lo reputo un buon amico; **to l. on sb. as a traitor**, considerare q. un traditore □ **to l. on the bright side (of things)**, vedere quel che c'è di buono (in una situazione).
♦**look onto**, *v. i. + prep.* (*di camera, finestra, ecc.*) guardare (*o* dare) su (*un giardino, una piazza, la vallata, ecc.*).
♦**look out**, **A** *v. i. + avv.* **1** guardare fuori (*della finestra, del finestrino, ecc.*) **2** fare attenzione; stare attento (*o* in guardia); badare: **L. out! The bus is coming**, attento! arriva l'autobus; **L. out you don't catch a cold!**, bada di non prendere il raffreddore. **B** *v. t. + avv.* trovare, scovare (q.c.).
♦**look out for**, *v. i. + avv. + prep.* cercare (*con lo sguardo*); essere in cerca di: **to l. out for a friend at the station**, cercare un amico in stazione; **to l. out for a better job**, essere in cerca di un posto di lavoro migliore □ **«L. out for trucks»** (*cartello*), «uscita autocarri».
♦**look out on** (*o* **over**), *V.* **look onto**.
♦**look over**, **A** *v. i. + avv.* guardare oltre (*o* al di là). **B** *v. t. + avv.* esaminare attentamente (*persone, cose, suggerimenti, ecc.*). **C** *v. i. + prep.* **1** guardare sopra, al di là di (*una siepe, ecc.*) **2** *V.* **look onto** **3** esaminare **4** visitare (*una casa, una fabbrica, ecc.*).
♦**look round**, **A** *v. i. + avv.* **1** guardarsi intorno (*anche fig.*) **2** voltarsi a guardare **3** (*in un negozio, ecc.*) dare un'occhiata **4** fare un giro (*per vedere immobili in vendita, ecc.*). **B** *v. t. + prep.* **1** guardare intorno a: **I looked round me**, mi guardai intorno **2** guardare in giro per: **I looked round the square**, guardai in giro per la piazza **3** guardare per bene, esaminare (*cose da comprare, ecc.*) □ **to l. round at the clock**, guardare l'orologio (a muro) (*girandosi*) □ **to l. round the corner**, guardare dietro l'angolo.
♦**look round for**, *v. i. + avv. + prep.* cercare (*un impiego, un socio, ecc.*).
♦**look through**, **A** *v. i. + prep.* o *avv.* **1** guardare attraverso (*la finestra, un buco, ecc.*) **2** dare un'occhiata (veloce) a (*appunti, ecc.*); sfogliare, scorrere (*un giornale, ecc.*) **3** leggere attentamente; esaminare bene **4** guardare (q.) senza vederlo (*per distrazione*); fingere di non vedere (q.) **5** *V.* **see through,** *sotto* **to see. B** *v. t. + avv.* **1** leggere bene; esaminare attentamente; vagliare: **Please, l. my report through**, ti prego di leggere attentamente la mia relazione **2** guardare senza vedere: **Ann just looked me through and hurried on**, Ann mi guardò senza vedermi e tirò avanti in fretta.
♦**look to**, *v. i. + prep.* **1** guardare verso (q.c.) **2** (*di una casa, una finestra, ecc.*) guardare verso (*la valle, il mare, ecc.*) **3** guardare (*o* pensare) a; badare a; aver cura di: **I have to l. to the future**, devo pensare al futuro; **L. to your next move!**, bada alla prossima mossa!; **L. to it that you don't miss your plane!**, bada di non perdere l'aereo! **4** contare, fare affidamento su: **We l. to him for assistance**, contiamo sul suo aiuto **5** considerare: **The Romans looked to him as their leader**, i Romani lo consideravano il loro capo □ (*fig.*) **to l. to one's laurels**, difendere la propria posizione (*da concorrenti più giovani, ecc.*).
♦**look towards**, *v. i. + prep.* **1** guardare verso (*nord, sud, l'insegnante, ecc.*) **2** (*di una casa, una finestra, ecc.*) guardare verso, dare su (*il mare, ecc.*) **3** guardare (*o* pensare) a: **I have to l. towards the future**, devo pensare al futuro.
♦**look up**, **A** *v. i. + avv.* **1** guardare (in) su; guardare in alto **2** alzare gli occhi (*o* lo sguardo): **He looked up in great surprise**, alzò gli occhi assai sorpreso **3** (*fam.*) migliorare, andare meglio: **Things are looking up at last**, finalmente la situazione sta migliorando; **Business is looking up**, gli affari vanno meglio. **B** *v. t. + avv.* **1** cercare (*una parola nel dizionario, un numero di telefono, ecc.*): **to l. up a phone number in the book**, cercare un numero telefonico nella guida; **to l. up a train in the timetable**, cercare un treno sull'orario ferroviario **2** andare (*o* venire) a trovare (q.); fare un salto da (q.) □ **to l. sb. up and down**, guardare q. da capo a piedi; squadrare q.; spogliare (*una donna*) con lo sguardo.
♦**look up to**, *v. i. + avv. + prep.* **1** guardare (q.) dal basso in alto; guardare (q.) dal di sotto **2** guardare (q.) con ammirazione; ammirare, rispettare (q.): **The little boy looks up to his elder brother**, il ragazzino guarda con ammirazione il fratello maggiore.
♦**look upon**, *V.* **look on, B**.
look-alike /'lʊkəlaɪk/, *n.* (*fam.*) sosia; q. nato e sputato (*fam.*): **He's a Bill Clinton l.**, è Bill Clinton nato e sputato.
looker /'lʊkə(r)/, *n.* **1** chi guarda; chi sta a guardare; spettatore; astante **2** (*fam. specialm. USA*; = **good l.**) persona di bell'aspetto, avvenente; (*specialm.*) bella donna, bellezza: **That girl is a real l.**, quella ragazza è uno schianto. ● **l.-on**, spettatore; osservatore; astante.
look-in /'lʊkɪn/, *n.* (*fam.*) **1** occhiatina; scorsa **2** scappata; salto; visitina **3** (*anche sport*) possibilità di successo **4** opportunità; occasione (*di fare buoni acquisti, ecc.*). ● **We may have a l.**, forse ce la facciamo (a vincere); forse vinceremo.
looking /'lʊkɪŋ/, **A** *a.* (*nei composti, per es.*:) **good-l.**, di bell'aspetto; di bella presenza; avvenente; bello; **wretched-l.**, brutto; sgraziato. **B** *n.* (*nei composti, per es.*:) **l.-back**, il riandare al passato; sguardo retrospettivo; **l.-down**, alterigia; disprezzo; **l.-over**, riesame; riguardata; riveduta.
looking glass /'lʊkɪŋglɑːs, *USA* -æs/, *locuz. n.* specchio.
lookout /'lʊkaʊt/, *n.* **1** guardia; vigilanza **2** osservatorio **3** (*mil.*) posto d'osservazione (*o* di vedetta) **4** guardia; sentinella; vedetta **5** situazione prevedibile; prospettiva: **It's a bad l. for him**, è una brutta prospettiva per lui **6** affare; faccenda: **That is his l.**, questo è affar suo (sono fatti suoi) **7** veduta; vista; panorama **8** (*naut.*) coffa; gabbia **9** (*naut.*, = **l. man**) marinaio di vedetta **10** (*edil.*) frontone. ● **to be on the l.**, stare in guardia, all'erta □ **to be on the l. for sb.**, fare la posta a q. □ **to keep a good l.**, fare buona guardia.
look-over /'lʊkəʊvə(r)/, *n.* (*fam.*) scorsa veloce; riguardata; riveduta; occhiatina (*fig.*).
look-see /'lʊksiː/, *n.* (*fam.*) rapida occhiata; occhiatina; scorsa.
look-up /'lʊkʌp/, *n.* (*elab.*) ricerca.

looloo /'lu:lu:/, *n.* (*pop. USA*) ***1*** bambola (*fig.*); pupa; bella ragazza ***2*** cosa eccezionale, cannonata (*fig.*).

loom (1) /lu:m/, *n.* (*ind. tess.*) telaio. ● **hand l.**, telaio a mano □ **power l.**, telaio meccanico.

loom (2) /lu:m/, *n.* primo apparire; apparizione lontana; il profilarsi (*di terra all'orizzonte*); lo stagliarsi (*d'una nave nella nebbia, ecc.*).

loom (3) /lu:m/, (*zool.*) *V.* **loon (1)**.

to **loom** /lu:m/, *v. i.* ***1*** apparire in lontananza; profilarsi (*anche fig.*) ***2*** (*fig.*) incombere; essere imminente: **The general elections are looming (up)**, sono imminenti le (elezioni) politiche ***3*** (*fig.*) apparire; sembrare: **He looms as a possible president**, sembra che possa essere eletto presidente. ● **to l. ahead**, (*di nave, ecc.*) apparire a prua all'improvviso; (*fig.*) profilarsi minacciosamente, essere imminente □ **to l. large**, profilarsi grave; incombere; essere minaccioso; essere in primo piano (*o* in vista) (*fig.*): **The dangers of the international situation l. large in our minds**, abbiamo ben presenti i pericoli della situazione internazionale □ **to l. up**, profilarsi (*o* stagliarsi) all'improvviso: **The peak loomed up before us**, la vetta si stagliò all'improvviso davanti a noi.

loon (1) /lu:n/, *n.* (*zool., USA*) ***1*** (*Gavia*) gavia; strolaga: **common l.** (*Gavia immer*), strolaga maggiore ***2*** (*Colymbus*) svasso; tuffetto.

loon (2) /lu:n/, *n.* ***1*** babbeo; stolto; scemo ***2*** fannullone.

loony /'lu:nɪ/, *a.* e *n.* (*fam., abbr. di* **lunatic**) matto, pazzo; scemo; mentecatto. ● (*fam.*) **l. bin**, manicomio.

loop /lu:p/, *n.* ***1*** cappio; laccio ad anello; nodo scorsoio ***2*** curva; sinuosità ***3*** (*anche mil.*) alamaro ***4*** (*cucito*) passante; maglietta; asola volante ***5*** (*tipogr.*) occhiello (*di lettera*) ***6*** anello di metallo (*cui attaccare un gancio*); passanastro ***7*** (*aeron.*) gran volta; cerchio della morte; looping: **inside l.**, gran volta diritta; **outside l.**, gran volta inversa ***8*** (*giochi da fiera*) giro della morte; cerchio della morte ***9*** (*ferr.*, = **l.-line**) linea di raccordo ***10*** (*telef.*) linea secondaria; doppino ***11*** (*cinem.*: *di pellicola*) riccio ***12*** (*elettr.*) circuito completo; anello; loop ***13*** (*fis.*) ciclo ***14*** (*elab.*) ciclo; iterazione ***15*** (*med.*) spirale (intrauterina) ***16*** (*geogr.*) ansa (*d'un fiume*) ***17*** (*pattinaggio artistico*) loop. ● (*elettr.*) **l. antenna**, antenna a telaio □ **l. knot**, nodo scorsoio □ (*cucito*) **l. stitch**, punto catenella; punto occhiello □ (*elab.*) **l. stop**, iterazione d'arresto □ (*elettr.*) **l. test**, prova a circuito chiuso □ (*tecn.*) **l. tunnel**, galleria elicoidale □ (*aeron.*) **to loop the l.**, eseguire la gran volta; fare il cerchio della morte.

to **loop** /lu:p/, **A** *v. t.* ***1*** far un cappio a (q.c.); allacciare: **to l. a string**, fare un cappio a un laccetto ***2*** avvolgere: **L. the wire around that post**, avvolgi il filo (metallico) attorno a quel palo! ***3*** agganciare: **She looped back the curtains from the window**, agganciò le tende scostandole dalla finestra ***4*** munire (*un abito da donna*) di magliette (*o* di asole volanti) ***5*** (*elettr., di solito* **to l. in**) collegare in circuito ***6*** (*aeron.*) far fare il looping a (*un aereo, ecc.*). **B** *v. i.* ***1*** fare un'ansa (*o* una curva) ***2*** avanzare a mo' d'un bruco misuratore (*V.* **looper**) ***3*** (*aeron.*) fare il looping; eseguire la gran volta. ● (*aeron.*) **to l. the loop**, *V. sotto* **loop** □ **to l. up**, legare con un cappio; allacciare □ (*ind. tess.*) **looped fabric**, tessuto bouclé.

looped /lu:pt/, *a.* (*pop. USA*) ***1*** sbronzo; ubriaco ***2*** intontito (*di droga*); fatto (*pop.*).

looper /'lu:pə(r)/, *n.* ***1*** (*zool.*) geometride; bruco misuratore ***2*** accessorio (*di macchina da cucire*) per fare magliette (*o* asole volanti).

loophole /'lu:phəʊl/, *n.* ***1*** (*anche mil.*) feritoia ***2*** (*fig.*) scappatoia; espediente; sotterfugio; via d'uscita (*fig.*): **a l. in the tax laws**, una scappatoia legale che consente di eludere il fisco.

to **loophole** /'lu:phəʊl/, *v. t.* munire (*un muro, ecc.*) di feritoie.

looping /'lu:pɪŋ/, *n.* (*elab.*) looping; iterazione. ● (*aeron.*) **l. the loop**, looping; gran volta; cerchio della morte.

loopy /'lu:pɪ/, *a.* ***1*** sinuoso; tutto curve (*o* anse) ***2*** (*pop.*) eccentrico; pazzo; matto. ● **to go l. over sb.**, innamorarsi pazzamente di q.

loose (1) /lu:s/, *a.* ***1*** sciolto; slegato, in libertà; (*anche chim.*) libero: **A panther had escaped from the zoo and was l. in the country**, una pantera era fuggita dalla zoo e si aggirava libera nelle campagne; **l. hair**, capelli sciolti ***2*** allentato; disgiunto; quasi staccato; (troppo) largo; slegato; sconnesso; non fermato: **a l. screw**, una vite allentata; **a l. button**, un bottone quasi staccato; **a l. collar**, un colletto (troppo) largo; **l. planks**, assi sconnesse; **a l. shutter**, un'imposta non fermata (*che sbatte*) ***3*** sciolto; slegato, non legato; non confezionato; sfuso: **l. sheets**, fogli sciolti; **l. sweets**, caramelle sfuse ***4*** approssimativo; inesatto; impreciso; trasandato; vago: **a l. translation**, una traduzione approssimativa; (*cricket*) **l. bowling**, tiro impreciso; **a l. style**, uno stile trasandato; un modo di scrivere scorretto ***5*** (*arc. o USA*) dissoluto; licenzioso: **a l. woman**, una donna dissoluta; **to lead a l. life**, fare una vita dissoluta (*o* licenziosa) ***6*** non compatto; smosso; rado: **l. soil**, terreno smosso; **cloth with a l. texture**, stoffa a trama rada ***7*** (*di un capo di vestiario*) ampio; largo; comodo; abbondante ***8*** non teso; lento; flaccido, floscio: **l. reins**, briglie lente; **a l. knot**, un nodo lento; **l. skin**, pelle flaccida ***9*** (*di un muscolo, ecc.*) rilassato; rilasciato ***10*** (*elettr., mecc., naut.*) lasco ***11*** (*fam. USA*) rilassato; a proprio agio. ● **l. bowels**, sciolta; dissenteria; diarrea □ (*pop. USA*) **l. cannon**, chi le spara grosse; blaterone □ **l. cash** (*o* **change**), denaro a portata di mano; spiccioli □ **l. cough**, tosse catarrosa, grassa □ **l. cover**, fodera amovibile (*per poltrone, divani, ecc.*) □ **l. end**, capo libero (*di un cavo, d'una fune, ecc.*); (*fig.*) **l. ends**, faccenduole rimaste in sospeso □ **l.-fitting jackets**, giacche troppo larghe, abbondanti □ (*d'abito*) **l.-flowing**, non attillato; (*anche*) discinto □ (*fin.*) **l. funds**, fondi liberi, privi di destinazione □ **l. handwriting**, scrittura disordinata □ **l.-jointed**, dinoccolato; agile, svelto □ **l.-leaf binder** (*o* **book**), raccoglitore (*per ufficio*) □ **l.-leaf binding**, rilegatura a fogli mobili □ **l.-limbed**, dalle membra agili; flessuoso □ **a l.-leaf ledger**, un mastro a fogli mobili □ (*gioco del calcio*) **l. play** (*o* **l. game**), gioco slegato, sconnesso □ (*mecc.*) **l. pulley**, puleggia folle □ (*rugby*) **l. scrum**, mischia aperta (*o* spontanea) □ **l. talk**, discorsi a vanvera □ **l.-tongued**, dalla lingua lunga; che parla troppo □ **a l. tooth**, un dente che tentenna (*o* che dondola) □ (*di stoffa*) **l.-weave**, a trama (*o* a maglia) larga □ (*pop. USA*) **as l. as a goose**, essere completamente a proprio agio □ (*fig.*) **to be at a l. end** (*USA*: **at l. ends**), non sapere che pesci prendere, non sapere come fare; (*anche*) non avere niente da fare, essere libero □ **to break l.**, slegarsi, sciogliersi (*dai lacci, ecc.*); scappare; (*fig.*: *della violenza*) scatenarsi, esplodere □ **to come** (*o* **to get, to work l.**), allentarsi, slegarsi; staccarsi o quasi: **A screw has come l.**, s'è allentata una vite; **A button has got l.**, s'è quasi staccato un bottone □ **to cut l.**, liberare, sciogliere (*q. o q.c., tagliando una fune o anche con la fiamma ossidrica*); liberarsi a fatica (*di q., di una responsabilità, ecc.*); (*fam.*) scatenarsi: **to cut l. from one's family**, tagliare i ponti con la famiglia □ (*fig.*) **to have a screw l.** (*USA*: **a l. tile**), mancare di una rotella, essere svitato (*fam.*) □ (*fig.*) **to have a l. tongue**, non saper tenere un segreto; spifferare tutto (*fam.*) □ (*mil.*) **in l. order**, in ordine sparso □ **to let** (*o* **to set, to turn**) **l.**, liberare, sciogliere, lasciare liberi (*animali, ecc.*) □ **to let sb. l. on st.**, dare mano libera (*o* carta bianca) a q. in q.c. □ **to let a child l. on the garden**, lasciare un bambino in giardino senza controllarlo □ **to pack up goods l.**, imballare merci alla rinfusa □ (*fam. USA*) **to stay l.**, rimanere calmo, tranquillo □ **with a l. rein**, (*di cavallo*) con le redini lente; (*fig.*) con indulgenza.

loose (2) /lu:s/, *n.* ***1*** libero sfogo; libera espressione: **to give (a) l. to one's feelings**, dare libero sfogo ai propri sentimenti ***2*** (*gioco del calcio*) gioco slegato; gioco sconnesso. ● **to be left on the l.**, (*di un animale*) essere lasciato libero □ **to be on the l.**, essere in libertà; essere uccel di bosco (*fig.*); fare baldoria.

to **loose** /lu:s/, **A** *v. t.* ***1*** allentare; slacciare; slegare; disfare; sciogliere (*anche fig.*): **to l. a rope**, allentare una fune; **to l. one's shoe laces**, slacciarsi le scarpe; **to l. a knot**, sciogliere un nodo; **Gin loosed his tongue**, il gin gli sciolse la lingua ***2*** lasciare andare; liberare: **They loosed the prisoner without a ransom**, liberarono il prigioniero senza riscatto ***3*** (*naut.*) mollare (*gli ormeggi*); allascare (*manovre*) ***4*** (*aeron. mil.*) sganciare (*bombe*) ***5*** lanciare; scagliare; scoccare: **He loosed the arrow into the air**, lanciò (in aria) la freccia. **B** *v. i.* ***1*** (*mil., di solito* **to l. off**) fare fuoco; sparare una raffica ***2*** (*naut.*) mollare gli ormeggi. ● **to l. off at sb.**, sparare (*col fucile, ecc.*) a q. □ **to l. one's hold**, allentare la presa.

loosebox /'lu:sbɒks/, *n.* posta (*per un cavallo*: *nella stalla*).

loosely /'lu:slɪ/, *avv.* ***1*** con (grande) scioltezza; liberamente (*anche fig.*): **l. translated**, tradotto liberamente ***2*** in modo impreciso; vagamente ***3*** in modo licenzioso; dissolutamente ***4*** in modo approssimativo; alla meglio: **l. fixed**, fissato alla meglio. ● **l.-built**, dalle giunture scollegate; snodato: **Snakes have l.-built jaws**, le ossa mascellari dei serpenti non sono saldate tra loro □ (*di un vestito, ecc.*) **to hang l.**, essere largo, ampio, abbondante, comodo □ **to play l. with the truth**, non rispettare la verità dei fatti.

to **loosen** /'lu:sn/, **A** *v. t.* ***1*** allentare; slacciare; slegare; snodare; sciogliere; liberare: **We loosened the nut**, allentammo il bullone; **to l. sb.'s tongue**, sciogliere (*o* snodare) la lingua a q. ***2*** allentare (*la presa, la disciplina, ecc.*) ***3*** liberare, sgombrare (*l'intestino*) ***4*** (*med.*) alleviare, ammorbidire (*la tosse secca*) ***5*** (*naut.*) allascare; lascare. **B** *v. i.* ***1*** allentarsi; slacciarsi; slegarsi; sciogliersi; liberarsi: **The bolt has loosened**, la chiavarda s'è allentata ***2*** (*fig.*: *della disciplina, ecc.*) allentarsi ***3*** (*della pelle*) farsi flaccida. ● **to l. up**, rilassarsi, calmarsi; (*med., sport*) sciogliere (i muscoli) □ **a medicine that loosens the bowels**, una medicina che fa andare di corpo.

looseness /'lu:snəs/, *n.* ***1*** scioltezza; mollezza ***2*** ampiezza, abbondanza (*di un capo di vestiario*) ***3*** (*mecc.*) gioco: **the l. of a bolt**, il gioco che ha un bullone ***4*** inesattezza; imprecisione (*della lingua, dello stile*) ***5*** (*fig.*) rilassamento ***6*** dissolutezza; licenziosità. ● (*med.*) **l. of the bowels**, sciolta (*fam.*); diarrea.

loosestrife /'lu:sstraɪf/, *n.* (*bot., Lysimachia vulgaris*) lisimachia; mazza d'oro.

loot /lu:t/, *n.* ***1*** bottino; preda; spoglie (*di guerra*) ***2*** (*fam.*) bottino; malloppo ***3*** (*pop.*) quattrini; soldi; grana (*pop.*).

to **loot** /lu:t/, **A** *v. t.* ***1*** saccheggiare; depredare (*città, ecc.*) ***2*** portar via (*denaro o beni*) come bottino. **B** *v. i.* darsi al saccheggio (*o* allo sciacallaggio).

looter /'lu:tə(r)/, *n.* predatore; saccheggiatore; predone; sciacallo (*fig.*).

looting /'lu:tɪŋ/, *n.* saccheggio; sciacallaggio.

lop (1) /lɒp/, *n.* potatura; rami potati. ● **lop and top** (*o* **lop and crop**), ramoscelli potati.

lop (2) /lɒp/, *n.* ***1*** coniglio dalle orecchie pendenti ***2*** (*pop.*) pulce. ● **lop-eared**, dalle orecchie pendenti □ **lop-sided**, inclinato su un fianco, sbilenco; asimmetrico; (*fig.*: *di ragionamento*) zoppicante, che non sta in piedi □ (*aeron.*) **lop-sided landing**, atterraggio su una ruota sola.

lop (**3**) /lɒp/, *n.* (*naut.*) mare corto; maretta.

to **lop** (**1**) /lɒp/, *v. t.* ***1*** potare, rimondare (*alberi*) ***2*** cimare, svettare (*alberi*) ***3*** (*di solito* **to lop off**) mozzare, tagliare (*la testa, un braccio, ecc.*) ***4*** (*spesso* **to lop off** *o* **away**) tagliar via, recidere, sfrondare (*anche fig.*). ● **to lop at**, assestar colpi (di taglio) a.

to **lop** (**2**) /lɒp/, **A** *v. i.* ***1*** pender giù; ciondolare; penzolare ***2*** – **to lop about**, bighellonare; oziare. **B** *v. t.* far pendere, tener penzoloni (*orecchie, ecc.*).

to **lop** (**3**) /lɒp/, *v. i.* (*dell'acqua*) rompersi in piccole onde.

lope /ləʊp/, *n.* falcata; passo lungo.

to **lope** /ləʊp/, *v. i.* correre con una lunga falcata; muoversi a lunghi passi.

lophotrichous /ləʊ'fɒtrɪkəs/, *a.* (*biol.*) lofotrico.

lopping /'lɒpɪŋ/, *n.* ***1*** potatura; rimondatura ***2*** cimatura (*d'alberi*). ● (*anche fig.*) **l.-off**, sfrondatura, potatura □ **l. shears**, forbici per potare.

loppings /'lɒpɪŋz/, *n. pl.* potatura; rami potati.

loppy /'lɒpɪ/, *a.* penzolante; cadente; pendente.

loquacious /lə'kweɪʃəs/, *a.* ***1*** loquace; ciarliero ***2*** (*d'uccello*) garrulo. || **-ly**, *avv.*

loquaciousness /lə'kweɪʃəsnəs/, **loquacity** /lə'kwæsətɪ/, *n.* ***1*** loquacità ***2*** garrulità.

loquat /'ləʊkwæt/, *n.* ***1*** (*bot., Eriobotrya japonica*) nespolo del Giappone ***2*** nespola del Giappone.

lor, lor' /lɔː(r)/, *n. inter.* (*dial.*) perdio!; perdinci!

loran /'lɒræn, *USA* 'lɔː-/, *n.* (*acronimo di* **long-range navigation**) (*aeron.*) loran (*sistema di radionavigazione*).

lord /lɔːd/, *n.* ***1*** signore (*anche fig.*); padrone; capo; sovrano: **the l. of the manor**, il signore del castello; **the l. of creation**, il signore del creato; l'uomo; **«our Sovereign L. the King»**, «il re nostro sovrano»; **the drug lords**, i signori della droga ***2*** Lord (*titolo ingl.*); Pari d'Inghilterra: **the Lords**, i Lord; la Camera dei Lord ***3*** – **L.**, Signore; Dio; Iddio: **Our L.**, Nostro Signore; Gesù Cristo; **the L. of hosts**, il Dio degli eserciti ***4*** (*arc. o scherz.*; = **l. and master**) marito; padrone di casa ***5*** (*astrol.*) signore; pianeta dominante ***6*** (*fig.*) magnate: **the oil lords**, i magnati del petrolio. ● **the L. Chamberlain**, il Lord Ciambellano (*alla Corte inglese*) □ (*in G.B.*) **the L. Chancellor**, il Lord Cancelliere, il Presidente della Camera dei Lord (*il magistrato più alto*) □ (*in G.B.*) **the L. Chief Justice**, il Presidente della «Queen's Bench Division» (*q.V.*) dell'Alta Corte di Giustizia (*il secondo grado della magistratura*) □ **the L.'s day**, il giorno del Signore; la domenica □ **L. Mayor**, sindaco (*di una grande città*) □ **the L. Mayor of London**, il sindaco di Londra □ (*relig.*) **the L.'s prayer**, il paternostro □ (*in G.B.*) **the L. Privy Seal**, il Decano del Consiglio dei Ministri (*fino al 1884, custodiva il «Privy Seal», q.V.*) □ (*relig.*) **the L.'s supper**, l'eucarestia □ (*relig.*) **the L.'s table**, l'altare eucaristico □ (*bot.*) **lords-and-ladies** (*Arum maculatum*), gigaro □ (*polit.*) **the Lords Spiritual**, i vescovi (*o* arcivescovi) che siedono alla Camera dei Lord □ (*polit.*) **the Lords Temporal**, i Lord laici (*della Camera dei Lord*) □ **to act the l.**, darsi arie da gran signore □ **as drunk as a l.**, ubriaco fradicio □ **in the year of Our L. 1980**, nell'anno del Signore (*o* nell'anno di grazia) 1980 □ **to live like a l.**, vivere da gran signore □ (*vocat.*) **my L.**, signore; milord □ **to swear like a l.**, bestemmiare come un turco □ **to treat sb. like a l.**, trattare q. da gran signore □ **L.** (*o* **Good L.**)!, mio Dio!; buon Dio! □ **L. (only) knows who [how]**, Dio sa chi [come] □ **L. have mercy!**, Signore Iddio, pietà!

to **lord** /lɔːd/, **A** *v. i.* – **to l. it over**, farla da padrone; spadroneggiare. **B** *v. t.* (*raro*) fare, nominare (q.) lord. ● **to l. it over sb.**, tiranneggiare q.; comandare q. a bacchetta.

lordliness /'lɔːdlɪnəs/, *n.* ***1*** fasto; magnificenza; sfarzo ***2*** alterigia; arroganza; orgoglio; superbia.

lordling /'lɔːdlɪŋ/, *n.* (*spreg.*) signorotto; tirannello.

lordly /'lɔːdlɪ/, *a.* ***1*** fastoso; magnifico; sfarzoso ***2*** altero; altezzoso; arrogante; orgoglioso; superbo ***3*** di un lord; da lord.

lordosis /lɔː'dəʊsɪs/, *n.* (*pl.* **lordoses**) (*med.*) lordosi.

lordship /'lɔːdʃɪp/, *n.* ***1*** signoria; autorità (*o* dignità, grado) di un lord ***2*** dominio; potere: **the l. of God on mankind**, il potere di Dio sull'umanità ***3*** proprietà terriera; feudo; possedimento ***4*** (*titolo in riferimento a un Lord o a un alto magistrato*) Vostra (*o* Sua) Eccellenza (*o* Signoria): **His L. will see you in a moment**, Sua Signoria La riceverà tra poco; **Has Your L. called me?**, Vostra Eccellenza mi ha chiamato?

lore (**1**) /lɔː(r)/, *n.* (*arc.*) ***1*** erudizione; dottrina; sapere; scienza ***2*** corpo di tradizioni (di miti, ecc.) di un popolo; folklore: **Irish l.**, il folklore irlandese ***3*** notizie; nozioni: **fish l.**, notizie sulla vita dei pesci.

lore (**2**) /lɔː(r)/, *n.* (*zool.*) setto membranoso (*sotto l'occhio degli uccelli e dei rettili*).

lorgnette /lɔːn'jɛt/, *n.* ***1*** occhialetto (*o* occhialino) col manico; lorgnette ***2*** binocolo da teatro (*col manico*).

lorica /lə'raɪkə/, *n.* (*pl.* **loricae**) (*stor.* e *zool.*) lorica.

loricate /'lɒrɪkeɪt, *USA* 'lɔː-/, *a.* (*zool.*) loricato.

lorikeet /'lɒrɪkiːt, *USA* 'lɔː-/, *n.* (*zool., Lorius domicella*) lorichetto.

loris /'lɔːrɪs/, *n.* (*zool.*) ***1*** (*Loris*) lori ***2*** (*Loris gracilis*) lori gracile.

lorn /lɔːn/, *a.* (*poet.*) ***1*** abbandonato; derelitto ***2*** deserto; desolato; solitario.

lorry /'lɒrɪ, *USA* 'lɔːrɪ/, *n.* ***1*** carro (*senza sponde*): **coal l.**, carro per il trasporto del carbone ***2*** autocarro; camion (*cfr. USA* **truck**). ● **l. bombing**, attacco compiuto lanciando un autocarro pieno d'esplosivo (*e spesso guidato da un conducente suicida*) □ **l. driver**, camionista □ **l. park**, parcheggio per autocarri □ **tipping l.**, autocarro con cassone ribaltabile □ (*iron.*) **It fell off the back of a l., didn't it?**, cosa vorresti far credere, d'averlo trovato per strada?

lory /'lɔːrɪ/, *n.* (*zool., Trichoglossus*) lori.

losable /'luːzəbl/, *a.* che si può perdere.

to **lose** /luːz/ (*pass.* e *p. p.* **lost**), **A** *v. t.* ***1*** perdere (*anche fig.*); smarrire: **to l. one's keys**, perdere le chiavi; **He lost his right arm in the war**, perse il braccio destro in guerra; **to l. one's mother**, perdere la madre; **to l. one's life**, perdere la vita; **not to l. a word**, non perdere una parola; **to l. one's time**, perdere tempo; **to l. one's temper**, perdere la pazienza ***2*** sciupare; sprecare: **My remarks were not lost on her**, le mie osservazioni non andarono sprecate con lei ***3*** liberarsi di; sbarazzarsi di: **I've lost my cold**, mi sono liberato dal raffreddore; m'è passato il raffreddore ***4*** far perdere; costare: **His negligence lost him his job**, la sua negligenza gli fece perdere l'impiego ***5*** (*sport*) staccare, distanziare (*gli avversari, in una corsa*) ***6*** (*d'orologi*) restare indietro di; ritardare di: **The old clock loses three minutes a day**, il vecchio orologio resta indietro di tre minuti al giorno. **B** *v. i.* ***1*** (*anche sport*) perdere: **Wales lost to Scotland**, il Galles perse con la Scozia ***2*** perderci; rimetterci: **The play does not l. in the reading**, la commedia non ci perde niente alla lettura ***3*** (*di un orologio*) rimanere indietro. **C** to **lose oneself**, *v. rifl.* perdersi, smarrirsi; confondersi; immergersi (*in un pensiero, ecc.*). ● (*fam.*) **to l. one's berth**, perdere l'impiego □ **to l. by**, rimetterci a: **You can't l. anything by trying**, a provare non ci rimetti nulla □ **to l. ground**, perdere (*o* cedere) terreno □ **to l. heart**, scoraggiarsi □ **to l. heavily**, (*fin.*) subire gravi perdite; (*mil.*) subire una grave sconfitta □ (*aeron.*) **to l. height**, perdere quota □ **to l. inches**, perdere dei centimetri; dimagrire in vita □ (*polit.*) **to l. a motion**, non riuscire a far approvare una mozione □ **to l. on**, perdere su (*o* in): **to l. a lot of money on a horse**, perdere un mucchio di soldi su un cavallo; **to l. on a contract**, perderci un appalto □ **to l. out**, (*anche sport*) perdere (*malamente*); (*anche fin.*) perderci, rimetterci: **Mind you don't l. out on the deal!**, bada di non rimetterci nell'affare! □ **to l. (one's) patience**, perdere la pazienza □ (*d'un dottore*) **to l. a patient**, perdere un paziente; non riuscire a salvare un malato □ **to l. one's place**, perdere il segno (*in un libro, ecc.*) □ **to l. one's reason** (*o* **senses**), perdere la ragione (*o* la bussola, la tramontana) □ **to l. one's reputation**, perdere la reputazione; screditarsi □ **to l. sight of sb. [st.]**, perdere di vista (*o* d'occhio) q. [q.c.] □ **to l. track of**, perdere le tracce di □ **to l. one's way**, smarrirsi □ **a losing battle**, una battaglia persa in partenza: **to fight a losing battle**, battersi per una causa persa □ **losing cards**, carte (da gioco) pessime; (*fig.*) sfortuna, svantaggio, scarse possibilità di riuscita □ **a losing game**, una partita senza possibilità di vittoria (*o* persa in partenza; *anche fig.*).

loser /'luːzə(r)/, *n.* perdente; perditore, perditrice (*raro*). ● **to be a l. by st.**, rimetterci (*o* scapitare) in q.c. □ **to be a born l.**, essere nato perdente □ **He's a good [a bad] l.**, sa perdere [non sa perdere] □ (*modo prov.*) **The l. must pay**, chi perde paga.

loss /lɒs, *USA* lɔːs/, *n.* ***1*** perdita; smarrimento; sciupio; spreco; scapito; svantaggio: **l. of sight**, perdita della vista; **l. of time**, perdita di tempo; **the l. of a match**, la perdita d'una partita; **the l. of one's purse**, lo smarrimento del borsellino ***2*** (*fin.*) perdita; perdita netta ***3*** (*ass.*) perdita; danno: **to make good losses**, risarcire i danni ***4*** (*sport*) sconfitta ***5*** (*tecn.*) perdita; dispersione ***6*** (*pl.*) (*mil.*) perdite. ● (*ass.*) **l. adjuster**, perito liquidatore □ (*rag.*) **l.-and-gain account**, conto profitti e perdite □ (*elettr.*) **l. factor**, fattore di perdita □ **l. in temperature**, calo della temperatura □ (*comm.*) **l. in weight**, calo di peso □ (*comm.*) **l. leader**, articolo civetta □ **l. of appetite**, inappetenza □ **the l. of a battle**, l'aver perso una battaglia; la sconfitta □ (*leg.*) **l. of earnings**, mancati utili; lucro cessante □ (*ass.*) **l. ratio**, rapporto premi/sinistri □ (*fin.*) **l. on exchange**, perdita dovuta a oscillazioni del cambio □ (*comm.*) **at a l.**, in perdita: **to sell st. at a l.**, vendere q.c. in perdita □ **to be at a l.**, essere perplesso □ **to be at a l. for**, non riuscire a trovare: **I was at a l. for words**, non riuscivo a trovar le parole (*o* a esprimermi) □ **to be at a l. to know [to discover] st.**, non riuscire a sapere [a scoprire] q.c. □ (*fam.*) **to be a dead l.**, non essere buono a niente; essere un inetto, un incapace.

lossmaker /'lɒsmeɪkə(r), *USA* 'lɔːs-/, *n.* (*econ.*) ***1*** attività (industria, ecc.) in perdita ***2*** azienda (impresa, ecc.) decotta.

lossmaking /'lɒsmeɪkɪŋ, *USA* 'lɔːs-/, *a.* (*econ.*) in perdita; in passivo; decotto.

lost /lɒst, *USA* lɔːst/, **A** *pass.* e *p. p.* di **to lose**. **B** *a.* ***1*** perduto; smarrito: **l. property office**, ufficio oggetti smarriti ***2*** perso; smarrito: **The explorer was l.**, l'esploratore si era smarrito ***3*** perso; perduto; sprecato; mancato: **a l. cause**, una causa persa; **a l. opportunity**, un'occasione mancata ***4*** (*fig.*) perduto; confuso; disorientato: **The child is l. without his mother**, il bimbo si sente perduto senza la mamma. ● **to be lost**, perdersi; smarrirsi; andare smarrito; andare distrutto; (*di persone*) morire, perire: **The letter seems to be lost**, sembra che la lettera sia andata smarrita □ a

lost art, un'arte che s'è perduta (*o* è caduta in oblio) □ **to be l. at sea**, essere morto in un naufragio; essere scomparso in mare □ **to be lost in**, essere immerso in (*o* tutto preso da): **He was lost in thought**, era immerso in pensieri □ **to be lost on** (*o* **upon**) **sb.**, non sortire effetto su; essere sprecato con: **My warnings were completely lost on him**, i miei avvertimenti furono del tutto sprecati con lui □ **to be l. to**, essere perso per; essere insensibile a: **England was l. to the faith**, l'Inghilterra era persa per la fede (cattolica); **He is l. to remorse**, è insensibile al rimorso □ **to get l.**, perdersi, smarrirsi; andare smarrito □ **to give sb. [st.] up for l.**, perdere la speranza di salvare q. [di recuperare q.c.] □ **to look** (*o* **to seem**) **l.**, avere un'aria smarrita; sembrare spaesato □ **a lost soul**, un'anima perduta (*o* dannata) □ **a l. woman**, una donna perduta □ (*pop.*) **Get l.!**, fila!; scompari!; squagliati!, smamma! (*pop.*).

lot /lɒt/, **A** *n.* ***1*** destino; fato; sorte; ventura: **Man's lot is to suffer and die**, la morte e la sofferenza sono il destino dell'uomo; **to be content with one's lot**, contentarsi della propria sorte; **The lot fell on corporal Brown**, il caporale Brown fu designato dalla sorte ***2*** il tirare a sorte; sorteggio: **to choose a person by lot**, scegliere una persona tirando a sorte (*o* per sorteggio) ***3*** (*specialm. USA*) lotto, appezzamento (*di terreno*) ***4*** (*comm.*) lotto, assortimento, partita (*di merce*): **a lot of hats**, una partita di cappelli ***5*** parte, porzione (*avuta per sorteggio*): **to have no part nor lot in st.**, non ricevere parte alcuna di q.c.; non aver niente a che fare con q.c. ***6*** (*fam.*, = **lots**) gran quantità; gran numero; mucchio, sacco (*fam.*); molto: **He has a lot of money**, ha un sacco di soldi; **Lots of people came**, venne una quantità di gente; **I want a lot more**, ne voglio molto (*o* molti) di più; **He gave us lots to eat**, ci ha dato un sacco di cose da mangiare ***7*** (*fam.*) individuo; tipo; soggetto: **He's a bad lot**, è un brutto tipo; è un soggetto poco raccomandabile ***8*** (*fin.*) pacchetto (*di titoli*: *unità minima di contrattazione*) ***9*** – **the lot**, tutto quanto; ogni cosa ***10*** – **the lot**, (*cinem.*) lo studio e gli annessi ***11*** (*autom.*; = **parking lot**) (area di) parcheggio. **B** *avv.* – **a lot**, assai; molto: **She is a lot happier**, è molto più felice; **He works a lot at home**, lavora molto a casa. ● **the** (**whole**) **lot**, tutto; tutto quanto, tutti quanti □ (*fam.*) **lots and lots**, una gran quantità; moltissimi; tanti e poi tanti □ (*di terreno*) **lot line**, confine di proprietà □ **to draw** (*o* **to cast**) **lots**, tirare a sorte □ (*fin.*) **odd lot**, spezzatura (*di titoli*) □ **to throw** (*o* **to cast**) **in one's lot with sb.**, condividere la sorte di q.; (decidere di) correre la stessa ventura di q. □ **The lot falls to me** (*o* **it falls to my lot**), tocca a me (in sorte); è compito mio □ **That's the lot!**, questo è tutto; tutto qui; non c'è altro □ **Thanks a lot!**, tante grazie! □ (*iron.*) **A** (**fat**) **lot she cares!**, non gliene importa niente; gliene frega assai! (*pop.*).

to **lot** /lɒt/, *v. t.* ***1*** dividere (*terreni*) in lotti; lottizzare ***2*** (*comm.*) dividere (*merce*) in partite ***3*** (*fin.*) dividere (*titoli*) in pacchetti ***4*** (*raro*) assegnare. ● **to lot out**, (*edil.*) lottizzare; (*comm.*) dividere in partite.

loth /ləʊθ/, *V.* **loath**.

Lothario /ləʊ'θɛərɪəʊ, -ɑːr-/, *n.* ***1*** Lotario ***2*** (*fig.*: *pl.* **Lotharios**) dongiovanni; libertino; seduttore (*da un personaggio di «The Fair Penitent» di N. Rowe*).

lotion /'ləʊʃn/, *n.* (*med.*) lozione; unguento.

lottery /'lɒtərɪ/, *n.* lotteria; (gioco del) lotto: (*fig.*) **Life is a l.**, la vita è un gioco del lotto. ● **l. ticket**, biglietto di lotteria □ **l. wheel**, ruota del lotto.

lotting /'lɒtɪŋ/, *n.* ***1*** (*edil.*) lottizzazione ***2*** (*comm.*, = **l. out**) divisione (*di merce*) in partite.

lotto /'lɒtəʊ/, *n.* (*pl.* **lottos**) tombola (*il gioco*). ● **l. card**, cartella della tombola.

lotus /'ləʊtəs/, *n.* ***1*** (*bot.*, *Lotus*) loto ***2*** (frutto del) loto ***3*** (*archit.*) fregio a foglie di loto. ● **l.-eater**, (*mitol.*) lotofago; (*fig.*) chi sogna a occhi aperti; sognatore, sognatrice □ **l.-eating**, (*agg.*) lotofago; (*sost.*) lotofagia.

loud /laʊd/, **A** *a.* ***1*** (*di suono, rumore, ecc.*) forte; alto: **in a l. voice**, a voce alta; **a l. noise**, un forte rumore; **a l. cry**, un forte grido; **The radio is too l.**, la radio è troppo alta ***2*** sonoro; rumoroso; (*di un applauso*) fragoroso: **a l. laugh**, una risata sonora, rumorosa; **a l. bell**, una campana sonora ***3*** clamoroso; insistente: **l. denials**, insistenti dinieghi ***4*** (*di persona*) chiassoso; rumoroso ***5*** (*di colore, ecc.*) sgargiante; vistoso: **a l. pattern**, un disegno vistoso (*di un vestito*) ***6*** grossolano; rozzo; volgare: **l. manners**, modi grossolani. **B** *avv.* a voce alta; forte; rumorosamente: **Don't speak so l.**, non parlare così forte! || **-ly**, *avv.*

to **louden** /'laʊdn/, **A** *v. t.* alzare (*la voce*). **B** *v. i.* ***1*** (*della voce*) alzarsi ***2*** (*di suono*) diventare più alto; crescere di tono.

loudhailer /laʊd'heɪlə(r)/, *n.* megafono.

loudish /'laʊdɪʃ/, *a.* piuttosto alto; alquanto forte.

loudmouth /'laʊdmaʊθ/, *n.* (*fam.*) ***1*** chiacchierone; blaterone ***2*** millantatore; spaccone; vantone (*fam.*).

loudmouthed /'laʊdmaʊθt/, *a.* (*fam.*) ***1*** che parla troppo; che blatera ***2*** che si vanta; da spaccone ***3*** che sbraita.

loudness /'laʊdnəs/, *n.* ***1*** livello sonoro; sonorità; forza (*d'un suono*); altezza (*della voce*); rumorosità ***2*** (*acustica*) sensazione sonora ***3*** (*fig.*) chiassosità; vistosità ***4*** (*fig.*) grossolanità; volgarità.

loudspeaker /'laʊdspiːkə(r), 'laʊd'sp-/, *n.* altoparlante.

lough /lɒk/ (*irl.*), *n.* ***1*** lago ***2*** stretto braccio di mare.

louis /'luːɪ, 'lʊɪ/, *n.* (*invar. al pl.*) (*stor.*, = **l.-d'or**) luigi (*moneta francese*).

Louis /'luːɪ, 'lʊɪ, -s/, *n.* Luigi.

Louisa /luː'iːzə, lʊ-/, **Louise** /luː'iːz, lʊ-/, *n.* Luisa.

lounge /laʊndʒ/, *n.* ***1*** ozio; momento d'ozio; periodo di riposo: **to have a l.**, prendersi un po' di riposo ***2*** ridotto (*di teatro*) ***3*** sala di ritrovo; salone (*di un albergo*) ***4*** salotto (*di casa privata*) ***5*** sala d'aspetto (*di un aeroporto*) ***6*** agrippina (*tipo di sofà*) ***7*** *V.* **l. bar** ***8*** *V.* **l. chair**. ● **l. bar**, sala interna, bar elegante (*in un albergo, pub o ristorante*) □ (*ferr.*) **l. car**, carrozza salone □ **l. chair**, poltrona □ (*pop.*) **l. lizard**, donnaiolo, cascamorto □ **l. suit**, abito (*da uomo*) da giorno; abito completo □ **cocktail l.**, bar elegante specializzato in cocktails.

to **lounge** /laʊndʒ/, *v. i.* ***1*** stare disteso (*o* sdraiato): **to l. on a deckchair**, stare disteso su uno sdraio ***2*** bighellonare; gironzolare ***3*** oziare; poltrire. ● **to l. away**, sciupare; sprecare; passare nell'ozio: **to l. away one's time**, sciupare (*o* sprecare) il tempo; **We lounged the summer away**, passammo l'estate senza fare nulla.

lounger /'laʊndʒə(r)/, *n.* bighellone; fannullone; perdigiorno.

loungingly /'laʊndʒɪŋlɪ/, *avv.* bighellonando; oziosamente.

loupe /luːp/, *n.* (*gioielleria*) lente d'ingrandimento. ● (*di diamante*) **l. clean**, puro al cento per cento (*1° grado della scala di purezza*).

lour /'laʊə(r)/, *n.* ***1*** aspetto accigliato; cipiglio ***2*** l'oscurarsi, il rabbuiarsi (*del cielo*); l'essere minaccioso (*del tempo, ecc.*).

to **lour** /'laʊə(r)/, *v. i.* ***1*** accigliarsi; aggrottare le ciglia (*o* la fronte) ***2*** (*del cielo*) oscurarsi, rabbuiarsi ***3*** (*del tempo, delle nubi, ecc.*) essere minaccioso, minacciare tempesta. ● **to l. at** (*o* **on, upon**) **sb.**, fare il cipiglio a q.; guardare in cagnesco (*o* di traverso) q.

louringly /'laʊərɪŋlɪ/, *avv.* con viso arcigno; minacciosamente.

loury /'laʊərɪ/, *a.* ***1*** accigliato; imbronciato ***2*** (*del tempo*) minaccioso.

louse /laʊs/, *n.* ***1*** (*zool.*, *Pediculus*: *pl.* **lice**) pidocchio ***2*** (*pop.*: *pl.* **louses**) individuo spregevole; verme (*fig.*). ● (*med.*) **l.-borne typhus**, tifo petecchiale □ **crab l.**, piattola.

to **louse** /laʊs/, *v. t.* spidocchiare. ● (*fam. USA*) **to l. up**, rovinare; sciupare; incasinare (*pop.*).

lousiness /'laʊzɪnəs/, *n.* ***1*** l'essere pidocchioso; sporcizia ***2*** (*fam.*) l'essere pessimo, disgustoso; qualità scadente.

lousy /'laʊzɪ/, *a.* ***1*** pidocchioso; sporco ***2*** (*fam.*) disgustoso; ignobile; pessimo; schifoso. ● (*pop.*) **l. with money**, pieno di quattrini.

lout /laʊt/, *n.* villano; zoticone; tanghero.

loutish /'laʊtɪʃ/, *a.* grossolano; rozzo; sguaiato; villano; zotico. || **-ly**, *avv.* || **-ness**, *sost.*

louvre, (*USA*) **louver** /'luːvə(r)/, *n.* ***1*** (*archit. medievale*) torretta, lucernaio (*sul tetto d'un edificio*) ***2*** (*edil.*) persiana di ventilazione ***3*** (= **l. board**) stecca di persiana ***4*** (*autom.*) feritoia di ventilazione (*sul cofano*).

lovability /lʌvə'bɪlətɪ/, *n.* amabilità.

lovable /'lʌvəbl/, *a.* amabile; che ispira amore; caro; simpatico. || **-ness**, *sost.* || **-bly**, *avv.*

lovage /'lʌvɪdʒ/, *n.* (*bot.*, *Levisticum officinale*) levistico; sedano di monte.

love /lʌv/, *n.* ***1*** amore; affetto; affezione; persona amata: **l. of one's fellow creatures**, l'amore del prossimo; **l. of the sea**, amore per il mare; **for the l. of your mother**, per amor di tua madre ***2*** passione; interesse appassionato: **Poetry is my only l.**, la poesia è la mia unica passione ***3*** (*al vocat.*) cara, caro; tesoro; amore ***4*** (*sport, specialm. tennis*) zero (punti): **l.-all**, zero pari; **l.-forty**, zero a quaranta; **a l. game**, una partita in cui il perdente ha fatto zero punti; cappotto (*fam.*) ***5*** (*mitol.*) – **L.**, Amore; Amorino; Cupido. ● **l. affair**, relazione amorosa (*o* sentimentale) □ **l. at first sight**, amore a prima vista □ (*di figlio*) **l.-begotten**, illegittimo □ **l. child**, figlio dell'amore; figlio illegittimo □ (*fam.*) **l. handles**, cuscinetti di grasso sui fianchi □ (*fig.*) **the l. doves**, le (due) colombelle □ (*relig.*) **l. feast**, agape □ **l.-in**, riunione di hippy (figli dei fiori, ecc.) □ (*fig.*) **l. in a cottage**, due cuori e una capanna; matrimonio senza quattrini □ (*bot.*) **l.-in-idleness** (*Viola tricolor*), viola del pensiero □ (*bot.*) **l.-in-a-mist** (*Nigella damascena*), nigella; fanciullaccia □ **l. knot**, nodo (*o* nastro) d'amore □ **l. letter**, lettera d'amore □ **l. life**, vita sentimentale □ **l.-making**, (*un tempo*) corteggiamento; (*ora*) il fare l'amore □ **l. match**, matrimonio d'amore □ (*fig.*) **l. nest**, nido d'amore □ **l. of** (**one's**) **country**, patriottismo; amor di patria □ **l. philtre** (*o* **l. potion**), filtro d'amore □ **l. shaft**, dardo di Cupido □ **l. song**, canzone d'amore □ **l. story**, storia d'amore □ **l.-struck**, innamorato cotto; che ha avuto il colpo di fulmine (*fig.*) □ **l. token**, pegno d'amore □ **to fall in l. with sb.**, innamorarsi di q. □ **for l.**, per amore; per diletto, non per lucro □ **to give** [**to send**] **one's l. to sb.**, porgere [mandare] affettuosi saluti a q.: **Give my l. to your sister**, saluta (affettuosamente) tua sorella da parte mia □ **to be in l. with sb.**, essere innamorato di q. □ **labour of l.**, lavoro fatto con gioia; (*anche*) lavoro fatto per diletto □ **to make l. to sb.**, (*un tempo*) corteggiare q.; (*ora*) fare l'amore con q. □ (*vocat.*) **my l.!**, amor mio; tesoro; caro, cara □ **not for l. nor money**, a nessun costo; in nessun modo □ **This book is not to be had for l. or money**, questo libro non c'è proprio modo d'averlo □ **to play for l.**, giocare per passione (non per soldi) □ **There's no l. lost between them**, non si possono soffrire; si detestano; si odiano cordialmente □ (*fam.*) **What loves of teacups!**, che amore di tazzine! □ (*fam.*) **She's an old l.**, è proprio una cara persona.

to **love** /lʌv/, *v. t.* ***1*** amare; aver caro; voler bene a: **to l. one's children**, amare i figli; **I l. you**, ti amo; ti voglio bene; **to l. virtue**, amare la virtù ***2*** piacere molto (*impers.*); desiderare; adorare; divertirsi a; provar diletto in: **I simply l. skiing**, adoro sciare; **He loves playing**

tennis, gli piace molto giocare a tennis; (*fam.*) **I'd l. to go to England next summer**, mi piacerebbe molto andare in Inghilterra l'estate prossima; **He simply loves to find other people's mistakes**, si diverte molto a scoprire gli errori degli altri ***3*** fare l'amore (*o* all'amore) con (q.). ● (*arc.*) **Lord l. you!**, Dio ti benedica!; povero me!; che cos'hai combinato! □ (*prov.*) **L. me, l. my dog**, chi ama me, ama il mio cane; se vuoi bene a me, devi volerne anche ai miei amici.

loveable /ˈlʌvəbl/, *V.* **lovable**.

lovebird /ˈlʌvbɜːd/, *n.* ***1*** (*zool., Agapornis*) inseparabile (*pappagallino*) ***2*** (*zool., Loriculus*) parrocchetto ***3*** (*zool., Psittacula*) psittacula ***4*** (*pl.*) (*fig.*) piccioncini; innamorati.

lovebite /ˈlʌvbaɪt/, *n.* succhiotto.

lovebug /ˈlʌvbʌg/, *n.* (*USA; zool., Plecia nearctica*) moscerino rosso (*che disturba gli automobilisti negli Stati del Sud*).

Lovelace /ˈlʌvleɪs/, *n.* dongiovanni; libertino; seduttore (*da un personaggio di «Clarissa Harlowe», di S. Richardson*).

loveless /ˈlʌvləs/, *a.* senz'amore; che non ama; che non è amato: **a l. marriage**, un'unione senz'amore. || **-ly**, *avv.* || **-ness**, *sost.*

loveliness /ˈlʌvlɪnəs/, *n.* bellezza; grazia; incanto; leggiadria.

lovelock /ˈlʌvlɒk/, *n.* tirabaci.

lovelorn /ˈlʌvlɔːn/, *a.* che si strugge d'amore; disperato per amore; infelice. || **-ness**, *sost.*

lovely /ˈlʌvlɪ/, **A** *a.* ***1*** bello; attraente; grazioso; incantevole; leggiadro; piacevole; soave; vezzoso: **a l. sight**, una vista incantevole; **a l. girl**, una bella ragazza; **l. eyes**, begli occhi; **l. weather**, tempo bello ***2*** (*fam.*) delizioso; divertente: **a l. story**, una storiella divertente; **a l. party**, una festa divertente (*o* riuscita) ***3*** attraente; simpatico; delizioso; squisito: **a l. woman**, una donna deliziosa: **a l. person**, una persona squisita: **a l. lunch**, un pranzo squisito! **B** *n.* (*fam. arc.*) bella (donna); bellezza. ● **to have a l. time**, divertirsi un mondo; spassarsela.

lover /ˈlʌvə(r)/, *n.* ***1*** innamorato, innamorata; amoroso, amorosa; pretendente; fidanzato ***2*** amante (*specialm. uomo*) ***3*** amatore, amatrice; amante, appassionato (di q.c.): **He is a l. of painting**, è un appassionato di pittura ***4*** (*pl.*) innamorati ***5*** (*pl.*) amanti. ● **l.'s knot**, nodo (*o* nastro) d'amore.

lovesick /ˈlʌvsɪk/, *a.* ***1*** malato d'amore; che soffre le pene d'amore ***2*** (*di poesia, ecc.*) che canta le pene d'amore.

lovesickness /ˈlʌvsɪknəs/, *n.* mal d'amore; pene d'amore.

loveworthy /ˈlʌvwɜːðɪ/, *a.* degno d'essere amato; degno d'affetto.

lovey /ˈlʌvɪ/, *n.* (*fam., al vocat.*) amore; tesoro. ● (*fam.*) (*agg.*) affettuoso; amorevole; (*sost.*) affettuosità (*pl.*); coccole.

to **lovey-dovey** /ˈlʌvɪˈdʌvɪ/, *v. i.* (*fam.*) fare i (due) piccioncini; tubare.

loving /ˈlʌvɪŋ/, *a.* amoroso; amorevole; affettuoso; affezionato; devoto; tenero: **l. glances**, occhiate amorose; **a l. act**, un atto affettuoso; **a l. friend**, un amico devoto. ● **l. cup**, coppa dell'amicizia (*passata in giro, un tempo, nei banchetti*); coppa (*per gare sportive*) □ (*lett.*) **l. kindness**, bontà; affettuosità; tenerezza □ **peace-l.**, amante della pace. || **-ly**, *avv.* || **-ness**, *sost.*

low (**1**) /ləʊ/, *a.* ***1*** basso; di bassa condizione; meschino; umile; abietto; vile; volgare; triviale: **a low fence**, uno steccato basso; **a low figure**, una cifra bassa; una piccola cifra; **to have a low forehead**, avere la fronte bassa; **l. pay**, retribuzione bassa; **The sun was low**, il sole era basso all'orizzonte; **low conduct**, comportamento abietto; **low conversation**, conversazione triviale; **low tastes**, gusti volgari; **a low fellow**, un uomo volgare; **a person of low birth**, una persona di umili natali; **low people**, gente bassa, volgare; **low humour**, umorismo volgare; **to speak in a low voice**, parlare a voce bassa; **low prices**, prezzi bassi; **low speed**, bassa velocità; (*autom.*) prima (velocità); (*autom., mecc.*) **a low gear**, una marcia bassa ***2*** profondo; basso: **a low bow**, un profondo inchino; **a low neckline**, una scollatura profonda (*o* bassa) ***3*** depresso; lieve; leggero; scarso: **I am feeling low**, mi sento depresso; **a low fever**, una lieve febbre; una febbriciattola; **a low diet**, una dieta leggera; **a person of low intelligence**, una persona di scarsa intelligenza ***4*** cattivo; brutto; poco buono: **He is in a low state of mind**, è in un brutto stato d'animo; **I have a low opinion of his abilities**, ho un'opinione poco buona delle sue capacità ***5*** (*med.*) debole; fiacco: **low pulse**, polso debole ***6*** (*mus.*) basso; grave: **low note**, nota bassa ***7*** (*comm.*) assai scarso; quasi esaurito: **Our stocks are low**, le nostre scorte sono quasi esaurite ***8*** (*boxe: di colpo*) basso; sotto la cintura. ● (*aeron., mil.*) **low-altitude bombing**, bombardamento a bassa quota □ (*autom.*) **low beam**, luce anabbagliante □ (*autom.*) **low-beam headlights**, (fari) anabbaglianti; luci d'incrocio; mezze luci (*fam.*) □ **low-bred**, maleducato; volgare; rozzo □ (*relig.*) **low celebration**, messa bassa □ **Low Church**, Chiesa Bassa (d'Inghilterra) □ (*comm.*) **low-class goods**, merce di qualità inferiore □ **low comedy**, commedia popolare; farsa □ (*fin.*) **low-cost money**, denaro a buon mercato □ (*fam.*) **low-down**, abietto; disonesto; meschino; vile □ (*pop.*) **the low-down**, quel che c'è sotto; le manovre dietro le quinte; le informazioni segrete □ (*fin.*) **low-duty articles**, articoli tassati moderatamente (*in dog., ecc.*) □ **a low dress**, un vestito molto scollato □ **low-fat milk**, latte a basso contenuto lipidico (*o* di grassi) □ (*elettr., elettron., ecc.*) **l.-frequency**, a bassa frequenza □ (*elettr.*) **low-frequency antenna**, antenna per bassa frequenza □ (*ling.*) **Low German**, basso tedesco □ **low-grade**, a basso tenore; di qualità inferiore: **low-grade coal**, carbone di qualità inferiore □ **low heels**, tacchi bassi □ (*fam. USA*) **low jinks**, scherzi di cattivo gusto; giochi da villani □ **low-key**, (*fotogr.*) senza contrasto, scuro; (*fig.*) *V.* **low-keyed** □ **low-keyed**, attenuato, pacato, sommesso; misurato □ **low-level**, basso, situato in basso; a basso livello; di grado (*o* tipo) inferiore; (*aeron.*) a bassa quota: (*edil.*) **a low-level W.C.**, una coppa del water bassa □ **low life**, vita dei bassifondi; (*pop. USA*) tipo abietto, vile, spregevole; individuo manesco □ **low-lying**, basso: **low-lying clouds**, nuvole basse □ **Low Mass**, messa bassa □ **low-minded**, d'animo basso; meschino; volgare □ (*moda*) **low neck**, vestito scollato □ (*di vestito*) **low-necked**, scollato □ **low-pitched**, (*di voce, ecc.*) dal tono basso, profondo; (*di tetto*) poco aguzzo, a padiglione □ **low poker**, poker alla rovescia (*vince la mano chi ha il punto più basso; giocato in California*) □ (*tecn., scient.*) **low-pressure**, a bassa pressione; (*fig.*) non aggressivo; (*di un lavoro*) tranquillo, non stressante □ (*fig.*) **low profile**, (*sost.*) atteggiamento di moderazione, posizione cauta, il defilarsi; (*agg.*) che si defila, cauto, moderato; di basso profilo (*angl.*), in tono minore: **a low-profile campaign**, una campagna (*elettorale o pubblicitaria*) in tono minore; (*mil.*) **low-profile tactics**, tattica di basso profilo □ **low relief**, bassorilievo □ (*chim.*) **low-proof**, a basso contenuto alcolico □ **low-rent**, ad affitto basso, economico; (*fam. USA*) scadente, mediocre □ (*di un edificio*) **low-rise**, di pochi piani, basso □ **a low-rise**, un edificio basso □ (*tur.*) (**the**) **low season** (la) bassa stagione: (*trasp.*) **low-season fare**, tariffa di bassa stagione □ **low-spirited**, abbattuto; depresso □ (*relig.*) **Low Sunday**, domenica in Albis □ **low-tar cigarettes**, sigarette a basso contenuto di nicotina □ (*tecn., scient.*) **low-temperature**, a bassa temperatura □ (*elettr.*) **low-tension** (*o* **voltage**), a bassa tensione □ **low tide**, bassa marea; (*fig.*) stato di depressione (*morale, economica, ecc.*) □ **a low trick**, un colpo basso (*fig.*); un tiro mancino □ (*econ.*) **low wages**, salari bassi □ **low water**, bassa (*in un estuario, per il deflusso della marea*); (*fig.*) situazione difficile; punto più basso, fondo (*fig.*) □ **low-water mark**, segno (*o* limite) della bassa marea; (*fig.*) punto più basso, fondo (*fig.*) □ **to get low**, calare, abbassarsi; (*di un livello*) scendere; (*di prezzi, scorte*) diminuire; (*mus.*) scendere a un tono basso □ **to be in low spirits**, essere abbattuto (*o* depresso); esser giù di morale □ (*fig.*) **to be in low water**, essere in crisi; essere a corto di quattrini □ **The river is low**, l'acqua del fiume è bassa; il fiume è in secca.

low (**2**) /ləʊ/, *avv.* ***1*** basso; in basso (*anche fig.*); (*aeron.*) a bassa quota: **to hit low**, colpire basso; **to fly low**, volare a bassa quota; **He was brought low by his love for gambling**, fu trascinato in basso dalla sua passione per il gioco d'azzardo ***2*** profondamente: **to bow low to sb.**, inchinarsi profondamente davanti a q. ***3*** a bassa voce; sottovoce; piano: **to speak low**, parlare a bassa voce ***4*** a buon mercato; a basso prezzo: **to buy st. low**, comprare q.c. a buon mercato. ● **to bow low**, fare un profondo inchino □ **to bring sb. low**, tenere q. soggetto; umiliare q. □ **to lay sb. low**, abbattere q.; sopraffare q.; uccidere q. □ **to lie low**, *V. sotto* **to lie** (**2**) □ **to play low**, giocare di poco (*o* per una piccola posta) □ **to play it low** (**down**) **upon sb.**, giocare un brutto tiro a q. □ **to run low**, scarseggiare: **Funds are running low**, i fondi scarseggiano □ (*fig.*) **The sands are running low**, il tempo è quasi trascorso; la vita volge al termine.

low (**3**) /ləʊ/, *n.* ***1*** (*meteor.*) zona di bassa pressione; ciclone ***2*** (*mecc., autom.*) prima marcia; prima velocità ***3*** (*fig.*) punto basso; livello basso: **Business was at an all-time low**, l'attività economica era al livello più basso che mai; **Output is at a record low**, la produzione ha fatto segnare un minimo storico ***4*** (*market.*) prezzo minimo (*o* ultimo) ***5*** (*Borsa*) quotazione minima ***6*** (*a carte*) carta più bassa; punto più basso.

low (**4**) /ləʊ/, *n.* muggito; mugghio.

to **low** /ləʊ/, **A** *v. i.* muggire; mugghiare. **B** *v. t.* (*anche* **to low forth**) manifestare con un muggito.

lowball /ˈləʊbɔːl/, (*USA*) *V.* **low poker,** *sotto* **low** (**1**).

lowborn /ˈləʊˈbɔːn/, *a.* (*raro*) di umili natali; di origini modeste.

lowboy /ˈləʊbɔɪ/, *n.* cassettoncino.

lowbrow /ˈləʊbraʊ/, **A** *n.* (*fam.*) persona di media (*o* scarsa) cultura; chi non è (*o* non si atteggia a) intellettuale; persona di gusti facili. **B** *a.* facile; popolare; poco esigente: **l. tastes**, gusti facili; **l. amusements**, divertimenti popolari.

lowbrowed /ˈləʊbraʊd/, *a.* ***1*** dalla fronte bassa ***2*** (*di roccia*) sporgente ***3*** (*di edificio, stanza*) dall'entrata bassa; cupo, tetro.

lower (**1**) /ˈləʊə(r)/, (*compar. di* **low**) **A** *a.* inferiore; più basso. **B** *avv.* più basso; più in basso. ● (*tipogr.*) **l. case**, (*sost.*) carattere minuscolo; (*agg.*) minuscolo □ **l. class**, ceto basso, classe operaia □ **l.-class**, del ceto basso, operaio □ (*naut.*) **l. deck**, sottocoperta; (*fam.*) l'equipaggio □ (*stor.*) **the L. Empire**, il Basso Impero □ (*polit.*) **the L. House**, la Camera Bassa □ **the l. middle class**, la piccola borghesia □ **l. middle-class**, piccolo borghese □ **the l. regions**, gli inferi □ **l. school**, corso inferiore (*di una scuola secondaria*) □ **the l. world**, la terra; (*anche*) gli inferi.

lower (**2**) /ˈlaʊə(r)/, *V.* **lour**.

to **lower** (**1**) /ˈləʊə(r)/, **A** *v. t.* ***1*** abbassare; ammainare; calare; diminuire; ridurre: **to l. a wall**, abbassare un muro; **to l. the flag**, ammainare la bandiera; **to l. one's voice**, abbassare la voce; **to l. a load**, calare un carico; **to l. expenses**, diminuire le spese; (*naut.*) **to l. a lifeboat**, calare una lancia di salvataggio; **to l.**

prices [**customs duties**], ridurre i prezzi [i dazi doganali] ***2*** debilitare; indebolire: **to l. sb.'s resistance**, indebolire la resistenza di q. ***3*** avvilire; deprimere; umiliare: **to l. sb.'s pride**, umiliare l'orgoglio di q. ***4*** (*naut.*) ammainare (*vele, pennoni, ecc.*); filare (*cavi, ecc.*). **B** *v. i.* ***1*** abbassarsi; calare; diminuire; ridursi: **Our debentures are lowering in value**, le nostre obbligazioni diminuiscono di valore; **His voice lowered to an imperceptible murmur**, la voce gli s'abbassò in un mormorio impercettibile ***2*** (*anche* **to l. oneself**) abbassarsi; umiliarsi ***3*** (*naut.*) ammainare una vela (*o* le vele) ***4*** (*naut.*) calare un'imbarcazione. ● (*fam.*) **to l. a sandwich**, buttar giù (*o* mangiare) un panino imbottito.

to **lower** (**2**) /ˈlaʊə(r)/, *V.* **to lour.**

lowering /ˈləʊərɪŋ/, **A** *a.* ***1*** che abbassa ***2*** che cala; che diminuisce ***3*** (*med.*) debilitante: **a l. diet**, una dieta debilitante ***4*** avvilente; deprimente. **B** *n.* abbassamento; calo; diminuzione, riduzione: **l. of prices**, riduzione dei prezzi.

loweringly /ˈlaʊərɪŋlɪ/, *V.* **louringly.**

lowermost /ˈləʊəməʊst/, *a.* (*form.*) *V.* **lowest.**

lowest /ˈləʊɪst/, *a.* (*superl. di* **low**) infimo; (il) più basso (*V.* **low** (**1**)). ● (*mat.*) **l. common multiple**, minimo comune multiplo □ **l. terms**, minimi termini □ **at** (**the**) **l.**, a dir poco; a far poco; almeno, per lo meno.

lowland /ˈləʊlənd/, **A** *n.* bassopiano; pianura. **B** *a. attr.* della pianura. ● (*geogr.*) **the Lowlands**, le pianure della Scozia.

lowlander /ˈləʊləndə(r)/, *n.* ***1*** abitante della pianura; pianigiano ***2*** – (*in G.B.*) **L.**, abitante delle pianure della Scozia meridionale.

lowliness /ˈləʊlɪnəs/, *n.* modestia; umiltà.

lowly /ˈləʊlɪ/, **A** *a.* ***1*** modesto; umile; senza pretese ***2*** di bassi natali; di umili origini ***3*** (*fig.*) banale; dozzinale; prosaico; insignificante. **B** *avv.* ***1*** modestamente; umilmente ***2*** miseramente; poco; male: **l. paid teachers**, insegnanti mal retribuiti.

lowness /ˈləʊnəs/, *n.* ***1*** bassezza; pochezza; bassezza d'animo; miseria; volgarità ***2*** profondità, gravità (*di un suono*) ***3*** debolezza (*d'un rumore*) ***4*** avvilimento; depressione (*d'animo*); tristezza ***5*** modicità (*di un prezzo*).

lox /lɒks/, *n.* (*USA*) (*cucina*) salmone affumicato.

loxia /ˈlɒksɪə/, *n.* (*med.*) torcicollo.

loxodrome /ˈlɒksədrəʊm/, *n.* (*geogr.*) lossodromia.

loxodromic(al) /lɒksəˈdrɒmɪk(l)/, *a.* (*geogr., naut.*) lossodromico.

loyal /ˈlɔɪəl/, **A** *a.* fedele; fido; ligio; leale; devoto: **a l. wife**, una moglie fedele; **l. subjects to the King**, sudditi ligi al Sovrano; **a l. supporter**, un leale sostenitore. **B** *n.* fido seguace. ● **l. toast**, brindisi al sovrano (*nei pranzi ufficiali; prima di questo brindisi, non si può fumare*). || **-ly**, *avv.*

loyalism /ˈlɔɪəlɪzəm/, *n.* (*polit.*) lealismo.

loyalist /ˈlɔɪəlɪst/, *n.* e *a. attr.* (*polit.*) lealista. ● (*polit.*) **the Loyalists**, i lealisti (*i protestanti che, nell'Irlanda del Nord, vogliono restare uniti alla Gran Bretagna*).

loyalty /ˈlɔɪəltɪ/, *n.* fedeltà; lealtà; devozione.

lozenge /ˈlɒzəndʒ/, *n.* ***1*** (*geom., archit., arald.*) losanga; rombo ***2*** pasticca; pastiglia: **cough lozenges**, pasticche per la tosse ***3*** (*archit.*) vetro a losanga, a rombo (*nelle vetrate all'antica*).

lozenged /ˈlɒzəndʒd/, *a.* ***1*** (*di disegno, ecc.*) a losanga; a rombi (*di colori diversi*) ***2*** (*di vetrata*) con vetri a losanga.

LP /ɛlˈpiː/, *n.* (*acronimo di* **long player**) ellepì; long play.

L-plate /ˈɛlpleɪt/, *n.* (*autom., in G.B.*) targa da principiante.

LSD /ɛlɛsˈdiː/, *n.* (*acronimo di* **lysergic acid diethylamide**) LSD (*droga*); acido (*pop.*).

'lt /lt, əlt/, *contraz.* di **wilt** (*in* **thou'lt** *per* **thou wilt**).

lubber /ˈlʌbə(r)/, *n.* ***1*** villano; zoticone; bestione; zuccone (*fig.*) ***2*** marinaio inesperto; marinaio d'acqua dolce ***3*** individuo goffo e pesante. ● (*naut.*) **l.'s line** (*o* **point**), linea di fede.

lubberlike /ˈlʌbəlaɪk/, *a.* goffo; maldestro; villano; zotico.

lubberly /ˈlʌbəlɪ/, **A** *a.* goffo; maldestro; villano; zotico. **B** *avv.* goffamente; maldestramente; pesantemente (*fig.*). || **-iness**, *sost.*

lube /luːb/, *n.* (*abbr. di* **lubricating oil**) (*mecc.*, = **l. oil**) olio lubrificante.

lubricant /ˈluːbrɪkənt, ˈlj-/, *n.* (*mecc.*) lubrificante.

to **lubricate** /ˈluːbrɪkeɪt, ˈlj-/, *v. t.* e *i.* ***1*** (*mecc.*) lubrificare; ingrassare (*fam.*) ***2*** (*fig.*) agevolare, facilitare, rendere scorrevole (*la conversazione, ecc.*) ***3*** (*fig. fam.*) ungere le ruote a (q.); comprare (q.) ***4*** (*pop.*) fare sbronzare (q.). ● **lubricating grease**, (grasso) lubrificante □ **lubricating oil**, olio lubrificante.

lubrication /luːbrɪˈkeɪʃn, lj-/, *n.* (*mecc.*) ***1*** lubrificazione ***2*** ingrassaggio (*fam.*). ● (*autom., mecc.*) **the l. system**, la lubrificazione.

lubricative /ˈluːbrɪkətɪv, ˈlj-, *USA* -eɪtɪv/, *a.* lubrificativo; lubrificante.

lubricator /ˈluːbrɪkeɪtə(r), ˈlj-/, *n.* ***1*** lubrificatore; ingrassatore (*fam.*) ***2*** (*mecc.*) oliatore; ingrassatore.

lubricious /luːˈbrɪʃəs, lj-/, *V.* **lubricous.**

lubricity /luːˈbrɪsətɪ, lj-/, *n.* ***1*** (*raro*) lubricità; viscosità ***2*** (*lett.*) scurrilità; oscenità ***3*** (*lett.*) lascivia; libidine; lussuria ***4*** (*mecc.*) proprietà lubrificante.

lubricous /ˈluːbrɪkəs, ˈlj-/, *a.* ***1*** (*raro*) lubrico; sdrucciolevole (*lett.*) ***2*** scurrile; osceno ***3*** (*lett.*) lascivo; libidinoso; lussurioso.

Lucan (**1**) /ˈluːkən, ˈlj-/, *n.* (*stor. letter.*) Lucano.

Lucan (**2**) /ˈluːkən, ˈlj-/, *a.* (*relig.*) di San Luca.

Lucas /ˈluːkəs, ˈlj-/, *n.* Luca.

luce /luːs, lj-/, *n.* (*zool.*) luccio adulto.

lucent /ˈluːsnt, ˈlj-/, *a.* ***1*** lucente; rilucente ***2*** traslucido; trasparente. || **-ly**, *avv.*

lucern(e) /luːˈsɜːn, lj-/, *n.* (*bot., Medicago sativa*) erba medica.

Lucerne /luːˈsɜːn, lj-/, *n.* (*geogr.*) Lucerna.

Lucian /ˈluːsɪən, ˈlj-/, *n.* (*stor. letter.*) Luciano.

lucid /ˈluːsɪd, ˈlj-/, *a.* lucido (*specialm. fig.*); limpido; terso; chiaro: **a l. mind**, una mente lucida; **a l. style**, uno stile terso. ● **a l. gleam**, un lucchichio □ **in a l. interval**, in un intervallo di lucidità (mentale). || **-ly**, *avv.*

lucidity /luːˈsɪdətɪ, lj-/, *n.* ***1*** lucidità; chiarezza (*dello stile, ecc.*) ***2*** lucidità mentale.

Lucifer /ˈluːsɪfə(r), ˈlj-/, *n.* (*astron., relig.*) Lucifero.

lucifugal /luːˈsɪfjʊgl, lj-/, **lucifugous** /luːˈsɪfjʊgəs, lj-/, *a.* lucifugo.

Lucius /ˈluːsɪəs/, *n.* Lucio.

luck /lʌk/, *n.* ***1*** fortuna; sorte; ventura; caso: **by good l.**, per buona sorte; per fortuna; **bad l.**, mala sorte; sfortuna; **Good l.!**, buona fortuna! ***2*** fortuna; buona sorte: **a stroke of l.**, un colpo di fortuna. ● **to bring good l.**, portar fortuna □ (*fam.*) **to be down on one's l.**, avere un periodo di sfortuna; essere scalognato (*fam.*) □ **for l.**, come portafortuna; per scaramanzia □ (**good**) **l. charm**, portafortuna □ **to have good** [**bad**] **l. in one's affairs**, avere [non avere] fortuna negli affari □ **to be in l.**, essere fortunato □ (*fam.*) **no such l.**, no, purtroppo □ **to be out of l.**, essere sfortunato □ **plain bad l.**, nient'altro che sfortuna □ (*fam.*) **to push one's l.**, forzare la mano alla fortuna □ **to try one's l.**, tentare la sorte □ **worse l.**, (*locuz. avv.*) disgraziatamente; peggio ancora; purtroppo □ **as l. would have it**, come volle la sorte □ **Bad** (*o* **hard**) **l.!**, che sfortuna! □ **Better l. next time!**, andrà meglio la prossima volta □ **Good l. to you!**, buona fortuna a te! □ **She gave me this ring for l.**, mi diede questo anello (come) portafortuna □ **What l. I've met you!**, fortuna che ti ho incontrato!

luckily /ˈlʌkəlɪ/, *avv.* fortunatamente; per fortuna.

luckiness /ˈlʌkɪnəs/, *n.* fortuna; buona sorte.

luckless /ˈlʌkləs/, *a.* sfortunato; disgraziato; infausto; infelice; sventurato: **a l. period**, un periodo infausto; **a l. journey**, un viaggio sfortunato, infelice; **a l. boy**, un ragazzo sventurato. || **-ly**, *avv.* || **-ness**, *sost.*

to **luck out** /ˈlʌkˈaʊt/, *v. i.* (*fam. USA*) farcela, riuscire (con un po' di fortuna).

lucky /ˈlʌkɪ/, *a.* ***1*** fortunato; fausto; felice; propizio: **a l. fellow**, un uomo fortunato; **a l. day**, un fausto giorno; **a l. venture**, un'impresa fortunata; **a l. change**, un felice mutamento ***2*** che porta fortuna; portafortuna: **a l. coin**, una moneta che porta fortuna. ● (*fam.*) **l. dip**, scatola in cui si cercano oggettini da regalo sotto la segatura; (*nei luna park*) pesca; (*fig.*) lotteria (*fig.*), cosa che dipende dalla fortuna, (un) tirare a sorte □ **to be born l.**, essere nato con la camicia □ **a l. charm**, un ciondolo portafortuna □ **a l. guess**, un tentativo d'indovinare azzeccato: **That was a l. guess!**, l'ho (*o* l'hai, ecc.) azzeccata! □ **to have a l. escape**, cavarsela a buon mercato □ **L. you!**, fortunato te!; beato te! □ (*fam.*) **l. beggar** (*o* **l. bargee**)!, fortunato te!; beato te! □ **How l.!**, che fortuna! □ (*fam.*) **You are a l. dog!**, hai avuto una bella fortuna!; beato te! (*frase di congratulazione*) □ **«Do you think I'll pass my exam?» «You'll be l.»**, «Credi che sarò promosso all'esame?» «Mi pare difficile».

lucrative /ˈluːkrətɪv, ˈlj-/, *a.* lucroso; lucrativo; proficuo; remunerativo; redditizio: **a l. investment**, un investimento remunerativo; **a l. job**, un'occupazione redditizia; un lavoro proficuo. || **-ly**, *avv.* || **-ness**, *sost.*

lucre /ˈluːkə(r), ˈlj-/, *n.* lucro; guadagno. ● (*spreg.* o *scherz.*) **filthy l.**, il vile denaro.

Lucrece /luːˈkriːs, lj-/, **Lucretia** /luːˈkriːʃə, lj-/, *n.* Lucrezia.

Lucretius /luːˈkriːʃəs, lj-/, *n.* (*stor., letter.*) Lucrezio.

to **lucubrate** /ˈluːkjʊbreɪt, lj-/, *v. i.* ***1*** fare (*o* scrivere) elucubrazioni ***2*** studiare (*o* lavorare) di notte.

lucubration /luːkjʊˈbreɪʃn, lj-/, *n.* elucubrazione.

lucubrator /ˈluːkjʊbreɪtə(r), lj-/, *n.* elucubratore.

Lucullan /luːˈkʌlən, lj-/, **Lucullean** /luːˈkʌlɪən, lj-/, **Lucullian** /luːˈkʌlɪən, lj-/, *a.* luculliano.

Lucullus /luːˈkʌləs, lj-/, *n.* (*stor. romana*) Lucullo.

Lucy /ˈluːsɪ/, *n.* Lucia.

Luddism /ˈlʌdɪzəm/, *n.* (*stor.*) luddismo.

Luddite /ˈlʌdaɪt/, *n.* (*stor.*) luddista.

ludicrous /ˈluːdɪkrəs, ˈlj-/, *a.* risibile; ridicolo; comico; assurdo. || **-ly**, *avv.* || **-ness**, *sost.*

ludo /ˈluːdəʊ/, *n.* gioco (*infantile*) con tabellone, dadi e gettoni.

lues /ˈluːiːz/ (*lat.*), *n.* (*invar. al pl.*) (*med.*) lue.

luetic /luːˈɛtɪk/, *a.* e *n.* (*med.*) luetico.

luff /lʌf/, *n.* (*naut.*) ***1*** orzata ***2*** caduta prodiera (*d'una vela*) ***3*** orza; lato di sopravvento.

to **luff** /lʌf/, **A** *v. i.* (*naut.*) orzare; andare all'orza. **B** *v. t.* mettere (*una nave, il timone*) all'orza. ● **L. the helm!**, barra sottovento!

lug (**1**) /lʌg/, *n.* strattone; strappata; tirata.

lug (**2**) /lʌg/, *n.* ***1*** ansa; orecchietta; prominenza ***2*** manico (*di brocca*) ***3*** (*mecc.*) aggetto; aletta ***4*** (*mecc.*) pipa (*di telaio di bicicletta, ecc.*) ***5*** (*elettr.*) capocorda ***6*** paraorecchie (*di berretto*) ***7*** (*pop.*) lobo dell'orecchio; orecchio ***8*** (*pop.*, = **lughead**) stupido; tonto; zuccone ***9*** (*pop. USA*) bestione, scimmione (*fig.*). ● (*mecc.*) **lug bolt**, chiavarda a becco; bullone a staffa □ (*edil.*) **lug brick**, pignatta; nasello.

lug (**3**) /lʌg/, *V.* **lugsail.**

lug (**4**) /lʌg/, *V.* **lugworm.**

to **lug** /lʌg/, *v. t.* ***1*** tirare; trascinare (a forza);

strascinare: **to lug a heavy trunk**, trascinare un pesante baule; **to lug sb. along**, trascinare a forza q. *2* introdurre a sproposito (*un argomento*); tirare in ballo *3* (*pop. USA*) avere (q.c.) in mano; portare addosso. ● **to lug at st.**, tirare forte (*o* dare strattoni a) q.c.

luggage /ˈlʌgɪdʒ/, *n.* (*solo al sing.*) bagaglio. ● (*aeron.*) **l. allowance**, bagaglio in franchigia □ **l. carrier**, portabagagli □ **l. cart**, carrello portavaligia □ **l. label**, etichetta da valigia □ **l. rack**, portabagagli; (*ferr.*) reticella per i bagagli □ (*trasp.*) **l. ticket**, scontrino del bagaglio □ (*ferr.*) **l. van**, bagagliaio (*vagone*) □ (*aeron.*) **hand l.**, bagaglio a mano □ **left-l. service**, (servizio di) deposito bagagli (*in albergo, ecc.*).

lugger /ˈlʌgə(r)/, *n.* (*naut.*) lugger; trabaccolo.

lughole /ˈlʌgəʊl/, *n.* (*pop.*) orecchio.

lugsail /ˈlʌgseɪl, ˈlʌgsl/, *n.* (*naut.*) vela al quarto (*o* al terzo).

lugubrious /ləˈguːbrɪəs/, *a.* lugubre; cupo; tetro; triste. || **-ly**, *avv.* || **-ness**, *sost.*

lugworm /ˈlʌgwɜːm/, *n.* (*zool.*, *Arenicola*) arenicola.

Luke /luːk/, *n.* *1* Luca *2* (*relig.*) il Vangelo di San Luca.

lukewarm /ˈluːkˈwɔːm/, **A** *a.* tiepido; (*fig.*) freddino, indifferente. **B** *n.* persona fredda (*o* indifferente).

lukewarmness /ˈluːkˈwɔːmnəs/, *n.* tiepidezza; (*fig.*) scarso entusiasmo, indifferenza.

lull /lʌl/, *n.* *1* momento di calma; bonaccia; quiete: **the l. before the storm**, la quiete prima della tempesta (*anche fig.*) *2* (*fig.*) sosta; tregua *3* (*fig.*) ristagno, stasi (*dell'attività, degli affari, ecc.*).

to **lull** /lʌl/, **A** *v. t.* *1* cullare; ninnare; cantare la ninnananna a (*un bambino*) *2* acquietare; calmare; lenire; mitigare; placare; sopire: **to l. sb.'s misgivings**, placare i timori di q.; **to l. a pain**, lenire un dolore. **B** *v. i.* acquietarsi; calmarsi; placarsi. ● **to l. sb. to sleep**, far addormentare q. ninnandolo □ **to be lulled**, (*anche*) calmarsi; placarsi: **The storm was lulled**, la tempesta si placò.

lullaby /ˈlʌləbaɪ/, *n.* ninnananna.

to **lullaby** /ˈlʌləbaɪ/, *v. t.* cullare; ninnare.

lumbago /lʌmˈbeɪgəʊ/, *n.* (*pl.* **lumbagos**) (*med.*) lombaggine.

lumbar /ˈlʌmbə(r)/, *a.* (*anat.*) lombare.

lumber /ˈlʌmbə(r)/, *n.* *1* (*specialm. USA e canadese*) legname; legname da costruzione *2* (*ingl.*) mobili vecchi (*non più usati*); cianfrusaglie; roba vecchia; ciarpame. ● (*naut.*) **l. carrier**, nave addetta al trasporto del legname □ **l. jacket**, giubbone □ **l. mill**, segheria □ **l. room**, ripostiglio; stanza di sgombro □ **l. scaler**, misuratore di legname.

to **lumber** (**1**) /ˈlʌmbə(r)/, **A** *v. t.* *1* ingombrare; riempire alla rinfusa *2* ammonticchiare; accatastare *3* (*specialm. USA e can.*) abbattere (*alberi*); tagliare (*legname*) *4* (*fig.*) addossare, buttare addosso a (*q.: un lavoro, ecc.*) *5* (*fig.*) appioppare, sbolognare (*merce, ecc.*). **B** *v. i.* (*specialm. USA e can.*) abbattere alberi; fare legname.

to **lumber** (**2**) /ˈlʌmbə(r)/, *v. i.* muoversi pesantemente, rumorosamente. ● **to l. along** (*o* **past, by**), passare con grande fracasso (*o* frastuono): **The big lorries lumbered along**, i grossi camion passarono con gran fracasso.

lumberer /ˈlʌmbərə(r)/, *n.* (*specialm. USA*) *1* tagliaboschi; taglialegna; boscaiolo *2* commerciante di legname.

lumbering (**1**) /ˈlʌmbərɪŋ/, *a.* *1* pesante; ingombrante; voluminoso *2* rumoroso; fragoroso *3* goffo; sgraziato. ● **A l. tank rolled on**, venne avanti un carro armato con grande fragore.

lumbering (**2**) /ˈlʌmbərɪŋ/, *n.* (*specialm. USA*) *1* abbattimento di alberi; taglio del legname *2* commercio del legname.

lumberjack /ˈlʌmbədʒæk/, *V.* **lumberman**, *def. 1.*

lumberman /ˈlʌmbəmən/, *n.* (*pl.* **lumbermen**) *1* tagliaboschi; taglialegna; boscaiolo; legnaiolo *2* (*USA*) commerciante di legname.

lumberyard /ˈlʌmbəjɑːd/, *n.* (*USA*) deposito di legname (*all'aperto*).

lumbosacral /lʌmbəʊˈseɪkrəl/, *a.* (*anat.*) lombosacrale.

lumbrical /ˈlʌmbrɪkl/, *a.* e *n.* (*anat.*) (muscolo) lombricale.

lumen /ˈluːmən/ (*lat.*), *n.* (*pl.* **lumina, lumens**) *1* (*ottica*) lumen (*unità di misura*) *2* (*anat.*) lumen *3* (*tecn., scient.*) luce (*di un tubo, ecc.*). ● (*ottica*) **l.-hour**, lumenora.

luminance /ˈluːmɪnəns, ˈlj-/, *n.* (*ottica*) luminanza; brillanza.

luminary /ˈluːmɪnərɪ, ˈlj-, *USA* -nerɪ/, *n.* *1* (*lett. o arc.*) astro; corpo luminoso *2* (*fig.*) luminare: **a l. in the field of science**, un luminare nel campo della scienza.

to **luminesce** /luːmɪˈnɛs, lj-/, *v. i.* essere luminescente.

luminescence /luːmɪˈnɛsns, lj-/, *n.* (*fis.*) luminescenza.

luminescent /luːmɪˈnɛsnt, lj-/, *a.* (*fis.*) luminescente.

luminosity /luːmɪˈnɒsətɪ, lj-/, *n.* (*anche ottica, astron.*) luminosità.

luminous /ˈluːmɪnəs, ˈlj-/, *a.* *1* luminoso: (*fis.*) **l. flux**, flusso luminoso; **l. road signs**, segnali stradali luminosi *2* (*fig.*) luminoso; fulgido; smagliante: **a l. smile**, un sorriso smagliante *3* (*fig.*) chiaro, brillante, lampante: **a l. mind**, una mente chiara; **a l. orator**, un brillante oratore. ● **l. paint**, pittura luminescente. || **-ly**, *avv.* || **-ness**, *sost.*

lummox /ˈlʌməks/, *n.* (*pop. o scozz.*) individuo rozzo; tipo sgraziato; zoticone; stupido; imbranato (*pop.*).

lump (**1**) /lʌmp/, *n.* *1* piccola massa; mucchietto; blocco; grumo; pezzo: **a l. of coal**, un pezzo di carbone *2* zolla; zolletta: **a l. of earth**, una zolla di terra; **a l. of sugar**, una zolletta di zucchero *3* gonfiore; protuberanza; bernoccolo; bozzo: **a l. on one's head**, un bernoccolo sulla testa *4* boccone (*di cibo*) *5* (*ind. tess.*) bioccolo *6* (*med.*) nodulo; tumoretto *7* (*metall.*) massello *8* (*fam.*) babbeo; tonto; salame (*fig.*) *9* (*fam.*) – **the l.**, (lavoratori) edili stagionali; manovalanza non in regola. ● **l. coal**, carbone in pezzatura grossa □ **a l. in the throat**, un groppo (*o* un nodo) alla gola; il magone (*fig.*) □ **l. sugar**, zucchero in zollette □ **a l. sum**, una somma pagata tutta in una volta; una somma forfettaria; un forfait □ **a l.-sum bonus**, un premio forfettario □ **l.-sum contract**, appalto a forfait □ (*naut.*) **l.-sum freight**, nolo a corpo; nolo a massa □ **a l.-sum payment**, un pagamento in soluzione unica □ (*fisc.*) **l. tax**, una tantum □ **in the l.**, in blocco; in massa; nell'insieme; (*comm.*) all'ingrosso □ **on a l.-sum basis**, su base forfettaria; a forfait □ (*pop. USA*) **to take one's lumps**, scontare i propri errori; pagare lo scotto □ **He is a l. of selfishness**, è di un egoismo integrale, feroce.

lump (**2**) /lʌmp/, *n.* (*zool.*, *Cyclopterus lumpus*; = **lumpfish**) ciclottero.

to **lump** (**1**) /lʌmp/, **A** *v. t.* *1* ammassare; ammucchiare; mettere in un mucchio; accozzare *2* prendere all'ingrosso; trattare senza distinzione; fare tutto un mucchio di (*cose diverse*); fare un solo conto di (*spese, ecc.*) *3* (*pop. USA*) colpire (q.) sulla testa. **B** *v. i.* *1* ammassarsi; ammucchiarsi *2* fare un bernoccolo; gonfiarsi *3* raggrumarsi. ● **to l. along**, procedere faticosamente; camminare pesantemente □ **to l. down**, buttarsi giù; sedersi di schianto □ **to l. the whole of one's money on a horse**, puntare tutto il proprio denaro su un solo cavallo □ (*fig.*) **to l. everything together**, fare d'ogni erba un fascio.

to **lump** (**2**) /lʌmp/, *v. t.* (*fam.*) rassegnarsi di malavoglia a (q.c.): **Even if you don't like it, you'll have to l. it**, anche se non ti piace, ti ci dovrai rassegnare (*o* dovrai mandarla giù) (*cfr. ital.* «O mangiar questa minestra o saltar dalla finestra»). ● **L. it!**, piantala; smamma! □ **You can just l. it!**, scordatelo!; neanche a pensarci!

lumpectomy /lʌmˈpɛktəmɪ/, *n.* (*med.*) nodulectomia; mastectomia parziale.

lumper /ˈlʌmpə(r)/, *n.* *1* scaricatore di porto; portuale *2* appaltatore che pratica il subappalto *3* (*fig.*) chi fa d'ogni erba un fascio.

lumpiness /ˈlʌmpɪnəs/, *n.* l'esser pieno di protuberanze (*o* di grumi).

lumpish /ˈlʌmpɪʃ/, *a.* *1* grande e grosso; corpulento *2* (*fig.*) pesante; goffo; impacciato *3* (*fig.*) ottuso; tonto. || **-ly**, *avv.* || **-ness**, *sost.*

lumpy /ˈlʌmpɪ/, *a.* *1* pieno di protuberanze; bitorzoluto; bozzoloso; grumoso: **a l. mattress**, un materasso bitorzoluto; **l. custard**, crema raggrumata *2* (*di superficie d'acqua*) increspato; a piccole onde *3* ottuso; tonto.

lunacy /ˈluːnəsɪ, ˈlj-/, *n.* demenza; follia; pazzia. ● **It's sheer l. to cross the Sahara Desert alone**, è pura follia attraversare il deserto del Sahara da soli.

lunanaut /ˈluːnənɔːt, ˈlj-/, *n.* (*miss.*) astronauta sulla luna; lunauta.

lunar /ˈluːnə(r), ˈlj-/, *a.* *1* (*astron., ecc.*) lunare: **a l. month**, un mese lunare; **l. distance**, distanza lunare; (*miss.*) **l. module**, modulo lunare; **a l. rainbow**, un arcobaleno lunare *2* (*fig.*) debole; fioco; pallido *3* lunato; falcato. ● **l. caustic**, nitrato d'argento fuso in bacchette; pietra infernale □ (*astron.*) **l. eclipse**, eclissi di luna □ (*miss.*) **l. flight**, volo lunare □ (*miss.*) **l. orbit**, orbita lunare □ (*miss.*) **l. probe**, sonda lunare □ (*miss.*) **l. rover** (*o* **l. roving vehicle**), veicolo lunare.

lunarian /luːˈnɛərɪən, lj-/, *n.* *1* selenita; abitante della luna *2* selenologo.

lunarnaut /ˈluːnənɔːt, ˈlj-/, *V.* **lunanaut**.

lunate /ˈluːneɪt, ˈlj-/, *a.* lunato; falcato; a forma di mezzaluna.

lunatic /ˈluːnətɪk/, **A** *a.* *1* alienato; folle; pazzo; matto *2* folle; pazzesco; stravagante. **B** *n.* alienato, alienata; pazzo, pazza. ● **l. asylum**, manicomio □ (*polit.*) **l. fringe**, frangia estremista (*d'un partito, ecc.*); gruppo di fanatici.

lunation /luːˈneɪʃn, lj-/, *n.* (*astron.*) lunazione.

lunch /lʌntʃ/, *n.* *1* seconda colazione; pasto del mezzogiorno; pranzo *2* pasto leggero; spuntino *3* pranzo ufficiale. ● **l. bag**, cestino da viaggio □ **l. hour**, intervallo di mezzogiorno □ **l.-hour**, (*agg.*) (che avviene) durante l'intervallo di colazione □ **l.-late restaurant**, ristorante per cene dopo il teatro (*aperto dopo mezzanotte*) □ (*USA*) **l. pail**, cestino del pranzo (*che ci si porta da casa al lavoro*) □ **l. voucher**, buono mensa □ **packed l.**, colazione al sacco □ (*prov.*) **There's no such thing as a free l.**, niente nella vita è gratis.

to **lunch** /lʌntʃ/, **A** *v. i.* fare la seconda colazione; pranzare. **B** *v. t.* portare (q.) a colazione. ● **to l. in** [**out**], fare colazione a casa [fuori] □ **to l. on st.**, mangiare q.c. per seconda colazione.

luncheon /ˈlʌntʃən/, *n.* (*form.*) *1* seconda colazione *2* colazione ufficiale. ● **l. voucher**, buono per un pranzo; buono pasto.

luncheonette /lʌntʃəˈnɛt/, *n.* (*USA*) tavola calda; ristorante che chiude la sera.

lunchtime /ˈlʌntʃtaɪm/, *n.* ora della seconda colazione; ora di pranzo.

lune /luːn, ljuːn/, *n.* (*geom.*) lunula.

lunette /luːˈnɛt, lj-/, *n.* *1* (*archit., mil.*) lunetta *2* vetro schiacciato (*d'orologio*) *3* (*pl.*) occhiali da subacqueo.

lung /lʌŋ/, *n.* *1* (*anat.*) polmone *2* (*pl.*) (*fig.*) polmoni: **the lungs of a metropolis**, i polmoni di una metropoli (*cioè, i suoi parchi*). ● (*zool.*) **l.-fish**, dipnoo; pesce polmonato □ **l.-power**, (potenza della) voce □ **to cry at the top of one's lungs**, gridare con quanto fiato si ha in corpo □ **to have good lungs**, avere buoni polmoni (*o* una voce potente) □ (*med.*) **iron l.**, polmone d'acciaio.

lunge (1) /lʌndʒ/, *n.* **1** (*scherma*) affondo; allungo **2** (*boxe*) affondo **3** balzo in avanti, balzo improvviso (*per afferrare q.c.*).

lunge (2) /lʌndʒ/, *n.* **1** lunghina; lunga corda per allenare cavalli **2** pista circolare (*per cavalli da allenare*).

to **lunge** (1) /lʌndʒ/, **A** *v. i.* **1** (*scherma*) fare un affondo (*o* un allungo) **2** (*boxe*) affondare i colpi **3** balzare, fare un balzo (*in una direzione*); lanciarsi. **B** *v. t.* lanciare, scagliare (*un'arma, ecc.*). ● **to l. at sb.**, fare un affondo verso q.; scagliarsi contro q. □ **to l. out**, balzar fuori.

to **lunge** (2) /lʌndʒ/, *v. t.* **1** allenare (*cavalli*) con la lunghina **2** far correre (*cavalli*) con la lunghina.

lungfish /ˈlʌŋfɪʃ/, *n.* (*pop., zool.*) dipnoo.

lungless /ˈlʌŋləs/, *a.* (*zool.*) senza polmoni.

lungwort /ˈlʌŋwɜːt/, *n.* (*bot., Pulmonaria officinalis*) polmonaria.

lunisolar /luːnɪˈsəʊlə(r), lj-/, *a.* (*astron., ecc.*) lunisolare: **l. tides**, maree lunisolari.

lunk /lʌŋk/, **lunkhead** /ˈlʌŋkhɛd/, *n.* (*pop. USA*) stupido; scemo; tonto.

lunula /ˈluːnjʊlə, ˈlj-/, *n.* (*pl.* **lunulae**) (*anat.*) lunula.

lunule /ˈluːnjuːl, ˈlj-/, *V.* **lunula**.

luny /ˈluːnɪ, ˈlj-/, *V.* **loony**.

Lupercalia /luːpəˈkeɪlɪə, lj-/, *n. pl.* feste lupercali; lupercali.

Lupercalian /luːpɜːˈkeɪlɪən, lj-/, *a.* lupercale; dei lupercali.

lupin(e) (1) /ˈluːpɪn, ˈlj-/, *n.* (*bot., Lupinus*) lupino.

lupine (2) /ˈluːpaɪn, ˈlj-/, *a.* lupesco; lupino; di lupo.

lupoid /ˈluːpɔɪd, ˈlj-/, **lupous** /ˈluːpəs, ˈlj-/, *a.* (*med.*) di (*o* simile a) lupus; lupoide.

lupulin /ˈluːpjʊlɪn, ˈlj-/, *n.* (*bot.*) luppolino; luppolina.

lupus /ˈluːpəs, ˈlj-/, *n.* (*med.*) lupus.

lurch (1) /lɜːtʃ/, *n.* **1** scarto improvviso; sobbalzo; vacillamento **2** (*naut.*) rollio (*o* beccheggio) improvviso.

lurch (2) /lɜːtʃ/, *n.* – (*nella locuz. fam.*) **to leave sb. in the l.**, lasciar q. nei guai (*o* nelle peste); piantare in asso q.

to **lurch** /lɜːtʃ/, *v. i.* **1** barcollare; traballare; vacillare **2** (*naut.*) rollare (*o* beccheggiare) all'improvviso. ● **to l. along**, procedere barcollando.

lurcher /ˈlɜːtʃə(r)/, *n.* **1** cane da caccia dei bracconieri (*è un incrocio fra un cane pastore e un levriero*) **2** (*arc.*) ladro; spia.

lure /lʊə(r), lj-/, *n.* **1** (*nella falconeria*) logoro (*richiamo per falcone*) **2** (*nella caccia*) richiamo (*per uccelli*) **3** esca (*per pesci*) **4** (*fig.*) allettamento; esca; blandizia; lusinga: **the l. of adventure**, il richiamo dell'avventura; **the lures of a beautiful actress**, le lusinghe di un'attrice bellissima **5** (*fig.*) miraggio: **the l. of large profits**, il miraggio di grossi guadagni **6** (*leg.*) adescamento.

to **lure** /lʊə(r), lj-/, *v. t.* **1** richiamare (*un falcone*) con il logoro **2** (*fig.*) adescare; allettare; attrarre; blandire; lusingare: **He was lured on by false hopes**, fu allettato da fallaci speranze **3** (*di prostituta*) adescare. ● **to l. sb. away from st.**, allettare q. ad abbandonare q.c. □ **to l. sb. into doing st.**, convincere (con allettamenti, lusinghe) q. a fare q.c.

lurgy /ˈlɜːgɪ/, *n.* (*fam. scherz.*) malattia.

lurid /ˈlʊərɪd, ˈlj-/, *a.* **1** fosco; livido (*fig.*); spettrale, sinistro: **a l. light**, una luce livida; **a l. sunset**, un tramonto livido **2** orrendo; spaventoso; sensazionale; scandaloso; terribile: **a l. crime**, un delitto sensazionale (*o* spaventoso); **a l. career**, una carriera scandalosa **3** (*di fuoco, ecc.*) giallastro; rosseggiante: **l. flames**, fiamme rosseggianti **4** (*raro*) livido; di un pallore mortale. ● (*fig.*) **to throw a l. light on st.**, gettare una luce sinistra su q.c. || **-ly**, *avv.* || **-ness**, *sost.*

to **lurk** /lɜːk/, *v. i.* **1** appostarsi; celarsi; nascondersi; stare in agguato: **There were some redskins lurking in the forest**, c'erano dei pellirosse in agguato nella foresta **2** (*fig.*) celarsi; permanere (*di nascosto*); essere latente; aleggiare (*fig.*): **Treason is lurking in the air**, nell'aria aleggia il tradimento **3** muoversi furtivamente; andarsene con aria indifferente. ● **to be on the l.**, stare in agguato; stare a spiare □ **lurking-place**, nascondiglio.

lurker /ˈlɜːkə(r)/, *n.* chi tende un agguato; chi sta in agguato.

luscious /ˈlʌʃəs/, *a.* **1** dolcissimo; delizioso; gustoso; saporoso; succulento; voluttuoso; aromatico: **a l. smell**, un profumo delizioso; **a l. pear**, una pera succulenta; **l. music**, musica deliziosa, dolcissima; **l. curves**, curve voluttuose (*di una donna*) **2** (*di stile, linguaggio*) troppo melodioso; melato; troppo ornato; ridondante; stucchevole **3** lussuoso; sfarzoso **4** (*di donna*) bella; appetitosa (*fam.*). || **-ly**, *avv.* || **-ness**, *sost.*

lush (1) /lʌʃ/, *a.* **1** lussureggiante; rigoglioso; ricco di vegetazione: **l. vegetation**, vegetazione lussureggiante; **l. fields**, campi ricchi di vegetazione **2** (*di un frutto*) succoso **3** (*fam.*) melato; ridondante; stucchevole: **l. writing**, modo di scrivere ridondante **4** (*fam.*) agiato; lussuoso; confortevole; comodo. || **-ly**, *avv.* || **-ness**, *sost.*

lush (2) /lʌʃ/, *n.* (*pop. USA*) **1** liquore; bevanda alcolica **2** beone; ubriacone.

to **lush** /lʌʃ/, **A** *v. t.* (*pop. USA*) dar da bere (*liquori*) a (q.). **B** *v. i.* bere smodatamente; essere un ubriacone.

lushy /ˈlʌʃɪ/, *a.* (*pop. USA*) ubriaco; sbronzo.

lust /lʌst/, *n.* **1** concupiscenza; libidine; lussuria; lascivia **2** avidità; brama; cupidigia; desiderio smodato; voglia: **l. for life**, voglia di godere la vita; **l. for glory**, avidità (*o* sete) di gloria; **a l. for wealth**, un desiderio smodato di ricchezza.

to **lust** /lʌst/, *v. i.* – **to l. after** (*o* **for**), agognare; bramare; concupire; desiderare ardentemente (*o* carnalmente).

luster /ˈlʌstə(r)/, e *deriv.* (*USA*) *V.* **lustre**, e *deriv.*

lustful /ˈlʌstfl/, *a.* **1** libidinoso; lussurioso; lascivo **2** avido; bramoso; cupido. || **-ly**, *avv.* || **-ness**, *sost.*

lustiness /ˈlʌstɪnəs/, *n.* **1** forza; gagliardia; robustezza; vigore **2** cordialità; calore (*fig.*).

lustral /ˈlʌstrəl/, *a.* **1** lustrale: **l. water**, acqua lustrale **2** (*arc.*) lustrale (*lett.*): **a l. festival**, una festa lustrale.

to **lustrate** /ˈlʌstreɪt/, *v. t.* (*anche relig.*) purificare con la lustrazione; lustrare (*lett.*).

lustration /lʌˈstreɪʃn/, *n.* lustrazione.

lustre (1) /ˈlʌstə(r)/, *n.* **1** lustro (*anche fig.*); lucentezza; splendore; gloria; distinzione; fama: **the l. of silk**, la lucentezza della seta; **to throw new l. on a dynasty**, dar nuovo lustro a una dinastia **2** pendaglio di vetro; goccia **3** lampadario a gocce **4** (*ind. tess.*) lustrino.

lustre (2) /ˈlʌstə(r)/, *V.* **lustrum**.

to **lustre** /ˈlʌstə(r)/, *v. t.* lustrare; rendere lucente; lucidare.

lustreless /ˈlʌstələs/, *a.* senza lustro; opaco; appannato: **l. paint**, pittura opaca.

lustreware /ˈlʌstəwɛə(r)/, *n.* (*ind.*) ceramica con riflessi vitrei.

lustrine /ˈlʌstriːn/, **lustring** /ˈlʌstrɪŋ/, *n.* lustrino (*tessuto*).

lustrous /ˈlʌstrəs/, *a.* (*lett.*) lustro; lucente; brillante; splendente: **l. silk**, seta lucente; **l. jewels**, gioielli splendenti.

lustrum /ˈlʌstrəm/, *n.* (*pl.* **lustra, lustrums**) lustro; quinquennio.

lusty /ˈlʌstɪ/, *a.* **1** forte; gagliardo; robusto; vigoroso; vivace: **a l. young man**, un giovanotto robusto; **l. appetite**, vivace appetito **2** cordiale; caloroso.

lutanist /ˈluːtənɪst, ˈlj-/, *n.* (*mus.*) liutista.

lute (1) /luːt, lj-/, *n.* (*mus.*) liuto. ● **l. maker**, liutaio.

lute (2) /luːt, lj-/, *n.* luto (*cemento per vasai*); stucco.

to **lute** /luːt, lj-/, *v. t.* (*tecn.*) lutare; stuccare con il luto.

luteal /ˈluːtɪəl, ˈlj-/, *a.* (*anat.*) luteinico. ● (*biol.*) **l. hormone**, ormone luteinico; progesterone.

lutein /ˈluːtɪɪn, ˈlj-/, *n.* (*biol.*) luteina.

lutenist /ˈluːtənɪst, ˈlj-/, *V.* **lutanist**.

luteolin /ˈljuːtɪəlɪn/, *n.* (*chim.*) luteolina.

luteous /ˈljuːtɪəs, ˈlj-/, *a.* luteo (*lett.*); giallo-uovo.

lutestring /ˈluːtstrɪŋ, ˈlj-/, *n.* (*moda*) lustrino (*tessuto*).

lutetium /luːˈtiːʃəm, -ʃɪəm, lj-/, *n.* (*chim.*) lutezio.

luteum corpus /ˈluːtɪəmˈkɔːpəs, ˈlj-/ (*lat.*), *locuz. n.* (*anat., biol.*) corpo luteo.

Luther /ˈluːθə(r), ˈlj-/, *n.* (*stor.*) Lutero.

Lutheran /ˈluːθərən, ˈlj-/, *a.* e *n.* (*relig.*) luterano.

Lutheranism /ˈluːθərənɪzəm, ˈlj-/, *n.* (*relig.*) luteranesimo; luteranismo.

luthern /ˈluːθɜːn, ˈlj-/, *n.* (*edil.*) finestra d'abbaino.

luting /ˈluːtɪŋ, ˈlj-/, *n.* **1** (*tecn.*) lutatura **2** luto (*cemento per vasai*).

lutist /ˈluːtɪst, ˈlj-/, *n.* (*mus.*) **1** (*USA*) liutista **2** liutaio.

luv /lʌv/, *n.* (*dial. o scherz.*) caro, cara; tesoro (*fig.*); bello mio, bella mia (*ma si usa anche, nei negozi, ecc., con estranei*).

lux /lʌks/, *n.* (*pl.* **lux, luxes**) (*fis.*) lux.

to **luxate** /ˈlʌkseɪt/, *v. t.* (*med.*) lussare; slogare.

luxation /lʌkˈseɪʃn/, *n.* (*med.*) lussazione; lussatura; slogatura.

Luxemburg /ˈlʌksəmbɜːg/, *n.* (*geogr.*) Lussemburgo.

Luxemburger /ˈlʌksəmbɜːgə(r)/, *n.* lussemburghese.

Luxemburgian /ˈlʌksəmbɜːgɪən/, *a.* lussemburghese.

luxuriance /lʌgˈʒʊərɪəns/, **luxuriancy** /lʌgˈʒʊərɪənsɪ/, *n.* **1** rigogliosità; rigoglio **2** (*fig.*) esuberanza; sovrabbondanza; abbondanza **3** eccessiva ornatezza, ridondanza (*dello stile, ecc.*).

luxuriant /lʌgˈʒʊərɪənt/, *a.* **1** lussureggiante; rigoglioso: **l. vegetation**, vegetazione lussureggiante **2** eccessivo; esuberante; fecondo; sovrabbondante: **l. imagery**, immagini esuberanti **3** (*di stile, ecc.*) lussureggiante; sovraccarico; troppo ornato **4** fecondo; prolifico (*fig.*). ● **l. hair**, una folta chioma. || **-ly**, *avv.* || **-ness**, *sost.*

to **luxuriate** /lʌgˈʒʊərɪeɪt/, *v. i.* **1** (*di vegetazione*) lussureggiare; essere rigoglioso **2** (*fig.*) godere; abbandonarsi (a); deliziarsi (di); crogiolarsi (in): **to l. in a cigar**, godersi un sigaro (in santa pace); **to l. in the sun**, abbronzarsi al sole; **to l. in self-admiration**, crogiolarsi nell'ammirazione di se stesso **3** (*fig.*) far vita comoda; vivere nel lusso.

luxurious /lʌgˈʒʊərɪəs/, *a.* **1** lussuoso; fastoso; sfarzoso; sontuoso: **a l. restaurant**, un ristorante di lusso **2** eccellente; magnifico; ottimo: **l. accommodation**, sistemazione (*in albergo, ecc.*) eccellente **3** amante del lusso; dedito al lusso. ● **to have l. tastes**, aver gusti lussuosi; essere abituato al lusso □ **to lead a l. life**, vivere nel lusso. || **-ly**, *avv.* || **-ness**, *sost.*

luxury /ˈlʌkʃərɪ/, **A** *n.* **1** lusso (*anche fig.*); fasto; sfarzo; sontuosità: **to live in l.**, vivere nel lusso; **I can enjoy few luxuries**, posso concedermi pochi lussi **2** oggetto di lusso; prodotto raffinato, squisito **3** (*pl.*) (*econ.*) beni voluttuari. **B** *a. attr.* di lusso; lussuoso: **l. articles**, articoli di lusso; **a l. shop**, un negozio di lusso □ (*fisc.*) **l. tax**, imposta sui beni di lusso.

lycanthrope /ˈlaɪkənθrəʊp/, *n.* (*psic.*) licantropo; lupo mannaro (*pop.*).

lycanthropy /laɪˈkænθrəpɪ/, *n.* (*psic.*) licantropia.

Lycaon /laɪˈkeɪɒn/, *n.* (*mitol.*) Licaone.

lycée /ˈliːseɪ, *USA* liːˈseɪ/ (*franc.*), *n.* liceo (*di* *tipo francese, italiano, ecc.*).

Lyceum /laɪˈsiːəm/, *n.* ***1*** (*stor., filos.*) Liceo ***2*** – **l.**, sala per conferenze ***3*** – (*USA*) **l.**, associazione culturale.

lych /lɪtʃ/, e *deriv. V.* **lich**, e *deriv.*

lychee /laɪˈtʃiː, ˈlaɪtʃɪ, ˈlɪtʃɪ/, *V.* **litchi**.

lychnis /ˈlɪknɪs/, *n.* (*bot., Lychnis*) fior di cuculo.

Lycia /ˈlɪsɪə, -ʃə/, *n.* (*stor., geogr.* e *nome proprio*) Licia.

Lycian /ˈlɪsɪən/, *a.* e *n.* (*stor.*) licio.

Lycidas /ˈlɪsɪdæs/, *n.* (*letter.*) Licida.

lycopod /ˈlaɪkəʊpɒd/, **lycopodium** /laɪkəˈpəʊdɪəm/, *n.* (*bot., Lycopodium*) licopodio.

Lycurgus /laɪˈkɜːgəs/, *n.* (*stor. greca*) Licurgo.

lyddite /ˈlɪdaɪt/, *n.* (*chim.*) liddite (*esplosivo*).

Lydia /ˈlɪdɪə/, *n.* (*stor., geogr.* e *nome proprio*) Lidia.

Lydian /ˈlɪdɪən/, **A** *a.* (*stor., mus.*) lidio. **B** *n.* (*stor.*) lidio; abitante della Lidia.

lye /laɪ/, *n.* ***1*** lisciva; ranno ***2*** (*ind. chim.*) soluzione alcalina ***3*** (*USA*) soda caustica.

to **lye** /laɪ/ (*pass.* e *p. p.* **lyed**), *v. t.* lisciviare.

lying (1) /ˈlaɪɪŋ/, **A** *p. pres.* di **to lie** (1). **B** *a.* bugiardo; falso; menzognero. **C** *n.* il dir bugie, menzogne.

lying (2) /ˈlaɪɪŋ/, *p. pres.* di **to lie** (2). ● **l.-in**, degenza in clinica (*di una partoriente*) □ **l.-in hospital**, maternità; clinica per partorienti □ (*comm.: di merce*) **l. in the customs**, indoganata □ (*naut.: di nave*) **l.-to**, in panna □ **low-l. land**, terreno basso, pianeggiante.

lying (3) /ˈlaɪɪŋ/, *n.* lisciviazione.

lyke-wake /ˈlaɪkweɪk/, *n.* (*arc.*) veglia funebre.

lyme grass /ˈlaɪmgrɑːs, *USA* -æs/, *locuz. n.* (*bot., Elymus arenarius*) miglio delle dune; loietto marino.

lymph /lɪmf/, *n.* ***1*** (*fisiol.*) linfa ***2*** (*poet.*) acqua; linfa (*arc.*). ● (*anat.*) **l. channel**, vaso linfatico □ (*anat.*) **l. node**, linfonodo; ghiandola linfatica □ (*anat.*) **l. vessel**, vaso linfatico.

lymphadenitis /lɪmfædɪˈnaɪtɪs/, *n.* (*med.*) linfadenite.

lymphangitis /lɪmfænˈdʒaɪtɪs/, *n.* (*pl.* **lymphangitides**) (*med.*) linfangite.

lymphatic /lɪmˈfætɪk/, **A** *a.* ***1*** (*anat.*) linfatico: **l. glands**, ghiandole linfatiche; **l. vessels**, vasi linfatici ***2*** (*arc.*) fiacco: **l. temperament**, temperamento fiacco. **B** *n.* (*anat.*) vaso linfatico.

lymphatism /ˈlɪmfətɪzəm/, *n.* (*med.*) linfatismo.

lymphocyte /ˈlɪmfəsaɪt/, *n.* (*anat.*) linfocita, linfocito.

lymphogranuloma /lɪmfəʊgrænjʊˈləʊmə/, *n.* (*pl.* **lymphogranulomas, lymphogranulomata**) (*med.*) linfogranuloma.

lymphoma /lɪmˈfəʊmə/, *n.* (*pl.* **lymphomas, lymphomata**) (*med.*) linfoma.

lymphopathy /lɪmˈfɒpəθɪ/, *n.* (*med.*) linfopatia.

lymphopenia /lɪmfəˈpiːnɪə/, *n.* (*med.*) ***1*** linfopenia ***2*** linfocitopenia.

lymphopoiesis /lɪmfəpɔɪˈiːsɪs/, *n.* (*biol.*) ***1*** linfopoiesi ***2*** linfocitopoiesi.

lymphosarcoma /lɪmfəʊsɑːˈkəʊmə/, *n.* (*med.*) linfosarcoma.

lyncean /lɪnˈsiːən/, *a.* linceo; di lince; dagli occhi di lince.

lynch /lɪntʃ/, *a. attr.* di Lynch: **l. law**, legge di Lynch; pratica del linciaggio.

to **lynch** /lɪntʃ/, *v. t.* linciare (*anche fig.*).

lynching /ˈlɪntʃɪŋ/, *n.* (*anche fig.*) linciaggio.

lynx /lɪŋks/, *n.* (*pl.* **lynx, lynxes**) (*zool., Lynx*) lince. ● **l.-eyed**, dagli occhi di lince.

Lyons /ˈliːɒn, ˈlaɪənz, *USA* liːˈɒn, -ˈɔːn, -ˈəʊn, ˈlaɪənz/, *n.* (*geogr.*) Lione.

lyophile /ˈlaɪəfaɪl, *USA* -fɪl/, *V.* **lyophilic**.

lyophilic /laɪəˈfɪlɪk/, *a.* (*chim.*) liofilo.

lyophilization /laɪɒfɪlaɪˈzeɪʃn, *USA* -lɪˈz-/, *n.* (*chim., ind.*) liofilizzazione.

to **lyophilize** /laɪˈɒfɪlaɪz/, *v. t.* (*chim., ind.*) liofilizzare.

lyophilizer /laɪˈɒfɪlaɪzə(r)/, *n.* (*chim., ind.*) liofilizzatore.

lyophobe /ˈlaɪəfəʊb/, *V.* **lyophobic**.

lyophobic /laɪəˈfəʊbɪk/, *a.* (*chim.*) liofobo.

Lyra /ˈlaɪərə/, *n.* (*astron.*) Lira (*costellazione*).

lyrate /ˈlaɪərət/, *a.* a forma di lira.

lyre /ˈlaɪə(r)/, *n.* (*stor. mus.*) lira.

lyrebird /ˈlaɪəbɜːd/, *n.* (*zool., Menura novaehollandiae*), uccello lira.

lyric /ˈlɪrɪk/, **A** *a.* lirico: **l. poetry**, la poesia lirica; la lirica; **a l. tenor**, un tenore lirico; **the l. stage**, il teatro lirico; l'opera. **B** *n.* ***1*** lirica; componimento lirico ***2*** (*pl.*) versi ***3*** (*pl.*) parole, testo (*di una canzone*).

lyrical /ˈlɪrɪkl/, *a.* ***1*** lirico: **a l. poet**, un poeta lirico ***2*** (*fig.*) estasiato, in estasi; in preda a slancio lirico. ● **to become l.**, entusiasmarsi; scaldarsi (*fig.*): **She became l. in her account of the performance**, s'entusiasmò descrivendo la rappresentazione. || **-ly**, *avv.*

lyricism /ˈlɪrɪsɪzəm/, *n.* ***1*** lirismo; liricità ***2*** slancio lirico; lirismo (*fig.*); tono esaltato (*o* ispirato).

lyricist /ˈlɪrɪsɪst/, *n.* ***1*** poeta lirico; (un) lirico ***2*** (*mus.*) paroliere.

lyrism /ˈlɪrɪzəm/, *n.* ***1*** il suonare la lira ***2*** *V.* **lyricism**.

lyrist (*def. 1* /ˈlaɪərɪst , ˈlɪr-/, *def. 2* /ˈlɪrɪst/), *n.* ***1*** suonatore di lira ***2*** poeta lirico.

to **lyse** /laɪs, -z/, **A** *v. t.* (*scient.*) lisare; catalizzare. **B** *v. i.* (*scient.*) lisarsi; subire lisi.

lysergic /laɪˈsɜːdʒɪk, lɪ-/, *a.* (*chim.*) lisergico: **l. acid**, acido lisergico; **l. acid diethylamide**, dietilammide dell'acido lisergico.

lysin /ˈlaɪsɪn, *USA* -sn/, *n.* (*biol., med.*) lisina.

lysine /ˈlaɪsiːn, -ɪn/, *n.* (*biochim.*) lisina.

Lysippus /laɪˈsɪpəs/, *n.* (*stor.*) Lisippo.

lysis /ˈlaɪsɪs/, *n.* (*pl.* **lyses**) (*chim., med.*) lisi.

lysogeny /laɪˈsɒdʒənɪ/, *n.* (*biol.*) lisogenia.

lysol /ˈlaɪsɒl, *USA* -ɔːl, -əʊl/, *n.* (*ind., chim.*) lisolo (*disinfettante*).

lysosome /ˈlaɪsəsəʊm/, *n.* (*biol.*) lisosoma.

lysozyme /ˈlaɪsəzaɪm/, *n.* (*biol.*) lisozima.

lyssa /ˈlɪsə/, *n.* (*med.*) lissa; idrofobia.

lytic /ˈlɪtɪk/, *a.* (*scient.*) litico: **l. reaction**, reazione litica.

to **lyze** /laɪz/, *V.* **to lyse**.

m,M

M, m /ɛm/, *n.* (*pl.* **M's, m's**; **Ms, ms**) M, m (*tredicesima lettera dell'alfabeto ingl.*). ● (*telef.*) **m for Mary** (*USA*: **m for Mike**), m come Milano.

M /ɛm/, *n.* (*acronimo di* **motorway**) autostrada: **The M 20 runs from Dover to London**, la M 20 va da Dover a Londra; **The M 25 runs all around London**, la M 25 è la tangenziale che corre intorno a Londra.

ma /mɑː/, *n.* (*abbr. fam.*) mamma.

M.A. /ɛm'eɪ/, *n.* (*acronimo di* **Master of Arts**) ***1*** (*in Inghil.*) laurea di secondo grado (*di solito, in discipline umanistiche*; *a Oxford e Cambridge, è concessa automaticamente ai detentori di un* **B.A.** *– q.V. – dopo un certo tempo*) ***2*** (*in Scozia*) laurea di primo grado: **He's got an M.A.**, ha una laurea di secondo grado ***3*** (*pressappoco*) dottore in lettere: **John Mills, M.A.**, John Mills, dottore in lettere.

ma'am /mæm, mɑːm, məm/, *n.* (*fam.*) signora (*usato al vocat.*).

Ma Bell /'mɑː'bɛl/, *locuz. n.* (*fam. USA*) la società dei telefoni e dei telegrafi. ● **I forgot to pay Ma Bell**, ho dimenticato di pagare la bolletta del telefono.

mac /mæk/, *n.* (*abbr. fam. di* **mackintosh**) impermeabile.

Mac /mæk/, *n.* (*pop. USA*) individuo; tipo; tizio; tu (*al vocat.*).

macabre /mə'kɑːbrə, -bə(r), -b/, *a.* macabro; orrido. ● (*franc., pitt.*) **danse m.**, danza macabra.

macaco /mə'keɪkəʊ/, *n.* (*pl.* **macacos**) (*zool., Lemur*) lemure.

macadam /mə'kædəm/, *n.* (*costr. stradali*) ***1*** macadam ***2*** strada in macadam.

macadamia /mækə'deɪmɪə/, *n.* (*bot., Macadamia ternifolia*) macadamia. ● **m. nut**, noce di macadamia.

macadamization /məkædəmaɪ'zeɪʃn, *USA* -mɪ'z-/, *n.* macadamizzazione.

to **macadamize** /mə'kædəmaɪz/, *v. t.* macadamizzare.

macaque /mə'kɑːk, -æk, 'mækæk/, *n.* (*zool., Macaca*) macaco.

macaroni /mækə'rəʊnɪ/, *n.* (*pl.* **macaronis, macaronies**) ***1*** (*cucina*) maccherone, maccheroni ***2*** (*stor.*) bellimbusto, damerino (*del '700*). ● **m. cheese**, maccheroni (*o* pasta) al forno; pasticcio di maccheroni.

macaronic /mækə'rɒnɪk/, **A** *a.* maccheronico: **m. verse**, versi maccheronici. **B** *n. pl.* versi maccheronici.

macaroon /mækə'ruːn/, *n.* amaretto.

macaw /mə'kɔː/, *n.* (*zool., Ara*) ara; macao.

maccabaw /'mækəbɔː/, *V.* **maccaboy**.

Maccabean /mækə'biːən/, *a.* (*stor.*) maccabeo; dei Maccabei.

Maccabees /'mækəbiːz/, *n. pl.* (*stor.*) Maccabei.

maccaboy /'mækəbɔɪ/, *n.* macuba (*tabacco da fiuto*).

maccaroni /mækə'rəʊnɪ/, *V.* **macaroni.**

macchinetta /mækɪ'nɛtə/ (*ital.*), *n.* macchinetta (*fam.*); caffettiera; napoletana.

mace (1) /meɪs/, *n.* ***1*** (*stor.*) mazza (*da guerra*) ***2*** mazza (*da cerimonia*).

mace (2) /meɪs/, *n.* (*bot.*) macis (*involucro della noce moscata*).

to **mace** /meɪs/, *v. t.* (*USA*) attaccare con il Mace (*q.V.*).

Mace /meɪs/, *n.* (*marchio USA*) liquido lacrimogeno (*contro dimostranti, ecc.*).

macebearer /'meɪsbɛərə(r)/, *n.* mazziere.

macédoine /mæsə'dwɑːn, 'm-/, *n.* ***1*** insalata mista ***2*** macedonia di frutta (*spesso in gelatina*) ***3*** (*fig.*) miscuglio; insalata (*fig.*).

Macedon /'mæsɪdn, *USA* -dɒn/, *n.* (*stor.*) Macedonia.

Macedonian /mæsɪ'dəʊnɪən/, *a.* e *n.* (*stor., geogr.*) macedone.

to **macerate** /'mæsəreɪt/, *v. t.* e *i.* macerare; macerarsi (*anche fig.*).

maceration /mæsə'reɪʃn/, *n.* (*anche fig.*) macerazione.

macerator /'mæsəreɪtə(r)/, *n.* ***1*** maceratore ***2*** (*ind. della carta*) macero.

Mach /mɑːk, mæk/, *n.* (*di solito* **M. number**) (*aeron.*) Mach; numero di Mach.

machete /mə'tʃɛtɪ, -'ʃɛ-, -'tʃeɪ-, -'ʃɛt/ (*spagn.*), *n.* machete.

Machiavellian /mækɪə'vɛlɪən/, **A** *a.* machiavelliano; machiavellico (*anche spreg.*). **B** *n.* machiavellista.

Machiavellism /mækɪə'vɛlɪzəm/, *n.* machiavellismo.

to **machicolate** /mə'tʃɪkəleɪt/, *v. t.* (*archit.*) munire (*un parapetto*) di piombatoi.

machicolation /mətʃɪkə'leɪʃn/, *n.* (*archit.*) piombatoio; caditoia.

machinability /məʃiːnə'bɪlətɪ/, *n.* (*ind., metall.*) lavorabilità alla macchina utensile.

machinable /mə'ʃiːnəbl/, *a.* (*ind., metall.*) lavorabile alla macchina utensile.

to **machinate** /'mækɪneɪt/, *v. t.* e *i.* macchinare; ordire; tramare.

machination /mækɪ'neɪʃn/, *n.* macchinazione; trama; complotto.

machine /mə'ʃiːn/, *n.* ***1*** macchina (*che produce lavoro*; *cfr.* **engine,** *macchina che produce energia*; *anche fig.*); veicolo; calcolatore: **sewing m.**, macchina da cucire; **printing m.**, macchina tipografica; stampatrice; **The lever is a simple m.**, la leva è una macchina semplice; (*fig.*) **Routine has turned him into a m.**, la routine lo ha trasformato in una macchina ***2*** (*polit.*) apparato: **the Democratic m.**, l'apparato del Partito Democratico (*in U.S.A.*) ***3*** distributore automatico (*di bevande, sigarette*, ecc.) ***4*** (*fam.*) macchina (da scrivere): **I prefer to write on the m.**: **it's so much faster**, preferisco scrivere a macchina: è così più veloce. ● **m. accounting**, contabilità meccanizzata □ (*mecc.*) **m. bolt**, bullone □ (*elab.*) **m. code**, codice macchina □ (*mecc.*) **m. drill**, perforatrice meccanica □ (*mil.*) **m. gun**, mitragliatrice □ (*mil.*) **m.-gunner**, mitragliere □ (*cronot.*) **m.-hours**, ore (di) macchina □ (*elab.*) **m. language**, linguaggio (di) macchina □ **m.-made**, fatto a macchina □ (*polit.*) **m. man**, uomo dell'apparato □ **m. shop**, officina meccanica; (*ind.*) reparto macchine □ **m. tool**, macchina utensile □ (*di un capo di vestiario*) **m. washable**, lavabile a macchina □ **m. work**, lavorazione a macchina.

to **machine** /mə'ʃiːn/, *v. t.* ***1*** fare (*o* eseguire) a macchina ***2*** cucire a macchina ***3*** (*tipogr.*) mandare (*un giornale*) in macchina; stampare ***4*** (*ind., metall.*) lavorare alla macchina utensile.

to **machine-gun** /mə'ʃiːngʌn/, *v. t.* mitragliare.

machinery /mə'ʃiːnərɪ/, *n.* ***1*** (*ind.*) macchinario; macchine ***2*** (*mecc.*) meccanismo; congegni; ingranaggi ***3*** (*fig.*) macchina: **the m. of government**, la macchina dello Stato; **the m. of the courts**, la macchina della giustizia ***4*** (*d'opera letteraria*) macchinosità. ● (*ind.*) **m.-seating**, installazione del macchinario.

machining /mə'ʃiːnɪŋ/, *n.* ***1*** (*ind.*) lavorazione (a macchina): **m. time**, tempo di lavorazione ***2*** (*tipogr.*) stampa a macchina.

machinist /mə'ʃiːnɪst/, *n.* ***1*** (*ind.*) operatore di macchina utensile ***2*** (*ind.*) meccanico ***3*** chi lavora (*specialm.* chi cuce) a macchina.

machismo /mə'tʃɪzməʊ, -'kɪ-, *USA* mɑː'tʃiː-/ (*spagn.*), *n.* (ostentata) virilità; maschilismo.

Machmeter /'mɑːkmɪtə(r), 'mæk-/, *n.* (*aeron.*) machmetro; indicatore del numero di Mach.

macho /'mætʃəʊ, *USA* 'mɑː-/ (*spagn.*), **A** *a.* ostentatamente virile; macho. **B** *n.* (*pl.* **machos**) macho.

mack (1) /mæk/, *n.* (*abbr. di* **mackintosh**) (*fam.*) impermeabile.

mack (2) /mæk/, *n.* (*pop.*) magnaccia; protettore (*di prostitute*).

mackerel /'mækrəl, -kərəl/, *n.* (*pl.* **mackerel, mackerels**) (*zool., Scomber scombrus*) scombro; maccarello. ● **m. breeze** (*o* **m. gale**), forte vento (*favorevole alla pesca dello scombro*) □ (*zool.*) **m. shark** (*Lamma nasus*), squalo nasuto □ **m. sky**, cielo a pecorelle.

mackintosh /'mækɪntɒʃ/, *n.* ***1*** impermeabile ***2*** tessuto impermeabilizzato.

mackle /'mækl/, *n.* (*tipogr.*) stampa annebbiata.

macle /'mækl/, *n.* (*miner.*) ***1*** cristallo geminato ***2*** chiastolite.

macramé /mə'krɑːmɪ, -eɪ, *USA* 'mækrəmeɪ/, *n.* macramè.

macro /'mækrəʊ/, *n.* (*elab.*) macroistruzione.

macrobiotic /mækrəbaɪ'ɒtɪk/, **A** *a.* macrobiotico: **m. diets**, diete macrobiotiche. **B** *n.* sostenitore della macrobiotica.

macrobiotics /mækrəbaɪ'ɒtɪks/, *n. pl.* (*col verbo al sing.*) macrobiotica.

macrocephalic /mækrəsə'fælɪk/, **macrocephalous** /mækrə'sɛfələs/, *a.* (*antropol., med.*) macrocefalo.

macrocephaly /mækrə'sɛfəlɪ/, *n.* (*antropol., med.*) macrocefalia.

macrocheilia /mækrə'kaɪlɪə/, *n.* (*med.*) macrochilia.

macrocheiria /mækrə'kaɪrɪə/, *n.* (*med.*) macrochiria.

macroclimate /mækrə'klaɪmət/, *n.* (*scient.*) macroclima.

macrocosm /'mækrəkɒzəm/, *n.* macrocosmo.

macrocyst /'mækrəsɪst/, *n.* (*med.*) macrocisti.

macrocyte /'mækrəsaɪt/, *n.* (*biol.*) macrocita; macrocito.

macrocytosis /mækrəsaɪ'təʊsɪs/, *n.* (*med.*) macrocitosi.

macrodactylia /mækrədæk'tɪlɪə/, **macrodactylism** /mækrə'dæktɪlɪzəm/, *n.* (*med.*) macrodattilia.

macrodontia /mækrəʊ'dɒntɪə/, *n.* (*med.*) macrodonzia.

macroeconomic /mækrəʊiːkə'nɒmɪk. -ɛkə-/, *a.* (*econ.*) macroeconomico.

macroeconomics /mækrəʊiːkə'nɒmɪks, -ɛkə-/, *n. pl.* (*col verbo al sing.*) (*econ.*) ma-

croeconomia.
macroesthesia /mækrəʊɪs'θiːzɪə, -ʒə/, *n.* (*med.*) macroestesia.
macrogamete /mækrə'gæmiːt, -gə'miːt/, *n.* (*biol.*) macrogamete.
macroglobulin /mækrə'glɒbjʊlɪn/, *n.* (*biochim.*) macroglobulina.
macroglossia /mækrə'glɒsɪə, *USA* -ɔːs-/, *n.* (*med.*) macroglossia.
macroinstruction /mækrəʊɪn'strʌkʃn/, *n.* (*elab.*) macroistruzione.
macromelia /mækrə'miːlɪə/, *n.* (*med.*) macromelia.
macrometeorology /mækrəmiːtɪə'rɒlədʒɪ/, *n.* (*scient.*) macrometeorologia.
macromolecule /mækrə'mɒlɪkjuːl/, *n.* (*chim.*) macromolecola.
macron /'mækrɒn, 'meɪ-, -rən/, *n.* (*ling.*) segno di (vocale) lunga.
macroorganism /mækrəʊ'ɔːgənɪzəm/, *n.* (*scient.*) macrorganismo.
macrophage /'mækrəfeɪdʒ/, *n.* (*biol.*) macrofago.
macrophagous /mæ'krɒfəgəs/, *a.* (*biol.*) macrofago.
macrophotography /mækrəfə'tɒgrəfɪ/, *n.* macrofotografia.
macropod /'mækrəpɒd/, **macropodous** /mæ'krɒpədəs/, *a.* (*bot., zool.*) macropodo.
macropodia /mækrə'pəʊdɪə/, *n.* (*med.*) macropodia.
macroscopic /mækrə'skɒpɪk/, *a.* macroscopico.
macrospore /'mækrəspɔː(r)/, *n.* (*bot.*) macrospora.
macula /'mækjʊlə/, *n.* (*pl.* **maculae, maculas**) (*scient.*) macula; macchia (*specialm. del sole, della pelle*).
macular /'mækjʊlə(r)/, *a.* (*scient.*) maculare.
maculate /'mækjʊlət/, *a.* (*lett.*) maculato; macchiato.
to **maculate** /'mækjʊleɪt/, *v. t.* (*lett.*) maculare; macchiare.
maculation /mækjʊ'leɪʃn/, *n.* (*scient.*) macchia; maculatura.
mad /mæd/, *a.* **1** matto, pazzo (*anche fig.*); folle; forsennato; insano; insensato; mentecatto: **He's quite mad**, è proprio matto; **mad with pain [with fear]**, pazzo di dolore [di paura] **2** (*fam.*) arrabbiato; adirato; infuriato; furibondo: **He was mad about** (*o* **at**) **missing the bus**, era infuriato per aver perso l'autobus; **He is mad at me**, è furioso contro di me **3** (*di cane*) arrabbiato; idrofobo **4** (*fig.*) entusiasta; appassionato; fanatico: **He's mad on rock**, è un fanatico del rock. ● **to be mad about sb.**, andare pazzo per q. □ **to be mad about st.**, essere furibondo (*o* infuriato) per q.c.; andare pazzo per q.c. □ (*fam.*) **to be mad keen to do st.**, morire dalla voglia di fare q.c. □ **(as) mad as a hatter** (*o* **as a March hare**), matto da legare □ (*arc.*) **mad doctor**, alienista □ **to drive** (*o* **to send**) **sb. mad**, fare ammattire (*o* impazzire) q. □ **to go mad**, ammattire; impazzire □ (*fam.*) **gone mad**, portato agli estremi; spinto all'esasperazione □ **to have a mad time**, divertirsi un mondo, in modo sfrenato □ **like mad**, come un matto, all'impazzata; furiosamente; violentemente: **He was running like mad**, correva come un matto □ **raving mad**, pazzo furioso □ **I'm mad of you**, sono pazzo di te.
to **mad** /mæd/, (*raro*) *V.* **to madden**.
Madagascan /mædə'gæskən/, *n.* e *a.* (*geogr.*) malgascio.
madam /'mædəm/, *n.* **1** (*pl.* **mesdames**) signora (*al vocat.*) **2** (*pl.* **madams**) madama; tenutaria (*di casa di tolleranza*) **3** (*pl.* **madams**) (*fig.*) madama; donna sussiegosa.
madame /'mædəm/ (*franc.*), *n.* (*pl.* **mesdames**) signora (*seguito dal cognome*; *usato per signore straniere e talora per nubili anziane*; *cfr.* **Mrs**).
madcap /'mædkæp/, **A** *n.* testa matta; testa calda; scervellato. **B** *a.* scervellato; avventato; scriteriato.
to **madden** /'mædn/, **A** *v. t.* **1** far ammattire; far impazzire **2** far infuriare; rendere furibondo; far disperare. **B** *v. i.* **1** ammattire; impazzire **2** infuriarsi; arrabbiarsi; adirarsi.
maddening /'mædnɪŋ, -dən-/, *a.* **1** da far impazzire (*anche fig.*): **a m. noise**, un rumore da far impazzire **2** (*fam.*) fastidioso; seccante; esasperante. ‖ **-ly**, *avv.*
madder /'mædə(r)/, *n.* (*bot., Rubia tinctorum*) robbia.
maddish /'mædɪʃ/, *a.* un po' matto; pazzerello.
made /meɪd/, **A** *pass.* e *p. p.* di **to make**. **B** *a.* fatto; fabbricato; prodotto; costruito; confezionato; eseguito: (*fig.*) **They're m. for each other**, sono fatti l'uno per l'altro. ● **a m. dish**, una pietanza elaborata, complessa □ **m. gravy**, sugo artificiale (*non di carne*) □ (*market*) **the «m. in Italy» label on footwear exports**, l'etichetta del «made in Italy» nelle esportazioni di calzature □ **m. in Japan**, fabbricato in Giappone □ (*fig.*) **a m. man**, un uomo arrivato (che ha una posizione sicura, solida) □ (*fam.*) **m. of money**, ricco sfondato □ **m.-on-order**, fatto su ordinazione □ **m.-to-measure**, fatto su misura: **m.-to-measure furniture**, mobili su misura □ **m.-to-order**, fatto su ordinazione □ **a m. word**, una parola inventata (*o* coniata) □ (*pop.*) **to have it m.**, essere sicuro del successo □ **ready-m.**, confezionato; bell'e fatto □ **a self-m. man**, un uomo che s'è fatto da sé (*o* da solo).
Madeira /mə'dɪərə, -eərə/, *n.* **1** (*geogr.*) Madera **2** – **m.**, madera (*vino*).
mademoiselle /mædm(w)ə'zel, mædə-, mæm-, mæm'zel/ (*franc.*), *n.* (*pl.* **mademoiselles, mesdemoiselles**) signorina.
made-up /'meɪdʌp/, *a.* **1** confezionato; bell'e fatto; bell'e pronto **2** inventato; falso; artificiale; truccato. ● **a m. story**, una frottola; una balla (*fam.*) □ **a well-m. girl**, una ragazza fatta bene (*o* ben fatta).
madhouse /'mædhaʊs/, *n.* (*anche fig.*) manicomio.
madly /'mædlɪ/, *avv.* **1** pazzamente; follemente **2** (*fig. fam.*) pazzamente; alla follia; perdutamente: **She's m. in love with Alan**, è perdutamente innamorata di Alan.
madman /'mædmən, -æn/, *n.* (*pl.* **madmen**) matto; pazzo; folle.
madness /'mædnəs/, *n.* **1** pazzia; demenza; follia (*anche fig.*) **2** rabbia; furia; furore **3** entusiasmo; furore (*fig.*) **4** (*med.*) rabbia; idrofobia.
Madonna /mə'dɒnə/, *n.* (*relig., pitt.*) Madonna. ● (*bot.*) **M. lily** (*Lilium candidum*), giglio bianco.
madrepore /'mædrəpɔː(r)/, *n.* (*zool., Madrepora*) madrepora.
madreporic /mædrə'pɒrɪk, *USA* -ɔː-/, *a.* (*zool.*) madreporico.
madrigal /'mædrɪgl/, *n.* (*mus., letter.*) madrigale.
madrigalian /mædrɪ'geɪlɪən/, *a.* (*mus., letter.*) madrigalesco; di madrigale.
madrigalist /'mædrɪgəlɪst/, *n.* (*mus., letter.*) madrigalista.
madwoman /'mædwʊmən/, *n.* (*pl.* **madwomen**) matta; pazza; folle.
Maecenas /miː'siːnæs/, *n.* **1** (*stor. romana*) Mecenate **2** – (*fig.*) **m.**, mecenate.
maelstrom /'meɪlstrəm/, *n.* **1** – (*geogr.*) **M.**, Malström **2** (*naut.*) gorgo; vortice, turbine (*anche fig.*): **the m. of city life**, il vortice della vita di città; la turbinosa vita cittadina; **He was caught in the m. of war**, fu afferrato dal vortice della guerra.
maenad /'miːnæd/, *n.* (*mitol.*) menade.
maestro /'maɪstrəʊ/ (*ital.*), *n.* (*pl.* **maestri, maestros**) (*mus., arte*) maestro.
Mae West /'meɪ'west/, *n.* (*gergo aeron.*) giubbotto salvagente.
to **maffick** /'mæfɪk/, *v. i.* (*arc.*) esultare; far grande festa.
mafia, maffia /'mæfɪə, 'mɑː-/ (*ital.*), *n.* (*anche fig.*) mafia.
mafioso /mæfɪ'əʊsəʊ/ (*ital.*), *n.* (*pl.* **mafiosos, mafiosi**) mafioso.
mag (**1**) /mæg/, *n.* (*abbr. fam. di* **magazine**) rivista; periodico.
mag (**2**) /mæg/, *n. abbr.* di **magneto**.
magazine /mægə'ziːn, *USA* 'mægəziːn/, *n.* **1** rivista; periodico; rotocalco **2** magazzino militare; deposito d'armi, viveri, ecc. **3** (*d'arma da fuoco*) caricatore **4** (*naut., mil.*) santabarbara; deposito munizioni **5** (*fotogr., cinem.*) magazzino **6** (*elab.*) caricatore; scomparto di alimentazione **7** (*radio, TV*) contenitore (*programma di attualità*). ● **m. advertising**, pubblicità (sulla) stampa □ (*mil.*) **m. filler**, riempicaricatori □ **glossy m.**, rotocalco.
magazinish /mægə'ziːnɪʃ/, *a.* (*spreg.*: *di prosa, stile, ecc.*) da rivista; da periodico.
Magdalen /'mægdəlɪn/, **Magdalene** /mægdə'liːnɪ, 'mægdəliːn, -lɪn/, *n.* **1** (*Bibbia*) Maddalena **2** – (*fig. arc.*) **m.**, maddalena; peccatrice pentita **3** /'mɔːdlɪn/ Magdalen(e) (*college e strada a Oxford e Cambridge*).
magenta /mə'dʒentə/, *n.* **1** magenta; color cremisi **2** (*chim.*) *V.* **fuchsin**.
Maggie /'mægɪ/, *n.* (*dim. di* **Margaret**) Rita; Ghita.
maggot /'mægət/, *n.* **1** (*zool.*) larva (di dittero); baco (*specialm. del formaggio*); verme (*fam.*) **2** (*fig. raro*) capriccio; grillo; ubbia: **to have a m. in one's head**, aver grilli per il capo **3** (*pop. USA*) sigaretta; cicca (*pop.*).
maggoty /'mægətɪ/, *a.* **1** bacato; verminoso **2** (*fig. raro*) capriccioso.
Magi /'meɪdʒaɪ/, *n. pl.* (*relig.*) (i) Re Magi.
magic (**1**) /'mædʒɪk/, *n.* **1** magia (*anche fig.*); arte magica; stregoneria: **black m.**, magia nera; **white** (*o* **natural**) **m.**, magia bianca (*o* naturale) **2** (*fig.*) incanto; fascino: **the m. of Shelley's poetry**, l'incanto della poesia di Shelley. ● (*fam.*) **like m.**, come per incanto; tutto a un tratto; in un baleno.
magic (**2**) /'mædʒɪk/, **magical** /'mædʒɪkl/, *a.* (*anche fig.*) **1** magico: **magic arts [words]**, arti [parole] magiche **2** (*fig.*) incantevole: **He writes with a magical semplicity**, scrive con una semplicità incantevole. ● (*fam.*) **m. eye**, occhio magico (*cellula fotoelettrica*) □ **m. lantern**, lanterna magica □ **m. mirror**, specchio magico □ **m. square**, quadrato magico □ (*market.*) **m. supplies**, articoli per giochi di prestigio. ‖ **-ally**, *avv.*
magician /mə'dʒɪʃn/, *n.* **1** mago; stregone **2** illusionista.
magilp /mə'gɪlp/, *V.* **megilp**.
magisterial /mædʒɪ'stɪərɪəl/, *a.* **1** (*leg.*) di (*o* da) magistrato: **m. rank**, qualifica (*o* grado) di un magistrato **2** magistrale; autorevole; autoritario; cattedratico: **a m. demonstration**, una dimostrazione magistrale; **a m. manner**, un modo di fare cattedratico. ‖ **-ly**, *avv.*
magistracy /'mædʒɪstrəsɪ/, *n.* (*leg.*) magistratura.
magistral /'mædʒɪstrəl, mə'dʒɪstrəl/, *a.* **1** magistrale; di maestro; autorevole; autoritario; cattedratico **2** (*fam.*) galenico: **a m. prescription**, una prescrizione galenica. ● **the m. staff**, il corpo insegnante.
magistrate /'mædʒɪstreɪt, -ət/, *n.* (*leg.*) **1** magistrato (*in genere*) **2** (*in Inghil.*) giudice onorario, non retribuito (*V.* **justice of the peace**, *sotto* **justice**). ● **magistrates' court**, tribunale competente in materia civile e per reati minori (*composto da un magistrato di carriera e due giudici di pace*; *giudica in assenza di giuria*).
magistrateship /'mædʒɪstreɪtʃɪp, -trət-/, *n.* (*leg.*) **1** carica (*o* durata in carica, grado) di **magistrate** (*q.V.*) **2** *V.* **magistrature**.
magistrature /'mædʒɪstrətʃə(r)/, *n.* (*leg.*) magistratura.
magma /'mægmə/, *n.* (*pl.* **magmata, magmas**) (*geol.*) magma.
magmatic /mæg'mætɪk/, *a.* (*geol.*) magmatico.
magmatism /'mægmətɪzəm/, *n.* (*geol.*) magmatismo.
magnanimity /mægnə'nɪmətɪ/, *n.* magnani-

mità.

magnanimous /mæg'nænɪməs/, *a.* magnanimo. || **-ly**, *avv.*

magnate /'mægneɪt/, *n.* magnate (*anche fin.*); maggiorente; notabile; capitano d'industria.

magnesia /mæg'ni:ʃə, -ʒə/, *n.* (*chim.*) magnesia. ● (*farm.*) **milk of m.**, latte di magnesia.

magnesian /mæg'ni:ʃn, -ʒn/, *a.* (*chim.*) magnesifero.

magnesic /mæg'ni:sɪk/, *a.* (*chim.*) magnesiaco; magnesico.

magnesite /'mægnɪsaɪt/, *n.* (*miner.*) magnesite.

magnesium /mæg'ni:zɪəm/, *n.* (*chim.*) magnesio. ● (*mil.*) **m. bomb**, bomba incendiaria al magnesio.

magnet /'mægnɪt/, *n.* (*fis.*) ***1*** magnete; calamita (*anche fig.*): **a horse-shoe m.**, una calamita a ferro di cavallo ***2*** *V.* **electromagnet**.

magnetic /mæg'nɛtɪk/, *a.* ***1*** (*fis.*) magnetico: **m. needle**, ago magnetico; **m. equator**, equatore magnetico ***2*** magnetizzato: **m. strips**, strisce magnetizzate (*per es., sulle carte di credito*) ***3*** (*fig.*) attraente; affascinante; magnetico: **a m. smile**, un sorriso affascinante; **m. look**, sguardo magnetico. ● (*naut.*) **m. bearing**, rilevamento magnetico □ (*naut.*) **m. compass**, bussola magnetica □ (*elettr., elettron.*) **m. core**, nucleo magnetico □ (*mil.*) **m. mine**, mina magnetica □ (*elettron.*) **m. recorder**, registratore magnetico; magnetofono □ (*naut.*) **m. track**, rotta magnetica □ (*geofisica, naut.*) **m. variation**, declinazione magnetica. || **-ally**, *avv.*

magnetics /mæg'nɛtɪks/, *n. pl.* (*col verbo al sing.*) (scienza del) magnetismo.

magnetism /'mægnɪtɪzəm/, *n.* ***1*** (*fis., anche fig.*) magnetismo: **terrestrial m.**, magnetismo terrestre ***2*** (*fig.*) attrazione; fascino. ● **animal m.**, magnetismo animale.

magnetite /'mægnɪtaɪt/, *n.* (*miner.*) magnetite.

magnetization /mægnɪtaɪ'zeɪʃn, *USA* -tɪ'z-/, *n.* (*fis.*) magnetizzazione.

to **magnetize** /'mægnɪtaɪz/, *v. t.* ***1*** (*fis., anche fig.*) magnetizzare ***2*** (*fig.*) attrarre; affascinare.

magneto /mæg'ni:təʊ/, *n.* (*pl.* **magnetos**) (*elettr.*) magnete (d'accensione). ● **m.-points**, puntine platinate.

magnetochemistry /mægni:təʊ'kemɪstrɪ/, *n.* magnetochimica.

magnetoelectric(al)/mægni:təʊɪ'letrɪk(l)/, *a.* magnetoelettrico.

magnetoelectricity /mægni:təʊɪlek'trɪsətɪ/, *n.* (*fis.*) magnetoelettricità.

magnetograph /mæg'ni:təʊgrɑ:f, *USA* -æf/, *n.* (*elettr.*) magnetografo.

magnetometer /mægnɪ'tɒmɪtə(r)/, *n.* (*elettr.*) magnetometro.

magneton /'mægnɪtɒn, mæg'ni:t-/, *n.* (*fis.*) magnetone.

magnetosphere /mæg'ni:təʊsfɪə(r)/, *n.* (*scient.*) magnetosfera.

magnetostatics /mægni:təʊ'stætɪks/, *n. pl.* (*col verbo al sing.*) magnetostatica.

magnetostriction /mægni:təʊ'strɪkʃn/, *n.* (*fis.*) magnetostrizione.

magnetron /'mægnɪtrɒn/, *n.* (*elettron.*) magnetron.

Magnificat /mæg'nɪfɪkæt/, *n.* (*relig.*) Magnificat.

magnification /mægnɪfɪ'keɪʃn/, *n.* ***1*** (*ottica*) ingrandimento ***2*** esagerazione ***3*** (*lett.*) esaltazione; magnificazione.

magnificence /mæg'nɪfɪsns/, *n.* magnificenza; sfarzo; splendore; sontuosità.

magnificent /mæg'nɪfɪsnt/, *a.* magnifico; sfarzoso; splendido; sontuoso: **a m. mansion**, una magione magnifica; **m. generosity**, splendida generosità. || **-ly**, *avv.*

magnifier /'mægnɪfaɪə(r)/, *n.* ***1*** (*ottica*) lente d'ingrandimento ***2*** chi esagera ***3*** (*arc.*) chi esalta; magnificatore.

to **magnify** /'mægnɪfaɪ/, *v. t.* ***1*** (*ottica*) ingrandire (*anche fig.*) ***2*** (*fig.*) esagerare: **He magnified his sufferings**, esagerò le sue sofferenze ***3*** (*arc.*) magnificare; esaltare. ● **magnifying glass**, lente d'ingrandimento.

magniloquence /mæg'nɪləkwəns/, *n.* magniloquenza; ampollosità.

magniloquent /mæg'nɪləkwənt/, *a.* magniloquente; ampolloso. || **-ly**, *avv.*

magnitude /'mægnɪtju:d, *USA* -tu:d/, *n.* ***1*** dimensione; grandezza (*anche astron., mat.*); ampiezza; vastità: **a star of the first m.**, una stella di prima grandezza; **the m. of a problem**, la vastità di un problema ***2*** (*geol.*) magnitudo (*di un terremoto*) ***3*** (*fig.*) importanza: **a thing of the first m.**, una cosa di capitale importanza.

magnolia /mæg'nəʊlɪə/, *n.* (*bot., Magnolia*) magnolia.

magnum /'mægnəm/, *n.* magnum, bottiglione (*da circa due «quart», cioè 2,8 litri circa, per vino o liquori*).

magoo /mə'gu:/, *n.* (*pop. USA*) (crema delle) torte che i comici si tirano in faccia (*nelle farse*).

magoozlum /mə'gu:zlʌm/, *n.* (*pop. USA*) robaccia; immondizia.

magpie /'mægpaɪ/, *n.* ***1*** (*zool., Pica pica*) gazza ***2*** (*fig.*) persona ciarliera; chiacchierone, chiacchierona; ciarlone, ciarlona; gazza (*pop.*) ***3*** (*fig.*) collezionista; arraffone di cose inutili.

magus /'meɪgəs/, *n.* (*pl.* **magi**) ***1*** magio ***2*** – **M.**, uno dei Re Magi ***3*** mago; stregone; astrologo. ● (*stor.*) **Simon M.**, Simon Mago.

Magyar /'mægjɑ:(r)/, *a.* e *n.* magiaro (*anche la lingua*).

maharaja(h) /mɑ:hə'rɑ:dʒə/, *n.* maragià.

maharanee /mɑ:hə'rɑ:nɪ/, *V.* **maharani**.

maharani /mɑ:hə'rɑ:nɪ/, *n.* (*pl.* **maharanis**) maharani (*moglie di maragià*).

Mahdi /'mɑ:dɪ/, *n.* (*relig.*) Mahdi.

Mahdism /'mɑ:dɪzəm/, *n.* (*relig., polit.*) mahdismo, madismo.

mah(-)jong(g) /mɑ:'dʒɒŋ, *USA* -'ʒɔ:ŋ/, *n.* (*marchio*) mah-jong (*gioco cinese con tessere*).

mahlstick /'mɔ:lstɪk/, *n.* (*pitt.*) appoggiamano; stecca.

mahogany /mə'hɒgənɪ/, *n.* ***1*** (*bot., Swietenia mahagoni*) mogano (*l'albero, il legno*) ***2*** color mogano.

Mahomet /mə'hɒmɪt/, *n.* (*stor., relig.*) Maometto.

Mahometan /mə'hɒmɪtn/, *a.* e *n.* (*relig.*) maomettano.

mahout /mə'haʊt/, *n.* mahout; conduttore di elefanti.

maid /meɪd/, *n.* ***1*** (*soprattutto lett.*) fanciulla; donzella; giovanetta; pulzella; vergine; zitella ***2*** domestica; cameriera; donna di servizio; fantesca. ● (*stor.*) **the M.**, la Pulzella (*d'Orleans*) □ **m. of honour**, damigella d'onore; (*cucina*) tartina alle mandorle □ **m.-of-all--work**, donna tuttofare □ (*fam.*) **old m.**, (vecchia) zitella.

maiden /'meɪdn/, **A** *n.* ***1*** (*soprattutto lett.*) fanciulla; donzella; pulzella; vergine; zitella ***2*** (*ippica*) *V.* **m. horse** ***3*** (*stor.*) ghigliottina usata in Scozia. **B** *a. attr.* ***1*** nubile: **a m. aunt**, una zia nubile ***2*** di (*o* da) fanciulla; puro; verginale ***3*** primo (*di viaggio, ecc.*); non usato; non provato. ● (*leg.*) **m. assize**, sessione (d'assise) senza cause da discutere □ (*ippica*) **a m. horse**, un cavallo che non ha mai vinto una corsa □ **m. name**, nome da nubile (*o* da signorina) □ **m. soldier**, soldato che non ha avuto il battesimo del fuoco □ **m. speech**, discorso inaugurale (*specialm. di un deputato al parlamento*) □ **a ship's m. voyage**, il viaggio inaugurale di una nave.

maidenhair /'meɪdnheə(r)/, *n.* (*bot., Adiantum capillus Veneris*; = **m. fern**) capelvenere; adianto.

maidenhead /'meɪdnhed/, *n.* ***1*** verginità ***2*** (*anat.*) imene.

maidenhood /'meɪdnhʊd/, *n.* fanciullezza, giovinezza (di ragazza); verginità.

maidenish /'meɪdnɪʃ/, **maidenlike** /'meɪdnlaɪk/, *V.* **maidenly**.

maidenly /'meɪdnlɪ/, *a.* di (*o* da) fanciulla; verginale; puro.

maidservant /'meɪdsɜ:vnt/, *n.* cameriera; domestica; donna di servizio.

maieutic(al) /meɪ'ju:tɪk(l)/, *a.* (*filos.*) maieutico: **m. method**, metodo maieutico (*di Socrate*).

maieutics /meɪ'ju:tɪks/, *n. pl.* (*col verbo al sing.*) (*filos.*) maieutica.

maigre /'meɪgə(r)/, *n.* (*zool.*) ***1*** pesce degli Scienidi (*in genere*) ***2*** (*Sciena aquila*) sciena aquila; bocca d'oro.

mail (**1**) /meɪl/, *n.* (*stor.*) maglia (*metallica, per armature*): **a coat of m.**, una cotta di maglia.

mail (**2**) /meɪl/, *n.* ***1*** posta; corrispondenza; lettere; pacchi; corriere (*o* servizio) postale: **We had little m. yesterday**, abbiamo ricevuto poca corrispondenza ieri; **The morning m. is late**, la posta del mattino è in ritardo ***2*** (*trasp.*) treno (nave, o aereo) postale; il postale. ● (*ferr., USA*) **m.-car**, vagone postale □ **m. carrier**, portalettere □ **m.-coach**, (*un tempo*) corriera, diligenza, postale; (*ora*) vagone postale □ (*comm.*) **m. order**, ordinazione per corrispondenza □ **a m.-order firm**, una ditta che commercia col sistema delle ordinazioni per corrispondenza □ (*USA*) **m. run**, spionaggio postale □ (*naut.*) **m. steamer**, (nave) postale □ (*ferr.*) **m. train**, (treno) postale □ **m. van**, furgone postale; (*ferr.*) vagone postale □ **by m.**, per posta □ **incoming m.**, posta in arrivo □ **outgoing m.**, posta in partenza.

to **mail** (**1**) /meɪl/, *v. t.* (*stor.*) rivestire di maglia metallica.

to **mail** (**2**) /meɪl/, *v. t.* ***1*** mandare (*o* spedire, inoltrare) per posta ***2*** impostare; imbucare.

mailable /'meɪləbl/, *a.* spedibile per posta.

mailbag /'meɪlbæg/, *n.* ***1*** sacco postale ***2*** (*USA*) borsa del portalettere.

mailboat /'meɪlbəʊt/, *n.* (*naut.*) (nave) postale.

mailbox /'meɪlbɒks/, *n.* (*USA*) ***1*** cassetta della posta ***2*** buca da lettere.

maildrop /'meɪldrɒp/, *n.* (*pop. USA*) posto in cui si lascia posta clandestina.

mailed /meɪld/, *a.* ***1*** (*stor.*) rivestito di maglia (*metallica*) ***2*** corazzato.

mailing /'meɪlɪŋ/, *n.* ***1*** impostazione ***2*** materiale postale ***3*** (*market.*) mailing; vendita per corrispondenza. ● **m. list**, lista di spedizione; elenco d'indirizzi; indirizzario.

maillot /mæ'jəʊ, *USA* mɑ:-/ (*franc.*), *n.* ***1*** calzamaglia ***2*** costume da bagno intero (*da donna*).

mailman /'meɪlmən/, *n.* (*pl.* **mailmen**) (*USA*) portalettere; postino.

to **maim** /meɪm/, *v. t.* mutilare; storpiare (*anche fig.*).

maiming /'meɪmɪŋ/, *n.* mutilazione; storpiamento.

main (**1**) /meɪn/, **A** *n.* ***1*** conduttura principale (*d'acqua, gas*); linea principale, linea d'alimentazione (*d'elettricità*); collettore (*di fogne*) ***2*** forza (*nell'espress.*:) **with might and m.**, con tutta la propria forza; mettendocela tutta; a più non posso (*fam.*) ***3*** (*poet.*) alto mare; oceano. **B** *a.* principale; primario; più importante; essenziale: **m. entrance**, entrata principale; **the m. street of a town**, la via principale d'una città; **the m. point**, il punto essenziale (*d'un argomento, d'una discussione*). ● **the m. body of an army**, il grosso d'un esercito □ **the m. chance**, la grande occasione □ (*gramm.*) **m. clause**, frase principale □ (*naut.*) **m. deck**, ponte principale; ponte di batteria □ (*pop. USA*) **the m. drag**, il luogo dello struscio; il corso □ **m.-entry**, lemma principale □ (*ferr.*) **m. line**, linea principale □ **m. road**, strada maestra □ (*elab.*) **m. storage**, memoria centrale □ (*USA*) **M. Street**, il Corso; (*fig.*) gli abitanti tipici (*d'una cittadina*) □ (*USA*) **m.-street**, provinciale; piccolo borghese □ (*naut.*) **m. yard**, pennone di maestra □ **by m. force**, a viva forza □ **to have an eye to the m. chance**, non perdere di vista il proprio interesse □ **in the m.**, nel complesso; nell'insieme; per lo più □ (*geogr.*) **the Spanish M.**, il Mar dei Caraibi □ (*gergo naut.*) **to splice the m. brace**, servire una razione extra di rum (*all'equipaggio*); (*fig.*) bere sfrenatamente.

main (**2**) /meɪn/, *n.* (*arc.*) ***1*** numero chiamato da un giocatore di dadi (*prima del lancio*) ***2*** lancio, partita, posta (*nel gioco ai dadi*) ***3*** combattimento di galli.

mainbrace /'meɪnbreɪs/, *n.* (*naut.*) braccio del pennone di maestra.

mainframe /'meɪnfreɪm/, *n.* (*elab.*) elaboratore (*o* unità) centrale.

mainland /'meɪnlənd/, **A** *n.* (*geogr.*) continente; terraferma. **B** *a. attr.* continentale; della terraferma.

to **mainline** /'meɪnlaɪn/, *v. i.* (*pop. USA*) iniettarsi la droga in vena.

mainliner /'meɪnlaɪnə(r)/, *n.* (*pop. USA*) tossicomane che s'inietta droga in vena.

mainly /'meɪnlɪ/, *avv.* ***1*** soprattutto; principalmente ***2*** nel complesso; in genere.

mainmast /'meɪnmɑːst, *USA* -æst/, *n.* (*naut.*) albero maestro (*o* di maestra).

mains /meɪnz/, *a. attr.* collegato alla rete (d'alimentazione): **m. electricity**, energia (elettrica) di rete.

mainsail /'meɪnseɪl/, *n.* (*naut.*) vela di maestra; randa.

mainspring /'meɪnsprɪŋ/, *n.* ***1*** (*mecc.*) molla principale; spirale (*d'un orologio*) ***2*** (*fig.*) molla; movente principale; causa prima: **Profit is the m. of business**, il guadagno è la molla degli affari.

mainstay /'meɪnsteɪ/, *n.* ***1*** (*naut.*) strallo di maestra ***2*** (*fig.*) appoggio (*o* sostegno) principale; puntello.

mainstream /'meɪnstriːm/, *n.* (*anche fig.*) corrente principale. ● (*mus.*) **m. jazz**, jazz tradizionale.

to **maintain** /meɪn'teɪn/, *v. t.* ***1*** mantenere; conservare; avere (*o* curare) la manutenzione di (*una strada, ecc.*): **to m. friendly relations with sb.**, mantenere relazioni amichevoli con q.; **to m. the aged and needy**, mantenere gli anziani bisognosi; **to m. one's reputation**, conservare il proprio buon nome ***2*** sostenere; appoggiare: **to m. a war [a contest]**, sostenere (*o* tenere in piedi) una guerra [una lite]; **to m. a party [a cause]**, sostenere un partito [una causa] ***3*** sostenere; affermare; asserire: **I m. that racial hatred is a bad thing**, sostengo che l'odio razziale è cosa malvagia □ **to m. oneself on one's salary**, mantenersi con lo stipendio; vivere di stipendio □ (*mil.*) **to m. one's positions**, tenere le posizioni □ (*fam.*) **I m. my ground**, resto della mia idea.

maintainable /meɪn'teɪnəbl/, *a.* ***1*** mantenibile; conservabile ***2*** sostenibile; che si può affermare.

maintenance /'meɪntənəns/, *n.* ***1*** mantenimento; conservazione; sostentamento ***2*** manutenzione: **m. charges**, spese di manutenzione ***3*** mezzi di sostentamento; alimenti ***4*** (*leg.*) aiuto illecito (*a una parte in causa*) ***5*** (*leg.*) mantenimento (*del coniuge*); alimenti. ● **m. contract**, contratto di manutenzione □ **m. handbook**, libretto di manutenzione □ (*leg.*) **m. order**, ingiunzione di pagamento degli alimenti □ **m. personnel** (*o* **staff**), addetti alla manutenzione □ (*autom.*) **m. vehicle**, carro attrezzi.

maintop /'meɪntɒp/, *n.* (*naut.*) coffa di maestra.

maison(**n**)**ette** /meɪzə'nɛt/, *n.* appartamento indipendente (*spesso su due piani*); villino.

maitre d' /meɪtrə'diː, mɛ-, -tə-/, *locuz. n.* (*fam.*) maitre d'hotel.

maize /meɪz/, **A** *n.* ***1*** (*bot., Zea mays*) granturco; mais; frumentone ***2*** (color) giallo. **B** *a.* color del granturco; giallo.

majestic(**al**) /mə'dʒɛstɪk(l)/, *a.* maestoso. ‖ **-ally**, *avv.*

majesty /'mædʒəstɪ/, *n.* maestà (*in ogni senso*); imponenza; maestosità: **the m. of the law**, la maestà della legge; (*al vocat.*) **Your M.**, Vostra Maestà; **His** (*o* **Her**) **M.**, Sua Maestà.

majolica /mə'dʒɒlɪkə, -'jɒ-/, *n.* maiolica; vasellame di maiolica.

major (**1**) /'meɪdʒə(r)/, *n.* (*mil.*) maggiore. ● **m. general**, maggior generale; generale di divisione.

major (**2**) /'meɪdʒə(r)/, **A** *a.* ***1*** più importante; principale; maggiore; più grande: **the m. part of one's life**, la maggior parte della propria vita ***2*** (*nelle scuole*) maggiore; più anziano: **Brown m.**, il maggiore (*o* il più anziano) dei fratelli Brown ***3*** (*leg.*) maggiorenne. **B** *n.* ***1*** (*leg.*) maggiorenne ***2*** materia in cui ci si specializza (*all'università*) ***3*** studente che si specializza ***4*** (*econ. fin.*) grande complesso; major. ● (*mat.*) **m. axis**, asse maggiore □ (*fin.*) **m. company**, compagnia (*o* società) di primaria importanza □ **a m. disaster**, un disastro gravissimo □ **m.-domo**, maggiordomo □ **m. drum**, tamburo maggiore □ (*mus.*) **m. key**, tono maggiore □ **m. road**, arteria principale; strada maestra □ (*mus.*) **m. scale**, scala maggiore □ **m. subject**, materia di specializzazione □ (*nel bridge*) **m. suit**, seme di cuori (*o* di quadri).

to **major** /'meɪdʒə(r)/, *v. i.* specializzarsi (*all'università*): **to m. in agricultural chemistry**, specializzarsi in chimica agraria.

majorant /'meɪdʒərənt/, *n.* (*mat.*) maggiorante.

majorette /meɪdʒə'rɛt/, *n.* (*specialm. USA*; = **drum m.**) majorette.

majority /mə'dʒɒrətɪ, *USA* -ɔː-/, **A** *n.* ***1*** maggioranza; (la) maggior parte: **He was elected by a m. of 55 out of a total of 610 votes cast**, fu eletto con una maggioranza di 55 voti su un totale di 610 voti espressi; **the m. of people**, la maggior parte delle persone; i più ***2*** (*leg.*) maggiore età: **to attain** (*o* **to reach**) **one's m.**, raggiungere la maggiore età; diventare maggiorenne ***3*** (*mil.*) grado di maggiore. **B** *a. attr.* di maggioranza: **a m. vote**, un voto di maggioranza. ● (*fin.*) **m. interest**, partecipazione di maggioranza □ (*fin.*) **m.-owned**, di cui si possiede il pacchetto di maggioranza □ (*fin.*) **m. parcel**, pacchetto di maggioranza □ (*leg.*) **a m. verdict**, un verdetto emesso a maggioranza (*dei giurati*) □ (*fig.*) **to join the m.**, passare nel numero dei più; morire □ **silent m.**, maggioranza silenziosa.

majorship /'meɪdʒəʃɪp/, *n.* (*mil.*) grado di maggiore.

majuscular /mə'dʒʌskjʊlə(r)/, *a.* ***1*** di maiuscola ***2*** scritto a lettere maiuscole.

majuscule /'mædʒəskjuːl/, **A** *a.* (*paleografia*) maiuscolo. **B** *n.* (lettera) maiuscola.

make /meɪk/, *n.* ***1*** fabbricazione; produzione; fattura; forma; marca; tipo; (*di un abito*) taglio: **This article is our own m.**, questo articolo è di nostra fabbricazione (*o* produzione); **cars of all makes**, automobili di tutti i tipi (*o* di ogni marca); **spare pasts for all makes of car**, pezzi di ricambio per auto di tutte le marche ***2*** costituzione fisica (*o* morale); carattere; temperamento: **a man of this m.**, un uomo di siffatto temperamento ***3*** (*elettr.*) chiusura d'un circuito: **at m.**, nel punto in cui si chiude il circuito (*o* avviene il contatto). ● (*elettr.*) **m. contact**, contatto in chiusura □ (*econ.*) **m.-work activities**, attività creatrici di (posti di) lavoro □ (*pop.*) **to be on the m.**, essere intento a far quattrini, a far carriera; andare al sodo, darsi da fare, cercare di farsi (*volg.*: *una donna*).

to **make** /meɪk/ (*pass.* e *p. p.* **made**), **A** *v. t.* ***1*** fare; creare; costruire; comporre; formare; confezionare; fabbricare; produrre; causare; rendere; nominare: **to m. tea [bread, wine]**, fare il tè [il pane, il vino]; **to m. a fire**, fare (*o* accendere) un fuoco; **M-love not war**, fate l'amore e non la guerra!; **God made man**, Dio creò l'uomo; **What time do you m. it?**, che ora fai?; **to m. roads [bridges]**, costruire strade [ponti]; **to m. a circle**, formare un cerchio; **to m. hats**, fabbricare cappelli; **What is it made of?**, di che cosa è fatto?; di che cosa è?; **What made this sudden change?**, che cosa ha prodotto questa improvvisa trasformazione?; **The corruption scandal makes doing business very difficult**, lo scandalo della corruzione rende assai difficile fare affari; **Two and two m. four**, due più due fa quattro; **to m. a noise**, far rumore; **They made him president**, lo fecero (*o* nominarono) presidente; **That makes five who want to join us**, e così fan cinque che vogliono unirsi a noi ***2*** (*causativo*) fare; costringere; obbligare; indurre: **Don't m. me laugh!**, non farmi ridere!; **M. him repeat it!**, faglielo ripetere!; **He made her cry**, la fece piangere; **This photograph makes you look an old man**, questa fotografia ti fa (apparire) vecchio; **You must m. him obey you**, devi costringerlo a ubbidirti; **I was made to stay at home**, mi fecero restare a casa ***3*** valutare; supporre; ritenere; credere: **I m. the distance about ten miles**, suppongo che la distanza sia di circa dieci miglia; **What insect do you m. it to be?**, che insetto credi che sia? ***4*** (*specialm. naut.*) arrivare a, raggiungere; toccare: **The disabled ship was just able to m. port**, la nave gravemente danneggiata riuscì appena a raggiungere il porto; **We made land at sunrise**, toccammo terra (*o* approdammo) all'alba ***5*** diventare; dimostrarsi; essere per (q.): **I think he will m. a good teacher**, credo che diventerà un buon insegnante; **She'll m. him a good wife**, sarà per lui una buona moglie ***6*** avere, sentire, farsi (*un dubbio, uno scrupolo, ecc.*): **I m. a scruple about it**, me ne faccio uno scrupolo ***7*** fare la fortuna di: **Fleet Street can m. or break a politician**, i giornali inglesi possono fare la fortuna o provocare la rovina di un uomo politico ***8*** fare (*fig.*); completare; rendere perfetto: **It's the furniture that really makes a house**, è il mobilio che fa una casa ***9*** farcela ad arrivare a: **We made the airport in ten minutes**, in dieci minuti fummo all'aeroporto ***10*** (*volg.*) farsi (*una donna*; *volg.*); avere rapporti sessuali con (q.). **B** *v. i.* ***1*** (*lett.* o *arc.*) fare per; stare per; fare la mossa di: **He made to go [to reply] and then stopped**, fece per andarsene [per rispondere] e poi si fermò; **He made as if he were going to strike me**, fece come per colpirmi ***2*** dirigersi; muoversi; (*del traffico, ecc.*) andare: **We made for the door**, ci dirigemmo verso la porta; **They made towards the church**, si diressero (*o* si mossero) verso la chiesa; **Traffic makes towards the suburbs in the evening**, di sera il traffico va verso la periferia. **C** to **make oneself**, *v. rifl.* ***1*** (*causativo*) farsi; rendersi: **to m. oneself loved [respected, feared]**, farsi amare [rispettare, temere]; **to m. oneself understood**, farsi capire; **M. yourself useful**, renditi utile! ***2*** fare per sé; farsi: **to m. oneself a cup of tea**, farsi una tazza di tè ***3*** mettersi; considerarsi: **M. yourself at home!**, mettiti comodo!; fa come se fossi a casa tua! ● (*a carte*) **to m. an ace**, farsi un asso; fare una presa con un asso □ **to m. an ally of sb.**, farsi un alleato di q. □ **to m. as if**, far mostra di; fingere di: **Don't m. as if you had no time**, non fingere di non avere tempo □ **to m. an appointment with sb.**, prendere un appuntamento con q. □ **to m. approaches to sb.**, cercare di avvicinare q. □ **to m. st. available to sb.**, mettere q.c. a disposizione di q. □ **to m. believe**, fare finta, fingere: **The children were making believe that they were Indians**, i bambini fingevano d'essere (*o* giocavano agli) indiani □ **to m. the best of st.**, sfruttare al meglio q.c. □ **to m. the best of a bad job** (*o* **of a bad bargain**), fare buon viso a cattiva sorte □ **to m. bold**, diventare audace; osare: **I m. bold to say that...**, oso (*o* mi permetto di) dire che... □ **to m. a book**, fare un libro; (*anche*) stabilire e coordinare una serie di scommesse (*su un avvenimento*) □ **to m. or break,** *V.* **to m. or mar** □ **a m. or break case**, un caso di o la va o la spacca □ **a m. or break plan**, un piano disperato; un progetto audacissimo □ **to m. a call**, fare una (breve) visita; (*telef.*) fare una telefonata; (*naut.*) fare scalo □ **to m. the cards** (*o* **the pack**), fare le carte; mescolare e dare le carte □ **to m. certain**, assicurarsi; accertarsi: **M. certain that the door is locked**, assicurati che la porta sia chiusa a chiave! □ (*elettr.*) **to m. a circuit**, chiudere un circuito □ **to m. a clean breast of st.**, vuotare il sacco; confessare tutto □ **to m. it clear that...**, mettere in chiaro (*o* chiarire) che... □ (*elettr.*) **to m. a contact**, stabilire (*o* chiudere) un contatto □ **to m. st. do** (*o* **to m. do with st.**), far bastare q.c.; arrangiarsi con q.c.: **I'll m. these colours do**, farò bastare questi colori □ **to m. do and mend**, tirare avanti con gli abiti (gli attrezzi, ecc.) vecchi □ (*naut.*) **to m. fast**, ormeggiarsi; dar volta a (*un cavo*) □ **to m. st. fast**, assicurare, legare q.c. □ **to m. fire**, accendere un (*o* il) fuoco □ **to m. a fool of oneself**, fare la figura (*o* la parte) dello stupido □ **to m. friends with sb.**, fare amicizia con q. □ **to m. fun of sb.**, prendere in giro q. □ **to m. good**, aver successo, fare fortuna; (*anche*) tornare sulla retta via: **He started from scratch but made good in later life**, cominciò dalla gavetta ma poi fece carriera □ **to m. st. good**, risarcire (*una perdita*); recuperare (*tempo perduto*); mantenere (*una promessa*); mettere in atto (*una minaccia*); dimostrare la validità di (*un argomento, ecc.*): **to m. good a promise**, tener fede a una promessa; **to m. good a statement**, documentare (*o* provare) un'asserzione □ **to m. good time**, andare in fretta; (*autom., aeron., naut.*) viaggiare bene, in orario □ **to m. a habit of st.**, prendere l'abitudine di fare q.c. □ **to m. hay of st.**, mettere q.c. sottosopra □ **to m. headway**, far progressi □ (*fam.*) **to m. it**, farcela; riuscire; arrivare in tempo; avere successo, sfondare (*fig.*): **Unfortunately I can't m. it to Florence**, purtroppo non ce la faccio a venire a Firenze; **He knows he'll never m. it as a writer**, lo sa che, come scrittore, non sfonderà mai □ (*fam.*) **to m. it big**, avere un grande successo; sfondare davvero (*fig.*) □ (*fam.*) **to m. it** (*o* **things**) **hot for sb.**, rendere la vita difficile a q. □ (*leg.*) **to m. laws**, emanare leggi; legiferare □ (*fam. USA*) **to m. like st.** (*o* **sb.**), imitare q.c. (*o* q.); fare finta di essere: **He was making like a judoist**, faceva delle mosse da judoka □ **to m. love to sb.**, fare l'amore con q. □ **to m. or mar sb.** [**st.**], fare la fortuna di q. [q.c.] o mandarlo in rovina [o rovinare tutto] □ (*arc.*) **to m. merry**, far festa; far baldoria □ (*fig. fam.*) **to m. mincemeat of sb.**, fare a pezzi, distruggere q. □ **to m. money**, far quattrini □ **to m. the most of st.**, trarre il maggior vantaggio possibile da q.c.; sfruttare al massimo q.c.: **He makes the most of the little he has**, sfrutta al massimo quel poco che possiede □ **to m. mouths at sb.**, fare le boccacce a q. □ **to m. much** [**little**] **of**, tenere in gran conto [in scarsa considerazione]; trarre grande [scarso] vantaggio da □ **to m. a night of it**, vegliare sino a tarda notte □ **to m. no bones about doing st.**, non esitare (*fam.*: non fare una piega) a fare q.c. □ **to m. no difference**, non fare differenza, essere indifferente □ **to m. peace**, far la pace □ **to m. a profit** [**a loss**], fare un guadagno [subire una perdita] □ **to m. st. profitable**, consentire un margine d'utile per q.c. □ **to m. ready**, preparare; approntare; prepararsi □ **to m. room** [**place, way**] **for sb.**, far posto [far largo] a q. □ (*naut.*) **to m. sail**, far vela, salpare; (*anche*) aumentare la velatura □ (*comm.*) **to m. a sale**, fare una vendita □ **to m. sense**, avere un senso; capire, cavare un significato: **These words don't m. sense**, queste parole non hanno senso; **Can you m. sense of this article?**, ci capisci qualcosa in questo articolo? □ **to m. short work of the roast turkey**, fare fuori il tacchino arrosto in un baleno □ **to m. sure**, assicurarsi, fare in modo (*di fare, ottenere q.c.*) □ (*sport*) **to m. the team**, formare la squadra; (*anche*) farcela a entrare in squadra □ (*a bridge*) **to m. a trick**, fare una presa □ **to m. war upon** (*o* **on**), far guerra a □ **to m. one's way**, dirigersi, andare: **to m. one's way home**, prendere la strada di casa; **to m. one's way to the house**, dirigersi verso la casa; **to m. one's way up the stairs**, salire le scale □ **to m. one's way back**, prendere la via del ritorno □ **to m. one's way in the world**, farsi strada nel mondo; fare carriera □ **He makes a few dollars a day**, guadagna pochi dollari al giorno □ **I m. a total of forty dollars**, mi viene (*o* i miei calcoli danno) un totale di quaranta dollari □ **I will m. it worth your while**, farò in modo che ne valga la pena (per te); ti ricompenserò adeguatamente □ **This book makes pleasant reading**, questo libro è di piacevole lettura □ **This makes the third time you do it**, e tre!; (e con) questa è la terza volta che lo fai □ (*prov.*) **M. hay while the sun shines**, batti il ferro finché è caldo! □ (*prov.*) **One swallow does not m. a summer**, una rondine non fa primavera.

♦**make after,** *v. i. + prep.* (*quasi arc.*) inseguire, rincorrere (q. o q.c.): **I made after the pickpocket and caught him**, inseguii il borsaiolo e lo presi.

♦**make at,** *v. i. + prep.* ***1*** assalire, attaccare, lanciarsi contro (q.) ***2*** riuscire a fare, guadagnare con (*un lavoro, ecc.*): **How much do you m. at your job?**, quanto riesci a fare col (*o* ricavi dal) tuo lavoro? □ (*fam.*) **to m. a dead set at**, fare ogni sforzo per (*vincere, conquistare, ecc.*) □ (*fam.*) **to m. eyes at sb.**, fare gli occhi dolci (*o* l'occhio di triglia) a q. □ **to m. faces at sb.**, fare le boccacce a q. □ (*fam.*) **to m. a pass at sb.**, fare delle avances a q.

♦**make away,** *v. i. + avv.* andarsene in fretta; scappare; svignarsela.

♦**make away with,** *v. i. + avv. + prep.* ***1*** svignarsela, scappare con (*refurtiva, ecc.*) ***2*** fare fuori (*fam.*); sperperare, scialacquare (*un patrimonio, ecc.*); divorare, papparsi: **They're made away with the whole turkey**, hanno fatto fuori l'intero tacchino ***3*** uccidere; fare fuori (*fam.*) □ **to m. away with oneself**, suicidarsi.

♦**make down,** *v. t. + avv.* accorciare, scorciare (*un abito*).

♦**make for,** *v. i. + prep.* ***1*** dirigersi (*o* muoversi) velocemente verso (*un luogo*); (*naut.*) fare rotta per: **The battered cruiser was making for her base**, l'incrociatore malconcio faceva rotta a tutta forza verso la base ***2*** assalire; aggredire; attaccare; lanciarsi contro (q.) ***3*** portare a; consentire; rendere possibile (*o* agevole, ecc.): **The arms race makes for war**, la corsa agli armamenti porta alla guerra; **Double spacing makes for easier reading**, la doppia spaziatura rende più agevole la lettura; **I'm afraid this doesn't m. for international goodwill**, temo che ciò non favorisca la buona disposizione delle varie nazioni tra loro □ **to m. allowance for**, tener conto di: **to m. allowance for fluctuations in exchange**, tener conto delle fluttuazioni dei cambi esteri □ **to m. provision for**, provvedere a; (*anche*) tenere in debito conto.

♦**make into,** *v. t. + prep.* fare; far diventare; trasformare: **They made him into a singer**, riuscirono a farne un cantante; **to m. gold into jewellery**, trasformare l'oro in gioielli □ **to m. a house into flats**, ricavare appartamenti da una casa.

♦**make of,** *v. t. + prep.* ***1*** fare (q.c.) con: **to m. a hut of branches and straw** [**a house of stone**], fare una capanna con rami e paglia [una casa con le pietre] ***2*** fare (q.c.) di (q.): **We'll never be able to m. an actor of this young man**, non riusciremo mai a fare un attore di questo giovanotto ***3*** capire; intendere; comprendere: **Can you m. anything of this document?**, ci capisci qualcosa in questo documento?; **I don't know what to m. of his attitude**, non comprendo affatto il suo atteggiamento.

♦**make off** (**with**), *V.* **make away** (**with**).

♦**make on,** *v. t. + prep.* farci da; guadagnare in (o da): **to m. on a deal**, guadagnarci in un affare; **How much did you m. on your old car?**, quanto ci hai fatto dalla vecchia macchina?

♦**make out, A** *v. t. + avv.* ***1*** compilare; completare; riempire; fare: **to m. out one's tax return**, compilare la dichiarazione dei redditi; **to m. out a bill** [**an application form**], fare un conto [riempire un modulo di assunzione al lavoro]; **to m. out a receipt**, fare (*o* rilasciare) una ricevuta; **to m. out a cheque**, riempire (*o* staccare) un assegno ***2*** vedere chiaramente; scorgere: **I couldn't m. out who it was**, non riuscivo a vedere chi fosse; **I just made out a dim figure in the fog**, scorsi soltanto una figura indistinta nella nebbia ***3*** decifrare: **I cannot m. out his handwriting**, non riesco a decifrare la sua scrittura ***4*** capire (q.c. *o* q.): **I cannot m. out what he's trying to say**, non riesco a capire quello che cerca di dire; **He's a strange man; it's very difficult to m. him out**, è un uomo strano; è difficile capirlo ***5*** trovare una spiegazione per (q.c.): **How do you m. that out?**, e tu, come lo spieghi? ***6*** pretendere (*d'essere*); far passare (q.) per; far apparire: **she makes herself out to be younger than she is**, pretende d'essere più giovane che non sia; **I made him out to be a hypocrite**, lo feci passare per ipocrita ***7*** dichiarare; affermare: **He made out that he had been robbed**, affermava d'essere stato derubato. **B** *v. i. + avv.* ***1*** cavarsela; farcela: **How did you m. out when you were left alone?**, come te la sei cavata da solo?; **I'll try and m. out with my old computer until next year**, cercherò di farcela con il mio vecchio computer fino all'anno prossimo ***2*** passarsela, spassarsela (*con q.*): **How did you m. out with the tall blonde?**, come te la sei passata con la biondona? ***3*** (*fam. USA*) cavarsela; fare; riuscire: **We are sure he'll m. out all right**, siamo sicuri che farà benissimo ***4*** (*fam. USA*) farsela (*con q.*); fare l'amore; pomiciare (*fam.*) in modo spinto: **Have you been making out with my wife, you old bugger?**, te la sei fatta con mia moglie, brutto porco? □ **to m. a film out of a novel**, ricavare un film da un romanzo.

♦**make over, A** *v. t. + avv.* ***1*** (*anche leg.*) cedere; trasferire; passare: **He's going to m. over his business to his son**, intende cedere l'azienda al figlio ***2*** convertire; trasformare; rammodernare (*un abito*): **The attic has been made over into a loft**, la soffitta è stata trasformata in mansarda ***3*** (*specialm. USA*) mutare, cambiare (*il carattere, la natura di q., ecc.*). **B** *v. t. + prep.* (*USA*) coccolare; vezzeggiare.

♦**make towards,** *V.* **make for,** *def. 1.*

♦**make up, A** *v. t. + avv.* ***1*** recuperare (*il tempo perduto, ecc.*) ***2*** compensare, reintegrare (*perdite di denaro, di soldati, ecc.*): **to m. up a difference in price**, compensare una differenza di prezzo ***3*** pavimentare, asfaltare (*una strada, ecc.*) ***4*** fabbricare, inventare (storie, storielle, scuse, ecc.) ***5*** compilare; redigere: **to m. up a balance sheet**, redigere un bilancio ***6*** confezionare; fare: **to m. up a parcel**, confezionare un pacchetto ***7*** completare; integrare: **to m. up the party**, completare la comitiva; **I must m. up my income by giving private lessons**, devo integrare il mio reddito dando lezioni private ***8*** costituire; comporre; formare: **The train isn't made up yet**, il treno non è stato ancora formato; **The committee is made up of experienced teachers**, la commissione è composta da insegnanti esperti ***9*** (*tipogr.*) impaginare; mettere (*un testo*) in colonna ***10*** preparare; fare: **to m. up a bed in the sitting room**, preparare un letto nel soggiorno; **to m. up the beds**, fare i letti; **to m. up sb.'s room**, fare la camera a q.; **to m. up**

a packed meal, preparare una colazione al sacco *11* aggiungere combustibile (*al fuoco*); caricare di nuovo (*una stufa, ecc.*) *12* truccare; rifarsi: **to m. up an actress**, truccare un'attrice; **to m. up one's face**, rifarsi il trucco *13* comporre (*una lite*); fare la pace: **Why don't you m. it up with your girl?**, perché non fai la pace con la tua ragazza? *14* (*comm.*) evadere (*ordinativi di clienti*) *15* (*farm.*) preparare, spedire (*ricette*) *16* (*USA*) ripetere (*un esame*). **B** *v. i. + avv.* *1* truccarsi: **It took her half an hours to m. up**, ci mise mezz'ora a truccarsi *2* fare la pace: **Just kiss and m. up, will you?**, suvvia, datevi un bacio e fate la pace! *3* (*di una pezza di stoffa*) dare (*un certo numero di vestiti*): **This length will m. up into a jacket and two pairs of trousers**, da questa pezza ci vengono una giacca e due paia di calzoni □ **to m. up a four at tennis**, fare da quarto a tennis □ (*fig.*) **to m. up leeway**, recuperare il tempo perduto □ **to m. up one's mind**, decidersi; prendere una decisione.

♦**make up for**, *v. i. + avv. + prep.* *1* compensare, rimediare a: **This beautiful spring makes up for the severe cold of last winter**, questa bella primavera compensa il freddo intenso dello scorso inverno; **He has a lot of defects to m. up for**, ha molti difetti ai quali porre rimedio *2* recuperare: **We must m. up for lost time**, dobbiamo recuperare il tempo perduto.

♦**make up on**, *v. i. + avv. + prep.* recuperare (*o* riguadagnare) su (*un altro concorrente, ecc.*).

♦**make up to**, *v. i. + avv. + prep.* *1* (*fam.*) fare in modo che q. si rifaccia (*di q.c.*); rimediare a (q.c.): **We'll m. it up to you next time**, faremo in modo che tu ti rifaccia la prossima volta; **There's nothing Ann can do that will m. up to me for failing to keep her promise**, non c'è niente che Ann possa fare per rimediare al fatto di non aver mantenuto la promessa *2* ingraziarsi, lisciare, tenersi buono: **He's trying to m. up to his teacher**, cerca d'ingraziarsi l'insegnante.

♦**make with**, *v. t. + prep.* *1* fare (q.c.) con: **to m. a cake with flour, milk and eggs**, fare una torta con uova, farina e latte *2* (*pop. USA*) fare; dare; tirar fuori: **Let's m. with the music!**, facciamo un po' di musica!; **M. with drinks, man!**, dacci qualcosa da bere!; **M. with the cash!**, tira fuori i soldi! □ (*pop. USA*) **M. with the feet!**, datti una mossa!

make-believe /'meɪkbɪli:v/, **A** *n.* finzione; finta: **It's all m.**, è tutta una finzione. **B** *a. attr.* finto; simulato; irreale; dell'immaginazione. ● **a world of m.**, un mondo immaginario, irreale.

make-do /'meɪkdu:/, **A** *n.* (*pl.* **make-dos**) **B** *a. V.* **makeshift**.

makefast /'meɪkfɑ:st, *USA* -æst/, *n.* (*naut.*) ormeggio.

make-peace /'meɪkpi:s/, *n.* (*raro*) paciere; pacificatore.

maker /'meɪkə(r)/, *n.* *1* fattore; creatore; artefice *2* fabbricante (*specialm. nei composti*): **shoemaker**, fabbricante di scarpe; calzolaio *3* (*comm.*) emittente (*di un pagherò*) *4* (*bridge*) dichiarante *5* – (*relig.*) **the M.**, il Creatore; Dio. ● **m.-up**, impaccatore; (*tipogr.*) impaginatore; (*market.*) confezionista, fabbricante di capi d'abbigliamento □ (*fig.*) **to meet one's M.**, andare al Creatore; morire.

make-ready /'meɪkredɪ/, *n.* *1* (*mecc.*) messa a punto *2* (*grafica*) taccheggio.

makeshift /'meɪkʃɪft/, **A** *n.* espediente; ripiego; rimedio provvisorio. **B** *a. attr.* improvvisato; di fortuna; provvisorio; temporaneo: **a m. bed**, un letto di fortuna; **a m. table**, un tavolo di fortuna.

make-up /'meɪkʌp/, *n.* *1* composizione; costituzione; formazione: **the m. of a train**, la formazione d'un treno *2* belletto, cosmetici; maquillage, trucco; (*teatr.*) truccatura: **That girl uses too much m.**, quella ragazza usa troppo belletto (*o* si trucca troppo); **What a remarkable m.!**, che bella truccatura (*di un attore*)! *3* (*tipogr.*) impaginazione *4* (*fig.*) carattere; temperamento: **a man of a nervous m.**, un uomo di carattere nervoso *5* (*mecc.*) compensazione *6* (*Borsa*) compenso: **m. price**, prezzo di compenso; corso di riporto *7* (*fam. USA*) ripetizione di un esame. ● (*cinem., TV*) **m. artist**, truccatore, truccatrice; (*nei titoli*) trucco (di) (*segue il nome*) □ (*cinem., teatr.*) **m. man**, truccatore; (*tipogr.*) impaginatore.

make-weight /'meɪkweɪt/, *n.* *1* quantità aggiunta (*per fare il peso*): **This is by way of m.**, questo è per fare il peso *2* (*fig.*) riempitivo.

making /'meɪkɪŋ/, *n.* *1* fattura; composizione; creazione; fabbricazione; ecc. (*V.* **to make**) *2* (*con l'art. def.*) causa (*o* chiave) del successo, della maturazione (di q.): **That experience was the m. of him**, quell'esperienza fu la chiave del suo successo; **Working abroad will be the m. of him as a salesman**, lavorando all'estero maturerà come venditore *3* (*pl.*) guadagni; profitti; ricavi *4* (*pl.*) qualità necessarie; stoffa (*fig.*): **He has the makings of a pianist**, ha la stoffa del pianista *5* (*pl.*) (*fam. USA*) carta e tabacco (*per farsi le sigarette*). ● (*leg.*) **the m. of laws**, l'emanazione di leggi; la legiferazione □ (*Borsa*) **m.-up day**, giorno dei riporti □ (*Borsa*) **m.-up price**, corso di riporto □ (*agric.*) **hay-m.**, fienagione □ **to be in the m.**, essere in formazione, in fieri; essere in costruzione, in fabbricazione; essere a disposizione (di q.).

malabsorption /mæləb'sɔ:pʃn/, *n.* (*med.*) malassorbimento.

Malacca cane /mə'lækə'keɪn/, *n.* malacca; canna di Malacca; bastone da passeggio.

Malachi /'mæləkaɪ/, *n.* (*Bibbia*) Malachia.

malachite /'mæləkaɪt/, *n.* (*miner.*) malachite.

malacia /mə'leɪʃɪə/, *n.* (*med.*) malacia; rammollimento dei tessuti.

malacologist /mælə'kɒlədʒɪst/, *n.* (*scient.*) malacologo.

malacology /mælə'kɒlədʒɪ/, *n.* (*scient.*) malacologia.

maladapted /mælə'dæptɪd/, *a.* disadatto.

maladjusted /mælə'dʒʌstɪd/, **A** *a.* *1* (*psic.*) incapace d'adattarsi (*specialm. all'ambiente sociale*); disadattato *2* (*mecc.*) regolato male. **B** *n.* (*psic.*) disadattato.

maladjustment /mælə'dʒʌstmənt/, *n.* *1* (*psic.*) incapacità d'adattarsi (*all'ambiente sociale*); disadattamento *2* (*mecc.*) regolazione difettosa.

to **maladminister** /mæləd'mɪnɪstə(r)/, *v. t.* amministrare male.

maladministration /mælədmɪnɪ'streɪʃn/, *n.* cattiva amministrazione; (*specialm.*) malgoverno.

maladroit /mælə'drɔɪt/, *a.* malaccorto; maldestro. || **-ly**, *avv.* || **-ness**, *sost.*

malady /'mælədɪ/, *n.* (*spesso fig.*) malattia: **a fatal m.**, una malattia letale; **social maladies**, le malattie della società.

mala fide /'meɪlə'faɪdɪ/ (*lat*), **A** *avv.* in mala fede. **B** *a.* *1* che è in mala fede *2* fatto in mala fede.

Malagasy /mælə'gæsɪ/, *a.* e *n.* (*pl.* **Malagasy, Malagasies**) malgascio; (abitante, lingua) del Madagascar.

malaise /mæ'leɪz/, *n.* (*generalm. al sing. con l'art. indef.*) *1* malessere (*fisico*); senso di malessere *2* (*fig.*) male; malessere: **the social m.**, il malessere sociale.

malamute /'mæləmju:t/, *n.* (*zool.*) cane esquimese; «malamute».

malanders /'mæləndəz/, *n. pl.* (*col verbo al sing.*) (*vet.*) malandra.

malaprop /'mæləprɒp/, *n.* divertente storpiatura di una parola; papera (*fig.*).

malapropian /mælə'prəʊpɪən/, *a.* che sbaglia le parole difficili; che prende papere (*fam.*).

malapropism /'mæləprɒpɪzəm/, *n.* scambio di parole grossolano e ridicolo; il prendere papere (*fam.*); uso erroneo di parole difficili, di suono (*o* grafia) simile (*per es.,* **epitaph** *invece di* **epithet**, «epitaffio» per «epiteto»; *dal nome di Mrs Malaprop nella commedia «The Rivals» di Sheridan*).

malapropos /mælæprə'pəʊ, mæl'æprəpəʊ/, **A** *avv.* a sproposito; inopportunamente. **B** *a.* inopportuno. **C** *n.* cosa fatta (*o* detta) a sproposito.

malar /'meɪlə(r)/, **A** *a.* (*anat.*) malare; zigomatico; della guancia. **B** *n.* zigomo.

malaria /mə'leərɪə/, *n.* (*med.*) malaria.

malarial /mə'leərɪəl/, *a.* (*med.*) malarico: **a m. district**, una zona malarica. ● **m. patients**, i malarici.

malarian /mə'leərɪən/, **malarious** /mə'leərɪəs/, *V.* **malarial**.

malariotherapy /məleərɪə'θerəpɪ/, *n.* (*med.*) malarioterapia.

malassimilation /mæləsɪmə'leɪʃn/, *n.* (*med.*) assimilazione difettosa.

malate /'mæleɪt, 'meɪl-/, *n.* (*chim.*) malato.

Malay /mə'leɪ, *USA* -'leɪ, 'meɪ-/, *a.* e *n.* malese (*anche la lingua*).

Malaya /mə'leɪə, *USA* -'leɪə, 'meɪ-/, *n.* (*geogr.*) Malesia.

Malayan /mə'leɪən, *USA* -'leɪ, 'meɪ-/, *a.* e *n.* malese.

Malaysian /mə'leɪzɪən, -ʒən/, **A** *a.* malaysiano. **B** *n.* *1* malaysiano *2* lingua malaysiana.

malcontent /'mælkəntent/, *a.* e *n.* malcontento; scontento.

maldistribution /mældɪstrɪ'bju:ʃn/, *n.* cattiva distribuzione: (*econ.*) **a m. of wealth**, una cattiva distribuzione della ricchezza.

male /meɪl/, **A** *n.* maschio. **B** *a.* maschio; maschile; virile: (*biol.*) **m. gametes**, gameti maschili; (*bot.*) **m. fern** (*Dryopteris filix-mas*), felce maschio (*usata in medicina*); **a m. choir**, un coro maschile; (*mecc.*) **a m. screw**, una vite maschio; **in a m. voice**, con voce virile. ● **m. chauvinism**, maschilismo □ **m. chauvinist** (*fam. spreg.*: **m. chauvinist pig**), maschilista □ **m. nurse**, infermiere □ **an all-m. club**, un circolo per soli uomini □ **in the m. line**, in linea (genealogica) maschile.

malediction /mælɪ'dɪkʃn/, *n.* maledizione.

maledictory /mælɪ'dɪktərɪ, 'mælɪdɪktrɪ/, *a.* di maledizione.

malefaction /mælɪ'fækʃn/, *n.* misfatto; crimine.

malefactor /'mælɪfæktə(r)/, *n.* malfattore; criminale.

malefic /mə'lefɪk/, *a.* malefico; malvagio: **m. arts**, arti malefiche.

maleficence /mə'lɪfɪsns/, *n.* l'esser malefico; cattiveria; malvagità.

maleficent /mə'lefɪsnt/, *a.* malefico; malvagio. ● (*di una sostanza*) **m. to**, dannoso a.

maleic /mə'leɪɪk, -'li:ɪk/, *a.* (*chim.*) maleico: **m. acid**, acido maleico.

malemute /'mæləmju:t/, *V.* **malamute**.

malevolence /mə'levələns/, *n.* malevolenza; cattiveria; malignità.

malevolent /mə'levələnt/, *a.* malevolo; cattivo; maligno. || **-ly**, *avv.*

malfeasance /mæl'fi:zns/, *n.* (*leg.*) *1* condotta (*o* azione) disonesta, illecita *2* prevaricazione.

malfeasant /mæl'fi:znt/, (*leg.*) **A** *a.* disonesto. **B** *n.* *1* persona disonesta *2* prevaricatore, prevaricatrice.

malformation /mælfɔ:'meɪʃn/, *n.* malformazione; deformità.

malformed /mæl'fɔ:md/, *a.* malformato; deforme.

malfunction /mæl'fʌŋkʃn/, **malfunctioning** /mæl'fʌŋkʃənɪŋ/, *n.* cattivo funzionamento; malfunzionamento (*tecn.*).

malic /'mælɪk/, *a.* (*chim.*) malico: **m. acid**, acido malico.

malice /'mælɪs/, *n.* *1* malevolenza; malanimo; rancore; astio; malignità: **I bear you no m.**, non ho malanimo verso di te *2* (*leg.*) intenzione criminosa; dolo. ● (*leg.*) **m. aforethought** (*o* **prepense**), premeditazione.

malicious /mə'lɪʃəs/, *a.* *1* malevolo; maligno: **a m. person**, un malevolo; **a m. remark**, un'osservazione maligna *2* (*leg.*) doloso; intenzionale. || **-ly**, *avv.*

malign /mə'laɪn/, *a.* dannoso; pernicioso; maligno; malefico: **a m. disease**, una malattia perniciosa. || **-ly**, *avv.*

to **malign** /mə'laɪn/, *v. t.* malignare su; dir male di; calunniare; diffamare: **to m. a lady with gossip**, calunniare una signora facendo pettegolezzi sul suo conto.

malignance /mə'lɪgnəns/, **malignancy** /mə'lɪgnənsɪ/, *n.* **1** malignità; malevolenza; malvagità **2** (*di malattia*) perniciosità; carattere maligno **3** (*med.*) tumore maligno.

malignant /mə'lɪgnənt/, *a.* maligno; malevolo; malvagio; pernicioso: **a m. tumour**, un tumore maligno; **m. glances**, sguardi malevoli. || **-ly**, *avv.*

maligner /mə'laɪnə(r)/, *n.* diffamatore, diffamatrice.

malignity /mə'lɪgnətɪ/, *n.* **1** malignità; malvagità **2** (*med.*) carattere maligno; virulenza.

to **malinger** /mə'lɪŋgə(r)/, *v. i.* simulare una malattia; darsi malato; (*gergo mil.*) marcar visita.

malingerer /mə'lɪŋgərə(r)/, *n.* chi si dà malato; (*gergo mil.*) chi marca visita; lavativo (*pop.*).

mall /mæl, mɔːl/, *n.* **1** viale; passeggiata pubblica **2** (*stor.*) maglio; pallamaglio; campo di gioco per pallamaglio **3** (*USA*) isola pedonale ricca di negozi; centro commerciale **4** (*autom., USA*) aiuola spartitraffico. ● **the M.**, grande strada che separa il Green Park dal Parco di St. James (*a Londra*).

mallanders /'mæləndəz/, *V.* **malanders**.

mallard /'mælɑːd, *USA* -əd/, *n.* (*pl.* **mallard, mallards**) (*zool., Anas platyrhynchos*) germano reale; anatra selvatica.

malleability /mælɪə'bɪlətɪ/, *n.* (*anche fig.*) malleabilità.

malleable /'mælɪəbl/, *a.* (*anche fig.*) malleabile. || **-ness**, *sost.*

mallemuck /'mælɪmʌk/, *n.* (*zool.*) uccello marino (*albatros, fulmaro, procellaria, ecc.*).

malleolar /mə'liːələ(r)/, *a.* (*anat.*) malleolare.

malleolus /mə'liːələs/, *n.* (*pl.* **malleoli**) (*anat.*) malleolo.

mallet /'mælət/, *n.* **1** (*anche sport*) maglio; mazzuolo; mazza **2** (*pop. USA*) poliziotto.

malleus /'mælɪəs/ (*lat.*), *n.* (*pl.* **mallei**) (*anat.*) martello.

mallow /'mæləʊ/, *n.* (*bot., Malva sylvestris*) malva.

malm /mɑːm/, *n.* **1** (*geol.*) calcare biancastro e friabile **2** (*geol.*) marna calcarea **3** (*edil.*) (mattone fatto con un) impasto d'argilla e gesso. ● (*edil.*) **m.-stone**, selce.

malmsey /'mɑːmzɪ/, *n.* malvasia.

malnourished /mæl'nʌrɪʃt/, *a.* malnutrito, denutrito.

malnutrition /mælnjuː'trɪʃn, *USA* -nuː-/, *n.* malnutrizione; denutrizione.

malodorous /mæl'əʊdərəs/, *a.* **1** maleodorante; puzzolente **2** (*fig.*) sconveniente; disdicevole. || **-ness**, *sost.*

malonic /mə'ləʊnɪk, -'lɒn-/, *a.* (*chim.*) malonico: **m. acid**, acido malonico.

malposition /mælpə'zɪʃn/, *n.* (*med.*) postura scorretta.

malpractice /mæl'præktɪs/, *n.* **1** malcostume **2** (*leg.*) illecito civile **3** (*leg.*) disonestà, negligenza, imperizia (*nell'esercizio professionale*) **4** (*med.*) terapia sbagliata.

malt /mɔːlt/, *n.* malto: **extract of m.**, estratto di malto. ● **m.-house**, germinatoio di malto; malteria □ **m. liquor**, liquore ottenuto dal malto □ **m. whisky**, whisky di malto.

to **malt** /mɔːlt/, **A** *v. t.* trasformare (*orzo, ecc.*) in malto. **B** *v. i.* (*d'orzo, ecc.*) germinare; tallire.

Malta /'mɔːltə/, *n.* (*geogr.*) Malta. ● **M. fever**, febbre maltese.

maltase /'mɔːlteɪz, -s, -ɒl-/, *n.* (*biochim.*) maltasi.

malted milk /'mɔːltɪd'mɪlk/, *locuz. n.* latte in polvere con aggiunta di malto.

Maltese /mɔːl'tiːz/, *a.* e *n.* (*invar. al pl.*) maltese (*anche la lingua*): **a M. cat**, un gatto maltese; **the M.**, i Maltesi. ● **M. cross**, croce di Malta □ (*zool.*) **M. dog**, maltese (*cane*).

maltha /'mælθə/, *n.* sostanza bituminosa; catrame minerale.

Malthusian /mæl'θjuːzɪən, mɔːl-, mɒl-, -'θuː-, -ʒn/, *a.* e *n.* (*econ.*) maltusiano; di Malthus.

Malthusianism /mæl'θjuːzɪənɪzəm, mɔːl-, mɒl-, *USA* -'θuː-, -ʒən-/, *n.* (*econ.*) maltusianismo.

malting /'mɔːltɪŋ/, *n.* (*ind.*) maltaggio; maltazione. ● (*econ.*) **the m. industry**, l'industria del malto (*in G.B.*).

maltose /'mɔːltəʊs, -z/, *n.* (*chim.*) maltosio.

to **maltreat** /mæl'triːt/, *v. t.* maltrattare; bistrattare.

maltreatment /mæl'triːtmənt/, *n.* maltrattamento; bistrattamento.

maltster /'mɔːltstə(r)/, *n.* **1** maltatore **2** fabbricante di malto.

malvaceous /mæl'veɪʃəs/, *a.* (*bot.*) malvaceo.

malversation /mælvɜː'seɪʃn/, *n.* (*leg.*) malversazione; peculato.

mama /mə'mɑː, 'mæmə, *USA* 'mɑːmə, mə'mɑː/, *n.* (*quasi arc.*) mammà (*region.*); mamma.

mamba /'mæmbə, -ɑː, *USA* 'mɑː-/, *n.* (*zool., Dendraspis*) mamba; dendraspide.

mambo /'mɑːmbəʊ, *USA* 'mɑː-/, *n.* (*pl.* **mambos**) (*mus.*) mambo.

mamelon /'mæməlɒn/, *n.* **1** (*geogr.*) mammellone **2** (*biol.*) mammellone.

Mameluke /'mæməluːk/, *n.* **1** (*stor.*) mammalucco **2** – **m.**, schiavo (*nei paesi musulmani*).

mamilla /mæ'mɪlə/, *n.* (*pl.* **mamillae**) (*anat.*) capezzolo.

mamillary /'mæmɪlrɪ, *USA* -lerɪ, mæ'mɪlərɪ/, *a.* (*anat.*) mamillare, mammillare.

mamillated /'mæmɪleɪtɪd/, *a.* **1** mammellonato **2** (*anat.*) fornito di capezzoli (*o* di mammelle).

mamilliform /mə'mɪlɪfɔːm/, *a.* (*scient.*) mammelliforme.

mamma (1) /'mɑːmə, mə'mɑː/, *n.* mamma; mammina.

mamma (2) /'mæmə/, *n.* (*pl.* **mammae**) (*anat.*) mammella.

mammal /'mæml/, *n.* (*zool.*) mammifero. ● (*fam.*) **m. baby**, piccolo di mammifero.

mammalian /mə'meɪlɪən/, *a.* e *n.* (*zool.*) mammifero.

mammalogist /mə'mælədʒɪst/, *n.* mammalogo.

mammalogy /mə'mælədʒɪ/, *n.* mammalogia.

mammary /'mæmərɪ/, *a.* (*anat.*) mammario: **m. gland**, ghiandola mammaria.

mammee /mæ'miː/, *n.* (*bot., Mammea americana*) albicocco di San Domingo.

mammiferous /mə'mɪfərəs/, *a.* (*zool.*) mammifero.

mammilla /mæ'mɪlə/, e *deriv. V.* **mamilla**, e *deriv.*

mammogram /'mæməgræm/, **mammograph** /'mæməgrɑːf, *USA* -æf/, *n.* (*med.*) mammografia (*la lastra impressionata*); mammogramma.

mammographic /mæmə'græfɪk/, *a.* (*med.*) mammografico.

mammography /mæ'mɒgrəfɪ/, *n.* (*med.*) mammografia (*il procedimento*).

mammon /'mæmən/, *n.* **1** (*Bibbia*) mammona **2** – (*mitol.*) **M.**, Mammone.

mammonism /'mæmənɪzəm/, *n.* avidità di ricchezze; culto del denaro; mammonismo.

mammonist /'mæmənɪst/, **mammonite** /'mæmənaɪt/, *n.* chi serve mammona; persona avida, schiava del denaro.

mammoth /'mæməθ/, **A** *n.* (*paleont.*) mammut. **B** *a. attr.* enorme; gigantesco; mastodontico: **a m. enterprise**, un'impresa gigantesca.

mammy /'mæmɪ/, *n.* **1** (*specialm. USA*) mammina **2** (*un tempo, in U.S.A.*) bambinaia negra.

man /mæn/, **A** *n.* (*pl.* **men**) **1** uomo: **God appeared as man**, Dio si fece uomo; **the rights of man**, i diritti dell'uomo; **a man of letters**, un uomo di lettere; un letterato **2** dipendente; lavorante; operaio; domestico; servitore: **masters and men**, padroni e operai **3** militare di truppa; soldato; marinaio: **officers and men**, ufficiali e soldati; **Every man must do his duty**, ogni soldato (*o* marinaio, ecc.) deve fare il suo dovere **4** marito: **to live as man and wife**, vivere come marito e moglie **5** (*a scacchi*) pezzo **6** (*a dama*) pedina **7** (*sport*) giocatore: **twelfth man**, (giocatore di) riserva **8** (*al vocat.*) caro mio; caro Lei; ehi, tu: **Nonsense, man!**, sciocchezze caro mio!; **Hurry, up, man!**, ehi, tu, fa' presto (*o* sveglia)! **B** *inter.* (*fam.*) ohibò!; perbacco!; benissimo! ● **a man about town**, un uomo di mondo □ **man and boy**, fin da ragazzo: **He has lived with us, man and boy, for twenty years**, sono vent'anni che vive con noi, fin da quando era ragazzo □ (*stor.*) **men-at-arms**, uomini d'arme; soldati □ (*autom.*) **men at work** (*USA*: **men working**), lavori in corso (*cartello*) □ (*ind. min.*) **man cage**, gabbia per i minatori □ (*econ.*) **man-day**, giornata di manodopera; giornata lavorativa; giornata di lavoro d'un operaio □ **man-eater**, antropofago, cannibale; tigre (*o* pescecane, ecc.) che divora uomini □ (*pallacanestro*) **man-for-man defence**, difesa a uomo □ **man Friday**, impiegato tuttofare; uomo di fiducia; factotum □ (*econ.*) **man-hour**, ora di manodopera; ora lavorativa; ora di lavoro d'un operaio □ **the man in** (*USA*: **on**) **the street**, l'uomo della strada; l'uomo qualunque □ **man-made**, fatto (*o* creato) dall'uomo; (*di fibra, tessuto*) sintetico, artificiale □ **one's man of business**, il proprio agente d'affari; il proprio procuratore □ **man of property**, possidente □ (*fig.*) **man of straw**, uomo di paglia; prestanome □ (*ecol.*) **the Men of the Trees**, gli Amici degli Alberi □ (*naut.*) **man-of-war**, nave da guerra □ **to be a man of one's word**, essere un uomo di parola □ **a man of the world**, un uomo di mondo □ (*naut.*) **man overboard!**, uomo in mare! □ (*sport, USA*) **man-on-man**, uomo a uomo: **man-on-man defense**, difesa uomo a uomo □ **man-size(d)**, adatto a un uomo adulto; da uomo; (*fam.*) grande, grosso; (*di porzione di cibo*) abbondante □ **a man-to-man talk**, un discorso da uomo a uomo □ **any man**, chiunque: **Any man could do that**, chiunque sarebbe capace di farlo □ **as a** (*o* **one**) **man**, come un sol uomo; all'unanimità □ **between man and man**, da uomo a uomo □ (*inter.*) **good man!**, bravo! □ **little man**, ometto; omino, omettino (*anche, scherz., a un bambino*) □ **no man**, nessuno □ **Old man!**, vecchio mio! □ **the outer man**, l'«io» materiale, il corpo; (*scherz.*) l'aspetto fisico, esteriore □ **to be one's own man**, essere padrone di sé; poter fare quel che si vuole (*o* a modo proprio) □ **to be sb.'s man**, fare al caso di q.: **He's your man**, è l'uomo che fa per te □ **to a man** (*o* **to the last man**), unanimemente; tutti quanti; nessuno escluso □ **What can a man do in such a case?**, che cosa si può fare in un caso simile? □ **I'm your man!**, d'accordo!; accetto!; ci sto!

to **man** /mæn/, **A** *v. t.* **1** (*mil.*) fornire d'uomini; equipaggiare; armare: **to man a ship**, armare una nave **2** far funzionare; azionare: **The Fire Brigade manned the fire-plugs**, i pompieri azionarono le bocche da incendio **3** (*specialm. mil.*) prendere posto a: **Man the guns!**, prendete posto ai cannoni! **B** to **man oneself**, *v. rifl.* (*arc.*) farsi forza; farsi animo: **He manned himself for the ordeal**, si fece forza per la grave prova. ● (*mil.*) **to man a fort**, mettere una guarnigione in un forte □ **to man a post**, coprire un posto □ **to man a town**, presidiare una città.

to **manacle** /'mænəkl/, *v. t.* **1** ammanettare; mettere le manette a (q.) **2** (*fig.*) frenare; ostacolare; intralciare.

manacles /'mænəklz/, *n. pl.* **1** (*anche fig.*)

manette *2* (*fig.*) restrizione; freno; ostacolo; intoppo.

to **manage** /ˈmænɪdʒ/, **A** *v. t.* *1* maneggiare; manovrare; condurre; guidare: **to m. an oar**, maneggiare un remo; **to m. a sailing boat**, manovrare una barca a vela *2* amministrare; avere la direzione di; dirigere; governare; reggere; gestire: **to m. a firm**, amministrare un'azienda; **to m. a household**, avere la direzione d'una casa; **to m. the State**, governare (*o* reggere) lo Stato; **to m. a restaurant**, gestire un ristorante *3* tener sottomesso (*o* a freno); domare; trattare, prendere: **to m. a naughty child**, tener a freno un bambino discolo; **to m. one's husband**, tener sottomesso il marito; **to m. a horse**, domare un cavallo; **I know how to m. her when she is angry**, so come prenderla quando è arrabbiata *4* (*preceduto da* **can, could, be able**) mettere a posto, sistemare; (*fam.*) mangiare: **Can you m. it?**, puoi sistemare la faccenda; puoi farcela?; **Can you m. another ice cream?**, ce la fai (*o* ci stai) a mangiare un altro gelato? **B** *v. i.* riuscire; farcela (*fam.*): **We managed to cross the river**, riuscimmo ad attraversare il fiume; **I've managed to make a mess of it**, sono riuscito a fare un grosso pasticcio; **I don't know how we'll m.**, non so come potremo farcela. ● **to m. on**, farcela con (*poco denaro, ecc.*) □ **to m. with**, arrangiarsi con: **I'll try to m. with the little I have**, cercherò d'arrangiarmi con quel (*o* con il poco) che ho □ **to m. without st.**, fare a meno di q.c.; far senza q.c. □ **We managed fairly well**, ce la cavammo piuttosto bene □ **She couldn't m. a smile**, ella non riuscì a sorridere.

manageability /mænɪdʒəˈbɪlətɪ/, *n.* *1* maneggevolezza; arrendevolezza; docilità; trattabilità *2* l'esser fattibile.

manageable /ˈmænɪdʒəbl/, *a.* *1* maneggevole; arrendevole; docile; trattabile *2* che si può fare; fattibile. || **-bly**, *avv.* || **ness**, *sost.*

managed /ˈmænɪdʒd/, *a.* *1* amministrato; diretto; gestito *2* (*econ.*) manovrato; governato: (*fin.*) **m. curvency**, moneta manovrata; valuta controllata; **a m. economy**, un'economia governata; (*fin.*) **m. float**, fluttuazione manovrata (*o* controllata).

management /ˈmænɪdʒmənt/, *n.* *1* amministrazione; conduzione; direzione (*di un'azienda*); controllo; gestione; management: **bad m.**, cattiva amministrazione; **new m.**, nuova gestione *2* (*collett.*) direzione; dirigenti *3* governo, cura (*specialm. di cavalli*) *4* (*spreg.*) maneggio; manovra; manipolazione; intrigo. ● (*rag.*) **m. accountancy**, contabilità gestionale (*o* analitica) □ (*Borsa, fin.*) **m. buyout**, acquisto dell'intero pacchetto azionario (*di una società*) da parte del suo gruppo direzionale □ (*fin.*) **m. company**, società di gestione □ **m. consultant**, consulente di organizzazione aziendale □ **m. control**, controllo manageriale □ **m. functions**, funzioni manageriali (*o* direttive); mansioni dirigenziali □ (*ind.*) **m. game**, gestione simulata □ **m. sciences**, discipline aziendali □ **m. techniques**, tecniche di direzione aziendale □ **farm under personal m.**, podere a conduzione diretta.

manager /ˈmænɪdʒə(r)/, *n.* *1* amministratore; direttore (*d'azienda*); dirigente; gestore; gerente; manager: **bank m.**, direttore di banca; **restaurant m.**, direttore di ristorante; **product m.**, product manager *2* (*teatr.*) impresario *3* (*sport*) direttore tecnico; mister (*fam.*) *4* (*leg.*) curatore fallimentare *5* (*fig.*) massaio, massaia: **She's a very good m.**, è un'ottima massaia (*sa economizzare, ecc.*) *6* manager (*chi cura gli interessi di un attore, un atleta, ecc.*). ● **assistant m.**, vicedirettore □ **general m.**, direttore generale □ **joint m.**, condirettore □ **sales m.**, direttore commerciale □ **staff m.**, capo del personale □ **stage m.**, direttore di scena.

manageress /mænɪdʒəˈrɛs, *USA* ˈmænɪdʒrɪs/, *n.* amministratrice; direttrice (*d'azienda*); dirigente; gerente; gestrice (*specialm. d'albergo o ristorante*); manager donna.

managerial /mænɪˈdʒɪərɪəl/, *a.* di direttore (*d'azienda*); della direzione (*d'affari*); direttivo; dirigenziale; gestionale; manageriale: **m. responsibility**, responsabilità di direttore, della direzione; **m. ability**, capacità direttiva; managerialità; **m. innovations**, innovazioni gestionali; (*econ.*) **the m. revolution**, la rivoluzione manageriale. ● **the m. class**, la classe dei manager.

managerialism /mænɪˈdʒɪərɪəlɪzəm/, *n.* (*econ.*) managerialismo.

managerialist /mænɪˈdʒɪərɪəlɪst/, *n.* (*econ.*) managerialista.

managership /ˈmænɪdʒəʃɪp/, *n.* direzione (*d'azienda*); autorità (*o* posizione, doveri) di direttore.

managing /ˈmænɪdʒɪŋ/, *a.* *1* che amministra; dirigente; direttivo; gerente: **m. committee**, comitato direttivo *2* autoritario. ● **m. agent**, gestore □ (*fin.*) **m. director**, amministratore (*o* consigliere) delegato □ **m. editor**, direttore editoriale (*o* amministrativo) (*di un giornale o una rivista*) □ (*fin.*) **m. partner**, socio gerente.

manakin /ˈmænəkɪn/, *n.* *1* (*zool.*, *Pipra*) pipra *2* *V.* **manikin**.

manatee /mænəˈtiː/, *n.* (*zool.*, *Trichechus manatus*) lamantino; manato.

manchineel /mæntʃɪˈniːl/, *n.* (*bot.*, *Hippomane mancinella*) mancinella.

Manchu /mænˈtʃuː/, **A** *n.* (*pl.* **Manchu, Manchus**) (*etnografia*) manciù (*anche la lingua*); abitante della Manciuria sud-orientale. **B** *a.* manciù.

Manchuria /mænˈtʃʊərɪə/, *n.* (*geogr.*) Manciuria.

Manchurian /mænˈtʃʊərɪən/, **A** *n.* mancese; abitante (*o* nativo) della Manciuria. **B** *a.* manciuriano; mancese.

manciple /ˈmænsɪpl/, *n.* economo (*di collegio, convento e sim.*).

Mancunian /mæŋˈkjuːnɪən/, *a.* e *n.* (abitante *o* nativo) di Manchester.

mandamus /mænˈdeɪməs/, *n.* (*leg.*) ordinanza (*del giudice a un pubblico ufficiale*); ingiunzione (*dell'Alta Corte a un organo pubblico*).

mandant /ˈmændənt/, *n.* (*leg.*) mandante.

mandarin (1) /ˈmændərɪn/, *n.* *1* (*stor.*) mandarino (*dignitario cinese*) *2* – **M.**, lingua mandarina, il mandarino (*lingua cinese letteraria*) *3* (*fig.*) funzionario pignolo; burocrate. ● (*zool.*) **m. duck** (*Aix galericulata*), anatra mandarina.

mandarin(e) (2) /ˈmændərɪn/, *n.* (*bot.*, *Citrus nobilis*; = **m. orange**) mandarino.

mandatary /ˈmændətrɪ, *USA* -terɪ/, *n.* *1* (*leg.*) mandatario *2* (*stor., polit.*) potenza mandataria.

mandate /ˈmændeɪt/, *n.* *1* (*leg., stor., polit.*) mandato *2* territorio sotto mandato *3* comando; ingiunzione; ordine.

to **mandate** /ˈmændeɪt/, *v. t.* (*stor., polit.*) affidare (*una colonia, un territorio*) al mandato di (*un'altra nazione*); porre sotto mandato. ● **mandated territory**, territorio sotto mandato.

mandator /mænˈdeɪtə(r)/, *n.* (*leg.*) mandante.

mandatory /ˈmændətrɪ, -deɪ-, mænˈdeɪ-, *USA* ˈmændətɔːrɪ/, **A** *a.* *1* di (*o* che ha la natura di) un mandato; obbligatorio; vincolante; (*leg.*) imperativo: **m. provision**, norma imperativa *2* (*stor., polit.*) mandatario. **B** *n.* (*leg.*, = **mandatary**) mandatario. ● **m. advice**, parere vincolante □ (*fin.*) **m. redemption**, rimborso obbligatorio.

mandible /ˈmændɪbl/, *n.* (*anat.*) mandibola.

mandibular /mænˈdɪbjʊlə(r)/, *a.* (*anat.*) mandibolare.

mandibulate /mænˈdɪbjʊlət/, *a.* (*anat.*) fornito di mandibola.

mandola /mænˈdəʊlə/, *n.* (*mus., stor.*) mandola.

mandolin, mandoline /mændəˈlɪn, ˈmæ-/, *n.* (*mus.*) mandolino. ● **bass m.**, mandolone.

mandolinist /mændəˈlɪnɪst/, *n.* (*mus.*) mandolinista.

mandragora /mænˈdrægərə/, *V.* **mandrake**.

mandrake /ˈmændreɪk/, *n.* (*bot.*, *Mandragora officinarum*) mandragora.

mandrel /ˈmændrəl/, **mandril** /ˈmændrɪl, -əl/, *n.* *1* (*tecn.*) mandrino *2* (*metall.*) mandrino; spina *3* (*dial.*) piccone da minatore. ● (*tecn.*) **m. press**, pressa a calcatoio.

mandrill /ˈmændrɪl, -əl/, *n.* (*zool.*, *Mandrillus sphinx*) mandrillo.

manducation /mændjʊˈkeɪʃn, *USA* -dʒʊ-/, *n.* masticazione; manducazione (*arc.*).

manducatory /ˈmændjʊkeɪtərɪ, *USA* -dʒʊkətɔː-/, *a.* masticatorio.

mane /meɪn/, *n.* *1* criniera; (*del leone e del cavallo, anche*) giubba *2* (*fig.*) capigliatura folta; zazzera.

maned /meɪnd/, *a.* (*nei composti, per es.*:) **long-m.**, dalla lunga criniera.

manège /mæˈneɪʒ, -ɛʒ/, *n.* *1* maneggio; scuola d'equitazione *2* equitazione.

Manes /ˈmɑːneɪz, -s, ˈmeɪniːz/, *n. pl.* (*relig., stor. romana*) Mani.

maneuver /məˈnuːvə(r)/, e *deriv.* (*USA*) *V.* **manoeuvre**, e *deriv.*

manful /ˈmænfl/, *a.* virile; ardito; coraggioso; risoluto. || **-ly**, *avv.* || **-ness**, *sost.*

manganate /ˈmæŋgəneɪt/, *n.* (*chim.*) manganato.

manganese /ˈmæŋgəniːz/, *n.* (*chim.*) manganese. ● **m. steel**, acciaio al manganese; acciaio austenitico Hadfield.

manganic /mæŋˈgænɪk/, *a.* (*chim.*) manganico.

manganin(e) /ˈmæŋgənɪn/, *n.* (*metall.*) manganina.

manganite /ˈmæŋgənaɪt/, *n.* (*miner.*) manganite.

manganous /ˈmæŋgənəs/, *a.* (*chim.*) manganoso.

mange /meɪndʒ/, *n.* *1* (*vet.*) rogna *2* (*med.*) scabbia.

mangel(-)wurzel /ˈmæŋglwɜːzl/ (*ted.*), *n.* (*bot.*) barbabietola da foraggio.

manger /ˈmeɪndʒə(r)/, *n.* *1* mangiatoia; greppia *2* (*relig.*) presepe; presepio. ● (*fig.*) **to be a dog in the m.**, *V. sotto* **dog**.

mangetout /mɒnʒˈtuː, mɑː-, -ndʒ-/ (*franc.*), *n.* (pisello) mangiatutto; taccola (*region.*).

manginess /ˈmeɪndʒɪnəs/, *n.* *1* (*vet., med.*) l'esser rognoso (*o* scabbioso) *2* sciatteria; sporcizia; sordidezza; squallore.

mangle /ˈmæŋgl/, *n.* mangano (*grossa macchina per stirare*).

to **mangle** (1) /ˈmæŋgl/, *v. t.* manganare; passare (*panni*) al mangano.

to **mangle** (2) /ˈmæŋgl/, *v. t.* far scempio di (*anche fig.*); lacerare; maciullare; mutilare; straziare; (*fig.*) maltrattare, sciupare: **The bodies were mangled beyond recognition**, i corpi erano straziati da non potersi riconoscere; **The organist mangled the concerto**, l'organista fece scempio del concerto; **to m. a language**, fare scempio di una lingua; **The text was mangled**, il testo era sciupato (*o* mutilo).

mangler (1) /ˈmæŋglə(r), -gəl-/, *n.* manganatore.

mangler (2) /ˈmæŋglə(r), -gəl-/, *n.* laceratore; mutilatore; chi fa scempio (*di q.c.*).

mangling (1) /ˈmæŋglɪŋ, -gəl-/, *n.* manganatura.

mangling (2) /ˈmæŋglɪŋ, -gəl-/, *n.* lacerazione; maciullamento; scempio; strazio.

mango /ˈmæŋgəʊ/, *n.* (*pl.* **mangoes, mangos**) (*bot.*, *Mangifera indica*) mango. ● **m. chutney**, mango (acerbo) sott'aceto (*o* in salamoia).

mangold(-wurzel) /ˈmæŋgəʊld(ˈwɜːzl)/, *V.* **mangel(-)wurzel**.

mangonel /ˈmæŋgənl/, *n.* (*stor., mil.*) mangano.

mangosteen /ˈmæŋgəstiːn/, *n.* (*bot.*, *Garcinia mangostana*) mangostano.

mangrove /ˈmæŋgrəʊv/, *n.* (*bot.*, *Rhizophora mangle*) mangrovia.

mangy /ˈmeɪndʒɪ/, *a.* ***1*** (*vet.*) rognoso: **a m. dog**, un cane rognoso ***2*** (*med.*) scabbioso ***3*** sciatto; sporco; sordido; squallido ***4*** scarso; striminzito.

to **manhandle** /ˈmænhændl/, *v. t.* ***1*** azionare (*o* manovrare) a mano ***2*** (*fam.*) maltrattare; bistrattare.

Manhattan /mænˈhætn/, *n.* ***1*** (*geogr.*) Manhattan (*isola su cui sorge parte di New York*) ***2*** – **m.**, cocktail di vermut e whisky, con un po' d'amaro. • (*mus.*) **M. transfer**, Manhattan transfer (*quella del «brotherly love», 1978*).

manhole /ˈmænhəʊl/, *n.* ***1*** botola (*o* pozzetto) stradale ***2*** passo d'uomo (*in una caldaia, un serbatoio, ecc.*) ***3*** (*naut.*) boccaportello. • **m. cover**, chiusino, tombino (*stradale*); portello (*di caldaia, ecc.*).

manhood /ˈmænhʊd/, *n.* ***1*** virilità; età virile: **to reach m.**, raggiungere l'età virile ***2*** coraggio; risolutezza ***3*** potenza virile; virilità ***4*** (*collett.*) (gli) uomini (*di un paese*): **the m. of England**, (tutti) gli uomini d'Inghilterra.

manhunt /ˈmænhʌnt/, *n.* caccia all'uomo; caccia a un bandito (a un evaso, ecc.).

mania /ˈmeɪnɪə/, *n.* ***1*** (*psic.*) mania ***2*** (*fig.*) mania; smania; fissazione: **to have a m. for dancing**, avere la mania del ballo.

maniac /ˈmeɪnɪæk/, *a.* e *n.* (*psic.* e *fig.*) maniaco; folle.

maniacal /məˈnaɪəkl/, *a.* (*psic.*) maniaco; maniacale: **m. crisis**, crisi maniacale; **m. fury**, furore maniaco. || **-ly**, *avv.*

manic /ˈmænɪk/, *a.* (*psic.*) maniaco. • **m.-depressive**, maniaco-depressivo.

Manich(a)ean /mænɪˈkiːən/, *a.* e *n.* (*stor., relig.*) manicheo.

Manich(a)eism /mænɪˈkiːɪzəm/, *n.* (*stor., relig.*) manicheismo.

Manichee /mænɪˈkiː/, *n.* (*stor., relig.*) manicheo.

manicure /ˈmænɪkjʊə(r)/, *n.* manicure (*il trattamento*): **to have a m.**, farsi fare il manicure.

to **manicure** /ˈmænɪkjʊə(r)/, *v. t.* curare (*le mani, le unghie*).

manicurist /ˈmænɪkjʊərɪst/, *n.* manicure (*la persona che cura le mani e le unghie*); manicurista (*raro*).

manifest (1) /ˈmænɪfest/, *n.* ***1*** (*naut., aeron.*) manifesto (*di carico*); nota di carico ***2*** (*ferr., USA*) treno merci rapido (*per bestiame, merce deperibile, ecc.*).

manifest (2) /ˈmænɪfest/, *a.* manifesto; evidente; ovvio; palese. || **-ly**, *avv.*

to **manifest** /ˈmænɪfest/, **A** *v. t.* ***1*** manifestare; dichiarare; mostrare; palesare; rivelare: **He didn't m. much desire to go abroad**, non manifestò un gran desiderio di andare all'estero ***2*** (*naut.*) registrare (q.c.) sul manifesto di carico. **B** to **manifest oneself**, *v. rifl.* (*di un fantasma, ecc.*) manifestarsi; apparire.

manifestable /mænɪˈfestəbl/, *a.* manifestabile.

manifestant /mænɪˈfestənt/, *n.* (*polit.*) manifestante; dimostrante.

manifestation /mænɪfeˈsteɪʃn/, *n.* ***1*** (*anche polit.*) manifestazione; dimostrazione ***2*** apparizione (*di uno spettro*).

manifestative /mænɪˈfestətɪv/, *a.* dimostrativo.

manifesto /mænɪˈfestəʊ/, *n.* (*pl.* **manifestos, manifestoes**) manifesto (*politico, ideologico, ecc.*); documento programmatico.

manifold /ˈmænɪfəʊld/, **A** *a.* molteplice; numeroso; multiforme; diverso; vario: **m. duties**, molteplici doveri; **m. vexations**, diverse vessazioni. **B** *n.* ***1*** (*mecc., ecc.*; = **m. pipe**) collettore: **exhaust m.**, collettore di scarico ***2*** copia poligrafica ***3*** carta per copie multiple. • (*autom., mecc.*) **m. pressure**, pressione d'alimentazione. || **-ly**, *avv.* || **-ness**, *sost.*

to **manifold** /ˈmænɪfəʊld/, *v. t.* ***1*** moltiplicare; rendere molteplice ***2*** (*specialm.*) poligrafare; duplicare; fare copie di (*una lettera, ecc.*) col poligrafo.

manikin /ˈmænɪkɪn/, *n.* ***1*** omino; ometto; omuncolo; nano ***2*** (*arte, ecc.*) manichino ***3*** (*med.*) manichino; modello anatomico (*del corpo umano*).

manilla /məˈnɪlə/, *n.* braccialetto metallico.

Manil(l)a /məˈnɪlə/, *n.* ***1*** (*geogr.*) Manila ***2*** (= **M. hemp**) manila; canapa di Manila; abaca ***3*** (= **M. cigar**) manila (*sigaro*) ***4*** (= **M. paper**) carta da pacchi; carta Manila.

manioc /ˈmænɪɒk/, *n.* (*bot., Manihot utilissima*) manioca; cassava.

maniple /ˈmænɪpl/, *n.* (*stor., relig.*) manipolo.

to **manipulate** /məˈnɪpjʊleɪt/, *v. t.* ***1*** maneggiare; manipolare; azionare: **to m. the controls of an airplane**, azionare i comandi d'un aereo ***2*** (*fig.*) manipolare; manovrare (*fig.*); abbindolare; raggirare: (*polit.*) **to m. one's constituents**, manovrare (*o* abbindolare) i propri elettori; **to m. figures [accounts]**, manipolare le cifre [i conti]; (*fin.*) **to m. the Bank rate**, manovrare il tasso di sconto.

manipulation /mənɪpjʊˈleɪʃn/, *n.* ***1*** manipolazione; il maneggiare; manovra (*fig.*); azionamento ***2*** manipolazione; abbindolamento; raggiro ***3*** (*fisioterapia*) manipolazione. • (*Borsa*) **m. of the market**, aggiotaggio.

manipulative /məˈnɪpjʊlətɪv, *USA* -leɪtɪv/, *a.* ***1*** di manipolazione, ecc. (*V.* **manipulation**) ***2*** che serve per manipolare; di manovra (*fig.*).

manipulator /məˈnɪpjʊleɪtə(r)/, *n.* ***1*** manipolatore (*specialm. strumento*) ***2*** abbindolatore. • (*Borsa*) **m. of the market**, aggiotatore.

manipulatory /məˈnɪpjʊlətrɪ, *USA* -ətɔːrɪ/, *V.* **manipulative**.

manito /ˈmænɪtəʊ/, *n.* (*pl.* **manitos**) *V.* **manitou**.

manitou, manitu /ˈmænɪtuː/, *n.* manitù; essere sovrannaturale (*degli Indiani d'America*).

mankind, (*def. 1* /mænˈkaɪnd/, *def. 2* /ˈmænkaɪnd/), *n.* ***1*** il genere umano; l'umanità ***2*** il sesso maschile; gli uomini.

manlike /ˈmænlaɪk/, *a.* ***1*** virile; maschile; da uomo ***2*** antropomorfo. • **a m. woman**, una donna con caratteri mascolini; una donna poco femminile.

manly /ˈmænlɪ/, *a.* ***1*** virile; coraggioso; forte; risoluto ***2*** maschile; di (*o* da) uomo: **m. sports**, sports da uomini. • **a m. woman**, una donna d'animo virile. || **-iness**, *sost.*

manna /ˈmænə/, *n.* (*Bibbia*) manna (*anche fig.* e *farm.*). • (*bot.*) **m. ash** (*Fraxinus ornus*), orniello □ (*chim.*) **m. sugar**, mannite.

manned /mænd/, *a.* fornito d'uomini; con equipaggio (a bordo). • (*miss.*) **a m. module**, un modulo con equipaggio umano □ (*telef.*) **m. services**, servizi con risposta di un centralinista (*non automatizzati*).

mannequin /ˈmænɪkɪn/, *n.* ***1*** indossatrice; modella ***2*** manichino.

manner /ˈmænə(r)/, *n.* ***1*** maniera; maniere; modo di fare; educazione; bella maniera; maniere gentili; contegno; comportamento; condotta: **You've done it in a haphazard m.**, l'hai fatto in modo approssimativo; **after the m. of**, alla maniera di; (*gramm.*) **adverb of m.**, avverbio di modo; **I simply hate his manners**, detesto il suo modo di fare; **I like Jane's modest m.**, mi piace il contegno modesto di Jane; **bad manners**, cattiva educazione; maniere inurbane; **good manners**, buone maniere; maniere gentili; buona educazione; **a picture in the m. of Rubens**, un quadro alla maniera di Rubens ***2*** (*pl.*) consuetudini; usanze; costume: **the manners of the time**, le usanze del tempo; **a comedy of manners**, una commedia di costume ***3*** (*arc.*) specie; sorta; genere: **What m. of woman is she?**, che sorta di donna è?; **all m. of things**, ogni sorta di cose; oggetti d'ogni specie ***4*** (*arte, letter.*) maniera; stile: **That painter has a m. of his own**, quel pittore ha uno stile inconfondibile. • **by no m. of means**, per nessuna ragione; in nessun modo □ **to carry oneself in the grand m.**, comportarsi da gentiluomo all'antica □ **in a m.**, in un certo modo; fino a un certo punto □ **in a m. of speaking**, per così dire; per modo di dire □ **in like m.**, in modo simile; parimenti □ **no m. of right**, proprio nessun (*fam.*: nessunissimo) diritto □ **to the m. born**, nato per (*un certo compito, lavoro*): **a diplomat to the m. born**, un diplomatico nato □ **He has no manners**, non ha creanza; è un maleducato; è uno screanzato □ **Where are your manners?**, che modi sono questi?; chi ti ha insegnato l'educazione?

mannered /ˈmænəd/, *a.* lezioso; manieroso; manierato; affettato. • **bad-m.** (*o* **ill-m.**), maleducato □ **rough-m.**, rozzo; rude □ **well-m.**, educato; bene educato.

mannerism /ˈmænərɪzəm/, *n.* ***1*** (*arte, letter.*) manierismo ***2*** affettazione; leziosaggine ***3*** (*fam.*) posa; vezzo.

mannerist /ˈmænərɪst/, *n.* (*arte, letter.*) manierista.

manneristic(al) /mænəˈrɪstɪk(l)/, *a.* di maniera; che pecca di manierismo; manieristico; affettato; ricercato. || **-ally**, *avv.*

mannerless /ˈmænələs/, *a.* maleducato; screanzato.

mannerly /ˈmænəlɪ/, *a.* (*raro*) educato; cortese; gentile; urbano. || **-iness**, *sost.*

mannikin /ˈmænɪkɪn/, *V.* **manikin**.

manning /ˈmænɪŋ/, *n.* ***1*** equipaggiamento; (*naut.*) armamento ***2*** (*org. az.*) dotazione di personale. • (*ind.*) **m. agreement**, accordo sull'organico □ **m. level**, consistenza dell'organico.

mannish /ˈmænɪʃ/, *a.* ***1*** (*di donna*) che ha caratteri mascolini ***2*** di (*o* da) uomo; poco femminile: **a m. hairdo**, una pettinatura da uomo (*o* alla maschietta). || **-ly**, *avv.* || **-ness**, *sost.*

mannite /ˈmænaɪt/, **mannitol** /ˈmænɪtɒl, *USA* -ɔːl, -əʊl/, *n.* (*chim.*) mannite; mannitolo.

mannose /ˈmænəʊs, -z/, *n.* (*chim.*) mannosio, mannoso.

manoeuvrability /mənuːvrəˈbɪlətɪ/, *n.* manovrabilità; maneggevolezza.

manoeuvrable /məˈnuːvrəbl/, *a.* manovrabile (*anche fig.*); maneggevole.

manoeuvre /məˈnuːvə(r)/, *n.* ***1*** manovra (*anche fig.*); evoluzione (*d'aerei*) ***2*** (*fig.*) maneggio; raggiro; stratagemma. • (*mil.*) **to be on manoeuvres**, fare le manovre □ **room for m.**, spazio per manovrare.

to **manoeuvre** /məˈnuːvə(r)/, **A** *v. t.* ***1*** manovrare: **to m. one's ship**, manovrare la propria nave ***2*** (*fig.*) abbindolare; raggirare: **to m. sb. out of st.**, raggirare q. così da togliergli q.c.; defraudare q. di q.c. **B** *v. i.* ***1*** far manovre; far manovra (*per es., con un'automobile*): **The NATO fleet is manoeuvring off the Adriatic coast**, la flotta della Nato sta facendo manovre al largo della costa adriatica ***2*** (*fig.*) usare maneggi (*o* raggiri, stratagemmi). **C** to **manoeuvre oneself**, *v. rifl.* destreggiarsi: **I manoeuvred myself out of the embarassing position**, mi destreggiai così da togliermi d'impaccio. • **to m. one's car out of a traffic jam**, manovrare la propria automobile in modo da uscire da un ingorgo del traffico □ **to m. one's way into sb.'s confidence**, carpire la fiducia di q. con maneggi (*o* raggiri) □ **to m. one's way to victory**, ottenere la vittoria con uno stratagemma.

manoeuvrer /məˈnuːvərə(r)/, *n.* ***1*** stratega ***2*** (*fig. fam.*) maneggione; intrigante.

manometer /məˈnɒmɪtə(r)/, *n.* (*fis.*) manometro.

manometric /mænəˈmetrɪk/, *a.* di manometro; fatto con un manometro.

manor /ˈmænə(r)/, *n.* ***1*** (*stor.*) feudo ***2*** grande proprietà terriera; tenuta con villa annessa ***3*** (*pop.*) distretto di polizia. • **m. house**, (*stor.*) maniero; (*ora*) casa padronale, villa signorile in campagna □ **lord of the m.**, (*stor.*) signore del maniero, signore feudale; (*ora*) proprietario d'una grande tenuta.

manorial /məˈnɔːrɪəl/, *a.* di (*o* relativo a) maniero; feudale: (*leg.*) **m. rights**, diritti feudali.

manpower /ˈmænpaʊə(r)/, *n.* ***1*** (*econ., stat.*) forza lavoro; manodopera ***2*** potenziale umano; uomini (*e non macchine*) ***3*** (*tecn.*) 1/10 di cavallo vapore. ● (*econ.*) **m. cost**, costo del lavoro.

manqué /ˈmɒŋkeɪ, *USA* -ˈkeɪ/ (*franc.*), *a.* mancato; fallito: **He's an artist m.**, è un artista mancato.

mansard /ˈmænsɑːd/, *n.* **1** (= **m. roof**) tetto a mansarda **2** mansarda; stanza (*o* soffitta) sotto un tetto a mansarda.

manse /mæns/, *n.* casa parrocchiale; presbiterio (*specialm. di pastore presbiteriano scozzese*).

manservant /ˈmænsɜːvnt/, *n.* (*pl.* **menservants**) domestico; servitore.

mansion /ˈmænʃn/, *n.* **1** magione (*raro*); casa signorile; palazzo **2** (*pl.*) (*preceduto da nomi propri*) residenza; edificio suddiviso in appartamenti (*cfr. USA* **apartment house**). ● **m. house**, casa padronale; villa signorile in campagna □ **the M. House**, la residenza ufficiale del sindaco di Londra.

manslaughter /ˈmænslɔːtə(r)/, *n.* (*leg.*) omicidio (*specialm.* colposo, preterintenzionale). ● (*leg.*) **voluntary m.**, omicidio volontario ma con attenuanti.

mansuetude /ˈmænswɪtjuːd, *USA* -tuːd/, *n.* (*raro*) mansuetudine; docilità.

manta /ˈmæntə/, *n.* (*zool.*, *Manta birostris*; = **m. ray**) manta; diavolo di mare; razza cornuta.

mantel /ˈmæntl/, *n.* *V.* **1 mantelpiece 2 mantelshelf 3 manteltree**. ● **m. clock**, orologio da mensola.

mantelet /ˈmæntlət, -təl-/, *n.* **1** mantellina **2** (*stor., mil.*) mantelletto.

mantelpiece /ˈmæntlpiːs/, *n.* (*edil.*) **1** struttura portante (*o* base) di caminetto **2** *V.* **mantelshelf**.

mantelshelf /ˈmæntlʃelf/, *n.* (*pl.* **mantelshelves**) (*edil.*) mensola di caminetto; caminiera.

manteltree /ˈmæntltriː/, *n.* (*edil.*) trave di sostegno (*o* arco di sostegno) della struttura di un caminetto.

mantic /ˈmæntɪk/, **A** *n.* mantica. **B** *a.* mantico; divinatorio; profetico.

mantilla /mænˈtɪlə/, *n.* mantiglia.

mantis /ˈmæntɪs/, *n.* (*pl.* **mantises, mantes**) (*zool.*, *Mantis*) mantide. ● **m. prawn** (*Squilla mantis*), canocchia; cicala di mare □ **praying m.** (*Mantis religiosa*), mantide religiosa.

mantissa /mænˈtɪsə/, *n.* (*mat.*) mantissa.

mantle /ˈmæntl/, *n.* **1** manto (*anche fig.*); mantello; mantella; cappa: **The fields are under a m. of snow**, i campi sono sotto un manto di neve **2** (*di lampada a gas*) reticella metallica **3** (*scient.*) mantello **4** (*edil.*) manto **5** (*geol.*) mantello terrestre.

to **mantle** /ˈmæntl/, **A** *v. t.* ammantare; (*fig.*) coprire, nascondere, velare. **B** *v. i.* **1** (*di liquidi*) coprirsi di schiuma; velarsi **2** coprirsi, soffondersi di rossore: **Her face mantled with emotion**, il viso le si soffuse di rossore per l'emozione **3** avvampare, accendersi, infiammarsi (*di rossore*): **Her cheeks mantled at the praise**, le guance le si accesero alla lode.

mantlet /ˈmæntlət/, *n.* (*stor., mil.*) mantelletto.

mantrap /ˈmæntræp/, *n.* **1** trappola per uomini **2** (*fig.*) trappola (*fig.*); trabocchetto.

mantua /ˈmæntjʊə, *USA* -tʃʊə/, *n.* (*stor.*) veste femminile in uso nel '600 e nel '700.

Mantua /ˈmæntjʊə, *USA* -tʃʊə/, *n.* (*geogr.*) Mantova.

Mantuan /ˈmæntjʊən, *USA* -tʃʊən/, *a.* e *n.* mantovano.

manual /ˈmænjʊəl/, **A** *a.* **1** manuale: **m. labour**, lavoro manuale; **m. dexterity**, abilità manuale; manualità **2** (*autom., mecc.*) manuale; a mano. **B** *n.* **1** manuale; prontuario; trattato **2** (*mus.*) tastiera (*d'organo*) **3** (*mil.*, = **m. exercise**) maneggio delle armi **4** (*autom., mecc.*) cambio a mano **5** (*autom.*) automobile col cambio a mano. ● **m. alphabet**, alfabeto dei sordomuti (*fatto di segni con le mani*) □ **a m. worker**, uno che fa un lavoro manuale.

manufactory /mænjʊˈfæktərɪ, -nə-/, *n.* (*arc.*) manifattura; fabbrica; opificio.

manufacture /mænjʊˈfæktʃə(r), -nə-/, *n.* **1** manifattura; fabbricazione: **of English m.**, di fabbricazione inglese **2** lavorazione; industria: **woollen m.**, l'industria della lana **3** (*pl.*) manufatti; prodotti manufatti **4** (*fig. spreg.*) produzione in serie (*d'opere letterarie, ecc.*).

to **manufacture** /mænjʊˈfæktʃə(r), -nə-/, *v. t.* **1** fabbricare; produrre; confezionare; costruire: **to m. shoes**, fabbricare scarpe; **to m. shirts**, confezionare camicie **2** lavorare (*metalli, lana, ecc.*) **3** (*fig. spreg.*) fare (*o* produrre) in serie, abborracciare (*opere letterarie, ecc.*) **4** (*fig.*) fabbricare, inventare (*storie, scuse, ecc.*).

manufacturer /mænjʊˈfæktʃərə(r), -nə-/, *n.* fabbricante; produttore; industriale: **m.'s recommended price**, prezzo raccomandato dal produttore. ● (*comm.*) **m.'s certificate**, certificato di garanzia □ (*di un prodotto*) **under m.'s warranty**, in garanzia.

manufacturing /mænjʊˈfæktʃərɪŋ, -nə-/, **A** *a.* manifatturiero; industriale: **a m. town**, una città industriale; **m. industry**, industria manifatturiera. **B** *n.* attività industriale; fabbricazione; produzione. ● **m. cost**, costo industriale (*o* di lavorazione) □ (*cronot.*) **m. cycle**, ciclo di lavorazione □ **m. overheads**, spese generali di fabbricazione □ **m. process**, processo produttivo (*o* di fabbricazione).

manumission /mænjʊˈmɪʃn/, *n.* (*stor.*) manomissione; emancipazione.

to **manumit** /mænjʊˈmɪt/, *v. t.* (*stor.*) manomettere, emancipare, affrancare (*uno schiavo*).

manure /məˈnjʊə(r), *USA* -ˈnʊə(r)/, *n.* concime naturale; stabbio; stallatico; letame. ● (*agric.*) **m. spreader**, concimatrice; spandiletame □ **green m.**, sovescio.

to **manure** /məˈnjʊə(r), *USA* -ˈnʊə(r)/, *v. t.* concimare.

manurial /məˈnjʊərɪəl, *USA* -ˈnʊə-/, *a.* concimante.

manuring /məˈnjʊərɪŋ, *USA* -ˈnʊə-/, *n.* concimazione.

manuscript /ˈmænjʊskrɪpt/, *a.* e *n.* manoscritto. ● (*leg.*) **m. will**, testamento olografo.

manway /ˈmænweɪ/, *n.* (*ind. min.*) fornello di accesso.

Manx /mæŋks/, **A** *a.* (*geogr.*) dell'isola di Man: **M. cat**, gatto di Man (*senza coda*). **B** *n.* lingua dell'isola di Man. ● (*collett.*) **the M.**, gli abitanti di Man.

Manxman /ˈmæŋksmən/, *n.* (*pl.* **Manxmen**) abitante dell'isola di Man (*nel Mare d'Irlanda*).

many /ˈmenɪ/, *a.* e *pron.* (*pl. di* **much**; *compar.* **more**, *superl.* **most**) molti; numerosi; parecchi: **M.** (*o* **m. people**) **died in the accident**, molti morirono nell'incidente; **m. times**, molte volte; **m. of us [you, them]**, molti di noi [di voi, di loro]. ● **the m.**, i più; la (stragrande) maggioranza; la massa □ **m.-coloured**, multicolore; variopinto □ (*lett.*) **m. a man**, più di un uomo □ **m.-sided**, che ha molti lati; poliedrico (*fig.*); multiforme, complesso: **a m.-sided man**, un uomo poliedrico; **a m.-sided problem**, un problema complesso □ **m.-sidedness**, poliedricità (*fig.*); multiformità, complessità □ (*poet., retor.*) **m. a time (and oft)**, molte volte; spesso; più d'una volta: **M.'s the time I have seen him do it**, gliel'ho visto fare molte volte □ **as m.**, altrettanti: **He wrote five tales in as m. days**, scrisse cinque racconti in altrettanti (*o* in cinque) giorni □ **as m. again**, altrettanti: **I have four but I'll need as m. again**, ne ho quattro ma me ne occorreranno altrettanti □ **as** (*o* **so**) **m. as**, tanti quanti: **Take as m. as you like**, prendine (tanti) quanti ne vuoi □ **ever so m. times**, non so quante volte; moltissime volte □ **a good m.**, molti; parecchi □ **a great m.**, moltissimi □ **how m.?**, quanti? □ (*fig.*) **in so m. words**, esplicitamente; in modo chiaro □ **one too m.**, uno di troppo: **I wish he'd go away; he's one too m.**, vorrei che se ne andasse; (la sua presenza) è di troppo □ (*fam.*) **He's had one too m.**, ne ha bevuto uno di troppo □ **too m.**, troppi □ **too m. people**, troppa gente □ **He was one too m. for you**, è stato più abile (*o* più bravo) di te; te l'ha fatta (in barba).

manyplies /ˈmenɪplaɪz/, *n.* (*zool.*) centopelli, omaso (*dei ruminanti*).

Maoism /ˈmaʊɪzəm/, *n.* (*polit.*) maoismo.

Maoist /ˈmaʊɪst/, *a.* e *n.* (*polit.*) maoista.

Maori /ˈmaʊrɪ/, *a.* e *n.* (*pl.* **Maori, Maoris**) maori (*anche la lingua*).

map /mæp/, *n.* **1** carta geografica; carta topografica; mappa; piantina **2** carta astronomica; carta celeste **3** (*elab.*) mappa **4** (*mat.*) funzione **5** (*pop. USA*) faccia;. viso. ● **map-maker**, cartografo □ **map-making**, cartografia □ **map-reader**, chi sa leggere una mappa □ **map scale**, scala cartografica □ (*biol.*) **genetic map**, mappa genetica □ (*fam.*) **off the map**, senz'importanza; (*di un luogo*) inaccessibile, lontanissimo; (*di una cosa*) sorpassata □ (*fam.*) **on the map**, importante, attuale □ **outline map** (*o* **skeleton map**), carta muta □ (*fig.*) **the political map**, il quadro politico (*della G.B., ecc.*) □ **town map**, pianta d'una città □ (*fam.*) **to wipe off the map**, distruggere, cancellare dalla faccia della terra (*una città*).

to **map** /mæp/, *v. t.* **1** (*geogr.*) mappare; fare una mappa di, rilevare (*una regione, ecc.*) **2** (*mat.*) applicare **3** – **to map out**, progettare; fare, tracciare (un piano di): **I have mapped out my working time**, mi sono fatto un piano di lavoro; **to m. out one's conduct**, tracciarsi una linea di condotta **4** (*elab.*) correlare.

maple /ˈmeɪpl/, *n.* (*bot.*, *Acer*) acero. ● **m. leaf**, foglia d'acero (*emblema del Canada*) □ **m. sugar**, zucchero d'acero □ (*bot.*) **great m.**, (*Acer pseudoplatanus*), acero di monte.

mapping /ˈmæpɪŋ/, *n.* **1** rilevamento; rilievo **2** cartografia **3** (*mat.*) applicazione **4** (*elab.*) correlazione. ● **m.-out**, progettazione; pianificazione.

maquillage /mækɪˈɑːʒ, -ɪˈjɑːʒ/ (*franc.*), *n.* maquillage; trucco.

maquis /mæˈkiː/ (*franc.*), *n.* (*invar. al pl.*) **1** (*geogr., ecol.*) macchia mediterranea **2** (*polit., stor.*) maquis.

to **mar** /mɑː(r)/, *v. t.* guastare; rovinare; sciupare; sfigurare; deturpare: **to mar a party**, guastare una festa; **to mar the landscape**, deturpare il paesaggio.

marabou /ˈmærəbuː/, *n.* **1** (*zool.*, *Leptoptilos crumeniferus*) marabù **2** (*zool.*, *Leptoptilos dubius*) marabù indiano **3** (*moda*) marabù.

marabout /ˈmærəbuː, -uːt/, *n.* **1** marabutto **2** tomba di marabutto.

marasca /məˈræskə/, *n.* **1** (*bot.*, *Prunus cerasus marasca*) marasco; amarasco **2** (= **m. cherry**) (ciliegia) marasca.

maraschino /mærəˈskiːnəʊ/, *n.* (*pl.* **maraschinos**) **1** maraschino **2** (= **m. cherry**) ciliegia sotto spirito (*specialm. maraschino*; *usata su un dolce, ecc.*).

marasmic /məˈræzmɪk/, *a.* (*med.*) di marasma; marantico.

marasmus /məˈræzməs/, *n.* (*med.*) marasma.

Marathon /ˈmærəθn/, *n.* (*geogr., stor.*) Maratona.

marathon /ˈmærəθn, *USA* -θɒn/, *n.* **1** (*sport*) maratona; (*per estens.*) gara lunga **2** maratona; gara di resistenza: **a dancing m.**, una maratona di ballo. ● **a m. speech**, un discorso kilometrico; un discorso fiume.

to **maraud** /məˈrɔːd/, *v. i.* e *t.* predare; saccheggiare.

marauder /məˈrɔːdə(r)/, *n.* predatore; predone; saccheggiatore.

marauding /məˈrɔːdɪŋ/, *a.* da predone; predatorio.

marble /ˈmɑːbl/, *n.* **1** marmo **2** bilia; pallina: **to play marbles**, giocare alle palline. ● **a m. breast**, un cuore duro come il marmo, crudele □ **a m. brow**, una fronte di marmo, bianchissima □ (*pop. USA*) **m. city** (*o* **m. orchard**), cimitero □ **m. cutter**, marmista □ **m. paper**, carta marmorizzata □ **a m. quarry**, una cava di marmo □ **m. specialist**, marmista □ **a m. statue**, una statua di marmo □ **m. worker**, marmista □ **the Elgin marbles**, i marmi di Elgin (*del Partenone; ora al British Museum*) □ (*pop.*) **to lose one's marbles**, andare giù di testa; ammattire.

to **marble** /ˈmɑːbl/, *v. t.* marmorizzare, marezzare (*carta, ecc.*).

marbled /ˈmɑːbld/, *a.* marmorizzato; marezzato.

marbler /ˈmɑːblə(r), -bəl-/, *n.* marmorizzatore; marezzatore.

marbling /ˈmɑːblɪŋ, -bəl-/, *n.* marmorizzazione; marezzatura.

marbly /ˈmɑːblɪ, -bəlɪ/, *a.* marmoreo; di marmo; freddo (*o* duro) come il marmo.

marc /mɑːk/, *n.* **1** residuo, scoria (*di frutta spremuta*); vinaccia (*d'uva*); sansa (*di olive*) **2** sorta di grappa.

marcasite /ˈmɑːkəsaɪt/, *n.* (*miner.*) marcasite, marcassite.

Marcel /mɑːˈsɛl/, **Marcellus** /mɑːˈsɛləs/, *n.* Marcello.

marcescent /mɑːˈsɛsnt/, *a.* (*bot.*) marcescente.

march (**1**) /mɑːtʃ/, *n.* **1** (*mil., mus.*) marcia: **The fort was a day's m. away**, il forte si trovava a una giornata di marcia; **a forced m.**, una marcia forzata; **a dead m.**, una marcia funebre **2** (*al sing. con l'art. def.*) (*fig.*) corso; cammino; il passare: **the m. of events**, il corso degli avvenimenti; **the m. of time**, il passare del tempo; **the m. of progress**, il cammino del progresso. ● (*mil.*) **a m.-past**, una sfilata □ (*mil.*) **double m.**, passo di carica □ **the enemy's line of m.**, la linea (*o* la direzione) di marcia del nemico □ (*anche fig.*) **to be on the m.**, essere in marcia □ **peace m.**, marcia per la pace □ (*mil.*) **quick m.**, passo di corsa □ (*fig.*) **to steal a m. on sb.**, battere q. sul tempo.

march (**2**) /mɑːtʃ/, *n.* (*generalm. al pl.*) terra di confine; marca. ● **the Marches**, le «Marche»; le terre di confine (*fra l'Inghilterra e la Scozia o fra l'Inghilterra e il Galles*).

to **march** (**1**) /mɑːtʃ/, **A** *v. i.* **1** marciare; fare una marcia: **The soldiers marched twenty miles**, i soldati marciarono per venti miglia **2** camminare, incedere, avanzare (*con passo più o meno militaresco*) **3** progredire; far progressi. **B** *v. t.* far marciare (*soldati*). ● **to m. away a prisoner**, far marciare un prigioniero, ordinare alla scorta di portarlo via (*per es., dopo averlo interrogato*) □ **to m. into a town**, entrare in (*o* occupare militarmente) una città □ **to m. off**, mettersi in marcia; allontanarsi a passo di marcia; allontanarsi; marciare (*scherz.*) □ **to m. out**, uscire a passo di marcia □ (*mil.*) **to m. past**, sfilare □ (*mil.*) **to m. past sb.**, sfilare davanti a q. □ **marching orders**, (*mil.*) ordini per la partenza; (*fam.*) ruolino di marcia □ (*fam.*) **to give sb. his marching orders**, licenziare q. □ **in marching order**, in ordine di marcia □ (*mil.*) **Quick m.!**, avanti marsc'!

to **march** (**2**) /mɑːtʃ/, *v. i.* – **to m. with**, confinare con: **Lombardy marches with Switzerland on the north**, la Lombardia confina a nord con la Svizzera.

March /mɑːtʃ/, **A** *n.* marzo **B** *a. attr.* di marzo; marzolino: **mad M. weather**, tempo pazzo di marzo; **M. snow**, neve marzolina.

marcher (**1**) /ˈmɑːtʃə(r)/, *n.* marciatore.

marcher (**2**) /ˈmɑːtʃə(r)/, *n.* **1** abitante di una terra di confine **2** (*stor.*) governatore d'una marca.

marchioness /mɑːʃəˈnɛs/, *n.* marchesa.

marchland /ˈmɑːtʃlænd/, *n.* marca; territorio di confine.

marchpane /ˈmɑːtʃpeɪn/, *n.* (*arc.*) marzapane.

marconigram /mɑːˈkəʊnɪgræm/, *n.* marconigramma.

Marcus /ˈmɑːkəs/, *n.* Marco.

Mardi Gras /ˈmɑːdɪˈgrɑː/ (*franc.*), *n.* martedì grasso.

mare (**1**) /mɛə(r)/, *n.* **1** cavalla; giumenta **2** asina. ● (*fig.*) **a m.'s-nest**, una scoperta deludente; una fandonia □ **m.'s-tail**, (*meteor.*) cirro; (*bot., Hippuris vulgaris*), coda di cavallo acquatica □ (*fig.*) **The grey m. is the better horse**, (in quella casa) è la moglie che porta i calzoni.

mare (**2**) /ˈmɑːreɪ, ˈmæ-, -ɪ/, *n.* (*pl.* **maria**) (*astron.*) mare.

Margaret /ˈmɑːgərət/, *n.* Margherita.

margarine /mɑːdʒəˈriːn, -gə-, *USA* ˈmɑːdʒərɪn, -iːn/, *n.* (*chim., cucina*) margarina. ● **m. oil**, oleomargarina.

margarite /ˈmɑːgəraɪt/, *n.* (*miner.*) margarite.

margay /ˈmɑːgeɪ/, *n.* (*zool., Felis tigrina*) marguai; maracaia.

marge (**1**) /mɑːdʒ/, *n.* (*poet.*) margine; orlo.

marge (**2**) /mɑːdʒ/, *n.* (*fam.*; *abbr. di* **margarine**) margarina.

Margery /ˈmɑːdʒərɪ/, *n.* Margherita.

margin /ˈmɑːdʒɪn/, *n.* **1** margine; orlo; ciglio; lembo: **the m. of a page**, il margine d'una pagina; **on the m. of the road**, sul margine della via **2** (*Borsa, fin.*) copertura (*o* deposito) a garanzia (*di titoli, ecc.*) **3** (*econ., fin.*) margine (lordo); differenza; scarto. ● (*Borsa, USA*) **m. buying**, acquisto (*di titoli*) con deposito di garanzia □ (*Borsa*) **m. call**, richiesta di copertura □ **m.-release**, libera-margine □ **m. stop**, marginatore (*di macchina da scrivere*) □ (*Borsa*) **m. trading**, operazioni a margine (*o* allo scoperto) □ **He was elected by a narrow m.**, fu eletto con un voto di stretta misura.

to **margin** /ˈmɑːdʒɪn/, *v. t.* **1** provvedere d'un margine; fare da margine a, delimitare **2** fare annotazioni sul margine di (*una pagina, ecc.*) **3** (*Borsa, fin.*) coprire (*titoli, azioni*) con un deposito a garanzia (*presso un agente di cambio*).

marginal /ˈmɑːdʒɪnl/, *a.* **1** marginale; a margine: **m. notes**, note a margine; postille **2** (*econ.*) marginale: **m. buyer** [**seller**], compratore [venditore] marginale; **m. cost**, costo marginale; **m. farmers**, coltivatori marginali; **m. income**, reddito marginale; **m. land**, terreno marginale; **m. productivity**, produttività marginale; **m. utility**, utilità marginale; **m. value**, valore marginale **3** (*polit.*: *di un seggio*) ottenuto con uno scarto minimo di voti; (*di un collegio elettorale*) incerto **4** (*stat.*) marginale: **m. probability**, probabilità marginale. ● **m. benefits**, benefici aggiuntivi (*o* accessori: *della retribuzione*) □ **a m. case**, un caso limite □ (*fisc.*) **m. rate**, aliquota marginale □ **m. stop**, marginatore (*di macchina da scrivere*) □ **m. tribes**, tribù in via di estinzione □ (*econ., stor.*) **m. utility school**, scuola marginalista. ‖ **-ly**, *avv.*

marginalia /mɑːdʒɪˈneɪlɪə/ (*lat.*), *n. pl.* annotazioni in margine.

marginalism /ˈmɑːdʒɪnəlɪzəm/, *n.* (*econ., stor.*) marginalismo.

marginalist /ˈmɑːdʒɪnəlɪst/, *a.* e *n.* (*econ., stor.*) marginalista.

marginality /mɑːdʒɪˈnælətɪ/, *n.* marginalità.

marginalization /mɑːdʒɪnəlaɪˈzeɪʃn, *USA* -lɪˈz-/, *n.* emarginazione.

to **marginalize** /ˈmɑːdʒɪnəlaɪz/, *v. t.* emarginare.

marginalized /ˈmɑːdʒɪnəlaɪzd/, *a.* emarginato: **m. fringes**, frange emarginate.

to **marginate** /ˈmɑːdʒɪneɪt/, *v. t.* (*tipogr.*) marginare.

margination /mɑːdʒɪˈneɪʃn/, *n.* (*tipogr.*) marginatura.

Margo(**t**) /ˈmɑːgəʊ/, *n.* (*dim. di* **Margaret**) Rita.

margravate /ˈmɑːgrəveɪt/, *n.* (*stor.*) margraviato.

margrave /ˈmɑːgreɪv/, *n.* (*stor.*) margravio.

margraviate /mɑːˈgreɪvɪeɪt/, *n.* (*stor.*) margraviato.

margravine /ˈmɑːgrəviːn/, *n.* (*stor.*) margravia.

marguerite /mɑːgəˈriːt/, *n.* (*bot.*) **1** (*Chrysanthemum leucanthemum*) margherita **2** (*Bellis perennis*) margheritina; pratolina.

Marguerite /mɑːgəˈriːt/, *n.* Margherita.

Marian (**1**) /ˈmɛərɪən/, **A** *a.* **1** (*relig.*) mariano; di Maria Vergine **2** (*stor.*) di Maria la Cattolica **3** (*stor.*) di Maria Stuarda. **B** *n.* (*stor.*) sostenitore di Maria la Cattolica (*o* di Maria Stuarda).

Marian (**2**) /ˈmɛərɪən/, *n.* Marianna.

Mariana(**s**) **Islands** /mærɪˈɑːnə(z)ˈaɪləndz, *USA* -ɪˈæ-/, *n. pl.* (*geogr.*) Isole Marianne.

mariculture /ˈmærɪkʌltʃə(r)/, *n.* maricoltura.

mariculturist /ˈmærɪkʌltʃərɪst/, *n.* maricoltore.

marigold /ˈmærɪgəʊld/, *n.* (*bot.*) **1** (*Tagetes*) tagete **2** – **pot m.** (*Calendula officinalis*), calendola, calendula; fiorrancio.

marigram /ˈmærɪgræm/, *n.* (*geogr.*) mareogramma.

marigraph /ˈmærɪgrɑːf, *USA* -æf/, *n.* (*geogr.*) mareografo.

marihuana, marijuana /mærɪˈwɑːnə, -ˈwɑː-, -ˈhwɑː-, -juːˈɑː-/, *n.* marijuana.

marimba /məˈrɪmbə/, *n.* (*mus.*) marimba.

marina /məˈriːnə/, *n.* (*tur.*) porticciolo (*per imbarcazioni da diporto*).

marinade /mærɪˈneɪd/, *n.* (*cucina*) **1** marinata **2** vivanda marinata.

to **marinade** /mærɪˈneɪd/, to **marinate** /ˈmærɪneɪt/, *v. t.* (*cucina*) marinare (*pesce, carne*).

marinara /mærɪˈnɑːrə, *USA* -ˈnærə, ˈmɑː-/ (*ital.*), *a.* (*cucina*) alla marinara.

marine /məˈriːn/, **A** *a.* **1** marino: **m. plants**, piante marine; **m. mammals**, mammiferi marini **2** marittimo; nautico; navale: **m. insurance**, assicurazione marittima; **m. engine**, motore navale; **m. engineering**, ingegneria navale. **B** *n.* **1** (*solo sing.*) marina: **merchant** (*o* **mercantile**) **m.**, marina mercantile **2** (*mil.*) marine; fante di marina: **the marines**, la fanteria da sbarco **3** (*pitt.*) marina. ● (*naut.*) **m. carrier**, vettore marittimo □ (*mil.*) **m. corps**, corpo dei marine □ **m. engineer**, ingegnere navale; (*naut.*) ufficiale di macchina □ **m. fish**, pesce di mare □ (*ass., naut.*) **m. interest**, interesse su cambio marittimo □ **m. instruments**, strumenti nautici □ (*leg.*) **m. law**, diritto della navigazione □ **m. perils** (*o* **risks**), rischi di mare (*o* della navigazione) □ **m. store**, negozio di forniture navali □ **m. stores**, provviste di bordo □ **m. underwriter**, assicuratore marittimo □ (*fam.*) **Tell it to the marines**, raccontalo a tua nonna!

mariner /ˈmærɪnə(r)/, *n.* (*poet. o nel linguaggio ufficiale*) marinaio (*cfr.* **sailor**). ● (*naut.*) **master m.**, capitano d'un mercantile.

Marinism /məˈriːnɪzəm/, *n.* (*letter. ital.*) marinismo.

Marinist /məˈriːnɪst/, *n.* (*letter. ital.*) marinista.

Mariolatry /mɛərɪˈɒlətrɪ/, *n.* (*relig.*) mariolatria.

Mariologist /mɛərɪˈɒlədʒɪst/, *n.* (*relig.*) mariologo.

Mariology /mɛərɪˈɒlədʒɪ/, *n.* (*relig.*) mariologia.

marionette /mærɪəˈnɛt/, *n.* marionetta.

marish /ˈmærɪʃ/, (*poet.*) **A** *n.* palude. **B** *a. attr.* paludoso.

marital /ˈmærɪtl/, *a.* **1** maritale: **m. rights**, diritti maritali **2** coniugale; matrimoniale: **m. relations**, rapporti coniugali. ● **m. bed**, letto matrimoniale. ‖ **-ly**, *avv.*

maritime /ˈmærɪtaɪm/, *a.* marittimo: **m. law**, diritto marittimo (*o* della navigazione). ● **m. business**, trasporti marittimi □ **m. flag**, bandiera della nave (*cioè, la nazionalità*) □ **a m. people**, un popolo marinaro.

marjoram /ˈmɑːdʒərəm/, *n.* (*bot.*) **1** – **wild m.** (*Origanum vulgare*), origano **2** – **sweet m.** (*Origanum majorana*), maggiorana.

Marjorie, Marjory /ˈmɑːdʒərɪ/, *V.* **Margery**.

mark (**1**) /mɑːk/, *n.* **1** segno; indizio; impronta; orma; traccia; macchia; voglia (*fam.*); bersaglio: **punctuation marks**, segni d'interpunzione; **a m. of intelligence**, un segno (*o* un indizio) d'intelligenza; **marks of dirty hands**, impronte di mani sporche; **A good teacher leaves a m. on his students**, un buon insegnante lascia un'impronta sui suoi alunni; **a cat with a white m. on its breast**, un gatto con una macchia bianca sul petto; **a birth-m.**, una voglia (*sulla pelle*); **a port-wine m.**, una voglia di vino; **The shot was wide of the m.**, il colpo non colse nel segno (*o* fallì il bersaglio) ***2*** punto, voto (*scolastico*): **He got the highest marks in the whole school**, aveva i voti più alti di tutta la scuola; (*USA*) **a m. of A in history**, un voto di «ottimo» in storia ***3*** punto di riferimento: **The tower was a m. for fliers**, la torre serviva da punto di riferimento per gli aviatori ***4*** (*market.*) contrassegno (*del prezzo*); segnaprezzo; cartellino ***5*** (*market.*) marchio di fabbrica; marca; etichetta ***6*** segno d'interpunzione; punto: **question m.**, punto interrogativo ***7*** (*fig.*) fama; distinzione; importanza; successo; vaglia; valore: **to make one's m.**, conseguire la fama; avere un gran successo; **a fellow of no m.**, un individuo privo di distinzione, d'importanza ***8*** punto (*o* livello) medio (*o* soddisfacente): **This novel is below** (*o* **doesn't come up to**) **the m.**, questo romanzo è al disotto della media (*o* è men che mediocre) ***9*** (segno di) croce (*fatto da un analfabeta*) ***10*** (*sport*) linea di partenza ***11*** (*rif. a veicoli, seguito da un numero*) modello; tipo: **a m. II tank**, un carro armato modello II ***12*** (*elab.*) contrassegno; marcatura ***13*** (*naut.*) marca; segnale di riferimento ***14*** (*Borsa*) registrazione (*di uno scambio*); (*per estens.*) scambio ***15*** (*stor.*) marca ***16*** (*pop.*) vittima designata (*di furfanti*) ***17*** (*rugby*) mark; interruzione del gioco su presa al volo: **to call m.**, chiedere un mark. ● (*di cavallo*) **m. of mouth**, incavo dei denti (*da cui si deduce l'età*) □ **m. of origin**, marchio ufficiale (*su argenteria e sim.*) □ (*fig.*) **to be beside** (*o* **wide of**) **the m.**, non cogliere nel segno: **Your guess is beside the m.**, la tua supposizione non ha colto nel segno □ (*pop.*) **easy m.**, credulone; semplicione □ (*sport*) **to get off the m.**, partire (*dalla linea di partenza*) □ (*anche fig.*) **to give sb. full marks**, approvare q. a pieni voti (*o* incondizionatamente) □ **to hit the m.**, far centro; cogliere nel segno; raggiungere lo scopo □ (*fig.*) **to make one's m. on st.**, lasciare il segno su q.c. □ **to miss the m.**, fallire il colpo; non cogliere nel segno; fallire lo scopo □ (*di persona*) **not to feel quite up to the m.**, star poco bene; non sentirsi in forma (*fam.*) □ **to be up to the m.**, essere all'altezza (*di un compito*) □ (*sport*) **On your marks!**, ai vostri posti!, in linea! (*per la partenza*) □ **That's beside the m.**, questo non c'entra.

mark (**2**) /mɑːk/, *n.* marco (*moneta tedesca*).

to **mark** /mɑːk/, **A** *v. t.* ***1*** segnare; contrassegnare (con un marchio, una marca); marcare; indicare: (*nei giochi*) **to m. the points**, segnare i punti; **Three students were marked absent**, tre studenti furono segnati assenti; **to m. prices on goods**, segnare i prezzi sulla merce; **to m. linen**, marcare la biancheria; **A cross marks the place of the accident**, una croce indica il luogo dell'incidente ***2*** contraddistinguere; caratterizzare: **Great scientific discoveries marked the XIX century**, grandi scoperte scientifiche caratterizzarono il secolo XIX ***3*** esprimere; manifestare; rivelare: **to m. approval with a nod**, esprimere approvazione con un cenno del capo; **Their smile marked their happiness**, il loro sorriso rivelava la loro felicità ***4*** fare attenzione a; notare: **M. my words**, fa' attenzione a quel che dico; ascoltami bene ***5*** correggere (*compiti, temi, ecc.*) dando il voto; classificare: **My papers haven't been marked yet**, i miei elaborati non sono stati ancora classificati ***6*** mettere il cartellino del prezzo a (*oggetti in vendita*): **to m. an article at ten pounds**, prezzare un articolo a dieci sterline ***7*** (*sport*) marcare (*un avversario*). **B** *v. i.* (*di una superficie*) segnarsi (*con facilità, ecc.*). ● **to m. one's place** (**in a book**), segnare il punto (in un libro) dove si è arrivati □ (*Borsa*) **to m. a price**, registrare un corso □ (*mil.*) **to m. time**, segnare il passo (*anche fig.*); restar fermo, non fare progressi □ **to be marked for success**, essere destinato al successo.

♦**mark down**, *v. t.* + *avv.* ***1*** annotare; prendere nota di (q.c.); segnare: **I marked down his phone number**, mi segnai il suo numero di telefono ***2*** credere di riconoscere: **I'd marked him down as a thief, but he was innocent**, avevo creduto che fosse lui il ladro, ma era innocente ***3*** (*market.*) abbassare (*o* ridurre) il prezzo di (*articoli, ecc.*) ***4*** abbassare il voto a (*uno studente*) □ (*Borsa*: *di un titolo, ecc.*) **to be marked down**, far segnare un ribasso.

♦**mark in**, *v. t.* + *avv.* segnare, evidenziare (*su una mappa, ecc.*).

♦**mark off**, *v. t.* + *avv.* ***1*** delimitare, separare (*tracciando segni o righe*); segnare: **to m. off boundaries**, segnare i confini; **to m. off a tract of land for mining**, delimitare un tratto di terreno per l'estrazione di minerali ***2*** tracciare (*un campo da tennis*); evidenziare (*distanze, ecc., su una mappa*) ***3*** contraddistinguere (q.).

♦**mark out**, *v. t.* + *avv.* ***1*** *V.* **mark off** ***2*** designare, trascegliere (*q., specialm. per una promozione e sim.*).

♦**mark up**, *v. t.* + *avv.* ***1*** segnare (*punti su un tabellone, ecc.*) ***2*** lasciare segnacci su (*un pavimento, ecc.*) ***3*** mettere (q.c.) in conto a (q.) ***4*** (*market.*) alzare (*o* aumentare) il prezzo di (*articoli, ecc.*) ***5*** (*fin., market.*) ricaricare: **to m. up one's goods unfairly**, ricaricare troppo la propria merce ***6*** alzare il voto a (*uno studente*) □ (*Borsa*: *di un titolo, ecc.*) **to be marked up**, far segnare un rialzo.

Mark /mɑːk/, *n.* Marco.

markdown /ˈmɑːkdaʊn/, *n.* ***1*** (*market.*) riduzione di prezzo; ribasso ***2*** (*rag.*) svalutazione contabile (*di un'attività*).

marked /mɑːkt/, *a.* ***1*** segnato; contrassegnato; marcato: **m. cards**, carte segnate (*o* truccate); **m. notes**, banconote segnate (*dalla polizia, ecc.*) ***2*** sorvegliato (*da un nemico*); tenuto sotto tiro (*o* nel mirino) (*fig.*): **a m. man**, un uomo tenuto sotto tiro ***3*** considerevole; grande; notevole; marcato; forte; spiccato: **a m. change**, un notevole cambiamento; **a m. difference**, una considerevole differenza; **a man of m. ability**, un uomo di grande abilità; **a m. American accent**, un marcato accento americano. ● (*banca*) **m. cheques**, assegni vistati (*o* a copertura garantita) □ (*fin.*) **m. shares**, azioni stampigliate. ‖ **-ly**, *avv.* ‖ **-ness**, *sost.*

marker /ˈmɑːkə(r)/, *n.* ***1*** marcatore (*di prodotti, ecc.*); etichettatore ***2*** correttore (*di elaborati*); chi dà voti ***3*** (*nei giochi*; *nel tiro al bersaglio*) segnapunti (*la persona e lo strumento*) ***4*** (*ind.*) tracciatore (*operaio*) ***5*** (*sport*) marcatore (*chi marca un avversario*) ***6*** evidenziatore (*pennarello*); marker ***7*** (*chim., biol., med.*) marker; marcatore ***8*** (*ling.*) marker; indicatore ***9*** (= **bookmark**) segnalibro ***10*** (*USA*) cippo; lapide commemorativa ***11*** (*comm., USA*) pagherò cambiario; cambiale diretta ***12*** (*pl.*) (*autom.*) segnaletica orizzontale. ● **m. beacon**, radiofaro □ (*naut.*) **m. buoy**, boa da segnale.

market /ˈmɑːkɪt/, *n.* ***1*** mercato: **the cattle** [**fish**] **m.**, il mercato del bestiame [del pesce]; **the m. square**, la piazza del mercato; il mercato; **to go to m.**, andare al mercato; **There's no m. today**, oggi non c'è il mercato ***2*** (*econ., market.*) mercato; piazza; vendita, smercio; domanda, richiesta: **There's no m. for our products in Germany**, non c'è mercato per i (*o* richiesta dei) nostri prodotti in Germania; **Now they have a better m. for their goods**, ora trovano un mercato più favorevole (*o* uno smercio più facile) ai loro articoli; **We sell on the London m.**, vendiamo sulla piazza di Londra; **the m. trend**, la tendenza del mercato; l'andamento della piazza ***3*** (*econ.*) mercato; sbocco commerciale: **We are looking for new markets in Eastern Europe**, siamo alla ricerca di nuovi mercati (*o* sbocchi commerciali) nell'Europa orientale ***4*** (*Borsa, fin.*) mercato azionario (*o* mobiliare); operazioni di borsa; borsa valori: **to play the m.**, giocare in borsa; **to stand in the m.**, essere in borsa per comprare; **bull m.**, mercato al rialzo; **bear m.**, mercato al ribasso; **bond m.**, mercato obbligazionario. ● (*market.*) **m. analysis**, analisi di mercato □ **m. analyst**, analista di mercato □ (*stat.*) **m. basket**, paniere □ (*fin.*) **m. crash**, crack della borsa □ **m. day**, giorno di mercato □ (*econ.*) **m. economy**, economia di mercato □ (*econ.*) **m. fluctuations**, fluttuazioni del mercato □ **m. garden**, orto, frutteto □ **m. gardener**, ortofrutticoltore; ortolano □ **m. gardening**, ortofrutticoltura □ (*econ.*) **m. leader**, azienda leader □ **m. list**, mercuriale □ (*Borsa*: *in G.B., dal 1986*) **m.-maker**, operatore (*broker-dealer*) che offre prezzi sia di vendita sia di acquisto (*prezzi fermi esposti sul video*) □ **m. news**, notiziario di borsa □ **M. News**, Borse e Mercati (*titoli di rubriche giornalistiche*) □ (*Borsa*) **m. order**, ordine (*d'acquisto o di vendita*) al meglio □ (*econ.*) **m. outlets**, sbocchi di mercato □ **m. price**, prezzo di mercato; prezzo corrente □ **m. quotation**, quotazione di mercato □ (*banca*) **m. rate of interest**, tasso d'interesse corrente □ **m. report**, rassegna di mercato □ (*econ.*) **m. research**, ricerca di mercato □ (*Borsa*) **m. rigger**, aggiotatore □ **m. rigging**, aggiotaggio □ (*econ.*) **m. share**, quota del mercato □ (*econ.*) **m. supply**, offerta del mercato □ (*econ.*) **m. support**, intervento sul mercato □ **m. town**, città dove si tiene il mercato (*specialm. del bestiame*) □ **m. value**, valore di mercato □ **an active** (*o* **a brisk**) **m.**, un mercato attivo (*o* vivace) □ **black m.**, mercato nero; borsa nera □ (*fig.*) **to bring one's eggs** (*o* **hogs**) **to a bad m.** (*o* **to the wrong m.**), far fiasco; bussare alla porta sbagliata □ **a dull** (*o* **a slack**) **m.**, un mercato fiacco □ (*di merce*) **to find a m.**, essere facilmente smerciabile □ (*econ.*) **free m.**, mercato libero □ (*econ.*) **a good labour m.**, un'ampia riserva (una grande offerta) di manodopera □ **to be in the m.**, (*di un bene*) essere in vendita; (*di una persona*) essere disposto a comprare □ (*fig.*) **to make a m. of st.**, far commercio di q.c. □ (*econ.*) **open m.**, mercato libero □ **to be on the m.**, essere in vendita □ (*comm.*) **to put an article on the m.**, lanciare un articolo sul mercato; mettere un articolo in vendita □ (*Borsa*) **to sell at the m.**, vendere al meglio □ **The m. rose** [**fell**], il volume degli affari aumentò [diminuì].

to **market** /ˈmɑːkɪt/, **A** *v. t.* ***1*** portare (*o* spedire) (*merce*) al mercato ***2*** mettere in vendita; smerciare; vendere; porre in commercio; commercializzare. **B** *v. i.* fare acquisti (*o* vendite). ● **to go marketing**, andare a far compere; fare la spesa.

marketability /mɑːkɪtəˈbɪlətɪ/, *n.* commerciabilità; negoziabilità.

marketable /ˈmɑːkɪtəbl/, *a.* vendibile; commerciabile; smerciabile; negoziabile. ● (*fin.*) **m. securieties**, titoli trasferibili.

marketeer /mɑːkɪˈtɪə(r)/, *n.* (*econ.*) fautore di un certo tipo di mercato: **He's a free m.**, è per il mercato di libera concorrenza; è un liberoscambista.

marketer /ˈmɑːkɪtə(r)/, *n.* (*comm.*) chi vende (merce) sul mercato; venditore.

marketing /ˈmɑːkɪtɪŋ/, *n.* (*comm.*) ***1*** commercializzazione; marketing; compravendita; smercio ***2*** marketing; tecnica delle ricerche di mercato; studio e analisi dei mercati. ● **m. research**, indagine di mercato; ricerca di marketing.

marketplace /ˈmɑːkɪtpleɪs/, *n.* ***1*** (piazza del) mercato ***2*** (*econ., market.*) mercato; piazza (*fig.*).

marketwise /ˈmɑːkɪtwaɪz/, *avv.* (*Borsa, fin.*)

dal punto di vista borsistico.

marking /ˈmɑːkɪŋ/, n. *1* il segnare; il contrassegnare; marcatura *2* (*sport*) marcatura (*di un avversario*) *3* (*autom.*) segnale: **road markings**, segnali orizzontali *4* (*pl.*) (*autom.*) segnaletica (*orizzontale*): **markings being repainted**, segnaletica in rifacimento (*cartello*) *5* (*zool.*) mantello; colore del pelo (*o* delle penne) (*d'un animale*) *6* (*Borsa*) annotazione (*di uno scambio*) *7* (*pl.*) (*Borsa*) scambi avvenuti (*in un dato giorno*). ● **m. ink**, inchiostro indelebile □ (*al biliardo*) **m. stand**, tabellone (del punteggio).

mark-on /ˈmɑːkɒn, *USA* -ɔːn/, *V.* **mark-up**.

marksman /ˈmɑːksmən/, n. (*pl.* **marksmen**) *1* (buon) tiratore; chi spara bene: **an accomplished m.**, un tiratore provetto *2* (*mil.*) tiratore scelto.

marksmanship /ˈmɑːksmənʃɪp/, n. (*mil., caccia*) abilità nel tiro.

markup /ˈmɑːkʌp/, n. *1* (*Borsa, fin.*) rialzo (*di prezzi, quotazioni, ecc.*) *2* (*econ., market.*) onere d'attrito (*d'un prodotto*) *3* (*fin., market.*) aumento di prezzo; rincaro (*di prezzi*) *4* (*fin., market.*) margine di utile lordo, margine di profitto; ricarico.

marl /mɑːl/, n. (*geol.*) marna. ● **m.-pit**, marniera.

to **marl** /mɑːl/, v. t. (*agric.*) marnare (*un terreno*).

marlin /ˈmɑːlɪn/, n. (*zool., Makaira*) marlin (*pesce dei mari tropicali*).

marline /ˈmɑːlɪn/, **marling** /ˈmɑːlɪŋ/, n. (*naut.*) merlino, lezzino (*funicella*). ● **m.-spike**, punteruolo per funi; caviglia per impiombare.

marlite /ˈmɑːlaɪt/, **marlstone** /ˈmɑːlstəʊn/, n. (*geol.*) roccia marnosa.

marly /ˈmɑːlɪ/, a. marnoso.

marmalade /ˈmɑːməleɪd/, n. marmellata d'arance (*o* di limoni).

marmolite /ˈmɑːməlaɪt/, n. (*miner.*) marmolite; antigorite.

marmoreal /mɑːˈmɔːrɪəl/, a. (*poet.*) marmoreo.

marmose /ˈmɑːməʊs/, n. (*zool., Marmosa*) marmosa.

marmoset /ˈmɑːməzɛt, -s-, -məˈ-/, n. (*zool., Callithrix*) uistitì; callitricide.

marmot /ˈmɑːmət/, n. (*zool., Marmota*) marmotta.

marocain /ˈmærəkeɪn/, n. crêpe (*o* crespo) del Marocco.

Maronite /ˈmærənaɪt/, n. (*relig.*) maronita.

maroon (1) /məˈruːn/, n. e a. (di) color rosso cupo (*o* porpora).

maroon (2) /məˈruːn/, n. castagnola; mortaretto; petardo.

maroon (3) /məˈruːn/, n. *1* (*nelle Indie Occidentali; un tempo*) schiavo negro fuggiasco; (*ora*) discendente di tali schiavi *2* individuo (*marinaio, ecc.*) abbandonato, per punizione, su un'isola deserta.

to **maroon** /məˈruːn/, **A** v. t. *1* abbandonare (q.), per punizione, su un'isola deserta (o su una costa disabitata) *2* (*fig.*) isolare (q.). **B** v. i. (*nel sud degli Stati Uniti*) campeggiare; fare un campeggio.

marplot /ˈmɑːplɒt/, n. guastafeste; guastamestieri.

marque /mɑːk/, n. marca (*specialm. di un autoveicolo*).

marquee /mɑːˈkiː/, n. grande tenda; padiglione, tendone (*per feste, matrimoni, ecc.*).

marquess /ˈmɑːkwɪs/, n. marchese.

marqueterie, marquetry /ˈmɑːkɪtrɪ/, n. (lavoro d') intarsio (*specialm. di mobili*). ● **m. cutter**, intarsiatore.

marquis /ˈmɑːkwɪs/, n. marchese.

marquisate /ˈmɑːkwɪzət/, n. marchesato.

marquise /mɑːˈkiːz/, n. *1* marchesa (*titolo non ingl.*) *2* (*gioielleria*) marquise; castone allungato (*d'anello*).

marriage /ˈmærɪdʒ/, n. matrimonio; (*anche fig.*) connubio, unione. ● (*leg.*) **m. articles**, clausole di un contratto di matrimonio □ **m. bed**, letto matrimoniale; (*fig.*) rapporti coniugali □ **m. bureau**, agenzia matrimoniale □ **m. guidance**, consulenza matrimoniale □ **m. guidance centre**, consultorio prematrimoniale □ **m. leave**, congedo per matrimonio □ **m. licence**, licenza di matrimonio □ **m. lines**, certificato di matrimonio □ **m. service**, cerimonia nuziale □ (*leg.*) **m. settlement**, contratto di matrimonio □ **m. tie**, vincolo coniugale □ **to give in m.**, dare in matrimonio □ **to take in m.**, prendere per marito; prendere in moglie.

marriageable /ˈmærɪdʒəbl/, a. *1* adatto al matrimonio; matrimoniabile (*scherz.*) *2* in età da marito; in età da prendere moglie.

married /ˈmærɪd/, a. *1* sposato, sposata; ammogliato; maritata *2* matrimoniale; coniugale: **m. life**, vita matrimoniale. ● **a m. couple**, una coppia di sposi; due coniugi □ **to get m.**, sposarsi.

marrieds /ˈmærɪdz/, n. pl. (*fam.*) sposi: **young m.**, sposi giovani; sposini.

marrow (1) /ˈmærəʊ/, n. *1* (*anat.*) midollo: **the spinal m.**, il midollo spinale *2* (*fig.*) essenza; nòcciolo; succo *3* (*bot., Cucurbita pepo*; = **vegetable m.**) zucca. ● (*USA*) **m. squash**, zucchino □ **baby m.**, zucchino □ **to be frozen to the m.**, essere gelato sino al midollo.

marrow (2) /ˈmærəʊ/, n. (*dial.*) compagno (*specialm. di lavoro*).

marrowbone /ˈmærəʊbəʊn/, n. *1* osso con midollo *2* (*cucina*) ossobuco.

marrowfat /ˈmærəʊfæt/, n. (= **m. pea**) pisello gigante primaticcio.

marrowless /ˈmærəʊləs/, a. senza midollo.

marrowy /ˈmærəʊɪ/, a. midolloso (*raro*); ricco di midollo.

marrubium /məˈruːbɪəm/, n. (*bot., Marrubium vulgare*) marrubio.

marry /ˈmærɪ/, inter. (*arc.*) accidenti!, nespole!

to **marry** /ˈmærɪ/, **A** v. t. *1* sposare; prendere per marito (*o* in moglie): **She married a diplomat**, sposò un diplomatico *2* dare in matrimonio; ammogliare; maritare; unire in matrimonio *3* (*fig.*) congiungere; unire strettamente. **B** v. i. sposarsi; accasarsi; ammogliarsi; maritarsi. ● **to m. again**, risposarsi □ **to m. into a good family**, accasarsi bene □ (*fam.*) **to m. into money**, fare un matrimonio d'interesse □ **to m. off**, sposare; accasare □ **He's married his eldest daughter**, ha accasato la figlia maggiore □ **A priest married them**, si sposarono in chiesa.

Mars /mɑːz/, n. (*mitol., astron.*) Marte. ● (*miss.*) **M. landing**, ammartaggio.

Marseillaise /mɑːseɪˈjeɪz, -ˈeɪz, -ˈɛz, -ˈleɪz, -sə-/ (*franc.*), n. (la) Marsigliese (*inno*).

Marseilles /mɑːˈseɪ, -ˈseɪlz/, n. *1* (*geogr.*) Marsiglia *2* (*ind. tess.*) tessuto forte di cotone a righe; picchè. ● (*edil.*) **M. tile**, tegola marsigliese.

marsh /mɑːʃ/, n. palude; acquitrino; terreno paludoso. ● **m. fever**, malaria □ **m. gas**, gas di palude; metano □ **m. mallow** (*bot., Althaea officinalis*), altea, bismalva, malvaccione; (*di solito* **marshmallow**) dolce rotondo (*di pasta assai dolce*) □ (*bot.*) **m. marigold** (*Caltha palustris*), calta palustre □ (*bot.*) **m. thistle** (*Cirsium palustre*), cardo palustre □ (*zool.*) **m. tit** (*Parus palustris*), cincia bigia □ (*zool.*) **m. treader** (*Hydrometra stagnorum*), idrometra.

marshal /ˈmɑːʃl/, n. *1* (*mil.*) maresciallo (*grado superiore a quello di generale*): **air-m.**, maresciallo dell'aria (*generale d'aviazione*) *2* cerimoniere *3* (*leg.*) ufficiale giudiziario *4* (*USA*) sceriffo; capo di un dipartimento di polizia; comandante dei vigili del fuoco. ● (*stor.*) **knight m.**, funzionario della casa reale investito di poteri giudiziari (*in G.B.*).

to **marshal** /ˈmɑːʃl/, v. t. *1* mettere in ordine; ordinare; schierare: **He marshalled his forces for the battle**, schierò le truppe in ordine di battaglia; **to m. facts**, ordinare i fatti *2* accompagnare, condurre (cerimoniosamente): **He was marshalled into the presence of the king**, fu condotto al cospetto del sovrano *3* (*arald.*) disporre, sistemare (*un'insegna gentilizia*) su uno stemma *4* (*rag.*) disporre (*attività o passività*) in ordine di priorità *5* preparare (*veicoli*) *6* (*ferr.*) smistare (*vagoni*).

marshalling /ˈmɑːʃəlɪŋ/, n. *1* ordinamento; schieramento *2* (*rag.*) disposizione (di attività o passività) in ordine prioritario *3* (*ferr.*) smistamento. ● (*ferr.*) **m. yard**, scalo di smistamento; piazzale di manovra.

marshalship /ˈmɑːʃlʃɪp/, n. (*mil.*) marescialato.

marshiness /ˈmɑːʃɪnəs/, n. l'essere paludoso.

marshy /ˈmɑːʃɪ/, a. *1* paludoso; acquitrinoso *2* palustre.

marsupial /mɑːˈsuːpɪəl, -sj-/, (*zool.*) **A** a. di (*o* simile a) marsupio. **B** n. *1* marsupiale *2* (*pl.*) (*Marsupialia*) marsupiali.

marsupium /mɑːˈsuːpɪəm, -sj-/, n. (*pl.* **marsupia**) (*zool.*) marsupio.

mart /mɑːt/, n. mercato; emporio; centro commerciale.

martagon /ˈmɑːtəgən/, n. (*bot., Lilium martagon*; = **martagon lily**) (giglio) martagone.

martello /mɑːˈtɛləʊ/, n. (*pl.* **martellos**) (*stor.*, = **m. tower**) torre a guardia d'una costa.

marten /ˈmɑːtɪn, *USA* -tn/, n. (*pl.* **marten, martens**) (*zool., Martes*) martora; mustelide (*in genere*).

martensite /ˈmɑːtɪnzaɪt, *USA* -tnz-/, n. (*metall.*) martensite. ● **m. steel**, acciaio martensitico.

Martha /ˈmɑːθə/, n. Marta.

martial /ˈmɑːʃl/, a. *1* marziale; bellicoso; guerresco: **m. music**, musica marziale; (*leg.*) **m. law**, legge marziale; **court m.**, corte marziale; **m. spirit**, spirito bellicoso *2* – (*mitol., astron.*) **M.**, di Marte. ● (*sport*) **m. arts**, arti marziali (*judo, ecc.*). || **-ly**, avv.

Martial /ˈmɑːʃl/, n. (*stor., letter.*) Marziale.

Martian /ˈmɑːʃn/, a. e n. marziano.

martin /ˈmɑːtɪn, *USA* -tn/, n. (*zool., Delichon urbica*; = **house m.**) balestruccio.

Martin /ˈmɑːtɪn, *USA* -tn/, n. Martino. ● **St. M.'s day**, il giorno di San Martino (*11 novembre*).

martinet (1) /mɑːtɪˈnɛt, ˈmɑːtɪnet/, n. *1* uomo (*specialm. ufficiale*) molto severo, rigido, esigente *2* (*fig.*) caporale: **She's a m.**, (quella donna) è proprio un caporale!

martinet (2) /mɑːtɪˈnɛt, ˈmɑːtɪnet/, n. (*mil., stor.*) balista.

martinetish /mɑːtɪˈnɛtɪʃ, ˈmɑːtɪnet-/, a. severo; rigido; esigente.

martingale /ˈmɑːtɪŋgeɪl, *USA* -tŋ-/, n. *1* martingala (*correggia del cavallo*) *2* (*nei giochi d'azzardo*) martingala *3* (*naut.*) pennaccino; briglia di asta.

martini /mɑːˈtiːnɪ/ (*ital.*), n. (*pl.* **martinis**) martini (*aperitivo*).

Martinmas /ˈmɑːtɪnməs, *USA* -tn-/, n. festa di San Martino.

martlet /ˈmɑːtlət/, n. *1* (*zool.*) *V.* **martin** *2* (*arald.*) merlotto.

martyr /ˈmɑːtə(r)/, n. martire (*anche fig.*); vittima: **the early Christian martyrs**, i primi martiri cristiani; **He is a m. to gout**, è una vittima della gotta. ● **to make a m. of oneself**, sacrificarsi; fare la vittima; atteggiarsi a martire.

to **martyr** /ˈmɑːtə(r)/, v. t. martirizzare; condannare al martirio.

martyrdom /ˈmɑːtədəm/, n. (*anche fig.*) martirio.

to **martyrize** /ˈmɑːtəraɪz/, v. t. martirizzare; martoriare.

martyrological /mɑːtərəˈlɒdʒɪkl/, a. *1* di martire *2* di martirologio.

martyrology /mɑːtəˈrɒlədʒɪ/, n. martirologio.

martyry /ˈmɑːtərɪ/, n. (*relig.*) cappella dedicata a un santo martire; reliquiario.

marvel /ˈmɑːvl/, n. *1* meraviglia; cosa meravigliosa: **the marvels of science**, le meraviglie della scienza *2* (*fig.*) miracolo; prodigio: **to work marvels**, fare miracoli. ● (*bot.*) **m. of Peru**, *V.* **four o' clock**.

to **marvel** /ˈmɑːvl/, **A** v. i. *1* meravigliarsi; stupirsi; essere sorpreso: **He marvelled at my patience**, si meravigliò della mia pazienza *2* (*lett.*) chiedersi; domandarsi **B** *v. t.* (*di solito* **to m. that**) meravigliarsi, stupirsi (che): **I m. that he came out alive**, mi meraviglio che ne sia uscito vivo.

marvellous /ˈmɑːvləs, -vəl-/, *a.* *1* meraviglioso; mirabile; straordinario *2* (*fam.*) stupendo; fantastico. || **-ly**, *avv.* || **-ness**, *sost.*

Marxian /ˈmɑːksɪən/, *a.* e *n.* (*stor.*) marxiano.

Marxism /ˈmɑːksɪzəm/, *n.* (*polit.*) marxismo. ● **M.-Leninism**, marxismo-leninismo.

Marxist /ˈmɑːksɪst/, *a.* e *n.* (*polit.*) marxista. ● **M.-Leninist**, marxista-leninista.

Mary /ˈmɛərɪ/, *n.* Maria. ● (*pop.*) **M. Jane**, marijuana.

marzipan /ˈmɑːzɪpæn, mɑːzɪˈpæn, *USA* ˈmɑːtsɪpɑːn/, *n.* marzapane.

mascara /mæˈskɑːrə, mə-, *USA* -ærə/, *n.* mascara (*cosmetico per le ciglia*).

mascle /ˈmɑːskl, *USA* ˈmæ-/, *n.* (*arald.*) losanga traforata.

mascot /ˈmæskət, -ɒt/, *n.* mascotte; portafortuna.

masculine /ˈmæskjʊlɪn/, **A** *a.* *1* maschile (*anche gramm.*); maschio; virile; mascolino *2* (*di donna*) poco femminile; che ha caratteri maschili. **B** *n.* (*gramm.*) genere (*o* nome) maschile. ● (*poesia*) **m. ending**, terminazione d'un verso in parola tronca □ **m. rhyme**, rima fra parole tronche. || **-ly**, *avv.* || **-ness**, *sost.*

masculinity /mæskjʊˈlɪnətɪ/, *n.* mascolinità; virilità.

maser /ˈmeɪzə(r)/, *n.* (*fis.*, *elettron.*) maser.

mash /mæʃ/, *n.* *1* infuso di malto (*in acqua calda*) *2* mescolanza; miscela; miscuglio *3* beverone, pastone (*per animali*) *4* (*fam.*, *cucina*) passato; purè: **bangers and m.**, salsicce e purè. ● **m. tub**, recipiente in cui macerare il malto; bigoncia.

to **mash** /mæʃ/, *v. t.* *1* macerare (*il malto*) nell'acqua calda *2* pestare, schiacciare, passare (*verdura, ecc.*). ● **mashed potatoes**, purè di patate. ● **to m. the tea**, mettere il tè in infusione.

masher /ˈmæʃə(r)/, *n.* *1* chi macera (*o* pesta, schiaccia) *2* passaverdura *3* (*pop. arc.*) damerino; rubacuori. ● **potato-m.**, schiacciapatate.

mashie /ˈmæʃɪ/, *n.* (*sport*: *golf*) mashie; ferro 5.

mask /mɑːsk, *USA* mæsk/, *n.* *1* maschera (*anche fig.*): **an actors's m.**, la maschera d'un attore; **beauty m.**, maschera di bellezza; **a gas--m.**, una maschera antigas; **a m. for anaesthetics**, una maschera per anestesia; **a death--m.**, una maschera mortuaria; (*fig.*) **to throw off the m.**, gettare (*o* levarsi) la maschera *2* *V.* **masker** *3* *V.* **masque** *4* (*mil.*) mascheramento *5* muso (*di volpe, cane, ecc.*) *6* mascherino (*di macchina fotografica*) *7* (*archit.*) mascherone *8* (*elab.*) maschera.

to **mask** /mɑːsk, *USA* mæsk/, **A** *v. t.* mascherare (*anche fig.*); celare; dissimulare; mimetizzare; nascondere: **The ivy masks the wall**, l'edera maschera il muro; **to m. one's hatred**, mascherare il proprio odio; **masked guns**, cannoni mascherati (*o* mimetizzati). **B** *v. i.* mascherarsi; vestirsi in maschera. ● **to m. one's face**, mascherarsi □ **a masked ball**, un ballo in maschera.

masker /ˈmɑːskə(r), *USA* ˈmæ-/, *n.* persona mascherata; maschera.

masking /ˈmɑːskɪŋ, *USA* ˈmæ-/, *n.* (*anche scient.*, *tecn.*) mascheramento; mascheratura.

masochism /ˈmæsəkɪzəm/, *n.* (*psic.*) masochismo.

masochist /ˈmæsəkɪst/, *n.* (*psic.*) masochista.

masochistic /mæsəˈkɪstɪk/, *a.* (*psic.*) masochistico. || **-ally**, *avv.*

mason /ˈmeɪsn/, *n.* *1* muratore; scalpellino *2* massone; frammassone; franco muratore. ● **master m.**, capomastro; maestro muratore □ **stone-m.**, scalpellino.

to **mason** /ˈmeɪsn/, *v. t.* murare; costruire in muratura.

masonic /məˈsɒnɪk/, *a.* massonico.

masonite /ˈmeɪsənaɪt/, *n.* (*marchio*: *edil.*) masonite.

masonry /ˈmeɪsnrɪ/, *n.* *1* arte muraria; lavoro da muratore *2* muratura: **brick m.**, muratura in mattoni *3* massoneria; frammassoneria. ● (*mecc.*) **m. drill**, trapano per calcestruzzo.

masque /mɑːsk, *USA* mæsk/, *n.* (*letter.*) *1* «masque» (*rappresentazione allegorica soprattutto coreografica e musicale, recitata da patrizi a corte e nei loro castelli, nei secoli XVI e XVII*) *2* intermezzo drammatico (*di solito in versi, per tale rappresentazione*) *3* *V.* **masquerade**, *def. 1.*

masquer /ˈmɑːskə(r), *USA* ˈmæ-/, *V.* **masker**.

masquerade /mɑːskəˈreɪd, *USA* mæ-/, *n.* *1* mascherata; ballo in maschera *2* (*fig.*) finzione; messa in scena; mascherata (*fig.*).

to **masquerade** /mɑːskəˈreɪd, *USA* mæ-/, *v. i.* (*anche fig.*) mascherarsi; travestirsi; camuffarsi; spacciarsi (*per q.*): **a man who masquerades as a woman**, un uomo che si traveste da donna.

masquerader /mɑːskəˈreɪdə(r), *USA* mæ-/, *n.* chi partecipa a una mascherata.

mass (1) /mæs/, **A** *n.* *1* massa; ammasso; grande quantità; moltitudine; folla: **a m. of mineral**, un ammasso di minerale; (*pitt.*) **a m. of light**, una massa di luce; **the masses**, la massa del popolo; le masse *2* (*fis.*, *chim.*) massa. **B** *a. attr.* *1* di massa; in massa: **m. demonstration**, dimostrazione di massa; **m. advertising**, pubblicità di massa *2* in serie: (*econ.*) **m. production**, produzione in serie *3* integrale; totale: **m. destruction**, distruzione totale. ● **m.-circulation press**, stampa a grande tiratura □ (*ind. costr.*) **m. concrete**, calcestruzzo □ **m. magazine**, rivista a grande tiratura □ **m. man**, uomo medio □ **m. media**, mezzi di diffusione (*o* di comunicazione) di massa; mass media □ **a m. meeting**, un raduno popolare □ (*fis. nucl.*) **m. number**, numero di massa □ **m. observation**, studio dei fenomeni di massa □ (*polit.*) **m. party**, partito di massa □ **m. round-up**, retata in grande stile (*della polizia, ecc.*) □ (*fis.*) **m. spectograph**, spettrografo di massa □ (*elab.*) **m. storage**, memoria di massa □ **the (great) m. of**, la maggior parte di □ **in the m.**, nella massa; nel complesso.

mass (2), **Mass** /mæs/, *n.* (*relig.*) messa. ● **m.-book**, messale □ **to attend** (*o* **to go to**) **M.**, andare a messa □ **to hear M.**, sentir messa; ascoltare la messa □ **High M.**, messa cantata □ **Low M.**, messa piana □ **to say M.**, dir messa.

to **mass** /mæs/, **A** *v. t.* ammassare; raggruppare; radunare; concentrare (*truppe*). **B** *v. i.* ammassarsi; raggrupparsi; radunarsi: **The besiegers were massing under the main gate of the town**, gli assedianti si ammassavano sotto la porta maggiore della città.

massacre /ˈmæsəkə(r)/, *n.* massacro (*anche fig.*); carneficina; macello; strage.

to **massacre** /ˈmæsəkə(r)/, *v. t.* *1* massacrare; far strage di; trucidare *2* (*fig. fam.*) battere; sconfiggere; stracciare (*fig. fam.*).

massage /ˈmæsɑːʒ, *USA* məˈsɑːʒ/, *n.* massaggio. ● **to give sb. a m.**, fare un massaggio a q. □ **to have a m.**, farsi fare un massaggio.

to **massage** /ˈmæsɑːʒ, *USA* məˈsɑːʒ/, *v. t.* *1* massaggiare *2* (*fig. fam.*) falsificare; truccare.

massed /mæst/, *a.* *1* ammassato *2* di massa: **a m. protest**, una protesta di massa. ● (*ciclismo*) **m.-start race**, corsa in linea.

masseter /məˈsiːtə(r)/, *n.* (*anat.*) massetere.

masseur /mæˈsɜː(r), mə-, *USA* -ʊə(r)/ (*franc.*), *n.* massaggiatore.

masseuse /mæˈsɜːz, mə-, *USA* -uːz/ (*franc.*), *n.* massaggiatrice.

massif /ˈmæsiːf, *USA* mæˈsiːf/, *n.* (*geol.*, *geogr.*) massiccio.

massive /ˈmæsɪv/, *a.* *1* massiccio; solido; pesante: **m. gold**, oro massiccio; **a m. head**, una testa massiccia *2* (*fig.*) imponente; potente; forte: **a m. mind**, una forte intelligenza *3* (*farm.*, *med.*) massivo: **in m. doses**, in dosi massive. ● (*comm.*) **a m. discount**, uno sconto fortissimo (*o* favoloso). || **-ly**, *avv.* || **-ness**, *sost.*

massless /ˈmæsləs/, *a.* (*fis.*) privo di massa; senza massa.

massotherapist /mæsəʊˈθerəpɪst/, *n.* (*med.*) massoterapista.

massotherapy /mæsəʊˈθerəpɪ/, *n.* (*med.*) massoterapia.

to **mass-produce** /mæsprəˈdjuːs, *USA* -duː-/, *v. t.* produrre (*o* costruire) in serie; standardizzare.

mass-production /ˈmæsprədʌkʃn/, *n.* produzione in serie (*o* di massa); standardizzazione.

massy /ˈmæsɪ/, *a.* massiccio; compatto; solido; pesante.

mast (1) /mɑːst, *USA* mæst/, *n.* *1* (*naut.*) albero *2* (*pl.*) (*naut.*) alberatura *3* (supporto di) antenna radio (*o* televisiva) *4* asta (*di bandiera*) *5* (*mecc.*) montante (*di gru, ecc.*) *6* (*ind. min.*) antenna di perforazione; mast. ● (*naut.*) **m. clamp**, collare di piè d'albero □ (*naut.*) **m. partner**, mastra d'albero □ (*naut.*) **m. step**, scassa d'albero □ **to be at the m.**, essere di guardia in coffa □ (*naut.*) **fore m.**, albero di trinchetto □ (*naut.*) **jury m.**, albero di fortuna □ (*naut.*) **main m.**, albero di maestra □ (*naut.*) **mizzen m.**, albero di mezzana □ (*naut.*) **pole m.**, alberetto □ (*fig.*) **to sail before the m.**, navigare come semplice marinaio.

mast (2) /mɑːst, *USA* mæst/, *n. collett.* ghiande; faggiole; faggine.

to **mast** /mɑːst, *USA* mæst/, *v. t.* (*naut.*) alberare; fornire (*una nave*) d'alberi.

mastalgia /mæˈstældʒə/, *n.* (*med.*) mastalgia.

mast cell /ˈmɑːstsel, *USA* ˈmæ-/, *locuz. n.* (*biol.*) mastcellula; mastocito. ● (*med.*, *vet.*) **m. c. tumor**, mastocitoma.

mastectomy /mæˈstektəmɪ/, *n.* (*med.*) mastectomia.

masted /ˈmɑːstɪd, *USA* ˈmæ-/, *a.* (*naut.*, *nei composti, per es.*:) **a three-m. ship**, un veliero a tre alberi.

master /ˈmɑːstə(r), *USA* ˈmæ-/, **A** *n.* *1* padrone; signore; proprietario; (*anche leg.*) datore di lavoro: **The slaves hated their masters**, gli schiavi odiavano i padroni; **masters and men**, padroni e operai; datori di lavoro e prestatori d'opera; **I'm not even m. in my own house**, non sono neanche padrone in casa mia *2* maestro (*anche fig.*); mastro; insegnante; professore (*non universitario*): **an easy-going m.**, un maestro indulgente; **a m. carpenter**, un mastro carpentiere; **a dancing m.**, un maestro di ballo; **a fencing m.**, un maestro di scherma; **He's a m. of irony**, è un maestro dell'ironia; **He's a m. at dissembling**, è un maestro nel dissimulare; (*pitt.*) **the old masters**, gli antichi maestri *3* (*come appellativo, usato dai domestici*) signorino: **M. Teddy**, il signorino Teddy *4* (*relig.*) **the M.**, il Maestro; Gesù *5* (*naut.*) capitano (*di mercantile*): **the m. and the crew**, il capitano e l'equipaggio *6* (*in G.B.*) laureato (*in Inghil.*; *con laurea di 2° grado*; *cfr.* **bachelor**); dottore: **M. of Arts**, laureato in una disciplina umanistica; dottore in lettere; **M. of Science**, laureato (*o* dottore) in scienze *7* (*in G.B.*) direttore di un college (*a Cambridge*) *8* matrice, master (*di un disco*) *9* originale (*di un documento*). **B** *a. attr.* *1* padrone: **m. race**, razza padrona *2* principale; (il più) grande: **the m. bedroom**, la camera da letto principale; **the m. bathroom**, il bagno grande *3* generale: **m. catalogne**, catalogo generale; (*ass.*) **m. policy**, polizza generale (*nelle assicurazioni di gruppo*) *4* fondamentale: (*stat.*) **m. sample**, campione fondamentale *5* (*elab.*) permanente: **m. file**, file (*o* archivio) permanente. ● (*fam.*) **m.'s**, laurea (*di 2° grado*) □ (*naut.*, *mil.*) **m.-at-arms**, aiutante □ (*edil.*) **m. builder**, capomastro □ **m. card**, carta più alta (*al gioco*); (*fig.*) asso nella manica; (*elab.*) scheda maestra (*o* matrice) □ (*mil.*, *in Can.*) **m. corporal**, caporal maggiore □ (*mecc.*) **m. gauge**, calibro campione □

(*mil., in G.B.*) **m. gunner**, sottufficiale di artiglieria □ (*leg.*) **m. in chancery**, assistente di un giudice □ **m. key**, passe-partout (*franc.*); comunella (*chiave*) □ (*naut.*) **m. mariner**, capitano (*di mercantile*); capitano di lungo corso □ **m. of ceremonies** (*di solito*, **m. c.**), presentatore (*radiofonico o televisivo*) □ **M. of Ceremonies**, Maestro del cerimoniale □ **to be m. of one's fate**, essere padrone del proprio destino □ (*sport*) **m. of foxhounds** (*o* **of hounds**), chi si occupa della muta dei cani (*nella caccia alla volpe*) □ (*leg., in Inghil.*) **the M. of the Rolls**, il Presidente della Suprema Corte d'Appello (*è il magistrato civile di grado più elevato; in tutta la gerarchia giudiziaria, è il terzo dopo il Lord Cancelliere e il Lord Chief Justice, q.V.*) □ (*elettr.*) **m. switch**, interruttore generale □ (*mecc.*) **m. wheel**, ruota di comando □ **to make oneself m. of a language**, impadronirsi di una lingua □ **to be one's own m.**, essere indipendente (*o* autonomo); non dipendere da nessuno □ **to remain m. of the field**, rimanere padrone del campo (*anche fig.*) □ **to be thoroughly m. of st.**, padroneggiare (*o* conoscere a fondo) q.c.

to **master** /ˈmɑːstə(r), *USA* ˈmæ-/, *v. t.* dominare; controllare; essere padrone di; padroneggiare; tenere a freno; conoscere a fondo: **to m. one's temper**, dominare i propri impulsi; **to m. undisciplined schoolboys**, tenere a freno scolari indisciplinati; **to m. the English language**, conoscere a fondo la lingua inglese. ● **to m. one's stammer**, riuscire a non balbettare; vincere la balbuzie □ **I couldn't m. myself**, non riuscii a controllarmi.

masterdom /ˈmɑːstədəm, *USA* ˈmæ-/, *n.* ***1*** dominio; comando; padronanza ***2*** maestria.

masterful /ˈmɑːstfl, *USA* ˈmæ-/, *a.* ***1*** autoritario; imperioso ***2*** da maestro; magistrale: **a m. speech**, un discorso magistrale ***3*** ottimo; eccellente: **a m. conductor**, un ottimo direttore d'orchestra. ‖ **-ly**, *avv.*

masterfulness /ˈmɑːstəflnəs, *USA* ˈmæ-/, *n.* ***1*** imperiosità ***2*** maestria; bravura.

masterhood /ˈmɑːstəhʊd, *USA* ˈmæ-/, *V.* **masterdom**.

masterless /ˈmɑːstələs, *USA* ˈmæ-/, *a.* ***1*** senza (*o* privo di) padrone ***2*** incontrollato.

masterliness /ˈmɑːstəlɪnəs, *USA* ˈmæ-/, *n.* maestria; eccellenza; perfezione.

masterly /ˈmɑːstəlɪ, *USA* ˈmæ-/, *a.* da maestro; magistrale; eccellente; ottimo: **a m. job**, un lavoro eccellente.

mastermind /ˈmɑːstəmaɪnd, *USA* ˈmæ-/, *n.* ***1*** grande intelletto; persona intelligentissima ***2*** ideatore; cervello (*fig.*): **He is the m. of the undertaking**, è il cervello dell'impresa.

to **mastermind** /ˈmɑːstəmaɪnd, *USA* ˈmæ-/, *v. t.* essere il cervello, la mente direttiva di (*un piano, ecc.*).

masterpiece /ˈmɑːstəpiːs, *USA* ˈmæ-/, *n.* capolavoro.

mastership /ˈmɑːstəʃɪp, *USA* ˈmæ-/, *n.* ***1*** magistero; condizione (*o* professione, ufficio) di maestro ***2*** dominio; padronanza ***3*** maestria.

masterstroke /ˈmɑːstəstrəʊk, *USA* ˈmæ-/, *n.* colpo da maestro.

masterwork /ˈmɑːstəwɜːk, *USA* ˈmæ-/, *n.* capolavoro.

masterwort /ˈmɑːstəwɜːt, *USA* ˈmæ-/, *n.* (*bot., Astrantia*) astranzia.

mastery /ˈmɑːstərɪ, *USA* ˈmæ-/, *n.* ***1*** dominio; controllo: **to contend for the m. of the country**, disputarsi il controllo del paese ***2*** supremazia; sopravvento: **I was determined to struggle for complete m. with all my force**, ero deciso a lottare per l'assoluta supremazia con tutte le mie forze ***3*** maestria; bravura; abilità: **his m. of chess**, la sua abilità nel gioco degli scacchi ***4*** padronanza (*fig.*); conoscenza approfondita (*di una materia, di un argomento*).

masthead /ˈmɑːsthed, *USA* ˈmæ-/, *n.* ***1*** (*naut.*) testa d'albero; colombiere ***2*** testata (*di giornale*). ● (*mil.*) **m. bombing**, bombardamento (*di navi*) a bassissima quota.

mastic /ˈmæstɪk/, *n.* ***1*** mastice; resina mastice ***2*** (*costr. stradali*) mastice d'asfalto ***3*** (*bot., Pistacia lentiscus*; = **m. tree**) lentisco.

masticability /mæstɪkəˈbɪlətɪ/, *n.* masticabilità.

masticable /ˈmæstɪkəbl/, *a.* masticabile.

to **masticate** /ˈmæstɪkeɪt/, *v. t.* ***1*** masticare ***2*** (*tecn.*) masticare, plastificare (*la gomma*).

mastication /mæstɪˈkeɪʃn/, *n.* masticazione.

masticator /ˈmæstɪkeɪtə(r)/, *n.* ***1*** masticatore; chi mastica ***2*** (*tecn.*) masticatore; macchina masticatrice (*per la gomma*).

masticatory /ˈmæstɪkətrɪ, *USA* -tɔːrɪ/, *a.* e *n.* masticatorio.

mastiff /ˈmæstɪf/, *n.* (*zool.*) mastino.

mastitis /mæˈstaɪtɪs/, *n.* (*pl.* **mastitides**) (*med.*) mastite.

mastocytoma /mæstəsaɪˈtəʊmə/, *n.* (*med., vet.*) mastocitoma.

mastodon /ˈmæstədɒn/, *n.* (*paleont.*) mastodonte.

mastodontic /mæstəˈdɒntɪk/, *a.* mastodontico.

mastoid /ˈmæstɔɪd/, **A** *a.* (*anat.*) mastoideo. **B** *n.* ***1*** (*anat.*: = **m. bone**) mastoide ***2*** (*fam.*) mastoidite.

mastoidectomy /mæstɔɪˈdektəmɪ/, *n.* (*med.*) mastoidectomia.

mastoiditis /mæstɔɪˈdaɪtɪs/, *n.* (*pl.* **mastoiditides**) (*med.*) mastoidite.

mastopathy /mæˈstɒpəθɪ/, *n.* (*med.*) mastopatia.

to **masturbate** /ˈmæstəbeɪt/, **A** *v. i.* masturbarsi. **B** *v. t.* masturbare.

masturbation /mæstəˈbeɪʃn/, *n.* masturbazione.

masurium /məˈzʊərɪəm, -ˈzj-/, *n.* (*chim.*) masurio; tecnezio.

mat (1) /mæt/, *n.* ***1*** stuoia; stuoino; tappetino: **bath mat**, tappetino da bagno ***2*** sottopiatto; sottocoppa; sottovaso ***3*** intreccio; viluppo; groviglio; nodo (*di capelli, di peli*): **a mat of hair**, un viluppo di capelli, di peli ***4*** (*edil.*) platea di fondazione; (*anche*) armatura a rete ***5*** (*naut.*) paglietto ***6*** (*sport: lotta e atletica*) tappeto ***7*** *V.* **doormat**. ● (*naut.*) **collision mat**, paglietto turafalle □ (*fig. fam.*) **to be on the mat**, essere nei guai (*o* nei pasticci); essere rimproverato aspramente.

mat (2) /mæt/, **A** *a.* opaco; appannato; sbiadito; smorto: **a m. surface**, una superficie opaca; **m. colours**, colori sbiaditi; **m. walnut**, noce opaco. **B** *n.* ***1*** superficie opaca; finitura opaca ***2*** (*grafica*) passe-partout ***3*** filetto d'oro «matto» (*in una cornice*).

to **mat (1)** /mæt/, **A** *v. t.* ***1*** coprire con stuoie; provvedere di stuoino ***2*** intrecciare; avviluppare; arruffare; ingarbugliare; infeltrire: **Filth matted his hair**, aveva i capelli arruffati e sudici. **B** *v. i.* intrecciarsi; avvilupparsi; ingarbugliarsi.

to **mat (2)** /mæt/, *v. t.* ***1*** rendere opaco; opacizzare; dare una finitura opaca a (*un metallo*) ***2*** rendere opaco (*un vetro*) ***3*** (*grafica*) provvedere (*una foto, ecc.*) di un passe-partout.

matador /ˈmætədɔː(r)/ (*spagn.*), *n.* matador; espada.

match (1) /mætʃ/, *n.* ***1*** fiammifero; cerino: **safety m.**, fiammifero di sicurezza; **to strike a m.**, accendere un fiammifero ***2*** accenditore, miccia (*per esplosivi*).

match (2) /mætʃ/, *n.* ***1*** (*sport*) gara, incontro, partita (*tra non più di due competitori o squadre*): **a wrestling m.**, un incontro di lotta; **a cricket m.**, una partita di cricket ***2*** (degno) avversario; eguale; pari; simile: **He's found his m.**, ha trovato un avversario alla sua altezza; **We shall never see his m.**, non vedremo mai l'eguale (*o* uno pari a lui) ***3*** matrimonio: **She has made a good m.**, ha fatto un buon matrimonio; **to make a m. of it**, contrarre matrimonio; sposarsi ***4*** partito (*matrimoniale*): **That young man is a good m.**, quel giovanotto è un buon partito ***5*** paio; coppia (*di persone o di oggetti*) ***6*** (*elab.*) match; accoppiamento; corrispondenza. ● **to be a m. for sb.**, non essere da meno di q.; tenere testa a q. □ (*nei giochi, nelle gare*) **m. point**, ultimo punto che decide l'esito di un incontro □ (*sport*) **m. winner**, uomo partita □ **to be more than a m. for sb.**, dare del filo da torcere a q. (*fig.*) □ **to meet one's m.**, trovare pane per i propri denti (*fig.*) □ **Her purse and shoes were a good m.**, la sua borsa si intonava bene con le scarpe.

to **match** /mætʃ/, **A** *v. t.* ***1*** accoppiare; unire in matrimonio ***2*** opporre (a); misurare (con); far gareggiare: **I am ready to m. my strength against my opponent's**, sono pronto a misurare la mia forza con quella del mio avversario ***3*** essere pari (*o* uguale) a; stare alla pari di; pareggiare; eguagliare; tener testa a: **His looks m. his character**, il suo aspetto è pari al suo carattere; **No one can m. him in fencing**, nessuno può tenergli testa nella scherma ***4*** armonizzare; accompagnare: **I want to m. this cloth**, voglio accompagnare questa stoffa ***5*** confrontare; paragonare ***6*** essere all'altezza di (*fig.*): **His last novel doesn't m. his previous ones**, il suo ultimo romanzo non è all'altezza dei precedenti ***7*** (*tecn.*) collegare; far combaciare ***8*** (*rag., stat.*) accoppiare; abbinare. **B** *v. i.* ***1*** competere; misurarsi; gareggiare ***2*** armonizzare; accompagnarsi; intonarsi; andar bene insieme: **The curtains and the wallpaper m. well**, le tendine e la carta da parati s'accompagnano bene; **These gloves do not m. with your coat**, questi guanti non s'intonano col tuo soprabito ***3*** combaciare; corrispondere: **After you've signed the cheque, the cashier will examine the signature on your card to see that it matches**, dopo che avrete firmato l'assegno, il cassiere controllerà la firma sulla vostra carta di credito per accertarsi che corrisponda ***4*** (*raro: di animali*) accoppiarsi. ● **to m. up to**, essere all'altezza di (*fig.*); corrispondere a (*aspettative, ecc.*) □ **a well-matched couple**, una coppia bene assortita.

matchboard /ˈmætʃbɔːd/, *n.* (*falegn.*) asse gemella; perlina.

matchbook /ˈmætʃbʊk/, *n.* bustina di fiammiferi.

matchbox /ˈmætʃbɒks/, *n.* scatola di fiammiferi.

matchet /ˈmætʃɪt/, *n.* (*arc.*) machete.

matching /ˈmætʃɪŋ/, **A** *a.* ***1*** ben assortito; intonato; (*di un capo di vestiario*) in tinta: **m. colours**, colori ben assortiti ***2*** (*comm. est.: di dazio*) compensativo. **B** *n.* ***1*** (*anche tecn., stat.*) accoppiamento; abbinamento ***2*** l'eguagliare, il pareggiare, ecc. (*V.* **to match**) ***3*** (*elettr.*) adattamento: **m. impedance**, impedenza di adattamento ***4*** (*naut., aeron.*) collimazione ***5*** (*metall.*) centratura (*degli stampi*) ***6*** (*rag.*) confronto (*dei costi e dei ricavi*) per competenza economica. ● (*polit., USA*) **m. funds**, finanziamenti pubblici (*ai candidati presidenziali*) a parziale conguaglio delle offerte in denaro fatte dai privati □ (*tecn.*) **colour m.**, equilibratura dei colori □ (*med.*) **cross m. technique**, tecnica della prova crociata (*del sangue: in immunologia*).

matchless /ˈmætʃləs/, *a.* senza pari; ineguagliabile; impareggiabile.

matchlock /ˈmætʃlɒk/, *n.* (*stor.*) fucile a miccia; archibugio.

matchmaker /ˈmætʃmeɪkə(r)/, *n.* ***1*** chi combina (*o* cerca di combinare) matrimoni; paraninfo ***2*** (*sport*) organizzatore d'incontri (*o* di gare).

matchmaking /ˈmætʃmeɪkɪŋ/, *n.* ***1*** il combinare matrimoni ***2*** (*sport*) organizzazione d'incontri (*o* di gare). ● **a m. agency**, un'agenzia matrimoniale.

matchstick /ˈmætʃstɪk/, *n.* fiammifero (spento). ● **a m. man**, un uomo disegnato a tratti essenziali □ **a m. model**, un modellino fatto con i fiammiferi.

matchwood /ˈmætʃwʊd/, *n.* ***1*** legno per far fiammiferi ***2*** legna minuta (*da ardere*). ● (*fig.*) **smashed to m.**, fatto a pezzi; fracassato.

mate (1) /meɪt/, *n.* ***1*** compagno; compagno di

lavoro; camerata **2** (*fam.*; *al vocat.*) amico, «capo» **3** (*d'animali appaiati, specialm. d'uccelli*) compagno, compagna **4** (*demogr., leg.*) compagno, compagna (*in una libera unione*) **5** (*fam.*) marito, moglie; coniuge **6** (*naut.*) comandante in seconda (*di mercantile*); secondo (*di bordo*) **7** aiutante; assistente; aiuto: **the cook's m.**, l'aiutante del cuoco. ● (*naut.*) **m.'s receipt**, ricevuta provvisoria d'imbarco □ **builder's m.**, manovale.

mate (2) /meɪt/, *n.* scacco matto.

to **mate** (1) /meɪt/, **A** *v. t.* **1** accoppiare, appaiare (*animali*) **2** (*fam.*) unire in matrimonio; sposare **3** (*tecn.*) far combaciare. **B** *v. i.* **1** (*di animali*) accoppiarsi, appaiarsi **2** (*fam.*) sposarsi **3** (*tecn.*) combaciare **4** (*mecc.*) (*d'ingranaggi*) accoppiarsi.

to **mate** (2) /meɪt/, *v. t.* dare scacco matto a (q.).

mateless /ˈmeɪtləs/, *a.* senza compagno (*V.* **mate** (1)).

mater /ˈmeɪtə(r)/, *n.* **1** (*gergo studentesco, arc.*) madre; mamma **2** (*anat.*) madre: **pia m.**, pia madre; **dura m.**, dura madre.

material /məˈtɪərɪəl/, **A** *a.* **1** materiale; corporeo; fisico; grossolano; rozzo: **m. wellbeing**, benessere materiale; **m. needs**, bisogni materiali; **m. pleasures**, piaceri materiali **2** importante; rilevante; essenziale: **The witness held back a m. piece of evidence**, il testimone tenne nascosta una prova importante; **This point seems m. to his arguments**, questo punto sembra essenziale alla sua argomentazione **3** (*leg.*) pertinente: **m. evidence**, prove pertinenti al merito della controversia. **B** *n.* **1** materiale; materia; sostanza: **building m.**, materiale da costruzione; **raw materials**, materie prime; **m. for thought**, materia (*o* oggetto) di meditazione **2** (= **dress m.**) stoffa; panno; tessuto **3** materiale; argomenti; notizie; appunti: **m. for a book**, materiale per un libro **4** (*fig.*) stoffa (*fig.*); attitudine: **He is good salesman m.**, ha la stoffa per diventare un buon venditore. ● (*org. az.*) **materials buyer**, direttore dell'ufficio acquisti □ **m. nouns**, nomi di materia □ (*leg.*) **a m. witness**, un testimone chiave □ **the m. world**, il mondo fisico (*o* della materia) □ **from a m. point of view**, da un punto di vista concreto □ **writing materials**, l'occorrente per scrivere □ **He isn't university m.**, l'università non fa per lui.

materialism /məˈtɪərɪəlɪzəm/, *n.* (*filos.*) materialismo.

materialist /məˈtɪərɪəlɪst/, *n.* (*filos.*) materialista.

materialistic /mətɪərɪəˈlɪstɪk/, *a.* (*filos.*) materialistico.

materiality /mətɪərɪˈælətɪ/, *n.* **1** materialità **2** importanza; rilevanza **3** (*leg.*) pertinenza.

materialization /mətɪərɪəlaɪˈzeɪʃn, *USA* -lɪˈz-/, *n.* materializzazione.

to **materialize** /məˈtɪərɪəlaɪz/, **A** *v. t.* **1** (*anche parapsicologia*) materializzare; rendere corporeo **2** rendere materialistico. **B** *v. i.* **1** materializzarsi; diventare concreto; attuarsi; avverarsi; realizzarsi: **Our hopes never materialized**, le nostre speranze non si realizzarono mai **2** diventare corporeo; corporizzarsi **3** (*fam.*) farsi vedere (*a un appuntamento, ecc.*).

materially /məˈtɪərɪəlɪ/, *avv.* **1** materialmente **2** essenzialmente; sostanzialmente.

materialness /məˈtɪərɪəlnəs/, *n.* materialità; fisicità; corporeità.

materiel /mətɪərɪˈel/ (*franc.*), *n.* (*mil.*) equipaggiamento.

maternal /məˈtɜːnl/, *a.* materno: **m. care**, cure materne; **m. uncle**, zio materno. ● (*leg.*) **m. welfare**, tutela della maternità. || **-ly**, *avv.*

maternity /məˈtɜːnətɪ/, *n.* **1** maternità **2** (*med.*) (reparto) maternità: **to work in m.**, lavorare in maternità. ● **m. allowance** (*o* **benefit**), assegno di maternità (*in G.B., per le madri che non lavorano fuori casa*) □ **m. centre**, consultorio per gestanti □ **a m. dress [robe, skirt]**, un abito [una veste, una gonna] per gestanti (*o* pre-maman) □ **a m. hospital**, una (clinica per la) maternità □ **m. leave**, congedo per maternità □ **m. pay**, retribuzione corrisposta a una dipendente in gestazione (*o* che ha partorito da poco) □ (*med.*) **m. ward**, reparto maternità □ **m. wear**, vestiti per gestanti; pre-maman □ **to be [to go] on m. leave**, essere [mettersi] in maternità (*fam.*).

matey /ˈmeɪtɪ/, **A** *a.* (*fam.*) socievole. **B** *n.* (*fam.*) compagno; amico. ● **to be m. with sb.**, essere in familiarità con q.

math /mæθ/, (*USA*) *V.* **maths**.

mathematic /mæθəˈmætɪk/, **mathematical** /mæθəˈmætɪkl/, *a.* matematico; (*fig.*) esatto, preciso: **m. economist**, economista matematico. || **-ally**, *avv.*

mathematician /mæθəməˈtɪʃn/, *n.* matematico.

mathematics /mæθəˈmætɪks/, *n. pl.* (*col verbo al sing.*) matematica: **pure m.**, matematica pura; **applied m.**, matematica applicata.

Mat(h)ilda /məˈtɪldə/, *n.* Matilde; Matilda.

maths /mæθs/, *n.* (*abbr. fam. di* **mathematics**) matematica.

matinée /ˈmætɪneɪ, *USA* -ˈneɪ/ (*franc.*), *n.* (*teatr.*) matinée; spettacolo pomeridiano. ● **m. idol**, attore idoleggiato dalle donne.

mating /ˈmeɪtɪŋ/, *n.* accoppiamento. ● (*zool.*) **the m. season**, la stagione degli amori.

matins /ˈmætɪnz, *USA* -tnz/, *n. pl.* **1** (*relig.*) mattutino **2** (*poet.*) canto (*degli uccelli*) all'alba.

matrass /ˈmætrəs/, *n.* (*chim.*) matraccio.

matriarch /ˈmeɪtrɪɑːk/, *n.* matriarca (*anche fig.*).

matriarchal /meɪtrɪˈɑːkl/, *a.* matriarcale.

matriarchate /meɪtrɪˈɑːkeɪt/, **matriarchy** /ˈmeɪtrɪɑːkɪ/, *n.* matriarcato (*anche fig.*).

matric /məˈtrɪk/, *n.* (*fam.*) *abbr.* di **matriculation**.

matricidal /meɪtrɪˈsaɪdl/, *a.* di (*o* da) matricida; di matricidio.

matricide /ˈmeɪtrɪsaɪd, *USA* ˈmæ-/, *n.* **1** matricidio **2** matricida.

to **matriculate** /məˈtrɪkjʊleɪt/, **A** *v. t.* immatricolare; iscrivere (q.) all'università. **B** *v. i.* immatricolarsi; iscriversi all'università.

matriculation /mətrɪkjʊˈleɪʃn/, *n.* immatricolazione. ● **m. exam**, esame d'ammissione all'università.

matriculatory /məˈtrɪkjʊlətrɪ, *USA* -tɔːrɪ/, *a.* d'immatricolazione.

matrilineage /mætrɪˈlɪnɪɪdʒ/, *n.* (*etnol.*) matrilinearità.

matrilineal /mætrɪˈlɪnɪəl/, *a.* (*etnol.*) matrilineare.

matrimonial /mætrɪˈməʊnɪəl/, *a.* matrimoniale; coniugale. ● (*leg.*) **m. work**, le cause matrimoniali. || **-ly**, *avv.*

matrimony /ˈmætrɪmənɪ, *USA* -məʊnɪ/, *n.* (*form.*) matrimonio (*sacramento e stato coniugale*).

matrix /ˈmeɪtrɪks/, **A** *n.* (*pl.* **matrices, matrixes**) **1** (*biol., geol., ling., mat., stat., elab., tipogr.*) matrice **2** (*anat.*) utero; matrice (*lett.*) **3** (*metall., mecc.*) matrice; stampo **4** (*fig.*) matrice; fonte: **the m. of western civilization**, la matrice della civiltà occidentale. **B** *a. attr.* (*mat., stat., elab.*) matriciale: **m. computation**, calcolo matriciale. ● (*elab.*) **m. printer**, stampare a matrice □ (*org. az.*) **m. structure**, struttura per matrici.

matron /ˈmeɪtrən/, *n.* **1** signora matura (*di solito*: con figli); vedova; matrona **2** governante (*di collegio, ecc.*); direttrice dei servizi d'infermeria (*in una casa di riposo o in una scuola*) **3** capo infermiera (*d'ospedale*) **4** (*USA*) guardiana (*di carcere femminile*).

matronage /ˈmeɪtrənɪdʒ/, *n.* **1** (*collett.*) gruppo di matrone (*o* di vedove, ecc.) **2** condizione (*o* lavoro) di **matron** (*q.V.*).

matronal /ˈmeɪtrənl/, *a.* matronale (*anche fig.*).

matronhood /ˈmeɪtrənhʊd/, *n.* condizione (*o* qualità) di **matron** (*q.V.*).

matronly /ˈmeɪtrənlɪ/, *a.* **1** matronale; austero; dignitoso; imponente: **a m. expression**, un'aria matronale **2** da governante, da direttrice, ecc. (*V.* **matron**); direttivo: **m. tasks**, compiti direttivi.

matronship /ˈmeɪtrənʃɪp/, *V.* **matronhood**.

matt, matte (1) /mæt/, *V.* **mat** (2).

matte (2) /mæt/, *n.* (*metall.*) metallina.

matted /ˈmætɪd/, *a.* **1** coperto di stuoie **2** fatto a stuoia **3** arruffato; ingarbugliato: **m. hair**, capelli arruffati **4** infeltrito: **m. wool**, lana infeltrita.

matter /ˈmætə(r)/, *n.* **1** materia; sostanza; argomento; soggetto; oggetto; contenuto; motivo: **colouring m.**, materia colorante; **the m. under question**, l'argomento in discussione; **m. for complaint**, materia (*o* motivo) di lagnanza; **There is no m. for regret**, non c'è motivo di rammaricarsi **2** affare; faccenda; questione; problema; cosa: **money matters**, affari finanziari; questioni di denaro; **This is a m. I do not understand**, questa è una faccenda che non capisco; **It's a m. of a few days**, è questione di pochi giorni; **That's a m. of habit**, è questione d'abitudine; **It's a m. of opinion**, è una questione opinabile; **It is no laughing m.**, non è cosa da riderci sopra **3** importanza: **It is** (*o* **makes**) **no m.**, non ha importanza **4** (*med.*) sostanza purulenta; materia; pus **5** (*tipogr.*) materiale a stampa: **printed m.**, stampati; stampe. ● **a m. of course**, una cosa naturale, logica; una conseguenza inevitabile □ **m.-of-course**, (*di una cosa*) inevitabile; (*di un atteggiamento*) di rassegnazione □ **m.-of-fact**, prosaico; pratico, concreto; realistico □ **m.-of-factness**, prosaicità; praticità, concretezza; realismo □ **a m. of priority**, una questione di priorità; (*anche*) un problema prioritario □ **a m. of three weeks**, tre settimane, più o meno □ **as a m. of course**, automaticamente; (*leg.*) d'ufficio □ **as a m. of fact**, in realtà; in verità □ **as if nothing were the m.**, come se niente fosse □ **foreign m.**, corpo estraneo □ **for that m.**, in quanto a ciò □ (*anat.*) **gray m.**, materia grigia □ (*fam.*) **a hanging m.**, un delitto passibile di pena di morte (*per impiccagione*) □ **in the m. of**, quanto a; per ciò che concerne (*o* riguarda) □ **to let the m. drop** (*o* **rest**), lasciar perdere □ **to make matters worse**, peggiorare la situazione □ **No m.!**, non importa!; non preoccuparti! □ **no m. how**, comunque □ **no m. what**, qualunque cosa: **Don't believe him, no m. what he says**, non credergli, qualunque cosa dica □ **no m. where**, dovunque □ **postal m.**, corrispondenza; lettere, pacchi, ecc. □ **a small m.**, una cosa senza importanza; una bazzecola, un'inezia □ **to take matters easy**, prender le cose alla leggera □ **What is the m.?**, che cosa c'è (che non va)?; di che si tratta? □ **What's the m. with you?**, cos'hai (che non va)?; non ti senti bene? □ (*fam.*) **What's the m. with this?**, che cosa c'è che non va?; va bene, no?

to **matter** /ˈmætə(r)/, *v. i.* **1** (*soprattutto nelle frasi interr., neg. e condiz.*) importare; avere importanza; interessare: **That doesn't m. at all**, non ha alcuna importanza; **What does it m.?**, che importa? **2** (*di ferita, ecc.*) suppurare.

mattery /ˈmætərɪ/, *a.* purulento.

Matthew /ˈmæθjuː, *USA* -θjuː, -θuː/, *n.* Matteo.

matting (1) /ˈmætɪŋ/, *n.* **1** materiale (*canapa, paglia, fibra, ecc.*) per stuoie **2** stuoie; stuoiame. ● **coconut m.**, fibra di cocco.

matting (2) /ˈmætɪŋ/, *n.* **1** finitura opaca (*d'un metallo, ecc.*) **2** velo opaco **3** (*grafica*) passe-partout.

mattins /ˈmætɪnz, *USA* -tnz/, *V.* **matins**.

mattock /ˈmætək/, *n.* **1** (*agric.*) zappa lunga (*a forma di piccozza, a lama da un lato e a punta dall'altro*) **2** (*mecc.*) gravina; piccone. ● **cutter-m.**, zappa da taglio □ **pick-m.**, gravina.

mattoid /ˈmætɔɪd/, *n.* (*raro*) mattoide.

mattrass /ˈmætrəs/, *V.* **matrass**.

mattress /ˈmætrɪs/, *n.* materasso. ● **m.-maker**, materassaio, materassaia □ **foam-**

-rubber m., materasso di gommapiuma □ **spring m.**, materasso a molle.

to **maturate** /'mætʃʊreɪt/, *v. i. e t.* ***1*** (*raro*) maturare ***2*** (*med.*) (far) suppurare.

maturation /mætʃʊ'reɪʃn/, *n.* ***1*** maturazione ***2*** (*med.*) suppurazione.

maturative /mə'tʃʊərətɪv/, *a.* (*med.*) suppurativo.

mature /mə'tʃʊə(r), *USA* -'tʊ-/, *a.* ***1*** (*anche fig.*) maturo: **m. wine**, vino maturo; **m. plans of action**, progetti maturi; **m. age**, età matura ***2*** (*comm.: di cambiale, ecc.*) in scadenza; esigibile. ● (*ass., eufem.*) **m. driver**, automobilista (assai) anziano □ **m. student**, studente attempato; anziano che studia □ **to behave in a m. way**, comportarsi da persona matura (*o* da adulto) □ **a man of m. years**, un uomo in età matura.

to **mature** /mə'tʃʊə(r), *USA* -'tʊ-/, **A** *v. t.* ***1*** (far) maturare; portare a maturità; (*fig.*) maturare (*un proposito, un piano, ecc.*); rendere maturo: **The sun matures the fruits of the earth**, il sole matura i frutti della terra ***2*** fare stagionare. **B** *v. i.* ***1*** maturare; maturarsi; farsi maturo (*anche fig.*): **Wine and wisdom m. with age**, il vino e la saggezza maturano con gli anni ***2*** (*comm.*) scadere; giungere a scadenza: **When does this bill m.?**, quando scade questa cambiale?

maturely /mə'tʃʊəlɪ, *USA* -'tʊ-/, *avv.* ***1*** in modo equilibrato; prudentemente ***2*** dopo attenta riflessione; a ragion veduta.

matureness /mə'tʃʊənəs, *USA* -'tʊ-/, *V.* **maturity**.

maturity /mə'tʃʊərətɪ, *USA* -'tʊ-/, *n.* ***1*** maturità: **m. of judgment**, maturità di giudizio; **the years of m.**, gli anni della maturità; l'età matura ***2*** (*comm.*) scadenza: **m. date**, data di scadenza; **The bill was not paid at m.**, la cambiale non fu pagata alla scadenza. ● (*fin.: di un titolo*) **m. yield**, rendimento alla scadenza.

matutinal /mætju:'taɪnl, -tʃu:-, *USA* -tʃu:-, -tu:-/, *a.* mattutino.

maud /mɔ:d/, *n.* coperta grigia a strisce (*dei pastori scozzesi o da viaggio*).

Maud(e) /mɔ:d/, *n. dim.* di **Magdalen** *e* di **Matilda**.

maudlin /'mɔ:dlɪn/, *a.* ***1*** sdolcinato; sentimentale; svenevole; stucchevole ***2*** (*di un ubriaco*) piagnucoloso.

maul /mɔ:l/, *n.* mazza; maglio; mazzapicchio.

to **maul** /mɔ:l/, *v. t.* ***1*** battere ***2*** malmenare; maltrattare; ridurre a malpartito: **Our ship had been mauled by the storm**, la nostra nave era stata ridotta a malpartito dalla tempesta ***3*** (*di bestie feroci*) straziare ***4*** (*fig.*) criticare aspramente; stroncare.

mauler /'mɔ:lə(r)/, *n.* ***1*** (*pop. USA*) tirapugni ***2*** (*pl.*) (*pop. ingl.*) mani.

mauley /'mɔ:lɪ/, *n.* (*pop.*) pugno; mano.

maulstick /'mɔ:lstɪk/, *V.* **mahlstick**.

to **maunder** /'mɔ:ndə(r)/, *v. i.* ***1*** muoversi senza meta; girovagare; vagabondare ***2*** parlare a vanvera; farneticare; farfugliare.

maundy /'mɔ:ndɪ/, *n.* (*relig.*) lavanda dei piedi ai poveri (*il giovedì santo*). ● **m. coins**, monetine da 1, 2, 3 e 4 penny (*coniate apposta per essere donate ad anziani, a nome del sovrano, nell'abbazia di Westminster il giovedì santo*) □ **M. money**, elemosina di sacchetti di «maundy coins» □ (*relig.*) **M. Thursday**, Giovedì Santo.

Maurice /'mɒrɪs, *USA* 'mɔ:rɪs/, *n.* Maurizio.

mausoleum /mɔ:sə'li:əm/ (*lat.*), *n.* (*pl.* **mausoleums, mausolea**) mausoleo.

mauvais /'məʊveɪ, *USA* məʊ'veɪ/ (*franc.*), *a.* cattivo; brutto. ● (*alpinismo*) **m. pas**, punto difficile □ (*fig.*) **m. quart d'heure**, brutto quarto d'ora.

mauve /məʊv, mɔ:v/, *n. e a.* (color) malva; lilla tendente al rosa.

maven /'meɪvn/, *n.* (*fam. USA*) esperto; perito.

maverick /'mævərɪk/, *n.* ***1*** (*fam. USA*) vitello (*o* torello) senza marchio ***2*** (*fig. fam.*) individualista; indipendente; chi non appartiene a partiti (*o* a fazioni).

to **maverick** /'mævərɪk/, *v. i.* (*fam. USA*) vagare; vagabondare.

mavin /'meɪvɪn/, *V.* **maven**.

mavis /'meɪvɪs/, *n.* (*fam., zool.*) ***1*** *V.* **song thrush**, *sotto* **song** ***2*** *V.* **missel thrush**.

mavourneen /mə'vʊəni:n/, *n.* (*irl.*; *al vocat.*) mio caro; mia cara; tesoro (*fig.*).

maw /mɔ:/, *n.* ***1*** stomaco (*d'animale e, scherz., dell'uomo*) ***2*** (*degli uccelli*) gozzo ***3*** (*d'animali voraci e fig.*) fauci ***4*** (*di ruminante*) abomaso.

mawkish /'mɔ:kɪʃ/, *a.* ***1*** disgustoso; nauseabondo; nauseante ***2*** sdolcinato; sentimentale; stucchevole; svenevole: **m. love tales**, sdolcinate storie d'amore. ‖ **-ly**, *avv.* ‖ **-ness**, *sost.*

mawseed /'mɔ:si:d/, *n.* seme di papavero.

mawworm /'mɔ:wɜ:m/, *n.* ***1*** verme intestinale ***2*** (*fig.*) ipocrita, bigotto, baciapile, santocchio (*dal nome di un personaggio del dramma «The Hypocrite» di Bickerstaffe*).

Max /mæks/, *n. dim.* di **Maximilian**.

maxi /'mæksɪ/, (*moda*) **A** *n.* (*pl.* **maxis**) indumento maxi; maxigonna. **B** *a.* maxi-.

maxicoat /'mæksɪkəʊt/, *n.* (*moda*) maxicappotto.

maxidress /'mæksɪdres/, *n.* (*moda*) maxivestito.

maxilla /mæk'sɪlə/, *n.* (*pl.* **maxillae, maxillas**) (*anat.*) mascella (*di solito,* superiore).

maxillary /mæk'sɪlərɪ, *USA* 'mæksɪlerɪ/, *a. e n.* (*anat.*) mascellare.

maxillofacial /mæksɪləʊ'feɪʃl/, *a.* (*med.*) maxillofacciale: **m. surgery**, chirurgia maxillofacciale.

maxim /'mæksɪm/, *n.* massima; precetto; sentenza; motto; norma.

Maxim /'mæksɪm/, *n.* (*stor.,* = **M. gun**) mitragliatrice Maxim.

maximal /'mæksɪml/, *a.* massimale.

maximalism /'mæksɪməlɪzəm/, *n.* (*polit.*) massimalismo.

maximalist /'mæksɪməlɪst/, *n.* (*polit.*) massimalista.

Maximilian /mæksɪ'mɪljən/, *n.* Massimiliano.

maximization /mæksɪmaɪ'zeɪʃn, *USA* -mɪ-'z-/, *n.* ***1*** aumento (*o* ingrandimento) spinto al massimo ***2*** (*mat., ric. op., stat.*) massimizzazione.

to **maximize** /'mæksɪmaɪz/, *v. t.* ***1*** aumentare (*o* ingrandire, portare) (q.c.) al massimo ***2*** portare (*una teoria*) alle estreme conseguenze ***3*** (*mat., ric. op., stat.*) massimizzare (*una funzione, ecc.*).

maximum /'mæksɪməm/, **A** *n.* (*pl.* **maxima, maximums**) ***1*** (il) massimo: **He got ninety marks out of a m. of one hundred**, ebbe novanta (voti) su (un massimo di) cento ***2*** (*mat.*) valore massimo (*d'una funzione, ecc.*). **B** *a. attr.* massimo: (*econ.*) **m. price**, prezzo massimo; (*mecc.*) **m. torque**, coppia massima (*di un motore*). ● (*autom.*) **m. carrying capacity**, portata utile □ (*aeron., naut.*) **m. duration**, autonomia □ (*banca*) **m. overdraft**, massimo scoperto □ (*ass.*) **m. rate**, massimale □ (*leg.*) **m. sentence**, massimo della pena □ (*autom.*) **m. speed limit**, limite di velocità.

Maximus /'mæksɪməs/, *n.* Massimo.

maxiskirt /'mæksɪskɜ:t/, *n.* (*moda*) maxigonna.

maxitaxi /'mæksɪtæksɪ/, *n.* (*pl.* **maxitaxis, maxitaxies**) grande taxi; minibus.

may (1) /meɪ/, (*al condiz. pres. e – nel discorso indir. – al pass. dell'indic., fa* **might**) *v. modale* ***1*** (*per esprimere probabilità, eventualità*) posso, puoi, ecc.; può darsi che io, che tu, ecc.; è possibile che io, che tu, ecc.: **It may rain**, può piovere; **It may be true**, può essere vero; può darsi che sia vero; **He may come or he may not**, può darsi che venga, ma può anche non venire; **Tom may not be there**, può darsi che Tom non ci sia; **He said that he might go there, after all**, disse che poteva anche andarci, dopotutto; **That might be very difficult**, potrebbe essere molto difficile; **You may walk for miles without seeing anybody**, puoi camminare per miglia senza vedere nessuno ***2*** (*per esprimere permesso, ora è più comune* **can**, *q.V.*) posso, puoi, ecc.; ho, hai il permesso di: **May I go out?**, posso uscire?; **Yes, you may**, sì, puoi; sì, va' pure; **I may leave now, can't I?**, posso andarmene ora, vero?; **You may be quite certain of that**, puoi starne certo ***3*** (*per esprimere augurio, speranza, gentile richiesta o rimprovero, ecc.*) posso, puoi, ecc.: **May you be happy!**, possa tu essere (*o* sii) felice!; **May he live long!**, possa egli vivere a lungo!; **You may (just) as well go there**, puoi (*o* potresti) anche andarci; **You might just shut the door**, potresti almeno chiudere la porta; **You might have told me**, avresti potuto dirmelo ***4*** (*idiom., per formare il congiunt.; per es.*): **His wife fears he may die**, sua moglie teme che muoia; **I hoped he might succeed**, speravo che riuscisse (*o* che ci sarebbe riuscito); **I was afraid he might hurt himself**, temevo che si facesse male; **Write to him at once that he may know in time**, scrivigli subito, affinché sia informato in tempo. ● **May the best man win**, vinca il migliore □ **Well may [might] you ask why!**, hai [avresti] ben ragione di chiedere il perché □ **We might have known that**, avremmo potuto aspettarcelo; avremmo dovuto saperlo □ **Who may you be?**, e tu, chi sei?; e tu, che cosa vuoi? □ **You may well say so**, puoi ben dirlo □ **Be that as it may**, sia come sia; comunque sia □ **Come what may**, accada quel che accada (*lett.*); qualunque cosa accada.

may (2) /meɪ/, *n.* (*bot.*) ***1*** (= **may tree**) biancospino ***2*** (*senza pl.*) (= **may blossom**) fiori di biancospino.

may (3) /meɪ/, *n.* (*arc. o poet.*) fanciulla; pulzella (*poet.*).

May /meɪ/, **A** *n.* ***1*** (*anche fig.*) maggio ***2*** (*fig.*) fiore degli anni; giovinezza ***3*** (*pl.*) – **the Mays**, gli esami di maggio (*a Cambridge*); (*sport*) le gare di canottaggio (*dopo gli esami; ma ora si tengono a giugno*). **B** *a. attr.* di maggio. ● (*bot.*) **May-apple** (*Podophyllum peltatum*), podofillo □ (*zool.*) **May beetle** (*o* **bug**) (*Melolontha melolontha*), maggiolino □ **May day**, primo di maggio; calendimaggio (*stor.*) □ **May Queen**, reginetta di calendimaggio.

Mayan /'maɪən/, (*stor.*) **A** *a.* dei Maya; maya. **B** *n.* ***1*** maya ***2*** lingua maya.

maybe /'meɪbi:/, *avv.* forse; probabilmente; può darsi.

maybush /'meɪbʊʃ/, *n.* (*bot., Crataegus oxyacantha*) biancospino.

Mayday /'meɪdeɪ/, *n.* (*trascrizione fonetica del franc. «m'aidez», «aiutatemi»!*) mayday; S.O.S. radiotelefonico.

mayest /meɪst/, *V.* **mayst**.

mayflower /'meɪflaʊə(r)/, *n.* (*bot.*) ***1*** fiore di maggio (*in genere*) ***2*** biancospino ***3*** calta palustre.

mayfly /'meɪflaɪ/, *n.* (*zool., Ephemera vulgata*) efemera; effimera.

mayhem /'meɪhem/, *n.* ***1*** (*stor., leg.*) grave mutilazione (*inferta deliberatamente a q.*) ***2*** (*fig. fam.*) offesa immotivata (*o* gratuita) ***3*** (*fig. fam.*) confusione; disordine.

Maying /'meɪɪŋ/, *n.* celebrazioni (feste, danze) del primo di maggio.

may lily /'meɪlɪlɪ/, *locuz. n.* (*bot., Convallaria maialis*) mughetto; giglio delle convalli.

mayn't /meɪnt, 'meɪənt/, *contraz.* di **may not**.

mayonnaise /meɪə'neɪz, 'meɪəneɪz/, *n.* (*cucina*) maionese. ● **chicken [salmon] m.**, pollo [salmone] con maionese.

mayor /meə(r), *USA* 'meɪə(r)/, *n.* sindaco. ● **the Lord M. of London**, il sindaco di Londra.

mayoral /'meərəl, *USA* 'meɪə-/, *a.* di sindaco; sindacale.

mayoralty /'meərəltɪ, *USA* 'meɪə-/, *n.* carica (*o* ufficio, durata in carica) di sindaco; sindacato (*raro*).

mayoress /'meərɪs, *USA* 'meɪə-/, *n.* ***1*** moglie di sindaco ***2*** sindaco donna; sindachessa (*scherz.*).

maypole /ˈmeɪpəʊl/, *n.* «albero di maggio» (*palo adorno di fiori attorno al quale si danzava durante la festa di calendimaggio, detta* **Maying**).
mayst /meɪst/, *voce verb.* (*arc.*) 2ª *pers. sing.* di **may**.
maze /meɪz/, *n.* *1* labirinto; dedalo; intrico (*di viuzze, ecc.*) *2* (*fig.*) confusione; disorientamento; perplessità. ● **to be in a m.**, essere confuso (*o* perplesso).
mazed /meɪzd/, *a.* (*raro*) confuso; perplesso.
mazer /ˈmeɪzə(r)/, *n.* (*arc.*) boccale (*un tempo di legno*); coppa.
maziness /ˈmeɪzɪnəs/, *n.* l'essere aggrovigliato (*o* intricato).
mazulla /məˈzuːlə/, **mazuma** /məˈzuːmə/, *n.* (*pop. USA*) soldi; grana (*pop.*).
mazurka /məˈzɜːkə/, *n.* mazurka.
mazy /ˈmeɪzɪ/, *a.* *1* aggrovigliato; intricato *2* (*fig.*) confuso; sconcertante.
McCarthyism /məˈkɑːθɪɪzəm/, *n.* (*stor., polit.*) maccartismo.
McCarthyist /məˈkɑːθɪɪst/, *n.* (*stor., polit.*) maccartista.
McCarthyite /məˈkɑːθɪaɪt/, *V.* **McCarthyist**.
me /miː, mɪ/, *pron. pers.* 1ª *pers. sing.* *1* (*compl.*) me; mi; a me: **He knows me well**, mi conosce bene; **Give me a book**, dammi un libro!; **Come with me**, vieni con me! *2* (*pred.*) io: **«Who's that?» «It's me»**, «Chi è?» «sono io»; **That's me on the right of the picture**, quello a destra (nella foto) sono io *3* (*colloquiale; unito alla forma in -ing, è idiom.*) **She doesn't like me getting up so late**, non le va (a genio) che mi alzi così tardi; **Do you mind me smoking in here?**, ti dispiace se fumo qua dentro? ● **dear me!**, povero me! □ **I looked about me**, mi guardai attorno □ **The old lady said it was very kind of me**, la vecchia signora disse che era assai gentile da parte mia.
mead (1) /miːd/, *n.* idromele.
mead (2) /miːd/, *n.* (*poet.*) prato.
meadow /ˈmedəʊ/, *n.* prato; (= **m. ground**) terreno prativo. ● (*zool., USA*) **m. bird**, *V.* **bobolink** □ (*zool., USA*) **m. chicken** (*Porzana carolina*), voltolino americano □ (*bot.*) **m. mushroom** (*Agaricus campestris*), fungo prataiolo □ (*zool.*) **m. pipit** (*Anthus pratensis*), pispola □ (*bot.*) **m. saffron** (*Colchicum autumnale*), colchico □ **water m.**, marcita.
meadowland /ˈmedəʊlænd/, *n.* terreno prativo.
meadowlark /ˈmedəʊlɑːk/, *n.* (*zool., Sturnella*) uccello nordamericano degli Itteridi.
meadowsweet /ˈmedəʊswiːt/, *n.* (*bot.*) *1* (*Filipendula ulmaria*) olmaria; regina dei prati *2* (*Spiraea alba*), spirea (*rosacea del Nord America*).
meadowy /ˈmedəʊɪ/, *a.* pratense; prativo; erboso.
meager /ˈmiːgə(r)/, **meagerness** /ˈmiːgənəs/, (*USA*) *V.* **meagre, meagreness**.
meagre (1) /ˈmiːgə(r)/, *a.* *1* magro; scarno; smunto: **m. looks**, un aspetto smunto *2* scarso; magro; insufficiente; povero; misero: **a m. meal**, un magro desinare; **m. cultural resources**, scarse risorse culturali; **a m. salary**, uno stipendio insufficiente. ‖ **-ly**, *avv.* ‖ **-ness**, *sost.*
meagre (2) /ˈmiːgə(r)/, *V.* **maigre**.
meal (1) /miːl/, *n.* *1* farina (*di cereale, ma non di grano*; *cfr.* **flour**) *2* (*specialm. USA*) farina di granturco *3* (*scozz.*) farina d'avena. ● (*zool.*) **m. moth** (*Pyralis farinalis*), asopia; tignola dei farinacei □ **bone m.**, farina d'ossa □ **corn m.**, farina di granturco □ **whole m.**, farina integrale.
meal (2) /miːl/, *n.* *1* pasto *2* (*dial.*) quantità di latte data da una mucca in una mungitura. ● (*tur.*) **meals in apartments**, pasti serviti in camera □ (*in G.B.*) **meals on wheels**, pasti caldi a domicilio (*per anziani, invalidi, ecc.*) □ **m. substitutes**, prodotti dietetici □ (*USA*) **m. ticket**, buono pasto; (*fam.*) principale sostegno (*o* mezzo di guadagno); (*spreg.*) mangiatoia (*fig.*) □ **to make a m. of st.**, cibarsi di q.c. □ **Enjoy your m.!**, buon appetito!
mealies /ˈmiːlɪz/ (*sudafricano*), *n. pl.* (*col verbo al sing.*) granturco.
mealiness /ˈmiːlɪnəs/, *n.* farinosità.
mealtime /ˈmiːltaɪm/, *n.* ora del pasto (*o* dei pasti): **Phone me at m.**, telefonami all'ora dei pasti.
mealworm /ˈmiːlwɜːm/, *n.* (*zool., Tenebrio molitor*) tenebrione; verme della farina (*fam.*).
mealy /ˈmiːlɪ/, *a.* *1* farinoso *2* infarinato *3* (*di carnagione*) pallido *4* (*di cavallo*) pezzato.
mealy-mouthed /ˈmiːlɪmaʊðd, -θt/, *a.* mellifluo; che si esprime con mezzi termini; insincero; ipocrita.
mean (1) /miːn/, *a.* *1* meschino; gretto; piccino; dappoco; basso; umile; mediocre; insignificante; misero; povero; avaro; spilorcio; taccagno; ignobile; squallido; vile: **a m. house in a m. quarter of the town**, una misera casa in un quartiere squallido della città; **people of the meaner sort**, gente della specie più umile (*o* più bassa); **a man of m. birth**, un uomo di bassi natali (*o* d'umili origini); **a m. present**, un dono meschino; **a m. appearance**, un aspetto squallido; **m. hospitality**, ospitalità gretta; **a m. proposal**, una proposta ignobile; **Though he is made of money, he's very m.**, anche se è ricco sfondo, è avarissimo *2* (*fam.*) cattivo; maligno; scortese; sgarbato: **a m. remark**, un'osservazione maligna, scortese; **Don't be so m. to your little sister**, non essere così cattivo (*o* sgarbato) con la tua sorellina! *3* (*fam.*) umiliato; pieno di vergogna *4* (*fam. USA*) indisposto; malato: **He was m. with a cold**, stava male per il raffreddore *5* (*pop. USA*) bravissimo; eccellente; buono; fantastico; splendido: **He's a mean marksman**, è un tiratore bravissimo; **to play a m. piano**, suonare il pianoforte in modo splendido. ● (*stor. USA*) **m. white**, nullatenente di razza bianca (*negli Stati del Sud*) □ **to feel m.**, sentirsi meschino; essere umiliato; vergognarsi; (*fam. USA*) essere indisposto, star poco bene □ **to get m.**, incattivirsi; arrabbiarsi □ **She's no m. actress**, come attrice se la cava bene □ **What a m. thing to do** (*o* **to say**), che sgarbo!; che villania!
mean (2) /miːn/, *a.* (*specialm. mat.*) medio; intermedio: **a m. quantity**, una quantità media; (*astron.*) **m. distance**, distanza media; **m. annual temperature**, temperatura media annuale; **m. sea level**, livello medio del mare. ● (*demogr.*) **m. age**, età media □ (*stat.*) **m. density**, densità media □ (*stat.*) **m. deviation**, scarto (*o* scostamento) semplice medio □ (*ass., stat.*) **m. life**, vita media □ (*mat.*) **m. line**, bisettrice □ (*demogr.*) **m. population**, popolazione media □ **m. price**, (*market.*) prezzo medio; (*Borsa*) prezzo (*o* corso) medio □ (*stat.*) **m. square deviation**, scarto quadratico medio.
mean (3) /miːn/, *n.* *1* mezzo; giusto mezzo; via di mezzo: **the golden** (*o* **happy**) **m.**, il giusto mezzo; l'aurea mediocrità *2* (*pl., di solito col verbo al sing.*) mezzo; espediente; modo; modalità; maniera: **The end doesn't always justify the means**, il fine non sempre giustifica i mezzi; **means of conveyance**, mezzi di trasporto; **Ideas are expressed by means of words**, le idee si esprimono per mezzo delle parole *3* (*pl.*) mezzi (di sussistenza); risorse; averi; denari; proprietà; sostanze: **He has no means**, non ha mezzi (di sussistenza) *4* (*mat., stat.*) media: **arithmetic m.**, media aritmetica; **geometric m.**, media geometrica; **proportional m.**, media proporzionale. ● (*relig.*) **the means of grace**, i sacramenti □ **means of conveyance**, mezzi di trasporto □ (*fin.*) **means of payment**, mezzi di pagamento □ **means test**, accertamento delle condizioni economiche (*di una persona: per concedere o no sussidi*) □ **by means of**, per mezzo di; mediante □ **by all means**, in ogni modo; a ogni costo; a tutti i costi: **Do it by all means**, fallo a tutti i costi □ **by fair means or foul**, per diritto o per traverso; di riffa o di raffa □ **by no means**, in nessun modo; non... affatto; per nulla: **This is by no means an easy task**, questo non è affatto un compito facile □ **by some means** (**or other**), in qualche modo; in un modo o nell'altro □ (*geom.*) **golden m.**, sezione aurea □ **to have private means**, vivere di rendita □ **to live on one's own means**, vivere del proprio □ **to live within one's means**, seguire un tenore di vita conforme alla propria condizione; non spendere più di quel che si guadagna □ **a person of means**, una persona agiata; un benestante □ **ways and means**, *V. sotto* **way**.
to **mean** /miːn/ (*pass.* e *p. p.* **meant**), *v. t.* e *i.* *1* significare; voler dire: **What does this word m.?**, che cosa significa questa parola?; **What do you m. by that?**, che vuoi dire con ciò? *2* intendere; avere intenzione (di); avere in animo (di): **He means to go**, intende andarsene; **I don't m. you to go there**, non intendo che tu ci vada; **Do you m. Dora or Ann?**, intendi parlare di Dora o di Ann?; **I didn't m. you**, non intendevo (parlare di) te; **I'm sorry if I hurt you; I didn't m. to**, mi dispiace se t'ho offeso; non ne avevo l'intenzione *3* designare; destinare: **He was meant for a diplomat**, era destinato alla carriera diplomatica. ● **to m. business**, fare sul serio □ **to m. harm**, avere cattive intenzioni □ **to m. no harm**, non avere cattive intenzioni; essere innocuo: **I m. you no harm**, non ho cattive intenzioni verso di te; non intendo farti del male □ **to m. what one says**, dire (*o* fare) sul serio □ **to m. well**, avere buone intenzioni; essere bene intenzionato □ **to m. well by sb.**, avere intenzioni amichevoli (*o* essere ben intenzionato) verso q. □ **He means mischief**, sta tramando qualcosa di brutto; è male intenzionato □ **Do you m. this painting for me?**, è per me questo quadro? □ **Money means little to me**, il denaro conta poco per me □ **That girl means a lot to me**, quella ragazza è tutto per me □ **Health means everything**, la salute è tutto; quando c'è la salute...
mean-bean /ˈmiːnbiːn/, *n.* (*pop. USA*) campione (*fig.*); individuo bravissimo; cannonata (*fig.*).
meander /mɪˈændə(r)/, *n.* *1* (*per lo più al pl.*) meandro; serpeggiamento *2* greca (*disegno ornamentale*).
to **meander** /mɪˈændə(r)/, *v. i.* *1* (*di fiume*) far meandri; serpeggiare *2* (*di persona*) girovagare; vagabondare *3* (*fig.*) divagare.
meanderings /mɪˈændərɪŋz/, *n. pl.* meandri; serpeggiamenti: **the m. of a river**, i meandri d'un fiume.
meandrous /mɪˈændrəs/, *a.* a meandri; serpeggiante; tortuoso.
mean-green /ˈmiːngriːn/, *n.* (*pop. USA*) soldi, grana (*pop.*).
meanie /ˈmiːnɪ/, *n.* (*fam.*) *1* individuo meschino; persona gretta *2* avaro; spilorcio; taccagno *3* (*USA*) (un) poco di buono; (un) cattivaccio.
meaning /ˈmiːnɪŋ/, **A** *n.* *1* significato; senso: **the m. of a word**, il significato d'una parola *2* intenzione; proposito; pensiero; idea *3* fine; scopo; senso: **the m. of life**, il senso che ha la vita. **B** *a.* significativo; espressivo: **a m. look**, uno sguardo significativo. ● **ill-m.**, male intenzionato □ **to look at sb. with m.**, guardare q. con intenzione (*o* in modo significativo) □ **well-m.**, bene intenzionato.
meaningful /ˈmiːnɪŋfl/, *a.* significativo; eloquente; pieno di significato; importante: **a m. question**, una domanda importante. ‖ **-ly**, *avv.* ‖ **-ness**, *sost.*
meaningless /ˈmiːnɪŋləs/, *a.* insignificante; senza senso.
meaningly /ˈmiːnɪŋlɪ/, *avv.* in modo significativo (*o* eloquente).
meanly /ˈmiːnlɪ/, *avv.* *1* grettamente; meschinamente *2* avaramente; da spilorcio *3* poveramente; miseramente *4* in modo villano;

sgarbatamente.

meanness /ˈmiːnnəs/, *n.* meschinità; grettezza; piccineria; bassezza; mediocrità; povertà; avarizia; squallore; villania; sgarbataggine (*V.* **mean (1)**).

to **means-test** /ˈmiːnztest/, *v. t.* accertare le condizioni economiche di (*un disoccupato, un invalido: per concedere o no sussidi*).

meant /mɛnt/, *pass.* e *p. p.* di **to mean**. ● (*di persona*) **to be m. to do st.**, essere tenuto a (*o* dovere) fare q.c.

meantime /ˈmiːntaɪm/, *avv. V.* **meanwhile**.

meanwhile /ˈmiːnwaɪl, *USA* -hw-/, *avv.* nel frattempo; in quel mentre; frattanto; intanto. ● **in the m.**, nel frattempo; in quel mentre; in quel mezzo (*lett.*).

meany /ˈmiːnɪ/, *V.* **meanie**.

measles /ˈmiːzlz/, *n. pl.* (*col verbo al sing.*) ***1*** (*med.*) morbillo ***2*** (*vet.*) panicatura; cisticercosi; tenia dei suini. ● (*med.*) **German m.**, rosolia.

measly /ˈmiːzlɪ/, *a.* ***1*** affetto da morbillo ***2*** (*vet.*) panicato ***3*** (*fam.*) meschino; misero; miserabile: **I won't do it for a m. ten pounds**, per dieci miserabili sterline, non lo faccio!

measurability /mɛʒərəˈbɪlətɪ/, *n.* misurabilità.

measurable /ˈmɛʒərəbl/, *a.* misurabile. ● **to come within m. distance of st.**, giungere a poca distanza da q.c.

measure /ˈmɛʒə(r)/, *n.* ***1*** misura; metro; giusta misura; limite: **a linear m.** (*o* **a m. of length**), una misura lineare (*o* una misura di lunghezza); **a liquid m.**, una misura per liquidi; **clothes made to m.**, abiti fatti su misura; **to set measures to one's ambition**, porre limiti alla propria ambizione; **He was grieved beyond m.**, era addolorato oltremisura (*o* oltremodo) ***2*** misura; provvedimento; precauzione: **safety measures**, misure di sicurezza; **to take strong measures against sb.**, prendere severi provvedimenti contro q.; **measures taken to stem the recession**, provvedimenti anticongiunturali ***3*** (*mat.*) divisore: **greatest common m.**, massimo comun divisore ***4*** (*geol.*) strato, giacimento (*di minerale*) ***5*** (*poesia*) metro; ritmo ***6*** (*mus.*) battuta; tempo ***7*** (*tipogr.*) giustezza ***8*** (*arc.*) danza: **to tread a m.**, intrecciare una danza. ● **beyond m.**, smisurato; smisuratamente □ **folding m.**, metro snodato □ **for good m.**, per essere sicuro □ **to give full [short] m.**, dare la misura giusta [scarsa] □ **in some m.**, in certa misura; fino a un certo punto □ **to take legal measures**, adire le vie legali □ (*fig.*) **to take sb.'s measure**, giudicare le capacità (*o* il carattere) di q. □ **to a great** (*o* **a large**) **m.**, in larga misura; abbondantemente.

to **measure** /ˈmɛʒə(r)/, *v. t.* e *i.* ***1*** misurare; dosare; (*fig.*) giudicare, stimare, valutare: **to m. a piece of cloth**, misurare una pezza di stoffa; **A clock measures time**, gli orologi misurano il tempo; **Each side of the building measures ninety feet**, ogni lato dell'edificio misura novanta piedi (*30 metri circa*); **to m. one's strength with sb.**, misurare le proprie forze con q.; misurarsi con q. ***2*** prendere la misura a: **The dressmaker measured me for a new dress**, la sarta mi prese le misure per un vestito nuovo ***3*** moderare; adattare: **M. your speech by your listeners' reactions**, modera il tuo discorso secondo le reazioni dell'uditorio ***4*** (*lett.*) percorrere, coprire (*una distanza*). ● (*fig.*) **to m. one's length**, cadere lungo disteso; misurare il pavimento (*scherz.*) □ (*fig.*) **to m. swords with sb.**, misurarsi (*o* cimentarsi) con q. □ **to m. up to sb. [st.]**, essere all'altezza di q. [q.c.]; non essere da meno di q. [q.c.] □ **to m. sb. with one's eye**, squadrare q. da capo a piedi □ **to m. st. with one's eye**, misurare q.c. a occhio □ (*fig.*) **to m. one's words**, misurare le parole.

♦**measure off**, *v. t.* + *avv.* tagliare (*stoffa da una pezza, ecc.*): **to m. off enough cloth for a suit**, tagliare la stoffa che serve per fare un vestito.

♦**measure out**, *v. t.* + *avv.* ***1*** misurare; dosare (*una medicina, ecc.*) ***2*** (*fig.*) distribuire (*favori, ricompense, ecc.*) ***3*** delimitare, circoscrivere (*una zona, ecc.*).

♦**measure up**, **A** *v. t.* + *avv.* ***1*** misurare (q.c.); prendere le misure a (q.) ***2*** (*fig.*) valutare, soppesare, giudicare (*prospettive, possibilità, ecc.*). **B** *v. i.* + *avv.* dare una prova di sé; mostrare di valere (q.c.).

♦**measure up to**, *v. i.* + *avv.* + *prep.* ***1*** corrispondere a (*una descrizione, un'aspettativa, ecc.*) ***2*** essere (*o* dimostrarsi) all'altezza di (*fig.*): **I'm afraid he won't m. up to the task**, temo che non si dimostri all'altezza del compito.

measured /ˈmɛʒəd/, *a.* ***1*** misurato; moderato; controllato; equilibrato: **m. words**, parole misurate ***2*** regolare; ritmico; cadenzato: **the m. flash of the lighthouse**, il ritmico lampeggiare del faro; **m. steps**, passi cadenzati ***3*** calcolato; voluto: **with m. insolence**, con calcolata insolenza. ● **m. mile**, miglio esatto □ **in no m. terms**, in termini poco misurati (*o* eccessivi, intemperanti).

measureless /ˈmɛʒələs/, *a.* smisurato; sterminato; immenso.

measurement /ˈmɛʒəmənt/, *n.* ***1*** misurazione; misura ***2*** (*generalm. al pl.*) misure; dimensioni; (*per estens.*) dati precisi: **the measurements of a room [person]**, le misure d'una stanza [d'una persona] ***3*** (*naut.*) stazzatura. ● **the metric system of m.**, il sistema metrico decimale □ **to take sb.'s measurements**, prendere le misure a q. □ (*di una persona*) **waist m.**, (circonferenza della) vita.

measurer /ˈmɛʒərə(r)/, *n.* misuratore (*anche strumento*).

measuring /ˈmɛʒərɪŋ/, *n.* ***1*** misurazione ***2*** dosatura, dosaggio (*di liquidi*). ● **m.-cup**, tazza graduata; misurino □ **m. cylinder** (*o* **glass**), cilindro (*o* vetro) graduato (*da laboratorio*) □ **m. jug**, brocca graduata □ **m. spoon**, misurino (*a forma di cucchiaio*) □ **m. stick**, asta di misurazione □ **m. tape**, metro a nastro □ (*zool.*) **m. worm**, bruco misuratore; geometride.

meat /miːt/, *n.* ***1*** carne (*di bestia macellata*): **I rarely eat m.**, mangio carne di rado; **tinned m.**, carne in scatola; **frozen m.**, carne congelata ***2*** (*fig.*) parte commestibile; polpa: **the m. of a nut**, il gheriglio di una noce ***3*** (*fig.*) succo, sostanza, nocciolo: **the m. of the story**, il succo del racconto; **the m. of the problem**, il nocciolo del problema ***4*** (*pop. USA*) persona (*o* cosa) che fa al proprio caso; cosa (*o* persona) preferita; passione (*fig.*): **sunbathing is my m.**, prendere il sole è la mia passione; **You're my m.**, fai proprio al mio caso; sei la persona che mi ci vuole ***5*** (*volg. USA*) genitali; vagina; pene; pezzo di fica (*volg.*) ***6*** (*pop. USA*) *V.* **cold m.** ***7*** (*arc.*) cibo, nutrimento (*anche fig.*) ***8*** (*arc.*) pasto. ● (*fig.*) **m. and drink**, cosa da andarci a nozze; motivo di gran piacere: **This was m. and drink to him**, fu per lui un grande piacere (*o* una grande soddisfazione); ci andò a nozze □ (*market.*) **m. centre**, centro (delle) carni □ (*cucina*) **m. chopper** (*o* **grinder**), tritacarne □ **m. course**, secondo (*a tavola*) □ (*relig.*) **m. day**, giorno di grasso □ (*pop. USA*) **m. eater**, sfruttatore; poliziotto corrotto □ **m. farm**, allevamento di bestie da macello □ (*zool.*) **m. fly** (*Sarcophaga carnaria*), mosca carnaria □ **m. market**, mercato della carne; (*pop. USA*) luogo (*bar, locale notturno, ecc.*) dove s'incontrano donnine allegre □ (*cucina*) **m. pie**, pasticcio di carne □ (*market.*) **m. products**, carni □ **m. safe**, moscaiola □ (*pop. USA*) **m. shot**, primo piano di genitali □ (*pop. USA*) **m. show**, spogliarello □ (*arc.*) **m. tea**, tè del pomeriggio, con pietanze di carne □ (*pop. USA*) **m. wagon**, ambulanza; carro funebre □ **boiled m.**, lesso □ **butcher's m.**, carne macellata □ **cold m.**, (*cucina*) carne fredda; (*pop. USA*) cadavere □ **red m.**, carne rossa (*manzo, maiale, ecc.*) □ **roast m.**, arrosto □ **This book is full of m.**, questo libro è succoso, sostanzioso □ (*prov.*) **One man's m. is another man's poison**, quel che giova all'uno, nuoce all'altro.

to **meat-ax** /ˈmiːtæks/, *v. t.* (*fam. USA*) fare un macello di (*fig.*); annientare; demolire (*fig.*).

meataxe /ˈmiːtæks/, *n.* mannaia (*da macellaio*).

meatball /ˈmiːtbɔːl/, *n.* ***1*** (*cucina*) polpetta ***2*** (*pop. USA*) individuo noioso, stupido, seccatore.

meathead /ˈmiːthɛd/, *n.* (*fam. USA*) *V.* **meatball**, *def. 2.*

meathooks /ˈmiːthʊks/, *n. pl.* (*pop. USA*) mani; zampe (*fig. fam.*).

meatiness /ˈmiːtɪnəs/, *n.* ***1*** carnosità ***2*** (*fig.*) sostanziosità.

meatless /ˈmiːtləs/, *a.* ***1*** senza carne ***2*** (*relig.*) di magro: **a m. day**, un giorno di magro.

meatus /mɪˈeɪtəs/, *n.* (*pl.* **meatus, meatuses**) (*anat.*) meato.

meaty /ˈmiːtɪ/, *a.* ***1*** carnoso, polposo ***2*** (*fig.*) sostanzioso.

Mecca /ˈmɛkə/, *n.* (*geogr., anche fig.*) Mecca.

Meccano /mɪˈkɑːnəʊ/, *n.* (*marchio*) meccano.

mechanic /mɪˈkænɪk/, **A** *n.* ***1*** meccanico: **motor m.**, meccanico d'automobile; autoriparatore ***2*** (*arc.*) artigiano; lavoratore. **B** *a. V.* **mechanical**. ● **a dental m.**, un odontotecnico.

mechanical /mɪˈkænɪkl/, *a.* ***1*** meccanico: **m. energy**, energia meccanica; **m. movements**, movimenti meccanici; **m. engineering**, ingegneria meccanica ***2*** (*fig.*) meccanico; macchinale; automatico ***3*** (*filos.*) meccanicistico. ● **m. drawing**, disegno tecnico □ (*elettron.*) **m. filtre**, filtro meccanico □ (*metall.*) **m. plating**, placcatura meccanica □ **the m. powers**, le macchine semplici (*la leva, il cuneo, ecc.*) □ (*mecc.*) **m. shovel**, pala meccanica, pala caricatrice. ‖ **-ly**, *avv.* ‖ **-ness**, *sost.*

mechanician /mɛkəˈnɪʃn/, *n.* ***1*** meccanico ***2*** disegnatore industriale; progettista.

mechanics /mɪˈkænɪks/, *n. pl.* (*col verbo al sing.*) ***1*** (*fis.*) meccanica ***2*** meccanismo (*anche fig.*) ***3*** (*fig.*) tecnica, funzionamento: **the m. of the lathe**, il funzionamento del tornio.

mechanism /ˈmɛkənɪzəm/, *n.* ***1*** meccanismo (*anche fig.*); congegno: **the m. of government**, il meccanismo amministrativo statale; (*psic.*) **m. of defence**, meccanismo di difesa ***2*** (*filos.*) meccanicismo ***3*** (*arte*) tecnica; meccanica.

mechanist /ˈmɛkənɪst/, *n.* (*filos.*) meccanicista.

mechanistic /mɛkəˈnɪstɪk/, *a.* (*filos.*) meccanicistico.

mechanization /mɛkənaɪˈzeɪʃn, *USA* -nɪˈz-/, *n.* ***1*** meccanizzazione ***2*** (*mil.*) motorizzazione.

to **mechanize** /ˈmɛkənaɪz/, *v. t.* ***1*** meccanizzare ***2*** (*mil.*) motorizzare.

mechanized /ˈmɛkənaɪzd/, *a.* ***1*** meccanizzato ***2*** (*mil.*) motorizzato. ● (*mil.*) **m. gun**, cannone semovente.

meconic /mɪˈkɒnɪk/, *a.* (*chim.*) meconico: **m. acid**, acido meconico.

meconium /mɪˈkəʊnɪəm/, *n.* ***1*** meconio; oppio ***2*** (*fisiol.*) meconio.

med /mɛd/, *n.* (*pop. USA*) ***1*** studente di medicina ***2*** metadone.

medal /ˈmɛdl/, *n.* medaglia. ● **m. collection**, medagliere.

to **medal** /ˈmɛdl/, *v. t.* decorare (q.) con una medaglia.

medalled /ˈmɛdld/, *a.* decorato di medaglia (*o* di medaglie).

medallic /məˈdælɪk/, *a.* ***1*** di (*o* simile a) medaglia ***2*** raffigurato su medaglia.

medallion /məˈdælɪən/, *n.* ***1*** (*anche arte*) medaglione ***2*** (*arc. USA*) licenza di tassista (*a forma di medaglione*). ● (*spreg. ingl.*) **m. man**, bullo che porta un vistoso medaglione al collo.

medallist /ˈmɛdəlɪst/, *n.* ***1*** medaglista ***2*** persona decorata di medaglia. ● **gold-m.**, (persona decorata di) medaglia d'oro.

to **meddle** /ˈmɛdl/, *v. i.* ***1*** (*di solito* **to m. in**) ingerirsi; immischiarsi; intromettersi ***2*** – **to m. with**, mettere le mani in; toccare: **I don't**

want him to m. with my papers, non voglio che metta le mani nei miei incartamenti.

meddler /ˈmɛdlə(r)/, *n.* intrigante; impiccione; impicciona; ficcanaso.

meddlesome /ˈmɛdlsəm/, *a.* intrigante; inframmettente. || **-ness**, *sost.*

meddling /ˈmɛdlɪŋ, -dəl-/, **A** *a.* V. **meddlesome**. **B** *n.* intromissione; ingerenza; inframmettenza.

Medes /miːdz/, *n. pl.* (*stor.*) Medi. ● (*fig.*) **the laws of the M. and the Persians**, leggi inalterabili (*o* immutabili).

media /ˈmiːdɪə/, *n. pl.* ***1*** media; mezzi d'informazione; mezzi di comunicazione (di massa) ***2*** (*pubbl.*) veicoli pubblicitari. ● **m. blitz**, grande campagna pubblicitaria sui mass media □ **m. buyer**, media buyer; chi acquista spazio pubblicitario sui giornali o tempo alla radio o alla televisione □ (*pubbl.*) **m. coverage**, copertura assicurata dai media □ **m. hype**, V. **hype** □ **m. effectiveness**, efficacia dei mass media □ **m. man**, operatore della comunicazione □ **m. research**, ricerca dei mezzi d'informazione □ **m. seller**, venditore di spazio (*o* tempo) pubblicitario.

mediaeval /mɛdɪˈiːvl/, e *deriv.* V. **medieval**, e *deriv.*

mediagenic /miːdɪəˈdʒɛnɪk/, *a.* che fa bella figura nei mass media (*telegenico, ecc.*).

medial /ˈmiːdɪəl/, *a.* ***1*** medio, mediano (*anche fon.*): **a m. consonant**, una consonante media ***2*** (*anat.*) mediale.

median /ˈmiːdɪən/, **A** *a.* mediano; di mezzo. **B** *n.* ***1*** (*mat., stat.*) mediana ***2*** (*anat.*) arteria (*o* vena) mediana ***3*** (*anat.*) nervo mediano. ● (*autom., USA*) **m. strip**, aiuola spartitraffico.

Median /ˈmiːdɪən/, *a.* e *n.* (*stor.*) medo; (abitante o nativo) della Media.

mediant /ˈmiːdɪənt/, *n.* (*mus.*) mediante.

mediastinal /miːdɪəˈstaɪnl/, *a.* (*anat.*) mediastinico.

mediastinum /miːdɪəˈstaɪnəm/, *n.* (*pl.* **mediastina**) (*anat.*) mediastino.

mediate /ˈmiːdɪɪt/, *a.* ***1*** mediato; indiretto ***2*** (*raro*) intermedio; interposto; frapposto. ● (*leg.*) **m. testimony**, testimonianza indiretta. || **-ly**, *avv.*

to **mediate** /ˈmiːdɪeɪt/, **A** *v. i.* ***1*** (*raro*) essere in posizione intermedia ***2*** fare da mediatore (*o* da intermediario); interporsi: **to m. between two litigants**, fare da mediatore fra due litiganti (*di lite giudiziaria*). **B** *v. t.* ***1*** mediare: **to m. peace**, mediare la pace ***2*** ottenere con la propria mediazione: **to m. a settlement**, ottenere (*o* raggiungere) un accomodamento (un accordo) esercitando la mediazione. ● **to m. an industrial dispute**, appianare una vertenza sindacale.

mediation /miːdɪˈeɪʃn/, *n.* mediazione; intervento amichevole; buoni uffici: **A cease-fire was signed through the m. of our observers**, fu firmato il cessate il fuoco per la mediazione dei nostri osservatori.

mediatization /miːdɪətaɪˈzeɪʃn, *USA* -tɪˈz-/, *n.* (*stor.*) annessione (*specialm. di un principato tedesco al Sacro Romano Impero*).

to **mediatize** /ˈmiːdɪətaɪz/, *v. t.* (*stor.*) ***1*** annettere (*un principato, uno stato*) ***2*** ridurre in vassallaggio (*un principe*).

mediator /ˈmiːdɪeɪtə(r)/, *n.* (*anche leg.*) mediatore; paciere.

mediatorial /miːdɪəˈtɔːrɪəl/, **mediatory** /ˈmiːdɪətrɪ, *USA* -tɔːrɪ/, *a.* di mediatore; di mediazione; intercessorio.

mediatress /ˈmiːdɪeɪtrɪs/, V. **mediatrix**.

mediatrix /ˈmiːdɪetrɪks/, *n.* (*pl.* **mediatrices, mediatrixes**) (*anche leg.*) mediatrice.

medic (1) /ˈmɛdɪk/, *n.* (*fam.*) ***1*** medico ***2*** studente in medicina ***3*** (*mil., USA*) soldato della Sanità ***4*** (*USA*) infermiere; paramedico.

medic (2) /ˈmɛdɪk/, *n.* (*USA*; *bot., Medicago sativa*) erba medica.

medicable /ˈmɛdɪkəbl/, *a.* medicabile; curabile; guaribile.

Medicaid /ˈmɛdɪkeɪd/, *n.* (*USA*) servizio sanitario statale (*specialm. per i non abbienti*).

medical /ˈmɛdɪkl/, **A** *a.* medico; di medicina: **the m. profession**, la professione medica; **a m. student**, uno studente di medicina. **B** *n.* (*fam.*) ***1*** visita medica: **to have a m.**, fare una visita medica; **to pass one's army m.**, passare la visita medica (militare) ***2*** studente di medicina. ● **m. adviser**, consulente sanitario □ **m. appliances**, attrezzature medicali □ (*mil.*) **m. corps**, la sanità □ (*leg., specialm. USA*) **m. examiner**, medico legale □ (*med.*) **m. history**, anamnesi □ **m. instruments**, strumenti medicali □ **m. jurisprudence**, medicina legale □ (*leg.*) **m. malpractice**, errore del medico (*dovuto a imperizia o negligenza*) □ (*fam.*) **m. man**, medico generico □ **m. officer**, (*leg.*) ufficiale sanitario; (*mil.*) ufficiale medico □ **m. practitioner**, medico generico □ **m. record**, cartella clinica □ **m. register**, albo dell'ordine dei medici □ **m. report**, referto medico □ **m. ward**, reparto medicina (*in un ospedale*) □ **m. waste disposal**, smaltimento dei rifiuti ospedalieri.

medicament /məˈdɪkəmənt/, *n.* medicamento; farmaco; medicina.

medicamentous /mədɪkəˈmɛntəs, mɛd-/, *a.* (*med.*) medicamentoso.

Medicare /ˈmɛdɪkɛə(r)/, *n.* (*USA*) servizio sanitario statale (*specialm. per gli anziani*).

medicaster /ˈmɛdɪkæstə(r)/, *n.* medicastro; ciarlatano.

to **medicate** /ˈmɛdɪkeɪt/, *v. t.* ***1*** medicare; curare ***2*** disinfettare; impregnare (*garza, ecc.*) di sostanze medicamentose.

medicated /ˈmɛdɪkeɪtɪd/, *a.* (*med.*) medicato: **m. bougie**, candeletta medicata.

medication /mɛdɪˈkeɪʃn/, *n.* ***1*** medicazione; medicatura (*raro*) ***2*** medicamento; medicina.

medicative /ˈmɛdɪkətɪv, *USA* -eɪt-/, *a.* medicamentoso; medicinale; curativo.

Medicean /mɛdɪˈtʃiːən/, *a.* (*stor.*) mediceo.

medicinal /məˈdɪsənl/, *a.* medicinale; medicamentoso.

medicinally /məˈdɪsənəlɪ/, *avv.* con medicine; mediante cure.

medicine /ˈmɛdsn, *USA* ˈmɛdɪsn/, *n.* ***1*** medicina (*scienza, professione medica*): **Doctor of M.** (*abbr.* **M.D.**), dottore in medicina ***2*** medicina; farmaco; medicamento; medicinale. ● **m. ball**, pallone pesante per ginnastica □ **m. bottle**, boccetta per medicinali; flacone □ **m. cabinet** (*o* **m. chest, m. closet**), armadietto farmaceutico □ **m. dropper**, contagocce □ **m. man**, stregone □ (*fam.*) **to give sb. a dose** (*o* **a taste**) **of his own m.**, ripagare q. della stessa moneta; restituirgli la dose □ (*fig.*) **to swallow** (*o* **to take**) **one's m.**, mandar giù (*o* ingoiare) la pillola; mandar giù un rospo (*fig.*).

medick /ˈmɛdɪk/, V. **medic (2)**.

medico /ˈmɛdɪkəʊ/, *n.* (*pl.* **medicos**) (*fam., scherz.*) ***1*** dottore; medico ***2*** studente in medicina.

medieval /mɛdɪˈiːvl, miːd-, mɪˈdiːvl/, *a.* medievale, medioevale.

medievalism /mɛdɪˈiːvəlɪzəm, miːd-, mɪˈd-/, *n.* medievalismo.

medievalist /mɛdɪˈiːvəlɪst, miːd-, mɪˈd-/, *n.* medievalista.

mediocre /miːdɪˈəʊkə(r)/, *a.* mediocre.

mediocrity /miːdɪˈɒkrətɪ/, *n.* mediocrità.

medio-passive /ˈmiːdɪəʊˈpæsɪv/, *a.* (*ling.*) mediopassivo.

to **meditate** /ˈmɛdɪteɪt/, *v. t.* e *i.* meditare; considerare; riflettere: **to m. revenge**, meditare la vendetta; **to m. on the vanity of glory**, riflettere sulla vanità della gloria.

meditation /mɛdɪˈteɪʃn/, *n.* meditazione; riflessione.

meditative /ˈmɛdɪtətɪv, *USA* -teɪt-/, *a.* meditativo; cogitabondo; pensieroso. || **-ly**, *avv.*

meditativeness /ˈmɛdɪtətɪvnəs, *USA* -teɪt-/, *n.* pensosità.

meditator /ˈmɛdɪteɪtə(r)/, *n.* chi medita.

mediterranean /mɛdɪtəˈreɪnɪən/, **A** *a.* ***1*** posto fra terre; interno; mediterraneo: **a m. land**, un territorio interno; **m. sea**, mare mediterraneo ***2*** – (*di popolo, clima, ecc.*) **M.**, mediterraneo. **B** *n.* – (*geogr.*) **the M.**, il Mediterraneo. ● (*med.*) **M. anemia**, anemia mediterranea; talassemia □ (*med.*) **M. fever**, brucellosi □ **the M. Sea**, il Mediterraneo.

medium /ˈmiːdɪəm/, **A** *a.* medio: **m. size**, misura (*o* taglia) media; (*radio*) **m. waves**, onde medie; **a man of m. height**, un uomo di media statura; (*fis.*) **m. frequency**, frequenza media. **B** *n.* (*pl.* **mediums, media**) ***1*** mezzo; strumento; veicolo (*fig.*); tramite: **a m. of communication**, un mezzo di comunicazione; **a m. of instruction**, un mezzo didattico; **through the m. of**, per mezzo di; per il tramite di; **through the m. of the press**, a mezzo stampa ***2*** mezzo d'informazione; (= **advertising m.**) mezzo (*o* veicolo) pubblicitario: **Television is an important m.**, la televisione è un importante mezzo d'informazione ***3*** punto medio; mezzo: **to keep to the happy m.**, tenere il giusto mezzo (*o* una via di mezzo) ***4*** (*scient.*) mezzo (di trasmissione); ambiente, elemento (naturale): **Air is the m. that conveys sound**, l'aria è il mezzo di trasmissione del suono; **Water is the natural m. of fish**, l'acqua è l'elemento naturale dei pesci ***5*** (*arte, letter.*) mezzo d'espressione: **Poetry is his m.**, il suo mezzo espressivo è la poesia ***6*** (*pl.* **mediums**) (*parapsicologia*) medium ***7*** (*biol.*, = **culture m.**) brodo di coltura ***8*** (*pitt.*) solvente ***9*** (*teatr.*) filtro colorato ***10*** (*cinem., TV*) V. **m. shot** ***11*** (*elab.*) supporto: **data m.**, supporto (dei) dati ***12*** (*pl.*) (*Borsa, fin.*) V. **m.-dated securities**. ● (*mil.*) **m. artillery**, artiglieria di medio calibro □ (*Borsa, fin.*) **m.-dated securities**, titoli a media scadenza (*in G.B., da 5 a 15 anni*) □ (*econ.*) **m. of exchange**, mezzo di scambio (*per es., il denaro*) □ (*cinem., TV*) **m. shot**, campo medio □ **m.-sized**, di misura media, medio; (*di animale*) di mezza taglia: (*fin.*) **m.-sized companies**, società di medie dimensioni; (*fin.*) **m.-sized enterprises**, medie imprese □ **m.-term.**, a medio termine; a medio; nel medio periodo: **m.-term economic policy**, politica economica a medio termine; **m.-term credit**, credito a medio; mediocredito □ (*econ.*) **a m.-term plan**, un piano poliennale □ (*radio*) **m.-wave**, a (*o* sulle) onde medie.

mediumistic /miːdɪəˈmɪstɪk/, *a.* (*parapsicologia*) medianico.

mediumship /ˈmiːdɪəmʃɪp/, *n.* (*parapsicologia*) medianità.

medlar /ˈmɛdlə(r)/, *n.* (*bot.*) ***1*** nespola ***2*** (= **m. tree**, *Mespilus germanica*) nespolo.

medley /ˈmɛdlɪ/, *n.* ***1*** mescolanza; miscuglio; guazzabuglio; accozzaglia: **a m. of races**, un'accozzaglia di razze diverse; **a m. of feelings**, un guazzabuglio di sentimenti ***2*** (*letter.*) miscellanea; zibaldone ***3*** (*mus.*) pot-pourri ***4*** (*sport*) stile misto. ● (*nuoto*) **m. relay**, staffetta stile misto □ (*nuoto*) **individual m.**, individuale quattro stili.

medulla /meˈdʌlə/ (*lat.*), *n.* (*pl.* **medullas, medullae**) (*anat., bot.*) midollo.

medullary /məˈdʌlərɪ, *USA* ˈmɛdəlerɪ, ˈmɛdʒə-/, *a.* (*anat.*) midollare. ● **m. membrane**, endostio.

medusa /mɪˈdjuːzə, *USA* -ˈduːsə/, *n.* ***1*** – (*mitol. greca*) **M.**, Medusa ***2*** (*zool., pl.* **medusae, medusas**) medusa.

medusal /mɪˈdjuːzl, *USA* -ˈduːsl/, **medusan** /mɪˈdjuːzn, *USA* -ˈduːsn/, *a.* (*zool.*) di medusa.

medusoid /mɪˈdjuːzɔɪd, *USA* -ˈduːs-/, *a.* (*zool.*) medusoide.

meed /miːd/, *n.* (*poet.*) ricompensa; guiderdone (*poet.*).

meek /miːk/, *a.* mite; mansueto; sottomesso; umile: **as m. as a lamb**, mite come un agnello. ● (*Bibbia*) **blessed are the m.**, beati i mansueti. || **-ly**, *avv.* || **-ness**, *sost.*

meerschaum /ˈmɪəʃəm, -ɔːm/ (*ted.*), *n.* ***1*** (*miner.*) schiuma di mare; sepiolite ***2*** (= **m. pipe**) pipa di schiuma.

meet (1) /miːt/, *n.* ***1*** raduno di partecipanti (*per la caccia alla volpe*) ***2*** (*USA*) riunione (*sportiva*); meeting: **a track m.**, una riunione in pista; **an athletic m.**, un meeting d'atletica.

meet (**2**) /mi:t/, *a.* (*arc.*) conveniente; opportuno; appropriato.

to **meet** /mi:t/ (*pass.* e *p. p.* **met**), **A** *v. t.* ***1*** incontrare; andare (*o* venire) incontro a; andare all'arrivo di; imbattersi in: **to m. sb. by appointment**, incontrare q. su appuntamento; **I met the bus**, andai all'arrivo dell'autobus; **My friend will m. me at the station**, il mio amico mi verrà incontro (*o* a prendere) alla stazione; **I met him in the street**, m'imbattei in lui per la strada ***2*** conoscere; fare la conoscenza di; essere presentato a: **I met him in Rome**, lo conobbi a Roma; **I knew him by sight but I'd never met him before**, lo conoscevo di vista ma non gli ero mai stato presentato fino ad allora; **Pleased to m. you**, lieto di fare la Sua conoscenza; «piacere!» ***3*** affrontare; far fronte a; fronteggiare; rispondere a; controbattere: **to m. the enemy**, affrontare il nemico; **I met her angry words with a laugh**, risposi con una risata alle sue parole irate; **to m. objections** [**criticism**], controbattere obiezioni [critiche] ***4*** venire incontro a (*fig.*); conformarsi a; soddisfare: **to m. sb.'s wishes**, venire incontro ai desideri di q.; **This article doesn't m. our requirements**, questo articolo non soddisfa le nostre esigenze (*o* non risponde ai requisiti voluti); **to m. a demand**, soddisfare una richiesta ***5*** (*fig.*) far fronte a; saldare (*fig.*): **to m. one's commitments** (*o* **engagements**), far fronte ai propri impegni; (*econ.*) **to m. the gap between home production and domestic demand**, saldare il gap fra la produzione e la domanda interne ***6*** (*comm.*) far onore a; onorare; pagare: **to m. a bill at maturity**, pagare (*o* onorare) una cambiale alla scadenza. **B** *v. i.* ***1*** incontrarsi; trovarsi; vedersi: **We met (each other) unexpectedly**, c'incontrammo per caso; **When shall we m. again?**, quando ci rivedremo? ***2*** far conoscenza; conoscersi: **We met last summer**, ci siamo conosciuti l'estate scorsa; **They'd met before**, si conoscevano già ***3*** (*anche* **to m. together**) adunarsi; riunirsi; raccogliersi: **The people met in the square**, la gente si adunò nella piazza ***4*** (*d'eserciti, ecc.*) affrontarsi (*in campo*); scontrarsi. ● (*comm.*) **to m. competition**, sostenere la concorrenza □ **to m. a demand**, soddisfare una richiesta □ (*econ.*) **to m. the demand**, essere pari alla domanda □ **to m. the ear**, colpire l'orecchio □ **to m. an expense**, sostenere una spesa □ **to m. the eye**, saltare all'occhio □ **to m. sb.'s eye**, incontrare lo sguardo di q.; sostenere lo sguardo di q. □ **to m. sb. halfway**, incontrare q. a mezza strada; (*fig.*) venire a un compromesso con q. □ (*fig.*) **to make both ends m.**, sbarcare il lunario □ (*USA*) **M. Mr Jones!**, Le presento Mr Jones.

♦**meet up**, *v. i.* + *avv.* (*fam.*) ***1*** incontrarsi, trovarsi; imbattersi: **Let's m. up after lunch**, troviamoci dopo pranzo; **I met up with an old friend at the station**, in stazione mi sono imbattuto in un vecchio amico ***2*** (*di due strade, ecc.*) incontrarsi; incrociarsi.

♦**meet with**, *v. i.* + *prep.* ***1*** (*lett. o USA*) incontrare, imbattersi in (q.) ***2*** incontrare, trovare, avere, passare, subire (q.c.): **to m. with appreciation**, trovare apprezzamento; essere apprezzato; **to m. with sb.'s approval**, incontrare l'approvazione di q.; **He met with an accident**, ebbe (*o* subì) un incidente; **You'll m. with a lot of troubles**, passerai un sacco di guai; **to m. with success**, avere successo ***3*** incontrarsi, avere un incontro (ufficiale) con: **Our foreign minister will m. with his French opposite number**, il nostro ministro degli esteri s'incontrerà con il suo omologo francese □ **to m. with failure**, fare fiasco; fallire □ **to m. with a refusal**, ricevere un rifiuto □ **to m. with violent death**, morire di morte violenta; fare una brutta fine.

meeting /'mi:tɪŋ/, *n.* ***1*** incontro; riunione (*anche sportiva*); meeting: **Our m. in Rome was a sad affair**, il nostro incontro a Roma fu una cosa triste ***2*** (*leg.*) assemblea; adunanza; seduta ***3*** (*polit.*) riunione; convegno; comizio ***4*** congiunzione; confluenza; incontro: **the m. of two rivers**, la confluenza di due fiumi. ● (*relig.*) **m. house**, casa di riunione, luogo di culto (*specialm. dei quaccheri*) □ (*leg.*) **m. of creditors**, assemblea dei creditori □ (*fin.*) **the m. of the shareholders**, l'assemblea degli azionisti □ **m. place**, luogo d'incontro (*o* di raduno); ritrovo □ (*geom.*) **m. point**, punto d'intersezione □ **to address the m.**, rivolgere la parola (*o* parlare) all'assemblea □ **to call a m.**, convocare un'adunanza □ (*polit.*) **to put a resolution to the m.**, portare una mozione in assemblea □ **a sports m.**, una riunione sportiva.

Meg /mɛg/, *n. dim.* di **Margaret**.

megabar /'mɛgəbɑ:(r)/, *n.* (*fis.*) megabar.

megabit /'mɛgəbɪt/, *n.* (*elab.*) megabit (*un milione di bit*).

megabuck /'mɛgəbʌk/, *n.* (*pop. USA*) (un) milione di dollari.

megabyte /'mɛgəbaɪt/, *n.* (*elab.*) megabyte (*un milione di byte*).

megacephalic /mɛgəsə'fælɪk/, **megacephalous** /məgə'sɛfələs/, *a.* (*scient.*) megacefalo.

megacephaly /mɛgə'sɛfəlɪ/, *n.* (*scient.*) megacefalia.

megacycle /'mɛgəsaɪkl/, *n.* (*fis.*) megaciclo.

megadeath /'mɛgədɛθ/, *n.* (un) milione di morti (*rif. a un'ipotetica guerra atomica*).

megadebt /'mɛgədɛt/, *n.* (*fin.*) debito (*o* indebitamento) enorme; megadebito.

megadose /'mɛgədəus/, *n.* (*med.*) megadose.

megahertz /'mɛgəhɜ:ts/, *n.* (*fis.*) megahertz.

megajet /'mɛgədʒɛt/, *n.* (*aeron.*) superjet.

megalith /'mɛgəlɪθ/, *n.* (*archeol.*) megalite; megalito.

megalithic /mɛgə'lɪθɪk/, *a.* (*archeol.*) megalitico.

megaloblast /'mɛgələblæst/, *n.* (*biol.*) megaloblasto.

megalomania /mɛgələ'meɪnɪə/, *n.* (*psic.*) megalomania.

megalomaniac /mɛgələ'meɪnɪæk/, *a.* e *n.* (*psic.*) megalomane.

megalomaniacal /mɛgələmə'naɪəkl/, *a.* (*psic.*) megalomane.

megalopolis /mɛgə'lɒpəlɪs/, *n.* megalopoli.

megalosaur /'mɛgələsɔ:(r)/, **megalosaurus** /mɛgələ'sɔ:rəs/, *n.* (*zool., Megalosaurus*) megalosauro.

megamerger /'mɛgəmɜ:dʒə(r)/, *n.* (*econ., fin.*) megafusione (*di aziende*).

megamillionaire /mɛgəmɪljə'nɛə(r)/, *n.* megamilionario.

meganewton /'mɛgənju:tn, *USA* -nu:tn/, *n.* (*fis.*) meganewton.

megaphone /'mɛgəfəun/, *n.* megafono.

to **megaphone** /'mɛgəfəun/, *v. t.* ***1*** rivolgersi col megafono a (q.) ***2*** annunciare (q.c.) col megafono ***3*** (*fig.*) dare ampia pubblicità a (q.c.).

megapod /'mɛgəpɒd/, **megapode** /'mɛgəpəud/, *n.* (*zool.*) megapode.

megass(e) /mɛ'gæs/, *n.* (*ind.*) bagassa.

megatanker /'mɛgətæŋkə(r)/, *n.* (*naut.*) superpetroliera (*di oltre 200.000 tonnellate*).

megathere /'mɛgəθɪə(r)/, *V.* **megatherium**.

megatherium /mɛgə'θɪərɪəm/, *n.* (*paleont., Megatherium*) megaterio.

megatherm /'mɛgəθɜ:m/, *n.* (*bot.*) pianta megaterma.

megathermal /mɛgə'θɜ:ml/, *a.* (*bot.*) megatermo.

megaton /'mɛgətʌn/, *n.* (*fis. nucl., mil.*) megaton.

megatrend /'mɛgətrɛnd/, *n.* (*econ., fin., ecc.*) tendenza assai rilevante; megatendenza (*dal titolo del libro di John Naisbitt, 1982*).

megaversity /mɛgə'vɜ:sətɪ/, *n.* università enorme; megauniversità.

megavolt /'mɛgəvəult/, *n.* (*elettr.*) megavolt.

megawatt /'mɛgəwɒt/, *n.* (*elettr.*) megawatt.

Megger /'mɛgə(r)/, *n.* (*marchio: elettr.*) megaohmmetro; Megger.

megillah /mə'gɪlə/, *n.* (*pop. USA*) spiegazione lunga e noiosa; lagna.

megilp /mə'gɪlp/, *n.* (*pitt.*) solvente per colori a olio.

megohm /'mɛgəum/, *n.* (*elettr.*) megahom.

megohmmeter /'mɛgəummi:tə(r)/, *n.* (*elettr.*) megahommetro.

megrim /'mi:grɪm/, *n.* ***1*** (*arc.*) emicrania ***2*** (*pl.*) (*arc.*) malinconia; malumore; tristezza ***3*** (*pl.*) (*vet.*) capostorno, capogatto (*dei cavalli o dei buoi*).

meiosis /maɪ'əusɪs/, *n.* (*pl.* **meioses**) ***1*** (*gramm.*) litote ***2*** (*biol.*) meiosi.

meiotic /maɪ'ɒtɪk/, *a.* (*biol.*) meiotico.

Mekka /'mɛkə/, *V.* **Mecca**.

melancholia /mɛlən'kəulɪə/, *n.* (*pl.* **melancholias, melancholiae**) (*psic.*) malinconia; depressione.

melancholic /mɛləŋ'kɒlɪk/, *a.* ***1*** (*psic.*) affetto da malinconia; depresso ***2*** malinconico; mesto; triste. || **-ally**, *avv.*

melancholy /'mɛləŋkəlɪ, -klɪ, *USA* -kɒlɪ/, **A** *n.* malinconia; mestizia; tristezza. **B** *a.* malinconico; mesto; triste.

Melanesian /mɛlə'ni:zɪən, -ʒn/, *a.* e *n.* melanesiano.

mélange /meɪ'lɑ:nʒ, -dʒ, mɛ-/ (*franc.*), *n.* mélange; mescolanza.

melanin /'mɛlənɪn/, *n.* (*biochim.*) melanina.

melanism /'mɛlənɪzəm/, *n.* (*zool.*) melanismo.

melanite /'mɛlənaɪt/, *n.* (*miner.*) melanite.

melanoblast /'mɛlənəblæst/, *n.* (*biol.*) melanoblasto.

melanocyte /'mɛlənəsaɪt/, *n.* (*biol.*) melanocita.

melanoma /mɛlə'nəumə/, *n.* (*med.*) melanoma.

melanosis /mɛlə'nəusɪs/, *n.* (*pl.* **melanoses**) (*med.*) melanosi.

melanotic /mɛlə'nɒtɪk/, *a.* (*med.*) melanotico.

melanuria /mɛlə'njuərɪə, *USA* -'nu-/, *n.* (*med.*) melanuria.

Melba /'mɛlbə/, *n.* – *nelle locuz.*: – (*cucina*) **M. sauce**, salsa di lamponi; **M. toast**, Melba toast (croccante) (*dallo pseudonimo, Dame Nellie Melba, di un famoso soprano australiano*).

Melchior /'mɛlkɪɔ:(r)/, *n.* Melchiorre.

to **meld** (**1**) /mɛld/, **A** *v. t.* fondere; mescolare; unire. **B** *v. i.* fondersi; mescolarsi; unirsi.

to **meld** (**2**) /mɛld/, **A** *v. t.* (*a carte*) scoprire; dichiarare. **B** *v. i.* (*a carte*) fare una dichiarazione.

melee, mêlée /'mɛleɪ, mɛ'leɪ, *USA* meɪ'leɪ, 'meɪleɪ/ (*franc.*), *n.* ***1*** mischia ***2*** (*fig.*) confusione.

melena /mə'li:nə/, *n.* (*med.*) melena.

melic /'mɛlɪk/, *a.* melico: **m. poetry**, poesia melica; melica.

melilot /'mɛlɪlət/, *n.* (*bot., Melilotus officinalis*) meliloto; soffiola.

melinite /'mɛlɪnaɪt/, *n.* melinite (*esplosivo*).

to **meliorate** /'mi:lɪəreɪt/, *v. t.* e *i.* migliorare.

melioration /mi:lɪə'reɪʃn/, *n.* miglioramento.

meliorism /'mi:lɪərɪzəm/, *n.* (*filos.*) migliorismo.

meliorist /'mi:lɪərɪst/, *n.* (*filos.*) migliorista.

melliferous /mə'lɪfərəs/, *a.* mellifero.

mellifluence /mə'lɪfluəns/, *n.* mellifluità.

mellifluent /mə'lɪfluənt/, **mellifluous** /mə'lɪfluəs/, *a.* mellifluo; melato. || **-ly**, *avv.*

mell of a hess /'mɛləvə'hɛs/, *locuz. n.* (*pop. USA, inversione giocosa di* **hell of a mess**) gran confusione; casino del diavolo (*pop.*).

mellow /'mɛləu/, *a.* ***1*** (*di frutto*) dolce; polposo; succoso; maturo ***2*** (*di vino*) generoso; maturo; pastoso ***3*** (*di terreno*) fertile; ubertoso ***4*** (*di colore, luce, suono, voce*) caldo; pieno; suasivo ***5*** (*di persona, del carattere*) maturato dall'esperienza; comprensivo; dolce; mite ***6*** (*fam.*) tranquillo; rilassato ***7*** (*pop.*) brillo; alticcio. || **-ness**, *sost.*

to **mellow** /'mɛləu/, **A** *v. t.* ***1*** addolcire; ammorbidire; maturare; ingentilire; rendere tenero ***2*** maturare, invecchiare (*il vino, ecc.*). **B** *v.*

i. ***1*** addolcirsi; ammorbidirsi; maturarsi; ingentilirsi: **to m. with age**, addolcirsi (*o* ingentilirsi) con l'età ***2*** (*del vino, ecc.*) maturare; invecchiare. ● (*fam.*) **to m. out**, rilassarsi; calmarsi.

melodeon, melodion /mə'ləʊdɪən/, *n.* (*mus.*) melodion; armonium.

melodic /mə'lɒdɪk/, *a.* melodico.

melodious /mə'ləʊdɪəs/, *a.* melodioso. || **-ly,** *avv.* || **-ness,** *sost.*

melodist /'mɛlədɪst/, *n.* (*mus.*) melodista.

to **melodize** /'mɛlədaɪz/, **A** *v. t.* ***1*** rendere melodioso ***2*** mettere in musica; musicare. **B** *v. i.* comporre melodie.

melodrama /'mɛlədrɑːmə, *USA* -æmə/, *n.* (*teatr.* e *fig.*) melodramma.

melodramatic /mɛlədrə'mætɪk/, *a.* melodrammatico. || **-ally,** *avv.*

melodramatist /mɛlə'dræmətɪst/, *n.* autore di melodrammi.

to **melodramatize** /mɛlə'dræmətaɪz/, *v. t.* rendere melodrammatico.

melody /'mɛlədɪ/, *n.* ***1*** melodia (*in ogni senso*) ***2*** canto; aria.

melon /'mɛlən/, *n.* ***1*** (*bot., Cucumis melo*) melone; popone ***2*** (*bot., Citrullus vulgaris*; = **watermelon**) melone d'acqua; cocomero; anguria ***3*** (*pop. USA*) grosso profitto: **to cut the m.**, spartire i profitti. ● (*fig. pop.*) **m.-cutting**, spartizione dei profitti.

melt /mɛlt/, *n.* (*metall.*) ***1*** fusione; colata ***2*** metallo (*o* vetro, ecc.) fuso ***3*** quantità (*di metallo, vetro, ecc.*) fusa in una volta. ● **to be on the m.**, essere in fusione.

to **melt** /mɛlt/ (*pass.* **melted,** *p. p.* **melted,** *e talvolta come agg.* **molten**), **A** *v. t.* ***1*** fondere (*anche metall.*); liquefare; sciogliere; struggere: **to m. a metal**, fondere un metallo; **The sun has melted the ice**, il sole ha sciolto il ghiaccio; **to m. wax**, struggere la cera ***2*** (*fig.*) far struggere; intenerire; commuovere: **Her grief melted my heart**, il suo dolore mi commosse. **B** *v. i.* ***1*** fondere; fondersi; liquefarsi; sciogliersi; struggersi (*anche, fam., dal caldo*): **Butter melts when heated**, il burro si liquefà quando lo si scalda; **This cake melts in your mouth**, questa torta si scioglie in bocca; **snow melting in the sun**, neve che si scioglie al sole ***2*** (*fig.*) struggersi; intenerirsi: **She melted at my kindly words**, ella s'intenerì udendo le mie espressioni di simpatia.

♦**melt away,** *v. i.* + *avv.* ***1*** sciogliersi del tutto: **The snow had melted away**, s'era sciolta tutta la neve ***2*** (*fig.*) sciogliersi; dileguare; dileguarsi; disperdersi; scomparire poco a poco: **The crowd melted away**, l'assembramento si sciolse; la folla si disperse; **The fog melted away**, la nebbia dileguò; **The Redskins melted away in the forest**, i pellirosse si dileguarono nella foresta; **My savings have melted away**, i miei risparmi sono scomparsi poco a poco.

♦**melt down,** *v. t.* + *avv.* fondere (*oggetti d'oro o argento*).

♦**melt into,** *v. i.* + *prep.* ***1*** fondersi in (*anche fig.*); sciogliersi in: **The sea melted into the sky at the horizon**, all'orizzonte il mare si fondeva col cielo; (*delle nubi*) **to m. into rain**, sciogliersi in pioggia ***2*** (*di un colore*) sfumare in (*un altro*) ***3*** (*di un suono*) svanire in (*un altro*) ***4*** (*fam.*) dileguarsi, sparire in (*o* tra): **He melted into the crowd**, si dileguò tra la folla ***5*** (*fig.*) struggersi: **to m. into tears**, struggersi in lacrime (*o* in pianto) □ **to m. into liquid**, liquefarsi.

meltable /'mɛltəbl/, *a.* (*metall.*) fondibile.

meltdown /'mɛltdaʊn/, *n.* ***1*** (*fis. nucl.*) meltdown ***2*** (*fig. USA*) disastro; guasto grave; tracollo finanziario.

melted /'mɛltɪd/, *a.* fuso: **m. butter**, burro fuso. ● (*fam. USA*) **to be m. out**, essere rimasto al verde (*o* in bolletta).

melter /'mɛltə(r)/, *n.* ***1*** fonditore ***2*** (*metall.*) camera (*o* vasca) di fusione.

melting /'mɛltɪŋ/, **A** *n.* ***1*** scioglimento: **the m. of the snow**, lo scioglimento della neve ***2*** (*metall.*) fusione: **m. point**, punto di fusione. **B** *a.* ***1*** che fonde; in fusione ***2*** (*fig.*) struggente; commovente ***3*** (*fig.*) commosso; tenero: **to speak in a m. voice**, parlare in modo tenero. ● **m. pot**, crogiolo (*anche fig.*): **a m. pot of races**, un crogiolo di etnie □ (*fig.*) **to go into the m. pot**, essere messo sottosopra; essere sconvolto □ (*fig.: di un progetto, ecc.*) **in the m. pot**, in sospeso; in fieri □ (*fig.*) **to be in the m. mood**, avere una gran voglia di piangere.

melton /'mɛltn/, *n.* tessuto liscio di lana inglese (*per soprabiti*).

meltwater /'mɛltwɔːtə(r), *USA* -wɒ-/, *n.* (*geogr.*) acqua di disgelo.

member /'mɛmbə(r)/, *n.* ***1*** membro; parte (*del corpo, d'un tutto*); associato, socio; iscritto (*di società, partito, ecc.*): **the members of a union** (*o* **union members**), gli iscritti a un sindacato; (*fin.*) **m. of a company**, socio di una società di capitali ***2*** (*mecc.*) parte; elemento ***3*** (*mat.*) elemento ***4*** (*ind. costr.*) elemento. ● (*polit., in U.S.A.*) **M. of Congress**, membro del Congresso; deputato o senatore □ (*polit.*) **M. of Parliament** (*abbr.* **M.P.**), membro del Parlamento; deputato (*ai Comuni*) □ **the members of the family**, i membri della famiglia; i familiari □ (*moda*) **members only leather [poplin] jacket**, giubbotto di cuoio [di cotone] di tipo militare □ (*autom.*) **m. services**, (servizi d') assistenza per i soci (*dell'A.A., in G.B.*) □ (*mecc.*) **cross m.**, traversa □ (*mecc.*) **side m.**, longherone.

membership /'mɛmbəʃɪp/, *n.* ***1*** condizione di membro (*o* di socio); appartenenza (*a una società, a un partito, ecc.*) ***2*** (*collett.*) membri; soci ***3*** numero di soci (*o* d'iscritti). ● **m. card**, tessera (*d'iscrizione*).

membranaceous /mɛmbrə'neɪʃəs/, *a.* (*biol.*) membranaceo.

membrane /'mɛmbreɪn/, *n.* ***1*** (*anat.*) membrana ***2*** pergamena; cartapecora.

membraneous /mɛm'breɪnɪəs/, **membranous** /'mɛmbrənəs/, *a.* membranoso.

memento /mə'mɛntəʊ/, *n.* (*pl.* **mementoes, mementos**) ***1*** memento (*anche relig.*); avvertimento; promemoria ***2*** (oggetto tenuto per) ricordo.

memo /'mɛməʊ/, *n.* (*pl.* **memos**) (*abbr. fam. di* **memorandum**) promemoria; appunto; nota. ● **m. pad**, blocchetto per appunti □ **m. paper**, carta per appunti.

memoir /'mɛmwɑː(r), *USA* -ɑː(r), -ɔː(r)/, *n.* ***1*** nota biografica; monografia; saggio ***2*** (*pl.*) memorie; ricordanze (*poet.*).

memoirist /'mɛmwɑːrɪst, *USA* -ɑːr-, -ɔːr-/, *n.* memorialista.

memorabilia /mɛmərə'bɪlɪə/, *n. pl.* detti (*o* cose) memorabili.

memorability /mɛmərə'bɪlətɪ/, *n.* memorabilità (*raro*).

memorable /'mɛmərəbl/, *a.* memorabile. || **-bly,** *avv.*

memorandum /mɛmə'rændəm/, *n.* (*pl.* **memoranda, memorandums**) ***1*** memorandum; promemoria; appunto; nota ***2*** (*org. az.*) comunicazione (*generalm. non firmata*); comunicazione di servizio ***3*** (*naut.*) duplicato di polizza di carico. ● **m. book**, memorandum; agenda; taccuino □ (*fin.*) **m. of association**, atto costitutivo d'una società di capitali □ (*teatr.*) **m. sheet**, borderò.

to **memorandum** /mɛmə'rændəm/, *v. t.* ***1*** fare un memorandum di (q.c.) ***2*** (*org. az.*) inviare una comunicazione (di servizio) a (q.).

memorial /mə'mɔːrɪəl/, **A** *a. attr.* commemorativo; in memoria: **a m. stamp**, (un) francobollo commemorativo; **a m. service**, una funzione religiosa in memoria di q. **B** *n.* ***1*** (*di solito al pl.*) memoriale; cronaca; testimonianza ***2*** commemorazione; festa celebrativa; monumento commemorativo: **a war m.**, un monumento ai caduti in guerra ***3*** (*leg.*) memoria; istanza; nota; petizione ***4*** (*leg.*) estratto. ● (*USA*) **M. Day**, giorno commemorativo dei Caduti in guerra (*nella maggior parte degli Stati, il 30 maggio*) □ (*USA*) **m. park**, cimitero □ **m. plaque**, targa funebre.

memorialist /mə'mɔːrɪəlɪst/, *n.* ***1*** memorialista; scrittore di memorie ***2*** (*leg.*) chi fa una petizione; presentatore di una memoria.

to **memorialize** /mə'mɔːrɪəlaɪz/, *v. t.* ***1*** commemorare ***2*** (*leg.*) presentare una memoria (*o* una petizione) a (q.).

memorization /mɛməraɪ'zeɪʃn, *USA* -rɪ'z-/, *n.* memorizzazione.

to **memorize** /'mɛməraɪz/, *v. t.* ***1*** memorizzare; imparare a memoria ***2*** affidare alla memoria.

memory /'mɛmrɪ, -mərɪ/, *n.* ***1*** memoria; rimembranza (*lett.*); ricordo: **to have a good m.**, avere buona memoria; **a man of notorious m.**, uno che ha lasciato cattiva memoria di sé; **to have happy memories of st.**, serbare un buon ricordo di q.c. ***2*** (*elab.*) memoria: **m. cell**, cella di memoria; **m. printout**, stampa della memoria. ● (*elab.*) **m. bank**, banca dati □ **m. book**, memorandum; agenda; taccuino □ (*fam.*) **m. hole**, dimenticatoio: **to throw st. into the m. hole**, mettere q.c. nel dimenticatoio □ (*elab.*) **m. mapping**, memory mapping □ **beyond the m. of man**, da tempo immemorabile □ **to commit st. to m.**, mandare q.c. a memoria □ **to have a m. for faces**, essere fisionomista □ **in m. of**, in memoria di □ (*di un defunto, specialm. d'alto lignaggio*) **of blessed [happy] m.**, di buona [felice] memoria □ **speaking from m.**, citando a memoria □ **to the best of my m.**, per quanto ne ricordo io □ **within living m.**, a memoria d'uomo.

memsahib /'mɛmsɑːb, -ɑːɪb, -ɑːhɪb/, *n.* (*in India e Pakistan, un tempo*) signora (*usato dai domestici d'una famiglia europea*).

men /mɛn/, **A** *pl.* di **man**. **B** *a. attr.* (*specialm. sport*) maschile; uomini: **men foil**, il fioretto maschile. ● **men's band**, fede (*o* vera) per uomo □ (*USA*) **men's room**, gabinetto per uomini □ **men's wear shop**, negozio d'abbigliamento per uomo.

menace /'mɛnəs/, *n.* ***1*** minaccia ***2*** (*fam.*) pericolo pubblico; peste: **That boy's a m.**, quel ragazzo è una peste.

to **menace** /'mɛnəs/, *v. t.* minacciare.

menacing /'mɛnəsɪŋ/, *a.* minaccioso. || **-ly,** *avv.*

ménage /meɪ'nɑːʒ, mɛ-, -æʒ, 'meɪ-/ (*franc.*), *n.* ménage.

menagerie /mə'nædʒərɪ/, *n.* serraglio (*di bestie feroci*).

Menander /mə'nændə(r)/, *n.* (*stor., letter.*) Menandro.

mend /mɛnd/, *n.* rammendo; rattoppo. ● **to be on the m.**, (*di malato*) essere in via di guarigione; (*di affari e sim.*) essere in ripresa: **Our economy is on the m.**, c'è una ripresa dell'economia.

to **mend** /mɛnd/, **A** *v. t.* ***1*** accomodare; aggiustare; riparare; rammendare; rattoppare; riattare: **to m. a broken toy**, aggiustare un giocattolo rotto; **to have one's car mended**, far riparare l'automobile; **to m. a dress**, rammendare un vestito; **to m. a road**, riattare una strada ***2*** emendare; correggere: **M. your manners**, correggi i tuoi modi!; sii più educato! **B** *v. i.* ***1*** emendarsi; correggersi: **I'm afraid he'll never m.**, temo che non si correggerà mai ***2*** migliorare (*specialm. di salute*): **The patient is mending quickly**, l'ammalato sta migliorando rapidamente ***3*** (*di cose, situazioni*) rimediarsi; aggiustarsi: **Be sure things will m.**, sta certo che s'aggiusterà tutto. ● (*fig., specialm. polit.*) **to m. one's fences**, correre ai ripari; rafforzare la propria posizione facendo pace con gli avversari □ **to m. the fire**, ravvivare il fuoco □ **to m. or end st.**, migliorare o porre termine a q.c.: **You must m. your business or end it**, devi migliorare la (*o* l'andamento della) tua azienda o chiudere bottega □ **to m. one's pace**, affrettarsi; affrettare il passo □ **to m. one's ways**, ravvedersi; cambiar vita □ (*prov.*) **It's never too late to m.**, non è mai troppo tardi per emendarsi □ (*prov.*) **Least said, soonest mended**, meno si parla meglio è; un bel tacer non fu mai scritto.

mendable /ˈmɛndəbl/, *a.* *1* aggiustabile; rammendabile; riparabile *2* emendabile; correggibile.

mendacious /mɛnˈdeɪʃəs/, *a.* mendace; menzognero. || **-ly**, *avv.*

mendacity /mɛnˈdæsətɪ/, *n.* *1* mendacia; mendacità *2* menzogna; falsità; bugia; mendacio (*lett.*).

mendelevium /mɛndəˈliːvɪəm/, *n.* (*chim.*) mendelevio.

Mendelian /mɛnˈdiːlɪən/, *a.* e *n.* (*scient.*) mendeliano.

Mendelism /ˈmɛndəlɪzəm/, *n.* (*scient.*) mendelismo.

mender /ˈmɛndə(r)/, *n.* riparatore; rammendatore. ● **road-m.**, operaio addetto alle riparazioni stradali; stradino.

mendicancy /ˈmɛndɪkənsɪ/, *V.* **mendicity**.

mendicant /ˈmɛndɪkənt/, **A** *a.* mendicante; questuante: (*relig.*) **m. friars**, frati mendicanti. **B** *n.* *1* mendicante; accattone *2* frate questuante.

mendicity /mɛnˈdɪsətɪ/, *n.* mendicità; accattonaggio.

mending /ˈmɛndɪŋ/, *n.* *1* aggiustatura; riparazione; rammendo *2* panni da rammendare. ● **m. cotton**, cotone da rammendo □ **m. outfit**, astuccio da lavoro □ **road m.**, lavori stradali.

menfolk /ˈmɛnfəʊk/, *n.* (*fam.*) uomini (*specialm. d'una stessa famiglia*).

menhir /ˈmɛnhɪə(r)/, *n.* (*archeol.*) menhir.

menial /ˈmiːnɪəl/, **A** *a.* da servo; servile; umile: **Scrubbing the floor is a m. task**, sfregare il pavimento (*o* la pulizia dei pavimenti) è un lavoro umile. **B** *n.* (*spreg.*) servo; domestico. ● **the m. staff**, la servitù; i domestici. || **-ly**, *avv.*

meningeal /məˈnɪndʒɪəl, mɛnɪnˈdʒiːəl/, *a.* (*anat., med.*) meningeo.

meningism /ˈmɛnɪndʒɪzəm/, *n.* (*med.*) meningismo.

meningitis /mɛnɪnˈdʒaɪtɪs/, *n.* (*pl.* **meningitides**) (*med.*) meningite.

meningocele /məˈnɪŋgəsiːl/, *n.* (*med.*) meningocele.

meningococcus /mənɪŋgəˈkɒkəs/, *n.* (*pl.* **meningococci**) (*med.*) meningococco.

meningoencephalitic /mənɪŋgəʊɛnsɛfəˈlɪtɪk/, *a.* (*med.*) meningoencefalitico.

meningoencephalitis /mənɪŋgəʊɛnsɛfəˈlaɪtɪs/, *n.* (*med.*) meningoencefalite.

meninx /ˈmiːnɪŋks/, *n.* (*pl.* **meninges**) (*anat.*) meninge.

meniscus /məˈnɪskəs/, *n.* (*pl.* **menisci, meniscuses**) (*fis., mat., anat.*) menisco. ● (*ottica*) **m. lens**, menisco.

menology /məˈnɒlədʒɪ/, *n.* (*relig.*) menologio.

menopausal /mɛnəˈpɔːzl/, *a.* (*fisiol.*) della menopausa.

menopause /ˈmɛnəpɔːz/, *n.* (*fisiol.*) menopausa.

Menorah /məˈnɔːrə/, *n.* (*relig. ebraica*) menorah; candelabro a sette bracci.

menorrhagia /mɛnəˈreɪdʒə, -dʒɪə/, *n.* (*med.*) menorragia.

menorrhoea /mɛnəˈriːə/, *n.* (*med.*) menorrea.

menses /ˈmɛnsiːz/ (*lat.*), *n. pl.* (*fisiol.*) mestruazioni.

Menshevik /ˈmɛnʃəvɪk/, *n.* (*stor.*) menscevico.

Menshevism /ˈmɛnʃəvɪzəm/, *n.* (*stor.*) menscevismo.

Menshevist /ˈmɛnʃəvɪst/, *a.* e *n.* (*stor.*) menscevico.

menstrual /ˈmɛnstrʊəl/, *a.* *1* (*fisiol.*) mestruale: **m. cycle**, ciclo mestruale *2* (*astron.*) mensile. ● **m. periods**, mestruazioni.

to **menstruate** /ˈmɛnstrʊeɪt/, *v. i.* (*fisiol.*) mestruare.

menstruation /mɛnstrʊˈeɪʃn/, *n.* (*fisiol.*) mestruazione.

menstruous /ˈmɛnstrʊəs/, *a.* (*fisiol.*) mestruato; mestruale.

mensualization /mɛnʃʊəlaɪˈzeɪʃn, *USA* -lɪˈz-/, *n.* mensualizzazione (*dei salari, ecc.*).

mensurability /mɛnʃərəˈbɪlətɪ/, *n.* misurabilità.

mensurable /ˈmɛnʃərəbl/, *a.* *1* misurabile *2* (*mus.*) mensurabile; che ha un ritmo fisso.

mensural /ˈmɛnʃərəl/, *a.* *1* di (*o* pertinente a) misura *2* (*mus.*) mensural: **m. notation**, notazione mensurale.

mensuration /mɛnʃəˈreɪʃn/, *n.* misurazione.

mental (1) /ˈmɛntl/, **A** *a.* *1* mentale: **m. powers**, facoltà mentali; (*leg.*) **m. cruelty**, crudeltà mentale *2* intellettuale: **m. activities**, attività intellettuali *3* (*pop.*) matto; pazzo. **B** *n.* (*pop.*) matto, matta; alienato, alienata. ● (*psic.*) **m. age**, età mentale □ (*leg.*) **m. capacity** (*o* **m. competence**), capacità d'intendere e di volere □ **m. defective**, minorato psichico □ **m. deficiency**, minorazione psichica □ **m. fog**, confusione nella testa □ **m. home** (*o* **m. hospital, m. institution**), casa di cura per malattie mentali; manicomio □ (*leg.*) **m. incapacity** (*o* **m. incompetence**), incapacità d'intendere e di volere □ (*pop. USA*) **m. job**, paranoico □ **a m. patient**, un malato di mente □ **m. reservation**, riserva mentale □ **a m. specialist**, uno specialista di malattie mentali □ **m. test**, prova delle facoltà mentali (*o* dell'intelligenza) □ **to make a m. note of st.**, fissare q.c. nella (propria) memoria. || **-ly**, *avv.*

mental (2) /ˈmɛntl/, *a.* (*anat.*) mentale; mentoniero; del mento.

mentality /mɛnˈtælətɪ/, *n.* *1* mentalità: **the m. of a people**, la mentalità di un popolo *2* capacità mentali; grado d'acume della mente: **a man of low m.**, un uomo di scarse capacità mentali.

mentally /ˈmɛntəlɪ/, *avv.* mentalmente. ● (*psic.*) **m. handicapped**, minorato mentale.

mentation /mɛnˈteɪʃn/, *n.* *1* funzione (*o* attività) mentale *2* condizione (*o* stato) della mente.

menthene /ˈmɛnθiːn/, *n.* (*chim.*) mentene.

menthol /ˈmɛnθɒl, *USA* -ɔːl, -əʊl/, *n.* (*chim.*) mentolo.

mentholated /ˈmɛnθəleɪtɪd/, *a.* (*chim.*) mentolato.

menticide /ˈmɛntɪsaɪd/, *n.* (*USA*) lavaggio del cervello.

mention /ˈmɛnʃn/, *n.* menzione; accenno; cenno; citazione: **honourable m.**, menzione onorevole.

to **mention** /ˈmɛnʃn/, *v. t.* menzionare; far menzione di; accennare a; citare. ● **above-mentioned**, predetto; suddetto; sopraccitato □ **not to m.** (*o* **without mentioning**), per non parlare di; tralasciando: **There were writers, painters, musicians, not to m. our greatest living sculptor**, c'erano scrittori, pittori, musicisti, per non parlare del nostro maggiore scultore vivente □ **Don't m. it!**, non c'è di che; prego.

mentionable /ˈmɛnʃənəbl/, *a.* menzionabile.

mentor /ˈmɛntɔː(r), -tə(r)/, *n.* mentore; guida.

menu /ˈmɛnjuː, *USA* ˈmeɪnjuː/, *n.* *1* menu; lista (delle vivande) *2* (*elab.*) menu.

meow /mɪˈaʊ/, *V.* **miaow**.

Mephistophelean, Mephistophelian /mɛfɪstəˈfiːlɪən/, *a.* mefistofelico.

Mephistopheles /mɛfɪˈstɒfəliːz/, *n.* Mefistofele.

mephitic /mɪˈfɪtɪk/, *a.* mefitico.

mephitis /mɪˈfaɪtɪs/, *n.* (*scient.*) mefite (*lett.*); aria malsana; miasma.

meprobamate /mɛprəʊˈbæmeɪt, mɛˈprəʊbəmeɪt/, *n.* (*chim.*) meprobramato.

mercantile /ˈmɜːkəntaɪl, *USA* -tiːl, -tɪl/, *a.* mercantile; commerciale: **m. marine**, marina mercantile. ● **m. agency**, (*leg.*) rappresentanza (*o* agenzia) di commercio; agenzia d'informazioni commerciali □ (*leg.*) **m. agent**, (*leg.*) agente di commercio, commissionario; titolare di un'agenzia d'informazioni commerciali □ (*leg.*) **m. law**, diritto commerciale □ (*banca, fin.*) **m. paper**, carta commerciale; (*collett.*) effetti commerciali □ (*econ.*) **m. system**, mercantilismo □ (*econ.*) **m. theory**, teoria mercantilistica.

mercantilism /ˈmɜːkəntɪlɪzəm/, *n.* (*econ., stor.*) mercantilismo.

mercantilist /ˈmɜːkəntɪlɪst/, (*econ., stor.*) **A** *n.* mercantilista; fautore del mercantilismo. **B** *a.* mercantilista.

mercantilistic /mɜːkəntɪˈlɪstɪk/, *a.* (*econ., stor.*) mercantilistico; mercantilista.

mercaptan /mɜːˈkæptæn/, *n.* (*chim.*) mercaptano.

mercenariness /ˈmɜːsɪnərɪnəs/, *n.* l'essere mercenario; venalità.

mercenary /ˈmɜːsɪnərɪ, *USA* -nɛrɪ/, **A** *a.* mercenario; prezzolato; venale: **to act from m. motives**, agire per motivi venali. **B** *n.* mercenario.

mercer /ˈmɜːsə(r)/, *n.* commerciante di tessuti.

mercerization /mɜːsəraɪˈzeɪʃn, *USA* -rɪˈz-/, *n.* (*ind. tess.*) mercerizzazione.

to **mercerize** /ˈmɜːsəraɪz/, *v. t.* (*ind. tess.*) mercerizzare: **mercerized cotton**, cotone mercerizzato.

mercery /ˈmɜːsərɪ/, *n.* (negozio di) tessuti.

merchandise /ˈmɜːtʃəndaɪz/, *n.* (*senza pl.*) merce, merci; mercanzia. ● **m. broker**, mediatore d'affari; sensale □ (*leg.*) **m. mark**, marchio di fabbrica (*o* di origine) □ (*trasp.*) **m. traffic**, movimento (delle) merci □ (*ferr.*) **m. train**, treno merci □ (*org. az., rag.*) **m. turnover**, rotazione delle merci.

to **merchandise** /ˈmɜːtʃəndaɪz/, (*comm.*) **A** *v. i.* commerciare; esercitare un commercio. **B** *v. t.* *1* commerciare in (*un articolo, ecc.*); trattare, occuparsi di (*un ramo d'affari, ecc.*) *2* promuovere le vendite di (*un articolo, ecc.*) *3* commercializzare; reclamizzare.

merchandiser /ˈmɜːtʃəndaɪzə(r)/, *n.* (*comm.*) merchandiser; esperto di merchandising.

merchandising /ˈmɜːtʃəndaɪzɪŋ/, *n.* (*comm.*) merchandising; attività promozionali (*di vendita*).

merchant /ˈmɜːtʃənt/, **A** *n.* *1* mercante; commerciante *2* (*USA*) negoziante; bottegaio. **B** *a. attr.* mercantile; commerciale: **the m. navy** (*o* **marine**), la marina mercantile; **a m. ship**, una nave mercantile; un mercantile; **the m. class**, il ceto commerciale. ● (*fin.*) **m. bank**, merchant bank (*in G.B.*); banca d'affari, istituto d'intermediazione finanziaria (*come la Mediobanca in Italia*) □ (*fin.*) **m. banker**, merchant banker (*in G.B.*); banchiere d'affari □ (*fin.*) **m. banking**, merchant banking; intermediazione finanziaria □ (*naut.*) **m. flag**, bandiera dei mercantili □ (*naut.*) **m. fleet**, flotta mercantile □ (*fam.*) **m. prince**, ricco commerciante □ (*in G.B.*) **m. shipper**, esportatore □ (*naut.*) **m. shipping**, marina mercantile; (*anche*) trasporto di merci via mare □ (*spreg.*) **gossip m.**, gran pettegolo (*o* pettegola) □ (*spreg.*) **speed m.**, automobilista che corre a velocità eccessiva.

to **merchant** /ˈmɜːtʃənt/, *V.* **to merchandise, B**, *def. 1*.

merchantability /mɜːtʃəntəˈbɪlətɪ/, *n.* commerciabilità (*di un prodotto*).

merchantable /ˈmɜːtʃəntəbl/, *a.* commerciabile; vendibile. ● (*leg., market.*) **m. quality**, qualità buona e mercantile; qualità commerciabile.

merchantman /ˈmɜːtʃəntmən/, *n.* (*pl.* **merchantmen**) (*naut.*) mercantile; nave mercantile.

merciful /ˈmɜːsɪfl/, *a.* misericordioso; pietoso; clemente. || **-ly**, *avv.* || **-ness**, *sost.*

merciless /ˈmɜːsɪləs/, *a.* spietato; crudele; inesorabile. || **-ly**, *avv.* || **-ness**, *sost.*

to **mercurate** /ˈmɜːkjʊreɪt/, *v. t.* (*chim.*) trattare col mercurio; mercuriare.

mercurial /mɜːˈkjʊərɪəl/, **A** *a.* *1* (*farm., med.*) mercuriale; (a base) di mercurio: **m.**

preparations, galenici a base di mercurio ***2*** (*fig.*) incostante; mutevole; volubile: **an extremely m. artist**, un artista assai incostante ***3*** (*fig.*) vivace; attivo; brioso; brillante: **a m. temperament**, un carattere vivace ***4*** – (*astron., mitol.*) **M.**, mercuriano, di Mercurio. **B** *n.* (*farm.*) medicamento mercuriale. ● (*med.*) **m. poisoning**, avvelenamento da mercurio; mercurialismo; idrargirismo. || **-ly**, *avv.* || **-ness**, *sost.*

mercurialism /mɜːˈkjʊərɪəlɪzəm/, *n.* (*med.*) avvelenamento da mercurio; mercurialismo; idrargirismo.

to **mercurialize** /mɜːˈkjʊərɪəlaɪz/, *v. t.* ***1*** (*med.*) curare col mercurio ***2*** (*chim.*) trattare con mercurio ***3*** (*arc.*) vivacizzare.

mercuric /mɜːˈkjʊərɪk/, *a.* (*chim.*) mercurico; idrargirico. ● (*chim.*) **m. chloride**, bicloruro di mercurio; sublimato corrosivo.

Mercurochrome /mɜːˈkjʊərəkrəʊm/, *n.* (*marchio*: *farm.*) mercurocromo.

mercurous /ˈmɜːkjʊrəs/, *a.* (*chim.*) mercuroso; idrargiroso.

mercury /ˈmɜːkjʊrɪ/, *n.* ***1*** (*chim.*) mercurio ***2*** (*fig. arc.*) vivacità; spirito: **He has no m. in him**, non ha alcuna vivacità ***3*** (*bot., Mercurialis perennis*) mercorella bastarda. ● (*chim.*) **m. chloride**, bicloruro di mercurio; sublimato corrosivo □ **The m. is rising**, il barometro sale, volge al bello; (*fig.*) la situazione migliora.

Mercury /ˈmɜːkjʊrɪ/, *n.* ***1*** (*mitol., astron.*) Mercurio ***2*** (*fig. scherz.*) messaggero.

Mercutio /mɜːˈkjuːʃɪəʊ/, *n.* (*letter.*) Mercuzio.

mercy /ˈmɜːsɪ/, *n.* ***1*** misericordia; pietà; compassione; clemenza; mercè; grazia (*anche leg.*): **We were at the m. of the conqueror**, eravamo alla mercè del conquistatore; **to have m. on** (*o* **to show m. to**) **sb.**, aver pietà di q.; usare misericordia a q.; **to beg for m.**, chiedere misericordia, implorare pietà; **to throw oneself on sb.'s m.**, affidarsi alla clemenza di q. ***2*** dono del cielo; grazia; fortuna: **It was a m. he was still alive**, fu un dono del cielo se poté salvare la vita. ● **M.!** (*o* **M. on us!**), misericordia! □ **m. flight**, trasporto di un malato grave in aereo □ **m. killing**, eutanasia □ (*stor., relig.*) **m. seat**, trono propiziatorio dell'arca sacra degli ebrei □ **m. slaying**, uccisione indolore (*d'animali*) □ **m. stroke**, colpo di grazia □ (*iron.*) **to be left to the tender mercies of sb.**, trovarsi all'altrui mercé; subire i maltrattamenti di q.

mere (1) /mɪə(r)/, *n.* lago (*specialm. nei toponimi*); laghetto; stagno.

mere (2) /mɪə(r)/, *a.* mero; solo; puro e semplice; non... che; niente altro che: **I missed the train by a m. two minutes**, ho perso il treno per due minuti soli; **He's a m. boy**, è solo un ragazzo; non è che un ragazzo. ● (*leg.*) **m. right**, (diritto di) nuda proprietà □ **a m. trifle**, un'inezia; un nonnulla □ **the merest little thing**, un nonnulla.

merely /ˈmɪəlɪ/, *avv.* solamente; soltanto; appena: **This film is not exciting, m. violent**, questo film non è emozionante, ma soltanto violento □ **I m. hinted at his escape**, mi sono limitato ad accennare al fatto che s'è salvato.

meretricious /mɛrəˈtrɪʃəs/, *a.* ***1*** meretricio (*raro*): **m. love**, amore meretricio ***2*** appariscente; vistoso; artefatto; falso: **m. jewellery**, gioielli appariscenti, falsi; **a m. play**, un dramma artefatto. || **-ly**, *avv.*

meretriciousness /mɛrəˈtrɪʃəsnəs/, *n.* l'essere appariscente (*o* artefatto); vistosità.

merganser /mɜːˈgænsə(r)/, *n.* (*pl.* **mergansers, merganser**) (*zool., Mergus*) smergo.

to **merge** /mɜːdʒ/, **A** *v. t.* ***1*** mescolare, fondere (*colori, ecc.*) ***2*** (*fin.*) fondere; concentrare; incorporare: **The two firms were merged into a big concern**, le due ditte vennero fuse in una grande azienda ***3*** (*leg.*) confondere (*interessi, redditi, ecc.*) ***4*** (*elab.*) fondere in un unico elenco. **B** *v. i.* ***1*** mescolarsi; fondersi; amalgamarsi ***2*** (*fin.*) fondersi; concentrarsi; incorporarsi: **The two banks merged to form a bigger institution**, le due banche si fusero formando un istituto di maggiori dimensioni ***3*** (*leg.*: *di interessi, ecc.*) confondersi. ● **to m. into**, essere assorbito da; sfumare in, svanire in; (*fin.*) fondersi per formare (*un'azienda maggiore*): **The sunset merged into darkness**, il tramonto sfumò nell'oscurità; **The pheasant merged into the wood**, il fagiano svanì nel bosco □ **to m. together**, fondersi; mescolarsi; confondersi.

merged /mɜːdʒd/, *a.* (*fin.*) assorbito, incorporato.

merger /ˈmɜːdʒə(r)/, *n.* ***1*** (*fin.*) fusione; concentrazione; incorporazione: **a m. deal**, un'operazione di fusione ***2*** (*fin.*) assorbimento (*di un'azienda e sim.*) ***3*** (*leg.*) confusione (*d'interessi, redditi, ecc.*). ● (*econ.*) **m. policy**, politica delle concentrazioni.

merging /ˈmɜːdʒɪŋ/, *n.* ***1*** mescolamento ***2*** (*anche fin.*) fusione; il fondersi ***3*** (*elab.*) fusione.

meridian /məˈrɪdɪən/, **A** *n.* ***1*** (*geogr., astron.*) meridiano ***2*** (*fig.*) apice; apogeo; culmine. **B** *a.* ***1*** meridiano; di mezzogiorno ***2*** (*fig.*) eccelso; culminante; che è all'apogeo. ● **m. of Greenwich**, meridiano fondamentale (*di Greenwich*) □ (*naut.*) **m. sailing**, navigazione per meridiano.

meridional /məˈrɪdɪənl/, **A** *a.* ***1*** meridionale; dell'Europa meridionale ***2*** di meridiano. **B** *n.* meridionale; (*specialm.*) nativo (*o* abitante) del sud della Francia. ● **m. distance**, distanza in longitudine. || **-ly**, *avv.*

meringue /məˈræŋ/, *n.* (*cucina*) meringa.

merino /məˈriːnəʊ/, *n.* (*pl.* **merinos**) ***1*** (*zool.*, = **m. sheep**) merino; pecora merino ***2*** (*ind. tess.*) merino; tessuto di lana merino.

meristem /ˈmɛrɪstɛm/, *n.* (*bot.*) meristema.

meristematic /mɛrɪstəˈmætɪk/, *a.* (*bot.*) meristematico.

merit /ˈmɛrɪt/, *n.* ***1*** merito; pregio; valore: **a man of m.**, un uomo di meriti (*o* di valore) ***2*** (*pl.*) (*specialm. leg.*) merito: **the merits of a case**, il merito di una causa. ● **m. bonus**, gratifica per merito □ (*econ.*) **m. pay**, salario a incentivo □ **m. rating**, valutazione di merito del personale □ (*USA*) **m. system**, criterio meritocratico, sistema di promozioni in base al solo merito □ **to go into the m. of st.**, entrare nel merito di q.c. □ **to judge a proposal on its merits**, giudicare una proposta valutandone il pro e il contro □ **to make a m. of st.**, farsi un merito di q.c.

to **merit** /ˈmɛrɪt/, *v. t.* meritare, meritarsi: **to m. a reward**, meritare una ricompensa; **to m. a punishment**, meritarsi una punizione.

meritocracy /mɛrɪˈtɒkrəsɪ/, *n.* meritocrazia.

meritocratic /mɛrɪtəˈkrætɪk/, *a.* meritocratico.

meritorious /mɛrɪˈtɔːrɪəs/, *a.* meritorio; meritevole. || **-ly**, *avv.*

meritoriousness /mɛrɪˈtɔːrɪəsnəs/, *n.* l'essere meritorio.

merlin /ˈmɜːlɪn/, *n.* (*zool., Falco columbarius*) smeriglio.

Merlin /ˈmɜːlɪn/, *n.* Merlino (*mago*).

merlon /ˈmɜːlən/, *n.* (*archit.*) merlone; merlo.

mermaid /ˈmɜːmeɪd/, *n.* (*mitol.*) sirena.

merman /ˈmɜːmæn/, *n.* (*pl.* **mermen**) (*mitol.*) tritone.

meroblastic /mɛrəʊˈblæstɪk/, *a.* (*biol.*) meroblastico.

merocrine /ˈmɛrəkraɪn/, *a.* (*med.*) merocrino.

Merovingian /mɛrəˈvɪndʒɪən/, *a.* e *n.* (*stor.*) merovingio.

merrily /ˈmɛrəlɪ/, *avv.* ***1*** allegramente; gaiamente; lietamente ***2*** (*fam.*) distrattamente; incoscientemente.

merriment /ˈmɛrɪmənt/, *n.* allegria; gaiezza; festa; baldoria.

merriness /ˈmɛrɪnəs/, *n.* (*raro*) allegria; allegrezza; gaiezza.

merry /ˈmɛrɪ/, *a.* ***1*** allegro; gaio; giocondo; lieto; festoso: **a m. laugh**, un'allegra risata ***2*** (*arc.*) bello; dolce; ameno ***3*** (*fam.*) brillo; alticcio. ● **m.-andrew**, buffone; pagliaccio □ (*stor.*) **M. England**, l'Inghilterra Felice (*della regina Elisabetta I*) □ **m.-go-round**, giostra; carosello; (*fig.*) attività frenetica □ **m.-making**, festa; baldoria; divertimento □ (*stor.*) **the M. Monarch**, il Re Libertino (*Carlo II*: *1649-85*) □ **A m. Christmas!**, buon Natale!; felice Natale! □ **to make m.**, far festa; far baldoria.

merrythought /ˈmɛrɪθɔːt/, *n.* (*fam.*) clavicole saldate di pollo; forcella (*pop.*).

mesa /ˈmeɪsə/ (*spagn.*), *n.* (*geogr., USA*) mesa; montagna a sommità piatta.

mescal /mɛˈskæl, ˈmɛs-/, *n.* ***1*** (*bot., Lophophora williamsii*) lofofora (*cactacea del Messico*) ***2*** mescal (*liquore messicano ricavato da agavi*).

mescalin(e) /ˈmɛskəliːn, -ɪn/, *n.* (*chim.*) mescalina.

mesdames /ˈmeɪdæm(z), *USA* -ˈdɑː-/, *n. pl.* ***1*** (*franc., pl. di* **madame**) signore ***2*** (*pl. di* **Mrs**) signore (*specialm. al vocat.*; *anche, comm., nel caso di un'azienda o ditta di donne*).

mesencephalon /mɛsɛnˈsɛfəlɒn/, *n.* (*anat.*) mesencefalo.

mesenchyme /ˈmɛsɛŋkaɪm/, *n.* (*biol.*) mesenchima.

mesenteric /mɛsɛnˈtɛrɪk/, *a.* (*anat.*) mesenterico.

mesenteritis /mɛsɛntəˈraɪtɪs/, *n.* (*med.*) mesenterite.

mesentery /ˈmɛsəntrɪ, *USA* -tɛrɪ/, *n.* (*anat.*) mesenterio.

mesh /mɛʃ/, *n.* ***1*** maglia (*nodo, vuoto fra nodo e nodo, di rete*): **the meshes of a net [of a sieve]**, le maglie di una rete [di un setaccio]; **a sixty-m. screen**, un vaglio a sessanta maglie per pollice lineare ***2*** filo: **The meshes are nearly invisible**, i fili si vedono appena ***3*** (*pl.*) (*fig.*) rete; trappola: **a m. of narrow streets [canals]**, una rete (un intreccio) di viuzze [di canali]; **I was caught in my own meshes**, fui preso nella mia stessa trappola ***4*** (*pl.*) (*anat.*) reticolato; reticolo ***5*** (*mecc.*) presa; ingranamento ***6*** (*elettr.*) maglia. ● (*archit.*) **m. ceiling**, soffitto a rete □ **a m. handbag**, una borsa di rete □ (*mecc.*: *di ruota dentata*) **in m.**, inserito; ingranato □ (*mecc.*) **out of m.**, disinserito; in folle.

to **mesh** /mɛʃ/, **A** *v. t.* ***1*** prendere nella rete; (*fig.*) irretire, intrappolare ***2*** (*mecc.*) ingranare; innestare. **B** *v. i.* ***1*** (*mecc.*) ingranare; entrare (*fam.*) ***2*** (*fig.*) andare d'accordo; essere compatibile; adattarsi: **Fast food restaurants don't m. with the atmosphere of Trastevere**, i fast food non vanno d'accordo con l'atmosfera trasteverina. ● (*mecc.*) **meshing gear**, ingranaggio accoppiato.

meshuga(h) /məˈʃʊgə/, *n.* (*pop. USA*) matto; pazzo.

meshwork /ˈmɛʃwɜːk/, *n.* struttura retiforme; reticolo.

meshy /ˈmɛʃɪ/, *a.* a rete; a maglia.

mesiad /ˈmiːzɪæd/, **mesial** /ˈmiːzɪəl, ˈmɛz-, ˈmɛs-/, *a.* (*anat.*) medio; mediano.

mesitylene /mɪˈsɪtɪliːn, ˈmɛs-/, *n.* (*chim.*) mesitilene.

mesmeric /mɛzˈmɛrɪk/, *a.* ***1*** (*psic.*) mesmerico ***2*** (*fig.*) magnetico; affascinante.

mesmerism /ˈmɛzmərɪzəm/, *n.* ***1*** (*psic.*) mesmerismo; biomagnetismo ***2*** (*per estens.*) ipnotismo ***3*** (*fig.*) fascino; incanto.

mesmerist /ˈmɛzmərɪst/, *n.* ***1*** chi pratica il mesmerismo ***2*** (*per estens.*) ipnotizzatore.

mesmerization /mɛzməraɪˈzeɪʃn, *USA* -rɪˈz-/, *n.* mesmerizzazione.

to **mesmerize** /ˈmɛzməraɪz/, *v. t.* ***1*** mesmerizzare ***2*** (*fig.*) affascinare; incantare.

mesne /miːn/, *a.* (*leg.*) intermedio. ● (*stor.*) **m. lord**, valvassore.

mesoblast /ˈmɛsəʊblæst, *USA* ˈmɛz-/, *n.* (*biol.*) mesoblasto.

mesocarp /ˈmɛsəʊkɑːp, *USA* ˈmɛz-/, *n.* (*bot.*) mesocarpo.

mesoderm /ˈmɛsəʊdɜːm, *USA* ˈmɛz-/, *n.*

(*biol.*) mesoderma.

mesogaster /ˈmɛsəʊgæstə(r), *USA* ˈmɛz-/, **mesogastrium** /mɛsəʊˈgæstrɪəm, *USA* mɛz-/, *n.* (*pl.* **mesogastria**) (*anat.*) mesogastrio.

Mesolithic /mɛsəʊˈlɪθɪk, *USA* mɛz-/, *n.* e *a.* (*preistoria*) mesolitico.

mesomorph /ˈmɛsəʊmɔːf, *USA* ˈmɛz-/, *n.* (*scient.*) mesomorfo.

mesomorphic /mɛsəʊˈmɔːfɪk, *USA* mɛz-/, *a.* (*scient.*) mesomorfico; mesomorfo.

meson /ˈmiːzɒn, *USA* ˈmɛ-/, *n.* (*fis. nucl.*) mesone.

mesonic /miːˈzɒnɪk, *USA* mɛ-/, *a.* (*fis. nucl.*) mesonico.

mesophyll /ˈmɛsəʊfɪl, *USA* ˈmɛz-/, *n.* (*bot.*) mesofillo.

mesophyte /ˈmɛsəʊfaɪt, *USA* ˈmɛz-/, *n.* (*bot.*) mesofita.

mesosphere /ˈmɛsəʊsfɪə(r), *USA* ˈmɛz-/, *n.* (*meteor.*) mesosfera.

mesothelial /mɛsəʊˈθiːlɪəl, *USA* mɛz-/, *a.* (*anat.*) mesoteliale.

mesothelium /mɛsəʊˈθiːlɪəm, *USA* mɛz-/, *n.* (*pl.* **mesothelia**) (*anat.*) mesotelio.

mesotron /ˈmiːsətrɒn, *USA* ˈmɛz-/, *n.* (*fis. nucl.*) mesotrone (*antico nome del mesone*).

Mesozoic /mɛsəʊˈzəʊɪk, *USA* mɛz-/, *a.* e *n.* (*geol.*) mesozoico.

mess /mɛs/, *n.* **1** (*con l'art. indef.*) confusione; disordine; casino (*fam.*): **The whole room is in a m.**, tutta la stanza è in disordine (*o* sottosopra, all'aria); **What a m.!**, che casino! **2** (*con l'art. indef.*) imbroglio; impiccio; guaio; pasticcio **3** (*fam.*) sporcizia; sudiciume **4** (*fam. USA*) pasticcione; casinista (*fam.*) **5** (*eufem.*) cacca **6** mensa (*specialm. mil.*); pasto comune; rancio; (*per estens.*) compagni di mensa: **It's time to go to m.**, è ora d'andare alla mensa; è l'ora del pasto; **Captain Raft is at m. now**, il capitano Raft è alla mensa ora. ● **m. hall**, mensa; refettorio □ (*mil.*) **m. jacket**, giacca corta, giubbotto □ **m. kit**, posate da viaggio (*o* da campeggio) □ (*Bibbia, fig.*) **a m. of pottage**, un piatto di lenticchie □ (*mil.*) **m.-tin**, gavetta □ **to get into a m.**, cacciarsi nei guai, mettersi nei pasticci; (*anche*) insudiciarsi, sporcarsi □ **to look a m.**, essere malmesso, essere in disordine □ **to make a m. of a job**, rovinare il lavoro intrapreso; sciupare (*pop.*: incasinare) tutto □ **to make a m. of st.**, mettere sottosopra, buttare all'aria q.c.; mandare a monte, sciupare, rovinare q.c. □ **officers' m.**, (*mil.*) mensa ufficiali; (*naut.*) quadrato ufficiali □ **You've made a m. of it**, hai combinato un pasticcio; hai incasinato tutto (*pop.*).

to **mess** /mɛs/, **A** *v. i.* **1** (*specialm. mil.*) mangiare alla mensa **2** (*fam.*) bighellonare; oziare; ciondolare; gingillarsi; non combinare niente: **Stop messing!**, smettila di gingillarti!; **He's been messing** (**about**) **all day**, è tutto il giorno che non combina nulla. **B** *v. t.* *V.* **mess up**.

♦**mess about** (*o* **around**), **A** *v. i.* + *avv.* (*fam.*) **1** *V.* **to m.**, **B**, *def.* 2 **2** fare (*o* dire) fesserie; fare lo stupido; dire cavolate (*fam.*). **B** *v. t.* + *avv.* (*fam.*) **1** buttare all'aria, mettere in disordine (*documenti, ecc.*); fare pasticci con (q.c.); incasinare (*pop.*) **2** trattare (q.) male, senza riguardi; curare (q.) male; menare (q.) per il naso; abbindolare, compromettere (*una ragazza*).

♦**mess about** (*o* **around**) **with**, *v. i.* + *avv.* + *prep.* (*fam.*) **1** armeggiare, baloccarsi con (*un oggetto*) **2** buttare all'aria; mettere in disordine; incasinare (*pop.*) **3** ciurlare nel manico, fare il furbo con (q.); fare lo gnorri con (q.) **4** andare in giro, darsi da fare con; amoreggiare con (q.): **It's dangerous to m. about with married men** [**women**], è pericoloso amoreggiare con uomini sposati [con donne sposate]; **He's messing about with his boss's wife**, si dà da fare con la moglie del suo capo.

♦**mess together**, *v. i.* + *avv.* (*specialm. mil.*) fare mensa comune; mangiare insieme.

♦**mess up**, *v. t.* + *avv.* **1** mettere in disordine (*un abito, ecc.*); (*del vento*) scompigliare (*i capelli*) **2** insudiciare; sporcare **3** (*fam.*) mandare all'aria, a monte (*un progetto, ecc.*); rovinare, sciupare (*una vacanza, ecc.*); fare male in (*un esame*); incasinare (*pop.*): **to m. up a bargain**, mandare a monte un affare.

♦**mess with**, *v. i.* + *prep.* **1** (*mil.*) fare mensa comune con (q.) **2** (*fam.*) *V.* **mess about with**, *def. 3 e 4*.

message /ˈmɛsɪdʒ/, *n.* **1** messaggio (*anche fig.*); comunicazione; segnalazione: **the m. of a book**, il messaggio di un libro **2** messaggio pubblicitario; slogan; stacco pubblicitario (*televisivo, ecc.*) **3** ambasciata; commissione: **to go on a m.**, andar a fare un'ambasciata (*o* una commissione) **4** (*elab.*) messaggio. ● (*elab.*) **m. log**, registrazione cronologica dei messaggi □ (*elab.*) **m. switching**, commutazione di messaggi □ (*telef.*) **m. unit**, unità; scatto □ (*fam.*) **to get the m.**, capire l'antifona; afferrare al volo (*fig.*).

to **message** /ˈmɛsɪdʒ/, *v. t.* comunicare; segnalare; trasmettere.

messenger /ˈmɛsndʒə(r)/, *n.* **1** messaggero; messo; commesso **2** (= **m. boy**) fattorino **3** (*spreg.*) galoppino.

Messiah /məˈsaɪə/, *n.* **1** (*relig.*) Messia **2** (*fig.*) messia, salvatore.

Messiahship /məˈsaɪəʃɪp/, *n.* messianicità.

Messianic /mɛsɪˈænɪk/, *a.* (*relig.*) messianico.

Messianism /məˈsaɪnɪzəm/, *n.* (*relig.*) messianismo.

messily /ˈmɛsəlɪ/, *avv.* disordinatamente; in modo caotico.

messiness /ˈmɛsɪnəs/, *n.* confusione; disordine; caos (*fig.*).

messmate /ˈmɛsmeɪt/, *n.* (*mil.*) commensale; compagno di mensa.

Messrs /ˈmɛsəz/, *n. pl.* (*pl.* di **Mr**; *specialm. comm.*) **1** (*nella ragione sociale*) signori, ditta (*seguito da più cognomi*) **2** (*al vocat., nella corrispondenza*) egregi signori; spettabile ditta.

messuage /ˈmɛswɪdʒ/, *n.* (*leg.*) casa padronale con annessi e terreno circostante.

mess-up /ˈmɛsʌp/, *n.* (*fam.*) pasticcio; imbroglio; casino (*pop.*).

messy /ˈmɛsɪ/, *a.* **1** disordinato; in disordine **2** sudicio; sporco: **a m. floor**, un pavimento sporco. ● **a m. job**, un lavoro che fa sporcar le mani.

mestizo /mɛˈstiːzəʊ/, *n.* (*pl.* **mestizos**, **mestizoes**) meticcio (*dell'America Latina*).

met (**1**) /mɛt/, *pass.* e *p. p.* di **to meet**.

met (**2**) /mɛt/, *a.* (*abbr. di* **meteorological**) meteorologico; meteo (*fam.*): **met report**, bollettino meteorologico. ● **the Met Office**, l'Ufficio Previsioni Meteorologiche.

metabolic /mɛtəˈbɒlɪk/, *a.* (*biol.*) metabolico.

metabolism /məˈtæbəlɪzəm/, *n.* (*biol.*) metabolismo.

to **metabolize** /məˈtæbəlaɪz/, *v. t.* e *i.* (*biol.*) metabolizzare, metabolizzarsi.

metacarpus /mɛtəˈkɑːpəs/, *n.* (*pl.* **metacarpi**) (*anat.*) metacarpo.

metachrony /məˈtækrənɪ/, *n.* (*ling.*) metacronia.

metage /ˈmiːtɪdʒ/, *n.* **1** pesatura d'un carico (*di grano, carbone, ecc., alla pesa pubblica*) **2** somma pagata per la pesatura.

metagenesis /mɛtəˈdʒɛnəsɪs/, *n.* (*pl.* **metageneses**) (*biol.*) metagenesi.

metagenetic /mɛtədʒəˈnɛtɪk/, *a.* (*biol.*) metagenetico.

metal /ˈmɛtl/, *n.* **1** metallo **2** (= **road m.**) breccia; brecciame; pietrisco **3** (*tecn., raro*) vetro fuso **4** (*mil.*) mezzi corazzati; carri armati; autoblinde **5** (*pl.*) (*ferr., in G.B.*) binari; rotaie: **to leave** (*o* **to jump**) **the metals**, uscire dai binari; deragliare **6** (*tipogr.*; = **type m.**) piombo: **alterations made in the m.**, correzioni fatte sul piombo. ● (*tecn.*) **m.-arc welding**, saldatura per arco metallico □ (*tecn.*) **m. coating**, rivestimento metallico □ (*tecn.*) **m. detector**, metal detector; cercametalli □ (*tecn.*) **m. fatigue**, fatica (*o* usura) del metallo □ (*metall.*) **m. forming**, lavorazione plastica □ (*metall.*) **m. hardening**, tempra dei metalli □ **m. plate**, targhetta (di metallo) □ **m. polisher**, lucidatore di metalli □ (*metall.*) **m. pressing**, pressatura di metalli □ (*metall.*) **m. rolling**, laminazione dei metalli □ (*metall.*) **m. spinning**, imbutitura su tornio; repussaggio □ (*tecn.*) **m. spraying**, metallizzazione □ **m. treatment**, trattamento dei metalli □ **m. worker**, *V.* **metalworker** □ **bell m.**, bronzo per campane.

to **metal** /ˈmɛtl/, *v. t.* **1** dare un rivestimento metallico a **2** massicciare, macadamizzare (*una strada*). ● **a metalled road**, una strada massicciata.

metalanguage /ˈmɛtəlæŋgwɪdʒ/, *n.* (*ling.*) metalinguaggio.

metalepsis /mɛtəˈlɛpsɪs/, *n.* (*ling.*) metalessi.

metalhead /ˈmɛtlhɛd/, *n.* (*fam. USA*) metallaro.

metalinguistic /mɛtəlɪŋˈgwɪstɪk/, *a.* (*ling.*) metalinguistico.

metallic /mɪˈtælɪk/, *a.* metallico: (*chim.*) **m. bond**, legame metallico; (*econ.*) **m. currency**, valuta (*o* moneta) metallica; **a m. sound**, un suono metallico; (*banca*) **m. reserve**, riserva metallica; **a m. voice**, una voce metallica.

metalliferous /mɛtəˈlɪfərəs/, *a.* (*miner.*) metallifero.

metalline /ˈmɛtəlaɪn/, *a.* (*chim.*) metallico.

metalling /ˈmɛtəlɪŋ/, *n.* (*costr. stradali*) brecciame; pietrisco.

metallization /mɛtəlaɪˈzeɪʃn, *USA* -lɪˈz-/, *n.* **1** metallizzazione **2** vulcanizzazione (*della gomma*).

to **metallize** /ˈmɛtəlaɪz/, *v. t.* **1** (*tecn.*) metallizzare **2** vulcanizzare (*la gomma*).

metallographer /mɛtəˈlɒgrəfə(r)/, *n.* (*scient.*) metallografo.

metallographic /mɪtæləˈgræfɪk/, *a.* (*scient.*) metallografico.

metallography /mɛtəˈlɒgrəfɪ/, *n.* (*scient.*) metallografia.

metalloid /ˈmɛtəlɔɪd/, *n.* e *a.* (*chim.*) metalloide.

metallurgic(**al**) /mɛtəˈlɜːdʒɪk(l)/, *a.* metallurgico. ‖ **-ally**, *avv.*

metallurgist /mɪˈtælədʒɪst, *USA* ˈmɛtəlɜːdʒɪst/, *n.* metallurgista; esperto in metallurgia.

metallurgy /mɪˈtælədʒɪ, *USA* ˈmɛtəlɜːdʒɪ/, *n.* metallurgia. ● **iron m.**, siderurgia.

metalware /ˈmɛtlwɛə(r)/, *n. collett.* articoli in metallo.

metalwork /ˈmɛtlwɜːk/, *n.* **1** (fabbricazione di) oggetti metallici **2** (*a scuola*) officina (*materia di studio*).

metalworker /ˈmɛtlwɜːkə(r)/, *n.* **1** chi lavora i metalli; (operaio) metallurgico **2** fabbro **3** zincatore.

metalworking /ˈmɛtlwɜːkɪŋ/, *n.* lavorazione dei metalli; metallurgia.

metamer /ˈmɛtəmə(r)/, *n.* (*chim.*) metamero.

metamere /ˈmɛtəmɪə(r)/, *n.* (*zool.*) metamero.

metameric /mɛtəˈmɛrɪk/, *a.* (*chim., zool.*) metamerico.

metamerism /mɛˈtæmərɪzəm/, *n.* **1** (*zool.*) metameria **2** (*chim.*) metameria; metamerismo.

metamorphic /mɛtəˈmɔːfɪk/, *a.* (*biol., geol.*) metamorfico.

metamorphism /mɛtəˈmɔːfɪzəm/, *n.* (*geol.*) metamorfismo.

to **metamorphose** /mɛtəˈmɔːfəʊz/, **A** *v. t.* **1** (*scient.*) metamorfosare **2** (*fig.*) trasformare: **Circe metamorphosed men into swine**, Circe trasformava gli uomini in maiali. **B** *v. i.* (*scient.*) metamorfosarsi; trasformarsi.

metamorphosis /mɛtəˈmɔːfəsɪs/, *n.* (*pl.* **metamorphoses**) (*biol.* e *mitol.*) metamorfosi; (*fig.*) trasformazione.

metaphase /ˈmɛtəfeɪz/, *n.* (*biol.*) metafase.

metaphony /mɪˈtæfənɪ/, *n.* (*ling.*) metafonia.

metaphor /ˈmɛtəfə(r), -ɔː(r)/, *n.* (*retor.*) me-

tafora.
metaphoric(al) /mɛtəˈfɒrɪk(l), *USA* -ɔːr-/, *a.* (*retor.*) metaforico. || **-ally**, *avv.*
metaphosphate /mɛtəˈfɒsfeɪt/, *n.* (*chim.*) metafosfato.
metaphrase /ˈmɛtəfreɪz/, *n.* metafrasi; traduzione letterale.
to **metaphrase** /ˈmɛtəfreɪz/, *v. t.* tradurre alla lettera.
metaphrastic /mɛtəˈfræstɪk/, *a.* metafrastico.
metaphysical /mɛtəˈfɪzɪkl/, *a.* ***1*** (*filos., letter.*) metafisico ***2*** (*fig. pop.*) astratto; astruso; troppo sottile ***3*** incorporeo; soprannaturale; trascendentale. || **-ly**, *avv.*
metaphysician /mɛtəfɪˈzɪʃn/, *n.* (*filos.*) metafisico.
metaphysics /mɛtəˈfɪzɪks/, *n. pl.* (*col verbo al sing.*) ***1*** (*filos.*) metafisica ***2*** (*fig. pop.*) astruseria; sottigliezza.
metaplasia /mɛtəˈpleɪzɪə/, *n.* (*med.*) metaplasia.
metaplasm /ˈmɛtəplæzəm/, *n.* (*biol.*) metaplasma.
metaplastic /mɛtəˈplæstɪk/, *a.* (*med.*) metaplastico.
metapsychic(al) /mɛtəˈsaɪkɪk(l)/, *a.* metapsichico.
metapsychics /mɛtəˈsaɪkɪks/, *n. pl.* (*col verbo al sing.*) metapsichica.
metastable /mɛtəˈsteɪbl/, *a.* (*fis.*) metastabile.
metastasis /məˈtæstəsɪs/, *n.* (*pl.* **metastases**) ***1*** (*med.*) metastasi ***2*** (*ling.*) metastasi.
to **metastasize** /məˈtæstəsaɪz/, *v. i.* (*med.*) metastatizzare.
metastatic /mɛtəˈstætɪk/, *a.* (*med.*) metastatico: **m. abscess**, ascesso metastatico.
metatarsal /mɛtəˈtɑːsl/, *a.* (*anat.*) metatarsale.
metatarsus /mɛtəˈtɑːsəs/, *n.* (*pl.* **metatarsi**) (*anat.*) metatarso.
metathesis /mɛˈtæθəsɪs/, *n.* (*pl.* **metatheses**) (*ling., chim.*) metatesi.
metathetic /mɛtəˈθɛtɪk/, *a.* (*ling.*) metatetico.
métayage /ˈmeɪtəjɑːʒ, ˈmɛ-, *USA* -ˈjɑːʒ/ (*franc.*), *n.* mezzadria.
métayer /ˈmeɪtəjeɪ, ˈmɛ-, *USA* -ˈjeɪ/ (*franc.*), *n.* mezzadro.
metazoan /mɛtəˈzəʊən/, (*zool.*) **A** *n.* metazoo. **B** *a.* dei metazoi.
mete /miːt/, *n.* (*raro*) confine; limite. ● (*leg.*) **metes and bounds**, confini e limiti (*d'una proprietà*).
to **mete** /miːt/, *v. t.* (*arc.*) misurare. ● (*lett.*) **to m. out**, assegnare; distribuire; ripartire: **to m. out rewards**, distribuire ricompense.
metempsychosis /mɛtɛmpsɪˈkəʊsɪs/, *n.* (*pl.* **metempsychoses**) metempsicosi.
meteor /ˈmiːtɪɔː(r), -tɪə(r)/, *n.* ***1*** (*astron.*) meteora (*anche fig.*); bolide; stella cadente ***2*** (*meteor.*) fenomeno atmosferico; meteora. ● **m. shower**, pioggia meteorica.
meteoric /miːtɪˈɒrɪk, *USA* -ˈɔːr-/, *a.* ***1*** (*astron.*) meteorico ***2*** (*fig.*) brillante; rapidissimo; fulmineo: **a m. career**, una carriera rapidissima ***3*** (*raro*) meteorologico. ● **m. water**, acqua meteorica.
meteorism /ˈmiːtɪərɪzəm/, *n.* (*med.*) meteorismo; timpanismo.
meteorite /ˈmiːtɪəraɪt/, *n.* (*scient.*) meteorite. ● **stony m.**, meteorite litoide; aerolito.
meteoritic(al) /miːtɪəˈrɪtɪkl/, *a.* meteoritico.
meteorograph /ˈmiːtɪərəgrɑːf, *USA* -æf/, *n.* (*scient.*) meteorografo.
meteoroid /ˈmiːtɪərɔɪd/, *n.* (*astron.*) meteoroide.
meteorologic(al) /miːtɪərəˈlɒdʒɪk(l)/, *a.* meteorologico; meteo (*fam.*): **m. balloon**, pallone meteorologico; **m. satellite**, satellite meteorologico. || **-ally**, *avv.*
meteorologist /miːtɪəˈrɒlədʒɪst/, *n.* meteorologo.
meteorology /miːtɪəˈrɒlədʒɪ/, *n.* meteorologia.
meteoropathic /miːtɪərəˈpæθɪk/, *a.* e *n.* (*med.*) meteoropatico.
meteoropathy /miːtɪəˈrɒpəθɪ/, *n.* (*med.*) meteoropatia.
meteosat /ˈmiːtɪəsæt/, *n.* (*acronimo di* **meteorological satellite**) satellite meteorologico; meteosat.
meter (**1**) /ˈmiːtə(r)/, *n.* ***1*** strumento misuratore ***2*** contatore: **a gas m.**, un contatore del gas; **a water m.**, un contatore dell'acqua; **a slot m.**, un contatore a gettoni (*o* a monete) ***3*** (macchina) affrancatrice ***4*** (*autom., abbr. di* **parking m.**) parchimetro ***5*** (*fam.*) tassametro. ● **m. cancellation**, annullamento dell'affrancatura (*postale*) □ **m. inspector**, letturista (*del gas, ecc.*) □ (*fam*) **m. maid**, vigilessa addetta ai parchimetri □ (*fam.*) **m. man**, *V.* **m. inspector** □ (*fotogr.*) **exposure m.**, esposimetro □ (*autom.*) **parking m.**, parchimetro.
meter (**2**) /ˈmiːtə(r)/, (*USA*) *V.* **metre**.
to **meter** /ˈmiːtə(r)/, *v. t.* ***1*** misurare ***2*** affrancare (*lettere, ecc.*) con un'affrancatrice: **metered mail**, corrispondenza affrancata con l'affrancatrice.
meth /mɛθ/, *n.* (*pop. USA*) metamfetamina.
methacrylate /mɛθˈækrɪleɪt/, *n.* (*chim.*) metacrilato.
methacrylic /mɛθəˈkrɪlɪk/, *a.* (*chim.*) metacrilico: **m. acid**, acido metacrilico.
methadone /ˈmɛθədəʊn/, *n.* (*chim.*) metadone.
methane /ˈmiːθeɪn/, *n.* (*chim.*) metano. ● **m. pipeline**, metanodotto.
methanol /ˈmɛθənɒl/, *n.* (*chim.*) metanolo.
methedrine /ˈmɛθədriːn, -ɪn/, *n.* (*farm.*) metedrina.
methemoglobin /mɛthiːməˈgləʊbɪn, mɛθiː-, *USA* mɛtˈhiːməg-/, *n.* (*biol.*) metemoglobina; metaemoglobina.
methinks /mɪˈθɪŋks/ (*pass.* **methought**), *voce verb. impers.* (*arc.*) mi sembra; mi pare; penso (che)...
methionine /mɛˈθaɪəniːn, -aɪn/, *n.* (*biochim.*) metionina.
method /ˈmɛθəd/, *n.* ***1*** metodo; maniera; modo; modalità ***2*** ordine; regolarità; metodicità: (*mat., stat.*) **m. of least squares**, metodo dei minimi quadrati □ **a man of m.**, un uomo metodico (*o* ordinato). ● (*cronot.*) **methods engineer**, analista tempi e metodi □ (*cronot.*) **methods engineering**, analisi tempi e metodi □ (*fam.*) **There's m. in his madness** (*dall'«Amleto» di W. Shakespeare*), fa il matto per non pagare dazio; se si comporta in modo strano, ha il suo buon motivo.
methodic(al) /məˈθɒdɪk(l)/, *a.* metodico; ordinato; sistematico. || **-ally**, *avv.*
Methodism /ˈmɛθədɪzəm/, *n.* (*relig.*) metodismo.
Methodist /ˈmɛθədɪst/, *n.* e *a.* (*relig.*) metodista.
Methodistic(al) /mɛθəˈdɪstɪk(l)/, *a.* (*relig.*) metodistico.
to **methodize** /ˈmɛθədaɪz/, *v. t.* metodizzare; rendere metodico.
methodological /mɛθədəˈlɒdʒɪkl/, *a.* metodologico.
methodology /mɛθəˈdɒlədʒɪ/, *n.* metodologia.
methought /mɪˈθɔːt/, *pass.* di **methinks**.
meths /mɛθs/, *n. pl.* (*abbr. fam. di* **methylated spirits**) alcol denaturato.
Methuselah /məˈθjuːzələ, -ˈθuː-/, *n.* ***1*** (*Bibbia*) Matusalemme ***2*** (*fig.*) matusalemme; matusa (*scherz.*); uomo vecchissimo.
methyl /ˈmɛθl, ˈmiːθaɪl/, *n.* (*chim.*) metile. ● **m. alcohol**, alcol metilico; metanolo.
methylamine /mɛˈθaɪləmiːn, *USA* mɛθələˈm-/, *n.* (*chim.*) metilammina.
methylate /ˈmɛθəleɪt/, *n.* (*chim.*) metilato.
to **methylate** /ˈmɛθəleɪt/, *v. t.* metilare; denaturare (*alcol etilico*) con l'aggiunta di alcol metilico. ● **methylated spirit(s)**, alcol denaturato.
methylene /ˈmɛθəliːn/, *n.* (*chim.*) metilene.
methylic /məˈθɪlɪk/, *a.* (*chim.*) metilico.
meticulosity /mətɪkjʊˈlɒsətɪ/, *n.* meticolosità.
meticulous /məˈtɪkjʊləs/, *a.* meticoloso. || **-ly**, *avv.* || **-ness**, *sost.*
metis /mɛˈtiːs, meɪ-/, *n.* meticcio.
metonym /ˈmɛtənɪm/, *n.* (*ling.*) metonimo.
metonymic(al) /mɛtəˈnɪmɪk(l)/, *a.* (*retor.*) metonimico. || **-ally**, *avv.*
metonymy /mɪˈtɒnəmɪ/, *n.* (*ling., retor.*) metonimia.
me-too /ˈmiːˈtuː/, *a. attr.* (*fam. USA*) imitativo; fatto per spirito d'imitazione. ● (*econ.*) **m. products**, prodotti d'imitazione □ **a car of m. design**, un'automobile dal design copiato.
metope /ˈmɛtəʊp/, *n.* (*archit.*) metopa, metope.
metre (**1**) /ˈmiːtə(r)/, *n.* metro (*100 cm*).
metre (**2**) /ˈmiːtə(r)/, *n.* (*poesia*) metro; ritmo.
metric (**1**) /ˈmɛtrɪk/, *a.* metrico: **the m. system**, il sistema metrico decimale. ● (*comm.*) **m. pack**, confezione (*o* pacchetto) col peso indicato in grammi o kilogrammi □ **m. ton**, tonnellata (metrica) (*di 1000 kg*) □ **to go m.**, adottare il sistema metrico decimale.
metric (**2**) /ˈmɛtrɪk/, *a.* (*poesia*) metrico.
metrical /ˈmɛtrɪkl/, *a.* ***1*** metrico; della metrica: **m. accent**, accento metrico; **m. poetry**, poesia metrica ***2*** metrico; della misurazione: **Science is m. by nature**, la scienza non può fare a meno della misurazione. || **-ly**, *avv.*
to **metricate** /ˈmɛtrɪkeɪt/, **A** *v. t.* convertire al sistema metrico decimale; decimalizzare. **B** *v. i.* usare il sistema metrico.
metrication /mɛtrɪˈkeɪʃn/, *n.* conversione al sistema metrico decimale; decimalizzazione. ● (*stor., in G.B.*) **M. Board**, Commissione per l'adozione del sistema metrico decimale.
to **metricize** /ˈmɛtrɪsaɪz/, *v. t.* convertire al sistema metrico decimale; decimalizzare.
metrics /ˈmɛtrɪks/, *n. pl.* (*col verbo al sing.*) metrica; prosodia.
metrist /ˈmɛtrɪst/, *n.* chi scrive in versi; versificatore.
metritis /mɪˈtraɪtɪs/, *n.* (*med.*) metrite.
Metro (**the**) /ˈmɛtrəʊ/, *n.* (*trasp.*) la Metropolitana (*ferrovia elettrica della zona di Newcastle*).
metrological /mɛtrəˈlɒdʒɪkl/, *a.* (*fis.*) metrologico.
metrology /mɪˈtrɒlədʒɪ/, *n.* ***1*** (*fis.*) metrologia ***2*** sistema (di pesi e misure).
metronome /ˈmɛtrənəʊm/, *n.* (*mus.*) metronomo.
metropolis /məˈtrɒpəlɪs/, *n.* metropoli. ● (*per gli inglesi*) **the M.**, Londra.
metropolitan /mɛtrəˈpɒlɪtən/, **A** *a.* metropolitano. **B** *n.* ***1*** (*relig.*) metropolita ***2*** abitante d'una metropoli. ● (*in G.B.*) **the M. Police Force**, la Polizia di Londra (*della «Greater London», q.V.; la City ha la sua polizia*).
metrorrhagia /mɛtrəˈreɪdʒə, -dʒɪə/, *n.* (*med.*) metrorragia.
mettle /ˈmɛtl/, *n.* ardore; coraggio; animo; tempra; fegato (*fig.*): **a boy of m.**, un ragazzo di fegato. ● (*di una persona*) **to be in a fine m.**, essere in forma □ **to be on one's m.**, essersi impegnato a fondo □ **to put sb. on his m.**, mettere alla prova il coraggio di q. □ **to show one's m.**, mostrare la propria fibra; far vedere di che cosa si è capaci.
mettlesome /ˈmɛtlsəm/, *a.* focoso; animoso; coraggioso; ardente (*fig.*): **a m. horse**, un cavallo focoso.
mew (**1**) /mjuː/, *n.* (*zool.*) ***1*** (*Larus canus*; = **sea mew**) gavina ***2*** gabbiano (*in genere*).
mew (**2**) /mjuː/, *n.* gabbia per falchi (*specialm. durante la muda*); muda.
mew (**3**) /mjuː/, (*specialm. USA*) **A** *n.* miagolio; miao **B** *inter.* miao!
to **mew** (**1**) /mjuː/, *v. t.* ***1*** mettere (*un falco*) in gabbia (*o* nella muda) ***2*** (*fig., spesso* **to mew up**) rinchiudere; imprigionare; segregare.
to **mew** (**2**) /mjuː/, **A** *v. t.* (*di falco*) mutare (*le penne*). **B** *v. i.* fare la muda; mutare le penne.
to **mew** (**3**) /mjuː/, *v. i.* ***1*** (*specialm. USA*) miagolare; fare miao ***2*** (*di un gabbiano*) stridere.

mewing /ˈmjuːɪŋ/, *n.* **1** (*specialm. USA*) miagolio; miagolata **2** stridio (*di un gabbiano*).

to **mewl** /mjuːl/, *v. i.* **1** lamentarsi; miagolare (*fig.*) **2** piagnucolare; frignare.

mews /mjuːz/, *n.* (*in origine pl.*; *ora sing., invar. al pl.*) **1** scuderie, stalle (*intorno a un cortile*) **2** (*specialm. a Londra*) casa (*o* quartiere: *spesso elegante*), ricavati da antiche scuderie **3** (*toponomastica*) stradina (*o* viuzza, vicoletto) con dette case.

Mexican /ˈmɛksɪkən/, *a.* e *n.* messicano. ● (*in U.S.A.*) **M.-American**, americano di origine messicana □ (*fam. USA*) **M. breakfast**, un caffè e una sigaretta □ (*fam. USA*) **M. standoff**, punto morto, situazione di stallo.

Mexica-tessen /mɛksɪkəˈtɛsn/, *n. pl.* (*USA, cucina*) cibo alla messicana.

Mexico /ˈmɛksɪkəʊ/, *n.* (*geogr.*) **1** Messico **2** (= **M. City**) Città del Messico.

mezzanine /ˈmɛzəniːn, -ˈniːn/, *n.* **1** (*archit.*, = **m. floor**) mezzanino; ammezzato **2** (*anche metallico*) soppalco **3** (*teatr., USA*) prima balconata.

mezzo-rilievo /ˈmɛdzəʊrɪˈljeɪvəʊ, ˈmets-, *USA* -rɪˈliːvəʊ/ (*ital.*), *n.* (*pl.* **mezzo-rilievos, mezzo-rilievi**) (*arte*) mezzorilievo.

mezzo-soprano /ˈmɛdzəʊsəˈprɑːnəʊ, ˈmets-, *USA* -æn-/ (*ital.*), *n.* (*pl.* **mezzo-sopranos**) (*mus.*) mezzosoprano. ● **m. clef**, chiave di mezzosoprano.

mezzotint /ˈmɛtsəʊtɪnt, -dz-, -z-/, *n.* (*arte*) mezzatinta; acquaforte.

to **mezzotint** /ˈmɛtsəʊtɪnt, -dz-, -z-/, *v. t.* (*arte*) incidere a mezzatinta.

mi /miː/, *n.* (*mus.*) mi (*la nota*).

MI 5 /ɛmaɪˈfaɪv/, *n.* (*acronimo di* **Military Intelligence** 5) servizio di sicurezza interna (*o* di controspionaggio; *in G.B.*).

MI 6 /ɛmaɪˈsɪks/, *n.* (*acronimo di* **Military Intelligence 6**) servizio di sicurezza internazionale (*o* di spionaggio; *in G.B.*).

miaow /mɪˈaʊ/, **A** *n.* miagolio; miao. **B** *inter.* miao!

to **miaow** /mɪˈaʊ/, *v. i.* miagolare; fare miao.

miasma /mɪˈæzmə/, *n.* (*pl.* **miasmata, miasmas**) miasma.

miasmal /mɪˈæzml/, **miasmatic** /maɪəzˈmætɪk/, *a.* miasmatico.

to **miaul** /mɪˈaʊl/, *v. i.* miagolare; fare miao.

mica /ˈmaɪkə/, *n.* (*miner.*) mica. ● **m. schist**, micascisto.

micaceous /maɪˈkeɪʃəs/, *a.* (*miner.*) micaceo.

Micawber /mɪˈkɔːbə(r)/, *n.* (*fig.*) inguaribile ottimista (*dal personaggio del romanzo «David Copperfield» di C. Dickens*).

Micawberism /mɪˈkɔːbərɪzəm/, *n.* inguaribile ottimismo (*V.* **Micawber**).

mice /maɪs/, *pl.* di **mouse**.

micelle /mɪˈsɛl, *USA* maɪ-/, *n.* (*chim., fis.*) micella.

Michael /ˈmaɪkl/, *n.* Michele.

Michaelmas /ˈmɪklməs/, *n.* festa di San Michele (*29 settembre*). ● (*bot.*) **M. daisy** (*Aster tripolium*), aster □ **M. term**, trimestre autunnale (*scolastico, giudiziario*).

Mick /mɪk/, *n.* **1** *dim.* di **Michael 2** (*pop. spreg.*) irlandese.

Mickey /ˈmɪkɪ/, *n.* **1** *dim.* di **Michael 2** (*pop. spreg.*) irlandese **3** *V.* **Mickey Finn**. ● (*pop.*) **to take the m. out of sb.**, farsi beffe di q.; prendere in giro q.; sfottere q. (*pop.*).

Mickey Finn /ˈmɪkɪˈfɪn/, *n.* (*pop.*) bevanda alcolica drogata con sonnifero.

Mickey Mouse /ˈmɪkɪˈmaʊs/, **A** *n.* **1** Topolino **2** (*pop. USA*) stupido bianco **3** (*pop. USA*) poliziotto **4** (*pop. USA*) balle; fesserie. **B** *a. attr.* **1** scadente; da due soldi **2** inutile; insensato **3** sentimentale; sdolcinato; popolare **4** inefficiente; risibile; da nulla. ● (*pop. USA*) **M. M. ears**, le luci sul tetto di un'auto della polizia.

mickle /ˈmɪkl/, *a.* e *n.* (*arc.* o *scozz.*) molto; assai; una gran quantità: (*prov.*) **Many a little makes a m.**, molti pochi fanno assai.

micro /ˈmaɪkrəʊ/, *n.* (*fam.*) **1** forno a microonde **2** (*elab.*) microelaboratore.

microampere /maɪkrəʊˈæmpɛə(r)/, *n.* (*elettr.*) microampere.

microanalysis /maɪkrəʊəˈnælɪsɪs/, *n.* (*scient.*) microanalisi.

microanalytic /maɪkrəʊænəˈlɪtɪk/, *a.* (*scient.*) microanalitico.

microbalance /ˈmaɪkrəʊbæləns/, *n.* microbilancia.

microbe /ˈmaɪkrəʊb/, *n.* microbio, microbo.

microbial /maɪˈkrəʊbɪəl/, **microbic** /maɪˈkrəʊbɪk/, *a.* microbico.

microbicide /maɪˈkrəʊbɪsaɪd/, *n.* (*scient.*) microbicida.

microbiologic(al) /maɪkrəʊbaɪəˈlɒdʒɪk(l)/, *a.* (*biol.*) microbiologico. ‖ **-ally**, *avv.*

microbiologist /maɪkrəʊbaɪˈɒlədʒɪst/, *n.* microbiologo.

microbiology /maɪkrəʊbaɪˈɒlədʒɪ/, *n.* (*biol.*) microbiologia.

microcamera /maɪkrəʊˈkæmərə/, *n.* (*fotogr.*) microcamera.

microcapsule /maɪkrəʊˈkæpsjuːl, *USA* -psəl/, *n.* (*farm.*) microcapsula.

microcard /ˈmaɪkrəʊkɑːd/, *n.* microscheda; microfiche.

microcephalic /maɪkrəʊsɪˈfælɪk/, *a.* e *n.* (*biol.*) microcefalo.

microcephalous /maɪkrəʊˈsɛfələs/, *a.* (*biol.*) microcefalo.

microcephaly /maɪkrəʊˈsɛfəlɪ/, *n.* (*biol.*) microcefalia.

microchip /ˈmaɪkrəʊtʃɪp/, *n.* (*elettron.*) microchip.

microcircuit /ˈmaɪkrəʊsɜːkɪt/, *n.* (*elab.*) microcircuito.

microcircuitry /maɪkrəʊˈsɜːkɪtrɪ/, *n.* (*elettron.*) microcircuiteria; circuiteria miniaturizzata; insieme di microcircuiti.

microclimate /ˈmaɪkrəʊklaɪmət/, *n.* microclima.

microcline /ˈmaɪkrəʊklaɪn/, *n.* (*miner.*) microclino.

micrococcus /maɪkrəʊˈkɒkəs/, *n.* (*pl.* **micrococci**) (*biol., med.*) micrococco.

microcomputer /maɪkrəʊkəmˈpjuːtə(r)/, *n.* (*elab.*) microelaboratore; microcomputer.

microcorneal /maɪkrəʊˈkɔːnɪəl/, *a.* microcorneale: (*ottica*) **m. lens**, lente (a contatto) microcorneale.

microcosm /ˈmaɪkrəʊkɒzəm/, *n.* microcosmo.

microcosmic(al) /maɪkrəʊˈkɒzmɪk(l)/, *a.* microcosmico.

microculture /ˈmaɪkrəʊkʌltʃə(r)/, *n.* (*biol.*) microcoltura.

microcyte /ˈmaɪkrəʊsaɪt/, *n.* (*anat.*) microcita; microcito.

microdot /ˈmaɪkrəʊdɒt/, *n.* fotografia (*di una pagina, un documento, ecc.*) ridotta alle dimensioni di un puntino (*per motivi di segretezza o economia*).

microecology /maɪkrəʊɪˈkɒlədʒɪ/, *n.* (*ecol.*) microecologia.

microeconomics /maɪkrəʊiːkəˈnɒmɪks, -ɛkə'n-/, *n. pl.* (*col verbo al sing.*) (*econ.*) microeconomia.

microelectronic /maɪkrəʊɪlɛkˈtrɒnɪk/, *a.* microelettronico.

microelectronics /maɪkrəʊɪlɛkˈtrɒnɪks/, *n. pl.* (*col verbo al sing.*) (*elettron.*) microelettronica.

microelement /maɪkrəʊˈɛlɪmənt/, *n.* (*elettron.*) elemento miniaturizzato.

microengineering /maɪkrəʊɛndʒɪˈnɪərɪŋ/, *n.* (*tecn.*) microingegneria.

microfauna /ˈmaɪkrəʊfɔːnə/, *n.* (*zool.*) microfauna.

microfiche /ˈmaɪkrəʊfiːʃ/, *n.* microfiche; microscheda.

microfilm /ˈmaɪkrəʊfɪlm/, *n.* (*fotogr.*) microfilm.

to **microfilm** /ˈmaɪkrəʊfɪlm/, *v. t.* (*fotogr.*) microfilmare; fotografare su microfilm.

microflora /ˈmaɪkrəʊflɔːrə/, *n.* (*bot.*) microflora.

microgram(me) /ˈmaɪkrəʊgræm/, *n.* (*fis.*) microgrammo.

micrographic /maɪkrəʊˈgræfɪk/, *a.* (*scient.*) micrografico.

micrography /maɪˈkrɒgrəfɪ/, *n.* (*scient.*) micrografia.

microgroove /ˈmaɪkrəʊgruːv/, *n.* (*mus.*) microsolco.

microhabitat /maɪkrəʊˈhæbɪtæt/, *n.* (*biol.*) microambiente.

microinstruction /maɪkrəʊɪnˈstrʌkʃn/, *n.* (*elab.*) microistruzione.

microlens /ˈmaɪkrəʊlɛnz/, *n.* (*fotogr.*) microlente.

micromachining /maɪkrəʊməˈʃiːnɪŋ/, *n.* (*ind., tecn.*) microlavorazione (a macchina).

micromanipulation /maɪkrəʊmənɪpjʊˈleɪʃn/, *n.* (*biol.*) micromanipolazione.

micromanipulator /maɪkrəʊməˈnɪpjuleɪtə(r)/, *n.* (*tecn.*) micromanipolatore.

micromesh /ˈmaɪkrəʊmɛʃ/, *n.* micromaglia (*per calze finissime*).

micrometer /maɪˈkrɒmɪtə(r)/, *n.* **1** micrometro; micron **2** (= **m. caliper**) micrometro; calibro micrometrico.

micrometrical /maɪkrəʊˈmɛtrɪkl/, *a.* micrometrico.

micrometry /maɪˈkrɒmətrɪ/, *n.* micrometria.

microminiature /maɪkrəʊˈmɪnɪtʃə(r), *USA* -tʃʊə(r)/, *a. attr.* **1** microminiaturizzato **2** per microminiaturizzazione.

microminiaturization /maɪkrəʊmɪnɪtʃəraɪˈzeɪʃn, *USA* -tʃʊərɪˈz-/, *n.* microminiaturizzazione (*di circuiti elettronici, ecc.*).

to **microminiaturize** /maɪkrəʊˈmɪnɪtʃəraɪz, *USA* -tʃʊə-/, *v. t.* microminiaturizzare (*circuiti elettronici, ecc.*).

micromotion /maɪkrəʊˈməʊʃn/, *n.* (*cronot.*) micromovimento.

micron /ˈmaɪkrɒn/, *n.* micron; micrometro (*milionesima parte del metro*).

Micronesian /maɪkrəʊˈniːzɪən, -ʒn, -ʃn/, *a.* e *n.* (*geogr.*) micronesiano.

to **micronize** /ˈmaɪkrənaɪz/, *v. t.* (*tecn.*) micronizzare.

micronized /ˈmaɪkrənaɪzd/, *a.* (*tecn.*) micronizzato.

micronutrient /maɪkrəʊˈnjuːtrɪənt, *USA* -ˈnuː-/, *n.* (*biol.*) micronutriente.

microorganism /maɪkrəʊˈɔːgənɪzəm/, *n.* (*biol.*) microrganismo.

microphage /ˈmaɪkrəfeɪdʒ/, *n.* (*biol.*) microfago.

microphone /ˈmaɪkrəfəʊn/, *n.* (*acustica*) microfono. ● **m. technician**, microfonista.

microphonic /maɪkrəˈfɒnɪk/, *a.* (*radio, ecc.*) microfonico.

microphotograph /maɪkrəʊˈfəʊtəgrɑːf, *USA* -æf/, *n.* microfotografia (*il risultato*).

to **microphotograph** /maɪkrəʊˈfəʊtəgrɑːf, *USA* -æf/, *v. t.* microfotografare.

microphotography /maɪkrəʊfəˈtɒgrəfɪ/, *n.* microfotografia (*la tecnica*).

microphyte /ˈmaɪkrəʊfaɪt/, *n.* (*bot.*) microfita.

microprism /ˈmaɪkrəʊprɪzəm/, *n.* (*fotogr.*) microprisma.

microprobe /ˈmaɪkrəʊprəʊb/, *n.* (*tecn.*) microsonda elettronica.

microprocessor /ˈmaɪkrəʊprəʊsɛsə(r)/, *n.* (*elab.*) microprocessore.

microprogram /ˈmaɪkrəʊprəʊgræm/, *n.* (*elab.*) microprogramma.

microprogramming /maɪkrəʊˈprəʊgræmɪŋ/, *n.* (*elab.*) microprogrammazione.

micropyle /ˈmaɪkrəʊpaɪl/, *n.* (*bot.*) micropilo.

microscope /ˈmaɪkrəskəʊp/, *n.* (*ottica*) microscopio.

microscopic(al) /maɪkrəˈskɒpɪk(l)/, *a.* microscopico. ‖ **-ally**, *avv.*

microscopist /maɪˈkrɒskəpɪst/, *n.* microscopista.

microscopy /maɪˈkrɒskəpɪ/, *n.* microscopia.

microsecond /ˈmaɪkrəʊsɛkənd/, *n.* (*anche elab.*) microsecondo.

microseism /maɪkrəʊˈsaɪzəm/, *n.* (*scient.*)

microsismo, microsisma.
microseismic /maɪkrəʊ'saɪzmɪk/, *a.* microsismico.
microseismograph /maɪkrəʊ'saɪzməgrɑːf, *USA* -æf/, *n.* (*scient.*) microsismografo.
microskirt /'maɪkrəuskɜːt/, *n.* (*moda*) microgonna.
microspore /'maɪkrəuspɔː/, *n.* (*bot.*) microspora.
microstructure /'maɪkrəustrʌktʃə(r)/, *n.* (*tecn., scient.*) microstruttura.
microsurgery /'maɪkrəusɜːdʒərɪ/, *n.* (*med.*) microchirurgia.
microsurgical /maɪkrəʊ'sɜːdʒɪkl/, *a.* (*med.*) microchirurgico.
microtechnology /maɪkrəutɛk'nɒlədʒɪ/, *n.* microtecnologia.
microtherm /'maɪkrəuθɜːm/, *n.* (*bot.*) pianta microterma.
microtome /'maɪkrətəum/, *n.* (*scient.*) microtomo.
microtomy /maɪ'krɒtəmɪ/, *n.* (*scient.*) microtomia.
microvillus /maɪkrəʊ'vɪləs/, *n.* (*pl.* **microvilli**) (*biol.*) microvillo.
microwave /'maɪkrəweɪv/, *n.* **1** (*elettr., radio*) microonda: **m.-fading**, affievolimento delle microonde **2** (*fam.*, = **m. oven**) forno a microonde.
microwav(e)able /maɪkrə'weɪvəbl/, *a.* (*cucina*: *di cibo*) che si può cuocere in un forno a microonde.
to **micturate** /'mɪktʃəreɪt/, *v. i.* (*fisiol.*) mingere.
micturition /mɪktʃə'rɪʃn/, *n.* (*fisiol.*) minzione.
mid (1) /mɪd/, *a.* medio; di mezzo; mezzo: **in mid air**, a mezz'aria; (*relig.*) **Mid Lent**, mezza quaresima. ● (*geogr.*) **mid-African**, centroafricano □ **mid-Atlantic**, (*geogr.*) mediatlantico; (*fig.*) angloamericano, metà inglese e metà americano: **a mid-Atlantic accent**, un accento angloamericano □ **mid-century**, della (*o* verso la) metà del secolo □ (*geogr.*) **mid-European**, medioeuropeo; mitteleuropeo □ **mid-life crisis**, crisi della mezza età □ (*cricket*) **mid-off**, posizione (*o* giocatore) alla sinistra del lanciatore □ (*cricket*) **mid-on**, posizione (*o* giocatore) alla destra del lanciatore □ (*anche mil.*) **mid-range**, a media portata (*o* gittata) □ **mid-term**, *V.* **midterm** □ (*stor., letter.*) **mid-Victorian**, (personaggio, scrittore) del periodo di mezzo dell'età vittoriana (*della Regina Vittoria*: *1837-1901*) □ (*naut., sport*) **mid-water** (*agg.* e *avv.*), (situato) a mezz'acqua □ **from mid-April to mid-June**, da metà aprile a metà giugno □ **in mid career**, nel bel mezzo della carriera □ **in the mid 80's**, verso la metà degli anni '80 □ **to be in one's mid forties**, avere quarantacinque anni circa.
mid (2) /mɪd/, **'mid** /mɪd/, *prep.* (*poet.*) in mezzo a; fra, tra.
midair /'mɪdɛə(r)/, **A** *n.* mezza altezza. **B** *a. attr.* a mezz'aria; (*aeron.*) in volo: **a m. collision**, una collisione in volo. ● **in m.**, a mezz'aria; (*aeron.*) in volo: **The jet blew up in m.**, il jet esplose in volo.
Midas /'maɪdəs/, *n.* (*mitol.*) Mida.
midbrain /'mɪdbreɪn/, *n.* (*anat.*) mesencefalo.
midcourse /'mɪdkɔːs/, *a. attr.* (*miss.*) a (*o* di) metà rotta (*di astronave o veicolo spaziale*).
midday /'mɪddeɪ/, **A** *n.* mezzogiorno; mezzodì. **B** *a. attr.* di mezzogiorno; di mezzodì: **the m. meal**, il pasto di mezzogiorno. ● (*in G.B.*) **m. news**, telegiornale del mattino (*BBC 1*).
midden /'mɪdn/, *n.* **1** (*arc. o dial.*) mucchio di letame; letamaio **2** (*archeol., di solito* **kitchen m.**) cumulo preistorico d'ossa, conchiglie, ecc.
middle /'mɪdl/, **A** *a. attr.* medio; intermedio; mezzano; di mezzo: **the m. finger**, il dito medio; il medio; **the m. house of a row**, la casa di mezzo (*in una fila di case*); (*org. az.*) **the m. management**, i quadri intermedi (*di un'azienda*). **B** *n.* **1** (*al sing. con l'art. def.*) mezzo; metà; punto medio; centro: **in the m. of the stage**, nel mezzo del palcoscenico; **We were in the m. of the lesson when Jack came in**, eravamo a metà della lezione quando entrò Jack; **in the m. of the street**, nel centro della strada **2** (*fam.*) vita; cintura; cintola: **I was in water up to my m.**, ero nell'acqua fino alla cintola **3** (*gramm. greca*) voce media **4** (*polit.*) centro; centrismo **5** (*filos.*, = **m. term**) termine medio (*d'un sillogismo*). ● **m. age**, mezza età □ (*scherz.*) **m.-age spread**, la pancetta □ **a m.-aged man**, un uomo di mezza età □ **the M. Ages**, il medioevo □ **M. America**, (*geogr.*) l'America Centrale; (*fig. USA*) la gente comune, gli americani medi (*specialm. conservatori*) □ **m. class**, ceto medio □ **m.-class**, del ceto medio; borghese □ (*pitt.*) **m. distance**, secondo piano □ (*sport*) **m.-distance runner**, mezzofondista □ (*sport*) **m.-distance running**, mezzofondo □ (*anat.*) **m. ear**, orecchio medio □ **the M. East**, il Medio Oriente □ **M. Eastern**, mediorientale □ **m.-of-the road**, di centro, moderato (*anche polit.*) □ (*stor.*) **m. passage**, viaggio fra l'Africa e le Indie Occidentali (*per il traffico degli schiavi*) □ (*comm., leg.*) **the m. people**, gli intermediari □ **m. school**, (*in G.B.*) scuola media (*tra i 9 e i 14 anni d'età*); (*anche*) ultimo biennio della scuola dell'obbligo (*15 e 16 anni*) □ **m.-sized**, di misura (*o* taglia) media; di media statura □ **M. West**, *V.* **Midwest** □ (*fam.*) **to live in the m. of nowhere**, abitare a casa del diavolo □ (*fig.*) **to take a m. course**, prendere una via di mezzo.
to **middle** /'mɪdl/, **A** *v. t.* **1** (*tecn.*) collocare nel centro (*o* nel mezzo) **2** (*sport*) collocare (*il pallone*) a centrocampo. **B** *v. i.* (*sport*) effettuare una rimessa a centrocampo.
middlebrow /'mɪdlbraʊ/, **A** *a.* mediamente colto. **B** *n.* persona di cultura media.
middleman /'mɪdlmæn/, *n.* (*pl.* **middlemen**) intermediario; mediatore.
middlemost /'mɪdlməust/, (*raro*) *V.* **midmost.**
middleweight /'mɪdlweɪt/, *n.* (*boxe, lotta*) peso medio; medio. ● **the m. championship**, il campionato dei medi.
middling /'mɪdlɪŋ/, **A** *a.* **1** di media (*o* di seconda) qualità; mediocre; ordinario; corrente: **m. goods**, merce di seconda qualità **2** medio: **a town of m. size**, una città di media grandezza. **B** *n.* **1** (*ind. min.*) misto; prodotto intermedio **2** (*pl.*) merce di seconda qualità (*o* ordinaria) **3** (*pl.*) farina grossa mescolata a crusca, semola. **C** *avv.* (*fam.*) **1** abbastanza; discretamente; passabilmente: **m. successful**, riuscito abbastanza bene; **m. good**, abbastanza buono; discreto **2** (*di salute*) benino; così così.
middy /'mɪdɪ/, (*abbr. fam.*) *V.* **midshipman.** ● **m. blouse**, camicetta con colletto alla marinara.
midfield /'mɪdfiːld/, *n.* (*sport*) centrocampo. ● **m. man** (*o* **m. player**), centrocampista □ **the m. men**, il centrocampo (*i giocatori*).
midfielder /'mɪdfiːldə(r)/, *n.* (*sport*) centrocampista.
midge /mɪdʒ/, *n.* (*zool., anche fig.*) moscerino.
midget /'mɪdʒɪt/, **A** *n.* **1** (*med.*) nano armonico **2** persona minuscola; moscerino (*fig.*); nano; nanerottolo **3** cosa piccolissima; oggetto microscopico. **B** *a. attr.* piccolissimo; minuscolo. ● (*autom.*) **m. car**, miniauto □ (*naut.*) **m. submarine**, sommergibile tascabile.
midgut /'mɪdgʌt/, *n.* (*anat.*) intestino tenue; ileo.
midi /'mɪdɪ/, (*moda*) **A** *n.* (*pl.* **midis**) gonna lunga fino a metà polpaccio; midi. **B** *a.* midi.
midiskirt /'mɪdɪskɜːt/, *n.* (*moda*) gonna midi.
midland /'mɪdlənd/, (*geogr.*) **A** *n.* interno (*d'un paese, d'una regione*). **B** *a.* interiore; interno. ● **the Midlands**, le contee centrali dell'Inghilterra; l'Inghilterra centrale.
midmost /'mɪdməust/, **A** *a.* (il) più centrale; centralissimo. **B** *avv.* proprio nel centro. **C** *prep.* nel bel mezzo di.
midnight /'mɪdnaɪt/, **A** *n.* mezzanotte. **B** *a. attr.* di mezzanotte: **to see the m. sun**, vedere il sole di mezzanotte. ● **m. blue**, blu notte □ **the m. hours**, le ore nel cuore della notte □ (*fig.*) **to burn the m. oil**, lavorare (*o* studiare, ecc.) fino a tarda notte.
midpoint /'mɪdpɔɪnt/, *n.* (*anche geom.*) punto medio (*o* di mezzo).
midrib /'mɪdrɪb/, *n.* (*bot.*) nervatura centrale (*d'una foglia*).
midriff /'mɪdrɪf/, *n.* **1** (*anat.*) diaframma **2** (*fam.*) cintola; vita.
midship /'mɪdʃɪp/, **A** *n.* (*naut.*) parte centrale della nave. **B** *avv.* (*più comune* **midships**) a mezzanave; al centro della nave.
midshipman /'mɪdʃɪpmən/, *n.* (*pl.* **midshipmen**) (*naut.*) **1** (*in G.B.*) aspirante (*o* cadetto) di marina **2** (*in USA*) allievo dell'Accademia Navale.
midst /mɪdst/, **A** *n.* (*lett.*) mezzo; punto medio; centro: **in the m. of**, in mezzo a; nel mezzo di; **in our [your, their] m.**, in mezzo a noi [voi, loro]; fra noi [voi, loro]. **B** *prep.* (*poet.*) in mezzo a; fra, tra.
midstream /'mɪdstriːm/, *n.* centro (*o* filo) della corrente (*d'un fiume*). ● **in m.**, nel mezzo della corrente; (*fig.*) nel bel mezzo di (*un discorso, ecc.*).
midsummer /'mɪdsʌmə(r)/, *n.* **1** mezza estate; piena estate **2** (*pop.*) solstizio d'estate. ● **M. Day**, il giorno di San Giovanni Battista (*24 giugno*); la festa di mezza estate □ (*fam.*) **m. madness**, il colmo della follia.
midterm /'mɪdtɜːm/, *n.* punto medio di un periodo (*di un trimestre, di un quadriennio, ecc.*). ● (*med.*) **m. checkup**, controllo a metà gestazione □ (*polit., USA*) **m. elections**, elezioni «di medio termine» (*a metà del mandato del Presidente*) □ **m. exam**, esame alla metà del corso di studi.
midway (1) /'mɪd'weɪ/, **A** *avv.* a mezza strada; a metà strada; a mezzo del cammino (*lett.*). **B** *a.* posto a mezza strada.
midway (2) /'mɪdweɪ/, *n.* (*USA*) viale centrale (*di una fiera, ecc.*).
midweek /'mɪdwiːk/, *n.* (il) mezzo della settimana. ● **a m. holiday**, una vacanza a metà settimana.
Midwest /'mɪdwɛst/, *n.* (*geogr., USA*) (gli) Stati centro-occidentali (*della prateria*).
Midwestern /'mɪdwɛstən/, *a.* (*USA*) del Midwest (*q.V.*).
Midwesterner /'mɪdwɛstənə(r)/, *n.* (*USA*) abitante (*o* nativo) del Midwest (*q.V.*).
midwife /'mɪdwaɪf/, *n.* (*pl.* **midwives**) levatrice; ostetrica. ● (*zool.*) **m. toad** (*Alytes obstetricans*), alite (*o* rospo) ostetrico.
midwifery /mɪd'wɪfrɪ, 'mɪdw-, *USA* -waɪf-/, *n.* ostetricia.
midwinter /'mɪdwɪntə(r)/, *n.* **1** il cuore dell'inverno; pieno inverno **2** solstizio d'inverno. ● **a m. day**, una giornata di pieno inverno.
midyear /'mɪdjɪə(r), -jɜː(r)/, *n.* **1** il mezzo dell'anno **2** (*fam. USA*) esame fatto a metà anno. ● **a m. exam**, un esame in corso d'anno.
mien /miːn/, *n.* (*lett.*) **1** aspetto; aria, cera (*fig.*): **a man of pleasing m.**, un uomo di bell'aspetto; **a sad m.**, una brutta cera **2** maniere; modo di fare: **the roughness of his m.**, la durezza delle sue maniere.
miff /mɪf/, *n.* (*fam.*) **1** bisticcio; baruffa; battibecco **2** broncio; malumore; stizza. ● **to get in a m.**, stizzirsi; arrabbiarsi; litigare.
to **miff** /mɪf/, **A** *v. t.* (*fam.*) urtare; irritare; far stizzire. **B** *v. i.* (*fam.*) stizzirsi; seccarsi; arrabbiarsi; scocciarsi (*fam.*).
miffed /mɪft/, *a.* (*fam.*) arrabbiato; stizzito; scocciato (*fam.*).
miffy /'mɪfɪ/, *a.* (*fam.*) facile a scocciarsi; permaloso.
might (1) /maɪt/, *pass.* di **may** (1).
might (2) /maɪt/, *n.* forza; potenza; potere; energia; vigore; possa (*lett.*): **He fought with**

all his m., pugnò a tutta possa. ● (*prov.*) **M. is right**, la ragione è del più forte.

might-have-been /ˈmaɪtəvbiːn, -ɪn, *USA* -ɪn, -ɛn/, *n.* (*pl.* **might-have-beens**) ***1*** possibilità passata (*o* remota); quel che sarebbe potuto accadere; opportunità sprecata ***2*** persona che si supponeva potesse fare grandi cose; (*per estens.*) (un) fallito.

mightily /ˈmaɪtəlɪ/, *avv.* ***1*** potentemente; vigorosamente ***2*** (*fam.*) molto; estremamente.

mightiness /ˈmaɪtɪnəs/, *n.* potenza; potere.

mightn't /ˈmaɪtnt/, *contraz.* di **might not**.

mighty /ˈmaɪtɪ/, **A** *a.* ***1*** forte; possente; potente; poderoso; vigoroso ***2*** (*fam.*) ampio; enorme; vasto: **the m. ocean**, il vasto oceano ***3*** (*fam.*) grande: **to have a m. appetite**, avere un grande appetito. **B** *avv.* (*fam.*) molto; estremamente: **He thinks himself m. wise**, si crede molto saggio. ● **a m. wind**, un forte vento; un ventaccio □ (*fam.*) **That's m. easy**, è facilissimo; potrebbe farlo un bambino!

migmatite /ˈmɪgmətaɪt/, *n.* (*miner.*) migmatite.

mignonette /mɪnjəˈnɛt/, *n.* ***1*** (*bot., Reseda odorata*) amorino; reseda ***2*** «mignonette» (*varietà di merletto fine*).

migraine /ˈmiːgreɪn, *USA* ˈmaɪ-/, *n.* emicrania.

migrant /ˈmaɪgrənt/, **A** *a.* (*zool., econ.*) migrante; migratorio. **B** *n.* ***1*** (*zool.*) migratore ***2*** (*econ.*) emigrante ***3*** (*econ.*) emigrante interno; lavoratore stagionale. ● **migrant's remittances**, le rimesse degli emigrati □ **m. workers**, lavoratori migranti.

to **migrate** /maɪˈgreɪt, *USA* ˈmaɪgreɪt/, *v. i.* ***1*** (*zool.*) migrare ***2*** (*econ.*) migrare (*al nord, ecc.*) ***3*** (*econ.*) emigrare (*all'estero*). ● **to m. into [out of] a place**, immigrare in [emigrare da] un luogo.

migration /maɪˈgreɪʃn/, *n.* ***1*** (*zool.*) migrazione ***2*** (*econ.*) emigrazione interna; esodo (*fig.*) ***3*** (*econ.*) emigrazione ***4*** (*fis.*) migrazione: **m. of ions**, migrazione di ioni ***5*** (*elab.*) trasferimento (*di dati di utilizzo infrequente*). ● (*demogr.*) **m. balance**, saldo migratorio □ (*stat.*) **m. statistics**, le statistiche delle migrazioni.

migrator /maɪˈgreɪtə(r)/, *n.* ***1*** (*zool.*) (uccello, ecc.) migratore ***2*** (*econ.*) emigrante (*anche interno*).

migratory /ˈmaɪgrətrɪ, maɪˈgreɪtərɪ, *USA* ˈmaɪgrətɔːrɪ/, *a.* ***1*** (*anche zool.*) migratore: **m. birds**, uccelli migratori (*o* di passo) ***2*** (*econ., demogr.*) migratorio: **m. movements**, flussi migratori. ● (*stor.*) **m. peoples**, popoli migratori.

mikado /mɪˈkɑːdəʊ/, *n.* (*pl.* **mikados**) mikado (*l'imperatore del Giappone*).

mike (1) /maɪk/, *n.* (*abbr. fam. di* **microphone**) microfono.

mike (2) /maɪk/, *n.* (*pop.*) ozio. ● **to be on the m.**, bighellonare; oziare; andare a zonzo.

to **mike** /maɪk/, *v. i.* (*pop.*) bighellonare; oziare.

Mike /maɪk/, *n. dim.* di **Michael**.

to **mike up** /ˈmaɪkˈʌp/, *v. t.* (*fam. USA*) dare il microfono a (q.); far cantare (q.).

mil /mɪl/, *n.* ***1*** (*mecc.*) millesimo di «pollice» (*pari a mm 0,0254*) ***2*** (*mat.*) millesimo di radiante.

milady /mɪˈleɪdɪ/, *n.* signora (inglese); nobildonna; milady.

milage /ˈmaɪlɪdʒ/, *n.* ***1*** distanza (percorsa) in miglia (*cfr. ital, kilometraggio*) ***2*** (= **m. allowance**) indennità di viaggio (*a un tanto al miglio*) ***3*** (*autom.*) consumo (di benzina); miglia percorse con un gallone di benzina ***4*** (*nei trasporti*) costo (*o* spesa) per miglio ***5*** (*fam. USA*) beneficio; profitto; vantaggio. ● (*autom.*) **m. chart**, carta delle distanze in miglia □ (*autom.*) **m. counter**, «contamiglia».

Milan /mɪˈlæn/, *n.* (*geogr.*) Milano.

Milanese /mɪləˈniːz/, *a. e n.* (*invar, al pl.*) milanese. ● **the M.**, i milanesi □ (*stor.*) **the M.**, il Milanese; il territorio del ducato di Milano.

milch /mɪltʃ/, *a. attr.* (*zootecnia*) da latte; lattifero: **a m. cow**, una mucca da latte; (*fig. spreg.*) una buona vacca da mungere.

mild /maɪld/, **A** *a.* ***1*** mite; gentile; mansueto: **a m. nature**, un carattere mite (*o* mansueto); **a m. climate**, un clima mite; **a m. remark**, un'osservazione gentile ***2*** non forte; dolce; delicato; leggero: **m. cheese**, formaggio dolce; **m. tobacco**, tabacco dolce; **m. beer**, birra leggera; **m. soap**, sapone leggero; **a m. cigarette**, un sigaretta leggera ***3*** lieve; non grave: **a m. punishment**, una lieve punizione ***4*** (*di medicamento*) blando. **B** *n.* (*fam. ingl.*) birra scura, alla spina (*fatta con meno luppolo della* **bitter**, *q.V.*): **a glass of m.**, un bicchiere di birra scura. ● (*metall.*) **m. steel**, acciaio dolce.

to **milden** /ˈmaɪldn/, **A** *v. t.* rendere (più) mite; mitigare; addolcire. **B** *v. i.* diventar (più) mite; mitigarsi; addolcirsi.

mildew /ˈmɪldjuː, *USA* -duː/, *n.* ***1*** (*patologia vegetale*) muffa; (*dei cereali*) ruggine; (*della vite*) oidio ***2*** muffa (*in genere*).

to **mildew** /ˈmɪldjuː, *USA* -duː/, **A** *v. t.* coprire di muffa; far ammuffire. **B** *v. i.* coprirsi di muffa; ammuffire.

mildewy /ˈmɪldjuːɪ, *USA* -duːɪ/, *a.* coperto di muffa; ammuffito.

mildly /ˈmaɪldlɪ/, *avv.* ***1*** mitemente; gentilmente; dolcemente ***2*** un poco; fino a un certo punto; **He was m. intoxicated**, era un po' brillo. ● **to put it m.**, a dir poco; senza voler esagerare.

mildness /ˈmaɪldnəs/, *n.* mitezza; dolcezza; gentilezza.

mile /maɪl/, *n.* ***1*** miglio (*misura di lunghezza pari a km 1,609*) ***2*** (*sport*) miglio; corsa di un miglio. ● (*fig.*) **to be miles away**, avere la testa altrove □ **to live miles away** (*o* **from anywhere**), abitare a casa del diavolo (*fam.*) □ (*fig.*) **to be miles out**, essere lontano le mille miglia (*dall'indovinare, ecc.*) □ **nautical** (*o* **geographical**) **m.**, miglio nautico (*o* geografico; *pari a km 1,853*) □ **square m.**, miglio quadrato (*pari a km² 2,59*) □ **It's miles better than...**, vale infinitamente più di... □ (*fam.*) **It's miles easier**, è di gran lunga più facile □ (*fam.*) **It's not a hundred miles from here**, è qui vicino; è qui accanto □ (*fam.*) **You can see** (*o* **tell**) **a m. away** (*o* **off**), è lampante; si vede lontano un miglio.

mileage /ˈmaɪlɪdʒ/, *V.* **milage**.

mileometer /maɪˈlɒmɪtə(r)/, *n.* (*autom.*) «contamiglia». ● **trip m.**, contamiglia parziale.

milepost /ˈmaɪlpəʊst/, *n.* cartello (*stradale*) indicatore della distanza (*in miglia*).

miler /ˈmaɪlə(r)/, *n.* (*sport*) atleta (*o* cavallo) allenato a correre sulla distanza del miglio; (*ippica*) miler.

milestone /ˈmaɪlstəʊn/, *n.* (*anche fig.*) pietra miliare.

Miletus /mɪˈliːtəs/, *n.* (*stor., geogr.*) Mileto.

milfoil /ˈmɪlfɔɪl/, *n.* (*bot., Achillea millefolium*) achillea; millefoglie.

miliary /ˈmɪlɪərɪ, *USA* -ɪerɪ/, *a.* (*med.*) mi(-g)liare: **m. tubercule**, tubercolo miliare; **m. fever**, febbre miliare.

milieu /ˈmiːljɜː, *USA* miːˈljɜː/ (*franc.*), *n.* (*pl.* **milieus, milieux**) ambiente (sociale).

militancy /ˈmɪlɪtənsɪ/, *n.* ***1*** militanza, attivismo (*anche polit.*) ***2*** combattività; l'esser pugnace.

militant /ˈmɪlɪtənt/, **A** *a.* ***1*** militante: **the Church m.**, la Chiesa militante ***2*** combattivo; pugnace. **B** *n.* militante, attivista (*anche polit.*).

militarily /ˈmɪlɪtrəlɪ, mɪlɪˈterəlɪ/, *avv.* militarmente.

militarism /ˈmɪlɪtərɪzəm/, *n.* militarismo.

militarist /ˈmɪlɪtərɪst/, *n.* militarista.

militaristic /mɪlɪtəˈrɪstɪk/, *a.* militaristico.

militarization /mɪlɪtəraɪˈzeɪʃn, *USA* -rɪˈz-/, *n.* militarizzazione.

to **militarize** /ˈmɪlɪtəraɪz/, *v. t.* militarizzare: **to m. labour**, militarizzare la manodopera.

military /ˈmɪlɪtrɪ, *USA* -terɪ/, **A** *a.* militare; marziale: **m. band**, banda militare; **m. bearing**, portamento marziale; **m. police**, polizia militare. **B** *n.* – **the m.**, i militari; l'esercito. ● **M. Cross**, croce di guerra (*decorazione*) □ **m. family**, famiglia di militari □ (*med.*) **m. fever**, febbre tifoide □ **m. law**, diritto militare □ **m. officer**, ufficiale (*dell'esercito, ecc.*; *per distinguerlo da «officer», «funzionario»*) □ **the m. personnel**, i membri delle forze armate □ **m. policeman**, soldato della polizia militare □ (*miss.*) **m. satellite**, satellite militare □ **m. testament**, testamento fatto a voce da un soldato.

to **militate** /ˈmɪlɪteɪt/, *v. i.* militare (*di solito fig.*). ● (*fig.*) **to m. against**, essere d'ostacolo a; ostacolare: **His youth militates against him**, la sua giovinezza gli è d'ostacolo.

militia /mɪˈlɪʃə/, *n.* ***1*** milizia territoriale; (*collett.*) (i) territoriali; (*in U.S.A.*) (la) guardia nazionale ***2*** (*stor.*) milizia.

militiaman /mɪˈlɪʃəmən/, *n.* (*pl.* **militiamen**) ***1*** soldato territoriale; (*in U.S.A.*) soldato della guardia nazionale ***2*** (*stor.*) milite; soldato della milizia.

milk /mɪlk/, *n.* ***1*** latte ***2*** (*pop.*) latice, lattice (*di alcune piante*). ● (*fig.*) **m. and honey**, grande possibilità di divertimenti (*o* di divertirsi) □ **m.-and-water**, insipido, sciocco; blando; all'acqua di rose (*fig.*) □ **m. bar**, bar bianco; latteria; gelateria □ **m. chocolate**, cioccolato al latte □ (*med.*) **m. crust**, crosta lattea; lattime □ **m. diet**, dieta lattea □ (*med.*) **m. fever**, febbre da latte □ **m.-float**, furgoncino (*a motore elettrico*) del lattaio (*per consegne in città*) □ **m. glass**, vetro opalino □ **m. jug**, lattiera (*per servire il latte a tavola*) □ (*med.*) **m. leg**, flemmasia □ **m. loaf**, pane (bianco) al latte □ **m. of almonds**, latte di mandorle □ (*fig.*) **the m. of human kindness**, gentilezza (*o* generosità) connaturata all'uomo □ (*chim.*) **m. of magnesia**, latte di magnesia □ **m. powder**, latte in polvere □ **m. pudding**, budino (di riso) al latte □ **m. punch**, bevanda di latte misto a liquore □ **m. round**, giro del lattaio (*per le consegne*); (*fig.*) giro di visite frequenti □ **m. run**, (*ferr.*) corsa con molte fermate; (*aeron.*) volo con molti scali; (*aeron., mil.*) missione di routine □ **m. shake**, frullato; frappé □ (*chim.*) **m. sugar**, lattosio □ **m. tooth**, dente di latte □ **m. van**, furgone del lattaio (*per consegne fuori città*) □ (*bot.*) **m. vetch** (*Astragalus*), astragalo □ **m.-white**, bianco come il latte □ **dried m.**, latte in polvere □ **skimmed m.**, latte scremato □ **whole m.**, latte intero □ (*fig.*) **He came home with the m.**, è tornato a casa alle ore piccole □ (*prov.*) **It's no use crying over spilt m.**, è inutile piangere sul latte versato; cosa fatta capo ha.

to **milk** /mɪlk/, **A** *v. t.* ***1*** mungere; (*fig.*) spillare denaro a, sfruttare: **to m. a ewe**, mungere una pecora ***2*** (*fig.*) strappare di bocca (*una notizia a q.*) ***3*** estrarre il succo da (*una pianta*) ***4*** cavare il veleno a (*un serpente*). **B** *v. i.* dar latte; produrre latte: **Our cows are milking very well**, le nostre vacche danno molto latte. ● (*fig.*) **to m. the bull** (*o* **the ram**), cavar sangue da una rapa.

milker /ˈmɪlkə(r)/, *n.* ***1*** mungitore, mungitrice ***2*** mungitrice meccanica. ● (*di animale da latte*) **to be a good [a bad] m.**, dare molto [poco] latte.

milkiness /ˈmɪlkɪnəs/, *n.* lattiginosità (*V.* **milky**).

milking /ˈmɪlkɪŋ/, *n.* mungitura. ● **m. machine**, mungitrice meccanica □ (*USA*) **m. parlor**, locale (per la) mungitura.

milkmaid /ˈmɪlkmeɪd/, *n.* ***1*** mungitrice ***2*** lattaia.

milkman /ˈmɪlkmən/, *n.* (*pl.* **milkmen**) lattaio.

milksop /ˈmɪlksɒp/, *n.* (*arc. spreg.*) uomo (*o* ragazzo) debole, effeminato; pulcino bagnato (*fig. pop.*).

milkweed /ˈmɪlkwiːd/, *n.* (*bot.*) ***1*** (*Gentiana*

asclepiadea) asclepiade **2** (*Euphorbia*) euforbia (*in genere*).

milkwoman /ˈmɪlkwʊmən/, *n.* (*pl.* **milkwomen**) lattaia.

milkwort /ˈmɪlkwɜːt/, *n.* (*bot., Polygala vulgaris*) poligala; bozzolina.

milky /ˈmɪlkɪ/, *a.* **1** latteo: (*astron.*) **the M. Way**, la Via Lattea **2** (*di pianta, di liquido*) lattiginoso **3** (*fig.*) smidollato; effeminato. ● **m. cleanser**, latte detergente (*cosmetico*).

mill (**1**) /mɪl/, *n.* **1** mulino **2** fabbrica; opificio; stabilimento: **a textile m.**, uno stabilimento tessile **3** macinino: **a coffee m.**, un macinino da caffè **4** spremifrutta; passaverdura: **a lemon m.**, uno spremilimoni **5** (*ind., mecc.*) treno di laminazione; laminatoio; fresa: **continuous m.**, treno di laminazione continuo; **finishing m.**, laminatoio finitore; **rod m.**, laminatoio per barre; **two-lip end m.**, fresa a due tagli **6** (*ind. della gomma*) mescolatore **7** (*ind. tess.*) follatrice **8** (*pop. USA*) motore (*di un automezzo*) **9** (*pop. USA*) macchina da scrivere **10** (*arc.* o *pop. USA*) incontro di boxe **11** (*fig.*) fucina: **a propaganda m.**, una fucina di propaganda. ● **m. cleaners**, imprese di pulizia di fabbriche □ (*stor.*) **m.-hand**, operaio, operaia (*di fabbrica*) □ **m. wheel**, ruota di mulino □ **ball m.**, mulino a palle □ (*fig.*) **to bring grist to the** (*o* **to one's**) **m.**, portare acqua al proprio mulino □ **a cotton m.**, un cotonificio □ **paper m.**, cartiera □ (*fig.*) **to put sb. through the m.**, far passare q. per una trafila; sottoporre q. a dure prove □ **run-of-the-m.**, ordinario; dozzinale; comune □ **saw m.**, segheria □ **silk m.**, setificio □ **steel m.**, acciaieria □ (*fig.*) **to have been through the m.**, essere stato torchiato (*fig.*); averne passate di tutti i colori □ **water m.**, mulino ad acqua □ (*fig.*) **All is grist that comes to his m.**, per lui, tutto è buono (*fam.*: tutto fa brodo) □ **The sea is like a m.-pond**, il mare è liscio come l'olio □ (*prov.*) **The mills of God grind slowly, but sure**, Dio non paga il sabato; «Sero molunt deorum molae» («*Adagia*» *di Erasmo*).

mill (**2**) /mɪl/, *n.* (*USA*) millesimo di dollaro (*unità monetaria usata nei calcoli*).

to **mill** /mɪl/, **A** *v. t.* **1** macinare (*cereali o altro*); tritare: **to m. iron ore**, macinare minerale ferroso **2** follare, feltrare (*panni*) **3** (*ind., mecc.*) laminare in barre (*acciaio, ecc.*); fresare **4** zigrinare (*una moneta*): **the milled edge of a coin**, l'orlo zigrinato d'una moneta **5** battere, frullare, montare a schiuma (*panna, ecc.*). **B** *v. i.* **1** (*arc.* o *pop. USA*) boxare **2** (*spesso* **to m. around**; *di bestiame, di folla*) girare in tondo; muoversi in massa torno torno.

millboard /ˈmɪlbɔːd/, *n.* cartone pressato (*usato per pannelli e in legatoria*).

milldam /ˈmɪldæm/, *n.* chiusa (*o* diga) di mulino.

millenarian /mɪləˈnɛərɪən/, **A** *a.* **1** millenario **2** (*relig.*) millenaristico. **B** *n.* (*relig.*) millenarista; chiliasta.

millenarianism /mɪləˈnɛərɪənɪzəm/, *n.* (*relig.*) millenarismo.

millenarist /mɪˈlɛnərɪst/, *n.* (*relig.*) millenarista.

millenary /mɪˈlɛnərɪ, *USA* ˈmɪlɪnerɪ/, **A** *a.* **1** millenario **2** (*relig.*) millenaristico. **B** *n.* **1** millennio **2** millenario (*millesimo anniversario*) **3** (*relig.*) millenarista; chiliasta.

millennial /mɪˈlɛnɪəl/, *a.* **1** millenario **2** (*relig.*) del millennio.

millennium /mɪˈlɛnɪəm/, *n.* (*pl.* **millennia, millenniums**) **1** millennio **2** (*relig.*) (il) millennio (*futuro regno di Cristo per mille anni sulla terra*) **3** (*fig.*) età felice; periodo di pace e prosperità.

millepede /ˈmɪlɪpiːd/, *n.* (*zool.*) millepiedi.

miller /ˈmɪlə(r)/, *n.* **1** mugnaio **2** (*mecc.*) fresatrice; fresa **3** (*zool.*) insetto (*in genere*) dal dorso biancastro (*così da apparire infarinato*). ● (*zool.*) **m.'s thumb**, (*Cottus gobio*) magnarone; (*Gadus luscus*) gado barbato; (*Gobius niger*) ghiozzo comune □ **m.'s wife**, mugnaia.

millesimal /mɪˈlɛsɪml/, *a.* e *n.* (*mat.*) millesimo.

millet /ˈmɪlət/, *n.* (*bot., Panicum miliaceum*) miglio.

milliard /ˈmɪljɑːd/, *n.* (*in G.B.*) bilione, miliardo (*cfr. USA* **billion**).

millibar /ˈmɪlɪbɑː(r)/, *n.* (*fis., meteor.*) millibar.

milligram(me) /ˈmɪlɪgræm/, *n.* milligrammo.

millilitre /ˈmɪlɪliːtə(r)/, *n.* millilitro.

millimetre /ˈmɪlɪmiːtə(r)/, *n.* millimetro.

milliner /ˈmɪlɪnə(r)/, *n.* modista. ● **m.'s shop**, modisteria.

millinery /ˈmɪlɪnərɪ, *USA* -nerɪ/, *n.* **1** articoli (*o* lavori) di modista; cappellini, nastri, ecc. **2** lavoro di modista; modisteria.

milling /ˈmɪlɪŋ/, **A** *n.* **1** macinatura; molitura (*di cereali*); macinazione (*di minerali, ecc.*) **2** follatura, feltratura (*di panni*) **3** (*mecc.*) fresatura **4** (*di monete*) zigrinatura. **B** *a.* molitorio: **the m. industry**, l'industria molitoria. ● (*mecc.*) **m. cutter**, fresa □ (*mecc.*) **m. machine**, fresatrice □ (*mecc.*) **m. planer**, pialiatrice rotativa.

million /ˈmɪljən/, *n.* e *a.* (*pl.* **millions, million**) (*mat.*) milione: **one** (*o* **a**) **m. dollars**, un milione di dollari; **millions of stars**, milioni di stelle; **two m. dollars**, due milioni di dollari. ● (*fig.*) **the m.**, il popolo; la massa □ **I've millions of things to do**, ho un milione di cose da fare.

millionaire /mɪljəˈnɛə(r)/, *n.* milionario.

millionairess /mɪljəˈnɛərɪs/, *n.* milionaria.

millionfold /ˈmɪljənfəʊld/, *a.* e *avv.* (di) un milione di volte.

millionth /ˈmɪljənθ/, *a.* e *n.* (*mat.*) milionesimo.

milliped /ˈmɪlɪpiːd/, *V.* **millepede**.

millisecond /ˈmɪlɪsɛkənd/, *n.* millisecondo.

millivolt /ˈmɪlɪvəʊlt/, *n.* (*elettr.*) millivolt.

millpond /ˈmɪlpɒnd/, *n.* gora di mulino. ● (*del mare*) **to be a m.** (*o* **as calm as a m.**), essere liscio come l'olio.

millrace /ˈmɪlreɪs/, *n.* condotta forzata (*o* canale) di mulino.

millrun /ˈmɪlrʌn/, *n.* **1** *V.* **millrace** **2** (*ind. min.*) carica di minerale per la prova di arricchimento.

millstone /ˈmɪlstəʊn/, *n.* **1** macina; mola **2** (*fig.*) grave peso: **His past is a m. round his neck**, il suo passato è per lui una palla al piede. ● (*fig.*) **to be between the upper and the nether m.**, essere fra l'incudine e il martello.

millwright /ˈmɪlraɪt/, *n.* **1** costruttore di mulini o di macchine per mulini **2** costruttore d'impianti **3** montatore (*o* addetto alla manutenzione) di macchinari e d'impianti.

milometer /maɪˈlɒmɪtə(r)/, *V.* **mileometer**.

milord /mɪˈlɔːd, mə-/, *n.* signore (inglese); milord.

milquetoast /ˈmɪlktəʊst/, *n.* (*fam. USA*) individuo timido, spaurito; coniglio (*fig.*).

milt /mɪlt/, *n.* **1** (*macelleria*) milza **2** (*pop.*) latte (*o* sperma) di pesce.

to **milt** /mɪlt/, *v. t.* fecondare (*uova di pesce*).

milter /ˈmɪltə(r)/, *n.* pesce maschio (*nel periodo della fecondazione*).

Miltonian /mɪlˈtəʊnɪən/, **Miltonic** /mɪlˈtɒnɪk/, *a.* (*letter.*) miltoniano; di Milton.

mime /maɪm/, *n.* (*teatr.*) **1** (*attore*) mimo **2** mimo; pantomima.

to **mime** /maɪm/, *v. i.* e *t.* mimare; imitare.

Mimeograph /ˈmɪmɪəgrɑːf, *USA* -æf/, *n.* (*marchio*) ciclostile.

to **mimeograph** /ˈmɪmɪəgrɑːf, *USA* -æf/, *v. t.* ciclostilare.

mimesis /mɪˈmiːsɪs, maɪ-/, *n.* **1** (*arte, letter.*) mimesi **2** (*zool.*) mimetismo.

mimetic /mɪˈmɛtɪk/, *a.* mimetico. || **-ally**, *avv.*

mimetism /ˈmɪmətɪzəm/, *n.* (*anche zool.*) mimetismo.

mimic /ˈmɪmɪk/, **A** *a.* **1** mimico; imitativo **2** (*zool.*) mimetico: **m. colouration**, colorazione mimetica (*d'insetti, ecc.*) **3** finto: **m. battles**, finte battaglie. **B** *n.* **1** mimo; imitatore **2** (*zool.*) animale che si mimetizza.

to **mimic** /ˈmɪmɪk/ (*pass.* e *p. p.* **mimicked**), *v. t.* **1** imitare; contraffare; parodiare; scimmiottare: **Don't m. your father's gestures**, non scimmiottare i gesti di tuo padre! **2** (*zool.*) mimetizzarsi con: **Some insects m. leaves**, taluni insetti si mimetizzano con le foglie **3** (*fig.*) imitare: **wallpaper painted to m. marble**, carta da parati dipinta a imitazione del marmo.

mimicry /ˈmɪmɪkrɪ/, *n.* **1** mimica; arte mimica; imitazione; parodia **2** (*zool.*) mimetismo: **protective m.**, mimetismo protettivo.

mimosa /mɪˈməʊzə, *USA* -sə/, *n.* (*bot., Mimosa*) mimosa.

mimulus /ˈmɪmjʊləs/, *n.* (*bot., Mimulus*) mimulo.

mina /ˈmaɪnə/, *n.* (*pl.* **minas, minae**) (*stor.*) mina (*peso e moneta greci*).

minable /ˈmaɪnəbl/, *a.* (*ind. min.*) coltivabile; estraibile.

minacious /mɪˈneɪʃəs/, *a.* minaccioso. || **-ly**, *avv.*

minacity /mɪˈnæsətɪ/, *n.* minacciosità.

minaret /mɪnəˈrɛt/, *n.* minareto.

minatory /ˈmɪnətərɪ, *USA* -tɔːrɪ/, *a.* minatorio.

mince /mɪns/, *n.* **1** carne tritata **2** *V.* **mincemeat**. ● **m. pie** (*abbr. di* **mincemeat pie**), tortina ripiena di frutta secca, aromi, ecc. (*si mangia a Natale*).

to **mince** /mɪns/, **A** *v. t.* tritare; triturare; tagliuzzare; sminuzzare. **B** *v. i.* **1** parlare con affettazione; fare smancerie **2** camminare a passettini, in modo affettato. ● **mincing machine**, tritacarne □ **not to m. matters** (*o* **one's words**), dire le cose come stanno; non usare mezzi termini; parlar chiaro (*o* fuori dei denti).

mincemeat /ˈmɪnsmiːt/, *n.* **1** impasto per fare le «mince pies» **2** carne tritata. ● **to make m. of**, fare a pezzi (*anche fig.*); stracciare (*un'argomentazione, ecc.*); fare polpette di (q.) (*fig.*).

mincer /ˈmɪnsə(r)/, *n.* **1** tritacarne **2** tritaverdura.

mincing /ˈmɪnsɪŋ/, *a.* affettato; lezioso; manierato; smanceroso. ● **m. machine**, *V.* **mincer**. || **-ly**, *avv.*

mind /maɪnd/, *n.* **1** mente; intelligenza; cervello, testa (*fig.*); senno; pensiero: **I wonder what he has in m.**, mi chiedo cosa abbia in mente; **She's one of the world's best minds**, è una delle più belle menti che ci siano al mondo; **The old man is still in his right m.**, il vecchio è ancora sano di mente (*o* con la testa a posto); **The poor woman has lost her m.**, la poveretta è uscita di senno (*o* è andata giù di testa); **It never crossed my m.**, non mi è mai venuto in mente (*o* passato per la testa); non ho mai avuto questo pensiero **2** animo; spirito: **frame** (*o* **state**) **of m.**, stato d'animo; **peace of m.**, pace dell'animo; serenità; **presence of m.**, presenza di spirito **3** mente; memoria: **to bear** (*o* **to keep**) **st. in m.**, tenere a mente (*o* ricordare) q.c.; **to bring** (*o* **to call**) **st. to m.**, farsi venire in mente q.c.; **to bring** (*o* **to recall**) **st. to sb.'s m.**, far venire in mente (*o* ricordare) q.c. a q.; **That has gone out of** (*o* **slipped**) **my m.**, mi è uscito di mente (*o* passato di testa) **4** idea; intenzione; proposito: **I have a m. to leave**, ho intenzione (*o* voglia) di andarmene; **I have half a m. to tell her everything**, ho una mezza idea di dirle tutto; **I've got a good m. to take legal steps**, ho il fermo proposito di adire le vie legali **5** idea; parere; opinione; avviso; modo di pensare: **I've changed my m. about him**, ho cambiato idea (*o* ho mutato parere) sul suo conto; **We are of the same m.** (*o* **of one m.**) **on mercy killing**, siamo della stessa opinione (*o* dello stesso avviso) sull'eutanasia; **to speak one's m. plainly**, dire chiaro e tondo come uno la pensa **6** (*filos.*) spirito: **m. and**

matter, lo spirito e la materia ***7*** (*relig.*) messa di suffragio (*per un defunto*). ● (*fam.*) **m.-bender**, allucinogeno; (*fig.*) rompicapo □ (*pop.*) **m.-bending**, allucinogeno; (*fig.*) difficile da risolvere (*o* da capire); inverosimile, incredibile □ (*fam.*) **m.-blower**, allucinogeno □ (*fam.*) **m.-blowing**, allucinogeno; (*fig.*) allucinante, eccitante, travolgente; shoccante: **a m.-blowing experience**, un'esperienza shoccante □ (*fam.*) **m.-boggling**, sbalorditivo; stupefacente; inverosimile □ (*fam.*) **m.-expander**, allucinogeno □ **the m.'s eye**, l'occhio della mente; la fantasia □ (*volg. USA*) **m.-fucking**, lavaggio del cervello □ **m.-reader**, chi legge (*o* pretende di leggere) il pensiero □ **m.-reading**, lettura del pensiero □ (*pop. USA*) **m. tripper**, individuo eccentrico, poco normale □ **absence of m.**, distrazione □ **dirty m.**, *V. sotto* **dirty** □ **to give one's m. to**, fare attenzione a; porre mente a □ **to give sb. a piece** (*o* **a bit**) **of one's m.**, dire a q. quel che si pensa di lui; dirglielo chiaro e tondo □ **to go out of one's m.**, andare giù di testa; uscire di senno; impazzire □ **to have st. on one's m.**, aver sempre in mente q.c.; essere preoccupato per q.c. □ **to be in** (*o* **of**) **two minds**, essere incerto (*o* diviso, in forse); esitare; titubare □ **to keep one's m. on**, concentrare la propria attenzione su □ **to keep an open m.**, rimanere neutrale; non prendere partito □ **to make up one's m.**, decidersi; prendere una risoluzione □ **to make up one's m. to st.**, accettare q.c.; prendere atto di q.c. □ (*relig.*) **month's m.**, messa di trigesimo □ **not to know one's own m.**, non saper bene quel che si vuole; essere incerto (*o* perplesso, in forse) □ **to be of the same m. as before**, pensarla allo stesso modo di prima; non aver mutato parere □ **to be out of one's m.**, essere uscito di senno; essere matto □ **out of one's m.**, oltremodo; a morte (*fig.*): **He was bored out of his m.**, era annoiato a morte □ **to put sb. in m. of**, rammentare a q.: **He puts me in m. of my father**, mi rammenta mio padre □ **to send sb. out of his m.**, fare uscire q. di senno □ **to set one's m. on st.**, mettersi in testa (*o* cacciarsi in mente) di fare q.c. □ **to take one's m. off st.**, distogliere la propria attenzione da q.c.; levarsi dalla mente q.c. □ **to tell sb. one's m.**, dire a q. quel che si pensa; parlar chiaro a q.; dirglielo chiaro e tondo □ **time out of m.**, mille volte (*fig.*); spessissimo □ **to my m.**, a mio avviso, a mio parere, secondo me □ **turn of m.**, modo di vedere le cose; mentalità □ (*prov.*) **Out of sight, out of m.**, lontano dagli occhi, lontano dal cuore.

to **mind** /maɪnd/, *v. t. e i.* ***1*** badare (a); fare attenzione (a); curarsi di; attendere a; occuparsi di; custodire; stare in guardia: **His daughter has to m. the shop now**, sua figlia deve ora badare al (*o* occuparsi del) negozio; **M. the step** [**the dog**], sta' attento al gradino [al cane]!; **M. you don't fall**, bada di non cadere!; **M. your own business**, bada ai fatti tuoi!; **He doesn't m. the expense**, non bada (*o* non guarda) a spese ***2*** dar retta a; obbedire a: **The dog minds his master**, il cane dà retta al suo padrone ***3*** importare (*impers.*); darsi pensiero; preoccuparsi: **He doesn't m. what people say about him**, non gliene importa di quel che la gente dice sul suo conto; **If I were you, I shouldn't m. at all**, se fossi in te, non me ne darei il minimo pensiero ***4*** dispiacere, spiacere, dare fastidio, rincrescere (*impers.*); avere q.c. in contrario: **I don't m. the rain at all**, la pioggia non mi spiace affatto (non mi dà alcun fastidio); **Do you m. if I open the window?**, ti dispiace se apro il finestrino?; **Do you m. the window open?**, ti dà fastidio il finestrino aperto?; **I shouldn't m. a glass of wine**, non mi spiacerebbe un bicchiere di vino; **if you don't m.**, se non hai nulla in contrario. ● (*fam.*) **to m. one's P's and Q's**, star bene attento a quel che si dice (*o* che si fa) □ **I don't m. having a go**, se si tratta di provare, ci sto □ **Would you m. closing the door?**, ti dispiace chiudere la porta?; vuoi chiudere la porta, per favore? □ **Would you m. holding your tongue?**, vuoi farmi il santo piacere di star zitto? □ **«Would you like coming to the party?» «I don't m. if I do»**, «Ti piacerebbe venire alla festa?» «Certo che sì» (*o* «altroché!») □ (*inter.*) **M. you!**, bada bene!; intendiamoci!; sia ben chiaro!: **M. you, I wouldn't do it if I thought it was illegal!**, intendiamoci, non lo farei se lo ritenessi illecito □ (*pop.*) **M. your eye!**, sta' in guardia; bada a quello che fai! □ **M. (out)!**, bada!; attento! □ **Never m.!**, non importa!; non prendertela!; non farci caso!; non dartene pensiero □ **Never you m.**, non è affar tuo; tu non c'entri!

minded /ˈmaɪndɪd/, *a.* ***1*** disposto (a); incline (a); che ha intenzione (*o* voglia) (di): **They seem to be m. to get married soon**, sembra intendano sposarsi presto ***2*** (*nei composti, per es.:*) **high-m.**, di mente elevata; **muddle-m.**, confusionario; pasticcione; **right-m.**, d'animo retto; **small-m.**, di mente ristretta; **air-m.**, consapevole dell'importanza (*o* appassionato) dell'aviazione; **statistically m.**, che ha una mentalità statistica.

mindedness /ˈmaɪndɪdnəs/, *n.* (*nei composti; per es.:*) **absent-m.**, distrazione; **narrow-m.**, ristrettezza d'idee; grettezza; **right-m.**, rettitudine; onestà.

minder /ˈmaɪndə(r)/, *n.* ***1*** chi bada (*a q.c.*); sorvegliante, addetto (*specialm. a macchinari*) ***2*** (*fam.*) bambinaia ***3*** (*pop.*) portaborse (*di un politico*) ***4*** (*pop.*) gorilla (*di un gangster*). ● **child-m.**, chi bada ai bambini; bambinaia.

to **mind-fuck** /ˈmaɪndfʌk/, *v. t.* (*volg. USA*) fare il lavaggio del cervello a (q.); disorientare.

mindful /ˈmaɪndfl/, *a.* ***1*** attento (a); conscio (di); memore (di): **I am m. of the danger**, sono conscio del pericolo ***2*** sollecito (di); che si preoccupa (*di q.c.*): **to be m. of one's reputation**, essere sollecito della propria reputazione. ‖ **-ly**, *avv.* ‖ **-ness**, *sost.*

mindless /ˈmaɪndləs/, *a.* ***1*** irragionevole; sciocco; stupido ***2*** incurante, noncurante, dimentico (di): **Don't be so m. of your duties**, non essere così incurante dei tuoi doveri! ***3*** che non richiede intelligenza; noioso; di routine: **a m. job**, un lavoro di routine ***4*** privo di intelligenza. ● (*polit.*) **m. anticommunism**, anticomunismo viscerale □ **the m. forces of nature**, le forze brute della natura □ **to be m. of enemy fighters** [**of sharks**], non far caso ai caccia nemici [ai pescicani] ‖ **-ly**, *avv.* ‖ **-ness**, *sost.*

mine (**1**) /maɪn/, **A** *pron. poss.* (il) mio, (la) mia; (i) miei, (le) mie: **Is it m. or yours?**, è mio o tuo?; **I don't want your book**; **I want m.**, non voglio il tuo libro; voglio il mio. **B** *a. poss.* (*poet.*; *davanti a parola che incomincia con suono vocalico*) mio, mia; miei, mie: **before m. eyes**, davanti ai miei occhi. ● (*fam.*) **me and m.**, io e i miei (parenti) □ **He is a near relation of m.**, è un mio parente stretto.

mine (**2**) /maɪn/, *n.* ***1*** miniera (*anche fig.*): **a coal m.**, una miniera di carbone; **That book is a m. of information**, quel libro è una miniera di notizie ***2*** (*mil., naut.*) mina; torpedine: **floating m.**, mina galleggiante; **to spring** (*o* **to set off**) **a m.**, far brillare una mina. ● **m. clearer**, sminatore □ **m. clearing**, sminamento □ **m. detector**, rilevatore di mine; cercamine □ (*mil.*) **m. disposal**, disinnesco delle mine □ **m. inspector**, ispettore minerario □ **m. shaft**, pozzo di miniera □ (*naut.*) **acoustic m.**, mina acustica □ (*naut.*) **blockade m.**, torpedine da blocco □ (*naut.*) **drifting m.**, mina vagante (*o* alla deriva) □ (*ind. min.*) **strip m.**, miniera a cielo aperto.

to **mine** /maɪn/, **A** *v. t.* ***1*** scavare per estrarre (*minerali*): **to m. a rich vein of gold**, scavare una ricca vena per estrarre l'oro ***2*** estrarre; scavare: **to m. silver**, estrarre argento ***3*** (*mil.*) minare (*anche fig.*); insidiare, rovinare: **The fields had been mined**, i campi erano stati minati ***4*** (*mil.*) far saltare in aria (*con la dinamite*) ***5*** (*mil.*) scavare gallerie sotto (*mura, trincee, ecc.*). **B** *v. i.* ***1*** estrarre minerali; estrarre carbone: **to m. for gold**, estrarre l'oro ***2*** fare il minatore ***3*** (*mil.*) scavare gallerie (*per collocare mine sotto trincee e sim.*). ● **to m. out**, sfruttare a fondo, esaurire (*un giacimento, e fig.*).

mineable /ˈmaɪnəbl/, *a.* ***1*** (*di minerale*) estraibile ***2*** (*di giacimento*) sfruttabile.

minefield /ˈmaɪnfi:ld/, *n.* (*mil.*) campo minato (*anche fig.*).

minelayer /ˈmaɪnleɪə(r)/, *n.* ***1*** (*naut., mil.*) (nave) posamine ***2*** (*aeron., mil.*) aereo posamine.

minelaying /ˈmaɪnleɪɪŋ/, *n.* (*mil.*) posa di mine.

miner /ˈmaɪnə(r)/, *n.* ***1*** minatore ***2*** (*mil.*) guastatore. ● (*mecc.*) **continuous m.**, macchina per cantieri sotterranei.

mineral /ˈmɪnərəl/, **A** *a.* minerale: **m. oil**, olio minerale; **m. water**, acqua minerale (*naturale o gassata*). **B** *n.* ***1*** (*geol.*) minerale ***2*** (*pl.*) (*fam.*) acque minerali; bevande gassate □ **m. jelly**, gelatina minerale □ **m. pitch**, asfalto □ **m. spring**, sorgente d'acqua minerale □ **m. wax**, ozocerite □ **m. wool**, lana minerale.

mineralist /ˈmɪnərəlɪst/, *n.* mineralista.

mineralization /mɪnərəlaɪˈzeɪʃn, *USA* -lɪˈz-/, *n.* (*geol.*) mineralizzazione.

to **mineralize** /ˈmɪnərəlaɪz/, **A** *v. t.* (*geol.*) mineralizzare. **B** *v. i.* (*geol.*) facilitare la formazione di minerali.

mineralizer /ˈmɪnərəlaɪzə(r)/, *n.* (*geol.*) mineralizzatore.

mineralogic(al) /mɪnərəˈlɒdʒɪk(l)/, *a.* mineralogico.

mineralogist /mɪnəˈrælədʒɪst/, *n.* mineralogista.

mineralogy /mɪnəˈrælədʒɪ/, *n.* mineralogia.

minestrone /mɪnəˈstrəʊnɪ/ (*ital.*), *n.* (*cucina*) minestrone.

minesweeper /ˈmaɪnswi:pə(r)/, *n.* ***1*** (*naut., mil.*) dragamine ***2*** (*mil.*) rullo sminatore (*per carro armato*).

minesweeping /ˈmaɪnswi:pɪŋ/, *n.* (*naut., mil.*) dragaggio (di mine).

minethrower /ˈmaɪnθrəʊə(r)/, *n.* (*mil.*) lanciabombe; mortaio.

minever /ˈmɪnɪvə(r)/, *V.* **miniver**.

minginess /ˈmɪndʒɪnəs/, *n.* (*fam.*) avarizia; grettezza; taccagneria.

to **mingle** /ˈmɪŋgl/, **A** *v. t.* mescolare; mischiare; unire: **The two rivers m. their waters to form a lake**, i due fiumi uniscono le loro acque formando un lago. **B** *v. i.* ***1*** mescolarsi; mischiarsi; confondersi: **We mingled with** (*o* **in**) **the crowd**, ci mescolammo alla (*o* ci confondemmo tra la) folla ***2*** socializzare.

mingy /ˈmɪndʒɪ/, *a.* (*fam.*) avaro; gretto; meschino; spilorcio; taccagno.

mini /ˈmɪnɪ/, **A** *n.* (*pl.* **minis**) (*moda*) indumento mini; minigonna; miniabito. **B** *a. attr.* mini.

to **miniate** /ˈmɪnɪeɪt/, *v. t.* (*arte*) miniare.

miniature /ˈmɪnɪtʃə(r), *USA* ˈmɪnɪə-, -tʃʊə(r)/, **A** *n.* ***1*** miniatura: **portrait in m.**, ritratto in miniatura ***2*** (= **m. model**) modello in scala ridotta. **B** *a. attr.* ***1*** in miniatura; in scala ridotta: **a m. railway**, una ferrovia in miniatura ***2*** nano: **m. poodle**, barbone nano (*cane*). ● **m. camera**, microcamera □ **m. golf**, minigolf □ **in m.**, in miniatura.

to **miniature** /ˈmɪnɪtʃə(r), *USA* ˈmɪnɪə-, -tʃʊə(r)/, *v. t.* rappresentare in miniatura (*o* in scala ridotta).

miniaturist /ˈmɪnɪtʃərɪst/, *n.* miniaturista; miniatore.

miniaturization /mɪnɪtʃəraɪˈzeɪʃn, *USA* -nɪətʃərɪˈz-, -tʃʊə-/, *n.* (*tecn.*) miniaturizzazione (*di circuiti elettronici, ecc.*).

to **miniaturize** /ˈmɪnɪtʃəraɪz, *USA* ˈmɪnɪə-/, *v.*

t. (*tecn.*) miniaturizzare (*circuiti elettronici, ecc.*).
minibang /ˈmɪnɪbæŋ/, *n.* (*fam.*) ***1*** (*fis. nucl.*) piccolo bang ***2*** (*fig., fin.*) minirivoluzione; lieve cambiamento.
minibike /ˈmɪnɪbaɪk/, *n.* (*USA*) ciclomotore; motorino (*fam.*).
mini(-)budget /mɪnɪˈbʌdʒɪt/, *n.* (*fin., in G.B.*) bilancio autunnale (*dello Stato*).
minibus /ˈmɪnɪbʌs/, *n.* minibus.
minicab /ˈmɪnɪkæb/, *n.* piccolo taxi.
minicoach /ˈmɪnɪkəʊtʃ/, *n.* pulmino.
minicoat /ˈmɪnɪkəʊt/, *n.* (*moda*) minicappotto.
minicomputer /mɪnɪkəmˈpjuːtə(r)/, *n.* (*elab.*) minicomputer; minielaboratore.
minidisc /ˈmɪnɪdɪsk/, **minidiskette** /mɪnɪdɪˈskɛt/, **minifloppy** /ˈmɪnɪflɒpɪ/, *n.* (*elab.*) minidisco.
minidress /ˈmɪnɪdrɛs/, *n.* (*moda*) miniabito.
to **minify** /ˈmɪnɪfaɪ/, *v. t.* (*raro*) ***1*** impiccolire; rimpicciolire ***2*** ridurre al minimo l'importanza di (q.c.); minimizzare.
minim /ˈmɪnɪm/, **A** *n.* ***1*** (*mus.*) minima ***2*** (*calligrafia*) tratto discendente ***3*** (*raro*) persona (*o* cosa) minuscola ***4*** (*farm.*) goccia (*1/60 di dramma fluida; pari a 0,06 ml*). **B** *a.* (*raro*) minimo; piccolissimo.
minimal /ˈmɪnɪml/, *a.* ***1*** minimo; minuscolo ***2*** ridotto al minimo: **Her clothes were m.**, i suoi indumenti erano ridotti al minimo. ● **m. art**, minimal art.
minimalism /ˈmɪnɪməlɪzəm/, *n.* (*polit., letter., arte*) minimalismo.
minimalist /ˈmɪnɪməlɪst/, *n.* (*polit., letter., arte*) minimalista.
minimax /ˈmɪnɪmæks/, *n.* (*mat., stat.*) minimax; minimassimo; minimomassimo.
minimization /mɪnɪmaɪˈzeɪʃn, *USA* -mɪˈz-/, *n.* riduzione al minimo; minimizzazione.
to **minimize** /ˈmɪnɪmaɪz/, *v. t.* ridurre al minimo; minimizzare: **to m. expenses**, ridurre al minimo le spese; **to m. the dangers**, minimizzare i pericoli.
minimum /ˈmɪnɪməm/, **A** *n.* (*pl.* **minima, minimums**) (il) minimo. **B** *a. attr.* minimo: **m. wage**, salario minimo; minimo salariale; **m. dose**, dose minima. ● (*fin., stor.*) **m. lending rate**, tasso minimo di sconto. ● (*leg.*) **the m. penalty**, il minimo della pena □ **m. temperature**, temperatura minima.
minimus /ˈmɪnɪməs/, *a.* (*nelle scuole*) il più giovane (*di più di due fratelli*): **Jones m.**, il più giovane dei Jones.
mining /ˈmaɪnɪŋ/, **A** *n.* ***1*** estrazione (*di minerali*); lavori di scavo; industria mineraria: **gold m.**, l'estrazione dell'oro; **coal m.**, l'industria (mineraria) del carbone ***2*** (*mil.*) posa di mine. **B** *a.* minerario: **a m. engineer**, un ingegnere minerario; **m. engineering**, ingegneria mineraria. ● **m. claim**, concessione mineraria □ **a m. company**, una società mineraria □ **m. methods**, sistemi d'estrazione □ **a m. town**, una città mineraria.
minion /ˈmɪnɪən/, *n.* ***1*** (*lett.*) favorito ***2*** (*spreg.*) servo; adulatore; tirapiedi ***3*** (*tipogr.*) corpo 7. ● (*fig.*) **m. of the law**, poliziotto; carceriere.
minipill /ˈmɪnɪpɪl/, *n.* (*farm.*) minipillola (*anticoncezionale*).
miniprinter /ˈmɪnɪprɪntə(r)/, *n.* (*grafica*) stampante.
miniseries /ˈmɪnɪsɪəriːz/, *n.* (*TV*) miniserie.
minishorts /ˈmɪnɪʃɔːts/, *n. pl.* (*moda*) «minishorts».
miniskirt /ˈmɪnɪskɜːt/, *n.* minigonna; mini.
minister /ˈmɪnɪstə(r)/, *n.* ***1*** ministro; ministro del culto, pastore protestante; ministro plenipotenziario: **the Prime M.**, il primo ministro; **foreign m.**, ministro degli esteri ***2*** (*fig.*) propagatore; strumento: **m. of evil**, propagatore del male; strumento di corruzione. ● (*relig.*) **m. general**, generale superiore (*d'un ordine religioso*) □ (*in G.B.*) **M. of the Crown**, membro del «Cabinet» (*q.V.*) □ **m. of religion**, ministro del culto.
to **minister** /ˈmɪnɪstə(r)/, *v. t. e i.* ***1*** (*relig.*) amministrare, somministrare (*i sacramenti*); officiare ***2*** (*arc.*) fornire; provvedere ***3*** – **to m. to**, soccorrere, prestar soccorso a (q.); servire (*una causa*); contribuire a (*un risultato*); provvedere a: **During the epidemics he ministered to (the needs of) the sick**, durante l'epidemia prestò soccorso ai malati.
ministerial /mɪnɪˈstɪərɪəl/, *a.* ***1*** ministeriale; di (un) ministro: **a m. position**, un posto di ministro; **a m. paper**, un rapporto ministeriale ***2*** di ministro del culto; pastorale; sacerdotale. ● (*in G.B., ai Comuni*) **the m. benches**, i banchi del governo. ‖ **-ly**, *avv.*
ministerialist /mɪnɪˈstɪərɪəlɪst/, *n.* (*polit., in G.B.*) sostenitore del governo.
ministering angel /ˈmɪnɪstrɪŋˈeɪndʒəl/, *locuz. n.* (*lett.*) angelo tutelare (*fig.*); angelo buono; soccorritrice.
ministrant /ˈmɪnɪstrənt/, (*relig.*) **A** *a.* che officia. **B** *n.* celebrante; officiante.
ministration /mɪnɪˈstreɪʃn/, *n.* ***1*** (*relig.*) ministero del sacerdozio; cura di anime; l'officiare; il celebrare ***2*** (*form.*) aiuto; assistenza (*anche religiosa*); soccorso.
ministry /ˈmɪnɪstrɪ/, *n.* ***1*** (*specialm. polit.*) ministero; dicastero: **to enter the m.**, entrare a far parte del ministero; **the M. of Aviation**, il ministero dell'aviazione civile; **the M. of Transport**, il ministero dei Trasporti ***2*** (*relig.*) sacerdozio; ministero pastorale; (*collett.*) clero. ● **to join the m.**, farsi prete.
minisub /ˈmɪnɪsʌb/, *n.* (*naut.*) minisottomarino; sommergibile tascabile.
minitanker /ˈmɪnɪtænkə(r)/, *n.* (*naut.*) minipetroliera.
minitrack /ˈmɪnɪtræk/, *n.* ***1*** (*elettron.*) trasmettitore miniaturizzato ***2*** (*miss.*) «minitrack» (*sistema di ricerca di satelliti artificiali*).
minium /ˈmɪnɪəm/, *n.* (*chim.*) minio.
miniver /ˈmɪnɪvə(r)/, *n.* (*un tempo*) vaio; pelliccia di vaio.
mink /mɪŋk/, *n.* (*pl.* **mink, minks**) ***1*** (*zool., Mustela vison*) visone ***2*** (*zool., Mustela lutreola*) lutreola ***3*** (*zool.*) mustelide (*in genere*) ***4*** (*moda*) pelliccia di visone; visone ***5*** (*pop. USA*) ragazza formosa (*o* appetitosa); donna, ragazza, moglie.
Minnie /ˈmɪnɪ/, *n.* (*dim. di* **Wilhelmina** *e di* **Mary**) Guglielmina; Mina; Mariuccia.
minnow /ˈmɪnəʊ/, *n.* (*pl.* **minnow, minnows**) (*zool.*) ciprinide; pesciolino (*d'acqua dolce*). ● (*fig.*) **a Triton among minnows**, un gigante fra i pigmei (*detto di chi sembra grande perché gli altri sono piccoli*).
Minoan /mɪˈnəʊən/, *a.* (*archeol.*) minoico.
minor /ˈmaɪnə(r)/, **A** *a.* ***1*** minore (*anche mus.*); più piccolo; di second'ordine; poco importante; non grave; leggero; lieve: (*astron.*) **the m. planets**, i pianeti minori; **a m. poet**, un poeta minore; (*med.*) **a m. operation**, un'operazione non grave; **a m. illness**, una malattia lieve; (*mus.*) **m. key**, chiave minore; (*nelle scuole: tra due fratelli*) **Jones m.**, il minore (*o* il più giovane) dei Jones ***2*** (*mecc., tecn.*) interno: **m. diameter**, diametro interno. **B** *n.* ***1*** (*leg.*) minorenne; minore ***2*** (*relig.*) frate minore; minorita ***3*** (*USA, all'università*) materia complementare ***4*** (*logica,* = **m. premise**) (la) minore; premessa minore ***5*** (*mus.*) chiave (*o* intervallo, scala) minore. ● (*relig. anglicana*) **m. canon**, canonico che non fa parte del capitolo □ (*fig.*) **in a m. key**, in tono minore.
minorite /ˈmaɪnəraɪt/, *n.* (*relig.*) minorita; frate minore.
minority /maɪˈnɒrətɪ, *USA* -ˈnɔːr-/, **A** *n.* ***1*** minoranza: **to be in the** (*o* **in a**) **m.**, essere in minoranza ***2*** (*leg.*) minorità; età minore. **B** *a. attr.* di minoranza: **m. government**, governo di minoranza. ● (*Borsa, fin.*) **m. interest**, partecipazione di minoranza □ (*leg.*) **m. opinion**, opinione minoritaria □ **m. rights**, i diritti delle minoranze.
Minotaur /ˈmaɪnətɔː(r)/, *n.* (*mitol.*) Minotauro.
minster /ˈmɪnstə(r)/, *n.* ***1*** chiesa (*annessa a un monastero*) ***2*** cattedrale; duomo: **York M.**, la cattedrale di York.
minstrel /ˈmɪnstrəl/, *n.* ***1*** (*stor.*) menestrello; giullare ***2*** «minstrel»; cantante, ballerino, macchiettista (*travestito da negro*). ● **m. show**, spettacolo di varietà presentato da «minstrels».
minstrelsy /ˈmɪnstrəlsɪ/, *n.* (*stor.*) ***1*** arte (*o* poesia) dei menestrelli; canzoni giullaresche ***2*** (*collett.*) menestrelli; giullari.
mint (**1**) /mɪnt/, **A** *n.* ***1*** (*fin.*) zecca ***2*** (*fig.*) miniera; fonte inesauribile: **a m. of ideas**, una fonte inesauribile di idee ***3*** (*fam., con l'art. indef.*) un mucchio (*o* un sacco) di soldi: **to make a m. in the showbiz**, fare un sacco di soldi nel mondo dello spettacolo. **B** *a. attr.* ***1*** nuovo di zecca; nuovo fiammante ***2*** (*di francobollo*) nuovo. ● **m.-mark**, marchio di zecca □ **m.-master**, direttore della zecca □ (*fin.*) **m. par of exchange**, parità monetaria legale intrinseca □ **to be in m. condition**, (*di moneta o medaglia*) essere fior di conio; (*fig.*) essere nuovo di conio, essere come nuovo.
mint (**2**) /mɪnt/, *n.* (*bot., Mentha*) menta. ● (*cucina*) **m. sauce**, salsa alla menta.
to **mint** /mɪnt/, *v. t.* coniare (*anche fig.*); battere (*moneta*): **to m. a new word**, coniare una parola nuova. ● **minting die**, conio; punzone.
mintage /ˈmɪntɪdʒ/, *n.* ***1*** coniatura; conio; monetazione ***2*** monete coniate in una zecca ***3*** costo (*o* spese) di coniazione ***4*** (*fisc., stor.*) monetaggio.
minty /ˈmɪntɪ/, *a.* che odora (*o* che sa) di menta.
minuend /ˈmɪnjʊɛnd/, *n.* (*mat.*) minuendo.
minuet /mɪnjʊˈɛt/, *n.* (*mus.*) minuetto.
minus /ˈmaɪnəs/, **A** *prep.* ***1*** (*mat.*) meno: **Ten m. four is six**, dieci meno quattro fa sei ***2*** (*fam.*) senza: **He came back from the war m. one arm**, tornò dalla guerra senza un braccio. **B** *a.* (*mat.*) negativo: **a m. quantity**, una quantità negativa (*per es., –3*). **C** *n.* (*mat.*) ***1*** meno ***2*** quantità negativa. ● **m. sign**, segno meno; (un) meno.
minuscule /ˈmɪnəskjuːl/, **A** *a.* (*anche tipogr.*) minuscolo. **B** *n.* (*tipogr.*) ***1*** minuscola (*lettera*) ***2*** carattere minuscolo.
minute (**1**) /ˈmɪnɪt/, *n.* ***1*** minuto (*d'ora, di tempo*); minuto primo; (*fig.*) istante, momento: **It is ten minutes to four**, sono le quattro meno dieci (minuti); **to count the minutes**, contare i minuti; **every m.**, ogni minuto; **I'll be back in a m.**, sarò di ritorno in un momento ***2*** (*geom., geogr.*) minuto (60ª parte di un grado) ***3*** minuta; bozza; nota; promemoria ***4*** (*pl.*) (*leg.*) verbale, verbali; processo verbale; resoconto sommario: **to keep the minutes of the meetings**, fare (*o* tenere) i verbali delle riunioni. ● **the m.** (**that**), appena: **I'll tell him the m. I see him**, glielo dirò appena lo vedo □ (*mil.*) **m. gun**, cannone che spara a salve (*a intervalli d'un minuto*) □ **m. hand**, lancetta dei minuti □ (*cucina*) **m. steak**, fettina (*di carne*) □ **any m.**, di minuto in minuto: **I'm expecting them any m.**, li aspetto di minuto in minuto □ **this m.**, subito; immediatamente □ **to the m.**, in punto: **The airplane took off at four o'clock to the m.**, l'aereo decollò alle quattro in punto □ **up-to-the-m.**, aggiornatissimo; all'ultima moda; modernissimo □ **up-to-the-m. news**, ultimissime notizie.
minute (**2**) /maɪˈnjuːt, *USA* -ˈnuːt/, *a.* minuto; minuscolo; minuzioso; esatto; preciso; particolareggiato: **m. particles of dust**, minuscole particelle di polvere; **a m. examination**, un esame minuzioso.
to **minute** /ˈmɪnɪt/, *v. t.* ***1*** calcolare al minuto; cronometrare ***2*** stendere la minuta di (q.c.) ***3*** (*leg.*) verbalizzare; mettere a verbale. ● **to m. down**, prender nota di; annotare.
minutely (**1**) /maɪˈnjuːtlɪ, *USA* -ˈnuː-/, *avv.*

minutamente; minuziosamente.

minutely (2) /'mɪnɪtlɪ/, **A** *a.* **1** (che accade) a intervalli d'un minuto **2** continuo; incessante. **B** *avv.* **1** ogni minuto **2** incessantemente.

Minuteman /'mɪnɪtmæn/, *n.* (*pl.* **Minutemen**) **1** (*stor., USA*) volontario durante la guerra d'indipendenza (*1775-1783*), pronto a partire all'istante **2** (*mil., miss.*) Minuteman (*missile intercontinentale*).

minuteness /maɪ'nju:tnəs, *USA* -'nu:-/, *n.* **1** minutezza; esiguità **2** minuziosità; meticolosità; precisione.

minutia /maɪ'nju:ʃɪə, *USA* -'nu:-/ (*lat.*), *n.* (*pl.* **minutiae, minutia**) minuzia; minimo dettaglio.

minx /mɪŋks/, *n.* (*fam. arc.*) (ragazza) sfacciata; civetta (*fig.*).

Miocene /'maɪəsi:n/, (*geol.*) **A** *n.* Miocene. **B** *a.* miocenico.

Miocenic /maɪə'senɪk/, *a.* (*geol.*) miocenico.

miracle /'mɪrəkl/, *n.* **1** miracolo; (*fig.*) meraviglia: **to work a m.**, fare un miracolo; (*fig.*) **the Italian economic m. of the 1960s**, il miracolo economico italiano degli anni sessanta **2** *V.* **m. play.** ● (*stor., letter.*) **m. play**, miracolo; rappresentazione sacra □ **by a m.**, per miracolo □ **to a m.**, in modo meraviglioso; meravigliosamente bene □ **He is a m. of learning**, la sua erudizione è straordinaria.

miraculous /mɪ'rækjʊləs/, *a.* miracoloso; (*fig.*) sorprendente, straordinario, prodigioso. || **-ly**, *avv.* || **-ness**, *sost.*

mirage /'mɪrɑ:ʒ, *USA* mɪ'rɑ:ʒ/, *n.* **1** (*anche fig.*) miraggio **2** (*fig.*) illusione.

mire /'maɪə(r)/, *n.* **1** melma; mota; fango (*anche fig.*): **to drag sb. through the m.**, trascinare q. nel fango **2** acquitrino; pantano. ● (*fig.*) **to be [to stick, to find oneself] in the m.**, essere [trovarsi] in difficoltà (*o* nei guai).

to **mire** /'maɪə(r)/, **A** *v. t.* **1** far impantanare: **to m. a horse**, far impantanare un cavallo **2** infangare; inzaccherare **3** (*fig.*) mettere (q.) in difficoltà (*o* nei guai). **B** *v. i.* (*raro*) affondare nel fango; impantanarsi.

mirror /'mɪrə(r)/, *n.* **1** (*anche fig.*) specchio: **This novel is a true m. of our times**, questo romanzo è un verace specchio del nostro tempo **2** (*radar*) riflettore. ● **m. image** (*o* **m. opposite**), immagine speculare □ (*autom.*) **driving m.** (*o* **rear-view m.**), specchietto retrovisore.

to **mirror** /'mɪrə(r)/, *v. t.* (*lett. o* fig.) rispecchiare; riflettere.

mirth /mɜ:θ/, *n.* allegria; gaiezza; gioia.

mirthful /'mɜ:θfl/, *a.* allegro; gaio; gioioso. || **-ly**, *avv.* || **-ness**, *sost.*

mirthless /'mɜ:θləs/, *a.* senza gioia; malinconico; triste; mesto. || **-ly**, *avv.* || **-ness**, *sost.*

miry /'maɪərɪ/, *a.* **1** melmoso; fangoso; paludoso **2** infangato; inzaccherato.

to **misaddress** /mɪsə'dres/, *v. t.* indirizzare erroneamente (*corrispondenza, ecc.*).

misadventure /mɪsəd'ventʃə(r)/, *n.* **1** disavventura; disgrazia **2** (*leg.*) infortunio; incidente. ● (*leg.*) **death by m.**, morte accidentale □ (*leg.*) **homicide by m.**, omicidio involontario.

to **misadvise** /mɪsəd'vaɪz/, *v. t.* (*form.*) (*generalm. al passivo*) consigliare male.

misalliance /mɪsə'laɪəns/, *n.* matrimonio male assortito; unione sfortunata.

misallied /mɪsə'laɪd/, *a.* sposato male; (*di donna*) malmaritata.

misallocation /mɪsælə'keɪʃn/, *n.* (*econ.*) errata allocazione.

misanthrope /'mɪsnθrəʊp/, *n.* misantropo.

misanthropic(al) /mɪsn'θrɒpɪk(l)/, *a.* misantropico. || **-ally**, *avv.*

misanthropist /mɪ'sænθrəpɪst/, *n.* misantropo.

misanthropy /mɪ'sænθrəpɪ/, *n.* misantropia.

misapplication /mɪsæplɪ'keɪʃn/, *n.* **1** impiego sbagliato; uso erroneo **2** (*leg.*) uso abusivo, distrazione (*di denaro altrui*).

to **misapply** /mɪsə'plaɪ/, *v. t.* **1** usare malamente; fare un uso errato di (q.c.) **2** usare abusivamente, distrarre (*denaro altrui*).

to **misapprehend** /mɪsæprɪ'hend/, *v. t.* fraintendere.

misapprehension /mɪsæprɪ'henʃn/, *n.* equivoco; malinteso.

misapprehensive /mɪsæprɪ'hensɪv/, *a.* incline a fraintendere (*o* a equivocare).

to **misappropriate** /mɪsə'prəʊprɪeɪt/, *v. t.* (*leg.*) appropriarsi indebitamente di (*denaro altrui*).

misappropriation /mɪsəprəʊprɪ'eɪʃn/, *n.* (*leg.*) appropriazione indebita. ● **m. of public funds**, peculato.

to **misbecome** /mɪsbɪ'kʌm/ (*pass.* **misbecame,** *p. p.* **misbecome**), *v. t.* essere sconveniente a (*o* disdicevole per); non addirsi a (q.).

misbecoming /mɪsbɪ'kʌmɪŋ/, *a.* sconveniente; disdicevole.

misbegotten /mɪsbɪ'gɒtn/, *a.* **1** (*form.*) illegittimo; bastardo **2** (*fam.*) mal concepito; mal fatto; bislacco; strampalato.

to **misbehave** /mɪsbɪ'heɪv/, *v. i.* (*anche, v. rifl.*, **to misbehave oneself**) comportarsi male.

misbehaved /mɪsbɪ'heɪvd/, *a.* maleducato.

misbehaviour /mɪsbɪ'heɪvjə(r)/, *n.* cattiva condotta (*anche leg.*); comportamento scorretto.

misbelief /mɪsbɪ'li:f/, *n.* falsa credenza; (*relig.*) eresia.

misbeliever /'mɪsbɪ'li:və(r)/, *n.* miscredente; empio.

misbelieving /mɪsbɪ'li:vɪŋ/, *a.* miscredente; empio.

to **miscalculate** /mɪs'kælkjʊleɪt/, **A** *v. t.* calcolare male. **B** *v. i.* far male i propri calcoli.

miscalculation /mɪskælkjʊ'leɪʃn/, *n.* calcolo sbagliato; errore di calcolo.

to **miscall** /mɪs'kɔ:l/, *v. t.* chiamare impropriamente; dare un nome sbagliato a (q.).

miscarriage /'mɪskærɪdʒ, mɪs'kærɪdʒ/, *n.* **1** fallimento; insuccesso: **the m. of a scheme**, il fallimento d'un piano **2** disguido (*d'una lettera*); smarrimento (*d'un pacco, di merce*) **3** (*med.*) aborto (*specialm. fra il quarto e il quinto mese*). ● (*leg.*) **a m. of justice**, un errore giudiziario.

to **miscarry** /mɪs'kærɪ/, *v. i.* **1** (*di progetto, ecc.*) fallire; fare fiasco; mancare allo scopo **2** (*di lettera, pacco, ecc.*) andare smarrito; smarrirsi **3** (*di donna*) abortire (*V.* **miscarriage**).

to **miscast** /mɪs'kɑ:st, *USA* -æst/ (*pass.* e *p. p.* **miscast**), *v. t.* (*teatr., cinem.*) **1** assegnare a (*un attore*) un ruolo non adatto **2** fare (*un film*), mettere in scena (*un dramma*) con un cast sbagliato.

miscasting /mɪs'kɑ:stɪŋ, *USA* -æs-/, *n.* (*teatr., cinem.*) errata distribuzione delle parti.

miscegenation /mɪsɪdʒə'neɪʃn/, *n.* (*biol.*) incrocio tra razze diverse (*specialm. fra bianchi e negri*).

miscellanea /mɪsə'leɪnɪə/, *n. pl.* miscellanea (*sing.*).

miscellaneous /mɪsə'leɪnɪəs/, *a.* **1** miscellaneo; eterogeneo; assortito; misto: **a box of m. chocolates**, una scatola di cioccolatini misti **2** (*di persona*) multiforme; versatile; eclettico.

miscellaneousness /mɪsə'leɪnɪəsnəs/, *n.* **1** eterogeneità, varietà **2** multiformità; versatilità; eclettismo.

miscellany /mɪ'selənɪ, *USA* 'mɪsəleɪnɪ/, *n.* **1** miscellanea **2** mescolanza; mistura.

mischance /mɪs'tʃɑ:ns, *USA* -æns/, *n.* disavventura; infortunio; disgrazia; sfortuna. ● **by m.**, per disgrazia; sfortunatamente.

mischief /'mɪstʃɪf/, *n.* **1** (*leg.*) danno; male; offesa; torto **2** malanimo; discordia: **to make m. between two persons**, mettere la discordia fra due persone **3** malizia: **a look full of m.**, un'occhiata piena di malizia **4** malanno; malestro; guaio (*anche fig.*); birbonata; birichinata: **Boys are fond of m.**, ai ragazzi piacciano le birichinate; **The children are up to some m.**, i ragazzi stanno combinando qualche malestro **5** (*fam. arc.*) birichino; birba; birbone; monello: **That boy is a regular m.**, quel ragazzo è davvero una birba. ● **m.-maker**, seminatore di discordia (*o* di zizzania) □ **m.-making**, il seminar discordia (*o* zizzania); malignità; maldicenza □ **to keep sb. out of m.**, fare in modo che q. non combini guai □ **to work great m.**, produrre gran danno; creare guai seri.

mischievous /'mɪstʃɪvəs/, *a.* **1** dannoso; nocivo; compromettente: **a m. rumour**, una diceria dannosa; **a m. document**, un documento compromettente **2** malefico; maligno: **a m. person**, una persona maligna; un maligno **3** malizioso; furbo: **m. looks**, occhiate maliziose **4** (*di bambino*) birbante; birichino; cattivello; dispettoso. || **-ly**, *avv.* || **-ness**, *sost.*

miscibility /mɪsə'bɪlətɪ/, *n.* (*fis., chim., ecc.*) miscibilità.

miscible /'mɪsəbl/, *a.* mescolabile; miscibile.

to **misconceive** /mɪskən'si:v/, *v. t.* **1** giudicar male **2** fraintendere.

misconception /mɪskən'sepʃn/, *n.* **1** giudizio erroneo; idea sbagliata **2** equivoco; malinteso; **There is a widespread m. about it**, ci sono molte idee sbagliate in proposito.

misconduct /mɪs'kɒndʌkt/, *n.* **1** cattiva condotta; comportamento indegno (*mil.*): **m. on the field**, comportamento indegno sul campo di battaglia **2** (*specialm.*) adulterio **3** (*leg.*) malgoverno; cattiva gestione (*di un'azienda, ecc.*).

to **misconduct** /mɪskən'dʌkt/, **A** *v. t.* condurre, amministrare, gestire male: **to m. one's business affairs**, condurre male i propri affari. **B** to **misconduct oneself**, *v. rifl.* comportarsi male; (*specialm.*) commettere adulterio.

misconstruction /mɪskən'strʌkʃn/, *n.* **1** interpretazione erronea; incomprensione **2** equivoco; malinteso **3** (*gramm.*) costruzione sbagliata (*di una frase*). ● **open to m.**, che dà adito a fraintendimento; ambiguo; equivoco.

to **misconstrue** /mɪskən'stru:/, *v. t.* **1** fraintendere; interpretare male **2** (*gramm.*) costruire male (*una frase*).

miscount /mɪs'kaʊnt/, *n.* conto sbagliato; conteggio erroneo (*specialm. di voti elettorali*).

to **miscount** /mɪs'kaʊnt/, **A** *v. t.* contar male. **B** *v. i.* sbagliare il conto; fare un conto sbagliato (*specialm. di voti elettorali*).

miscreant /'mɪskrɪənt/, *a.* e *n.* **1** briccone; canaglia; furfante; malvagio; scellerato **2** (*arc.*) miscredente; eretico.

miscue /mɪs'kju:/, *n.* **1** (*al biliardo*) colpo sbagliato **2** (*fam.*) sbaglio; errore.

to **miscue** /mɪs'kju:/, *v. i.* **1** (*al biliardo*) sbagliare un colpo **2** (*fam.*) sbagliare; commettere un errore **3** (*teatr.*) sbagliare la battuta **4** (*radio*) sbagliare l'attacco (*di un disco, ecc.*).

to **misdate** /mɪs'deɪt/, *v. t.* **1** mettere una data erronea a (*una lettera, ecc.*) **2** sbagliare la data di (*un avvenimento*).

misdeal /mɪs'di:l/, *n.* sbaglio nel dare le carte; errata distribuzione delle carte (*da gioco*).

to **misdeal** /mɪs'di:l/ (*pass.* e *p. p.* **misdealt**), **A** *v. i.* sbagliare a fare (*o* a dare) le carte. **B** *v. t.* distribuire male (*le carte*).

misdeed /mɪs'di:d/, *n.* (*leg.*) misfatto; crimine.

to **misdeliver** /mɪsdɪ'lɪvə(r)/, *v. t.* consegnare (*corrispondenza, ecc.*) per errore.

misdelivery /mɪsdɪ'lɪvərɪ/, *n.* consegna errata (*di corrispondenza, pacchi, ecc.*).

misdemeanant /mɪsdɪ'mi:nənt/, *n.* **1** (*specialm. leg.*) colpevole; reo; trasgressore **2** chi si comporta male.

misdemeanour /mɪsdɪ'mi:nə(r)/, *n.* **1** (*leg.*) infrazione; trasgressione; illecito; violazione di legge (*di minore gravità*) **2** cattiva condotta.

misdescription /mɪsdɪ'skrɪpʃn/, *n.* (*leg.*) descrizione falsa (*o* inesatta: *specialm. dell'oggetto di un contratto*).

to **misdirect** /mɪsdaɪˈrɛkt, -dɪ-/, *v. t.* **1** sbagliare l'indirizzo di (*una lettera*) **2** rivolgere nella direzione sbagliata; indirizzare male; far cattivo uso di: **to m. one's energies**, rivolgere le proprie energie nella direzione sbagliata; **to m. one's abilities**, far cattivo uso delle proprie capacità **3** dare istruzioni erronee a (q.): **The judge misdirected the jury**, il giudice diede istruzioni erronee alla giuria **4** far sbagliar strada a (*una persona*). • **to m. a blow**, sbagliare (*o* non mettere a segno) un colpo (*o* una botta).

misdirection /mɪsdaɪˈrɛkʃn, -dɪ-/, *n.* indicazione sbagliata; istruzione erronea; indirizzo sbagliato (*V.* **to misdirect**).

misdoing /mɪsˈduːɪŋ/, *n.* (*di solito al pl.*) malefatta; misfatto.

mise-en-scène /ˈmiːzɒnˈsɛn, -eɪn, -ɑːn-/ (*franc.*), *n.* (*teatr.* e *fig.*) messinscena; messa in scena.

miser /ˈmaɪzə(r)/, *n.* **1** avaro, avara; taccagno, taccagna; persona spilorcia **2** (*ind. costr.*) trivellone a mano.

miserable /ˈmɪzrəbl/, *a.* **1** misero; miserando; infelice; sventurato: **m. conditions of life**, condizioni di vita miserande; **m. fate**, destino infelice; sventurata sorte **2** fastidioso; insopportabile; deprimente; orribile: **a m. weekend**, un fine settimana deprimente; **m. weather**, tempo orribile (*o* da cani); **to make sb.'s life m.**, rendere insopportabile la vita a q. **3** miserabile; meschino; misero; povero: **a m. hovel**, un miserabile tugurio; **a m. result**, un risultato meschino; **a m. meal**, un pasto misero. • **a m. day**, una gran brutta giornata; una giornataccia □ **a m. face**, un viso dolente (*o* sofferente) □ **a m. salary**, uno stipendio da fame □ **to feel m.**, sentirsi depresso (*o* triste); sentirsi giù di corda (*fam.*). ‖ **-bly**, *avv.* ‖ **-ness**, *sost.*

Miserere (the) /mɪzəˈrɪərɪ/ (*lat.*), *n.* **1** (*relig.*) il miserere **2** *V.* **misericord**, *def. 3.*

misericord /mɪˈzɛrɪkɔːd/, *n.* **1** (*relig.*) refettorio di monastero per frati non soggetti al digiuno o a mangiar di magro **2** (*stor.*) misericordia; pugnale per dare il colpo di grazia **3** (*relig.*) misericordia (*nel coro*: *mensola d'appoggio sotto il sedile ribaltabile degli stalli*).

miserliness /ˈmaɪzəlɪnəs/, *n.* avarizia; spilorceria; taccagneria; tirchieria.

miserly /ˈmaɪzəlɪ/, *a.* avaro; spilorcio; taccagno; tirchio.

misery /ˈmɪzərɪ/, *n.* **1** infelicità; sofferenza; estremo disagio **2** miseria; povertà; indigenza: **The refugees lived in conditions of great m.**, i profughi vivevano in condizioni di grave indigenza **3** dolore atroce; supplizio; tormento **4** (*fam.*) persona depressa; piagnone, piagnona (*fam.*); lagna, strazio (*fam.*). • **to put an animal out of its m.**, dare il colpo di grazia a un animale che soffre □ **to put sb. out of his m.**, smettere di far soffrire q.; togliere q. dai carboni ardenti.

misfeasance /mɪsˈfiːzns/, *n.* (*leg.*) **1** esercizio arbitrario di un diritto **2** inesatto adempimento di un atto dovuto **3** (*leg., comm.*) inesatta esecuzione delle istruzioni ricevute.

misfire /mɪsˈfaɪə(r)/, *n.* **1** (*di fucile, ecc.*) mancato scoppio; inceppamento; cilecca **2** (*di motore*) mancata accensione; accensione irregolare **3** (*fam.*) fallimento; fiasco.

to **misfire** /mɪsˈfaɪə(r)/, *v. i.* **1** (*d'arma da fuoco*) incepparsi; far cilecca **2** (*di motore*) perdere colpi; avere l'accensione difettosa **3** (*fam.*: *di piano, scherzo, ecc.*) fallire; non riuscire; far cilecca.

misfit /ˈmɪsfɪt/, *n.* **1** indumento che non calza bene **2** (*fig.*) chi non è integrato (*in un ambiente*); disadattato; spostato (*fam.*).

misfortune /mɪsˈfɔːtʃuːn/, *n.* sfortuna; sventura; disgrazia. • **It was more his m. than his fault**, (è stato) più sfortunato che colpevole □ (*prov.*) **Misfortunes never come singly**, le disgrazie non vengono mai sole.

to **misgive** /mɪsˈgɪv/ (*pass.* **misgave**, *p. p.* **misgiven**), **A** *v. t.* far sorgere un dubbio (*o* un presentimento, un timore) a (q.). **B** *v. i.* essere apprensivo (*o* sospettoso). • **His heart misgave him**, il suo cuore era pieno di tristi presagi.

misgiving /mɪsˈgɪvɪŋ/, *n.* apprensione; dubbio; brutto presentimento; timore.

to **misgovern** /mɪsˈgʌvn/, *v. t.* governare male; amministrare male.

misgovernment /mɪsˈgʌvnmənt/, *n.* malgoverno; cattiva amministrazione (*della cosa pubblica, ecc.*).

to **misguide** /mɪsˈgaɪd/, *v. t.* **1** fuorviare; indurre in errore; sviare **2** consigliare (q.) male.

misguided /mɪsˈgaɪdɪd/, *a.* **1** fuorviato; sviato **2** malaccorto; maldestro; incauto; malconsigliato: **a m. attempt**, un tentativo maldestro; **m. kindness**, incauta gentilezza. • **in a m. moment**, in un momento di debolezza.

to **mishandle** /mɪsˈhændl/, *v. t.* **1** trattar male; maltrattare; malmenare **2** manovrare (*o* usare) male; strapazzare: **If you m. your car, you'll burn the engine**, se strapazzi l'automobile, fonderai il motore.

mishap /ˈmɪshæp/, *n.* disavventura; disgrazia; infortunio; contrattempo; incidente.

to **mishear** /mɪsˈhɪə(r)/ (*pass.* e *p. p.* **misheard**), *v. t.* e *i.* udire male; intendere male; fraintendere.

mishit /ˈmɪshɪt/, *n.* (*specialm. sport*) colpo (*o* tiro) sbagliato.

to **mishit** /mɪsˈhɪt/ (*pass.* e *p. p.* **mishit**), **A** *v. t.* colpire male (*una palla*). **B** *v. i.* colpire male la palla; sbagliare tiro.

mishmash /ˈmɪʃmæʃ/, *n.* confusione; guazzabuglio.

to **misinform** /mɪsɪnˈfɔːm/, *v. t.* informare male; dare informazioni sbagliate a (q.); fuorviare.

misinformation /mɪsɪnfəˈmeɪʃn/, *n.* informazioni sbagliate.

misinformed /mɪsɪnˈfɔːmd/, *a.* informato male; disinformato.

to **misinterpret** /mɪsɪnˈtɜːprɪt/, *v. t.* interpretare male; dare un'interpretazione errata a (q.c.); fraintendere; travisare.

misinterpretation /mɪsɪntɜːprɪˈteɪʃn/, *n.* interpretazione errata; travisamento.

misjoinder /mɪsˈdʒɔɪndə(r)/, *n.* (*leg.*) riunione erronea (*di procedimenti diversi*).

to **misjudge** /mɪsˈdʒʌdʒ/, **A** *v. t.* giudicare male; farsi un'idea sbagliata di (q.). **B** *v. i.* essere ingiusto (*nel giudicare*).

misjudg(e)ment /mɪsˈdʒʌdʒmənt/, *n.* giudizio errato; opinione sbagliata.

to **mislay** /mɪsˈleɪ/ (*pass.* e *p. p.* **mislaid**), *v. t.* mettere (q.c.) in un posto insolito e dimenticarsene; smarrire (q.c.).

to **mislead** /mɪsˈliːd/ (*pass.* e *p. p.* **misled**), *v. t.* **1** far sbagliar strada a (q.); mettere (q.) fuori strada; fuorviare; traviare; sviare: **I was misled by my Indian guide**, fui portato fuori strada dalla mia guida indiana; **to be misled by one's schoolfellows**, essere traviato dai compagni di scuola **2** ingannare; trarre in inganno: **I was misled by his words**, fui tratto in inganno dalle sue parole.

misleading /mɪsˈliːdɪŋ/, *a.* che induce in errore; fuorviante; ingannevole: **m. information**, informazioni che inducono in errore. • **m. light**, luce falsa.

to **mislike** /mɪsˈlaɪk/, *v. t.* provare avversione (*o* antipatia) per (q.); non poter soffrire.

to **mismanage** /mɪsˈmænɪdʒ/, *v. t.* amministrare male; gestire male; condurre in modo disonesto.

mismanagement /mɪsˈmænɪdʒmənt/, *n.* amministrazione (*o* gestione) cattiva (*o* disonesta); errata conduzione (*degli affari, ecc.*).

mismatch /ˈmɪsmætʃ/, *n.* **1** matrimonio sbagliato **2** (*sport*) incontro impari **3** (*metall.*) centratura imperfetta.

to **mismatch** /mɪsˈmætʃ/, *v. t.* **1** assortire male (*anche nel matrimonio*) **2** (*anche sport*) mettere a confronto, contrapporre male (*o* a torto).

to **misname** /mɪsˈneɪm/, *v. t.* chiamare (q.c.) con un nome sbagliato; dare un nome erroneo a (q.c.); denominare erroneamente.

misnomer /mɪsˈnəʊmə(r)/, *n.* **1** nome sbagliato; designazione erronea; termine improprio **2** (*leg.*) errore di nome.

misogamist /mɪˈsɒgəmɪst, maɪ-/, *n.* misogamo.

misogamy /mɪˈsɒgəmɪ, maɪ-/, *n.* misogamia.

misogynic /mɪˈsɒdʒənɪk, maɪ-/, *a.* (*psic.*) misogino.

misogynist /mɪˈsɒdʒənɪst, maɪ-/, *n.* (*psic.*) misogino.

misogynous /mɪˈsɒdʒənəs, maɪ-/, *a.* (*psic.*) misogino.

misogyny /mɪˈsɒdʒənɪ, maɪ-/, *n.* (*psic.*) misoginia.

misologist /mɪˈsɒlədʒɪst, maɪ-/, *n.* chi ha avversione per la cultura, le discussioni, i ragionamenti; chi soffre di misologia.

misology /mɪˈsɒlədʒɪ, maɪ-/, *n.* (*psic.*) misologia.

misoneism /maɪsəʊˈniːɪzəm/, *n.* (*psic.*) misoneismo.

misoneist /maɪsəʊˈniːɪst/, *n.* (*psic.*) misoneista.

mispickel /ˈmɪspɪkl/, *n.* (*miner.*) arsenopirite; mispickel.

to **misplace** /mɪsˈpleɪs/, *v. t.* **1** mettere fuori posto (*o* in un posto sbagliato) **2** riporre male: **to m. one's confidence**, riporre male la propria fiducia; **misplaced affections**, affetti mal riposti **3** *V.* **to mislay**.

misplacement /mɪsˈpleɪsmənt/, *n.* **1** collocazione errata **2** il riporre male (*un affetto, ecc., V.* **to misplace**).

misprint /ˈmɪsprɪnt/, *n.* errore di stampa; refuso.

to **misprint** /mɪsˈprɪnt/, *v. t.* stampare (q.c.) male (*o* con refusi).

misprision /mɪsˈprɪʒn/, *n.* (*leg.*) mancata denuncia (*di un crimine*). • (*stor.*) **m. of felony**, occultamento di reato.

to **misprize** /mɪsˈpraɪz/, *v. t.* (*raro*) spregiare; disistimare; sottovalutare.

to **mispronounce** /mɪsprəˈnaʊns/, *v. t.* pronunciare male (*o* scorrettamente); storpiare (*nomi, ecc.*).

mispronunciation /mɪsprənʌnsɪˈeɪʃn/, *n.* **1** pronuncia sbagliata (*o* scorretta) **2** errore di pronuncia.

misquotation /mɪskwəʊˈteɪʃn/, *n.* citazione sbagliata.

to **misquote** /mɪsˈkwəʊt/, *v. t.* citare erroneamente.

to **misread** /mɪsˈriːd/ (*pass.* e *p. p.* **misread**), *v. t.* **1** leggere male **2** fraintendere; interpretare male.

to **misrepresent** /mɪsrɛprɪˈzɛnt/, **A** *v. t.* **1** svisare; travisare; mettere in falsa luce; snaturare, distorcere (*fig.*): **The witness has misrepresented the facts**, il testimone ha travisato i fatti **2** (*leg.*) dichiarare (q.c.) erroneamente (*o* falsamente). **B** *v. i.* (*leg.*) fare una dichiarazione erronea (*o* falsa). • (*fisc.*) **to m. one's income**, fare una dichiarazione dei redditi inesatta.

misrepresentation /mɪsrɛprɪzɛnˈteɪʃn/, *n.* **1** travisamento (*dei fatti, ecc.*) **2** (*leg.*) dichiarazione erronea (*o* falsa).

misrule /mɪsˈruːl/, *n.* **1** malgoverno **2** disordine; caos; anarchia.

to **misrule** /mɪsˈruːl/, *v. t.* governar male.

miss (1) /mɪs/, *n.* **1** – **M.**, signorina (*se di sorelle, seguito dal cognome per la primogenita, dal nome per le altre*): **M. Ann Jones**, la signorina Ann Jones; **M. Brown**, la signorina Brown (*la maggiore*); **M. Mary**, la signorina Maria **2** (*scherz., spreg.*) ragazza; studentessa **3** (*al vocat.*: *usato da domestici, commessi, ecc.*) signorina: **Good morning, m.**, buon giorno, signorina! **4** reginetta di concorso di bellezza; miss: **M. Europe 1995**, miss Europa 1995. • **the M. Whites** (*o* **the Misses White**), le signorine White.

miss (**2**) /mɪs/, *n.* ***1*** colpo mancato; colpo a vuoto: **nine hits and one m.**, nove colpi (andati) a segno e uno mancato ***2*** (*fam.*) insuccesso; fiasco (*fam.*) ***3*** (*autom.*: *del motore*) perdita di colpi; accensione difettosa ***4*** (*fam.*) aborto. ● **to give st. a m.**, saltare q.c.; evitare q.c.; rinunciare a q.c.: **I'll give coffee a m.**, salterò il caffè □ **I think I'll give the party a m.**, credo che non andrò alla festa □ **He's no great m.**, non sentiamo (*o* non sentiremo) certo la sua mancanza □ **It was a lucky m.**, me la cavai (te la cavasti, ecc.) per un pelo (*o* per il rotto della cuffia) □ (*prov.*) **A m. is as good as a mile**, un colpo mancato, anche se per poco, è pur sempre un colpo mancato; per un punto Martin perse la cappa.

to **miss** /mɪs/, **A** *v. t.* ***1*** fallire; sbagliare; non colpire; non riuscire (*a fare q.c.*): **to m. the target**, fallire (*o* mancare) il bersaglio; **to m. one's aim**, sbagliar la mira; **He tried to catch the ball but missed it**, tentò d'afferrare la palla ma non ci riuscì ***2*** perdere; far tardi a; mancare a: **I missed the first act of the play**, persi il primo atto del dramma; **to m. a train [an opportunity]**, perdere un treno [un'occasione]; **He missed classes yesterday**, ha perso le lezioni (*o* è mancato alle lezioni) ieri; **to m. an appointment**, perdere (*o* mancare a) un appuntamento ***3*** non afferrare; non capire: **I missed what you said**, non ho afferrato (*o* capito) quello che hai detto ***4*** evitare; scansare; sfuggire (a): **He just missed being struck**, evitò per un pelo d'essere colpito; **to m. having an accident**, sfuggire a un incidente ***5*** accorgersi della mancanza di (q.c. *o* q.); non trovar più; sentire la mancanza (*o* la perdita) di (q.); rimpiangere: **When did you m. your keys?**, quando ti sei accorto d'aver perso le chiavi?; **I suddenly missed my watch**, all'improvviso non mi trovai più l'orologio; **I m. my friends**, sento la mancanza dei miei amici; **Nobody will m. him**, nessuno lo rimpiangerà. **B** *v. i.* ***1*** fallire; sbagliare il colpo; far fiasco: **That's the second time you've missed**, questa è la seconda volta che sbagli (il colpo) ***2*** (*autom.*: *del motore*) perdere colpi. ● **to m. a bargain**, lasciarsi scappare un affare □ (*fig.*) **to m. the bus** (*o* **the boat**), perdere un'occasione (favorevole); perdere il treno (*fig.*) □ **to m. one's mark** (*o* **the mark**), sbagliare il bersaglio, mancare il colpo; (*fig.*) fallire, far fiasco; (*di cosa*) essere inferiore all'aspettativa, essere insoddisfacente □ **to m. out**, omettere; tralasciare; saltare (*fam.*); non ricevere, perdere: **When reading, please m. out the second line**, quando leggete, saltate pure il secondo verso □ **to m. out on**, perdere, lasciarsi sfuggire: **to m. out on an opportunity**, lasciarsi sfuggire un'occasione □ **to m. the point**, non capire la cosa più importante (*o* l'idea) □ (*fam.*) **He doesn't m. a trick**, non si lascia scappare niente; non perde un colpo (*fam.*).

missal /'mɪsl/, *n.* (*relig.*) messale.

missel thrush /'mɪzlθrʌʃ/, *n.* (*zool.*, *Turdus viscivorus*) tordela, tordella.

misshapen /mɪs'ʃeɪpən/, *a.* ***1*** deforme; malformato ***2*** (*di un oggetto*) sformato.

missile /'mɪsaɪl, *USA* 'mɪsl/, **A** *a. attr.* (*mil.*) missile; missilistico: **a m. weapon**, un'arma missile; **m. bases** (*o* **sites**), basi missilistiche. **B** *n.* ***1*** (*mil.*) missile: **a composite m.**, un missile pluristadio; **a guided m.**, un missile telecomandato ***2*** (*sport*) attrezzo da lancio. ● (*mil.*) **m. launcher**, lanciamissili.

missil(e)ry /'mɪsaɪlrɪ, *USA* 'mɪslrɪ/, *n.* (*mil.*) ***1*** missilistica ***2*** (*collett.*) missili.

missing /'mɪsɪŋ/, *a.* ***1*** mancante; perso; smarrito ***2*** (*mil.*) disperso (*in guerra*): **to be reported as m.**, essere dato per disperso; **A list of the m. soldiers was issued**, fu pubblicato un elenco dei soldati dispersi. ● **m. link**, (*biol.*) anello mancante (*nella catena dell'evoluzione animale*); (*fig.*) elemento che manca per completare una serie; (*scherz.*) tizio dall'aspetto scimmiesco, scimmione □ **to be m.**, mancare: **There is a page m.** (*o* **A page is m.**) **from this book**, manca una pagina a questo libro □ **The little girl is m.**, non si trova più la bambina.

mission /'mɪʃn/, *n.* missione (*quasi in ogni senso*); compito; dovere; mandato: (*relig.*) **a m. in Togo**, una missione nel Togo; **a trade m. to India**, una missione commerciale per l'India; **to complete one's m.**, portare a termine la propria missione. ● (*mil.* e *fig.*) **m. accomplished**, missione compiuta □ (*miss.*) **m. control**, sala di controllo □ (*aeron.*) **to fly a m.**, compiere una missione di volo.

missionary /'mɪʃənrɪ, *USA* -nerɪ/, *a.* e *n.* (*relig.*) missionario, missionaria. ● **m. box**, cassetta per la raccolta di offerte per le missioni.

missioner /'mɪʃnə(r)/, *n.* (*relig.*) missionario.

missis /'mɪsɪz/, *n.* (*fam.*) ***1*** (*raro*: *usato dai domestici*) signora; padrona: **Yes, m.**, sì signora ***2*** (*scherz.*) moglie: **How's your m.?**, come sta tua moglie?

missish /'mɪsɪʃ/, *a.* (*scherz.*, *spreg.*) da ragazzina; da scolaretta.

missive /'mɪsɪv/, *n.* (*arc.* o *scherz.*) missiva; lettera.

to **misspell** /mɪs'spel/ (*pass.* e *p. p.* **misspelled, misspelt**), *v. t.* sbagliare l'ortografia di (*una parola*).

misspelling /mɪs'spelɪŋ/, *n.* errore d'ortografia.

to **misspend** /mɪs'spend/ (*pass.* e *p. p.* **misspent**), *v. t.* spendere male; sciupare, sprecare (*tempo, denaro, ecc.*).

to **misstate** /mɪs'steɪt/, *v. t.* esporre (*o* dichiarare) erroneamente; falsare; svisare; travisare.

misstatement /mɪs'steɪtmənt/, *n.* affermazione (*o* dichiarazione) errata (*o* inesatta).

missus /'mɪsɪz/, *V.* **missis**.

missy /'mɪsɪ/, *n.* (*fam.*, *scherz. o spreg.*) signorina; signorinella.

mist /mɪst/, *n.* ***1*** bruma; nebbia (*anche fig.*); foschia: **lost in the mists of the past**, perduto nelle nebbie del passato ***2*** velo di vapore (*per appannamento*) ***3*** (*fig.*) velo: **She smiled in a m. of tears**, sorrise tra un velo di lacrime.

to **mist** /mɪst/, **A** *v. i.* ***1*** (*del tempo*) annebbiarsi: **It's misting**, cala la nebbia; il tempo si annebbia ***2*** (*anche* **to m. over**) annebbiarsi; appannarsi: **Her eyes misted as she recalled her youth**, gli occhi le si annebbiarono al ricordo della sua giovinezza. **B** *v. t.* (*anche* **to m. up**) coprire di nebbia; annebbiare; appannare: **The hot water in the tub misted my glasses**, l'acqua calda della vasca mi appannò gli occhiali.

mistakable /mɪ'steɪkəbl/, *a.* che si può sbagliare; confondibile; scambiabile (*per q. o q.c. altro*).

mistake /mɪ'steɪk/, *n.* sbaglio; errore; fallo: **to make a m.**, fare uno sbaglio; **spelling mistakes**, errori di ortografia. ● (*fam.*) **and no m.**, senza dubbio: **He's the man I saw, and no m.!**, senza dubbio, è lui l'uomo che ho visto! □ **by m.**, per sbaglio; per errore □ **in m. for**, in cambio di: **You've given me a ten-pound note in m. for a one**, mi hai dato un biglietto da dieci sterline in cambio di uno da una □ **Make no m. (about it)!**, stanne certo!

to **mistake** /mɪ'steɪk/ (*pass.* **mistook**, *p. p.* **mistaken**), **A** *v. t.* ***1*** sbagliare: **You have mistaken the road**, hai sbagliato strada ***2*** intendere male; fraintendere; ingannarsi su (q.c.): **You've mistaken my words**, hai frainteso le mie parole; **He mistakes my real motives**, s'inganna sui miei veri motivi ***3*** prendere (*per q. altro, per q.c. altro*); scambiare: **He mistook me for my brother**, mi scambiò per mio fratello; **to m. B for D**, prendere una B per una D. **B** *v. i.* sbagliarsi; fare uno sbaglio. ● **There's no mistaking**, non c'è da sbagliare □ **There's no mistaking his motorbike**, la sua motocicletta è inconfondibile.

mistaken /mɪ'steɪkən/, **A** *p. p.* di **to mistake**. **B** *a.* sbagliato; errato; erroneo; falso: **a m. impression**, una falsa impressione. ● **to be m.**, sbagliare, sbagliarsi; aver torto; essere in errore: **You are m.**, ti sbagli □ **m. identity**, errore di persona □ **a m. kindness**, una gentilezza male intesa (*o* fraintesa) □ **in the m. belief that...**, credendo erroneamente che...

mistakenness /mɪ'steɪkənnəs/, *n.* ***1*** l'essere in errore ***2*** l'essere errato (*o* erroneo) (*V.* **mistaken**).

mister /'mɪstə(r)/, *n.* ***1*** (*abbr. in* **Mr**; *prima del cognome o del nome e cognome*) signore: **Mr (John) Brown**, il signor (John) Brown ***2*** (*al vocat.*, *per esteso*; *pop.*) signore: **What time is it, m.?**, che ore sono, signore? ***3*** vincitore di un concorso di bellezza; mister. ● (*pop. USA*) **Mr Big**, gigante (*fig.*); grande capo (*di gangster*) □ **Mr Chairman**, signor Presidente (*di un'assemblea, ecc.*) □ (*pop. USA*) **Mr Clean**, galantuomo; politico incorruttibile □ (*pop. USA*) **Mr Fix-it**, il Signor «ghe pensi mi» (*region.*); il Signor Aggiustatutto □ (*fam. ingl.*) **Mr Nice**, il Signor Dabbene (*nomignolo dato a John Major, primo ministro britannico dal 1990*) □ (*pop. USA*) **Mr Nice Guy**, bravo ragazzo □ (*pop. USA*) **Mr Right**, l'uomo giusto: **She's in search for Mr Right**, è in cerca dell'uomo che faccia per lei □ **Mr Secretary**, signor Segretario □ **Mr Speaker**, signor Presidente (*della Camera dei Comuni*).

to **mister** /'mɪstə(r)/, *v. t.* (*fam.*) chiamare (q.) «signore»: **Don't m. me**, non chiamatemi (*o* non datemi del) «signore».

mistful /'mɪstfl/, *a.* nebbioso.

to **mistime** /mɪs'taɪm/, *v. t.* (*specialm. al p. p.*) ***1*** fare (*o* dire) (q.c.) fuori luogo; non scegliere il momento giusto per (q.c.) ***2*** (*sport*) colpire (*la palla*) fuori tempo; mancare (*la palla*). ● **a mistimed intervention**, un intervento intempestivo.

mistiness /'mɪstɪnəs/, *n.* ***1*** nebbiosità; foschia ***2*** appannamento (*degli occhiali, dei vetri, ecc.*) ***3*** (*fig.*) nebulosità; vaghezza; oscurità.

mistle thrush /'mɪslθrʌʃ/, *V.* **missel thrush**.

mistletoe /'mɪsltəʊ/, *n.* (*bot.*, *Viscum album*) vischio.

mistook /mɪ'stʊk/, *pass.* di **to mistake**.

mistral /'mɪstrəl/, *n.* mistral (*maestrale della Francia meridionale*).

to **mistranslate** /mɪstræns'leɪt/, *v. t.* tradurre male (*o* scorrettamente).

mistranslation /mɪstræns'leɪʃn/, *n.* ***1*** traduzione errata (*o* scorretta) ***2*** errore di traduzione.

to **mistreat** /mɪs'triːt/, *v. t.* maltrattare; trattare male.

mistreatment /mɪs'triːtmənt/, *n.* maltrattamento.

mistress /'mɪstrɪs/, *n.* ***1*** padrona (*anche fig.*); signora; padrona di casa: **Venice was the m. of the Adriatic**, Venezia era la signora dell'Adriatico ***2*** (*come titolo è arc.*; *sostituito ora da* **Mrs** /'mɪsɪz/) signora: **Mrs Jones**, la signora Jones ***3*** insegnante (*donna*); maestra; professoressa: **the Latin m.**, la professoressa di latino ***4*** (*poet.*) donna amata; innamorata ***5*** amante; mantenuta. ● (*radio, TV*) **m. of ceremonies**, presentatrice □ **m. of the house**, padrona di casa □ (*in G.B.*) **M. of the Robes**, dama che ha il titolo onorifico di guardarobiera della regina □ (*di donna*) **to be m. of the situation**, dominare la situazione □ **to be one's own m.**, esser padrona di sé; (*di donna*) essere autonoma (*o* autosufficiente, indipendente, libera).

mistress-ship /'mɪstrɪsʃɪp/, *n.* condizione di padrona, maestra, ecc. (*V.* **mistress**). ● **the m. of the seas**, il dominio dei mari.

mistrial /mɪs'traɪəl/, *n.* (*leg.*) ***1*** processo nullo per vizio di procedura ***2*** (*in U.S.A.*, *anche*) processo che non giunge a conclusione (*specialm. perché i giurati non riescono a raggiungere l'unanimità*).

mistrust /mɪs'trʌst/, *n.* diffidenza; sfiducia; sospetto.

to **mistrust** /mɪs'trʌst/, **A** *v. t.* diffidare di; non aver fiducia in; sospettare di (q.): **to m. one's own judgment**, non fidarsi della propria capacità di giudicare. **B** to **mistrust oneself,** *v. rifl.* non aver fiducia in se stesso.

mistrustful /mɪs'trʌstfl/, *a.* diffidente; sospettoso. || **-ly,** *avv.* || **-ness,** *sost.*

misty /'mɪstɪ/, *a.* ***1*** nebbioso; brumoso: **m. weather**, tempo nebbioso ***2*** (*fig.*) confuso indistinto; vago: **a m. idea**, una vaga idea. ● **m. mountain tops**, cime di monti che s'intravedono attraverso la foschia.

to **misunderstand** /mɪsʌndə'stænd/ (*pass.* e *p. p.* **misunderstood**), *v. t.* ***1*** capire male; fraintendere; equivocare, ingannarsi su ***2*** non capire (q.): **My wife misunderstands me**, mia moglie non mi capisce.

misunderstanding /mɪsʌndə'stændɪŋ/, *n.* ***1*** incomprensione; equivoco; malinteso: **to give rise to misunderstandings**, far nascere malintesi ***2*** piccolo litigio; disaccordo; dissapore.

misunderstood /mɪsʌndə'stʊd/, **A** *pass.* e *p. p.* di **to misunderstand**. **B** *a.* ***1*** inteso male; frainteso ***2*** (*di una persona*) incompreso.

misusage /mɪs'juːsɪdʒ, -zɪdʒ/, *n.* ***1*** cattivo uso; uso scorretto (*d'una parola, ecc.*) ***2*** maltrattamento.

misuse /mɪs'juːs/, *n.* cattivo uso; uso scorretto. ● (*leg.*) **m. of power**, abuso (*o* eccesso) di potere.

to **misuse** /mɪs'juːz/, *v. t.* ***1*** far cattivo uso di; adoperare male ***2*** maltrattare.

mite (**1**) /maɪt/, *n.* ***1*** soldino; monetina; (*fig.*) obolo; piccola offerta; modesto contributo: **Let's contribute our m. to the cause of peace**, diamo il nostro modesto contributo alla causa della pace ***2*** oggetto minuscolo ***3*** piccino, piccina; bambinetto. ● (*relig.*) **m. box**, cassettina per la raccolta delle elemosine □ (*fam.*) **not a m.**, niente affatto; per niente □ **the widow's m.**, l'obolo della vedova; (*fig.*) un'offerta piccola, ma fatta col cuore.

mite (**2**) /maɪt/, *n.* (*zool., Acarus*) acaro. ● **cheese m.** (*Acarus siro*), acaro del formaggio.

miter /'maɪtə(r)/, (*USA*) *V.* **mitre**.

Mithra /'mɪθrə/, **Mithras** /'mɪθræs/, *n.* Mitra (*divinità persiana*).

mithridate /'mɪθrɪdeɪt/, *n.* (*med.*) antidoto.

mithridatic /mɪθrɪ'dætɪk/, *a.* (*med.*) mitridatico.

mithridatism /'mɪθrɪdeɪtɪzəm/, *n.* (*med.*) mitridatismo.

to **mithridatize** /'mɪθrɪdeɪtaɪz/, *v. t.* mitridatizzare.

mitigable /'mɪtɪgəbl/, *a.* mitigabile.

to **mitigate** /'mɪtɪgeɪt/, *v. t.* mitigare; alleviare; attenuare; lenire.

mitigating /'mɪtɪgeɪtɪŋ/, *a.* che mitiga; che attenua; che allevia. ● (*leg.*) **m. circumstances**, (circostanze) attenuanti.

mitigation /mɪtɪ'geɪʃn/, *n.* mitigazione; alleviamento; attenuazione.

mitigative /'mɪtɪgeɪtɪv/, *a.* che mitiga; calmante; lenitivo; sedativo.

mitigator /'mɪtɪgeɪtə(r)/, *n.* mitigatore.

mitigatory /'mɪtɪgeɪtərɪ, *USA* -ətɔːrɪ/, *V.* **mitigative**.

mitochondrion /maɪtə'kɒndrɪən/, *n.* (*pl.* **mitochondria**) (*biol.*) mitocondrio.

mitosis /maɪ'təʊsɪs/, *n.* (*pl.* **mitoses**) (*biol.*) mitosi; cariocinesi.

mitotic /maɪ'tɒtɪk/, *a.* (*biol.*) mitotico.

mitral /'maɪtrəl/, *a.* ***1*** (*anat.*) mitrale: **m. valve**, valvola mitrale ***2*** (*med.*) mitralico: **m. murmur**, soffio mitralico.

mitre /'maɪtə(r)/, *n.* ***1*** (*relig.*) mitra; (*fig.*) dignità di vescovo ***2*** (*tecn.*) taglio obliquo del giunto ad angolo; augnatura ***3*** (*tecn.*, = **m. joint**) giunto ad angolo retto. ● **m. block** (*o* **m. board, m. box**), cassetta per augnature □ (*mecc.*) **m. saw**, sega circolare □ **m. square**, squadra zoppa (*a 45 gradi*) □ (*mecc.*) **m. wheels** (*o* **m. gears**), ingranaggi conici con assi ortogonali.

to **mitre** /'maɪtə(r)/, *v. t.* ***1*** (*relig.*) mitrare; insignire (q.) della mitra ***2*** (*tecn.*) tagliare a augnatura.

mitred /'maɪtəd/, *a.* (*relig.*) mitrato: **a m. abbot**, un abate mitrato.

mitt /mɪt/, *n.* ***1*** mezzo guanto ***2*** manopola; muffola ***3*** (*sport*) guantone da baseball ***4*** (*fam.*) guantone da pugile ***5*** (*pop. scherz.*) mano; zampa (*scherz.*) ***6*** (*pl.*) (*pop. USA*) manette.

mitten /'mɪtn/, *n.* ***1*** mezzo guanto ***2*** manopola; muffola ***3*** (*fam.*) guantone da pugile. ● (*fam.*) **to get the m.**, essere piantato (in asso: *dalla fidanzata, ecc.*) (*fam.*); essere licenziato □ (*fam.*) **to give the m.**, piantare (in asso), abbandonare; licenziare (*dal lavoro*).

mittimus /'mɪtɪməs/, *n.* ***1*** (*leg.*) mandato d'arresto (*o* di cattura) ***2*** (*fam.*) licenziamento.

mity /'maɪtɪ/, *a.* pieno di acari.

mix /mɪks/, *n.* ***1*** mescolanza; commistione ***2*** miscela: **an instant pudding mix**, una miscela istantanea per budini ***3*** (*econ., fin., ecc.*) mix (*della produzione di un'azienda, ecc.*). ● (*fam.*) **mix-up**, confusione; baruffa □ **cake mix**, preparato per fare torte □ (*fam.*) **to be in a mix**, essere confuso (*o* frastornato).

to **mix** /mɪks/, **A** *v. t.* ***1*** mescolare; mischiare; (*tecn.*) miscelare; mettere insieme; unire: **Let's mix the ingredients and make a cake**, mescoliamo gli ingredienti e facciamo una torta!; **They've mixed the boys and the girls in my school**, nella mia scuola hanno messo insieme ragazzi e ragazze ***2*** impastare; fare (*un dolce, ecc.*): **She was mixing a cake**, stava impastando una torta ***3*** incrociare (*animali*) ***4*** (*cinem., TV*) missare. **B** *v. i.* ***1*** mescolarsi; mischiarsi: **Oil will not mix with water**, l'olio non si mescola con l'acqua ***2*** essere (*poco, molto*) socievole; avere rapporti sociali; andare d'accordo; familiarizzare: **That boy doesn't mix well**, quel ragazzo non è molto socievole; **They mingle but they don't mix**, stanno tutti insieme ma non hanno un vero rapporto ***3*** essere coinvolto (in); occuparsi (di): **Judges should never mix in party politics**, i magistrati non dovrebbero mai occuparsi di politica a livello di partito. ● (*cucina*) **to mix in**, incorporare (*burro, uova, ecc.*); (*fam.*) **to mix it**, azzuffarsi; fare a botte □ **to mix the salad**, condire l'insalata □ **to mix up**, mescolar bene, confondere, scambiare; coinvolgere, immischiare: **I always mix him up with his brother**, lo confondo sempre con suo fratello □ **to get mixed up in** (*o* **with**), immischiarsi in, occuparsi di; farsi coinvolgere in: **Don't get mixed up in** (*o* **with**) **shady dealings**, non immischiarti in affari loschi □ **to mix with actors**, frequentare attori.

mixage /'mɪksɑːʒ, *USA* mɪk'sɑːʒ/, *n.* (*cinem., TV*) missaggio; mixage.

mixed /mɪkst/, *a.* ***1*** mescolato; misto: **m. biscuits**, biscotti misti; **a m. school**, una scuola mista; (*tennis*) **m. doubles**, doppio misto; **m. marriages**, matrimoni misti; **I don't like coffee m. with chicory**, non mi piace il caffè mescolato con la cicoria ***2*** confuso; incerto: **m. feelings**, sentimenti confusi (*per es., di gioia e dolore insieme*) ***3*** eterogeneo; promiscuo: **m. company**, compagnia eterogenea, promiscua. ● **m. bag**, (*market.*) assortimento; (*fig.*) miscuglio; (un) misto □ **m. blessing**, *V.* **blessing** □ **m. economy**, economia mista □ **m. grill**, grigliata mista di carne □ **a m. metaphor**, una metafora balorda, sballata □ (*mat.*) **m. number**, numero misto □ **m.-up**, coinvolto, implicato; confuso, disorientato, perplesso □ **to get m. up**, restare coinvolto; rimanere perplesso.

mixedness /'mɪksɪdnəs/, *n.* ***1*** mescolanza ***2*** confusione; incertezza ***3*** eterogeneità; promiscuità.

mixer /'mɪksə(r)/, *n.* ***1*** mescolatore; miscelatore; impastatore; impastatrice (*anche la macchina*): **a bread-m.**, un'impastatrice per pane ***2*** (*cucina*) frullatore; sbattitore ***3*** (*elettron., TV*) miscelatore (*di segnali o di frequenze*) ***4*** (*cinem., TV*) mixer; tecnico del missaggio ***5*** succo di frutta (ginger ale, *ecc.*) per fare cocktail ***6*** *V.* **cement m.** ***7*** (*fam.*) riunione (ballo, ecc.) per fare incontrare le persone. ● **m. tap**, rubinetto miscelatore □ (*ind. costr.*) **cement m.** (*o* **concrete m.**), betoniera □ **a bad m.**, una persona poco socievole; un orso (*fig.*) □ **a good m.**, una persona molto socievole; uno che lega con tutti.

mixing /'mɪksɪŋ/, *n.* ***1*** mescolamento; miscelazione (*anche chim., elettron.*) ***2*** (l') impastare; impastamento (*del pane, ecc.*) ***3*** (*cinem., TV*) missaggio. ● **m. again**, rimescolamento □ (*cucina*) **mixing spoon**, mestolo □ **m. up**, rimescolamento (*il mescolare bene*); (*fam.*) coinvolgimento.

mixture /'mɪkstʃə(r)/, *n.* ***1*** mistura; mescolanza; miscela: **a smoking m.**, una miscela di tabacco ***2*** (*scient., tecn.*) miscela; miscuglio; mistura ***3*** (*farm.*) mistura; sciroppo: **a cough m.**, uno sciroppo per la tosse. ● **with a m. of amusement and fright**, con un misto di divertimento e di paura.

miz(z)en /'mɪzn/, (*naut.*) **A** *n.* ***1*** (= **mizzen-mast**) albero di mezzana ***2*** (= **m. sail**) vela di mezzana. **B** *a. attr.* di mezzana: **m. yard**, pennone di mezzana.

mizzle /'mɪzl/, *n.* (*con l'art. indef.*) pioggerella; acquerugiola.

to **mizzle** (**1**) /'mɪzl/, *v. i.* (*fam.*) piovigginare.

to **mizzle** (**2**) /'mɪzl/, *v. i.* (*pop.*) andarsene; svignarsela.

mizzly /'mɪzlɪ/, *a.* piovigginoso.

M'lud /mə'lʌd, mɪ-/, *n.* (*leg.*) Milord (*grafia che riproduce la pronuncia del vocat.* **«My Lord»** *usato rivolgendosi ai giudici delle più alte corti*).

mnemonic /nɪ'mɒnɪk/, *a.* mnemonico. || **-ally,** *avv.*

mnemonics /nɪ'mɒnɪks/, **mnemotechnics** /niːmə'teknɪks/, *n. pl.* (*col verbo al sing.*) mnemonica; mnemotecnica.

mo /məʊ/, *n.* (*pl.* **mos**) (*abbr. fam. di* **moment**) momento; minuto; attimo. ● **half a mo**, un (mezzo) minuto; un minutino; un attimo: **I shan't be half a mo**, sto via un attimo.

moa /'məʊə/, *n.* (*zool., Dinornis*; *Anomalopterix, ecc.*) moa.

Moabite /'məʊəbaɪt/, *a.* e *n.* (*Bibbia*) moabita.

moan /məʊn/, *n.* lamento; gemito (*anche fig.*): **the m. of the wind**, i gemiti del vento. ● **to make a great m.**, lamentarsi ad alta voce.

to **moan** /məʊn/, **A** *v. i.* ***1*** lamentarsi; gemere: **The wind was moaning in the wood**, il vento gemeva nel bosco ***2*** lagnarsi, brontolare; lamentarsi. **B** *v. t.* ***1*** lamentare; piangere: **He moaned his fate**, lamentava il suo fato; **to m. a dead person**, piangere un morto ***2*** dire (*parole*) in tono lamentoso.

moaner /'məʊnə(r)/, *n.* (*fam.*) piagnone, piagnona; chi si piange addosso (*fam.*).

moanful /'məʊnfl/, *a.* lamentoso; dolente.

moaningly /'məʊnɪŋlɪ/, *avv.* lamentosamente.

moat /məʊt/, *n.* ***1*** fossato (*di difesa*); fosso (*di castello, ecc.*) ***2*** (*geol.*) fossa anulare; (*anche*) trincea glaciale.

to **moat** /məʊt/, *v. t.* circondare (*un castello, ecc.*) con un fossato.

mob /mɒb/, *n.* ***1*** folla tumultuante; calca; ressa ***2*** (*spreg.*) plebe; plebaglia; gentaglia; marmaglia ***3*** (*pop.*) banda di criminali o di teppisti ***4*** (*fam. USA*) **the Mob**, la Mafia; il sindacato del crimine. ● **mob law**, legge della plebaglia (*o* imposta dalla piazza) □ **mob orator**, comiziante □ **mob oratory**, oratoria da comizio □ **mob psychology**, psicologia delle masse □ **to form a mob**, affollarsi; accalcarsi.

to **mob** /mɒb/, **A** *v. t.* ***1*** assalire (q.) tumultuando (*in massa*) ***2*** affollarsi (*o* fare ressa) intorno a (q.). **B** *v. i.* affollarsi; accalcarsi; assembrarsi.

mobbed up /'mɒbd'ʌp/, *a.* (*pop. USA*) ***1*** affiliato al sindacato del crimine; mafioso *2* controllato dal sindacato del crimine; in preda alla Mafia.

mobbish /ˈmɒbɪʃ/, *a.* sfrenato; tumultuoso.

mobcap /ˈmɒbkæp/, *n.* (*moda*) cuffia con pizzi e volant.

mobile /ˈməʊbaɪl, *USA* -bl, -biːl/, **A** *a.* *1* (*tecn.*) mobile: (*mil.*) **a m. unit**, un'unità mobile (*o* di pronto intervento) *2* (*fig.*) mutevole; incostante; instabile: **a m. face**, un viso mutevole; **a m. mind**, un carattere incostante *3* che si muove bene: **Now I have a moped I'm much more m. in the town**, con il motorino mi muovo molto meglio in città. **B** *n.* *1* (*arte*) composizione decorativa mobile *2* (*ind.*) unità mobile (*di tecnici, riparatori, ecc.*). ● (*ippica*) **m. barrier**, autostarter □ (*sociol.*) **a m. group**, un gruppo dotato di mobilità sociale □ (*USA*) **m. home**, «casa mobile»; camper, roulotte □ **m. library**, bibliobus; autolibro □ **m. phone**, *V.* **m. telephone** □ (*market.*) **m. shop**, camioncino attrezzato per la vendita al dettaglio □ **m. telephone**, (telefono) cellulare; telefonino (*fam.*) □ **an upwardly m. class**, una classe sociale in ascesa.

mobility /məʊˈbɪlətɪ/, *n.* mobilità; mutevolezza; incostanza; instabilità: **the m. of labour**, la mobilità della manodopera.

mobilization /məʊbəlaɪˈzeɪʃn, *USA* -lɪˈz-/, *n.* *1* (*mil.* e *fig.*) mobilitazione *2* (*fin., econ.*) mobilizzazione: **the m. of capital**, la mobilizzazione del capitale.

to **mobilize** /ˈməʊbəlaɪz/, *v. t.* *1* (*mil.* e *fig.*) mobilitare *2* (*fin., econ.*) mobilizzare: **to m. mortgages**, mobilizzare le ipoteche; **to m. resources**, mobilizzare le risorse.

mobocracy /mɒbˈɒkrəsɪ/, *n.* (*polit.*) governo della plebaglia; governo della piazza.

mobster /ˈmɒbstə(r)/, *n.* (*pop. USA*) criminale; gangster.

moccasin /ˈmɒkəsɪn/, *n.* *1* mocassino *2* (*zool., Agkistrodon piscivorus*; = **water m.**) mocassino acquatico.

mocha /ˈmɒkə, *USA* ˈməʊkə/, *n.* (= **m. coffee**) (caffè) moka.

mock /mɒk, *USA* mɔːk/, **A** *a.* *1* finto; falso; simulato; imitato: **a m. battle**, una battaglia finta; **with m. modesty**, con falsa modestia; **a m. trial**, un processo simulato (*a scopi didattici*) *2* (*form.*) per burla; burlesco; scherzoso: **with m. solemnity**, con burlesca solennità. **B** *n.* *1* (*fam.*) *V.* **m. examination** *2* (*letter.*) poema eroicomico *3* (*arc.*) beffa; burla; scherno *4* (*arc.*) cosa finta; imitazione. ● (*a scuola, in G.B.*) **m. examination**, prova scritta (*o* valutazione di test) in corso d'anno □ (*letter.*) **m.-heroic**, (poema) eroicomico □ (*astron.*) **m. moon**, paraselene □ (*astron.*) **m. sun**, parelio □ (*cucina*) **m. turtle soup**, brodo di testina di vitello □ **m.-up**, (*tecn.*) modello dimostrativo (*a grandezza naturale*); (*tipogr.*) menabò; (*mil.*) manichino, sagoma □ (*lett.*) **to make m. of sb.**, canzonare, deridere, farsi beffe di (q.) □ (*lett.*) **to make a m. of st.**, rendere visibile (*o* poco plausibile) q.c.; vanificare q.c. (*uno sforzo, ecc.*).

to **mock** /mɒk, *USA* mɔːk/, *v. t.* *1* beffare; burlare, canzonare; deridere; dileggiare; irridere; farsi beffe, farsi gioco di; prendere in giro; schernire: **The boy was mocking the poor old man**, il ragazzo burlava il povero vecchio *2* (*lett.*) sfidare (*fig.*); tener testa a: **She dared m. social conventions**, ella osò sfidare le convenzioni sociali; **The fortress mocked the invaders**, la fortezza tenne testa agli invasori *3* deludere; ingannare: **to be mocked by false hopes**, esser ingannato da false speranze *4* imitare; fare il verso a (q.); scimmiottare. ● **to m. at**, burlarsi di; farsi beffe di: **I was mocked at by my classmates**, i miei compagni di classe si burlavano di me.

mocker /ˈmɒkə(r), *USA* ˈmɔː-/, *n.* beffatore, beffatrice; canzonatore, canzonatrice; schernitore, schernitrice.

mockery /ˈmɒkərɪ, *USA* ˈmɔː-/, *n.* *1* derisione; dileggio; irrisione; scherno *2* imitazione; il fare il verso (*a q.*); scimmiottatura *3* zimbello; ludibrio *4* beffa (*anche fig.*); presa in giro *5* fallimento; fiasco. ● **to hold sb. [st.] up to m.**, esporre q. al ridicolo [gettare il ridicolo su q.c.] □ **to make a m. of st.**, mettere q.c. in burla; svuotare q.c. d'ogni valore (*o* significato).

mocking /ˈmɒkɪŋ, *USA* ˈmɔː-/, *a.* beffardo; derisorio: **a m. laugh**, una risata beffarda. || **-ly**, *avv.*

mockingbird /ˈmɒkɪŋbɜːd, *USA* ˈmɔː-/, *n.* (*zool., Mimus polyglottus*) mimo; tordo beffeggiatore.

mod /mɒd/, (*pop.*) *a.* e *n.* mod: **a mod group**, un gruppo mod; **mod hairstyle**, pettinatura mod (*V.* **mods**).

modal /ˈməʊdl/, **A** *a.* (*ling., mus., filos.*) modale. **B** *n.* (*gramm.,* = **m. auxiliary**) (ausiliario) modale. ● (*leg.*) **m. legacy**, legato modale.

modality /məˈdælətɪ/, *n.* (*anche ling.*) modalità.

mod cons /ˈmɒdˈkɒns/, *n. pl.* (*abbr. di* **modern conveniences**) comodità moderne. ● (*nella pubblicità*) **«All mod cons»**, «tutti i comfort».

mode /məʊd/, *n.* *1* (*anche mus., fis., elettr.*) modo: **the Dorian m.**, il modo dorico *2* modo; maniera; metodo: **m. of life**, modo di vivere *3* (*più comune* **fashion**) moda *4* (*cronot.*) modulo *5* (*mat., stat.*) moda. ● **à la m.** (*franc.*), di moda; (*di carne*) con verdure; (*USA*) con gelato □ **to be all the m.**, essere di gran moda.

model /ˈmɒdl/, **A** *n.* *1* modello: **economic m.**, modello economico; **statistical m.**, modello statistico; **the m. of a steamer**, il modello d'un piroscafo; **a clay m.**, un modello di creta; (*autom.*) **a sports m.**, un modello sportivo *2* modello (*di casa di mode*): **the latest Paris models**, gli ultimi modelli di Parigi; **This dress is a m.**, quest'abito è un modello (unico) *3* (*moda*) modella; indossatrice: **m. agency**, agenzia di modelle *4* (*pitt.*) modella *5* (*fam.*) immagine; copia; ritratto: **Tom is a perfect m. of his father**, Tom è il ritratto di suo padre. **B** *a. attr.* modello; esemplare; perfetto: **a m. husband**, un marito perfetto (*o* modello); **a m. farm**, una fattoria modello; **m. behaviour**, condotta esemplare. ● **m. aircraft**, aeromodello □ (*leg.*) **m. contract**, contratto tipo □ **m. shop**, negozio di modellini □ **a m. train**, un trenino (*giocattolo*) □ **a male model**, un indossatore □ (*archit.*) **a plastic m.**, un plastico □ (*autom.*) **a special m.**, un modello fuori serie; una fuoriserie □ **toy m.**, modellino (*giocattolo*) □ **working m.**, modello (*d'una macchina*) che funziona.

to **model** /ˈmɒdl/, **A** *v. t.* *1* modellare (*anche fig.*); formare; plasmare; conformare: **to m. sb.'s head in clay**, modellare la testa di q. in creta; **I'll m. my conduct on yours**, conformerò la mia condotta alla tua *2* (*di modella*) indossare (*un abito*); presentare (*un abito*) *3* fabbricare (costruire, ecc.) secondo un modello. **B** *v. i.* far da modello (*o* da modella). **C** to **model oneself**, *v. rifl.* modellarsi; prendere a modello; imitare: **They m. themselves after** (*o* **on**) **the French**, si modellano sui francesi.

modeller, (*USA*) **modeler** /ˈmɒdlə(r), -dəl-/, *n.* *1* modellatore, modellatrice *2* modellista.

modelling, (*USA*) **modeling** /ˈmɒdlɪŋ, -dəl-/, *n.* *1* modellatura; modellazione *2* costruzione di modelli; modellistica. ● **m. clay**, creta per modellare.

modellist, (*USA*) **modelist** /ˈmɒdlɪst, -dəl-/, **modelmaker** /ˈmɒdlmeɪkə(r)/, *n.* modellista.

modelmaking /ˈmɒdlmeɪkɪŋ/, *n.* (*tecn.*) costruzione di modelli; modellistica.

modem /ˈməʊdem, -əm/, *n.* (*contraz. di* **modulator-demodulator**) (*telef.*) modem.

modena /ˈmɒdənə, *USA* ˈməʊ-, ˈmɔː-/, *n.* rosso porpora (*da Modena, la città*).

moderate /ˈmɒdərət/, **A** *a.* *1* moderato; temperato; mite; modesto; modico; mediocre; discreto: **m. prices**, prezzi modici (*o* ragionevoli); **m. weather**, tempo mite; **a man of m. skill**, un uomo di modesta (*o* mediocre) abilità; **a m. success**, un successo modesto; **m. appetite**, discreto appetito *2* (*del mare*) moderato, mosso. **B** *n.* (*polit.*) moderato. || **-ly**, *avv.* || **-ness**, *sost.*

to **moderate** /ˈmɒdəreɪt/, **A** *v. t.* *1* moderare; frenare; calmare; mitigare; placare; temperare *2* (*di solito,* **to m. over**) presiedere, fare da moderatore in (*una riunione*) *3* (*fis. nucl.*) moderare. **B** *v. i.* *1* moderarsi; frenarsi; calmarsi; mitigarsi; placarsi: **The wind will soon m.**, il vento si placherà presto *2* fare il moderatore.

moderation /mɒdəˈreɪʃn/, *n.* *1* moderazione; moderatezza; temperanza; misura (*fig.*) *2* (*pl., generalm. abbreviato in* **mods**) primo esame per un «B.A.» (*laurea di primo grado in discipline umanistiche*) a Oxford. ● **m. in temperature**, calo della temperatura □ **in m.**, con moderazione; senza eccessi □ **without m.**, smoderatamente; smodatamente.

moderator /ˈmɒdəreɪtə(r)/, *n.* *1* (*relig.*) presidente (*di un'assemblea della chiesa presbiteriana*) *2* arbitro; mediatore *3* presidente di assemblea; moderatore *4* (*a Oxford*) esaminatore (*per l'esame detto* **moderations**, *V.* **moderation**) *5* (*fis. nucl.*) moderatore.

moderatorship /ˈmɒdəreɪtəʃɪp/, *n.* ufficio (*o* posizione) di moderatore.

modern /ˈmɒdən, -dn/, **A** *a.* moderno: **m. history**, storia moderna; **m. electric wiring**, impianti elettrici moderni. **B** *n.* moderno; persona moderna: **the moderns**, i moderni. || **-ly**, *avv.* || **-ness**, *sost.*

modernism /ˈmɒdənɪzəm/, *n.* *1* (*anche arte, letter.*) modernismo *2* modernità (*di gusti, ecc.*) *3* (*ling.*) neologismo *4* – (*relig.*) **M.**, modernismo.

modernist /ˈmɒdənɪst/, *n.* *1* persona d'idee (vedute, ecc.) moderne; amante delle novità *2* (*arte, letter., relig.*) modernista.

modernistic /mɒdəˈnɪstɪk/, *a.* *1* modernistico; d'avanguardia *2* troppo moderno; troppo avanzato *3* (*relig.*) modernistico.

modernity /məˈdɜːnətɪ, mɒ-, məʊ-/, *n.* modernità.

modernization /mɒdənaɪˈzeɪʃn, *USA* -nɪˈz-/, *n.* ammodernamento; rimodernamento; modernizzazione; ristrutturazione.

to **modernize** /ˈmɒdənaɪz/, **A** *v. t.* rimodernare; ammodernare; render moderno; modernizzare; ristrutturare. **B** *v. i.* farsi moderno; modernizzarsi.

modernizer /ˈmɒdənaɪzə(r)/, *n.* ammodernatore, ammodernatrice; chi modernizza (*o* ristruttura q.c.).

modest /ˈmɒdɪst/, *a.* modesto; decoroso; pudico; castigato; semplice; moderato, modico; umile: **a m. girl**, una ragazza modesta (*o* pudica); **a m. dress**, un vestito castigato; **m. demands**, richieste moderate; **a m. job**, un lavoro umile; **to be m. in one's tastes**, avere gusti semplici. || **-ly**, *avv.*

modesty /ˈmɒdəstɪ/, *n.* modestia; decoro; moderazione; pudore; riserbo; ritegno; umiltà. ● **in all m.**, modestia a parte.

modicum /ˈmɒdɪkəm/, *n.* (*solo al sing. con l'art. indef.*) briciolo (*fig.*); (un) po': **There is not even a m. of truth in what you say**, non c'è un briciolo di verità in quel che dici.

modifiability /mɒdɪfaɪəˈbɪlətɪ/, *n.* modificabilità.

modifiable /ˈmɒdɪfaɪəbl/, *a.* modificabile.

modification /mɒdɪfɪˈkeɪʃn/, *n.* *1* modificazione; modifica *2* (*ling.*) modificazione *3* (*fon.*) metafonia.

modificative /ˈmɒdɪfɪkeɪtɪv/, **modificatory** /ˈmɒdɪfɪkeɪtrɪ, *USA* -ətɔːrɪ/, *a.* modificativo.

modifier /ˈmɒdɪfaɪə(r)/, *n.* *1* modificatore, modificatrice *2* (*ind., chim.*) agente modificatore *3* (*ling.*) modificatore.

to **modify** /ˈmɒdɪfaɪ/, *v. t.* *1* modificare; alterare; cambiare; mutare: **to m. the terms of a** contract, modificare le condizioni contrattuali; **You'd better m. your views**, faresti meglio a mutare il tuo punto di vista *2* (*ling.*) modificare: **Adjectives and adverbs can m. nouns and verbs**, gli aggettivi e gli avverbi possono modificare rispettivamente i sostantivi e i verbi *3* (*fon.*) modificare per metafonia.

modillion /mə'dɪljən/, *n.* (*archit.*) modiglione.

modish /'məʊdɪʃ/, *a.* *1* alla moda; elegante: **a m. novelist**, un romanziere alla moda *2* (*d'abito, ecc.*) moderno; eccentrico; stravagante: **a m. hat**, un cappellino stravagante. || **-ly**, *avv.* || **-ness**, *sost.*

modiste /məʊ'diːst/, *n.* modista; sarta (di lusso).

mods /mɒdz/, *n. pl.* *1* (*fam.*) *V.* **moderation**, *def.* 2 *2* «mods» (*gruppo di giovani degli anni '60, motorizzati e vestiti alla moda*).

modular /'mɒdjʊlə(r), *USA* -dʒʊ-/, *a.* (*ind., scient., tecn.*) modulare: (*elettron.*) **m. circuit**, circuito modulare; **m. furniture**, mobili modulari.

modularity /mɒdjʊ'lærətɪ, *USA* -dʒʊ-/, *n.* (*ind., scient., tecn.*) modularità.

to **modulate** /'mɒdjʊleɪt, *USA* -dʒʊ-/, **A** *v. t.* *1* (*mus., elettron., radio*) modulare *2* adattare; conformare; adeguare. **B** *v. i.* (*mus.*) fare modulazioni.

modulation /mɒdjʊ'leɪʃn, *USA* -dʒʊ-/, *n.* (*mus., elettron., radio*) modulazione: **frequency m.**, modulazione di frequenza. ● **m. meter**, modulometro.

modulator /'mɒdjʊleɪtə(r), *USA* -dʒʊ-/, *n.* (*anche elettron.*) modulatore. ● **m. valve**, valvola modulatrice.

module /'mɒdjuːl, *USA* -dʒʊ-/, *n.* (*archit., elab., elettron., mat., miss., ecc.*) modulo: **lunar m.**, modulo lunare.

modulus /'mɒdjʊləs, *USA* -dʒʊ-/, *n.* (*pl.* **moduli**) (*fis., mat., mecc., stat.*) modulo: **m. of elasticity**, modulo di elasticità; **m. of precision**, modulo di precisione.

modus vivendi /'məʊdəsvɪ'vendɪ, 'mɒ-, -daɪ/ (*lat.*), *n.* (*pl.* **modi vivendi**) modus vivendi.

mofette /mə'fet/ (*franc.*), *n.* (*geol.*) mofeta.

mog /mɒg, *USA* mɔːg/, **moggy** /'mɒgɪ, *USA* 'mɔːgɪ/, *n.* (*fam. scherz.*) gatto; micio.

mogul /'məʊgl, -ʌl, -ʊl, məʊ'gʌl/, *n.* (*sci*) gobba.

Mogul /'məʊgl, -ʌl, -ʊl, məʊ'gʌl/, *n.* *1* (*stor.*) mogol; conquistatore mongolo dell'India: **the Great** (*o* **the Grand**) **M.**, il Gran Mogol *2* – (*fig.*) **m.**, pezzo grosso; magnate. ● **movie moguls**, i grandi produttori cinematografici.

mohair /'məʊheə(r)/, *n.* (*ind. tess.*) *1* mohair *2* filato (*o* tessuto) di mohair.

Mohammed /məʊ'hæmɪd/, *n.* (*stor.*) Maometto.

Mohammedan /məʊ'hæmɪdən/, *a.* e *n.* maomettano.

Mohammedanism /məʊ'hæmɪdənɪzəm/, *n.* (*relig., polit.*) maomettismo; islamismo.

to **Mohammedanize** /məʊ'hæmɪdənaɪz/, *v. t.* rendere maomettano; islamizzare.

Mohican /məʊ'hiːkən, 'məʊɪ-/, *a.* e *n.* (*pl.* **Mohican, Mohicans**) (*stor. USA*) moicano, mohicano.

moiety /'mɔɪətɪ/, *n.* *1* (*leg.*) metà *2* (*per estens.*) parte; porzione.

to **moil** /mɔɪl/, *v. i.* – (*nella locuz.*) **to toil and m.**, sgobbare come un mulo.

moire /mwɑː(r), *USA* mwɑː(r), mɔː(r)/, *n.* (*ind. tess.*) amoerro; moire; stoffa (*specialm.* seta) marezzata.

moiré /'mwɑːreɪ, *USA* mwɑː'reɪ, mɔː-/ (*franc.*), **A** *a.* (*di tessuto*) marezzato. **B** *n.* *1* marezzatura *2* *V.* **moire**. ● (*ottica*) **m. effect**, effetto moiré.

moist /mɔɪst/, *a.* *1* umido; umidiccio; madido: **m. winds**, venti umidi *2* (*di tempo*) umido; piovoso *3* (*med.*) essudante; essudativo. ● **to grow m.**, inumidirsi: **Her eyes grew m.**, le si inumidirono gli occhi.

to **moisten** /'mɔɪsn/, **A** *v. t.* inumidire; umettare: **to m. one's lips**, inumidirsi le labbra. **B** *v. i.* inumidirsi; diventare umido.

moistness /'mɔɪstnəs/, *n.* umidità.

moisture /'mɔɪstʃə(r)/, *n.* umidità; umido; umidezza; umidore (*lett.*). ● (*tecn.*) **m. meter**, misuratore dell'umidità ◻ (*tecn.*) **m. tester**, *V.* **m. meter** ◻ **There's some m. on the windscreen**, il parabrezza è appannato.

to **moisturize** /'mɔɪstʃəraɪz/, *v. t.* *1* umidificare *2* (*cosmesi*) idratare.

moisturizer /'mɔɪstʃəraɪzə(r)/, *n.* (*cosmesi*) idratante.

moisturizing /'mɔɪstʃəraɪzɪŋ/, *a.* (*cosmesi*) idratante: **m. cream**, crema idratante.

mojo /'məʊdʒəʊ/, *n.* (*pop. USA*) *1* amuleto; sacchetto d'erbe contro il malocchio *2* droga *3* drogato.

moke /məʊk/, *n.* (*pop.*) asino; ciuco; somaro.

molal /'məʊləl/, *a.* (*chim., fis.*) molale.

molality /məʊ'lælətɪ/, *n.* (*chim., fis.*) molalità.

molar (**1**) /'məʊlə(r)/, (*anat.*) **A** *a.* molare: **a m. tooth**, un (dente) molare **B** *n.* molare.

molar (**2**) /'məʊlə(r)/, *a.* (*chim., fis.*) molare: **m. solution**, soluzione molare.

molarity /məʊ'lærətɪ/, *n.* (*chim., fis.*) molarità.

molasse /mə'læs/, *n.* (*geol.*) molassa.

molasses /mə'læsɪz/, *n. pl.* (*col verbo al sing.*) melassa.

mold /məʊld/, e *deriv.* (*USA*) *V.* **mould**, e *deriv.*

Moldavian /mɒl'deɪvɪən/, *a.* e *n.* moldavo.

moldboard /'məʊldbɔːd/, (*USA*) *V.* **mouldboard**.

moldy /'məʊldɪ/, *a.* (*USA*) *V.* **mouldy**. ● (*pop.*) **m. fig**, individuo antiquato; matusa (*pop.*).

mole (**1**) /məʊl/, *n.* (*med.*) mola; nevo pigmentoso.

mole (**2**) /məʊl/, *n.* *1* (*zool., Talpa*) talpa *2* (*fig.*) talpa: **There must be a m. in the Ministry**, ci dev'essere una talpa nel Ministero *3* (*tecn.*) macchina per scavo di gallerie; talpa (*fam.*). ● (*zool.*) **m. cricket** (*Gryllotalpa gryllotalpa*), grillotalpa ◻ **as blind as a m.**, cieco come una talpa.

mole (**3**) /məʊl/, *n.* molo foraneo; frangiflutti.

mole (**4**) /məʊl/, *n.* (*chim.*) mole; grammomolecola.

molecular /mə'lekjʊlə(r)/, *a.* (*chim., fis.*) molecolare: **m. binding**, legame molecolare; **m. weight**, peso molecolare.

molecularity /məlekjʊ'lærətɪ/, *n.* (*chim., fis.*) molecolarità.

molecule /'mɒlɪkjuːl/, *n.* *1* (*fis., chim.*) molecola *2* (*fig.*) molecola; particella minima.

molehill /'məʊlhɪl/, *n.* rialzo di terra sopra una galleria di talpa. ● **to make a mountain out of a m.**, fare d'una mosca un elefante.

moleskin /'məʊlskɪn/, *n.* *1* pelle di talpa (*usata come pelliccia*) *2* (*ind. tess.*) fustagno che imita il pelo di talpa; «can barbone» *3* (*pl.*) calzoni di fustagno.

to **molest** /mə'lest/, *v. t.* molestare; disturbare; infastidire; seccare.

molestation /məʊle'steɪʃn/, *n.* molestia; azione molesta.

molester /mə'lestə(r)/, *n.* molestatore, molestatrice. ● **a girl m.**, un molestatore di ragazze.

Molinism /'mɒlɪnɪzəm/, *n.* (*stor., relig.*) molinismo.

Molinist /'mɒlɪnɪst/, *n.* (*stor., relig.*) molinista.

moll /mɒl, *USA* mɔːl, mɒl/, *n.* (*pop.*) *1* amante d'un gangster *2* prostituta; battona (*pop.*) *3* donna, ragazza (*in genere*).

Moll /mɒl, *USA* mɔːl, mɒl/, *n.* (*dim. di* **Mary**) Marietta; Mariuccia; Mariolina.

mollification /mɒlɪfɪ'keɪʃn/, *n.* *1* ammollimento *2* addolcimento; lenimento; mitigazione *3* rabbonimento.

mollifier /'mɒlɪfaɪə(r)/, *n.* *1* chi rabbonisce; chi mette pace *2* (*farm.*) emolliente; calmante.

to **mollify** /'mɒlɪfaɪ/, *v. t.* *1* ammollire; ammorbidire *2* addolcire; calmare; lenire; placare; mitigare: **to m. sb.'s anger**, placare l'ira di q. *3* rabbonire.

mollusc /'mɒləsk, -ʌsk/, *n.* (*zool.*) mollusco.

molluscan /mə'lʌskən, mɒ-/, *a.* (*zool.*) dei molluschi.

molluscoid /mə'lʌskɔɪd, mɒ-/, *a.* e *n.* (*zool.*) molluscoide.

molluscous /mə'lʌskəs, mɒ-/, *a.* (*zool.*) dei molluschi.

mollusk /'mɒləsk/, (*USA*) *V.* **mollusc**.

molly /'mɒlɪ, *USA* 'mɔː-, 'mɒ-/, *n.* (= **mollycoddle**) *1* persona debole, effeminata, smidollata *2* (*fam.*) cocco di mamma.

Molly /'mɒlɪ, *USA* 'mɔː-, 'mɒ-/, *V.* **Moll**.

to **mollycoddle** /'mɒlɪkɒdl/, *v. t.* coccolare; vezzeggiare; viziare.

Moloch /'məʊlɒk, 'mɒlək/, *n.* *1* (*mitol.*) Moloc (*feroce divinità fenicia, anche fig.*) *2* (*zool., Moloch horridus*) moloc; diavolo spinoso.

Molossian (**dog**) /mə'lɒʃən(dɒg, *USA* -dɔːg)/, *n.* molosso (*cane*).

molossus /mə'lɒsəs, mɒ-/, *n.* (*pl.* **molossi**) (*poesia*) molosso (*piede di tre sillabe lunghe*).

Molotov cocktail /'mɒlətɒf'kɒkteɪl, *USA* -tɔːf-, 'məʊ-, 'mɔː-/, *n.* bottiglia molotov; molotov.

molt /məʊlt/, (*USA*) *V.* **moult**.

molten /'məʊltən/, *a.* *1* fuso: **m. steel**, acciaio fuso *2* di metallo fuso: **a m. statue**, una statua di metallo fuso. ● (*geol.*) **m. rocks**, rocce fuse.

molto /'mɒltəʊ, *USA* 'məʊl-, 'mɔːl-/ (*ital.*), *avv.* (*mus.*) molto.

Moluccas (**the**) /mə'lʌkəz/, *n. pl.* (*geogr.*) le Molucche.

moly /'məʊlɪ/, *n.* *1* (*mitol.*) moli *2* (*bot., Allium moly*) aglio dai fiori gialli.

molybdate /mə'lɪbdeɪt/, *n.* (*chim.*) molibdato.

molybdenite /mə'lɪbdɪnaɪt/, *n.* (*miner.*) molibdenite.

molybdenum /mə'lɪbdɪnəm/, *n.* (*chim.*) molibdeno.

molybdic /mə'lɪbdɪk/, *a.* (*chim.*) molibdico.

mom /mɒm/, *n.* (*fam. USA*) mamma; mammina. ● (*di un negozio*) **mom-and-pop**, a conduzione familiare.

moment /'məʊmənt/, *n.* *1* momento; attimo; istante: **Please wait a m.**, aspetta un momento!; **Just a m.!**, un momento!; **I don't think it's the m. to tell him**, non credo sia il momento di parlargliene *2* (*lett.*) importanza; peso (*fig.*): **a matter of great m.**, una faccenda di grande importanza; **It is of no m.**, non ha alcuna importanza *3* (*fis., mecc., stat.*) momento: **m. of inertia**, momento d'inerzia; **bending m.**, momento flettente. ● (*fig.*) **the m. of truth**, il momento della verità ◻ **the** (**very**) **m.** (**that**), appena, non appena: **I came the very m. I heard of it**, venni appena lo seppi ◻ (**at**) **any m.**, in qualsiasi momento; da un momento all'altro ◻ **at the m.**, al momento; ora; adesso ◻ **at odd moments**, nei ritagli di tempo ◻ **at this m.**, in questo momento; per il momento ◻ **for the m.**, momentaneamente; per il momento ◻ **in a m.**, in un momento; in un attimo; a momenti; fra breve ◻ (*fig.*) **the man of the m.**, l'uomo del momento ◻ (*lett.*) **a matter of m.**, una faccenda importante ◻ **not for a m.!**, giammai!; mai e poi mai! ◻ **things of the m.**, attualità ◻ **to the m.**, con esattezza, con precisione; con puntualità assoluta ◻ **Come this m.**, vieni subito! ◻ **Wait half a m.**, aspetta un attimo!

momentarily /'məʊməntrəlɪ, *USA* məʊmən'terəlɪ/, *avv.* *1* al momento; momentaneamente; per un po' *2* (*USA*) a momenti; fra breve; tra un po'.

momentariness /'məʊməntrɪnəs, *USA* -terɪ-/, *n.* l'esser momentaneo; transitorietà.

momentary /'məʊməntrɪ, *USA* -terɪ/, *a.* *1* momentaneo; passeggero; transitorio *2* (*raro*) istantaneo; immediato.

momentous /mə'mɛntəs, məʊ-/, *a.* di grande importanza; grave; importantissimo: **a m. decision**, una grave decisione; **m. news**, notizie importantissime. || **-ly**, *avv.* || **-ness**, *sost.*

momentum /mə'mɛntəm, məʊ-/, *n.* (*pl.* **momenta, momentums**) ***1*** (*fis., mecc.*) quantità di moto; momento cinematico ***2*** (*fig.*) velocità: **to gather m.**, acquistare velocità; accelerare ***3*** (*fig.*) impeto; slancio: **After 1848 the struggle for independence gained m.**, dopo il 1848 la lotta per l'indipendenza acquistò slancio.

momism /'mɒmɪzəm/, *n.* (*USA*) mammismo.

momma /'mɒmə/, *n.* ***1*** (*fam. USA*) mamma; mammina ***2*** (*pop.*) donna.

mommy /'mɒmɪ/, *n.* (*fam. USA*) mamma; mammina.

Momus /'məʊməs/, *n.* ***1*** (*mitol.*) Momo ***2*** – (*fig.*) **m.**, critico malevolo.

monac(h)al /'mɒnəkl/, *a.* monacale; monastico.

monachism /'mɒnəkɪzəm/, *n.* (*stor., relig.*) monachesimo; monachismo.

monad /'mɒnæd, 'məʊ-/, *n.* (*filos., biol., chim.*) monade.

monadelphous /mɒnə'dɛlfəs/, *a.* (*bot.*) monadelfo.

monadic(al) /mɒ'nædɪk(l), mə-/, *a.* (*filos., scient.*) monadico.

monadism /'mɒnədɪzəm/, *n.* (*filos.*) monadismo.

monandrous /mə'nændrəs/, *a.* (*bot.*) monandro.

monandry /mə'nændrɪ/, *n.* (*bot.*) monandria.

monarch /'mɒnək/, *n.* ***1*** monarca; sovrano; re, regina (*anche fig.*): **the m. of all beasts**, il re degli animali; il leone; **the m. of the forest**, la regina della foresta; la quercia ***2*** (*zool., Danaus plexippus*) monarca.

monarchal /mə'nɑːkl, mɒ-/, *a.* di (*o* da) monarca; regale.

monarchic(al) /mə'nɑːkɪk(l), mɒ-/, *a.* monarchico. || **-ally**, *avv.*

monarchism /'mɒnəkɪzəm/, *n.* monarchismo.

monarchist /'mɒnəkɪst/, *a.* e *n.* monarchico.

monarchy /'mɒnəkɪ/, *n.* monarchia: **constitutional** (*o* **limited**) **m.**, monarchia costituzionale.

monastery /'mɒnəstrɪ, *USA* -terɪ/, *n.* convento, monastero (*specialm. di frati*).

monastic /mə'næstɪk/, **A** *a.* (*anche fig.*) monastico: **m. vows**, voti monastici. **B** *n.* monaco.

monastical /mə'næstɪkl/, *a.* monastico. || **-ly**, *avv.*

monasticism /mə'næstɪsɪzəm/, *n.* ***1*** monacato; vita monastica ***2*** *V.* **monachism**.

monatomic /mɒnə'tɒmɪk/, *a.* (*chim.*) monoatomico.

monaural /mə'nɔːrəl/, *a.* (*di disco fonografico, ecc.*) monoaurale; monofonico; mono.

monazite /'mɒnəzaɪt/, *n.* (*miner.*) monazite.

Monday /'mʌndeɪ, -dɪ/, *n.* lunedì. ● (*gergo studentesco*) **Black M.**, il lunedì nero (*letteralm.*); il primo giorno del trimestre (*dopo le vacanze*) ▫ **Easter M.**, il lunedì dell'Angelo; Pasquetta (*fam.*).

Mondayish /'mʌndɪɪʃ/, *a.* (*fam.*) spossato, svogliato, riluttante a riprendere il lavoro (*dopo il week-end*).

moneme /'məʊniːm, 'mɒn-/, *n.* (*ling.*) monema.

monetarism /'mʌnɪtərɪzəm, 'mɒn-/, *n.* (*econ.*) monetarismo.

monetarist /'mʌnɪtərɪst, 'mɒn-/, *n.* (*econ.*) monetarista.

monetary /'mʌnɪtrɪ, 'mɒn-, *USA* -terɪ/, *a.* (*econ., fin.*) monetario; valutario: **m. agreement**, accordo monetario; **m. base**, base monetaria; **m. deflation**, deflazione monetaria; **m. management** (*o* **m. policy**), politica monetaria; **m. reserves**, riserve valutarie; (*stor.*) **m. snake**, serpente monetario; **m. tempest**, bufera monetaria; **m. unit**, unità monetaria (*di un paese*); **m. upheaval**, terremoto monetario. ● (*leg.*) **m. consideration**, corrispettivo in denaro ▫ (*fin.*) **m. liquidity**, liquidità finanziaria ▫ (*leg.*) **m. penalty**, pena pecuniaria ▫ **m. squeeze**, *V.* **money squeeze**.

monetization /mʌnɪtaɪ'zeɪʃn, mɒn-, *USA* -tɪ-'z-/, *n.* (*fin.*) ***1*** monetizzazione ***2*** monetazione.

to **monetize** /'mʌnɪtaɪz, 'mɒn-/, *v. t.* (*fin.*) ***1*** monetizzare ***2*** monetare.

money /'mʌnɪ/, *n.* ***1*** moneta; denaro; valuta; quattrini; soldi (*fam.*): **I'm short of m.**, sono a corto di soldi; **to make m.**, fare soldi; **paper m.**, moneta cartacea; cartamoneta; banconote; **hard m.**, moneta metallica; monete; **to make m.**, accumulare denaro; far quattrini; **ready m.**, denaro contante; contanti; **silver m.**, valuta in argento ***2*** (*fin.*) fondi; ricchezza: **public m.**, fondi pubblici ***3*** (*pl.*) (*leg.* o *arc.*) somme di denaro; importi. ● (*fin.*) **m. at call** (*o* **at short notice**), denaro a vista (*o* a breve preavviso) ▫ (*market.*) **m.-back guarantee**, garanzia di rimborso ▫ (*fin.*) **m. balances**, saldi monetari ▫ **m. bag**, borsa (*per il denaro*) ▫ **m. belt**, cintura per (portare addosso) denaro (*nascosto*) ▫ (*polit.*) **m. bill**, legge finanziaria ▫ (*fin.*) **m.-broker**, intermediario di credito; (*USA*) cambiavalute ▫ (*fam.*) **m. for jam**, denaro guadagnato senza fatica ▫ **m.-grubber**, persona avida di denaro; arraffone, arraffona ▫ **m.-grubbing**, cupidigia (*o* avidità) di denaro ▫ (*banca, fam.*) **m. managing**, gestione patrimoniale ▫ (*fin.*) **m. market**, mercato monetario ▫ (*nelle domande d'impiego e sim.*) **m. no question**, miti pretese ▫ (*econ.*) **m. of account**, moneta (*o* valuta) di conto ▫ **m. of exchange**, moneta di cambio ▫ **m. order**, mandato, ordine di pagamento; vaglia postale ▫ (*specialm. USA*) **m. politics**, la politica condizionata dal denaro ▫ (*market.*) **m. refund**, ristorno ▫ (*fin., in G.B.*) **m. shop**, agenzia finanziaria ▫ **m.-spider**, ragno portafortuna ▫ (*fig.: d'azienda, ecc.*) **m.-spinner**, miniera d'oro ▫ (*econ.*) **a m. squeeze**, una stretta creditizia ▫ (*econ.*) **m. supply**, offerta di denaro; massa finanziaria, disponibilità di capitali ▫ **m. transfer**, bonifico bancario; bancogiro ▫ (*fam.*) **any m.**, quel che vuoi (*o* l'osso del collo, *o* la testa): **I'll bet you any m. that...**, scommetto la testa che... ▫ **to coin m.**, batter moneta; (*fig.*) far quattrini, arricchire alla svelta ▫ **for m.**, in contanti ▫ **to get one's m.'s worth**, spender bene il proprio denaro ▫ (*fam.*) **to be made of m.**, essere ricco sfondo ▫ **to marry m.**, fare un matrimonio d'interesse ▫ **to pay m. down**, pagare in contanti (*o* a pronta cassa) ▫ **to put m. into**, investire denaro in ▫ **to put m. on**, scommettere su ▫ **to put m. to interest**, impiegar denaro; mettere denaro a frutto ▫ (*fam.*) **to be rolling in m.**, essere ricco sfondo; nuotare nell'oro ▫ (*di una persona*) **to be worth a lot of m.**, essere ricchissimo ▫ (*pop.*) **He's in the m.**, è pieno di soldi ▫ **There is [was] m. in it**, c'è [c'era] del denaro da guadagnare (nell'affare); c'è [c'era] da fare dei soldi (*fam.*) ▫ (*fig.*) **It's not every man's m.**, la cosa non ha per tutti lo stesso valore ▫ **Your m. or your life!**, o la borsa o la vita! ▫ (*fig.*) **to mint m.**, fare soldi a palate ▫ (*prov.*) **Time is m.**, il tempo è denaro ▫ (*prov.*) **M. talks**; **M. makes the mare to go** (*arc.*), con il denaro si fa tutto; basta ungere le ruote.

moneybags /'mʌnɪbægz/, *n.* (*fam. spreg.*) riccone; (uno) ricco sfondo.

moneybox /'mʌnɪbɒks/, *n.* cassetta salvadanaio.

moneychanger /'mʌnɪtʃeɪndʒə(r)/, *n.* (*fin.*) cambiavalute.

moneyed /'mʌnɪd/, *a.* ***1*** danaroso; ricco: **a m. tourist from the U.S.A.**, un danaroso turista americano ***2*** in denaro; finanziario: **m. assistance**, aiuti in denaro; **m. resources**, risorse finanziarie. ● **the m. interest**, la classe capitalistica.

moneylender /'mʌnɪlɛndə(r)/, *n.* (*fin.*) ***1*** prestatore di denaro; finanziatore ***2*** (*in G.B.*) mutuante ***3*** (*in U.S.A.*) prestatore su pegno (*cfr.* **pawnbroker**).

moneylending /'mʌnɪlɛndɪŋ/, *n.* (*fin.*) il prestare denaro; (attività di) finanziamento.

moneyless /'mʌnɪləs/, *a.* senza denaro; povero; squattrinato, senza un soldo (*pop.*).

moneymaker /'mʌnɪmeɪkə(r)/, *n.* ***1*** chi è bravo a far soldi ***2*** cosa che rende bene.

moneymaking /'mʌnɪmeɪkɪŋ/, **A** *n.* il fare soldi. **B** *a.* redditizio; proficuo.

moneyquake /'mʌnɪkweɪk/, *n.* (*fam. USA*) terremoto monetario.

moneywort /'mʌnɪwɜːt/, *n.* (*bot., Lysimachia nummularia*) nummularia; erba soldina.

monger /'mʌŋgə(r), *USA* 'mɒ-/, *n.* mercante; commerciante; negoziante; venditore (*soprattutto nei composti*; *per es.*: **fishmonger**, pescivendolo).

Mongol /'mɒŋgl/, *a.* e *n.* mongolo.

mongol /'mɒŋgl/, *n.* (*pop. spreg.*) mongoloide; mongolo (*pop. spreg.*); scemo.

Mongolian /mɒŋ'gəʊlɪən/, **A** *a.* mongolico. **B** *n.* ***1*** mongolo ***2*** *V.* **Mongolic**.

Mongolic /mɒŋ'gɒlɪk/, **A** *a.* mongolico. **B** *n.* mongolo (*la lingua*).

mongolism /'mɒŋgəlɪzəm/, *n.* (*med.*) mongolismo; sindrome di Down.

Mongoloid /'mɒŋgəlɔɪd/, *a.* e *n.* ***1*** (*antropol.*) mongoloide ***2*** – (*med.*) **m.**, mongoloide.

mongoose /'mɒŋguːs, 'mʌ-/, *n.* (*pl.* **mongooses**) (*zool.*) ***1*** (*Herpestes nyula*) mangusta ***2*** (*Lemur mongoz*) machi mongoz; mongoz.

mongrel /'mʌŋgrəl/, **A** *n.* ***1*** cane bastardo ***2*** (*bot., zool.*) bastardo; ibrido; incrocio. **B** *a. attr.* di razza mista; ibrido.

mongrelism /'mʌŋgrəlɪzəm/, *n.* (*bot., zool.*) l'essere bastardo; ibridismo.

to **mongrelize** /'mʌŋgrəlaɪz/, *v. t.* imbastardire; ibridare.

'mongst /mʌŋst/, (*poet.*) *V.* **amongst**.

monies /'mʌnɪz/, *n. pl.* (*fin.*) somme di denaro; fondi: **public m.**, fondi pubblici.

moniliform /mə'nɪlɪfɔːm/, *a.* (*specialm. bot.* e *zool.*) moniliforme.

monism /'mɒnɪzəm/, *n.* (*filos.*) monismo.

monist /'mɒnɪst/, *n.* (*filos.*) monista.

monistic(al) /mə'nɪstɪk(l), mɒ-/, *a.* (*filos.*) monistico.

monition /məʊ'nɪʃn/, *n.* ***1*** ammonizione (*anche relig.*); avvertimento; preavviso (*d'un pericolo*) ***2*** (*leg.*) citazione; mandato di comparizione.

monitor /'mɒnɪtə(r)/, *n.* ***1*** (*nelle scuole*) capoclasse; monitore ***2*** (*naut., mil.*) monitore; pontone armato ***3*** (*zool., Varanus*) varano ***4*** (*elettron., radio, TV*) monitor; avvisatore; dispositivo di controllo ***5*** (*tecn.*) addetto al monitor ***6*** (*mil., polit.*) addetto all'ascolto delle radiotrasmissioni straniere. ● (*TV*) **m. screen**, monitor.

to **monitor** /'mɒnɪtə(r)/, *v. t.* ***1*** (*in genere*) controllare; sorvegliare ***2*** (*radio, TV*) controllare (*una emittente*), ricevere (*una trasmissione*) col monitor (*V.* **monitor,** *def. 4*) ***3*** (*fis.*) determinare, provare, scoprire (*la radioattività, ecc.*) ***4*** (*elab., TV*) monitorizzare; controllare (*un programma*) in esecuzione.

monitoring /'mɒnɪtrɪŋ/, *n.* (*tecn.*) monitoraggio. ● **m. service**, servizio di ascolto delle radiotrasmissioni straniere.

monitory /'mɒnɪtrɪ, *USA* -tɔːrɪ/, **A** *a.* monitorio; che vale ad ammonire. **B** *n.* (*relig.*) monitorio; lettera monitoria (*per es., d'un vescovo*).

monk /mʌŋk/, *n.* ***1*** monaco; frate ***2*** (*pop. USA*) americano di origine asiatica; cinese. ● (*bot.*) **m.'s-hood** (*Aconitum napellus*), aconito.

monkery /'mʌŋkərɪ/, *n.* (*spreg.*) ***1*** monacato; vita monastica ***2*** monastero; convento ***3*** (*collett.*) monaci, frati; (*spreg.*) fratume.

monkey /'mʌŋkɪ/, *n.* ***1*** (*zool.*) scimmia ***2*** (*mecc.*) mazza battente; battipalo ***3*** (*fig.*

scherz.) bambino discolo; scimmietta (*fig.*): **Young m.!**, scimmietta! *4* (*pop.*) cinquecento sterline (*in G.B.*); cinquecento dollari (*in U.S.A.*) *5* (*pop.*) tossicodipendente; drogato *6* (*ind. min.*) galleria di ventilazione. ● (*bot.*) **m. bread** (*Adansonia digitata*), baobab (*l'albero e il frutto*) □ (*pop.*) **m. business** (*o* **m. trick**), tiro mancino; birbonata; buffonata, pagliacciata □ **m.-house**, gabbia (*o* recinto) delle scimmie □ **m. jacket**, giubba corta e attillata (*portata dai marinai*) □ **m.-nut**, nocciolina americana; arachide □ (*bot.*) **m. puzzle** (*Araucaria araucana*), araucaria del Cile □ (*USA*) **m. spanner**, *V.* **m. wrench** □ (*pop. USA*) **m. suit**, abito da sera □ (*mecc.*) **m. winch**, argano a mano □ (*mecc.*) **m. wrench**, chiave inglese (a rullino) □ (*pop.*) **to get one's m. up**, farsi saltare la mosca al naso; andare in bestia □ (*fig. pop. USA*) **to have a m. on one's back**, avere la scimmia sulla spalla, essere tossicodipendente; covare astio (*o* rancore) □ (*fam.*) **to make a m. (out) of sb.**, far fare a q. la figura dello stupido □ (*pop.*) **to put sb.'s m. up**, far saltare la mosca al naso a q.; mandare in bestia q.

to **monkey** /ˈmʌŋkɪ/, **A** *v. i.* *1* giocare tiri mancini; combinar guai *2* armeggiare; trastullarsi: **Stop monkeying with the controls**, smettila d'armeggiare con i comandi. **B** *v. t.* (*raro*) scimmiottare; imitare.

monkeyish /ˈmʌŋkɪɪʃ/, *a.* scimmiesco; da scimmia.

monkhood /ˈmʌŋkhʊd/, *n.* monacato; vita monacale.

monkish /ˈmʌŋkɪʃ/, *a.* (*spesso spreg.*) di (*o* da) monaco; monacale; fratesco (*spreg.*).

monk-seal /ˈmʌŋksiːl/, *n.* (*zool., Monachus monachus*) foca monaca.

monkship /ˈmʌŋkʃɪp/, *V.* **monkhood**.

mono /ˈmɒnəʊ/, *a.* (*abbr. di* **monaural**) (*di disco, ecc.*) mono; monoaurale, monofonico.

monoacid /mɒnəʊˈæsɪd/, **monoacidic** /mɒnəʊəˈsɪdɪk/, *a.* (*chim.*) monoacido.

monoatomic /mɒnəʊəˈtɒmɪk/, *V.* **monatomic**.

monobasic /mɒnəˈbeɪsɪk/, *a.* (*chim.*) monobasico.

monobloc /ˈmɒnəblɒk/, *n.* (*mecc.*) monoblocco

monocarpic /mɒnəˈkɑːpɪk/, **monocarpous** /mɒnəˈkɑːpəs/, *a.* (*bot.*) monocarpico.

monocentric /mɒnəˈsentrɪk/, *a.* monocentrico.

monochord /ˈmɒnəkɔːd/, *n.* (*mus.*) monocordo.

monochromatic /mɒnəkrəʊˈmætɪk/, *a.* (*fis., arte*) monocromatico.

monochromatism /mɒnəˈkrəʊmətɪzəm/, *n.* (*med.*) monocromatismo.

monochromator /mɒnəˈkrəʊmeɪtə(r)/, *n.* (*fis.*) monocromatore.

monochrome /ˈmɒnəkrəʊm/, **A** *n.* (*arte*) monocromia. **B** *a.* *1* (*ottica*) monocromo *2* (*elettron., TV*) monocromatico: **m. signal**, segnale monocromatico (*o* di luminanza).

monochromic /mɒnəˈkrəʊmɪk/, *a.* (*fis., arte*) monocromatico.

monocle /ˈmɒnəkl/, *n.* monocolo; caramella (*fam.*).

monoclinal /mɒnəˈklaɪnl/, *a.* (*geol.*) monoclinale.

monocline /ˈmɒnəklaɪn/, *n.* (*geol.*) (piega) monoclinale.

monoclinic /mɒnəˈklɪnɪk/, *a.* (*bot., miner.*) monoclino.

monoclinous /mɒnəˈklaɪnəs/, *a.* (*bot.*) monoclino.

monocoque /ˈmɒnəkɒk/, **A** *n.* *1* (*autom.*) monoscocca *2* (*aeron.*) monoguscio. **B** *a. attr.* *1* (*autom.*) monoscocca; a carrozzeria portante: **a m. car**, un'automobile monoscocca *2* (*aeron.*) monoguscio; a struttura integrale.

monocotyledon /mɒnəkɒtɪˈliːdn/, *n.* (*bot.*) monocotiledone.

monocotyledonous /mɒnəkɒtɪˈliːdənəs/, *a.* (*bot.*) monocotiledone.

monocracy /məˈnɒkrəsɪ/, *n.* (*polit.*) monocrazia.

monocular /məˈnɒkjʊlə(r)/, *a.* *1* monocolo; che ha un occhio solo *2* monoculare; da usarsi con un occhio solo *3* (*med.*: *della visione*) monoculare.

monoculture /ˈmɒnəkʌltʃə(r)/, *n.* (*agric.*) monocultura.

monocyte /ˈmɒnəsaɪt/, *n.* (*biol.*) monocito; monocita.

monodactylous /mɒnəˈdæktɪləs/, *a.* (*zool.*) monodattilo.

monodic /məˈnɒdɪk/, *a.* (*mus.*) monodico.

monodist /ˈmɒnədɪst/, *n.* (*mus.*) autore (*o* esecutore) di monodie.

monodrama /ˈmɒnədrɑːmə, *USA* -æmə/, *n.* (*teatr.*) monodramma.

monody /ˈmɒnədɪ/, *n.* (*mus.*) monodia.

monoecious /məˈniːʃəs/, *a.* *1* (*bot.*) monoico *2* (*zool.*) monoecio; androgino; ermafrodita.

monogamic /mɒnəˈgæmɪk/, *a.* (*scient.*) monogamico.

monogamist /məˈnɒgəmɪst/, *n.* monogamo.

monogamous /məˈnɒgəməs/, *a.* monogamo.

monogamy /məˈnɒgəmɪ/, *n.* monogamia.

monogenesis /mɒnəˈdʒenəsɪs/, *n.* (*scient.*) monogenesi.

monogenetic /mɒnədʒəˈnetɪk/, *a.* (*scient.*) monogenetico.

monogenism /məˈnɒdʒənɪzəm/, *n.* (*scient.*) monogenismo.

monogeny /məˈnɒdʒənɪ/, *n.* (*scient.*) monogenesi.

monogram /ˈmɒnəgræm/, *n.* monogramma.

to **monogram** /ˈmɒnəgræm/, *v. t.* mettere il monogramma su (q.c.).

monogrammatic(al) /mɒnəgrəˈmætɪk(l)/, *a.* monogrammatico.

monogrammed /ˈmɒnəgræmd/, *a.* con il monogramma; con le cifre: **m. linen**, biancheria con le cifre.

monograph /ˈmɒnəgrɑːf, *USA* -æf/, *n.* monografia.

to **monograph** /ˈmɒnəgrɑːf, *USA* -æf/, *v. t.* scrivere una monografia su (*un autore, un personaggio, un argomento, ecc.*).

monographer /məˈnɒgrəfə(r)/, *n.* monografista.

monographic(al) /mɒnəˈgræfɪk(l)/, *a.* monografico.

monographist /məˈnɒgrəfɪst/, *n.* monografista.

monogynous /məˈnɒdʒɪnəs/, *a.* (*bot.*) monogino.

monohull /ˈmɒnəhʌl/, *n.* (*naut.*) monoscafo.

monohydrate /mɒnəˈhaɪdreɪt/, *n.* (*chim.*) monoidrato.

monoideism /mɒnəˈaɪdɪɪzəm/, *n.* (*psic.*) monoideismo.

monokini /mɒnəˈkiːnɪ/, *n.* monokini (*costume da bagno*).

monolingual /mɒnəˈlɪŋgwəl/, *a.* (*ling.*) monolingue. ● **being m.**, monolinguismo.

monolith /ˈmɒnəlɪθ/, *n.* *1* monolito *2* (*costr.*) blocco monolitico.

monolithic /mɒnəˈlɪθɪk/, *a.* monolitico. || **-ally**, *avv.*

monological /mɒnəˈlɒdʒɪkl/, *a.* di monologo.

monologist /məˈnɒlədʒɪst/, *n.* chi monologa; chi recita monologhi.

to **monologize** /məˈnɒlədʒaɪz/, *v. i.* monologare.

monologue /ˈmɒnəlɒg, *USA* -ɔːg/, *n.* monologo; soliloquio.

monomania /mɒnəˈmeɪnɪə/, *n.* (*psic.*) monomania.

monomaniac /mɒnəˈmeɪnɪæk/, *n.* (*psic.*) monomane.

monomaniacal /mɒnəməˈnaɪəkl/, *a.* e *n.* (*psic.*) monomaniaco.

monomer /ˈmɒnəmə(r)/, *n.* (*chim.*) monomero.

monometallic /mɒnəmɪˈtælɪk/, *a.* (*econ.*) monometallico.

monometallism /mɒnəˈmetəlɪzəm/, *n.* (*econ.*) monometallismo.

monometric /mɒnəˈmetrɪk/, *a.* (*miner.*) monometrico.

monomial /məˈnəʊmɪəl/, **A** *n.* (*mat.*) monomio. **B** *a.* (*mat.*) di monomio; monomiale.

monomolecular /mɒnəməˈlekjʊlə(r)/, *a.* (*chim.*) monomolecolare.

monomorphic /mɒnəˈmɔːfɪk/, **monomorphous** /mɒnəˈmɔːfəs/, *a.* (*scient.*) monomorfo.

monomorphism /mɒnəˈmɔːfɪzəm/, *n.* (*scient.*) monomorfismo.

mononuclear /mɒnəˈnjuːklɪə(r), *USA* -ˈnuː-/, *a.* (*biol.*) mononucleare; mononucleato.

mononucleosis /mɒnənjuːklɪˈəʊsɪs, *USA* -nuː-/, *n.* (*pl.* **mononucleoses**) (*med.*) mononucleosi; malattia del bacio (*fam.*).

monoovular /mɒnəˈɒvjʊlə(r)/, *a.* (*biol.*) monovulare; monozigote.

monopetalous /mɒnəˈpetələs/, *a.* (*bot.*) monopetalo.

monophagous /məˈnɒfəgəs/, *a.* (*zool.*) monofago: **m. insects**, insetti monofagi.

monophagy /məˈnɒfədʒɪ/, *n.* (*zool.*) monofagia.

monophonic /mɒnəˈfɒnɪk/, *a.* (*di disco, ecc.*) monofonico; monoaurale: **a m. recorder**, un registratore monofonico.

monophthong /ˈmɒnəfθɒŋ, *USA* -ɔːŋ/, *n.* (*fon.*) monottongo.

Monophysite /məˈnɒfɪsaɪt/, *n.* (*stor., relig.*) monofisita.

Monophysitic /mɒnəfɪˈsɪtɪk, *USA* mənɒf-/, *a.* (*relig.*) monofisitico; monofisita.

Monophysitism /məˈnɒfɪsaɪtɪzəm/, *n.* (*relig.*) monofisismo.

monoplane /ˈmɒnəpleɪn/, *n.* (*aeron.*) monoplano.

monopolist /məˈnɒpəlɪst/, *n.* *1* (*econ.*) monopolista; (*anche*) fautore dei monopoli *2* (*spreg.*) accaparratore; incettatore.

monopolistic /mənɒpəˈlɪstɪk/, *a.* (*econ.*) monopolistico.

monopolization /mənɒpəlaɪˈzeɪʃn, *USA* -lɪˈz-/, *n.* (*econ., anche fig.*) monopolizzazione.

to **monopolize** /məˈnɒpəlaɪz/, *v. t.* (*econ., anche fig.*) monopolizzare: **to m. the oil market**, monopolizzare il mercato del petrolio; **to m. the attention of one's guests**, monopolizzare l'attenzione dei propri ospiti.

monopolizer /məˈnɒpəlaɪzə(r)/, *n.* (*econ., anche fig.*) monopolizzatore.

monopoly /məˈnɒpəlɪ/, *n.* *1* (*econ.*) monopolio *2* (*fig.*) monopolio; esclusiva: **Nobody has a m. on truth**, nessuno ha il monopolio della verità. ● (*econ.*) **m. price**, prezzo monopolistico (*o* di monopolio) □ (*econ.*) **m. profit** (*o* **surplus**); rendita monopolistica □ **under a m. system**, in regime di monopolio.

Monopoly /məˈnɒpəlɪ/, *n.* (*marchio*) monopoli (*gioco*).

monopsonist /məˈnɒpsənɪst/, *n.* (*econ.*) monopsonista.

monopsonistic /mənɒpsəˈnɪstɪk/, *a.* (*econ.*) monopsonistico.

monopsony /məˈnɒpsənɪ/, *n.* (*econ.*) monopsonio.

monorail /ˈmɒnəreɪl/, *n.* (*tecn.*) *1* monorotaia *2* ferrovia soprelevata a monorotaia.

monosaccharide /mɒnəˈsækəraɪd/, *n.* (*chim.*) monosaccaride.

monoscope /ˈmɒnəskəʊp/, *n.* (*TV*) monoscopio (*il tubo*). ● **m. signal**, monoscopio (*l'immagine*).

monosemic /mɒnəˈsiːmɪk/, *a.* (*ling.*) monosemico.

monosemy /ˈmɒnəsiːmɪ/, *n.* (*ling.*) monosemia.

monosepalous /mɒnəˈsepələs/, *a.* (*bot.*) monosepalo; gamosepalo.

monosexual /mɒnəˈsekʃʊəl/, *a.* (*biol.*) monosessuale.

monosome /ˈmɒnəsəʊm/, *n.* (*biol.*) monosoma.
monosomy /ˈmɒnəsəʊmɪ/, *n.* (*biol.*) monosomia.
monospermous /mɒnəˈspɜːməs/, *a.* (*bot.*) monospermo.
monostable /mɒnəˈsteɪbl/, *a.* (*elettron.*) monostabile.
monostich /ˈmɒnəstɪk/, *n.* e *a.* (*poesia*) monostico.
monostrophic /mɒnəˈstrɒfɪk/, *a.* (*poesia*) monostrofico.
monosyllabic(al) /mɒnəsɪˈlæbɪk(l)/, *a.* monosillabico; monosillabo.
monosyllabism /mɒnəˈsɪləbɪzəm/, *n.* ***1*** l'essere monosillabico ***2*** uso di monosillabi.
monosyllable /ˈmɒnəsɪləbl/, *n.* monosillabo.
monotheism /ˈmɒnəθiːɪzəm/, *n.* (*relig.*) monoteismo.
monotheist /ˈmɒnəθiːɪst/, *n.* (*relig.*) monoteista.
monotheistic /mɒnəθiːˈɪstɪk/, *a.* (*relig.*) monoteista; monoteistico.
monotint /ˈmɒnətɪnt/, *n.* (*arte*) monocromia.
monotone /ˈmɒnətəʊn/, **A** *n.* monotonia; tono uniforme: **to read in a m.**, leggere con monotonia. **B** *a.* (*anche mus.*) monotono.
monotonic /mɒnəˈtɒnɪk/, *a.* ***1*** (*mus.*) monocorde ***2*** (*mat.*) monotòno: **m. function**, funzione monotòna.
to **monotonize** /məˈnɒtənaɪz/, *v. t.* rendere monotono.
monotonous /məˈnɒtənəs/, *a.* monotono; uniforme; noioso: **a m. voice**, una voce monotona; **a m. diet**, una dieta monotona. || **-ly**, *avv.* || **-ness**, *sost.*
monotony /məˈnɒtənɪ/, *n.* monotonia.
monotremes /ˈmɒnətriːmz/, *n. pl.* (*zool.*, *Monotremata*) monotremi.
monotype /ˈmɒnətaɪp/, *n.* ***1*** (*biol.*) monotipo ***2*** (*arte, grafica*) monotipo.
Monotype /ˈmɒnətaɪp/, *n.* (*marchio: tipogr.*) monotype. ● **M. operator**, monotipista.
monotypic /mɒnəˈtɪpɪk/, *a.* (*tipogr.*) monotipico.
monotypist /mɒnəˈtaɪpɪst/, *n.* (*tipogr.*) monotipista.
monovalence /ˈmɒnəveɪləns/, *n.* (*chim.*) monovalenza.
monovalent /ˈmɒnəveɪləns/, *a.* (*chim.* e *med.*) monovalente.
monoxide /məˈnɒksaɪd/, *n.* (*chim.*) monossido. ● **carbon m.**, ossido di carbonio.
monozygotic /mɒnəzaɪˈgɒtɪk/, *a.* (*biol.*) monozigotico: **m. twins**, gemelli monozigotici.
Monsieur /məˈsjɜː(r)/ (*franc.*), *n.* (*pl.* **Messieurs**) Monsieur, Signore (*al vocat.*).
Monsignor /mɒnˈsiːnɪə(r)/ (*ital.*), *n.* (*pl.* **Monsignori, Monsignors**) (*relig.*) Monsignor.
monsoon /mɒnˈsuːn/, *n.* ***1*** monsone ***2*** (*fig.*) diluvio; pioggia torrenziale. ● **m. climate**, clima monsonico □ **m. low**, bassa monsonica.
monsoonal /mɒnˈsuːnl/, *a.* monsonico.
monster /ˈmɒnstə(r)/, **A** *n.* ***1*** (*anche fig.*) mostro: **a m. of egoism**, un mostro d'egoismo ***2*** (*fam. USA*) disco che si vende bene ***3*** (*pop. USA*) droga pesante. **B** *a. attr.* mostruoso; enorme; gigantesco: **a m. whale**, una balena enorme.
monstrance /ˈmɒnstrəns/, *n.* (*relig.*) ostensorio.
monstrosity /mɒnˈstrɒsətɪ/, *n.* ***1*** mostruosità ***2*** cosa mostruosa; mostro.
monstrous /ˈmɒnstrəs/, *a.* ***1*** mostruoso; deforme; orrendo; enorme; atroce: **a m. fetus**, un feto mostruoso; **a m. crime**, un delitto mostruoso; **a m. cloak**, un mantello enorme ***2*** (*fam.*) assurdo; incredibile: **a. m. discussion**, una discussione assurda. || **-ly**, *avv.* || **-ness**, *sost.*
mons veneris /ˈmɒnzˈvenərɪs/ (*lat.*), *n.* (*pl.* **montes veneris**) (*anat.*) monte di Venere.
montage /mɒnˈtɑːʒ, ˈmɒ-, *USA* mɒn-, məʊn-/, *n.* ***1*** (*cinem.*) montaggio ***2*** (*arte, grafica, ecc.*) fotomontaggio.
montane /ˈmɒnteɪn/, *a.* montano: **m. flora**, flora montana.
Mont Blanc /mɒnˈblɒŋ, -ɑːŋ, *USA* məʊn-, mɔːn-/, *n.* (*geogr.*) Monte Bianco.
Montenegrin /mɒntɪˈniːgrɪn/, *n.* e *a.* montenegrino.
month /mʌnθ/, *n.* mese: **calendar m.**, mese civile (*o* solare); **lunar m.**, mese lunare; lunazione. ● **m. in, m. out**, ogni mese □ (*relig.*) **m.'s mind**, messa di trigesimo □ (*scherz.*) **a m. of Sundays**, un'eternità; l'anno del mai □ **m.'s pay**, retribuzione (*o* paga) mensile □ **this day m.**, oggi a un mese; tra un mese □ **this day a m. ago**, un mese fa; è (*o* fa) un mese oggi.
monthly /ˈmʌnθlɪ/, **A** *a.* mensile: **a m. magazine**, una rivista mensile. **B** *n.* ***1*** mensile; pubblicazione (*o* periodico) mensile ***2*** (*pl.*) (*fam.*) mestruazioni. **C** *avv.* mensilmente; ogni mese; al mese. ● **m. allowance**, mesata; mensile □ **m. pay**, paga mensile; mensile □ **m. season ticket**, abbonamento ferroviario mensile.
monticule /ˈmɒntɪkjuːl/, *n.* ***1*** monticello; collinetta ***2*** (*geol.*) cono secondario (*d'un vulcano*).
monument /ˈmɒnjʊmənt/, *n.* ***1*** (*specialm. archit.*) monumento: **ancient monuments**, monumenti antichi; (*fig.*) **a m. of learning**, un monumento di dottrina ***2*** (*raro*) monumento funebre; pietra tombale; lapide ***3*** (*USA*) cippo di confine. ● **the M.**, colonna commemorativa dell'incendio del 1666 (*a Londra*) □ **His work is a m. to science**, la sua opera scientifica è monumentale.
monumental /mɒnjʊˈmentl/, *a.* ***1*** (*anche fig.*) monumentale: **a m. work**, un'opera monumentale ***2*** colossale; enorme; abissale: **m. ignorance**, ignoranza abissale. ● **m. mason**, lapidario; marmista; imprenditore che costruisce cappelle e monumenti funebri. || **-ly**, *avv.*
monumentality /mɒnjʊmənˈtælətɪ, -menˈt-/, *n.* monumentalità.
moo /muː/, *n.* (*pl.* **moos**) ***1*** muggito; mugghio ***2*** (*pop. spreg. arc.*) oca (*fig.*); donnetta; (povera) donnicciola.
to **moo** /muː/, *v. i.* muggire; mugghiare.
mooch /muːtʃ/, *n.* – *nella locuz. pop. USA*: **to be on the m.**, fare lo scroccone.
to **mooch** /muːtʃ/, **A** *v. t.* (*pop.*) ***1*** rubare; sgraffignare ***2*** (*USA*) scroccare: **to m. cigarettes off sb.**, scroccare sigarette a q. **B** *v. i.* ***1*** (*pop. USA*) elemosinare; chiedere soldi (*per comprare droga*) ***2*** – **to m. about**, bighellonare; oziare; gironzolare.
moocher /ˈmuːtʃə(r)/, *n.* (*pop. USA*) ***1*** scroccone ***2*** mendicante ***3*** drogato.
moo-cow /ˈmuːkaʊ/, *n.* mucca (*parola infant.*).
mood (1) /muːd/, *n.* stato d'animo; umore; disposizione; inclinazione: **Our national m. changed after the war**, lo stato d'animo del nostro popolo mutò dopo la guerra; **the m. of the stock exchange**, l'umore della borsa valori; **to be in a happy m.**, essere d'umore allegro (*o* di buonumore); **to be in a bad m.**, essere di cattivo umore; avere la luna (di traverso). ● **to be in a m.** (*o* **in one of one's moods**), essere di cattivo umore □ **to be in a m. to do st.**, aver voglia di (*o* essere disposto a) fare q.c. □ **to be in no m. to do st.**, non aver voglia di (*o* non essere disposto a) fare q.c. □ **to be in no m. for joking**, non essere in vena di scherzi □ **to put sb. in a good m.**, mettere q. di buon umore.
mood (2) /muːd/, *n.* (*gramm.*) modo: **subjunctive m.**, modo congiuntivo.
moody /ˈmuːdɪ/, *a.* ***1*** imbronciato; di malumore; malinconico; triste; cupo ***2*** bizzarro; capriccioso; estroso; lunatico. || **-ily**, *avv.* || **-iness**, *sost.*
moon /muːn/, *n.* ***1*** luna: **waning m.**, luna calante; **Is there a m. tonight?**, c'è la luna questa sera? ***2*** (*astron.*) luna, satellite (*di Giove, di Saturno*) ***3*** (*poet.*) mese ***4*** (*fig.*) globo; sfera ***5*** (*pop.*) sedere. ● (*miss.*) **m. buggy** (*o* **m. car, m. crawler**), veicolo lunare □ **m.-faced**, che ha la faccia di luna piena □ (*miss.*) **m. rover**, veicolo lunare □ (*miss.*) **m. shot**, lancio sulla luna □ **by the light of the m.**, al chiaro di luna □ **to cry** (*o* **to go**) **for the m.**, volere (*o* cercare) la luna □ **a full m.**, luna piena; plenilunio □ **a new m.**, luna nuova; novilunio □ (*fam.*) **once in a blue m.**, a ogni morte di papa; assai di rado □ (*fig.*) **to be over the moon**, essere al settimo cielo □ **to promise the m.**, promettere mari e monti.
to **moon** /muːn/, **A** *v. i.* ***1*** guardare con aria trasognata ***2*** – **to m. about** (*o* **around**), bighellonare, oziare; starsene col naso in aria ***3*** (*miss.*) allunare ***4*** (*pop.*) mostrare il sedere nudo. **B** *v. t.* ***1*** – **to m. away**, sciupare, sprecare (*il tempo, ecc.*) fantasticando ***2*** – **to m. over**, sdilinquirsi, andare in brodo di giuggiole per (*un attore, ecc.*) ***3*** (*pop.*) dileggiare (q.) mostrandogli il sedere nudo.
moonbeam /ˈmuːnbiːm/, *n.* raggio di luna; raggio lunare.
mooncalf /ˈmuːnkɑːf, *USA* -æf/, *n.* (*pl.* **mooncalves**) ***1*** sciocco; imbecille ***2*** fannullone, fannullona ***3*** (*arc.*) mostro.
mooncraft /ˈmuːnkrɑːft, *USA* -æft/, *n.* (*miss.*) astronave (*per esplorazioni lunari*).
moondown /ˈmuːndaʊn/, *n.* (*USA*) *V.* **moonset**.
moonfish /ˈmuːnfɪʃ/, *n.* (*pl.* **moonfish, moonfishes**) (*zool.*) ***1*** pesce dei Molidi (*in genere*) ***2*** (*Mola mola*) pesce luna; tamburo; mola ***3*** (*Lampris regius*) pesce re.
moonflower /ˈmuːnflaʊə(r)/, *n.* (*bot.*) ***1*** (*Chrysanthemum leucanthemum*) margherita ***2*** (*Calonyction aculeatum*) convolvolo notturno; ipomea alba.
moonish /ˈmuːnɪʃ/, *a.* lunatico; bizzarro; capriccioso.
to **moon-land** /ˈmuːnlænd/, *v. i.* (*miss.*) allunare.
moon-landing /ˈmuːnlændɪŋ/, *n.* (*miss.*) allunaggio.
moonless /ˈmuːnləs/, *a.* ***1*** senza luna; illune (*lett.*) ***2*** (*astron.*) senza lune; senza satelliti.
moonlight /ˈmuːnlaɪt/, *n.* ***1*** chiaro di luna: **in the m.**, al chiaro di luna ***2*** (*fam. USA*) *V.* **moonshine**, *def. 3.* ● (*pop.*) **m. flit**, trasloco fatto di notte (*per non pagare l'affitto arretrato*) □ **in a m. night**, in una notte di luna □ **a m. walk**, una passeggiata al chiaro di luna.
to **moonlight** /ˈmuːnlaɪt/, *v. i.* ***1*** (*fam.*) avere (*o* fare) un secondo lavoro ***2*** (*fam. USA*) *V.* **to moonshine**.
moonlighter /ˈmuːnlaɪtə(r)/, *n.* ***1*** chi agisce furtivamente di notte; incursore notturno ***2*** (*fam.*) chi ha (*o* fa) un secondo lavoro.
moonlit /ˈmuːnlɪt/, *a.* illuminato (*o* rischiarato) dalla luna.
moonraker /ˈmuːnreɪkə(r)/, *n.* (*naut.*) uccellina (*vela*).
moonrise /ˈmuːnraɪz/, *n.* il sorgere della luna.
moonrock /ˈmuːnrɒk/, *n.* (*astron.*) roccia lunare.
moonsail /ˈmuːnseɪl/, *V.* **moonraker**.
moonscape /ˈmuːnskeɪp/, *n.* paesaggio lunare (*o* della luna).
moonset /ˈmuːnset/, *n.* tramonto della luna.
moonshine /ˈmuːnʃaɪn/, *n.* ***1*** chiaro di luna ***2*** (*fig.*) idee balzane; progetti strampalati; fesserie; fantasie: **It's all m.**, sono tutte fantasie ***3*** (*fam. USA*) liquore di contrabbando (*whisky, ecc.*; *specialm. distillato alla macchia*).
to **moonshine** /ˈmuːnʃaɪn/, *v. i.* distillare liquore alla macchia.
moonshiner /ˈmuːnʃaɪnə(r)/, *n.* (*fam. USA*) distillatore clandestino (*o* contrabbandiere) di liquore.
moonshiny /ˈmuːnʃaɪnɪ/, *a.* ***1*** illuminato (*o* rischiarato) dalla luna ***2*** (*fig.*) fantastico; visionario; irreale.
moonship /ˈmuːnʃɪp/, *V.* **mooncraft**.
moonshot /ˈmuːnʃɒt/, *n.* (*miss.*) lancio verso

la luna.

moonstone /ˈmuːnstəʊn/, *n.* (*miner.*) pietra di luna; lunaria.

moonstricken /ˈmuːnstrɪkən/, **moonstruck** /ˈmuːnstrʌk/, *a.* (*arc.*) matto; pazzo; tocco; lunatico.

moonwalk /ˈmuːnwɔːk/, *n.* (*miss.*) passeggiata lunare.

moonwalker /ˈmuːnwɔːkə(r)/, *n.* (*miss.*) esploratore lunare.

moonwort /ˈmʊnwɜːt/, *n.* (*bot.*) ***1*** (*Botrychium lunaria*) botrichio ***2*** (*Lunaria annua, Lunaria biennis*) lunaria; medaglia; erba luna; argentina.

moony /ˈmuːnɪ/, *a.* ***1*** lunare; della luna ***2*** lunato; a forma di luna ***3*** (*fam.*) svagato; trasognato; che sta nel mondo della luna ***4*** (*pop.*) matto; pazzo.

moor /mʊə(r), mɔː(r)/, *n.* ***1*** brughiera; landa ***2*** riserva di caccia (in brughiera). ● (*zool.*) **m. game** (*Lagopus scoticus*), pernice bianca di Scozia.

Moor /mʊə(r), mɔː(r)/, *n.* moro; saraceno.

to **moor** /mʊə(r), mɔː(r)/, **A** *v. t.* (*naut.*) ormeggiare; attraccare. **B** *v. i.* ormeggiarsi; attraccare: **to m. along the quay**, attraccare alla banchina. ● (*mil.*) **moored mine**, mina ancorata.

moorage /ˈmʊərɪdʒ, ˈmɔː-/, *n.* (*naut.*) ***1*** ormeggio; attracco ***2*** diritti d'ormeggio.

moorcock /ˈmʊəkɒk, ˈmɔː-/, *n.* (*zool.*) maschio della pernice bianca di Scozia.

moorfowl /ˈmʊəfaʊl, ˈmɔː-/, *n.* (*arc.*) *V.* **moor game,** *sotto* **moor.**

moorhen /ˈmʊəhɛn, ˈmɔː-/, *n.* (*zool.*) ***1*** femmina della pernice bianca di Scozia ***2*** (*Gallinula chloropus*) gallinella d'acqua (*dal piumaggio nero*).

mooring /ˈmʊərɪŋ, ˈmɔː-/, *n.* (*naut.*) ***1*** ormeggio; attracco; posto di ormeggio ***2*** (*pl.*) ormeggi; cavi di ormeggio. ● **m. buoy**, boa d'ormeggio □ **m. dues**, diritti di ormeggio □ **m. line**, cima di ormeggio □ (*aeron.*) **m. mast** (*o* **m. tower**), pilone d'ormeggio. ● (*naut.*) **to break one's moorings**, rompere gli ormeggi □ (*fig.*) **to lose one's moorings**, andare alla deriva (*fig.*); avere perso ogni freno morale.

moorish /ˈmʊərɪʃ, ˈmɔː-/, *a.* di (*o* simile a) brughiera.

Moorish /ˈmʊərɪʃ, ˈmɔː-/, *a.* moresco: (*archit.*) **a M. arch**, un arco moresco.

moorland /ˈmʊələnd, ˈmɔː-, -lænd/, *n.* brughiera; landa.

moory /ˈmʊərɪ, ˈmɔː-/, *a.* di (*o* simile a) brughiera.

moose /muːs/, *n.* (*generalm. invar. al pl.*) (*zool.*) ***1*** (*Alces americanus*) alce americano ***2*** (*Alces alces*) alce.

moot /muːt/, **A** *n.* ***1*** (*stor.*) assemblea, consiglio (*generalm. popolare*) ***2*** discussione, dibattito (*specialm. su un caso legale teorico*). **B** *a.* discutibile; dubbio; controverso: **a m. point**, un punto discutibile; **a m. question**, una questione controversa. ● **m. court**, tribunale fittizio (*in cui studenti di giurisprudenza discutono casi legali teorici*) □ (*stor.*) **m. hall**, palazzo del consiglio del popolo.

to **moot** /muːt/, *v. t.* mettere in discussione; discutere; dibattere. ● **to m. a question**, sollevare una questione.

mop (**1**) /mɒp/, *n.* ***1*** scopa con frangia di cotone (*o* spugna) per lavaggio dei pavimenti; mocio (*marchio*) ***2*** scopetta per i piatti ***3*** (*naut.*) redazza, radazza ***4*** (= **mophead**) massa incolta di capelli; zazzera ***5*** (*mecc.*) disco per pulitrici. ● (*fam.*) **mop-up**, ultimo tocco; colpo finale; colpetto (*fam.*).

mop (**2**) /mɒp/, *n.* – (*nella locuz.*) **mops and mows**, smorfie, boccacce.

to **mop** (**1**) /mɒp/, *v. t.* ***1*** lavare, pulire, spazzare (*i pavimenti, ecc.*) ***2*** pulire (*i piatti, ecc.*) con una scopetta di pannospugna ***3*** (*naut.*) radazzare ***4*** asciugare; tergere: **to mop one's brow**, asciugarsi la fronte. ● (*fam.*) **to mop the floor with sb.**, dare una grossa batosta a q. □ **to mop up**, asciugare, prosciugare, raccogliere; (*fam.*) mangiare, bere avidamente; papparsi, scolarsi; finire, sbrigare; (*fin.*) ritirare (*redditi, risorse finanziarie*) dalla circolazione; (*mil.*) rastrellare: **Mop up the mess you've made**, raccogli il sudiciume che hai fatto!; (*anche*) asciuga il bagnato!; (*fin.*) **to mop up the funds**, prosciugare i fondi; **He mopped up the beer**, si scolò tutta la birra; **to mop up arrears of work**, sbrigare il lavoro arretrato □ (*fam.*) **to mop up all the profits**, assorbire (*o* prendersi) tutti gli utili.

to **mop** (**2**) /mɒp/, *v. i.* – **to mop and mow**, fare smorfie; far boccacce.

mopboard /ˈmɒpbɔːd/, *n.* (*USA*) battiscopa.

mope /məʊp/, *n.* ***1*** individuo abbattuto, depresso, imbronciato, triste; musone ***2*** (*pl.*) abbattimento; depressione di spirito: **to suffer from the mopes**, essere depresso.

to **mope** /məʊp/, **A** *v. i.* essere abbattuto, depresso, imbronciato, triste; metter su il muso, fare il broncio (*o* il muso). **B** *v. t.* (*arc.*) deprimere; rattristare.

moped (**1**) /məʊpt/, *a.* abbattuto; depresso; imbronciato; triste.

moped (**2**) /ˈməʊpɛd/, *n.* ciclomotore; motorino (*fam.*).

mopette /məʊˈpɛt, mɒ-, mə-/, *n.* (*marchio*) pannospugna (*per bagno e cucina*).

mophead /ˈmɒphɛd/, *n.* ***1*** massa incolta di capelli; zazzera ***2*** persona zazzeruta; capellone.

mop-headed /ˈmɒphɛdɪd/, *a.* ***1*** capelluto; zazzeruto ***2*** arruffato; scarmigliato.

mopish /ˈməʊpɪʃ/, *a.* depresso; malinconico; triste. || **-ly**, *avv.* || **-ness**, *sost.*

moppet /ˈmɒpɪt/, *n.* (*fam.*) ***1*** bambina; piccina ***2*** bambino; piccino.

mopping up /ˈmɒpɪŋˈʌp/, *n.* ***1*** prosciugamento, l'asciugare (*con uno straccio, ecc.*) ***2*** (*fin.*) prosciugamento (*di fondi, ecc.*); ritiro dalla circolazione (*di redditi, risorse finanziarie*) ***3*** (*mil.*) rastrellamento: **m. operations**, operazioni di rastrellamento.

mopy /ˈməʊpɪ/, *V.* **moped** (**1**).

moquette /məʊˈkɛt, mə-, mɒ-/, *n.* (*ind. tess.*) moquette; mochetta.

morainal /məˈreɪnl, mɒ-/, *V.* **morainic**.

moraine /məˈreɪn, mɒ-/, *n.* (*geol.*) morena: **terminal m.**, morena frontale.

morainic /məˈreɪnɪk, mɒ-/, *a.* (*geol.*) morenico.

moral /ˈmɒrəl, *USA* ˈmɔː-/, **A** *a.* morale; etico; onesto; serio; virtuoso: **m. law**, legge morale; **m. sense**, senso morale; **a m. man**, un uomo virtuoso; **to be under a m. obligation to do st.**, avere l'obbligo morale di fare q.c. **B** *n.* ***1*** (la) morale; insegnamento morale: **to draw the m. from a story**, trarre la morale da un racconto ***2*** (*pl.*) moralità; costume; principi morali: **His morals are excellent**, è un uomo di ottima moralità; **loose morals**, costumi dissoluti; **He has no morals**, non ha principi morali. ● **a m. certainty**, una certezza morale (*o* quasi assoluta) □ (*leg.*) **m. damages**, risarcimento dei danni morali □ **m. support**, aiuto morale □ **m. victory**, vittoria morale □ **to point a m.**, illustrare un principio morale.

morale /məˈrɑːl, *USA* -ˈræl/, *n.* (il) morale: **The m. of the army was excellent**, il morale dell'esercito era altissimo.

moralism /ˈmɒrəlɪzəm, *USA* ˈmɔː-/, *n.* (*anche filos.*) moralismo.

moralist /ˈmɒrəlɪst, *USA* ˈmɔː-/, *n.* ***1*** (*anche filos.*) moralista ***2*** persona virtuosa (*o* retta) ***3*** professore di morale.

moralistic /mɒrəˈlɪstɪk, *USA* mɔː-/, *a.* moralistico. || **-ally**, *avv.*

morality /məˈrælətɪ/, *n.* ***1*** moralità ***2*** sistema morale; etica; scienza morale; morale ***3*** (*stor., letter.*; = **m. play**) moralità (*dramma allegorico*).

moralization /mɒrəlaɪˈzeɪʃn, *USA* mɔːrəlɪ-ˈz-/, *n.* ***1*** moralizzazione ***2*** interpretazione morale.

to **moralize** /ˈmɒrəlaɪz, *USA* ˈmɔː-/, **A** *v. i.* moraleggiare. **B** *v. t.* ***1*** moralizzare; rendere morale ***2*** trarre una morale da (q.c.); dare un'interpretazione morale a (q.c.).

moralizer /ˈmɒrəlaɪzə(r), *USA* ˈmɔː-/, *n.* ***1*** chi moraleggia ***2*** moralizzatore.

morally /ˈmɒrəlɪ, *USA* ˈmɔː-/, *avv.* ***1*** moralmente: **to be m. responsible**, essere responsabile moralmente ***2*** virtualmente: **m. certain**, virtualmente sicuro; assai probabile.

morass /məˈræs/, *n.* (*lett.*) acquitrino; palude; pantano (*anche fig.*). ● **to be caught in the m. of red tape**, impantanarsi nella burocrazia.

moratorium /mɒrəˈtɔːrɪəm, *USA* mɔː-/ (*lat.*), *n.* (*pl.* **moratoria, moratoriums**) (*leg., comm.*) moratoria.

moratory /ˈmɒrətrɪ, *USA* ˈmɔːrətɔːrɪ/, *a.* (*leg., comm.*) moratorio.

Moravian /məˈreɪvɪən/, *a.* e *n.* moravo; (abitante o nativo) della Moravia.

moray /ˈmɔːreɪ, ˈmɒ-, məˈreɪ/, *n.* (*zool., Muraena*; = **m. eel**) murena.

morbid /ˈmɔːbɪd/, *a.* ***1*** (*med.*) morboso (*anche fig.*); malsano: **a m. imagination**, una fantasia morbosa ***2*** che suscita morbosità; macabro: **m. details**, particolari macabri ***3*** (*med.*) patologico: **a m. growth**, una crescita patologica. ● (*med.*) **m. anatomy**, anatomia patologica □ (*psic.*) **a m. fear**, una fobia. || **-ly**, *avv.* || **-ness**, *sost.*

morbidity /mɔːˈbɪdətɪ/, *n.* ***1*** morbosità ***2*** (*med.*) morbosità; stato patologico ***3*** morbilità; percentuale dei malati (*in una data regione*).

morbific /mɔːˈbɪfɪk/, *a.* (*med.*) morbifero; morbigeno; patogeno.

morbilli /mɔːˈbɪlaɪ, -lɪ/, *n.* (*med.*) morbillo.

morbilliform /mɔːˈbɪlɪfɔːm/, *a.* (*med.*) morbilliforme.

mordacious /mɔːˈdeɪʃəs/, *a.* mordace (*fig.*); caustico; corrosivo.

mordacity /mɔːˈdæsətɪ/, **mordancy** /ˈmɔːdnsɪ/, *n.* mordacità (*fig.*); causticità; corrosività.

mordant /ˈmɔːdnt/, **A** *a.* mordace (*fig.*); caustico; corrosivo: **m. satire**, satira mordace. **B** *n.* (*chim., tintoria*) mordente. ● **m. dye**, colorante a mordente; colorante additivo.

to **mordant** /ˈmɔːdnt/, *v. t.* (*chim., ind. tess.*) mordenzare.

mordent /ˈmɔːdnt/, *n.* (*mus.*) mordente.

more /mɔː(r)/, (*compar. di* **much, many**) **A** *a.* e *pron. indef.* più; di più; altro; dell'altro; ancora; in aggiunta; ulteriore: **I have m. money than you have**, ho più denaro di te; **many m.**, molti di più; **Bring me some m. water**, portami dell'altra acqua (*o* ancora acqua); **I want m. books**, voglio più libri (*o* ancora dei libri, altri libri); **There is m. food in the refrigerator**, c'è dell'altro cibo nel frigorifero; **That is m. than enough**, (ciò) è più che sufficiente; ce n'è d'avanzo; **I don't want any m.**, non ne voglio più; **I don't smoke any m.**, non fumo più; **Stay a little m.**, rimani ancora un po'. **B** *avv.* (*compar. di* **much**) più; di più; maggiormente: **He is m. intelligent than his brother**, è più intelligente di suo fratello; **We found it m. easily than I thought**, lo trovammo più facilmente di quanto credessi. ● **m. and m.**, sempre più: **He's getting m. and m. curious**, diventa sempre più curioso □ **m. or less**, più o meno; press'a poco □ **the m. the merrier**, più siamo, meglio è □ **the m. … the m.**, più… più: **The m. he has, the m. he wants**, più ha, più vorrebbe avere □ **m. often than not**, abbastanza spesso; il più delle volte □ **m. or less**, più o meno; (*anche*) quasi quasi: **I m. or less resolve to go and see her**, quasi quasi decido di andarla a trovare □ **and m. than this**, e quel che più conta □ **and what is m.**, e quel che è più importante; e quel che più conta □ **m. than meets the eye**, dell'altro; qualcosa di più; qualcosa sotto (*fig.*): **There's m. in his proposal than meets the eye**, c'è dell'altro nella sua proposta □ **neither m. nor less than**, né più né meno che; semplicemente: **That's neither m. nor less than absurd!**, è semplicemente assurdo, ridicolo! □ **never m.**, mai più □ **nothing m.**, nient'altro □ **no m.**, non... più; mai più; neanche, neppure: **I can do no m.**, non posso fare di più; **I have no m.**, non ne ho più; **I saw him no m.**, non lo vidi mai più □ **once m.**, ancora una volta; di nuovo □ **I hope to see m. of you**, spero di vederti più spesso □ **He is no m.**, non è più; è morto □ **All the m. reason for you to refuse**, a maggior ragione dovresti rifiutare (*o* avresti fatto bene a rifiutare).

moreish /ˈmɔːrɪʃ/, *V.* **morish**.

morel (1) /məˈrɛl, mɒ-, mɔː-/, *n.* (*bot., Solanum nigrum*) erba morella.

morel (2) /məˈrɛl, mɒ-, mɔː-/, *n.* (*bot., Morchella esculenta*) spugnola gialla.

morello /məˈrɛləʊ/, *n.* (*pl.* **morellos**) (*bot.,* = **m. cherry**) marasca. ● **m. tree** (*Prunus cerasus*), marasco.

moreover /mɔːrˈəʊvə(r), mə-, ˈmɔːrəʊ-/, *avv.* inoltre; oltre a ciò; per di più; per giunta.

mores /ˈmɔːreɪz, -riːz/ (*lat.*), *n. pl.* (*lett.*) costumi; costumanze; usanze.

Moresque /məˈrɛsk/, *a.* (*archit.*) moresco.

morganatic /mɔːgəˈnætɪk/, *a.* (*leg., stor.*) morganatico: **m. marriage**, matrimonio morganatico; **m. wife**, moglie morganatica. || **-ally**, *avv.*

morgue /mɔːg/ (*franc.*), *n.* ***1*** obitorio ***2*** (*gergo giorn.*) archivio (*d'informazioni varie*) ***3*** (*fig.*) mortorio.

moribund /ˈmɒrɪbʌnd, *USA* ˈmɔːr-/, *a.* e *n.* moribondo; morente (*anche fig.*).

morion (1) /ˈmɒrɪən, *USA* ˈmɔːr-/, *n.* (*stor.*) morione.

morion (2) /ˈmɒrɪən, *USA* ˈmɔːr-/, *n.* (*miner.*) morione; quarzo nero (*o* affumicato).

Morisco /məˈrɪskəʊ/, **A** *a.* (*archit.*) moresco. **B** *n.* (*pl.* **Moriscos, Moriscoes**) ***1*** (*stor.*) moro di Spagna; saraceno ***2*** danza moresca; moresca (*antico ballo rurale*).

morish /ˈmɒrɪʃ, *USA* ˈmɔːr-/, *a.* (*fam.*) appetitoso; delizioso; che si mangia bene.

Mormon /ˈmɔːmən/, (*relig.*) **A** *n.* mormone. **B** *a.* mormonico.

Mormonism /ˈmɔːmənɪzəm/, *n.* (*relig.*) mormonismo.

morn /mɔːn/, *n.* (*poet.*) mattino.

morning /ˈmɔːnɪŋ/, **A** *n.* mattina; mattinata; mattino; (*poet., fig.*) alba, aurora: **in the m.**, la mattina; di mattina; al mattino: **I'll be there in the m.**, arriverò la (*o* di) mattina; **early in the m.**, di prima mattina; di buon mattino; **the m. of life**, l'alba della vita. **B** *a.* della mattina; del mattino: **the m. papers**, i giornali del mattino. ● **the m. after**, i postumi d'una sbornia □ **m.-after pill**, pillola del giorno dopo (*anticoncezionale*) □ **m. coat**, giacca a coda di rondine; giacca da tight □ **m. dress**, abito a coda di rondine; tight □ (*bot.*) **m.(-)glory** (*Ipomoea purpurea*), vilucchio; campanella dei giardini □ **m. gown**, vestaglia (*da uomo o da donna*) □ (*teatr.*) **m. performance**, matinée; spettacolo pomeridiano □ (*relig.*) **m. prayer**, mattutino □ **m.-room**, salottino; soggiorno □ **the m. star**, l'astro del mattino; la stella mattutina (*Venere o altro pianeta*) □ **m. suit**, *V.* **m. dress** □ (*naut.*) **the m. watch**, il turno di guardia del mattino (*dalle 4 alle 8*) □ **this m.**, stamattina; stamane □ **tomorrow m.**, domani mattina; domattina □ **Good m.!**, buon giorno!

mornings /ˈmɔːnɪŋz/, *avv.* (*fam.*) ***1*** di mattina; la mattina ***2*** tutte le mattine; ogni mattina.

Moroccan /məˈrɒkən/, *a.* e *n.* marocchino; (abitante o nativo) del Marocco.

Morocco /məˈrɒkəʊ/, *n.* ***1*** (*geogr.*) Marocco ***2*** – **m.** (= **m. leather**), marocchino (*cuoio*).

moron /ˈmɔːrɒn/, *n.* ***1*** (*psic.*) debole di mente; ritardato mentale ***2*** (*pop.*) idiota; scemo; stupido.

moronic /məˈrɒnɪk/, *a.* ***1*** (*psic.*) dalla mente debole ***2*** (*pop.*) stupido; scemo; deficiente. || **-ally**, *avv.*

moronism /ˈmɔːrɒnɪzəm/, **moronity** /məˈrɒnətɪ, mɔː-/, *n.* (*med.*) debolezza mentale.

morose /məˈrəʊs/, *a.* cupo; imbronciato; immusonito (*fam.*); scontroso. || **-ly**, *avv.* || **-ness**, *sost.*

morpheme /ˈmɔːfiːm/, *n.* (*ling.*) morfema.

morphemic /mɔːˈfiːmɪk/, *a.* (*ling.*) morfematico; morfemico.

morphemics /mɔːˈfiːmɪks/, *n. pl.* (*col verbo al sing.*) (*ling.*) morfologia.

Morpheus /ˈmɔːfɪəs/, *n.* (*mitol.*) Morfeo. ● (*fig.*) **in the arms of M.**, in braccio a Morfeo; addormentato.

morphia /ˈmɔːfɪə/, **morphine** /ˈmɔːfiːn/, *n.* (*chim., farm.*) morfina. ● **m. addict**, morfinomane.

morphinism /ˈmɔːfiːnɪzəm/, *n.* (*med.*) morfinismo.

morphinomania /mɔːfɪnəʊˈmeɪnɪə/, *n.* (*med.*) morfinomania.

morphinomaniac /mɔːfɪnəʊˈmeɪnɪæk/, *n.* (*med.*) morfinomane.

morphism /ˈmɔːfɪzəm/, *n.* (*mat.*) morfismo.

morphogenesis /mɔːfəˈdʒɛnəsɪs/, *n.* (*biol.*) morfogenesi.

morphogenetic /mɔːfədʒəˈnɛtɪk/, *a.* (*biol.*) morfogenetico.

morphological /mɔːfəˈlɒdʒɪkl/, *a.* (*scient.*) morfologico. || **-ly**, *avv.*

morphology /mɔːˈfɒlədʒɪ/, *n.* (*scient.*) morfologia.

morphophoneme /mɔːfəˈfəʊniːm/, *n.* (*ling.*) morfofonema; morfonema.

morphophonemics /mɔːfəfəʊˈniːmɪks/, *n. pl.* (*col verbo al sing.*) (*ling.*) morfofonematica; morfonematica.

morphosyntax /mɔːfəˈsɪntæks/, *n.* (*ling.*) morfosintassi.

morris /ˈmɒrɪs, *USA* ˈmɔː-/, *n.* (= **m. dance**) danza moresca; moresca (*antico ballo folcloristico*).

Morris /ˈmɒrɪs, *USA* ˈmɔː-/, *n.* Maurizio.

morrow /ˈmɒrəʊ, *USA* ˈmɔː-/, *n.* (*lett.*) ***1*** (il) domani; (il) giorno dopo; (il) giorno seguente ***2*** (il) futuro. ● **on the m. of the long war**, (subito) dopo la lunga guerra □ (*arc.*) **Good m.!**, buon giorno!

morse (1) /mɔːs/, *n.* (*zool., Odobenus rosmarus*) tricheco; cavallo marino.

morse (2) /mɔːs/, *n.* (*relig.*) fermaglio del piviale.

Morse /mɔːs/, *n.* (= **M. code**) alfabeto Morse.

morsel /ˈmɔːsl/, *n.* ***1*** boccone; pezzetto (*di cibo*); tozzo (*di pane*) ***2*** (*fig.*) briciolo; pizzico.

mort (1) /mɔːt/, *n.* (*caccia*) ***1*** uccisione del cervo ***2*** suono di corno per la morte della preda.

mort (2) /mɔːt/, *n.* (*zool.*) salmone di tre anni.

mortal /ˈmɔːtl/, **A** *a.* ***1*** mortale; fatale; letale; all'ultimo sangue, a oltranza: **a m. wound**, una ferita mortale; **m. sins**, peccati mortali; **m. remains**, spoglie mortali; **a m. combat**, un duello mortale; **a m. enemy**, un nemico mortale; **m. hatred**, odio mortale; **Man is m.**, l'uomo è mortale ***2*** (*fam.*) enorme; estremo; terribile: **to be in a m. hurry**, avere una fretta terribile ***3*** (*fam.*) lunghissimo; interminabile: **I waited for two m. hours**, attesi per due ore interminabili. **B** *n.* mortale; uomo; creatura umana. ● **m. agony**, agonia □ **by no m. means**, in nessun modo; neanche per sogno □ (*fam.*) **It's no m. good to anyone**, non serve proprio a nessuno!; a che pro? □ **We tried every m. thing**, non lasciammo nulla d'intentato. || **-ly**, *avv.*

mortality /mɔːˈtælətɪ/, *n.* ***1*** mortalità; l'esser mortale; caducità: (*demogr.*) **m. rate**, tasso (*o* quoziente) di mortalità; (*stat., demogr.*) **m. tables**, tavole di mortalità ***2*** (*collett.*) i mortali; l'umanità.

mortar /ˈmɔːtə(r)/, *n.* ***1*** mortaio (*recipiente*) ***2*** (*mil.*) mortaio ***3*** (*edil.*) malta: **lime m.**, malta di calce; calcina; **m. of cement**, malta di cemento.

to **mortar** /ˈmɔːtə(r)/, *v. t.* ***1*** (*edil.*) commettere (*mattoni, ecc.*); intonacare con la malta ***2*** (*mil.*) attaccare (*o* bombardare) coi mortai.

mortarboard /ˈmɔːtəbɔːd/, *n.* ***1*** (*edil.*) vassoio; sparviere; nettatoia ***2*** (*fam.*) tocco (*copricapo di un accademico*).

mortgage /ˈmɔːgɪdʒ/, **A** *n.* (*leg., anche fig.*) ipoteca: **cheap mortgages at 12%**, ipoteche convenienti al tasso del 12%. **B** *a. attr.* (*leg.*) ipotecario: **m. bond**, obbligazione ipotecaria; **m. creditor**, creditore ipotecario; ● **m. loan**, prestito (*o* mutuo) ipotecario. ● **m. lending**, concessione di mutui ipotecari □ (*fin.*) **m. market**, mercato delle ipoteche □ **m. register**, registro delle ipoteche □ **m. registry**, conservatoria delle ipoteche □ **to borrow on m.**, prendere a prestito su garanzia ipotecaria □ **to pay off a m.**, levare (*o* estinguere) un'ipoteca □ **to raise** (*o* **to take out**) **a m.**, accendere un'ipoteca □ **registrar of mortgages**, conservatore delle ipoteche.

to **mortgage** /ˈmɔːgɪdʒ/, *v. t.* ***1*** (*leg.*) ipotecare (*anche fig.*); gravare (q.c.) d'ipoteca: **to m. one's house**, ipotecare la propria casa ***2*** dedicare; impegnare: **to m. oneself to a cause**, dedicarsi a una causa.

mortgageable /ˈmɔːgɪdʒəbl/, *a.* (*leg.*) ipotecabile.

mortgagee /mɔːgɪˈdʒiː/, *n.* (*leg.*) creditore ipotecario.

mortgager /ˈmɔːgɪdʒə(r)/, **mortgagor** /mɔːgɪˈdʒɔː(r), ˈmɔːgɪdʒə(r)/, *n.* (*leg.*) debitore ipotecario.

mortice /ˈmɔːtɪs/, *V.* **mortise**.

to **mortice** /ˈmɔːtɪs/, *V.* **to mortise**.

mortician /mɔːˈtɪʃn/, *n.* (*USA*) impresario di pompe funebri; necroforo.

mortification /mɔːtɪfɪˈkeɪʃn/, *n.* ***1*** mortificazione; umiliazione: (*relig.*) **the m. of the body**, la mortificazione della carne ***2*** (*med.*) cancrena; necrosi.

mortifier /ˈmɔːtɪfaɪə(r)/, *n.* mortificatore, mortificatrice.

to **mortify** /ˈmɔːtɪfaɪ/, **A** *v. t.* ***1*** mortificare; umiliare: **to m. the flesh**, mortificare la carne ***2*** (*med.*) far andare in cancrena; necrotizzare. **B** *v. i.* ***1*** mortificarsi ***2*** (*med.*) andare in cancrena; incancrenire: **The wound mortified**, la ferita andò in cancrena.

mortifying /ˈmɔːtɪfaɪɪŋ/, *a.* mortificante; umiliante. || **-ly**, *avv.*

mortise /ˈmɔːtɪs/, *n.* (*falegn.*) mortasa; mortisa (*raro*): **m. chisel**, punta da mortasa; **m. joint**, giunto a tenone e mortasa.

to **mortise** /ˈmɔːtɪs/, *v. t.* (*falegn.*) ***1*** congiungere a mortasa ***2*** mortasare. ● (*mecc.*) **mortising machine**, mortasatrice da legno.

mortlake /ˈmɔːtleɪk/, *n.* (*geogr.*) mortizza; meandro morto (*di un fiume*).

mortmain /ˈmɔːtmeɪn/, *n.* (*leg.*) manomorta.

mortuary /ˈmɔːtʃərɪ, *USA* -tʃʊerɪ/, **A** *n.* camera mortuaria; obitorio. **B** *a.* mortuario; funebre: **m. rites**, riti funebri.

mosaic /məʊˈzeɪɪk/, **A** *n.* ***1*** (*arte*) mosaico: **Roman mosaics**, mosaici romani ***2*** (*scient., tecn.*) mosaico. **B** *a.* di (*o* per) mosaico; a mosaico; musivo: **a m. floor**, un pavimento a mosaico; **a m. tile**, una tessera (*o* piastrella) di (*o* per) mosaico; **m. art**, arte musiva; **m. gold**, oro musivo; disolfuro di stagno. ● (*bot.*) **m. disease**, mosaico (*malattia del tabacco, ecc.*) □ (*scient.*) **m. structure**, struttura a mosaico.

to **mosaic** /məʊˈzeɪɪk/ (*pass.* e *p. p.* **mosaicked**), *v. t.* ***1*** decorare con mosaici ***2*** comporre a mosaico.

Mosaic /məʊˈzeɪɪk/, *a.* (*relig.*) mosaico: **the M. law**, la legge mosaica.

mosaicist /məʊˈzeɪɪsɪst/, *n.* ***1*** (*arte*) mosaicista ***2*** venditore di mosaici.

Mosaism /ˈməʊzeɪɪzəm/, *n.* (*relig.*) mosaismo.

moschatel /mɒskəˈtɛl, ˈm-/, *n.* (*bot., Adoxa moschatellina*) moscadellina; ranuncolino muschiato.

Moscow /ˈmɒskəʊ, *USA* -aʊ, -əʊ/, *n.* (*geogr.*) Mosca.

Moselle /məʊ'zɛl/, *n.* **1** (*geogr.*) Mosella **2** – **m.**, vino bianco della Mosella.
Moses /'məʊzɪz/, *n.* (*Bibbia*) Mosè.
to **mosey** /'məʊzɪ/, *v. i.* (*fam., specialm.* **to m. along**) girellare; gironzolare; bighellonare.
Moslem /'mɒzləm/, *a.* e *n.* (*relig.*) musulmano; maomettano.
Moslemism /'mɒzlɛmɪsəm/, *n.* (*relig.*) maomettismo; islamismo.
mosque /mɒsk/, *n.* (*relig.*) moschea.
mosquito /mə'ski:təʊ, mɒ-/, *n.* (*pl.* **mosquitoes, mosquitos**) (*zool., Culex; Anopheles, ecc.*) zanzara. ● **m. bite**, puntura di zanzara □ (*naut.*) **m. boat**, motosilurante □ **m. net**, zanzariera □ **m. squatter**, scacciazanzare.
moss /mɒs, *USA* mɔ:s/, *n.* **1** (*bot.*) muschio **2** (*dial.*, = **m.-land**) palude. ● **m.-grown**, muscoso; coperto di muschio; (*fig. USA*) antiquato □ **m. hag**, vecchia torbiera □ (*bot.*) **m. rose** (*Rosa centifolia muscosa*), rosa muscosa; rosa borracina □ (*nei lavori a maglia*) **m. stitch**, punto riso □ (*prov.*) **A rolling stone gathers no m.**, pietra smossa non fa muschio; chi cambia continuamente lavoro non fa carriera.
to **moss** /mɒs, *USA* mɔ:s/, *v. t.* coprire (*o* rivestire) di muschio.
mossback /'mɒsbæk, *USA* 'mɔ:s-/, *n.* (*pop. USA*) reazionario; retrogrado; parruccone (*fig.*).
mossiness /'mɒsɪnəs, *USA* 'mɔ:s-/, *n.* l'essere muscoso.
mosstrooper /'mɒstru:pə(r), *USA* 'mɔ:s-/, *n.* (*stor.*) predone delle paludi (*di frontiera: nel '600; tra la Scozia e l'Inghilterra*).
mossy /'mɒsɪ, *USA* 'mɔ:sɪ/, *a.* **1** coperto di muschio; muscoso **2** simile a muschio. ● **m. green**, verde muschio; verde sottobosco.
most /məʊst/, (*superl. di* **much, many**) **A** *a.* e *pron. indef.* più; di più; il maggior numero (di); la maggior parte (di); (il) massimo: **John has m. friends of all**, John ha più amici di tutti; **He took m. of the credit**, ebbe (*o* si prese) la maggior parte del merito; **You've made m. mistakes**, hai fatto più errori di tutti; **M. of us are going**, la maggior parte di noi se ne va; ce ne andiamo quasi tutti; **That's the m. I can do for you**, questo è il massimo che posso fare per te; **M. people would react like you**, i più reagirebbero come te. **B** *avv.* **1** (*per formare il superl. relat.*) più: **He is the m. diligent pupil in the class**, è lo scolaro più diligente della classe; **m. quickly**, il più presto possibile; più in fretta di tutti **2** di più; più di tutto, di tutti: **Those who work (the) m. often get paid (the) least**, quelli che lavorano di più sono spesso pagati di meno; **That's what m. annoys me**, questo è quel che mi irrita di più **3** (*per formare il superl. assol.*) molto; moltissimo; estremamente: **This is a m. interesting novel**, questo è un romanzo molto interessante (*o* interessantissimo); **a m. beautiful day**, una giornata bellissima **4** (*fam. USA*) quasi: **m. every day**, quasi ogni giorno. ● **m. certainly**, certissimamente □ (*comm. est.*) **m.-favoured-nation clause**, clausola della nazione più favorita □ **m. likely**, molto probabilmente; quasi certamente □ **m. of all**, soprattutto □ **the m. part**, la maggior parte □ **m. people**, la maggior parte delle persone; i più □ **at (the) m.**, al massimo; a far molto; a dir molto □ **for the m. part**, perlopiù; in linea di massima □ **to make the m. of oneself**, farsi valere □ **to make the m. of st.**, trarre il massimo vantaggio da q.c.; sfruttare al massimo q.c.
mostly /'məʊstlɪ/, *avv.* **1** perlopiù; principalmente; soprattutto **2** generalmente; di solito; quasi sempre.
MOT /eməʊ'ti:/, *n.* (*acronimo di* **Ministry of Transport**; *un tempo in G.B.*; *ora* **Department of Transport**). ● (*autom.*) **MOT certificate**, certificato di collaudo superato □ (*autom.*) **MOT test**, collaudo annuale di automobili vecchie.
mote /məʊt/, *n.* **1** particella di polvere; atomo di pulviscolo **2** bruscolo; pagliuzza; fuscello (*anche fig.*): **to see the m. in sb.'s eye**, vedere il fuscello nell'occhio altrui (e non la trave nel proprio).
motel /məʊ'tɛl/, *n.* autostello; motel.
motet /məʊ'tɛt/, *n.* (*mus.*) mottetto.
moth /mɒθ, *USA* mɔ:θ/, *n.* (*zool.*) **1** farfalla notturna (*o* crepuscolare); falena **2** (*Tinea, ecc.*; = **clothes m.**) tignola; tarma. ● **m.-eaten**, tarmato; (*fig.*) logoro, vecchio, antiquato, trito □ **to be like a m. round a candle flame**, scherzare col fuoco (*fig.*).
mothball /'mɒθbɔ:l, *USA* 'mɔ:θ-/, *n.* pallina di naftalina. ● (*fig.*) **to put st. in mothballs**, mettere q.c. in naftalina; accantonare q.c.
to **mothball** /'mɒθbɔ:l, *USA* 'mɔ:θ-/, *v. t.* **1** mettere in naftalina (*anche fig.*); accantonare **2** (*ind.*) tenere (*un impianto, ecc.*) in disuso **3** (*mil.*) mettere (*una nave, ecc.*) in disarmo.
mother (**1**) /'mʌðə(r)/, *n.* **1** madre; mamma (*fam.*): **to become a m.**, diventare madre **2** (*relig.*) – **M.**, Madre: **the M. Superior**, la Madre Superiora **3** (*pop. USA*) cosa bella; oggetto eccezionale **4** (*naut.*) *V.* **m. ship** **5** (*volg.*) *V.* **motherfucker**. ● (*fam. spreg.*) **m.'s boy**, cocco di mamma □ (*zool.*) **M. Carey's chicken** (*Hydrobates pelagicus*), uccello delle tempeste; procellaria □ (*relig.*) **M. Church**, Santa Madre Chiesa □ **m. country**, patria; madrepatria □ **m.-craft**, puericultura □ **M.'s Day**, la Festa della Mamma (*2ª domenica di maggio*) □ **m. earth**, (*lett.*) la madre terra; (*scherz.*) la terraferma □ **m.'s help**, collaboratrice domestica; colf □ **M. Hubbard**, Mamma Hubbard (*personaggio di poesie infantili*); camice per lavori domestici; vestaglia da donna □ **m.-in-law**, suocera □ (*geol.*) **m. lode**, filone principale □ **m. love**, amor di madre; amore materno □ **m.-of-pearl**, (*sost.*) madreperla; (*agg.*) di madreperla □ (*bot.*) **m. of thousands** (*o* **m. of millions**), (*Cymbalaria muralis*) cimbalaria; (*Bellis perennis*) margheritina; pratolina □ (*naut.*) **m. ship**, nave appoggio; portaerei □ **a m.-to-be**, una futura madre; una donna incinta □ (*ling.*) **m. tongue**, lingua madre; madrelingua □ **m. wit**, buonsenso naturale □ **artificial m.**, incubatrice □ **every m.'s son**, ogni figlio di mamma; ognuno □ **unmarried m.**, ragazza madre □ (*prov.*) **Necessity is the m. of invention**, il bisogno aguzza l'ingegno.
mother (**2**) /'mʌðə(r)/, *n.* (= **m. of vinegar**) madre dell'aceto.
to **mother** /'mʌðə(r)/, *v. t.* **1** dar vita a (*di solito fig.*); dare origine a **2** far da madre a; aver cure materne per (q.); (*fig.*) coccolare, viziare **3** (*di donna*) riconoscere la maternità di (*un bambino*). ● **to m. a child on sb.**, attribuire a q. la maternità di un bambino.
motherboard /'mʌðəbɔ:d/, *n.* (*elab.*) scheda madre.
motherfucker /'mʌðəfʌkə(r)/, *n.* (*volg. specialm. USA*) **1** bastardo; carogna; fetente **2** tipo in gamba; ragazzo che sa il fatto suo; tipo alla moda, fico (*fig.*) **3** (*al vocat., tra uomini*) figlio di puttana; figlio di buona donna (*anche affettuoso*).
motherfucking /'mʌðəfʌkɪŋ/, *a.* (*volg. specialm. USA*) **1** disgustoso; fetente; schifoso **2** (*di un lavoro, ecc.*) faticoso; difficile; pericoloso.
motherhood /'mʌðəhʊd/, *n.* maternità.
Mothering Sunday /'mʌðərɪŋsʌndeɪ, -dɪ/, *locuz. n.* (*stor.*) la quarta domenica di quaresima (*sostituita ora dalla Festa della Mamma*).
motherless /'mʌðələs/, *a.* senza madre; orfano (*di madre*).
motherlike /'mʌðəlaɪk/, *a.* da madre; materno.
motherliness /'mʌðəlɪnəs/, *n.* senso materno; qualità materne.
motherly /'mʌðəlɪ/, *a.* materno; di (*o* da) madre. ● **in a m. way**, maternamente.
mothery /'mʌðərɪ/, *a.* (*del vino*) feccioso.
mothproof /'mɒθpru:f, *USA* 'mɔ:θ-/, *a.* antitarmico; inattaccabile dalle tarme.
to **mothproof** /'mɒθpru:f, *USA* 'mɔ:θ-/, *v. t.* rendere (q.c.) inattaccabile dalle tarme; fare il trattamento antitarmico a (q.c.).
mothy /'mɒθɪ, *USA* 'mɔ:θɪ/, *a.* **1** pieno di tarme **2** (*di tessuto*) tarmato.
motif /məʊ'ti:f/, *n.* **1** (*mus., arte, letter.*) motivo; tema; idea dominante **2** (*in sartoria, ecc.*) motivo; disegno.
motile /'məʊtaɪl, *USA* -tl/, **A** *a.* (*biol.*) mobile. **B** *n.* (*psic.*) soggetto motorio.
motility /məʊ'tɪlətɪ/, *n.* **1** (*biol.*) mobilità; capacità di locomozione **2** (*fisiol.*) motilità.
motion /'məʊʃn/, *n.* **1** moto; movimento; movenza; gesto: **graceful motions**, movenze aggraziate; **The engine was put in m.**, il motore fu messo in moto (*o* fu avviato) **2** (*fis.*) moto: **perpetual m.**, moto perpetuo **3** (*leg., polit.*) mozione; proposta; istanza: **to present a m.**, presentare una mozione; **a m. of censure**, una mozione di censura; **a m. to adjourn**, una proposta di rinvio; **m. for a new trial**, istanza di rinnovo del processo **4** (*form.*) evacuazione dell'intestino; andata di corpo. ● (*cronot.*) **m. analysis**, analisi dei movimenti □ (*polit.*) **m. of no-confidence**, mozione di sfiducia □ (*USA*) **m. picture**, film; pellicola; spettacolo cinematografico □ (*USA*) **m.-picture camera**, cinepresa □ (*USA*) **m.-picture projector**, cineproiettore □ (*USA*) **m.-picture theatre**, cinematografo; sala di proiezione □ **at one's own m.**, di propria iniziativa; (*leg.*) d'ufficio □ (*fam.*) **to go through the motions**, far finta (*o* far mostra) di fare q.c.; fare la commedia (*fam.*) □ (*cinema, ecc.*) **in slow m.**, al rallentatore □ **on m. of the plaintiff's lawyer**, su istanza del legale dell'attore.
to **motion** /'məʊʃn/, **A** *v. t.* fare cenno a; fare segno a: **I motioned him to go out**, gli feci cenno d'uscire. **B** *v. i.* far cenni; fare gesti. ● **to m. sb. aside**, scostare q. a gesti □ **to m. sb. away**, far cenno a q. d'andarsene □ **to m. sb. in**, far cenno a q. d'entrare □ **to m. sb. to a seat**, far cenno a q. di sedersi.
motional /'məʊʃənl/, *a.* (*scient.*) mozionale; cinetico: (*elettron.*) **m. impedance**, impedenza cinetica.
motionless /'məʊʃnləs/, *a.* immobile; immoto; fermo. || **-ly**, *avv.* || **-ness**, *sost.*
to **motivate** /'məʊtɪveɪt/, *v. t.* **1** motivare (*anche psic.*); dare motivo a; causare **2** incitare; stimolare; spingere, spronare (*fig.*).
motivated /'məʊtɪveɪtɪd/, *a.* motivato.
motivation /məʊtɪ'veɪʃn/, *n.* **1** (*psic.*) motivazione **2** incitamento; stimolo; spinta, sprone (*fig.*).
motivational /məʊtɪ'veɪʃənl/, *a.* **1** relativo ai motivi (*o* alle cause) **2** (*psic., market.*) motivazionale: **m. research**, ricerca (*o* indagine) motivazionale.
motivator /'məʊtɪveɪtə(r)/, *n.* cosa che motiva (q.); incentivo.
motive /'məʊtɪv/, **A** *n.* **1** motivo; causa; ragione; movente; stimolo: **to act from low motives**, agire per bassi motivi **2** *V.* **motif**. **B** *a. attr.* (*mecc.*) motore: **m. power**, forza motrice.
motiveless /'məʊtɪvləs/, *a.* senza motivo; immotivato; ingiustificato. || **-ly**, *avv.* || **-ness**, *sost.*
motivity /məʊ'tɪvətɪ/, *n.* energia cinetica.
motley /'mɒtlɪ/, **A** *a.* **1** multicolore; variegato; variopinto; screziato: **a m. coat**, un abito multicolore (*portato un tempo dai buffoni*) **2** diverso; misto; vario; eterogeneo: **a m. crew**, una ciurma eterogenea. **B** *n.* **1** (*stor.*) abito multicolore (*indossato da un buffone*) **2** miscuglio; accozzaglia; congerie. ● (*stor.*) **a m. fool**, un buffone □ (*fig.*) **to wear the m.**, fare il buffone.
motocross /'məʊtəkrɒs, *USA* -ɔ:s/, *n.* (*sport*) motocross. ● **m. race**, gara di motocross □ **m. racer**, motocrossista, crossista □ **m. track**, pista da motocross, crossdromo.
motoneuron /məʊtəʊ'njʊərɒn, *USA* -'nʊə-/,

n. (*anat.*) motoneurone.
motor /ˈməʊtə(r)/, **A** *n.* *1* motore (*specialm. elettrico*): **electric m.**, motore elettrico; **hydraulic m.**, motore idraulico *2* motore a scoppio *3* (*fam.*) automobile; auto, macchina (*fam.*): **a m. trip**, una gita in macchina *4* (*anat.*) muscolo motore. **B** *a. attr.* *1* del motore: **m. spares**, pezzi di ricambio del motore *2* motoristico; automobilistico: **m. sports**, sport motoristici; **the m. industry**, l'industria automobilistica *3* (*scient.*) motore, motorio: (*fisiol.*) **m. cell**, cellula motrice, neurone motorio; (*anat.*) **m. endplate**, placca motrice; (*fisiol.*) **m. nerve**, nervo motorio; (*med.*) **m. paralysis**, paralisi motoria; (*med.*) **m. ataxy**, atassia motoria. ● **m. caravan**, motorcaravan, autocaravan □ (*di un veicolo*) **m.-driven**, a motore □ **m. engineer**, meccanico d'auto □ **m. factor**, venditore di ricambi e accessori per automobili □ (*USA*) **m. home**, autocaravan, camper □ **m. inn**, motel □ (*ass.*) **m. insurance**, assicurazione auto □ (*USA*) **m. lodge**, motel □ **m.-lorry**, autocarro, camion □ (*ciclismo*) **m.-paced race**, corsa dietro motori □ (*mil., naut.*) **m. patrol vessel**, motovedetta □ (*sport*) **m. race**, corsa automobilistica (*o* motociclistica) □ (*sport*) **m. racing**, automobilismo e motociclismo □ (*sport*) **m.-racing circuit**, circuito per corse di auto (*o* di motori) □ (*naut.*) **m. sailer**, motoveliero □ **m. scooter**, motorscooter, scooter, motoretta □ **the M. Show**, il Salone dell'Automobile; (*naut.*) il Salone della Motonautica □ (*mil., naut.*) **m. torpedo boat**, motosilurante □ (*naut.*) **m. trawler**, motopeschereccio □ (*autom., mecc.*) **m. tune-up**, messa a punto del motore □ **m. van**, motofurgone, motocarro □ **m. vehicle**, veicolo a motore, autoveicolo □ (*fisc.*) **m.-vehicle tax**, tassa sul possesso di un autoveicolo; tassa di circolazione (*fam.*) □ (*naut.*) **m. vessel**, motonave □ (*pop. USA*) **to get sb.'s m. running**, mandare q. su di giri; eccitare q.
to **motor** /ˈməʊtə(r)/, **A** *v. i.* andare in automobile: **We motored from Rome to Milan**, andammo in automobile da Roma a Milano. **B** *v. t.* portare in automobile: **to m. a girl home**, portare a casa una ragazza in automobile.
Motorail /ˈməʊtəreɪl/, *n.* (*trasp., ferr.*) servizio Treno + Auto.
motorbicycle /ˈməʊtəbaɪsɪkl/, *n.* *1* motocicletta; moto (*fam.*) *2* ciclomotore; motorino (*fam.*).
motorbike /ˈməʊtəbaɪk/, *n.* (*fam.*) *V.* **motorcycle**.
motorboat /ˈməʊtəbəʊt/, *n.* (*naut.*) *1* barca a motore; motobarca *2* motoscafo.
motorbus /ˈməʊtəbʌs/, *n.* autobus.
motorcade /ˈməʊtəkeɪd/, *n.* corteo d'automobili.
motorcar /ˈməʊtəkɑː(r)/, *n.* *1* automobile; autovettura; auto, macchina (*fam.*) *2* (*ferr.*) elettromotrice. ● (*sport*) **m. race**, corsa automobilistica □ (*sport*) **m. racing**, automobilismo (*agonistico*).
motorcoach /ˈməʊtəkəʊtʃ/, *n.* pullman; torpedone.
motorcycle /ˈməʊtəsaɪkl/, *n.* motocicletta; moto, motore (*fam.*). ● **m. engineer**, meccanico di motociclette □ (*sport*) **m. race**, corsa motociclistica □ (*sport*) **m. racing**, motociclismo (*agonistico*) □ (*sport*) **m. speedway racing**, motociclismo su pista.
to **motorcycle** /ˈməʊtəsaɪkl/, *v. i.* andare in motocicletta; viaggiare in moto.
motorcyclist /ˈməʊtəsaɪklɪst/, *n.* motociclista.
motordrome /ˈməʊtədrəʊm/, *n.* *1* motodromo *2* autodromo.
motored /ˈməʊtəd/, *a.* (*nei composti, per es.:*) **bimotored**, che ha due motori.
motorial /məʊˈtɔːrɪəl/, *a.* (*scient., raro*) motorio.
motoring /ˈməʊtərɪŋ/, *n.* automobilismo; turismo in automobile. ● **m. association** (*o* **m. club**), associazione dell'automobile □ (*sport*) **m. competition**, corsa automobilistica □ (*telef.*) **m. information**, informazioni sulla percorribilità delle strade e sul traffico (*in G.B.*) □ **m. map**, carta automobilistica (*o* stradale) □ **m. school**, scuola guida.
motorist /ˈməʊtərɪst/, *n.* automobilista.
motorization /məʊtəraɪˈzeɪʃn, *USA* -rɪˈz-/, *n.* motorizzazione.
to **motorize** /ˈməʊtəraɪz/, *v. t.* motorizzare. ● **to become motorized**, motorizzarsi.
motorman /ˈməʊtəmən/, *n.* (*pl.* **motormen**) *1* conducente, guidatore, conduttore (*di tram*) *2* macchinista (*di elettromotrice*) *3* (*mecc.*) motorista.
motormouth /ˈməʊtəmaʊθ/, *n.* (*pop.*) blaterone; chiacchierone; ciancione.
motorship /ˈməʊtəʃɪp/, *n.* (*naut.*) motonave.
motortruck /ˈməʊtətrʌk/, *n.* (*USA*) autocarro; camion.
motorway /ˈməʊtəweɪ/, *n.* (*autom.*) autostrada. ● (*autom.*) **m. cruising**, velocità di crociera in autostrada □ **m. driving**, la guida in autostrada □ **m. grill**, autogrill □ **m. restaurant**, ristorante dell'autostrada.
mottle /ˈmɒtl/, *n.* *1* disegno a chiazze (*o* a macchie, a venature) *2* chiazza; macchia; venatura *3* (*ind. tess.*) mélange; filato di lana multicolore.
to **mottle** /ˈmɒtl/, *v. t.* *1* chiazzare; screziare; variegare *2* (*ind.*) marezzare.
mottled /ˈmɒtld/, *a.* *1* chiazzato; screziato; macchiettato; variegato; a venature: **m. skin**, pelle chiazzata *2* (*ind.*) marezzato. ● (*metall.*) **m. iron**, ghisa trotata.
motto /ˈmɒtəʊ/, *n.* (*pl.* **mottos, mottoes**) *1* motto; detto; massima; sentenza *2* epigrafe (*di libro*) *3* (*arald.*) divisa; motto.
mouflon, moufflon /ˈmuːflɒn/, *n.* (*zool., Ovis musimon*) muflone.
moujik /ˈmuːʒɪk/, *n.* mugic; contadino russo.
mould (1) /məʊld/, *n.* *1* (*agric.*) terriccio *2* (*poet.*) terra; polvere.
mould (2) /məʊld/, *n.* *1* (*metall., mecc., ecc.*) forma; matrice; modello; stampo: **a plaster m.**, una forma per calchi in gesso *2* (*tecn.*) forma, sagoma (stampata): **the m. of a car**, la sagoma di un'automobile *3* (*cucina*) stampo, stampino; (*anche*) sformato; budino *4* (*archit.*) modanatura *5* (*fig.*) carattere; stampo; tempra: **to be of a soft m.**, essere di carattere mite; **a man of his m.**, un uomo del suo stampo *6* (*ind. costr.*) cassaforma (*per cemento armato*) *7* (*geol.*) modello; (*anche*) impronta (*di un fossile*). ● **m. and tools makers**, fabbricanti di stampi e di utensili □ **m. candle**, candela fatta con lo stampo □ (*fig.*) **to be made in sb.'s m.**, essere dello stesso stampo di q. □ (*fonderia*) **metal m.**, conchiglia □ **They are cast in the same m.**, sembrano ricavati dallo stesso stampo; sono perfettamente identici.
mould (3) /məʊld/, *n.* muffa. ● **iron m.**, macchia di ruggine.
to **mould** (1) /məʊld/, *v. t.* *1* (*anche fig.*) foggiare; modellare; formare, plasmare: **to m. a clay statuette**, modellare una statuetta di creta; **to m. sb.'s character**, plasmare il carattere di q. *2* (*archit.*) modanare *3* (*metall.*) formare; costruire la forma di *4* (*grafica*) stampare ● **to m. bread**, ridurre l'impasto in pagnotte □ (*metall.*) **to m. iron**, fondere il ferro; formare la ghisa (*mediante staffe*).
to **mould** (2) /məʊld/, **A** *v. i.* ammuffire; muffire: **Bread moulds in damp weather**, il pane ammuffisce con l'umidità. **B** *v. t.* far ammuffire.
mouldability /məʊldəˈbɪlətɪ/, *n.* *1* modellabilità *2* (*tecn.*) formabilità; plasmabilità.
mouldable /ˈməʊldəbl/, *a.* *1* modellabile *2* (*tecn.*) formabile; plasmabile.
mouldboard /ˈməʊldbɔːd/, *n.* (*agric.*) versoio, orecchio (*dell'aratro*).
moulder /ˈməʊldə(r)/, *n.* (*metall.*) *1* formatore; modellatore: **m.-bench**, banco da formatore *2* formatrice (*macchina*): **bench m.**, formatrice da banco.
to **moulder** /ˈməʊldə(r)/, *v. i.* (*spesso* **to m. away**) *1* andare in rovina; ridursi in polvere; polverizzarsi; sgretolarsi *2* (*fig.*: *di un progetto, ecc.*) essere abbandonato (*o* trascurato); essere lasciato a marcire.
mouldering /ˈməʊldərɪŋ/, *a.* che va in rovina; cadente; sgretolato: **the m. ruins of the palace**, le rovine cadenti del palazzo.
mouldiness /ˈməʊldɪnəs/, *n.* muffosità (*raro*); l'essere ammuffito; (*fig.*) l'essere stantio.
moulding /ˈməʊldɪŋ/, *n.* *1* (*metall.*) formatura; modellatura; getto: **m. shrinkage**, ritiro del getto *2* (*tecn.*) stampaggio *3* (*archit.*) modanatura *4* (*falegn.*) modanatura (*di un mobile*). ● **m. board**, asse per impastare il pane; (*metall.*) piano per formare □ (*metall.*) **m. box**, staffa □ (*metall.*) **m. machine**, formatrice □ (*metall.*) **m. press**, pressa (per formare).
mouldy /ˈməʊldɪ/, *a.* *1* ammuffito; muffito: **m. cheese**, formaggio ammuffito *2* (*fig.*) stantio; antiquato; vecchio; fuori moda *3* (*pop.*) pessimo; schifoso *4* (*pop.*) insufficiente; misero; pidocchioso (*pop.*). ● **m. smell**, odore di muffa □ **It smells m.**, sa di muffa (*all'olfatto*) □ **It tastes m.**, sa di stantio (*al gusto*).
moult /məʊlt/, *n.* muta delle penne (del pelo, ecc.). ● (*d'animale*) **to be in m.**, fare la muta; mutare il pelo (le penne, ecc.).
to **moult** /məʊlt/, **A** *v. i.* mutare le penne (il pelo, ecc.); far la muta. **B** *v. t.* mutare (*le penne, il pelo*).
mound (1) /maʊnd/, *n.* *1* (*anche archeol.*) tumulo; rialzo (*del terreno*) *2* montagnola; monticello; collinetta *3* (*fig.*) mucchio; monte (*fig.*): **I have a m. of letters on my desk**, ho un monte di lettere sulla scrivania.
mound (2) /maʊnd/, *n.* (*arald.*) mondo; globo.
to **mound** /maʊnd/, *v. t.* *1* cingere (*o* fortificare) con un terrapieno *2* ammonticchiare; ammassare.
mount (1) /maʊnt/, *n.* *1* monte, montagna (*lett. oppure nei toponimi*; *abbr.*: **Mt**; *cfr.* **mountain**): **Mt Blanc**, il Monte Bianco *2* (*chiromanzia*) monte. ● (*relig.*) **the Sermon on the M.**, il Sermone della Montagna.
mount (2) /maʊnt/, *n.* *1* montatura (*di lenti, ecc.*); cornice, cartone (*di fotogr.*); incastonatura (*di gemme*) *2* (*ippica*) monta; il montare a cavallo; (*anche*) cavalcatura; cavallo *3* (*scherz.*) bicicletta; motocicletta *4* (*mil.*) affusto (*di cannone*) *5* (*mecc.*) montaggio; supporto; attacco; incastellatura di sostegno: (*autom.*) **rubber mounts**, attacchi elastici (*del ponte posteriore, ecc.*) *6* (*scient.*) vetrino (*per microscopio*) *7* (*zootecnia*) monta. ● **His m. was a camel**, viaggiava a dorso di cammello.
to **mount** /maʊnt/, **A** *v. t.* *1* (*form.*) montare a (*o* su); salire (a, su); ascendere; scalare: **to m. a horse**, montare a cavallo; **to m. a hill**, scalare un colle; **to m. a ladder**, salire su una scala a pioli; **to m. the throne**, salire (*o* ascendere) al trono; **I mounted the stairs**, salii le scale *2* mettere (q.) a cavallo; provvedere (q.) di cavallo *3* (*anche mecc.*) montare; fissare; mettere in postazione; piazzare; preparare; incastonare: **to m. a gun**, mettere un cannone in postazione; **to m. pictures**, montare fotografie; **to m. jewels**, incastonare gioielli; **to m. an instrument**, montare (*o* fissare) uno strumento; **to m. specimens**, preparare esemplari (*fissandoli su vetrini, per esaminarli al microscopio*) *4* (*mil.*) montare; essere armato di: **The fort [the ship] mounts forty guns**, il forte è armato di [la nave monta] quaranta cannoni *5* (*teatr.*) mettere in scena (*un dramma*) *6* (*zootecnia*) montare; coprire. **B** *v. i.* *1* (*spesso* **to m. up**) salire: **Prices are mounting up**, i prezzi salgono; **A blush mounted to her face**, il sangue le salì al viso *2* montare (*a cavallo, su un cammello, ecc.*); montare in sella. ● **to m. a bicycle**, montare in bicicletta □ (*mil.*) **to m. guard over**, montare la guardia

a □ **to m. insects**, fissare insetti (*con spilli, ecc. per conservarli*) □ (*mil.*) **to m. an attack [an offensive]**, lanciare un attacco [un'offensiva] □ **to m. a statue on its pedestal**, collocare una statua sul piedistallo □ (*d'aereo*) **to m. up**, impennarsi.

mountain /ˈmaʊntɪn, *USA* -ntn/, **A** *n.* montagna; monte; (*fig.*) grande quantità, mucchio: **a m. of troubles**, un monte di guai. **B** *a. attr.* di montagna; montuoso; montano; montanaro: **m. artillery**, artiglieria di montagna; **m. sickness**, mal di montagna; **a m. chain** (*o* **range**), una catena montuosa; **m. plants**, piante montane; **a m. stream**, un torrente montano. ● (*stor. franc.*) **the M.**, la Montagna □ (*bot.*) **m. ash** (*Sorbus aucuparia*), sorbo degli uccellatori □ **m. bike**, mountain bike □ (*zool.*) **m. cat**, (*Lynx rufus*) lince rossa; *V.* **m. lion** □ (*fam.*) **m. dew**, whisky distillato alla macchia □ **m.-high**, alto come una montagna □ (*zool.*) **m. lion** (*Felis concolor*), puma □ (*fig.*) **a m. of flesh**, un grassone, un ciccione (*pop.*) □ **a m. of a man**, un uomo altissimo e massiccio; un gigante □ **m. slope**, pendio di una montagna; versante □ (*geogr.*) **the Rocky Mountains**, le Montagne Rocciose.

mountaineer /maʊntɪˈnɪə(r), *USA* -ntnˈɪ-/, *n.* *1* montanaro, montanara *2* (*sport*) alpinista.

to **mountaineer** /maʊntɪˈnɪə(r), *USA* -ntnˈɪ-/, *v. i.* fare dell'alpinismo.

mountaineering /maʊntɪˈnɪərɪŋ, *USA* -ntnˈɪ-/, *n.* (*sport*) alpinismo.

mountainous /ˈmaʊntɪnəs, *USA* -ntn-/, *a.* *1* montuoso; montagnoso; alpestre: **a m. country**, un paese montuoso *2* (*fig.*) grande come una montagna; enorme; colossale. ‖ **-ness**, *sost.*

mountainside /ˈmaʊntɪnsaɪd, *USA* -ntn-/, *n.* fianco, versante (di un monte).

mountaintop /ˈmaʊntɪntɒp, *USA* -ntn-/, *n.* cima; vetta.

mountebank /ˈmaʊntəbæŋk/, *n.* *1* saltimbanco *2* (*fig.*) ciarlatano.

mountebankery /maʊntəˈbæŋkərɪ/, *n.* ciarlataneria; ciarlatanismo.

mounted /ˈmaʊntɪd/, *a.* *1* a cavallo: **m. police**, polizia a cavallo *2* (*tecn.*) montato; installato; incastonato *3* (*mil.*: *di un cannone, ecc.*) messo in postazione; piazzato.

mounter /ˈmaʊntə(r)/, *n.* (*tecn.*) montatore; incastonatore; chi mette in opera (q.c.).

Mountie /ˈmaʊntɪ/, *n.* poliziotto a cavallo (*nel Can.*).

mounting /ˈmaʊntɪŋ/, *n.* *1* salita; ascensione *2* il montare; (*ind.*) montaggio (*V.* **to mount**, *def. 3*): **m. technique**, tecnica del montaggio *3* montatura; incastonatura *4* (*mecc.*) montaggio; supporto; attacco; incastellatura di sostegno *5* (*teatr.*) messa in scena; allestimento. ● (*un tempo*) **m.-block**, montatoio.

to **mourn** /mɔːn/, **A** *v. i.* *1* portare il lutto *2* – **to m. for**, addolorarsi per; lamentare; piangere; rimpiangere: **to m. for a dead son**, piangere un figlio morto. **B** *v. t.* *1* lamentare; piangere; addolorarsi per; lamentarsi di: **to m. the loss of one's father**, piangere la perdita del padre; **to m. one's misfortune**, lamentarsi della propria sfortuna *2* (*fig.*) rimpiangere (q.c.).

mourner /ˈmɔːnə(r)/, *n.* *1* chi è in lutto; chi piange o lamenta (q.c. *o* q.) *2* (*specialm.*) chi segue un funerale *3* (= **hired m.**) prefica.

mournful /ˈmɔːnfl/, *a.* *1* dolente; afflitto; addolorato; triste *2* doloroso; luttuoso; triste. ‖ **-ly**, *avv.* ‖ **-ness**, *sost.*

mourning /ˈmɔːnɪŋ/, **A** *n.* *1* lutto; abiti da lutto; periodo di lutto: **as a sign of m.**, in segno di lutto; **deep m.**, lutto stretto; **half m.**, mezzo lutto; **to be in m.**, esser in lutto; **to go into m.**, prendere il lutto; **to go out of m.**, togliersi (*o* smettere) il lutto *2* cordoglio, pianto (*per un defunto*). **B** *a.* *1* addolorato; afflitto; triste *2* doloroso; luttuoso. ● **m. band**, nastro (*o* fascia) da lutto □ **m. coach**, carro funebre □ **m. paper**, carta listata a lutto □ **m. ring**, anello portato in memoria d'un defunto □ (*fig. scherz.*) **nails in m.**, unghie a lutto (*cioè*, nere). ‖ **-ly**, *avv.*

mouse /maʊs/, *n.* (*pl.* **mice**) *1* (*zool.*, *Mus*) topo; sorcio *2* (*fig.*) pulcino bagnato; persona timida, ritrosa *3* (*elettron.*) mouse *4* (*falegn.*, *edil.*) contrappeso (*di finestra a ghigliottina*) *5* (*naut.*) *V.* **mousing** (2) *6* (*pop.*) occhio pesto *7* (*pop. USA*) ragazza bella e vivace; topolino (*fig.*); (*anche*) fidanzata; moglie. ● **m. colour**, color grigio topo □ (*bot.*) **m.-ear**, (*Hieracium pilosella*) orecchio di topo, pelosella; (*Cerastum vulgatum*) peverina fontana; *V.* **myosote** □ **m.-hole**, tana di topo; (*fig.*) buco, topaia □ (*bot.*) **m.-tail** (*Myosurus minimus*), coda di topo □ **as poor as a church m.**, povero in canna □ **field m.** (*Apodemus sylvaticus*), topo selvatico □ **harvest m.**, (*Micromys minutus*), topolino delle risaie □ **house m.** (*Mus musculus*), topo delle case; topolino domestico.

to **mouse** /maʊs/, *v. i.* *1* acchiappare topi; dar la caccia ai topi *2* (*fig.*) muoversi come un gatto; andare quatto quatto. ● **to m. about** (*o* **around**), andare in giro (*in cerca di q.c.*) □ **to m. out**, scoprire; scovare □ **He went mousing around libraries**, faceva il topo di biblioteca.

mouser /ˈmaʊsə(r)/, *n.* cacciatore di topi: **My cat is a very good m.**, il mio gatto è un ottimo cacciatore di topi.

mousetrap /ˈmaʊstræp/, *n.* *1* trappola per i topi *2* locale (teatro, ecc.) d'infimo ordine. ● (*scherz.*) **m. cheese**, formaggio di cattiva qualità.

mousey /ˈmaʊsɪ/, *V.* **mousy**.

mousing (1) /ˈmaʊzɪŋ/, *n.* caccia ai topi; il prender topi.

mousing (2) /ˈmaʊzɪŋ/, *n.* (*naut.*) legatura di gancio; pigna (*alla punta di un cavo*).

moussaka /muːˈsɑːkə/ (*greco*), *n.* (*cucina*) pietanza di carne e melanzane (*spesso ricoperta di formaggio*).

mousse /muːs/ (*franc.*), *n.* (*cucina*) mousse.

mousseline /ˈmuːsliːn/, *n.* (*ind. tess.*) mussolina; mussola.

moustache /məˈstɑːʃ, -æʃ, mʊ-, *USA* ˈmʌstæʃ, məˈstæʃ/, *n.* baffi; mustacchi (*scherz.*).

moustached /məˈstɑːʃt, -æʃt, mʊ-, *USA* ˈmʌstæʃt, məˈstæʃt/, *a.* con i baffi; baffuto.

mousy /ˈmaʊsɪ/, *a.* *1* simile a un topo *2* di color grigio topo *3* (*fig.*) quieto come un topolino; timido *4* (*di un luogo*) pieno di topi *5* (*spreg.*) scialbo; bruttino; insignificante.

mouth /maʊθ/, *n.* *1* bocca (*anche fig.*); bocca di fiume; foce; imboccatura; apertura; orifizio: **to keep one's m. shut**, tenere la bocca chiusa; **the m. of a bag [of a bottle]**, la bocca d'un sacco [di una bottiglia]; **the m. of a river**, la foce d'un fiume; **the m. of a cave**, l'imboccatura d'una caverna *2* (*arc.*) boccaccia; smorfia: **to make mouths**, far boccacce; **to make a wry m.**, fare una smorfia; storcere la bocca *3* (*tecn.*) bocca; entrata *4* (*ind. min.*) bocca; imbocco *5* (*pop. USA*) bocca amara (*dopo una sbornia*) *6* (*pop. USA*) *V.* **mouthpiece**. ● (*pop. USA*) **m.-breather**, boccalone; cialtrone □ (*fig.*) **m.-filling**, enfatico, reboante, retorico; che riempie la bocca (*fam.*) □ (*pop. USA*) **a m. full of South**, un accento meridionale □ (*med.*) **m.-opener**, apribocca □ (*mus.*) **m. organ**, armonica a bocca □ (*med.*) **m.-to-m. breathing**, respirazione bocca a bocca □ (*di cibo e fig.*) **m.-watering**, che fa venire l'acquolina in bocca □ (*fam.*) **to be down in the m.**, esser depresso, abbattuto, scoraggiato; esser giù di morale □ (*di un cane*) **to give m.**, abbaiare □ (*fig.*) **to give m. to st.**, esprimere, manifestare q.c. □ (*pop.*) **to have a big m.**, essere un chiacchierone; non saper tenere la lingua a posto □ (*di cavallo*) **to have a good [a bad, a hard] m.**, esser docile [ribelle, refrattario] al morso □ (*fam.*) **to have st. straight from the horse's m.**, sapere q.c. da fonte sicura □ **to laugh on the wrong side of the m.**, ridere amaro (*o* a denti stretti) □ (*fam.*) **to make a poor m.**, piangere miseria □ **to make sb.'s m. water**, far venire l'acquolina in bocca a q. □ **to put one's money where one's m. is**, far seguire alle parole i fatti □ **to put a speech in sb.'s m.**, attribuire (*o* mettere in bocca) un discorso a q.; riferirlo come detto da lui □ **to put words into sb.'s m.**, mettere parole in bocca a q. □ **to take the words out of sb.'s m.**, rubare le parole di bocca a q. □ (*fig.*) **a useless m.**, una bocca (in più) da sfamare; un mangiapane a ufo (*o* a tradimento) □ **My m. watered at the cake**, la vista della torta mi fece venire l'acquolina in bocca.

to **mouth** /maʊθ/, **A** *v. t.* *1* dire (*o* pronunciare) con enfasi, declamare (*specialm. senza sincerità*) *2* dire (q.c.) muovendo le labbra, ma senza emettere suoni *3* prendere (q.c.) con la bocca *4* mettere (*cibo, ecc.*) in bocca *5* sbacicchiare *6* avvezzare (*un cavallo*) al morso. **B** *v. i.* *1* parlare in modo enfatico, declamare (*specialm. senza sincerità*) *2* far boccacce; fare smorfie *3* (*di un fiume*) sfociare. ● **to m. curses**, imprecare; bestemmiare.

mouthed /maʊðd, maʊθd/, *a.* (*nei composti, per es.*:) **clean-m.**, che ha la bocca pulita; (*fig.*) che parla pulito; (*fig.*) **foul-m.**, che parla sporco; scurrile; **full-m.**, dalle labbra grosse; (*fig.*) sonoro; (*di suono*) forte; **open-m.**, (che sta) a bocca aperta; **many-m.**, che ha molte bocche.

mouthful /ˈmaʊθfʊl/, *n.* *1* boccone; boccata: **at a m.**, in un boccone *2* pezzetto; piccola quantità *3* (*fam.*) parola (*o* frase) difficile da pronunciare *4* (*pop. USA*) parola giusta; osservazione centrata: **You've said a m.!**, l'hai detta giusta!

mouthless /ˈmaʊθləs/, *a.* senza bocca; senza apertura.

mouthpiece /ˈmaʊθpiːs/, *n.* *1* imboccatura, bocchino (*di strumento musicale, ecc.*) *2* bocchino (*di pipa, sigaro*) *3* portavoce (*anche fig.*) *4* microfono (*del telefono, ecc.*) *5* boccaglio (*di respiratore, ecc.*) *6* (*pop. USA*) avvocato penalista; avvocato difensore.

mouthwash /ˈmaʊθwɒʃ, *USA* -wɔːʃ/, *n.* (*farm.*) collutorio.

mouthy /ˈmaʊðɪ/, *a.* *1* ciarliero; loquace *2* ampolloso; pomposo; reboante.

movability /muːvəˈbɪlətɪ/, *n.* mobilità.

movable /ˈmuːvəbl/, **A** *a.* *1* movibile; mobile; rimovibile: **Whit Sunday is a m. holiday**, la Pentecoste è una festa mobile *2* (*leg.*) mobile; mobiliare: **m. property**, beni mobili *3* (*fin.*) mobile: **m. band**, banda mobile. **B** *n. pl.* (*econ.*) mobili; beni mobili. ● (*ind. costr.*) **m. bridge**, ponte mobile □ (*elettr.*) **m. contact**, contatto mobile □ **m. feast**, (*relig.*) festa mobile; (*scherz.*) pasto fuori orario. ‖ **-ly**, *avv.* ‖ **-ness**, *avv.*

move /muːv/, *n.* *1* movimento; mossa: **to make an abrupt m.**, fare un movimento brusco; **If you make a m., I'll kill her**, se fai una mossa, la uccido *2* (*nei giochi*) mossa: **I've learnt all the moves in chess**, ho imparato tutte le mosse degli scacchi; **It's your m.!**, a te la mossa! *3* trasloco; sgombero; trasferimento (*a un nuovo ufficio, ecc.*) *4* (*fig.*) mossa; iniziativa; manovra; azione: **to make a bad** (*o* **false**), fare una mossa falsa; **to make a good m.**, fare una mossa buona; **to make the first m.**, fare la prima mossa; **a m. to cut down unemployment**, una manovra per ridurre al minimo la disoccupazione *5* (*demogr.*) movimento migratorio *6* (*leg.*) richiesta; istanza. ● (*fam.*) **to get a m. on**, darsi una mossa (*fam.*); spicciarsi □ (*fam.*) **to make a m.**, cominciare ad andarsene □ **to be on the m.**, essere in movimento; (*fam.*) essere in giro (*o* in viaggio); (*del traffico*) essere scorrevole: **Enemy forces were on the m.**, truppe nemiche erano in movimento; **«Traffic heavy but on the m.»**, «traffico intenso ma scorrevole» □ (*fam.*) **What's the next m.?**, e ora, che si fa?

to **move** /mu:v/, **A** *v. t.* ***1*** muovere; mettere in moto; spostare; trasportare: **M. your chair nearer to the table**, sposta la tua sedia verso la tavola (avvicinala alla tavola); **to m. one's car**, spostare la macchina; **to m. troops**, spostare (*o* trasportare) truppe; **The wind moved the treetops**, il vento muoveva le cime degli alberi ***2*** indurre; stimolare; muovere, spingere (*fig.*): **to m. sb. to tears**, muovere q. alle lacrime; **to m. sb. to laughter**, muovere q. al riso; **Nothing could m. him to help me**, niente poté indurlo ad aiutarmi; **His keen interest in the subject moved him to get up and make a speech**, il suo vivo interesse per l'argomento (*in discussione*) lo spinse ad alzarsi e a fare un discorso ***3*** commuovere: **The tale of their misfortunes moved me deeply**, il racconto delle loro sventure mi commosse profondamente ***4*** (*anche polit.*) proporre; suggerire: **to m. a motion**, proporre una mozione; **Mr Chairman, I m. that the meeting be adjourned**, signor Presidente, propongo che la seduta sia rinviata ***5*** trasferire, traslocare (*dipendenti*). **B** *v. i.* ***1*** muoversi; essere in moto; spostarsi; circolare (*fam.*): **Keep moving!**, continua a muoverti!; non fermarti!; **I pushed hard, but the door wouldn't m.**, spinsi forte, ma la porta non si mosse ***2*** (*a scacchi, a dama*) muovere; fare una mossa: **The rook moves in a straight line**, la torre muove in linea retta; **It's your turn to m.**, tocca a te muovere ***3*** (= **to m. house**) sgombrare; cambiar casa; trasferirsi; traslocare: **We decided to m. into town**, decidemmo di trasferirci in città ***4*** muoversi (*fig.*); prendere l'iniziativa; evolvere; far progressi: **Things are moving rapidly**, la situazione evolve rapidamente; **Our work moves slowly**, il lavoro progredisce a rilento ***5*** (*fin.*) oscillare: **Our shares moved between 60 and 63 dollars**, le nostre azioni hanno oscillato tra i 60 e i 63 dollari ***6*** (*dell'intestino*) sgombrarsi ***7*** (*fam.*) muoversi; incamminarsi; andarsene: **Let's be moving on**, incamminiamoci! ***8*** (*comm.*: *di merce*) vendersi: **Our line of goods is moving quickly**, i nostri articoli si vendono alla svelta ***9*** (*naut.*) tonneggiare ***10*** (*mecc.*) avere gioco; essere lento. ● (*fig.*) **to m. the goal posts**, spostare il proprio obiettivo □ (*fig.*) □ **to m. heaven and earth**, muovere mari e monti; fare ogni sforzo □ **to m. home** (*o* **to m. house**), cambiare casa; traslocare □ **to m. in good society**, frequentare l'alta società □ **to m. with the times**, stare aggiornato □ **not to m. a step**, non muovere un passo (*anche fig.*) □ **Time moves on**, il tempo passa.

♦**move about**, **A** *v. i.* + *avv.* ***1*** muoversi (qua e là): **I can hear a rabbit moving about in the underwood**, sento un coniglio che si muove nel sottobosco ***2*** muoversi, spostarsi; viaggiare molto. **B** *v. t.* + *avv.* ***1*** muovere; spostare (*mobili, ecc.*) ***2*** spostare, trasferire (*q.*: *da una sede di lavoro a un'altra*).

♦**move ahead**, *v. i.* + *avv.* ***1*** (*anche sport*) andare avanti; procedere; avanzare ***2*** (*fig.*) fare carriera ***3*** (*econ., fin.*) conquistare posizioni.

♦**move along**, **A** *v. i.* + *avv.* muoversi; spostarsi; circolare: **M. along!**, circolare! **B** *v. t.* + *avv.* far circolare.

♦**move around**, **A** *v. i.* + *avv. V.* **move about**. **B** *v. t.* + *prep. V.* **move round**.

♦**move away**, *v. i.* + *avv.* ***1*** andare via; andarsene ***2*** cambiare casa; traslocare; trasferirsi.

♦**move back**, **A** *v. i.* + *avv.* ***1*** andare (*o* spostarsi) indietro; farsi indietro ***2*** trasferirsi di nuovo, tornare ad abitare (*in un luogo*). **B** *v. t.* + *avv.* rimettere (*mobili, ecc.*) a posto.

♦**move down**, **A** *v. i.* + *avv.* ***1*** spostarsi in giù; scendere (*anche fig.*) ***2*** (*in un autobus, ecc.*) andare avanti: **M. down inside, please!**, avanti c'è posto! **B** *v. t.* + *avv.* spostare (q.) a un grado (*o* a una classe, ecc.) inferiore; declassare. **C** *v. i.* + *prep.* scendere: **to m. down the stairs**, scendere le scale □ **to m. down the bus**, andare avanti (nell'autobus).

♦**move downwards**, *v. i.* + *avv.* (*econ., fin.*) diminuire; calare; scendere.

♦**move for**, *v. i.* + *prep.* (*leg. e polit.*) fare una richiesta di; chiedere: **to m. for a new trial**, chiedere un nuovo processo; **to m. for acceptance of a bill**, chiedere che sia approvato un disegno di legge.

♦**move forward**, **A** *v. i.* + *avv.* ***1*** (*anche mil.*) avanzare ***2*** (*fig.*) fare progressi; progredire. **B** *v. t.* + *avv.* (*anche mil.*) mandare avanti; far avanzare.

♦**move in**, **A** *v. i.* + *avv.* ***1*** entrare; andare a stare in una (nuova) casa; trasferirsi in un ufficio (nuovo) ***2*** (*mil.*) attaccare; serrare; farsi sotto ***3*** (*econ., fin.*) subentrare; occupare una posizione (*nel mercato, ecc.*). **B** *v. t.* + *avv.* ***1*** (*anche mil.*) mandare (*truppe*) all'attacco ***2*** mettere (*una famiglia, ecc.*) in alloggio (*libero o nuovo*).

♦**move in on**, *v. i.* + *avv.* + *prep.* ***1*** andare a stare da (q.); sfruttare l'ospitalità di (q.) ***2*** (*anche mil.*) accerchiare; circondare ***3*** (*fam., anche econ.*) mettere le mani su (*fig.*); impadronirsi di (q.c.).

♦**move off**, *v. i.* + *avv.* muoversi; partire: **The train moved off**, il treno si mosse.

♦**move on**, **A** *v. i.* + *avv.* ***1*** andare avanti (*anche fig.*); spostarsi; circolare: **M. on!**, circolare! ***2*** passare oltre (*fig.*); passare (*a un argomento nuovo*). **B** *v. t.* + *avv.* ***1*** mettere avanti (*le frecce dell'orologio*) ***2*** far circolare (q.); fare spostare (q.).

♦**move out**, **A** *v. i.* + *avv.* ***1*** muoversi; partire: **The train moved**, il treno si mosse ***2*** andarsene (di casa); traslocare; sloggiare; sgombrare il campo. **B** *v. t.* + *avv.* far sgombrare; sloggiare (*un inquilino, ecc.*) □ **to m. out one's furniture**, portare via i mobili.

♦**move over**, **A** *v. i.* + *avv.* ***1*** spostarsi (*anche fig.*); lasciare il posto ***2*** (*su un mezzo pubblico*) stringersi (*per far posto*). **B** *v. t.* + *avv.* ***1*** spostare (q.) ***2*** fare stringere (q.).

♦**move round**, **A** *v. i.* + *avv. V.* **move about**. **B** *v. i.* + *prep.* girare intorno a: **The earth moves round the sun**, la terra gira intorno al sole.

♦**move up**, **A** *v. i.* + *avv.* ***1*** muoversi (*andando avanti*): **The queue moved up a little**, la coda (di gente) si mosse un po' ***2*** (*su un veicolo pubblico*) andare avanti ***3*** fare posto, stringersi (*su un sedile, una panchina, ecc.*) ***4*** salire di grado; fare carriera; essere promosso ***5*** (*econ., fin.*: *di una moneta*) salire, aumentare di valore ***6*** (*mil.*) andare al fronte. **B** *v. t.* + *avv.* ***1*** mandare avanti (*anche fig.*) promuovere; far salire (q.) di grado ***2*** (*mil.*) mandare al fronte.

♦**move upwards**, *v. i.* + *avv.* (*econ., fin.*) aumentare; salire, crescere: **Output will m. upwards next year**, la produzione aumenterà l'anno prossimo.

moveable /ˈmu:vəbl/, *V.* **movable**.

movement /ˈmu:vmənt/, *n.* ***1*** movimento; moto; mossa; gesto; cenno: **a political m.**, un movimento politico; **the first m. of a symphony**, il primo movimento d'una sinfonia; **a m. of anger**, un moto d'ira; (*mecc.*) **relative m.**, moto relativo ***2*** (*mecc.*) meccanismo; movimento: **the m. of a watch**, il meccanismo d'un orologio ***3*** (*pl.*) (*fin.*) oscillazione, variazione (*di quotazioni, ecc.*) ***4*** (*comm., econ.*) movimento (*di capitali, di prezzi, ecc.*): **There's been an upward m. in the price of raw materials**, c'è stato un movimento d'ascesa nei prezzi delle materie prime ***5*** (*fisiol.*) evacuazione ***6*** materia evacuata; feci (*pl.*).

mover /ˈmu:və(r)/, *n.* ***1*** promotore; fautore; animatore ***2*** (*nei giochi*) colui cui spetta la mossa ***3*** (*USA*) titolare d'agenzia di traslochi ***4*** (*leg.*) richiedente; proponente; chi fa una mozione ***5*** (*fam., comm.*) articolo che si vende bene ***6*** (*fam.*) persona (*o* idea) che ha successo. ● **That girl is lovely m.**, quella ragazza si muove con molta grazia.

movie /ˈmu:vɪ/, *n.* (*fam. USA*) ***1*** film ***2*** (*pl.*) cinema; cinematografo: **Let's go to the movies**, andiamo al cinema! ● (*USA*) **m. camera**, cinepresa □ **m. star**, stella del cinema □ **m. theater**, cinema; sala cinematografica.

moviegoer /ˈmu:vɪgəʊə(r)/, *n.* (*USA*) frequentatore di cinema.

moviehouse /ˈmu:vɪhaʊs/, *n.* (*USA*) cinema; sala cinematografica.

movieland /ˈmu:vɪlænd/, *n.* (*fam. USA*) cinelandia.

moving /ˈmu:vɪŋ/, **A** *a.* ***1*** commovente; patetico; toccante: **a m. sight**, una vista commovente ***2*** mobile: **a m. staircase** (*o* **stairway**), una scala mobile ***3*** in moto; in movimento: **a m. train**, un treno in moto ***4*** che anima; che dà impulso; animatore: **He's the m. spirit behind the plan**, è l'anima del progetto; **m. ideas**, idee animatrici. **B** *n.* ***1*** spostamento; trasferimento ***2*** (*di solito* **m. home**) trasloco; sgombero. ● (*stat.*) **m. average**, media mobile □ (*astron.*) **m. cluster**, ammasso stellare in moto □ (*elettr.*) **m.-coil**, a bobina mobile □ **m. day**, giorno di trasloco (*o* in cui scade l'affitto) □ **m. in**, occupazione della casa nuova; l'entrare in un'abitazione nuova □ (*mecc.*) **m. load**, carico mobile □ (*USA*) **m. picture**, film □ (*USA*) **m.-picture theater**, cinema; cinematografo; sala di proiezione □ **m. pictures**, cinema; cinematografo □ **m. van**, furgone per traslochi □ (*fam.*) **Get m.!**, sbrigati!; muoviti!

movingly /ˈmu:vɪŋlɪ/, *avv.* in modo commovente; pateticamente.

mow (**1**) /maʊ/, *n.* ***1*** mucchio di fieno (*o* di paglia) ***2*** cumulo di covoni (*di grano, ecc.*) ***3*** fienile ***4*** granaio.

mow (**2**) /maʊ, məʊ/, *n.* (*arc.*) boccaccia; smorfia.

to **mow** (**1**) /məʊ/ (*pass.* **mowed**, *p. p.* **mown**, **mowed**), **A** *v. t.* falciare (*anche fig.*); mietere (*grano, un campo*): **The patrol was mown down by machine-gun fire**, la pattuglia fu falciata dal fuoco delle mitragliatrici. **B** *v. i.* falciare l'erba.

to **mow** (**2**) /maʊ, məʊ/, *v. i.* (*arc.*) far boccacce; fare smorfie.

mower /ˈməʊə(r)/, *n.* ***1*** falciatore, falciatrice; mietitore, mietitrice ***2*** falciatrice, mietitrice (*macchina*). ● (*mecc.*) **power m.**, motofalciatrice.

mowing /ˈməʊɪŋ/, *n.* (*agric.*) falciatura; mietitura. ● **m.-grass**, erba da taglio □ (*mecc.*) **m.-machine**, motofalciatrice.

mown /məʊn/, *p. p.* di **to mow** (**1**). ● **new-m. hay**, fieno falciato di fresco.

moxie /ˈmɒksɪ/, *n.* (*pop. USA* e *Can.*) coraggio; sangue freddo.

Mozambique /məʊzæmˈbi:k/, *n.* (*geogr.*) Mozambico.

Mozarab /məˈzærəb/, *n.* (*stor.*) mozarabo.

Mozarabic /məˈzærəbɪk/, *a.* (*stor.*) mozarabico; dei mozarabi.

MP /ɛmˈpi:/, *n.* ***1*** (*acronimo di* **Member of Parliament**) (*in G.B.*) deputato; onorevole: **an MP**, un deputato; **Mr John Wood, MP**, l'On. John Wood ***2*** (*abbr. di* **Military Policeman**) soldato della polizia militare.

Mr /ˈmɪstə(r)/, *n.* (*pl.* **Messrs**; *origin. abbr. di* **mister**) ***1*** signor (*seguito da nome e cognome o dal solo cognome*) ***2*** (*con taluni titoli*) signore: **Mr Chairman**, signor Presidente ***3*** (*nei concorsi di bellezza*) Mister: **Mr America**, Mister America.

Mrs /ˈmɪsɪz/, *n.* (*pl.* **Mrs** *o, al vocat.*, **Mesdames**; *origin. abbr. di* **mistress**) ***1*** signora (*seguito da nome e cognome o dal solo cognome*) ***2*** (*con taluni titoli*) Signora: **Mrs 1996**, la Signora «1996» (*in un concorso*).

Ms /mɪz, məz, məs/, *n.* (*abbr. di* **Miss** *e* **Mrs**, *in USA e G.B., di origine femminista*) signorina/signora (*non ha equivalente in ital.*; *lo si usa perché, non facendo la distinzione, non si corre il rischio di discriminare*).

M.Sc. /ɛmɛsˈsi:/, *USA* **M.S.** /ɛmˈɛs/, *n.* (*acronimo di* **Master of Science**) ***1*** laurea di secondo grado in materie scientifiche (*appros-*

simativamente equivalente alla laurea italiana; *V.* **B.Sc., B.S.**) **2** dottore in scienze: **Ann Jones, M.Sc.**, Ann Jones, dottore (*o* dottoressa) in scienze.

mu /mju:/, *n.* mi (*dodicesima lettera dell'alfabeto greco*).

much /mʌtʃ/, **A** *a.* e *n.* (*compar.* **more**, *superl. relat.* **most**; *pl.* **many**) molto: **m. noise**, molto rumore; **There isn't m. wine left**, non c'è rimasto molto vino; **There isn't m. to look at**, non c'è molto (*o* gran che) da guardare; **I have stood m.**, ho sopportato molto (*o* molte cose). **B** *avv.* **1** molto; assai; di molto; di gran lunga: **He doesn't eat m.**, non mangia molto; **I wasn't m. surprised**, non fui molto sorpreso; **You must walk m. faster**, devi camminare assai più in fretta; **I am m. better today**, sto molto meglio oggi; **This letter is m. the best**, questa lettera è di gran lunga la migliore **2** a lungo; molto; per lungo tempo: **He hasn't lived here m.**, non è molto che vive qui **3** spesso: **Do you see him m.** (*o* **m. of him**)?, lo vedi spesso? **4** quasi; circa; pressappoco; più o meno: **It was** (**very**) **m. what I expected**, era pressappoco quello che mi aspettavo. ● **m. of a height**, quasi della stessa altezza □ **m. of a size**, quasi delle stesse dimensioni; quasi della stessa grandezza □ **m. the same**, quasi alla pari; simile: **The two students are m. the same in Latin**, i due studenti sono quasi alla pari (*o* più o meno si equivalgono) in latino □ **m. to...**, con (mio, tuo, ecc.) grande...: **m. to my surprise**, con mia grande sorpresa □ **as m. again**, altrettanto; il doppio (*nel complesso*): **I want as m. again**, ne voglio altrettanto; voglio il doppio di quel che ho avuto □ **as m. as**, (tanto)... quanto: **Take as m. as you like**, prendine (tanto) quanto ne vuoi □ **how m.**, quanto: **How m. are eggs today?**, quanto costano (*o* a quanto stanno) le uova oggi? □ **to make** (*o* **to think**) **m. of**, dare grande importanza a; tenere in grande considerazione □ **nothing m.**, niente d'importante □ **so m. as**, (tanto)... quanto: **I haven't so m. money as people think**, non ho tanto denaro quanto crede la gente □ **so m. the better**, tanto meglio □ **so m. more that...**, tanto più che... □ **so m. the worse**, tanto peggio □ **to think m. of oneself**, essere pieno di sé □ **this** (**that**) **m.**, tanto (così); questo (quel) tanto: **I only want this m.**, ne voglio solo tanto così; **He has only done that m. so far**, ha fatto soltanto questo finora; è arrivato solo fino a questo punto □ **too m.**, troppo: **Don't give him too m. money**, non dargli troppo denaro □ **He isn't m. of a teacher**, come insegnante, non è gran che □ **I thought as m.!**, me l'aspettavo! □ **So m. for that!**, basta così!; chiudiamo l'argomento! □ (*prov.*) **Too m. is as bad as none at all** (*o* **Too m. breaks the bag**), il troppo stroppia.

muchness /ˈmʌtʃnəs/, *n.* – (*nella locuz.*) **much of a m.**, della stessa grandezza: **They are much of a m.**, sono quasi uguali. ● (*modo prov.*) **It's much of a m.**, se non è zuppa è pan bagnato.

mucic /ˈmju:sɪk/, *a.* (*chim.*) mucico.

mucid /ˈmju:sɪd/, *a.* (*lett.*) mucido (*raro*); ammuffito; stantio.

mucilage /ˈmju:sɪlɪdʒ/, *n.* mucillagine.

mucilaginous /mju:sɪˈlædʒɪnəs/, *a.* mucillaginoso.

mucin /ˈmju:sɪn, *USA* -sn/, *n.* (*biochim.*) mucina.

muck /mʌk/, *n.* **1** concime animale; letame; sterco **2** sudiciume; sporcizia **3** (*fam.*) robaccia; schifezza; porcheria **4** (*fam.*) confusione; pasticcio; casino (*fam.*) **5** polvere di carbon fossile **6** (*fig.*) sporco dell'industria. ● **m.-rake**, rastrello per il letame □ **to make a m. of**, insudiciare, sporcare; sciupare, guastare □ (*prov.*) **Where there's m., there's money**, dove c'è sporco (dell'industria), c'è denaro (*cioè*, dove ci sono fabbriche, c'è benessere).

to **muck** /mʌk/, *v. t.* **1** concimare (*un terreno*) col letame **2** insudiciare; sporcare.

♦**muck about, A** *v. i.* + *avv.* (*fam.*) bighellonare; gingillarsi; non combinare niente; fare l'imbecille (*o* lo scemo). **B** *v. t.* + *avv.* **1** ciurlare nel manico con (q.); fare il furbo con (q.) **2** mettere (q.c.) sottosopra; manomettere (*arnesi, documenti, ecc.*).

♦**muck about with**, *v. i.* + *avv.* + *prep.* (*fam.*) mettere sottosopra; manomettere.

♦**muck around**, *V.* **muck about**.

♦**muck in**, *v. i.* + *avv.* **1** stare (lavorare, studiare, ecc.) insieme; fare comunella **2** vivere (*con q.*); dividere la camera (*o* la casa: *con q.*).

♦**muck out**, *v. t.* + *avv.* (*fam.*) **1** pulire, ripulire (*stalle*) **2** pulire, governare (*animali*).

♦**muck up**, *v. t.* + *avv.* (*fam.*) **1** insudiciare; sporcare; imbrattare **2** guastare; rovinare; sciupare; mandare a monte (*o* all'aria): **to m. up sb.'s plans**, mandare all'aria i piani di q. **3** fare un pasticcio di; incasinare (*fam.*): **to m. up an important test**, incasinarsi in un test importante.

muckamuck /ˈmʌkəmʌk/, *n.* (*pop. Can.*) roba da mangiare; cibo.

mucker (**1**) /ˈmʌkə(r)/, *n.* (*pop.*) capitombolo; ruzzolone: **to come** (*o* **to get**) **a m.**, fare un capitombolo; (*fig.*) fallire, far fiasco.

mucker (**2**) /ˈmʌkə(r)/, *n.* (*pop.*) **1** giocatore sleale **2** zoticone; bifolco **3** (*USA*) scapestrato.

muckheap /ˈmʌkhi:p/, *n.* letamaio; concimaia.

muckiness /ˈmʌkɪnəs/, *n.* sporcizia; sudiciume; porcheria.

muckle /ˈmʌkl/, *n.* (*scozz.*) (un) mucchio; grande quantità.

to **muckrake** /ˈmʌkreɪk/, *v. i.* mettere in luce (*o* divulgare) scandali; indagare su scandali; pescare nel torbido (*fig.*).

muckraker /ˈmʌkreɪkə(r)/, *n.* chi denuncia casi di corruzione; giornalista scandalistico.

muckraking /ˈmʌkreɪkɪŋ/, *n.* scandalismo.

muckslinging /ˈmʌkslɪŋɪŋ/, *V.* **mudslinging**.

mucksweat /ˈmʌkswet/, *n.* (*pop.*) grande sudata; sudataccia.

muckworm /ˈmʌkwɜ:m/, *n.* **1** (*zool.*) larva di scarabeo stercorario; verme del letame (*fam.*) **2** (*fig.*) individuo avido di denaro; spilorcio; taccagno.

mucky /ˈmʌkɪ/, *a.* sporco; sudicio; lurido.

mucolytic /mju:kəʊˈlɪtɪk/, *a.* e *n.* (*farm.*) mucolitico.

mucopolysaccharide /mju:kəʊpɒlɪˈsækəraɪd/, *n.* (*biochim.*) mucopolisaccaride.

mucoprotein /mju:kəʊˈprəʊti:n/, *n.* (*biochim.*) mucoproteina.

mucosa /mju:ˈkəʊsə/, *n.* (*pl.* **mucosae**, **mucosas**) (*anat.*) mucosa.

mucosity /mju:ˈkɒsətɪ/, *n.* mucosità.

mucous /ˈmju:kəs/, *a.* mucoso: **m. membrane**, membrana mucosa; mucosa.

mucoviscidosis /mju:kəʊvɪsɪˈdəʊsɪs/, *n.* (*pl.* **mucoviscidoses**) (*med.*) mucoviscidosi.

mucro /ˈmju:krəʊ/, *n.* (*pl.* **mucrones**, **mucros**) (*biol., zool.*) mucrone.

mucronate /ˈmju:krənət/, *a.* (*biol.*) mucronato.

mucus /ˈmju:kəs/, *n.* **1** muco **2** sostanza viscida (*in genere*).

mud /mʌd/, *n.* fango (*anche fig.*); melma; mota; limo: **to throw** (*o* **to sling**) **mud at sb.**, gettar fango su q.; denigrare q. ● **mud bath**, fango termale; fangatura □ (*geogr.*) **mud flats**, piane di fango □ **mud pie**, tortina di fango (*fatta da bambini con uno stampino, per gioco*) □ (*ind. min.*) **mud pump**, pompa di circolazione del fango □ (*geol.*) **mud volcano**, vulcano di fango □ (*fam.*) **Mud in your eye!**, cin-cin!; salute!

to **mud** /mʌd/, *v. t.* infangare.

muddily /ˈmʌdəlɪ/, *avv.* **1** torbidamente **2** confusamente.

muddiness /ˈmʌdɪnəs/, *n.* **1** fangosità **2** torbidità **3** (*fig.*) confusione (*V.* **muddy**).

muddle /ˈmʌdl/, *n.* (*al sing., con l'art. indef.*) confusione; disordine; imbroglio; pasticcio (*fig.*). ● **m.-headed**, confusionario; che ha idee confuse; stolto, stupido □ **m.-headedness**, l'aver la mente confusa; stoltezza, stupidità □ **to get into a m. over st.**, confondersi su q.c.; incasinarsi su q.c. (*fam.*) □ **to make a m. of**, abborracciare; acciarpare; pasticciare; fare un pasticcio di.

to **muddle** /ˈmʌdl/, *v. t.* **1** confondere (le idee a); intontire; inebriare; far girare la testa a: **A glass of wine soon muddles her**, un bicchiere di vino basta a farle girare la testa; **His questions muddled me**, le sue domande mi confusero le idee **2** (*anche* **to m. up**) abborracciare; pasticciare: **You've muddled your job completely**, hai proprio abborracciato il lavoro; hai combinato un bel pasticcio **3** intorbidire **4** mischiare (*a casaccio*).

♦**muddle about, A** *v. i.* + *avv.* (*fam.*) agire (*o* comportarsi) in modo confuso; essere disorientato. **B** *v. t.* + *avv.* confondere, disorientare (q.).

♦**muddle along**, *v. i.* + *avv.* (*fam.*) procedere in modo confuso; arrabattarsi; tirare avanti in modo sconclusionato: **The speaker was just muddling along**, l'oratore tirava avanti in modo sconclusionato.

♦**muddle around**, *V.* **muddle about**.

♦**muddle away**, *v. t.* + *avv.* (*fam.*) rovinare; sciupare.

♦**muddle on**, *V.* **muddle along**.

♦**muddle through**, *v. i.* + *avv.* (*fam.*) cavarsela in qualche modo; farcela alla meno peggio; trarsi d'impaccio alla meglio.

♦**muddle up**, *v. t.* + *avv.* (*fam.*) **1** mettere in disordine, mettere sottosopra (q.c.) **2** confondere (*nomi, ecc.*); prendere (q.) per un altro; sbagliare; incasinare (*fam.*) □ **to be muddled up**, essere confuso (*o* disorientato).

muddler /ˈmʌdlə(r)/, *n.* confusionario; pasticcione.

muddy /ˈmʌdɪ/, *a.* **1** fangoso; infangato; inzaccherato: **a m. road**, una strada fangosa; **m. shoes**, scarpe infangate **2** torbido: **m. water**, acqua torbida; **m. coffee**, caffè torbido **3** smorto; opaco; scuro: **a m. complexion**, una carnagione smorta **4** (*fig.*) confuso; oscuro; vago: **m. ideas**, idee confuse; **a m. style**, uno stile oscuro. ● **a m. thinker**, uno che ha le idee confuse.

to **muddy** /ˈmʌdɪ/, *v. t.* **1** rendere fangoso; infangare; intorbidare **2** (*fig.*) confondere (*le idee, ecc.*).

mudflap /ˈmʌdflæp/, *n.* paraspruzzi.

mudflow /ˈmʌdfləʊ/, *n.* (*geol.*) colata di fango.

mudguard /ˈmʌdgɑ:d/, *n.* (*autom., ecc.*) parafango (*anche di bicicletta*).

mudlark /ˈmʌdlɑ:k/, *n.* (*arc.*) ragazzo di strada; monello.

mudpack /ˈmʌdpæk/, *n.* (*cosmesi*) maschera di fango.

mudslide /ˈmʌdslaɪd/, *n.* (*geol.*) colata di fango.

mudslinger /ˈmʌdslɪŋə(r)/, *n.* denigratore, denigratrice; diffamatore, diffamatrice.

mudslinging /ˈmʌdslɪŋɪŋ/, *n.* denigrazione; diffamazione.

mudstone /ˈmʌdstəʊn/, *n.* (*geol.*) fango indurito.

müesli /ˈmju:slɪ, -zlɪ/ (*ted.*), *n.* müsli; cereali con frutta secca (*per la prima colazione*).

muezzin /mu:ˈɛzɪn, mju:-, ˈmwɛ-, -zn/, *n.* muezzin; muezzino.

muff (**1**) /mʌf/, *n.* (*anche mecc.*) manicotto.

muff (**2**) /mʌf/, *n.* **1** individuo goffo, maldestro (*in origine, in uno sport*); bidone (*pop. spreg.*) **2** babbeo: imbranato (*fam.*) **3** (*specialm. sport*) colpo mancato; presa fallita; cilecca, fiasco, buco (*fig. fam.*).

to **muff** /mʌf/, *v. t.* **1** (*sport*) sbagliare; fallire; mancare: **to m. a ball**, sbagliare una palla **2** abborracciare; pasticciare: **to m. a job** [**a task**], abborracciare un lavoro [pasticciare un compito]. ● **to m. up an opportunity**, giocarsi un'occasione.

muffetee /mʌfəˈtiː/, *n.* manicotto di lana.

muffin /ˈmʌfɪn/, *n.* **1** focaccina; dolce da tè **2** (*USA*) panino (*di solito dolce, che si mangia caldo*). ● (*un tempo, in G.B.*) **m. man**, venditore di focaccine.

muffineer /mʌfɪˈnɪə(r)/, *n.* spolverino (*per spargere sale o zucchero sulle focaccine*).

muffle (**1**) /ˈmʌfl/, *n.* **1** smorzatore (*di rumori, di suoni*) **2** (*ind.*) muffola. ● **m. furnace**, forno a muffola.

muffle (**2**) /ˈmʌfl/, *n.* (*zool.*) musello, specchio (*dei ruminanti*).

to **muffle** /ˈmʌfl/, *v. t.* **1** avviluppare; avvolgere; imbacuccare; infagottare; proteggere, riparare (*dal freddo*): **to m. one's throat**, ripararsi la gola (*con una sciarpa, ecc.*); **to m. oneself up well**, imbacuccarsi tutto **2** coprire (*con un panno, per smorzare il suono*); attutire, attenuare, smorzare (*un rumore, un suono*): **to m. drums**, smorzare il rullio dei tamburi; velare i tamburi; **to m. the rowlocks of a boat**, coprire (*con un panno*) gli scalmi d'una barca; assordare i remi. ● (*fig.*) **to m. one's feelings**, nascondere i propri sentimenti □ (*fig. fam.*) **to m. the press**, imbavagliare la stampa.

muffled /ˈmʌfld/, *a.* **1** (*di suono*) smorzato; indistinto; velato **2** imbacuccato; infagottato **3** (*fig.*) imbavagliato.

muffler /ˈmʌflə(r)/, *n.* **1** sciarpa grossa; scialle **2** guanto grosso; guanto da pugile; guantone **3** (*mus.*) feltro (*nel pianoforte*) **4** (*autom., mecc. USA*) silenziatore; marmitta (*di scarico*).

mufti /ˈmʌftɪ/, *n.* (*pl.* **muftis**) **1** muftì **2** abito borghese. ● **in m.**, in borghese.

mug (**1**) /mʌɡ/, *n.* **1** boccale; gotto (*da birra, ecc.*); tazza alta (*per latte, caffè, ecc.*) **2** (*pop.*) faccia; ceffo; grugno; muso **3** (*pop. USA*, = **mug shot**) foto segnaletica: **mug book**, archivio di foto segnaletiche.

mug (**2**) /mʌɡ/, *n.* (*fam.*) babbeo; gonzo; semplicione. ● **a mug's game**, un lavoro inutile; fatica sprecata.

mug (**3**) /mʌɡ/, *n.* (*pop.*) **1** sgobbone **2** esame difficile.

to **mug** (**1**) /mʌɡ/, **A** *v. i.* (*pop.*) sgobbare; studiare molto. **B** *v. t.* (*anche* **to mug up**) studiare in fretta; imparare alla svelta.

to **mug** (**2**) /mʌɡ/, **A** *v. t.* **1** aggredire e derubare; rapinare **2** (*fam. USA*) fare la fotografia a (*un criminale*). **B** *v. i.* **1** fare un'aggressione **2** (*pop.*) fare una smorfia **3** (*teatr.*) recitare con una mimica facciale esagerata.

mugger (**1**) /ˈmʌɡə(r)/, *n.* **1** rapinatore (*specialm. di anziani*); teppista **2** (*pop. USA*) attore che recita con una mimica facciale esagerata.

mugger (**2**) /ˈmʌɡə(r)/, *n.* (*zool., Crocodylus palustris*) coccodrillo palustre.

mugginess /ˈmʌɡɪnəs/, *n.* afa; calura; umidità.

mugging (**1**) /ˈmʌɡɪŋ/, *n.* (*pop.*) sgobbo; sgobbata.

mugging (**2**) /ˈmʌɡɪŋ/, *n.* aggressione con rapina (*specialm. a passanti anziani*).

muggins /ˈmʌɡɪnz/, *n.* **1** (*pop.*) babbeo; gonzo; semplicione **2** variante del gioco del domino.

muggle /ˈmʌɡl/, *n.* (*pop. USA*) sigaretta alla marijuana.

muggy /ˈmʌɡɪ/, *a.* (*di tempo, ecc.*) afoso; caldo e umido: **a m. day**, una giornata afosa. ● **m. weather**, afa.

mugwort /ˈmʌɡwɜːt, -wɔːt/, *n.* (*bot., Artemisia vulgaris*) artemisia.

mugwump /ˈmʌɡwʌmp/, *n.* **1** (*fam.*) capo; caporione; pezzo grosso (*fig. fam.*) **2** (*polit.*) indipendente.

Muhammed /məˈhæmɪd/, *n.* (*stor.*) Maometto.

Muhammedan /məˈhæmɪdən/, *a.* e *n.* (*relig.*) maomettano.

mulatto /mjʊˈlætəʊ, mʊ-, mə-, *USA* -ˈlæ-, -ˈlɑː-/, **A** *n.* (*pl.* **mulattos, mulattoes**) mulatto. **B** *a.* **1** mulatto **2** color mulatto. ● **a m. girl** (*o* **woman**), una mulatta.

mulberry /ˈmʌlbrɪ, *USA* -berɪ/, **A** *n.* (*bot.*) **1** (*Morus*; = **m. tree**) gelso; moro **2** mora (*di gelso*). **B** *a.* morato; del colore delle more: **a m. dress**, un vestito morato.

mulch /mʌltʃ/, *n.* (*agric.*) concime naturale organico; pacciame, foglie secche, terriccio, ecc. (*con cui coprire le radici delle piante*).

to **mulch** /mʌltʃ/, *v. t.* (*agric.*) pacciamare.

mulcher /ˈmʌltʃə(r)/, *n.* arnese per tritare rifiuti e farne concime organico.

mulching /ˈmʌltʃɪŋ/, *n.* (*agric.*) pacciamatura.

mulct /mʌlkt/, *n.* (*form.*) multa; penalità.

to **mulct** /mʌlkt/, *v. t.* **1** (*form.*) multare: **to m. sb. ten dollars** (*o* **in ten dollars**), multare q. di dieci dollari **2** truffare (q.) (*di denaro, ecc.*): **to be mulcted of one's money**, esser truffato del proprio denaro.

mule (**1**) /mjuːl/, *n.* **1** (*zool.*) mulo (*anche fig.*); mula: **The m. is a hybrid between a male ass and a mare**, il mulo è un ibrido ottenuto dall'incrocio di un asino con una cavalla **2** (*biol.*) ibrido (*in genere*) **3** (*ind. tess.*, = **m.-jenny**) filatoio intermittente **4** (*ind. min.*) carrello; vagonetto **5** (*pop. USA*) ladro di automobili **6** (*pop. USA*) corriere della droga. ● (*zool.*) **m. canary**, canarino ibrido □ **m. driver**, conducente di muli; mulattiere □ **m.-track**, mulattiera.

mule (**2**) /mjuːl/, *n.* ciabatta; pianella.

muleteer /mjuːlɪˈtɪə(r)/, *n.* mulattiere.

muliebrity /mjuːlɪˈebrətɪ/, *n.* **1** femminilità **2** effeminatezza.

mulish /ˈmjuːlɪʃ/, *a.* di (*o* da) mulo; (*fig.*) caparbio; ostinato, testardo. ‖ **-ly**, *avv.* ‖ **-ness**, *sost.*

mull (**1**) /mʌl/, *n.* mussolina sottile.

mull (**2**) /mʌl/, *n.* confusione; guazzabuglio; pasticcio (*fig.*).

mull (**3**) /mʌl/, *n.* (*scozz.*) promontorio; capo (*nei toponimi*).

to **mull** (**1**) /mʌl/, *v. t.* scaldare e aromatizzare (*vino, birra, ecc.*).

to **mull** (**2**) /mʌl/, *v. t.* **1** abborracciare; pasticciare **2** (*tecn.*) molazzare; macinare; polverizzare. ● **to m. over**, meditare su (q.c.); rimuginare: **to m. over an idea**, rimuginare un'idea.

mullein /ˈmʌlɪn/, *n.* (*bot., Verbascum thapsum*) tassobarbasso; barbasso.

muller /ˈmʌlə(r)/, *n.* **1** pestello (*del mortaio*) **2** (*ind.*) (mescolatore a) molazza **3** (*ind.*) molazzatore; addetto alla molazza.

mullet /ˈmʌlɪt/, *n.* (*pl.* **mullet, mullets**) (*zool.*) **1** (*Mullus*) triglia **2** (*Mugil*) muggine. ● **grey m.** (*Mugil cephalus*), cefalo □ **red m.** (*Mullus surmuletus*), triglia di scoglio.

mulligan /ˈmʌlɪɡən/, *n.* (*USA* e *Can.*; = **m. stew**) stufato fatto con gli avanzi.

mulligatawny /mʌlɪɡəˈtɔːnɪ/, *n.* (= **m. soup**) minestra indiana a base di carne e curry. ● **m. paste**, curry in pasta (*per detta minestra*).

mulling /ˈmʌlɪŋ/, *n.* (*tecn.*) molazzatura.

mullion /ˈmʌlɪən/, *n.* **1** (*archit.*) colonnina (*di finestra bifora, trifora, ecc.*) **2** (*falegn.*) regolo verticale, montante (*di finestra*).

mullioned /ˈmʌlɪənd/, *a.* (*di finestra*) a colonnine. ● **m. window with four lights**, quadrifora □ **m. window with three lights**, trifora □ **m. window with two lights**, bifora.

mullite /ˈmʌlaɪt/, *n.* (*miner.*) mullite.

multangular /mʌlˈtæŋɡjʊlə(r)/, *a.* pluriangolare.

multeity /mʌlˈtiːətɪ/, *n.* molteplicità.

multiannual /mʌltɪˈænjʊəl, *USA* -taɪ-/, *a.* pluriennale: **a m. programme**, un programma pluriennale.

multicellular /mʌltɪˈseljʊlə(r), *USA* -taɪ-/, *a.* (*biol.*) multicellulare; pluricellulare.

multicoloured /mʌltɪˈkʌləd, *USA* -taɪ-/, *a.* multicolore; policromo.

multicultural /mʌltɪˈkʌltʃərəl, *USA* -taɪ-/, *a.* multiculturale; pluriculturale.

multiculturalism /mʌltɪˈkʌltʃərɪzəm, *USA* -taɪ-/, *n.* (*anche polit.*) multiculturalismo.

multi(-)cylinder /mʌltɪˈsɪlɪndə(r), *USA* -taɪ-/, *a.* (*autom., mecc.*: *di un motore*) pluricilindrico.

multidisciplinary /mʌltɪˈdɪsɪplɪnrɪ, -dɪsɪˈplɪnrɪ, *USA* -taɪˈdɪsɪplɪnerɪ/, *a.* multidisciplinare.

multifaceted /mʌltɪˈfæsɪtɪd, *USA* -taɪ-/, *a.* (*di un gioiello e fig.*) sfaccettato.

multifactorial /mʌltɪfækˈtɔːrɪəl, *USA* -taɪ-/, *a.* (*specialm. in genetica*) multifattoriale.

multifarious /mʌltɪˈfeərɪəs/, *a.* multiforme; molteplice; svariato; vario: **m. duties**, molteplici doveri; svariate mansioni. ‖ **-ness**, *sost.*

multifid /ˈmʌltɪfɪd/, *a.* (*bot.*) multifido.

multiflorous /mʌlˈtɪflərəs/, *a.* (*bot.*) multifloro.

multiform /ˈmʌltɪfɔːm/, *a.* multiforme.

multiformity /mʌltɪˈfɔːmətɪ/, *n.* multiformità; varietà.

multigrade /ˈmʌltɪɡreɪd, *USA* -taɪ-/, *a. attr.* (*di olio lubrificante per autoveicoli*) multigrade.

multihull /ˈmʌltɪhʌl, *USA* -taɪ-/, *n.* (*naut.*) multiscafi.

multilateral /mʌltɪˈlætərəl/, *a.* multilaterale: (*polit.*) **a m. treaty**, un trattato multilaterale (*con più di due potenze firmatarie*).

multilateralism /mʌltɪˈlætərəlɪzəm, *USA* -taɪ-/, *n.* multilateralismo.

multilingual /mʌltɪˈlɪŋɡwəl, *USA* -taɪ-/, **A** *a.* plurilingue; multilingue. **B** *n.* poliglotta.

multilingualism /mʌltɪˈlɪŋɡwəlɪzəm, *USA* -taɪ-/, *n.* (*ling.*) multilinguismo; plurilinguismo.

multimedia /mʌltɪˈmiːdɪə, *USA* -taɪ-/, **multimedial** /mʌltɪˈmiːdɪəl, *USA* -taɪ-/, *a. attr.* multimedia, multimediale: **a m. lecture room**, un'aula multimediale.

multimetre /ˈmʌltɪmiːtə(r), *USA* -taɪ-/, *n.* (*elettr.*) multimetro.

multimillionaire /mʌltɪmɪljəˈneə(r), *USA* -taɪ-/, *n.* multimilionario; miliardario.

multimodal /mʌltɪˈməʊdl, *USA* -taɪ-/, *a.* (*stat.*) multimodale; plurimodale.

multinational /mʌltɪˈnæʃənl, *USA* -taɪ-/, **A** *a.* multinazionale: **m. companies**, società multinazionali. **B** *n.* (*fin.*) multinazionale.

multinomial /mʌltɪˈnəʊmɪəl, *USA* -taɪ-/, **A** *a.* (*mat.*) polinomiale. **B** *n.* (*mat.*) polinomio.

multipack /ˈmʌltɪpæk, *USA* -taɪ-/, *n.* (*market.*) confezione multipla.

multipara /mʌlˈtɪpərə/, *n.* (*pl.* **multiparae**) (*di donna*) multipara.

multiparous /mʌlˈtɪpərəs/, *a.* (*biol.*) multiparo.

multiple /ˈmʌltɪpl/, **A** *a.* **1** (*scient., tecn.*) multiplo: (*astron.*) **m. star**, stella multipla; (*bot.*) **m. fruit**, frutto multiplo; (*genetica*) **m. factors**, fattori multipli; (*psic.*) **m. personality**, personalità multipla; (*med.*) **m. sclerosis**, sclerosi multipla; (*elettr.*) **m. line**, linea multipla **2** (*ling.*) plurivoco **3** molteplice: **to have m. interests**, avere molteplici interessi. **B** *n.* **1** (*mat.*) multiplo: **the least** (*o* **lowest**) **common m.**, il minimo comune multiplo **2** (*elettr., telef.*) circuito multiplo **3** (*market.*) *V.* **m. store**. ● (*demogr.*) **m. births**, parto multiplo □ **m.-choice test**, test a scelte multiple □ (*fin.*) **m.-currency system**, sistema delle valute multiple □ (*polit.*) **m.-party system**, sistema pluralistico; pluralismo □ (*market.*) **m. store**, negozio appartenente a una catena; grande magazzino.

to **multiple** /ˈmʌltɪpl/, *v. t.* (*elettr.*) collegare in parallelo.

multiplet /ˈmʌltɪplət/, *n.* (*fis.*) multipletto.

multiplex /ˈmʌltɪpleks/, **A** *a.* molteplice; (*elab.*) multiplex. **B** *n.* (*telef.*) multiplex. ● **m. system**, sistema multifunzioni.

multiplexer /ˈmʌltɪpleksə(r)/, *n.* (*elab.*) multiplexer.

multiplexor /ˈmʌltɪpleksə(r)/, *n.* (*elab.*) multiplexor. ● **m. channel**, canale (in modalità) multiplex.

multipliable /ˈmʌltɪplaɪəbl/, **multiplicable**

/ˈmʌltɪplɪkəbl/, *a.* (*mat.*) moltiplicabile.
multiplicand /mʌltɪplɪˈkænd/, *n.* (*mat.*) moltiplicando.
multiplication /mʌltɪplɪˈkeɪʃn/, *n.* (*mat.*) moltiplicazione: **symbol of m.**, segno di moltiplicazione. ● **m. table**, tavola pitagorica.
multiplicative /mʌltɪˈplɪkətɪv, *USA* ˈmʌltɪplɪkeɪtɪv/, *a.* (*mat.*) moltiplicativo.
multiplicity /mʌltɪˈplɪsətɪ/, *n.* molteplicità (*anche mat.*); varietà.
multiplier /ˈmʌltɪplaɪə(r)/, *n.* (*mat., econ., elettr., elettron.*) moltiplicatore. ● (*econ.*) **m. effect**, effetto moltiplicatore.
to **multiply** /ˈmʌltɪplaɪ/, **A** *v. t.* moltiplicare: **to m. six by eight**, moltiplicare sei per otto; **to m. expenses**, moltiplicare le spese. **B** *v. i.* moltiplicarsi; crescere; riprodursi: **Filterable viruses m. only in living cells**, i virus filtrabili si riproducono soltanto nelle cellule vive.
multipolar /mʌltɪˈpəʊlə(r), *USA* -taɪ-/, *a.* (*elettr.* e *fig.*) multipolare.
multiprocessing /mʌltɪˈprəʊsesɪŋ, *USA* -taɪ-/, *n.* (*elab.*) multielaborazione.
multiprocessor /mʌltɪˈprəʊsesə(r), *USA* -taɪ-/, *n.* (*elab.*) multiprocessore.
multi-product /mʌltɪˈprɒdʌkt, -əkt, *USA* -taɪ-/, *a.* (*econ.*: *di un'azienda*) a produzione plurima.
multiprogramming /mʌltɪˈprəʊgræmɪŋ, *USA* -taɪ-/, *n.* (*elab.*) multiprogrammazione.
multipurpose /mʌltɪˈpɜːpəs, *USA* -taɪ-/, *a.* ***1*** pluriuso; multiuso: **m. furniture**, mobili pluriuso ***2*** (*mil.*) plurimpiego; multiruolo: **a m. aircraft**, un velivolo multiruolo. ● (*autom.*) **m. motor vehicle**, fuoristrada.
multiracial /mʌltɪˈreɪʃl, *USA* -taɪ-/, *a.* multirazziale.
multistage /ˈmʌltɪsteɪdʒ, *USA* -taɪ-/, *a.* (*miss.*) a più stadi; pluristadio; multistadio: **a m. rocket**, un razzo multistadio.
multistorey /mʌltɪˈstɔːrɪ, *USA* -taɪ-/, *a.* (*edil.*) a più piani: **a m. car park**, un autoparcheggio a più piani.
multiterminal /mʌltɪˈtɜːmɪnl, *USA* -taɪ-/; *a.* (*elab.*) multiterminale: **a m. device**, un apparecchio multiterminale.
multitude /ˈmʌltɪtjuːd, *USA* -tuːd/, *n.* moltitudine; gran numero. ● **the m.**, la massa; i più; il popolo: **Sensational films appeal to the m.**, i film impressionanti piacciono ai più.
multitudinous /mʌltɪˈtjuːdɪnəs, *USA* -ˈtuː-/, *a.* ***1*** numerosissimo; innumerevole ***2*** molteplice; svariato. || **-ness**, *sost.*
multi-use /mʌltɪˈjuːz, *USA* -taɪ-/, *a.* multiuso: **a m. knife**, un coltello multiuso.
multi-user /mʌltɪˈjuːzə(r), *USA* -taɪ-/, *a.* (*di un elaboratore*) a multiutenza; a utenza plurima.
multivalence /mʌltɪˈveɪləns/, *n.* (*chim.*) plurivalenza; polivalenza.
multivalent /mʌltɪˈveɪlənt, -ˈtɪvələnt/, *a.* (*chim.*) plurivalente; polivalente.
multivariate /mʌltɪˈveərɪət, -ɪeɪt, *USA* -taɪ-/, *a.* (*stat.*) a più variabili.
multiversity /mʌltɪˈvɜːsətɪ, *USA* -taɪ-/, *n.* (*USA*) grande università (*assai differenziata come numero di facoltà*).
multivibrator /mʌltɪvaɪˈbreɪtə(r), *USA* -taɪˈvaɪbreɪ-/, *n.* (*elettron.*) multivibratore.
mum (1) /mʌm/, **A** *a.* zitto; muto (*fig.*). **B** *inter.* zitto!; zitti! ● **to be mum**, essere muto (come un pesce); non aprir bocca □ **Mum's the word!**, acqua in bocca!
mum (2) /mʌm/, *n.* (*un tempo*) tipo di birra forte.
mum (3) /mʌm/, *n.* (*fam.*) mamma, mammina (*parola infantile*).
mum (4) /mʌm/, *n.* (*fam. USA*) crisantemo.
to **mum** /mʌm/, *v. i.* fare il mimo; partecipare a una pantomima (*specialm. in occasione delle feste natalizie*). ● **to go mumming**, andare di casa in casa a recitare pantomime natalizie.
mumble /ˈmʌmbl/, *n.* borbottio; ciangottio; mormorio: **His only answer was a m.**, un borbottio fu tutta la sua risposta.
to **mumble** /ˈmʌmbl/, *v. t.* e *i.* borbottare; ciancicare; ciangottare; mormorare; biascicare: **to m. something**, borbottare qualcosa; **to m. one's words**, biascicare (*fam.*: mangiarsi) le parole.
mumbler /ˈmʌmblə(r), -bəl-/, *n.* borbottone, borbottona.
mumblingly /ˈmʌmblɪŋlɪ, -bəl-/, *avv.* borbottando; indistintamente.
mumbo jumbo /ˈmʌmbəʊˈdʒʌmbəʊ/, *n.* (*pl.* **mumbo jumbos**) ***1*** – (*in Africa*) **Mumbo Jumbo**, Mumbo Jumbo, (feticcio di talune tribù) ***2*** (*anche fig.*) idolo; feticcio ***3*** gergo incomprensibile ***4*** cerimoniale astruso; cerimonia ridicola.
mummer /ˈmʌmə(r)/, *n.* ***1*** mimo; attore di pantomima ***2*** (*spreg. o scherz.*) attore da strapazzo; guitto (*spreg.*).
mummery /ˈmʌmərɪ/, *n.* ***1*** pantomima ***2*** cerimonia ridicola; mascherata, pagliacciata (*fig.*) ***3*** cerimoniale ridicolo.
mummification /mʌmɪfɪˈkeɪʃn/, *n.* mummificazione.
to **mummify** /ˈmʌmɪfaɪ/, *v. t.* mummificare.
mummy (1) /ˈmʌmɪ/, *n.* (*anche fig.*) mummia. ● **m. case**, sarcofago.
mummy (2) /ˈmʌmɪ/, *n.* (*fam.*) mamma, mammina (*parola infantile*).
mumps /mʌmps/, *n. pl.* (*col verbo al sing. e l'art. def.*) ***1*** (*med.*) orecchioni; parotite epidemica ***2*** (*fam. arc.*) broncio; muso. ● **to have the m.**, avere gli orecchioni; (*fig. fam.*) avere le lune; avere la luna (di traverso).
mumsy /ˈmʌmzɪ/, *a.* vecchio; fuori moda; scadente; brutto.
to **munch** /mʌntʃ/, *v. t.* e *i.* masticare rumorosamente; sgranocchiare: **to m. an apple**, sgranocchiare una mela.
munchies /ˈmʌntʃiːz/, *n. pl.* (*pop. USA*) cose da sgranocchiare; patatine fritte; spuntini.
mundane /mʌnˈdeɪn/, *a.* ***1*** mondano; terreno: **m. life**, (la) vita terrena ***2*** banale; comune; ordinario. || **-ly**, *avv.* || **-ness**, *sost.*
mundanity /mʌnˈdænətɪ/, *n.* mondanità.
mung bean /ˈmʌŋbiːn/, *locuz. n.* (*bot., Phaseolus aureans*) fagiolo mungo.
mungo /ˈmʌŋgəʊ/, *n.* (*pl.* **mungos**) (*ind. tess.*) lana a fibra corta.
Munich /ˈmjuːnɪk/, *n.* (*geogr.*) Monaco (*di Baviera*).
municipal /mjuːˈnɪsɪpl/, *a.* ***1*** municipale; comunale; di un ente locale: **m. undertakings**, aziende municipali (*del gas, tranviaria, ecc.*); (*fin., USA*) **m. stocks**, azioni di enti locali; **m. office of rates**, esattoria comunale ***2*** pertinente agli affari interni (*d'una nazione*); nazionale; interno. ● **m. customs**, ufficio daziario; dazio □ **m. customs rate**, tariffa daziaria □ **m. water**, acqua del rubinetto (*o* del sindaco).
municipalism /mjuːˈnɪsɪpəlɪzəm/, *n.* ***1*** sistema municipalistico ***2*** municipalismo; campanilismo.
municipalist /mjuːˈnɪsɪpəlɪst/, *n.* fautore del municipalismo; campanilista.
municipality /mjuːnɪsɪˈpælətɪ/, *n.* ***1*** municipio; comune (*o* distretto) autonomo ***2*** (*collett.*) amministrazione comunale; municipalità.
municipalization /mjuːnɪsɪpəlaɪˈzeɪʃn, *USA* -lɪˈz-/, *n.* municipalizzazione.
to **municipalize** /mjuːˈnɪsɪpəlaɪz/, *v. t.* municipalizzare.
munificence /mjuːˈnɪfɪsns/, *n.* munificenza; generosità.
munificent /mjuːˈnɪfɪsnt/, *a.* munifico; generoso: **a m. reward**, un generoso compenso. || **-ly**, *avv.*
muniment /ˈmjuːnɪmənt/, *n.* (*di solito al pl.*) (*leg.*) documento probatorio.
munition /mjuːˈnɪʃn/, *n.* (*di solito al pl.*) (*mil.*) munizione; munizioni; materiale bellico; rifornimenti militari. ● **m.** (*o* **munitions**) **of war**, munizioni da guerra □ **a m. factory**, una fabbrica di munizioni □ (*stor.*) **Ministry of Munitions**, Ministero dei Rifornimenti.
to **munition** /mjuːˈnɪʃn/, *v. t.* (*mil.*) rifornire di munizioni.
munitioner /mjuːˈnɪʃənə(r)/, *n.* operaio d'una fabbrica di munizioni.
munnion /ˈmʌnjən/, (*arc.*) *V.* **mullion**.
muon /ˈmjuːɒn/, *n.* (*fis. nucl.*) muone; mesone mu.
murage /ˈmjʊərɪdʒ/, *n.* (*stor.*) imposta per la costruzione (*o* la riparazione) delle mura cittadine.
mural /ˈmjʊərəl/, **A** *a.* murale: **m. paintings**, pitture murali. **B** *n.* pittura (*o* dipinto) murale; murale.
murder /ˈmɜːdə(r)/, *n.* ***1*** assassinio (*anche fig.*); (= **wilful m.**) omicidio premeditato; (*fig.*) delitto atroce, atrocità: **m. for hire**, assassinio su commissione ***2*** (*pop.*) strage; macello (*pop.*): **The match was sheer m.**, l'incontro è stato un vero macello. ● (*fam.*) **the M. Squad**, la squadra omicidi □ **a m. story on TV**, un giallo in televisione □ (*fam.*) **to cry** (*o* **to scream**) **blue m.**, gridare (*o* protestare) a squarciagola; fare il diavolo a quattro □ (*fig.*) **The m. is out**, il segreto è scoperto; il gatto è uscito dal sacco □ (*fam.*) **He can get away with m.**, se la cava sempre □ (*prov.*) **M. will out**, tutti i nodi vengono al pettine.
to **murder** /ˈmɜːdə(r)/, *v. t.* ***1*** assassinare ***2*** (*fig.*) uccidere; ammazzare: **Your father will m. you when he learns you've failed your exam**, quando impara che sei stato bocciato, tuo padre ti ammazza ***3*** (*fig.*) assassinare; massacrare; fare scempio di; storpiare: **to m. a song**, fare scempio d'una canzone ***4*** (*pop. USA*) incantare, travolgere (*un uditorio, ecc.*).
murderer /ˈmɜːdərə(r)/, *n.* assassino; omicida.
murderess /ˈmɜːdərɪs/, *n.* assassina.
murderous /ˈmɜːdərəs/, *a.* ***1*** criminale; omicida; assassino: **a m. act**, un'azione criminale; **m. fury**, furia omicida; **a m. look** uno sguardo assassino ***2*** massacrante; micidiale: **m. fire** [**heat**], fuoco [caldo] micidiale; **m. exams**, esami massacranti.
murderously /ˈmɜːdərəslɪ/, *avv.* ***1*** con intenzioni omicide ***2*** (*fig.*) ferocemente; rabbiosamente: **A watchdog was barking m.**, un cane da guardia abbaiava rabbiosamente ***3*** (*fig.*) crudelmente.
murderousness /ˈmɜːdərəsnəs/, *n.* ***1*** tendenze assassine; istinto omicida ***2*** (*fig.*) ferocia; crudeltà.
to **mure** /mjʊə(r)/, *v. t.* (*anche* **to m. up**) murare.
murex /ˈmjʊəreks/, *n.* (*pl.* **murices, murexes**) (*zool., Murex*) murice.
muriate /ˈmjʊərɪət/, *n.* (*comm.*) cloruro (*specialm.* di potassio).
muriatic /mjʊərɪˈætɪk/, *a.* (*comm.*) muriatico: **m. acid**, acido muriatico.
murk /mɜːk/, *n.* oscurità; tenebre; buio.
murkiness /ˈmɜːkɪnəs/, *n.* oscurità; tenebrosità (*raro*); tenebre.
murky /ˈmɜːkɪ/, *a.* oscuro (*anche fig.*); tenebroso; buio; nero: **the m. air**, l'aria tenebrosa; **m. language**, linguaggio oscuro. ● **m. darkness**, densa tenebra; buio fitto; buio pesto □ **a m. past**, un passato poco chiaro (*o* poco pulito).
murmur /ˈmɜːmə(r)/, *n.* ***1*** mormorio ***2*** sussurro; parola mormorata ***3*** mormorazione; lagnanza; protesta ***4*** (*med.*) murmure; soffio al cuore. ● **They paid the higher price without a m.**, pagarono il prezzo più alto senza fiatare.
to **murmur** /ˈmɜːmə(r)/, *v. t.* e *i.* ***1*** mormorare; sussurrare: **to m. a prayer**, mormorare una preghiera ***2*** brontolare; borbottare; protestare: **to m. at** (*o* **against**) **st.**, brontolare contro q.c.
murmurer /ˈmɜːmərə(r)/, *n.* ***1*** chi mormora; chi sussurra ***2*** mormoratore; critico.
murmuring /ˈmɜːmərɪŋ/, **A** *a.* mormorante; che sussurra; borbottante. **B** *n.* mormorio. || **-ly**, *avv.*
murmurous /ˈmɜːmərəs/, *a.* (*raro*) pieno di mormorii; (*di un ruscello*) garrulo.

murphy /ˈmɜːfɪ/, *n.* **1** (*pop.*) patata (*da Murphy, tipico cognome irlandese*) **2** (*pl.*) (*volg. USA*) tette.
Murphy bed /ˈmɜːfɪbɛd/, *locuz. n.* (*USA* e *Can.*) armadio-letto; letto a scomparsa.
murrain /ˈmʌrɪn, *USA* ˈmɜː-/, *n.* (*vet.*) epizoozia; moria del bestiame.
murrhine /ˈmʌraɪn, *USA* ˈmɜː-/, *a.* (*lett.*) murrino: (*arte*) **m. glass**, vasellame murrino.
muscadel /ˌmʌskəˈdɛl/, *V.* **muscat**.
muscadine /ˈmʌskədaɪn/, *n.* moscatello (*uva*).
muscardine /ˈmʌskədiːn/, *n.* moscardina, calcino (*malattia dei bachi da seta*).
muscat /ˈmʌskət/, **muscatel** /ˌmʌskəˈtɛl/, *n.* **1** moscato (*vino*) **2** (= **m. grapes**) moscatello (*uva*).
muscle /ˈmʌsl/, *n.* **1** (*anat.*) muscolo **2** muscolatura; (*collett.*) muscoli: **He's an athlete: he's all m. and bone**, è un atleta: è tutto muscoli e ossa **3** (*fig.*) forza muscolare; forza fisica; vigoria **4** (*fam. USA*) potere; influenza; potenza: **political m.**, influenza politica; **financial m.**, potere finanziario; **military m.**, potenza militare **5** (*pop. USA*) *V.* **muscleman**, *def. 2.* ● **m.-bound**, che ha i muscoli tesi e troppo sviluppati; (*fig.*) rigido, inelastico □ **a man of m.**, un uomo muscoloso, robusto □ **not to move a m.**, non muover muscolo; restare immobile.
to **muscle** /ˈmʌsl/, *v. t.* conquistare (aprirsi, ecc.) a forza di muscoli (*o* a gomitate): **to m. one's way through a mob**, farsi largo a gomitate tra la folla. ● (*pop.*) **to m. in**, farsi largo a forza (*o* a spintoni); imporsi con la forza (*sul mercato, ecc.*) □ **to m. in on a competitor**, imporsi con la forza a un concorrente □ **to m. in on the conversation**, intromettersi di prepotenza nella conversazione □ (*pop. USA*) **to m. sb. out**, buttar fuori q. con la forza.
muscled /ˈmʌsld/, *a.* (*nei composti*) che ha muscoli: **strong-m.**, che ha muscoli forti; muscoloso; nerboruto; forzuto.
musclehead /ˈmʌslhɛd/, *n.* (*pop. USA*) uomo tutto muscoli e niente cervello; gigante scemo.
muscleman /ˈmʌslmæn/, *n.* (*pl.* **musclemen**) **1** uomo tutto muscoli; culturista **2** guardia del corpo (*di un gangster*); gorilla (*fig.*).
muscologist /mʌˈskɒlədʒɪst/, *n.* (*scient.*) briologo.
muscology /mʌˈskɒlədʒɪ/, *n.* (*scient.*) briologia.
muscovado /ˌmʌskəˈvɑːdəʊ, -ˈveɪ-/, *n.* (*pl.* **muscovados**) mascavato; zucchero grezzo.
Muscovite /ˈmʌskəvaɪt/, *a.* e *n.* **1** moscovita **2** (*stor.*) russo.
muscovite /ˈmʌskəvaɪt/, *n.* (*miner.*) muscovite.
Muscovy /ˈmʌskəvɪ/, *n.* (*stor., geogr.*) Moscovia. ● (*zool.*) **M. duck** (*Cairina moschata*), anatra muta (*o* muschiata).
muscular /ˈmʌskjʊlə(r)/, *a.* **1** (*anat.*) muscolare: **m. strength**, forza muscolare **2** muscoloso; nerboruto. ● (*stor.*) **m. Christianity**, cristianesimo vigoroso (*basato sulle opere*).
muscularity /ˌmʌskjʊˈlærətɪ/, *n.* muscolosità; robustezza.
musculature /ˈmʌskjʊlətʃə(r)/, *n.* (*anat.*) muscolatura; sistema muscolare.
Muse /mjuːz/, *n.* **1** (*mitol.*) Musa: **the nine Muses**, le nove Muse **2** – **the m.**, la musa; l'ispirazione poetica; la fonte d'ispirazione.
to **muse** /mjuːz/, *v. i.* meditare; cogitare (*lett.*); riflettere: **to m. upon the meaning of man's life**, meditare sul significato della vita dell'uomo. ● **to m. upon the peaceful scenery of the country**, contemplare il tranquillo panorama della campagna.
musette /mjuːˈzɛt/, *n.* (*mus.*) musette (*lo strumento e il ballo*).
museum /mjuːˈziːəm/, *n.* museo: (*anche fig.*) **m. piece**, pezzo da museo. ● **m. attendant**, custode di museo.
mush (1) /mʌʃ/, *n.* **1** poltiglia; pappa **2** (*USA*) polenta di granturco; farinata **3** (*fam.*) sentimentalismo; sdilinquimento; smanceria; svenevolezza; sdolcinatezza **4** (*pop. USA*) balle, fesserie; sbruffonata **5** (*volg.*) faccia; muso.
mush (2) /mʌʃ/, *n.* **1** (*abbr. fam. di* **mushroom**) fungo **2** (*pop. arc.*) ombrello.
mush (3) /mʌʃ/, *n.* (*Can.*) viaggio in slitta (*trainata da cani*).
to **mush** /mʌʃ/, *v. i.* (*Can.*) **1** viaggiare in (*o* guidare) una slitta (*trainata da cani*) **2** camminare con le scarpe da neve.
musher /ˈmʌʃə(r)/, *n.* (*Can.*) conducente di una slitta (*trainata da cani*).
mushhead /ˈmʌʃhɛd/, *n.* (*pop. USA*) cretino; idiota; stupido.
mushiness /ˈmʌʃɪnəs/, *n.* *V.* **mush** (**1**), *def. 3.*
mushroom /ˈmʌʃrʊm, -ruːm/, **A** *n.* **1** fungo mangereccio (*cfr.* **toadstool**) **2** (*fam. arc.*) cappellino di paglia (*dall'ampia tesa ricurva*) **3** fungo atomico. **B** *a. attr.* rapido; che cresce come un fungo: (*fig.*) **m. growth**, rapido sviluppo. ● **m. cloud**, nube nucleare, fungo atomico □ **m. grower**, coltivatore di funghi □ (*mecc.*) **m. head**, testa a fungo.
to **mushroom** /ˈmʌʃrʊm, -ruːm/, *v. i.* **1** raccogliere funghi **2** crescere come un fungo; svilupparsi (*o* crescere, aumentare) rapidamente: **This town has mushroomed in recent years**, questa città s'è sviluppata rapidamente negli ultimi anni **3** (*di fumo, fuoco, ecc.*) diffondersi a fungo; dilagare **4** (*di proiettile, ecc.*) schiacciarsi. ● **to go mushrooming**, andare per funghi.
mushy /ˈmʌʃɪ/, *a.* **1** ridotto in poltiglia; spappolato; molle **2** (*fam.*) sentimentale; sdolcinato; svenevole: **a m. film**, un film sdolcinato.
music /ˈmjuːzɪk/, *n.* musica. ● (*USA*) **m. box**, scatola armonica; carillon □ **m. centre**, impianto stereo □ **m. hall**, music-hall, teatro di varietà; (*USA*) sala per concerti, auditorium □ **m. holder** (*o* **m. stand**), leggio (per musica) □ **m. shop**, negozio di musica □ **m. teacher**, insegnante di musica □ (*fig. fam.*) **to be m. to one's ears**, essere musica per le proprie orecchie □ **m. stool**, sgabello per pianoforte □ **academy of m.**, conservatorio □ (*fig. fam.*) **to face the m.**, affrontare le critiche (*o* i rimproveri) □ **to play without m.**, suonare a memoria □ **rough m.**, rumore strano, noioso; frastuono; baccano □ **to set (a poem, etc.) to m.**, mettere (una poesia, ecc.) in musica.
musical /ˈmjuːzɪkl/, **A** *a.* **1** musicale; (*fig.*) melodioso: **m. instruments**, strumenti musicali; **a m. voice**, una voce musicale; **a m. film**, un film musicale **2** (*di persona*) amante della musica **3** (*di persona*) che sente la musica; che ha orecchio (per la musica). **B** *n.* (*fam.*) **1** commedia (*o* film) musicale; musical **2** serata musicale. ● **m. box**, scatola armonica; carillon □ **m. chairs**, gioco delle sedie (*gioco infantile*) □ **m. comedy**, commedia (*o* film) musicale; musical □ **m. play**, operetta □ (*mil.*) **m. ride**, esercizio eseguito da cavalleggeri a suon di musica. || **-ly**, *avv.*
musicale /ˌmjuːzɪˈkɑːl, *USA* -æl/, *n.* (*USA*) serata musicale.
musicality /ˌmjuːzɪˈkælətɪ/, **musicalness** /ˈmjuːzɪklnəs/, *n.* musicalità.
musicassette /ˌmjuːzɪkəˈsɛt/, *n.* (*mus.*) musicassetta.
musician /mjuːˈzɪʃn/, *n.* **1** musicista **2** amante (*o* esperto) di musica. ● **street m.**, suonatore ambulante.
musicianship /mjuːˈzɪʃnʃɪp/, *n.* **1** abilità di musicista **2** sensibilità per la musica.
musicological /ˌmjuːzɪkəˈlɒdʒɪkl/, *a.* musicologico.
musicologist /ˌmjuːzɪˈkɒlədʒɪst/, *n.* musicologo.
musicology /ˌmjuːzɪˈkɒlədʒɪ/, *n.* musicologia.
musing /ˈmjuːzɪŋ/, **A** *a.* meditabondo; pensoso; assorto. **B** *n.* meditazione; riflessione. || **-ly**, *avv.*
musk /mʌsk/, *n.* (*profumeria*) muschio (*sostanza fortemente odorosa, prodotta dal mosco*). ● (*zool.*) **m. cat**, *V.* **civet**, *def. 1* □ (*zool.*) **m. deer** (*Moschus moschiferus*), mosco □ (*zool.*) **m. duck** (*Cairina moscata*), anatra muta (*o* muschiata) □ (*zool.*) **m.-ox** (*Ovibos moschatus*), bue muschiato □ (*bot.*) **m. rose** (*Rosa moschata*), rosa muschiata.
musket /ˈmʌskɪt/, *n.* (*stor.*) moschetto. ● **m. shot**, moschettata.
musketeer /ˌmʌskəˈtɪə(r)/, *n.* (*stor.*) moschettiere.
musketry /ˈmʌskɪtrɪ/, *n.* **1** (*stor.*) moschetteria **2** (*mil.*) esercitazioni di tiro.
muskiness /ˈmʌskɪnəs/, *n.* odore di muschio.
muskmelon /ˈmʌskmɛlən/, *n.* (*bot., Cucumis melon*) melone.
muskrat /ˈmʌskræt/, *n.* (*zool.*) *V.* **musquash**.
musky /ˈmʌskɪ/, *a.* muschiato; che odora di muschio.
Muslem, Muslim /ˈmʊslɪm/, *V.* **Moslem**.
muslin /ˈmʌzlɪn/, *n.* (*ind. tess.*) mussola. ● **m.-de-laine**, mussola di lana □ (*fam. arc.*) **a bit of m.**, una donna; una ragazza.
musmon /ˈmʌsmən/, *V.* **moufflon**.
musquash /ˈmʌskwɒʃ, *USA* -wɔːʃ/, *n.* **1** (*zool., Ondatra zibethica*) topo muschiato **2** (*moda*) pelliccia di topo muschiato; rat musqué (*franc.*).
muss /mʌs/, *n.* (*fam. USA*) **1** confusione; disordine; pasticcio **2** baruffa; lite; rissa.
to **muss** /mʌs/, *v. t.* (*fam. USA*) (*spesso* **to m. up**) **1** mettere in disordine; metter sottosopra; buttare all'aria **2** arruffare, scompigliare (*i capelli*) **3** sgualcire (*un abito*).
mussel /ˈmʌsl/, *n.* (*zool., Mytilus edulis*) mitilo; cozza; muscolo.
Mussulman /ˈmʌslmən/, *n.* e *a.* (*arc.*) musulmano; maomettano.
mussy /ˈmʌsɪ/, *a.* (*fam. USA*) **1** disordinato; in disordine; sottosopra **2** arruffato **3** sgualcito.
must (1) /mʌst/, *n.* mosto; vino nuovo (*fam.*).
must (2) /mʌst/, *n.* **1** muffa **2** sentore di muffa; muffosità.
must (3) /mʌst/, **A** *n.* (*d'elefante, cammello*) frenesia; furia; stato d'eccitazione sessuale. **B** *a.* (*d'elefante, ecc.*) infuriato; eccitato.
must (4) /mʌst, məst, məs/, *v. modale* (*al pres. e anche – nel discorso indir. e come pres. stor. – al pass.*) (*esprime obbligo, necessità, convenienza e anche ipotesi o probabilità; nella forma negat. esprime divieto o sconvenienza*) devo (*o* debbo), devi, deve, ecc.; dovevo, dovevi, ecc.: **You m. pay your creditors**, devi pagare i creditori; **You m. obey the rules**, devi rispettare le regole; **Well, do it if you m.**, beh, fallo, se proprio devi; **You mustn't do it**, non devi farlo (non sta bene, o non voglio, che tu lo faccia; *cfr.* **you needn't do it**, non devi farlo, se non vuoi; non sei tenuto a farlo); **He m. be mad**, dev'esser matto!; **It m. be dark outside**, dev'essere buio fuori; **It m. be late**, dev'essere tardi; **It m. have rained**, dev'essere piovuto; **It m. be so**, dev'esser così; **He m. keep his word, he thought**, pensò che doveva mantenere la parola data; **It m. have been late when you arrived**, doveva essere tardi quando arrivasti; **Just as I was going out, that awful bore m. come worrying me!**, proprio mentre stavo uscendo, doveva proprio venire quell'insopportabile seccatore a tormentarmi! ● **Well, you m. know that...**, devi dunque sapere (*o* sappi) che... □ **It m. be said that...**, bisogna dire che... □ **A solution m. be found**, bisogna (*o* occorre) trovare una soluzione □ **You m. have known what I meant**, sapevi benissimo (*o* avresti dovuto sapere) quel che volevo dire □ **You m. be aware of this**, non puoi ignorare ciò; lo sai di certo.
must (5) /mʌst/, *n.* (*fam.*) (una) cosa che si deve fare (*o* conoscere, leggere, vedere, ecc.); (una) cosa di cui non si può fare a meno: **This book is a m.**, questo è un libro che si deve leggere; **This film is a m.**, è un film da vedere

(assolutamente). ● (*fam.*) **a m. do**, una cosa che bisogna fare □ **a m.-see**, una cosa che bisogna vedere; un monumento, ecc., da visitare.

mustache /mə'stɑːʃ, -æʃ, mʊ-, *USA* 'mʌstæʃ, mə'stæʃ/, (*USA*) *V.* **moustache**.

mustachio /mə'stɑːʃɪəʊ, *USA* -æʃ-/, *n.* (*pl.* **mustachios**) mustacchio; baffone (*fam.*).

mustachioed /mə'stɑːʃɪəʊd, *USA* -æʃ-/, *a.* che ha i baffoni; baffuto.

mustang /'mʌstæŋ/, *n.* (*zool.*) mustang.

mustard /'mʌstəd/, *n.* **1** (*bot.*, *Sinapis*) senape **2** (*cucina*) senape; mostarda **3** color senape. ● (*chim.*, *mil.*) **m. gas**, iprite □ **m. plaster**, senapismo □ **m. pot**, mostardiera □ **m. poultice**, cataplasma di senape, fomento senapato □ **as keen as m.**, pieno d'entusiasmo (*o* d'interesse) □ (*pop. USA*) **to cut the m.**, farcela: **He's too old to cut the m.**, è troppo vecchio per farcela □ **French m.**, mostarda; senape con aceto.

muster /'mʌstə(r)/, *n.* **1** (*specialm. mil.*) adunata; rassegna; rivista; ispezione: **to take** (*o* **to make**) **m. of a regiment**, passare in rivista un reggimento **2** assembramento; raccolta; riunione. ● (*naut.*) **m. book** (*o* **m. roll**), ruolino d'appello (*o* di bordo); ruolo dell'equipaggio □ (*fam.*) **m. parade**, ispezione □ (*fig.*) **to pass m.**, essere riconosciuto adatto (*o* soddisfacente); essere accettabile (*o* presentabile); andar bene □ **to turn out in full m.**, intervenire al gran completo.

to **muster** /'mʌstə(r)/, **A** *v. t.* **1** chiamare (*specialm. soldati*) a raccolta; adunare; radunare; riunire: **I mustered all the women and children together**, radunai tutte le donne e i bambini **2** passare in rassegna, in rivista (*truppe*) **3** (*fig.*, *spesso* **to m. up**) fare appello a: **I had to m. up all my courage**, dovetti fare appello a tutto il mio coraggio. **B** *v. i.* (*specialm. di soldati*) adunarsi; radunarsi. ● (*naut.*) **to m. the crew**, fare l'appello dell'equipaggio □ (*fig.*) **to m. a few dollars**, mettere insieme un po' di dollari □ (*mil.*) **to m. in**, arruolare; reclutare.

mustiness /'mʌstɪnəs/, *n.* **1** muffa **2** odore di stantio **3** (*fig.*) l'esser antiquato (*o* superato).

mustn't /'mʌsnt, -sn/, *contraz.* di **must not**.

musty /'mʌstɪ/, *a.* **1** ammuffito; coperto di muffa: **m. books**, libri coperti di muffa **2** (*fig.*) antiquato; superato; vieto; stantio: **m. scholarship**, erudizione stantia; **m. laws**, leggi antiquate **3** (*fig.*) avvizzito; vecchio: **a m. clerk**, un vecchio impiegato. ● **m. wine**, vino che sa di muffa, di stantio.

mutability /mjuːtə'bɪlətɪ/, *n.* mutabilità; mutevolezza.

mutable /'mjuːtəbl/, *a.* mutabile; variabile; mutevole. || **-bly**, *avv.* || **-ness**, *sost.*

mutagen /'mjuːtədʒən/, *n.* (*biol.*) (agente) mutageno.

mutagenic /mjuːtə'dʒenɪk/, *a.* (*biol.*) mutageno; mutagenico; che induce mutazioni genetiche.

mutant /'mjuːtənt/, **A** *a.* **1** (*genetica*) mutante **2** (*ling.*) metafonetico. **B** *n.* **1** (*genetica*) mutante **2** (*fantascienza*) mutante.

mutase /'mjuːteɪz, -s/, *n.* (*biochim.*) mutasi.

mutation /mjuː'teɪʃn/, *n.* **1** mutamento; cambiamento **2** (*genetica*) mutazione **3** (*ling.*) metafonesi. ● (*mus.*) **m. stop**, registro di organo per note di tonalità diversa.

mute /mjuːt/, **A** *a.* muto (*anche fig.*); silenzioso; taciturno: **to gaze in m. adoration**, guardar fisso in muta adorazione; (*fon.*) **m. consonants**, consonanti mute; **The «b» in «dumb» is m.**, la «b» in «dumb» è muta. **B** *n.* **1** muto, muta: **the deaf-m.**, i sordomuti **2** (*fon.*) consonante muta **3** (*teatr.*) attore di pantomima; mimo **4** (*teatr.*) comparsa **5** (*mus.*) sordina: **to play with the m. on**, suonare in sordina. ● (*leg.*) **to stand m. of malice**, rifiutare deliberatamente di rispondere al giudice. || **-ly**, *avv.* || **-ness**, *sost.*

to **mute** (**1**) /mjuːt/, *v. t.* **1** (*mus.*) mettere la sordina a (*uno strumento*) **2** attenuare (*una luce, un colore, ecc.*).

to **mute** (**2**) /mjuːt/, *v. i.* (*d'uccelli*) defecare.

muted /'mjuːtɪd/, *a.* **1** (*di suono*) smorzato; attutito **2** (*di colore*) attenuato **3** (*fig.*) smorzato; debole.

muticous /'mjuːtɪkəs/, *a.* (*del grano*) mutico.

to **mutilate** /'mjuːtileit/, *v. t.* (*anche fig.*) mutilare: **The censors mutilated his speech**, i censori mutilarono il suo discorso.

mutilated /'mjuːtɪleɪtɪd/, *a.* **1** mutilato **2** (*di codice, ecc.*) mutilo. ● **m. bank notes**, banconote danneggiate.

mutilation /mjuːtɪ'leɪʃn/, *n.* mutilazione.

mutilator /'mjuːtɪleɪtə(r)/, *n.* mutilatore.

mutineer /mjuːtɪ'nɪə(r)/, *n.* **1** ammutinato **2** ribelle; rivoltoso.

muting /'mjuːtɪŋ/, *n.* (*tecn.*) muting (*d'amplificatore o sintonizzatore*).

mutinous /'mjuːtɪnəs/, *a.* **1** ammutinato: **a m. crew**, una ciurma ammutinata **2** ribelle; sedizioso: **a m. act**, un atto di ribellione. ● (*fig.*) **a m. passion**, una passione smodata (*o* travolgente).

mutiny /'mjuːtənɪ/, *n.* ammutinamento; ribellione; sedizione. ● (*fig.*) **to carry on one's own private m. against sb.**, fare la propria guerra privata contro q.

to **mutiny** /'mjuːtənɪ/, *v. i.* ammutinarsi; ribellarsi.

mutism /'mjuːtɪzəm/, *n.* mutismo; ostinato silenzio.

mutt /mʌt/, *n.* (*pop.*) **1** stupido; ignorante; testa di legno (*fig. fam.*) **2** (*USA*) cane bastardo.

mutter /'mʌtə(r)/, *n.* mormorio; borbottio; brontolio.

to **mutter** /'mʌtə(r)/, *v. i.* e *t.* mormorare; borbottare; brontolare (*anche fig.*); parlare fra i denti: **We could hear the guns muttering in the distance**, sentivamo i cannoni brontolare lontano; **to m. an answer**, borbottare una risposta. ● **to m. to oneself**, mormorare fra sé e sé.

mutterer /'mʌtərə(r)/, *n.* chi mormora; chi borbotta; brontolone.

mutton /'mʌtn/, *n.* carne di montone (*o* di pecora); castrato. ● **m.-chop**, costoletta di castrato ● **m.-chop whiskers**, *V.* **muttonchops** □ (*fam.*) **m. dressed like lamb**, vecchia vestita da ragazzina □ (*fam.*) **m.-head**, stupido; scemo; testa di legno (*fig. fam.*) □ **as dead as m.**, morto stecchito □ (*fam.*) **to eat one's m. with sb.**, pranzare con q. □ (*pop.*) (**Let's return**) **to our muttons!**, torniamo a bomba!

muttonchops /'mʌtntʃɒps/, *n. pl.* favoriti; basettoni; scopettoni.

muttony /'mʌtnɪ/, *a.* che ha l'odore (*o* il sapore) del castrato.

mutual /'mjuːtʃʊəl/, *a.* **1** mutuo; reciproco; scambievole: **m. affection**, mutuo affetto; **m. hatred**, odio reciproco **2** comune: **our m. friend**, il nostro comune amico; **m. efforts**, sforzi comuni. ● **m. admiration society**, gruppo di persone che s'incensano a vicenda □ (*leg.*) **m. assent** (*o* **consent**), mutuo consenso □ **m. aid association**, società di mutuo soccorso; mutua □ (*leg.*) **m. company**, società mutua; cooperativa □ **m. enemies**, nemici l'uno dell'altro (*o* tra di loro) □ (*fin.*, *USA*) **m. fund**, fondo comune d'investimento □ (*comm.*) **m. insurance company**, compagnia d'assicurazione mutua □ (*ling.*) **m. intelligibility**, intercomprensione □ (*leg.*) **m. mistake**, errore bilaterale (*in un contratto*) □ (*fin.*) **m. shareholding**, partecipazione incrociata □ **m. well-wishers**, persone che desiderano l'una il bene dell'altra □ (*comm.*) **on m. terms**, su basi di reciprocità. || **-ly**, *avv.*

mutualism /'mjuːtʃʊəlɪzəm/, *n.* (*biol.*) mutualismo.

mutuality /mjuːtʃʊ'ælətɪ/, *n.* mutualità; reciprocità.

mutuary /'mjuːtʃʊərɪ, *USA* -ʊerɪ/, *n.* (*leg.*, *raro*) mutuatario.

mutule /'mjuːtʃuːl/, *n.* (*archit.*) mutulo (*d'una colonna dorica*).

Muzak /'mjuːzæk/, *n.* (*marchio*) musica di sottofondo (*diffusa in locali pubblici*).

muzhik /muː'ʒɪk, -iːk, 'muː-/, *V.* **moujik**.

to **muzz** /mʌz/, *v. t.* (*fam.*) istupidire; intontire; inebriare.

muzziness /'mʌzɪnəs/, *n.* (*fam.*) intontimento; istupidimento.

muzzle /'mʌzl/, *n.* **1** muso (*di cane, cavallo, ecc.*) **2** museruola **3** bocca (*d'arma da fuoco*) **4** (*di cannone*) volata. ● **m.-loader**, arma da fuoco ad avancarica □ **m.-loading gun**, fucile ad avancarica □ **m. velocity**, velocità iniziale (*d'un proiettile*).

to **muzzle** /'mʌzl/, *v. t.* mettere la museruola a (*anche fig.*); imbavagliare (*fig.*); far tacere; costringere (q.) al silenzio: **to m. the newspapers**, imbavagliare la stampa.

muzzy /'mʌzɪ/, *a.* (*fam.*) intontito; istupidito; inebetito; brillo.

my /maɪ, mʌɪ, mʌ, mə, mɪ/, **A** *a. poss.* **1** (il) mio, (la) mia; (i) miei, (le) mie: **Here is my sister!**, ecco mia sorella!; **Where is my friend?**, dov'è il mio amico? **2** (*quando è unito alla forma in* **-ing** *è idiom.*; *per es.*:) **He resented my being appointed headmaster**, si risentì perché ero stato nominato preside; **Do you mind my coming later?**, ti secca se vengo più tardi? **B** *inter.* **Oh, my!**, perbacco!; santo cielo! ● **my and her father**, nostro padre (*mio e di mia sorella*) □ **my dear** (*o* **my darling**), mio caro; mia cara □ (*fam.*) **My eye!**, perbacco!; acciderba! □ (*pop.*) **My foot!**, ma va (là)!; sì, domani!; col cavolo! □ **my love**, amor mio □ **my own**, mio (proprio): **This book is my own**; **I bought it**, questo libro è mio; l'ho comprato io □ **My dear fellow**, caro mio! □ **My goodness!**, buon Dio!; perbacco!

myalgia /maɪ'ældʒə/, *n.* (*med.*) mialgia; dolore muscolare.

myalgic /maɪ'ældʒɪk/, *a.* (*med.*) mialgico.

myall /'maɪəl/, *n.* (*bot.*, *Acacia pendula*) acacia australiana.

myasthenia /maɪəs'θiːnɪə/, *n.* (*med.*) miastenia.

myasthenic /maɪəs'θenɪk/, *a.* (*med.*) miastenico.

myatony /maɪ'ætənɪ/, *n.* (*med.*) miatonia.

mycelial /maɪ'siːlɪəl/, **mycelian** /maɪ'siːlɪən/, *a.* (*bot.*) del micelio.

mycelium /maɪ'siːlɪəm/, *n.* (*pl.* **mycelia**) (*bot.*) micelio.

Mycenaean /maɪ'sɪniːən/, *a.* (*stor.*, *archeol.*) miceneo.

mycologic(**al**) /maɪkə'lɒdʒɪk(l)/, *a.* (*scient.*) micologico.

mycologist /maɪ'kɒlədʒɪst/, *n.* (*scient.*) micologo.

mycology /maɪ'kɒlədʒɪ/, *n.* (*scient.*) micologia; micetologia.

mycosis /maɪ'kəʊsɪs/, *n.* (*pl.* **mycoses**) (*med.*) micosi. ● (*lat.*) **m. cutis**, dermatomicosi □ (*lat.*) **m. intestinalis**, carbonchio intestinale; antrace.

mycotic /maɪ'kɒtɪk/, *a.* (*med.*) micotico.

mycotoxin /maɪkəʊ'tɒksɪn/, *n.* (*med.*) micotossina.

mydriasis /maɪ'draɪəsɪs/, *n.* (*pl.* **mydriases**) (*med.*) midriasi.

mydriatic /maɪdrɪ'ætɪk/, *a.* (*med.*) midriatico.

myelin(**e**) /'maɪəlɪn/, *n.* (*anat.*) mielina.

myelinic /maɪə'lɪnɪk/, *a.* (*anat.*) mielinico.

myelitis /maɪə'laɪtɪs/, *n.* (*pl.* **myelitides**) (*med.*) mielite.

myeloblast /'maɪələblæst/, *n.* (*biol.*) mieloblasto.

myelocyte /'maɪələsaɪt/, *n.* (*biol.*) mielocito; mielocita.

myeloma /maɪə'ləʊmə/, *n.* (*pl.* **myelomata**, **myelomas**) (*med.*) mieloma.

mygale /'mɪgəlɪ/, *n.* (*zool.*, *Mygale avicularia*) migale.

mylodon /'maɪlədɒn/, *n.* (*paleont.*) milodonte.

mylonite /'maɪlənaɪt/, *n.* (*geol.*) milonite.

myna(h) /ˈmaɪnə/, *n.* (*zool., Acridotheres tristis*) storno triste.
myocardial /maɪəˈkɑːdɪəl/, *a.* (*med.*) miocardico: **m. insufficiency**, insufficienza miocardica.
myocardiopathy /maɪəkɑːdɪˈɒpəθɪ/, *n.* (*med.*) miocardiopatia.
myocarditis /maɪəʊkɑːˈdaɪtɪs/, *n.* (*med.*) miocardite.
myocardium /maɪəʊˈkɑːdɪəm/, *n.* (*pl.* **myocardia**) (*anat.*) miocardio.
myoclonia /maɪəʊˈkləʊnɪə/, *n.* (*med.*) mioclonia.
myoglobin /maɪəʊˈgləʊbɪn/, *n.* (*biol.*) mioglobina.
myograph /ˈmaɪəʊgrɑːf, *USA* -æf/, *n.* (*med.*) miografo (*strumento*).
myology /maɪˈɒlədʒɪ/, *n.* (*anat.*) miologia.
myopathy /maɪˈɒpəθɪ/, *n.* (*med.*) miopatia.
myope /ˈmaɪəʊp/, *n.* (*med.*) miope.
myopia /maɪˈəʊpɪə/, *n.* (*med.* e *fig.*) miopia.
myopic /maɪˈɒpɪk/, *a.* (*med.* e *fig.*) miope; miopico.
myosin /ˈmaɪəʊsɪn/, *n.* (*biochim.*) miosina.
myosis /maɪˈəʊsɪs/, *n.* (*pl.* **myoses**) (*med.*) miosi.
myosote /ˈmaɪəsəʊt/, **myosotis** /maɪəˈsəʊtɪs/, *n.* (*bot., Myosotis scorpioides*) miosotide; nontiscordardimé.
myotome /ˈmaɪətəʊm/, *n.* (*anat.*) miotomo.
myriad /ˈmɪrɪəd/, **A** *n.* **1** miriade; dieci migliaia **2** (*fig.*) miriade; numero grandissimo. **B** *a. attr.* (*lett.*) a miriadi; innumerevole.
myriametre /ˈmɪrɪəmiːtə(r)/, *n.* miriametro (*10 000 metri*).
myriapod /ˈmɪrɪəpɒd/, (*zool.*) **A** *a.* dei miriapodi. **B** *n.* miriapode.
myrmecology /mɜːmɪˈkɒlədʒɪ/, *n.* (*scient.*) mirmecologia.
myrmecophile /ˈmɜːmɪkəʊfaɪl, *USA* -fɪl/, *n.* (*biol.*) organismo mirmecofilo.
myrmecophilous /mɜːmɪˈkɒfɪləs/, *a.* (*biol.*) mirmecofilo.
Myrmidon /ˈmɜːmɪdən, -ɒn/, *n.* **1** (*mitol.*) mirmidone **2** – **m.**, seguace (*o* servitore) fedele **3** – **m.**, seguace fanatico; scherano (*lett.*); sgherro.
myrobalan /maɪˈrɒbələn/, *n.* **1** (*bot., Prunus cerasifera mirabalana*) mirabolano **2** (*farm., conceria*) mirabolano.
myrrh (1) /mɜː(r)/, *n.* **1** (*profumeria*) mirra **2** (*bot.*) *Commiphora*; pianta da cui si estrae la mirra.
myrrh (2) /mɜː(r)/, *n.* (*bot., Myrrhis odorata*) mirride; finocchiella.
myrrhic /ˈmɜːrɪk/, **myrrhy** /ˈmɜːrɪ/, *a.* di mirra.
myrtaceous /mɜːˈteɪʃəs/, *a.* (*bot.*) mirtaceo.
myrtle /ˈmɜːtl/, *n.* (*bot., Myrtus communis*) mirto; mortella. ● **m. oil**, essenza di mirto.
myself /maɪˈsɛlf, mʌɪ-, mʌ-, mə-, mɪ-/, **A** *pron. rifl.* me stesso; mi; me: **I have sacrificed m. for my people**, mi sono sacrificato per il mio popolo; **I was speaking to m.**, parlavo fra me e me. **B** *pron. enfat.* io stesso; io in persona; proprio io: **I saw it m.**, l'ho visto io stesso (*o* con questi occhi); **I am doing it only for m.**, lo faccio solo per me (stesso). ● **by m.**, da me; da solo; solo: **I can do it by m.**, so farlo da me; **I was quite by m.**, ero tutto solo □ **I m. am afraid**, ho paura anch'io □ **I am not m. when I get so enraged**, quando m'infurio così, sono proprio fuori di me (*o* non sono più io) □ **I'm quite m. again**, mi sono rimesso del tutto; ora sto proprio bene □ **Soon after the accident I came to m. again**, mi riebbi (*o* mi ripresi) poco dopo l'incidente.
mystagogic(al) /mɪstəˈgɒdʒɪk(l)/, *a.* (*relig.*) mistagogico.
mystagogue /ˈmɪstəgɒg, *USA* -ɔːg/, *n.* (*relig.*) mistagogo.
mystagogy /ˈmɪstəgɒdʒɪ/, *n.* (*relig.*) mistagogia.
mysterious /mɪˈstɪərɪəs/, *a.* misterioso; arcano; oscuro: **a m. event**, un avvenimento misterioso. ● **m.-looking**, dall'aspetto misterioso: **a m.-looking stranger**, un forestiero dall'aspetto misterioso. ‖ **-ly**, *avv.* ‖ **-ness**, *sost.*
mystery /ˈmɪstərɪ/, *n.* **1** mistero: **the m. of life**, il mistero della vita; **the Eleusinian mysteries**, i misteri eleusini; **an air of m.**, un'aria di mistero; **wrapt in m.**, avvolto nel mistero; **to make a m. of st.**, far mistero di q.c.; tenere q.c. celato (*o* segreto) **2** (*relig.*) sacro mistero; sacramento; (*specialm.*) eucaristia **3** (*letter., teatr., stor.*, = **m. play**) mistero, miracolo (*rappresentazione sacra*) **4** (*letter.*, = **m. story**) romanzo giallo (*o* poliziesco). ● (*pop. USA*) **m. meat**, carne sospetta, di incerta provenienza □ **m. religion**, culto misterico □ (*stor., mil.*) **m. ship**, nave da guerra camuffata da mercantile (*per dar la caccia ai sommergibili*); nave civetta □ (*tur.*) **m. tour**, gita (*in pullman*) con itinerario a sorpresa (*noto solo agli organizzatori*).
mystic /ˈmɪstɪk/, **A** *a.* **1** (*relig.*) mistico **2** esoterico; occulto: **m. rites**, riti esoterici; **m. powers**, potenze occulte **3** misterioso; enigmatico; oscuro. **B** *n.* mistico. ● **m. practice**, ascesi □ (*leg.*) **m. testament**, testamento segreto.
mystical /ˈmɪstɪkl/, *a.* mistico; allegorico: **the m. rose, a symbol of the Virgin Mary**, la rosa mistica, simbolo di Maria Vergine. ‖ **-ly**, *avv.*
mysticism /ˈmɪstɪsɪzəm/, *n.* **1** (*relig.*) misticismo **2** (*spreg.*) misticume.
to **mysticize** /ˈmɪstɪsaɪz/, *v. t.* rendere mistico.
mystification /mɪstɪfɪˈkeɪʃn/, *n.* **1** mistificazione; inganno **2** il confondere le idee; il rendere disorientato (*o* stordito).
mystificator /mɪstɪfɪˈkeɪtə(r)/, *n.* (*leg.*) mistificatore.
mystificatory /mɪˈstɪfɪkətrɪ, -keɪtrɪ, *USA* -ətɔːrɪ/, *a.* mistificatorio.
mystifier /ˈmɪstɪfaɪə(r)/, *n.* mistificatore, mistificatrice.
to **mystify** /ˈmɪstɪfaɪ/, *v. t.* **1** mistificare; ingannare **2** confondere le idee a (q.); disorientare; stordire **3** avvolgere nel mistero; rendere oscuro.
mystique /mɪˈstiːk/, *n.* aureola misteriosa; aria di mistero; misteriosità; fascino.
myth /mɪθ/, *n.* **1** mito; leggenda **2** figura mitica. ● **m.-maker**, creatore di miti.
mythic(al) /ˈmɪθɪk(l)/, *a.* **1** mitico; leggendario **2** fittizio; immaginario; irreale; mitologico (*scherz.*): **m. wealth**, ricchezza immaginaria. ‖ **-ally**, *avv.*
mythicism /ˈmɪθɪsɪzəm/, *n.* studio dei miti; mitologia.
mythicist /ˈmɪθɪsɪst/, *n.* mitologo.
to **mythicize** /ˈmɪθɪsaɪz/, *v. t.* **1** miticizzare; mitizzare **2** interpretare mitologicamente.
mythographer /mɪˈθɒgrəfə(r)/, *n.* mitografo.
mythography /mɪˈθɒgrəfɪ/, *n.* mitografia.
mythologer /mɪˈθɒlədʒə(r)/, *n.* mitologo.
mythologic(al) /mɪθəˈlɒdʒɪk(l)/, *a.* mitologico. ‖ **-ally**, *avv.*
mythologist /mɪˈθɒlədʒɪst/, *n.* mitologo.
to **mythologize** /mɪˈθɒlədʒaɪz/, **A** *v. t. V.* **to mythicize**. **B** *v. i.* fare il mitologo; interpretare (*o* studiare) miti.
mythology /mɪˈθɒlədʒɪ/, *n.* mitologia: **the m. of ancient Rome**, la mitologia dell'antica Roma.
mythomania /mɪθəˈmeɪnɪə/, *n.* (*psic.*) mitomania.
mythomaniac /mɪθəˈmeɪnɪæk/, *a.* e *n.* (*psic.*) mitomane.
mythomaniacal /mɪθəməˈnaɪəkl/, *a.* (*psic.*) mitomane.
mythophobia /mɪθəˈfəʊbɪə/, *n.* (*psic.*) mitofobia.
mythopoeic /mɪθəˈpiːɪk/, *a.* (*letter.*) mitopoietico.
mythopoesis /mɪθəpɔɪˈiːsɪs/, *n.* (*letter.*) mitopoiesi.
mythos /ˈmaɪθɒs, ˈmɪ-/ (*greco*), *n.* (*pl.* **mythoi**) (*sociol. e letter.*) mito.
mythus /ˈmaɪθəs/, *n.* (*pl.* **mythi**) mito.
myxoedema /mɪksɪˈdiːmə/, *n.* (*med.*) mixedema.
myxoma /mɪkˈsəʊmə/, *n.* (*pl.* **myxomas, myxomata**) (*med.*) mixoma.
myxomatosis /mɪksəʊməˈtəʊsɪs/, *n.* (*pl.* **myxomatoses**) (*vet.*) mixomatosi.
myxomycetes /mɪksəʊmaɪˈsiːtiːz/, *n. pl.* (*biol.*) mixomiceti.
myxovirus /ˈmɪksəʊvaɪərəs/, *n.* (*biol., med.*) mixovirus (*dell'influenza, ecc.*).

n, N

N, n /ɛn/, *n.* (*pl.* **N's, n's**; **Ns, ns**) ***1*** N, n (*quattordicesima lettera dell'alfabeto ingl.*) ***2*** (*mat.*) n (*simbolo di numero o potenza indefinita*): **to the nth (power)**, all'ennesima potenza (*anche in senso fig.*). ● (*telef.*) **n for Nellie** (*USA*: **n for Nan**), n come Napoli □ (*fis.*) **N-rays**, raggi N.

nab /næb/, **nabber** /'næbə(r)/, *n.* (*pop. USA*) poliziotto.

to **nab** /næb/, *v. t.* (*pop.*) ***1*** acchiappare; agguantare; afferrare ***2*** arraffare; prendere ***3*** rubare ***4*** arrestare.

nabe /'neɪb/, *n.* (*pop. USA*) ***1*** vicinato; quartiere ***2*** cinema (*o* teatro) di quartiere.

nabob /'neɪbɒb/, *n.* nababbo (*anche fig.*); riccone.

nacelle /nə'sɛl/, *n.* (*aeron.*) ***1*** navicella (*di dirigibile*) ***2*** gondola (*che racchiude il motore d'un aereo*).

nacre /'neɪkə(r)/, *n.* madreperla.

nacreous /'neɪkrɪəs/, **nacrous** /'neɪkrəs/, *a.* madreperlaceo.

nada /'nɑːdə/ (*spagn.*), *n.* (*pop. USA*) niente; nulla; zero: **The score is n. to n.**, il punteggio è zero a zero.

Naderism /'neɪdərɪzəm/, *n.* (*econ.*) naderismo (*da Ralph Nader, il primo difensore dei diritti dei consumatori negli Stati Uniti*).

nadir /'neɪdɪə(r)/, *n.* ***1*** (*astron.*) nadir ***2*** (*fig.*) punto più basso.

naevus /'niːvəs/, *n.* (*med.*) nevo.

nag (1) /næg/, *n.* ***1*** cavallino; puledro; pony ***2*** (*spreg.*) ronzino.

nag (2) /næg/, *n.* (*fam.*) persona (*specialm.* donna) bisbetica (*o* fastidiosa, seccante).

to **nag** /næg/, **A** *v. t.* ***1*** rimproverare; sgridare ***2*** infastidire; punzecchiare; tormentare: **He seems to get a big kick out of nagging his wife**, pare che ci provi un gran gusto a punzecchiare la moglie; **A doubt nagged him**, un dubbio lo tormentava. **B** *v. i.* brontolare continuamente. ● **to nag at sb.**, sgridare (*o* infastidire) q. continuamente □ **to nag sb. into doing st.**, far fare q.c. a q. a forza di rimproveri e punzecchiature.

nagger /'nægə(r)/, *n.* brontolone, brontolona; persona bisbetica.

nagging (1) /'nægɪŋ/, *n.* brontolamenti; continui rimproveri.

nagging (2) /'nægɪŋ/, **naggy** /'nægɪ/, *a.* che brontola sempre; bisbetico; petulante; fastidioso; irritante; seccante: **a n. wife**, una moglie bisbetica; **a n. sensation**, una sensazione fastidiosa.

nagor /'neɪgɔː(r)/, *n.* ***1*** (*zool.*) cervicapra (*in genere*) ***2*** (*zool., Redunca redunca*) piccola antilope dei canneti.

naiad /'naɪæd/, *n.* (*pl.* **naiads, naiades**) (*mitol.*) naiade.

nail /neɪl/, *n.* ***1*** (*anat.*) unghia ***2*** (*d'animale*) artiglio ***3*** chiodo; punta ***4*** (*med.*) chiodo. ● (*fig.*) **n.-biting**, emozionante; da brivido: **a n.-bit in finish**, un finale da brivido □ **n. file**, lima per le unghie □ **n.-head**, capocchia di chiodo; testa di punta; borchia ornamentale □ (*fig.*) **a n. in sb.'s coffin**, un'azione o cosa dannosa, che abbrevia la vita di q. o accelera la fine di q.c. (*per es., di un governo*) □ **n. maker**, chiodaiolo; chiodaio □ **n. polish,** *V.* **n. varnish** □ **n. puller**, cavachiodi □ **n. scissors**, forbici per le unghie □ **n. varnish**, smalto per unghie □ **as hard as nails**, (*di corpo*) sano come un pesce, in ottima salute, forte, robusto; (*d'animo*) duro, crudele, spietato □ **to bite one's nails**, mangiarsi le unghie □ **to drive in a n.**, conficcare (*o* piantare) un chiodo □ (*fig.*) **to drive the n. home**, giungere alla conclusione □ (*fig.*) **to fight tooth and n.**, battersi con le unghie e coi denti □ (*fig.*) **to hit the n. on the head**, colpire nel segno □ (*fam.*) **on the n.**, immediatamente; in contanti; a tamburo battente □ **to paint one's nails**, dipingersi (*o* farsi) le unghie □ **to pay on the n.**, pagare sull'unghia; pagare a tamburo battente, in contanti.

to **nail** /neɪl/, *v. t.* ***1*** (*anche fig.*) inchiodare: **He nailed the canvas to the ground with a spike**, inchiodò a terra il telo da tenda con una punta ***2*** munire di chiodi; chiodare (*raro*) ***3*** (*fam.*) acchiappare; afferrare; prendere al volo: **N. him before he leaves**, prendilo (al volo) prima che se ne vada ***4*** (*pop.*) colpire (*con l'arco, il fucile, ecc.*); fare secco (*pop.*) ***5*** (*pop.*) arrestare; catturare ***6*** (*pop.*) identificare ***7*** (*volg. USA*) chiavare, scopare (*volg.*). ● **to n. a bargain**, assicurarsi un affare; non lasciarselo scappare □ (*fig.*) **to n. one's colours to the mast**, fare una professione di fede incrollabile; prendere una posizione inequivocabile □ **to n. one's eyes** (*o* **attention**) **on an object**, tener gli occhi fissi (inchiodati) su un oggetto □ **to n. a lie to the counter** (*o* **to the barndoor**), smascherare una menzogna □ (*pop.*) **You are nailed**, sei in arresto.

♦**nail back,** *v. t.* + *avv.* inchiodare; tenere (q.c.) a posto, con chiodi: **to n. back a door**, inchiodare uno sportello in modo che stia aperto.

♦**nail down,** *v. t.* + *avv.* ***1*** inchiodare; tenere (q.c.) giù con chiodi: **N. down the lid!**, inchioda il coperchio! ***2*** (*fig.*) inchiodare (q.); tenere (q.) fermo (*fig.*): **to n. sb. down to a statement**, inchiodare q. alle sue parole; **to n. sb. down to a promise**, costringere q. a mantenere una promessa ***3*** (*fig.*) definire bene; precisare; specificare: **to n. down the precise meaning of a word**, definire bene l'esatto significato di una parola ***4*** concludere (*un accordo*).

♦**nail on,** *v. t.* + *avv.* attaccare (q.c.) con i chiodi; inchiodare.

♦**nail onto,** *v. t.* + *prep.* inchiodare (*una cosa*) a (*un'altra*).

♦**nail up,** *v. t.* + *avv.* ***1*** inchiodare (q.c.) in alto; attaccare (con i chiodi): **to n. up a notice on a door**, inchiodare un avviso su una porta; **to n. up a picture**, attaccare un quadro ***2*** inchiodare; fissare (q.c.) con chiodi (*perché stia chiuso*): **to n. up doors and windows**, inchiodare porte e finestre.

nailbrush /'neɪlbrʌʃ/, *n.* spazzolino da unghie.

nailed /neɪld/, *a.* ***1*** provvisto di unghie ***2*** inchiodato ***3*** (*pop.*) preso al volo ***4*** (*pop.*) arrestato ***5*** (*pop.*) identificato.

nailer /'neɪlə(r)/, *n.* ***1*** (*raro*) fabbricante di chiodi; chiodaiolo; chiodaio ***2*** (*pop.*) fenomeno (*fig.*); campione: **to be a n. at st.**, essere un fenomeno nel fare q.c.; essere un campione in (*uno sport*).

nailery /'neɪlərɪ/, *n.* (*un tempo*) fabbrica di chiodi; chioderia.

naive, naïve /naɪ'iːv, nɑː'iːv/, *a.* ingenuo; candido, senza malizia, innocente (*fig.*); semplice; schietto: **a n. girl**, una ragazza semplice; **a n. remark**, un'osservazione ingenua. || **-ly,** *avv.*

naiveté, naivety, naïvety /naɪ'iːvteɪ, nɑː-; naɪ'iːvtɪ, nɑː-; naɪ'iːvtɪ, nɑː-/, *n.* ingenuità; candore, innocenza (*fig.*); semplicità; schiettezza.

naked /'neɪkɪd/, *a.* ***1*** nudo, ignudo (*anche fig.*); spogliato; spoglio; (*fig.*) disadorno, puro e semplice, schietto: **n. savages**, selvaggi ignudi; **n. rock**, nuda roccia; **a n. sword**, un nudo ferro; una spada sguainata; **the n. truth**, la nuda verità; la verità nuda e cruda; **n. walls**, pareti nude; **the n. facts**, i fatti puri e semplici; **n. trees**, alberi spogli; **n. faith**, fede schietta, sincera ***2*** scoperto; palese; manifesto; messo a nudo: **in its n. absurdity**, nella sua palese assurdità; **his n. heart**, il suo cuore messo a nudo ***3*** scoperto; non protetto; sguarnito; indifeso: **a n. light**, una luce scoperta (*non protetta da paralume*); (*anche, in miniera*) una lampada a fiamma libera ***4*** brullo: **a n. hillside**, il fianco brullo di un colle. ● **as n. as mother bore him**, nudo come l'ha fatto mamma □ (*scherz.*) **the n. ape**, l'uomo □ (*bot.*) **n. boys** (*Colchicum autumnale*), colchico □ (*leg.*) **a n. contract**, un contratto non vincolante; nudum pactum (*lat.*) □ (*bot.*) **n. ladies**, *V.* **n. boys** □ **to see st. with the n. eye**, vedere q.c. a occhio nudo □ **stark n.**, nudo come il palmo della mano; tutto nudo □ **to strip sb. n.**, denudare q. || **-ly,** *avv.*

nakedness /'neɪkɪdnəs/, *n.* ***1*** nudità ***2*** (*fig.*) semplicità; schiettezza ***3*** (*fig.*) evidenza ***4*** (*fig.*) l'essere scoperto, indifeso. ● (*fig.*) **the n. of the land**, la sterilità della terra; la povertà del paese; (*anche*) la mancanza di difesa della nazione.

Nam /næm, nɑːm/, *n.* (*pop. USA*) Vietnam.

namable /'neɪməbl/, *a.* nominabile; menzionabile; degno d'esser menzionato.

namby-pamby /'næmbɪ'pæmbɪ/, **A** *a.* ***1*** lezioso; sentimentale; sdolcinato; stucchevole ***2*** (*di persona*) infantile; debole. **B** *n.* ***1*** discorso (*o* scritto) sentimentale, sdolcinato ***2*** persona debole, senza spina dorsale; pappamolla (*fam.*) ***3*** persona sentimentale; sentimentalista.

name /neɪm/, **A** *n.* ***1*** nome; denominazione; appellativo: **to mention sb. by n.**, fare il nome di q.; **John by n.** (*o* **by n. John**), di nome John; **I know him by n.**, lo conosco di nome; **He is a leader in n. only**, è un leader solo di nome ***2*** fama; reputazione; nome; rinomanza; nomea (*spreg.*): **to win a (good) n. for oneself**, farsi un nome; diventare famoso ***3*** (*fam.*) grosso nome; personaggio famoso ***4*** (*pl.*) nomacci; insulti; ingiurie. **B** *a. attr.* (*market.*; = **n. brand**) di (buona) qualità; di marca; pregiato: **n. merchandise**, merce di qualità. ● **n. and address**, nome e indirizzo; le generalità (*di q.*) □ **n.-child**, bambino che porta il nome di q. (*del nonno, ecc.*) □ **n. day**, onomastico; (*Borsa*) giorno di spunta □ (*fin.*) **the n. of a firm**, la ragione sociale di una ditta □ (*fam.*) **the n. of the game**, la cosa da fare (*o* da avere, ecc.); quel che ci vuole; quello che conta: **The n. of the game is trust**, quello che conta è la fiducia □ (*Borsa*) **n. ticket**, foglio (*con gli estremi di un'operazione*) □ **assumed n.** (*o* **pen n.**), pseudonimo □ **to bequeath a great n.**, lasciare un nome famoso (*ai propri discendenti*) □ **to call sb. names**, coprire q. d'insulti; ingiuriare q. □ **to carry on business in one's own n.**, stare in affari per conto proprio □ **Christian n.** (*USA*: **first n.**), nome di battesimo □ **family n.** (*o* **last n.**), cognome □ **full n.**, nome e cognome □ **to have a n. for st.**, essere noto, rinomato per q.c.: **That solicitor has a n. for honesty**, quell'avvocato è noto per la sua onestà □ **to have a good n.**, godere (*o* avere) buon nome □ **to have an ill n.**, avere una brutta nomea □ **in sb.'s n.**, a nome di q.: **We would like to confirm our reservation in the n. of Mr X.Y.**, ci pregiamo confermare la nostra prenotazione a nome del signor X.Y. □ **In the n. of God!**, in nome di Dio! □ **in the n. of the law**, in nome della legge □ **one's good n.**, il proprio buon nome; la propria onorabilità □ **to put one's n. down for st.**, fare domanda (*o* presentarsi candidato) per q.c.; mettersi in lista per q.c. □ **to speak in one's own n.**, parlare a nome proprio (*o* a titolo personale) □ **to take God's n. in vain**, nominare il nome di Dio invano □ (*fam.*) **Give it a n.**, dimmi quello che vuoi (*dono, bibita, ecc.*) □ **My n. is Charles**, mi chiamo Charles □ **What's your n.?**, come ti chiami?

to **name** /neɪm/, *v. t.* ***1*** nominare; metter nome a; chiamare; menzionare; dire il nome di: **They named the child Andrew**, chiamarono il bambino Andrew; **He was named after** (*o* **from**) **his grandfather**, gli fu messo il nome del nonno; **Can you n. all the flowers in the glasshouse?**, sai dirmi il nome di tutti i fiori della serra? ***2*** fissare; stabilire: **N. your price**, fissa il prezzo!; di' tu la cifra!; **She has named the day**, ha fissato la data (*specialm., del matrimonio*) ***3*** designare; eleggere; nominare: **He was named to succeed his father**, fu designato a succedere al padre. ● **to n. but one**, per citare un solo esempio □ (*polit.*: *del presidente dei Comuni*) **to n. a member**, richiamare all'ordine un deputato □ **to n. the names**, fare i nomi (*alla polizia, ecc.*) □ (*di persona*) **to be named**, aver nome; chiamarsi □ (*geogr.*) **to be named after**, prender nome da: **America was named after Amerigo Vespucci**, l'America prese il nome da Amerigo Vespucci □ (*pop.*) **N. your poison!**, dimmi cosa bevi (*o* cosa prendi da bere) □ **the above-named**; il suddetto; il summenzionato.

nameable /'neɪməbl/, *V.* **namable**.

name-calling /'neɪmkɔːlɪŋ/, *n.* l'affibbiare epiteti ingiuriosi; il dire nomacci (*a q.*).

to **namedrop** /'neɪmdrɒp/, *v. i.* (*fam.*) buttare là grossi nomi; fare sfoggio di amici altolocati (*o* di conoscenze fasulle).

namedropper /'neɪmdrɒpə(r)/, *n.* (*fam.*) chi fa sfoggio di (*o* cita a sproposito) grossi nomi.

namedropping /'neɪmdrɒpɪŋ/, *n.* (*fam.*) sfoggio di grossi nomi (*V.* **to namedrop**).

nameless /'neɪmləs/, *a.* ***1*** senza nome; anonimo; (*fig.*) oscuro, ignoto: **a n. grave**, una tomba senza nome, anonima; **to remain n.**, mantenere l'anonimato ***2*** innominato; sconosciuto: **a rogue who shall be n.**, un furfante che resterà innominato (*o* di cui non voglio fare il nome) ***3*** innominabile; abominevole: **n. vices**, vizi innominabili ***4*** indescrivibile; inesprimibile; indicibile: **a n. horror**, un indicibile orrore. || **-ly**, *avv.* || **-ness**, *sost.*

namely /'neɪmlɪ/, *avv.* vale a dire; cioè.

nameplate /'neɪmpleɪt/, *n.* targa, targhetta (*sulla porta di casa, ecc.*).

namesake /'neɪmseɪk/, *n.* omonimo: **I have several namesakes in this town**, ho parecchi omonimi in questa città. ● **My grandson is my n.**, mio nipote porta il mio stesso nome (*o* si chiama come me).

nametape /'neɪmteɪp/, *n.* cartellino col nome (*su una valigia, ecc.*).

nan /næn/, *n.* (*fam.*) nonna; nonnina.

nancy /'nænsɪ/, *n.* (*pop.*) ***1*** uomo (*o* ragazzo) effeminato ***2*** omosessuale.

Nancy /'nænsɪ/, *n.* (*dim. di* **Ann**) Annetta; Annina; Nina; Ninetta.

nanism /'neɪnɪzəm/, *n.* (*med.*) nanismo.

nankeen /næŋ'kiːn/, *n.* ***1*** (*ind. tess.*) anchina; nanchino ***2*** color giallo chiaro ***3*** (*pl.*) calzoni d'anchina.

Nanking /næn'kɪŋ/, *n.* (*geogr.*) Nanchino.

nanny /'nænɪ/, *n.* (*fam.*) ***1*** bambinaia; tata (*parola infantile*) ***2*** nonna; nonnina ***3*** (= **n. goat**) capra; capretta.

nanosecond /'nænəʊsɛkənd/, *n.* (*fis.*) nanosecondo.

Naomi /'neɪəmɪ, neɪ'əʊmɪ, *USA* -aɪ/, *n.* Noemi.

nap (**1**) /næp/, *n.* dormitina; sonnellino; pisolino: **to have** (*o* **to take**) **a n.**, far una dormitina; schiacciare un pisolino.

nap (**2**) /næp/, *n.* ***1*** pelo (*di tessuto*) ***2*** peluria, lanugine (*di piante*) ***3*** (*pop. USA*) negro ***4*** (*pl.*) (*pop. USA*) capelli crespi.

nap (**3**) /næp/, *n.* ***1*** napoleone (*gioco di carte e solitario*) ***2*** il puntare tutto il denaro in una scommessa. ● (*fig.*) **to go nap**, rischiare il tutto per tutto.

to **nap** (**1**) /næp/, *v. i.* sonnecchiare; fare una dormitina; schiacciare un pisolino. ● (*fig.*) **to catch sb. napping**, prendere q. alla sprovvista.

to **nap** (**2**) /næp/, *v. t.* spazzolare contropelo (*un tessuto*).

to **nap** (**3**) /næp/, *v. t.* consigliare, dare (*un cavallo come vincente*).

napalm /'neɪpɑːm/, *n.* (*mil.*) napalm: **a n. bomb**, una bomba al napalm.

nape /neɪp/, *n.* nuca; collottola (*fam.*).

napery /'neɪpərɪ/, *n.* (*arc.*) biancheria di casa (*specialm. da tavola*).

napex /'neɪpɛks/, *n.* (*anat.*) cuoio capelluto della nuca.

naphtha /'næfθə/, *n.* (*chim., ind.*) nafta (*benzina pesante e solvente*). ● **n. pollution**, inquinamento da nafta.

naphthalene /'næfθəliːn/, *n.* (*chim.*) naftalene, naftalina.

naphthene /'næfθiːn/, *n.* (*chim.*) naftene.

naphthenic /næf'θiːnɪk/, *a.* (*chim.*) naftenico.

naphthol /'næfθɒl/, *n.* (*chim.*) naftolo.

naphthoquinone /næfθə'kwɪnəʊn/, *n.* (*chim.*) naftochinone.

naphthyl /'næfθɪl/, *n.* (*chim.*) naftile.

napkin /'næpkɪn/, *n.* ***1*** (= **table n.**) tovagliolo; salvietta ***2*** pannolino (*per bimbi piccoli*; *cfr. USA* **diaper**) ***3*** (*scozz.*) fazzoletto. ● **n. ring**, portatovagliolo □ **sanitary n.**, assorbente igienico.

Naples /'neɪplz/, *n.* (*geogr.*) Napoli.

napless /'næpləs/, *a.* (*di stoffa, tessuto*) senza pelo; rasato.

napoleon /nə'pəʊlɪən/, *n.* ***1*** (*stor.*) napoleone (*moneta d'oro francese, da 20 franchi*; *gioco di carte e solitario*) ***2*** stivale alto ***3*** (*cucina, USA*) millefoglie.

Napoleon /nə'pəʊlɪən/, *n.* (*stor.*) Napoleone.

Napoleonic /nəpəʊlɪ'ɒnɪk/, *n.* (*stor.*) napoleonico.

Napolitan /nə'pɒlɪtən/, *n.* (*USA*) (*cucina*) salsa di pomodoro.

nappy (**1**) /'næpɪ/, *n.* (*fam.*) pannolino (*per bimbi piccoli*).

nappy (**2**) /'næpɪ/, *a.* ***1*** peloso; coperto di peluria ***2*** (*di birra, ecc.*) che spuma; (*anche*) forte ***3*** (*dial.*) brillo.

nappy (**3**) /'næpɪ/, *n.* (*pop. USA*) negro.

narc /nɑːk/, *V.* **narco, nark** *e* **narks**.

to **narc** /nɑːk/, *V.* **to nark**.

narceine /'nɑːsɪɪn/, *n.* (*chim.*) narceina.

narcissism /'nɑːsɪsɪzəm/, *n.* (*psic.*) narcisismo.

narcissist /'nɑːsɪsɪst/, *n.* (*psic.*) narcisista.

narcissistic /nɑːsɪ'sɪstɪk/, *a.* (*psic.*) narcisistico.

Narcissus /nɑː'sɪsəs/, *n.* ***1*** (*mitol.*) Narciso ***2*** – **n.** (*pl.* **narcissus, narcissuses, narcissi**) (*bot., Narcissus poeticus*) narciso.

narco /'nɑːkəʊ/, *n.* (*abbr. fam.*) ***1*** (*in origine*) agente della «narcotici» (*o* della squadra antidroga) ***2*** narcotrafficante. ● **n. officer**, agente della narcotici.

narco-analysis /nɑːkəʊə'nælɪsɪs/, *n.* (*med.*) narcoanalisi.

narcolepsy /'nɑːkəlɛpsɪ/, *n.* (*med.*) narcolessia.

narcosis /nɑː'kəʊsɪs/, *n.* (*pl.* **narcoses**) (*med.*) narcosi.

narco-terrorism /nɑːkəʊ'tɛrərɪzəm/, *n.* narcoterrorismo.

narco-terrorist /nɑːkəʊ'tɛrərɪst/, *n.* narcoterrorista.

narco-test /'nɑːkəʊtɛst/, *n.* (*med.*) narcotest.

narcotic /nɑː'kɒtɪk/, *a.* e *n.* (*chim.* e *fig.*) narcotico: **This book is a n.!**, questo libro è un narcotico! ● **narcotics addict**, tossicomane; tossicodipendente □ **narcotics addiction**, tossicomania; tossicodipendenza □ **a n. drug**, un narcotico.

narcotism /'nɑːkətɪzəm/, *n.* (*med.*) ***1*** narcotismo ***2*** narcosi.

narcotist /'nɑːkətɪst/, *n.* (*med.*) individuo dedito ai narcotici.

narcotization /nɑːkətaɪ'zeɪʃn, *USA* -tɪ'z-/, *n.* (*med.*) narcotizzazione.

to **narcotize** /'nɑːkətaɪz/, *v. t.* (*med.*) narcotizzare.

narco-traffic /nɑːkəʊ'træfɪk/, *n.* narcotraffico.

narco-trafficker /nɑːkəʊ'træfɪkə(r)/, *n.* narcotrafficante.

nard /nɑːd/, *n.* ***1*** (*bot., Nardostachys jatamansi*) nardo indiano ***2*** unguento di nardo.

narghile(**h**) /'nɑːgɪlɪ/, *n.* narghilè.

nark /nɑːk/, *n.* (*fam.*) ***1*** narcotico; droga ***2*** agente della «narcotici» ***3*** informatore della polizia; spia.

to **nark** /nɑːk/, **A** *v. t.* (*pop.*) infastidire; seccare; scocciare (*fam.*). **B** *v. i.* ***1*** brontolare; mugugnare (*pop.*) ***2*** (*pop.*) fare l'informatore della polizia; fare la spia; cantare (*fig.*): **to n. on sb.**, fare la spia a q.; **who narked?**, chi ha cantato?

narks /nɑːks/, *n. pl.* (*fam.*) ***1*** narcotici; stupefacenti; droga ***2*** – **the n.** (*collett.*), la squadra antidroga; la «narcotici» (*fam.*); il nucleo antidroga. ● **to be on n.**, drogarsi: **How long has he been on n.?**, quant'è che si droga?

narky /'nɑːkɪ/, *a.* (*pop.*) arrabbiato; seccato; scocciato (*fam.*). ● (*pop.*) **to get n.**, seccarsi; scocciarsi.

to **narrate** /nə'reɪt, *USA* 'næreɪt, næ'reɪt/, *v. t.* narrare; raccontare.

narration /nə'reɪʃn, næ-/, *n.* narrazione; racconto.

narrative /'nærətɪv/, **A** *a. attr.* narrativo: **a n. poem**, un poema narrativo. **B** *n.* ***1*** (*letter.*) narrazione ***2*** resoconto. ● **n. literature**, la narrativa. || **-ly**, *avv.*

narrator /nə'reɪtə(r), 'nærə-, *USA* 'næreɪ-, næ'reɪ-/, *n.* narratore.

narrow /'nærəʊ/, **A** *a.* ***1*** stretto; ristretto; angusto; limitato; meschino; gretto; esiguo; scarso: **a long, n. passage**, un corridoio lungo e stretto; **n. circumstances**, mezzi ristretti (*scarsità di mezzi, gravi ristrettezze*); **n. resources**, risorse limitate; **n. views**, vedute ristrette (*o* grette, meschine); **a n. majority**, un'esigua maggioranza ***2*** accurato; preciso; meticoloso: **a n. inspection**, un esame accurato; **after a n. scrutiny**, dopo un esame meticoloso ***3*** (*Borsa*: *di un titolo*) a scarso flottante. **B** *n.* ***1*** stretta; gola montana; punto in cui la strada si restringe ***2*** (*pl.*) (*naut.*) stretto: (*geogr.*) **the Narrows**, lo Stretto dei Dardanelli; (*anche*) lo Stretto fra Staten Island e Long Island (*New York*). ● **n. cloth**, stoffa «bassa» (*cioè*, stretta) □ (*ferr.*) **a n.-gauge railway**, una ferrovia a scartamento ridotto □ **n. goods**, nastri; nastrini; passamaneria □ (*comm.*) **n. market**, mercato fiacco □ **n.-minded**, di mente ristretta; gretto; meschino □ **n.-mindedness**, ristrettezza di mente, di vedute; grettezza; meschinità □ (*geogr.*) **the N. Seas**, la Manica e il Mar d'Irlanda □ (*fam.*) **a n. squeak**, un pericolo evitato per un pelo □ **a**

n. victory, una vittoria ottenuta a stento □ (*fig.*) **the n. way**, la via della virtù □ **to have a n. escape**, salvarsi per il rotto della cuffia, per un pelo.

to **narrow** /ˈnærəʊ/, **A** *v. t.* restringere; ridurre; delimitare; circoscrivere: **The speaker narrowed the argument**, l'oratore restrinse la questione (*o* circoscrisse l'argomento). **B** *v. i.* stringersi; restringersi. ● **to n. down**, ridurre, ridursi; restringere; restringersi (*fig.*) □ **to n. the field**, (*fotogr.*) restringere il campo; (*fig.*) ridurre le possibilità □ **«Road narrows»** (*cartello stradale*), «strettoia».

to **narrowcast** /ˈnærəʊkɑːst, *USA* -kæst/ (*pass.* e *p. p.* **narrowcast** e **narrowcasted**), (*radio, TV*) **A** *v. t.* trasmettere (*programmi*) via cavo. **B** *v. i.* fare programmi per una audience ristretta.

narrowing /ˈnærəʊɪŋ/, *n.* restringimento (*per es., d'una strada*).

narrowish /ˈnærəʊɪʃ/, *a.* piuttosto stretto.

narrowly /ˈnærəʊlɪ/, *avv.* ***1*** attentamente; da vicino: **The police searched the area n.**, la polizia setacciò attentamente la zona ***2*** a mala pena; per un pelo (*fam.*): **I n. escaped**, mi salvai per un pelo ***3*** minuziosamente; con pignoleria; meticolosamente. ● **to question sb. n.**, sottoporre q. a uno stringente interrogatorio.

narrowness /ˈnærəʊnəs/, *n.* strettezza; ristrettezza; angustia; limitatezza; grettezza; meschinità.

narthex /ˈnɑːθeks/, *n.* (*archit.*) nartece.

narwhal /ˈnɑːwəl/, *n.* (*zool.*, *Monodon monoceros*) narvalo.

nasal /ˈneɪzl/, **A** *a.* nasale: **a n. sound**, un suono nasale; **a n. voice**, una voce nasale; (*med.*) **n. catarrh**, catarro nasale. **B** *n.* ***1*** (*fon.*) nasale; lettera (*o* suono) nasale ***2*** (*anat.*) osso (*o* cartilagine) nasale ***3*** (*mil., stor.*) (la) nasale (*di un elmo*). ● (*anat.*) **n. cavity**, fossa nasale.

nasality /neɪˈzælətɪ/, *n.* nasalità (*d'un suono, d'una voce, ecc.*).

nasalization /neɪzəlaɪˈzeɪʃn, *USA* -lɪˈz-/, *n.* (*fon.*) nasalizzazione.

to **nasalize** /ˈneɪzəlaɪz/, **A** *v. t.* nasalizzare; rendere (*un suono*) nasale. **B** *v. i.* parlare col naso (*o* con voce nasale).

nasalized /ˈneɪzəlaɪzd/, *a.* (*fon.*) nasalizzato.

nascency /ˈnæsənsɪ/, *n.* nascita; origine.

nascent /ˈnæsnt/, *a.* nascente (*anche chim.*); alle origini: **a n. civilization**, una civiltà nascente; **n. hydrogen**, idrogeno nascente.

naseberry /ˈneɪzbrɪ, *USA* -ɛrɪ/, *n.* (*bot.*) *V.* **sapotilla**.

nastiness /ˈnɑːstɪnəs, *USA* ˈnæs-/, *n.* ***1*** sporcizia; sudiceria; indecenza; oscenità ***2*** l'essere disgustoso; cattivo sapore; sgradevolezza ***3*** gravità (*d'una ferita, ecc.*); pericolosità ***4*** cattiveria; villania; scortesia; irascibilità.

nasturtium /nəˈstɜːʃəm, *USA* næ-/, *n.* (*bot.*, *Nasturtium*) nasturzio; crescione.

nasty /ˈnɑːstɪ, *USA* ˈnæs-/, *a.* ***1*** sporco; sudicio; indecente; osceno: **He's too fond of n. stories**, gli piacciono troppo le barzellette sporche ***2*** disgustoso; nauseante; sgradevole: **a n. taste**, un sapore disgustoso; un saporaccio; **a n. medicine**, una medicina nauseante; **a n. smell**, un odore sgradevole ***3*** cattivo; brutto; grave; pericoloso: **n. weather**, cattivo (*o* brutto) tempo; **a n. job**, un brutto mestiere; **a n. wound**, una brutta ferita; **a n. corner** (*o* **curve**), una brutta curva; una curva pericolosa; **a n. illness**, una brutta malattia; una malattia grave ***4*** villano; maleducato; scortese; irascibile: **He was very n. to me**, fu molto villano con me; mi trattò assai male. ● **a n. question**, una domanda molto imbarazzante □ **a n. sea**, un mare in tempesta, pericoloso □ **to get n.**, incattivirsi; arrabbiarsi; diventare sguaiato □ **to turn n.**, (*del tempo*) guastarsi; (*di una situazione*) mettersi male □ **He has a n. mind**, ha una fantasia che si compiace dell'osceno. ‖ **-ily**, *avv.*

natal /ˈneɪtl/, *a.* natale; natalizio: **n. day**, giorno natalizio; compleanno.

Natalie /ˈnætəlɪ/, *n.* Natalia.

natality /nəˈtælətɪ/, *n.* natalità.

natation /neɪˈteɪʃn/, *n.* nuoto.

natatorial /neɪtəˈtɔːrɪəl/, **natatory** /ˈneɪtətrɪ, *USA* -tɔːrɪ/, *a.* natatorio.

natch /nætʃ/, *avv.* (*pop. USA*) certo; ovviamente; sì: **He said n.**, disse di sì.

nates /ˈneɪtiːz/, *n. pl.* (*anat.*) natiche.

Nathaniel /nəˈθænɪəl/, *n.* Nataniele.

nath(e)less /ˈneɪθləs/, *avv.* (*arc.*) cionondimeno; tuttavia.

nation /ˈneɪʃn/, *n.* nazione; popolo. ● (*econ.*) **most favoured n. clause**, clausola della nazione più favorita.

national /ˈnæʃənl/, **A** *a.* ***1*** nazionale; patrio: **n. anthem**, inno nazionale; **n. bank**, banca nazionale; **n. theatre**, teatro nazionale (*di Stato*); **n. monument**, monumento nazionale ***2*** patriottico. **B** *n.* ***1*** cittadino: **French nationals in India**, cittadini francesi residenti in India ***2*** (*in diplomazia*) compatriota; concittadino ***3*** (*autom., USA*) statale: **n° 10 runs from Santa Monica to San Bernardino**, la statale n° 10 va da Santa Monica a San Bernardino. ● (*fin.*) **n. debt**, debito pubblico □ **n. finance**, finanza dello Stato □ (*polit.*) **n. government**, governo di unità (*o* di solidarietà) nazionale □ **the n. grid**, la rete nazionale (*del gas, ecc.*) □ (*USA*) **N. Guard**, milizia territoriale (*dei singoli Stati*) □ **the N. Health Service**, il Servizio d'Assistenza Sanitaria; la Mutua (*fam.*) □ (*econ.*) **n. income**, reddito nazionale □ (*in G.B.*) **n. insurance**, assicurazioni sociali □ (*in G.B.*) **the N. Insurance Number**, il numero della tessera delle assicurazioni sociali (*funge anche da codice fiscale*) □ (*fin.*) **N. Savings Bank**, Cassa di Risparmio Postale (*in G.B.*; *dal 1968*) □ (*in G.B.*) **the n. service**, il servizio militare di leva (*dal 1948 al 1960*) □ (*stor.*) **N. Socialism**, nazionalsocialismo; nazismo □ (*stor.*) **N. Socialist**, nazionalsocialista □ (*sport*) **the n. team**, la nazionale: **to get into the n. team**, entrare in nazionale.

nationalism /ˈnæʃnəlɪzəm/, *n.* nazionalismo; patriottismo.

nationalist /ˈnæʃnəlɪst/, *n.* nazionalista; patriota.

nationalistic /næʃnəˈlɪstɪk/, *a.* nazionalistico.

nationality /næʃəˈnælətɪ/, *n.* nazionalità; cittadinanza: **people of various nationalities**, persone di diverse nazionalità; **British n.**, cittadinanza britannica.

nationalization /næʃnəlaɪˈzeɪʃn, *USA* -lɪˈz-/, *n.* ***1*** (*econ.*) nazionalizzazione ***2*** naturalizzazione.

to **nationalize** /ˈnæʃnəlaɪz/, *v. t.* ***1*** (*econ.*) nazionalizzare ***2*** naturalizzare; concedere la cittadinanza a (*uno straniero*).

nationally /ˈnæʃnəlɪ/, *avv.* ***1*** nazionalmente; in sede di nazione ***2*** nazionalmente; per tutta la nazione.

nationwide /ˈneɪʃnˈwaɪd/, **A** *avv.* ***1*** per tutta la nazione; in tutto il paese ***2*** su scala nazionale. **B** *a.* (a carattere) nazionale; su scala nazionale; diffuso in tutta la nazione: **a n. strike**, uno sciopero (a carattere) nazionale. ● **a n. search for the kidnappers**, una ricerca dei rapitori estesa a tutto il territorio nazionale.

native (**1**) /ˈneɪtɪv/, *a.* ***1*** nativo; natio; natale: **one's n. country** (*o* **land**), il paese natio; la patria; **one's n. place**, il luogo natio; il paese natio; la città natale; **one's n. language**, l'idioma nativo; (*miner.*) **n. gold** [**copper**], oro [rame] nativo ***2*** innato; naturale; schietto; spontaneo: **n. ability**, abilità naturale, innata; **n. kindness**, gentilezza schietta, spontanea ***3*** indigeno; del luogo; locale; **n. huts**, capanne indigene; **n. plants**, piante indigene; **n. industry**, industria locale; **n. sheep**, pecore indigene. ● **n.-born**, del paese: **n.-born workers**, i lavoratori del paese (*non gli immigrati*) □ **a n. Bostonian**, un nativo di Boston □ **n. reserve**, riserva (*di aborigeni*) □ **a n. speaker**, un (una) madrelingua □ (*stor.*) **the N. States**, gli stati dell'India governati dai principi locali □ (*dell'uomo bianco, del turista, ecc.*) **to go n.**, assumere i costumi indigeni; fare la stessa vita degli abitanti del paese ospitante. ‖ **-ly**, *avv.* ‖ **-ness**, *sost.*

native (**2**) /ˈneɪtɪv/, *n.* ***1*** nativo; indigeno, indigena: **a n. of southern Italy**, un nativo dell'Italia Meridionale; **a n. of Australia**, un bianco nato in Australia; (*anche*) un indigeno australiano ***2*** animale indigeno; pianta indigena ***3*** ostrica coltivata nelle acque della Gran Bretagna. ● **The ostrich is a n. of Africa**, lo struzzo è nativo dell'Africa □ **He speaks Russian like a n.**, parla il russo come uno del luogo.

nativism /ˈneɪtɪvɪzəm/, *n.* (*filos.*) innatismo; nativismo.

nativist /ˈneɪtɪvɪst/, *n.* (*filos.*) innatista; nativista.

nativity /nəˈtɪvətɪ/, *n.* ***1*** (*specialm. relig., arte*) natività ***2*** (*astrol.*) tema di natività; oroscopo ***3*** (*relig.*) **the N.**, la Natività; il Natale. ● (*in G.B.*) **N. play**, dramma natalizio (*rappresentato da bambini*).

natremia /neɪˈtriːmɪə/, *n.* (*med.*) natriemia.

natrium /ˈneɪtrɪəm/ (*lat.*), *n.* (*chim., arc.*) sodio.

natrolite /ˈneɪtrəʊlaɪt/, *n.* (*miner.*) natrolite.

natron /ˈneɪtrən/, *n.* (*miner.*) natron; carbonato idrato di sodio.

natter /ˈnætə(r)/, *n.* (*fam. specialm. ingl.*) chiacchierata: **to have a n.**, farsi una chiacchierata (*o* quattro chiacchiere).

to **natter** /ˈnætə(r)/, *v. i.* (*fam., specialm. ingl.*) ***1*** chiacchierare; ciarlare ***2*** borbottare; brontolare.

natterjack /ˈnætədʒæk/, *n.* (*zool.*, *Bufo calamita*) rospo calamita.

nattiness /ˈnætɪnəs/, *n.* (*fam.*) ***1*** eleganza; inappuntabilità ***2*** abilità; ingegnosità; sveltezza.

natty /ˈnætɪ/, *a.* (*fam.*) ***1*** attillato; elegante; inappuntabile: **a n. hat**, un elegante cappellino ***2*** abile; ingegnoso; svelto. ‖ **-ily**, *avv.*

natural /ˈnætʃrəl/, **A** *a.* ***1*** naturale; innato; congenito; spontaneo; della natura: **He addressed me in a n. voice**, si rivolse a me con voce naturale; **It's n. for a fish to swim**, è naturale che un pesce nuoti; **n. phenomena**, fenomeni naturali; **n. forces**, le forze della natura; **n. history**, storia naturale; (*leg.*) **n. law**, diritto naturale; **n. science**, scienze naturali; (*biol.*) **n. selection**, selezione naturale; **n. talents**, talenti naturali; **n. gas**, gas naturale; (*mus.*) **n. key**, chiave naturale; (*leg.*) **a n. son**, un figlio naturale; **a n. gift**, un dono naturale; una qualità innata ***2*** per natura; nato: **a n. comedian**, un commediante nato. **B** *n.* ***1*** (*arc.*) deficiente congenito; idiota; stupido ***2*** (*mus.*, = **n. sign**) nota naturale; bequadro. ● **n.-born**, di nascita; (*USA*) per natura; nato: **a n.-born Scotsman**, uno scozzese di nascita; (*USA*) **a n.-born actor**, un attore nato □ **n. philosopher**, fisico □ **n. philosophy**, fisica □ **a n. historian**, un naturalista □ **the n. man**, l'uomo allo stato di natura □ (*mat.*) **n. number**, numero naturale □ (*leg.*) **a n. person**, una persona fisica □ **the n. world**, il mondo della natura □ **to die a n. death**, morire di morte naturale □ **for the term** (*o* **rest**) **of one's natural life**, vita natural durante □ **It comes n. to me**, mi viene naturale (*o* spontaneo).

naturalism /ˈnætʃrəlɪzəm/, *n.* (*letter., filos., arte*) naturalismo.

naturalist /ˈnætʃrəlɪst/, **A** *n.* ***1*** (*scient.*) naturalista ***2*** (*letter., filos., arte*) naturalista. **B** *a.* naturalistico.

naturalistic /nætʃrəˈlɪstɪk/, *a.* naturalistico. ‖ **-ally**, *avv.*

naturalization /nætrəlaɪˈzeɪʃn, *USA* -lɪˈz-/, *n.* ***1*** (*leg.*) naturalizzazione; concessione (*o* acquisizione) della cittadinanza (*d'un paese*) ***2*** adozione (*di parole straniere*) ***3*** (*biol.*) acclimatazione; naturalizzazione.

to **naturalize** /ˈnætʃrəlaɪz/, **A** *v. t.* ***1*** naturalizzare; concedere la cittadinanza a (q.) *2* (*biol.*) introdurre e acclimatare (*animali esotici*); trapiantare (*piante esotiche, in un paese*) *3* introdurre, adottare (*parole o costumanze straniere*) *4* rendere naturale, spontaneo. **B** *v. i.* *1* (*leg., biol.*) naturalizzarsi *2* fare il naturalista. ● **to be naturalized**, naturalizzarsi, prendere la cittadinanza; (*di animali*) acclimatarsi; (*di piante esotiche*) attecchire; (*di parole straniere*) essere adottato, trovare cittadinanza.

naturally /ˈnætʃrəlɪ/, *avv.* *1* naturalmente; spontaneamente: **These trees grow n. here**, questi alberi crescono spontaneamente qui *2* naturalmente; certamente; certo *3* per natura; congenitamente. ● **to behave n.**, comportarsi con naturalezza.

naturalness /ˈnætʃrəlnəs/, *n.* naturalezza; spontaneità.

nature /ˈneɪtʃə(r)/, *n.* *1* natura; carattere, indole, disposizione, temperamento; (*form.*) genere, qualità, specie, sorta: **human n.**, la natura umana; **N. is at its best in spring**, la natura assume il suo aspetto più bello a primavera; **It's the n. of a cat to miaow**, miagolare è nella natura del gatto; **That man is honest by n.**, quell'uomo è onesto per natura; **bad n.**, cattivo carattere; **good n.**, indole buona; buon cuore; **100 boxes of each n. of shot**, cento scatole d'ogni sorta di munizioni *2* forza vitale: **N. is exhausted in him**, la forza vitale si è esaurita in lui *3* bisogni di natura: **Such a diet will not support n.**, una dieta simile non è sufficiente a soddisfare i bisogni di natura *4* (*irl.*) amor di patria e della propria gente; patriottismo. ● **n. and wildlife parks**, parchi naturali □ **n. lover**, amante della natura □ **n. poets**, poeti della natura □ **n. study**, studio (*o* osservazione) della natura; (*a scuola*) scienze (*materia di studio*) □ **n. trail**, percorso guidato (*e con segnalazioni della flora, ecc.*) □ **n. worship**, adorazione delle forze della natura □ **against n.**, contro natura; innaturale; immorale □ **by the n. of things**, secondo la natura delle cose □ (*fam.*) **call of n.**, bisogno (corporale); bisognino (*fam.*) □ **contrary to n.**, miracoloso; sorprendente: **His recovery was contrary to n.**, la sua guarigione fu sorprendente □ (*fig.*) **the debt of n.**, la morte □ **to ease n.**, andar di corpo; (*anche*) orinare □ (*arte*) **from n.**, dal vero; dal naturale □ (*di pianta*) **full of n.**, pieno di linfa, di resina □ **to get back to n.**, tornare alla natura □ **getting back to n.**, ritorno alla natura □ **good n.**, bontà; gentilezza; altruismo □ **in n.**, nel regno della natura; nella realtà, nel mondo □ **to pay the debt of n.** (*o* **one's debt to n.**), pagare il tributo alla natura; morire □ **a return to n.**, un ritorno (*dell'uomo*) allo stato di natura □ **true to n.**, rispondente alla realtà; fedele al vero □ **That's n.'s engineering**, la natura ha fatto tutto ciò □ **This is in the course of n.**, ciò è nella natura delle cose, è naturale.

natured /ˈneɪtʃəd/, *a.* (*nei composti, per es.:*) **good-n.**, buono; cordiale; gentile; premuroso; **ill-n.**, cattivo; bisbetico; irascibile.

naturism /ˈneɪtʃərɪzəm/, *n.* *1* naturismo *2* nudismo.

naturist /ˈneɪtʃərɪst/, *n.* *1* naturista *2* nudista.

naturistic /neɪtʃəˈrɪstɪk/, *a.* naturistico; naturista.

naturopath /ˈneɪtʃərəpæθ/, *n.* (*med.*) naturopata.

naturopathic /neɪtʃərəˈpæθɪk/, *a.* (*med.*) naturopatico.

naturopathy /neɪtʃəˈrɒpəθɪ/, *n.* (*med.*) naturopatia.

Nat West (the) /nætˈwɛst/, *n.* (*fin., fam.*) la National Westminster Bank (*a Londra*).

naught /nɔːt/, *n.* *1* (*arc.*) niente; nulla *2* (*mat.*) zero. ● **to bring to n.**, far fallire; portare alla rovina □ **to care n. for**, non curarsi affatto di □ **to come to n.**, finire in nulla; fallire □ **to set at n.**, non tenere in alcun conto; sfidare; sprezzare.

naughtiness /ˈnɔːtɪnəs/, *n.* *1* (*specialm. di bambini e animali*) cattiveria; birichineria; impertinenza; disubbidienza; insolenza *2* salacità; volgarità *3* oscenità; scurrilità.

naughty /ˈnɔːtɪ/, *a.* *1* (*specialm. di bambino, animale*) cattivo; cattivello; birichino; disobbediente; impertinente; insolente: **a n. child**, un bambino cattivo *2* salace; piccante; volgare: **a n. book**, un libro piccante *3* osceno; scurrile: **n. language**, linguaggio osceno. ● **N. boy!**, cattivello!; birichino!; (*scherz.*) cattivone! □ **a n. postcard**, una cartolina spiritosa (*inviata dal mare, ecc.*) □ **a n. trick**, una birichinata; un tiro birbone (*scherz.*). || **-ily**, *avv.*

naumachia /nɔːˈmeɪkɪə/, *n.* (*pl.* **naumachiae, naumachias**) (*stor.*) naumachia.

naumachy /ˈnɔːməkɪ/, *V.* **naumachia**.

nausea /ˈnɔːsɪə, *USA* ˈnɔːʒə/, *n.* (*med.*) nausea; (*fig.*) disgusto, fastidio, avversione: **to be overcome by n.**, esser preso dalla nausea. ● **to fill sb. with n.**, dare la nausea a q.

to **nauseate** /ˈnɔːsɪeɪt, *USA* ˈnɔːz-/, *v. t.* *1* nauseare; stomacare; disgustare *2* avere (*un cibo*) a nausea.

nauseating /ˈnɔːsɪeɪtɪŋ, *USA* ˈnɔːz-/, *a.* nauseante; nauseabondo; (*fig.*) disgustoso: **a n. meal**, un pasto nauseante; **a n. sight**, uno spettacolo disgustoso. || **-ly**, *avv.* || **-ness**, *sost.*

nauseous /ˈnɔːsɪəs, *USA* ˈnɔːʃəs/, *a.* *1* nauseante; nauseabondo; stomachevole; disgustoso *2* (*fam. USA*) nauseato; che ha la nausea. || **-ly**, *avv.* || **-ness**, *sost.*

nautical /ˈnɔːtɪkl/, *a.* (*naut.*) nautico; navale; marinaresco; marino: **n. terms**, termini nautici, lessico marinaresco; **n. mile**, miglio marino (*pari a 1853 metri*). ● (*leg.*) **n. error** (*o* **n. fault**), colpa nautica □ **n. science**, nautica.

nautilus /ˈnɔːtɪləs/, *n.* (*pl.* **nautiluses, nautili**) (*zool., Nautilus*) nautilo.

naval /ˈneɪvl/, *a.* navale; della marina (*da guerra*); di marina: (*mil.*) **n. forces**, forze navali; **n. academy**, accademia navale; **a n. battle**, una battaglia navale; **a n. officer**, un ufficiale di marina. ● **n. architect**, ingegnere navale □ **n. dockyard**, arsenale marittimo □ **n. outfitter**, fornitore della marina militare □ **a n. ship**, una nave della marina militare.

nave (1) /neɪv/, *n.* (*archit.*) navata centrale; navata maggiore.

nave (2) /neɪv/, *n.* (*mecc.*) mozzo (*di ruota*).

navel /ˈneɪvl/, *n.* (*anat.*) ombelico; (*fig.*) centro. ● **n. cord** (*o* **n. string**), cordone ombelicale □ **n. orange**, varietà d'arancia con una depressione apicale.

navicert /ˈnævɪsɜːt/, *n.* (*abbr. di* **navigation certificate**) (*naut.*) navicert; permesso di navigazione (*rilasciato da un belligerante a una nave neutrale*).

navicular /nəˈvɪkjʊlə(r)/, **A** *a.* (*anat.*) navicolare: **n. bone**, osso navicolare. **B** *n.* (*anat.*) osso navicolare.

navigability /nævɪgəˈbɪlətɪ/, *n.* navigabilità (*di un fiume, di una nave, di un aereo*).

navigable /ˈnævɪgəbl/, *a.* *1* navigabile: **a n. canal**, un canale navigabile; (*leg.*) **n. waters**, acque navigabili *2* (*di nave, aereo, ecc.*) che si può dirigere (*o* manovrare). ● **a n. balloon**, un (pallone) dirigibile □ **a ship in n. condition**, una nave in condizione di navigare.

to **navigate** /ˈnævɪgeɪt/, **A** *v. i.* *1* navigare; governare; dirigere la rotta *2* fare l'ufficiale di rotta; (*per estens.*) studiare l'itinerario *3* (*per estens.*) procedere (*su un terreno difficile*). **B** *v. t.* *1* navigare (*fiumi, mari*) *2* governare (*una nave*); tenere in rotta (*un aereo*) *3* attraversare, fare la traversata di (*un oceano, ecc.*) *4* (*fig.*) guidare; far passare: **to n. a bill through the Commons**, far passare un disegno di legge ai Comuni *5* (*fig.*) superare: **The drunk navigated the steps with difficulty**, l'ubriaco superò i gradini con difficoltà. ● **to n. the Alps by air**, trasvolare le Alpi □ **to n. the Atlantic**, fare la traversata dell'Atlantico. ● **to n. one's way through the crowd**, farsi largo tra la folla.

navigating /ˈnævɪgeɪtɪŋ/, *a.* navigante; che naviga. ● (*naut., aeron.*) **n. officer**, ufficiale di rotta; navigatore.

navigation /nævɪˈgeɪʃn/, *n.* *1* (*naut., aeron.*) navigazione: **inland n.**, navigazione interna; **air** (*o* **aerial**) **n.**, navigazione aerea; **river n.**, navigazione fluviale *2* (*USA*) traffico (*o* commercio) marittimo *3* (*naut.*) nautica. ● (*naut.*) **n. lights**, fanali di via □ (*naut., aeron.*) **n. officer**, ufficiale di rotta □ **celestial n.**, navigazione celeste (*astronautica*).

navigational /nævɪˈgeɪʃənl/, *a.* relativo alla navigazione; nautico: **n. timepiece**, orologio nautico. ● (*naut.*) **n. aids**, strumenti di assistenza alla navigazione.

navigator /ˈnævɪgeɪtə(r)/, *n.* *1* navigatore *2* (*naut., aeron.*) ufficiale di rotta; navigatore. ● (*aeron.*) **n.'s compartment**, cabina di navigazione.

navvy /ˈnævɪ/, *n.* *1* manovale; sterratore; terrazziere *2* (= **steam n.**) scavatrice meccanica; escavatore.

navy /ˈneɪvɪ/, *n.* *1* marina militare; flotta (*da guerra*) *2* (*arc.* o *lett.*) flotta *3* – **the N.**, il Ministero della Marina. ● **n. blue**, blu scuro; blu navy □ **n. cut**, tabacco tagliato finemente □ **n. league**, lega navale □ **n. list**, annuario della marina □ (*specialm. USA*) **n. yard**, arsenale marittimo □ **to join the n.**, arruolarsi in marina.

nawab /nəˈwɑːb/, *n.* nababbo (*anche fig.*).

nay /neɪ/, **A** *avv.* *1* (*arc.*) no *2* (*lett.*) anzi; o piuttosto; o meglio: **a difficult, nay, unanswerable question**, una domanda difficile, o meglio, cui è impossibile rispondere *3* (*arc.*) beh; ebbene. **B** *n.* *1* no; (un) rifiuto: (*lett.*) **to say sb. nay**, dire di no a q.; proibire q.c. a q.; **I won't take nay as an answer**, non sono disposto ad accettare una risposta negativa *2* (*anche polit.*) voto contrario; no; chi vota contro: **to count the nays**, fare il conteggio dei no. ● **yea and nay**, un po' sì e un po' no; incerto; indecisione; ni □ (*in parlamento*) **The nays have it!**, la legge (la proposta, ecc.) è respinta!

Nazarene /næzəˈriːn/, *a.* e *n.* nazareno; (abitante o nativo) di Nazareth. ● – (*relig.*) **the N.**, il Nazareno (Gesù).

Nazareth /ˈnæzərɪθ/, *n.* (*geogr.*) Nazareth.

Nazarite (1) /ˈnæzəraɪt/, *n.* nazareno.

Nazarite (2) /ˈnæzəraɪt/, *n.* (*Bibbia*) nazireo.

naze /neɪz/, *n.* (*geogr.*) capo; promontorio.

Nazi /ˈnɑːtsɪ/, *a.* e *n.* (*pl.* **Nazis**) (*stor.*) nazista.

to **Nazify** /ˈnɑːtsɪfaɪ/, *v. t.* nazificare; sottomettere al nazismo.

Nazi(i)sm /ˈnɑːtsɪ(ɪ)zəm/, *n.* (*stor.*) nazismo.

Naziskin /ˈnɑːtsɪskɪn/, *n.* (*polit.*) naziskin.

Neanderthal /nɪˈændətɑːl/, **A** *n.* *1* (*geogr.*) Neandertal *2* (= **N. man**), l'uomo di Neandertal *3* (*fig. fam.*) uomo delle caverne; retrogrado. **B** *a. attr.* neandertaliano.

neap /niːp/, *n.* (*naut.*, = **n. tide**) minimo di marea; marea delle quadrature.

to **neap** /niːp/, *v. i.* (*naut.*: *della marea*) abbassarsi. ● (*di nave*) **to be neaped**, non poter prendere il largo per il ritiro della marea.

neaped /niːpt/, *a.* (*naut.*: *di nave*) in secco per la bassa marea.

Neapolitan /nɪəˈpɒlɪtən/, *a.* e *n.* napoletano. ● **N. ice** (*o* **N. ice cream**), cassata napoletana.

near (1) /nɪə(r)/, **A** *avv.* *1* vicino; dappresso: **Stay somewhere n.**, resta vicino (nei paraggi)! *2* (*di solito,* **nearly**) quasi; circa: **You are n. right**, hai quasi ragione; **It lasted n. a century**, durò circa un secolo *3* (*fam.*) frugalmente; parsimoniosamente; in ristrettezze: **It was a well-to-do family once, but they live very n. now**, era una famiglia benestante, ma ora vivono in gravi ristrettezze. **B** *prep.* (*anche* **n. to**) vicino a; presso (a); nei pressi di; accanto a: **Come and sit n. me**, vieni a sederti accanto a me!; **My cottage is n. the lake**, la mia villetta è nei pressi del lago; **The sun is n. setting**, il sole è vicino al tramonto. ● **n. at hand**, a portata di mano, sottomano; vicino (*anche nel tempo*) □ **n. upon**, quasi: **It was n.**

upon midnight, era quasi mezzanotte □ **to come n. to do** (*o* **n. doing**) **st.**, mancare poco che: **Our party came n. winning the election**, mancò poco che il nostro partito vincesse le elezioni □ **to come n. to tears**, essere sul punto di piangere □ **to draw n.**, avvicinarsi: **Easter is drawing n.**, s'avvicina la Pasqua □ **far and n.**, vicino e lontano; da ogni parte; dappertutto □ **It's very n. to Christmas**, siamo sotto Natale □ **The matter lies n. his heart**, la faccenda gli sta molto a cuore □ **That's nowhere** (*o* **not anywhere**) **n. enough**, non basta davvero; è tutt'altro che sufficiente.

near (2) /nɪə(r)/, *a.* ***1*** vicino (*soprattutto come agg. pred.*; *cfr.* **nearby**); prossimo; (*di parente*) stretto; (*d'amico*) vicino al cuore, intimo: **The school is quite n.**, la scuola è vicinissima; **Easter is n.**, la Pasqua è vicina; **in the n. future**, nel prossimo futuro; **on a n. day**, uno dei prossimi giorni; **a n. relation**, un parente dei più vicini; un parente stretto; **a n. friend**, un amico intimo ***2*** (*specialm. ingl.*: *di un veicolo, di un cavallo, della strada*) di sinistra; sinistro: **the n. horse**, il cavallo di sinistra (*di una pariglia*); **the n. side of the road**, il lato sinistro della strada ***3*** diretto; breve: **He took the n. way**, prese la via diretta; **Can you tell me the nearest way to the airport?**, sai dirmi qual è la strada più breve per l'aeroporto? ***4*** (*fig. fam.*) di manica stretta (*fig.*); avaro; gretto; meschino; tirchio. ● (*geogr.*) **the N. East**, il Vicino Oriente; il Medio Oriente □ **a n. miss**, un colpo (un proiettile, ecc.) per poco non andato a segno; (*per estens.*) un incontro (un incidente, un progetto, un successo, ecc.) mancato per poco: **That was a n. miss**, ho (hai, ecc.) mancato il colpo per poco; c'è mancato poco che facessi centro; (*anche*) per poco non l'ho incontrato □ **a n. collision**, una collisione evitata per poco □ (*econ.*) **n. money**, quasi moneta □ (*econ.*) **n. monopoly**, monopolio imperfetto □ (*sport*) **a n. race**, una corsa combattuta, tirata □ **a n. resemblance**, una somiglianza quasi perfetta □ **a n. translation**, una traduzione letterale (*o* aderente al testo) □ (*med.*) **n. vision chart**, carta ottometrica □ **to give a n. guess**, indovinare o quasi; indovinare pressappoco □ **in the n. distance**, in secondo piano (*d'un quadro, ecc.*) □ **It was a n. escape** (*o* **a n. thing, a n. shave**), ce l'abbiamo (ce l'avete, ecc.) fatta per un pelo; ce la siamo (ve la siete, ecc.) cavata per il rotto della cuffia.

near (3) /nɪə(r)/, *a. e avv.* (*nei composti*:) ***1*** quasi: **a n.-perfect description**, una descrizione quasi perfetta ***2*** strettamente; molto: **two n.-related terms**, due termini strettamente connessi. ● **n.-dead with fright**, mezzo morto dalla paura □ **in a state of n. war**, in uno stato che rasenta la guerra □ **a n.-red colour**, un colore che tira al rosso.

to **near** /nɪə(r)/, **A** *v. t.* avvicinarsi a; accostarsi a: **The ship was nearing the dock**, la nave si accostava alla banchina. **B** *v. i.* avvicinarsi: **The soccer season is nearing**, s'avvicina l'inizio della stagione calcistica.

nearby /nɪə'baɪ/, **A** *avv.* vicino; dappresso; qui presso; nelle vicinanze. **B** *a. attr.* vicino; attiguo: **the n. town**, la città vicina.

nearish /'nɪərɪʃ/, *a.* abbastanza vicino; piuttosto vicino.

nearly /'nɪəlɪ/, *avv.* ***1*** quasi; pressappoco: **The bus is n. full**, l'autobus è quasi pieno; **It's n. two o'clock**, sono quasi le due; **It's n. time to start**, è quasi ora di partire ***2*** da vicino; dappresso: **I examined it n.**, lo esaminai da vicino (*o* attentamente); **The matter concerns me n.**, la faccenda mi tocca da vicino ***3*** strettamente; molto: **The two girls n. resemble each other**, le due ragazze si somigliano molto. ● **not n.**, tutt'altro che; per niente; non... affatto, niente affatto: **His work isn't n. good enough**, il suo lavoro non è per niente soddisfacente □ **I've got thirty dollars but that won't be n. enough to buy her a present**, ho trenta dollari ma certo non basteranno per comprarle un regalo □ **I n. missed the train**, per poco non persi il treno □ **He n. died**, fu sul punto di morire.

nearness /'nɪənəs/, *n.* ***1*** vicinanza; prossimità ***2*** (*fig.*) intimità ***3*** (*fig.*) grettezza; meschinità; tirchieria.

nearshore /'nɪəʃɔː(r)/, *a.* sottocosta; costiero: **n. currents**, correnti sottocosta.

nearside /'nɪəsaɪd/, **A** *n.* (*specialm. ingl.*) lato sinistro (*di un veicolo, di un cavallo, della strada*; *il più vicino al marciapiede*: *perché in G.B. il traffico tiene la sinistra*). **B** *a. attr.* di sinistra; sinistro: (*autom.*) **the n. door**, lo sportello di sinistra; **the n. lane**, la corsia di sinistra; **the n. back light**, il fanalino posteriore sinistro.

nearsighted /nɪə'saɪtɪd/, *a.* (*med.*) miope.

nearsightedly /nɪə'saɪtɪdlɪ/, *avv.* con occhi (*o* con sguardo) da miope.

nearsightedness /nɪə'saɪtɪdnəs/, *n.* (*med.*) miopia.

nearthrosis /niːɑː'θrəʊsɪs/, *n.* (*pl.* **nearthroses**) (*med.*) ***1*** pseudoartrosi ***2*** neoartrosi (*giuntura artificiale*).

neat (1) /niːt/, *a.* ***1*** nitido; lindo; pulito; chiaro; preciso; terso: **a n. handwriting**, una calligrafia nitida, chiara; **a n. house**, una casa linda, pulita; **a n. language**, un linguaggio chiaro, preciso; **a n. style**, uno stile nitido, terso ***2*** bello; ben fatto; ben proporzionato; elegante: **Jane has a n. figure**, Jane ha una figurina elegante; **a n. dress**, un bel vestitino ***3*** acuto; conciso; spiritoso: **You gave a very n. answer**, hai dato una risposta molto acuta ***4*** accurato; ordinato; metodico; preciso: **a n. piece of work**, un lavoro accurato, ben fatto; **a n. worker**, un lavoratore metodico, preciso ***5*** (*di vino, liquore*) puro; schietto; liscio: **I never drink rum n.**, non bevo mai il rum schietto ***6*** (*pop. USA*) eccezionale; fantastico. ● **n.-handed**, abile (con le mani); destro □ **a n. trick**, un bel tiro; uno scherzo riuscito. || **-ly**, *avv.* || **-ness**, *sost.*

neat (2) /niːt/, *n.* (*invar. al pl.*) ***1*** bue; toro; vacca ***2*** (*collett.*) bovini. ● **n.-house**, stalla per bovini □ **n.'s leather**, cuoio di bue; vacchetta □ **n.'s tongue**, lingua di bue (*come pietanza*).

'neath /niːθ/, *prep.* (*poet.*) sotto (*V.* **beneath**).

neb /nɛb/, *n.* (*arc.* o *region.*) ***1*** becco ***2*** muso; grugno ***3*** naso ***4*** beccuccio (*di teiera, ecc.*) ***5*** punta; estremità.

nebbish /'nɛbɪʃ/ (*fam. USA*) **A** *a.* scialbo; timido. **B** *n.* persona scialba, timida; (una) nullità.

nebula /'nɛbjʊlə/, *n.* (*pl.* **nebulas, nebulae**) ***1*** (*astron.*) nebulosa ***2*** (*med.*) macchia bianca della cornea; nubecula.

nebular /'nɛbjʊlə(r)/, *a.* (*astron.*) nebulare; di nebulosa.

nebulization /nɛbjʊlaɪ'zeɪʃn, *USA* -lɪ'z-/, *n.* (*anche med.*) nebulizzazione.

to **nebulize** /'nɛbjʊlaɪz/, *v. t.* (*anche med.*) nebulizzare.

nebulizer /'nɛbjʊlaɪzə(r)/, *n.* (*anche med.*) nebulizzatore.

nebulosity /nɛbjʊ'lɒsətɪ/, *n.* ***1*** nebulosità (*anche fig.*) ***2*** (*astron.*) nebulosa.

nebulous /'nɛbjʊləs/, *a.* nebuloso; nebbioso; indistinto; incerto; vago. ● (*astron.*) **n. star**, nebulosa. || **-ly**, *avv.* || **-ness**, *sost.*

necessarian /nɛsə'sɛərɪən/, *V.* **necessitarian.**

necessarianism /nɛsə'sɛərɪənɪzəm/, *V.* **necessitarianism.**

necessarily /nɛsə'sɛrəlɪ, 'nɛsəsərəlɪ/, *avv.* necessariamente; di necessità; per forza.

necessary /'nɛsəsərɪ, *USA* -serɪ/, **A** *a.* ***1*** necessario; essenziale: **It's n. for him to leave at once** (*o* **that he should leave at once**), è necessario (*o* indispensabile) ch'egli parta subito; **Drink is more n. to health than food**, il bere è più necessario alla salute che non il cibo ***2*** inevitabile: **a n. evil**, un male inevitabile. **B** *n.* cosa necessaria; l'indispensabile; (*spesso al pl.*) (il) necessario (*alla vita*): **He was left without the necessaries of life**, restò privo del necessario. ● (*pop.*) **the n.**, il necessario (*azione fatta a uno scopo, denaro che serve, ecc.*): **to do the n.**, fare il necessario, quel che si deve; (*fam.*) pagare il conto; (*fam.*) **to provide the n.**, trovare il denaro che occorre □ **if n.**, se è necessario; se occorre; all'occorrenza.

necessitarian /nɪsɛsɪ'tɛərɪən/, (*filos.*) **A** *n.* determinista. **B** *a.* deterministico.

necessitarianism /nɪsɛsɪ'tɛərɪənɪzəm/, *n.* (*filos.*) determinismo; necessitismo.

to **necessitate** /nɪ'sɛsɪteɪt/, *v. t.* ***1*** (*form.*) rendere necessario; necessitare; richiedere (necessariamente): **The increase in unemployment necessitates the development of industry**, l'aumento della disoccupazione richiede un maggior sviluppo dell'industria ***2*** (*raro*) costringere; obbligare: **I am necessitated to act alone**, sono costretto ad agire da solo.

necessitous /nɪ'sɛsɪtəs/, *a.* bisognoso; indigente; povero. ● **to be in n. circumstances**, essere in gravi ristrettezze. || **-ness**, *sost.*

necessity /nɪ'sɛsətɪ/, *n.* ***1*** necessità; bisogno; indigenza; povertà: **N. compelled him to steal**, il bisogno lo spinse a rubare; **to be in n.**, trovarsi (*o* versare) in necessità ***2*** cosa necessaria; necessità della vita: **A passport is a n.**, il passaporto è una cosa necessaria; **Food, clothing and a roof over one's head are necessities**, il cibo, il vestiario e un tetto sopra la testa sono necessità della vita ***3*** condizione necessaria; conseguenza naturale, inevitabile: **Death is a n. to life**, la morte è la conseguenza naturale della vita. ● **to bow to n.**, far buon viso a cattiva sorte □ **by** (*o* **from, out of**) **n.**, per necessità; per forza di cose □ **case of absolute n.**, caso di forza maggiore □ (*naut.*) **for the n. of the ship and cargo**, per la salvezza della nave e del carico □ **in case of n.**, in caso di necessità; all'occorrenza; al bisogno □ **to make a virtue of n.**, fare di necessità virtù □ **of n.**, di necessità; necessariamente □ **to be under the n. of doing st.**, essere costretto a fare q.c.; non poter fare a meno di fare q.c. □ **There was no n. for you to do that**, non era necessario che tu facessi ciò □ (*prov.*) **N. is the mother of invention**, il bisogno aguzza l'ingegno □ (*prov.*) **N. knows no law**, la necessità non conosce legge.

neck /nɛk/, *n.* ***1*** (*anat., mecc., metall.* e *fig.*) collo: **to break one's n.**, rompersi (*o* fiaccarsi) il collo, l'osso del collo; **the n. of a bottle**, il collo d'una bottiglia; **the n. of a shirt**, il collo d'una camicia; **He's up to his n. in it**, c'è dentro fino al collo ***2*** (*anat.*) colletto (*di dente*): **the n. of a tooth**, il colletto d'un dente ***3*** (*sport*) incollatura (*di cavallo*): **to win by a n.**, vincere per una incollatura; (*fig.*) vincere di stretta misura ***4*** (*di terra*) lingua; istmo ***5*** (*di mare*) braccio; stretto canale ***6*** (*di violino*) manico ***7*** (*archit.*) collarino ***8*** (*geol.*: *di vulcano*) neck; camino. ● **n. and crop**, senza tanti complimenti □ (*fam.*) **n. and n.**, (*di cavalli*) testa a testa; (*fig.*) alla pari, con le stesse probabilità di vincere □ (*fam.*) **n. of the woods**, parte del paese; regione; zona: **a quiet n. of the woods**, un angolino tranquillo □ **n. or nothing**, a rischio di perder tutto, di rimetterci il collo; a tutti i costi: **It is n. or nothing**, o la va o la spacca □ **to break the n. of a task**, fare la parte più difficile di un lavoro: **I have broken the n. of my task**, il più è fatto □ (*fig. fam.*) **to breathe down sb.'s n.**, inseguire da vicino (*o* tallonare) q.; tenere d'occhio (*o* sotto controllo) q.; stare addosso a q. □ (*pop.*) **to get it in the n.**, ricevere una grossa sgridata (*o* punizione); essere rimproverato (*o* punito) severamente □ **to have a stiff n.**, avere il torcicollo; (*fig.*) essere ostinato (*o* caparbio) □ **to risk one's n.**, rischiare la testa, la vita □ **to save one's n.**, salvarsi dal capestro, evitare la forca; salvare la testa; (*fig.*) cavarsela per il rotto della cuffia □ (*fig. fam.*) **to stick one's n. out**, rischiare forte prendendo posizione; esporsi alle critiche (al ridicolo, *ecc.*) □ (*fig.*) **a stiff n.**, caparbietà; ostinazione □ **to be up to one's n. in debt**, essere indebitato fino al collo □ **to be up to one's n. in trouble**, essere in un mare di guai.

to **neck** /nɛk/, **A** *v. t.* tirare il collo a (*un pollo*). **B** *v. i.* (*pop.*) sbaciucchiarsi; pomiciare (*pop.*).

neckband /ˈnɛkbænd/, *n.* **1** collaretto, listino del collo (*d'una camicia, ecc.*) **2** fascia che si porta al collo; collarina (*d'abito talare*).

neckcloth /ˈnɛkklɒθ, *USA* -ɔːθ/, *n.* fazzoletto da collo.

necked /nɛkt/, *a.* (*nei composti, per es:*) **long-n.**, dal collo lungo; **short-n.**, dal collo corto. ● (*di vestito*) **high-n.**, accollato □ **low-n.**, scollato □ (*fig.*) **stiff-n.**, caparbio; ostinato.

neckerchief /ˈnɛkətʃɪf/, *n.* (*un tempo*) fazzoletto da collo (*da uomo*).

necking /ˈnɛkɪŋ/, *n.* **1** (*archit.*) collarino **2** (*pop.*) sbaciucchiamenti; pomiciata (*pop.*).

necklace /ˈnɛkləs/, *n.* collana (*gioiello*).

necklet /ˈnɛklət/, *n.* **1** colletto; collo di pelliccia **2** collana (*gioiello*).

neckline /ˈnɛklaɪn/, *n.* scollatura (*di un abito*): **a low n.**, una scollatura profonda.

necktie /ˈnɛktaɪ/, *n.* (*USA*) **1** cravatta **2** (*pop.*) cappio al collo. ● (*pop.*) **n. party**, impiccagione.

neckwear /ˈnɛkwɛə(r)/, *n.* (*collett.*) colletti, cravatte, sciarpe, ecc.

necrofile /ˈnɛkrəfaɪl/, *n.* (*psic.*) necrofilo.

necrological /nɛkrəˈlɒdʒɪkl/, *a.* necrologico.

necrologist /nɛˈkrɒlədʒɪst/, *n.* necrologista.

necrology /nɛˈkrɒlədʒɪ/, *n.* **1** necrologia; necrologio **2** necrologio; obituario.

necromancer /ˈnɛkrəʊmænsə(r)/, *n.* negromante.

necromancy /ˈnɛkrəʊmænsɪ/, *n.* negromanzia.

necromantic /nɛkrəʊˈmæntɪk/, *a.* negromantico.

necrophagous /nɛkˈrɒfəgəs/, *a.* (*zool.*) necrofago.

necrophilia /nɛkrəˈfɪlɪə/, *n.* (*psic.*) necrofilia.

necrophiliac /nɛkrəˈfɪlɪæk/, *a.* e *n.* (*psic.*) necrofilo.

necrophilism /nɛˈkrɒfɪlɪzəm/, *V.* **necrophilia**.

necrophobe /ˈnɛkrəˈfəʊb/, *n.* (*psic.*) necrofobo.

necrophobia /nɛkrəˈfəʊbɪə/, *n.* (*psic.*) necrofobia.

necrophorus /ˈnɛkrəʊfɔː(r)/, *n.* (*zool.*, *Necrophorus*) necroforo.

necropolis /nɛˈkrɒpəlɪs/, *n.* (*pl.* **necropolises, necropoles, necropoleis, necropoli**) necropoli.

necropsy /ˈnɛkrɒpsɪ/, **necroscopy** /nɛˈkrɒskəpɪ/, *n.* necroscopia; autopsia.

necroscopic(al) /nɛkrəˈskɒpɪk(l)/, *a.* necroscopico. || **-ally**, *avv.*

necrosis /nɛˈkrəʊsɪs/, *n.* (*pl.* **necroses**) (*med., bot.*) necrosi.

necrotic /nɛˈkrɒtɪk/, *a.* (*med., bot.*) necrotico.

to **necrotize** /ˈnɛkrəʊtaɪz/, (*med., bot.*) **A** *v. i.* diventare necrotico; necrotizzarsi. **B** *v. t.* necrotizzare.

necrotizing /ˈnɛkrətaɪzɪŋ/, (*med.*) **A** *a.* necrotizzante. **B** *n.* necrotizzazione.

necrotomy /nɛˈkrɒtəmɪ/, *n.* (*med.*) necrotomia.

nectar /ˈnɛktə(r)/, *n.* (*mitol., bot.* e *fig.*) nettare.

nectarean /nɛkˈtɛərɪən/, **nectareous** /nɛkˈtɛərɪəs/, *a.* nettareo; (*fig.*) delizioso.

nectariferous /nɛktəˈrɪfərəs/, *a.* (*bot.*) nettarifero.

nectarine /ˈnɛktərɪn/, *n.* **1** (*bot., Prunus persica nectarina*) pesconoce; nocepesco **2** (*il frutto*) (pesca) nettarina; pescanoce; nocepesca.

nectary /ˈnɛktərɪ/, *n.* **1** (*bot.*) nettario **2** (*zool.*) proboscide (*d'insetto*).

Ned /nɛd/, *n. dim.* di **Edmund** e di **Edward**.

neddy /ˈnɛdɪ/, *n.* (*fam.*) asino; ciuco; somaro.

Neddy /ˈnɛdɪ/, **1** *V.* **Ned** **2** *V.* **NEDC**, *nelle sigle*.

née /neɪ/ (*franc.*), *a.* nata (*davanti al cognome da nubile*): **Mrs Mary Burns, née Clark**, la signora Mary Burns, nata Clark.

need /niːd/, *n.* **1** bisogno; necessità: **I feel the n. for some rest**, sento il bisogno d'un po' di riposo; **I'm in n. of a holiday**, ho bisogno di una vacanza; **There is no n. to hurry**, non c'è bisogno di (*o* non occorre) affannarsi **2** (*al pl.*) bisogni; esigenze; necessità: **daily needs**, bisogni quotidiani; **My needs are few**, non ho molte esigenze **3** bisogno; indigenza; ristrettezze; povertà: **to be in n.**, essere nel bisogno, nell'indigenza. ● **to be in n. of**, essere bisognoso di; aver bisogno di: **He's in n. of treatment**, è bisognoso di cure mediche; **Are you in n. of help?**, hai bisogno d'aiuto? □ (*comm.*) **in case of n.**, occorrendo □ **to fail sb. in his n.**, non aiutare q. che si trova in bisogno (*o* nell'ora del bisogno) □ **good at n.**, utile in caso di bisogno □ **if n. be**, in caso di bisogno; se necessario; all'occorrenza: **I will come if n. be**, verrò se sarà necessario □ **if n. were**, se ce ne fosse bisogno; in caso di bisogno □ (*prov.*) **A friend in n. is a friend indeed**, gli amici si conoscono nel bisogno.

to **need** /niːd/, **A** *v. t.* (*costruzione pers.*; *si comporta spesso come i verbi modali davanti a un infinito*; *si costruisce invece regolarmente quando regge un compl. ogg.*) **1** aver bisogno di; essere necessario; bisognare; importare; occorrere; (*in frasi interr. o neg.*) dovere, abbisognare di, sentire la mancanza di: **Do you n. any assistance?**, hai bisogno d'aiuto?; **The farmers n. rain**, i contadini hanno bisogno di pioggia; **The car needs repairing** (*o* **to be repaired**), l'auto ha bisogno d'essere riparata; **This is a book I've needed a long time**, questo è un libro di cui ho sentito a lungo la mancanza (che ho molto desiderato avere); **He n. not come** (*o* **he doesn't n. to come**), non importa (*o* non occorre) che venga; **You needn't do it, if you don't want to**, non occorre che tu lo faccia (*o* non devi farlo), se non vuoi (*cfr.* **You mustn't do it**, non devi farlo!; te lo vieto; non sta bene, ecc.); **He needn't be told**, non è necessario dirglielo (*è meglio che non lo sappia*); **He doesn't n. to be told**, non c'è bisogno d'informarlo (*lo sa già*); **N. you go** (*o* **do you n. to go**) **so soon?**, devi andare così presto?; **I didn't n. to take the umbrella**, non occorse (*o* non occorreva) che prendessi l'ombrello; **I needn't have taken the umbrella**, era inutile che avessi preso l'ombrello; non avrei dovuto prendere l'ombrello; **This work needs to be done with great care**, bisogna fare questo lavoro (*o* questo lavoro va fatto) con ogni cura **2** essere privo di; mancare di: **The sauce needs salt**, la salsa manca di sale. **B** *v. i.* (*arc.*) **1** (*impers.*) essere necessario; importare; occorrere: **It needs not**, non è necessario; non importa **2** trovarsi in bisogno; essere bisognoso (*o* povero). ● **N. anybody know?**, è proprio necessario che si sappia?; non si può tenere la cosa segreta? □ **n. I say**, manco a dirlo □ **He didn't n. to be told twice**, non se lo fece dire due volte □ **I n. hardly say that...**, non occorre ch'io dica che...; è superfluo dire che... □ **It needed doing**, bisognava farlo □ **It will n. doing**, sarà necessario (*o* bisognerà) farlo.

needful /ˈniːdfl/, **A** *a.* **1** necessario; occorrente; indispensabile: **to do what is n.**, fare quello che è necessario **2** (*arc.*) bisognoso; indigente. **B** *n.* **1** – **the n.**, il necessario: **to do the n.**, fare il necessario **2** (*fam.*) quattrini; soldi: **I'm short of n.**, sono giù a quattrini. ● (*fam., rugby*) **to do the n.**, convertire una meta.

needfulness /ˈniːdflnəs/, *n.* necessità; bisogno.

neediness /ˈniːdɪnəs/, *n.* bisogno; indigenza; povertà.

needle /ˈniːdl/, *n.* **1** (*anche bot., elab., mecc., med.*) ago; (*tecn.*) lancetta (*di uno strumento*): **a n. and thread**, ago e filo; **the eye of a n.**, la cruna d'un ago; **the n. of a syringe**, l'ago d'una siringa; **pine-tree needles**, aghi di pino; **the n. of a compass**, l'ago d'una bussola **2** ago torto; uncinetto; ferro da calza: **knitting n.**, ferro da calza; **darning n.**, ago da rammendo; **crochet n.**, uncinetto **3** (*mus.*) puntina (*di grammofono*) **4** (*geogr.*) punta; cima; guglia; vetta **5** obelisco **6** (*fam.*) irritazione; nervosismo **7** (*fam.*) punzecchiatura **8** (*fam.*) siringa **9** (*fam.*) iniezione **10** (*fam., sport*) agonismo. ● (*fam.*) **needles and pins**, formicolio □ **n. bath**, doccia filiforme □ (*mecc.*) **n. bearing**, boccola ad aghi □ **n. book**, agoraio in forma di libro □ **n. case**, agoraio □ **n.'s eye**, cruna (*dell'ago*) □ (*sport*) **n. game**, partita (*o* gara) assai combattuta (*o* tirata) □ (*elettron.*) **n. gap**, spinterometro a punte □ (*mil.*) **n. gun**, fucile ad ago □ **n. lace**, merletto ad ago □ (*pop. USA*) **n. park**, parco pieno di siringhe (di drogati) □ (*sport*) **n. match**, *V.* **n. game** □ **n.-pointed**, puntuto come un ago □ (*radio*) **n. time**, tempo dedicato alla trasmissione di musica registrata □ (*mecc.*) **n. valve**, valvola ad ago □ (*fig.*) **as sharp as a n.**, acuto; intelligente, perspicace □ (*fam.*) **to get the n.**, innervosirsi; stizzirsi; seccarsi □ (*fam.*) **to give sb. the n.**, punzecchiare, stuzzicare q. □ (*pop.*) **to have the n.**, avere i nervi (*o* il nervoso) □ (*gergo*) **to hit the n.**, diventare tossicomane; farsi (*pop.*) □ (*fig.*) **to look for a n. in a haystack**, cercare un ago in un pagliaio □ (*fig.*) **to be on pins and needles**, essere sulle spine □ (*fig.*) **pins and needles**, formicolio, intorpidimento (*in una parte del corpo*) □ **to thread a n.**, infilare un ago □ (*fig.*) **to thread the n.**, portare a termine un compito difficile.

to **needle** /ˈniːdl/, **A** *v. t.* **1** cucire **2** forare, pungere con un ago **3** (*fam.*) pungere (*fig.*); punzecchiare; stuzzicare **4** (*fam. USA*) aumentare la gradazione alcolica di (*una bevanda*). **B** *v. i.* **1** cucire; fare lavori di cucito; agucchiare (*fam.*) **2** cristallizzarsi in forma d'aghi.

needlecraft /ˈniːdlkrɑːft, *USA* -kræft/, *n.* **1** arte del cucito; il cucito **2** (*market.*) aghi (*collett.*) ● **n. retailer**, venditore (*o* venditrice) di aghi.

needlefish /ˈniːdlfɪʃ/, *n.* (*zool.*) **1** (*Belone belone*) aguglia comune **2** (*Syngnathus*) pesce ago.

needleful /ˈniːdlfl/, *n.* gugliata.

needlepoint /ˈniːdlpɔɪnt/, *n.* (*cucito*) ricamo (*o* merletto) ad ago.

needless /ˈniːdləs/, *a.* non necessario; inutile; superfluo: **n. work**, lavoro inutile, superfluo. ● **n. to say**, inutile a dirsi; manco a dirlo. || **-ly**, *avv.* || **-ness**, *sost.*

needlewoman /ˈniːdlwʊmən/, *n.* (*pl.* **needlewomen**) cucitrice. ● **a good n.**, una donna brava nei lavori di cucito □ **I'm no n.**, io non so cucire.

needlework /ˈniːdlwɜːk/, *n.* cucito; lavoro d'ago; ricamo ad ago.

needn't /ˈniːdnt, -dn/, *contraz.* di **need not**.

needs /niːdz/, *avv.* di necessità; assolutamente: **He must n. obey**, deve assolutamente obbedire. ● (*prov.*) **N. must when the devil drives**, necessità non conosce legge.

needy /ˈniːdɪ/, *a.* bisognoso; indigente; povero: **a n. family**, una famiglia bisognosa.

ne'er /nɛə(r)/, *avv.* (*poet.*) mai; giammai. ● **n. a**, non uno; non uno solo: **I had n. a good card the whole evening**, tutta la sera non ho visto una carta buona □ **n.-do-well**, buono a nulla; fannullone.

nefandous /nɪˈfændəs/, *a.* (*arc.*) nefando.

nefarious /nɪˈfɛərɪəs/, *a.* nefando; iniquo; malvagio; scellerato. || **-ly**, *avv.* || **-ness**, *sost.*

to **negate** /nɪˈgeɪt, *USA* ˈniːgeɪt, ˈnɛ-/, *v. t.* **1** negare; non riconoscere (*l'esistenza, la verità, di q.c.*) **2** annullare.

negation /nɪˈgeɪʃn/, *n.* **1** negazione; diniego;

rifiuto: **a sign of n.**, un segno di diniego *2* (*gramm.*) proposizione negativa *3* (*mat.*) negazione.

negative (1) /ˈnɛɡətɪv/, *a.* *1* (*elettr., elettron., mat., med., ecc.*) negativo: **n. electricity**, elettricità negativa; **n. pole**, polo negativo; **n. sign**, segno negativo, segno «meno»; **a n. answer**, una risposta negativa; **a n. vote**, un voto negativo, contrario; **n. criticism**, critica negativa; critica non costruttiva *2* (*mat.*) opposto: **n. matrix**, matrice opposta. ● (*econ.*) **n. business cycle**, congiuntura negativa □ (*leg.*) **n. covenant**, clausola restrittiva (*o* vessatoria) □ (*leg.*) **n. evidence**, prova negativa □ (*elettron.*) **n. feedback**, retroazione negativa □ (*fin.*) **n. investment**, disinvestimento □ (*mat., stat.*) **n. quantity**, quantità negativa. || **-ly**, *avv.* || **-ness**, *sost.*

negative (2) /ˈnɛɡətɪv/, *n.* *1* negazione (*anche gramm.*); risposta negativa; diniego: **He returned us a n.**, ci diede una risposta negativa; **Two negatives make an affirmative**, due negazioni valgono un'affermazione *2* (*mat.*) elemento opposto *3* (*elettr.*) polo negativo *4* (*fotogr.*) negativa *5* (*fig.*) qualità negativa; difetto (*del carattere, ecc.*). ● **to answer in the n.**, rispondere negativamente □ **It was decided in the n.**, la decisione fu negativa □ **The answer is in the n.**, la risposta è no.

to **negative** /ˈnɛɡətɪv/, *v. t.* *1* disapprovare; respingere; porre il veto a (*una mozione, un disegno di legge, un candidato*) *2* negare, contraddire (*un'affermazione*) *3* dimostrare l'infondatezza di (*un'ipotesi, una teoria, ecc.*) *4* rendere inutile; neutralizzare.

negativism /ˈnɛɡətɪvɪzəm/, *n.* *1* (*filos.*) negativismo *2* (*psic.*) negativismo.

negativist /ˈnɛɡətɪvɪst/, *n.* *1* (*filos.*) negativista; agnostico *2* (*psic.*) negativista.

negativity /nɛɡəˈtɪvətɪ/, *n.* negatività.

negator /nɪˈɡeɪtə(r)/, *n.* negatore.

negatory /ˈnɛɡətərɪ, *USA* -tɔːrɪ/, *a.* negativo.

neglect /nɪˈɡlɛkt/, *n.* *1* negligenza; trascuratezza; noncuranza *2* abbandono; oblio: **The house was in a state of n.**, la casa era in uno stato d'abbandono. ● **n. of one's duty**, il trascurare il proprio dovere.

to **neglect** /nɪˈɡlɛkt/, *v. t.* *1* trascurare; negligere (*raro*): **to n. one's duties**, trascurare i propri doveri; **to n. one's friends**, trascurare i propri amici *2* dimenticare; tralasciare: **Don't n. replying to your father**, non dimenticare di rispondere a tuo padre!

neglecter /nɪˈɡlɛktə(r)/, *n.* chi neglige (*raro*); chi trascura; trascurato (*fam.*).

neglectful /nɪˈɡlɛktfl/, *a.* negligente; trascurato; noncurante. ● **to be n. of**, non curarsi di, trascurare: **I am rather n. of my clothes**, non mi curo molto del mio modo di vestire. || **-ly**, *avv.* || **-ness**, *sost.*

neglige(e) /ˈnɛɡliːʒeɪ, *USA* -ˈʒeɪ/, *n.* vestaglia (*da donna*); négligé; veste da camera.

negligence /ˈnɛɡlɪdʒəns/, *n.* *1* negligenza; trascuratezza; noncuranza *2* abbandono; disordine; oblio. ● (*naut.*) **n. of the master**, colpa del capitano □ (*leg.*) **contributory n.**, concorso di colpa □ (*leg.*) **gross n.**, colpa grave.

negligent /ˈnɛɡlɪdʒənt/, *a.* negligente; trascurato; noncurante; disattento; indifferente; svogliato: **He is n. in his correspondence**, è negligente nel tenere la corrispondenza. ● **to be n. of detail**, trascurare i dettagli □ **to be n. of one's duties**, trascurare i propri doveri. || **-ly**, *avv.*

negligibility /nɛɡlɪdʒəˈbɪlətɪ/, *n.* l'essere trascurabile; irrilevanza.

negligible /ˈnɛɡlɪdʒəbl/, *a.* trascurabile; irrilevante; insignificante.

negotiability /nɪɡəʊʃɪəˈbɪlətɪ/, *n.* *1* (*comm.*) negoziabilità *2* (*di strada*) transitabilità.

negotiable /nɪˈɡəʊʃəbl/, *a.* *1* (*comm.*) negoziabile: **n. instruments**, titoli (di credito) negoziabili *2* sormontabile; superabile (*anche fig.*): **n. difficulties**, difficoltà superabili *3* (*di strada*) transitabile. ● (*banca*) **n. cheque**, assegno trasferibile.

negotiant /nɪˈɡəʊʃɪənt/, *n.* negoziatore.

to **negotiate** /nɪˈɡəʊʃɪeɪt/, **A** *v. t.* *1* (*specialm. comm.*) negoziare; prendere accordi per (*una compravendita, ecc.*); trattare (la conclusione di): **to n. a bill of exchange**, negoziare una cambiale; **to n. bonds** [**stocks**], negoziare obbligazioni [titoli]; **to n. peace**, negoziare la pace; **to n. a sale**, prendere accordi per una vendita; **to n. a treaty with a nation**, trattare la conclusione d'un accordo con una nazione *2* sormontare; superare; evitare; sorvolare: **to n. an obstacle**, superare un ostacolo; **It took us two hours to n. the steep hill**, ci vollero due ore per valicare quell'erto colle; (*di un hovercraft*) **to n. floating rubbish**, evitare rottami galleggianti. **B** *v. i.* *1* negoziare; mercanteggiare *2* intavolare (*o* aprire) le trattative; trattare: **to n. with the enemy**, intavolare trattative col nemico.

negotiation /nɪɡəʊʃɪˈeɪʃn/, *n.* *1* negoziato; trattativa: **to enter into negotiations with sb.**, intavolare negoziati con q.; **to resume negotiations**, riprendere le trattative *2* (*comm.*) negoziazione (*di titoli, ecc.*) *3* superamento; (il) valicare, sormontare (l') evitare (*V.* **to negotiate**). ● **wage n.**, contrattazione salariale.

negotiator /nɪˈɡəʊʃɪeɪtə(r)/, *n.* negoziatore.

negotiatress /nɪˈɡəʊʃɪətrɪs/, **negotiatrix** /nɪˈɡəʊʃɪətrɪks/, *n.* negoziatrice.

negress /ˈniːɡrɪs/, *n.* (*spreg.*) negra.

Negrillo /nɪˈɡrɪləʊ/, *n.* (*pl.* **negrillos, negrilloes**) *1* (*antropol.*) pigmeo africano; negrillo *2* negretto.

Negrito /nɪˈɡriːtəʊ/, *n.* (*pl.* **negritos, negritoes**) (*antropol.*) negrito; pigmeo asiatico.

negritude /ˈnɛɡrɪtjuːd, *USA* -tuːd/, *n.* negritudine; negrità.

negro, Negro /ˈniːɡrəʊ/, **A** *n.* (*pl.* **negroes**) (*spreg.*) negro. **B** *a.* negro; dei negri; nero. ● **n. ant**, formica nera □ **a n. girl** (*o* **a n. woman**), una negra □ **n. minstrels**, cantanti (*o* suonatori) negri □ (*mus.*) **N. spiritual**, spiritual.

negroid /ˈniːɡrɔɪd/, *a.* e *n.* (*antropol.*) negroide.

negroism /ˈniːɡrəʊɪzəm/, *n.* negrità.

negroni /nɛˈɡrəʊnɪ/ (*ital.*), *n.* (*pl.* **negronis**) negroni (*aperitivo*).

negrophil /ˈniːɡrəʊfɪl/, **negrophile** /ˈniːɡrəʊfaɪl, *USA* -fɪl/, *n.* chi ha simpatia per i negri.

negrophilism /niːˈɡrɒfɪlɪzəm/, *n.* simpatia per i negri.

negrophobe /ˈniːɡrəʊfəʊb/, *n.* chi ha avversione per i negri.

negrophobia /niːɡrəʊˈfəʊbɪə/, *n.* avversione per i negri.

negus /ˈniːɡəs/, *n.* bevanda d'acqua e vino caldo, con spezie e succo di limone.

Negus /ˈniːɡəs/, *n.* (*stor.*) Negus; imperatore d'Etiopia.

neigh /neɪ/, *n.* nitrito.

to **neigh** /neɪ/, *v. i.* nitrire.

neighbor /ˈneɪbə(r)/, e *deriv.* (*USA*) *V.* **neighbour**, e *deriv.*

neighbour /ˈneɪbə(r)/, **A** *n.* *1* vicino, vicina; confinante: **next-door neighbours**, vicini di casa; **We were neighbours at table**, eravamo vicini di tavola *2* prossimo: **Love thy n. as thyself**, ama il prossimo tuo come te stesso *3* cosa (*o* nazione, ecc.) vicina: **Austria is one of the northern neighbours of Italy**, l'Austria è una delle nazioni che confinano a nord con l'Italia. **B** *a. attr.* *V.* **neighbouring.** ● (*per un inglese*) **our neighbours across the Channel**, i nostri vicini di là della Manica; i francesi □ **My nearest n. is ten miles off**, la famiglia più vicina abita a dieci miglia da noi.

to **neighbour** /ˈneɪbə(r)/, **A** *v. t.* confinare con. **B** *v. i.* *1* – **to n. upon st.**, confinare con q.c. *2* – **to n. with sb.**, essere in rapporti di buon vicinato con q.

neighbourhood /ˈneɪbəhʊd/, *n.* *1* vicinanza; dintorni; paraggi: **He lives in the n. of Leeds**, abita nei dintorni di Leeds *2* distretto; regione; area; quartiere; territorio: **They live in an attractive n.**, abitano in un bel quartiere (*della città*) *3* vicinato; i vicini (*di casa*): **He was despised by the whole n.**, era disprezzato da tutti i vicini *4* vicinanza: **The n. of the factory is a nuisance**, la vicinanza della fabbrica è una cosa fastidiosa *5* (*mat.*) intorno (*nell'insiemistica*). ● (*in G.B.*) **n. watch**, vigilanza di quartiere □ (*fam.*) **in the n. of**, all'incirca, a un dipresso, quasi: **The motorway is in the n. of 200 miles long**, l'autostrada è lunga circa 200 miglia.

neighbouring /ˈneɪbərɪŋ/, *a.* vicino; adiacente; contiguo; (*di Paese*) limitrofo: **n. towns**, città vicine; **n. countries**, paesi limitrofi; nazioni vicine.

neighbourless /ˈneɪbələs/, *a.* senza vicini; isolato; solo.

neighbourliness /ˈneɪbəlɪnəs/, *n.* buon vicinato; socievolezza; cortesia; gentilezza.

neighbourly /ˈneɪbəlɪ/, *a.* socievole; gentile; amichevole.

neither /ˈnaɪðə(r), ˈniːð-/, **A** *a.* e *pron.* né l'uno né l'altro; nessuno dei due: **N. accusation is true**, né l'una né l'altra accusa è vera; **N. of the books is of any use to me**, non mi serve nessuno dei due libri; **N. of them knows**, nessuno di loro (due) lo sa. **B** *avv.* e *cong.* *1* (*correl. di* **nor**) né: **It's n. brown nor yellow**, non è né marrone né giallo (*è di un colore intermedio*); **N. they nor she is** (**n. she nor they are**) **going there** (*o* **N. she is going there nor they are**), non ci andranno né loro né lei *2* nemmeno; neanche; neppure: **If you don't accept the offer, n. shall I**, se tu non accetti l'offerta, non l'accetterò neanch'io; **«I don't want it» «N. do I»**, «non lo voglio» «neanch'io»; **I don't know and n. do I care**, non lo so e neppure me ne importa. ● (*fig.*) **That's n. here nor there**, questo c'entra come i cavoli a merenda.

nekton /ˈnɛktən/, *n.* (*zool.*) necton.

Nell /nɛl/, **Nellie** /ˈnɛlɪ/, *V.* **Nelly.**

nelly /ˈnɛlɪ/, *n.* (*zool.*) *1* (*Macronectes giganteus*) ossifraga *2* (*Phoebetria*) albatro.

Nelly /ˈnɛlɪ/, *n.* *1* *dim.* di **Helen** e di **Eleanor** *2* (*fam.*) stupido; sciocco; tonto *3* (*pop. USA*) finocchio, checca (*pop.*); omosessuale. ● (*pop.*) **not on your N.**, neanche per sogno.

nelson /ˈnɛlsn/, *n.* (*lotta greco-romana*) nelson: **a half n.**, una mezza nelson.

nelumbo /nɪˈlʌmbəʊ/, *n.* (*pl.* **nelumbos**) (*bot., Nelumbo*) nelumbo, nelumbio.

nemathelminth /nɛməˈθɛlmɪnθ/, *n.* (*zool.*) nematelminta.

nematode /ˈnɛmətəʊd/, *n.* (*zool.*) nematode.

Nemesis /ˈnɛməsɪs/, *n.* *1* (*mitol.*) Nemesi *2* (*pl.* **nemeses, nemesises**) – (*fig.*) **n.**, nemesi.

nenuphar /ˈnɛnjʊfɑː(r), nɪˈnjuːfə(r), *USA* -ˈnuː-/, *n.* (*bot.*) *1* (*Nuphar luteum*) nenufaro; ninfea gialla *2* (*Nymphaea lotus*) loto bianco.

neoclassic(al) /niːəʊˈklæsɪk(l)/, *a.* neoclassico.

neoclassicism /niːəʊˈklæsɪsɪzəm/, *n.* (*arte, letter.*) neoclassicismo.

neoclassicist /niːəʊˈklæsɪsɪst/, *n.* (*arte, letter.*) neoclassicista.

neocolonial /niːəʊkəˈləʊnɪəl/, (*polit.*) **A** *a.* neocolonialista; neocolonialistico. **B** *n.* potenza neocolonialista.

neocolonialism /niːəʊkəˈləʊnɪəlɪzəm/, *n.* (*polit.*) neocolonialismo.

neocolonialist /niːəʊkəˈləʊnɪəlɪst/, *a.* e *n.* (*polit.*) neocolonialista.

neocon /ˈniːəʊkɒn/, *a.* (*pop. USA*) *V.* **neoconservative.**

neoconservative /niːəʊkənˈsɜːvətɪv/, *a.* (*polit.*) neoconservatore.

neodymium /niːəʊˈdɪmɪəm/, *n.* (*chim.*) neodimio.

neoexpressionism /niːəʊɪkˈsprɛʃənɪzəm/, *n.* (*arte*) neoespressionismo.

neoexpressionist /niːəʊɪk'sprɛʃənɪst/, *a.* e *n.* (*arte*) neoespressionista.
Neofascism /niːəʊ'fæʃɪzəm/, *n.* (*polit.*) neofascismo.
Neofascist /niːəʊ'fæʃɪst/, *a.* e *n.* (*polit.*) neofascista.
neoform /'niːəʊfɔːm/, *n.* (*ling.*) neoformazione.
Neogene /'niːəʊdʒiːn/, *n.* (*geol.*) neogene.
neoglacial /niːəʊ'gleɪʃəl/, *a.* (*geol.*) neoglaciale.
neoglaciation /niːəʊgleɪʃɪ'eɪʃən/, *n.* (*geol.*) neoglaciazione.
Neo-Hellenism /niːəʊ'hɛlɪnɪzəm/, *n.* neoellenismo.
neoimperial /niːəʊɪm'pɪərɪəl/, *a.* (*polit.*) neoimperialistico.
neoimperialism /niːəʊɪm'pɪərɪəlɪzəm/, *n.* (*polit.*) neoimperialismo.
neoimperialist /niːəʊɪm'pɪərɪəlɪst/, *n.* (*polit.*) neoimperialista.
neoimpressionism /niːəʊɪm'prɛʃənɪzəm/, *n.* (*arte*) neoimpressionismo.
neoimpressionist /niːəʊɪm'prɛʃənɪst/, *a.* e *n.* (*arte*) neoimpressionista.
neoism /'niːəʊɪzəm/, *n.* (*fam. USA*) falsa novità.
Neolithic /niːəʊ'lɪθɪk/, *n.* e *a.* (*preistoria*) neolitico: (*antropol.*) **n. man**, l'uomo neolitico.
neologic(al) /niːəʊ'lɒdʒɪk(l)/, *a.* neologico.
neologism /niː'ɒlədʒɪzəm/, *n.* neologismo.
neologist /niː'ɒlədʒɪst/, *n.* neologista.
to **neologize** /niː'ɒlədʒaɪz/, *v. i.* introdurre (*o* inventare, usare) neologismi.
neology /niː'ɒlədʒɪ/, *n.* (*ling.*) neologia.
neomercantilism /niːəʊ'mɜːkəntɪlɪzəm/, *n.* (*econ.*) neomercantilismo.
neon /'niːɒn/, *n.* (*chim.*) neon. ● (*elettron.*) **n. glow lamp**, lampada al neon □ **n. signs**, insegne al neon.
neonatal /niːəʊ'neɪtl/, *a.* (*demogr., med.*) neonatale: **n. mortality**, mortalità neonatale.
neonationalism /niːəʊ'næʃnəlɪzəm/, *n.* (*polit.*) neonazionalismo.
Neo-Nazi /niːəʊ'nɑːtsɪ/, *a.* e *n.* (*pl.* **Neo--Nazis**) (*polit.*) neonazista.
Neo-Nazi(i)sm /niːəʊ'nɑːtsɪ(ɪ)zəm/, *n.* (*polit.*) neonazismo.
neophilia /niːəʊ'fɪlɪə/, *n.* neofilia.
neophiliac /niːəʊ'fɪlɪæk/, *n.* neofilo.
neophyte /'niːəfaɪt/, *n.* neofita, neofito.
neoplasia /niːəʊ'pleɪʒə/, *n.* (*med.*) neoplasia.
neoplasm /'niːəʊplæzəm/, *n.* (*med.*) neoplasma.
neoplastic /niːəʊ'plæstɪk/, *a.* (*med.*) neoplastico; neoplasico.
Neo-Platonic /niːəʊplə'tɒnɪk/, *a.* (*filos.*) neoplatonico.
Neo-Platonism /niːəʊ'pleɪtənɪzəm/, *n.* (*filos.*) neoplatonismo.
Neo-Platonist /niːəʊ'pleɪtənɪst/, *n.* (*filos.*) neoplatonico.
neoprene /'niːəʊpriːn/, *n.* (*chim., ind.*) neoprene.
neorealism /niːəʊ'riːəlɪzəm/, *n.* (*cinem., letter.*) neorealismo.
neorealist /niːəʊ'riːəlɪst/, *n.* (*cinem., letter.*) neorealista.
neorealistic /niːəʊriːə'lɪstɪk/, *a.* (*cinem., letter.*) neorealista; neorealistico.
neorevisionism /niːəʊrɪ'vɪʒənɪzəm/, *n.* (*polit.*) neorevisionismo.
neorevisionist /niːəʊrɪ'vɪʒənɪst/, (*polit.*) **A** *a.* neorevisionista; neorevisionistico. **B** *n.* neorevisionista.
neotenous /niː'ɒtənəs/, *a.* (*biol.*) neotenico.
neoteny /niː'ɒtənɪ/, *n.* (*biol.*) neotenia.
neoteric /niːəʊ'tɛrɪk/, *a.* neoterico; recente; nuovo. || **-ally**, *avv.*
neotropical /niːəʊ'trɒpɪkl/, *a.* (*geogr.*) neotropicale.
Neozoic /niːəʊ'zəʊɪk/, *a.* e *n.* (*geol.*) neozoico.
Nepalese /nɛpə'liːz/, *a.* e *n.* (*invar. al pl.*) nepalese.
nepenthe /nɛ'pɛnθɪ/, *n.* (*mitol.* e *fig.*) nepente.
nepenthes /nɛ'pɛnθɪz/, *n.* (*invar. al pl.*) (*bot., Nepenthes*) nepente.
nepheline /'nɛfəliːn/, *n.* (*miner.*) nefelina.
nephelograph /'nɛfələgrɑːf, *USA* -æf/, *n.* (*chim., fis.*) nefelografo.
nephelometer /nɛfə'lɒmɪtə(r)/, *n.* (*chim., fis.*) nefelometro.
nephelometry /nɛfə'lɒmətrɪ/, *n.* (*scient.*) nefelometria.
nepheloscope /'nɛfələskəʊp/, *n.* (*meteor.*) nefeloscopio.
nepheloscopy /nɛfə'lɒskəpɪ/, *n.* (*meteor.*) nefeloscopia.
nephew /'nɛfjuː, 'nɛv-/, *n.* nipote (*maschio; di zio o di zia*).
nephric /'nɛfrɪk/, *a.* (*med.*) renale.
nephrite /'nɛfraɪt/, *n.* (*miner.*) nefrite.
nephritic /nɪ'frɪtɪk/, **A** *a.* **1** (*med.*) nefritico **2** (*anat.*) renale. **B** *n.* (*med.*) nefritico.
nephritis /nɪ'fraɪtɪs/, *n.* (*pl.* **nephritides, nephritises**) (*med.*) nefrite.
nephrolith /'nɛfrəlɪθ/, *n.* (*med.*) nefrolito; calcolo renale.
nephrologist /nɪ'frɒlədʒɪst/, *n.* (*med.*) nefrologo.
nephrology /nɪ'frɒlədʒɪ/, *n.* (*med.*) nefrologia.
nephropathy /nɪ'frɒpəθɪ/, *n.* (*med.*) nefropatia.
nephrosis /nɪ'frəʊsɪs/, *n.* (*pl.* **nephroses**) (*med.*) nefrosi.
nephrotic /nɪ'frɒtɪk/, *a.* (*med.*) nefrotico, nefrosico.
nephrotomy /nɪ'frɒtəmɪ/, *n.* (*med.*) nefrotomia.
ne plus ultra /'neɪplʊs'ʊltrɑː, 'niːplʌs'ʌltrə/ (*lat.*), *n.* non plus ultra; livello massimo d'eccellenza.
nepotic /nɪ'pɒtɪk/, *V.* **nepotistic**.
nepotism /'nɛpətɪzəm/, *n.* nepotismo.
nepotist /'nɛpətɪst/, *n.* nepotista.
nepotistic /nɛpə'tɪstɪk/, *a.* nepotistico.
Neptune /'nɛptjuːn, *USA* -tuːn/, *n.* (*mitol., astron.*) Nettuno.
Neptunian /nɛp'tjuːnɪən, *USA* -'tuː-/, *a.* **1** (*mitol.*) nettunio (*lett.*); di Nettuno **2** (*astron., astrol.*) nettuniano; del pianeta Nettuno **3** – (*geol.*) **n.**, nettuniano: **n. rocks**, rocce nettuniane.
neptunism /'nɛptjuːnɪzəm, *USA* -tuː-/, *n.* (*geol.*) nettunismo.
neptunium /nɛp'tjuːnɪəm, *USA* -'tuː-/, *n.* (*chim.*) nettunio.
nerd /nɜːd/, *n.* (*pop. spreg.*) **1** (una) nullità; (uno) zero; babbeo; scemo **2** individuo antiquato, noioso, sgradevole.
nereid /'nɪərɪɪd/, *n.* (*zool., Nereis*) nereide.
Nereid /'nɪərɪɪd/, *n.* (*mitol., astron.*) Nereide.
Nero /'nɪərəʊ/, *n.* (*stor. romana*) Nerone.
neroli /'nɪərəlɪ/, *n.* (*profumeria*, = **n. oil**) olio essenziale (*o* essenza) di neroli.
Neronian /nɪə'rəʊnɪən/, *a.* **1** (*stor.*) neroniano **2** (*fig.*) crudele; neroniano; tirannico.
nervate /'nɜːveɪt/, *a.* (*bot.*) nervato.
nervation /nɜː'veɪʃn/, *n.* (*bot.*) nervatura.
nerve /nɜːv/, *n.* **1** (*anat.* e *fig.*) nervo: **a fit of nerves**, un attacco di nervi; **He has nerves of steel**, ha i nervi d'acciaio; **His nerves are on edge**, ha i nervi a fior di pelle **2** (*al pl.*) nerbo (*fig.*); forza; vigore: **Good laws are the nerves of a state**, le buone leggi sono il nerbo dello stato **3** coraggio; autocontrollo; animo; sangue freddo (*fig.*): **to lose one's n.**, perdersi d'animo; **a man of n.**, un uomo dotato di sangue freddo (*o* padrone dei suoi nervi) **4** (*poet.*) tendine; nervo (*pop.*): **to strain every n.**, tendere ogni nervo; (*fig.*) fare ogni sforzo **5** (*fam.*) impudenza; sfacciataggine; faccia tosta: **You have n.!**, hai una bella faccia tosta! **6** (*bot., zool.*) nervatura ● (*mil.*) **n. agent**, aggressivo nervino □ (*anat.*) **n. cell**, cellula nervosa □ (*anat.*) **n. centre**, centro nervoso; ganglio (*anche fig.*) □ (*anat.*) **n. ending**, terminazione nervosa □ (*mil.*) **n. gas**, gas nervino □ (*anat.*) **n. knot**, ganglio nervoso □ **n.-racking**, esasperante; irritante □ **a n.-shattering noise**, un rumore che scuote i nervi □ **to get on sb.'s nerves**, dare ai nervi a q.; urtare i nervi di q. □ **n. strain**, tensione nervosa □ **not to know what nerves are**, essere sempre calmo; non scomporsi mai □ **the war of nerves**, la guerra dei nervi □ **Some n.!**, che faccia tosta! □ **Her nerves went to pieces**, ha perso la testa; è crollata; ha avuto una crisi di nervi.
to **nerve** /nɜːv/, **A** *v. t.* rinvigorire; tonificare; incoraggiare; fortificare; temprare (*fig.*). **B** to **nerve oneself**, *v. rifl.* farsi forza; farsi animo: **You must n. yourself for this difficult task**, devi farti forza per l'arduo compito che ti sta dinanzi.
nerved /nɜːvd/, *a.* **1** dai nervi saldi; freddo (*fig.*); coraggioso **2** (*bot.*) nervato.
nerveless /'nɜːvlɪs/, *a.* **1** snervato; fiacco; inerte; debole; sfibrato **2** (*zool.*) privo di nervi **3** (*bot.*) senza nervature. || **-ly**, *avv.*
nervelessness /'nɜːvləsnəs/, *n.* **1** snervatezza; fiacchezza; debolezza **2** mancanza di nervi (*o* di nervature).
nervily /'nɜːvəlɪ/, *avv.* **1** nervosamente **2** sfacciatamente.
nervine /'nɜːviːn/, **A** *a.* nervino. **B** *n.* (*med.*) medicamento nervino.
nerviness /'nɜːvɪnəs/, *n.* **1** nervosismo **2** sfacciataggine.
nervosity /nɜː'vɒsətɪ/, *n.* nervosità; nervosismo.
nervous /'nɜːvəs/, *a.* **1** nervoso; eccitabile; irritabile; irrequieto; teso; agitato: (*fisiol.*) **the n. system**, il sistema nervoso; **n. energy**, energia nervosa; **a n. breakdown**, un esaurimento nervoso; **He is very n.**, è molto nervoso, eccitabile **2** (*arc.* o *lett.*) forte; robusto; vigoroso: **a n. style**, uno stile vigoroso **3** pauroso; timido; apprensivo. ● **a n. laugh**, una risata nervosa □ **to be n. of doing st.**, aver paura di fare q.c. □ **to be n. of traffic**, avere paura del traffico □ **to make sb. n.**, fare innervosire q. || **-ly**, *avv.* || **-ness**, *sost.*
nervure /'nɜːvjʊə(r), 'nɜːvjə(r)/, *n.* (*bot., zool.*) nervatura.
nervy /'nɜːvɪ/, *a.* **1** (*fam.*) nervoso; eccitabile; irascibile; irrequieto **2** (*fam.*) impudente; sfacciato **3** (*pop.*) che dà ai nervi; irritante **4** (*raro*) audace; coraggioso **5** (*arc.* o *lett.*) forte; vigoroso..
nescience /'nɛsɪəns/, *n.* **1** nescienza (*lett.*); ignoranza **2** (*raro*) agnosticismo.
nescient /'nɛsɪənt/, *a.* **1** nesciente (*lett.*); ignorante **2** (*raro*) agnostico.
ness /nɛs/, *n.* (*geogr.*) capo; promontorio (*specialm. nei toponimi*).
Nessie /'nɛsɪ/, *n.* (*fam.*) il Mostro di Loch Ness (*in Scozia*).
nest /nɛst/, *n.* **1** nido; (*fig.*) casa; (*fig.*) covo, riparo, tana, rifugio: **a wasps' n.**, un nido di vespe; **a turtle's n.**, la tana d'una tartaruga; **a n. of vice**, un covo di vizi; **a n. of bandits**, un covo di banditi; **a machine-gun n.**, un nido di mitragliatrici **2** covata (*di uccelli*) **3** colonia; nido (*fam.*) (*di insetti*) **4** gruppo d'oggetti (*cassetti, scatole, tavoli, ecc.*) che vanno l'uno dentro l'altro **5** (*mecc.*) gruppo compatto **6** (*geol., miner.*) tasca **7** (*naut.*, = **crow's nest**) coffa. ● **n. egg**, endice, nidiandolo; (*fig.*) gruzzolo □ **n. of tables**, serie di tavolinetti che rientrano l'uno nell'altro □ (*fig.*) **to feather one's n.**, arricchirsi (*per lo più indebitamente, in modo disonesto*); farsi il nido (*pop.*) □ **to take nests**, rubar nidi.
to **nest** /nɛst/, *v. i.* **1** fare il nido; nidificare; (*d'insetti*) annidarsi **2** (*di solito* **to go nesting**) andare a (caccia di) nidi. ● **nested boxes**, scatole inserite l'una dentro l'altra □ (*mat.*) **nested sets**, catena d'insiemi.
nestful /'nɛstfl/, *n.* nidiata.
nesting /'nɛstɪŋ/, *n.* **1** nidificazione **2** caccia ai nidi **3** (*ling.*) incassatura; incastro. ● **to go**

n., andare a rubare nidi d'uccelli.

to **nestle** /ˈnɛsl/, **A** *v. i.* **1** annidarsi; accoccolarsi; rannicchiarsi; stringersi: **to n. among the leaves**, annidarsi tra le foglie; **to n. in the grass**, accoccolarsi nell'erba; **to n. down in bed**, rannicchiarsi nel letto; **The little girl nestled at her mother's breast**, la bambina si strinse al seno della mamma **2** nascondersi; essere nascosto (fra): **The cottage nestled among the trees**, la casetta era nascosta fra gli alberi. **B** *v. t.* abbracciare; stringere; tener riparato (*come in un nido*); coccolare: **The mother nestled the baby in her lap**, la madre teneva amorosamente il bimbo in grembo.

nestling /ˈnɛslɪŋ/, *n.* uccellino di nido; uccellino implume.

Nestor /ˈnɛstɔː(r)/, *n.* (*letter.* e *fig.*) Nestore.

Nestorian /nɛˈstɔːrɪən/, *a.* e *n.* (*relig.*) nestoriano.

Nestorianism /nɛˈstɔːrɪənɪzəm/, *n.* (*relig.*) nestorianesimo, nestorianismo.

net (**1**) /nɛt/, *n.* **1** rete (*anche ferr., radio, TV, telef.*); reticella; (*fig.*) trappola, rete, maglie: **a fishing net**, una rete da pesca; **a hair-net**, una reticella per capelli; **a tennis net**, una rete da tennis; **wire net**, rete metallica; **to be caught in the net of justice**, essere preso nelle maglie della giustizia **2** (*geol.*) reticolato **3** (*mat.*) reticolo **4** pizzo; tulle; filet **5** (*tennis*) net; colpo nullo. ● **net-bag**, rete per far la spesa □ (*naut.*) **net layer** (*o* **net-laying ship**), nave posareti □ (*ind. tess.*) **net silk**, seta ritorta □ **mosquito net**, zanzariera □ (*per la pesca*) **sweep net**, rete a strascico; sciabica □ (*naut.*) **torpedo net**, rete parasiluri.

net (**2**) /nɛt/, **A** *a.* **1** (*comm., econ., fin., rag.*) netto: **net amount**, importo netto; **net cash flow**, flusso di cassa (*o* monetario) netto; **net domestic product** (*abbr.* **NDP**), prodotto interno netto; **net operating profit**, profitto netto di gestione; utile netto d'esercizio; **net pay**, retribuzione netta; **net price**, prezzo netto; **net proceeds**, ricavo netto; **net turnover**, giro d'affari netto; **net weight**, peso netto; **net yield**, rendimento netto **2** (*stat.*) depurato: **net correlation**, correlazione depurata **3** (*fig.*) finale: **net result**, risultato finale. **B** *n.* **1** (*market.*) prezzo netto **2** (*market.*) peso netto **3** (*fin., rag.*) utile (*o* guadagno) netto. **C** *avv.* (*comm.*) al netto. ● **net assets**, attivo (*o* patrimonio) netto □ (*fin., rag.*) **net assets value**, valore d'inventario.

net (**3**) /nɛt/, *inter.* (*tennis*) net!; colpo nullo!

to **net** (**1**) /nɛt/, **A** *v. t.* **1** irretire; prendere con la rete; accalappiare; intrappolare: **to net fish** [**birds**], prendere pesci [uccelli] con la rete (*o* con le reti); **to net a rich husband**, accalappiare un marito ricco **2** chiudere, sbarrare con reti; porre (*o* tendere) reti in: **to net a river**, porre le reti in un fiume **3** coprire, proteggere (*per es., alberi da frutta dagli uccelli*) con reti **4** intrecciare a rete (*una borsa, un'amaca, ecc.*) **5** (*tennis*) mandare in rete: **to net the ball**, mandare la palla in rete. **B** *v. i.* fabbricare reti; fare reti.

to **net** (**2**) /nɛt/, *v. t.* (*comm.*) **1** guadagnare; ricavare: **I netted two thousand pounds**, ci guadagnai duemila sterline **2** dare (*una somma*) come guadagno netto; dare un utile di.

netball /ˈnɛtbɔːl/, *n.* (*sport*) netball (*variante semplificata della pallacanestro, giocata dalle ragazze*).

netful /ˈnɛtfl/, *n.* retata.

nether /ˈnɛðə(r)/, *a.* (*arc.*) inferiore; più basso: **the n. lip**, il labbro inferiore. ● **the n. world** (*o* **the n. regions**), gli inferi; l'inferno.

Netherlander /ˈnɛðələndə(r)/, *n.* abitante dei Paesi Bassi; olandese.

Netherlandish /ˈnɛðələndɪʃ/, *a.* dei Paesi Bassi; olandese.

Netherlands /ˈnɛðələndz/, *n. pl.* (*geogr.*) Paesi Bassi; Olanda.

nethermost /ˈnɛðəməʊst/, *a.* (*arc.*) (il) più basso; infimo.

nett /nɛt/, *V.* **net** (**2**).

netting /ˈnɛtɪŋ/, *n.* **1** fabbricazione di reti **2** pesca con le reti **3** rete **4** reticolato. ● **wire n.**, rete metallica.

nettle /ˈnɛtl/, *n.* (*bot.*, *Urtica dioica*; = **stinging n.**) ortica. ● (*fig.*) **n.-grasper**, chi affronta risolutamente una difficoltà □ (*med.*) **n. rash**, orticaria □ (*fig.*) **to grasp the n.**, affrontare e risolvere una difficoltà con fermezza; prendere il toro per le corna.

to **nettle** /ˈnɛtl/, *v. t.* **1** (*raro*) pungere (q.) con un'ortica **2** (*fig.*) punzecchiare; esasperare; irritare; pungere (q.) sul vivo.

network /ˈnɛtwɜːk/, *n.* **1** rete (*anche fig.*) reticolato: **a n. of friends**, una rete di amici **2** (*tecn.*) rete; rete di comunicazione; sistema: **a n. of railways**, una rete ferroviaria; **a n. of canals**, un sistema di canali **3** (*radio, TV*) rete di emittenti; network **4** (*elab.*) rete (*di calcolatori*). ● **n. of roads**, rete stradale; viabilità ordinaria □ **a n. of motorways**, una rete autostradale □ **a n. of wires**, una rete di fili metallici (*per l'elettricità, ecc.*) □ (*metall.*) **n. structure**, struttura reticolare.

to **network** /ˈnɛtwɜːk/, *v. t.* e *i.* (*radio, TV*) diffondere (*un programma*) su un network.

networking /ˈnɛtwɜːkɪŋ/, *n.* **1** (*elab.*) networking; interconnessione **2** (*org. az.*) presa di contatto informale.

neum(**e**) /njuːm, *USA* nuːm/, *n.* (*mus.*) neuma.

neural /ˈnjʊərəl, *USA* ˈnʊərəl/, *a.* (*anat.*) neurale: **n. tube**, tubo neurale; neurasse.

neuralgia /njʊəˈrældʒə, *USA* nʊə-/, *n.* (*med.*) nevralgia.

neuralgic /njʊəˈrældʒɪk, *USA* nʊə-/, *a.* (*med.*) nevralgico.

neurasthenia /njʊərəsˈθiːnɪə, *USA* nʊə-/, *n.* (*med.*) nevrastenia.

neurasthenic /njʊərəsˈθɛnɪk, *USA* nʊə-/, *a.* e *n.* (*med.*) nevrastenico. || **-ally**, *avv.*

neuration /njʊəˈreɪʃn, *USA* nʊə-/, *n.* (*bot., zool.*) nervatura.

neuraxis /njʊəˈræksəs, *USA* nʊə-/, *n.* (*anat.*) nevrasse, neurasse.

neurectomy /njʊəˈrɛktəmɪ, *USA* nʊə-/, *n.* (*med.*) neurectomia.

neurine /ˈnjʊəraɪn, *USA* ˈnʊə-/, *n.* (*biochim.*) neurina.

neuritis /njʊəˈraɪtəs, *USA* nʊə-/, *n.* (*pl.* **neuritides, neuritises**) (*med.*) nevrite, neurite.

neurobiological /njʊərəʊbaɪəˈlɒdʒɪkl, *USA* nʊə-/, *a.* neurobiologico.

neurobiologist /njʊərəʊbaɪˈɒlədʒɪst, *USA* nʊə-/, *n.* neurobiologo.

neurobiology /njʊərəʊbaɪˈɒlədʒɪ, *USA* nʊə-/, *n.* neurobiologia.

neuroblast /ˈnjʊərəʊblæst, *USA* ˈnʊə-/, *n.* (*biol.*) neuroblasto.

neuroblastoma /njʊərəʊblæˈstəʊmə, *USA* nʊə-/, *n.* (*med.*) neuroblastoma.

neurochemistry /njʊərəʊˈkɛmɪstrɪ, *USA* nʊə-/, *n.* (*scient.*) neurochimica.

neurocranium /njʊərəʊˈkreɪnɪəm, *USA* nʊə-/, *n.* (*anat.*) neurocranio.

neurocyte /ˈnjʊərəʊʃaɪt, *USA* ˈnʊə-/, *n.* (*biol.*) neurocita; neurone.

neuroendocrinologist /njʊərəʊɛndəʊkraɪˈnɒlədʒɪst, *USA* nʊə-/, *n.* neuroendocrinologo.

neuroendocrinology /njʊərəʊɛndəʊkraɪˈnɒlədʒɪ, *USA* nʊə-/, *n.* neuroendocrinologia.

neurofibril /ˈnjʊərəʊfaɪbrɪl, *USA* ˈnʊə-/, *n.* (*anat., biol.*) neurofibrilla.

neurogenic /njʊərəʊˈdʒɛnɪk, *USA* nʊə-/, *a.* (*biol.*) neurogenico; neurogeno.

neuroleptic /njʊərəʊˈlɛptɪk, *USA* nʊə-/, *a.* e *n.* (*med.*) neurolettico.

neurolinguistics /njʊərəʊlɪŋˈgwɪstɪks, *USA* nʊə-/, *n. pl.* (*col verbo al sing.*) neurolinguistica.

neurological /njʊərəˈlɒdʒɪkl, *USA* nʊə-/, *a.* (*med.*) neurologico. || **-ly**, *avv.*

neurologist /njʊˈrɒlədʒɪst, *USA* nʊə-/, *n.* (*med.*) neurologo.

neurology /njʊəˈrɒlədʒɪ, *USA* nʊə-/, *n.* (*med.*) neurologia.

neuroma /njʊəˈrəʊmə, *USA* nʊə-/, *n.* (*pl.* **neuromata, neuromas**) (*med.*) neuroma.

neuron /ˈnjʊərɒn, *USA* ˈnʊə-/, *n.* (*anat.*) neurone; cellula nervosa.

neuronal /njʊəˈrəʊnl, *USA* nʊə-/, *a.* (*anat.*) neuronale.

neuropath /ˈnjʊərəpæθ, *USA* ˈnʊə-/, *n.* (*med.*) neuropatico, nevropatico.

neuropathic /njʊərəʊˈpæθɪk, *USA* nʊə-/, *a.* (*med.*) neuropatico, nevropatico.

neuropathology /njʊərəʊpəˈθɒlədʒɪ, *USA* nʊə-/, *n.* (*med.*) neuropatologia.

neuropathy /njʊəˈrɒpəθɪ, *USA* nʊə-/, *n.* (*med.*) neuropatia, nevropatia.

neuropsychiatrist /njʊərəʊʃaɪˈkaɪətrɪst, *USA* nʊə-/, *n.* (*med.*) neuropsichiatra.

neuropsychiatry /njʊərəʊʃaɪˈkaɪətrɪ, *USA* nʊə-/, *n.* (*med.*) neuropsichiatria.

neuropsychic(**al**) /njʊərəʊˈsaɪkɪk(l), *USA* nʊə-/, *a.* (*med.*) neuropsichico.

neuropsychologist /njʊərəʊʃaɪˈkɒlədʒɪst, *USA* nʊə-/, *n.* (*med.*) neuropsicologo.

neuropsychology /njʊərəʊʃaɪˈkɒlədʒɪ, *USA* nʊə-/, *n.* (*med.*) neuropsicologia.

neuropteran /njʊəˈrɒptərən, *USA* nʊə-/, *n.* (*pl.* **neuropterans, neuroptera**) (*zool., Neuroptera*) neurottero.

neurosis /njʊəˈrəʊsɪs, *USA* nʊə-/, *n.* (*pl.* **neuroses**) (*psic.*) nevrosi, neurosi.

neurosurgeon /njʊərəʊˈsɜːdʒn, *USA* nʊə-/, *n.* (*med.*) neurochirurgo.

neurosurgery /njʊərəʊˈsɜːdʒərɪ, *USA* nʊə-/, *n.* (*med.*) neurochirurgia.

neurotic /njʊəˈrɒtɪk, *USA* nʊə-/, *a.* e *n.* (*psic.*) nevrotico. || **-ally**, *avv.*

neurotomy /njʊəˈrɒtəmɪ, *USA* nʊə-/, *n.* (*med.*) neurotomia.

neurotoxic /njʊərəʊˈtɒksɪk, *USA* nʊə-/, *a.* neurotossico.

neurotoxin /njʊərəʊˈtɒksɪn, *USA* nʊə-/, *n.* (*biol.*) neurotossina.

neurotransmitter /njʊərəʊtrænzˈmɪtə(r), *USA* nʊə-/, *n.* (*biol.*) neurotrasmettitore.

neuter /ˈnjuːtə(r), *USA* ˈnuː-/, **A** *a.* **1** (*biol., gramm.*) neutro: **n. gender**, genere neutro **2** (*raro*) neutrale: **to stand n.**, rimanere neutrale. **B** *n.* **1** (*gramm.*) sostantivo neutro **2** (*biol.*) animale neutro; pianta neutra **3** animale castrato.

neutral /ˈnjuːtrəl, *USA* ˈnuː-/, **A** *a.* **1** neutrale: **a n. country**, un paese neutrale **2** (*chim., fis., mecc.*) neutro: **a n. substance**, una sostanza neutra; **a n. colour**, un colore neutro **3** (*fig.*) insignificante; scialbo; incolore: **a n. personality**, una personalità insignificante. **B** *n.* **1** (*polit.*) potenza neutrale; (un) neutrale **2** (*mecc.*) posizione di folle; folle: **The transmission is in n.**, il cambio è in folle; **to stay in n.**, restare in folle (*anche fig.*). ● **n.-tinted**, di colore neutro; grigio □ (*banca*) **n. transactions**, operazioni indifferenti. || **-ly**, *avv.*

neutralism /ˈnjuːtrəlɪzəm, *USA* ˈnuː-/, *n.* (*polit.*) neutralismo.

neutralist /ˈnjuːtrəlɪst, *USA* ˈnuː-/, *n.* (*polit.*) neutralista.

neutrality /njuːˈtrælətɪ, *USA* nuː-/, *n.* neutralità: (*polit.*) **armed n.**, neutralità armata.

neutralization /njuːtrəlaɪˈzeɪʃn, *USA* nuːtrəlɪˈz-/, *n.* neutralizzazione.

to **neutralize** /ˈnjuːtrəlaɪz, *USA* ˈnuː-/, *v. t.* neutralizzare (*in ogni senso*).

neutralizer /ˈnjuːtrəlaɪzə(r), *USA* ˈnuː-/, *n.* (*anche chim.*) neutralizzatore.

neutron /ˈnjuːtrɒn, *USA* ˈnuː-/, *n.* (*fis.*) neutrone. ● (*mil.*) **n. bomb**, bomba al neutrone; bomba neutronica.

neutrophil /ˈnjuːtrəfɪl, *USA* ˈnuː-/, **neutrophile** /ˈnjuːtrəfaɪl, *USA* ˈnuːtrəfɪl/, *a.* e *n.* (*biol.*) neutrofilo.

névé /ˈnɛveɪ, *USA* neɪˈveɪ/ (*franc.*), *n.* (*geogr.*) **1** firn; neve ghiacciata granulosa **2** (campo di) neve compatta; nevato.

never /ˈnɛvə(r)/, *avv.* **1** mai; non... mai; giammai: **I shall n. forget him**, non lo dimenticherò mai; **N.!**, giammai!; **«Have you ever been to Inverness?» «No, n.»**, «Sei mai stato a Inverness?» «No, mai»; **I should n. have believed it**, non l'avrei mai creduto ***2*** (*talora*) non: **She n. told me**, non me l'ha (mica) detto; **N. fear!**, non aver paura!; niente paura!; (*fam. enfat.*) **She answered n. a word**, non proferì una sillaba; non rispose parola. ● **the n.-n. (land)**, l'interno desertico dell'Australia (*specialm. il Queensland settentrionale*); regione ideale, immaginaria ◻ (*fam.*) **the n.-n. (system)**, il sistema delle vendite a rate: **to buy st. on the n.-n.**, comprare q.c. a rate ◻ (*lett.*) **n. a**, non uno; neanche uno: **We saw n. a man**, non vedemmo neanche un'anima ◻ **n. after**, mai più (*da allora*) ◻ (*lett.*) **n. a one**, nessuno; neanche uno ◻ **n. before**, mai prima d'ora; (*anche*) mai prima d'allora ◻ **n.-ceasing**, incessante ◻ **n.-dying**, immortale ◻ **n.-ending**, senza fine; interminabile; infinito ◻ (*fam.*) **n. ever**, mai e poi mai ◻ **n.-fading**, che non svanisce mai ◻ **n.-failing**, infallibile; immancabile ◻ **n.-to-be-forgotten**, indimenticabile; memorabile ◻ **N. again!**, mai più! ◻ **N. mind!**, non preoccuparti; non importa; non fa niente! ◻ **N. mind returning the book tomorrow**, non importa che tu restituisca il libro domani ◻ **n. more**, mai più ◻ (*fam. USA*) **a n.-stop**, uno sempre in movimento ◻ (*fam. USA*) **a n.-was** (*o* **a n.-wuzzer**), uno che non ha mai combinato niente di buono; un fallito ◻ **That will n. do**, così non va (non va bene; è inutile, impossibile, sbagliato, ecc.) ◻ **Well, I n.!** (*o* **I n. did!**), è inaudito!; questa poi!; ma va' là!; non ci credo!; incredibile! ◻ (*fam.*) **You n. left the key in the lock!**, non mi dirai che hai lasciato la chiave nella toppa! ◻ (*prov.*) **It's n. too late to mend**, non è mai troppo tardi per emendarsi ◻ (*prov.*) **N. is a long word**, «mai» è una parola grossa ◻ (*prov.*) **N. is a long day**, è facile dire «mai!» ◻ (*prov.*) **N. say n.**, mai dire «mai».

nevermore /nɛvəˈmɔː(r)/, *avv.* (*lett.*) mai più.

nevertheless /nɛvəðəˈlɛs/, *avv.* e *cong.* nondimeno; ciononostante; tuttavia: **There was no money left; n., we managed for a while**, i soldi erano finiti; ciononostante, per un po' tirammo avanti.

new (1) /njuː, *USA* nuː/, *a.* nuovo; novello; recente; fresco; moderno: **a new idea**, un'idea nuova; **That's a new word to me**, questa parola mi è nuova, ignota; **new and second-hand books**, libri nuovi e libri di seconda mano; **new moon**, luna nuova; novilunio; **new milk**, latte fresco; **new potatoes**, patate novelle; **new from school**, fresco di studi; **the new woman**, la donna moderna. ● **new blood**, sangue nuovo (*anche fig.*) ◻ **a new broom**, una scopa nuova; (*fig.*) un nuovo assunto; uno nominato di fresco; un nuovo capo ◻ (*fam. USA*) **new-collar**, piccolo borghese di origini operaie ◻ **new-day**, alla moda, aggiornato, moderno: **new-day conveyances**, i moderni mezzi di trasporto ◻ (*in U.S.A.*) **New Englander**, abitante (*o* nativo) della Nuova Inghilterra ◻ **the new entrants**, le nuove leve (di lavoratori) ◻ (*polit.*) **the New Left**, la nuova sinistra ◻ (*polit.*) **New Leftist**, membro della nuova sinistra ◻ (*arte, moda, ecc.*) **new look**, new look ◻ (*in G.B., dopo il 1971*) **new penny**, nuovo penny (*moneta pari a 1 centesimo di sterlina*) ◻ **the new rich**, gli arricchiti; i nuovi ricchi ◻ (*polit.*) **the New Right**, la nuova destra ◻ **New Scotland Yard**, la (nuova) sede della Polizia «Metropolitana» di Londra ◻ (*agric.*) **new soil**, terreno vergine ◻ (*fin.*) **new shares**, azioni di nuova emissione ◻ (*relig.*) **the New Testament**, il Nuovo Testamento ◻ **new town**, città satellite ◻ **new wave**, (*cinem.*) nouvelle vague; (*mus.*) new wave ◻ (*geogr.*) **the New World**, il Nuovo Mondo ◻ **New Year**, Anno Nuovo ◻ **the New Year holidays**, le vacanze di Capodanno ◻ **New Year's Day**, Capodanno; il primo dell'anno ◻ **New Year's eve**, la vigilia di Capodanno; l'ultimo dell'anno ◻ **New Yorker**, newyorchese; nuovayorchese ◻ (*fam. USA*) **New Yorky**, tipico di New York ◻ **New Zealander**, neozelandese ◻ **as good as new**, come nuovo; quasi nuovo ◻ **brand new**, nuovo di zecca ◻ **ever new**, in continuo rinnovamento; sempre nuovo ◻ **A Happy New Year!**, Buon Anno! ◻ **to feel like a new man**, sentirsi rinato ◻ **That's nothing new**, non è una novità.

new (2) /njuː, *USA* nuː/, *avv.* (*di solito, nei composti:*) ***1*** di recente; di fresco; da poco tempo: **new-made**, fatto di recente; **new-mown hay**, fieno falciato di fresco; **a new-coined word**, una parola coniata di fresco ***2*** di nuovo; nuovamente: **new-built**, costruito di nuovo; ricostruito. ● (*di un fiore*) **new-blown**, appena sbocciato ◻ **new-fashioned**, alla moda ◻ **a new-fledged bird**, un uccellino che ha appena messo le ali ◻ **new-laid eggs**, uova appena deposte; uova fresche.

newborn /ˈnjuːbɔːn, *USA* ˈnuː-/, *a.* appena nato; neonato.

newcomer /ˈnjuːkʌmə(r), *USA* ˈnuː-/, *n.* nuovo arrivato. ● **to be a n. to teaching**, essere nuovo all'insegnamento; essere un docente di prima nomina.

newel /ˈnjuːəl, *USA* ˈnuːəl/, *n.* (*archit.*) ***1*** montante di scala a chiocciola ***2*** (= **n. post**) pilastro (*o* montante) di balaustra di scala.

newfangled /ˈnjuːfæŋgld, *USA* ˈnuː-/, *a.* (*spreg.*) troppo moderno; nuovo e strano; originale; stravagante.

Newfoundland /njuːˈfaʊndlənd, ˈn-, -ˈlænd, *USA* nuː-/, *n.* ***1*** (*geogr.*) Terranova ***2*** (= **N. dog**) terranova; cane di Terranova.

Newfoundlander /njuːˈfaʊndləndə(r), *USA* nuː-/, *n.* abitante di Terranova.

newly /ˈnjuːlɪ, *USA* ˈnuː-/, *avv.* ***1*** di recente; di fresco; da poco tempo; appena: **a n. discovered country**, una regione scoperta di recente; **a guest n. arrived**, un ospite appena arrivato ***2*** di nuovo; in modo nuovo: **a flat n. furnished**, un appartamento arredato di nuovo.

newlywed /ˈnjuːlɪwɛd, *USA* ˈnuː-/, *a.* sposato di fresco; appena sposato: **a n. couple**, una coppia di sposi novelli. ● **the newlyweds**, i novelli sposi; gli sposini.

newness /ˈnjuːnəs, *USA* ˈnuː-/, *n.* novità; l'esser recente; freschezza (*fig.*); modernità (*V.* **new (1)**).

news /njuːz, *USA* nuːz/, *n. pl. collett.* (*col verbo al sing.*) notizia, notizie; nuove; novella (*lett.*); novità; informazioni: **Have you heard the n.?**, hai sentito la notizia?; hai inteso la novità?; **That's no n. to me**, non è una novità per me; non mi torna nuovo; **I have had no n. of him**, non ho avuto sue notizie; **Is there any n.?**, ci sono novità? ● **n. agency**, agenzia d'informazioni; agenzia di stampa ◻ (*TV*) **N. at Ten**, telegiornale delle 22 (*della Independent Television ingl.*) ◻ (*radio*) **n. bulletin**, notiziario; giornale radio ◻ **n. conference**, conferenza stampa ◻ (*USA*) **n. dealer**, giornalaio; edicolante ◻ **n. editor**, capocronista ◻ (*radio, TV*) **n. headlines**, titoli delle notizie; notizie in breve, notiziario (*a ore fisse*) ◻ **a n. item**, una notizia ◻ **n. service**, agenzia d'informazioni; agenzia di stampa ◻ **n. writer**, cronista; reporter ◻ **to break the n. to sb.**, dare una cattiva notizia a q. ◻ **the latest n.**, le recentissime ◻ **a piece of n.**, una notizia ◻ **society n.**, cronaca mondana **This is in the n.**, se ne parla nella stampa (*o nel telegiornale, ecc.*) ◻ **What's the n. this morning?**, che c'è di nuovo stamani? ◻ (*prov.*) **No n. is good n.**, nessuna nuova, buona nuova.

newsagent /ˈnjuːzeɪdʒənt, *USA* ˈnuː-/, *n.* giornalaio; edicolante. ● **wholesale n.**, (titolare di) deposito di giornali.

newsboy /ˈnjuːzbɔɪ, *USA* ˈnuː-/, *n.* venditore di giornali per la strada; strillone.

newscast /ˈnjuːzkɑːst, *USA* ˈnuːzkæst/, *n.* ***1*** (*radio*) giornale radio; notiziario ***2*** (*TV*) telegiornale.

newscaster /ˈnjuːzkɑːstə(r), *USA* ˈnuːzkæstə(r)/, *n.* (*radio, TV*) annunciatore, annunciatrice; speaker; conduttore, conduttrice.

newsflash /ˈnjuːzflæʃ, *USA* ˈnuː-/, *n.* (*radio, TV*) notizia lampo; flash d'agenzia.

newsgirl /ˈnjuːzgɜːl, *USA* ˈnuː-/, *n.* ragazza che fa lo strillonaggio.

newshawk /ˈnjuːzhɔːk, *USA* ˈnuː-/, **newshound** /ˈnjuːzhaʊnd, *USA* ˈnuː-/, *n.* (*specialm. USA*) giornalista che va sempre in caccia di notizie.

newsiness /ˈnjuːzɪnəs, *USA* ˈnuː-/, *n.* (*fam.*) abbondanza di notizie.

newsletter /ˈnjuːzlɛtə(r), *USA* ˈnuː-/, *n.* notiziario, bollettino d'informazioni (*di una ditta, un'associazione, ecc.*).

newsmaker /ˈnjuːzmeɪkə(r), *USA* ˈnuː-/, *n.* (*USA*) persona (*o* avvenimento) che «fa notizia».

newsman /ˈnjuːzmən, *USA* ˈnuː-/, *n.* (*pl.* **newsmen**) (*USA*) giornalista.

newsmonger /ˈnjuːzmʌŋgə(r), *USA* ˈnuːzmɒŋ-/, *n.* (*arc.*) pettegolo, pettegola; (*d'uomo*) gazzettino (*fig.*); (*di donna*) comare (*fig.*).

newspaper /ˈnjuːspeɪpə(r), *USA* ˈnuːz-/, *n.* ***1*** giornale; quotidiano; gazzetta; testata (*fig.*) ***2*** carta da giornale. ● **a daily n.**, un quotidiano ◻ **a weekly n.**, un settimanale.

newspaperman /ˈnjuːspeɪpəmən, *USA* ˈnuːz-/, *n.* (*pl.* **newspapermen**) giornalista (*uomo*).

newspaperwoman /ˈnjuːspeɪpəwʊmən, *USA* ˈnuːz-/, *n.* (*pl.* **newspaperwomen**) giornalista (*donna*).

Newspeak /ˈnjuːspiːk, *USA* ˈnuː-/, *n.* (*fig.*) linguaggio propagandistico tendenzioso (*dal romanzo «1984» di G. Orwell*).

newsprint /ˈnjuːzprɪnt, *USA* ˈnuː-/, *n.* carta da giornale.

newsreader /ˈnjuːzriːdə(r), *USA* ˈnuː-/, *n.* (*radio, TV*) annunciatore, annunciatrice; speaker; conduttore, conduttrice.

newsreel /ˈnjuːzriːl, *USA* ˈnuː-/, *n.* (*cinem.*) cinegiornale.

newsroom /ˈnjuːzruːm, -rʊm, *USA* ˈnuː-/, *n.* redazione, cronaca (*di giornale, ecc.*); sala stampa.

newssheet /ˈnjuːzʃiːt, *USA* ˈnuː-/, *n.* notiziario; bollettino d'informazioni.

newsstand /ˈnjuːzstænd, *USA* ˈnuː-/, *n.* edicola (*di giornalaio*); chiosco (*dei giornali*).

newsvendor /ˈnjuːzvɛndə(r), *USA* ˈnuː-/, *n.* ***1*** giornalaio ***2*** strillone.

newsweekly /ˈnjuːzwiːklɪ, *USA* ˈnuː-/, *n.* rivista settimanale.

newsworthy /ˈnjuːzwɜːðɪ, *USA* ˈnuː-/, *a.* che fa notizia; interessante; che merita d'essere pubblicato.

newsy /ˈnjuːzɪ, *USA* ˈnuː-/, **A** *a.* ***1*** (*fam.*) pieno (*o* ricco) di notizie: **a n. letter**, una lettera ricca di notizie ***2*** pettegolo: **a n. old woman**, una vecchia pettegola. **B** *n.* (*USA*) ragazzo che vende giornali; strillone. ● **a n. popular magazine**, un rotocalco pieno di pettegolezzi.

newt /njuːt, *USA* nuːt/, *n.* (*zool., Triturus*) tritone.

Newtonian /njuːˈtəʊnɪən, *USA* nuː-/, (*scient.*) **A** *a.* newtoniano; di Newton. **B** *n.* fautore delle teorie di Newton.

next /nɛkst/, **A** *a.* prossimo; (il) più vicino; vicino; contiguo; seguente; successivo; primo: **the n. house**, la casa più vicina; la casa accanto; **the n. train**, il prossimo treno; il treno seguente; il primo treno (*dopo questo*); **the n. stop**, la prossima fermata; la fermata successiva; la prima fermata (*dopo questa*); **the house n. to mine**, la casa vicina (*o* accanto) alla mia; **on the day n.**, il giorno seguente; il giorno dopo; **n. Monday** (*o* **on Monday n.**), lunedì prossimo; **I don't know; ask the n. person you meet**, io non lo so; chiedilo al primo che incontri (*dopo di me*); **This number**

is the first, this is the n., and this is the last, questo è il primo numero, questo è il successivo (*il secondo*) e questo è l'ultimo; **n. week**, la prossima settimana; **n. year**, l'anno prossimo; l'anno venturo. **B** *n.* (*agg. sost.*) prossimo; primo (*dopo un altro*): **I will tell you in my n.**, te ne parlerò nella mia prossima (lettera); **the n. to arrive**, il prossimo che arrivò; il primo ad arrivare (*in seguito*). **C** *avv.* ***1*** in seguito; appresso; dopo; poi: **What shall I do n.?**, che cosa farò poi?; e adesso cosa faccio? ***2*** la prossima volta; prossimamente: **When shall I meet you n.?**, quando ti vedrò la prossima volta?; quando ti rivedrò? **D** *prep.* (*arc., ora* **n. to**) ***1*** vicino a; accanto a; presso: **a seat n. to the fire**, un posto (*a sedere*) vicino al fuoco; **the building n. to the post office**, l'edificio vicino alla Posta ***2*** subito dopo; dopo: **Ann loves you n. to her own son**, sei la persona che Ann ama di più, dopo suo figlio; **the largest city n. to New York**, la città più grande dopo New York. **E** *inter.* – **N., please!**, avanti un altro (o un'altra)!; sotto a chi tocca! (*fam.*). ● **the n. after that**, quello (*autobus, treno, ecc.*) dopo □ **the n. best (thing)**, la migliore alternativa □ **n. but one**, (il) secondo; il penultimo □ **n. door**, accanto a: **They live n. door to me**, abitano accanto a me □ **n.-door neighbours**, vicini di casa □ (*fig.*) **n. door to**, quasi; pressoché: **It's n. door to impossible**, è pressoché impossibile □ **n. of kin**, parente prossimo □ **n. to impossible**, quasi impossibile □ **n. to none**, quasi nessuno □ **n. to nothing**, quasi niente □ **to come n.**, venire subito dopo: **This one comes n.**, questo viene subito dopo □ **in the n. place**, inoltre (*in secondo, in terzo luogo, ecc.*) □ **the shop n. to the corner**, il negozio all'angolo □ **the Sunday n. before Easter**, l'ultima domenica prima della Pasqua (*la Domenica delle Palme*) □ **the year after n.**, tra due anni □ **What comes n.?**, e adesso, che cosa viene (*o* ci tocca)?; che altro c'è da fare? □ **What n.?**, e poi?; che altro? □ (*iron.*) **What** (*o* **Whatever**) **n.!**, acciderba!; c'è da aspettarsi di tutto □ **When I saw him n., he was ill**, quando lo rividi, era ammalato □ **Who comes n.?**, a chi tocca ora?; di chi è il turno?

nexus /ˈnɛksəs/, *n.* (*pl.* **nexuses, nexus**) ***1*** nesso; connessione; legame; relazione ***2*** gruppo (*o* serie) di cose, d'idee, ecc., connesse fra loro ***3*** (*ling.*) connessione.

niacin /ˈnaɪəsɪn/, *n.* (*chim.*) niacina (*vitamina PP*).

Niagara Falls (the) /naɪˈægərəˈfɔːlz/, *n. pl.* (*geogr.*) le Cascate del Niagara (*nome anche d'una città ad esse vicina*).

nib /nɪb/, *n.* ***1*** (*un tempo*) punta di penna d'oca ***2*** (= **pen nib**) pennino ***3*** punta (*d'un arnese*) ***4*** (*pl.*) chicchi di caffè (*o* di cacao) frantumati. ● (*fam. spreg.*) **his nibs**, persona importante; Sua Signoria; (il) signorino (*fam.*).

to **nib** /nɪb/, *v. t.* ***1*** (*un tempo*) affilare, appuntire (*una penna d'oca*) ***2*** mettere il pennino a (*un portapenne*) ***3*** aggiustare il pennino di (*una penna*).

nibble /ˈnɪbl/, *n.* ***1*** piccolo morso ***2*** il mordicchiare; rosicchiamento ***3*** boccone; bocconcino. ● **to have a n. at st.**, mordicchiare (*o* rodere) q.c.

to **nibble** /ˈnɪbl/, *v. t. e i.* (*spesso* **to n. at**) ***1*** mordicchiare; morsicare; rosicchiare: **The rabbits were nibbling (at) the cabbages**, i conigli rosicchiavano i cavoli ***2*** (*di pecore*) brucare ***3*** (*di persone*) mangiucchiare; sgranocchiare ***4*** mostrare interesse per, stare per accettare (*un'offerta, ecc.*) ***5*** criticare; trovare da ridire. ● (*di pesci*) **to n. (at) the bait**, abboccare □ **to n. at one's food**, mangiucchiare; mangiare di malavoglia □ **to n. at a subject**, sfiorare (*o* toccare) un argomento □ **to n. away** (*o* **off**), staccare a piccoli morsi; (*fig.*) consumare a poco a poco.

niblick /ˈnɪblɪk/, *n.* (*golf; un tempo*) ferro 9.

nice /naɪs/, *a.* ***1*** bello (*anche iron.*); grazioso; attraente; gradevole; piacevole; simpatico; cortese; gentile; premuroso: **a n. day**, una bella giornata; **the n. weather of early summer**, il bel tempo all'inizio dell'estate; **You're in a n. mess**, sei in un bel guaio; **a n. little girl**, una graziosa ragazzina; **You've been very n. to me**, sei stato molto gentile con me; **a n. fellow**, un tipo simpatico; un simpaticone ***2*** (*di bevanda, cibo, pasto, ecc.*) bello; buono; gustoso; squisito: **Will you have a n. cup of tea?**, vuoi una bella tazza di tè?; **What a n. cake!**, che buona torta!; **a n. dinner**, un pranzo squisito ***3*** delicato; difficile; sottile; fine: **a n. problem**, un problema delicato; **a n. experiment**, un esperimento difficile; **a n. distinction**, una sottile distinzione; **a n. ear**, un orecchio fine ***4*** onesto; retto; corretto (*negli affari, ecc.*) ***5*** bravo; perbene (*fam.*): **N. boys don't crib**, un bravo ragazzo non copia (*a scuola, all'esame*) ***6*** di gusti difficili; incontentabile; esigente; minuzioso; scrupoloso: **I am n. about my food**, sono di gusti difficili nel mangiare; **Nancy is very n. in her dress**, Nancy è molto esigente nel vestire; **a n. inquiry**, un'indagine minuziosa; **a n. observer**, un osservatore scrupoloso. ● (*fam.*) **n. and...**, bello...; ben, proprio...; piacevolmente...: (*di cibo*) **n. and hot**, bello caldo; (*d'abito, stanza, del tempo, ecc.*) **n. and warm**, bello caldo; (*di una persona*) ben caldo □ **a n. instrument**, uno strumento di precisione □ **n.-looking**, di bell'aspetto; grazioso; attraente □ (*fam.*) **n...., shame...**: bello..., peccato (per)...: **N. legs..., shame the face!**, belle gambe..., peccato (per) la faccia □ (*iron.*) **He's a n. one to talk about fairness**, proprio lui parla di correttezza □ **How n. to see you!**, che gioia rivederti!; (*a un ospite*) benvenuto! □ (*USA*) **Have a n. day!**, buongiorno, signore (*o* signora, ecc.)! (*detto da un cameriere o un commesso a un cliente che esce*) □ **Their car is going n. and fast**, la loro automobile va a meraviglia □ **This stick is a n. long one**, questo bastone è bello lungo.

Nice /niːs/, *n.* (*geogr.*) Nizza.

nicely /ˈnaɪslɪ/, *avv.* ***1*** esattamente; in modo preciso, minuzioso, scrupoloso ***2*** (*fam.*) gradevolmente; piacevolmente ***3*** (*fam.*) bene; proprio bene; a pennello: **This overcoat will suit him n.**, questo soprabito gli starà a pennello; **The new student is doing n.**, il nuovo studente fa (*o* se la cava) bene. ● (*di un malato*) **to be doing n.**, essere in via di guarigione.

niceness /ˈnaɪsnəs/, *n.* ***1*** sottigliezza; finezza ***2*** esattezza; precisione; scrupolosità ***3*** (*fam.*) gradevolezza; piacevolezza ***4*** (*fam.*) cortesia; gentilezza (*V.* **nice**).

nicety /ˈnaɪsətɪ/, *n.* ***1*** accuratezza; esattezza; precisione; meticolosità; scrupolosità: **n. of judgement**, accuratezza di giudizio ***2*** l'essere esigente; incontentabilità; raffinatezza di gusti ***3*** l'essere complesso, intricato; delicatezza; difficoltà: **a question of great n.**, una faccenda di grande delicatezza ***4*** (*pl.*) finezze; sottigliezze; minuzie: **the niceties of drawing**, le finezze dell'arte del disegno. ● **to a n.**, esattamente; in modo preciso; alla perfezione, a puntino: **I cannot judge the distance to a n.**, non sono in grado di valutare esattamente la distanza □ (*di capo di vestiario, ecc.*) **to fit to a n.**, stare a pennello.

niche /nɪtʃ, niːʃ/, *n.* ***1*** (*archit.*) nicchia; alcova ***2*** (*biol.*) nicchia: **ecological n.**, nicchia ecologica ***3*** (*econ.*) nicchia (*di mercato*) ***4*** (*fig.*) nicchia; posticino: **He is looking for the right n. for himself**, cerca di farsi una bella nicchia (*o* di trovarsi un bel posticino). ● **n. retail shops**, negozi al dettaglio che si sono fatti la loro nicchia (*nel mercato*); negozi specializzati.

to **niche** /nɪtʃ, niːʃ/, **A** *v. t.* collocare (*una statua, ecc.*) in una nicchia. **B** to **niche oneself**, *v. rifl.* rannicchiarsi.

Nicholas /ˈnɪkələs/, *n.* Nicola.

nick (1) /nɪk/, *n.* ***1*** intaccatura; tacca ***2*** (*ai dadi*) colpo decisivo ***3*** (*pop.*) prigione; galera; gattabuia (*pop.*). ● **in the n. of time**, al momento giusto; al momento opportuno; (*anche*) appena in tempo; al limite □ **The meat was cooked to a n.**, la carne era cotta al punto giusto (*o* a puntino).

nick (2) /nɪk/, *n.* (*fam.*) condizioni; forma: **This car is in good n.**, quest'auto è in buone condizioni (*o* è messa bene). ● **to be in bad n.**, essere ridotto male (*o* giù di forma).

to **nick** /nɪk/, *v. t.* ***1*** intaccare; fare una tacca (*o* tacche) in; fare un'incisione in: **to n. a horse's tail** (*o* **a horse**), fare a un cavallo una incisione alla base della coda ***2*** segnare (*punti, ecc.*) facendo tacche ***3*** afferrare; cogliere; indovinare; intuire: **to n. an opportunity**, cogliere un'occasione; **to n. the truth**, intuire la verità ***4*** prendere al volo (*fig.*): **to n. a train**, prendere al volo un treno ***5*** (*fam.*) prendere, arrestare; beccare, pizzicare (*pop.*): **He was nicked by the police**, si fece beccare dalla polizia ***6*** (*fam.*) rubare; sgraffignare (*fam.*); fregare, fregarsi (*pop.*): **to n. sb. out of st.**, fregare q.c. a q. ***7*** (*fam. USA*) far pagare (q.) (*anche fig.*): **to get nicked for it**, pagarla cara.

Nick /nɪk/, *n.* (*dim. di* **Nicholas**) Nicolino. ● **Old N.**, il Diavolo; Belzebù.

nickel /ˈnɪkl/, *n.* ***1*** (*chim.*) nichel, nickel, nichelio ***2*** (*USA*) moneta da cinque centesimi (*di dollaro*) ***3*** moneta di nichel; nichelino. ● **n.-plated**, nichelato □ **n.-plating**, nichelatura □ **n. silver**, alpacca; argentone □ **n. steel**, acciaio al nichelio.

to **nickel** /ˈnɪkl/, *v. t.* nichelare.

nickelic /nɪˈkɛlɪk/, *a.* (*chim.*) nichelico.

nickeling /ˈnɪkəlɪŋ/, *n.* nichelatura.

nicker /ˈnɪkə(r)/, *n.* (*invar. al pl.*) (*pop. arc.*) sterlina.

nickleodeon /nɪkəlˈəʊdɪən/, *n.* (*USA*) ***1*** (*un tempo*) cinema (*o* teatro di varietà) d'infimo ordine (*o* di terza visione) ***2*** juke-box di tipo antiquato.

to **nickle-plate** /nɪklˈpleɪt/, *v. t.* nichelare.

nicknack /ˈnɪknæk/, *V.* **knickknack**.

nickname /ˈnɪkneɪm/, *n.* ***1*** nomignolo; soprannome ***2*** vezzeggiativo.

to **nickname** /ˈnɪkneɪm/, *v. t.* soprannominare; dare un nomignolo a (q.).

nicotine /ˈnɪkətiːn/, *n.* (*chim.*) nicotina.

nicotinic /nɪkəʊˈtiːnɪk/, *a.* (*chim.*) nicotinico.

nicotinism /ˈnɪkəʊtiːnɪzəm/, *n.* (*med.*) nicotinismo; tabagismo.

to **nicotinize** /ˈnɪkətiːnaɪz/, *v. t.* intossicare con la nicotina.

to **nictate** /ˈnɪkteɪt/, to **nictitate** /ˈnɪktɪteɪt/, *v. i.* ammiccare rapidamente; battere le palpebre. ● (*zool.*) **nictitating membrane**, membrana nittitante (*degli uccelli, ecc.*).

nictation /nɪkˈteɪʃn/, **nictitation** /nɪktɪˈteɪʃn/, *n.* (*med.*) nittitazione.

niddle-noddle /ˈnɪdlnɒdl/, *a.* barcollante; tentennante; vacillante.

to **niddle-noddle** /ˈnɪdlnɒdl/, **A** *v. t.* tentennare (*la testa*). **B** *v. i.* barcollare; dondolare; traballare; vacillare.

nide /naɪd/, *n.* covata (*o* nidiata) di fagiani.

to **nidificate** /ˈnɪdɪfɪkeɪt/, *v. i.* nidificare; fare il nido.

nidification /nɪdɪfɪˈkeɪʃn/, *n.* nidificazione.

to **nidify** /ˈnɪdɪfaɪ/, *V.* **to nidificate**.

to **nid-nod** /ˈnɪdnɒd/, *v. i.* ciondolare il capo (*per il sonno*).

nidus /ˈnaɪdəs/, *n.* (*pl.* **nidi, niduses**) ***1*** (*zool.*) nido (*specialm. d'insetti e di ragni*) ***2*** (*med.*) nido, focolaio d'infezione.

niece /niːs/, *n.* nipote (*femmina; di zio o di zia*).

niellist /nɪˈɛlɪst/, *n.* niellatore, niellatrice.

niello /nɪˈɛləʊ/, *n.* (*pl.* **nielli, niellos**) (*oreficeria*) ***1*** niello ***2*** niellatura.

to **niello** /nɪˈɛləʊ/, *v. t.* (*oreficeria*) niellare.

niff /nɪf/, *n.* (*pop.*) cattivo odore; puzzo.

niffy /ˈnɪfɪ/, *a.* (*pop.*) che puzza; maleodorante. ● **This cheese is n.**, questo formaggio puzza.

nifty /ˈnɪftɪ/, *a.* (*pop.*) elegante; bello; ingegnoso; con i fiocchi; eccezionale; splendido. ● **a n. right at the jaw**, un bel destro alla mascella. || **-ily**, *avv.* || **-iness**, *sost.*

Nigerian /naɪˈdʒɪərɪən/, *a.* e *n.* nigeriano.

niggard /ˈnɪgəd/, *n.* avaro; tirchio; spilorcio; taccagno.

niggardliness /ˈnɪgədlɪnəs/, *n.* avarizia; grettezza; spilorceria; taccagneria; tirchieria.

niggardly /ˈnɪgədlɪ/, **A** *a.* **1** avaro; gretto; spilorcio; taccagno; tirchio **2** misero; scarso: **a n. sum**, una misera somma di denaro. **B** *avv.* avaramente; con grettezza.

nigger /ˈnɪgə(r)/, *n.* **1** (*spreg.*) negro, negra **2** (*spreg.*) uomo (*o* donna) di colore. ● (*pop. USA*) **n. box**, stereo portatile □ (*pop. USA*) **n. heaven**, il quartiere di Harlem (*a New York*); (*teatr.*) loggione, piccionaia □ (*pop.*) **a n. in the woodpile** (*o* **in the fence**), un difetto occulto; un punto oscuro; una magagna; un fatto che cambia tutto □ (*fam. USA*) **a bad n.**, un negro combattivo, non rassegnato alla discriminazione □ **n. minstrel**, cantante (*o* musicista) truccato da negro □ **n. song**, canzone negra □ **to work like a n.**, lavorare come un negro.

to **niggle** /ˈnɪgl/, *v. i.* **1** fare il pignolo; preoccuparsi d'inezie, dei particolari (*d'un lavoro*) **2** (*USA*) V. **to nibble**, *def. 1.* ● **to n. at sb.**, molestare, infastidire q. □ **to n. over st.**, perdersi nei dettagli.

niggler /ˈnɪglə(r)/, *n.* persona cavillosa; tipo pedante.

niggling /ˈnɪglɪŋ/, *a.* **1** pignolo; minuzioso **2** insignificante; da nulla; di nessun valore. ● **n. handwriting**, scrittura minuta.

nigh /naɪ/, **A** *avv.* (*arc., poet. o dial.*) vicino; presso; accanto. **B** *prep.* vicino a; accanto a. **C** *a.* vicino; prossimo. ● **to draw n.**, avvicinarsi □ **well n.**, quasi; pressoché.

night /naɪt/, *n.* notte; nottata; sera; serata: **n. and day**, giorno e notte; notte e dì; sempre; **n. after n.**, una notte (*o* una sera) dopo l'altra; **all n. (long)**, tutta la notte; **by n.**, di notte, durante la notte; **at n.**, al calar della notte; di notte; (*fig.*) **the n. of barbarism**, la notte della barbarie; **to have** (*o* **to pass**) **a good** [**a bad**] **n.**, passare una buona [una brutta] nottata; dormir bene [male]; **to make a n. of it**, passare una serata magnifica (*a far festa, a far baldoria*). ● **n. bird**, uccello notturno; (*fig.*) nottambulo □ (*med.*) **n. blindness**, nictalopia □ **n. boat**, nave traghetto che fa servizio notturno □ **n. brawl**, rissa, schiamazzo notturno □ **n. chair** (*o* **n. stool**), seggetta; comoda □ **n.-clothes**, *V.* **nightwear** □ (*leg., USA*) **n. court**, seduta serale (*o* notturna) del tribunale □ (*aeron. mil.*) **n. fighter**, caccia notturno □ **n. flower**, fiore che s'apre di notte □ **n.-hag**, diavolessa, strega; incubo □ (*USA*) **n. letter**, telegramma notturno (*a tariffa ridotta*) □ **n.-moth**, farfalla notturna; falena □ (*fig.*) **n. owl**, nottambulo; tiratardi (*fam.*) □ (*arte*) **n. piece**, quadro con soggetto notturno; notturno □ **n. porter**, portiere di notte (*in albergo*) □ (*banca*) **n. safe**, cassa continua □ **n. school**, scuola serale □ **n. shift**, turno di notte □ **n. soil**, contenuto dei pozzi neri (*che si vuotano di notte*); bottino □ (*tur.*) **nights spent**, pernottamenti □ **n. table**, comodino □ **n. watch**, vigilanza notturna, guardia di notte; sorvegliante notturno, guardia notturna □ **n. watchman**, guardiano (*o* custode) notturno; metronotte □ **n. work**, lavoro notturno, fatto di notte □ **as black** (*o* **as dark**) **as n.**, nero come la notte □ **a dirty n.**, una notte piovosa; una notte di tempesta □ (*teatr.*) **first n.**, (la) prima; première □ **a good n.'s rest**, una bella dormita □ **to have a n. out** (*o* **off**), passare la sera (e parte della notte) fuori (di) casa; far nottata divertendosi; (*di domestico*) avere una serata libera □ **in the dead of n.**, nel cuor della notte □ **in the n. watches**, nelle veglie notturne; nelle ore di veglia □ **to kiss sb. good n.**, dare a q. il bacio della buonanotte □ **last n.**, la notte scorsa; iersera □ **late at n.**, a tarda notte; a notte alta, fonda; a notte avanzata, inoltrata □ **to turn n. into day**, fare di notte giorno.

nightcap /ˈnaɪtkæp/, *n.* **1** (*un tempo*) berretto (*o* cuffia) da notte **2** (*fam.*) bicchierino di liquore bevuto prima d'andare a letto **3** (*sport, USA*) finale.

nightclub /ˈnaɪtklʌb/, *n.* locale notturno; night-club; night (*fam.*).

nightclubber /ˈnaɪtklʌbə(r)/, *n.* frequentatore (*o* frequentatrice) di night.

nightclubbing /ˈnaɪtklʌbɪŋ/, *n.* (il fare il) giro dei night.

nightdress /ˈnaɪtdrɛs/, *n.* camicia da notte (*da donna*).

nightfall /ˈnaɪtfɔːl/, *n.* crepuscolo; (l') imbrunire. ● **at n.**, al calar della notte.

nightglow /ˈnaɪtgləʊ/, *n.* (*geofisica*) luminescenza notturna.

nightgown /ˈnaɪtgaʊn/, *n.* **1** *V.* **nightdress 2** *V.* **nightshirt**.

nighthawk /ˈnaɪthɔːk/, *n.* **1** (*zool., Caprimulgus europeus*) succiacapre **2** (*zool., Chordeiles*) succiacapre americano **3** (*fam.*) nottambulo; tiratardi (*fam.*).

nightie /ˈnaɪtɪ/, *n.* (*fam.*) camicia da notte (*da donna*).

nightingale /ˈnaɪtɪŋgeɪl, -təŋ-/, *n.* **1** (*zool., Luscinia*) usignolo **2** (*pop. USA*) delatore; spia della polizia **3** (*pop. USA*) falena (*fig.*); prostituta.

nightjar /ˈnaɪtdʒɑː(r)/, *n.* (*zool., Caprimulgus europaeus*) succiacapre.

nightlamp /ˈnaɪtlæmp/, *n.* lampada da notte; abat-jour (*franc.*).

nightlife /ˈnaɪtlaɪf/, *n.* vita notturna.

nightlight /ˈnaɪtlaɪt/, *n.* **1** *V.* **nightlamp 2** lumino da notte **3** (*geofisica*) luminescenza notturna.

nightlong /ˈnaɪtlɒŋ, ˈnaɪtˈlɒŋ, *USA* -ɔːŋ/, **A** *avv.* per tutta la notte. **B** *a.* che dura tutta la notte.

nightly /ˈnaɪtlɪ/, **A** *a.* **1** notturno; della notte; di ogni notte **2** serale; d'ogni sera: **n. show**, spettacolo che si replica ogni sera. **B** *avv.* **1** di notte; ogni notte **2** di sera; ogni sera.

nightman /ˈnaɪtmən/, *n.* (*pl.* **nightmen**) uomo del bottino; uomo addetto allo scarico dei pozzi neri.

nightmare /ˈnaɪtmɛə(r)/, *n.* incubo (*anche fig.*); ossessione.

nightmarish /ˈnaɪtmɛərɪʃ/, *a.* d'incubo; (*fig.*) ossessionante, terribile. || **-ly**, *avv.* || **-ness**, *sost.*

night-night /naɪtˈnaɪt/, *inter.* (*fam.*) notte!; buona notte!

Nightride (the) /ˈnaɪtraɪd/, *n.* (*ferr., in G.B.*) treno senza vagoni letto (*tra Londra e Glasgow e tra Londra e Aberdeen*).

nights /naɪts/, *avv.* (*fam.*) di notte; tutta la notte; tutte le notti.

nightshade /ˈnaɪtʃeɪd/, *n.* (*bot., Solanum nigrum*) morella. ● **deadly n.** (*Atropa belladonna*), belladonna □ **woody n.** (*Solanum dulcamara*), dulcamara.

nightshirt /ˈnaɪtʃɜːt/, *n.* camicia da notte (*da uomo*).

nightside /ˈnaɪtsaɪd/, *n.* personale che lavora all'edizione del mattino (*d'un quotidiano*).

nightstick /ˈnaɪtstɪk/, *n.* (*USA*) bastone, manganello (*da poliziotto*).

nighttime /ˈnaɪttaɪm/, **A** *n.* notte; ore notturne: **in the n.**, di notte; nottetempo. **B** *a. attr.* notturno: **n. flights**, voli notturni.

nightwear /ˈnaɪtwɛə(r)/, *n.* capi di abbigliamento per la notte (*camicie da notte, pigiama, ecc.*).

nighty /ˈnaɪtɪ/, *V.* **nightie**.

nigrescence /nɪˈgresəns/, *n.* **1** (*biol.*) nigrescenza **2** nerezza (*specialm. della pelle, dei capelli, degli occhi*).

nigrescent /nɪˈgresənt/, *a.* **1** (*biol.*) nigrescente; tendente al nero **2** nerastro; nereggiante; nericcio.

nigritude /ˈnɪgrɪtjuːd, *USA* -tuːd/, *n.* (*raro*) nerezza; l'esser nero.

nigrosine /ˈnaɪgrəʊsiːn/, *n.* (*chim.*) nigrosina.

nihilism /ˈnaɪɪlɪzəm, ˈnɪhɪl-/, *n.* (*polit., filos.*) nichilismo.

nihilist /ˈnaɪɪlɪst, ˈnɪhɪl-/, *n.* (*polit., filos.*) nichilista.

nihilistic /naɪɪˈlɪstɪk, nɪhɪˈl-/, *a.* (*polit., filos.*) nichilista.

nihility /naɪˈhɪlətɪ/, *n.* il nulla; nullità; l'essere nullo.

nil /nɪl/, *n.* **1** niente; nulla **2** (*sport*) zero: **We won the game by two goals to nil (2-0)**, vincemmo la partita due a zero. ● (*sport*) **a nil-all draw**, un pareggio zero a zero; uno zero a zero □ (*dog.*) **with nil duties**, in esenzione doganale □ **to reduce to nil**, azzerare (*costi, spese, ecc.*) □ **The profits were nil**, non ci furono guadagni.

Nile /naɪl/, *n.* (*geogr.*) Nilo.

nilg(h)ai /ˈnɪlgaɪ/, *n.* (*pl.* **nilg(h)ais, nilg(h)ai**) (*zool., Boselaphus tragocamelus*) nilgau, nilgai.

nilock /ˈnɪlək/, *n.* (*acronimo fam. USA di* **no income, lots of kids**) marito (*o* moglie) in una famiglia con molti figli e senza reddito.

Nilometer /naɪˈlɒmɪtə(r)/, *n.* nilometro.

Nilotic /naɪˈlɒtɪk/, *a.* (*geogr.*) del Nilo; nilotico.

nimble /ˈnɪmbl/, *a.* **1** agile (*anche fig.*); lesto; svelto; pronto: **Monkeys are very n. climbers**, le scimmie sono arrampicatrici molto agili; **a n. mind**, una mente agile; **a n. reply**, una risposta pronta **2** sveglio; intelligente. ● **n.-fingered**, lesto di mano □ **n.-footed**, agile, lesto, veloce □ **n.-witted**, pronto di mente; sveglio (*fig.*). || **-ness**, *sost.* || **-bly**, *avv.*

nimbostratus /nɪmbəʊˈstreɪtəs, -ˈstrɑːtəs/, *n.* (*pl.* **nimbo-strati**) (*meteor.*) nembostrato.

nimbus /ˈnɪmbəs/, *n.* (*pl.* **nimbi, nimbuses**) **1** (*meteor.*) nembo **2** nimbo; aureola.

niminy-piminy /ˈnɪmɪnɪˈpɪmɪnɪ/, *a.* affettato; lezioso; smanceroso.

nincompoop /ˈnɪŋkəmpuːp, *USA* -ˈpuːp/, *n.* (*fam.*) balordo; stupido; sempliciotto.

nine /naɪn/, *a.* e *n.* nove. ● (*sport*) **a n.**, una squadra di baseball (*di nove giocatori*) □ (*TV, in G.B.*) **The N. O'Clock News**, il telegiornale delle 21 (*della BBC 1*) □ **a n. days' wonder**, una novità destinata a non durare; un fuoco di paglia □ **n. times out of ten**, nove volte su dieci □ **n.-to-five job**, lavoro (*in ufficio, ecc.*) dalle 9 alle 17; giornata lavorativa di otto ore; impiego fisso □ **n.-to-fiver**, impiegato; lavoratore a orario fisso □ (*mat.*) **to cast out (the) nines**, fare la prova del nove □ (*fam.*) **dressed up to the nines**, vestito con eleganza, ricercatezza; tutto in ghingheri □ **It's n. (o'clock)**, sono le nove.

ninefold /ˈnaɪnfəʊld/, **A** *a.* **1** (che è) nove volte maggiore **2** composto di nove parti. **B** *avv.* nove volte tanto.

999 /naɪnnaɪnˈnaɪn/, *num. card.* (*telef., in G.B.*) 999 (*numero per le chiamate d'emergenza; cfr. il 911 in U.S.A. e il 113 in Italia*).

911 /naɪnwʌnˈwʌn/, *num. card.* (*telef., in U.S.A.*) 911 (*numero per le chiamate di emergenza, cfr. il 999 in G.B. e il 113 in Italia*).

ninepin /ˈnaɪnpɪn/, *n.* **1** birillo **2** (*pl., col verbo al sing.*) gioco dei birilli.

nineteen /naɪnˈtiːn/, *a.* e *n.* diciannove. ● **to talk n. to the dozen**, parlare in continuazione.

nineteenth /naɪnˈtiːnθ/, *a.* e *n.* diciannovesimo; decimonono (*lett.*). ● (*mat.*) **a n.**, un diciannovesimo (*frazione*).

ninetieth /ˈnaɪntɪəθ/, *a.* e *n.* novantesimo.

ninety /ˈnaɪntɪ/, *a.* e *n.* novanta. ● **n.-nine times out of a hundred**, novantanove volte su cento □ **the nineties**, gli anni fra i novanta e i cento (*in un secolo o nella vita d'una persona*): **He was in his late nineties**, era quasi centenario □ (*del medico al paziente*) **Say n.-nine!**, dica trentatré.

Nineveh /ˈnɪnɪvɪ/, *n.* (*geogr., stor.*) Ninive.

Ninevite /ˈnɪnɪvaɪt/, *n.* abitante di Ninive.

ninny /ˈnɪnɪ/, *n.* (*fam.*) sempliciotto; sciocco; stupido: **You n.!**, sciocchino!; scioccone!

ninth /naɪnθ/, **A** *a.* nono: **the n. part**, la nona parte. **B** *n.* *1* (*mat.*) nono: **one n.**, un nono (*frazione*) *2* (*mus.*) nona. ● **on the n.**, il nove del mese.

ninthly /ˈnaɪnθlɪ/, *avv.* in nono luogo.

Niobe /ˈnaɪəbɪ/, *n.* (*mitol.*) Niobe.

Niobean /naɪˈəʊbɪən/, *a.* di (*o* simile) a Niobe.

niobium /naɪˈəʊbɪəm/, *n.* (*chim.*) niobio.

nip (**1**) /nɪp/, *n.* *1* pizzico; pizzicotto; morso *2* morsa del freddo; aria pungente; gelo; freddo intenso: **The nip of the night startled the boy**, il freddo pungente della notte fece sussultare il ragazzo *3* (*fig. arc.*) detto (*o* osservazione) pungente; sarcasmo *4* sapore piccante; il pizzicare (*del formaggio*) *5* (*naut.*) presa (*di un cavo*); cocca; volta *6* (*mecc.*) grippaggio. ● (*USA*: *di incontro sportivo, ecc.*) **nip and tuck**, testa a testa; combattuto; tirato (*fam.*).

nip (**2**) /nɪp/, *n.* sorso, bicchierino (*di liquore*); cicchetto (*fam.*).

to **nip** (**1**) /nɪp/, **A** *v. t.* *1* pizzicare; dare un pizzicotto a; pizzicottare; pungere; mordere; morsicare: **He's nipped his forefinger in the drawer**, si è pizzicato l'indice nel cassetto; **The bulldog nipped me on the leg**, il bulldog mi morsicò una gamba *2* (*del gelo, del vento*) tagliare; recidere; distruggere: **Frost nipped the plants in our garden**, il gelo distrusse le piante del nostro giardino *3* (*pop.*) afferrare; arraffare; rubare. **B** *v. i.* *1* dar pizzicotti; pungere; morsicare *2* pungere (*fig.*); essere gelido, pungente: **The wind nips hard today**, oggi tira un vento gelido *3* (*mecc.*) bloccarsi; grippare.

♦**nip at**, *v. i.* + *prep.* *1* fare l'atto (*o* cercare) di mordere: **The dog ran after the thief nipping at his legs**, il cane inseguì il ladro cercando di morderlo alle gambe *2* tagliare (*fig.*): **The sleet nipped at my face**, il nevischio mi tagliava la faccia.

♦**nip in**, **A** *v. i.* + *avv.* infilarsi (*o* scivolare) dentro; entrare alla svelta. **B** *v. t.* + *avv.* stringere (*un vestito, ecc.*): **to nip a dress in at the waist**, stringere un vestito in vita □ (*autom., fam.*) **to nip in and out of the traffic**, zigzagare in mezzo al traffico □ (*fig.*) **to nip st. in the bud**, stroncare q.c. sul nascere; distruggere q.c. in boccio.

♦**nip into**, *v. i.* + *prep.* infilarsi in; scivolare dentro: **The girl nipped into my car**, la ragazza mi si infilò in macchina.

♦**nip off**, **A** *v. i.* + *avv.* (*fam.*) *1* andarsene in fretta; scappare; filare via *2* fare un salto (*fig.*): **to nip off to the baker's to buy some bread**, fare un salto dal fornaio per comprare del pane. **B** *v. t.* + *avv.* strappare, tirare via (*fiori, foglie, ecc.*).

♦**nip out**, *v. i.* + *avv.* *V.* **nip off**.

♦**nip up**, *v. t.* + *avv.* (*pop.*) afferrare; arraffare; rubare.

to **nip** (**2**) /nɪp/, **A** *v. i.* bere un bicchierino (*di liquore*); prendere un cicchetto (*fam.*). **B** *v. t.* bere (*un liquore*) a sorsi, a bicchierini.

Nip /nɪp/, *a.* e *n.* (*abbr. di* **Nipponese**) (*spreg.*) nipponico; giapponese.

nipper /ˈnɪpə(r)/, *n.* *1* (*pl.*) (= **pair of nippers**) pinza; pinzetta *2* (*pl.*) (*arc.*) occhiali a stringinaso *3* (*fam.*) birichino; monello; ragazzino *4* (*zool.*) chela; pinza (*di granchio*) *5* dente incisivo (*del cavallo*) *6* (*pl.*) (*pop. USA*) manette. ● (*mecc.*) **cutting nippers**, tronchese □ **wire nippers**, pinza per fili; pinza da elettricista.

nipping /ˈnɪpɪŋ/, *a.* *1* pungente; tagliente; gelido: **n. cold**, freddo pungente *2* (*fig.*) sarcastico; mordace; pungente; tagliente.

nipple /ˈnɪpl/, *n.* *1* (*anat.*) capezzolo *2* tettarella *3* protuberanza (*in genere*) *4* (*mecc.*) raccordo filettato; nipplo *5* (*mecc.*) rubinetto di regolazione (*o* di arresto) *6* (*un tempo*: *di fucile ad avancarica*) luminello. ● (*mecc.*) **lubricating n.**, ingrassatore; oliatore; lubrificatore.

nipplewort /ˈnɪplwɜːt/, *n.* (*bot.*, *Lapsana communis*) lassana.

Nippon /ˈnɪpɒn/, *n.* (*geogr.*) Giappone.

Nipponese /nɪpəˈniːz/, *a.* e *n.* (*invar. al pl.*) nipponico; giapponese.

Nipponian /nɪˈpəʊnɪən/, *a.* (*raro*) nipponico; giapponese.

nippy /ˈnɪpɪ/, *a.* *1* pungente; gelido; tagliente *2* (*fig.*) mordace; sarcastico; pungente *3* (*fam.*) agile; lesto; svelto. ● (*fam.*) **Look n.!**, sbrigati!; spicciati!

nirvana /nɪəˈvɑːnə, nɜː-, *USA* -ˈvæ-/, *n.* (*relig.*) nirvana.

nisei /niːˈseɪ, ˈniːseɪ/, *n.* (*fam. USA*) americano di origine giapponese.

nisi /ˈnaɪsaɪ, ˈniːsiː/ (*lat.*), *cong.* (*leg.*) a meno che (non); se non □ **a decree n.**, un decreto provvisorio □ **an order n.**, un'ingiunzione provvisoria.

nit (**1**) /nɪt/, *n.* (*zool.*) *1* lendine; uovo di insetto parassita *2* pidocchio.

nit (**2**) /nɪt/, *n.* (*fam. spreg.*) imbecille; stupido.

nit (**3**) /nɪt/, *n.* (*fis.*) nit.

nite /naɪt/, *n.* (*pop. USA*) notte.

niter /ˈnaɪtə(r)/, (*USA*) *V.* **nitre**.

niterie /ˈnaɪtərɪ/, **nitery** /ˈnaɪtərɪ/, *n.* (*pop. USA*) locale notturno; night.

niton /ˈnaɪtɒn/, *n.* (*chim., raro*) niton; radon.

to **nitpick** /ˈnɪtpɪk/, *v. i.* (*fam.*) fare il pignolo; pignoleggiare; cercare il pelo nell'uovo.

nitpicker /ˈnɪtpɪkə(r)/, *n.* pignolo, pignola.

nitpicking /ˈnɪtpɪkɪŋ/, **A** *n.* (*fam.*) critiche minuziose e pedanti; pignoleria. **B** *a.* pignolo; pignolesco.

nitrate /ˈnaɪtreɪt/, *n.* (*chim.*) nitrato (*specialm. di sodio o di potassio*).

to **nitrate** /ˈnaɪtreɪt/, *v. t.* (*chim.*) combinare (*o* trattare) con acido nitrico; trasformare in nitrato.

nitration /naɪˈtreɪʃn/, *n.* (*chim.*) nitrazione.

nitre /ˈnaɪtə(r)/, *n.* (*chim.*) nitro; nitrato di potassio; salnitro.

nitric /ˈnaɪtrɪk/, *a.* (*chim.*) nitrico: **n. acid**, acido nitrico.

nitride /ˈnaɪtraɪd/, *n.* (*chim.*) nitruro.

nitriding /ˈnaɪtraɪdɪŋ/, *n.* (*chim.*) nitrurazione.

nitrification /naɪtrɪfɪˈkeɪʃn/, *n.* (*chim.*) nitrificazione.

to **nitrify** /ˈnaɪtrɪfaɪ/, *v. t.* (*chim.*) nitrificare.

nitrile /ˈnaɪtrəl, ˈnaɪtraɪl/, *n.* (*chim.*) nitrile.

nitrite /ˈnaɪtraɪt/, *n.* (*chim.*) nitrito.

nitrobacterium /naɪtrəʊbækˈtɪərɪəm/, *n.* (*pl.* **nitrobacteria**) (*biol.*) nitrobatterio.

nitrobenzene /naɪtrəʊˈbenziːn/, *n.* (*chim.*) nitrobenzene.

nitrocellulose /naɪtrəʊˈseljʊləʊs/, *n.* (*chim.*) nitrocellulosa.

nitrogen /ˈnaɪtrədʒən/, *n.* (*chim.*) azoto. ● (*biochim.*) **n. fixation**, fissazione dell'azoto.

to **nitrogenize** /ˈnaɪtrəʊdʒənaɪz/, *v. t.* (*chim.*) azotare.

nitrogenous /naɪˈtrɒdʒənəs/, *a.* (*chim.*) azotato: **n. fertilizer**, concime azotato.

nitroglycerin(e) /naɪtrəʊˈglɪsəriːn, *USA* -rɪn/, *n.* (*chim.*) nitroglicerina.

nitrolic /naɪˈtrɒlɪk/, *a.* nitrolico.

nitrometer /naɪˈtrɒmɪtə(r)/, *n.* (*chim.*) nitrometro.

nitronium /naɪˈtrəʊnɪəm/, *n.* (*chim.*) nitronio.

nitroparaffin /naɪtrəʊˈpærəfɪn/, *n.* (*chim.*) nitroparaffina.

nitrosyl /ˈnaɪtrəʊsɪl/, *n.* (*chim.*) nitrosile.

nitrous /ˈnaɪtrəs/, *a.* (*chim.*) nitroso: **n. acid**, acido nitroso. ● **n. oxide**, protossido d'azoto; gas esilarante.

nitty /ˈnɪtɪ/, *a.* lendinoso; pieno d'uova di pidocchi.

nitty-gritty /ˈnɪtɪˈgrɪtɪ/, *n.* (*fam.*) *1* essenza; sostanza; succo (*fig.*) *2* soldi; denaro. ● **to get down to the n.**, venire al dunque; arrivare al nocciolo del problema.

nitwit /ˈnɪtwɪt/, *n.* (*fam.*) imbecille; stupido.

nitwitted /ˈnɪtwɪtɪd/, *a.* (*fam.*) corto di cervello; stupido.

nival /ˈnaɪvl/, *a.* (*scient.*) nivale.

nivation /naɪˈveɪʃn/, *n.* (*geol.*) nivazione.

niveous /ˈnɪvɪəs/, *a.* (*lett.*) niveo.

nix (**1**) /nɪks/, *n.* (*mitol. germanica*) spiritello delle acque.

nix (**2**) /nɪks/, (*pop. USA*) **A** *n.* niente; nulla. **B** *avv.* no (*dal tedesco «nichts»*).

to **nix** /nɪks/, *v. t.* (*pop. USA*) respingere (*una proposta*); bocciare (*un progetto*).

nixie /ˈnɪksɪ/, *n.* (*mitol. germanica*) fatina delle acque; ondina.

no (**1**) /nəʊ, nə/, **A** *avv.* no: **«Will you come with us?»**, **«No, I won't»**, «vuoi venire con noi?», «no, non vengo»; **No, thank you**, no, grazie; **I think he'll say no**, credo che dirà di no; **«He even threatened to strike me» «No!»**, «minacciò persino di battermi» «no!» (davvero!; è incredibile!; questa poi!). **B** *n.* *1* no; negazione: **I won't take no for an answer**, non accetto un «no» in risposta; non voglio saperne di rifiuti; **Two noes make a yes**, due negazioni affermano *2* (*pl.* **noes**) no; voto (*o* votante) contrario: **The noes have it**, sono più i no che i sì; i voti contrari prevalgono.

no (**2**) /nəʊ/, *a.* nessuno; non; niente: **No circumstance could justify that**, nessuna circostanza potrebbe giustificare ciò; **They have no children**, non hanno bambini; **He is no doctor**, non è (affatto) dottore; **There will be no difficulty**, non ci saranno difficoltà; **He's no fool**, non è stupido; è tutt'altro che stupido; **It is no joke**, non è (mica) uno scherzo; **It's no part of my plan**, non fa parte dei miei piani; **by no means**, in nessun modo; no di certo. ● (*banca*) **«No account»**, «non esiste conto corrente a questo nome» □ (*fam. USA*) **no-account**, da quattro soldi; buono a nulla; che non vale niente □ **No admittance**, vietato l'ingresso (*cartello*) □ (*cricket*) **no-ball**, lancio nullo □ **No cards, no flowers**, non si mandano partecipazioni personali e si dispensa dall'inviare fiori □ (*ass.*) **no-claim bonus**, sconto condizionato □ **no comment**, no comment □ **no date**, senza data □ **no doubt**, senza dubbio □ (*autom.*) **No entry**, divieto d'accesso (*cartello*) □ **no-fault**, senza colpa: (*leg.*) **no-fault divorce**, divorzio concesso «senza colpa» □ (*ass.*) **no-fault insurance policy**, polizza casco (*di R.C. auto*) □ (*leg.*) **no-fault liability**, responsabilità oggettiva (*o* senza colpa) □ (*mil.*) **no-fly zone**, zona d'interdizione dei voli □ (*fam.*) **no-frills**, senza fronzoli; spartano (*fig.*); alla buona; senza lusso: **a no-frills holiday**, una vacanza spartana □ **a no-frost refrigerator**, un frigorifero che si scongela da solo □ (*fam.*) **no go**, non valido, nullo; inservibile, inutile: **a no-go deal**, un affare sfumato; **It's no go**, non serve a nulla; non vale nulla □ (*in una città*) **no-go area**, zona proibita; zona alla quale la polizia (*o* l'esercito) non ha accesso; (*anche*) zona controllata dall'altra banda (*della malavita*) □ (*fam.*) **a no-go situation**, una situazione senza via di uscita (o senza alternativa) □ (*fam.*) **no-good**, buono a nulla, inetto, incapace; (*di un oggetto*) inservibile, inutile □ (*pop. USA*) **a no-goodnik**, un buono a nulla, un incapace □ (*fam.*) **No kidding!**, sul serio!; davvero!; proprio! □ (*pop. USA*) **no-nock**, senza (dover) bussare; (*leg.*) senza (bisogno del) mandato di perquisizione □ (*fam.*) **No lie!**, sul serio!; davvero!; parola! □ **no man**, nessuno □ (*mil.* e *fig.*) **no man's land**, la terra di nessuno □ **No matter!**, non importa!; non fa niente! □ **no matter** (*cong.*), anche se; per quanto...: **He said he would climb the mountain no matter how hard it rained**, disse che avrebbe scalato la montagna anche se pioveva (o per quanto piovesse) a dirotto □ **no-nonsense**, immediato, diretto; concreto, pratico; brusco, spiccio: **a no-nonsense approach**, un approccio diretto; **in a no-nonsense voice**, in tono brusco □ **no one**, nessuno □ (*autom.*) **«No parking»** (*cartello*), «divieto di sosta» □ (*fam.*) **no-show**, passeggero (prenotato) che non si presenta alla partenza (*dell'aereo, ecc.*); individuo che non rispetta un appuntamento □ (*fam.*) **no-show employee**, assenteista □ (*rugby*) **no side**, fischio finale dell'arbitro; fine della partita □ **«No smoking»** (*cartello*), «vietato fumare» □ (*di pentole, tegami, ecc.*) **no-stick**, antiaderente; non-attacca (*fam.*) □ (*autom.*) **«No thorough-fare»** (*cartello*), «divieto di transito»; «strada chiusa» □ (*fam.*) **no way**, *V.* **noway** □ (*fam.*) **no-win**, senza possibilità di vittoria; senza più risorse: (*sport*) **Our team was in a no-win situation**, la nostra squadra era ormai priva di risorse □ **no wounder that...**, non c'è (*o* non c'era) da stupirsi se...: **(It's) no wounder that you're tired out after such a long walk**, non c'è da stupirsi se sei stanco morto dopo una camminata così lunga □ **with no**, senza: **My house is in a secluded part of the country, with no telephone service**, la mia casa è in una zona isolata della campagna, senza telefono □ **It's no distance**, è vicinissimo; è qui a due passi □ **There is no knowing**, non c'è verso di saperlo □ **There was no mistaking what he meant**, non c'era pericolo di fraintenderlo; le sue parole (*o* le sue intenzioni) erano chiare.

no (3) /nəʊ, nə/, *avv.* **1** (*prima d'un compar.*) non: **She's no better yet**, non si può dire che stia meglio; **No less than ten people told me**, me l'han detto non meno di dieci persone; **There were no fewer than a hundred people there**, c'erano non meno di cento persone **2** (*correl. di* **or**) no: **Pleasant or no, it is true**, piaccia o no, è vero; **Hungry or no, you can't eat it**, che tu abbia fame o no, non puoi mangiarlo. ● **no more**, non più; mai più; nient'altro; neanche; nemmeno: **I want no more of it**, non ne voglio più; **If you won't go, no more will I**, se tu non ci vuoi andare, non ne ho nessuna voglia neanch'io; **No more wine?**, non prendi più vino?; **No more tea, thank you**, non prendo più tè (*o* niente più tè), grazie □ **no sooner... than**, appena; non appena: **No sooner had he arrived than he went away again**, era appena arrivato che ripartì □ **No sooner said than done**, detto fatto □ **I could get there no sooner (than I did)**, non potevo arrivarci prima □ **It's no less than a scandal**, è uno scandalo bell'e buono □ **Jane is no better than she should be**, Jane non è proprio uno stinco di santa □ **There's no such thing (as that)**, non esiste una cosa simile.

Noachian /nəʊˈeɪkɪən/, **Noachic** /nəʊˈeɪkɪk/, *a.* noachide; noetico (*lett.*); di Noè.

Noah /ˈnəʊə/, *n.* (*Bibbia*) Noè: **N.'s ark**, l'arca di Noè.

nob (1) /nɒb/, *n.* (*pop.*) **1** testa; zucca (*fig.*) **2** (*nel gioco di carte detto cribbage*) fante.

nob (2) /nɒb/, *n.* (*pop. ingl.*) nobile; aristocratico; persona altolocata.

to **nob** /nɒb/, *v. t.* (*boxe*) colpire (*l'avversario*) alla testa.

to **nobble** /ˈnɒbl/, *v. t.* (*pop.*) **1** sabotare, drogare (*un cavallo, per impedirgli di vincere una corsa*) **2** vincere (*una corsa, una gara*) con la corruzione, la frode **3** corrompere, comprare (*un giudice, un arbitro*) **4** ottenere in modo illecito, rubare (*denaro*); imbrogliare; truffare **5** arrestare, acciuffare (*un delinquente*) **6** aggredire; prendere (q.) per il bavero (*fam.*); assediare (*per chiedere favori, ecc.*).

nobby /ˈnɒbɪ/, *a.* (*pop.*) **1** elegante; alla moda **2** eccellente; ottimo; di prima qualità.

nobelium /nəʊˈbiːlɪəm/, *n.* (*chim.*) nobelio.

Nobel prize /ˈnəʊbelˈpraɪz/, *n.* premio Nobel.

nobiliary /nəʊˈbɪlɪərɪ, *USA* -ɪerɪ/, *a.* nobiliare: **n. particle**, prefisso nobiliare.

nobility /nəʊˈbɪlətɪ/, *n.* nobiltà: **n. of features [soul]**, nobiltà d'aspetto [d'animo].

noble /ˈnəʊbl/, **A** *a.* **1** nobile; aristocratico; generoso; sublime; illustre, insigne: **a man of n. birth**, un uomo di nobili natali; **n. actions [feelings]**, azioni [sentimenti] nobili; (*chim.*) **n. metals**, metalli nobili **2** grandioso; magnifico; sontuoso; splendido; eccellente: **a n. building**, un edificio grandioso; **a n. view**, una splendida vista; **a n. cellar**, una cantina eccellente. **B** *n.* **1** nobile: **the nobles**, i nobili **2** (*stor.*) moneta d'oro inglese, pari a 6 scellini e 7 penny (*usata fino al 1461*). ● (*sport*) **the n. art**, il pugilato □ **n.-minded**, d'animo nobile; generoso; magnanimo □ **n.-mindedness**, nobiltà d'animo; generosità; magnanimità. ‖ **-ness**, *sost.*

nobleman /ˈnəʊblmən/, *n.* (*pl.* **noblemen**) nobiluomo.

noblesse /nəʊˈblɛs/, *n.* (*con l'art. def.*) (la) nobiltà; (i) nobili. ● (*spesso iron.*) **N. oblige**, noblesse oblige (*franc.*).

noblewoman /ˈnəʊblwʊmən/, *n.* (*pl.* **noblewomen**) nobildonna.

nobly /ˈnəʊblɪ/, *avv.* **1** nobilmente; generosamente: **He n. rescued the drowning man**, con grande generosità, salvò la vita all'uomo che stava annegando **2** magnificamente; grandiosamente; splendidamente. ● **n. born**, di nobili natali.

nobody /ˈnəʊbədɪ, -dɪ, *USA* -ɒdɪ, -ʌdɪ, -ədɪ/, **A** *pron. indef.* nessuno: **N. knows**, non lo sa nessuno; nessuno sa niente; **There was n. there**, non c'era nessuno. **B** *n.* (*pl.* **nobodies**) persona di nessun conto; illustre sconosciuto (*scherz.*); nullità: **She has married a n.**, ha sposato una nullità. ● **n. but you**, solo tu □ **n. else**, nessun altro.

nock /nɒk/, *n.* cocca (*della freccia*).

to **nock** /nɒk/, *v. t.* accoccare (*una freccia*).

noctambulism /nɒkˈtæmbjʊlɪzəm/, *n.* sonnambulismo.

noctambulist /nɒkˈtæmbjʊlɪst/, *n.* sonnambulo.

noctiluca /nɒktɪˈluːkə/, *n.* (*pl.* **noctilucas, noctilucae**) (*zool., Noctiluca*) nottiluca.

noctilucent /nɒktɪˈluːsnt/, *a.* (*meteor.*) (*di nube*) nottilucente.

noctivagant /nɒkˈtɪvəgənt/, **noctivagous** /nɒkˈtɪvəgəs/, *a.* (*lett.*) nottivago.

noctule /ˈnɒktjuːl, *USA* ˈnɒktʃuːl/, *n.* (*zool., Nyctalus noctula*) nottola.

nocturn /ˈnɒktɜːn/, *n.* (*relig.*) notturno.

nocturnal /nɒkˈtɜːnl/, *a.* notturno: **n. animals**, animali notturni. ● (*di persona*) **n. habits**, abitudini da nottambulo.

nocturne /ˈnɒktɜːn/, *n.* (*arte, mus.*) notturno.

nocuous /ˈnɒkjʊəs/, *a.* nocivo; dannoso. ‖ **-ly**, *avv.* ‖ **-ness**, *sost.*

nod /nɒd/, *n.* **1** cenno del capo; cenno: **He gave me a nod of approval**, mi fece un cenno d'approvazione (*col capo*) **2** il ciondolare del capo, l'abbassarsi del mento sul petto (*per il sonno*) **3** l'ondeggiare, ondeggiamento (*delle vette degli alberi al vento, ecc.*) **4** (*fig.*) assenso; consenso; approvazione **5** (*fig.*) momento di distrazione. ● (*fig. arc.*) **the land of Nod**, il sonno; il regno dei sogni □ (*fam.*) **on the nod**, senza formalità; per tacito consenso □ **The empire was at (*o* was dependent on) his nod**, l'impero obbediva a un suo cenno.

to **nod** /nɒd/, **A** *v. i.* **1** accennare col capo; accennare di sì; abbassare la testa; fare un cenno con la testa: **I asked her if she could come and she nodded**, le chiesi se poteva venire ed ella accennò di sì; **He nodded in agreement**, fece un cenno d'assenso (*col capo*); (*fig.*) **The wall nods to its fall**, il muro accenna a voler cadere (*è inclinato*) **2** ciondolare il capo, lasciar cadere il mento sul petto (*per il sonno*); sonnecchiare; dormicchiare: **Grandfather sat nodding by the fire**, il nonno sedeva vicino al fuoco e ogni tanto lasciava cadere il mento sul petto **3** ondeggiare (*al vento, ecc.*): **fine nodding plumes**, bei pennacchi ondeggianti **4** (*pop.*; *anche* **to nod out**) essere intontito dalla droga. **B** *v. t.* muovere (*il capo*) dall'alto verso il basso; fare un cenno con (*la testa*). ● **to nod one's approval [one's agreement]**, manifestare la propria approvazione [il proprio consenso] con un cenno del capo; fare un cenno d'approvazione [di consenso] □ **to nod one's assent**, far di sì con la testa □ **to nod one's farewell**, salutare (*o* accomiatarsi) con un cenno del capo □ **to nod off**, addormentarsi (*involontariamente*); appisolarsi: **to nod off in the middle of a lesson**, appisolarsi nel bel mezzo di una lezione □ (*prov.*) **Even Homer sometimes nods**, sonnecchia talvolta anche il poeta Omero.

nodal /ˈnəʊdl/, *a.* (*scient., elab.*) nodale; di nodo: (*astron.*) **n. line**, linea dei nodi; **n. processor**, elaboratore nodale.

nodding /ˈnɒdɪŋ/, **A** *a.* **1** chinato; piegato in avanti **2** ciondolante **3** oscillante. **B** *n.* ciondolio (*o* cenno) del capo. ● **a n. acquaintance**, una conoscenza superficiale; una persona che si conosce (*o* che si saluta) appena.

noddle /ˈnɒdl/, *n.* (*fam. scherz.*) testa; zucca (*fig.*); cervello (*fig.*).

to **noddle** /ˈnɒdl/, **A** *v. t.* tentennare, dondolare (*la testa*). **B** *v. i.* accennare con il capo.

noddy /ˈnɒdɪ/, *n.* babbeo; gonzo; sempliciotto.

node /nəʊd/, *n.* **1** (*scient., mat., med., ling.*) nodo **2** (*elab.*) nodo **3** (*bot.*) nocchio; nodo.

nodical /ˈnəʊdɪkl/, *a.* (*astron.*) nodale.

nodose /ˈnəʊdəʊs/, *a.* (*scient.*) nodoso.

nodosity /nəʊˈdɒsətɪ/, *n.* nodosità.

nodous /ˈnəʊdəs/, *V.* **nodose**.

nodular /ˈnɒdjʊlə(r), *USA* ˈnɒdʒʊ-/, *a.* (*scient., tecn.*) nodulare.

nodulated /ˈnɒdjʊleɪtɪd, *USA* -dʒʊ-/, *a.* (*scient.*) nodoso; a forma di nodulo.

nodule /ˈnɒdjuːl, *USA* ˈnɒdʒuːl/, *n.* (*scient.*) nodulo.

nodulose /ˈnɒdjʊləʊs, *USA* -dʒʊ-/, **nodulous** /ˈnɒdjʊləs, *USA* -dʒʊ-/, *a.* (*scient.*) a noduli; pieno di noduli.

nodulus /ˈnɒdjʊləs, *USA* -dʒʊ-/, *n.* (*pl.* **noduli**) (*anat., med.*) nodulo.

nodus /ˈnəʊdəs/, *n.* (*pl.* **nodi**) **1** (*anat., med.*) nodo **2** (*fig.*) nodo; difficoltà; intoppo; punto difficile; complicazione.

Noel /nəʊˈɛl/, *n.* (*relig.*) Natale (*anche nome proprio*).

noesis /nəʊˈiːsɪs/, *n.* (*filos.*) noesi.

noetic /nəʊˈɛtɪk/, *a.* (*filos.*) noetico.

nog (1) /nɒg, *USA* nɔːg/, *n.* **1** piolo; cavicchio; tassello di legno (*murato in una parete*) **2** (*ind. min.*) cuneo, zeppa (*di sostegno*).

nog (2) /nɒg, *USA* nɔːg/, *n.* **1** birra forte (*fabbricata nell'East Anglia*) **2** (= **egg nog**) specie di zabaione.

to **nog** /nɒg, *USA* nɔːg/, *v. t.* fissare con pioli, cavicchi o tasselli a muro.

noggin /ˈnɒgɪn, *USA* ˈnɔːg-/, *n.* **1** boccaletto; gotto; piccola tazza **2** (*misura per liquori*) quarto di pinta (*1/7 di litro*) **3** (*fam.*) goccetto (*di liquore*) **4** (*pop.*) testa; zucca (*pop.*).

nogging /ˈnɒgɪŋ, *USA* ˈnɔːg-/, *n.* (*ind. costr.*) muratura rustica di riempimento di un'armatura in legno.

nohow /ˈnəʊhaʊ/, *avv.* (*fam.*) in nessun modo; per niente. ● **to be [to feel] n.**, essere [sentirsi] fuori posto (*o* scombussolato).

noil /nɔɪl/, *n.* (*ind. tess.*) cascame di pettinatura; pettinaccia.

noise /nɔɪz/, *n.* **1** rumore; clamore; chiasso; baccano; frastuono; rumorosità: **the n. of the city [of the engine, of the train]**, il rumore della città [del motore, del treno]; **Don't make such a (loud) n.!**, non fate tanto chiasso!; **the n. of traffic**, il frastuono del traffico; (*mecc.*) **n. of gears**, rumorosità degli ingranaggi **2** (*elettron.*) rumore di fondo; interferenza; disturbo **3** (*pop. USA*) sputafuoco (*pop.*); fucile. ● (*elettron.*) **n. factor**, rapporto (*o* cifra) di rumore □ (*elettron.*) **n. jammer**, trasmettitore di disturbo □ (*ecol.*) **n. pollution**, inquinamento acustico □ (*fam.*) **a big n.**, un pezzo grosso; una persona importante □ **to make a n.**, far rumore; fare chiasso; rumoreggiare □ **to make a lot of n. about st.**, fare un gran chiasso per q.c. □ (*fig.*) **to make a n. in the world**, far parlare molto di sé; destare rumore.

to **noise** /nɔɪz/, *v. t.* (*specialm.* **to n. about, to n. abroad** *o* **to n. around**) divulgare, diffondere (*una voce, una notizia*); strombazzare.
noiseless /ˈnɔɪzləs/, *a.* silenzioso; poco rumoroso: **a n. typewriter**, una macchina da scrivere silenziosa. ● **on n. feet**, con passi felpati; senza far rumore. || **-ness**, *sost.*
noisemeter /ˈnɔɪzmiːtə(r)/, *n.* (*fis.*) fonometro.
noisily /ˈnɔɪzəlɪ/, *avv.* rumorosamente.
noisiness /ˈnɔɪzɪnəs/, *n.* rumorosità (*raro*); fragore; frastuono.
noisome /ˈnɔɪsəm/, *a.* **1** dannoso; malsano; nocivo **2** fetido; puzzolente **3** disgustoso; nauseabondo. || **-ly**, *avv.* || **-ness**, *sost.*
noisy /ˈnɔɪzɪ/, *a.* **1** chiassoso; rumoroso: **n. children**, bambini chiassosi **2** (*fig.*) chiassoso; vistoso: **n. colours**, colori chiassosi, sgargianti **3** turbolento: **a n. class**, una classe turbolenta.
noli me tangere /ˈnəʊlɪmeɪˈtæŋgərɪ/ (*lat.*), *locuz. verb.* **1** (*med.*) noli me tangere; ulcus rodens; epitelioma (cutaneo) basocellulare **2** aspetto sdegnoso; aria scostante: **a noli me tangere manner**, un modo di fare altezzoso, scostante **3** (*arte*) dipinto di Cristo risuscitato che appare a Maria Maddalena **4** (*bot.*, = **noli-me-tangere**) V. **touch-me-not**, *sotto* **touch**.
noll /nɒl/, *n.* (*arc.* o *dial.*) calotta cranica; testa; zucca.
nolle prosequi /ˈnɒlɪˈprɒsɪkwaɪ/ (*lat.*), *locuz. verb.* (*leg.*) **1** chiusura di un'azione penale (*ordine dell'«Attorney General», q.V.: d'ufficio o su istanza di parte*) **2** rinuncia agli atti del giudizio **3** (*per approssimazione*) remissione di querela.
nomad /ˈnəʊmæd/, *n.* e *a.* nomade.
nomadic /nəʊˈmædɪk/, *a.* nomade: **n. peoples**, popolazioni nomadi.
nomadism /ˈnəʊmædɪzəm/, *n.* nomadismo.
to **nomadize** /ˈnəʊmædaɪz/, *v. i.* fare il nomade; condurre vita nomade.
nome /nəʊm/, *n.* (*stor.*) nomo (*divisione amministrativa in Egitto e composizione poetica greca*).
nomenclative /nəʊˈmɛnklətɪv/, *a.* nomenclativo.
nomenclator /ˈnəʊmɛnkleɪtə(r)/, *n.* nomenclatore.
nomenclature /nəˈmɛnklətʃə(r), *USA* ˈnəʊmənkleɪ-/, *n.* nomenclatura.
nominal /ˈnɒmɪnl/, *a.* **1** (*anche gramm.*) nominale; del nome; dei nomi; di nome: **n. definition**, definizione nominale; (*fin.*) **n. value**, valore nominale; **a n. price**, un prezzo nominale; **a n. rent**, un affitto nominale (*o* irrisorio); **a n. leader**, uno che è capo di nome (*non di fatto*); **a n. register**, un registro dei nomi **2** nominativo: **a n. roll**, un elenco nominativo **3** simbolico: (*leg.*) **n. damages**, risarcimento simbolico **4** (*scient., tecn.*) nominale; calcolato. ● (*rag.*) **n. account**, conto impersonale; (*anche*) sottoconto numerario □ (*rag.*) **n. assets**, attività fittizie; poste rettificative del capitale □ (*fin.*) **n. capital**, capitale nominale □ (*fin.*) **n. yield**, rendimento nominale (*di un titolo*) || **-ly**, *avv.*
nominalism /ˈnɒmɪnəlɪzəm/, *n.* (*filos.*) nominalismo.
nominalist /ˈnɒmɪnəlɪst/, *n.* (*filos.*) nominalista.
nominalistic /nɒmɪnəˈlɪstɪk/, *a.* (*filos.*) nominalistico.
nominalization /nɒmɪnəlaɪˈzeɪʃn, *USA* -lɪˈz-/, *n.* (*ling.*) nominalizzazione.
to **nominate** /ˈnɒmɪneɪt/, *v. t.* **1** nominare; designare: **The candidates were nominated yesterday**, i candidati furono designati ieri **2** (*polit.*) presentare, proporre (q.) come candidato: **to n. sb. for the presidency**, proporre q. come candidato alla presidenza.
nomination /nɒmɪˈneɪʃn/, *n.* **1** nomina; designazione **2** (*polit.*) candidatura. ● **n. day**, giorno della presentazione delle candidature.
nominatival /nɒmɪnəˈtaɪvl/, *a.* (*gramm.*) del caso nominativo.
nominative /ˈnɒmɪnətɪv, *USA* -neɪtɪv/, **A** *a.* (*anche gramm.*) nominativo: **the n. case**, il caso nominativo; (*fin.*) **n. shares**, azioni nominative. **B** *n.* (*gramm.*) nominativo.
nominator /ˈnɒmɪneɪtə(r)/, *n.* nominatore; designatore.
nominee /nɒmɪˈniː/, *n.* **1** persona nominata, designata (*a un ufficio*) **2** (*specialm. polit.*) candidato.
nomogram /ˈnəʊməgræm/, **nomograph** /ˈnəʊməgrɑːf, *USA* -æf/, *n.* (*mat.*) nomogramma.
nomography /nəʊˈmɒgrəfɪ/, *n.* (*mat.*) nomografia.
non-acceptance /nɒnəˈkseptəns/, *n.* (*specialm. comm.* e *leg.*) mancata accettazione (*di una cambiale, di merci, ecc.*).
nonactionable /nɒnˈækʃənəbl/, *a.* (*leg.*) non tutelabile in giudizio.
nonaddict /nɒnˈædɪkt/, *n.* chi fa uso di droga ma non è (ancora) tossicodipendente.
nonaddicting /nɒnəˈdɪktɪŋ/, **nonaddictive** /nɒnəˈdɪktɪv/, *a.* (*farm.*) che non causa assuefazione (*o* dipendenza).
nonaddressable /nɒnəˈdrɛsəbl/, *a.* (*elab.*) non accessibile.
nonage /ˈnəʊnɪdʒ/, *n.* **1** (*leg.*) minorità; età minore **2** (*fig.*) immaturità.
nonagenarian /nɒnədʒəˈnɛərɪən/, *a.* e *n.* nonagenario.
nonagesimal /nɒnəˈdʒɛsɪməl/, *a.* nonagesimo.
non-aggression pact /nɒnəˈgrɛʃnˈpækt/, *locuz. n.* (*polit.*) patto di non aggressione.
nonagon /ˈnɒnəgɒn/, *n.* (*geom.*) ennagono.
nonagonal /nɒnˈægənl/, *a.* (*geom.*) ennagonale.
non-alcoholic /nɒnælkəˈhɒlɪk/, *a.* non alcolico; analcolico: **a n. drink**, una bevanda non alcolica; un analcolico.
non-aligned /nɒnəˈlaɪnd/, *a.* (*polit.*) non allineato; non impegnato.
non-alignment /nɒnəˈlaɪnmənt/, *n.* (*polit.*) non allineamento; disimpegno.
nonane /ˈnəʊneɪn/, *n.* (*chim.*) nonano.
non-appearance /nɒnəˈpɪərəns/, *n.* (*leg.*) mancata comparizione; assenza (*d'imputato o di teste*); contumacia.
nonary /ˈnəʊnərɪ/, **A** *a.* (*mat.*) nonario: **n. scale**, sistema nonario. **B** *n.* gruppo di nove (*cose, oggetti*).
nonassessable /nɒnəˈsɛsəbl/, *n.* (*fin.*) non accertabile; non tassabile.
non-attendance /nɒnəˈtɛndəns/, *n.* **1** assenza **2**˚ (*leg.*) mancata comparizione; contumacia.
non-bank /nɒnˈbæŋk/, *a.* (*fin.*) parabancario. ● **n. credit**, credito concesso da istituti parabancari.
non-bearing /nɒnˈbɛərɪŋ/, *a.* (*edil.: di muro*) non portante.
non-believer /nɒnbɪˈliːvə(r)/, *n.* miscredente; ateo.
non-belligerency /nɒnbəˈlɪdʒərənsɪ/, *n.* (*polit.*) non belligeranza.
non-belligerent /nɒnbəˈlɪdʒərənt/, *a.* e *n.* (*polit.*) (nazione) non belligerante.
non-biodegradable /nɒnbaɪəʊdɪˈgreɪdəbl/, *a.* (*chim.*) non biodegradabile.
non-blank /nɒnˈblæŋk/, *a.* (*elab.*) perforato.
nonce /nɒns/, *n.* – (*soltanto nella locuz.:*) **for the n.**, per il presente; per il momento; per questa volta. ● **n.-word**, parola coniata per l'occasione.
nonchalance /ˈnɒnʃələns, *USA* nɒnʃəˈlɑːns/, *n.* indifferenza; noncuranza; disinvoltura.
nonchalant /ˈnɒnʃələnt, *USA* nɒnʃəˈlɑːnt/, *a.* noncurante; indifferente; disinvolto.
non-collegiate /nɒnkəˈliːdʒɪət/, **A** *a.* non organizzato in college. **B** *n.* (*all'università*) studente esterno.
non-com /nɒnˈkɒm/, *n.* (*fam., mil.*) sottufficiale.
non-combatant /nɒnˈkɒmbətənt/, *n.* (*mil.*) **1** militare non combattente (*cappellano, medico, ecc.*) **2** (*in tempo di guerra*) civile; borghese.
non-combustible /nɒnkəmˈbʌstəbl/, *a.* (*tecn.*) incombustibile.
non-commissioned officer /nɒnkəˈmɪʃndˈɒfɪsə(r), *USA* ˈɔːf-/, *n.* (*mil.*) sottufficiale.
noncommittal /nɒnkəˈmɪtl/, *a.* non impegnativo; vago: **a n. answer**, una risposta non impegnativa. ● (*di persona*) **to be n.**, non dire né sì né no; non pronunciarsi. || **-ly**, *avv.*
noncommitted /nɒnkəˈmɪtɪd/, *a.* (*polit.*) non impegnato: **n. nations**, nazioni non impegnate.
noncompeting /nɒnkəmˈpiːtɪŋ/, *a.* (*comm.*) non concorrenziale.
non-compliance /nɒnkəmˈplaɪəns/, *n.* (*leg.*) **1** inadempienza **2** rifiuto d'obbedire (*a un'ingiunzione, ecc.*).
non compos mentis /nɒnˈkɒmpəsˈmɛntɪs/ (*lat.*), *a.* (*leg.*) incapace d'intendere e di volere.
non-conducting /nɒnkənˈdʌktɪŋ/, *a.* (*fis.*) non conduttore; coibente; isolante: **n. material**, materiale isolante.
non-conductor /nɒnkənˈdʌktə(r)/, *n.* (*fis.*) materiale isolante.
nonconformism /nɒnkənˈfɔːmɪzəm/, *n.* **1** anticonformismo **2** (*relig.*) – **N.**, appartenenza a una chiesa dissenziente.
nonconformist /nɒnkənˈfɔːmɪst/, *n.* **1** anticonformista; nonconformista **2** – **N.**, nonconformista (*dissenziente dalla religione anglicana*).
nonconformity /nɒnkənˈfɔːmətɪ/, *n.* **1** V. **nonconformism** **2** (*geol.*) discordanza angolare.
non-contagious /nɒnkənˈteɪdʒəs/, *a.* (*med.*) non contagioso.
non-contributory /nɒnkənˈtrɪbjʊtrɪ, *USA* -tɔːrɪ/, *a.* non basato sul pagamento di contributi sociali; non contributivo. ● **a n. pension**, una pensione sociale.
non-cooperation /nɒnkəʊɒpəˈreɪʃn/, *n.* (*stor., polit.*) mancanza di collaborazione; resistenza passiva (*per es., quella di Gandhi in India*).
non-cumulative /nɒnˈkjuːmjʊlətɪv, *USA* -leɪtɪv/, *a.* (*fin.*) non cumulativo.
non-deductible /nɒndɪˈdʌktəbl/, *a.* (*fisc.*) non deducibile.
non-degradable /nɒndɪˈgreɪdəbl/, *a.* (*chim.*) non degradabile.
non-delivery /nɒndɪˈlɪvərɪ/, *n.* (*comm.*) mancata consegna.
non-denominational /nɒndɪnɒmɪˈneɪʃənl/, *a.* (*relig.*) aconfessionale.
non-denominationalism /nɒndɪnɒmɪˈneɪʃəlɪzəm/, *n.* (*relig.*) aconfessionalità.
nondescript /ˈnɒndɪskrɪpt, *USA* nɒndɪˈskrɪpt/, **A** *a.* indefinito; indefinibile; indescrivibile. **B** *n.* individuo (*o* oggetto) indefinibile.
non-disclosure /nɒndɪˈskləʊʒə(r)/, *n.* (*leg.*) mancata rivelazione di fatti; reticenza.
non-discrimination /nɒndɪskrɪmɪˈneɪʃn/, *n.* (*polit., ecc.*) mancanza di discriminazione.
non-disposable /nɒndɪˈspəʊzəbl/, *a.* (*market.: di un contenitore*) da restituire; a rendere.
non-diversified /nɒndaɪˈvɜːsɪfaɪd/, *a.* (*anche fin.*) indifferenziato.
nondrinker /nɒnˈdrɪŋkə(r)/, *n.* astemio.
nondrinking /nɒnˈdrɪŋkɪŋ/, *a.* astemio.
non-durable /nɒnˈdjʊərəbl, *USA* -ˈdʊə-/, **A** *a.* (*econ.*) non durevole: **n. goods**, beni di consumo non durevoli. **B** *n. pl.* (*econ.*) beni di consumo non durevoli.
none /nəʊn/, **A** *pron. indef.* **1** nessuno, nessuna: **N. of them is the man I am looking for**, nessuno di loro è l'uomo che cerco; **N. of them are useful to me**, nessuno di loro mi è utile **2** niente; nulla: **N. of this concerns me**, niente di tutto ciò mi riguarda **3** non... ne; non: **There are n. left**, non ne sono rimasti; **You**

have money and I have n., tu hai denaro e io non ne ho; **His understanding is n. of the clearest**, il suo intelletto non è dei più chiari; **If a doctor is wanted, I am n.**, se cercano un dottore, io non lo sono. **B** avv. (*coi compar. e con* **so** *e* **too**) non: **He is n. the wiser for his experiences**, non è diventato più saggio nonostante le esperienze che ha fatto; **You did it n. too well**, non l'hai (mica) fatto tanto bene; **They are n. too fond of him**, non gli vogliono (mica) tanto bene. ● **n. but**, nessuno tranne, nessuno che non sia; solamente, soltanto: **N. but a brave man would dare to do it**, soltanto un coraggioso oserebbe farlo □ **n. the less**, nondimeno; tuttavia □ **n. other than**, nientedimeno che; appunto: **N. other than the President of the Republic was present**, era presente nientedimeno che il Presidente della Repubblica; **This is n. other than the marketplace**, questa è appunto la piazza del mercato □ **N. of that!**, basta!; smettila!; smettetela! □ **He said he would have n. of it**, rifiutò recisamente (l'offerta); disse di non volerne sapere □ **Peaches we have almost n.**, quanto a pesche, ne siamo quasi sprovvisti □ **That's n. of your business**, non sono affari tuoi!

non-effective /nɒnɪ'fektɪv/, a. ***1*** inefficace ***2*** (*mil.*) inabile al servizio attivo.

non-ego /nɒn'ɛgəʊ/, n. (*filos.*) (il) non-io.

non-elastic /nɒnɪ'læstɪk/, a. (*tecn.*) anelastico.

non-enforceable /nɒnɪn'fɔːsəbl/, a. (*leg.*: *di legge, ecc.*) inapplicabile.

nonentity /nɒn'ɛntətɪ/, n. ***1*** inesistenza; il non essere ***2*** cosa inesistente (*o* immaginaria) ***3*** nullità; uomo da nulla; zero (*fig.*).

non-erasable /nɒnɪ'reɪzəbl, *USA* -s-/, a. (*elab.*) non cancellabile.

nones /nəʊnz/, n. pl. ***1*** (*stor.*) none (*del calendario romano*) ***2*** (*relig.*) nona; ora nona.

non-essential /nɒnɪ'sɛnʃl/, **A** a. non essenziale; inutile. **B** n. cosa non essenziale.

nonesuch /'nʌnsʌtʃ/, (*lett.*) **A** a. senza pari; ineguagliabile. **B** n. persona (*o* cosa) senza pari.

nonetheless /nʌnðə'lɛs/, avv. ciononostante; tuttavia.

non-existence /nɒnɪg'zɪstəns/, n. inesistenza; il non essere.

non-existent /nɒnɪg'zɪstənt/, a. inesistente.

non-fading /nɒn'feɪdɪŋ/, a. (*di tinta, ecc.*) che non si scolora; solido.

non-feasance /nɒn'fiːzəns/, n. (*leg.*) omissione.

non-fiction /nɒn'fɪkʃn/, **A** n. (*letter.*) opere che non sono frutto dell'immaginazione (*saggistica, storiografia, ecc.*). **B** a. non di narrativa.

non-figurative /nɒn'fɪgərətɪv, *USA* -gjə-/, a. (*arte*) non figurativo; astratto.

non-flammable /nɒn'flæməbl/, a. ininfiammabile.

non-fraternization /nɒnfrætənaɪ'zeɪʃn, *USA* -nɪ'z-/, n. l'astenersi dal fraternizzare.

non-fulfilment /nɒnfʊl'fɪlmənt/, n. (*leg.*) inadempienza; inadempimento: **n. of a contract**, inadempienza contrattuale.

non-historical /nɒnhɪ'stɒrɪkl, *USA* -ɔːr-/, a. non storico; astorico.

non-human /nɒn'hjuːmən/, a. non umano; inumano.

nonillion /nəʊ'nɪlɪən/, n. (*mat.*) ***1*** nona potenza di un milione ***2*** (*USA*) quinta potenza di un milione.

non-immigrant /nɒn'ɪmɪgrənt/, a. e n. (*specialm. USA*) che (*o* chi) non è un immigrante: **n. visitors to the U.S.A.**, visitatori degli U.S.A. che non sono immigranti.

non-information /nɒnɪnfə'meɪʃn/, n. disinformazione.

non-interest-bearing /nɒn'ɪntrɪstbɛərɪŋ/, locuz. a. (*fin.*) infruttifero: **n. accounts**, conti infruttiferi.

non-interference /nɒnɪntə'fɪərəns/, n. (*specialm. polit.*) non ingerenza.

non-intervention /nɒnɪntə'vɛnʃn/, n. (*specialm. polit.*) non intervento; non interventismo; neutralità.

non-involved /nɒnɪn'vɒlvd/, a. non coinvolto; non implicato.

non-involvement /nɒnɪn'vɒlvmənt/, n. mancato coinvolgimento; il non essere implicato (*in q.c.*).

non-iron /nɒn'aɪən, *USA* -'aɪə[r]n/, a. (*d'abito e sim.*) non stiro; lava e indossa.

nonius /'nəʊnɪəs/, n. (*fis.*) nonio (*strumento*).

non-juror /nɒn'dʒʊərə(r)/, n. (*specialm. stor.*) chi rifiuta di prestare il giuramento di fedeltà (*al sovrano, al governo, ecc.*).

non-logical /nɒn'lɒdʒɪkl/, a. illogico.

non-marketable /nɒn'mɑːkɪtəbl/, a. (*fin.*) non negoziabile.

non-material /nɒnmə'tɪərɪəl/, a. (*anche econ.*) immateriale: **n. goods**, beni immateriali.

non-member /nɒn'mɛmbə(r)/, n. non socio; estraneo (*a un club*). ● **open to non--members**, aperto al pubblico.

non-monetary /nɒn'mʌnɪtrɪ, -'mɒn-, *USA* -terɪ/, a. (*econ.*) non monetario. ● (*fin.*) **n. investments**, investimenti in beni rifugio.

non-negotiable /nɒnnɪ'gəʊʃəbl/, a. (*leg., fin.*: *di un titolo, ecc.*) non negoziabile.

non-nuclear /nɒn'njuːklɪə(r), *USA* -'nuː-/, a. ***1*** (*mil.*) che non possiede armi nucleari ***2*** non nucleare ***3*** (*mil.*) convenzionale: **n. weapons**, armi convenzionali.

no-no /'nəʊnəʊ/, n. (*pl.* **no-nos**) (*fam. USA*) cosa da non farsi; cosa disdicevole (*o* proibita); tabù (*fig.*).

non-observance /nɒnəb'zɜːvəns/, n. (*leg.*) inosservanza.

nonpareil /nɒnpə'reɪl, 'nɒnp(ə)rəl, *USA* -ə'rel/, **A** a. (*lett.*) senza pari; incomparabile; unico. **B** n. ***1*** persona (*o* cosa) incomparabile, unica al mondo ***2*** (*tipogr.*) nonpariglia; (carattere di) corpo 6.

non-partisan /nɒnpɑːtɪ'zæn/, a. ***1*** (*polit.*) indipendente ***2*** imparziale.

non-party /nɒn'pɑːtɪ/, a. (*polit.*) apartitico; indipendente.

non-payment /nɒn'peɪmənt/, n. (*comm.*) mancato pagamento; rifiuto di pagare.

non-performance /nɒnpə'fɔːməns/, n. (*leg.*) inadempienza; inadempimento.

non-perishable /nɒn'perɪʃəbl/, a. (*di merce*) non deperibile.

non-person /'nɒnpɜːsn/, n. (*polit.*) persona non tutelata (*dalle leggi, ecc.*); cittadino di serie B (*fam.*).

nonplus /nɒn'plʌs, 'nɒnplʌs/, n. (*pl.* **nonplusses, nonpluses**) imbarazzo; perplessità. ● **to be at a n.**, essere imbarazzato; non sapere che pesci pigliare (*fam.*).

to **nonplus** /nɒn'plʌs, 'nɒnplʌs/, v. t. imbarazzare; confondere; sconcertare.

non-political /nɒnpə'lɪtɪkl/, a. apolitico.

non-polluting /nɒnpə'luːtɪŋ/, a. (*ecol.*) non inquinante.

non-productive /nɒnprə'dʌktɪv/, a. (*econ.*) improduttivo.

non-profit /nɒn'prɒfɪt/, a. (*econ., USA*) che non ha scopi di lucro; disinteressato: **a n. organization**, un'organizzazione senza scopi di lucro.

non-profit-making /nɒn'prɒfɪtmeɪkɪŋ/, locuz. a. (*econ.*) ***1*** che non ha scopi di lucro; senza fini di lucro ***2*** che non rende.

non-proliferation /nɒnprəlɪfə'reɪʃn/, n. (*polit., mil.*) non proliferazione. ● **n. treaty**, trattato di non proliferazione.

non-receipt /nɒnrɪ'siːt/, n. (*bur.*) mancato ricevimento (*della corrispondenza, di assegni, ecc.*).

non-representational /nɒnreprɪzɛn'teɪʃənl/, a. (*arte*) non figurativo; astratto.

non-representative /nɒnreprɪ'zɛntətɪv/, a. (*stat.*) non rappresentativo.

non-residence /nɒn'rɛzɪdəns/, n. il non essere residente; il non risiedere nel posto in cui si lavora (*o* si studia, ecc.).

non-resident /nɒn'rɛzɪdənt/, **A** a. non residente (*nel posto dove lavora, studia, ecc.*). **B** n. ***1*** (*relig.*) titolare di beneficio ecclesiastico il quale risiede altrove ***2*** non residente; chi non risiede nella sua sede d'ufficio (*o* di studio, ecc.) ***3*** persona di passaggio. ● **n. maid**, donna (di servizio) a giornata □ (*di bar o ristorante annesso a un albergo*) **open to non--residents**, aperto al pubblico (*a tutti, non solo agli ospiti*).

non-resistance /nɒnrɪ'zɪstəns/, n. (*polit.*) resistenza passiva.

non-respondent /nɒnrɪ'spɒndənt/, n. chi non fornisce risposte (*a un questionario, ecc.*).

non-returnable /nɒnrɪ'tɜːnəbl/, a. (*market.*) da non restituire; a perdere: **n. bottles**, bottiglie a perdere.

non-revenue /nɒn'rɛvənjuː, *USA* -nuː/, a. (*fin.*) non fiscale: **n. receipts**, entrate non fiscali (*dello stato*).

non-seller /nɒn'sɛlə(r)/, n. (*market.*) articolo che non si vende.

non-selling /nɒn'sɛlɪŋ/, a. (*org. az.*: *di reparto, ecc.*) non addetto alle vendite.

nonsense /'nɒnsns, *USA* -sens/, **A** n. ***1*** nonsenso; controsenso; assurdità; insensatezza; frottole, sciocchezze, stupidaggini: **That's all n.**, sono tutte sciocchezze! ***2*** filastrocca umoristica. **B** inter. – **N.!**, sciocchezze!; fesserie! (*fam.*). ● (*stat.*) **n. correlation**, correlazione spuria □ (*biol.*) **n. mutation**, mutazione a nonsenso □ (*letter. ingl.*) **n. poems** [**n. verse**], poesie [versi] di un umorismo un po' assurdo, irreale.

nonsensical (**1**) /nɒn'sensɪkl/, a. assurdo; bislacco; privo di senso; insulso; sciocco: **n. remarks**, osservazioni sciocche (*o* insensate). || **-ly**, avv. || **-ness**, sost.

non-sensical (**2**) /nɒn'sɛnsɪkl/, a. (*ling.*) asemantico.

non-shrink /nɒn'ʃrɪŋk/, **non-shrinkable** /nɒn'ʃrɪŋkəbl/, a. (*di tessuto*) irrestringibile.

non-skid /nɒn'skɪd/, a. ***1*** (*autom.*: *di pneumatico*) antisdrucciolevole ***2*** (*edil.*) V. **non-slip**.

non-slip /nɒn'slɪp/, a. (*edil.*) antisdrucciolo: **a. vinyl**, vinile antisdrucciolo; **a. tiles**, piastrelle antisdrucciolo.

non-smoker /nɒn'sməʊkə(r)/, n. ***1*** non fumatore ***2*** (*ferr.*) carrozza (*o* scompartimento) per non fumatori.

non-sonant /nɒn'səʊnənt/, a. (*ling.*) ostruente.

non-specialist /nɒn'spɛʃəlɪst/, n. non specialista; profano.

non-starter /nɒn'stɑːtə(r)/, n. ***1*** (*sport*) cavallo (*o* atleta) che viene ritirato prima della corsa ***2*** (*fig.*) chi non ha possibilità di successo (*in una candidatura, ecc.*) ***3*** (*fam.*) idea (*o* proposta) sballata.

non-stick /nɒn'stɪk/, a. antiaderente (*detto di pentola o tegame con speciale rivestimento interno*).

nonstop /nɒn'stɒp/, **A** a. ***1*** (*di viaggio*) ininterrotto; senza fermate ***2*** (*di treno, autobus*) diretto ***3*** (*aeron.*) senza scalo; non stop: **a n. flight**, un volo non stop. **B** n. ***1*** treno (*o* autobus) diretto, che non ferma ***2*** corsa (viaggio) senza fermate. **C** avv. ***1*** senza sosta ***2*** (*di treno, autobus*) senza fermate (intermedie) ***3*** (*aeron.*) senza scalo: **to fly n. from Rome to New York**, volare senza scalo da Roma a New York.

non-striker /nɒn'straɪkə(r)/, n. chi non aderisce a uno sciopero.

non-structural /nɒn'strʌktʃərəl/, a. non strutturale.

non-success /nɒnsək'sɛs/, n. insuccesso.

nonsuch /'nʌnsʌtʃ/, V. **nonesuch**.

nonsuit /nɒn'sjuːt, -'suːt/, n. (*leg.*) non luogo a procedere: **to enter a n.**, pronunciare un non luogo a procedere.

to **nonsuit** /nɒn'sjuːt, -'suːt/, v. t. (*leg.*) pro-

nunciare un non luogo a procedere ai danni di (*un attore in una causa civile*).
non-tariff /nɒn'tærɪf/, *a.* (*comm. est.*) non tariffario: (*dog.*) **n. barriers**, barriere non tariffarie.
non-taxable /nɒn'tæksəbl/, *a.* (*fisc.*) non tassabile; non imponibile: **n. income**, reddito non tassabile (*o* esente da tassazione).
non-toxic /nɒn'tɒksɪk/, *a.* (*farm., med.*) atossico.
non-trading /nɒn'treɪdɪŋ/, *a.* (*fin.*) non commerciale: **n. company**, società non commerciale; (*di solito*) società di liberi professionisti.
non-tranferable /nɒn'trænsfərəbl/, *a.* (*leg., fin.*) non trasferibile.
non-U /nɒn'ju:/, *a.* (*arc.* o *scherz.*) poco fine; inelegante; plebeo (*non all'altezza della «upper class»*).
nonunion /nɒn'ju:nɪən/, *a.* (*d'operaio, ecc.*) non iscritto a un sindacato.
nonunionist /nɒn'ju:nɪənɪst/, *n.* lavoratore non iscritto a un sindacato.
non-use /nɒn'ju:s/, *n.* (*anche econ., market.*) non uso: **the use or n. of certain products**, l'uso o il non uso di taluni prodotti.
non-user /nɒn'ju:zə(r)/, *n.* (*leg.*) mancato esercizio (*di un diritto*); inerzia.
non-utilized /nɒn'ju:tɪlaɪzd/, *a.* inutilizzato; non utilizzato: (*econ.*) **n. production potential**, capacità produttiva non utilizzata.
nonverbal /nɒn'vɜ:bl/, *a.* non verbale; che non fa uso della parola: (*pubbl.*) **n. behaviour**, comportamento non verbale (*gesti, mosse, ecc.*).
non-viable /nɒn'vaɪəbl/, *a.* *1* non realizzabile; irrealistico *2* (*med., demogr.*) non vitale: **n. fetus**, feto non vitale.
non-violence /nɒn'vaɪələns/, *n.* nonviolenza.
non-violent /nɒn'vaɪələnt/, *a.* non violento; che non fa ricorso alla violenza; pacifico: **a n. demonstration**, una dimostrazione pacifica (*o* non violenta).
non-volatile /nɒn'vɒlətaɪl, *USA* -tl/, *a.* *1* (*chim.*) non volatile *2* (*elab.*) non volatile; permanente: **n. memory**, memoria permanente.
non-voter /nɒn'vəʊtə(r)/, *n.* (*polit.*) *1* non votante; chi non vota *2* chi non ha diritto di voto.
non-voting /nɒn'vəʊtɪŋ/, *a.* (*polit., fin.*) che non ha (*o* senza) diritto di voto: **n. shares**, azioni senza diritto di voto.
non-white /nɒn'waɪt, *USA* -'hw-/, *a.* e *n.* non bianco (*di etnia*). ● (*demogr.*) **the non-whites**, le persone di colore.
non-zero /nɒn'zɪərəʊ, -ɪr-, *USA* -ɪr-, -i:r-/, *a.* (*mat., elab.*) diverso da zero: **n. digit**, cifra diversa da zero.
noodle (1) /'nu:dl/, *n.* *1* gonzo; sempliciotto; stupido *2* (*pop. USA*) testa; zucca.
noodle (2) /'nu:dl/, *n.* (*spesso al pl.*) tagliatelle; taglierini, ecc. ● (*cucina*) **n. plates**, trafile (*dischetti perforati*) per fare la pasta in casa.
to **noodle** /'nu:dl/, *v. i.* (*pop., mus.*) improvvisare (*con uno strumento*).
nook /nʊk/, *n.* angolo; angolino; cantuccio; recesso. ● **to search every n. and cranny**, cercare dappertutto.
noon /nu:n/, **noonday** /'nu:ndeɪ/, **noontide** /'nu:ntaɪd/, *n.* *1* mezzogiorno; mezzodì (*raro*); meriggio (*lett.*) *2* (*fig.*) culmine; apogeo; acme. ● **noontide heat**, caldo meridiano □ **It's twelve n.**, sono le dodici; è mezzogiorno.
nooner /'nu:nə(r)/, *n.* (*pop. USA*) pausa (*o* pasto) di mezzogiorno.
noose /nu:s/, *n.* cappio; laccio (*anche fig.*); nodo scorsoio; (*fig.*) trappola: **the hangman's n.**, il cappio del boia; il capestro; **to put one's head in the n.**, mettere la testa nel cappio; (*fig.*) cadere in trappola.
to **noose** /nu:s/, *v. t.* *1* accalappiare; prendere al laccio; intrappolare *2* legare con un nodo scorsoio; fare un cappio a (*una corda, ecc.*) *3* (*fig. raro*) impiccare.
nopal /'nəʊpl, nəʊ'pæl, nəʊ'pɑ:l/, *n.* (*bot.*) *1* (*Opuntia lindheimeri*) cactus dai fiori gialli *2* (*Nopalea cochinellifera*) cactus dai fiori rossi.
nope /nəʊp/, *avv.* (*fam.*) no.
nor (1) /nɔ:(r), nə(r)/, *cong.* (*spesso correl. di* **neither**) né; e non; neanche; nemmeno: **I have neither coffee nor tea**, non ho né caffè né tè; **It is neither green nor yellow**, non è né verde né giallo; **I don't know, nor do I care**, non lo so e non (*o* né) me ne importa; **He doesn't smoke, nor does he drink**, egli non fuma e neanche beve.
nor (2) /nɔ:(r)/, *abbr.* di **north** (*specialm. nei composti, per es.*:) **norwestern**, nordoccidentale; **nor'wester**, (vento) maestrale.
noradrenaline /nɔ:rə'drenəlɪn/, *n.* (*biochim.*) noradrenalina.
Nordic /'nɔ:dɪk/, *a.* e *n.* (*etnol.*) nordico. ● (*sci*) **the N. combined**, la combinata nordica.
Norfolk /'nɔ:fək/, *n.* (*geogr.*) Norfolk (*contea inglese*). ● **N. capon**, aringa affumicata □ (*scherz.*) **N. dumpling** (*o* **N. turkey**), abitante (*o* nativo) del Norfolk.
noria /'nɔ:rɪə/, *n.* noria.
norite /'nɔ:raɪt/, *n.* (*geol.*) norite.
norland /'nɔ:lənd/, *n.* (*arc.*) regione nordica; paese settentrionale.
norm /nɔ:m/, *n.* *1* norma; regola *2* modello; tipo *3* (*mat.*) norma *4* (*ling.*) norma.
normal /'nɔ:məl/, **A** *a.* normale (*in ogni senso*): (*geom.*) **a n. line**, una linea normale, perpendicolare; (*USA*) **a n. school**, una scuola normale; una scuola di tirocinio per insegnanti. **B** *n.* *1* livello normale; norma *2* (*geom.*) (linea) normale, perpendicolare. ● (*stat.*) **n. distribution**, distribuzione normale □ (*econ.*) **n. price**, prezzo d'equilibrio □ **n. seasonal temperatures**, temperature medie stagionali □ (*sport*) **n. time**, tempo normale (*non supplementare*) □ **above** [**below**] **n.**, più che [men che] normale; sopra [sotto] la norma. || **-ly**, *avv.*
normalcy /'nɔ:məlsɪ/, (*USA*) *V.* **normality**.
normality /nɔ:'mælətɪ/, *n.* normalità.
normalization /nɔ:məlaɪ'zeɪʃn, *USA* -lɪ'z-/, *n.* normalizzazione: **the n. of international relations**, la normalizzazione dei rapporti internazionali.
to **normalize** /'nɔ:məlaɪz/, **A** *v. t.* normalizzare (*anche scient., tecn.*); rendere normale. **B** *v. i.* normalizzarsi; tornare alla normalità.
Norman /'nɔ:mən/, **A** *n.* (*stor.*) *1* normanno *2* (= **N. French**) franco-normanno (*lingua dei Normanni*). **B** *a.* normanno; dei Normanni: **the N. Conquest**, la conquista normanna (*dell'Inghilterra*: *1066*); **N. architecture**, architettura normanna. ● **N. French**, franco-normanno.
Normandy /'nɔ:məndɪ/, *n.* (*geogr.*) Normandia.
normative /'nɔ:mətɪv/, *a.* normativo: (*ling.*) **n. grammar**, grammatica normativa; (*leg.*) **a n. law**, una (legge) normativa. || **-ly**, *avv.*
normoblast /'nɔ:məʊblæst/, *n.* (*biol.*) normoblasto.
normocyte /'nɔ:məʊʃɑɪt/, *n.* (*biol.*) normocita; normocito.
Norn /nɔ:n/, *n.* (*mitol. scandinava*) Norna.
Norse /nɔ:s/, **A** *a.* *1* (*stor.*) norreno *2* scandinavo *3* norvegese. **B** *n.* *1* lingua norrena; lingua scandinava antica *2* lingua norvegese. ● **the N.**, gli Scandinavi; i Norvegesi.
Norseman /'nɔ:smən/, *n.* (*pl.* **Norsemen**) (*stor.*) antico abitante della Scandinavia; vichingo.
north /nɔ:θ/, **A** *n.* *1* nord; settentrione; parte settentrionale: **Normandy is in the n. of France**, la Normandia è nel nord della Francia; **England is to the n. of France**, l'Inghilterra è a nord della Francia; **magnetic n.**, nord magnetico *2* (*geogr.*) – **the N.**, il Nord, i paesi del nord; (*in Inghil.*) il Nord; (*in U.S.A.*) gli Stati del nord; (*stor. USA*) il Nord, gli Stati nordisti. **B** *a.* *1* del nord; nordico; settentrionale: **n. wind**, vento del (*o* da) nord; **N. America**, America del Nord (*o* Settentrionale) *2* (situato a) nord: **the n. entrance**, l'entrata nord; **the n. side of the house**, il lato nord della casa *3* (esposto, rivolto, che guarda) a nord (*o* a settentrione): **a n. window**, una finestra che guarda a nord. **C** *avv.* a nord; verso (il) nord; a (*o* verso) settentrione: **The house faces n.**, la casa è esposta a nord; **Birds go n. in summer**, d'estate gli uccelli vanno a nord. ● **N. Africa**, il Nord Africa □ **N. African**, nordafricano □ **N. American**, nordamericano □ **the N. Atlantic**, l'Atlantico settentrionale □ (*anche polit.*) **N. Atlantic**, nordatlantico □ **the N. Country**, (*in G.B.*) il Nord; (*in America*) l'Alaska, lo Yukon, ecc. □ (*in U.S.A.*) **N. Dakota**, il Nord Dakota □ **the N. of Italy**, l'Italia settentrionale □ **the N. Pole**, il polo nord; il polo artico □ **the N. Sea**, il Mare del Nord □ **N. Sea oil**, il petrolio del Mare del Nord □ (*astron.*) **the N. Star**, la stella polare □ (*di un territorio*) **to lie n. and south**, estendersi da nord a sud; essere disposto nel senso dei meridiani.
northbound /'nɔ:θbaʊnd/, *a.* diretto a nord; che va verso nord.
northeast /nɔ:θ'i:st/, **A** *n.* nordest. **B** *a.* di nordest; nordorientale.
northeaster /nɔ:θ'i:stə(r)/, *n.* vento di nordest.
northeasterly /nɔ:θ'i:stəlɪ/, **northeastern** /nɔ:θ'i:stən/, *a.* di nordest; nordorientale.
northeastward /nɔ:θ'i:stwəd/, **A** *a.* *1* (*specialm. del vento*) di nordest *2* a nordest; rivolto a nordest. **B** *n.* (direzione di) nordest.
northeastward(s) /nɔ:θ'i:stwəd(z)/, *avv.* verso nordest.
norther /'nɔ:ðə(r)/, *n.* vento da nord; vento di settentrione; (*in Italia*) tramontana.
northerly /'nɔ:ðəlɪ/, **A** *a.* *1* del nord; del settentrione; settentrionale: **a n. wind**, un vento del (*o* da) nord *2* verso nord; verso settentrione: (*naut., aeron.*) **a n. course**, una rotta verso nord. **B** *avv.* *1* (*del vento*) da nord: **The wind blew n.**, il vento soffiava da nord *2* verso nord; verso settentrione: **to sail n.**, navigare verso nord. **C** *n.* vento del nord; (*in Italia*) tramontana. ● (*geogr.*) **n. latitude**, latitudine boreale □ **to sail in a n. direction**, navigare verso nord.
northern /'nɔ:ðən/, **A** *a.* *1* del nord; nordico; settentrionale; boreale: **a n. wind**, un vento del nord; **the N. States of the U.S.A.**, gli Stati settentrionali degli U.S.A.; **the n. hemisphere**, l'emisfero settentrionale (*o* boreale); **the n. lights**, l'aurora boreale *2* (esposto, rivolto, che guarda) a nord (*o* a settentrione): **a n. window**, una finestra a settentrione *3* (*USA*) degli Stati del nord; (*stor.*) nordista. **B** *n.* (*USA*) abitante (*o* nativo) di uno Stato del nord.
northerner /'nɔ:ðənə(r)/, *n.* *1* settentrionale; abitante (*o* nativo) di un paese del nord *2* – **N.**, abitante (*o* nativo) dell'Inghilterra settentrionale *3* (*USA*) – **N.**, abitante (*o* nativo) di uno Stato del nord; (*stor.*) nordista.
northernmost /'nɔ:ðənməʊst/, *a.* (il) più a nord; (il) più settentrionale; dell'estremo nord.
northing /'nɔ:θɪŋ/, *n.* *1* (*naut.*) spostamento (*della rotta*) verso nord *2* (*naut.*) distanza coperta navigando verso nord *3* (*astron.*) declinazione nord.
Northland /'nɔ:θlənd/, *n.* (*geogr.*) *1* (*in Europa*) la penisola scandinava *2* (*in Canada*) l'estremo nord.
Northman /'nɔ:θmən/, *n.* (*pl.* **Northmen**) *1* (*stor.*) abitante dell'antica Scandinavia; vichingo *2* scandinavo (*svedese* o *norvegese*).
Northumbrian /nɔ:'θʌmbrɪən/, *a.* e *n.* *1* (*stor.*) (abitante, dialetto) della Northumbria *2* (abitante, parlata) del Northumberland.
northward /'nɔ:θwəd/, **A** *a.* diretto (*o* rivolto) a nord. **B** *avv.* verso nord. **C** *n.* (*raro*) direzione nord. ● **The ship sailed to the n.**, la

nave fece rotta verso nord.

northwardly /ˈnɔːθwədlɪ/, **A** *a.* ***1*** diretto (*o* rivolto) a nord; verso (il) nord: **the n. flight of the geese**, il volo delle oche verso il nord ***2*** che spira verso nord: **a n. wind**, un vento che spira verso nord. **B** *avv.* verso nord.

northwards /ˈnɔːθwədz/, *avv.* verso nord.

northwest /nɔːθˈwɛst/, **A** *n.* nordovest. **B** *a.* di nordovest; nordoccidentale.

northwester /nɔːθˈwɛstə(r)/, *n.* vento di nordovest.

northwesterly /nɔːθˈwɛstəlɪ/, **northwestern** /nɔːθˈwɛstən/, *a.* di nordovest; nordoccidentale.

northwestward /nɔːθˈwɛstwəd/, **A** *a.* ***1*** (*specialm. del vento*) di nordovest ***2*** a nordovest; rivolto a nordovest. **B** *n.* (direzione di) nordovest.

northwestward(s) /nɔːθˈwɛstwəd(z)/, *avv.* verso nordovest.

Norway /ˈnɔːweɪ/, *n.* (*geogr.*) Norvegia.

Norwegian /nɔːˈwiːdʒən/, *a.* e *n.* norvegese (*anche la lingua*).

nor'wester /nɔːˈwɛstə(r)/, *n.* ***1*** forte vento di (*o* da) nordovest ***2*** (*naut.*) burrasca da nordovest ***3*** (*fam.*) bicchierino di liquore forte ***4*** (*raro*) *V.* **sou'wester**, *def. 3*.

nose /nəʊz/, *n.* ***1*** (*anat.*) naso (*anche fig.*); odorato fine, buon fiuto; (*di animale*) muso: **My dog has a good n.**, il mio cane ha un buon fiuto; **I have a good nose for buys**, ho naso per gli acquisti ***2*** aroma, profumo (*del fieno, del tè, ecc.*) ***3*** (*mecc.*) becco, beccuccio; sporgenza; canna, cannuccia; tubo: **the n. of a retort**, la cannuccia di una storta; **the n. of a pair of bellows**, il tubo di un mantice, di un soffietto ***4*** (*fig.*) muso (*di un'automobile, ecc.*) ***5*** (*naut., aeron.*) prua; prora; muso (*d'aereo*) ***6*** (*mil.*) punta (*di proiettile, di siluro*); ogiva ***7*** (*geogr.*) sperone di roccia ***8*** (*pop.*) spia della polizia. ● (*zool.*) **n.-ape** (*Nasalis larvatus*), nasica □ (*pop.*) **n.-burner**, pipa corta □ (*aeron., miss.*) **n. cone**, ogiva: **reentry n. cone**, ogiva per rientro □ **n. dive**, (*aeron.*) picchiata (*in candela*); (*fig.*) caduta verticale, calo brusco (*per es., di prezzi*) □ (*mil., miss.*) **n. fuse**, spoletta anteriore □ (*aeron.*) **n.-heavy**, appruato □ (*pop.*) **n. job**, plastica al naso: **to have a n. job**, farsi rifare il naso □ (*mecc.*) **n. key**, controchiavetta □ (*fam.*) **n. rag**, fazzoletto (da naso) □ (*di automobili, ecc.*) **n. to tail**, in fila serrata; con i paraurti quasi a contatto □ (*pop.*) **n.-warmer**, pipa corta; pipetta □ **as plain as the n. on your face**, evidente; chiaro come la luce del sole □ (*fig.*) **to bite** (*o* **to snap**) **sb.'s n. off**, dare una rispostaccia a q.; rispondere per le rime (*o* in malo modo) a q. □ **to bleed at the n.**, far sangue dal naso □ **to blow one's n.**, soffiarsi il naso □ (*sport* e *fig.*) **by a n.**, di misura; con uno strettissimo margine (di vantaggio) □ (*fig.*) **to cut off one's n. to spite one's face**, darsi la zappa sui piedi □ **to follow one's n.**, andare dritto al naso (*o* sempre dritto) □ (*fam.*) **to get up sb.'s n.**, mandare q. su tutte le furie; fare incavolare q. (*fam.*) □ (*fig.*) **to have one's n. in the air**, avere il naso in aria; avere la testa fra le nuvole □ **to have a runny n.**, avere la goccia al naso (*o* il naso che cola) □ (*fig. fam.*) **to keep one's n. clean**, tenersi fuori dei guai; non impicciarsi □ (*fig. fam.*) **to keep one's n. to the grindstone**, lavorare sodo (*o* come un mulo) □ (*fam.*) **to lead sb. by the n.**, menare q. per il naso □ (*fam.*) **to look down one's n. at sb.**, guardare q. dall'alto in basso □ (*fam. USA*) **on the n.**, al posto giusto, a proprio agio (*in una parte, ecc.*); all'ora esatta; puntualmente □ (*fam.*) **to pay through the n.**, pagare un occhio della testa (*o* un prezzo esorbitante) □ (*fam.*) **to poke** (*o* **to stick**) **one's n. in**, ficcare il naso: **Don't poke your n. into my affairs!**, non ficcare il naso nei miei affari! □ (*fam.*) **to put sb.'s n. out of joint**, rompere le uova nel paniere (*o* giocare un brutto tiro) a q.; fregare q. (*fam.*) □ **Roman n.**, naso aquilino □ (*fig. fam.*) **to rub one's n. in the dirt**, sbattere il muso in qualcosa di spiacevole □ **to see no futher than** (**the end of**) **one's n.**, non vedere più in là del proprio naso □ **to speak through the n.**, parlare nel naso □ (*fam.*) **to turn up one's n. at sb.** [**st.**], arricciare il naso davanti a q. [q.c.]: **He turns up his n. at pop art**, arriccia il naso davanti alla popart □ **under sb.'s** (**very**) **n.**, (proprio) sotto il naso di q.: **He cheated me under my very n.**, me l'ha fatta proprio sotto il naso □ **to win by a n.**, vincere di stretta misura.

to **nose** /nəʊz/, *v. t.* e *i.* ***1*** (*anche* **to n. out**) annusare; fiutare; odorare: **The cat nosed out a mouse**, il gatto fiutò un topo; **I always n. treachery**, annuso sempre l'inganno; **He is very good at nosing a bargain**, è bravissimo a fiutare un affare ***2*** strofinare il naso contro; (*d'animali*) ammusare ***3*** farsi largo, farsi strada (*col muso*); avanzare: **The ship nosed the first big swell**, la nave avanzò superando la prima grossa ondata. ● (*di cane o gatto*) **to n. the door open**, aprire la porta col naso □ **to n. one's way**, farsi strada, procedere: **Our craft nosed its way slowly through the fog**, la nostra imbarcazione procedeva lentamente nella nebbia.

♦**nose about**, *v. i.* + *avv.* (*fam.*) ***1*** annusare in giro (*o* qua e là) ***2*** ficcanasare; curiosare; ficcare il naso: **Why is he nosing about among my papers?**, perché sta ficcanasando fra le mie carte?

♦**nose after**, *v. i.* + *prep.* annusare in cerca di (q.c.); cercare (q.c.) con il fiuto.

♦**nose around**, *V.* **nose about**.

♦**nose at**, *v. i.* + *prep.* fiutare; annusare.

♦**nose down**, *v. i.* + *avv.* (*di un aereo*) scendere in picchiata; picchiare.

♦**nose into**, *v. i.* + *prep.* (*fam.*) ficcare il naso in: **I don't like people nosing into my affairs**, non mi piace che la gente ficchi il naso nei miei affari.

♦**nose out**, *v. t.* + *avv.* ***1*** scovare (q.c.) con l'olfatto ***2*** (*fam.*) scovare; fiutare; scoprire: **to n. out a scandal**, fiutare uno scandalo; **to n. out a nice spot for a picnic**, scoprire un bel posticino per una merenda all'aperto.

♦**nose round**, *V.* **nose about**.

♦**nose up**, *v. i.* (*di un aereo*) cabrare.

nosebag /ˈnəʊzbæg/, *n.* musetta; sacchetto per la biada.

noseband /ˈnəʊzbænd/, *n.* capezzina (*nella testiera del cavallo*).

nosebleed /ˈnəʊzbliːd/, *n.* ***1*** (*med.*) emorragia nasale; epistassi; sangue al naso ***2*** (*pop. USA*) tipo noioso; seccatore.

nosecone /ˈnəʊzkəʊn/, *n.* (*miss.*) ogiva (*di missile o d'astronave*).

nosed /nəʊzd/, *a.* (*nei composti, per es.*:) **pug-n.**, dal naso corto e all'insù. ● (*mil.*) **a soft-n. bullet**, un proiettile a punta deformabile.

to **nose(-)dive** /ˈnəʊzdaɪv/, *v. i.* ***1*** (*aeron.*) picchiare; scendere in picchiata ***2*** (*fig.*: *di prezzi, ecc.*) calare bruscamente; scendere in caduta verticale; crollare.

nosefuse /ˈnəʊzfjuːz/, *n.* (*mil., miss., USA*) spoletta anteriore (*di proiettile, ecc.*).

nosegay /ˈnəʊzgeɪ/, *n.* mazzo di fiori; mazzolino.

noseless /ˈnəʊzləs/, *a.* senza naso; senza olfatto.

nosepiece /ˈnəʊzpiːs/, *n.* ***1*** ponte (*degli occhiali*) ***2*** portaobiettivo (*di microscopio*) ***3*** (*tecn.*) boccaglio; tubo di efflusso ***4*** (*stor.*) nasale (*di armatura*) ***5*** *V.* **noseband**.

nosepipe /ˈnəʊzpaɪp/, *n.* (*tecn.*) boccaglio; tubo d'efflusso.

nosering /ˈnəʊzrɪŋ/, *n.* ***1*** nasiera; anello per il naso (*per buoi, tori, ecc.*) ***2*** anello al naso (*portato dai selvaggi*).

nosey /ˈnəʊzɪ/, *V.* **nosy**.

nosh /nɒʃ/, *n.* (*pop.*) cibo; spuntino; mangiata. ● **n.-up**, abbuffata, grossa mangiata □ **to have a quick n.**, fare uno spuntino; mangiare un boccone.

to **nosh** /nɒʃ/, **A** *v. i.* (*pop.*) mangiare; fare uno spuntino. **B** *v. t.* masticare. ● **to n. up**, abbuffarsi.

nosher /ˈnɒʃə(r)/, *n.* (*pop.*) ***1*** chi mangia ***2*** chi mastica. ● **a big n.**, uno che s'abbuffa; un mangione.

noshery /ˈnɒʃərɪ/, *n.* (*pop. USA*) ristorantino; tavola calda.

nosily /ˈnəʊzəlɪ/, *avv.* (*fam.*) sfacciatamente; da ficcanaso; ficcanasando.

nosiness /ˈnəʊzɪnəs/, *n.* il ficcanasare; curiosaggine.

nosing /ˈnəʊzɪŋ/, *n.* (*edil.*) ***1*** aggetto di gradino ***2*** listello di metallo (*per rivestire l'aggetto*) ***3*** taglia-acqua (*della pila di un ponte*) ***4*** (*ferr.*) serpeggiamento.

nosological /nɒsəˈlɒdʒɪkl/, *a.* (*med.*) nosologico.

nosology /nəˈsɒlədʒɪ/, *n.* (*med.*) nosologia.

nostalgia /nɒˈstældʒə/, *n.* nostalgia.

nostalgic /nɒˈstældʒɪk/, *a.* ***1*** nostalgico ***2*** che fa venire (*o* provoca) la nostalgia. || **-ally**, *avv.*

nostril /ˈnɒstrɪl/, *n.* (*anat.*) narice; (*di cavallo*) frogia. ● (*fig. arc.*) **to stink in sb.'s nostrils**, essere odioso a q.

nostrum /ˈnɒstrəm/, *n.* panacea; rimedio sovrano; toccasana.

nosy /ˈnəʊzɪ/, *a.* ***1*** che ha il naso grande, lungo; nasuto ***2*** (*specialm. di cereale, di fieno*) maleodorante ***3*** (*di persona*) che ha il naso (*o* l'olfatto) delicato ***4*** (*fam.*) ficcanaso; curioso; inframmettente. ● (*fam. spreg.*) **n. parker**, ficcanaso □ (*fam.*) **to get n.**, ficcare il naso; ficcanasare.

not /nɒt/, *avv.* ***1*** non: **They were not** (*di solito*: **weren't**) **there**, non c'erano; **We do not** (*di solito*: **don't**) **know**, non lo sappiamo; **It is not** (*di solito* **isn't**) **cold today**, non è freddo oggi; **I told him not to go**, gli dissi di non andare; **Not everybody wants to join us**, non tutti vogliono unirsi a noi ***2*** no; di no: **I believe** [**think, hope, suppose**] **not**, credo [penso, spero, suppongo] di no; **perhaps not**, forse no; **whether you like it or not**, ti piaccia o no; **Not to decide is to decide not**, non decidere vuol dire decidere di no. ● (*fam.*) **not to be all there**, essere un po' scemo (*o* un po' tocco) □ **not at all**, niente affatto; per niente □ **not but what** (*o* **not that**), non che (*seguito dal verbo neg.*); per quanto; comunque; tuttavia: **I cannot lift it; not but what a stronger man might**, io non riesco a sollevarlo; non che uno più forte di me non potrebbe farcela (*o* per quanto uno più forte di me potrebbe farcela) □ **not a few**, non pochi □ (*leg.*) **not guilty**, innocente: **Do you plead guilty or not guilty?**, Lei si dichiara colpevole o innocente? □ (*pop.*) **not half**, molto; moltissimo; eccome!: **«Was he annoyed?» «Not half»**, «era seccato?» «eccome!» □ **not once** (**nor twice**), non una sola volta; spesso □ (*leg., in Scozia*) **not proven**, (verdetto di) insufficienza di prove □ **not seldom**, non di rado □ (*banca*) **«not sufficient funds»**, «fondi insufficienti»; «conto scoperto» □ **not to say**, per non dire: **It's warm, not to say hot**, è caldo, per non dire caldissimo □ **not that...**, non che; non già che...: **Not that it matters**, non che abbia importanza □ **as likely as not**, probabilmente.

notability /nəʊtəˈbɪlətɪ/, *n.* ***1*** notabilità; ragguardevolezza; importanza ***2*** notabile; persona eminente, importante.

notable /ˈnəʊtəbl/, **A** *a.* degno di nota; notevole; ragguardevole; considerevole; importante; insigne: **a n. event**, un avvenimento importante; **a n. speaker**, un insigne oratore. **B** *n.* notabile; persona eminente, importante. ● (*chim.*) **a n. quantity of**, una quantità percettibile di. || **-bly**, *avv.* || **-ness**, *sost.*

notarial /nəʊˈtɛərɪəl/, *a.* (*leg.*) notarile: **n. deed**, atto notarile; rogito.

notarization /nəʊtəraɪˈzeɪʃn, *USA* -rɪˈz-/, *n.* (*leg.*) certificazione (*o* autenticazione) notarile.

to **notarize** /ˈnəʊtəraɪz/, *v. t.* (*leg.*) autenticare, legalizzare (*un documento, ecc.*).

notary /ˈnəʊtərɪ/, *n.* (*leg.*) notaio (*a differenza del notaio ital., si limita ad autenticare la sottoscrizione di atti da lui non redatti; e i* **notarial acts** *riguardano soprattutto le procure per l'estero e il protesto delle cambiali estere. Le vere funzioni di «notaio» sono svolte in Inghil. dai «solicitors», q.V.*). ● **n. public**, notaio □ **under a n.'s hand**, per mano di un notaio.

to **notate** /nəʊˈteɪt/, *v. t.* (*mus.*) fare la notazione, trascrivere le note di.

notation /nəʊˈteɪʃn/, *n.* **1** (*mus., ling.*) notazione **2** (*mat., ecc.*) segno grafico convenzionale; simbolo: **phonetic notations**, simboli fonetici **3** annotazione; nota.

notch /nɒtʃ/, *n.* **1** tacca; incisione; incavo a V **2** intaglio **3** (*anat.*) incisione **4** (*fig.*) gradino: **This novel is a n. above his previous production**, questo romanzo è un gradino al di sopra dei suoi scritti precedenti **5** (*USA*) gola, stretto passo (*fra monti*). ● (*metall.*) **n. test**, prova di intaglio □ (*fam.*) **top-n.**, eccellente; straordinario.

to **notch** /nɒtʃ/, *v. t.* **1** dentellare; intaccare; fare tacche in; incavare **2** intagliare **3** (*spesso* **to n. up, to n. down**) segnare (*punti, ecc.*) facendo tacche. ● (*fig.*) **to n. (up) another victory**, ottenere (*o* segnare) un'altra vittoria.

notchback /ˈnɒtʃbæk/, *n.* (*autom.*) inclinazione a rovescio (*del lunotto posteriore*).

notched /nɒtʃt/, **notchy** /ˈnɒtʃɪ/, *a.* (*bot., zool.*) dentellato; a tacche.

note /nəʊt/, *n.* **1** nota; appunto; chiosa; postilla; segno; marchio (*fig.*) accento; tono: **to make a n. of st.**, prendere nota di q.c.; **to take notes**, prendere appunti; **marginal n.**, nota in margine; postilla; **There was a n. of sadness in his words**, c'era una nota (*o* un accento, un tono) di tristezza nelle sue parole; **to set a n. of infamy on sb.**, porre un marchio d'infamia su q.; **a matter worthy of n.**, una cosa degna di nota; **a n. of irritation**, un tono d'irritazione **2** biglietto; breve lettera: **a thank-you n.**, un biglietto di ringraziamento **3** segno d'interpunzione; punto: **n. of exclamation**, punto esclamativo; **n. of interrogation**, punto interrogativo **4** eccellenza; eminenza; chiara fama; riguardo: **a philosopher of n.**, un filosofo di chiara fama; **a man of n.**, un uomo di riguardo **5** importanza; rilevanza: **That's nothing of n.**, non è nulla d'importante **6** banconota; biglietto (*di banca*): **All in ten-pound notes, please**, tutto in biglietti da dieci sterline, prego **7** (*mus.*) nota: **to play** (*o* **to sing**) **a false n.**, prendere una nota falsa suonando (*o* cantando) **8** (*comm.*) bolla; bolletta; bollettino; distinta: **delivery n.**, bolla di consegna; **consignment n.**, bolletta di spedizione ferroviaria; **dispatch n.**, bollettino di spedizione; (*naut.*) **weight n.**, distinta dei pesi; **bought n.**, distinta d'acquisto; **sales n.**, distinta di vendita **9** (*fin.*) titolo; buono; certificato (*di credito*); cartella: **non-interest-bearing government notes**, titoli di stato non fruttiferi; **floating n.**, certificato di credito a tasso variabile **10** (*fin., leg.*) cambiale propria (*o* diretta); effetto (cambiario); pagherò (*o* vaglia) cambiario: (*banca, rag.*) **notes payable**, conto (*o* distinta) effetti passivi; **notes receivable**, conto (*o* distinta) effetti attivi (*o* all'incasso); **promissory n.**, pagherò cambiario **11** (*rag.*) nota: **credit [debit] n.**, nota di accredito [di addebito] **12** (*ass.*) certificato: **cover n.**, certificato di copertura del rischio. ● (*fin.*) **n. circulation**, circolazione cartacea □ (*fin.*) **n. issue**, emissione di banconote □ (*fin.*) **n.-issuing bank**, banca d'emissione □ (*leg.*) **n. of counsel's fees**, parcella d'avvocato □ (*rag.*) **n. of expenses**, nota spese □ (*fin., leg.*) **n. of hand**, pagherò cambiario. ● **bank n.**, biglietto di banca; banconota □ (*Borsa*) **bought n.** (*o* **sold n.**), fissato bollato; fissatino (*fam.*) □ (*fig.*) **to change one's n.**, cambiar tono; diventare più mansueto, più umile □ (*fam.*) **to compare notes with sb.**, comunicarsi impressioni (*o* raffrontare le proprie idee) con q. □ **diplomatic n.**, nota diplomatica □ **to make notes of**, prendere appunti di □ **to preach from notes**, predicare servendosi di appunti □ (*fig.*) **to strike** (*o* **to sound**) **a false n.**, far risuonare una nota stonata □ (*fig.*) **to strike the right n.**, toccare la nota giusta □ **to take n. of st.**, prender nota di q.c.; fare attenzione a q.c.

to **note** /nəʊt/, *v. t.* **1** fare attenzione a; badare a; osservare; notare; rilevare: **N. what I say**, bada a quel che ti dico!; **N. how to mend it**, osserva (sta' a vedere) come si fa a ripararlo!; **Please n. that...**, favorite rilevare che...; vogliate notare che.. **2** (*di solito* **to n. down**) notare; annotare; prender nota di; mettere per iscritto: **to n. a book**, annotare un libro; **The student noted down every word his teacher said**, lo studente prese nota d'ogni parola detta dall'insegnante; **to n. down one's impressions**, annotare le proprie impressioni.

notebook /ˈnəʊtbʊk/, *n.* libretto per appunti; taccuino; bloc-notes.

notecase /ˈnəʊtkeɪs/, *n.* (*raro*) portafogli.

noted /ˈnəʊtɪd/, *a.* celebre; famoso; rinomato: **a n. musician**, un celebre musicista; **What's your town n. for?**, per che cosa è famosa la tua città?

notehead /ˈnəʊthɛd/, **noteheading** /ˈnəʊthɛdɪŋ/, *n.* **1** intestazione (*su un foglietto di carta da lettere*) **2** foglietto di carta intestata.

noteless /ˈnəʊtləs/, *a.* non degno di nota; privo d'interesse.

notelet /ˈnəʊtlət/, *n.* noticina; noterella.

notepad /ˈnəʊtpæd/, *n.* blocchetto per appunti; bloc-notes.

notepaper /ˈnəʊtpeɪpə(r)/, *n.* carta da lettere.

noteworthy /ˈnəʊtwɜːðɪ/, *a.* degno di nota; notevole; ragguardevole. || **-iness**, *sost.*

nothing (1) /ˈnʌθɪŋ/, *pron. indef.* e *n.* **1** niente; nulla: **I have n. to say**, non ho niente da dire; **N. pleased him**, niente gli andava a genio; **That's n. to what followed**, questo è niente a confronto di quel che venne dopo **2** (*seguito da un agg.*) nessuna cosa; nessuna impresa: **N. great is easy**, nessuna grande impresa è facile **3** (*con l'art. indef.*) nullità; nessuno (*fig.*); persona di nessun conto: **The new commander was a n.**, il nuovo comandante era una nullità; **He would be a mere n. without his money**, senza il suo denaro, non sarebbe nessuno (*o* sarebbe una nullità) **4** (*mat.*) zero: **Take ten from ten, and the result is n.**, sottrai dieci da dieci e il risultato è zero **5** bazzecola; bagatella; inezia; quisquilia; cosa di nessuna importanza: **the little nothings of life**, le cose senza importanza della vita quotidiana. ● **n. but**, nient'altro che: **This is n. but the truth**, questa non è (nient'altro) che la verità; **He did n. but smoke**, non faceva (altro) che fumare □ **n. else**, nient'altro □ **n. less than** (*o* **n. short of**), nulla di inferiore a; (*anche*) nient'altro che; addirittura: **It's n. less than monstruous**, ma è addirittura mostruoso! □ **n. like**, niente di meglio che (*o* di): **There's n. like doing things at once**, non c'è di meglio che fare le cose subito; **There's n. like beer**, non c'è niente di meglio della birra! □ **n. much**, poco o nulla; quasi niente □ **to come to n.**, finire in nulla; fallire; andare in fumo □ **to dance on n.**, pendere dalla forca; essere impiccato □ **for n.**, per niente; gratis; senza scopo; invano □ **I got this recorder for n.**, ho avuto questo registratore per niente; **His efforts to pass the exam were** (*o* **went**) **for n.**, i suoi sforzi di superare l'esame furono vani □ **to have n. to do with sb.**, non avere nulla a che fare con q. □ **to have n. on**, non avere nulla indosso, essere nudo; non avere impegni, essere libero □ (*fam.*) **to have n. on sb.**, non essere da più di q.; (*anche*) non avere prove (*o* niente in mano) contro q. □ **to hear n. of sb.**, non avere (*o* non ricevere) notizie di q. □ **to make n. of**, non capire niente di; non far caso a, non dar peso a; non trarre profitto da: **I can make n. of this book**, in questo libro non ci capisco niente; questo libro, per me, non ha né capo né coda; **He makes n. of his mistakes**, non dà peso ai suoi errori; **You've made n. of your good chance**, non hai saputo trarre alcun profitto dalla tua buona fortuna □ **to make n. of doing st.**, non pensarci su due volte (a fare q.c.); fare come se nulla fosse □ (*anche fig.*) **to mean n.**, non significare nulla □ **a mere n.**, un bel niente; proprio nulla; nulla di nulla □ **next to n.**, quasi niente □ (*fam.*) **no n.**, nulla di nulla; proprio niente □ **to say n. of**, per non parlare di; a prescindere da □ **to stop at n.**, essere senza scrupoli □ **sweet nothings**, paroline dolci □ **to think n. of**, non far caso a; non dar peso a: **He thinks n. of driving 20 miles a day to work and back**, fa in auto 20 miglia al giorno per andare al lavoro, senza farci caso □ (*formula di cortesia*) **Think n. of it!**, ma prego; ma Le pare! □ (*fam.*) **N. doing!**, niente da fare!; non ci sto! (non ci sta, ecc.); no e poi no (*fam.*); (*anche*) è (era, ecc.) proibito □ **She has n. in her**, non c'è niente di buono in lei; è una nullità; è una donna insignificante, inconcludente □ **He makes n. of walking ten miles**, per lui è cosa da nulla fare dieci miglia a piedi □ **That has n. to do with me**, ciò non mi tocca, non mi riguarda; non è affar mio □ **That is n. to you**, ciò non ti tocca, non ti riguarda; non è affar tuo □ **There is n. for it but to go home**, non c'è altro da fare che andare a casa □ **There is n. much the matter**, non c'è niente di grave □ **There's n. to riding a moped**, non ci vuole niente ad (*o* è facile) andare in ciclomotore □ (*prov.*) **N. venture, n. have**, chi non risica non rosica.

nothing (2) /ˈnʌθɪŋ/, *avv.* niente affatto, non affatto; per nulla; in nessun modo: **Your pen differs n. from mine**, la tua penna non è affatto diversa dalla mia; **It's n. like what it used to be**, non è per nulla com'era prima. ● (*fam.*) **n. like** (*o* **n. near**), neanche un po'; nemmeno per sogno; no davvero; ma no!

nothingness /ˈnʌθɪŋnəs/, *n.* **1** (il) nulla; (il) non-essere; inesistenza **2** inutilità; insignificanza **3** bazzecola; bagatella; inezia; quisquilia.

notice /ˈnəʊtɪs/, *n.* **1** annuncio, annunzio; avviso; comunicazione; notifica; manifesto; cartello: **to put up a n.**, affiggere un avviso; attaccare un cartello; **church notices**, annunzi religiosi; manifesti attaccati alla porta d'una chiesa **2** preavviso; disdetta (*di un contratto d'affitto*); preavviso di licenziamento (*di un dipendente*): **at ten minutes' n.**, col preavviso di dieci minuti; **The tenant gave n.**, l'inquilino diede la disdetta; **The workers got a month's n.**, gli operai ebbero il preavviso (di licenziamento) di un mese **3** (*leg.*) notifica; comunicazione; avviso; diffida; intimazione: (*ass.*) **n. of loss**, avviso (*o* denuncia) di sinistro; (*fisc.*) **n. of assessment**, notifica di accertamento; (*fin*) **n. of a meeting**, avviso di convocazione d'assemblea **4** attenzione; considerazione; osservazione: **to attract n.**, attirare l'attenzione; **to bring st. to sb.'s n.**, richiamare q.c. all'attenzione di q.; far notare q.c. a q. **5** breve articolo (*di giornale*); notizia; recensione: **biographical n.**, notizia biografica; **a n. about a play**, la recensione di un dramma. ● **n. board**, tabellone (*per affissioni*); bacheca □ (*banca*) **n. deposit**, deposito con preavviso □ (*comm.*) **n. of payment**, avviso di pagamento □ (*leg.*) **n. to perform**, intimazione di dare esecuzione (*a un contratto*) □ (*leg.*) **n. to quit** (*o* **n. to vacate**), notifica di sfratto; disdetta (*di contratto di locazione*); (*agric.*) disdetta (*di contratto d'affittanza*) □ **advance n.**, preavviso □ **at short n.**, con breve preavviso; entro breve tempo □ **to come in n.**, farsi notare; attirare l'attenzione □ **to give n.**, comunicare: **N. is hereby given that...**, si comunica con la presente che... □ **to give n. to**

sb. (*o* **to serve sb. with n.**), licenziare q., dare il preavviso di licenziamento a q.; (*anche*) sfrattare q.; dare la disdetta a q. □ **to give a servant a week's n.**, dare gli otto giorni a un domestico □ **to give without any n.**, dare senza farlo pesare (*fig.*) □ **to hand in one's n.**, licenziarsi □ (*leg.*) **to serve n.**, annunciare ufficialmente; notificare □ (*fam.*) **to sit up and take n.**, avere considerazione e rispetto □ **to take n.**, osservare; rilevare; fare attenzione; badare: **Take n. that I shan't be able to help you**, bada che non potrò aiutarti □ **to take no n. of**, non osservare; non rilevare; far mostra di non vedere; chiudere un occhio su (*fig.*): **The teacher took no n. of what was going on**, l'insegnante chiuse un occhio su quel che stava succedendo □ **till** (*o* **until**) **further n.**, fino a nuovo avviso □ **without n.**, senza preavviso □ **It escaped my n.**, mi è sfuggito; non ci ho fatto caso □ **The baby takes n.**, il bambino comincia a dar segni d'interesse per il mondo che lo circonda.

to **notice** /ˈnəʊtɪs/, **A** *v. t.* ***1*** osservare; notare; accorgersi di; rilevare: **I noticed that she came late**, osservai che ella arrivò tardi; **I noticed a strange smell in the kitchen**, m'accorsi di uno strano odore in cucina ***2*** interessarsi a; occuparsi di (q.); avere attenzioni per, essere gentile con (q.): **She began to n. the young men of the village**, ella cominciò a interessarsi ai (*o* a provare interesse per i) giovani del villaggio ***3*** notare; far rilevare: **In his speech, he noticed the usefulness of the new invention**, nel suo discorso, fece rilevare l'utilità della nuova invenzione ***4*** (*giorn.*) recensire ***5*** (*leg.*) notificare, intimare a (q.). **B** *v. i.* badare; stare attento: **I wasn't noticing at all**, non stavo proprio attento; m'ero distratto. ● (*leg.*) **The tenant was noticed to quit**, l'inquilino ricevette la disdetta.

noticeable /ˈnəʊtɪsəbl/, *a.* ***1*** ben visibile; evidente ***2*** notevole; cospicuo; ragguardevole. || **-bly**, *avv.*

notifiable /ˈnəʊtɪfaɪəbl/, *a.* ***1*** notificabile ***2*** (*di malattia infettiva*) da denunciare all'autorità sanitaria.

notification /nəʊtɪfɪˈkeɪʃn/, *n.* ***1*** notificazione; comunicazione; (*leg.*) notifica ***2*** denuncia (*di nascita, morte, malattia, ecc.*).

to **notify** /ˈnəʊtɪfaɪ/, *v. t.* ***1*** notificare a (*leg.*); comunicare a; avvisare; informare: **The mayor notified the citizens to gather in the main square**, il sindaco avvisò i cittadini d'adunarsi nella piazza principale; **to n. the police**, informare la polizia; (*form.*) **N. me when you are leaving**, fammi sapere quando parti ***2*** dichiarare (*all'autorità*); denunciare: **to n. a birth [a death]**, denunciare la nascita d'un bambino [la morte di q.].

noting /ˈnəʊtɪŋ/, *n.* (*leg., in G.B.*) protesto preliminare (*di una cambiale*).

notion /ˈnəʊʃn/, *n.* ***1*** (*filos.*) nozione; idea; concetto: **I have no precise n. of what you mean by democracy**, non ho un'idea precisa di quel che tu voglia dire con la parola «democrazia» ***2*** idea; opinione: **silly notions**, idee sciocche; **He has no n. of discipline**, non ha idea di (*o* non sa) che cosa sia la disciplina ***3*** (*arc.*) intenzione: **I have no n. of going yet**, non ho ancora intenzione d'andarmene ***4*** (*fam.*) voglia; capriccio; ghiribizzo ***5*** (*pl.*) (*USA*) aggeggini; articoli vari d'uso comune (*aghi, spilli, filo, nastri, ecc.*); minuterie; chincaglierie. ● **to take a n.**, mettersi in testa un'idea: **He took a n. to visit his mother-in--law**, si mise in testa di far visita alla suocera □ **as the n. takes him**, quando gli salta il ticchio □ **Such is the common n.**, questa è l'idea corrente (*o* l'opinione comune).

notional /ˈnəʊʃənl/, *a.* ***1*** astratto; speculativo; teorico (*non basato su esperimenti*): **n. works**, opere speculative ***2*** immaginario; fantastico; irreale: **n. value**, valore immaginario ***3*** (*USA*) che ha idee strane; stravagante; bizzarro ***4*** (*ling.*) nozionale ***5*** (*econ., fin.*) figurativo: **n. income**, reddito figurativo; **n. rent**, canone figurativo (*d'affitto*).

notochord /ˈnəʊtəʊkɔːd/, *n.* (*zool.*) notocorda.

notoriety /nəʊtəˈraɪətɪ/, *n.* ***1*** notorietà; rinomanza ***2*** (*specialm.*) cattiva fama; brutta nomea.

notorious /nəʊˈtɔːrɪəs/, *a.* ***1*** notorio; noto: **It is n. that...**, è notorio che... ***2*** famigerato; tristemente noto: **a n. gangster**, un famigerato delinquente; **a ship n. for ill-luck**, una nave tristemente nota per la sua sfortuna. || **-ly**, *avv.* || **-ness**, *sost.*

notwithstanding /nɒtwɪðˈstændɪŋ, -wɪθ-/, **A** *prep.* a dispetto di; nonostante: **We went on, n. the storm**, andammo avanti, nonostante la tempesta. **B** *avv.* nondimeno; tuttavia; lo stesso: **They will go home, n.**, andranno a casa lo stesso. **C** *cong.* (*arc.*) sebbene; quantunque.

nougat /ˈnuːgɑː, ˈnʌgət, *USA* ˈnuːgət/, *n.* torrone.

nought /nɔːt/, *n.* ***1*** (*lett.*) niente; nulla ***2*** (*mat., elab.*) zero ***3*** (*fig.*) nullità; persona insignificante. ● **noughts and crosses**, «zeri e ics» (*gioco simile al filetto*) □ **to bring to n.**, portare alla rovina □ **to come to n.**, finire in nulla; fallire; andare in rovina.

noumenal /ˈnuːmənl/, *a.* (*filos.*) del noumeno.

noumenon /ˈnuːmənɒn/, *n.* (*pl.* **noumena**) (*filos.*) noumeno.

noun /naʊn/, *n.* (*gramm.*) nome; sostantivo.

to **nourish** /ˈnʌrɪʃ, *USA* ˈnɜːrɪʃ/, *v. t.* nutrire (*anche fig.*); alimentare; accarezzare; covare; serbare; coltivare (*fig.*): **to n. feelings of contempt**, nutrire (*o* covare) sentimenti di disprezzo; **to n. hopes**, nutrire (*o* accarezzare) speranze; **to n. a habit**, coltivare un'abitudine. ● (*agric.*) **to n. the soil**, nutrire (*o* concimare) il terreno.

nourishing /ˈnʌrɪʃɪŋ, *USA* ˈnɜːr-/, *a.* nutriente; nutritivo: **n. food**, cibo nutriente.

nourishment /ˈnʌrɪʃmənt, *USA* ˈnɜːr-/, *n.* ***1*** nutrimento; alimento ***2*** nutrizione; alimentazione.

nous /naʊs/, *n.* ***1*** (*filos.*) nous; intelletto ***2*** (*fam. arc.*) accortezza; buonsenso.

nouveau riche /ˈnuːvəʊˈriːʃ/ (*franc.*), *n.* (*pl.* **nouveaux riches**) nuovo ricco; pidocchio rifatto (*spreg.*).

nova /ˈnəʊvə/, *n.* (*pl.* **novae, novas**) (*astron.*) nova.

novation /nəˈveɪʃn/, *n.* (*leg.*) novazione (*specialm. quella soggettiva*).

novel (**1**) /ˈnɒvl/, *a.* novello (*lett.*); nuovo; recente; insolito; originale; strano: **a n. theory**, una teoria nuova, una teoria strana.

novel (**2**) /ˈnɒvl/, *n.* ***1*** romanzo: **historical n.**, romanzo storico; **detective n.**, romanzo giallo; (un) giallo ***2*** (*diritto romano*; *di solito al pl.*) novella. ● **the n.**, la narrativa; il romanzo □ **n. writer**, romanziere.

novelette /nɒvəˈlɛt/, *n.* ***1*** breve romanzo (*dalle 30 alle 50 mila parole*); novella; racconto lungo ***2*** romanzo rosa ***3*** (*mus.*) novelletta.

novelettish /nɒvəˈlɛtɪʃ/, *a.* (*spesso spreg.*) sdolcinato; sentimentale; svenevole.

novelist /ˈnɒvəlɪst/, *n.* romanziere, romanziera.

novelistic /nɒvəˈlɪstɪk/, *a.* (caratteristico) del romanzo; narrativo.

novelization /nɒvəlaɪˈzeɪʃn, *USA* -lɪˈz-/, *n.* riduzione in forma di romanzo.

to **novelize** /ˈnɒvəlaɪz/, *v. t.* romanzare; ricavare un romanzo da (*un avvenimento, ecc.*).

novella /nəˈvɛlə/ (*ital.*), *n.* (*pl.* **novellas, novelle**) (*letter.*) racconto lungo; novella.

novelty /ˈnɒvəltɪ/, *n.* ***1*** novità; attualità; cosa nuova ***2*** (*pl.*) (= **n. goods**) oggettini di moda; chincaglierie; minuterie; ninnoli.

November /nəˈvɛmbə(r)/, **A** *n.* novembre. **B** *a. attr.* di novembre; novembrino: **N. rain**, pioggia novembrina.

novena /nəˈviːnə/, *n.* (*pl.* **novenas, novenae**) (*relig. cattolica*) novena.

novercal /nəʊˈvɜːkl/, *a.* di (*o* da) matrigna.

novice /ˈnɒvɪs/, *n.* (*anche relig.*) novizio, novizia; principiante.

noviciate, novitiate /nəˈvɪʃɪət/, *n.* ***1*** noviziato (*anche relig.*) ***2*** (*raro*) (*relig.*) novizio, novizia ***3*** (*relig.*) alloggi dei novizi.

novocain(e) /ˈnəʊvəʊkeɪn/, *n.* (*farm.*) novocaina.

now /naʊ/, **A** *avv.* ***1*** ora; adesso; in questo momento; a questo punto (*nel tempo*); subito: **My parents are in the country now**, ora i miei genitori sono in campagna; **We must start now**, dobbiamo partire ora; **I'll do it now**, lo farò subito; **Now we'll see what happens**, vedremo ora quel che succede ***2*** (*anche, nelle narrazioni*) allora; ormai: **Now he tried a new plan**, allora egli provò ad attuare un altro progetto; **It was now clear that...**, era ormai chiaro che... ***3*** ora (*lievemente avversativo*); ebbene; orbene; or dunque; dunque; orsù; (suv)via: **Now listen to me!**, ora, ascoltami!; **No nonsense, now!**, orsù, basta con queste sciocchezze!; **Now let me see**, via, fammi vedere!; **Now Barabbas was a robber**, orbene (*o* dunque), questo Barabba era un ladrone; **Now what do you mean by it?**, ebbene, che cosa intendi dire con ciò? **B** *cong.* (*spesso,* **now that**) ora che; dacché: **Now you feel better you can go back to work**, ora che stai meglio puoi tornare al lavoro. **C** *n.* (il) presente: **to read the future in the now**, leggere il futuro nel presente. ● **now and then**; (**every**) **now and again**, di quando in quando; di tanto in tanto; ogni tanto □ **Now now** (*o* **now then**), suvvia!; e via! □ **by now**, ormai: **They will have arrived by now**, ormai saranno arrivati □ **for now**, per ora; per adesso □ **from now on** (*o* **onwards**), d'ora in poi; d'ora in avanti □ **from now till tomorrow**, di qui a domani □ **just now**, or ora; proprio ora: **He was here just now**, era qui or ora; **I'm busy just now**, ora sono occupato □ **up to** (*o* **till, until**) **now**, finora; sinora □ **Oh, come now!**, (suv)via!; va là (*che non ci credo*)!; smettila!

nowadays /ˈnaʊədeɪz/, **A** *avv.* oggi; oggigiorno; oggidì; al giorno d'oggi. **B** *a.* di oggi; odierno; attuale. **C** *n.* il presente.

noway /ˈnəʊweɪ/, *avv.* (*fam.*) in nessun modo; per niente; per nulla; mai e poi mai; assolutamente no.

noways /ˈnəʊweɪz/, *avv.* (*dial. USA*), *V.* **noway**.

nowhere /ˈnəʊwɛə(r), *USA* -hw-/, *avv.* in nessun luogo; da nessuna parte; in nessun posto. ● (*fam.*) **n. near**, neanche lontanamente; per niente, per nulla, niente affatto: **My book is n. near as good as yours**, il mio libro non è neanche lontanamente buono quanto il tuo □ (*fig.*) **to be** (*o* **to come in**) **n.**, non essere approdato a nulla; aver fatto fiasco; (*in una corsa*) non piazzarsi, arrivare fra gli ultimi □ (*fig.*) **to get n.**, non approdare a nulla; non combinare niente; far fiasco; fallire: **That will get you n.**, così non combinerai niente di buono □ **We live in a little room with n. to cook**, abitiamo in una stanzetta, senza nemmeno il posto per cucinare □ (*fig.*) **Ten dollars goes n.**, con dieci dollari si fa poca strada (*si compra poco, ecc.*).

nowise /ˈnəʊwaɪz/, *avv.* (*arc.* o *lett.*) in nessun modo; per niente; per nulla.

noxious /ˈnɒkʃəs/, *a.* nocivo; dannoso; pernicioso: **n. wastes**, rifiuti nocivi; (*fig.*) **a n. book**, un libro pernicioso. ● **n. gases**, gas tossici. || **-ly**, *avv.* || **-ness**, *sost.*

nozzle /ˈnɒzl/, *n.* ***1*** (*mecc.*) effusore; ugello ***2*** becco, beccuccio (*di tubo, teiera, ecc.*) ***3*** boccaglio (*di pompa*) ***4*** lancia (*di manichetta antincendio*) ***5*** (*pop.*) naso; muso.

nth /ɛnθ/, *a.* (*mat.* e *fig.*) ennesimo: **to the nth power**, all'ennesima potenza. ● **to the nth degree**, al massimo.

nu /njuː, nuː/, *n.* ni (*tredicesima lettera dell'alfabeto greco*).

nuance /ˈnjuːɑːns, *USA* ˈnuː-/, *n.* (*anche fig.*) sfumatura.

nub /nʌb/, *n.* ***1*** (*raro*) protuberanza; sporgenza ***2*** pezzo (*specialm. di carbone*) ***3*** – (*fam.*) **the nub**, il nocciolo, il nucleo, la parte essenziale (*d'un racconto, ecc.*).

nubble /ˈnʌbl/, *n.* (*raro*) ***1*** piccola protuberanza ***2*** pezzetto.

nubile /ˈnjuːbaɪl, *USA* ˈnuːbl/, *a.* ***1*** nubile; in età da marito ***2*** attraente; sposabile (*fam.*).

nubility /njuːˈbɪlətɪ, *USA* nuː-/, *n.* ***1*** condizione di nubile; nubilato ***2*** bellezza (*di una donna*); l'essere sposabile.

nubilous /ˈnjuːbɪləs, *USA* ˈnuː-/, *a.* nubilo (*lett.*); nuvoloso.

nuchal /ˈnjuːkl, *USA* ˈnuː-/, *a.* (*anat.*) della nuca; nucale.

nucleal /ˈnjuːklɪəl, *USA* ˈnuː-/, *a.* (*biol.*) nucleare; del nucleo.

nuclear /ˈnjuːklɪə(r), *USA* ˈnuː-/, **A** *a.* (*fis., chim., biol.*) nucleare: **n. fission**, fissione nucleare; **n. physics**, fisica nucleare; **n. plant**, impianto nucleare; **n. reactor**, reattore nucleare; pila atomica. **B** *n.* (il) nucleare. ● (*mil.*) **n. button**, bottone (*o* pulsante) che può scatenare la guerra atomica (*in mano al Presidente degli U.S.A.*) □ **n. chemistry**, chimica nucleare □ (*polit.*) **n. disarmament**, disarmo nucleare □ **n. engineer**, ingegnere nucleare □ **n. engineering**, ingegneria nucleare □ (*sociol.*) **n. family**, famiglia nucleare □ **n.-free**, denuclearizzato □ **n. power**, energia nucleare; (il) nucleare □ (*bot.*) **n. sap**, cariolinfa □ (*naut., mil.*) **n. ship**, nave a propulsione nucleare □ **n. warfare**, guerra atomica.

nucleate /ˈnjuːklɪət, *USA* ˈnuː-/, **nucleated** /ˈnjuːklɪeɪtɪd, *USA* ˈnuː-/, *a.* (*biol.*) nucleato.

nucleation /njuːklɪˈeɪʃn, *USA* nuː-/, *n.* (*biol.*) formazione di un nucleo.

nucleic /njuːˈkliːɪk, njuːˈkleɪk, *USA* nuː-/, *a.* (*biochim.*) nucleico; nucleinico: **n. acid**, acido nucleico.

nucleiform /ˈnjuːklɪɪfɔːm, *USA* ˈnuː-/, *a.* (*scient.*) a forma di nucleo.

nuclein /ˈnjuːklɪɪn, *USA* ˈnuː-/, *n.* (*biochim.*) nucleina.

nucleoid /ˈnjuːklɪɔɪd, *USA* ˈnuː-/, *a.* (*biol.*) nucleoide.

nucleolar /njuːˈkliːələ(r), *USA* nuː-/, *a.* (*biol.*) del nucleolo; nucleolare.

nucleolate /njuːˈkliːələt, *USA* nuː-/, **nucleolated** /ˈnjuːklɪəleɪtɪd, *USA* ˈnuː-/, *a.* (*biol.*) che contiene un nucleolo.

nucleole /ˈnjuːklɪəʊl, *USA* ˈnuː-/, *n.* (*biol.*) nucleolo.

nucleolus /njuːˈkliːələs, *USA* nuː-/, *n.* (*pl.* **nucleoli**) (*biol.*) nucleolo.

nucleon /ˈnjuːklɪɒn, *USA* ˈnuː-/, *n.* (*fis.*) nucleone.

nucleonic /njuːklɪˈɒnɪk, *USA* nuː-/, *a.* della nucleonica: **n. instruments**, strumenti della nucleonica.

nucleonics /njuːklɪˈɒnɪks, *USA* nuː-/, *n. pl.* (*col verbo al sing.*) nucleonica; ingegneria nucleare.

nucleoplasm /ˈnjuːklɪəʊplæzəm, *USA* ˈnuː-/, *n.* (*biol.*) nucleoplasma.

nucleoside /ˈnjuːklɪəʊsaɪd, *USA* ˈnuː-/, *n.* (*biochim.*) nucleoside.

nucleotide /ˈnjuːklɪəʊtaɪd, *USA* ˈnuː-/, *n.* (*biochim.*) nucleotide.

nucleus /ˈnjuːklɪəs, *USA* ˈnuː-/, *n.* (*pl.* **nuclei, nucleuses**) ***1*** (*scient.*) nucleo: **compound n.**, nucleo composto ***2*** (*bot.*) nocciolo ***3*** (*fig.*) nucleo; fulcro; parte essenziale: **the n. of a library**, il nucleo d'una (*futura*) biblioteca.

nuclide /ˈnjuːklaɪd, *USA* ˈnuː-/, *n.* (*fis. nucl.*) nuclide.

nude /njuːd, *USA* nuːd/, **A** *a.* nudo; ignudo. **B** *n.* (*specialm. arte*) nudo: **a classical n.**, un nudo classico. ● (*leg.*) **n. contract**, nudum pactum (*lat.*); contratto privo di tutela giuridica □ (*moda*) **n. look**, nude-look □ **a n. party**, un raduno di nudisti □ (*moda*) **n. stockings**, calze color carne. || **-ly**, *avv.* || **-ness**, *sost.*

nudge /nʌdʒ/, *n.* spinta leggera; colpetto di gomito (*V.* **to nudge**).

to **nudge** /nʌdʒ/, *v. t.* ***1*** spingere leggermente; toccare col gomito (*q. per richiamarne l'attenzione*); dare di gomito a (q.) ***2*** (*fig.*) richiamare l'attenzione di (q.). ● **to n. one's way**, farsi strada.

nudie /ˈnjuːdɪ, *USA* ˈnuːdɪ/, **A** *n.* (*fam. USA*) ***1*** (*cinem.*) film con molto nudo; film porno; pornofilm ***2*** rivista piena di nudi. **B** *a.* pieno di nudi; porno.

nudism /ˈnjuːdɪzəm, *USA* ˈnuː-/, *n.* ***1*** nudismo ***2*** (*psic.*) nudomania.

nudist /ˈnjuːdɪst, *USA* ˈnuː-/, *n.* e *a.* nudista. ● **n. camp** (*o* **n. colony**), campo (*o* colonia) di nudisti.

nudity /ˈnjuːdətɪ, *USA* ˈnuː-/, *n.* nudità.

nudnik /ˈnʌdnɪk/, *n.* (*pop. USA*) seccatore, seccatrice; scocciatore, scocciatrice; impiastro (*fig.*).

nugatory /ˈnjuːgətrɪ, *USA* ˈnuːgətɔːrɪ/, *a.* ***1*** frivolo; futile; insignificante ***2*** (*anche leg.*) inefficace; inutile; vano.

nugget /ˈnʌgɪt/, *n.* ***1*** (*geol.*) pepita (*d'oro, ecc.*) ***2*** (*metall.*) goccia di saldatura.

nuisance /ˈnjuːsns, *USA* ˈnuː-/, *n.* ***1*** fastidio; molestia; seccatura; rottura di scatole (*fam.*): **the n. of city traffic**, il fastidio del traffico cittadino; **What a n.!**, che seccatura! ***2*** individuo fastidioso; seccatore, seccatrice; rompiscatole (*fam.*) ***3*** (*leg.*) infrazione (*di una legge, ecc.*); turbativa; danno: **Commit no n.**, non arrecate danni!; non imbrattare! (*in Italia, per es. in un giardino pubblico*: Rispettate le piante!). ● (*polit.*) **to have a n. value**, essere in grado di fare un'azione di disturbo □ **to make a n. of oneself**, rendersi insopportabile □ **a public n.**, un inconveniente, una peste (*fig.*) □ **Flies are a n.**, le mosche sono animali molesti □ **That boy is a perfect n.**, quel bambino è pestifero!

nuke /njuːk, *USA* nuːk/, *n.* (*fam., specialm. USA*) ***1*** (*mil.*) arma nucleare ***2*** (*naut., mil.*) sottomarino nucleare ***3*** impianto (*o* reattore) nucleare ***4*** (*mil.*) attacco nucleare ***5*** (*mil.*) potenza nucleare ***6*** nuclearista; fautore del nucleare.

to **nuke** /njuːk, *USA* nuːk/, *v. t.* (*fam., specialm. USA*) ***1*** (*mil.*) sottoporre (q.) a un attacco nucleare ***2*** distruggere; fare a pezzi ***3*** stendere, fregare (*fam.*): **The maths test really nuked me**, quella che mi ha fregato è stata la prova di matematica.

null /nʌl/, **A** *a.* ***1*** (*specialm. leg.*) nullo; non valido ***2*** (*mat., elab.*) nullo; pari a zero: **n. matrix**, matrice nulla; **n. set**, insieme vuoto; **a n. result**, zero come risultato. **B** *n.* ***1*** zero ***2*** (*elab.*) nulla; assenza d'informazione. ● (*leg.*) **n. and void**, nullo □ (*elab.*) **n. character**, carattere nullo; riempitivo a zeri binari □ (*tennis*) **thirty n.**, trenta a zero.

to **null** /nʌl/, *v. t.* (*specialm. leg.*) annullare; invalidare.

nullification /nʌlɪfɪˈkeɪʃn/, *n.* ***1*** nullificazione ***2*** (*specialm. leg.*) annullamento.

to **nullify** /ˈnʌlɪfaɪ/, *v. t.* ***1*** nullificare ***2*** (*specialm. leg.*) annullare; invalidare.

nullipara /nəˈlɪpərə/, *n.* (*pl.* **nulliparae**) (*demogr.*) nullipara.

nulliparous /nəˈlɪpərəs/, *a.* (*demogr.*) (*di donna*) nullipara.

nullipore /ˈnʌlɪpɔː(r)/, *n.* (*bot.*) nullipora.

nullity /ˈnʌlətɪ/, *n.* (*leg., mat.*) nullità: **the n. of a marriage**, la nullità di un matrimonio. ● (*leg.*) **a n. suit**, una causa d'annullamento d'un matrimonio.

numb /nʌm/, *a.* ***1*** intirizzito; intorpidito; intormentito: **to have one's hands n. with cold**, avere le mani intirizzite dal freddo ***2*** (*fig.*) intontito; istupidito; tramortito: **to be n. from suffering**, essere intontito dalla sofferenza. ● **a n. feeling**, una sensazione d'intorpidimento □ (*fig.*) **n. to grief**, insensibile al dolore. || **-ly**, *avv.*

to **numb** /nʌm/, *v. t.* ***1*** intirizzire; intorpidire; intormentire ***2*** (*fig.*) intontire; istupidire; tramortire: **He was numbed with fright**, era tramortito per lo spavento.

number /ˈnʌmbə(r)/, *n.* ***1*** (*anche mat.*) numero; cifra; quantità indeterminata: **cardinal [ordinal] numbers**, numeri cardinali [ordinali]; **even [odd] numbers**, numeri pari [dispari]; **What's your phone n.?**, qual è il tuo numero di telefono?; **We live at No. 42 Oxford Street**, abitiamo al numero 42 di Oxford Street; **to increase the n. of members**, aumentare il numero dei soci; **I was n. 5 in the race**, nella corsa avevo il numero 5; **I wear n. 8 shoes**, porto scarpe numero 8 ***2*** (*gramm.*) numero (*singolare, plurale o duale*) ***3*** numero (*di giornale o rivista*); dispensa; puntata: **a back n.**, un numero arretrato; **Novels used to be issued in numbers**, una volta i romanzi uscivano a dispense (*o* a puntate) ***4*** (*teatr.*) numero (*di uno spettacolo*) ***5*** (*mus.*) brano; pezzo; canzone (*di una raccolta*): **He sang a few numbers from his latest album**, cantò alcuni brani del suo ultimo album ***6*** (*ind. tess.*) titolo (*di un filato*) ***7*** (*lett.*) ritmo; numero (*lett.*) ***8*** (*pl.*) versi; piedi; metri, metrica ***9*** (*pl.*) numerose persone; molti: **Numbers died in the retreat**, molti perirono nella ritirata; **There are numbers who live by begging**, c'è una quantità di gente che vive di accattonaggio ***10*** (*pl.*) (*USA*) punti (*fatti da un atleta*); punteggio ***11*** (*fam.*) oggetto, cosa, lavoro, vestito da donna, ecc., piacevole o pregevole (*a seconda dell'antecedente o di quel che segue*): **This restaurant is really a classy n.**, questo è proprio un ristorante di classe; **Your sister's little n. is by Armani**, il bel vestitino di tua sorella è di Armani ***12*** (*pop.*) tipo; tizio; individuo: **Any n. in the information office can tell you**, qualsiasi impiegato dell'ufficio informazioni te lo sa dire; **Who's that cute little n. in a red dress?**, chi è quel bel tipino vestito di rosso? ***13*** (*pop.*) sigaretta di marijuana ***14*** (*pop. USA*) – **the numbers**, (il racket delle) lotterie clandestine: **a numbers banker**, il gestore di una lotteria clandestina. ● (*elab.*) **n. code**, codice numerico □ (*fam.*) **n.-cruncher**, grosso computer, grande calcolatore; (*anche*) attuario, ragioniere □ (*fam.*) **n.-crunching**, (*agg.*) che fa calcoli complessi; (*sost.*) il fare calcoli complessi; (*anche*) materie scientifiche (*a scuola*) □ **a n. of**, parecchi, diversi: **A n. of employees have been sacked lately**, di recente sono stati licenziati parecchi dipendenti □ **numbers of people**, molta gente □ **n. on roll**, numero delle persone iscritte □ (*fam.*) **n. one**, (*sost.*) il numero uno, il capo, il boss; stretto collaboratore, direttore; io stesso, me stesso; (*pop. USA*) omicidio di primo grado; (*pop. eufem. USA*) la pipì; (*volg. USA*) «lui», il pene; (*agg.*) numero uno; principale, preminente; assoluto: **After all, you are n. one!**, dopotutto, sei tu il capo!; **I leave these matters to my n. one**, queste faccende le delego al mio direttore; **I'm thinking of n. one!**, sto pensando a me stesso!; **to look after** (*o* **to take care**) **of n. one**, pensare solo a (*o* prendersi cura solo di) se stesso; **public enemy n. one**, il nemico pubblico numero uno; **my n. one problem**, il mio problema principale; **n. one priority**, priorità assoluta □ (*mat., stat.*) **n. series**, serie numerica □ (*in G.B.*) **N° 10** (**Downing Street**), il numero 10 di Downing Street; la residenza ufficiale del Primo Ministro, a Londra □ (*fam.*) **n. two**, il numero due; il secondo per importanza; (*pop. eufem. USA*) la popò: **I'm only n. two in the firm**, non sono che il numero due dell'azienda □ (*fam.*) **any n. of times**, cento (*o* mille) volte: **I've told you any n. of times not to do it**, te l'ho detto mille volte di non farlo □ **beyond n.**, innumerevoli □ **code n.**, *V. sotto* **code** □ (*pop. USA*) **to do a n. on sb.**, fare un brutto tiro a q.; fregare q. (*pop.*) □ (*fam.*) **to have sb.'s n.**, prendere (bene) le misure a q.; conoscere il punto debole di q. □

in n., di numero: **They were ten in n.**, erano dieci di numero; erano in dieci □ **in the n.**, nel novero (*lett.*); nel gruppo: **He isn't in our n.**, non fa parte del nostro gruppo; non è dei nostri □ **a large** (*o* **a great**) **n.**; **large numbers of**, un buon numero, un gran numero di; numerosi, molti □ (*fis.*) **mass n.**, numero di massa □ (*fam.*) **opposite n.**, omologo; collega □ (*autom.*) **plate n.**, numero di targa □ **a small n.** (*o* **small numbers**) **of**, uno scarso numero di; pochi □ **times without n.**, innumerevoli volte □ (*fam.*) **His n. is up** (*o* **has come up**), per lui è finita; è suonata la sua ora (*sarà punito, ecc.*); è (già) morto.

to **number** /ˈnʌmbə(r)/, *v. t.* **1** numerare; dare un numero a: **Let's n. the pages of our manuscript**, numeriamo le pagine del nostro manoscritto! **2** annoverare; contare; includere: **to n. sb. among one's friends**, annoverare q. fra i propri amici; **I n. my friends by the tens**, conto (*o* ho) decine d'amici; **The town numbers 40,000 inhabitants**, la città conta 40.000 abitanti **3** ammontare a; essere (*di numero*); arrivare a (*un numero*): **Check-ups n. in the hundreds**, vi sono centinaia di controlli medici **4** (*ind. tess.*) titolare. ● (*mil.*) **to n. off**, dire a voce alta il proprio numero (*in una formazione*) □ (*pop. eufem. USA*) **to n. one**, fare la pipì □ (*pop. eufem. USA*) **to n. two**, fare la popò; fare la grossa (*pop.*).

numbered /ˈnʌmbəd/, *a.* numerato: (*banca*) **a n. account**, un conto numerato (*o* cifrato). ● (*fig.*) **His days are n.**, ha i giorni contati.

numbering /ˈnʌmbərɪŋ/, *n.* numerazione. ● **n. machine**, numeratrice.

numberless /ˈnʌmbələs/, *a.* senza numero; innumerevole.

numberplate /ˈnʌmbəpleɪt/, *n.* (*autom.*) targa.

numbfish /ˈnʌmfɪʃ/, *n.* (*zool.*, *Torpedo*) torpedine.

numbhead /ˈnʌmhɛd/, *n.* (*pop. USA*) stupido; testone, zuccone (*fig. fam.*).

numbness /ˈnʌmnəs/, *n.* **1** intorpidimento, insensibilità (*di una parte del corpo*) **2** (*fig.*) intontimento; torpore.

numbskull /ˈnʌmskʌl/, *V.* **numskull**.

numerable /ˈnjuːmərəbl, *USA* ˈnuː-/, *a.* numerabile; che si può contare. || **-ness**, *sost.*

numeraire /njuːməˈrɛə(r), *USA* nuː-/ (*franc.*), *n.* (*econ.*, *fin.*) numerario.

numeral /ˈnjuːmərəl, *USA* ˈnuː-/, (*mat.*, *gramm.*) **A** *a.* numerale. **B** *n.* numero; cifra: **Roman numerals**, numeri romani; **Arabic numerals**, cifre arabe.

numerary /ˈnjuːmərərɪ, *USA* ˈnuːmərerɪ/, *a.* (*lett.*) numerario (*raro*); relativo ai numeri.

to **numerate** /ˈnjuːməreɪt, *USA* ˈnuː-/, *v. t.* numerare; enumerare; contare.

numeration /njuːməˈreɪʃn, *USA* nuː-/, *n.* numerazione.

numerator /ˈnjuːməreɪtə(r), *USA* ˈnuː-/, *n.* (*mat.*) numeratore.

numeric(al) /njuːˈmerɪk(l), *USA* nuː-/, *a.* numerico: **n. symbols**, simboli numerici; **the n. superiority of the enemy**, la superiorità numerica del nemico. ● (*elab.*, *stat.*) **n. analysis**, analisi numerica □ **n. filing**, archiviazione numerica. || **-ally**, *avv.*

numerics /njuːˈmerɪks, *USA* nuː-/, *n. pl.* caratteri numerici; cifre.

numerological /njuːmərəˈlɒdʒɪkl, *USA* nuː-/, *a.* numerologico.

numerologist /njuːməˈrɒlədʒɪst, *USA* nuː-/, *n.* numerologo.

numerology /njuːməˈrɒlədʒɪ, *USA* nuː-/, *n.* numerologia.

numerous /ˈnjuːmərəs, *USA* ˈnuː-/, *a.* **1** numeroso **2** (*arc.*) armonioso; ritmico. ● **a n. acquaintance**, un largo giro di conoscenze □ **a n. library**, una ricca biblioteca.

numerously /ˈnjuːmərəslɪ, *USA* ˈnuː-/, *avv.* numerosamente; in gran numero.

numerousness /ˈnjuːmərəsnəs, *USA* ˈnuː-/, *n.* numerosità.

numinous /ˈnjuːmɪnəs, *USA* ˈnuː-/, *a.* (*relig.* o *lett.*) **1** divino; spirituale; mistico **2** magico; misterioso; pauroso.

numismatic /njuːmɪzˈmætɪk, *USA* nuː-/, *a.* numismatico.

numismatics /njuːmɪzˈmætɪks, *USA* nuː-/, *n. pl.* (*col verbo al sing.*) numismatica.

numismatist /njuːˈmɪzmətɪst, *USA* nuː-/, *n.* numismatico.

numismatology /njuːmɪzməˈtɒlədʒɪ, *USA* nuː-/, *n.* numismatica.

nummary /ˈnʌmərɪ/, **nummulary** /ˈnʌmjʊlərɪ, *USA* -lerɪ/, *a.* (*lett.*) nummario; monetario.

nummulite /ˈnʌmjʊlaɪt/, *n.* (*paleont.*) nummulite.

Nummulitic /nʌmjʊˈlɪtɪk/, *n.* (*geol.*) (il) nummulitico; paleogene.

nummulitic /nʌmjʊˈlɪtɪk/, *a.* (*paleont.*) nummulitico.

numskull /ˈnʌmskʌl/, *n.* (*fam.*) stupido; testone, zuccone (*fig. fam.*).

nun /nʌn/, *n.* **1** suora; monaca **2** (*zool.*) *V.* **smew 3** (*zool.*; *dial. ingl.*) *V.* **bluetit 4** (*zool.*) piccione domestico con un ciuffo bianco in testa. ● **nun's cloth** (*o* **veiling**), stoffa fine per veli o vestiti da donna.

nun-buoy /ˈnʌnbɔɪ/, *n.* (*naut.*) boa a due coni.

nunciature /ˈnʌnʃətjʊə(r), -tʃʊə(r)/, *n.* (*relig.*) nunziatura.

nuncio /ˈnʌnʃɪəʊ/, *n.* (*pl.* *nuncios*) (*relig.*) nunzio (*apostolico, pontificio*).

nuncupation /nʌnkjʊˈpeɪʃn/, *n.* (*leg.*) nuncupazione.

nuncupative /ˈnʌnkjʊpeɪtɪv/, *a.* (*leg.*: *di testamento*) nuncupativo.

nunlike /ˈnʌnlaɪk/, *a.* monacale; di (*o* da) suora.

nunnery /ˈnʌnərɪ/, *n.* convento, monastero (*di suore*).

nuphar /ˈnjuːfɑː(r), *USA* ˈnuːfə(r)/, *n.* (*bot.*) nenufaro; ninfea gialla.

nuptial /ˈnʌpʃl/, *a.* nuziale. ● (*zool.*) **n. flight**, volo nuziale (*dell'ape regina*).

nuptials /ˈnʌpʃlz/, *n. pl.* nozze; sposalizio.

nurd /nɜːd/, *V.* **nerd**.

nurse (**1**) /nɜːs/, *n.* **1** (*di solito* **wet n.**) balia; nutrice **2** (= **dry n.**) bambinaia; balia asciutta **3** infermiera, infermiere: **a Red Cross n.**, un'infermiera della Croce Rossa; una crocerossina **4** (*zool.*) ape (*o* formica) operaia (*che ha cura delle larve*) **5** (*agric.*, = **n. tree**) albero piantato a protezione d'altri alberi. ● **n.'s aide**, portantino (*d'ospedale*) □ **n.-child**, bambino a balia; figliolo di latte □ (*zool.*) **n. frog**, (*Alytes obstetricans*) alite ostetrico □ (*zool.*) **n. shark**, *V.* **nurse** (**2**) □ **male n.**, infermiere □ **to put a child** (**out**) **to n.**, dare (*o* mettere) un bambino a balia □ **student n.**, allieva infermiera, allievo infermiere.

nurse (**2**) /nɜːs/, *n.* (*zool.*, *di solito* **n. shark**) **1** (*Somniosus microcephalus*) squalo della Groenlandia **2** (*Ginglymostoma cirratum*) squalo nutrice **3** *Carcharias arenarius*.

to **nurse** /nɜːs/, **A** *v. t.* **1** allattare; nutrire al seno; (*fig.*) nutrire, covare, alimentare: **to n. a baby**, allattare un bambino; **to n. feelings of hatred**, nutrire sentimenti d'odio; **to n. one's anger**, covare l'ira **2** badare a, aver cura di (*bambini*) **3** far da infermiere (*o* infermiera) a (q.); curare, assistere (*un malato, un vecchio*) **4** aver cura di; portar riguardo a: **to n. seedlings**, aver cura di pianticelle giovani; **to n. one's injured leg**, portar riguardo a una gamba ferita **5** accarezzare; coccolare; stringersi al seno: **to n. a child**, stringersi al seno un bambino; **to n. one's pet dog**, coccolare il cagnolino prediletto **6** coltivare: **to n. the fine arts**, coltivare le belle arti **7** (*polit.*) coltivare, curare (*il proprio collegio elettorale*) **8** trattare bene, non sforzare (*l'automobile e sim.*). **B** *v. i.* **1** (*di bambino*) poppare **2** allattare un bambino **3** fare l'infermiere (*o* l'infermiera). ● □ **to n. a business**, occuparsi di un'azienda nel modo dovuto □ **to n. a cold**, curarsi un raffreddore □ (*fig.*) **to n. the fire**, starsene seduti vicino al fuoco □ (*sport*) **to n. a horse**, stare alle costole d'un cavallo per danneggiarlo; stringerlo alle corde (*fig.*) □ (*comm.*) **to n. stocks**, tenere scorte in attesa di un rialzo dei prezzi □ **to be nursed in luxury**, essere allevato nel lusso.

nursehound /ˈnɜːshaʊnd/, *n.* (*zool.*, *Scyliorhinus canicula*) gattuccio; palombetto; cagnola (*region.*).

nurseling /ˈnɜːslɪŋ/, *n.* (*arc.*) **1** lattante; poppante **2** (*fig.*) beniamino; prediletto.

nursemaid /ˈnɜːsmeɪd/, *n.* bambinaia.

nursery /ˈnɜːsərɪ/, *n.* **1** asilo nido; asilo infantile; nido d'infanzia **2** vivaio (*anche fig.*); semenzaio; serra; (*fig.*) culla: **a fish n.**, un vivaio di pesci; **Italy, the n. of art**, l'Italia, (la) culla dell'arte **3** (*arc.*) camera dei bambini. ● **n. governess** (*o* **n. maid**), governante; bambinaia □ **n. rhymes**, poesiole per bambini; filastrocche □ **n. school**, asilo infantile; nido d'infanzia; scuola materna □ **n. slopes**, discese per principianti (*sui campi di sci*) □ (*ippica*) **the n. stakes**, le corse dei «due anni» □ **n. tale**, fiaba; favola.

nurseryman /ˈnɜːsrɪmən/, *n.* (*pl.* **nurserymen**) vivaista; arboricoltore.

nursing /ˈnɜːsɪŋ/, *n.* **1** allattamento **2** (*med.*) nursing; assistenza infermieristica; assistenza sociosanitaria **3** professione d'infermiere (*o* d'infermiera): **N. is not an easy job**, la professione dell'infermiere non è facile. ● **n. bottle**, poppatoio □ (*biblico*) **n. father**, padre adottivo □ **n. home**, casa di cura; clinica privata; casa di salute; casa di riposo (*per anziani*); (*spesso*) convalescenziario □ **n. mother**, madre che allatta; (*biblico*) madre adottiva □ **n. service**, servizio d'assistenza infermieristica □ **n. sister**, infermiera diplomata.

nursling /ˈnɜːslɪŋ/, *V.* **nurseling.**

nurture /ˈnɜːtʃə(r)/, *n.* (*form.*) **1** allevamento; educazione **2** nutrimento; alimento.

to **nurture** /ˈnɜːtʃə(r)/, *v. t.* (*form.*) **1** allevare; educare **2** nutrire; alimentare **3** (*fig.*) coltivare (*speranze*); covare (*odio, ecc.*).

nut /nʌt/, *n.* **1** (*bot.*) noce; nocciola **2** (*mecc.*) dado **3** (*pop.*) testa: **to be off one's nut**, essere giù di testa; mancare d'una rotella (*fig.*); essere matto: **He is off his nut**, gli manca una rotella **4** (*naut.*) mazza (*dell'ancora*) **5** (*mus.*: *di violino*) capotasto **6** (*pop.*) matto; eccentrico; pazzoide **7** (*pop.*) fanatico, patito (*di q. o q.c.*) **8** (*pl.*) piccoli pezzi di carbone **9** (*pl.*) (*volg.*) palle; coglioni. ● **nuts and bolts**, (*mecc.*) dadi e bulloni, bulloneria; (*fig. fam.*) dettagli tecnici, rudimenti: **the nuts and bolts of cooking**, i rudimenti dell'arte culinaria □ **nuts-and-bolts** (*agg.*), pratico, non teorico □ **nut-brown**, nocciola; color nocciola □ **nut butter**, burro di noci □ (*bot.*) **nut-gall**, galla nuciforme; galla di quercia □ **nut-hook**, bacchio per le noci □ **nut oil**, olio di noci □ (*bot.*) **nut palm,** *Cycas media* □ (*mecc.*) **nut screw**, madrevite □ (*bot.*) **nut tree**, noce; nocciolo □ (*zool.*) **nut weevil** (*Balaninus nucum*), punteruolo delle noci □ (*pop.*) **to be** (**dead**) **nuts on st.**, andare pazzo per q.c.; essere molto abile nel fare q.c. □ (*pop.*) **to do one's nut**, arrabbiarsi; incavolarsi, essere incavolato (*pop.*) □ (*pop.*) **to go nuts** (*o* **to go off one's nut**), andare giù di testa; impazzire □ (*fig.*) **a hard nut to crack**, un osso duro (*da rodere*) □ (*mecc.*) **ring nut**, ghiera □ (*mecc.*) **wing nut**, dado ad alette; galletto □ (*pop.*) **He can't play bridge for nuts**, non sa neanche da che parte si cominci, a giocare a bridge.

to **nut** /nʌt/, **A** *v. i.* (*di solito* **to go nutting**) raccoglier noci. **B** *v. t.* (*pop.*) dare una testata a (q.). ● (*fig. pop. USA*) **to nut up**, dare i numeri (*fam.*).

nutant /ˈnjuːtənt, *USA* ˈnuː-/, *a.* nutante (*bot.*); oscillante.

nutation /njuːˈteɪʃn, *USA* nuː-/, *n.* (*astron.*, *bot.*, *mecc.*) nutazione.

nutball /ˈnʌtbɔːl/, n. (*pop. USA*) eccentrico; pazzoide; stravagante.
nutcase /ˈnʌtkeɪs/, V. **nutball**.
nutcracker /ˈnʌtkrækə(r)/, n. **1** (*di solito pl.*) schiaccianoci **2** (*zool., Nucifraga caryocatactes*) nocciolaia.
nut(-)hatch /ˈnʌthætʃ/, n. (*zool., Sitta europaea*) picchio muratore.
nuthouse /ˈnʌthaʊs/, n. (*pop.*) manicomio.
nutmeg /ˈnʌtmɛg/, n. **1** noce moscata **2** (*bot., Myristica fragrans*; = **n. tree**) noce moscata. ● **n. grater**, grattugia per la noce moscata □ (*med.*) **n. liver**, fegato a noce moscata; atrofia cianotica del fegato.
to **nutmeg** /ˈnʌtmɛg/, v. t. (*pop.*; *sport*: *calcio*) fare il tunnel a (*un avversario*).
nutria /ˈnjuːtrɪə, *USA* ˈnuː-/, n. **1** (*zool., Myocastor coypus*) nutria; castorino **2** (*moda*) castorino; pelliccia di nutria.
nutrient /ˈnjuːtrɪənt, *USA* ˈnuː-/, **A** a. nutriente; nutritivo; nutritizio. **B** n. sostanza nutriente.
nutriment /ˈnjuːtrɪmənt, *USA* ˈnuː-/, n. (*form.*) nutrimento (*anche fig.*); alimento.
nutrition /njuːˈtrɪʃn, *USA* nuː-/, n. **1** nutrizione; alimentazione **2** nutrimento; alimento.
nutritional /njuːˈtrɪʃənl, *USA* nuː-/, a. (*med.*) nutrizionale.
nutritionist /njuːˈtrɪʃənɪst, *USA* nuː-/, n. nutrizionista.
nutritious /njuːˈtrɪʃəs, *USA* nuː-/, a. nutritivo; nutriente. ‖ **-ly**, avv.
nutritiousness /njuːˈtrɪʃəsnəs, *USA* nuː-/, n. l'essere nutritivo; potere nutritivo.
nutritive /ˈnjuːtrɪtɪv, *USA* ˈnuː-/, **A** a. **1** nutritivo; nutriente **2** alimentare. **B** n. alimento nutriente. ‖ **-ly**, avv.
nuts /nʌts/, **A** a. (*pop.*) **1** matto, pazzo; suonato, svitato (*pop.*): **The boy is n.!**, quel ragazzo è svitato! **2** (*fig.*) matto, pazzo; fanatico; patito (*fig.*): **She is n. about** (*o* **on, over**) **country music**, va matta per il country. **B** inter. (*pop.*) al diavolo!; in malora!: **N. to you and your boss!**, (andate) al diavolo tu e il tuo padrone! ● **to go n.**, andare già di testa; dare di matto.
nutshell /ˈnʌtʃɛl/, n. (*anche fig.*) guscio di noce. ● (*fig.*) **in a n.**, in poche parole; brevemente.
nutter /ˈnʌtə(r)/, n. (*pop.*) matto; pazzo; svitato (*fam.*).
nutty /ˈnʌtɪ/, a. **1** ricco di noci; che dà molte noci **2** che sa di noce **3** (*di torta, dolce, ecc.*) pieno di noci **4** (*pop.*) matto; pazzo **5** (*pop.*) fanatico; entusiasta; che non ci vede (*per q.c.*). ● (*pop.*) **to be n. on st.**, andar matto per q.c.
nux vomica /ˈnʌksˈvɒmɪkə/ (*lat.*), n. (*invar. al pl.*) **1** (*bot., Strychnos nux-vomica*) noce vomica **2** (*med.*) noce vomica.
to **nuzzle** /ˈnʌzl/, **A** v. t. **1** premere, strofinare il muso contro (q.c.): **The horse nuzzled the snow**, il cavallo strofinò il muso contro la neve **2** (*del porco, ecc.*) scavare col grifo. **B** v. i. **1** (*di cane, ecc.*) annusare; fiutare **2** (*di porco*) grufolare **3** (*anche*, v. rifl., **to n. oneself**) accoccolarsi; annidarsi; rannicchiarsi. ● **to n. one's face into a cushion**, affondare la faccia in un cuscino.
Nyasa /naɪˈæsə, nɪ-/, **A** n. (*geogr.*) (lago) Niassa. **B** a. e n. (abitante o nativo) del Niassa.
Nyasaland /naɪˈæsəlænd, nɪ-/, n. (*geogr.*) Niassa (*lo Stato*).
nyctalope /ˈnɪktələʊp/, n. (*med.*) nictalope.
nyctalopia /nɪktəˈləʊpɪə/, **nyctalopy** /ˈnɪktələʊpɪ/, n. (*med.*) nictalopia.
nyctitropic /nɪktɪˈtrɒpɪk/, a. (*bot.*) nictitropico.
nyctitropism /nɪkˈtɪtrəpɪzəm/, n. (*bot.*) nictitropismo.
nylon /ˈnaɪlɒn/, n. **1** (*ind. tess.*) nylon, nailon: **n. stockings**, calze di nailon **2** (*pl.*) (*fam.*) calze di nailon; indumenti di nailon.
nymph /nɪmf/, n. **1** (*mitol.*) ninfa **2** (*fig.*) ninfa (*lett.*); fanciulla; giovinetta **3** (*zool.*) ninfa.
nympha /ˈnɪmfə/, n. (*pl.* **nymphae**) (*anat.*) ninfa.
nymphaea /nɪmˈfiːə/, n. (*bot.*) ninfea.
nymphaeum /nɪmˈfiːəm/, n. (*pl.* **nymphaea**) (*archeol.*) ninfeo.
nymphal /ˈnɪmfl/, a. **1** (*mitol.*) ninfale; di ninfa; delle ninfe **2** (*zool.*) ninfale.
nymphean /ˈnɪmfɪən/, **nymphish** /ˈnɪmfɪʃ/, **nymphlike** /ˈnɪmflaɪk/, V. **nymphal,** *def. 1.*
nymphet /nɪmˈfɛt/, n. (*anche fig.*) ninfetta.
nympho /ˈnɪmfəʊ/, n. (*pl.* **nymphos**) (*pop.*) ninfomane.
nymphomania /nɪmfəˈmeɪnɪə/, n. (*psic.*) ninfomania.
nymphomaniac /nɪmfəˈmeɪnɪæk/, a. e n. (*psic.*) ninfomane.
nymphosis /nɪmˈfəʊsɪs/, n. (*pl.* **nymphoses**) (*zool.*) ninfosi.
nystagmus /nɪˈstægməs/, n. (*med.*) nistagmo.
nystatin /ˈnɪstətɪn/, n. (*chim., farm.*) nistatina.

o,O

O, o /əʊ/, *n.* (*pl.* **O's, o's; Os, os**) ***1*** O, o (*quindicesima lettera dell'alfabeto ingl.*) ***2*** (*mat.*) zero (*specialm. compitando numeri telefonici*). ● (*telef.*) **o for Oliver**, (*USA*: **o for Oboe**), o come Otranto ▫ **level**, esame finale della scuola dell'obbligo, sostenuto a livello inferiore (*in G.B., fino al 1988*; *sostituito ora dal G.C.S.E., q.V. nelle sigle*).

o /əʊ/, **A** *inter. V.* **oh**. **B** *vocat.* (*lett.*) o: **O graceful moon, I remember...**, o graziosa luna, io mi rammento... ● **O, dear (me)!**, povero me!; Dio mio!

o' /ə/, *prep.* (*fam.*) ***1*** (*abbr. di* **of**) di: **a cup o' tea**, una tazza di tè; **It's five o' clock**, sono le cinque (dell'orologio) ***2*** (*arc.*) (*abbr. di* **on**) su; di. ● **I cannot sleep o' nights**, non riesco a dormire la notte.

O' /əʊ/, *prefisso* (*in taluni cognomi irl., per es. in*:) **O' Connor** (*significa figlio di Connor*).

oaf /əʊf/, *n.* (*pl.* **oafs**, *raro* **oaves**) ***1*** balordo; gonzo ***2*** tanghero; zotico ***3*** (*raro*) bambino ritardato mentale.

oafish /'əʊfɪʃ/, *a.* ***1*** balordo; stupido ***2*** rozzo; tanghero; zotico. || **-ly**, *avv.* || **-ness**, *sost.*

oak /əʊk/, *n.* ***1*** (*bot., Quercus*: *pl.* **oaks, oak**) quercia (*albero e legno*): **an oak table**, un tavolo di quercia ***2*** mobili di quercia ***3*** fronde di quercia: **Oak is still worn on the 29th of May**, la gente porta ancora fronde di quercia il 29 maggio (*V.* **oak-apple day**) ***4*** (*gergo universitario*) porta dell'alloggio (*d'uno studente*): **to sport one's oak**, chiudere la porta per evitare visite. ● (*sport*) **the Oaks**, corsa per puledre di tre anni (*a Epsom*) ▫ **oak apple**, galla di quercia ▫ (*stor.*) **Oak-apple Day**, festa commemorativa della restaurazione degli Stuart (*Carlo II, 29 maggio 1660*) ▫ **oak bark**, corteccia di quercia ▫ **oak gall**, galla di quercia ▫ (*bot.*) **oak sapling**, querciolo ▫ **oak wood**, querceto; legno di quercia ▫ (*bot.*) **bay oak** (*Quercus robur*), rovere ▫ (*bot.*) **cork oak** (*Quercus suber*), quercia da sughero ▫ (*bot.*) **red oak** (*Quercus rubra*), quercia rossa ▫ (*bot.*) **white oak** (*Quercus alba*), quercia bianca.

oaken /'əʊkən/, *a.* di quercia; di legno di quercia; quercino.

oaklet /'əʊklət/, **oakling** /'əʊklɪŋ/, *n.* giovane quercia; querciolo.

oakum /'əʊkəm/, *n.* stoppa. ● (*naut.*) **calking o.**, stoppa da calafato.

oar /ɔː(r)/, *n.* (*naut.*) remo. ● **oar blade**, pala di remo ▫ **oar handgrip**, impugnatura di remo ▫ (*naut.*) **four-oar**, barca a quattro remi ▫ (*naut.*) **pair-oar**, barca a due remi ▫ **to pull a good oar**, essere un buon rematore ▫ (*fam.*) **to put one's oar in**, intromettersi, immischiarsi; interloquire ▫ (*fam.*) **to put one's oar in st.**, mettere il becco in q.c. (*fig.*) ▫ **to rest on one's oars**, smettere di remare; (*fig.*) prendersi un po' di riposo ▫ (*fam.*) **to stick** (*o* **to shove**) **one's oar in**, *V.* **to put one's oar in**.

to **oar** /ɔː(r)/, *v. i.* remare; vogare. ● **to oar one's way across a river**, attraversare un fiume a remi.

oared /ɔːd/, *a.* (*naut.*) munito di remi; a remi. ● (*d'imbarcazione*) **two-oared**, a due remi.

oarless /'ɔːləs/, *a.* (*di barca*) senza remi.

oarlock /'ɔːlɒk/, *n.* (*naut., USA*) scalmo.

oarsman /'ɔːzmən/, *n.* (*pl.* **oarsmen**) rematore; vogatore; canottiere.

oarsmanship /'ɔːzmənʃɪp/, *n.* arte del remare; abilità di rematore.

oarswoman /'ɔːzwʊmən/, *n.* (*pl.* **oarswomen**) rematrice.

oasis /əʊ'eɪsɪs, *USA* əʊ'eɪ-, 'əʊə-/, *n.* (*pl.* **oases**) oasi.

oast /əʊst/, *n.* forno per luppoli. ● **o. house**, essiccatoio per il luppolo.

oat /əʊt/, *n.* ***1*** (*di solito al pl.*) (*bot., Avena sativa*) avena ***2*** (*poet.*) avena (*lett.*); piffero; zampogna. ● (*fam. USA*) **to feel one's oats**, essere su di giri (*o* di morale); sentirsi in forma ▫ (*pop.*) **to get one's oats**, trovare della pastura (*fig.*); passarsela con donne ▫ (*fam.*) **to be off one's oats**, aver perso l'appetito ▫ (*fig.*) **to sow one's wild oats**, correre la cavallina; dar sfogo ai bollori giovanili ▫ (*bot.*) **wild oats** (*Avena fatua*), avena selvatica.

oatcake /'əʊtkeɪk/, *n.* (*specialm. in Scozia*) focaccia di farina d'avena.

oaten /'əʊtn/, *a.* d'avena; di farina d'avena.

oater /'əʊtə(r)/, *n.* (*fam. USA*) film (*o* commedia) western (*dall'avena per i cavalli*).

oath /əʊθ/, *n.* ***1*** (*leg.*) giuramento: **to be on** (*o* **under**) **o.**, essere sotto giuramento; **to take** (*o* **to make, to swear**) **an o.**, fare un giuramento; giurare; **to break one's o.**, violare (*o* venire meno al) giuramento ***2*** imprecazione; bestemmia. ● (*leg.*) **o. breaking**, violazione di giuramento ▫ **o. in court**, giuramento giudiziale ▫ **to put sb. on his o.**, far giurare q. ▫ **a terrible o.**, un'orribile bestemmia; (*oppure*) un solenne giuramento.

oatmeal /'əʊtmiːl/, *n.* ***1*** farina d'avena ***2*** (*USA*) *V.* **porridge**. ● (*ind.*) **o. paper**, carta che contiene segatura.

oaves /əʊvz/, *pl.* di **oaf**.

obbligato /ɒblɪ'gɑːtəʊ/ (*ital.*), (*mus.*) **A** *a.* obbligato: **o. note**, nota obbligata. **B** *n.* (*pl.* **obbligatos, obbligati**) parte obbligata.

obduction /ɒb'dʌkʃn/, *n.* (*med.*) obduzione; autopsia.

obduracy /'ɒbdjʊrəsɪ, *USA* -dʊə-/, *n.* ***1*** durezza (*d'animo*); crudeltà ***2*** impenitenza (*raro*) ***3*** caparbietà; ostinazione; testardaggine.

obdurate /'ɒbdjʊrət, *USA* -dʊə-/, *a.* ***1*** duro (*d'animo*); crudele ***2*** impenitente; incallito (*fig.*) ***3*** caparbio; ostinato; testardo; inflessibile. || **-ly**, *avv.* || **-ness**, *sost.*

obedience /ə'biːdɪəns/, *n.* obbedienza; docilità; sottomissione: **to compel o. from. a boy**, costringere un ragazzo all'ubbidienza. ● **to act in o. to orders**, agire secondo gli ordini ▫ **to command o.**, saper farsi ubbidire.

obedient /ə'biːdɪənt/, *a.* obbediente, ubbidiente; docile; sottomesso. ● (*in chiusa di lettera*; *molto formale*) **Your o. servant**, Suo devotissimo. || **-ly**, *avv.*

obeisance /əʊ'beɪsns/, *n.* (*form.*) ***1*** inchino; riverenza ***2*** (atto di) omaggio: **to do** (*o* **to make, to pay**) **o. to sb.**, rendere omaggio a q.; mostrarsi sottomesso a q.

obelisk /'ɒbəlɪsk/, *n.* ***1*** (*archit.*) obelisco ***2*** *V.* **obelus** ***3*** (*tipogr.*) croce latina.

obelus /'ɒbələs/, *n.* (*pl.* **obeli**) (*filol.*) obelo; obelisco.

obese /əʊ'biːs/, *a.* obeso; corpulento.

obesity /əʊ'biːsətɪ/, *n.* obesità.

to **obey** /ə'beɪ, əʊ-/, **A** *v. t.* ***1*** ubbidire a: **to o. the law**, ubbidire alla legge ***2*** eseguire; osservare; rispettare: **Soldiers must o. orders**, i soldati devono eseguire gli ordini. **B** *v. i.* ubbidire. ● **O. your common sense!**, lasciati guidare dal buonsenso!

to **obfuscate** /'ɒbfəskeɪt, -ʌs-, *USA* 'ɒb-, ɒb-'fʌs-/, *v. t.* ***1*** offuscare; oscurare ***2*** (*fig.*) ottenebrare; confondere.

obfuscation /ɒbfʌ'skeɪʃn, -fə-/, *n.* ***1*** offuscamento ***2*** (*fig.*) ottenebramento; confusione mentale.

obit /'ɒbɪt, 'əʊbɪt/, *n.* (*fam.*) *V.* **obituary, A**.

obiter dictum /'ɒbɪtə'dɪktəm, 'əʊb-/ (*lat.*), *locuz. n.* ***1*** (*leg.*) dichiarazione incidentale (*del giudice, quando emette la sentenza*; *non vale come precedente giudiziale*) ***2*** (*fig.*) commento casuale.

obituarese /ə'bɪtjʊəriːz, *USA* -tʃʊə-/, *n.* linguaggio dei necrologi.

obituarist /ə'bɪtjʊərɪst, *USA* -tʃʊə-/, *n.* necrologista; scrittore di necrologie.

obituary /ə'bɪtʃʊərɪ, *USA* -tʃʊerɪ/, **A** *n.* necrologia; necrologio. **B** *a.* funebre; necrologico: **o. notices**, annunzi funebri; necrologi.

object /'ɒbdʒɪkt, -dʒekt/, *n.* ***1*** oggetto; cosa; soggetto; argomento; materia: **the objects on the shelf**, gli oggetti che si trovano sullo scaffale; **to be an o. of contempt [of pity]**, essere oggetto di disprezzo [di pietà]; **o. of study**, materia di studio ***2*** scopo; intento; fine; mira, obiettivo (*fig.*): **His only o. is to make money**, il suo solo scopo è far quattrini; **to succeed in one's o.**, riuscire nel proprio intento; **with the o. of**, con l'intento di ***3*** (*filos.*) oggetto ***4*** (*gramm.*) oggetto: **direct o.**, complemento oggetto (*o* diretto); **indirect o.**, complemento indiretto; **prepositional o.**, complemento indiretto retto da una preposizione ***5*** (*fam.*) persona (*o* cosa) ridicola; orrore (*fig.*): **What a disgusting o.!**, che orrore! ● (*biliardo*) **o. ball**, palla da colpire ▫ (*elab.*) **o. code**, codice oggetto ▫ (*elab.*) **o. computer**, macchina esecutrice ▫ (*scient.*) **o. finder**, vite micrometrica (*di microscopio*) ▫ (*ottica*) **o. glass** (*o* **o. lens**), obiettivo (*di telescopio, microscopio, ecc.*) ▫ **o. lesson**, dimostrazione (*o* lezione) pratica; esempio pratico ▫ (*scient.*) **o. plate**, vetrino ▫ (*elab.*) **o. programme**, programma di arrivo ▫ (*psic.*) **o. relationship**, relazione oggettuale ▫ **o. staff**, livella da geometra ▫ (*elab.*) **o. time**, tempo di esecuzione ▫ (*negli annunci pubblicitari*) **Money no o.**, non si fa questione di prezzo (*o* stipendio, ecc.); «miti pretese».

to **object** /əb'dʒekt/, *v. t.* e *i.* ***1*** obiettare; opporre (*discutendo*): **I objected that the evidence was not clear**, obiettai che le prove non erano chiare; **to o. facts to a theory**, opporre fatti a una teoria ***2*** opporsi (a); disapprovare; protestare; non permettere; non tollerare: **I o. to your meddling**, disapprovo la tua ingerenza (*o* intromissione); **He always objected as a matter of principle**, protestava sempre per principio; **I o. to being treated like that**, non tollero d'esser trattato così ***3*** (*leg.*) opporsi; proporre un'eccezione; fare opposizione. ● **if you do not o.**, se non hai niente in contrario; se non ti dispiace.

objectification /ɒbdʒektɪfɪ'keɪʃn/, *n.* (*filos.*) oggettivazione.

to **objectify** /ɒb'dʒektɪfaɪ/, *v. t.* (*filos.*) oggettivare.

objection /əb'dʒekʃn/, *n.* ***1*** obiezione; opposizione; avversione; disapprovazione: **to raise on o.**, sollevare un'obiezione; **(Is there) any o.?**, (ci sono) obiezioni? ***2*** difficoltà; inconveniente; ostacolo *3* (*leg.*) obiezione; eccezione; opposizione. ● **to have o. to**, sentir avversione per, trovar a ridire su; non piacere (*impers.*): **I have no o. to working hard**, non mi dispiace affatto lavorar sodo □ **to take o. to**, disapprovare: **You always take o. to what I say**, disapprovi sempre quel che dico io □ **I have no o.**, non ho nulla in contrario.

objectionable /əb'dʒɛkʃənəbl/, *a.* *1* cui si può obiettare *2* deplorevole; riprovevole *3* sgradevole; spiacevole. || **-bly**, *avv.*

objective /əb'dʒɛktɪv/, **A** *a.* (*filos., gramm., ecc.*) obiettivo; oggettivo: **an o. description**, una descrizione oggettiva; **o. case**, caso oggettivo (*accusativo*); **o. genitive**, genitivo oggettivo. **B** *n.* *1* (*mil., ottica, ecc.*) obiettivo *2* (*gramm.*) caso oggettivo; accusativo. ● (*mil.*) **o. point**, obiettivo. || **-ly**, *avv.* || **-ness**, *sost.*

objectivism /əb'dʒɛktɪvɪzəm/, *n.* (*filos., arte, ecc.*) oggettivismo.

objectivity /ɒbdʒɛk'tɪvətɪ/, *n.* obiettività; oggettività.

objectless /'ɒbdʒɪktləs/, *a.* senza scopo; inutile.

objector /əb'dʒɛktə(r)/, *n.* *1* obiettore; oppositore: **a conscientious o.**, un obiettore di coscienza *2* (*leg.*) chi propone un'eccezione.

objet d'art /'ɒbʒeɪ'dɑː(r)/ (*franc.*), *n.* oggetto d'arte.

to **objurgate** /'ɒbdʒɜːgeɪt/, *v. t.* riprendere aspramente; censurare.

objurgation /ɒbdʒɜː'geɪʃn/, *n.* aspro rimprovero; rabbuffo.

objurgatory /ɒb'dʒɜːgətrɪ, *USA* -tɔːrɪ/, *a.* riprensivo (*lett.*); di rimprovero.

oblate (**1**) /'ɒbleɪt, əʊ'b-/, *n.* (*relig.*) oblato, oblata.

oblate (**2**) /'ɒbleɪt, əʊ'b-/, *a.* (*geom.*: *di sfera*) schiacciato (ai poli).

oblation /əʊ'bleɪʃn/, *n.* (*anche relig.*) oblazione; offerta.

oblational /əʊ'bleɪʃənl/, **oblatory** /'ɒbleɪtərɪ, əʊ'b-, *USA* -ətɔːrɪ/, *a.* oblatorio.

obligate /'ɒblɪgeɪt/, *a.* obbligato. ● (*fam. USA*) **o. runner**, chi s'impone di fare del jogging a rischio della salute; fanatico del jogging.

to **obligate** /'ɒblɪgeɪt/, *v. t.* (*specialm. leg.*) obbligare.

obligation /ɒblɪ'geɪʃn/, *n.* *1* obbligazione (*anche leg.*); obbligo; dovere; impegno: **the obligations of conscience**, gli obblighi della coscienza; **to be under (an) o. to sb.**, avere un obbligo (*di riconoscenza*) verso q. *2* (*fin., rag.*) impegno di spesa; obbligazione; passività *3* (*leg., in Scozia*) obbligazione. ● (*comm.*) **to meet one's obligations**, far fronte ai propri impegni □ **to put sb. under an o.**, rendere un servigio (*o* fare un favore) a q. □ **to repay an o.**, ricambiare un favore.

obligative /'ɒblɪgeɪtɪv/, *a.* obbligatorio.

obligator /'ɒblɪgeɪtə(r)/, *n.* *1* *V.* **obligor** *2* *V.* **obliger**.

obligatory /ə'blɪgətrɪ, *USA* -tɔːrɪ/, *a.* obbligatorio. || **-ily**, *avv.* || **-iness**, *sost.*

to **oblige** /ə'blaɪdʒ/, **A** *v. t.* *1* obbligare; costringere *2* (*form.*) fare un favore a; fare una cortesia a: **Please o. me by lending me ten pounds**, fammi il favore di prestarmi dieci sterline; **to o. one's next-door neighbours**, fare piccoli favori ai propri vicini di casa. **B** *v. i.* essere compiacente (*o* servizievole); prestarsi gentilmente (*a fare q.c.*). ● **to o. oneself by oath**, impegnarsi con giuramento □ **to o. a customer**, rendersi utile a un cliente □ **to o. sb. with st.**, fare il piacere di dare (*o* di prestare) q.c. a q.; favorire q.c. a q. □ (*fam.*) **to o. with a song**, fare la cortesia di cantare (*a una festa, ecc.*) □ **to feel obliged to do st.**, sentirsi in dovere di fare q.c. □ **I am much obliged to you**, Le sono obbligatissimo (*o* molto riconoscente) □ (*comm., bur.*) **Your remittance of a cheque in settlement will o.**, Le saremo grati se vorrà inviarci un assegno a saldo.

obligee /ɒblɪ'dʒiː/, *n.* (*leg.*) obbligatario; creditore.

obliger /ə'blaɪdʒə(r)/, *n.* chi obbliga; obbligante.

obliging /ə'blaɪdʒɪŋ/, *a.* affabile; cortese; compiacente; gentile. || **-ly**, *avv.* || **-ness**, *sost.*

obligor /ɒblɪ'gɔː(r)/, *n.* (*leg.*) obbligato; debitore.

oblique /ə'bliːk, əʊ-, ɒ-/, **A** *a.* *1* obliquo; inclinato: **an o. line**, una linea obliqua; **an o. plane**, un piano inclinato *2* (*bot., zool.*) asimmetrico *3* (*gramm.*) indiretto: **o. case**, caso indiretto; **o. oration** (*o* **speech**), discorso indiretto *4* (*fig.*) obliquo; ambiguo; indiretto; subdolo: **o. charges**, accuse indirette; **o. manoeuvres**, manovre subdole. **B** *n.* *1* (la) diagonale *2* (*gramm.*) caso indiretto *3* (*tipogr.*; = **o. stroke**) barretta obliqua. || **-ly**, *avv.* || **-ness**, *sost.*

to **oblique** /ə'bliːk, əʊ-, ɒ-/, *v. i.* *1* inclinarsi *2* (*specialm. mil.*) avanzare obliquamente; deviare; piegare.

obliquity /ə'blɪkwətɪ/, *n.* *1* (*scient., tecn.*) obliquità: (*autom.*) **o. of the wheels**, obliquità delle ruote *2* (*fig.*) obliquità; ambiguità.

to **obliterate** /ə'blɪtəreɪt/, *v. t.* *1* obliterare; cancellare; annullare: **to o. a postage stamp**, obliterare un francobollo; **to o. sb.'s memory**, cancellare il ricordo di q. *2* cancellare (q.c.) dalla faccia della terra; annientare *3* (*med.*) asportare; rimuovere.

obliteration /əblɪtə'reɪʃn/, *n.* *1* obliterazione (*anche med.*); cancellatura; annullamento *2* annientamento; distruzione.

obliterator /ə'blɪtəreɪtə(r)/, *n.* *1* (*anche tecn.*) obliteratore *2* (*tecn.*) macchina obliteratrice.

oblivion /ə'blɪvɪən/, *n.* oblio; dimenticanza: **to fall** (*o* **to sink**) **into o.**, cadere nell'oblio.

oblivious /ə'blɪvɪəs/, *a.* dimentico; immemore. ● **o. to danger**, ignaro del pericolo. || **-ly**, *avv.* || **-ness**, *sost.*

Oblomovism /ɒb'ləʊməvɪzəm/, *n.* oblomovismo.

oblong /'ɒblɒŋ, *USA* -lɔːŋ/, **A** *a.* oblungo; bislungo. **B** *n.* (*geom.*) figura di forma oblunga; rettangolo che ha per base il lato maggiore. ● **o. mesh**, tessuto a maglie rettangolari.

obloquy /'ɒbləkwɪ/, *n.* (*form.*) *1* ingiuria; offesa (*verbale o scritta*); vituperazione (*raro*) *2* cattiva reputazione; infamia; onta; disonore.

obmutescence /ɒbmjʊ'tɛsəns/, *n.* ostinato silenzio.

obmutescent /ɒbmjʊ'tɛsənt/, *a.* taciturno; muto (*fig.*).

obnoxious /əb'nɒkʃəs/, *a.* *1* disgustoso; sgradevole; spiacevole; odioso *2* riprovevole; biasimevole. || **-ly**, *avv.* || **-ness**, *sost.*

oboe /'əʊbəʊ/, *n.* (*mus.*) oboe.

oboist /'əʊbəʊɪst/, *n.* (*mus.*) oboista.

obol /'ɒbəl, -ɒl, *USA* 'ɒbəl, 'əʊ-/, *V.* **obolus**.

obolus /'ɒbələs/, *n.* (*pl.* **oboli**) obolo (*antica moneta greca*).

obscene /əb'siːn, ɒ-/, *a.* *1* osceno; impudico; turpe *2* (*per estens.*) disgustoso; ripugnante; repulsivo; shoccante. || **-ly**, *avv.*

obscenity /əb'sɛnətɪ, ɒ-/, *n.* *1* oscenità; impudicizia; turpitudine *2* oscenità; atto (*o* discorso) osceno; parola turpe; cosa ripugnante.

obscurant /ɒb'skjʊərənt/, *V.* **obscurantist**.

obscurantism /ɒbskjʊə'ræntɪzəm/, *n.* oscurantismo.

obscurantist /ɒbskjʊə'ræntɪst/, **A** *a.* oscurantistico. **B** *n.* oscurantista.

obscuration /ɒbskjʊə'reɪʃn/, *n.* *1* oscuramento *2* (*fig.*) offuscamento (*della mente, ecc.*) *3* (*meteorol.*) cielo invisibile.

obscure /əb'skjʊə(r)/, *a.* *1* oscuro (*anche fig.*); poco chiaro; indistinto; confuso; vago: **an o. explanation**, una spiegazione oscura (*o* poco chiara); **an o. figure**, una figura indistinta; **an o. scientist**, un oscuro scienziato *2* (*autom., mecc.*) inaccessibile: **o. parts**, parti inaccessibili (*del motore*) || **-ly**, *avv.* || **-ness**, *sost.*

to **obscure** /əb'skjʊə(r)/, *v. t.* *1* oscurare (*anche fig.*); offuscare; ottenebrare; eclissare: **to o. sb.'s glory**, oscurare la gloria di q. *2* nascondere in parte; far dimenticare: **The success of his new book obscured his preceding failures**, il successo del suo nuovo libro fece dimenticare i precedenti insuccessi *3* confondere; rendere più confuso (*o* più difficile): **His testimony obscured the issue**, la sua testimonianza servì solo a complicare le cose.

obscurity /əb'skjʊərətɪ/, *n.* oscurità (*anche fig.*); tenebre.

obsecration /ɒbsɪ'kreɪʃn/, *n.* (*raro*) implorazione; supplica.

obsequial /ɒb'siːkwɪəl/, *a.* delle esequie; funebre.

obsequies /'ɒbsɪkwɪz/, *n. pl.* esequie; cerimonie funebri.

obsequious /əb'siːkwɪəs/, *a.* ossequioso; adulatorio; servile. || **-ly**, *avv.* || **-ness**, *sost.*

observability /əbzɜːvə'bɪlətɪ/, *n.* osservabilità.

observable /əb'zɜːvəbl/, *a.* *1* osservabile; visibile; palese *2* degno di nota; notevole; ragguardevole.

observance /əb'zɜːvəns/, **observancy** /əb'zɜːvənsɪ/, *n.* *1* (*anche relig.*) osservanza; (*leg.*) rispetto; cerimonia religiosa; rito: **the o. of speed laws**, l'osservanza (*o* il rispetto) delle norme sulla velocità consentita; **our usual Sabbath observances**, i nostri soliti riti d'ogni festa religiosa *2* (*relig.*) regola *3* (*raro*) osservazione; l'osservare. ● **in o. of the law**, in ossequio alla legge.

observant /əb'zɜːvənt/, **A** *a.* *1* dotato di spirito d'osservazione; attento; perspicace: **o. spectators**, spettatori attenti; **an o. pupil**, uno scolaro perspicace *2* che osserva (*prescrizioni, leggi, ecc.*); osservante; rispettoso; obbediente: **o. of the rules of etiquette**, rispettoso delle regole dell'etichetta. **B** *n.* – (*relig.*) **O.**, frate osservante; minore osservante.

observation /ɒbzə'veɪʃn/, *n.* *1* osservazione; considerazione; riflessione: **to keep sb. under o.**, tenere q. sotto osservazione; **She is under o. at the hospital**, ella è sotto osservazione all'ospedale; **He made a few observations on the economic situation**, fece qualche osservazione sulla situazione economica *2* rilevazione: **the o. of price trends**, la rilevazione dell'andamento dei prezzi *3* (*naut.*) punto nave; altezza (*di un astro*): **to take an o.**, fare il punto nave; prendere un'altezza. ● (*mil.*) **o. aircraft**, aereo da ricognizione; ricognitore □ (*ferr.*) **o. car**, carrozza belvedere □ (*mil.*) **o. post**, osservatorio □ (*astron.*) **o. station**, osservatorio □ **to escape o.**, passare inosservato.

observational /ɒbzɜː'veɪʃənl/, *a.* che si basa su (*o* che è frutto di) osservazioni.

observatory /əb'zɜːvətrɪ, *USA* -tɔːrɪ/, *n.* (*scient.*) osservatorio.

to **observe** /əb'zɜːv/, *v. t.* e *i.* *1* osservare, rispettare (*anche leg.*): **to o. the laws**, osservare le leggi; **to o. a clause**, rispettare una clausola *2* osservare; considerare; esaminare: **to o. natural phenomena**, osservare i fenomeni della natura *3* santificare; celebrare; osservare: **to o. Christmas**, celebrare il Natale; (*relig.*) **to o. the Sabbath**, osservare le feste *4* (*form.*) osservare; notare: **to o. sb.'s movements**, osservare i movimenti di q. *5* osservare; fare osservazioni: **He observed that it was getting late**, osservò che si faceva tardi. ● **to o. good manners**, rispettare il galateo; essere educato □ **to o. silence**, mantenere il silenzio; starsene zitto.

observer /əb'zɜːvə(r)/, *n.* *1* osservatore, osservatrice *2* (*mil.*) osservatore; vedetta *3* (*aeron.*) osservatore.

observing /əb'zɜːvɪŋ/, *a.* *1* dotato di spirito d'osservazione; osservatore; perspicace *2* (*relig.* e *leg.*) osservante.

to **obsess** /əb'sɛs/, *v. t.* ossessionare; opprimere; tormentare; assillare.

obsessed /əb'sɛst/, *a.* ossessionato. ● **an o. person**, un ossesso.

obsession /əb'sɛʃn/, *n.* (*anche psic.*) ossessione.

obsessional /əb'seʃənl/, *a.* ***1*** (*psic.*) che soffre d'ossessioni ***2*** (*psic.*) ossessivo: **o. neurosis**, nevrosi ossessiva. || **-ly**, *avv.*

obsessive /əb'sesɪv/, *a.* ossessivo. || **-ly**, *avv.*

obsidian /əb'sɪdɪən/, *n.* ossidiana.

obsidional /ɒb'sɪdɪənl/, *a.* (*stor.*) ossidionale (*lett.*); relativo a un assedio: **o. crown**, corona ossidionale.

to **obsolesce** /ɒbsə'les/, *v. i.* (*di macchine, ecc.*) diventare obsoleto; invecchiare.

obsolescence /ɒbsə'lesns/, *n.* ***1*** (*ind.*) obsolescenza ***2*** il cadere in disuso; desuetudine; invecchiamento; obsolescenza.

obsolescent /ɒbsə'lesnt/, *a.* ***1*** che sta cadendo in disuso; che sta diventando antiquato ***2*** (*ind.*) obsolescente.

obsolete /'ɒbsəli:t/, *a.* ***1*** desueto; antiquato; vieto; obsoleto: **o. words**, parole desuete; **o. guns**, cannoni antiquati; **o. customs**, viete costumanze; **o. equipment**, attrezzature obsolete ***2*** (*biol.: d'organo*) obsoleto; rudimentale. ● (*comm.*) **o. prices**, prezzi scaduti (*o* non più validi). || **-ly**, *avv.* || **-ness**, *sost.*

obstacle /'ɒbstəkl/, *n.* ostacolo; impedimento. ● (*sport*) **o. race**, corsa a ostacoli.

obstetric(al) /ɒb'stetrɪk(l)/, *a.* (*med.*) ostetrico. || **-ally**, *avv.*

obstetrician /ɒbstə'trɪʃn/, *n.* (*med.*) ostetrico.

obstetrics /əb'stetrɪks/, *n. pl.* (*col verbo al sing.*) (*med.*) ostetricia.

obstinacy /'ɒbstɪnəsɪ/, *n.* ostinatezza; ostinazione; caparbietà; testardaggine: **O. is quite different from determination**, la caparbietà è cosa assai diversa dalla fermezza.

obstinate /'ɒbstɪnət/, *a.* ostinato; caparbio; cocciuto; testardo; accanito: **an o. fever**, una febbre ostinata; **He's very o.**, è assai cocciuto. || **-ly**, *avv.* || **-ness**, *sost.*

obstreperous /əb'strepərəs/, *a.* ***1*** chiassoso; clamoroso; tumultuoso ***2*** turbolento; ribelle; indisciplinato. || **-ly**, *avv.* || **-ness**, *sost.*

to **obstruct** /əb'strʌkt/, **A** *v. t.* ***1*** ostruire; occludere; chiudere; sbarrare ***2*** impedire; ostacolare: **to o. traffic**, ostacolare (*o* ostruire) il traffico ***3*** intercettare: **to o. the light**, intercettare la luce. **B** *v. i.* (*specialm. polit.*) fare ostruzionismo.

obstruction /əb'strʌkʃn/, *n.* ***1*** ostruzione; occlusione; sbarramento ***2*** (*anche naut.*) ostacolo; impedimento ***3*** (*polit.*) ostruzionismo ***4*** (*sport*) ostruzionismo ***5*** (*med.*) ostruzione. ● (*naut.*) **o. beacon**, faro di pericolo □ (*leg.*) **o. of a police constable**, resistenza a un agente di polizia.

obstructionism /əb'strʌkʃənɪzəm/, *n.* (*specialm. polit.*) ostruzionismo.

obstructionist /əb'strʌkʃənɪst/, (*specialm. polit.*) **A** *n.* ostruzionista. **B** *a. attr.* ostruzionistico.

obstructionistic /əbstrʌkʃə'nɪstɪk/, *a.* (*specialm. polit.*) ostruzionistico.

obstructive /əb'strʌktɪv/, **A** *a.* ***1*** ostruttivo; che ostruisce; che tende a ostruire ***2*** che ostacola; che è d'intralcio; ostruzionistico. **B** *n.* (*specialm. polit.*) ostruzionista. || **-ly**, *avv.* || **-ness**, *sost.*

to **obtain** /əb'teɪn/, **A** *v. t.* ottenere; conseguire; raggiungere: **to o. a good position**, ottenere un buon posto; raggiungere una buona posizione. **B** *v. i.* (*form.*) ***1*** essere in vigore (*o* in voga); esistere, essere vivo (*fig.*): **The habit of going to the seaside in the summer still obtains**, è ancora in voga l'abitudine d'andare al mare d'estate ***2*** prevalere; prendere piede; affermarsi: **Peace will o.**, l'idea della pace (*o* il pacifismo) prevarrà.

obtainable /əb'teɪnəbl/, *a.* ***1*** ottenibile; conseguibile; raggiungibile ***2*** (*fin., market.*) disponibile.

obtainment /əb'teɪnmənt/, *n.* ottenimento; conseguimento.

obtected /əb'tektɪd/, *a.* (*zool.*) racchiuso in un involucro chitinoso.

to **obtrude** /əb'tru:d/, **A** *v. t.* ***1*** spingere avanti (*o* fuori); protendere; sporgere ***2*** imporre: **to o. one's opinions upon others**, imporre agli altri le proprie opinioni. **B** *v. i.* e **C** to **obtrude oneself**, *v. rifl.* intrudersi (*lett.*); intromettersi; imporsi.

obtruder /əb'tru:də(r)/, *n.* intruso, intrusa; invadente.

obtrusion /əb'tru:ʒn/, *n.* intrusione, intromissione; invadenza.

obtrusive /əb'tru:sɪv/, *a.* ***1*** inframmettente; importuno; invadente ***2*** appariscente; che si fa notare; vistoso, chiassoso; assordante: **o. music**, musica assordante. ● **o. colours**, tinte sgargianti □ **o. smells**, odori sgradevoli || **-ly**, *avv.* || **-ness**, *sost.*

to **obtund** /əb'tʌnd/, *v. t.* (*specialm. med.*) ottundere (*i sensi, una facoltà*).

to **obturate** /'ɒbtjʊəreɪt, *USA* -tʃʊə-/, *v. t.* (*form.*) otturare.

obturation /ɒbtjʊə'reɪʃn, *USA* -tʃʊə-/, *n.* ***1*** (*med., mil., ecc.*) otturazione ***2*** (*med.*) occlusione (intestinale).

obturator /'ɒbtjʊəreɪtə(r), *USA* -tʃʊə-/, **A** *n.* ***1*** (*mil.*) otturatore (*specialm. d'arma da fuoco*) ***2*** (*anat.*) muscolo otturatore ***3*** (*med.*) mandrino (*di ago o cannula*). **B** *a.* (*anat.*) otturatorio: **o. nerve**, nervo otturatorio.

obtuse /əb'tju:s, *USA* -'tu:s-/, *a.* ***1*** (*geom.*) ottuso; smussato; spuntato: **an o. angle**, un angolo ottuso ***2*** (*fig.*) ottuso; stolido; stupido. ● (*geom.: di un triangolo*) **o.-angled**, ottusangolo □ **an o. pain**, un dolore sordo. || **-ly**, *avv.* || **-ness**, *sost.*

obverse /'ɒbvɜ:s/, **A** *a.* contrario; opposto. **B** *n.* ***1*** contrario; inverso: **the o. of beauty**, il contrario di bellezza ***2*** (*logica*) proposizione inversa ***3*** (*di medaglia, moneta, ecc.*) diritto; recto, retto. || **-ly**, *avv.* || **-ness**, *sost.*

obversion /ɒb'vɜ:ʃn/, *n.* (*logica*) inversione.

to **obvert** /ɒb'vɜ:t/, *v. t.* (*logica*) invertire.

to **obviate** /'ɒbvɪeɪt/, *v. t.* ovviare a; risolvere; evitare; prevenire: **to o. a danger**, evitare un pericolo; **to o. a difficulty**, risolvere una difficoltà.

obvious /'ɒbvɪəs/, *a.* ovvio; chiaro; evidente; manifesto: **for o. reasons**, per ovvi motivi. ● **to state the o.**, dire una cosa ovvia. || **-ly**, *avv.* || **-ness**, *sost.*

OC /əʊ'si:/, *n.* (*acronimo di* **oral contraceptive**) contraccettivo (*o* anticoncezionale) orale; (la) pillola (*fam.*).

ocarina /ɒkə'ri:nə/ (*ital.*), *n.* (*mus.*) ocarina.

occasion /ə'keɪʒn/, *n.* ***1*** occasione; circostanza; opportunità: **on the o. of our last meeting**, in occasione del nostro (ultimo) incontro; **You should profit by the o.**, dovresti trarre profitto dall'occasione ***2*** (*form.*) motivo; causa immediata (*o* diretta); ragione; causa: **There is no o. for alarm**, non c'è motivo d'allarmarsi; **The o. of the riots is obvious**, la causa immediata dei tumulti è ovvia ***3*** (*pl.*) (*arc.*) affari; faccende. ● **to give o. to**, dar occasione a; cagionare; provocare: **My words gave o. to a burst of laughter**, le mie parole provocarono uno scoppio di risa □ **if the o. demands**, se la circostanza lo richiede □ **on o.**, all'occasione; occasionalmente, saltuariamente; di quando in quando, talvolta □ **on this festive o.**, in questa lieta occasione □ **on the last o.**, l'ultima volta □ **on rare occasions**, qualche rara volta; raramente □ **to rise to the o.** (*o* **to be equal to the o.**), essere all'altezza della situazione □ **to take o. to do [to say] st.**, cogliere l'occasione per fare [per dire] q.c.

to **occasion** /ə'keɪʒn/, *v. t.* (*form.*) dare occasione a; causare; esser causa di; provocare: **to o. a delay in the delivery of the goods**, causare un ritardo nella consegna della merce; **to o. a riot**, provocare un tumulto.

occasional /ə'keɪʒənl/, *a.* ***1*** occasionale; accidentale; casuale: **o. cause**, causa occasionale; **This thing is quite o.**, questa cosa è del tutto accidentale ***2*** di circostanza; d'occasione; celebrativo: **o. poems**, poesie di circostanza ***3*** sporadico; saltuario: **o. meetings**, riunioni saltuarie. ● **an o. licence**, una licenza per vendere alcolici solo in certe ore (*in G.B.*) □ **an o. table**, una tavola aggiunta per l'occasione (*di un banchetto, ecc.*) □ **I smoke an o. cigarette**, di tanto in tanto, fumo una sigaretta.

occasionalism /ə'keɪʒnəlɪzəm/, *n.* (*filos.*) occasionalismo.

occasionalist /ə'keɪʒnəlɪst/, *n.* (*filos.*) occasionalista.

occasionally /ə'keɪʒnəlɪ/, *avv.* saltuariamente; di quando in quando; di tanto in tanto.

Occident /'ɒksɪdənt/, *n.* ***1*** Occidente (*l'Europa occidentale; l'Europa e l'America; la civiltà occidentale*) ***2*** – (*poet.*) **o.**, occidente; ovest.

Occidental /ɒksɪ'dentl/, *a.* e *n.* occidentale.

Occidentalism /ɒksɪ'dentəlɪzəm/, *n.* occidentalismo.

Occidentalist /ɒksɪ'dentəlɪst/, *n.* occidentalista.

to **occidentalize** /ɒksɪ'dentəlaɪz/, **A** *v. t.* occidentalizzare; rendere occidentale (*nel carattere, nei costumi, ecc.*). **B** *v. i.* occidentalizzarsi.

occipital /ɒk'sɪpɪtl/, **A** *a.* (*anat.*) occipitale: **o. lobe**, lobo occipitale. **B** *n.* (*anat.*, = **o. bone**) osso occipitale.

occiput /'ɒksɪpʌt, -pət/, *n.* (*pl.* **occiputs, occipita**) (*anat.*) occipite.

to **occlude** /ə'klu:d/, *v. t.* ***1*** occludere; ostruire; chiudere ***2*** (*chim.*) occludere (*per es., i gas: in un solido poroso*) ***3*** (*med.*) far chiudere bene (*le arcate dentarie*).

occlusion /ə'klu:ʒn/, *n.* ***1*** (*anche fis., med., fisiol., ling.*) occlusione ***2*** (*anat.*) occlusione dentale ***3*** (*chim.*) occlusione.

occlusive /ə'klu:sɪv/, **A** *a.* occlusivo. **B** *n.* (*ling.*) (consonante) occlusiva.

occlusor /ə'klu:sə(r)/, *n.* chi (*o* cosa che) occlude.

occult /'ɒkʌlt, ə'kʌlt/, *a.* occulto (*anche scient.*); celato; nascosto; arcano; segreto: **the o. sciences**, le scienze occulte. || **-ly**, *avv.*

to **occult** /ɒ'kʌlt, ə-/, **A** *v. t.* (*specialm. astron.*) occultare; celare; nascondere (*alla vista*). **B** *v. i.* (*raro*) occultarsi; celarsi; nascondersi. ● **occulting light**, luce intermittente (*di faro*).

occultation /ɒkəl'teɪʃn/, *n.* occultamento; occultazione: (*astron.*) **o. of a star**, occultazione d'una stella.

occultism /'ɒkʌltɪzəm, ə'kʌl-/, *n.* occultismo.

occultist /'ɒkəltɪst, ə'kʌl-/, *n.* occultista.

occultness /ɒ'kʌltnəs, ə-/, *n.* l'essere occulto (*V.* **occult**).

occupancy /'ɒkjʊpənsɪ/, *n.* (*specialm. leg.*) ***1*** occupazione, presa di possesso (*di una «res nullius»*) ***2*** conduzione, locazione (*di un immobile*). ● **I confirm my reservation of a twin room with bath (for single o.) for tonight**, confermo la prenotazione d'una camera doppia con bagno (che sarà occupata da me solo) per questa notte.

occupant /'ɒkjʊpənt/, *n.* ***1*** (*specialm. leg.*) occupante; locatario; affittuario ***2*** titolare (*di un posto, di un impiego*).

occupation /ɒkjʊ'peɪʃn/, *n.* ***1*** occupazione; impiego; lavoro; professione: **My o. is teaching**, l'insegnamento è la mia professione ***2*** (*leg.*) occupazione, possesso effettivo ***3*** (*leg.*) modo di acquisto (*di un immobile*) ***4*** (*pl.*) (*tur.*) presenze (*in albergo, ecc.*). ● **o. bridge**, ponte privato □ (*mil.*) **o. forces**, forze d'occupazione □ (*stor.*) **o. franchise**, diritto al voto in qualità di affittuario □ **o. road**, strada privata □ (*fisc.*) **o. tax**, (*in G.B.*) tassa sulle occupazioni del suolo; (*in U.S.A.*) imposta sull'esercizio di una professione (*cfr. ital. I.C.I.A.P.*).

occupational /ɒkjʊ'peɪʃənl/, *a.* d'occupazione; professionale; occupazionale: (*econ., stat.*) **o. levels**, livelli d'occupazione; **o. disease**, malattia professionale (*o* del lavoro). ● (*ass.*) **o. hazard**, rischio professionale □ **o. medicine**, medicina del lavoro □ (*econ.*) **o. mobility**, mobilità occupazionale □ **o. pension**, pensione di lavoro □ **o. therapist**, ergoterapista □ **o. therapy**, terapia occupazionale; ergoterapia.

occupier /'ɒkjʊpaɪə(r)/, *n.* ***1*** occupatore; occupante *2* (*leg.*) conduttore; locatario; affittuario.

to **occupy** /ˈɒkjʊpaɪ/, **A** *v. t.* occupare; impiegare; essere in (*o* prendere) possesso di; avere in affitto (*o* in locazione); ricoprire (*una carica, ecc.*): **to o. a seat**, occupare un posto a sedere; **to o. an important position**, occupare (*o* ricoprire) un posto importante; (*mil.*) **to o. a territory**, occupare un territorio; **Will the workers o. the factory?**, gli operai occuperanno lo stabilimento?; **to o. one's time**, impiegare il proprio tempo; **to o. a house [a farm]**, occupare una casa [un podere]. **B** to **occupy oneself with (in)**, *v. rifl.* occuparsi di. • **to be occupied in** (*o* **with**), essere occupato a: **The workers were occupied in building a new road**, gli operai erano occupati a costruire una nuova strada □ **to be too much occupied by one's worries**, dar troppo peso ai propri crucci.

to **occur** /əˈkɜː(r)/, *v. i.* *1* accadere; capitare; succedere: **When did it o.?**, quando accadde? *2* venire in mente: **It occurs to me that we have still many things to do**, mi viene in mente che abbiamo ancora molte cose da fare *3* esserci; ricorrere; trovarsi: **Slight mistakes o. occasionally in the manuscript**, nel manoscritto vi sono, qua e là, lievi errori. • **It never occurred to me**, non mi è passato neanche per la mente.

occurrence /əˈkʌrəns, *USA* -ɜːr-/, *n.* *1* l'accadere; il succedere *2* avvenimento; evento; fatto: **an unforeseen o.**, un avvenimento imprevisto; **an unusual o.**, un fatto che succede di rado. • **a thing of frequent o.**, una cosa che capita spesso.

ocean /ˈəʊʃn/, (*geogr.*) **A** *n.* *1* oceano (*anche fig.*); (una) gran distesa: **the Atlantic O.**, l'Oceano Atlantico; **an o. of grass**, un oceano d'erba *2* (*pl.*) (*fam.*) grande quantità; mare (*fig.*): **oceans of flowers**, un mare di fiori. **B** *a. attr.* oceanico: (*naut.*) **o. lane**, rotta oceanica; **an o. voyage**, un viaggio oceanico. • **an o.-going ship**, una nave di lungo corso □ **o. liner**, nave di linea transoceanica; transatlantico □ **o. tramp**, nave da carico; nave rinfusiera; carretta (*fam.*).

oceanaut /ˈəʊʃənɔːt/, *n.* oceanauta; chi compie esplorazioni e ricerche marine.

Oceanian /əʊʃɪˈeɪnɪən/, *a.* e *n.* oceaniano; (abitante) dell'Oceania.

oceanic /əʊʃɪˈænɪk/, *a.* oceanico: **an o. island**, un'isola oceanica.

oceanics /əʊʃɪˈænɪks/, *n. pl.* (*col verbo al sing.*) esplorazione e studio dell'oceano (*a scopo scientifico*); scienze oceaniche.

Oceanid /əʊˈsiːənɪd/, *n.* (*pl.* **Oceanids, Oceanides**) (*mitol.*) Oceanina.

oceanographer /əʊʃəˈnɒgrəfə(r)/, *n.* oceanografo.

oceanographic(al) /əʊʃənəʊˈgræfɪk(l)/, *a.* oceanografico. ‖ **-ally**, *avv.*

oceanography /əʊʃəˈnɒgrəfɪ/, *n.* oceanografia.

Oceanus /əʊˈsiːənəs/, *n.* (*mitol.*) Oceano.

ocellate(d) /əʊˈselət(ɪd)/, *a.* (*zool.*) *1* simile a un ocello *2* ocellato; provvisto d'ocelli *3* maculato; coperto di macchie a forma d'occhio.

ocellus /əʊˈseləs/, *n.* (*pl.* **ocelli**) *1* (*zool.*) ocello *2* ocello; macchia a forma d'occhio (*del pavone, per es.*).

ocelot /ˈəʊsɪlɒt, *USA* ˈɒsɪlət/, *n.* (*zool., Felis pardalis*) ocelot; gattopardo americano.

och /ɒx/, *inter.* (*scozz., irl.*) oh!; ah!

ocher /ˈəʊkə(r)/, e *deriv.* (*USA*), *V.* **ochre** e *deriv.*

ochlocracy /ɒˈklɒkrəsɪ/, *n.* (*polit.*) oclocrazia; governo della plebe.

ochlocrat /ˈɒkləʊkræt/, *n.* (*polit.*) fautore dell'oclocrazia.

ochlocratic /ɒkləʊˈkrætɪk/, *a.* (*polit.*) oclocratico.

ochre /ˈəʊkə(r)/, *n.* *1* (*miner.*) ocra *2* color ocra; color giallo scuro.

ochreous /ˈəʊkrɪəs/, **ochrous** /ˈəʊkrəs/, **ochry** /ˈəʊkrɪ/, *a.* ocraceo; che contiene ocra; simile a ocra. • **o. sands**, sabbie ocracee.

ochroid /ˈəʊkrɔɪd/, *a.* (*chim.*) simile all'ocra.

o'clock /əˈklɒk/, *V. sotto* **clock** *e sotto* **o'**.

octachord /ˈɒktəkɔːd/, *n.* (*mus.*) *1* ottacordo *2* serie di otto toni; (*specialm.*) ottava di scala diatonica.

octachordal /ɒktəˈkɔːdl/, *a.* (*mus.*: *di strumento*) a otto corde.

octad /ˈɒktæd/, *n.* *1* (*mat.*) gruppo (*o* serie) di otto (*cose, oggetti*) *2* (*chim.*) elemento (*o* radicale) con valenza 8.

octagon /ˈɒktəgən, *USA* -gɒn/, *n.* (*geom.*) ottagono.

octagonal /ɒkˈtægənl/, *a.* (*geom.*) ottagonale.

octahedral /ɒktəˈhiːdrəl, -ˈhed-/, *a.* (*geom., miner.*) ottaedrico.

octahedrite /ɒktəˈhiːdraɪt/, *n.* (*miner.*) ottaedrite.

octahedron /ɒktəˈhiːdrən, -ˈhedrən, *USA* -drɒn/, *n.* (*pl.* **octahedrons, octahedra**) (*geom., miner.*) ottaedro.

octameter /ɒkˈtæmɪtə(r)/, *n.* (*poesia*) ottametro.

octane /ˈɒkteɪn/, *n.* (*chim.*) ottano. • **o. number**, numero di ottano □ (*autom., chim.*) **a high-o. fuel**, un combustibile ad alto numero di ottano.

octangular /ɒkˈtæŋgjʊlə(r)/, *a.* ottangolare; ottagonale.

octant /ˈɒktənt/, *n.* (*geom., astron., naut.*) ottante.

octaroon /ɒktəˈruːn/, *V.* **octoroon**.

octastyle /ˈɒktəstaɪl/, *a.* e *n.* (*archit., archeol.*) (edificio) ottastilo.

octave /ˈɒktɪv/, *n.* *1* (*relig., mus., poesia*) ottava *2* gruppo (*o* serie) di otto (*cose, oggetti*) *3* (*scherma*) ottava *4* barile della capacità di 13 galloni e mezzo (*pari a 61 litri circa*). • (*mus.*) **o. flute**, ottavino.

Octavian /ɒkˈteɪvɪən/, *n.* (*stor.*) Ottaviano.

octavo /ɒkˈteɪvəʊ/, **A** *n.* (*pl.* **octavos**) (*tipogr.*) volume in ottavo. **B** *a. attr.* in ottavo.

octennial /ɒkˈtenɪəl/, *a.* che accade (*o* ricorre) ogni otto anni; ottenne (*raro*); che dura da otto anni.

octet(te) /ɒkˈtet/, *n.* *1* (*mus.*) ottetto *2* (*poesia*) ottava; (*specialm.*) (i) primi otto versi d'un sonetto *3* (*chim.*) ottetto.

octillion /ɒkˈtɪlɪən/, *n.* (*mat.*) *1* (*in G.B.*) ottava potenza d'un milione (*un 1 seguito da 48 zeri*) *2* (*in U.S.A.*) ottilione; nona potenza di mille (*un 1 seguito da 27 zeri*).

October /ɒkˈtəʊbə(r)/, **A** *n.* ottobre. **B** *a. attr.* d'ottobre; ottobrino: **O. fruit**, frutta ottobrina. • **an O. day**, una giornata ottobrina; un'ottobrata.

Octobrist /əkˈtəʊbrɪst/, *n.* (*stor. russa*) ottobrista.

octodecimo /ɒktəʊˈdesɪməʊ/, **A** *n.* (*pl.* **octodecimos**) (*tipogr.*) volume in diciottesimo. **B** *a. attr.* in diciottesimo.

octogenarian /ɒktədʒəˈneərɪən/, **octogenary** /ɒkˈtɒdʒənrɪ, *USA* -nerɪ/, *a.* e *n.* ottuagenario; ottantenne.

octonary /ˈɒktənrɪ, *USA* -nerɪ/, **A** *a.* *1* del numero otto; in serie di otto *2* (*poesia*) ottonario. **B** *n.* (*poesia*) ottonario.

octopus /ˈɒktəpəs/, *n.* (*pl.* **octopuses, octopi**) (*zool., Octopus*) ottopode; polpo.

octoroon /ɒktəˈruːn/, *n.* figlio di un meticcio e d'una bianca (*o viceversa*); meticcio con un ottavo di sangue negro.

octosyllabic /ɒktəsɪˈlæbɪk/, *a.* e *n.* (*poesia*) (verso) ottonario.

octosyllable /ˈɒktəsɪləbl/, *n.* e *a.* *1* *V.* **octosyllabic** *2* (parola) di otto sillabe.

octroi /ˈɒktrwɑː/ (*franc.*), *n.* (*pl.* **octrois**) *1* (*fisc.*) dazio di consumo *2* casello daziario.

octuple /ˈɒktjʊpl, *USA* -tʃʊ-/, *a.* e *n.* (*mat.*) ottuplo.

to **octuple** /ˈɒktjʊpl, *USA* -tʃʊ-/, *v. t.* ottuplicare; moltiplicare per otto.

ocular /ˈɒkjʊlə(r)/, **A** *a.* (*anat.*) dell'occhio; oculare. **B** *n.* (*ottica*) oculare. ‖ **-ly**, *avv.*

oculist /ˈɒkjʊlɪst/, *n.* (*med., raro*) oculista.

oculomotor /ɒkjʊləʊˈməʊtə(r)/, *a.* (*anat., med.*) oculomotore: **o. nerve**, nervo oculomotore; **o. paralysis**, paralisi oculomotoria.

O.D. /əʊˈdiː/, *abbr. fam. di* *1* overdose (*di droga*) *2* (*mil., USA*) divisa militare (*da* **olive drab**, *verde oliva sporco*; *fino al 1959*) *3* (*gergo ospedaliero*) paziente che ha preso un'overdose.

to **O.D.** /əʊˈdiː/, *v. i.* (*fam.*) *1* farsi un'overdose: **to O.D. on heroine**, farsi un'overdose d'eroina *2* morire di un'overdose (*di droga*).

odalisk, odalisque /ˈəʊdəlɪsk/, *n.* odalisca.

odd /ɒd/, **A** *a.* *1* (*anche scient.*) dispari: (*mat.*) **odd numbers**, numeri dispari; **odd months**, mesi dispari *2* scompagnato; spaiato: **an odd glove**, un guanto spaiato; **two odd volumes of the original 10-volume set**, due volumi scompagnati dei dieci che componevano l'opera *3* casuale; occasionale; saltuario: **odd jobs**, lavori occasionali (*o* saltuari) *4* strano, bizzarro; eccentrico; originale; stravagante: **He's a very odd person**, è un uomo assai bizzarro; è un bell'originale; non fa il paio con nessuno *5* in soprannumero: **an odd player**, un giocatore in soprannumero. **B** *n.* (*golf*) punto in più fatto da un giocatore; (*anche*) punto di handicap. • **odd and even**, pari e dispari □ (*fam.*) **odd bird**, tipo strambo □ **odd change**, *V.* **odd money** □ **odd-come-shortly** (*o* **one of these odd-come-shortlies**, *o* **some odd day**), un giorno o l'altro; presto □ **odd-come-shorts**, oggetti spaiati; cianfrusaglie; ritagli; scampoli □ (*elab.*) **odd-even check**, controllo pari / dispari □ (*sport, ecc.*) **the odd game**, lo spareggio; la bella (*pop.*) □ **odd-job man** (*o* **odd-jobber**), (uomo) tuttofare □ **odd-looking**, strano, bizzarro (*all'aspetto*) □ (*Borsa*) **odd lot**, spezzatura □ **odd man out**, la «conta» (*anche per gioco*); chi è in soprannumero, chi resta spaiato; (*fig.*) chi non «lega» con gli altri, un isolato □ **the odd money**, il resto; gli spiccioli □ (*market.*) **odd sizes**, misure poco richieste (*d'abiti, scarpe, ecc.*) □ **to do st. at odd moments**, fare q.c. a tempo perso □ **to eat at odd times**, mangiare quando capita (*o* fuori pasto, fuori ora) □ **fifty thousand odd**, cinquantamila e passa (*o* e rotti); oltre cinquantamila □ **forty odd**, oltre quaranta; una quarantina; quaranta e rotti □ **forty odd years ago**, più di quarant'anni fa □ **in some odd corner**, da qualche parte; chissà dove □ (*su un cartello stradale*) **on odd days only**, sosta permessa nei giorni dispari □ **twenty-pound odd**, venti sterline e rotti □ **There are 1,002; what shall we do with the odd two?**, ce ne sono 1.002; che ne facciamo dei due (in più)? □ **How odd!**, che strano!

oddball /ˈɒdbɔːl/, *n.* (*pop.*) tipo stravagante, eccentrico, originale.

oddish /ˈɒdɪʃ/, *a.* piuttosto strano; alquanto bizzarro.

oddity /ˈɒdətɪ/, *n.* *1* stranezza; bizzarria; eccentricità; originalità *2* persona (*o* cosa) strana; avvenimento strano, (una) stranezza; (un) originale; (uno) stravagante.

oddly /ˈɒdlɪ/, *avv.* stranamente; in modo strano: **to act o.**, agire in modo strano. • **o. enough**, strano a dirsi; stranamente.

oddments /ˈɒdmənts/, *n. pl.* *1* cianfrusaglie; un po' di tutto; oggetti scompagnati; pezzi spaiati *2* (*comm.*) rimanenze, rimasugli; ritagli; scampoli: **an o. sale**, una vendita di rimanenze.

oddness /ˈɒdnəs/, *n.* *1* l'esser dispari; disparità *2* stranezza; bizzarria; eccentricità; singolarità.

odds /ɒdz/, *n. pl.* (*talvolta col verbo al sing.*) *1* disparità; disuguaglianza; differenza: **It makes no o.**, non fa differenza; non fa nulla; non importa *2* probabilità: **The o. are against you**, le probabilità sono (*o* il pronostico è) a tuo sfavore; **to have even o.**, avere pari probabilità *3* (*sport*) vantaggio iniziale; abbuono di distanza; handicap: **to give [to receive] o.**, concedere [ricevere] un handicap *4* (*nelle scommesse*) quota; quotazione: **the o. of the**

totalizator, le quote del totalizzatore; **Black Prince was running at o. of 3 to 1**, Black Prince correva con una quotazione di 3 a 1; **to lay** (*o* **to offer**) **o. of 5 to 1 on a horse**, dare un cavallo a (*o* alla quotazione di) 5 a 1; **to take o. of 10 to 1**, accettare la quotazione di 10 a 1 ***5*** (*fig.*) vantaggio: **What's the o. of joining them?**, che vantaggio abbiamo a unirci a loro? ***6*** (*fig.*) posta in gioco: **The o. are too high**, la posta in gioco è troppo alta. ● **o. and ends** (*pop.*: **o. and sods**), ritagli; scampoli; cianfrusaglie □ **o.-on**, avvantaggiato; assai probabile: **the o.-on favourite**, di gran lunga il favorito; **It's o.-on he will succeed**, è quasi certo che riuscirà □ **to be at o. with sb.**, essere in dissidio (*o* in lite) con q. □ **to be at o. with st.**, essere in contrasto con q.c.; fare a pugni con q.c. (*fig.*) □ **to be at o. with fate**, lottare contro il fato avverso □ **to back a horse at long** [**short**] **o.**, puntare su un cavallo che è dato a una quotazione alta [bassa] □ **by o.** (*o* **by all o., by long o.**), di gran lunga □ **by considerable o.**, di larga misura: **to win an election by considerable o.**, vincere un'elezione di larga misura □ **to fight against great** (*o* **heavy, long**) **o.**, battersi in condizioni di assoluta inferiorità □ **in the face of overwhelming o.**, a dispetto delle circostanze del tutto avverse □ **I give you long o. he won't marry her**, mi gioco la testa che non la sposa.

ode /əʊd/, *n.* (*poesia*) ode.

odeum /əʊ'diːəm/, *n.* (*pl.* **odeums, odea**) ***1*** (*stor.*) odeon ***2*** auditorio; sala da concerti.

Odin /'əʊdɪn/, *n.* (*mitol.*) Odino.

odious /'əʊdɪəs/, *a.* odioso; disgustoso; ripugnante. || **-ly**, *avv.* || **-ness**, *sost.*

odograph /'əʊdəgrɑːf, *USA* -æf/, *n.* (*fis., mecc.*) odografo.

odometer /ɒ'dɒmɪtə(r)/, *n.* (*fis.*) odometro; (*autom., USA*) contakilometri.

odontalgia /ɒdɒn'tældʒə, *USA* əʊd-/, *n.* (*med.*) odontalgia.

odontalgic(al) /ɒdɒn'tældʒɪk(l), *USA* əʊd-/, *a.* (*med.*) odontalgico.

odontalgy /ɒdɒn'tældʒɪ, *USA* əʊd-/, *n.* (*med.*) odontalgia.

odontist /əʊ'dɒntɪst/, *V.* **odontologist**.

odontoblast /əʊ'dɒntəblɑːst, *USA* -æst/, *n.* (*biol.*) odontoblasto.

odontogenesis /ɒdɒntə'dʒenəsɪs, *USA* əʊd-/, *n.* (*fisiol.*) odontogenesi.

odontoglossum /ɒdɒntə'glɒsəm, *USA* əʊd-/, *n.* (*bot., Odontoglossum*) odontoglosso.

odontological /ɒdɒntə'lɒdʒɪkl, *USA* əʊd-/, *a.* (*med.*) odontologico; odontoiatrico.

odontologist /ɒdɒn'tɒlədʒɪst, *USA* əʊd-/, *n.* odontoiatra; dentista.

odontology /ɒdɒn'tɒlədʒɪ, *USA* əʊd-/, *n.* (*med.*) odontologia; odontoiatria.

odor /'əʊdə(r)/, e *deriv.* (*USA*), *V.* **odour** e *deriv.*

odoriferous /əʊdə'rɪfərəs/, *a.* odorifero; fragrante. || **-ly**, *avv.* || **-ness**, *sost.*

to **odorize** /'əʊdəraɪz/, *v. t.* (*chim.*) odorizzare (*un gas, ecc.*).

odorous /'əʊdərəs/, *a.* odoroso; fragrante; profumato. || **-ly**, *avv.* || **-ness**, *sost.*

odour /'əʊdə(r)/, *n.* ***1*** odore; fragranza; profumo: **a bad o.**, un cattivo odore ***2*** (*fig.*) fama; reputazione: **to be in bad** (*o* **ill**) **o.**, avere una cattiva reputazione.

odourant /'əʊdərənt/, *n.* (*tecn.*) odorizzante.

odourless /'əʊdələs/, *a.* inodoro, inodore.

Odysseus /ə'dɪsjuːs, əʊ'dɪsɪəs/, *n.* (*letter. greca*) Odisseo; Ulisse.

Odyssey /'ɒdəsɪ/, *n.* ***1*** Odissea ***2*** – (*fig.*) **o.**, odissea.

oecology /iː'kɒlədʒɪ/, e *deriv. V.* **ecology**, e *deriv.*

oecumenical /iːkjuː'menɪkl, *USA* ekju'm-/, *a.* (*relig.*) ecumenico; universale.

oecumenicity /iːkjuːmə'nɪsətɪ, *USA* ekjʊm-/, *n.* universalità.

oedema /ɪ'diːmə/, *n.* (*pl.* **oedemas, oedemata**) (*med.*) edema.

oedematous /iː'demətəs/, *a.* (*med.*) edematoso.

oedipal /'iːdɪpl/, *a.* (*psic.*) edipico.

Oedipus /'iːdɪpəs/, *n.* (*mitol.*) Edipo. ● (*psic.*) **O. complex**, complesso d'Edipo.

oenological /iːnə'lɒdʒɪkl/, *a.* enologico.

oenologist /iː'nɒlədʒɪst/, *n.* enologo.

oenology /iː'nɒlədʒɪ/, *n.* (*scient.*) enologia.

oenomel /'iːnəʊmel/, *n.* (*stor.*) enomele.

o'er /ɔː(r), 'əʊə(r)/, (*poet.*) *V.* **over** (**1**) e (**2**).

oesophageal /iːsɒfə'dʒiːəl/, *a.* (*anat.*) esofageo.

oesophagus /ɪ'sɒfəgəs/, *n.* (*pl.* **oesophagi**) (*anat.*) esofago.

oestrogen /'iːstrədʒən/, *n.* (*biol.*) estrogeno.

oestrum /'iːstrəm/, **oestrus** /'iːstrəs/, *n.* (*biol.*) estro.

of (**1**) /ɒv, əv, ə, v, f, *USA* ɒv, ʌv, əv, ə, v, f/, *prep.* ***1*** (*compl. di specificazione, denominazione, materia, causa, ecc.*) di: **I am the head of the family**, sono il capo della famiglia; **I'd like a glass of wine**, vorrei un bicchiere di vino; **the city of Rome**, la città di Roma; **a house of brick**, una casa di mattoni; **to die of fright** [**of starvation**], morire di paura [di fame]; **to be quick of eye**, essere pronto d'occhio; **He was robbed of his money**, fu derubato del suo denaro; **to get rid of a foe**, sbarazzarsi d'un nemico; **I was tired of driving**, ero stanco di guidare ***2*** (*separazione, provenienza, ecc.*) da: **to rid sb. of st.**, liberare q. da q.c.; **within a mile of the harbour**, a un miglio dal porto; **to expect st. of sb.**, aspettarsi q.c. da q. ***3*** da parte di: **It was kind of you to meet us at the station**, è stato gentile da parte tua venirci incontro in stazione ***4*** (*con taluni verbi*) a: **Who(m) are you thinking of?**, a chi stai pensando?; **We ordered the goods of them, not of you**, ordinammo la merce a loro, non a voi ***5*** (*USA*: *nel dire le ore*) a; meno: **It's ten of four**, mancano dieci minuti alle quattro; sono le quattro meno dieci ***6*** (*compl. di tempo*) di; (*fam.*) da: **the first of April**, il 1° d'aprile; **a boy of ten**, un ragazzo di dieci anni; **She's the singer of the year**, è la cantante dell'anno; (*fam.*) **her husband of 24 years, screenwriter Peter Jones**, lo sceneggiatore Peter Jones, suo marito da 24 anni. ● **of course**, naturalmente; per certo; beninteso □ **of late**, di recente; recentemente; ultimamente □ **of necessity**, di necessità; necessariamente; per forza □ **of old** (*o* **of yore**), anticamente; una volta □ **of recent years**, negli ultimi anni □ **to admit of**, ammettere (*un'eccezione, ecc.*) □ **to approve of st.**, approvare q.c. □ (*USA*) **back of**, dietro; dietro a □ **to come of a good family**, discendere da una buona famiglia □ **a friend of mine**, un mio amico □ **Henry of all men**, Henry fra tutti; proprio Henry □ **irrespective of**, a prescindere da; senza considerare □ **to make a fool of oneself**, fare la figura dello stupido; rendersi ridicolo □ **a person of no importance**, una persona senza importanza □ **one of my friends**, uno dei miei amici □ **out of**, fuori di; da; in: **He went out of the room**, uscì dalla stanza; **to drink out of a cup**, bere in una tazza □ **slow of speech**, lento nel parlare □ **to tell sb. of an event**, raccontare un avvenimento (*o* un fatto) a q. □ **to tell the whole of it**, per raccontare la cosa per filo e per segno; per dire tutto □ **to the north of France**, a nord della Francia □ **He came of a Monday**, venne di lunedì □ **It's foolish of you to say that**, sei uno sciocco a dire queste cose □ **We had a bad time of it**, ce la passammo male □ **What do you do of a Saturday?**, cosa fai il (*o* di) sabato? □ **Well, what of it?**, bene, e con ciò?

of (**2**) /əv, ə/, *voce verb.* (*pop. USA*) *V.* **have**.

ofay /'əʊfeɪ/, *n.* (*pop. USA*) ***1*** individuo di razza bianca; bianco ***2*** negro che si comporta da bianco.

off (**1**) /ɒf, *USA* ɔːf/, *avv.* ***1*** via; lontano; distante; a distanza; alla larga: **They went off**, andarono via; **The road is two miles off**, la strada è lontana due miglia (*o* è a due miglia di distanza); **Keep off!**, sta' alla larga! ***2*** (*in locuz. col verbo* **to be,** *è idiom.*; *per es.*:) **to be well** [**badly**] **off**, essere in buone [cattive] condizioni finanziarie; **The eggs are off**, le uova sono andate a male; (*al ristorante*) **The turkey is off**, il tacchino è finito; **The lid was off**, il coperchio si era staccato (*o* era stato tolto); **They're off**, sono partiti; se ne sono andati; **I must be off**, devo andarmene; **Their engagement is off**, il fidanzamento è rotto; **The bargain is off**, l'affare è sfumato; **The trip is off**, la gita non si fa più; **The gas is off**, il gas è spento; (*anche*) hanno tolto il gas; **The hot water is off**, manca l'acqua calda; **The meeting is off**, la riunione è sospesa; **The staff is off today**, il personale fa vacanza oggi; (*elettr.*) **The switch is off**, l'interruttore è chiuso (*o* disinserito); **The electricity is off**, hanno tolto la corrente; (*autom., mecc.*) **The clutch is off**, la frizione è disinnestata ***3*** del tutto; per intero: **to pay off a debt**, pagare per intero (*o* saldare) un debito ***4*** (*nei verbi frasali, è idiom.*; *per es.*:) **to come off**, staccarsi, ecc.; **to cut off**, tagliare, staccare, ecc. (*V. sotto* **to come, to cut**, *ecc.*) ***5*** di sconto: **I managed to get 50 dollars off**, riuscii ad avere uno sconto di (*fam.*: a tirare giù) 50 dollari ***6*** (*Borsa, fin.*) (*di titoli*) in ribasso; giù, sotto (*fam.*): **Oils are off ten points today**, oggi le azioni petrolifere sono sotto di dieci punti ***7*** (*teatr.*) dietro le quinte; fuori campo: **«voices off»** (*didascalia*); «voci fuori campo». ● **far off**, lontano, lungi: **Christmas is not far off**, il Natale non è lontano □ **from far off**, da lungi, di lontano □ **to finish off a piece of work**, finire (*o* portare a termine) un lavoro □ **to get off to a good start**, partire con il piede giusto (*fig.*) □ **on and off**, a intervalli; in modo intermittente: **It has been snowing on and off since yesterday**, nevica a intervalli da ieri □ **Off with you!**, va' via!; vattene!; fuori dai piedi! □ **My holidays are only two weeks off**, mancano solo due settimane alle mie vacanze □ **Let's take a day off**, prendiamoci un giorno di vacanza □ **right off** (*o* **straight off**), subito; immediatamente □ **Off we go!**, si parte! □ **Off with his head!**, tagliategli la testa! □ **Hands off!**, giù le mani! □ **Hats off!**, giù il cappello! □ **How are you off for clean shirts**, come sei messo (*o* come stai) a camicie pulite?

off (**2**) /ɒf, *USA* ɔːf/, *prep.* ***1*** da; lontano da; fuori di; giù da: **I stepped off the bus**, scesi dall'autobus; **Get off my feet!**, scendimi dai piedi!; non starmi sui piedi!; **The cover has come off my book**, mi s'è staccata la copertina dal libro; **They took me 20 dollars off the price**, mi tirarono giù 20 dollari dal prezzo; **The cottage stands off the main road**, la villetta è lontana dalla strada maestra; **The car is off the road**, l'automobile è fuori (*o* è uscita di) strada ***2*** (*naut.*) all'altezza di; al largo di; a poca distanza da: **The ship was off the island**, la nave era al largo dell'isola; **The lighthouse is just off the coast**, il faro è a poca distanza dalla costa ***3*** in meno di; con lo sconto di; **He offered me the goods at five per cent off the regular price**, mi offrì la merce al cinque per cento in meno del prezzo normale ***4*** di; per mezzo di; con: **He lived off the fat of the land**, viveva delle abbondanti risorse della terra; aveva ogni ben di Dio; **to dine off a leg of mutton**, pranzare con una coscia di castrato; **to eat off silver plate**, mangiare usando piatti d'argento ***5*** fuori: **The ship was driven off her course**, la nave fu spinta fuori rotta; **to be off duty**, essere fuori servizio ***6*** (*sport*) con uno svantaggio (*o* handicap) di: **He plays off ten**, gioca con un handicap di dieci punti. ● **off the beaten track**, isolato, lontano; (*fig.*) insolito, fuori del comune, straordinario, originale □ (*di persona*) **to be off the beaten track**, trovarsi in un territorio sconosciuto □ **to be off colour**, essere indisposto; star poco bene; essere indecente, osceno □ **to be off one's food**, avere perso l'appetito; non aver appetito □ **to be off guard**, non stare in guardia □ (*pop.*) **to be off one's head**, esser giù di testa; esser matto, pazzo □ (*mil., ecc.*) **off limits**, off-limits; in zona proibita □ **off line**, (*mecc.*) scollegato; (*tecn.*) fuori asse; (*di macchina*) fuori servizio; (*radio, TV, elab.*) off-line, fuori linea □ (*fig. fam.*) **off the map**, inesistente; passato; svanito □ (*ferr., trasp.*) **off peak**, nelle ore non di punta: **This ticket is valid off peak**, questo biglietto è valido nelle ore non di punta □ **off the record**, ufficiosamente □ (*fig.*) **off the point**, non pertinente; che non c'entra; a sproposito □ **off season**, fuori stagione □ (*geol.*) **off shore**, fuori costa; ambiente neritico □ **to be off the track**, essere fuori strada (*anche fig.*); essere fuori pista; (*fig.*) essere sulla pista sbagliata □ **an alley off Main Street**, una viuzza che si diparte dal Corso □ **to get off the subject**, uscire dal seminato (*fig.*); divagare □ **to speak off the record**, parlare ufficiosamente (*non in veste ufficiale*) □ **to take the cover off a dish**, togliere il coperchio a un piatto da portata □ **I've gone off smoking**, ho smesso di fumare.

off (3) /ɒf, *USA* ɔːf/, *a.* ***1*** lontano; remoto; altro: **the off side of the medal**, l'altro lato della medaglia ***2*** laterale; secondario; di secondaria importanza: **in an off street**, in una strada laterale; in una via secondaria; **That is an off issue**, quello è un argomento di secondaria importanza ***3*** (*specialm. ingl.*) destro; di destra: **the off side of the road**, il lato destro della strada; **the off horse**, il cavallo di destra (*d'una pariglia*) ***4*** piccolo; esiguo; scarso; cattivo; deludente; vago: **Profits are off this year**, i guadagni sono esigui quest'anno; **His performance was rather off**, la sua recitazione è stata alquanto deludente; **There's only an off chance of your being right**, c'è solo una vaga possibilità che tu abbia ragione ***5*** (*di cibo*) non fresco; passato; guasto: **This fish is a bit off**, questo pesce non è proprio fresco ***6*** (*di pietanza o piatto*) finito; esaurito ***7*** (*di persona*) scortese; sgarbato; scostante ***8*** (*arte, cinem., teatr.*) off ***9*** (*elettr.*) disinserito; staccato; spento: **The (electric) iron is off**, il ferro (da stiro) è staccato ***10*** (*mecc.*) disinserito; disinnestato ***11*** (*market., tur.*) di stasi; morto: **in the off season**, nella stagione morta ***12*** (*pop.*) astemio; disintossicato. ● **off centre**, fuori centro; non in centro □ **an off day**, un giorno libero (*o* di vacanza); (*fam.*) una giornata nera, una giornata no: **She has off and on days according to her mood**, ella ha giornate sì e giornate no, secondo l'umore □ **on the off chance that...**, nel caso improbabile che...; caso mai...: **on the off chance he should come**, caso mai venisse □ **I'll do it in my off time**, lo farò nelle mie ore di libertà □ **You are off in your calculations**, sei fuori strada con i tuoi conti; hai sbagliato a fare i conti □ **He's feeling rather off today**, non sta molto bene oggi; oggi è un po' giù di corda (*fig.*).

off (4) /ɒf, *USA* ɔːf/, *nei composti*: (*radio, TV*) **off-air**, che non va in onda □ (*USA*) **off--air reporter**, cronista che procura notizie alla televisione, senza mai apparire sullo schermo □ (*fin.*) **off-balance sheet**, (*di finanziamento*) fuori bilancio; (*di operazione, ecc.*) non messo a bilancio □ (*Borsa*) **off-board**, non ufficiale □ **off-board market**, mercato terziario (*o* ristretto); mercatino (*fam.*) □ **off-board securities**, titoli non quotati (*in borsa*) □ (*leg., fin.*) **off-book**, fondo segreto (*per pagare tangenti, ecc.*); fondo nero □ (*teatr., USA*) **off--Broadway**, sperimentale; poco costoso □ (*fotogr., TV*) **off-camera**, non inquadrato □ **off-centre**, (*mecc.*) fuori centro, scentrato; (*elettron.*) eccentrico □ **off-colour**, indisposto, malaticcio; indecente, osceno □ (*fin.*) **off--cover**, fuori copertura; senza garanzia □ (*fam.*) **off-the-cuff**, improvvisato; (*di un discorso*) fatto a braccio: **to give an off-the-cuff speech**, parlare a braccio □ (*ling.*) **off-glide**, metastasi (*soluzione nell'articolazione di un suono*) □ **an off-guard moment**, un momento in cui non si sta in guardia □ (*mus.* e *fig.*) **off--key**, stonato; non intonato □ **off-licence**, (*agg.*) (*di negozio*) autorizzato a vendere alcolici soltanto in confezioni da asporto; (*sost., ingl.*) negozio di vini, birra e liquori; bottiglieria; (*anche*) banco di vendita (*di pub o albergo*) di alcolici da consumare altrove □ **off--limits**, (*mil.*) in cui è proibito entrare; (*fig.*) proibito, vietato □ **off-line**, (*mecc.*) deviato; (*tecn.*) disassato; (*di macchinario*) inattivo, fuori servizio; (*elab., radio, TV*) **off-line**, indipendente, in differita, fuori linea: **off-line processing**, trattamento fuori linea □ (*fin.*) **off-market**, assai basso, eccezionale: **off--market interest rates**, tassi d'interesse eccezionali □ **off-peak**, (*di energia elettrica, gas, ecc.*) erogato in ore di basso consumo; (*trasp.*: *del traffico*) non di punta, normale; (*tur.*) di (*o* in) bassa stagione: (*ferr., ecc.*) **off-peak service**, servizio normale □ **off-peak rate** (*o* **tariff**), tariffa ordinaria (*di un trasporto o servizio*) □ **off-the-peg**, (*d'abito*) bell'e fatto, confezionato, di serie; (*fig.*) preconfezionato, standard: (*fin.*) **off-the-peg loan agreements**, accordi per crediti preconfezionati □ (*sport*: *sci*) **off-piste**, fuori pista □ (*tipogr.*) **off-print**, estratto (*di giornale, ecc.*) □ (*fam.*) **off-putting**, scostante; fastidioso; sgradevole □ (*fam. USA*) **off-the-rack**, V. **off--the peg** □ (*di notizia, ecc.*) **off-the-record**, da non verbalizzare; non ufficiale; ufficioso □ (*trasp.*) **off-road vehicle**, fuoristrada □ (*market., ingl.*) **off-sales**, vendite di alcolici da asporto □ (*TV, pubbl.*) **off-screen**, fuori campo □ (*market., tur.*) **the off-season**, la stagione morta □ **off-season**, della (*o* nella) stagione morta □ (*market.*) (*di un articolo*) **off--the-shelf**, confezionato (in serie); standard □ (*autom.*) **off-street parking**, parcheggio in luogo custodito (*al coperto, ecc.*) □ (*pop.*) **off-the-wall**, bizzarro; eccentrico; inusitato; stravagante □ **off-white**, bianco isabella; biancastro □ (*polit., USA*) **off-year election**, elezione politica in un anno in cui non si svolgono le presidenziali.

off (5) /ɒf, *USA* ɔːf/, *n.* (*cricket*) settore del campo alla destra del battitore. ● **from the off**, dall'inizio; dal principio □ (*fig.*) **I've had my offs and ons**, ho avuto i miei alti e bassi.

to **off** /ɒf, *USA* ɔːf/, **A** *v. t.* ***1*** (*fam.*) annullare, disdire (*un impegno, ecc.*) ***2*** (*pop. USA*) portare via ***3*** (*pop. USA*) fare fuori (*fam.*); uccidere ***4*** (*volg. USA*) farsi (*una donna, ecc.*); scopare (*volg.*). **B** *v. i.* ***1*** (*raro*) andarsene ***2*** (*pop. USA*) crepare; morire.

offal /ˈɒfl, *USA* ˈɔːfl/, *n.* ***1*** avanzi; rifiuti; rimasugli; scarti ***2*** (*cucina*) frattaglie; interiora; rigaglie ***3*** crusca; farinello (*di grano e altri cereali*) (*dial.*).

offbeat /ˈɒfˈbiːt, *USA* ˈɔːf/, *a.* (*fam.*) non convenzionale; inusitato; strambo; originale; anticonformistico: **o. clothes**, abiti originali; **o. ideas**, idee anticonformistiche.

offence /əˈfɛns/, *n.* ***1*** offesa; ingiuria; insulto; danno: **an o. against decency [to one's conscience]** un'offesa alla decenza [alla propria coscienza]; **to cause [to give] o. to sb.**, fare [recare] offesa a q. ***2*** (*leg.*) contravvenzione; trasgressione; delitto; reato: **petty o.**, reato di minore gravità; **an o. against the law**, una trasgressione alla legge ***3*** (*sport*) infrazione ***4*** (*mil.*) offesa; l'attaccare ***5*** scandalo ***6*** (*arc.*) danno. ● (*leg.*) **o. committed without malice**, reato colposo □ (*leg.*) **first o.**, reato commesso da un incensurato □ **to take o.**, offendersi; aversene a male □ (*mil.*) **weapons of o.**, armi offensive □ **I meant no o.**, non intendevo offendere □ **No o. was meant** (*o* **intended**), non c'era intenzione d'offendere.

offenceless /əˈfɛnsləs/, *a.* ***1*** inoffensivo; innocuo ***2*** senza colpa; innocente.

to **offend** /əˈfɛnd/, **A** *v. t.* offendere; insultare; oltraggiare; essere un'offesa a; disturbare: **He was offended at** (*o* **by**) **my words**, si sentì offeso dalle mie parole; **That offends my sense of justice**, ciò offende (*o* è contrario al) mio senso di giustizia; **to o. the eye**, offendere la vista. **B** *v. i.* ***1*** (*leg.*) commettere una colpa (*o* un reato) ***2*** recare offesa; suscitare risentimento. ● **to o. against**, contravvenire a; trasgredire; violare: **to o. against custom**, contravvenire alle usanze; **to o. against the law**, violare la legge □ (*leg.*) **the offended party**, la parte offesa; la parte lesa.

offender /əˈfɛndə(r)/, *n.* ***1*** offensore ***2*** (*leg.*) trasgressore; reo; delinquente; criminale: **to sue an o. for damages in a civil court**, intestare una causa civile per danni contro un trasgressore; **a juvenile o.**, un delinquente minorenne. ● (*leg., fam. USA*) **offenders' tag**, contrassegno elettronico di uno agli arresti domiciliari (*perché la polizia ne possa controllare i movimenti*) □ (*leg.*) **a first o.**, un reo non recidivo; un (reo) incensurato □ **an old o.**, un recidivo.

offending /əˈfɛndɪŋ/, *a.* ***1*** offensivo ***2*** (*leg.*) che contravviene; che trasgredisce; che viola.

offense /əˈfɛns/, e *deriv.* (*USA*), *V.* **offence**, e *deriv.*

offensive /əˈfɛnsɪv/, **A** *a.* ***1*** offensivo; aggressivo; ingiurioso; oltraggioso: **o. weapons**, armi offensive; **an o. remark**, un'osservazione offensiva ***2*** disgustoso; ripugnante; sgradevole; spiacevole: **an o. smell**, un odore sgradevole. **B** *n.* (*mil.* e *fig.*) offensiva: **to take** (*o* **to act on**) **the o.**, prendere l'offensiva; (*fig.*) **a peace o.**, un'offensiva di pace. || **-ly**, *avv.* || **-ness**, *sost.*

offer /ˈɒfə(r), *USA* ˈɔːf-/, *n.* ***1*** (*anche comm.*) offerta: **I'll make him an o. he cannot refuse**, gli farò un'offerta che non potrà rifiutare; **an o. to help** (*o* **of help**), un'offerta d'aiuto; **a binding o.**, un'offerta impegnativa ***2*** proposta: **an o. of marriage**, una proposta di matrimonio ***3*** (*leg.*) proposta (*contrattuale*) ***4*** (*pl.*) (*Borsa*) prezzi dell'offerta; lettera: **Today there were a lot of offers and few bids**, oggi c'è stata molta lettera e poco denaro ***5*** (*comm. est.*) offerta. ● **o. for sale**, (*market.*) offerta di vendita; (*fin.*) offerta al pubblico (*di azioni*) □ **o. price**, (*market.*) prezzo di offerta; (*fin.*) prezzo di emissione; (*Borsa*) lettera; prezzo (*o* cambio, corso) lettera □ (*fin.*) **o. to purchase**, V. **takeover bid** □ **job offers**, offerte di lavoro (*o* d'impiego) □ (*comm.*) **on o.**, in offerta; in vendita □ (*market.*) **on special o.**, in offerta speciale □ (*comm.*) **under o.**, in corso di vendita.

to **offer** /ˈɒfə(r), *USA* ˈɔːf-/, **A** *v. t.* ***1*** offrire; porgere; presentare: **to o. prayers of thanksgiving for one's rescue**, offrire preghiere di ringraziamento per la propria salvezza; **to o. one's apologies**, porgere le proprie scuse; **He offered a plan**, presentò un piano; **to o. one's services**, offrire i propri servigi; (*comm.*) **to o. goods on sale**, offrire merce in vendita; mettere in vendita della merce ***2*** offrirsi di: **He offered to take me home**, si offrì di accompagnarmi a casa ***3*** (*comm.*) fare un'offerta di: **I was offered 100,000 pounds for my house**, mi fecero un'offerta di 100.000 sterline per la casa ***4*** scegliere (*una disciplina*) come materia di studio. **B** *v. i.* (*anche, v. rifl.*, **to o. itself**) ***1*** offrirsi; presentarsi: **I bought stocks whenever opportunity offered (itself)**, compravo azioni ogni volta che se ne presentava l'occasione ***2*** fare un'offerta, un sacrificio; sacrificare (*alla divinità*). ● **to o. oneself as a candidate**, presentarsi candidato □ **to o. battle**, mostrarsi pronti a combattere □ **to o. a bribe to sb.**, fare un tentativo di corrompere q.; offrire una bustarella a q. (*fam.*) □ **to o. an opinion**, dare (*o* esprimere) un'opinione □ **to o. resistance**, resistere; fare resistenza □ **to o. up**, offrire (*un sacrificio alla divinità*); rendere (*grazie, ecc.*) □ **as occasion offers**, all'occasione.

offeree /ɒfəˈriː, *USA* ɔːf-/, *n.* (*leg.*) destinatario di una proposta di contratto.

offerer /ˈɒfərə(r), *USA* ˈɔːf-/, *n.* offerente.

offering /ˈɒfərɪŋ, *USA* ˈɔːf-/, *n.* offerta; l'offrire; (*relig.*) oblazione: **a peace o.**, un'offerta di pace; **a votive o.**, un'offerta votiva. ● **o. of**

bribes, tentativo di corruzione □ **burnt o.**, olocausto.

offertory /ˈɒfətrɪ, *USA* ˈɔːfətɔːrɪ/, *n.* (*relig.*) *1* offertorio *2* raccolta delle offerte (*in chiesa*).

offhand /ˈɒfˈhænd, *USA* ˈɔːf/, **A** *avv.* *1* estemporaneamente; all'impronto; su due piedi (*fig.*); lì per lì *2* in modo spiccio, sbrigativo; disinvoltamente; senza tanti complimenti. **B** *a.* *1* estemporaneo; improvvisato: **an o. speech**, un discorso improvvisato *2* spiccio; sbrigativo; brusco: **an o. manner**, maniere sbrigative; **He was o. to me**, con me è stato brusco *3* noncurante.

offhanded /ˈɒfˈhændɪd, *USA* ˈɔːf/, *a. V.* **offhand, B.** || **-ly**, *avv.* || **-ness**, *sost.*

office /ˈɒfɪs, *USA* ˈɔːfɪs/, *n.* *1* ufficio; dovere; funzione; incombenza; carica; incarico: **He goes down to the o. at 9 a.m.**, va in ufficio alla mattina alle nove; **the o. of president**, i doveri (*o* le funzioni) di presidente; la carica di presidente; **post o.**, ufficio postale *2* – **O.**, Ministero (*in G.B.*): **the Foreign O.**, il Ministero degli Esteri; **the Post O.**, il Ministero delle Poste *3* (*polit.*) carica; potere; esercizio del potere; governo: **The Conservative Party is in o.**, il partito conservatore è al potere (*o* al governo); **Some politicians are corrupted by o.**, l'esercizio del potere corrompe taluni uomini politici; **to enter** (*o* **to take**) **o.**, entrare in carica; assumere un incarico ministeriale *4* (*relig.*) ufficio, uffizio: **the o. for the dead**, l'uffizio dei defunti *5* (*pl.*) uffici; interessamento: **He got the job through the good offices of my father**, ha ottenuto il posto (*di lavoro*) per l'interessamento di mio padre *6* (*pl.*) servizi (*in una casa*); cucina, lavanderia, ecc. *7* (*polit.*, = **party o.**) sezione (*di partito*) *8* (*pop.*) accenno; suggerimento: **to take the o.**, cogliere un suggerimento; capire al volo *9* (*di solito al pl.*) (*pop.*) gabinetto; ritirata; cesso *10* (*pop. USA*) cabina (*di un aereo*). ● **o. bearer**, chi tiene un ufficio; chi ha una carica; funzionario □ **o. block**, palazzo di (*o* per) uffici □ **o. boy**, fattorino; ragazzo d'ufficio □ **o. cleaners**, imprese di pulizia di uffici □ **o. cleaning contractor**, (titolare d') impresa di pulizia d'uffici □ (*elab.*) **o. data processing**, burotica □ **o. equipment**, attrezzature e macchine per ufficio □ **o. fitter**, arredatore di uffici □ **o. furniture**, mobili per ufficio □ **o. girl**, ragazza d'ufficio □ **o. hours**, ore d'ufficio; orario d'ufficio □ **o. party**, festa (banchetto, ecc.) aziendale □ **o. rental**, locazione di uffici □ **o. seeker**, chi cerca un impiego statale; aspirante a una carica pubblica □ **o. stationery**, cancelleria per ufficio □ **o. work**, lavoro d'ufficio □ **o. worker**, impiegato □ **to accept o.**, accettare un ufficio; assumere una carica □ (*ferr.*) **booking o.**, biglietteria □ (*teatr.*) **box o.**, biglietteria □ (*polit.*) **to come into o.**, andare al potere □ (*relig.*) **Divine O.**, gli uffizi divini □ (*stor.*, *relig.*) **the Holy O.**, il Sant'Uffizio □ (*comm.*) **head o.**, sede principale □ (*comm.*) **our Asti o.**, la nostra sede (*o* succursale) di Asti □ (*polit.*) **out of o.**, all'opposizione: **The Labour Party is out of o.**, il partito laburista è all'opposizione □ **to perform the last offices to sb.**, celebrare gli ultimi riti per q.; dire l'uffizio dei defunti per q. □ **to resign** (*o* **to leave**) **o.**, dimettersi; rinunciare a un ufficio; lasciare una carica □ (*relig.*) **to say the o.**, dire l'uffizio □ **term of o.**, permanenza in carica; durata della carica □ **ticket o.**, biglietteria.

to **office** /ˈɒfɪs, *USA* ˈɔːf-/, *v. i.* (*fam.*) avere l'ufficio: **Where do you o.?**, dove hai l'ufficio?

officeholder /ˈɒfɪshəʊldə(r), *USA* ˈɔːf-/, *n.* chi tiene un ufficio; chi ha una carica; funzionario.

officer /ˈɒfɪsə(r), *USA* ˈɔːf-/, *n.* *1* (*mil.*, *naut.*) ufficiale: **army officers**, ufficiali dell'esercito; **naval officers**, ufficiali di marina; **air force officers**, ufficiali d'aviazione *2* (alto) funzionario; dirigente: **a customs o.**, un funzionario della dogana; **the officers of a concern**, i dirigenti d'una società *3* poliziotto; agente di polizia. ● (*leg.*) **officer of the court**, gli ausiliari della giustizia □ (*mil.*) **o. of the day**, ufficiale di giornata □ (*mil.*) **o. of the guard**, ufficiale di picchetto □ **o. of health**, ufficiale sanitario □ **an o. of State**, un funzionario statale; (*polit.*) un ministro □ (*naut.*) **o. of the watch**, ufficiale di guardia □ **commissioned o.**, ufficiale □ (*mil.*) **duty o.**, ufficiale di servizio □ (*naut.*, *mil.*) **executive o.**, comandante in seconda; secondo □ (*naut.*) **flag o.**, ammiraglio □ (*mil.*) **medical o.**, ufficiale medico □ **noncommissioned o.**, sottufficiale □ (*naut.*) **petty o.**, sottufficiale □ **a police o.**, un funzionario di polizia; (*più spesso*) un poliziotto □ **staff o.**, ufficiale di stato maggiore.

to **officer** /ˈɒfɪsə(r), *USA* ˈɔːf-/, *v. t.* (*mil.*) *1* provvedere (*un reparto*) d'ufficiali; fornire i quadri a (*un reparto*) *2* comandare (come ufficiale): **My company was officered by Capt. Wright**, la mia compagnia era comandata dal capitano Wright.

official /əˈfɪʃl/, **A** *a.* ufficiale; di (*o* pertinente a) un ufficio: **The statement is not o.**, la dichiarazione non è ufficiale; **an o. letter** [**invitation**], una lettera [un invito] ufficiale; **o. duties**, doveri d'ufficio; **in one's o. capacity**, in veste ufficiale; (*sport*) **o. record**, primato ufficiale. **B** *n.* *1* funzionario; impiegato di grado elevato (*cfr.* **clerk**); pubblico ufficiale: **government officials**, funzionari statali *2* (*sport*) ufficiale di gara. ● (*leg.*) **o. action**, atto amministrativo □ **o. character**, carattere ufficiale; ufficialità □ (*Borsa*) **o. list**, listino ufficiale □ (*naut.*) **o. log book**, giornale di bordo □ (*leg.*) **o. oath**, giuramento solenne □ (*fin.*) **o. rate of interest**, tasso legale d'interesse □ (*leg.*) **o. receiver**, *V.* **receiver**, *def. 4* □ **o. strike**, sciopero ufficiale.

officialdom /əˈfɪʃldəm/, *n.* *1* l'essere un pubblico ufficiale *2* (la) burocrazia; (*collett.*) (i) burocrati.

officialese /əfɪʃəˈliːz/, *n.* gergo burocratico; burocratese.

to **officialize** /əˈfɪʃəlaɪz/, *v. t.* ufficializzare (*bur.*); rendere ufficiale; dare un carattere ufficiale a.

officially /əˈfɪʃəlɪ/, *avv.* ufficialmente.

officiant /əˈfɪʃɪənt/, *n.* (*relig.*) officiante; celebrante.

to **officiate** /əˈfɪʃɪeɪt/, *v. i.* *1* compiere l'ufficio di; fare le funzioni di; fare da: **to o. as host at a formal lunch**, compiere l'ufficio di anfitrione a una colazione ufficiale; **to o. as best man at a wedding**, fare da testimone (*per lo sposo*) a un matrimonio *2* (*relig.*) ufficiare; celebrare: **A bishop officiated at their marriage**, al loro matrimonio ufficiava un vescovo. ● (*relig.*) **the officiating priest**, l'officiante; il celebrante.

officiator /əˈfɪʃɪeɪtə(r)/, *n.* officiante.

officinal /əˈfɪsɪnl, ɒfɪˈsaɪnl, *USA* ɔːf-/, *a.* *1* (*di pianta*) officinale; medicinale *2* (*di farmaco*) officinale; (*anche*) da banco.

officious /əˈfɪʃəs/, *a.* *1* inframmettente; importuno; invadente; troppo zelante: **an o. letter**, una lettera importuna *2* ufficioso: **an o. statement**, una dichiarazione ufficiosa. || **-ly**, *avv.* || **-ness**, *sost.*

offing /ˈɒfɪŋ, *USA* ˈɔːf-/, *n.* (*naut.*) (il) largo; mare aperto: (*di nave*) **to gain** [**to keep**] **an o.**, andare [restare] al largo. ● (*naut.*) **in the o.**, al largo; in vista (*anche fig.*): **A torpedo boat was waiting in the o.**, una torpediniera aspettava al largo; **There is an engagement in the o.**, c'è in vista un fidanzamento.

offish /ˈɒfɪʃ, *USA* ˈɔːf-/, *a.* (*fam.*) altero; altezzoso; compassato; distante. || **-ly**, *avv.* || **-ness**, *sost.*

to **off-load** /ˈɒfləʊd, *USA* ˈɔːf-/, *v. t.* *1* (*naut.*) far sbarcare (*passeggeri*); scaricare (*merce*) *2* (*fig.*) scaricare: **to o. unemployment on to the shoulders of the young**, scaricare la disoccupazione sulle spalle dei giovani *3* (*fam.*) sbolognare; appioppare: **I managed to o. my old moped onto Peter**, sono riuscito a sbolognare il mio vecchio ciclomotore a Peter.

offprint /ˈɒfprɪnt, *USA* ˈɔːf-/, *n.* copia (*di un articolo, ecc.*); estratto.

offscourings /ˈɒfskaʊərɪŋz, *USA* ˈɔːf-/, *n. pl.* rifiuti; scarti; feccia. ● **the o. of the country**, i rifiuti della nazione; la feccia (*fig.*).

offset /ˈɒfset, *USA* ˈɔːf-/, *n.* *1* compensazione; contrappeso *2* (*bot.*) germoglio; pollone; rampollo (*anche fig.*): **the o. of a noble breed**, il rampollo di una nobile stirpe *3* (*geogr.*) ramo (*di catena di monti*); (*anche*) sperone (*sul fianco di un monte*) *4* (*archit.*) risega *5* (*elettr.*, = **o. line**) linea di derivazione; linea secondaria *6* (*tipogr.*) offset *7* (*nei sistemi di controllo*) scarto *8* (*geol.*) spostamento laterale *9* (*rag.*) compensazione; contropartita *10* (*comm. est.*) scambio di compensazione. ● (*tipogr.*) **o. print**, stampa offset (*il risultato*) □ **o. press**, macchina da stampa offset □ **o. process** (*o* **o. printing**), stampa offset (*il procedimento*).

to **offset** /ˈɒfset, *USA* ˈɔːf-/, *v. t.* e *i.* (*pass.* e *p. p.* **offset**) *1* compensare; controbilanciare: **In this bank, deposits do not o. withdrawals**, in questa banca, i depositi non controbilanciano i prelievi; **to o. a handicap**, compensare uno svantaggio iniziale *2* (*archit.*) sfalsare (*un muro*) *3* (*tipogr.*) stampare in offset *4* spostare lateralmente *5* (*rag.*) compensare; rettificare. ● (*rag.*) **offsetting entry**, posta rettificativa; storno □ (*mecc.*) **offset cylinder**, cilindro fuori asse.

offshoot /ˈɒfʃuːt, *USA* ˈɔːf-/, *n.* *1* germoglio; ramo; rampollo (*anche fig.*): **the o. of a noble family**, il rampollo d'una nobile famiglia *2* (*fig.*) ramo cadetto; propaggine.

offshore /ˈɒfˈʃɔː(r), *USA* ˈɔːf/, **A** *avv.* *1* (*naut.*) in mare aperto; in alto mare; al largo *2* (*econ.*, *ind.*) all'estero. **B** *a.* *1* (*ind.*) situato in mare; offshore: **o. platforms**, piattaforme petrolifere offshore; **o. industries**, industrie offshore *2* (*del vento*) che viene dalla terra; di terra *3* (*fin.*) operante (*o* che si svolge) all'estero; d'oltremare; offshore: **o. banks**, banche offshore (*specialm. nelle Isole della Manica*); **o. fund**, fondo d'investimento che opera all'estero; **o. funds**, capitali imboscati all'estero. ● (*naut.*) **o. navigation**, navigazione in mare aperto □ **an o. oilfield**, un giacimento petrolifero sottomarino □ (*comm. est.*, *USA*) **o. purchases**, acquisti fatti all'estero □ (*ind. petrolifera*) **o. staff**, personale di una piattaforma petrolifera (*o* di gas naturale).

offside /ˈɒfˈsaɪd, *USA* ˈɔːf/, **A** *n.* (*specialm. ingl.*) lato destro (*di un veicolo, di un cavallo, della strada*; *il più lontano dal marciapiede*: *perché in G.B. il traffico tiene la sinistra*). **B** *a.* *1* di destra; destro: (*autom.*) **the o. door**, lo sportello di destra; **the o. lane**, la corsia di destra; **the o. back light**, il fanalino posteriore destro *2* (*sport*) (che è) fuorigioco; di fuorigioco: **o. position**, posizione di fuorigioco. **C** *avv.* *1* (*di animale o veicolo*) a destra, sul lato destro *2* (*sport*) (in) fuorigioco.

offspring /ˈɒfsprɪŋ, *USA* ˈɔːf-/, *n.* (*pl. invar.*) *1* discendente; prole; progenie; rampollo: **Charles is my only o.**, Charles è il mio unico discendente; **They have several o.**, hanno una prole numerosa *2* (*fig.*) frutto; prodotto; risultato.

offstage /ˈɒfˈsteɪdʒ, *USA* ˈɔːf/, *a.* e *avv.* (*teatr.*) (che avviene) dietro le quinte.

offtake /ˈɒfteɪk, *USA* ˈɔːf-/, *n.* canale di sfogo.

oft /ɒft, *USA* ˈɔːft/, *avv.* (*poet.*) spesso. ● **oft-times**, spesse volte □ **many a time and oft**, spesso; spesse volte.

often /ˈɒfn, ˈɒftən, *USA* ˈɔːf-/, *avv.* spesso; sovente; spesse volte; frequentemente. ● **as o. as**, ogni volta che; tutte le volte che □ **as o. as not**, la metà delle volte; piuttosto spesso □ **every so o.**, ogni tanto; di tanto in tanto □ **how o.?**, quante volte?; ogni quanto (tempo)?: **«How o. do tube trains run?» «Every two or three minutes»**, «Ogni quanto (tempo) passano i treni della metropolitana?» «Ogni due o tre minuti» □ **more o. than not**, il più delle volte □ **very o.**, spessissimo.

ogee /ˈəʊdʒiː/, *n.* (*archit.*) *1* modanatura a S *2* gola (*diritta o rovescia*). ● **o. arch**, arco ogivale □ **o. window**, finestra ogivale.

ogival /əʊˈdʒaɪvl/, *a.* (*archit.*) ogivale; a sesto acuto; archiacuto.

ogive /ˈəʊdʒaɪv/, *n.* *1* (*archit.*) ogiva *2* (*mil.*) ogiva.

ogle /ˈəʊgl/, *n.* sguardo amoroso; sguardo languido.

to **ogle** /ˈəʊgl/, *v. t.* e *i.* occhieggiare; ammiccare; vagheggiare; fare l'occhiolino (a); fare gli occhi dolci.

ogler /ˈəʊglə(r)/, *n.* chi lancia sguardi amorosi.

ogre /ˈəʊgə(r)/, *n.* (*anche fig.*) orco.

ogreish /ˈəʊgərɪʃ/, *a.* di (*o* da) orco.

ogress /ˈəʊgrɛs/, *n.* orchessa.

ogrish /ˈəʊgrɪʃ/, *a.* di (*o* da) orco.

oh /əʊ/, *inter.* *1* (*di sorpresa, meraviglia, dolore, timore, ecc.*) oh!, ah!: **Oh, is that so?**, ah, è così? *2* ehi!; senta!: **Oh, Mr Jones, may I speak to you for a moment?**, senta, signor Jones, posso parlarLe un attimo?

ohm /əʊm/, *n.* (*fis.*) ohm. ● **Ohm's law**, la legge di Ohm.

ohmic /ˈəʊmɪk/, *a.* (*fis.*) ohmico.

ohmmeter /ˈəʊmmiːtə(r)/, *n.* (*fis.*) ohmmetro, ohmetro.

oho /əʊˈhəʊ/, *inter.* (*di sorpresa, esultanza, ecc.*) oh!; ah!; evviva!

oidium /əʊˈɪdɪəm/, *n.* (*pl.* **oidia**) oidio (*di fungo*).

oik /ɔɪk/, *n.* (*pop. spreg.*) ignorantone; zoticone; tanghero.

oil /ɔɪl/, *n.* *1* olio: **mineral [vegetable] oils**, oli minerali [vegetali]; **olive oil**, olio d'oliva; **fatty** (*o* **fixed**) **oils**, oli grassi (*o* fissi); **essential** (*o* **volatile**) **oils**, oli essenziali (*o* volatili); **whale oil**, olio di balena *2* petrolio: **oil production**, la produzione di petrolio *3* olio combustibile; nafta; gasolio *4* (= **oil colour**) colore a olio *5* (*ind.*) olio essenziale; essenza: **o. of cloves**, olio essenziale di chiodi di garofano *6* dipinto (quadro, ritratto) a olio *7* (*cucina*) olio; grasso: **I cook without using any oils**, io cucino senza grassi *8* (*fam. USA*) adulazione; sapone (*fig. fam.*) *9* (*fam. USA*) mezzo di corruzione; bustarella; pizzo; tangente; mazzetta. ● **oil-based paint**, *V.* **oil paint** □ **oil-bearing**, petrolifero; ricco di petrolio □ (*mecc.*) **oil burner**, bruciatore a gasolio (*o* a nafta) □ (*ind.*) **oil cake**, panello di semi oleosi □ **oil central heating**, riscaldamento centrale a gasolio (*o* a nafta) □ (*fin.*) **oil company**, società petrolifera □ **oil colour**, colore a olio □ (*ind. petrolifera*) **oil derrick**, torre di trivellazione; derrick □ (*mecc.*) **oil feeder**, oliatore a pressione □ (*mecc.*) **oil filter**, filtro dell'olio □ **oil-fired**, (funzionante) a nafta (*o* a gasolio): **oil-fired boiler**, caldaia a gasolio (*o* a nafta) □ **oil-fired heating**, riscaldamento a gasolio (*o* a nafta) □ **oil fuel**, olio combustibile □ (*zool.*) **oil gland**, ghiandola che secerne olio; ghiandola del codrione (*o* dell'uropigio) □ **oil meal**, farina di semi di lino □ **oil mill**, frantoio; oleificio □ **oil of turpentine**, acquaragia □ (*chim.*) **oil of vitriol**, acido solforico; olio di vetriolo (*pop.*) □ **oil paint**, pittura a olio (*la materia*) □ **oil painting**, quadro a olio; pittura a olio □ (*mecc.*) **oil pan**, coppa dell'olio □ **oil pipeline**, oleodotto □ **oil press**, torchio per olio □ (*naut., ind. petrolifera*) **oil platform**, piattaforma per ricerche petrolifere □ (*autom., mecc.*) **oil pump**, pompa dell'olio □ **oil refining company**, società di raffinazione del petrolio □ (*mecc.*) **oil seal**, tenuta a olio; (*anche*) paraolio □ **oil-seed**, seme oleifero □ (*geol.*) **oil shale**, argillite petrolifera (*o* bituminosa) □ **oil slick**, macchia di petrolio greggio sul mare (*per collisione o incaglio di petroliere*) □ **oil storage tank**, serbatoio di petrolio □ (*naut.*) **oil tanker**, petroliera □ **oil waste disposal**, smaltimento dei residui di petrolio □ **oil well**, pozzo petrolifero □ **oil worker**, addetto alla lavorazione del petrolio; petroliere □ **almond oil**, olio di mandorle □ **to burn the midnight oil**, stare alzato la notte per lavorare (*o* per studiare) □ **clove oil**, olio essenziale di chiodi di garofano □ **hair oil**, brillantina per capelli □ (*di alimenti*) **in oil**, sott'olio □ (*di dipinto*) **in oils**, a olio □ **linseed oil**, olio di lino □ **painted in oils**, dipinto a olio □ (*fig.*) **to pour oil on the flames**, gettar olio sul fuoco □ (*fig.*) **to pour oil on troubled waters**, metter pace; rappacificare gli animi □ (*d'opera letteraria*) **to smell of oil**, essere frutto di un assiduo lavoro □ **to strike oil**, trovare il petrolio; (*fig.*) scoprire un tesoro, fare fortuna.

to **oil** /ɔɪl/, **A** *v. t.* *1* lubrificare; oliare: **to oil a padlock**, oliare un lucchetto; **to oil the chain of a bicycle**, lubrificare la catena di una bicicletta *2* fondere (*burro, grasso, ecc.*); struggere *3* lucidare (*mobili, ecc.*) *4* (*pop.*) corrompere; comprare (q.); ungere le ruote a (q.) (*fig.*). **B** *v. i.* *1* fondere (*di burro, grasso, ecc.*); struggersi *2* (*naut.*) rifornirsi di nafta. ● (*pop.*) **to oil sb.'s palm**, corrompere (*o* comprare) q.; ungere le ruote a q. (*fig.*) □ (*fig. fam.*) **to oil one's tongue**, adulare; essere un adulatore □ (*fig.*) **to oil the wheels** (*o* **the works**) **of**, rendere più scorrevole (*o* più liscio); facilitare, agevolare (*rapporti, trattative, ecc.*) □ **oiled sardines**, sardine sott'olio □ (*pop.*: *di persona*) **to be well oiled**, essere alticcio, brillo.

oilberg /ˈɔɪlbɜːg/, *n.* (*naut.*) grande nave cisterna.

oilbird /ˈɔɪlbɜːd/, *n.* (*zool., Steatornis caripensis*) guaciaro.

oilcan /ˈɔɪlkæn/, *n.* (*mecc.*) oliatore a mano.

oilcloth /ˈɔɪlklɒθ, *USA* -ɔːθ/, *n.* *1* tela cerata; incerata *2* (*solo ingl.*) linoleum.

oilcup /ˈɔɪlkʌp/, *n.* (*mecc.*) oliatore a tazza.

oiler /ˈɔɪlə(r)/, *n.* *1* (*mecc.*) oliatore; lubrificatore; ingrassatore (*operaio e strumento*) *2* (*naut.*) petroliera *3* pozzo di petrolio *4* (*pl.*) (*USA*) *V.* **oilskin**, *def. 2*.

oilfield /ˈɔɪlfiːld/, *n.* giacimento petrolifero; bacino petrolifero.

oiliness /ˈɔɪlɪnəs/, *n.* oleosità; untuosità (*anche fig.*).

oiling /ˈɔɪlɪŋ/, *n.* *1* (*mecc.*) lubrificazione a olio *2* (*ind. tess.*) oliatura (*della lana, ecc.*).

oilman /ˈɔɪlmən/, *n.* (*pl.* **oilmen**) *1* commerciante d'olio *2* industriale petrolifero; petroliere *3* petroliere (*operaio*) *4* venditore di petrolio (*o* di oli combustibili) *5* (*pop. USA*) ubriacone; messicano.

oilnut /ˈɔɪlnʌt/, *n.* (*bot.*) noce oleifera; noce oleosa.

oilpaper /ˈɔɪlpeɪpə(r)/, *n.* carta oleata.

oilrig /ˈɔɪlrɪg/, *n.* impianto di trivellazione petrolifera; (*specialm.*) piattaforma offshore.

oilskin /ˈɔɪlskɪn/, *n.* *1* tela cerata; incerata *2* (*pl.*) indumenti di tela cerata.

oiltight /ˈɔɪltaɪt/, *a.* a tenuta d'olio.

oily /ˈɔɪlɪ/, *a.* *1* oleoso; untuoso (*anche fig.*): **an o. speech**, un discorso untuoso *2* unto; sporco d'olio: **o. hands**, mani unte; **o. rags**, stracci unti. ● (*fig.*) **o.-tongued**, untuoso; mellifluo.

oink /ɔɪŋk/, *n.* *1* (*fam.*) verso del maiale; grugnito *2* (*pop. USA*) poliziotto.

to **oink** /ɔɪŋk/, *v. i.* (*fam.*) fare il verso del maiale; grugnire.

ointment /ˈɔɪntmənt/, *n.* (*farm.*) unguento; pomata.

okapi /əʊˈkɑːpɪ/, *n.* (*pl.* **okapis**) (*zool., Okapia johnstoni*) okapi.

okay, OK, O.K. /əʊˈkeɪ, əˈkeɪ/, (*fam.*) **A** *a.* esatto; corretto; giusto; ben fatto. **B** *avv.* bene; benissimo. **C** *inter.* va bene!; sta bene!; d'accordo! **D** *n.* approvazione; consenso. ● **to give the o.**, approvare; dare il via.

to **okay,** to **OK,** to **O.K.** /əʊˈkeɪ/, *v. t.* (*fam.*) approvare; dare via libera a (q.c.).

old /əʊld/, *a.* (*compar.* **older** e **elder**, *superl. relat.* **oldest** e **eldest**) *1* vecchio; antico; antiquato; superato; vetusto: **old furniture**, mobili vecchi, usati; **an old soldier**, un vecchio soldato; un reduce; **old friends**, vecchi amici; **old traditions**, tradizioni antiche; **old fashions**, mode antiquate; **old ideas**, idee vetuste (*o* superate); **the old year**, l'anno vecchio *2* – **old in**, esperto in; incallito in; indurito in: **old in diplomacy**, esperto in diplomazia; **old in vice**, incallito nel vizio; **old in crime**, indurito nel crimine; recidivo *3* (*in locuz. esprimenti il concetto d'età, è idiom.*; *per es.*:) **at ten years old**, all'età di dieci anni; a dieci anni; **a baby two months old**, un bambino di due mesi; (*ippica*) **a four-year-old**, un cavallo di quattro anni; **a four-year-old child**, un bambino di quattro anni; **How old are you?**, quanti anni hai?; **I am twenty years old**, ho vent'anni; **You are old enough to know better**, sei grande, ormai; dovresti avere più giudizio. ● (*collett.*) **the old**, i vecchi □ **old age**, vecchiaia: **old-age pension**, pensione sociale □ **old-age pensioner**, detentore di pensione sociale □ **as old as the hills**, vecchio come il mondo (*o* come Matusalemme) □ **an old bachelor**, uno scapolo impenitente; uno zitellone (*scherz.*) □ (*leg., fam.*) **the O. Bailey**, la sede della Corte Penale Centrale (*a Londra*) □ (*fig.*) **an old bird**, un individuo scaltro; una vecchia volpe □ **old boy**, vecchio compagno di scuola; ex alunno di una scuola secondaria (*specialm. di una «public school»*); (*fam.*) anziano, vecchio; (*fam. arc., al vocat.*) vecchio mio □ **the old-boy network**, il legame di assistenza reciproca (*nella carriera, ecc.*) esistente fra vecchi compagni di scuola □ (*fam. USA*) **old buddy**, amico del cuore □ **old chap**, *V*: **old man** □ **old-clothes man**, rivenditore d'abiti usati; rigattiere □ **the old country**, la madrepatria □ (*ling.*) **Old English**, la lingua anglosassone □ **an old-established firm**, una vecchia ditta; una ditta fondata molti anni fa □ **old Etonian**, ex alunno del college di Eton □ (*volg.*) **old fart**, vecchiaccio □ **old-fashioned**, all'antica, vecchio stile; antiquato, fuori moda, sorpassato, superato: **an old-fashioned family**, una famiglia all'antica, vecchio stile; **an old-fashioned word**, una parola antiquata; **an old-fashioned dress**, un vestito fuori moda □ (*fig.*) **old flame**, vecchia fiamma □ **old fogey** (*o* **old fogy**), persona d'idee antiquate; parruccone (*fig.*) □ (*fig.*) **the Old Gentleman**, *V.* **the Old One** □ **old girl**, vecchia compagna di scuola, ex alunna; (*fam.*) vecchia signora □ (*USA*) **Old Glory**, la bandiera americana □ **old gold**, (color) oro vecchio □ (*fig.*) **Old Harry**, *V.* **the Old One** □ (*fam.*) **old hat**, antiquato, fuori moda; banale; trito □ (*pop. USA*) **old Joe**, malattia venerea □ (*fam.*) **the old lady**, la vecchia; la moglie; la mamma □ **the Old Lady** (**of Threadneedle Street**), la Banca d'Inghilterra □ (*polit.*) **the Old Left**, la vecchia sinistra □ (*polit.*) **Old Leftist**, membro della vecchia sinistra □ **an old maid**, una vecchia zitella; (*fig.*) un uomo meticoloso (*o* difficile) □ **old-maidish**, di (*o* da) zitella; meticoloso, difficile □ (*fam., al vocat.*) **old man**, vecchio mio!; caro mio!; ragazzo mio! □ **an old man**, un vecchio; un vegliardo □ **the old man**, (*fam.*) il vecchio; il padre; il marito; (*fig.*) quello di prima; la vera natura maligna di (q.): **That's the old man in him**, è sempre quello di prima; la volpe perde il pelo ma non il vizio □ (*fig.*) **the Old Man of the Sea**, persona di cui è difficile sbarazzarsi (*dalle «Mille e una notte»*) □ (*fam. USA*) **old man River**, il (fiume) Mississippi □ **old masters**, antichi maestri (*della pittura*); famosi quadri antichi □ (*fam. scherz.*) **Old Nick**, il diavolo □ **an old offender**, un recidivo □ (*fig.*) **the Old One**, il diavolo; il demonio □ **old people's home**, casa di riposo, casa protetta □ **the old school tie**, la cravatta della «vecchia scuola»; (*fig.*) i valori della «public school» (*lealtà, sportività, snobismo, ecc.*) □ (*fam.*) **old stager**, vecchia volpe (*fig.*) □ (*relig.*) **the Old Testament**, il Vecchio (*o* l'Antico) Testamento □ **old-time**, dei tempi antichi; all'antica; vecchio stile □ (*specialm. polit.*) **old-timer**, tradizionalista, individuo all'antica; (*USA*) vecchio, vegliardo: **a Communist old-timer**, un comunista ortodosso □ **the Old Vic**, l'Old Vic (*teatro di Londra inaugurato nel 1818*) □ **an old wives' tale**, una storia da donnette; una superstizione □ **an old woman**, una vecchia □ (*fam.*) **the old woman** (*o* **my old woman**), la moglie; la madre; la (mia) vecchia □ **old-womanliness** (*o* **old-womanishness**), pavidità; timore; timidezza □ **old-womanly** (*o* **old-womanish**), da donnicciola; pavido, timoroso, timido □ **old-world**, antico, all'antica, vecchio stile; (*USA*) europeo, del continente antico □ **the Old World**, il Vecchio Mondo; l'Europa, l'Asia e l'Africa □ **the good old days**, il buon tempo andato □ **to grow old**, invecchiare □ **to have an old head on young shoulders**, avere molto giudizio per la propria età (pur essendo giovane) □ (*pop.*) **to have a good old time**, spassarsela moltissimo; divertirsi un mondo □ **in days of old**, nei tempi antichi; un tempo; una volta □ **in the good old times**, nei tempi passati; ai bei tempi (*d'una volta*) □ **to look old**, avere un'aria da vecchio; sembrare vecchio □ **the men of old**, gli uomini d'una volta □ (*fam.*: *detto da un vecchio*) **my old bones**, le mie stanche ossa □ **of the old school**, antiquato; all'antica; vecchio stile; tradizionalista □ **of old standing**, d'antica data □ **He's an old hand at that work**, ha una lunga esperienza in quel genere di lavoro □ **The century grows old**, il secolo volge alla fine □ **That child has an old face**, quel bambino ha una faccia da vecchio □ **He's old in folly**, è sempre stato matto; la sua follia è di vecchia data □ **He's old in cunning**, è una vecchia volpe (*fig.*) □ (*modo prov.*) **These aren't the good old days any more**, non è più il tempo che Berta filava □ **Of old there were giants**, al tempo dei tempi esistevano i giganti.

olden /'əʊldən/, *a.* (*lett.*) antico; vecchio; antiquato; all'antica: **in o. times** (*o* **days**), nei tempi antichi; un tempo.

oldie /'əʊldɪ/, *n.* (*fam.*) vecchietto, vecchietta; vecchierello, vecchierella. ● (*pop. USA*) **o. but goodie**, (*di cosa*) vecchio ma valido; (*di persona*) vecchio ma in gamba □ (*fam.*) **golden o.**, vecchio notabile (*di partito politico*).

oldish /'əʊldɪʃ/, *a.* piuttosto vecchio; vecchiotto; attempato.

oldster /'əʊldstə(r)/, *n.* (*fam.*) vecchio; vegliardo; anziano.

oleaginous /əʊlɪ'ædʒɪnəs/, *a.* oleoso.

oleander /əʊlɪ'ændə(r)/, *n.* (*bot.*, *Nerium oleander*) oleandro.

oleaster /əʊlɪ'æstə(r)/, *n.* (*bot.*) *1* (*Olea oleaster*) olivastro; oleastro *2* (*Elaeagnus angustifolia*) eleagno; olivagno; olivo di Boemia.

oleate /'əʊlɪeɪt/, *n.* (*chim.*) oleato.

olefin(e) /'əʊləfɪn/, *n.* (*chim.*) olefina.

olefinic /əʊlɪ'fɪnɪk/, *a.* (*chim.*) olefinico.

oleic /'əʊlɪɪk/, *a.* (*chim.*) oleico: **o. acid**, acido oleico.

olein /'əʊlɪɪn/, *n.* (*chim.*) oleina.

oleograph /'əʊlɪəʊgrɑːf, *USA* -æf/, *n.* oleografia (*riproduzione a stampa di pittura a olio*).

oleographic /əʊlɪəʊ'græfɪk/, *a.* oleografico.

oleography /əʊlɪ'ɒgrəfɪ/, *n.* oleografia (*il processo di stampa*).

oleomargarine /əʊlɪəʊmɑːdʒə'riːn, -'mɑːdʒərɪn/, *n.* (*chim.*) oleomargarina.

oleometer /əʊlɪ'ɒmɪtə(r)/, *n.* (*chim.*, *fis.*) oleometro.

oleoresin /əʊlɪəʊ'rezɪn/, *n.* (*chim.*) oleoresina.

olfaction /ɒl'fækʃən/, *n.* *1* olfatto; odorato *2* l'odorare.

olfactive /ɒl'fæktɪv/, *a.* olfattivo; olfattorio.

olfactometer /ɒlfæk'tɒmɪtə(r)/, *n.* (*med.*) olfattometro.

olfactory /ɒl'fæktərɪ/, *a.* (*anat.*) olfattivo; olfattorio: **o. nerves**, nervi olfattori.

olibanum /ɒ'lɪbənəm/, *n.* incenso; olibano (*lett.*).

oligarch /'ɒlɪgɑːk/, *n.* oligarca.

oligarchical /ɒlɪ'gɑːkɪkl/, *a.* oligarchico. || **-ly**, *avv.*

oligarchy /'ɒlɪgɑːkɪ/, *n.* oligarchia.

oligist /'ɒlɪdʒɪst/, *n.* (*miner.*) oligisto.

Oligocene /'ɒlɪgəsiːn/, (*geol.*) **A** *n.* oligocene. **B** *a.* oligocenico.

oligoclase /'ɒlɪgəʊkleɪs/, *n.* (*miner.*) oligoclasio.

oligocythemia /ɒlɪgəʊsɪ'θiːmɪə/, *n.* (*med.*) oligocitemia.

oligocythemic /ɒlɪgəʊsɪ'θiːmɪk/, *a.* (*med.*) oligocitemico.

oligomer /ɒlɪ'gəʊmə(r), 'ɒlɪgəm-, *USA* ə-'lɪgəm-/, *n.* (*chim.*) oligomero.

oligophrenia /ɒlɪgəʊ'friːnɪə/, *n.* (*psic.*) oligofrenia.

oligophrenic /ɒlɪgəʊ'frenɪk/, *a.* e *n.* (*psic.*) oligofrenico.

oligopolist /ɒlɪ'gɒpəlɪst/, *n.* (*econ.*) oligopolista.

oligopolistic /ɒlɪgəʊpə'lɪstɪk/, *a.* (*econ.*) oligopolistico.

oligopoly /ɒlɪ'gɒpəlɪ/, *n.* (*econ.*) oligopolio.

oligopsonist /ɒlɪ'gɒpsənɪst/, *n.* (*econ.*) oligopsonista.

oligopsonistic /ɒlɪgəʊpsə'nɪstɪk/, *a.* (*econ.*) oligopsonistico.

oligopsony /ɒlɪ'gɒpsənɪ/, *n.* (*econ.*) oligopsonio.

oligosaccharide /ɒlɪgəʊ'sækəraɪd/, *n.* (*chim.*) oligosaccaride.

oliguria /ɒlɪ'gjʊərɪə, -jɔː-/, **oliguresis** /ɒlɪgjʊə'riːsɪs/, *n.* (*med.*) oliguria.

olio /'əʊlɪəʊ/, *n.* (*pl.* **olios**) *1* (*cucina*) spezzatino; piatto misto di carne e verdura, condito con spezie *2* (*fig.*) miscellanea; miscuglio.

olivaceous /ɒlɪ'veɪʃəs/, *a.* *1* olivastro; olivaceo; verde oliva *2* a forma d'oliva.

olivary /'ɒlɪvərɪ, *USA* -verɪ/, *a.* (*anat.*) olivare: **o. bodies**, corpi olivari.

olive /'ɒlɪv/, **A** *n.* *1* (*bot.*, *Olea europaea*; = **o. tree**) olivo, ulivo *2* oliva, uliva *3* colore olivastro; color verde oliva *4* (*zool.*, *Oliva*; = **o. shell**) oliva *5* (*zool.*, *Dacus oleae*; = **o. fly**) mosca olearia (*o* delle olive). **B** *a.* verde oliva; olivastro: **o. complexion**, carnagione olivastra. ● (*anche fig.*) **o. branch**, ramo (*o* ramoscello) di olivo □ **o.-coloured**, olivastro □ **an o. crown** (*o* **wreath**), una corona di ramoscelli d'olivo (*simbolo di vittoria sportiva*) □ **o. drab**, (colore) grigioverde (*per divise militari*) □ **o. green**, verde oliva □ **o. grove**, oliveto, uliveto □ **o. oil**, olio d'oliva □ **o. wood**, legno d'olivo □ (*cucina*) **beef** (*o* **veal**) **olives**, involtini; messicani; fette di manzo (*o* di vitello) arrotolate con erbe e cotte in umido □ (*fig.*) **to hold out the o. branch**, porgere il ramoscello d'olivo; fare profferte di pace □ **pickled olives**, olive in salamoia □ **stuffed olives**, olive farcite.

olivenite /əʊ'lɪvənaɪt/, *n.* (*miner.*) olivenite.

Oliver /'ɒlɪvə(r)/, *n.* Oliviero. ● (*fig.*) **to give a Roland for an O.**, rendere pan per focaccia.

Olivetan /ɒlɪ'viːtən/, *n.* (*relig.*) olivetano.

olivine /ɒlɪ'viːn/, *n.* (*miner.*) olivina.

olm /əʊlm/, *n.* (*zool.*, *Proteus anguineus*) proteo.

ology /'ɒlədʒɪ/, *n.* (*scherz.*: *da* **biology**, *ecc.*) scienza.

Olympiad /ə'lɪmpɪæd/, *n.* (*stor.*, *sport*) olimpiade.

Olympian /ə'lɪmpɪən/, **A** *a.* olimpico; olimpiaco (*lett.*); (*fig.*) maestoso: **o. calm**, calma olimpica. **B** *n.* *1* (*mitol.*) abitante (*o* divinità) dell'Olimpo *2* (*sport*, *specialm. USA*) olimpionico.

Olympic /ə'lɪmpɪk/, *a.* olimpico; olimpiaco (*lett.*): **O. games**, giochi olimpici. ● **the Olympics**, i giochi olimpici; le Olimpiadi.

Olympus /ə'lɪmpəs/, *n.* (*mitol.* e *fig.*) Olimpo.

omasum /əʊ'meɪsəm/, *n.* (*pl.* **omasa**) (*zool.*) omaso.

ombre /'ɒmbə(r)/, *n.* (*stor.*) ombra (*gioco di carte*).

ombrometer /ɒm'brɒmɪtə(r)/, *n.* (*scient.*) ombrometro; pluviometro.

ombudsman /'ɒmbʊdzmən/, *n.* (*pl.* **ombudsmen**) ombudsman; difensore civico.

ombudswoman /'ɒmbʊdzwʊmən/, *n.* (*pl.* **ombudswomen**) difensore civico (*donna*).

omega /'əʊmɪgə, -əgə, *USA* əʊ'meg-, -'meɪg-, -'miːg-/, *n.* *1* omega (*ultima lettera dell'alfabeto greco*) *2* (*fig.*) omega; fine. ● (*fis. nucl.*) **o. meson**, mesone omega.

omelette, omelet /'ɒmlət/, *n.* omelette; frittata: **plain o.**, omelette al naturale; **savoury o.**, frittata con erbe; **sweet o.**, omelette con marmellata. ● (*prov.*) **You can't make an o. without breaking eggs**, non si può fare la frittata senza rompere le uova.

omen /'əʊmən/, *n.* augurio; auspicio; indizio; presagio; pronostico; segno: **an o. of victory**, un indizio (*o* un presagio) di vittoria. ● **to take omens**, trarre auspici.

to **omen** /'əʊmen/, *v. t.* esser un auspicio di; presagire; far presagire. ● **ill-omened**, di malaugurio; sfortunato: **an ill-omened beginning**, un inizio sfortunato.

omental /əʊ'mentl/, *a.* (*anat.*) omentale; dell'omento.

omentum /əʊ'mentəm/, *n.* (*pl.* **omenta**) (*anat.*) omento.

omicron /əʊ'maɪkrən/, *n.* omicron (*quindicesima lettera dell'alfabeto greco*).

ominous /'ɒmɪnəs/, *a.* di malaugurio; malaugurato; infausto; minaccioso; inquietante; sinistro: **a dead and o. silence**, un silenzio assoluto, minaccioso e sinistro.

omissible /əʊ'mɪsəbl/, *a.* che si può omettere; tralasciabile.

omission /ə'mɪʃn/, *n.* omissione; il tralasciare; dimenticanza; lacuna: **sins of o.**, peccati d'omissione. ● (*leg.*) **crime of o.**, reato di omissione.

omissive /əʊ'mɪsɪv/, *a.* che omette; che tralascia; di omissione.

to **omit** /ə'mɪt/, *v. t.* omettere; tralasciare; trascurare: **to o. a word**, omettere una parola; **to o. doing** (*o* **to do**) **one's duty**, omettere (*o* trascurare) di fare il proprio dovere. ● **to o. an occasion**, lasciar perdere un'occasione.

omnibus /'ɒmnɪbəs/, **A** *n.* *1* (*arc.*: *di solito* **bus**) autobus *2* *V.* **o. volume**. **B** *a. attr.* che include più cose; che serve a più scopi. ● (*polit.*) **an o. bill**, un disegno di legge che investe vari problemi □ (*teatr.*) **o. box.**, palco preso in affitto da più abbonati □ **an o. clause**, (*leg.*) una clausola testamentaria con cui si devolvono beni non ancora conosciuti o elencati; (*ass.*) una clausola onnicomprensiva (*o* comprensiva d'ogni rischio) □ **o. edition**, edizione completa □ (*ferr.*) **an o. train**, un treno omnibus □ **o. volume**, volume che contiene più opere dello stesso autore o dello stesso argomento.

omnidirectional /ɒmnɪdɪ'rekʃənl, -daɪ-/, *a.* (*elettron.*) omnidirezionale.

omnifarious /ɒmnɪ'feərɪəs/, *a.* di ogni genere; svariato.

omnipotence /ɒm'nɪpətəns/, *n.* onnipotenza.

omnipotent /ɒm'nɪpətənt/, *a.* onnipotente. ● (*relig.*) **the O.**, l'Onnipotente; Dio.

omnipresence /ɒmnɪ'prezns/, *n.* onnipresenza.

omnipresent /ɒmnɪ'preznt/, *a.* onnipresente.

omnirange /'ɒmnɪreɪndʒ/, *n.* (*aeron.*) radiofaro omnidirezionale.

omniscience /ɒm'nɪsɪəns/, *n.* onniscienza.

omniscient /ɒm'nɪsɪənt/, *a.* onnisciente.

omnium-gatherum /ɒmnɪəm'gæðərəm/, *n.* (*fam.* o *scherz.*) miscuglio; accozzaglia; di tutto un po'.

omnivore /'ɒmnɪvɔː(r)/, *n.* (*zool.*) (animale) onnivoro.

omnivorous /ɒm'nɪvərəs/, *a.* onnivoro. ● **an o. reader**, un divoratore di libri (*di ogni genere*); uno che legge di tutto.

omoplate /'əʊməʊpleɪt/, *n.* (*anat.*) scapola; omoplata.

omphalic /ɒm'fælɪk/, *a.* (*anat.*) onfalico; ombelicale.

omphalitis /ɒmfə'laɪtɪs/, *n.* (*pl.* **omphalit-**

ides) (*med.*) onfalite.

omphalocele /'ɒmfələʊsiːl/, *n.* (*med.*) onfalocele.

omphalos /'ɒmfəlɒs, *USA* -ələs/, *n.* (*pl.* **omphali**) *1* (*anat., lett.*) ombelico *2* (*fig.*) centro: **the o. of a worldwide empire**, il centro d'un impero universale.

on (**1**) /ɒn, ən, *USA* ɔːn, ən/, *prep.* *1* (*compl. di luogo*: *stato* e *moto*, *anche fig.*) su; sopra; a; in: **He was sitting [he sat down] on a chair**, era seduto [si sedette] su una sedia; **There's a book on the table**, c'è un libro sulla (*o* sopra la) tavola; **The train stopped, and I got on**, il treno si fermò, e io montai su; **They live on the fifth floor**, abitano al quinto piano; **He lived on a farm**, viveva in una fattoria; **I went there on foot**, ci andai a piedi; **I don't like travelling on buses**, non mi piace andare in autobus; **There were paintings on the walls**, c'erano quadri alle pareti; **He's on the phone**, è al telefono; **The house was on fire**, la casa era in fiamme; **The moon was shining on us**, la luna splendeva su di noi; **a house on the river**, una casa sul fiume; **to launch an attack on the enemy**, sferrare un attacco al nemico; (*naut., aeron.*) **on board**, a bordo; **to go on a trip**, andare in gita; **to wear a ring on one's finger**, avere un anello al dito; **The door is on your right**, la porta è alla tua destra; **The teachers are on strike**, i docenti sono in sciopero; **to be on duty**, essere in servizio; essere di turno; **to get on a horse**, montare a cavallo; **to travel on horseback**, viaggiare a cavallo *2* (*argomento*) su; riguardo a; circa: **a lecture on Shakespeare**, una conferenza su Shakespeare; **This is my opinion an racial segregation**, questa è la mia opinione sulla segregazione razziale; **Give me a hint on how to do it**, dammi un suggerimento su come si fa *3* (*tempo*) di, in (*o idiom.*); (*spesso seguito da un gerundio*) a: **on Sunday**, (la) domenica; **on a Sunday**, una domenica; **on Sundays**, di domenica; **on this occasion**, in questa occasione; **on my birthday**, nel (*o* il) giorno del mio compleanno; **on Christmas eve**, la vigilia di Natale; **on their arrival**, al loro arrivo; (*comm.*) **on delivery**, alla consegna; (*fin.*) **on sight**, a vista; **On seeing the accident, she fainted**, svenne alla vista dell'incidente; **On being struck, he hit back**, al colpo (*o* sentendosi colpire) rispose con un pugno *4* (*mezzo*) a; con; di: **My car runs on diesel oil**, la mia automobile va a gasolio; **I've cut my hand on a piece of glass**, mi sono tagliato la mano con un pezzo di vetro; **Man cannot live on bread alone**, non si vive di solo pane; **The poor family live on the dole**, quei poveretti vivono del sussidio di disoccupazione; **I cannot manage on my wages**, col mio salario non ce la faccio *5* (*modo*) a; in; con; per: **I've heard the news on the radio**, ho sentito la notizia alla radio (*o* per radio); **He delivered a speech on TV**, fece un discorso alla tivù; **I bought the goods on credit**, ho comprato la merce a credito; (*comm.*) **on account**, in conto; (*anche*) in acconto; **to buy st. on the cheap**, comprare q.c. a buon mercato; **I've bought the house on a ten-year lease hold**, ho acquistato la casa con un «leasehold» (*q.V.*) di dieci anni *6* (*causa*) per; a motivo di; in virtù di; per merito di: **He does everything on principle**, fa tutto per principio; **He was appointed sales manager on his long experience in this field**, fu nominato direttore alle vendite per la sua lunga esperienza in questo campo *7* (*beneficio, vantaggio*) per; in: **He spends a lot of money on presents for his wife**, spende un mucchio di soldi in regali per la moglie; **I've lost a lot of time on trifles**, ho perso un sacco di tempo per inezie *8* a confronto di; rispetto a: **Sales are down on last year's figures**, le vendite sono calate rispetto alle cifre dell'anno scorso; **This paper is an enormous improvement on your last one**, questo compito segna un progetto enorme a confronto dell'ultimo che hai fatto *9* in; al servizio (*o* alle dipendenze) di; in organico presso; (*sport*) in squadra con: **He's got a job on a newspaper**, lavora in un giornale; **He was then on «The Independent»**, faceva parte, a quel tempo, della redazione dell'«Independent»; **Which side is he on?**, con quale squadra gioca? *10* (*fam.*) a spese di; in conto a: **He gets all his medicines on the N.H.S.**, prendere tutte le medicine a spese della U.S.L.; **Beers are on me!**, le birre vanno sul mio conto!; da bere per tutti! *11* (*fam.*: *indica il danno subìto da q.*; *è idiom.*): **The phone went dead on me**, mi cadde la linea (*del telefono*); **The truck broke down on him**, gli si ruppe il camion *12* (*pop.*) contro: **The police have nothing on him**, la polizia non ha niente in mano contro di lui. ● **on account of**, per conto di; a causa di □ **on an average**, in media; di media □ (*cinem., TV*) **on-camera**, a portata della cinecamera (*o* della telecamera); inquadrato □ **on examination**, dietro esame □ **to be on guard**, stare in guardia □ **on-the-job training**, addestramento sul posto di lavoro □ (*leg.*) **to be on the jury**, fare parte della giuria □ **on-line**, (*elab., elettron.*) on-line, in linea, collegato: **on-line storage**, memoria in linea □ **on loan**, in prestito □ **to be on the lookout**, essere di sentinella; stare in guardia □ **on no account**, per nessuna ragione; per nessun motivo □ **on penalty of death**, pena la morte □ **on purpose**, di proposito; a bella posta; apposta □ **on reaching home**, quando arrivai (arrivasti, ecc.) a casa □ **to be on the regular staff**, essere di ruolo (*o* in pianta stabile) □ **on sale**, in vendita □ (*comm.*) **on sale or return**, da vendere o restituire; in conto deposito □ **on-screen**, (*TV*) sullo schermo, inquadrato; (*elab.*) sullo schermo; (*di software*) utilizzabile sul terminale video □ (*TV, pubbl.*) **on-screen dialogue**, dialogo con i personaggi inquadrati □ **on the spot**, su due piedi (*fig.*) □ **to be on the staff**, fare parte del personale; essere in organico □ (*teatr.*) **on-stage**, sul palcoscenico □ (*tecn.*) **on-stream**, in esercizio; in funzione □ (*autom.*) **on-street parking**, parcheggio in strada □ **on tap**, (*della birra*) alla spina; (*fig.*: *di merce*) disponibile □ **on time** (*o* **on the minute**), in tempo esatto; puntualmente □ **on my way home**, andando a casa; mentre andavo a casa □ **on the whole**, nel complesso □ (*fam.*) **a drink on the house**, una bevuta a spese del padrone del locale (*offerta dalla ditta*): **Drinks are on the house!**, offre la ditta (il padrone, ecc.)! □ **just on ten o'clock**, proprio verso le dieci □ **to be mad on st.**, andare pazzo per q.c. □ **ruin on ruin**, rovina su rovina; una rovina sull'altra □ (*anche fig.*) **to turn one's back on sb.**, voltare le spalle a q. □ **He made a profit on the sale**, ricavò un guadagno dalla vendita □ **I dropped the tray on the floor**, lasciai cadere a terra il vassoio.

on (**2**) /ɒn, *USA* ɔːn/, *avv.* *1* avanti; innanzi: **Go on!**, va' avanti!; **Come on!**, vieni avanti!; fatti avanti!; **to send on**, mandare avanti (q.); inoltrare (*una lettera, ecc.*) *2* sopra; addosso; in testa: **He had his raincoat on**, aveva addosso l'impermeabile; **He came in with his hat on**, entrò col cappello in testa *3* (*in locuz. col verbo* **to be**, *è idiom.*; *per es.*:) **The lid is on**, il coperchio è fissato (*o* è a posto); **The tap is on**, il rubinetto è aperto; **The meeting is still on (is on for tomorrow)**, la riunione non è stata revocata (è fissata per domani); **My plan isn't on**, il mio progetto è stato scartato; (*mecc.*) **The engine is on**, il motore è avviato; (*mecc.*) **The clutch is on**, la frizione è inserita; **The radio [the television] is on**, la radio [la televisione] è accesa; **The gas is on**, il gas è aperto; **The water is on**, l'acqua c'è (*nelle tubature*); hanno dato l'acqua; (*anche*) sto tirando l'acqua; **The handbrake is on**, il freno a mano è tirato (*o* inserito); **Two policemen were on**, due poliziotti erano in servizio (*o* di turno); (*fam.*) **There's a ball tonight**; **are you on?**, c'è un ballo stasera; tu ci vai?; **What's on this evening?**, che cosa danno (*al cinema, a teatro, ecc.*) questa sera?; **The performance is on**, lo spettacolo è incominciato; **Hamlet is on**, danno l'«Amleto»; si proietta (*o* si rappresenta) l'«Amleto»; (*teatr.*) **You're on in five minutes**, fra cinque minuti sei di scena; **The battle is now on**, la battaglia è in corso; (*pop.*) **He's rather on**, è avanti (con le bevute); è brillo; **It was well on in the day**, era giorno inoltrato; **We're going on a trip tomorrow**; **are you on?**, noi andiamo in gita domani; e tu, vieni? (*o* ci stai?) *4* (*per indicare continuazione, è idiom.*; *per es.*:) **to read on**, continuare a leggere *5* (*nei verbi frasali, è idiom.*; *per es.*:) **to bring on**, causare, provocare, ecc.; **to come on**, venire (*bene, male, ecc.*); apparire; cominciare; ecc. (*V. sotto* **to bring, to come**, ecc.) *6* (*Borsa, fin.*: *di titoli*) su; in ascesa; in rialzo; in ripresa: **Industrials were on five points yesterday**, le azioni industriali erano ieri in rialzo di cinque punti. ● **to be on about st.**, parlare di continuo di q.c.; blaterare q.c.: **what is he on about this time?**, e adesso, che cosa sta blaterando? □ **to be on at sb.**, stare addosso a q.; assillare, importunare q.: **She's always on at her husband to stop going to the pub**, assilla sempre il marito perché smetta di andare al pub □ (*sport*) **to be on for**, entrare in campo al posto di: (*in una radiocronaca o telecronaca*) **Jones on for Martins**, entra in campo Jones al posto di Martins □ **to be on to**, mettersi in contatto con, rivolgersi a, chiamare; (*anche*) stare dietro a (q.); tenere d'occhio (q. *o* q.c.); essere sulle tracce di; stare addosso a (q.); assillare, tormentare; (*fam. USA*) essere al corrente (*o* informato) di; avere scoperto (q.c.): **I've been on to the headmaster, but it was no use**, mi sono rivolto al preside, ma non è servito a nulla; **We'd better be on to the fire brigade**, sarebbe meglio chiamare i pompieri; **I've been on to his clever moves for weeks**, sono settimane che tengo d'occhio le sue abili mosse; **The police were on to the kidnappers**, la polizia era sulle tracce dei rapitori; **He's been on to me to buy a new car for years**, sono anni che mi sta addosso perché compri una macchina nuova; **Mother wasn't on to what was happening**, mamma non era al corrente di quel che stava accadendo □ (*fam.*) **to be on to sb.**, avere capito il gioco di q. (*o* come stanno le cose) □ (*fam.*) **to be on with**, cominciare una relazione, attaccare (*con una ragazza, ecc.*) □ (*USA*) **on-again, off-again**, che funziona a scatti; intermittente; che va un po' sì un po' no □ **on and off**, a intervalli; in modo intermittente; saltuariamente □ (*fam. USA*) **on-and-offer**, lavoratore temporaneo; chi lavora saltuariamente □ **on and on**, incessantemente, senza posa, senza sosta: **He talked on and on**, non la smetteva mai di parlare □ (*comm.*) **an on-licence**, una licenza per la vendita (*di alcolici, ecc.*) da consumare sul posto □ (*elettr.*) **on-off switch**, interruttore acceso/spento □ (*elab.*) **on-position**, posizione di lavoro □ **and so on**, e così via; eccetera □ **far on in the night**, fino a notte avanzata □ **from that day on**, da quel giorno in poi □ **later on**, più tardi; dopo; poi □ **On!**, avanti! □ **On with the show!**, si dia inizio allo spettacolo! □ **He's well on in years**, è avanti con gli (*o* negli) anni □ **It's getting on for ten o'clock**, si stanno facendo le dieci; manca poco alle dieci □ **Come on!**, suvvia!; via!; orsù! □ **Have you anything on tomorrow?**, hai impegni domani?; hai qualche programma per domani?

on (**3**) /ɒn, *USA* ɔːn/, **A** *a.* *1* (*del fuoco, dell'elettricità, ecc.*) attaccato; inserito; acceso; in funzione: **I always leave the light on when I go out**, lascio sempre la luce accesa quando esco; **The (electric) iron is on**, il ferro (da stiro) è attaccato; **the fire was on**, il fuoco era acceso *2* (*mecc.*) inserito; ingranato; innestato; in presa (*fam.*): **You've left the clutch on**, hai lasciato la frizione inserita (*o* la marcia ingranata) ***3*** che prende, che fa uso di; dedito a: **She's been on the pill for years**, prende la pillola da anni; **Freddie is on drugs**, Freddie fa uso della droga (*o* si droga). **B** *n.* (*cricket*) settore del campo alla sinistra del battitore. ● (*edil., mecc.*) **on centre**, interasse □ (*fam.*) **an on day**, una giornata buona, una giornata sì (*in cui si è di buonumore, ecc.*) □ (*econ., fin.*) **an on year**, un anno buono (*o* favorevole); una buona annata.

onager /ˈɒnədʒə(r), -ɪdʒ-/, *n.* ***1*** (*zool., Equus onager*) onagro ***2*** (*stor.*) onagro.

onanism /ˈəʊnənɪzəm/, *n.* onanismo.

onanist /ˈəʊnənɪst/, *n.* onanista.

onanistic /əʊnəˈnɪstɪk/, *a.* onanistico.

onboard /ˈɒnˈbɔːd, *USA* ˈɔːn-/, *a.* (*aeron., naut., miss.*) a bordo; di bordo: **an o. camera**, una telecamera a bordo (*di un satellite, ecc.*).

once /wʌns/, **A** *avv.* ***1*** una volta; una volta sola: **I've seen it only o.**, l'ho visto una volta sola; **o. a day**, una volta al giorno ***2*** una volta; un tempo; in passato: **I was very fond of him o.**, una volta gli volevo molto bene; **a o.-celebrated actor**, un attore un tempo famoso ***3*** una volta o l'altra: **I should like to see London o.**, mi piacerebbe vedere Londra una volta o l'altra. **B** *cong.* non appena; quando; una volta che: **O. he is tired, he will quit**, non appena sarà stanco, smetterà; **O. you learn it, you'll never forget**, una volta che l'hai imparato, non lo dimenticherai più. **C** *n.* una volta; una sola volta; una volta tanto: **O. is enough for me**, a me basta una volta; **Let him go this o.**, per questa volta (*o* per una volta) lascialo andare. ● **o. again**, ancora una volta; di nuovo □ **o. and for all**, una volta per sempre, una volta per tutte: **The dispute was settled o. and for all**, la lite fu composta una volta per tutte □ **o. in a while**, ogni tanto; di quando in quando; di rado □ **o. more**, *V.* **o. again** □ **o. or twice**, una volta o due □ (*fam.*) **o.-over**, occhiata veloce; scorsa; occhiatina; (*fam.*) mano, passata (*di lavoro, ecc.*); (*pop.*) ripassata (*fam.*), busse, botte: **to give the girls the o.-over**, occhieggiare (*o* adocchiare) le ragazze □ **all at o.**, tutto in una volta, tutto a un tratto; contemporaneamente, tutti (*o* tutte) insieme: **Don't speak all at o.!**, non parlate tutti insieme! □ **at o.**, subito; immediatamente □ **at o. clever and humble**, intelligente e umile a un tempo □ **for (this) o.**, per questa volta, una volta tanto: **I'm right for o.**, una volta tanto ho ragione io □ **more than o.**, più d'una volta □ **my o. master**, il mio vecchio maestro (*o* padrone); colui che mi fu maestro (*o* padrone) □ **not o.**, non una volta: **Not o. have you done what I asked**, non una volta hai fatto quel che ti chiedevo □ (*mat.*) **O. nought is nought**, zero per zero fa zero □ **O. upon a time there was a king**, c'era una volta un re □ (*prov.*) **O. bit, twice shy**, il gatto scottato teme l'acqua fredda.

oncer /ˈwʌnsə(r)/, *n.* ***1*** (*fam. USA*) donna fedele a un solo uomo per tutta la vita ***2*** (*pop. arc.*) banconota da una sterlina.

oncogene /ˈɒŋkəʊdʒiːn/, *n.* (*biol.*) oncogene; gene oncogeno.

oncogenesis /ɒŋkəʊˈdʒɛnəsɪs/, *n.* (*pl.* **oncogeneses**) (*med.*) oncogenesi.

oncogenic /ɒŋkəʊˈdʒɛnɪk/, **oncogenous** /ɒŋˈkɒdʒənəs/, *a.* (*med.*) oncogeno.

oncologic(al) /ɒŋkəˈlɒdʒɪk(l)/, *a.* (*med.*) oncologico.

oncologist /ɒŋˈkɒlədʒɪst/, *n.* (*med.*) oncologo.

oncology /ɒŋˈkɒlədʒɪ/, *n.* (*med.*) oncologia.

oncoming /ˈɒnkʌmɪŋ, *USA* ˈɔːn-/, **A** *a.* ***1*** che s'avvicina (*nel tempo*); prossimo; imminente; futuro ***2*** che s'avvicina (*nello spazio*); che viene nella mia (nostra, ecc.) direzione: **There was a lot of o. traffic**, il traffico in senso contrario (al nostro) era intenso. **B** *n.* l'avvicinarsi; l'approssimarsi: **the o. of spring**, l'approssimarsi della primavera. ● (*naut.*) **the o. tide**, la marea che sale.

oncost /ˈɒnkɒst, *USA* ˈɔːnkɔːst/, *n.* (*rag., in G.B.*) spese generali (*o* indirette).

one /wʌn, wən/, **A** *a. num. card.* e *a. indef.* ***1*** un, uno; un solo; stesso; unico: **one million**, un milione; **a hundred and one**, cento uno; **one pound eleven**, (*un tempo*) una sterlina e undici scellini; (*ora*) una sterlina e undici penny; **forty-one**, quarantuno; **one day only**, soltanto un giorno; **I'll stay one night**, mi fermo per una notte; **To read a foreign language is one thing; to speak it is another**, leggere una lingua straniera è una cosa; parlarla, un'altra; **from one end of the street to the other**, da un capo all'altro della strada; **I have one friend here**, ho un solo amico qui; **We all gave one answer**, demmo tutti la stessa risposta; **That's the one way to do it**, questo è l'unico modo di farlo; **one (man) in ten**, uno su dieci; **No one man could do it**, nessuno potrebbe farlo da solo ***2*** (*talora*) primo: **«Iliad», book one**, l'«Iliade», libro primo. **B** *n.* ***1*** uno; numero uno: **Write down a one**, scrivi un uno!; **One is the half of two**, uno è la metà di due; **Ten ones are ten**, dieci per uno fa dieci ***2*** l'una (*dell'orologio*): **at one o'clock**, all'una ***3*** (*fam. ingl.*) bel tipo; birbante; birbantello, birba; bricconcello: **Oh, you are a one!**, sei una birba!; va là che la sai lunga! ***4*** (*filos.*) **the One**, l'Uno; il Principio Primo; l'Assoluto. **C** *pron. indef.* ***1*** uno, una; un certo, una certa: **One came running**, uno venne correndo; **one of these fine days**, uno di questi giorni; un giorno o l'altro; **He is one of the richest men in Italy**, è uno degli uomini più ricchi d'Italia; **I bought the house from one Mr Jones**, comprai la casa da un certo (signor) Jones ***2*** (*costr. impers.*) uno; si: **One has to do one's best**, si deve fare del proprio meglio. **D** *pron. dimostr.* ***1*** quello, quella: **I don't want the black pencil; I want the red one**, non voglio la matita nera; voglio (quel)la rossa; **I prefer large ones**, preferisco (quell)i grandi ***2*** (*idiom.*) **this one or that one**, questo o quello; **Which one do you prefer?**, quale (*di questi, di quelli*) preferisci?; **I don't want these; I'd like the ones over there**, non voglio questi; vorrei quelli laggiù; **I don't like this hat; I want a better one**, non mi piace questo cappello; ne voglio uno migliore; **His father was a doctor and he wants to be one too**, suo padre era medico e anche lui vuole diventarlo; **He worked like one possessed**, lavorava come un ossesso. ● **one's** (*o* **one's own**) (*genitivo poss.*), proprio; – si (*impers.*): **to respect one's parents**, rispettare i (propri) genitori; **to cut one's finger**, tagliarsi un dito; **to live on one's own**, vivere per conto proprio; **to do it one's way**, fare a modo proprio □ **one's little ones**, i propri bambini (*figli*); i propri cuccioli □ **the one about**, quella (*la barzelletta*) di (*o* su): **Have you heard the one about the parrot and the cat?**, la sai quella del gatto e del pappagallo? □ **the One above** (*o* **the Holy One**), l'Essere Supremo; Dio □ (*elab.*) **one-address computer**, macchina a un indirizzo □ **one after another**, l'uno dopo l'altro □ **one and all**, tutti; tutti quanti □ (*enfat.*) **one and the same**, identico; uguale; medesimo □ **one another** (*pron. recipr.*), l'un l'altro; tra di noi (*o* voi, loro); reciprocamente: **Love one another**, amatevi (l'un l'altro) □ **one-armed**, monco; con un braccio solo □ **one-armed bandit**, macchina mangiasoldi □ **one by one**, a uno a uno; uno alla volta □ (*naut.*) **one-class liner**, piroscafo a classe unica □ **one-eyed**, monocolo; con un occhio solo □ **one-handed**, che ha una sola mano; eseguito con una sola mano: **to beat sb. one-handed**, battere q. con una mano (sola) □ **one-horse**, tirato da un cavallo, a un tiro; (*fig. fam.*) insignificante, meschino, povero, piccolo: **a one-horse sleigh**, una slitta trainata da un solo cavallo; **a one-horse town**, un piccolo paese insignificante □ (*mat.*) **one hundred**, cento □ (*atletica*) **the 110-metre hurdles**, i centodieci a ostacoli □ **one-idea'd** (*o* **one-idead**), fissato in un'idea; che ha una sola idea fissa in testa □ **one in a million**, (*mat., stat.*) uno su un milione; (*fig., agg.*) unico, eccezionale □ **one-legged**, che ha una gamba sola; mutilato d'una gamba; (*fig.*) difettoso, zoppicante □ (*USA*) **one-liner**, battuta di spirito; spiritosaggine □ **one-man**, individuale, di un singolo, fatto da un solo uomo: (*leg., fin.*) **one-man business** (*o* **company**), azienda (*o* ditta) individuale; società autocratica; **one-man job**, lavoro fatto da un uomo solo □ **one-man band**, suonatore ambulante che suona vari strumenti che porta addosso; (*fig.*) attività svolta per conto proprio da solo □ **one-man show**, (*arte*) (mostra) personale; (*mus.*) recital; (*fig.*) attività svolta per conto proprio, da solo □ (*polit.*) **one man, one vote**, ogni cittadino, un voto; il suffragio universale □ **one-night stand**, (*teatr.*) serata unica; (*fam.*) avventura (amorosa) di una notte sola; notte d'amore (*fam.*) □ **one of a kind**, unico □ **one-off**, (*agg.*) fatto in esemplare unico; unico, straordinario; (*sost.*) pezzo unico, modello esclusivo: **a one-off performance**, una rappresentazione (*o* esecuzione) straordinaria □ **a one-off job**, un lavoro su commissione □ (*econ.*) **one-off production**, produzione su commessa □ (*fam. USA*) **one-on-one**, testa a testa, a confronto diretto □ (*sport*) **one-on-one defence**, difesa a uomo □ (*demogr.*) **one-parent family**, famiglia monoparentale □ (*demogr.*) **one-person household**, famiglia mononucleare; famiglia composta da una persona sola □ **a one-piece swim-suit**, un (costume da bagno) monopezzo □ (*market.*) **one-price**, a prezzo unico □ **«One price»** (*cartello*), «Prezzi fissi» □ **one-sided**, unilaterale; (*fig.*) parziale; ineguale, impari: (*stat.*) **one-sided test**, test unilaterale; **one-sided judgement**, giudizio parziale; (*sport*) **one-sided match**, incontro impari (*o* sbilanciato) □ **one-sidedness**, unilateralità; (*fig.*) parzialità; ineguaglità, l'essere impari □ (*market.*) **one size**, misura unica (*di guanti di lana, ecc.*) □ (*tur.*: *di un albergo*) **one-star**, a una stella □ (*mus.*) **one-step**, one-step (*ballo*) □ (*stat.*) **one-tailed test**, test a una coda □ (*mat.*) **one thousand**, mille □ (*atletica*) **the 1,500-metre run**, i millecinquecento; i millecinque (*fam.*) □ (*mat., elab.*) **one to one**, biunivocamente □ **one-to-one**, (*mat., elab.*) biunivoco; (*fig.*) faccia a faccia, individuale: **one-to-one correspondence**, corrispondenza biunivoca; **a one-to-one interview**, un'intervista faccia a faccia □ (*sport*) **one-two**, (*boxe*) uno-due, doppietta; (*calcio*) passaggio restituito a un compagno che si è spostato in avanti □ **one-track**, (*di ferrovia*) a un solo binario; (*di un nastro magnetico*) a una (sola) pista □ **a one-track mind**, una mente fissata in una sola idea: **You have a one-track mind!**, allora, sei fissato! □ (*fam.*) **to be one up**, avere fatto un punto in più; (*fig.*) essere in (posizione di) vantaggio □ (*fam.*) **one-upmanship**, arte di procurarsi (*o* di mantenere) un vantaggio sugli altri (*con l'astuzia, un bluff, ecc.*); capacità d'imporsi □ (*autom.*) **«One way»** (*cartello*), «senso unico» □ **one-way**, (*di strada e fig.*) a senso unico; (*elettr., elab.*) unidirezionale; (*stat.*) a un'entrata, monovalente: **a one-way street**, una strada a senso unico; un senso unico; **one-way admiration**, ammirazione a senso unico; (*stat.*) **one-way classification**, classificazione a un'entrata □ (*trasp., USA*) **one-way ticket**, biglietto di sola andata □ **one-woman**, (*di lavoro, ecc.*) fatto da una donna sola; individuale □ **to be all one**, essere tutti uniti (*o* d'accordo) □ **(all) in one**, tutt'insieme; al tempo stesso: **He is chairman and treasurer in one**, è al tempo stesso presidente e cassiere □ **an all-in-one knife**, un coltello multiuso (*cacciavite, cavaturaccioli, ecc.*) □ **to be at one**, essere uniti: **We are at one now**, ora noi siamo uniti (*o* d'accordo) □ **to become one**, (*di oggetti, ecc.*) essere unificati; (*di persone*) essere uniti in matrimonio □ **by ones and**

twos, a uno o due alla volta; alla spicciolata □ **every one of you**, ciascuno di voi □ **the Evil One**, il Maligno; il demonio □ **for one**, quanto a me (a te, ecc.); per esempio; per fare un caso; intanto: **I, for one, don't believe it**, quanto a me, non ci credo; **Smith, for one, will not agree**, Smith, per esempio, non sarà d'accordo □ **for one thing**, tanto per dirne una; tanto per cominciare; in primo luogo: **For one thing, he drinks**, tanto per dirne una, è un beone □ **to go one better**, offrire (*o* rischiare) un po' di più (*di un altro*) □ (*fig.*) **in the year one**, molti anni fa □ **the loved one**, il caro estinto; la buonanima □ **to make one of**, unirsi a; andare con: **Will you make one of us?**, verrai con noi?; sarai dei nostri? □ **my dear** (*o* **loved**) **ones**, i miei cari □ **no one**, nessuno □ (*fam.*) **never a one**, nessuno; non uno □ (*fig.*) **number one**, *V. sotto* **number** □ (*fam.*) **a right one**, uno sciocco, un fesso; (uno) bravo (*iron.*): **You are a right one, forgetting the keys again**, e bravo, a scordarti di nuovo le chiavi! □ **to talk about one thing and another**, parlare del più e del meno □ **the young ones**, i piccoli; i cuccioli, ecc. □ **I'm not** (**the**) **one to do that**, non sono tipo da farlo □ (*fam.*) **You're a sly one!**, sei un furbacchione, tu! □ **They answered with one voice**, risposero a una (sola) voce (*o* in coro) □ **It is one too many for him**, è un po' troppo (troppo difficile, ecc.) per lui □ **It's all one to me what you do**, qualunque cosa tu faccia, mi è indifferente □ (*market.*) **Buy one, get one free**, compra due, paghi uno □ (*fam.*) **What a one he is to make excuses!**, com'è bravo a trovare scuse.

oneiric /əʊ'naɪərɪk/, *a.* onirico.

oneirism /əʊ'naɪərɪzəm/, *n.* (*psic.*) onirismo; stato sognante.

oneirology /əʊnaɪə'rɒlədʒɪ/, *n.* onirologia.

oneiromancy /əʊ'naɪərəmænsɪ/, *n.* oniromanzia.

oneness /'wʌnnəs/, *n.* ***1*** unità; unione; interezza ***2*** singolarità; unicità ***3*** concordia; accordo (*di opinioni, idee, ecc.*) ***4*** identità.

oner /'wʌnə(r)/, *n.* (*pop.*) ***1*** persona (*o* cosa) eccezionale; asso, fenomeno (*fam.*): **He's a o. at tennis**, è un asso, a tennis ***2*** colpo solo: **in a o.**, in un sol colpo ***3*** (*boxe*) colpo che mette fuori combattimento.

onerous /'ɒnərəs, 'əʊ-/, *a.* oneroso (*anche leg.*); gravoso: **o. tasks**, compiti onerosi. ● (*leg.*) **o. contract**, contratto a titolo oneroso. || **-ly**, *avv.* || **-ness**, *sost.*

oneself /wʌn'sɛlf, wən-/, *pron. rifl.* ***1*** sé; se stesso, se stessa; se stessi, se stesse; si: **to wash o.**, lavarsi; **to starve o.**, lasciarsi morire di fame; **One should not only trust o.**, non ci si deve fidare solo di se stessi ***2*** per sé; si: **He bought himself a Jaguar**, si comprò una Jaguar. ● **to be o.**, essere se stesso; essere normale; essere naturale; essere spontaneo □ **by o.**, da sé; da solo; senza aiuto □ **to come to o.**, ritornare in sé, riaversi, riprendersi; tornare in sé, rinsavire □ **to mutter to o.**, mormorare tra sé (e sé).

one(-)time /'wʌntaɪm/, *a.* un tempo; già; ex: **the one-time governor**, l'ex governatore.

onfall /'ɒnfɔːl, *USA* 'ɔːn-/, *n.* attacco; assalto.

ongoing /'ɒngəuɪŋ, *USA* 'ɔːn-/, *a.* in corso; in via di sviluppo; crescente: **o. projects**, progetti in corso; **an o. crisis**, una crisi crescente.

ongoings /'ɒngəuɪŋz, *USA* 'ɔːn-/, *n. pl.* ***1*** vicende; fatti; avvenimenti ***2*** condotta, comportamento (*specialm. riprovevole*).

onion /'ʌnɪən/, *n.* ***1*** (*bot., Allium cepa*) cipolla: **boiled onions**, cipolle lessate ***2*** (*pop. arc.*) testa; zucca (*pop.*). ● (*archit.*) **o. dome**, cupola a bulbo (*o* a cipolla) □ (*archit.*) **o.-domed**, dalla cupola a bulbo □ **o. marble**, (marmo) cipollino □ (*cucina*) **o. rings**, anelli di cipolla □ **o.-shaped**, a forma di cipolla □ **o.-skin**, velo di cipolla; carta per lucidi □ (*fam.*) **to know one's onions**, sapere il fatto proprio □ **pickled onions**, cipolline sottaceto.

oniony /'ʌnɪənɪ/, *a.* di (*o* simile a, che sa di) cipolla.

onlooker /'ɒnlʊkə(r), *USA* 'ɔːn-/, *n.* spettatore, spettatrice; astante.

only /'əʊnlɪ/, **A** *a.* solo; unico: **It's the o. book I have on this subject**, è l'unico libro che io abbia su questo argomento; **He was an o. son**, era figlio unico; **He's the o. man that can do it**, è il solo che possa farlo; lui solo può farlo; **They were the o. people who came on foot**, furono i soli a venire a piedi. **B** *avv.* solamente; soltanto; unicamente; non... che; solo: **Only I saw him**, soltanto (*o* solo) io lo vidi; **I saw o. him**, vidi solamente lui; **I o. saw him**, lo vidi soltanto (*non gli parlai*); **There are o. two left**, ne sono rimasti soltanto due; **That o. makes matters worse**, ciò non fa che peggiorare la situazione; **o. you**, solo tu; tu solo. **C** *cong.* (*fam.*) ***1*** ma; solo (*fam.*): **I should have gone, only it started pouring**, ci sarei andato, ma (*o* solo) cominciò a piovere a catinelle; **I'd help you with pleasure, o. I'm too busy**, ti aiuterei volentieri, ma ho troppo da fare ***2*** (*fam.*) solo che; se non fosse che: **He would invite you, only you would refuse**, se non fosse che tu rifiuteresti, ti inviterebbe. **D** *n.* (*fam., pubbl.*) – **the o.**, ciò che è unico (nel suo genere). ● **adults only**, (*di film*) per (soli) adulti □ (*arc.*) **o.-begotten**, unigenito □ (*relig.*) **the O.-Begotten Son**, l'Unigenito □ **if o.**, se almeno: **If o. it would stop raining**, se almeno smettesse di piovere! □ **«Ladies o.»** (*cartello*), «riservato alle signore» □ **my one and o. chance**, l'unica (*o* la sola) occasione per me □ **my one and o. hope**, la mia sola speranza; l'ultima mia speranza □ **The o. way is to die**, non mi (ci, ti, ecc.) resta che la morte □ **I'm o. too glad** (*o* **pleased**) **to hear that**, sono proprio contento (*o* lietissimo) di apprendere ciò □ **It is o. too true**, purtroppo è vero □ **I was o. just in time**, arrivai appena in tempo □ **O. think!**, immagina un po'!; figurati!

onomasiology /ɒnəmæzɪ'ɒlədʒɪ/, *n.* (*ling.*) onomasiologia.

onomastic /ɒnə'mæstɪk/, *a.* (*ling.*) onomastico.

onomastics /ɒnə'mæstɪks/, *n. pl.* (*col verbo al sing.*) (*ling.*) onomastica.

onomatopoeia /ɒnəmætə'pɪə/, *n.* onomatopea.

onomatopoeic /ɒnəmætə'piːɪk/, *a.* onomatopeico.

onomatopoetic /ɒnəʊmætəʊpəʊ'ɛtɪk/, *a.* onomatopeico.

onrush /'ɒnrʌʃ, *USA* 'ɔːn-/, *n.* avanzata impetuosa; attacco; assalto.

onrushing /'ɒnrʌʃɪŋ, *USA* 'ɔːn-/, *a.* che avanza; (*fig.*) impetuoso. ● (*naut.*) **the o. tide**, la marea che sale.

onset /'ɒnsɛt, *USA* 'ɔːn-/, *n.* ***1*** assalto; attacco; carica: **at the first o.**, al primo assalto ***2*** inizio: (*med.*) **the o. of the mumps**, l'inizio (*o* i sintomi iniziali) degli orecchioni.

onshore /'ɒn'ʃɔː(r), *USA* 'ɔːn-/, *a.* e *avv.* ***1*** (situato) sulla terraferma ***2*** (*del vento*) dal largo (verso terra): **A gale was blowing o.**, spirava un forte vento verso terra. ● **o. oil drilling**, estrazione del petrolio sulla terraferma □ **o. wind**, vento di mare.

onside /'ɒn'saɪd, *USA* 'ɔːn-/, *a.* e *avv.* (*sport*) non in fuorigioco; buono (*fam.*): **The attacker was o.**, l'attaccante non era in fuorigioco; **The shot was o.**, il tiro era buono.

onslaught /'ɒnslɔːt, *USA* 'ɔːn-/, *n.* assalto furioso; furibondo attacco.

onto /'ɒntuː, -tʊ, -tə, *USA* 'ɔːn-/, *prep.* (anche **on to**) ***1*** su; sopra: **We jumped o. the train**, saltammo sul treno; **On seeing the on coming train, he jumped o. the platform**, vedendo arrivare il treno, saltò sul marciapiede; **The French window looks o. the park**, la portafinestra dà sul parco ***2*** in: **The fugitive jumped o. the boat**, il fuggiasco saltò in barca; **John got o. the county council**, John fu eletto nel consiglio di contea ***3*** a: **I got o. the manager**, riuscii a parlare al direttore ***4*** *V.* **to be on to**, *sotto* **on** (**2**). ● (*fam.*) **to be o. a good thing**, avere trovato l'America (*fig.*); essersi sistemato (bene) □ **Thank you for putting me o. a good thing!**, grazie d'avermi trovato una buona sistemazione (*o* d'avermi messo a posto)!; grazie d'avermi dato una buona dritta! (*pop.*).

ontogenesis /ɒntəʊ'dʒɛnəsɪs/, *n.* (*biol.*) ontogenesi.

ontogenetic /ɒntədʒə'nɛtɪk/, *a.* (*biol.*) ontogenetico.

ontogeny /ɒn'tɒdʒənɪ/, *n.* (*biol.*) ontogenesi.

ontological /ɒntə'lɒdʒɪkl/, *a.* (*filos.*) ontologico. || **-ly**, *avv.*

ontologism /ɒn'tɒlədʒɪzəm/, *n.* (*filos.*) ontologismo.

ontologist /ɒn'tɒlədʒɪst/, *n.* (*filos.*) ontologista.

ontology /ɒn'tɒlədʒɪ/, *n.* (*filos.*) ontologia.

onus /'əʊnəs/, *n.* onere; responsabilità; gravame; obbligo; peso (*fig.*): (*leg.*) **o. of proof**, onere della prova.

onward /'ɒnwəd, *USA* 'ɔːn-/, **A** *avv.* (= **onwards**) avanti; oltre; (*di tempo*) in poi: **to go** (*o* **to move**) **o.**, andare avanti; procedere oltre; **from now o.**, d'ora in poi. **B** *a.* ***1*** in avanti; che avanza; che sta innanzi: **the o. path**, il sentiero che ci sta innanzi; (*fig.*) la strada che dobbiamo percorrere ***2*** avanzato; progredito. ● (*anche fig.*) **o. march**, avanzata □ **o. trend**, tendenza ad andare innanzi; tendenza al progresso.

onychophoran /ɒnɪ'kɒfərən/, *n.* (*zool.*) onicoforo.

onymous /'ɒnɪməs/, *a.* (*di un libro*) che ha (*o* che porta) un nome; non anonimo.

onyx /'ɒnɪks/, *n.* (*miner.*) onice.

oocyte /'əʊəsaɪt/, *n.* (*biol.*) oocita, oocito; ovocita, ovocito.

oodles /'uːdlz/, *n. pl.* (*pop.*) una gran quantità (di); un mucchio (di): **o. of excellent food**, una gran quantità di cibo eccellente.

oof (**1**) /uːf/, *inter.* (*scherz.*) «gulp» (*per un pugno allo stomaco, ecc.*).

oof (**2**) /uːf/, *n.* (*pop.*) denaro; quattrini; grana (*pop.*). ● **an oof-bird**, un uomo pieno di quattrini; la gallina dalle uova d'oro (*fig.*).

oofy /'uːfɪ/, *a.* (*pop.*) danaroso; pieno di quattrini; pieno di grana.

oogamy /əʊ'ɒgəmɪ/, *n.* (*biol.*) oogamia, ovogamia.

oogenesis /əʊə'dʒɛnəsɪs/, *n.* (*biol.*) oogenesi, ovogenesi.

oogonium /əʊə'gəʊnɪəm/, *n.* (*pl.* **oogonia** e *reg.*) (*biol., bot.*) oogonio.

ook /uːk/, *n.* (*pop. USA*) individuo odioso (*o* insipido).

oolite /'əʊəlaɪt/, *n.* (*geol.*) calcare oolitico.

oolith /'əʊəlɪθ/, *n.* (*geol.*) oolite.

oolitic /əʊə'lɪtɪk/, *a.* (*geol.*) oolitico.

oomph /ʊmf/, *n.* (*pop.*) ***1*** energia; grinta, spinta (*pop.*) ***2*** attrazione del sesso; (*di donna*) fascino.

oops /ʊps, wʊps, uːps, ʊəps, wʊəps/, *inter.* (*fam.*) oh!; «ops» (*pop.*). ● (*fam.*) **o.-a-daisy**, oplà (*aiutando q. a salire o come commento alla caduta di q.*).

007 /əʊəʊ'sɛvn, dʌbələʊ'sɛvn/, *n.* (*letter. poliziesca*) 007; agente segreto (*in genere*). ● **after the fashion of 007**, in stile 007.

oosperm /'əʊəspɜːm/, *n.* (*biol.*) oospermio; zigote.

oosphere /'əʊəsfɪə(r)/, *n.* (*biol.*) oosfera.

oospore /'əʊəspɔː(r)/, *n.* (*biol.*) oospora.

ootheca /əʊə'θiːkə/, *n.* (*pl.* **oothecae**) (*biol.*) ooteca, ovoteca.

ooze (**1**) /uːz/, *n.* ***1*** fanghiglia; limo; melma (*specialm. sul fondo del mare, d'un lago, ecc.*) ***2*** (*geol.*) sedimento marino organogeno ***3*** terreno soffice e fangoso.

ooze (**2**) /uːz/, *n.* ***1*** liquido per concia ***2*** stillicidio; trasudazione ***3*** liquido che cola (*o* trasuda). ● **o. leather**, tipo di pelle scamosciata.

to **ooze** /uːz/, **A** *v. i.* colare; fluire lentamente; filtrare; stillare; trapelare (*anche fig.*); trasudare: **Sweat was oozing from his forehead**, il sudore gli colava dalla fronte; **The secret oozed out**, il segreto trapelò. **B** *v. t.* **1** far colare; stillare **2** (*fig.*) diffondere. ● (*fig.*) **to o. away**, scomparire a poco a poco; spegnersi; svanire: **My desire oozed away**, il mio desiderio si spense □ **to o. blood**, sanguinare lievemente □ **to o. with good cheer** [**optimism**], trasudare buonumore [ottimismo].

oozy /'u:zɪ/, *a.* **1** fangoso; limoso; melmoso **2** che trasuda; umido. || **-iness**, *sost.*

op (**1**) /ɒp/, *n.* (*abbr. di* **operation**) **1** (*med.*) operazione; intervento chirurgico **2** (*specialm. mil.*) operazione: **ops room**, sala operazioni.

op (**2**) /ɒp/, *a.* (*abbr. di* **optical**) – (*arte*) **op art**, arte ottica; op art; **op artist**, artista «op».

opacification /əʊpæsɪfɪ'keɪʃn/, *n.* opacizzazione.

opacifier /əʊ'pæsɪfaɪə(r)/, *n.* (*tecn.*) opacizzante.

to **opacify** /əʊ'pæsɪfaɪ/, **A** *v. t.* opacizzare. **B** *v. i.* opacizzarsi.

opacity /ə'pæsətɪ/, *n.* **1** opacità **2** impermeabilità (*al colore, ecc.*) **3** (*fig.*) oscurità; poca chiarezza **4** (*fig.*) ottusità; scarsa intelligenza.

opah /'əʊpə/, *n.* (*zool., Lampris regius*) lampride; pesce re.

opal /'əʊpl/, *n.* **1** (*miner.*) opale **2** (= **opal glass**) vetro opalino; opalina.

opalescence /əʊpə'lɛsns/, *n.* opalescenza.

opalescent /əʊpə'lɛsnt/, *a.* opalescente.

opaline (**1**) /'əʊpəli:n/, *n.* vetro opalino; opalina.

opaline (**2**) /'əʊpəlaɪn/, *a.* opalino.

opaque /əʊ'peɪk, ə-/, *a.* **1** opaco **2** (*fig.*) oscuro; poco chiaro **3** (*fig.*) ottuso; poco intelligente. || **-ly**, *avv.* || **-ness**, *sost.*

to **ope** /əʊp/, (*poet.*) *V.* **to open**.

open /'əʊpən/, **A** *a.* **1** aperto (*anche fig.*); (*di un fiore, ecc.*) sbocciato, dischiuso; franco; leale; sgombro (*da ostruzioni*); (*naut.*) navigabile: **o. doors**, porte aperte; (*fon.*) **an o. vowel**, una vocale aperta; **in the o. country**, in aperta campagna; **the o. sea**, il mare aperto; l'alto mare; **an o. river**, un fiume sgombro da banchi di sabbia (dal ghiaccio, ecc.); (*med.*) **The bowels are o.**, l'intestino è sgombro; **in the o. air**, all'aria aperta; **an o. character**, un carattere aperto; (*mil.*) **an o. town**, una città aperta; **to keep one's account o. at a bank**, avere un conto aperto presso una banca; **an o. letter**, una lettera aperta; **I'll be o. with you**, sarò franco con te **2** libero; aperto al pubblico; pubblico; non riservato; disponibile; vacante; pronto, disposto (a): **an o. competition**, una gara libera; un concorso pubblico; **an o. meeting**, una riunione pubblica; **an o. scholarship**, una borsa di studio non riservata (a categorie speciali); **The job is still o.**, il posto è ancora vacante; **to be o. to an offer**, essere disposto a prendere in considerazione un'offerta; **to be o. to conviction**, essere pronto a ricredersi (*o* a lasciarsi convincere) **3** aperto al dubbio; dubbio; indeciso; incerto; insoluto: **an o. question**, una questione dubbia; **to leave a matter o.**, lasciare una faccenda insoluta **4** di dominio pubblico; evidente; manifesto; noto: **an o. scandal**, uno scandalo di dominio pubblico; **an o. quarrel**, una lite nota a tutti; **o. contempt**, evidente disprezzo **5** che dà adito a; esposto; indifeso; soggetto: **to be o. to attack**, essere esposto agli attacchi; **to be o. to temptation**, andare soggetto alle tentazioni; **This statement is o. to misunderstanding**, questa affermazione dà adito a fraintendimento (*o* può essere fraintesa) **6** (*di un veicolo*) scoperto: **an o. car**, un'automobile scoperta **7** (*del tempo, ecc.*) mite: **o. weather**, tempo mite **8** (*elab.*) *V.* **o.-ended** **9** (*tennis*) open. **B** *n.* – **the o.**, l'aperta campagna; l'aria aperta. ● **o. account**, conto aperto (tra due operatori economici); (*rag.*) conto non ancora chiuso □ **an o.-air school**, una scuola all'aperto □ **o.-and-shut**, ovvio; chiaro; che si risolve subito □ (*leg.*) **an o.-and-shut case**, un caso semplicissimo □ (*metall.*) **o.-arc furnace**, forno ad arco indiretto □ (*naut.*) **o. berth**, ormeggio in rada □ (*sartoria*) **o.-bottom trousers**, pantaloni confezionati con l'orlo ancora da cucire □ (*chim.*) **o.-chain**, a catena aperta □ (*comm., leg.*) **an o. cheque**, un assegno bancario non sbarrato e senza girate □ (*elettr., TV*) **o.-circuit**, a circuito aperto □ (*tecn.*) **o.-cycle**, a ciclo aperto □ (*market.*) **o. date**, data estrema di utilizzo (*di una confezione*) □ **o. day**, giorno delle visite (*a una caserma, una fabbrica*, ecc.); giorno di ricevimento (*dei genitori*: *a scuola*) □ **o.-door**, aperto a tutti □ (*polit., comm.*) **an o.-door trade policy**, una politica di libertà dei traffici □ **an o. drain** (*o* **sewer**), una fogna scoperta; un fosso di scolo □ **o.-eared**, con gli orecchi tesi; tutt'orecchie; attentissimo □ (*fin.*) **o.-end investment fund**, fondo d'investimento «aperto» (*o* a capitale variabile) □ **o.-ended**, senza limite di tempo (*rif. a dibattito, ecc.*); (*polit.*) interlocutorio; (*elab.*) aperto, estendibile □ **an o.-ended question**, una domanda (*in un questionario, ecc.*) a risposta libera □ (*USA*) **o. enrollment**, liberalizzazione degli accessi (*rif. a università, ecc.*) □ **o.-eyed**, a occhi aperti; guardingo; consapevole; sorpreso □ **o.-faced**, dal viso aperto (*o* leale) □ **o.-handed**, generoso, liberale, munifico; che ha le mani bucate (*pop.*) □ (*med.*) **o.-heart**, a cuore aperto: **an o.-heart operation**, un intervento a cuore aperto □ **o.-hearted**, che ha il cuore aperto; franco; leale, sincero; cordiale □ **o.-heartedness**, franchezza, lealtà, sincerità; cordialità □ (*metall.*) **o.-hearth process**, processo Martin-Siemens □ (*USA*) **o. house**, *V.* **o. day** □ (*econ.*) **o. inflation**, inflazione incontrollata □ **o. letter**, lettera aperta □ (*econ., fin.*) **o. market**, mercato aperto (*o* libero) □ **o.-minded**, che ha la mente aperta; liberale; di larghe vedute, spregiudicato □ **o.-mindedness**, larghezza di vedute, liberalità, spregiudicatezza □ **o.-mouthed**, a bocca aperta; avido, vorace; chiassoso, rumoroso □ (*di abito*) **o.-necked**, scollato □ (*mil.*) **o. order**, ordine sparso □ (*ind. min.*) **o.-pit mining**, coltivazione a giorno (*o* a cielo aperto) □ (*edil.*) **o.-plan**, senza pareti divisorie; a pianta aperta □ **an o. port**, un porto franco □ **o. sandwich**, tartina □ **the o. season**, la stagione in cui la caccia (*o* la pesca) è aperta □ **an o. secret**, il segreto di Pulcinella □ **o. shop**, azienda che accoglie anche operai non iscritti ai sindacati □ **an o. syllable**, una sillaba che termina in vocale □ (*sport*) **o. terraced banking**, scalinata scoperta □ (*comm.*) **o. to the nearest offer**, trattabile □ (*in G.B.*) **the O. University**, «l'Università aperta» (*operante per corrispondenza o per televisione*) □ (*leg.*) verdetto (*della giuria di un «coroner», q.V.*) di non luogo a procedere □ (*naut.*) **o. water**, acque libere dal ghiaccio □ (*leg.*) **a case tried in o. court**, una causa discussa in presenza del pubblico (*o* a porte aperte, in pubblica udienza) □ (*fig.*) **to come into the o.**, essere franco (*o* sincero); metter le carte in tavola □ **to fire in the o. air**, sparare in aria □ (*fig.*) **to force an o. door**, sfondare una porta aperta □ **in the o.**, all'aperto □ **to keep o. house**, tener casa aperta; essere molto ospitale □ **to lay oneself o. to attack**, esporsi (*o* prestare il fianco) agli attacchi □ **wide-o.**, spalancato □ **with o. arms**, a braccia aperte □ **Doors o. at six p.m.**, si apre alle diciotto (*nei cinema, teatri, ecc.*) □ **The door flew o.**, la porta si spalancò □ **There are three courses o. to us**, possiamo accedere (*o* iscriverci) a tre corsi.

to **open** /'əʊpən/, **A** *v. t.* **1** aprire; schiudere; cominciare; iniziare; intraprendere; manifestare; palesare; rivelare; scavare; stappare; sgombrare, pulire (*una strada, ecc.*); rendere navigabile (*un canale*): **to o. a box**, aprire una scatola; **to o. a new road**, aprire una nuova strada; **to o. one's hand**, aprire (*o* stendere) la mano; **to o. an account at a bank**, aprire un conto in banca; **to o. a shop**, aprire un negozio; **to o. a debate**, aprire un dibattito; **to o. a campaign**, dare inizio a una campagna (*militare o di propaganda*); **to o. a business concern**, aprire un'azienda; intraprendere un'attività commerciale; **to o. one's heart** (*o* **one's mind**) **to sb.**, aprire il cuore (*o* l'animo) a q.; **to o. fire at** (*o* **on**) **the enemy**, aprire il fuoco contro il nemico; **to o. one's designs**, rivelare i propri piani; **to o. a well**, scavare un pozzo; **to o. a bottle**, aprire (*o* stappare) una bottiglia **2** (*mil.*) allargare; rompere: **The soldiers opened their ranks**, i soldati ruppero le righe **3** (*med.*) aprire (*un ascesso, ecc.*) **4** dare adito a (*critiche, ecc.*); esporre. **B** *v. i.* **1** aprirsi; aprire; schiudersi; manifestare; rivelarsi; sbocciare: **The door opened**, la porta s'aprì; **O. in the name of the law!**, aprite in nome della legge!; **When does the school o. again?**, quando si riapre la scuola?; **The buds are opening**, i boccioli si stanno aprendo; **The roses are beginning to o.**, le rose cominciano a sbocciare; **The session opened yesterday**, la sessione s'aprì ieri **2** aprire i battenti, iniziare; cominciare (*a fare q.c.*): **The Book Show is opening tomorrow**, la Fiera del Libro apre i battenti domani; **He opened with a compliment**, cominciò facendo un complimento **3** (*anche naut.*) apparire; aprirsi (alla vista): **The harbour lights opened**, apparvero le luci del porto **4** (*Borsa, fin.*) aprire: **Chemicals opened at par yesterday**, i titoli della chimica aprirono alla pari ieri **5** (*poker*) aprire (*il gioco*). ● **to o. the ball**, aprire il ballo; dare inizio alle danze □ (*leg.*: *d'un avvocato*) **to o. a case**, cominciare a perorare una causa □ (*fig.*) **to o. the door to st.**, aprire la strada a q.c. □ **to o. one's eyes**, spalancare gli occhi □ (*fig.*) **to o. sb.'s eyes** (**to st.**), aprir gli occhi a q. (su q.c.) □ **to o. ground**, dissodare terreno □ (*polit.*) **to o. Parliament**, inaugurare una sessione del parlamento □ (*fam.*) **to o. sb.'s mouth**, far parlare q.; costringere q. a parlare □ (*comm.*: *sul mercato, in Borsa*) **Wheat opened active**, in apertura il grano è stato assai sostenuto.

♦**open down**, *v. i.* + *avv.* (*Borsa, fin.*) aprire al ribasso: **Foreign markets opened down yesterday**, ieri i mercati stranieri hanno aperto al ribasso.

♦**open into**, *v. i.* + *prep.* dare accesso a; aprirsi su; dare su: **The door opened into a large hall**, la porta si apriva su una grande sala; **The room opens into a long passage**, la stanza dà accesso a un lungo corridoio.

♦**open on** (*o* **onto**); *v. i.* + *prep.* (*di finestre e sim.*) dare su: **Our bow-window opens on the lake**, il nostro bovindo dà sul lago.

♦**open out**, **A** *v. t.* + *avv.* aprire; spiegare: **to o. out a town map**, spiegare la piantina di una città. **B** *v. i.* + *avv.* **1** aprirsi; dispiegarsi; rivelarsi: **A beautiful view of the valley opened out before us**, davanti a noi si aprì una splendida vista della vallata **2** (*di una strada, un fiume, ecc.*) allargarsi **3** (*fig.*: *di una persona*) aprirsi; svelare il proprio animo **4** (*fig.*: *di affari, prospettive, ecc.*) migliorare; farsi più attraenti.

♦**open up**, **A** *v. t.* + *avv.* **1** aprire: **to o. up a box** [**a suitcase**], aprire una scatola [una valigia]; **to o. up a mine**, aprire una miniera; (*comm.*) **to o. up a new branch**, aprire una nuova filiale; **to o. up the country to trade**, aprire il paese ai traffici **2** (*autom.*) mandare su di giri (*un motore*). **B** *v. i.* + *avv.* **1** aprire (la porta): **O. up! This is the police!**, aprite! polizia! **2** (*mil.*) aprire il fuoco **3** (*di un motore*) andare su di giri **4** (*fig.*) aprirsi; essere più socievole **5** (*fig.*) (*di una partita, della recitazione, ecc.*) vivacizzarsi; diventare più brioso.

openable /'əʊpənəbl/, *a.* apribile.

opencast /'əʊpənkɑ:st, *USA* -æst/, *a.* (*ind. min.*) a cielo aperto: **o. mining**, estrazione di minerali a cielo aperto. ● **o. coal**, carbone di superficie.

opener /'əʊpnə(r)/, *n.* **1** chi apre **2** arnese (*o* utensile) per aprire **3** partita (*o* gioco) d'apertura **4** (*teatr.*) numero d'apertura **5** (*poker,* *ecc.*) chi ha aperto; (*anche*) chi è di mano ***6*** (*pl.*) (*poker*) apertura; coppia che consente l'apertura (*di solito, due jack*). ● **a bottle o.**, un apribottiglie □ (*fam.*) **an eye-o.**, una cosa stupefacente; un fatto rivelatore □ **a tin o.**, un apriscatole □ (*fam.*) **for openers**, come antipasto; (*fig.*) come inizio, tanto per cominciare.

opening (1) /ˈəʊpnɪŋ/, *n.* ***1*** apertura; inizio; principio: **the o. of a speech**, l'inizio d'un discorso; (*econ.*) **the o. of a new market for our products**, l'apertura di un nuovo mercato per i nostri prodotti; **o. time**, orario di apertura (*di negozi, ecc.*) ***2*** il dischiudersi; lo sbocciare (*di fiori e sim.*) ***3*** apertura; foro; radura (*in un bosco*); schiarita (*nel cielo*): **an o. in a wall**, un'apertura in un muro ***4*** (*leg.*) apertura d'udienza; inizio della perorazione ***5*** occasione favorevole; possibilità; opportunità: **good openings for business**, buone opportunità di fare affari ***6*** prospettiva; posto vacante: **I should like to know whether there is an o. in your firm**, desidererei sapere se c'è qualche prospettiva (*o* posto vacante) nella Vostra ditta ***7*** (*comm.*) sbocco: **We are endeavouring to find an o. for our products**, ci sforziamo di trovare uno sbocco per i nostri prodotti ***8*** (*Borsa*) apertura (*delle contrattazioni*) ***9*** (*fin., rag.*) apertura: **o. of credit**, apertura di credito ***10*** (*a dama, a scacchi*) apertura; serie di mosse iniziali. ● (*poker*) **o. without openers**, l'aprire (il gioco) senza avere l'apertura (*V.* **opener,** *def. 6*) □ (*sport*) **to make openings**, aprire il gioco (*per i compagni di squadra*).

opening (2) /ˈəʊpnɪŋ/, *a.* inaugurale; di apertura; iniziale; primo: **o. speech**, discorso d'apertura; (*fin.*) **o. capital**, capitale iniziale. ● (*rugby*) **an o. back**, un difensore che apre il gioco (*ai compagni di squadra*) □ (*poker*) **o. bet of one chip**, puntata d'apertura (*al buio*) di una fiche □ (*teatr.*) **o. night**, prima (*di uno spettacolo*); première (*franc.*) □ **o. remarks**, osservazioni preliminari (*o* introduttive).

openly /ˈəʊpənlɪ/, *avv.* apertamente; francamente; lealmente; pubblicamente; a viso aperto.

openness /ˈəʊpənnəs/, *n.* ***1*** franchezza; lealtà; schiettezza; sincerità ***2*** apertura mentale; mancanza di pregiudizi. ● **the o. of the country**, l'essere il terreno sgombro da ostacoli (o pianeggiante, ecc.) □ **the o. of this winter**, la mitezza di questo inverno.

openwork /ˈəʊpənwɜːk/, **A** *n.* (*cucito*) ***1*** lavoro a traforo ***2*** punto a giorno. **B** *a. attr.* ***1*** traforato: **an o. nightdress**, uan camicia da notte traforata ***2*** a giorno.

opera /ˈɒprə/, *n.* (*teatr.*) opera. ● **o. cloak**, mantello da sera □ **o. glasses**, binocolo da teatro □ **o. hat**, gibus □ **o. house**, teatro dell'opera; opera □ **the o. season**, la stagione dell'opera □ **comic o.**, opera comica □ **grand o.**, opera lirica □ **light o.**, opéra comique (*franc.*); operetta.

operable /ˈɒprəbl/, *a.* ***1*** (*med.*) operabile ***2*** fattibile.

operant /ˈɒpərənt/, **A** *a.* operante; attivo, efficace. **B** *n.* operante.

to **operate** /ˈɒpəreɪt/, **A** *v. i.* ***1*** operare; agire; contribuire; (*med.*) fare un'operazione chirurgica: **Several factors operated to bring about our defeat**, parecchi fattori contribuirono a determinare la nostra sconfitta; **The surgeons o. from 7 to 11 a.m.**, i chirurghi operano dalle 7 alle 11 di mattina ***2*** (*mecc.*) funzionare; andare: **This car operates on Diesel oil**, questa auto va a gasolio ***3*** (*di medicamento*) essere efficace. **B** *v. t.* ***1*** produrre; provocare: **Energy operates changes**, l'energia produce mutamenti ***2*** far funzionare; azionare: **to o. a machine**, azionare una macchina ***3*** (*comm.*) condurre (*un'azienda*); gestire: **The bank operates several branches**, la banca gestisce diverse filiali ***4*** (*med.*) operare: **to o. sb. for appendicitis**, operare q. di appendicite. ● (*Borsa, fin.*) **to o. for a fall**, speculare al ribasso □ (*Borsa, fin.*) **to o. for a rise**, speculare al rialzo □ **to o. a mine**, sfruttare (*o* coltivare) una miniera □ (*med.*) **to o. on**, operare: **The patient was operated on yesterday**, il paziente fu operato ieri □ **to o. on sb.'s fears**, far leva sui timori di q. □ **to o. on** (*o* **upon**), influire, avere un effetto su.

operatic /ɒpəˈrætɪk/, *a.* ***1*** (*teatr.*) dell'opera; operistico; lirico: **an o. singer**, un cantante lirico ***2*** (*fig.*) esagerato; melodrammatico.

operating /ˈɒpəreɪtɪŋ/, **A** *n.* ***1*** (*mecc., elab.*) funzionamento: **o. hours**, ore di funzionamento ***2*** (*med.*) operazione ***3*** (*comm.*) gestione; conduzione (*di un'impresa*). **B** *a. attr.* operativo: (*elab.*) **o. instructions**, istruzioni operative. ● (*rag.*) **o. accounts**, conti di gestione □ (*rag.*) **o. budget**, budget operativo □ (*org. az.*) **o. capacity**, capacità produttiva □ (*rag.*) **o. costs**, costi di gestione (*o* di esercizio) □ (*rag.*) **o. expenses**, spese d'esercizio □ (*elab.*) **o. system**, sistema operativo □ (*med.*) □ **o. table**, tavolo operatorio □ (*med.*) **o. theatre**, sala operatoria.

operation /ɒpəˈreɪʃn/, *n.* ***1*** operazione: **to begin operations**, iniziare le operazioni; **the o. of pruning**, l'operazione della potatura; **to perform an o. for a duodenal ulcer**, eseguire un'operazione per un'ulcera duodenale; **the o. of thinking**, l'operazione dell'intelletto ***2*** azione; effetto: **the operations of nature**, l'azione (*o* gli effetti) delle forze della natura ***3*** funzionamento: **The o. of this machine is easily explained**, il funzionamento di questa macchina è facile da spiegarsi ***4*** (*comm.*) gestione; conduzione (*di un'azienda*) ***5*** (*Borsa, fin.*) operazione ***6*** (*leg.*) efficacia; vigore. ● **operations research** (*abbr.* **O.R.**), ricerca operativa □ (*mil.*) **operations room**, sala operativa □ (*leg.*) **by o. of the law**, ope legis (*lat.*) □ **to come** (*o* **to go**) **into o.**, entrare in vigore; acquistare efficacia □ **in o.**, (*di una macchina*) in azione, in funzione; (*di una legge, ecc.*) in vigore, in attuazione.

operational /ɒpəˈreɪʃənl/, *a.* ***1*** relativo a operazioni; operativo; operazionale: **o. research** (*abbr.* **O.R.**), ricerca operativa ***2*** (*comm.*) gestionale; di gestione; d'esercizio: **the o. cost of a new airliner**, il costo d'esercizio d'un nuovo aeroplano di linea. ● (*ind.*) **o. maintenance**, manutenzione ordinaria □ (*mil.*) **o. training**, addestramento all'azione □ **The fleet is already o.**, la flotta è pronta a entrare in operazione (*o* a essere impiegata). ‖ **-ly**, *avv.*

to **operationalize** /ɒpəˈreɪʃənlaɪz/, *v. t.* rendere operativo (*un programma, ecc.*).

operative /ˈɒpərətɪv, *USA* -reɪt-/, **A** *a.* ***1*** operativo; attivo; efficace ***2*** manuale; pratico: **the o. arts**, le arti manuali; i mestieri; **the o. part of this work**, la parte pratica di questo lavoro ***3*** (*med.*) operatorio: **o. treatment**, trattamento operatorio. **B** *n.* ***1*** operaio (*di fabbrica*); operaio meccanico: **wool operatives**, operai lanieri ***2*** artigiano; lavorante ***3*** (*USA*) detective privato. ● **o. word**, (*tecn.*) istruzione; (*fig.*) parola chiave □ **to become o.**, entrare in vigore; divenire operante: **This law will become o. tomorrow**, questa legge entrerà in vigore domani. ‖ **-ly**, *avv.* ‖ **-ness**, *sost.*

operator /ˈɒpəreɪtə(r)/, *n.* ***1*** operatore (*anche fin., elab., ling.*); operatrice ***2*** operaio addetto a una macchina ***3*** centralinista; telefonista ***4*** (*comm.*) gestore (*di un'impresa*); esercente. ● (*biol.*) **o. gene**, operone □ (*telef.*) **o. rate**, tariffa di chiamate col centralino □ (*aeron., naut.*) **wireless o.**, marconista; radiotelegrafista.

opercular /əʊˈpɜːkjʊlə(r)/, *a.* (*biol.*) opercolare.

operculate /əʊˈpɜːkjʊlət, -leɪt/, **operculated** /əʊˈpɜːkjʊleɪtɪd/, *a.* (*biol.*) opercolato.

operculum /əʊˈpɜːkjʊləm/, *n.* (*pl.* **opercula, operculums**) (*biol.*) opercolo.

operetta /ɒpəˈretə/, *n.* (*mus.*) operetta.

operon /ˈɒpərɒn/, *n.* (*biol.*) operone.

operose /ˈɒpərəʊs/, *a.* (*raro*) operoso; laborioso; diligente. ‖ **-ly**, *avv.* ‖ **-ness**, *sost.*

Ophelia /əˈfiːlɪə, əʊ-, ɒ-/, *n.* (*letter.*) Ofelia.

ophidian /əʊˈfɪdɪən, ɒ-/, **A** *a.* (*zool.*) degli ofidi. **B** *n.* (*zool.*) ofide; serpente.

ophidians /əʊˈfɪdɪənz, ɒ-/, *n. pl.* (*zool., Ophidia*) ofidi.

ophiolite /ˈɒfɪəlaɪt/, *n.* (*miner.*) ofiolite.

ophiology /ɒfɪˈɒlədʒɪ/, *n.* (*zool.*) ofiologia.

ophite /ˈɒfaɪt, ˈəʊ-/, *n.* (*miner.*) ofite; serpentino.

ophitic /ɒˈfɪtɪk, əʊ-/, *a.* (*miner.*) ofitico.

ophthalmia /ɒfˈθælmɪə/, *n.* (*med.*) oftalmia.

ophthalmic /ɒfˈθælmɪk/, *a.* (*med.*) oftalmico. ● **o. optician**, oculista.

ophthalmitis /ɒfθælˈmaɪtɪs/, *n.* (*med.*) oftalmia.

ophthalmological /ɒfθælməʊˈlɒdʒɪkl/, *a.* (*med.*) oftalmologico.

ophthalmologist /ɒfθælˈmɒlədʒɪst/, *n.* (*med.*) oftalmologo; oculista.

ophthalmology /ɒfθælˈmɒlədʒɪ/, *n.* (*med.*) oftalmologia; oculistica.

ophthalmoscope /ɒfˈθælməskəʊp/, *n.* (*med.*) oftalmoscopio.

ophthalmoscopic /ɒfθælməʊˈskɒpɪk/, *a.* (*med.*) oftalmoscopico.

ophthalmoscopy /ɒfθælˈmɒskəpɪ/, *n.* (*med.*) oftalmoscopia.

ophthalmotomy /ɒfθælˈmɒtəmɪ/, *n.* (*med.*) oftalmotomia.

opiate /ˈəʊpɪət, -ɪeɪt/, *n.* (*farm.*) ***1*** narcotico ***2*** tranquillante; sedativo ***3*** sonnifero ***4*** oppiato.

to **opiate** /ˈəʊpɪeɪt/, *v. t.* (*raro*) oppiare.

to **opine** /əʊˈpaɪn/, *v. t.* (*form.*) opinare.

opinion /əˈpɪnɪən/, *n.* opinione; avviso; parere (*anche legale*): **I am of o. that...**, sono d'opinione che...; **political opinions**, opinioni politiche; **to take counsel's o.**, sentire il parere d'un avvocato; **You had better get a medical o. of the case**, faresti bene a sentire il parere di un medico su questo caso. ● **o. maker**, opinion maker; opinionista; editorialista; notista □ (*stat.*) **o. poll** (*o* **o. survey**), indagine (*o* sondaggio) d'opinione; indagine demoscopica □ **to act up to one's opinions**, agire conformemente alle proprie convinzioni □ **difference of o.**, pareri discordi; divergenza □ **to form a high** [**a low**] **o. of sb.**, farsi un alto [un cattivo] concetto di q. □ **to have a high** [**a low**] **o. of sb.**, avere una buona [una cattiva] opinione di q. □ **to have no o. of sb.**, non avere stima di q. □ **in my o.**, a mio avviso; secondo me □ **public o.**, l'opinione pubblica □ (*med.*) **second o.**, consulto: **to seek a second o. from a surgeon**, chiedere un consulto a un chirurgo □ **It's a matter of o.**, è una questione discutibile; è cosa opinabile.

opinionated /əˈpɪnɪəneɪtɪd/, *a.* caparbio; cocciuto; dogmatico; supponente; presuntuoso; troppo sicuro di essere nel giusto. ‖ **-ness**, *sost.*

opinionative /əˈpɪnɪənеɪtɪv/, *a.* (*raro*) ***1*** d'opinione ***2*** *V.* **opinionated.**

opium /ˈəʊpɪəm/, *n.* (*farm.*) oppio. ● **o. addict**, oppiomane □ **o. den**, fumeria d'oppio □ **o. eater**, masticatore (*o* mangiatore) d'oppio □ **o. habit**, oppiomania □ (*bot.*) **o. poppy** (*Papaver somniferum*), papavero da oppio.

opopanax /əʊˈpɒpənæks/, *n.* (*bot., Opopanax chironium*) opopanaco, oponaco.

opossum /əˈpɒsəm/, *n.* (*pl.* **opossums, opossum**) (*zool., Didelphis virginiana*) opossum.

oppidan /ˈɒpɪdn/, **A** *a.* (*raro*) cittadino; urbano. **B** *n.* ***1*** (*raro*) abitante d'una città; cittadino ***2*** (*a Eton*) studente esterno.

opponency /əˈpəʊnənsɪ/, *n.* antagonismo; opposizione.

opponent /əˈpəʊnənt/, **A** *n.* ***1*** oppositore; avversario; antagonista ***2*** (*comm.*) concorrente ***3*** (*sport*) avversario: **the opponents' goal**, la rete (*o* la porta) avversaria. **B** *a.* (*raro*) contrario; opposto. ● (*anat.*) **o. muscle**, muscolo opponente.

opportune /ˈɒpətjuːn, *USA* ɒpəˈtuːn/, *a.* opportuno; conveniente; favorevole; propizio: **most o. aid**, aiuto assai opportuno (*o* provvidenziale); **at an o. moment**, in un momento conveniente (*o* opportuno). || **-ly**, *avv.* || **-ness**, *sost.*

opportunism /ɒpəˈtjuːnɪzəm, *USA* -ˈtuːn-/, *n.* opportunismo.

opportunist /ɒpəˈtjuːnɪst, *USA* -ˈtuːn-/, *n.* (*anche batteriologia*) opportunista.

opportunistic /ɒpətjuːˈnɪstɪk, *USA* -tuːn-/, *a.* (*anche di un batterio*) opportunistico.

opportunity /ɒpəˈtjuːnətɪ, *USA* -ˈtuːn-/, *n.* opportunità; occasione; possibilità: **It's a good o. for buying shares**, è una buona occasione per comperare azioni; **the o. of seeing Rome**, l'occasione di visitare Roma; **to get [to seize] an o.**, avere [cogliere] un'occasione; **to let the o. slip**, lasciarsi sfuggire l'occasione; **to have unlimited opportunities**, avere possibilità illimitate. ● (*econ.*) **o. cost**, costo alternativo (*o* di sostituzione) □ (*prov.*) **O. makes the thief**, l'occasione fa l'uomo ladro.

opposability /əpəʊzəˈbɪlətɪ/, *n.* l'essere opponibile.

opposable /əˈpəʊzəbl/, *a.* opponibile: **o. thumb**, pollice opponibile.

to **oppose** /əˈpəʊz/, **A** *v. t.* **1** opporsi a (*anche anat.*); essere contrario a; contrastare; osteggiare; combattere (*fig.*): **to o. nationalism**, esser contrario al nazionalismo; **to o. a scheme**, osteggiare un progetto **2** opporre; contrapporre; mettere di fronte: **He opposes his will to mine**, oppone la sua volontà alla mia; **to o. anger with patience**, contrapporre la pazienza all'ira. **B** *v. i.* opporsi; fare opposizione.

opposed /əˈpəʊzd/, *a.* **1** contrario; avverso **2** opposto: **Their characters are strongly o.**, sono due caratteri del tutto (*o* diametralmente) opposti **3** (*mecc.*) (*di cilindro*) contrapposto. ● (*geom.*) **o. angle**, angolo opposto □ (*mecc.*) **o. engine**, motore a cilindri contrapposti; motore boxer □ **to be o. to sb. doing st.**, essere contrario a che q. faccia q.c. □ **as o. to**, nei confronti di, rispetto a; al contrario di, invece di.

opposer /əˈpəʊzə(r)/, *n.* oppositore, oppositrice; antagonista.

opposing /əˈpəʊzɪŋ/, *a.* **1** che si oppone; contrario; avverso **2** (*sport*) avversario: **the o. team**, la squadra avversaria. ● (*sport*) **o. player**, avversario.

opposite /ˈɒpəzɪt/, **A** *a.* opposto; contrario; altro: **the o. side of the problem**, il lato opposto del problema; **They came from o. directions**, venivano da direzioni opposte; **That girl is very popular with the o. sex**, quella ragazza piace molto alle persone dell'altro sesso. **B** *n.* (l') opposto; (il) contrario: **Good and evil are opposites**, il bene e il male sono contrari; **The o. is true**, è vero il contrario. **C** *avv.* dirimpetto; di fronte: **There was an accident o.**, ci fu un incidente dirimpetto (dall'altra parte della strada). **D** *prep.* dirimpetto, di fronte a; in faccia a: **There was an explosion o. our hotel**, ci fu un'esplosione di fronte al nostro albergo; **the big tree o. to the house**, il grande albero dirimpetto alla casa. ● (*bot.*) **o. leaves**, foglie opposte □ **the o. number**, l'omologo, il collega: **our Premier and his French o. number**, il nostro primo ministro e il suo collega francese □ (*leg.*) **the o. party**, la controparte □ (*teatr.*) **to play o.**, recitare con (*una persona dell'altro sesso*); avere (q.) come partner.

oppositeness /ˈɒpəzɪtnəs/, *n.* l'essere opposto (*o* contrario) (*V.* **opposite**).

opposition /ɒpəˈzɪʃn/, *n.* **1** opposizione; antagonismo; contrasto; concorrenza; ostilità; resistenza: **The Liberal Party was in o.**, il partito liberale era all'opposizione; **The two friends found themselves in o. to each other**, i due amici si trovarono in contrasto; **The enemy met with o. everywhere**, il nemico incontrò resistenza ovunque **2** (*sport*) **the o.**, la squadra avversaria; gli avversari **3** (*astron.*) opposizione. ● (*anat.*) **o. of the thumb**, opposizione del pollice (*alle altre dita*) □ (*polit., in G.B.*) **His** (*o* **Her**) **Majesty's O.**, il partito che è all'opposizione in Parlamento □ **in o. to public opinion**, contro l'opinione pubblica □ (*polit., in G.B.*) **the leader of the O.**, il capo dell'opposizione □ **to offer a determined o.**, resistere a oltranza.

to **oppress** /əˈprɛs/, *v. t.* opprimere; gravare; angariare; vessare; sopraffare; schiacciare (*fig.*): **to o. a people**, opprimere un popolo.

oppression /əˈprɛʃn/, *n.* oppressione; angheria; vessazione; sopraffazione: **I felt the o. of the heat**, sentivo l'oppressione del caldo; **innocent victims of o.**, innocenti vittime dell'oppressione.

oppressive /əˈprɛsɪv/, *a.* oppressivo; opprimente; vessatorio; tirannico: **o. laws**, leggi oppressive; **o. heat**, caldo opprimente. || **-ly**, *avv.* || **-ness**, *sost.*

oppressor /əˈprɛsə(r)/, *n.* oppressore; tiranno.

opprobrious /əˈprəʊbrɪəs/, *a.* **1** obbrobrioso; vituperabile: **o. behaviour**, condotta obbrobriosa **2** ingiurioso; oltraggioso; infamante: **o. words**, parole oltraggiose. || **-ly**, *avv.* || **-ness**, *sost.*

opprobrium /əˈprəʊbrɪəm/, *n.* (*form.*) **1** obbrobrio; vituperio; infamia **2** spregio; disprezzo.

to **oppugn** /ɒˈpjuːn/, *v. t.* **1** oppugnare (*lett., fig.*), contrastare, controbattere (*idee, opinioni, ecc.*) **2** opporsi a; osteggiare.

oppugnancy /ɒˈpʌgnənsɪ/, *n.* (*raro*) opposizione; ostilità.

oppugnant /ɒˈpʌgnənt/, **A** *a.* (*raro*) ostile. **B** *n.* oppositore.

to **opt** /ɒpt/, *v. i.* optare; scegliere: **to o. for st.**, optare per q.c. ● **to o. out of st.**, dissociarsi da q.c.; decidere di non partecipare a q.c.

optative /ˈɒptətɪv, ˈɒpteɪtɪv/, *a.* e *n.* (*gramm.*) (modo) ottativo.

optic /ˈɒptɪk/, **A** *a.* (*anat.*) ottico: **o. nerve**, nervo ottico; **o. axis**, asse ottico. **B** *n.* **1** (*marchio*) dosatore; involucro millimetrato (*per bottiglie di liquori*) **2** (*fam. arc.*) occhio.

optical /ˈɒptɪkl/, *a.* **1** (*specialm. fis.*) ottico; dell'occhio: **o. instruments**, strumenti ottici; **an o. illusion**, un'illusione ottica **2** (*arte*) ottico: **o. art**, arte ottica **3** (*astron.*) visibile. ● (*fis.*) **o. fibres**, fibre ottiche □ **o. goods**, articoli di ottica (*occhiali, lenti, montature, ecc.*) □ **o. goods retailer**, ottico □ (*tecn.*) **o. rangefinder**, telemetro ottico.

optician /ɒpˈtɪʃn/, *n.* ottico (*chi vende occhiali e lenti*).

optics /ˈɒptɪks/, *n. pl.* (*col verbo al sing.*) (*fis.*) ottica.

optimal /ˈɒptɪməl/, *a.* ottimale: **the o. temperature**, la temperatura ottimale. || **-ly**, *avv.*

optimalization /ɒptɪməlaɪˈzeɪʃn, *USA* -lɪˈz-/, *n.* ottimalizzazione.

to **optimalize** /ˈɒptɪməlaɪz/, *v. t.* ottimalizzare.

optimate /ˈɒptɪmeɪt/, *n.* (*stor.*) ottimate.

optimism /ˈɒptɪmɪzəm/, *n.* ottimismo.

optimist /ˈɒptɪmɪst/, *n.* ottimista.

optimistic /ɒptɪˈmɪstɪk/, *a.* ottimistico. || **-ally**, *avv.*

optimization /ɒptɪmaɪˈzeɪʃn, *USA* -mɪˈz-/, *n.* ottimizzazione.

to **optimize** /ˈɒptɪmaɪz/, **A** *v. i.* essere ottimista. **B** *v. t.* ottimizzare: **to o. machine performance**, ottimizzare il rendimento del macchinario.

optimum /ˈɒptɪməm/, **A** *n.* (*pl.* **optima, optimums**) (*specialm. biol.*) optimum; condizioni (*d'ambiente, ecc.*) ideali. **B** *a. attr.* ottimale: **the o. safe speed**, la velocità ottimale di sicurezza.

option /ˈɒpʃn/, *n.* **1** libertà (*o* facoltà) di scelta; scelta: **You'll have to make an o. in the matter**, in questa faccenda, dovrai fare una scelta **2** (*Borsa, fin.*) opzione; (contratto a) premio: **o. dealer**, operatore in contratti a premio **3** (*leg.*) alternativa (*fra il carcere e la pena pecuniaria*). ● (*Borsa*) **options settlement**, risposta premi □ **to keep** (*o* **to leave**) **one's options open**, non impegnarsi; rinviare la scelta □ **I had no o. but to go**, non potei fare altro che andare; dovetti andare (per forza).

optional /ˈɒpʃənl/, *a.* opzionale; facoltativo; a scelta, a richiesta: **o. subjects**, materie (di studio) opzionali. ● (*autom., comm.*) **o. accessory** (*o* **o. extra**), optional. || **-ly**, *avv.*

optoelectronic /ɒptəʊɪlɛkˈtrɒnɪk/, *a.* (*fis.*) otticoelettronico.

optoelectronics /ɒptəʊɪlɛkˈtrɒnɪks/, *n. pl.* (*col verbo al sing.*) (*fis.*) otticoelettronica.

optometer /ɒpˈtɒmɪtə(r)/, *n.* optometro.

optometrist /ɒpˈtɒmətrɪst/, *n.* optometrista.

optometry /ɒpˈtɒmətrɪ/, *n.* optometria.

optronics /ɒpˈtrɒnɪks/, *n. pl.* (*col verbo al sing.*) scienza delle fibre ottiche.

opulence /ˈɒpjʊləns/, **opulency** /ˈɒpjʊlənsɪ/, *n.* **1** opulenza; grande ricchezza **2** abbondanza; sovrabbondanza.

opulent /ˈɒpjʊlənt/, *a.* **1** opulento; assai ricco **2** abbondante; sovrabbondante. || **-ly**, *avv.*

opuntia /əˈpʌnʃə/, *n.* (*bot., Opuntia*) opunzia.

opus /ˈəʊpəs/ (*lat.*), *n.* (*pl.* **opera, opuses**) (*mus., abbr.* **op.**) opera (*abbr.* op.): **Beethoven op. 15**, Beethoven op. 15.

opuscule /əˈpʌskjuːl/, *n.* (*mus., letter.*) opera minore.

opusculum /əˈpʌskjʊləm/ (*lat.*), *n.* (*pl.* **opuscula**) (*mus., letter.*) opera minore.

or (**1**) /ɔː(r), ə(r)/, *cong.* **1** o; oppure; ossia; ovvero: **black or white**, bianco o nero; **five or six**, cinque o sei; **Will you be there or not?**, ci sarai o no? **2** (*in correlazione con una parola di valore neg.*) né: **without relatives or friends**, senza parenti né amici. ● **either... or**, (o)... o: **Take either this book or that one**, prendi questo libro o quello! □ **or else**, altrimenti; se no □ **or so**, o giù di lì; o pressappoco; o circa: **They were twenty or so**, erano venti o giù di lì.

or (**2**) /ɔː(r)/, *n.* (*arald.*) oro; giallo oro.

orach /ˈɒrɪtʃ, *USA* ˈɔːr-/, *n.* (*bot., Atriplex hortense*) atreplice; spinacione; bietolone rosso.

oracle /ˈɒrəkl, *USA* ˈɔːr-/, *n.* oracolo: **to consult the o.**, consultare l'oracolo. ● (*fam.*) **to work the o.**, fare miracoli (*fig.*); riuscire in una cosa assai difficile.

oracular /əˈrækjʊlə(r)/, *a.* **1** oracolare; di (*o* da) oracolo; profetico; misterioso; oscuro (*fig.*) **2** (*di persona*) che parla come un oracolo; autorevole. || **-ly**, *avv.*

oral /ˈɔːrəl/, **A** *a.* orale; verbale: **an o. examination**, un esame orale; **o. contraceptive**, contraccettivo orale; (*anat.*) **o. cavity**, cavità orale; (*psic.*) **o. phase**, fase orale; **o. traditions**, tradizioni orali; (*leg.*) **o. testimony**, testimonianza orale; (*leg.*) **o. contract**, contratto verbale. **B** *n.* (*fam.*) esame orale. ● (*med.*) **o. surgeon**, chirurgo della bocca □ **o. surgery**, chirurgia odontostomatologica. || **-ly**, *avv.*

orality /ɔːˈrælətɪ/, *n.* (*psic.*) oralità.

orange /ˈɒrɪndʒ, *USA* ˈɔːr-/, *n.* **1** arancia **2** (*bot., Citrus aurantium*; = **o. tree**) arancio **3** color arancione. ● **oranges and lemons**, arance e limoni (*gioco infantile*) □ **o. blossoms**, fiori d'arancio □ **o. grove**, aranceto □ **o. peel**, scorza d'arancia □ **o. squash**, spremuta d'arancio □ (*fig.*) **squeezed o.**, cosa sfruttata al massimo, da cui non si può cavar più nulla; limone spremuto (*fig.*).

orangeade /ɒrɪnˈdʒeɪd, *USA* ɔːr-/, *n.* aranciata.

Orangeism /ˈɒrɪndʒɪzəm, *USA* ˈɔːr-/, *V.* **Orangism**.

Orangeman /ˈɒrɪndʒmən, *USA* ˈɔːr-/, *n.* (*pl.* **Orangemen**) (*stor.*) orangista; membro d'una società segreta protestante nell'Irlanda del Nord.

orangery /ˈɒrɪndʒərɪ, *USA* ˈɔːrɪndʒɛrɪ/, *n.* **1** aranciera; serra di aranci **2** aranceto.

orangewood /ˈɒrɪndʒwʊd, *USA* ˈɔːr-/, *n.* legno d'arancio.

Orangism /ˈɒrɪndʒɪzəm, *USA* ˈɔːr-/, *n.* (*stor.*) orangismo (*ideologia dei membri di una so-*

cietà segreta protestante nell'Irlanda del Nord, fondata nel 1795).

orang-outan(g), orangutan /ɔːræŋə'tæn, -ɑːn, ɒ-, əʊ-, ə-, -rəŋ'uː-/, *n.* (*zool., Pongo pygmaeus*) orangutan; orango.

to **orate** /ɔː'reɪt, *USA* 'ɒːreɪt/, *v. i.* (*form.*) fare un'orazione; arringare.

oration /ɔː'reɪʃn/, *n.* orazione; discorso solenne; arringa: **a funeral o.**, un'orazione funebre.

orator /'ɒrətə(r), *USA* 'ɔːr-/, *n.* oratore.

Oratorian /ɒrə'tɔːrɪən, *USA* ɔːr-/, *a.* e *n.* (*relig.*) (padre) oratoriano.

oratorical /ɒrə'tɒrɪkl, *USA* ɔːrə'tɔːr-/, *a.* oratorio; ampolloso; retorico: **o. prose**, prosa oratoria; **o. style**, stile oratorio. || **-ly**, *avv.*

oratorio /ɒrə'tɔːrɪəʊ, *USA* ɔːr-/, *n.* (*pl.* **oratorios**) (*mus.*) oratorio.

oratory (1) /'ɒrətrɪ, *USA* 'ɔːrətɔːrɪ/, *n.* ***1*** oratoria; arte oratoria; eloquenza ***2*** retorica; linguaggio retorico.

oratory (2) /'ɒrətrɪ, *USA* 'ɔːrətɔːrɪ/, *n.* (*relig.*) ***1*** oratorio (*piccola cappella*) ***2*** – **O.**, Oratorio (*ordine religioso di San Filippo Neri*).

orb /ɔːb/, *n.* ***1*** orbe; globo; sfera ***2*** (*poet.*) occhio ***3*** (*poet.*) astro.

to **orb** /ɔːb/, **A** *v. t.* ***1*** dar forma di sfera a (q.c.) ***2*** (*poet.*) circondare; racchiudere. **B** *v. i.* (*poet.*) assumere la forma d'una sfera.

orbicular /ɔː'bɪkjʊlə(r)/, *a.* ***1*** (*form.*) circolare; sferico ***2*** (*anat., bot., geol., tecn.*) orbicolare.

orbicularity /ɔːbɪkjʊ'lærətɪ/, *n.* forma orbicolare; sfericità.

orbiculate /ɔː'bɪkjʊlət, -leɪt/, **orbiculated** /ɔː'bɪkjʊleɪtɪd/, *V.* **orbicular**.

orbit /'ɔːbɪt/, *n.* (*astron., miss., anat.* e *fig.*) orbita: **the satellite's o. round Mars**, l'orbita del satellite intorno a Marte. ● **to go into o.**, (*miss.*) entrare in orbita; (*fig. fam.*) perdere le staffe.

to **orbit** /'ɔːbɪt/, (*astron., miss.*) **A** *v. i.* orbitare. **B** *v. t.* ***1*** orbitare intorno a (q.c.) ***2*** mettere (*o* mandare) in orbita. ● **a satellite orbiting the earth**, un satellite in orbita intorno alla terra.

orbital /'ɔːbɪtl/, *a.* ***1*** (*scient.*) orbitale ***2*** (*miss.*) orbitale; in orbita: **o. platform**, stazione orbitale; **o. velocity**, velocità orbitale. ● (*miss.*) **o. rendezvous**, (punto di) rendezvous nello spazio □ (*autom.*) **o. route**, raccordo anulare: **the M 25-London o. route**, il raccordo anulare che collega Londra con la M 25 (*autostrada*).

orbiter /'ɔːbɪtə(r)/, *n.* (*miss.*) orbiter.

orc /ɔːk/, *n.* ***1*** *V.* **orca** ***2*** (*mitol.*) orco.

orca /'ɔːkə/, *n.* (*zool., Orcinus orca*) orca.

Orcadian /ɔː'keɪdɪən/, *a.* e *n.* (abitante, nativo) delle isole Orcadi.

orchard /'ɔːtʃəd/, *n.* frutteto. ● **a peach o.**, un pescheto.

orcharding /'ɔːtʃədɪŋ/, *n.* frutticoltura.

orchardist /'ɔːtʃədɪst/, *n.* frutticoltore.

orchardman /'ɔːtʃədmən/, *n.* (*pl.* **orchardmen**) *V.* **orchardist**.

orchestra /'ɔːkɪstrə/, *n.* ***1*** (*mus.*) orchestra ***2*** (*teatr.*, = **o. pit**) buca dell'orchestra; golfo mistico. ● (*teatr.*) **o. stalls**, poltrone delle prime file; poltronissime □ **string o.**, orchestra d'archi.

orchestral /ɔː'kɛstrəl/, *a.* (*mus.*) orchestrale. ● **an o. player**, un orchestrale; una orchestrale □ **o. score**, partitura.

to **orchestrate** /'ɔːkɪstreɪt/, *v. t.* e *i.* (*mus.* e *fig.*) orchestrare.

orchestration /ɔːkɪ'streɪʃn/, *n.* (*mus.* e *fig.*) orchestrazione.

orchestrina /ɔːkɪ'striːnə/, (*USA*) **orchestrion** /ɔː'kɛstrɪən/, *n.* (*mus.*) organetto; organino.

orchid /'ɔːkɪd/, *n.* (*bot.*) orchidea.

orchidaceous /ɔːkɪ'deɪʃəs/, *a.* (*bot.*) orchidaceo.

orchidist /'ɔːkɪdɪst/, *n.* coltivatore d'orchidee.

orchil /'ɔːtʃɪl/, *n.* (*chim.*; *bot.*) oricello.

orchis /'ɔːkɪs/, *V.* **orchid**.

orchitis /ɔː'kaɪtɪs/, *n.* (*med.*) orchite.

to **ordain** /ɔː'deɪn/, *v. t.* (*specialm. relig.*) ***1*** ordinare, consacrare: **to be ordained priest [king]**; essere ordinato sacerdote [consacrato re] ***2*** (*form.*) predestinare; decretare; stabilire: **God has ordained death as our lot** (*o* **us to die**), Dio ha decretato che la morte fosse la nostra sorte; Dio ci ha voluti mortali.

ordainment /ɔː'deɪnmənt/, *n.* ***1*** l'ordinare; il decretare ***2*** decreto; ordinanza.

ordeal /ɔː'diːl, 'ɔːdiːl/, *n.* ***1*** (*stor.*) ordalia; giudizio di Dio ***2*** (*fig.*) cimento; prova; travaglio; traversia: **I have not yet recovered from that terrible o.**, non mi sono ancora ripreso da quella prova tremenda.

order /'ɔːdə(r)/, *n.* ***1*** ordine; comando; ordinanza; ordinamento; disposizione; genere; ceto; grado; fila; serie: **in alphabetical o.**, in ordine alfabetico; **in good o.**, in bell'ordine; **in o. of importance**, in ordine d'importanza; **in o. of battle**, in ordine (*o* schieramento) di battaglia; **troops in open o.**, soldati in ordine sparso; **You must obey my orders**, devi obbedire ai miei ordini; **the lower orders**, i ceti inferiori; **the monastic orders**, gli ordini monastici; (*archit.*) **the Doric o.**, l'ordine dorico; (*mat.*) **equation of the first o.**, equazione di primo grado ***2*** (*bot., zool.*) ordine ***3*** (*comm.*) ordinazione; ordinativo; ordine; commessa; (*anche*) merce ordinata: **to place [to cancel] an o.**, collocare [annullare] un'ordinazione; **to fill** (*o* **to carry out**) **an o.**, eseguire (*o* dar corso a) un'ordinazione; **o. buying**, acquisti su ordinativo; **The o. arrived in good condition**, la merce ordinata è arrivata in buono stato ***4*** (*banca, Borsa*) ordine ***5*** (*leg.*) ordinanza; ordine; decisione; mandato: **an o. for a compulsory winding-up**, un ordine di liquidazione coatta ***6*** (*elab.*) ordine ***7*** (*tur.*) ordinazione: **to take orders**, prendere le ordinazioni ***8*** (*arc.*; *cinem., teatr., ecc.*) entrata di favore. ● (*nelle assemblee*) **O.!, o.!**, mozione d'ordine! (*specialm. per sollevare un'eccezione alla procedura*) □ **o. book**, (*comm.*) libro (*o* registro) delle ordinazioni; (*polit.*) registro delle mozioni (*ai Comuni*) □ (*comm.*) **o. clerk**, impiegato che registra le ordinazioni □ **an o. for payment**, un ordine (*o* un mandato) di pagamento □ (*comm.*) **o. form**, modulo d'ordinazione □ (*leg.*) **o. in council**, (*in teoria*) ordinanza del sovrano; (*in pratica*) decreto governativo □ (*in G.B.*) **the O. of the Bath**, l'Ordine del Bagno □ **o. of business**, ordine del giorno (*di un'assemblea, ecc.*) □ **o. of the day**, ordine del giorno (*anche fig.*): **Pork was the o. of the day**, la carne di maiale era all'ordine del giorno □ (*in G.B.*) **the O. of the Garter**, l'Ordine della Giarrettiera (*1348*) □ (*in Scozia*) **the O. of the Thistle**, l'Ordine del Cardo (*1687*) □ **o. paper**, ordine del giorno (*scritto*) dei lavori parlamentari (*ai Comuni*) □ **o. to view**, permesso di visitare (*un appartamento, ecc.*); (*leg.*) mandato d'ispezione □ (*elab.*) **o. word**, istruzione □ **to be called to order**, essere richiamato all'ordine □ (*comm.*) **a cheque to sb.'s o.**, un assegno all'ordine di q. □ (*mecc.*) **to get out of o.**, guastarsi; incepparsi; cessare di funzionare □ **in o. that**, affinché; acciocché □ **in o. to**, allo scopo di; per □ **in bad o.**, in disordine: **The books were in bad o.**, i libri erano in disordine □ (*USA*) **in short o.**, in breve tempo; in quattro e quattr'otto □ **to keep o.**, (*leg.*) mantenere l'ordine; (*a scuola*) tenere la disciplina □ (*fig.*) **a large** (*o* **tall**) **o.**, un compito arduo; un lavoro difficile: **That's a tall o.!**, questo è chiedere troppo! □ **law and o.**, l'ordine e la legge; la legalità □ **(made) to o.**, (fatto) su ordinazione, su misura: **shoes to o.**, scarpe su ordinazione □ (*mil.*) **marching o.**, divisa ed equipaggiamento di marcia □ (*comm.*) **on o.**, in ordinazione; (già) ordinato; commissionato □ **out of o.**, in disordine; guasto: **My liver is out of o.**, ho il fegato in disordine; **The engine [the phone] is out of o.**, il motore [il telefono] è guasto □ **a point of o.**, una questione di procedura □ (*ind.*) **production o.** (*o* **work o.**), ordinazione; commessa □ (*mecc.*) **to put in working o.**, mettere in funzione; riparare □ (*nelle assemblee*) **to raise a point of o.**, sollevare una questione di procedura □ (*mil.*) **review o.**, uniforme di parata □ (*relig.*) **to take holy orders**, prender gli ordini sacri; essere ordinato sacerdote □ **to o.**, su ordinazione; a richiesta, a domanda; (*di un titolo di credito*) all'ordine □ (*comm.*) **trial o.**, ordine di prova □ **to be under o.** (*o* **orders**), aver ricevuto l'ordine: **The captain was under orders to sail for India**, il capitano aveva ricevuto l'ordine di salpare per l'India □ (*mil.*) **to be under the orders of**, essere agli ordini di, essere sotto il comando di □ **until further orders**, fino a nuovo ordine □ (*fam.*) **Doctor's orders!**, ordine del medico! □ (*in un locale pubblico*) **Last orders!**, si chiude!

to **order** /'ɔːdə(r)/, *v. t.* ***1*** ordinare; dar ordini a; comandare; mettere in ordine; riordinare: **to o. a retreat**, ordinare la ritirata; **The general ordered the troops to advance**, il generale ordinò alle truppe d'avanzare; **I ordered that they should come immediately**, ordinai che venissero subito ***2*** (*comm.*) ordinare; commissionare: **I have ordered you a new suit** (*o* **I have ordered a new suit for you**), ti ho ordinato un vestito nuovo (ho ordinato un vestito nuovo per te); **to o. dinner**, ordinare il pranzo; **to o. one's affairs**, riordinare i propri affari ***3*** (*form.*) disporre: **So we hoped, but it was otherwise ordered**, noi lo speravamo, ma il fato aveva disposto altrimenti. ● **to o. a taxi**, chiamare un taxi □ (*mil.*) **O. arms**, fianc'arm!

♦ **order about** (*o* **around**), *v. t.* + *avv.* dare ordini di continuo a (q.); mandare (q.) di qua e di là.

♦ **order away**, *v. t.* + *avv.* mandare via (q.); allontanare.

♦ **order back**, *v. t.* + *avv.* dare ordini a (q.) di ritornare; richiamare.

♦ **order from**, *v. t.* + *prep.* (*comm.*) ordinare a: **to o. goods from a wholesaler [from overseas]**, ordinare merce a un grossista [all'estero].

♦ **order home**, *v. t.* + *avv.* mandare (q.) a casa (*o* in patria).

♦ **order in**, *v. t.* + *avv.* ***1*** far entrare; ordinare a (q.) di entrare ***2*** (*comm.*) ordinare (*merce*).

♦ **order of**, *v. t.* + *prep.* (*comm.*) ordinare (*merci*) a (q.).

♦ **order off**, *v. t.* + *avv.* ***1*** mandare via; fare allontanare ***2*** (*sport*) espellere (*dal campo di gioco*).

♦ **order out**, *v. t.* + *avv.* ***1*** mandare fuori (q.); espellere ***2*** chiamare (*poliziotti, ecc.*) in servizio; fare intervenire.

♦ **order up**, *v. t.* + *avv.* (*anche mil.*) mettere (*truppe, ecc.*) in campo; mandare al fronte.

ordered /'ɔːdəd/, *a.* ordinato: **an o. existence**, una vita ordinata. ● (*stat.*) **o. series**, serie ordinata □ **badly o.**, disordinato.

ordering /'ɔːdərɪŋ/, *n.* ***1*** ordinamento; disposizione ***2*** (*relig.*) ordinazione ***3*** (*elab.*) ordinamento.

orderliness /'ɔːdəlɪnəs/, *n.* ordine; buona condotta; compostezza; correttezza; regolarità.

orderly /'ɔːdəlɪ/, **A** *a.* ordinato; in ordine; metodico; composto; corretto; regolare; tranquillo: **an o. room**, una stanza ordinata (*o* in ordine); **an o. mind [person]**, una mente [una persona] ordinata; **an o. citizen**, un cittadino tranquillo; **o. behaviour**, comportamento composto (*o* corretto). **B** *n.* ***1*** (*mil.*) attendente ***2*** inserviente maschile (*d'ospedale*). ● **o. bin**, cassetta per i rifiuti (*collocata lungo la strada*) □ (*mil.*) **the o. book**, il registro degli ordini dati □ (*mil.*) **the o. officer**, l'ufficiale di giornata (*o* di picchetto) □ (*mil.*) **the o. room**, l'ufficio di compagnia; la fureria.

ordinal /'ɔːdɪnl/, **A** *a.* ***1*** (*mat.*) ordinale: **o. numbers**, numeri ordinali ***2*** (*zool., bot.*) di (*o* che appartiene a) un ordine. **B** *n.* ***1*** (*mat.*) numero ordinale ***2*** (*relig.*) ordinale.

ordinance /'ɔːdɪnəns/, *n.* ***1*** ordinanza; decreto; ingiunzione ***2*** rito religioso; cerimonia.

ordinand /ˈɔːdɪnənd/, *n.* (*relig.*) ordinando.
ordinarily /ˈɔːdənrəlɪ, *USA* -dəˈnɛrəlɪ/, *avv.* **1** ordinariamente; di solito **2** ordinariamente; in modo ordinario; con mezzi ordinari.
ordinariness /ˈɔːdənrɪnəs, *USA* -nɛrɪnəs/, *n.* l'esser ordinario, ecc. (*V.* **ordinary**).
ordinary /ˈɔːdənrɪ, *USA* -ənɛrɪ/, **A** *a.* ordinario; comune; consueto; normale; solito; mediocre: **o. wool**, lana comune; **o. people**, gente ordinaria (*o* comune); **o. traffic**, traffico consueto; **o. wine**, vino ordinario (*o* mediocre); (*fin.*) **o. shares**, azioni ordinarie. **B** *n.* **1** (*relig.*) vescovo ordinario **2** (*relig.*) ordinale (*della chiesa anglicana*) **3** (*arc.*) pasto a prezzo fisso **4** (*arc.*) locanda (*che serve pranzi a prezzo fisso*). ● (*leg.*) **o. care**, diligenza ordinaria □ (*leg.*) **o. crimes**, delitti comuni; delinquenza comune □ **o. level**, *V.* **O level**, *sotto* **O, o** □ (*autom.*) **o. motorcar**, automobile di serie □ (*naut.*) **o. seaman**, marinaio semplice □ (*rugby*) **o. try**, meta (normale) □ (*ferr.*) **o. return ticket**, biglietto ordinario di andata e ritorno □ **in o.**, (*di medico, ecc.*) fisso, stabile, in servizio permanente; (*di nave*) in disarmo □ **in an o. way**, d'ordinario; di norma; normalmente □ **out of the o.**, fuori del comune; insolito; straordinario; eccezionale.
ordinate /ˈɔːdnət, -neɪt/, *n.* (*mat.*) ordinata.
ordination /ɔːdɪˈneɪʃn/, *n.* **1** (*relig.*) ordinazione; conferimento dell'ordine sacro **2** classificazione; sistemazione; ordinamento.
ordinee /ɔːdɪˈniː/, *n.* (*relig.*) diacono ordinato di recente.
ordnance /ˈɔːdnəns/, *n.* (*mil.*) **1** artiglieria **2** materiale militare; veicoli militari; armi e munizioni. ● **o. map**, carta topografica ufficiale □ **o. survey**, rilievi topografici □ **the O. Survey**, l'Istituto Cartografico (*in G.B.*) □ **o. surveyor**, topografo militare □ (*USA*) **Army O. Corps**, Commissariato per le armi e munizioni □ **piece of o.**, cannone.
Ordovician /ɔːdəˈvɪsɪən, ɔːdəʊˈvɪʃɪən/, *a.* e *n.* (*geol.*) ordoviciano.
ordure /ˈɔːdjʊə(r), *USA* -dʒə(r)/, *n.* **1** lordura; escrementi; sterco **2** (*fig.*) oscenità; indecenza.
ore /ɔː(r)/, *n.* **1** (*miner.*) minerale (grezzo): **iron ore**, minerale ferroso **2** (*poet.*) metallo; (*specialm.*) oro. ● (*geol.*) **ore bed**, strato minerale □ **ore body**, corpo (*o* massa) minerale □ (*ind. min.*) **ore crusher**, frantumatore (*macchina*) □ **ore dressing**, preparazione (*o* arricchimento) dei minerali.
oread /ˈɔːrɪæd/, *n.* (*mitol.*) oreade; ninfa montana.
oregano /ɒrɪˈgɑːnəʊ, *USA* ɔːˈrɛgə-/, *n.* (*pl.* **oreganos**) (*bot., Origanum vulgare*) origano.
Orestes /ɒˈrɛstiːz, *USA* ɔːˈr-/, *n.* Oreste.
orfe /ɔːf/, *n.* (*zool.*) *Idus idus*.
organ /ˈɔːgən/, *n.* **1** organo (*anche fig.*): (*anat.*) **the organs of digestion**, gli organi della digestione; **speech organs**, gli organi della fonazione; **an o. of propaganda**, un organo di propaganda; (*mus.*) **electric o.**, organo elettrico; **The Cabinet is an o. of government**, il Gabinetto è un organo di governo **2** organo (*di stampa*); giornale; periodico **3** (*eufem.*, = **male o.**) membro virile; membro. ● **o. bellows**, mantici dell'organo □ **o. blower**, suonatore d'organo □ **o. builder**, fabbricante d'organi □ **o.-grinder**, suonatore d'organino □ **o. loft**, galleria (*o* tribuna) dell'organo (*nelle chiese*) □ **o. pipe**, canna d'organo □ **o. stop**, registro d'organo.
organdie, organdy /ˈɔːgəndɪ, ɔːˈgæ-/, *n.* (*ind. tess.*) organdis; organza.
organic /ɔːˈgænɪk/, *a.* (*chim., med.* e *fig.*) organico: **o. life**, vita organica; **an o. disease**, una malattia organica; **o. chemistry**, chimica organica; **an o. whole**, un tutto organico. ● **o. farming**, agricoltura biologica □ **o. foods**, alimenti naturali (*o* biologici). || **-ally**, *avv.*
organicism /ɔːˈgænɪsɪzəm/, *n.* (*filos., med., psic.*) organicismo.
organicist /ɔːˈgænɪsɪst/, *n.* organicista.
organicistic /ɔːgænɪˈsɪstɪk/, *a.* organicistico.
organism /ˈɔːgənɪzəm/, *n.* organismo (*anche fig.*); corpo: **a living o.**, un organismo vivente; **the social o.**, il corpo sociale.
organist /ˈɔːgənɪst/, *n.* (*mus.*) organista.
organizable /ˈɔːgənaɪzəbl/, *a.* organizzabile.
organization /ɔːgənaɪˈzeɪʃn, *USA* -nɪˈz-/, *n.* organizzazione; organismo (*anche fig.*). ● (*org. az.*) **o. analysis**, analisi della struttura organizzativa □ **o. chart**, organigramma □ **o. structure**, struttura organizzativa.
organizational /ɔːgənaɪˈzeɪʃənl, *USA* -nɪˈz-/, *a.* organizzativo. || **-ly**, *avv.*
to **organize** /ˈɔːgənaɪz/, **A** *v. t.* organizzare. **B** *v. i.* organizzarsi.
organizer /ˈɔːgənaɪzə(r)/, *n.* **1** organizzatore, organizzatrice **2** attivista sindacale; sindacalista.
organogenesis /ɔːgənəʊˈdʒɛnəsɪs/, *n.* (*biol.*) organogenesi.
organogenetic /ɔːgənəʊdʒəˈnɛtɪk/, *a.* (*biol.*) organogenico.
organogenic /ɔːgənəʊˈdʒɛnɪk/, *a.* (*geol.*) organogeno.
organography /ɔːgəˈnɒgrəfɪ/, *n.* (*biol.*) organografia.
organoleptic /ɔːgənəʊˈlɛptɪk/, *a.* organolettico.
organology /ɔːgəˈnɒlədʒɪ/, *n.* (*scient.*) organologia.
organometallic /ɔːgænəʊmɪˈtælɪk/, *a.* (*chim.*) organometallico. ● **o. compound**, organometallo.
organon /ˈɔːgənɒn/, *n.* (*filos.*) sistema epistemologico.
organoscopy /ɔːgəˈnɒskəpɪ/, *n.* (*med.*) organoscopia.
organotherapy /ɔːgənəʊˈθɛrəpɪ/, *n.* (*med.*) organoterapia.
organum /ˈɔːgənəm/, *n.* **1** (*stor., mus.*) musica polifonica del IX secolo **2** (*filos.*) *V.* **organon**.
organza /ɔːˈgænzə/, *n.* (*ind. tess.*) organza.
organzine /ˈɔːgənziːn/, *n.* (*ind. tess.*) organzino.
orgasm /ˈɔːgæzəm/, *n.* (*fisiol.*) orgasmo.
orgasmic /ɔːˈgæzmɪk/, *a.* orgasmico.
orgastic /ɔːˈgæstɪk/, *a.* orgastico.
orgeat /ˈɔːdʒɪæt/, *n.* orzata.
orgiastic /ɔːdʒɪˈæstɪk/, *a.* orgiastico.
org-man /ˈɔːgmən/, *n.* (*pl.* **org-men**; *abbr. di* **organization man**) chi «vive» per l'azienda in cui lavora.
orgone /ˈɔːgəʊn/, *n.* (*psic.*) orgone.
orgonic /ɔːˈgɒnɪk/, *a.* (*psic.*) orgonico.
orgy /ˈɔːdʒɪ/, *n.* orgia (*anche fig.*): **an o. of blood**, un'orgia di sangue; **an o. of colours**, un'orgia di colori.
oriel /ˈɔːrɪəl/, *n.* (*anchit.*, = **o. window**) finestra sporgente; balcone chiuso da vetrate; bovindo.
orient /ˈɔːrɪənt/, **A** *n.* oriente; levante. **B** *a.* **1** (*poet.*) orientale **2** (*arc.*) levante; nascente: **the o. moon**, la luna nascente. ● (*geogr.*) **the O.**, l'Oriente.
to **orient** /ˈɔːrɪənt/, (*specialm. USA*) *V.* **to orientate**.
Oriental /ɔːrɪˈɛntl/, **A** *a.* orientale. **B** *n.* orientale; asiatico.
orientalism /ɔːrɪˈɛntəlɪzəm/, *n.* orientalismo.
orientalist /ɔːrɪˈɛntəlɪst/, *n.* orientalista.
orientalization /ɔːrɪɛntəlaɪˈzeɪʃn, *USA* -lɪˈz-/, *n.* orientalizzazione.
to **orientalize** /ɔːrɪˈɛntəlaɪz/, **A** *v. t.* orientalizzare; rendere orientale; dare un carattere orientale a. **B** *v. i.* diventare orientale.
to **orientate** /ˈɔːrɪənteɪt/, **A** *v. t.* **1** orientare; volgere verso oriente **2** orientare; indirizzare; finalizzare. **B** *v. i.* orientarsi. **C** to **orientate oneself**, *v. rifl.* orientarsi (*anche fig.*). ● **to o. a church**, costruire una chiesa con l'altare rivolto a oriente.
orientation /ɔːrɪənˈteɪʃn/, *n.* (*anche scient.*) orientamento; orientazione: **o. course**, corso di orientamento. ● (*econ.*) **o. price**, prezzo di orientamento.
oriented /ˈɔːrɪɛntɪd/, *a.* **1** diretto (a); rivolto (a) **2** (*psic.*) che sa orientarsi; che è cosciente del tempo, dello spazio, ecc. **3** (*geol.*) orientato.
orienteering /ɔːrɪənˈtɪərɪŋ/, *n.* (*sport*) orientamento con bussola e mappa; orienteering.
orifice /ˈɒrɪfɪs, *USA* ˈɔːr-/, *n.* (*anche scient.*) orificio, orifizio; bocca (*fig.*).
oriflamme /ˈɒrɪflæm, *USA* ˈɔːr-/, *n.* **1** (*stor.*) orifiamma **2** stendardo (*in genere*).
origami /ɒrɪˈgɑːmɪ, *USA* ɔːr-/, *n.* origami.
origan /ˈɒrɪgən, *USA* ˈɔːr-/, **origanum** /əˈrɪgənəm/, *n.* (*bot.*) pianta del genere *Origanum* (*origano, maggiorana, ecc.*).
origin /ˈɒrɪdʒɪn, *USA* ˈɔːr-/, *n.* origine; primo principio; derivazione; provenienza: **the o. of a word**, l'origine d'una parola; **a man of humble o.**, un uomo d'umili origini (*o* natali). ● (*comm.*) **certificate of o.**, certificato d'origine.
original /əˈrɪdʒənl/, **A** *a.* **1** originale; nuovo; bizzarro; singolare: (*relig.*) **o. sin**, peccato originale; **o. ideas**, idee originali (*o* nuove, bizzarre); **an o. composer**, un compositore originale **2** originario; iniziale: **the o. forests of North America**, le foreste originarie del Nord America; **the o. project**, il progetto iniziale. **B** *n.* **1** (l') originale: **This is not the o.; it's only a copy**, questo non è l'originale; è soltanto una copia **2** (persona) originale; eccentrico. ● (*econ.*) **o. goods**, beni naturali □ (*leg.*) **o. jurisdiction**, giurisdizione di prima istanza □ **o. nationality**, nazionalità d'origine □ (*ass., naut.*) **o. slip**, polizzetta provvisoria.
originality /ərɪdʒəˈnælətɪ/, *n.* originalità.
originally /əˈrɪdʒənəlɪ/, *avv.* **1** originalmente; in modo originale **2** originariamente; in origine.
to **originate** /əˈrɪdʒəneɪt/, **A** *v. t.* **1** originare; dare origine a; causare; produrre **2** inventare: **to o. a new fashion**, inventare una nuova moda. **B** *v. i.* **1** originare; aver origine; discendere; derivare; provenire: **The dispute originated in a misunderstanding**, la lite nacque per un equivoco **2** (*USA*: *di un treno, un autobus*) nascere: **This train originates in Rome**, questo treno nasce a Roma.
originating /əˈrɪdʒəneɪtɪŋ/, *a.* (*fin.*) accreditante; emittente: **o. bank**, banca emittente.
origination /ərɪdʒəˈneɪʃn/, *n.* **1** l'avere origine; derivazione; provenienza **2** il dare origine; creazione; invenzione; inizio.
originator /əˈrɪdʒəneɪtə(r)/, *n.* chi dà origine; autore; iniziatore.
orinasal /ɔːrɪˈneɪzl/, *a.* e *n.* (*fon.*) (suono) pronunciato col naso e con la bocca.
oriole /ˈɔːrɪəʊl/, *n.* **1** (*zool., Oriolus oriolus*; = **golden o.**) oriolo; rigogolo **2** (*zool.*) oriolo americano (*della famiglia degli itteridi*).
Orion /əˈraɪən/, *n.* (*mitol., astron.*) Orione: **O.'s belt**, la cintura d'Orione.
orison /ˈɒrɪzn, *USA* ˈɔːrəsn/, *n.* (*poet., di solito al pl.*) orazione; preghiera.
Orkney Islands /ˈɔːknɪˈaɪləndz/, *n. pl.* (*geogr.*) Isole Orcadi.
Orlon /ˈɔːlɒn/, *n.* (*marchio*) Orlon (*fibra tessile*).
orlop /ˈɔːlɒp/, *n.* (*naut.*, = **o. deck**) ponte inferiore.
ormer /ˈɔːmə(r)/, *n.* (*zool., Haliotis*) orecchia di mare.
ormolu /ˈɔːməluː/, *n.* bronzo dorato (*lega*). ● **o. varnish**, porporina.
ornament /ˈɔːnəmənt/, *n.* ornamento (*anche fig.*); addobbo; decorazione; ninnolo; soprammobile. ● (*relig.*) **ornaments**, paramenti; arredi sacri □ **by way of o.**, per ornamento.
to **ornament** /ˈɔːnəment/, *v. t.* ornare; adornare; decorare.
ornamental /ɔːnəˈmentl/, *a.* ornamentale; decorativo: **o. plants**, piante ornamentali. || **-ly**, *avv.*
ornamentation /ɔːnəmenˈteɪʃn/, *n.* ornamentazione; decorazione; abbellimento; ornamento.
ornate /ɔːˈneɪt/, *a.* riccamente ornato; troppo adorno; elaborato. || **-ly**, *avv.* || **-ness**, *sost.*

orneriness /'ɔːnərɪnəs/, *n.* (*fam. USA*) *1* l'essere maldisposto *2* cocciutaggine *3* volgarità *4* irritabilità; irascibilità *5* (*USA*) eccentricità.
ornery /'ɔːnərɪ/, *a.* (*fam. USA*) *1* maldisposto *2* cocciuto *3* volgarotto; ordinario *4* irritabile; irascibile *5* (*USA*) eccentrico; strambo.
ornithological /ɔːnɪθə'lɒdʒɪkl/, *a.* (*zool.*) ornitologico. || **-ly**, *avv.*
ornithologist /ɔːnɪ'θɒlədʒɪst/, *n.* (*scient.*) ornitologo.
ornithology /ɔːnɪ'θɒlədʒɪ/, *n.* (*zool.*) ornitologia.
ornithomancy /'ɔːnɪθəʊmænsɪ/, *n.* ornitomanzia.
ornithorhync(h)us /ɔːnɪθə'rɪŋkəs/, *n.* (*zool., Ornithorhynchus anatinus*) ornitorinco.
orogenesis /ɒrəʊ'dʒɛnəsɪs, *USA* ɔːr-/, *n.* (*geol.*) orogenesi.
orogeny /ɔː'rɒdʒənɪ/, *V.* **orogenesis**.
orographic(al) /ɒrəʊ'græfɪk(l), *USA* 'ɔːr-/, *a.* (*scient.*) orografico. || **-ally**, *avv.*
orography /ɒ'rɒgrəfɪ, *USA* ɔː'r-/, *n.* (*scient.*) orografia.
orohydrographic(al) /ɒrəʊhaɪdrə'græfɪk(l), *USA* ɔːr-/, *a.* (*scoemt.*) oroidrografico.
orohydrography /ɒrəʊhaɪ'drɒgræfɪ, *USA* ɔːr-/, *n.* (*scient.*) oroidrografia.
oroide /'ɔːrɔɪd/, *n.* lega di rame e zinco.
orometer /ɒ'rɒmɪtə(r), *USA* ɔːr-/, *n.* (*tecn.*) altimetro.
orotund /'ɒrəʊtʌnd, *USA* 'ɔːr-/, *a.* altisonante; magniloquente; roboante; pomposo.
orphan /'ɔːfn/, **A** *n.* orfano, orfana: **He was left an o.**, rimase orfano. **B** *a. attr.* orfano. ● **an o. child**, un orfanello, un'orfanella □ **o. home**, orfanotrofio.
to **orphan** /'ɔːfn/, *v. t.* rendere orfano.
orphanage /'ɔːfənɪdʒ/, *n.* *1* orfanotrofio *2* (*raro*) condizione d'orfano.
orphanhood /'ɔːfənhʊd/, *n.* condizione d'orfano; l'essere orfano.
Orphean /ɔː'fiːən/, *a.* *1* orfico; di Orfeo *2* (*fig.*) simile alla musica d'Orfeo; incantevole; melodioso.
Orpheus /'ɔːfɪəs/, *n.* (*mitol.*) Orfeo.
Orphic /'ɔːfɪk/, *a.* *1* orfico; di Orfeo *2* (*fig.*) incantevole; melodioso *3* (*fig.*) iniziatico; occulto; misterioso.
Orphism /'ɔːfɪzəm/, *n.* orfismo; religione orfica.
orphrey /'ɔːfrɪ/, *n.* (*relig.*) fregio dorato (*di paramento*).
orpiment /'ɔːpɪmənt/, *n.* (*chim., miner.*) orpimento; arsenico giallo.
orrery /'ɒrərɪ, *USA* 'ɔːr-/, *n.* (*astron.*) planetario meccanico.
orris (1) /'ɒrɪs, *USA* 'ɔːr-/, *n.* *1* (*bot., Iris florentina*) giglio fiorentino; ireos; giaggiolo *2* polvere di ireos. ● (*profumeria*) **o. root**, rizoma di giaggiolo.
orris (2) /'ɒrɪs, *USA* 'ɔːr-/, *n.* merletto (*o* ricamo) in oro e argento.
orthicon /'ɔːθɪkɒn/, *n.* (*elettron., TV*) orticonoscopio.
orthocentre /ɔːθəʊ'sentə(r)/, *n.* (*geom.*) ortocentro.
orthochromatic /ɔːθəʊkrəʊ'mætɪk/, *a.* (*fotogr.*) ortocromatico.
orthoclase /'ɔːθəʊkleɪs/, *n.* (*miner.*) ortoclasio.
orthodontic /ɔːθə'dɒntɪk/, *a.* (*med.*) ortodontico.
orthodontics /ɔːθə'dɒntɪks/, *n. pl.* (*col verbo al sing.*) (*med.*) ortodontia; ortodonzia.
orthodontist /ɔːθə'dɒntɪst/, *n.* (*med.*) ortodontista.
orthodox /'ɔːθədɒks/, *a.* (*anche fig.*) ortodosso. ● (*relig.*) **the O. Church**, la Chiesa Ortodossa.
orthodoxy /'ɔːθədɒksɪ/, *n.* (*anche fig.*) ortodossia.
orthodrome /'ɔːθədrəʊm/, *n.* (*geogr.*) (linea) ortodromica.
orthodromic /ɔːθə'drɒmɪk/, *a.* (*geogr.*) ortodromico.
orthodromy /'ɔːθədrəʊmɪ/, *n.* (*geogr.*) ortodromia.
orthoepic /ɔːθəʊ'ɛpɪk/, *a.* (*gramm.*) ortoepico. || **-ally**, *avv.*
orthoepy /ɔː'θəʊɛpɪ/, *n.* (*gramm.*) ortoepia.
orthogenesis /ɔːθəʊ'dʒɛnəsɪs/, *n.* (*biol.*) ortogenesi.
orthogenetic /ɔːθəʊdʒə'nɛtɪk/, *a.* (*biol.*) ortogenetico.
orthogonal /ɔː'θɒgənl/, *a.* (*geom.*) ortogonale. || **-ly**, *avv.*
orthographic(al) /ɔːθə'græfɪk(l)/, *a.* *1* (*gramm.*) ortografico *2* (*geogr.*) ortografico: **o. projection**, proiezione ortografica. || **-ally**, *avv.*
orthography /ɔː'θɒgrəfɪ/, *n.* *1* (*gramm.*) ortografia *2* (*geogr.*) proiezione ortografica.
orthonormal /ɔː'θɔːməl/, *a.* (*geom.*) ortonormale.
orthopaedic /ɔːθə'piːdɪk/, *a.* (*med.*) ortopedico: **o. goods**, apparecchi ortopedici. ● (*comm.*) **o. footwear**, calzature ortopediche. || **-ally**, *avv.*
orthopaedics /ɔːθə'piːdɪks/, *n. pl.* (*col verbo al sing.*) (*med.*) ortopedia.
orthopaedist /ɔːθə'piːdɪst/, *n.* (*med.*) ortopedico.
orthopaedy /'ɔːθəʊpiːdɪ/, *n.* (*med.*) ortopedia.
orthopedic /ɔːθəʊ'piːdɪk/, **orthopedics** /ɔːθəʊ'piːdɪks/, e *deriv.* (*USA*), *V.* **orthopaedic, orthopaedics**, e *deriv.*
orthophonist /ɔː'θɒfənɪst/, *n.* (*med., ling.*) ortofonista.
orthophony /ɔː'θɒfənɪ/, *n.* (*med., ling., fis.*) ortofonia.
orthopteran /ɔː'θɒptərən/, *a.* e *n.* (*zool.*) ortottero.
orthoptic /ɔː'θɒptɪk/, *a.* (*med.*) ortottico.
orthoptics /ɔː'θɒptɪks/, *n. pl.* (*col verbo al sing.*) (*med.*) ortottica.
orthoptist /ɔː'θɒptɪst/, *n.* (*med.*) ortottista.
orthoscope /'ɔːθəʊskəʊp/, *n.* (*med.*) ortoscopio.
orthoscopic /ɔːθəʊ'skɒpɪk/, *a.* (*med.*) ortoscopico.
orthoscopy /ɔː'θɒskəpɪ/, *n.* (*med.*) ortoscopia.
ortolan /'ɔːtələn/, *n.* (*zool., Emberiza hortulana*) ortolano.
Orwellian /ɔː'wɛlɪən/, *a.* (*letter.*) orwelliano.
oryx /'ɒrɪks, *USA* 'ɔːr-/, *n.* (*pl.* **oryxes, oryx**) (*zool., Oryx*) orice.
Oscan /'ɒskən/, *a.* e *n.* (*stor.*) osco (*anche la lingua*).
to **oscillate** /'ɒsɪleɪt/, **A** *v. i.* *1* (*anche fig.*) oscillare: **to o. between two opinions**, oscillare tra due pareri *2* (*fig.*) esitare; tentennare. **B** *v. t.* far oscillare.
oscillating /'ɒsɪleɪtɪŋ/, *a.* *1* che oscilla; oscillante *2* (*tecn., scient.*) oscillante: (*mecc.*) **o. conveyor**, trasportatore oscillante; canale a scosse. ● (*mecc.*) **o. screen**, vibrovaglio.
oscillation /ɒsɪ'leɪʃn/, *n.* *1* oscillazione *2* (*fig.*) esitazione; tentennamento.
oscillator /'ɒsɪleɪtə(r)/, *n.* (*fis., elettron.*) oscillatore.
oscillatory /'ɒsɪlətrɪ, ɒsɪ'leɪtrɪ, *USA* -lətɔːrɪ/, *a.* *1* (*fis., mecc.*) oscillatorio *2* (*elettr.*) oscillante; oscillatorio.
oscillograph /ə'sɪləgrɑːf, *USA* -græf/, *n.* (*fis.*) oscillografo.
oscilloscope /ə'sɪləskəʊp/, *n.* (*fis.*) oscilloscopio.
oscitancy /'ɒsɪtənsɪ/, *n.* (*form.*) inerzia; indolenza; negligenza.
osculant /'ɒskjʊlənt/, *a.* *1* che combacia; combaciante *2* (*biol.*) intermedio; affine; che forma un punto di contatto (*fra due o più specie*).
oscular /'ɒskjʊlə(r)/, *a.* *1* (*arc. o scherz.*) della bocca; del bacio *2* (*biol.*) di un osculo *3* (*mat.*) che fa osculazione; osculatore.
to **osculate** /'ɒskjʊleɪt/, *v. i.* e *t.* *1* (*arc. o scherz.*) osculare; baciare *2* combaciare con (q.c.) *3* (*biol.*: *di due o più specie*) avere caratteristiche in comune *4* (*mat.*) osculare, oscularsi.
osculating /'ɒskjʊleɪtɪŋ/, *a. attr.* (*scient.*) osculatore: (*astron.*) **o. orbit**, orbita osculatrice.
osculation /ɒskjʊ'leɪʃn/, *n.* *1* (*arc. o scherz.*) osculazione; bacio *2* il combaciare; combaciamento *3* (*mat.*) osculazione.
osculatory /'ɒskjʊlətrɪ, ɒskjʊ'leɪtrɪ, *USA* -lətɔːrɪ/, *a.* *1* (*raro*) osculatorio *2* (*mat.*) osculatore.
osculum /'ɒskjʊləm/, *n.* (*pl.* **oscula**) (*zool.*) osculo.
osier /'əʊzɪə(r), *USA* 'əʊʒə(r)/, *n.* (*bot., Salix viminalis, ecc.*) vimine; vinco. ● **o. bed**, vincheto.
osiery /'əʊzɪərɪ, *USA* 'əʊʒɪɛrɪ/, *n.* lavoro in vimini.
Osiris /əʊ'saɪrɪs/, *n.* (*relig.*) Osiride.
osmate /'ɒzmeɪt, -sm-/, *n.* (*chim.*) osmiato.
osmic /'ɒzmɪk, -sm-/, *a.* (*chim.*) osmico.
osmiridium /ɒzmɪ'rɪdɪəm, -sm-/, *n.* (*chim.*) osmiridio.
osmium /'ɒzmɪəm/, *n.* (*chim.*) osmio.
osmometer /ɒs'mɒmɪtə(r), -z'm-/, *n.* (*chim.*) osmometro.
osmose /'ɒzməʊs, -sm-/, *V.* **osmosis**.
to **osmose** /'ɒzməʊs, -sm-/, (*chim.*) **A** *v. t.* sottoporre a osmosi. **B** *v. i.* subire l'osmosi.
osmosis /ɒz'məʊsɪs/, *n.* (*pl.* **osmoses**) (*chim., fis.*) osmosi.
osmotic /ɒz'mɒtɪk/, *a.* (*fis., chim., fisiol.*) osmotico. || **-ally**, *avv.*
osmous /ɒzməs/, *a.* (*chim.*) osmoso.
osmund /'ɒzmənd/, *n.* (*bot., Osmunda regalis*) felce regale; osmunda.
osprey /'ɒspreɪ/, *n.* *1* (*zool., Pandion haliaëtus*) falco pescatore *2* aigrette, egretta, asprì (*piuma per cappello da donna*).
ossein /'ɒsɪɪn/, *n.* (*biochim.*) osseina.
osseous /'ɒsɪəs/, *a.* *1* (*anat., zool.*) osseo *2* (*geol.*) ossifero.
Ossianic /ɒsɪ'ænɪk/, *a.* (*letter.*) ossianico; di Ossian.
ossicle /'ɒsɪkl/, *n.* *1* (*anat.*) ossicino *2* (*zool.*) ossicolo.
ossiferous /ɒ'sɪfərəs/, *a.* (*geol.*) ossifero.
ossific /ɒ'sɪfɪk/, *a.* (*fisiol.*) che ossifica; ossificante.
ossification /ɒsɪfɪ'keɪʃn/, *n.* *1* (*fisiol.*) ossificazione *2* (*anat.*) formazione ossea *3* (*fig.*) cristallizzazione, fossilizzazione (*di idee, ecc.*).
ossifrage /'ɒsɪfrɪdʒ/, *n.* (*zool.*) *1* (*Gypaëtus barbatus*) gipeto; avvoltoio degli agnelli *2* (*Pandion haliaëtus*) falco pescatore.
to **ossify** /'ɒsɪfaɪ/, **A** *v. t.* *1* (*fisiol.*) ossificare *2* (*fig.*) cristallizzare; fissare in modo rigido. **B** *v. i.* *1* (*fisiol.*) ossificarsi *2* (*fig.*) cristallizzarsi; fossilizzarsi; irrigidirsi.
osso buco /'ɒsəʊ'buːkəʊ/, (*ital.*), *locuz. n.* (*cucina*) ossobuco.
ossuary /'ɒsjʊərɪ, *USA* 'ɒʃʊɛrɪ/, *n.* ossario.
osteitis /ɒstɪ'aɪtɪs/, *n.* (*pl.* **osteitides**) (*med.*) osteite.
Ostend /ɒ'stend/, *n.* (*geogr.*) Ostenda.
ostensible /ɒ'stɛnsəbl/, *a.* apparente; preteso; simulato: (*fin.*) **o. partner**, socio apparente. || **-bly**, *avv.*
ostension /ɒ'stɛnʃn/, *n.* (*relig.*) ostensione.
ostensive /ɒ'stɛnsɪv/, *a.* (*ling.*) ostensivo.
ostensory /ɒ'stɛnsərɪ/, *n.* (*relig.*) ostensorio.
ostentation /ɒstɛn'teɪʃn/, *n.* ostentazione; esibizione; pompa.
ostentatious /ɒstɛn'teɪʃəs/, *a.* che ostenta; ostentativo (*raro.*); pomposo; pretenzioso; vanitoso: **o. apparel**, vesti pretenziose. || **-ly**, *avv.* || **-ness**, *sost.*
osteoarthritis /ɒstɪəʊɑː'θraɪtɪs/, *n.* (*med.*) osteoartrite.
osteoarthrosis /ɒstɪəʊɑː'θrəʊsɪs/, *n.* (*pl.* **osteoarthroses**) (*med.*) osteoartrosi.
osteoblast /'ɒstɪəʊblɑːst, *USA* -æst/, *n.* (*biol.*) osteoblasto.
osteoclast /'ɒstɪəklæst/, *n.* (*biol.*) osteoclasto.

osteogenesis /ˈɒstɪəʊdʒənəsɪs/, *n.* (*scient.*) osteogenesi.
osteoid /ˈɒstɪɔɪd/, *a.* e *n.* (*biol.*) (sostanza) osteoide.
osteological /ɒstɪəˈlɒdʒɪkl/, *a.* (*scient.*) osteologico. || **-ly,** *avv.*
osteologist /ɒstɪˈɒlədʒɪst/, *n.* (*med.*) osteologo.
osteology /ɒstɪˈɒlədʒɪ/, *n.* (*scient.*) osteologia.
osteoma /ɒstɪˈəʊmə/, *n.* (*pl.* **osteomas, osteomata**) (*med.*) osteoma.
osteomalacia /ɒstɪəʊməˈleɪʃɪə/, *n.* (*med.*) osteomalacia.
osteomyelitis /ɒstɪəʊmaɪɪˈlaɪtɪs/, *n.* (*med.*) osteomielite.
osteopath /ˈɒstɪəpæθ/, *n.* (*med.*) *1* osteologo; osteopata *2* fisiatra *3* fisioterapista.
osteopathic /ɒstɪəˈpæθɪk/, *a.* (*med.*) *1* osteopatico *2* fisioterapico.
osteopathist /ɒstɪˈɒpəθɪst/, *V.* **osteopath**.
osteopathy /ɒstɪˈɒpəθɪ/, *n.* (*med.*) *1* osteopatia *2* fisioterapia; massoterapia.
osteoporosis /ɒstɪəʊpəˈrəʊsɪs/, *n.* (*pl.* **osteoporoses**) (*med.*) osteoporosi.
osteosis /ɒstɪˈəʊsɪs/, *n.* (*med.*) osteosi.
osteotomy /ɒstɪˈɒtəmɪ/, *n.* (*med.*) osteotomia.
ostiary /ˈɒstɪərɪ, *USA* -ɪerɪ/, *n.* (*relig.*) ostiario.
ostler /ˈɒslə(r)/, *n.* (*arc.*) stalliere (*d'una locanda*); mozzo di stalla.
Ostpolitik /ˈɒstpɒlɪtiːk, ɒstpɒlɪˈtiːk, *USA* ɔːs-/ (*ted.*), *n.* (*stor.*) politica (*della Germania Federale*) di apertura verso i Paesi dell'Est (*la Russia, ecc.*).
ostracism /ˈɒstrəsɪzəm/, *n.* (*anche fig.*) ostracismo.
to **ostracize** /ˈɒstrəsaɪz/, *v. t.* (*anche fig.*) ostracizzare; dar l'ostracismo a (q.).
ostrich /ˈɒstrɪtʃ, *USA* ˈɔːs-/, *n.* *1* (*zool., Struthio camelus*) struzzo *2* (*fig. fam.*) chi fa come lo struzzo; svicolone (*fam.*). ● **o. plume**, piuma di struzzo □ (*fig.*) **o. policy** (*o* **o. attitude**), politica dello struzzo.
Ostrogoth /ˈɒstrəgɒθ/, *n.* (*stor.*) ostrogoto.
Ostrogothic /ɒstrəˈgɒθɪk/, *a.* (*stor.*) ostrogoto; ostrogotico.
Oswald, Oswold /ˈɒzwəld/, *n.* Osvaldo.
otalgia /əʊˈtældʒɪə/, *n.* (*med.*) otalgia.
otalgic /əʊˈtældʒɪk/, *a.* (*med.*) otalgico.
otary /ˈəʊtərɪ/, *n.* (*zool., Otaria*) otaria.
Othello /əʊˈθeləʊ/, *n.* Otello.
other /ˈʌðə(r)/, **A** *a.* altro; differente; diverso; rimanente: **Put it in your o. hand**, mettilo nell'altra mano; **Have you any o. book on this subject?**, hai qualche altro libro sull'argomento?; **There are some o. people waiting for you**, c'è altra gente che t'aspetta; **There is no o. explanation**, non c'è altra spiegazione. **B** *pron. indef.* altro; altra: **Please tell the others**, per favore, dillo agli altri; **One or the o. of us will be there**, l'uno o l'altro di noi sarà presente; **How many others are there?**, quanti altri ce ne sono?; **Three others**, altri tre. **C** *avv.* altro; altrimenti; diversamente: **He can't do o. than go**, non può fare altro che andare; **I couldn't behave o. than I did**, non potei comportarmi diversamente (da come feci). ● **the o. day**, l'altro giorno; pochi giorni fa □ (*fam.*) **one's o. half**, la propria metà; la moglie; il marito □ **o. than**, altri (*o* altro) che; in altro modo che, se non: **There was nobody in the hall o. than Peter**, nella sala non c'era altri che Peter; **One cannot get up there o. than by riding a mule**, lassù non ci s'arriva se non a dorso di mulo □ **o. things being equal**, a parità di condizioni; ceteris paribus (*lat.*) □ **the o. world**, l'altro mondo □ **each o.**, l'un l'altro □ **every o. boy [student]**, ogni altro ragazzo [studente]; tutti gli altri ragazzi [studenti]; (*oppure*) un ragazzo [uno studente] sì e uno no □ **every o. day [week, month]**, un giorno [una settimana, un mese] sì e uno no; ogni due giorni [ogni due settimane, mesi] □ **in o. times**, nei tempi andati □ **none o. than**, non altri che: **It was none o. than the king**, non era altri che il re; era il re in persona □ **on the o. hand**, d'altra parte; peraltro; però; tuttavia: **He's a clever boy. On the o. hand, he is lazy**, è un ragazzo intelligente, però è pigro □ **one after the o.**, uno dopo l'altro; in fila; in successione □ **some day or o.**, un giorno o l'altro □ **some time or o.**, una volta o l'altra □ **somewhere or o.**, da qualche parte □ **to tell one from the o.**, distinguere: **It's difficult to tell the twins one from the o.**, è difficile distinguere i due gemelli.
otherness /ˈʌðənəs/, *n.* (*raro*) diversità; differenza.
otherwise /ˈʌðəwaɪz/, **A** *avv.* altrimenti; in altro modo; diversamente; d'altronde; per il resto: **It would be difficult for me to act o.**, mi sarebbe difficile agire diversamente; **He is o. intelligent**, per il resto, è un ragazzo intelligente. **B** *cong.* altrimenti; se no: **You must study harder; o. you won't pass your exam**, devi studiare di più; altrimenti (*o* se no) non supererai l'esame. **C** *a.* differente, diverso: **John's answer could not be o.**, la risposta di John non poteva essere diversa. ● **to be o. engaged**, essere occupato in altre faccende □ **or o.**, o in qualche altro modo; o no: **I'll get there by bus, by taxi or o.**, ci andrò in autobus, in taxi o in qualche altro modo; **Children are welcome, whether accompanied or o.**, i bambini sono bene accetti, accompagnati o no □ **reactions automatic and o.**, reazioni automatiche e non (automatiche) □ **Judas, o.** (*o* **o. called**) **Iscariot**, Giuda, altrimenti detto Iscariota □ **unless o. stated**, salvo indicazione contraria.
otherworldliness /ʌðəˈwɜːldlɪnəs/, *n.* distacco dal mondo terreno; ascetismo; spiritualità.
otherworldly /ʌðəˈwɜːldlɪ/, *a.* ultraterreno; ascetico; spirituale.
otic /ˈɒtɪk/, *a.* (*anat.*) dell'orecchio; auricolare.
otiose /ˈəʊtɪəʊs, *USA* ˈəʊʃɪəʊs/, *a.* *1* (*raro*) pigro; ozioso *2* inutile; superfluo; vano; ozioso (*fig.*).
otioseness /ˈəʊʃɪəʊsnəs/, **otiosity** /əʊʃɪˈɒsətɪ/, *n.* *1* (*raro*) oziosità; pigrizia *2* inutilità; vanità.
otitis /əˈtaɪtɪs/, *n.* (*pl.* **otitides**) (*med.*) otite.
otolaryngological /əʊtəlærɪŋgəˈlɒdʒɪkl/, *a.* (*med.*) otorinolaringoiatrico.
otolaryngologist /əʊtəlærɪŋˈgɒlədʒɪst/, *n.* (*med.*) otorinolaringoiatra.
otolaryngology /əʊtəlærɪŋˈgɒlədʒɪ/, *n.* (*med.*) otorinolaringoiatria.
otological /əʊtəˈlɒdʒɪkl/, *a.* (*med.*) otoiatrico.
otologist /əʊˈtɒlədʒɪst/, *n.* (*med.*) otoiatra.
otology /əʊˈtɒlədʒɪ/, *n.* (*med.*) otologia; otoiatria.
otorhinolaryngology /əʊtəriːnəʊlærɪŋˈgɒlədʒɪ/, *n.* (*med.*) otorinolaringoiatria.
otoscope /ˈəʊtəskəʊp/, *n.* (*med.*) otoscopio.
otter /ˈɒtə(r)/, *n.* (*pl.* **otter, otters**) (*zool., Lutra*) lontra. ● **o. dog** (*o* **o. hound**), cane per la caccia alle lontre □ (*zool.*) **sea o.** (*Enhydra lutris*), lontra marina.
otto /ˈɒtəʊ/, *n.* (*pl.* **ottos**) olio essenziale (*o* essenza) (*di fiori*): **o. of roses**, essenza di rose.
Otto /ˈɒtəʊ/, *n.* Otto; Ottone.
ottoman /ˈɒtəmən/, *n.* (*pl.* **ottomans**) *1* ottomana; divano *2* sgabello imbottito.
Ottoman /ˈɒtəmən/, *a.* e *n.* (*pl.* **Ottomans**) (*stor.*) ottomano; turco: **the O. Empire**, l'Impero ottomano.
oubliette /uːblɪˈet/ (*franc.*), *n.* (*stor.*) segreta (*per prigionieri*) con apertura solo nel soffitto.
ouch /aʊtʃ/, *inter.* (*di dolore*) ahi; (*anche*) toccato!
ought (1) /ɔːt/, *v. modale* (*esprime dovere, obbligo, consiglio, probabilità, rimpianto, ecc.*) dovrei (dovresti, ecc.); bisognerebbe che io (che tu, ecc.): **We o. to love our neighbours**, dovremmo amare il prossimo; **They o. to go there, oughtn't they?**, dovrebbero andarci, no?; **You o. to have been with us**, avresti dovuto essere con noi; **He o. to be there by now**, dovrebbe essere arrivato, ormai; **You o. to have told me yesterday**, avresti dovuto dirmelo ieri; **It oughtn't to be allowed**, non bisognerebbe permetterlo; non dovrebbe essere permesso; **You o. to know better**, dovresti essere più saggio (*o* più avveduto, più al corrente).
ought (2) /ɔːt/, *n.* (*variante di* **aught**) alcunché; alcuna cosa; qualunque cosa.
ought(e)st /ˈɔːtəst/, (*arc. o poet.*) 2ª *pers. sing. di* **ought**.
oughtn't /ˈɔːtnt, -tn/, *contraz. di* **ought not**.
ounce (1) /aʊns/, *n.* *1* oncia (*unità di peso e fig.*): **o. avoirdupois**, oncia avoirdupois (*1/16 di libbra e cioè 28,35 grammi*); **o. troy**, oncia troy (*1/12 di libbra, e cioè 31,1 grammi*); **He hasn't an o. of common sense**, non ha un'oncia di buon senso *2* (*pop. USA*) droga: **o. business**, traffico di droga; **o. man**, spacciatore (*di droga*).
ounce (2) /aʊns/, *n.* (*zool., Felis uncia*) leopardo delle nevi.
our /ˈaʊə(r), ɑː(r)/, *a. poss.* *1* (il) nostro, (la) nostra; (i) nostri, (le) nostre: **We'll keep our promise**, manterremo la nostra promessa; **We've done our best**, abbiamo fatto del nostro meglio *2* (*quando è unito alla forma in* **-ing**, *è idiom.*; *per es.*:) **Please forgive our answering so late**, vogliate scusare se rispondiamo così tardi; **Do you mind our moving your car?**, vi dispiace se spostiamo la vostra macchina? ● (*relig.*) **Our Father**, Padre Nostro; padrenostro (*la preghiera*) □ **Our Lady**, Nostra Signora; la Madonna □ **Our Lord**, Nostro Signore □ **Our Saviour**, il Salvatore; Cristo □ **in our midst**, in mezzo a noi □ **in our opinion**, secondo noi; a nostro avviso.
ours /ˈaʊəz, ɑːz/, **A** *pron. poss.* (il) nostro, (la) nostra; (i) nostri, (le) nostre: **This car is o.**, questa automobile è nostra; **Your pupils are good; but o. are better**, i vostri scolari sono buoni; ma i nostri sono migliori; **O. is a large family**, la nostra famiglia è numerosa. **B** *a. pred.* nostro, nostra; nostri, nostre: **This farm became o. many years ago**, questa fattoria divenne nostra molti anni fa. ● **a friend of o.**, un nostro amico □ **this garden of o.**, questo nostro giardino □ **Mr Smith of o. will call on you**, passerà da voi il nostro Mr Smith.
ourself /aʊəˈself, ɑː-/, *pron. rifl.* (*usato nel pluralis maiestatis*) Noi; Noi in persona; Ci: **The Queen said: «What touches O. shall be last served»**, la Regina disse: «Ciò che riguarda Noi (*o* la Nostra persona) sarà l'ultimo nostro pensiero».
ourselves /aʊəˈselvz, ɑː-/, *pron. rifl.* e *enfat.* noi stessi, noi stesse; noi di persona; ci: **We hurt o.**, ci facemmo male; **We went o.**, ci andammo noi stessi; ci andammo di persona. ● **(all) by o.**, (da) soli; da noi; senza aiuto; senza compagnia □ **We are not o. today**, oggi non siamo quelli di sempre; oggi non siamo in forma □ **We'll see to it o.**, ci penseremo noi; ce ne occupiamo noi.
ousel /ˈuːzl/, *V.* **ouzel**.
to **oust** /aʊst/, *v. t.* *1* cacciare; espellere; estromettere; soppiantare; rimuovere; sloggiare; far sgombrare: **The colonels ousted the president from office**, i colonnelli rimossero il presidente dalla sua carica *2* (*leg.*) spossessare; spodestare; espropriare. ● **to o. sb. from a job**, licenziare q.; cacciare q. dal suo impiego.
ouster /ˈaʊstə(r)/, **ousting** /ˈaʊstɪŋ/, *n.* *1* espulsione; rimozione *2* (*leg.*) spossessamento; esproprio; espropriazione.
out (1) /aʊt/, **A** *avv.* *1* fuori; in fuori; all'aperto: **He's out just now**, al momento è fuori (*o* non è in casa, in ufficio, ecc.); **He's out on business**, è fuori (*o* è in viaggio) per affari; **The book is out at present**, il libro è fuori (*o* in prestito) per il momento; **Come out and play**, vieni fuori a giocare! *2* spento: **to drive with the lights out**, guidare a fari spenti; **The**

fire is out, il fuoco è spento ***3*** finito; terminato: **I'll be seeing you before the week is out**, ti verrò a trovare prima della fine della settimana ***4*** (= **out on strike**) in sciopero: **The workers are out**, gli operai sono in sciopero ***5*** sbocciato: **The roses are out**, le rose sono sbocciate ***6*** pubblicato: **When will your new book be out?**, quando sarà pubblicato (*o* quando uscirà) il tuo nuovo libro? ***7*** rivelato; scoperto; trapelato; svelato; di dominio pubblico: **The secret is out**, il segreto è di dominio pubblico ***8*** libero; di libertà: **They have their Sundays out**, hanno le domeniche libere ***9*** out; fuori moda; passato di moda; superato: **Miniskirts are out**, le minigonne sono passate di moda ***10*** (*fam.*) in passivo; in perdita: **He was a thousand dollars out**, era in perdita di mille dollari ***11*** guasto: **The TV is out**, il televisore è guasto; **The lift is out again**, l'ascensore è di nuovo guasto ***12*** esplicito; dichiarato: **He sympathizes with our party, but isn't out about it**, è un nostro simpatizzante, ma non in modo esplicito ***13*** venuto allo scoperto: **He isn't out to his family yet**, non è ancora venuto allo scoperto con la famiglia (*che è un gay, ecc.*) ***14*** (*mil.* e *fig.*) (sceso) in campo: **In 1993 Italian students were out in very large numbers against the government's school reform**, nel 1993 gli studenti italiani scesero in campo numerosissimi contro la riforma scolastica del governo ***15*** proibito; vietato: **Smoking in the classroom is definitely out**, è assolutamente vietato fumare in aula ***16*** (*naut.*) (*della marea*) bassa ***17*** (*in altre locuz. con il verbo* **to be**, *è idiom.*; *per es.*:) **The moon is out**, c'è la luna; **The chickens are out**, si sono dischiuse le uova; sono nati i pulcini; **The Conservatives were out**, i conservatori erano all'opposizione; **John is out in New Zealand**, John si trova in Nuova Zelanda; **to be out at the elbows**, avere i gomiti (della giacca) logori, sdruciti; (*fig.*) essere mal messo, scalcagnato, povero ***18*** (*nei verbi frasali, è idiom.*; *per es.*:) **to blow out**, spegnere (soffiando); **to break out**, scoppiare, ecc. (*V. sotto* **to blow, to break**, ecc.). **B out of,** *prep.* ***1*** fuori; fuori di; fuori da; da: **Tom is out of town now**, ora Tom è fuori città; **I left the car out of the garage**, lasciai l'automobile fuori del garage; **Don't throw things out of the window**, non gettare oggetti dalla finestra (*o* dal finestrino)!; **Don't drink out of the bottle**, non bere dalla bottiglia!; **a scene out of a play**, una scena (presa) da un dramma ***2*** fra, tra; su: **You must choose one out of these six**, devi sceglierne uno fra questi sei; **It happens in nine cases out of ten**, capita in nove casi su dieci ***3*** a causa di; per: **You did it out of spite**, l'hai fatto per dispetto; **I didn't mention it out of consideration for her feelings**, non ho fatto cenno di ciò per non ferirla nei suoi sentimenti ***4*** a una distanza di; alla larga da: **to keep out of trouble**, stare alla larga dai guai ***5*** (*naut.*) al largo di: **We were five miles out of Hamburg when the bomber attacked our ship**, eravamo cinque miglia al largo d'Amburgo quando il bombardiere attaccò la nostra nave ***6*** senza; privo di: **He's out of work**, è senza lavoro; **We are out of wine**, siamo senza vino; (*autom.*) **The car is out of petrol**, non c'è più benzina (nel serbatoio). ● **out and away**, di gran lunga □ **out and out**, da cima a fondo □ **an out-and-out abolitionist [rascal]**, un abolizionista fanatico [un briccone matricolato] □ **to be out and about**, essere di nuovo in piedi; essere ristabilito e in grado di uscire □ (*pop.*) **out-and-outer**, individuo eccezionale; fuoriclasse; (*anche*) estremista □ **out East**, in Oriente; nell'Estremo Oriente □ (*fam.*) **to be out for**, andare in cerca (*o* a caccia) di; mirare a: **What is he out for?**, a che cosa mira? □ **to be out for money**, dare la caccia ai soldi; tirare al quattrino □ (*naut.*) **out from**, al largo di □ **to be out in one's calculations**, sbagliarsi nei calcoli; far male i calcoli □ **out of bounds**, fuori dei limiti; (*cartello*) «accesso vietato» □ **to be out of breath**, essere senza fiato; essere trafelato □ **out of commission**, (*mecc.*) fuori servizio, guasto; (*naut.*) in disarmo □ **to be out of control**, non essere sotto controllo, aver preso la mano; (*mecc.*) non rispondere (più) ai comandi □ **to be out of the country**, essere all'estero □ (*leg.*) **out-of--court**, stragiudiziale □ **to be out of danger**, essere fuori pericolo □ **out-of-date**, antiquato; superato; passato di moda □ **ouf of doors**, all'aperto; all'aria aperta □ **out-of-door games**, giochi (svaghi, sport) all'aria aperta □ **out of doubt**, fuori dubbio; senza dubbio □ (*fig.*) **to be out of one's element**, essere come un pesce fuor d'acqua □ **to be out of hand**, non essere a portata di mano □ **to be out of hearing**, non essere a portata di voce □ (*fig.*) **to be out of it**, esserne fuori; essere escluso; (*anche*) essere male informato; essere in errore □ **out of line**, fuori linea; non allineato; (*fam.*) scorretto, presuntuoso □ (*elab.*) **out-of-line coding**, codifica (*o* istruzione) fuori linea □ **to be out of one's mind**, aver perso la ragione; essere giù di testa □ **to be out of money**, essere a corto di quattrini □ **to be out of order**, essere guasto: **The phone is out of order**, il telefono è guasto □ **to be out of patience with sb.**, non aver più (*o* aver perso la) pazienza con q. □ (*fis.*) **out-of-phase**, fuori fase; sfasato □ **to be out of pocket**, essere privo di fondi □ **out-of--pocket expenses**, spese vive; piccole spese □ (*di libro*) **out-of-print**, esaurito; fuori catalogo □ (*comm.*) **to be out of sale**, non essere in vendita □ (*tecn.*) **out of service**, fuori servizio; guasto □ (*elettr.*) **out-of-service jack**, jack di messa fuori servizio □ **out of sight**, scomparso alla vista; (*fam.*) irrealizzabile, incredibile; favoloso, stupendo; (*pop. USA*) costosissimo, caro; (*anche*) suonato (*dall'alcol, dalla droga*) □ (*comm.*: *di merce*) **to be out of stock**, essere esaurito □ **out of town**, fuori città; extraurbano □ **out of use**, fuori uso □ **out-of-the-way**, fuori mano; fuori del comune; insolito, strano: **an out-of-the-way village**, un villaggio fuori mano □ **to be out of work**, esser disoccupato; essere a spasso (*fig.*) □ (*fam.*) **to be out on one's feet**, essere stanco morto □ (*fig.*) **to be out with sb.**, essere in rotta con q. □ **to live out in the country**, abitare in campagna □ (*naut.*) **on the voyage out**, nel viaggio d'andata □ **times out of number**, infinite volte □ **tired out**, stanco morto □ **Out with him!**, buttatelo fuori! □ **Out you go!**, vattene (via)! □ **Out with it!**, di' quello che hai da dire!; fuori la verità!; sputa il rospo (*fig.*)! □ (*prov.*) **Out of sight, out of mind**, lontano dagli occhi, lontano dal cuore.

out (2) /aʊt/, *prep.* ***1*** (*specialm. USA*) fuori di (*V.* **out of,** *sotto* **out** (1)) ***2*** (*fam.*) da; per; attraverso: **She went out the door**, uscì dalla porta.

out (3) /aʊt/, *a.* ***1*** (*di solito nei composti*:) esterno, verso l'esterno: **out-tray** (*USA* **out--box**), cassetta della corrispondenza in partenza ***2*** (*sport*) fuori casa; in trasferta: **an out match**, una partita fuori casa ***3*** assente: **He is out because of sickness**, è assente per malattia. ● (*relig.*) **out sister**, sorella laica; coadiutrice □ (*ferr.*) **the out train**, il treno in partenza.

out (4) /aʊt/, *n.* ***1*** (*tipogr.*) vuoto; lacuna ***2*** (*fam. USA*) scappatoia; via d'uscita (*fig.*).

out (5) /aʊt/, *inter.* ***1*** fuori!; via! ***2*** (*sport*: *tennis, ecc.*) palla fuori!

to **out** /aʊt/, **A** *v. i.* (*fam.*) saltar fuori; esser scoperto: **Truth will out**, la verità salta sempre fuori. **B** *v. t.* ***1*** cacciare; buttar fuori ***2*** svelare che (q.) è omosessuale: **The offender threatened to out the judge**, il reo minacciò di svelare l'omosessualità del giudice ***3*** (*boxe*) metter fuori combattimento: **He was outed in the first round**, fu messo fuori combattimento nella prima ripresa. ● (*prov.*) **Murder will out**, tutti i nodi vengono al pettine.

outa /ˈaʊtə/, *prep.* (*pop. USA*) *V.* **out of,** *sotto* **out** (1).

outage /ˈaʊtɪdʒ/, *n.* ***1*** (*ind.*) inoperosità (*d'un macchinario*) ***2*** periodo d'interruzione (*nell'erogazione d'elettricità, ecc.*).

outback /ˈaʊtbæk/, (*Austr.*) **A** *n.* (l') interno; (l') entroterra. **B** *a.* dell'interno; dell'entroterra.

outbade /aʊtˈbeɪd/, *pass.* di **to outbid**.

to **outbalance** /aʊtˈbæləns/, *V.* **to outweigh**.

to **outbargain** /aʊtˈbɑːɡɪn/, *v. t.* battere (*un concorrente*) in una trattativa d'affari.

to **outbid** /aʊtˈbɪd/ (*pass.* **outbade,** *p. p.* **outbidden**), *v. t.* ***1*** (*comm.*) offrire di più di (q.) (*a un'asta, ecc.*) ***2*** rilanciare (*alle carte*) su (q.).

outbidder /aʊtˈbɪdə(r)/, *n.* (*comm.*) maggior offerente (*a un'asta, ecc.*).

outboard /ˈaʊtbɔːd/, **A** *avv.* (*naut.*) fuori bordo. **B** *a.* e *n.* fuoribordo. ● **o. motor**, motore fuoribordo; fuoribordo.

outbound /ˈaʊtbaʊnd/, *a.* (*di un veicolo, ecc.*) in partenza; in uscita. ● **o. for**, in partenza per; (*naut.*) in rotta per: **a ship o. for America**, una nave in rotta per l'America □ (*ferr.*) **o. track**, binario di uscita □ **o. traffic**, traffico in uscita.

to **outbrave** /aʊtˈbreɪv/, *v. t.* ***1*** superare in coraggio; vincere ***2*** sfidare: **The raft outbraved the billows**, la zattera sfidava i marosi.

outbreak /ˈaʊtbreɪk/, *n.* ***1*** scoppio (*d'un incendio, d'una guerra, ecc.*) ***2*** eruzione (*d'un vulcano*) ***3*** attacco (*d'una malattia*); epidemia ***4*** insurrezione; rivolta; sommossa.

to **outbreed** /aʊtˈbriːd/, *v. t.* e *i.* (*pass.* e *p. p.* **outbred**) (*antropol.*) accoppiare (accoppiarsi) con soggetti non consanguinei.

outbreeding /aʊtˈbriːdɪŋ/, *n.* (*antropol.*) esogamia.

outbuilding /ˈaʊtbɪldɪŋ/, *n.* (*edil.*) dépendance; edificio annesso.

outburst /ˈaʊtbɜːst/, *n.* ***1*** scoppio; esplosione: **an o. of rage [laughter]**, uno scoppio di rabbia [di risa] ***2*** (*fig.*) scoppio d'ira, di passione repressa; accesso; scatto ***3*** (*ind. min.*) soffione di grisou; eruzione di gas.

outcast /ˈaʊtkɑːst, *USA* -kæst/, *a.* e *n.* ***1*** reietto; emarginato; escluso ***2*** bandito; esiliato; proscritto.

outcaste /ˈaʊtkɑːst, *USA* -kæst/, **A** *n.* (*in India*) ***1*** individuo cacciato dalla sua casta ***2*** paria. **B** *a.* senza casta.

to **outclass** /aʊtˈklɑːs, *USA* -ˈklæs/, *v. t.* superare di gran lunga; surclassare.

out-clearing /aʊtˈklɪərɪŋ/, *n.* (*fin.*) compensazione in uscita; insieme di cambiali e assegni pagabili a una banca e presentati alla stanza di compensazione.

outcome /ˈaʊtkʌm/, *n.* conseguenza; esito; risultato.

outcrop /ˈaʊtkrɒp/, *n.* (*geol.*) affioramento.

to **outcrop** /aʊtˈrɒp/, *v. i.* (*geol.*) affiorare.

outcry /ˈaʊtkraɪ/, *n.* ***1*** grido; clamore; protesta; scalpore ***2*** (*comm.*) vendita all'asta.

to **outdare** /aʊtˈdɛə(r)/, *v. t.* ***1*** sorpassare in coraggio ***2*** sfidare.

outdated /aʊtˈdeɪtɪd/, *a.* antiquato; sorpassato; passato di moda; datato.

outdid /aʊtˈdɪd/, *pass.* di **to outdo**.

to **outdistance** /aʊtˈdɪstəns/, *v. t.* (*specialm. sport*) lasciare indietro; distanziare; staccare.

to **outdo** /aʊtˈduː/ (*pass.* **outdid,** *p. p.* **outdone**), **A** *v. t.* sorpassare; superare; far meglio di (q.). **B** to **outdo oneself**, *v. rifl.* superare se stesso; mettercela tutta; fare l'impossibile. ● **(in order) not to be outdone**, per non farsi superare (*fig.*); per non essere da meno.

outdoor /ˈaʊtdɔː(r)/, *a. attr.* esterno; di fuori; all'aperto; (*sport*) outdoor: (*stor., ingl.*) **o. relief**, sussidi esterni (*dati ai poveri non ricoverati*); **o. games**, giochi (*o* svaghi, sport) all'aperto. ● (*polit.*) **o. agitation**, agitazione politica extraparlamentare □ **o. pursuits**, attività all'aperto □ (*tur.*) **o. seating**, posti (a sedere) all'aperto □ (*cinem.*) **o. shooting**, riprese esterne; esterni.

outdoors /aʊtˈdɔːz/, **A** *avv.* fuori; fuori di casa; all'aperto: **Let's go o. and get some fresh air**, andiamo fuori a prendere una boccata d'aria! **B** *n.* – **the o.**, l'aperto.

outer /ˈaʊtə(r)/, **A** *a.* esterno; esteriore: (*anat.*) **the o. ear**, l'orecchio esterno; (*astron.*) **o. planets**, pianeti esterni. **B** *n.* (*d'un bersaglio*) cerchio più lontano dal centro; cerchio esterno. ● (*fin.*) **o. band**, banda esterna □ (*USA*) **o. city**, sobborghi; periferia □ (*autom.*) **o. cover**, copertone (*di pneumatico*) □ **o. garments**, vestiti; capi di vestiario (*non biancheria intima*) □ (*naut.*) **o. harbour**, avamporto □ (*naut.*) **o. keel**, controchiglia □ **the o. man**, l'uomo visto dal di fuori; l'aspetto esteriore d'un uomo □ **o. reality**, realtà oggettiva □ (*astron.*) **o. space**, spazio extraatmosferico (*o* cosmico) □ **the o. world**, il mondo esterno; la gente al di fuori della propria cerchia □ **man** (*o* **woman**) **from o. space**, extraterrestre (*sost.*).

outermost /ˈaʊtəməʊst/, *a.* (il) più esterno; (l') estremo; (il) più remoto: **the o. stars**, le stelle più remote.

to **outface** /aʊtˈfeɪs/, *v. t.* **1** far abbassare gli occhi a (q.) **2** affrontare, sfidare (*con successo*).

outfall /ˈaʊtfɔːl/, *n.* **1** bocca di scarico, sbocco (*d'una fogna*) **2** foce (*d'un fiume*).

outfield /ˈaʊtfiːld/, *n.* **1** (*cricket, baseball*) parte del campo più lontana dal battitore **2** giocatori che vi stanno; (gli) esterni.

outfielder /ˈaʊtfiːldə(r)/, *n.* (*sport*) «outfielder»; esterno (*V.* **outfield**).

outfighting /ˈaʊtfaɪtɪŋ/, *n.* (*boxe*) combattimento a distanza.

outfit /ˈaʊtfɪt/, *n.* **1** attrezzatura; corredo; completo; dotazione; equipaggiamento: **a dentist's o.**, un'attrezzatura da dentista; **a camping o.**, un corredo da campeggio; **a tennis o.**, un completo da tennis **2** (*fam.*) gruppo; squadra; (*mil.*) unità **3** (*pop. USA*) organizzazione criminale; gruppo di malavitosi.

to **outfit** /ˈaʊtfɪt/, *v. t.* **1** attrezzare; corredare; equipaggiare **2** (*naut.*) armare.

outfitter /ˈaʊtfɪtə(r)/, *n.* **1** fornitore; chi vende attrezzature **2** negoziante di capi d'abbigliamento (*per uomo*). ● **electrical o.**, elettricista (*il negoziante*) □ **a firm of men's outfitters**, una ditta di confezioni da uomo □ **«Outfitters for the bigger man»** (*cartello*), «taglie forti».

outfitting /ˈaʊtfɪtɪŋ/, *n.* **1** attrezzatura; equipaggiamento **2** (*naut.*) armamento (*di una nave*).

to **outflank** /aʊtˈflæŋk/, *v. t.* **1** (*mil.*) aggirare (*ai fianchi, sull'ala*) **2** (*fig.*) avere la meglio su: **to o. an opponent**, avere la meglio su un avversario.

outflow /ˈaʊtfləʊ/, *n.* efflusso; deflusso: **the o. of the river**, il deflusso dell'acqua del fiume; (*anche*) la portata del fiume. ● (*fin.*) **the o. of capital**, la fuga dei capitali (*da un paese*).

to **outflow** /aʊtˈfləʊ/, *v. i.* effluire (*raro*); defluire.

to **outfox** /aʊtˈfɒks/, *v. t.* vincere (q.) in astuzia; farla in barba a (q.).

to **outgas** /aʊtˈgæs/, *v. t.* (*tecn.*) degassare.

outgassing /aʊtˈgæsɪŋ/, *n.* (*tecn.*) degassamento.

to **outgeneral** /aʊtˈdʒɛnərəl/, *v. t.* **1** (*specialm. mil.*) superare in strategia; battere (*un altro generale*) **2** (*fig.*) essere più abile di (q.).

outgiving /ˈaʊtgɪvɪŋ/, *n.* (*USA*) dichiarazione (*ufficiale o solenne*).

outgo /ˈaʊtgəʊ/, *n.* **1** uscita; efflusso **2** (*comm.*) uscita; spesa: **cash outgoes**, uscite di cassa.

to **outgo** /aʊtˈgəʊ/ (*pass.* **outwent**, *p. p.* **outgone**), *v. t.* sorpassare; superare (*anche fig.*).

outgoing /ˈaʊtgəʊɪŋ/, **A** *a. attr.* **1** in partenza: **o. correspondence**, corrispondenza in partenza; **an o. ship**, una nave in partenza **2** uscente; dimissionario: **the o. president**, il presidente uscente **3** socievole; estroverso; espansivo. **B** *n.* uscita. ● **the o. of the tide**, il calare della marea □ **o. tide**, marea calante.

outgoings /ˈaʊtgəʊɪŋz/, *n. pl.* (*comm.*) uscite; spese.

outgone /aʊtˈgɒn, *USA* -ɔːn/, *pass.* di **to outgo**.

to **outgrow** /aʊtˈgrəʊ/ (*pass.* **outgrew**, *p. p.* **outgrown**), *v. t.* **1** crescere più di; diventare più grande di: **Mankind is outgrowing food supplies**, l'umanità cresce più delle risorse alimentari; **Jack has outgrown his elder brother**, Jack s'è fatto più grande di suo fratello maggiore **2** liberarsi di, perdere (*con l'andare degli anni*): **He has outgrown the bad habits of boyhood**, s'è liberato delle cattive abitudini dell'infanzia. ● **to o. one's clothes**, diventare troppo grande per i propri vestiti; non entrare più negli abiti.

outgrowth /ˈaʊtgrəʊθ/, *n.* **1** escrescenza **2** (*bot.*) escrescenza; galla **3** (*fig.*) conseguenza; risultato; sviluppo.

to **outguess** /aʊtˈgɛs/, *v. t.* **1** superare in astuzia; essere più furbo di (q.) **2** anticipare, prevedere le mosse di (q.) **3** superare giocando d'anticipo; battere sull'anticipo (*fig.*). ● (*fin.*) **to o. the stock market**, prevedere le fluttuazioni della Borsa.

to **outgun** /aʊtˈgʌn/, *v. t.* **1** (*mil.*) avere più potenza di fuoco di (q.) **2** (*fig.*) superare come peso (*fig.*); avere la meglio su (q.).

to **out-Herod** /aʊtˈhɛrəd/, *v. t.* (*lett.*) superare in efferatezza; essere più crudele di (q.). ● (*fig.*) **to out-Herod Herod**, esagerare; imperversare; passare ogni limite.

outhouse /ˈaʊthaʊs/, *n.* **1** capanna; tettoia; fienile; rimessa; stalla **2** (*USA*) gabinetto fuori della casa; servizi esterni.

outing /ˈaʊtɪŋ/, *n.* gita; escursione; viaggetto: **a school o.**, una gita scolastica.

to **outjockey** /aʊtˈdʒɒkɪ/, *v. t.* imbrogliare; ingannare.

outlandish /aʊtˈlændɪʃ/, *a.* **1** (*arc.*) straniero **2** esotico; strano; bizzarro; inconsueto: **an o. costume** [**dish**], un costume [un piatto] esotico. ‖ **-ly**, *avv.* ‖ **-ness**, *sost.*

to **outlast** /aʊtˈlɑːst, *USA* -læst/, *v. t.* **1** superare in durata; (*sport*) battere alla distanza: **He outlasted the other competitors in the race**, batté alla distanza gli altri concorrenti in gara **2** sopravvivere a.

outlaw (**1**) /ˈaʊtlɔː/, *a.* illegale; proibito dalla legge: **an o. strike**, uno sciopero illegale.

outlaw (**2**) /ˈaʊtlɔː/, *n.* **1** (*stor.*) proscritto **2** bandito; criminale; fuorilegge.

to **outlaw** /ˈaʊtlɔː/, *v. t.* **1** (*stor.*) bandire; mettere al bando; proscrivere **2** dichiarare (*o* rendere) illegale.

outlawry /ˈaʊtlɔːrɪ/, *n.* **1** (*stor.*) l'essere messo al bando; proscrizione **2** l'essere un fuorilegge; illegalità.

outlay /ˈaʊtleɪ/, *n.* (*fin., rag.*) uscita; esborso; spesa. ● **initial o.**, spese d'impianto.

to **outlay** /aʊtˈleɪ/, *v. t.* (*pass.* e *p. p.* **outlaid**) (*specialm. USA*) sborsare; spendere: **to o. $ 2,000 for** (*o* **on**) **a vacation abroad**, spendere duemila dollari per una vacanza all'estero.

outlet /ˈaʊtlet/, *n.* **1** uscita; apertura; scarico; sbocco: **an o. for water**, uno scarico per l'acqua; **the o. of a pond**, lo sbocco d'un laghetto **2** (*fig.*) sfogo: **an o. for one's emotions**, uno sfogo alle proprie emozioni **3** (*elettr.*) attacco; presa (di corrente) **4** (*econ., market.*) mercato; sbocco; punto di vendita: **We must find new outlets for our products**, dobbiamo trovare nuovi mercati per i nostri prodotti **5** (*radio, TV*) stazione (*specialm. locale*). ● (*geogr.*) **o. glacier**, ghiacciaio terminale.

outlier /ˈaʊtlaɪə(r)/, *n.* **1** chi abita lontano dal posto di lavoro **2** estraneo; solitario; chi è escluso da un gruppo (*o* si tiene in disparte) **3** (*geol.*) lembo di ricoprimento; scoglio tettonico **4** (*stat.*) valore erratico.

outline /ˈaʊtlaɪn/, *n.* **1** contorno; profilo; sagoma: **the o. of the skyscrapers**, la sagoma dei grattacieli **2** abbozzo; schema; schizzo: **He gave us an o. of his plan**, ci presentò un abbozzo del suo progetto **3** profilo (*fig.*); lineamenti: **an o. of English history**, lineamenti di storia dell'Inghilterra **4** (*pl.*) punti principali; elementi essenziali: **the outlines of a settlement**, i punti principali di un accordo. ● **o. drawing**, disegno lineare □ (*leg.*) **o. law**, legge quadro □ **an o. map**, una cartina geografica che dà solo il contorno; una cartina schematica □ **to describe st. in o.**, descrivere q.c. a grandi linee □ **to draw sb.** (**st.**) **in o.**, fare uno schizzo di q. (di q.c.); schizzare q. (q.c.).

to **outline** /ˈaʊtlaɪn/, *v. t.* **1** tracciare il contorno di; schizzare **2** (*fig.*) descrivere a grandi linee; delineare; abbozzare: **to o. a ten-point programme**, abbozzare un programma articolato in dieci punti.

to **outlive** /aʊtˈlɪv/, *v. t.* **1** sopravvivere a; vivere più a lungo di: **to o. one's husband**, vivere più a lungo del proprio marito **2** scampare a (*una calamità*). ● **to o. one's usefulness**, non servire più (a nulla).

outlook /ˈaʊtlʊk/, *n.* (*anche fig.*) vista; veduta; prospettiva; punto di vista: **to have a fine o.**, godere di una bella vista; **There's a bad o. for steel demand in Italy**, ci sono brutte prospettive per la domanda d'acciaio in Italia. ● (*Borsa*) **the market o.**, le prospettive borsistiche □ **the mountains viewed from a distant o.**, le montagne viste di lontano.

outlying /ˈaʊtlaɪɪŋ/, *a.* **1** esterno; esteriore **2** fuori mano; lontano; remoto: **o. villages**, villaggi remoti **3** (*mil.*) avanzato: **an o. post**, un posto avanzato.

to **outman** /aʊtˈmæn/, *v. t.* **1** superare (q.) in virilità **2** (*ind., ecc.*) superare come potenziale umano.

outmanned /aʊtˈmænd/, *a.* con gli effettivi ridotti; a ranghi ridotti: **He succeeded in lifting his o. team**, riuscì a trascinare la sua squadra che giocava a ranghi ridotti.

to **outmanoeuvre**, (*USA*) to **outmaneuver** /aʊtməˈnuːvə(r)/, *v. t.* manovrare più abilmente di (q.); vincere (*il nemico*) con abili manovre.

to **outmarch** /aʊtˈmɑːtʃ/, *v. t.* lasciare indietro (q.) nella marcia; sorpassare; sopravanzare.

to **outmatch** /aʊtˈmætʃ/, *v. t.* sorpassare; superare; essere superiore a (q.).

to **outmode** /aʊtˈməʊd/, **A** *v. t.* rendere antiquato; far passare di moda. **B** *v. i.* diventare antiquato; passare di moda.

outmoded /aʊtˈməʊdɪd/, *a.* antiquato; passato di moda; invecchiato.

outmost /ˈaʊtməʊst/, *V.* **outermost**.

to **outnumber** /aʊtˈnʌmbə(r)/, *v. t.* superare in numero; esser più numeroso di; schiacciare (*il nemico*) con la forza del numero.

to **outpace** /aʊtˈpeɪs/, *v. t.* camminare più in fretta di (q.); distanziare; staccare (*fam.*).

outpatient /ˈaʊtpeɪʃnt/, *n.* (*med.*) paziente esterno (*o* ambulatoriale). ● **outpatients' department**, ambulatorio.

outplacement /ˈaʊtpleɪsmənt/, *n.* (*econ.*) sistemazione dei lavoratori disoccupati. ● **o. services**, servizi di assistenza e consulenza di disoccupati.

outplacing /aʊtˈpleɪsɪŋ/, *n.* (*econ.*) (servizio di) assistenza per trovare un nuovo posto di lavoro (*per «colletti bianchi»*).

to **outplay** /aʊtˈpleɪ/, *v. t.* (*specialm. sport*) giocare meglio di (q.); sconfiggere, battere (q.) in un gioco.

to **outpoint** /aʊtˈpɔɪnt/, *v. t.* (*sport, specialm. boxe*) superare (*l'avversario*) ai punti.

outport /ˈaʊtpɔːt/, *n.* **1** (*naut.*) porto secondario; porto in un estuario **2** (*comm., naut.*) porto senza dogana.

outpost /ˈaʊtpəʊst/, *n.* (*mil.* e *fig.*) avamposto.

outpour /ˈaʊtpɔː(r)/, *n.* versamento.

to **outpour** /aʊtˈpɔː(r)/, *v. t.* **1** effondere; versare **2** (*fig.*) sfogare.

outpouring /ˈaʊtpɔːrɪŋ/, *n.* **1** (*generalm. al pl.*) effusione; sfogo **2** versamento.

output /ˈaʊtpʊt/, *n.* **1** (*anche ind.*) produzione: **the o. of a factory**, la produzione d'una fabbrica; **the scientific o. of the year**, la produzione scientifica dell'annata **2** (*ind.*) lavoro utile; rendimento; resa *3* (*mecc., elettr., ecc.*) potenza sviluppata; energia erogata *4* (*elab., elettron.*) output; uscita: **o. block**, blocco di uscita; **o. power**, potenza di uscita. ● (*econ., fin.*) **o. gap**, divario di prodotto □ **o. per man-hour**, produzione per ora lavorativa □ (*elab.*) **voice o.**, uscita vocale □ (*autom., elettr.*) **There is no generator o.**, la dinamo non dà corrente (*guasto*).

to **output** /ˈaʊtpʊt/, *v. t.* (*pass.* e *p. p.* **output**) (*elab.*) emettere, fornire (*dati, risultati, ecc.*).

outrage /ˈaʊtreɪdʒ/, *n.* *1* oltraggio; offesa; ingiuria grave; soperchieria; violenza: **an o. against nature [upon society]**, un oltraggio alla natura [alla società] *2* indignazione; sdegno. ● **sense of o.**, sensazione d'essere stato offeso; risentimento.

to **outrage** /ˈaʊtreɪdʒ/, *v. t.* oltraggiare; offendere, ingiuriare gravemente; fare oltraggio a; violentare: **to o. sb.'s sense of justice**, offendere gravemente il senso della giustizia di q.

outrageous /aʊtˈreɪdʒəs/, *a.* *1* oltraggioso; gravemente offensivo, ingiurioso; immorale: **o. unkindness**, scortesia oltraggiosa *2* gravissimo; eccessivo; enorme: **an o. insult**, un gravissimo insulto *3* furioso; violento *4* bizzarro; stravagante; eccentrico *5* smoderato; esagerato: **an o. price**, un prezzo esagerato. ● **o. weather**, tempo orribile. || **-ly**, *avv.* || **-ness**, *sost.*

outran /aʊtˈræn/, *pass.* di **to outrun**.

to **outrange** /aʊtˈreɪndʒ/, *v. t.* *1* (*d'arma da fuoco*) avere una gittata maggiore di (*un'altra*); superare in gittata *2* (*fig.*) sorpassare; superare.

to **outrank** /aʊtˈræŋk/, *v. t.* avere un grado più alto di (q.); superare (q.) in grado.

outré /ˈuːtreɪ, *USA* uːˈtreɪ/ (*franc.*), *a.* *1* stravagante; eccentrico *2* scorretto; sconveniente.

to **outreach** /aʊtˈriːtʃ/, *v. t.* *1* sorpassare (q.c.) in estensione *2* (*fig.*) sorpassare; eccedere.

to **outride** /aʊtˈraɪd/ (*pass.* **outrode**, *p. p.* **outridden**), *v. t.* *1* distanziare (q.) a cavallo; lasciare indietro (q.) cavalcando; sottrarsi a (q.) fuggendo a cavallo *2* (*naut.*) riuscire a superare (*una tempesta*).

outrider /ˈaʊtraɪdə(r)/, *n.* *1* (*stor.*) lacchè *2* battistrada; motociclista di scorta; staffetta *3* (*USA*) bovaro a cavallo.

outrigger /ˈaʊtrɪgə(r)/, *n.* *1* (*mecc., ecc.*) intelaiatura (*o* supporto) di base (*della gru, ecc.*) *2* (*naut.*) buttafuori (*per le scalmiere dei remi*) *3* (*naut.*) bilanciere *4* (*naut.*) outrigger; fuoriscalmo; canoa a bilanciere *5* (*aeron.*) intelaiatura di sostegno *6* (*in una carrozza*) prolungamento del bilancino (*per attaccare un altro cavallo*).

outright /ˈaʊtraɪt/, **A** *avv.* *1* completamente; interamente; del tutto; per intero: **to pay o.**, pagare per intero *2* immediatamente; subito; sul colpo; al primo colpo: **to be killed o. by a rifle shot**, restar ucciso sul colpo da una fucilata *3* apertamente; schiettamente; seccamente; chiaro e tondo: **to tell sb. o. what one thinks of him**, dire apertamente a q. quel che si pensa di lui. **B** *a. attr.* *1* aperto; franco; schietto; sincero; secco: **an o. denial**, una secca smentita *2* completo; integrale; immediato: **o. disaster**, disastro completo; **o. payment**, pagamento integrale (*o* immediato). ● **an o. lie**, una bugia bell'e buona □ **an o. present**, un dono incondizionato; un vero e proprio regalo. || **-ness**, *sost.*

to **outrival** /aʊtˈraɪvl/, *v. t.* far meglio di (q.); superare.

outroar /ˈaʊtrɔː(r)/, *n.* frastuono; baccano.

to **outroar** /ˈaʊtrɔː(r)/, *v. t.* rumoreggiare più forte di (q.); fare più baccano di (q.).

outrode /aʊtˈrəʊd/, *pass.* di **to outride**.

to **outroot** /aʊtˈruːt/, *v. t.* sradicare; estirpare.

to **outrun** /aʊtˈrʌn/ (*pass.* **outran**, *p. p.* **outrun**), *v. t.* *1* sorpassare in velocità; superare nella corsa *2* (*fig.*) superare; andare oltre: **Science fiction often outruns common sense**, la fantascienza spesso va oltre il buonsenso.

outrunner /ˈaʊtrʌnə(r)/, *n.* *1* battistrada; (*fig.*) pioniere, precursore *2* cane di testa (*in un traino di slitta*).

outsat /aʊtˈsæt/, *pass.* e *p. p.* di **to outsit**.

to **outsell** /aʊtˈsɛl/ (*pass.* e *p. p.* **outsold**), *v. t.* (*comm.*) *1* vendere più di (*un concorrente*) *2* (*di merce*) vendersi più di (*un'altra*).

outset /ˈaʊtsɛt/, *n.* inizio; principio; esordio: **at** (*o* **from**) **the o.**, fin dall'inizio.

to **outshine** /aʊtˈʃaɪn/ (*pass.* e *p. p.* **outshone**), *v. t.* *1* superare in splendore; brillare più di (q.c.); offuscare *2* (*fig.*) superare; eclissare.

outside /aʊtˈsaɪd, ˈaʊtsaɪd/, **A** *n.* *1* (il) di fuori; (l') esterno: **the o. of a building**, l'esterno d'un edificio; **to open a door from the o.**, aprire una porta dal di fuori *2* apparenza; aspetto (esteriore): **He was the fine o. of a gentleman**, aveva il tipico aspetto del gentiluomo *3* (*trasp.*) cassetta (*di diligenza*), passeggero che viaggia a cassetta *4* (*pl.*) fogli esterni (*d'una risma di carta*) *5* (*sport*) esterno; ala. **B** *a. attr.* *1* esterno; fatto (*o* posto, situato) all'esterno; proveniente dall'esterno; esteriore; di fuori; all'aperto: **o. lighting**, illuminazione esterna (*di una casa*); **o. tap**, rubinetto all'esterno; (*mecc.*) **o. diameter**, diametro esterno; **o. work**, lavoro fatto all'esterno, all'aperto (*fuori d'un edificio*); **o. repairs**, riparazioni esterne (*in un edificio*); **o. help**, aiuto che viene dall'esterno; aiuto di estranei (*a un'organizzazione*); **o. activities**, attività all'aperto *2* estraneo: **o. influences**, influssi estranei *3* estremo; (il) maggiore (*o* più alto) possibile: **to quote the o. prices**, fissare i più alti prezzi possibili *4* a parte; collaterale: **to have o. interests**, avere interessi collaterali *5* minimo; piccolissimo; remoto: **There's only an o. chance**, non c'è che una minima probabilità *6* di massima: **an o. estimate**, un preventivo di massima. **C** *avv.* *1* fuori; di fuori; all'esterno; all'aperto: **Come o.!**, vieni fuori!; **There's nobody o.**, di fuori non c'è nessuno; **The box was red o. and black inside**, la scatola era rossa di fuori e nera di dentro *2* (*trasp.*) a cassetta: **to travel o.**, viaggiare a cassetta. **D** *prep.* *1* fuori di; all'esterno di: **He was standing o. the door**, stava in piedi fuori della porta *2* (*fam.*) all'infuori di; eccetto; oltre: **Nobody knows o. the members of my family**, non lo sa nessuno, all'infuori dei miei familiari; **to go o. the evidence**, andare oltre l'evidenza. ● (*radio, TV*) **o. broadcast**, trasmissione in esterno □ (*fin.*) **o. broker** (*o* **o. dealer**), operatore estraneo alla Borsa Valori; agente di cambio senza riconoscimento ufficiale □ (*mecc.*) **o. caliper**, compasso di spessore (*o* per esterni) □ **o. in**, *V.* **inside out** □ (*sport*) **o. left**, ala sinistra, esterno sinistro □ **o. of**, (*fam.*) *V. sopra,* **D**, *def. 2*; □ **the o. of a bus**, l'imperiale d'un autobus □ (*un tempo*) **o. porter**, facchino autorizzato a portare i bagagli fuori della stazione □ **at the** (**very**) **o.**, al massimo; tutt'al più: **There were a hundred people at the** (**very**) **o.**, c'erano cento persone al massimo □ (*pop.*) **to get o. of a good dinner**, fare fuori un buon pranzetto.

outsider /aʊtˈsaɪdə(r)/, *n.* *1* osservatore esterno *2* persona esclusa da un gruppo (*o* tenuta fuori da un ambiente sociale); estraneo; profano *3* (*sport*) outsider *4* (*ippica*) cavallo dato perdente *5* (*specialm. polit.*) outsider; candidato che ha scarse probabilità di vittoria.

to **outsit** /aʊtˈsɪt/ (*pass.* e *p. p.* **outsat**), *v. t.* *1* restare seduto (*o* trattenersi) più a lungo di (*altri ospiti*) *2* rimanere seduto dopo la fine di (*uno spettacolo, ecc.*).

outsize /ˈaʊtsaɪz/, **A** *n.* taglia (*o* misura) superiore alla media; taglia forte. **B** *a. attr.* *1* (*di abito, ecc.*) grande; di taglia forte *2* (= **outsized**) fuori misura; grandissimo. ● **an o. hat**, un cappello enorme □ (*market.*) **an o. shop**, un negozio di abiti di taglia forte.

outskirts /ˈaʊtskɜːts/, *n. pl.* *1* sobborghi; periferia; zona suburbana: **on the o. of the town**, alla periferia della città *2* (*fig.*) margini; confini.

to **outsmart** /aʊtˈsmɑːt/, *v. t.* (*fam.*) sorpassare in astuzia; essere più furbo di (q.); mettere nel sacco (*fig.*).

outsold /aʊtˈsəʊld/, *pass.* e *p. p.* di **to outsell**.

outsole /ˈaʊtsəʊl/, *n.* suola esterna (*di una scarpa*).

to **outsource** /ˈaʊtsɔːs/, *v. t.* (*econ., fin.*) appaltare (*a ditte specializzate*) operazioni della gestione di (*un'azienda*).

outsourcing /ˈaʊtsɔːsɪŋ/, *n.* (*econ., fin.*) appalto di operazioni della gestione aziendale (*V. sopra*).

to **outspan** /aʊtˈspæn/, *v. t.* (*in Sud Africa*) *1* staccare, sbardare (*cavalli*) *2* togliere il giogo a (*buoi*).

outspoken /aʊtˈspəʊkən/, *a.* chiaro; franco; esplicito; schietto: **an o. remark**, una franca osservazione. ● (*di persona*) **to be o.**, dire quel che si pensa; parlare a cuore aperto. || **-ly**, *avv.* || **-ness**, *sost.*

outspread /aʊtˈsprɛd/, *a.* disteso; spiegato; teso: **with o. arms**, a braccia tese; **with o. wings**, ad ali spiegate.

outstanding /aʊtˈstændɪŋ/, *a.* *1* sporgente; prominente *2* eminente; notevole: **an o. person**, una persona eminente; **an o. fact**, un fatto notevole *3* (*comm.*) in pendenza; arretrato; insoluto; non pagato; (*fin.*) in sofferenza, in circolazione: **o. debts**, debiti insoluti; **o. bills**, cambiali non pagate; effetti in circolazione *4* (*di lavoro*) ancora da fare; in sospeso *5* (*comm.*) da evadere: **to have a good deal of orders o.**, avere ancora molte ordinazioni da evadere. ● (*rag.*) **o. balance**, saldo scoperto □ (*leg.*) **o. claim**, pretesa insoddisfatta; credito arretrato □ (*fin.*) **o. coupons**, cedole non pagate □ (*leg.*) **o. matter**, pendenza.

to **outstare** /aʊtˈstɛə(r)/, *v. t.* fare abbassare lo sguardo a (q.) fissandolo.

outstation /ˈaʊtsteɪʃn/, *n.* stazione remota; posto decentrato.

to **outstay** /aʊtˈsteɪ/, *v. t.* trattenersi più a lungo di (q.). ● **to o. one's welcome**, trattenersi più del necessario; diventare un ospite sgradito.

to **outstep** /aʊtˈstɛp/, *v. t.* *1* superare (*o* sorpassare) camminando *2* (*fig.*) andare oltre: **to o. the truth**, andare oltre la verità.

to **outstretch** /aʊtˈstrɛtʃ/, *v. t.* distendere; spiegare; stendere.

outstretched /aʊtˈstrɛtʃt/, *a.* disteso; steso; allungato; teso: **with o. arms** [**paws**], a braccia tese [con le zampe allungate].

to **outstrip** /aʊtˈstrɪp/, *v. t.* *1* correre più forte di (q.); lasciare indietro; distanziare *2* (*fig.*) battere; superare; vincere.

outtake /ˈaʊtteɪk/, *n.* (*cinem., TV*) pezzo tagliato (*durante una registrazione*).

to **outtalk** /aʊtˈtɔːk/, *v. t.* parlare più forte di (q.).

to **outtop** /aʊtˈtɒp/, *v. t.* *1* superare in altezza *2* (*fig.*) superare.

outturn /ˈaʊttɜːn/, *n.* *1* (*econ.*) risultato effettivo; resa *2* (*fisc.*) gettito *3* (*naut.*) resa allo sbarco.

to **outvalue** /aʊtˈvæljuː/, *v. t.* superare in valore.

to **outvie** /aʊtˈvaɪ/, *v. t.* superare (*o* vincere) in una gara.

to **outvoice** /aʊtˈvɔɪs/, *v. t.* parlare più forte (*o* in modo più persuasivo) di (q.); ridurre (q.) al silenzio.

to **outvote** /aʊtˈvəʊt/, *v. t.* sconfiggere in una votazione; avere più voti di (q.); mettere in minoranza: **to find oneself outvoted**, essere battuto ai voti; essere messo in minoranza.

to **outwalk** /aʊtˈwɔːk/, *v. t.* camminare più svelto di (q.).

outward /ˈaʊtwəd/, **A** *a.* *1* esterno; esteriore; estrinseco: **o. form**, forma esterna; **o. beauty**, bellezza esteriore *2* corporeo; materiale: **o. things**, le cose materiali; gli oggetti; il mondo esteriore *3* apparente; superficiale; visibile *4* di andata: **the o. journey**, il viaggio d'andata. **B** *n.* *1* (l') apparenza; (l') aspetto esteriore *2* (*pl.*) (le) cose materiali; (il) mondo esteriore. **C** *avv. V.* **outwards**. ● (*naut.*) **o. bill of lading**, polizza di carico per il viaggio di andata □

(*naut.*: *di nave o passeggero*) **o. bound**, diretto a un porto straniero; in partenza; in viaggio d'andata □ (*naut.*) **o. bounder**, nave in partenza; nave in viaggio d'andata.

outwardly /ˈaʊtwədlɪ/, *avv.* al di fuori; all'esterno; esteriormente; in apparenza; apparentemente: **Jane remained o. calm**, Jane rimase esteriormente calma.

outwardness /ˈaʊtwədnəs/, *n.* esteriorità; aspetto esteriore; apparenza.

outwards /ˈaʊtwədz/, *avv.* verso l'esterno; in fuori: **galaxies moving o.**, galassie che si spostano verso l'esterno.

outwash /ˈaʊtwɒʃ, *USA* -wɔːʃ/, *n.* (*geol.*) deposito di dilavamento glaciale.

to **outwatch** /aʊtˈwɒtʃ, *USA* -ˈwɔːtʃ/, *v. t.* vegliare più a lungo di (q.).

outwear /ˈaʊtwɛə(r)/, *n.* (*market.*) abbigliamento per l'esterno; (*collett.*) cappotti, impermeabili, ecc.

to **outwear** /aʊtˈwɛə(r)/ (*pass.* **outwore**, *p. p.* **outworn**), *v. t.* **1** durare più a lungo di (q.c.); superare in durata **2** (*di solito al p.p.*) consumare, logorare (*vestiti, ecc.*).

to **outweigh** /aʊtˈweɪ/, *v. t.* **1** pesare più di; aver maggior peso di (*anche fig.*); sorpassare in importanza; superare in valore **2** vincere: **Curiosity outweighed her shyness**, la curiosità vinse la sua timidezza.

outwent /aʊtˈwɛnt/, *pass.* di **to outgo**.

to **outwit** /aʊtˈwɪt/, *v. t.* superare in astuzia; mettere nel sacco (*fig.*); farla in barba a (q.).

outwith /aʊtˈwɪθ/, *prep.* (*scozz.*) fuori di.

outwore /aʊtˈwɔː(r)/, *pass.* di **to outwear**.

outwork /ˈaʊtwɜːk/, *n.* **1** (*mil.*) fortificazione esterna **2** (*econ.*) lavoro a domicilio.

to **outwork** /aʊtˈwɜːk/, *v. t.* **1** lavorare meglio (*o* più in fretta) di (q.) **2** completare; portare a termine (*un'opera*).

outworker /ˈaʊtwɜːkə(r)/, *n.* (*econ.*) lavorante a domicilio.

outworn **A** /aʊtˈwɔːn/ *p. p.* di **to outwear**. **B** *a. attr.* /ˈaʊtwɔːn/ **1** esausto; stremato: **an o. boxer**, un pugile stremato **2** logoro; trito; vieto: **an o. phrase**, un modo di dire trito (*o* vieto).

ouzel /ˈuːzl/, *n.* (*zool.*, *Turdus merula*) merlo.

ouzo /ˈuːzəʊ/ (*greco*), *n.* (*pl.* **ouzos**) «ouzo» (*liquore*).

oval /ˈəʊvl/, *a.* e *n.* ovale. ● (*sport*) **the O.**, famoso campo sportivo a Londra □ (*sport*) **o. ball**, palla ovale (*il pallone*) □ (*in U.S.A.*) **the O. Office**, la Sala Ovale, l'ufficio del Presidente; (*per estens.*) la presidenza degli Stati Uniti.

ovalness /ˈəʊvəlnəs/, *n.* l'essere ovale.

Ovaltine /ˈəʊvltiːn/, *n.* (*marchio*) Ovomaltina.

ovarial /əʊˈvɛərɪəl/, *a.* (*fisiol.*) ovarico: **o. function**, funzione ovarica.

ovarian /əʊˈvɛərɪən/, *a.* (*anat.*) ovarico.

ovariectomy /əʊvɛərɪˈɛktəmɪ/, *n.* (*med.*) ovariectomia.

ovariotomy /əʊvɛərɪˈɒtəmɪ/, *n.* (*med.*) ovariotomia.

ovaritis /əʊvəˈraɪtɪs/, *n.* (*pl.* **ovaritides**) (*med.*) ovarite.

ovary /ˈəʊvərɪ/, *n.* **1** (*anat.*) ovaia **2** (*bot.*) ovario.

ovate /ˈəʊveɪt/, *a.* **1** ovale **2** (*bot.*) ovoidale; ovato.

ovation /əʊˈveɪʃn, ə-/, *n.* **1** (*stor. romana*) ovazione **2** vivo applauso; acclamazione.

oven /ˈʌvn/, *n.* forno (*anche fig.*); fornetto: **microwave o.**, forno a microonde; **It's like an o. in here!**, sembra di stare in un forno! ● (*zool.*) **o.-bird**, (*Furnarius*) fornaio; (*Seiurus aurocapillus*) tordo dalla corona d'oro; ballerina dei boschi □ **o.-dressed** (*o* **o.-ready**), pronto per il forno (*rif. a cibo preconfezionato*) □ (*ind.*) **o.-dry**, essiccato al forno □ **Dutch o.**, forno portatile (*o* da campagna).

ovenware /ˈʌvnwɛə(r)/, *n.* (*cucina*) stoviglie da forno.

over (**1**) /ˈəʊvə(r)/, *avv.* **1** al di sopra; di sopra; di là; oltre: **Can you jump o.?**, sei capace di saltare di là?; **to lean o.**, sporgersi (*al di sopra*) **2** completamente; del tutto; da cima a fondo; da capo a piedi: **The table was covered** (**all**) **o. with paint**, la tavola era tutta coperta di vernice; **I've read the book o.**, ho letto il libro da cima a fondo **3** (*a. pred.*) rimasto; avanzato: **Is there any bread** [**money**] **o.?**, è avanzato del pane [del denaro]? **4** (*a. pred.*) finito; terminato; passato: **The lesson is o.**, la lezione è finita; **The rain will soon be o.**, la pioggia cesserà ben presto; **The danger is o.**, il pericolo è passato **5** di ritorno: **to be o. from abroad**, essere di ritorno dall'estero **6** (*in qualche locuz., è idiom.*; *per es.*:) **I'm going o. to America**, vado in America; **My children were o. at Easter**, i figli mi sono venuti a trovare per Pasqua; **How much is left o.?**, quant'è rimasto?; (*a scuola*) (**Your**) **time** (**is**) **o.!**, consegnare (i compiti)! **7** (*nei verbi frasali, è idiom.*; *per es.*:) **to boil o.**, traboccare; **to do st. o.**, rifare q.c.; **to fall o.**, rovesciarsi, ecc. (*V. sotto* **to boil, to do, to fall**, *ecc.*) **8** (*nelle comunicazioni radio, ecc.*) passo: **O. to you, Jack!**, passo a te, Jack!; **o. and out**, passo e chiudo. ● **o. and above**, in aggiunta; per sovrappiù; per soprammercato; senza calcolare, senza tener conto di □ **o.** (**and o.**) **again**, più volte; ripetutamente; mille volte: **The orator was interrupted o. and o.**, l'oratore fu interrotto più volte □ **I've told you that o. and o. again**, te l'ho detto mille volte □ **o. there**, lassù □ (*fam.*) **It's all o. between us**, tra noi è finita; abbiamo chiuso (per sempre) □ (*fam.*) **to be all o. with sb.**, aver chiuso con q. □ **I did it six times o.**, lo feci per ben sei volte □ **That's John all o.**, questo è caratteristico di John; è proprio quel che ci si può attendere da John.

over (**2**) /ˈəʊvə(r)/, *prep.* **1** sopra; su: **The branch hung o. the roof**, il ramo pendeva sopra il tetto; **with one's hat o. one's eyes**, col cappello sugli occhi; **to wear one's hair o. the shoulders**, portare i capelli sulle spalle; **to lay the cloth o. the table**, stendere la tovaglia sulla tavola; **a bridge o. the river**, un ponte sul fiume **2** più di; oltre: **o. a hundred people**, oltre cento persone; **nothing o. a hundred dollars**, niente (neanche un centesimo) più di cento dollari; **It cost o. five pounds**, è costato più di cinque sterline; **He is o. thirty**, ha più di trent'anni **3** attraverso; per tutto: **o. the whole country**, per tutta la nazione; **all o. the world**, in tutto il mondo **4** durante; nel corso di; attraverso; per: **We'll discuss it o. our dinner**, ne discuteremo durante il pranzo; **o. the centuries**, nel corso dei secoli; attraverso i secoli; **o. a period of several years**, per un periodo di molti anni; **What are you doing over Christmas?**, che cosa fai per Natale? **5** di là da; oltre: **to jump o. a fence**, saltare di là da uno steccato; **a city o. the border**, una città oltre il confine **6** fin dopo: **Stay o. Christmas**, rimani fin dopo Natale! **7** nei confronti di; rispetto a: **Prices have gone up twenty per cent o. last year**, i prezzi sono aumentati del venti per cento rispetto all'anno scorso **8** in fatto di; riguardo a: **The firm is having difficulties o. VAT**, la ditta è in difficoltà in fatto di I.V.A. **9** per la questione (*o* sul problema) di: **The U.S. was planning air raids on Bagdad o. the U.N.O. inspections**, gli U.S.A. progettavano incursioni aeree su Bagdad per la questione delle ispezioni dell'O.N.U. ● **o.-the-counter**, (*di medicinale*) da banco; (*fin*: *di titolo, ecc.*) non trattato in una borsa ufficiale; del ristretto □ (*fin.*) **o.-the-counter market**, terzo mercato, mercato ristretto, fuoriborsa; mercatino (*fam.*) □ (*fam. USA*) **o. one's head**, al di sopra del proprio comprendonio (*fam., scherz.*); incomprensibile □ **o. head and ears**, fin sopra i capelli: **to be in debt o. head and ears**, esser indebitato fin sopra i capelli □ **o. one's ears**, sopra le orecchie; (*anche*) alle tempie: **He's getting grey o. his ears**, sta facendo i capelli grigi alle tempie □ (*fig.*) **o. one's head**, incomprensibile, troppo difficile □ (*fig.*) **o. sb.'s head**, sulla testa di q. (*scavalcandolo nella gerarchia*) □ (*pop. USA*) **o. the hill**, troppo vecchio; evaso; (*anche*) che ha disertato □ **o. the phone**, al telefono; (*anche*) per (mezzo del) telefono: **speaking o. the phone**, parlando al telefono; **to take orders o. the phone**, ricevere (*o* accettare) ordinazioni per telefono □ (*trasp.*) **o.-the-road**, su strada; su gomma □ (*fam.*) **o. the top**, (*agg.*) eccessivo, esagerato; (*avv.*) troppo: **That's O.T.T.!**, questo è troppo! □ (*fam. USA*) **o.-the-transom**, non richiesto, inviato senza richiesta □ **to climb o. a wall**, scavalcare un muro (*arrampicandosi*) □ **to fall o. an obstacle**, cadere inciampando in un ostacolo □ **to be head o. heels in love with sb.**, esser innamorato cotto di q. □ **to help sb. o. a road**, aiutare q. ad attraversare una strada □ **the house o. the way**, la casa dall'altra parte della strada; la casa di fronte □ **to preside o. a meeting**, presiedere una riunione □ **to sit o. the fire**, starsene seduto vicino al fuoco □ (*prov.*) **O. shoes, o. boots**, quando si è in ballo bisogna ballare.

over (**3**) /ˈəʊvə(r)/, *n.* (*cricket*) «over»; numero di palle successive (*di solito sei o otto*) di cui dispone il lanciatore.

over- (**4**) /ˈəʊvə(r)/, *pref.* sopra-; sovra-; che sta sopra; superiore; che supera la norma; eccessivo; troppo: **o.-optimistic**, troppo ottimistico.

overabundance /əʊvərəˈbʌndəns/, *n.* sovrabbondanza.

overabundant /əʊvərəˈbʌndənt/, *a.* sovrabbondante.

to **overact** /əʊvərˈækt/, *v. t.* e *i.* (*teatr.*) esagerare; strafare: **to o.** (**in**) **a part**, esagerare nel fare una parte; gigioneggiare.

overacting /əʊvərˈæktɪŋ/, **A** *n.* (*teatr.*) gigionismo; enfasi (*o* recitazione) gigionesca. **B** *a.* (*teatr.*) che gigioneggia; gigionesco. ● **an o. player**, un gigione.

overactive /əʊvərˈæktɪv/, *a.* troppo attivo; iperattivo.

overage (**1**) /əʊvərˈeɪdʒ/, *a.* che ha superato una data età; troppo vecchio.

overage (**2**) /ˈəʊvərɪdʒ/, *n.* (*naut.*) eccedenza di carico rispetto a quanto specificato nella polizza.

overall (**1**) /ˈəʊvərɔːl/, *n.* **1** (*ingl.*) grembiule da lavoro; grembiulone **2** (*USA*) tuta intera (da lavoro).

overall (**2**) /ˈəʊvərˈɔːl/, *a.* totale; complessivo; globale.

overall (**3**) /əʊvərˈɔːl/, *avv.* complessivamente; nell'insieme.

overalls /ˈəʊvərɔːlz/, *n. pl.* **1** (*ingl.*) tuta intera (*da lavoro*) **2** (*USA*) salopette; pantaloni (*da lavoro*) con pettorina (*cfr. ingl.* **dungarees**).

overambitious /əʊvəræmˈbɪʃəs/, *a.* troppo ambizioso.

overanxious /əʊvərˈæŋkʃəs/, *a.* troppo ansioso; trepidante.

to **overarch** /əʊvərˈɑːtʃ/, **A** *v. t.* formare un arco su; coprire con una volta: **Thick foliage overarched the river**, il denso fogliame formava un arco sopra il fiume. **B** *v. i.* formare un arco; sovrastare a mo' d'arco.

overarm /ˈəʊvərɑːm/, *a.* **1** (*sport*) effettuato alzando il braccio sopra la spalla: **o. throw**, lancio effettuato alzando il braccio sopra la spalla (*per es., nel giavellotto*) **2** (*nuoto*) alla marinara: **o. stroke**, bracciata alla marinara; over.

overate /əʊvərˈeɪt/, *pass.* di **to overeat**.

to **overawe** /əʊvərˈɔː/, *v. t.* intimidire; mettere (q.) in soggezione.

overawing /əʊvərˈɔːɪŋ/, *n.* intimidazione.

overbalance /əʊvəˈbæləns/, *n.* **1** eccesso di peso **2** eccedenza; preponderanza. ● (*econ.*) **an o. of imports**, una prevalenza delle importazioni.

to **overbalance** /əʊvəˈbæləns/, **A** *v. t.* **1** far perdere l'equilibrio a; sbilanciare **2** pesare più di; superare in peso **3** (*fig.*) superare in importanza, in valore: **Debts o. credits**, i debiti superano i crediti. **B** *v. i.* perdere l'equilibrio; sbilanciarsi. ● (*fin., rag.*) **to o. the budget**, sbilanciare il preventivo.

to **overbear** /əʊvəˈbɛə(r)/ (*pass.* **overbore**, *p. p.* **overborne**), **A** *v. t.* dominare; opprimere; sopraffare; sottomettere; ridurre (q.) all'obbedienza. **B** *v. i.* **1** (*bot.*) dare troppi frutti **2** generare troppi figli. ● **to be overborne in a debate**, aver la peggio in una discussione.

overbearing /əʊvəˈbɛərɪŋ/, *a.* altezzoso; arrogante; borioso; imperioso; dispotico; prepotente: **He is o. in his manner**, ha maniere altezzose (*o* imperiose). || **-ly**, *avv.* || **-ness**, *sost.*

overbed /ˈəʊvəbɛd/, *a. attr.* da usare a letto: **o. table**, tavolinetto (*a rotelle*) da usare stando a letto.

overbid /ˈəʊvəbɪd/, *n.* **1** (*comm.*) offerta eccessiva **2** (*nelle aste*) rilancio **3** (*bridge*) dichiarazione troppo alta.

to **overbid** /əʊvəˈbɪd/ (*pass.* **overbid**, *p. p.* **overbidden**), **A** *v. t.* **1** (*comm.*) fare un'offerta superiore a quella di (q.); offrire più di (q.) **2** (*bridge*) dichiarare di più di (q.). **B** *v. i.* **1** (*comm.*) offrire troppo; fare un'offerta superiore al valore **2** (*nelle aste*) rilanciare **3** (*bridge*) fare una dichiarazione troppo alta.

to **overblow** /əʊvəˈbləʊ/ (*pass.* **overblew**, *p. p.* **overblown**), *v. t.* **1** (*del vento, ecc.*) soffiare sopra; disperdere, dissipare (*soffiando*) **2** ricoprire (q.c.) d'uno strato (*di sabbia, neve, ecc.*) **3** (*mus.*) soffiare con troppa forza in (*uno strumento a fiato*).

overblown /əʊvəˈbləʊn/, *a.* **1** (*specialm. di fiore*) sfiorito; spampanato **2** (*di stile, ecc.*) pomposo; fiorito **3** eccessivo; esagerato: **o. claims**, pretese esagerate.

overboard /ˈəʊvəbɔːd/, *avv.* (*naut.*) fuori bordo; in mare; a mare: **to fall o.**, cadere in mare; **to throw part of the cargo o.**, gettare a mare parte del carico. ● (*fam.*) **to go o. about** (*o* **for**) **sb.**, perdere la testa per q. □ **Man o.!**, uomo in mare! □ (*fig.*) **to throw sb. o.**, sbarazzarsi di q.; scaricare q. (*fam.*) □ (*fig.*) **to throw a scheme o.**, buttare all'aria un progetto; mandare a monte un piano.

overbold /əʊvəˈbəʊld/, *a.* troppo audace; impudente; sfacciato; temerario.

overbook /əʊvəˈbʊk/, *v. t.* e *i.* fare più prenotazioni dei posti (*o* delle camere) disponibili (*in aereo, in albergo, ecc.*).

overbore /əʊvəˈbɔː(r)/, *pass.* di **to overbear**.

overborne /əʊvəˈbɔːn/, *p. p.* di **to overbear**.

overborrowing /əʊvəˈbɒrəʊɪŋ, *USA* -ɔːr-/, *n.* (*fin.*) indebitamento eccessivo.

overbought /əʊvəˈbɔːt/, *pass.* e *p. p.* di **to overbuy**.

overbridge /ˈəʊvəbrɪdʒ/, *n.* sovrappasso; cavalcavia.

to **overbrim** /əʊvəˈbrɪm/, **A** *v. t.* traboccare da (*un recipiente*). **B** *v. i.* traboccare.

to **overbuild** /əʊvəˈbɪld/ (*pass.* e *p. p.* **overbuilt**), *v. t.* **1** sopraelevare (*un edificio*); costruire sopra (*un edificio*) **2** costruire troppi edifici in (*un'area*).

overbuilt /əʊvəˈbɪlt/, *a.* costruito in eccesso; sovracostruito.

overburden /əʊvəˈbɜːdn/, *n.* (*ind. min.*) strato sterile.

to **overburden** /əʊvəˈbɜːdn/, *v. t.* **1** sovraccaricare; oberare: **an overburdened horse**, un cavallo sovraccarico **2** abbattere; accasciare.

overbusy /əʊvəˈbɪzɪ/, *a.* **1** troppo indaffarato; occupatissimo **2** che si dà troppo da fare; troppo premuroso; zelante.

to **overbuy** /əʊvəˈbaɪ/ (*pass.* e *p. p.* **overbought**), **A** *v. i.* (*comm.*) comprare troppa merce. **B** *v. t.* comprare (*merce, ecc.*) in quantità eccessiva (*rispetto al fabbisogno*).

overcall /ˈəʊvəkɔːl/, *n.* (*bridge*) *V.* **overbid**.

to **overcall** /əʊvəˈkɔːl/, *v. t.* (*bridge*) *V.* **to overbid**.

overcame /əʊvəˈkeɪm/, *pass.* di **to overcome**.

overcapacity /əʊvəkəˈpæsətɪ/, *n.* (*econ.*) eccesso di capacità produttiva.

overcapitalization /əʊvəkæpɪtəlaɪˈzeɪʃn, *USA* -lɪˈz-/, *n.* (*fin.*) sovracapitalizzazione.

to **overcapitalize** /əʊvəˈkæpɪtəlaɪz/, *v. t.* (*fin.*) sovracapitalizzare (*un'azienda*).

overcareful /əʊvəˈkɛəfl/, *a.* **1** troppo accurato **2** troppo guardingo; prudente all'eccesso.

overcast /əʊvəˈkɑːst, *USA* -ˈkæst/, **A** *a.* **1** (*del cielo*) coperto; annuvolato; nuvoloso **2** (*fig.*) depresso; cupo; tetro; triste. **B** *n.* **1** (*meteor.*) copertura del cielo; cortina di nuvole **2** (*cucito*) sopraggitto. ● (*mil., aeron.*) **o. bombing**, bombardamento senza visibilità.

to **overcast** /əʊvəˈkɑːst, *USA* -ˈkæst/ (*pass.* e *p. p.* **overcast**), *v. t.* **1** coprire di nuvole; annuvolare; offuscare; oscurare **2** cucire a sopraggitto.

overcautious /əʊvəˈkɔːʃəs/, *a.* troppo cauto; guardingo all'eccesso. || **-ly**, *avv.*

overceiling /əʊvəˈsiːlɪŋ/, *a. attr.* oltre il livello (*o* il limite) massimo consentito (*o* previsto).

overcharge /əʊvəˈtʃɑːdʒ/, *n.* **1** prezzo eccessivo; maggiorazione di prezzo; addebito eccessivo **2** sovraccarico.

to **overcharge** /əʊvəˈtʃɑːdʒ/, **A** *v. t.* **1** far pagare (*un articolo, ecc.*) troppo caro a (q.): **We were overcharged for the wine**, ci fecero pagare il vino troppo caro **2** sovraccaricare (*anche fig.*); appesantire: **overcharged with electricity**, sovraccaricato d'elettricità. **B** *v. i.* fare prezzi troppo alti.

to **overcloud** /əʊvəˈklaʊd/, **A** *v. t.* annuvolare; offuscare; oscurare; rannuvolare: **Despair overclouded his face**, la disperazione gli offuscava il volto. **B** *v. i.* **1** annuvolarsi; rannuvolarsi **2** (*fig.*) rattristarsi.

overcoat /ˈəʊvəkəʊt/, *n.* **1** soprabito; cappotto **2** rivestimento protettivo (*di vernice, ecc.*).

overcoating /ˈəʊvəkəʊtɪŋ/, *n.* stoffa per soprabiti.

to **overcome** /əʊvəˈkʌm/ (*pass.* **overcame**, *p. p.* **overcome**), *v. t.* sormontare; sopraffare; sconfiggere; sottomettere; superare; vincere: **to o. one's enemies**, sconfiggere i propri nemici; **to o. temptations**, vincere le tentazioni; **to be overcome by one's emotions**, essere sopraffatto dall'emozione; **to o. a difficulty**, superare una difficoltà. ● **to be overcome by one's feelings**, essere profondamente commosso.

to **overcompensate** /əʊvəˈkɒmpɛnseɪt, -pən-/, **A** *v. t.* sovracompensare; compensare eccessivamente. **B** *v. i.* (*psic.*) fare una supercompensazione.

overcompensation /əʊvəkɒmpɛnˈseɪʃn, -pən-/, *n.* (*psic.*) supercompensazione.

overconfidence /əʊvəˈkɒnfɪdəns/, *n.* eccessiva fiducia; eccessiva sicurezza di sé; presunzione; sicumera.

overconfident /əʊvəˈkɒnfɪdənt/, *a.* troppo fiducioso; troppo sicuro di sé; presuntuoso. || **-ly**, *avv.*

overcooked /əʊvəˈkʊkt/, *a.* troppo cotto; scotto.

overcredulity /əʊvəkrɪˈdjuːlətɪ, *USA* -ˈduː-/, *n.* eccessiva credulità; ingenuità.

overcredulous /əʊvəˈkrɛdjʊləs, *USA* -dʒʊ-/, *a.* troppo credulo; ingenuo.

overcritical /əʊvəˈkrɪtɪkl/, *a.* **1** troppo critico; ipercritico **2** (*fis. nucl.*) sopracritico.

to **overcrop** /əʊvəˈkrɒp/, *v. t.* (*agric.*) esaurire, impoverire (*un terreno*) con una coltivazione troppo intensiva.

to **overcrowd** /əʊvəˈkraʊd/, *v. t.* sovraffollare; stipare; gremire.

overcrowded /əʊvəˈkraʊdɪd/, *a.* sovraffollato; gremito. ● **to live in o. conditions**, vivere in sovraffollamento (*o* stipati).

overcrowding /əʊvəˈkraʊdɪŋ/, *n.* affollamento eccessivo; sovraffollamento.

overcurious /əʊvəˈkjʊərɪəs/, *a.* troppo curioso.

overcurrent /ˈəʊvəkʌrənt, *USA* -ɜːr-/, *n.* (*elettr.*) sovracorrente.

overdelicacy /əʊvəˈdɛlɪkəsɪ/, *n.* eccessiva delicatezza.

overdelicate /əʊvəˈdɛlɪkət/, *a.* troppo delicato.

to **overdevelop** /əʊvədɪˈvɛləp/, *v. t.* **1** sviluppare eccessivamente **2** (*fotogr.*) sovrasviluppare.

overdeveloped /əʊvədɪˈvɛləpt/, *a.* **1** (*anche fotogr.*) troppo sviluppato **2** (*fig.*) eccessivo; esagerato: **an o. sense of one's ability**, un senso esagerato delle proprie capacità.

overdid /əʊvəˈdɪd/, *pass.* di **to overdo**.

to **overdo** /əʊvəˈduː/ (*pass.* **overdid**, *p. p.* **overdone**), **A** *v. t.* **1** eccedere in (q.c.); esagerare: **That actor has overdone his part**, quell'attore ha esagerato (*o* ha caricato) la sua parte **2** guastare, sciupare l'effetto di (q.c.) con l'esagerazione: **Mary overdid her apology**, Mary si profuse in troppe scuse **3** cuocere troppo. **B** *v. i.* esagerare; strafare. **C to overdo oneself**, *v. rifl.* strafare; affaticarsi troppo. ● **to o. it**, darci dentro (*fam.*); esagerare, strafare; ammazzarsi di lavoro □ **to o. the salt**, usare troppo sale □ **to o. one's strength**, abusare delle proprie forze.

overdone /əʊvəˈdʌn/, **A** *p. p.* di **to overdo**. **B** *a.* **1** esagerato **2** troppo cotto; stracotto: **an o. steak**, una bistecca cotta troppo.

overdose /ˈəʊvədəʊs/, *n.* dose eccessiva; dose troppo forte; overdose: **to die of an o.**, morire per un'overdose.

to **overdose** /əʊvəˈdəʊs/, **A** *v. t.* dare una dose eccessiva a (q.). **B** *v. i.* iniettarsi un'overdose: **to o. on heroine**, iniettarsi un'overdose di eroina.

overdraft /ˈəʊvədrɑːft, *USA* -dræft/, *n.* **1** (*banca*) emissione di una somma eccedente il proprio conto; somma tratta allo scoperto (*cosa illecita*) **2** (*banca*, = **o. facility**) scoperto (*di conto corrente*) assistito da fido; castelletto **3** (*ind.*) utilizzo eccessivo (*d'acqua potabile, ecc.*). ● (*banca*) **o. credit**, credito in conto corrente.

overdraught /ˈəʊvədrɑːft, *USA* -dræft/, *n.* (*tecn.*) corrente d'aria fatta passare dall'alto (*in un forno*).

to **overdraw** /əʊvəˈdrɔː/ (*pass.* **overdrew**, *p. p.* **overdrawn**), **A** *v. t.* **1** esagerare; rappresentare in modo esagerato: **The villains in this play are overdrawn**, i «cattivi» in questo dramma sono rappresentati in modo esagerato **2** (*banca*) emettere assegni per una somma eccedente (*il proprio conto*). **B** *v. i.* **1** esagerare **2** (*banca*) trarre allo scoperto. ● **1** (*banca*) **to be overdrawn**, (*di conto*) essere scoperto; (*di correntista*) essere allo scoperto (*fam.*: in rosso).

to **overdress** /əʊvəˈdrɛs/, *v. t.* e *i.* vestire in modo troppo elegante (*o* con troppo lusso); agghindare, agghindarsi.

overdrew /əʊvəˈdruː/, *pass.* di **to overdraw**.

overdrive /ˈəʊvədraɪv/, *n.* (*mecc., autom.*) overdrive.

to **overdrive** /əʊvəˈdraɪv/ (*pass.* **overdrove**, *p. p.* **overdriven**), *v. t.* affaticare, stancare, strapazzare (*un cavallo e fig.*).

overdue /əʊvəˈdjuː, *USA* -ˈduː/, *a.* **1** (*comm., fin.*) insoluto; scaduto: **Your bill of exchange is o.**, la tua cambiale è scaduta **2** (*di treno, ecc.*) in ritardo **3** atteso da (troppo) tempo: **a long-o. change**, un cambiamento atteso da molto tempo; una modifica che si sarebbe dovuta fare molto tempo prima. ● (*leg., trasp.*) **o. delivery**, ritardo nella consegna □ (*fin.*) **o. interests**, interessi di mora □ **My motorbike is o. for a service**, la mia moto ha un gran bisogno di meccanico.

to **overeat** /əʊvərˈiːt/ (*pass.* **overate**, *p. p.* **overeaten**), **A** *v. i.* e **B to overeat oneself**, *v. rifl.* mangiare troppo; rimpinzarsi.

overemployment /əʊvərɪmˈplɔɪmənt/, *n.* (*econ.*) sovraoccupazione.

overestimate /əʊvərˈɛstɪmət, -eɪt/, *n.* **1** stima eccessiva; valutazione esagerata; supervalutazione **2** calcolo per eccesso.

to **overestimate** /əʊvərˈɛstɪmeɪt/, *v. t.* **1** stimare eccessivamente; sopravvalutare; supervalutare: **Don't o. your abilities**, non sopravvalutare le tue capacità! **2** calcolare per eccesso.

overestimation /əʊvərɛstɪˈmeɪʃn/, *n.* supervalutazione; sovrastima.

overexcitable /əʊvərɪk'saɪtəbl/, *a.* sovreccitabile.

overexcitation /əʊvərɛksɪ'teɪʃn/, *n.* sovreccitazione.

to **overexcite** /əʊvərɪk'saɪt/, *v. t.* sovreccitare.

overexploitation /əʊvərɛksplɔɪ'teɪʃn/, *n.* sfruttamento eccessivo (*di una risorsa naturale*); ipersfruttamento.

to **overexpose** /əʊvərɪk'spəʊz/, *v. t.* (*fotogr.*) sovraesporre.

overexposure /əʊvərɪk'spəʊʒə(r)/, *n.* (*fotogr.*) sovraesposizione.

overfall /'əʊvəfɔːl/, *n.* **1** (*idraul.*) stramazzo **2** (*naut.*) tratto di mare agitato **3** (*pl.*) (*naut.*) frangenti di marea (*o* di secca).

overfatigue /əʊvəfə'tiːg/, *n.* eccesso di fatica; fatica eccessiva.

to **overfatigue** /əʊvəfə'tiːg/, *v. t.* sovraffaticare.

to **overfeed** /əʊvə'fiːd/ (*pass.* e *p. p.* **overfed**), **A** *v. t.* nutrire eccessivamente; rimpinzare. **B** *v. i.* nutrirsi troppo; rimpinzarsi.

overfeeding /əʊvə'fiːdɪŋ/, *n.* nutrizione eccessiva; superalimentazione.

to **overfill** /əʊvə'fɪl/, **A** *v. t.* riempire troppo; far traboccare. **B** *v. i.* riempirsi troppo.

to **overfish** /əʊvə'fɪʃ/, *v. t.* depauperare (*un fiume, ecc.*: *di pesce*) pescandovi troppo.

overfishing /əʊvə'fɪʃɪŋ/, *n.* (*pesca, ecol.*) overfishing.

overflow /'əʊvəfləʊ/, *n.* **1** inondazione; straripamento; traboccamento (*raro*) **2** (*fig.*) sovrabbondanza; eccesso: **an o. of applications for a job**, un eccesso di domande di lavoro **3** (*tecn.*) sfioratore; troppopieno **4** liquido traboccato **5** (*elab.*) eccedenza di dati; straripamento; overflow. ● (*elab.*) **o. bucket**, zona di supero □ (*tecn.*) **o. channel**, canale sfioratore □ (*tecn.*) **o. pipe**, tubo di troppopieno.

to **overflow** /əʊvə'fləʊ/, **A** *v. t.* **1** inondare; allagare: **The flooded river will o. the plains**, il fiume in piena inonderà la pianura **2** superare; scavalcare; dilagare; traboccare oltre: **to o. the banks**, superare gli argini **3** far traboccare. **B** *v. i.* traboccare; tracimare; straripare: **Every autumn the river overflows**, il fiume straripa ogni autunno. ● **to o. with joy**, essere stracolmo di gioia □ **The crowd overflowed into the square**, la folla si riversò nella piazza.

overflowing (**1**) /əʊvə'fləʊɪŋ/, *a.* **1** straripante; traboccante (*anche fig.*); in rotta: **o. rivers**, fiumi in rotta; (*fig.*) **a heart o. with love**, un cuore traboccante d'amore **2** sovrabbondante; abbondantissimo.

overflowing (**2**) /əʊvə'fləʊɪŋ/, *n.* **1** inondazione; straripamento; tracimazione **2** sovrabbondanza; eccesso. ● **full to o.**, traboccante (*di gente*); stracolmo.

to **overfly** /əʊvə'flaɪ/ (*pass.* **overflew**, *p. p.* **overflown**), *v. t.* (*aeron.*) sorvolare.

overfond /əʊvə'fɒnd/, *a.* – **o. of**, troppo amante di (q.c.); troppo affezionato (*o* attaccato) a (q.); che va pazzo per (q.c.).

overfreight /'əʊvəfreɪt/, *n.* (*naut.*) **1** eccedenza di carico **2** eccedenza di nolo.

overfull /əʊvə'fʊl/, *a.* **1** troppo pieno; colmo **2** sazio; satollo. ● (*econ.*) **o. employment**, sovraoccupazione.

overfunding /əʊvə'fʌndɪŋ/, *n.* (*fin.*) eccessivo indebitamento pubblico.

overgear /'əʊvəgɪə(r)/, *n.* (*mecc., autom.*) moltiplicatore.

overground /əʊvə'graʊnd/, **A** *a.* (*di ferrovia*) in superficie. **B** *n.* (*ferr., bur.*) rete urbana (*di Londra*) in superficie (*cfr.* **underground**).

to **overgrow** /əʊvə'grəʊ/ (*pass.* **overgrew**, *p. p.* **overgrown**), **A** *v. t.* **1** (*di vegetazione, ecc.*) coprire; ricoprire: **The front garden was overgrown with weeds**, il giardino davanti (alla casa) era ricoperto d'erbacce **2** crescere più di (q.). **B** *v. i.* crescere troppo (*o* troppo in fretta). ● **to o. one's clothes**, non stare più nei vestiti; essere cresciuto troppo □ **I have overgrown that sort of things**, sono troppo vecchio (*o* ammaestrato dall'esperienza) per (fare) cose di quel genere.

overgrowth /'əʊvəgrəʊθ/, *n.* **1** vegetazione rigogliosa **2** crescita eccessiva (*o* troppo rapida).

overhand /'əʊvəhænd/, **A** *a.* **1** (*del braccio*) dall'alto in basso: **an o. gesture**, un gesto del braccio dall'alto in basso **2** (*sport*) fatto col braccio alzato sopra la spalla: (*nuoto*) **o. stroke**, bracciata alla marinara; over **3** cucito a sopraggitto. **B** *avv.* /əʊvə'hænd/ **1** (*sport*) alzando il braccio sopra la spalla: **Charles bowled o.**, Charles lanciò la palla alzando il braccio sopra la spalla **2** (*cucito*) a sopraggitto.

overhang /'əʊvəhæŋ/, *n.* **1** sporgenza **2** (*archit.*) aggetto; sporgenza del tetto **3** (*alpinismo*) strapiombo **4** (*moda*) sboffo; sbuffo.

to **overhang** /əʊvə'hæŋ/ (*pass.* e *p. p.* **overhung**), **A** *v. t.* **1** sporgere sopra (q.c.); incombere su; sovrastare (a); strapiombare su: **The cliffs o. the river**, i dirupi strapiombano sul fiume **2** decorare; appendere decorazioni a: **to o. a Christmas tree**, decorare un albero di Natale. **B** *v. i.* sporgere; aggettare; incombere; sovrastare; strapiombare.

overhanging /əʊvə'hæŋɪŋ/, *a.* **1** sporgente; incombente; a strapiombo: **o. rocks**, rocce a strapiombo **2** (*archit.*) aggettante; in aggetto; a sbalzo.

overhaul /'əʊvəhɔːl/, *n.* **1** accurato esame **2** (*specialm. mecc.*) revisione; ripassata **3** (*fig.*) riorganizzazione.

to **overhaul** /əʊvə'hɔːl/, *v. t.* **1** esaminare a fondo; ispezionare; verificare **2** (*mecc.*) riparare; aggiustare; revisionare; ripassare: **to o. an engine**, ripassare un motore **3** (*fig.*) riorganizzare; rivedere **4** (*specialm. naut.*) raggiungere; oltrepassare; sorpassare; superare: **The yacht soon overhauled the trawler**, lo yacht sorpassò ben presto il peschereccio.

overhead /'əʊvəhɛd/, **A** *avv.* **1** in alto; di sopra; in cielo; lassù: **the stars o.**, le stelle in cielo; le stelle lassù **2** al piano di sopra: **There was a terrific noise o.**, c'era un rumore tremendo al piano di sopra. **B** *a.* /əʊvə'hɛd/ **1** che sta di sopra, in alto; aereo; soprelevato: **o. wires**, linee aeree (*di fili metallici, dell'elettricità*) **2** (*comm.*) generale; globale; complessivo: **o. expenses** (*o* **o. charges**), spese generali; **o. price**, prezzo globale **3** (*mecc.*) in testa: **o. valves**, valvole in testa **4** (*chim.*) di testa: **o. product**, prodotto di testa (*di distillazione*). **C** *n.* **1** (= **o. door**) porta basculante **2** (*pl.*) (*rag.*) spese generali. ● (*ferr.*) **o. bridge** (*o* **crossing**), cavalcavia □ (*mil.*) **o. fire**, tiro al disopra delle proprie truppe □ **o. projector**, lavagna luminosa □ (*mecc.*) **o. shovel**, pala a scarico posteriore □ (*mecc.*) **o.-travelling crane**, gru a ponte; carroponte.

to **overhear** /əʊvə'hɪə(r)/ (*pass.* e *p. p.* **overheard**), *v. t.* **1** udire per caso; sentire di sfuggita; sorprendere (*una conversazione, ecc.*) **2** sentire (q.c.) ascoltando di nascosto.

to **overheat** /əʊvə'hiːt/, **A** *v. t.* (*anche fig.*) surriscaldare. **B** *v. i.* (*anche fig.*) surriscaldarsi; eccitarsi.

overheated /əʊvə'hiːtɪd/, *a.* surriscaldato. ● (*di un motore, ecc.*) **to get o.**, surriscaldarsi.

overheating /əʊvə'hiːtɪŋ/, *n.* (*anche fig.*) surriscaldamento; eccitazione.

overhung /əʊvə'hʌŋ/, *pass.* e *p. p.* di **to overhang**.

to **overindulge** /əʊvərɪn'dʌldʒ/, **A** *v. t.* trattare con eccessiva indulgenza; viziare: **to o. one's children**, viziare i propri figlioli. **B** to **overindulge oneself**, *v. rifl.* essere troppo indulgenti (*o* indulgere troppo) verso se stessi; lasciarsi andare (*fig.*).

overindulged /əʊvərɪn'dʌldʒd/, *a.* (*di un bambino, ecc.*) viziato.

overindulgence /əʊvərɪn'dʌldʒəns/, *n.* **1** eccessiva indulgenza **2** il lasciarsi andare; eccesso alimentare.

overindulgent /əʊvərɪn'dʌldʒənt/, *a.* troppo indulgente.

overinflated /əʊvərɪn'fleɪtɪd/, *a.* **1** (*di pallone, ecc.*) troppo gonfio **2** esagerato; eccessivo; inflazionato (*fig.*).

overinsurance /əʊvərɪn'ʃʊərəns/, *n.* (*ass.*) soprassicurazione; assicurazione per un valore superiore a quello di realizzo (*del bene*).

to **overinvest** /əʊvərɪn'vɛst/, *v. t.* e *i.* (*fin.*) investire, in eccesso; sovrainvestire.

overinvestment /əʊvərɪn'vɛstmənt/, *n.* (*fin.*) sovrainvestimento; iperinvestimento.

to **overinvoice** /əʊvər'ɪnvɔɪs/, *v. t.* (*rag.*) sovrafatturare.

overinvoicing /əʊvər'ɪnvɔɪsɪŋ/, *n.* (*rag.*) sovrafatturazione.

overissue /əʊvər'ɪʃuː/, *n.* (*fin.*) emissione eccessiva (*di azioni, banconote, ecc.*); sovraemissione.

to **overissue** /əʊvər'ɪʃuː/, *v. t.* (*specialm. fin.*) emettere (*azioni, banconote, ecc.*) in eccesso.

overjoyed /əʊvə'dʒɔɪd/, *a.* pieno di gioia; felicissimo.

to **overjump** /əʊvə'dʒʌmp/, *v. t.* **1** saltare (q.c.) **2** saltare troppo oltre (q.c.).

overkill /'əʊvəkɪl/, *n.* **1** (*mil.*) potenziale nucleare altamente distruttivo **2** (*fig.*) provvedimento (trattamento, ecc.) eccessivo; eccesso: **a propaganda o.**, un eccesso di propaganda.

overkind /əʊvə'kaɪnd/, *a.* troppo gentile.

overknee /əʊvə'niː/, *a.* che arriva fin sopra al ginocchio.

to **overlabour**, (*USA*) to **overlabor** /əʊvə'leɪbə(r)/, *v. t.* **1** elaborare troppo **2** far lavorare troppo.

overladen /əʊvə'leɪdn/, *a.* sovraccarico; stracarico.

overlaid /əʊvə'leɪd/, *pass.* e *p. p.* di **to overlay**.

overlain /əʊvə'leɪn/, *p. p.* di **to overlie**.

overland /'əʊvəlænd/, *a.* e *avv.* per via di terra: **to travel o.**, viaggiare per via di terra; **o. trade**, traffici per via di terra. ● **the o. route**, l'itinerario.

overlap /'əʊvəlæp/, *n.* **1** sovrapposizione **2** parte sovrapposta **3** (*sport*) superiorità numerica: **to force an o.**, imporre una situazione di superiorità numerica.

to **overlap** /əʊvə'læp/, **A** *v. t.* **1** sovrapporre; accavallare **2** fare coincidere. **B** *v. i.* **1** sovrapporsi; accavallarsi: **The shingles of the roof o. (each other)**, le scandole del tetto sono parzialmente sovrapposte (l'una all'altra) **2** coincidere in parte: **Here psychology and sociology o.**, in questo punto la psicologia e la sociologia coincidono in parte.

overlapping /əʊvə'læpɪŋ/, *n.* **1** sovrapposizione; accavallamento **2** (*elab.*) sovrapposizione.

overlay (**1**) /'əʊvəleɪ/, *n.* **1** coperta (da letto); copriletto **2** sopratovaglia **3** (*costr. stradali*) rinnovamento del manto (di usura) **4** (*elab.*) overlay; sovrapposizione in memoria **5** (*grafica*) pellicola addizionale; selezione.

overlay (**2**) /'əʊvəleɪ/, *pass.* di **to overlie**.

to **overlay** /əʊvə'leɪ/ (*pass.* e *p. p.* **overlaid**), *v. t.* **1** coprire; ricoprire **2** (*fig.*) gravare; opprimere; soffocare **3** ricoprire (*per decorazione*); laminare: **ebony overlaid with silver**, avorio laminato d'argento.

overleaf /əʊvə'liːf/, *avv.* a tergo; sul verso; sul retro: **See o.**, vedi a tergo.

to **overleap** /əʊvə'liːp/ (*pass.* e *p. p.* **overleapt, overleaped**), *v. t.* **1** saltare di là da; saltare oltre **2** omettere; tralasciare; trascurare.

to **overlie** /əʊvə'laɪ/ (*pass.* **overlay**, *p. p.* **overlain**), *v. t.* **1** giacere sopra (q.); ricoprire **2** soffocare (*specialm. un bambino, standogli addosso*).

to **overlive** /əʊvə'lɪv/, *v. t.* **1** sopravvivere a (q.) **2** vivere fino a vedere (*un evento*).

overload /'əʊvələʊd/, *n.* (*anche elettr., elettron.*) sovraccarico. ● (*elettr.*) **o. cut-out**, salvamotore.

to **overload** /əʊvə'ləʊd/, *v. t.* (*anche elettr., elettron.*) sovraccaricare.

overlong /əʊvə'lɒŋ/, *USA* -ɔːŋ/, **A** *a.* troppo lungo; prolisso. **B** *avv.* troppo a lungo.

overlook /'əʊvəlʊk/, *n.* (*USA*) **1** svista **2** punto dominante (*o* da cui si gode una bella vista).

to **overlook** /əʊvəˈlʊk/, *v. t.* ***1*** guardare dall'alto; dominare; godere la vista di: **From my house, I o. the whole town**, dalla mia casa, domino (*o* godo la vista di) tutta la città ***2*** dare su; guardare su; offrire la vista di: **windows overlooking a garden**, finestre che danno su un giardino ***3*** lasciarsi sfuggire; non rilevare; non vedere; tralasciare: **to o. a misprint**, lasciarsi sfuggire un errore di stampa (*o* un refuso) ***4*** non riconoscere; trascurare; non far conto di: **His merits have been overlooked by the boss**, i suoi meriti non sono stati riconosciuti dal capo ***5*** chiudere un occhio su; passar sopra a; perdonare; tollerare: **Let's o. their faults**, passiamo sopra alle loro colpe! ***6*** sorvegliare; ispezionare.

overlooked /ˈəʊvəlʊkt/, *a.* ***1*** trascurato; tralasciato ***2*** perdonato ***3*** sorvegliato. ● (*in G.B.*) **o. area**, zona in cui i vicini s'incaricano di sorvegliare anche le case altrui.

overlooker /əʊvəˈlʊkə(r)/, *n.* sorvegliante; soprintendente.

overlord /ˈəʊvəlɔːd/, *n.* (*stor.*) signore supremo; grande feudatario.

overlordship /ˈəʊvəlɔːdʃɪp/, *n.* (*stor.*) dignità (*o* potere) di grande feudatario.

overly /ˈəʊvəlɪ/, *avv.* troppo; eccessivamente.

overman /ˈəʊvəmæn/, *n.* (*pl.* **overmen**) ***1*** capo; caposquadra; sorvegliante; capo minatore ***2*** arbitro ***3*** (*filos.*) superuomo.

to **overman** /əʊvəˈmæn/, *v. t.* impiegare (*o* avere) troppo personale in (*un'attività, un reparto, ecc.*).

overmanned /əʊvəˈmænd/, *a.* che ha un'eccedenza di personale (*o* di manodopera).

overmanning /əʊvəˈmænɪŋ/, *n.* eccedenza di personale.

overmantel /ˈəʊvəmæntl/, *n.* (*archit.*) caminiera (*mensola, specchiera, ecc.*).

overmany /əʊvəˈmenɪ/, *a.* troppi, troppe.

to **overmaster** /əʊvəˈmɑːstə(r), *USA* -ˈmæs-/, *v. t.* assoggettare; sottomettere; soggiogare. ● **an overmastering motive**, un motivo dominante.

overmatch /ˈəʊvəmætʃ/, *n.* avversario troppo forte; nemico invincibile; osso duro (*fam.*).

to **overmatch** /əʊvəˈmætʃ/, *v. t.* superare; sconfiggere; vincere.

overmeasure /əʊvəˈmeʒə(r)/, *n.* misura eccessiva; sovrappiù; eccedenza; eccesso.

overmodest /əʊvəˈmɒdɪst/, *a.* troppo modesto; ultramodesto.

overmodulation /əʊvəmɒdjʊˈleɪʃn, *USA* -dʒʊ-/, *n.* (*radio, TV*) sovramodulazione.

overmuch /əʊvəˈmʌtʃ/, **A** *a.* eccessivo; che è di troppo. **B** *avv.* eccessivamente; troppo. **C** *n.* eccesso; quantità eccessiva.

overnice /əʊvəˈnaɪs/, *a.* esigente; di gusti difficili; schifiltoso; schizzinoso. || **-ly**, *avv.*

overniceness /əʊvəˈnaɪsnəs/, **overnicety** /əʊvəˈnaɪsətɪ/, *n.* incontentabilità; pignoleria.

overnight /əʊvəˈnaɪt/, **A** *avv.* ***1*** durante la notte; per la notte ***2*** la sera prima; la notte prima. **B** *a.* ***1*** di notte; fatto di notte: **an o. trip**, un viaggio di notte ***2*** per la notte; di (*o* per) una sola notte: **an o. guest**, un ospite per la notte ***3*** fatto la sera prima: **o. preparations**, preparativi fatti la sera prima ***4*** (*di una festa, ecc.*) che dura tutta la notte ***5*** (*fin.*) overnight: **o. rate**, tasso overnight (*o* a brevissimo). ● **an o. bag** (*o* **case**), una borsa da viaggio; una ventiquattrore □ (*tur.*) **o. stay**, pernottamento □ **to stay o.**, pernottare □ **He became famous o.**, divenne famoso dall'oggi al domani.

to **overnight** /əʊvəˈnaɪt/, *v. i.* trattenersi per la notte; pernottare.

overnighter /əʊvəˈnaɪtə(r)/, *n.* (*fam.*) ventiquattrore (*valigetta*).

overpaid /əʊvəˈpeɪd/, *pass.* e *p. p.* di **to overpay**.

overpass /ˈəʊvəpɑːs, *USA* -pæs/, *n.* (*USA*) cavalcavia; sovrappassaggio (*cfr. ingl.* **flyover**).

to **overpass** /əʊvəˈpɑːs, *USA* -ˈpæs/, *v. t.* ***1*** passar sopra a (*anche fig.*); superare; sorpassare; traversare; valicare ***2*** ignorare; trascurare; non tener conto di (q.c.) ***3*** (*USA*) sorvolare.

overpassed /əʊvəˈpɑːst, *USA* -ˈpæst/, **overpast** /əʊvəˈpɑːst, *USA* -ˈpæst/, *a.* passato; trascorso; tramontato.

to **overpay** /əʊvəˈpeɪ/ (*pass.* e *p. p.* **overpaid**), *v. t.* pagar troppo; superpagare; strapagare.

overpeopled /əʊvəˈpiːpld/, *a.* sovrappopolato; troppo popolato.

to **overpersuade** /əʊvəpəˈsweɪd/, *v. t.* persuadere (q.) a fatica; costringere (q.) a persuadersi.

to **overplay** /əʊvəˈpleɪ/, *v. t.* ***1*** (*teatr.*) esagerare, caricare (*una parte*) ***2*** dare troppa enfasi (*o* troppo rilievo) a (q.c.). ● **to o. one's hand**, rischiare troppo per le carte che si hanno in mano (*nei giochi di carte e fig.*); tentare l'impossibile.

overplus /əʊvəˈplʌs/, *n.* ***1*** sovrappiù; eccesso: **an o. of unsold goods**, un eccesso di merce invenduta ***2*** (*comm.*) rimanenza.

to **overpoise** /əʊvəˈpɔɪz/, *V.* **to outweigh**.

overpolite /əʊvəpəˈlaɪt/, *a.* troppo gentile; cerimonioso.

overpopulated /əʊvəˈpɒpjʊleɪtɪd/, *a.* sovrappopolato.

overpopulation /əʊvəpɒpjʊˈleɪʃn/, *n.* (*demogr.*) eccesso di popolazione; sovrappopolazione; popolazione in eccesso.

to **overpower** /əʊvəˈpaʊə(r)/, *v. t.* sopraffare (*anche fig.*); sconfiggere; soverchiare; dominare; opprimere; soggiogare: **I was overpowered by thirst**, fui sopraffatto dalla sete; **She was overpowered with sorrow**, fu sopraffatta dal dolore.

overpowering /əʊvəˈpaʊərɪŋ/, *a.* opprimente; prepotente; schiacciante; irresistibile; insopportabile: **o. heat**, caldo opprimente; **o. beauty**, bellezza irresistibile; **o. sorrow**, dolore insopportabile. || **-ly**, *avv.*

overpraise /əʊvəˈpreɪz/, *n.* lode eccessiva; elogio smodato.

to **overpraise** /əʊvəˈpreɪz/, *v. t.* lodare troppo; portare alle stelle; incensare (*fig.*).

to **overprescribe** /əʊvəprɪˈskraɪb/, *v. t.* e *i.* (*med.*) prescrivere (*medicinali*) senza necessità (*o* più del necessario).

overprescription /əʊvəprɪˈskrɪpʃn/, *n.* (*med.*) prescrizione non necessaria (*o* eccessiva) di medicinali.

overpressure /əʊvəˈpreʃə(r)/, *n.* (*fis.*) sovrapressione.

to **overprice** /əʊvəˈpraɪs/, *v. t.* mettere un prezzo troppo alto a (*un articolo, un prodotto, ecc.*); chiedere un prezzo troppo alto per (q.c.).

to **overprint** /əʊvəˈprɪnt/, *v. t.* ***1*** (*tipogr.*) sovrastampare ***2*** (*fotogr.*) sovrimporre ***3*** (*grafica*) plastificare ***4*** (*tipogr.*) stampare troppe copie di (*un libro*).

to **overproduce** /əʊvəprəˈdjuːs, *USA* -ˈduːs/, *v. t.* e *i.* produrre in eccesso.

overproduction /əʊvəprəˈdʌkʃn/, *n.* (*econ.*) sovrapproduzione.

overproof /əʊvəˈpruːf/, *a.* (*di liquido*) che contiene troppo alcol.

to **overprotect** /əʊvəprəˈtekt/, *v. t.* proteggere (q.) eccessivamente.

overprotective /əʊvəprəˈtektɪv/, *a.* iperprotettivo. || **-ly**, *avv.* || **-ness**, *sost.*

overproud /əʊvəˈpraʊd/, *a.* troppo orgoglioso.

overpunch /əʊvəˈpʌntʃ/, *n.* (*elab.*) perforazione in alto.

overpunching /əʊvəˈpʌntʃɪŋ/, *n.* (*elab.*) perforazione addizionale.

overran /əʊvəˈræn/, *pass.* di **to overrun**.

to **overrate** /əʊvəˈreɪt/, *v. t.* sopravvalutare; far troppo conto di; stimare troppo: **to o. one's strength**, sopravvalutare le proprie forze.

to **overreach** /əʊvəˈriːtʃ/, **A** *v. t.* ***1*** raggiungere e oltrepassare; superare; andare oltre ***2*** imbrogliare; ingannare; abbindolare ***3*** fallire (*un obiettivo, un traguardo, ecc.*) per aver mirato troppo in alto. **B** *v. i.* ***1*** andare troppo oltre ***2*** (*di cavallo, ecc.*) arrivarsi; colpire la zampa anteriore con lo zoccolo posteriore. **C** to **overreach oneself**, *v. rifl.* fallire per aver voluto troppo; fare il passo più lungo della gamba (*fig.*).

to **overreact** /əʊvərɪˈækt/, *v. i.* reagire in modo eccessivo.

to **overrefine** /əʊvərɪˈfaɪn/, **A** *v. t.* (*tecn.*) raffinare troppo. **B** *v. i.* (*fig.*) andare per il sottile; sottilizzare.

overrefinement /əʊvərɪˈfaɪnmənt/, *n.* ***1*** (*tecn.*) raffinazione eccessiva ***2*** (*fig.*) raffinatezza eccessiva.

to **overrent** /əʊvəˈrent/, *v. t.* far pagare un affitto troppo alto per (q.c.) o a (q.).

overrich /əʊvəˈrɪtʃ/, *a.* troppo ricco: (*autom.*) **o. mixture**, miscela troppo ricca.

override /ˈəʊvəraɪd/, *n.* ***1*** (*econ., comm.*) premio d'operosità ***2*** (*leg., USA*) annullamento.

to **override** /əʊvəˈraɪd/ (*pass.* **overrode,** *p. p.* **overridden**), *v. t.* ***1*** calpestare (*anche fig.*); passar sopra a; non tenere in nessun conto; mettersi sotto i piedi (*fig.*): **to o. sb.'s claims**, non tener in nessun conto le richieste di q.; calpestare i diritti di q. ***2*** percorrere (*o* calpestare, travolgere) a cavallo ***3*** dominare; opprimere ***4*** affaticare, sfiancare (*un cavallo*) ***5*** (*comm.*) pagare un premio d'operosità a (q.) ***6*** (*med.*: *di un osso rotto*) sovrapporsi a (*un altro*).

overrider /əʊvəˈraɪdə(r)/, *n.* (*autom.*) rostro.

overriding /əʊvəˈraɪdɪŋ/, *a.* prioritario; di primaria importanza.

overripe /əʊvəˈraɪp/, *a.* troppo maturo; strafatto.

overrode /əʊvəˈrəʊd/, *pass.* di **to override**.

to **overrule** /əʊvəˈruːl/, *v. t.* ***1*** (*leg.*) annullare; revocare; rovesciare: **In English law, a precedent can only be overruled by a decision of a higher court than that which created it**, secondo la legge inglese, un precedente può essere rovesciato soltanto da una sentenza di un tribunale di grado più elevato di quello che lo ha creato; **to o. an order**, revocare un ordine ***2*** non accettare; respingere: (*leg.*) **to o. an objection**, respingere un'obiezione ***3*** prevalere su; avere il sopravvento su: **His greed overruled his common sense**, l'avidità ebbe il sopravvento sul suo buonsenso ***4*** decidere, avere l'ultima parola su (q.c.).

overruling /əʊvəˈruːlɪŋ/, *n.* (*leg.*) ***1*** annullamento, revoca (*di una sentenza, ecc.*) ***2*** rigetto (*di un reclamo*).

overrun /ˈəʊvərʌn/, *n.* ***1*** l'eccedere; eccedenza ***2*** straripamento (*di un fiume*) ***3*** (*tipogr.*) copie supplementari; tiratura in eccedenza.

to **overrun** /əʊvəˈrʌn/ (*pass.* **overran,** *p. p.* **overrun**), **A** *v. t.* ***1*** invadere; devastare; infestare; ricoprire: **territory overrun by the enemy**, territorio invaso dal nemico; **The garden was overrun with weeds**, il giardino era ricoperto d'erbacce ***2*** sommergere; inondare: **The swollen river overran the valley**, il fiume in piena sommerse la vallata ***3*** oltrepassare; superare; eccedere: **Your speech overran the time allowed**, il tuo discorso superò il limite di tempo consentito ***4*** (*tipogr.*) rigiustificare (*una riga, una colonna, ecc.*) ***5*** (*tipogr.*) stampare copie supplementari (*o* in eccedenza) di (*una pubblicazione, un inserto, ecc.*) ***6*** (*mecc.*) mandare fuori giri; imballare (*un motore*). **B** *v. i.* ***1*** straripare; traboccare ***2*** protrarsi ***3*** (*mecc.*: *di motore*) andare fuori giri; imballarsi. ● (*tipogr.*: *di una riga*) **to o. into the margin**, superare la giustezza.

overrunning /əʊvəˈrʌnɪŋ/, *n.* ***1*** invasione; incursione ***2*** inondazione ***3*** (*tipogr.*) scorrimento (*del testo*) ***4*** (*meteor.*) scorrimento. ● (*mecc.*) **o. clutch**, innesto di sorpasso.

oversaving /əʊvəˈseɪvɪŋ/, *n.* (*econ.*) eccesso di risparmio; iperrisparmio.

oversaw /əʊvəˈsɔː/, *pass.* di **to oversee**.

overscrupulous /əʊvəˈskruːpjʊləs/, *a.* troppo scrupoloso.

overseas /əʊvəˈsiːz/, **A** *avv.* oltremare; ol-

treoceano; al di là del mare; all'estero: **to go o.**, andare oltreoceano. **B** *a.* (= **oversea**) d'oltremare; estero; per l'estero: **o. trade**, traffici d'oltremare; commercio estero. ● **o. workers**, lavoratori stranieri □ **workers o.**, lavoratori (emigrati) all'estero.
to **oversee** /əʊvəˈsiː/ (*pass.* **oversaw**, *p. p.* **overseen**), *v. t.* sorvegliare; ispezionare; sovrintendere a; dirigere.
overseeing /əʊvəˈsiːɪŋ/, *n.* sorveglianza; sovrintendenza; ispezione.
overseen /əʊvəˈsiːn/, *p. p.* di **to oversee**.
overseer /ˈəʊvəsiːə(r)/, *n.* *1* sorvegliante; sovrintendente; caposquadra *2* (*tipogr.*) proto.
to **oversell** /əʊvəˈsɛl/ (*pass.* e *p. p.* **oversold**), **A** *v. t.* *1* (*comm.*) vendere più (*merce, ecc.*) di quel che si ha in magazzino *2* (*fam.*) lodare esageratamente (q.c.). **B** *v. i.* (*comm.*) vendere troppo. ● (*Borsa*: *di un operatore*) **to be oversold**, avere venduto troppo.
oversensitive /əʊvəˈsɛnsɪtɪv/, *a.* ipersensibile.
oversensitiveness /əʊvəˈsɛnsɪtɪvnəs/, **oversensitivity** /əʊvəsɛnsəˈtɪvətɪ/, *n.* ipersensibilità.
to **overset** /əʊvəˈsɛt/ (*pass.* e *p. p.* **overset**), *v. t.* *1* capovolgere; mettere sottosopra; rovesciare *2* (*fig.*) sconvolgere; scompigliare.
to **oversew** /ˈəʊvəsəʊ/ (*pass.* **ovesewed**, *p. p.* **oversewn, oversewed**), *v. t.* cucire a sopraggitto.
oversewing /ˈəʊvəsəʊɪŋ/, *n.* sopraggitto.
oversexed /əʊvəˈsɛkst/, *a.* *1* che ha una sessualità eccessiva; che sente troppo gli impulsi sessuali *2* eccessivamente interessato alle cose del sesso.
to **overshadow** /əʊvəˈʃædəʊ/, *v. t.* *1* ombreggiare; dare ombra a *2* (*fig.*) mettere in ombra (*fig.*); far passare (q.c.) in secondo piano; offuscare *3* (*fig.*) gettare un'ombra su (q.); rendere (q.) infelice.
overshoe /ˈəʊvəʃuː/, *n.* soprascarpa; caloscia: **a pair of overshoes**, un paio di calosce.
overshoot /əʊvəˈʃuːt/, *n.* *1* (il) passare il segno; (l') andare oltre le proprie intenzioni *2* (*aeron.*) atterraggio lungo *3* (*elettr., TV*) overshoot.
to **overshoot** /əʊvəˈʃuːt/ (*pass.* e *p. p.* **overshot**), *v. t.* *1* sparare (*un colpo, ecc.*) troppo lungo (*o* troppo alto) *2* andare oltre (*la propria intenzione*); oltrepassare (*un limite*). ● (*fig.*) **to o. the mark**, (oltre)passare il segno; esagerare □ **to o. oneself**, andare oltre le proprie intenzioni; fare il passo più lungo della gamba (*fig.*) □ (*aeron.*) **to o. the runway**, fare un atterraggio lungo.
overshot /əʊvəˈʃɒt/, **A** *pass.* e *p. p.* di **to overshoot**. **B** *a.* *1* (*anat.*) sporgente (*dal di sopra*): **o. jaw**, mascella superiore sporgente (*del cane*) *2* (*mecc.*) azionato dall'alto *3* (*di ruota idraulica*) per disopra: **o. wheel**, ruota per disopra (*mossa dall'acqua che la colpisce in alto*); ruota a cassette.
overside /əʊvəˈsaɪd/, *a.* e *avv.* (*naut.*) a fianco della nave: **o. delivery of cargo**, consegna a fianco della nave (*su barche, ecc.*; *non sul molo*); **to unload cargo o.**, scaricare il carico a fianco della nave (*con chiatte, ecc.*).
oversight /ˈəʊvəsaɪt/, *n.* *1* svista; sbaglio; omissione: **by o.**, per una svista; per sbaglio *2* (*form.*) sorveglianza; supervisione: **to have (the) o. of children**, avere la sorveglianza dei bambini.
oversimplification /əʊvəsɪmplɪfɪˈkeɪʃn/, *n.* semplificazione eccessiva.
to **oversimplify** /əʊvəˈsɪmplɪfaɪ/, *v. t.* semplificare troppo.
oversixties (**the**) /əʊvəˈsɪkstɪz/, *n. pl.* (*demogr.*) gli ultrasessantenni.
oversize /ˈəʊvəsaɪz/, **A** *a.* (= **oversized**) *1* troppo grande *2* più grande della norma; fuori misura *3* (*di statua, ecc.*) di dimensione superiore al vero. **B** *n.* (*di capo di vestiario, ecc.*) taglia forte; taglia calibrata; oversize. ● (*trasp.*) **a vehicle carrying an o. load**, un «trasporto straordinario».
overskirt /ˈəʊvəskɜːt/, *n.* (*moda, un tempo*) sopraggonna.
to **oversleep** /əʊvəˈsliːp/ (*pass.* e *p. p.* **overslept**), **A** *v. t.* e *i.* dormire oltre (*l'ora prevista*); non svegliarsi: **Sorry, (I) overslept**, mi dispiace, non mi sono svegliato (*in tempo*). **B** to **oversleep oneself**, *v. rifl.* dormire troppo; non svegliarsi (all'ora fissata).
oversold /əʊvəˈsəʊld/, *pass.* e *p. p.* di **to oversell**.
oversoul /ˈəʊvəsəʊl/, *n.* (*filos.*) anima universale; superanima.
to **overspend** /əʊvəˈspɛnd/ (*pass.* e *p. p.* **overspent**), **A** *v. t.* *1* spendere più di: **to o. one's salary**, spendere più del proprio stipendio *2* esaurire (*fondi, ecc.*) *3* (*fig.*) logorare (*forze, ecc.*); consumare (*energie*). **B** *v. i.* (*anche, v. rifl.*, **to overspend oneself**) spendere troppo (*per le proprie possibilità*).
overspent /əʊvəˈspɛnt/, **A** *pass.* e *p. p.* di **to overspend**. **B** *a.* sfinito; esausto.
overspill /ˈəʊvəspɪl/, *n.* *1* liquido versato; quantità di liquido rovesciato *2* (*demogr.*) eccesso di popolazione (*di una città*). ● (*urbanistica*) **o. towns**, città satelliti.
to **overspread** /əʊvəˈsprɛd/ (*pass.* e *p. p.* **overspread**), *v. t.* *1* stendere sopra; ricoprire; coprire: **The sky was overspread with clouds**, il cielo era coperto (di nuvole) *2* spargersi (*o* diffondersi) su; inondare. ● **A paleness overspread her face**, il viso le si coprì di pallore.
overstaffed /əʊvəˈstɑːft, *USA* -stæft/, *a.* (*di un'azienda, ecc.*) che ha troppo personale; sovradimensionato.
overstaffing /əʊvəˈstɑːfɪŋ, *USA* -stæfɪŋ/, *n.* eccessivo impiego di personale; sovradimensionamento.
to **overstate** /əʊvəˈsteɪt/, *v. t.* esagerare (*fatti, ecc.*); ingrandire, gonfiare (*una cosa, una storia, ecc.*).
overstatement /əʊvəˈsteɪtmənt/, *n.* esagerazione; affermazione esagerata.
to **overstay** /əʊvəˈsteɪ/, *v. t.* rimanere (*o* trattenersi) oltre (*il previsto*). ● **to o. one's welcome**, trattenersi troppo; diventare un ospite sgradito.
overstayer /əʊvəˈsteɪə(r)/, *n.* (*leg., in G.B.*) straniero il cui permesso di soggiorno (*o* di lavoro) è scaduto.
oversteer /ˈəʊvəstɪə(r)/, *n.* (*autom.*) *1* sovrasterzo *2* sovrasterzata.
to **oversteer** /ˈəʊvəstɪə(r)/, *v. i.* (*autom.*) sovrasterzare; essere sovrasterzante.
to **overstep** /əʊvəˈstɛp/, *v. t.* (*specialm. fig.*) oltrepassare; andare oltre; eccedere: **to o. the limits of good taste**, oltrepassare i limiti del buongusto. ● (*anche fig.*) **to o. the mark**, passare il segno; oltrepassare ogni limite.
overstock /əʊvəˈstɒk/, *n.* (*comm.*) eccesso di merce (*in magazzino, in giacenza, ecc.*).
to **overstock** /əʊvəˈstɒk/, *v. t.* *1* approvvigionare all'eccesso; riempire troppo (*di merce, ecc.*): **to o. a shop**, riempire un negozio di troppa merce *2* tenere troppi animali su (*un terreno*). ● **to o. a market**, saturare un mercato □ **to be overstocked with goods**, avere troppa merce in magazzino (*o* in negozio).
overstrain /ˈəʊvəstreɪn/, *n.* *1* eccesso di fatica; sforzo eccessivo *2* (*mecc.*) sollecitazione eccessiva.
to **overstrain** /əʊvəˈstreɪn/, **A** *v. t.* *1* affaticare; sforzare troppo; strapazzare *2* (*mecc.*) sollecitare troppo; sovrasollecitare. **B** *v. i.* (*anche, v. rifl.* **to overstrain oneself**) affaticarsi; sforzarsi troppo; strapazzarsi.
to **overstress** /əʊvəˈstrɛs/, *v. t.* *1* enfatizzare troppo *2* (*mecc.*) sovrasollecitare.
overstressing /əʊvəˈstrɛsɪŋ/, *n.* *1* eccessiva enfatizzazione *2* (*mecc.*) sovrasollecitazione.
overstrung /əʊvəˈstrʌŋ/, *a.* *1* troppo teso (*fig.*); sovreccitato *2* (*di pianoforte*) verticale.
to **overstuff** /əʊvəˈstʌf/, *v. t.* *1* riempire; rimpinzare (*di cibo, ecc.*) *2* imbottire (*poltrone, ecc.*); rivestire (*mobili*).
to **oversubscribe** /əʊvəsəbˈskraɪb/, *v. t.* (*fin.*) sottoscrivere in eccesso. ● **to o. an issue of bonds**, sottoscrivere un numero di obbligazioni superiore a quelle emesse.
oversupply /əʊvəsəˈplaɪ/, *n.* *1* provvista eccessiva; rifornimento eccessivo *2* (*econ.*) offerta eccessiva.
to **oversupply** /əʊvəsəˈplaɪ/, *v. t.* rifornire in eccesso; approvvigionare troppo.
overswollen /əʊvəˈswəʊlən/, *a.* troppo gonfio; gonfio più del normale.
overt /ˈəʊvɜːt, *USA* əʊˈvɜːt/, *a.* *1* aperto (*fig.*); evidente; palese; manifesto *2* aperto al pubblico; libero: **market o.**, mercato aperto al pubblico *3* (*leg.*) intenzionale; doloso.
to **overtake** /əʊvəˈteɪk/ (*pass.* **overtook**, *p. p.* **overtaken**), *v. t.* *1* raggiungere; oltrepassare; sorpassare: **A sports car overtook us on a bend**, una macchina sportiva ci sorpassò in curva; **Not to be overtaken, he sped up**, per non farsi superare, accelerò *2* cogliere di sorpresa; sorprendere: **We were overtaken by nightfall**, fummo sorpresi dalle tenebre.
overtaking /əʊvəˈteɪkɪŋ/, *n.* (*autom.*) sorpasso. ● **o. lane**, corsia di sorpasso (*in autostrada*) □ (*autom.*) **«No o.»** (*cartello*), «divieto di sorpasso».
to **overtask** /əʊvəˈtɑːsk, *USA* -æsk/, *v. t.* assegnare un compito troppo arduo a (q.); sovraccaricare (q.) di lavoro.
to **overtax** /əʊvəˈtæks/, *v. t.* *1* (*fin.*) gravare di imposte; tassare eccessivamente *2* abusare di; chiedere troppo a: **to o. sb.'s patience**, abusare della pazienza di q.; **to o. one's strength**, chiedere troppo alle proprie energie.
overtaxation /əʊvətækˈseɪʃn/, *n.* (*fin.*) tassazione eccessiva.
overtemperature /əʊvəˈtɛmprətʃə(r)/, *n.* (*tecn.*) temperatura eccessiva.
overthrow /ˈəʊvəθrəʊ/, *n.* *1* rovesciamento *2* rovescio (*fig.*); disfatta; rovina; sconfitta.
to **overthrow** /əʊvəˈθrəʊ/ (*pass.* **overthrew**, *p. p.* **overthrown**), *v. t.* rovesciare (*anche fig.*); abbattere; far cadere; sconfiggere: **to o. the government**, rovesciare il governo.
overthrust /ˈəʊvəθrʌst/, *n.* (*geol.*) sovrascorrimento; carreggiamento (*raro*).
overtime /ˈəʊvətaɪm/, **A** *n.* *1* (lavoro) straordinario: **to be on o.** (*o* **to work o.**), fare lo straordinario *2* indennità di (lavoro) straordinario: **to be earning o.**, percepire lo straordinario *3* (*sport*) overtime; tempo supplementare, tempi supplementari. **B** *a.* straordinario: **o. work**, lavoro straordinario; **o. pay**, indennità di lavoro straordinario. **C** *avv.* oltre l'orario normale di lavoro. ● (*fig. fam.*) **to work o. to do st.**, darci dentro per fare q.c. (*fam.*).
to **overtime** /əʊvəˈtaɪm/, *v. t.* (*fotogr.*) sovraesporre (*una pellicola*).
to **overtip** /əʊvəˈtɪp/, *v. t.* (*tur.*) dare una mancia eccessiva a (q.).
overtipping /əʊvəˈtɪpɪŋ/, *n.* (*tur.*) il dare mance eccessive.
to **overtire** /əʊvəˈtaɪə(r)/, **A** *v. t.* affaticare troppo; strapazzare. **B** to **overtire oneself**, *v. rifl.* stancarsi troppo; strapazzarsi.
overtoil /ˈəʊvətɔɪl/, *n.* eccesso di lavoro; lavoro eccessivo.
overtone /ˈəʊvətəʊn/, *n.* *1* (*acustica*) armonica superiore *2* (*mus.*) ipertono *3* sfumatura (*di colore*) *4* (*pl.*) (*fig.*) sfumature aggiuntive; sottintesi; significati reconditi.
overtook /əʊvəˈtʊk/, *pass.* di **to overtake**.
to **overtop** /əʊvəˈtɒp/, *v. t.* *1* elevarsi al di sopra di; dominare; sovrastare; torreggiare su: **the house overtopping all the others**, la casa che domina tutte le altre *2* (*fig.*) eclissare; sorpassare; superare; essere superiore a.
to **overtrade** /əʊvəˈtreɪd/, *v. i.* (*comm.*) commerciare oltre i limiti della propria disponibilità finanziaria; esporsi troppo.
overtrading /əʊvəˈtreɪdɪŋ/, *n.* (*comm.*) attività eccedente le proprie disponibilità finanziarie.
to **overtrain** /əʊvəˈtreɪn/, (*sport*) **A** *v. t.* allenare eccessivamente; superallenare. **B** *v. i.* allenarsi troppo.
overtraining /əʊvəˈtreɪnɪŋ/, *n.* (*sport*) allena-

mento eccessivo; superallenamento.
to **overtrump** /əʊvə'trʌmp/, *v. t.* e *i.* (*nei giochi di carte*) giocare un atout più alto (*di quello giocato dall'avversario*); mangiare (*un'altra briscola*).
overture /'əʊvətjʊə(r), -tʃʊə(r), -tʃə(r)/, *n.* **1** (*mus.*) ouverture (*franc.*); introduzione; preludio **2** (*fig.*) approccio; offerta; avance (*franc.*): **to make overtures to sb.**, fare delle avances a q.; tentare approcci verso q.; **peace overtures**, offerte di pace **3** (*d'un poema*) prologo; proemio.
to **overturn** /əʊvə'tɜːn/, **A** *v. t.* rovesciare (*anche fig.*); capovolgere; abbattere: **The canoe was overturned by the waves**, la canoa fu rovesciata dalle onde; **to o. the government**, rovesciare il governo. **B** *v. i.* rovesciarsi; capovolgersi.
overuse /əʊvə'juːs/, *n.* uso eccessivo; abuso.
to **overuse** /əʊvə'juːz/, *v. t.* fare un uso eccessivo di; abusare di.
overvaluation /əʊvəvæljʊ'eɪʃn/, *n.* (*fin.*) eccesso di valutazione; sopravvalutazione.
to **overvalue** /əʊvə'væljuː/, *v. t.* (*fin.*) valutare troppo; sopravvalutare.
overvalued /əʊvə'væljuːd/, *a.* (*fin.*) sopravvalutato.
overview /'əʊvəvjuː/, *n.* visione d'insieme; rassegna generale; rassegna; panoramica (*fig.*).
overvoltage /əʊvə'vəʊltɪdʒ/, *n.* (*elettr., elettron.*) sovratensione.
overwatched /əʊvə'wɒtʃt, *USA* -wɔːtʃt/, *a.* **1** sorvegliato **2** (*mil.*) coperto **3** (*arc.*) stanco per il troppo vegliare; morto di sonno (*fig.*).
overweening /əʊvə'wiːnɪŋ/, *a.* **1** arrogante; presuntuoso **2** smisurato; eccessivo: **o. pride**, orgoglio smisurato. ‖ **-ly,** *avv.*
to **overweigh** /əʊvə'weɪ/, *v. t.* **1** pesare più di (q.); superare in peso **2** opprimere; gravare su (q.).
overweight /'əʊvəweɪt/, **A** *n.* **1** eccedenza di peso; soprappeso; peso abbondante, peso superiore al normale **2** (*fig.*) maggiore importanza; maggior peso (*fig.*); preponderanza. **B** *a. pred.* **1** (*trasp.*) in eccesso: **o. luggage** (*USA*: **o. baggage**), bagaglio in eccesso **2** (*di persona*) che pesa troppo; di peso superiore al normale; pletorico. ● (*fin.*) **o. coin**, moneta forte □ (*di persona*) **to be ten pounds o.**, essere dieci libbre sopra il peso forma.
to **overweight** /əʊvə'weɪt/, *v. t.* **1** sovraccaricare **2** (*fig.*) dare troppo peso a.
to **overwhelm** /əʊvə'welm, *USA* -hwelm/, *v. t.* **1** sommergere; seppellire: **The town was overwhelmed when the floods came**, la città fu sommersa quando venne l'inondazione **2** distruggere; opprimere; sopraffare; schiacciare: **Our army was overwhelmed by the enemy**, il nostro esercito fu sopraffatto dal nemico **3** confondere; imbarazzare: **Your kindness overwhelms me**, la tua gentilezza mi confonde.
overwhelming /əʊvə'welmɪŋ, *USA* -hwelm-/, *a.* opprimente; irresistibile; schiacciante: **an o. grief**, un dolore opprimente; **an o. majority**, una maggioranza schiacciante.
overwhelmingly /əʊvə'welmɪŋlɪ, *USA* -hw-/, *avv.* **1** in modo opprimente; irresistibilmente **2** in massa: **to vote o. for the Democratic candidate**, votare in massa per il candidato democratico.
to **overwind** /əʊvə'waɪnd/ (*pass.* e *p. p.* **overwound**), *v. t.* **1** avvolgere (*una fune, ecc.*) troppo stretto **2** caricare troppo (*un orologio*).
overwinter /əʊvə'wɪntə(r)/, *a.* (che accade) durante l'inverno; invernale: (*med., stat.*) **o. mortality**, mortalità invernale.
to **overwithhold** /əʊvəwɪð'həʊld, -θ'h-/, *v. t.* (*fisc.*) fare ritenute d'acconto eccessive a (q.).
overwork /'əʊvəwɜːk/, *n.* eccesso di lavoro; lavoro eccessivo; superlavoro.
to **overwork** /əʊvə'wɜːk/, **A** *v. t.* **1** far lavorare troppo; affaticare; strapazzare: **Don't o. your horse!**, non affaticare il tuo cavallo! **2** fare un uso eccessivo di; servirsi troppo (*o* troppo spesso) di (q.c.): **You o. that excuse**, ti servi troppo (spesso) di quella scusa. **B** *v. i.* (*anche, v. rifl.*, **to overwork oneself**) lavorare troppo; affaticarsi; strapazzarsi.
overwound /əʊvə'waʊnd/, *pass.* e *p. p.* di **to overwind**.
to **overwrite** /əʊvə'raɪt/ (*pass.* **overwrote**, *p. p.* **overwritten**), **A** *v. t.* **1** scrivere sopra (*q.c. già scritto*) **2** scrivere (q.c.) in uno stile troppo fiorito (*o* troppo elaborato) **3** incidere (*un disco, un nastro*) cancellando una precedente registrazione. **B** *v. i.* scrivere troppo.
overwrought /əʊvə'rɔːt/, *a.* **1** affaticato; esausto **2** nervoso; teso (*fig.*); sovreccitato **3** (*di stile*) troppo elaborato; ricercato.
Ovid /'ɒvɪd/, *n.* (*stor., letter.*) Ovidio.
Ovidian /ɒ'vɪdɪən/, *a.* (*letter.*) ovidiano; di Ovidio.
oviduct /'əʊvɪdʌkt/, *n.* (*anat.*) ovidotto; ovidutto.
oviform /'əʊvɪfɔːm/, *a.* oviforme; ovale.
ovine /'əʊvaɪn/, *a.* (*zool.*) ovino; di pecora; delle pecore.
ovipara /əʊ'vɪpərə/, *n.* (*pl.* **oviparae**) (*biol.*) ovipara.
oviparous /əʊ'vɪpərəs/, *a.* (*biol.*) oviparo.
ovoid /'əʊvɔɪd/, *a.* e *n.* ovoide.
ovolo /'əʊvələʊ/, *n.* (*pl.* **ovoli**) (*archit.*) ovolo.
ovoviviparism /əʊvəʊvɪ'vɪpərɪzəm/, *n.* (*zool.*) ovoviviparismo.
ovoviviparous /əʊvəʊvɪ'vɪpərəs/, *a.* (*zool.*) ovoviviparo.
ovular /'ɒvjʊlə(r), 'əʊ-/, *a.* (*biol.*) ovulare.
to **ovulate** /'ɒvjʊleɪt, 'əʊ-/, *v. i.* (*fisiol.*) ovulare; avere l'ovulazione.
ovulation /ɒvjʊ'leɪʃn, əʊ-/, *n.* (*biol.*) ovulazione.
ovulatory /'ɒvjʊlətrɪ, 'əʊ-, -leɪtrɪ, *USA* -lətɔːrɪ/, *a.* (*biol.*) ovulatorio.
ovule /'əʊvjuːl/, *n.* (*biol.*) ovulo.
ovum /'əʊvəm/, *n.* (*pl.* **ova**) (*biol.*) uovo; cellula uovo.
ow /aʊ/, *inter.* ahi.
to **owe** /əʊ/, **A** *v. t.* dovere; essere debitore di; essere in debito di; essere indebitato con: **I owe Mr Jones a hundred pounds** (*o* **a hundred pounds to Mr Jones**), devo cento sterline a Mr Jones; **We owe to Newton the principle of gravitation**, dobbiamo a Newton la scoperta del principio della gravità; **I owe him much**, gli devo molto; **I owe him my life**, gli devo la vita. **B** *v. i.* essere indebitato; aver debiti. ● **to owe for**, dover pagare: **She still owes for the dresses she bought last year**, deve ancora pagare i vestiti che comprò l'anno scorso □ **to owe sb. a grudge**, serbar rancore a q.; avere risentimento verso q.; avercela con q. (*fam.*) □ **to owe sb. ill will**, aver malanimo verso q.; avercela con q. (*fam.*) □ **to owe no thanks to anybody**, non dover ringraziare nessuno □ (*fam.*) **to owe sb. one**, essere in debito di un favore con q. □ (*comm.*) **I owe you** (*abbr.* **IOU**), pagherò (*formula con cui si riconosce un debito per iscritto*).
owing /'əʊɪŋ/, *a.* **1** che si deve; dovuto; ancora da pagare; arretrato; scaduto: **He paid all that was o.**, pagò quanto era dovuto (*o* tutto quello che c'era da pagare); **There are three hundred dollars still o.**, ci sono trecento dollari ancora da pagare **2** (*fin.*) in debito, in passivo: **The firm was wound up on Monday o. £ 2 million**, la ditta fu messa in liquidazione lunedì con un passivo di due milioni di sterline. ● **o. to**, a causa di; a motivo di: **O. to the drought, crops are short**, a causa della siccità, il raccolto è scarso.
owl /aʊl/, *n.* **1** (*zool., Asio, Bubo, ecc.*) gufo **2** (*zool., Athene noctua*) civetta **3** (*fig.*) nottambulo **4** (*fig.*) persona dall'aspetto solenne; vecchio gufo (*fam.*). ● **owl-light**, crepuscolo □ (*zool.*) **owl pigeon**, varietà di piccione □ (*zool.*) **barn o.** (*Tyto alba*), barbagianni □ (*fig.*) **to carry owls to Athens**, portar nottole ad Atene □ (*zool.*) **eagle-o.** (*Bubo bubo*), gufo reale □ (*zool.*) **long-eared o.** (*Asio otus*), gufo comune □ (*zool.*) **tawny o.** (*Strix aluco*), allocco.
owlery /'aʊlərɪ/, *n.* nido di gufo (*o* di civetta).
owlet /'aʊlət/, *n.* (*zool.*) **1** piccolo gufo **2** piccola civetta.
owlish /'aʊlɪʃ/, *a.* di (da) gufo; da allocco (*anche fig.*).
owlishly /'aʊlɪʃlɪ/, *avv.* con aria di solenne saggezza.
own /əʊn/, **A** *a.* **1** (*preceduto dall'agg. poss.*) proprio; particolare; (di) mio (tuo, suo, ecc.): **to do st. with one's own hands**, fare q.c. con le proprie mani; **This farm is my own** (*o* **This is my own farm**), questa fattoria è proprio mia (*o* di mia proprietà); **It has a value all its own**, ha un valore del tutto suo, particolare; **I have no money of my own**, non ho denaro di mio **2** (*idiom.*; *per es.*:) **to cook one's own meals**, farsi da mangiare da solo (*o* da sé). **B** *n.* (il) proprio; ciò che ci appartiene; il mio (il tuo, il suo, ecc.): **I suppose I can do as I like with my own**, suppongo di poter disporre del mio a mio piacimento. ● (*market.*) **own brand**, marchio (di commercio) □ **own brother**, fratello (*non fratellastro*) □ **own cousin**, primo cugino, prima cugina □ (*sport* e *fig.*) **own goal**, autorete; (*fig.*) errore commesso a proprio danno □ **own-initiative**, di propria iniziativa, d'ufficio (*agg.*) □ **own sister**, sorella (*non sorellastra*) □ **to come into one's own**, ottenere quel che ci è dovuto; ottenere il giusto riconoscimento (*o* la meritata approvazione) □ **to do a piece of work on one's own**, fare un lavoro per conto proprio (*o* da solo) □ (*fam.*) **to get one's own back**, prendersi la rivincita; ripagare con la stessa moneta (*fig.*) □ **to hold one's own**, tener duro, resistere, non cedere; cavarsela bene, far valere i propri diritti; mantenersi calmo, dignitoso; portarsi bene □ (*al vocat.*) **my own** (*o* **my own sweetheart**, ecc.), mio caro, mia cara; tesoro □ **of one's own**, per sé; personale: **I want a girl of my own**, voglio la mia (propria) ragazza; voglio una ragazza tutta per me □ (*fam.*) **to be** (*o* **to live**) **on one's own**, vivere del proprio; essere autosufficiente (*o* indipendente) □ **to be one's own man** (*o* **master**), non aver padroni; lavorare per conto proprio; essere un lavoratore autonomo.
to **own** /əʊn/, *v. t.* **1** possedere; avere; essere (il) proprietario di: **Who owns this house?**, chi è il proprietario di questa casa? **2** (*form.*) ammettere; concedere; confessare; riconoscere: **to own one's faults**, ammettere le proprie colpe; **to own a child**, riconoscere (la paternità di) un figlio. ● **to own oneself indebted**, riconoscersi in debito (verso q.) □ **to own to**, confessare, riconoscere: **to own to having stolen st.**, confessare d'aver rubato q.c.; **to own to a sense of shame**, confessare di provar vergogna □ (*fam.*) **to own up**, confessare, ammettere: **I own up to it**, ammetto d'averlo fatto io; **I advise you to own up**, ti consiglio di confessare.
owned /əʊnd/, *a.* posseduto. ● (*di casa*) **o. mortgaged**, di proprietà ma gravata d'ipoteca □ **o. outright**, di proprietà.
owner /'əʊnə(r)/, *n.* **1** proprietario, proprietaria; possessore; padrone, padrona **2** (*leg.*) titolare **3** (*naut.*, = **shipowner**) armatore. ● (*naut.*) **o.-charterer**, armatore noleggiatore □ (*autom.*) **o.-driver**, padroncino (*di camion*), autotrasportatore indipendente; (*anche*) tassista autonomo (*che lavora per conto suo*) □ (*fin.*) **o. manager**, proprietario direttore (*di un'azienda*) □ (*econ.*) **o.-occupation**, proprietà della casa (*in cui si abita*); proprietà del podere (*che si coltiva*) □ **o.-occupied**, abitato dal proprietario (*rif. a casa*); di proprietà di chi lo coltiva (*rif. a podere*) □ **o.-occupier**, chi è proprietario della casa in cui abita; (*agric.*) chi è proprietario del podere che coltiva, coltivatore diretto □ (*ferr.*) **o.'s risk rate**, tariffa speciale □ (*comm.*) **at o.'s risk**, a rischio e pericolo del committente (*o* del destinatario) □ (*teatr.*) **box o.**, palchettista □ (*market.*) **a one-**

-**o. second-hand car**, un'auto usata che ha avuto un solo proprietario (*o* senza passaggi di proprietà) □ (*leg.*) **part o.**, comproprietario; (*di casa*) condomino.

ownerless /ˈəʊnələs/, *a.* senza padrone: **an o. cat**, un gatto senza padrone.

ownership /ˈəʊnəʃɪp/, *n.* **1** possesso **2** (*leg.*) proprietà: **right of o.**, diritto di proprietà **3** (*di giornale*) testata: **to buy the o. of a paper**, comprare la testata di un giornale. ● **«under new o.»** (*cartello*), «nuova gestione» (*di negozio, ecc.*).

ox /ɒks/, *n.* (*pl.* **oxen**) (*zool.*) **1** (*Bos domesticus*) bue domestico; bove **2** bovino (*in genere*). ● (*zool.*) **ox-bird** (*Erolia alpina*), piovanello pancianera □ **ox-cart**, carro (trainato) da buoi □ **ox-eye**, occhio bovino; (*bot.*, *Chrysanthemum leucanthemum*; = **ox-eye daisy**), margherita dei campi □ **ox-eyed**, dagli occhi bovini; dagli occhi di bue □ **ox fence**, steccato di recinto per bovini.

oxalate /ˈɒksəleɪt/, *n.* (*chim.*) ossalato.

oxalic /ɒkˈsælɪk/, *a.* (*chim.*) ossalico: **o. acid**, acido ossalico.

oxalis /ɒkˈsælɪs/, *n.* (*bot.*, *Oxalis acetosella*) acetosella.

oxbow /ˈɒksbəʊ/, *n.* (*idrologia, geol.*) meandro abbandonato: **o. lake**, lago di meandro abbandonato.

Oxbridge /ˈɒksbrɪdʒ/, **A** *n.* (*in G.B.*) «Oxbridge» (*composto da Oxford e Cambridge, in contrapposizione alle università di recente istituzione*; *cfr.* **redbrick**). **B** *a. attr.* relativo a Oxford e Cambridge.

Oxbridgean, Oxbridgian /ˈɒksbrɪdʒɪən/, **A** *n.* studente (*o* laureato) dell'università di Oxford o di Cambridge. **B** *a.* dell'università di Oxford o di quella di Cambridge.

oxen /ˈɒksn/, *pl.* di **ox**.

oxer /ˈɒksə(r)/, *n.* **1** staccionata di recinto per bovini **2** (*ippica*) ostacolo costituito da due siepi divise da un fossato; oxer.

Oxford /ˈɒksfəd/, *n.* (*geogr.*) Oxford. ● **O. accent**, accento di Oxford □ **O. bags**, pantaloni larghi di flanella □ **O. blue**, blu scuro; (*sport*) membro di una squadra (*o* di un armo) dell'università di Oxford □ **O. cloth** (= **oxford**), stoffa di cotone per camicie □ **O. grey**, grigio scuro, con puntini bianchi □ **an O. man**, uno che s'è laureato a Oxford □ **O. shoes** (= **oxfords**), scarpe basse da uomo; scarpe classiche (*coi lacci*).

oxherd /ˈɒkshɜːd/, *n.* bovaro; mandriano.

oxhide /ˈɒkshaɪd/, *n.* **1** pelle di bue **2** cuoio di bue.

oxidable /ˈɒksɪdəbl/, *a.* (*chim.*) ossidabile.

oxidant /ˈɒksɪdənt/, *n.* (*chim.*) ossidante.

oxidase /ˈɒksɪdeɪz/, *n.* (*biol.*) ossidasi.

to **oxidate** /ˈɒksɪdeɪt/, *V.* **to oxidize**.

oxidation /ɒksɪˈdeɪʃn/, *n.* (*chim.*) ossidazione. ● (*chim.*) **o.-reduction**, ossidoriduzione.

oxide /ˈɒksaɪd/, *n.* (*chim.*) ossido: **iron o.**, ossido di ferro. ● **o. blue**, blu cobalto □ **o. yellow**, giallo ocra □ **red o.**, minio.

oxidizable /ɒksɪˈdaɪzəbl/, *a.* (*chim.*) ossidabile.

oxidization /ɒksɪdaɪˈzeɪʃn, *USA* -dɪˈz-/, *n.* (*chim.*) ossidazione.

to **oxidize** /ˈɒksɪdaɪz/, **A** *v. t.* ossidare. **B** *v. i.* ossidarsi.

oxidizer /ˈɒksɪdaɪzə(r)/, *n.* (*chim.*) (agente) ossidante.

oxidizing /ˈɒksɪdaɪzɪŋ/, *a.* (*chim.*) ossidante.

oximeter /ɒkˈsɪmɪtə(r)/, *n.* (*chim., med.*) ossimetro.

oxine /ˈɒksiːn/, *n.* (*chim.*) ossina.

oxlip /ˈɒkslɪp/, *n.* (*bot.*, *Primula elatior*) primavera maggiore.

Oxon /ˈɒksɒn/, *abbr.* di **Oxonian** (*nei titoli di studio*): **George Smith, M.A. Oxon**, George Smith, laureato a Oxford.

Oxonian /ɒkˈsəʊnɪən/, **A** *a.* **1** dell'università di Oxford **2** oxoniense, ossoniense; della città di Oxford. **B** *n.* **1** studente (*o* laureato) dell'università di Oxford **2** nativo (*o* abitante) di Oxford.

oxtail /ˈɒksteɪl/, *n.* coda di bue (*specialm. come pietanza*).

oxter /ˈɒkstə(r)/, *n.* (*scozz.*) ascella.

to **oxter** /ˈɒkstə(r)/, *v. t.* (*scozz.*) prendere (q.) sottobraccio (*o* a braccetto).

oxy(-)acetylene /ɒksɪəˈsetɪliːn/, *a.* e *n.* (*chim.*) ossiacetilene. ● (*tecn.*) **o. blowpipe** (*o* **torch**), cannello ossiacetilenico.

oxyacid /ɒksɪˈæsɪd/, *n.* (*chim.*) ossiacido.

oxychloride /ɒksɪˈklɔːraɪd/, *n.* (*chim.*) ossicloruro.

oxygen /ˈɒksədʒən/, *n.* (*chim.*) ossigeno. ● (*tecn.*) **o. lance**, lancia termica □ (*med.*) **o. mask**, maschera a ossigeno □ (*miss.*) **o. propellant**, propellente a ossigeno liquido □ (*med.*) **o. tent**, tenda a ossigeno.

oxygenase /ˈɒksɪdʒəneɪs/, *n.* (*biochim.*) ossigenasi.

to **oxygenate** /ˈɒksɪdʒəneɪt, ɒkˈsɪ-/, *v. t.* **1** (*chim.*) ossigenare **2** (*med.*) somministrare ossigeno a.

oxygenation /ɒkɪdʒəˈneɪʃn/, *n.* **1** (*chim.*) ossigenazione **2** (*med.*) somministrazione d'ossigeno.

to **oxygenize** /ˈɒksɪdʒənaɪz, ɒkˈsɪ-/, *V.* **to oxygenate**.

oxyhaemoglobin, (*USA*) **oxyhemoglobin** /ɒksɪhiːməʊˈgləʊbɪn/, *n.* (*biol.*) ossiemoglobina.

oxyhydrogen /ɒksɪˈhaɪdrədʒən/, *a. attr.* ossidrico: **o. blowpipe** (*o* **o. torch**), cannello ossidrico; **o. welding**, saldatura ossidrica.

oxymoron /ɒksɪˈmɔːrɒn/, *n.* (*pl.* **oxymora**) (*retor.*) ossimoro.

oxytone /ˈɒksɪtəʊn/, (*ling.*) **A** *a.* ossitono. **B** *n.* (parola) ossitona.

oyer /ˈɔɪə(r)/, *n.* (*leg., stor.*) udienza.

oyes, oyez /əʊˈjɛs, -jɛz, -jeɪ, ˈəʊj-/, *inter.* udite!; ascoltate! (*specialm. usata dai banditori e nei tribunali*).

oyster /ˈɔɪstə(r)/, *n.* **1** (*zool., Ostrea edulis*) ostrica: **pearl o.** (*Meleagrina margaritifera*), ostrica perlifera **2** (*fig. fam.*) persona poco comunicativa (*o* che non ha comunicativa); persona di carattere chiuso; tipo chiuso (*fam.*). ● **o. bar**, ristorante specializzato in ostriche (*che, di solito, vengono servite al banco*) □ **o. bed** (*o* **o. bank**), banco di ostriche □ (*zool.*) **o. catcher** (*Haematopus ostralegus*), ostricaio, beccaccia di mare □ **o. farm** (*o* **o. field**), allevamento di ostriche □ **o. knife**, coltello da ostriche □ **o. man**, ostricaio □ **o. park**, vivaio di ostriche □ **o. seller**, ostricaio □ **o. shell**, conchiglia d'ostrica □ **to be as dumb as an o.**, essere muto come un pesce.

oysterer /ˈɔɪstərə(r)/, *n.* **1** ostricaio **2** (*naut.*) barca per la pesca delle ostriche.

oz /ɒz, *USA* ɔːz/, *a.* e *n.* (*fam.*) australiano (*anche la lingua*).

ozocerite /əʊzəʊˈsɪəraɪt, əʊˈzɒsər-/, **ozokerit(e)** /əʊzəʊˈkɪəraɪt, əʊˈzɒkər-/, *n.* (*chim., miner.*) ozocerite, ozocherite.

ozone /ˈəʊzəʊn/, *n.* **1** (*chim.*) ozono **2** (*pop.*) aria pura. ● (*ecol.*: *di un frigorifero, ecc.*) **o.-friendly**, che non danneggia la fascia dell'ozono (*essendo privo di CFC*) □ (*tecn.*) **o. generator**, ozonizzatore □ **o. layer**, strato dell'ozono.

ozonic /əʊˈzɒnɪk, *USA* -ˈzəʊn-/, *a.* (*chim.*) ozonico.

ozonization /əʊzəʊnaɪˈzeɪʃn, *USA* -nɪˈz-/, *n.* (*chim.*) ozonizzazione.

to **ozonize** /ˈəʊzəʊnaɪz/, *v. t.* (*chim.*) ozonizzare.

ozonizer /ˈəʊzəʊnaɪzə(r)/, *n.* (*tecn.*) ozonizzatore.

ozonosphere /əʊˈzəʊnəsfɪə, -ˈzɒn-/, *n.* ozonosfera.

ozonotherapy /əʊzəʊnəˈθɛrəpɪ/, *n.* (*med.*) ozonoterapia.

p, P

P, p /piː/, *n.* (*pl.* **P's, p's**; **Ps, ps**) ***1*** P, p (*sedicesima lettera dell'alfabeto ingl.*) ***2*** (*in G.B.*) nuovo penny (*dal febbraio del 1971*). ● (*telef.*) **p for Peter**, p come Palermo □ (*fig.*) **to mind one's p's and q's**, stare attenti a quel che si fa; badare a quel che si dice; esser cauto (*o* guardingo).

pa /pɑː/, *n.* (*abbr. fam. di* **papa**) papà; babbo.

pabulum /ˈpæbjʊləm/, *n.* (*raro, spesso fig.*) alimento; cibo; nutrimento.

paca /ˈpɑːkə, ˈpækə/, *n.* (*zool., Cuniculus paca*) paca.

pace /peɪs/, *n.* ***1*** passo; (*fig.*) andatura, velocità: **at a walking p.**, a passo d'uomo; **to go at a good p.**, andare di buon passo; **to force the p.**, forzare il passo ***2*** ambio. ● (*sport*) **p. car**, automobile che fa l'andatura (*nel primo giro del circuito*) □ (*mil.*) **broken p.**, passo di strada □ **to gather p.**, acquistare velocità □ **to go the p.**, andare a tutta velocità; (*fig.*) correre la cavallina, fare la bella vita □ **to keep p. with sb.** [**st.**], andare al passo con q. [q.c.]; (*anche fig.*) tenere il passo di, reggere il ritmo di q. [q.c.]: **As demand grew, production kept p.**, all'aumento della domanda, la produzione tenne il passo □ **to mend one's p.**, cambiar passo; affrettarsi □ **to put sb. through his paces**, mettere q. alla prova □ **to set the p.**, (*sport*) fare l'andatura; dare il passo; (*fig.*) fare da battistrada □ (*fig.*) **to show one's paces**, dare dimostrazione delle proprie capacità □ **to stand the p.**, stare al passo.

to **pace** /peɪs/, **A** *v. i.* ***1*** andare al passo; camminare; passeggiare ***2*** (*di cavallo*) ambiare; andare all'ambio. **B** *v. t.* ***1*** percorrere a gran passi; misurare coi passi: **to p. a room**, percorrere a gran passi una stanza ***2*** (*sport*) fare l'andatura per (*un corridore, un podista, ecc.*) ***3*** (*fig.*) regolare l'andatura (*o* il ritmo) di (q.c.). ● **to p. off** (**out**), misurare a passi (*una distanza e sim.*).

paced /peɪst/, *a.* ***1*** misurato (a passi) ***2*** (*nei composti, per es.:*) **fast-p.**, che ha un passo rapido; ad andatura veloce; **slow-p.**, dal passo lento; a lenti passi. ● (*ciclismo*) **motor-p. race**, corsa dietro motori.

pacemaker /ˈpeɪsmeɪkə(r)/, *n.* ***1*** (*sport*) chi fa l'andatura; battistrada; «allenatore» ***2*** (*fig.*) figura di primo piano ***3*** (*anat.*) segnapasso (cardiaco) ***4*** (*med.*) stimolatore cardiaco; pacemaker.

pacer /ˈpeɪsə(r)/, *n.* ***1*** (*sport*) chi fa l'andatura; battistrada ***2*** (*di cavallo*) ambiatore; cavallo addestrato all'ambio.

pacesetter /ˈpeɪssetə(r)/, *n.* ***1*** (*sport*) chi fa l'andatura; battistrada ***2*** (*fig.*) figura di primo piano.

pacha /ˈpɑːʃə/, *n.* pascià.

pachyderm /ˈpækɪdɜːm/, *n.* (*zool.*) pachiderma (*anche fig.*).

pachydermatous /pækɪˈdɜːmətəs/, *a.* ***1*** (*zool.*) di (*o* da) pachiderma; pachidermico ***2*** (*fig.*) di pelle dura; insensibile.

pacifiable /ˈpæsɪfaɪəbl/, *a.* pacificabile.

pacific /pəˈsɪfɪk/, *a.* pacifico; calmo; tranquillo. ● (*geogr.*) **the P.** (**Ocean**), l'Oceano Pacifico; il Pacifico. ‖ **-ally**, *avv.*

pacification /pæsɪfɪˈkeɪʃn/, *n.* pacificazione.

pacificator /pəˈsɪfɪkeɪtə(r)/, *n.* pacificatore.

pacificatory /pəˈsɪfɪkətrɪ, -eɪtrɪ, -ˈkeɪ-, *USA* -ətɔːrɪ/, *a.* pacificatore; conciliativo.

pacificism /pəˈsɪfɪsɪzəm/, **pacificist** /pəˈsɪfɪsɪst/, *V.* **pacifism, pacifist**.

pacifier /ˈpæsɪfaɪə(r)/, *n.* ***1*** pacificatore; paciere ***2*** (*USA*) succhiotto; ciuccio; tettarella.

pacifism /ˈpæsɪfɪzəm/, *n.* pacifismo.

pacifist /ˈpæsɪfɪst/, *n.* pacifista.

pacifistic /pæsɪˈfɪstɪk/, *a.* pacifistico.

to **pacify** /ˈpæsɪfaɪ/, *v. t.* pacificare; calmare; placare; sedare.

pack /pæk/, *n.* ***1*** pacco; fagotto; fardello; involto; peso; soma ***2*** (*anche mil.*) zaino ***3*** balla (*di lana, ecc.*) ***4*** branco; muta: **a p. of wolves**, un branco di lupi; **a p. of hounds**, una muta di cani ***5*** (*spreg.*) banda; masnada; branco: **a p. of thieves**, una banda di ladri; **a p. of fools**, un branco di stupidi ***6*** (*spreg.*) mucchio: **a p. of lies**, un mucchio di bugie; **a p. of nonsense**, un mucchio di sciocchezze ***7*** (*ind.*) quantità di pesce (di carne, frutta, ecc.) messa in scatola in una stagione ***8*** (*geogr.*, = **p. ice**) pack; banco di ghiaccio ***9*** (*comm.*) imballaggio; imballo; confezione; incarto: **vacuum p.**, imballaggio sotto vuoto ***10*** (*comm.*) metodo d'imballaggio; materiale per imballaggio (*o* per imballo) ***11*** (*med.*) impacco: **an ice p.**, un impacco di ghiaccio ***12*** (*ind. min.*) pilastro in pietrame; (*anche*) ripiena ***13*** (*elab.*) pacco (*di schede*); pila (*di dischi*) ***14*** (*sport*: *nel rugby*) pacchetto (di mischia) ***15*** (*sport*) gruppo (*in una corsa ciclistica, ecc.*). ● **p. animal**, bestia da soma □ (*mil.*) **p. artillery**, artiglieria someggiata □ **a p. of cards**, un mazzo di carte (*da gioco*) □ (*specialm. USA*) **a p. of cigarettes**, un pacchetto di sigarette □ (*mil.*) **p. drill**, marcia forzata (*per punizione*) □ **p. frame**, portazaino □ **p.-house**, conservificio □ (*geogr.*) **p. ice**, pack □ (*ind. min.*) **p. wall**, muro di ripiena □ (*zool.*) **leader of the p.**, capobranco □ (*prov.*) **No names, no p. drill**, niente nomi, niente punizione (*Cfr. ital.* acqua in bocca!).

to **pack** /pæk/, **A** *v. t.* ***1*** impaccare; impacchettare; imballare; mettere in scatola (*o* in casse) ***2*** (*anche* **to p. in**) pigiare; riempire; imbottire; stipare: **We were packed in like sardines**, eravamo pigiati come sardine; **to p. a bag with clothes**, riempire una sacca di vestiti; **to p. a stadium with soccer fans**, riempire uno stadio di tifosi del calcio; **The audience packed the hall**, il pubblico stipava la sala ***3*** formare una muta di (*cani*) ***4*** raccogliere (*le carte da gioco*) e farne un mazzo ***5*** rincalzare, pressare (*terriccio*); tamponare, turare (*con una guarnizione*: *una falla, ecc.*): **to pack a leaking joint**, turare una giuntura che perde (*o* che fa acqua, ecc.) ***6*** mettere la soma a (*un animale*) ***7*** (*med.*) avvolgere (*il corpo, ecc.*) in panni umidi; fare un impacco a (q.) ***8*** (*leg.*) scegliere (*una giuria, ecc.*) favorevole e parziale ***9*** (*gergo pugilistico*) tirare, sferrare (*pugni vigorosi*) ***10*** (*elab.*) impaccare ***11*** (*mecc.*) mettere la guarnizione a ***12*** (*fam.*) avere addosso, portare (*un'arma*); portare (*specialm. in uno zaino*): **to p. a gun**, portare la pistola; andare in giro armato (*con arma da fuoco*). **B** *v. i.* ***1*** (*anche* **to p. up**) fare i bagagli; far le valigie ***2*** pigiarsi; stiparsi; accalcarsi. ● **to p. a hard punch**, (*di un pugile*) possedere la castagna, picchiare duro; (*di bevanda alcolica*) picchiare □ **to p. in bales**, imballare □ **to p. in boxes**, inscatolare □ **to p. in cans** (*o* **in tins**) imballare in scatole di latta; inscatolare □ **to p. in cases**, incassare; mettere in casse □ **to p. one's bags**, fare fagotto (*fig.*) □ (*fam. USA*) **to p. a union card**, avere la tessera del sindacato □ **to send sb. packing**, costringere q. a far fagotto; cacciarlo; toglierlo dai piedi □ (*tur.*) **things to p.**, cose da mettere in valigia (*o* da portare con sé) □ **Knitwear packs easily** (*o* **well**), è facile mettere in valigia gli indumenti di maglia.

♦**pack away**, *v. t. + avv.* ***1*** mettere (q.c.) via, mettere da parte; riporre ***2*** (*fam.*) fare fuori (*cibo, ecc.*); divorare.

♦**pack down**, *v. i. + avv.* ***1*** (*della neve, ecc.*) ispessirsi, pigiarsi ***2*** (*rugby*) formare un pacchetto di mischia.

♦**pack in**, **A** *v. t. + avv.* ***1*** far entrare; pigiare; stipare ***2*** attirare, richiamare (*folle di spettatori, ecc.*) ***3*** piantare (*fig.*); smettere: **to p. in one's university studies**, piantare l'università. **B** *v. i. + avv.* affollarsi; pigiarsi; stiparsi □ (*fam.*) **to p. it in**, smetterla; piantarla (*con un'attività, un lavoro, un gioco, ecc.*).

♦**pack off**, *v. t. + avv.* ***1*** spedire (q.c.) in un pacco ***2*** mandare via (q.) in fretta e furia; spedire (*fig.*): **to p. the children off to school**, spedire a scuola i bambini.

♦**pack out**, *v. t. + avv.* ***1*** imbottire: **to p. a sofa out**, imbottire un divano ***2*** riempire, stipare (*un locale, ecc.*) di gente.

♦**pack up**, **A** *v. t. + avv.* ***1*** mettere (*cose*) in valigia; imballare: **to p. up one's things**, mettere in valigia i propri effetti personali; **to p. up one's books**, imballare i libri ***2*** rinunciare a (*un tentativo*); smettere; piantare (*fig.*): **to p. up one's job**, piantare il lavoro; **you should p. up smoking**, dovresti smetterla di fumare. **B** *v. i. + avv.* ***1*** fare i bagagli; fare fagotto (*anche fig.*) ***2*** (*fam.*) smetterla; piantarla; mollare (il lavoro, ecc.) ***3*** (*fam.*: *di una macchina, del motore, ecc.*) guastarsi, fermarsi; piantare (*fam.*): **Halfway to London, the engine packed up on us**, a mezza strada da Londra, ci piantò il motore.

packable /ˈpækəbl/, *a.* ***1*** impaccabile; imballabile ***2*** (*moda*) pieghevole: **p. trench coat**, impermeabile pieghevole.

package /ˈpækɪdʒ/, *n.* ***1*** pacco; collo; balla; cassa ***2*** imballaggio; confezione; incarto: **p. to be returned**, imballaggio a rendere ***3*** (*econ., polit.*) pacchetto: **an austerity p.**, un pacchetto di misure d'austerità ***4*** (*elab.*) pacchetto; scatola; insieme di programmi ***5*** (*comm., tur.*) combinazione: **an attractive p.**, una combinazione allettante ***6*** (*USA*) pacchetto; involto ***7*** (*fam. USA*) mucchio di soldi ***8*** (*pop. USA*: *detto di una donna*) (bel) bocconcino. ● (*econ., polit.*) **p. deal**, pacchetto □ (*tur.*) **p. holiday**, vacanza organizzata □ (*tur.*) **p. tour**, viaggio «tutto compreso»; viaggio organizzato.

to **package** /ˈpækɪdʒ/, *v. t.* ***1*** (*comm.*) impaccare; imballare; confezionare ***2*** (*elab.*) impacchettare; compattare ***3*** (*fam. USA*) presentare (*un articolo, ecc.*) bene.

packager /ˈpækɪdʒə(r)/, *n.* (*comm.*) impacchettatore; imballatore.

packaging /ˈpækɪdʒɪŋ/, *n.* ***1*** impaccaggio; imballaggio; confezione ***2*** (*elab.*) assemblaggio; montaggio. ● **p. machinery**, macchine da imballaggio; imballatrici □ **p. materials**, materiali da imballaggio.

packed /pækt/, *a.* ***1*** (= **p.-out**) pieno zeppo; stracolmo; gremito; stipato: **The room was p.**

with people, la stanza era piena zeppa di gente *2* (*tur.*) al sacco: **p. lunch** (*o* **meal**), colazione al sacco *3* (*leg.*: *di una giuria*) truccata. ● **p. earth**, terriccio rincalzato.

packer /ˈpækə(r)/, *n.* *1* impaccatore; imballatore *2* imballatrice; impacchettatrice; macchina per impaccare. ● (*ind.*) **pork packers**, produttori di carne di maiale in scatola.

packet /ˈpækɪt/, *n.* *1* pacchetto; pacco; involto; confezione: **a p. of biscuits** [**of cigarettes**], un pacchetto di biscotti [di sigarette]; **postal p.**, pacco postale; **a p. of envelopes**, una confezione di buste *2* (*ingl.*) busta paga; (*per estens.*) paga, retribuzione *3* (*naut.*, = **p. boat**) (nave) postale *4* (*elab.*) packet; pacchetto *5* (*biol.*) pacchetto *6* (*fam.*) mucchio di soldi: **to make a p.**, fare un mucchio (*o* un sacco) di soldi *7* (*pop.*) brutto colpo; guaio: **to catch** (*o* **to cop, to stop**) **a p.**, passare un (brutto) guaio; (*specialm.*) prendere la scossa (elettrica). ● **a p. of needles**, una bustina di aghi □ (*elab.*) **p. switching**, commutazione di pacchetto.

to **packet** /ˈpækɪt/, *v. t.* impacchettare.

packing /ˈpækɪŋ/, *n.* *1* impacchettamento; imballaggio; materiale da imballaggio *2* il far le valigie *3* (*mecc.*) guarnizione *4* (*med.*) tamponamento (*d'una ferita, ecc.*) *5* (*ind.*) confezionamento di cibi (*in scatola, in vasetti, ecc.*) *6* (*geol.*) assestamento. ● **p. box** (*o* **p. case**), cassa da imballaggio □ (*comm.*) **p.-free**, franco d'imballaggio □ (*mecc.*) **p. gland**, (anello) premistoppa □ **p. house** (*o* **p. plant**), conservificio □ (*comm.*) **p. list**, distinta della merce □ **p. needle**, ago per imballaggio □ **p. paper**, carta da imballaggio □ **p. press**, pressa per imballare □ **p. sheet**, tela per imballaggio □ **to do one's p.**, fare le valigie.

packman /ˈpækmən/, *n.* (*un tempo*) (*pl.* **packmen**) venditore ambulante.

packsack /ˈpæksæk/, *n.* (*USA*) zaino.

packsaddle /ˈpæksædl/, *n.* basto.

packthread /ˈpækθrɛd/, *n.* corda da pacchi; refe; spago.

packtrain /ˈpæktreɪn/, *n.* colonna di bestie da soma.

packtripper /ˈpæktrɪpə(r)/, *n.* (*fam. USA*) turista che marcia zaino in spalla.

pact /pækt/, *n.* patto; accordo; convenzione.

pactional /ˈpækʃənl/, *a.* (*leg.*) pattizio.

pad (**1**) /pæd/, *n.* *1* batuffolo; cuscinetto; guancialetto; imbottitura: **a shoulder pad**, un cuscinetto d'imbottitura per la spalla *2* (= **inking pad, stamp pad**) cuscinetto per timbri; tampone *3* blocchetto di fogli di carta da scrivere (*o* da disegno) *4* (*med.*) zaffo; tampone; stuello *5* (*elettron.*) attenuatore fisso *6* (*cricket*) gambale; parastinchi *7* (*anat.*) cuscinetto adiposo; (*zool.*) cuscinetto carnoso (*sotto i piedi dei gatti, ecc.*) *8* zampa (*specialm. di volpe o lepre*) *9* (*mecc.*) cuscinetto ammortizzatore; flangia di attacco *10* (*autom., mecc.*) pattino d'attrito (*di freno a disco*); pastiglia *11* (*metall.*) suola (del crogiolo) *12* (*pop.*) alloggio; casa *13* (*pop.*) giaciglio; letto *14* (*pop. USA*) mazzetta; pizzo. ● (*autom.*) **pad wear indicator**, segnalatore (ottico) dell'usura dei pattini □ **blotting pad**, tampone di carta assorbente □ (*sartoria*) **e. pad**, paragomito □ (*miss.*) **launching pad**, piattaforma di lancio; rampa di lancio □ (*sport*) **shin pad**, parastinchi □ (*med.*) **warming pad**, termoforo □ **writing pad**, blocco di carta da scrivere.

pad (**2**) /pæd/, *n.* *1* rumore smorzato di passi; rumore fatto da un bastone che batte la terra *2* (*pop. arc.*) strada (*specialm. in:*) **gentleman** (*o* **knight, squire**) **of the pad**, «re della strada»; bandito; brigante; grassatore *3* (*arc.*) ronzino.

to **pad** (**1**) /pæd/, *v. t.* *1* (*anche* **to pad out**) imbottire; ovattare *2* (*anche* **to pad out**) gonfiare, inzeppare, infarcire (*una frase, un discorso, ecc.*) *3* (*anche* **to pad up**) falsificare (*un conto spese, ecc.*) a proprio vantaggio; alterare (*il numero dei soci di un circolo, ecc.*) *4* (*med.*) zaffare; tamponare *5* (*mecc.*) applicare patini di attrito (*o* pastiglie) a *6* (*elab.*) riempire.

to **pad** (**2**) /pæd/, *v. i.* *1* andare a piedi; camminare *2* camminare leggermente; muoversi con passo felpato *3* (*arc.*) fare il brigante (*o* il grassatore).

padded /ˈpædɪd/, *a.* imbottito: **p. collar**, collare imbottito (*per cani e gatti*). ● **p. cell**, cella imbottita □ **p. jacket**, giubbotto imbottito; piumino.

padder /ˈpædə(r)/, *n.* (*elettron.*) condensatore in serie.

padding /ˈpædɪŋ/, *n.* *1* (*anche sport*) imbottitura *2* materiale per imbottitura; ovatta *3* (*fig.*) riempitivo (*in un discorso, libro, ecc.*) *4* (*elab.*) riempimento.

paddle /ˈpædl/, *n.* *1* pagaia *2* pala (*di ruota ad acqua o di ruota a pale*) *3* (*mecc.*) spatola; paletta *4* (*zool.*) pinna; natatoia; aletta *5* (*anche sport*) pagaiata; colpo di pagaia. ● (*naut.*) **p. box**, tamburo di ruota a pale □ (*naut.*) **p. steamer**, piroscafo (*o* vapore) a ruote (*o* a pale) □ (*naut.*) **p. wheel**, ruota a pale □ (*sport*) **double p.**, pagaia doppia □ **to have a p. in the water**, diguazzare nell'acqua □ **ping-pong p.**, racchetta da ping-pong.

to **paddle** (**1**) /ˈpædl/, **A** *v. i.* *1* vogare con la pagaia; pagaiare *2* (*di nave*) procedere mediante ruote a pale *3* (*zool.*: *di palmipedi*) nuotare. **B** *v. t.* *1* muovere (*una canoa, ecc.*) con pagaie; trasportare (q. *o* q.c.) a forza di pagaiare *2* (*fam. USA*) battere; sculacciare. ● (*fig.*) **to p. one's own canoe**, essere indipendente; fare da sé; cavarsela da sé □ **paddling pool**, vasca per giochi infantili (*ai giardini, ecc.*); piscinetta di plastica.

to **paddle** (**2**) /ˈpædl/, *v. i.* *1* diguazzare; sguazzare (*coi piedi nell'acqua*) *2* giocherellare con le dita *3* (*di bambino*) camminare barcollando; trotterellare.

paddlefish /ˈpædlfɪʃ/, *n.* (*pl.* **paddlefish, paddlefishes**) (*zool., Polyodon spathula*) pesce spatola.

paddler /ˈpædlə(r)/, *n.* chi voga con la pagaia.

paddock (**1**) /ˈpædək/, *n.* *1* paddock; praticello presso le stalle; chiuso; recinto *2* (*negli ippodromi*) paddock; passeggiatoio.

paddock (**2**) /ˈpædək/, *n.* (*dial.*) rana; rospo.

paddy (**1**) /ˈpædɪ/, *n.* *1* riso (*specialm. con la buccia*); riso vestito *2* (= **p. field**) risaia.

paddy (**2**) /ˈpædɪ/, *n.* (*fam.*) arrabbiatura; scatto d'ira; accesso di collera; luna storta (*fig.*).

Paddy /ˈpædɪ/, *n.* (*fam. o spreg.*) irlandese (*dim. di* **Patrick,** *Patrizio*; *il santo omonimo è il protettore dell'Irlanda*). ● (*pop. USA*) **p.-wagon**, cellulare (*della polizia*).

paddywhack /ˈpædɪwæk, *USA* -hw-/, *n.* (*fam.*) *1* *V.* **paddy** (**2**) *2* busse; percosse; botte.

padlock /ˈpædlɒk/, *n.* lucchetto. ● **p. law**, legge che regola l'orario di chiusura (*dei negozi, caffè, ecc.*).

to **padlock** /ˈpædlɒk/, *v. t.* chiudere col lucchetto.

padre /ˈpɑːdrɪ, -reɪ/, *n.* *1* (*mil.*) cappellano *2* (*relig.*; *al vocat.*) padre.

padsaw /ˈpædsɔː/, *n.* saracco (*seghetto a lama trapezoidale*).

Padua /ˈpædjʊə, *USA* -dʒʊə/, *n.* (*geogr.*) Padova.

Paduan /ˈpædjʊən, *USA* -dʒʊ-/, *a.* e *n.* padovano.

paduasoy /ˈpædjʊəsɔɪ, *USA* -dʒʊ-/, *n.* «pou-de soie» (*tipo di seta pesante*).

paean /ˈpiːən/, *n.* (*poesia*) peana.

paederast /ˈpiːdəræst/, *n.* pederasta.

paederasty /ˈpiːdəræstɪ/, *n.* pederastia.

paediatric /piːdɪˈætrɪk/, *a.* (*med.*) pediatrico.

paediatrician /piːdɪəˈtrɪʃn/, *n.* (*med.*) pediatra.

paediatrics /piːdɪˈætrɪks/, *n. pl.* (*col verbo al sing.*) (*med.*) pediatria.

paediatrist /piːdɪˈætrɪst/, *n.* (*med.*) pediatra.

paeon /ˈpiːən/, *n.* (*poesia*) peone (*piede di tre brevi e una lunga*).

paeony /ˈpiːənɪ/, *V.* **peony**.

pagan /ˈpeɪgən/, *a.* e *n.* pagano.

paganish /ˈpeɪgənɪʃ/, *a.* di (*o* da) pagano; paganeggiante.

paganism /ˈpeɪgənɪzəm/, *n.* paganesimo.

to **paganize** /ˈpeɪgənaɪz/, **A** *v. t.* rendere pagano; paganizzare. **B** *v. i.* diventar pagano; paganeggiare (*lett.*).

page (**1**) /peɪdʒ/, *n.* (*anche fig.*) pagina: **the sports pages**, le pagine sportive (*di un giornale*); **on p. ten**, a pagina dieci; **That is a bad p. in his life**, quella è una brutta pagina nella sua vita. ● (*giorn.*) **p. make-up**, impaginazione □ (*tipogr.*) **p. proofs**, bozze impaginate □ (*fam.*) **p. three**, la terza pagina di un giornale popolare (*con donne nude, ecc.*) □ (*fam.*) **p. turner**, libro che si legge tutto di un fiato □ (*fam. USA*) **to take a p. from sb.'s book**, copiare, imitare q.

page (**2**) /peɪdʒ/, *n.* *1* (*stor.*) paggio *2* fattorino d'albergo (*in livrea*) *3* (= **p. boy**) paggio (*della sposa*: *a un matrimonio*). ● (*a corte, ecc.*) **p. of honour**, paggio d'onore.

to **page** (**1**) /peɪdʒ/, *v. t.* *1* numerare le pagine di (*un libro*) *2* (*tipogr.*) (*anche* **to p. up**) impaginare *3* (*elab.*) paginare. ● **to p. through**, scorrere le pagine di; sfogliare.

to **page** (**2**) /peɪdʒ/, *v. t.* *1* far da paggio (*o* fattorino) a *2* chiamare (*q.*: *in un albergo, ecc.*) per mezzo d'un fattorino (*o* dell'altoparlante, di un cicalino, *ecc.*). ● **paging system**, sistema cercapersone.

pageant /ˈpædʒənt/, *n.* *1* (*teatr.*) spettacolo drammatico (*di solito, all'aperto*) rievocante avvenimenti storici *2* corteo storico; parata; processione; sagra; sfilata *3* (*fig.*) pompa; sfarzo.

pageantry /ˈpædʒəntrɪ/, *n.* *1* spettacolo fastoso (*o* sfarzoso) *2* pompa; sfarzo.

pageboy /ˈpeɪdʒbɔɪ/, *n.* *1* fattorino d'albergo (*in livrea*) *2* acconciatura (*dei capelli*) alla paggio.

pager /ˈpeɪdʒə(r)/, *n.* *1* (*telef.*) segreteria telefonica *2* cercapersone *3* (*ind.*) chi fabbrica cercapersone.

paginal /ˈpædʒɪnl/, **paginary** /ˈpædʒɪnərɪ, *USA* -ɛrɪ/, *a.* *1* di pagina; fatto di pagine *2* pagina per pagina.

to **paginate** /ˈpædʒɪneɪt/, *v. t.* *1* numerare le pagine di (*un libro*) *2* (*tipogr.*) impaginare.

pagination /pædʒɪˈneɪʃn/, *n.* *1* paginatura *2* impaginazione; impaginatura.

paging /ˈpeɪdʒɪŋ/, *n.* *1* (*tipogr.*) impaginazione *2* (*elab.*) paginazione *3* il chiamare con cercapersone (citofoni, ecc.). ● **p. system**, interfono; cercapersone; citofono.

pagoda /pəˈgəʊdə/, *n.* *1* (*archit.*) pagoda *2* (*stor.*) moneta d'oro dell'India meridionale. ● (*bot.*) **p. tree** (*Sophora japonica*), robinia del Giappone.

pagurian /pəˈgjʊərɪən/, **A** *n.* (*zool., Pagurus*) paguro. **B** *a.* di paguro; dei paguri.

pah /pɑː/, *inter.* *1* (*di disgusto, disprezzo*) puah! *2* (*d'incredulità*) bah!; via, via!; ma va là!

paid /peɪd/, **A** *pass.* e *p. p.* di **to pay**. **B** *a.* *1* pagato: **p. holidays**, ferie pagate *2* (*di lavoro*) remunerato; pagato; retribuito: **well p.**, ben pagato. ● (*fin.*) **p.-in capital** (*o* **p.-up capital**), capitale versato □ (*fin.*) **p.-up share**, azione liberata □ (*fam.*) **to put p. to a matter**, risolvere (*o* sistemare) definitivamente una faccenda.

pail /peɪl/, *n.* secchio; secchia. ● **ice p.**, secchiello da ghiaccio □ **milk p.**, secchio per il latte.

pailful /ˈpeɪlfl/, *n.* secchiata; quanto sta in un secchio.

paillasse /pælˈjæs/ (*franc.*), *n.* pagliericcio; saccone.

pain /peɪn/, *n.* *1* pena; dolore; male; patimento; afflizione; sofferenza; tormento: **to be in p.**, stare in pena; sentir male; soffrire; **a shooting p.**, un dolore lancinante; **under** (*o* **on**) **p. of death**, sotto pena di morte; **I have**

a **p. in my leg**, ho male a una gamba *2* (*pl.*) (= **labour pains**) doglie del parto. ● (*leg.*) **p. and suffering**, pretium doloris (*lat.*) □ (*volg.*) **p. in the arse** (*USA*: **in the ass**), rompicoglioni (*volg.*); rompiballe (*pop.*) □ (*fam.*) **a p. in the neck**, uno scocciatore; un rompiscatole; una scocciatura; una rottura (*pop.*) □ (*leg.*) **pains and penalties**, pene: **bills of pains and penalties**, leggi penali eccezionali □ **for one's pains**, come ricompensa (dei propri sforzi, delle proprie fatiche): **All he got for his pains was a severe reprimand**, come ricompensa, ricevette una severa sgridata □ **to give sb. p.**, addolorare q.; far soffrire q. □ **to have one's labour for one's pains**, non avere alcuna ricompensa per le proprie fatiche; essere mal ricompensato □ **on** (*o* **under**) **p. of**, sotto pena di □ **to spare no pains**, fare l'impossibile; mettercela tutta □ **to take pains** (*o* **to be at pains**), darsi pena; affannarsi; avere un bel da fare; faticare; stentare: **I was at considerable pains to explain my attitude**, ebbi un bel da fare (*o* mi ci volle del bello e del buono) per chiarire il mio atteggiamento □ (*prov.*) **No p., no gain**, senza fatica non si ottiene nulla.

to **pain** /peɪn/, **A** *v. t.* *1* addolorare; affliggere; far male a; far soffrire: **The wound pained me for several weeks**, la ferita mi fece male per diverse settimane *2* (*fam.*) infastidire; seccare; scocciare (*fam.*). **B** *v. i.* dolere; far male: **My arm is paining**, mi fa male un braccio.

pained /peɪnd/, *a.* addolorato; afflitto; sofferente: **to look p.**, apparire addolorato; **a p. expression**, un'aria afflitta (*o* offesa). ● **a p. silence**, un penoso silenzio.

painful /'peɪnfl/, *a.* *1* doloroso; penoso; fastidioso; molesto; spiacevole: **a p. experience**, un'esperienza dolorosa; **p. efforts**, penosi sforzi *2* che fa male; dolente: **a p. finger**, un dito che fa male. ‖ **-ly**, *avv.* ‖ **-ness**, *sost.*

painkiller /'peɪnkɪlə(r)/, *n.* (*farm.*) analgesico; antidolorifico; calmante.

painless /'peɪnləs/, *a.* indolore: **p. childbirth**, parto indolore. ‖ **-ly**, *avv.* ‖ **-ness**, *sost.*

painstaking /'peɪnzteɪkɪŋ/, **A** *a.* accurato; coscienzioso; diligente; scrupoloso: **a p. search**, una ricerca accurata. **B** *n.* il darsi pena; diligenza; cura.

paint /peɪnt/, *n.* *1* colore; vernice; pittura: **ground p.**, colore in polvere; **spray p.**, vernice a spruzzo *2* belletto; rossetto *3* (*pl.*) tavolette (*o* tubetti) di colore; acquerelli. ● **p. remover**, (prodotto) sverniciante □ **p. sprayer**, pistola a spruzzo □ **p. spraying**, tinteggiatura a tempera; verniciatura a spruzzo □ **p. stripper**, sverniciatore □ **p. stripping**, sverniciatura □ **grease p.**, cerone □ (*fam.*) **as fresh as p.**, fresco come una rosa □ (*cartello*) « **wet p.** », «vernice fresca».

to **paint** /peɪnt/, **A** *v. t.* *1* dipingere (*anche fig.*); colorare; pitturare; verniciare: **to p. animals**, dipingere animali; **to p. the fence green**, verniciare di verde lo steccato *2* imbellettare; dare il rossetto al (*viso*) *3* (*med.*) spennellare (*una ferita, ecc.*). **B** *v. i.* *1* dipingere; fare il pittore *2* imbellettarsi: **to p. heavily**, imbellettarsi in modo esagerato. ● **to p. the background**, campire □ **to p. st. out** (*o* **over**), coprire q.c. di vernice; cancellare q.c. coprendola di vernice □ **to p. a picture**, dipingere un quadro; (*fig.*) fare un quadro, dare una descrizione □ (*fam.*) **to p. the town red**, farne di tutti i colori; far baldoria □ (*prov.*) **The devil is not so black as he is painted**, il diavolo non è così brutto come lo si dipinge.

paintbox /'peɪntbɒks/, *n.* scatola dei colori.

paintbrush /'peɪntbrʌʃ/, *n.* pennello (*da pittore*).

painted /'peɪntɪd/, *a.* *1* dipinto; raffigurato in pittura *2* colorato; verniciato *3* imbellettato *4* finto; immaginario: **a p. devil**, un diavolo finto (*o* immaginario). ● (*zool.*) **p. wolf** (*Lycaon pictus*), licaone □ **newly-p.**, dipinto di fresco.

painter (**1**) /'peɪntə(r)/, *n.* *1* (*arte*) pittore *2* (= **house-p.**) imbianchino *3* (*ind.*) verniciatore. ● **ornamental p.**, decoratore □ **portrait p.**, ritrattista.

painter (**2**) /'peɪntə(r)/, *n.* (*naut.*) barbetta; cima da ormeggio (*o* da rimorchio). ● (*med.*) **p.'s colic**, colica saturnina □ **to cut the p.**, (*naut.*) tagliare gli ormeggi; (*fig.*) separarsi; (*stor.*: *di una colonia*) staccarsi dalla madrepatria.

painting /'peɪntɪŋ/, *n.* *1* (*arte*) pittura *2* dipinto; quadro: **an oil p.**, un dipinto a olio *3* (*ind.*) verniciatura; pittura *4* (*med.*) spennellatura. ● **colour-wash p.**, tinteggiatura a calce □ **spray p.**, verniciatura a spruzzo □ **water-colour p.**, pittura (*o* tinteggiatura) a tempera.

paintress /'peɪntrɪs/, *n.* pittrice.

paintwork /'peɪntwɜːk/, *n.* *1* verniciatura *2* parte verniciata; vernice: **the p. of my bike** [**car**], la vernice della mia bicicletta [della mia auto].

painty /'peɪntɪ/, *a.* *1* imbrattato di colore; sporco di vernice *2* (*di dipinto*) sovraccarico di colore.

pair /peə(r)/, *n.* *1* paio; coppia: **a p. of shoes**, un paio di scarpe; **a p. of scissors**, un paio di forbici; **the happy p.**, la coppia felice; gli sposi novelli *2* (*di cavalli*) pariglia *3* cosa che fa paio con un'altra: **Where is the p. to this sock?**, dov'è il calzino che fa paio con questo? *4* (*elettr., mecc., ecc.*) coppia *5* (*canottaggio*) due *6* (*tennis, ecc.*) doppio *7* (*nei giochi di carte*) coppia: **a p. of court cards**, una coppia vestita. ● **a p. of compasses**, un compasso □ **a p.-oar**, una barca a due remi; (*canottaggio*) un due senza □ **a p. of scales**, una bilancia □ **a p. of stairs** (*o* **of steps**), una rampa di scale □ (*nei giochi di carte*) **p. royal**, tris □ (*poker*) **one p.**, (una) coppia □ **one-p.** [**two-p.**] **front**, stanza del primo [del secondo] piano che dà sulla strada □ **to sell in pairs**, vendere a paia □ (*poker*) **two pairs**, doppia coppia; doppia □ (*fig.*) **It's another p. of shoes**, è un altro paio di maniche; è tutt'altra cosa.

to **pair** /peə(r)/, **A** *v. t.* *1* appaiare; accoppiare; mettere a due a due *2* sposare; unire (*in matrimonio*). **B** *v. i.* *1* appaiarsi; accoppiarsi *2* (*raro*) sposarsi. ● **to p. off**, mettere per due; appaiare; formare coppie di (*oggetti, ecc.*) □ (*fam.*) **to p. off with sb.**, sposarsi con q. □ **to p. up with sb.**, fare coppia con q.

pairing /'peərɪŋ/, *n.* *1* appaiamento; accoppiamento *2* (*ippica*) accoppiata *3* (*elettron.*) appaiamento delle linee.

pajamas /pə'dʒɑːməz, *USA* -'dʒæ-/, *n. pl.* (*USA*) pigiama. ● (*moda*) **palazzo p.**, pigiama palazzo.

Paki /'pækɪ/, *a.* e *n.* (*spreg. ingl.*) pachistano.

Pakistani /pɑːkɪ'stɑːnɪ, pækɪ'stænɪ/, *a.* e *n.* (*pl.* **Pakistanis, Pakistani**) pachistano.

pal /pæl/, *n.* *1* (*fam.*) amico; compagno *2* (*al vocat.; iron.*) tipo; tizio: **Listen, pal!**, ehi, tu!

to **pal** /pæl/, *v. i.* (*fam.*) *1* – **to pal with** (*o* **around with**), frequentare (q.) *2* – **to pal up with sb.**, far amicizia con q.

palace /'pæləs/, *n.* *1* palazzo *2* (= **royal p.**) palazzo reale; reggia *3* (= **bishop's p.**) palazzo vescovile; vescovado *4* «palace»; elegante luogo di ritrovo *5* – (*fam., in G.B.*) **the P.**, Buckingham Palace; la casa reale; i reali inglesi. ● (*ferr., USA*) **p. car**, carrozza di lusso; vettura salone □ **p. guard**, guardia del palazzo; (*fig. spreg.*) entourage; accoliti (*pl.*) □ **p. revolution**, rivolta di palazzo.

paladin /'pælədɪn/, *n.* (*anche fig.*) paladino.

palaeethnological /pælɪεθnə'lɒdʒɪkl, *USA* peɪ-/, *a.* paletnologico.

palaeethnologist /pælɪεθ'nɒlədʒɪst, *USA* peɪ-/, *n.* paletnologo.

palaeethnology /pælɪεθ'nɒlədʒɪ, *USA* peɪ-/, *n.* paletnologia.

palaeoanthropology /pælɪəʊænθrə'pɒlədʒɪ, *USA* peɪ-/, *n.* paleoantropologia.

palaeobotany /pælɪəʊ'bɒtənɪ, *USA* peɪ-/, *n.* paleobotanica.

Palaeocene /'pælɪəʊsiːn, *USA* peɪ-/, (*geol.*) **A** *n.* Paleocene. **B** *a.* paleocenico.

palaeoclimatology /pælɪəʊklaɪmə'tɒlədʒɪ, *USA* peɪ-/, *n.* paleoclimatologia.

palaeoecology /pælɪəʊɪ'kɒlədʒɪ, *USA* peɪ-/, *n.* paleoecologia.

Palaeogene /pælɪəʊdʒiːn, *USA* peɪ-/, *a.* e *n.* (*geol.*) paleogene.

palaeogenetics /pælɪəʊdʒə'netɪks, *USA* peɪ-/, *n. pl.* (*col verbo al sing.*) paleogenetica.

palaeogeophysics /pælɪəʊdʒiːəʊ'fɪzɪks, *USA* peɪ-/, *n. pl.* (*col verbo al sing.*) paleogeofisica.

palaeographer /pælɪ'ɒgrəfə(r), *USA* peɪ-/, *n.* paleografo.

palaeographic /pælɪəʊ'græfɪk, *USA* peɪ-/, *a.* paleografico.

palaeography /pælɪ'ɒgrəfɪ, *USA* peɪ-/, *n.* paleografia.

palaeolith /'pælɪəʊlɪθ, *USA* 'peɪ-/, *n.* arnese (*o* utensile) del paleolitico.

Palaeolithic /pælɪəʊ'lɪθɪk, *USA* peɪ-/, *n.* e *a.* (*preistoria*) paleolitico.

palaeontological /pælɪɒntə'lɒdʒɪkl, *USA* peɪ-/, *a.* paleontologico.

palaeontologist /pælɪɒn'tɒlədʒɪst, *USA* peɪ-/, *n.* paleontologo.

palaeontology /pælɪɒn'tɒlədʒɪ, *USA* peɪ-/, *n.* paleontologia.

Palaeozoic /pælɪəʊ'zəʊɪk, *USA* peɪ-/, *a.* e *n.* (*geol.*) Paleozoico.

palaestra /pə'liːstrə/, *n.* (*pl.* **palaestrae, palaestras**) (*specialm. stor.*) palestra.

palafitte /'pæləfɪt/, *n.* (*pl.* **palafittes, palafitti**) palafitta (*preistorica*).

palama /'pæləmə/, *n.* (*pl.* **palamae**) (*zool.*) membrana interdigitale.

palanquin, palankeen /pælən'kiːn/, *n.* palanchino (*portantina*).

palatable /'pælətəbl/, *a.* *1* appetitoso; gradevole al palato; gustoso; saporito *2* (*fig.*) bene accetto; gradito; piacevole. ‖ **-bly**, *avv.* ‖ **-ness**, *sost.*

palatal /'pælətl/, **A** *a.* (*anat., fon.*) palatale. **B** *n.* (*fon.*) suono palatale.

palatalization /pælətəlaɪ'zeɪʃn, *USA* -lɪ'z-/, *n.* (*fon.*) palatalizzazione.

to **palatalize** /'pælətəlaɪz/, *v. t.* (*fon.*) palatalizzare.

palate /'pælət/, *n.* *1* (*anat.*) palato: **cleft p.**, palato fesso; gola lupina; **soft p.**, palato molle *2* (*fig.*) gusto. ● **to have a good p. for wines**, saper gustare il vino; essere un intenditore di vini.

palatial /pə'leɪʃl/, *a.* di (*o* da, degno d'un) palazzo; splendido.

palatinate /pə'lætɪneɪt, *USA* -tənət/, *n.* (*stor.*) palatinato. ● (*geogr.*) **the P.**, il Palatinato (*del Reno*).

palatine (**1**) /'pælətaɪn/, **A** *a.* (*stor.*) palatino: **a count p.**, un conte palatino. **B** *n.* *1* – **P.**, conte palatino *2* (*moda*) pellegrina; mantelletto corto di pelliccia *3* – **the P.**, il (colle) Palatino (*a Roma*).

palatine (**2**) /'pælətaɪn/, (*anat.*) **A** *a.* palatino; del palato. **B** *n.* (= **p. bone**) osso palatino.

palaver /pə'lɑːvə(r), *USA* -'læv-/, *n.* *1* colloquio; abboccamento; conversazione; discussione *2* (*collett.*) chiacchiere; ciance; ciarle *3* discorso ingannevole; adulazione *4* (*fam.*) affare noioso; faccenda: **That's your p.**, è affar tuo.

to **palaver** /pə'lɑːvə(r), *USA* -'læv-/, **A** *v. i.* *1* (*spesso scherz.*) essere a colloquio; parlamentare *2* chiacchierare; cianciare; parlare a vanvera. **B** *v. t.* allettare; blandire; adulare; ingannare.

palazzo pants /pə'lɑːtsəʊpænts/, *n. pl.* (*moda*) pantaloni palazzo.

pale (**1**) /peɪl/, *a.* pallido (*anche fig.*); sbiadito; scolorito; scialbo; smorto: **a p. face**, un viso pallido; **p. pink**, rosa pallido; **a p. imitation**, una scialba imitazione. ● **a p.-face**, un «viso pallido»; un bianco (*per gli Indiani d'America*) □ **to turn p.**, impallidire. ‖ **-ly**, *avv.* ‖ **-ness**, *sost.*

pale (**2**) /peɪl/, *n.* *1* palo (*da recinto*); picchetto; stecca di legno, steccone *2* recinto *3* (*specialm. fig.*) confine; limite; termine: **out of the p. of civilization**, fuori dei confini del mondo civile ***4*** (*arald.*) palo. ● (*stor.*) **the** (**English**) **P.**, la regione dell'Irlanda orientale intorno a Dublino (*posta da Enrico II sotto la sovranità ingl.*) □ (*fig.*) **beyond** (*o* **outside**) **the p.**, scorretto; indecente □ (*fig.*) **outside the p. of the law**, fuori della legalità □ (*fig.*) **within the p.**, corretto.

to **pale** /peɪl/, **A** *v. i.* impallidire (*anche fig.*); apparire sbiadito (*o* scialbo): **My translation paled beside his rendering of the text**, la mia traduzione appariva scialba al confronto del modo in cui egli aveva reso il testo. **B** *v. t.* rendere pallido (*o* sbiadito, smorto).

paled /peɪld/, *a.* munito di palizzata; cintato.

paleo- /ˈpælɪəʊ-, pælɪˈɒ-, *USA* ˈpeɪ-, peɪ-/, e *composti*, *V.* **palaeo-**, e *composti*.

Palestine /ˈpæləstaɪn/, *n.* (*geogr.*) Palestina.

Palestinian /pælɪˈstɪnɪən/, *a.* e *n.* Palestinese.

paletot /ˈpæltəʊ/ (*franc.*), *n.* soprabito; cappotto.

palette /ˈpælət/, *n.* ***1*** (*arte*) tavolozza (*anche fig.*) ***2*** (*geol.*) scudo di calcite. ● **p. knife**, spatola; mestichino.

palfrey /ˈpɔːlfrɪ, ˈpɒl-/, *n.* (*arc.*) palafreno.

palimony /ˈpælɪmənɪ, *USA* -məʊnɪ/, *n.* (*leg.*, *USA*) alimenti dovuti (*o* passati) al convivente (*o* alla convivente).

palimpsest /ˈpælɪmpsɛst/, *n.* (*filol., petrografia*) palinsesto.

palindrome /ˈpælɪndrəʊm/, *n.* ***1*** parola palindroma (*per es.*: **«madam»**) ***2*** verso palindromo.

palindromic /pælɪnˈdrɒmɪk/, *a.* palindromo; palindromico.

paling /ˈpeɪlɪŋ/, *n.* ***1*** asse (*di steccato*); stecca di legno ***2*** palizzata; steccato.

palingenesis /pælɪnˈdʒɛnəsɪs/, *n.* (*anche fig.*) palingenesi.

palingenetic /pælɪndʒəˈnɛtɪk/, *a.* di palingenesi.

palings /ˈpeɪlɪŋz/, *n. pl.* palizzata; steccato.

palinode /ˈpælɪnəʊd/, *n.* palinodia; (*fig.*) ritrattazione.

palisade /pælɪˈseɪd/, *n.* ***1*** palizzata; steccato; stecconata ***2*** (*pl.*) (*USA*) scogliere, dirupi (*specialm. lungo un fiume*).

to **palisade** /pælɪˈseɪd/, *v. t.* circondare con una palizzata; recintare con uno steccato.

palish /ˈpeɪlɪʃ/, *a.* pallidetto; pallidino; palliduccio.

palis(s)ander /ˈpælɪsændə(r)/, *n.* palissandro.

pall /pɔːl/, *n.* ***1*** drappo funebre ***2*** (*relig.*) pallio ***3*** (*fig.*) cappa; coltre; manto: **a p. of smoke**, una cappa di fumo ***4*** (*USA*) feretro; bara. ● (*fig.*) **to cast a p.**, gettare una nube (*fig.*).

to **pall** /pɔːl/, **A** *v. i.* (*generalm.* **to p. on sb.**) diventare noioso (*o* stucchevole); venire a noia: **This sort of books soon palls on me**, questa sorta di libri mi viene subito a noia. **B** *v. t.* saziare; satollare; disgustare; stancare.

Palladian /pəˈleɪdɪən/, *a.* (*archit.*) palladiano.

Palladianism /pəˈleɪdɪənɪzəm/, *n.* (*archit.*) stile palladiano.

palladic /pəˈlædɪk/, *a.* (*chim.*) palladico.

palladium (**1**) /pəˈleɪdɪəm/, *n.* ***1*** (*fig.*, *pl.* **palladia, palladiums**) palladio (*lett.*); protettore; protezione ***2*** – **P.**, palladio (*statua di Pallade*).

palladium (**2**) /pəˈleɪdɪəm/, *n.* (*chim.*) palladio.

Pallas /ˈpæləs, -læs/, *n.* (*mitol.*) Pallade.

pallbearer /ˈpɔːlbɛərə(r)/, *n.* ***1*** chi regge i cordoni a un funerale ***2*** portatore di bara.

pallet (**1**) /ˈpælət/, *n.* pagliericcio; giaciglio.

pallet (**2**) /ˈpælət/, *n.* ***1*** paletta (*da vasaio, ecc.*); spatola ***2*** (*pitt.*) tavolozza ***3*** (*mecc.*) nottolino (*di comando, di regolazione, di ingranaggio*) ***4*** bocchetta (*dell'ancora d'un orologio*) ***5*** pallet (*piattaforma per trasportare merci disposte a pila*); paletta di caricamento ***6*** (*edil.*) tassello (*di legno*). ● **p. racking**, rastrelliere per contenitori pallettizzati □ **p. truck**, carrello elevatore.

palletization /pælətaɪˈzeɪʃn, *USA* -tɪˈz-/, *n.* (*trasp.*) pallettizzazione.

to **palletize** /ˈpælətaɪz/, *v. t.* (*comm.*) pallettizzare.

palletized /ˈpælətaɪzd/, *a.* (*comm.*) pallettizzato. ● (*naut.*) **p. ship**, nave per il trasporto di carico pallettizzato.

palliasse /ˈpælɪæs, *USA* pælˈjæs/, *V.* **paillasse**.

to **palliate** /ˈpælɪeɪt/, *v. t.* attenuare; lenire; mitigare; trovare attenuanti per: **to p. a pain**, lenire un dolore; **to p. a crime**, trovare attenuanti per un delitto.

palliation /pælɪˈeɪʃn/, *n.* ***1*** attenuazione; lenimento; mitigazione ***2*** palliativo; attenuante; scusa.

palliative /ˈpælɪətɪv, *USA* -ɪeɪtɪv/, *a.* e *n.* palliativo.

pallid /ˈpælɪd/, *a.* pallido; smorto; smunto. || **-ly**, *avv.* || **-ness**, *sost.*

pallium /ˈpælɪəm/, *n.* (*pl.* **pallia, palliums**) (*stor., relig.*) pallio.

pall-mall /ˈpælˈmæl, ˈpɛlˈmɛl, ˈpɔːlˈmɔːl/, *n.* (*stor.*) pallamaglio (*gioco*).

pallor /ˈpælə(r)/, *n.* pallore.

pally /ˈpælɪ/, **A** *a.* (*fam.*) amichevole; da amico. **B** *n.* (*pop. USA*) amico; bello mio (*anche iron.*).

palm (**1**) /pɑːm/, *n.* (*bot.*) palma (*anche fig.*); (= **p. tree**) palmizio. ● **p. grove**, palmeto □ (*bot.*) **p. nut**, palmisti (*seme di una palma africana*: *è commestibile*) □ (*relig.*) **P. Sunday**, Domenica delle Palme □ **to bear** (*o* **to carry off**) **the p.**, avere (*o* riportare) la palma □ **date p.** (*Phoenix dactylifera*), palma da datteri □ **to yield the p. to sb.**, cedere la palma a q.; riconoscersi vinto (*o* superato) da q.

palm (**2**) /pɑːm/, *n.* ***1*** (*anat.*) palma (*della mano*); palmo ***2*** spatola (*di un arnese*) ***3*** pala (*di un remo*) ***4*** (*naut.*) patta (*dell'ancora*). ● (*pop.*) **p. oil**, mancia, mazzetta □ **to grease** (*o* **to oil**) **sb.'s p.**, ungere q. (*fam.*); corrompere q. con denaro □ (*fam.*) **to have an itching p.**, essere avido di denaro □ **to hold** (*o* **to have**) **sb. in the p. of one's hand**, tenere q. in pugno □ **to read sb.'s p.**, leggere la mano a q.

to **palm** /pɑːm/, *v. t.* ***1*** nascondere (*una carta, una moneta, ecc.*) nel palmo della mano ***2*** toccare col palmo ***3*** (*fam.*) rubare; sgraffignare ***4*** (*raro*) corrompere; dare la mancia a (q.). ● (*fam.*) **to p. st. off on sb.**, affibbiare (*o* sbolognare) q.c. a q. (*fam.*); dare (*o* vendere) q.c. a q. con l'inganno □ **to p. oneself off as**, farsi passare, spacciarsi per (q.).

palmaceous /pælˈmeɪʃəs/, *a.* (*bot.*) di (*o* simile a) palma.

palmar /ˈpælmə(r)/, *a.* (*anat.*) palmare; del palmo della mano.

palmary /ˈpælmərɪ/, *a.* eccellente; eminente.

palmate /ˈpælmeɪt/, **palmated** /ˈpælmeɪtɪd/, *a.* (*bot., zool.*) palmato.

palmer /ˈpɑːmə(r)/, *n.* ***1*** (*stor.*) palmiere; pellegrino (*specialm. dalla Terrasanta*) ***2*** monaco pellegrino ***3*** (*zool.*, = **palmerworm**) bruco peloso (*nocivo alla vegetazione*) ***4*** (= **p. fly**) tipo di mosca artificiale (*per la pesca*).

palmetto /pælˈmɛtəʊ/, *n.* (*pl.* **palmettos, palmettoes**) (*bot., Sabal palmetto*) palmetto.

palmful /ˈpɑːmfl/, *n.* quanto sta nel palmo d'una mano.

palmiped /ˈpælmɪpɛd/, *a.* e *n.* (*zool.*) palmipede.

palmist /ˈpɑːmɪst/, *n.* chiromante.

palmistry /ˈpɑːmɪstrɪ/, *n.* chiromanzia.

palmitate /ˈpælmɪteɪt/, *n.* (*chim.*) palmitato.

palmitic /pælˈmɪtɪk/, *a.* (*chim.*) palmitico.

palmitin /ˈpælmɪtɪn, ˈpɑːm-, *USA* -tn/, *n.* (*chim.*) palmitina.

palmy /ˈpɑːmɪ/, *a.* ***1*** ricco di palme ***2*** di (*o* simile a) palma ***3*** (*fig.*) fausto; fiorente; felice; glorioso; vittorioso; prospero: **p. days**, giorni felici (*o* di gloria).

palmyra /pælˈmaɪərə/, *n.* (*bot., Borassus flabelliformis*) borasso flabelliforme.

palomino /pæləˈmiːnəʊ/, *n.* (*pl.* **palominos**) palomino (*cavallo color sauro chiaro con coda e criniera quasi bianche*).

palooka /pəˈluːkə/, *n.* (*pop. USA*) fesso; cretino; stupido (*dal nome di un pugile suonato e ridicolo*).

palp /pælp/, *n.* (*zool.*) palpo.

palpability /pælpəˈbɪlətɪ/, *n.* ***1*** palpabilità ***2*** (*fig.*) evidenza.

palpable /ˈpælpəbl/, *a.* ***1*** palpabile ***2*** (*fig.*) chiaro; evidente; manifesto; palpabile. || **-bly**, *avv.*

to **palpate** /ˈpælpeɪt/, *v. t.* (*specialm. med.*) palpare.

palpation /pælˈpeɪʃn/, *n.* (*specialm. med.*) palpazione.

palpebral /ˈpælpɪbrəl/, *a.* (*anat.*) palpebrale.

palpitant /ˈpælpɪtənt/, *a.* palpitante.

to **palpitate** /ˈpælpɪteɪt/, *v. i.* (*anche med.*) palpitare: **to p. with fear**, palpitare di paura.

palpitation /pælpɪˈteɪʃn/, *n.* (*anche med.*) palpitazione.

palpus /ˈpælpəs/, *n.* (*pl.* **palpi**) (*zool.*) palpo.

palsgrave /ˈpɔːlzgreɪv/, *n.* (*stor.*) conte palatino.

palsied /ˈpɔːlzɪd/, *a.* ***1*** (*med.*) colpito da paralisi; paralitico ***2*** (*fig.*) barcollante; tremolante.

palsy /ˈpɔːlzɪ/, *n.* (*anche fig.*) paralisi.

to **palsy** /ˈpɔːlzɪ/, *v. t.* (*di solito fig.*) paralizzare.

to **palter** /ˈpɔːltə(r)/, *v. i.* ***1*** cavillare; equivocare; tergiversare ***2*** essere sleale (*o* insincero) ***3*** contrattare; mercanteggiare; tirare sul prezzo.

paltriness /ˈpɔːltrɪnəs/, *n.* grettezza; meschinità; miseria morale.

paltry /ˈpɔːltrɪ/, *a.* gretto; meschino; misero; spregevole: **a p. excuse**, una scusa meschina; **a p. increase**, un aumento misero.

paludal /pəˈluːdəl/, *a.* paludoso; palustre. ● (*med.*) **p. fever**, febbre palustre; malaria.

paludism /ˈpæludɪzəm/, *n.* (*med.*) paludismo (*raro*); malaria.

paly (**1**) /ˈpeɪlɪ/, *a.* pallidetto; pallidino; palliduccio.

paly (**2**) /ˈpeɪlɪ/, *a.* (*arald.*: *di scudo*) palato.

pam /pæm/, *n.* (*in alcuni giochi di carte*) fante di fiori.

pampas /ˈpæmpəs, *USA* -əz/, *n. pl.* (la) pampa; (le) pampas. ● (*bot.*) **p. grass** (*Cortaderia argentea*), ginerio; erba delle pampas.

to **pamper** /ˈpæmpə(r)/, *v. t.* essere troppo indulgente con (q.); viziare: **Don't p. the child**, non viziare il ragazzo! ● (*lett.*) **pampered menial**, lacchè; tirapiedi (*fam.*).

pamphlet /ˈpæmflət/, *n.* opuscolo; libello; pamphlet.

pamphleteer /pæmflɪˈtɪə(r)/, *n.* scrittore di opuscoli; libellista; panflettista.

to **pamphleteer** /pæmflɪˈtɪə(r)/, *v. i.* scrivere opuscoli polemici (*o* libelli).

pan (**1**) /pæn/, *n.* ***1*** tegame; casseruola; teglia; terrina ***2*** piatto (*della bilancia*) ***3*** (*stor.*: *d'arma da fuoco*) scodellino ***4*** (*ind. min.*) bateia; piatto (*per separare l'oro dalla sabbia*) ***5*** (*geol.*, = **hardpan**) strato solido; crostone ***6*** coppa, vaso, tazza (*di wc*) ***7*** (*mecc.*) coppa dell'olio, carter (*in un motore*) ***8*** (*anat.*: = **brainpan**) scatola (*o* calotta) cranica ***9*** (*pop.*) muso; faccia. ● **bread pan**, stampo per cuocere pane (*o* dolci) □ **frying pan**, padella □ (*pop.*) **to go down the pan**, andare in malora □ **meat-pan**, teglia □ **pots and pans**, batteria (*da cucina*) □ **stew pan**, casseruola □ **warming pan**, scaldaletto.

pan (**2**) /pæn/, *n.* (*cinem., TV* = **pan shot**) panoramica.

pan (**3**) /pæn/, *n.* (*bot.*) foglia di betel; betel.

to **pan** (**1**) /pæn/, **A** *v. t.* ***1*** cuocere in casseruola, tegame, ecc. (*V.* **pan** (**1**)) ***2*** (*ind. min.*, *anche* **to pan off** (**out**)), trattare al piatto (*sabbia, ecc. per cavarne oro*); separare (*l'oro dalla sabbia*) mediante trattamento al piatto ***3*** (*fig. fam.*) denigrare; stroncare (*fig.*). **B** *v. i.* – **to pan out**, (*ind. min.*) dare risultato; (*di sabbia aurifera*) dare oro; (*fig.*) avere successo, riuscire.

to **pan** (**2**) /pæn/, *v. t.* e *i.* (*cinem., TV*) fare una panoramica (di); panoramicare.

Pan /pæn/, *n.* (*mitol.*) Pan; Pane.
panacea /pænə'siːə/, *n.* panacea.
panache /pæ'næʃ, *USA* pə-/, *n.* ***1*** pennacchio (*specialm. d'elmo*) ***2*** sfarzo; pompa ***3*** (*fig.*) brio; spavalderia; baldanza; tracotanza.
Pan-African /pæn'æfrɪkən/, *a.* (*polit.*) panafricano.
Pan-Africanism /pæn'æfrɪkənɪzəm/, *n.* (*polit.*) panafricanismo.
Pan-Africanist /pæn'æfrɪkənɪst/, *n.* e *a.* (*polit.*) panafricanista.
Panama /'pænəmɑː, *USA* -'mɑː, -ɔː/, *n.* (*geogr.*) Panama. ● **P. Canal**, canale di Panama □ **P. hat**, panama (*il cappello*).
Pan-American /pænə'merɪkən/, *a.* (*polit.*) panamericano.
Pan-Americanism /pænə'merɪkənɪzəm/, *n.* (*polit.*) panamericanismo.
Pan-Anglican /pæn'æŋglɪkən/, *a.* panaglicano; di tutta la Chiesa Anglicana.
Pan-Asianism /pæn'eɪʃənɪzəm, *USA* -'eɪʒə-/, *n.* (*polit.*) panasianismo.
pancake /'pæŋkeɪk/, *n.* ***1*** (*cucina*) frittella dolce (*uova, farina e latte*; *con zucchero e succo di limone*) ***2*** (*ind. min.*) platea di cemento ***3*** (*cosmesi*) pancake ***4*** (*aeron.*, = **p. landing**) atterraggio a caduta (*o* spanciato). ● **P. Day**, il martedì grasso □ (*mecc.*) **p. engine**, motore a cilindri radiali □ (*folklore ingl.*) **p. race**, corsa con padella e frittelle, che sono lanciate in aria □ **as flat as a p.**, completamente piatto; schiacciato.
to **pancake** /'pæŋkeɪk/, (*aeron.*) **A** *v. i.* atterrare a caduta; fare un atterraggio spanciato. **B** *v. t.* fare atterrare (*un aereo*) a caduta.
panchromatic /pænkrə'mætɪk/, *a.* (*fotogr.*) pancromatico: **p. film**, pellicola pancromatica.
panchronic /pæn'krɒnɪk/, *a.* (*ling.*) pancronico.
Pancras /'pæŋkrəs/, *n.* Pancrazio.
pancreas /'pæŋkrɪəs/, *n.* (*anat.*) pancreas.
pancreatic /pæŋkrɪ'ætɪk/, *a.* (*anat.*) pancreatico: (*fisiol.*) **p. juice**, succo pancreatico.
pancreatin /'pæŋkrɪətɪn/, *n.* (*biochim.*) pancreatina.
pancreatitis /pæŋkrɪə'taɪtɪs/, *n.* (*med.*) pancreatite.
panda /'pændə/, *n.* ***1*** (*zool.*) panda ***2*** (= **lesser p., red p.**; *Ailurus fulgens*) panda minore ***3*** (= **giant p.**; *Ailuropoda melanoleuca*) panda gigante. ● (*in G.B.*) **p. car**, automobile della polizia; pantera □ (*in G.B.*) **p. crossing**, attraversamento pedonale con semaforo a luce intermittente (*o* con pulsante di comando per i pedoni).
Pand(a)ean /pæn'diːən/, *a.* (*mitol.*) di Pan; del dio Pan; panico. ● **P. pipe**, siringa (*del dio Pan*); fistola (*rozzo strumento musicale*).
pandects /'pændekts/, *n. pl.* (*stor., leg.*) pandette.
pandemic /pæn'demɪk/, (*med.*) **A** *a.* pandemico. **B** *n.* pandemia.
pandemonium /pændɪ'məʊnɪəm/, *n.* pandemonio.
pander /'pændə(r)/, *n.* (= **panderer**) ***1*** mezzano; ruffiano; manutengolo ***2*** chi soddisfa i vizi altrui, traendone profitto.
to **pander** /'pændə(r)/, *v. i.* ***1*** far da mezzano ***2*** – (*fig.*) **to p. to**, soddisfare (*debolezze o vizi altrui*) traendone profitto; assecondare.
pandit /'pʌndɪt/ (*Hindi*), *n. V.* **pundit,** *def. 1.*
pandora /pæn'dɔːrə/, **pandore** /'pændɔː(r)/, *n.* (*stor. mus.*) pandura, pandora.
Pandora /pæn'dɔːrə/, *n.* (*mitol.*) Pandora. ● **P.'s box**, (il) vaso di Pandora; (*fig.*) fonte inesauribile di guai.
pane /peɪn/, *n.* ***1*** vetro; lastra di vetro ***2*** pannello (*di porta, muro, ecc.*) ***3*** riquadro, scacco (*di stoffa a quadretti*) ***4*** (*del martello*) penna ***5*** (*mecc.: di un dado o bullone*) faccia ***6*** (*di brillante*) faccetta.
paned /peɪnd/, *a.* ***1*** (*di un vestito, ecc.*) a strisce di colori diversi; a riquadri ***2*** (*nei composti, per es.:*) **wide-p.**, dai vetri grandi.
panegyric /pænɪ'dʒɪrɪk/, **A** *n.* panegirico; lode formale. **B** *a. V.* **panegyrical**.
panegyrical /pænɪ'dʒɪrɪkl/, *a.* di panegirico; elogiativo. || **-ly**, *avv.*
panegyrist /pænɪ'dʒɪrɪst/, *n.* panegirista.
to **panegyrize** /'pænɪdʒɪraɪz/, *v. t.* elogiare; lodare.
panel /'pænl/, *n.* ***1*** pannello (*anche elab., edil.*); riquadro; formella: **p. heating**, riscaldamento a pannelli radianti ***2*** (*sartoria*) pannello; striscia di stoffa di colore diverso (*inserita in un vestito da donna*) ***3*** striscia di carta (*o* di pergamena) ***4*** lista; elenco; (*leg.*) lista dei giurati, giuria ***5*** (*in G.B.*) elenco dei medici convenzionati con la mutua; (i) mutuati (*d'un medico convenzionato*) ***6*** (*arte*) quadro molto più alto che largo; tavola ***7*** (*econ., org. az.*) panel; gruppo di oratori (*o* di esperti); convegno, tavola rotonda (*per es. «dei cinque», alla radio o alla TV*) ***8*** (*ind. min.*) sezione (*d'una miniera*) ***9*** (*autom.*) lamiera; pannello (*di carrozzeria*): **auto p.**, lamiera d'automobile ***10*** (*ind. costr.*) elemento di traliccio; (*anche*) cassettone ***11*** (*aeron.*) spicchio (*di paracadute, ecc.*) ***12*** sottosella ***13*** sella rudimentale. ● (*autom.*) **p. beater**, raddrizzatore di lamiere; lamierista □ (*autom.*) **p. beating**, raddrizzatura delle lamiere □ **p. board**, tavolo da disegno (*con fermafoglio*); cartone per pannelli; (*elettron.*) quadro strumenti □ (*radio, TV, ecc.*) **a p. discussion**, una discussione pubblica fra un gruppo di oratori; una tavola rotonda (*fig.*) □ (*in G.B.*) **a p. doctor**, un medico convenzionato (*o* mutualistico); un dottore della mutua (*fam.*) □ (*radio, TV*) **p. game**, gioco con risposte (*di esperti*) alle domande del pubblico □ **p. of arbitrators**, collegio arbitrale □ **a p. of examiners**, una commissione esaminatrice □ **p. work**, *V.* **p. beating** □ (*autom.*) **instrument p.**, plancia portastrumenti; cruscotto □ (*in G.B., di medico*) **to be on the p.**, essere convenzionato con la mutua □ (*leg.*) **to serve on a p.**, fare parte d'una giuria.
to **panel** /'pænl/, *v. t.* ***1*** rivestire di pannelli ***2*** ornare (*un vestito*) con pannelli ***3*** (*leg.*) iscrivere (q.) nella lista dei giurati ***4*** (*ind. min.*) sezionare.
panelist /'pænəlɪst/, (*USA*) *V.* **panellist**.
panelling /'pænəlɪŋ/, *n.* (*edil.*) ***1*** rivestimento a pannelli ***2*** (*collett.*) pannellatura.
panellist /'pænəlɪst/, *n.* ***1*** (*radio, TV*) chi partecipa a una tavola rotonda ***2*** chi partecipa a un gioco (*radiofonico o televisivo*) di domande e risposte.
panful /'pænfʊl/, *n.* quanto sta in una casseruola (*o* in un tegame, in una padella); padellata; tegamata.
pang /pæŋ/, *n.* ***1*** dolore acuto, improvviso e breve; fitta; spasimo ***2*** pena; tormento: **the pangs of love**, le pene dell'amore. ● **the pangs of conscience [of remorse]**, i morsi della coscienza [i tormenti del rimorso] □ **hunger pangs**, i morsi della fame.
pangenesis /pæn'dʒenəsɪs/, *n.* (*biol.*) pangenesi.
pangenetic /pændʒə'netɪk/, *a.* (*biol.*) pangenetico.
Pan-German /pæn'dʒɜːmən/, (*polit.*) **A** *a.* pangermanistico. **B** *n.* pangermanista.
Pan-Germanism /pæn'dʒɜːmənɪzəm/, *n.* (*polit.*) pangermanesimo.
pangolin /pæn'gəʊlɪn/, *n.* (*zool., Manis*) pangolino.
panhandle /'pænhændl/, *n.* ***1*** manico di casseruola (*o* di tegame, di padella) ***2*** (*fig. USA*) striscia di territorio sporgente (*fra Stato e Stato, ecc.*); «becco d'anatra» (*fig.*).
to **panhandle** /'pænhændl/, *v. i.* (*fam. USA*) chiedere l'elemosina (*sul marciapiede*).
panhandler /'pænhændlə(r)/, *n.* (*fam. USA*) accattone; mendicante.
Panhellenic /pænhɪ'lenɪk/, *a.* (*polit.*) panellenico.
Panhellenism /pæn'helɪnɪzəm/, *n.* (*polit.*) panellenismo.
panic (**1**) /'pænɪk/, *n.* (*bot., Panicum italicum*; = **p. grass**) panico.
panic (**2**) /'pænɪk/, **A** *a.* panico: **p. fear**, timor panico. **B** *n.* ***1*** panico: **Don't get into a p.**, non farti prendere dal panico ***2*** (*Borsa*) panico ***3*** (*pop. USA*) cosa o persona buffa; spasso (*fam.*); frana (*pop.*). ● (*econ.*) **p. buying**, incetta di beni nel timore di un aumento di prezzi □ **p.-monger**, chi sparge il panico di proposito; allarmista □ (*econ.*) **p. selling**, vendite dovute al panico □ **p.-stricken**, preso dal panico; in preda al panico □ (*fam.*) **to push the p. button**, avere una violenta reazione (*spesso incontrollata*).
to **panic** /'pænɪk/ (*pass.* e *p. p.* **panicked**), **A** *v. t.* ***1*** gettare il panico fra; spaventare ***2*** (*pop. USA*) divertire, far ridere (q.) a crepapelle; entusiasmare. **B** *v. i.* essere colto dal panico. ● **to p. about st.**, farsi prendere dal panico per q.c. □ (*pop. USA*) **You p. me!**, fai ridere i polli!
panicky /'pænɪkɪ/, *a.* (*fam.*) ***1*** preso dal panico; spaventato ***2*** impressionabile; pauroso; timoroso.
panicle /'pænɪkl/, *n.* (*bot.*) pannocchia.
paniculate(d) /pə'nɪkjʊlət(ɪd)/, *a.* (*bot.*) panicolato; a forma di pannocchia.
panification /pænɪfɪ'keɪʃn/, *n.* panificazione.
Pan-Islam /pæn'ɪzlɑːm, -læm, -'lɑːm/, *n.* (*polit.*) panislamismo.
Pan-Islamic /pænɪz'læmɪk/, *a.* (*polit.*) panislamico.
pan-Islamism /pæn'ɪzləmɪzəm/, *n.* (*polit.*) panislamismo.
panjandrum /pæn'dʒændrəm, pən-/, *n.* (*fam.*) funzionario arrogante, che si dà arie; pezzo grosso (*fam.*).
pannage /'pænɪdʒ/, *n.* ***1*** (*stor.*) (diritto di, somma pagata per il) pascolo di suini ***2*** (*arc.*) mangime per suini (*ghiande, ecc.*).
panne /pæn/, *n.* (*ind. tess.*) panno soffice, simile al velluto; felpa.
pannier /'pænɪə(r)/, *n.* ***1*** paniere (*da basto*); gerla; corbello ***2*** panierino (*per il portapacchi della bicicletta*) ***3*** (*stor.*) paniere (*negli abiti femminili*).
pannikin /'pænɪkɪn/, *n.* ***1*** piccolo boccale di metallo ***2*** tegamino.
panning (**1**) /'pænɪŋ/, *n.* ***1*** lavaggio (*di sabbie aurifere*) con la bateia ***2*** (*fig. fam.*) aspra critica; stroncatura.
panning (**2**) /'pænɪŋ/, *n.* (*cinem., TV*) panoramica (*l'azione*).
panoplied /'pænəplɪd/, *a.* ***1*** (*stor.*) rivestito dell'armatura completa ***2*** (*fig.*) tutto agghindato; abbigliato con sfarzo.
panoply /'pænəplɪ/, *n.* ***1*** panoplia ***2*** (*per estens.*) abito da cerimonia ***3*** (*fig.*) magnifico addobbo; pompa; sfarzo.
panorama /pænə'rɑːmə, *USA* -'ræmə/, *n.* panorama (*anche fig.*).
panoramic /pænə'ræmɪk/, *a.* panoramico: **p. view**, vista panoramica. || **-ally**, *avv.*
panpipe /'pænpaɪp/, *n.* (*mus.*) siringa; fistola; zampogna.
panpipes /'pænpaɪps/, *n. pl. V.* **panpipe**.
Pan-Slavic /pæn'slɑːvɪk, *USA* -slæ-/, *a.* (*polit.*) panslavista; panslavo.
Pan-Slavism /pæn'slɑːvɪzəm, *USA* -slæ-/, *n.* (*polit.*) panslavismo.
Pan-Slavist /pæn'slɑːvɪst, *USA* -slæ-/, *n.* (*polit.*) panslavista.
pansy /'pænzɪ/, *n.* ***1*** (*bot., Viola tricolor*) viola del pensiero ***2*** (*fam.*, = **p. boy**) uomo effeminato ***3*** (*fam.*) omosessuale; finocchio, checca (*fam.*).
pant (**1**) /pænt/, *n.* ***1*** anelito (*lett.*); ansito (*lett.*); respiro affannoso ***2*** palpito; pulsazione irregolare ***3*** (*fig.*) sbuffo (*del treno*).
pant (**2**) /pænt/, *a. attr.* di (*o* per) pantaloni: **This p. leg is worn out**, questa gamba (dei pantaloni) è logora.
to **pant** /pænt/, **A** *v. i.* ***1*** anelare (*lett.*); ansare; ansimare ***2*** (*del cuore, ecc.*) palpitare; pulsare in modo anormale ***3*** (*fig.*: *del treno, ecc.*) sbuffare. **B** *v. t.* (*anche* **to p. out**) dire (*o* pronunciare) ansimando. ● **to p. for** (*o* **after**) **st.**, anelare (*o* aspirare) a q.c.; desiderare arden-

temente q.c.; bramare q.c. □ **to p. for air**, boccheggiare.

pantagruelian /pæntəgrʊ'ɛlɪən, -'gruːlɪən/, *a.* pantagruelico.

pantagruelism /pæntə'gruːəlɪzəm/, *n.* umorismo cinico.

pantalets /'pæntəlɛts/, **pantalettes** /pæntə'lɛts/, *n. pl.* mutande lunghe da donna (*portate verso la metà dell'800*).

pantaloon /pæntə'luːn/, *n.* **1** – **P.**, Pantalone (*maschera dell'antico teatro veneziano*); buffone **2** (*pl.*) (*stor.*) pantaloni lunghi e attillati **3** (*pl.*) (*scherz.*) pantaloni (*in genere*).

pantdress /'pæntdrɛs/, *n.* (*moda*) abito con gonna pantalone.

pantechnicon /pæn'tɛknɪkən, *USA* -ɒn/, *n.* (*arc.*) **1** magazzino di mobili **2** (= **p. van**) furgone per mobili (*o* per traslochi).

pantheism /'pænθiːɪzəm/, *n.* (*filos.*) panteismo.

pantheist /'pænθiːɪst/, *n.* (*filos.*) panteista.

pantheistic(al) /pænθiː'ɪstɪk(l)/, *a.* (*filos.*) panteistico. || **-ally**, *avv.*

Pantheon /pæn'θiːən/, *n.* Pantheon.

panther /'pænθə(r)/, *n.* (*pl.* **panthers, panther**) (*zool.*) **1** (*Panthera pardus*) pantera **2** (*USA, Felis concolor*) puma **3** (*USA, Panthera onca*) giaguaro.

pantheress /'pænθərɪs/, *n.* (*zool.*) pantera femmina.

panties /'pæntɪz/, *n. pl.* (*fam.*) **1** mutandine (*da bambino o da donna*) **2** calzoncini, pantaloncini (*per bambino*).

pantihose /'pæntɪhəʊz/, *V.* **pantyhose**.

pantile /'pæntaɪl/, *n.* (*edil.*) tegola alla fiamminga; tegola romana (*per tetti*).

panting /'pæntɪŋ/, *a.* ansimante; ansante.

pantingly /'pæntɪŋlɪ/, *avv.* ansando; ansimando.

pantisocracy /pæntɪ'sɒkrəsɪ/, *n.* (*letter. ingl.*) pantisocrazia.

panto /'pæntəʊ/, *n.* (*pl.* **pantos**) (*abbr. fam. di* **pantomime**) spettacolo natalizio (*rappresentato da bambini*).

pantograph /'pæntəgrɑːf, *USA* -æf/, *n.* (*arti grafiche, ferr.*) pantografo.

pantographic /pæntə'græfɪk/, *a.* pantografico. || **-ally**, *avv.*

pantomime /'pæntəmaɪm/, *n.* **1** (*in G.B.*) spettacolo natalizio (*rappresentato da bambini*) **2** (*teatr.*) pantomima; pantomimo **3** (*fig.*) pantomima; mimica **4** (*stor. romana*) pantomimo; mimo. ● **p. horse**, cavallo formato da due uomini nascosti dentro una sola pelle.

to **pantomime** /'pæntəmaɪm/, **A** *v. i.* **1** recitare in una pantomima **2** esprimersi con la mimica. **B** *v. t.* rappresentare (q.c.) con la mimica.

pantomimic /pæntə'mɪmɪk/, *a.* pantomimico.

pantomimist /pæntə'maɪmɪst/, *n.* (*teatr.*) pantomimo; mimo.

pantoscope /'pæntəʊskəʊp/, *n.* (*fotogr.*) grandangolare (*lente*).

pantoscopic /pæntəʊ'skɒpɪk/, *a.* (*fotogr.*) grandangolare: **p. lens**, lente grandangolare.

pantry /'pæntrɪ/, *n.* **1** dispensa **2** (*naut.*) cambusa. ● **butler's p.**, stanza (*fra la cucina e la sala da pranzo*) in cui riporre stoviglie, vasellame, ecc.

pantryman /'pæntrɪmən/, *n.* (*pl.* **pantrymen**) dispensiere.

pants /pænts/, *n. pl.* **1** (*USA*) calzoni; pantaloni (*cfr. ingl.* **trousers**) **2** (*in G.B.*) mutande; mutandine (*da uomo*) **3** (*in G.B.*) mutandine (*da donna*) **4** pantaloni da donna (*non attillati*) **5** (*comm., ingl.*) mutande lunghe. ● (*USA*) **p. presser**, stiracalzoni □ (*moda*) **p. suit**, completo pantalone □ (*pop.*) **to be caught with one's p. down**, farsi prendere in contropiede (*o* alla sprovvista) □ (*fam.*) **to be in long p.**, portare i calzoni lunghi; (*fig.*) essere «grande» □ (*fig. fam. USA*) **to put one's p. on one leg at a time**, fare come fan tutti; essere un tipo comune □ **short p.**, calzoncini.

pantskirt /'pæntskɜːt/, *n.* (*moda*) gonna pantalone.

pantsuit /'pæntsuːt, -sjuːt/, *n.* (*moda, USA*) completo pantalone.

pantyhose /'pæntɪhəʊz/, *n.* (*invar. al pl.*) (*specialm. USA*; *cfr. ingl.* **tights**) calzamaglia; collant.

pantyliner /'pæntɪlaɪnə(r)/, *n.* salvamutandine.

pap (1) /pæp/, *n.* **1** pappa; pan cotto (*nell'acqua, nel brodo, ecc.*) **2** (*specialm. USA*) protezione; protezione politica **3** (*spreg.*) sboba, sbobba; libro (*o* film, ecc.) insulso: **How can you read all that pap?**, come fai a leggere tutta quella sboba? **4** (*USA*) appoggio politico.

pap (2) /pæp/, *n.* (*pop.*) capezzolo. ● (*geol.*) **paps**, mammelloni.

papa (1) /pə'pɑː/, *n.* (*quasi arc. ingl.*) papà.

papa (2) /pə'pɑː, *USA* 'pɑːpə/, *n.* (*fam. USA*) babbo; papà; «papi» (*fam.*).

papacy /'peɪpəsɪ/, *n.* papato.

papain /pə'peɪɪn, -'paɪɪn/, *n.* (*chim.*) papaina.

papal /'peɪpl/, *a.* papale. ● (*stor.*) **the P. States**, gli Stati Pontifici.

papalism /'peɪpəlɪzəm/, *n.* papismo.

papalist /'peɪpəlɪst/, *n.* papista; papalino.

paparazzo /pæpə'rætsəʊ, *USA* pɑːpə'rɑːtsəʊ/, (*ital.*), *n.* (*pl.* **paparazzi**) paparazzo.

papaveraceous /pəpeɪvə'reɪʃəs/, **papaverous** /pə'peɪvərəs/, *a.* (*bot.*) papaveraceo.

papaverine /pə'peɪvəriːn/, *n.* (*chim.*) papaverina.

papaw /pə'pɔː, *USA* 'pɔːpɔː/, **papaya** /pə'paɪə/, *n.* (*bot., Carica papaya*) papaia (*anche il frutto*).

paper /'peɪpə(r)/, **A** *n.* **1** carta: **a sheet of p.**, un foglio di carta **2** (*di solito pl.*) documento; appunto; lettera; scritto: **the Lincoln papers**, gli scritti (*o* il carteggio) di Lincoln **3** (= **p. money, p. currency**) cartamoneta; carta monetata; banconota; biglietto di banca **4** (= **commercial p.**) titolo di credito; effetto; valore (*assegno, cambiale, pagherò, ecc.*) **5** (= **newspaper**) giornale: **the morning p.**, il giornale del mattino **6** compito, elaborato, esercizio, tema (*d'esame, ecc.*) **7** comunicazione (*scritta*); contributo, memoria (*per un congresso, ecc.*); monografia; saggio; studio **8** (*pl.*) (*anche leg.*) documenti; carteggio; incartamento: **Can I see your papers, please?**, favorisca i documenti! **9** (= **wallpaper**) carta da parati; tappezzeria **10** (= **voting p.**) scheda di votazione **11** (*pop.*) biglietto d'invito; biglietto d'ingresso gratuito. **B** *a. attr.* **1** di carta; cartaceo **2** da tavolino; da passacarte; burocratico **3** sulla carta; a tavolino; teorico: **p. battles**, battaglie a tavolino (*o* sulla carta). ● **p. bag**, sacchetto di carta □ **p. chase**, finta caccia alla volpe (*gioco di bambini*) □ **p. clip**, fermaglio, graffetta; clip □ **p.-cover**, (*agg.*) in brossura; (*sost.*) pubblicazione in brossura □ **p. cup**, bicchiere di carta □ (*fin.*) **p. gold**, oro-carta; diritti speciali di prelievo □ (*fin.*) **p. holdings**, titoli fiduciari; (valori di) portafoglio □ **p.-knife**, tagliacarte □ **p. maker**, cartaio; fabbricante di carta □ **p. mill**, cartiera □ (*fin.*) **p. money**, moneta cartacea; cartamoneta □ **a p. of pins**, un cartoncino (*o* un cartoccetto) di spilli □ (*fig.*) **p. profits**, profitti ipotetici (*o* sulla carta) □ (*spreg.*) **p. pusher**, passacarte, burocrate □ **p. round**, giro di consegna di giornali a domicilio; (*anche*) giro di raccolta di carta straccia □ **p. sack**, sacco di carta □ **p. shop**, edicola di giornali; chiosco (*vende anche dolci, sigarette, ecc.*) □ **p. shredder**, distruggi-documenti □ (*fig.*) **p. tiger**, tigre di carta □ **p. war** (*o* **warfare**), polemica attraverso pubblicazioni (su libri o giornali) □ **p. wiper**, fazzoletto di carta □ **blotting p.**, carta assorbente □ **brown p.**, carta scura; carta da pacchi □ **carbon p.**, carta carbone □ **comic p.**, giornale a fumetti □ **to commit st. to p.**, metter q.c. per iscritto □ **to deliver** (*o* **to read**) **a p.**, fare una comunicazione (*a un congresso, ecc.*) □ **to do p. rounds**, raccogliere carta straccia (*da vendere*) □ **examination papers**, temi d'esame; elaborati □ (*fig.*) **on p.**, sulla carta; in teoria: **On p., he is the better man**, sulla carta, egli è superiore □ **packing p.**, carta da imballaggio □ **to put pen to p.**, metter mano alla penna □ (*fig.*) **to send in one's papers**, dare le dimissioni □ **tissue p.**, carta velina □ **toilet p.**, carta igienica □ **wrapping p.**, carta da pacchi.

to **paper** /'peɪpə(r)/, *v. t.* **1** tappezzare con carta da parati **2** avvolgere nella carta; incartare **3** foderare (*o* rivestire) di carta **4** (*pop.*) riempire (*un teatro*) distribuendo biglietti gratuiti. ● **to p. over**, ricoprire di carta; (*fig.*) celare, nascondere (*difetti, ecc.*); insabbiare (*fig.*) □ **to p. up**, tappare con carta.

paperback /'peɪpəbæk/, **A** *a.* in brossura. **B** *n.* libro in brossura; paperback.

paperboard /'peɪpəbɔːd/, *n.* cartone. ● (*di un libro*) **bound in p.**, cartonato □ **to bind in p.**, cartonare.

paperbound /'peɪpəbaʊnd/, *a.* (*di libro, ecc.*) in brossura.

paperboy /'peɪpəbɔɪ/, *n.* **1** fattorino del giornalaio (*per consegna a domicilio*) **2** strillone.

papergirl /'peɪpəgɜːl/, *n.* ragazza che consegna giornali a domicilio (*prima di andare a scuola*).

paperhanger /'peɪpəhæŋə(r)/, *n.* **1** tappezziere **2** (*pop. USA*) spacciatore di denaro falso (*o* di assegni fasulli).

paperhanging /'peɪpəhæŋɪŋ/, *n.* **1** applicazione di carta da parati **2** (*pop. USA*) spaccio di denaro falso.

to **paper-train** /'peɪpətreɪn/, *v. t.* educare (*un cucciolo*) a defecare e orinare sulla carta.

paperware /'peɪpəwɛə(r)/, *n.* bicchieri, piatti, ecc. di carta.

paperweight /'peɪpəweɪt/, *n.* fermacarte.

paperwork /'peɪpəwɜːk/, *n.* lavoro d'ufficio (*o* burocratico); il riempire moduli, ecc.

papery /'peɪpərɪ/, *a.* di carta; simile a carta; cartaceo.

papier-maché /pæpjeɪ'mæʃeɪ, -'mɑː-, *USA* peɪpəmə'ʃeɪ, pɑːpjeɪm-/ (*franc.*), *n.* cartapesta.

papilionaceous /pəpɪlɪə'neɪʃəs/, *a.* (*bot.*) papilionaceo.

papilla /pə'pɪlə/, *n.* (*pl.* **papillae**) (*anat., bot.*) papilla.

papillary /pə'pɪlərɪ, *USA* 'pæpɪlɛrɪ/, *a.* (*anat.*) papillare.

papillate /pə'pɪlət/, *a.* (*anat.*) **1** papillato; ricoperto di papille **2** papilliforme; a forma di papilla.

papilloma /pæpɪ'ləʊmə/, *n.* (*pl.* **papillomata, papillomas**) (*med.*) papilloma.

papillose /'pæpɪləʊs/, *a.* (*anat.*) papilloso.

papism /'peɪpɪzəm/, *n.* **1** papismo **2** (*spreg.*) cattolicesimo.

papist /'peɪpɪst/, *n.* **1** papista **2** (*spreg.*) cattolico.

papistic(al) /pə'pɪstɪk(l)/, *a.* **1** papistico **2** (*spreg.*) di (*o* da) cattolico.

papistry /'peɪpɪstrɪ/, *V.* **papism**.

papoose /pə'puːs/, *n.* bambino indiano (*nell'America del nord*).

pappose /pæ'pəʊs/, *a.* (*bot.*) papposo.

pappus /'pæpəs/, *n.* (*pl.* **pappi**) (*bot.*) pappo.

pappy (1) /'pæpɪ/, *a.* molle; polposo.

pappy (2) /'pæpɪ/, *n.* (*fam. USA*) papà; babbo; «papi» (*fam.*).

paprika /'pæprɪkə, *USA* pə'priːkə, pæ-, pɑː-/, *n.* **1** (*bot., Capsicum annuum*) pepe rosso; peperone **2** (*cucina*) paprica.

Pap smear /'pæpsmɪə(r)/, *locuz. n.* (*med.*) striscio per il Pap test.

Pap test /'pæptɛst/, *locuz. n.* (*med.*) Pap test.

Papua /'pæpjʊə, 'pɑː-, -pʊə/, *n.* (*geogr.*) Papuasia.

Papuan /'pæpjʊən, 'pɑː-, -pʊən/, *a.* e *n.* (abitante) della Papuasia.

papula /'pæpjʊlə/, *n.* (*pl.* **papulae**) (*med.*) papula; pustola.

papular /'pæpjʊlə(r)/, *a.* (*med.*) papulare.

papule /'pæpjuːl/, *n.* (*med.*) papula; pustola.

papulose /'pæpjʊləʊs/, *a.* (*med.*) papuloso; pustoloso.

papyraceous /pæpɪ'reɪʃəs/, *a.* papiraceo;

cartaceo.

papyrologist /pæpɪˈrɒlədʒɪst/, *n.* papirologo.

papyrology /pæpɪˈrɒlədʒɪ/, *n.* papirologia.

papyrus /pəˈpaɪərəs/, *n.* (*pl.* **papyruses, papyri**) papiro.

par (1) /pɑː(r)/, *n.* ***1*** (*specialm. fin.*) parità; pari: **He is on a par with his friends in ability**, quanto a capacità, è alla pari con i suoi amici; **par of exchange**, parità di cambio; cambio alla pari; **above par**, sopra la pari; **below par**, sotto la pari; **A stock is at par when it can be sold for its face value**, un titolo è alla pari quando lo si può vendere per il suo valore nominale ***2*** (*golf*) par. ● (*fin.*) **par value**, valore nominale (*di un titolo*) □ (*fam.*) **not to feel quite up to par**, non sentirsi del tutto in forma □ (*fig.*) **to be on a par with**, stare alla pari con, reggere il confronto di □ (*fig. fam.*) **to be under par**, essere un po' giù di corda (*o* di forma).

par (2) /pɑː(r)/, *n.* (*abbr. fam. di* **paragraph**) paragrafo.

para /ˈpærə/, *n.* ***1*** (*abbr. fam. di* **paratrooper**) parà: **the paras**, i parà ***2*** (*abbr. di* **paragraph**) paragrafo.

parabasis /pəˈræbəsɪs/, *n.* (*pl.* **parabases**) (*teatr. greco*) parabasi.

parabiosis /pærəbaɪˈəʊsɪs/, *n.* (*zool.*) parabiosi.

parable /ˈpærəbl/, *n.* parabola: **the p. of the prodigal son**, la parabola del figliol prodigo.

parabola /pəˈræbələ/, *n.* (*geom., mat.*) parabola.

parabole /pəˈræbəlɪ/, *n.* (*retor.*) metafora; similitudine.

parabolic /pærəˈbɒlɪk/, *a.* ***1*** (*geom., mat.*) parabolico ***2*** di (*o* in forma di) parabola; allegorico. ● (*miss.*) **p. flight**, volo parabolico □ (*astron.*) **p. orbit**, orbita parabolica.

parabolically /pærəˈbɒlɪklɪ/, *avv.* in forma di parabola.

paraboloid /pəˈræbəlɔɪd/, *n.* (*geom.*) paraboloide.

paracentesis /pærəsenˈtiːsɪst/, *n.* (*med.*) paracentesi.

parachute /ˈpærəʃuːt/, *n.* (*aeron.*) paracadute. ● **p. flare**, bengala a paracadute □ (*mil.*) **p. mine**, mina lanciata col paracadute □ (*mil.*) **p. troops**, truppe paracadutiste.

to **parachute** /ˈpærəʃuːt/, **A** *v. t.* (*aeron.*) lanciare col paracadute; paracadutare. **B** *v. i.* lanciarsi (*o* scendere) col paracadute; paracadutarsi.

parachuting /ˈpærəʃuːtɪŋ/, *n.* (*sport*) paracadutismo.

parachutist /ˈpærəʃuːtɪst/, *n.* (*aeron.*) paracadutista.

Paraclete /ˈpærəkliːt/, *n.* (*relig.*) Paracleto, Paraclito (*attributo dello Spirito Santo*).

parade /pəˈreɪd/, *n.* ***1*** parata (*specialm. mil.*); (*mil.*) rassegna, rivista: **The soldiers were on p.**, i soldati erano schierati per la rassegna ***2*** sfilata; corteo; processione ***3*** serie; sfilata; rassegna: **a p. of songs**, una rassegna di canzoni ***4*** mostra; ostentazione; sfoggio: **to make an ostentatious p. of one's generosity**, mettere in mostra ostentatamente la propria generosità ***5*** (= **p. ground**) campo di Marte; piazza d'armi ***6*** (*di moda*) sfilata ***7*** passeggiata pubblica; lungomare; piazza; spianata ***8*** (*scherma*) parata. ● **beauty p.**, sfilata delle partecipanti a un concorso di bellezza □ **fashion p.**, sfilata di modelli □ (*della polizia*) **identification p.**, confronto all'americana □ **to make a p. of one's grief**, mettere in piazza il proprio dolore □ **on p.**, (*mil.*) in parata; (*fig.*) in bella mostra.

to **parade** /pəˈreɪd/, **A** *v. t.* ***1*** sfilare a passo di parata per (*un luogo*): **The band paraded the streets**, la banda sfilò per le strade a passo di parata ***2*** (*mil.*) passare in rassegna (*o* in rivista) ***3*** fare sfoggio di; mettere in mostra; ostentare: **You always p. your skill**, fai sempre sfoggio della tua abilità. **B** *v. i.* ***1*** sfilare in parata (*o* in corteo) ***2*** far mostra di sé; pavoneggiarsi.

paradigm /ˈpærədaɪm/, *n.* (*pl.* **paradigms, paradigmata**) ***1*** (*gramm.*) paradigma ***2*** (*fig.*) esempio dimostrativo.

paradigmatic /pærədɪgˈmætɪk/, *a.* ***1*** (*gramm.*) paradigmatico ***2*** (*fig.*) esemplificativo. ‖ **-ally**, *avv.*

paradisaic(al) /pærədɪˈsaɪɪk(l)/, *a.* paradisiaco; di paradiso.

paradise /ˈpærədaɪs/, *n.* (*anche fig.*) paradiso. ● (*zool.*) **bird of p.** (*Paradisea*), paradisea; uccello del paradiso □ (*relig.*) **the earthly p.**, il paradiso terrestre.

paradisiac /pærəˈdɪsɪæk/, **paradisiacal** /pærədɪˈsaɪəkəl/, **paradisial** /pærəˈdɪsɪəl/, *a.* paradisiaco; di paradiso.

parados /ˈpærədɒs/, *n.* (*pl.* **parados, paradoses**) (*mil.*) paradosso; paradorso; spalletta.

paradox /ˈpærədɒks/, *n.* paradosso.

paradoxical /pærəˈdɒksɪkl/, *a.* paradossale. ● (*med.*) **p. embolus**, embolo paradosso □ (*fisiol.*) **p. sleep**, sonno paradosso. ‖ **-ly**, *avv.*

paradoxicality /pærədɒksɪˈkælətɪ/, *n.* paradossalità.

paradoxure /pærəˈdɒksjʊə(r), -kʃʊə(r)/, *n.* (*zool., Paradoxurus*) paradossuro.

paradrop /ˈpærədrɒp/, *n.* (*mil.*) lancio con il paracadute.

paraesthesia /pærəsˈθiːzɪə, -ʒə/, *n.* (*med.*) parestesia.

paraffin(e) /ˈpærəfiːn/, *n.* ***1*** paraffina ***2*** (*chim.*) idrocarburo paraffinico (*in genere*) ***3*** petrolio combustibile ***4*** (= **p. oil**) olio di paraffina; (*in G.B.*) kerosene. ● **p. paper**, carta paraffinata □ **p. wax**, paraffina solida; cera paraffinica.

to **paraffin(e)** /ˈpærəfiːn/, *v. t.* paraffinare.

parafoil /ˈpærəfɔɪl/, *n.* (*mil.*) paracadute con superficie portante.

paraglider /ˈpærəglaɪdə(r)/, *n.* ***1*** (*miss.*) paracadute (*frenante*: *di un razzo, ecc.*) ***2*** (*sport*) parapendio (*il paracadute*).

paragliding /ˈpærəglaɪdɪŋ/, *n.* (*sport*) parapendio (*l'attività*).

paragoge /pærəˈgəʊdʒɪ/, *n.* (*ling.*) paragoge.

paragogic /pærəˈgɒdʒɪk/, *a.* (*ling.*) paragogico.

paragon /ˈpærəgən, *USA* -gɒn/, *n.* ***1*** esemplare; modello; persona (*o* cosa) di grande eccellenza: **a p. of eloquence [of beauty]**, un modello di eloquenza [di bellezza] ***2*** diamante perfetto (*che pesa cento o più carati*) ***3*** (*tipogr.*) corpo 19; corpo 20.

to **paragon** /ˈpærəgən, *USA* -gɒn/, *v. t.* (*poet.*) paragonare; comparare.

paragonite /pəˈrægənaɪt/, *n.* (*miner.*) paragonite.

para-governmental /pærəgʌvənˈmentl/, *a.* paragovernativo.

paragraph /ˈpærəgrɑːf, *USA* -æf/, *n.* ***1*** paragrafo; comma ***2*** (*tipogr.*) alinea; capoverso ***3*** (*giorn.*); stelloncino; trafiletto. ● (*pattinaggio*) **p. loop**, paragrafo.

to **paragraph** /ˈpærəgrɑːf, *USA* -æf/, **A** *v. t.* ***1*** trattare (*un argomento*) in un trafiletto ***2*** dividere (*o* ordinare) in paragrafi (*o* in commi); paragrafare. **B** *v. i.* scrivere trafiletti (*per un giornale*).

paragrapher /ˈpærəgrɑːfə(r), *USA* -æf-/, *n.* scrittore di brevi articoli; autore di trafiletti.

paragraphia /pærəˈgræfɪə/, *n.* (*psic.*) paragrafia.

paragraphic(al) /pærəˈgrɑːfɪk(l), *USA* -æf-/, *a.* ***1*** di (*o* che forma un) paragrafo ***2*** di trafiletto; in forma di trafiletto.

paragraphist /ˈpærəgrɑːfɪst, *USA* -æf-/, *V.* **paragrapher**.

Paraguay /ˈpærəgwaɪ/, *n.* (*geogr.*) Paraguay. ● (*bot.*) **P. tea** (*Ilex paraguayensis*), mate (*la pianta e l'infuso*).

Paraguayan /ˈpærəgwaɪən/, *a.* e *n.* paraguaiano.

parakeet /ˈpærəkiːt/, *n.* (*zool., Psitacula, Pezoporus, ecc.*) parrocchetto.

parakinesia /pærəkɪˈniːʒə/, *n.* (*med.*) paracinesia.

parakite /ˈpærəkaɪt/, *n.* ***1*** aquilone usato come paracadute ***2*** aquilone senza coda (*usato per scopi scientifici*) ***3*** (*sport*) «aquilone-paracadute» (*trainato da un'auto o da un motoscafo*).

parakiting /ˈpærəkaɪtɪŋ/, *n.* (*sport*) volo con l'aquilone-paracadute.

paralegal /pærəˈliːgl/, *a.* e *n.* (*specialm. USA*) paralegale.

paraleipsis /pærəˈlaɪpsɪs/, *n.* (*pl.* **paraleipses**) (*retor.*) paralessi.

paralexia /pærəˈlɛksɪə/, *n.* (*psic.*) paralessia.

paralinguistics /pærəlɪŋˈgwɪstɪks/, *n. pl.* (*col verbo al sing.*) paralinguistica.

parallactic /pærəˈlæktɪk/, *a.* (*astron., ottica*) parallattico.

parallax /ˈpærəlæks/, *n.* (*astron., ottica*) parallasse.

parallel /ˈpærəlɛl/, **A** *a.* ***1*** parallelo (*anche geom.*): **Take the road p. to the river**, prendi la strada parallela al fiume ***2*** (*elettr.*) in parallelo: **p. circuit**, circuito in parallelo ***3*** (*fig.*) analogo; parallelo; concordante; simile. **B** *n.* ***1*** (*geom.*) parallela ***2*** (*geogr., elab.*) parallelo ***3*** (*fig.*) parallelo; paragone; confronto: **to draw a p. between two things**, fare un parallelo fra due cose ***4*** (*mil.*) trincea parallela alle linee nemiche ***5*** (*pl.*) (*tipogr.*) sbarrette parallele. ● (*atletica*) **p. bars**, parallele □ (*comm. est.*) **p. imports**, importazioni parallele □ (*elab.*) **p. printer**, stampante parallela □ (*naut.*) **p. rule(r)**, parallelo a rulli (*per tracciare rotte*) □ (*elab.*) **p. storage**, memoria in parallelo.

to **parallel** /ˈpærəlɛl/, *v. t.* ***1*** dare a (q.c.) un andamento parallelo a un'altra; rendere paralleli ***2*** essere (*o* correre) parallelo a: **The highway parallels the railway**, la strada corre parallela alla ferrovia ***3*** confrontare, paragonare (*cose, idee*); trovare una corrispondenza fra (*due o più cose*) ***4*** essere l'equivalente di; eguagliare ***5*** (*elettr.*) mettere (*o* collegare) in parallelo.

parallelepiped /pærəlɛˈlɛpɪpɛd/, **parallelepipedon** /pærəlɛlɪˈpɪpɪdɒn/, *n.* (*geom.*) parallelepipedo.

parallelinervate /pærəlɛlɪˈnɜːveɪt/, *a.* (*bot.*) parallelinervio.

parallelism /ˈpærəlɛlɪzəm/, *n.* (*anche fig.*) parallelismo.

parallelogram /pærəˈlɛləgræm/, *n.* (*geom.*) parallelogramma.

paralogism /pəˈrælɛdʒɪzəm/, *n.* (*filos.*) paralogismo.

paralogistic /pærələˈdʒɪstɪk/, *a.* (*filos.*) paralogistico.

to **paralogize** /pəˈrælədʒaɪz/, *v. i.* (*filos.*) paralogizzare.

paralysation /pærəlaɪˈzeɪʃn/, *n.* il paralizzare; l'esser paralizzato; paralisi.

to **paralyse** /ˈpærəlaɪz/, *v. t.* paralizzare (*anche fig.*); rendere inattivo, bloccare; raggelare (*per la paura, ecc.*): **Transport was paralysed by the strikes**, i trasporti furono paralizzati dagli scioperi.

paralysis /pəˈræləsɪs/, *n.* (*pl.* **paralyses**) (*med.*) paralisi; (*fig.*) inattività, ristagno. ● (*med.*) **p. agitans**, morbo di Parkinson.

paralytic /pærəˈlɪtɪk/, *a.* e *n.* (*med.*) paralitico.

to **paralyze** /ˈpærəlaɪz/, (*USA*) *V.* **to paralyse**.

paramagnetic /pærəmægˈnɛtɪk/, *a.* (*fis.*) paramagnetico.

paramagnetism /pærəˈmægnətɪzəm/, *n.* (*fis.*) paramagnetismo.

paramedic /pærəˈmɛdɪk/, **A** *n.* (*USA*) paramedico; operatore del servizio sanitario (*esclusi medici e infermieri*). **B** *a.* paramedico.

paramedical /pærəˈmɛdɪkl/, *a.* (*USA*) paramedico: **p. personnel**, personale paramedico.

parament /ˈpærəmənt/, *n.* (*relig.*) paramento.

parameter /pəˈræmɪtə(r)/, *n.* (*mat., stat.*) parametro (*anche fig.*).

parameterization /pəræmɪtəraɪˈzeɪʃn, *USA* -rɪˈz-/, *V.* **parametrization**.

to **parameterize** /pəˈræmɪtəraɪz/, *V.* **to parametrize**.

parametric /pærə'metrɪk/, *a.* (*scient.*) parametrico.

parametrization /pəræmɪtraɪ'zeɪʃn, *USA* -rɪ-'z-/, *n.* parametrizzazione.

to **parametrize** /pə'ræmətraɪz/, *v. t.* stabilire i parametri di (q.c.); parametrizzare.

paramilitary /pærə'mɪlətrɪ, *USA* -terɪ/, *a.* paramilitare.

paramount /'pærəmaʊnt/, *a.* ***1*** eminente; sommo; supremo; sovrano; capitale: **lord p.**, signore supremo; **Time is of p. importance**, il fattore tempo è di somma importanza ***2*** (*leg.*) preminente; prevalente: **p. clause**, clausola prevalente. ● **p. to**, superiore a □ **As an orator he is p.**, come oratore è insuperabile.

paramountcy /'pærəmaʊntsɪ/, *n.* eminenza; l'esser sommo (*o* supremo); l'essere di capitale importanza.

paramour /'pærəmʊə(r)/, *n.* (*lett.*) amante; drudo, druda (*lett.*).

paranasal /pærə'neɪzl/, *a.* (*anat.*) paranasale: **p. sinuses**, seni paranasali.

paranoia /pærə'nɔɪə/, *n.* (*psic.*) paranoia.

paranoiac /pærə'nɔɪæk/, *a.* e *n.* (*psic.*) paranoico. || **-ally**, *avv.*

paranoid /'pærənɔɪd/, *a.* e *n.* (*psic.*) paranoide.

paranormal /pærə'nɔːməl/, *a.* e *n.* (*psic.*) paranormale. ● **the p.**, il paranormale. || **-ly**, *avv.*

paranymph /'pærənɪmf/, *n.* ***1*** (*stor.*) paraninfo ***2*** (*arc.*) testimone dello sposo.

parapet /'pærəpɪt/, *n.* ***1*** (*archit., mil.*) parapetto ***2*** balaustra; ringhiera.

parapeted /'pærəpɪtɪd/, *a.* munito di parapetto.

paraph /'pæræf/, *n.* parafa; sigla.

paraphernal /pærə'fɜːnəl/, *a.* (*leg.*) parafernale.

paraphernalia /pærəfə'neɪlɪə/, *n. pl.* ***1*** oggetti personali; roba ***2*** arnesi; attrezzi; accessori; corredo ***3*** (*leg.*) beni parafernali.

paraphrase /'pærəfreɪz/, *n.* (*anche ling.*) parafrasi.

to **paraphrase** /'pærəfreɪz/, **A** *v. t.* parafrasare (*un brano, ecc.*). **B** *v. i.* fare parafrasi.

paraphrastic /pærə'fræstɪk/, *a.* ***1*** parafrastico ***2*** che fa uso di parafrasi. || **-ally**, *avv.*

paraplegia /pærə'pliːdʒə/, *n.* (*med.*) paraplegia.

paraplegic /pærə'pliːdʒɪk/, *a.* e *n.* (*med.*) paraplegico.

parapolitical /pærəpə'lɪtɪkl/, *a.* parapolitico.

paraprofessional /pærəprə'feʃənl/, **A** *n.* chi svolge un'attività paraprofessionale. **B** *a.* paraprofessionale.

parapsychologic(al) /pærəsaɪkə'lɒdʒɪk(l)/, *a.* parapsicologico. || **-ally**, *avv.*

parapsychologist /pærəsaɪ'kɒlədʒɪst/, *n.* (*psic.*) parapsicologo.

parapsychology /pærəsaɪ'kɒlədʒɪ/, *n.* (*psic.*) parapsicologia.

parapublic /pærə'pʌblɪk/, *a.* (*econ.*) parapubblico.

Para rubber /pə'rɑː'rʌbə(r), 'pɑːrə'r-/, *n.* para (*varietà di gomma elastica*).

paras /'pærəz/, *n. pl.* (*abbr. di* **paratroopers**) (*mil.*) (i) parà; reparti di parà.

parasang /'pærəsæŋ/, *n.* (*stor.*) parasanga.

paraselene /pærəsɪ'liːnɪ/, *n.* (*pl.* **paraselenae**) (*astron.*) paraselene.

parasite /'pærəsaɪt/, *n.* ***1*** (*anche biol.*) parassita ***2*** (*elettr.*) corrente parassita.

parasitic(al) /pærə'sɪtɪk(l)/, *a.* parassitico; parassitario. || **-ally**, *avv.*

parasiticide /pærə'sɪtɪsaɪd/, *n.* parassiticida; antiparassitario.

parasitism /'pærəsaɪtɪzəm/, *n.* (*biol.*) parassitismo.

parasitized /pærə'sɪtɪsaɪzd/, *a.* infestato da parassiti.

parasitological /pærəsaɪtə'lɒdʒɪkl/, *a.* parassitologico.

parasitologist /pærəsaɪ'tɒlədʒɪst/, *n.* parassitologo.

parasitology /pærəsaɪ'tɒlədʒɪ/, *n.* parassitologia.

parasitosis /pærəsɪ'təʊsɪs/, *n.* (*med.*) parassitosi.

parasol /'pærəsɒl, *USA* -sɔːl/, *n.* parasole; ombrellino.

parastatal /pærə'steɪtl/, *a.* parastatale; semiufficiale: **p. bodies**, enti parastatali.

parasympathetic /pærəsɪmpə'θetɪk/, *a.* (*anat.*) parasimpatico: **p. nervous system**, sistema nervoso parasimpatico.

paratactic(al) /pærə'tæktɪk(l)/, *a.* (*ling.*) paratattico.

parataxis /pærə'tæksɪs/, *n.* (*ling.*) paratassi.

parathyroid /pærə'θaɪrɔɪd/, (*anat.*) **A** *n.* paratiroide. **B** *a.* paratiroideo.

paratrooper /'pærətruːpə(r)/, *n.* (*mil.*) paracadutista (*soldato*).

paratroops /'pærətruːps/, *n. pl.* (*mil.*) reparti di paracadutisti.

paratyphoid /pærə'taɪfɔɪd/, **A** *a.* (*med.*) paratifoideo. **B** *n.* (= **p. fever**) paratifo.

paravane /'pærəveɪn/, *n.* (*naut., mil.*) paramine.

to **parboil** /'pɑːbɔɪl/, *v. t.* ***1*** sbollentare; bollire parzialmente ***2*** (*fig.*) «cuocere» (*una persona, per l'eccessivo calore*); surriscaldare.

parbuckle /'pɑːbʌkl/, *n.* (*naut.*) lentia; imbracatura doppia.

to **parbuckle** /'pɑːbʌkl/, *v. t.* ***1*** – **to p. up**, sollevare per mezzo di una lentia ***2*** – **to p. down**, calare per mezzo di una lentia.

parcel /'pɑːsl/, *n.* ***1*** pacco; pacchetto; collo; involto: **to do up** [**to undo**] **a p.**, fare [disfare] un pacco ***2*** (*comm.*) partita (*di merce messa in vendita*): **a p. of books**, una partita di libri ***3*** (*USA o leg.*; = **p. of land**) parcella fondiaria; lotto di terreno ***4*** (*arc.*) parte (*specialm. nell'espress.*:) **to be part and p. of st.**, essere parte integrante di q.c. ***5*** gruppo; branco: **a p. of fools**, un branco di stupidi. ● **p. delivery**, consegna (*o* recapito) di pacchi □ (*fin.*) **p. of shares**, pacchetto azionario □ **parcels office**, ufficio pacchi □ **p. post**, servizio dei pacchi postali; messaggeria, messaggerie □ (*ferr.*) **parcels rate**, tariffa per pacchi (*o* per colli) □ (*comm.*) **by p. post**, per pacco postale.

to **parcel** /'pɑːsl/, *v. t.* ***1*** (*di solito* **to p. out**) dividere in parti; spartire; distribuire ***2*** (*spesso* **to p. up**) impaccare; impacchettare; involtare (*fam.*) ***3*** (*USA o leg.*) lottizzare (*terreni*) ***4*** (*naut.*) bendare (*una cima*) con strisce di tela.

parcelling /'pɑːslɪŋ/, *n.* ***1*** divisione in parti; spartizione; distribuzione ***2*** impacchettamento ***3*** (*USA o leg.*) lottizzazione (*di terreni*).

parcenary /'pɑːsənərɪ, *USA* -erɪ/, *n.* (*leg.*) coeredità; l'essere coerede.

parcener /'pɑːsənə(r)/, *n.* (*leg.*) coerede.

to **parch** /pɑːtʃ/, **A** *v. t.* ***1*** arrostire parzialmente; bruciare; essiccare: **parched corn**, granturco essiccato ***2*** (*del sole, della sete*) riardere; inaridire; far bruciare la gola a (q.); scottare: **the parched earth**, la terra riarsa (*o* inaridita). **B** *v. i.* essiccarsi; disseccarsi; inaridirsi. ● **to be parched with thirst**, avere la gola riarsa dalla sete.

parched /pɑːtʃt/, *a.* inaridito; riarso; disseccato.

Parcheesi /pɑː'tʃiːzɪ/, *n.* (*marchio, USA*) *V.* **ludo**.

parching /'pɑːtʃɪŋ/, *a.* che inaridisce; bruciante; disseccante.

parchment /'pɑːtʃmənt/, *n.* ***1*** pergamena; cartapecora ***2*** (*arte, letter.*) pergamena ***3*** (*comm.*, = **p. paper**) carta pergamenata.

parchmenty /'pɑːtʃməntɪ/, *a.* pergamenaceo.

pard (**1**) /pɑːd/, *n.* (*poet.*) leopardo.

pard (**2**) /pɑːd/, *n.* (*pop. USA, abbr. di* **pardner**) amico; socio (in affari).

pardon /'pɑːdn/, *n.* ***1*** perdono ***2*** (*leg.*) grazia; indulto: **general p.**, indulto generale ***3*** (*relig.*) indulgenza. ● **to ask** (**for**) **sb.'s p.**, chieder perdono a q.; chiedere a q. d'essere perdonato □ **to beg sb.'s p.**, chieder perdono a q.; chiedere scusa a q. □ **I beg your p.**, perdono!; scusa!; scusi!; (*anche*) permesso! □ **I beg your p.?**, prego? (*non ho capito*); vuole ripetere, prego?

to **pardon** /'pɑːdn/, *v. t.* ***1*** perdonare; scusare; passar sopra a ***2*** (*leg.*) concedere l'indulto (*o* la grazia) a (q.). ● **P. me!**, scusa!; scusate!; mi scusi! □ **If you'll p. the expression...**, se così posso dire...

pardonable /'pɑːdnəbl/, *a.* perdonabile; scusabile. || **-bly**, *avv.*

pardoner /'pɑːdnə(r)/, *n.* ***1*** chi perdona ***2*** (*stor., relig.*) distributore (*o* venditore) d'indulgenze.

to **pare** /peə(r)/, *v. t.* ***1*** pareggiare (q.c.) tagliando; tagliarsi (*le unghie, ecc.*) ***2*** potare (*una siepe, ecc.*) ***3*** pelare, sbucciare (*frutta*) ***4*** (*fig., spesso* **to p. down**) intaccare, consumare, ridurre (*i propri risparmi, ecc.*). ● **to p. one's nails to the quick**, tagliarsi le unghie fino alla carne viva □ **to p. off** (*o* **away**), pareggiare, rifilare, tagliare (*i margini di un libro, ecc.*).

paregoric /pære'gɒrɪk, *USA* -ɔːr-/, *a.* e *n.* (*farm.*) paregorico (*raro*); calmante.

parenchyma /pæ'reŋkɪmə/, *n.* (*anat., bot.*) parenchima.

parenchymal /pæ'reŋkɪməl/, **parenchymatous** /pæreŋ'kɪmətəs/, *a.* (*anat., bot.*) parenchimatico; parenchimatoso.

parent /'peərənt/, *n.* ***1*** genitore, genitrice; padre; madre: **to love one's parents**, amare i genitori ***2*** (*fig.*) causa; fonte; origine ***3*** (*fis. nucl.*) capostipite. ● **p. bird** [**p. tree**], uccello [albero] che ne ha prodotto un altro □ (*fin.*) **p. company**, società (*o* casa) madre □ (*chim.*) **p. compound**, composto progenitore □ (*ling.*) **p. language**, lingua madre □ (*stat.*) **p. population**, popolazione d'origine □ (*geol.*) **p. rock**, roccia madre □ (*naut.*) **p. ship**, nave appoggio □ **p.-teacher association**, associazione insegnanti e genitori □ **our first parents**, i nostri progenitori; Adamo ed Eva.

parentage /'peərəntɪdʒ/, *n.* ***1*** genitura (*lett.*); paternità; maternità ***2*** genitori; (la) famiglia d'origine ***3*** discendenza; origine; stirpe.

parental /pə'rentl/, *a.* ***1*** dei genitori; parentale; paterno; materno ***2*** (*psic.*) genitoriale: **p. figure**, figura genitoriale. ● (*leg.*) **p. authority** (*o* **p. power**), patria potestà.

parenteral /pæ'rentərəl/, *a.* (*med.*) parenterale. ● **p. feeding**, nutrizione per via parenterale.

parenthesis /pə'renθəsɪs/, *n.* (*pl.* **parentheses**) parentesi; (*fig.*) intervallo, pausa: **in p.**, fra parentesi.

to **parenthesize** /pə'renθɪsaɪz/, *v. t.* ***1*** mettere (*una parola, ecc.*) tra parentesi ***2*** – **to p. with**, inserire (*in modo parentetico*): **The teacher parenthesized the story with his own comment**, l'insegnante inserì il suo commento nel racconto.

parenthetic(al) /pærən'θetɪk(l)/, *a.* ***1*** parentetico ***2*** (*fig.*) frapposto; intercalato ***3*** (*ling.*) incidentale. ● (*ling.*) **p. clause**, inciso. || **-ally**, *avv.*

parenthood /'peərənthʊd/, *n.* genitura (*lett.*); paternità; maternità.

parenting /'peərəntɪŋ/, *n.* l'essere genitore; le cure paterne (*o* materne). ● **the problems of p.**, i problemi dei genitori.

parentless /'peərəntləs/, *a.* senza genitori; orfano (*di entrambi*).

parer /'peərə(r)/, *n.* chi pareggia (q.c.) tagliando; chi taglia, sbuccia, ecc. (*V.* **to pare**).

paresis /pə'riːsɪs, 'pærɪsɪs/, *n.* (*pl.* **pareses**) (*med.*) paresi.

paretic /pə'retɪk/, *a.* (*med.*) ***1*** di (*o* da) paresi ***2*** (*anche sost.*) paretico.

par excellence /pɑːr'eksəlɑːns, *USA* pɑːreksə'lɑːns/ (*franc.*), *avv.* per eccellenza; per antonomasia.

parget /'pɑːdʒɪt/, *n.* (*edil.*) intonaco; stucco; gesso.

to **parget** /'pɑːdʒɪt/, *v. t.* (*edil.*) intonacare; decorare a stucco.

pargeting /'pɑːdʒɪtɪŋ/, *n.* (*edil.*) ***1*** intonaco decorativo ***2*** intonaco interno (*nelle canne fumarie*).

parheliacal /pɑːhɪˈlaɪəkl/, **parhelic** /pɑːˈhiːlɪk/, *a.* (*astron.*) parelico.
parhelion /pɑːˈhiːlɪən/, *n.* (*pl.* **parhelia**) (*astron.*) parelio.
pariah /pəˈraɪə, ˈpærɪə/, *n.* (*anche fig.*) paria. ● **p. dog**, cane randagio.
Parian /ˈpeərɪən/, **A** *a.* pario; dell'isola di Paro: **P. marble**, marmo pario. **B** *n.* **1** abitante di Paro **2** porcellana bianca finissima.
parietal /pəˈraɪətl/, *a.* (*anat.*) parietale: **p. bones**, ossa parietali.
pari-mutuel /pærɪˈmjuːtʃʊəl/ (*franc.*), *n.* (*pl.* **pari-mutuels, paris-mutuels**) (*sport*) **1** scommessa alle corse dei cavalli (*in cui i vincitori si dividono proporzionalmente le somme puntate dai perdenti*) **2** (*specialm. USA*, = **p. machine**) totalizzatore (*macchina*; *cfr. ingl.* **totalizator**).
paring /ˈpeərɪŋ/, *n.* **1** sbucciatura; pelatura **2** (*pl.*) bucce: **potato parings**, bucce di patate **3** potatura; ripulitura. ● **p. knife**, coltello per sbucciare; coltello da frutta; sbucciatore □ **nail-parings**, pezzetti d'unghia tagliati.
Paris (**1**) /ˈpærɪs/, *n.* (*geogr.*) Parigi. ● **P. blue**, blu di Parigi □ **P. green**, verde di Parigi (*insetticida*).
Paris (**2**) /ˈpærɪs/, *n.* (*mitol., letter.*) Paride.
parish /ˈpærɪʃ/, *n.* **1** (*relig.*) parrocchia **2** (= **civil p.**) distretto rurale (*in G.B.*) **3** (*collett.*) parrocchiani; abitanti di un distretto rurale **4** (*fig.*) zona, distretto (*di tassista, poliziotto, ecc.*); campo (*di competenza, d'interesse*). ● **p. church**, parrocchia; pieve □ **p. clerk**, «chierico» (*funzionario laico*) □ **p. council**, consiglio di cittadini (*in un distretto rurale ingl.*) □ **p. magazine**, bollettino della parrocchia □ **p. priest**, parroco; pievano □ (*fig. spreg.*) **p.-pump**, di interesse locale, campanilistico, meschino □ **p. registers**, registri parrocchiali □ (*arc.*) **to go on the p.**, ricevere il sussidio della parrocchia; essere nelle liste dei poveri.
parishioner /pəˈrɪʃənə(r)/, *n.* **1** parrocchiano, parrocchiana **2** (*in G.B.*) abitante d'un distretto rurale.
Parisian /pəˈrɪzɪən/, *a.* e *n.* parigino.
parisyllabic /pærɪsɪˈlæbɪk/, *a.* (*ling.*) parisillabo.
parity /ˈpærətɪ/, *n.* **1** parità (*anche fin.*); uguaglianza **2** analogia; equivalenza; corrispondenza: **p. of reasoning**, analogia di ragionamento. ● (*fin.*) **p. band**, banda di parità (*o* di oscillazione) □ (*fin.*) **p. grid**, griglia di parità □ **at a p. of votes**, a parità di voti.
park /pɑːk/, *n.* **1** (*anche autom., mil.*) parco: **a national p.**, un parco nazionale; **a p. of tanks**, un parco di carri armati **2** (*sport, pop. ingl.*) campo. ● **the P.**, (*ora*) Hyde Park; (*un tempo*) St James Park (*entrambi a Londra*) □ **p. keeper**, guardiano di un parco □ (*autom.*) **car p.**, posteggio; autoparco □ **oyster p.**, vivaio di ostriche.
to **park** /pɑːk/, *v. t.* e *i.* **1** (*autom.*) parcheggiare; posteggiare **2** (*mil.*) parcare **3** (*fam.*) lasciare (q.c.) e andarsene **4** (*fam.*) parcheggiare, sistemare (q.) provvisoriamente **5** (*fam. USA*) amoreggiare, pomiciare (*specialm. in automobile*). ● (*fam.*) **He parked himself in a comfortable armchair**, si sistemò in una comoda poltrona.
parka /ˈpɑːkə/, *n.* (*moda*) **1** giaccone di pelliccia (*con cappuccio*) **2** (*USA*) parka; giacca a vento.
park and ride site /ˈpɑːkənˈraɪdsaɪt/, *locuz. n.* (*autom.*) parcheggio scambiatore.
parkin /ˈpɑːkɪn/, *n.* (*dial.*) focaccia di farina d'avena e di melassa.
parking /ˈpɑːkɪŋ/, *n.* (*autom.*) parcheggio (l'azione); posteggio: **free car p.**, parcheggio gratuito. ● **p. ban**, divieto permanente di parcheggio □ **p. bay** (*o* **place**), posto di parcheggio (*dentro le righe*); posto macchina (*fam.*) □ (*USA*) **p. condo**, *V.* **p. bay** □ (*autom.*) **p. disc**, disco orario □ (*USA*) **p. garage**, parcheggio al chiuso □ (*autom.*) **p. lights**, luci di posizione (*o* di stazionamento) □ (*USA*) **p. lot**, area di parcheggio (all'aperto); posteggio □ **p. meter**, parchimetro □ (*miss.*) **p. orbit**, orbita di parcheggio □ **p. ticket**, multa per divieto di sosta □ (*autom.*) **disc p.**, parcheggio col disco □ (*cartello*) **no p.**, divieto di parcheggio; divieto di sosta.
parkinsonian /pɑːkɪnˈsəʊnɪən/, *a.* parkinsoniano.
parkinsonism /ˈpɑːkɪnsənɪzəm/, *n.* (*med.*) parkinsonismo.
Parkinson's disease /ˈpɑːkɪnsənzdɪziːz/, *locuz. n.* (*med.*) morbo di Parkinson.
parkway /ˈpɑːkweɪ/, *n.* (*USA*) **1** viale; strada alberata **2** (*autom.*) superstrada turistica.
parky /ˈpɑːkɪ/, *a.* (*pop.*: *dell'aria, del mattino, ecc.*) fresco; freddino; frizzante.
parlance /ˈpɑːləns/, *n.* parlata; linguaggio; gergo: **in common p.**, nella parlata comune; nel linguaggio corrente; **newspaper p.**, gergo giornalistico.
to **parlay** /ˈpɑːleɪ/, *v. t.* (*USA*) **1** raddoppiare (*la puntata*); puntare di nuovo (*la somma vinta*) **2** (*fig.*) mettere a profitto, sfruttare (*un talento, ecc.*): **He parlayed his invention into a fortune**, mettendo a profitto la sua invenzione, realizzò un ingente patrimonio.
parley /ˈpɑːlɪ/, *n.* (*mil.*) abboccamento, colloquio (*d'un parlamentare col nemico*); incontro (*di parlamentari*). ● **to beat** [**to sound**] **a p.**, chiedere di parlamentare battendo il tamburo [suonando la tromba].
to **parley** /ˈpɑːlɪ/, *v. i.* (*mil.*) parlamentare.
parleyvoo /pɑːlɪˈvuː/, *n.* (*scherz.*) francese (*anche la lingua*: *da «parlez-vous?»*).
to **parleyvoo** /pɑːlɪˈvuː/, *v. i.* (*scherz.*) parlare francese.
parliament /ˈpɑːləmənt/, *n.* **1** (*stor., polit.*) (*di solito* **P.**) parlamento; (*specialm.*) camera dei deputati **2** (= **p. cake**) biscotto allo zenzero. ● **Act of P.**, legge parlamentare □ **to dissolve P.**, sciogliere il parlamento (*o* le Camere) □ **the Houses of P.**, le due Camere; il palazzo del Parlamento (*a Londra*) □ (*polit.*) **to open P.**, riaprire il parlamento (*dopo le elezioni*); (*in G.B.*: *del Sovrano*) presenziare alla riapertura dei lavori parlamentari.
parliamentarian /pɑːləmenˈteərɪən/, *n.* **1** (*stor.*) sostenitore del Parlamento (*contro re Carlo I, nella guerra civile del secolo XVII*) **2** (*polit.*) membro del parlamento (*in G.B.*) **3** deputato esperto di procedura parlamentare.
parliamentarianism /pɑːləmenˈteərɪənɪzəm/, **parliamentarism** /pɑːləˈmentərɪzəm/, *n.* (*polit.*) parlamentarismo.
parliamentary /pɑːləˈmentrɪ, -tərɪ/, *a.* **1** parlamentare: **p. government**, governo parlamentare; **p. committee**, commissione parlamentare **2** (*fig. fam.*) corretto; urbano: **p. language**, linguaggio urbano. ● (*in G.B.*) **p. agent**, tutelatore d'interessi settoriali o privati in parlamento; lobbista □ (*polit.*) **p. borough**, collegio elettorale (*in G.B.*) □ **the P. Commissioner**, il difensore civico (*in G.B.*) □ **p. private secretary**, deputato che tiene i contatti per un ministro (*in G.B.*) □ **p. privilege**, immunità parlamentare.
parlour, (*USA*) **parlor** /ˈpɑːlə(r)/, *n.* **1** (*arc.*) il salotto; salottino (*in una casa o in un albergo*) **2** parlatorio (*di convento o di collegio*) **3** (*USA*) bottega; salone; negozio: **a beauty p.**, un salone di bellezza; **a bootblack p.**, la bottega d'un lustrascarpe. ● (*ferr., USA*) **p. car**, carrozza di lusso; carrozza salone □ **p. games**, giochi di società □ **p. maid**, cameriera (*che serve a tavola*) □ (*fam. arc.*) **p. pink**, socialista da salotto (*o* all'acqua di rose).
parlous /ˈpɑːləs/, *a.* (*scherz., raro*; *contraz. di* **perilous**) pericoloso; rischioso. ● **to be in a p. state**, essere in condizioni precarie.
Parmesan /ˈpɑːmɪzæn, *USA* pɑːmɪˈzæn/, **A** *a.* parmigiano: **P. cheese**, formaggio parmigiano. **B** *n.* parmigiano; grana.
Parnassian /pɑːˈnæsɪən/, *a.* e *n.* (*letter.*) parnassiano.
Parnassus /pɑːˈnæsəs/, *n.* (*geogr. e fig.*) Parnaso.
parochial /pəˈrəʊkɪəl/, *a.* **1** (*relig.*) parrocchiale; della parrocchia: **p. school**, scuola della parrocchia **2** distrettuale; municipale **3** (*fig.*) provinciale; di campanile; limitato; ristretto: **a p. mentality**, una mentalità provinciale (*o* ristretta) **4** (*specialm. USA*) confessionale.
parochialism /pəˈrəʊkɪəlɪzəm/, **parochiality** /pərəʊkɪˈælətɪ/, *n.* **1** l'esser parrocchiale **2** (*fig.*) campanilismo; provincialismo; ristrettezza di vedute; grettezza **3** (*USA*) confessionalismo; confessionalità.
parodist /ˈpærədɪst/, *n.* parodista.
parodos /ˈpærədɒs/, *n.* (*pl.* **parodoi**) (*letter. greca, archeol.*) parodo.
parody /ˈpærədɪ/, *n.* (*anche fig.*) parodia; (*fig.*) imitazione scadente, sottospecie (*fig.*).
to **parody** /ˈpærədɪ/, *v. t.* parodiare.
parol /pəˈrəʊl/, **A** *n.* (*leg.*) dichiarazione orale. **B** *a.* verbale; orale: **p. contract**, contratto verbale; **p. evidence**, prove orali.
parole /pəˈrəʊl/, *n.* **1** parola; (= **p. of honour**) parola d'onore: **to break one's p.**, mancare alla parola data; (*leg.*) **to be on p.**, esser lasciato libero sulla parola **2** (*mil.*) parola d'ordine **3** (*ling.*) parola **4** (*leg.*) scarcerazione (*o* rilascio) sulla parola. ● (*leg.*) **p. officer**, funzionario che sorveglia chi è in libertà provvisoria.
to **parole** /pəˈrəʊl/, *v. t.* rilasciare (*un detenuto*) sulla parola.
parolee /pərəʊˈliː/, *n.* (*leg.*) ex detenuto messo in libertà sulla parola.
paronomasia /pærənəʊˈmeɪzɪə/, *n.* (*ling., retor.*) paronomasia.
paronym /ˈpærənɪm/, *n.* (*ling.*) paronimo.
paronymous /pæˈrɒnɪməs/, *a.* (*ling.*) paronimico.
paroquet /ˈpærəkɪt/, *V.* **parakeet**.
parotid /pəˈrɒtɪd/, (*anat.*) **A** *a.* parotide; parotideo: **p. gland**, ghiandola parotide. **B** *n.* parotide.
parotitis /pærəˈtaɪtɪs/, *n.* (*med.*) parotite.
paroxysm /ˈpærəksɪzəm/, *n.* (*med. e fig.*) parossismo.
paroxysmal /pærəkˈsɪzməl/, *a.* parossistico; di parossismo.
paroxytone /pəˈrɒksɪtəʊn/, (*ling.*) **A** *a.* parossitono. **B** *n.* (parola) parossitona.
parquet /ˈpɑːkeɪ, *USA* pɑːˈkeɪ/ (*franc.*), *n.* **1** pavimento di legno; parquet: **p. strip**, assicella di parquet **2** (*teatr., USA*; = **p. circle**) (poltrone di) platea. ● **p. layer**, parchettista.
to **parquet** /ˈpɑːkeɪ, *USA* pɑːˈkeɪ/ (*franc.*), *v. t.* pavimentare (*una stanza*) con parquet.
parquetry /ˈpɑːkɪtrɪ/, *n.* listelli di legno per pavimenti; parchettatura.
parr /pɑː(r)/, *n.* (*invar. al pl.*) salmone giovane (*prima che scenda al mare*).
parrakeet /ˈpærəkiːt/, *V.* **parakeet**.
parricidal /pærɪˈsaɪdl/, *a.* di (*o* da) parricida.
parricide /ˈpærɪsaɪd/, *n.* **1** parricida **2** parricidio.
parrot /ˈpærət/, *n.* (*zool.*) pappagallo (*anche fig.*). ● **p. fashion**, a pappagallo; pappagallescamente □ (*med.*) **p. fever**, psittacosi □ (*zool.*) **p.-fish**, pesce pappagallo □ (*fam.*) **to be** (**as**) **sick as a p.**, rimanere da cane; restarci male.
to **parrot** /ˈpærət/, *v. t.* ripetere a pappagallo; imitare in modo pappagallesco.
parrotlike /ˈpærətlaɪk/, *a.* da pappagallo; pappagallesco.
parrotry /ˈpærətrɪ/, *n.* pappagallismo.
parry /ˈpærɪ/, *n.* **1** parata (*nella scherma, ecc.*) **2** (*fig.*) risposta evasiva.
to **parry** /ˈpærɪ/, *v. t.* **1** (*nella scherma, ecc.*) parare; scansare; schivare **2** (*fig.*) eludere (*una domanda*).
to **parse** /pɑːz, *USA* -s/, *v. t.* (*gramm.*) analizzare; fare l'analisi grammaticale di (*una parola*); fare l'analisi logica di (*una frase*).
parsec /ˈpɑːsek/, *n.* (*astron.*) parsec.
Parsee /ˈpɑːsi, pɑːˈsiː/, *n.* (*stor.*) **1** parsi (*seguace di Zoroastro*) **2** lingua parsi.
Parseeism, Parsiism /ˈpɑːsiːɪzəm, pɑːˈsiː-/, *n.* parsismo; religione dei Parsi.
Parsi /ˈpɑːsiː, pɑːˈsiː/, *n.* (*pl.* **Parsis**) *V.*

Parsee.

parsimonious /pɑːsɪˈməʊnɪəs/, *a.* **1** parsimonioso; frugale; parco **2** (*spreg.*) avaro; gretto; meschino. || **-ly**, *avv.* || **-ness**, *sost.*

parsimony /ˈpɑːsɪmənɪ, *USA* -məʊnɪ/, *n.* **1** parsimonia; frugalità **2** (*spreg.*) avarizia; grettezza.

parsing /ˈpɑːzɪŋ, *USA* -s-/, *n.* (*gramm.*) analisi (*grammaticale o logica*).

parsley /ˈpɑːslɪ/, *n.* (*bot., Petroselinum crispum*) prezzemolo. ● (*cucina*) **p. sauce**, salsa verde.

parsnip /ˈpɑːsnɪp/, *n.* (*bot., Pastinaca sativa*) pastinaca.

parson /ˈpɑːsn/, *n.* **1** parroco; curato **2** (*fam.*) pastore (*protestante, in genere*) **3** (*talora, al vocat.*) padre. ● (*fam.*) **p.'s nose**, boccone del prete (*estremità posteriore del pollo*).

parsonage /ˈpɑːsənɪdʒ/, *n.* **1** casa parrocchiale; canonica **2** (*diritto ecclesiastico ingl.*) terreni (*o* prebende) d'un pastore.

parsonic /pɑːˈsɒnɪk/, *a.* (*raro*) di (*o* da) parroco.

part (**1**) /pɑːt/, *n.* **1** parte (*anche teatr. e leg.*); porzione; pezzo: **He lost p. of his fortune**, perse parte del suo patrimonio; **I've done my p.**, ho fatto la mia parte; **genuine spare parts**, pezzi di ricambio originali; **The actor learnt his p. well**, l'attore imparò bene la sua parte; (*gramm.*) **the parts of speech**, le parti del discorso; **to take sb.'s parts**, prendere le parti (*o* le difese) di q. **2** (*pl.*) parti; località; regione: **I am a stranger in these parts**, sono un pesce fuor d'acqua da queste parti; **The fugitive has left these parts**, il fuggiasco ha abbandonato questa regione **3** affare; compito; spettanza: **It was not my p. to interfere**, non era affar mio interferire **4** dispensa; fascicolo; puntata: **The encyclopaedia is sold in parts by subscription**, l'enciclopedia si vende a dispense per abbonamento **5** (*USA*: *dei capelli*) scriminatura **6** (*mecc.*, = **spare p.**) pezzo di ricambio. ● **p. and parcel**, parte integrante □ (*ind., comm.*) **parts department**, reparto pezzi di ricambio; «Ricambi» □ (*comm.*) **p. exchange**, permuta parziale □ (*mecc., ecc.*) **parts kit**, ricambi in dotazione □ (*trasp.*) **p. load**, carico parziale □ (*leg.*) **p.-owner**, comproprietario; condomino □ **p. payment**, pagamento parziale; acconto □ (*mus.*) **p.-song**, canto a più voci; canto polifonico □ (*mecc.*) **p. stockist**, magazzino ricambi □ **p. time**, part time, orario ridotto (*di lavoro, ecc.*); tempo determinato □ **p.-time**, a orario ridotto, a tempo determinato: **a. p.-time job**, un lavoro a orario ridotto □ **p.-timer**, chi lavora a orario ridotto □ **p. work**, pubblicazione a dispense □ **for the most p.**, per lo più □ **for my p.**, per parte mia; quanto a me □ **foreign parts**, l'estero; (*mecc.*) pezzi di ricambio esteri: **to live in foreign parts**, vivere all'estero □ **from all parts**, da ogni parte; da tutte le parti; da ogni lato □ **to have done one's p.**, aver fatto la propria parte □ **to have neither p. nor lot in st.**, non aver alcun interesse in q.c. □ **in p.**, in parte; parzialmente □ (*market.*) **in p. exchange**, in cambio parziale □ **in foreign parts**, in paesi stranieri; all'estero □ (*arc.*) **a man of** (**good**) **parts**, un uomo che ha molte qualità (*fam.*: molti numeri) □ **the most p. of them**, i più di loro □ **on the p. of**, da parte di: **Every effort will be made on our p.**, da parte nostra faremo ogni sforzo □ (*anche fig.*) **to play a p.**, avere una parte; recitare una parte, fingere, fare la commedia: **He played a very important p.**, ebbe una parte assai importante; **Don't play a p.!**, non fare la commedia! □ **to play an unworthy p.**, fare una brutta parte, una figura indegna □ **to sing in parts**, cantare a più voci □ **to take sb.'s p.**, prendere le parti (*o* le difese) di q. □ **to take p. in st.**, prender parte a q.c. □ **to take sb.'s words** [**actions**] **in bad p.**, prendere le parole [le azioni] di q. in mala parte □ **to take sb.'s words** [**actions**] **in good p.**, non prendersela per le parole [le azioni] di q.

part (**2**) /pɑːt/, *avv.* in parte; parzialmente. ● **a lie that is p. truth**, una bugia che è una mezza verità.

to **part** /pɑːt/, **A** *v. t.* **1** dividere; separare: **We must p. the calves from the herd**, dobbiamo separare i vitelli dalla mandria **2** distinguere fra; separare nella mente: **to p. two theories**, distinguere fra due teorie **3** fare la scriminatura a (*i capelli*) **4** dischiudere (*le labbra*) **5** (*arc.*) distribuire in parti; spartire. **B** *v. i.* **1** dividersi; lasciarsi; separarsi; aprirsi: **The Iron Curtain parted when the Berlin Wall was pulled down**, la Cortina di Ferro si aprì quando cadde il Muro di Berlino; **They parted in anger**, si separarono adirati **2** rompersi; spezzarsi: **The rope parted**, la corda si ruppe **3** staccarsi; venir via: **The seams parted**, le cuciture (*o* i punti) vennero via **4** (*di strade, ecc.*) divergere **5** (*eufem.*) andarsene (*fig.*); morire. ● **to p. from**, separare (q.) da; separarsi da, dire addio a (*una persona, ecc.*): **The boy refused to be parted from his dog**, il ragazzo non volle essere separato dal suo cane □ **to p. with**, staccarsi, separarsi da (*una cosa*); cedere, disfarsi di (*un bene, una proprietà*) □ **to p. company** (**with**), separarsi, staccarsi (da); prendere due strade diverse; porre fine a un'amicizia; essere in disaccordo, non essere d'accordo (con): **On that question the minority will p. company with the party leadership**, su quella questione, la minoranza non sarà d'accordo con la direzione del partito □ **to p. from one's children**, staccarsi da (*o* lasciare) i propri figli □ **to p. the curtains**, aprire le tendine □ **to p. with one's money**, spendere il proprio denaro.

to **partake** /pɑːˈteɪk/ (*pass.* **partook**, *p. p.* **partaken**), **A** *v. i.* **1** prendere parte; partecipare; esser partecipe: **We p. in your grief**, siamo partecipi del vostro dolore **2** (*di solito* **to p. of**) dividere (*cibo, bevanda*); prendere un po' (*o* una porzione) di (*cibo*). **B** *v. t.* (*raro*) partecipare a; condividere: **They partook our fortunes**, condivisero le nostre fortune. ● (*fig.*) **to p. of**, sapere di; sentire di; aver q.c. di: **Our dialect partakes of the common linguistic patrimony of Italy**, il nostro dialetto ha qualcosa del comune patrimonio linguistico italiano □ (*arc.*) **to p. of**, partecipare a (*un pasto*): **The boy partook of our meal**, il ragazzo partecipò al nostro pasto.

partaker /pɑːˈteɪkə(r)/, *n.* partecipante; chi condivide (*V.* **to partake**).

partan /ˈpɑːtən/, *n.* (*scozz.*) granchio.

parterre /pɑːˈtɛə(r)/ (*franc.*), *n.* **1** parterre; piccolo giardino diviso in aiuole **2** (*teatr.*) platea.

parthenogenesis /pɑːθənəʊˈdʒɛnəsɪs/, *n.* (*biol.*) partenogenesi.

parthenogenetic /pɑːθənəʊdʒəˈnetɪk/, *a.* (*biol.*) partenogenetico. || **-ally**, *avv.*

Parthenon /ˈpɑːθənən, *USA* -ɒn/, *n.* (*archit., stor.*) Partenone.

Parthian /ˈpɑːθɪən/, **A** *a.* (*stor.*) dei Parti. **B** *n.* Parto. ● (*fig.*) **P. shot** (*o* **P. shaft**), freccia del Parto.

partial /ˈpɑːʃl/, *a.* **1** parziale; incompleto: **a p. solution**, una soluzione parziale; **p. eclipse**, eclissi parziale **2** parziale; non obiettivo; ingiusto: **to be p. to sb.**, esser parziale verso q. **3** (*fam.*) che ha un debole per (q.c.): **to be p. to chocolates**, avere un debole per i cioccolatini. ● (*sport*) **p. time**, intertempo. || **-ly**, *avv.*

partiality /pɑːʃɪˈælətɪ/, *n.* **1** parzialità; favoritismo **2** predilezione; preferenza; (un) debole: **to have a p. for sweets**, avere un debole per i dolci.

partibility /pɑːtɪˈbɪlətɪ/, *n.* divisibilità.

partible /ˈpɑːtəbl/, *a.* divisibile.

participance /pɑːˈtɪsɪpəns/, *n.* (*USA*) partecipazione.

participant /pɑːˈtɪsɪpənt/, **A** *a.* partecipe. **B** *n.* partecipante; chi condivide (q.c.).

to **participate** /pɑːˈtɪsɪpeɪt/, **A** *v. i.* **1** – **to p. in**, partecipare a; prendere parte a; condividere: **He participated in the discussion**, partecipò alla discussione **2** – **to p. of**, partecipare (*o* esser partecipe) di; avere la natura (*o* il carattere) di: **Both music and poetry p. of harmony**, sia la musica sia la poesia hanno il carattere dell'armoniosità. **B** *v. t.* (*arc.*) partecipare a.

participation /pɑːtɪsɪˈpeɪʃn/, *n.* **1** partecipazione **2** (*fin.*) partecipazione agli utili.

participational /pɑːtɪsɪˈpeɪʃənl/, *a.* (*di spettacolo*) aperto alla partecipazione del pubblico; aperto; di partecipazione.

participative /ˈpɑːtɪsɪpeɪtɪv, pɑːˈtɪs-/, *a.* (*polit.*) partecipativo; di partecipazione.

participator /pɑːˈtɪsɪpeɪtə(r)/, *n.* partecipante.

participatory /pɑːtɪsɪˈpeɪtrɪ, pɑːˈtɪsɪpətrɪ, *USA* pɑːˈtɪsɪpətɔːrɪ/, *a.* partecipativo; di partecipazione: (*polit.*) **p. democracy**, democrazia partecipativa.

participial /pɑːtɪˈsɪpɪəl/, *a.* (*gramm.*) participiale.

participle /ˈpɑːtɪsɪpl/, *n.* (*gramm.*) participio.

particle /ˈpɑːtɪkl/, *n.* **1** (*fis., gramm.*) particella **2** (*fig.*) grano; granello; briciolo: **a p. of dust** [**of rain**], un granello di polvere [una gocciolina di pioggia]; **a p. of truth**, un briciolo di verità **3** (*relig.*) particola. ● (*fis. nucl.*) **p. accelerator**, acceleratore di particelle □ (*ind.*) **p. board**, pannello truciolare.

parti-coloured /ˈpɑːtɪkʌləd/, *a.* multicolore; variopinto: **p. flowers**, fiori variopinti.

particular /pəˈtɪkjʊlə(r)/, **A** *a.* **1** particolare; peculiare; speciale: **There's no p. reason for going there**, non c'è una ragione speciale perché ci si debba andare **2** particolareggiato; esatto; minuzioso; preciso: **a full and p. report**, un rapporto completo e particolareggiato **3** meticoloso; scrupoloso; difficile; esigente; schizzinoso: **a p. customer**, un cliente esigente; **He is very p. about** (*o* **as to**) **what he eats**, è molto schizzinoso nel mangiare. **B** *n.* **1** particolare; particolarità; dettaglio: **to give full particulars**, dare ampi particolari; **to go into particulars**, addentrarsi nei particolari **2** dato; elemento; precisazione **3** (*pl.*) (*leg.*) particolari (*o* dettagli, *o* estremi) di una domanda giudiziale (*diretti a consentire la difesa del convenuto*). ● (*leg.*) **p. amnesty**, indulto □ (*ass., naut.*) **p. average**, avaria particolare □ **a p. friend of mine**, un mio amico intimo □ **in p.**, in particolare; specialmente □ **I'm not p. about it**, non ho preferenze □ **Why did you choose that p. book?**, perché hai scelto proprio quel libro? || **-ly**, *avv.*

particularism /pəˈtɪkjʊlərɪzəm/, *n.* (*relig., polit.*) particolarismo.

particularist /pəˈtɪkjʊlərɪst/, *n.* (*relig., polit.*) particolarista; fautore del particolarismo.

particularity /pətɪkjʊˈlærətɪ/, *n.* **1** particolarità; peculiarità **2** esattezza; minuziosità; precisione **3** meticolosità; scrupolosità.

particularization /pətɪkjʊləraɪˈzeɪʃn, *USA* -rɪˈz-/, *n.* specificazione.

to **particularize** /pəˈtɪkjʊləraɪz/, *v. t.* e *i.* particolareggiare; dettagliare; specificare.

parting /ˈpɑːtɪŋ/, *n.* **1** divisione; separazione: **p. line**, linea di divisione **2** distacco; congedo; partenza; addio: **p. advice**, consigli dati alla partenza; ultimi consigli; **a p. kiss**, un bacio d'addio **3** punto di divisione (*o* di separazione) **4** (*dei capelli*) scriminatura; riga (*fam.*) **5** (*geol.*) (strato di) fissilità **6** (*eufem.*) dipartita (*fig.*); morte. ● **the p. of the ways**, il bivio (*anche fig.*) □ (*fig.*) **p. shot**, frecciata (*o* stoccata, occhiata, osservazione) finale □ (*archit.*) **p. strip**, striscia di divisione □ **a p. visit**, una visita di congedo.

partisan, partizan /pɑːtɪˈzæn, *USA* ˈpɑːtəzən/, **A** *n.* **1** partigiano; fautore; sostenitore **2** (*mil., polit.*) partigiano. **B** *a.* partigiano; di parte: **in a p. spirit**, con (*o* per) spirito di parte.

partisanship /pɑːtɪˈzænʃɪp, *USA* ˈpɑːtəzən-/, *n.* partigianeria.

partita /pɑːˈtiːtə/ (*ital.*), *n.* (*mus.*) partita.

partite /ˈpɑːtaɪt/, *a.* (*bot., zool.*) partito, diviso (*spesso nei composti, per es.*:) **tripartite**, tripartito.

partition /pɑːˈtɪʃn/, *n.* ***1*** partizione; ripartizione; spartizione: **the p. of India**, la spartizione dell'India ***2*** sezione; scomparto ***3*** (*edil.*) parete divisoria; tramezzo: **a folding p.**, una parete a soffietto ***4*** (*leg.*) divisione patrimoniale ***5*** (*trasp.*) cartone divisorio (*nell'imballaggio*). ● (*polit.*) **the p. of power**, la divisione dei poteri.

to **partition** /pɑːˈtɪʃn/, *v. t.* ***1*** dividere in parti; ripartire; spartire ***2*** dividere in sezioni (*o* in scomparti) ***3*** (*elab.*) segmentare. ● **to p. off a room**, tramezzare una stanza.

partitioned /pɑːˈtɪʃnd/, *a.* ***1*** separato; diviso ***2*** (*edil.*) tramezzato.

partitioning /pɑːˈtɪʃənɪŋ/, *n.* (*edil.*) tramezzatura.

partitive /ˈpɑːtɪtɪv/, *a.* e *n.* (*gramm.*) partitivo: **p. genitive**, genitivo partitivo.

partly /ˈpɑːtlɪ/, *avv.* parzialmente; in parte. ● (*comm., ind.*) **p.-finished goods**, merce in corso di lavorazione; semilavorati □ (*fin.*) **p.--paid capital**, capitale parzialmente versato.

partner /ˈpɑːtnə(r)/, *n.* ***1*** (*comm., leg.*) socio; associato ***2*** partner; compagno, compagna (*nei giochi di carte, al tennis, negli spettacoli, ecc.*) ***3*** marito, moglie ***4*** (*nel ballo*) cavaliere, dama; ballerino, ballerina ***5*** (*fam.*) amico; innamorato. ● (*leg.*) **partners in crime**, complici; correi □ (*leg., fin.*) **general p.**, socio accomandatario □ (*leg., fin.*) **limited p.**, socio accomandante □ (*fin.*) **managing p.**, socio gerente □ **senior p.**, socio anziano; socio principale □ (*leg., fin.*) **secret p.**, socio occulto.

to **partner** /ˈpɑːtnə(r)/, *v. t.* ***1*** (*comm.*) diventar socio di (q.) ***2*** farsi compagno di (q.) ***3*** associare, mettere insieme (*q. con q. altro*); dare un compagno a (q.) ***4*** (*nel ballo*) fare da cavaliere (*o* da dama) a (q.); ballare con (q.). ● **to p. up**, appaiare, mettere in coppia; fare coppia (fissa).

partnership /ˈpɑːtnəʃɪp/, **A** *n.* ***1*** associazione ***2*** (*leg., fin.*) società; società di persone (*cfr.* **company** e **corporation**): **to enter into p. with sb.**, entrare in società con q. **B** *a. attr.* (*leg., fin.*) sociale: **p. assets**, attivo sociale; **p. funds**, fondi sociali. ● (*leg.*) **articles** (*o* **deed**) **of p.**, contratto d'associazione □ (*fig.*) **to form a p. with**, associarsi a, combinarsi con: **Ambition by itself never gets anywhere until it forms a p. with work**, l'ambizione da sola non porta a nulla finché non si combina con l'operosità □ **limited p.**, società in accomandita semplice □ **unlimited** (*o* **general**) **p.**, società in nome collettivo.

parton /ˈpɑːtɒn/, *n.* (*fis. nucl.*) partone.

partook /pɑːˈtʊk/, *pass.* di **to partake**.

partridge /ˈpɑːtrɪdʒ/, *n.* (*pl.* **partridges**, **partridge**) (*zool., Perdix, Alectoris*) ***1*** pernice ***2*** fasianide (*in genere*). ● **p.-wood**, legno pernice, usato in ebanisteria □ (*zool.*) **Greek p.** (*Alectoris graeca*), coturnice □ (*zool.*) **grey p.** (*Perdix perdix*), pernice grigia; starna.

parturient /pɑːˈtjʊərɪənt, *USA* -ˈtʊə-/, *a.* ***1*** partoriente ***2*** (*fig.*) che è sul punto di produrre (*un'idea nuova, una scoperta, ecc.*).

parturition /pɑːtjʊˈrɪʃn, *USA* -tʃʊ-/, *n.* (*anche fig.*) parto.

partwork /ˈpɑːtwɜːk/, *n.* pubblicazione a dispense (*o* a fascicoli).

party (1) /ˈpɑːtɪ/, *n.* ***1*** partito; parte politica; fazione: **the Conservative p.**, il partito conservatore; **the Labour p.**, il partito laburista ***2*** squadra; gruppo; comitiva; crocchio: **a rescue p.**, una squadra di soccorso; **to make up a p.**, formare una comitiva ***3*** festa; ricevimento; riunione; party: **to give a p.**, dare un ricevimento (*o* un party); organizzare una festa ***4*** (*leg.*) parte; parte contraente; parte in causa: **to become p. to an action**, costituirsi parte in un processo; **the two parties to the contract**, le due parti contraenti ***5*** (*fam. scherz.*) persona; individuo ***6*** (*mil.*) distaccamento (*di soldati*); squadra; plotone; reparto: **a firing p.**, un plotone d'esecuzione; (*oppure*) un plotone d'onore (*a un funerale, dove si spara a salve*); **a landing p.**, un reparto di fanteria da sbarco. ● (*leg.*) **the p. at fault**, la parte responsabile □ (*leg.*) **the p. concerned**, la parte interessata; l'interessato; gli interessati □ (*leg.*) **the p. entitled**, l'avente diritto; gli aventi diritto □ **p. game**, gioco di società (*specialm. di bambini*) □ (*polit.*) **the p. line**, la linea (politica) del partito □ (*telef.*) **p. line**, telefono in duplex; duplex; (*anche*) party line, linea calda (*o* erotica) □ **p. man**, uomo di parte; (*polit.*) sostenitore della linea (politica) d'un partito □ (*polit.*) **p. office**, sezione □ (*fam.*) **p. pooper**, chi si autoesclude (*da una festa*); guastafeste; chi abbandona una festa per primo □ **p. spirit**, spirito di parte; faziosità □ (*ferr.*) **p. ticket**, biglietto collettivo □ (*leg.*) **to be a p. to a crime**, essere complice in un delitto □ (*edil., leg.*) **p. wall**, muro divisorio fra due proprietà □ **a dinner p.**, un pranzo □ **an evening p.**, una serata □ (*alpinismo*) **roped p.**, cordata □ (*leg.*) **for account of a third p.**, per conto terzi □ **a shooting p.**, una partita di caccia; una comitiva di cacciatori □ **tea p.**, ricevimento pomeridiano; tè □ **Will you join our p.?**, vuoi essere dei nostri?

party (2) /ˈpɑːtɪ/, *a.* (*arald.*) partito.

to **party** /ˈpɑːtɪ/, *v. i.* (*fam. specialm. USA*) divertirsi; fare festa.

parvenu /ˈpɑːvənjuː, -nuː/ (*franc.*), *n.* parvenu; arricchito; nuovo ricco.

parvis /ˈpɑːvɪs/, *n.* (*archit.*) porticato (*d'una chiesa*); sagrato.

pas /pɑː/ (*franc.*), *n.* ***1*** passo; precedenza: **to give the pas to sb.**, cedere il passo a q. ***2*** (*danza*) passo: **a pas seul**, un passo a solo.

paschal /ˈpæskl, ˈpɑːskl/, *a.* ***1*** pasquale (*della Pasqua israelitica*) ***2*** (*arc.* o *lett.*) pasquale (*della Pasqua cristiana*).

pash /pæʃ/, *n.* (*abbr. pop. di* **passion**) passione; infatuazione.

pasha /ˈpɑːʃə, ˈpæ-, pəˈʃɑː/, *n.* pascià.

pashalic /pəˈʃɑːlɪk/, *n.* pascialato; territorio retto da un pascià.

pasqueflower /ˈpæskflaʊə(r), ˈpɑːs-/, *n.* (*bot., Anemone pulsatilla*) pulsatilla.

pasquinade /pæskwɪˈneɪd/, *n.* pasquinata; satira.

to **pasquinade** /pæskwɪˈneɪd/, *v. t.* satireggiare.

pass (1) /pɑːs, *USA* pæs/, *n.* ***1*** il passare (*anche nei giochi di carte*); passaggio (*anche sport*): **The light bomber made a few passes over the trenches**, il bombardiere leggero fece qualche passaggio sulle trincee; **through p.**, passaggio diagonale (*nel calcio*) ***2*** approvazione (*specialm. agli esami*); promozione; voto di sufficienza ***3*** (*mil.*) lasciapassare; salvacondotto; permesso ***4*** (*scherma*) passata; stoccata ***5*** (*di solito* **free p.**) biglietto gratuito (*in ferrovia, a teatro, ecc.*); tessera di libero ingresso (*o* circolazione) ***6*** (*elab.*) passaggio, passata (*di schede*); fase di elaborazione ***7*** (*tecn.*) passata ***8*** (*metall.*) passata; (*anche*) passo di laminazione ***9*** (*miss.*) passaggio (*di satellite*) ***10*** (*fig.*) situazione (*specialm.* critica) ***11*** (*di illusionista, d'ipnotizzatore*) il passar le mani davanti a (*o* sopra: *un oggetto, una persona*). ● (*elettron.*) **p. band**, banda passante □ (*università*) **p. degree**, laurea senza gli «honours» (*q.V.*) □ **p.-fail**, promosso o bocciato (*metodo di valutazione scolastica*) □ **p.-rate**, percentuale dei candidati promossi □ (*autom., dog.*) **p.-sheet**, trittico □ (*fam.*) **to make a p. at a girl**, fare proposte indiscrete (*o* importune) a una ragazza □ **Things have come to a sorry p.**, le cose si mettono male; mala tempora currunt (*lat.*).

pass (2) /pɑːs, *USA* pæs/, *n.* ***1*** passo, gola, valico (*fra i monti*) ***2*** (*mil.*) passo fortificato; fortezza di confine ***3*** canale navigabile (*specialm. alla foce d'un fiume*) ***4*** apertura (*o* passaggio) per il pesce (*per superare una chiusa*). ● (*fig.*) **to hold the p.**, tener duro; resistere □ (*fig.*) **to sell the p.**, tradire una causa; passare al nemico.

to **pass** /pɑːs, *USA* pæs/, **A** *v. i.* ***1*** passare; andare oltre; procedere; finire; trascorrere; terminare; essere approvato; essere ammesso; essere promosso: **We passed through several towns**, passammo attraverso parecchie città; **A lot of time has passed**, è trascorso molto tempo; **My words passed unnoticed**, le mie parole passarono inosservate; **The estate passed to his heirs**, la proprietà passò ai suoi eredi; **The bill has passed**, il disegno di legge è stato approvato; **His fright will soon p.**, lo spavento gli passerà presto ***2*** accadere; capitare; succedere: **What passed at the meeting?**, che cosa è successo alla riunione? ***3*** (*nei giochi di carte*) passare; non starci (*fam.*); passare la mano ***4*** (*sport*) passare; effettuare un passaggio ***5*** (*fin.*: *di moneta*) circolare ***6*** (*fam. USA*: *di un negro*) farsi accettare; farsi passare per bianco. **B** *v. t.* ***1*** passare; trascorrere; attraversare; oltrepassare; (*anche autom.*) sorpassare, superare: **P. me the salt, please**, passami il sale, per favore; **to p. the sea [the frontier]**, passare il mare [il confine]; **to p. the time chatting**, passare il tempo a chiacchierare; **We passed two weeks in Kenya**, trascorremmo due settimane in Kenya; **We have passed their house**, abbiamo oltrepassato la loro casa; **He passed the wire around the stake**, passò il filo di ferro intorno al piolo ***2*** approvare; varare (*una legge*); ammettere; promuovere; sanzionare: **The House of Commons passed the bill**, la Camera dei Comuni approvò il disegno di legge; **He passed eight students out of ten**, promosse otto studenti su dieci; **to p. a measure**, approvare un provvedimento ***3*** superare; essere approvato in: **to p. an exam [a test]**, superare un esame [una prova]; **He passed the entrance examination**, superò l'esame d'ammissione; **The bill passed the House of Lords**, il disegno di legge fu approvato alla Camera dei Lord ***4*** far passare; passare; trafiggere: **He passed his sword through his enemy's chest**, passò la spada attraverso il petto dell'avversario; trafisse il nemico con la spada ***5*** far circolare; mettere in circolazione: **They were arrested for passing forged banknotes**, furono arrestati per aver messo in circolazione banconote false ***6*** (*leg.*) emettere; dare; dire; pronunciare; irrogare (*una pena*): **to p. judgement on sb. [for sb.]**, pronunciare una sentenza contro q. [a favore di q.]; **to p. an opinion on st.**, dare il proprio parere su q.c.; **to p. one's word**, dare la propria parola; impegnarsi ***7*** passare; lasciare correre ***8*** (*fam.*) affibbiare, appioppare, sbolognare (*fam.*). ● (*sport*) **to p. the ball**, passare la palla □ (*fig.*) **to p. the buck**, fare a scaricabarile □ (*fig.*) **to p. the buck on sb.**, scaricare la responsabilità sulle spalle di q. □ **to p. criticism on st.**, criticare q.c. □ **to p. a customs entry**, fare una dichiarazione in dogana □ (*fin.*) **to p. a dividend**, non dichiarare un dividendo □ **to p. one's oath**, impegnarsi con giuramento; giurare □ **to p. a remark**, fare un'osservazione; dire la propria (*fam.*) □ (*eufem.*) **to p. water**, fare acqua; orinare □ (*eufem.*) **to p. wind**, fare un vento (*o* un peto) □ **to come to p.**, succedere; accadere □ (*fig.*) **to have passed the chair**, non esser più presidente; aver lasciato la presidenza □ **to let st. p.**, lasciar correre q.c.; lasciar perdere □ **The bottle passed frequently**, la bottiglia fu fatta girare più volte □ **It passes belief!**, è incredibile! □ **No words passed between us**, non scambiammo una parola □ **Let it p. unnoticed**, non ci far caso.

♦**pass along**, **A** *v. i.* + *avv.* ***1*** passare oltre, procedere; passare per (*un luogo*) ***2*** andare avanti (*in autobus, ecc.*). **B** *v. t.* + *avv.* passare (q.c.) di mano in mano; far circolare (*un messaggio, ecc.*).

♦**pass as**, *v. i.* + *prep.* passare per: **He passed as a medicine man**, passò per uno stregone.

♦**pass away**, **A** *v. i.* + *avv.* ***1*** passare; andare via; cessare; finire: **The pain will p. away**, il dolore passerà; **The storm has passed away**, la tempesta è cessata *2* (*fig. eufem.*) passare a miglior vita; morire. **B** *v. t. + avv.* far passare (*o* trascorrere) bene: **A chat with one's friends passes the evening away**, una chiacchierata con gli amici fa passare bene la serata.

♦**pass back**, *v. t. + avv.* *1* restituire; rendere *2* inoltrare, trasmettere (*informazioni, reclami, ecc.*) *3* (*sport*) passare (*la palla*) all'indietro.

♦**pass between**, *v. i. + prep.* accadere, succedere, esserci: **A secret has passed between them**, c'è stato un segreto tra loro.

♦**pass by**, **A** *v. i. + avv.* *1* passare oltre; tirare via (*fam.*) (*senza curarsi di q. o q.c.*) *2* (*del tempo*) passare, trascorrere. **B** *v. t. + avv.* *1* trascurare, non tener conto di: **to p. a matter by**, trascurare una faccenda *2* tagliar fuori (*fig.*); deludere: **Life has passed her by**, la vita l'ha delusa. **C** *v. i. + prep.* *1* passare vicino a (*o* accanto a); oltrepassare: **When you've passed by the school, turn right**, quando hai oltrepassato la scuola, volta a destra! *2* andare sotto (*o* essere conosciuto con: *un nome*): **The fugitive passed by the name of Smith**, l'evaso andava sotto il nome di Smith.

♦**pass down**, **A** *v. t. + avv.* *1* passare, porgere, allungare (*q.c. che sta in alto*); tirare giù (*fam.*) *2* (*fig.*) passare (*informazioni, vestiti usati, ecc.*) *3* (*fig.*) tramandare, trasmettere (*a eredi, discendenti, ecc.*). **B** *v. i. + prep.* spostarsi, andare avanti in: **Please, p. down the bus!**, favoriscano andare avanti (nell'autobus)!

♦**pass for**, *v. i. + prep.* *1* passare per; essere preso per: **I don't think he'll p. for a native**, non credo che sarà preso per un indigeno *2* superare un esame per diventare: **He hopes to p. for a doctor in five years' time**, spera di diventare medico tra cinque anni.

♦**pass forward**, *v. t.* e *i. + avv.* (*sport*) passare (*la palla*) avanti; fare un passaggio in avanti.

♦**pass in**, **A** *v. i. + avv.* passare entrando; entrare. **B** *v. t. + avv.* *1* far passare (*un biglietto, ecc.*) dentro *2* consegnare (*un elaborato, ecc.*) facendolo passare di mano in mano □ **to p. in review**, passare in rassegna (*anche fig.*).

♦**pass into**, *v. i. + prep.* *1* entrare in (*un luogo*) *2* (*fig.*) passare a: **It will p. into history**, passerà alla storia *3* (*fig.*) entrare a far parte di; essere ammesso a: **He passed into the school of law**, fu ammesso alla facoltà di giurisprudenza *4* (*fig.*) cadere: **to p. into a deep sleep**, cadere in un sonno profondo *5* trasformarsi; (*di un colore*) sfumare in (*un altro*): **The rain passed into sleet**, la pioggia si trasformò in nevischio.

♦**pass off**, **A** *v. i. + avv.* *1* passare; finire; cessare; andare via: **My headache has passed off**, mi è andato via il mal di testa *2* andare; funzionare; svolgersi: **How did the party p. off?**, com'è andata la festa?; **It passed off very well**, è andata benissimo. **B** *v. t. + avv.* *1* trascurare; passare sopra a; sorvolare (*o* glissare) su: **to p. off a difficult problem**, sorvolare su un problema difficile; **to p. off sb's remark**, passare sopra l'osservazione di q. *2* spacciare (*moneta falsa, ecc.*); far passare: **to p. off a copy as the original**, far passare una copia per l'originale □ **to p. oneself off as**, farsi passare, spacciarsi per: **He passed himself off as a priest**, si fece passare per prete.

♦**pass on**, **A** *v. i. + avv.* *1* passare oltre; procedere; tirare avanti *2* (*fam. eufem.*) passare a miglior vita; morire *3* passare (*a un argomento, ecc.*); passare a trattare. **B** *v. t. + avv.* *1* passare; far circolare; far conoscere: **P. on your postcode!**, fate circolare il vostro CAP! *2* passare (*vestiti vecchi, ecc.*) *3* trasmettere; tramandare: **to p. a task on to sb.**, passare un incarico a q.; **This watch has been passed on from my grandfather to me**, questo orologio mi è stato tramandato da mio nonno. **C** *v. t. + prep.* (*leg.*) emettere (*una sentenza*) contro (q.) □ **to p. judgment on sb. [st.]**, dare un giudizio su q. [q.c.].

♦**pass out**, **A** *v. i. + avv.* *1* (*fam.*) svenire; perdere i sensi *2* (*mil.*) essere promosso (*all'accademia, ecc.*). **B** *v. t. + avv.* dare in omaggio; distribuire, regalare □ **to p. out of**, andarsene da; abbandonare.

♦**pass over**, **A** *v. t. + avv.* *1* tralasciare; lasciare da parte; trascurare; passare sopra a; sorvolare su; glissare su (*un argomento, ecc.*): **We can p. over the details**, possiamo tralasciare i dettagli; **to p. st. over in silence**, passare q.c. sotto silenzio; **to be passed over for a promotion**, essere lasciato da parte in occasione di una promozione *2* lasciarsi sfuggire, mancare, perdere (*un'occasione, ecc.*). **B** *v. i. + avv.* *1* (*di aerei, ecc.*) passare in alto *2* (*fig.*) passare: **He passed over to the enemy**, passò al nemico *3* (*fam. eufem.*) passare a miglior vita; morire. **C** *v. i. + prep.* *1* passare sopra; (*di un aereo*) sorvolare *2* superare (*un ostacolo, ecc.*); sorpassare, scavalcare (*un fiume, la ferrovia, ecc.*) *3* esaminare (*leggere, trattare, ecc.*) rapidamente; scorrere, dare una scorsa a (*dati, informazioni, risposte, ecc.*) □ **to p. one's eye over st.**, gettare l'occhio su q.c.

♦**pass round**, **A** *v. t. + avv.* far circolare; passare in giro; distribuire; offrire a tutti: **P. the whisky round**, offri il whisky a tutti! **B** *v. t. + prep.* *1* passare (*una fune, ecc.*) intorno a (q.c.) *2* passare (*fogli, avvisi, ecc.*) a (*persone, un gruppo, ecc.*) *3* far circolare (*informazioni, notizie, ecc.*) in (*un ambiente*) □ **to p. round the hat**, fare una colletta.

♦**pass through**, *A. v. i.* e *avv.* essere di passaggio: **I'm just passing through**, sono di passaggio. **B** *v. i. + prep.* *1* passare da, per (*un luogo; senza fermarvisi*): **Lots of tourists p. through Bologna but don't stop there**, molti turisti passano per Bologna senza fermarsi *2* (far) passare fra (o in): **to p. one's finger through a crack in the wall**, far passare un dito in una fessura del muro; **to p. a comb through one's hair**, passarsi un pettine fra i capelli *3* passare (*anni di studio*); frequentare (*un corso, ecc.*) *4* (*fig.*) passare, attraversare (*crisi, difficoltà, ecc.*): **Italy is passing through a big economic crisis**, l'Italia sta attraversando una grossa crisi economica.

♦**pass under**, *v. i. + avv.* (o *prep.*) *1* passare sotto (q.c.) *2* andare sotto, essere conosciuto con (*un nome*): **The runaway passed under the name of Smith**, il fuggiasco andava sotto il nome di Smith □ (*fig.*) **A lot of water has passed under the bridge**, molta acqua è passata sotto i ponti.

♦**pass up**, *v. t. + avv.* *1* passare (*un oggetto: a q. che è in alto*) *2* trascurare, lasciarsi sfuggire, perdere (*un'opportunità, ecc.*) *3* (*USA*) ignorare, fingere di non vedere (q.): **I saw her in the shop but she passed me up**, la vidi nel negozio ma lei finse di non vedermi.

passable /ˈpɑːsəbl, *USA* ˈpæs-/, *a.* *1* (*di strada, luogo, ecc.*) praticabile; transitabile *2* (*di fiume*) guadabile *3* accettabile; passabile; discreto; tollerabile *4* (*di moneta, ecc.*) genuino; che può essere messo in circolazione.

passably /ˈpɑːsəblɪ, *USA* ˈpæs-/, *avv.* passabilmente; abbastanza bene; discretamente.

passage /ˈpæsɪdʒ/, *n.* *1* passaggio; il passare; apertura; varco: **birds of p.**, uccelli di passaggio; **the p. of the seasons**, il passare delle stagioni; **I tried to force a p. across the enemy lines**, tentai d'aprirmi un varco attraverso le linee nemiche *2* passaggio; tragitto; traversata; viaggio (*per mare o in aereo*); prezzo del viaggio: **to pay one's p. to America**, pagarsi la traversata per l'America *3* (= **passageway**) corridoio (*in una casa*); andito *4* brano; passo; squarcio (*fig.*): **a p. from «Hamlet»**, un passo dell'«Amleto» *5* (*anat.*) canale; condotto; dotto *6* (*leg.*) approvazione (*di un disegno di legge, ecc.*); varo (*di una legge*) *7* (*lett.*) scambio (*di colpi, di parole, ecc.*) tra due persone *8* (*fisiol.*) evacuazione (intestinale) *9* (*med.*) introduzione endoluminale (*di uno strumento*) *10* (*ippica*) passage (*franc.*); passeggio. ● (*lett.*) **a p. of arms**, un combattimento, una battaglia; (*fig.*) una disputa, una polemica □ (*naut.*) **p. home**, viaggio di ritorno □ **p. money**, prezzo della traversata □ (*naut.*) **p. out**, viaggio d'andata □ **a bird of p.**, un uccello migratore; (*fig.*) una persona irrequieta, che cambia sempre residenza □ **to book one's p.**, prenotare il biglietto del viaggio □ (*naut.*) **to work one's p.**, guadagnarsi la traversata lavorando a bordo.

to **passage** /ˈpæsɪdʒ/, **A** *v. i.* (*di cavallo o cavaliere*) fare il passage. **B** *v. t.* far fare il passage a (*un cavallo*).

passageway /ˈpæsɪdʒweɪ/, *n.* *1* corridoio (*in una casa*); andito *2* (*tecn.*) passaggio; corsia.

passant /ˈpæsnt, ˈpɑː-, -sɒn, *USA* ˈpæsnt, pɑːˈsɒn/, *a.* (*arald.*) passante: **a lion p.**, un leone passante.

passbook /ˈpɑːsbʊk, *USA* ˈpæs-/, *n.* *1* (*banca*) libretto di deposito (*o* a risparmio) *2* (*fin., in G.B.*) libretto (*di una building society*) *3* (*market.*) libretto di credito (*in un negozio*).

passé /ˈpɑːseɪ, ˈpæ-, *USA* pæˈseɪ/ (*franc.*), *a.* *1* passato; sfiorito *2* superato; passato di moda; antiquato.

passementerie /pæsˈmɛntrɪ/, *n.* passamaneria; passamani (*pl.*).

passenger /ˈpæsɪndʒə(r)/, *n.* *1* passeggero, passeggera; viaggiatore, viaggiatrice *2* (*fam.*) membro dell'equipaggio che è di peso (*o* che non sa rendersi utile); zavorra, peso morto (*fig.*). ● (*ferr.*) **p. and goods train**, treno misto □ (*aeron.*) **p. cabin**, cabina di classe turistica □ **p. car**, (*ferr.*) carrozza viaggiatori; (*autom., USA*) autovettura, berlina □ (*autom., USA*) **p. car toll**, casello (*d'autostrada*) per le automobili □ **p. lift**, ascensore □ (*naut.*) **p. liner**, nave di linea per passeggeri □ (*zool.*) **p. pigeon** (*Ectopistes migratorius*), colombo migratore (*dell'America del nord*) □ **p. traffic**, movimento (di) viaggiatori □ **p. train**, treno viaggiatori, treno passeggeri □ **foot p.**, pedone; chi viaggia a piedi.

passe-partout /pæspɑːˈtuː, pɑːs-/ (*franc.*), *n.* *1* passe-partout; comunella *2* passe-partout; riquadro di cartone.

passer-by /pɑːsəˈbaɪ, *USA* ˈpæs-/, *n.* (*pl.* **passers-by**) passante; viandante.

passerine /ˈpæsəraɪn/, **A** *a.* di (*o* simile a) passero. **B** *n.* (*zool.*) passeraceo.

passibility /pæsɪˈbɪlətɪ/, *n.* emotività; impressionabilità.

passible /ˈpæsəbl/, *a.* emotivo; impressionabile.

passim /ˈpæsɪm/ (*lat.*), *avv.* passim; in vari luoghi nel testo.

passimeter /ˈpæsɪmɪtə(r)/, *n.* distributore automatico di biglietti.

passing /ˈpɑːsɪŋ, *USA* ˈpæs-/, **A** *a.* *1* passeggero; effimero; fuggevole; fugace; transitorio: **a p. joy**, una gioia fugace; **a p. fancy**, un capriccio passeggero *2* casuale; incidentale: **a p. remark**, un'osservazione casuale *3* di promozione; di sufficienza: **a p. grade**, un voto di sufficienza. **B** *n.* *1* passaggio; il passare (*d'una persona, del tempo, ecc.*): (*leg.*) **p. of title**, passaggio di proprietà *2* (*autom.*) sorpasso *3* (*leg., polit.*) approvazione, varo (*di un disegno di legge, ecc.*) *4* (*sport*) passaggio, passaggi: **a p. game**, un gioco fatto di passaggi *5* (*leg.*) pronuncia, irrogazione: **p. sentence**, l'irrogazione di una condanna *6* (*poet.*) dipartita; scomparsa; decesso; morte; trapasso. ● **p. bell**, campana che si suona per i morti □ **p. events**, attualità □ (*autom.*) **p. lane**, corsia di sorpasso: **«P. lane ahead»**, (*cartello stradale*) «(prossima) corsia di sorpasso» □ (*mus.*) **p. note** (*USA*: **p. tone**), nota di passaggio □ (*tennis*) **p. shot**, colpo passante □ (*ferr.*) **p. track**, binario di sorpasso □ **in p.**, incidentalmente; di sfuggita; en passant (*franc.*).

passion /ˈpæʃn/, *n.* *1* passione; vivo interesse; passione amorosa; entusiasmo: **His passions overcame his reason**, le sue passioni ebbero il sopravvento sulla ragione; **to have a p. for cars**, avere la passione dell'automobile *2* accesso (*o* scatto) d'ira; collera: **to fly into a p.**, avere un accesso d'ira; montare in collera

3 (*relig.*) **the P.**, la Passione di Cristo. ● (*letter.*) **P. play**, rappresentazione sacra della passione di Cristo; mistero della Passione ▫ (*relig.*) **P. Sunday**, domenica di Passione (*la quinta di quaresima*) ▫ (*relig.*) **P. Week**, la Settimana Santa.

passional /ˈpæʃənl/, **A** *a.* passionale. **B** *n.* (*relig.*) passionario.

passionate /ˈpæʃənət/, *a.* *1* appassionato; ardente; focoso; passionale: **a p. speech**, un discorso appassionato; **a p. temperament**, un temperamento passionale *2* collerico; iracondo; irascibile *3* impetuoso; intenso; veemente; travolgente: **p. rage**, ira impetuosa; **a p. emotion**, un'emozione travolgente. || **-ly**, *avv.* || **-ness**, *sost.*

passionflower /ˈpæʃnflaʊə(r)/, *n.* (*bot.*, *Passiflora*) passiflora; fior di passione.

Passionist /ˈpæʃənɪst/, *n.* (*relig.*) passionista.

passionless /ˈpæʃənləs/, *a.* impassibile; calmo. || **-ly**, *avv.* || **-ness**, *sost.*

to **passivate** /ˈpæsɪveɪt/, *v. t.* (*chim.*) passivare.

passivation /pæsɪˈveɪʃn/, *n.* (*chim.*) passivazione.

passive /ˈpæsɪv/, **A** *a.* (*anche gramm.*) passivo: **to remain p.**, restare passivo; **p. resistance**, resistenza passiva; (*gramm.*) **p. voice**, voce (*o* forma) passiva. **B** *n.* (*gramm.*) passivo: **a verb in the p.**, un verbo al passivo. ● (*comm.*) **p. debt**, credito infruttifero ▫ (*polit.*) **p. resister**, chi fa la resistenza passiva ▫ **p. smoking**, fumo passivo ▫ (*ling.*) **p. vocabulary**, vocabolario passivo.

passiveness /ˈpæsɪvnəs/, **passivity** /pæˈsɪvətɪ/, *n.* (*anche scient.*) passività.

passivism /ˈpæsɪvɪzəm/, *n.* (*anche psic.*) passivismo.

passivist /ˈpæsɪvɪst/, *n.* (*psic.*) passivista.

to **passivize** /ˈpæsɪvaɪz/, **A** *v. t.* (*gramm.*) mettere (*o* volgere) al passivo. **B** *v. i.* diventare passivo.

passkey /ˈpɑːskiː/, *USA* ˈpæs-/, *n.* passe-partout; comunella.

passout /ˈpɑːsaʊt, *USA* ˈpæs-/, *n.* (*fam.*) *1* svenimento *2* chi ha perso i sensi; persona svenuta.

Passover /ˈpɑːsəʊvə(r), *USA* ˈpæs-/, *n.* (*relig.*) Pasqua ebraica.

passport /ˈpɑːspɔːt, *USA* ˈpæs-/, *n.* *1* passaporto *2* (*fig.*) mezzo; strumento: **a p. to fame**, un mezzo per diventare famoso. ● **the p. to success**, la chiave del successo.

pass-through /ˈpɑːsθruː, *USA* ˈpæs-/, *n.* (*USA*) passavivande (*tra la cucina e la sala da pranzo*).

password /ˈpɑːswɜːd, *USA* ˈpæs-/, *n.* *1* (*specialm. mil.*) parola d'ordine: **to demand the p.**, chiedere la parola d'ordine *2* (*elab.*) parola d'ordine; chiave di identificazione.

past /pɑːst, *USA* pæst/, **A** *a.* passato (*anche gramm.*); scorso; trascorso; finito; ultimo: **p. customs**, costumanze passate; **His worries were p.**, le sue preoccupazioni erano finite; **the p. week [year]**, la settimana scorsa [l'anno scorso]; **in times p.**, nei tempi passati; nei tempi andati; **in the p. few days**, negli ultimi giorni; nei giorni passati. **B** *n.* *1* (il) passato: **recollections of the p.**, ricordi del passato *2* passato burrascoso (*o* poco chiaro): **She is a woman with a p.**, è una donna con un passato burrascoso *3* (*gramm.*) passato: **the p. tenses**, i tempi del passato (*del verbo*). **C** *prep.* oltre; di là di; dopo: **He walked p. the gate**, camminò oltre il cancello; **I stayed up till p. ten o'clock**, rimasi alzato fin dopo le dieci; **He ran p. the bridge**, corse di là dal ponte; **He's p. all hope**, è al di là d'ogni speranza; è un caso disperato. **D** *avv.* *1* oltre; accanto: **He walked p. without noticing me**, mi passò accanto senza vedermi; **to hasten p.**, passar oltre in tutta fretta *2* (*idiom.*; *per es.*:) **to go p.**, passare; **The battalion marched p.**, il battaglione passò marciando (*o* sfilò a passo di marcia). ● **a p. chairman**, un ex presidente ▫ **p. comparison**, senza confronti ▫ **p. description**, indescrivibile ▫ **p. due**, (*di debito*) scaduto; (*di treno, ecc.*) in ritardo ▫ (*della situazione, ecc.*) **p. hope**, disperato ▫ **p. the hour**, dopo l'ora esatta: **Trains run every ten minutes p. the hour**, i treni passano ogni dieci minuti dopo l'ora esatta (*cioè alle 6 e 10, alle 7 e 10, alle 8 e 10, ecc.*) ▫ (*fam.*) **to be p. it**, non essere più all'altezza (*o* in grado di fare q.c.) ▫ **p. master**, conoscitore perfetto; chi è maestro (in q.c.) ▫ **to be a p. master at doing st.** (*o* **in st.**), essere un maestro a fare q.c. (*o* in q.c.) ▫ (*gramm.*) **p. participle**, participio passato ▫ (*gramm.*) **p. perfect**, trapassato ▫ (*gramm.*) **p. simple**, passato remoto; (*talora*) imperfetto; (*talora*) passato prossimo (*in ital.*) ▫ **for a long time p.**, da molto tempo ▫ **grief p. bearing**, dolore insopportabile ▫ **half p. three**, le tre e mezza ▫ **a problem p. solution**, un problema insolubile ▫ **a quarter p. four**, le quattro e un quarto ▫ **John is well p. seventy**, John è più che settantenne.

pasta /ˈpæstə, *USA* ˈpɑːstə/ (*ital.*), *n.* (*cucina*) pasta (alimentare). ● (*tur.*) **p. dish**, portata (*o* porzione) di pastasciutta ▫ **p. machine**, macchina per fare la pasta.

paste /peɪst/, *n.* *1* pasta: **alimentary p.**, pasta alimentare; **anchovy p.**, pasta d'acciughe *2* colla: **starch p.**, colla d'amido *3* (= **tooth paste**) dentifricio *4* strass: **p. jewelry**, gioielli di strass *5* (*elettr.*) pasta gelificante. ● **p.-job**, lavoro copiato (*o* abborracciato); lavoro di forbici e colla ▫ (*mecc.*) **p. mixer**, impastatrice (*non per farina*) ▫ **p. pot**, vaso da colla ▫ (*arti grafiche*) **p.-up**, menabò ▫ **shoe p.**, lucido da scarpe ▫ **tooth p.**, dentifricio (*in pasta*).

to **paste** /peɪst/, *v. t.* *1* incollare; appiccicare *2* impastare *3* (*fam. USA*) battere; picchiare; pestare; sconfiggere *4* (*fam. USA*) dare la colpa: **to p. it on sb.**, dare la colpa a q. ● **to p. up**, attaccare; affiggere: **to p. up a notice**, affiggere un avviso ▫ **to p. a window with paper**, coprire una finestra incollandovi sopra della carta.

pasteboard /ˈpeɪstbɔːd/, **A** *n.* *1* cartone *2* (*pop.*) cartoncino; biglietto da visita *3* (*pop.*) biglietto di scommessa alle corse *4* (*pop.*) biglietto d'ingresso *5* (*pop.*) carta da gioco. **B** *a. attr.* *1* di cartone *2* (*fig.*) inconsistente; falso; fittizio.

pastel (1) /ˈpæstl, *USA* pæˈstɛl/, **A** *n.* (*arte*) *1* pastello *2* pastello; dipinto a pastello. **B** *a. attr.* *1* (*arte*) a pastello: **p. drawing**, disegno a pastello *2* (*di colore*) pastello; sfumato; tenue: **p. green**, verde pastello.

pastel (2) /ˈpæstl, *USA* pæˈstɛl/, *n.* (*bot.*, *Isatis tinctoria*) guado (*l'erba e il colorante*).

pastel(l)ist /ˈpæstəlɪst, *USA* pæˈstɛlɪst/, *n.* (*arte*) pastellista.

pastern /ˈpæstən/, *n.* (*zool.*) pastorale (*parte del piede del cavallo*).

pasteurism /ˈpæstərɪzəm/, *n.* (*med.*) metodo Pasteur.

pasteurization /pɑːstʃəraɪˈzeɪʃn, *USA* pæstʃərɪ-/, *n.* (*ind.*) pastorizzazione.

to **pasteurize** /ˈpɑːstʃəraɪz, *USA* ˈpæs-/, *v. t.* (*ind.*) pastorizzare.

pasteurizer /ˈpæstəraɪzə(r)/, *n.* (*ind.*) pastorizzatore.

pasticcio /pæˈstɪtʃəʊ/, *n.* (*pl.* **pasticci, pasticcios**) *V.* **pastiche**.

pastiche /pæˈstiːʃ/ (*franc.*), *n.* (*letter.*, *mus.*) pastiche; pasticcio; zibaldone; parodia.

pasties /ˈpeɪstɪz/, *n. pl.* coppette (*copriseno*: *di ballerina, ecc.*).

pastil /ˈpæstɪl/, **pastille** /ˈpæstəl, *USA* pæˈstiːl/, *n.* (*farm.*) pasticca; pastiglia.

pastime /ˈpɑːstaɪm, *USA* ˈpæs-/, *n.* passatempo; divertimento; svago.

pasting /ˈpeɪstɪŋ/, *n.* (*fam.*) *1* bastonatura; pestatura; pestaggio *2* (*sport*) secca sconfitta; batosta.

pastor /ˈpɑːstə(r), *USA* ˈpæs-/, *n.* *1* (*relig.*) pastore; ministro (del culto) *2* (*fig.*) pastore di anime *3* (*zool.*, *Sturnus roseus*) storno roseo.

pastoral /ˈpɑːstərəl, *USA* ˈpæs-/, **A** *a.* *1* pastorale; dei pastori; del pastore: **a p. poem**, una poesia pastorale; (*relig.*) **p. visit**, visita pastorale; (*relig.*) **p. staff**, bastone pastorale; pastorale *2* tenuto a pascolo; pascolativo: **p. lands**, terreni tenuti a pascolo. **B** *n.* *1* pastorale; (*relig.*) lettera pastorale; (*mus.*) sonata pastorale *2* (*letter.*) poesia pastorale; dramma pastorale.

pastorale /pæstəˈrɑːl, pɑːs-, -æl, -lɪ/ (*ital.*), *n.* (*pl.* **pastorales, pastorali**) (*mus.*) pastorale.

pastorally /ˈpɑːstərəlɪ, *USA* ˈpæs-/, *avv.* pastoralmente; in modo pastorale.

pastorate /ˈpɑːstərət, *USA* ˈpæs-/, **pastorship** /ˈpɑːstəʃɪp, *USA* ˈpæs-/, *n.* (*relig.*) *1* ufficio di pastore (*o* di ministro del culto) *2* (*collett.*) pastori; ministri del culto.

pastrami /pəˈstrɑːmɪ/, *n.* (*pl.* **pastramis**) (*specialm. USA*; *cucina*) carne di manzo speziata e affumicata.

pastry /ˈpeɪstrɪ/, *n.* *1* pasticceria; (*collett.*) paste, pasticcini *2* pasta (*per dolci*). ● **p. cook**, pasticciere ▫ **p. cream**, crema (per dolci) ▫ **p. tube**, siringa (*per dolci*).

pasturable /ˈpɑːstjʊərəbl, *USA* ˈpæstʃʊ-/, *a.* pascolativo; da pascolo: **p. land**, terreno pascolativo.

pasturage /ˈpɑːstʃərɪdʒ, *USA* ˈpæs-/, *n.* *1* pascolo; pastura *2* diritto di pascolo.

pasture /ˈpɑːstʃə(r), *USA* ˈpæs-/, *n.* pascolo; pastura; foraggio. ● **p. lands**, terreni da pascolo; pascoli ▫ **mountain p. land**, alpeggio.

to **pasture** /ˈpɑːstʃə(r), *USA* ˈpæs-/, **A** *v. i.* pascolare; pascere (*lett.*). **B** *v. t.* *1* pascolare; portare al pascolo; far pascere *2* (*di terreno*) offrire pascolo a (*pecore, ecc.*).

pasty (1) /ˈpæstɪ/, *n.* (*cucina*) pasticcio (*specialm. di carne*).

pasty (2) /ˈpeɪstɪ/, *a.* *1* pastoso; molle *2* (= **p.-faced**) pallido; terreo in viso.

pat (1) /pæt/, *n.* *1* colpetto (*affettuoso*); colpettino; buffetto *2* pezzetto; pezzettino; panetto (*di burro*) *3* scalpiccio. ● **pat-a-cake**, parole iniziali di una poesia infantile; gioco di bambini che battono le mani ▫ (*fam.*) **a pat on the back**, un colpetto d'approvazione o d'incoraggiamento; (*fig.*) un segno di compiacimento, un elogio.

pat (2) /pæt/, **A** *avv.* *1* a proposito; a punto: **His answer came pat**, la sua risposta venne a proposito *2* a portata di mano: **He had his little fib pat**, aveva a portata di mano la sua bugietta. **B** *a.* adatto; opportuno; tempestivo. ● **to know st. off pat**, sapere q.c. a menadito ▫ **to stand pat**, (*a poker*) essere servito; (*fig.*) non mutare idea; restare dello stesso avviso; non deflettere.

to **pat** /pæt/, **A** *v. t.* dare un colpetto (affettuoso) a; accarezzare: **to pat a boy on the shoulder**, dar colpetti affettuosi a un ragazzo sulla spalla. **B** *v. i.* *1* dar colpi leggeri; tamburellare (*con le dita o con le mani*) *2* fare un leggero rumore, come di colpi. ● **to pat on** (*o* **upon**), battere leggermente: **The rain was patting on the windowpanes**, la pioggia batteva leggera contro i vetri della finestra ▫ (*fig.*) **to pat oneself on the back**, esser contento di sé; compiacersi con se stesso ▫ **to pat sb. on the back**, dare un colpetto sulle spalle a q., dare un buffetto a q.; (*fig.*) congratularsi con q.

Pat (1) /pæt/, *n. dim.* di **Patrick** *e* di **Patricia**.

Pat (2) /pæt/, *n.* (*scherz.*) irlandese (*da Patrick, nome comune in Irlanda*).

Patagonian /pætəˈgəʊnɪən/, **A** *a.* patagone; della Patagonia. **B** *n.* patagone.

patch /pætʃ/, *n.* *1* pezza (*anche fig.*); rappezzo; toppa; rattoppo *2* cerotto (*su una ferita*); benda (*su un occhio ferito*) *3* neo posticcio *4* appezzamento, pezzo (*di terreno*): **a potato p.**, un appezzamento coltivato a patate *5* chiazza; macchia; squarcio: **vegetation patches**, chiazze di vegetazione; **patches of blue sky**, squarci di sereno *6* (*autom.*) rappezzatura, toppa (*di pneumatico*): **a heat p.**, una toppa a caldo *7* (*elettr.*) collegamento provvisorio *8* (*elab.*) correzione fuori sequenza *9* pezzo; frammento *10* (*fam.*) periodo; fase; momento: **to strike a bad p.**, attraversare un brutto periodo. ● (*sartoria*) **p. pocket**, tasca a toppa; tasca riportata □ (*med.*) **p. test**, cutireazione; test cutaneo □ **in patches**, a tratti; qua e là □ (*fam.*) **not to be a p. on**, essere niente a paragone di; non valere una cicca rispetto a: **My book is not a p. on yours**, il mio libro è niente a paragone del tuo.

to **patch** /pætʃ/, *v. t.* *1* rappezzare (*anche fig.*); rattoppare *2* (*di stoffa*) servire per rattoppare (*un vestito*) *3* fare (*una coperta di lana, ecc.*) con riquadri (di stoffa, di lana, ecc.) *4* (*elettr.*) collegare provvisoriamente *5* (*elab.*) correggere (*istruzioni*) fuori sequenza *6* mettere nei posticci a (q.). ● **to p. together**, mettere assieme (*cocci rotti, ecc.*); (*fig.*) abborracciare, mettere insieme alla meglio, raffazzonare □ **to p. up**, rappezzare, rattoppare; (*fig.*) aggiustare, appianare, accomodare: **to p. up a matter**, aggiustare una faccenda; **to p. up a dispute**, appianare un dissidio.

patcher /ˈpætʃə(r)/, *n.* rappezzatore, rappezzatrice; rattoppatore, rattoppatrice.

patchery /ˈpætʃərɪ/, *n.* lavoro di rappezzatura; rattoppatura.

patchiness /ˈpætʃɪnəs/, *n.* *1* l'esser rappezzato (*o* rattoppato) *2* disposizione a chiazze (*o* a macchie); irregolarità (*di disegno*).

patching /ˈpætʃɪŋ/, *n.* *1* rappezzatura; rattoppatura *2* (*spesso* **p.-up**) rabberciamento, raffazzonamento; aggiustamento, accomodamento.

patchouli /ˈpætʃʊlɪ, pəˈtʃuː-/, *n.* (*pl.* **patchoulis, patchoulies**) (*bot.*, *Pogostemon patchouly*) patchouli, paciulì, pasciulì (*pianta e profumo*).

patchwork /ˈpætʃwɜːk/, *n.* *1* patchwork; stoffa (*o* coperta, ecc.) composta da riquadri cuciti insieme *2* (*fig.*) lavoro raffazzonato (*o* rabberciato); mosaico (*fig.*); zibaldone. ● **a p. quilt**, una coperta patchwork; una coperta a scacchi (*fatta di pezzi di stoffa cuciti insieme*).

patchy /ˈpætʃɪ/, *a.* *1* rappezzato; rattoppato *2* a riquadri; a scacchi; irregolare; non uniforme; frammentario: **a p. knowledge of biology**, una conoscenza frammentaria della biologia *3* macchiato; chiazzato.

pate /peɪt/, *n.* (*fam. scherz.*) testa; zucca (*fig.*): **bald p.**, zucca pelata.

pâté /ˈpæteɪ, -tɪ, *USA* pɑːˈteɪ, pæ-/ (*franc.*), *n.* (*cucina*) pâté (*in genere, di fegato*).

pated /ˈpeɪtɪd/, *a.* (*nei composti*) dalla testa: **bald-p.**, dalla testa pelata. ● **shallow-p.**, che ha poco sale in zucca; sciocco.

patella /pəˈtɛlə/, *n.* (*pl.* **patellae, patellas**) *1* (*zool.*, *Patella*) patella (*mollusco*) *2* (*anat.*) patella, rotula (*del ginocchio*).

paten /ˈpætn/, *n.* *1* (*relig.*) patena *2* piattino di metallo.

patency /ˈpeɪtənsɪ/, *n.* *1* evidenza; ovvietà *2* (*med.*) pervietà.

patent /ˈpeɪtnt, ˈpæ-, *USA* ˈpæ-/, **A** *a.* *1* patente; evidente; apparente; manifesto; ovvio: **a p. injustice**, una patente ingiustizia; (*leg.*) **a p. defect**, un vizio apparente *2* (*leg.*) brevettato; fabbricato su brevetto; (*market.*) venduto in esclusiva: **p. medicines**, medicine fabbricate su brevetto; specialità farmaceutiche *3* (*med.*) aperto; pervio *4* (*fam.*) ingegnoso; originale: **a p. gadget**, un aggeggio (*o* un ritrovato) ingegnoso. **B** *n.* *1* brevetto; decreto; documento ufficiale; patente (*anche fig.*): **a p. of nobility**, un decreto che conferisce un titolo nobiliare; (*fig.*) **a p. of gentility**, una patente di nobiltà; **an invention p.**, un brevetto d'invenzione *2* procedimento brevettato; invenzione brevettata *3* (*anche fig.*) diritto di brevetto; esclusiva: **You have no p. on success**, non hai l'esclusiva del successo. ● **p. holder**, *V.* **patentee** □ (*leg.*) **p. infringement**, violazione di brevetto (*o* di privativa) □ (*leg.*) **p. law**, diritto dei brevetti; diritto brevettuale □ **p. leather**, cuoio verniciato; coppale □ (*naut.*) **p. log**, solcometro a elica □ **the P. Office**, l'ufficio brevetti (*in G.B.*) □ (*leg.*) **«p. pending»**, «brevetto in corso di registrazione» □ (*leg.*) **p. rights**, diritti di privativa industriale; brevetti □ **to take out a p. on st.**, brevettare q.c.

to **patent** /ˈpeɪtnt, ˈpæ-, *USA* ˈpæ-/, *v. t.* *1* brevettare (*un'invenzione*) *2* (*leg.*) concedere a (q.) un diritto di brevetto; concedere un'esclusiva a (q.).

patentable /ˈpætntəbl, ˈpeɪ-, *USA* ˈpæ-/, *a.* brevettabile.

patented /ˈpeɪtəntɪd, ˈpæ-, *USA* ˈpæ-/, *a.* brevettato.

patentee /peɪtnˈtiː, *USA* pæ-/, *n.* (*leg.*) concessionario (*o* titolare) di brevetto.

patentor /ˈpeɪtntə(r), *USA* ˈpæ-/, *n.* (*leg.*) chi concede un brevetto.

pater /ˈpeɪtə(r)/, *n.* (*gergo studentesco, arc. o scherz.*) padre.

paterfamilias /peɪtəfəˈmɪlɪæs, *USA* pæt-/ (*lat.*), *n.* (*pl.* **patresfamilias**) (*diritto romano*; *anche scherz.*) padre di famiglia; capo (della) famiglia.

paternal /pəˈtɜːnl/, *a.* *1* paterno: **p. grandmother**, nonna paterna *2* paternalistico: **p. government**, governo paternalistico. || **-ly**, *avv.*

paternalism /pəˈtɜːnəlɪzəm/, *n.* paternalismo.

paternalistic /pətɜːnəˈlɪstɪk/, *a.* paternalistico.

paternity /pəˈtɜːnətɪ/, *n.* (*anche fig.*) paternità: **p. test**, test di paternità.

paternoster /pætəˈnɒstə(r)/ (*lat.*), *n.* (*relig.*) paternostro; paternoster. ● (*sport*) **p. line**, dirlindana, tirlindana; lenza con molti ami □ (*fam.*) **devil's p.**, imprecazione borbottata sottovoce; paternostro del rospo (*fam.*).

path /pɑːθ, *USA* pæθ/, *n.* *1* sentiero; viottolo; stradicciola; vialetto (*di giardino o parco*): **a p. through the woods**, un sentiero nei boschi *2* corsia pedonale *3* (*specialm.* **cinder p.**) pista (*per podisti o ciclisti*) *4* (*fig.*) sentiero; via; strada: **the p. to success**, la strada del successo; **to deviate from the right p.**, deviare dalla retta via *5* corso; (*mecc.*) corsa; (*astron.*, *miss.*) traiettoria, orbita: **the p. of the meteor**, la traiettoria della meteora; **the p. of the hurricane**, il corso dell'uragano *6* (*aeron.*, *naut.*) sentiero *7* (*elab.*) percorso; cammino. ● **p. laying**, posa in opera di sentieri di pietre (*in giardini, ecc.*) □ **He cleared a p. through the crowd for her**, le aprì un varco tra la folla.

pathetic /pəˈθɛtɪk/, *a.* patetico; commovente; pietoso; toccante. ● (*letter.*) **p. fallacy**, attribuzione di sentimenti (propri dell'uomo) alle cose inanimate (*in poesia*) □ **His incompetence is p.**, la sua incompetenza è tale da far pietà; è di una incompetenza spaventosa. || **-ally**, *avv.*

pathfinder /ˈpɑːθfaɪndə(r), *USA* ˈpæθ-/, *n.* *1* apripista; chi fa strada; esploratore *2* (*fig.*) pioniere; scopritore *3* (*aeron.*, *mil.*) ricognitore *4* (*aeron.*) radarfaro.

pathless /ˈpɑːθləs, *USA* ˈpæθ-/, *a.* senza sentieri; impenetrabile; inesplorato.

pathogen /ˈpæθədʒən/, *n.* (*med.*) agente patogeno.

pathogenesis /pæθəˈdʒɛnəsɪs/, *n.* (*med.*) patogenesi.

pathogenetic /pæθədʒəˈnɛtɪk/, **pathogenic** /pæθəˈdʒɛnɪk/, *a.* (*med.*) patogeno; patogenetico: **p. germs**, germi patogeni.

pathogeny /pəˈθɒdʒənɪ/, *n.* (*med.*) patogenesi.

patholog(ic)al /pæθəˈlɒdʒɪk(l)/, *a.* (*med.*) patologico. || **-ally**, *avv.*

pathologist /pəˈθɒlədʒɪst/, *n.* (*med.*) patologo.

pathology /pəˈθɒlədʒɪ/, *n.* (*med.*) patologia.

pathophobia /pæθəˈfəʊbɪə/, *n.* (*psic.*) patofobia.

pathophobic /pæθəˈfəʊbɪk/, *a.* e *n.* (*psic.*) patofobo.

pathophysiology /pæθəfɪzɪˈɒlədʒɪ/, *n.* (*med.*) patofisiologia.

pathos /ˈpeɪθɒs, *USA* -ɔːs, -ɑʊs/, *n.* pathos, patos; commozione.

pathway /ˈpɑːθweɪ, *USA* ˈpæθ-/, *n.* *1* sentiero; viottolo; stradicciola *2* passerella *3* (*fig.*) via; strada: **the p. to success**, la via del successo *4* (*fisiol.*) via nervosa.

patience /ˈpeɪʃns/, *n.* *1* pazienza; diligenza; perseveranza; sopportazione; tolleranza: **The manager acted with great p. and tact**, il direttore agì con grande tatto e pazienza *2* (*gioco di carte*) solitario. ● (*bot.*) **p. dock** (*Rumex patientia*), erba pazienza; romice □ **to have no p. with**, non aver pazienza con; spazientirsi con □ **to lose p.**, perder la pazienza; impazientirsi; spazientirsi □ **to be out of p.**, aver perso la pazienza.

patient /ˈpeɪʃnt/, **A** *a.* paziente; tollerante. **B** *n.* (*med.*) paziente; malato; ammalato; infermo. ● **to be p.**, essere paziente; pazientare, portar pazienza: **Be p.!**, porta pazienza! □ **to be p. of**, essere capace di sopportare; (*lett.*) ammettere, consentire: **I am p. of thirst**, sopporto bene la sete □ (*in G.B.*) **the P.'s Charter**, la Carta dei diritti dell'ammalato (*1992*). || **-ly**, *avv.*

patientless /ˈpeɪʃntləs/, *a.* (*di un medico*) senza clienti; senza pazienti.

patina /ˈpætɪnə/, *n.* (*pl.* **patinas, patinae**) patina (*anche fig.*): **the p. of moisture [of time]**, la patina dell'umidità [del tempo].

patinated /ˈpætɪneɪtɪd/, *a.* patinato.

patinous /ˈpætɪnəs/, *a.* patinoso.

patio /ˈpætɪəʊ, *USA* ˈpɑː-/, *n.* (*pl.* **patios**) (*edil.*) patio.

patois /ˈpætwɑː, *USA* pæˈtwɑː, ˈpɑːtwɑː/ (*franc.*), *n.* (*invar. al pl.*) *1* dialetto *2* gergo.

Patras /pəˈtræs/, *n.* (*geogr.*) Patrasso.

patrial /ˈpeɪtrɪəl/, *n.* (*leg.*) chi (*cittadino di un Paese del Commonwealth, ecc.*) ha il diritto di stabilirsi in Gran Bretagna (*perché luogo di nascita di un parente stretto*).

patriarch /ˈpeɪtrɪɑːk, *USA* ˈpæt-/, *n.* *1* (*stor.*, *relig.*) patriarca *2* (*fig.*) vecchio venerabile *3* (*fig.*) padre; fondatore.

patriarchal /peɪtrɪˈɑːkl, *USA* pæt-/, *a.* patriarcale; (*fig.*) venerabile. || **-ly**, *avv.*

patriarchate /ˈpeɪtrɪɑːkeɪt, *USA* ˈpæt-/, *n.* (*stor.*, *relig.*) patriarcato.

patriarchism /ˈpeɪtrɪɑːkɪzəm/, **patriarchy** /ˈpeɪtrɪɑːkɪ, *USA* ˈpæt-/, *n.* patriarcato (*ordinamento sociale*); società patriarcale.

Patricia /pəˈtrɪʃə/, *n.* Patrizia.

patrician /pəˈtrɪʃn/, *a.* e *n.* patrizio; nobile.

patriciate /pəˈtrɪʃɪət/, *n.* patriziato.

patricidal /pætrɪˈsaɪdl/, *a.* parricida; di (*o* da) parricida.

patricide /ˈpætrɪsaɪd/, *n.* *1* parricidio; patricidio (*lett.*) *2* parricida; patricida (*lett.*).

Patrick /ˈpætrɪk/, *n.* Patrizio.

patrilineal /pætrɪˈlɪnɪəl/, **patrilinear** /pætrɪˈlɪnɪə(r)/, *a.* (*etnol.*) patrilineare; patrilineo.

patrimonial /pætrɪˈməʊnɪəl/, *a.* patrimoniale.

patrimony /ˈpætrɪmənɪ, *USA* -məʊnɪ/, *n.* *1* (*anche fig.*) patrimonio (ereditario); eredità *2* patrimonio di un'istituzione; patrimonio ecclesiastico.

patriot /ˈpætrɪət, *USA* ˈpeɪ-/, *n.* patriota; patriotta (*raro*).

patriotic /pætrɪˈɒtɪk, *USA* peɪ-/, *a.* patriottico. || **-ally**, *avv.*

patriotism /ˈpætrɪətɪzəm, *USA* ˈpeɪ-/, *n.* patriottismo.

patristic /pəˈtrɪstɪk/, *a.* (*relig.*) patristico.

patristics /pəˈtrɪstɪks/, *n. pl.* (*col verbo al sing.*) (*relig.*) patristica.

patrol /pəˈtrəʊl/, *n.* *1* perlustrazione; ricognizione: **air p.**, ricognizione aerea *2* pattuglia; ronda: **to be on p.**, essere di pattuglia *3* (*aeron.*) volo di ricognizione *4* (*naut.*) pattugliamento, vigilanza (*navale*); perlustrazione (*di sommergibile*). ● **p. car**, auto della polizia (*in servizio di pattugliamento*); autopattuglia; gazzella (*fam.*) □ (*naut.*) **p. vessel**, vedetta; nave da pattuglia □ (*USA*) **p. wagon**, furgone cellulare; cellulare.

to **patrol** /pəˈtrəʊl/, **A** *v. i.* pattugliare; andar di pattuglia; far la ronda. **B** *v. t.* perlustrare; pattugliare: **The police are patrolling the town**, la polizia perlustra la città. ● **patrolled building**, condominio sorvegliato da un guardiano armato.

patrolman /pə'trəʊlmən/, *n.* (*pl.* **patrolmen**) *1* chi è di pattuglia *2* (*specialm. USA*) poliziotto (*di servizio in una certa zona*) *3* (*autom., in G.B.*) addetto del soccorso stradale; meccanico dell'ACI (*in Italia*).

patrological /pætrə'lɒdʒɪkl/, *a.* (*relig.*) patrologico.

patrologist /pə'trɒlədʒɪst/, *n.* (*relig.*) patrologo.

patrology /pə'trɒlədʒɪ/, *n.* (*relig.*) patrologia.

patron /'peɪtrən/, *n.* *1* patrono; mecenate; protettore; patrocinatore: **a p. of the arts**, un mecenate delle arti *2* (*relig.*, = **p. saint**) (santo) patrono *3* (*comm., form.*) cliente abituale (*d'un negozio*); avventore.

patronage /'pætrənɪdʒ, *USA* 'peɪ-/, *n.* *1* (*anche relig.*) patronato; patrocinio; protezione *2* (*polit.*) potere di conferire onori, assegnare cariche, dare impieghi; protezioni: **a widespread p. system**, un diffuso sistema di protezioni politiche *3* (*comm., form.*) clientela (*d'un negozio*); gli avventori *4* (*fam.*) arie di superiorità (*o* da protettore); condiscendenza. ● (*fin.*) **p. dividend**, dividendo (*di una cooperativa*) ai clienti.

patronal /pə'trəʊnl/, *a.* patronale; del santo patrono: (*relig.*) **the p. festival**, la festa del santo patrono.

patroness /peɪtrə'nes, *USA* 'peɪtrənəs/, *n.* *1* patronessa; patrocinatrice; protettrice *2* (*relig.*) (santa) patrona.

to **patronize** /'pætrənaɪz, *USA* 'peɪ-/, *v. t.* *1* patrocinare; proteggere; favorire; incoraggiare *2* trattare con condiscendenza (*o* con aria di superiorità) *3* (*form.*) essere cliente abituale di (*un negozio*). ● **a well-patronized shop**, un negozio bene avviato (*o* che ha una clientela di prim'ordine).

patronizer /'pætrənaɪzə(r), *USA* 'peɪ-/, *n.* chi si dà arie di superiorità.

patronizing /'pætrənaɪzɪŋ, *USA* 'peɪ-/, *a.* *1* che patrocina; che protegge; patrocinante *2* pieno di condiscendenza; che si dà arie di superiorità. ‖ **-ly**, *avv.*

patronymic /pætrə'nɪmɪk/, *a.* e *n.* (*ling.*) patronimico.

patroon /pə'tru:n/, *n.* (*stor. USA*) proprietario terriero; latifondista (*sotto il governo olandese di New York e del New Jersey*).

patsy /'pætsɪ/, *n.* (*fam. USA*) capro espiatorio; chi ci va di mezzo; chi va per gli spini (*fig.*).

patten /'pætn/, *n.* *1* soprascarpa con suola di legno; zoccolo (*contro il fango*) *2* (*archit., arc.*) base di colonna; zoccolo.

patter (1) /'pætə(r)/, *n.* *1* gergo: **thieves' p.**, il gergo ladresco; **the p. of technology**, il gergo della tecnologia *2* cicaleccio; cicalio; discorso frettoloso (*di attore comico, imbonitore, ecc.*) *3* parole ripetute meccanicamente; tiritera (*fam.*). ● **p. song**, canzoncina d'operetta (*con recitativi*).

patter (2) /'pætə(r)/, *n.* picchiettio; ticchettio; scalpiccio: **the p. of rain on the roof**, il picchiettio della pioggia sul tetto; **the p. of bare little feet on the floor**, lo scalpiccio di piedini nudi sul pavimento; (*fig.*) l'avere un figlioletto.

to **patter** (1) /'pætə(r)/, **A** *v. t.* biascicare, borbottare, mormorare, dire in fretta, ripetere meccanicamente (*preghiere, ecc.*). **B** *v. i.* parlare in fretta; borbottare; parlare in modo incomprensibile.

to **patter** (2) /'pætə(r)/, *v. i.* picchiettare; ticchettare; scalpicciare.

pattern /'pætn/, *n.* *1* campione; modello (*anche fig.*); esempio: **She's a p. of all virtues**, è un modello d'ogni virtù; **paper p.**, modello di carta (*per vestiti*) *2* disegno (*di stoffa, ecc.*); motivo (*di un vestito*): **wallpaper patterns**, disegni di carta da parati; **the p. of a novel**, il disegno (*o* la struttura) d'un romanzo *3* (*mil.: d'arma da fuoco*) rosa di tiro; schema (*di bombardamento*) *4* (*tecn., ling., psic.*) schema; modello; pattern: **behaviour p.**, modello di comportamento *5* (*TV*) monoscopio (*l'immagine*) *6* (*aeron.*) procedura *7* (*elab., stat.*) configurazione; forma *8* (*med.*) impronta, sagoma (*presa da un dentista*). ● (*aeron., mil.*) **p. bombing**, bombardamento a schema □ **p. book**, campionario (*di stoffe, carta, ecc.*) □ (*ling.*) **p. drills**, esercizi strutturali □ **a p. father [wife]**, un padre [una moglie] esemplare □ (*TV*) **p. generator**, generatore di monoscopio □ (*specialm. fonderia*) **p.(-)maker**, modellista □ **p. room** (*o* **p. shop**), reparto modellisti (*d'una fonderia*) □ **to cut to p.**, tagliare sul modello □ **to take p. by sb.**, prendere esempio da q.; modellarsi su q. □ (*autom.*) **tread p.**, disegno del battistrada.

to **pattern** /'pætn/, *v. t.* *1* modellare (*anche fig.*); copiare da un campione; tagliare (*un vestito*) sul modello: **to p. one's attitude according to sb.'s wishes**, modellare il proprio atteggiamento sui desideri di q.; comportarsi in modo di far piacere a q.; **to p. a dress on a French model**, tagliare un vestito su un modello francese; **to p. oneself on sb.**, modellarsi su q.; prendere esempio da q. *2* ornare (*stoffe, ecc.*) con disegni (*o* motivi).

patterned /'pætnd/, *a.* *1* modellato *2* copiato da un campione. ● (*market.*) **p. interview**, intervista guidata □ (*stat.*) **p. sampling**, campionamento sistematico.

patterning /'pætnɪŋ/, *n.* (*psic.*) adesione a un modello comportamentale.

patty /'pætɪ/, *n.* *1* (*ingl.*) piccolo pasticcio; polpettina (*di carne, pesce, ecc.*) *2* fettina di carne. ● (*USA*) **p. melt**, sottile tondino di carne ricoperto di formaggio.

patulous /'pætjuləs, *USA* -tʃʊ-/, *a.* (*bot.*) patulo (*raro*); aperto; largo.

paucity /'pɔ:sətɪ/, *n.* (*form.*) pochezza; scarsezza; insufficienza.

Paul /pɔ:l/, *n.* Paolo. ● **P. Pry**, ficcanaso (*dal personaggio d'una commedia di J. Poole*).

Paula /'pɔ:lə/, *n.* Paola.

Pauline (1) /'pɔ:li:n, *USA* pɔ:'li:n/, *n.* Paolina.

Pauline (2) /'pɔ:laɪn, 'pɔ:li:n/, *a.* paolino; di San Paolo.

paunch /pɔ:ntʃ/, *n.* *1* pancia; pancione: **to develop a p.**, mettere su pancia *2* (*di ruminante*) rumine.

paunchiness /'pɔ:ntʃɪnəs/, *n.* l'esser panciuto; obesità.

paunchy /'pɔ:ntʃɪ/, *a.* panciuto; obeso.

pauper /'pɔ:pə(r)/, *n.* povero; indigente; bisognoso. ● **p.'s grave**, fossa comune (*di cimitero*).

pauperism /'pɔ:pərɪzəm/, *n.* *1* l'essere povero (*o* indigente) *2* (*econ.*) pauperismo.

pauperization /pɔ:pəraɪ'zeɪʃn, *USA* -rɪ'z-/, *n.* impoverimento.

to **pauperize** /'pɔ:pəraɪz/, *v. t.* impoverire; ridurre all'indigenza.

pause /pɔ:z/, *n.* *1* pausa (*anche mus.*); intervallo; interruzione; posa; tregua: **to make a p.**, fare una pausa; **a pursuit without p.**, un inseguimento senza posa *2* (*poesia*) cesura. ● **p. dots**, puntini di sospensione □ **to give sb. p.**, far esitare q.; renderlo incerto (*o* indeciso).

to **pause** /pɔ:z/, *v. i.* fare una pausa (*o* un'interruzione); soffermarsi; arrestarsi: **to p. upon a word**, soffermarsi su una parola. ● **to p. for an answer**, aspettare una risposta □ **He paused for breath**, si fermò per riprendere fiato.

pavage /'peɪvɪdʒ/, *n.* *1* pavimentazione (*delle strade*) *2* (*fisc.*) tassa per la pavimentazione.

pavan /pə'væn, -ɑ:n, 'pævn/, **pavane** /pə'væn, -ɑ:n/, *n.* (*stor.*) pavana (*danza*).

to **pave** /peɪv/, *v. t.* pavimentare; lastricare (*anche fig.*); coprire: **The yard was paved with flagstones**, il cortile era pavimentato con lastre di pietra; **a path paved with flowers**, un sentiero coperto di fiori. ● (*fig.*) **to pave the way for sb.**, aprire la via a q.; preparare (*o* spianare) la strada a q.

pavement /'peɪvmənt/, *n.* *1* pavimentazione (*specialm. stradale*); lastrico; lastricato; selciato *2* marciapiede (*cfr. USA* **sidewalk**) *3* (*USA*, = **p. street**) strada lastricata. ● **p. artist**, chi disegna col gesso sul marciapiede (*per ricevere denaro dai passanti*); (*USA*) artista che espone e vende i suoi lavori sul marciapiede □ **p. café**, ristorante con tavoli all'aperto □ (*edil.*) **p. light**, lucernaio (*per dare luce a un locale sotterraneo*) □ **brick p.**, ammattonato □ **crazy p.**, lastricato di pietre irregolari e sconnesse (*nei giardini*).

paver /'peɪvə(r)/, *n.* *1* lastricatore; selciatore *2* pavimentatrice: **road p.**, pavimentatrice stradale (*macchina*) *3* pietra da selciato.

pavid /'pævɪd/, *a.* (*raro*) pavido; timoroso.

pavilion /pə'vɪlɪən/, *n.* *1* padiglione *2* grande tenda; tendone *3* (*anat.*) padiglione.

to **pavilion** /pə'vɪlɪən/, *v. t.* *1* fornire di padiglione *2* racchiudere (*o* riparare) sotto un padiglione.

paving /'peɪvɪŋ/, *n.* *1* pavimentazione (*specialm. stradale*): **p. services**, lavori di pavimentazione *2* materiale da pavimentazione. ● **p. slab**, piastrella □ **p. stone**, pietra da selciato □ **p. tile**, mattonella □ **cobblestone p.**, acciottolato.

pavior (*specialm. USA*), **paviour** /'peɪvɪə(r)/, *V.* **paver**.

pavis, pavise /'pævɪs/, *n.* (*stor.*) pavese (*grande scudo*).

pavonine /'pævənaɪn/, *a.* *1* di (*o* simile a) pavone *2* iridescente.

paw /pɔ:/, *n.* *1* (*zool.*) zampa *2* (*fam. scherz.*) mano; zampa (*scherz.*): **Get your paws off me!**, toglimi le zampe di dosso! ● (*a un cane*) **Paw!**, zampa!; zampina!

to **paw** /pɔ:/, **A** *v. i.* (*del cavallo*) scalpitare. **B** *v. t.* *1* (*del cavallo*) colpire con la zampa; dare una zampata a: **The wild horse pawed the air**, il cavallo selvaggio dava zampate all'aria (*o* scalciava) *2* (*fam.: di persona*) metter le mani addosso a; maneggiare in modo maldestro; brancicare; toccare sgarbatamente (*o* indelicatamente). ● (*di un cane*) **to paw (at) the door**, grattare la porta (*per entrare*) □ **to paw the ground**, scalpitare.

pawkiness /'pɔ:kɪnəs/, *n.* *1* (*fam.*) l'esser buffo (*o* divertente) *2* (*dial. scozz.*) astuzia; furberia.

pawky /'pɔ:kɪ/, *a.* *1* (*fam.*) buffo; divertente *2* (*scozz. o dial.*) astuto; furbo; scaltro.

pawl /pɔ:l/, *n.* *1* (*mecc.*) dente d'arresto; nottolino *2* (*naut.*) castagna, scontro (*dell'argano, ecc.*).

to **pawl** /pɔ:l/, *v. t.* *1* (*mecc.*) fermare con un dente d'arresto *2* (*naut.*) assicurare (*un argano, ecc.*) con una castagna.

pawn (1) /pɔ:n/, *n.* *1* (*a scacchi*) pedone *2* (*fig.*) pedina: **to be a p. in sb.'s hands**, essere una pedina nelle mani di q.

pawn (2) /pɔ:n/, *n.* (*comm., leg.*) pegno (*anche fig.*); garanzia: **Mary's ring was in (*o* at) p.**, l'anello di Mary era stato dato in pegno (*o* era pignorato). ● **p. agency**, agenzia di pegni, Monte di Pietà □ **p. ticket**, polizza di pegno □ **to get st. out of p.**, disimpegnare q.c. □ **to take a thing out of p.**, riscattare un oggetto pignorato.

to **pawn** /pɔ:n/, *v. t.* impegnare (*anche fig.*); dare in pegno; pignorare: **to p. one's honour [one's word]**, impegnare il (*o* impegnarsi sul) proprio onore [dare in pegno, impegnare, la propria parola].

pawnable /'pɔ:nəbl/, *a.* (*comm., leg.*) pignorabile; che si può dare in pegno.

pawnbroker /'pɔ:nbrəʊkə(r)/, *n.* (*comm., leg.*) prestatore su pegno; gestore di un'agenzia di pegni.

pawnbroking /'pɔ:nbrəʊkɪŋ/, *n.* il prestar denaro su pegno.

pawnee /pɔ:'ni:/, *n.* (*comm., leg.*) chi ha ricevuto q.c. in pegno; creditore pignoratizio.

pawner /'pɔ:nə(r)/, *n.* (*comm., leg.*) chi impegna q.c.; chi costituisce un pegno; debitore pignoratizio.

pawnshop /ˈpɔːnʃɒp/, *n.* agenzia di prestiti su pegno; Monte di Pietà.

pawpaw /ˈpɔːpɔː/, *V.* **papaw.**

pax /pæks/, *n.* **1** (*stor., relig.*) pace (*tavoletta con l'immagine del Crocifisso*) **2** (*gergo studentesco delle* **public schools**) pace!, basta! (*invito a metter fine a una lite*).

pay /peɪ/, **A** *n.* paga; retribuzione; compenso; salario; stipendio; (*mil.*) soldo; diaria. **B** *a. attr.* salariale: **pay pause**, tregua salariale. ● (*in G.B.*) **pay cheque**, assegno paga (*dal 1960*) □ **pay claim**, rivendicazione (*o* richiesta d'aumento) salariale □ **pay-day**, giorno di paga; (*Borsa*) giorno di liquidazione (*o* dei compensi) □ (*USA*) **pay dirt**, terreno ricco di minerali; (*fig.*) attività rimunerativa □ (*USA*) **pay envelope**, busta paga □ (*ind. min.*) **pay ore**, minerale coltivabile □ (*ingl.*) **pay packet**, busta paga □ (*telef.*) **pay phone**, telefono a pagamento; telefono a monete metalliche (*in Italia, anche*: a gettoni) □ **pay settlement**, accordo salariale □ **pay sheet**, libro paga □ (*USA*) **pay station**, cabina telefonica pubblica □ **pay telephone**, *V.* **pay phone** □ (*TV*) **pay television**, pay-tv □ **pay toilet**, gabinetto a pagamento □ **back pay**, arretrati □ **extra pay**, paga straordinaria; gratifica □ **to be in the pay of**, essere alle dipendenze (*o* al soldo) di: **He was then in the pay of the Italian intelligence service**, allora era alle dipendenze del servizio segreto italiano.

to **pay** (**1**) /peɪ/ (*pass.* e *p. p.* **paid**), **A** *v. t.* **1** pagare; ricompensare; ripagare; rimunerare; risarcire; saldare: **to pay workmen** [**the taylor, one's creditors**], pagare gli operai [il sarto, i creditori]; **to pay a debt**, pagare (*o* saldare) un debito; (*trasp.*) **to pay toll**, pagare il pedaggio; **You paid my kindness with evil**, hai ripagato la mia bontà facendomi del male **2** (*di lavoro*) rendere; esser retribuito con: **This job pays two hundred pounds a week**, questo lavoro rende duecento sterline la settimana **3** (*econ., fin.*) fruttare; rendere: **The investment paid 15% after tax**, l'investimento rese il 15% al netto d'imposta **4** dare profitto (*o* soddisfazione) a (q.): **It will pay you to read this book**, ti darà soddisfazione (troverai proficuo) leggere questo libro. **B** *v. i.* **1** pagare; fare un pagamento: **to pay by cheque**, pagare con un assegno; **to pay by instalments**, pagare a rate **2** fruttare; rendere; pagare; convenire; essere conveniente: **My job doesn't pay nowadays**, oggigiorno, il mio mestiere non rende; **Crime doesn't pay**, il delitto non paga; **It pays to be honest**, conviene essere onesti. ● (*fin.*) **pay-as-you-earn** (*abbr.* **P.A.Y.E.**), ritenuta alla fonte; sistema di tassazione mediante ritenute sul salario (*o* sullo stipendio) □ (*USA*) **pay-as-you-go**, sistema di pagare gli acquisti man mano che si fanno (*o* di limitare le spese al reddito effettivo); (*anche*) *V.* **pay-as-you-earn** □ **to pay attention**, far attenzione; stare attento (*a quel che si dice, ecc.*) □ **to pay the debt of nature**, pagare il debito alla natura (*lett.*); morire □ **to pay a call on sb.**, *V.* **to pay sb. a visit** □ **to pay a compliment**, fare un complimento □ **to pay one's court to**, far la corte a □ (*di una macchina, ecc.*) **to pay for itself**, pagarsi (*da solo*: *entro un certo tempo*) □ **to pay homage to sb.**, rendere omaggio a q. □ (*fig.*) **to pay sb. in his own coin**, pagare (*o* ripagare) q. della stessa moneta; rendere pan per focaccia □ **to pay on the nail**, pagare a tamburo battente □ **to pay the penalty**, pagare il fio (*o* la pena); pagarla cara □ (*fig.*) **to pay the piper**, pagare il conto; sostenere le spese □ (*banca*) **Pay self**, pagate al mio ordine (*o* a me medesimo; *abbr.* M.M.) (*scritto su un assegno*) □ **to pay through the nose**, pagare un prezzo esorbitante □ **to pay a tribute to sb.**, onorare q.; riconoscere il merito di q. □ **to pay sb. a visit**, far visita a q. □ **to pay one's way**, pagare quel che si compera senza far debiti; (*d'investimento, impresa, ecc.*) coprire le spese, rendere almeno i costi d'esercizio; passare in attivo.

♦**pay back**, *v. t.* + *avv.* **1** restituire, rendere (*denaro*) **2** rimborsare: **to pay back a loan**, rimborsare un mutuo **3** (*fig.*) ripagare, contraccambiare: **I paid him back in his own coin**, lo ripagai della stessa moneta; gli resi pan per focaccia □ **to pay money back to sb.**, rimborsare q.

♦**pay down**, *v. t.* + *avv.* **1** pagare in soluzione unica; pagare per intero **2** pagare (*o* versare) in contanti (*o* in acconto).

♦**pay for**, *v. t.* + *prep.* **1** pagare (per): **You should be paid for your work**, dovresti essere pagato per il tuo lavoro; **How much did you pay for your car?**, quanto l'hai pagata l'automobile? **2** (*fig.*) pagarla; scontare; scontarla: **He'll have to pay for his wicked actions**, dovrà pagarla per le sue azioni malvage; **We're paying for the mild winter with a wet spring**, stiamo scontando l'inverno mite con una primavera piovosa □ (*comm.*) **to pay for the goods**, pagare la merce.

♦**pay in**, *v. t.* + *avv.* versare (*denaro, assegni, ecc.*: *in banca o su un conto*).

♦**pay into**, *v. t.* + *prep.* (*banca*) versare in (*o* su): **I've paid five hundred pounds into my current account** [**into my bank**], ho versato cinquecento sterline sul mio conto corrente [in banca].

♦**pay off**, **A** *v. t.* + *avv.* **1** pagare, saldare, estinguere: **to pay off a loan**, estinguere un mutuo **2** liquidare, tacitare (*un creditore*); saldare i conti con (*un negozio, ecc.*) **3** (*fig. fam.*) fare i conti con (q.) **4** licenziare e liquidare (*un dipendente*) **5** (*fam.*) pagare, tacitare, comprare il silenzio di (q.) **6** (*naut.*) mettere (*una nave*) in disarmo. **B** *v. i.* + *avv.* **1** (*fam.*) essere redditizio; andare bene; dare un buon risultato: **It was a risky plan but it paid off**, era un progetto rischioso, ma è andata bene **2** (*naut.*) (*di nave*) abbattere; strapoggiare.

♦**pay out**, *v. t.* + *avv.* **1** sborsare (*denaro*) **2** (*di una banca, ecc.*: *ai clienti*) pagare, corrispondere (*denaro*) **3** ripagare (*fig.*), rendere pan per focaccia a (q.) **4** (*anche naut.*) filare, mollare (*una cima, una fune, ecc.*).

♦**pay over**, *v. t.* + *avv.* **1** (*form.*) pagare, corrispondere, versare (*denaro*) **2** (*ass.*) liquidare (*una somma per danni, ecc.*).

♦**pay up**, *v. t.* + *avv.* pagare (in toto); saldare: **to pay up arrears**, pagari gli arretrati □ (*fin.*) **to pay up shares**, fare l'ultimo versamento a liberazione di azioni.

to **pay** (**2**) /peɪ/, *v. t.* (*naut.*) **1** impeciare; catramare **2** calafatare.

payable /ˈpeɪəbl/, *a.* **1** pagabile; esigibile: (*di un titolo di credito*) **p. to bearer**, pagabile al portatore **2** (*di un lavoro, ecc.*) redditizio; rimunerativo **3** (*d'una miniera*) coltivabile, che vale la pena di sfruttare; (*d'un giacimento*) coltivabile, ricco.

payback /ˈpeɪbæk/, *n.* (*fin.*) reintegrazione, recupero (*del capitale investito*).

paycheck /ˈpeɪtʃɛk/, *n.* (*USA*) assegno paga.

payee /peɪˈiː/, *n.* (*leg., comm.*) **1** beneficiario, beneficiaria (*di un pagamento*) **2** (*di un assegno*) portatore; beneficiario **3** (*ass.*) beneficiario.

payer /ˈpeɪə(r)/, *n.* **1** pagatore; pagante **2** chi deve (*o* è tenuto a) pagare.

paying (**1**) /ˈpeɪɪŋ/, **A** *a.* **1** che paga; pagante: **the p. bank**, la banca che paga **2** fruttifero; lucrativo; redditizio; rimunerativo. **B** *n.* pagamento; versamento. ● **p. guest**, pensionante □ (*banca*) **p.-in**, versamento □ (*banca*) **p.-in book**, blocchetto di distinte di versamento □ (*banca*) **p.-in slip**, distinta (*o* modulo) di versamento □ **p. office**, ufficio pagamenti.

paying (**2**) /ˈpeɪɪŋ/, *n.* (*naut.*) **1** impeciatura; catramatura **2** calafataggio.

payload /ˈpeɪləʊd/, *n.* **1** (*trasp.*) carico utile, carico pagante (*specialm. di un aereo*) **2** (*mil., miss.*) carico utile; carica esplosiva.

paymaster /ˈpeɪmɑːstə(r), *USA* -mæs-/, *n.* **1** (*mil.*) ufficiale pagatore **2** chi prepara gli stipendi, le buste paga. ● (*in G.B.*) **P. General**, Ministro che paga tutte le pensioni dello stato e che fa da cassiere per quasi tutti i dicasteri.

payment /ˈpeɪmənt/, *n.* **1** (*comm., leg.*) pagamento; somma pagata; versamento: **They require prompt p.**, esigono il pagamento immediato; **to amortize a debt by monthly payments**, ammortizzare un debito con versamenti mensili **2** (*fig.*) ricompensa; punizione. ● (*comm.*) **p. against documents**, pagamento contro documenti □ **p. by cheque**, pagamento mediante assegno bancario □ **p. by instalments**, pagamento rateale □ (*econ.*) **payments deficit**, deficit della bilancia dei pagamenti □ **p. in advance**, pagamento anticipato; acconto □ **p. in full**, pagamento a saldo; saldo □ **p. into the bank**, versamento in banca □ **p. on account**, acconto □ **p. on delivery**, pagamento alla consegna □ (*banca*) **p. order**, ordine di pagamento (*o* di bonifico) □ **cash p.**, pagamento in contanti □ **to enforce p.**, farsi pagare; costringere un debitore a pagare □ **part-p.**, pagamento parziale; acconto; rata □ **terms of p.**, condizioni di pagamento.

pay(-)off /ˈpeɪɒf, *USA* -ɔːf/, **A** *n.* **1** paga; pagamento **2** (*fig.*) conclusione; resa dei conti **3** (*fam.*) pagamento (*anche di bustarelle*). **B** *a. attr.* (*fam.*) decisivo. ● (*fam.*) **to give sb. the p. shot**, dare il colpo di grazia a q.

payola /peɪˈəʊlə/, *n.* (*fam. USA*) bustarella; mazzetta; pizzo; tangente.

payout /ˈpeɪaʊt/, *n.* **1** (*fin.*) sovvenzione **2** (*anche ass.*) indennizzo **3** (*fam.*) resa dei conti; il rifarsi (*con q.*). ● (*fin.*) **p. ratio**, rapporto utili-dividendi (*di una società*).

Payphone /ˈpeɪfəʊn/, *n.* (*marchio*) telefono a gettoni (*o* a monete).

pay roll /ˈpeɪrəʊl/, *n.* **1** (*rag.*) libro paga; ruolo paga **2** ammontare delle retribuzioni **3** (*per estens.*) i dipendenti in ruolo paga (*di un'azienda*). ● **p. processing**, computerizzazione della tenuta dei libri paga □ (*fisc., in U.S.A.*) **p. tax**, imposta sul ruolo paga.

paysagist /ˈpeɪsədʒɪst, -zɑː-/ (*franc.*), *n.* (*arte*) paesaggista.

payslip /ˈpeɪslɪp/, *n.* distinta (*fam.*: striscia) della retribuzione.

PE /piːˈiː/, *n.* (*acronimo fam. di* **physical education**) educazione fisica.

pea /piː/, *n.* (*bot., Pisum sativum*) pisello. ● **pea bean**, fagiolo □ **pea green**, verde pisello □ (*naut.*) **pea jacket**, *V.* **peacoat** □ **pea pod**, baccello di pisello □ **pea soup**, passato di piselli (*specialm. secchi*) □ (*fam.*) **pea-souper**, nebbia densa e gialla □ (*di nebbia*) **pea-soupy**, densa e gialla □ **to be as like as two peas**, somigliarsi come due gocce d'acqua □ **green peas**, piselli freschi.

peace /piːs/, *n.* **1** pace; calma; quiete; serenità; tranquillità: **to be at p.**, essere in pace; esser sereno; (*anche, eufem.*) giacere in pace, essere morto; **P. was restored in the country**, la pace fu ristabilita nel paese; **p. of mind**, pace dello spirito; tranquillità d'animo; **p. with honour**, pace onorevole **2** (*leg., polit.*) ordine pubblico. ● **p. camp**, campo di pacifisti (*fuori di una base militare*) □ (*in U.S.A.*) **P. Corps**, Corpo dei volontari della Pace □ (*fig.*) **p. dividend**, il denaro risparmiato con la riduzione degli armamenti □ **p. march**, marcia della pace □ **p. offering**, (*relig.*) sacrificio propiziatorio; (*fig.*) dono di riconciliazione, offerta di pace □ **p. officer**, poliziotto; sceriffo □ **p. sign** (*o* **p. symbol**), simbolo della pace □ **to break the p.**, turbare l'ordine pubblico; fare schiamazzi □ **commission of the p.**, commissione arbitrale □ **to hold one's p.**, starsene zitto; tacere; non protestare □ **the King's** (*o* **Queen's**) **p.**, la quiete pubblica; l'ordine pubblico: **to keep the King's** (*o* **Queen's**) **p.**, mantenere (*o* non turbare) l'ordine pubblico □ **to make p.**, fare la pace; firmare un trattato di pace □ **to make one's p. with sb.**, far la pace con q.; rappacificarsi (*o* riconciliarsi) con q. □ **P. be with you!**, la pace sia con te!

peaceable /ˈpiːsəbl/, *a.* pacifico; calmo; quieto; tranquillo. ‖ **-ness**, *sost.* ‖ **-bly**, *avv.*

peaceful /ˈpiːsfl/, *a.* pacifico; calmo; quieto;

tranquillo: **p. tribes**, tribù pacifiche; **a p. night**, una notte piena di calma; **a p. bay**, una baia tranquilla. ● (*polit.*) **p. coexistence**, coesistenza pacifica. || **-ly**, *avv.* || **-ness**, *sost.*

peacekeeper /ˈpiːskiːpə/, *n.* tutore della pace; paciere.

peacekeeping /ˈpiːskiːpɪŋ/, **A** *n.* (il) mantenimento della pace. **B** *a.* che fa da paciere; posto a tutela della pace. ● (*polit.*) **p. force**, forza di pace (*dell'O.N.U.*).

peacemaker /ˈpiːsmeɪkə(r)/, *n.* ***1*** pacificatore, pacificatrice; paciere ***2*** (*USA, scherz.*) revolver; rivoltella; pistola.

peacemaking /ˈpiːsmeɪkɪŋ/, *n.* pacificazione.

peacemonger /ˈpiːsmʌŋgə(r), *USA* -mɒŋ-/, *n.* (*spreg.*) pacifista.

peacenik /ˈpiːsnɪk/, *n.* (*fam. USA*) pacifista.

peacetime /ˈpiːstaɪm/, **A** *n.* tempo di pace: **in p.**, in tempo di pace. **B** *a. attr.* del tempo di pace.

peach /piːtʃ/, *n.* ***1*** (*bot.*) pesca ***2*** (*bot., Prunus persica*; = **p. tree**) pesco ***3*** color pesca; roseo ***4*** (*fam.*) cosa eccezionale; cannonata (*fam.*); (*anche*) bella ragazza; (una) bellezza; (un) amore. ● **p. blossoms**, fiori di pesco □ **p.-blow**, colore tra il rosa e il rosso □ (*cucina*) **p. melba**, pesca Melba (dessert di mezza pesca con gelato alla vaniglia e succo di lamponi) □ **p.-coloured**, color pesca; roseo.

to **peach** /piːtʃ/, *v. i.* (*pop.*) fare la spia; fare una soffiata; spifferare; cantare (*fig.*): **to p. to the headmaster**, fare la spia al preside.

peachick /ˈpiːtʃɪk/, *n.* (*zool.*) piccolo di pavone; pavoncino.

peachy /ˈpiːtʃɪ/, *a.* ***1*** (*specialm. delle guance*) color pesca; morbido come una pesca; vellutato ***2*** (*fam.*) eccellente; fantastico; eccezionale.

peacoat /ˈpiːkəʊt/, *n.* (*naut.*) giubbotto da marinaio.

peacock /ˈpiːkɒk/, *n.* ***1*** (*zool.*) pavone (*maschio*) ***2*** (*fig.*) uomo vanitoso. ● **p. blue**, blu pavone □ (*zool.*) **p. butterfly** (*Vanessa io*), vanessa io □ **p. coal**, carbone iridescente □ **as proud as a p.**, vanitoso come un pavone.

to **peacock** /ˈpiːkɒk/, **A** *v. i.* pavoneggiarsi; insuperbire. **B** to **peacock oneself**, *v. rifl.* vestirsi delle penne del pavone.

peacockery /ˈpiːkɒkərɪ/, *n.* il pavoneggiarsi; vanità.

peacockish /ˈpiːkɒkɪʃ/, **peacocklike** /ˈpiːkɒklaɪk/, *a.* di (*o* da) pavone; simile a un pavone; (*fig.*) vanitoso.

peafowl /ˈpiːfaʊl/, *n.* (*zool., Pavo*) pavone (*maschio o femmina*).

peahen /ˈpiːhen/, *n.* (*zool.*) pavona; pavonessa.

peak /piːk/, **A** *n.* ***1*** cima; picco; sommità; vetta ***2*** punta; (*di tetto, ecc.*) pizzo; (*di cappello*) visiera: **the p. of a cap**, la visiera d'un berretto ***3*** (*fig.*) punto (*o* valore) massimo; (il) massimo; punta (*fig.*); (*scient., tecn.*) apice, picco: **the p. of production**, il punto più alto (*o* il massimo) della produzione; **peaks of illiteracy up to 95%**, punte di analfabetismo che arrivano al 95%; (*elettron.*) **p. detector**, rivelatore di picco ***4*** (*naut.*) picco, penna (*di vela*) ***5*** (*naut.*) gavone, scafetto. **B** *a. attr.* massimo; di punta: (*econ.*) **p. productivity**, produttività massima; **p. efficiency**, massimo rendimento; (*econ.*) **p. demand**, domanda di punta. ● **p. hours**, ore di punta □ **p. load**, (*tecn.*) carico massimo; (*elettr.*) carico massimo (*o* di punta) □ (*Borsa*) **p. price**, corso massimo □ (*tur.*) **p. season**, alta stagione □ (*elettr.*) **p. value**, valore di cresta □ (*sport*) **to be in p. condition**, essere in forma perfetta.

to **peak** (**1**) /piːk/, **A** *v. t.* ***1*** (*naut.*) alzare (*un pennone*) in posizione verticale ***2*** (*naut.*) disporre (*i remi*) a picco ***3*** (*della balena*) alzare (*la coda*) per immergersi ***4*** portare (*o* spingere) al massimo. **B** *v. i.* ***1*** (*della balena*) alzare la coda per l'immersione ***2*** raggiungere il punto massimo: **Imports have now peaked**, le importazioni hanno raggiunto il massimo.

to **peak** (**2**) /piːk/, *v. i.* (*arc.*) affievolirsi; emaciarsi; languire; struggersi. ● (*fam.*) **to p. and pine**, struggersi e languire.

peaked (**1**) /piːkt/, **peaky** /ˈpiːkɪ/, *a.* puntuto; aguzzo; affilato. ● (*archit.*) **p. roof**, tetto a punta.

peaked (**2**) /piːkt/, **peaky** /ˈpiːkɪ/, *a.* (*fam.*) emaciato; malaticcio; smunto; scarno. ● **to feel a bit p.**, essere un po' indisposto.

peal /piːl/, *n.* ***1*** suono (*di campane*); scampanio ***2*** concerto di campane; carillon ***3*** (*di risa*) scoppio; (*d'applausi*) scroscio ***4*** (*del tuono*) fragore; rimbombo; scoppio. ● **p. ringing**, *V.* **change ringing** □ (*di campane*) **at full p.**, a distesa.

to **peal** /piːl/, **A** *v. i.* ***1*** (*di campane*) scampanare; suonare a distesa ***2*** rumoreggiare; tuonare. **B** *v. t.* ***1*** suonare (*campane*) a distesa ***2*** far risuonare; far rimbombare ***3*** annunziare a gran voce; proclamare.

pean /ˈpiːən/, *V.* **paean**.

peanut /ˈpiːnʌt, -nət/, *n.* ***1*** (*bot., Arachis hypogaea*) arachide; nocciolina americana ***2*** (*pl.*) (*fam. USA*) due (*o* quattro) soldi; pochi spiccioli; un'inezia, una sciocchezza. ● **p. butter**, burro d'arachidi □ **p. oil**, olio di arachide.

pear /peə(r)/, *n.* (*bot.*) ***1*** pera ***2*** (*Pyrus communis*; = **p. tree**) pero. ● **p.-shaped**, a pera; a forma di pera.

pearl (**1**) /pɜːl/, *n.* ***1*** (*anche fig.*) perla: **She is a p. of a girl**, è una perla di ragazza ***2*** (= **mother-of-p.**) madreperla ***3*** (*pl.*) collana di perle; perle ***4*** (*tipogr.*) corpo 5. ● (*chim.*) **p. ash**, perlassa □ **p. barley**, orzo perlato □ **p. button**, bottone di madreperla □ **p. diver** (*o* **p. fisher**), pescatore di perle □ **p. diving** (*o* **p. fishing**), pesca delle perle □ **p. drop**, orecchino con perla a goccia □ **p. fishery**, banco sottomarino ricco di perle □ **p. grey**, grigio perla □ **p. oyster**, ostrica perlifera □ **p. shell**, madreperla greggia □ **p. stringer**, chi infila collane di perle □ (*fig.*) **to cast pearls before swine**, gettar perle ai porci.

pearl (**2**) /pɜːl/, *V.* **purl** (**1**).

to **pearl** (**1**) /pɜːl/, **A** *v. t.* ***1*** imperlare; ornare di perle ***2*** dare un colore perlaceo a (*q.c.*) ***3*** perlare (*l'orzo, ecc.*). **B** *v. i.* ***1*** imperlarsi ***2*** pescare perle. ● **to go pearling**, andare a pesca di perle.

to **pearl** (**2**) /pɜːl/, *V.* **to purl** (**1**).

Pearl /pɜːl/, *n.* Perla.

pearled /pɜːld/, *a.* (*dell'orzo, ecc.*) perlato.

pearlies /ˈpɜːlɪz/, *n. pl.* ***1*** costume dei fruttivendoli (e altri venditori ambulanti) londinesi (*tutto coperto di bottoni di madreperla*) ***2*** (*pop.*) (i) denti.

pearliness /ˈpɜːlɪnəs/, *n.* l'esser perlaceo (*o* perlato).

pearlite /ˈpɜːlaɪt/, *n.* (*metall., miner.*) perlite.

pearly /ˈpɜːlɪ/, *a.* ***1*** perlaceo; perlato; color perla; lucente come perla ***2*** adorno (*o* fatto) di perle ***3*** coperto di madreperla. ● (*Bibbia o scherz.*) **the P. Gates**, le porte del Paradiso □ (*pop.*) **the p. gates**, i denti.

peasant /ˈpeznt/, *n.* ***1*** (*stor.; oggi si dice* **farmer** *o* **smallholder**) contadino, contadina; campagnolo, campagnola ***2*** operaio agricolo (*in Europa*) ***3*** (*spreg.*) contadino; contadinaccio; zoticone. ● **p. labour**, manodopera per i lavori agricoli.

peasantry /ˈpezntrɪ/, *n.* ***1*** (*collett.*) contadini; coloni; rurali ***2*** contadinanza (*raro*); l'esser contadino (*o* campagnolo).

pease /piːz/, *n. pl.* (*pl. arc. o dial. di* **pea**) piselli. ● **p.-cod**, baccello di pisello □ (*cucina*) **p. pudding**, maiale con piselli bolliti □ **p. soup**, zuppa di piselli.

peashooter /ˈpiːʃuːtə(r)/, *n.* cerbottana.

peat /piːt/, *n.* ***1*** torba ***2*** formella di torba. ● **p. bog**, torbiera □ **p. moss**, muschio di torba; sfagno □ **p. moor**, torbiera □ **p. reek**, fumo di torba; (*fig. fam.*) whisky distillato su fuoco di torba.

peaty /ˈpiːtɪ/, *a.* torboso.

pebble /ˈpebl/, *n.* ***1*** ciottolo; sasso; sassolino ***2*** (*miner.*) cristallo di rocca; quarzo ialino ***3*** (*ottica*) lente di quarzo. ● (*edil.*) **p. dash**, intonaco a pinocchino (*con ghiaietto*) □ (*edil.*) **p. dashing**, intonacatura a pinocchino □ **p. gravel**, ghiaia □ **p. leather**, cuoio zigrinato; zigrino □ **p. paving**, acciottolato □ (*fam.*) **You're not the only p. on the beach**, non ci sei mica solo tu al mondo!

to **pebble** /ˈpebl/, *v. t.* ***1*** acciottolare ***2*** zigrinare (*cuoio*).

pebbly /ˈpeblɪ/, *a.* ciottoloso; sassoso; ghiaioso. ● (*geol.*) **p. sand**, sabbia con ciottoli.

pebrine /ˈpeɪbriːn/, *n.* pebrina (malattia del baco da seta).

pecan /ˈpiːkən, pɪˈkæn, *USA* pɪˈkɑːn/, *n.* (*bot.*) ***1*** (*Carya illinoensis*) pecan; noce americano ***2*** noce americana.

peccability /pekəˈbɪlətɪ/, *n.* l'essere soggetto a peccare; peccabilità (*lett.*).

peccable /ˈpekəbl/, *a.* soggetto a peccare; peccabile (*lett.*).

peccadillo /pekəˈdɪləʊ/, *n.* (*pl.* **peccadilloes, peccadillos**) peccatuccio; piccola colpa.

peccancy /ˈpekənsɪ/, *n.* ***1*** l'esser peccatore ***2*** peccato.

peccant /ˈpekənt/, *a.* ***1*** peccante; che pecca; peccatore ***2*** difettoso ***3*** (*med.*) che provoca malattie; insalubre.

peccary /ˈpekərɪ/, *n.* (*zool., Tayassu*) pecari.

peck (**1**) /pek/, *n.* ***1*** «peck» (*misura per cereali: pari a 9,09 litri in G.B.; a 8,8 litri in USA*) ***2*** recipiente della capacità di un «peck» ***3*** (*fig. fam. arc.*) mucchio; sacco (*fam.*): **a p. of dirt**, un mucchio di sudiciume.

peck (**2**) /pek/, *n.* ***1*** beccata; colpo di becco ***2*** (*fam.*) bacio frettoloso; bacetto ***3*** (*pop.*) roba da mangiare; cibo.

to **peck** /pek/, *v. t. e i.* ***1*** beccare; colpire (*o* afferrare, mangiare) col becco: **The canary is pecking a biscuit**, il canarino becca un biscotto ***2*** fare col becco: **to p. a hole**, fare un buco col becco ***3*** (*fam., spesso* **to p. at**) mangiucchiare; sbocconcellare ***4*** (*fam.*) baciare in fretta; dare un bacetto a (*q.*). ● **to p. at**, fare l'atto di beccare; (*fam.*) mangiucchiare; sbocconcellare; (*fam.*) beccarsi con (*q.*); criticare, trovare da ridire su (*q.c.*); (*fam.*) trattare (*un argomento*) per sommi capi □ **to p. out**, beccare; strappare col becco □ **pecking order**, (*zool., etologia*) ordine di beccata; (*psic.*) gerarchia sociale.

pecker /ˈpekə(r)/, *n.* ***1*** (*zool., di solito* **woodpecker**) picchio ***2*** piccone ***3*** (*elab.*) sensore ***4*** (*fam.*) naso ***5*** (*volg. USA*) cazzo, uccello (*volg.*). ● (*fam.*) **to keep one's p. up**, farsi coraggio; tenersi su (*fam.*).

peckerhead /ˈpekəhed/, *n.* (*volg.*) testa di cazzo (*volg.*); idiota; cretino.

peckerwood /ˈpekəwʊd/, *n.* (*pop. USA*) ***1*** (*stor.*) bianco povero (*nel Sud*) ***2*** (uomo) bianco (*in genere*).

peckings /ˈpekɪŋz/, *n. pl.* (*pop. USA*) becchime (*fig.*); cibo.

peckish /ˈpekɪʃ/, *a.* (*fam.*) ***1*** affamato; che ha un buon appetito ***2*** (*USA*) irritabile.

pecks /peks/, *n. pl.* (*pop. USA*) ***1*** muscoli pettorali ***2*** *V.* **peckings**.

pecs /peks/, *V.* **pecks**, *def. 1.*

pecten /ˈpektən/, *n.* (*pl.* **pectens, pectines**) (*zool.*) ***1*** (*Pecten*) pettine (*mollusco*) ***2*** organo simile a un pettine.

pectic /ˈpektɪk/, *a.* (*biochim.*) pectico: **p. acid**, acido pectico.

pectin /ˈpektɪn/, *n.* (*biochim.*) pectina.

pectoral /ˈpektərəl/, **A** *a.* (*anat.*) pettorale: (*zool.*) **p. fin**, pinna pettorale. **B** *n.* ***1*** pettorale ***2*** (*anat.*) muscolo pettorale ***3*** (*zool.*) pinna pettorale. ● (*relig.*) **p. cross**, croce pettorale.

pects /pekts/, *V.* **pecks**, *def. 1.*

to **peculate** /ˈpekjʊleɪt/, **A** *v. i.* (*leg.*) commettere peculato. **B** *v. t.* appropriarsi indebitamente di (*denaro, specialm. pubblico*).

peculation /pekjʊˈleɪʃn/, *n.* (*leg.*) peculato; appropriazione indebita.

peculator /ˈpekjʊleɪtə(r)/, *n.* (*leg.*) chi commette peculato.

peculiar /pɪˈkjuːlɪə(r)/, **A** *a.* ***1*** peculiare; particolare; caratteristico; speciale: **a matter of p. interest**, una faccenda di particolare interesse; **a melancholic mood quite p. to him**, uno stato d'animo melanconico che gli è del tutto peculiare *2* bizzarro; eccentrico; singolare; strano; curioso: **a p. flavour**, uno strano sapore; **a p. situation**, una situazione strana (*o* imbarazzante); **I'm feeling a bit p. today**, oggi mi sento un po' strano; **He has always been a little p.**, è sempre stato (un tipo) un po' bizzarro. **B** *n.* *1* prerogativa; privilegio *2* (*stor., relig.*) chiesa (*o* parrocchia) non soggetta alla giurisdizione della diocesi *3* **P.**, membro dei «Peculiar People». ● **P. People**, setta evangelica fondata nel 1838 (*che crede nell'intervento divino per guarire le malattie*) □ **(God's) p. people**, il popolo eletto (da Dio); gli ebrei; gli eletti. || **-ly**, *avv.*

peculiarity /pɪkjuːlɪ'ærətɪ/, *n.* *1* peculiarità; caratteristica; particolarità *2* bizzarria; eccentricità; singolarità; stranezza: **p. of manner**, singolarità del modo di fare; **p. of speech**, eccentricità nel parlare.

pecuniary /pɪ'kjuːnɪərɪ, *USA* -ɪerɪ/, *a.* pecuniario; finanziario; monetario; in denaro: **p. gain**, guadagno finanziario; **p. motives**, motivi pecuniari; (*fin.*) **p. unit**, unità monetaria. ● (*leg.*) **p. damage**, danno patrimoniale □ (*leg.*) **p. offence**, reato passibile di pena pecuniaria.

ped /pɛd/, (*fam. USA*) *V.* **pedestrian**.

pedagog /'pɛdəgɒg, *USA* -ɔːg/, (*USA*) *V.* **pedagogue**.

pedagogic(al) /pɛdə'gɒdʒɪk(l), -'gəʊ-/, *a.* pedagogico. || **-ally**, *avv.*

pedagogics /pɛdə'gɒdʒɪks, -'gəʊ-/, *n. pl.* (*col verbo al sing.*) pedagogia.

pedagogism /'pɛdəgɒgɪzəm, *USA* -ɔːg-/, *n.* *1* pedagogismo *2* (*spreg.*) pedanteria.

pedagogue /'pɛdəgɒg, *USA* -ɔːg/, *n.* *1* pedagogo *2* (*spreg.*) pedante.

pedagoguism /'pɛdəgɒgɪzəm, *USA* -ɔːg-/, *V.* **pedagogism**.

pedagogy /'pɛdəgɒdʒɪ, -gəʊ-/, *n.* pedagogia.

pedal (1) /'pɛdl/, *n.* *1* (*mecc., mus.*) pedale: (*autom.*) **accelerator p.**, pedale dell'acceleratore; **clutch p.**, pedale della frizione *2* (*aeron.*) pedaliera. ● **p. bin**, pattumiera a pedale □ **p. boat**, pattino a pedali; pedalò (*marchio*) □ **p. crank**, pedivella □ **p. pushers**, calzoni (*da donna*) a metà polpaccio □ (*mus.*) **loud p.**, pedale del forte □ (*mus.*) **soft p.**, pedale del piano.

pedal (2) /'pɛdl/, *a.* (*biol.*) del piede; pedale.

to **pedal** /'pɛdl/, **A** *v. i.* *1* pedalare *2* azionare un pedale (*o* i pedali). **B** *v. t.* azionare (*o* comandare, muovere) (q.c.) per mezzo di pedali.

pedalo /'pɛdələʊ/, *n.* (*pl.* **pedalos, pedaloes**) moscone (*o* pattino) a pedali; pedalò (*marchio*).

pedant /'pɛdnt/, *n.* pedante.

pedantic /pɪ'dæntɪk/, *a.* *1* pedantesco *2* (*di persona*) pedante. || **-ally**, *avv.*

pedantry /'pɛdntrɪ/, *n.* pedanteria.

to **peddle** /'pɛdl/, **A** *v. i.* fare il venditore ambulante. **B** *v. t.* *1* vendere al minuto *2* mettere in giro (*dicerie, ecc.*) *3* spacciare (*droga*). ● **to p. advice**, distribuire consigli (a dritta e a manca) □ (*volg. USA*) **to p. one's ass**, prostituirsi □ (*fam. USA*) **to p. one's papers**, farsi gli affari propri.

peddler /'pɛdlə(r)/, *n.* *1* (*USA*) *V.* **pedlar** *2* spacciatore di droga.

peddling /'pɛdlɪŋ/, **A** *a.* futile; meschino; di poco conto; di scarsa importanza: **a p. outlook on life**, una visione meschina della vita. **B** *n.* *1* commercio ambulante *2* spaccio di droga.

pederast /'pɛdəræst/, **pederasty** /'pɛdəræstɪ/, *V.* **paederast, paederasty**.

pedestal /'pɛdɪstl/, *n.* *1* (*anche fig.* e *scient.*) piedistallo; piedestallo *2* piede centrale (*di tavolo*) *3* (*edil.*) colonna (*di lavandino*). ● **p. table**, tavolo a piede centrale □ (*fig.*) **to knock sb. off his p.**, buttare giù q. dal piedistallo □ (*fig.*) **to set** (*o* **to put**) **sb. on a p.**, mettere q. su un piedistallo.

to **pedestal** /'pɛdɪstl/, *v. t.* *1* (*anche fig.*) mettere su un piedistallo *2* fare da piedistallo a (q.c.).

pedestrian /pɪ'dɛstrɪən/, **A** *n.* pedone; viandante. **B** *a.* pedestre (*anche fig.*); comune; banale; prosaico. ● **p. crossing**, passaggio pedonale □ **p. island** (*o* **p. precinct**), isola (*o* zona) pedonale □ **a street reserved for pedestrians**, una strada pedonale.

pedestrianization /pɪdɛstrɪənaɪ'zeɪʃn, *USA* -nɪ'z-/, *n.* pedonalizzazione.

to **pedestrianize** /pɪ'dɛstrɪənaɪz/, *v. t.* pedonalizzare (*una strada, ecc.*).

pedestrianized /pɪ'dɛstrɪənaɪzd/, *a.* pedonalizzato.

pediatric /piːdɪ'ætrɪk/, e *deriv.* (*USA*) *V.* **paediatric**, e *deriv.*

pedicab /'pɛdɪkæb/, *n.* triciclo usato come taxi (*in Indonesia, ecc.*).

pedicel /'pɛdɪsl/, **pedicle** /'pɛdɪkl/, *n.* (*bot., zool.*) pedicello; peduncolo.

pedicellate /'pɛdɪsəleɪt/, *a.* (*zool., bot.*) pedicellato.

pedicular /pɪ'dɪkjʊlə(r)/, *a.* (*med.*) pedicolare.

pediculosis /pɛdɪkjʊ'ləʊsɪs/, *n.* (*pl.* **pediculoses**) (*med.*) pediculosi; morbo pedicolare.

pediculous /pɪ'dɪkjʊləs/, *a.* (*med.*) pidocchioso; infestato dai pidocchi.

pedicure /'pɛdɪkjʊə(r)/, *n.* *1* pedicure; callista; podologo *2* pedicure (*improprio*) trattamento curativo dei piedi.

pedicurist /'pɛdɪkjʊərɪst/, *n.* pedicure (*chi fa il trattamento*).

pedigree /'pɛdɪgriː/, **A** *n.* *1* albero genealogico *2* genealogia; ascendenza; lignaggio (*lett.*) *3* (*d'animali*) pedigree. **B** *a. attr.* che ha il pedigree: **a p. bull [Alsatian]**, un toro [un pastore tedesco] con pedigree.

pedigreed /'pɛdɪgriːd/, *a.* *1* di nobili natali; d'alto lignaggio *2* (*d'animale*) che ha il pedigree: **a p. dog**, un cane con pedigree.

pediment /'pɛdɪmənt/, *n.* (*archit.*) frontone; timpano.

pedimental /pɛdɪ'mɛntl/, *a.* *1* di (*o* che serve da) frontone *2* che ha la forma di un frontone.

pedimented /'pɛdɪmɛntɪd/, *a.* (*d'edificio*) provvisto di frontone.

pedlar /'pɛdlə(r)/, *n.* *1* venditore ambulante *2* (*fig.*) chi diffonde (*o* divulga) q.c.; propagatore: **a p. of gossip**, uno che diffonde pettegolezzi. ● **p.'s French**, gergo della malavita □ (*polit.*) **p. of influence**, procacciatore di favori (*spesso illeciti*).

pedogenesis /piːdə'dʒɛnəsɪs/, *n.* (*geol.*) pedogenesi.

pedologic(al) /pɛdə'lɒdʒɪk(l)/, *a.* (*geol.*) pedologico.

pedologist /pɪ'dɒlədʒɪst/, *n.* pedologo.

pedology /pɪ'dɒlədʒɪ/, *n.* (*geol.*) pedologia; scienza del suolo.

pedometer /pɪ'dɒmɪtə(r)/, *n.* pedometro; contapassi (*strumento*).

peduncle /pɪ'dʌŋkl/, *n.* (*anat., bot., zool.*) peduncolo.

peduncular /pɪ'dʌŋkjʊlə(r)/, *a.* (*bot., zool.*) peduncolare.

pedunculate /pɪ'dʌŋkjʊleɪt, -lət/, *a.* (*bot., zool.*) peduncolato.

pee (1) /piː/, *n.* (*volg.*) *1* piscio (*volg.*); pipì (*fam.*); orina *2* pisciata (*volg.*): **to go for (to have, to take) a pee**, (andare a) fare una pisciata.

pee (2), **pe** /piː/, *n.* pi; lettera p.

to **pee** /piː/, *v. i.* (*volg.*) pisciare (*volg.*); fare pipì (*fam.*); orinare.

peek /piːk/, *n.* sguardo furtivo; sbirciatina. ● (*pop. USA*) **p. freak**, guardone.

to **peek** /piːk/, *v. i.* *1* guardare furtivamente; sbirciare *2* far capolino; spuntare. ● (*fam.*) **to p. at**, guardare (di soppiatto).

peekaboo /piːkə'buː/, **A** *n.* *1* cucù (*gioco che si fa con bimbi piccini*) *2* (*pop. USA*) sguardo furtivo; sbirciatina. **B** *inter.* cucù!

peel (1) /piːl/, *n.* buccia; scorza; pelle (*fig.*). ● **candied p.**, scorza (di limone o d'arancio) candita.

peel (2) /piːl/, *n.* pala da fornaio.

peel (3) /piːl/, *n.* (*stor.*) torre di difesa (*sul confine con la Scozia*).

to **peel** /piːl/, **A** *v. t.* *1* sbucciare; pelare; mondare: **to p. an orange**, sbucciare un'arancia *2* sgusciare: **peeled prawns**, gamberetti sgusciati *3* (*generalm.* **to p. off**) staccare, togliere (*la buccia, la scorza, un indumento, ecc.*): **She peeled off her fur coat**, si tolse la pelliccia. **B** *v. i.* *1* sbucciarsi; spellarsi: **She got sunburnt and her face peeled**, prese troppo sole e le si spellò il viso *2* (*fam.*) spogliarsi; svestirsi. ● (*fam.*) **to keep one's eyes peeled**, tenere gli occhi ben aperti.

♦**peel away**, **A** *v. i.* + *avv.* *1* (*della pelle, ecc.*) sbucciarsi, staccarsi; (*del viso, ecc.*) spellarsi: **The paint is peeling away**, si sta staccando la vernice *2* (*aeron.*) *V.* **peel off**, *def. 4*. **B** *v. t.* + *avv.* *1* sbucciare, pelare *2* staccare, tirare via (*una pellicola, un incarto, ecc.*).

♦**peel back**, *v. t.* + *avv.* *1* pelare, sbucciare (*una banana, ecc.*) *2* rivoltare, rimboccare (*una manica, ecc.*).

♦**peel off**, *v. i.* + *avv.* *1* (*della pelle, di vernice, ecc.*) sbucciarsi, staccarsi; (*del viso, ecc.*) spellarsi *2* (*fam.*) staccarsi dal gruppo; andarsene in fretta; tagliare la corda *3* (*fam.*) svestirsi; spogliarsi; denundarsi *4* (*aeron.*) (*di un aereo*) staccarsi (*dalla formazione*) virando.

♦**peel out**, *v. i.* + *avv.* *1* (*fam.*) andarsene in fretta; tagliare la corda *2* (*pop. USA*: *di un'auto*) sgommare.

peeler (1) /'piːlə(r)/, *n.* *1* chi sbuccia; sbucciatore, sbucciatrice *2* (*ind.*) pelatrice (*macchina*) *3* (*fam. USA*) spogliarellista.

peeler (2) /'piːlə(r)/, *n.* (*pop. arc.*) poliziotto (*dal nome di Sir Robert Peel*).

peeling /'piːlɪŋ/, *n.* *1* buccia, scorza (*staccata dalla frutta, ecc.*): **peelings**, bucce (*specialm. di patate*) *2* sbucciatura; mondatura *3* (*della pelle o di un rivestimento*) spellatura *4* (*cosmesi*) peeling. ● **p. machine**, (*ind. tess.*) mondatrice (*dei semi di cotone*); (*ind. della frutta e verdura*) pelatrice, mondatrice, sbucciatrice.

peen /piːn/, *n.* penna (*del martello*). ● **p. hammer**, martello da muratore.

to **peen** /piːn/, *v. t.* (*metall.*) *1* martellare a penna; battere con la penna del martello *2* pallinare; sottoporre a pallinatura.

peening /'piːnɪŋ/, *n.* (*metall.*) *1* martellamento (a penna) *2* pallinatura.

peep (1) /piːp/, *n.* *1* pigolio *2* squittio *3* (*infant.*) suono di clacson; tutù (*infant.*) *4* (*fam.*) suono; parola.

peep (2) /piːp/, *n.* *1* sguardo furtivo; occhiata; sbirciata *2* veduta parziale; scorcio; vista fugace *3* primo apparire (*dell'alba, della luce, ecc.*). ● **p.-show**, apparecchio nel quale si vedono immagini (*anche erotiche*) attraverso un foro provvisto di lente; (*pop. USA*) spettacolo di spogliarello □ **p. sight**, mirino, diottra (*d'arma da fuoco*) □ (*mil.*) **p. slot**, feritoia □ **at p. of dawn** (*o* **of day**), allo spuntar del giorno; all'alba □ **to get a p. of st.**, intravedere q.c. □ **to take a p. at st.**, dare un'occhiata a q.c.

to **peep** (1) /piːp/, *v. i.* *1* (*d'uccelli*) pigolare (*anche fig.*) *2* (*di topi*) squittire *3* (*fam.*) parlare; emettere un suono.

to **peep** (2) /piːp/, *v. i.* *1* guardare furtivamente; sbirciare; spiare: **to p. behind the scenes [under the bed]**, spiare dietro le quinte [sbirciare sotto il letto] *2* (*spesso* **to p. out**) apparire a poco a poco; far capolino; spuntare: **The snowdrops were peeping in the sunshine**, i bucaneve facevano capolino nelle chiazze di sole; **The sun peeped out**, spuntò il sole *3* (*fig.*: *di qualità, ecc.*) rivelarsi spontaneamente; scoprirsi. ● **to p. at sb.**, spiare q. □ **to p. into a room**, sbirciare dentro una stanza □ **peeping Tom**, guardone; voyeur.

peepbo /'piːpbəʊ/, *V.* **peekaboo**.

peepee /'piːpiː/, *n.* (*pop. scherz. USA*) pisello (*membro virile*).

peeper (**1**) /'piːpə(r)/, *n.* animale che pigola; pulcino.

peeper (**2**) /'piːpə(r)/, *n.* **1** chi sbircia; chi spia; persona curiosa; ficcanaso **2** (*pl.*) (*pop.*) occhi; (*anche*) occhiali da sole **3** (*pop. USA*) detective privato.

peephole /'piːphəʊl/, *n.* spioncino (*in una porta, ecc.*)

peer /pɪə(r)/, *n.* **1** pari; uguale; coetaneo; persona di pari condizione sociale, grado, ecc.: **the right to be judged by one's peers**, il diritto d'essere giudicato dai propri pari **2** Pari (*d'Inghilterra, di Scozia o d'Irlanda*); Lord; nobile (*di un'altra nazione*): **the Peers of the Realm**, i Pari del Regno. ● **p. group**, gruppo di persone della stessa classe, età, ecc. □ (*psic.*) **p.-group pressure**, pressione esercitata dai coetanei (dalla gente di pari condizione, ecc.).

to **peer** /pɪə(r)/, *v. i.* **1** guardar da presso; sbirciare; scrutare: **to p. into a dark cave**, guardare dentro una caverna buia; **to p. at sb.**, sbirciare q.; scrutare q. **2** apparire a poco a poco; far capolino; spuntare.

peerage /'pɪərɪdʒ/, *n.* **1** (*collett.*) (i) Pari (*d'Inghilterra, di Scozia o d'Irlanda*) **2** (l') aristocrazia, (la) nobiltà (*di un'altra nazione*) **3** dignità (*o* titolo) di Pari **4** almanacco nobiliare (inglese).

peeress /'pɪərɛs/, *n.* **1** (*in G.B.*; *di solito*, **Lady Peer**) Pari (d'Inghilterra) che è donna **2** (*più com.*) moglie (*o* vedova) di un Pari.

peerless /'pɪələs/, *a.* senza pari; impareggiabile; incomparabile. ‖ **-ly**, *avv.* ‖ **-ness**, *sost.*

peeve /piːv/, *n.* (*fam.*) scocciatura; seccatura.

to **peeve** /piːv/, *v. t.* (*fam.*) irritare; seccare; scocciare (*fam.*).

peeved /piːvd/, *a.* (*fam.*) irritato; seccato; scocciato (*fam.*).

peevish /'piːvɪʃ/, *a.* irritabile; irascibile; permaloso; stizzoso. ‖ **-ly**, *avv.* ‖ **-ness**, *sost.*

peewee /'piːwiː/, *n.* (*fam. USA*) **1** persona bassa di statura; nano (*fig.*) **2** tipo insignificante, senza importanza **3** piccola sigaretta di marijuana.

peewit /'piːwɪt/, *V.* **pewit**.

peg /pɛg/, *n.* **1** piolo; caviglia; spina; spinotto; cavicchio **2** picchetto; paletto; piolo: **tent pegs**, picchetti da tenda; **hat pegs**, pioli per attaccare il cappello; attaccapanni **3** (*per botti*) zaffo; zipolo **4** (= **clothes peg**) molletta da bucato **5** (*mus.*: *di violino, ecc.*) bischero; pirolo **6** (*fig.*) appiglio; pretesto; motivo: **The peg for his remarks is the economic crisis**, la crisi economica è il pretesto per le sue osservazioni **7** (*fin.*) punto (*o* tasso) d'intervento; parità: **peg adjustments**, adeguazioni delle parità **8** (*pl.*) (*pop. USA*) gambe; (*anche*) calzoni **9** (*raro*) bevanda alcolica; (*specialm.*) brandy (*o* whisky) con seltz. ● (*fam.*) **peg leg**, gamba di legno; persona con una gamba di legno □ **peg top**, trottola □ **peg-top trousers**, calzoni larghi in alto e stretti in fondo; calzoni a sbuffo □ (*d'abito*) **off the peg**, confezionato; bell'e fatto □ (*fig.*) **a square peg in a round hole**, un pesce fuor d'acqua; una persona inadatta al suo lavoro (al suo ambiente, ecc.) □ (*fig.*) **to take sb. down a peg or two**, far abbassare la cresta a q.

to **peg** /pɛg/, **A** *v. t.* **1** fissare; infiggere (*o* piantare) con caviglie, picchetti, pioli, ecc.; incavigliare; incavicchiare: **to peg a notice to a billboard**, fissare (*o* attaccare) un avviso su un cartellone **2** segnare con pioli (*o* picchetti); picchettare: **to peg the score**, segnare il punteggio per mezzo di piccoli pioli **3** colpire (*o* trapassare) con un piolo, un picchetto **4** (*fin., Borsa*) stabilizzare il prezzo di (*azioni, ecc.*); stabilizzare (*il mercato*) **5** fissare (*prezzi, quotazioni, ecc.*) **The lira was pegged at 1,700 to the dollar**, la lira fu fissata a 1.700 rispetto al dollaro **6** (*fam.*) classificare, definire: **She pegged him as a wet blanket**, lo definì un guastafeste **7** (*fam.*) lanciare, scagliare (*una palla, ecc.*). **B** *v. i.* segnare i punti (in una partita) mediante piccoli pioli.

♦**peg away at**, *v. i.* + *avv.* + *prep.* (*fam.*) lavorare sodo, sgobbare, darci sotto a (*fare q.c.*): **to peg away at training [at soccer practice]**, darci sotto ad allenarsi [a fare pratica del gioco del calcio].

♦**peg down**, *v. t.* + *avv.* **1** piantare; fissare con paletti (*pioli, cavicchi, picchetti, ecc.*): **to peg down the tents**, piantare le tende **2** mantenere (*un prezzo, ecc.*) basso: **to peg down the price of foodstuffs**, mantenere bassi i prezzi dei generi alimentari **3** (*fam.*) vincolare, impegnare (q.); inchiodare (*fig.*): **You should peg him down to a firm date of delivery of the goods**, devi vincolarlo a una data fissa per la consegna della merce; **to peg sb. down to the rules**, inchiodare q. al regolamento.

♦**peg out**, **A** *v. t.* + *avv.* **1** appendere, stendere (*il bucato ad asciugare*) **2** puntare (*una tovaglia, una carta geografica, ecc.*) con spilli **3** delimitare con picchetti; picchettare: **to peg out a plot of land**, picchettare un lotto di terreno. **B** *v. i.* + *avv.* (*fam.*) **1** morire **2** (*di un motore, ecc.*) spegnersi □ **to peg out a claim**, rivendicare il possesso di un terreno (*minerario, ecc.*) delimitandolo con picchetti.

Pegasus /'pɛgəsəs/, *n.* (*pl.* **Pegasi, Pegasuses**) **1** (*mitol., astron.*) Pegaso **2** (*fig.*) ispirazione poetica.

pegboard /'pɛgbɔːd/, *n.* **1** marcapunti (*per taluni giochi*) **2** (*market.*) tabellone per appendervi articoli in esposizione **3** (*elettr.*) pannello a spine.

pegged /pɛgd/, *a.* **1** provvisto di pioli (di cavicchi, ecc.) **2** picchettato **3** (*Borsa, fin.*) sostenuto; stabilizzato: **p. market**, mercato stabilizzato; **p. price**, prezzo di sostegno **4** (*fin.*: *di prezzo*) fissato. ● (*fin.*) **p. rates of exchange**, tassi di cambio stabilizzati.

pegging /'pɛgɪŋ/, *n.* **1** il fissare con pioli; picchettamento **2** (*Borsa, fin.*) stabilizzazione; sostegno (*di prezzi, tassi di cambio, ecc.*).

Peggy /'pɛgɪ/, *n.* (*dim. di* **Margaret**) Rita.

pegmatite /'pɛgmətaɪt/, *n.* (*geol.*) pegmatite.

Peiping /peɪ'pɪŋ/, *n.* (*geogr.*) Pechino.

pejorative /pɪ'dʒɒrətɪv, *USA* -ɔːr-/, *a.* e *n.* (*anche gramm.*) peggiorativo. ‖ **-ly**, *avv.*

peke /piːk/, *n.* (*fam.*) pechinese (*cane*).

pekin /piː'kɪn/, *n.* seta di Pechino.

Pekinese /piːkɪ'niːz/, **Pekingese** /piːkɪŋ'iːz/, *a.* e *n.* (*invar. al pl.*) pechinese.

Peking /piː'kɪŋ/, *n.* (*geogr.*) Pechino.

pekoe /'piːkəʊ/, *n.* «pekoe» (*tè scuro di prima qualità*).

pelage /'pɛlɪdʒ/, *n.* pelame.

pelagian /pɪ'leɪdʒən/, **A** *a.* pelagico (*anche oceanografia, geol.*); oceanico. **B** *n.* **1** (*zool.*) animale pelagico **2** (*bot.*) pianta pelagica.

Pelagian /pɪ'leɪdʒən/, *a.* e *n.* (*relig.*) pelagiano.

Pelagianism /pɪ'leɪdʒənɪzəm/, *n.* (*relig.*) pelagianismo.

pelagic /pə'lædʒɪk/, *a.* pelagico (*anche oceanografia, geol.*); oceanico.

pelargonium /pɛlə'gəʊnɪəm/, *n.* (*bot., Pelargonium*) geranio; pelargonio.

Pelasgian /pɛ'læzgɪən/, **Pelasgic** /pɛ'læzgɪk/, *a.* (*stor.*) pelasgico; dei Pelasgi: **P. architecture**, architettura pelasgica.

pelerine /'pɛləriːn/, *n.* pellegrina (*corta mantellina*).

pelf /pɛlf/, *n.* (*spreg.*) denaro; ricchezza; «il vil metallo».

pelican /'pɛlɪkən/, *n.* (*zool., Pelecanus*) pellicano. ● (*nelle città*) **p. crossing**, attraversamento pedonale regolato da semaforo (*con un pulsante azionato dai pedoni*).

pelisse /pə'liːs/, *n.* **1** mantello da donna, bordato di pelliccia **2** cappottino (*da bambino*) **3** (*stor.*) giacca da ussaro (*guarnita di pelliccia*).

pellagra /pɪ'lægrə, -'leɪg-/, *n.* (*med.*) pellagra.

pellagrous /pə'lægrəs/, *a.* (*med.*) pellagroso.

pellet /'pɛlət/, *n.* **1** pallottola (*d'argilla, carta, ecc.*); pallina **2** pallino di piombo **3** (*farm.*) pellet; pillola **4** (*agric.*) pellet, nucleo (*di mangime*) **5** (*mil.*) pallottola **6** (*geol.*) grumo **7** (*scient., tecn.*) pallottola; sferetta; pastiglia **8** (*stor.*) palla di pietra (*per catapulta o cannone*).

to **pellet** /'pɛlət/, *v. t.* **1** appallottolare **2** colpire con una pallottola (*specialm. di carta*) (*o* con un pallino); impallinare.

pelletization /pɛlətaɪ'zeɪʃn, *USA* -tɪ'z-/, *n.* (*tecn.*) pellettizzazione.

to **pelletize** /'pɛlətaɪz/, *v. t.* (*tecn.*) pellettizzare.

pellicle /'pɛlɪkl/, *n.* pellicola; membrana.

pellicular /pə'lɪkjʊlə(r)/, *a.* pellicolare; di (*o* simile a) pellicola.

pell-mell /pɛl'mɛl/, **A** *avv.* **1** alla rinfusa; disordinatamente **2** precipitosamente; sfrenatamente. **B** *a.* **1** disordinato; promiscuo **2** precipitoso; sfrenato. **C** *n.* confusione; disordine.

pellucid /pɛ'luːsɪd/, *a.* pellucido; trasparente, chiaro (*anche fig.*); lampante: **a p. explanation**, una spiegazione chiarissima.

pellucidity /pɛluː'sɪdətɪ, -ljuː-/, *n.* pellucidità; trasparenza, chiarezza (*anche fig.*).

pelmet /'pɛlmɪt/, *n.* mantovana (*corto drappo sopra una tenda*).

Peloponnesian /pɛləpə'niːʃn/, *a.* e *n.* peloponnesiaco.

pelota /pə'ləʊtə/, *n.* pelota; palla basca (*gioco spagnolo*).

pelt (**1**) /pɛlt/, *n.* **1** pelle non conciata (*di animale da pelliccia*) **2** (*scherz.*) pelle (*dell'uomo*).

pelt (**2**) /pɛlt/, *n.* **1** il colpire (*scagliando q.c.*); colpo (*di sasso, ecc.*) **2** velocità. ● **at full p.**, a tutta velocità; a rotta di collo.

to **pelt** /pɛlt/, **A** *v. t.* **1** attaccare, colpire (*scagliando q.c.*); bersagliare: **to p. a politician with ripe tomatoes**, bersagliare un uomo politico con pomodori maturi **2** lanciare, scagliare. **B** *v. i.* **1** battere insistentemente; picchiare; scrosciare: **The rain is pelting on the tin roof**, la pioggia batte insistentemente sul tetto di lamiera **2** affrettarsi; precipitarsi. ● **to p. sb. with questions**, tempestare q. di domande □ **to p. sb. with stones**, lapidare q. □ **pelting rain**, pioggia a dirotto; pioggia a catinelle □ **It's pelting with rain**, viene giù a catinelle.

pelta /'pɛltə/, *n.* (*pl.* **peltae**) (*stor., mil.*) pelta.

peltast /'pɛltæst/, *n.* (*stor.*) peltasta.

peltate /'pɛltət/, *a.* (*stor., bot.*) peltato; a forma di scudo.

peltry /'pɛltrɪ/, *n.* (*collett.*) pellame; pelletteria.

pelvic /'pɛlvɪk/, *a.* (*anat.*) pelvico.

pelvis /'pɛlvɪs/, *n.* (*pl.* **pelvises, pelves**) (*anat.*) **1** pelvi; bacino: **false p.**, grande pelvi; pelvi falsa; **true p.**, piccola pelvi; pelvi vera **2** (= **pelvic cavity**) pelvi; cavità pelvica **3** (= **renal p.**) pelvi renale; bacinetto renale.

pem(m)ican /'pɛmɪkən/, *n.* pemmican; carne essiccata e compressa.

pen (**1**) /pɛn/, *n.* **1** recinto (*per animali domestici*); chiuso **2** (*nelle Indie occidentali*) fattoria; piantagione **3** *V.* **playpen** **4** (= **submarine p.**) base di sommergibili. ● **hen pen**, pollaio □ (*USA, anche fig.*) **pig-pen**, porcile □ **sheep pen**, ovile.

pen (**2**) /pɛn/, *n.* **1** (*stor.*) penna d'oca (*per scrivere*) **2** penna (*per scrivere*) **3** (*fig.*) scrittore; stile; penna: **My father lives by his pen**, mio padre si guadagna la vita con la penna (*o* facendo lo scrittore). ● **a pen-and-ink drawing**, un disegno (fatto) a penna (*o* a china, a inchiostro) □ **pen friend**, corrispondente; amico di penna □ **pen name**, pseudonimo; nome d'arte □ **pen-nib**, pennino □ (*USA*) **pen pal**, corrispondente; amico di penna □ **pen-wiper**, nettapenne; puliscipenne □ **ball-point pen**, penna a sfera □ (*fam. spreg.*) **pen-pusher**, scrivano; scribacchino; impiegatuccio □ **fountain pen**, penna stilografica □ **ink p.** (*o* **drawing p.**), tiralinee □ **quill pen**, penna d'oca □ (*lett.*) **to take up one's pen**, porre mano alla penna; cominciare a scrivere.

pen (**3**) /pɛn/, *n.* (*zool.*) femmina del cigno.

pen (**4**) /pɛn/, n. (*USA, abbr. pop. di* **penitentiary**) penitenziario.

to **pen** (**1**) /pɛn/, v. t. chiudere (*o* rinchiudere) in un recinto. ● **to pen in** (*o* **to pen up**), mettere (*bestiame*) al chiuso.

to **pen** (**2**) /pɛn/, v. t. (*form.*) scrivere (*con la penna*); comporre: **to pen a letter**, scrivere una lettera.

penal /ˈpiːnl/, a. ***1*** (*leg.*) penale: **p. code**, codice penale (*in Italia, Francia, ecc.*); **p. law**, diritto penale ***2*** (*fig.*) che penalizza; rigoroso; severo: **a new p. tax**, una nuova imposta che penalizza il contribuente. ● (*leg.*) **a p. offence**, un reato passibile di sanzione penale □ (*leg.*) **p. servitude**, lavori forzati (*aboliti in G.B. nel 1948*) □ **p. suit** (*o* **action**), causa penale. || **-ly**, avv.

penalization /piːnəlaɪˈzeɪʃn, *USA* -lɪˈz-/, n. ***1*** penalizzazione ***2*** (*leg.*) criminalizzazione ***3*** (*sport*) penalizzazione.

to **penalize** /ˈpiːnəlaɪz/, v. t. ***1*** penalizzare ***2*** (*leg.*) rendere perseguibile penalmente; criminalizzare ***3*** (*sport*) penalizzare.

penalty /ˈpɛnltɪ/, n. ***1*** (*leg., comm.*) penalità; multa; ammenda; sanzione penale; penale; pena ***2*** (*ass., autom.*) penale, sovrappremio (*in caso di sinistro*) ***3*** (*fisc.*) soprattassa ***4*** (*sport*) punizione ***5*** (*calcio*) rigore. ● (*sport*) **p. area**, area di rigore □ **p. box**, (*calcio*) area di rigore; (*hockey su ghiaccio*) zona di rigore □ (*comm.*) **p. clause**, clausola penale; penale □ (*calcio*) **p. goal**, goal su rigore □ (*sport*) **p. kick**, calcio di rigore; penalty □ (*autom.*) **p. points**, punti di penalizzazione (*sulla patente*) □ (*calcio*) **p. shoot-out**, i calci di rigore (*per decidere una partita finita in parità*) □ (*calcio*) **p. spot**, disco del rigore □ (*rugby*) **p. try**, tiro di punizione □ **to pay the p.**, pagare il fio; scontare una colpa □ (*sport*) **to suffer a p.**, subire un rigore.

penance /ˈpɛnəns/, n. (*anche relig.*) penitenza: **to do p.**, far penitenza.

to **penance** /ˈpɛnəns/, v. t. dare una penitenza a (q.).

Penates /pɛˈnɑːteɪz, pɪˈneɪtiːz/, n. pl. (*relig. romana*) penati.

pence /pɛns/, n. pl. «pence» (*pl. di «penny», la centesima parte d'una sterlina; indica il valore, non le singole monetine, per indicare le quali si usa pennies; cfr.* **penny**). ● **fourpence**, (il valore di) quattro «penny» □ **It costs tenpence a pound**, costa dieci pence la libbra.

penchant /ˈpɒnʃɒn, ˈpɑːnʃɑːn, *USA* ˈpɛntʃənt/ (*franc.*), n. inclinazione; propensione; tendenza; simpatia (*per q. o q.c.*).

pencil /ˈpɛnsl/, n. ***1*** matita; lapis: **written in p.**, scritto a matita; **copying p.**, matita copiativa ***2*** (*elettr.*, = **p. beam**) pennello; fascio filiforme (*o* concentrato) ***3*** (*geom.*) fascio (*di linee che s'incontrano in un punto*). ● **p.-cap**, salvapunte □ **p.-case**, portamatite (*astuccio*) □ **p. drawing**, disegno a matita □ **p.-sharpener**, temperamatite □ **eyebrow p.**, matita per le sopracciglia.

to **pencil** /ˈpɛnsl/, v. t. disegnare (*o* segnare, scrivere) con la matita; buttar giù a matita. ● **to p. st. in**, aggiungere q.c. a matita □ (*fig.*) **to p. sb. in**, includere, mettere (q.: *in squadra, ecc.*) provvisoriamente.

pencilled /ˈpɛnsld/, a. (*di sopracciglio*) disegnato con la matita.

pendant /ˈpɛndənt/, **A** n. ***1*** pendaglio; pendente; ciondolo (*specialm. di collana, orecchino*) ***2*** calata di lampada (*dal soffitto*) ***3*** (*archit.*) fregio pensile ***4*** (*naut.*) bracotto; penzolo ***5*** (*naut.*, = **pennant**) fiamma; guidone; pennello ***6*** (*anche, con pronuncia franc.* /pɑ̃ˈdɑ̃/) cosa che s'appaia a un'altra; paio; pendant. **B** a. *V.* **pendent**. ● (*edil.*) **p. post**, puntello; saetta

pendency /ˈpɛndənsɪ/, n. ***1*** l'esser pendente (*o* sospeso) ***2*** (*fig.*) l'essere in sospeso; l'essere tuttora indeciso.

pendent /ˈpɛndənt/, a. ***1*** pendente; sospeso ***2*** incombente ***3*** (*fig., anche leg.*) pendente; che è pendente; che è in sospeso: **a lawsuit which is p.**, una causa che è tuttora pendente (*o* non giudicata) ***4*** (*gramm.: di periodo*) lasciato in sospeso.

pendentive /pɛnˈdɛntɪv/, n. (*archit.*) pennacchio.

pending /ˈpɛndɪŋ/, **A** a. ***1*** pendente (*fig.*); indeciso; non risolto: **a p. suit**, una questione (legale) pendente ***2*** incombente. **B** prep. ***1*** durante: **p. these negotiations**, durante questi negoziati ***2*** fino a; in attesa di: **p. his acceptance**, in attesa della sua accettazione. ● **p. dealings**, trattative in corso □ **patent p.**, brevetto in corso di concessione.

pendragon /pɛnˈdrægən/, n. (*stor.*) capo supremo; principe (*fra i Britanni o i Gallesi*).

pendular /ˈpɛndjʊlə(r), *USA* -dʒʊ-/, a. (*scient.*) pendolare.

to **pendulate** /ˈpɛndjʊleɪt, *USA* -dʒʊ-/, v. i. pendolare; oscillare (*anche fig.*).

penduline /ˈpɛndjʊlaɪn, *USA* -dʒʊ-/, a. ***1*** (*di nido*) pendulo ***2*** (*d'uccello*) che costruisce un nido pendulo (*per es.,* il pendolino). ● (*zool.*) **p. titmouse** (*Remiz pendulinus*), pendolino.

pendulous /ˈpɛndjʊləs, *USA* -dʒʊləs/, a. (*di nido, fiore, ecc.*) pendulo; sospeso. ● **p. breasts**, seni penduli (*o* cadenti, cascanti).

pendulum /ˈpɛndjʊləm, *USA* -dʒʊ-/, n. (*fis.; anche fig.*) pendolo: **the p. of public opinion**, il pendolo della pubblica opinione. ● **p. clock**, orologio a pendolo; pendola □ **p. motion**, moto pendolare □ (*fig.*) **the swing of the p.**, gli alti e bassi dell'opinione pubblica; il rovesciamento di fronte (*fig.*); lo spostamento radicale (*di posizioni politiche, ecc.*)

peneplain, **peneplane** /ˈpiːnɪpleɪn/, n. (*geol.*) penepiano.

penetrability /pɛnɪtrəˈbɪlətɪ/, n. penetrabilità.

penetrable /ˈpɛnɪtrəbl/, a. penetrabile.

penetralia /pɛnɪˈtreɪlɪə/, n. pl. (*lett.*) (i) penetrali.

penetrant /ˈpɛnɪtrənt/, a. penetrante; acuto; aguzzo.

to **penetrate** /ˈpɛnɪtreɪt/, v. t. e i. ***1*** penetrare (*anche fig.*); penetrare in; farsi strada; comprendere; scoprire: **The smoke penetrated the house**, il fumo penetrò nella casa; (*econ.*) **to p. a market**, penetrare in un mercato; **New ideas slowly p. the heads of stubborn country folk**, le idee nuove si fan strada lentamente nelle teste di campagnoli ostinati; **I penetrated his disguise and revealed his identity**, scoprii il suo travestimento e rivelai la sua identità ***2*** compenetrare; permeare; pervadere: **Revolutionary ideals had penetrated his poems**, ideali rivoluzionari avevano pervaso le sue poesie ***3*** diffondersi, spargersi in ***4*** (*fam.*) andare a segno; essere capito (*o* inteso). ● **to be penetrated with**, essere pervaso (*o* permeato) di.

penetrating /ˈpɛnɪtreɪtɪŋ/, a. ***1*** penetrante; (*fig.*) acuto, sottile: **a p. sound [smell]**, un suono [un odore] penetrante ***2*** profondo: **a p. wound**, una profonda ferita. || **-ly**, avv.

penetration /pɛnɪˈtreɪʃn/, n. penetrazione (*anche fig.*); acume; intuizione; intuito; perspicacia. ● (*mil.*) **p. tactics**, tattiche di penetrazione □ (*polit.*) **peaceful p.**, penetrazione pacifica.

penetrative /ˈpɛnɪtrətɪv, *USA* -treɪtɪv/, a. penetrativo; penetrante (*anche fig.*).

penguin /ˈpɛŋgwɪn/, n. (*zool., Aptenodytes; Eudyptes, ecc.*) pinguino. ● (*gergo astronautico*) **p. suit**, tuta spaziale.

penholder /ˈpɛnhəʊldə(r)/, n. (*un tempo*) portapenne; asticciola.

penicil /ˈpɛnɪsɪl/, n. (*bot., zool.*) penicillo.

penicillate /ˈpɛnɪsɪlət, -eɪt/, a. (*bot., zool.*) penicillato; (fatto) a pennello.

penicillin /pɛnɪˈsɪlɪn/, n. (*farm.*) penicillina.

penicillium /pɛnəˈsɪlɪəm/, n. (*bot.*) penicillio.

penile /ˈpiːnaɪl, *USA* -nl/, a. (*anat.*) penieno; del pene.

peninsula /pəˈnɪnsjʊlə, *USA* -nsələ/, n. (*geogr.*) penisola.

peninsular /pəˈnɪnsjʊlə(r), *USA* -nsələ(r)/, a. (*geogr.*) peninsulare.

penis /ˈpiːnɪs/, n. (*pl.* **penes, penises**) (*anat.*) pene.

penitence /ˈpɛnɪtəns/, n. ***1*** penitenza ***2*** pentimento.

penitent /ˈpɛnɪtənt/, a. e n. penitente. || **-ly**, avv.

penitential /pɛnɪˈtɛnʃl/, a. penitenziale.

penitentiary /pɛnɪˈtɛnʃərɪ/, **A** n. ***1*** riformatorio ***2*** (*USA*) penitenziario; carcere ***3*** (*relig.*) penitenzieria. **B** a. ***1*** (*USA*) penitenziario: **a p. device**, un sistema penitenziario ***2*** penitenziale; di penitenza. ● (*relig. cattolica*) **Grand P.**, penitenziere maggiore (*cardinale a capo della penitenzieria*).

penknife /ˈpɛnnaɪf/, n. (*pl.* **penknives**) temperino.

penman /ˈpɛnmən/, n. (*pl.* **penmen**) ***1*** calligrafo: **a good p.**, un buon calligrafo ***2*** scriba; scrivano ***3*** scrittore; autore. ● **a bad p.**, uno che ha una brutta scrittura.

penmanship /ˈpɛnmənʃɪp/, n. ***1*** calligrafia; scrittura ***2*** arte dello scrivere.

pennant /ˈpɛnənt/, n. ***1*** (*naut.*) bandiera di segnalazione, bandierina (*specialm. triangolare*); fiamma; guidone; pennello ***2*** (*meteor.*) bandierina (*triangoletto su una mappa*) ***3*** (*sport, USA*) vessillo; stendardo.

pennate /ˈpɛneɪt/, a. (*scient.*) ***1*** pennato; pennuto ***2*** *V.* **pinnate**.

penniform /ˈpɛnɪfɔːm/, a. (*scient.*) penniforme.

penniless /ˈpɛnɪləs/, a. senza un soldo; spiantato; squattrinato.

pennon /ˈpɛnən/, n. ***1*** vessillo; stendardo ***2*** (*naut.*) fiamma; guidone; pennello ***3*** (*zool.*) sommolo (*di ala*) ***4*** (*poet.: d'uccello*) ala.

penn'orth /ˈpɛnəθ/, n. (*abbr. di* **pennyworth**) valore di un penny; quanto si può comprare con un penny.

Pennsylvania /pɛnslˈveɪnɪə/, n. (*geogr.*) Pennsylvania.

Pennsylvanian /pɛnslˈveɪnɪən/, a. e n. (abitante, nativo) della Pennsylvania.

penny /ˈpɛnɪ/, n. (*pl.* **pennies, pence**) ***1*** penny (*moneta ingl., pari a un centesimo di sterlina*): **He gave me change in pennies; fivepence in all**, mi diede il resto in «pennies» (*in tante monete da un penny l'una*); cinque «pence» in tutto ***2*** (*USA, pl.* **pennies**) centesimo di dollaro ***3*** (*Bibbia*) denaro (*traduzione ingl. di denarius*). ● (*raro*) **p.-a-liner**, scribacchino; scrittorello; imbrattacarte □ (*filatelia*) **P. Black**, il penny nero (*il 1° francobollo ingl.: del 1840*) □ (*fam.*) **p. dreadful**, romanzo giallo da due soldi; romanzaccio pieno di orrori □ (*stor.*) **p.-farthing**, biciclo □ **p. pincher**, avaro, spilorcio, tirchio (*sost.*); (*fam.*) oggetto (articolo, automezzo, ecc.) che ha un prezzo conveniente (*o* che fa risparmiare) □ **p.-pinching**, (*agg.*) avaro, spilorcio, tirchio; (*sost.*) avarizia, tirchieria □ **to be p.-wise and pound-foolish**, essere tirchio con i centesimi e prodigo con le lire □ **a bad p.**, un penny falso; (*fig.*) un poco di buono □ (*fam.*) **a pretty p.**, un bel gruzzolo; una bella somma (di denaro) □ (*fam.*) **to spend a p.**, andare al gabinetto (*cfr. l'eufem. ital.* «andare a lavarsi le mani») □ **to take care of the pence**, badare al centesimo □ **a three-p. stamp**, un francobollo da tre penny □ (*arc.*) **to turn an honest p.**, guadagnarsi il pane (*o* la vita) onestamente □ (*di un poco di buono*) **to turn up like a bad p.**, saltar fuori di continuo (come una moneta falsa) □ **two** (*o* **ten**) **a p.**, molto comune □ **A p. for your thoughts!**, un soldo per i tuoi pensieri!; a che cosa stai pensando? (*si dice a persona assorta in meditazione*) □ (*fam.*) **The p. dropped!**, finalmente ha (o hai, ecc.) capito! □ (*prov.*) **A p. saved is a p. earned** (*o* **gained**), quattrino risparmiato, due volte guadagnato □ (*prov.*) **In for a p., in for a pound**, quando si è in ballo, bisogna ballare □ (*prov.*) **Take care of the pence, and the pounds will take care of themselves**, il risparmio incomincia dal centesimo.

pennyroyal /pɛnɪˈrɔɪl/, n. (*bot., Mentha pule-*

gium) pulegio.

pennyweight /ˈpɛnɪweɪt/, *n.* «pennyweight» (*unità di peso per preziosi, del sistema «troy»; pari a 1/20 di oncia e cioè a grammi 1,55*).

pennywort /ˈpɛnɪwɜːt/, *n.* (*bot., Cotyledon umbilicus-veneris*) ombelico di Venere.

pennyworth /ˈpɛnɪwəθ/, *n.* ***1*** valore di un penny; quanto si può comprare con un penny; penny: (*un tempo*) **a p. of toffies**, un penny di caramelline ***2*** (*fig.*) (un) briciolo; (un) soldo (*di q.c.*). ● **not a p.**, neanche un po'.

penologist /piːˈnɒlədʒɪst/, *n.* (*leg.*) penalista; esperto di diritto penale; criminologo.

penology /piːˈnɒlədʒɪ/, *n.* (*leg.*) diritto penale; criminologia.

pensile /ˈpɛnsaɪl, *USA* -sl/, *a.* ***1*** pensile; sospeso ***2*** (*d'uccello*) che costruisce un nido pendulo (*per es.,* il pendolino).

pension (**1**) /ˈpɛnʃn/, *n.* ***1*** pensione (*assegno fisso percepito da un pensionato*): **old-age p.**, pensione di vecchiaia; **disability p.**, pensione di invalidità ***2*** (*stor.*) assegno, sussidio (*dato a un artista, ecc.*). ● (*fin.*) **p. company**, società presso cui ottenere pensioni private □ **p. fund**, fondo pensioni □ **p. plan**, piano di pensionamento □ **to retire on a p.**, andare in pensione □ **people in their 30's who retire with a p.**, pensionati-baby (*in Italia*).

pension (**2**) /ˈpɒnsɪɒn, *USA* pɒnsɪˈəʊn/ (*franc.*), *n.* pensione: **to live en p.**, essere (*o* stare) a pensione.

to **pension** /ˈpɛnʃn/, *v. t.* pensionare; assegnare una pensione a (q.). ● **to p. sb. off**, mandare q. in pensione □ **to p. st. off**, mettere via (*o* a riposo) q.c.

pensionable /ˈpɛnʃənəbl/, *a.* pensionabile; che ha (*o* che dà) diritto alla pensione: **p. job**, lavoro che dà diritto alla pensione; **Sixty-five is a p. age**, sessantacinque anni è un'età che dà diritto alla pensione.

pensionary /ˈpɛnʃənərɪ, *USA* -ɛrɪ/, **A** *a.* ***1*** di pensione; pensionistico ***2*** che riceve la pensione; pensionato ***3*** (*stor.*) che riceve un sussidio (*da un protettore*); (*spreg.*) prezzolato. **B** *n.* ***1*** pensionato ***2*** (*spreg. arc.*) individuo prezzolato; mercenario.

pensioner /ˈpɛnʃənə(r)/, *n.* ***1*** pensionato, pensionata ***2*** (*nell'università di Cambridge*) studente che paga la retta del college (*senza borsa di studio*).

pensive /ˈpɛnsɪv/, *a.* (*lett.*) ***1*** pensoso; meditabondo ***2*** malinconico; triste. || **-ly**, *avv.* || **-ness**, *sost.*

penstock /ˈpɛnstɒk/, *n.* ***1*** chiusa, saracinesca (*di regolazione delle acque*) ***2*** canale (*o* tubo) d'alimentazione (*per una ruota ad acqua*) ***3*** condotta forzata (*di centrale idroelettrica*).

pent /pɛnt/, *a.* (*spesso* **p.-in, p.-up**) ***1*** rinchiuso; (*fig.*) in gabbia: **to feel p.-up**, sentirsi in gabbia ***2*** rattenuto (*lett.*); represso: **p.-up feelings**, sentimenti repressi. ● (*edil.*) **p. roof**, tetto a uno spiovente.

pentachord /ˈpɛntəkɔːd/, *n.* (*mus.*) pentacordo.

pentacle /ˈpɛntəkl/, *n.* pentacolo; stella a cinque punte.

pentad /ˈpɛntæd/, *n.* ***1*** gruppo (*o* serie) di cinque unità; pentade (*raro*) ***2*** periodo di cinque anni; lustro ***3*** (*meteor.*) periodo di cinque giorni ***4*** (*chim.*) elemento pentavalente.

pentadactyl /pɛntəˈdæktɪl/, *a.* (*zool.*) pentadattilo.

pentagon /ˈpɛntəgən, *USA* -gɒn/, *n.* (*geom.*) pentagono. ● (*USA*) **the P.**, il Pentagono (*ad Arlington, in Virginia; fig.: il Ministero della Difesa – o la potenza militare – degli U.S.A.*).

pentagonal /pɛnˈtægənl/, *a.* (*geom.*) pentagonale.

pentagram /ˈpɛntəgræm/, *n.* pentacolo; stella a cinque punte.

pentahedron /pɛntəˈhiːdrən, *USA* -drɒn/, *n.* (*pl.* **pentahedrons, pentahedra**) (*geom.*) pentaedro.

pentameter /pɛnˈtæmɪtə(r)/, *n.* (*poesia*) pentametro.

pentane /ˈpɛnteɪn/, *n.* (*chim.*) pentano.

pentapody /pɛnˈtæpədɪ/, *n.* (*poesia*) pentapodia.

pentarchy /ˈpɛntɑːkɪ/, *n.* pentarchia.

pentastich /ˈpɛntəstɪk/, *n.* (*poesia*) strofa pentastica.

pentastyle /ˈpɛntəstaɪl/, *a.* (*archit.*) pentastilo.

Pentateuch /ˈpɛntətjuːk, *USA* -tuːk/, *n.* (*relig.*) Pentateuco.

Pentateuchal /ˈpɛntətjuːkl, *USA* -tuːkl/, *a.* (*relig.*) del Pentateuco.

pentathlete /pɛnˈtæθliːt/, *n.* (*sport*) pentatleta.

pentathlon /pɛnˈtæθlən, -lɒn/, *n.* (*sport*) pentathlon, pentatlo.

pentavalent /pɛntəˈveɪlənt/, *a.* (*chim.*) pentavalente.

Pentecost /ˈpɛntɪkɒst, *USA* -kɔːst/, *n.* (*relig.*) Pentecoste.

Pentecostal /pɛntɪˈkɒstl, *USA* -kɔːstl/, **A** *a.* (*relig.*) della Pentecoste. **B** *n.* pentecostale (*membro di una setta religiosa*).

Pentelic /pɛnˈtɛlɪk/, *a.* pentelico: **P. marble**, marmo pentelico.

penthouse /ˈpɛnthaʊs/, *n.* (*edil.*) ***1*** tettoia a un solo spiovente (*appoggiata a un edificio*) ***2*** attico; sopralzo. ● **p. roof**, tetto a uno spiovente (*o* a una falda).

pentode /ˈpɛntəʊd/, *n.* (*elettron.*) pentodo.

pentosan /ˈpɛntəsæn/, *n.* (*chim.*) pentosano.

pentose /ˈpɛntəʊz, *USA* -s/, *n.* (*chim.*) pentosio.

pentothal /ˈpɛntəθæl, *USA* -θɔːl/, *n.* (*marchio*) (*chim.*) pentotal; pentothal.

penult /pɪˈnʌlt, *USA* ˈpiːnʌlt/, **penultima** /pɪˈnʌltɪmə/, *n.* penultima sillaba; penultima.

penultimate /pɪˈnʌltɪmət/, **A** *a.* penultimo. **B** *n.* ***1*** (il) penultimo ***2*** *V.* **penult**.

penumbra /pɪˈnʌmbrə/, *n.* (*pl.* **penumbrae, penumbras**) (*astron., fotogr.*) penombra.

penumbral /pɪˈnʌmbrəl/, *a.* (*astron., fotogr.*) di (*o* in) penombra.

penurious /pɪˈnjʊərɪəs, *USA* -ˈnʊə-/, *a.* ***1*** avaro; gretto; meschino; sordido; tirchio ***2*** povero; indigente; bisognoso ***3*** (*del terreno*) avaro; sterile. || **-ly**, *avv.* || **-ness**, *sost.*

penury /ˈpɛnjərɪ/, *n.* penuria; indigenza; miseria.

peon (*def. 1* /ˈpiːən/, *def.* 2 e *3* /pjuːn/), *n.* ***1*** (*nel Messico e nel Sud America*) peón; peone; operaio a giornata ***2*** povero, povera; persona indigente ***3*** (*in India*) soldato di fanteria; poliziotto indigeno; attendente; domestico.

peony /ˈpiːənɪ/, *n.* (*bot., Paeonia officinalis*) peonia.

people /ˈpiːpl/, *n.* ***1*** popolo; nazione; razza; stirpe; gente: **the English p.**, il popolo inglese; **the English-speaking peoples**, i popoli di lingua inglese; **government of the p.**, governo del popolo; **a warlike p.**, una nazione bellicosa ***2*** (*collett., col verbo al pl.*) persone; abitanti; gente; folla: **clever** [**stupid**] **p.**, persone intelligenti [stupide]; **city** [**country**] **p.**, gente di città [di campagna]; **There were lots of p.**, c'era molta gente (*o* una gran folla); **I don't care what p. say**, non m'importa di quel che dice la gente. ● **one's p.**, i familiari; i parenti; gli antenati, i progenitori: **His p. have lived there for centuries**, la sua famiglia vi abita da secoli; **His p. are sure to hear of it**, è certo che i suoi parenti lo verranno a sapere □ (*polit.*) **p.'s front**, fronte popolare □ (*TV, USA*) **p. meter**, audimetro □ **p. mover**, mezzo di trasporto rapido a percorso fisso □ (*polit.*) **p.'s republic**, repubblica popolare □ **p. of wealth**, gente ricca □ **academic p.**, rappresentanti del mondo accademico; docenti universitari □ **the ant p.**, la razza delle formiche □ (*mitol.*) **the elf p.**, il popolo degli elfi □ (*fam.*) **the gas p.**, quelli (*o* gli operai) del gas; i gasisti □ (*polit.*) **to go to the p.**, fare appello al Paese; indire le elezioni politiche □ **the little p.**, le fate □ (*fam.*) **my p.**, i miei; la mia famiglia □ **professional p.**, i professionisti □ **young p.**, i giovani.

to **people** /ˈpiːpl/, **A** *v. t.* popolare; abitare. **B** *v. i.* ***1*** popolarsi: **This region will p. quickly**, questa regione si popolerà rapidamente ***2*** (*fam.*) riempirsi di gente.

pep /pɛp/, *n.* (*pop.*) energia; spirito; vigore; vivacità. ● **a pep pill**, un eccitante (*in pillola*) □ **a pep talk**, un discorso d'incitamento.

to **pep** /pɛp/, *v. t.* (*generalm.* **to pep up**) ***1*** vivacizzare; animare; ravvivare; stimolare; tirare su (*fam.*) ***2*** insaporire (*il cibo*).

peperino /pɛpəˈriːnəʊ/, *n.* (*geol.*) peperino (*roccia vulcanica*).

Pepin /ˈpɛpɪn/, *n.* (*stor.*) Pipino: **P. the Short**, Pipino il Breve.

peplos /ˈpɛpləs/, *n.* (*stor.*) peplo.

pepper /ˈpɛpə(r)/, *n.* (*bot.*) ***1*** pepe (*la pianta e il frutto*): **black p.**, pepe nero; **white p.**, pepe bianco ***2*** peperone. ● (*di stoffa, capelli, ecc.*) **p.-and-salt**, (color) pepe e sale □ **p.-castor** (*o* **p.-caster**), pepaiola a spolvero □ **p. mill**, macinapepe, macinino per pepe, pepaiola □ **p. pot**, pepaiola (*bucherellata*) □ **p. steak**, bistecca al pepe (*nero o verde*) □ (*bot.*) **p. tree** (*Schinus molle*), pepe del Perù; falso pepe; albero del pepe □ **Cayenne p.**, pepe di Caienna.

to **pepper** /ˈpɛpə(r)/, *v. t.* ***1*** pepare; impepare; cospargere di (*o* condire con) pepe ***2*** cospargere, ricoprire di; punteggiare; inzeppare: **The lawn was peppered with hailstones**, il prato era cosparso di chicchi di grandine; **The report was peppered with figures**, la relazione era zeppa di cifre ***3*** bersagliare; colpire (*con proiettili*); tempestare (*anche fig.: di domande, ecc.*) ***4*** (*fig.*) attaccare; battere; picchiare (q.) ***5*** (*fig.*) rendere pepato; vivacizzare. ● **to p. sb.'s behind with lead shot**, impallinare il sedere di q.

pepperbox /ˈpɛpəbɒks/, *n.* (*USA*) ***1*** pepaiola (*bucherellata*) ***2*** (*stor.*) pistola a 5 o 6 canne ***3*** (*pop.*) nido di mitragliatrici.

peppercorn /ˈpɛpəkɔːn/, *n.* ***1*** granello di pepe nero (*un tempo usato come pagamento di affitto nominale*) ***2*** (*fig.*) cosa insignificante; inezia; nonnulla. ● (*leg.*) **p. rent**, affitto nominale.

pepperiness /ˈpɛpərɪnəs/, *n.* l'essere pepato (*anche fig.*).

peppermint /ˈpɛpəmɪnt/, *n.* ***1*** (*bot., Mentha piperita*) menta peperita ***2*** olio essenziale (*o* essenza) di menta (*usata in medicina e per far pasticche*) ***3*** (= **p. drop**) caramella (*o* pasticca) di menta; mentina.

peppery /ˈpɛpərɪ/, *a.* ***1*** pepato (*anche fig.*); pungente, salato (*fig.*): **a p. reply**, una risposta pepata ***2*** (*fig.*) focoso; collerico.

peppy /ˈpɛpɪ/, *a.* ***1*** (*pop. USA*) energico; vigoroso; pieno d'entusiasmo ***2*** stimolante; eccitante. || **-iness**, *sost.*

pepsin /ˈpɛpsɪn/, *n.* (*biochim.*) pepsina.

peptic /ˈpɛptɪk/, *a.* (*chim., anat., med.*) peptico; gastrico; dell'apparato digerente: **p. glands**, ghiandole peptiche; **p. ulcer**, ulcera peptica.

peptide /ˈpɛptaɪd/, *n.* (*biochim.*) peptide.

peptization /pɛptaɪˈzeɪʃn, *USA* -tɪˈz-/, *n.* (*chim.*) peptizzazione.

to **peptize** /ˈpɛptaɪz/, *v. t.* (*chim.*) peptizzare.

peptone /ˈpɛptəʊn/, *n.* (*biochim.*) peptone.

to **peptonize** /ˈpɛptənaɪz/, *v. t.* (*biochim.*) peptonizzare.

per /pɜː(r), pə(r)/, *prep.* ***1*** per; per mezzo di; mediante: **per post**, per posta; per mezzo della posta; **per Mr Smith**, per mezzo (*o* per il tramite) di Mr Smith; **per rail**, per ferrovia ***2*** (*distributivo*) per; a; ogni: **a shilling per man**, uno scellino per ciascuno (*o* a testa); (*fis.*) **per second**, per secondo; al minuto secondo; **5 per cent**, 5 per cento; **one dollar per yard**, un dollaro ogni (*o* la) iarda. ● **per annum**, all'anno □ **per capita**, a testa; pro capite: (*stat.*) **per capita consumption**, consumo pro capite □ **per contra**, al contrario □ (*comm.*) **as per invoice**, come da fattura.

peracid /pɜːrˈæsɪd/, *n.* (*chim.*) peracido.

peradventure /pərədˈvɛntʃə(r), pɜː-/, *avv.* (*arc.*) forse; probabilmente. ● **beyond p.**, fuor di dubbio □ **without (all) p.**, senza (alcun) dubbio.

to **perambulate** /pəˈræmbjʊleɪt/, **A** *v. i.* camminare; girare; passeggiare; vagare. **B** *v. t.* **1** percorrere a piedi; girare per; passeggiare in **2** fare un giro d'ispezione in, ispezionare (*un territorio*).

perambulation /pəræmbjʊˈleɪʃn/, *n.* **1** camminata; passeggiata; passeggio; giro **2** ispezione; giro d'ispezione.

perambulator /pəˈræmbjʊleɪtə(r)/, *n.* carrozzella per bambini; carrozzina.

perambulatory /pəˈræmbjʊlətrɪ, *USA* -tɔːrɪ/, *a.* **1** itinerante; vagante **2** d'ispezione; ispettivo.

perborate /pəˈbɔːreɪt/, *n.* (*chim.*) perborato: **sodium p.**, perborato di sodio.

perboric /pəˈbɔːrɪk/, *a.* (*chim.*) perborico.

percale /pɜːˈkeɪl/, *n.* (*ind. tess.*) percalle.

percaline /pɜːkəˈliːn/, *n.* (*ind. tess.*) percallino.

perceivable /pəˈsiːvəbl/, *a.* percepibile; percettibile. || **-bly**, *avv.*

to **perceive** /pəˈsiːv/, *v. t.* **1** percepire; accorgersi di; avvertire **2** scorgere; vedere: **I perceived a teardrop on her cheek**, le scorsi una lacrima sul viso.

percent /pəˈsent/, (*mat.*) **A** *n.* percento. **B** *a. attr.* percentuale: **p. variations in the cost of living**, variazioni percentuali del costo della vita.

percentage /pəˈsentɪdʒ/, *n.* **1** percentuale: **a p. of the proceeds**, una percentuale sugli utili; **p. on sales**, percentuale sulle vendite; interessenza **2** (*per estens.*) parte; porzione: **Only a small p. of the people invited came**, venne solo una piccola parte degli invitati **3** (*fam.*) interesse; vantaggio: **There's no p. in being outspoken**, non c'è interesse a parlare chiaro.

percentile /pəˈsentaɪl, *USA* -tl/, *n.* (*stat.*) percentile; dato percentile.

percept /ˈpɜːsept/, *n.* (*filos., psic.*) percetto; oggetto percepito.

perceptibility /pəseptəˈbɪlətɪ/, *n.* percettibilità.

perceptible /pəˈseptəbl/, *a.* percettibile. || **-bly**, *avv.*

perception /pəˈsepʃn/, *n.* **1** (*anche filos.*) percezione (*sensitiva e intellettiva*); intuizione **2** (*leg.*) riscossione, esazione (*di canoni, tributi, ecc.*).

perceptional /pəˈsepʃənl/, *a.* percettivo; della percezione.

perceptive /pəˈseptɪv/, *a.* percettivo.

perceptiveness /pəˈseptɪvnəs/, **perceptivity** /pɜːsepˈtɪvətɪ/, *n.* percettività.

Perceval /ˈpɜːsɪvl/, *n.* (*letter.*) Parsifal.

perch (1) /pɜːtʃ/, *n.* (*pl.* **perch, perches**) (*zool.*) **1** (*Perca fluviatilis*) pesce persico **2** (*Perca flavescens*) perca dorata.

perch (2) /pɜːtʃ/, *n.* **1** posatoio; bastone, canna, ramo (*su cui stanno appollaiati polli, uccelli*) **2** pertica (*unità di misura lineare, pari a 5 iarde e mezzo e cioè a circa 5 metri*) **3** (*naut.*) miraglio a pertica (*di una boa*). ● (*fam.*) **to knock sb. off his p.**, sbalzar q. di sella (*fig.*); spodestare q. □ **square p.**, pertica quadrata (*m² 25 circa*) □ (*d'uccello*) **to take one's p.**, appollaiarsi □ (*fig.*) **Come off your p.!**, scendi dal piedistallo! (*fam.*: dal pero!); non darti arie!

to **perch** /pɜːtʃ/, *v. i.* appollaiarsi; (*d'uccelli*) posarsi: **The blackbird perched upon a bough**, il merlo si posò su un ramo; **The little pianist perched on the stool**, il piccolo pianista si appollaiò sullo sgabello. ● (*geol.*) **perched block**, blocco in bilico □ **perched groundwater**, falda idrica sospesa □ **perched spring**, sorgente artesiana □ **a house perched on a Channel cliff**, una casa situata in cima a una scogliera della Manica.

perchance /pəˈtʃɑːns, *USA* -ˈtʃæns/, *avv.* (*arc.*) per avventura; per caso; forse.

perchlorate /pɜːˈklɔːreɪt/, *n.* (*chim.*) perclorato.

perchloric /pɜːˈklɔːrɪk/, *a.* (*chim.*) perclorico.

perchloride /pɜːˈklɔːraɪd/, *n.* (*chim.*) percloruro.

percipience /pɜːˈsɪpɪəns/, **percipiency** /pɜːˈsɪpɪənsɪ/, *n.* percettività; percezione; intuito.

percipient /pəˈsɪpɪənt/, *a.* percettivo; perspicace.

to **percolate** /ˈpɜːkəleɪt/, *v. t.* e *i.* **1** colare; filtrare; far passare (*il caffè, ecc.*); (*del caffè*) passare: **Rainwater percolates through the soil**, l'acqua piovana filtra attraverso il terreno; **The coffee is percolating**, il caffè sta passando **2** (*scient.*) percolare.

percolation /pɜːkəˈleɪʃn/, *n.* **1** filtrazione **2** (*scient.*) percolazione.

percolator /ˈpɜːkəleɪtə(r)/, *n.* **1** filtro; colatoio **2** (= **coffee p.**) macchinetta da caffè; caffettiera. ● **electric p.**, caffettiera elettrica.

to **percuss** /pɜːˈkʌs/, *v. t.* (*med.*) battere leggermente su (*un malato*); sottoporre a percussione.

percussion /pəˈkʌʃn/, *n.* **1** (*anche med.*) percussione: (*mus.*) **p. instruments**, strumenti a percussione; (*d'arma da fuoco*) **p. lock**, meccanismo di percussione **2** colpo; vibrazione (*da percossa*). ● **p. cap**, capsula, detonatore; (*di fucile antiquato o giocattolo*) fulminante □ (*mecc.*) **p. drill**, perforatrice a percussione □ (*mecc.*) **p. pin**, percussore.

percussionist /pəˈkʌʃənɪst/, *n.* (*mus.*) percussionista.

percussive /pəˈkʌsɪv/, *a.* di percussione.

percutaneous /pɜːkjuːˈteɪnɪəs/, *a.* (*med.*) percutaneo; ipodermico.

perdition /pəˈdɪʃn/, *n.* **1** rovina; perdizione **2** (*relig.*) dannazione (*dell'anima*) **3** (*relig.*) inferno.

perdu(e) /pɜːˈdjuː, *USA* -ˈduː/, *a.* (*arc.*) celato; nascosto. ● (*lett.*) **to lie p.**, nascondersi; (*mil.*) tendere un'imboscata.

perdurability /pɜːdjʊərəˈbɪlətɪ, *USA* -dʒʊə-/, *n.* l'essere lungamente durevole; durevolezza (*raro*); persistenza.

perdurable /pɜːˈdjʊərəbl, *USA* -ˈdʊə-/, *a.* **1** lungamente durevole; duraturo **2** (*relig.*) eterno. || **-bly**, *avv.*

to **peregrinate** /ˈperɪgrɪneɪt/, **A** *v. i.* peregrinare; viaggiare. **B** *v. t.* viaggiare in (*un luogo*).

peregrination /perɪgrɪˈneɪʃn/, *n.* peregrinazione; viaggio.

peregrinator /ˈperɪgrɪneɪtə(r)/, *n.* chi peregrina; chi va di luogo in luogo.

peregrin(e) /ˈperɪgrɪn/, **A** *a.* **1** (*arc.*) peregrino; forestiero; esotico **2** (*zool.*) migratorio. **B** *n.* (*zool., Falco peregrinus*; = **p. falcon**) falco pellegrino.

peremptorily /pəˈrem(p)trəlɪ, *USA* ˈperəm(p)tɔːrəlɪ/, *avv.* perentoriamente.

peremptoriness /pəˈrem(p)tərɪnəs/, *n.* perentorietà; imperiosità.

peremptory /pəˈrem(p)tərɪ, *USA* ˈperəm(p)tɔːrɪ/, *a.* perentorio (*anche leg.*); tassativo; imperioso: **in a p. manner**, in modo perentorio. ● (*leg.*) **p. evidence**, prova liberatoria □ (*leg.*) **a p. writ**, una citazione a comparire; un mandato di comparizione.

perennial /pəˈrenɪəl/, **A** *a.* perenne (*anche bot.*); perpetuo; eterno: **a p. plant**, una pianta perenne; **p. youth**, eterna giovinezza. **B** *n.* (*bot.*) pianta perenne. ● (*fam.*) **That story is a hardy p.!**, questa è una storia risaputa! || **-ly**, *avv.*

perfect /ˈpɜːfɪkt/, **A** *a.* perfetto; compiuto; completo; eccellente; esatto; preciso: **a p. diamond**, un diamante perfetto; **in p. silence**, in perfetto (*o* assoluto) silenzio; (*econ.*) **p. monopoly**, monopolio perfetto. **B** *n.* (*gramm.*) (tempo) perfetto. ● (*econ.*) **p. competition**, concorrenza perfetta □ **p. copy**, copia fedele □ (*mus.*) **p. interval**, accordo perfetto □ **a p. nuisance**, una vera seccatura □ (*mat.*) **p. number**, numero perfetto □ **a p. stranger**, un perfetto sconosciuto □ (*gramm.*) **future p.**, futuro anteriore □ (*gramm.*) **past p.**, trapassato □ (*gramm. ingl.*) **present p.**, passato prossimo (*ma, nella «duration form», corrisponde al presente ital.*).

to **perfect** /pəˈfekt/, **A** *v. t.* **1** perfezionare; migliorare **2** completare; portare a termine; finire. **B** to **perfect oneself**, *v. rifl.* perfezionarsi: **I want to p. myself in French**, voglio perfezionarmi in francese.

perfecta /pəˈfektə/, *n.* (*ippica, USA*) accoppiata.

perfectibility /pəfektɪˈbɪlətɪ/, *n.* perfettibilità; perfezionabilità.

perfectible /pəˈfektəbl/, *a.* perfettibile; perfezionabile.

perfection /pəˈfekʃn/, *n.* **1** perfezione: **This piece of work has succeeded to p.**, questo lavoro è riuscito alla perfezione **2** perfezionamento: **The p. of the machine took many weeks**, il perfezionamento della macchina richiese parecchie settimane **3** (*biol.*) sviluppo completo; maturità. ● **to bring to p.**, perfezionare; portare alla perfezione.

perfectionism /pəˈfekʃənɪzəm/, *n.* perfezionismo.

perfectionist /pəˈfekʃənɪst/, *n.* perfezionista.

perfective /pəˈfektɪv/, *a.* (*ling.*) perfettivo.

perfectly /ˈpɜːfɪktlɪ/, *avv.* perfettamente.

perfectness /ˈpɜːfɪktnəs/, *n.* perfezione.

perfervid /pɜːˈfɜːvɪd/, *a.* (*lett.*) fervidissimo; ardente.

perfidious /pəˈfɪdɪəs/, *a.* perfido. || **-ly**, *avv.*

perfidiousness /pɜːˈfɪdɪəsnəs/, **perfidy** /ˈpɜːfɪdɪ/, *n.* perfidia.

perfoliate /pɜːˈfəʊlɪət/, *a.* (*bot.*) perfogliato.

perforable /ˈpɜːfərəbl/, *a.* perforabile.

to **perforate** /ˈpɜːfəreɪt/, **A** *v. t.* perforare; traforare. **B** *v. i.* **1** fare un foro **2** penetrare: **to p. into [through]**, penetrare in [attraverso].

perforated /ˈpɜːfəreɪtɪd/, *a.* **1** perforato: (*metall.*) **p. metal**, lamiera perforata; (*med.*) **p. ulcer**, ulcera perforata **2** (*di un francobollo, ecc.*) dentellato. ● **p. initials**, monogramma inciso mediante perforazione □ (*USA*) **p. tape**, nastro perforato.

perforating /ˈpɜːfəreɪtɪŋ/, *a.* (*anat., med.*) perforante: **p. fibers**, fibre perforanti; **p. ulcer**, ulcera perforante. ● **p. machine**, perforatrice meccanica.

perforation /pɜːfəˈreɪʃn/, *n.* **1** perforamento; perforazione; traforamento (*raro*); traforo **2** (*filatelia*) dentellatura (*di francobollo*).

perforative /ˈpɜːfərətɪv, -reɪtɪv/, *a.* perforante.

perforator /ˈpɜːfəreɪtə(r)/, *n.* **1** perforatore; (macchina) perforatrice **2** (*med.*) trapano osseo.

perforce /pəˈfɔːs/, *avv.* (*form.*) per forza; di necessità.

to **perform** /pəˈfɔːm/, **A** *v. t.* **1** eseguire; compiere; fare; effettuare: **to p. an experiment**, fare un esperimento; **to p. an operation**, eseguire un'operazione; (*leg.*) **to p. a contract**, eseguire un contratto **2** adempiere; eseguire; assolvere; disimpegnare: **to p. a promise**, adempiere una promessa; **to p. a command**, eseguire un ordine; **to p. a duty**, assolvere un dovere **3** (*teatr.*) rappresentare; recitare; eseguire (*anche mus.*): **to p. a play**, rappresentare un dramma; **to p. a sonata at the piano**, eseguire una sonata al pianoforte. **B** *v. i.* **1** (*di macchina, ecc.*) funzionare **2** (*teatr.*) recitare **3** (*mus.*) suonare: **to p. on the piano**, suonare il pianoforte **4** esibirsi in pubblico; (*di animali ammaestrati*) dare spettacolo. ● **to p. well**, (*dell'economia, ecc.*) avere un buon andamento; (*di una macchina*) funzionare bene; (*di un automezzo*) comportarsi bene (*sulla strada*).

performable /pəˈfɔːməbl/, *a.* **1** eseguibile; effettuabile; fattibile **2** (*teatr.*) rappresentabile; recitabile **3** (*mus.*) che si può suonare.

performance /pəˈfɔːməns/, *n.* **1** esecuzione (*anche leg.*); adempimento; compimento; effettuazione; assolvimento (*di un dovere*): **the p. of a contract**, l'esecuzione di un contratto; **the p. of a command**, l'esecuzione di un ordine **2** (*teatr.*) rappresentazione; recita; spettacolo; (*mus.*) esecuzione, concerto: **a benefit p.**, uno spettacolo di beneficenza **3** azione (*o* fatto) fuori del comune; impresa **4** (*d'una macchina, d'un motore, ecc.*) prestazioni (*di esercizio*); rendimento, resa, performance **5** (*ling.*) esecuzione; performance **6** (*market.*) indice delle vendite (*d'un articolo*) **7** (*fam.*) numero (*fig.*); modo di comportarsi (sgradevole); cosa fastidiosa (da farsi) **8** (*sport*) performance. ● **p. appraisal**, valutazione (di merito) del personale (*di un'azienda*) □ (*leg.*) **p. bond**, garanzia dell'esecuzione (*di un contratto o appalto*) □ (*tecn.*) **p. characteristic**, caratteristica operativa □ (*elab.*) **p. curve**, curva di rendimento □ (*tecn.*) **p. data**, dati del funzionamento □ (*Borsa*) **the p. of the stock market**, l'andamento del mercato azionario □ (*org. az.*) **p. pay**, retribuzione aggiuntiva per il maggiore rendimento □ (*di salario*) **p.-related**, rapportato al rendimento □ (*org. az., psic.*) **p. test**, test di rendimento □ (*autom.*) **a high-p. car**, un'automobile dalle prestazioni elevate □ **What a p.!**, che impresa difficile!; (*spreg.*) che spettacolo indegno!

performative /pə'fɔːmətɪv/, *a.* (*ling.*) performativo.

performer /pə'fɔːmə(r)/, *n.* **1** esecutore, esecutrice **2** (*specialm.*) attore, attrice; artista (*che dà spettacolo*); musicista. ● **He's an eccellent p. on the soccer field**, gioca molto bene al calcio.

performing /pə'fɔːmɪŋ/, *a.* **1** di rappresentazione; d'esecuzione: (*leg.*) **p. rights**, diritti di rappresentazione (*o* di autore) **2** (*di un animale*) ammaestrato. ● **the p. arts**, le arti dello spettacolo □ (*in G.B.*) **P. Rights Society**, Società degli autori e degli editori (*in Italia: abbr. S.I.A.E.*).

perfume /'pɜːfjuːm, *USA* pə'fjuːm/, *n.* **1** profumo **2** profumo; fragranza; olezzo (*lett.*).

to **perfume** /'pɜːfjuːm, *USA* pə'fjuːm/, *v. t.* profumare.

perfumer /pə'fjuːmə(r), 'pɜː-/, *n.* profumiere, profumiera.

perfumery /pə'fjuːmərɪ/, *n.* profumeria (*in ogni senso*).

perfunctorily /pə'fʌŋ(k)trəlɪ, *USA* -tɔːrəlɪ/, *avv* in modo frettoloso; svogliatamente.

perfunctoriness /pə'fʌŋ(k)tərɪnəs/, *n.* frettolosità; negligenza; superficialità; svogliatezza.

perfunctory /pə'fʌŋ(k)tərɪ, *USA* -tɔːrɪ/, *a.* frettoloso; fatto meccanicamente; negligente; superficiale; svogliato: **a p. inspection**, un'ispezione frettolosa (*o* superficiale); **a p. lecturer**, un conferenziere svogliato.

to **perfuse** /pə'fjuːz/, *v. t.* **1** cospargere; spruzzare; inondare (*fig.*); irrorare: **to p. with water**, spruzzare d'acqua; **to p. with light**, inondare di luce **2** effondere; versare su (*o* attraverso); permeare di (*un liquido*).

perfusion /pə'fjuːʒn/, *n.* **1** cospargimento (*raro*); effusione **2** (*med.*) perfusione.

perfusive /pə'fjuːzɪv/, *a.* che cosparge; che effonde.

pergameneous /pɜːgə'miːnɪəs/, *a.* pergamenaceo.

pergola /'pɜːgələ/, *n.* pergola; pergolato.

perhaps /pə'hæps/, *avv.* forse; probabilmente; può darsi: **He will come tomorrow, p.**, forse arriverà domani; **P. you'd like to meet her**, forse vorresti incontrarla; **p. so**, forse sì; **p. not**, forse no.

perianth /'perɪænθ/, *n.* (*bot.*) perianzio.

periapt /'perɪæpt/, *n.* (*raro*) amuleto; talismano.

periarthritis /perɪɑː'θraɪtɪs/, *n.* (*med.*) periartrite.

periastron /perɪ'æstrən/, *n.* (*astron.*) periastro.

pericardial /perɪ'kɑːdɪəl/, **pericardic** /perɪ'kɑːdɪk/, *a.* (*anat.*) pericardico.

pericarditis /perɪkɑː'daɪtɪs/, *n.* (*med.*) pericardite.

pericardium /perɪ'kɑːdɪəm/, *n.* (*pl.* **pericardia**) (*anat.*) pericardio.

pericarp /'perɪkɑːp/, *n.* (*bot.*) pericarpo, pericarpio.

periclase /'perɪkleɪs/, *n.* (*miner.*) periclasio.

Pericles /'perɪkliːz/, *n.* (*stor.*) Pericle.

peridot /'perɪdɒt/, *n.* (*miner.*) olivina; peridoto.

perigastric /perɪ'gæstrɪk/, *a.* (*anat.*) perigastrico.

perigastritis /perɪgæ'straɪtɪs/, *n.* (*med.*) perigastrite.

perigeal /perɪ'dʒiːəl/, **perigean** /perɪ'dʒiːən/, *a.* (*astron., ecc.*) perigeo; di perigeo.

perigee /'perɪdʒiː/, *n.* (*astron.*) perigeo.

perihelion /perɪ'hiːlɪən/, *n.* (*astron.*) perielio.

peril /'perəl/, *n.* pericolo; rischio: **to be in p. of one's life**, essere in pericolo di vita; **You do it at your p.**, lo fai a tuo rischio e pericolo. ● (*ass., naut.*) **perils of the sea**, rischi della navigazione marittima; pericoli del mare.

perilous /'perələs/, *a.* pericoloso; rischioso. || **-ly**, *avv.* || **-ness**, *sost.*

perilune /'perɪluːn/, *n.* (*astron., miss.*) perilunio.

perimeter /pə'rɪmɪtə(r)/, *n.* (*anche geom.*) perimetro.

perimetric(al) /perɪ'metrɪk(l)/, *a.* perimetrale; perimetrico.

perinatal /perɪ'neɪtl/, *a.* perinatale: (*demogr.*) **p. mortality**, mortalità perinatale.

perineal /perɪ'niːəl/, *a.* (*anat.*) perineale; del perineo.

perineum /perɪ'niːəm/, *n.* (*pl.* **perinea**) (*anat.*) perineo.

period /'pɪərɪəd/, *n.* **1** periodo; durata; intervallo; lasso di tempo: **a p. of ten seconds [of ten thousand years]**, un periodo di 10 secondi [di 10 000 anni]; **a p. of rest**, un periodo di riposo; **in the p. of the Roman Empire**, al tempo dell'impero romano; **probationary p.**, periodo di prova (*di un dipendente*) **2** fine; termine: **Death put a p. to his plans**, la morte pose termine ai suoi progetti **3** (*gramm.*) punto fermo; punto **4** (*a scuola*) ora (di lezione); lezione: **an English p.**, una lezione (*o* un'ora) d'inglese **5** (*sport: pallacanestro, pallanuoto, ecc.*) tempo **6** (= **menstrual p.**) mestruazioni **7** (*mat.*) periodo: **p. of a function**, periodo di una funzione **8** (*pl.*) (*raro*) linguaggio retorico. ● **a p. film**, un film in costume □ **p. furniture [painting]**, mobili [quadri] d'epoca □ **a p. novel [play]**, un romanzo [un dramma] d'ambiente □ **p. piece**, (*arte*) pezzo d'epoca; (*fig. scherz.*) pezzo da museo □ (*fam.*) **I told them no, p.**, ho detto loro di no, punto e basta.

periodic /pɪərɪ'ɒdɪk/, *a.* periodico (*anche scient., tecn.*); intermittente: (*fis.*) **p. motion**, moto periodico; (*chim.*) **p. system of the elements**, sistema periodico degli elementi; (*med.*) **a p. fever**, una febbre periodica. ● (*gramm.*) **p. sentence**, periodo complesso □ (*chim.*) **p. table**, tavola periodica degli elementi.

periodical /pɪərɪ'ɒdɪkl/, **A** *a.* periodico; intermittente. **B** *n.* periodico; pubblicazione periodica; rivista. || **-ly**, *avv.*

periodicity /pɪərɪə'dɪsətɪ/, *n.* (*anche fis.*) periodicità.

periodontal /perɪəʊ'dɒntl/, *a.* (*anat.*) periodontale.

periodontitis /perɪəʊdɒn'taɪtɪs/, *n.* (*med.*) periodontite.

periosteal /perɪ'ɒstɪəl/, *a.* (*anat.*) periostale; del periostio.

periosteum /perɪ'ɒstɪəm/, *n.* (*pl.* **periostea**) (*anat.*) periostio.

periostitis /perɪɒ'staɪtɪs/, *n.* (*med.*) periostite.

peripatetic /perɪpə'tetɪk/, **A** *a.* **1** – (*stor., filos.*) **P.**, peripatetico, aristotelico (*della scuola del Peripato in Atene*) **2** (*specialm. scherz.*) ambulante; itinerante. **B** *n.* **1** – (*stor., filos.*) **P.**, peripatetico; aristotelico **2** (*specialm. scherz.*) venditore ambulante.

Peripateticism /perɪpə'tetɪsɪzəm/, *n.* (*stor.*) peripatetismo (*raro*); aristotelismo.

peripeteia /perɪpə'tiːə/, **peripetia** /perɪpə'taɪə/, *n.* (*lett.*) peripezia; vicissitudine (*in un dramma, nella vita*).

peripheral /pə'rɪfərəl/, **A** *a.* **1** periferico: (*anat.*) **p. nervous system**, sistema nervoso periferico; (*elab.*) **p. equipment**, apparecchiatura periferica **2** (*fig.*) marginale; secondario: **a thing of p. interest**, una cosa d'interesse secondario. **B** *n.* (*elab.*) unità periferica; unità satellite. ● (*mecc.*) **p. speed**, velocità di taglio.

periphery /pə'rɪfərɪ/, *n.* **1** periferia (*anche anat.*); perimetro; (*specialm.*) circonferenza: **on the p. of the city**, alla periferia della città; (*fig.*) **the p. of the party**, la periferia del partito **2** (*geom.*) contorno; superficie esterna (*specialm. sferica*).

periphrase /'perɪfreɪz/, *V.* **periphrasis**.

periphrasis /pə'rɪfrəsɪs/, *n.* (*pl.* **periphrases**) perifrasi.

periphrastic /perɪ'fræstɪk/, *a.* perifrastico. || **-ally**, *avv.*

periplus /'perɪpləs/, *n.* (*pl.* **peripli**) periplo.

peripteral /pə'rɪptərəl/, *a.* (*archit.*) periptero, perittero.

periscope /'perɪskəʊp/, *n.* (*fis., naut.*) periscopio.

periscopic /perɪ'skɒpɪk/, *a.* (*fis., naut.*) periscopico.

to **perish** /'perɪʃ/, **A** *v. i.* **1** perire; morire; andar distrutto: **to p. by the sword**, perire di spada; **to be perishing with hunger**, sentirsi morir di fame **2** (*di un oggetto, ecc.*) consumarsi; logorarsi **3** (*di merce*) deperire; deteriorarsi. **B** *v. t.* (*raro*) deteriorare; distruggere; rovinare: **The heat had perished all vegetation**, il caldo aveva fortemente danneggiato ogni forma di vegetazione. ● **P. the thought!**, neanche a pensarci!; neanche per sogno!; facciamo gli scongiuri!

perishability /perɪʃə'bɪlətɪ/, *n.* deteriorabilità; deperibilità.

perishable /'perɪʃəbl/, **A** *a.* deteriorabile; deperibile: **p. goods**, merci deperibili. **B** *n. pl.* (*comm.*) merci deperibili. || **-ness**, *sost.*

perisher /'perɪʃə(r)/, *n.* (*pop.*) individuo insopportabile; seccatore. ● **little p.**, ragazzino terribile; peste (*fig.*); Pierino (*fam.*).

perishing /'perɪʃɪŋ/, **A** *n.* deterioramento, deperimento (*di merci*). **B** *a.* **1** terribile; tremendo; da morire: **a p. cold**, un freddo da morire **2** (*pop.*) maledetto; dannato: **a p. nuisance**, una maledetta scocciatura.

perispomenon /perɪ'spəʊmɪnən/, *n.* (*pl.* **perispomena**) (*ling.*) (parola) perispomena.

perissodactyl(e) /pərɪsəʊ'dæktɪl/, **A** *n.* (*zool.*) perissodattilo. **B** *a.* dei perissodattili.

perissology /perɪ'sɒlədʒɪ/, *n.* (*ling.*) perissologia.

peristalsis /perɪ'stælsɪs/, *n.* (*pl.* **peristalses**) (*fisiol.*) peristalsi.

peristaltic /perɪ'stæltɪk/, *a.* (*fisiol.*) peristaltico.

peristome /'perɪstəʊm/, *n.* (*zool.*) peristoma.

peristyle /'perɪstaɪl/, *n.* (*archit.*) peristilio.

perithecium /perɪ'θiːsɪəm, -ʃɪ-/, *n.* (*pl.* **perithecia**) (*bot.*) peritecio.

peritoneal /perɪtəʊ'niːəl/, *a.* (*anat.*) peritoneale.

peritoneum /perɪtə'niːəm/, *n.* (*pl.* **peritoneums, peritonea**) (*anat.*) peritoneo.

peritonitis /perɪtə'naɪtɪs/, *n.* (*med.*) peritonite.

periwig /'perɪwɪg/, *n.* parrucca.

periwigged /'perɪwɪgd/, *a.* imparruccato.

periwinkle (1) /'perɪwɪŋkl/, *n.* (*bot., Vinca minor*) pervinca.

periwinkle (2) /'perɪwɪŋkl/, *n.* (*zool., Littorina littorea*) littorina.

perjured /'pɜːdʒəd/, *a.* spergiuro; che giura (*o* ha giurato) il falso.

to **perjure oneself** /'pɜːdʒəwʌn'self/, *v. rifl.* spergiurare; giurare il falso.

perjurer /'pɜːdʒərə(r)/, *n.* spergiuro; chi giura (*o* ha giurato) il falso.

perjurious /pə'dʒʊərɪəs/, *a.* spergiuro.

perjuriously /pə'dʒʊərɪəslɪ/, *avv.* giurando il falso; da spergiuro.

perjury /'pɜːdʒərɪ/, *n.* **1** spergiuro; giuramento falso *2* (*leg.*) falsa dichiarazione giurata.

to **perk** (1) /pɜːk/, **A** *v. i.* (*anche* **to p. up**) *1* alzare la testa, sollevare il capo (*in modo vivace*) *2* buttarsi avanti; farsi avanti; esser baldanzoso (*o* intraprendente) *3* riacquistare vigore; riaversi; riprendersi. **B** *v. t.* (*spesso* **to p. up**) *1* alzare, sollevare (*di scatto*): **My dog perked up its head**, il mio cane alzò la testa di scatto *2* infondere vigore a (q.); rianimare; rincuorare *3* (*arc.*) acconciare; azzimare; attillare. **C** to **perk oneself up**, *v. rifl.* *1* rianimarsi, ringalluzzirsi *2* (*arc.*) acconciarsi; attillarsi; azzimarsi. ● (*fam.*) **to p. one's tail**, alzare la cresta (*fig.*).

to **perk** (2) /pɜːk/, *v. t.* e *i.* (*fam.*) far passare (*il caffè, ecc.*); (*del caffè*) passare.

perks /pɜːks/, *n. pl.* (*abbr. fam. di* **perquisites**) gratifiche; competenze accessorie; compensi extra.

perky /ˈpɜːkɪ/, *a.* *1* baldanzoso; vivace; tutto pepe (*fam.*) *2* agile; maneggevole: **a p. little car**, una macchinetta maneggevole *3* disinvolto; sicuro di sé: **a p. little chap**, un tipetto disinvolto. || **-iness**, *sost.*

perlite /ˈpɜːlaɪt/, *n.* (*geol.*) perlite; pietra perla.

perlocutionary /pɜːləˈkjuːʃənrɪ, *USA* -nerɪ/, *a.* (*ling.*) perlocutorio.

perlocutive /pɜːˈləʊkjʊtɪv/, *a.* (*ling.*) perlocutivo.

perm (1) /pɜːm/, *n.* (*abbr. fam. di* **permanent wave**) permanente; ondulazione permanente.

perm (2) /pɜːm/, *n.* (*abbr. fam. di* **permutation**) sistema (*al totocalcio*).

to **perm** (1) /pɜːm/, *v. t.* (*fam.*) fare la permanente a.

to **perm** (2) /pɜːm/, *v. t.* e *i.* (*fam.*) giocare (*al totocalcio*) col sistema; essere un sistemista; fare le doppie (*o* le triple) per (*una certa partita*).

permafrost /ˈpɜːməfrɒst, *USA* -ɔːst/, *n.* (*geol.*) permafrost; permagelo.

permanence /ˈpɜːmənəns/, *n.* permanenza; stabilità.

permanency /ˈpɜːmənənsɪ/, *n.* *1* permanenza; stabilità *2* cosa permanente; posto fisso (*di lavoro*).

permanent /ˈpɜːmənənt/, **A** *a.* permanente; durevole; stabile: (*anat.*) **p. teeth**, denti permanenti; **p. wave**, (ondulazione) permanente. **B** *n.* (*fam.*) permanente: **to give sb. a p.**, fare la permanente a q. ● (*fin.*) **p. assets**, capitale fisso (*o* immobilizzato) □ (*fin.*) **p. debt**, debito consolidato □ (*leg.*) **p. disablement**, invalidità permanente □ **a p. position**, un posto stabile (*o* di ruolo) □ (*di metallo, ecc.*) **p. set**, deformazione permanente □ **p. staff**, personale di ruolo: **to be on the p. staff**, essere di ruolo (*o* in pianta stabile) □ (*ferr.*) **p. way**, massicciata completa; armamento e ballast. || **-ly**, *avv.*

permanganate /pɜːˈmæŋɡəneɪt/, *n.* (*chim.*) permanganato.

permanganic /pɜːmænˈɡænɪk/, *a.* (*chim.*) permanganico.

permeability /pɜːmɪəˈbɪlətɪ/, *n.* (*geol., fis., ecc.*) permeabilità.

permeable /ˈpɜːmɪəbl/, *a.* permeabile: (*geol.*) **p. bed**, strato permeabile.

permeance /ˈpɜːmɪəns/, *n.* *1* il permeare *2* (*elettr.*) permeanza.

permeant /ˈpɜːmɪənt/, *a.* che permea; che tende a permeare.

permease /ˈpɜːmɪeɪz/, *n.* (*biol.*) permeasi.

to **permeate** /ˈpɜːmɪeɪt/, **A** *v. t.* permeare (*anche fig.*); intridere; penetrare (in); compenetrare; pervadere; saturare: **The ink had permeated the blotting paper**, l'inchiostro aveva saturato la carta assorbente. **B** *v. i.* penetrare; diffondersi: **Rainwater permeates easily through gravel and sand**, l'acqua piovana penetra facilmente nei terreni ghiaiosi e sabbiosi. ● (*fig.*: *di notizia, ecc.*) **to p. among**, diffondersi fra.

permeation /pɜːmɪˈeɪʃn/, *n.* *1* il permeare *2* (*chim., fis.*) permeazione.

permed /ˈpɜːmd/, *a.* con la permanente.

Permian /ˈpɜːmɪən/, *a.* e *n.* (*geol.*) permiano; permico.

perming /ˈpɜːmɪŋ/, *n.* il fare la permanente (*ai capelli*).

permissibility /pəmɪsəˈbɪlətɪ/, *n.* ammissibilità.

permissible /pəˈmɪsəbl/, *a.* *1* permissibile; ammissibile *2* (*USA*: *ind. min.*) di sicurezza: **p. lamp**, lampada di sicurezza. ● (*med.*) **p. dose**, dose massima tollerata.

permission /pəˈmɪʃn/, *n.* permesso; autorizzazione; licenza: **You should ask your father's p.**, devi chiedere il permesso a tuo padre.

permissionist /pəˈmɪʃənɪst/, *n.* permissivista; persona permissiva; lassista.

permissive /pəˈmɪsɪv/, **A** *a.* *1* che permette; concessivo; permissivo *2* (*arc. o leg.*) facoltativo. **B** *n.* persona permissiva; lassista. ● (*leg.*) **p. legislation**, norme permissive □ (*leg.*) **p. waste**, deterioramento colposo (*di locali*). || **-ly**, *avv.*

permissiveness /pəˈmɪsɪvnəs/, *n.* permissività.

permissivism /pəˈmɪsɪvɪzəm/, *n.* permissivismo; lassismo.

permissivist /pəˈmɪsɪvɪst/, *V.* **permissionist**.

permit /ˈpɜːmɪt, *USA* ˈpɜː-, pəˈmɪt/, *n.* *1* permesso; licenza *2* (*autom.*) patente. ● (*autom.*) **driving p.**, patente di guida □ (*autom.*) **international driving p.**, patente internazionale (*di guida*).

to **permit** /pəˈmɪt/, **A** *v. t.* e *i.* permettere; consentire; tollerare: **Overspeeding is not permitted**, non è permesso correre troppo in automobile; **P. me to remark that...**, consentimi di osservare che...; **They did not p. the text to be altered**, non tollerarono che il testo fosse mutato; **I'll go, weather permitting**, andrò, tempo permettendo. **B** to **permit oneself**, *v. rifl.* permettersi, concedersi: **I p. myself a glass of wine now and then**, di quando in quando mi concedo un bicchiere di vino. ● **to p. of**, ammettere; permettere; consentire: **Your behaviour permits of no other explanation**, il tuo comportamento non ammette altra spiegazione.

permittivity /pɜːmɪˈtɪvətɪ/, *n.* (*elettr.*) permettività; costante dielettrica.

permutable /pɜːˈmjuːtəbl/, *a.* permutabile.

permutation /pɜːmjʊˈteɪʃn/, *n.* *1* (*mat., chim., ling.*) permutazione *2* (*leg., comm.*) permuta *3* (*al totocalcio*) sistema. ● **p. lock**, serratura a combinazione.

permutative /pəˈmjuːtətɪv/, *a.* (*scient.*) permutativo.

to **permute** /pəˈmjuːt/, *v. t.* *1* permutare *2* cambiare; mutare.

pern /pɜːn/, *n.* (*zool., Pernis apivorus*) falco pecchiaiolo.

pernicious /pəˈnɪʃəs/, *a.* pernicioso; dannoso; esiziale; funesto; nocivo: (*med.*) **p. anaemia**, anemia perniciosa; **p. habits**, abitudini dannose. || **-ly**, *avv.* || **-ness**, *sost.*

pernickety /pəˈnɪkətɪ/, *a.* (*fam.*) *1* esigente; difficile; meticoloso; pignolo *2* (*di un lavoro, ecc.*) difficile; di precisione.

to **perorate** /ˈperəreɪt/, *v. i.* perorare.

peroration /perəˈreɪʃn/, *n.* perorazione.

peroxide /pəˈrɒksaɪd/, *n.* (*chim.*) *1* perossido *2* (*fam.*, = **hydrogen p.**) perossido d'idrogeno; acqua ossigenata. ● **a p. blonde**, una bionda ossigenata.

to **peroxide** /pəˈrɒksaɪd/, *v. t.* *1* (*chim.*) perossidare *2* ossigenare (*i capelli*).

perpendicular /pɜːpənˈdɪkjʊlə(r)/, **A** *a.* *1* (*geom.*) perpendicolare *2* verticale *3* (*di monte, ecc.*) erto; ripido; scosceso *4* (*scherz.*: *di persona*) in piedi; eretto; impalato. **B** *n.* *1* – (*geom.*; *costr. navali*) **the p.**, la perpendicolare *2* – **the p.**, la linea verticale; la verticale *3* archipendolo; filo a piombo *4* (*di monte*) parete verticale *5* (*archit.*) **the P. (Style)**, lo stile gotico perpendicolare.

perpendicularity /pɜːpəndɪkjʊˈlærətɪ/, *n.* (*geom.*) perpendicolarità (*raro*).

to **perpetrate** /ˈpɜːpɪtreɪt/, *v. t.* perpetrare; commettere: **to p. a crime**, perpetrare un delitto. ● **to p. a massacre**, fare un massacro.

perpetration /pɜːpɪˈtreɪʃn/, *n.* perpetrazione (*raro*); il perpetrare.

perpetrator /ˈpɜːpɪtreɪtə(r)/, *n.* perpetratore (*raro*).

perpetual /pəˈpetʃʊəl/, *a.* *1* perpetuo; eterno: **p. motion**, moto perpetuo *2* continuo; incessante. ● (*fin.*) **p. annuity**, rendita perpetua □ (*fin.*) **p. debt**, debito irredimibile □ (*leg.*) **p. lease**, locazione perpetua. || **-ly**, *avv.*

perpetuance /pəˈpetjʊəns, *USA* -tʃʊ-/, *V.* **perpetuation**.

to **perpetuate** /pəˈpetjʊeɪt, *USA* -tʃʊ-/, *v. t.* perpetuare; eternare: **to p. the memory of sb.**, perpetuare la memoria di q.

perpetuation /pəpetʃʊˈeɪʃn/, *n.* perpetuazione.

perpetuator /pəˈpetjʊeɪtə(r), *USA* -tʃʊ-/, *n.* perpetuatore.

perpetuity /pɜːpɪˈtjuːətɪ, *USA* -ˈtuː-/, *n.* *1* perpetuità; eternità *2* (*leg.*) diritto di proprietà, senza potere di alienazione, in perpetuo *3* (*leg.*) rendita vitalizia; vitalizio. ● **in p.**, in perpetuo; per sempre.

to **perplex** /pəˈpleks/, *v. t.* *1* imbarazzare; confondere; rendere perplesso: **to be perplexed by contradictory evidence**, restare perplesso di fronte a prove contraddittorie *2* complicare; imbrogliare; ingarbugliare: **to p. a problem**, complicare un problema.

perplexed /pəˈplekst/, *a.* *1* (*di persona*) perplesso; confuso; imbarazzato; incerto *2* complicato; ingarbugliato; imbrogliato: **a p. question**, una questione complicata.

perplexing /pəˈpleksɪŋ/, *a.* che confonde; imbarazzante: **a p. question**, una domanda imbarazzante. || **-ly**, *avv.*

perplexity /pəˈpleksətɪ/, *n.* *1* perplessità; imbarazzo; incertezza *2* complicazione; cosa imbarazzante; imbroglio.

perquisite /ˈpɜːkwɪzɪt/, *n.* *1* (*leg.*) emolumento (*occasionale*) *2* (*leg.*) spettanza; competenza *3* gratifica; mancia abituale *4* indennità accessoria; agevolazione aggiuntiva *5* (*pl.*) (*stor.*) diritti accessori (*di un signore feudale*); prestazioni in natura. ● **The general manager's perquisites include a home and a company car**, il direttore generale ha inoltre diritto all'alloggio (di servizio) e all'uso di un'automobile dell'azienda.

perron /ˈperən/, *n.* (*archit.*) scalinata, gradinata esterna.

perry /ˈperɪ/, *n.* sidro di pere.

perse /pɜːs/, *a.* e *n.* (di) colore tra il grigio e il blu.

to **persecute** /ˈpɜːsɪkjuːt/, *v. t.* *1* perseguitare *2* molestare; (*fig.*) infastidire, importunare: **to p. sb. with pleads for financial aid**, infastidire q. con richieste d'aiuti finanziari; **to be persecuted by mosquitoes**, essere molestato dalle zanzare.

persecution /pɜːsɪˈkjuːʃn/, *n.* *1* persecuzione *2* l'importunare; molestia. ● (*psic.*) **p. complex**, mania di persecuzione.

persecutor /ˈpɜːsɪkjuːtə(r)/, *n.* persecutore.

persecutory /ˈpɜːsɪkjʊtrɪ, *USA* -tɔːrɪ/, *a.* persecutorio.

Persephone /pɜːˈsefənɪ/, *n.* (*mitol.*) Persefone.

Perseus /ˈpɜːsjuːs/, *n.* (*mitol., astron.*) Perseo.

perseverance /pɜːsɪˈvɪərəns/, *n.* perseveranza; costanza.

to **persevere** /pɜːsɪˈvɪə(r)/, *v. i.* perseverare; aver costanza: **to p. in one's studies** [**with a task**], perseverare negli studi [in un lavoro].

persevering /pɜːsɪˈvɪərɪŋ/, *a.* perseverante. || **-ly**, *avv.*

Persian /ˈpɜːʃn, *USA* -ʒn/, *a.* e *n.* persiano (*anche la lingua*). ● **P. blinds**, persiane; gelosie □ **P. cat**, (gatto) persiano □ (*geogr.*) **the P. Gulf**, il Golfo Persico □ **P. lamb**, agnello di razza karakul; (*pelliccia*) persiano, astrakan.

persiflage /ˈpɜːsɪflɑːʒ/, *n.* burla; canzonatura. ● **a piece of p.**, una facezia; una spiritosaggine.

persimmon /pɜːˈsɪmən/, *n.* (*bot.*, = **Japanese p.**) **1** (*Diospyros kaki*) cachi, kaki **2** cachi, kaki (*il frutto*).

to **persist** /pəˈsɪst/, *v. i.* **1** persistere; perseverare; ostinarsi; insistere: **to p. in doing st. in one's own way**, ostinarsi a fare q.c. a modo proprio **2** permanere; continuare; persistere; durare: **The belief persists that...**, permane la credenza che...

persistence /pəˈsɪstəns/, **persistency** /pəˈsɪstənsɪ/, *n.* **1** persistenza (*anche scient.*); perseveranza; ostinazione: (*fisiol.*) **p. of vision**, persistenza delle immagini **2** permanenza; durata.

persistent /pəˈsɪstənt/, *a.* **1** persistente; ostinato; perseverante: **a p. pain**, un dolore persistente; **a p. cough**, una tosse ostinata **2** permanente; durevole **3** (*bot.*) persistente **4** (*chim.*) difficilmente decomponibile; non degradabile; persistente. || **-ly**, *avv.*

persnickety /pəˈsnɪkətɪ/, *a.* (*fam. USA*) **1** snobistico; da snob **2** *V.* **pernickety**.

person /ˈpɜːsn/, *n.* **1** (*bur., iron. o spreg.*) persona; individuo; figura (umana); corpo: **He's a very odd p.**, è una persona assai stravagante; **The girl had a fine p.**, la ragazza era ben fatta; la ragazza aveva una bella figura; (*relig.*) **the three persons of the Godhead**, le tre Persone della Trinità; (*gramm.*) **to speak in the first p.**, parlare in prima persona **2** (*zool.*) individuo (*d'una colonia d'insetti, ecc.*) **3** (*pl.*) *V.* **people**. ● (*leg.*) **the p. charged**, l'imputato □ (*leg.*) **the p. entitled**, l'avente diritto □ **the p. in charge**, il responsabile □ (*telef.*) **a p.-to-p. call**, una telefonata fatta a una persona, e che non si paga se risponde un altro (*un familiare, ecc.*) □ (*leg.*) **artificial** (*o* **legal**) **p.**, persona giuridica □ (*leg.*) **natural p.**, persona fisica □ **to act in one's own p.**, agire di persona (*o* personalmente, per conto proprio) □ (*rif. a italofono, francofono, ecc.*) **to address sb. in the second p. singular**, dare del tu a q. □ (*stat.*) **per p.**, a persona; a testa □ **I'll be present in p.**, ci andrò di persona.

persona /pɜːˈsəʊnə/, *n.* **1** (*psic.*: *pl.* **personas**) persona; individuo **2** (*letter., teatr.*: *pl.* **personae**) personaggio.

personable /ˈpɜːsənəbl/, *a.* ben fatto; bello; di bell'aspetto.

personage /ˈpɜːsənɪdʒ/, *n.* personaggio.

personal /ˈpɜːsənl/, **A** *a.* **1** personale; individuale; particolare; privato: **a p. opinion**, un'opinione personale; **p. liberty**, libertà personale; **for one's p. needs**, per i propri bisogni particolari; **a p. interview**, un colloquio privato; (*relig.*) **a p. God**, un Dio personale; (*gramm.*) **a p. pronoun**, un pronome personale **2** della persona; del corpo; fisico: **p. vanity**, vanità della propria persona **3** (*spreg.*) offensivo; villano: **Don't be so p.!**, non essere così offensivo (*o* villano)! **B** *n.* **1** (*leg.*) effetto (*o* bene) personale **2** (*pubbl.*) annuncio personale. ● (*leg., ass.*) **p. accident**, infortunio □ (*pubbl.*) **p. advertisement**, annuncio personale □ **p. advertisements**, piccola pubblicità □ **p. agency**, studio pubblicitario □ (*fisc., in G.B.*) **p. allowance**, quota esente (*da imposta*); detrazione personale □ (*leg.*) **p. assets**, beni personali; attivo mobiliare □ **p. assistant**, assistente personale; segretaria privata; segretario particolare □ (*leg.*) **p. belongings** (*o* **effects**), effetti personali □ **p. care products**, prodotti di bellezza □ (*leg.*) **p. chattels**, beni mobili □ (*di giornale*) **p. column**, rubrica degli annunci personali □ (*elab.*) **p. computer**, personal computer; personal (*fam.*) □ (*econ.*) **p. contract**, chiamata nominativa (*di un lavoratore*) □ (*banca*) **p. customers**, clienti privati □ (*leg.*) **p. estate** (*o* **property**), patrimonio personale; beni mobili □ (*banca*) **p. identification number** (*abbr. P.I.N.*), numero segreto (*di carta di credito*) □ (*fisc.*) **p. income tax**, imposta sul reddito delle persone fisiche (*cfr. ital. IRPEF*) □ (*leg.*) **p. injury**, lesione personale; danno fisico □ (*ass.*) **p. liability insurance**, assicurazione per la responsabilità civile verso i terzi □ (*econ.*) **p. saving**, risparmio privato (*o* delle famiglie) □ (*econ.*) **p. sector**, il settore delle famiglie □ (*market.*) **p. shopper**, assistente dei clienti (*che li aiuta nel fare gli acquisti*); commesso di negozio □ (*mus.*) **p. stereo**, stereo portatile □ **Let's avoid being p. in our comments!**, evitiamo di fare commenti di carattere personale!

personality /pɜːsəˈnælətɪ/, *n.* **1** personalità; temperamento: **He has a strong p.**, ha una forte personalità **2** personalità; personaggio; persona importante (*o* ragguardevole); pezzo grosso: **a TV p.**, un personaggio televisivo **3** (*pl.*) osservazioni di carattere personale: **to avoid personalities**, evitare le osservazioni (*o* allusioni, ecc.) di carattere personale. ● **p. cult**, culto della personalità □ (*psic.*) **p. test**, test caratterologico (*o* della personalità).

personalization /pɜːsənəlaɪˈzeɪʃn, *USA* -lɪˈz-/, *n.* **1** personalizzazione **2** personificazione.

to **personalize** /ˈpɜːsənəlaɪz/, *v. t.* **1** personalizzare; rendere personale **2** mettere su un piano personale; attribuire esclusivamente a sé: **Don't p. his general criticism of your group**, non prendere solo per te le critiche da lui rivolte al gruppo cui appartieni **3** personificare; impersonare.

personalized /ˈpɜːsənəlaɪzd/, *a.* **1** personalizzato: (*banca*) **p. cheque**, assegno personalizzato **2** impersonato **3** (*di camicie, fazzoletti, ecc.*) con le cifre; con il monogramma.

personally /ˈpɜːsənəlɪ, -snlɪ/, *avv.* **1** personalmente **2** come persona **3** in mala parte: **to take st. p.**, prendere q.c. in mala parte; prendersela per q.c.

personalty /ˈpɜːsnltɪ/, *n.* (*leg.*) beni mobili; patrimonio personale.

personate /ˈpɜːsənət, -eɪt/, *a.* (*bot.*: *di corolla*) personata.

to **personate** /ˈpɜːsəneɪt/, *v. t.* **1** impersonare; fare la parte di (*un personaggio*) **2** personificare **3** (*leg.*) farsi passare (*o* spacciarsi) per, assumere le spoglie di (q.).

personation /pɜːsəˈneɪʃn/, *n.* **1** l'impersonare; l'esser impersonato **2** personificazione **3** (*leg.*) sostituzione di persona.

personator /ˈpɜːsəneɪtə(r)/, *n.* **1** chi impersona; personificatore (*raro*) **2** (*leg.*) chi si spaccia per un altro.

personification /pəsɒnɪfɪˈkeɪʃn/, *n.* personificazione. ● **He is the p. of envy**, è l'invidia fatta persona.

personifier /pəˈsɒnɪfaɪə(r)/, *n.* personificatore (*raro*).

to **personify** /pəˈsɒnɪfaɪ/, *v. t.* personificare: **He is goodness personified**, è la bontà personificata.

personnel /pɜːsəˈnel/, *n.* **1** personale; (*collett.*) impiegati e operai **2** (*di un'azienda*) reparto personale **3** (= **army p.**) truppe; soldati, marinai. ● (*mil.*) **p. carrier**, trasporto truppe □ (*in un'azienda*) **p. communications**, comunicazioni interne □ **p. consultant**, selezionatore di personale □ **p. department**, ufficio (del) personale □ **p. manager**, direttore (*o* capo) del personale □ (*naut.*) **engine-room p.**, personale di macchina □ (*naut.*) **upper deck p.**, personale di coperta.

perspective /pəˈspektɪv/, **A** *n.* **1** prospettiva (*anche fig.*); rappresentazione (*o* disegno) in prospettiva: **linear p.**, prospettiva lineare; **in p.**, in prospettiva **2** scorcio; veduta; vista; visuale. **B** *a.* di prospettiva; in prospettiva; prospettico: **p. drawing**, disegno prospettico.

perspectively /pəˈspektɪvlɪ/, *avv.* in prospettiva.

Perspex /ˈpɜːspeks/, *n.* (*marchio*) perspex; plastica robusta e trasparente.

perspicacious /pɜːspɪˈkeɪʃəs/, *a.* perspicace; acuto; sagace. || **-ly**, *avv.*

perspicacity /pɜːspɪˈkæsətɪ/, *n.* perspicacia; acutezza; sagacia.

perspicuity /pəspɪˈkjuːətɪ/, *n.* **1** perspicuità; chiarezza; evidenza **2** *V.* **perspicacity**.

perspicuous /pəˈspɪkjʊəs/, *a.* perspicuo; chiaro; evidente. || **-ly**, *avv.* || **-ness**, *sost.*

perspiration /pɜːspɪˈreɪʃn/, *n.* **1** traspirazione **2** sudore **3** (*med.*) perspirazione. ● **to be bathed in p.**, essere in un bagno di sudore.

perspiratory /pəˈspaɪərətrɪ, -ˈspɪrə-, ˈpɜːspɪrətrɪ, *USA* -tɔːrɪ/, *a.* traspiratorio; che fa traspirare.

to **perspire** /pəˈspaɪə(r)/, **A** *v. i.* traspirare; sudare. **B** *v. t.* trasudare.

persuadable /pəˈsweɪdəbl/, *a.* persuasibile; persuadibile (*raro*).

to **persuade** /pəˈsweɪd/, **A** *v. t.* persuadere; convincere; indurre: **to p. sb. to do st.**, convincere (*o* indurre) q. a fare q.c. **B** *to* **persuade oneself**, *v. rifl.* persuadersi; convincersi. ● **to p. sb. out of st.**, convincere q. a non fare q.c.; distogliere q. da q.c.: **I couldn't p. him out of his plan**, non riuscii a distoglierlo dal suo progetto.

persuaded /pəˈsweɪdɪd/, *a.* persuaso; convinto.

persuader /pəˈsweɪdə(r)/, *n.* **1** persuasore **2** (*pop. USA*) pistola; rivoltella **3** (*pop. USA*) manganello. ● **the hidden persuaders**, i persuasori occulti.

persuasibility /pəsweɪzəˈbɪlətɪ/, *n.* l'essere persuasibile.

persuasible /pəˈsweɪzəbl/, *a.* persuasibile; persuadibile (*raro*).

persuasion /pəˈsweɪʒn/, *n.* **1** persuasione; convincimento; convinzione: **political p.**, convinzione politica **2** credenza (*specialm. relig.*); religione; setta: **He is of the Jewish p.**, è di religione ebraica **3** (*fam. scherz.*) genere; specie; sorta; tipo. ● **It is my p.** (*o* **I am of the p.**) **that he is wrong**, sono convinto che egli ha torto.

persuasive /pəˈsweɪsɪv/, *a.* persuasivo; convincente. || **-ly**, *avv.*

persuasiveness /pəˈsweɪsɪvnəs/, *n.* persuasività; attitudine a persuadere; forza di persuasione.

persulfate /pɜːˈsʌlfeɪt/, *n.* (*chim.*) persolfato.

pert /pɜːt/, *a.* **1** impertinente; impudente; insolente; sfacciato **2** vivace; sveglio (*fig.*) **3** allegro; brioso; sbarazzino. || **-ly**, *avv.*

to **pertain** /pəˈteɪn/, *v. i.* **1** appartenere, spettare (a); far parte (di): **This research pertains to physics**, questa ricerca appartiene alla fisica **2** addirsi, convenire (a): **the conduct that pertains to a gentleman**, la condotta che si addice a un gentiluomo **3** essere pertinente, riferirsi, attenere (a): **His remark did not p. to the subject**, la sua osservazione non era pertinente all'argomento.

pertinacious /pɜːtɪˈneɪʃəs, *USA* -tnˈeɪʃəs/, *a.* **1** pertinace; costante; fermo **2** caparbio; ostinato; testardo **3** insistente; importuno. || **-ly**, *avv.*

pertinaciousness /pɜːtɪˈneɪʃəsnəs, *USA* -tnˈeɪ-/, **pertinacity** /pɜːtɪˈnæsətɪ, *USA* -tnˈæ-/, *n.* **1** pertinacia; costanza; fermezza **2** caparbietà; ostinazione; testardaggine **3** insistenza; importunità.

pertinence /ˈpɜːtɪnəns, *USA* -tənəns/, **pertinency** /ˈpɜːtɪnənsɪ/, *n.* pertinenza; attinenza.

pertinent /ˈpɜːtɪnənt, *USA* -tənənt/, *a.* pertinente; attinente: **a p. remark**, un'osservazione pertinente. || **-ly**, *avv.*

pertness /ˈpɜːtnəs/, *n.* **1** impertinenza; impudenza; insolenza; sfacciataggine **2** vivacità; prontezza (*della mente*).

to **perturb** /pəˈtɜːb/, *v. t.* perturbare; turbare; agitare; allarmare; sconvolgere: **I was perturbed by the news of his death**, la notizia della sua morte mi sconvolse.

perturbation /pɜːtəˈbeɪʃn/, *n.* **1** perturbazione; perturbamento; agitazione; scompiglio **2** (*scient.*) perturbazione.

perturbative /pəˈtɜːbətɪv/, *a.* perturbativo; che perturba.

peruke /pəˈruːk/, *n.* (*un tempo*) parrucca.

perusal /pəˈruːzl/, *n.* attenta lettura; esame accurato.

to **peruse** /pəˈruːz/, *v. t.* ***1*** leggere attentamente; esaminare accuratamente; studiare ***2*** scrutare (*il volto di q.*) ***3*** (*scherz.*) leggere (*il giornale, ecc.*).

Peruvian /pəˈruːvɪən/, *a.* e *n.* peruviano. ● (*bot.*) **P. bark**, corteccia di china.

to **pervade** /pəˈveɪd/, *v. t.* pervadere; permeare; diffondersi in.

pervasion /pɜːˈveɪʒn/, *n.* diffusione; penetrazione.

pervasive /pəˈveɪsɪv/, *a.* che pervade; penetrante; dilagante (*fig.*): **the p. influence of the mass media**, il dilagante influsso dei mass media. || **-ly**, *avv.*

pervasiveness /pɜːˈveɪsɪvnəs/, *n.* diffusione; penetrazione.

perverse /pəˈvɜːs/, *a.* ***1*** perverso; iniquo; malvagio: **a p. woman**, una donna perversa; **a p. verdict**, un verdetto iniquo ***2*** (*d'un fatto, di un effetto, ecc.*) avverso; contrario; sfavorevole; perverso (*improprio, ma comune*): **The fiscal drag is one of the p. effects of inflation**, il fiscal drag è uno degli effetti perversi dell'inflazione ***3*** (*di comportamento, ecc.*) irrazionale ***4*** (*di persona*) caparbio; ostinato; intrattabile. || **-ly**, *avv.* || **-ness**, *sost.*

perversion /pəˈvɜːʃn, *USA* -ʒn/, *n.* ***1*** pervertimento; perversione; corruzione: **sexual p.**, perversione sessuale ***2*** alterazione; svisamento; travisamento: **a p. of spelling**, un'alterazione della grafia.

perversity /pəˈvɜːsətɪ/, *n.* ***1*** perversità; malvagità; cattiveria ***2*** caparbietà; ostinazione.

perversive /pəˈvɜːsɪv/, *a.* che perverte; che tende a pervertire.

pervert /ˈpɜːvɜːt/, *n.* ***1*** pervertito; depravato ***2*** (*relig.*) apostata.

to **pervert** /pəˈvɜːt/, *v. t.* ***1*** pervertire; corrompere; depravare; guastare: **to p. the mind of a young man**, pervertire l'animo di un giovane ***2*** alterare; snaturare; svisare; travisare: **to p. the law**, svisare la legge. ● **to p. a word**, travisare il significato d'una parola.

perverted /pəˈvɜːtɪd/, *a.* ***1*** pervertito; perverso ***2*** alterato; snaturato; svisato; travisato. || **-ly**, *avv.*

perverter /pəˈvɜːtə(r)/, *n.* pervertitore, pervertitrice; corruttore, corruttrice.

pervious /ˈpɜːvɪəs/, *a.* ***1*** pervio (*raro*); accessibile; praticabile ***2*** penetrabile; permeabile ***3*** (*fig.*) aperto; sensibile. ● **to be p. to reason**, essere ragionevole. || **-ly**, *avv.*

perviousness /ˈpɜːvɪəsnəs/, *n.* ***1*** accessibilità; praticabilità ***2*** penetrabilità; permeabilità ***3*** apertura mentale; sensibilità.

peseta /pəˈseɪtə/ (*spagn.*), *n.* peseta (*moneta spagnola*).

pesky /ˈpɛskɪ/, *a.* (*fam. USA*) fastidioso; sgradevole; seccante.

peso /ˈpeɪsəʊ/ (*spagn.*), *n.* (*pl.* **pesos**) peso (*unità monetaria di alcuni paesi dell'America centrale e meridionale*).

pessary /ˈpɛsərɪ/, *n.* ***1*** (*med.*) pessario ***2*** diaframma ***3*** suppositorio vaginale.

pessimism /ˈpɛsɪmɪzəm/, *n.* pessimismo.

pessimist /ˈpɛsɪmɪst/, *n.* pessimista.

pessimistic /pɛsɪˈmɪstɪk/, *a.* pessimistico.

pessimistically /pɛsɪˈmɪstɪklɪ/, *avv.* con pessimismo; pessimisticamente.

pest /pɛst/, *n.* ***1*** animale (*o* insetto) nocivo: **garden pests**, animali (*o* insetti) nocivi alle piante dei giardini (*topi, lumache, ecc.*) ***2*** (*fig.*) individuo insopportabile; persona pestifera (*o* pestilenziale); peste (*fig.*) ***3*** (*stor.*) peste; pestilenza. ● (*agric.*) **p. control**, controllo degli animali (*o* insetti) infestanti □ **p. control service**, disinfestazione dai parassiti □ (*stor.*) **p.-house**, lazzaretto □ **p. repeller**, strumento elettronico che scaccia gli insetti nocivi.

to **pester** /ˈpɛstə(r)/, *v. t.* ***1*** infastidire; importunare ***2*** molestare; tormentare: **Swarms of mosquitoes pestered us**, sciami di zanzare ci tormentavano.

pesticide /ˈpɛstɪsaɪd/, *n.* (*chim.*) pesticida; insetticida; antiparassitario.

pestiferous /pɛˈstɪfərəs/, *a.* ***1*** (*anche fig.*) pestifero ***2*** (*fam.*) fastidioso; importuno; molesto ***3*** (*fig.*) dannoso, nocivo, pericoloso (*moralmente e socialmente*). || **-ly**, *avv.* || **-ness**, *sost.*

pestilence /ˈpɛstɪləns/, *n.* ***1*** (*med.*) pestilenza; peste (bubbonica) ***2*** (*fig.*) idea pericolosa; dottrina sovvertitrice; teoria immorale.

pestilent /ˈpɛstɪlənt/, *a.* ***1*** pestilente (*raro*); pestifero (*anche fig.*) ***2*** fatale; pernicioso; mortale ***3*** (*fam.*) fastidioso; importuno; molesto. || **-ly**, *avv.*

pestilential /pɛstɪˈlɛnʃl/, *a.* ***1*** (*anche fig.*) pestilenziale ***2*** fatale; pernicioso; mortale ***3*** (*fam.*) fastidioso; importuno; molesto. || **-ly**, *avv.*

pestle /ˈpɛsl/, *n.* pestello.

to **pestle** /ˈpɛsl/, **A** *v. t.* pestare (*o* frantumare, tritare) col pestello. **B** *v. i.* usare il pestello.

pet (**1**) /pɛt/, **A** *n.* ***1*** animale d'affezione (*o* da compagnia): **to keep a rabbit as a pet**, tenere un coniglio come animale prediletto ***2*** (*di persona o animale*) favorito; beniamino; prediletto; cocco (*fam.*): **Jane is her teacher's pet**, Jane è la beniamina della sua insegnante; **I have two cats and a canary, but our dog is my pet**, ho due gatti e un canarino, ma il cane è il mio beniamino. **B** *a. attr.* favorito; preferito; prediletto. ● **pet animals**, animali d'affezione; animali da compagnia □ **p. carrier**, borsa per il trasporto di animali da compagnia □ (*tecn.*) **pet-cock**, valvola (*o* rubinetto) di sfogo □ **pet door**, gattaiola □ **the pet duck**, l'anatroccolo prediletto (*dai bambini*) □ **pet food**, prodotti alimentari per animali da compagnia □ **pet hate** (*o* **pet peeve**), fumo negli occhi (*fig.*); la cosa che si detesta di più □ **pet lamb**, agnellino □ **pet name**, vezzeggiativo; nomignolo □ **pet shop**, negozio d'uccelli, gatti, cagnolini, ecc. □ **Potatoes are my pet aversion**, non posso soffrire le patate.

pet (**2**) /pɛt/, *n.* collera; malumore; stizza. ● **to be in a pet**, essere stizzito.

to **pet** /pɛt/, **A** *v. t.* ***1*** coccolare; vezzeggiare; viziare: **Most dogs like to be petted**, ai cani per lo più piace essere coccolati ***2*** (*fam.*) sbaciucchiare; pomiciare con (q.). **B** *v. i.* (*fam.*) sbaciucchiarsi; pomiciare.

petal /ˈpɛtl/, *n.* (*bot.*) petalo.

petal(l)ed /ˈpɛtld/, *a.* (*bot.*) con petali. ● **red-p.**, dai petali rossi.

petard /pəˈtɑːd/, *n.* petardo. ● (*fig.*) **to be hoist with one's own p.**, darsi la zappa sui piedi; restar vittima delle proprie macchinazioni.

petasus /ˈpɛtəsəs/, *n.* ***1*** (*stor.*) petaso ***2*** (*mitol.*) petaso (*di Mercurio*).

petaurist /pɪˈtɔːrɪst/, *n.* (*zool., Petaurista*) petauro.

Peter /ˈpiːtə(r)/, *n.* Pietro. ● **P. Pan**, (*letter.*) Peter Pan («il ragazzo che non voleva crescere»); (*fig.*) uomo giovanile (*o* immaturo) □ (*stor.*) **P.'s pence**, l'obolo di San Pietro (*pagato in Inghil. fino al 1534*) □ (*naut.*) **blue P.**, bandiera blu con riquadro bianco (*issata prima di salpare*) □ **to rob P. to pay Paul**, fare un debito nuovo per pagarne uno vecchio.

to **peter** /ˈpiːtə(r)/, *v. i.* – (*fam.*) **to p. out**, estinguersi; esaurirsi; (*fig.*) indebolirsi, spegnersi lentamente: **The vein of gold ore has petered out**, la vena aurifera s'è esaurita.

peterman /ˈpiːtəmən/, *n.* (*pl.* **petermen**) (*pop.*) scassinatore di casseforti.

petersham /ˈpiːtəʃəm/, *n.* ***1*** (*ind. tess.*) gros-grain (*stoffa o nastro per cappelli da uomo e per cinture*) ***2*** (*stor.*) cappotto pesante.

petiolar /ˈpɛtɪəʊlə(r)/, *a.* (*bot.*) di picciolo.

petiolate /ˈpɛtɪəʊleɪt/, *a.* ***1*** (*bot.*) picciolato ***2*** (*zool.*) peduncolato.

petiole /ˈpɛtɪəʊl/, *n.* ***1*** (*bot.*) picciolo ***2*** (*zool.*) peduncolo.

petit /pəˈtiː/ (*franc.*), *a.* piccolo. ● (*polit.*) **p. bourgeois**, piccolo borghese □ **p. fours**, petit-four (*pasticcini*) □ (*leg., stor. o USA*) **p. larceny**, furto di scarsa entità □ (*med.*) **p. mal**, piccolo male (*forma di epilessia*) □ **p. souper**, cenetta intima □ **p. verre**, bicchierino da liquore.

petite /pəˈtiːt/ (*franc.*), *a.* ***1*** piccola: (*polit.*) **p. bourgeoisie**, piccola borghesia ***2*** (*di donna*) minuta e aggraziata.

petition /pəˈtɪʃn/, *n.* ***1*** petizione; supplica; preghiera ***2*** (*leg.*) petizione; istanza; esposto; ricorso: **p. of creditors**, istanza dei creditori; **p. for rehearing** (**of a case**), ricorso per la riapertura di un processo; **p. in bankruptcy**, istanza di fallimento.

to **petition** /pəˈtɪʃn/, **A** *v. t.* ***1*** rivolgere una supplica a (q.) ***2*** (*leg.*) presentare una petizione (*o* un'istanza, un ricorso) a (q.). **B** *v. i.* ***1*** – **to p. for**, chiedere umilmente ***2*** (*leg.*) fare una petizione (*o* un'istanza, un ricorso).

petitionary /pɪˈtɪʃənrɪ, *USA* -ɛrɪ/, *a.* di petizione; a mo' di petizione.

petitioner /pəˈtɪʃnə(r)/, *n.* ***1*** postulante; richiedente ***2*** (*leg.*) chi fa una petizione; istante; ricorrente.

petitory /pɪˈtɪtərɪ/, *a.* (*leg.*: *in Italia, in Francia, ecc.*) petitorio: **p. action**, azione petitoria.

petnapper /ˈpɛtnæpə(r)/, *n.* (*USA*) rapitore di animali da compagnia.

petnapping /ˈpɛtnæpɪŋ/, *n.* (*USA*) rapimento di animali da compagnia.

Petrarch /ˈpɛtrɑːk/, *n.* (*stor. letter.*) Petrarca.

Petrarchan /pɛˈtrɑːkən/, *a.* (*letter.*) petrarchesco.

petrel /ˈpɛtrəl/, *n.* (*zool., Hydrobates pelagicus*; = **storm p., stormy p.**) procellaria; uccello delle tempeste.

petrifaction /pɛtrɪˈfækʃn/, **petrification** /pɛtrɪfɪˈkeɪʃn/, *n.* ***1*** (*geol.*; *anche fig.*) pietrificazione ***2*** oggetto pietrificato; fossile.

petrified /ˈpɛtrɪfaɪd/, *a.* ***1*** (*geol.*; *anche fig.*) pietrificato: **p. forest**, foresta pietrificata ***2*** (*fig.*) impietrito.

to **petrify** /ˈpɛtrɪfaɪ/, **A** *v. t.* ***1*** (*geol.*; *anche fig.*) pietrificare ***2*** (*fig.*) pietrificare; irrigidire (*per paura, stupore, ecc.*); terrorizzare. **B** *v. i.* ***1*** (*anche fig.*) pietrificarsi ***2*** (*fig.*) impietrire; impietrirsi; restar di sasso.

petrochemical /pɛtrəʊˈkɛmɪkl/, **A** *a.* petrolchimico. **B** *n. pl.* (*ind.*) prodotti petrolchimici.

petrochemistry /pɛtrəʊˈkɛmɪstrɪ/, *n.* petrolchimica.

petrodollar /ˈpɛtrəʊdɒlə(r)/, *n.* (*econ., fin.*) petrodollaro, petroldollaro.

petrographer /pəˈtrɒgrəfə(r)/, *n.* (*geol.*) petrografo.

petrographic(al) /pɛtrəʊˈgræfɪk(l)/, *a.* (*geol.*) petrografico.

petrography /pɛˈtrɒgrəfɪ/, *n.* (*geol.*) petrografia.

petrol /ˈpɛtrəl/, *n.* benzina (*cfr. USA* **gasoline**). ● **p. bomb**, bottiglia Molotov □ (*autom.*) **p. cap**, coperchio (*o* sportellino) della benzina □ **p. coupon**, buono benzina □ (*autom.*) **p. gauge**, spia (del livello) della benzina □ **p. pump**, distributore (*o* pompa) di benzina □ **p. station**, stazione di rifornimento □ **p.-station attendant**, benzinaio; pompista □ **p. tank**, serbatoio della benzina □ **p. tin** (*o* **can**), latta per benzina □ (*autom.*) **to get some p.**, far benzina.

petrolatum /pɛtrəˈleɪtəm/, *n.* (*chim.*) (*specialm. USA*) petrolato.

petroleum /pəˈtrəʊlɪəm/, *n.* (*geol.*) petrolio; petrolio grezzo. ● **p. jelly**, *V.* **petrolatum** □ **p. products**, prodotti petroliferi □ **p. refinery**, raffineria di petrolio □ **p. refining**, raffinazione del petrolio □ **p. technologist**, tecnico del petrolio.

petrolic /pɛˈtrɒlɪk/, *a.* del petrolio; ricavato dal petrolio.

petroliferous /pɛtrəʊˈlɪfərəs/, *a.* petrolifero.

petrologic(al) /pɛtrəˈlɒdʒɪk(l)/, *a.* (*geol.*) petrologico.

petrologist /pɪˈtrɒlədʒɪst/, *n.* (*geol.*) petrologo.

petrology /pəˈtrɒlədʒɪ/, *n.* (*geol.*) petrologia.

petrosterling /pɛtrəʊˈstɜːlɪŋ/, *n.* (*econ., fin.*) petrosterlina.

petrous /ˈpɛtrəs/, *a.* ***1*** pietroso ***2*** (*anat.*) petroso.

petticoat /ˈpɛtɪkəʊt/, **A** *n.* **1** sottoveste; sottana **2** (*fam.*) donna; ragazza; gonnella, sottana (*fig. fam.*). **B** *a. attr.* **1** femminile; donnesco **2** di donne; fatto dalle donne: **p. government**, governo di donne.

to **pettifog** /ˈpɛtɪfɒg, *USA* -ɔːg/, *v. i.* **1** fare l'azzeccagarbugli; essere un avvocato da strapazzo **2** cavillare; sofisticare.

pettifogger /ˈpɛtɪfɒgə(r), *USA* -ɔːg-/, *n.* **1** avvocato da strapazzo; azzeccagarbugli **2** cavillatore; sofista.

pettifoggery /pɛtɪˈfɒgərɪ, *USA* -ɔːg-/, **pettifogging** (1) /ˈpɛtɪfɒgɪŋ, *USA* -ɔːg-/, *n.* **1** raggiri d'azzeccagarbugli; astuzie di leguleio **2** cavilli; sofismi; sofisticheria.

pettifogging (2) /ˈpɛtɪfɒgɪŋ, *USA* -ɔːg-/, *a.* **1** (*di persona*) cavilloso; sofistico **2** (*di cosa*) privo d'importanza; insignificante; futile **3** (*di metodo*) dispersivo.

pettily /ˈpɛtəlɪ/, *avv.* grettamente; meschinamente.

pettiness /ˈpɛtɪnəs/, *n.* insignificanza; meschinità; piccineria.

petting /ˈpɛtɪŋ/, *n.* (*fam.*) petting; sbaciucchiamenti; pomiciata.

pettish /ˈpɛtɪʃ/, *a.* irritabile; irascibile; stizzoso; permaloso. || **-ly**, *avv.* || **-ness**, *sost.*

pettitoes /ˈpɛtɪtəʊz/, *n. pl.* (*cucina*) zampetti di maiale.

petty /ˈpɛtɪ/, *a.* piccolo; di poca importanza; insignificante; gretto; meschino: **p. shopkeepers**, piccoli negozianti; **a p. grudge**, un risentimento meschino; **p. cares**, piccole seccature. ● **p. cash**, (fondo per le) piccole spese □ (*leg.*) **p. jury**, giuria ordinaria □ (*leg., stor. o USA*) **p. larceny**, furto di poca entità □ (*leg.*) **p. offence**, reato minore □ (*naut., mil.*) **p. officer**, sottufficiale □ **a p. prince**, un principe di poco conto; un principotto □ (*polit.*) **p. state**, staterello □ **p. thief**, ladruncolo.

petulance /ˈpɛtjʊləns, *USA* -tʃʊ-/, **petulancy** /ˈpɛtjʊlənsɪ, *USA* -tʃʊ-/, *n.* irascibilità; irritabilità; impazienza.

petulant /ˈpɛtjʊlənt, *USA* -tʃʊ-/, *a.* irascibile; irritabile; impaziente. || **-ly**, *avv.*

petunia /pəˈtjuːnɪə, *USA* -ˈtuː-/, *n.* (*bot., Petunia*) petunia.

pew /pjuː/, *n.* **1** (*relig.*) panca di chiesa; recinto privato chiuso da tramezzi di legno (*nelle chiese protestanti*): **family pew**, panca (o recinto) di famiglia **2** (*fam.*) posto a sedere: **to find a pew**, trovare un posto a sedere; **to take a pew**, prender posto; sedersi.

pewit /ˈpiːwɪt/, *n.* (*zool., Vanellus cristatus*) pavoncella; vanello. ● **p. gull** (*Larus ridibundus*), gabbiano comune.

pewter /ˈpjuːtə(r)/, *n.* **1** peltro **2** (*collett.*) utensili di peltro.

pewterer /ˈpjuːtərə(r)/, *n.* peltraio.

P.G. /piːˈdʒiː/, *a. attr.* (*abbr. di* **parental guidance**) (*di un film*) visibile in compagnia di un genitore.

Phaethon /ˈfeɪəθən/, *n.* (*mitol.*) Fetonte.

phaeton /ˈfeɪtn/, *n.* (*stor.*) **1** carrozza scoperta a quattro ruote **2** (*autom.*) torpedo.

phagocyte /ˈfægəsaɪt/, *n.* (*biol.*) fagocita.

to **phagocytize** /fəˈgəʊsɪtaɪz/, *v. t.* (*biol.*) fagocitare.

phagocytosis /fægəsaɪˈtəʊsɪs/, *n.* (*biol.*) fagocitosi.

phalange /ˈfælændʒ/, *n.* (*anat.*) falange.

phalangeal /fəˈlændʒɪəl/, *a.* (*anat.*) di falange.

phalanger /fəˈlændʒə(r)/, *n.* (*zool., Trichosurus*) falangista.

phalansterian /fælənˈstɛərɪən/, **A** *a.* (*polit.*) di falansterio. **B** *n.* membro di un falansterio.

phalanstery /ˈfælənstərɪ, *USA* -ɛrɪ/, *n.* (*polit.*) falansterio, falanstero.

phalanx /ˈfælæŋks, *USA* ˈdfeɪ-/, *n.* (*pl.* **phalanxes, phalanges**) (*stor., anat.* e *fig.*) falange.

phalarope /ˈfælərəʊp/, *n.* (*zool., Phalaropus*) falaropo.

phallic /ˈfælɪk/, *a.* (*anche psic.*) fallico: **p. symbol**, simbolo fallico.

phallicism /ˈfælɪsɪzəm/, *n.* fallicismo.

phallocracy /fəˈlɒkrəsɪ/, *n.* fallocrazia.

phallocrat /ˈfæləʊkræt/, *n.* fallocrate.

phallocratic /fæləʊˈkrætɪk/, *a.* fallocratico.

phallus /ˈfæləs/, *n.* (*pl.* **phalli, phalluses**) (*anat., antropol.*) fallo.

phanerogam /ˈfænərəʊgæm/, *n.* (*bot.*) (pianta) fanerogama.

phanerogamic /fænərəʊˈgæmɪk/, **phanerogamous** /fænəˈrɒgəməs/, *a.* (*bot.*) fanerogamo.

phantasm /ˈfæntæzəm/, *n.* **1** (*arc.*) fantasma; spettro **2** visione; illusione.

phantasmagoria /fæntæzməˈgɒrɪə, *USA* -ˈgɔːrɪə/, *n.* fantasmagoria.

phantasmagorial /fæntæzməˈgɔːrɪəl/, **phantasmagoric** /fæntæzməˈgɒrɪk, *USA* -ɔːr-/, *a.* fantasmagorico.

phantasmagory /fænˈtæzməgərɪ, *USA* -ɔːrɪ/, *n.* fantasmagoria.

phantasmal /fænˈtæzməl/, **phantasmic** /fænˈtæzmɪk/, *a.* **1** (*arc.*) di fantasma; spettrale **2** illusorio; fantomatico; irreale.

phantasy /ˈfæntəsɪ, -zɪ/, *V.* **fantasy**.

phantom /ˈfæntəm/, *n.* **1** fantasma; spettro; illusione; visione **2** (*fis. nucl.*) fantasma; fantoccio. ● (*med.*) **p. pregnancy**, gravidanza immaginaria □ **a p. ship**, un vascello fantasma □ (*med.*) **p. tumor**, tumore apparente.

Pharaoh /ˈfɛərəʊ/, *n.* (*stor.*) faraone.

pharaonic /fɛəˈrɒnɪk/, *a.* faraonico.

Pharisaic(**al**) /færɪˈseɪk(l)/, *a.* **1** (*stor.*) farisaico **2** – (*fig.*) **p.**, farisaico; falso; ipocrita. || **-ally**, *avv.* || **-ness**, *sost.*

Pharisaism /ˈfærɪseɪɪzəm/, *n.* **1** (*stor.*) fariseismo **2** – (*fig.*) **p.**, fariseismo; falsità; ipocrisia.

Pharisee /ˈfærɪsiː/, *n.* **1** (*stor.*) fariseo **2** – (*fig.*) **p.**, fariseo; ipocrita.

pharmaceutic(**al**) /fɑːməˈsjuːtɪk(l), -ˈsuː-/, *a.* farmaceutico: **p. manufacturer**, industriale farmaceutico. || **-ally**, *avv.*

pharmaceutics /fɑːməˈsjuːtɪks, -ˈsuː-/, *n. pl.* (*col verbo al sing.*) farmaceutica.

pharmacist /ˈfɑːməsɪst/, **pharmaceutist** /fɑːməˈsjuːtɪst, -ˈsuː-/, *n.* farmacista (*più comune*: *USA*, **druggist**; *ingl.*, **chemist**).

pharmacologic(**al**) /fɑːməkəˈlɒdʒɪk(l)/, *a.* farmacologico. || **-ally**, *avv.*

pharmacologist /fɑːməˈkɒlədʒɪst/, *n.* farmacologo.

pharmacology /fɑːməˈkɒlədʒɪ/, *n.* farmacologia.

pharmacopoeia /fɑːməkəˈpiːə/, *n.* farmacopea.

pharmacopoeial /fɑːməkəˈpiːəl/, *a.* della farmacopea.

pharmacy /ˈfɑːməsɪ/, *n.* (*form.*) **1** arte farmaceutica; farmacia **2** farmacia (*il negozio*).

pharyngal /fəˈrɪŋgl/, **pharyngeal** /færənˈdʒiːəl, fəˈrɪndʒəl/, *a.* **1** (*anat.*) faringeo **2** (*ling.*) faringale.

pharyngitis /færənˈdʒaɪtɪs/, *n.* (*pl.* **pharyngitides**) (*med.*) faringite.

pharyngology /færɪŋˈgɒlədʒɪ/, *n.* (*med.*) faringoiatria.

pharyngoscope /fəˈrɪŋgəskəʊp/, *n.* (*med.*) faringoscopio.

pharyngoscopy /færɪŋˈgɒskəpɪ/, *n.* (*med.*) faringoscopia.

pharyngotomy /færɪŋˈgɒtəmɪ/, *n.* (*med.*) faringotomia.

pharynx /ˈfærɪŋks/, *n.* (*pl.* **pharynxes, pharynges**) (*anat.*) faringe.

phase /feɪz/, *n.* **1** fase; periodo, stadio: **the phases of the moon**, le fasi della luna; **the final p. in a process**, l'ultimo stadio di un processo **2** (*scient., tecn.*) fase: **p. angle**, (*astron.*) angolo di fase; (*elettr.*) differenza di fase. ● (*elettr.*) **p. advancer**, compensatore di fase; rifasatore □ (*elettron.*) **p. control**, regolazione di fase □ (*elettr.*) **p. delay**, ritardo di fase □ (*elettron.*) **p. modulator**, modulatore di fase □ (*elettron.*) **p. shift**, sfasamento □ **p. shifter**, sfasatore □ (*elettr.*) **out of p.**, fuori fase; sfasato □ (*elettr.*) **single-p.** [**two-p., three-p.**], monofase [bifase, trifase].

to **phase** /feɪz/, *v. t.* **1** (*elettr.*) mettere in fase **2** programmare, pianificare (q.c.) in fasi successive; scaglionare. ● **to p. down**, ridurre gradualmente □ **to p. in**, introdurre gradualmente □ **to p. out**, eliminare gradualmente; scartare (*attrezzature, ecc.*); ritirare (*truppe, ecc.*) a poco a poco.

phased /feɪzd/, *a.* **1** (*elettr.*) messo in fase **2** scaglionato: **a p. withdrawal of troops**, un ritiro di truppe scaglionato.

phasedown /ˈfeɪzdaʊn/, *n.* riduzione graduale.

phase(**-**)**out** /ˈfeɪzaʊt/, *n.* (*specialm. USA*) graduale arresto (*o* cessazione).

phaser /ˈfeɪzə(r)/, *n.* **1** (*elettr.*) fasatore **2** (*radio, TV*) sincronizzatore.

phasic /ˈfeɪzɪk/, *a.* (*scient.*) di fase; d'una fase.

phasor /ˈfeɪzə(r)/, *n.* (*fis.*) fasore.

phatic /ˈfætɪk/, *a.* (*ling.*) fatico.

Ph D /piːeɪtʃˈdiː/, *n.* (*abbr. di* **Philosophiae Doctor**) **1** «Doctor of Philosophy» (*laurea di 3° grado, simile al dottorato di ricerca*) **2** detentore di tale titolo accademico (*posposto al nome*).

pheasant /ˈfɛznt/, *n.* (*pl.* **pheasant, pheasants**) (*zool., Phasianus*) fagiano. ● (*bot.*: *di fiore*) **p.-eyed**, picchiettato □ **hen-p.**, fagiana □ **young p.**, fagianotto.

phellem /ˈfɛlɛm/, *n.* (*bot.*) fellema.

phellogen /ˈfɛlədʒən/, *n.* (*bot.*) fellogeno.

phenacetin(**e**) /fɪˈnæsɪtɪn/, *n.* (*chim., farm.*) fenacetina.

phenate /ˈfiːneɪt/, *n.* (*chim.*) fenato.

phenic /ˈfiːnɪk/, *a.* – (*chim.*) **p. acid**, acido fenico; fenolo.

phenix /ˈfiːnɪks/, (*USA*) *V.* **phoenix**.

phenobarbital /fiːnəʊˈbɑːbɪtəl/, *V.* **phenobarbitone**.

phenobarbitone /fiːnəʊˈbɑːbɪtəʊn/, *n.* (*chim., farm.*) acido feniletilbarbiturico; fenobarbital; Luminal (*marchio*).

phenocryst /ˈfiːnəkrɪst/, *n.* (*geol.*) fenocristallo.

phenol /ˈfiːnɒl, *USA* -əʊl, -ɔːl/, *n.* (*chim.*) fenolo; acido fenico.

phenolic /fɪˈnɒlɪk/, *a.* (*chim.*) fenolico: (*ind.*) **p. laminate**, laminato fenolico.

phenological /fiːnəˈlɒdʒɪkl/, *a.* (*biol.*) fenologico.

phenology /fɪˈnɒlədʒɪ/, *n.* (*biol.*) fenologia.

phenomenal /fəˈnɒmɪnl/, *a.* **1** (*scient., filos.*) fenomenico **2** fenomenale; singolare; prodigioso; straordinario. || **-ly**, *avv.*

phenomenalism /fɪˈnɒmɪnəlɪzəm/, *n.* (*filos.*) fenomenismo; fenomenalismo.

phenomenalist /fɪˈnɒmɪnəlɪst/, *n.* (*filos.*) seguace del fenomenismo.

phenomenalistic /fɪˈnɒmɪnəlɪstɪk/, *a.* (*filos.*) del fenomenalismo.

to **phenomenalize** /fɪˈnɒmɪnəlaɪz/, *v. t.* (*scient., filos.*) rappresentare come fenomenico.

phenomenology /fənɒmɪˈnɒlədʒɪ/, *n.* (*scient., filos.*) fenomenologia.

phenomenon /fəˈnɒmɪnən, *USA* -nɒn/, *n.* (*pl.* **phenomena, phenomenons**) (*scient., filos.*) fenomeno (*anche fig.*): **the phenomena of nature**, i fenomeni naturali.

phenotype /ˈfiːnəʊtaɪp/, *n.* (*biol., ling.*) fenotipo.

phenotypic(**al**) /fiːnəʊˈtɪpɪk(l)/, *a.* (*biol.*) fenotipico.

phenoxide /fɪˈnɒksaɪd/, *n.* (*chim.*) fenossido.

phenyl /ˈfiːnɪl, -aɪl, *USA* ˈfɛnl/, *n.* (*chim.*) fenile.

phenylalanine /fiːnɪlˈæləniːn, *USA* fɛnl-/, *n.* (*chim.*) fenilalanina.

phenylamine /fiːnɪlˈæmɪn, *USA* fɛnl-/, *n.* (*chim.*) fenilammina.

pheromone /ˈfɛrəməʊn/, *n.* (*biochim.*) feromone; ferormone.

phew /fjuː/, *inter.* (*di disgusto, impazienza, sorpresa, ecc.*) uff!; puah!

phi /faɪ/, *n.* (*pl.* **phis**) fi (*ventunesima lettera dell'alfabeto greco*). ● (*fis. nucl.*) **phi meson**, mesone fi.

phial /ˈfaɪəl/, *n.* fiala; boccettina.

Phidias /ˈfɪdɪæs/, *n.* (*stor.*) Fidia.

Philadelphia /fɪləˈdelfɪə/, *n.* (*geogr.*) Filadelfia.

to **philander** /fɪˈlændə(r)/, *v. i.* fare il cascamorto; essere un donnaiolo.

philanderer /fɪˈlændərə(r)/, *n.* cascamorto; damerino; donnaiolo.

philanthropic(al) /fɪlənˈθrɒpɪk(l)/, *a.* filantropico; generoso. ‖ **-ally**, *avv.*

philanthropism /fɪˈlænθrəpɪzəm/, *n.* filantropismo.

philanthropist /fɪˈlænθrəpɪst/, *n.* filantropo.

to **philanthropize** /fɪˈlænθrəpaɪz/, **A** *v. i.* fare il filantropo. **B** *v. t.* **1** trattare (q.) con filantropia; beneficare **2** dare un carattere filantropico a (q.c.).

philanthropy /fɪˈlænθrəpɪ/, *n.* filantropia.

philatelic /fɪləˈtelɪk/, *a.* filatelico.

philatelist /fɪˈlætəlɪst/, *n.* filatelico; filatelista.

philately /fɪˈlætəlɪ/, *n.* filatelia.

philharmonic /fɪlɑːˈmɒnɪk/, **A** *a.* filarmonico. **B** *n.* **1** società filarmonica **2** (*fam.*) orchestra filarmonica.

philhellene /ˈfɪlheliːn/, *n.* (*anche stor., polit.*) filelleno.

philhellenic /fɪlheˈliːnɪk/, *a.* (*anche stor., polit.*) filelleno; filellenico.

philhellenism /fɪlˈhelɪnɪzəm/, *n.* (*anche stor., polit.*) filellenismo.

philhellenist /fɪlˈhelɪnɪst/, *n.* (*anche stor., polit.*) filelleno.

Philip /ˈfɪlɪp/, *n.* Filippo.

philippic /fɪˈlɪpɪk/, *n.* filippica; invettiva.

Philippine /ˈfɪlɪpiːn/, *a.* filippino; delle Filippine.

Philippines /ˈfɪlɪpiːnz/, *n. pl.* (*geogr.*) le (isole) Filippine.

Philistine /ˈfɪlɪstaɪn, *USA* -iːn, fɪˈlɪstɪn/, **A** *a.* **1** (*stor.*) filisteo **2** (*fig.*) incolto e grossolano; filisteo. **B** *n.* **1** (*stor.*) filisteo **2** (*fig.*) persona incolta e grossolana; materialista.

Philistinism /ˈfɪlɪstɪnɪzəm, *USA* ˈfɪ-, fɪˈlɪ-/, *n.* **1** filisteismo **2** (*fig.*) mancanza di cultura; materialismo; grossolanità; rozzezza.

philologer /fɪˈlɒlədʒə(r)/, **philologian** /fɪləˈləʊdʒən/, *n.* filologo.

philologic(al) /fɪləˈlɒdʒɪk(l)/, *a.* filologico. ‖ **-ally**, *avv.*

philologist /fɪˈlɒlədʒɪst/, *n.* filologo.

philology /fɪˈlɒlədʒɪ/, *n.* filologia.

Philomel /ˈfɪləmel/, **Philomela** /fɪləʊˈmiːlə/, *n.* (*mitol.*) Filomela.

philosopheme /fɪˈlɒsəfiːm/, *n.* filosofema.

philosopher /fɪˈlɒsəfə(r)/, *n.* filosofo (*anche fig.*). ● **p.'s stone**, pietra filosofale ◻ **natural p.**, filosofo della natura; (*un tempo*) fisico.

philosophic(al) /fɪləˈsɒfɪk(l)/, *a.* **1** filosofico **2** (*fig.*) ragionevole; calmo; sereno. ‖ **-ally**, *avv.*

philosophism /fɪˈlɒsəfɪzəm/, *n.* **1** filosofismo **2** sofisma; sofisticheria.

philosophist /fɪˈlɒsəfɪst/, *n.* (*spreg.*) filosofastro; pseudofilosofo.

to **philosophize** /fɪˈlɒsəfaɪz/, **A** *v. i.* **1** filosofare **2** (*spreg.*) filosofeggiare. **B** *v. t.* filosofare su, teorizzare su (q.c.).

philosophy /fɪˈlɒsəfɪ/, *n.* **1** filosofia **2** (*fig.*) calma; serenità. ● **moral p.**, filosofia morale; etica.

philtre, (*USA*) **philter** /ˈfɪltə(r)/, *n.* filtro d'amore.

phiz /fɪz/, *n.* (*fam. arc.*) faccia; fisionomia.

phizog /ˈfɪzɒg/, *V.* **phiz**.

phlebitic /flɪˈbɪtɪk/, *a.* (*med.*) flebitico.

phlebitis /flɪˈbaɪtɪs/, *n.* (*pl.* **phlebitides**) (*med.*) flebite.

phleboclysis /flebəʊˈklaɪsɪs/, *n.* (*pl.* **phleboclyses**) (*med.*) fleboclisi.

phlebotome /ˈfliːbəʊtəʊm/, *n.* (*med.*) flebotomo (*strumento*).

phlebotomist /flɪˈbɒtəmɪst/, *n.* (*med.*) flebotomo; salassatore.

to **phlebotomize** /flɪˈbɒtəmaɪz/, *v. t.* (*med.*) salassare.

phlebotomus fever /flɪˈbɒtəməsˈfiːvə(r)/, *n.* (*med.*) febbre da pappataci.

phlebotomy /flɪˈbɒtəmɪ/, *n.* (*med.*) flebotomia; salasso.

phlegm /flem/, *n.* **1** (*fisiol.*) flemma, muco; (*med.*) flemma, catarro **2** flemma; apatia; freddezza; lentezza; pazienza; sangue freddo.

phlegmatic(al) /flegˈmætɪk(l)/, *a.* flemmatico; calmo; freddo; lento; paziente; imperturbabile. ‖ **-ally**, *avv.*

phlegmon /ˈflegmən/, *n.* (*med.*) flemmone.

phlegmonic /flegˈmɒnɪk/, **phlegmonous** /ˈflegmənəs/, *a.* (*med.*) flemmonoso.

phlegmy /ˈflemɪ/, *a.* **1** (*fisiol.*) mucoso **2** (*med.*) catarroso **3** flemmatico.

phlogistic /flɒˈdʒɪstɪk/, *a.* (*med.*) flogistico.

phlogiston /flɒˈdʒɪstən/, *n.* (*stor. naturale*) flogisto.

phlogosis /fləˈgəʊsɪs/, *n.* (*med.*) **1** flogosi **2** (*specialm.*) erisipela.

phlox /flɒks/, *n.* (*bot., Phlox*) phlox; fiamma (*pop.*).

phobia /ˈfəʊbɪə/, *n.* (*specialm. psic.*) fobia.

phobic /ˈfəʊbɪk/, *a.* (*psic.*) fobico.

phocine /ˈfəʊsaɪn, -sɪn/, *a.* (*zool.*) della (*o* relativo alla) foca.

phocomelia /fəʊkəˈmiːlɪə/, *n.* (*med.*) focomelia.

phocomelic /fəʊkəˈmiːlɪk/, *a.* (*med.*) focomelico.

phocomelus /fəˈkɒmələs/, *n.* (*med.*) focomelico.

phocomely /fəʊˈkɒməlɪ/, *V.* **phocomelia**.

Phoebe /ˈfiːbɪ/, *n.* **1** (*mitol.*) Febe; (*poet.*) (la) luna **2** (*astron.*) Febe; Febea.

Phoebus /ˈfiːbəs/, *n.* (*mitol.*) Febo; (*poet.*) (il) sole.

Phoenicia /fɪˈnɪʃɪə/, *n.* (*stor., geogr.*) Fenicia.

Phoenician /fɪˈnɪʃɪən/, *a.* e *n.* (*stor.*) fenicio (*anche la lingua*).

phoenix /ˈfiːnɪks/, *n.* **1** (*mitol.*) fenice; (*anche fig.*) araba fenice **2** – (*astron.*) **F.**, Fenice (*costellazione*).

phon /fɒn/, *n.* (*fis.*) fon (*unità di misura del suono*).

to **phonate** /fəʊˈneɪt/, *v. i.* emettere un suono vocalico.

phonation /fəʊˈneɪʃn/, *n.* (*scient.*) fonazione.

phonatory /ˈfəʊnətrɪ, *USA* -tɔːrɪ/, *a.* (*scient.*) fonatorio.

phone (1) /fəʊn/, *n.* (*fam.*) telefono. ● (*USA*) **p. accountant**, *V.* **p. meter** ◻ **p. bill**, bolletta del telefono ◻ **p.-book**, elenco del telefono; rubrica telefonica ◻ **p.-box**, cabina telefonica ◻ **p. meter**, contascatti ◻ **p.-tapping**, intercettazioni telefoniche ◻ **to be on the p.**, essere al telefono; (*anche*) essere in elenco (*telefonico*) ◻ **over the p.**, al telefono; (*anche*) per (mezzo del) telefono: **speaking over the p.**, parlando al telefono; **to receive orders over the p.**, ricevere (*o* accettare) ordinazioni per telefono.

phone (2) /fəʊn/, *n.* (*scient.*) fono; suono (*d'una vocale o d'una consonante*).

to **phone** /fəʊn/, *v. t.* e *i.* (*fam.*) telefonare.

phonecard /ˈfəʊnkɑːd/, *n.* carta di credito telefonica.

phone-in /ˈfəʊnɪn/, *n.* (*USA, TV, radio*) programma (*o* trasmissione) con telefonate del pubblico in diretta.

phonematic /fəʊnɪˈmætɪk/, *a.* (*ling.*) fonematico.

phonematics /fəʊnɪˈmætɪks/, *n. pl.* (*col verbo al sing.*) fonematica.

phoneme /ˈfəʊniːm/, *n.* (*ling.*) fonema.

phonemic /fəˈniːmɪk/, *a.* (*ling.*) fonematico; fonemico.

phonemics /fəˈniːmɪks/, *n. pl.* (*col verbo al sing.*) (*ling.*) fonemica; fonematica.

phonetic /fəˈnetɪk/, *a.* fonetico: **p. signs**, simboli fonetici. ‖ **-ally**, *avv.*

phonetician /fəʊnəˈtɪʃn/, **phoneticist** /fəʊˈnetɪsɪst/, *n.* fonetista.

phonetics /fəˈnetɪks/, *n. pl.* (*col verbo al sing.*) fonetica.

phonetist /ˈfəʊnɪtɪst/, *V.* **phonetician**.

phoney /ˈfəʊnɪ/, **A** *a.* (*pop.*) falso; finto; fittizio; fasullo: (*mil.*) **p. mine**, mina falsa. **B** *n.* **1** oggetto falso; prodotto adulterato **2** ciarlatano; impostore. ● **p. war**, guerra dichiarata ma non combattuta.

phoniatric /fəʊnɪˈætrɪk/, *a.* (*med.*) foniatrico.

phonic /ˈfɒnɪk/, *a.* (*fis., ling.*) fonico. ‖ **-ally**, *avv.*

phonics /ˈfɒnɪks, ˈfəʊ-/, *n. pl.* (*col verbo al sing.*) **1** approccio fonetico alla glottodidattica **2** (*arc.*) acustica.

phonofit /ˈfəʊnəfɪt/, *n.* fonofit.

phonogram /ˈfəʊnəgræm/, *n.* **1** (*ling.*) fonogramma **2** segno stenografico.

phonograph /ˈfəʊnəgrɑːf, *USA* -græf/, *n.* **1** fonografo (*antico, con cilindri*) **2** (*USA*) fonografo meccanico; grammofono **3** (*ling.*) fonetografo. ● **p. record**, disco fonografico ◻ (*elettr.*) **p. pickup**, fonorivelatore; pickup.

phonographer /fəʊˈnɒgrəfə(r)/, **phonographist** /fəʊˈnɒgrəfɪst/, *n.* **1** esperto in trascrizioni fonetiche **2** stenografo che usa il metodo Pitman.

phonographic /fəʊnəˈgræfɪk/, *a.* **1** fonografico **2** stenografico (*V.* **phonography**).

phonography /fəʊˈnɒgrəfɪ/, *n.* **1** grafia (*o* scrittura) fonematica **2** metodo stenografico Pitman.

phonolite /ˈfəʊnəlaɪt/, *n.* (*geol.*) fonolite.

phonologic(al) /fəʊnəˈlɒdʒɪk(l)/, *a.* (*ling.*) fonologico.

phonologist /fəˈnɒlədʒɪst/, *n.* (*ling.*) fonologo.

phonology /fəˈnɒlədʒɪ/, *n.* (*ling.*) fonologia.

phonometer /fəʊˈnɒmɪtə(r)/, *n.* (*fis.*) fonometro.

phonon /ˈfəʊnɒn/, *n.* (*fis.*) fonone.

phonoreception /fəʊnərɪˈsepʃn/, *n.* (*fisiol.*) fonoricezione.

phonoscope /ˈfəʊnəʊskəʊp/, *n.* (*fis.*) fonoscopio.

phonotype /ˈfəʊnəʊtaɪp/, *n.* (*tipogr.*) carattere (di un simbolo) fonetico.

phonotypy /ˈfəʊnəʊtaɪpɪ/, *n.* **1** trascrizione fonematica **2** metodo stenografico Pitman.

phony /ˈfəʊnɪ/, *V.* **phoney**.

phooey /ˈfuːɪ/, *inter.* **1** (*d'incredulità, ecc.*) bah **2** (*di disgusto, ecc.*) puah.

phormium /ˈfɔːmɪəm/, *n.* (*bot., Phormium*) formio.

phosgene /ˈfɒzdʒiːn/, *n.* (*chim.*) fosgene (*gas tossico*).

phosphatase /ˈfɒsfəteɪs/, *n.* (*biochim.*) fosfatasi.

phosphate /ˈfɒsfeɪt/, *n.* (*chim.*) fosfato. ● (*metall.*) **p. coating**, rivestimento fosfatico; fosfatazione ◻ (*geol.*) **p. rock**, roccia fosfatica; fosforite.

to **phosphate** /ˈfɒsfeɪt/, *v. t.* (*metall.*) fosfatare.

phosphatic /fɒsˈfætɪk/, *a.* (*chim.*) fosfatico.

phosphatide /ˈfɒsfətaɪd/, *n.* (*chim.*) fosfatide.

phosphation /fɒsˈfeɪʃn/, *n.* (*metall.*) fosfatazione.

phosphatization /fɒsfətaɪˈzeɪʃn, *USA* -tɪˈz-/, *n.* (*chim.*) fosfatizzazione.

to **phosphatize** /ˈfɒsfətaɪz/, *v. t.* (*chim.*) fosfatizzare.

phosphene /ˈfɒsfiːn/, *n.* (*med.*) fosfene.

phosphide /ˈfɒsfaɪd/, *n.* (*chim.*) fosfuro.

phosphine /ˈfɒsfiːn/, *n.* (*chim.*) fosfina.

phosphite /ˈfɒsfaɪt/, *n.* (*chim.*) fosfito.

phospholipid /fɒsfəʊˈlɪpɪd/, *n.* (*biochim.*) fosfolipide.

phosphoprotein /fɒsfəʊˈprəʊtiːn/, *n.* (*biochim.*) fosfoproteina; fosfoprotide.

phosphor /ˈfɒsfə(r)/, *n.* (*chim.*) fosforo (*sostanza luminescente*).

to **phosphorate** /ˈfɒsfəreɪt/, *v. t.* **1** (*chim.*) fosforare **2** (*raro*) rendere fosforescente.

to **phosphoresce** /fɒsfəˈres/, *v. i.* fosforeggiare (*raro*); essere fosforescente.

phosphorescence /fɒsfəˈresns/, *n.* fosforescenza.

phosphorescent /fɒsfəˈresnt/, *a.* fosforescente: **p. paint**, vernice fosforescente. ‖ **-ly,** *avv.*

phosphoret(t)ed /ˈfɒsfəretɪd/, *a.* (*chim.*) fosforato.

phosphoric /fɒsˈfɒrɪk, *USA* -ˈfɔːr-/, *a.* ***1*** (*chim.*) fosforico: **p. acid**, acido fosforico ***2*** (*raro*) fosforescente.

phosphorism /ˈfɒsfərɪzəm/, *n.* (*med.*) fosforismo.

phosphorite /ˈfɒsfəraɪt/, *n.* (*miner.*) fosforite.

to **phosphorize** /ˈfɒsfəraɪz/, *V.* **to phosphorate**.

phosphorous /ˈfɒsfərəs/, *a.* (*chim.*) fosforoso: **p. acid**, acido fosforoso.

phosphorus /ˈfɒsfərəs/, *n.* (*chim.*) fosforo (*elemento*).

to **phosphorylate** /fɒsˈfɒrəleɪt, *USA* -ɔːr-/, *v. t.* (*chim.*) fosforilare.

phosphorylation /fɒsfɒrəˈleɪʃn, *USA* -ɔːr-/, *n.* (*chim.*) fosforilazione.

phosphuret(t)ed /ˈfɒsfjʊəretɪd/, *a.* (*chim.*) fosforato.

photo /ˈfəʊtəʊ/, *n.* (*pl.* **photos**) foto; fotografia. ● **f. agency**, agenzia fotografica □ (*banca*) **p.-card**, carta di credito con fotografia □ **p. finish**, (*sport*) fotofinish; finale di gara serrato; arrivo testa a testa □ **p. typesetting**, fotocomposizione.

to **photo** /ˈfəʊtəʊ/, *v. t.* (*fam.*) fotografare.

photobiology /fəʊtəbaɪˈɒlədʒɪ/, *n.* fotobiologia.

photocatalysis /fəʊtəkəˈtæləsɪs/, *n.* (*fis., chim.*) fotocatalisi.

photocathode /fəʊtəˈkæθəʊd/, *n.* (*fis., TV*) fotocatodo.

photocell /ˈfəʊtəʊsel/, *n.* (*elettron.*) cellula fotoelettrica; fotocellula.

photoceptor /ˈfəʊtəʊseptə(r), fəʊtəˈs-/, *n.* (*biol.*) fotorecettore; fotocettore.

photochemical /fəʊtəˈkemɪkl/, *a.* fotochimico. ● **p. technician**, fototecnico (*sost.*). ‖ **-ly,** *avv.*

photochemistry /fəʊtəˈkemɪstrɪ/, *n.* (*scient.*) fotochimica.

photochromic /fəʊtəˈkrəʊmɪk/, *a.* (*ottica*) fotocromatico: **p. lenses**, lenti fotocromatiche.

photochromy /ˈfəʊtəʊkrəʊmɪ/, *n.* fotocromia; fotografia a colori.

to **photocompose** /fəʊtəkəmˈpəʊz/, *v. t.* (*grafica, USA*) fotocomporre.

photocomposer /fəʊtəkəmˈpəʊzə(r)/, *n.* (*grafica, USA*) ***1*** fotocompositore ***2*** fotocompositrice (*macchina*).

photocomposition /fəʊtəkɒmpəˈzɪʃn/, *n.* (*grafica, USA*) fotocomposizione.

photoconductive /fəʊtəkənˈdʌktɪv/, *a.* (*fis.*) fotoconduttivo.

photoconductivity /fəʊtəkəndʌkˈtɪvətɪ, -kɒn-/, *n.* (*fis.*) fotoconduttività.

photoconductor /fəʊtəkənˈdʌktə(r)/, *n.* (*fis.*) fotoconduttore.

photocopier /ˈfəʊtəkɒpɪə(r)/, *n.* (*grafica*) fotocopiatrice.

photocopy /ˈfəʊtəkɒpɪ/, *n.* fotocopia.

to **photocopy** /ˈfəʊtəkɒpɪ/, *v. t.* fotocopiare; fare una fotocopia di (q.c.).

photocopying /ˈfəʊtəkɒpɪɪŋ/, *n.* (*grafica,* = **p. process**) fotocopiatura.

photodetector /fəʊtədɪˈtektə(r)/, *n.* (*elettron.*) rivelatore fotoelettrico; sensore di luce.

photodiode /ˈfəʊtəʊdaɪəʊd/, *n.* (*elettron.*) fotodiodo.

photodisintegration /fəʊtədɪsɪntɪˈgreɪʃn/, *n.* (*fis. nucl.*) fotodisintegrazione.

photodynamic(al) /fəʊtədaɪˈnæmɪk(l)/, *a.* (*biol.*) fotodinamico.

photoelectric(al) /fəʊtəʊɪˈlektrɪk(l)/, *a.* (*elettr.*) fotoelettrico: **p. cell**, cellula fotoelettrica; fotocellula.

photoelectricity /fəʊtəʊɪlekˈtrɪsətɪ/, *n.* (*elettron.*) fotoelettricità.

photoelectron /fəʊtəʊɪˈlektrɒn/, *n.* (*fis.*) fotoelettrone.

photoelectronics /fəʊtəʊɪlekˈtrɒnɪks/, *n. pl.* (*col verbo al sing.*) (*scient.*) fotoelettronica.

photoemission /fəʊtəʊɪˈmɪʃn/, *n.* (*fis.*) fotoemissione.

to **photoengrave** /fəʊtəʊɪnˈgreɪv/, *v. t.* (*grafica*) fotoincidere.

photoengraver /fəʊtəʊɪnˈgreɪvz/, *n.* fotoincisore.

photoengraving /fəʊtəʊɪnˈgreɪvɪŋ/, *n.* (*grafica*) fotoincisione.

photofit /ˈfəʊtəʊfɪt/, *n.* (*marchio*: *polizia*) fotofit.

photoflash /ˈfəʊtəʊflæʃ/, *n.* fotografia al lampo di magnesio.

photog /fəˈtɒg/, *n.* (*pop. USA*) fotografo.

photogen /ˈfəʊtəʊdʒən/, *n.* (*biol.*) sostanza fotogena.

photogene /ˈfəʊtəʊdʒiːn/, *n.* (*med.*) immagine residua (*nella retina*).

photogenesis /fəʊtəˈdʒenəsɪs/, *n.* (*biol.*) fotogenesi.

photogenic /fəʊtəˈdʒenɪk/, *a.* ***1*** fotogenico ***2*** (*biol.*) fotogeno; fosforescente. ‖ **-ally,** *avv.*

photogram /ˈfəʊtəʊgræm/, *n.* ***1*** (*cinem., ecc.*) fotogramma ***2*** (*grafica*) silhouette (*franc.*).

photogrammetric /fəʊtəgrəˈmetrɪk/, *a.* (*cartografia*) fotogrammetrico.

photogrammetrist /fəʊtəˈgræmətrɪst/, *n.* (*cartografia*) fotogrammetrista.

photogrammetry /fəʊtəˈgræmətrɪ/, *n.* (*cartografia*) fotogrammetria.

photograph /ˈfəʊtəgrɑːf, *USA* -græf/, *n.* fotografia: **to take a p.**, fare una fotografia. ● **p. library**, fototeca □ **montage p.**, fotomontaggio.

to **photograph** /ˈfəʊtəgrɑːf, *USA* -græf/, **A** *v. t.* fotografare. **B** *v. i.* far fotografie. ● **to p. well** [**badly**], venir bene [male] in fotografia; essere [non essere] fotogenico.

photographer /fəˈtɒgrəfə(r)/, *n.* fotografo. ● **free-lance p.**, fotografo free-lance.

photographic /fəʊtəˈgræfɪk/, *a.* fotografico: **p. film**, pellicola fotografica. ● **p. equipment** (*o* **goods**), articoli per la fotografia □ **photographic processor**, chi sviluppa (e ritocca) fotografie; ritoccatore □ **p. service**, servizio fotografico. ‖ **-ally,** *avv.*

photography /fəˈtɒgrəfɪ/, *n.* fotografia (*l'arte*): **colour p.**, fotografia a colori.

photogravure /fəʊtəgrəˈvjʊə(r)/, *n.* (*grafica*) fotocalcografia.

to **photogravure** /fəʊtəgrəˈvjʊə(r)/, *v. t.* fare una fotocalcografia di (q.c.).

photoionization /fəʊtəʊaɪənaɪˈzeɪʃn, *USA* -nɪˈz-/, *n.* (*fis.*) fotoionizzazione.

photolitho /fəʊtəˈlaɪθəʊ, *USA* -ˈlɪθəʊ/, *n.* (*pl.* **photolithos**) fotolito, fotolitografia (*l'immagine*).

photolithograph /fəʊtəˈlɪθəgrɑːf, *USA* -græf/, *n.* fotolitografia (*la copia riprodotta*).

to **photolithograph** /fəʊtəˈlɪθəgrɑːf, *USA* -græf/, *v. t.* fare una fotolitografia di (q.c.).

photolithography /fəʊtəlɪˈθɒgrəfɪ/, *n.* fotolitografia (*il procedimento*).

photoluminescence /fəʊtəluːmɪˈnesns/, *n.* (*fis.*) fotoluminescenza.

photolysis /fəʊˈtɒləsɪs/, *n.* (*fis.*) fotolisi.

photolytic /fəʊtəˈlɪtɪk/, *a.* (*fis.*) fotolitico.

photomap /ˈfəʊtəʊmæp/, *n.* (*topogr.*) carta fotogrammetrica.

photomechanical /fəʊtəmɪˈkænɪkl/, *a.* (*tecn.*) fotomeccanico.

photometer /fəʊˈtɒmɪtə(r)/, *n.* (*tecn.*) fotometro.

photometric /fəʊtəˈmetrɪk/, *a.* (*ottica*) fotometrico. ‖ **-ally,** *avv.*

photometry /fəʊˈtɒmətrɪ/, *n.* (*ottica*) fotometria.

photomicrograph /fəʊtəˈmaɪkrəgrɑːf, *USA* -græf/, *n.* microfotografia (*l'immagine*).

photomicrography /fəʊtəmaɪˈkrɒgrəfɪ/, *n.* microfotografia (*il procedimento*).

photomontage /fəʊtəʊˈmɒntɑːʒ, *USA* -mɒnˈtɑːʒ/, *n.* fotomontaggio.

photomultiplier /fəʊtəˈmʌltɪplaɪə(r)/, *n.* (*elettron.*) fotomoltiplicatore.

photon /ˈfəʊtɒn/, *n.* (*fis. nucl., ottica*) fotone.

photoneutron /fəʊtəˈnjuːtrɒn, *USA* -ˈnuː-/, *n.* (*fis. nucl.*) fotoneutrone.

photonuclear /fəʊtəˈnjuːklɪə(r), *USA* -ˈnuː-/, *a.* (*fis.*) fotonucleare.

photophilous /fəʊˈtɒfɪləs/, *a.* (*bot.*) fotofilo.

photophily /fəʊˈtɒfɪlɪ/, *n.* (*bot.*) fotofilia.

photophobia /fəʊtəˈfəʊbɪə/, *n.* (*psic.*) fotofobia.

photophobic /fəʊtəˈfəʊbɪk/, *a.* (*biol.*) fotofobo.

photoprint /ˈfəʊtəprɪnt/, *n.* stampa fotografica (*l'immagine*).

photoprinting /ˈfəʊtəprɪntɪŋ/, *n.* stampa fotografica (*il procedimento*).

photoreceptor /fəʊtərɪˈseptə(r)/, *n.* (*biol.*) fotorecettore.

photoscanner /fəʊtəˈskænə(r)/, *n.* (*med.*) scintigrafo; fotoscanner.

photoscanning /fəʊtəˈskænɪŋ/, *n.* (*med.*) scintigrafia.

photosensitive /fəʊtəˈsensətɪv/, *a.* (*scient.*) fotosensibile.

photosensitivity /fəʊtəsensəˈtɪvətɪ/, *n.* (*scient.*) fotosensibilità.

photosphere /ˈfəʊtəsfɪə(r)/, *n.* (*astron.*) fotosfera.

Photostat /ˈfəʊtəstæt/, *n.* ***1*** (*marchio*) fotostato; apparecchio fotostatico ***2*** (= **p. copy**) copia fotostatica.

to **photostat** /ˈfəʊtəʊstæt/, *v. t.* fare una copia fotostatica di (*un documento, ecc.*).

photosynthesis /fəʊtəˈsɪnθəsɪs/, *n.* (*bot.*) fotosintesi.

photosynthetic /fəʊtəsɪnˈθetɪk/, *a.* (*bot.*) fotosintetico. ‖ **-ally,** *avv.*

phototaxis /fəʊtəˈtæksɪs/, *n.* (*biol.*) fototassi; fototattismo.

phototelegraph /fəʊtəˈtelɪgrɑːf, *USA* -græf/, *n.* telefoto, telefotografia (*l'immagine*).

phototelegraphy /fəʊtətɪˈlegrəfɪ/, *n.* fototelegrafia (*il procedimento*).

phototelescope /fəʊtəˈtelɪskəʊp/, *n.* (*astron.*) fototelescopio.

phototherapeutic /fəʊtəθerəˈpjuːtɪk/, *a.* (*med.*) fototerapico. ‖ **-ally,** *avv.*

phototherapeutics /fəʊtəθerəˈpjuːtɪks/, *n. pl.* (*col verbo al sing.*) (*med.*) fototerapia.

phototherapy /fəʊtəˈθerəpɪ/, *n.* (*med.*) fototerapia.

phototopography /fəʊtətəˈpɒgrəfɪ/, *n.* fotogrammetria.

phototropism /fəʊtəˈtrəʊpɪzəm/, *n.* (*bot.*) fototropismo.

phototube /ˈfəʊtətjuːb, *USA* -tuː-/, *n.* (*elettron.*) tubo fotoelettronico; valvola fotoelettrica.

phototype /ˈfəʊtətaɪp/, *n.* (*grafica*) lastra per fototipia: fototipo. ● (*USA*) **p. setting**, fotocomposizione.

phototypesetter /fəʊtəˈtaɪpsetə(r)/, *n.* (*grafica, USA*) fotocompositrice.

phototypetting /fəʊtəˈtaɪpɪtɪŋ/, *n.* (*grafica, USA*) fotocomposizione.

phototypist /fəʊtəˈtaɪpɪst/, *n.* (*grafica*) fototipista.

phototypy /ˈfəʊtətaɪpɪ/, *n.* (*grafica*) fototipia.

photovoltaic /fəʊtəvɒlˈteɪɪk/, *a.* (*elettron.*) fotovoltaico.

photozincograph /fəʊtəˈzɪŋkəgrɑːf, *USA* -græf/, *n.* (*tipogr.*) fotozincografia (*la copia riprodotta*).

photozincography /fəʊtəʊzɪŋˈkɒgrəfɪ/, *n.* (*tipogr.*) fotozincotipia (*il procedimento*).

phrasal /ˈfreɪzl/, *a.* di frase; di espressione; di locuzione. ● (*gramm. ingl.*) **p. verb**, verbo «frasale». ● **p. system**, sistema di verbi frasali.

phrase /freɪz/, *n.* ***1*** (*gramm.*) frase (*che non ha senso compiuto*; *cfr.* **sentence**); espressione; locuzione; modo di dire: **a dictionary of English phrases**, dizionario di espressioni (idiomatiche) inglesi; dizionario fraseologico inglese ***2*** modo d'esprimersi; stile: **in simple**

p., in uno stile semplice **3** (*mus.*) frase **4** (*ling.*) sintagma **5** (*pl.*) (*spreg.*) ciarle; (vuote) parole. ● **p.-book**, frasario; repertorio di frasi □ (*ling.*) **p. marker**, diagramma ad albero □ **as the p. goes**, come si suol dire □ **I have had enough of phrases**, ne ho abbastanza di belle parole.

to **phrase** /freɪz/, *v. t.* **1** esprimere; enunciare; formulare **2** (*mus.*) fraseggiare.

phrasemonger /ˈfreɪzmʌŋgə(r), *USA* -mɒŋ-/, *n.* chi usa frasi ricercate; fraseggiatore.

phraseogram /ˈfreɪzɪəgræm/, *n.* simbolo (*specialm. stenografico*) che rappresenta una locuzione (*o* un gruppo di parole).

phraseograph /ˈfreɪzɪəgrɑːf, *USA* -æf/, *n.* locuzione (*o* gruppo di parole) rappresentabile con un simbolo (*specialm. in stenografia*).

phraseological /freɪzɪəˈlɒdʒɪkl/, *a.* fraseologico. || **-ly**, *avv.*

phraseology /freɪzɪˈɒlədʒɪ/, *n.* **1** fraseologia **2** frasario.

phrasing /ˈfreɪzɪŋ/, *n.* **1** frasario **2** (*mus.*) fraseggio.

phrastic /ˈfræstɪk/, *a.* (*ling.*) frastico.

phratry /ˈfreɪtrɪ/, *n.* (*stor. greca*) fratria.

phreatic /friːˈætɪk/, *a.* (*geol.*) freatico: **p. water**, acqua freatica.

phrenetic(al) /frɪˈnetɪk(l)/, *a.* (*arc.*) *V.* **frenetic(al)**.

phrenic /ˈfrenɪk/, *a.* **1** (*anat.*) frenico: **p. nerve**, nervo frenico **2** (*arc.*) della mente; mentale.

phrenologic(al) /frenəˈlɒdʒɪk(l)/, *a.* frenologico. || **-ally**, *avv.*

phrenologist /frəˈnɒlədʒɪst/, *n.* frenologo.

phrenology /frəˈnɒlədʒɪ/, *n.* frenologia.

Phrygia /ˈfrɪdʒɪə/, *n.* (*stor., geogr.*) Frigia.

Phrygian /ˈfrɪdʒɪən/, *a.* e *n.* (*stor.*) frigio: **P. cap**, berretto frigio.

Phryne /ˈfraɪnɪ/, *n.* (*stor.*) Frine.

phthalate /ˈθæleɪt/, *n.* (*chim.*) ftalato.

phthalein /ˈθeɪlɪɪn, *USA* ˈθæl-/, *n.* (*chim.*) ftaleina.

phthalic /ˈθælɪk/, *a.* (*chim.*) ftalico: **p. acid**, acido ftalico.

phthisic(al) /ˈθaɪsɪk(l)/, *a.* (*med.*) tisico; tubercolotico.

phthisiology /θaɪsɪˈɒlədʒɪ/, *n.* (*med.*) tisiologia.

phthisis /ˈθaɪsɪs/, *n.* (*pl.* **phthises**) (*med.*) tisi; etisia; tubercolosi polmonare.

phut /fʌt/, *n.* suono prodotto da un pallone (da una camera d'aria, ecc.) che si sgonfia; «pfff»; sibilo (*di proiettile, ecc.*). ● **to go p.**, sgonfiarsi; (*di lampadina*) fulminarsi; (*mecc., ecc.*) guastarsi; (*fig.*: *d'un progetto, ecc.*) andare a monte, andare in fumo, andare a rotoli: **The TV set has gone p.**, s'è guastato il televisore.

phylactery /fɪˈlæktərɪ/, *n.* (*relig.*) filatterio; filacterio.

phyletic /faɪˈletɪk/, *a.* (*biol.*) filetico: **f. evolution**, evoluzione filetica.

phyllite /ˈfɪlaɪt/, *n.* (*geol.*) fillite; fillade.

phyllode /ˈfɪləʊd/, *n.* (*bot.*) fillodio.

phyllotaxis /fɪləˈtæksɪs/, *n.* (*bot.*) fillotassi.

phylloxera /fɪlɒkˈsɪərə, fɪˈlɒksərə/, *n.* (*zool., Phylloxera*) fillossera.

phylogenesis /faɪləʊˈdʒenəsɪs/, *n.* (*pl.* **philogeneses**) (*biol.*) filogenesi.

phylogenetic /faɪləʊdʒəˈnetɪk/, **phylogenic** /faɪləʊˈdʒiːnɪk/, *a.* (*biol.*) filogenetico.

phylogeny /faɪˈlɒdʒənɪ/, *n.* (*biol.*) filogenesi.

phylum /ˈfaɪləm/, *n.* (*pl.* **phyla**) **1** (*biol.*) phylum; tipo **2** (*ling.*) ceppo (*di lingue*).

physic /ˈfɪzɪk/, *n.* (*arc.*) **1** purgante; purga; medicamento, farmaco **2** medicina; arte medica.

to **physic** /ˈfɪzɪk/ (*pass.* e *p. p.* **physicked**), *v. t.* (*arc.*) dare una medicina (*o* una purga) a (q.).

physical /ˈfɪzɪkl/, **A** *a.* **1** fisico: **p. chemistry**, chimica fisica; **p. strength**, forza fisica; (*fis.*) **p. forces**, forze fisiche; **p. exercise**, esercizio fisico; **p. beauty**, bellezza fisica; **p. geography**, geografia fisica **2** (*fig.*) fisico; corporeo; concreto; naturale; materiale: **a p. object**, un oggetto concreto; **a p. explanation**, una spiegazione naturale **3** (*sport, eufem.*: *di scontro, ecc.*) duro. **B** *n.* (*abbr. fam. di* **p. examination**) visita (medica). ● (*rag.*) **p. assets**, attività materiali (*o* tangibili) □ **p. culture**, cultura fisica; culturismo □ **p. culturist**, culturista □ (*scherz.*) **p. jerks**, esercizi fisici; ginnastica a corpo libero □ **p. therapy**, *V.* **physiotherapy** □ **p. training**, educazione fisica; ginnastica. || **-ly**, *avv.*

physician /fɪˈzɪʃn/, *n.* **1** medico; dottore (*in medicina*) **2** (*fig. arc.*) guaritore; chi dà conforto.

physicism /ˈfɪzɪsɪzəm/, *n.* (*filos.*) fisicismo.

physicist /ˈfɪzɪsɪst/, *n.* **1** fisico; studioso di fisica **2** (*filos.*) fisicista.

physics /ˈfɪzɪks/, *n. pl.* **1** (*col verbo al sing.*) fisica **2** proprietà fisiche **3** fenomeni fisici.

physio /ˈfɪzɪəʊ/, *n.* (*pl.* **physios**) (*abbr. fam. di* **physiotherapist**) (*med.*) fisioterapista.

physiocracy /fɪzɪˈɒkrəsɪ/, *n.* (*stor., econ.*) fisiocrazia.

physiocrat /ˈfɪzɪəkræt/, *n.* (*stor., econ.*) fisiocrate; fisiocratico.

physiocratic /fɪzɪəˈkrætɪk/, *a.* (*stor., econ.*) fisiocratico.

physiognomic(al) /fɪzɪəˈnɒmɪk(l), *USA* -ɪɒgˈnɒ/, *a.* **1** fisiognomico **2** fisionomico.

physiognomist /fɪzɪˈɒnəmɪst, *USA* -ˈɒgnə-/, *n.* cultore di fisiognomia; fisiognomo.

physiognomy /fɪzɪˈɒnəmɪ, *USA* -ˈɒgnəʊmɪ/, *n.* **1** fisiognomia; fisiognomica **2** fisionomia, fisonomia (*anche fig.*) **3** (*pop.*) faccia; viso.

physiographer /fɪzɪˈɒgrəfə(r)/, *n.* fisiografo.

physiographic(al) /fɪzɪəʊˈgræfɪk(l)/, *a.* **1** fisiografico **2** geofisico **3** geomorfico.

physiography /fɪzɪˈɒgrəfɪ/, *n.* **1** fisiografia **2** geografia fisica **3** geomorfologia.

physiologic(al) /fɪzɪəˈlɒdʒɪk(l)/, *a.* fisiologico. || **-ally**, *avv.*

physiologist /fɪzɪˈɒlədʒɪst/, *n.* fisiologo.

physiology /fɪzɪˈɒlədʒɪ/, *n.* fisiologia.

physiopathologic(al) /fɪzɪəʊpæθəˈlɒdʒɪk(l)/, *a.* (*med.*) fisiopatologico.

physiopathology /fɪzɪəʊpəˈθɒlədʒɪ/, *n.* (*med.*) fisiopatologia.

physiotherapist /fɪzɪəʊˈθerəpɪst/, *n.* (*med.*) fisioterapista.

physiotherapy /fɪzɪəʊˈθerəpɪ/, *n.* (*med.*) fisioterapia.

physique /fɪˈziːk/, *n.* fisico; costituzione fisica: **a man of muscular p.**, un uomo che ha un fisico muscoloso.

phytochemical /faɪtəʊˈkemɪkl/, *a.* (*scient.*) fitochimico.

phytochemistry /faɪtəʊˈkemɪstrɪ/, *n.* (*scient.*) fitochimica.

phytogenesis /faɪtəʊˈdʒenəsɪs/, *n.* (*bot.*) fitogenesi.

phytogenetic /faɪtəʊdʒəˈnetɪk/, *a.* (*bot.*) fitogenetico.

phytogenic /faɪtəˈdʒenɪk/, *a.* (*geol.*) fitogeno: **p. substances**, formazioni fitogene.

phytogeography /faɪtəʊdʒɪˈɒgrəfɪ/, *n.* (*bot.*) fitogeografia.

phytographic(al) /faɪtəʊˈgræfɪk(l)/, *a.* (*bot.*) fitografico.

phytography /faɪˈtɒgrəfɪ/, *n.* (*bot.*) fitografia.

phytologic(al) /faɪtəʊˈlɒdʒɪk(l)/, *a.* (*scient.*) fitologico.

phytology /faɪˈtɒlədʒɪ/, *n.* (*scient.*) fitologia; botanica.

phytopathogen /faɪtəʊˈpæθəʊdʒən/, *n.* (*ecol.*) (agente) fitopatogeno.

phytopathology /faɪtəʊpəˈθɒlədʒɪ/, *n.* (*bot.*) fitopatologia.

phytophagous /faɪˈtɒfəgəs/, *a.* (*zool.*) fitofago.

phytoplankton /faɪtəʊˈplæŋktən, *USA* -ɒn/, *n.* (*biol.*) fitoplancton.

phytosterol /faɪˈtɒstərɒl, *USA* -rəʊl, -rɔːl/, *n.* (*chim.*) fitosterolo.

phytotoxic /faɪtəˈtɒksɪk/, *a.* (*scient.*) fitotossico.

pi (**1**) /paɪ/, *n.* (*pl.* **pis**) pi (*sedicesima lettera dell'alfabeto greco*); (*geom.*) pi greco. ● (*fis. nucl.*) **pi meson**, mesone pi; pione.

pi (**2**), to **pi** /paɪ/, *V.* **pie** (**3**), **to pie**.

pi (**3**) /paɪ/, *a.* (*gergo studentesco, arc.*; *abbr. di* **pious**) pio; virtuoso; da santarellino. ● **pi--jaw**, ramanzina; predica (*fig.*).

piacular /paɪˈækjʊlə(r)/, *a.* **1** espiatorio **2** da espiare; peccaminoso; malvagio.

piaffe /pɪˈæf/, *n.* (*ippica*) ciambella; trotto cadenzato sul posto.

to **piaffe** /pɪˈæf/, *v. i.* (*sport*: *di cavallo*) piaffare; fare la ciambella.

pia mater /ˈpaɪəˈmeɪtə(r), ˈpiːəˈmɑːtə(r)/, *locuz. n.* (*anat.*) piamadre.

pianissimo /pɪəˈnɪsɪməʊ/ (*ital.*), *avv.* (*mus.*) pianissimo.

pianist /ˈpiːənɪst, pɪˈænɪst/, *n.* (*mus.*) pianista.

piano (**1**) /pɪˈænəʊ, pɪˈɑːnəʊ/ (*ital.*), *n.* (*pl.* **pianos**) (*mus.*) pianoforte; piano. ● **p. accordion**, fisarmonica □ **p. accordionist**, fisarmonicista □ **p. organ**, organino □ **p.-player**, pianista; pianola □ **p. tuner**, accordatore di pianoforti □ (*metall.*) **p. wire**, filo armonico □ **cottage p.**, piccolo pianoforte verticale □ **grand p.**, pianoforte a coda □ **upright p.**, pianoforte verticale.

piano (**2**) /pɪˈɑːnəʊ/ (*ital.*), **A** *avv.* (*mus.*) piano. **B** *n.* (*mus.*) pezzo da suonare piano.

pianoforte /pɪænəʊˈfɔːtɪ/ (*ital.*), *n.* (*mus.*) pianoforte; piano.

Pianola /pɪæˈnəʊlə/, *n.* (*marchio*: *mus.*) pianola.

piastre, (*USA*) **piaster** /pɪˈæstə(r)/, *n.* piastra (*moneta*).

piazza /pɪˈætsə/ (*ital.*), *n.* (*pl.* **piazzas, piazze**) **1** piazza (*specialm. di città italiana*) **2** portico; galleria.

pibroch /ˈpiːbrɒk, -ɒx, -ɒʃ/, *n.* musica (*di solito marziale*) per cornamusa.

pica (**1**) /ˈpaɪkə/, *n.* (*tipogr.*) **1** pica (*unità tipografica in uso nei paesi anglosassoni*) **2** (*un tempo*) corpo 12. ● (*un tempo*) **small p.**, corpo 11.

pica (**2**), /ˈpaɪkə/, *n.* (*med.*) pica; picacismo.

picador /ˈpɪkədɔː(r)/ (*spagn.*), *n.* picador.

Picardy /ˈpɪkədɪ/, *n.* (*geogr.*) Piccardia.

picaresque /pɪkəˈresk/, *a.* (*letter*) picaresco.

picaroon /pɪkəˈruːn/, *n.* (*arc.*) **1** picaro; canaglia; brigante; furfante **2** pirata; corsaro **3** (*naut.*) nave pirata.

picayune /pɪkəˈjuːn/, **A** *n.* (*USA*) **1** monetina; (*specialm.*) moneta da 5 centesimi (*di dollaro*) **2** (*fam.*) cosa (*o* persona) insignificante; inezia, nonnulla; nessuno (*fig.*). **B** *a.* insignificante; meschino; spregevole.

piccalilli /pɪkəˈlɪlɪ/, *n.* (*cucina*) giardiniera (*verdura sottaceto assortita*) con senape.

piccaninny /pɪkəˈnɪnɪ/, *n.* **1** bimbetto negro; negretto **2** piccino; bimbo; neonato.

piccolo /ˈpɪkələʊ/, *n.* (*pl.* **piccolos**) (*mus.*) ottavino.

piccoloist /ˈpɪkələʊɪst/, *n.* (*mus.*) suonatore d'ottavino.

piceous /ˈpɪsɪəs/, *a.* piceo (*lett.*); di pece; color della pece.

pick (**1**) /pɪk/, *n.* **1** piccone **2** (*in genere*) strumento appuntito (*specialm. nei composti, come* **toothpick,** *stuzzicadenti*; **ice-pick,** *piccozza*) **3** (*mecc.*) picco; dente; tagliente **4** (*mus.*) plettro. ● **p.-mattock**, gravina.

pick (**2**) /pɪk/, *n.* **1** scelta; selezione **2** scelta; (il) fiore (*fig.*), (il) meglio **3** raccolta: **the first p. of cherries**, la prima raccolta di ciliege **4** (*tipogr.*) macchia. ● **the p. of the bunch**, il fior fiore □ **Take your p.!**, scegli tu; prendine uno a scelta.

to **pick** /pɪk/, *v. t.* e *i.* **1** forare; spezzare (*roccia, ecc.*), scavare (*il terreno*) con un piccone; picconare **2** cavare, togliere (*con le dita*); tirare su (*o* via); scrostare: **to p. a hair off one's jacket**, togliersi un capello dalla giacca; **to p. pieces of glass out of the wall-to-wall carpet**, tirare via pezzetti di vetro dalla moquette **3** cogliere; raccogliere: **to p. flowers**, coglier fiori; **to p. cotton**, raccogliere il cotone ***4*** scegliere; selezionare; cernere; prendere: **He always picks the best fruits**, sceglie sempre i frutti migliori; **to p. a team**, selezionare una squadra; **to p. the winning horse**, prendere (*o* imbroccare) il cavallo vincente ***5*** lacerare; sbrindellare; stracciare; sfilacciare: **to p. rags**, lacerare stracci; **to p. oakum**, sfilacciare stoppa ***6*** forzare (*una porta, ecc.*); scassinare; aprire illegalmente (*con un grimaldello, ecc.*) ***7*** stuzzicare: **to p. one's teeth**, stuzzicarsi i denti; usare lo stuzzicadenti ***8*** pulire; ripulire: **to p. a bone**, pulire (*o* scarnire, spolpare) un osso; **to p. strawberries**, ripulire le fragole (*dei calici e dei gambi*) ***9*** (*anche* **to p. away**: *d'uccelli*) beccare, becchettare (*grano, ecc.*) ***10*** (*fig.*: *di persona*) piluccare (*frutta, ecc.*); sbocconcellare; mangiucchiare: **to p. grapes**, piluccare l'uva ***11*** (*USA*) suonare (*uno strumento a corda*): **to p. a guitar**, suonare la chitarra ***12*** spennare: **to p. a chicken**, spennare un pollo. ● **to p. and choose**, scegliere il meglio; esser difficile (*o* esigente, meticoloso) □ **to p. and steal**, rubare; fare man bassa □ **to p. a bone clean**, pulire un osso □ **to p. sb.'s brains**, approfittare di q. (*più esperto*); farsi dire da q. come si fa a fare q.c. □ (*polit.*) **to p. a Cabinet of technocrats**, formare un governo di tecnici □ **to p. a lock**, forzare una serratura □ **to p. one's nose**, mettersi le dita nel naso □ **to p. sb.'s pocket**, borseggiare q. □ **to p. a quarrel with sb.**, attaccar lite con q. □ **to p. a scab**, cavarsi (*o* tirarsi via) una crosta (*con le unghie*) □ (*sport*) **to p. sides**, schierarsi; formare squadre □ **to p. to pieces**, fare a pezzi; (*fig.*) analizzare; criticare, trovar da ridire su □ **to p. one's way** (*o* **steps**), procedere con grande cautela; guardare dove si mettono i piedi □ **to p. one's words**, scegliere le parole più adatte; parlare in punta di forchetta (*fig.*) □ (*fig.*) **to have a bone to p. with sb.**, avere q.c. da rimproverare a q.; avere un motivo di discordia con q.

♦**pick apart**, *v. t. + avv.* fare a pezzi (*anche fig.*); strappare; (*fig.*) criticare duramente.

♦**pick at**, *v. t. + avv.* ***1*** toccare; tirare (*con la punta delle dita*): **Don't p. at your wound!**, non toccarti la ferita! ***2*** becchettare: **The sparrow was picking at the crumbs**, il passero becchettava le briciole ***3*** (*fam.*) piluccare; mangiare di malavoglia; sbocconcellare ***4*** (*fig. fam.*) trattare in modo sommario; sfiorare appena (*un argomento, ecc.*) ***5*** (*fam.*) rimbeccare; sgridare.

♦**pick in**, *v. t. + avv.* fare (*un buco*: *con un oggetto appuntito*) □ (*fig.*) **to p. flaws** (*o* **holes**) **in st.**, trovare da ridire su q.c.

♦**pick off**, *v. t. + avv.* ***1*** levare, staccare, cogliere (*fiori, frutta, ecc.*) ***2*** abbattere (*con un'arma da fuoco*): **The patrol was picked off by the snipers**, la pattuglia fu abbattuta dai franchi tiratori.

♦**pick on**, *v. t. + prep.* ***1*** scegliere; selezionare ***2*** (*fam.*) dare addosso a, prendersela con (q.); sfottere (*pop.*); criticare; trovare da ridire su: **Why always p. on your wife?**, perché prendersela sempre con la moglie?

♦**pick out**, *v. t. + avv.* ***1*** togliere; cavare; levare; scucire: **Don't forget to p. out the stone!**, non dimenticarti di levare il nòcciolo! ***2*** scegliere; trascegliere; selezionare: **He picked out the best pieces**, scelse i pezzi migliori ***3*** scorgere, distinguere, individuare, riconoscere, identificare (*q. o q.c., in un gruppo o un mucchio*): **to p. out a face in the crowd**, scorgere un viso tra la folla; **to p. out the wrong man**, identificare l'uomo sbagliato ***4*** cogliere, intendere, capire (*il senso di un brano, una poesia, ecc.*) ***5*** far risaltare; evidenziare, dipingere (*con un colore diverso*): **The hills were picked out in brown**, le colline erano dipinte in marrone ***6*** (*mus.*) suonare (*un motivo, ecc.*) a orecchio.

♦**pick over**, *v. t. + avv.* passare al vaglio (*fig.*); esaminare a uno a uno.

♦**pick up**, **A** *v. t. + avv.* ***1*** prendere su; tirare su (*fam.*); alzare; raccogliere; ritirare: **to p. up firewood**, raccogliere legna da ardere; **to p. up the receiver**, alzare il ricevitore (*al telefono*); **to p. up one's shirts from the cleaner's**, ritirare le camicie in lavanderia ***2*** prendere su, dare un passaggio a (q.); andare a prendere (q. *o* q.c.); prendere a bordo (*di un veicolo*); salvare (*naufraghi, ecc.*): **The bus stopped to p. up passengers**, l'autobus si fermò per prendere su (*o* far salire) dei passeggeri: **I'll p. you up at your house**, passo a prenderti a casa (*in auto*); **The survivors were picked up by a chopper**, i sopravvissuti furono salvati da un elicottero ***3*** arrestare; prendere: **The fugitive was picked up by the police**, l'evaso fu arrestato dalla polizia ***4*** (*fam.*) fare la conoscenza di (q.); rimorchiare (*una ragazza, ecc.*): **to p. up new friends at the seaside**, fare nuovi amici al mare; **The man was trying to p. her up**, l'uomo stava cercando di rimorchiarla ***5*** afferrare, cogliere (*un suono, un odore, ecc.*); trovare (*errori, una traccia*); scorgere (*un aereo nemico, ecc.*); (*dei fari*) inquadrare (*una sagoma, ecc.*): **I've picked up a lot of misprints**, ho trovato un sacco di refusi ***6*** prendere; ricevere (*un segnale, ecc.*): **I succeeded in picking up a Chinese station**, riuscii a prendere una stazione (radio) cinese ***7*** (*fam.*) trovare (*q.c. da comprare a buon prezzo*); comprare: **I picked it up in a bookstall**, l'ho trovato in una bancarella ***8*** (*fam.*) prendere; prendere su (*fig.*); imparare (*a viva voce*); mettere insieme (*fam.*): **to p. up bad habits**, prendere brutte abitudini; **to p. up four-letter words**, imparare parolacce; **to p. up new ideas**, mettere insieme idee nuove ***9*** riprendere; continuare (*un racconto, ecc.*) ***10*** (*fam.*) riprendere, sgridare ***11*** (*fam.*) guadagnare; mettere insieme (*fam.*) ***12*** rinvigorire, stimolare; tirare su (*fam.*): **A cup of coffee will p. me up**, una tazza di caffè mi tirerà su ***13*** far aumentare (*le vendite, ecc.*); far migliorare ***14*** rompere (*il terreno, ecc.*) con un piccone; spicconare ***15*** (*cucito*) riprendere (*un punto*) ***16*** (*Borsa*) rastrellare (*azioni*). **B** *v. i. + avv.* ***1*** riprendersi; riaversi; migliorare in salute; rimettersi ***2*** (*del tempo*) rimettersi ***3*** (*degli affari, ecc.*) essere in ripresa; recuperare: **The economy is picking up**, l'economia è in ripresa; **Our shares are picking up**, le nostre azioni stanno recuperando ***4*** (*mecc.*: *di un motore*) riprendere; accelerare ***5*** riprendere, ricominciare (*a fare q.c.*) ***6*** imparare: **You won't believe how fast they picked up**, stenterai a credere come hanno fatto presto a imparare. **C pick up oneself**, *v. rifl.* ***1*** tirarsi su, rimettersi in piedi, rialzarsi (*dopo una caduta, ecc.*) ***2*** (*fig.*) rimettersi in piedi (*fig.*); rimettersi in sesto; riaversi (*dopo un fallimento, ecc.*); recuperare (*dopo una malattia, una batosta, ecc.*) □ **to p. up after sb.**, rimettere in ordine (*o* ripulire) dopo che se n'è andato q. (*specialm. bambini*) □ **to p. up a bargain**, fare un buon affare □ (*fig.*) **to p. up the bill**, assumersi (*o* sostenere) le spese □ (*teatr.*) **to p. up the cue**, afferrare (*o* non perdere) la battuta □ **to p. up flesh**, ingrassare □ (*fig.*) **to p. up the gauntlet**, raccogliere la sfida □ **to p. up a living**, sbarcare il lunario □ (*fam. USA*) **to p. up on st.**, fermare la propria attenzione su q.c. □ (*fig.*) **to p. up the pieces**, raccogliere (*o* raccattare) i cocci (rotti) □ (*autom., ecc.*) **to p. up speed**, acquistare velocità □ (*fig.*) **to p. up the threads**, riannodare le fila; riprendere i rapporti; riprendere (*a lavorare, studiare, ecc.*).

pickaback /ˈpɪkəbæk/, *V.* **piggyback**.

pickaninny /ˈpɪkənɪnɪ/, *V.* **piccaninny**.

pickax(e) /ˈpɪkæks/, *n.* piccone.

to **pickax(e)** /ˈpɪkæks/, **A** *v. t.* rompere (*o* spezzare) (*il terreno, ecc.*) col piccone. **B** *v. i.* lavorare col piccone; spicconare.

picked /pɪkt/, *a.* ***1*** scelto; selezionato: **p. soldiers**, truppe scelte ***2*** (*di frutta*) colto dall'albero ***3*** (*di frutta, ecc.*) mondato; pulito.

picker /ˈpɪkə(r)/, *n.* ***1*** raccoglitore; mondatore: **fruit pickers**, raccoglitori di frutta ***2*** (*agric., mecc.*) raccoglitrice ***3*** (*ind. min.*) cernitore; (*anche*) macchina cernitrice ***4*** (*ind. tess., mecc.*) slappolatore; apritoio. ● **cotton p.**, raccoglitore di cotone; (*mecc.*) macchina per raccogliere il cotone.

pickerel /ˈpɪkərəl/, *n.* (*pl.* **pickerel, pickerels**) (*zool.*) piccolo luccio.

picket /ˈpɪkɪt/, *n.* ***1*** picchetto; piolo; paletto ***2*** (*mil.*, = **picquet, piquet**) picchetto; reparto avanzato (*di soldati*) ***3*** picchetto (*di scioperanti*) ***4*** picchettatore. ● (*mil., naut.*) **p. boat**, vedetta; nave vedetta □ **p. fence**, palizzata □ **p. line**, cordone di scioperanti che formano picchetti □ (*mil.*) **outlying p.**, pattuglia in avanscoperta □ **to place a p. at the factory gates**, picchettare i cancelli della fabbrica.

to **picket** /ˈpɪkɪt/, **A** *v. t.* ***1*** chiudere (*o* fissare, proteggere) con picchetti; picchettare; recingere con uno steccato: **to p. a tent**, fissare una tenda con picchetti ***2*** legare (*o* assicurare) (*un cavallo*) a un paletto ***3*** (*mil.*) mettere (*soldati*) di picchetto ***4*** circondare (*una fabbrica*) di picchetti di scioperanti; picchettare. **B** *v. i.* ***1*** (*mil.*) essere di picchetto ***2*** (*di scioperanti*) formare picchetti.

picketing /ˈpɪkɪtɪŋ/, *n.* ***1*** chiusura con picchetti, ecc. (*V.* **to picket**) ***2*** picchettaggio, picchettamento (*da parte di scioperanti*).

picking /ˈpɪkɪŋ/, *n.* ***1*** (*anche comm.*) scelta; selezione; cernita ***2*** raccolta; raccolto: **hop p.**, il raccolto del luppolo ***3*** (*specialm.* **p. and stealing**) furterello, furterelli ***4*** (*pl.*) avanzi; residui; spigolature: **the pickings after a feast**, le briciole d'un banchetto ***5*** (*pl.*) oggetti rubati; bottino; malloppo (*fam.*) ***6*** (*pl.*) compensi extra; incerti; profitti illeciti. ● (*agric.*) **p. machine**, raccoglitrice (*macchina*) □ **p.-up**, (*econ., fin.*) ripresa; (*Borsa, anche*) rastrellamento (*di azioni*).

pickle /ˈpɪkl/, *n.* ***1*** salamoia ***2*** (*pl.*) giardiniera; sottaceti; (*USA*) cetriolo sottaceto: **onion pickles**, cipolline sottaceto ***3*** (*fam.*) guaio; imbroglio; pasticcio (*fig.*); impiccio: **I am in a sad (sorry, pretty) p.**, sono in un brutto guaio (*o* in un bell'imbroglio) ***4*** (*fam.*) bambino cattivello; birichino ***5*** (*metall.*) bagno di decapaggio.

to **pickle** /ˈpɪkl/, *v. t.* ***1*** mettere sottaceto; conservare in salamoia ***2*** (*metall.*) decapare ***3*** (*stor., naut.*) strofinare sale o aceto sulle spalle di (*un marinaio fustigato*).

pickled /ˈpɪkld/, *a.* ***1*** in salamoia; sottaceto: **p. onions**, cipolline sottaceto ***2*** (*pop.*) ubriaco; sbronzo.

pickling /ˈpɪklɪŋ/, *n.* ***1*** conservazione sottaceto ***2*** (*metall.*) decapaggio.

picklock /ˈpɪklɒk/, *n.* ***1*** scassinatore ***2*** grimaldello.

pick-me-up /ˈpɪkmiːʌp/, *n.* (*fam.*) bevanda alcolica; cordiale; stimolante; cicchetto (*fam.*).

pickpocket /ˈpɪkpɒkɪt/, *n.* borsaiolo; borseggiatore.

pickpocketing /ˈpɪkpɒkɪtɪŋ/, *n.* (*leg.*) borseggio.

pick(-)up /ˈpɪkʌp/, *n.* ***1*** (*elettr.*) trasduttore; pick-up (*di chitarra elettrica, ecc.*) ***2*** (*elettr.*) valore di scatto (*o* di spunto) ***3*** (*di grammofono*, = **p. arm**) fonorivelatore; pick-up ***4*** (*fam.*) conoscenza occasionale; partner occasionale: **She's just a p.**, è una che ho rimorchiato ***5*** (*USA*, = **p. truck**) camioncino a sponde basse (*scoperto, col fondo ribaltabile*) ***6*** (*autom., mecc.*) accelerazione; ripresa: **My car has very good p.**, la mia macchina ha un'ottima ripresa ***7*** (*econ.*) miglioramento; ripresa; recupero; ritorno (*fig.*): **There's been a p. in exports**, c'è stato un ritorno delle esportazioni; **a p. in sales**, una ripresa delle vendite ***8*** (*aeron.*) pick-up ***9*** (*miss.*) recupero (*di una capsula spaziale*) ***10*** (*fam., autom.*) passaggio; strappo (*fam.*) ***11*** (*fam.*) fermata (*per merci o passeggeri*); carico di merci (*o* di passeggeri) ***12*** (presa in) consegna: **p. service**, servizio di prelievo e consegna a domicilio ***13*** (*TV*) attrezzatura di ripresa ***14***

(*fam.*) persona cui si dà un passaggio **15** (*pop.*) donna rimorchiata.

picky /ˈpɪkɪ/, *a.* (*specialm. USA*) esigente; difficile; pignolo.

pick-your-own farm /ˈpɪkjərˈəʊnfɑːm, -jɔːr-/, *locuz. n.* orto in cui si paga (*a prezzo ridotto*) la frutta che si raccoglie da soli.

picnic /ˈpɪknɪk/, *n.* **1** merenda all'aperto; scampagnata; picnic **2** (*fam.*) cosa piacevole; lavoro facile: **It's no p.**, non è una cosa piacevole (*o* facile).

to **picnic** /ˈpɪknɪk/ (*pass.* e *p. p.* **picnicked**), *v. i.* fare una merenda (*all'aperto*); fare una scampagnata; fare un picnic.

picnicker /ˈpɪknɪkə(r)/, *n.* chi partecipa a un picnic; chi fa una scampagnata.

picosecond /ˈpaɪkəʊsekənd/, *n.* (*fis.*) picosecondo; trilionesimo di secondo.

picot /ˈpiːkəʊ/ (*franc.*), *n.* (*moda*) festoncino.

picotee /pɪkəˈtiː/, *n.* (*bot.*) garofano screziato (*all'orlo dei petali*).

picquet /ˈpɪkɪt/, *V.* **picket,** *def. 2.*

picrate /ˈpɪkreɪt/, *n.* (*chim.*) picrato (*esplosivo*).

picric /ˈpɪkrɪk/, *a.* (*chim.*) picrico: **p. acid**, acido picrico.

Pictionary /ˈpɪkʃənrɪ, *USA* -erɪ/, *n.* (*marchio, USA*) gioco delle parole «schizzate» (*rappresentazioni grafiche di parole da indovinare, estratte a sorte fra 2.500 vocaboli*).

Pictish /ˈpɪktɪʃ/, *a.* (*stor.*) dei Pitti (*V.* **Picts**).

pictogram /ˈpɪktəgræm/, *n.* (*ling.*) pittogramma.

pictograph /ˈpɪktəgrɑːf, *USA* -græf/, *n.* (*archeol.*) pittogramma.

pictographic /pɪktəʊˈgræfɪk/, *a.* pittografico.

pictography /pɪkˈtɒgrəfɪ/, *n.* pittografia.

pictorial /pɪkˈtɔːrɪəl/, **A** *a.* **1** illustrato; figurato **2** pittoresco; vivido; vivace **3** (*raro*) pittorico. **B** *n.* giornale illustrato; rotocalco. || **-ly,** *avv.*

Picts /pɪkts/, *n.* (*stor.*) Pitti (*antichi abitanti della Scozia*).

picture /ˈpɪktʃə(r)/, *n.* **1** quadro (*anche fig.*); disegno; pittura; ritratto (*anche fig.*); (vivida) descrizione: **The girl is the p. of her mother**, la ragazza è il ritratto di sua madre; **Tom is the p. of health**, Tom è il ritratto della salute; **the present political p.**, il quadro politico attuale; **a poor p. of the times**, una descrizione inadeguata del nostro tempo **2** fotografia; illustrazione: **a book full of pictures**, un libro pieno d'illustrazioni **3** (*fig.*) immagine; idea: **to make a p. of the situation**, farsi un'idea della situazione **4** (*cinem.*) fotogramma **5** (*TV*) immagine: **p. quality**, qualità dell'immagine **6** pellicola cinematografica; film; (*pl.*) (il) cinema: **My cousin is in pictures**, mio cugino si occupa di cinema **7** (*elab.*) descrizione; maschera **8** (*med.*) quadro clinico; sintomatologia. ● **p. book**, libro illustrato (*specialm. per bambini*) □ (*carte da gioco*) **p. card**, figura □ **p. framer**, corniciaio □ **p. gallery**, pinacoteca □ **p.-goer**, frequentatore di cinema □ **p. hat**, cappellino a larga tesa, ornato di penne di struzzo □ **p. hook**, gancetto per quadri □ (*arc.*) □ **p. palace** (*o* **p. theatre, p. house**), cinematografo; sala cinematografica □ **p. postcard**, cartolina illustrata □ **p. restorer**, restauratore di quadri □ (*TV*) **p. signal**, segnale video □ **p. story**, fotoromanzo □ (*elettron.*) **p. tube**, cinescopio; tubo di riproduzione (*di televisore*) □ **p. valuer**, stimatore di quadri □ (*edil.*) **p. window**, finestra panoramica □ **p. writing**, scrittura ideografica □ **to draw a mental p. of st.**, farsi un'idea di q.c. □ (*fam.*) **to get the p.**, afferrare la situazione; capire: **Get the p.?**, (hai) capito? □ (*fam.*) **to be in the p.**, essere al corrente (*o* informato); (*anche*) essere al centro dell'attenzione □ (*fam.*) **to be out of the p.**, essere disinformato; essere trascurato (*o* ignorato) □ (*fam.*) **to put sb. in the p.**, mettere q. al corrente; informare q. □ **to take sb.'s p.** (*o* **the p. of sb.**), fare la foto a q. □ (*fam.*) **You'll look a p. in that dress!**, con quel vestito farai un figurone!

to **picture** /ˈpɪktʃə(r)/, **A** *v. t.* **1** dipingere; ritrarre; raffigurare; rappresentare: **He pictured the young duchess as a nymph**, ritrasse la duchessina in veste di ninfa **2** immaginare; immaginarsi: **Just p. the scene!**, immaginati la scena! **3** descrivere vividamente **4** (*fotogr.*) riprendere. **B** to **picture oneself**, *v. rifl.* immaginarsi: **P. yourself in my place!**, immaginati al mio posto! ● **to p. to oneself**, immaginarsi; figurarsi.

picturephone /ˈpɪktʃəfəʊn/, *n.* videotelefono; videofono (*raro*).

picturesque /pɪktʃəˈresk/, *a.* **1** pittoresco; ameno; vivido; espressivo **2** (*di persona*) bizzarro; originale; strambo. || **-ly,** *avv.*

picturesqueness /pɪktʃəˈresknəs/, *n.* **1** carattere pittoresco; l'esser pittoresco; amenità; vividezza **2** bizzarria; originalità.

piddle /ˈpɪdl/, *n.* (*fam.*) pipì.

to **piddle** /ˈpɪdl/, *v. i.* (*infant.*) far pipì. ● (*fam.*) **to p. one's time away**, perdere (*o* sprecare) il tempo.

piddling /ˈpɪdlɪŋ/, *a.* insignificante; futile; meschino; da nulla.

piddock /ˈpɪdək/, *n.* (*zool., Pholas dactylus*) folade.

pidgin /ˈpɪdʒɪn/, *n.* **1** (= **p. English**) pidgin-English (*lingua franca delle coste della Cina*) **2** (*fam.*) affare: **That isn't my p.!**, non è affar mio! (**p.** *è corruzione di* **business**).

pi-dog /ˈpaɪdɒg, *USA* -dɔːg/, *V.* **pyedog**.

pie (**1**) /paɪ/, *n.* (*zool., Pica pica*; = **magpie**) gazza.

pie (**2**) /paɪ/, *n.* **1** pasticcio (*di carne*): **kidney pie**, pasticcio di rognoni **2** torta; crostata: **an apple pie**, una torta di mele. ● **pie chart** (*o* **pie graph**), grafico a torta; areogramma □ (*fam.*) **pie in the sky**, speranza illusoria; promessa fallace □ **as easy as pie**, facile come bere un bicchiere d'acqua □ **to eat humble pie**, ingoiare un rospo; umiliarsi □ (*fig.*) **to have a finger in the pie**, avere le mani in pasta □ **mud pie** (*o* **sand pie**), formina di terra (*fatta dai bambini per gioco*) □ **vegetable pie**, tortino di verdura.

pie (**3**) /paɪ/, *n.* **1** (*tipogr.*, = **printers' pie**) caratteri in disordine **2** (*fig. arc.*) confusione; imbroglio; pasticcio (*fig.*).

to **pie** /paɪ/, *v. t.* **1** (*tipogr.*) mettere (*caratteri*) in disordine **2** (*fig.*) scombinare; pasticciare; scompigliare.

piebald /ˈpaɪbɔːld/, **A** *a.* **1** (*specialm. di cavallo*) pezzato; (*specialm.*) pomellato **2** (*fig. arc.*) screziato; variegato **3** (*fig.*) eterogeneo; misto. **B** *n.* cavallo pezzato (*o* pomellato).

piece /piːs/, *n.* **1** pezzo (*anche arte, mus. e giorn.*); frammento; brano; parte; oggetto (*artistico*): **a p. of wood [chalk, paper]**, un pezzo di legno [gesso, carta]; **to be in pieces**, essere a pezzi; **to go** (*o* **to fall**) **to pieces**, andare in pezzi; **a ten-cent p.**, un pezzo (*o* una moneta) da dieci centesimi di dollaro; **a dinner service of forty pieces**, un servizio da tavola di quaranta pezzi; **antique pieces**, pezzi (*o* oggetti) d'antiquariato **2** pezza; taglio (*di stoffa*): **to sell goods by the p.**, vendere la merce a pezze (o al pezzo) **3** (*mil.*) pezzo d'artiglieria; cannone: **a fieldpiece**, un pezzo d'artiglieria campale **4** carabina; fucile: **a fowling p.**, un fucile da caccia **5** (*teatr., specialm.* **dramatic p.**) dramma **6** barile, botte (*di vino, ecc.*) **7** (*dama, scacchi*) pezzo; pedina **8** (*fam. USA*) rivoltella; pistola **9** (*pop. USA*) pizzo; tangente **10** (*pop. USA*) pezzo di ragazza. ● (*comm.*) **a p.**, al pezzo; cadauno □ **p. by p.**, pezzo per pezzo □ (*di tessuto*) **p.-dyed**, tinto in pezza □ **p.-goods**, tessuti in pezza; (*specialm.*) cotonine, seterie □ **a p. of advice**, un consiglio □ **a p. of business**, un affare □ (*fig.*) **p. of cake**, passeggiata (*fig.*), lavoro da ragazzi, cosa facilissima □ (*stor.*) **p. of eight**, dollaro spagnolo (*d'argento, pari a otto reali*) □ **a p. of furniture**, un mobile □ **a p. of good luck**, una fortuna; una circostanza fortunata □ **a p. of impudence**, un'impudenza; un atto sfrontato; una bella sfacciataggine □ **a p. of information**, un'informazione □ **a p. of music**, un brano musicale □ **a p. of news**, una notizia □ **a p. of nonsense**, una sciocchezza □ (*econ.*) **p. rate**, retribuzione a pezzo (*o* a cottimo) □ **p. wage**, salario a cottimo □ **all in one p.**, tutto intero □ (*comm.*) **by the p.**, al pezzo; (*di stoffa*) a pezze; (*econ.*) a cottimo □ **an eccellent p. of work**, un lavoro eccellente □ (*fam.*) **to give sb. a p. of one's mind**, dire a q. quel che si pensa di lui; dirne quattro a q.; cantarla chiara e tonda a q. □ (*fig.*) **to go to pieces**, avere un cedimento, un tracollo (*fisico o morale*) □ (*fam.*) **a nasty p. of work**, un brutto tipo, un brutto soggetto □ (*fig.*) **to be of a** (*o* **of one**) **p. with**, essere coerente con; essere in carattere (in perfetto accordo) con □ **to pay sb. by the p.**, pagare q. a cottimo □ (*fam.*) **to say** (*o* **to speak**) **one's p.**, dire quello che si pensa □ (*mecc.*) **to take a machine to pieces**, smontare una macchina □ **a two-p. bathing costume**, un costume a due pezzi; un duepezzi □ **a two-p. dress**, un abito a due pezzi.

to **piece** /piːs/, *v. t.* **1** (*anche* **to p. out, to p. together**) mettere insieme, unendo pezzo per pezzo; congiungere cucendo; giuntare: **to p. a quilt**, giuntare una coperta imbottita; **to p. a book together from lectures**, mettere insieme un libro da una serie di conferenze **2** attaccare; congiungere; connettere: **to p. one thing on to another**, attaccare una cosa a un'altra **3** (*anche* **to p. up**) rammendare; rappezzare; rattoppare. ● **to p. out a gap**, colmare una lacuna □ **to p. out a story**, ricostruire una storia □ **piecing machine**, giuntatrice.

piecemeal /ˈpiːsmiːl/, **A** *avv.* pezzo a pezzo; un po' alla volta; a spizzichi: **work done p.**, lavoro fatto a spizzichi. **B** *a.* fatto a spizzichi (*o* un po' alla volta); frammentario.

piecer /ˈpiːsə(r)/, *n.* (*ind. tess.*) giuntatore.

piecework /ˈpiːswɜːk/, *n.* (*econ.*) (lavoro a) cottimo.

pieceworker /ˈpiːswɜːkə(r)/, *n.* (*econ.*) cottimista.

piecrust /ˈpaɪkrʌst/, *n.* crosta di pasticcio (*o* di torta).

pied /paɪd/, *a.* **1** (*di cavallo*) pezzato; (*specialm.*) pomellato **2** screziato; variegato.

piedmont /ˈpiːdmɒnt/, *a. attr.* (*geol.*) pedemontano: **p. glacier**, ghiacciaio pedemontano.

Piedmont /ˈpiːdmənt/, *n.* (*geogr.*) Piemonte.

Piedmontese /piːdmənˈtiːz/, *a.* e *n.* (*invar. al pl.*) piemontese.

pie-dog /ˈpaɪdɒg, *USA* -dɔːg/, *V.* **pyedog**.

pie-eyed /ˈpaɪˈaɪd/, *a.* (*pop.*) ubriaco; sbronzo.

pier /pɪə(r)/, *n.* **1** (*naut.*) frangiflutti **2** (*naut.*) banchina; gettata; molo; pontile **3** pila (*di ponte*) **4** (*edil.*) massetto; pilastro. ● (*naut.*) **p. dues**, diritti di banchina □ **p. face**, fronte del molo □ **p.-glass**, specchiera (*tra due finestre*) □ **p. head**, testa (*o* punta) di molo □ **p.-table**, mensola (*tra due finestre*).

pierage /ˈpɪərɪdʒ/, *n.* (*comm., naut.*) diritti di banchina.

to **pierce** /pɪəs/, *v. t.* e *i.* **1** forare; perforare; passare; trapassare; trafiggere: **The bullet pierced his arm**, la pallottola gli passò il braccio; **to p. a cask**, forare una botte **2** (*mil.*) sfondare; aprire una breccia (in): **to p. the walls of a city**, aprire una breccia nelle mura d'una città **3** (*fig.*) trafiggere; ferire; pungere; straziare: **Grief pierced her heart**, il dolore le straziava il cuore. ● **to p. a hole in st.**, fare un foro in q.c. □ **to p. through [into] st.**, penetrare attraverso [dentro] q.c. □ **to p. a tunnel**, scavare una galleria □ **to have one's ears pierced**, farsi forare i lobi delle orecchie (*per mettere gli orecchini*) □ **The whistle of a train pierced her ears**, il fischio di un treno le lacerò le orecchie.

pierceable /ˈpɪəsəbl/, *a.* forabile; perforabile.

pierced /pɪəst/, *a.* **1** forato; perforato **2** (*fig.*) trafitto; ferito. ● **p. ears**, orecchie col buco per gli orecchini.

piercer /ˈpɪəsə(r)/, *n.* **1** arnese per forare (*in*

genere); punzone ***2*** (*ind.*) punzonatore ***3*** (*zool.*) pungiglione.

piercing /ˈpɪəsɪŋ/, *a.* (*anche fig.*) penetrante; acuto; pungente; straziante: **p. cold**, freddo pungente; **a p. cry**, un grido acuto (*o* lacerante); **p. sarcasm**, sarcasmo pungente. ‖ **-ly**, *avv.*

Pierian /paɪˈerɪən/, *a.* (*mitol.*) pierio (*lett.*); delle Pieridi.

Pierides /paɪˈerɪdiːz/, *n. pl.* (*mitol.*) Pieridi; Muse.

pierrot /ˈpɪərəʊ/ (*franc.*), *n.* pierrot.

pietism /ˈpaɪətɪzəm/, *n.* ***1*** (*relig.*) pietismo ***2*** (*fig. spreg.*) pietismo; santocchieria.

pietist /ˈpaɪətɪst/, *n.* ***1*** (*relig.*) pietista ***2*** (*fig. spreg.*) pietista; bacchettone.

pietistic(al) /paɪəˈtɪstɪk(l)/, *a.* (*relig.*) pietistico (*anche fig.*). ‖ **-ally**, *avv.*

piety /ˈpaɪətɪ/, *n.* ***1*** pietà; devozione; religiosità ***2*** amore; rispetto; devozione; pietà (*lett.*): **filial p.**, pietà filiale.

piezoelectric /piːzəʊɪˈlektrɪk, *USA* pɪeɪz-/, *a.* (*fis.*) piezoelettrico: **a p. lighter**, un accendino piezoelettrico.

piezoelectricity /piːzəʊɪlekˈtrɪsətɪ, *USA* pɪeɪz-/, *n.* (*fis.*) piezoelettricità.

piezomagnetic /piːzəʊmægˈnetɪk, *USA* pɪeɪz-/, *a.* (*fis.*) piezomagnetico.

piezomagnetism /piːzəʊˈmægnətɪzəm, *USA* pɪeɪz-/, *n.* (*fis.*) piezomagnetismo.

piezometer /pɪəˈzɒmɪtə(r)/, *n.* (*fis.*) piezometro.

piffle /ˈpɪfl/, *n.* (*fam.*) inezie; sciocchezze.

to **piffle** /ˈpɪfl/, *v. i.* (*fam.*) ***1*** dire sciocchezze; blaterare ***2*** comportarsi da sciocco; fare lo stupido.

piffler /ˈpɪflə(r)/, *n.* (*fam.*) chiacchierone, chiacchierona.

piffling /ˈpɪflɪŋ/, *a.* (*fam.*) insignificante; futile; senza importanza; da nulla.

pig /pɪg/, *n.* ***1*** (*zool., Sus*) porco (*in genere*); (*Sus scrofa*) maiale (*anche fig. fam.*); suino; carne di maiale: **roast pig**, maiale arrostito; carne di maiale arrosto: **greedy pig**, maiale; mangione; **dirty pig**, maiale; sudicione ***2*** (*pop. spreg.*) poliziotto; piedipiatti; sbirro ***3*** (*metall.*) lingotto; pane: **pig lead**, piombo in pani ***4*** (*fis. nucl.*) contenitore schermato. ● (*metall.*) **pig bed**, letto di colata per lingotti □ (*gergo naut.*) **pig-boat**, sottomarino □ **pig breeder** (*o* **farmer**), allevatore di maiali □ **pig breeding**, allevamento di suini □ **pig-eyed**, dagli occhi porcini □ (*cucina*) **pig's feet**, zampetti di maiale □ (*metall.*) **pig iron**, ghisa (*di prima fusione*), ghisa grezza; (*anche*) ghisa in pani □ **pig-making**, il preparare (salare, tritare, insaccare, ecc.) la carne di maiale □ **pig production**, produzione della carne di maiale □ **pig pudding**, migliaccio; sanguinaccio □ **pig's wash**, *V.* **pigwash** □ (*fig.*) **to bring one's pigs to the wrong market**, far fiasco; fare un cattivo affare; fallire in un'impresa □ (*fig.*) **to buy a pig in a poke**, comprare la gatta nel sacco; comprare alla cieca □ **to make a pig of oneself**, mangiare come un maiale □ (*fam.*) **to make a pig's ear of st.**, incasinare q.c. □ **to be an obstinate pig**, essere testardo come un mulo □ (*fam.*) **Don't be a pig!**, non fare la carogna! □ (*per esprimere incredulità, meraviglia*) **Pigs might fly**, ma sì: quando gli asini voleranno!

to **pig** /pɪg/, **A** *v. t.* (*di scrofa*) fare, figliare, partorire (*maialini*). **B** *v. i.* (*di scrofa*) figliare. ● (*fam.*) **to pig it**, vivere come maiali (*nella sporcizia, nella miseria*) □ (*pop. USA*) **to pig out**, mangiare come un maiale; abbuffarsi.

pigeon (**1**) /ˈpɪdʒɪn/, *n.* ***1*** (*zool., Columba, Macropygia, ecc.*) piccione; colombo: **carrier p.** (*o* **homing p.**), piccione viaggiatore; **wood p.**, (*Columba oenas*) colombella; (*Columba palumbus*) colombaccio ***2*** (*fig. fam.*) sempliciotto; babbeo ***3*** (*fam.*) compito; affare; lavoro: **That isn't my p.!**, non è affar mio! ***4*** (*sport,* = **clay p.**) piattello. ● **p.-breasted** (*o* **p.-chested**), col petto a sterno carenato; col petto a tacchino □ **p.-hearted**, timido; pusillanime □ **p.-house**, piccionaia; colombaia □ (*med.*) **p.-toed**, dal piede varo.

pigeon (**2**) /ˈpɪdʒɪn/, *n.* (*nel composto* **p.-English**) *V.* **pidgin**.

to **pigeon** /ˈpɪdʒɪn/, *v. t.* (*fam.*) imbrogliare; ingannare; fare (q.) fesso (*fam.*).

pigeongram /ˈpɪdʒɪngræm/, *n.* messaggio portato da un piccione viaggiatore.

pigeonhole /ˈpɪdʒɪnhəʊl/, *n.* ***1*** nicchia (*o* foro d'entrata) di colombaia ***2*** casella ***3*** (*pl.*) casellario ***4*** (*fig.*) casella (*fig.*); scompartimento.

to **pigeonhole** /ˈpɪdʒɪnhəʊl/, *v. t.* ***1*** archiviare; incasellare: **The plan has been pigeonholed to await better times**, il progetto è stato archiviato in attesa di tempi migliori ***2*** (*fam.*) classificare ***3*** (*fig.*) accantonare; mettere da parte; insabbiare.

pigeonry /ˈpɪdʒənrɪ/, *n.* piccionaia; colombaia.

piggery /ˈpɪgərɪ/, *n.* ***1*** allevamento di suini (*fattoria*) ***2*** (*anche fig.*) porcile ***3*** (*collett.*) suini; maiali; porci ***4*** (*fig.*) sporcizia; sudiciume; (*anche*) golosità; rozzezza.

piggish /ˈpɪgɪʃ/, *a.* ***1*** porcino; di (*o* da) maiale; maialesco ***2*** (*fig.*) maialesco; ghiotto; ingordo ***3*** (*fig.*) sporco; sudicio. ‖ **-ly**, *avv.* ‖ **-ness**, *sost.*

piggy /ˈpɪgɪ/, **A** *n.* porcellino; maialino. **B** *a.* ***1*** porcino: **p. eyes**, occhi porcini ***2*** (*fig.*) ingordo; avido.

piggyback /ˈpɪgɪbæk/, **A** *avv.* e *a.* ***1*** sulle spalle; a cavalluccio: **a p. ride**, il portare (*o* l'essere portato) a cavalluccio ***2*** (*trasp.*) (trasportato) su un altro veicolo: **p. service**, trasporto misto treno-autocarro; **p. transport**, trasporto combinato strada-rotaia ***3*** (*med.: di trapianto cardiaco*) con il cuore (*del paziente*) che funziona in tandem con quello trapiantato. **B** *n.* ***1*** *V.* **p. ride** ***2*** (*trasp.*) *V.* **p. service** (*o* **transport**). ● **to give sb. a p.**, portare q. a cavalluccio □ **to ride p. on sb.**, montare a cavalluccio di q.

to **piggyback** /ˈpɪgɪbæk/, *v. t.* ***1*** portare (q.) a cavalluccio ***2*** trasportare (*un veicolo*) su un altro veicolo.

piggybank /ˈpɪgɪbæŋk/, *n.* salvadanaio (a forma di porcellino).

pigheaded /ˈpɪghedɪd/, *a.* caparbio; cocciuto; ostinato; testardo. ‖ **-ly**, *avv.* ‖ **-ness**, *sost.*

piglet /ˈpɪglət/, *n.* porcellino; maialino.

piglike /ˈpɪglaɪk/, *a.* di (*o* da) porco; porcino; maialesco.

pigling /ˈpɪglɪŋ/, *n.* porcellino; maialino.

pigmeat /ˈpɪgmiːt/, *n.* (*cucina*) carne di maiale; prosciutto; insaccati.

pigment /ˈpɪgmənt/, *n.* (*chim., biol., ecc.*) pigmento.

to **pigment** /ˈpɪgment/, (*biol.*) **A** *v. t.* pigmentare. **B** *v. i.* pigmentarsi.

pigmental /pɪgˈmentl/, **pigmentary** /ˈpɪgməntrɪ, *USA* -erɪ/, *a.* di pigmento; pigmentario.

pigmentation /pɪgmənˈteɪʃn/, *n.* (*biol.*) pigmentazione.

pigmy /ˈpɪgmɪ/, *V.* **pygmy**.

pignut /ˈpɪgnʌt/, *n.* (*bot., Bunium bulbocastanum*) castagna di terra.

pigpen /ˈpɪgpen/, *n.* (*USA*; *anche fig.*) porcile.

pigskin /ˈpɪgskɪn/, *n.* ***1*** pelle di cinghiale; cinghiale: **a p. bag**, una borsetta di cinghiale ***2*** (*fam. USA*) pallone da football ***3*** (*fam.*) sella (*da cavallo*).

pigsticker /ˈpɪgstɪkə(r)/, *n.* ***1*** cacciatore di cinghiali ***2*** coltello da caccia; coltello a serramanico.

pigsticking /ˈpɪgstɪkɪŋ/, *n.* caccia al cinghiale.

pigsty /ˈpɪgstaɪ/, *n.* (*anche fig.*) porcile.

pigswill /ˈpɪgswɪl/, *V.* **pigwash**.

pigtail /ˈpɪgteɪl/, *n.* ***1*** treccina; codino (*alla cinese*) ***2*** treccia di tabacco (*arrotolato*). ● (*elettr.*) **p. splice**, giunto a tortiglione.

pigwash /ˈpɪgwɒʃ, *USA* -wɔːʃ/, *n.* ***1*** broda (per maiali) ***2*** (*fig.*) sboba.

pigweed /ˈpɪgwiːd/, *n.* (*bot.*) ***1*** (*Amaranthus retroflexus*) amaranto comune ***2*** (*Chenopodium album*) chenopodio bianco; farinello comune.

pike (**1**) /paɪk/, *n.* ***1*** (*stor.*) picca ***2*** (*dial.*) *V.* **pickaxe** ***3*** (*specialm. nei toponimi dell'Inghilterra sett.*) picco; cima; vetta.

pike (**2**) /paɪk/, *n.* (*abbr. di* **turnpike**) ***1*** sbarra (*o* cancello) che chiude una strada a pedaggio ***2*** strada a pedaggio ***3*** pedaggio.

pike (**3**) /paɪk/, *n.* (*pl.* **pike, pikes**) (*zool., Esox lucius*) luccio.

to **pike** /paɪk/, *v. t.* (*stor.*) trafiggere (*o* uccidere) con una picca.

pikelet /ˈpaɪklət/, *n.* (*dial., cucina*) pasticcino da tè.

pikeman (**1**) /ˈpaɪkmən/, *n.* (*pl.* **pikemen**) (*stor., mil.*) picchiere.

pikeman (**2**) /ˈpaɪkmən/, *n.* (*pl.* **pikemen**) custode di strada a pedaggio.

piker /ˈpaɪkə(r)/, *n.* (*fam. USA*) ***1*** persona gretta (*o* meschina); taccagno; tirchio ***2*** piccolo speculatore ***3*** giocatore che fa piccole puntate.

pikestaff /ˈpaɪkstɑːf, *USA* -stæf/, *n.* (*stor.*) asta della picca. ● (*fam.*) **as plain as a p.**, chiaro come la luce del sole; lampante.

pilaf(f) /pɪˈlæf, *USA* -ˈlɑːf/, *V.* **pilau**.

pilaster /pɪˈlæstə(r)/, *n.* (*archit.*) lesena.

Pilate /ˈpaɪlət/, *n.* (*stor.*) Pilato.

pilau /pɪˈlaʊ/, **pilaw** /pɪˈlɔː/, *n.* (*cucina*) pilaf.

pilchard /ˈpɪltʃəd/, *n.* (*zool., Sardinia pilchardus*) sardina; sarda.

pilcorn /ˈpɪlkɔːn/, *n.* (*bot., Avena nuda*) avena nuda.

pile (**1**) /paɪl/, *n.* ***1*** palo (*di fondazione*) ***2*** palafitta ***3*** pila (*di ponte*); pilastro. ● **p.-driver**, battipalo; berta; (*fam.*) colpo (*o* pugno) poderoso (*o* fortissimo) □ **p.-dweller**, palafitticolo □ **p.-dwelling**, casa su palafitte; palafitta □ (*ind. costr.*) **p. foundation**, fondazione su pali □ (*edil.*) **p. shoe**, puntazza □ **to drive a p.**, piantare un palo.

pile (**2**) /paɪl/, *n.* ***1*** pila; cumulo; mucchio; catasta: **a p. of dishes**, una pila di piatti ***2*** casamento; edificio; blocco di case; isolato ***3*** (*fam.*) mucchio di quattrini; bel gruzzolo: **to make a** (*o* **one's**) **p.**, farsi un bel gruzzolo; far fortuna ***4*** (*fis. nucl.*) pila ***5*** *V.* **funeral p.** ● (*di autoveicoli*) **p.-up**, tamponamento a catena; accatastamento □ **atomic p.**, pila atomica (*o* nucleare) □ **funeral p.**, pila funeraria; pira; rogo □ **wood p.**, catasta di legna.

pile (**3**) /paɪl/, *n.* (*ind. tess.*) pelo (*di tappeto, velluto, ecc.*).

to **pile** (**1**) /paɪl/, *v. t.* ***1*** conficcar pali in ***2*** munire di palafitte.

to **pile** (**2**) /paɪl/, **A** *v. t.* ***1*** accatastare; ammassare; ammucchiare; ammonticchiare: **to p. cases and trunks on each other**, ammucchiare valigie e bauli ***2*** riempire: **He piled my plate with meat**, mi riempì il piatto di carne ***3*** colmare (*q.: di lavoro, ecc.*). **B** *v. i.* ***1*** ammucchiarsi; accumularsi ***2*** affollarsi; ammassarsi.

♦ **pile in**, **A** *v. t.* far entrare; stipare; calcare. **B** *v. i.* (*fam.*) ***1*** entrare in massa; accalcarsi dentro ***2*** mettersi (*a lavorare, mangiare, ecc.*); buttarsi (*fam.*) □ (*di ricordi, ecc.*) **to p. in on sb.**, affollarsi alla mente di q.

♦ **pile into**, *v. i.* + *prep.* accalcarsi (*o* affollarsi) in (*un luogo*).

♦ **pile off**, *v. i.* + *avv.* ***1*** uscire in massa; accalcarsi fuori ***2*** (*trasp.*) scendere in folla (*da un mezzo pubblico*).

♦ **pile on**, **A** *v. t.* + *avv.* accumulare, aggiungere: **to p. more wood on**, aggiungere dell'altra legna. **B** *v. i.* + *avv.* salire in massa; affollarsi (*in un veicolo*). ● (*fam.*) **to p. it on**, spararle grosse; esagerare □ (*fam.*) **to p. on the agony**, caricare le tinte; esagerare gli aspetti negativi (*o* drammatici).

♦ **pile onto**, **A** *v. t.* + *prep.* ***1*** accumulare, aggiungere (q.c.) a: **P. more wood onto the fire!**, aggiungi legna al fuoco! ***2*** assegnare, attribuire (*lavoro, ecc.*) a (q.); gettare sulle spalle di (q.). **B** *v. i.* + *prep.* affollarsi, accalcarsi su (*un mezzo di trasporto, ecc.*).

♦**pile out**, *v. i.* + *avv.* (*fam.*) uscire in massa; accalcarsi fuori (*di un luogo*).
♦**pile up**, **A** *v. t.* + *avv.* ***1*** accatastare; accumulare: **to p. up cases**, accatastare casse; **to p. up a fortune**, accumulare una fortuna ***2*** (*fam.*) andare incontro a (*guai, ecc.*). **B** *v. i.* ***1*** accumularsi; ammassarsi; ammonticchiarsi: **A lot of parcels have piled up**, si sono accumulati molti pacchi ***2*** (*delle nuvole*) addensarsi ***3*** (*autom.*) tamponarsi a catena; accatastarsi.
♦**pile upon**, *V.* **pile on**.
pileate /ˈpaɪlɪət/, **pileated** /ˈpaɪlɪeɪtɪd/, *a.* (*stor. romana*) pileato.
piles /paɪlz/, *n. pl.* (*med., fam.*) emorroidi.
pileum /ˈpaɪlɪəm/, *n.* (*pl.* **pilea**) (*zool.*) pileo.
pileus /ˈpaɪlɪəs/, *n.* (*pl.* **pilei**) (*stor., relig., bot., zool.*) pileo.
to **pilfer** /ˈpɪlfə(r)/, *v. t.* e *i.* rubacchiare.
pilferage /ˈpɪlfərɪdʒ/, *n.* ***1*** il rubacchiare; furterello, furterelli ***2*** oggetti di poco conto rubati.
pilferer /ˈpɪlfərə(r)/, *n.* ladruncolo.
pilfering /ˈpɪlfərɪŋ/, *n.* furto di scarsa entità.
pilgrim /ˈpɪlgrɪm/, *n.* pellegrino, pellegrina. ● (*stor.*) **the P. Fathers**, i Padri Pellegrini (*i primi coloni puritani dell'America; sbarcati dal «Mayflower» nel 1620, fondarono la Plymouth Colony*).
pilgrimage /ˈpɪlgrɪmɪdʒ/, *n.* (*relig., anche fig.*) pellegrinaggio: **to go on a p.**, andare in pellegrinaggio.
to **pilgrimage** /ˈpɪlgrɪmɪdʒ/, *v. i.* andare in pellegrinaggio.
piliferous /pɪˈlɪfərəs/, *a.* (*anche bot.*) pilifero.
piliform /ˈpɪlɪfɔːm/, *a.* (*scient.*) a forma di pelo; simile a un pelo.
piling /ˈpaɪlɪŋ/, *n.* ***1*** (*edil.*) palificazione; palafittata (*raro*) ***2*** (*di solito* **p.-up**) accatastamento; ammucchiamento.
pill /pɪl/, *n.* ***1*** (*anche fig.*) pillola ***2*** (*pop. scherz.*) palla (*di cannone, da gioco*); pallottola ***3*** (*pl.*) (*pop.*) biliardo ***4*** (*pop. USA*) sigaretta ***5*** (*pop. USA*) rompiballe; tipo palloso (*pop.*). ● **the p.**, la pillola (anticoncezionale): **to be on the p.**, prendere la pillola; **to go on the p.**, cominciare a prendere la pillola □ (*fig.*) **a p. to cure an earthquake**, una mezza misura; un provvedimento del tutto inadeguato □ (*pop. spreg. USA*) **p. peddler** (*o* **p. pusher**), medico □ **to gild the p.**, indorare la pillola □ (*fig.*) **to sugar** (*o* **to sweeten**) **the p.**, addolcire la pillola □ (*fig.*) **to swallow a bitter p.**, mandar giù un boccone amaro □ **to take (sleeping) pills**, prendere sonniferi; impasticcarsi (*anche per suicidarsi*).
to **pill** /pɪl/, *v. t.* ***1*** curare con pillole ***2*** fare pillole di (q.c.) ***3*** (*pop.*) votare contro (q.); dare voto contrario a (q.).
pillage /ˈpɪlɪdʒ/, *n.* ***1*** saccheggio; sacco (*lett.*) ***2*** bottino.
to **pillage** /ˈpɪlɪdʒ/, *v. t.* e *i.* saccheggiare; mettere a sacco (*lett.*); depredare; predare; razziare.
pillager /ˈpɪlɪdʒə(r)/, *n.* saccheggiatore; predatore; razziatore.
pillar /ˈpɪlə(r)/, *n.* ***1*** (*ind. costr.*) pilastro, colonna (*anche fig.*): **He is a p. of our company**, è un pilastro della nostra società; **a p. of smoke**, una colonna di fumo ***2*** (*mecc.*) incastellatura a colonna ***3*** (*di bicicletta*) tubo reggisella ***4*** (*naut.*) puntale: **p. of the hold**, puntale di stiva. ● (*in G.B.*) **p. box**, cassetta postale (*rossa e di forma cilindrica, posta al margine del marciapiede*) □ (*geogr.*) **the Pillars of Hercules**, le Colonne d'Ercole □ (*relig., stor.*) **p. saint**, stilita □ (*fig.*) **to be driven from p. to post**, essere mandato da Erode a Pilato.
to **pillar** /ˈpɪlə(r)/, *v. t.* sostenere (*o* rafforzare) con pilastri.
pillarlet /ˈpɪlələt/, *n.* pilastrino.
pillau /ˈpiːlaʊ/, /pɪˈlaʊ/, *USA* pɪˈləʊ, -ˈlɔː/, *V.* **pilau**.
pillbox /ˈpɪlbɒks/, *n.* ***1*** scatolina per pillole ***2*** (*mil.*) fortino (*specialm. di calcestruzzo*); casamatta ***3*** (*scherz.*) vetturetta; veicolo minuscolo.
pillhead /ˈpɪlhed/, *n.* (*pop.*) farmacodipendente. ● **to be a p.**, essere farmacodipendente.
pillion /ˈpɪlɪən/, *n.* ***1*** (*stor.*) sella leggera (*da donna*) ***2*** (*stor.*) cuscino (*posto dietro la sella*) ***3*** sellino posteriore (*di motocicletta*). ● **to ride p.**, viaggiare sul sellino posteriore (*di una moto*).
pillory /ˈpɪlərɪ/, *n.* (*stor.* e *fig.*) berlina; gogna.
to **pillory** /ˈpɪlərɪ/, *v. t.* mettere alla berlina (*o* alla gogna) (*anche fig.*).
pillow /ˈpɪləʊ/, *n.* ***1*** guanciale; cuscino ***2*** (*mecc.*) cuscino di supporto; cuscinetto. ● **p. fight**, battaglia con i cuscini □ **p. lace**, merletto a tombolo □ (*geol.*) **p. lava**, lava a cuscini □ **p. slip**, federa □ (*fam.*) **p. talk**, discorso fatto nell'intimità (*o* a letto); confidenze intime □ **lace-making p.**, tombolo.
to **pillow** /ˈpɪləʊ/, *v. t.* ***1*** adagiare; appoggiare; posare: **The boy pillowed his head on her shoulder**, il ragazzo le appoggiò la testa sulla spalla ***2*** (*fig.*) far da cuscino a; offrire appoggio a.
pillowcase /ˈpɪləʊkeɪs/, *n.* federa.
pillowy /ˈpɪləʊɪ/, *a.* morbido come un cuscino; cedevole; soffice.
pillwort /ˈpɪlwɜːt/, *n.* (*bot., Pilularia globulifera*) pilularia (*felce*).
pilose /ˈpaɪləʊs/, *a.* (*biol.*) peloso.
pilosity /paɪˈlɒsətɪ/, *n.* (*biol.*) pelosità.
pilot /ˈpaɪlət/, **A** *n.* ***1*** (*aeron., naut.*) pilota ***2*** (*mecc.*) pilota ***3*** (*naut.*, = **p. book**) portolano ***4*** (*radio, TV*) programma sperimentale ***5*** (*fig. raro*) guida; consigliere ***6*** (*arc.*) timoniere; nocchiero. **B** *a. attr.* pilota; sperimentale; **p. plant**, impianto pilota (*o* sperimentale); **p. survey**, indagine pilota; **p. balloon**, pallone pilota. ● (*mecc.*) **p. bit**, punta (*o* tagliatore) pilota □ **p. boat**, battello pilota; pilotina □ (*naut.*) **p. bridge**, ponte di comando; plancia □ **p. burner**, fiamma pilota, fiamma spia (*di apparecchio a gas*) □ (*stat.*) **p. census**, censimento di prova (*o* d'assaggio) □ (*aeron.*) **p. chute**, paracadute pilota □ **p.-cloth**, stoffa blu, di lana pesante (*per soprabiti*) □ (*naut.*) **p. cutter**, pilotina □ (*ferr.*) **p. engine**, locomotiva staffetta □ (*zool.*) **p. fish** (*Naucrates ductor*), pesce pilota □ (*naut.*) **p.-house**, timoniera; casotto del timone □ (*elettr.*) **p. lamp** (*o* **p. light**), lampada spia □ **p. light**, (*di bruciatore a gas*) *V.* **p. burner** □ (*naut.*) **p. master**, capo pilota □ (*mecc.*) **p. pin**, perno di guida □ **to drop the p.**, (*naut.*) fare scendere il pilota; (*fig. raro*) abbandonare un fido consigliere □ (*aeron.*) **test p.**, pilota collaudatore.
to **pilot** /ˈpaɪlət/, *v. t.* ***1*** (*aeron., naut., miss.*) pilotare ***2*** (*fig.*) guidare; condurre; dirigere; pilotare (*fam.*).
pilotage /ˈpaɪlətɪdʒ/, *n.* (*naut., aeron.*) ***1*** pilotaggio ***2*** compenso dato al pilota. ● (*naut.*) **p. dues**, diritti di pilotaggio.
pilotless /ˈpaɪlətləs/, *a.* (*naut., aeron.*) senza pilota.
pilous /ˈpaɪləs/, *a.* (*biol.*) peloso.
pilular /ˈpɪljʊlə(r)/, *a.* (*scient.*) pillolare: **p. mass**, massa pillolare.
pilum /ˈpaɪləm/, *n.* (*pl.* **pila**) (*stor. romana*) pilo; giavellotto.
pimento (1) /pɪˈmentəʊ/, *n.* (*pl.* **pimentos, pimento**) ***1*** (*bot., Pimenta officinalis*) pianta del pepe della Giamaica ***2*** pimento; pepe della Giamaica. ● **p. oil**, olio essenziale (*o* essenza) di pimento.
pimento (2) /pɪˈmentəʊ/, *n.* (*pl.* **pimentos**) (*bot., Capsicum annuum*) peperone dolce.
pimp /pɪmp/, *n.* ruffiano; lenone (*lett.*); magnaccia, pappone (*dial.*); protettore.
to **pimp** /pɪmp/, *v. i.* fare il protettore (*o* il magnaccia).
pimpernel /ˈpɪmpənel/, *n.* (*bot., Anagallis arvensis*) anagallide; mordigallina. ● (*letter.*) **the Scarlet P.**, la Primula Rossa.
pimping /ˈpɪmpɪŋ/, **A** *n.* lenocinio; ruffianeria; prossenetismo (*lett.*). **B** *a.* (*fam.*) gretto; meschino.
pimple /ˈpɪmpl/, *n.* ***1*** (*med.*) pustola; pustoletta; foruncolo; brufolo ***2*** (*ind.*) bollicina.
pimpled /ˈpɪmpld/, **pimply** /ˈpɪmplɪ/, *a.* pustoloso; foruncoloso.
pimpmobile /ˈpɪmpməʊbiːl/, *n.* (*pop. USA*) macchinona, auto grande e vistosa (*da magnaccia*).
pin /pɪn/, *n.* ***1*** spillo; spilla: **dressmaker's pins**, spilli (*da sarta*); **safety pin**, spillo di sicurezza (*o* da balia); **a scarf pin**, una spilla per sciarpa ***2*** (*mecc.*) perno; spinotto; spina; copiglia ***3*** (*falegn.*, = **wooden pin**) cavicchio ***4*** (*mus.*) bischero; pirolo ***5*** (*fig.*) bagattella; inezia; quisquilia ***6*** (= **drawing pin**) puntina da disegno ***7*** (= **clothespin**) molletta (da bucato) ***8*** (= **hairpin**) forcina (*per capelli*) ***9*** (= **ninepin**) birillo ***10*** (= **rolling pin**) matterello ***11*** «pin» (*misura per liquidi, pari a 4,5 galloni ingl., cioè a litri 20,46*); barilotto di tale capacità ***12*** (*elettron.*) piedino; terminale ***13*** (*mil.*) linguetta (*di bomba a mano*) ***14*** (*USA*) spillone; spilla ***15*** (*pl.*) (*fam. arc.*) gambe: **to be quick on one's pins**, essere svelto di gambe; essere in gamba; essere arzillo, vispo. ● (*fig.*) **pins and needles**, formicolio: (*fig.*) **to be on pins and needles**, stare sulle spine; (*anche*) smaniare □ (*metall.*) **pin bar**, barra per spine □ (*mecc.*) **pin joint**, articolazione a perno; snodo □ **pin money**, (*leg.*) spillatico; denaro per le piccole spese (*d'una donna*); argent de poche □ (*naut.*) **pin rail**, cavigliera a murata □ (*mecc.*) **pin rod**, spina di collegamento □ (*di abito*) **pin-striped**, a righine; (*specialm.*) gessato □ (*mecc.*) **a pin wrench**, una chiave inglese con spinotto □ **as neat as a new pin**, tutto lindo; pulitissimo; tirato a nuovo □ (*naut.*) **belaying pin**, caviglia □ (*ferr.*) **clamping pin**, caviglia a becco □ (*d'arma da fuoco*) **firing pin**, (*o* **percussion pin**), percussore □ (*fig.*) **to have pins and needles in one's foot**, avere un piede informicolito □ **thumb pin**, puntina da disegno □ **tie-pin**, spilla da cravatta □ (*fam.*) **I don't care a pin** (*o* **two pins**), non me ne importa un fico secco □ (*fam.*) **You could have heard a pin drop**, si sarebbe sentito volare una mosca.
to **pin** /pɪn/, *v. t.* ***1*** attaccare con uno spillo; appuntare; affiggere; fissare; puntare; unire: **to pin documents together**, attaccare (*o* unire) documenti con spilli; **to pin a notice on the board**, affiggere un avviso sul tabellone; **to pin a medal on sb.'s chest**, appuntare una medaglia sul petto a q. ***2*** forare, pungere, trafiggere, infilzare (*specialm. con uno spillo*): **to pin butterflies**, infilzare farfalle con spilli ***3*** (*mecc.*) imperniare; incoppigliare ***4*** (*anche* **to pin down**) immobilizzare; bloccare; tenere fermo (*o* inchiodato); vincolare; tenere impegnato; costringere a rispettare: **The driver was pinned against the wheel**, il conducente rimase immobilizzato contro il volante; **to pin the enemy down to the ground by heavy fire**, tenere il nemico inchiodato sulle sue posizioni con un violento fuoco; **to pin sb. down to an agreement**, costringere q. a rispettare un accordo ***5*** attribuire; affibbiare: **to pin the blame on sb.**, affibbiare la colpa a q. ***6*** incolpare: **The murder had been pinned on an innocent man**, dell'assassinio era stato incolpato un innocente ***7*** riporre; porre: **to pin one's faith [hopes] on sb.**, riporre la propria fiducia [speranza] in q.
♦**pin back**, *v. t.* + *avv.* ***1*** fissare, tenere (q.c.) a posto con uno spillo ***2*** bloccare; immobilizzare: **He pinned my arms back against the counter**, mi immobilizzò le braccia contro il bancone ***3*** (*di un cane, ecc.*) drizzare (*le orecchie*) □ (*fam. USA*) **to pin sb.'s ears back**, dare una tirata di orecchie a q.; dare una bella sgridata (*o* legnata) a q. □ (*fam. ingl.*) **to pin back one's ears**, essere tutto orecchie.
♦**pin down**, *v. t.* + *avv.* ***1*** fissare (q.c.) con spilli (puntine, ecc.) ***2*** bloccare; immobilizzare: **We were pinned down by machine gun fire**, eravamo bloccati dal fuoco delle mitragliatrici ***3*** (*fig.*) vincolare; tenere (q.) impegnato, legato (*a una promessa, ecc.*) ***4*** fissare (defini-

re, stabilire, ecc.) con precisione; dare una collocazione precisa a (q. o *q.c.*): **There's something strange in him, but I cannot pin it down**, c'è qualcosa di strano in lui, ma non riesco a definirlo *5* attribuire: **At last I succeeded in pinning down our sudden stop to engine trouble**, alla fine capii che la causa della nostra improvvisa fermata era un guasto al motore.

♦**pin on**, v. t. + avv. attaccare (*con uno spillo, ecc.*); spillare.

♦**pin up**, v. t. + avv. *1* attaccare (*o* fissare, puntare) con spilli (con puntine, ecc.): **to pin up the hem of a skirt**, puntare con spilli (*o* spillare) l'orlo di una sottana *2* attaccare; affiggere: **to pin up a notice**, affiggere un avviso *3* tirare su e fissare (*i capelli*).

pinafore /ˈpɪnəfɔː(r)/, n. *1* grembiule senza maniche (*specialm. per bambine*); grembiulino *2* (= **p. dress**) scamiciato.

pinafored /ˈpɪnəfɔːd/, a. col grembiulino.

pinaster /paɪˈnæstə(r)/, n. (*bot., Pinus pinaster*) pinastro; pino marittimo.

pinball /ˈpɪnbɔːl/, n. *1* gioco del biliardino *2* (= **p. machine**) biliardino; flipper.

pince-nez /pænsˈneɪ, ˈpænsneɪ/ (*franc.*), n. occhiali a stringinaso; pince-nez.

pincers /ˈpɪnsəz/, n. pl. *1* (= **a pair of p.**) tenaglia, tenaglie (*per schiodare*); tenaglia corta (*cfr.* **tong**) *2* (*zool.*) chele; pinze. ● (*mil.*) **p.** (*o* **pincer**) **attack** (*o* **movement**), attacco a tenaglia.

pinch /pɪntʃ/, n. *1* pizzicotto; pizzico *2* pizzico, presa (*di sale, di tabacco, ecc.*) *3* (*fig.*) morso (*fig.*); angustia; tormento; sofferenza: **the p. of poverty**, il tormento della miseria *4* (= **p. bar**) palanchino (*arnese*) *5* (*pop.*) furto. ● (*elettr.*) **p. effect**, reostrizione □ **at a p.**, in caso di un'emergenza; in caso di necessità □ **to feel the p. of hunger**, sentire i morsi della fame □ **if it comes to a p.**, se le cose si mettono male; se si viene alle strette □ (*fig.*) **to take st. with a p. of salt**, prendere q.c. cum grano salis (*lat.*).

to **pinch** /pɪntʃ/, **A** v. t. *1* pizzicare; dare un pizzicotto a (q.); serrare; stringere; pungere: **I've pinched my thumb**, mi sono pizzicato il pollice (*me lo sono stretto nella porta, ecc.*); **He pinched the boy's cheek**, diede un pizzicotto alla guancia del ragazzo; **Sleet pinched my face**, il nevischio mi pungeva il viso *2* (*fig., specialm. al passivo*) far soffrire, tormentare; tenere a corto, ridurre in strettezze: **to be pinched with cold**, essere tormentato dal freddo; **to be pinched for money**, essere a corto di quattrini *3* (*pop.*) rubare; grattare (*pop.*) *4* (*pop.*) arrestare; pizzicare (*pop.*). **B** v. i. *1* dare pizzicotti *2* (*di scarpe, ecc.*) stringere; far male *3* (*di persona*) lesinare; fare una grande economia: **Nobody should p. on food**, non si dovrebbe lesinare sul cibo *4* (*di minerale*) contrarsi; assottigliarsi. ● (*fam.*) **to p. and scrape**, tirare la cinghia (*fig.*) □ **to p. money from** (*o* **out of**) **sb.**, spillare denaro a q. □ **to p. off** (*o* **out**), potare (*una pianta*) □ **to p. pennies**, contare il centesimo; risparmiare al massimo; essere tirchio (*o* spilorcio) □ **to be pinched for room**, non aver spazio per muoversi □ (*fig.*) **That's where the shoe pinches**, è questo il punto dolente; è questo che non va.

pinchbeck /ˈpɪntʃbɛk/, **A** n. princisbecco; similoro. **B** a. *1* di similoro *2* (*fig.*) falso; finto; fittizio.

pinched /pɪntʃt/, a. (*dei lineamenti*) tirato; emaciato. ● **to be p. for money**, essere a corto di soldi □ **to be p. for time**, avere una gran fretta.

pinching /ˈpɪntʃɪŋ/, **A** a. *1* che stringe; che fa male: **p. shoes**, scarpe che fan male *2* doloroso *3* avaro; tirchio; parsimonioso. **B** n. avarizia; tirchieria; parsimonia.

pinchpenny /ˈpɪntʃpɛnɪ/, a. e n. (*fam.*) avaro; spilorcio; tirchio.

pincushion /ˈpɪnkʊʃn/, n. puntaspilli.

Pindar /ˈpɪndə(r)/, n. (*stor.*) Pindaro.

Pindaric /pɪnˈdærɪk/, **A** a. (*letter.*) pindarico. **B** n. metro (*o* verso) pindarico.

pine /paɪn/, n. *1* (*bot., Pinus*) pino (*la pianta e il legno*) *2* (*raro*) V. **pineapple**. ● **p.-cone**, pigna □ **p.-kernel** (*o* **p.-seed**), pinolo □ (*zool.*) **p. marten**, (*Martes martes*) martora comune; (*Martes americana*) martora americana □ **p. needles**, aghi di pino.

to **pine** /paɪn/, v. i. *1* (*anche* **to p. away**) penare; languire; struggersi: **to p. away for love of sb.**, struggersi per amore di q. *2* **to p. for** (*o* **after**), struggersi dal desiderio di, desiderare ardentemente: **We are pining for a holiday**, ci struggiamo dal desiderio d'una vacanza. ● **to p. to do st.**, morire dalla voglia di fare q.c. □ **They p. with chronic hunger**, hanno una fame secolare.

pineal /ˈpɪnɪəl/, a. (*anat.*) pineale: **p. gland**, ghiandola pineale; epifisi.

pineapple /ˈpaɪnæpl/, n. *1* (*bot., Ananas sativus*) ananasso, ananas *2* ananas (*frutto*) *3* (*gergo mil.*) ananas; bomba a mano. ● (*cucina*) **p. melba**, fetta di ananasso con gelato di vaniglia e succo di lamponi.

pinery /ˈpaɪnərɪ/, n. *1* pineta *2* serra di ananassi.

pinetree /ˈpaɪntriː/, n. (*bot., Pinus*) pino.

pinewood /ˈpaɪnwʊd/, n. *1* pineta; pineto *2* legno di pino; pino.

piney /ˈpaɪnɪ/, V. **piny**.

pinfeather /ˈpɪnfɛðə(r)/, n. (*zool.*) penna nascente (*di uccello*).

pinfold /ˈpɪnfəʊld/, n. chiuso; recinto (*per bestiame*).

to **pinfold** /ˈpɪnfəʊld/, v. t. mettere (*bestie*) al chiuso.

ping /pɪŋ/, n. *1* colpo secco (*come d'un proiettile che urta q.c.*) *2* (*mecc.: di motore*) battito in testa *3* (*elettron.*) impulso.

to **ping** /pɪŋ/, v. i. *1* dare un suono secco *2* (*mecc.: di motore*) battere in testa.

ping-pong /ˈpɪŋpɒŋ, *USA* -ɔːŋ/, n. (*sport*) ping-pong; tennis da tavolo; tennistavolo.

pinguid /ˈpɪŋgwɪd/, a. (*scherz. raro*) pingue; grasso.

pinguidity /pɪŋˈgwɪdətɪ/, n. (*scherz.*) pinguedine.

pinhead /ˈpɪnhɛd/, n. *1* capocchia di spillo *2* (*fig.*) bazzecola; inezia *3* (*pop. spreg.*) testa di rapa; stupido.

pinheaded /ˈpɪnhɛdɪd/, a. (*pop. spreg.*) stupido. || **-ness**, sost.

pinhole /ˈpɪnhəʊl/, n. *1* foro di spillo *2* (*metall.*) punta di spillo *3* (*tiro con l'arco*) centro *4* (*mecc.*) foro per perno: (*fotogr.*) **p. camera**, stenoscopio.

pinion (**1**) /ˈpɪnɪən/, n. *1* punta dell'ala (*d'un uccello*) *2* penna dell'ala; penna remigante *3* (*poet.*) ala; vanno (*poet.*).

pinion (**2**) /ˈpɪnɪən/, n. (*mecc.*) pignone: **bevel p.**, pignone conico.

to **pinion** /ˈpɪnɪən/, v. t. *1* tarpare le ali a (*un uccello*) *2* (*fig.*) legare (*q. con funi*); legare le braccia a (q.); immobilizzare.

pinioned /ˈpɪnɪənd/, a. (*lett.*) alato.

pink (**1**) /pɪŋk/, **A** n. *1* (*bot., Dianthus*) garofano *2* color rosa: **salmon p.**, rosa salmone *3* giubba rossa (*da caccia alla volpe*) *4* cacciatore (*nella caccia alla volpe*) *5* – (*fig.*) **the p.**, il fiore: **the p. of elegance**, il fiore dell'eleganza *6* (*polit., spreg.*) sinistroide. **B** a. *1* rosa rosso pallido; roseo: **p. cheeks**, guance rosee *2* (*fam. ingl.*) di sinistra; progressista *3* (*spreg. USA*) piuttosto «rosso»; comunisteggiante *4* (*polit.; in genere*) «rosa»; da sinistroide. ● (*fam. scherz.*) **p. elephant**, allucinazione da alcolici; (*nei giochi*) figura (*o* personaggio) da incubo □ (*med.*) **p.-eye**, congiuntivite acuta contagiosa □ **p. gin**, gin aromatizzato con essenze amare (*angostura, ecc.*) □ **the p. of perfection**, il culmine della perfezione □ (*USA*) **p. slip**, lettera di licenziamento □ **p. socialism**, socialismo moderato (*o* all'acqua di rose) □ **to be in the p. of health** (*pop.*: **in the p.**), essere in forma smagliante; stare benissimo □ (*fig. fam.*) **to see p. elephants**, avere le traveggole.

pink (**2**) /pɪŋk/, n. (*stor.*) pinco (*tipo di veliero*).

pink (**3**) /pɪŋk/, n. (*zool.*) salmone giovane.

to **pink** (**1**) /pɪŋk/, v. t. *1* bucare; forare; trafiggere (*con la spada, ecc.*) *2* (*anche* **to p. out**) traforare (*cuoio, ecc.*); dentellare (*stoffa*). ● **pinking shears**, forbici seghettate (*da sarto*).

to **pink** (**2**) /pɪŋk/, v. i. (*mecc.: di motore*) battere in testa; detonare.

pinkie /ˈpɪŋkɪ/, n. (*fam. USA*) (dito) mignolo.

pinkish /ˈpɪŋkɪʃ/, **pinky** /ˈpɪŋkɪ/, a. roseo; rosato.

pinko /ˈpɪŋkəʊ/, n. (*pl.* **pinkos**) (*spreg. USA*) sinistroide (*fam. spreg.*).

pinna /ˈpɪnə/, n. (*pl.* **pinnas, pinnae**) *1* (*zool.*) pinna (*di pesce*) *2* (*bot.*) lobo (*di foglia pennata*) *3* (*zool.*) pinna (*mollusco lamellibranco*).

pinnace /ˈpɪnəs/, n. (*naut.*) *1* scialuppa (*a otto remi o a motore*); lancia *2* (*stor.*) pinaccia. ● **steam p.**, lancia a vapore.

pinnacle /ˈpɪnəkl/, n. *1* (*archit.*) pinnacolo *2* pinnacolo (*di montagna*) *3* (*fig.*) apogeo; colmo; culmine; sommo.

to **pinnacle** /ˈpɪnəkl/, v. t. *1* collocare su un pinnacolo *2* (*fig.*) mettere su un piedistallo *3* ornare di pinnacolo.

pinnate /ˈpɪnət/, **pinnated** /ˈpɪneɪtɪd/, a. *1* (*bot.*) pennato *2* (*zool.*) fornito di pinne.

pinner /ˈpɪnə(r)/, n. *1* chi attacca (*o* affigge, punta) con spilli, ecc. (*V.* **to pin**) *2* grembiulino *3* (*stor.*) copricapo muliebre con due alette laterali.

pinniped /ˈpɪnɪpəd/, (*zool.*) **A** a. dei pinnipedi. **B** n. pinnipede.

pinnule /ˈpɪnjuːl/, n. *1* (*bot.*) pinnula; fogliolina secondaria (*di foglia pennata*) *2* (*zool.*) piccola pinna; pinnula.

pinny /ˈpɪnɪ/, n. (*parola infantile*; *abbr. di* **pinafore**) grembiulino.

pinoc(h)le /ˈpiːnəʊkl/, n. (*USA*) pinnacolo (*gioco di carte*).

pinpoint /ˈpɪnpɔɪnt/, **A** n. *1* punta di spillo *2* puntino, punto: **pinpoints of light above the village**, puntini di luce sopra il paese *3* (*fig.*) inezia; bazzecola; nonnulla *4* (*su una mappa*) punto identificato *5* (*mil.*) bersaglio *6* (*aeron.*) punto (*o* posizione) rispetto al suolo. **B** a. attr. *1* minuscolo; piccolissimo *2* esatto; di precisione: **p. aim**, mira esatta; **p. bombardment**, bombardamento di precisione.

to **pinpoint** /ˈpɪnpɔɪnt/, v. t. *1* identificare (*un punto, un problema, ecc.*); localizzare; inquadrare; individuare con esattezza: (*mil.*) **to p. a target**, individuare (*o* colpire) con esattezza un bersaglio *2* (*fig.*) mettere in evidenza; dare risalto a (q.c.).

pinprick /ˈpɪnprɪk/, n. *1* puntura di spillo *2* (*fig.*) piccola noia; seccatura.

to **pinprick** /ˈpɪnprɪk/, v. t. pungere; forare (*con uno spillo*).

pinstripe /ˈpɪnstraɪp/, **A** n. *1* righina (*su stoffa*) *2* (*pl.*) abito a righine (*o* gessato): **He goes to the office in pinstripes**, va in ufficio indossando un gessato. **B** a. attr. (*di abito*) a righine; (*specialm.*) gessato.

pint /paɪnt/, n. pinta (*misura per liquidi, pari a 1/8 di gallone; e cioè a litri 0,56 in G.B. e a litri 0,47 in USA*): **Milk is bought by pints**, il latte si compera a pinte. ● (*fam.*) **p.-sized**, più piccolo del normale; ridotto; (*fig.*) insignificante, poco importante.

pinta /ˈpaɪntə/, n. (*fam., in G.B.*) pinta (*specialm. di latte*).

pintable /ˈpɪnteɪbl/, n. biliardino; flipper.

pintail /ˈpɪnteɪl/, n. (*zool.*) *1* (*Anas acuta*) codone *2* (*Pedioecetes phasianellus*) tetraone codacuta *3* (*Pterocles alchata*) grandula mediterranea.

pintle /ˈpɪntl/, n. *1* (*di porta*) arpione; cardine; ganghero *2* (*naut.: del timone*) agugliotto *3* (*autom.*) perno d'agganciamento. ● (*di un autocarro*) **p.-hook**, gancio di rimorchio.

pinto /ˈpɪntəʊ/, **A** *a.* (*USA*: *di cavallo*) pezzato. **B** *n.* (*pl.* **pintos, pintoes**) cavallo pezzato.

pinup /ˈpɪnʌp/, **A** *n.* (*fam.*) ***1*** foto da appendere (*specialm. di ragazza formosa*) ***2*** pin-up girl; pin-up ***3*** (*USA*) lampada da appendere. **B** *a. attr.* ***1*** di (o da) pin-up: **a p. magazine**, una rivista di foto di pin-up ***2*** (*USA*) (*di lampada, ecc.*) da appendere.

pinwheel /ˈpɪnwiːəl, *USA* -hwiəl/, *n.* ***1*** girandola (*giocattolo e fuoco d'artificio*) ***2*** ruota dentata a spinotti.

piny /ˈpaɪnɪ/, *a.* ***1*** coperto (*o* ricco) di pini ***2*** simile al pino. ● **a p. odour**, un odore di pino.

pion /ˈpaɪɒn/, *n.* (*fis. nucl.*) pione; mesone pi.

pioneer /paɪəˈnɪə(r)/, **A** *n.* ***1*** pioniere; precursore ***2*** (*mil.*) soldato del genio; artiere. **B** *a. attr.* pionieristico; da pioniere: **p. undertaking**, impresa pionieristica. ● **p. work**, lavoro di sperimentazione.

to **pioneer** /paɪəˈnɪə(r)/, **A** *v. i.* fare da pioniere. **B** *v. t.* fare da pioniere in (q.c.); essere all'avanguardia in (q.c.). ● **to p. a new programme**, introdurre un nuovo programma □ **to p. a way for others**, aprire la strada ad altri.

pioneering /paɪəˈnɪərɪŋ/, *n.* pionierismo.

pious /ˈpaɪəs/, *a.* ***1*** pio; devoto; religioso ***2*** pietoso; detto (*o* fatto) a fin di bene: **a p. fraud**, una bugia pietosa; un pietoso inganno ***3*** (*spreg.*) che finge la devozione; ipocrita. ● **a p. hope**, un pio desiderio. || **-ly**, *avv.* || **-ness**, *sost.*

pip (**1**) /pɪp/, *n.* seme (*di mela, pera, arancia, ecc.*).

pip (**2**) /pɪp/, *n.* ***1*** pipita (*malattia dei polli*) ***2*** (*pop.*) malessere; (lieve) indisposizione ***3*** (*pop.*) malumore: **He has the pip**, è di malumore; **That gives me the pip**, ciò mi mette di malumore.

pip (**3**) /pɪp/, *n.* ***1*** punto (*unità*; *simbolo segnato sulle tessere del domino, sui dadi, ecc.*) ***2*** (*mil.*) stelletta (*da ufficiale*) ***3*** (*bot.*) singolo fiorellino (*d'una infiorescenza a grappolo o a pannocchia*) ***4*** faccetta romboidale (*della buccia d'un ananas*) ***5*** (*pop. USA*) foruncolo.

pip (**4**) /pɪp/, *n.* ***1*** (*elettron.*) segnale di ritorno; traccia d'impulso ***2*** (*radio, TV*) suono acuto e breve (*prodotto meccanicamente per segnare i secondi*): **They broadcast six pips as a time-signal**, trasmettono sei «pip» come segnale orario ***3*** (*pl.*) **the pips**, il segnale orario.

to **pip** (**1**) /pɪp/, *v. t.* (*fam.*) ***1*** bocciare; votare contro (q.) ***2*** colpire (*col fucile, ecc.*); sparare a (q.). ● (*fig.*) **He was pipped at the post**, fu battuto sul traguardo (*o* sul filo di lana).

to **pip** (**2**) /pɪp/, *v. i.* (*forse variante di* **to peep** (**1**)) pigolare; fare pio pio.

pipage /ˈpaɪpɪdʒ/, *n.* ***1*** sistema di tubazioni; (*collett.*) tubature ***2*** (costo del) trasporto mediante tubazioni.

pipe /paɪp/, *n.* ***1*** tubo; canna; condotto: **a water p.**, un tubo dell'acqua; (*mecc.*) **exhaust p.**, tubo di scarico ***2*** (*mus.*) canna (*d'organo*) ***3*** (*mus.*) piffero; flauto ***4*** (*pl.*) (*mus.*) zampogna; cornamusa; piva ***5*** (*naut.*) fischietto di nostromo ***6*** fischio (*il suono*); fischiettio (*anche d'uccello*); zufolio ***7*** (*spesso pl.*) voce di chi canta; canto ***8*** (*anat.*) canale; organo cavo; condotto (*per es.*, **windpipe**, trachea) ***9*** (= **tobacco p.**) pipa ***10*** (*geol.*) condotto (*di vulcano*) ***11*** (*geol.*) giacimento a tubo; (*anche*) struttura tubolare ***12*** (*per vino*) pipa; botte bislunga (*di 105 galloni in G.B., 126 in USA*). ● (*fam.*) **the pipes**, le cornamuse scozzesi (*V.* **bagpipe**) □ **p. bomb**, bomba rudimentale racchiusa in un tubo di ferro □ **p. cleaner**, scovolino □ **p. cleaning**, pulitura di condutture (*o* di tubi) □ (*mecc.*) **p. cutter**, tagliatubi □ (*fam.*) **p. dream**, idea fantastica; progetto irrealizzabile; vana speranza □ **p.** (**and tube**) **fitter**, tubista (*riparatore o installatore*); (*USA*) gasista □ (*mecc.*) **p. fittings**, raccordi per tubazioni □ **p.** (**and tube**) **manufacturer**, tubista (*fabbricante*) □ (*mil.*) **p. major**, sottufficiale che comanda le cornamuse del reggimento □ **pipes of Pan**, *V.* **panpipe** □ (*mus.*) **p. organ**, organo a canne □ **p. rack**, portapipe, rastrelliera per pipe □ **p.-stem**, cannuccia (*di pipa*) □ **p. union**, manicotto, raccordo per tubazioni □ **p. work contractors**, posatori di tubi; ditta per la posa di tubi □ (*mecc.*) **p. wrench**, giratubi; chiave stringitubo □ **to enjoy a p.**, fumare volentieri la pipa □ **to fill one's p.**, caricare la pipa □ **to smoke a p.**, fumare la pipa; farsi una pipata □ (*fam.*) **Put that in your p. and smoke it!**, prendi su e porta a casa!

to **pipe** /paɪp/, **A** *v. i.* ***1*** suonare il piffero (*o* la zampogna) ***2*** (*naut.*: *del nostromo*) fischiare; dare ordini con il fischietto ***3*** (*d'uccello*) fischiare; zufolare ***4*** (*di persona*) cantare con un fil di voce (*o* con voce acuta). **B** *v. t.* ***1*** suonare (*una melodia*) col piffero (*o* con la zampogna) ***2*** cantare (*una canzone*), dire (q.c.) con un fil di voce (*o* con voce acuta) ***3*** (*naut.*) chiamare (*marinai, col fischietto*); salutare (*un ufficiale, col fischietto*): **to p. all hands on deck**, chiamare tutti i marinai in coperta; **to p. a rear-admiral aboard**, salutare l'arrivo a bordo di un contrammiraglio ***4*** condurre (*o* guidare, portare) col suono del piffero: **The piper piped the children of Hamelin away**, il pifferaio, suonando, portò via i bambini di Hamelin ***5*** (*tecn.*) provvedere di tubi (*o* di condutture) ***6*** (*anche* **to p. in**) convogliare, portare (*acqua, gas, petrolio, ecc.*) per mezzo di tubazioni ***7*** (*floricoltura*) riprodurre (*garofani, ecc.*) per talea ***8*** ornare (*un vestito*) con cordoncini (*o* con bordini) ***9*** ornare (*un dolce*) con fregi di crema o glassa ***10*** (*mus., radio, TV*; *anche* **to p. in**) trasmettere via filo (*o* via cavo coassiale). ● (*naut.*) **to p. ashore**, salutare con il fischietto (*un ufficiale*) allo sbarco □ (*fam.*) **to p. down**, far meno chiasso; smettere di parlare; (*fig.*) abbassare la cresta □ (*naut.*) **to p. sb. down**, fischiare per avvertire q. di smontare dal turno □ (*fam.*) **to p. one's eye**, piangere □ (*naut.*) **to p. the side**, rendere gli onori col fischietto; fischiare alla banda □ **to p. up**, cominciare a cantare (*o* a suonare, *o* a parlare a voce alta).

pipeclay /ˈpaɪpkleɪ/, *n.* terra da pipe; argilla per pipe.

to **pipeclay** /ˈpaɪpkleɪ/, *v. t.* ***1*** (*specialm. mil.*) sbiancare (*cinturoni, ecc.*) con argilla bianca fine ***2*** (*fam.*) riordinare; sistemare: **to p. accounts**, sistemare i conti.

piped music /ˈpaɪptˈmjuːzɪk/, *locuz. n.* musica di sottofondo (*diffusa in locali pubblici*).

pipefish /ˈpaɪfɪʃ/, *n.* (*zool.*) pesce ago.

pipeful /ˈpaɪpfl/, *n.* pipata; quanto tabacco sta in una pipa.

pipeline /ˈpaɪplaɪn/, *n.* ***1*** condotta; conduttura; tubazione: **the water pipelines**, le condutture dell'acqua; **gas p.**, tubazione del gas; **p. network**, rete di tubazioni ***2*** (*fig.*) canale; tramite; mezzo di trasmissione ***3*** oleodotto ***4*** gasdotto. ● (*fig.*) **to be in the p.**, essere in corso; essere in cantiere (*o* in preparazione) □ **methane p.**, metanodotto □ **oil p.**, oleodotto.

piper /ˈpaɪpə(r)/, *n.* ***1*** pifferaio; zampognaro ***2*** suonatore di cornamusa. ● (*prov.*) **He who pays the p. calls the tune**, chi paga il pifferaio sceglie la musica.

piperazine /pɪˈperəziːn, *USA* paɪˈ-/, *n.* (*chim.*) piperazina.

pipette /pɪˈpet, *USA* paɪˈ-/, *n.* (*chim.*) pipetta.

piping (**1**) /ˈpaɪpɪŋ/, *n.* ***1*** il suonare il piffero (*o* la cornamusa) ***2*** suono di pifferi (*o* di cornamuse) ***3*** suono stridulo, acuto, penetrante ***4*** tubazione; tubatura; rete di condutture (*o* di tubazioni) (*per acqua, gas, ecc.*) ***5*** cordoncino ornamentale; bordino (*d'abito*) ***6*** fregio di glassa (*su dolci*) ***7*** (*fam.*) lamento; pianto. ● **p. system**, rete di tubazioni.

piping (**2**) /ˈpaɪpɪŋ/, *a.* ***1*** acuto; stridulo: **a p. voice**, una voce stridula ***2*** calmo; pacifico; sereno (*dalla locuz.* **peaceful piping**, *rif. al suono delle cornamuse in tempo di pace*): **the p. times of peace** (*Shakespeare*), i giorni sereni del tempo di pace. ● **p. hot**, caldo bollente (*rif. a cibo, bevande*).

pipistrel(le) /pɪpɪˈstrel, ˈpɪpɪstrel/, *n.* (*zool., Pipistrellus*) pipistrello.

pipit /ˈpɪpɪt/, *n.* (*zool.*) ***1*** – **meadow p.** (*Anthus pratensis*), pispola ***2*** – **tree p.** (*Anthus trivialis*), pispolone; prispolone.

pipkin /ˈpɪpkɪn/, *n.* pentolino, tegamino (*di terracotta*).

pippin /ˈpɪpɪn/, *n.* (*bot.*) ***1*** seme (*di mela, pera, ecc.*) ***2*** mela di forma rotondeggiante e molto schiacciata.

pipsqueak /ˈpɪpskwiːk/, *n.* (*pop.*) ***1*** (*arc.*) proiettile che emette un suono sibilante ***2*** persona meschina (*o* spregevole); nullità.

pipy /ˈpaɪpɪ/, *a.* ***1*** a forma di tubo; tubolare ***2*** acuto; stridulo.

piquancy /ˈpiːkənsɪ/, *n.* ***1*** l'esser piccante; gusto (*o* sapore) piccante ***2*** (*fig.*) arguzia; mordacità.

piquant /ˈpiːkənt/, *a.* piccante (*anche fig.*); arguto; mordace. || **-ly**, *avv.*

pique (**1**) /piːk/, *n.* picca; ripicca; puntiglio; irritazione; risentimento: **He went off in a p.**, se ne andò per picca. ● **to take a p. against sb.**, prendersela con q.; piccarsi con q.

pique (**2**) /piːk/, *n.* (*nel gioco del picchetto*) «pic»; il fare 30 punti prima che l'avversario cominci a segnare.

to **pique** (**1**) /piːk/, **A** *v. t.* ***1*** urtare; irritare; offendere ***2*** stimolare, suscitare (*curiosità, ecc.*). **B** to **pique oneself on** (**upon**), *v. rifl.* piccarsi di; vantarsi di.

to **pique** (**2**) /piːk/, **A** *v. i.* (*nel picchetto*) fare 30 punti prima che l'avversario cominci a segnare. **B** *v. t.* lasciare (q.) 30 punti a zero; dare cappotto a (q.).

piqué /ˈpiːkeɪ, *USA* piːˈkeɪ/ (*franc.*), *n.* (*ind. tess.*) piqué; picchè.

piquet (**1**) /pɪˈket/, *n.* picchetto (*gioco d'azzardo*).

piquet (**2**) /ˈpɪkɪt/, *V.* **picket**, *def.* 2.

piracy /ˈpaɪərəsɪ/, *n.* ***1*** pirateria ***2*** pirateria letteraria; riproduzione abusiva; plagio.

piragua /pɪˈrægwə(r)/, *n.* piroga.

piranha /pɪˈrɑːnjə, -nə/, *n.* (*zool., Serrasalmo rhombeus*) piranha; pesce tigre.

pirate /ˈpaɪərət/, *n.* ***1*** pirata; corsaro ***2*** nave pirata ***3*** (*fig.*) chi stampa un libro alla macchia; plagiario ***4*** (*fig.*) riproduttore abusivo (*di dischi, cassette, ecc.*). ● **p.** (**radio**) **station**, radio pirata.

to **pirate** /ˈpaɪərət/, **A** *v. i.* ***1*** (*anche fig.*) pirateggiare ***2*** fare della pirateria letteraria (*o* industriale). **B** *v. t.* ***1*** derubare; saccheggiare (*sul mare*) ***2*** (*fig.*) pubblicare (*un libro*) alla macchia; riprodurre (*materiale da un testo, dischi, cassette, ecc.*) senza permesso; plagiare.

piratical /paɪəˈrætɪkl/, *a.* di (*o* da) pirata; piratesco. ● **a p. act**, un atto di pirateria. || **-ly**, *avv.*

pirogue /pɪˈrəʊg/, *n.* piroga.

pirouette /pɪrʊˈet/ (*franc.*), *n.* piroetta.

to **pirouette** /pɪrʊˈet/ (*franc.*), *v. i.* piroettare.

piscary /ˈpɪskərɪ/, *n.* ***1*** (*leg.*) diritto di pesca (*in acque altrui*) ***2*** (*raro*) zona di pesca. ● **common of p.**, diritto di pesca pubblica.

piscatorial /pɪskəˈtɔːrɪəl/, **piscatory** /ˈpɪskətərɪ, *USA* -ɔːrɪ/, *a.* ***1*** piscatorio (*lett.*) ***2*** dedito alla pesca.

Piscean /ˈpaɪsɪən/, (*astrol.*) **A** *n.* pescino; persona nata sotto il segno dei Pesci. **B** *a.* dei Pesci.

Pisces /ˈpaɪsiːz/, **A** *n. pl.* (*col verbo al sing.*) ***1*** (*astron., astrol.*) Pesci (*costellazione e XII segno dello zodiaco*) ***2*** (*astrol.*) (un) pesci; individuo nato sotto il segno dei Pesci. **B** *a.* (*astrol.*) dei Pesci.

piscicultural /pɪsɪˈkʌltʃərəl/, *a.* della piscicoltura.

pisciculture /ˈpɪsɪkʌltʃə(r)/, *n.* piscicoltura.

pisciculturist /pɪsɪˈkʌltʃərɪst/, *n.* piscicoltore.

pisciform /ˈpɪsɪfɔːm/, *a.* pisciforme.

piscina /pɪˈsiːnə/, *n.* (*pl.* **piscinas, piscinae**) ***1*** peschiera ***2*** (*stor. romana*) piscina ***3*** (*relig.*) bacile per acqua lustrale.

piscine (**1**) /ˈpɪsiːn/, *n. V.* **piscina**.
piscine (**2**) /ˈpɪsaɪn/, *a.* (*raro*) di (*o* simile a) pesce.
piscivorous /pɪˈsɪvərəs/, *a.* (*scient.*) piscivoro; ittiofago.
pish /pɪʃ/, *inter.* (*arc.*) ***1*** (*di disprezzo, disgusto*) puh!; puah!; ohibò ***2*** (*d'impazienza*) suvvia.
to **pish** /pɪʃ/, *v. i.* (*arc.*) fare «puh» (*o* «puah»); dire «ohibò».
pisiform /ˈpaɪsɪfɔːm/, **A** *n.* (*anat.*) pisiforme (*osso del carpo*). **B** *a.* (*bot., zool.*) a forma di pisello.
piss /pɪs/, *n.* (*volg.*) ***1*** piscio (*volg.*); orina ***2*** pisciata (*volg.*): **to take** (*o* **to have**) **a p.**, fare una pisciata ***3*** (*fig. spreg.*) piscio; birra (*o* altra bevanda) poco alcolica. ● (*pop. USA*) **p. and vinegar**, brio; vivacità; energia □ (*pop. USA*) **p.-ant**, uomo da nulla; tipo insignificante, scialbo □ (*pop. USA*) **p.-elegant**, pretenzioso □ (*pop. USA*) **p.-poor**, pessimo, sbagliato, misero, inefficace: **a p.-poor performance**, una pessima esecuzione; **a p.-poor effort**, uno sforzo inefficace; un misero sforzo □ (*volg.*) **p.-take**, presa in giro; presa per il culo (*volg.*) □ (*volg.*) **p.-up**, sbevazzata; grande bevuta; trincata (*pop.*) □ (*volg.*) **to take the p. out of sb.**, prendere in giro q.; prendere q. per il culo (*volg.*).
to **piss** /pɪs/, *v. i. e t.* ***1*** (*volg.*) pisciare (*volg.*); orinare: **to p. blood**, pisciare sangue; **to p. one's trousers**, pisciarsi nei calzoni ***2*** (*pop.*) piovere a catinelle ***3*** (*pop. USA*) incavolarsi; arrabbiarsi; prendersela (*con*); fare incavolare (o arrabbiare): **He kept pissing about Reagan**, continuava a prendersela con Reagan.
♦**piss about** (*o* **around**), *v. i.* + *avv.* (*pop.*) sprecare tempo; battere la fiacca; bighellonare.
♦**piss away**, *v. t.* + *avv.* (*pop.*) sprecare; sciupare.
♦**piss down**, *v. i.* + *avv.* (*pop.*) piovere a catinelle; diluviare.
♦**piss off**, (*pop.*) **A** *v. i.* + *avv.* andare via; smammare (*pop.*): **P. off!**, smamma!; vattene! **B** *v. t.* + *avv.* scocciare; seccare; stufare (*fig. fam.*); fare incavolare: **His cheek pisses me off**, mi scoccia la sua faccia tosta.
♦**piss on**, *v. t.* + *avv.* (*volg., anche fig.*) pisciare su (*o* sopra): **I p. on it!**, ci piscio sopra!
pissed /pɪst/, *a.* (*volg.*) ubriaco; sborniato; sbronzo (*pop.*). ● (*pop.*) **p. as a newt** (*o* **p. out of one's head**), ubriaco fradicio □ (*volg.*) **to be p. off**, essere incavolato; essere incazzato (*volg.*).
pistachio /pɪˈstɑːʃɪəʊ, *USA* -æʃɪəʊ/, *n.* (*pl.* **pistachios**) ***1*** (*bot., Pistacia vera*) pistacchio (*albero e frutto*) ***2*** color pistacchio; (= **p. green**) verde pistacchio.
pistil /ˈpɪstɪl/, *n.* (*bot.*) pistillo.
pistillary /ˈpɪstɪlərɪ, *USA* -ɛrɪ/, *a.* (*bot.*) di pistillo.
pistillate /ˈpɪstɪlət, -eɪt/, *a.* (*bot.*) pistillifero.
pistilliferous /pɪstɪˈlɪfərəs/, *a.* (*bot.*) pistillifero.
pistol /ˈpɪstl/, *n.* pistola. ● (*di fucile*) **p.-grip**, calciolo □ **p. shot**, pistolettata □ (*mil.*) **machine p.**, pistola mitragliatrice.
to **pistol** /ˈpɪstl/, *v. t.* sparare a (q.) con la pistola.
pistole /pɪˈstəʊl/, *n.* (*stor.*) pistola (*antica moneta d'oro*).
to **pistol-whip** /ˈpɪstlwɪp, *USA* -hw-/, *v. t.* (*USA*) colpire (q.) con il calcio della pistola.
piston /ˈpɪstən/, *n.* (*mecc.*) pistone; stantuffo. ● (*mecc.*) **p. displacement**, cilindrata (*di un motore*) □ (*mecc.*) **p. drill**, perforatrice a pistone □ (*mecc.*) **p. engine**, motore a pistoni □ (*mecc.*) □ **p. pin**, spinotto □ (*autom., mecc.*) **p. ring**, anello per stantuffo; fascia elastica; segmento □ **p. rod**, biella □ **p. stroke**, corsa dello stantuffo.
pit (**1**) /pɪt/, *n.* ***1*** buca; fossa; trappola (*per animali, anche fig.*) ***2*** abisso; burrone ***3*** (= **the pit of hell, the bottomless pit**) l'inferno ***4*** cava: **a chalk-pit**, una cava di gesso; **a sand-pit**, una cava di sabbia; **a clay-pit**, una cava d'argilla ***5*** miniera; pozzo di miniera: **a coal-pit**, una miniera di carbone; **a surface pit**, una miniera a cielo aperto ***6*** (*anat.*) cavità, depressione; bocca (*fig.*): **the pit of the stomach**, la bocca dello stomaco ***7*** (*med.*) cicatrice; buttero (*da vaiolo*) ***8*** (*teatr.*) platea (*anche fig.*); pubblico in platea ***9*** (*corse automobilistiche*) box; (posto di) rifornimento ***10*** (*mil.*) piazzuola (*di mortai*) ***11*** (*fin., USA*) settore (*della Borsa*): **The cotton pit was dull on Monday**, lunedì il settore del cotone era fiacco ***12*** (*pop.*) cuccia (*fig. fam.*); letto; giaciglio ***13*** (*atletica*) buca. ● **pit bull**, pit bull (*cane*) □ **pit coal**, carbon fossile □ **pit dwelling**, caverna (*abitata da uomini nella preistoria*) □ (*un tempo*) **pit pony**, cavallino da miniera □ **pit stop**, (*sport*) fermata ai box; (*fig.*) fermata a una stazione di servizio □ **bear pit**, fossa degli orsi □ **cock pit**, arena per il combattimento di galli □ (*fig.*) **to dig a pit for sb.**, tendere un tranello (*o* preparare una trappola) a q. □ **gravel pit**, cava di ghiaia □ (*mus.*) **orchestra pit**, golfo mistico □ (*fam.*) **That film is the pits!**, quel film è una schifezza!
pit (**2**) /pɪt/, *n.* (*USA*) nocciolo (*di ciliegia, pesca, ecc.*).
to **pit** (**1**) /pɪt/, *v. t.* ***1*** infossare; interrare; mettere in una buca (*cibi, ecc., per conservarli*) ***2*** mettere (*galli, ecc.*) nell'arena per i combattimenti ***3*** butterare: **His face had been pitted by smallpox**, aveva la faccia butterata dal vaiolo ***4*** intaccare; bucherellare. ● **to pit against**, aizzare (*un animale contro un altro*); (*fig.*) opporre, contrapporre (*una persona, un'idea, una qualità, ecc. a un'altra*).
to **pit** (**2**) /pɪt/, *v. t.* (*USA*) snocciolare, togliere il nocciolo a (*un frutto*).
pit-a-pat /pɪtəˈpæt/, **A** *avv.* ***1*** a battiti rapidi; con forti palpitazioni ***2*** scalpicciando. **B** *n.* ***1*** battito; batticuore; palpitazione; palpito ***2*** picchiettio; scalpiccio; zampettio (*raro*). ● **to go p.**, (*del cuore*) palpitare, battere forte; (*della pioggia*) picchierellare; (*dei piedi*) scalpicciare; (*di un animale*) zampettare.
pitch (**1**) /pɪtʃ/, *n.* pece. ● **p.-black**, nero come la pece □ (*stor.*) **p.-cap**, copricapo impeciato (*strumento di tortura*) □ **p. dark**, buio pesto □ **p. darkness**, completa oscurità □ (*bot., USA*; *specialm. Pinus rigida*) **p. pine**, pitch pine, pino rosso.
pitch (**2**) /pɪtʃ/, *n.* ***1*** (*specialm. sport*) lancio: **a good p.**, un buon lancio ***2*** (*naut., aeron.*) beccheggio ***3*** posteggio (*di venditore ambulante, ecc.*) ***4*** (*mus. e ling.*) tono; grado di tonalità (*d'un suono, anche parlando*): **the p. of sb.'s voice**, il tono (il grado di tonalità) d'una voce ***5*** (*fig.*) grado; punto: **The party was at the highest p. of excitement**, la festa era giunta al punto più alto (*o* al colmo) dell'eccitazione ***6*** (*archit.*) altezza (*di un arco, di una volta*) ***7*** (*comm.*) quantità di merce esposta in vendita ***8*** (*di un tetto, ecc.*) inclinazione; pendenza ***9*** (*elab., mecc.*) passo: **variable p. airscrew** (*o* **propeller**), elica a passo variabile ***10*** (*sport*) campo (di gioco) ***11*** (*fig. fam.*) parlantina: **the salesman's p.**, la parlantina del venditore. ● **the p. of merriment**, il colmo (*o* il massimo) dell'allegria □ (*mecc.*) **p. circle**, circonferenza primitiva (*di una ruota dentata*) □ (*mecc.*) **p. cone**, cono primitivo □ (*mus.*) **p.-pipe**, strumento a fiato per accordare; corista □ **to fly a high p.**, (*di falco, ecc.*) volare fino al punto più alto (*prima di gettarsi sulla preda*); (*fig.*) mirare in alto, fare progetti ambiziosi (*o* voli di fantasia) □ (*USA*) **to make a p. for sb.**, cercare di fare colpo su q. □ (*USA*) **to make a p. for st.**, spezzare una lancia in favore di q.c. □ (*fig.*) **to queer sb.'s p.**, sventare i piani di q. □ (*comm.*) **sales p.**, abilità di venditore.
to **pitch** (**1**) /pɪtʃ/, *v. t.* impeciare.
to **pitch** (**2**) /pɪtʃ/, **A** *v. t.* ***1*** piantare; fissare; rizzare: **to p. a tent**, piantare una tenda; **to p. a camp**, fissare il campo; accamparsi ***2*** gettare; lanciare; scagliare; buttare: **to p. a ball**, lanciare una palla; **P. him out!**, buttatelo fuori! ***3*** (*mus.*) accordare; intonare (*uno strumento, ecc.*); impostare (*la voce*): **to p. a melody in a higher key**, intonare una melodia in chiave più alta ***4*** (*fig.*) impostare (*un discorso*); dare il tono a (q.c.); esprimere (q.c.) in un modo particolare ***5*** (*comm.*) esporre (*merce in vendita*) al mercato ***6*** pavimentare, selciare (*una strada*) ***7*** dare un'inclinazione (*o* una pendenza) a (*un tetto*) ***8*** (*fam.*) raccontare; narrare: **to p. a yarn**, raccontare una storia. **B** *v. i.* ***1*** accamparsi ***2*** cadere; stramazzare: **to p. forward**, cadere in avanti; **to p. on one's head**, cadere a capofitto; **to p. out of the window**, cadere dalla finestra ***3*** (*naut., aeron.*) beccheggiare ***4*** (*aeron.*) impennarsi; picchiare ***5*** (*baseball, cricket*) avere il servizio; servire ***6*** (*del tetto, ecc.*) avere una (certa) pendenza (*o* inclinazione): **The roof of the barn pitches sharply**, il tetto del granaio ha una forte pendenza. ● **to p. hay**, caricare fieno (*gettandolo coi forconi sui carri*) □ (*fig.*) **to p. one's tent**, piantar le tende, stabilirsi (*in un luogo*) □ **to be pitched off one's horse**, essere disarcionato.
♦**pitch in**, **A** *v. t.* + *avv.* buttare, gettare: **P. your cigarette end in here**, butta qui la tua cicca! **B** *v. i.* + *avv.* ***1*** (*fam.*) buttarsi; mettercisi di buona lena; darci dentro; buttarsi sul cibo (nella mischia, ecc.) ***2*** (*fam.*) intervenire, venire in aiuto, dare soccorso: **He kindly pitched in with a hundred pounds**, intervenne generosamente con cento sterline.
♦**pitch into**, **A** *v. t.* + *prep.* buttare, gettare, scaraventare (q. *o* q.c.) in (*un luogo*). **B** *v. i.* + *prep.* ***1*** (*fam.*) assestare colpi a (q.); attaccare (*con pugni, critiche, ecc.*) ***2*** gettarsi su (*cibo, ecc.*); buttarsi in (*fig.*): **to p. into the job**, buttarsi nel lavoro; darci dentro □ **to p. sb. into a position**, fare accettare un posto a q. per forza; imporre q. in un posto.
♦**pitch on**, *v. t.* + *avv.* ***1*** far cadere la scelta su (q.); scegliere ***2*** (*fam.*) prendersela con (q.).
♦**pitch out**, *v. t.* + *avv.* buttare fuori; cacciare, espellere (q.).
♦**pitch upon**, *V.* **pitch on**.
pitch-and-toss /ˈpɪtʃənˈtɒs/, *locuz. n.* gioco che si fa lanciando monete contro un segno fissato sul terreno (*chi va più vicino al segno raccoglie le monete e le getta in aria, guadagnando quelle che ricadono con la «testa» in alto*).
pitchblende /ˈpɪtʃblɛnd/, *n.* (*miner.*) pechblenda.
pitched (**1**) /pɪtʃt/, *a.* impeciato.
pitched (**2**) /pɪtʃt/, *a.* (*di un tetto*) spiovente. ● **p. battle**, (*stor.*) battaglia campale; (*fig.*) lotta all'ultimo sangue; scontro violento.
pitcher (**1**) /ˈpɪtʃə(r)/, *n.* ***1*** anfora; (*USA*) caraffa, brocca (*di solito, di terracotta*) ***2*** (*bot.*) ascidio. ● (*prov.*) **Little pitchers have long ears**, i bambini hanno le orecchie lunghe (*ascoltano tutto senza parere*).
pitcher (**2**) /ˈpɪtʃə(r)/, *n.* ***1*** (*specialm. nel baseball*) lanciatore ***2*** (*golf*) ferro 7 ***3*** venditore ambulante che ha un posteggio fisso; posteggiatore ***4*** pietra per selciare strade; selce. ● (*baseball*) **p.'s box**, zona di lancio.
pitchfork /ˈpɪtʃfɔːk/, *n.* (*agric.*) forcone; forca.
to **pitchfork** /ˈpɪtʃfɔːk/, *v. t.* ***1*** sollevare (*o* smuovere) col forcone; inforcare (*fieno, ecc.*) ***2*** (*fig.*) spingere a viva forza; spingere (q.) a occupare (*un posto*). ● **He was pitchforked into that job by destiny**, fu il destino a portarlo a occupare quel posto.
pitching /ˈpɪtʃɪŋ/, *n.* ***1*** lancio ***2*** (*naut., aeron.*) beccheggio ***3*** (*comm.*) esposizione (*di merce in vendita*) ***4*** lastricatura ***5*** lastricato; selciato.
pitchstone /ˈpɪtʃstəʊn/, *n.* (*geol.*) roccia vetrosa; «pitchstone».
pitchy /ˈpɪtʃɪ/, *a.* ***1*** impeciato ***2*** pecioso; simile a pece ***3*** nero come la pece.
piteous /ˈpɪtɪəs/, *a.* pietoso; doloroso; commovente; miserando. ‖ **-ly**, *avv.* ‖ **-ness**, *sost.*

pitfall /ˈpɪtfɔːl/, *n.* **1** fossa, trabocchetto (*per catturare animali*) **2** trappola (*anche fig.*); tranello.

pith /pɪθ/, *n.* **1** (*anat., bot., zool.*) midollo (*di piante, ossa, ecc.*) **2** albedo, albedine (*parte interna biancastra della buccia degli agrumi*) **3** (*fig.*) parte essenziale; essenza; nocciolo, succo (*fig.*): **the p. of his words**, il succo delle sue parole; **the p. of the matter**, il nocciolo della faccenda **4** (*fig. arc.*) energia; forza; vigore **5** (*fig.*) importanza: **things of great p. and moment**, imprese di grande importanza e gravità. ● **the p. and marrow of st.**, l'intima essenza di q.c. □ **p. helmet**, casco coloniale □ **to get down to the p. of the matter**, andare al sodo.

to **pith** /pɪθ/, *v. t.* **1** togliere il midollo a (*una pianta*) **2** uccidere (*animali*) forando (*o* tagliando) il midollo spinale.

pithead /ˈpɪthed/, *n.* (*ind. min.*) (strutture intorno alla) bocca di una miniera. ● **p. baths**, bagni alla bocca della miniera.

pithecanthrope /pɪθɪˈkænθrəʊp/, *V.* **pithecanthropus**.

pithecanthropus /pɪθɪˈkænθrəpəs, -ˈθrəʊpəs/, *n.* (*pl.* **pithecanthropi**) (*paleont.*) pitecantropo.

pithecoid /ˈpɪθəkɔɪd/, *a.* (*lett.*) pitecoide.

pithily /ˈpɪθəlɪ/, *avv.* concisamente; vigorosamente; con energia.

pithiness /ˈpɪθɪnəs/, *n.* **1** l'essere midolloso; abbondanza di midollo **2** (*fig.*) concisione; stringatezza; succosità; energia.

pithless /ˈpɪθləs/, *a.* **1** senza midollo **2** (*fig.*) smidollato.

pithy /ˈpɪθɪ/, *a.* **1** midolloso; pieno di (*o* simile a) midollo **2** (*fig.*) conciso; efficace; energico; forte; succoso; stringato; vigoroso: **a p. style**, uno stile conciso (*o* vigoroso).

pitiable /ˈpɪtɪəbl/, *a.* **1** pietoso; lacrimevole; doloroso; commovente; miserando **2** meschino; miserabile; spregevole. || **-bly,** *avv.*

pitiableness /ˈpɪtɪəblnəs/, *n.* **1** l'essere pietoso (*o* miserando); il muovere a pietà **2** meschinità; spregevolezza.

pitiful /ˈpɪtɪfl/, *a.* **1** pietoso; compassionevole; misericordioso; lacrimevole; penoso; commovente: **a p. man**, un uomo misericordioso; **a p. scene**, una scena penosa **2** meschino; misero; spregevole: **a p. salary**, un misero stipendio; **a p. lie**, una menzogna spregevole. || **-ly,** *avv.*

pitifulness /ˈpɪtɪflnəs/, *n.* **1** (*arc.*) pietà; misericordia; compassione **2** stato pietoso (*o* miserando) **3** meschinità; spregevolezza.

pitiless /ˈpɪtɪləs/, *a.* spietato; crudele. || **-ly,** *avv.* || **-ness,** *sost.*

pitman /ˈpɪtmən/, *n.* **1** (*pl.* **pitmen**) minatore (*specialm. di miniera di carbone*) **2** (*pl.* **pitmans**) (*mecc., USA*) biella; barra d'accoppiamento.

piton /ˈpiːtɒn/, *n.* (*alpinismo*) chiodo (da roccia *o* da ghiaccio).

pitsaw /ˈpɪtsɔː/, *n.* (*un tempo*) segone (*da boscaioli*).

pitta /ˈpɪtə/, *n.* (*cucina*, = **p. bread**) pane azzimo.

pittance /ˈpɪtns/, *n.* **1** compenso, paga, remunerazione (*specialm. se scarsi*): **a mere p.**, un compenso irrisorio; un'elemosina **2** esigua quantità (*di cibo, di denaro, ecc.*); inezia; miseria (*fig.*) **3** (*stor.*) lascito a un istituto religioso (*per migliorare il vitto*).

pitted (1) /ˈpɪtɪd/, *a.* **1** bucherellato **2** (*med.*) butterato.

pitted (2) /ˈpɪtɪd/, *a.* (*specialm. USA*) snocciolato; senza nocciolo: **p. prunes**, prugne secche senza nocciolo.

pitter /ˈpɪtə(r)/, *n.* (*USA*) snocciolatoio (*per ciliege, olive, ecc.*). ● **cherry p.**, snocciolaciliege.

pitter-patter /ˈpɪtəpætə(r)/, *V.* **pit-a-pat**.

pituitary /pɪˈtjuːɪtrɪ, *USA* -ˈtuːəterɪ/, *a.* (*anat.*) pituitario; ipofisario: **p. gland** (*o* **p. body**), ghiandola pituitaria; ipofisi.

pity /ˈpɪtɪ/, *n.* **1** pietà; compassione; misericordia: **to have** (*o* **to take**) **p. on sb.**, aver pietà di q.; **to feel p. for sb.**, provar compassione per q. **2** (*esprimendo rimpianto*) peccato: **what a p.!**, che peccato!; **The p. is that...**, peccato che...; **It's a thousand pities that you didn't tell me**, è davvero un peccato che tu non me l'abbia detto. ● **in p. of**, per pietà (*o* per compassione) di □ **for p.'s sake!**, per carità!; per amor di Dio! □ **more's the p.**, tanto peggio!; (*anche*) per sfortuna, purtroppo! □ **out of p.**, per pietà; per pura compassione.

to **pity** /ˈpɪtɪ/, *v. t.* compassionare; aver pietà di; compatire.

pitying /ˈpɪtɪɪŋ/, *a.* compassionevole; pietoso; misericordioso. || **-ly,** *avv.*

pityriasis /pɪtɪˈraɪəsɪs/, *n.* (*med., vet.*) pitiriasi.

pivot /ˈpɪvət/, *n.* **1** perno (*anche fig.*); cardine, punto centrale: **the p. of the question**, il perno della questione **2** (*mil.*) soldato (*o* reparto) che serve da perno (*nelle evoluzioni*) **3** (*pallacanestro*) pivot. ● **p. bridge**, ponte girevole □ (*mecc.*) **set on a p.**, montato su un perno; pivotante.

to **pivot** /ˈpɪvət/, **A** *v. t.* imperniare; montare su (*o* provvedere di) un perno. **B** *v. i.* (*anche fig.*) imperniarsi. ● (*fig.*) **to p. on** (*o* **upon**) **st.**, dipendere soprattutto da q.c.

pivotal /ˈpɪvətl/, *a.* **1** di perno; che serve da perno **2** (*fig.*) di cardinale importanza; importantissimo.

pix /pɪks/, *n. pl.* (*abbr, pop. di* **pictures**) **1** quadri **2** fotografie; foto.

pixel /ˈpɪksl/, *n.* (*contraz. di* **pictures element**) (*elab.*) pixel; elemento base di un grafico digitale.

pixie /ˈpɪksɪ/, *V.* **pixy**.

pixillated /ˈpɪksɪleɪtɪd/, *a.* (*USA*) **1** (*fam.*) pazzerello; picchiatello; svitato (*fam.*) **2** (*pop.*) ubriaco; sbronzo.

pixy /ˈpɪksɪ/, *n.* fata; folletto; spiritello.

pizza /ˈpiːtsə/ (*ital.*), *n.* pizza. ● **p. cutter**, tagliapizza □ **p. house** (*o* **shop,** *o* **restaurant**), pizzeria □ **p. slices**, porzioni di pizza.

pizzaburger /ˈpiːtsəbɜːgə(r)/, *n.* (*USA, cucina*) pizza farcita di carne di manzo tritata.

pizzazz /pɪˈzæz/, *n.* (*pop. USA*) **1** entusiasmo; brio; slancio; spinta (*fig.*) **2** (*autom.*) accessorio vistoso.

pizzicato /pɪtsɪˈkɑːtəʊ/ (*ital.*), (*mus.*) **A** *avv.* e *a.* pizzicato. **B** *n.* (*pl.* **pizzicati, pizzicatos**) pizzicato.

placability /plækəˈbɪlətɪ/, *n.* placabilità (*raro*).

placable /ˈplækəbl/, *a.* placabile. || **-bly,** *avv.*

placard /ˈplækɑːd, *USA* -ɑːd, -əd/, *n.* affisso; cartellone; manifesto pubblicitario.

to **placard** /ˈplækɑːd, *USA* -ɑːd, -əd/, *v. t.* **1** affiggere manifesti su (*un muro, ecc.*); coprire di cartelloni **2** annunciare (q.c.) con cartelloni (*o* con manifesti).

to **placate** /pləˈkeɪt, *USA* ˈpleɪkeɪt/, **A** *v. t.* placare; calmare; pacificare. **B** *v. i.* essere conciliante.

placative /ˈpleɪkətɪv/, **placatory** /pləˈkeɪtrɪ, ˈplækətrɪ, *USA* ˈplækətɔːrɪ, ˈpleɪkətɔːrɪ/, *a.* che placa; conciliante.

place /pleɪs/, *n.* **1** posto; luogo; località; locale; casa; punto; impiego; posizione; rango; grado; ceto: **Have you booked places on the train?**, hai prenotato i posti sul treno?; **a p. of worship**, un luogo di culto (*chiesa o cappella*); **places of amusement**, locali di divertimento; **country p.**, casa di campagna; **I was offered a p. as gardener**, mi fu offerto il posto di giardiniere; (*anche fig.*) **Put yourself in my p.!**, mettiti al mio posto!; **a sore p. on the arm**, un punto dolente del braccio; **If I were in your p. ...**, se fossi al tuo posto... **2** compito; dovere; ufficio: **It's not my p. to see to that**, non è compito mio provvedere a ciò **3** (*d'un libro, ecc.*) brano; passo; segno: **I've lost my p.**, ho perso il segno; **He quoted a p. from the Bible**, citò un passo della Bibbia **4** (*nelle corse e sim.*) posto (*fra i primi tre arrivati*): **to back a horse for a second** [**first**] **p.**, giocare un cavallo piazzato [vincente]; **Which dog got the first p. in the show?**, quale cane è arrivato primo alla mostra canina? **5** (*fam.*) casa; (*specialm.*) casa di campagna; villa: **They invited us to their p. for the weekend**, ci invitarono nella loro villa per il week-end **6** (= **eating p.**) ristorante; trattoria: **a little Italian p.**, un piccolo ristorante italiano **7** (*mat.*) cifra: **to calculate to the sixth decimal p.**, calcolare i decimali fino alla sesta cifra. ● (*sport*) **p. bet**, scommessa sul (cavallo) piazzato (*1°, 2° o 3° in G.B.*; *1° o 2° in U.S.A.*) □ **p. card**, segnaposto (*a tavola*) □ (*rugby*) **p.-kick**, calcio piazzato □ **p.-mat**, tovaglietta di un servizio all'americana □ **p. name**, toponimo □ **p. of birth**, luogo di nascita □ **p. of business**, sede degli affari □ (*leg.*) **p. of jurisdiction**, foro competente □ (*banca, comm.*) **p. of payment**, piazza di pagamento □ **p. setting**, coperto (*posto apparecchiato a tavola*); (*anche*) apparecchiatura □ **to change places**, scambiarsi di posto □ **to drop** (*o* **to lose**) **one's p.**, perdere il segno (*leggendo*) □ **to find one's p.**, ritrovare il segno (*leggendo*) □ **to give p. to**, far luogo a; far posto a; esser seguito da □ **to go places**, andare in giro, viaggiare molto; (*fig.*) aver successo; fare strada; sfondare (*fam.*) □ (*polit., ai Comuni, per indicare la Camera dei Lord*) **in another p.**, altrove □ **in the first** [**second**] **p.**, in primo [secondo] luogo □ (*fig.*) **high places**, le alte sfere □ (*fig.*) **in high places**, in alto loco □ **in p.**, a posto, al posto giusto, in ordine; (*fig.*) adatto, appropriato, adeguato: **I would like everything to be in p.**, mi piacerebbe che tutto fosse a posto; **The offer is not quite in p.**, l'offerta non è del tutto adeguata □ **in p. of**, in luogo di; al posto di; invece di □ (*fig.*) **to keep sb. in his p.**, far stare q. al suo posto □ (*fig.*) **to know one's p.**, saper stare al proprio posto □ **market p.**, piazza del mercato; mercato □ **out of p.**, fuori posto; spostato; non al proprio posto; (*fig.*) fuori luogo, inopportuno, sconveniente □ (*fig.*) **to put sb. in his p.**, far stare q. al suo posto; tenere a freno q. □ **to take place**, aver luogo; accadere; svolgersi □ **to take the place of**, prendere il posto di; sostituire; fare le veci di.

to **place** /pleɪs/, **A** *v. t.* **1** collocare; mettere; porre; disporre; posare; riporre: **I p. my family before everything**, metto la famiglia innanzi a tutto; **The major was placed in command of the regiment**, il maggiore fu posto al comando del reggimento; **to p. one's confidence in sb.**, riporre la propria fiducia in q. **2** identificare; individuare; riconoscere: **to p. a voice** [**a face**], riconoscere una voce [una faccia] **3** (*fin.*) investire (*denaro*) **4** (*comm.*) conferire, dare, passare, piazzare (*un'ordinazione*): **to p. an order for goods with one's supplier**, dare un'ordinazione di merci al proprio fornitore **5** (*comm.*) collocare, vendere (*merci*) **6** collocare (q.) in un impiego; trovare un posto a (q.); impiegare: **to p. sb. as a cashier**, impiegare q. come cassiere **7** (*rugby*) ottenere (*una porta*) con un calcio piazzato **8** (*mil.*) piazzare, postare (*cannoni, ecc.*). **B** *v. i.* (*USA*) piazzarsi (*o* arrivare) secondo (*rif. alle corse di cani o cavalli*). ● **to p. sb.'s age at 40**, dare 40 anni a q.; pensare che q. abbia 40 anni □ **to p. sb. at his ease**, mettere q. a suo agio □ (*fam.*) **to p. sb. behind bars**, mettere q. dietro le sbarre; incarcerare q. □ **to p. a bet**, fare una scommessa □ **to p. a call to sb.**, fare una telefonata a q. □ **to p. sb. under arrest**, mettere q. agli arresti □ **to p. sb. under oath**, mettere q. sotto giuramento □ (*sport*) **to be placed**, piazzarsi: **The Queen's horse wasn't placed**, il cavallo della regina non si piazzò □ **The man's face looked familiar to me but I couldn't p. him**, l'uomo aveva una faccia che mi era familiare, però non riuscivo a ricordare chi fosse (*o* dove l'avessi già visto).

♦**place aside**, *v. t.* + *avv.* **1** mettere da parte (*anche fig.*); posare; risparmiare; rinunciare a: **to**

p. aside one's tools, posare i propri arnesi; **to p. aside some money**, mettere da parte un po' di soldi; **to p. aside a new plan**, mettere da parte un progetto nuovo *2* mettere da parte (*anche fig.*); tenere in serbo; conservare: **to p. aside an article for a customer**, tenere in serbo un articolo per un cliente.

♦**place back**, *v. t. + avv.* rimettere (a posto): **P. the book back on the shelf!**, rimetti il libro sullo scaffale!

♦**place down**, *v. t. + avv.* mettere giù; posare.

♦**place out**, *v. t. + avv.* collocare, sistemare, affidare: **to p. out orphans into private homes**, affidare orfani a famiglie.

placebo /plə'siːbəʊ/, *n.* (*pl.* **placebos**) (*farm., med.*) placebo. ● (*med.*) **p. effect**, effetto placebo.

placed /pleɪst/, *a.* *1* collocato; messo; disposto: **How are we p. for money?**, come siamo messi (*o* come stiamo) a soldi? *2* (*sport*) piazzato.

placeman /'pleɪsmən/, *n.* (*pl.* **placemen**) (*spesso spreg.*) funzionario (*o* impiegato statale, burocrate) che cura solo il proprio interesse.

placement /'pleɪsmənt/, *n.* *1* collocamento; disposizione; collocazione *2* (*fin.*) investimento (*di denaro*): **a fixed-return p.**, un investimento a reddito fisso *3* (*comm.*) conferimento, piazzamento (*di un'ordinazione*) *4* (*comm.*) collocamento (*di merci, ecc.*) *5* (*Borsa*) collocazione (*di azioni*). ● (*econ.*) **the p. of labour**, il collocamento della manodopera.

placenta /plə'sɛntə/, *n.* (*pl.* **placentas, placentae**) (*anat.*) placenta.

placental /plə'sɛntl/, *a.* *1* (*anat., bot.*) placentare *2* (*zool.*) placentale; placentato: **p. mammals**, mammiferi placentali.

placentate /plə'sɛntət/, *a.* (*zool.*) placentato.

placer (1) /'pleɪsə(r)/, *n.* collocatore; chi mette, chi pone, ecc. (*V.* **to place**).

placer (2) /'pleɪsə(r)/, *n.* (*geol.*) giacimento alluvionale; placer.

placet /'pleɪsɛt/ (*lat.*), *n.* placet; beneplacito.

placid /'plæsɪd/, *a.* placido; calmo; sereno; tranquillo. || **-ly**, *avv.* || **-ness**, *sost.*

placidity /plə'sɪdətɪ/, *n.* placidità; calma; serenità; tranquillità.

placing /'pleɪsɪŋ/, *V.* **placement**.

placket /'plækɪt/, *n.* *1* apertura (*specialm. di gonna; in alto, per infilarla meglio*): **four-button p.**, apertura con quattro bottoni *2* (*arc.*) tasca (*di gonna*).

placoid /'plækɔɪd/, **A** *a.* (*zool.*) placoide. **B** *n.* pesce placoide.

plagal /'pleɪgl/, *a.* (*mus.*) plagale.

plagiarism /'pleɪdʒərɪzəm/, *n.* *1* il plagiare *2* plagio (*scritto spacciato per proprio*).

plagiarist /'pleɪdʒərɪst/, *n.* plagiario.

plagiaristic /pleɪdʒə'rɪstɪk/, *a.* di (*o* da) plagiario; plagiario.

to **plagiarize** /'pleɪdʒəraɪz/, *v. t.* plagiare.

plagiary /'pleɪdʒərɪ, -dʒɪərɪ/, *n.* (*arc.*) *V.* **plagiarism**.

plagioclase /'pleɪdʒəʊkleɪs/, *n.* (*miner.*) plagioclasio.

plague /pleɪg/, *n.* *1* piaga (*fig.*); afflizione; calamità; rovina; (*fam.*) molestia, fastidio, seccatura, tormento: **a p. of mosquitoes**, una fastidiosa invasione di zanzare *2* (*med.*) peste; pestilenza *3* (*stor., med.*) **the p.**, la peste bubbonica. ● **p.-spot**, bubbone; località infestata dalla peste; (*fig.*) focolaio d'infezione (*o* di corruzione) □ (*lett.*) **P. on it!**, maledizione!; dannazione!

to **plague** /pleɪg/, *v. t.* *1* affliggere; infastidire; tormentare; seccare: **to be plagued by headache**, essere afflitto dal mal di testa *2* (*raro*) appestare; infestare.

plaguey /'pleɪgɪ/, *a.* (*fam. arc.*) fastidioso; molesto; seccante.

plaice /pleɪs/, *n.* (*zool., Pleuronectes platessa*) platessa; pianuzza; passera di mare.

plaid /plæd/, *n.* (*ind. tess.*) *1* plaid; mantello scozzese a scacchi; coperta di lana (*da viaggio, ecc.*) *2* stoffa a grandi quadri per plaid. ● **a p. scarf**, uno scialle a scacchi.

plaided /'plædɪd/, *a.* *1* che indossa il plaid *2* (*di stoffa*) a scacchi.

plain /pleɪn/, **A** *a.* *1* chiaro; evidente; ovvio; facile: **p. words**, parole chiare; **The significance of his works is p.**, il significato delle sue opere è evidente *2* semplice; franco; schietto; puro; alla buona; comune; ordinario; normale; disadorno: **p. food**, cibo semplice; **p. cooking**, cucina semplice; **a p. cook**, un cuoco (*o* una cuoca) alla buona; **p. folk**, gente semplice; **a p. meal**, un pasto semplice (*o* alla buona); **p. paper**, carta ordinaria; **p. words**, parole franche; **the p. truth**, la pura verità; **p. chocolates**, cioccolatini normali (*non farciti, ecc.*); **p. style**, stile disadorno *3* insignificante; bruttino; brutto; comune: **It's a pity the girl is so p.**, peccato che la ragazza sia così brutta; **a p. face**, un viso bruttino (*o* comune) *4* (*di stoffa, tessuto*) liscio; non operato *5* (*di disegno*) non ornato; a tinta unita *6* (*lavoro a maglia: di punto*) diritto *7* (*di persona*) esplicito: **to be p. with sb.**, essere esplicito (*o* parlare chiaro) con q. *8* piano; liscio. **B** *n.* piano; pianura: (*geogr.*) **the Great Plains**, le Grandi Pianure (*in U.S.A., a ovest del Mississippi*). **C** *avv.* chiaramente; con chiarezza; con semplicità: **The noise came p. to my ears**, percepii chiaramente il rumore. ● **p. cards**, carte basse (*da gioco; non figure*) □ **p. clothes**, abito borghese □ **p.-clothes man**, poliziotto in borghese □ **p. common sense**, il puro buonsenso □ **p. dealing**, modo d'agire onesto; sincerità; schiettezza; lealtà □ **p. living**, vita modesta, semplice □ **p. sailing**, (*naut.*) navigazione facile; (*fig.*) vita facile (*fig.*), roba da ridere (*fam.*): **If we can borrow the money, the rest is p. sailing**, se troviamo i soldi in prestito, il resto è roba da ridere □ **p. sewing**, cucito semplice (*o* non elaborato) □ **p.-spoken**, franco; schietto; senza peli sulla lingua (*fam.*) □ (*nei giochi di carte*) **a p. suit**, una sequenza di carte dello stesso seme (senza atout) □ (*leg., in G.B.*) **p. theft**, furto semplice □ **as p. as day** (*o* **as a pikestaff**), ovvio; evidentissimo; lampante □ **in p. English**, per dirla schietta □ **in p. sight**, in bella vista; in piena luce □ **in p. view**, *V.* **in p. sight** □ **in p. words**, in termini chiari; in poche parole □ (*fam.*) **It's as p. as the nose on your face!**, è lampante!; lo vedrebbe anche un cieco! || **-ly**, *avv.*

to **plain** /pleɪn/, *v. i.* (*arc.* o *poet.*) lagnarsi; lamentarsi; piangere.

plainness /'pleɪnnəs/, *n.* *1* chiarezza; evidenza *2* semplicità; franchezza; schiettezza *3* l'essere comune (*o* ordinario) *4* (*eufem.*) l'essere bruttino; bruttezza.

plainsman /'pleɪnzmən/, *n.* (*pl.* **plainsmen**) pianigiano; abitante della pianura.

plainsong /'pleɪnsɒŋ/, *n.* (*mus.*) canto fermo; canto gregoriano.

plaint /pleɪnt/, *n.* *1* (*leg.*) istanza scritta (*dell'attore*); querela *2* (*arc.* o *poet.*) compianto; lamento; querela (*poet.*).

plaintiff /'pleɪntɪf/, *n.* (*leg.*) attore; querelante; parte civile; ricorrente. ● **p.'s attorney**, avvocato di parte civile □ **p.'s move** (*o* **motion**), istanza (*o* richiesta) dell'attore.

plaintive /'pleɪntɪv/, *a.* lamentoso; malinconico; mesto. || **-ly**, *avv.* || **-ness**, *sost.*

plait /plæt/, *n.* *1* treccia (*di capelli, ecc.*): **straw p.**, treccia di paglia; **to wear plaits**, portare (*o* avere) le trecce *2* (*di solito,* **pleat**) piega (*fatta a bella posta*); pieghetta (*specialm. di stoffa*).

to **plait** /plæt/, *v. t.* *1* intrecciare *2* piegare; pieghettare. ● **to p. a basket**, fare una cesta (di vimini).

plaited /'plætɪd/, *a.* *1* (*di paglia, nastro, ecc.*) intrecciato *2* (*di vestito, ecc.*) pieghettato; a pieghe. ● **p. hair**, capelli a treccia (*o* a trecce).

plaiting /'plætɪŋ/, *n.* *1* l'intrecciare; intreccio *2* pieghettatura.

plan /plæn/, *n.* *1* piano; disegno (*architettonico o industriale*); progetto; programma; proposito: **working p.**, piano di lavoro; (*ind.*) disegno costruttivo (*o* esecutivo); **Let's hope everything will go according to p.**, speriamo che tutto vada secondo i piani prestabiliti; **vacation plans**, progetti per le vacanze; (*econ.*) **a five-year p.**, un piano quinquennale; **town p.**, piano urbanistico *2* (*archit., grafica*) pianta; pianta d'insieme; sezione orizzontale: **the p. of the town**, la pianta della città; **the plans of a house**, le sezioni orizzontali d'una casa; **ground p.**, pianta del piano terreno. ● **p. of action**, piano d'azione; (*mil.*) piano di battaglia □ **to make plans**, fare progetti.

to **plan** /plæn/, **A** *v. t.* *1* (*archit., ind.*) progettare; disegnare la pianta di: **to p. a house** [**a factory**], progettare una casa [una fabbrica]; **to p. a garden**, disegnare la pianta d'un giardino; **to p. a new machine**, progettare una macchina nuova *2* progettare; programmare; avere in animo; intendere: **we are planning to go to Australia**, progettiamo di andare in Australia *3* (*econ.*) programmare; pianificare: **to p. production**, programmare la produzione. **B** *v. i.* far piani (*o* progetti); far programmi. ● **planned economy**, economia pianificata □ (*stat.*) **planned parenthood**, controllo delle nascite.

♦**plan ahead**, *v. t. + avv.* progettare in anticipo: **The trip had been planned months ahead**, il viaggio era stato progettato da mesi.

♦**plan for**, *v. t. + prep.* *1* fare progetti per: **to p. for the future of one's children**, fare progetti per il futuro dei figli *2* prevedere: **We hadn't planned for his refusal**, non avevamo previsto che avrebbe rifiutato.

♦**plan on**, *v. t. + prep.* intendere; avere in animo; proporsi: **We had planned on spending the weekend at the seaside**, ci eravamo proposti di passare il fine settimana al mare.

♦**plan out**, *v. t. + avv.* progettare bene; preparare (*o* studiare) nei minimi particolari: **to p. out a new advertising campaign**, studiare nei minimi dettagli una nuova campagna pubblicitaria.

planar /'pleɪnə(r)/, *a.* (*geom., scient.*) planare.

planchet /'plɑːnʃɪt, *USA* 'plæntʃɪt/, *n.* tondino di metallo (*da cui coniare una moneta*); dischetto.

plane (1) /pleɪn/, *n.* (*bot., Platanus*; = **p. tree**) platano.

plane (2) /pleɪn/, *n.* (*falegn.*) pialla. ● **p. iron**, ferro da pialla □ **jack p.**, pialla per sgrossare □ **smoothing p.**, pialletto.

plane (3) /pleɪn/, **A** *n.* *1* piano (*anche geom.*); livello: **inclined p.**, piano inclinato; **Their ignorance places them on the same intellectual p. as the aboriginals**, la loro ignoranza li mette sullo stesso piano intellettuale degli aborigeni; **a low p. of culture**, un basso livello culturale *2* (*aeron.*) piano alare; ala *3* (*mecc.*) piano di riscontro. **B** *a. attr.* piano: **a p. surface**, una superficie piana; **p. geometry**, geometria piana; **p. angle**, angolo piano (*di 180 gradi*). ● (*naut.*) **p. chart**, carta in proiezione di Mercatore □ (*naut.*) **p. sailing**, navigazione piana; rilevamento della posizione della nave supponendo la terra piatta □ (*tecn.*) **p. table**, tavoletta pretoriana □ **on a friendly p.**, sul piano dell'amicizia.

plane (4) /pleɪn/, *n.* (*abbr. di* **aeroplane**) aeroplano; aereo; apparecchio. ● (*USA*) **p. ride**, volo (*su un aereo di linea*) □ **cargo p.**, aereo da carico □ **four-engined p.**, quadrimotore □ **passenger p.**, aereo passeggeri □ (*mil.*) **pursuit p.**, caccia.

to **plane** (1) /pleɪn/, *v. t.* *1* (*falegn.*) piallare *2* (*arc.*) spianare: **to p. the way**, spianare la via. ● **to p. away** (*o* **down, off**), levare (*o* togliere) (*irregolarità*) con la pialla; spianare.

to **plane** (2) /pleɪn/, *v. i.* *1* (*aeron., di solito* **to p. down**) planare *2* (*fam.*) viaggiare in aereo.

planer /'pleɪnə(r)/, *n.* *1* piallatore (*operaio*) *2* (*falegn., mecc.*) piallatrice (*macchina*) *3* (*tipogr.*) battitoia.

planet (1) /'plænɪt/, n. (*astron., astrol.*) pianeta. ● (*mecc.*) **p. gear**, ruota planetaria; ingranaggio satellite □ **p.-stricken** (*o* **p.-struck**), sotto l'influsso (malefico) di un pianeta □ (*mecc.*) **p. wheel**, *V.* **p. gear**.

planet (2) /'plænɪt/, n. (*relig.*) pianeta.

planetarium /plænɪ'teərɪəm/, n. (*pl.* **planetariums, planetaria**) (*astron.*) planetario.

planetary /'plænɪtrɪ, *USA* -terɪ/, **A** a. **1** (*astron., astrol., fis., mecc.*) planetario; dei pianeti: **p. system**, sistema planetario; **p. influence**, l'influsso dei pianeti; **p. orbit**, orbita planetaria **2** di questo mondo; terrestre **3** (*arc.*) errante; errabondo. **B** n. (*mecc.*) planetario. ● (*fis. nucl.*) **p. electron**, elettrone orbitale □ (*mecc.*) **p. gear**, ruota planetaria; ingranaggio satellite □ (*mecc.*) **p. gear train**, rotismo planetario (*o* epicicloidale).

planetoid /'plænɪtɔɪd/, a. (*astron.*) planetoide; pianetino; asteroide.

planetological /plænɪtə'lɒdʒɪkl/, a. (*astron.*) planetologico.

planetologist /plænɪ'tɒlədʒɪst/, n. planetologo.

planetology /plænɪ'tɒlədʒɪ/, n. (*astron.*) planetologia.

plangency /'plændʒənsɪ/, n. (*lett.*) **1** sonorità; risonanza **2** suono lamentoso.

plangent /'plændʒənt/, a. (*lett.*) **1** sonoro; risonante **2** lamentoso. ● **the p. waves**, i flutti che s'infrangono con fragore.

planimeter /plæ'nɪmɪtə(r)/, n. planimetro (*strumento per misurare superfici*).

planimetric(al) /plænɪ'metrɪk(l)/, a. planimetrico.

planimetry /plæ'nɪmətrɪ/, n. planimetria; geometria piana.

planing /'pleɪnɪŋ/, n. (*falegn., mecc.*) piallatura. ● **p. machine**, piallatrice (*macchina*).

to **planish** /'plænɪʃ/, v. t. **1** (*metall.*) martellare (*metalli*) **2** (*mecc.*) spianare (*con rulli, ecc.*).

planisphere /'plænɪsfɪə(r)/, n. (*astron.*) planisfero.

plank /plæŋk/, n. **1** asse; tavola; tavolone: **timber in planks**, legname in tavole **2** (*naut.*) tavola del fasciame **3** (*polit., specialm. USA*) caposaldo, articolo (*o* punto) importante (*d'un programma*). ● **p. bed**, tavolaccio (*delle prigioni*) □ (*fam.*) **to be as thick as two short planks**, essere proprio stupido (*o* del tutto cretino) □ (*naut.*) **gang p.**, passerella da sbarco □ (*stor.*) **to walk the p.**, esser gettato a mare dai pirati (*che sospingevano il prigioniero bendato su una tavola fino a farlo cadere in mare*).

to **plank** /plæŋk/, v. t. **1** coprire (*o* pavimentare, rivestire) di tavole **2** (*cucina*) battere (*la carne, per ammorbidirla*) **3** (*USA*) arrostire sulla graticola e servire su un'asse (*carne, pesce*). ● (*fam.*) **to p. down** (*o* **out**), sborsare (*denaro*) in contanti □ (*pop.*) **to p. st. down**, sbattere giù q.c. (*sul tavolo, ecc.*) con forza.

planking /'plæŋkɪŋ/, n. **1** tavolato; assito **2** (*naut.*) fasciame. ● (*naut.*) **deck p.**, tavolato del ponte.

plankton /'plæŋktən/, n. (*biol.*) plancton, plankton.

planktonic /plæŋ(k)'tɒnɪk/, a. (*biol.*) planctonico.

planner /'plænə(r)/, n. **1** (*archit., ind.*) progettista **2** ideatore di piani (*o* di progetti) **3** (*econ.*) pianificatore; programmatore **4** (*demogr.*) coppia che pratica il controllo delle nascite. ● **town p.** (*USA*: **city p.**), urbanista.

planning /'plænɪŋ/, n. **1** (*archit., ind.*) progettazione **2** concezione; invenzione **3** (*econ., ecc.*) pianificazione; programmazione. ● **p. board**, comitato per la programmazione □ **p. chief**, capo dell'ufficio progettazione □ **p. permission**, licenza edilizia; permesso di costruzione □ **town p.** (*USA*: **city p.**), urbanistica.

plano-concave /plænəʊ'kɒnkeɪv/, a. (*fis.*) pianoconcavo: **a p. lens**, una lente pianoconcava.

plano-convex /plænəʊ'kɒnveks/, a. (*fis.*) pianoconvesso.

plant /plɑːnt, *USA* plænt/, n. **1** (*bot.*) pianta; piantina (*da trapianto*); vegetale: **garden plants**, piante da giardino; **pot plants**, piante da vaso; **cabbage plants**, piantine di cavolo **2** (*mecc.*) impianto; attrezzi; attrezzatura: **a sanitary p.**, un impianto sanitario; (*ferr.*) **an interlocking p.**, un impianto di blocco **3** (*ind.*) fabbrica; stabilimento: **an automobile p.**, una fabbrica d'automobili; **a chemical p.**, uno stabilimento chimico **4** modo di piantarsi sulle gambe; atteggiamento; positura **5** (*pop.*) frode; inganno; truffa; tranello, trappola (*fig.*) **6** (*pop. USA*) nascondiglio di refurtiva (*o* di droga) **7** (*pop. USA*) spalla (*di truffatore*); infiltrato, spia. ● (*econ.*) **p. bargaining**, trattative salariali a livello aziendale □ **p. display**, mostra di piante □ **p. engineer**, impiantista □ (*ind.*) **p. engineering**, impiantistica □ **p. food**, concime liquido; fertilizzante □ **p. life**, flora; vegetazione □ **p. louse**, pidocchio delle piante; afide □ **p. maintenance**, manutenzione d'impianti □ **p. maintenance engineer**, manutentista □ (*bot.*) **p. pathology**, patologia vegetale; fitopatologia □ (*elettr.*) **generating p.**, gruppo generatore □ **hydroelectric power p.**, centrale idroelettrica □ (*di piante*) **to be in p.**, crescere; svilupparsi □ (*di piante*) **to lose p.**, avvizzire; seccarsi; morire □ (*bot.*) **to miss p.**, non spuntare (*dal seme*).

to **plant** /plɑːnt, *USA* plænt/, **A** v. t. **1** piantare; seminare: **to p. trees [seeds]**, piantar alberi [semi]; **to p. land with firs**, piantare (un terreno) ad abeti **2** piantare; conficcare; ficcare: **to p. a pole in the ground**, piantare un palo nel terreno; **to p. an idea into sb.'s mind**, ficcare un'idea in testa a q. **3** impiantare; fondare; stabilire; insediare: **to p. a new city**, fondare una nuova città; **to p. a church**, fondare una chiesa (*o* una religione); **to p. settlers in a region**, stabilire coloni in una regione **4** collocare; mettere (*q. in un posto*): **to p. a guard at sb.'s door**, mettere una guardia alla porta di q. **5** infiltrare; appostare (*q., specialm. come spia*) **6** (*fam.*) assestare, affibbiare, mollare (*un pugno, un colpo, a q.*) **7** (*fam.*) celare, nascondere, seppellire (*refurtiva, ecc.*) **8** (*fam.*) piantare (in asso); mollare **9** (*pop.*) seppellire. **B** to **plant oneself**, v. rifl. piantarsi: **He planted himself in front of the door**, si piantò davanti alla porta.

♦**plant on**, v. t. + prep. **1** piantare (i piedi, ecc.) su **2** assestare (*un colpo, un pugno*) a (q.), su (q.c.) **3** (*fam.*) mettere di nascosto (q.c.) in casa di (*o* addosso a: *q.; per farlo incriminare*): **I'm sure he didn't steal the money: it must have been planted on him**, sono sicuro che non ha rubato il denaro; glielo devono avere messo in casa per farlo incolpare.

♦**plant out**, v. t. + avv. svasare (*piante*).

plantable /'plɑːntəbl, *USA* 'plæn-/, a. che può esser piantato, ecc. (*V.* **to plant**).

Plantagenet /plæn'tædʒənɪt/, a. e n. (*stor.*) Plantageneto.

plantain (1) /'plæntɪn/, n. (*bot., Plantago major*) piantaggine.

plantain (2) /'plæntɪn/, n. (*bot., Musa paradisiaca*) varietà di banano; banana usata come legume.

plantar /'plæntə(r)/, a. (*anat.*) plantare (*della pianta del piede*).

plantation /plæn'teɪʃn/, n. **1** albereto; bosco **2** (*agric.*) piantagione: **a sugarcane p.**, una piantagione di canna da zucchero **3** (*stor.*) colonia; colonia penale.

planter /'plɑːntə(r), *USA* 'plænt-/, n. **1** piantatore; coltivatore: **tobacco p.**, coltivatore di tabacco **2** colono; colonizzatore **3** piantatrice (*macchina*): **a potato p.**, una piantatrice per patate **4** (*USA*) fioriera (*cassetta per fiori e piante*); vaso.

plantigrade /'plæntɪgreɪd/, a. e n. (*zool.*) plantigrado.

plantless /'plɑːntləs, *USA* 'plæn-/, a. senza piante; spoglio; nudo (*fig.*).

plantlet /'plɑːntlət, *USA* 'plæn-/, n. pianticella.

plantlike /'plɑːntlaɪk, *USA* 'plæn-/, a. simile a una pianta.

plaque /plɑːk, *USA* plæk/ (*franc.*), n. **1** placca; piastra; targa (*di marmo o metallo*) **2** (*med.*) placca **3** (*med.*, = **dental p.**) placca batterica.

plaquette /plæ'ket/ (*franc.*), n. placchetta; piastrina.

plash (1) /plæʃ/, n. (*lett.*) pozza fangosa; acquitrino; pozzanghera.

plash (2) /plæʃ/, n. sciabordio; sciaguattio; lieve rumore; piccolo tonfo: **the p. of a fountain**, lo sciaguattio d'una fontana; **the p. of bare feet**, il lieve rumore di piedi nudi.

to **plash** (1) /plæʃ/, v. t. e i. **1** sciabordare; sciaguattare; diguazzare **2** schizzare; sprizzare; spruzzare.

to **plash** (2) /plæʃ/, v. t. **1** piegare e intrecciare (*rami, per fare una siepe*) **2** fare, accomodare (*una siepe, intrecciando rami*).

plashy (1) /'plæʃɪ/, a. (*lett.*) fangoso; acquitrinoso.

plashy (2) /'plæʃɪ/, a. che sciaborda; che sciaguatta.

plasm /'plæzəm/, n. (*biol.*) plasma.

plasma /'plæzmə/, n. (*biol., fis., miner., miss.*) plasma. ● (*biol.*) **p. cell**, plasmacellula; plasmocita □ (*aeron.*) **p. engine**, motore a plasma □ (*fis.*) **p. physics**, fisica del plasma □ **p. proteins**, proteine plasmatiche □ (*miss.*) **p. rocket**, razzo a plasma □ **blood p.**, plasma sanguigno.

plasmapheresis /plæzmə'ferəsɪs/, n. (*med.*) plasmaferesi.

plasmatic /plæz'mætɪk/, **plasmic** /'plæzmɪk/, a. (*biol.*) plasmatico.

plasmid /'plæzmɪd/, n. (*biol.*) plasmide; plasmidio.

plasmin /'plæzmɪn/, n. (*biol.*) plasmina.

plasmocytoma /plæzməʊ'təʊmə/, n. (*med.*) plasmocitoma.

plasmodium /plæz'məʊdɪəm/, n. (*pl.* **plasmodia**) (*zool., biol.*) plasmodio.

plaster /'plɑːstə(r), *USA* 'plæs-/, n. **1** (*edil.*) intonaco; malta da intonaco **2** (= **p. of Paris**) gesso di Parigi; scagliola **3** (*med.*) impiastro; cataplasma **4** (*med.*, = **sticking p.**) cerotto **5** (*med.*) gesso: **He's got one leg in p.**, ha una gamba ingessata. ● **p. cast**, (*arte*) calco, modello in gesso; (*med.*) ingessatura □ (*edil.*) **p. coat**, (mano d') intonaco □ **p. refuse**, calcinacci □ **a mustard p.**, un senapismo.

to **plaster** /'plɑːstə(r), *USA* 'plæs-/, v. t. **1** (*edil.*) intonacare (*muri, ecc.*) **2** (*med.*) applicare un impiastro a; mettere un cerotto su **3** (*med.*) ingessare (*un braccio rotto, ecc.*) **4** (*fig.*) impiastrare; ricoprire; tappezzare; affiggere, attaccare (*con la colla, ecc.*): **They plastered posters on the walls**, attaccarono manifesti ai muri **5** trattare (*vino*) col solfato di calcio (*per togliere l'acidità*) **6** (*agric.*) gessare **7** (*pop.*) picchiare forte; dare una batosta a; battere; sconfiggere. ● (*fig.*) **to p. sb. with praise**, coprire q. di elogi □ **The town was plastered with advertisements**, i muri della città erano coperti di manifesti pubblicitari.

♦**plaster down**, v. t. + avv. impiastrare; impomatare: **to p. down one's hair**, impomatarsi i capelli.

♦**plaster on**, v. t. + avv. (*o* prep.) **1** attaccare, affiggere (*avvisi, manifesti, ecc.*) **2** appiccicare (*vernice, ecc.*) **3** spalmare (*burro, ecc.*).

♦**plaster over**, v. t. + avv. (o prep.) **1** chiudere con il gesso; stuccare: **to p. over the cracks in a wall**, stuccare le fessure in un muro **2** (*fig.*) celare; nascondere: **They're thying hard to p. over their differences**, fanno di tutto per nascondere le loro divergenze □ (*fig.*) **to p. over the cracks**, coprire gli screzi.

♦**plaster up**, v. t. + avv. chiudere con il gesso; stuccare.

plasterboard /'plɑːstəbɔːd, *USA* 'plæst-/, n. (*edil.*) plasterboard; pannello di cartongesso.

plastered /ˈplɑːstəd, *USA* ˈplæst-/, *a.* (*pop.*) ubriaco; sbronzo.

plasterer /ˈplɑːstərə(r), *USA* ˈplæst-/, *n.* (*edil.*) intonacatore; scagliolista; stuccatore.

plastering /ˈplɑːstərɪŋ, *USA* ˈplæst-/, *n.* **1** (*edil.*) intonacatura **2** (*edil.*) (mano di) intonaco **3** (*med.*) ingessatura **4** (*pop.*) solenne batosta. ● **cement p.**, intonaco di cemento □ **lime p.**, intonaco a calce.

plasterwork /ˈplɑːstəwɜːk, *USA* ˈplæst-/, *n.* (*edil.*) (lavoro d') intonacatura.

plastery /ˈplɑːstərɪ, *USA* ˈplæs-/, *a.* gessoso; simile a intonaco.

plastic /ˈplæstɪk/, **A** *a.* **1** plastico (*anche mecc.*): **p. arts**, arti plastiche; **p. surgery**, chirurgia plastica; **p. clay**, argilla plastica **2** (*fig.*) plasmabile; modellabile; influenzabile; duttile **3** falso; artificiale. **B** *n.* **1** materia plastica; plastica **2** oggetto di plastica **3** (*fam.*) carta di credito: **«Hang 5 for p.»** (*cartello*), «aggiungete un 5% se pagate con carta di credito». ● (*specialm. USA*) **p. bomb**, bomba al plastico □ **p. bullet**, proiettile di plastica □ (*banca*) **p. card**, carta di credito □ (*archit.*) **p. model**, plastico (*d'un edificio, ecc.*) □ (*banca*) **p. money**, le carte di credito □ **p. riot shield**, scudo di plastica (*dei poliziotti*) □ (*med.*) **p. surgeon**, specialista in chirurgia plastica □ **to coat with p.**, ricoprire di plastica; plasticare □ **to model with p. material**, plasticare (*modellare*).

to **plastic-bomb** /ˈplæstɪkbɒm/, *v. t.* attaccare con bombe al plastico; plasticare (*gergale*).

to **plastic-coat** /ˈplæstɪkkəʊt/, *v. t.* ricoprire di plastica; plasticare.

Plasticine /ˈplæstɪsiːn/, *n.* (*marchio: scult.*) plastilina.

plasticity /plæˈstɪsətɪ/, *n.* **1** (*mecc.*) plasticità **2** (*arte*) plasticità; effetto plastico **3** (*fig.*) influenzabilità; duttilità; adattabilità.

plasticization /plæstɪsaɪˈzeɪʃn, *USA* -sɪˈz-/, *n.* (*ind.*) plastificazione.

to **plasticize** /ˈplætɪsaɪz/, **A** *v. t.* (*ind.*) plastificare. **B** *v. i.* plastificarsi.

plasticizer /ˈplæstɪsaɪzə(r)/, *n.* (sostanza) plastificante.

plastics /ˈplæstɪks/, *n. pl.* **1** materie plastiche; plastica **2** (*col verbo al sing.*) scienza delle materie plastiche **3** (*med.*) chirurgia plastica; plastica. ● **p. engineer**, tecnico della plastica □ **p. manufacturer**, fabbricante di articoli di plastica □ **p. tableware**, posate e piatti di plastica.

plastid /ˈplæstɪd/, *n.* (*biol., bot.*) plastidio.

plastron /ˈplæstrən/, *n.* **1** (*stor.*) piastrone (*dell'armatura*); pettorale (*arc.*) **2** (*scherma*, = **metallic p.**) coprigiubbotto metallico **3** (*zool.*) piastrone (*di tartaruga*) **4** pettorina (*d'abito femminile*) **5** sparato inamidato (*di camicia da uomo*).

plat (**1**) /plæt/, *n.* **1** (*arc.*) piccolo lotto; pezzetto di terreno **2** (*USA*) pianta (*d'una città, ecc.*); mappa.

plat (**2**) /plæt/, *n.* treccia; corda (*V.* **plait**, *def. 1*).

to **plat** /plæt/, *v. t.* intrecciare; intessere (*V.* **to plait**).

platan /ˈplætən/, *n.* (*bot., Platanus*) platano.

plate /pleɪt/, *n.* **1** piatto; piatto piano; piattino: **a fruit p.**, un piattino per la frutta; **a p. of meat**, un piatto di carne **2** (*collett.*) argenteria; posateria; vasellame: **a piece of p.**, un pezzo d'argenteria **3** foglio (*di metallo*); piastra; placca; lamina; lastra (*anche fotogr.*); negativa: (*elettr.*) **positive p.**, piastra positiva **4** (*metall.*) lamiera: (*naut.*) **keel p.**, lamiera di chiglia **5** (*arte, tipogr.*) lastra per incisioni; cliché; lastra stereotipa **6** (*arte, tipogr.*) incisione; (*editoria*) illustrazione; tavola fuori testo **7** (= **name p.**) targa; targhetta; (*autom.*) targa: **a brass p.**, una targa d'ottone **8** (*nelle corse*) coppa (*per il vincitore*); premio (*in genere*) **9** (*med.*, = **dental p.**) placca di resina; placca palatale; dentiera **10** (*edil.*) base, zoccolo; (*anche*) traversino **11** (*mecc.*) lastra, piastra; disco (*metallico*): **the clutch plates**, i dischi della frizione **12** (*baseball*) «piatto»; base: **home p.**, casa base **13** (*anat.*) lamina **14** (*metall.*) lamella **15** (*geol.*) placca; zolla: **p. tectonics**, tettonica a zolle **16** (*elettr., elettron.*) anodo **17** (*elettr.*) armatura del condensatore **18** (*elettr.*) *V.* **wall p.**, *sotto* **wall** **19** (*zool.*) squama **20** (*USA*) coperto (*a tavola*). ● **p.-armour**, (*stor.*) corazza di piastre; (*naut.*) corazza di navi da guerra □ **p. basket**, cestino per posate □ (*edil.*) **p. cut**, intestatura □ **p. glass**, cristallo in lastre; vetro da specchi (*o* per vetrine) □ (*autom.*) **p. number**, numero di targa □ **p. rack**, rastrelliera; scolapiatti (*appeso*); rastrelliera portapiatti □ (*stor.*) **p.-rail**, rotaia di tipo antiquato □ **p.-warmer**, scaldapiatti □ **dinner at fifty dollars a p.**, pranzo a cinquanta dollari (a testa) □ (*fig. fam.*) **to have a lot on one's p.**, avere troppa carne al fuoco; avere un sacco di cose da fare □ (*autom. USA*) **license p.**, *V.* **number p.** □ (*autom.*) **number-p.**, targa □ (*fig.*) **on a p.**, senza sforzo; su un piatto d'argento (*fig.*) □ **shallow p.**, piatto piano □ **soup p.**, piatto fondo; scodella.

to **plate** /pleɪt/, *v. t.* **1** (*tecn.*) placcare **2** (*metall.*) laminare **3** (*naut.*) fasciare, corazzare (*una nave*) **4** (*mecc.*) fissare con piastre **5** (*tipogr.*) preparare le matrici di (*un volume, ecc.*). ● **to gold-p.**, dorare; indorare □ **to platinum-p.**, platinare □ **to silver-p.**, argentare □ **to zinc-p.**, zincare.

plateau /ˈplætəʊ, *USA* plæˈtəʊ/, *n.* (*pl.* **plateaus, plateaux**) **1** (*geogr.*) plateau; altopiano **2** plateau; vassoio **3** (*econ., fin.*) plateau (*di prezzi, ecc.*).

plated /ˈpleɪtɪd/, *a.* (*specialm. nei composti*) placcato: **gold-p.**, placcato in oro; dorato.

plateful /ˈpleɪtfʊl/, *n.* piatto; piatto colmo; quanto sta in un piatto.

platelayer /ˈpleɪtleɪə(r)/, *n.* (*ferr.*) **1** operaio addetto alla posa (*o* alla manutenzione) dei binari **2** manovale di linea.

platelet /ˈpleɪtlət/, *n.* (*biol.*, = **blood p.**) piastrina. ● (*med.*) **p. thrombosis**, trombosi piastrinica.

platemark /ˈpleɪtmɑːk/, *V.* **hallmark**.

platen /ˈplætən/, *n.* **1** (*tipogr.*) premicarta; platina: **p. press**, macchina a platina **2** (*di macchina da scrivere, di stampante*) rullo **3** (*mecc.*) piastra metallica.

plater /ˈpleɪtə(r)/, *n.* **1** (*tecn.*) placcatore **2** (*sport, arc.*) cavallo (*da corsa*) di scarso valore.

platform /ˈplætfɔːm/, *n.* **1** piattaforma; palco; tribuna (*per oratori*): **concert p.**, palco dei suonatori **2** (*ferr.*) marciapiede; banchina; binario: **The train will leave from p. six**, il treno partirà dal binario sei **3** – (*fig.*) **the p.**, l'oratoria; l'arte oratoria **4** (*polit., ecc.*) piattaforma; piattaforma rivendicativa; principi programmatici (*d'un partito, ecc.*) **5** (*geol.*) piattaforma **6** (*edil.*) ponte. ● **p. balance**, basculla; bilancia (*o* ponte) a bilico □ (*ferr.*) **p. car**, pianale; carro merci senza sponde □ (*ferr.*) **p. roofing**, pensilina □ (*moda*) **p. shoes**, zatteroni (*sandali con suola e tacco altissimi*) □ (*ferr.*) **p. ticket**, biglietto d'ingresso □ (*edil.*) **p. tower**, ponteggio.

to **platform** /ˈplætfɔːm/, **A** *v. t.* collocare (*o* mettere) su una piattaforma. **B** *v. i.* parlare da un palco (*o* da una tribuna).

platforming /ˈplætfɔːmɪŋ/, *n.* (*chim.*) platforming.

platforms /ˈplætfɔːmz/, *n. pl.* (*moda*) zatteroni.

platina /pləˈtiːnə/, *n.* (*metall.*) platina.

plating /ˈpleɪtɪŋ/, *n.* **1** (*tecn.*) placcaggio, placcatura (*doratura, argentatura, ecc.*) **2** (*metall.*) preparazione delle lamiere **3** (*naut.*) fasciame metallico **4** (*aeron.*) rivestimento.

platinic /pləˈtɪnɪk/, *a.* (*chim.*) platinico.

platinization /plætɪnaɪˈzeɪʃn, *USA* -nɪˈz-/, *n.* (*ind.*) platinatura.

to **platinize** /ˈplætɪnaɪz/, *v. t.* (*ind.*) platinare.

platinoid /ˈplætɪnɔɪd/, *n.* (*metall.*) platinoide (*lega*).

platinotype /ˈplætɪnəʊtaɪp/, *n.* (*fotogr., un tempo*) platinotipia.

platinous /ˈplætɪnəs/, *a.* **1** (*chim.*) platinoso **2** (*miner.*) platinifero.

platinum /ˈplætɪnəm/, *n.* (*chim.*) platino. ● **p. black**, nero di platino □ (*fam.*) **p. blonde**, bionda platinata □ **p. plating**, platinatura.

platitude /ˈplætɪtjuːd, *USA* -tuːd/, *n.* insulsaggine; luogo comune; banalità.

platitudinarian /plætɪtjuːdɪˈneərɪən, *USA* -tuː-/, **A** *n.* chi dice o scrive insulsaggini; chi si compiace di luoghi comuni. **B** *a.* banale; insulso; trito.

to **platitudinize** /plætɪˈtjuːdɪnaɪz, *USA* -ˈtuː-/, *v. i.* dire (*o* scrivere) insulsaggini; essere banale.

platitudinous /plætɪˈtjuːdɪnəs, *USA* -ˈtuː-/, *a.* insulso; trito; banale.

Plato /ˈpleɪtəʊ/, *n.* (*stor., filos.*) Platone.

Platonic /pləˈtɒnɪk/, *a.* (*filos.*) platonico: (*fig.*) **P. love**, amore platonico. || **-ally**, *avv.*

Platonism /ˈpleɪtənɪzəm/, *n.* (*filos.*) platonismo.

Platonist /ˈpleɪtənɪst/, *n.* (*filos.*) platonico.

to **Platonize**, to **Platonise** /ˈpleɪtənaɪz/, **A** *v. i.* (*filos.*) essere un seguace di Platone; filosofare alla maniera platonica. **B** *v. t.* rendere platonico.

platoon /pləˈtuːn, *USA* plæ-/, *n.* **1** (*mil.*) plotone **2** (*per estens.*) gruppo; squadra.

platter /ˈplætə(r)/, *n.* **1** (*arc. o USA*) piatto ovale; piatto da portata **2** (*pop., nel baseball*) «piatto»; base **3** (*pop.*) disco fonografico. ● (*tur.*) **cold cuts p.**, piatto freddo □ (*fig. USA*) **on a** (**silver**) **p.**, senza sforzo; su un piatto d'argento (*fig.*).

platyhelminth /plætɪˈhelmɪnθ/, *n.* (*zool.*) platelminta.

Platyhelminthes /plætɪhelˈmɪnθiːz/, *n. pl.* (*zool.*) platelminti.

platypus /ˈplætɪpəs/, *n.* (*pl.* **platypuses, platypi**) (*zool., Ornithorhynchus anatinus*; = **duckbilled p.**) ornitorinco.

platyrrhine /ˈplætɪraɪn/, *a.* (*zool.*: *di scimmia*) platirrina.

plaudit /ˈplɔːdɪt/, *n.* (*di solito al pl.*) applauso; plauso; elogio.

plausibility /plɔːzəˈbɪlətɪ/, *n.* **1** accettabilità; ragionevolezza; verosimiglianza; plausibilità **2** (*spreg.*) falsità; speciosità.

plausible /ˈplɔːzəbl/, *a.* **1** accettabile; ragionevole; verosimile; plausibile: **a p. excuse**, una scusa accettabile; **a p. argument**, un argomento ragionevole (*o* giusto in apparenza) **2** (*spreg.*) falso; ingannevole; specioso. ● **a p. rascal**, un furfante che la sa vendere. || **-bly**, *avv.*

plausive /ˈplɔːsɪv/, *a.* plaudente; elogiativo.

Plautus /ˈplɔːtəs/, *n.* (*stor. letter.*) Plauto.

play /pleɪ/, *n.* **1** gioco; modo di giocare; scherzo; celia; divertimento; ricreazione: **The children are at p.**, i bambini sono intenti al gioco (stanno giocando); **to lose ten thousand dollars in one evening's p.**, perdere diecimila dollari al gioco in una sera; (*sport*) **That is pretty p.** (*o* **a pretty bit of p.**), ora si fa un bel gioco; **the p. of sunlight upon leaves**, il gioco della luce del sole sulle foglie; **the p. of muscles**, il gioco dei muscoli; **to do st. in p.**, fare q.c. per gioco (*o* per scherzo); **to say st. in p.**, dire q.c. per celia **2** (*mecc.*) gioco: **the excessive p. of the bolts**, il gioco eccessivo dei bulloni **3** (*teatr.*) rappresentazione; dramma; commedia: **the plays of John Webster**, i drammi di John Webster; **The p. fell flat**, la commedia fu un vero fiasco **4** (*mus.*) esecuzione **5** modo di giocare: **the game and p. of chess**, il gioco degli scacchi e come giocarlo **6** mossa: **It's your p.!**, a te la mossa! **7** (*fig.*) attività; azione: **to be in full p.**, essere in azione. ● **p. acting**, rappresentazione teatrale (di drammi); (*fig.*) commedia, finzione; melodramma (*fig.*) □ **p.-box**, scatola per giocattoli □ (*radio, TV, USA*) **p.-by-p.**, minuto per minuto, dettagliato (*rif. a commento di partita, ecc.*) □ **p.-day**, giorno di vacanza (*da scuola*)

□ **p.-debt**, debito di gioco □ (*USA*) **p. dough**, plastilina □ **p. of fancy**, fantasticheria □ (*sport*) **p.-off**, partita supplementare; play-off; spareggio □ **a p. on words**, un gioco di parole □ **p. pool**, piscina per giochi; piscinetta (*per bambini*) □ **p. street**, strada (*di città*) chiusa al traffico per i giochi dei bambini □ **to allow full p. to one's restlessness**, dare pieno sfogo alla propria irrequietezza □ **as good as a p.**, assai interessante; molto divertente □ **to bring** (*o* **to call**) **into p.**, mettere in gioco; fare intervenire; mettere in azione □ **to come into p.**, entrare in gioco (*fig.*); entrare in azione: **Other forces came into p.**, altre forze entrarono in azione □ **to give free p. to one's imagination**, dare (libero) sfogo alla propria fantasia □ (*sport*: *del pallone, della palla*) **in p.**, in gioco □ (*sport*) **to make p.**, dar filo da torcere agli avversari □ (*sport*: *del pallone, della palla*) **out of play**, fuori gioco □ (*sport*) **rough p.**, gioco pesante □ **It's your p.**, tocca a te giocare; sta a te muovere □ **We went to the p.**, andammo a teatro (*a un teatro di prosa*).

to **play** /pleɪ/, *v. t.* e *i.* ***1*** giocare, giocare a (*o* con); gareggiare; giocherellare; baloccarsi; gingillarsi; divertirsi; scherzare; trastullarsi: **to p. tennis**, giocare a tennis; **to p. hockey**, giocare a hockey; **to p. with a ball**, giocare con una palla; **to p. sb. at cards**, giocare a carte con q.; **Let's p. at soldiers**, giochiamo alla guerra!; **Let's p. at being Redskins**, giochiamo agli indiani!; **to p. a pawn**, giocare (*o* muovere) un pedone (*a scacchi*); **to p. one's cards well** [**badly**], giocare bene [male] le proprie carte (*anche fig.*); **to p. with a bunch of keys**, baloccarsi (*o* gingillarsi) con un mazzo di chiavi; (*fig.*) **to p. with the fire**, scherzare col fuoco ***2*** (*fam.*) giocare a essere; fare la parte di; far mostra; far finta: **Jim played ski instructor**, Jim faceva la parte del maestro di sci; **to p. innocent**, recitare la parte dell'innocente ***3*** (*sport*) giocare: **Is he going to p. today?** giocherà oggi?; **to p. in goal**, giocare in porta □ **to p. (at) chess**, giocare a scacchi ***4*** (*sport*) far giocare; mettere in campo: **The coach played Jones as goalkeeper**, l'allenatore fece giocare Jones in porta (*o* mise Jones in campo come portiere); **to p. sb. as defence**, fare giocare q. in difesa ***5*** (*sport*: *del terreno*) essere adatto al gioco: **This cricket pitch plays well**, questo campo di cricket è adatto al gioco (*ci si gioca bene*) ***6*** giocare contro (q.): **Scotland was playing Wales**, la Scozia giocava contro il Galles; **Will you p. the challenger?**, giocherai contro lo sfidante? ***7*** (*teatr.*) recitare; rappresentare; fare la parte di; fare (*una parte*); (*di una commedia, ecc.*) essere recitato; tenere il cartellone: **to p. King Lear**, rappresentare il Re Lear; **to p. Hamlet**, fare la parte d'Amleto; **to p. one's part well**, fare bene la propria parte (*anche fig.*) ***8*** (*mus.*) suonare (*specialm. uno strumento a corda*): **to p. by ear**, suonare a orecchio; **to p. the violin**, suonare il violino; **The orchestra was playing a waltz**, l'orchestra stava suonando un valzer ***9*** scherzare (*poet.*); muoversi qua e là; errare; (*del vento*) soffiare: **The moonlight was playing on the still waters of the lake**, il chiaro di luna scherzava sulle acque tranquille del lago; **A faint smile played on her lips**, un lieve sorriso le errava sulle labbra (*o* le sfiorava le labbra) ***10*** (*mecc.*: *di un pezzo*) aver gioco: **Pistons must p. inside cylinders**, i pistoni devono aver gioco dentro ai cilindri ***11*** (*di fontane*) zampillare ***12*** dirigere, orientare (*un getto d'acqua, ecc.*): **He played the water along the side of the burning boat**, diresse il getto d'acqua lungo la fiancata della barca in fiamme; **We played a searchlight on the enemy trenches**, illuminammo con un riflettore le trincee nemiche ***13*** (*dei muscoli*) guizzare (*sotto la pelle*). ● (*calcio*) **to p. a ball**, calciare una palla □ **to p. ball**, (*sport*) dare il calcio d'inizio (*o* di ripresa); (*fig.*) fare la propria parte; non tirarsi indietro (*fig.*); (*fam.*) **to p. ball with sb.**, collaborare con q.; dare una mano a q. □ **to p. one's cards close to one's chest**, tenersi le carte strette al petto (*giocando*); (*fig.*) tenere nascoste le proprie mosse □ **to p. dead**, fare finta d'essere morto, fare il morto; (*fig.*) restare indifferente, fare finta di niente □ **to p. the devil**, fare il diavolo a quattro □ **to p. fair**, giocare lealmente; (*fig.*) giocare a carte scoperte, comportarsi in modo leale □ **to p. sb. false**, tradire q.; ingannare q. □ (*fig.*) **to p. first fiddle**, avere una parte di primo piano; avere molta voce in capitolo □ **to p. a fish**, stancare un pesce dandogli corda e poi tirando la lenza □ **to p. sb. like a fish**, giocare con q. come il gatto con il topo □ **to p. the fool**, fare lo stupido □ **to p. for heavy stakes**, giocare forte, d'azzardo □ **to p. for safety**, stare sul sicuro; (*sport*) tirare a «fare risultato» (*accontentandosi di un pareggio*) □ **to p. for sympathy**, cercare di accattivarsi la simpatia □ **to p. for time**, cercare di guadagnare tempo □ **to p. foul**, (*sport*) fare falli, essere falloso; (*fig.*) barare; essere sleale □ **to p. the game**, stare alle regole del gioco; (*fig.*) esser leale, onesto □ (*fig.*) **to p. sb.'s game**, stare al gioco di q. □ (*fam.*) **to p. games with sb.** [**st.**], farsi gioco di q. [giocare (*o* giocherellare) con q.c.] □ **to p. high**, giocar forte; fare forti puntate □ (*fam.*) **to p. the horses**, giocare alle corse (*di cavalli*) □ (*fig.*) **to p. into sb.'s hands**, fare il gioco di q. □ **to p. oneself into a new job**, fare l'abitudine (*fam.*: l'osso) a un lavoro nuovo □ (*fam.*) **to p. it cool**, mantenere la calma □ **to p. low**, giocare in modo prudente; fare puntate basse □ (*Borsa, fin.*) **to p. the market**, speculare (*o* giocare) in Borsa □ **to p. safe**, tenersi dalla parte del sicuro; non voler correre rischi □ (*fig.*) **to p. second fiddle**, avere una parte secondaria (*o* di secondo piano) □ (*sport*) **to p. a shot backhand**, effettuare (*o* eseguire) un tiro di rovescio □ **to p. to the gallery**, (*teatr.*) recitare per il (*o* per il gusti del) loggione; (*fig.*) cercare una popolarità a buon mercato □ (*teatr.*) **to p. to a full house**, recitare a teatro esaurito □ **to p. truant**, marinare la scuola □ **to p. a waiting game**, (*sport*) fare melina; (*fig.*) tirarla per le lunghe; stare a vedere come si mettono le cose □ **to p. with a girl's feelings**, farsi gioco dei sentimenti d'una ragazza □ (*eufem.*) **to p. with oneself**, masturbarsi □ **P. the man!**, sii uomo!; comportati da uomo! □ **Come and hear the music p.**, vieni ad ascoltare la musica! □ **A new movie is playing tonight**, questa sera danno un film nuovo.

♦**play about** (*o* **around**), *v. i.* + *avv.* ***1*** spassarsela (*anche fig.*); divertirsi; giocare: **to p. around on the seashore**, giocare sulla spiaggia; **to p. about with sand**, giocare con la sabbia; **to p. around with native girls**, spassarsela con le ragazze indigene ***2*** trastullarsi: **to p. around with dangerous substances**, trastullarsi con sostanze pericolose.

♦**play along**, **A** *v. t.* + *avv.* tenere (q.) sulla corda; fare aspettare (*prima di decidere, ecc.*). **B** *v. i.* + *avv.* (*fam.*) fingere d'essere d'accordo □ **to p. along with sb.'s offer** [**proposal**], mostrare d'accettare l'offerta [di aderire alla proposta] di q.

♦**play at**, *v. i.* + *prep.* ***1*** *V.* **to play**, *def. 1* ***2*** fare (q.c.) per gioco; scherzare con (q.c.); giocare a: **One shouldn't p. at business**, con gli affari non si scherza!; (*fam.*) **What are you playing at?**, a che gioco giochiamo?; cosa credi di fare? ***3*** fingere di; fare (q.c.) per mostra, di malavoglia: **to p. at fighting**, fare finta di battersi.

♦**play back**, *v. t.* + *avv.* ***1*** (*sport*) rinviare (*una palla*); respingere (*un tiro*) ***2*** riascoltare (*un nastro, ecc.*); ascoltare la registrazione di (*un concerto, un discorso, ecc.*).

♦**play down**, *v. t.* + *avv.* sminuire l'importanza di (q.c.); minimizzare □ (*specialm. polit.*) **to p. down to sb.**, mettersi all'altezza di q.; scendere al livello di q.

♦**play in**, *v. i.* + *prep.* ***1*** giocare (recitare, suonare, ecc.) in (*un luogo, un dramma, un'opera, ecc.*) ***2*** (*sport*) giocare in (*un ruolo*): **to p. in a defence position** [**in goal**], giocare in difesa [in porta] □ **to p. oneself in**, (*sport*) scaldarsi nei primi minuti di gioco; (*fig.*) rodarsi, farci l'osso (*pop.*).

♦**play off**, **A** *v. i.* + *avv.* (*sport*) giocare lo spareggio; disputare la bella (*fam.*). **B** *v. t.* + *avv.* ***1*** (*sport*) disputare (*una partita di spareggio*): **to p. off an additional match** (*o* **a draw, a tie**), disputare lo spareggio ***2*** (*sport*) far giocare lo spareggio a: **to p. the two top teams against each other**, far giocare lo spareggio alle due squadre in testa alla classifica ***3*** (*fig.*) contrapporre (q.) a un altro (*specialm. per trarne un vantaggio*); mettere su (*fam.*): **Don't p. off your daughter against her husband!**, non mettere su tua figlia contro suo marito!

♦**play on**, **A** *v. i.* + *avv.* continuare (*o* riprendere) a giocare (*o* a suonare, a recitare, ecc.): (*sport*) **P. on!**, riprendete il gioco! **B** *v. t.* + *avv.* (*sport*) mantenere (*un avversario*) in gioco. **C** *v. i.* + *prep.* ***1*** giocare (suonare, recitare, ecc.) su (*un luogo, uno strumento, ecc.*) ***2*** *V.* **to play**, *def. 9* ***3*** agire, far leva su (q.c.); strumentalizzare: **to p. on sb.'s feelings** [**fears**], far leva sui sentimenti [sui timori] di q. **D** *v. t.* e *prep. V.* **to play**, *def. 12* □ **to p. a joke** (*o* **a prank**) **on sb.**, fare uno scherzo a q. □ **to p. a trick on sb.**, fare un brutto tiro a q. □ **to p. on words**, fare giochi di parole.

♦**play out**, **A** *v. i.* + *avv.* giocare all'aperto. **B** *v. t.* + *avv.* ***1*** finire (*una partita*); recitare (*una commedia, una parte ecc.*) fino in fondo ***2*** (*fig.*) condurre (*una lotta, ecc.*) fino in fondo ***3*** (*fig.*) sfogare giocando (*un istinto, ecc.*) ***4*** accompagnare (*con la musica*) l'uscita di (q.) ***5*** filare, mollare (*una fune, ecc.*) □ (*sport*) **to p. it out**, giocare finché uno dei due vinca □ (*sport*) **to p. out time**, tirare a «fare risultato» (*accontentandosi del pareggio*) □ (*fam.*) **to be played out**, (*di persona*) essere esausto, stanco morto; (*di denaro, provviste, ecc.*) essere finito, esaurito; (*di abitudini, idee, ecc.*) essere sorpassato, fuori moda.

♦**player over**, *v. t.* + *avv.* giocare (*o* recitare, suonare, ecc.) di nuovo; (*sport*) rigiocare.

♦**play round**, *V.* **play about**.

♦**play through**, **A** *v. t.* + *avv.* giocare (*una partita*); recitare (una commedia), suonare (*musica*) fino in fondo. **B** *v. i.* + *avv.* (*sport*) continuare a vincere (partite).

♦**play up**, **A** *v. t.* + *avv.* ***1*** mettere in evidenza (*o* in risalto); enfatizzare: **to p. up one's qualifications**, mettere in risalto i requisiti che si posseggono ***2*** (*fam. USA*) pubblicizzare; reclamizzare ***3*** (*fam.*) infastidire, dare fastidio a; tormentare. **B** *v. i.* + *avv.* ***1*** (*sport*) giocare di buona lena; mettercela tutta; darci sotto (*fam.*) ***2*** (*fam.*) comportarsi male; fare le bizze; fare i capricci: **The vacuum cleaner is playing up again**, l'aspirapolvere fa di nuovo i capricci.

♦**play up to**, *v. i.* + *avv.* + *prep.* ***1*** (*teatr.*) fare da spalla a (*un altro attore*) ***2*** (*fig.*) tener bordone a (q.) ***3*** (*fam.*) adulare; insaponare, sviolinare (*fam.*).

♦**play upon**, *V.* **play on**.

playable /ˈpleɪəbl/, *a.* ***1*** che si può giocare ***2*** (*mus.*) che si può suonare ***3*** (*di campo di gioco*) su cui si può giocare; praticabile.

to **play-act** /ˈpleɪækt/, *v. i.* ***1*** fare la commedia; fingere; simulare ***2*** essere melodrammatico (*o* teatrale) ***3*** (*teatr.*) recitare.

playback /ˈpleɪbæk/, *n.* ***1*** (*mus., radio, TV*) playback; replay; ripetizione; riproduzione ***2*** (*mus.*) pulsante del playback (*di mangianastri, ecc.*). ● (*elettron.*) **p. head**, testina di playback; testina di riproduzione.

playbill /ˈpleɪbɪl/, *n.* (*teatr.*) ***1*** cartellone; manifesto; locandina ***2*** programma.

playboy /ˈpleɪbɔɪ/, *n.* playboy; giovane frivolo e mondano.

player /ˈpleɪə(r)/, *n.* ***1*** (*anche sport*) giocatore, giocatrice: **a football p.**, un giocatore di calcio *2* (*teatr.*) attore, attrice: **strolling players**, attori girovaghi *3* (*mus.*) suonatore, suonatrice; esecutore (*di musica*) *4* (*Borsa, fin.*) speculatore *5* (= **record p.**) giradischi. ● (*mus.*) **p. piano**, pianoforte meccanico; pianola □ (*cricket*) **Gentlemen v.** (*o* **versus**) **Players** (*cartello*), incontro fra una squadra di dilettanti e una di professionisti.

playfellow /'pleɪfeləʊ/, *n.* compagno (*o* compagna) di gioco.

playful /'pleɪfl/, *a.* allegro; brioso; giocoso; festoso; festevole (*raro*); scherzoso; vivace. ● **a p. kitten**, un gattino giocherellone. || **-ly**, *avv.* || **-ness**, *sost.*

playgoer /'pleɪgəʊə(r)/, *n.* assiduo frequentatore di teatri.

playground /'pleɪgraʊnd/, *n.* *1* terreno di gioco (*per bambini*); cortile per la ricreazione (*presso scuole*) *2* (*sport*) campo di gioco *3* luogo di villeggiatura; zona turistica.

playgroup /'pleɪgru:p/, *n.* (*in G.B., dal 1960*) asilo infantile di quartiere; gruppo di gioco.

playhouse /'pleɪhaʊs/, *n.* *1* teatro *2* casa-giocattolo (*per bambini*) *3* (*USA*) casa della bambola.

playing /'pleɪɪŋ/, *n.* *1* gioco *2* (*teatr.*) rappresentazione; recitazione *3* (*mus.*) esecuzione; interpretazione. ● **p. cards**, carte da gioco □ **p. field**, campo da gioco.

playlet /'pleɪlət/, *n.* (*teatr.*) breve dramma; commediola.

playmaker /'pleɪmeɪkə(r)/, *n.* (*sport*) playmaker; chi imposta e dirige le azioni del gioco.

playmate /'pleɪmeɪt/, *n.* compagno (*o* compagna) di gioco.

playpen /'pleɪpen/, *n.* box (*per bambini*).

playpit /'pleɪpɪt/, *n.* piccola buca per i giochi dei bambini (*spesso piena di sabbia*).

playroom /'pleɪru:m, -rʊm/, *n.* stanza dei giochi.

playschool /'pleɪsku:l/, *n.* nido d'infanzia.

playsuit /'pleɪˌsju:t/, *n.* tenuta da gioco; tenuta sportiva (*per donna o bambino*).

plaything /'pleɪθɪŋ/, *n.* giocattolo; balocco (*anche fig.*).

playtime /'pleɪtaɪm/, *n.* ora della ricreazione.

playwright /'pleɪraɪt/, *n.* drammaturgo; commediografo.

plaza /'plɑ:zə, *USA* 'plæzə/, *n.* piazza. ● **shopping p.**, centro commerciale.

plea /pli:/, *n.* *1* (*form.*) richiesta (solenne); appello: **to make a p. for forgiveness**, fare un appello al perdono *2* (*raro*) scusa; pretesto: **She left on the p. of a headache**, se ne andò con la scusa di un mal di testa *3* (*leg.*) difesa (*nel giudizio penale*); dichiarazione, replica (*della difesa*); eccezione (*sollevata dalla difesa*) *4* (*leg.*) dichiarazione, ammissione (*dell'imputato*): **a p. of guilty**, un'ammissione di colpevolezza; **a p. of not guilty**, una dichiarazione d'innocenza *5* (*leg., scozz. o stor.*) azione in giudizio; causa. ● (*leg.*) **p. bargain**, accordo (*o* patto) per ottenere una riduzione della pena □ (*leg.*) **p. bargaining**, patteggiamento (*ora anche in Italia*) □ (*leg.*) **p. in abatement**, eccezione di annullamento □ (*leg.*) **p. in bar**, eccezione perentoria □ (*leg.*) **p. of laches**, eccezione di prescrizione.

to **plea-bargain** /pli:'bɑ:gɪn/, *v. i.* (*leg.*) patteggiare per ottenere una riduzione della pena.

to **pleach** /pli:tʃ/, *v. t.* *1* (*poet.*) piegare e intrecciare (*rami, ecc.*) *2* aggiustare, riparare (*una siepe*) intrecciandone i rami.

to **plead** /pli:d/, **A** *v. i.* *1* (*leg.: di avvocato*) patrocinare una causa; perorare *2* (*leg.: d'imputato*) rispondere a un'accusa; dichiararsi, riconoscersi: **to p. not guilty**, dichiararsi innocente; **to p. guilty (of a crime, etc.)**, dichiararsi colpevole (di un delitto, ecc.) *3* – **to p. for**, chiedere; implorare; invocare; supplicare: **to p. for mercy**, chiedere misericordia; implorare pietà. **B** *v. t.* *1* (*leg.*) patrocinare, perorare, difendere (*una causa*); difendere (*anche fig.*): **to p. a case in court**, perorare una causa in tribunale; **to p. the cause of the destitute**, difendere la causa dei derelitti *2* (*leg.*) accampare; allegare; eccepire *3* (*fig.*) addurre (*o* accampare) a giustificazione (*o* a pretesto): **I can only p. inexperience**, a mia giustificazione posso addurre soltanto la mia inesperienza. ● (*leg.*) **to p. an alibi**, invocare un alibi □ (*leg.*) **to p. a counterclaim**, sollevare un'eccezione riconvenzionale □ (*leg.*) **to p. insanity**, invocare l'infermità mentale □ **to p. with sb. for a person**, intercedere presso q. in favore d'una persona □ **to p. with sb. to change his mind**, supplicare q. di voler tornare sulle sue decisioni.

pleadable /'pli:dəbl/, *a.* *1* (*leg.*) accampabile; adducibile; allegabile; eccepibile *2* (*fig.*) che si può addurre a giustificazione.

pleader /'pli:də(r)/, *n.* *1* (*leg.*) patrocinatore; (avvocato) patrocinante; avvocato difensore *2* peroratore; intercessore.

pleading /'pli:dɪŋ/, **A** *n.* *1* (*leg.*) difesa; patrocinio *2* perorazione; discussione d'una causa; arringa *3* (*pl.*) (*leg.*) comparse; difese scritte delle parti in causa. **B** *a.* implorante; supplichevole; supplice (*lett.*).

pleasant /'plɛznt/, *a.* *1* piacevole; gradevole; amabile; ameno; attraente; dilettevole: **a p. evening**, una piacevole serata; **a p. smile**, un amabile sorriso; **a p. voice**, una voce gradevole; **p. fields**, campi ameni *2* (*di persona*) simpatico; affabile; gentile *3* (*del tempo*) bello *4* (*arc.*) piacevole; faceto; spiritoso. || **-ly**, *avv.* || **-ness**, *sost.*

pleasantry /'plɛzntrɪ/, *n.* (*form.*) *1* gaiezza; allegria; umor faceto *2* facezia; motto di spirito; scherzo garbato; burla *3* (*spesso pl.*) complimento; cortesia.

please /pli:z/, *inter.* *1* per favore!: **A cup of black coffee, p.**, un caffè, per favore! *2* (*anche* **yes, p.**) sì, per favore!; sì, prego!

to **please** /pli:z/, **A** *v. i.* piacere; esser gradito; riuscire simpatico; accomodare; garbare; parere: **He was anxious to p.**, era ansioso d'essere gradito (*o* di riuscire simpatico); **I cannot always do as I p.**, non posso sempre fare quel che mi piace (*o* quel che mi garba, mi pare). **B** *v. t.* piacere a; far piacere a; compiacere; contentare; soddisfare; riuscire gradito a (q.): **His last book will p. you**, il suo ultimo libro ti piacerà; **She has come just to p. me**, è venuta solo per farmi piacere; **These cakes are meant just to p. the eye**, questi pasticcini sono fatti solo per soddisfare l'occhio. **C** to **please oneself**, *v. rifl.* fare ciò che si vuole (*o* che garba); fare a modo proprio: **P. yourself!**, fa' quel che ti garba; fa' quel che ti pare; fa' pure! ● **P. go away**, fate il favore di andarvene! □ **P. God**, a Dio piacendo; Dio volendo: **The matter will be cleared up some day, p. God**, la cosa verrà chiarita un giorno o l'altro, a Dio piacendo □ (**may it**) **p. Your Honour**, così piaccia a Vostro Onore (*rivolgendosi a un giudice*) □ **to be pleased**, compiacersi: **His Majesty has been graciously pleased to confer him the Order of the Garter**, Sua Maestà s'è graziosamente compiaciuta di conferirgli l'Ordine della Giarrettiera □ **if you p.** (*o* **p.**), per piacere, per favore; prego: **Pass me the butter, p.**, passami il burro, per piacere; **Tea for two, p.**, due tè, per favore; **P. don't**, ti prego di non farlo!; no, per favore! □ **now, if you p.**, e ora, di grazia: **And now, if you p., what am I to do?**, e ora, di grazia, che debbo fare? □ **I'll take another cup, if you p.**, col tuo permesso, ne prenderò un'altra tazza.

pleased /pli:zd/, *a.* compiaciuto; contento; lieto; soddisfatto: **John looked p.**, John sembrava compiaciuto; **I'll be p. to help you**, sarò lieto di aiutarti; **I am p. with your work**, sono soddisfatto del tuo lavoro. ● **to be p. with oneself**, essere soddisfatto (*o* contento) di sé □ **as p. as Punch**, contento come una pasqua.

pleasing /'pli:zɪŋ/, *a.* *1* piacevole; gradevole; attraente; simpatico *2* soddisfacente: **to make p. progress**, fare progressi soddisfacenti. || **-ly**, *avv.* || **-ness**, *sost.*

pleasurable /'plɛʒərəbl/, *a.* piacevole; gradevole; che dà piacere. || **-bly**, *avv.* || **-ness**, *sost.*

pleasure /'plɛʒə(r)/, *n.* piacere; diletto; divertimento; gioia; spasso; favore; soddisfazione: **a sensation of p.**, una sensazione di piacere; **the pleasures of life**, le gioie della vita; **It's a p. to see you**, è un piacere vederti; **Do me the p. of dining with me**, mi faccia il piacere (*o* il favore) di pranzare con me. ● **a p.!** (*o* **my, our p.!**), prego!; non c'è di che! □ **p. boat**, battello da diporto □ **p. ground**, luogo di ricreazione (*giardino, parco, ecc.*) □ **p. trip**, gita di piacere □ **a man of p.**, un libertino; un vitaiolo □ **to take p. in**, compiacersi di; provar piacere a; divertirsi a: **He takes p. in contradicting** (*o* **in contradiction**), si diverte a contraddire □ **with p.**, con grande piacere; volentieri □ (*form.*) **I await your p.**, sono a tua disposizione □ **It can be altered at p.**, lo si può cambiare a volontà (*o* a piacere) □ (*detto da un sovrano*) **It is our p. to...**, piace alla Maestà Nostra di...

pleat /pli:t/, *n.* piega (*di stoffa, fatta ad arte*); pieghetta.

to **pleat** /pli:t/, *v. t.* pieghettare; fare la piega in (q.c.).

pleb /plɛb/, *n.* (*pop.*) *1* plebeo; popolano *2* (*USA*) *V.* **plebe**.

plebe /pli:b/, *n.* (*fam. USA*) allievo del primo corso dell'Accademia militare di West Point o dell'Accademia navale di Annapolis.

plebeian /plɪ'bi:ən/, **A** *a.* plebeo; (*spreg.*) volgare: **p. tastes**, gusti plebei. **B** *n.* plebeo; popolano.

plebeianism /plɪ'bi:ənɪzəm/, **plebeianness** /plɪ'bi:ənnəs/, *n.* l'esser plebeo; (*spreg.*) volgarità.

plebiscitary /plɪ'bɪsɪtərɪ, *USA* -ɛrɪ/, *a.* (*polit.*) plebiscitario.

plebiscite /'plɛbɪsɪt, *USA* -saɪt/, *n.* (*stor., polit.*) plebiscito.

plebs /plɛbz/, *n.* (*pl.* **plebes**) *1* (*stor. romana*) (la) plebe *2* (*spreg.*) (la) gente comune; popolo; popolino.

plectrum /'plɛktrəm/, *n.* (*pl.* **plectra, plectrums**) (*mus.*) plettro.

pled /plɛd/, *pass.* e *p. p.* (*scozz. e USA*) di **to plead**.

pledge /plɛdʒ/, *n.* *1* (*leg.*) pegno; garanzia; (*fig.*) prova: **I gave him a ring as a p.**, gli diedi un anello in pegno (*o* come pegno); **to take goods out of p.**, ritirare merce data in pegno; **a p. of love**, un pegno d'amore *2* (*fig.*) impegno; promessa; suggello; voto solenne: **a p. of marriage**, una promessa di matrimonio; **a sacred p.**, un sacro suggello *3* brindisi: **to drink a p. to sb.'s victory**, fare un brindisi alla vittoria di q. *4* (*stor.*) ostaggio. ● (*fig.*) **the p. of their love**, il pegno del loro amore (*un figlio*) □ (*arc.*) **to take** (*o* **to sign**) **the p.**, far voto di non bere più (*o* di astenersi dalle bevande alcoliche).

to **pledge** /plɛdʒ/, *v. t.* *1* impegnare (*anche fig.*); pignorare; (*leg.*) dare come pegno, costituire in pegno: **The girl pledged her ring**, la ragazza impegnò l'anello; **to p. one's honour** [**word**], impegnare l'onore [dare la parola] *2* brindare a (q.c.); brindare alla salute di (q.).

pledgee /plɛ'dʒi:/, *n.* (*leg.*) chi ha ricevuto q.c. in pegno; creditore pignoratizio.

pledger /'plɛdʒə(r)/, *n.* (*leg.*) chi ha dato q.c. in pegno; debitore pignoratizio.

pledget /'plɛdʒɪt/, *n.* *1* tampone di cotone (*o* di garza) (*per ferite*) *2* (*naut.*) cordone di stoppa (*per calafatare*).

pledging /'plɛdʒɪŋ/, *n.* (*leg.*) costituzione in pegno.

pledgor /plɛdʒ'ɔ:(r)/, *V.* **pledger**.

Pleiad /'plaɪəd/, *n.* *1* – (*pl.*) (*mitol., astron.*) **the Pleiades**, le Pleiadi *2* – (*fig.*) **p.**, pleiade: **a p. of poets**, una pleiade di poeti.

Pleistocene /'pleɪstəsi:n/, (*geol.*) **A** *n.* pleistocene. **B** *a. attr.* pleistocenico.

plenary /'pli:nərɪ, 'plɛn-/, *a.* *1* assoluto; completo; illimitato; pieno: **p. powers**, pieni poteri *2* (*anche relig.*) plenario: **p. meeting**, assemblea plenaria; **p. indulgence**, indulgenza plenaria.

plenipotentiary /plɛnɪpəˈtɛnʃərɪ, *USA* -ʃɪerɪ/, **A** *n.* plenipotenziario. **B** *a.* *1* plenipotenziario: **p. diplomat**, diplomatico plenipotenziario *2* assoluto; illimitato; pieno: **p. powers**, pieni poteri.

plenitude /ˈplɛnɪtjuːd, *USA* -tuːd/, *n.* *1* pienezza; completezza *2* abbondanza; profusione.

plenteous /ˈplɛntɪəs/, *a.* (*poet.*) *1* abbondante; copioso *2* fertile; fruttifero. || **-ly**, *avv.* || **-ness**, *sost.*

plentiful /ˈplɛntɪfʊl/, *a.* abbondante; copioso: **a p. supply of food**, abbondanti provviste di cibo. || **-ly**, *avv.* || **-ness**, *sost.*

plenty /ˈplɛntɪ/, **A** *n.* *1* abbondanza; copia (*lett.*): **There is** (*o* **are**) **p. of potatoes in the market today**, c'è abbondanza di patate al mercato, oggi *2* prosperità; benessere: **the land of p.**, il paese della cuccagna. **B** *a. pred.* abbondante; più che sufficiente: **Provisions were p.**, le provviste erano più che sufficienti. **C** *avv.* (*fam.*) molto; del tutto; proprio: **p. good**, molto buono; ottimo. ● **p. more**, ancora molto; molti altri: **Take as much pudding as you like; there is p. more**, prendi quanto budino vuoi; ce n'è ancora molto □ **to enjoy oneself p.**, divertirsi un mondo □ **horn of p.**, cornucopia □ **in p.**, in abbondanza □ **to live in p.**, vivere nell'abbondanza □ **There's p. of time**, c'è tanto (*o* molto) tempo □ **We have p. of money**, abbiamo denaro in abbondanza; abbiamo una quantità di denaro.

plenum /ˈpliːnəm/, *n.* *1* (*pl.* **plenums, plena**) (*leg.*) plenum; assemblea plenaria *2* (*tecn.*) sovrappressione. ● **p. chamber**, camera in pressione □ **p. system**, sistema in sovrappressione.

pleonasm /ˈpliːənæzəm/, *n.* (*ling.*) pleonasmo.

pleonastic /plɪəˈnæstɪk/, *a.* (*ling.*) pleonastico. || **-ally**, *avv.*

plesiosaur /ˈpliːsɪəsɔː(r)/, *n.* (*paleont.*) plesiosauro.

plesiosaurus /pliːsɪəˈsɔːrəs/, *n.* (*pl.* **plesiosauri**) (*paleont.*) plesiosauro.

plessor /ˈplɛsə(r)/, *V.* **plexor**.

plethora /ˈplɛθərə/, *n.* (*med.*) pletora (*anche fig.*).

plethoric /plɪˈθɒrɪk, *USA* -ɔːr-/, *a.* (*med.*) pletorico (*anche fig.*). || **-ally**, *avv.*

pleura /ˈplʊərə/, *n.* (*pl.* **pleurae, pleuras**) (*anat.*) pleura.

pleural /ˈplʊərəl/, *a.* (*anat.*) pleurico.

pleurisy /ˈplʊərəsɪ/, *n.* (*med.*) pleurite.

pleuritic /plʊəˈrɪtɪk/, *a.* (*med.*) pleuritico.

pleuritis /plʊəˈraɪtɪs/, *V.* **pleurisy**.

pleuropneumonia /plʊərəʊnjuˈməʊnɪə, *USA* -nʊ-/, *n.* (*med.*) pleuropolmonite.

Plexiglas /ˈplɛksɪglɑːs, *USA* -æs/, *n.* (*marchio*: *ind.*) plexiglas (*materia plastica succedanea del vetro*).

pleximeter /plɛkˈsɪmɪtə(r)/, *n.* (*med.*) plessimetro.

plexor /ˈplɛksə(r)/, *n.* (*med.*) martelletto (*per percussione*).

plexus /ˈplɛksəs/, *n.* (*pl.* **plexuses, plexus**) *1* (*anat.*) plesso: **the solar p.**, il plesso solare *2* complesso; intrico; viluppo.

pliability /plaɪəˈbɪlətɪ/, *n.* *1* pieghevolezza; flessibilità *2* (*fig.*) arrendevolezza; docilità.

pliable /ˈplaɪəbl/, *a.* *1* pieghevole; flessibile *2* (*fig.*) arrendevole; docile. || **-bly**, *avv.* || **-ness**, *sost.*

pliancy /ˈplaɪənsɪ/, *V.* **pliability**.

pliant /ˈplaɪənt/, *V.* **pliable**.

plica /ˈplaɪkə/ (*lat.*), *n.* (*pl.* **plicae**) (*anat.*, *med.*) plica.

plicate /ˈplaɪkət/, **plicated** /ˈplaɪkeɪtɪd/, *a.* (*bot.*, *zool.*, *geol.*) disposto in pieghe; pieghettato; plicato.

plication /plaɪˈkeɪʃn/, *n.* *1* (*scient.*) disposizione in pieghe; piegatura *2* (*med.*) plicazione.

plied yarn /ˈplaɪdjɑːn/, *locuz. n.* (*ind. tess.*) filato a due (*o* a più) capi.

pliers /ˈplaɪəz/, *n. pl.* pinza; pinzetta: (*fam.*) **a pair of p.**, un paio di pinze (*cioè, una pinza*).

plight (**1**) /plaɪt/, *n.* condizione, situazione (*specialm. avversa, difficile*); stato: **a hopeless p.**, una situazione disperata; **to be in a sad** (*o* **sorry**) **p.**, essere in uno stato pietoso; trovarsi a mal partito.

plight (**2**) /plaɪt/, *n.* (*arc. o dial.*) *1* impegno; promessa *2* fidanzamento.

to **plight** /plaɪt/, **A** *v. t.* impegnare; dare (*la parola*): **to p. one's honour**, impegnare il proprio onore; **to p. one's word**, dare la propria parola (*d'onore*). **B** to **plight oneself**, *v. rifl.* impegnarsi; fidanzarsi. ● **to p. one's troth**, impegnarsi; dare la propria parola; fidanzarsi □ **one's plighted word**, la parola data.

Plimsoll /ˈplɪmsl/, *n.* (*naut.*, = **P. line, P's mark**) linea di galleggiamento a pieno carico; marca.

plimsolls /ˈplɪmsəlz/, *n. pl.* scarpe di tela con suole di gomma.

plinth /plɪnθ/, *n.* *1* (*archit.*) plinto *2* base, piedistallo (*di statua*) *3* (*ind. costr.*) plinto di fondazione.

Pliny /ˈplɪnɪ/, *n.* (*stor. letter.*) Plinio.

Pliocene /ˈplaɪəʊsiːn/, (*geol.*) **A** *n.* pliocene. **B** *a. attr.* pliocenico.

plod /plɒd/, *n.* *1* l'arrancare; il camminare a fatica *2* passo pesante, rumoroso *3* (*fam.*) lavoro faticoso; sfacchinata; sgobbata.

to **plod** /plɒd/, *v. i.* *1* camminare a fatica; arrancare *2* (*fig.*) sfacchinare; sgobbare: **to p. away**, lavorare sodo; sgobbare; **to p. away at one's lessons**, sgobbare per preparare le lezioni. ● (*fig.*) **to p. along**, tirare avanti a stento.

plodder /ˈplɒdə(r)/, *n.* *1* chi arranca; chi cammina a fatica *2* lavoratore assiduo; sgobbone.

plodding /ˈplɒdɪŋ/, *a.* faticoso; laborioso; lento.

to **plomb** /plɒm/, *v. t.* (*leg.*) apporre un sigillo a (q.c.); piombare.

plonk /plɒŋk/, **A** *n.* *1* tonfo; rumore (*o* suono) sordo *2* (*pop.*) vino poco costoso. **B** *avv.* con un tonfo; con un rumore (*o* suono) sordo; pesantemente.

to **plonk** /plɒŋk/, **A** *v. i.* cadere con un tonfo. **B** *v. t.* lasciar cadere con un tonfo (*o* di peso); sbattere: **He plonked the coins on the counter**, sbatté le monete sul bancone.

plop /plɒp/, **A** *n.* lieve tonfo (*d'un sassolino che cade nell'acqua, ecc.*). **B** *avv.* con un lieve tonfo; con un piccolo botto.

to **plop** /plɒp/, **A** *v. i.* fare (*o* cadere con) un lieve tonfo. **B** *v. t.* far cadere con un tonfo. ● **to p. into an armchair**, lasciarsi cadere in una poltrona.

plosion /ˈpləʊʒn/, *n.* (*fon.*) esplosione.

plosive /ˈpləʊsɪv/, (*fon.*) **A** *a.* esplosivo. **B** *n.* consonante esplosiva; plosiva; occlusiva.

plot /plɒt/, *n.* *1* (*agric.*) appezzamento, lotto, pezzo, tratto (*di terreno*); area: **a potato p.**, un appezzamento coltivato a patate; **a grass p.**, un tratto di terreno erboso; **a building p.**, un'area fabbricabile *2* (*specialm. USA*) pianta; mappa; grafico; diagramma *3* (*naut.*, *aeron.*) tracciato della rotta *4* complotto; congiura; trama; macchinazione; cospirazione; intrigo: **to lay a p.**, ordire una congiura *5* intreccio, trama (*di romanzo, film, ecc.*). ● **bomb p.**, attentato con bombe.

to **plot** /plɒt/, *v. t. e i.* *1* disegnare; progettare; tracciare; far la pianta di *2* (*topogr.*) rilevare; fare il rilevamento di (*un terreno*) *3* (*naut.*, *aeron.*) rilevare, tracciare (la rotta) *4* congiurare; cospirare; macchinare; tramare; complottare *5* ideare la trama di (*un romanzo, ecc.*) *6* (*fig.*) fare il grafico di: **to p. the increase in sales**, fare il grafico dell'aumento delle vendite. ● (*edil.*) **to p. out**, lottizzare.

plotless /ˈplɒtləs/, *a.* (*di un romanzo, ecc.*) senza intreccio; privo di trama.

plotter /ˈplɒtə(r)/, *n.* *1* chi traccia, grafici, mappe, ecc. *2* (*elettron.*) diagrammatore, plotter (*strumento*) *3* cospiratore, cospiratrice; congiurato, congiurata.

plotting /ˈplɒtɪŋ/, *n.* *1* il tracciare un grafico (una mappa, ecc.); progettazione *2* grafico; tracciato *3* il complottare; cospirazione. ● **p. paper**, carta millimetrata □ (*mil.*, *naut.*) **p. room**, centrale di tiro.

plough /plaʊ/, *n.* *1* (*agric.*) aratro *2* terreno arato: **two hundred acres of p.**, duecento acri di terreno arato *3* (*falegn.*) incorsatoio *4* (*ind. min.*) piallatrice *5* (*fam. arc.*) bocciatura. ● (*astron.*) **the P.**, il Gran Carro, l'Orsa Maggiore (*costellazione*) □ **p.-beam**, stanga centrale, timone (*dell'aratro*) □ **p.-iron**, coltro □ **P. Monday**, primo lunedì dopo l'Epifania □ **p.-shoe**, dentale (*legno del vomere*) □ **p.-staff**, nettatoio; arnese per pulire il coltro □ **p.-tree**, manico dell'aratro □ **breaking p.**, dissodatrice (*macchina*) □ (*fig.*) **to follow the p.**, fare il contadino □ (*fig.*) **to put one's hand to the p.**, por mano all'opera; intraprendere un lavoro □ (*di terreno*) **to be under the p.**, essere coltivato a cereali.

to **plough** /plaʊ/, **A** *v. t.* *1* arare (*il terreno, ecc.*) *2* (*di nave*) solcare (*il mare, ecc.*) *3* (*di dolore*) solcare di rughe (*la fronte, ecc.*) *4* (*fam. arc.*) bocciare (*un candidato*). **B** *v. i.* *1* arare *2* ararsi: **This field ploughs easily**, questo campo si ara facilmente *3* (*fam. arc.*: *di studente*) farsi bocciare; essere bocciato. ● (*fig.*) **to p. the sands**, arare il mare; fare una cosa inutile.

♦**plough back**, **A** *v. t. + avv.* *1* (*agric.*) sotterrare con l'aratro; sovesciare *2* (*fin.*) reinvestire (*utili, profitti*). **B** *v. i. + avv.* (*fin.*: *di un'impresa*) autofinanziarsi.

♦**plough in**, **A** *v. t. + avv.* (*agric.*) sotterrare con l'aratro (*ceneri, ecc.*); sovesciare (*stoppie, trifoglio, ecc.*). **B** *v. i. + avv.* (*fam.*) buttarcisi, gettarsi nella mischia (*fig.*).

♦**plough into**, **A** *v. t. + prep.* *1* (*agric.*) sovesciare in (*terra, ecc.*) *2* (*fin.*) investire (*denaro*) in (*un'azienda*). **B** *v. i. + prep.* (*fam.*) *1* buttarsi, gettarsi a corpo morto su (*fig.*): **to p. into the study of Russian**, buttarsi a corpo morto a studiare il russo *2* (*di un veicolo*) andare a sbattere contro; infilarsi in; piombare su: **The bus left the road and ploughed into the cottage**, l'autobus uscì di strada e andò a sbattere contro la villetta; **The chopper ploughed into the crowd**, l'elicottero piombò sulla folla.

♦**plugh on**, *v. i. + avv.* *1* (*agric.*) continuare ad arare *2* (*fam.*) procedere con determinazione; tirare innanzi.

♦**plough through**, *v. i. + prep.* *1* procedere (*o farsi largo*) a fatica attraverso (*o* in, su): **to p. through knee-deep snow**, procedere a fatica sulla neve alta ai ginocchi *2* fare (leggere, ecc.) a fatica: **to p. through a novel to the end**, riuscire a fatica a finire di leggere un romanzo □ **to p. one's way through**, fendere, farsi largo a fatica tra (*la folla, ecc.*); aprirsi a stento un varco fra.

♦**plough under**, *v. t. + avv.* *1* seppellire (*erbacce, ecc.*) con l'aratro *2* (*fam.*) sotterrare, far sparire, distruggere (*speranze, ecc.*).

♦**plough up**, *v. t. + avv.* *1* (*agric.*) arare; finire di arare *2* (*fig.*: *delle ruote di un veicolo*) sprofondare in (*sabbia, fango, ecc.*) *3* rinvenire, trovare (q.c.) arando: **The farmer ploughed up an ancient vase**, arando il contadino rinvenne un vaso antico.

ploughboy /ˈplaʊbɔɪ/, *n.* *1* giovane aratore *2* contadinello (*in genere*).

plougher /ˈplaʊə(r)/, *n.* aratore.

ploughing /ˈplaʊɪŋ/, *n.* aratura.

ploughland /ˈplaʊlænd/, *n.* *1* terreno arativo *2* (*stor.*) terreno arato in un anno da un tiro di otto buoi.

ploughman /ˈplaʊmən/, *n.* (*pl.* **ploughmen**) *1* aratore *2* contadino (*in genere*). ● (*fam.*) **p.'s lunch**, colazione a base di pane imburrato, formaggio, verdure varie, spesso con sottaceti; (*nei pub*) spuntino (*o* menù) «del contadino».

ploughshare /ˈplaʊʃɛə(r)/, *n.* vomere.

plover /ˈplʌvə(r), *USA* ˈpləʊ-/, *n.* (*zool.*) **1** (*Charadrius, ecc.*) piviere **2** (*Vanellus, ecc.*) pavoncella.

plow, to plow /plaʊ/, e *deriv.* (*USA*), *V.* **plough, to plough**, e *deriv.*

ploy /plɔɪ/, *n.* **1** manovra; stratagemma **2** (*raro*) impresa **3** (*raro*) passatempo; divertimento **4** (*specialm. scozz.*) occupazione; impiego; attività.

pluck /plʌk/, *n.* **1** strappo; strattone; tirata **2** frattaglie (*pl.*) **3** (*fig. fam.*) fegato; coraggio; audacia.

to **pluck** /plʌk/, *v. t.* **1** strappare; cogliere; sradicare; svellere: **He plucked me back from the edge of the cliff**, mi strappò via dall'orlo del precipizio; **to p. up** (*o* **out**) **weeds from the garden**, strappare le erbacce dal giardino; **to p. flowers**, cogliere fiori **2** strappare le penne a; spennare; (*fig. fam.*) spogliare (*un giocatore*): **to p. a goose**, spennare un'oca; **to p. a gambler**, spennare un giocatore d'azzardo **3** (*mus.*) pizzicare (*una chitarra, ecc.*); suonare; strimpellare **4** (*fam. arc.*) bocciare (*un candidato*). ● **to p. at**, tirare: **The sick boy plucked at the bed cover**, il bambino malato tirava la coperta del letto □ **to p. sb. by the sleeve**, tirare q. per la manica □ **to p. a drowning man out of the river**, tirar fuori dal fiume uno che sta annegando □ **to p. one's eyebrows**, depilarsi le sopracciglia □ **to p. up courage** (*o* **one's heart**), farsi animo; farsi coraggio.

pluckily /ˈplʌkəlɪ/, *avv.* (*fam.*) coraggiosamente.

pluckiness /ˈplʌkɪnəs/, *n.* (*fam.*) fegato (*fig.*); coraggio; audacia.

plucky /ˈplʌkɪ/, *a.* coraggioso; audace; risoluto; di fegato (*fig.*).

plug /plʌg/, *n.* **1** tappo; tampone; turacciolo; zaffo: **the p. in a washbasin**, il tappo di un lavandino **2** (= **water-p., fire p.**) presa d'acqua; idrante **3** (*elettr.*) spina (*della corrente, del telefono*): **I inserted the p. in the socket**, inserii la spina nella presa di corrente **4** (*autom., elettr.*; = **sparking p.**, *USA* **spark p.**) candela (*di motore*) **5** (*tecn.*, = **fusibile p.**) tappo fusibile (*di caldaia a vapore, ecc.*) **6** (*metall.*) spina; (*anche*) punzone **7** (*geol.*) guglia, cupola (*di vulcano*); tappo **8** tavoletta di tabacco compresso; pezzo di tabacco da masticare **9** pulsante di scarico dell'acqua (*in un gabinetto*) **10** (*fam.*) promozione; annuncio pubblicitario; dritta, imbeccata (*ai futuri consumatori*): **to give a record a p.**, pubblicizzare un disco **11** (*pop.*) pallottola; proiettile **12** (*pop.*) raccomandazione; spinta (*pop.*) **13** (*pop.*) cazzotto (*pop.*); pugno **14** (*med.*) tampone **15** (*med.*) otturazione dentaria. ● (*elettr.*) **p. fuse**, fusibile a tappo □ (*pop. USA*) **p. hat**, cappello a cilindro □ (*edil., elettr.*) **p. point**, presa (di corrente) □ (*autom., mecc.*) **p. spanner**, chiave per candele □ (*fam.*) **p.-ugly**, (*agg.*) bruttissimo; (*sost.*; *USA*) delinquente, teppista □ (*elettr.*) **connecting p.**, spina di contatto □ (*elettr.*) **contact p. bolt**, morsetto d'attacco di connessione □ **to pull the p.**, togliere il tappo (la spina, ecc.) □ (*fig.*) **to pull the p. on sb.** [**st.**], interrompere q. [q.c.].

to **plug** /plʌg/, **A** *v. t.* **1** (*di solito* **to p. up**) tappare; tamponare; chiudere; otturare; zaffare **2** (*elettr.*) collegare, inserire, attaccare: **to p. a battery into a socket**, collegare una batteria a una presa di corrente **3** (*pop.*) assestare un pugno a (q.); colpire (q.) con un pugno **4** (*pop.*) piantare una pallottola in corpo a (q.); sparare a; colpire, uccidere **5** (*pop.*) strombazzare; fare una pubblicità insistente a (q.c.); cercare di imporre (*un prodotto nuovo, un disco, ecc.*). **B** *v. i.* (*elettr.*) inserirsi: **This electric shaver plugs into grounded household outlets**, questo rasoio elettrico s'inserisce in una normale presa domestica. ● (*fam.*) **to p. away**, sfacchinare; sgobbare □ (*elettr.*) **to p. in**, attaccare, inserire, collegare (*con una presa di corrente*): **to p. an electric razor in**, attaccare un rasoio elettrico □ **to p. a melon**, cavare uno spicchio a un melone (*per assaggiarlo*) □ (*fam.*) **to p. a piece of music**, suonare di continuo un brano musicale (*per imporlo al pubblico*) □ **to p. up**, otturarsi; ostruirsi; intasarsi.

plugger /ˈplʌgə(r)/, *n.* **1** chi tappa; chi ottura **2** (*med.*) otturatore (*di dentista*) **3** (*fam.*) chi strombazza (*un prodotto, ecc.*) **4** (*sport*) tifoso **5** (*fam.*) sgobbone.

plughole /ˈplʌghəʊl/, *n.* **1** foro (rotondo); buco (*del lavandino, ecc.*) **2** (*ind. min.*) foro da mina; (*anche*) passo d'uomo (*attraverso uno sbarramento*).

plug-in /plʌgɪn/, *a.* (*tecn.*) inseribile: **a p. ringer**, una suoneria inseribile (*o* a innesto).

plugola /plʌˈgəʊlə/, *n.* (*fam. USA*) **1** bustarella (*data a un presentatore radiofonico o televisivo*) **2** tendenziosità (*di giornalista*).

plum /plʌm/, *n.* **1** (*bot.*) susina; prugna **2** (*bot., Prunus domestica*; = **p.-tree**) susino; prugno **3** uva secca, uva passa (*usata per dolci*) **4** (*fig.*) cosa eccellente; posto (*o* impiego) ottimo; colpo di fortuna. ● (*cucina*) **p.-cake**, plum-cake; panfrutto □ **p.-colour**, color prugna □ **p. duff**, budino di fior di farina, uva passa o sultanina, ecc. (*fatto bollire dentro un sacchetto di tela*) □ (*fam.*) **a p. job**, un posto (di lavoro) favoloso □ **p. pudding**, budino natalizio (*di farina, grasso di rognone, briciole di pane, uva secca o sultanina, uova, ecc.*) □ (*zool.*) **p.-pudding dog**, cane dalmata.

plumage /ˈpluːmɪdʒ/, *n.* (*zool.*) piumaggio; penne; piume.

plumb /plʌm/, **A** *n.* (*tecn.*) **1** (= **p. bob**) piombo; piombino **2** (= **p. line**) filo a piombo. **B** *a.* **1** a piombo; perpendicolare; verticale **2** (*fig.*) completo; assoluto; bell'e buono: **p. nonsense**, sciocchezze bell'e buone. **C** *avv.* **1** a piombo; a perpendicolo **2** (*fam.*) esattamente; precisamente **3** (*pop.*) completamente; del tutto: **p. crazy** (*USA*: **p. loco**), completamente pazzo; matto da legare. ● (*naut.*) **p. line**, scandaglio □ **p. rule**, archipendolo, archipenzolo □ **out of p.**, fuori piombo.

to **plumb** /plʌm/, **A** *v. t.* **1** (*tecn.*) mettere a piombo **2** piombare; sigillare col piombo; appesantire con piombini **3** (*edil.*) predisporre con tubazioni idriche: **The basement is plumbed for bath**, il seminterrato è predisposto con le tubazioni per un bagno **4** (*naut.*) scandagliare, sondare (*anche fig.*): **to p. the depths of the soul of man**, sondare le profondità dell'animo umano. **B** *v. i.* **1** piombare; cadere a piombo **2** (*fam.*) fare l'idraulico (*o* il fontaniere). ● **to p. in**, collegare (*una lavatrice, ecc.*) con l'impianto idraulico □ **to p. a sink**, sistemare un lavandino; collegarlo con le tubature dell'acqua.

plumbaginous /plʌmˈbædʒɪnəs/, *a.* di piombaggine; che contiene piombaggine.

plumbago /plʌmˈbeɪgəʊ/, *n.* **1** (*miner.*) piombaggine; grafite **2** (*bot., Plumbago europaea*) piombaggine.

plumbeous /ˈplʌmbɪəs/, *a.* **1** di piombo **2** simile a piombo; plumbeo.

plumber /ˈplʌmə(r)/, *n.* idraulico; fontaniere. ● (*fam. USA*) **p.'s friend** (*o* **helper**), sturalavandini.

plumbery /ˈplʌmərɪ/, *n.* bottega (*o* lavoro) d'idraulico.

plumbic /ˈplʌmbɪk/, *a.* **1** (*chim.*) piombico **2** (*med.*) dovuto al piombo.

plumbiferous /plʌmˈbɪfərəs/, *a.* (*miner.*) piombifero.

plumbing /ˈplʌmɪŋ/, *n.* **1** (*tecn.*) messa a piombo **2** piombatura; impiombatura **3** lavoro di idraulico **4** (*edil.*) impianto idraulico **5** (*edil.*) attacco (idraulico): **p. for washing machine**, attacco per la lavatrice **6** (*pop. USA*) bagno (*fig.*); toilette. ● **p. contractor**, idraulico.

plumbism /ˈplʌmbɪzəm/, *n.* (*med.*) saturnismo.

plumbous /ˈplʌmbəs/, *a.* (*chim.*) piomboso.

plume /pluːm/, *n.* penna; piuma; pennacchio (*anche fig.*): **a p. of smoke**, un pennacchio di fumo. ● (*fig.*) **borrowed plumes**, «le penne del pavone»; meriti ostentati che non ci appartengono.

to **plume** /pluːm/, *v. t.* **1** guarnire (*o* adornare) di penne (*o* di piume); impennacchiare **2** (*d'uccello*) lisciarsi, pulirsi (*le penne*) col becco. ● (*di persona*) **to p. oneself on st.**, farsi bello (*o* vantarsi) di q.c.; pavoneggiarsi per q.c.

plumed /pluːmd/, *a.* piumato.

plumelet /ˈpluːmlət/, *n.* piccola piuma; piccolo pennacchio.

plummet /ˈplʌmɪt/, *n.* **1** piombo (*di filo a piombo, di lenza*); piombino **2** filo a piombo **3** (*naut.*) scandaglio **4** (*tecn.*) galleggiante (*o* pescante) di rotametro **5** (*fig.*) peso opprimente.

to **plummet** /ˈplʌmɪt/, *v. i.* **1** cadere a piombo (*o* a perpendicolo); precipitare: **The plane plummeted to earth**, l'aereo precipitò al suolo **2** (*di prezzi, ecc.*) cadere a picco; essere in caduta verticale.

plummeting /ˈplʌmɪtɪŋ/, *n.* (*di prezzi, ecc.*) caduta a picco (*o* verticale); crollo; tonfo (*della Borsa, ecc.*).

plummy /ˈplʌmɪ/, *a.* **1** simile a una susina **2** pieno di susine (*o* di uva passa) **3** (*fam.*: *d'impiego, ecc.*) buono; vantaggioso; desiderabile; bello: **He got a p. part in the film**, ha avuto una bella parte nel film. ● **a p. voice**, una voce affettata.

plumose /ˈpluːməʊs/, *a.* **1** (*zool.*) piumoso; coperto di piume **2** simile a una piuma; a forma di penna.

plumosity /pluːˈmɒsətɪ/, *n.* piumosità.

plump (**1**) /plʌmp/, *a.* grassoccio; grassotello; paffuto; tondo; rotondo: **a p. boy**, un ragazzo grassotello; **She's a little p., not fat**, è rotondetta, ma non grassa. ● **p. cushions**, cuscini belli pieni (ben rigonfi) □ **p. peaches**, pesche grosse □ **a p. purse**, un borsellino rigonfio (*di denaro*).

plump (**2**) /plʌmp/, **A** *n.* **1** caduta improvvisa; ruzzolone **2** botto; schianto; tonfo. **B** *a.* secco; reciso; chiaro e tondo: **He answered with a p. «no»**, rispose con un «no» secco; negò recisamente. **C** *avv.* **1** a piombo; in verticale **2** di botto; di peso; di schianto: **He fell p. into the river**, cadde di peso nel fiume **3** chiaro e tondo; seccamente; recisamente. ● **He lied p.**, mentì nel più sfacciato dei modi.

to **plump** (**1**) /plʌmp/, **A** *v. t.* (*anche* **to p. up**) ingrassare; far ingrassare; gonfiare; riempire. **B** *v. i.* (*anche* **to p. out, to p. up**) ingrassare; gonfiarsi; diventare paffuto (*o* tondo, rotondo). ● **to p. out one's cheeks**, gonfiare le gote □ **to p. up a cushion**, sprimacciare un cuscino.

to **plump** (**2**) /plʌmp/, **A** *v. i.* (*spesso* **to p. down**) cadere a piombo; stramazzare; sedersi di schianto; lasciarsi cadere: **He plumped down in an armchair**, si sedette di schianto su una poltrona. **B** *v. t.* (*spesso* **to p. down**) buttar giù; lasciar cadere d'improvviso (*o* di schianto); sbattere (*fam.*): **He plumped down the money on the counter**, sbatté i soldi sul bancone.

♦**plump against**, *v. i.* + *prep.* andare a sbattere, urtare contro: **He plumped against the lamp post**, andò a sbattere contro il lampione.

♦**plump down**, *V.* **to plump**, **A** e **B**.

♦**plump for**, *v. i.* + *prep.* **1** scegliere; preferire: **They plumped for a holiday abroad**, preferirono andare in vacanza all'estero **2** dare la preferenza; votare per (*un candidato, ecc.*).

plumper (**1**) /ˈplʌmpə(r)/, *n.* pallottola (*o* disco, ecc.) da tenere in bocca per far apparire rotonde le guance (*usati dagli attori*).

plumper (**2**) /ˈplʌmpə(r)/, *n.* **1** caduta improvvisa; ruzzolone **2** (*polit.*) voto dato a un solo candidato (*quando si potrebbe votare per più d'uno*).

plumpie /ˈplʌmpɪ/, *V.* **plumpy**.

plumpness /ˈplʌmpnəs/, *n.* grassezza; prosperosità; rotondità.

plumpy /ˈplʌmpɪ/, *a.* (*fam.*) grassoccio; grassottello; paffuto.

plumule /ˈpluːmjuːl/, *n.* **1** (*bot.*) plumula **2** (*zool.*) piumino.

plumy /ˈpluːmɪ/, *a.* piumoso; piumato; pennuto.

plunder /ˈplʌndə(r)/, *n.* **1** saccheggio; sacco **2** rapina; svaligiamento **3** bottino; preda (*specialm. di guerra*).

to **plunder** /ˈplʌndə(r)/, *v. t.* e *i.* **1** depredare; saccheggiare; mettere a sacco **2** rapinare; svaligiare.

plunderage /ˈplʌndərɪdʒ/, *n.* (*leg., naut.*) saccheggio.

plunderer /ˈplʌndərə(r)/, *n.* **1** saccheggiatore; predatore; predone **2** rapinatore; svaligiatore.

plunge /plʌndʒ/, *n.* **1** tuffo; immersione **2** (*fam.*) nuotata **3** (*sport*) piscina per tuffi **4** (*sport*) tuffo (*del portiere*) **5** (*fig.*) tuffo, salto, balzo: **a p. for the exit**, un balzo verso l'uscita **6** (*comm.: di prezzi, quotazioni, ecc.*) caduta a picco (*o* verticale); crollo; tonfo (*fam.*): **the p. in prices**, la caduta a picco dei prezzi **7** (*fam.*) investimento poco prudente; speculazione avventata **8** (*geol.*) inclinazione. ● (*Borsa*) **a stock p.**, un repentino calo dei titoli □ (*fig.*) **to take the p.**, saltare il fosso; decidersi.

to **plunge** /plʌndʒ/, **A** *v. t.* **1** immergere (*anche fig.*); tuffare: **to p. one's face into the water**, immergere il viso nell'acqua; **to p. a sword into sb.'s breast**, immergere la spada nel petto a q. **2** (*fig.*) gettare; precipitare; spingere: **to p. a room into darkness**, gettare una stanza nell'oscurità; **to p. the nation into war**, (far) precipitare la nazione nella guerra **3** affondare nel terreno; interrare (*un vaso da fiori, ecc.*). **B** *v. i.* **1** immergersi (*anche fig.*); tuffarsi: **to p. into water**, tuffarsi nell'acqua **2** (*sport*) tuffarsi (*rif. al portiere*) **3** (*fig.*) gettarsi; buttarsi; lanciarsi; precipitarsi; entrare improvvisamente; salire (*o* scendere) a precipizio: **to p. into the jungle**, gettarsi nella giungla; **to p. down a steep slope**, buttarsi giù per un ripido pendio; **to p. into a room**, precipitarsi in una stanza; (*fig.*) **to p. into a discussion**, lanciarsi in una discussione; **to p. upstairs [downstairs]**, salire [scendere] le scale a precipizio **4** (*di nave*) beccheggiare **5** (*comm.: di prezzi, quotazioni, monete, ecc.*) calare all'improvviso; cadere a picco (*o* verticalmente); crollare; fare un tonfo (*fam.*) **6** (*pop.*) giocare grosso; puntare forte. ● **to p. into debt**, ingolfarsi nei debiti □ **to be plunged in thought**, essere immerso nei pensieri □ (*mil.*) **plunging fire**, tiro ficcante □ (*moda*) **a plunging neckline**, una scollatura profonda (*o* audace).

plunger /ˈplʌndʒə(r)/, *n.* **1** tuffatore **2** sturalavandini **3** (*mecc.*) stantuffo tuffante (*di una pompa*) **4** (*fam.*) giocatore d'azzardo **5** (*Borsa*) speculatore avventato.

plunk /plʌŋk/, *n.* **1** il pizzicare le corde d'una chitarra (*o strumento simile*); suono di una corda pizzicata; pizzicato **2** (*fam.*) forte colpo; grave percossa **3** (*pop. USA*) dollaro. ● (*fam.*) **p. in the middle**, nel bel mezzo; proprio nel mezzo.

to **plunk** /plʌŋk/, **A** *v. t.* **1** buttar giù; gettar giù; far cadere di botto (*o* di schianto) **2** pizzicare (*le corde di una chitarra, ecc.*). **B** *v. i.* **1** cader di peso (*o* di schianto) **2** (*di chitarra, ecc.*) emettere un suono metallico. ● (*fam. USA*) **to p. down a hundred dollars**, sborsare cento dollari.

pluperfect /pluːˈpɜːfɪkt/, *a.* e *n.* (*gramm.*) piuccheperfetto.

plural /ˈplʊərəl/, *a.* e *n.* (*gramm.*) plurale: **a noun in the p.**, un sostantivo al plurale. ● **p. marriage**, matrimonio poligamico (*specialm. tra i Mormoni*) □ **p. society**, società costituita da più razze □ (*polit., stor.*) **p. voter**, votante in più collegi (*in G.B., fino al 1948*) □ (*polit., stor.*) **p. voting**, diritto di voto in più collegi (*per taluni elettori britannici*).

pluralism /ˈplʊərəlɪzəm/, *n.* **1** (*filos., polit.*) pluralismo **2** (*relig.*) cumulo di benefici ecclesiastici.

pluralist /ˈplʊərəlɪst/, *n.* **1** (*filos., polit.*) pluralista **2** (*relig.*) ecclesiastico che cumula più benefici.

pluralistic /plʊərəˈlɪstɪk/, *a.* pluralistico.

plurality /plʊəˈrælətɪ/, *n.* **1** pluralità; molteplicità **2** (*gramm.*) pluralità; l'essere (al) plurale **3** gran numero; moltitudine **4** (*relig.*) cumulo di benefici ecclesiastici **5** (*polit. USA*) maggioranza relativa; scarto di voti (*tra il candidato che ha ottenuto la maggioranza e il secondo*) **6** (*relig.*) *V.* **pluralism,** *def. 2.* ● **p. of offices**, cumulo d'incarichi.

to **pluralize** /ˈplʊərəlaɪz/, *v. t.* (*gramm.*) fare il plurale di (*un nome*); mettere al plurale; pluralizzare.

pluriannual /plʊərɪˈænjʊəl/, *a.* pluriennale.

plurilingual /plʊərɪˈlɪŋgwəl/, *a.* plurilingue.

plurilingualism /plʊərɪˈlɪŋgwəlɪzəm/, *n.* plurilinguismo.

plurivalence /plʊərɪˈveɪləns/, *n.* (*anche ling.*) plurivalenza.

plurivalent /plʊərɪˈveɪlən/, *a.* plurivalente.

plus /plʌs/, **A** *a.* **1** (*mat., fis.*) positivo: **a p. sign**, un segno positivo; il segno «più» **2** aggiuntivo; extra; (che è) in più **3** (*dopo un numerale*) in su: **He earns £ 30,000 a year p.**, guadagna dalle 30.000 sterline l'anno in su. **B** *n.* (*pl.* **pluses, plusses**) **1** (*mat.*) più (*segno di addizione*) **2** aggiunta; quantità in più; (un) extra **3** (*pop.*) qualcosa di più; (una) marcia in più (*fig. fam.*). **C** *prep.* (*specialm. mat.*) più: **two p. two**, due più due; **the salary p. bonuses**, lo stipendio più le gratifiche. ● **p.-fours**, calzoni alla zuava □ (*fam.*) **I'm p. ten dollars**, ci ho guadagnato dieci dollari □ (*fam.*) **That girl has personality p.**, quella ragazza ha personalità da vendere.

plush /plʌʃ/, **A** *n.* **1** (*ind. tess.*) felpa **2** (*pl.*) calzoni della livrea (*di un valletto*). **B** *a. V.* **plushy.**

plushery /ˈplʌʃərɪ/, *n.* (*fam. USA*) albergo (locale notturno, ecc.) raffinato, di lusso.

plushy /ˈplʌʃɪ/, *a.* **1** di felpa; simile a felpa **2** (*fam.*) elegantissimo; di lusso: **a p. furnished flat**, un appartamento ammobiliato di lusso.

Plutarch /ˈpluːtɑːk/, *n.* (*stor. letter.*) Plutarco.

plutarchy /ˈpluːtɑːkɪ/, *n.* (*raro*) plutocrazia.

plute /pluːt/, *n.* (*fam. USA*) riccone; creso; nababbo.

Pluto /ˈpluːtəʊ/, *n.* (*mitol., astron.*) Plutone.

plutocracy /pluːˈtɒkrəsɪ/, *n.* plutocrazia.

plutocrat /ˈpluːtəkræt/, *n.* **1** plutocrate **2** (*fam.*) riccone.

plutocratic /pluːtəˈkrætɪk/, *a.* plutocratico.

plutodemocracy /pluːtədɪˈmɒkrəsɪ/, *n.* (*polit.*) demoplutocrazia.

pluton /ˈpluːtɒn/, *n.* (*geol.*) plutone.

Plutonian /pluːˈtəʊnɪən/, *a.* (*mitol.*) plutonico.

Plutonic /pluːˈtɒnɪk/, *a.* **1** (*mitol.*) plutonico **2** – (*geol.*) **p.**, plutonico, plutoniano: **p. rocks**, rocce plutoniche.

plutonism /ˈpluːtənɪzəm/, *n.* (*geol.*) plutonismo.

plutonist /ˈpluːtənɪst/, *n.* (*geol.*) plutonista; fautore del plutonismo.

plutonium /pluːˈtəʊnɪəm/, *n.* (*chim.*) plutonio.

pluvial /ˈpluːvɪəl/, *a.* (*geol.*) pluviale: **p. lake**, lago pluviale. ● (*ass.*) **p. insurance**, assicurazione contro la pioggia.

pluviograph /ˈpluːvɪəgrɑːf, *USA* -æf/, *n.* (*meteor.*) pluviografo.

pluviometer /pluːvɪˈɒmɪtə(r)/, *n.* (*meteor.*) pluviometro.

pluviometric(al) /pluːvɪəˈmetrɪk(l)/, *a.* pluviometrico.

pluviometry /pluːvɪˈɒmətrɪ/, *n.* (*meteor.*) pluviometria.

pluvioscope /ˈpluːvɪəskəʊp/, *n.* (*meteor.*) pluvioscopio.

pluvious /ˈpluːvɪəs/, *a.* piovoso; pluvio (*lett.*).

ply /plaɪ/, *n.* **1** piega; (*fig.*) tendenza **2** capo (*di lana, ecc.*); trefolo (*di corda*): **three-ply wool**, lana a tre capi **3** (*falegn.*) piallaccio; strato: **four-ply wood**, legno (compensato) a quattro strati **4** (*ind. tess.*) filato semplice di ritorto **5** (*di pneumatico*) tela.

to **ply** /plaɪ/, **A** *v. t.* **1** adoperare; maneggiare; lavorare con: **to p. an ax**, adoperare l'ascia; **to p. the sword**, maneggiare la spada; **to p. one's needle**, lavorare d'ago; cucire **2** condurre; esercitare: **to p. a trade**, esercitare un mestiere **3** importunare; incalzare: **to p. sb. with questions**, incalzare q. con domande **4** fornire; provvedere; offrire (*di continuo*); riempire; rimpinzare: **to p. sb. with presents**, riempire q. di doni; **to p. sb. with drinks**, offrire di continuo da bere a q.; **to p. sb. with food**, rimpinzare q. di cibo **5** (*naut.*) solcare: **All kinds of boats ply the river**, imbarcazioni d'ogni sorta solcano il fiume. **B** *v. i.* **1** lavorare assiduamente; essere affaccendato; darsi da fare: **to ply with a spade**, darsi da fare con una vanga **2** (*specialm. naut.*) fare servizio regolare; fare la spola: **The liner plied between Europe and North America**, il transatlantico faceva servizio di linea fra l'Europa e l'America settentrionale **3** (*naut.*) bordeggiare; andare all'orza raso **4** (*di barcaiolo, vetturino, facchino*) stazionare (*in attesa di clienti*). ● (*di taxi e sim.*) **to p. for hire**, fare servizio; essere in attesa di clienti □ (*naut.*) **to p. the oars**, remare □ **to p. one's wit**, usare l'ingegno; far uso della propria intelligenza.

plying /ˈplaɪɪŋ/, **A** *n.* **1** conduzione, esercizio (*di un mestiere, ecc.*) **2** l'importunare; insistenza **3** (*naut.*) il bordeggiare. **B** *a.* **1** (*specialm. naut.*) che fa servizio regolare; di linea **2** che è usato; che fa forza: **oars p. against the stream**, remi che fanno forza contro la corrente.

plywood /ˈplaɪwʊd/, *n.* **1** legno compensato; pannello compensato **2** (*fig.*) l'industria del compensato.

p.m., P.M. /piːˈem/, *avv.* (*abbr. di* **post meridiem**) del pomeriggio; della sera; pomeridiano: **It's 10 p.m.**, sono le 10 di sera. ● **the 9 p.m. (train) from Dover**, il treno delle 21 da Dover.

pneuma /ˈnjuːmə, *USA* ˈnuː-/, *n.* (*filos.*) pneuma.

pneumatic /njʊˈmætɪk, *USA* nʊ-/, **A** *a.* **1** (*mecc.*) pneumatico: **p. dispatch**, posta pneumatica (*sistema di tubi ad aria compressa*); **p. drill**, trapano pneumatico, perforatrice ad aria compressa; martello pneumatico (*improprio, ma comune*); **p. post**, posta pneumatica (*trasmissione della corrispondenza*) **2** (*relig.*) spirituale **3** (*fam.*) (*di donna*) rotondetta; formosa. **B** *n.* **1** (= **p. tyre**) pneumatico, gomma (*d'automobile, ecc.*) **2** (*relig.*) pneumatico; uomo pneumatico; chi è pervenuto alla gnosi. ● (*tecn.*) **p. caisson**, campana pneumatica □ (*tecn.*) **p. conveyor**, trasportatore pneumatico □ (*mecc.*) **p. hammer**, martello pneumatico.

pneumatically /njʊˈmætɪklɪ, *USA* nʊ-/, *avv.* ad aria compressa.

pneumaticity /njuːməˈtɪsətɪ, *USA* nuː-/, *n.* l'essere pneumatico.

pneumatics /njʊˈmætɪks, *USA* nʊ-/, *n. pl.* (*fis., col verbo al sing.*) pneumatica.

pneumatology /njuːməˈtɒlədʒɪ, *USA* nuː-/, *n.* (*filos., relig.*) pneumatologia.

pneumatometer /njuːməˈtɒmɪtə(r), *USA* nuː-/, *n.* (*med.*) pneumatometro.

pneumectomy /njuːˈmektəmɪ, *USA* nuː-/, *n.* (*med.*) pneumectomia.

pneumococcus /njuːməˈkɒkəs, *USA* nuː-/, *n.* (*pl.* **pneumococci**) (*med.*) pneumococco.

pneumoconiosis /njuːməkəʊnɪˈəʊsɪs, *USA* nuː-/, *n.* (*med.*) pneumoconiosi.

pneumogastric /njuːməʊˈgæstrɪk, *USA* nuː-/, *a.* (*anat.*) pneumogastrico: **p. nerves**, nervi pneumogastrici.

pneumograph /ˈnjuːməgrɑːf, *USA* ˈnuːməgræf/, *n.* (*med.*) pneumografo.

pneumonectomy /njuːməˈnektəmɪ, *USA* nuː-/, *n.* (*med.*) pneumonectomia.

pneumonia /njuˈməunɪə, *USA* nu-/, *n.* (*med.*) polmonite: **double p.**, polmonite doppia.
pneumonic /njuˈmɒnɪk, *USA* nu-/, *a.* (*med.*) *1* affetto da polmonite *2* polmonitico *3* polmonare.
pneumonitis /nju:məˈnaɪtɪs, *USA* nu:-/, *n.* (*pl.* **pneumonitides**) (*med.*) polmonite.
pneumothorax /nju:məuˈθɔ:ræks, *USA* nu:-/, *n.* (*pl.* **pneumothoraxes, pneumothoraces**) (*med.*) pneumotorace.
po /pəu/, *n.* (*pl.* **pos**) (*fam.*) vaso da notte; vasino (*fam.*).
to **poach** (1) /pəutʃ/, *v. t.* *1* affogare (*uova*); cuocere (*uova*) in camicia *2* cuocere (*pesce*) in bianco. ● **poached eggs**, uova affogate; uova in camicia.
to **poach** (2) /pəutʃ/, *v. t.* e *i.* *1* cacciare (*o* pescare) di frodo; entrare abusivamente in, sconfinare in, violare (*una proprietà, una riserva*): **to p. pheasants**, cacciare fagiani di frodo; **to p. for trout**, pescare trote di frodo *2* frodare; portare via, rubare (*in genere*): **to p. sb.'s ideas**, rubare le idee a q.; **to p. top managers from another company**, portare via dirigenti di primo piano a un'altra società *3* (*tennis*) colpire (la palla) nella metà campo del compagno di gioco *4* (*dei piedi, delle scarpe*) impantanarsi; affondare nel terreno *5* (*del terreno*) diventare fangoso; formare buche (*per esser stato calpestato*). ● (*di cavallo*) **to p. at the turf**, calpestare il (*o* lasciare impronte di zoccoli sul) terreno erboso □ (*fig.*) **to p. on another's preserves**, invadere il campo altrui; (*comm.*) portar via i clienti a q.
poacher /ˈpəutʃə(r)/, *n.* *1* bracconiere; cacciatore (*o* pescatore) di frodo *2* (*cucina*) pentolino per fare le uova in camicia.
poaching /ˈpəutʃɪŋ/, *n.* (*leg.*) caccia (*o* pesca) di frodo.
PO Box /pi:əuˈbɒks/, *n.* (*abbr. di* **Post Office Box**) casella postale.
pochard /ˈpəutʃəd/, *n.* (*zool.*, *Aythya ferina*) moriglione.
pochette /pɒˈʃet, *USA* pou-/, *n.* borsetta a busta; busta.
pock /pɒk/, *n.* (*med.*) *1* pustola vaiolosa *2* (= **pockmark**) cicatrice; buttero.
pocked /pɒkt/, *a.* (*med.*) butterato.
pocket /ˈpɒkɪt/, **A** *n.* *1* tasca; taschino: **coat p.**, tasca della giacca; **trousers p.**, tasca dei pantaloni; **waistcoat p.**, taschino del panciotto; **watch-p.**, taschino dell'orologio; **Be prepared to put your hand in your p.**, preparati a metter mano alla tasca (*o* al portafoglio)! *2* (*fig.*) possibilità economiche; mezzi finanziari *3* cavità (*in genere*); sacca: **pockets of mist**, sacche di nebbia; (*mil.*) **pockets of resistance**, sacche di resistenza; (*miner.*) **ore p.**, cavità piena di minerale *4* (*aeron.*, = **air p.**) vuoto d'aria *5* (*biliardo*) buca *6* (*ind. min.*) tasca (*o* silo) di carico *7* (*elab.*) casella di raccolta (*delle schede*) *8* (*anat.*) sacca; sacco *9* (*USA*) borsetta (*da donna*). **B** *a. attr.* da tasca; tascabile: **p. edition**, edizione tascabile; **a p. calculator**, un calcolatorino tascabile. ● (*naut.*, *mil.*) **p. battleship**, corazzata tascabile □ **p. billiards**, gioco del biliardo a buche (con 15 palle colorate) □ **p.-book**, agenda, taccuino; (*USA*) portafoglio; (*fig.*) reddito, risorse finanziarie; libro tascabile; (*USA*, *arc.*) borsetta a busta: **Our goods meet the p.-books of blue-collar families**, i nostri prodotti sono alla portata delle borse delle famiglie operaie □ (*stor.*) **p. borough**, collegio elettorale in mano a una persona o a una famiglia influente (*prima del 1832*) □ (*fig.*) **a p. edition of a man**, un uomo piccolissimo □ **p. expenses**, piccole spese personali □ **p. flashlight**, lampadina tascabile □ **p. handkerchief**, fazzoletto da tasca □ (*fig.*) **a p. handkerchief of land**, un fazzoletto di terra □ **p. money**, denaro per le piccole spese; (*franc.*); mancetta, paghetta (*fam.*) □ **p.--picking**, borseggio □ **p. piece**, moneta portafortuna □ **a p.-size book**, un libro tascabile □ (*banca, USA*) **p. teller**, carta di Bancomat; tessera magnetica □ **flap p.**, tasca ad aletta □ (*fig.*) **to be in p.**, aver quattrini; essere in attivo, averci guadagnato (*in un affare*) □ (*fig.*) **to have st. in one's p.**, avere q.c. in tasca; essere sicuro di ottenere (conseguire, ecc.) q.c. □ **to have sb. in one's p.**, tenere q. in pugno □ (*fig.*) **to line one's pockets**, fare i soldi; farsi il gruzzolo □ **to be out of p.**, avere le tasche vuote; essere in passivo, averci rimesso (di tasca) □ **out-of-p. expenses**, spese vive; denaro speso di tasca propria □ **patch p.**, tasca applicata (*o* riportata) □ **to pick sb.'s p.**, borseggiare q. □ **to put one's pride in one's p.**, inghiottire un rospo (*fig.*); umiliarsi □ **to suffer in one's p.**, rimetterci di tasca propria □ **I am out of p. by it**, ci ho rimesso di tasca mia (in questa faccenda) □ **I paid out of my own p.**, ho pagato di tasca mia □ **I am fifty pounds in p. by this transaction**, ho guadagnato cinquanta sterline in quest'affare.
to **pocket** /ˈpɒkɪt/, *v. t.* *1* intascare; mettersi in tasca; appropriarsi di (q.c.); sottrarre *2* mandar giù; sopportare; ingoiare; incassare (*fig.*): **to p. an insult**, mandar giù un insulto *3* (*sport*) chiudere, tagliare la strada a (*un altro concorrente*) *4* far tacere, soffocare (*un sentimento*): **to p. one's pride**, far tacere l'orgoglio *5* (*biliardo*) mandare in buca (*una palla*).
pocketbook /ˈpɒkɪtbuk/, *V.* **p.-book**, *sotto* **pocket**.
pocketful /ˈpɒkɪtful/, *n.* *1* quanto sta in una tasca; tascata *2* (*fig.*) (un) mucchio.
pocketknife /ˈpɒkɪtnaɪf/, *n.* (*pl.* **pocketknives**) coltellino tascabile; temperino.
pockmark /ˈpɒkmɑ:k/, *n.* *1* (*med.*) cicatrice; buttero *2* (*pl.*) (*med.*) butteratura *3* (piccolo) buco; foro.
to **pockmark** /ˈpɒkmɑ:k/, *v. t.* *1* (*med.*) butterare *2* bucherellare; coprire di buchi (*o* di buche).
pockmarked /ˈpɔ:kmɑ:kt/, *a.* *1* butterato: **a p. face**, un viso butterato *2* bucherellato.
pocky /ˈpɒkɪ/, *a.* *1* butterato *2* di (*o* simile a) una pustola *3* affetto dal vaiolo; vaioloso.
pod (1) /pɒd/, *n.* *1* (*bot.*) baccello; capsula; siliqua; guscio (*di pisello, ecc.*) *2* (*zool.*) bozzolo (*di baco da seta*) *3* (*pesca*) nassa per anguille *4* (*aeron.*) serbatoio sganciabile *5* (*miss.*) scomparto distaccabile (*d'astronave*).
pod (2) /pɒd/, *n.* (*mecc.*) *1* portapunta (*di un trapano, ecc.*) *2* scanalatura; cava. ● (*tecn.*) **pod bit**, punta a sgorbia.
pod (3) /pɒd/, *n.* piccolo branco (*di foche, di balene*).
to **pod** (1) /pɒd/, **A** *v. i.* (*di pianta*) produrre (*o* fare) baccelli. **B** *v. t.* sbaccellare; sgranare; sgusciare (*piselli, ecc.*).
to **pod** (2) /pɒd/, *v. t.* spingere (*foche, balene*) in branco.
podagra /pəˈdægrə/, *n.* (*med.*) podagra; gotta del piede.
podagral /pəˈdægrəl/, **podagric** /pəˈdægrɪk/, **podagrous** /ˈpɒdəgrəs/, *a.* (*med.*) podagrico; podagroso.
podded /ˈpɒdɪd/, *a.* (*di pianta*) che porta (*o* produce) baccelli.
podge /pɒdʒ/, *n.* (*fam.*) persona tozza e grassa; tombolo (*fam.*).
podgy /ˈpɒdʒɪ/, *a.* (*fam.*) grassotto; piccolo e tondo; tozzo. || **-iness**, *sost.*
podiatrist /pəˈdaɪətrɪst/, *n.* (*USA*) podologo; pedicure; callista; podiatra (*arc.*).
podiatry /pəˈdaɪətrɪ/, *n.* (*USA*) arte del callista (*o* del pedicure).
podium /ˈpəudɪəm/, *n.* (*pl.* **podiums, podia**) (*anche archit.*) podio.
podology /pəuˈdɒlədʒɪ/, *n.* (*med.*) podologia.
podophyllum /pɒdəuˈfɪləm/, *n.* (*pl.* **podophylli, podophyllums**) (*farm.*) rizoma di podofillo; podofillina.
Podunk /ˈpɒdʌŋk/, **A** *n.* (*pop. USA*) cittadina di provincia; città fuori mano. **B** *a. attr.* di provincia; fuori mano: **a p. town**, una città fuori mano.
poem /ˈpəuɪm/, *n.* *1* poesia; componimento poetico *2* poema.
poesy /ˈpəuɪzɪ/, *n.* (*arc.*) poesia; arte poetica.
poet /ˈpəuɪt/, *n.* (*anche fig.*) poeta. ● **the Poets' Corner**, l'Angolo dei Poeti (*nell'Abbazia di Westminster, a Londra*); (*scherz.*) parte d'una rivista dedicata alla poesia □ **the P. Laureate**, il poeta ufficiale della Corte d'Inghilterra (*dal 1616*).
poetaster /pəuɪˈtæstə(r)/, *n.* poetastro.
poetess /ˈpəuɪtes/, *n.* poetessa.
poetic /pəuˈetɪk/, *a.* poetico; della poesia: **p. subjects**, argomenti poetici; **p. genius**, il genio della poesia; l'estro poetico. ● **a p. family**, una famiglia di poeti □ **p. justice**, giustizia ideale; ricompensa della virtù e punizione del vizio □ **p. licence**, licenza poetica.
poetical /pəuˈetɪkl/, *a.* poetico; della poesia; in versi: **p. works**, opere poetiche; **a p. play**, un dramma in versi. ● **a p. idea of marriage**, un'idea poetica del matrimonio □ **a p. person**, una persona dall'indole poetica. || **-ly**, *avv.* || **-ness**, *sost.*
to **poeticize** /pəuˈetɪsaɪz/, *v. t.* poeticizzare; poetizzare; rendere (*un argomento, ecc.*) poetico.
poetics /pəuˈetɪks/, *n. pl.* (*col verbo al sing.*) poetica.
to **poetize** /ˈpəuɪtaɪz/, **A** *v. i.* poetare. **B** *v. t.* *1* poetizzare; rendere (*un tema*) poetico *2* trattare (*un argomento*) in versi; celebrare in versi.
poetry /ˈpəuɪtrɪ/, *n.* poesia (*anche fig.*); arte poetica; (*collett.*) opere poetiche. ● **prose p.**, prosa poetica.
po-faced /ˈpəufeɪst/, *a.* (*fam.*) dall'aria melensa; dall'aspetto solenne ma vacuo.
pogey /ˈpəugɪ/, *n.* (*pop. Can.*) *1* sussidio di disoccupazione *2* assicurazione contro la perdita del posto di lavoro *3* assistenza ai disoccupati. ● **p. clothes**, vestiti avuti dall'assistenza sociale.
poggie /ˈpɒgɪ/, *n.* (*gergo mil.*, *USA*) recluta.
pogo stick /ˈpəugəustɪk/, *n.* trampolo con molla (*giocattolo*); «canguro».
pogrom /ˈpɒgrəm, -ɒm, *USA* ˈpəugrəm, pəˈgrɒm, -ˈgrʌm/, *n.* pogrom; massacro in massa (*specialm. di ebrei*).
pogue /pəug/, *n.* (*pop. USA*) *1* giovane teppista *2* giovane frocio.
pogy /ˈpəugɪ/, *V.* **pogey**.
poignancy /ˈpɔɪnɪənsɪ/, *n.* acutezza; l'essere cocente, pungente; intensità; violenza; causticità.
poignant /ˈpɔɪnɪənt/, *a.* acuto; cocente; penetrante; pungente; intenso; violento; caustico: **p. grief**, acuto dolore; **p. regret**, cocente rammarico; **p. sarcasm**, sarcasmo pungente; **p. hunger**, fame intensa; **p. wit**, spirito caustico; **a p. odour**, un odore pungente. || **-ly**, *avv.*
poinsettia /pɔɪnˈsetɪə/, *n.* (*bot.*, *Euphorbia pulcherrima*) poinsezia; stella di Natale.
point /pɔɪnt/, *n.* *1* punta (*anche mecc.*); puntina; punta di terra; promontorio: **the p. of a knife [of a stick]**, la punta d'un coltello [d'un bastone]; **platinum p.**, puntina platinata; **to stand on the p. of one's toes**, stare in punta di piedi; (*geogr.*) **P. Hope**, Punta Hope (*in Alaska*) *2* punto; puntino; punto fermo; punto essenziale; punto di vista; opinione; idea; tesi; grado; istante; momento: (*geogr.*) **cardinal p.**, punto cardinale; (*tipogr.*) **full p.**, punto fermo; **They don't agree on these points**, su questi punti essi non sono d'accordo; **a decimal p.**, un punto di numero decimale (*in Italia, si usa la virgola*): **The ship has four p. seven (4.7) guns**, la nave ha cannoni da «quattro punto sette» (4.7); **the main points of a speech**, i punti principali di un discorso; **the p. of an argument**, il punto essenziale (*o* il succo) d'un argomento; **The dollar has gained five points against the pound**, il dollaro ha guadagnato cinque punti sulla sterlina; **I begin to see your p.**, comincio a capire il tuo punto di vista; **You have a p. there!**, questa sì che è un'idea (*o* una buona idea); **Don't get away from the p.**, stai al

punto!; non divagare!; **the p. of departure**, il punto di partenza; **a p. of contact**, un punto di contatto; **a high p. of civilization**, un alto grado di civiltà; (*geom.*) **the p. of intersection of two lines**, il punto d'intersezione di due linee **3** motivo; scopo; utilità: **What's your p. in going?**, che motivo hai d'andare?; **There is no** (*o* **not much**) **p. in doing that**, non vedo lo scopo (*o* l'utilità) di fare ciò **4** efficacia; vigore; mordente: **His comments lack p.**, i suoi commenti sono privi di mordente **5** (*geogr.*, *naut.*; = **p. of the compass**) punto della rosa dei venti (*ve ne sono 32*); quarta (*11° 15'*) **6** (*autom.*, *elettr.*) puntina (*di candela o di ruttore*) **7** (*naut.*) matafione: **reef points**, matafioni dei terzaroli **8** (*mil.*) punta d'una colonna; avanguardia **9** (*ferr.*, = **p. rail**) ago (*dello scambio*) **10** (*pl.*) (*ferr.*) scambio **11** (*del termometro*) grado **12** (*elettr.*) presa di corrente: **a lighting p.**, una presa luce; **a p. for the phone**, una presa per il telefono **13** (*pl.*) orecchi, coda, zampe (*d'animale domestico*); (*specialm.*) criniera, coda e zampe (*d'un cavallo*): **bay with black points**, baio con coda, criniera e zampe nere **14** (*pop. USA*) ago ipodermico **15** (*pop. USA*) (chi fa da) palo; complice. ● **p. by p.**, punto per punto; esaurientemente □ **p. lace**, merletto (*o* pizzo) a punto ago □ **a p. of conscience**, un caso di coscienza □ (*di vigile*) **p. duty**, servizio di vigilanza del traffico □ (*mil.*) **p. fire**, fuoco concentrato □ (*USA*) **p. man**, (*mil.*) uomo di testa di una pattuglia; (*fig., specialm. polit.*) uomo di punta; (*sport*) marcatore, cannoniere □ **p. of honour**, punto d'onore □ (*boxe*) **the p.** (**of the jaw**), la punta del mento □ (*aeron.* e *fig.*) **p. of no return**, punto dal quale non si torna indietro (*in un volo transoceanico, per mancanza di carburante*) □ (*nelle assemblee, riunioni, ecc.*) **p. of order**, mozione d'ordine; questione di procedura □ (*comm.*) **p. of sale**, punto di vendita □ (*ferr.*) **p. of switch**, punto di scambio □ **p. of view**, punto di vista □ **p. rationing** razionamento con sistema di punti □ (*tipogr.*) **p. size**, corpo □ (*sport*) **p.-to-p.**, corsa siepi di cavalli dilettanti □ **armed at all points**, armato di tutto punto □ **at the p. of death**, in punto di morte □ **at the p. of the sword**, con la spada puntata contro; (*fig.*) sotto minaccia di gravi violenze □ **at all points**, da ogni punto di vista; sotto ogni aspetto □ **beside the p.**, fuori proposito; non pertinente □ **boiling p.**, punto d'ebollizione □ **to carry** (*o* **to gain**) **one's p.**, far prevalere il proprio punto di vista □ **a case in p.**, un esempio calzante □ **to come** (*o* **to get**) **to the p.**, venire al sodo (*o* al dunque, al fatto) □ (*fis.*) **freezing-p.**, punto di congelamento □ (*anche fig.*) **to give points to sb.**, dar dei punti (di vantaggio) a q.; essere superiore a q. □ **to have a p.**, non essere senza ragione: **You have a p. here**, su questo punto hai proprio ragione □ **in p. of**, per quanto riguarda (*o* concerne); con riferimento a □ **in p. of fact**, (*leg.*) in materia di fatto; (*per estens.*) effettivamente, realmente, davvero □ (*leg.*) **in p. of law**, in materia di diritto □ **the main p.**, l'essenziale □ **to make one's p.**, chiarire il proprio punto di vista; sostenere una tesi □ **to make a p. of st.**, fare di q.c. una questione essenziale; attribuire grande importanza a q.c. □ (*di cane*) **to make** (*o* **to come to a**) **p.**, fare la punta; puntare □ **to make** (*o* **to score**) **a p.**, fare un punto; segnare un punto a proprio favore; (*fig.*) dimostrare d'aver ragione (*o* d'essere nel giusto) □ **to make a p. of doing st.**, farsi un dovere di (considerare doveroso, ritenere importante) fare q.c. □ **off the p.**, fuori proposito; non pertinente □ (*sport*) **on points**, ai punti: **to lose** [**to win**] **on points**, perdere [vincere] ai punti □ (*di un vigile*) **to be on p. duty**, essere di servizio al traffico □ **to be on the p. of**, essere sul punto di; stare per: **They were on the p. of refusing his offer**, stavano per rifiutare la sua offerta □ **power p.**, presa (elettrica) □ **to stick to the p.**, non divagare □ **to stretch a p.**, fare un'eccezione; lasciar correre; allargare la manica (*fig.*) □ **strong p.**, (il) forte: **Swimming is not his strong p.**, il nuoto non è il suo forte □ **to the p.**, pertinente: **Your answer is not to the p.**, la tua risposta non è pertinente □ **up to a p.**, fino a un certo punto □ **to win one's p.**, imporre il proprio punto di vista □ **What's the p. of acting like a child?**, a che ti (*o* gli, ecc.) giova comportarti (comportarsi, ecc.) da bambino?

to **point** /pɔɪnt/, *v. t.* e *i.* **1** fare la punta a; appuntire; affilare; aguzzare: **to p. a pencil**, fare la punta a una matita **2** punteggiare; mettere i punti in (*una frase, un discorso*) **3** (*di solito* **to p. out**) additare; indicare; mostrare: **He pointed out the finest monuments to the visitors**, additò i monumenti più belli ai visitatori; **to p. the way**, indicare la strada; **P.** (**me**) **out the books you want**, mostrami i libri che desideri **4** (*fig.*, *di solito* **to p. out**) illustrare; dar rilievo a; mettere in evidenza; far notare; far rilevare: **He pointed his remarks with apt illustrations**, illustrò le sue osservazioni con esempi appropriati; **to p. a moral**, dar rilievo a un concetto morale (*per mezzo d'esempi, ecc.*); **May I p. out to you that your account is still outstanding?**, posso farLe notare che il Suo conto è ancora scoperto? **5** (*anche mil.*) puntare: **to p. a gun** [**a telescope**], puntare un fucile [un telescopio] **6** (*di cane*) puntare: **My dog pointed** (**a hare**), il mio cane puntò (una lepre) **7** (*edil.*) rifinire, riempire di malta i giunti di (*un muro di mattoni*). ● **to p. fingers**, puntare il dito; (*fig.*) scandalizzarsi □ **to p. manure in**, sotterrare concime con la punta della vanga □ **to p. the soil over**, rivoltare la terra con la punta della vanga.

♦**point at**, **A** *v. i.* + *prep.* **1** additare; indicare; segnare a dito: **You shouldn't p. at people**, non si deve segnare a dito la gente **2** (*USA*) dare l'idea di; suggerire la possibilità di; far pensare a; far ritenere. **B** *v. t.* + *prep.* puntare: **to p. one's finger at sb.**, puntare il dito contro q.; **to p. a gun at sb.**, puntare una pistola contro q.

♦**point down**, **A** *v. i.* + *avv.* indicare in basso. **B** *v. t.* + *avv.* (*USA*) levigare (*una superficie*).

♦**point off**, *v. t.* + *avv.* segnare con un punto (*la parte decimale di un numero*).

♦**point out**, *v. t.* + *avv.* *V.* **to point**, *def.* *3* e *4*.

♦**point to**, **A** *v. i.* + *prep.* **1** segnare a dito; indicare, segnare (*una direzione, un punto su una cartina, ecc.*): **He pointed to the window**, indicò la finestra **2** essere esposto (*o* rivolto) a; guardare a: **The front points to the east**, la facciata guarda a est **3** riferirsi a; mettere in evidenza, in rilievo: **He pointed to the urgent need for strict measures**, mise in evidenza l'urgente bisogno di provvedimenti severi **4** *V.* **point at, A**, *def.* *2*. **B** *v. t.* + *prep.* **1** puntare contro (*o* verso) **2** dirigere, orientare, rivolgere (*anche fig.*): **to p. a young man to the study of science**, orientare un giovane allo studio delle scienze.

♦**point towars**, *V.* **point to**.

♦**point up**, **A** *v. t.* + *avv.* **1** mettere in evidenza (*o* in risalto); evidenziare **2** (*USA*) irruvidire (*una superficie*). **B** *v. i.* + *avv.* indicare in alto.

point-blank /pɔɪnt'blæŋk/, **A** *a.* **1** (*mil.*: *di tiro*) diretto; (con l'alzo) a zero: **p. shooting**, tiro diretto; tiro a zero **2** (*fig.*) a bruciapelo; netto; reciso; secco; categorico: **a p. question**, una domanda a bruciapelo; **a p. refusal**, un netto rifiuto. **B** *avv.* **1** (*mil.*) a zero; a bruciapelo: **He fired the pistol p. at the gangster**, scaricò la pistola a bruciapelo sul bandito **2** (*fig.*) nettamente; seccamente; categoricamente: **She refused p.**, rifiutò seccamente. ● (*mil.*) **p. distance**, distanza adatta al tiro diretto; distanza ravvicinata.

pointe /pɔɪnt/ (*franc.*), *n.* (*balletto*) punta (del piede): **on pointes**, sulle punte.

pointed /'pɔɪntɪd/, *a.* **1** puntuto; appuntito; acuminato; acuto; aguzzo; a punta: **p. tools**, arnesi acuminati; strumenti a punta **2** (*fig.*) incisivo; conciso ed energico: **a p. style**, uno stile incisivo **3** (*fig.*) penetrante; pungente; mordace; tagliente: **p. wit**, spirito mordace; **a p. remark**, un'osservazione pungente **4** (*fig.*) evidente; fatto a bella posta; intenzionale; marcato; preciso: **a p. allusion**, un'allusione precisa. ● (*archit.*) **p. arch**, arco a sesto acuto □ (*fig. fam. USA*) **p. head**, intellettuale □ **p. ignorance**, crassa ignoranza □ (*archit.*) **p. style**, stile ogivale; stile gotico. || **-ly**, *avv.* || **-ness**, *sost.*

pointer /'pɔɪntə(r)/, *n.* **1** persona che addita; cosa che indica; indicatore **2** (*di bilancia o contatore*) indice; (*di orologio*) lancetta **3** bacchetta, canna (*per indicare q.c. su una lavagna, uno schermo, ecc.*) **4** cane da punta (*o* da ferma); pointer **5** (*d'arma da fuoco*) puntatore (*meccanismo*); alzo **6** (*fam.*) allusione; cenno; indicazione; suggerimento **7** (*elab.*) puntatore; indicatore **8** (*econ.*, *fin.*) indicatore; indice **9** (*pl.*) (*fam.*) seni a punta.

pointillism /'pɔɪntɪlɪzəm, 'pwænti:lɪzəm/, *n.* (*pitt.*) divisionismo.

pointillist /'pwæntɪlɪst/, *n.* (*pitt.*) divisionista.

pointing /'pɔɪntɪŋ/, *n.* **1** punteggiatura **2** (*edil.*, = **p.-up**) rifinitura (*o* ripassatura) dei giunti in vista, con malta; (*anche*) malta per giunti **3** (*d'arma da fuoco*) puntamento. ● (*edil.*) **p. trowel**, cazzuola per giunti.

pointless /'pɔɪntləs/, *a.* **1** senza punta; spuntato; ottuso **2** senza scopo; senza significato; inutile **3** (*di giocatore*) che non ha segnato un punto **4** (*di partita, incontro*) senza segnature; (chiuso sullo) zero a zero: **a p. draw**, un pareggio 0 a 0; una partita chiusa sullo zero a zero. ● (*gioco del calcio*) **a p. game**, una partita a reti inviolate. || **-ly**, *avv.* || **-ness**, *sost.*

pointsman /'pɔɪntsmən/, *n.* (*pl.* **pointsmen**) **1** (*ferr.*) deviatore; scambista **2** poliziotto addetto alla vigilanza del traffico.

pointy /'pɔɪntɪ/, *a.* appuntito; puntuto; che ha molte punte.

poise /pɔɪz/, *n.* **1** equilibrio (*anche fig.*); padronanza di sé; compostezza; stabilità **2** portamento (*del capo, ecc.*).

to **poise** /pɔɪz/, **A** *v. t.* **1** bilanciare; equilibrare; tenere in equilibrio **2** tenere in posizione: **to p. a lance**, tenere in posizione una lancia **3** (*raro*) tenere pronto. **B** *v. i.* **1** essere (*o* restare) in equilibrio **2** restar sospeso (*in aria*); librarsi **3** (*raro*) tenersi pronto. **C** to **poise oneself**, *v. rifl.* tenersi in equilibrio: **The girl poised herself on the bar**, la ragazza si teneva in equilibrio sulla sbarra. ● **to p. one's head scornfully**, assumere un atteggiamento sdegnoso del capo.

poised /pɔɪzd/, *a.* **1** sospeso (*anche fig.*); a mezz'aria: **The earth is p. in space**, la terra è sospesa nello spazio; **He is p. between life and death**, è sospeso tra la vita e la morte **2** pronto: **The rebels were p. to attack** (*o* **for attack**), i rivoltosi erano pronti ad attaccare **3** in equilibrio: **to carry st. p. on one's head**, portare q.c. in equilibrio sulla testa **4** immobile; fermo **5** (*fig.*) equilibrato; padrone di sé; calmo e dignitoso.

poison /'pɔɪzn/, *n.* (*anche fig.*) veleno: **rat p.**, veleno per topi; **slow p.**, veleno lento (*ad azione lenta*); **the p. of envy**, il veleno dell'invidia. ● (*zool.*) **p. fang**, dente velenifero □ **p. gas**, gas tossico; gas asfissiante □ (*bot.*) **p.-ivy** (*Rhus toxicodendron*), edera del Canada □ (*fig.*) **p. pen**, chi scrive lettere anonime calunniose (offensive, ecc.) □ (*fig.*) **p.-pen letter**, lettera anonima calunniosa (offensiva, ecc.) □ **to hate sb. like p.**, essere pieno di veleno contro q. □ (*fam.*) **What's your p.?**, e tu che cosa (*o* quale liquore) bevi?

to **poison** /'pɔɪzn/, *v. t.* avvelenare (*anche fig.*); intossicare; corrompere; guastare; pervertire: **to p. sb.'s mind with evil propaganda**, avvelenare (*o* corrompere) l'animo di q. con propaganda malvagia; **That sad event poisoned his life for ever**, quel fatto doloroso gli avvelenò la vita per sempre. ● **to be poisoned with smoking**, essere intossicato dal fumo.

poisoner /ˈpɔɪzənə(r)/, *n.* avvelenatore, avvelenatrice.

poisoning /ˈpɔɪzənɪŋ/, *n.* avvelenamento. ● (*med.*) **blood p.**, setticemia □ **food p.**, intossicazione alimentare.

poisonous /ˈpɔɪzənəs/, *a.* **1** velenoso (*anche fig.*); dannoso; astioso; perfido: **p. plants**, piante velenose; **p. doctrines**, insegnamenti velenosi **2** (*fam.*) orribile; pessimo; schifoso (*fam.*). ‖ **-ly,** *avv.* ‖ **-ness,** *sost.*

poke (1) /pəʊk/, *n.* **1** colpo (di punta); urto; spinta; gomitata; ditata **2** (*fam.*) pugno **3** (*fam.*) posapiano; lumaca (*fig.*) **4** (*volg.*) chiavata; scopata. ● **to give the fire a p.**, dare un'attizzatina al fuoco.

poke (2) /pəʊk/, *n.* **1** (*dial.*) borsa; sacco **2** (*pop. USA*) soldi; denaro. ● (*fig.*) **to buy a pig in a p.**, comprare la gatta nel sacco; comprare alla cieca.

poke (3) /pəʊk/, *n.* (*un tempo*) visiera. ● **p. bonnet**, cuffia con ampia visiera (*per es., delle donne dell'Esercito della Salvezza*).

to **poke** /pəʊk/, **A** *v. t.* **1** colpire; urtare; spingere; dare un colpetto (*o* una gomitata) a: **to p. sb. in the ribs**, dare una gomitata (*o* un colpetto confidenziale) a q. nelle costole **2** (*anche* **to p. up**) attizzare (*il fuoco*) **3** conficcare; ficcare; cacciare: **to p. one's nose into other people's affairs**, ficcare il naso negli affari altrui; **to p. one's finger into a crack**, cacciare il dito in una fessura **4** (*fam.*) colpire col pugno; dare un pugno a (q.) **5** (*volg.*) chiavare; sbattere. **B** *v. i.* **1** dare un colpetto **2** sporgere; spuntare: **His left knee was poking through a big hole**, gli spuntava il ginocchio sinistro da un grosso buco **3** ficcare il naso; curiosare; immischiarsi; intromettersi. ● **to p. and pry**, essere un ficcanaso □ **to p. at sb.**, agitare un attizzatoio (*o* un bastone, ecc.) contro q. □ **to p. fun at**, deridere; dileggiare; farsi beffe di; prendere in giro □ **to p. one's head**, cacciar fuori la testa; spingere avanti (*o* sporgere) il capo □ **to p. a hole in st.**, fare un buco in q.c. (*con un bastone, un arnese appuntito*).

♦**poke about** (*o* **around**), *v. i.* + *avv.* (*fam.*) **1** ficcanasare **2** cercare a tentoni; frugare; rovistare: **to p. about for st.**, frugare in cerca di q.c.; **to p. around in sb.'s drawers**, rovistare nei cassetti di q.

♦**poke along**, *v. i.* + *avv.* **1** procedere lentamente **2** bighellonare; oziare; ciondolare.

♦**poke in**, *v. i.* + *avv.* **1** ficcare; conficcare **2** fare (*un buco*) **3** ficcanasare; curiosare □ (*fam.*) **to p. one's nose in**, ficcanasare.

♦**poke out**, *v. t.* + *avv.* **1** mettere fuori: **to p. one's nose out (of the window)**, mettere il naso fuori della finestra **2** sporgere; lasciare (q.c.) fuori **3** cavare (*un occhio, ecc.*) **4** spegnere (*il fuoco*) con un arnese.

♦**poke up**, *v. t.* + *avv.* attizzare, ravvivare (il fuoco) □ (*fig.*) **to p. oneself up in a small room**, rinchiudersi in una stanzetta.

pokeberry /ˈpəʊkbərɪ, *USA* -ɛrɪ/, *n.* (*bot.*) bacca della **pokeweed** (*q.V.*).

poker (1) /ˈpəʊkə(r)/, *n.* **1** attizzatoio **2** punta metallica; pirografo **3** (*nelle università d'Oxford e Cambridge*) mazziere. ● **as stiff as a p.**, rigido come un manico di scopa (*come avesse ingoiato un bastone*) □ **red-hot p.**, attizzatoio arroventato; (*bot., Kniphofia*) tritoma.

poker (2) /ˈpəʊkə(r)/, *n.* poker (*gioco di carte*). ● (*fam.*) **p. face**, faccia da poker; individuo impassibile □ **p.-faced**, che ha una faccia da poker; impassibile.

pokeroot /ˈpəʊkruːt/, *V.* **pokeweed**.

pokerwork /ˈpəʊkəwɜːk/, *n.* (*arte*) pirografia.

pokeweed /ˈpəʊkwiːd/, *n.* (*bot., Phytolacca americana*) fitolacca; uva selvatica.

pok(e)y /ˈpəʊkɪ/, **A** *a.* **1** (*di luogo, stanza*) limitato; angusto; piccolo; ristretto **2** (*di lavoro*) meschino; scialbo; piatto **3** lento; ozioso; pigro **4** (*USA*) malvestito; sciatto; trasandato. **B** *n.* (*pop. USA*) carcere; gattabuia.

pol /pɒl/, *n.* (*abbr. fam. di* **politician**) (uomo) politico.

Polack /ˈpəʊlæk/, *n.* (*pop. spreg.*) polacco.

Poland /ˈpəʊlənd/, *n.* (*geogr.*) Polonia.

polar /ˈpəʊlə(r)/, **A** *a.* **1** (*geogr., astron., fis., ecc.*) polare: (*mat.*) **p. coordinate**, coordinata polare; **p. circle**, circolo polare; **p. distance**, distanza polare; **p. bear**, orso polare; orso bianco **2** (*fig.*) antitetico; diametralmente opposto; del tutto diverso. **B** *n.* (*geom.*) retta polare; (la) polare. ● **p. cap**, calotta polare □ **p. lights**, aurora boreale; aurora australe □ (*miss.*) **p. orbit**, orbita polare □ (*miss.*) **p. satellite**, satellite in orbita polare □ **p. seas**, mari artici □ (*geol.*) **p. wandering**, migrazione dei poli.

polarimeter /pəʊləˈrɪmɪtə(r)/, *n.* (*fis.*) polarimetro.

polarimetry /pəʊləˈrɪmətrɪ/, *n.* (*fis.*) polarimetria.

Polaris /pəˈlɑːrɪs, -ærɪs/, *n.* (*astron.*) stella polare.

polariscope /pəʊˈlærɪskəʊp/, *n.* (*fis.*) polariscopio.

polarity /pəˈlærətɪ/, *n.* (*scient.*) polarità (*anche fig.*).

polarizability /pəʊləraɪzəˈbɪlətɪ/, *n.* (*fis.*) polarizzabilità.

polarizable /pəʊləˈraɪzəbl/, *a.* (*fis.*) polarizzabile.

polarization /pəʊləraɪˈzeɪʃn, *USA* -rɪˈz-/, *n.* (*elettr., fis.*) polarizzazione.

to **polarize** /ˈpəʊləraɪz/, (*elettr., fis.*) **A** *v. t.* (*anche fig.*) polarizzare. **B** *v. i.* polarizzarsi. ● **to p. the country [public opinion]**, spaccare in due il paese [l'opinione pubblica].

polarizer /ˈpəʊləraɪzə(r)/, *n.* (*ottica*) polarizzatore.

polarography /pəʊləˈrɒgrəfɪ/, *n.* (*chim.*) polarografia.

Polaroid /ˈpəʊlərɔɪd/, *n.* (*marchio*) **1** (*ottica*) polaroid; polaroide **2** (*fotogr.*, = **P. camera**) Polaroid **3** (*pl.*) occhiali con lenti Polaroid.

polder /ˈpəʊldə(r)/, *n.* (*geogr.*) polder (*terreno sotto il livello dell'alta marea, bonificato e reso coltivabile*).

pole (1) /pəʊl/, *n.* **1** palo (*anche di ferro*); paletto: **telephone poles**, pali del telefono; **a tent p.**, un paletto da tenda **2** (*sport*) asta **3** pertica (*misura di lunghezza pari a 5 iarde e mezzo, cioè a 5 metri circa*) **4** timone (*di carro*) **5** (*sport*) palo (*di partenza*) **6** (*sport*) racchetta (*da sci*): **ski poles**, le racchette **7** (*naut.*) asta; pennone; spigone. ● (*sport: autom.*) **p. position**, pole position: **to start in p. position**, partire in pole position □ **p. trimmer**, svettatoio a pertica □ (*sport*) **a p.-vault**, un salto con l'asta □ (*sport*) **p.-vaulter**, astista □ (*sport*) **p.-vaulting** (*o* **p.-jumping**), salto con l'asta □ **barge p.**, pertica per una chiatta □ **the greasy p.**, l'albero della cuccagna □ **under bare poles**, (*naut.*) con le vele ammainate; (*fig.*) nudo, spoglio □ (*pop.*) **to be up the p.**, essere sulla pista sbagliata, sbagliarsi; (*anche*) essere pazzerello, tocco.

pole (2) /pəʊl/, *n.* (*geogr., astron., elettr., mecc.*) polo (*anche fig.*): **the North P.**, il polo nord; **magnetic p.**, polo magnetico; polo della calamita; **positive [negative] p.**, polo positivo [negativo]. ● **p. star**, (*astron.*) stella polare; (*fig.*) polo, punto d'attrazione, calamita □ (*fig.*) **poles apart**, agli antipodi; ai poli opposti □ **He and his brother are poles apart**, egli è l'opposto di suo fratello.

to **pole** /pəʊl/, **A** *v. t.* **1** munire (*o* provvedere) di pali; sostenere (*piante, ecc.*) con pali **2** (*anche* **to p. away, to p. off**) allontanare, spingere (*un'imbarcazione*) con una pertica. **B** (*sport*: *sci*) usare le racchette (*per procedere*).

Pole /pəʊl/, *n.* polacco.

poleax(e) /ˈpəʊlæks/, *n.* **1** (*stor.*) ascia di guerra; alabarda **2** ascia (*o* mazza) da beccaio.

to **poleax(e)** /ˈpəʊlæks/, *v. t.* **1** attaccare (*o* abbattere) (*un nemico*) con l'ascia **2** abbattere (*una bestia da macello*) con l'ascia **3** (*fig.*) atterrare (*un pugile, ecc.*) con un pugno.

polecat /ˈpəʊlkæt/, *n.* (*zool.*) **1** (*Putorius foetidus*) puzzola europea **2** (*USA*: *Mephitis mephitis*) moffetta.

polemarch /ˈpɒləmɑːk/, *n.* (*stor. greca*) polemarco.

polemic /pəˈlɛmɪk/, *n.* **1** polemica; discussione **2** polemista.

polemic(al) /pəˈlɛmɪk(l)/, *a.* polemico. ‖ **-ally**, *avv.*

polemicist /pəˈlɛmɪsɪst/, *n.* polemista.

polemics /pəˈlɛmɪks/, *n. pl.* (*col verbo al sing.*) **1** polemica; arte polemica **2** (*relig.*) controversia (*o* disputa) teologica.

polemist /ˈpɒləmɪst/, *n.* polemista.

to **polemize** /ˈpɒləmaɪz/, *v. i.* polemizzare.

polemologist /pɒləˈmɒlədʒɪst/, *n.* polemologo.

polemology /pɒləˈmɒlədʒɪ/, *n.* polemologia.

poler /ˈpəʊlə(r)/, *n.* **1** chiattaiolo **2** (*pop. USA*) sgobbone.

to **pole-vault** /ˈpəʊlvɔːlt/, *v. i.* (*sport*) fare il salto con l'asta.

police /pəˈliːs/, *n.* **1** (*collett., spesso col verbo al pl.*) polizia; forza pubblica: **The p. are on his tracks**, la polizia è sulle sue tracce **2** ordine pubblico. ● **p. car**, auto della polizia □ **p. constable**, agente di polizia; poliziotto □ (*leg.*) **p. court**, corte di giustizia di primo grado (*competente per reati di minore importanza*) □ **p. dog**, cane poliziotto □ **p. headquarters**, comando della polizia □ (*leg.*) **p. magistrate**, giudice di una *p. court* □ **p. office**, posto (*o* ufficio) di polizia; commissariato □ **p. officer**, agente (*o* funzionario) di polizia □ (*leg.*) **p. record**, fedina penale □ **p. state**, Stato di polizia □ **p. station**, ufficio (*o* posto) di polizia; commissariato □ **p. van**, (furgone) cellulare.

to **police** /pəˈliːs/, *v. t.* **1** presidiare, proteggere (*con la polizia*); sorvegliare; vigilare: **to p. the streets of a town**, presidiare con la polizia le strade d'una città **2** (*mil., USA*) tenere in ordine (*un accampamento, ecc.*) **3** (*fig.*) vigilare.

policeman /pəˈliːsmən/, *n.* (*pl.* **policemen**) agente di polizia; poliziotto; guardia.

policewoman /pəˈliːswʊmən/, *n.* (*pl.* **policewomen**) donna poliziotto.

policing /pəˈliːsɪŋ/, *n.* operazione (*o* operazioni) di polizia: **political p.**, operazioni (*o* interventi) della polizia politica.

policy (1) /ˈpɒləsɪ/, *n.* politica (*anche fig.*); linea di condotta; piano d'azione; tattica: **England's foreign p.**, la politica estera dell'Inghilterra; (*econ.*) **a p. of full employment**, una politica di pieno impiego. ● **p. maker**, chi prende le decisioni politiche; decisionista □ (*fin.*) **budgetary p.**, politica di bilancio.

policy (2) /ˈpɒləsɪ/, *n.* (*ass.*) polizza: **a marine insurance p.**, una polizza d'assicurazione marittima. ● **p.-holder** (*o* **p.-owner**), titolare d'una polizza; assicurato □ **p. loan**, prestito su polizza □ **p. value**, valore di riserva della polizza.

polio /ˈpəʊlɪəʊ/, *n.* (*pl.* **polios**) (*abbr. di* **poliomyelitis**) polio; poliomielite; paralisi infantile. ● (*med.*) **a p. patient**, un poliomielitico.

poliomyelitic /pəʊlɪəʊmaɪəˈlɪtɪk/, *a.* (*med.*) poliomielitico.

poliomyelitis /pəʊlɪəʊmaɪəˈlaɪtɪs/, *n.* (*med.*) poliomielite.

poliovirus /pəʊlɪəʊˈvaɪərəs/, *n.* (*med.*) poliovirus.

polish /ˈpɒlɪʃ/, *n.* **1** lustro; lucentezza; levigatezza **2** lucidatura; lucidata: **My shoes need a good p.**, le mie scarpe hanno bisogno di una bella lucidatina **3** lucido; vernice: **shoe-p.**, lucido per scarpe **4** (*fig.*) finezza; raffinatezza; squisitezza; eleganza **5** (*tecn.*) polish; materiale per rivestimento superficiale (*cera, lacca, ecc.*). ● **floor p.**, cera da pavimenti □ **nail p.**, lacca per unghie □ **a tin of metal p.**, un barattolo di preparato per lucidare metalli □ **wax p.**, cera (per mobili) □ **a writer of remarkable p.**, uno scrittore assai raffinato □ **She lacks p.**, è un po' rozza.

to **polish** /ˈpɒlɪʃ/, **A** *v. t.* **1** levigare; lisciare; lucidare; verniciare: **to p. silver**, lucidare l'argenteria; **to p. glass**, levigare oggetti di vetro; **to p. furniture**, lucidare mobili **2** (*fig.*) ingentilire; affinare; rifinire: **to p. one's style**, ingentilire il proprio stile; **to p. a speech**, rifinire un discorso. **B** *v. i.* **1** levigarsi; lucidarsi; diventar lucido (*o* liscio): **This wood polishes well**, questo legno si lucida bene **2** (*fig.*) ingentilirsi; raffinarsi. ● (*fam.*) **to p. off**, finire, sbrigare (*un lavoro*); finire, mangiarsi (*una pietanza*); sbafarsi (*fam.*); sbaragliare, sbarazzarsi di (*un nemico*); far fuori (q.) □ **to p. up**, lucidare; pulire; (*fig. fam.*) rifinire, migliorare, perfezionare.

Polish /ˈpəʊlɪʃ/, **A** *a.* polacco. **B** *n.* (il) polacco (*la lingua*).

polished /ˈpɒlɪʃt/, *a.* **1** levigato; lucido; lucente; lustro **2** (*fig.*) raffinato; fine; elegante: **p. style**, stile raffinato. ● **p. manners**, modi distinti □ **a p. performance**, un'ottima esecuzione.

polisher /ˈpɒlɪʃə(r)/, *n.* **1** chi lucida; lucidatore: **furniture p.**, lucidatore di mobili **2** lucidatrice (*macchina*): **floor-p.**, lucidatrice per pavimenti **3** (*tecn.*) polish; liquido (*o* pasta) per lucidare.

polishing /ˈpɒlɪʃɪŋ/, *n.* **1** lucidatura; levigatura **2** (*fig.*) (lavoro di) rifinitura; affinamento; raffinamento. ● **p. machine**, lucidatrice (*macchina*) □ **p. paste**, pasta per lucidare □ **p. wheel**, disco per lucidare.

polite /pəˈlaɪt/, *a.* **1** gentile; cortese; garbato; bene educato **2** raffinato; elegante; fine. ● **p. letters**, le belle lettere □ **p. remarks**, convenevoli □ **the p. society**, la buona società; il bel mondo. ‖ **-ly**, *avv.*

politeness /pəˈlaɪtnəs/, *n.* **1** gentilezza; cortesia; garbatezza; buona educazione; belle maniere: **formal p.**, cortesia fredda, formale **2** raffinatezza; eleganza; finezza.

Politian /pəˈlɪʃn/, *n.* (*stor., letter.*) Poliziano.

politic /ˈpɒlətɪk/, *a.* **1** (*di persona*) avveduto; prudente; sagace: **a p. statesman**, uno statista sagace **2** (*di persona, spreg.*) astuto; scaltro **3** conveniente; giovevole; opportuno; saggio; utile: **a p. remark**, un'osservazione opportuna; **a p. move**, una mossa opportuna (*o* saggia) **4** (*raro*) politico. ● **the body p.**, lo Stato.

political /pəˈlɪtɪkl/, *a.* **1** politico: **p. parties**, partiti politici; **p. economy**, economia politica; **p. liberties**, libertà politiche **2** politicizzato: **My students are very p.**, i miei studenti sono molto politicizzati. ● (*stor.*) **p. agent** (*o* **resident**), consulente inglese di un principe indiano □ **a p. animal**, un politico nato □ **p. independent**, indipendente; persona che non aderisce ad alcun partito politico □ **p. newspaper**, quotidiano (*o* giornale, organo) di partito □ **a p. prisoner**, un prigioniero politico □ **p. motives**, motivi politici □ **p. science**, scienze politiche □ **p. scientist**, politologo. ‖ **-ly**, *avv.*

politician /pɒlɪˈtɪʃn/, *n.* **1** uomo politico; statista **2** (*spreg.*) politicante.

politicide /pəˈlɪtɪsaɪd/, *n.* (*USA*) «suicidio» politico.

politicization /pəlɪtɪsaɪˈzeɪʃn, *USA* -sɪˈz-/, *n.* **1** politicizzazione **2** responsabilizzazione civile.

to **politicize** /pəˈlɪtɪsaɪz/, **A** *v. i.* **1** occuparsi di politica; fare politica **2** parlare di politica. **B** *v. t.* dare un carattere politico a; politicizzare.

politicking /ˈpɒlətɪkɪŋ/, *n.* (*spesso spreg.*) l'essere un politicante; attivismo politico.

politicly /ˈpɒlɪtɪklɪ/, *avv.* astutamente; con grande furbizia.

politico /pəˈlɪtɪkəʊ/, *n.* (*pl.* **politicos, politicoes**) (*spreg.*) politicante.

politics /ˈpɒlətɪks/, *n. pl.* **1** (*col verbo al sing.*) politica; arte (*o* scienza) del governare: **party p.**, politica di partito **2** idee (*o* opinioni) politiche; metodi (*o* principi) politici: **What are his p.?**, quali sono le sue idee politiche? **3** (*per estens., spreg.*) macchinazioni; maneggi; intrighi. ● **to go into p.**, darsi alla politica □ **to talk p.**, parlare di politica.

polity /ˈpɒlətɪ/, *n.* (*form.*) **1** governo; ordinamenti e leggi civili; vita sociale **2** società ordinata secondo leggi civili; Stato; polis.

polka /ˈpɒlkə, *USA* ˈpəʊlkə/, *n.* (*mus.*) polca, polka. ● **p. dots**, pallini; pois □ **a p.-dot scarf**, una sciarpa a pallini.

poll (**1**) /pəʊl/, *n.* **1** (*polit.*) elezione; votazione: **the exclusion of women from the p.**, l'esclusione delle donne dalle elezioni; **the opening of the p.**, l'inizio delle votazioni; l'apertura del seggio elettorale **2** (*polit.*) lista elettorale; elenco degli elettori **3** (*polit.*) scrutinio dei voti; voti (*dati, ottenuti, o scrutinati*): **to head the p.**, essere in testa nelle votazioni **4** inchiesta (*d'opinione*); indagine su campione; sondaggio: **a Gallup p.**, un'inchiesta Gallup; **an opinion p.**, un'indagine demoscopica; un sondaggio d'opinione **5** (*pl. collett.*) **the polls**, i seggi (*nelle elezioni*) **6** (*arc. o scherz.*) testa; zucca (*fig.*) **7** (*arc.*) nuca; cuoio capelluto. ● **p.-book**, registro degli elettori; lista elettorale □ (*fisc., in G.B.*) **p.-tax**, capitazione; testatico; imposta pro capite (*assai impopolare: dal 1990 al 1993; sostituita dalla* **council tax**) □ **p. victory**, vittoria elettorale □ **p.-watcher**, scrutatore (*nelle votazioni*) □ **to go to the polls**, andare a votare; andare alle urne □ **a heavy p.**, un'alta percentuale di votanti □ **a poor p.**, una bassa percentuale di votanti.

poll (**2**) /pəʊl/, **A** *a.* **1** mozzato; tagliato di netto **2** (*d'albero*) senza cima **3** dalle corna mozze (*specialm. nei composti*): **a p.-ox**, un bue dalle corna mozze. **B** *n.* bue senza corna.

poll (**3**) /pɒl, pəʊl/, *n.* (*gergo dell'università di Cambridge*) – **the P.**, gli studenti che si laureano senza «honours» (*V.* **honours degree**). ● **p. degree**, laurea senza «honours».

to **poll** /pəʊl/, **A** *v. t.* **1** (*polit.*) scrutinare i voti di (*un collegio, ecc.*) **2** (*polit.: d'un candidato*) ottenere (*un certo numero di voti*) **3** (*polit.: d'un elettore*) dare (*il proprio voto*) **4** intervistare; sondare **5** cimare, potare, svettare (*alberi, piante*) **6** mozzare le corna a (*bestiame*) **7** tosare (*capelli, siepi*). **B** *v. i.* (*polit.*) votare; dare il proprio voto.

pollack /ˈpɒlək/, *n.* (*pl.* **pollack, pollacks**) (*zool., Pollachius virens*) merlano nero.

pollard /ˈpɒləd/, *n.* **1** (*zool.*) animale (*bue, capra, ecc.*) senza corna (*o* dalle corna mozze) **2** (*bot.*) albero capitozzato; pianta cimata **3** miscela di crusca e farina (*come mangime*).

to **pollard** /ˈpɒləd/, *v. t.* **1** cimare (*una pianta*); capitozzare; scamozzare **2** mozzare le corna a (*un animale*).

polled /pəʊld/, *a.* **1** (*bot.: di un albero*) cimato **2** (*zool.*) senza corna.

pollee /pəʊˈliː/, *n.* intervistato.

pollen /ˈpɒlən/, *n.* (*bot.*) polline. ● **p. count**, (*bot.*) conteggio pollinico; (*med.*) misurazione della quantità di polline (*per le allergie*) □ (*bot.*) **p. sac**, sacco pollinico.

to **pollen** /ˈpɒlɪn/, *v. t.* (*bot.*) ricoprire di polline; impollinare.

poller /ˈpəʊlə(r)/, *n.* **1** chi esegue sondaggi d'opinione; intervistatore **2** votante **3** chi cima piante.

pollex /ˈpɒleks/, *n.* (*pl.* **pollices**) (*anat.*) pollice.

to **pollinate** /ˈpɒləneɪt/, *v. t.* (*bot.*) impollinare.

pollination /pɒləˈneɪʃn/, *n.* (*bot.*) impollinazione.

pollinator /ˈpɒləneɪtə(r)/, *n.* (*zool.*) impollinatore.

polling /ˈpəʊlɪŋ/, **A** *a.* che vota; votante. **B** *n.* **1** votazione elettorale **2** percentuale dei votanti **3** (*elab.*) interrogazione in sequenza. ● **p. booth**, cabina elettorale □ **p. clerk**, scrutatore □ **p. day**, giorno delle votazioni □ **p. station**, seggio elettorale.

pollinic /pɒˈlɪnɪk/, *a.* (*bot.*) pollinico.

polliniferous /pɒlɪˈnɪfərəs/, *a.* (*bot.*) pollinifero.

pollinosis /pɒlɪˈnəʊsɪs/, *n.* (*med.*) pollinosi.

polliwog /ˈpɒlɪwɒg, *USA* -wɔːg/, *n.* (*USA, Can. o dial.*) girino.

pollock /ˈpɒlək/, *n.* (*pl.* **pollock, pollocks**) *V.* **pollack**.

pollster /ˈpəʊlstə(r)/, *n.* esperto in sondaggi d'opinione; «pollster».

pollutant /pəˈluːtənt/, *n.* sostanza inquinante.

to **pollute** /pəˈluːt/, *v. t.* **1** inquinare, contaminare (*acqua, ecc.*); infettare; insudiciare; insozzare **2** (*fig.*) corrompere; guastare; profanare.

polluted /pəˈluːtɪd/, *a.* **1** inquinato **2** corrotto **3** (*pop. USA*) ubriaco; sbronzo.

polluter /pəˈluːtə(r)/, *n.* **1** inquinatore; contaminatore **2** (*fig.*) corruttore; profanatore.

pollution /pəˈluːʃn/, *n.* **1** inquinamento, contaminazione (*ecol.*); infezione; insozzamento: **air p.**, inquinamento atmosferico; **water p.**, inquinamento dell'acqua **2** (*fig.*) corruzione; profanazione **3** (*fisiol.*) polluzione.

pollutive /pəˈluːtɪv/, *a.* inquinante.

Pollux /ˈpɒləks/, *n.* (*mitol., astron.*) Polluce.

Pollyanna /pɒlɪˈænə/, *n.* (*fam. USA*) inguaribile ottimista (*dalla protagonista dell'omonimo romanzo di Eleanor Porter*).

polo /ˈpəʊləʊ/, *n.* (*pl.* **polos**) (*sport*) polo. ● **p.-neck sweater**, maglione dolcevita □ (*sport*) **p. player**, polista □ **p. shirt**, maglietta polo □ (*sport*) **p. stick**, bastone da polo □ (*sport*) **water p.**, pallanuoto.

poloist /ˈpəʊləʊɪst/, *n.* (*sport*) polista.

polonaise /pɒləˈneɪz/ (*franc.*), *n.* (*un tempo*) polacca (*danza, musica e abito femminile*).

polonium /pəˈləʊnɪəm/, *n.* (*chim.*) polonio.

Polonius /pəˈləʊnɪəs/, *n.* (*letter.*) Polonio.

polony /pəˈləʊnɪ/, *n.* mortadella (*forse dal nome della città di Bologna*).

poltroon /pɒlˈtruːn/, *n.* (*arc.*) codardo; pauroso; vigliacco.

poltroonery /pɒlˈtruːnərɪ/, *n.* (*arc.*) codardia; vigliaccheria.

poly /ˈpɒlɪ/, *n.* (*abbr. fam. di* **polytechnic**) politecnico.

polyamide /pɒlɪˈæmaɪd/, *n.* (*chim.*) poliammide.

polyandrist /pɒlɪˈændrɪst/, *n.* donna che pratica la poliandria.

polyandrous /pɒlɪˈændrəs/, *a.* (*bot., etnol.*) poliandro.

polyandry /ˈpɒlɪændrɪ, pɒlɪˈæ-/, *n.* (*bot., etnol.*) poliandria.

polyanthus /pɒlɪˈænθəs/, *n.* (*pl.* **polyanthuses, polyanthi**) (*bot.*) **1** (*Primula elatior*) primavera maggiore **2** (*Narcissus tazetta*) narciso a mazzetti.

polyarchy /ˈpɒlɪɑːkɪ/, *n.* poliarchia.

polyarthritis /pɒlɪɑːˈθraɪtɪs/, *n.* (*med.*) poliartrite.

polyatomic /pɒlɪəˈtɒmɪk/, *a.* (*chim.*) poliatomico.

polybasic /pɒlɪˈbeɪsɪk/, *a.* (*chim.*) polibasico.

polybasite /pɒlɪˈbeɪsaɪt/, *n.* (*miner.*) polibasite.

polybutadiene /pɒlɪbjuːtəˈdaɪiːn, -tədaɪˈiːn/, *n.* (*chim.*) polibutadiene.

polycarbonate /pɒlɪˈkɑːbənaɪt, -nət/, *n.* (*chim.*) policarbonato.

polycarpous /pɒlɪˈkɑːpəs/, *a.* (*bot.*) policarpico.

polycentric /pɒlɪˈsentrɪk/, *a.* (*polit.*) policentrico.

polycentrism /pɒlɪˈsentrɪzəm/, *n.* (*polit.*) policentrismo.

polycentrist /pɒlɪˈsentrɪst/, *n.* (*polit.*) policentrista.

polychromatic /pɒlɪkrəʊˈmætɪk/, *a.* policromatico; multicolore.

polychrome /ˈpɒlɪkrəʊm/, **A** *a.* policromo: **p. printing**, stampa policroma. **B** *n.* **1** opera d'arte (*specialm.* statua) policroma **2** policromia **3** (*farm.*) esculina.

polychromic /pɒlɪˈkrəʊmɪk/, *a.* policromo; multicolore.

polychromy /ˈpɒlɪkrəʊmɪ/, *n.* policromia.

polyclinic /pɒlɪˈklɪnɪk/, *n.* (*med.*) policlinico; poliambulatorio.
polycythemia /pɒlɪsaɪˈθiːmɪə/, *n.* (*med.*) policitemia.
polydactyl /pɒlɪˈdæktɪl/, *a.* e *n.* polidattilo.
polydactyly /pɒlɪˈdæktəlɪ/, *n.* (*med.*) polidattilia.
polyene /ˈpɒliːn/, *n.* (*chim.*) poliene.
polyester /ˈpɒlɪestə(r), pɒlɪˈɛ-/, *n.* (*chim.*) poliestere. ● (*ind. tess.*) **p. fibre**, fibra poliestere □ (*ind.*) **p. laminate**, laminato poliestere.
polyether /pɒlɪˈiːθə(r)/, *n.* (*chim.*) polietere.
polyethylene /pɒlɪˈɛθəliːn/, *n.* (*chim., specialm. USA*) polietilene; politene.
polygala /pəˈlɪgələ/, *n.* (*bot., Polygala senega*) poligala.
polygamic /pɒlɪˈgæmɪk/, *V.* **polygamous**.
polygamist /pəˈlɪgəmɪst/, *n.* poligamo.
polygamous /pəˈlɪgəməs/, *a.* (*bot., etnol.*) poligamo.
polygamy /pəˈlɪgəmɪ/, *n.* (*bot., etnol.*) poligamia.
polygenesis /pɒlɪˈdʒɛnəsɪs/, *n.* (*scient.*) poligenesi.
polygenism /pəˈlɪdʒənɪzəm/, *n.* (*scient.*) poligenismo.
polygeny /pəˈlɪdʒənɪ/, *n.* (*scient.*) poligenesi.
polyglot /ˈpɒlɪglɒt/, *a.* e *n.* poliglotta: **a p. dictionary**, un dizionario poliglotta.
polyglottal /pɒlɪˈglɒtl/, **polyglottic** /pɒlɪˈglɒtɪk/, *a.* poliglottico.
polyglottism /ˈpɒlɪglɒtɪzəm/, *n.* poliglottismo.
polygon /ˈpɒlɪgən, *USA* -ɒn/, *n.* (*geom.*) poligono.
polygonal /pəˈlɪgənl/, **A** *a.* (*geom.*) poligonale. **B** *n.* (*mat.*) poligonale.
polygraph /ˈpɒlɪgrɑːf, *USA* -græf/, *n.* ***1*** poligrafo (*strumento*) ***2*** (*med.*) sfigmografo (*strumento*) ***3*** poligrafo (scrittore versatile) ***4*** (= **Keeler p.**) macchina della verità.
polygraphic /pɒlɪˈgræfɪk/, *a.* ***1*** poligrafico ***2*** relativo all'uso di uno sfigmografo, ecc.
polygraphy /pəˈlɪgrəfɪ/, *n.* poligrafia.
polygynist /pəˈlɪdʒɪnɪst/, *n.* uomo che pratica la poliginia.
polygynous /pəˈlɪdʒɪnəs/, *a.* (*bot.*) poliginio.
polygyny /pəˈlɪdʒɪnɪ/, *n.* (*zool., etnol.*) poliginia.
polyhedral /pɒlɪˈhɛdrəl/, **polyhedric(al)** /pɒlɪˈhɛdrɪk(l)/, *a.* (*geom.*) poliedrico.
polyhedron /pɒlɪˈhiːdrən, *USA* -ɒn/, *n.* (*pl.* **polyhedra, polyhedrons**) (*geom.*) poliedro.
Polyhymnia /pɒlɪˈhɪmnɪə/, *n.* (*mitol.*) Polimnia (*una delle Muse*).
polymer /ˈpɒlɪmə(r)/, *n.* (*chim.*) polimero. ● **p. plastic**, materia plastica; plastomero.
polymerase /ˈpɒlɪməreɪs/, *n.* (*biochim.*) polimerasi.
polymeric /pɒlɪˈmɛrɪk/, *a.* (*chim.*) polimerico.
polymerism /pɒˈlɪmərɪzəm/, *n.* (*chim.*) polimerismo; polimeria.
polymerization /pɒlɪməraɪˈzeɪʃn, *USA* -rɪˈz-/, *n.* (*chim.*) polimerizzazione.
to **polymerize** /pɒˈlɪməraɪz/, (*chim.*) **A** *v. t.* polimerizzare. **B** *v. i.* polimerizzarsi.
polymerous /pɒˈlɪmərəs/, *a.* (*chim.*) polimero.
polymorph /ˈpɒlɪmɔːf/, *n.* ***1*** (*biol.*) organismo polimorfo ***2*** (*chim., miner.*) elemento polimorfo ***3*** (*med.*) leucocito polimorfonucleato.
polymorphic /pɒlɪˈmɔːfɪk/, **polymorphous** /pɒlɪˈmɔːfəs/, *a.* (*scient.*) polimorfo.
polymorphism /pɒlɪˈmɔːfɪzəm/, *n.* (*scient.*) polimorfismo.
Polynesia /pɒlɪˈniːʒə/, *n.* (*geogr.*) Polinesia.
Polynesian /pɒlɪˈniːʒn/, *a.* e *n.* polinesiano (*anche la lingua*).
polyneuritis /pɒlɪnjʊəˈraɪtɪs/, *n.* (*med.*) polinevrite.
polynomial /pɒlɪˈnəʊmɪəl/, (*mat.*) **A** *a.* polinomiale; di polinomio. **B** *n.* polinomio.
polyp /ˈpɒlɪp/, *n.* (*zool., med.*) polipo.
polypary /ˈpɒlɪpərɪ, *USA* -ɛrɪ/, *n.* (*zool.*) polipaio.
polypeptide /pɒlɪˈpɛptaɪd/, *n.* (*biochim.*) polipeptide.
polypetalous /pɒlɪˈpɛtələs/, *a.* (*bot.*) polipetalo.
polyphagous /pəˈlɪfəgəs/, *a.* polifago.
polyphagy /pəˈlɪfədʒɪ/, *n.* polifagia.
polyphase /ˈpɒlɪfeɪz/, *a. attr.* (*elettr., elettron.*) polifase: **p. circuit**, circuito polifase.
Polypheme /ˈpɒlɪfiːm/, **Polyphemus** /pɒlɪˈfiːməs/, *n.* Polifemo.
polyphonic /pɒlɪˈfɒnɪk/, **polyphonous** /pəˈlɪfənəs/, *a.* (*mus.*) polifonico.
polyphony /pəˈlɪfənɪ/, *n.* (*mus.*) polifonia.
polypite /ˈpɒlɪpaɪt/, *n.* (*zool.*) polipo (*come componente d'una colonia*).
polyploid /ˈpɒlɪplɔɪd/, *a.* (*biol.*) poliploide.
polyploidy /ˈpɒlɪplɔɪdɪ/, *n.* (*biol.*) poliploidia.
polypod /ˈpɒlɪpɒd/, *V.* **polypody**.
polypody /ˈpɒlɪpədɪ/, *n.* (*bot., Polypodium vulgare*; = **common p.**) polipodio; felce dolce.
polypoid /ˈpɒlɪpɔɪd/, *a.* (*zool., med.*) polipoide.
polypoly /pəˈlɪpəlɪ/, *n.* (*econ.*) polipolio.
polyposis /pɒlɪˈpəʊsɪs/, *n.* (*med.*) poliposi.
polypropylene /pɒlɪˈprəʊpɪliːn/, *n.* (*chim.*) polipropilene.
polyptych /ˈpɒlɪptɪk/, *n.* (*pitt.*) polittico.
polypus /ˈpɒlɪpəs/, *n.* (*pl.* **polypi, polypuses**) (*zool., med.*) polipo.
polyrhythm /ˈpɒlɪrɪðəm/, *n.* (*mus.*) poliritmia.
polyrhythmic /pɒlɪˈrɪðmɪk/, *a.* (*mus.*) poliritmico.
polysaccharide /pɒlɪˈsækəraɪd/, *n.* (*chim.*) polisaccaride.
polysemous /pɒlɪˈsiːməs/, *a.* (*ling.*) polisemico.
polysemy /pɒlɪˈsiːmɪ/, *n.* (*ling.*) polisemia.
polystyrene /pɒlɪˈstaɪriːn/, *n.* (*chim.*) polistirolo; polistirene.
polysyllabic(al) /pɒlɪsɪˈlæbɪk(l)/, *a.* polisillabo; polisillabico.
polysyllable /ˈpɒlɪsɪləbl/, *n.* polisillabo.
polysyndeton /pɒlɪˈsɪndɪtən/, *n.* (*gramm.*) polisindeto.
polysynthetic /pɒlɪsɪnˈθɛtɪk/, *a.* (*ling.*) polisintetico; incorporante.
polytechnic /pɒlɪˈtɛknɪk/, **A** *a.* politecnico. **B** *n.* (*in Inghil. e nel Galles*) politecnico (*istituto d'istruzione superiore*).
polytheism /ˈpɒlɪθiːɪzəm/, *n.* politeismo.
polytheist /ˈpɒlɪθiːɪst/, *n.* politeista.
polytheistic /pɒlɪθiːˈɪstɪk/, *a.* politeistico. ‖ **-ally**, *avv.*
polythene /ˈpɒlɪθiːn/, *n.* (*chim.*) politene; polietilene.
polytonal /pɒlɪˈtəʊnl/, *a.* (*mus.*) politonale.
polytonality /pɒlɪtəˈnælətɪ/, *n.* (*mus.*) politonalità.
polyunsaturated /pɒlɪʌnˈsætʃəreɪtɪd/, *a.* (*chim.*) polinsaturo.
polyurethane /pɒlɪˈjʊərəθeɪn/, *n.* (*chim.*) poliuretano. ● **p. foam**, poliuretano espanso □ **p. resin**, resina poliuretanica; poliuretano □ **p. rubber**, gomma poliuretanica.
polyuria /pɒlɪˈjʊərɪə/, *n.* (*med.*) poliuria.
polyvalence /pɒlɪˈveɪləns/, *n.* (*chim.*) polivalenza.
polyvalent /pɒlɪˈveɪlənt/, *a.* (*chim., elab., med.*) polivalente.
polyvinyl /pɒlɪˈvaɪnɪl/, *n.* (*chim.*) polivinile. ● **p. alcohol**, alcol polivinilico □ **p. chloride**, cloruro di polivinile (*resina*).
pom /pɒm/, *n.* ***1*** (*abbr. di* **Pomeranian dog**) volpino di Pomerania ***2*** (*Austr.*) inglese.
pomace /ˈpʌməs/, *n.* ***1*** tritume di mele (*residuo della fabbricazione del sidro*) ***2*** residuo di frutta spremuta ***3*** residuo di pesce (*dopo l'estrazione dell'olio*; *usato come fertilizzante*).
pomaceous /pəʊˈmeɪʃəs/, *a.* di mela; di pomo; pomaceo (*arc.*).
pomade /pəˈmɑːd/, *n.* (*arc.*) pomata (*per capelli*); brillantina.
pomander /pəˈmændə(r)/, *n.* ***1*** pallina contenente sostanze aromatiche (*tenuta addosso come disinfettante o portafortuna*) ***2*** (*un tempo*) scatola (*o* sfera) d'oro (*o* d'argento) (*che conteneva dette sostanze*).
pomatum /pəˈmeɪtəm/, *n.* (*farm., raro*) pomata.
pome /pəʊm/, *n.* (*bot.*) pomo (*lett.*); mela.
pomegranate /ˈpɒmɪgrænɪt/, *n.* (*bot.*) ***1*** melagrana ***2*** (*Punica granatum*, = **p. tree**) melograno.
pomelo /ˈpʌmələʊ/, *n.* (*pl.* **pomelos**) (*bot., USA*) ***1*** (*Citrus paradisi*) pompelmo ***2*** (*Citrus maxima*) pummelo (*varietà di pompelmo*).
Pomeranian /pɒməˈreɪnɪən/, **A** *a.* (*geogr.*) pomerano; della Pomerania. **B** *n.* ***1*** pomerano; abitante della Pomerania ***2*** (= **P. dog**) pomero; volpino di Pomerania.
pomiferous /pəʊˈmɪfərəs/, *a.* (*bot.*) pomifero (*lett.*); che produce pomi.
pommel /ˈpʌməl/, *n.* pomo (*della spada, della sella, ecc.*). ● (*ginnastica*) **p. horse**, cavallo con maniglie (*l'attrezzo*).
to **pommel** /ˈpʌməl/, *v. t.* dare pugni a (q.); battere, colpire (*un tempo, col pomo della spada*).
pommelling /ˈpʌməlɪŋ/, *n.* pugni (*dati a q.*); cazzottatura (*pop.*).
pommie /ˈpɒmɪ/, *V.* **pommy**.
pommy /ˈpɒmɪ/, *n.* (*pop., in Australia o Nuova Zelanda*) immigrato inglese; inglese.
pomological /pəʊməˈlɒdʒɪkl/, *a.* (*bot.*) pomologico.
pomologist /pəʊˈmɒlədʒɪst/, *n.* esperto in frutticoltura; pomologo.
pomology /pəʊˈmɒlədʒɪ/, *n.* (*bot.*) pomologia.
pomp /pɒmp/, *n.* pompa; fasto; sfarzo; sfoggio.
Pompeian /pɒmˈpiːən/, *a.* e *n.* pompeiano.
Pompeii /pɒmˈpeɪiː/, *n.* (*geogr., stor.*) Pompei.
Pompey /ˈpɒmpɪ/, *n.* (*stor. romana*) Pompeo.
pompom /ˈpɒmpɒm/, *V.* **pompon**.
pom-pom /ˈpɒmpɒm/, *n.* (*mil.*) ***1*** (*nella guerra anglo-boera*) grossa mitragliatrice ***2*** (*nella 2ª guerra mondiale*) mitragliera quadrinata (*cannone antiaereo automatico*).
pompon /ˈpɒmpɒn/ (*franc.*), *n.* fiocco; nappa; pompon.
pomposity /pɒmˈpɒsətɪ/, *n.* pomposità; fasto; sfarzo; ampollosità.
pompous /ˈpɒmpəs/, *a.* pomposo; fastoso; sfarzoso; ampolloso. ‖ **-ly**, *avv.*
pompousness /ˈpɒmpəsnəs/, *V.* **pomposity**.
ponce /pɒns/, *n.* (*pop.*) ***1*** mezzano; ruffiano ***2*** protettore; magnaccia, pappone (*region.*) ***3*** tipo effeminato.
to **ponce about** (*o* **around**) /ˈpɒnsəˈraʊnd/, *v. i.* (*pop.*) ***1*** fare il magnaccia ***2*** oziare; bighellonare.
poncho /ˈpɒntʃəʊ/ (*ispanoamericano*), *n.* (*pl.* **ponchos**) poncho; poncio.
poncy /ˈpɒnsɪ/, *a.* (*pop.*) ***1*** di (*o* da) mezzano; ruffianesco ***2*** di (*o* da) magnaccia (*o* pappone) ***3*** effeminato.
pond /pɒnd/, *n.* stagno; laghetto (*spesso artificiale*); pozza. ● **p. life**, animali che vivono negli stagni □ **p. lily**, *V.* **water lily** □ **fish p.**, peschiera; vivaio.
to **pond** /pɒnd/, **A** *v. t.* – **to p. back** (*o* **to p. up**), arrestare il corso di, trattenere le acque di (*un fiume*: *costruendo una diga, ecc.*). **B** *v. i.* (*dell'acqua*) formar pozza; stagnare.
to **ponder** /ˈpɒndə(r)/, **A** *v. t.* ponderare; considerare; valutare; soppesare: **to p. a decision**, ponderare una decisione. **B** *v. i.* – **to p. on** (*o* **over**), ponderare; pensare a; riflettere su: **He pondered over the problem for a long time**, rifletté a lungo sul problema.
ponderability /pɒndərəˈbɪlətɪ/, *n.* ponderabilità.
ponderable /ˈpɒndərəbl/, *a.* ponderabile; valutabile. ‖ **-bly**, *avv.*

ponderation /pɒndəˈreɪʃn/, *n.* ponderazione; il soppesare.
ponderer /ˈpɒndərə(r)/, *n.* ponderatore, ponderatrice.
ponderingly /ˈpɒndərɪŋlɪ/, *avv.* con ponderazione; ponderatamente.
ponderosity /pɒndəˈrɒsətɪ/, *n.* **1** pesantezza; ponderosità (*raro*) **2** (*di movimenti*) lentezza **3** (*di stile, ecc.*) monotonia; tediosità.
ponderous /ˈpɒndərəs/, *a.* **1** ponderoso; grave; greve; pesante **2** grosso; massiccio **3** fatto a fatica; lento: **a p. yawn**, uno sbadiglio lento **4** monotono; tedioso: **a p. style**, uno stile tedioso. || **-ly**, *avv.*
ponderousness /ˈpɒndərəsnəs/, *V.* **ponderosity**.
pondweed /ˈpɒndwiːd/, *n.* (*bot.*) pianta acquatica (*in genere*).
pone (1) /pəʊn/, *n.* pane di granturco (*nel sud degli U.S.A.*).
pone (2) /pəʊn/, *n.* (*in giochi di carte*) giocatore che taglia il mazzo.
pong /pɒŋ, *USA* pɔːŋ/, *n.* (*fam.*) puzzo; cattivo odore.
to **pong** /pɒŋ, *USA* pɔːŋ/, *v. i.* (*fam.*) puzzare; fare cattivo odore.
pongee /pɒnˈdʒiː, ˈpɒndʒiː/, *n.* (*ind. tess.*) stoffa di seta naturale cinese.
pongid /ˈpɒndʒɪd/, *n.* (*zool.*) pongide.
pongo /ˈpɒŋgəʊ/, *n.* (*pl.* **pongos**) (*zool., fam., Pongo pygmaeus*) orango.
pongy /ˈpɒŋɪ, *USA* ˈpɔːŋɪ/, *a.* (*fam.*) puzzolente. ● **a p. fellow**, un puzzone (*pop.*).
poniard /ˈpɒnjəd/, *n.* pugnale.
to **poniard** /ˈpɒnjəd/, *v. t.* pugnalare.
pons /pɒnz/ (*lat.*), *n.* (*pl.* **pontes**) (*anat.*) ponte: **p. Varolii**, ponte di Varolio.
pontifex /ˈpɒntɪfeks/, *n.* (*pl.* **pontifices**) (*stor. romana*) pontefice: **p. maximus**, pontefice massimo.
pontiff /ˈpɒntɪf/, *n.* (*relig.*) **1** pontefice; papa **2** gran sacerdote. ● **the sovereign p.**, il sommo pontefice.
pontifical /pɒnˈtɪfɪkl/, **A** *a.* (*relig.*) **1** pontificale; pontificio **2** (*fig.*) (troppo) solenne; ieratico. **B** *n.* (*relig.*) **1** pontificale (*libro*) **2** (*pl.*) paramenti pontificali. || **-ly**, *avv.*
pontificate /pɒnˈtɪfɪkət/, *n.* pontificato.
to **pontificate** /pɒnˈtɪfɪkeɪt/, *v. i.* (*anche fig.*) pontificare.
to **pontify** /ˈpɒntɪfaɪ/, *v. i.* (*anche fig.*) pontificare.
ponton /ˈpɒntn/, (*USA*) *V.* **pontoon (1)**.
pontoneer /pɒntəˈnɪə(r)/, **pontonier** /pɒntəˈnɪə(r)/, *n.* (*mil.*) pontiere.
pontoon (1) /pɒnˈtuːn/, *n.* **1** pontone; barca da ponte; chiatta **2** (*aeron.*) galleggiante (*di un idrovolante*) **3** (*naut.*) pontone a biga. ● **p. bridge**, ponte di barche.
pontoon (2) /pɒnˈtuːn/, *n.* (*gioco di carte*) ventuno (*specie di sette e mezzo*).
to **pontoon** /pɒnˈtuːn/, *v. t.* attraversare (*un fiume*) per mezzo di pontoni.
pony /ˈpəʊnɪ/, *n.* **1** (*zool.*) pony; cavallo; cavallino **2** (*pop.*) venticinque sterline **3** (*pop. USA*) bigino (*pop.*); traduttore **4** (*pop. USA*) ballerina: **a p. show**, uno spettacolo di varietà **5** (*pop. USA*) bicchierino per (*o* da) liquore. ● (*sport*) **p.-trekking**, trekking a cavallo; vacanze in campagna a dorso di pony.
to **pony** /ˈpəʊnɪ/, *v. t.* (*pop. USA*) tradurre con il bigino. ● **to p. up**, pagare; saldare un conto.
ponytail /ˈpəʊnɪteɪl/, *n.* coda di cavallo (*pettinatura*).
poo /puː/, *n.* (*pop. USA*) popò; cacca.
to **poo** /puː/, *v. i.* (*pop. USA*) fare la popò; cacare.
pooch /puːtʃ/, *n.* (*pop.*) cane.
poodle /ˈpuːdl/, *n.* **1** can barbone; barboncino **2** (*spreg. ingl.*) leccapiedi; tirapiedi.
to **poodle** /ˈpuːdl/, *v. t.* tosare (*un cane*) a mo' di barboncino.
poof /pʊf, puːf/, **poofter** /ˈpʊftə(r), ˈpuːf-/, *n.* (*pop.*) **1** omosessuale; finocchio, checca (*pop.*) **2** tipo inconcludente (*o* vigliacco); coniglio (*fig.*).
poofy /ˈpʊfɪ, ˈpuːfɪ/, *a.* (*pop.*) di (*o* da) omosessuale; di (*o* da) finocchio.
pooh /puː/, *inter.* (*di disprezzo, impazienza, ecc.*) poh!; bah!; puah!
Pooh-Bah /ˈpuːbɑː/, *n.* (*arc., scherz.* o *spreg.*) chi ricopre molte cariche puramente nominali; pezzo grosso.
to **pooh-pooh** /puːˈpuː/, *v. t.* **1** deridere; dileggiare; farsi beffe di **2** disdegnare, prendere sottogamba (*un consiglio, ecc.*).
pool (1) /puːl/, *n.* **1** pozza; stagno; pozzanghera (*di liquido versato*) **2** gorgo (*di fiume*); tonfano **3** (= **swimming p.**) piscina: **p. maintenance**, manutenzione di piscine **4** (*ind. min.*) sacca (*di gas o petrolio*). ● (*fis. nucl.*) **p. reactor**, reattore a piscina □ (*nuoto*) **competition p.**, piscina olimpica □ (*fig.*) **in a p. of blood**, in una pozza di sangue.
pool (2) /puːl/, *n.* **1** (*nei giochi di carte, d'azzardo*) ammontare della posta; piatto **2** (*al biliardo*) partita a buca fra più giocatori **3** (*econ.*) ammasso (*specialm. governativo*) **4** (*fin.*) pool; consorzio (*d'imprese*); sindacato **5** (*fin.*) fondo monetario comune **6** (*econ.*) risorse (manodopera, esperti, fondi, idee, ecc.) disponibili; potenziale; (insieme della) manodopera (*di una data zona*) **7** (*pl.*) (*fam.*) **the pools**, il totocalcio: **If ever I win the pools...**, se vinco al totocalcio... ● **pools coupon**, schedina del totocalcio □ **p. table**, (tavolo del) biliardo con sei buche □ **football pools**, totocalcio □ **car p.**, parco automezzi (*di una ditta, ecc.*); gruppo di persone che si organizza per dividere le spese automobilistiche relative a un tragitto abituale □ (*USA*) **to play** (*o* **to shoot**) **p.**, giocare al biliardo (con 15 palle colorate e numerate e sei buche) □ **typing p.**, segreteria centralizzata.
to **pool** (1) /puːl/, **A** *v. i.* formare una pozza. **B** *v. t.* scavare sotto (*un giacimento carbonifero*).
to **pool** (2) /puːl/, **A** *v. t.* (*fin.*) consorziare; mettere in comune; riunire: **to p. resources [savings]**, mettere insieme risorse [risparmi]. **B** *v. i.* (*d'imprese, ecc.*) consorziarsi; mettersi in comune.
poolroom /ˈpuːlruːm, -rʊm/, *n.* (*USA*) sala da biliardo.
poolshark /ˈpuːlʃɑːk/, *n.* (*pop. USA*) giocatore professionista di biliardo.
poop (1) /puːp/, *n.* (*naut.*) **1** poppa **2** (= **p. deck**) cassero di poppa; casseretto; ponte del casseretto. ● (*naut.*) **p. bulkhead**, paratia frontale del casseretto.
poop (2) /puːp/, *n.* (*pop.*) **1** cacca; popò **2** balle (*fig.*); fesserie (*pl.*).
poop (3) /puːp/, *n. collett.* (*pop. USA*) informazioni. ● **p. sheet**, foglio di notizie; programma (*sportivo, ecc.*).
to **poop** (1) /puːp/, *v. t.* (*naut.*) **1** (*dell'onda*) frangersi sulla poppa di (*una nave*) **2** (*di nave*) ricevere (*le onde*) da poppa.
to **poop** (2) /puːp/, *v. i.* (*pop.*) cacare; fare la cacca (*o* la popò).
pooped /puːpt/, *a.* (*pop. USA*, = **p. out**) stanco morto; distrutto (*fam.*); stracciato (*pop.*).
pooper-scooper /ˈpuːpəskuːpə(r)/, *n.* paletta per raccattare escrementi (*del cane: dalla strada, ecc.*).
poo-poo /puːˈpuː/, *V.* **poo**.
to **poop out** /ˈpuːpˈaʊt/, *v. i.* (*fam. USA*) **1** stancarsi molto **2** (*di un motore, ecc.*) guastarsi; andare in panne.
poor /pʊə(r), pɔː(r)/, *a.* **1** povero (*anche fig.*); bisognoso; indigente; meschino; misero; disgraziato; infelice: **p. soil**, terreno povero; **the p. old man**, il povero vecchio; **a p. man**, un uomo povero; un povero; **That is a p. consolation**, è una misera (*o* magra) consolazione; **p. little boy!**, povero bambino!; **a p. excuse**, una scusa meschina **2** cattivo; mediocre, scadente; scarso: **p. health**, cattiva salute; **p. quality**, cattiva qualità; **His English is very p.**, il suo inglese è assai scadente; **a p. crop**, un raccolto scarso. ● (*collett.*) **the p.**, i poveri □ **a p. body**, un corpo debole, emaciato, sparuto □ **p. box**, cassetta delle elemosine □ **p. fellow!**, poverino!; poveretto! □ (*stor.*) **p.-house**, ricovero di mendicità; ospizio □ (*stor.*) **p. law**, legge per l'assistenza ai poveri □ **to be a p. loser**, non saper perdere □ (*anche fig.*) **p. relation**, parente povero □ **p.-spirited**, pusillanime; vile; scoraggiato, avvilito □ **p. thing!**, poverino!; poverina! □ **a p. two weeks' holiday**, due misere settimane di vacanza □ **to cut a p. figure**, fare una magra figura □ **to have a p. time**, passarsela male; non divertirsi affatto □ (*scherz. iron.*) **in my p. opinion**, a mio modesto avviso.
poorboy /ˈpʊəbɔɪ, ˈpɔː-/, *n.* (*moda*) maglione attillato, a coste.
poorly /ˈpʊəlɪ, ˈpɔː-/, **A** *avv.* poveramente; male; scarsamente: **p. furnished**, poveramente ammobiliato. **B** *a. pred.* (*fam.*) in cattiva salute; indisposto. ● **to feel** (*o* **to be**) **p.**, non sentirsi bene; essere malandato □ **to think p. of sb.**, avere una scarsa opinione di q. □ **to be p. off**, star male a quattrini; essere in miseria; essere giù a (*vino, provviste, ecc.*).
to **poor-mouth** /ˈpʊəmaʊθ, ˈpɔː-/, **A** *v. i.* (*fam.*) piangere miseria. **B** *v. t.* (*fam.*) parlare male, sparlare di (q.).
poorness /ˈpʊənəs, ˈpɔː-/, *n.* **1** povertà; indigenza; meschinità **2** insufficienza; scarsezza **3** (*di terreno*) sterilità.
poove /puːv/, *V.* **poof**.
pop (1) /pɒp/, **A** *n.* **1** schiocco: **the pop of a cork**, lo schiocco d'un tappo **2** colpo (*d'arma da fuoco*); scoppio; botto; sparo **3** (*fam.*) bevanda effervescente; gazzosa **4** (*pop.*) tentativo (*di colpire il bersaglio*) **5** (*pop.*) pegno: **My watch is in pop**, il mio orologio è in pegno; ho impegnato l'orologio. **B** *avv.* **1** con un botto; facendo «pum»; con uno schiocco **2** improvvisamente; a un tratto; di botto. **C** *inter.* «pum»! ● **pop-top**, apribile alla sommità; (*di lattina di birra, ecc.*) che si apre a strappo □ **pop-up**, che si solleva a scatto: **a pop-up toaster**, un tostapane a scatto (*che butta fuori i toast caldi*) □ **to go pop**, schioccare; scoppiare □ (*pop.*) **to have a pop at a bird**, sparare una fucilata a un uccello.
pop (2) /pɒp/, **A** *a.* (*abbr. di* **popular**) pop; popolare: **pop music**, musica pop; **pop concert** (**festival**), concerto (festival) pop; **pop art**, popart; **pop group**, gruppo pop. **B** *n.* (*fam.*) **1** musica pop **2** popart. ● (*mus.*) **pop charts**, classifica delle canzoni pop di successo □ **top of the pops**, disco in testa alla classifica delle vendite.
pop (3) /pɒp/, *n.* (*pop. USA*) **1** babbo; papà **2** nonnetto; vecchietto.
to **pop** /pɒp/, **A** *v. i.* **1** schioccare; scoppiettare **2** scoppiare; esplodere **3** (*soprattutto degli occhi*) schizzare fuori dalle orbite (*fig.: per lo stupore, ecc.*) **4** (*pop. USA*) pagare (*per q.*); offrire. **B** *v. t.* **1** far schioccare **2** scaricare, far fuoco con (*una pistola, ecc.*) **3** sparare a (q.) **4** (*specialm. USA*) soffiare, arrostire (*granturco*) sino a farlo scoppiare **5** (*fam.*) dare in pegno; impegnare: **I've popped my watch**, ho impegnato l'orologio **6** (*pop.*) ingerire, buttar giù (*medicine, pillole, ecc.*) **7** (*pop.*) colpire; picchiare; bussare, menare (*pop.*). ● **to pop at a bird**, sparare a un uccello □ **to pop one's head in at the door**, far capolino dalla porta □ (*pop.*) **to pop the big question** (*o* **the big one**), fare una proposta di matrimonio.
♦**pop across**, *v. i.* + *avv.* (*o prep.*) **1** attraversare: **to pop across the road**, attraversare la strada **2** (*fam.*) fare un salto (*da q.*); una visitina (*a q.*).
♦**pop along** (*o* **around**), *v. i.* + *avv.* fare un salto (*fig.*); fare una breve visita.
♦**pop back**, **A** *v. i.* + *avv.* **1** (*fam.*) tornare, ritornare **2** (*autom., mecc.*) avere un ritorno di fiamma. **B** *v. t.* (*fam.*) riportare, restituire (q.c.).
♦**pop down**, **A** *v. i.* + *avv.* **1** (*di un oggetto, un dispositivo*) venire giù di scatto (*dal suo sostegno*) **2** (*fam.*) *V.* **pop along**. **B** *v. t.* + *avv.* buttare giù (*idee, ecc.*).

♦**pop in**, **A** *v. i.* + *avv.* entrare per un attimo; fare una capatina. **B** *v. t.* + *avv.* ***1*** sporgere (*la testa, ecc.*): **to pop in one's head**, fare una capatina ***2*** infilare, mettere in: **I popped the postcard into the box**, infilai la cartolina nella buca delle lettere; impostai la cartolina.

♦**pop into**, **A** *v. i.* + *prep.* fare un salto in (*ufficio, ecc.*). **B** *v. t.* + *prep.* infilare, mettere (q.c.) in (*un luogo*).

♦**pop off**, **A** *v. i.* + *avv.* (*fam.*) ***1*** andarsene (in fretta); svignarsela: **I must pop off**, devo andarmene ***2*** saltare (via): **Two buttons have popped off**, sono saltati due bottoni ***3*** (*di un'arma da fuoco*) sparare; (*di una bomba, ecc.*) esplodere ***4*** (*fig.*) morire all'improvviso; crepare (*fam.*) ***5*** (*USA*) esplodere (*fig.*), sbottare: **to pop off at sb.**, sbottare contro q. **B** *v. t.* + *avv.* ***1*** fare esplodere ***2*** scaricare (*un'arma da fuoco*).

♦**pop on**, *v. t.* + *avv.* (*fam.*) ***1*** mettersi, infilarsi (*un indumento, ecc.*) ***2*** mettere su (*o* sul fuoco): **to pop the water on for coffee**, mettere su l'acqua per fare il caffè.

♦**pop out**, **A** *v. i.* + *avv.* ***1*** (*della testa, ecc.*) sporgersi; fare capolino ***2*** (*di persona*) fare un salto fuori; uscire un attimo; affacciarsi un momento: **I popped out (of the window)**, mi affacciai (alla finestra) ***3*** (*degli occhi*) uscire, schizzare (*dalle orbite*: *per lo stupore, ecc.*). **B** *v. t.* + *avv.* mettere, sporgere (*la testa, ecc.*) fuori.

♦**pop over**, **A** *v. i.* + *avv.* *V.* **pop along**. **B** *v. t.* + *avv.* (*fam.*) riportare, restituire (q.c.).

♦**pop round**, **A** *v. i.* + *avv.* (*fam.*) fare un salto (*fig.*): **He popped round to the bank**, fece un salto in banca. **B** *v. i.* + *prep.* (*fam.*) ***1*** sporgere (*la testa, ecc.*) da: **to pop one's head round the door**, sporgere (*o* sbucare con) la testa dall'uscio ***2*** girare: **to pop round the corner**, girare l'angolo.

♦**pop up**, **A** *v. i.* + *avv.* (*fam.*) ***1*** (*di un oggetto, un toast, ecc.*) venire su di scatto ***2*** saltare fuori (*anche fig.*); comparire (*o* succedere) all'improvviso: **Let's hope he won't pop up too late**, speriamo che non salti fuori (*o* si faccia vivo) troppo tardi; **Something unexpected has popped up**, è saltato fuori qualcosa di imprevisto. **B** *v. t.* + *avv.* ***1*** lanciare (*la palla*) in alto ***2*** tirare fuori (q.c.) per primo (*in un mucchio*).

popcorn /ˈpɒpkɔːn/, *n.* popcorn; granturco soffiato.

pope /pəʊp/, *n.* (*relig.*) ***1*** (*nella Chiesa cattolica*) papa ***2*** (*nella Chiesa ortodossa*) pope. ● **p.'s head**, scopa tonda, dal manico lungo; piumino per spolverare □ **P. Joan**, la Papessa Giovanna (*gioco di carte*) □ (*fam.*) **the p.'s nose**, il boccone del prete.

popedom /ˈpəʊpdəm/, *n.* papato.

popery /ˈpəʊpərɪ/, *n.* (*spreg.*) papismo; cattolicesimo.

Popeye /ˈpɒpaɪ/, *n.* Braccio di Ferro (*personaggio dei fumetti*).

popeyed /ˈpɒpaɪd/, *a.* (*fam.*) ***1*** dagli occhi sporgenti (*o* bovini) ***2*** dagli occhi spalancati (*per lo stupore, ecc.*).

popgun /ˈpɒpɡʌn/, *n.* ***1*** fucile (*o* pistola) ad aria compressa (*giocattolo*) ***2*** (*spreg.*) arma da fuoco di scarsa efficacia; scacciacani.

popinjay /ˈpɒpɪndʒeɪ/, *n.* ***1*** bellimbusto; damerino; zerbinotto ***2*** (*dial.*) picchio verde ***3*** (*arc.*) pappagallo; bersaglio raffigurante un pappagallo.

popish /ˈpəʊpɪʃ/, *a.* (*spreg.*) di (*o* da) papista; papistico; cattolico.

poplar /ˈpɒplə(r)/, *n.* (*bot., Populus*) pioppo (*anche il legno*). ● **trembling p.** (*Populus tremula*), pioppo tremolo □ **white p.** (*Populus alba*), pioppo bianco; gattice.

poplin /ˈpɒplɪn/, *n.* (*ind. tess.*) popeline.

popliteal /pɒpˈlɪtɪəl/, *a.* (*anat.*) popliteo; del poplite.

popliteus /pɒpˈlɪtɪəs/, *n.* (*pl.* **poplitei**) (*anat.*) ***1*** poplite ***2*** poplite; muscolo popliteo.

poppa /ˈpɒpə/, *n.* (*fam. USA*) babbo; papà; «papi» (*fam.*).

popper /ˈpɒpə(r)/, *n.* ***1*** (*fam.*) bottone automatico; automatico ***2*** (*pop.*) pillola di anfetamina (*droga*); fiala di droga per inalazione.

poppet /ˈpɒpɪt/, *n.* ***1*** (*mecc.*, = **p. head**) supporto verticale ***2*** (*mecc.*, = **p. valve**) valvola a fungo ***3*** (*mecc.*) sfera d'arresto (*o* di scatto) ***4*** (*ind. min.*) castelletto ***5*** (*naut.*) colonna d'invasatura ***6*** (*dial.*) persona di bassa statura; tappetto (*fig.*) ***7*** (*specialm. vezzegg.*) piccolo, piccola; piccino, piccina; amore (*fig.*); tesoruccio.

poppied /ˈpɒpɪd/, *a.* ***1*** coperto di papaveri ***2*** soporifero ***3*** sonnolento; sotto l'influsso dell'oppio.

to **popple** /ˈpɒpl/, *v. i.* ***1*** (*dell'acqua*) ribollire; fare le bolle ***2*** (*del mare*) incresparsi; sciabordare.

poppy /ˈpɒpɪ/, *n.* ***1*** (*bot., Papaver*) papavero ***2*** oppio ***3*** rosso papavero. ● (*fam., in G.B.*) **P. Day**, giorno celebrativo dei caduti in guerra (*termine ufficiale*: **Remembrance Sunday**) □ **p.-head**, testa di papavero; capsula di semi di papavero; (*archit.*) fiore cruciforme ligneo (*nelle chiese gotiche*) □ **opium p.** (*Papaver somniferum*), papavero da oppio.

poppycock /ˈpɒpɪkɒk/, *n.* (*fam.*) sciocchezze; stupidaggini; fesserie.

popshop /ˈpɒpʃɒp/, *n.* (*pop.*) monte di pietà; banco dei pegni.

Popsicle /ˈpɒpsɪkl/, *n.* (*marchio, USA*) ghiacciolo (*da succhiare*).

popster /ˈpɒpstə(r)/, *n.* (*fam.*) artista pop.

popsy /ˈpɒpsɪ/, *n.* (*pop. arc.*) bella ragazza; pupa; amorosa; ragazza (*di q.*).

popsy(-wopsy) /ˈpɒpsɪ(ˈwɒpsɪ)/, *n.* (*vezzegg.*) bambolina.

pop-top /ˈpɒptɒp/, **A** *n.* (*fam. USA*) camper (imbarcazione, ecc.) con parte del tetto sollevabile. **B** *a. attr.* *V. sotto* **pop (1)**.

populace /ˈpɒpjʊləs/, *n.* popolino; plebe; plebaglia; volgo.

popular /ˈpɒpjʊlə(r)/, *a.* ***1*** popolare; popolaresco; popolano; di popolo; per il popolo; alla moda; in voga: **p. government**, governo di popolo; democrazia; **a p. tumult**, un tumulto popolare; **a p. paper**, un giornale popolare; **p. prices**, prezzi popolari; **a p. song**, una canzone in voga; (*polit.*) **p. front**, fronte popolare ***2*** benvoluto; popolare: **He is p. with his pupils**, è benvoluto dai suoi alunni ***3*** (*comm.*: *di prezzo*) popolare; modico; a buon mercato: **at p. prices**, a prezzi popolari. ● **p. fallacies**, credenze popolaresche; superstizioni □ **p. magazine**, rotocalco □ **p. opinion**, opinione universale □ **p. science**, scienza divulgativa □ **to make oneself p.**, farsi benvolere.

popularity /pɒpjʊˈlærətɪ/, *n.* popolarità; favore; voga: **the p. of football**, la popolarità del gioco del calcio; **to win p.**, acquistare popolarità.

popularization /pɒpjʊləraɪˈzeɪʃn, *USA* -rɪ-ˈz-/, *n.* popolarizzazione; volgarizzazione; divulgazione.

to **popularize** /ˈpɒpjʊləraɪz/, *v. t.* ***1*** popolarizzare; divulgare; volgarizzare ***2*** rendere popolare; far accettare (*al grosso pubblico*). ● (*polit.*) **to p. suffrage**, rendere universale il suffragio.

popularizer /ˈpɒpjʊləraɪzə(r)/, *n.* divulgatore; volgarizzatore.

popularly /ˈpɒpjʊləlɪ/, *avv.* ***1*** generalmente; comunemente ***2*** (*comm.*) a prezzo popolare. ● **a p.-priced camera**, una macchina fotografica venduta a prezzo popolare.

to **populate** /ˈpɒpjʊleɪt/, *v. t.* popolare.

population /pɒpjʊˈleɪʃn/, *n.* ***1*** (*demogr.*) popolazione ***2*** (*raro*) popolamento ***3*** (*mat., stat.*) popolazione; universo. ● **p. explosion**, esplosione demografica; boom delle nascite □ **p. mean**, media della popolazione □ **p. register**, registro della popolazione; anagrafe □ **p. trend**, tendenza demografica □ **decrease [increase] in p.**, regresso [incremento] demografico.

populism /ˈpɒpjʊlɪzəm/, *n.* (*polit.*) populismo.

populist /ˈpɒpjʊlɪst/, *n.* (*polit.*) populista.

populous /ˈpɒpjʊləs/, *a.* popoloso; (densamente) popolato. || **-ly**, *avv.* || **-ness**, *sost.*

pop-up /ˈpɒpʌp/, **A** *n.* salterello (*di lavandino, ecc.*): **p. drain**, scarico con salterello (*in un bagno, ecc.*). **B** *a. attr.* *V. sotto* **pop (1)**.

porbeagle /ˈpɔːbiːɡl/, *n.* (*zool., Lamna nasus*) smeriglio.

porcelain /ˈpɔːsəlɪn/, **A** *n.* ***1*** porcellana ***2*** (*collett.*) porcellane. **B** *a. attr.* di porcellana. ● (*elettr.*) **p. capacitor**, condensatore in porcellana □ **p. cement**, adesivo per porcellana □ (*miner.*) **p. clay**, caolino.

to **porcelainize** /ˈpɔːslɪnaɪz/, *v. t.* (*tecn.*) porcellanare.

porcellaneous /pɔːsɪˈleɪnɪəs/, **porcellanous** /ˈpɔːsɪlənəs/, *a.* di porcellana.

porch /pɔːtʃ/, *n.* (*archit.*) ***1*** portico ***2*** (*USA*) veranda.

porcine /ˈpɔːsaɪn/, *a.* porcino; suino; di (*o* da) porco.

porcupine /ˈpɔːkjʊpaɪn/, *n.* (*zool., Hystrix*) porcospino; istrice. ● (*zool.*) **p. ant-eater** (*Tachyglossus aculeatus*), echidna istrice □ (*zool.*) **p. fish**, *V.* **puffer**, *def. 4.*

porcupinish /ˈpɔːkjʊpaɪnɪʃ/, *a.* di (*o* da) porcospino.

pore /pɔː(r)/, *n.* (*anat., bot., fis.*) poro.

to **pore** /pɔː(r)/, *v. i.* ***1*** – **to p. over**, leggere (*o* studiare) attentamente (*un libro, ecc.*) ***2*** – **to p. on** (*o* **upon, over**), meditare, riflettere su. ● **to p. one's eyes out**, logorarsi la vista sui libri.

to **porge** /pɔːdʒ/, *v. t.* (*relig. ebraica*) purificare (*un animale ucciso*) eliminando alcune parti.

porgy /ˈpɔːdʒɪ/, *n.* (*pl.* **porgies, porgy**) (*zool., Pagrus pagrus*) pagro.

Porifera /pəˈrɪfərə/ (*lat.*), *n. pl.* (*zool.*) i poriferi.

poriferan /pəˈrɪfərən/, *a.* e *n.* (*zool.*) porifero.

pork /pɔːk/, *n.* carne di maiale; carne suina. ● (*pop. USA*) **p. barrel**, denaro pubblico speso per procurarsi voti □ **p. butcher**, macellatore di maiali; norcino; salumaio, salumiere, pizzicagnolo □ **p. butcher's**, norcineria; salumeria □ **p. chop**, braciola di maiale □ **p. pie**, pasticcio di carne di maiale □ **a p.-pie hat**, un cappello a cupola schiacciata e a falda rialzabile □ (*cucina*) **p. scratchings**, ciccioli; siccioli.

porker /ˈpɔːkə(r)/, *n.* maiale da ingrasso; porco.

porket /ˈpɔːkɪt/, *n.* maialino da ingrasso; porcello.

porkling /ˈpɔːklɪŋ/, *n.* porcello, porcella; porcellino di latte.

to **pork out** /ˈpɔːkˈaʊt/, *v. i.* (*pop. USA*) mangiare come un porco; abbuffarsi.

porky /ˈpɔːkɪ/, *a.* ***1*** di (*o* da) maiale; porcino ***2*** (*fam.*) grasso.

porn /pɔːn/, (*fam.*) **A** *n.* ***1*** pornografia ***2*** film pornografico; pornofilm ***3*** pornografo. **B** *a.* porno; pornografico. ● **p. cassette**, pornocassetta □ **p. film**, pornofilm □ **p. magazine**, pornorivista □ **p. shop**, pornoshop □ **p. show**, pornoshow.

porno /ˈpɔːnəʊ/, *a.* e *n.* (*pl.* **pornos**) *V.* **porn**.

pornographer /pɔːˈnɒɡrəfə(r)/, *n.* pornografo.

pornographic /pɔːnəˈɡræfɪk/, *a.* pornografico. || **-ally**, *avv.*

pornography /pɔːˈnɒɡrəfɪ/, *n.* pornografia.

pornostar /ˈpɔːnəʊstɑː(r)/, *n.* pornostar.

porny /ˈpɔːnɪ/, *a.* (*pop.*) porno; pornografico.

porosis /pɔːˈrəʊsɪs, *USA* pəˈr-/, *n.* (*med.*) porosi.

porosity /pɔːˈrɒsətɪ, *USA* pəˈr-/, *n.* (*fis.*) porosità.

porous /ˈpɔːrəs/, *a.* poroso: **p. metals**, metalli porosi.

porousness /ˈpɔːrəsnəs/, *n.* (*fis.*) porosità.

porphin /ˈpɔːfɪn/, *n.* (*biochim.*) porfina.

porphyria /pɔːˈfɪrɪə, -ˈfaɪə-/, *n.* (*med.*) porfiria.

porphyrin /ˈpɔːfərɪn/, *n.* (*biochim.*) porfirina.

porphyrite /ˈpɔːfəraɪt/, *n.* (*geol.*) porfirite.

porphyritic /pɔːfəˈrɪtɪk/, *a.* (*geol.*) porfirico. || **-ly**, *avv.*

porphyroid /ˈpɔːfərɔɪd/, *a.* e *n.* (*geol.*) porfiroide.

porphyry /ˈpɔːfərɪ/, *n.* (*geol.*) porfido.

porpoise /ˈpɔːpəs/, *n.* (*zool.*) **1** (*Phocaena phocaena*) focena; marsovino, marsuino **2** (*pop., Delphinus delphis*) delfino comune.

to **porrect** /pəˈrɛkt/, *v. t.* **1** stendere, tendere (*una parte del corpo*) **2** (*diritto ecclesiastico*) presentare (*un documento*).

porridge /ˈpɒrɪdʒ, USA ˈpɔːr-/, *n.* **1** porridge; farinata d'avena (*con aggiunta di latte o panna; ancora in largo uso in Scozia*) **2** (*pop.*) periodo di detenzione: **to do p.**, scontare una pena in carcere. ● (*fig.*) **to keep one's breath to cool one's p.**, tenere le proprie opinioni per sé.

porringer /ˈpɒrɪndʒə(r), USA ˈpɔːr-/, *n.* scodella (*specialm. per il porridge*).

port (**1**) /pɔːt/, *n.* (*anche fig.*) porto: **to enter p.**, entrare in porto. ● **p authority**, ente (*o* capitaneria) del porto □ **p. charges**, spese portuali □ **p. dues**, diritti di porto □ (*naut.*) **p. facilities**, attrezzature portuali; (la) portualità □ **p. of call**, porto di scalo; scalo; (*fig.*) meta abituale □ (*comm.*) **p. of entry**, porto d'entrata (*di merci importate*) □ **p. regulations**, regolamenti portuali □ (*in G.B.*) **p. warden**, ispettore del carico e dello stivaggio □ **the p. workers**, i lavoratori (*o* le maestranze) portuali; i portuali □ **free p.**, porto franco □ **naval p.**, porto militare □ (*fig.*) **Any p. in a storm**, in tempo di tempesta tutti i porti sono buoni.

port (**2**) /pɔːt/, *n.* **1** (*naut.*, = **porthole**) portello; portellone: **raft p.**, portellone di carico **2** (*elettr.*) porta **3** (*fis. nucl.*) canale **4** (*mecc.*) apertura; luce; foro (*di cilindro, valvola, ecc.*) **5** (*elab.*) porta. ● (*naut.*) **p. light**, oblò.

port (**3**) /pɔːt/, **A** *n.* (*naut., aeron.*; = **p. side**) fianco sinistro (*di aereo o di nave*); babordo (*termine ora in disuso*). **B** *a. attr.* di sinistra; sinistro. ● **to put the helm to p.** (*o* **a-port**), virare a sinistra.

port (**4**) /pɔːt/, *n.* (*mil.*) posizione del «portat'arm»: **rifles at the p.**, fucili in posizione di «portat'arm».

port (**5**) /pɔːt/, *n.* porto (*vino liquoroso portoghese*); (*in origine*) vino di Oporto.

to **port** (**1**) /pɔːt/, *v. t.* e *i.* (*naut., di solito* **to p. the helm**) virare a sinistra.

to **port** (**2**) /pɔːt/, *v. t.* (*mil.*) tenere (*il fucile, ecc.*) in posizione di «portat'arm». ● **P. arms!**, «portat'arm»!

portability /pɔːtəˈbɪlətɪ/, *n.* l'esser portatile.

portable /ˈpɔːtəbl/, **A** *a.* portatile: **a p. radio set**, una radio portatile. **B** *n.* macchina da scrivere (radio, televisore, ecc.) portatile.

portage /ˈpɔːtɪdʒ/, *n.* **1** trasporto **2** (*comm.*) porto; spese di trasporto **3** trasporto (*di battelli o merci*) via terra da un fiume a un altro (*o* da un lago a un altro, ecc.) **4** via usata per questo trasporto.

to **portage** /ˈpɔːtɪdʒ/, *v. t.* trasportare (*battelli, merci*) via terra da un fiume a un altro (*o* da un lago a un altro, ecc.).

portal /ˈpɔːtl/, **A** *n.* **1** (*archit.*) portale; (*poet.*) porta **2** (*ind. min.*) imbocco (*di miniera*); portale. **B** *a. attr.* (*anat.*) portale; della vena porta. ● (*anat.*) **p. vein**, vena porta.

portaloo /pɔːtəˈluː/, *n.* (*pl.* **portaloos**) (*autom.*) gabinetto pubblico; latrina spostabile (*in una piazzuola d'autostrada ingl.*).

portcullis /pɔːtˈkʌlɪs/, *n.* saracinesca (*di fortezza, castello, ecc.*).

Porte /pɔːt/, *n.* (*stor.*) Porta (*governo ottomano fino al 1923*): **the Sublime P.**, la Sublime Porta.

to **portend** /pɔːˈtɛnd/, *v. t.* **1** preannunciare; presagire **2** (*raro*) predire.

portent /ˈpɔːtɛnt/, *n.* **1** presagio (*specialm. triste*); segno premonitore; indizio **2** portento; prodigio.

portentous /pɔːˈtɛntəs/, *a.* **1** che è di malaugurio; funesto **2** portentoso; prodigioso **3** pomposo; solenne; (*di persona*) che si dà arie. || **-ly**, *avv.*

porter (**1**) /ˈpɔːtə(r)/, *n.* **1** facchino; portabagagli **2** (*ferr., USA*) cameriere, inserviente (*di vagone letto, ecc.*). ● **p.'s knot**, cuscinetto usato dai facchini per portar pesi sulle spalle.

porter (**2**) /ˈpɔːtə(r)/, *n.* portinaio; portiere (*di scuola, d'albergo, di condominio, ecc.*). ● **p.'s desk**, portineria (*in un albergo*) □ **p.'s lodge**, alloggio del portiere; portineria (*casetta*).

porter (**3**) /ˈpɔːtə(r)/, *n.* birra scura. ● (*arc. o USA*) **p.-house**, birreria; osteria; trattoria □ **p.-house steak**, bistecca di manzo scelto.

porterage /ˈpɔːtərɪdʒ/, *n.* **1** facchinaggio **2** spese di facchinaggio.

portfolio /pɔːtˈfəʊlɪəʊ/, *n.* (*pl.* **portfolios**) **1** busta, cartella (*per lo più di cuoio*) **2** (*polit., fin.*) portafoglio: **minister without p.**, ministro senza portafoglio; **the p. of a company**, il portafoglio d'una società commerciale; **p. investment**, investimento di portafoglio. ● (*banca*) **p. administration**, gestione patrimoniale □ (*Borsa, fin.*) **diversified p.**, giardinetto.

porthole /ˈpɔːthəʊl/, *n.* **1** (*naut.*) portello; oblò **2** (*aeron.*) oblò; finestrino **3** (*un tempo*) feritoia.

Portia /ˈpɔːʃɪə/, *n.* (*letter.*) Porzia.

portico /ˈpɔːtɪkəʊ/, *n.* (*pl.* **porticoes, porticos**) (*archit.*) portico; colonnato.

portière /pɔːtɪˈɛə(r)/ (*franc.*), *n.* portiera; tenda pesante.

portion /ˈpɔːʃn/, *n.* **1** porzione; parte: **a p. of pudding**, una porzione di budino **2** (*fin.*) porzione; quota **3** (*leg.*) porzione di patrimonio (*che va a un erede*) **4** (= **marriage p.**) dote **5** (*lett.*) destino; fato; sorte: **To die is our p.**, il destino dell'uomo è morire.

to **portion** /ˈpɔːʃn/, *v. t.* **1** dividere; ripartire **2** assegnare la dote a (*una nubile*). ● **to p. out**, assegnare; distribuire; spartire.

portionless /ˈpɔːʃənləs/, *a.* **1** senza eredità **2** (*di ragazza*) senza dote.

portliness /ˈpɔːtlɪnəs/, *n.* corpulenza; grassezza.

portly /ˈpɔːtlɪ/, *a.* **1** corpulento; grasso **2** (*arc.*) dignitoso; imponente; maestoso; prestante.

portmanteau /pɔːtˈmæntəʊ/, *n.* (*pl.* **portmanteaus, portmanteaux**) (*un tempo*) baule armadio; valigia porta-abiti. ● (*ling.*) **p. word**, parola macedonia (*per es.,* **smog** *da* **smoke** *e* **fog**).

portrait /ˈpɔːtrɪt, -treɪt/, *n.* ritratto (*anche fig.*); pittura; descrizione vivida. ● **p. painter**, ritrattista □ **a full-length p.**, un ritratto a figura intera □ **a half-length p.**, un ritratto a mezzo busto.

portraitist /ˈpɔːtrɪtɪst, -treɪtɪst/, *n.* (*pitt. e fotogr.*) ritrattista.

portraiture /ˈpɔːtrɪtʃə(r), -treɪtʃə(r), USA -treɪtʃʊə(r)/, *n.* **1** arte del ritrarre; ritrattistica **2** ritratto; (*fig.*) descrizione.

to **portray** /pɔːˈtreɪ/, *v. t.* **1** ritrarre; dipingere; (*fig.*) descrivere vividamente **2** rappresentare (*un personaggio*) sulla scena: **He was portrayed as an old man**, fu rappresentato come un vecchio.

portrayable /pɔːˈtreɪəbl/, *a.* ritraibile; che si può dipingere.

portrayal /pɔːˈtreɪəl/, *n.* **1** il ritrarre **2** ritratto; (*fig.*) vivida descrizione **3** rappresentazione (*sulla scena*).

portrayer /pɔːˈtreɪə(r)/, *n.* **1** (*raro*) ritrattista; pittore **2** (*fig.*) descrittore.

portress /ˈpɔːtrɪs/, *n.* portinaia, portiera (*specialm. di convento*).

Portugal /ˈpɔːtʃʊgl/, *n.* (*geogr.*) Portogallo.

Portuguese /pɔːtʃʊˈgiːz/, *a.* e *n.* (*invar. al pl.*) portoghese (*anche la lingua*): **the P.**, i portoghesi. ● (*zool.*) **P. man-of-war** (*Physalia physalis*), fisalia; caravella portoghese.

portulaca /pɔːtʃəˈleɪkə, -ˈlæ-/, *n.* (*bot.*) **1** (*Portulaca grandiflora*) portulaca **2** (*Portulaca oleracea*) porcellana.

pose /pəʊz/, *n.* posa; positura; atteggiamento; affettazione: **His generosity is a mere p.**, la sua generosità non è che una posa.

to **pose** /pəʊz/, **A** *v. i.* posare; mettersi (*o* stare) in posa; assumere una posa; atteggiarsi: **The sitter poses before the painter**, il modello posa davanti al pittore; **to p. for a photo**, posare per una foto; **He poses as a great scholar**, posa a grande erudito; **Don't p. as a martyr!**, non atteggiarti a martire! **B** *v. t.* **1** mettere in posa; far posare (*un modello, ecc.*) **2** porre (*una domanda*); proporre (*un quesito, un problema*).

poser (**1**) /ˈpəʊzə(r)/, *n.* **1** chi posa (*per un pittore, ecc.*); modello, modella **2** chi posa (*dandosi importanza*); posatore, posatrice.

poser (**2**) /ˈpəʊzə(r)/, *n.* **1** domanda imbarazzante; quesito difficile **2** problema arduo; brutta gatta da pelare (*fig.*).

poseur /pəʊˈzɜː(r)/ (*franc.*), *n.* posatore; chi posa (*dandosi importanza*).

posh /pɒʃ/, *a.* (*fam.*) elegante; di lusso; lussuoso: **p. clothes**, abiti eleganti; **a p. hotel**, un albergo di lusso. ● **a p. accent**, un accento da snob □ (*fam.*) **the p. people**, la gente elegante; la gente bene; l'alta società □ (*pop.*) **to talk p.**, parlare da snob (*o* in modo affettato).

position /pəˈzɪʃn/, *n.* **1** posizione; positura; atteggiamento; punto di vista; situazione; condizione; condizione sociale: **geographic p.**, posizione geografica; **strategic p.**, posizione strategica; **The players were in p.**, i giocatori erano in posizione; **I am in an awkward p.**, mi trovo in una posizione delicata; **I'm not in a p. to help him**, non sono in condizione di poterlo aiutare; **He is a man of p.**, è uomo d'elevata condizione sociale **2** (*aeron., naut., miss.*) posizione; punto **3** impiego (*specialm. statale*); posto (*di lavoro*): **to get a good p. in the public service**, ottenere un buon impiego statale **4** (*sport*) posizione (*alla partenza*); (*anche*) posto in classifica; classifica **5** (*mil., anche*) postazione: **gun positions**, postazioni d'artiglieria **6** (*Borsa, banca*) posizione. ● (*org. az.*) **p. analysis**, analisi delle mansioni □ (*mil.*) **p. finder**, telemetro □ (*mat.*) **p. ratio**, rapporto di tre punti; coordinata baricentrica □ **p. statement**, presa di posizione (*fig.*) □ **in p.**, a posto; nel posto giusto □ **to be in a p. to do st.**, essere in condizione (*o* in grado) di fare q.c. □ (*mil.*) **to manoeuvre for p.**, manovrare per occupare una posizione favorevole □ **of position**, altolocato: **men** (*o* **women**) **of p.**, persone altolocate □ **out of p.**, fuori posto; nel posto sbagliato; (*sport*) fuori del proprio ruolo □ **people of p.**, gente d'elevata condizione sociale □ **He's got a good p.**, s'è procacciato una buona posizione (*o* un buon impiego).

to **position** /pəˈzɪʃn/, *v. t.* **1** mettere in posizione; collocare; mettere a posto **2** (*mecc.*) posizionare **3** (*mil.*) piazzare; mettere in postazione **4** determinare la posizione di (q.c.); localizzare **5** (*sport*) disporre (*i giocatori in campo*).

positional /pəˈzɪʃənl/, *a.* di posizione; posizionale. ● (*sport*) **to have a fine p. sense**, avere il senso del gioco di posizione.

positioning /pəˈzɪʃənɪŋ/, *n.* **1** messa in posizione **2** (*mecc.*) posizionamento **3** (*mil.*) messa in postazione **4** (*sport*) disposizione (*dei giocatori in campo*).

positive /ˈpɒzətɪv/, **A** *a.* **1** (*elettr., mat., med., gramm., ecc.*) positivo: **p. electricity**, elettricità positiva; **p. charge**, carica positiva; **p. sign**, segno positivo; **p. law**, diritto positivo; **The test was p.**, il test è stato positivo; **p. degree**, grado positivo (*d'un aggettivo, d'un avverbio*); **a p. answer**, una risposta positiva **2** positivo; concreto; esplicito; certo; sicuro; chiaro; preciso: **p. reasoning**, ragionamento positivo; **a p. person**, una persona positiva (*o* costruttiva, concreta, pratica); **p. help**, aiuto concreto; **p. orders**, ordini espliciti; **p. knowledge**, notizie certe; informazioni sicure; **p. instructions**, istruzioni precise **3** (*di persona*) convinto; sicuro; deciso: **He was p. he had seen a ghost**, era sicuro d'aver visto uno spettro **4** positivo; fiducioso; ottimistico: **a p. attitude to life**, un atteggiamento positivo verso la vita **5** (*fam.*) completo; vero e proprio; bell'e buono: **a p. fool**, un completo imbecille; **a p. shame**, una vera vergogna. **B** *n.* **1** qualità positiva; cosa positiva **2** (*fotogr.*) positiva **3** (*gramm.*) grado positivo. ● **p. criticism**, critica costruttiva (*o* positiva) □ (*leg.*) **p. proof**, prova certa; prova fondata sui fatti □ (*mecc.*) **p. stop**, arresto meccanico □ **p. vetting**, screening positivo; indagine favorevole (*per l'arruolamento nei servizi segreti, ecc.*).

positively /ˈpɒzətɪvlɪ/, *avv.* **1** positivamente; certamente; sicuramente **2** positivamente; di positivo **3** positivamente; concretamente; praticamente **4** (*fam.*) decisamente; addirittura; proprio; davvero: **She doesn't just dislike him; she p. hates him**, non è che non le piaccia soltanto; lo odia addirittura **5** (*USA*) ma sì; ma certo. ● (*elettr.*) **p. charged**, a carica positiva.

positiveness /ˈpɒzətɪvnəs/, *n.* **1** positività **2** certezza; sicurezza **3** sicurezza di sé; perentorietà.

positivism /ˈpɒzɪtɪvɪzəm/, *n.* (*filos.*) positivismo.

positivist /ˈpɒzɪtɪvɪst/, *n.* (*filos.*) positivista.

positivistic /pɒzɪtɪˈvɪstɪk/, *a.* (*filos.*) positivistico.

positon /ˈpɒzɪtrɒn/, *n.* *V.* **positron.**

positron /ˈpɒzɪtrɒn/, *n.* (*fis. nucl.*) positrone; positone.

positronium /pɒzɪˈtrəʊnɪəm/, *n.* (*fis. nucl.*) positronio.

posological /pɒsəˈlɒdʒɪkl/, *a.* (*farm.*) della posologia.

posology /pəʊˈsɒlədʒɪ/, *n.* (*farm.*) posologia.

posse /ˈpɒsɪ/, *n.* **1** (*leg. USA*, = **p. comitatus**) insieme di tutti gli uomini validi di una contea (*che possono essere chiamati da uno sceriffo a dar man forte alla legge*) **2** (*un tempo*) compagnia; squadra d'armati **3** (*fam.*) gruppo: **a p. of friends [of reporters]**, un gruppo di amici [di giornalisti]. ● (*leg.*) **in p.**, potenzialmente.

to **possess** /pəˈzes/, *v. t.* **1** possedere; avere: **They p. land**, possiedono terreni; **to p. good eyesight**, avere gli occhi buoni **2** conoscere a fondo, essere padrone di, possedere (*una lingua straniera, ecc.*) **3** invasare; ossessionare; possedere: **to be possessed by the devil**, essere invasato dal demonio. ● **to p. oneself of st.**, impossessarsi di q.c.; impadronirsi di q.c. □ (*lett.*) **to p. one's soul** (*o* **mind**) **in patience**, armarsi di santa pazienza □ **to be possessed by** (*o* **with**) **an idea**, esser tutto preso da un'idea □ **to be possessed of st.**, possedere q.c.; avere q.c. in proprietà □ **What possessed you to hit your brother?**, che cosa ti ha preso che hai picchiato tuo fratello?

possessed /pəˈzest/, *a.* posseduto dal demonio; indemoniato; invasato; ossesso.

possession /pəˈzeʃn/, *n.* **1** possesso: **to be in p. of st.**, essere in possesso di q.c.; possedere q.c.; **to come into p. of a fortune**, entrare in possesso d'una fortuna **2** (*specialm. al pl.*) possedimento (*anche polit.*); proprietà; beni: **British possessions**, possedimenti britannici; **my personal possessions**, le mie proprietà personali **3** conoscenza approfondita, padronanza, possesso (*d'una lingua straniera, ecc.*) **4** l'essere invasato; ossessione; possessione **5** (*sport*) possesso: **to keep p. of the ball**, tenere il possesso della palla; fare melina (*fam.*) ● (*leg.*) **p. order**, sentenza di sfratto □ **to be in p.**, essere in possesso (di q.c.); (*sport*) essere in possesso della palla □ **to rejoice in the p. of st.**, aver la fortuna di possedere q.c. □ **self-p.**, padronanza di sé □ **to take p. of st.**, prender possesso di q.c. □ (*leg.*) **taking p. of an estate**, presa di possesso di una proprietà □ (*prov.*) **P. is nine-tenths** (*o* **nine points**) **of the law**, possedere una cosa è già quasi averla per diritto.

possessive /pəˈzesɪv/, **A** *a.* **1** (*gramm.*) possessivo: **p. pronouns**, pronomi possessivi **2** possessivo: **a p. attitude**, un atteggiamento possessivo; **a p. mother**, una madre possessiva. **B** *n.* (*gramm.*) **1** caso possessivo **2** pronome (*o* aggettivo) possessivo. ● **to be p. with one's wife**, opprimere la propria moglie. || **-ly**, *avv.*

possessiveness /pəˈzesɪvnəs/, *n.* l'esser possessivo; possessività; tendenza a opprimere, a dominare, a soffocare (*gli altri*).

possessor /pəˈzesə(r)/, *n.* possessore; proprietario, proprietaria.

possessory /pəˈzesərɪ/, *a.* **1** di possessore **2** (*leg.*) possessorio; possessuale: **p. interest**, interesse possessorio; **p. lien**, privilegio possessuale; diritto di ritenzione.

posset /ˈpɒsɪt/, *n.* bevanda di latte caldo, vino (*o* birra) e spezie varie (*assai usata un tempo contro il raffreddore*).

possibility /pɒsəˈbɪlətɪ/, *n.* **1** possibilità: **There is no p. of his winning**, non c'è nessuna possibilità di vittoria per lui **2** (*pl.*) possibilità di successo: **What are the possibilities?**, che possibilità (di successo) ci sono? **3** caso (*o* soluzione, risultato) possibile **4** (*fam.*) persona (*o* cosa) che può andare: **Do you think that he's a p. as a husband for Jill?**, credi che lui possa andare come marito per Jill? ● (*trasp.*) **p. of transit**, transitabilità (*di una strada*).

possible /ˈpɒsəbl/, **A** *a.* **1** possibile: **a. p. solution**, una soluzione possibile; **a p. answer**, una risposta possibile **2** (*fam.*) sopportabile; tollerabile. **B** *n.* **1** (il) possibile: **to do one's p.**, fare il possibile **2** *V.* **possibility**, *def.* **3** e **4**. ● **as far as p.**, nei limiti del possibile □ **as soon as p.**, al più presto possibile; quanto prima □ **if p.**, possibilmente; se ti (se mi, ecc.) è possibile: **If p., call back at nine**, possibilmente, richiamami alle nove □ **It's p.!**, può darsi! □ **It's quite p.!**, è possibilissimo!

possibly /ˈpɒsəblɪ/, *avv.* **1** per caso: **Can you p. lend me a hand?**, per caso potresti darmi una mano? **2** (*in frasi neg.*) in alcuna circostanza; in alcun modo; affatto: **It can't p. work**, non può funzionare in alcun modo **3** forse; può darsi: **«Will your salary be increased?» «P.»**, «ti aumenteranno lo stipendio?» «forse» **4** (*idiom., per es. in:*) **It may p. be so**, può darsi che sia così; **He cannot p. come**, è impossibile che venga; **I'll do all I p. can**, farò tutto il possibile; farò del mio meglio.

possum /ˈpɒsəm/, *n.* (*fam.*; *zool., Didelphis virginiana*) opossum. ● **to play p.**, fingersi (*o* fare il) morto; fingere d'ignorare, fare l'indiano (*fig.*).

post (**1**) /pəʊst/, *n.* **1** (*ind. costr.*) montante; puntello; palo (*di steccato*) **2** (*nelle miniere*) butta; puntello; gamba; (*anche*) pilastro di minerale **3** (*naut.*) dritto di poppa **4** (*sport*, = **goal post**) palo della porta (*nel calcio, ecc.*): **to drive the ball between the posts**, mandare (*o* spedire) la palla tra i pali (*cioè, in rete*) **5** (*specialm. ippica*) palo; palo di partenza; (*anche*) traguardo: **to be beaten at the p.**, essere battuto sul traguardo. ● (*ippica*) **p. and plank**, dritto di tavole □ (*ippica*) **p. and rail**, dritto di barriere □ (*fam.*) **to be as deaf as a p.**, essere sordo come una campana □ (*sport*) **finishing post**, traguardo □ (*naut.*) **mooring p.**, colonna d'ormeggio □ (*naut.*) **rudder p.**, dritto del timone □ (*sport*) **starting p.**, palo di partenza □ (*sport*) **winning p.**, palo d'arrivo; traguardo.

post (**2**) /pəʊst/, *n.* **1** (*mil.*) posto (*di guardia, di sentinella, ecc.*): **frontier p.**, posto di frontiera **2** posto; posto di lavoro; impiego; carica **3** (= **trading p.**) stazione commerciale. ● (*USA*) **p. exchange**, spaccio militare □ (*mil.*) **first p.**, primo suono di tromba della ritirata □ (*mil.*) **last p.**, ultimo suono di tromba della ritirata; squillo di tromba per onoranze funebri □ (*mil.*) **to be on p.**, essere di guardia (*o* di sentinella).

post (**3**) /pəʊst/, *n.* **1** (*un tempo*) corriere postale **2** posta; corrispondenza; ufficio postale: **I'll send it by p.**, te lo manderò per posta; **I am waiting for the morning p.**, aspetto la posta del mattino; **I had a heavy p. today**, ho ricevuto molta corrispondenza oggi **3** levata della posta: **I missed the morning p.**, ho perduto la levata del mattino; ho impostato troppo tardi **4** distribuzione della posta. ● (*un tempo*) **p. chaise**, diligenza postale □ **p.-free**, franco di posta; in franchigia postale □ **p.-haste**, (*avv.*) in gran fretta □ (*un tempo*) **p. horn**, corno di postiglione □ (*un tempo*) **p.-horse**, cavallo di posta □ **p. office**, ufficio postale □ **the P. Office**, (*stor.*) il Ministero delle Poste (*in G.B.*); (*dal 1969*) Società (*per azioni*) delle Poste □ **p.-office box**, casella postale □ (*ferr.*) **p.-office car**, vagone postale □ (*USA*) **P. Office Department**, Ministero delle Poste □ (*di busta*) **Post Office preferred** (*abbr.* **P.P.P.**), in regola con il bustometro □ (*fin., stor.*) **P.-Office Savings Bank**, cassa di risparmio postale (*in G.B., fino al 1968*; *ora* **National Savings Bank**) □ **the P. Office Tower** (*a Londra*), il grattacielo delle Poste (*termine ufficiale*: **the Telecom Tower**) □ (*USA*) **p.-paid**, franco di posta; in franchigia; porto pagato □ **p. parcel**, pacco postale □ **p. town**, cittadina con ufficio postale □ (*polit.*) **p. vote**, voto espresso per lettera (*in G.B.*) □ **by p.**, per posta; a mezzo posta □ **by return of p.** (*o* **of mail**), a giro di posta; (*un tempo*) a volta di corriere.

to **post** (**1**) /pəʊst/, *v. t.* **1** (*anche* **to p. up**) affiggere; attaccare (*un manifesto, ecc.*) **2** (*anche* **to p. over**) coprire (*un muro, ecc.*) di manifesti **3** mettere (*il nome di q.*) su un manifesto; affiggere all'albo; annunciare, pubblicare (*a mezzo di manifesto*): **to p. a reward**, pubblicizzare la ricompensa (*per la cattura d'un malfattore, ecc.*); **The names of the successful students were posted**, i nomi dei candidati promossi furono pubblicati (*o* affissi all'albo). ● **to p. a ship as missing**, affiggere all'albo il nome d'una nave dispersa □ **«P. no bills!»**, «divieto d'affissione».

to **post** (**2**) /pəʊst/, *v. t.* (*mil.*) **1** appostare; piazzare; collocare, mettere (*soldati in un posto*): **Sentries were posted on the hill**, furono messe sentinelle in vetta al colle **2** dare il comando a; nominare (*un comandante*) **3** (*bur., mil.*) assegnare, inviare: **to be posted to a regiment**, essere assegnato a un reggimento. ● (*specialm. mil.*) **to be posted away**, essere trasferito.

to **post** (**3**) /pəʊst/, **A** *v. i.* **1** (*un tempo*) viaggiare con cavalli di posta; viaggiare in diligenza **2** (*per estens.*; *arc.*) viaggiare in gran fretta; affrettarsi. **B** *v. t.* **1** spedire per posta (*lettere, pacchi, ecc.*) **2** impostare, imbucare (*lettere, ecc.*; *cfr. USA* **to mail**) **3** (*rag., anche* **to p. up**) passare, registrare (*una partita*) a mastro **4** (*fam., anche* **to p. up**) informare; dare tutti i particolari a (q.): **He is kept well posted**, lo tengono ben informato. ● (*comm.*) **to p. up the general ledger**, aggiornare il mastro generale □ (*di persona*) **well posted**, bene informato.

postage /ˈpəʊstɪdʒ/, *n.* tariffa postale; affrancatura (*d'una lettera, ecc.*): **«p. due»** (*scritto su una busta*), «affrancatura insufficiente». ● **p.-due stamp**, segnatasse □ **p. meter**, (macchina) affrancatrice □ **p. stamp**, francobollo □ **extra p.**, soprattassa postale.

postal /ˈpəʊstl/, **A** *a.* postale: **p. rates**, tariffe postali. **B** *n.* (*fam. USA*; *abbr. di* **postal card**) cartolina. ● (*in G.B.*) **p. code**, codice di avviamento postale □ **p. delivery zone**, distretto postale □ (*in G.B.*) **p. district**, distretto postale (*per es., a Londra*: *E C 2*) □ **p. order**, vaglia postale (*fino a 10 sterline*) □ **p. union**, unione postale (*fra Paesi diversi*) □ (*polit.*) **p. vote**, voto per posta.

postbag /ˈpəʊs(t)bæg/, *n.* **1** borsa delle lettere (*del postino*) **2** (la) posta, (la) corrispondenza (*ricevuta da un giornale, da una TV, da un personaggio, ecc.*)

postbox /ˈpəʊs(t)bɒks/, *n.* cassetta della posta

(*pubblica*); buca delle lettere.
postboy /ˈpəʊs(t)bɔɪ/, *n.* ***1*** (*stor.*) postiglione ***2*** (*ora*) fattorino che porta la posta.
postbus /ˈpəʊs(t)bʌs/, *n.* (*abbr. fam. di* **Post Office minibus**) piccolo autobus delle Poste (*in G.B.*: *per il trasporto di corrispondenza, ecc., nelle zone rurali*).
postcard /ˈpəʊs(t)kɑːd/, *n.* cartolina: **picture p.**, cartolina illustrata.
post-classical /pəʊs(t)ˈklæsɪkl/, *a.* postclassico.
postcode /ˈpəʊs(t)kəʊd/, *n.* (*in G.B.*) codice di avviamento postale (*abbr.* CAP).
to **postcode** /ˈpəʊs(t)kəʊd/, *v. t.* premettere il codice d'avviamento postale (*o* il CAP) al (*nome di una città*); mettere il CAP in (*una busta, una lettera*).
post-communion /pəʊs(t)kəˈmjuːnɪən/, *n.* (*relig.*) postcommunio.
postconciliar /pəʊs(t)kənˈsɪlɪə(r)/, *a.* (*relig.*) postconciliare.
postdate /pəʊs(t)ˈdeɪt/, *n.* data posteriore (*a quella effettiva*).
to **postdate** /pəʊs(t)ˈdeɪt/, *v. t.* ***1*** postdatare (*un documento, un assegno, ecc.*) ***2*** attribuire (*un avvenimento*) a una data più tarda.
poster /ˈpəʊstə(r)/, *n.* ***1*** poster; affisso; avviso; cartello; cartellone; manifesto ***2*** attacchino. ● **p. advertising**, pubblicità a mezzo affissione □ **p. designer**, cartellonista □ **p. panel**, tabellone pubblicitario.
poste restante /pəʊstˈrɛstɑːnt, *USA* -rɛˈstɑːnt/ (*franc.*), *n.* fermoposta.
posterior /pɒˈstɪərɪə(r), *USA* pəʊ-/, **A** *a.* (*specialm. anat.* e *med.*) posteriore. **B** *n.* (*fam.*) deretano; sedere. || **-ly**, *avv.*
posteriority /pɒstɪərɪˈɒrətɪ, *USA* pəʊstɪərɪˈɔːr-/, *n.* posteriorità.
posterity /pɒˈsterətɪ/, *n.* posterità; (i) posteri.
postern /ˈpəʊstɜːn/, **A** *n.* ***1*** posterla; postierla; porta posteriore; segreta ***2*** (*fig.*) porta di servizio. **B** *a. attr.* posteriore; di dietro; sul retro: **p. gate**, cancello sul retro.
postfix /pəʊs(t)ˈfɪks/, *n.* (*ling.*) suffisso.
to **postfix** /pəʊs(t)ˈfɪks/, *v. t.* (*ling.*) suffissare; aggiungere come suffisso.
postglacial /pəʊs(t)ˈgleɪsɪəl/, *a.* (*geol.*) postglaciale.
postgraduate /pəʊs(t)ˈgrædʒʊət/, **A** *a.* di perfezionamento, di specializzazione (*dopo la laurea*): **p. courses**, corsi di perfezionamento. **B** *n.* laureato che si perfeziona presso un'università. ● **p. school**, scuola di perfezionamento.
posthumous /ˈpɒstjʊməs, *USA* ˈpɒstʃʊməs/, *a.* postumo.
posthumously /ˈpɒstjʊməslɪ, *USA* ˈpɒstʃʊməslɪ/, *avv.* dopo la morte.
postiche /pɒˈstiːʃ, *USA* pɔː-/ (*franc.*), **A** *a.* posticcio; artificiale; falso. **B** *n.* baffi posticci; capelli posticci; posticcio.
post-ignition /pəʊstɪgˈnɪʃn/, *n.* (*mecc.*) postaccensione.
postil /ˈpɒstɪl/, *n.* (*stor.*) postilla; glossa (*specialm. alle Sacre Scritture*).
postil(l)ion /pəˈstɪlɪən/, *n.* postiglione.
postimpressionism /pəʊstɪmˈprɛʃənɪzəm/, *n.* (*pitt.*) postimpressionismo.
postimpressionist /pəʊstɪmˈprɛʃənɪst/, *n.* (*pitt.*) postimpressionista.
postindustrial /pəʊstɪnˈdʌstrɪəl/, *a.* postindustriale.
posting (1) /ˈpəʊstɪŋ/, *n.* ***1*** affissione (*di manifesti*) ***2*** pubblicazione (*all'albo, ecc.*).
posting (2) /ˈpəʊstɪŋ/, *n.* (*specialm. mil.*) assegnazione; destinazione assegnata (*a un ufficiale, a un funzionario, ecc.*).
posting (3) /ˈpəʊstɪŋ/, *n.* ***1*** (*un tempo*) il viaggiare con cavalli di posta (*o* in diligenza) ***2*** impostazione (*della corrispondenza*); spedizione per posta ***3*** (*rag.*) registrazione (*di una partita*) a mastro ***4*** (*rag.*) partita registrata a mastro; posta.
postliminium /pəʊstlɪˈmɪnɪəm/, **postliminy** /pəʊs(t)ˈlɪmɪnɪ/, *n.* (*leg.*) postliminio; postliminio.

postlude /ˈpəʊs(t)luːd/, *n.* (*mus.*) posludio; postludio.
postman /ˈpəʊs(t)mən/, *n.* (*pl.* **postmen**) postino; portalettere. ● **p.'s knock**, la bussata del postino (*gioco infantile*: *la lettera che il «postino» consegna si paga con un bacio*).
postmark /ˈpəʊs(t)mɑːk/, *n.* bollo (*o* timbro) postale.
to **postmark** /ˈpəʊs(t)mɑːk/, *v. t.* bollare, timbrare (*una lettera*).
postmaster /ˈpəʊs(t)mɑːstə(r), *USA* -mæs-/, *n.* direttore d'un ufficio postale; ufficiale postale. ● (*un tempo*) **P. General**, Ministro delle Poste.
postmeridian /pəʊs(t)məˈrɪdɪən/, *a.* pomeridiano.
post meridiem /ˈpəʊs(t)məˈrɪdɪəm/ (*lat.*), *avv.* dopo mezzogiorno (*di solito abbr. in* **P.M., p.m.**).
postmistress /ˈpəʊs(t)mɪstrɪs/, *n.* direttrice d'un ufficio postale.
post-modern /pəʊs(t)ˈmɒdn/, *a.* postmoderno.
post-modernism /pəʊs(t)ˈmɒdənɪzəm/, *n.* postmodernismo.
post-modernist /pəʊs(t)ˈmɒdənɪst/, *n.* postmodernista.
postmortem /pəʊs(t)ˈmɔːtəm/, **A** *a.* (che avviene) dopo il decesso (di q.). **B** *n.* autopsia. ● **p. examination**, autopsia.
postnatal /pəʊs(t)ˈneɪtl/, *a.* ***1*** (*med.*) postnatale ***2*** (che avviene) dopo la nascita.
postnuptial /pəʊs(t)ˈnʌpʃəl/, *a.* posteriore alle nozze.
postoperative /pəʊstˈɒpərətɪv, -reɪtɪv/, *a.* (*med.*) postoperatorio.
postponable /pəˈspəʊnəbl, pəʊs(t)ˈp-/, *a.* posponibile; differibile.
to **postpone** /pəˈspəʊn, pəʊs(t)ˈpəʊn/, *v. t.* ***1*** posporre; posticipare; differire; rimandare; rinviare; prorogare ***2*** (*fin., leg.*) postergare: **to p. a mortgage**, postergare un'ipoteca ***3*** (*raro*) posporre; subordinare.
postponement /pəˈspəʊnmənt, pəʊs(t)ˈp-/, *n.* posposizione; posticipazione; differimento; dilazione; rinvio; proroga.
postposition /pəʊs(t)pəˈzɪʃn/, *n.* (*ling.*) ***1*** posposizione ***2*** particella (*o* parola) pospositiva (*di solito enclitica*; *per es.*: **-wards** *in* **skywards**).
postpositional /pəʊs(t)pəˈzɪʃənl/, **postpositive** /pəʊs(t)ˈpɒzətɪv/, *a.* (*ling.*) pospositivo (*V.* **postposition**).
postprandial /pəʊs(t)ˈprændɪəl/, *a.* ***1*** (*med.*) postprandiale ***2*** (*di solito scherz.*) (che avviene) dopo il pranzo; postprandiale.
postscript /ˈpəʊsskrɪpt/, *n.* (*abbr.* **P.S.**) poscritto.
postulant /ˈpɒstjʊlənt, *USA* -tʃʊ-/, *n.* (*specialm. relig.*) postulante.
postulate /ˈpɒstjʊlət, *USA* -tʃʊ-/, *n.* ***1*** (*mat., filos.*) postulato ***2*** (*fig.*) principio basilare; presupposto indispensabile.
to **postulate** /ˈpɒstjʊleɪt, *USA* -tʃʊ-/, *v. t.* e *i.* ***1*** postulare; domandare; richiedere ***2*** postulare; ammettere; ipotizzare; supporre.
postulation /pɒstjʊˈleɪʃn, *USA* -tʃʊ-/, *n.* ***1*** (*specialm. relig.*) postulazione ***2*** postulato; supposizione.
postulator /ˈpɒstjʊleɪtə(r), *USA* -tʃʊ-/, *n.* (*specialm. relig.*) postulatore.
postural /ˈpɒstʃərəl/, *a.* posturale (*fisiol.*); di positura; d'atteggiamento. ● (*med.*) **p. hypotension**, ipotensione ortostatica.
posture /ˈpɒstʃə(r)/, *n.* ***1*** (*fisiol.*) postura ***2*** positura; posa; atteggiamento (*anche della mente*) ***3*** (*arte*) posa (*di una modella*) ***4*** (*fig.*) condizione; stato delle cose; situazione: **a delicate p. in foreign affairs**, una situazione delicata in politica estera.
to **posture** /ˈpɒstʃə(r)/, **A** *v. t.* ***1*** mettere (q.) in una posizione; atteggiare ***2*** mettere (*la modella, ecc.*) in posa. **B** *v. i.* posare; mettersi in posa; atteggiarsi.
posturer /ˈpɒstʃərə(r)/, *n.* ***1*** chi prende una posa; posatore ***2*** contorsionista.

postvocalic /pəʊs(t)vəˈkælɪk/, *a.* (*fon.*) postvocalico.
postvolcanic /pəʊs(t)vɒlˈkænɪk/, *a.* (*geol.*) postvulcanico.
postwar /pəʊs(t)ˈwɔː(r)/, *a. attr.* postbellico; del dopoguerra.
postwoman /ˈpəʊs(t)wʊmən/, *n.* (*pl.* **postwomen**) postina.
posy /ˈpəʊzɪ/, *n.* ***1*** mazzolino di fiori ***2*** (*arc.*) motto inciso (*su un anello, ecc.*).
pot /pɒt/, *n.* ***1*** pentola; marmitta; pignatta ***2*** vaso; vasetto: **a jam pot**, un vasetto da marmellata ***3*** boccale; brocca: **a pint pot**, un boccale da una pinta ***4*** barattolo: **a pot of paint**, un barattolo di vernice ***5*** (= **teapot**) teiera ***6*** (= **caffeepot**) caffettiera ***7*** (= **flowerpot**) vaso da fiori ***8*** (= **chimneypot**) comignolo ***9*** vasino ***10*** (*fam.*, = **pot of money**) mucchio di quattrini; forte somma di denaro: **to have [to inherit, to make] pots of money**, avere [ereditare, fare] un sacco di quattrini; **to put the pot on a favourite horse**, puntare una grossa somma su un cavallo favorito ***11*** (*fam.*, = **big pot**) pezzo grosso; persona importante ***12*** (*fam.*) coppa d'argento; premio (*in genere*) ***13*** (*fam.*) posta, piatto (*nei giochi di carte*) ***14*** (*a biliardo*) buca; colpo che manda la palla in buca ***15*** (= **pot-shot**) tiro facile; colpo sparato per mettere q.c. nel carniere; tiro a casaccio ***16*** (*pop.*) droga; marijuana; erba (*pop.*). ● **pots and pans**, batteria da cucina □ **pot-boy**, garzone d'osteria □ (*pop. USA*) **pot bust**, retata di drogati □ **pot clay**, argilla per vasi (*o* per crogioli) □ (*pop.*) **pot culture**, la cultura della marijuana □ **pot-herbs**, erbe da cucina; erbe aromatiche □ **pot lead**, piombaggine usata per scafi d'imbarcazioni da corsa □ (*cucina*) **pot liquor**, sugo di cottura (*che resta nella pentola*) □ (*bot.*) **pot marigold** (*Calendula officinalis*), calendola; fiorrancio □ **pot plant**, pianta da vaso □ **pot-metal**, (*metall.*) lega di rame e piombo; (*anche*) vetro colorato nel crogiolo □ **a pot of tea**, una teiera (piena) di tè □ (*cucina*) **pot roast**, brasato □ (*archeol.*) **pot-sherd**, frammento di vaso □ **pot-shot**, sparo (*o* tiro) a casaccio □ (*fam.*) **to go to pot**, andare in malora (*o* in rovina) □ (*fig.*) **to keep the pot boiling**, guadagnare tanto da vivere; tirare avanti □ (*poker*) **to be in the pot**, giocare; starci (*fam.*) □ (*fig.*) **to make the pot boil**, guadagnarsi il pane; sbarcare il lunario □ **melting pot**, crogiolo (*anche fig.*) □ (*poker*) **to stay in the pot**, *V.* **to be in the pot** □ (*prov.*) **The pot calls the kettle black**, la padella dice al paiolo: «Fatti in là che mi tingi»; (senti) da che pulpito viene la predica!; senti chi parla! □ (*prov.*) **Watched pot never boils**, pentola guardata non bolle mai; il desiderio rende lunga l'attesa.
to **pot** /pɒt/, **A** *v. t.* ***1*** mettere (*o* conservare) in vaso: **to pot jam**, conservare la marmellata in vasi ***2*** mettere (*una pianta*) in vaso; invasare ***3*** cuocere in pentola ***4*** cacciare (*selvaggina*) per la mensa ***5*** (*fam.*) ottenere; vincere: **to pot all the prizes**, vincere tutti i premi ***6*** (*biliardo*) mandare (*una palla*) in buca ***7*** mettere (*un bimbo sul vasino*). **B** *v. i.* ***1*** (*biliardo*) far biglia ***2*** – (*fam.*) **to pot at**, sparare a uccelli (*o* a selvaggina) a facile portata di tiro.
potable /ˈpəʊtəbl/, *a.* potabile; bevibile.
potamology /pɒtəˈmɒlədʒɪ/, *n.* (*geogr.*) potamologia.
potash /ˈpɒtæʃ/, *n.* (*chim.*) ***1*** potassa caustica; idrossido di potassio ***2*** potassa; carbonato di potassio. ● **caustic p.**, potassa caustica.
potassic /pəˈtæsɪk/, *a.* (*chim.*) potassico.
potassium /pəˈtæsɪəm/, *n.* (*chim.*) potassio. ● **p. cyanide**, cianuro di potassio □ **p. nitrate**, nitrato di potassio; nitro.
potation /pəˈteɪʃn/, *n.* ***1*** bevuta; libagione: **liberal potations**, abbondanti libagioni ***2*** sorso ***3*** bevanda (*specialm. alcolica*): **my favourite p.**, la mia bevanda preferita.
potato /pəˈteɪtəʊ, *USA* pəˈt-, pəʊˈt-/, *n.* (*pl.* **potatoes**) (*bot., Solanum tuberosum*) patata: **roast potatoes**, patate al forno. ● (*zool.*) **p.**

bettle (*Doryphora decemlineata*), dorifora della patata □ (*USA*) **p. chips,** *V.* **p. crisps** □ **p. crisps**, patatine fritte; «chips» □ **p. flour**, fecola di patate □ **p.-masher**, schiacciapatate □ **p.-parer** (*o* **p.-peeler**), pelapatate; sbucciapatate □ (*fig. fam.*) **hot p.**, argomento imbarazzante; patata bollente (*fig.*): **to drop sb. like a hot p.**, sbarazzarsi di q. come di una patata bollente □ **mashed potatoes**, purè di patate □ (*fig. USA*) **small potatoes**, inezie; quisquilie □ (*bot.*) **sweet p.** (*o* **Spanish p.**) (*Ipomoea batatas*), patata dolce (*o* americana); batata.

potbellied /ˈpɒtbɛlɪd/, *a.* panciuto.

potbelly /ˈpɒtbɛlɪ/, *n.* ***1*** (*fam.*) pancione ***2*** (*USA*) stufetta panciuta.

potboiler /ˈpɒtbɔɪlə(r)/, *n.* (*fam. spreg.*) lavoro (film, romanzo, ecc.) di cassetta.

potbound /ˈpɒtbaʊnd/, *a.* (*di pianta*) costretta in un vaso troppo piccolo.

potch /pɒtʃ/, *n.* (*pop. USA*) schiaffo; sculacciata.

to **potch** /pɒtʃ/, *v. t.* (*pop. USA*) schiaffeggiare; sculacciare.

poteen /pɒˈtiːn, -ˈtʃiːn, ˈpɒtiːn/, *n.* whisky irlandese distillato alla macchia.

potency /ˈpəʊtnsɪ/, **potence** /ˈpəʊtns/, *n.* (*anche poet. o retor.*) potenza; forza; efficacia: **the p. of an argument**, l'efficacia d'un argomento; **sexual p.**, potenza sessuale.

potent /ˈpəʊtnt/, *a.* (*specialm. poet.*) potente; forte; efficace: **a p. monarch**, un potente sovrano; **a p. drug**, una medicina potente (*o* efficace). || **-ly**, *avv.*

potentate /ˈpəʊtnteɪt/, *n.* potentato; monarca; sovrano.

potential /pəˈtɛnʃl/, **A** *a.* (*filos., fis., gramm.*) potenziale: **a p. buyer**, un acquirente potenziale; **p. resources**, risorse potenziali; (*econ.*) **p. demand**, domanda potenziale; (*fin.*) **p. profit**, reddito potenziale; (*gramm.*) **p. mood (subjunctive)**, modo (congiuntivo) potenziale. **B** *n.* ***1*** (*gramm.*) congiuntivo potenziale ***2*** (*elettr., fis.*) potenziale ***3*** energia potenziale ***4*** (*econ.*) risorsa potenziale. ● (*med.*) **p. corrosive**, corrosivo potenziale □ (*fis.*) **p. curve**, curva del potenziale □ (*elettr.*) **p. divider**, partitore di tensione □ (*elettr.*) **p. difference**, differenza di potenziale □ (*elettr.*) **p. drop**, caduta di potenziale. || **-ly**, *avv.*

potentiality /pətɛnʃɪˈælətɪ/, *n.* ***1*** potenzialità ***2*** (*pl.*) risorse potenziali.

to **potentialize** /pəˈtɛnʃəlaɪz/, *v. t.* rendere potenziale.

to **potentiate** /pəˈtɛnʃɪeɪt/, *v. t.* potenziare (*anche farm.*); incrementare.

potentiometer /pətɛnʃɪˈɒmɪtə(r)/, *n.* (*elettr.*) potenziometro.

potentiometric /pətɛnʃɪəˈmɛtrɪk/, *a.* (*scient.*) potenziometrico.

potful /ˈpɒtfʊl/, *n.* quanto sta in un vaso (in una pentola, ecc.).

pothead /ˈpɒthɛd/, *n.* (*pop.*) fumatore di marijuana.

potheen /pɒˈθiːn, -ˈtʃiːn, -ˈθiːn, ˈpɒθ-/, *V.* **poteen.**

pother /ˈpɒðə(r)/, *n.* ***1*** fumo denso; nuvola di polvere; polverone ***2*** chiasso; baccano; confusione. ● **to make** (*o* **to raise**) **a p. about st.**, fare tante storie, fare un putiferio (per q.c.).

to **pother** /ˈpɒðə(r)/, **A** *v. t.* infastidire; molestare; seccare. **B** *v. i.* preoccuparsi; fare (tante) storie; fare un putiferio.

pothole /ˈpɒthəʊl/, *n.* ***1*** (*sulla strada, nell'acqua, ecc.*) buca ***2*** (*geol.*) marmitta dei giganti ***3*** (*speleologia*) pozzo (carsico); cavità da erosione.

potholer /ˈpɒthəʊlə(r)/, *n.* speleologo dilettante.

potholing /ˈpɒthəʊlɪŋ/, *n.* (*sport*) speleologia.

pothook /ˈpɒthʊk/, *n.* ***1*** gancio della catena (*per appendere il paiolo*) ***2*** (*fig.*) asta a uncino (*di scrittura infantile*).

pothouse /ˈpɒthaʊs/, *n.* (*arc.*) osteria; bettola; pub.

pothunter /ˈpɒthʌntə(r)/, *n.* ***1*** chi caccia soltanto per riempire il carniere ***2*** (*sport, spreg.*) collezionatore di trofei; cacciatore di medaglie ***3*** (*fam.*) archeologo dilettante; tombarolo (*spreg.*).

pothunting /ˈpɒthʌntɪŋ/, *n.* (*fam.*) archeologia dilettantistica.

potion /ˈpəʊʃn/, *n.* pozione; bevanda medicinale (*o* velenosa).

Potiphar /ˈpɒtɪfə(r)/, *n.* (*Bibbia*) Putifarre.

potluck /ˈpɒtlʌk/, *n.* ***1*** piatto alla buona; pasto rimediato: **to take p.**, accontentarsi di quello che c'è; mangiare quello che passa il convento ***2*** sorte; caso: **to try p.**, tentare la sorte; **to take p.**, andare a caso (*o* a casaccio) ***3*** (*fam.*) pasto (*o* picnic) al quale ogni invitato porta qualcosa da mangiare.

potman /ˈpɒtmən/, *n.* (*pl.* **potmen**) garzone d'osteria.

potpourri /pəʊˈpʊərɪ, *USA* pəʊpʊˈriː/, (*franc.*) *n.* ***1*** miscuglio di petali di fiori essiccati (*per profumare un ambiente*) ***2*** (*letter., mus.*) pot-pourri; scelta antologica ***3*** mescolanza, miscuglio (*in genere*).

potsherd /ˈpɒtʃɜːd/, *V.* **pot-sherd.**

pottage /ˈpɒtɪdʒ/, *n.* (*arc.*) brodo denso (*di verdura o di carne e verdura*); zuppa. ● (*fig., Bibbia*) **a mess of p.**, un piatto di lenticchie (*fig.*).

potted /ˈpɒtɪd/, *a.* ***1*** (*di pianta*) in vaso ***2*** (*di carne o pesce*) in pasta (*dentro un vaso*); conservato; in scatola ***3*** (*fig. spreg.*) riassunto alla meglio; condensato.

potter /ˈpɒtə(r)/, *n.* vasaio; pentolaio. ● **p.'s clay**, argilla per stoviglie (*o* per ceramiche); terra da cocci □ (*USA*) **p.'s field**, cimitero dei poveri □ **p.'s wheel**, ruota da vasaio; tornio da vasaio.

to **potter** /ˈpɒtə(r)/, *v. i.* (*spesso* **to p. about, to p. at**) baloccarsi; gingillarsi; lavoracchiare; lavoricchiare: **to p. about** (*o* **around**) **in the wine cellar**, fare lavoretti in cantina; **to p. at an occupation**, baloccarsi con un'occupazione. ● **to p. away one's time**, sciupare (*o* sprecare) il tempo.

pottery /ˈpɒtərɪ/, *n.* ***1*** ceramiche; stoviglie; terraglie ***2*** arte ceramica; industria della ceramica ***3*** fabbrica di ceramiche (*o* di stoviglie). ● (*in G.B.*) **the Potteries**, distretto della contea di Stafford famoso per le sue ceramiche.

potting /ˈpɒtɪŋ/, *n.* ***1*** (*di piante*), invasatura ***2*** conservazione (*di cibo*) in vaso. ● **p. shed**, ripostiglio per gli attrezzi (*da giardinaggio*).

potty (**1**) /ˈpɒtɪ/, *a.* (*fam.*) ***1*** piccolo; insignificante: **p. affairs**, affari insignificanti ***2*** molto facile: **p. questions**, domande molto facili (*o* da bambini) ***3*** matto; pazzo. ● **to be p. about sb.**, andare pazzo per q.; amare q. alla follia □ **to be p. about st.**, andare pazzo per q.c. □ **to drive sb. p.**, fare ammattire q.

potty (**2**) /ˈpɒtɪ/, *n.* (*fam.*) vasino (*infant.*). ● (*di bimbo*) **p.-trained**, abituato ad andare (di corpo) sul vaso.

pouch /paʊtʃ/, *n.* ***1*** borsa; sacchetto: **a tobacco p.**, una borsa da tabacco; **pouches under the eyes**, borse sotto gli occhi ***2*** (*zool.*) sacca delle guance; (*anche*) marsupio: **the p. of a kangaroo**, il marsupio d'un canguro ***3*** (= **ammunition p.**) cartucciera; giberna ***4*** sacco postale ***5*** valigia diplomatica ***6*** (*scozz.*) tasca.

to **pouch** /paʊtʃ/, **A** *v. t.* ***1*** mettere in una borsa; mettersi in tasca; intascare ***2*** gonfiare (*a mo' di borsa*): **The little boy pouched his cheeks**, il bambino gonfiò le gote ***3*** mettere (*corrispondenza*) in un sacco postale ***4*** drappeggiare (*un abito*) ***5*** (*pop.*) dare la mancia a (q.). **B** *v. i.* assumere forma di borsa; gonfiarsi.

pouched /paʊtʃt/, *a.* ***1*** provvisto di borse ***2*** a forma di borsa.

pouchy /ˈpaʊtʃɪ/, *a.* ***1*** a forma di borsa ***2*** (*di calzone*) che fa le borse.

pouf(fe) /puːf/ (*franc.*), *n.* ***1*** pouf (*acconciatura speciale per signora; sgabello a forma di cuscino*) ***2*** (*pop. spreg.*) *V.* **poof.**

poulp(e) /puːlp/, *n.* (*zool., Octopus*) polpo.

poult /pəʊlt/, *n.* (*zool.*) ***1*** pollastro; pollastrino ***2*** tacchinotto ***3*** giovane fagiano.

poulterer /ˈpəʊltərə(r)/, *n.* (*arc.*) pollaiolo; pollivendolo. ● **p.'s** (**shop**), polleria.

poultice /ˈpəʊltɪs/, *n.* cataplasma; impiastro.

to **poultice** /ˈpəʊltɪs/, *v. t.* mettere (*o* applicare) un impiastro su.

poultry /ˈpəʊltrɪ/, *n.* (*collett.*) ***1*** pollame ***2*** (*macelleria*) pollame; carne di pollo. ● **p. breeder** (*o* **p. farmer**), allevatore di polli; pollicoltore □ **p. breeding** (*o* **p. farming**) pollicoltura □ **p. dealer**, pollivendolo □ **p. farm**, allevamento di polli; azienda avicola □ **the p. industry**, l'industria dell'allevamento dei polli □ **p. packer**, imballatore di polli da mercato □ **p. pen**, pollaio □ **p. shop**, polleria.

pounce (**1**) /paʊns/, *n.* balzo (*d'un animale da preda, ecc.*); il piombare dall'alto (*per es., d'un falco*): **to make a p.**, fare un balzo.

pounce (**2**) /paʊns/, *n.* ***1*** polvere di pomice; pomice in polvere ***2*** (*disegno*) spolvero. ● (*grafica*) **p. wheel**, rotella dentata per spolvero.

to **pounce** (**1**) /paʊns/, *v. t.* e *i.* (*spesso* **to p. on**) balzare addosso a; piombare su: **The kidnappers suddenly pounced on the girl**, i rapitori all'improvviso balzarono addosso alla ragazza. ● (*fig.*) **to p. at** (*o* **on**) **an opportunity**, afferrare al volo un'occasione □ **He pounced on my blunder**, colse al volo il mio errore.

to **pounce** (**2**) /paʊns/, *v. t.* ***1*** spolverare, mettere lo spolvero su (*un disegno*); ricalcare, trasportare (*un disegno*) ***2*** pomiciare, lisciare con la pomice (*carta, ecc.*).

pouncing /ˈpaʊnsɪŋ/, *n.* (*grafica*) spolvero.

pound (**1**) /paʊnd/, *n.* ***1*** libbra (*unità di peso, pari a 454 grammi circa; abbr.* **lb.**) ***2*** (= **p. sterling**) sterlina; lira sterlina (*banconota o, dal 1983, moneta metallica; unità del sistema monetario ingl.; abbr.* **£. 1**): **a five-p. note**, un biglietto da cinque sterline; **It cost me sixty pounds**, mi è costato sessanta sterline ***3*** sterlina australiana (*o* neozelandese, ecc.) ***4*** lira egiziana ***5*** (*mecc.*) libbra-forza ***6*** (*fam., senza pl.; specialm. quando, in una somma, segue un certo numero di penny*) sterline: **You owe me £ 10 40 d.** (**= ten pound forty**), mi devi 10 sterline e 40 penny. ● **p. cake**, grande torta (*che, in origine, conteneva una libbra di ciascuno degli ingredienti principali*) □ **p. coin**, moneta (metallica) da una sterlina (*dal 1985*) □ **avoirdupois p.**, libbra di sedici once (*del sistema «avoirdupois»; pari a 454 grammi circa*) □ (*fig.*) **to exact one's p. of flesh**, esigere fino all'ultimo centesimo; pretendere tutto quello che ci è dovuto; essere inesorabile □ **troy p.**, libbra di dodici once (*del sistema «troy»; pari a 373 grammi circa*).

pound (**2**) /paʊnd/, *n.* ***1*** forte colpo; botta; tonfo ***2*** (= **pounding**) rumor di colpi; martellio; martellamento.

pound (**3**) /paʊnd/, *n.* ***1*** (*un tempo*) recinto per bestiame smarrito ***2*** (*ora*) recinto per animali randagi ***3*** (*autom.*) deposito auto (*rimosse per ostruzione al traffico*) ***4*** (= **p. net**) rete (*per pesci*) da posta fissa ***5*** (*fig.*) luogo di confino; prigione ***6*** laghetto artificiale. ● **dog p.**, canile municipale.

to **pound** (**1**) /paʊnd/, *v. t.* (*arc.*) controllare il peso di (*monete: pesandone insieme fino a formare una libbra*).

to **pound** (**2**) /paʊnd/, *v. t.* e *i.* ***1*** (*anche* **to p. at, to p. on**) battere (*alla porta, ecc.*); colpire (*coi pugni, ecc.*); pestare; (*mil.*) bombardare; strimpellare: **My heart was pounding**, mi batteva il cuore; **Our battleships pounded** (*o* **pounded away at**) **the enemy costal towns**, le nostre navi da guerra bombardavano le città costiere nemiche; **Who is pounding** (**out**) **a tune on the piano?**, chi sta strimpellando un motivo al pianoforte? ***2*** pestare; tritare: **to p. a prescription in a mortar**, pestare un preparato galenico in un mortaio. ● (*fig.*) **to p. on sb.'s head**, redarguire, sgridare q. □ (*fig.*) **to p. the pavement looking for a job**, battere tutta la città in cerca di lavoro □ **to p. st. to pieces**, fare a pezzi (*o* frantumare) q.c. a furia di battere.

♦**pound along**, *v. i. + avv.* procedere (*o* avanzare) pesantemente; andare di gran carriera.

♦**pound down**, *v. t. + avv.* frantumare; triturare; tritare.

♦**pound in**, *v. t. + avv.* ***1*** conficcare, piantare (q.c.) battendo ***2*** inculcare, far entrare (q.c.) in testa (*a q.*).

♦**pound into**, *v. t. + prep.* ***1*** tritare battendo; frantumare; ridurre in: **to p. rocks into powder**, ridurre in polvere (*o* frantumare) rocce; **to p. millet into flour**, ridurre in farina del miglio ***2*** conficcare, piantare in □ (*fig.*) **to p. st. into sb.'s head**, inculcare q.c. in testa a q. □ **to p. st. into a jelly**, fare una marmellata di q.c. (*fig.*).

♦**pound out**, *v. t. + avv.* ***1*** spianare (*lamiere, ecc.*) battendo ***2*** (*fam.*) battere (*lettere a macchina, ecc.*) ***3*** (*fam.*) strimpellare, suonare (*un motivo, ecc.*) pestando forte.

♦**pound up**, *V.* **pound down**.

to **pound** (3) /paʊnd/, *v. t.* ***1*** metter (*bestiame*) al chiuso ***2*** (*fig.*) rinchiudere; imprigionare.

poundage (1) /ˈpaʊndɪdʒ/, *n.* ***1*** peso in libbre ***2*** (*comm.*) percentuale (*o* provvigione, tassa, ecc.) calcolata a un tanto la sterlina o la libbra ***3*** tassa per l'emissione d'un vaglia postale.

poundage (2) /ˈpaʊndɪdʒ/, *n.* ***1*** il tenere bestiame in un recinto ***2*** diritto pagato per ogni capo di bestiame tenuto al chiuso.

pounder (1) /ˈpaʊndə(r)/, *n.* (*di solito, nei composti:*) ***1*** animale (*o* cosa) che pesa un certo numero di libbre: **I landed a good three-p.**, tirai a riva un bel pesce di tre libbre ***2*** cannone che spara proiettili del peso di un certo numero di libbre: **a 25-p.**, un cannone che spara proiettili del peso di 25 libbre; un pezzo da venticinque ***3*** banconota che vale un certo numero di sterline: **a five-p.**, un biglietto da cinque sterline.

pounder (2) /ˈpaʊndə(r)/, *n.* ***1*** chi batte (*o* chi colpisce, pesta, trita, ecc.) (*V.* **pound (2)**) ***2*** pestello ***3*** mortaio.

pounding /ˈpaʊndɪŋ/, *n.* ***1*** martellio; rumore sordo ***2*** (*anche mil.*) martellamento; tambureggiamento; bombardamento (*di cannoni*) ***3*** (*mus.*) strimpellamento ***4*** polverizzazione; triturazione. ● **p. of horses**, scalpitio di cavalli.

pour /pɔː(r)/, *n.* ***1*** (*di solito* **downpour**) acquazzone; scroscio di pioggia; diluvio ***2*** (*metall.*) colata (*di metallo fuso*). ● (*metall.*) **p. point**, temperatura di colata.

to **pour** /pɔː(r)/, **A** *v. t.* ***1*** versare; gettare (*un liquido*): **P. cold water on it**, gettaci sopra dell'acqua fredda!; **The river pours itself into the sea**, il fiume si getta nel mare ***2*** (*tecn.*) colare (*metallo, cemento, ecc.*). **B** *v. i.* ***1*** (*di liquido, ecc.*) riversarsi; fluire copiosamente; scorrere liberamente; sgorgare: **Blood poured from the wound**, il sangue fluiva copioso dalla ferita ***2*** versare il tè (*o* il caffè, ecc.) agli ospiti: **Shall I p.?**, posso versare? ● (*fig.*) **to p. cold water on**, scoraggiare (*una persona*); smorzare (*l'entusiasmo di q.*); gettare acqua fredda su (*un progetto*) □ **to p. it on**, esaltare, portare alle stelle; adulare □ (*fig.*) **to p. oil on flames**, gettare olio sulle fiamme □ (*fig.*) **to p. oil on troubled waters**, gettar acqua sul fuoco (*fig.*); metter pace □ **to p. ridicule on sb.**, gettare il ridicolo su q. □ (*prov.*) **It never rains but it pours**, piove sul bagnato (*fig.*); le disgrazie non vengono mai sole.

♦**pour across**, *v. i. + avv.* (*o prep.*) riversarsi al di là (*anche fig.*); scorrere attraverso: **a lot of traffic poured across the river**, molto traffico si riversò al di là del fiume.

♦**pour along**, *v. i. + avv.* (*o prep.*) scorrere, fluire per (*o* in): **A long line of cars were pouring along the avenue**, una lunga fila di auto fluiva nel viale.

♦**pour away**, *v. t. + avv.* buttare (*o* gettare) via (*un liquido, ecc.*).

♦**pour back**, **A** *v. t. + avv.* rimettere (*un liquido*) in un recipiente. **B** *v. i.* (*di persone*) tornare in gran numero; accalcarsi di nuovo in (*un luogo*).

♦**pour down**, **A** *v. t. + avv.* (*o prep.*) ***1*** versare, gettare (*liquidi*): **I poured the dirty water down the drain**, gettai l'acqua sporca nel lavandino ***2*** emettere (*suoni*) ***3*** diffondere (*luce, calore*); riversare (su): **The sun poured down its terrible heat on us**, il sole riversava il suo terribile calore su di noi. **B** *v. i. + avv.* ***1*** (*della pioggia*) cadere a dirotto ***2*** piovere a dirotto (*o* a catinelle) ***3*** (*di un ruscello, ecc.*) scendere (*dai monti*). **C** *v. i. + prep.* (*di una folla, ecc.*) riversarsi in (*strada, ecc.*).

♦**pour forth**, (*arc.*) *V.* **pour out**.

♦**pour in** (**into**), **A** *v. i. + avv.* (*prep.*) ***1*** (*dell'acqua, del sole, ecc.*) entrare a fiotti (in) ***2*** (*di persone e fig.*) riversarsi; affollarsi; affluire; arrivare in gran numero: **The crowd poured into the concert hall**, la folla si riversò nella sala dei concerti; **Dollars are pouring in from the States**, affluiscono dollari dall'America; **Telegrams are pouring in**, arriva un gran numero di telegrammi. **B** *v. t. + avv.* (*prep.*) ***1*** versare, mettere, aggiungere (*liquidi o semiliquidi*) ***2*** (*fam.*) riversare, immettere (*denaro, capitali, ecc.*): **We poured fresh money into the new undertaking**, immettemmo denaro fresco nella nuova impresa.

♦**pour off**, **A** *v. t. + avv.* gettare (*o* buttare) via (*un liquido, ecc.*); eliminare (*unto, ecc.*). **B** *v. i. + prep.* sgocciolare, scivolare via da: **Water pours off my wet suit**, l'acqua scivola via dalla mia muta subacquea.

♦**pour out**, **A** *v. i. + avv.* ***1*** (*di un liquido*) sgorgare; (*del fumo, ecc.*) uscire a fiotti ***2*** (*della luce*) uscire; emanare; provenire ***3*** (*di persone*) uscire in massa; riversarsi fuori: **The audience poured out of the theatre**, il pubblico si accalcò all'uscita del teatro. **B** *v. t. + avv.* ***1*** versare (*tè, caffè, ecc.*) ***2*** riversare; dire per esteso; narrare profusamente; dilungarsi in: **to p. out one's troubles**, dilungarsi nel racconto dei propri guai □ (*lett.*) **to p. out gifts**, largire doni □ **to p. out money**, gettare soldi a piene mani.

♦**pour over**, *v. i. + prep.* ***1*** (*di un liquido*) traboccare; (*di un fiume*) tracimare, straripare: **The flooded river poured over its banks**, il fiume in piena straripò ***2*** (*fig.*) scorrere su, fluire su; trascorrere (*lett.*): **A cold wind poured over the hills**, un vento freddo trascorreva le colline; **Traffic poured over the new motorway**, il traffico scorreva sulla nuova autostrada ***3*** riversarsi su: **The attackers poured over our trenches**, gli attaccanti si riversarono sulle nostre trincee.

♦**pour through**, **A** *v. i. + avv.* (*o prep.*) ***1*** (*della pioggia, ecc.*) entrare (*dal tetto, ecc.*) ***2*** (*della luce*) entrare a fiotti: **Sunshine poured through the windows**, il sole entrava a fiotti dalle finestre ***3*** (*di persone*) riversarsi: **crowds of soccer fans poured through the gates**, una folla di tifosi si riversò nello stadio dai cancelli. **B** *v. t. + avv.* (*o prep.*) versare (*un liquido*) attraverso; filtrare (*un liquido*).

pouring /ˈpɔːrɪŋ/, **A** *a.* ***1*** che scorre; che fluisce: **loud-p. torrents**, torrenti che scorrono rumorosi ***2*** di pioggia insistente: **a p. wet day**, una giornata di pioggia insistente ***3*** (*di pioggia*) torrenziale. **B** *n.* ***1*** il versare (*tè, caffè, ecc.*); versamento ***2*** (*metall.*) colata.

pourparler /pʊəˈpɑːleɪ, *USA* -ˈleɪ/ (*franc.*), *n.* (*di solito al pl.*) pourparler; discussione preliminare; abboccamento; trattative.

pourpoint /ˈpuːəpɔɪnt/, *n.* (*stor.*) trapunta; farsetto imbottito.

pout (1) /paʊt/, *n.* broncio. ● **to be in the pouts**, avere il broncio.

pout (2) /paʊt/, *n.* (*pl.* **pout, pouts**) (*zool., nei composti:*) **eel-p.**, (*Zoarces viviparus*) blennio viviparo; (*Zoarces anguillaris*) blennio anguillare; **whiting p.** (*Gadus luscus*), gado barbato; **horn-p.** (*Ameiurus nebulosus*), pesce gatto.

to **pout** /paʊt/, **A** *v. i.* sporgere le labbra; fare (*o* mettere) il broncio; imbronciarsi; fare il muso (lungo). **B** *v. t.* ***1*** sporgere (*le labbra*) ***2*** atteggiare (*la bocca*) al broncio.

pouter /ˈpaʊtə(r)/, *n.* ***1*** chi fa il broncio; musone (*fam.*) ***2*** (*zool.*, = **p. pigeon**) piccione dal gozzo.

pouting /ˈpaʊtɪŋ/, *a.* imbronciato.

poutingly /ˈpaʊtɪŋlɪ/, *avv.* col broncio; di malumore.

poverty /ˈpɒvətɪ/, *n.* ***1*** povertà; indigenza; miseria ***2*** (*fig.*) povertà; scarsezza; scarsità: **p. of ideas**, povertà d'idee. ● **p.-stricken immigrants**, immigranti poverissimi □ **p.-stricken language**, linguaggio (*o* modo d'esprimersi) molto povero □ (*econ.*) **p. trap**, trappola della povertà.

POW /piːəʊˈdʌbljuː/, *n.* (*acronimo fam. di* **prisoner of war**) prigioniero di guerra. ● **a POW camp**, un campo di concentramento.

powder /ˈpaʊdə(r)/, *n.* ***1*** polvere (*materia ridotta in polvere*): **tooth p.**, polvere dentifricia ***2*** (*farm.*) polvere medicinale; polverina: **a digestive p.**, una polverina per digerire ***3*** (= **gunpowder**) polvere da sparo ***4*** (= **talcum p.**) talco ***5*** (= **face p.**) cipria. ● **p.-box**, scatola da cipria; (*ind. min.*) cassa degli esplosivi □ (*mil., stor.*) **p. charge**, cartoccio; carica di lancio (*d'un cannone*) □ **p. factory**, polverificio □ (*stor.*) **p. horn** (*o* **p. flask**), corno (*o* fiaschetta) della polvere (*da sparo*) □ **p. keg**, (*stor.*) barilotto di polvere da sparo; (*fig.*) polveriera: **The town is a p. keg**, la città è una polveriera □ **p. magazine**, (*mil.*) polveriera; (*naut.*) santabarbara □ (*metall.*) **p. metal**, metallo in polvere; polvere di metallo □ (*stor., naut.*) **p.-monkey**, mozzo addetto alle munizioni □ **p. puff**, piumino della cipria □ **p. room**, gabinetto per signore (*specialm. in un locale pubblico*) □ **p. snow**, neve farinosa □ (*stor.*) **to have one's p. wet**, avere le polveri bagnate □ (*fig.*) **to keep one's p. dry**, tener asciutte le polveri; essere pronto a ogni emergenza □ (*fig.*) **the smell of p.**, l'odore della polvere; (*fig.*) il battesimo del fuoco □ (*pop. USA*) **to take a p.**, tagliare la corda (*fig.*); svignarsela.

to **powder** /ˈpaʊdə(r)/, **A** *v. t.* ***1*** versare polvere su; spolverizzare ***2*** incipriare; dare il talco a (*un bambino, ecc.*) ***3*** ridurre in polvere; polverizzare. **B** *v. i.* ***1*** polverizzarsi ***2*** incipriarsi. ● (*di donna*) **to p. one's nose**, incipriarsi; (*eufem.*) andare in bagno □ **powdered milk**, latte in polvere □ **powdered sugar**, zucchero a velo.

powdery /ˈpaʊdərɪ/, *a.* ***1*** polverizzato; in polvere ***2*** friabile; polveroso; simile a polvere; (*fig.*) farinoso: **p. snow**, neve farinosa ***3*** (*del viso, del naso, ecc.*) incipriato ***4*** polverulento; coperto di polvere: **p. mural paintings**, dipinti murali coperti di polvere. || **-iness**, *sost.*

power /ˈpaʊə(r)/, *n.* ***1*** potere; (*fis., mat., polit.*) potenza; capacità; facoltà; forza; possibilità; potestà; vigore: (*fis.*) **heating p.**, potere calorifico; (*econ.*) **purchasing p.**, potere d'acquisto; **the p. of the law**, la forza della legge; **to have sb. in one's p.**, avere q. in proprio potere; **the powers of the Cabinet**, i poteri del Gabinetto (*in G.B.*); **the Great Powers**, le Grandi Potenze; **16 is the fourth p. of 2**, 16 è la quarta potenza di 2; **the p. of hearing**, la facoltà dell'udito; (*leg.*) **the p. of adjudication**, il potere decisorio; (*leg.*) **p. of sale**, facoltà di vendita; (*polit.*) **to come into p.**, andare al potere; **a man of varied powers**, un uomo dalle molteplici capacità ***2*** (*mecc.*) forza motrice; potenza ***3*** (*elettr.*) corrente; energia ***4*** (*fig.*, = **p. in the land**) personaggio potente (*o* influente); (un') autorità; (una) potenza ***5*** – (*fam.*) **a p. of**, un gran numero di; una quantità di; un mucchio di: **a p. of people**, una quantità di gente; **a p. of work**, un sacco di lavoro. ● **the powers above**, le potenze soprannaturali; gli dei; (*anche*) le autorità □ (*elettr.*) **p. amplifier**, amplificatore di potenza □ (*mecc.*) **p.-assisted**, fornito di motore ausiliario □ (*polit.*) **p. base**, base del potere (*elettorale, economico*) □ (*mecc.*) **p. brake**, freno servoassistito; servofreno □ (*polit., USA*) **p. brokers**, gruppo di pressione □ (*ferr., USA*) **p. car**, automotrice □ (*elettr.*) **p.-cut**, interruzione della corrente (*specialm. volontaria*) □ (*aeron.*) **p.-dive**, picchiata col motore acceso □ (*mecc.*) **p. drill**, trapano a motore □ (*mecc.*) **p.-driven**, a motore; motorizzato □ (*elettr.*) **p. failure**, interruzione della corrente (*per guasto*) □ (*aeron.*) **p. glider**, motoaliante □ (*mecc.*) **p. lathe**, tornio meccanico □ **p. line**, linea elettrica (dell'alta tensione) □ **p.-loom**, telaio meccanico □ **p.-mill**, mulino a vapore (*o* a energia elettrica) □ (*leg.*) **p. of attorney**, procura □ (*elettr.*) **p. pack**, gruppo di alimentazione □ **the p. of a lens**, la capacità d'ingrandimento d'una lente □ **p. plant**, gruppo motore; (*USA*) *V.* **p. station** □ (*elettr.*) **p. point**, presa di corrente; (*edil.*) punto luce □ **p. politics**, la politica della forza; la politica del pugno di ferro □ **p. saw**, sega a motore □ **p. shower**, scaldadoccia elettrico □ **p. station**, centrale elettrica □ (*mecc.*) **p. steering**, servosterzo □ (*elettr.*) **p. strip**, ciabatta (*per più spine elettriche*) □ (*polit.*) **p. structure**, struttura (*o* impalcatura) del potere □ (*mecc.*) **p. takeoff**, presa di potenza □ (*scherz.*) **the powers that be**, le autorità costituite □ **p. tool**, attrezzo (*trapano, ecc.*) elettrico □ (*mecc.*) **p. train**, organi di trasmissione (*di bicicletta, ecc.*) □ (*elettr.*) **p. transmission line**, linea di trasporto di energia □ (*autom.*) **p. windows**, alzacristalli elettrici □ **p. worker**, operaio dell'elettricità; elettrico (*fam.*) □ **the balance of p.**, l'equilibrio politico □ **electric p.**, energia elettrica; corrente elettrica □ (*autom., mecc.*) **maximum p. output**, potenza massima erogata □ (*fis.*) **the mechanical powers**, le macchine semplici □ (*polit.*) **to be in p.**, essere al potere □ (*scient.*) **sources of p.**, fonti energetiche □ **to tax one's powers to the utmost**, imporre a se stessi il massimo sforzo □ **water p.**, energia idrica (*o* idroelettrica) □ (*fam.*) **More p. to him!**, buon per lui! □ (*fam.*) **More p. to your elbow!**, che tu possa farcela!; la fortuna ti assista! □ **I will do all in my p.**, farò tutto il possibile □ **Merciful powers!**, buon Dio!

to **power** /ˈpaʊə(r)/, *v. t.* **1** fornire di motore; motorizzare **2** fornire di energia elettrica; alimentare.

powerboat /ˈpaʊəbəʊt/, *n.* (*naut.*) **1** motoscafo d'altura **2** motobarca.

to **power-dive** /ˈpaʊədaɪv/, **A** *v. i.* (*di un aereo*) scendere in picchiata con il motore acceso. **B** *v. t.* mettere (*un aereo*) in picchiata con il motore acceso.

powered /ˈpaʊəd/, *a.* **1** azionato da motore; motorizzato; a motore: **a p. saw**, una sega a motore **2** (*nei composti, per es. in:*) **a high-p. engine**, un motore di grande potenza. ● **oil-p. central heating**, riscaldamento centrale a nafta (*o* a gasolio).

powerful /ˈpaʊəfl/, **A** *a.* **1** potente; energico; forte; possente; vigoroso: **a p. ally**, un potente alleato; **a p. grasp**, una stretta energica; **a p. physique**, un fisico forte; **a p. speech**, un discorso vigoroso **2** (*fam.*) formidabile; straordinario; forte (*fam.*). **B** *avv.* (*pop.*) straordinariamente; molto: **He ran p. fast**, scappò come un fulmine. || **-ly**, *avv.* || **-ness**, *sost.*

powerhouse /ˈpaʊəhaʊs/, *n.* **1** centrale elettrica **2** (*fig.*) individuo assai forte; uomo forzuto **3** (*fig.*) mulino (*fig.*); persona assai attiva, efficiente **4** (*fig.*) fabbrica: **This place is a real p. of ideas**, questo posto è una vera fabbrica d'idee.

powerless /ˈpaʊələs/, *a.* **1** senza potere **2** debole; fiacco; incapace; impotente. || **-ly**, *avv.* || **-ness**, *sost.*

powwow /ˈpaʊwaʊ/, *n.* **1** cerimonia con riti magici (*dei pellirosse*) **2** riunione (*fra indiani dell'America del nord*); consiglio tribale **3** stregone **4** (*fam.*) riunione, discussione (*in genere; specialm. polit.*).

to **powwow** /ˈpaʊwaʊ/, **A** *v. i.* **1** (*degli indiani d'America*) tenere una cerimonia sacra (*o* un consiglio tribale) **2** (*fam.*) tenere una riunione; conferire; discutere. **B** *v. t.* curare con arti magiche.

pox /pɒks/, *n.* (*med.*) **1** malattia esantematica **2** (*fam.*) sifilide; malattia venerea **3** (*arc.*) vaiolo. ● (*arc.*) **A pox on you!**, va al diavolo (*o* in malora)!

pozz(u)olana /pɒtsəʊˈlɑːnə/ (*ital.*), *n.* (*geol.*) pozzolana.

practicability /præktɪkəˈbɪlətɪ/, *n.* **1** praticabilità; l'essere fattibile **2** praticità; utilità.

practicable /ˈpræktɪkəbl/, *a.* **1** praticabile; fattibile; effettuabile; eseguibile: **a p. plan**, un progetto effettuabile **2** (*di strada*) transitabile **3** pratico; funzionale: **a p. tool**, un arnese pratico. ● **a p. weapon**, un'arma che funziona. || **-bly**, *avv.* || **-ness**, *sost.*

practical /ˈpræktɪkl/, **A** *a.* **1** pratico; concreto; positivo: **a p. man**, un uomo pratico; **p. matters [questions]**, faccende [questioni] pratiche; **p. knowledge**, conoscenza pratica; **a p. mind**, una mente positiva **2** funzionale; pratico: **a p. dress**, un vestito pratico **3** esperto; perito; pratico: **a p. farmer**, un esperto agricoltore **4** effettivo; reale; vero e proprio: **He has p. control of the business**, egli tiene il controllo effettivo (*o* di fatto) dell'azienda **5** praticabile; fattibile; effettuabile. **B** *n.* prova (*o* lezione) pratica. ● **p. joke**, beffa; burla; tiro birbone (*o* mancino) □ **p. joker**, beffatore; burlone, burlona □ **p. science**, scienza applicata □ **for all p. purposes**, a tutti gli effetti; in realtà; di fatto □ **He is a p. atheist**, in effetti, è un ateo (*anche se non si professa tale*).

practicality /præktɪˈkælətɪ/, *n.* praticità; senso pratico.

practically /ˈpræktɪklɪ/, *avv.* **1** praticamente **2** effettivamente; in realtà; di fatto: **He is p. the boss**, di fatto il padrone è lui **3** quasi; pressoché: **He is p. blind**, è quasi cieco; **p. nothing**, nulla o quasi.

practicalness /ˈpræktɪklnəs/, *V.* **practicality**.

practice /ˈpræktɪs/, *n.* **1** pratica: **in p.**, in pratica; **to put into p.**, mettere in pratica; **Theory is useless without p.**, la teoria è inutile senza la pratica **2** pratica; abitudine; consuetudine; esercizio; uso; procedura corrente; prassi: **This is not the usual p.**, questa non è la procedura corrente; **the p. of getting up early**, l'abitudine d'alzarsi presto; **Roman Catholic practices**, pratiche religiose cattoliche; riti cattolici; **That is very good p.**, è un ottimo esercizio **3** (*d'un dottore, avvocato*) esercizio della professione; pratica (*professionale*); clientela: **the p. of law**, l'esercizio della professione forense; **Dr Jones has retired from p.**, il dottor Jones non esercita più; **Dr Brown has a large p.**, il dottor Brown ha una vasta clientela **4** (*mil.*) esercitazione, esercitazioni: **p. ammunition**, munizionamento da esercitazione; **naval p.**, esercitazioni navali **5** (*sport*) allenamento; (*autom.*) prova: **ball p.**, allenamento col pallone; **p. lap**, giro di prova **6** (*leg.*) procedura **7** (*mat.*) metodo delle quote. ● **artful practices**, stratagemmi; trucchi □ **to be in p.**, essere in esercizio □ (*di professionisti*) **to be in p. together**, essere soci □ **to keep in p.**, stare in esercizio □ **to make a p. of doing st.**, prendere l'abitudine di fare q.c. □ **to be out of p.**, essere fuori esercizio □ (*mus.*) **piano p.**, esercizi al piano; esercizi di pianoforte □ **sharp p.**, tiro mancino; mancanza di scrupoli □ (*di un professionista*) **Where is his p.?**, dove esercita?; dov'è il suo studio (ambulatorio, ecc.)? □ (*prov.*) **P. makes perfect**, vale più la pratica che la grammatica.

to **practice** /ˈpræktɪs/, (*USA*) *V.* **to practise**.

practician /prækˈtɪʃn/, *n.* **1** pratico **2** *V.* **practitioner**.

to **practise** /ˈpræktɪs/, **A** *v. t.* **1** esercitare; professare; praticare: **to p. several sports**, praticare diversi sport; **to p. medicine**, esercitare la medicina; **to p. law**, esercitare l'avvocatura **2** mettere in pratica; praticare; seguire: **P. the religion that you preach**, metti in pratica la religione che professi!; **to p. the same method**, seguire lo stesso metodo **3** esercitarsi a; allenarsi a: **to p. the piano every day**, esercitarsi al piano tutti i giorni; **to p. jumping**, allenarsi al salto **4** avere l'abitudine di: **to p. working hard**, avere l'abitudine di lavorare sodo. **B** *v. i.* **1** far pratica; esercitarsi; fare esercizio; allenarsi: **to p. for an hour every morning**, far esercizio per un'ora tutte le mattine; **to p. on the piano**, fare esercizi di pianoforte **2** esercitare una professione. ● **to p. economy**, fare economia; risparmiare.

practised /ˈpræktɪst/, *a.* **1** esperto; perito; pratico; provetto **2** appreso con la pratica; perfetto **3** (*spreg.*) artefatto; artificiale.

practiser /ˈpræktɪsə(r)/, *n.* praticante; chi mette in pratica (q.c.).

practising /ˈpræktɪsɪŋ/, *a.* **1** che esercita una professione; praticante: **a p. barrister**, un avvocato che esercita la professione **2** (*relig.*) praticante. ● (*leg., in G.B.*) **p. certificate**, certificato di abilitazione professionale di un «solicitor» (*q.V.*).

practitioner /prækˈtɪʃənə(r)/, *n.* **1** professionista **2** (= **general p.**) medico generico **3** (*spreg.*) praticante: **a p. of magic**, chi pratica la magia.

praedial /ˈpriːdɪəl/, *V.* **predial**.

praefect /ˈpriːfɛkt/, *V.* **prefect**.

praetor /ˈpriːtə(r)/, *n.* (*stor. romana*) pretore.

praetorial /priːˈtɔːrɪəl/, *a.* (*stor. romana*) pretorio; pretoriale.

praetorian /priːˈtɔːrɪən/, *a.* e *n.* (*stor. romana*) pretoriano. ● **the p. guard**, i pretoriani.

praetorship /ˈpriːtəʃɪp/, *n.* carica (*o* dignità, ufficio) di pretore.

pragmatic /prægˈmætɪk/, *a.* **1** prammatico: (*stor.*) **the P. Sanction**, la prammatica sanzione **2** *V.* **pragmatical**.

pragmatical /prægˈmætɪkl/, *a.* **1** pragmatico; pratico; concreto; positivo **2** dogmatico; intransigente; presuntuoso **3** (*raro*) inframmettente; invadente **4** (*filos.*) pragmatistico; pragmatista. || **-ly**, *avv.* || **-ness**, *sost.*

pragmaticality /prægmætɪˈkælətɪ/, *n.* **1** praticità; positivismo **2** dogmaticità **3** (*raro*) inframmettenza.

pragmatics /prægˈmætɪks/, *n. pl.* (*col verbo al sing.*) (*filos.*) pragmatica.

pragmatism /ˈprægmətɪzəm/, *n.* **1** (*filos.*) pragmatismo **2** dogmatismo; pedanteria **3** praticità; realismo.

pragmatist /ˈprægmətɪst/, *n.* **1** (*filos.*) pragmatista **2** persona pratica, concreta, realistica.

pragmatistic /prægməˈtɪstɪk/, *a.* (*filos.*) pragmatistico.

to **pragmatize** /ˈpræagmətaɪz/, *v. t.* dare colore di realtà a (q.c.); materializzare; razionalizzare (*un mito*).

Prague /prɑːg/, *n.* (*geogr.*) Praga.

prairie /ˈprɛərɪ/, *n.* prateria. ● (*zool.*) **p. chicken** (*o* **p. hen**) (*Tympanuchus cupido*), tetraone delle praterie □ (*zool.*) **p. dog** (*Cynomys ludovicianus*), cinomio; cane delle praterie □ (*cucina*) **p. oyster**, uovo all'ostrica □ (*stor. USA*) **p. schooner**, carro coperto, usato dai pionieri nelle migrazioni verso l'Ovest □ (*zool.*) **p. wolf** (*Canis latrans*), coyote; lupo delle praterie.

praise /preɪz/, *n.* **1** lode; elogio; approvazione; encomio: **to win high p.**, ricevere grandi elogi **2** (*relig.*) gloria: **to give p. to God**, rendere gloria a Dio. ● **beyond p.**, superiore a ogni elogio □ **to be loud in one's p.**, approvare a gran voce □ **to sing sb.'s praises**, celebrare le lodi di q. □ **to sing one's own praises**, battersi la grancassa (*fig.*) □ (*fam.*) **P. be!**, Dio sia lodato! □ **P. be to God!**, lode al Signore!

to **praise** /preɪz/, **A** *v. t.* **1** lodare; elogiare; encomiare; decantare **2** (*relig.*) glorificare; esaltare. **B** to **praise oneself**, *v. rifl.* lodarsi; incensarsi. ● **to p. sb. to the skies**, portare q. alle stelle.

praiseful /ˈpreɪzfl/, *a.* pieno d'elogi; laudativo (*lett.*).

praiseworthy /ˈpreɪzwɜːðɪ/, *a.* lodevole; lodabile; encomiabile. || **-ily**, *avv.* || **-ness**, *sost.*

praline /ˈprɑːliːn/, *n.* pralina.

pram (1) /præm/, *n.* (*naut.*) prama; barchino (*di servizio*).

pram (2) /præm/, *n.* (*abbr. fam. di* **perambulator**) carrozzina (*o* carrozzella) per bambini. ● **p. park**, posteggio per carrozzine.

prance /prɑːns, *USA* præns/, **prancing** /ˈprɑːnsɪŋ, *USA* ˈpræ-/, *n.* **1** (*del cavallo*) impennata **2** (*fig.*) andatura baldanzosa (*o* impettita).

to **prance** /prɑːns, *USA* præns/, **A** *v. i.* **1** (*del cavallo*) impennarsi **2** cavalcare un cavallo che s'impenna **3** (*fig., anche* **to p. about**) camminare impettito; pavoneggiarsi **4** (*fam.: di bambino*) saltellare; far capriole; ruzzare. **B** *v. t.* far impennare (*un cavallo*). ● **to p. up to sb.**, rivolgersi a q. con aria baldanzosa.

prandial /ˈprændɪəl/, *a.* (*arc. o scherz.*) di pranzo; del pranzo.

prang /præŋ/, *n.* (*pop. ingl.*) **1** (*mil.*) bombardamento pesante (*di aerei*) **2** scontro (*di veicoli*); grave incidente **3** caduta di un aereo.

to **prang** /præŋ/, *v. t.* (*pop. ingl.*) **1** (*mil.*) bombardare efficacemente; colpire in pieno, centrare (*un bersaglio*) **2** fracassare (*un aereo, un'automobile*). ● (*pop.*) **to p. up**, rovinare, incasinare; mettere (*una donna*) incinta.

prank /præŋk/, *n.* **1** birichinata; marachella; monelleria; beffa; burla; scherzo: **to play a p. on sb.**, fare uno scherzo a q. **2** mossa vivace; saltello; sgambetto (*specialm. d'un animale*) **3** (*raro, di un motore*) capriccio.

to **prank** /præŋk/, **A** *v. t.* (*spesso* **to p. out**) adornare; agghindare; vestire (q.) vistosamente. **B** *v. i.* (*anche, v. rifl.*, **to p. oneself up**) adornarsi; agghindarsi; vestirsi in modo appariscente.

prankish /ˈpræŋkɪʃ/, *a.* birichino; burlone; sbarazzino.

prankishness /ˈpræŋkɪʃnəs/, *n.* birichineria; vivacità eccessiva.

prankster /ˈpræŋkstə(r)/, *n.* (*fam.*) birichino; burlone; mattacchione.

prase /preɪz/, *n.* (*miner.*) prasio (*varietà di quarzo*).

praseodymium /preɪzɪəˈdɪmɪəm/, *n.* (*chim.*) praseodimio.

prat /præt/, *n.* **1** (*pop. spreg.*) buono a nulla; stupido; tonto; tontolone (*pop.*) **2** (*pop. USA*) culo; sedere. ● **p. boy**, chi fa servizi umili; tirapiedi.

prate /preɪt/, *n.* (*arc.*) chiacchiere; ciance; ciarle; cicaleccio.

to **prate** /preɪt/, (*arc.*) **A** *v. i.* chiacchierare; ciarlare; cicalare; parlare a vanvera. **B** *v. t.* blaterare.

prater /ˈpreɪtə(r)/, *n.* (*arc.*) chiacchierone, chiacchierona.

pratfall /ˈprætfɔːl/, *n.* (*pop. USA*) **1** (il) battere il culo in terra; culata (*pop.*) **2** (*fig.*) scacco; sconfitta. ● **to do a p.**, battere il culo in terra (*anche fig.*).

pratincole /ˈprætɪŋkəʊl/, *n.* (*zool., Glareola pratincola*) pernice di mare.

pratique /ˈprætiːk/, *n.* (*naut.*) libera pratica; pratica. ● **p. boat**, battello della sanità di porto.

prattle /ˈprætl/, *n.* **1** chiacchiere; ciance; ciarle **2** (*di bambino*) cinguettio.

to **prattle** /ˈprætl/, **A** *v. i.* **1** chiacchierare; cianciare; parlare a vanvera **2** (*di bambino*) cinguettare. **B** *v. t.* **1** blaterare **2** balbettare; cinguettare (*parole infantili*).

prattler /ˈprætlə(r)/, *n.* **1** chiacchierone, chiacchierona **2** bambino che cinguetta.

prawn /prɔːn/, *n.* (*zool., Pandalus, Palaemon, ecc.*) gamberetto. ● (*cucina*) **p. cocktail**, antipasto di gamberetti (*con insalata e salsa rosa*) □ **p. salad**, insalata di gamberetti.

to **prawn** /prɔːn/, *v. i.* andare a pesca di gamberetti.

prawning /ˈprɔːnɪŋ/, *n.* pesca dei gamberetti.

praxis /ˈpræksɪs/, *n.* (*pl.* **praxes**) **1** prassi; procedura corrente **2** pratica (*opposta a teoria*) **3** (*gramm.*) raccolta di esempi; eserciziario.

pray /preɪ/, *avv.* e *inter.* (*arc.* o *lett.*) di grazia; per favore; deh!: **P. tell me!**, per favore, dimmelo!; **P. be seated!**, di grazia, sedetevi!

to **pray** /preɪ/, *v. t.* e *i.* pregare; implorare; impetrare; supplicare: **to p. God**, pregare Iddio; **We prayed to God for the wounded man**, pregammo Dio per il ferito; **to p. to God for help**, implorare (*o* impetrare) l'aiuto divino. ● **to p. for permission**, chiedere il permesso □ **to p. on behalf of sb.**, pregare per q.; intercedere per q.

prayer /ˈpreə(r)/, *n.* **1** preghiera; orazione; prece (*lett.*): **to say one's prayers**, dire le preghiere; **My p. was answered**, la mia preghiera fu esaudita **2** raccomandazione: **medical prayers**, raccomandazioni del medico **3** (*leg.*) domanda giudiziale (*leg.*); istanza; supplica. ● **p. beads**, i grani del rosario □ **p. book**, libro delle preghiere □ **the P. Book** (*o* **the Book of Common P.**), il Libro delle Preghiere (*della liturgia anglicana*) □ **p. carpet** (*o* **rug**), tappeto di preghiera (*usato dai musulmani*) □ **p. meeting**, riunione religiosa per dire preghiere in comune □ **p. wheel**, mulino di preghiera, cilindro da preghiere (*usato dai buddisti*) □ **the Lord's P.**, il paternostro.

prayerful /ˈpreəfl/, *a.* devoto; fervente; pio; religioso. || **-ness**, *sost.*

prayerless /ˈpreələs/, *a.* che non prega; senza preghiere. || **-ness**, *sost.*

praying /ˈpreɪɪŋ/, **A** *a.* che prega; in preghiera; pregante, orante (*lett.*). **B** *n.* (il) pregare; (le) preghiere. ● (*zool.*) **p. mantis** (*Mantis religiosa*), mantide religiosa.

preach /priːtʃ/, *n.* (*fam.*) predica; sermone.

to **preach** /priːtʃ/, *v. t.* e *i.* predicare (*anche fig.*); proclamare; sostenere; esaltare: **to p. the Gospel**, predicare il Vangelo; **Practise what you p.**, predica con l'esempio!; metti in pratica quel che predichi!; **Only a lunatic can p. atomic war**, solo un pazzo può esaltare la guerra atomica. ● **to p. at sb.**, fare la predica a q.; ammonire q. □ **to p. down**, menomare; screditare □ (*relig.*) **to p. a sermon**, fare una predica □ **to p. up**, esaltare; sostenere; predicare (*enfat.*).

preachable /ˈpriːtʃəbl/, *a.* predicabile.

preacher /ˈpriːtʃə(r)/, *n.* **1** predicatore, predicatrice **2** (*relig.*) pastore.

preachership /ˈpriːtʃəʃɪp/, *n.* ufficio di predicatore.

to **preachify** /ˈpriːtʃɪfaɪ/, *v. i.* predicare; moraleggiare; sermoneggiare; fare predicozzi.

preachiness /ˈpriːtʃɪnəs/, *n.* (*fam.*) inclinazione alle prediche; tendenza moraleggiante.

preaching /ˈpriːtʃɪŋ/, **A** *n.* **1** predicazione **2** predica; sermone. **B** *a.* che predica.

preachingly /ˈpriːtʃɪŋlɪ/, *avv.* in tono moraleggiante; con aria da predicatore.

preachment /ˈpriːtʃmənt/, *n.* (*di solito spreg.*) predica noiosa; predicozzo; sermone (*fig.*).

preachy /ˈpriːtʃɪ/, *a.* (*fam.*) **1** incline a far prediche; moraleggiante; sermoneggiante **2** che sa di predica; predicatorio.

to **pre-acquaint** /priːəˈkweɪnt/, *v. t.* preavvertire; preavvisare; informare in precedenza.

pre-adamic /priːəˈdæmɪk/, *a.* preadamitico.

pre-adamite /priːˈædəmaɪt/, *n.* preadamita.

to **preadmonish** /priːædˈmɒnɪʃ/, *v. t.* preavvertire; preavvisare.

preadmonition /priːædməˈnɪʃn/, *n.* **1** preavviso **2** (*parapsicologia*) premonizione.

preamble /priˈæmbl, *USA* ˈpriː-/, *n.* preambolo; prefazione; proemio.

to **preamble** /priˈæmbl, *USA* ˈpriː-/, *v. i.* fare un preambolo; far preamboli.

to **preannounce** /priːəˈnaʊns/, *v. t.* preannunciare.

preannouncement /priːəˈnaʊnsmənt/, *n.* preannuncio.

to **preappoint** /priːəˈpɔɪnt/, *v. t.* fissare (*o* nominare, stabilire) in precedenza.

to **prearrange** /priːəˈreɪndʒ/, *v. t.* sistemare in precedenza; predisporre.

prearrangement /priːəˈreɪndʒmənt/, *n.* sistemazione preventiva.

pre-atomic /priːəˈtɒmɪk/, *a.* preatomico.

prebend /ˈprebənd/, *n.* (*relig.*) **1** prebenda **2** (*raro*) prebendario.

prebendal /prɪˈbendl/, *a.* **1** di prebenda **2** di prebendario.

prebendary /ˈprebəndrɪ, *USA* -erɪ/, *n.* (*relig.*) prebendario.

Pre(-)Cambrian /priːˈkæmbrɪən/, *a.* e *n.* (*geol.*) precambrico; precambriano.

precarious /prɪˈkeərɪəs/, *a.* precario; aleatorio; incerto: **p. tenure**, possesso precario. ● **a p. assertion**, un'affermazione gratuita □ **the p. life of a sailor**, la vita rischiosa del marinaio. || **-ly**, *avv.* || **-ness**, *sost.*

precast /priːˈkɑːst, *USA* -ˈkæst/, *a.* prefabbricato: **p. terrazzo floor tiles**, mattonelle di palladiana prefabbricate. ● (*ind. costr.*) **p. concrete**, componenti di calcestruzzo prefabbricati.

precatory /ˈprekətrɪ, *USA* -tɔːrɪ/, *a.* (*raro*) che esprime preghiera.

precaution /prɪˈkɔːʃn/, *n.* **1** precauzione: **You should take precautions against industrial accidents**, dovreste prendere precauzioni contro gli incidenti sul lavoro **2** (*pl.*) misure precauzionali.

precautionary /prɪˈkɔːʃənrɪ, *USA* -nerɪ/, *a.* precauzionale.

to **precede** /prɪˈsiːd/, *v. t.* e *i.* **1** precedere; venir prima di; aver la precedenza su; essere superiore a: **Such duties p. all others**, siffatti doveri vengono prima d'ogni altro; **Sons of barons p. baronets**, i figli dei baroni hanno la precedenza sui baronetti **2** far precedere; premettere: **to p. a ceremony with a speech of welcome**, far precedere una cerimonia da un discorso di benvenuto.

precedence /ˈpresɪdəns/, *n.* **1** precedenza; priorità **2** diritto di precedenza. ● **to be seated according to p.**, occupare posti a sedere in stretto ordine di precedenza □ **to take p. over**, avere la precedenza su; (*fig.*) essere più importante di.

precedent /ˈpresɪdənt/, *n.* (*specialm. leg.*) precedente (*giurisprudenziale*): **It is without p.**, è una cosa senza precedenti; (*leg.*) **to set a p.**, creare (*o* stabilire) un precedente.

precedented /ˈpresɪdəntɪd/, *a.* (*leg.*) che ha un precedente; che si basa su un precedente.

precedential /presɪˈdenʃl/, *a.* **1** (*leg.*) che costituisce un precedente **2** (*raro*) antecedente.

preceding /prɪˈsiːdɪŋ/, *a.* precedente.

precensorship /priːˈsensəʃɪp/, *n.* censura preventiva.

to **precent** /priːˈsent/, **A** *v. i.* (*relig.*) fare da primo cantore. **B** *v. t.* intonare (*un salmo, ecc.*); guidare il coro nel canto di (*un salmo, ecc.*).

precentor /prɪˈsentə(r)/, *n.* (*relig.*) primo cantore; maestro del coro.

precept /ˈpriːsept/, *n.* **1** precetto; massima; norma; regola **2** (*fin., in G.B.*) ingiunzione di pagamento (*di un'imposta locale*) **3** (*leg.*) intimazione. ● (*prov.*) **Example is better than p.**, contano più gli esempi che le parole.

preceptive /priːˈseptɪv/, *a.* **1** (*form.*) istruttivo; didattico **2** (*leg.*) precettivo.

preceptor /ˈpriːseptə(r)/, *n.* precettore; istitutore.

preceptorial /priːsepˈtɔːrɪəl/, *a.* **1** di precettore **2** (*di sistema d'istruzione*) che fa uso di precettori.

preceptorship /priːˈseptəʃɪp/, *n.* ufficio di precettore.

preceptory /priːˈseptərɪ, ˈpriːsep-/, *n.* (*stor.*) **1** comunità di Cavalieri Templari **2** beni di tale comunità.

preceptress /prɪˈseptrɪs/, *n.* precettrice; istitutrice.

precession /prɪˈseʃn/, *n.* (*astron., mecc.*) precessione: **p. of the equinoxes**, precessione

degli equinozi.
precessional /prɪˈsɛʃənl/, *a.* (*astron., fis.*) della (*o* derivante dalla) precessione.
to **prechill** /priːˈtʃɪl/, *v. t.* (*tecn., ind.*) presurgelare.
pre-Christian /prɪˈkrɪstʃən/, *a.* precristiano.
precinct /ˈpriːsɪŋkt/, *n.* ***1*** recinto: **the sacred precincts**, i sacri recinti (*d'una chiesa*); il sagrato ***2*** (*pl.*) dintorni, vicinanze (*d'una città*) ***3*** (*pl.*) confini: limiti: **within the city precincts**, dentro i confini (le mura) della città ***4*** (*USA*) distretto, divisione amministrativa (*d'una città, a scopi elettorali o di polizia*); seggio elettorale ***5*** (*USA*) stazione di polizia (*cfr. ital.* commissariato). ● **pedestrian p.**, isola pedonale □ **shopping p.**, zona commerciale.
preciosity /prɛʃɪˈɒsətɪ/, *n.* preziosità; ricercatezza (*dello stile*).
precious /ˈprɛʃəs/, **A** *a.* ***1*** prezioso; (*di stile, anche*) ricercato: **p. stones**, pietre preziose; **p. words**, parole preziose; **a p. style**, uno stile ricercato ***2*** (*fam. iron.*) completo; perfetto; bello: **a p. liar**, un perfetto bugiardo; **You've made a p. mess of it**, hai combinato un bel pasticcio. **B** *n.* (*fam.*) tesoro (*fig.*); amato bene (*lett.*). **C** *avv.* (*fam.*) molto: **You'll get p. little help from him**, di aiuto da lui te ne verrà pochissimo. ● **p. coral**, corallo rosso □ (*fam.*) **p. little equipment**, pochissime attrezzature □ (*fam.*) **to take p. good care of st.**, prendersi grandissima cura di q.c. ‖ **-ly,** *avv.*
preciousness /ˈprɛʃəsnəs/, *n.* ***1*** preziosità; gran pregio ***2*** preziosismo; ricercatezza.
precipice /ˈprɛsɪpɪs/, *n.* precipizio; parete scoscesa; strapiombo.
precipitable /prɪˈsɪpɪtəbl/, *a.* (*chim.*) precipitabile.
precipitance /prɪˈsɪpɪtəns/, **precipitancy** /prɪˈsɪpɪtənsɪ/, *n.* ***1*** precipitazione; fretta ***2*** azione avventata; avventatezza.
precipitant /prɪˈsɪpɪtənt/, *n.* (*chim.*) precipitante.
precipitate (1) /prɪˈsɪpɪteɪt/, *n.* (*chim.*) precipitato.
precipitate (2) /prɪˈsɪpɪtət/, *a.* precipitoso; avventato: **a p. flight**, una fuga precipitosa.
to **precipitate** /prɪˈsɪpɪteɪt/, **A** *v. i.* ***1*** precipitarsi ***2*** (*chim.*) precipitare. **B** *v. t.* ***1*** precipitare (*anche fig.*); far precipitare; accelerare, affrettare troppo: **to p. the country into war**, far precipitare il paese nella guerra; **We mustn't p. the Cabinet crisis**, non dobbiamo affrettare la crisi ministeriale ***2*** (*chim.*) precipitare.
precipitately /prɪˈsɪpɪtətlɪ/, *avv.* ***1*** precipitosamente; avventatamente; a precipizio ***2*** a capofitto.
precipitateness /prɪˈsɪpɪtətnəs/, *n.* precipitazione; avventatezza.
precipitation /prɪsɪpɪˈteɪʃn/, *n.* ***1*** precipitazione; fretta; avventatezza ***2*** (*chim.*) precipitazione ***3*** (*chim.*) precipitato ***4*** (*meteor.*) precipitazioni (*pl.*): **There will be p. on the Alps**, ci saranno precipitazioni sulle Alpi.
precipitative /prɪˈsɪpɪtətɪv, -teɪtɪv/, *a.* (*chim.*) precipitativo.
precipitator /prɪˈsɪpɪteɪtə(r)/, *n.* (*chim.*) precipitatore.
precipitous /prɪˈsɪpɪtəs/, *a.* ***1*** erto; ripido; scosceso: **a p. mountain**, un monte scosceso ***2*** precipitoso; avventato. ‖ **-ly,** *avv.* ‖ **-ness,** *sost.*
précis /ˈpreɪsiː, *USA* preɪˈsiː/ (*franc.*), *n.* (*invar. al pl.*) compendio; sunto; riassunto; sommario.
to **précis** /ˈpreɪsiː, *USA* preɪˈsiː/ (*franc.*), *v. t.* compendiare; riassumere.
precise /prɪˈsaɪs/, *a.* preciso; esatto; accurato; attento; meticoloso; puntiglioso; scrupoloso: **p. figures**, cifre precise; **the p. amount**, l'esatto ammontare; **a more p. term**, un termine (*o* un vocabolo) più preciso; **a p. man**, un uomo attento, scrupoloso. ● **in the p. moment that...**, proprio nel momento in cui...
precisely /prɪˈsaɪslɪ/, *avv.* ***1*** precisamente; con precisione; con esattezza ***2*** proprio: **P.** (**so**)!, proprio così!; davvero!
preciseness /prɪˈsaɪsnəs/, *n.* precisione; esattezza; scrupolosità.
precisian /prɪˈsɪʒn/, *n.* ***1*** formalista; pignolo ***2*** (*specialm.*) puritano; rigorista.
precisianism /prɪˈsɪʒənɪzəm/, *n.* ***1*** formalismo; pignoleria ***2*** (*specialm.*) puritanesimo; rigorismo.
precision /prɪˈsɪʒn/, *n.* precisione; accuratezza; esattezza. ● (*mil.*) **p. bombing**, bombardamento di precisione □ (*metall.*) **p. casting**, microfusione □ **p. engineering**, ingegneria di precisione □ **p. instruments**, strumenti di precisione □ (*comm.*: *di un prodotto*) **p.-made**, di precisione.
precisionist /prɪˈsɪʒənɪst/, *n.* ***1*** chi ama la precisione ***2*** purista; rigorista.
preclassical /priːˈklæsɪkl/, *a.* (*letter.*) preclassico.
to **preclude** /prɪˈkluːd/, *v. t.* precludere; escludere; impedire; vietare: **to p. sb. from doing st.**, impedire a q. di fare q.c. ● **to be precluded from doing st.**, non poter fare q.c.
preclusion /prɪˈkluːʒn/, *n.* preclusione; esclusione; impedimento.
preclusive /prɪˈkluːsɪv/, *a.* preclusivo; che è d'impedimento.
precocious /prɪˈkəʊʃəs/, *a.* ***1*** (*fig.*) precoce: **a p. child**, un fanciullo precoce ***2*** (*bot.*: *di pianta*) precoce; (*di frutto*) primaticcio. ‖ **-ly,** *avv.*
precociousness /prɪˈkəʊʃəsnəs/, **precocity** /prɪˈkɒsətɪ/, *n.* (*anche bot.*) precocità.
precognition /priːkɒgˈnɪʃn/, *n.* (*anche parapsicologia*) precognizione.
precognitive /priːˈkɒgnɪtɪv/, *a.* precognitivo.
pre-Columbian /priːkəˈlʌmbɪən/, *a.* precolombiano.
precombustion /priːkəmˈbʌstʃən/, *n.* (*chim.*) precombustione. ● (*mecc.*) **p. chamber**, camera di precombustione.
to **preconceive** /priːkənˈsiːv/, *v. t.* concepire in anticipo; farsi anzitempo un'opinione di (q. *o* q.c.); avere preconcetti su.
preconceived /priːkənˈsiːvd/, *a.* preconcetto: **p. ideas** [**opinions**], idee [opinioni] preconcette; preconcetti; pregiudizi.
preconception /priːkənˈsɛpʃn/, *n.* preconcetto; pregiudizio.
to **preconcert** /priːkənˈsɜːt/, *v. t.* predisporre; prestabilire.
preconcerted /priːkənˈsɜːtɪd/, *a.* predisposto; prestabilito.
preconciliar /priːkənˈsɪlɪə(r)/, *n.* (*relig.*) preconciliare.
precondition /priːkənˈdɪʃn/, *n.* requisito indispensabile.
to **precondition** /priːkənˈdɪʃn/, *v. t.* (*anche psic.*) predisporre; preparare.
preconization /priːkənaɪˈzeɪʃn, *USA* -nɪˈz-/, *n.* (*anche relig.*) preconizzazione.
to **preconize** /ˈpriːkənaɪz/, *v. t.* (*anche relig.*) preconizzare; annunciare pubblicamente; proclamare.
preconscious /priːˈkɒnʃəs/, *a.* e *n.* (*psic.*) preconscio.
precontractual /priːkənˈtræktʃʊəl/, *a.* (*leg.*) precontrattuale.
to **precook** /priːˈkʊk/, *v. t.* ***1*** cuocere (*una vivanda*) in anticipo (*per poi riscaldarla*) ***2*** (*ind.*) sottoporre (*un alimento*) a cottura parziale; precuocere (*raro*).
precooked /priːˈkʊkt/, *a.* (*specialm. ind.*) precotto; precucinato.
precooking /priːˈkʊkɪŋ/, *n.* (*anche ind.*) precottura.
precordial /priːˈkɔːdɪəl/, *a.* (*anat.*) precordiale.
precordium /priːˈkɔːdɪəm/, *n.* (*pl.* **precordia**) (*anat.*) precordio.
precursive /priːˈkɜːsɪv/, *V.* **precursory**.
precursor /priːˈkɜːsə(r)/, *n.* ***1*** precursore ***2*** predecessore.
precursory /priːˈkɜːsərɪ/, *a.* ***1*** precursore; foriero ***2*** introduttivo; preliminare.
predacious /prɪˈdeɪʃəs/, *a.* (*d'animale*) predatore; rapace. ● **the p. instinct**, l'istinto del predatore.
predacity /prɪˈdæsətɪ/, *n.* (*d'animale*) l'essere predatore; rapacità.
to **predate** /priːˈdeɪt/, *v. t.* predatare; antidatare.
predator /ˈprɛdətə(r)/, *n.* predatore (*anche zool.*); predone.
predatory /ˈprɛdətrɪ, *USA* -tɔːrɪ/, *a.* (*d'animale*) da preda, predatore; rapace (*anche fig.*): **p. people**, gente rapace. ● **p. tribes**, tribù di predoni. ‖ **-ily,** *avv.* ‖ **-iness,** *sost.*
predecease /priːdɪˈsiːs/, *n.* (*leg., ass.*) premorienza.
to **predecease** /priːdɪˈsiːs/, *v. t.* (*leg., ass.*) premorire a (q.); morire prima di (q.).
predecessor /ˈpriːdɪsɛsə(r), *USA* ˈprɛdə-/, *n.* ***1*** predecessore; antecessore ***2*** antenato ***3*** oggetto (*o* strumento) usato prima d'un altro (*che l'ha sostituito*).
predella /prɪˈdɛlə/ (*ital.*), *n.* (*pl.* **predelle**) (*archit., arte*) predella.
predestinarian /priːdɛstɪˈnɛərɪən/, (*relig.*) **A** *a.* ***1*** della predestinazione ***2*** che crede nella predestinazione. **B** *n.* predestinaziano; chi crede nella predestinazione.
predestinarianism /priːdɛstɪˈnɛərɪənɪzəm/, *n.* (*relig.*) predestinazionismo.
predestinate /priːˈdɛstɪnət/, *a.* (*anche relig.*) predestinato.
to **predestinate** /priːˈdɛstɪneɪt/, *v. t.* (*anche relig.*) predestinare.
predestination /priːdɛstɪˈneɪʃn/, *n.* (*specialm. relig.*) predestinazione.
to **predestine** /priːˈdɛstɪn/, *v. t.* (*anche relig.*) predestinare.
predeterminate /priːdɪˈtɜːmɪnət/, *a.* predeterminato.
predetermination /priːdɪtɜːmɪˈneɪʃn/, *n.* predeterminazione.
to **predetermine** /priːdɪˈtɜːmɪn/, *v. t.* predeterminare.
predeterminer /priːdɪˈtɜːmɪnə(r)/, *n.* (*gramm. ingl.*) «predeterminante» (*come «all», che precede gli articoli*).
prediabetes /priːdaɪəˈbiːtiːz/, *n.* (*invar. al pl.*) (*med.*) prediabete.
prediabetic /priːdaɪəˈbɛtɪk/, *a.* e *n.* (*med.*) prediabetico.
predial /ˈpriːdɪəl/, **A** *a.* (*leg.*) prediale. **B** *n.* (*stor.*) servo della gleba.
predicability /prɛdɪkəˈbɪlətɪ/, *n.* l'essere affermabile (*o* asseribile, predicabile).
predicable /ˈprɛdɪkəbl/, **A** *a.* affermabile; asseribile. **B** *n.* (*filos.*) predicabile.
predicament /prɪˈdɪkəmənt/, *n.* ***1*** situazione difficile; imbarazzo; imbroglio ***2*** (*filos.*) predicamento; categoria (*secondo Aristotele*).
predicamental /prɪdɪkəˈmɛntl/, *a.* (*filos.*) di predicamento.
predicant /ˈprɛdɪkənt/, **A** *a.* (*relig.*) predicante. **B** *n.* frate predicante (*specialm. domenicano*); predicatore.
predicate /ˈprɛdɪkət/, (*gramm., filos.*) **A** *n.* predicato. **B** *a. attr.* predicativo: (*ling.*) **a p. adjective**, un aggettivo predicativo.
to **predicate** /ˈprɛdɪkeɪt/, *v. t.* ***1*** affermare; asserire ***2*** implicare; significare ***3*** (*filos.*) predicare. ● (*USA*) **to p. on** (*o* **upon**), basare (*un ragionamento, ecc.*) su.
predication /prɛdɪˈkeɪʃn/, *n.* ***1*** affermazione; asserzione ***2*** (*filos.*) predicato ***3*** (*ling.*) predicazione.
predicative /prɪˈdɪkətɪv, *USA* ˈprɛdɪkeɪtɪv/, **A** *a.* ***1*** affermativo; assertivo ***2*** (*ling.*) predicativo. **B** *n.* (*ling.*) aggettivo (*o* nome, ecc.) predicativo.
predicatory /ˈprɛdɪkətrɪ, *USA* -ɔːrɪ/, *a.* predicatorio; di predicazione.
to **predict** /prɪˈdɪkt/, *v. t.* predire; preannunciare; presagire.
predictability /prɪdɪktəˈbɪlətɪ/, *n.* (*anche ling.*) predicibilità.
predictable /prɪˈdɪktəbl/, *a.* che si può predire; predicibile.
prediction /prɪˈdɪkʃn/, *n.* ***1*** predizione; profe-

zia; pronostico *2* (*meteor.*) previsione.

predictive /prɪˈdɪktɪv/, *a.* *1* che predice; profetico *2* (*ling.*) predittivo.

predictor /prɪˈdɪktə(r)/, *n.* *1* chi predice; profeta *2* (*mil.*) puntatore automatico (*per cannone antiaereo*); goniotacometro.

to **predigest** /priːdaɪˈdʒɛst/, *v. t.* *1* predigerire *2* (*specialm. ind.*) sottoporre (*un alimento*) a predigestione *3* (*fig.*) semplificare, volgarizzare (*un libro, ecc.*).

predigested /priːdaɪˈdʒɛstɪd/, *a.* predigerito.

predigestion /priːdaɪˈdʒɛstʃən/, *n.* (*anche fisiol.* e *ind.*) predigestione.

predilection /priːdɪˈlɛkʃn, *USA* prɛdə-/, *n.* predilezione.

to **predispose** /priːdɪˈspəʊz/, *v. t.* predisporre (*a una malattia, ecc.*); disporre; rendere incline; indurre.

predisposition /priːdɪspəˈzɪʃn/, *n.* predisposizione; inclinazione.

prednisolone /prɛdˈnɪsələʊn/, *n.* (*biochim.*) prednisolone.

prednisone /ˈprɛdnɪsəʊn/, *n.* (*biochim.*) prednisone.

predominance /prɪˈdɒmɪnəns/, **predominancy** /prɪˈdɒmɪnənsɪ/, *n.* predominio; preponderanza; prevalenza.

predominant /prɪˈdɒmɪnənt/, *a.* predominante; preponderante; prevalente. || **-ly**, *avv.*

to **predominate** /prɪˈdɒmɪneɪt/, *v. i.* predominare; prevalere. ● **to p. over**, avere la prevalenza su; dominare; sopraffare.

predomination /prɪdɒmɪˈneɪʃn/, *n.* predominio.

to **pre-elect** /priːɪˈlɛkt/, *v. t.* preeleggere; eleggere prima.

pre-election /priːɪˈlɛkʃn/, **A** *n.* preelezione. **B** *a. attr.* preelettorale.

preemie, **premie** /ˈpriːmɪ/, *n.* (*fam. specialm. USA*) (neonato) prematuro.

pre-eminence /priːˈɛmɪnəns/, *n.* preminenza; superiorità.

pre-eminent /priːˈɛmɪnənt/, *a.* preminente; superiore. || **-ly**, *avv.*

to **pre-empt** /priːˈɛmpt/, *v. t.* *1* (*leg.*) comprare (q.c.) valendosi del diritto di prelazione *2* accaparrarsi; assicurarsi *3* (*USA*) occupare (*terreno pubblico*) per acquistare il diritto di prelazione *4* prevenire; rendere inutile; frustrare; superare (*fig.*); mandare a vuoto (q.c.) *5* rimpiazzare; sostituire.

pre-emption /priːˈɛmpʃn/, *n.* (*leg.*) *1* acquisto compiuto esercitando il diritto di prelazione *2* (= **p. right**) diritto di prelazione *3* (diritto di) confisca (*dei beni di un neutrale da parte di un belligerante*).

pre-emptive /priːˈɛmptɪv/, *a.* *1* di (*o* pertinente a) prelazione *2* (*anche mil.*) preventivo: **a p. attack**, un attacco preventivo. ● (*leg.*) **p. right**, diritto di prelazione.

to **preen** /priːn/, **A** *v. t.* (*di un uccello*) lisciarsi (*le penne*) col becco. **B** to **preen oneself**, *v. rifl.* (*di persona*) agghindarsi; azzimarsi; (*fig.*) pavoneggiarsi.

to **pre-engage** /priːɪnˈgeɪdʒ/, *v. t.* impegnare in anticipo; prenotare.

pre-engagement /priːɪnˈgeɪdʒmənt/, *n.* impegno precedente; prenotazione.

to **pre-establish** /priːɪˈstæblɪʃ/, *v. t.* prestabilire.

pre-examination /priːɪgzæmɪˈneɪʃn/, *n.* esame preliminare.

to **pre-exist** /priːɪgˈzɪst/, *v. i.* preesistere.

pre-existence /priːɪgˈzɪstəns/, *n.* preesistenza.

pre-existent /priːɪgˈzɪstənt/, *a.* preesistente.

prefab /ˈpriːfæb, *USA* priːˈfæb/, *n.* (*fam.*; *abbr. di* **prefabricated house**) casa prefabbricata; prefabbricato.

to **prefabricate** /priːˈfæbrɪkeɪt/, *v. t.* (*edil.*) prefabbricare. ● **prefabricated building**, prefabbricato.

prefabrication /priːfæbrɪˈkeɪʃn/, *n.* (*edil.*) prefabbricazione.

preface /ˈprɛfəs/, *n.* *1* prefazione; proemio *2* (*relig.*) prefazio.

to **preface** /ˈprɛfəs/, **A** *v. t.* *1* fare la prefazione a (*un libro*); fare l'introduzione a (*un discorso*) *2* premettere a; far precedere da: **The courtier prefaced his speech with a bow**, il cortigiano fece precedere il suo discorso da un inchino *3* (*di fatti*) preludere a. **B** *v. i.* fare osservazioni introduttive (*o* preliminari).

prefatorial /prɛfəˈtɔːrɪəl/, **prefatory** /ˈprɛfətrɪ, *USA* -tɔːrɪ/, *a.* preliminare; introduttivo.

prefect /ˈpriːfɛkt/, *n.* *1* (*stor. romana, polit.*) prefetto: **the p. of police**, il prefetto di polizia (a Parigi) *2* (*in certe public schools*) capoclasse; studente che si occupa della disciplina.

prefectorial /priːfɛkˈtɔːrɪəl/, *a.* di prefetto; prefettizio.

prefectural /priːˈfɛktʃərəl/, *a.* di prefettura.

prefecture /ˈpriːfɛktʃə(r), -tʃʊə(r)/, *n.* (*stor., polit.*) prefettura.

to **prefer** /prɪˈfɜː(r)/, *v. t.* *1* preferire: **I p. wine to beer**, preferisco il vino alla birra; **I p. to read rather than study**, preferisco leggere piuttosto che studiare *2* (*leg.*) avanzare; presentare; sporgere: **to p. an indictment against a high official**, presentare un'accusa contro un alto funzionario *3* (*leg.*) fare un pagamento preferenziale a (*un creditore*) *4* promuovere; elevare; innalzare (*a un grado più alto*). ● **preferred claim** (*o* **debt**), credito privilegiato □ (*fin., USA*) **preferred stock** (*o* **shares**), azioni preferenziali (*o* privilegiate) (*cfr. ingl.* **preference stock**).

preferability /prɛfərəˈbɪlətɪ/, *n.* preferibilità (*raro*).

preferable /ˈprɛfrəbl/, *a.* preferibile. || **-bly**, *avv.* || **-ness**, *sost.*

preference /ˈprɛfrəns/, *n.* *1* preferenza; predilezione *2* cosa preferita *3* (*per estens., comm. est.*) trattamento di favore. ● (*fin.*) **p. bonds**, titoli privilegiati □ (*fin.*) **p. stock** (*o* **p. shares**), azioni preferenziali (*o* privilegiate) □ **Imperial P.**, trattamento doganale di preferenza (*o* di nazione preferita) vigente fra i paesi del Commonwealth □ (*polit.*) **to mark preferences against some candidates**, attribuire voti di preferenza a taluni candidati (*in Italia*) □ **to show p. to sb.**, fare delle preferenze per q.; essere parziale verso q. □ **What is your p.?**, che cosa preferisci?

preferential /prɛfəˈrɛnʃl/, *a.* di favore; preferenziale; privilegiato: **p. treatment**, trattamento privilegiato (*o* di favore); (*leg.*) **p. creditor**, creditore privilegiato. ● (*ind., USA*) **p. shop**, azienda che dà la priorità d'assunzione agli iscritti ai sindacati □ (*polit.*) **p. voting**, votazione col sistema dei voti di preferenza (*non in G.B.*). || **-ly**, *avv.*

preferment /prɪˈfɜːmənt/, *n.* promozione; avanzamento.

prefiguration /priːfɪgəˈreɪʃn, *USA* -gjə-/, *n.* prefigurazione.

prefigurative /priːˈfɪgərətɪv, *USA* -gjə-/, *a.* che prefigura; che serve a prefigurare.

to **prefigure** /priːˈfɪgə(r), *USA* -gjə(r)/, *v. t.* *1* prefigurare; adombrare; far presentire *2* immaginare (*qualcosa che avverrà*); figurarsi.

to **pre-finance** /priːˈfaɪnæns, -f(a)ɪˈnæns/, *v. t.* (*fin.*) prefinanziare.

pre-financing /priːˈfaɪnænsɪŋ, -f(a)ɪˈnæn-/, *n.* (*fin.*) prefinanziamento.

prefix /ˈpriːfɪks/, *n.* *1* (*gramm.*) prefisso *2* titolo premesso a un nome (*per es.*: **Mr, Dr**, *ecc.*) *3* (*telef., ingl.*) prefisso.

to **prefix** /ˈpriːfɪks/, *v. t.* *1* premettere; porre avanti; far precedere *2* (*gramm.*) mettere come prefisso (*a una parola*).

preflight /ˈpriːflaɪt/, *a.* (*aeron.*) prima del volo; anteriore al decollo.

to **preform** /priːˈfɔːm/, *v. t.* (*anche biol., metall.*) preformare.

preformation /priːfɔːˈmeɪʃn/, *n.* (*anche biol.*) preformazione.

preforming /prɪˈfɔːmɪŋ/, *n.* (*metall.*) preformatura.

prefranked /priːˈfræŋkt/, *a.* preaffrancato.

to **prefreeze** /priːˈfriːz/ (*pass.* **prefroze**, *p. p.* **prefrozen**), *v. t.* precongelare.

prefrontal /priːˈfrʌntl/, *a.* (*anat.*) prefrontale.

preg /prɛg/, *a. pred.* (*pop. USA*) incinta.

preggers /ˈprɛgəz/, *a.* (*pop.*) incinta; gravida.

preglacial /priːˈgleɪʃl/, *a.* (*geol.*) preglaciale.

pregnable /ˈprɛgnəbl/, *a.* (*arc.*) espugnabile; vulnerabile.

pregnancy /ˈprɛgnənsɪ/, *n.* *1* gravidanza: (*med.*) **p. test**, test di gravidanza *2* (*fig.*) pregnanza; l'essere significativo (*o* suggestivo); importanza; pienezza; profondità *3* (*ling.*) pregnanza.

pregnant /ˈprɛgnənt/, *a.* *1* (*di donna*) incinta; gravida *2* (*di bestia*) gravida; pregna *3* (*fig.*) gravido; fecondo; fertile; prolifico; ricco di concetti: **p. with consequences**, gravido di conseguenze *4* (*fig.*) pregnante; denso di significato; significativo; suggestivo; importante; pieno; profondo: **a p. reply**, una risposta densa di significato. ● (*gramm.*) **p. construction**, costrutto pregnante □ (*di donna*) **to fall p.**, restare incinta. || **-ly**, *avv.*

to **preheat** /priːˈhiːt/, *v. t.* (*anche tecn.*) preriscaldare.

preheater /priːˈhiːtə(r)/, *n.* (*tecn.*) preriscaldatore.

preheating /priːˈhiːtɪŋ/, *n.* (*anche tecn.*) preriscaldamento.

prehensile /priːˈhɛnsaɪl, *USA* -sl/, *a.* (*zool.*) prensile: **p. tail**, coda prensile.

prehensility /priːhɛnˈsɪlətɪ/, *n.* (*zool.*) l'esser prensile.

prehension /prɪˈhɛnʃn/, *n.* (*scient.*) prensione; l'afferrare (*anche mentalmente*); comprensione; apprendimento.

prehistoric(al) /priːhɪˈstɒrɪk(l), *USA* -ɔːr-/, *a.* preistorico.

prehistorically /priːhɪˈstɒrɪklɪ, *USA* -ɔːr-/, *avv.* in tempi preistorici.

prehistory /priːˈhɪstrɪ/, *n.* preistoria.

pre-Homeric /priːhəʊˈmɛrɪk/, *a.* (*letter. greca*) preomerico.

preignition /priːɪgˈnɪʃn/, *n.* (*autom., mecc.*) preaccensione.

to **pre-instruct** /priːɪnˈstrʌkt/, *v. t.* istruire (q.) prima (*o* in anticipo).

to **prejudge** /priːˈdʒʌdʒ/, *v. t.* giudicare prematuramente; dare un giudizio avventato su.

prejudg(e)ment /priːˈdʒʌdʒmənt/, *n.* giudizio prematuro.

prejudice /ˈprɛdʒʊdɪs/, *n.* pregiudizio; preconcetto; prevenzione; (*specialm. leg.*) danno: **to have a p. against foreigners**, aver pregiudizi contro gli stranieri; **without p. to anybody**, senza recare pregiudizio ad alcuno. ● **to have a p. in favour of sb.**, essere ben disposto verso q. □ **to the p. of sb.**, portando pregiudizio a q.; con danno di q. □ (*leg.*) **without p.**, fatta salva la riserva di far valere altri diritti.

to **prejudice** /ˈprɛdʒʊdɪs/, *v. t.* *1* pregiudicare; compromettere *2* danneggiare; ledere; nuocere a (q.) *3* metter su (contro) (*fam.*); disporre male (verso); prevenire: **His parents prejudiced him against the girl**, i suoi genitori lo misero su contro la ragazza. ● **to p. sb. in favour of sb. else**, disporre bene q. verso q. altro.

prejudiced /ˈprɛdʒʊdɪst/, *a.* che ha pregiudizi (*verso q.* o *q.c.*); prevenuto.

prejudicial /prɛdʒʊˈdɪʃl/, *a.* *1* pregiudizievole; dannoso *2* (*arc.*) affetto da pregiudizi; prevenuto. ● **p. to sb.'s health**, pregiudizievole (*o* che è di pregiudizio) alla salute di q.

prelacy /ˈprɛləsɪ/, *n.* *1* (*relig.*) prelatura *2* (*spreg.*) governo della Chiesa da parte dei prelati; governo prelatizio.

prelate /ˈprɛlət/, *n.* (*relig.*) *1* prelato *2* (*stor.*) abate; priore.

prelatic(al) /prɪˈlætɪk(l)/, *a.* prelatizio: (*spreg.*) prelatesco.

prelatism /ˈprɛlətɪzəm/, *n.* governo prelatizio.

to **prelatize** /ˈprɛlətaɪz/, *v. t.* (*spreg.*) mettere (*la Chiesa*) sotto il governo prelatizio.

prelature /ˈprɛlətʃə(r), -tʃʊə(r)/, *n.* (*relig.*) prelatura.

to **prelect** /prɪˈlɛkt/, *v. i.* (*raro*) fare conferenze

(*o* lezioni universitarie).
prelection /prɪˈlɛkʃn/, *n.* (*raro*) conferenza; lezione universitaria.
prelector /prɪˈlɛktə(r)/, *n.* (*raro*) conferenziere; docente universitario.
prelibation /priːlaɪˈbeɪʃn/, *n.* pregustazione (*specialm. fig.*).
prelim /ˈpriːlɪm/, *n.* (*fam.*) *1* (*abbr. di* **preliminary examination**) esame preliminare *2* (*pl.*) (*di un libro*) preliminari.
preliminary /prɪˈlɪmɪnərɪ, *USA* -nerɪ/, **A** *a.* preliminare; introduttivo; preventivo: **a p. examination**, un esame preliminare. **B** *n.* *1* preliminare; introduzione *2* esame preliminare *3* (*pl.*) (*di un libro*) preliminari. ● (*leg.*) **a p. agreement to sell**, un preliminare di vendita □ (*leg.*) **p. investigation**, inchiesta preliminare (*in materia penale*) □ **p. to**, prima di.
prelude /ˈprɛljuːd, *USA* ˈpreɪluːd, ˈpriː-/, *n.* preludio (*anche mus.*); introduzione.
to **prelude** /ˈprɛljuːd, *USA* ˈpreɪluːd, ˈpriː-/, *v. t.* e *i.* *1* preludere (a); far da preludio (a); introdurre; preannunciare *2* (*mus.*) suonare il preludio.
preludial /prɪˈluːdɪəl, -ˈljuː-/, *a.* *1* introduttivo *2* (*mus.*) di preludio.
prelusion /prɪˈluːʒn, -ˈljuː-/, *n.* preludio; introduzione.
prelusive /prɪˈluːsɪv, -ˈljuː-/, *a.* che prelude; introduttivo; preliminare.
premarital /priːˈmærɪtl/, *a.* prematrimoniale; antenuziale.
premature /ˈprɛmətʃə(r), ˈprɪː-, -tʃʊə(r), *USA* priːməˈtʊə(r), -ˈtʃʊə-/, *a.* prematuro; anticipato; intempestivo; precoce: **a p. decision**, una decisione prematura. ● (*med.*) **a p. baby**, un (bambino) prematuro □ **p. beat**, extrasistole □ **p. senility**, senilità precoce. ‖ **-ly**, *avv.*
prematureness /ˈprɛmətʃənəs, ˈpriː-, -tʃʊə-, *USA* priːməˈtʊə-, -ˈtʃʊə-/, **prematurity** /prɛməˈtʃʊərətɪ, *USA* -tʊə-/, *n.* prematurità; intempestività; precocità.
premed /priːˈmɛd/, (*fam.*) **A** *a.* *V.* **premedical**. **B** *n.* (*USA*) (studente di) corso propedeutico alla facoltà di medicina.
premedical /priːˈmɛdɪkl/, *a.* (*USA*) propedeutico allo studio della medicina.
premedication /priːmɛdɪˈkeɪʃn/, *n.* (*med.*) premedicazione; preanestesia.
to **premeditate** /priːˈmɛdɪteɪt/, *v. t.* premeditare. ● (*leg.*) **premeditated murder**, omicidio premeditato.
premeditation /priːmɛdɪˈteɪʃn/, *n.* (*anche leg.*) premeditazione.
premier /ˈprɛmɪə(r), *USA* prɪˈmɪə(r), ˈpriːmɪə(r)/, **A** *a.* primo; (il) più importante; primario; principale: **Brighton is the p. seaside resort in England**, Brighton è la principale stazione balneare in Inghilterra; **to take (the) p. place**, occupare il primo posto. **B** *n.* (*polit.*) primo ministro.
premiere /ˈprɛmɪɛə(r), -mɪə(r), *USA* prɪˈmɪə(r), prɪmˈjɛə(r)/, *n.* (*teatr., cinem.*) *1* prima rappresentazione, première (*di un dramma*); prima visione (*di un film*) *2* primadonna; prima attrice.
to **premiere** /ˈprɛmɪɛə(r), -mɪə(r), *USA* prɪˈmɪə(r), prɪmˈjɛə(r)/, **A** *v. t.* dare (*un dramma, un film*) in prima rappresentazione. **B** *v. i.* essere dato in prima rappresentazione.
premiership /ˈprɛmɪəʃɪp, *USA* prɪˈmɪə-, ˈpriːmɪə-/, *n.* (*polit.*) carica di primo ministro.
premise /ˈprɛmɪs/, *n.* *1* (*filos.*) premessa *2* (*pl.*) (*specialm. bur. e comm.*) fabbricati; locali; terreni; (*leg.*) immobili: **The premises will be sold at auction**, i locali saranno venduti all'asta *3* (*pl.*) (*leg.*) premesse (*di un contratto*). ● (*di birra, liquore*) **to be drunk on the premises**, da bersi sul posto (*non da asportare*) □ **«keep off the premises»** (*cartello*), «vietato l'ingresso».
to **premise** /prɪˈmaɪz/, *v. t.* e *i.* (*form.*) premettere; far precedere a; dire (q.c.) come premessa.
premiss /ˈprɛmɪs/, *V.* **premise**, *def. 1.*
premium /ˈpriːmɪəm/, **A** *n.* (*pl.* **premiums**, **premia**) *1* premio; ricompensa: **a p. for good conduct**, un premio per buona condotta *2* (*ass.*) premio: **Most of the first p. goes to the insurance agent in commission**, la maggior parte del primo premio pagato va all'agente d'assicurazione come provvigione *3* pagamento straordinario; buonuscita; gratifica; soprassoldo: **incentive pay and other premiums**, premi d'operosità e altre gratifiche *4* tassa d'apprendistato (*pagata dal tirocinante a un professionista*) *5* (*fin.*) aggio (*nel cambio di valuta*) *6* (*market.*) (articolo dato in) omaggio: **p. stamps**, punti «qualità»; buoni omaggio. **B** *a. attr.* *1* di prima qualità; eccellente; ottimo *2* (*autom.*) super: **p. petrol** (*USA*: **p. gasoline**), benzina super. ● (*fin.*) **p. bond**, titolo di stato a premio □ **p. bonus**, premio (*per i dipendenti*); incentivo □ (*market.*) **p. offer**, offerta regalo □ (*fin.*) **p. on shares**, premio di emissione □ **p. pay**, salario a incentivo □ (*market.*) **p. price**, prezzo scontato □ (*fin.*) **at a p.**, sopra la pari: **These stocks are selling at a p.**, queste azioni si vendono sopra la pari □ (*fig.*) **to be at a p.**, essere assai ricercato (*o* raro): **Good teachers are at a p.**, è difficile trovare docenti bravi □ (*fig.*) **to hold st. at a p.**, tenere q.c. in grande considerazione; far gran conto di q.c. □ **to put a p. on**, incoraggiare; favorire; privilegiare: **That will put a p. on punctuality**, ciò incoraggerà la puntualità.
premolar /priːˈməʊlə(r)/, *a.* e *n.* (*anat.*) premolare.
premonition /priːməˈnɪʃn, prɛ-/, *n.* premonizione; presentimento.
premonitor /prɪˈmɒnɪtə(r)/, *n.* premonitore.
premonitory /prɪˈmɒnɪtrɪ, *USA* -tɔːrɪ/, *a.* premonitorio; premonitore. ● **a p. dream**, un sogno premonitore. ‖ **-ily**, *avv.*
prenatal /priːˈneɪtl/, *a.* (*med.*) prenatale; di prima della nascita.
prentice /ˈprɛntɪs/, *n.* (*abbr. arc. di* **apprentice**) apprendista.
prenuclear /priːˈnjuːklɪə(r), *USA* -ˈnuː-/, *a.* (*polit., mil.*) anteriore all'era delle armi nucleari.
prenuptial /priːˈnʌpʃl/, *a.* antenuziale.
pre-obit /priːˈəʊbɪt/, *n.* (*giorn.*) coccodrillo.
preoccupation /priːɒkjʊˈpeɪʃn/, *n.* *1* cura (*lett.*); pensiero che assorbe; distrazione; preoccupazione: **There's some p. with his health**, la sua salute desta qualche preoccupazione *2* (*raro*) occupazione precedente.
preoccupied /priːˈɒkjʊpaɪd/, *a.* *1* pensieroso; assorto; distratto; preoccupato *2* (*raro*) occupato in precedenza. ● **He's always p.**, è sempre sovrappensiero □ **He seems p. with something else**, sembra abbia altre cose per la testa.
preoccupiedly /priːˈɒkjʊpaɪdlɪ/, *avv.* con aria preoccupata; con apprensione.
to **preoccupy** /priːˈɒkjʊpaɪ/, *v. t.* *1* (*di pensiero*) dominare, prendere (*la mente, l'animo*); mettere in apprensione; impensierire; preoccupare *2* (*raro*) occupare (*terreno, ecc.*) prima (*di altri*).
to **pre-ordain** /priːɔːˈdeɪn/, *v. t.* preordinare; prestabilire.
pre-ordination /priːɔːdɪˈneɪʃn/, *n.* preordinazione.
prep /prɛp/, *n.* (*fam.*) *1* (*abbr. di* **preparation**) lezioni da preparare; compito a casa *2* (*abbr. di* **preparatory school**) scuola «preparatoria» *3* studente di una «preparatory school» (*q.V.*).
to **prep** /prɛp/, **A** *v. i.* (*fam.*) *1* frequentare la scuola «preparatoria» *2* prepararsi; studiare a casa; fare i compiti. **B** *v. t.* (*fam.*) preparare (*per la scuola, per un intervento chirurgico, ecc.*).
to **prepack** /priːˈpæk/, to **prepackage** /priːˈpækɪdʒ/, *v. t.* preconfezionare.
prepackage /priːˈpækɪdʒ/, *n.* pellicola protettiva; confezione.
prepackaged /priːˈpækɪdʒd/, *a.* (*di prodotto* e *fig.*) preconfezionato; in confezione: **p. advertisement**, messaggio pubblicitario preconfezionato.
prepackaging /priːˈpækɪdʒɪŋ/, **prepacking** /priːˈpækɪŋ/, *n.* preconfezionamento.
prepacked /priːˈpækt/, *a.* (*market.*) preconfezionato; in confezione.
prepaid /priːˈpeɪd/, **A** *pass.* e *p. p.* di **to prepay**. **B** *a.* *1* pagato in anticipo *2* (*comm., trasp.*) franco di porto. ● (*di lettera*) **p. reply**, risposta pagata.
preparation /prɛpəˈreɪʃn/, *n.* *1* preparazione; allestimento; preparativo: **preparations for a journey**, preparativi per un viaggio *2* (*farm., ind.*) preparato (*medicina o alimento*) *3* lezioni da preparare; compito a casa.
preparative /prɪˈpærətɪv/, **A** *a.* preparatorio. **B** *n.* *1* sostanza che serve a preparare (q.c.) *2* (*mil., naut.*) segnale di tenersi pronti; segnale di «all'erta».
preparatory /prɪˈpærətrɪ, *USA* -tɔːrɪ/, *a.* preparatorio; preliminare: **p. training**, addestramento preliminare. ● **p. school**, scuola «preparatoria» (*che prepara alla public school in G.B., al college in USA*) □ **a p. student**, uno studente di scuola «preparatoria» □ (*form.*) **p. to**, in preparazione di; prima di; in attesa di.
to **prepare** /prɪˈpɛə(r)/, **A** *v. t.* preparare; allestire; disporre (*l'animo di q. a q.c.*); istruire; addestrare: **to p. a speech [one's pupils, a prescription]**, preparare un discorso [i propri alunni, una ricetta medica]; **to p. sb. for bad news**, preparare q. a una brutta notizia. **B** *v. i.* prepararsi; disporsi; accingersi: **to p. for an examination**, prepararsi a un esame; **to p. to leave**, accingersi a partire. **C** to **prepare oneself**, *v. rifl.* prepararsi; disporsi (*a fare q.c.*). ● **to be prepared**, essere pronto (*o* disposto): **I am prepared to admit [to acknowledge] that...**, sono pronto ad ammettere [a riconoscere] che...
preparedness /prɪˈpɛərɪdnəs/, *n.* l'essere preparato; l'esser pronto.
to **prepay** /priːˈpeɪ/ (*pass.* e *p. p.* **prepaid**), *v. t.* pagare in anticipo. ● **to p. the postage on correspondence**, affrancare la corrispondenza.
prepayment /priːˈpeɪmənt/, *n.* pagamento anticipato.
prepense /prɪˈpɛns/, *a.* (*leg.*) premeditato. ● (*leg.*) **malice p.**, premeditazione.
preponderance /prɪˈpɒndərəns/, **preponderancy** /prɪˈpɒndərənsɪ/, *n.* preponderanza; prevalenza.
preponderant /prɪˈpɒndərənt/, *a.* *1* preponderante; prevalente *2* predominante; dominante: **Red is the p. colour in her picture**, il rosso è il colore dominante nel suo quadro. ‖ **-ly**, *avv.*
to **preponderate** /prɪˈpɒndəreɪt/, *v. i.* *1* preponderare (*raro*); predominare; prevalere; avere un maggior peso *2* (*della bilancia*) pendere.
to **prepose** /priːˈpəʊz/, *v. t.* (*ling.*) preporre.
preposition /prɛpəˈzɪʃn/, *n.* (*gramm.*) preposizione.
prepositional /prɛpəˈzɪʃənəl/, *a.* (*ling.*) di preposizione; preposizionale: **a p. phrase**, una locuzione preposizionale.
prepositive /prɪˈpɒzɪtɪv/, (*ling.*) **A** *a.* prepositivo. **B** *n.* particella prepositiva.
to **prepossess** /priːpəˈzɛs/, *v. t.* *1* disporre (*bene o male q. verso q.c.*); predisporre (*l'animo di q.*); influire su: **I am quite prepossessed in his favour**, sono interamente predisposto in suo favore *2* (*di una idea, ecc.*) occupare la mente di (q.); ossessionare. ● **to be prepossed by sb.**, ricevere una buona impressione da q.
prepossessed /priːpəˈzɛst/, *a.* *1* che ha una buona opinione (di q.); ben impressionato *2* preoccupato; in pensiero.
prepossessing /priːpəˈzɛsɪŋ/, *a.* attraente; affascinante; simpatico: **p. appearance**, aspetto attraente; **p. manners**, modi affascinanti. ‖ **-ly**, *avv.*
prepossessingness /prɪpəˈzɛsɪŋnəs/, *n.*

l'essere attraente (*o* simpatico); fascino.

prepossession /priːpə'zɛʃn/, *n.* ***1*** predisposizione dell'animo; predilezione; simpatia ***2*** pregiudizio; prevenzione.

preposterous /prɪ'pɒstərəs/, *a.* assurdo; irragionevole; ridicolo. || **-ly,** *avv.* || **-ness,** *sost.*

prepotence /prɪ'pəʊtəns/, **prepotency** /prɪ'pəʊtənsɪ/, *n.* ***1*** (*raro*) prepotere; strapotenza ***2*** (*biol.*) dominanza.

prepotent /prɪ'pəʊtənt/, *a.* ***1*** (*raro*) potentissimo; strapotente ***2*** (*biol.*) dominante.

preppie /'prɛpɪ/, **A** *n.* (*fam. USA*) ***1*** studente di una «preparatory school» (*q.V.*) ***2*** giovanotto elegante, di buona famiglia. **B** *a. attr.* tipico di un «preppie». ● **p. clothes**, vestiti eleganti, ma sobri e spesso firmati.

prepping /'prɛpɪŋ/, *n.* ***1*** (*elab.*) formattazione ***2*** (*fam.*) preparazione.

preppy /'prɛpɪ/, *V.* **preppie**.

pre-preparatory school /priːprɪ'pærətrɪ'skuːl, *USA* -ɔːrɪ, 'prɛprətɔːrɪ/, *locuz. n.* (*in G.B.*) primo biennio della scuola elementare (*5-7 anni di età*).

to **preprogram** /priː'prəʊgræm/, *v. t.* (*anche elab.*) preprogrammare; programmare in anticipo.

preprogramming /prɪ'prəʊgræmɪŋ/, *n.* (*anche elab.*) preprogrammazione.

prepuberal /priː'pjuːbərəl/, *a.* prepuberale.

prepuberty /priː'pjuːbətɪ/, *n.* prepubertà.

prepuce /'priːpjuːs/, *n.* (*anat.*) prepuzio.

preputial /priː'pjuːʃl/, *a.* (*anat.*) prepuziale.

Pre-Raphaelism /'priː'ræfəlɪzəm/, *n.* (*arte, letter.*) preraffaellismo.

Pre-Raphaelite /priː'ræfəlaɪt/, *n.* e *a.* (*arte, letter.*) preraffaellita.

Pre-Raphaelitism /'prɪ'ræfɪəlaɪtɪzəm/, *V.* **Pre-Raphaelism**.

to **prerecord** /priːrɪ'kɔːd/, *v. t.* (*radio, TV*) preregistrare; registrare in anticipo.

prerelease /priːrɪ'liːs/, *n.* (*cinem.*) anteprima.

prerequisite /priː'rɛkwɪzɪt/, **A** *a.* essenziale; indispensabile. **B** *n.* requisito indispensabile; presupposto.

prerogative /prɪ'rɒgətɪv/, **A** *n.* ***1*** prerogativa; privilegio ***2*** precedenza; priorità. **B** *a.* di prerogativa; che ha una prerogativa; privilegiato: **p. right**, diritto di prerogativa. ● (*stor.*) **p. court**, tribunale ecclesiastico (*per la verifica dei testamenti*) □ **to have a p.**, avere (*o* godere di) una prerogativa □ **the Royal P.**, il potere discrezionale della Corona (*in G.B.*).

presage /'prɛsɪdʒ/, *n.* presagio; presentimento.

to **presage** /'prɛsɪdʒ/, *v. t.* ***1*** presagire; predire; presentire; vaticinare ***2*** essere presagio di; far presagire: **The latest business trends p. economic disaster**, le ultime tendenze congiunturali fanno presagire un disastro dell'economia.

presbyope /'prɛzbɪəʊp/, *n.* (*med.*) presbite.

presbyopia /prɛzbɪ'əʊpɪə/, *n.* (*med.*) presbiopia; presbitismo.

presbyopic /prɛzbɪ'ɒpɪk/, *a.* (*med.*) presbite.

presbyter /'prɛzbɪtə(r)/, *n.* (*relig.*) ***1*** (*stor.*) presbitero ***2*** sacerdote (*della Chiesa anglicana*) ***3*** «anziano» (*nella Chiesa Presbiteriana*).

presbyteral /prɛz'bɪtərəl/, *a.* (*relig.*) ***1*** presbiterale ***2*** presbiteriano.

presbyterate /prɛz'bɪtərət/, *n.* (*relig.*) ***1*** presbiterato ***2*** presbiterio (*assemblea delle chiese presbiteriane*).

presbyterial /prɛzbɪ'tɪərɪəl/, *V.* **presbyteral**.

Presbyterian /prɛzbɪ'tɪərɪən/, *a.* e *n.* (*relig.*) presbiteriano: **the P. Church**, la Chiesa Presbiteriana.

Presbyterianism /'prɛzbɪ'tɪərɪənɪzəm/, *n.* (*relig.*) presbiterianesimo.

presbytery /'prɛzbɪtrɪ, *USA* -tɛrɪ/, *n.* ***1*** (*relig.* e *archit.*) presbiterio (*parte della chiesa intorno all'altare maggiore*) ***2*** (*relig. cattolica*) presbiterio; canonica ***3*** (*relig. presbiteriana*) presbiterio; tribunale di ministri del culto presbiteriano e di «anziani» ***4*** (*relig. presbiteriana*) giurisdizione del presbiterio.

preschool /priː'skuːl/, **A** *a.* prescolare; prescolastico: **p. age**, età prescolare. **B** *n.* asilo infantile; giardino d'infanzia.

prescience /'prɛsɪəns/, *n.* prescienza; preveggenza.

prescient /'prɛsɪənt/, *a.* presciente; preveggente. || **-ly,** *avv.*

to **prescind** /prɪ'sɪnd/, (*raro*) *v. t.* e *i.* ***1*** prescindere ***2*** prescindere da ***3*** rescindere; staccare.

to **prescribe** /prɪ'skraɪb/, *v. t.* e *i.* ***1*** prescrivere; stabilire; fissare; ordinare ***2*** prescrivere, ordinare (*una medicina, ecc.*); fare una prescrizione ***3*** (*leg.*: *in Italia, Scozia, ecc.*) prescrivere; cadere (*o* andare) in prescrizione ***4*** (*leg.*; *pressappoco*) usucapire; acquisire per prescrizione acquisitiva. ● (*leg.*) **to p. to** (*o* **for**) **st.**, reclamare un diritto su q.c. per usucapione.

prescript /'priːskrɪpt/, *n.* prescrizione; comando; ordine.

prescriptibility /prɪskrɪptə'bɪlətɪ/, *n.* (*leg.*) prescrittibilità.

prescriptible /prɪ'skrɪptəbl/, *a.* (*leg.*) prescrittibile.

prescription /prɪ'skrɪpʃn/, *n.* ***1*** prescrizione; comando; ordine ***2*** prescrizione, ricetta (*medica*) ***3*** (*leg.*: *in Scozia, ecc.*) prescrizione; prescrizione estintiva ***4*** (*leg.*) usucapione; prescrizione acquisitiva. ● **p. book**, ricettario □ **p. charge**, ticket (*sulle medicine «passate» dal servizio sanitario nazionale*) □ **to make up a p.**, spedire una ricetta; preparare una medicina (*secondo la prescrizione medica*) □ (*leg.*) **positive p.**, prescrizione acquisitiva.

prescriptive /prɪ'skrɪptɪv/, *a.* ***1*** (*anche leg.*) prescrittivo ***2*** (*ling.*) normativo: **p. grammar**, grammatica normativa.

prescriptivism /prɪ'skrɪptɪvɪzəm/, *n.* prescrittivismo.

to **preselect** /priːsɪ'lɛkt/, *v. t.* preselezionare.

preselection /priːsɪ'lɛkʃn/, *n.* (*elettr., elettron.*) preselezione.

preselective /priːsɪ'lɛktɪv/, *a.* preselettivo.

preselector /priːsɪ'lɛktə(r)/, *n.* (*elettr., elettron.*) preselettore.

presence /'prɛzns/, *n.* presenza; aspetto; aria; portamento: **to be admitted to the p. of sb.**, essere ammesso alla presenza di q.; **a man of heavy p.**, un uomo dall'aspetto pesante; **He has a poor p.**, è un uomo di meschina presenza; **He has no p.**, non ha presenza. ● (*stor.*) **the p.**, la presenza del sovrano: **The courtiers retired from the p.**, i cortigiani si ritirarono dalla presenza del sovrano □ **p. chamber**, sala delle udienze □ **p. of mind**, presenza di spirito □ **in the p. of**, alla presenza di; al cospetto di □ (*negli inviti*) **Your p. is requested**, la Signoria Vostra è invitata a intervenire.

present (1) /'prɛznt/, **A** *a.* ***1*** presente; attuale; corrente: **Everybody was p.**, erano presenti tutti; (*gramm.*) **p. tense**, tempo presente; **the p. state of affairs**, le presenti condizioni; **the p. Cabinet**, il governo attuale; **in the p. year**, nell'anno corrente; (*mat.*) **the p. worth of 100 pounds in ten years**, il valore attuale di un montante di cento sterline fra dieci anni ***2*** (*arc.*) pronto, immediato ***3*** (*arc.*) presente a se stesso. **B** *n.* ***1*** (*anche gramm.*) (il) presente; (il) tempo presente ***2*** (*pl.*) (*leg.*) documento: **by these presents**, col presente documento. ● **p. company excepted**, esclusi i presenti □ **p.-day**, attuale; contemporaneo; d'oggigiorno □ (*gramm.*) **p. perfect**, passato prossimo □ **the p. writer**, lo scrivente; il sottoscritto □ **at p.**, al presente; ora □ **for the p.**, per il momento; per ora □ (*prov.*) **There's no time like the p.**, chi ha tempo non aspetti tempo.

present (2) /'prɛznt/, *n.* presente; dono; regalo; omaggio: **Christmas presents**, doni natalizi; **He made me a p. of a watch**, mi fece omaggio di un orologio. ● **to make sb. a p. of st.**, regalare q.c. a q. □ (*sport*) **to make the Arsenal a p. of two goals**, «regalare» due reti all'Arsenal (*squadra di calcio ingl.*).

present (3) /prɪ'zɛnt/, *n.* (*mil.*) (posizione di) presentat'arm: **to bring the rifle down to the p.**, mettere il fucile in posizione di presentat'arm.

to **present** /prɪ'zɛnt/, **A** *v. t.* ***1*** presentare (*anche radio, TV*); consegnare; mostrare; offrire; porgere: **to p. a petition**, presentare una petizione; **to p. a cheque for payment**, presentare un assegno all'incasso; **This problem presents some difficulties**, questo problema presenta qualche difficoltà; **to p. a complaint**, presentare un reclamo; (*mil.*) **to p. arms**, presentare le armi ***2*** presentare (q., *specialm. a Corte*): **A number of foreigners were presented**, diversi stranieri furono presentati a Corte ***3*** (*teatr.*) rappresentare ***4*** donare; offrire in dono; regalare: **He presented the school with a library**, donò alla scuola una biblioteca. **B** *v. i.* ***1*** presentarsi (*per una visita, ecc.*) ***2*** (*fam.*) presentarsi (*bene, in qualità di, ecc.*). **C** to **present oneself**, *v. rifl.* presentarsi, comparire; (*di un'idea*) venire alla mente: **to p. oneself for an examination**, presentarsi a un esame; (*leg.*) **to p. oneself for trial**, comparire in giudizio. ● **to p. one's apologies**, presentare (*o* fare) le proprie scuse □ **to p. one's compliments**, presentare (*o* fare) i propri omaggi □ (*mil.*) **P. arms!**, presentat'arm!

presentability /prɪzɛntə'bɪlətɪ/, *n.* presentabilità (*raro*).

presentable /prɪ'zɛntəbl/, *a.* presentabile; decoroso. ● **to make oneself p.**, rendersi presentabile.

presentation /prɛzən'teɪʃn/, *n.* ***1*** presentazione (*anche a Corte*) ***2*** (*teatr.*) rappresentazione: **the p. of a new comedy [drama]**, la rappresentazione di una nuova commedia [di un nuovo dramma] ***3*** dono; offerta; regalo ***4*** (*banca, fin., pubbl.*) presentazione: **the p. of a bill for acceptance**, la presentazione di una cambiale per l'accettazione ***5*** (*relig.*) collazione; nomina (*di un prelato a un beneficio*). ● **a p. copy**, una copia omaggio (*di un libro, ecc.*).

presentee /prɛzən'tiː/, *n.* ***1*** (*relig.*) chi è destinato a un beneficio ecclesiastico ***2*** chi è raccomandato per un impiego (*specialm. statale*) ***3*** chi è presentato a Corte; debuttante ***4*** destinatario di un dono.

presenter /prɪ'zɛntə(r)/, *n.* ***1*** donatore, donatrice ***2*** (*radio, TV*) presentatore.

presentient /prɪ'sɛnʃɪənt/, *a.* che presagisce; presago.

presentiment /prɪ'zɛntɪmənt/, *n.* presentimento. ● **to have a p. of st.**, presentire q.c.

presently /'prɛzəntlɪ/, *avv.* ***1*** fra poco; a momenti; subito: **I'm coming p.**, vengo a momenti; torno subito ***2*** (*specialm. USA*) attualmente; ora.

presentment /prɪ'zɛntmənt/, *n.* ***1*** presentazione; modo di presentarsi (*di un'idea alla mente*); rappresentazione; descrizione; esposizione ***2*** (*leg.*) messa in stato d'accusa da parte di una «grand jury» (*q.V.*) ***3*** (*teatr.*) rappresentazione ***4*** (*banca, fin.*) presentazione ***5*** (*relig.*) esposto (*da parte delle autorità parrocchiali a un vescovo*).

preservable /prɪ'zɜːvəbl/, *a.* preservabile; conservabile.

preservation /prɛzə'veɪʃn/, *n.* ***1*** preservazione; conservazione: **in a good state of p.**, in buono stato di conservazione ***2*** protezione; difesa; salvaguardia. ● **the p. of peace**, il mantenimento della pace □ **p. order**, ordinanza di conservazione (*di un monumento, ecc.*); dichiarazione di «monumento nazionale».

preservative /prɪ'zɜːvətɪv/, **A** *a.* preservativo; che preserva; conservativo. **B** *n.* sostanza conservatrice; conservante; conservativo: (*di alimenti*) **free from preservatives**, senza conservanti.

preservatized /prɪ'zɜːvətaɪzd/, *a.* (*ind.*: *di cibo*) trattato con conservanti.

preserve /prɪ'zɜːv/, *n.* ***1*** (*spesso al pl.*) conserva; composta di frutta; marmellata: **quince p.**, marmellata di cotogne ***2*** (= **game p.**) riserva di caccia; bandita ***3*** (= **fish p.**) peschiera; vivaio; riserva di pesca ***4*** (*fig.*) area (culturale) riservata; campo d'interesse (*o* di ricerca) riservato (*a q.*) ***5*** (*pl.*) occhiali contro la polvere. ● (*fig.*) **to trespass on sb.'s p.**, invadere il campo altrui.

to **preserve** /prɪ'zɜːv/, **A** *v. t.* ***1*** preservare; proteggere; salvaguardare; difendere; conservare; mantenere: **God p. us!**, Dio ci preservi (*o* ci salvi)!; **to p. one's dignity**, conservare (*o* salvare) la propria dignità; **to p. public order**, mantenere l'ordine pubblico ***2*** conservare; mettere in conserva: **to p. fruit**, mettere in conserva frutta ***3*** riservare: **Fishing is strictly preserved here**, qui la pesca è rigorosamente riservata. **B** *v. i.* ***1*** tenere riserve (*di caccia, ecc.*) ***2*** fare conserve alimentari. ● **to p. game [fish]**, proteggere la selvaggina [i pesci]; fare un territorio [un corso d'acqua] autogestito □ **to p. a river**, riservare il diritto di pesca in un fiume.

preserved /prɪ'zɜːvd/, *a.* (*market.*) conservato; in conserva; in scatola: **p. meat**, carne in scatola. ● **p. fruit**, frutta conservata.

preserver /prɪ'zɜːvə(r)/, *n.* preservatore, preservatrice. ● **game p.**, chi tiene una bandita di caccia.

preserving /prɪ'zɜːvɪŋ/, *a.* conservante. ● **p. agents**, conservanti.

to **preset** /priː'set/ (*pass.* e *p. p.* **preset**), *v. t.* ***1*** programmare (*un apparecchio, ecc.*); puntare (*fam.*) ***2*** (*elab.*) prefissare; inizializzare.

presetting /priː'setɪŋ/, *n.* ***1*** programmazione ***2*** (*elab.*) inizializzazione.

preshrunk /priː'ʃrʌŋk/, *a.* (*di tessuto*) sottoposto a restringimento preventivo; sanforizzato.

to **preside** /prɪ'zaɪd/, *v. i.* ***1*** presiedere a; presiedere: **The House of Lords is presided over by the Lord Chancellor**, la Camera dei Lord è presieduta dal Lord Cancelliere ***2*** dirigere; esercitare il comando ***3*** sedere a capotavola. ● (*raro*) **to p. at the piano**, sedere al pianoforte; suonare il pianoforte (*in pubblico*).

presidency /'prezɪdənsɪ/, *n.* ***1*** presidenza ***2*** (*relig.*) consiglio amministrativo (*della Chiesa mormone*). ● (*polit., in U.S.A.*) **the P.**, la Presidenza.

president /'prezɪdənt/, *n.* ***1*** (*anche polit.*) presidente: **P. Kennedy**, il Presidente Kennedy ***2*** (*fin., USA*) presidente (*d'una società commerciale*) ***3*** (*in U.S.A.*) rettore (*di un'università*) ***4*** (*stor.*) governatore d'una provincia (*o* d'una colonia). ● (*USA*) **p.-elect**, presidente eletto (*che non ha ancora assunto le funzioni*).

presidentess /'prezɪdəntɪs/, *n.* presidentessa.

presidential /prezɪ'denʃl/, *a.* presidenziale. ● (*USA*) **p. year**, anno delle elezioni presidenziali. ‖ **-ly**, *avv.*

presidentship /'prezɪdəntʃɪp/, *n.* presidenza.

presiding /prɪ'zaɪdɪŋ/, *a.* che presiede. ● (*polit.*) **p. officer**, presidente di seggio (elettorale).

presidium /prɪ'sɪdɪəm/, *n.* (*pl.* **presidia, presidiums**) (*polit.*) presidium (*in Russia, ecc.*).

presoak /priː'səʊk/, *n.* ***1*** preammollo ***2*** detergente (*o* polvere) per il preammollo.

to **presoak** /priː'səʊk/, **A** *v. i.* fare il preammollo. **B** *v. t.* mettere (*panni, ecc.*) in preammollo.

press (**1**) /pres/, *n.* ***1*** pressione; stretta: **a p. of the hand**, una stretta di mano (*in segno d'affetto*) ***2*** pressa; torchio; pressoio: **a cider p.**, una pressa per fare il sidro; **a wine p.**, un torchio per uva; **a trouser p.**, una pressa per dar la piega ai calzoni; uno stiracalzoni ***3*** (*mecc.*) pressa: **hydraulic p.**, pressa idraulica ***4*** pressione; urgenza; (l') incalzare: **the p. of events**, l'incalzare degli avvenimenti ***5*** (= **printing p.**) macchina da stampa; stampatrice; pressa a mano: **to stop the presses**, fermare le macchine (da stampa) ***6*** stamperia; tipografia ***7*** stampa; lo stampare: **The book is now in the p.**, il libro è in corso di stampa ***8*** (*fig.*) – **the p.**, la stampa; i giornalisti: **freedom of the p.**, libertà di stampa ***9*** (*legatoria*) torchio ***10*** (*sport*) distensione (lenta) (*nel sollevamento pesi*) ***11*** (*fam.*) passata (*del ferro da stiro*); colpo di ferro; stirata ***12*** casa editrice: **Oxford University P.**, la casa editrice dell'università di Oxford ***13*** (*raro*) armadio della biancheria ***14*** (*arc.*) calca; folla; ressa. ● **p. agency**, agenzia di stampa (*o* d'informazioni) □ **p. agent**, agente pubblicitario; addetto stampa; press-agent □ **p. baron**, potente proprietario di giornali; barone della stampa □ (*sport*) **p. box**, tribuna della stampa □ **a p. campaign**, una campagna giornalistica □ **p. conference**, conferenza stampa □ **p. corrector**, correttore di bozze □ **p. cuttings** (*o* **p. clippings**), ritagli di giornale □ (*metall.*) **p. forging**, fucinatura alla pressa □ (*polit.*) **p. gallery**, galleria della stampa □ **p. laws**, leggi sulla stampa □ (*naut.*) **p. of canvas** (*o* **of sail**), forza di vele □ **p. photographer**, fotoreporter □ **p. proof**, bozza di stampa □ **p. release**, comunicato stampa □ **p. run**, tiratura (*di un giornale*) □ (*polit.*) **p. secretary**, addetto stampa (*di un personaggio politico*) □ **p. stud**, bottone automatico; automatico □ **to go to p.**, (*di libro*) andare in stampa; (*di giornale*) andare in macchina □ (*d'un libro*) **to have a good p.**, ricevere una buona accoglienza da parte della stampa; ottenere recensioni favorevoli □ (*di libro, ecc.*) **off the p.**, appena stampato; fresco di stampa □ **to send to p.**, dare alle stampe.

press (**2**) /pres/, *n.* (*stor.*) arruolamento forzato. ● (*stor.*) **p.-gang**, corpo di soldati (*di solito, marinai*) che arruolava uomini forzatamente.

to **press** (**1**) /pres/, **A** *v. t.* ***1*** premere; comprimere; calcare; pigiare; stringere: **to p. a button**, premere un bottone (*o* un pulsante); **to p. the trigger of a rifle**, premere il grilletto d'un fucile; **P. it under a stone**, comprimilo sotto una pietra; **to p. sb.'s hand**, stringere la mano a q. (*in segno d'affetto*); **to p. grapes**, pigiare l'uva ***2*** spremere: **to p. juice out of a lemon**, spremere il succo da un limone ***3*** abbracciare; stringere a sé: **He pressed his daughter to his breast**, strinse al seno la figlia ***4*** mettere (q.) alle strette; incalzare; importunare; sollecitare; urgere: **to p. the enemy forces hard**, incalzare il nemico da presso ***5*** insistere su; far accettare (*a forza o quasi*): **to p. a question**, insistere su una questione; **to p. a gift on sb.**, far accettare un dono a q. ***6*** stirare: **to p. clothes**, stirare vestiti ***7*** stampare (*un disco*) ***8*** (*sport*: *pesistica*) sollevare (*un certo peso*) in distensione. **B** *v. i.* ***1*** affollarsi; accalcarsi; premere; spingere; incalzare; urgere: **The rioters were pressing against the police**, i rivoltosi s'accalcavano contro la polizia; **Time presses**, il tempo incalza (*o* stringe) ***2*** stirarsi: **This material presses well**, questa stoffa si stira bene. ● **to p. an argument home**, spingere a fondo un'argomentazione □ **to p. one's claim**, insistere in una rivendicazione □ **to p. home an attack**, spingere a fondo un attacco □ **to p. the button**, premere il bottone; (*fig.*) dare il via; fare il primo passo □ **to p. for an answer**, insistere per avere una risposta □ **to p. sb. for a decision**, chiedere insistentemente a q. di decidere □ **to p. one's opinion on sb.**, imporre la propria opinione a q.

♦**press ahead**, *v. i.* + *avv.* (*fam.*) andare avanti; continuare: **to p. ahead with one's work**, continuare a lavorare.

♦**press down**, *v. t.* + *avv.* schiacciare (*un pedale, ecc.*); abbassare (q.c.) esercitando una pressione; comprimere □ **to p. down on the handle**, abbassare la maniglia facendo forza.

♦**press forward**, **A** *v. i.* + *avv.* ***1*** spingersi innanzi; accalcarsi ***2*** (*fam.*) andare avanti; continuare. **B** *v. t.* (*mil.*) spingere avanti, continuare (*l'avanzata, ecc.*).

♦**press hard**, *v. t.* + *avv.* esercitare una forte pressione su (q.c.); incalzare (*il nemico, ecc.*): **They pressed the enemy hard for several days**, incalzarono il nemico per giorni.

♦**press in**, **A** *v. i.* + *avv.* sopraggiungere: **Night was pressing in**, sopraggiungeva la notte; si faceva buio. **B** *v. t.* + *avv.* fare rientrare (q.c.) esercitando una pressione □ **to p. in one's way**, farsi largo a forza.

♦**press into**, *v. t.* + *prep.* ***1*** comprimere, far entrare (q. *o* q.c.) dentro (*una stanza, una valigia, ecc.*) ***2*** cavare da, spremere: **to p. oranges into juice**, cavare il succo dalle arance; spremere arance.

♦**press on**, *v. i.* + *avv.* (*fam.*) andare avanti; continuare; tirare innanzi: **Let's p. on to get there in time**, tiriamo innanzi per arrivare in tempo!

♦**press out**, *v. t.* + *avv.* fare uscire a forza (q.c.); tirare fuori (q.c.) premendo.

♦**press round**, *v. i.* + *avv.* (*o prep.*) stringersi attorno a (q.); circondare (q.) in massa.

♦**press up**, *v. t.* + *avv.* sollevare (q.c.) con forza □ **to p. one's body up with one's arms**, fare flessioni sulle braccia (*a terra*).

to **press** (**2**) /pres/, *v. t.* ***1*** (*stor.*) arruolare forzatamente (*specialm. nella marina*) ***2*** requisire (*cavalli, barche, ecc.*). ● **to p. st. into service**, fare uso di q.c. (*eccezionalmente, in mancanza di meglio*).

pressboard /'presbɔːd/, *n.* cartone pressato lucido.

press-button /'presbʌtn/, **A** *n.* (*anche elab.*) pulsante di comando. **B** *a.* a tastiera: **a p. phone**, un telefono a tastiera.

pressed /prest/, *a.* ***1*** compresso; pressato: **p. brick**, mattone pressato ***2*** (*mecc., metall.*) stampato (alla pressa): (*autom.*) **p. steel rims**, cerchi in acciaio stampato ***3*** (*d'abito*) stirato. ● **p. beef**, carne di bue pressata in scatola □ **to be p. for money [time]**, avere poco denaro [tempo].

presser /'presə(r)/, *n.* ***1*** chi preme, spreme, ecc. (*V.* **press (1)**) ***2*** stiratore, stiratrice ***3*** pressatore; addetto alla pressatura ***4*** premistoffa (*di macchina da cucire*).

to **pressgang** /'presgæŋ/, *v. t.* ***1*** (*stor.*) arruolare forzatamente ***2*** (*fig.*) costringere; forzare. ● **to p. sb. into doing st.**, costringere con la forza q. a fare q.c.

pressie /'prezɪ/, *n.* (*fam.*) regalo; dono.

pressing /'presɪŋ/, **A** *a.* ***1*** incalzante; urgente; imminente; pressante: **a p. matter**, un affare pressante; **p. need**, bisogno urgente; **p. danger**, pericolo imminente ***2*** insistente; caloroso; importuno: **a p. petitioner**, un postulante importuno; **a p. invitation**, un invito caloroso. **B** *n.* ***1*** (*metall.*) pressatura; (*anche*) stampaggio di lastre ***2*** stampaggio (*specialm. di dischi*); disco (*fonografico*) stampato ***3*** pressione; insistenza: **It didn't take much p. to convince him**, non fu necessario insistere molto per convincerlo ***4*** stiratura: **clothes for p.**, abiti da stirare ***5*** (*sport*: *calcio*) pressing. ● **wine p.**, pigiatura (*dell'uva*) □ **He doesn't need much p.**, non si fa davvero pregare.

pressman /'presmən/, *n.* (*pl.* **pressmen**) ***1*** (*tipogr.*) macchinista; stampatore ***2*** (*fam.*) giornalista; cronista.

pressmark /'presmɑːk/, *n.* collocazione d'un libro; segnatura; indicazione del posto assegnato a un libro in biblioteca.

pressor /'presə(r)/, *a.* ***1*** (*fisiol.*) pressorio ***2*** (*med.*) ipertensivo. ● **p. area**, centro vasomotore.

pressroom /'presruːm, -rʊm/, *n.* ***1*** (*tipogr.*) reparto delle macchine da stampa ***2*** sala stampa.

to **press-show** /'presʃəʊ/, *v. t.* (*cinem.*) presentare (*un film*) alla stampa in anteprima.

press-up /'presʌp/, *n.* (*ginnastica*) flessione (*sulle braccia*); piegamento.

pressure /'preʃə(r)/, *n.* ***1*** (*fis., mecc., med.*) pressione: **the p. of a tyre**, la pressione di un pneumatico; **atmospheric p.**, pressione atmosferica; **blood p.**, pressione sanguigna ***2*** (*fis., mecc.*) compressione: **p. microphone**, microfono a compressione ***3*** (*fig.*) pressione; costrizione; insistenza; urgenza: **fiscal p.**, la pressione fiscale; **the p. of poverty**, la costrizione della miseria *4* afflizione; oppressione; difficoltà: **financial p.**, difficoltà finanziarie. ● (*mecc.*) **p. bar**, premilamiera □ (*aeron.*) **p. cabin**, cabina pressurizzata □ (*metall.*) **p. casting**, pressofusione □ **p. cooker**, pentola a pressione □ (*mecc., autom.*) **p. feed**, alimentazione forzata □ **p. gauge**, manometro □ (*polit., econ.*) **p. group**, gruppo di pressione □ (*mecc. dei fluidi*) **p. head**, altezza piezometrica □ **p. of business**, affari urgenti; cumulo di lavoro □ (*autom., mecc.*) **p. plate**, spingidisco □ (*med.*) **p. points**, punti cutanei sensibili alla pressione □ (*tecn.*) **p. suit**, tuta pressurizzata □ (*fig.*) **to bring p. to bear on sb.**, esercitare (*o* fare) pressioni su q. □ **under p.**, sotto pressione (*fig.*); in modo assai impegnativo □ (*comm.*) **under the p. of competition**, sotto lo stimolo della concorrenza □ (*fig.*) **to work at high p.**, lavorare intensamente; essere sotto sforzo (*o* sotto pressione) □ **to yield under p.**, essere costretto a cedere (per le pressioni subite) □ (*econ.*) **Prices have come under some slight p.**, sono riapparse lievi tensioni sui prezzi.

to **pressure** /ˈprɛʃə(r)/, (*specialm. USA*) *V.* **to pressurize.**

pressurization /prɛʃəraɪˈzeɪʃn, *USA* -rɪˈz-/, *n.* (*aeron., tecn.*) pressurizzazione.

to **pressurize** /ˈprɛʃəraɪz/, *v. t.* *1* (*aeron., tecn.*) pressurizzare: **pressurizzed cabin**, cabina pressurizzata *2* (*fig.*) fare (*o* esercitare) pressioni su (q.). ● (*fis. nucl.*) **pressurized water reactor**, reattore ad acqua pressurizzata.

presswoman /ˈprɛswʌmən/, *n.* (*pl.* **presswomen**) giornalista, cronista (*donna*).

presswork /ˈprɛswɜːk/, *n.* *1* lavoro di stampa; lo stampare *2* giornalismo.

prest /prɛst/, *n.* (= **p. money**) premio d'arruolamento.

Prestel /prɛˈstɛl/, *n.* (*marchio*) (*in G.B.*; *contraz. di* **presse telephone**) servizio d'informazioni trasmesse per telefono e leggibili su apposito televisore (*V.* **Homelink**).

prestidigitation /prɛstɪdɪdʒɪˈteɪʃn/, *n.* prestidigitazione.

prestidigitator /prɛstɪˈdɪdʒɪteɪtə(r)/, *n.* prestidigitatore; prestigiatore.

prestige /prɛˈstiːʒ, -dʒ, ˈprɛstɪdʒ/, **A** *n.* prestigio (*fig.*); autorità; fascino; rinomanza. **B** *a. attr.* prestigioso; di prestigio: **a p. car**, un'automobile di prestigio.

prestigious /prɛˈstɪdʒəs/, *a.* prestigioso. || **-ly**, *avv.*

presto /ˈprɛstəʊ/ (*ital.*), (*mus.*) **A** *avv.* presto. **B** *n.* (*pl.* **prestos**) presto; brano da eseguire in tempo di presto. ● (*escl. di prestigiatore*) **Hey p.!**, oplà!

to **prestress** /priːˈstrɛs/, *v. t.* (*ind. costr.*) precomprimere.

prestressed /priːˈstrɛst/, *a.* precompresso: **p. concrete**, calcestruzzo precompresso.

presumable /prɪˈzuːməbl, -ˈzjuː-/, *a.* presumibile. || **-bly**, *avv.*

to **presume** /prɪˈzuːm, -ˈzjuːm/, **A** *v. t.* *1* presumere; congetturare; immaginare; supporre *2* avere l'ardire (*o* la pretesa) di; prendersi la libertà di; osare: **I don't p. to correct you**, non oso (*o* non mi sogno certo di) correggerti *3* far presumere; presupporre; esser prova di: **A signed invoice presumes receipt of the shipment**, una fattura firmata fa presumere che la merce sia stata ricevuta *4* (*leg.*) considerare: **to p. sb. innocent**, considerare q. innocente. **B** *v. i.* *1* agire in modo presuntuoso; prendersi delle libertà *2* far congetture; fare supposizioni: **Mr Johnson, I p.?**, suppongo che Lei sia Mr Johnson. ● **to p. on**, contare troppo, fare troppo affidamento su (q. *o* q.c.); approfittare di (q. o q.c.) □ **to p. on one's position**, credersi chi sa chi □ **to p. upon chance**, affidarsi al caso; riporre troppa fiducia nella buona sorte.

presumedly /prɪˈzuːmɪdlɪ, -ˈzjuː-/, *avv.* presumibilmente; secondo le supposizioni.

presuming /prɪˈzuːmɪŋ, -ˈzjuː-/, *a.* presuntuoso; arrogante. || **-ly**, *avv.*

presumption /prɪˈzʌmpʃn/, *n.* *1* presunzione (*anche leg.*); congettura; supposizione: **a false p.**, una supposizione errata; (*leg.*) **p. of death**, presunzione di morte; **p. of innocence**, presunzione d'innocenza; **It was a mere p.**, non era che una congettura *2* presunzione; arroganza.

presumptive /prɪˈzʌmptɪv/, *a.* presuntivo; presunto: **the heir p.**, l'erede presuntivo; il presunto erede. ● (*leg.*) **p. evidence**, prova presuntiva (*o* congetturale, indiziaria) □ **p. title**, titolo di proprietà presunto. || **-ly**, *avv.*

presumptuous /prɪˈzʌmptʃʊəs/, *a.* presuntuoso; arrogante. || **-ly**, *avv.* || **-ness**, *sost.*

to **presuppose** /priːsəˈpəʊz/, *v. t.* presupporre.

presupposition /priːsʌpəˈzɪʃn/, *n.* presupposizione; presupposto.

pre(-)tax /priːˈtæks/, *a.* (*fin.*) al lordo delle imposte. ● (*rag.*) **p. accounting income**, reddito lordo contabile.

pre-teen /priːˈtiːn/, *n.* (*specialm. USA*) preadolescente.

pretence /prɪˈtɛns/, *n.* *1* finzione; mostra; simulazione *2* pretesto; scusa: **He refuses to work on the slightest p.**, gli basta un minimo pretesto per rifiutarsi di lavorare *3* pretesa; pretese: **without p.**, senza pretese *4* (*leg.*) pretesa; richiesta di riconoscimento di un diritto. ● **devoid of all p.**, del tutto privo di pretese □ (*leg.*) **false pretences**, pretese infondate; frode; inganno; truffa □ **to make a p. of doing st.**, far finta (*o* fingere) di fare q.c. □ **under the p. of personal devotion**, fingendosi un amico devoto □ **under the p. of helping**, facendo finta d'aiutare; con il pretesto di dare aiuto.

pretend /prɪˈtɛnd/, *a. attr.* (*voce infantile*) per finta; per gioco; immaginario: **a p. giant**, un gigante immaginario (*o* finto).

to **pretend** /prɪˈtɛnd/, *v. t.* e *i.* *1* fingere; far finta, far mostra (di); simulare; far le viste (di): **to p. sickness**, simulare una malattia; **I pretended that I was deaf** (*o* **to be deaf**), facevo finta d'essere sordo *2* pretendere; avere la presunzione di; pretendere a; aspirare (a); accampare diritti su: **He does not p. to be a scholar**, non pretende d'essere un erudito; **He pretended to the throne of England**, pretendeva (*o* aspirava) al trono d'Inghilterra. ● **to p. to sb.** (*o* **sb.'s hand**), essere il pretendente di (*una donna*); aspirare alla mano di q. □ **We're only pretending**, facciamo per gioco; non facciamo sul serio.

pretended /prɪˈtɛndɪd/, *a.* *1* finto; simulato: **p. generosity**, finta generosità *2* preteso; supposto. ● **p. father**, padre putativo. || **-ly**, *avv.*

pretender /prɪˈtɛndə(r)/, *n.* *1* pretendente *2* chi finge; simulatore. ● **the Old P.**, Giacomo Stuart (*figlio di re Giacomo II*) □ **the Young P.**, Carlo Stuart (*nipote di re Giacomo II*).

pretense /prɪˈtɛns/, (*USA*) *V.* **pretence**.

pretension /prɪˈtɛnʃn/, *n.* *1* pretesa: **He makes** (*o* **he has**) **no pretensions to skill as a painter**, non ha la pretesa d'esser bravo come pittore *2* presunzione; vanità *3* pretenziosità *4* (*mecc.*) precompressione.

pretentious /prɪˈtɛnʃəs/, *a.* pretenzioso, presuntuoso; vanitoso: **a p. writer**, uno scrittore pretenzioso. || **-ly**, *avv.* || **-ness**, *sost.*

preterhuman /priːtəˈhjuːmən/, *a.* (*raro*) sovrumano.

preterit(e) /ˈprɛtərɪt/, *a.* e *n.* (*gramm.*) preterito.

preterition /priːtəˈrɪʃn/, *n.* preterizione; omissione.

pretermission /priːtəˈmɪʃn/, *n.* *1* omissione *2* interruzione.

to **pretermit** /priːtəˈmɪt/, *v. t.* *1* omettere; tralasciare *2* sospendere; interrompere.

preternatural /priːtəˈnætʃərəl/, *a.* *1* preternaturale; soprannaturale *2* straordinario; eccezionale. || **-ly**, *avv.*

pretext /ˈpriːtɛkst/, *n.* pretesto; scusa: **to offer a p.**, fornire un pretesto; dare appiglio; **under** (*o* **on, upon**) **the p. of**, col pretesto di.

pretor /ˈpriːtə(r)/, e *deriv.* *V.* **praetor**, e *deriv.*

to **prettify** /ˈprɪtɪfaɪ/, **A** *v. t.* (*spesso spreg.*) abbellire, agghindare, illeggiadrire (*specialm. in modo lezioso*). **B** to **prettify oneself**, *v. rifl.* farsi bello; agghindarsi; mettersi in ghingheri.

prettily /ˈprɪtəlɪ/, *avv.* graziosamente; leggiadramente; elegantemente; bene: **p. dressed**, ben vestito. ● (*infant.*) **to behave p.**, comportarsi bene; fare il buono □ (*parlando a un bambino*) **Eat p.!**, fa' il bravo e mangia!; mangia, da bravo!

prettiness /ˈprɪtɪnəs/, *n.* *1* grazia; graziosità; leggiadria; eleganza *2* (*di stile*) eleganza affettata; leziosità; ricercatezza.

pretty /ˈprɪtɪ/, **A** *a.* *1* grazioso; leggiadro; carino: **a p. girl**, una ragazza graziosa (*o* carina); **a p. cottage**, una graziosa villetta; **a p. scene**, una scena leggiadra *2* (*spesso iron.*) bello: **a p. picture**, un bel quadretto; **A p. mess you've made of it!**, hai combinato un bel pasticcio! *3* (*fam.*) bello; considerevole; grande; grosso: **This car cost me a p. sum**, questa auto m'è costata una bella somma *4* (*fam.*) effeminato; poco virile. **B** *n.* *1* (*raro*) carino; tesoruccio *2* (*pl.*) biancheria intima *3* (*sport*: *golf*) percorso libero *4* riga, scanalatura: **to fill a glass up to the p.**, riempire un bicchiere fino alla riga (*o* fin quasi all'orlo). **C** *avv.* (*fam.*) abbastanza; discretamente; passabilmente; piuttosto: **p. good**, abbastanza buono; discreto; **p. late**, piuttosto tardi; **I am p. well**, sto abbastanza bene; sto benino; **p. difficult**, piuttosto difficile. ● **a p. bargain**, un buon affare □ (*fam.*) **a p. penny**, una bella somma □ (*fam.*) **p.-p.**, affettato; lezioso; ricercato; sdolcinato □ **p.-pretties**, chincaglieria; cianfrusaglie; ninnoli □ **a p. distinction**, una distinzione sottile □ **p. much the same** (**thing**), quasi lo stesso; pressoché la stessa cosa: **It is p. much the same thing**, se non è zuppa, è pan bagnato □ **p. tales**, dicerie, voci: **I've heard p. tales about her**, ne ho sentite di belle sul suo conto □ **to have a p. wit**, avere molto spirito; essere un tipo spiritoso □ (*fam.*) **sitting p.**, seduto comodamente; (*fig.*) tra due cuscini, tranquillo.

pretzel /ˈprɛtsl/ (*ted.*), *n.* (*specialm. USA*) ciambellina croccante salata (*a forma di nodo*).

to **prevail** /prɪˈveɪl/, *v. i.* *1* prevalere; avere la meglio; aver successo; vincere: **Reason will p.**, la ragione prevarrà; **The King prevailed over the barons**, il re ebbe la meglio sui grandi feudatari *2* predominare; essere predominante; essere invalso (*o* assai diffuso): **Hot winds p. in this country**, i venti caldi predominano in questo paese; **The use of opium once prevailed in China**, un tempo l'uso dell'oppio era assai diffuso in Cina. ● **to p. upon** (*o* **on**), convincere; indurre; persuadere: **I prevailed upon him to accept the invitation**, lo indussi ad accettare l'invito.

prevailing /prɪˈveɪlɪŋ/, *a.* *1* prevalente; predominante; dominante: **the p. winds**, i venti dominanti *2* assai diffuso; comune; invalso; generale: **a p. practice**, una pratica assai diffusa; un'abitudine comune. ● (*leg.*) **the p. party**, la parte vittoriosa (*in giudizio*) □ (*comm.*) **at the prices now p.**, ai prezzi correnti.

prevalence /ˈprɛvələns/, *n.* larga diffusione; l'esser comune; prevalenza.

prevalent /ˈprɛvələnt/, *a.* *1* assai diffuso; generalmente invalso; comune; generale: **p. customs**, costumanze assai diffuse *2* prevalente; predominante. ● (*meteor.*) **p. winds**, venti dominanti. || **-ly**, *avv.*

to **prevaricate** /prɪˈværɪkeɪt/, *v. i.* *1* parlare (*o* agire) in modo evasivo (*o* ambiguo); tergiversare: **Instead of answering clearly, he began to p.**, invece di rispondere in modo chiaro, si diede a tergiversare *2* mentire *3* (*leg.*: *di due parti in causa*) colludere; (*di un testimone*) essere reticente *4* (*leg.*: *in Italia, Scozia, ecc.*) prevaricare.

prevarication /prɪværɪˈkeɪʃn/, *n.* ***1*** tergiversazione ***2*** menzogna ***3*** (*leg.*) collusione (*del denunciante e del convenuto*); reticenza (*di un testimone*); abuso di fiducia ***4*** (*in Italia, Scozia, ecc.*) prevaricazione.

prevaricator /prɪˈværɪkeɪtə(r)/, *n.* ***1*** tergiversatore ***2*** (*leg.*: *in Italia, Scozia, ecc.*) prevaricatore.

prevenient /prɪˈviːnɪənt/, *a.* ***1*** precedente; anteriore ***2*** che aspetta (*q.c. che deve avvenire*); che è in attesa. ● (*relig.*) **p. grace**, grazia divina che previene il pentimento.

to **prevent** /prɪˈvɛnt/, *v. t.* ***1*** prevenire; evitare; impedire; ostacolare; inceppare: **to p. aggression**, prevenire l'aggressione; **to p. a calamity**, prevenire una disgrazia; **to p. an accident**, evitare un incidente; **What prevented you from writing** (*o* **your writing**)?, che cosa t'impedì di scrivere? ***2*** (*arc.*) prevenire (*un desiderio, una domanda, ecc.*). ● (*med.*) **to p. a disease**, prevenire una malattia □ (*relig.*) **God prevents us with His grace**, Dio ci previene con la Sua grazia □ (*arc.*) **P. us, o Lord, in all our doings**, guidaci, o Signore, in ogni nostra azione.

preventable /prɪˈvɛntəbl/, *a.* prevenibile; evitabile.

preventative /prɪˈvɛntətɪv/, *V.* **preventive**.

preventer /prɪˈvɛntə(r)/, *n.* ***1*** chi previene; chi evita ***2*** (*naut.*) elemento (*paterazzo volante, ecc.*) di rinforzo.

preventible /prɪˈvɛntəbl/, *V.* **preventable**.

prevention /prɪˈvɛnʃn/, *n.* prevenzione; misura preventiva; impedimento; ostacolo: **the p. of disease**, la prevenzione delle malattie. ● (*prov.*) **P. is better than cure**, è meglio prevenire che curare.

preventive /prɪˈvɛntɪv/, **A** *a.* (*specialm. med.*) preventivo; profilattico: **p. treatment**, cura preventiva. **B** *n.* ***1*** medicina preventiva ***2*** misura profilattica ***3*** provvedimento preventivo. ● (*leg.*) **p. attachment**, sequestro conservativo □ (*leg.*) **p. detention**, detenzione preventiva (*fino al 1908*); carcerazione di un delinquente abituale (*fino al 1973*; *cfr.* **custody**) □ (*tecn.*) **p. maintenance**, manutenzione preventiva □ **P. Service**, servizio (*di guardia costiera*) per la repressione del contrabbando. ‖ **-ly**, *avv.*

preview /ˈpriːvjuː/, *n.* (*cinem., teatr., pitt.*) ***1*** anteprima ***2*** (*USA*) «prossimamente»; proiezione di scene d'un film di prossima programmazione ***3*** (*fig.*) breve descrizione; anticipazione.

to **preview** /ˈpriːvjuː/, *v. t.* ***1*** vedere (*un film., ecc.*) in anteprima; visionare ***2*** presentare in anteprima.

previous /ˈpriːvɪəs/, *a.* ***1*** previo; precedente; antecedente; anteriore: **during a p. encounter**, in un precedente incontro ***2*** (*fam.*) avventato; prematuro; in anticipo. ● (*leg.*) **p. convictions**, condanne subite; precedenti; precedenti penali □ (*leg.*) **p. offender**, pregiudicato □ (*polit.*) **p. question**, pregiudiziale; questione pregiudiziale (*in Parlamento*) □ **p. to**, prima di: **p. to his departure**, prima della sua partenza. ‖ **-ly**, *avv.* ‖ **-ness**, *sost.*

prevision /priːˈvɪʒn/, *n.* previsione; profezia; pronostico.

previsional /prɪˈvɪʒənl/, *a.* di (*o* pertinente a) previsione; previsionale.

prewar /priːˈwɔː(r)/, *a. attr.* dell'anteguerra; prebellico: **p. Italy**, l'Italia dell'anteguerra.

prey /preɪ/, *n.* ***1*** preda; rapina; (*fig.*) vittima: **The lion was eating up its p.**, il leone stava divorando la sua preda; **to fall p. to**, cadere in preda a (*un nemico, un sentimento, ecc.*) ***2*** (*arc.*) preda (*di guerra, ecc.*); bottino. ● **to be a p. to a nightmare**, essere in preda a un incubo □ (*zool.*) **a beast of p.**, un predatore □ (*zool.*) **a bird of p.**, un uccello rapace; un rapace □ **to fall p. to thieves**, subire un furto.

to **prey** /preɪ/, *v. i.* – **to p. on** (*o* **upon**) ***1*** predare; depredare; far preda di; saccheggiare: **Cats p. on mice**, i gatti fan preda dei topi; **The enemy preyed upon the village**, il nemico saccheggiò il villaggio ***2*** devastare; consumare; logorare; rodere: **His failure preyed upon his mind**, l'insuccesso gli rodeva l'animo. ● (*fig.*) **to p. on one's rich relatives**, vivere alle spalle dei parenti ricchi.

prezzy /ˈprɛzɪ/, *n.* (*fam.*) dono; regalo.

Priam /ˈpraɪəm/, *n.* (*letter.*) Priamo.

Priapean /praɪəˈpiːən/, *a.* (*mitol., letter.*) priapeo.

priapic /praɪˈæpɪk, -ˈeɪp-/, *a.* ***1*** *V.* **Priapean** ***2*** fallico.

priapism /ˈpraɪəpɪzəm/, *n.* (*med.*) priapismo.

Priapus /praɪˈeɪpəs/, *n.* (*mitol.*) Priapo.

price /praɪs/, *n.* ***1*** (*econ., comm.*) prezzo (*anche fig.*): **high** [**low**] **prices**, prezzi alti [bassi]; **Prices and incomes are closely linked**, i prezzi e i redditi sono strettamente correlati; **It must be done at any p.**, bisogna farlo a qualunque prezzo (*o* ad ogni costo) ***2*** (*Borsa, fin.*) prezzo; corso: **p. of issue**, prezzo di emissione ***3*** ricompensa; taglia: **to have a p. on one's head**, avere una taglia sulla testa ***4*** (*ippica*) quotazione. ● **prices account**, listino dei prezzi correnti; mercuriale □ (*Borsa*) **p. after hours**, prezzo del dopoborsa □ **p.-calming factor**, fattore calmierante sui prezzi □ (*econ.*) **p. ceiling**, tetto dei prezzi □ (*econ.*) **p. control**, controllo dei prezzi □ **prices current**, V. **prices account** □ **p. fall**, crollo (*o* caduta) dei prezzi □ (*econ.*) **p. floor**, livello minimo dei prezzi □ **p. freeze**, congelamento (*o* blocco) dei prezzi □ **p. increase**, aumento (*o* rialzo) dei prezzi □ (*econ.*) **p. increases**, (*anche*) la dinamica dei prezzi □ (*econ.*) **p. inflation**, inflazione da prezzi □ (*market*) **p. leader**, articolo civetta □ (*econ.*) **p. lining**, allineamento dei prezzi □ **p.-list**, listino (dei) prezzi □ (*fin.*) **the p. of money**, il prezzo del danaro □ **prices on importation**, i prezzi all'importazione □ (*autom.*) **p. on the road**, prezzo chiavi in mano (*o* su strada) □ (*econ.*) **p. policy**, politica dei prezzi □ **p. rise**, *V.* **p. increase** □ (*econ.*) **p. spiral**, spirale dei prezzi □ **p. sticker**, adesivo segnaprezzo □ (*econ.*) **p. stickiness**, vischiosità dei prezzi □ **p. swings**, fluttuazioni (*o* oscillazioni) dei prezzi □ (*market.*) **p.-tag**, cartellino del prezzo, segnaprezzo; (*fig.*) costo: **to put a p.-tag on st.**, valutare (*o* dichiarare) il costo di q.c. □ **prices to the consumer**, prezzi al consumo □ (*econ.*) **p. war**, guerra dei prezzi □ **above p.**, *V.* **beyond p.** □ **at a p.**, a un prezzo assai elevato; (*fig.*) a caro prezzo □ **below p.**, sottoprezzo □ **below cost p.**, sottocosto □ **beyond p.**, inapprezzabile; inestimabile □ **bottom p.**, prezzo minimo □ **cost p.**, prezzo di costo □ **market p.**, prezzo del mercato; prezzo corrente □ **to name a p.**, fare (*o* chiedere) un prezzo □ **not for any p.**, per nessun prezzo; (*fig.*) per nulla al mondo □ (*di due articoli*) **to be of a p.**, avere lo stesso prezzo □ **to put a p. on st.**, fare il prezzo di (*o* stimare) q.c. □ **to put** (*o* **to set**) **a p. on sb.'s head**, mettere una taglia su q. □ **to put a p. to st.**, fare (*o* indovinare) il prezzo di q.c.; valutare q.c. □ **retail p.**, prezzo al minuto □ **rise of** (*o* **in**) **prices**, rincaro □ **to set a high p. on sb.** [**st.**], attribuire un grande valore a q. [q.c.] □ **top p.**, prezzo massimo □ **trade p.**, prezzo di fabbrica (*o* di grossista) □ **wholesale p.**, prezzo all'ingrosso □ **without p.**, che non ha prezzo; inestimabile □ (*fam.*) **What p. a holiday tomorrow?**, che probabilità ci sono di far vacanza domani? □ **What p. peaceful coexistence?**, le azioni della coesistenza pacifica sono un po' in ribasso, eh? □ (*prov.*) **Every man has his p.**, ogni uomo ha il suo prezzo.

to **price** /praɪs/, *v. t.* ***1*** fissare il prezzo di (q.c.); fare il prezzo di (q.c.): **Their goods are priced very high**, la loro merce si vende a un prezzo molto alto ***2*** (*fig.*) stimare; valutare ***3*** indicare (*o* segnare) il prezzo su (*merce*); prezzare: **Our articles are all priced according to the law**, i nostri articoli hanno tutti il prezzo indicato a norma delle disposizioni di legge ***4*** (*fam.*) chiedere il prezzo di (*un articolo*); sentire i prezzi di (*un prodotto, ecc.*). ● **to p. a car out of the market**, non riuscire a vendere un'automobile perché è troppo cara □ **to p. oneself out of the market**, praticare prezzi esagerati (*o* proibitivi), così da escludersi dal mercato □ **to p. up**, alzare il prezzo di (*un prodotto, ecc.*).

priced /praɪst/, *a.* che ha un prezzo (*specialm. nei composti, per es.*:) **high-p.**, che ha un prezzo elevato; caro; **low-p.**, che ha un prezzo basso; a buon mercato. ● **p. catalogue**, catalogo coi prezzi □ (*market.*) **p. from**, a partire da: **building lots p. from 49,000 dollars**, lotti edificabili a partire da 49.000 dollari.

priceless /ˈpraɪsləs/, *a.* ***1*** senza prezzo; inapprezzabile; inestimabile; impagabile: **a p. pearl**, una perla d'inestimabile valore ***2*** (*fam.*) divertente; buffo; ridicolo; strambo: **a p. chap**, un tipo buffo (*o* impagabile); **a p. story**, una storiella divertente.

pricelessly /ˈpraɪsləslɪ/, *avv.* senza prezzo; impagabilmente.

pricelessness /ˈpraɪsləsnəs/, *n.* valore inestimabile.

to **price-mark** /ˈpraɪsmɑːk/, *v. t.* (*comm.*) prezzare.

pricey /ˈpraɪsɪ/, *a.* (*fam.*) costoso; caro; salato (*pop.*); esoso.

priciness /ˈpraɪsɪnəs/, *n.* (*fam.*) esosità (*del prezzo*); l'essere costoso.

pricing /ˈpraɪsɪŋ/, *n.* determinazione (*o* fissazione) del prezzo. ● **p. machine**, prezzatrice (*macchina*) □ (*econ.*) **the p. policy**, la politica dei prezzi.

prick /prɪk/, *n.* ***1*** punta; pungiglione; aculeo ***2*** puntura (*anche fig.*); punzecchiatura; pungolo (*fig.*); rimorso: **a pin-p.**, una puntura di spillo; (*fig.*) una piccolezza fastidiosa (*o* irritante); **a p. of conscience**, un rimorso di coscienza ***3*** (*arc.*) pungolo (*per i buoi*) ***4*** (*volg.*) cazzo (*volg.*); pene ***5*** (*volg.*) cazzone (*volg.*); (testa di) rapa (*fig. fam.*); tipo che non vale una cicca (*pop.*). ● **p.-ears**, orecchie ritte, appuntite (*come quelle di certi cani*) □ **p.-eared**, dalle orecchie appuntite □ (*mecc.*) **p. punch**, punteruolo; punzone □ **to feel the p.**, sentire una fitta, il dolore d'una trafittura □ (*fig.*) **to kick against the pricks**, dar la testa nel muro; opporsi all'inevitabile.

to **prick** /prɪk/, **A** *v. t.* ***1*** pungere; punzecchiare; forare; trafiggere: **I pricked my finger with a needle**, mi punsi un dito con l'ago ***2*** (*fig.*) pungere (*raro*); rimordere: **Remorse pricked my conscience**, il rimorso mi pungeva la coscienza ***3*** (*spesso* **to p. up**) rizzare, drizzare, tendere (*le orecchie, come un cane*): **The stranger pricked up his ears**, il forestiero rizzò gli orecchi ***4*** (*arc.*) pungolare, spronare (*il cavallo*). **B** *v. i.* ***1*** pungere; forare ***2*** dare fitte; formicolare; pizzicare: **My fingers are pricking**, sento delle fitte alle dita; mi formicolano le dita ***3*** (*delle orecchie*) fischiare (*fig.*). ● **to p. holes in the ground** [**in paper**], far buchi nel terreno [nella carta: *con uno strumento appuntito*] □ **to p. sb.'s name**, segnare il nome di q. (*in una lista*) con un forellino (*o* con un punto) □ **to p. off** (*o* **out**), tracciare con forellini (*un disegno, la rotta d'una nave sulla carta, ecc.*) □ **to p. out** (*o* **off**) **seedlings**, trapiantare piantine.

pricker /ˈprɪkə(r)/, *n.* ***1*** chi fora, chi punge, ecc. (*V.* **to prick**) ***2*** strumento appuntito; lesina; punteruolo; bulino ***3*** (*metall.*) ago; spillo.

pricket /ˈprɪkɪt/, *n.* ***1*** (candelabro con) punta su cui infilare la candela ***2*** (*zool.*) cerbiatto (*o* daino) di due anni.

pricking /ˈprɪkɪŋ/, **A** *n.* ***1*** puntura; punzecchiatura ***2*** il sentirsi pungere; formicolio; pizzicore. **B** *a.* pungente; che fora.

prickle /ˈprɪkl/, *n.* ***1*** spina; aculeo; pungiglione ***2*** formicolio; pizzicore ***3*** (*fig.*) pungolo.

to **prickle** /ˈprɪkl/, **A** *v. t.* ***1*** pungere; forare; punzecchiare ***2*** solleticare; dare il pizzicore (*o* il formicolio) a (q.). **B** *v. i.* formicolare; pizzicare.

prickleback /ˈprɪklbæk/, V. **stickleback**.

prickliness /ˈprɪklɪnəs/, n. *1* l'esser pungente (*o* spinoso) *2* (*fig.*) permalosità.

prickling /ˈprɪklɪŋ/, **A** n. *1* il punzecchiare; punzecchiatura *2* pizzicore; formicolio. **B** a. pungente; che punzecchia.

prickly /ˈprɪklɪ/, a. *1* pungente; spinoso; (*fig.*) scabroso *2* (*fig.*) permaloso; suscettibile. ● (*bot.*) **p. broom**, V. **furze** □ (*med.*) **p. heat**, miliaria □ (*bot.*) **p. lettuce** (*Lactuca scariola*), scarola □ (*bot.*) **p. pear** (*Opuntia ficus-indica*), fico d'India.

prickwood /ˈprɪkwʊd/, V. **spindle-tree**.

pricy /ˈpraɪsɪ/, V. **pricey**.

pride /praɪd/, n. *1* orgoglio; alterigia; superbia; fierezza; gloria; vanto: **false p.**, falso orgoglio; **proper p.**, fierezza; amor proprio; **Johnny is the p. of his parents**, Johnny è l'orgoglio (*o* il vanto) dei suoi genitori; **parental p.**, orgoglio di padre (*o* di madre) *2* pienezza; colmo; fiore (*fig.*): **in the p. of one's life** [**of youth**], nel fior degli anni [della giovinezza] *3* parte scelta; (il) fior fiore: **the p. of the Yankees**, il fior fiore degli Yankee *4* foga; coraggio (*di un cavallo*) *5* branco, gruppo (*di leoni*). ● (*fam.*) **p. of the morning**, nebbia (*o* pioggerella) all'alba; (*scherz.*) erezione mattutina □ **p. of place**, la posizione più elevata, il più alto grado: **to take p. of place**, occupare il primo posto; essere il più importante □ **to take (a) p. in st.**, andare orgoglioso di q.c.; esser fiero di q.c. □ **to swallow one's p.**, abbassare la cresta (*fig.*) □ (*prov.*) **P. goes before a fall**, la superbia andò a cavallo e tornò a piedi.

prideful /ˈpraɪdfl/, a. (*specialm. scozz.*) orgoglioso; altero; altezzoso; superbo.

prideless /ˈpraɪdləs/, a. senza orgoglio; privo d'orgoglio.

to **pride oneself** /ˈpraɪdwʌnˈself/, v. rifl. farsi gloria; gloriarsi; inorgoglirsi; vantarsi: **He prided himself on his courage**, si gloriava del suo coraggio.

prie-dieu /ˈpriːˈdjɜː, USA ˈdʊ, ˈduː/ (*franc.*), n. (pl. **prie-dieux, prie-dieu**) (*relig.*) inginocchiatoio.

prier /ˈpraɪə(r)/, n. curiosone, curiosona; ficcanaso.

priest /priːst/, n. *1* prete; sacerdote *2* (*specialm.*) prete cattolico *3* (*specialm. irl.*) maglio usato per dare il colpo di grazia ai pesci catturati. ● (*spreg.*) **a p.-ridden country**, un paese dominato dai preti □ **high p.**, sommo sacerdote □ **parish p.**, parroco.

priestcraft /ˈpriːstkrɑːft, USA -kræft/, n. *1* l'esercizio delle funzioni sacerdotali *2* (*spreg.*) arte pretina; clericalismo.

priestess /priːˈstes, ˈpriːstɪs/, n. sacerdotessa.

priesthood /ˈpriːsthʊd/, n. *1* sacerdozio *2* (*collett.*) clero; preti.

priestlike /ˈpriːstlaɪk/, a. *1* sacerdotale *2* (*spreg.*) pretesco.

priestliness /ˈpriːstlɪnəs/, n. *1* l'esser sacerdotale *2* (*spreg.*) l'esser pretesco.

priestling /ˈpriːstlɪŋ/, n. pretino; (*spreg.*) pretonzolo.

priestly /ˈpriːstlɪ/, a. *1* sacerdotale *2* (*spreg.*) pretesco.

prig /prɪg/, n. *1* pedante; presuntuoso; persona pretenziosa; saccente *2* (*pop. arc.*) ladro; ladruncolo.

to **prig** /prɪg/, v. t. (*pop. arc.*) rubare; rubacchiare.

priggery /ˈprɪgərɪ/, n. pedanteria; pretenziosità; saccenteria.

priggish /ˈprɪgɪʃ/, a. pedantesco; presuntuoso; saccente; saputo. || **-ly**, avv.

priggishness /ˈprɪgɪʃnəs/, **priggism** /ˈprɪgɪzəm/, n. pedanteria; presunzione; pretenziosità; saccenteria.

prim /prɪm/, a. *1* affettato; cerimonioso; compito; compassato; che tiene alle formalità; «perbene»: **a very p. old gentleman**, un signore anziano, molto compassato *2* (*di un vestito, ecc.*) grazioso; ordinato; lindo || **-ly**, avv.

to **prim** /prɪm/, **A** v. t. atteggiare (*il viso, le labbra*) a compostezza cerimoniosa. **B** v. i. assumere un'aria cerimoniosa; darsi un atteggiamento compito.

prima ballerina /ˈpriːməbæləˈriːnə/ (*ital.*), locuz. n. (pl. **prima ballerinas**) prima ballerina.

primacy /ˈpraɪməsɪ/, n. *1* primato; supremazia *2* (*relig.*) primazia *3* (*relig. cattolica*) supremazia del Sommo Pontefice.

prima donna /ˈpriːməˈdɒnə, priːməˈdɒ-/ (*ital.*), locuz. n. (pl. **prima donnas, prime donne**) prima donna (*anche fig.*).

primaeval /praɪˈmiːvl/, V. **primeval**.

prima facie /praɪməˈfeɪʃiː/ (*lat.*), **A** avv. prima facie; a prima vista. **B** a. che deriva dalla (*o* basato sulla) prima impressione. ● (*leg.*) **prima facie evidence**, prova incontestabile.

primage /ˈpraɪmɪdʒ/, n. *1* acqua d'adescamento *2* (*naut.*) cappa; soprannolo.

primal /ˈpraɪməl/, a. *1* primitivo; originale *2* primario; principale.

primarily /ˈpraɪmrəlɪ, USA praɪˈmerəlɪ/, avv. *1* primariamente; principalmente; soprattutto: **England is a p. industrial country**, l'Inghilterra è soprattutto un paese industriale *2* originariamente; in origine.

primary /ˈpraɪmərɪ, USA -merɪ/, **A** a. *1* primario (*anche chim., fis., elettr., geol.*); principale; fondamentale; elementare: **a p. atom**, un atomo primario; **p. rocks**, rocce primarie; **p. education**, istruzione primaria (*o* elementare); **p. planets**, pianeti principali; **p. school**, scuola elementare (*o* primaria); (*gramm.*) **p. tenses**, tempi fondamentali *2* primitivo; primordiale: **a p. instinct**, un istinto primitivo (*o* primordiale). **B** n. *1* cosa di primaria importanza; cosa fondamentale; fondamento *2* (*fis.*, = **p. colour**) colore fondamentale *3* (*astron.*) corpo primario (*satellite*); (*anche*) primaria, stella primaria *4* (*elettr.*, = **p. winding**) avvolgimento primario (*di un trasformatore*) *5* (*elettr.*) conduttore primario *6* (*metall.*) metallo primario *7* (*zool.*) penna maestra (*di uccello*); remigante primaria *8* scuola elementare *9* (*polit., specialm. USA, spesso al pl.*) primaria; elezione preliminare (*per la scelta dei candidati*). ● (*fon.*) **p. accent**, accento principale □ (*Borsa, USA*) **p. dealers**, operatori che sono ammessi per primi a fare offerte alle aste di titoli di stato □ (*leg.*) **p. evidence**, prova incontestabile □ (*polit.*) **p. meeting**, riunione preparatoria (*per la scelta dei candidati*) □ (*econ.*) **p. products**, prodotti di base □ (*elab.*) **p. storage** (*o* **store**), memoria principale □ (*fon.*) **p. stress**, V. **p. accent** □ **p. tooth**, dente da latte.

primate (*def. 1* /ˈpraɪmət/, *def. 2, 3* /ˈpraɪmeɪt/), n. *1* (*relig.*) primate (*arcivescovo*) *2* (*zool.*) primate *3* (*pl.*) (*zool., Primates*) primati. ● **P. of All England**, (titolo dell') arcivescovo di Canterbury □ **P. of England**, (titolo dell') arcivescovo di York.

primateship /ˈpraɪmətʃɪp/, n. (*relig.*) primazia.

primatial /praɪˈmeɪʃl/, a. *1* (*relig.*) primaziale *2* (*zool.*) dei primati.

prime /praɪm/, **A** a. *1* primo; primario; principale; fondamentale: **the p. cause**, la causa prima; (*polit.*) **p. minister**, primo ministro; (*mat.*) **p. number**, numero primo; **a matter of p. importance**, una faccenda di primaria importanza; **p. motive**, motivo fondamentale *2* (*comm.*) di prima qualità; eccellente; ottimo: **p. beef**, carne di manzo di prima scelta. **B** n. *1* principio; primavera (*fig.*): **the p. of life**, la primavera della vita; la giovinezza *2* colmo; fiore; pieno rigoglio: **in the p. of manhood**, nel pieno rigoglio della virilità *3* (il) meglio, (la) parte migliore (*di q.c.*); apice: **the p. of one's career**, l'apice della propria carriera *4* (*relig.*) prima; prima ora canonica; ufficio della prima ora canonica *5* (*mat.*) numero primo *6* minuto primo; segno di minuto primo *o* di «pollice» (*per es.: 25′*) *7* (*scherma*) prima (*posizione*) *8* (*mus.*) suono fondamentale. ● (*filos.*) **p. agent**, primo agente □ (*econ.*) **p. cost**, costo primo □ **p. entry**, (*rag.*) prima nota; (*dog.*) bolletta d'entrata □ (*geogr.*) **p. meridian**, meridiano zero □ **p. mover**, (*filos., teologia*) primo motore; (*econ.*) fonte prima d'energia; (*tecn., mecc.*) motore primo; (*fig.*) motore (*fig.*), causa, movente □ (*fin., banca*) **p. rate**, prime rate (*tasso minimo d'interesse per clienti di primaria importanza*) □ (*radio, TV*) **p. time**, fascia oraria di massimo ascolto □ **in one's p.**, nel fiore degli anni; nel pieno rigoglio delle forze.

to **prime** /praɪm/, v. t. *1* (*stor.*) caricare (*un fucile, un cannone*) con la polvere da sparo *2* innescare (*un'arma da fuoco, una mina*) *3* adescare (*una pompa*) *4* (*fig. fam.*) imbottire, rimpinzare (*q. di cibo*); saturare: **He was well primed with beer**, era saturo di birra *5* istruire; preparare, imbeccare (*fam.*): **The witness had been primed by the counsel for the defence**, il testimone era stato imbeccato dall'avvocato difensore *6* (*pitt.*) mesticare, applicare l'imprimitura a, dare una prima mano a (*una tavola, una tela*) *7* (*mecc.*) iniettare benzina in (*un cilindro, un carburatore*) per avviare il motore; dare un cicchetto a (*pop.*). ● **to p. the pump**, adescare la pompa; (*fig., fin.: dello Stato, dell'intervento pubblico*) rimettere in moto l'economia □ (*pop. USA*) **primed to the ears**, sbronzo.

primer (1) /ˈpraɪmə(r), USA ˈprɪmə(r)/, n. *1* primo libro (*di lettura*); sillabario *2* manualetto elementare; primo libro (*d'una materia*): **a p. of physics**, un manualetto di fisica *3* (*stor.*) libro di preghiere.

primer (2) /ˈpraɪmə(r)/, n. *1* chi innesca (*un fucile*), chi adesca (*una pompa*), ecc. (V. **to prime**) *2* innesco (*di cannone, di mina*); fulminante (*di cartuccia*) *3* (*mecc., aeron.*) iniettore (*di motore d'aereo, ecc.*) *4* mestica; imprimitura; mano di fondo, prima mano (*di vernice*). ● **p. case**, capsula (*di cartuccia*) □ **p. mixture**, miscela innescante.

primeval /praɪˈmiːvl/, a. primevo; primordiale; primitivo; antichissimo: **p. forests**, foreste antichissime. || **-ly**, avv.

primigenial /praɪmɪˈdʒiːnɪəl/, V. **primogenial**.

priming /ˈpraɪmɪŋ/, n. *1* l'innescare (*un'arma da fuoco*); l'imbeccare (*un testimone, ecc.*) (V. **to prime**) *2* (*stor.*) polverino; polvere da sparo messa nello scodellino *3* innesco; fulminante (*di cartuccia*) *4* adescamento; caricamento (*d'una pompa*) *5* imprimitura; mestica; mano di fondo, prima mano (*di vernice*) *6* (*ind., autom.*) applicazione dei fondi: **p. shop**, reparto d'applicazione dei fondi (*in una carrozzeria*) *7* (*mecc.*) cicchetto (*pop.*). ● (*mecc.*) **p. pump**, pompa d'avviamento □ (*geogr.*) **p. of the tides**, anticipo (*o* accelerazione) delle maree.

primipara /praɪˈmɪpərə/, n. (pl. **primiparas, primiparae**) primipara.

primiparous /praɪˈmɪpərəs/, a. (*biol.*) primiparo.

primitive /ˈprɪmɪtɪv/, **A** a. *1* primitivo; originale; antico: **p. man**, l'uomo primitivo; **p. cultures**, civiltà primitive; **p. tools**, attrezzi primitivi *2* primario; basilare; fondamentale: **p. colours**, colori fondamentali. **B** n. *1* (*arte*) primitivo (*pittore o scultore operante tra il Duecento e i primi del Quattrocento*) *2* opera (quadro, *ecc.*) di tale artista *3* (*gramm.*) nome primitivo *4* (*mat.*) funzione primitiva. || **-ly**, avv. || **-ness**, sost.

primitivism /ˈprɪmɪtɪvɪzəm/, n. primitivismo.

primness /ˈprɪmnəs/, n. compostezza cerimoniosa; affettazione; formalità; compitezza.

primogenial /praɪməʊˈdʒiːnɪəl/, a. *1* primogenio *2* primitivo.

primogenital /praɪməʊˈdʒenɪtl/, **primogenitary** /praɪməʊˈdʒenətrɪ, USA -terɪ/, a. di primogenitura.

primogenitor /praɪməʊˈdʒenɪtə(r)/, n. primogenitore.

primogeniture /praɪməʊˈdʒenɪtʃə(r)/, n. primogenitura.

primordial /praɪˈmɔːdɪəl/, a. (*scient.*) primordiale; primitivo: **p. soup**, brodo primordiale. || **-ly**, *avv.*

primp /prɪmp/, *a.* (*fam. USA*) azzimato; agghindato; elegante.

to **primp** /prɪmp/, **A** *v. t.* agghindare; azzimare. **B** *v. i.* agghindarsi; azzimarsi (*spesso* **to p. up**, *o* **to p. and preen**).

primrose /ˈprɪmrəʊz/, *n.* **1** (*bot., Primula veris*) primavera odorosa **2** color giallo pallido. ● (*fig.*) **the p. path**, la via del piacere □ (*bot.*) **evening p.** (*Oenothera biennis*), enagra; enotera; rapunzia.

primula /ˈprɪmjʊlə/, *n.* (*bot., Primula*) primula.

primulaceous /prɪmjʊˈleɪʃəs/, *a.* (*bot.*) delle primulacee. ● **p. plants** (*Primulaceae*), primulacee.

primus (**1**) /ˈpraɪməs/, **A** *a.* (*in talune scuole maschili ingl.*) primo d'età e d'iscrizione (*fra omonimi*; *per es.*, **Smith p.**). **B** *n.* (*relig.*) vescovo che è a capo della Chiesa episcopale scozzese. ● (*lat.*) **p. inter pares**, primus inter pares; primo fra pari.

primus (**2**) /ˈpraɪməs/, *n.* (*marchio*: = **p. stove**) fornello a petrolio.

prince /prɪns/, *n.* principe: **princes of the blood**, principi del sangue; **the Princes of the Church**, i Principi della Chiesa (*i cardinali*). ● (*fam. USA*) **P. Albert** (**coat**), finanziera; redingote □ (*nelle favole*) **P. Charming**, il Principe Azzurro □ **P. Consort**, principe consorte □ **the P. of Darkness**, il principe delle tenebre; Satana □ (*fig.*) **the p. of liars**, il più gran mentitore sulla terra □ (*fig.*) **the p. of novelists**, il principe dei romanzieri □ **the P. of Peace**, Gesù Cristo □ **the P. of Wales**, il principe di Galles (*l'erede al trono ingl.*) □ **P. Regent**, principe reggente.

princedom /ˈprɪnsdəm/, *n.* principato.

princeliness /ˈprɪnslɪnəs/, *n.* l'essere principesco; generosità; liberalità; magnificenza; sontuosità.

princeling /ˈprɪnslɪŋ/, *n.* **1** principino **2** (*spreg.*) principotto.

princely /ˈprɪnslɪ/, **A** *a.* principesco; generoso; liberale; magnifico; sontuoso; splendido: **a p. gift** [**palace**], un dono [un palazzo] principesco. **B** *avv.* principescamente.

princess /prɪnˈsɛs, *USA* ˈprɪnsɛs, -ɪs/, *n.* principessa. ● **p. dress**, princesse (*abito da donna tagliato in un pezzo solo*) □ **P. Royal**, principessa reale (*la primogenita del sovrano di G.B.*).

principal /ˈprɪnsəpl/, **A** *a.* principale; primario; precipuo: **the p. towns in Wales**, le città principali del Galles; (*gramm.*) **a p. sentence**, una proposizione principale. **B** *n.* **1** capo; direttore; padrone; principale (*fam.*) **2** (*specialm. USA*) preside (*di scuola*; *cfr. ingl.* **headmaster**) **3** (*comm.*) principale (*fam.*); datore di lavoro **4** (*fin., rag.*) capitale (*contrapposto a «interessi»*) **5** (*nei duelli*) primo; duellante **6** (*ind. costr.*) capriata; trave maestra **7** (*leg.*) committente; mandante; rappresentato **8** (*leg.*) imputato (*o* debitore, obbligato) principale **9** (*teatr.*) primo attore **10** (*mus.*) registro d'organo. ● (*teatr.*) **the p. boy**, il protagonista di una pantomima (*in G.B., è una fanciulla in vesti maschili*) □ (*leg.*) **p. challenge**, ricusazione di un giurato □ (*gramm.*) **the p. parts of a verb**, i tempi primitivi d'un verbo; il paradigma (*di un verbo*) □ **a lady p.**, una preside (*di scuola*). || **-ly**, *avv.*

principality /prɪnsəˈpælətɪ/, *n.* **1** principato **2** (*relig.*) principato (*angelo*). ● (*in G.B.*) **the P.**, il Galles.

principalship /ˈprɪnsəpəlʃɪp/, *n.* **1** direzione; comando **2** (*specialm. USA*) presidenza (*d'una scuola*).

principate /ˈprɪnsɪpət/, *n.* (*specialm. stor. romana*) principato.

principle /ˈprɪnsəpl/, *n.* **1** principio; massima; norma; regola: **the first principles of chemistry**, i primi principi della chimica; **moral principles**, principi morali; (*fis.*) **Pascal's p.**, il principio di Pascal; **the active p. of a medicine**, il principio attivo d'una medicina; **God, first p. of all things**, Dio, principio dell'universo; **principles of management**, regole manageriali **2** (*pl.*) principi; elementi: **the principles of music**, gli elementi della musica. ● **in p.**, in linea di principio; di massima □ **a man of no p.**, un uomo senza principi □ **a man of p.**, un uomo che ha principi morali; un uomo retto □ **on p.**, per principio; per convinzione □ **to live up to** (*o* **to stick to**) **one's principles**, vivere secondo i propri convincimenti.

principled /ˈprɪnsəpld/, *a.* che ha principi (*nei composti*; *per es.*:) **well-p.**, di buoni (*o* di sani) principi; **loose-p.**, che non ha principi; di dubbia moralità. ● **a p. objection**, un'obiezione per principio.

to **prink** /prɪŋk/, **A** *v. t.* **1** (*d'uccello*) lisciarsi (*le penne*) **2** (*spesso* **to p. up**) adornare; agghindare. **B** *v. i.* (*anche, v. rifl.*, **to prink oneself up**) adornarsi; agghindarsi; mettersi in ghingheri.

print /prɪnt/, *n.* **1** impronta; orma; (*fig.*) segno, traccia: **the p. of a heel**, l'impronta d'un tallone (*o* d'un tacco di scarpa); **the p. of a naked foot**, l'orma di un piede scalzo; **the p. of suffering on his face**, le tracce impresse dal dolore sul suo volto **2** stampa; caratteri tipografici: **clear p.**, stampa chiara; **in large** [**in small**] **p.**, a caratteri grandi [piccoli] **3** stampatello: **Write your name in p.**, scrivete il vostro nome in stampatello! **4** stampa; riproduzione: **old prints**, vecchie stampe **5** (*fotogr.*) copia (*di una foto*); positivo **6** stampo; forma: **a butter-p.**, uno stampo per il burro **7** (*pl.*) stampati; pubblicazioni; opuscoli stampati; giornali; riviste **8** (*pl.*) (*fam.*) impronte digitali **9** (= **newsprint**) carta per giornali **10** (*ind. tess.*) tela stampata; tessuto stampato: **a p. dress**, un abito di tela stampata; un abito fantasia. ● (*elab.*) **p. bar**, barra portacaratteri □ **p. caption**, sottotitolo; didascalia □ (*elab.*) **p. head**, testina rotante (*o* di stampa) □ **p. seller**, venditore di stampe □ **p. shop**, negozio di stampe □ **p. works**, fabbrica di tessuti stampati □ **to go into p.**, andare in stampa; essere stampato □ (*d'un libro*) **in p.**, stampato; in circolazione: **The book is not yet in p.**, il volume non è ancora stampato; **The book is still in p.**, il libro è ancora in circolazione (*o* si stampa ancora) □ (*d'un libro*) **out of p.**, esaurito; fuori commercio □ (*d'uno scrittore*) **to rush into p.**, dare q.c. alle stampe in fretta e furia □ **small p.**, caratteri piccoli (*di stampa*); (*fig.*) clausole aggiuntive svantaggiose (*di contratto, polizza, ecc.*): (*fig.*) **to read the small p.**, essere assai prudente; andare per il sottile.

to **print** /prɪnt/, **A** *v. t.* **1** imprimere (*anche fig.*); lasciare un'impronta su; stampare: **The scene was printed in his mind**, la scena gli s'era impressa nella mente **2** stampare (*copie fotografiche, tessuti*): **to p.** (**off**) **copies from a negative**, stampare copie da una negativa **3** (*tipogr.*) stampare; pubblicare; dare alle stampe: **to p. a book**, stampare un libro; **to p. one's opinions on st.**, dare alle stampe le proprie idee su q.c. **4** scrivere in stampatello: **P. your name**, scrivi il tuo nome in stampatello! **B** *v. i.* **1** fare il tipografo **2** (*di pellicola, incisione, e sim.*) riuscire (*bene, male*) alla stampa. ● (*fin.*) **to p. money**, stampare moneta □ **to p. off**, stampare (*copie di fotografie*): **How many copies shall we get printed off?**, quante copie ne facciamo stampare? □ (*elab.*) **to p. out**, stampare, fare tabulati di □ **The book is printing**, il libro è in corso di stampa.

printable /ˈprɪntəbl/, *a.* **1** stampabile **2** pubblicabile: **This story isn't p.**, questa storia non è pubblicabile.

printed /ˈprɪntɪd/, *a.* **1** stampato; a stampa: **p. patterns**, disegni stampati (*su stoffe, ecc.*); **p. fabrics**, tessuti stampati; **p. form**, modulo a stampa **2** dato alle stampe; stampato; pubblicato **3** (*di una traccia, un segno, ecc.*) impresso. ● (*elettron.*) **p. circuit**, circuito stampato □ **p. matter** (*o* **p. papers**), stampe; stampati □ **p. publications**, stampati □ **p. wallpaper**, carta da parati a disegni stampati.

printer /ˈprɪntə(r)/, *n.* **1** tipografo; stampatore; poligrafico (*tecnico*) **2** (*cinem., fotogr.*) stampatrice (*macchina*) **3** (*elab.*) stampante **4** (*ind. tess.*) stampatore di tessuti di cotone. ● **p.'s devil**, apprendista tipografo □ **p.'s ink**, inchiostro tipografico (*o* da stampa) □ **p.'s pie**, (*tipogr.*) caratteri in disordine; (*fig.*) confusione, pasticcio □ **p.'s reader**, correttore di bozze.

printery /ˈprɪntərɪ, -trɪ/, *n.* (*specialm. USA*) **1** stamperia; tipografia **2** stabilimento per la stampa di tessuti.

printing /ˈprɪntɪŋ/, *n.* **1** stampa; stampatura; pubblicazione **2** tiratura; numero di copie stampate **3** (*fotogr.*) stampa (*il procedimento*) **4** stampatello. ● (*editoria*) **p. and engraving expert**, grafico (*tecnico*) □ **p. and publishing**, industria grafica ed editoria □ (*tipogr.*) **p. block**, cliché □ (*elab.*) **p. calculator**, calcolatore a stampante □ **p. engineer**, tecnico della grafica □ **p. frame**, torchietto da stampa □ **p. ink**, inchiostro da stampa □ **p. machine**, macchina da stampa; stampatrice □ **p. paper**, carta da stampa □ **p. plant**, officina poligrafica; poligrafico □ **p. plate**, cliché □ **p. press**, macchina tipografica; stampatrice; torchio tipografico □ **p. telegraphy**, telegrafia con telescriventi □ **p. trade**, lavoro tipografico □ (*elab.*) **p. unit**, unità di stampa □ **p. works**, stabilimento tipografico; stamperia.

printless /ˈprɪntləs/, *a.* **1** senza impronte; senza segni **2** che non lascia impronte.

printout /ˈprɪntaʊt/, *n.* (*elab.*) tabulato; elaborato.

prior (**1**) /ˈpraɪə(r)/, **A** *a.* **1** antecedente; anteriore; precedente: **a p. marriage**, un precedente matrimonio **2** primo; più importante. **B** *avv.* – **p. to**, prima di: **It happened p. to my appointment**, accadde prima della mia nomina.

prior (**2**) /ˈpraɪə(r)/, *n.* **1** (*relig.*) (padre) priore **2** (*stor. ital.*) priore.

priorate /ˈpraɪərət/, *n.* priorato; prioria.

prioress /praɪəˈrɛs/, *n.* (*relig.*) priora; madre priora; superiora.

to **prioritize** /praɪˈɒrɪtaɪz, *USA* -ˈɔːr-/, *v. t.* **1** elencare (*o* mettere) in ordine di priorità **2** dare la priorità a.

priority /praɪˈɒrətɪ, *USA* -ˈɔːr-/, *n.* priorità; precedenza: **the p. of a claim**, la priorità di un diritto; **p. over others**, precedenza sugli altri. ● (*elab.*) **p. phase**, fase a priorità □ **p. objectives**, obiettivi prioritari □ **first** (*o* **top**) **p.**, precedenza assoluta □ **to give** [**to take**] **p.**, dare [avere] la precedenza.

priorship /ˈpraɪəʃɪp/, *n.* priorato; prioria.

priory /ˈpraɪərɪ/, *n.* (*relig.*) convento; monastero.

prise, to **prise** /praɪz/, *V.* **prize** (**3**), **to prize** (**3**).

prism /ˈprɪzəm/, *n.* (*geom., fis.*) prisma. ● **p. binoculars**, binocolo a prismi □ **p. diopter**, diottro del prisma □ **p. glass**, lente prismatica.

prismatic(**al**) /prɪzˈmætɪk(l)/, *a.* (*geom., fis., miner.*) prismatico: **p. compass**, bussola prismatica. ● **p. colours**, colori del prisma; colori fondamentali □ (*fotogr.*) **p. eye**, mirino a prisma.

prismoid /ˈprɪzmɔɪd/, *n.* (*geom.*) prismoide.

prison /ˈprɪzn/, *n.* **1** prigione; carcere: **to go to p.**, andare in prigione; **to lie** (*o* **to be**) **in p.**, essere in carcere **2** (*leg.*) carcerazione; detenzione: **p. sentence**, sentenza di condanna al carcere; pena detentiva. ● **p. bird**, galeotto; avanzo di galera □ **p. breaker**, fuggiasco; evaso □ **p. breaking**, evasione (dal carcere) □ **p. camp**, campo di prigionia □ (*un tempo*) **p. farm**, colonia penale agricola □ **p. guard**, agente di custodia; guardia carceraria □ **p. van**, (furgone) cellulare.

prisoner /ˈprɪznə(r)/, *n.* prigioniero, prigioniera; carcerato, carcerata; detenuto, detenuta:

p. of war, prigioniero di guerra; **p. of conscience** (*o* **political p., p. of State, State p.**), detenuto politico. ● (*leg.*) **p. at the bar**, imputato: **«P. at the bar, how do you plead?»**, «imputato, si dichiara colpevole o innocente?» □ **prisoners' bars** (*o* **base**), gioco dei prigionieri (*fatto da ragazzi*) □ **to take sb. p.**, far prigioniero q.

prissy /'prɪsɪ/, *a.* (*fam.*) *1* formalista; pignolo; affettato; lezioso *2* effeminato. || **-ily**, *avv.* || **-iness**, *sost.*

pristine /'prɪsti:n, 'prɪstaɪn/, *a.* *1* primiero (*raro*); originario *2* puro; incorrotto. ● **in p. condition**, nelle condizioni di prima; come nuovo.

prithee /'prɪði:/, *inter.* (*arc.*) deh!; di grazia!

privacy /'prɪvəsɪ, 'praɪ-, *USA* 'praɪ-/, *n.* *1* vita privata; intimità; isolamento; ritiro; solitudine; privacy: **They live in absolute p.**, vivono in completo isolamento; **to disturb sb.'s p.**, turbare la vita privata (*o* la tranquillità) altrui *2* segretezza; riserbo.

private /'praɪvət/, **A** *a.* *1* privato: **a p. house**, una casa privata; **a p. road**, una strada privata; **p. life**, vita privata; **a p. sale**, una vendita privata; **p. address**, indirizzo privato; **a p. bank**, una banca privata; (*econ.*) **p. consumption**, i consumi privati; (*econ.*) **p. enterprise**, iniziativa privata *2* personale; particolare; **a p. letter**, una lettera personale; **p. reasons**, motivi personali; **This is my own p. recipe**, questa è la mia particolare ricetta *3* confidenziale; segreto: **The envelope was marked «p.»**, sulla busta c'era scritto «confidenziale»; **a p. conversation**, una conversazione confidenziale; **The matter was kept p.**, la faccenda fu tenuta segreta *4* appartato; riparato; isolato: **in a p. corner**, in un angolo appartato *5* (*di persona*) che ama stare per conto proprio; riservato; solitario *6* (*di un soldato*) semplice. **B** *n.* *1* (*mil.*) soldato semplice *2* (*pl.*) (*eufem.*) parti intime; genitali *3* (*cartello su una porta*) **«p.»**, «privato»; «vietato l'ingresso». ● (*in G.B.*) **p. bar**, bar di tono più elevato (*in un pub*; *cfr.* **public bar**) □ (*polit.*) **p. bill**, legge d'interesse privato; leggina (*fam.*) □ (*trasp.*) **p. carrier**, vettore privato □ **a p. citizen**, un semplice cittadino; un privato □ (*fin., ingl.*) **p. company**, società di capitali (*spesso piccola*) a ristretta base azionaria, società familiare (*le cui azioni non sono quotate in borsa e non possono essere liberamente vendute al pubblico*; *cfr.* **public company**) □ (*leg.*) **p. composition**, concordato preventivo (*nel fallimento*) □ (*fin., USA*) **p. corporation**, *V.* **p. company** □ **p. detective** (*o* **p. investigator**), investigatore privato □ (*fam.*) **p. lye**, *V.* **p. detective** □ (*mil., USA*) **p. first class**, soldato scelto □ (*med.*) **p. hospital**, clinica privata; casa di cura □ (*tur.*) **p. hotel**, albergo in cui si possono rifiutare i clienti (*specialm. se privi di prenotazione*) □ (*fin.*) **p. income**, rendita (personale); mezzi finanziari (*di una persona*); guadagno occasionale □ (*leg.*) **p. individual**, persona fisica □ **p. limited company**, *V.* **p. company** □ **p. means**, rendita (personale): **He lives on p. means**, vive di rendita □ (*polit., in G.B.*) **p. member**, membro dei Comuni che non fa parte né del governo né del governo ombra; semplice deputato □ (*polit.*) **p. member's bill**, disegno di legge d'iniziativa parlamentare (*ai Comuni*) □ (*fin.*) **p. money**, il denaro dei privati □ (*eufem.*) **p. parts**, parti intime; genitali □ (*med.*) **p. patient**, paziente privato □ (*leg.*) **p. practice**, libera professione □ (*leg.*) **p. property**, proprietà privata □ (*in G.B.*) **p. school**, scuola privata (*a pagamento, e lo sono anche molte cosiddette «public schools», q.V.*) □ **p. secretary**, segretario particolare (*o* privato) □ (*econ.*) **the p. sector**, il settore privato □ (*teatr.*) **p. theatricals**, rappresentazioni private □ (*leg.*) **p. treaty**, scrittura privata; contratto (*di vendita*) stipulato con trattativa privata □ (*arte, ecc.*) **p. view**, anteprima □ (*leg.*) **p. wrong**, illecito civile □ **in p.**, in privato; in confidenza; in segreto. || **-ly**, *avv.*

privateer /praɪvə'tɪə(r)/, *n.* (*naut., stor.*) *1* nave corsara *2* corsaro; capitano (*o* marinaio) di nave corsara.

to **privateer** /praɪvə'tɪə(r)/, *v. i.* (*naut., stor.*) *1* fare il corsaro *2* navigare come nave corsara; corseggiare.

privateering /praɪvə'tɪərɪŋ/, *n.* guerra di corsa; il corseggiare.

privateness /'praɪvətnəs/, *n.* *1* privatezza; intimità *2* segretezza; riservatezza.

privation /praɪ'veɪʃn/, *n.* privazione; assenza, mancanza; disagio, stento: **to die of privations**, morire di stenti.

privatisation /praɪvətaɪ'zeɪʃn/, **privatization** /praɪvətaɪ'zeɪʃn, *USA* -tɪ'z-/, *n.* (*econ.*) privatizzazione.

to **privatise** /'praɪvətaɪz/, to **privatize** /'praɪvətaɪz/, *v. t.* (*econ.*) privatizzare.

privatistic /prɪvə'tɪstɪk/, *a.* *1* schivo; ritroso; poco socievole *2* (*econ.*) privatistico.

privative /'prɪvətɪv/, **A** *a.* (*specialm. gramm.*) privativo. **B** *n.* (*gramm.*) prefisso (*o* suffisso) privativo. || **-ly**, *avv.*

privet /'prɪvɪt/, *n.* (*bot., Ligustrum vulgare*) ligustro.

privilege /'prɪvəlɪdʒ/, *n.* *1* privilegio (*anche fig.*); prerogativa: **the privileges of the diplomatic corps**, i privilegi del corpo diplomatico; (*leg.*) **breach of p.**, infrazione d'un privilegio; **p. of Parliament**, prerogativa parlamentare *2* diritto (*civile, politico*): **the p. of equality for all**, il diritto di tutti all'eguaglianza *3* (*leg.*) prerogativa; immunità. ● (*stor.*) **p. of clergy**, prerogativa del clero (*d'esser giudicato da un tribunale ecclesiastico*) □ (*leg.*) **p. of necessity**, non punibilità per aver agito in stato di necessità □ (*polit.*) **breach of p.**, violazione della prerogativa parlamentare □ (*fisc., USA*) **p. tax**, tassa (*o* imposta) sulle professioni (*cfr. ital. ICIAP*) □ (*leg.*) **writ of p.**, procedimento di scarcerazione in favore d'una persona che gode particolari privilegi.

to **privilege** /'prɪvəlɪdʒ/, *v. t.* privilegiare; accordare un privilegio a (q.). ● **to p. sb. from st.**, esonerare q. da q.c., in via di privilegio □ **to p. sb. to do st.**, concedere a q. il privilegio di fare q.c.

privileged /'prɪvəlɪdʒd/, *a.* *1* (*anche leg.*) privilegiato: **the p. classes**, le classi privilegiate *2* confidenziale; riservato: **p. information**, informazioni riservate. ● (*leg.*) **p. communication**, comunicazione tutelata dal segreto professionale □ **p. debt**, credito privilegiato □ (*leg.*) **p. from execution**, impignorabile.

privity /'prɪvətɪ/, *n.* *1* l'essere (*o* il venir messo) a parte d'un segreto; comunicazione confidenziale *2* (*leg.*) rapporto giuridico: **p. of contract**, rapporto tra i due contraenti; **p. of estate**, rapporto tra locatore e locatario.

privy /'prɪvɪ/, **A** *a.* *1* (*form.*) edotto; al corrente (di q.c.); informato: **I wasn't p. to it**, non ne ero edotto *2* (*arc.*) confidenziale; segreto *3* privato: **p. chamber**, camera (*o* stanza) privata (*in una reggia*). **B** *n.* *1* (*leg.*) parte interessata: **p. to a contract**, parte contraente *2* (*arc.*) cesso; latrina. ● (*in G.B.*) **The P. Council**, il Consiglio della Corona (*ministri, personaggi eminenti del Commonwealth, ecc.*) □ (*in G.B.*) **P. Councillor**, membro del «Privy Council» □ (*in G.B.*) **the P. Purse**, l'appannaggio reale □ **the P. Seal**, il Sigillo privato □ (*in G.B.*) **the Lord P. Seal**, il Lord Depositario del Sigillo Privato.

prize (1) /praɪz/, **A** *n.* *1* premio (*sportivo, di lotteria, ecc.*); ricompensa: **to win a p.**, ottenere (o vincere) un premio *2* (*fig.*) dono; gioiello, tesoro (*fig.*): **Fame is the greatest p. in life to him**, per lui la fama è il più grande dono nella vita; **She's a p. of a wife**, quella moglie è un gioiello! **B** *a.* *1* che ha vinto un premio; premiato: **p. cattle**, bestiame premiato *2* a premio; a premi: (*fin.*) **p. bound**, obbligazione a premio; **a p. competition**, una gara a premi *3* da concorso: **p. orchyds**, orchidee da concorso *4* (dato) in premio; premio: **a p. cup**, una coppa (in) premio *5* (*fam.*) prediletto; favorito; adorato: **my p. kitten**, il mio micino prediletto *6* (*fam.*) perfetto; tipico: **He's a p. scrounger**, è il tipico scroccone. ● (*spesso iron.*) **a p. answer**, una risposta eccellente (*o* degna d'un premio); una bella risposta □ (*a scuola*) **p. day**, giorno della premiazione □ **p.-giving**, premiazione; distribuzione dei premi (*a scuola*) □ (*fam.*) **a p. idiot**, un perfetto idiota □ (*fig.*) **the prizes of life**, le gioie della vita; le soddisfazioni: **He has missed all the prizes of life**, non ha avuto alcuna soddisfazione in vita sua □ **p. money**, monte premi □ **a p. rascal**, un fior di canaglia □ (*sport*) **the p. ring**, il ring; il quadrato □ **a p. scholarship**, una borsa di studio (*ottenuta per merito*).

prize (2) /praɪz/, *n.* (*naut., mil.*) bottino, preda. ● (*naut., leg.*) **p. court**, tribunale delle prede □ (*naut.*) **p. money**, quota del denaro ricavato dalla vendita della preda; decima di preda □ (*naut.*) **to become p.**, cader preda; venir catturato □ **to make p. of a ship [a cargo]**, catturare (*o* far bottino di) una nave [il suo carico].

prize (3) /praɪz/, *n.* *1* leva *2* potenza d'una leva.

to **prize** (1) /praɪz/, *v. t.* apprezzare; stimare; aver caro: **We p. liberty more than life**, abbiamo più cara la libertà che la vita.

to **prize** (2) /praɪz/, *v. t.* (*naut., mil.*) catturare (*una nave nemica, ecc.*) come preda.

to **prize** (3) /praɪz/, *v. t.* far leva su; aprire, forzare (*facendo leva*): **to p. a box open**, aprire (*o* scoperchiare) una cassetta (*facendo leva sul coperchio*). ● **to p. the lid up** (*o* **out**), far saltare il coperchio □ **to p. information out of sb.**, carpire informazioni a q.

prizefight /'praɪzfaɪt/, *n.* (*boxe*) *1* incontro professionistico *2* (*stor.*) incontro a mani nude.

prizefighter /'praɪzfaɪtə(r)/, *n.* (*sport*) pugile professionista.

prizefighting /'praɪzfaɪtɪŋ/, *n.* (*sport*) *1* pugilato professionistico *2* (*stor.*) pugilato senza guantoni.

prizeman /'praɪzmən/, *n.* (*pl.* **prizemen**) *1* vincitore d'un premio; premiato *2* detentore di un riconoscimento accademico.

prizewinner /'praɪzwɪnə(r)/, *n.* vincitore (*o* vincitrice) di un premio.

prizewinning /'praɪzwɪnɪŋ/, *a.* che vince (*o* che ha vinto) un premio; vincitore; premiato: **the p. entry**, il candidato che ha vinto il premio.

pro (1) /prəʊ/, *prefisso lat.* pro (*in sostituzione di, in favore di*); vice, che fa le veci di; in favore di; filo-: **pro-chancellor**, prorettore (*nelle università, ecc.*); **procathedral**, chiesa che fa le veci della cattedrale; **pro-American**, filoamericano; **pro-European**, europeistico; europeista (*anche sost.*); **prolabour**, in favore della classe lavoratrice.

pro (2) /prəʊ/ (*lat.*), **A** *prep.* pro; per; in favore di: **pro forma**, proforma; per la forma; **pro hac vice**, per questa volta; solamente in questo caso. **B** *a. attr.* favorevole; in favore: **to consider the pro and con arguments**, considerare gli argomenti in favore e quelli in contrario. **C** *n.* (*pl.* **pros**) *1* chi è favorevole; chi vota a favore *2* pro; ragione in favore (*di q.c.*) *3* voto favorevole. ● **pro and con**, (*avv.*) pro e contro; sotto l'aspetto positivo e sotto quello negativo; (*sost.*) (il) pro e (il) contro: **Much has been said on the subject pro and con**, molto è stato detto sull'argomento sia sotto l'aspetto positivo sia sotto quello negativo; **the pros and cons**, il pro e il contro; le ragioni pro e contro □ (*comm.*) **pro forma invoice**, fattura pro forma □ **pro rata**, in proporzione; proporzionale, pro rata: (*naut.*) **pro rata freight**, nolo pro rata □ **pro tempore** (*o, fam.,* **pro tem**), (*avv.*) pro tempore, temporaneamente; (*agg.*) temporaneo, interino □ **pro tempore office**, interinato.

pro (3) /prəʊ/, **A** *n.* (*pl.* **pros**) *1* (*abbr. fam. di* **professional**) professionista; (*specialm.*

sport) giocatore professionista *2* (*pop. per* **prostitute**) prostituta *3* (*pop. USA*) *V.* **probation**. **B** *a. attr.* (*specialm. sport*) di (*o* da) professionista; professionistico: (*tennis*) **pro championships**, campionati professionistici. ● (*sport*) (*di una gara, un incontro*) misto; per professionisti e per dilettanti.

PRO /piːɑːrˈəʊ/, *n.* (*acronimo di* **public relations officer**) addetto alle pubbliche relazioni.

to **pro-and-con** /ˈprəʊənˈkɒn/, *v. t.* dibattere; discutere.

probabiliorism /prɒbəˈbɪlɪərɪzəm/, *n.* (*relig.*) probabiliorismo.

probabilism /ˈprɒbəbɪlɪzəm/, *n.* (*filos., relig.*) probabilismo.

probabilist /ˈprɒbəbɪlɪst/, *n.* (*filos., relig.*) probabilista.

probabilistic /prɒbəbɪˈlɪstɪk/, *a.* probabilistico.

probability /prɒbəˈbɪlətɪ/, *n.* (*anche stat.*) probabilità: **There is no p. of his coming**, non c'è nessuna probabilità ch'egli venga; **p. of life**, probabilità di sopravvivenza. ● (*stat.*) **p. sample**, campione probabilistico (*o* casuale) ▫ **in all p.**, con tutta probabilità; quasi certamente ▫ **The p. is that he will go**, è probabile ch'egli vada.

probable /ˈprɒbəbl/, **A** *a.* probabile (*anche stat.*); verosimile; accettabile: **p. error**, errore probabile; **a p. result**, un risultato probabile; **It is p. that it will snow before nightfall**, è probabile che nevichi prima di notte; **a p. account of the matter**, un resoconto verosimile della faccenda. **B** *n.* (*fam.*) *1* candidato probabile *2* (*sport*) probabile vincitore; favorito. ‖ **-bly**, *avv.*

probang /ˈprəʊbæŋ/, *n.* (*med.*) sonda faringoesofagea.

probate /ˈprəʊbeɪt/, *n.* (*leg.*) *1* omologazione; verifica dell'autenticità di un testamento *2* (*leg.*; = **p. copy**) copia autenticata od omologata (*di testamento*). ● (*leg.*) **p. court**, corte di giustizia che omologa i testamenti (nomina tutori, affida minori, ecc.) ▫ **p. duty**, tassa di successione ▫ **p. judge**, giudice addetto all'omologazione dei testamenti ▫ **to grant p.**, omologare un testamento.

to **probate** /ˈprəʊbeɪt/, *v. t.* (*leg., specialm. USA*) autenticare, omologare (*un testamento*).

probation /prəˈbeɪʃn, *USA* prəʊ-/, *n.* *1* esame; prova: **on p.**, in prova *2* (*di un dipendente*) prova; periodo di prova; tirocinio; (*di un docente*) straordinariato: **He is still on p. as a teacher**, è ancora in prova come insegnante *3* (*relig.*) probandato; noviziato: **to be on p.**, fare il noviziato *4* (*leg.*) «probation»; (*pressappoco*) regime di semilibertà; affidamento al servizio sociale; libertà vigilata (*da 6 mesi a 3 anni*; *la pena non viene irrogata*): **to be put on p.**, essere messo in libertà vigilata; **p. officer**, ufficiale giudiziario che sorveglia persone in libertà vigilata.

probational /prəˈbeɪʃənl/, **probationary** /prəˈbeɪʃnrɪ, *USA* prəʊˈbeɪʃənerɪ/, *a.* *1* di prova; di tirocinio: **p. period**, periodo di prova *2* in prova: **p. employees**, impiegati in prova. ● **p. salary**, stipendio del periodo di prova.

probationer /prəˈbeɪʃənə(r), *USA* prəʊ-/, *n.* *1* persona in prova; praticante; apprendista; tirocinante *2* infermiera (*o* infermiere) tirocinante; allievo infermiere, allieva infermiera *3* (*leg.*) reo in libertà vigilata *4* (*relig.*) novizio, novizia.

probative /ˈprəʊbətɪv/, *a.* probativo; probatorio (*specialm. leg.*): **p. facts**, fatti probatori.

probatory /ˈprəʊbətrɪ, *USA* -tɔːrɪ/, *a.* (*specialm. leg.*) probatorio.

probe /prəʊb/, *n.* *1* (*med.*) sonda; specillo *2* (*aeron., miss., radio*) sonda: **moon p.**, sonda lunare *3* (*ind. min.*) sonda *4* (*fig.*) indagine; investigazione; ricerca. ● (*elettr.*) **p. coil**, bobina di sonda.

to **probe** /prəʊb/, *v. t.* *1* sondare (*anche fig.*); (*med.*) specillare, esplorare (*una ferita, ecc.*) *2* indagare; investigare.

probeable /ˈprəʊbəbl/, *a.* sondabile.

prober /ˈprəʊbə(r)/, *n.* sondatore, sondatrice.

probing /ˈprəʊbɪŋ/, *n.* sondaggio (*anche fig.*); il sondare.

probity /ˈprəʊbətɪ/, *n.* probità; integrità; onestà.

problem /ˈprɒbləm/, *n.* problema (*anche fig.*); questione (complicata): **to solve [to face] a p.**, risolvere [affrontare] un problema; **the problems of youth**, i problemi dei giovani. ● (*elab.*) **p. check**, controllo del problema ▫ **a p. child**, un bambino difficile ▫ (*elab.*) **p.-oriented language**, linguaggio orientato al problema ▫ (*letter.*) **a p. play [novel]**, un dramma [un romanzo] a tesi.

problematic(al) /prɒbləˈmætɪk(l)/, *a.* problematico; dubbio; incerto: **The success of our plan is p.**, la riuscita del nostro piano è problematica. ‖ **-ally**, *avv.*

proboscidean, proboscidian /prəʊbəˈsɪdɪən, -ɒsɪˈdiːən/, (*zool.*) **A** *a.* proboscidato. **B** *n.* *1* proboscidato *2* (*pl.*) (*Proboscidea*) proboscidati.

proboscis /prəˈbɒsɪs, -skɪs, -ˈbəʊ-/, *n.* (*pl.* **proboscises, proboscides**) *1* (*zool.*) proboscide *2* (*scherz.*) naso (*dell'uomo*).

procaine /ˈprəʊkeɪn/, *n.* (*chim.*) procaina.

procedural /prəˈsiːdʒərəl/, *a.* (*leg., elab.*) procedurale. ‖ **-ly**, *avv.*

procedure /prəˈsiːdʒə(r)/, *n.* *1* procedimento *2* (*leg., elab.*) procedura. ● (*elab.*) **p.-oriented language**, linguaggio procedurale ▫ (*aeron.*) **p. track**, percorso di procedura.

to **proceed** /prəˈsiːd, prəʊ-/, *v. i.* *1* (*form.*) procedere (*anche fig.*); andare avanti; avanzare; camminare; continuare; seguitare: **The story proceeds as follows**, la storia (il racconto) continua così...; **P. with what you were doing**, continua a fare quello che stavi facendo *2* procedere (*form.*); provenire; derivare: **I heard sobs p. from the next room**, udii dei singhiozzi provenire dalla stanza accanto; **Their joy proceeds from a false hope**, la loro gioia deriva da una speranza fallace *3* passare: **Let's p. to the next question**, passiamo alla domanda seguente! *4* agire; fare; comportarsi: **How shall we p.?**, in che modo dobbiamo agire? *5* mettersi a (*fare q.c.*): **The old man proceeded to eat his meal**, il vecchio si mise a consumare il suo pasto *6* (*leg.*) procedere; condurre un'azione legale; agire: **to p. against sb.**, procedere contro q. ● **to p. to another subject**, passare a un altro argomento ▫ **to p. to blows**, passare a vie di fatto ▫ **to p. to extremities**, andare agli estremi ▫ **to p. with st.**, procedere (*o* continuare a fare) q.c.: **He proceeded with his writing [his work]**, continuò a scrivere [a lavorare].

proceeding /prəˈsiːdɪŋ/, *n.* *1* procedimento; azione; condotta; modo di procedere (*o* d'agire): **Theirs has been a reckless p.**, il loro modo d'agire è stato avventato *2* (*pl.*) (*leg.*) procedimento; azione giudiziaria: **to institute** (*o* **to take**) **legal proceedings against sb.**, iniziare un procedimento legale (*o* intentare un'azione giudiziaria) contro q. *3* (*pl.*) (*leg.*) procedura: **proceedings at law**, procedura legale *4* (*pl.*) (*specialm. comm.*) atti; rendiconti; verbale.

proceeds /ˈprəʊsiːdz/, *n. pl.* *1* (*specialm. comm.*) profitto; incassi; proventi; ricavo: **The p. will be devoted to charity**, l'incasso sarà devoluto a opere di beneficenza *2* (*fisc.*) gettito (*di un'imposta*). ● (*comm.*) **p. of sales**, fatturato.

process /ˈprəʊses, *USA* ˈprɒses/, *n.* *1* processo; procedimento; (*ind.*) metodo, sistema (*di lavorazione, ecc.*): **the p. of digestion**, il processo digestivo; **a chemical p.**, un processo chimico; (*metall.*) **Thomas p.**, processo Thomas *2* operazione: **Advertising and marketing the new product were a long p.**, la pubblicità e la commercializzazione del nuovo prodotto sono state un'operazione lunga *3* (*leg.*) procedimento *4* (*leg.*) mandato di comparizione; citazione in giudizio: **p. server**, ufficiale giudiziario (*che notifica la citazione al convenuto*) *5* (*anat.*) processo; apofisi; (*zool., bot.*) processo, appendice: **the alveolar p. of the jaw**, il processo alveolare della mascella *6* (*tipogr.*) procedimento fotomeccanico *7* (*elab.*) processo; elaborazione; esecuzione: **p. control**, controllo di processo. ● (*ind.*) **p. analysis**, studio della produzione; analisi del processo produttivo ▫ (*rag.*) **p. cost**, costo di produzione ▫ **p. engineering**, ingegneria dei controlli di produzione ▫ (*tipogr.*) **p. engraving**, fotoincisione ▫ (*ind.*) **p. rules** (*o* **p. standards**), norme di lavorazione ▫ (*ind.*) **p. time**, tempo di lavorazione (*o* di produzione) ▫ **in the p.**, così facendo; contemporaneamente; a un tempo: **We are trying to extend the range of our products and, in the p., to open up new markets**, stiamo cercando d'ampliare la gamma dei nostri prodotti e, a un tempo, di aprire mercati nuovi ▫ **in p. of completion**, in fase di completamento ▫ **in the p. of time**, con l'andar del tempo.

to **process** (*1*) /ˈprəʊses, *USA* ˈprɒses/, *v. t.* *1* (*ind.*) sottoporre (*una sostanza*) a un processo (*o* a un procedimento); lavorare; trattare; trasformare; conservare (*alimenti*) mediante trattamento: **to p. leather**, trattare il cuoio *2* (*leg.*) citare (q.) in giudizio *3* (*tipogr.*) riprodurre (*un disegno ecc.*) mediante procedimento fotomeccanico *4* (*elab.*) processare, trattare, elaborare (*dati*) *5* (*fotogr.*) sviluppare (*un negativo*) *6* esaminare, passare (*una richiesta, ecc.*) al vaglio. ● (*ind.*) **processed commodities**, prodotti trasformati.

to **process** (*2*) /prəˈses/, *v. i.* (*fam.*) andare in processione; sfilare in corteo.

processing /ˈprəʊsesɪŋ, *USA* ˈprɒ-/, *n.* *1* (*ind.*) lavorazione; trattamento; trasformazione; metodo di lavorazione: **continuous p. line**, linea di lavorazione continua *2* (*elab.*) elaborazione (*di dati*); esecuzione (*di un programma*) *3* (*fotogr.*) trattamento, sviluppo (*di una pellicola*) *4* (*econ.*) industria di trasformazione. ● (*elab.*) **p. cycle**, ciclo di elaborazione ▫ **p. industries**, industrie trasformative ▫ (*ind.*) **p. plant**, stabilimento di lavorazione ▫ (*fisc.*) **p. tax**, imposta di fabbricazione ▫ **p. times**, tempi di lavorazione.

procession /prəˈseʃn/, *n.* (*anche relig.*) corteo; processione: **to walk in p.**, sfilare in corteo; andare in processione.

to **procession** /prəˈseʃn/, (*raro*) *v. i.* sfilare in corteo; andare in processione.

processional /prəˈseʃənl/, **A** *a.* processionale; di (*o* per) una processione: **a p. hymn**, un inno processionale. **B** *n.* (*relig.*) *1* canto processionale *2* raccolta di canti processionali. ● **at a p. pace**, a passo di processione. ‖ **-ly**, *avv.*

processionary moth /prəˈseʃənrɪˈmɒθ, *USA* prəʊˈseʃənerɪˈmɔːθ/, *locuz. n.* (*zool.*) processionaria. ● (*zool.*) **oak p. m.** (*Thaumatopoea processionea*), processionaria delle querce.

processor /ˈprəʊsesə(r), *USA* ˈprɒ-/, *n.* *1* (*ind.*) chi lavora, tratta, conserva (*cibi, sostanze, ecc.*) *2* (*elab.*) processore; elaboratore; unità di elaborazione *3* (*elab.*) programma compilatore. ● **food p.**, *V. sotto* **food**.

to **proclaim** /prəˈkleɪm, *USA* prəʊ-/, *v. t.* *1* proclamare; dichiarare: **to p. the new king**, proclamare il nuovo re; **to p. peace**, proclamare la pace; **to p. the state of war**, proclamare lo stato di guerra; **to p. the country a republic**, proclamare la repubblica in un paese *2* dimostrare; rivelare: **His way of speaking proclaimed the actor in him**, il suo modo di parlare rivelava ch'egli era un attore *3* bandire; mettere al bando; proscrivere; proibire (*una riunione, un comizio*) *4* lodare; esaltare *5* (*arc.*) proclamare lo stato d'emergenza in (*una regione, ecc.*); porre (*una città, ecc.*) sotto interdetto.

proclamation /prɒkləˈmeɪʃn/, *n.* *1* proclamazione; dichiarazione *2* proclama; bando.

proclamatory /prəˈklæmətrɪ, *USA* -tɔːrɪ/, *a.* di proclamazione; che serve a proclamare.

proclisis /ˈprəʊklɪsɪs/, *n.* (*ling.*) proclisi.

proclitic /prəʊ'klɪtɪk/, (*ling.*) **A** *a.* proclitico. **B** *n.* particella proclitica.

proclivity /prə'klɪvətɪ/, *n.* (*form.*) proclività; inclinazione; propensione.

proconsul /prəʊ'kɒnsl/, *n.* **1** (*stor. romana*) proconsole **2** governatore di una colonia (*in genere*).

proconsular /prəʊ'kɒnsjʊlə(r), -nʃʊ-/, *a.* proconsolare.

proconsulate /prəʊ'kɒnsjʊlət, -nʃʊ-/, **proconsulship** /prəʊ'kɒnsəlʃɪp/, *n.* proconsolato.

to **procrastinate** /prəʊ'kræstɪneɪt/, **A** *v. i.* procrastinare (*raro*); indugiare; temporeggiare. **B** *v. t.* procrastinare; differire; rinviare.

procrastination /prəʊkræstɪ'neɪʃn/, *n.* (*form.*) procrastinazione (*raro*); temporeggiamento.

procrastinator /prəʊ'kræstɪneɪtə(r)/, *n.* procrastinatore (*raro*); temporeggiatore.

to **procreate** /'prəʊkrɪeɪt/, *v. t.* procreare; generare.

procreation /prəʊkrɪ'eɪʃn/, *n.* procreazione.

procreative /'prəʊkrɪeɪtɪv/, *a.* procreativo; generativo.

procreator /'prəʊkrɪeɪtə(r)/, *n.* procreatore.

Procrustean /prəʊ'krʌstɪən/, *a.* **1** (*mitol.*) di Procuste: (*fig.*) **a P. bed**, un letto di Procuste **2** (*fig.*: *d'un metodo, ecc.*) drastico.

Procrustes /prəʊ'krʌsti:z/, *n.* (*mitol.*) Procuste.

proctalgia /prɒk'tældʒɪə/, *n.* (*med.*) proctalgia.

proctitis /prɒk'taɪtɪs/, *n.* (*med.*) proctite.

proctologist /prɒk'tɒlədʒɪst/, *n.* (*med.*) proctologo.

proctology /prɒk'tɒlədʒɪ/, *n.* (*med.*) proctologia.

proctor /'prɒktə(r)/, *n.* **1** (*relig. anglicana*) procuratore **2** (*in talune università e college*) censore; funzionario incaricato della disciplina, dell'organizzazione degli esami, ecc. **3** (*USA*) addetto alla vigilanza (*agli esami*). ● (*in G.B.*) **p.'s bulldogs**, assistenti del censore (universitario) nelle ispezioni notturne (*alle camere*: *per controllare i rientri, ecc.*).

proctorial /prɒk'tɔ:rɪəl/, *a.* (*nelle università*) di (*o* da) censore.

proctorship /'prɒktəʃɪp/, *n.* ufficio di censore (*o* di addetto alla vigilanza) (*nelle università*).

procumbent /prəʊ'kʌmbənt/, *a.* procombente (*anche bot.*); prostrato; prono.

procurable /prə'kjʊərəbl/, *a.* che si può procurare; ottenibile.

procuration /prɒkjʊ'reɪʃn/, *n.* **1** il procurare; l'ottenere; il procacciarsi **2** procacciamento (*di prestiti per terzi*) **3** (*leg.*) procura **4** (*relig.*) procurazione **5** (*leg.*) lenocinio; reato di lenocinio. ● **p. fee** (*o* **p. money**), compenso dell'intermediazione.

procurator /'prɒkjʊreɪtə(r)/, *n.* **1** (*stor. romana*) procuratore **2** (*leg., raro*) procuratore; chi ha ricevuto una procura. ● (*in Scozia*) **p. fiscal**, procuratore generale (*che promuove la pubblica accusa*); pubblico ministero.

procuratorial /prɒkjʊərə'tɔ:rɪəl/, *a.* (*leg.*) procuratorio.

procuratorship /'prɒkjʊəreɪtəʃɪp/, *n.* (*leg.*) procuratorato.

procuratory /'prɒkjʊreɪtrɪ, *USA* -rətɔ:rɪ/, *n.* (*leg., raro*) procura.

to **procure** /prə'kjʊə(r)/, **A** *v. t.* **1** procurare, procurarsi; procacciare, procacciarsi; ottenere: **You must p. an invitation**, devi procurarti un invito **2** (*arc.*) causare; cagionare: **to p. sb.'s death**, cagionare la morte di q. **3** reperire, approvvigionarsi di (*materie prime*) **4** indurre (*donne*) alla prostituzione. **B** *v. i.* fare il lenone; fare il mezzano (*o* la mezzana).

procurement /prə'kjʊəmənt/, *n.* **1** il procurare; il procacciare **2** approvvigionamento, reperimento (*di materie per l'industria, di materiali per l'esercito, ecc.*) **3** (*leg.*) lenocinio. ● (*org. az.*) **p. office**, ufficio approvvigionamenti.

procurer /prə'kjʊərə(r)/, *n.* **1** procacciatore **2** (*specialm.*) lenone; mezzano.

procuress /prə'kjʊərɪs/, *n.* **1** procacciatrice **2** (*specialm.*) mezzana.

procuring /prə'kjʊrɪŋ/, *n.* (*leg.*) lenocinio.

prod /prɒd/, *n.* **1** atto di pungolare; punzecchiatura **2** pungolo; (*fig.*) sprone, stimolo, incitamento.

to **prod** /prɒd/, *v. t.* e *i.* pungolare, punzecchiare (*anche fig.*); incitare; spronare; stimolare. ● **to p. at sb.**, spingere con un pungolo, pungolare q. □ **to p. sb. on**, incitare q.; stimolare q.

prodigal /'prɒdɪgl/, **A** *a.* prodigo (*anche fig.*); generoso; liberale; munifico: **the p. son**, il figliol prodigo; **to be p. of praise**, esser prodigo d'elogi. **B** *n.* persona prodiga; scialacquatore. || **-ly**, *avv.*

prodigality /prɒdɪ'gælətɪ/, *n.* prodigalità; generosità; liberalità.

prodigious /prə'dɪdʒəs/, *a.* **1** prodigioso; miracoloso; portentoso **2** enorme: **a p. amount of work**, una mole enorme di lavoro. || **-ly**, *avv.* || **-ness**, *sost.*

prodigy /'prɒdɪdʒɪ/, *n.* prodigio (*anche fig.*); miracolo; portento: **He is a p. of learning**, è un prodigio di cultura. ● **the prodigies of nature**, le meraviglie della natura □ **an infant p.** (*o* **a child p.**), un bambino prodigio.

prodromal /'prɒdrəməl/, *a.* (*med.*) prodromico; sintomatico.

prodrome /'prɒdrəm/, *n.* (*med.*) prodromo.

prodromic /prə'drɒmɪk/, *a.* (*med.*) prodromico.

produce /'prɒdju:s, *USA* -du:s/, *n.* **1** prodotto, produzione (*specialm. della terra o d'una miniera*); prodotti agricoli **2** frutto, risultato (*del lavoro, d'uno sforzo*). ● **p. broker**, operatore di borsa merci □ (*fin.*) **p. exchange**, borsa merci □ **p. importer**, importatore di prodotti agricoli □ **agricultural p.**, prodotti agricoli □ **garden p.**, ortaggi □ **home p.**, prodotto nazionale.

to **produce** /prə'dju:s, *USA* -'du:s/, **A** *v. t.* **1** produrre; presentare, esibire, mostrare; dare (*un frutto, un prodotto*); causare, cagionare; fabbricare; mettere in scena, rappresentare: (*econ.*) **to p. for export**, produrre per l'esportazione; **to p. one's driving licence**, esibire la patente di guida; **to p. cotton goods**, fabbricare tessuti di cotone; **to p. evidence**, produrre (*o* presentare, repertare) prove; **These fields p. the best cotton in the U.S.A.**, questi campi danno il miglior raccolto di cotone degli Stati Uniti; **to p. a play [a film]**, mettere in scena un dramma [produrre un film] **2** (*geom.*) prolungare (*una linea*) **3** pubblicare (*un libro e sim.*) **4** estrarre; tirare fuori: **to p. a gun**, estrarre una pistola; **to p. a silver coin**, tirar fuori una moneta d'argento. **B** *v. i.* rendere; essere produttivo; produrre. ● (*leg.*) **to p. an alibi**, produrre un alibi □ **to p. a sensation**, fare scalpore.

producer /prə'dju:sə(r), *USA* -'du:-/, *n.* **1** (*econ.*) produttore: **goods sold directly by the p. to the consumer**, merce venduta direttamente dal produttore al consumatore **2** (*cinem., teatr.*) impresario; produttore **3** (*ind.*) gasogeno. ● (*econ.*) **p. country**, paese produttore □ (*ind.*) **p. gas**, gas di gasogeno □ (*econ.*) **p. goods** (*o* **p.'s goods**), beni capitali; beni strumentali □ (*econ.*) **p.'s surplus**, rendita del produttore □ (*cinem.*) **executive p.**, direttore di produzione.

producibility /prədju:sə'bɪlətɪ, *USA* -du:-/, *n.* producibilità.

producible /prə'dju:səbl, *USA* -'du:-/, *a.* **1** producibile **2** (*geom.*) prolungabile.

product /'prɒdʌkt, -əkt/, *n.* prodotto (*econ., chim., mat.*); frutto (*fig.*); risultato: **the products of industry**, i prodotti dell'industria; **the p. of my labours**, il frutto delle mie fatiche; **the p. of conception**, il prodotto del concepimento. ● (*ind.*) **p. design**, progettazione □ (*ind.*) **p. diversification**, diversificazione produttiva □ (*org. az.*) **p. manager**, product manager □ (*mat.*) **p. notation**, produttoria □ (*econ.*) **p. sector**, settore economico; settore merceologico □ **garden products**, ortaggi □ (*ind.*) **secondary p.**, prodotto secondario □ (*ind.*) **unfinished p.**, prodotto non finito; semilavorato.

production /prə'dʌkʃn/, *n.* **1** (*econ.*) produzione; fabbricazione: **the p. of steel**, la produzione dell'acciaio; **We must stimulate p.**, dobbiamo stimolare la produzione; **oil p.**, la produzione di petrolio **2** produzione (*letteraria o artistica*) **3** (*anche leg.*) produzione (*di prove, testimoni, ecc.*); esibizione (*di documenti, ecc.*) **4** (*cinem., teatr.*) produzione. ● **p. bonus**, premio di produzione □ (*stat.*) **p. census**, censimento industriale □ (*econ.*) **p. cost**, costo di produzione □ (*econ.*) **p. curve**, isoquanto □ **p. cycle**, ciclo produttivo □ **a p. dip**, un piccolo calo della produzione □ (*econ.*) **p. goods**, beni capitali (*o* strumentali) □ (*econ.*) **p. machinery**, apparato produttivo □ **p. management**, gestione della produzione □ **p. manager**, direttore di (*o* della) produzione □ (*econ.*) **p. planning**, programmazione della produzione □ (*econ.*) **p. potential**, potenziale produttivo □ (*econ.*) **p. recovery**, ripresa produttiva □ (*org. az.*) **p. run**, fase di fabbricazione □ **p. unit**, unità produttiva □ (*econ.*) **the countries with excess p.**, i paesi eccedentari.

productive /prə'dʌktɪv/, *a.* produttivo (*anche econ.*); fertile; fruttifero: **a p. mind**, un ingegno produttivo; **p. labour**, lavoro produttivo; manodopera diretta; **p. soil**, terreno produttivo (*o* fertile); **a p. mine**, una miniera fruttifera. ● (*econ.*) **p. cycle**, ciclo produttivo □ **the p. economy**, l'economia reale □ (*fin.*) **a p. investment**, un investimento produttivo □ (*econ.*) **p. labour**, manodopera diretta □ **to be p. of**, essere causa di; cagionare; produrre: **Waste is p. of many evils**, lo spreco è causa di molti mali; **p. of carrots**, che produce carote. || **-ly**, *avv.*

productiveness /prə'dʌktɪvnəs/, **productivity** /prɒdʌk'tɪvətɪ/, *n.* (*anche econ.*) produttività; rendimento: **the p. of labour**, la produttività del lavoro.

proem /'prəʊem/, *n.* proemio; esordio; introduzione; preludio.

proemial /prəʊ'i:mɪəl/, *a.* proemiale; di (*o* da) proemio.

prof /prɒf/, *n.* (*abbr. fam. di* **professor**) professore; prof. (*fam.*).

profanation /prɒfə'neɪʃn/, *n.* profanazione; sacrilegio.

profane /prə'feɪn, *USA* prəʊ'feɪn/, *a.* **1** profano: **p. history**, storia profana **2** pagano: **p. rites**, riti pagani **3** empio; blasfemo; irreligioso; irriverente: **p. language**, parole irriverenti; bestemmie. || **-ly**, *avv.* || **-ness**, *sost.*

to **profane** /prə'feɪn, *USA* prəʊ'feɪn/, *v. t.* profanare (*anche fig.*); violare.

profanity /prə'fænətɪ, *USA* prəʊ-/, *n.* **1** profanità **2** empietà; irreligiosità; irriverenza **3** (*pl.*) parole irriverenti; bestemmie.

to **profess** /prə'fes/, **A** *v. t.* e *i.* **1** professare (*anche relig.*); dichiarare; esprimere; manifestare; far professione di: **to p. one's admiration**, professare la propria ammirazione; **to p. one's regret**, esprimere il proprio rammarico; **to p. Christianity**, professare la religione cristiana; **to p. medicine [law]**, professare la medicina [l'avvocatura]; **to p. friendship**, far professione d'amicizia **2** pretendere, far mostra di: **He doesn't p. to be a scholar**, non pretende d'essere un erudito **3** insegnare (*a livello universitario*): **to p. Italian literature**, insegnare letteratura italiana **4** esercitare la (propria) professione **5** fare il professore (*specialm. universitario*). **B** to **profess oneself**, *v. rifl.* professarsi; dichiararsi: **We p. ourselves quite content**, ci dichiariamo pienamente soddisfatti. ● **to p. God**, far professione di fede in Dio.

professed /prə'fest/, *a.* **1** dichiarato; riconosciuto: **a p. atheist**, un ateo dichiarato **2** falso; finto; preteso: **p. neutrality**, finta neutralità **3**

(*relig.*) professo: **a p. nun**, una monaca professa.

professedly /prəˈfɛsɪdlɪ/, *avv.* dichiaratamente; apertamente.

profession /prəˈfɛʃn/, *n.* ***1*** professione; dichiarazione; mestiere: **He's a doctor by p.**, di professione fa il medico; **p. of faith**, professione di fede; **professions of regard**, professioni (*o* dichiarazioni) di stima ***2*** – **the p.**, i membri d'una professione; la classe: **the teaching p.**, la classe docente; **the medical p.**, i medici (*collett.*) ***3*** (*relig.*) professione; professione dei voti solenni. ● **in practice if not in p.**, in pratica se non dichiaratamente □ **the learned professions**, le professioni dotte (*l'avvocatura, la teologia, la medicina*) □ **the military p.**, la carriera militare.

professional /prəˈfɛʃənl/, **A** *a.* ***1*** professionale; di (una) professione; di (un) mestiere: **p. skill**, abilità professionale; **p. jealousy**, gelosia professionale ***2*** professionista; professionistico; di professione: **a p. tennis player**, un giocatore di tennis professionista ***3*** di professionisti; da professionista; professionistico: **p. team**, squadra di professionisti; **p. tennis**, tennis professionistico ***4*** intenzionale: (*sport*) **a p. fault**, un fallo intenzionale. **B** *n.* (*anche sport*) professionista. ● (*fin.*) **p. earnings**, redditi derivanti da un'attività professionale □ **p. ethics**, deontologia □ **p. men**, (i) professionisti □ **a p. writer**, uno scrittore di professione □ **He's a p. complainer**, è uno che si lamenta sempre. || **-ly**, *avv.*

professionalism /prəˈfɛʃənəlɪzəm/, *n.* ***1*** professionalità ***2*** professionismo (*anche sport*) ***3*** (*sport*) fallosità intenzionale.

to **professionalize** /prəˈfɛʃnəlaɪz/, *v. t.* professionalizzare; rendere professionale; fare di (q.c.) una professione.

professor /prəˈfɛsə(r)/, *n.* professore (*specialm. universitario*). ● **p. of Christianity**, chi fa professione di fede nel Cristianesimo.

professorate /prəˈfɛsərət/, *n.* professorato; dignità (*o* ufficio) di professore; cattedra universitaria.

professorial /prɒfɪˈsɔːrɪəl/, *a.* professorale; cattedratico.

professoriate /prɒfɛˈsɔːrɪət/, *n.* ***1*** (*collett.*) corpo insegnante; docenti ***2*** professorato; ufficio di professore; cattedra universitaria.

professorship /prəˈfɛsəʃɪp/, *n.* professorato; ufficio di professore; cattedra universitaria.

proffer /ˈprɒfə(r)/, *n.* profferta; offerta.

to **proffer** /ˈprɒfə(r)/, *v. t.* profferire (*lett.*); offrire.

proficiency /prəˈfɪʃnsɪ/, *n.* abilità; capacità; competenza; (buona) conoscenza. ● **p. pay**, retribuzione per prestazioni specialistiche □ **p. test**, test di rendimento.

proficient /prəˈfɪʃnt/, **A** *a.* abile; capace; competente; esperto; provetto: **to be p. in driving (a car)**, essere esperto nella guida (dell'automobile); **to be p. in English**, conoscere assai bene l'inglese. **B** *n.* persona capace; esperto; competente. || **-ly**, *avv.*

profile /ˈprəʊfaɪl/, **A** *n.* ***1*** profilo; sagoma; contorno: **her handsome p.**, il suo bel profilo; **the clear-cut p. of a distant hill**, il netto profilo d'un monte lontano ***2*** (*fig.*) profilo; (rapido) schizzo: **a p. of contemporary India**, un profilo dell'India contemporanea ***3*** (*archit., geol., ecc.*) profilo; sezione ***4*** (*sport*) tracciato. **B** *a. attr.* a sbalzo: **p. stainless flatware**, posateria inossidabile a sbalzo. ● (*aeron.*) **p. drag**, resistenza di profilo □ **to keep a low p.**, restare in ombra (*fig.*).

to **profile** /ˈprəʊfaɪl/, *v. t.* ***1*** disegnare il profilo di; sagomare ***2*** (*fig.*) scrivere (*o* tracciare) un profilo di ***3*** (*tecn.*) sagomare; profilare. ● **to be profiled**, profilarsi: **The snow-capped peaks were profiled against the sky**, le vette innevate si profilavano contro il cielo.

profiling /ˈprəʊfaɪlɪŋ/, *n.* (*tecn.*) profilatura. ● **p. machine**, macchina (*o* tornio) a copiare.

profit /ˈprɒfɪt/, *n.* ***1*** profitto; beneficio; frutto; giovamento: **to study a language to one's p.**, studiare una lingua con profitto; **to turn st. to p.**, mettere q.c. a profitto; trarre vantaggio da q.c. ***2*** (*econ., fin. rag.*) profitto; guadagno; utile: **taxable profits**, guadagni soggetti a tassazione; **net p.**, utile netto. ● **p. and loss account**, conto profitti e perdite; conto economico □ **p. forecast**, previsione degli utili □ **p. graph**, diagramma di redditività; profittogramma □ **p.-making**, proficuo; lucrativo □ **p. margin**, (*econ.*) margine di profitto; (*rag.*) redditività netta delle vendite □ (*econ.*) **p. push**, spinta dei profitti □ **p. seeking**, ricerca del profitto □ **p.-sharing**, compartecipazione agli utili □ **p. squeeze**, riduzione degli utili □ (*Borsa*) **p.-taking**, presa di beneficio; vendita di realizzo □ (*fisc.*) **p. tax**, imposta sui profitti □ **at a p.**, vantaggiosamente; ricavando un utile: **We sold our farm at a p.**, abbiamo guadagnato sulla vendita del podere □ **to make a p. of**, ricavare un utile, fare un guadagno di (*una certa somma*) □ **non-p. making**, che non ha fini di lucro.

to **profit** /ˈprɒfɪt/, **A** *v. i.* profittare (di); approfittare (di); trarre profitto (da): **He profited by my perplexity to make his escape**, approfittò della mia incertezza per fuggire; **We hope to p. by your help**, confidiamo di trarre profitto dal tuo aiuto. **B** *v. t.* giovare a (q.); esser di profitto a (q.); servire: **What can it p. us?**, di che profitto può esserci?; a che può giovarci?

profitability /prɒfɪtəˈbɪlətɪ/, *n.* (*econ.*) redditività: **p. index**, indice di redditività.

profitable /ˈprɒfɪtəbl/, *a.* ***1*** proficuo; lucroso; utile: **a p. treatment**, una cura proficua; **p. advice**, consigli utili ***2*** (*econ.*) redditizio; remunerativo: **a p. undertaking**, un'impresa redditizia. || **-bly**, *avv.* || **-ness**, *sost.*

profiteer /prɒfɪˈtɪə(r)/, *n.* profittatore; affarista; pescecane (*fig.*).

to **profiteer** /prɒfɪˈtɪə(r)/, *v. i.* essere un profittatore (*o* un affarista); fare guadagni esorbitanti e disonesti.

profiteering /prɒfɪˈtɪərɪŋ/, *n.* arricchimento disonesto; affarismo.

profitless /ˈprɒfɪtləs/, *a.* senza profitto; inutile; non vantaggioso.

profitlessness /ˈprɒfɪtləsnəs/, *n.* inutilità.

profligacy /ˈprɒflɪgəsɪ/, *n.* ***1*** dissolutezza; libertinaggio; licenziosità; immoralità ***2*** dissipatezza; dissipazione; prodigalità.

profligate /ˈprɒflɪgət/, **A** *a.* ***1*** dissoluto; licenzioso; immorale; sfrenato ***2*** dissipato; prodigo. **B** *n.* ***1*** persona dissoluta; libertino ***2*** dissipatore; scialacquatore. || **-ly**, *avv.* || **-ness**, *sost.*

profound /prəˈfaʊnd/, **A** *a.* profondo (*anche fig.*); assoluto; completo; intenso; radicale: **I fell into a p. sleep**, caddi in un sonno profondo; **a p. sigh**, un profondo sospiro; **a p. thinker**, un pensatore profondo; **a p. bow**, un profondo inchino; **p. silence**, assoluto silenzio; **p. changes**, mutamenti radicali; **p. grief**, intenso dolore. **B** *n.* (*poet.*) **the p.**, il profondo (*del mare, dell'animo, ecc.*). || **-ly**, *avv.*

profoundness /prəˈfaʊndnəs/, **profundity** /prəˈfʌndətɪ/, (*specialm. fig.*) *n.* profondità: **the p. of his thought**, la profondità del suo pensiero.

profuse /prəˈfjuːs/, *a.* ***1*** profuso (*raro*); abbondante; copioso; folto: **p. thanks**, profusi ringraziamenti; **a dog with a p. long coat**, un cane dal pelo lungo e folto ***2*** prodigo; generoso: **p. in promises**, prodigo di promesse. || **-ly**, *avv.*

profuseness /prəˈfjuːsnəs/, **profusion** /prəˈfjuːʒn/, *n.* ***1*** profusione; abbondanza; copia (*lett.*): **flowers growing in p.**, fiori che crescono a profusione ***2*** lo spendere a profusione; prodigalità.

prog (1) /prɒg/, (*gergo studentesco, arc.*) *V.* **proctor**, *def. 2.*

prog (2) /prɒg/, *n.* (*abbr. fam. di* **programme**) programma.

progenitive /prəˈdʒɛnətɪv/, *a.* capace di generare; riproduttivo.

progenitor /prəˈdʒɛnɪtə(r)/, *n.* ***1*** progenitore; antenato; avo; capostipite ***2*** (*fig.*) predecessore; precursore.

progenitorial /prəʊdʒɛnɪˈtɔːrɪəl/, *a.* ***1*** di progenitore; ancestrale; atavico ***2*** da precursore.

progeny /ˈprɒdʒənɪ/, *n.* ***1*** (*biol.*) progenie ***2*** progenie; generazione; stirpe; figliolanza; prole ***3*** (*fig.*) esito; risultato.

progestational /prəʊdʒɛsˈteɪʃənl/, *a.* (*biol.*) progestinico.

progesterone /prəˈdʒɛstərəʊn/, *n.* (*biol.*) progesterone.

progestin /prəʊˈdʒɛstɪn/, *n.* (*biol., farm.*) progestina.

proglottis /prəʊˈglɒtɪs/, *n.* (*pl.* **proglottides**) (*zool.*) proglottide.

prognathic /prɒgˈnæθɪk/, *a.* (*anat.*) prognato.

prognathism /ˈprɒgnəθɪzəm/, *n.* (*anat.*) prognatismo.

prognathous /ˈprɒgnəθəs, prɒgˈneɪ-/, *a.* (*anat.*) prognato.

prognosis /prɒgˈnəʊsɪs/, *n.* (*pl.* **prognoses**) ***1*** (*med.*) prognosi ***2*** pronostico; previsione.

prognostic /prɒgˈnɒstɪk/, **A** *a.* (*med.*) prognostico: **p. symptoms**, sintomi prognostici. **B** *n.* ***1*** pronostico; previsione ***2*** segno premonitore; presagio: **a p. of success**, un presagio di successo.

prognosticable /prəgˈnɒstɪkəbl/, *a.* pronosticabile.

to **prognosticate** /prɒgˈnɒstɪkeɪt/, *v. t.* ***1*** pronosticare; predire; prevedere ***2*** far prevedere; essere presagio di (q.c.).

prognostication /prɒgnɒstɪˈkeɪʃn/, *n.* ***1*** pronostico; predizione ***2*** segno premonitore; presagio.

prognosticator /prəgˈnɒstɪkeɪtə(r)/, *n.* pronosticatore; chi pronostica.

program /ˈprəʊgræm, *USA* -əm/, *n.* ***1*** (*USA*) *V.* **programme** ***2*** (*elab.*) programma: **p. card**, scheda di programma; **p. storage**, area di programma. ● **p. counter**, contatore di istruzioni □ **p. drum**, tamburo programmatore.

to **program** /ˈprəʊgræm, *USA* -əm/, *v. t.* e *i.* ***1*** (*USA*) *V.* **to programme** ***2*** (*elab.*) programmare: **to p. a computer**, programmare un calcolatore elettronico.

programer /ˈprəʊgræmə(r), *USA* -əm-/, *n.* (*USA*) *V.* **programmer**.

programmability /prəgræməˈbɪlətɪ/, *n.* programmabilità.

programmable /prəˈgræməbl, *USA* ˈprəʊgræm-/, *a.* (*anche elab.*) programmabile.

programmatic /prəʊgrəˈmætɪk/, *a.* programmatico.

programme /ˈprəʊgræm, *USA* -grəm/, *n.* ***1*** programma; progetto; piano: **a political p.**, un programma politico; (*econ.*) **a p. of budgetary austerity**, un programma d'austerità di bilancio ***2*** (*elab.*) *V.* **program**. ● (*radio, TV*) **p.-maker**, programmatore; programmista □ **p. music**, musica descrittiva □ (*radio*) **p. parade**, annuncio dei programmi della giornata □ (*cinem.*) **p. picture**, cortometraggio □ (*fin.*) **p. trading**, operazioni computerizzate di acquisto e vendita □ (*radio*) **transcribed p.**, programma riprodotto.

to **programme** /ˈprəʊgræm, *USA* -grəm/, **A** *v. t.* ***1*** progettare; mettere in programma; programmare; pianificare ***2*** (*econ., cinem., elab.*) programmare. **B** *v. i.* seguire un programma (*o* un piano). ● **programmed instruction**, istruzione programmata.

programmer /ˈprəʊgræmə(r), *USA* -grəm-/, *n.* ***1*** programmista ***2*** programmatore (*di elaboratore*).

programming /ˈprəʊgræmɪŋ, *USA* -grəm-/, *n.* (*econ., cinem., elab.*) programmazione. ● (*elab.*) **p. flowchart**, schema di flusso.

progress /ˈprəʊgrɛs, *USA* ˈprɒgrɛs/, *n.* ***1*** progresso, progressi; miglioramento: **the p. of science**, i progressi della scienza; **to make p.**, fare progressi; **The patient is making rapid p.**, l'ammalato migliora rapidamente ***2*** l'avanzare, il procedere; avanzata; **to make slow p.**, avanzare lentamente *3* sviluppo; svolgimento; corso; evoluzione: **a slow p. of the economy**, un lento sviluppo dell'economia; **Peace talks are in p., si stanno svolgendo trattative di pace**; **the p. of a disease**, l'evoluzione di una malattia *4* (*anche elab.*) avanzamento *5* (*arc.*) viaggio ufficiale (*di un sovrano, ecc.*) ● **p. chart**, grafico d'avanzamento □ **p. chaser**, ispettore di avanzamento lavori □ **p. report**, stato (*o* rapporto) di avanzamento □ **in p.**, in esecuzione; in corso: **work in p.**, lavoro in esecuzione; (*fig.*) lavoro lungo, «work in progress»; **«Road works in p.»** (*cartello*), «lavori in corso»; **A man hunt is in p.**, è in corso una caccia all'uomo.

to **progress** /prə'grɛs/, *v. i.* *1* procedere; avanzare; essere in corso: **How is your work progressing?**, come va (*o* procede) il tuo lavoro?; **The controversy still progresses**, la controversia è ancora in corso *2* progredire; far progressi: **Japanese economy is progressing steadily**, l'economia giapponese fa costanti progressi.

progression /prə'grɛʃn/, *n.* *1* (il) procedere; (il) progredire; avanzamento: **different modes of p.**, modi diversi di procedere (*camminando, strisciando, ecc.*) *2* (*anche mat., mus.*) progressione: **arithmetical** [**geometrical**] **p.**, progressione aritmetica [geometrica]; **harmonic p.**, progressione armonica.

progressional /prə'grɛʃənl/, *a.* di progressione; progressivo.

progressionism /prə'grɛʃənɪzəm/, *V.* **progressivism.**

progressionist /prə'grɛʃənɪst/, **progressist** /prə'grɛsɪst/, *n.* progressista.

progressive /prə'grɛsɪv/, **A** *a.* *1* progressivo: **p. method**, metodo progressivo; (*fisc.*) **a p. tax**, un'imposta progressiva *2* che avanza regolarmente; in avanti: **p. motion**, moto in avanti *3* favorevole al progresso; progressista; progressistico (*raro*): **a p. policy**, una politica favorevole al progresso; **a p. party**, un partito progressista. **B** *n.* (*polit.*) progressista. ● **a p. nation**, una nazione in continuo progresso □ (*polit.*) **p. people**, progressisti □ (*in G.B.*) **p. school**, scuola di tipo progressista (*si occupa anche di sviluppare le capacità di socializzazione dei bambini*). || **-ly**, *avv.* || **-ness**, *sost.*

progressivism /prə'grɛsɪvɪzəm/, *n.* progressismo; politica progressista.

progressivist /prə'grɛsɪvɪst/, *n.* progressista.

to **prohibit** /prə'hɪbɪt, *USA* prəʊ-/, *v. t.* proibire; vietare; impedire: **Motorists should be prohibited from driving too fast**, bisognerebbe impedire agli automobilisti di guidare a velocità eccessiva. ● (*autom.*) **«All vehicles prohibited»** (*cartello*), «divieto d'accesso a tutti i veicoli».

prohibiter /prə'hɪbɪtə(r)/, *n.* chi proibisce; proibitore (*raro*).

prohibition /prəʊhɪ'bɪʃn, prəʊɪ-/, *n.* *1* proibizione; divieto *2* – (*stor. USA*) **P.**, Proibizionismo. ● (*stor., USA*) **P. Party**, partito proibizionista.

prohibitionism /prəʊhɪ'bɪʃənɪzəm, prəʊɪ-/, *n.* proibizionismo.

prohibitionist /prəʊhɪ'bɪʃənɪst, prəʊɪ-/, *n.* proibizionista.

prohibitive /prə'hɪbətɪv/, *a.* proibitivo: **p. prices**, prezzi proibitivi. || **-ly**, *avv.* || **-ness**, *sost.*

prohibitor /prə'hɪbɪtə(r)/, *n.* chi proibisce; proibitore (*raro*).

prohibitory /prə'hɪbɪtrɪ, *USA* -tɔːrɪ/, *a.* proibitorio (*raro*); proibitivo.

project /'prɒdʒɛkt/, *n.* progetto; piano; programma: **preliminary p.**, progetto di massima; **redevelopment p.**, piano di ristrutturazione urbanistica. ● **p. engineer**, progettista □ (*org. az.*) **p. manager**, project manager.

to **project** /prə'dʒɛkt/, **A** *v. t.* *1* (*anche fis., geom., stat.*) proiettare; gettare: **to p. a beam of light** [**one's shadow, an image**], proiettare un raggio di luce [la propria ombra, un'immagine]; **to p. sales figures**, proiettare le cifre delle vendite *2* (*fig.*) indirizzare, rivolgere (*la mente, il pensiero, a q.c.*) *3* progettare; programmare: **to p. new plants**, progettare nuove fabbriche; **to p. a new aqueduct**, progettare un nuovo acquedotto *4* (*polit., pubblicità*) dare una buona immagine di (*un candidato, un prodotto, ecc.*). **B** *v. i.* *1* (*archit., mecc.*) aggettare; sporgere: **projecting dormer**, abbaino sporgente *2* (*psic.*) fare proiezioni (*o* una proiezione). **C** to **project oneself**, *v. rifl.* proiettarsi; (*fig.*) trasferirsi (*nel futuro, col pensiero, ecc.*); dare una (buona) impressione di sé (*agli altri*). ● (*mil.*) **to p. missiles**, lanciare missili.

projectile /prə'dʒɛktaɪl, *USA* -tl/, **A** *n.* (*mil.*) proiettile; proietto. **B** *a.* *1* propulsivo; che dà impulso: **p. force**, forza propulsiva *2* (*mil.*) missile: **a p. weapon**, un'arma missile *3* (*zool.*) protrattile. ● **a p. missile**, un missile □ **a p. torpedo**, un siluro.

projection /prə'dʒɛkʃn/, *n.* *1* (*geom., geogr., cinem., psic., ling., ecc.*) proiezione: **Mercator's p.**, la proiezione di Mercatore; **the p. of a film**, la proiezione di un film *2* progettazione; il progettare *3* lo sporgere; sporgenza (*anche alpinismo*); prominenza; (*archit.*) aggetto, sporto: **the p. of the eaves**, lo sporto delle grondaie. ● (*cinem.*) **p. machine**, macchina da proiezione; proiettore □ (*fis.*) **p. microscope**, microscopio a proiezione □ (*cinem.*) **p. room** (*o* **p. booth**), cabina di proiezione.

projectionist /prə'dʒɛkʃənɪst/, *n.* (*cinem.*) proiezionista; operatore.

projective /prə'dʒɛktɪv/, *a.* (*geom., psic., ling. ecc.*) proiettivo: **p. test**, test proiettivo.

projectivity /prəʊdʒɛk'tɪvətɪ/, *n.* (*geom.*) proiettività.

projector /prə'dʒɛktə(r)/, *n.* *1* (*cinem., ecc.*) proiettore: **slide p.**, proiettore di filmine *2* progettista *3* (*mil.*) lanciatore; lanciarazzi.

prolamine /'prəʊləmɪn/, *n.* (*chim.*) prolammina.

prolapse /'prəʊlæps/, *n.* (*med.*) prolasso.

to **prolapse** /'prəʊlæps/, *v. i.* (*med.: d'un organo*) prolassare. ● **to have a prolapsed uterus**, avere un prolasso uterino.

prolapsus /prəʊ'læpsəs/, *n.* (*med.*) prolasso.

prole /prəʊl/, *n.* (*abbr. fam. spreg. di* **proletarian**) proletario.

prolegomena /prəʊlə'gɒmɪnə/, *n. pl.* prolegomeni.

prolegomenary /prəʊlə'gɒmɪnərɪ, *USA* -ɛrɪ/, **prolegomenous** /prəʊlə'gɒmɪnəs/, *a.* proemiale; introduttivo.

prolepsis /prəʊ'lɛpsɪs/, *n.* (*pl.* **prolepses**) (*ling., retor.*) prolessi.

proleptic /prəʊ'lɛptɪk/, *a.* (*ling., retor.*) prolettico. || **-ally**, *avv.*

proletarian /prəʊlɪ'tɛərɪən/, *a. e n.* proletario. ● (*polit.*) **p. dictatorship**, dittatura del proletariato.

proletarianism /prəʊlɪ'tɛərɪənɪzəm/, *n.* proletariato (*la condizione del proletario*).

proletariat /prəʊlɪ'tɛərɪət/, *n.* (*polit.*) proletariato (*i proletari*).

prolicide /'prəʊlɪsaɪd/, *n.* (*leg.*) infanticidio.

pro-life /prəʊ'laɪf/, *a.* (*di movimento, ecc.*) per la vita; antiabortista.

pro-lifer /prəʊ'laɪfə(r)/, *n.* antiabortista.

to **proliferate** /prə'lɪfəreɪt, prəʊ-/, **A** *v. i.* (*biol. e fig.*) proliferare; prolificare. **B** *v. t.* far prolificare, riprodurre (*cellule, ecc.*).

proliferation /prəlɪfə'reɪʃn, prəʊ-/, *n.* (*biol. e fig.*) proliferazione; prolificazione.

proliferous /prə'lɪfərəs/, *a.* (*bot., zool.*) prolifero.

prolific /prə'lɪfɪk/, *a.* prolifico (*anche fig.*); fecondo; fertile: **p. animals**, animali prolifici; **a p. writer**, uno scrittore prolifico. || **-ally**, *avv.*

prolificacy /prə'lɪfɪkəsɪ/, **prolificalness** /prə'lɪfɪklnəs/, *n.* prolificità.

prolification /prəʊlɪfɪ'keɪʃn/, *n.* prolificazione; fecondità; fertilità.

prolificity /prəʊlɪ'fɪsətɪ/, **prolificness** /prə'lɪfɪknəs/, *n.* prolificità.

proline /'prəʊliːn/, *n.* (*chim.*) prolina.

prolix /'prəʊlɪks, *USA* prəʊ'lɪks/, *a.* prolisso. || **-ly**, *avv.* || **-ness**, *sost.*

prolixity /prəʊ'lɪksətɪ/, *n.* prolissità.

prolocutor /prəʊ'lɒkjʊtə(r)/, *n.* *1* portavoce *2* presidente di un'assemblea (*specialm. del clero anglicano*).

prolog /'prəʊlɒg, *USA* -lɔːg/, (*USA*) *V.* **prologue.**

to **prologize** /'prəʊləgaɪz/, *v. i.* pronunciare (*o* scrivere) un prologo.

prologue /'prəʊlɒg, *USA* -lɔːg/, *n.* prologo (*anche fig.*); preludio.

to **prologue** /'prəʊlɒg, *USA* -lɔːg/, *v. t.* introdurre; fare il prologo a.

to **prolong** /prə'lɒŋ, *USA* -'lɔːŋ/, *v. t.* prolungare: (*geom.*) **to p. a line**, prolungare una linea; **to p. one's stay**, prolungare la propria permanenza. ● (*comm.*) **to p. a bill**, prorogare la scadenza d'una cambiale □ **to p. matters**, tirar le cose in lungo.

prolongable /prə'lɒŋəbl, *USA* -ɔːŋ-/, *a.* *1* prolungabile *2* (*comm.*) prorogabile.

to **prolongate** /'prəʊlɒŋgeɪt, *USA* -lɔːŋ-/, *v. t.* prolungare.

prolongation /prəʊlɒŋ'geɪʃn, *USA* -lɔːŋ-/, *n.* *1* prolungamento *2* (*comm.*) proroga.

prolusion /prəʊ'luːʒən, -'ljuː-/, *n.* prolusione; saggio introduttivo.

prolusory /prəʊ'luːzərɪ, -'ljuː-/, *a.* introduttivo; preliminare.

prom /prɒm/, *n.* (*fam.*) *1* *V.* **promenade concert** *2* passeggiata; corso; (*specialm.*) lungomare *3* (*fam. USA*) ballo studentesco.

promenade /prɒmə'nɑːd, *USA* -'neɪd/, *n.* *1* passeggiata; cavalcata *2* passeggiata; pubblico passeggio; (*specialm.*) lungomare *3* danza con cui si apre un ballo ufficiale *4* (*USA*) ballo studentesco *5* (*teatr.*) ridotto. ● **p. concert**, concerto popolare (*con parte del pubblico in piedi*) □ (*naut.*) **p. deck**, ponte di passeggiata.

to **promenade** /prɒmə'nɑːd, *USA* -'neɪd/, **A** *v. i.* *1* passeggiare; andare a spasso *2* cavalcare (*per diletto*); scarrozzarsi. **B** *v. t.* *1* passeggiare (*o* camminare, ecc.) lungo (*il corso, il lungomare, ecc.*) *2* condurre a passeggio *3* scarrozzare (q.).

promenader /prɒmə'nɑːdə(r), *USA* -'neɪd-/, *n.* *1* passeggiatore; gitante *2* frequentatore assiduo di concerti popolari.

Promethean /prə'miːθɪən/, *a.* *1* di (*o* simile a) Prometeo: **P. fire**, il fuoco di Prometeo *2* prometeico; creativo; audace.

Prometheus /prə'miːθɪəs, -θjuːs/, *n.* (*mitol.*) Prometeo.

promethium /prə'miːθɪəm/, *n.* (*chim.*) prometeo; promezio.

prominence /'prɒmɪnəns/, **prominency** /'prɒmɪnənsɪ/, *n.* *1* prominenza; sporgenza; protuberanza; rilievo *2* (*fig.*) rilievo; importanza: **a person of p.**, una persona di rilievo. ● **to come into p.**, salire alla ribalta (*fig.*).

prominent /'prɒmɪnənt/, *a.* *1* prominente; sporgente; protuberante: **a p. chin**, un mento sporgente *2* (*fig.*) importante; cospicuo; distinto; notevole: **a p. artist**, un artista importante. || **-ly**, *avv.*

promiscuity /prɒmɪ'skjuːətɪ/, *n.* *1* promiscuità; confusione; mescolanza *2* promiscuità dei sessi.

promiscuous /prə'mɪskjʊəs/, *a.* *1* promiscuo; confuso; disordinato: **a p. crowd of people**, una folla promiscua; **a p. collection of objects**, un insieme confuso d'oggetti *2* che pratica la promiscuità sessuale *3* indiscriminato: **a p. massacre**, un massacro indiscriminato *4* (*fam.*) casuale; occasionale: **a p. stroll**, una passeggiatina occasionale (senza meta o scopo) *5* (*fam.*) che s'adatta (a tutto); di bocca buona (*fam.*). || **-ly**, *avv.* || **-ness**, *sost.*

promise /'prɒmɪs/, *n.* *1* promessa: **broken promises**, promesse non mantenute; **a p. to pay**, una promessa di pagamento; **p. of marriage**, promessa di matrimonio *2* (*fig.*) speranze: **a youth of great p.**, un giovane di belle speranze. ● (*comm.*) **a p. to sell**, un preliminare di vendita □ **to break a p.**, mancare a una promessa □ **to claim sb.'s p.**, esigere che q. tenga fede alla promessa fatta □ **to keep** (*o* **to carry out**) **a p.**, mantenere (*o* adempiere, osservare) una promessa □ **to make** (*o* **to give**) **a p.**, fare una promessa □ **to show great p.**, prometter bene, dare a sperare □ **a poet of p.**, un poeta promettente, che promette bene □ **There isn't much p. of good weather**, il tempo non promette nulla di buono.

to **promise** /ˈprɒmɪs/, **A** *v. t.* e *i.* ***1*** promettere; fare una promessa; dare a sperare: **The black sky promised a storm**, il cielo nero prometteva un temporale; **I p. to go** (*o* **that I will go**), prometto di andarci (*o* che ci andrò) ***2*** (*fam.*) assicurare: **I p. you that it won't be easy**, t'assicuro che non sarà facile ***3*** promettere (*una ragazza*) in moglie. **B** to **promise oneself**, *v. rifl.* ripromettersi: **I promised myself a long holiday**, mi ripromettevo di fare una lunga vacanza. ● **to p. the earth** (*o* **the moon**), promettere la luna (*o* mari e monti) □ **to p. well** (*o* **fair**), prometter bene □ (*stor., relig.* e *fig.*) **the Promised Land**, la terra promessa.

promisee /prɒmɪˈsiː/, *n.* (*leg.*) promissario; chi riceve una promessa.

promising /ˈprɒmɪsɪŋ/, *a.* promettente; che fa sperare: **a p. boy**, un ragazzo promettente. ● **a p. sky**, un cielo che promette bene (*o* bel tempo). || **-ly**, *avv.*

promisor /prɒmɪˈsɔː(r)/, *n.* (*leg.*) promettitore; chi fa una promessa.

promissory /ˈprɒmɪsərɪ, prəˈmɪs-, *USA* ˈprɒmɪsɔːrɪ/, *a.* che ha carattere di promessa; (*leg.*) promissorio. ● (*comm., leg.*) **p. note**, pagherò; vaglia cambiario.

promo /ˈprəʊməʊ/, (*abbr. fam. di* **promotional**) **A** *a.* promozionale. **B** *n.* (*cinem., TV*) promo.

promontory /ˈprɒməntrɪ, *USA* -tɔːrɪ/, *n.* (*geogr., anat.*) promontorio.

to **promote** /prəˈməʊt/, *v. t.* ***1*** promuovere; far progredire; favorire; incoraggiare; provocare; stimolare: **He was promoted (to the rank of) captain**, fu promosso capitano; **to p. sales**, promuovere le vendite; **to p. a bill in Parliament**, promuovere un disegno di legge in Parlamento; **to p. sb.'s interests**, favorire gli interessi di q. ***2*** (*comm.*) lanciare, fare promozione a (*un prodotto*) ***3*** (*scacchi*) mandare a regina (*un pedone*) ***4*** (*sport*) promuovere (*una squadra, ecc.*). ● (*fin.*) **to p. a new company**, farsi promotore di una nuova società □ **Milk promotes health**, il latte fa bene (alla salute).

promoter /prəˈməʊtə(r)/, *n.* ***1*** promotore; fautore; iniziatore ***2*** (= **company p.**) fondatore di una società commerciale ***3*** (*chim.*) promotore; attivatore.

promotion /prəˈməʊʃn/, *n.* ***1*** promozione; avanzamento: **to get p.**, avere una promozione ***2*** il favorire; l'incoraggiare; il promuovere; impulso ***3*** (*econ., comm.*) promozione (*delle vendite*); «promotion»; sviluppo ***4*** (*fin.*) fondazione (*d'una società commerciale*) ***5*** (*fam., comm.*) articolo (*o* prodotto) che viene lanciato ***6*** (*sport*) promozione. ● (*fin.*) **p. money**, indennità di fondazione (*di una società*) □ **p. offer**, offerta promozionale □ (*market.*) **sales p.**, promozione delle vendite.

promotional /prəˈməʊʃənl/, *a.* ***1*** di promozione; d'avanzamento: **p. possibilities**, prospettive d'avanzamento ***2*** (*comm.*) promozionale: **p. campaign**, campagna promozionale; **p. sale**, vendita promozionale.

promotive /prəˈməʊtɪv/, *a.* che promuove; promotore.

prompt /prɒm(p)t/, **A** *a.* ***1*** pronto; sollecito; alacre; svelto: **a p. answer**, una risposta pronta; **a p. assistant**, un assistente alacre, svelto ***2*** (*comm.*) a pronti; immediato: **p. delivery**, consegna immediata; **p. payment**, pagamento immediato. **B** *n.* ***1*** (*comm.*) termine di tempo per il saldo (*di un conto*) ***2*** (*comm.*, = **p. note**) promemoria di pagamento (*con specificata la data di scadenza*) ***3*** (*teatr.*) suggerimento ***4*** (*elab.*) prompt; segnale di pronto. **C** *avv.* (*fam.*) in punto; esatto; preciso: **at 9 o'clock p.**, alle (ore) 9 precise. ● (*teatr.*) **p.-book**, copione del suggeritore □ (*teatr.*) **p.-box**, buca del suggeritore □ (*comm.*) **p. goods**, merci pronte per la consegna □ (*comm.*) **for p. cash**, a pronta cassa; in contanti. || **-ly**, *avv.*

to **prompt** /prɒm(p)t/, *v. t.* ***1*** incitare; indurre; stimolare; spingere: **He was prompted by selfish motives**, era spinto da motivi egoistici ***2*** ispirare; provocare ***3*** (*a teatro, a scuola*) suggerire: **No prompting!**, non suggerite!

prompter /ˈprɒm(p)tə(r)/, *n.* (*teatr.*) suggeritore, suggeritrice.

prompting /ˈprɒm(p)tɪŋ/, *n.* (*anche fig.*) suggerimento: **the promptings of conscience**, i suggerimenti della coscienza.

promptitude /ˈprɒm(p)tɪtjuːd, *USA* -tuːd/, **promptness** /ˈprɒm(p)tnəs/, *n.* prontezza; sollecitudine; alacrità; sveltezza.

Proms (the) /prɒmz/, *n. pl.* (*fam.*) i «promenade concerts» (*V. sotto* **promenade**).

to **promulgate** /ˈprɒməlgeɪt, *USA* prəʊˈmʌl-/, *v. t.* ***1*** promulgare: **to p. a decree**, promulgare un decreto ***2*** (*per estens.*) diffondere; propagare; divulgare: **to p. a new theory**, propagare una nuova teoria.

promulgation /prɒməlˈgeɪʃn/, *n.* promulgazione (*non da parte del Capo dello Stato; in G.B. c'è il Royal Assent, q.V.*).

promulgator /ˈprɒməlgeɪtə(r)/, *n.* promulgatore.

pronaos /prəʊˈneɪɒs, *USA* -ɔːs, -əʊs/, *n.* (*pl.* **pronaoi**) (*archit.*) pronao.

to **pronate** /ˈprəʊneɪt/, *v. t.* (*med.*) pronare.

pronation /prəʊˈneɪʃn/, *n.* (*med.*) pronazione.

pronator /prəʊˈneɪtə(r)/, *a.* e *n.* (*anat.*) (muscolo) pronatore.

prone /prəʊn/, *a.* ***1*** prono (*anche fig.*): **to lie p. on the ground**, giacere prono a terra; **p. before tyranny**, prono al volere della tirannide ***2*** (*fig.*) prono; incline; propenso; proclive: **p. to sin**, prono al peccato; **p. to anger**, incline all'ira. ● **Man is p. to error**, l'uomo è fallibile □ **to fall p. on the floor**, cadere bocconi sul pavimento; gettarsi per terra a faccia in giù.

pronely /ˈprəʊnlɪ/, *avv.* in posizione prona; bocconi.

proneness /ˈprəʊnnəs/, *n.* ***1*** l'esser prono ***2*** (*fig.*) inclinazione; propensione.

prong /prɒŋ, *USA* prɔːŋ/, *n.* ***1*** rebbio; dente, punta (*di forcone, di forchetta*) ***2*** (*agric.*) forcone; forca (*per il fieno*) ***3*** (*mecc.*) dente; sottile sporgenza: **p. key**, chiave a denti (*per dadi circolari*) ***4*** (*zool.*) ramo, ramificazione (*delle corna d'un cervo, ecc.*).

to **prong** /prɒŋ, *USA* prɔːŋ/, *v. t.* ***1*** infilzare (*o* colpire) con un forcone ***2*** sollevare con un forcone ***3*** caricare (*fieno, ecc.*) con un forcone.

pronged /prɒŋd, *USA* prɔːŋd/, *a.* che ha denti; che ha rebbi: **a two-p. fork**, un forcone a due denti.

pronghorn /ˈprɒŋhɔːn, *USA* ˈprɔːŋ-/, *n.* (*pl.* **pronghorn, pronghorns**) (*zool., Antilocapra americana*; = **p. antelope**) antilocapra.

pronominal /prəʊˈnɒmɪnl/, *a.* (*gramm.*) pronominale. || **-ly**, *avv.*

pronoun /ˈprəʊnaʊn/, *n.* (*gramm.*) pronome.

to **pronounce** /prəˈnaʊns/, *v. t.* e *i.* ***1*** pronunciare, pronunziare: **to p. English well**, pronunciare bene l'inglese; **The judge will p. the sentence**, il giudice pronuncerà (*o* emetterà) la sentenza ***2*** dichiarare; asserire; esprimere: **The doctor pronounced him fit to resume work**, il dottore lo dichiarò abile al lavoro; **to p. one's opinion**, esprimere la propria opinione; pronunciarsi. ● **to p. against**, dichiararsi (*o* prendere posizione) contro (q. *o* q.c.); (*leg.*) pronunciarsi contro, emettere una sentenza sfavorevole a (q.) □ **to p. for** (*o* **in favour of**) **sb.** [**st.**], pronunciarsi (*o* dichiararsi) a favore di q. [q.c.]; (*leg.*) emettere una sentenza favorevole a q.

pronounceable /prəˈnaʊnsəbl/, *a.* pronunciabile, pronunziabile.

pronounced /prəˈnaʊnst/, *a.* ***1*** pronunciato, pronunziato; marcato; rilevato: **p. cheekbones**, zigomi pronunciati ***2*** chiaro; deciso; spiccato: **p. ideas**, idee chiare; **a p. tendency**, una spiccata tendenza. || **-ly**, *avv.*

pronouncement /prəˈnaʊnsmənt/, *n.* dichiarazione; asserzione.

pronouncing /prəˈnaʊnsɪŋ/, *n.* il pronunciare; pronuncia; pronunzia. ● **an English p. dictionary**, un dizionario fonetico (*o* di pronuncia) inglese.

pronto /ˈprɒntəʊ/ (*spagn.*), *avv.* (*fam.*) prontamente; subito; immediatamente.

pronuba /ˈprɒnjubə, ˈprəʊn-/, *n.* (*pl.* **pronubae**) (*stor. romana*) pronuba.

pronunciation /prənʌnsɪˈeɪʃn/, *n.* pronuncia, pronunzia.

proof (1) /pruːf/, *n.* ***1*** prova (*anche leg.*); saggio; dimostrazione; verifica: **to put a theory to the p.**, mettere alla prova una teoria; **I gave him a present as (a) p. of my esteem**, gli feci un dono come dimostrazione della mia stima; **His courage was put to the p.**, il suo coraggio fu messo alla prova ***2*** (*mat.*) dimostrazione ***3*** (*tipogr.*) prova di stampa; bozza ***4*** (*tecn.*) positivo di uno stampo ***5*** (*arte, fotogr.*) provino ***6*** (*tecn.*) gradazione alcolica standard: (*di whisky, ecc.*) **under p.**, che ha un numero insufficiente di gradi d'alcol. ● (*filos., mat.*) **p. by contradiction**, dimostrazione per assurdo □ **p. correction**, correzione di bozze □ (*leg.*) **p. of claim** (*o* **of debts**), insinuazione di crediti (*in un fallimento*) □ **p. paper**, carta per bozze □ (*med.*) **p. positive**, positivo al controllo □ (*tipogr.*) **p. press**, tirabozze, torchio per bozze □ **p. puller**, tirabozze □ **p.-pulling**, tiratura delle bozze □ **p.-sheet**, bozza di prova; stampone □ (*prov.*) **The proof of the pudding is in the eating**, quello che conta sono i fatti, non le parole; provare per credere.

proof (2) /pruːf/, *a.* ***1*** (*specialm. nei composti*) inattaccabile; a prova di; anti- (*pref.*): **to be p. against criticism** [**temptations**], essere inattaccabile dalle critiche [tetragono alle tentazioni]; (*econ.*) **inflation-p.**, a prova d'inflazione; **a bomb-p. shelter**, un rifugio a prova di bomba; **a bullet-p. vest**, un giubbotto antiproiettile ***2*** (*tecn.*: *di bevanda alcolica*) che ha un certo numero di gradi. ● (*tecn.*) **p. spirit**, gradazione alcolica standard.

to **proof** /pruːf/, *v. t.* ***1*** (*tecn.*) rendere (*un materiale*) resistente; (*specialm.*) rendere impermeabile; impermeabilizzare ***2*** (*tipogr.*) tirare una bozza di; correggere le bozze di.

proofing /ˈpruːfɪŋ/, *n.* (*tecn.*) ***1*** impermeabilizzazione ***2*** sostanza impermeabilizzante.

to **proofread** /ˈpruːfriːd/ (*pass.* e *p. p.* **proofread**), **A** *v. i.* correggere bozze. **B** *v. t.* correggere le bozze di.

proofreader /ˈpruːfriːdə(r)/, *n.* correttore (*o* correttrice) di bozze.

proofreading /ˈpruːfriːdɪŋ/, *n.* correzione di bozze.

prop (1) /prɒp/, *n.* ***1*** sostegno (*anche fig.*); puntello; appoggio: **the p. and stay of the family**, il sostegno della famiglia ***2*** (*rugby*) pilone (*giocatore*). ● (*bot.*) **p. root**, radice di sostegno □ **a clothes-p.**, un bastone (*o* un palo) per sostenere la corda del bucato □ **pit-p.**, trave di sostegno (*della volta, in una miniera*).

prop (2) /prɒp/, *n.* (*abbr. fam. di* **propeller**) elica (*d'aereo*). ● (*aeron.*) **p.-engine**, motore a elica.

prop (3) /prɒp/, *n.* (*teatr., abbr. di* **stage property**) arredo scenico.

to **prop** /prɒp/, **A** *v. t.* ***1*** (*anche* **to p. up**) sostenere (*anche fig.*); puntellare; sorreggere: **to p. up the patient's head**, sorreggere la testa del malato; **to p. a mine**, puntellare una miniera; **to p. up the country's industry**, sostenere l'industria nazionale ***2*** appoggiare; addossare: **to p. a ladder against the wall**, appoggiare una scala contro il muro. **B** *v. i.* (*del cavallo*) arrestarsi improvvisamente; impuntarsi. ● (*edil.*) **propped cantilever**, trave a sbalzo appoggiata.

propaedeutic /prəʊpiːˈdjuːtɪk, *USA* -ˈduː-/,

A *a.* propedeutico. **B** *n.* (*spesso al pl.*) argomento (*o* studio) propedeutico.

propaedeutical /prəʊpiːˈdjuːtɪkl, *USA* -ˈduː-/, *a.* propedeutico.

propaedeutics /prəʊpɪˈdjuːtɪks, *USA* -ˈduː-/, *n. pl.* (*col verbo al sing.*) propedeutica.

propagable /ˈprɒpəgəbl/, *a.* propagabile.

propaganda /prɒpəˈgændə/, *n.* propaganda. ● **p. organization**, organizzazione propagandistica.

propagandist /prɒpəˈgændɪst/, *n.* **1** propagandista **2** (*relig.*) missionario.

propagandistic /prɒpəgænˈdɪstɪk/, *a.* propagandistico. || **-ally**, *avv.*

to **propagandize** /prɒpəˈgændaɪz/, **A** *v. t.* propagandare. **B** *v. i.* far propaganda.

to **propagate** /ˈprɒpəgeɪt/, **A** *v. t.* **1** propagare; moltiplicare; (*fig.*) diffondere, spargere: **to p. the Gospel**, propagare il Vangelo; **to p. heat**, propagare il calore **2** (*bot.*) moltiplicare; propagare; propagginare **3** trasmettere (*un carattere ereditario*). **B** *v. i.* (*anche, v. rifl.*, **to propagate oneself**) (*di piante, animali*) propagarsi, moltiplicarsi; (*di pianta*) riprodursi per propaggine.

propagation /prɒpəˈgeɪʃn/, *n.* **1** propagazione (*anche scient.*); moltiplicazione; (*fig.*) propagamento, diffusione: **p. rate** (*o* **velocity**), velocità di propagazione; **the p. of faith** [**of light**], la propagazione della fede [della luce] **2** (*delle piante*) propagginazione.

propagator /ˈprɒpəgeɪtə(r)/, *n.* propagatore.

propane /ˈprəʊpeɪn/, *n.* (*chim.*) propano.

proparoxytone /prəʊpəˈrɒksɪtəʊn/, **A** *a.* (*ling.*) proparossitono. **B** *n.* (parola) proparossitona.

to **propel** /prəˈpel/, *v. t.* **1** muovere; spingere; propellere (*raro*) **2** (*mecc.*) azionare. ● (*aeron.*) **a jet-propelled plane**, un aereo a reazione; un aviogetto.

propellant /prəˈpelənt/, **propellent** /prəˈpelənt/, **A** *a.* (*mecc., fis.*) propulsore; motore: **p. force**, forza motrice. **B** *n.* **1** (*aeron., miss.*) propellente **2** (*chim.*) propellente **3** (*mil.*) carica esplosiva.

propeller /prəˈpelə(r)/, *n.* **1** (*mecc.*) propulsore **2** (*naut., aeron.*) elica. ● **p. blades**, pale dell'elica □ (*mecc.*) **p. fan**, ventilatore elicoidale □ **p. shaft**, (*aeron., naut.*) albero portaelica; (*autom., mecc.*) albero di trasmissione □ (*aeron.*) **p. pitch**, passo dell'elica □ (*aeron.*) **lifting p.**, elica portante.

propelling /prəˈpelɪŋ/, *a.* (*mecc.*) propulsore; motore: **p. force**, forza motrice. ● (*mecc.*) **p. machinery**, apparato motore □ **p. pencil**, matita automatica; portamina.

propensity /prəˈpensətɪ/, *n.* inclinazione; tendenza; propensione: **a p. to do** (*o* **for doing**) **st.**, una tendenza a fare q.c.; (*econ.*) **p. to save**, propensione al risparmio.

proper /ˈprɒpə(r)/, **A** *a.* **1** proprio (*gramm., mat., relig.*); particolare; speciale; pertinente; corretto; esatto: **a p. noun** (*o* **name**), un nome proprio; (*relig.*) **p. rites**, uffici propri (*o* speciali); **in the p. sense of the word**, nel senso proprio della parola; **p. fraction**, frazione propria **2** appropriato; adatto; conveniente; giusto; equo; opportuno: **p. treatment**, trattamento appropriato; **the p. tool for this job**, l'arnese adatto a questo lavoro; **a p. punishment**, una punizione appropriata; **a p. price**, un prezzo equo; **at the p. time**, al momento opportuno; **It was p. for him to decline the offer**, fu giusto che rifiutasse (*o* fece bene a rifiutare) l'offerta **3** decente; decoroso; rispettabile; perbene: **p. behaviour**, comportamento decoroso; **Would it be quite p.?**, sarebbe proprio decoroso?; starebbe davvero bene? **4** adeguato; esauriente; serio: **a p. investigation of st.**, serie indagini su q.c. **5** (*posposto*) propriamente detto: **the population of New York p.**, la popolazione di New York propriamente detta (*escludendo i sobborghi*) **6** (*fam.*) vero; vero e proprio; bell'e buono: **I want a p. cat, not a toy cat**, voglio un gatto vero, non un giocattolo; **a p. man**, un vero uomo; un uomo come si deve; **He is a p. scoundrel**, è una vera e propria canaglia **7** (*arald.*) al naturale: **a peacock p.**, un pavone (*rappresentato sullo stemma*) al naturale. **B** *n.* (*relig.*) ufficio proprio. **C** *avv.* (*dial. ingl.*) assai; molto; proprio: **He was p. fed up**, era proprio scocciato. ● **to do the p. thing by sb.**, comportarsi correttamente con q. □ **a prim and p. person**, una persona molto perbene (*o* fin troppo rispettabile) □ **Do it the p. way**, fallo come si deve; fallo nel modo giusto.

properispomenon /prəʊperɪˈspəʊmɪnən/, *n.* (*pl.* **properispomena**) (*ling.*) (parola) properispomena.

properly /ˈprɒpəlɪ/, *avv.* **1** propriamente; con proprietà: **p. dressed**, vestito con proprietà **2** giustamente; opportunamente: **He very p. refused**, molto giustamente egli rifiutò **3** correttamente; decentemente; decorosamente; bene: **Behave p.!**, comportati bene! **4** (*fam.*) completamente; del tutto; proprio: **I was p. puzzled**, ero proprio perplesso (*o* imbarazzato). ● **p. speaking**, a dire il vero; per l'esattezza; a rigor di termini.

propertied /ˈprɒpətɪd/, *a.* possidente; che possiede terreni.

property /ˈprɒpətɪ/, *n.* **1** proprietà; possesso; possedimento; patrimonio; tenuta; avere; beni (immobili): **This book is his p.**, questo libro è di sua proprietà; **I have a large p. in Devon**, ho una grossa proprietà nel Devon **2** proprietà; qualità peculiare; caratteristica: **the chemical properties of copper**, le proprietà chimiche del rame **3** (*pl.*) (*teatr.*) costumi; materiale scenico. ● (*leg.*) **p. abroad**, beni all'estero □ (*fin.*) **p. company**, società immobiliare □ (*leg.*) **p. damage**, danno patrimoniale □ (*fin.*) **p. funds**, fondi immobiliari □ **p. insurance**, assicurazione d'immobili □ **p. maintenance**, manutenzione d'immobili □ (*cinem., teatr.*) **p. man**, attrezzista; trovarobe □ **p. management**, amministrazione di immobili □ (*fin.*) **p. market**, mercato immobiliare □ (*cinem., TV*) **p. master**, attrezzista; trovarobe; (*nei titoli*) i vestiti indossati da (*il nome della protagonista femminile*) sono di (*seguito dal nome*) □ (*leg.*) **p. right**, diritto di proprietà □ (*fisc.*) **p. tax**, imposta sul patrimonio (*o* patrimoniale); imposta fondiaria (*in G.B., dal 1964 è applicata soltanto dagli enti locali*) □ (*d'un segreto, ecc.*) **to become common p.**, divenire di dominio pubblico □ **lost p.**, oggetti smarriti □ **a man of p.**, un possidente □ **personal p.**, beni mobili □ **real p.**, beni immobili; proprietà immobiliare.

prophecy /ˈprɒfəsɪ/, *n.* **1** profezia; predizione: **the gift of p.**, il dono della profezia **2** spirito profetico.

prophesiable /prɒfəˈsaɪəbl/, *a.* profetizzabile.

prophesier /ˈprɒfəsaɪə(r)/, *n.* profeta.

to **prophesy** /ˈprɒfəsaɪ/, *v. t.* e *i.* **1** profetare; predire; profetizzare **2** (*arc.*) insegnare la religione; interpretare le Sacre Scritture.

prophet /ˈprɒfɪt/, *n.* **1** (*anche fig.*) profeta: **the p. Jeremiah**, il profeta Geremia; **Meteorologists are no weather prophets**, i meteorologi non sono profeti del tempo **2** (*fig.*) apostolo; fautore: **a p. of freedom**, un apostolo della libertà. ● **the P.**, il Profeta (*Maometto*); il fondatore della setta dei Mormoni (*Joseph Smith*) □ **to be a p. of doom**, fare la Cassandra.

prophetess /ˈprɒfɪtɪs, prɒfɪˈtes/, *n.* profetessa.

prophetic(al) /prəˈfetɪk(l)/, *a.* profetico. || **-ally**, *avv.*

prophylactic /prɒfɪˈlæktɪk/, **A** *a.* (*med.*) profilattico. **B** *n.* **1** medicamento (*o* trattamento) profilattico **2** (*farm.*) profilattico; preservativo. || **-ally**, *avv.*

prophylaxis /prɒfɪˈlæksɪs/, *n.* (*pl.* **prophylaxes**) (*med.*) profilassi.

propinquity /prəˈpɪŋkwətɪ/, *n.* propinquità (*anche fig.*).

propitiable /prəˈpɪʃɪəbl/, *a.* propiziabile.

to **propitiate** /prəˈpɪʃɪeɪt/, *v. t.* **1** propiziare, propiziarsi: **to p. the judges**, propiziarsi i giudici **2** placare; pacificare; rabbonire; rappacificare.

propitiation /prəpɪʃɪˈeɪʃn/, *n.* **1** propiziazione **2** il placare; pacificazione **3** espiazione.

propitiative /prəˈpɪʃɪeɪtɪv/, *a.* (*lett.*) propiziativo (*raro*); propiziatorio.

propitiator /prəˈpɪʃɪeɪtə(r)/, *n.* propiziatore.

propitiatory /prəˈpɪʃɪətrɪ, -ʃɪeɪt-, -ʃɪˈeɪt-, *USA* -ʃɪətɔːrɪ/, **A** *a.* propiziatorio; espiatorio; conciliante: **a p. gesture**, un gesto propiziatorio; **a p. sacrifice**, un sacrificio espiatorio. **B** *n.* (*relig. ebraica*) propiziatorio.

propitious /prəˈpɪʃəs/, *a.* propizio; benigno; favorevole: **The rain was p. to the fields**, la pioggia fu propizia alla campagna. || **-ly**, *avv.* || **-ness**, *sost.*

propjet /ˈprɒpdʒet/, *n.* (*fam.*) turbogetto; turboreattore. ● **p. engine**, motore a turboelica.

propman /ˈprɒpmən/, *n.* (*pl.* **propmen**) (*cinem., teatr.*) attrezzista; trovarobe.

propolis /ˈprɒpəlɪs/, *n.* (*biol.*) propoli.

proponent /prəˈpəʊnənt/, *a.* e *n.* **1** proponente **2** fautore; sostenitore.

proportion /prəˈpɔːʃn/, *n.* **1** (*anche mat.*) proporzione: **Your results are out of** (**all**) **p. to your efforts**, i risultati da te conseguiti non sono in proporzione con i tuoi sforzi; **the proportions of a palace**, le proporzioni di un palazzo **2** parte; percentuale: **A high p. of young people are leaving the countryside**, un'alta percentuale di giovani abbandona le campagne **3** (*pl.*) (*anche scherz.*) dimensioni: **ample proportions**, grandi dimensioni; mole. ● **to bear no p. to**, non essere in proporzione con □ **out of p.**, sproporzionato; smisurato □ (*fig.*) **sense of p.**, senso delle proporzioni.

to **proportion** /prəˈpɔːʃn/, *v. t.* **1** proporzionare; adeguare; commisurare: **to p. direct taxation to income brackets**, proporzionare l'imposizione diretta agli scaglioni di reddito; **We must p. punishment to the crime**, dobbiamo commisurare la pena al delitto **2** rendere proporzionato (*o* armonioso) **3** dividere in parti eque; spartire **4** (*chim.*) dosare (*ingredienti*).

proportionable /prəˈpɔːʃnəbl/, *a.* proporzionabile (*raro*); proporzionale. || **-ness**, *sost.* || **-bly**, *avv.*

proportional /prəˈpɔːʃənl/, **A** *a.* **1** (*anche mat., fis., mecc.*) proporzionale: (*polit.*) **p. representation**, rappresentanza proporzionale (*non in G.B.*); la proporzionale (*fam.*) **2** in proporzione (a); commisurato (a): **My expenditure is p. to my income**, le mie spese sono commisurate al mio reddito. **B** *n.* (*mat.*) medio proporzionale. ● (*disegno*) **p. dividers**, compasso rapportatore □ (*grafica*) **p. reducer**, bagno riduttore □ (*fisc.*) **p. tax**, imposta proporzionale. || **-ly**, *avv.*

proportionality /prəpɔːʃəˈnælətɪ/, *n.* proporzionalità.

proportionate /prəˈpɔːʃənət/, *a.* proporzionato; adeguato; conforme. || **-ly**, *avv.*

to **proportionate** /prəˈpɔːʃəneɪt/, *v. t.* proporzionare; adeguare; commisurare: **to p. punishments to crimes**, proporzionare le pene ai reati.

proportioned /prəˈpɔːʃənd/, *a.* proporzionato.

proportionment /prəˈpɔːʃənmənt/, *n.* **1** il proporzionare; adeguamento **2** l'essere proporzionato; proporzionalità.

proposal /prəˈpəʊzl/, *n.* **1** proposta; offerta **2** proposta di matrimonio: **She had had many proposals**, aveva avuto molte proposte di matrimonio.

to **propose** /prəˈpəʊz/, *v. t.* e *i.* **1** proporre; offrire; suggerire: **to p. sb. as a member of one's club**, proporre q. come membro del proprio circolo; **to p. a change**, suggerire un mutamento **2** proporsi; progettare; prefiggersi; intendere: **the object I p. to myself**, lo scopo che mi prefiggo; **I proposed to leave** (*o* **leaving**) **soon**, mi proponevo di partire presto

3 dichiararsi; fare una proposta di matrimonio; chiedere la mano (*di q.*): **He wanted to p. to her**, voleva chiedere la sua mano *4* (*polit., ecc.*) presentare: **to p. a motion**, presentare una mozione. ● **to p. a toast** (*o* **sb.'s health**), proporre un brindisi (*o* di brindare alla salute di q.) □ (*prov.*) **Man proposes, God disposes**, l'uomo propone e Dio dispone.

proposer /prə'pəʊzə(r)/, *n.* chi propone; proponente.

proposition /prɒpə'zɪʃn/, *n.* *1* (*filos.*) proposizione; affermazione; asserzione; giudizio; (*mat.*) problema, teorema: **This is a false p.**, questa è un'affermazione falsa *2* proposta; progetto; suggerimento: **propositions of peace**, proposte di pace *3* (*fam.*) affare; faccenda; impresa; progetto: (*fam.*) **That's a tough p.**, è una brutta faccenda; **That's a risky p.**, è un'impresa rischiosa *4* (*fam.*) profferta amorosa; proposta indecente (*o* oscena). ● (*fam.*) **a difficult p.**, un tipo difficile; un osso duro (*fig.*) □ **to make sb. a p.**, (*comm., ecc.*) fare una proposta a q.; (*fam.*) fare una profferta amorosa a q.

to **proposition** /prɒpə'zɪʃn/, *v. t.* (*fam.*) fare una proposta (*specialm.* una profferta amorosa) a (q.).

propositional /prɒpə'zɪʃənl/, *a.* (*logica, ling., ecc.*) proposizionale.

to **propound** /prə'paʊnd/, *v. t.* *1* proporre (*una questione, un problema*); avanzare (*un esempio, un dubbio*) *2* presentare (*un documento*) *3* (*leg.*) produrre (*un testamento*) per l'omologazione.

proprietary /prə'praɪətrɪ, *USA* -terɪ/, **A** *a.* *1* di proprietà riservata: **p. rights**, diritti di proprietà riservata; brevetti *2* possidente; abbiente: **the p. classes**, le classi abbienti *3* (*di un prodotto*) brevettato: **p. medicines**, medicine brevettate; specialità medicinali *4* di proprietà; padronale; patrimoniale: (*leg.*) **p. rights**, diritti patrimoniali. **B** *n.* *1* proprietario; padrone; titolare *2* proprietà: **exclusive p.**, proprietà esclusiva *3* (*collett.*) proprietari: **the landed p.**, i proprietari terrieri *4* specialità medicinale *5* (*fin., USA*; = **p. company**) società madre (*o* di controllo). ● (*comm.*) **p. articles**, articoli in esclusiva □ **p. manner**, modo di fare da padrone □ (*leg.*) **p. name**, marchio di fabbrica; denominazione controllata.

proprietor /prə'praɪətə(r)/, *n.* *1* proprietario; padrone; titolare *2* (*leg.*) detentore (*di un marchio di fabbrica, ecc.*).

proprietorial /prəpraɪə'tɔːrɪəl/, *a.* di proprietario; padronale.

proprietorship /prə'praɪətəʃɪp/, *n.* *1* condizione di proprietario *2* proprietà: (*leg.*) **the p. of a copyright**, la proprietà di un diritto d'autore.

proprietress /prə'praɪətrɪs/, *n.* proprietaria; padrona; titolare.

propriety /prə'praɪətɪ/, *n.* *1* proprietà; correttezza; giustezza; opportunità *2* decenza (*di condotta, parola, ecc.*); decoro: **a breach of p.**, un'offesa al decoro; una sconvenienza *3* (*pl.*) convenienze sociali; norme di buona creanza: **You must observe the proprieties**, devi rispettare le convenienze sociali.

props /prɒps/, *n. pl.* (*gergo teatr.*) costumi; materiale scenico.

propulsion /prə'pʌlʃn/, *n.* *1* (*mecc.*) propulsione: (*aeron.*) **jet p.**, propulsione a reazione *2* (*fig.*) impulso; spinta. ● (*mecc.*) **p. system**, propulsore.

propulsive /prə'pʌlsɪv/, *a.* (*mecc.*) propulsivo; di propulsione: (*aeron.*) **p. efficiency**, rendimento di propulsione.

propulsory /prə'pʌlsərɪ/, *V.* **propulsive**.

propylaeum /prɒpɪ'liːəm, prəʊp-/, *n.* (*pl.* **propylaea**) (*archit.*) propileo.

propylene /'prəʊpɪliːn, 'prɒp-/, *n.* (*chim.*) propilene; propene. ● **p. glycol**, glicol propilenico.

propylic /prəʊ'pɪlɪk/, *a.* (*chim.*) propilico.

propylite /'prəʊpɪlaɪt, 'prɒp-/, *n.* (*miner.*) propilite.

propylon /'prɒpɪlɒn/, *n.* (*pl.* **propyla**) *V.* **propylaeum**.

to **prorate** /prəʊ'reɪt/, *v. t.* (*USA*) ripartire; distribuire proporzionalmente.

prorogation /prəʊrə'geɪʃn/, *n.* (*polit., in G.B.*) scioglimento delle Camere (*da parte del Sovrano: i Comuni chiudono, i Lord restano in seduta per discutere eventuali appelli contro sentenze di tribunali*).

to **prorogue** /prə'rəʊg/, *v. t.* (*polit., in G.B.*) sciogliere (*le Camere*).

prosaic /prə'zeɪɪk/, *a.* prosaico (*anche fig.*); banale; comune. || **-ally**, *avv.* || **-ness**, *sost.*

prosaicism /prə'zeɪɪsɪzəm/, **prosaism** /'prəʊzeɪɪzəm/, *n.* prosaicismo.

prosaist /'prəʊzeɪɪst/, *n.* *1* prosatore *2* persona prosaica.

proscenium /prə'siːnɪəm/, *n.* (*pl.* **prosceniums, proscenia**) (*teatr.*) proscenio.

to **proscribe** /prə'skraɪb, *USA* prəʊ-/, *v. t.* *1* proscrivere; bandire; esiliare *2* vietare; condannare; proibire.

proscriber /prəʊ'skraɪbə(r)/, *n.* proscrittore.

proscription /prə'skrɪpʃn, *USA* prəʊ-/, *n.* *1* proscrizione; bando; esilio *2* divieto; proibizione.

proscriptive /prəʊ'skrɪptɪv/, *a.* *1* proscrittivo (*raro*); di proscrizione *2* che proibisce.

prose /prəʊz/, *n.* *1* prosa *2* (*fig.*) prosaicità: **the p. of existence**, la prosaicità della vita *3* (*arc.*) discorso monotono (*o* noioso) *4* (*fam.*) brano (*o* passo) da tradurre. ● **p. works** (*o* **p. writings**), opere in prosa □ **p. writer**, prosatore.

to **prose** /prəʊz/, **A** *v. i.* *1* scrivere in prosa *2* parlare (*o* scrivere) in modo prosaico. **B** *v. t.* *1* esprimere (*i propri pensieri*) in prosa *2* volgere (*una poesia*) in prosa.

prosector /prəʊ'sektə(r)/, *n.* (*med.*) prosettore; dissettore.

prosecutable /'prɒsɪkjuːtəbl/, *a.* (*leg.*) perseguibile.

to **prosecute** /'prɒsɪkjuːt/, **A** *v. t.* *1* proseguire; continuare; seguitare; portare avanti; esercitare: **to p. one's studies**, proseguire gli studi; **to p. an investigation**, portare avanti un'inchiesta; **to p. a trade**, esercitare un commercio (*o* un mestiere) *2* (*leg.*) perseguire (a termini di legge): **Bootleggers will be prosecuted**, i contrabbandieri di liquori saranno perseguiti a termini di legge *3* (*leg.*) promuovere: **to p. an action**, promuovere un procedimento legale. **B** *v. i.* (*leg.*) far causa; intentare giudizio. ● (*leg.*) **to p. the charge**, sostenere l'accusa □ **to p. one's claims**, rivendicare i propri diritti (*facendo ricorso alla legge*) □ (*leg.*) **to p. a crime**, perseguire un reato □ (*leg.*) **to p. in a civil case**, costituirsi parte civile □ (*leg. USA*) **prosecuting attorney**, pubblico ministero □ (*leg.*) **prosecuting witness**, testimone d'accusa.

prosecution /prɒsɪ'kjuːʃn/, *n.* *1* prosecuzione; continuazione *2* esercizio; esecuzione: **in the p. of one's duties**, nell'esercizio delle proprie funzioni *3* (*leg.*) processo penale; procedimento giudiziario *4* – (*leg.*) **the p.**, l'accusa: **witness for the p.**, testimone d'accusa. ● (*leg.*) **p. evidence**, prove prodotte dall'accusa □ (*leg.*) **director of public prosecutions**, pubblico ministero.

prosecutor /'prɒsɪkjuːtə(r)/, *n.* (*leg.*) *1* pubblico accusatore *2* (*raro*) attore; (*pressappoco*) querelante. ● **public p.**, pubblico ministero.

proselyte /'prɒsəlaɪt/, *n.* proselito; neofita.

proselytism /'prɒsəlɪtɪzəm/, *n.* proselitismo.

to **proselytize** /'prɒsəlɪtaɪz/, **A** *v. t.* convertire. **B** *v. i.* fare proseliti.

proselytizer /'prɒsɪlɪtaɪzə(r)/, *n.* chi fa proseliti; proselitista (*raro*).

prosenchyma /prɒs'eŋkɪmə/, *n.* (*pl.* **prosenchymata, prosenchymas**) (*bot.*) prosenchima.

prosenchymatous /prɒseŋ'kɪmətəs/, *a.* (*bot.*) prosenchimatico.

proser /'prəʊzə(r)/, *n.* *1* prosatore; chi scrive in prosa *2* (*arc.*) chi scrive (*o* parla) in modo prosaico (*o* noioso).

prosily /'prəʊzəlɪ/, *avv.* *1* prosaicamente *2* noiosamente.

prosiness /'prəʊzɪnəs/, *n.* *1* prosaicità; prosaicismo *2* (*fig.*) banalità, monotonia; tediosità.

prosit /'prəʊzɪt/ (*lat.*), *inter.* cin-cin!; prosit.

prosodeme /'prɒsədiːm/, *n.* (*ling.*) prosodema.

prosodiacal /prɒsə'daɪəkl/, **prosodial** /prə'səʊdɪəl/, **prosodic(al)** /prə'sɒdɪk(l)/, *a.* prosodico. || **-ly**, *avv.*

prosodist /'prɒsədɪst/, *n.* prosodista.

prosody /'prɒsədɪ/, *n.* prosodia; metrica.

prosopopoeia /prɒsəʊpə'piːə/, *n.* (*retor.*) prosopopea.

prospect /'prɒspekt/, *n.* *1* prospettiva; veduta; vista; panorama: **a fine p.**, una bella vista *2* (*fig.*) orizzonte: **That opened new prospects to my mind**, ciò apriva nuovi orizzonti alla mia mente *3* prospettiva; aspettativa; previsione; speranza; possibilità: **The boy has good prospects**, il ragazzo ha buone prospettive (*di far carriera, di far fortuna*); **career prospects**, speranze di fare carriera; **I see no p. of success**, non vedo possibilità alcuna di riuscita *4* (*specialm. USA*) probabile cliente (*o* candidato, sottoscrittore, ecc.) *5* (*ind. min.*) terreno che si suppone contenga minerali; area da sottoporre a prospezione; (*anche*) campione di minerale. ● **to have st. in p.**, avere q.c. in vista; avere delle prospettive (*di lavoro, d'impiego, ecc.*) □ (*di una persona*) **to have good prospects**, promettere bene.

to **prospect** /prə'spekt, *USA* 'prɒspekt/, **A** *v. i.* *1* (*ind. min.*) fare prospezioni; fare assaggi; fare ricerche minerarie: **to p. for gold**, cercare l'oro *2* (*di miniera*) promettere: **This mine prospects well**, questa miniera promette bene. **B** *v. t.* *1* fare ricerche minerarie, fare prospezioni in (*una regione, ecc.*) *2* gestire (*una miniera*) in via sperimentale. ● (*comm.*) **to p. for customers**, cercare di farsi dei clienti □ **to p. for gold**, fare prospezioni per trovare oro.

prospecting /prə'spektɪŋ, *USA* prɒ-/, *n.* (*ind. min.*) prospezione.

prospective /prə'spektɪv, *USA* prɒ-/, *a.* *1* eventuale; probabile; sperato: **a p. customer**, un probabile cliente; un cliente potenziale; **p. profits**, eventuali profitti *2* futuro: **his p. wife**, la sua futura sposa *3* (*ling.*) prospettivo. ● **a p. doctor**, uno che aspira a diventare medico □ **a p. mother**, una gestante.

prospectiveness /prə'spektɪvnəs, *USA* prɒ-/, *n.* l'esser prevedibile (*o* atteso, sperato); probabilità.

prospector /prə'spektə(r), *USA* 'prɒspek-/, *n.* (*ind. min.*) cercatore (*specialm. d'oro*); prospettore.

prospectus /prə'spektəs, *USA* prɒ-/, *n.* *1* prospetto, programma (*d'una nuova impresa, d'una scuola, ecc.*) *2* (*comm.*) prospetto informativo *3* (*fin.*) manifesto di emissione (*di titoli*); prospetto.

to **prosper** /'prɒspə(r)/, **A** *v. i.* *1* prosperare; fiorire (*fig.*); essere fiorente *2* aver successo: **At long last he began to p.**, finalmente cominciò ad avere successo. **B** *v. t.* (*arc.*) far prosperare; rendere prospero.

prosperity /prɒ'sperətɪ/, *n.* prosperità; benessere.

prosperous /'prɒspərəs/, *a.* prospero; prosperoso; fiorente; favorevole; propizio; ricco: **a p. merchant**, un ricco mercante; **a p. country**, una nazione prospera; un paese prospero; **a p. gale**, un vento favorevole. || **-ly**, *avv.* || **-ness**, *sost.*

prostaglandin /prɒstə'glændɪn/, *n.* (*biochim.*) prostaglandina.

prostate /'prɒsteɪt/, *n.* (*anat.*; = **p. gland**) prostata.

prostatectomy /prɒsteɪt'ektəmɪ/, *n.* (*med.*) prostatectomia.

prostatic /prɒ'stætɪk/, *a.* e *n.* (*anat., med.*)

prostatico.

prostatism /ˈprɒstətɪzəm/, *n.* (*med.*) prostatismo.

prostatitis /prɒstəˈtaɪtɪs/, *n.* (*med.*) prostatite.

prosthesis /ˈprɒsθəsɪs, -ˈθiːsɪs/, *n.* (*pl.* **prostheses**) *1* (*med.*) protesi *2* (*ling.*) prostesi; protesi.

prosthetic /prɒsˈθɛtɪk/, *a.* *1* (*med.*) protesico *2* (*ling.*) prostetico; protetico.

prostitute /ˈprɒstɪtjuːt, *USA* -tuːt/, *n.* (*anche fig.*) prostituta. ● **adolescent-age p.**, prostituta baby □ **a male p.**, un uomo che si prostituisce.

to **prostitute** /ˈprɒstɪtjuːt, *USA* -tuːt/, **A** *v. t.* (*anche fig.*) prostituire: **to p. one's talents**, prostituire il proprio ingegno. **B** to **prostitute oneself,** *v. rifl.* (*anche fig.*) prostituirsi.

prostitution /prɒstɪˈtjuːʃn, *USA* -ˈtuː-/, *n.* prostituzione (*anche fig.*); meretricio.

prostitutor /ˈprɒstɪtjuːtə(r), *USA* -tuː-/, *n.* chi prostituisce.

prostrate /ˈprɒstreɪt/, *a.* prostrato (*anche bot.*); prosternato; abbattuto; affranto; fiaccato. ● **to lay sb. p.**, fiaccare q.

to **prostrate** /prɒˈstreɪt, *USA* ˈprɒstreɪt/, **A** *v. t.* prostrare; prosternare; abbattere; accasciare; infiacchire; soggiogare: **He was prostrated by a flu attack [by the loss of his mother]**, era prostrato (*o* abbattuto) per un attacco d'influenza [per la perdita della madre]; **a country prostrated by the enemy**, un paese soggiogato dal nemico. **B** to **prostrate oneself,** *v. rifl.* prostrarsi; prosternarsi: **He prostrated himself before the king**, si prosternò davanti al re.

prostration /prɒˈstreɪʃn/, *n.* *1* prosternazione; prostrazione; il prostrarsi, il prosternarsi (*davanti a q.*) *2* prostrazione; abbattimento.

prostyle /ˈprəʊstaɪl/, *a.* e *n.* (*archit.*) prostilo.

prosy /ˈprəʊzɪ/, *a.* *1* prosastico *2* prosaico; banale; monotono; noioso; tedioso: **a p. talker**, un parlatore noioso.

protactinium /prəʊtækˈtɪnɪəm/, *n.* (*chim.*) protoattinio.

protagonist /prəˈtægənɪst/, *n.* (*anche fig.*) protagonista.

Protagoras /prəʊˈtægəræs/, *n.* (*filos.*) Protagora.

protamine /ˈprəʊtəmiːn/, *n.* (*biochim.*) protammina.

protasis /ˈprɒtəsɪs/, *n.* (*pl.* **protases**) (*ling., letter.*) protasi.

protean /ˈprəʊtɪən, -ˈtiːən/, *a.* proteiforme; versatile; mutevole.

protease /ˈprəʊtɪeɪs/, *n.* (*biochim.*) proteasi.

to **protect** /prəˈtɛkt/, *v. t.* *1* proteggere; difendere; tutelare; salvaguardare: **to p. sb. from danger**, difendere q. da un pericolo; **to p. one's interest**, tutelare (*o* salvaguardare) i propri interessi; **to p. domestic industries**, proteggere le industrie nazionali *2* (*comm.*) far fronte a; onorare: **to p. a bill**, onorare una cambiale.

protected /prəˈtɛktɪd/, *a.* protetto: (*ecol.*) **p. species**, specie protetta; (*econ.*) **p. imports**, importazioni protette. ● (*Borsa*) **p. bear**, ribassista coperto □ (*leg.*) **p. earnings**, retribuzioni impignorabili.

protection /prəˈtɛkʃn/, *n.* *1* protezione; difesa; tutela; guardia; scorta: **under the p. of the police**, sotto la protezione della polizia; **A police dog is a great p. against criminals**, un (cane) alsaziano è una buona difesa contro i delinquenti *2* lasciapassare; salvacondotto *3* (*econ.*) protezionismo *4* (*econ.*) sostegno: **government p.**, sostegno da parte del governo *5* (*fam.*, = **p. money**) tangente pagata alla malavita; pizzo (*fam.*). ● (*fam.*) **p. racket**, il racket dei protettori.

protectionism /prəˈtɛkʃənɪzəm/, *n.* (*econ.*) protezionismo.

protectionist /prəˈtɛkʃənɪst/, **A** *n.* *1* (*econ.*) protezionista *2* (*ecol.*) conservazionista; protezionista. **B** *a. attr.* (*econ.*) protezionistico; protezionista: **p. measures**, misure protezionistiche.

protective /prəˈtɛktɪv/, **A** *a.* *1* protettivo; di protezione; di difesa: **a p. mask**, una maschera di protezione; **a p. gesture**, un gesto di difesa *2* (*econ.*) protezionistico: **p. tariffs**, tariffe protezionistiche. **B** *n.* *1* cosa che serve a proteggere; protezione *2* preservativo; profilattico. ● (*biol.*) **p. colouring**, mimetismo difensivo □ (*leg.*) **p. custody**, detenzione (*da parte della polizia*) a scopo di protezione □ (*mil.*) **p. fire**, fuoco d'interdizione □ (*elettr.*) **p. relay**, relè di protezione. ‖ **-ly**, *avv.* ‖ **-ness**, *sost.*

protector /prəˈtɛktə(r)/, *n.* *1* protettore; difensore; patrono *2* (*elettr., mecc.*) dispositivo di protezione *3* (*stor.*) reggente. ● (*elettron.*) **p. tube**, tubo di protezione □ (*stor.*) **Lord P. of the Commonwealth**, Lord Protettore della Repubblica (*titolo di Oliver Cromwell e del figlio Richard*).

protectorate /prəˈtɛktərət/, *n.* *1* (*leg., polit.*) protettorato *2* V. **protectorship**.

protectorship /prəˈtɛktəʃɪp/, *n.* protettorato (*raro*); ufficio (*o* carica) di protettore.

protectory /prəˈtɛktərɪ/, *n.* patronato, casa di rieducazione (*per adolescenti poveri o traviati*).

protectress /prəˈtɛktrɪs/, *n.* protettrice.

protégé /ˈprəʊtəʒeɪ, ˈprɒ-, *USA* prəʊtəˈʒeɪ/ (*franc.*), *n.* protetto; pupillo.

protégée /ˈprəʊtəʒeɪ, ˈprɒ-, *USA* prəʊtəˈʒeɪ/ (*franc.*), *n.* protetta; pupilla.

proteid(e) /ˈprəʊtiːd/, *n.* (*biochim.*) protide; proteina.

proteiform /ˈprəʊtiːfɔːm/, *a.* proteiforme.

protein /ˈprəʊtiːn/, *n.* (*chim., biol.*) proteina.

proteinase /ˈprəʊtiːneɪs, *USA* -tən-/, *n.* (*biochim.*) proteinasi.

proteinic /prəʊtɪˈɪnɪk/, **proteinous** /prəʊˈtiːnəs/, *a.* (*chim., biol.*) proteico: **p. substances**, sostanze proteiche.

proteolysis /prəʊtɪˈɒləsɪs/, *n.* (*biochim.*) proteolisi.

proteolytic /prəʊtɪəˈlɪtɪk/, *a.* (*biochim.*) proteolitico.

Proterozoic /prɒtərəˈzəʊɪk/, *a.* e *n.* (*geol.*) proterozoico (*raro*); archeozoico.

protest /ˈprəʊtɛst/, *n.* *1* (*anche polit.*) protesta; manifestazione (di protesta): **to make** (*o* **to lodge**) **a p.**, fare (*o* presentare) una protesta *2* (*leg., comm.*) protesto; protesto cambiario *3* (*leg.*) riserva (*di far valere un diritto*). ● **p. meeting**, riunione di protesta □ **p. march**, marcia di protesta □ **p. song**, canzone di protesta □ (*ass., naut.*) **ship's p.**, dichiarazione d'avaria □ **under p.**, malvolentieri; contro la propria volontà; (*leg.*) con riserva.

to **protest** /prəˈtɛst/, *v. t.* e *i.* *1* protestare; affermare, dichiarare solennemente: **to p. one's innocence**, protestare la propria innocenza *2* protestare; fare proteste *3* (*leg., comm.*) protestare: **to p. a bill**, protestare una cambiale *4* (*USA*) protestare contro: **to p. rearmament**, protestare contro il riarmo. ● (*di cambiale*) **to be protested**, andare in protesto.

protestant /ˈprɒtɪstənt/, **A** *a.* che protesta, protestatario. **B** *n.* chi protesta.

Protestant /ˈprɒtɪstənt/, *a.* e *n.* (*relig.*) protestante.

Protestantism /ˈprɒtɪstəntɪzəm/, *n.* (*relig.*) protestantesimo.

to **Protestantize** /ˈprɒtɪstəntaɪz/, *v. t.* (*raro*) rendere protestante.

protestation /prɒtɪˈsteɪʃn/, *n.* *1* protesta *2* affermazione solenne.

protester, protestor /prəˈtɛstə(r)/, *n.* *1* chi protesta; contestatore; manifestante; dimostrante *2* (*leg., comm.*) creditore che fa eseguire il protesto.

protesting /prəˈtɛstɪŋ/, *a.* che protesta; protestatario: **p. attitude**, atteggiamento protestatario. ‖ **-ly**, *avv.*

Proteus /ˈprəʊtɪəs, -tjuːs, *USA* -tuːs/, *n.* *1* (*mitol.*) Proteo *2* (*fig.*) persona mutevole; proteo (*raro*).

proteus /ˈprəʊtɪəs, -tjuːs, *USA* -tuːs/, *n.* (*zool., Proteus anguineus*) proteo.

prothalamion /prəʊθəˈleɪmɪən/, **prothalamium** /prəʊθəˈleɪmɪəm/, *n.* (*pl.* **prothalamia**) (*letter.*) epitalamio (*parola coniata da E. Spenser*).

prothesis /ˈprɒθəsɪs/, *n.* (*pl.* **protheses**) (*ling., relig.*) protesi.

prothetic /prəʊˈθɛtɪk/, *a.* (*ling.*) protetico, prostetico.

prothonotary /prəʊθəʊˈnəʊtərɪ, *USA* prəʊˈθɒnətɛrɪ/, *n.* (*relig., stor.*) protonotario.

prothorax /prəʊˈθɔːræks/, *n.* (*pl.* **prothoraxes, prothoraces**) (*zool.*) protorace.

prothrombin /prəʊˈθrɒmbɪn/, (*biochim.*) **A** *n.* protrombina. **B** *a.* protrombinico.

protium /ˈprəʊtɪəm/, *n.* (*chim.*) protio; prozio.

protoactinium /prəʊtəʊækˈtɪnɪəm/, *n.* (*chim., arc.*) protoattinio.

protocol /ˈprəʊtəkɒl, *USA* -kɔːl, -kəʊl/, *n.* (*specialm. in diplomazia*) protocollo.

to **protocol** /ˈprəʊtəkɒl, *USA* -kɔːl, -kəʊl/, **A** *v. t.* protocollare. **B** *v. i.* redigere protocolli.

Proto-Germanic /prəʊtəʊdʒɜːˈmænɪk/, *n.* (*ling.*) protogermanico.

protogine /ˈprəʊtədʒɪn/, *n.* (*miner.*) protogino.

protohistory /prəʊtəˈhɪstrɪ/, *n.* protostoria.

protomartyr /ˈprəʊtəʊmɑːtə(r)/, *n.* (*relig.*) protomartire.

proton /ˈprəʊtɒn/, *n.* (*fis.*) protone. ● (*fis. nucl.*) **p. accelerator**, acceleratore di protoni □ (*fis. nucl.*) **p.-synchrotron**, protosincrotrone.

protonium /prəʊˈtəʊnɪəm/, *n.* (*fis. nucl.*) protonio.

protonotary /prəʊtəʊˈnəʊtərɪ, *USA* prəʊˈtɒnətɛrɪ/, *n.* (*relig., stor.*) protonotario.

protoplasm /ˈprəʊtəplæzəm/, *n.* (*biol.*) protoplasma.

protoplasmatic /prəʊtəplæzˈmætɪk/, **protoplasmic** /prəʊtəˈplæzmɪk/, *a.* (*biol.*) protoplasmatico.

protoplast /ˈprəʊtəʊplæst/, *n.* (*biol.*) protoplasto.

protoplastic /prəʊtəˈplæstɪk/, *a.* (*biol.*) protoplastico.

protostar /ˈprəʊtəstɑː(r)/, *n.* (*astron.*) protostella.

prototypal /ˈprəʊtətaɪpl/, *a.* prototipo.

prototype /ˈprəʊtətaɪp/, *n.* (*scient.* e *fig.*) prototipo.

prototypic(al) /prəʊtəˈtɪpɪk(l)/, *a.* prototipo.

protoxide /prəʊˈtɒksaɪd/, *n.* (*chim.*) protossido.

protozoa /prəʊtəˈzəʊə/, *n. pl.* (*zool.*) protozoi.

protozoan /prəʊtəˈzəʊən/, (*zool.*) **A** *n.* protozoo. **B** *a.* dei protozoi; protozoico.

protozoic /prəʊtəˈzəʊɪk/, *a.* (*zool.*) protozoico.

protozoon /prəʊtəˈzəʊɒn/, *n.* (*pl.* **protozoa**) (*zool.*) protozoo.

to **protract** /prəˈtrækt, prəʊ-/, *v. t.* *1* protrarre; prolungare; tirare innanzi; tirare per le lunghe: **a protracted meeting**, una riunione tirata (*o* che va) per le lunghe *2* (*disegno*) riprodurre in scala; rapportare su scala *3* protendere (*una parte del corpo, un muscolo, ecc.*). ● (*med.*) **protracted labour**, parto prolungato.

protractedly /prəˈtræktɪdlɪ/, *avv.* prolissamente; a lungo.

protractile /prəˈtræktaɪl, *USA* -tl/, *a.* (*zool.*) protrattile.

protraction /prəˈtrækʃn, *USA* prəʊ-/, *n.* *1* protrazione; prolungamento *2* (*disegno*) riproduzione in scala.

protractive /prəˈtræktɪv/, *a.* dilatorio.

protractor /prəˈtræktə(r), *USA* prəʊ-/, *n.* *1* (*tecn.*) goniometro; rapportatore *2* (*anat.*) (muscolo) estensore *3* (*med.*) estrattore.

to **protrude** /prəˈtruːd, *USA* prəʊ-/, **A** *v. t.* *1* far sporgere; spingere avanti *2* mettere fuori; tirar fuori: **to p. one's tongue**, tirar fuori la lingua *3* (*med.*) protrudere. **B** *v. i.* *1* sporgere in fuori *2* (*med.*) protrudere.

protrudent /prəˈtruːdənt/, *a.* che protrude; sporgente.

protruding /prəˈtruːdɪŋ, *USA* prəʊ-/, *a.* *1* (*anche anat.*) sporgente *2* (*archit.*) in aggetto;

aggettante.

protrusile /prə'tru:saɪl, *USA* -sl/, **protrusible** /prəʊ'tru:zəbl/, *a.* (*scient.*) che si può spingere avanti; protrudibile: **p. tongue**, lingua protrudibile.

protrusion /prə'tru:ʒn, *USA* prəʊ-/, *n.* ***1*** lo sporgere; prominenza; sporgenza ***2*** (*med.*) protrusione.

protrusive /prə'tru:sɪv, *USA* prəʊ-/, *a.* ***1*** prominente; sporgente ***2*** (*med.*) protruso.

protuberance /prə'tju:bərəns, *USA* prəʊ-'tu:-/, *n.* protuberanza; prominenza; sporgenza.

protuberant /prə'tju:bərənt, *USA* prəʊ'tu:-/, *a.* protuberante; prominente; sporgente.

proud /praʊd/, *a.* ***1*** orgoglioso; altero; altezzoso; arrogante; fiero; superbo: **She is too p. to apologize**, è troppo altera per chiedere scusa; **He was p. to have such disciples**, era fiero d'avere tali discepoli; **I am p. of knowing him** (*o* **to know him**), sono orgoglioso di conoscerlo ***2*** (*fig. lett.*) superbo; bello; grandioso; magnifico; splendido: **a p. fleet**, una flotta grandiosa (*o* superba); **a p. stallion**, un magnifico stallone ***3*** (*specialm. ingl.*) sporgente; che fa aggetto. ● **a p. day**, un giorno di gloria □ (*med.*) **p. flesh**, tessuto di granulazione esuberante □ **p.-hearted**, altero; altezzoso; arrogante; superbo □ **a p. heritage**, un retaggio glorioso (*da far inorgoglire*) □ **to become p.**, inorgoglirsi; insuperbire □ (*fam.*) **to do sb. p.**, trattare bene q.; fare grandi feste a q. □ **to do oneself p.**, trattarsi bene; non farsi mancare nulla. || **-ly**, *avv.* || **-ness**, *sost.*

proustite /'pru:staɪt/, *n.* (*miner.*) proustite.

provability /pru:və'bɪlətɪ/, *n.* dimostrabilità.

provable /'pru:vəbl/, *a.* provabile; dimostrabile. || **-ness**, *sost.* || **-bly**, *avv.*

provableness /'pru:vəblnəs/, *n.* provabilità (*raro*); dimostrabilità.

to **prove** /pru:v/ (*p. p.*, *specialm. USA*, **proven**), **A** *v. t.* ***1*** provare; mettere alla prova; sperimentare; fare la prova di; verificare; dimostrare: **No charge was proved against him**, contro di lui non fu provata alcuna accusa; **to p. sb.'s guilt**, dimostrare la colpevolezza di q.; (*mat.*) **to p. a calculation**, fare la prova d'un calcolo; (*tipogr.*) **to p. a type**, fare la prova d'un carattere; **to p. a fact**, dimostrare un fatto ***2*** (*leg.*) dimostrare l'autenticità, ottenere l'omologazione di (*un testamento*). **B** *v. i.* dimostrarsi; rivelarsi: **The operation proved fatal**, l'operazione si dimostrò fatale; **The information proved (to be) false**, le informazioni si rivelarono false. **C** to **prove oneself**, *v. rifl.* dimostrarsi; rivelarsi: **He proved himself (to be) a reliable witness**, si dimostrò un testimone attendibile. ● (*leg.*) **to p. by documents**, documentare □ **to p. gold**, saggiare l'oro □ (*tecn.*) **to p. a meter**, controllare la taratura di un contatore □ **to p. a sum**, verificare una somma □ (*prov.*) **The exception proves the rule**, l'eccezione conferma la regola.

proved /pru:vd/, *a.* provato; dimostrato. ● (*leg.*) **p. credit** (*o* **debt**), credito ammesso (*al passivo fallimentare*).

proven /pru:vn/, **A** *p. p.* di **to prove**. **B** *a.* provato; dimostrato. ● (*leg.*, *scozz.*) **a not-p. verdict**, un verdetto d'assoluzione per insufficienza di prove □ **He was found not p.**, fu assolto per insufficienza di prove (*in Scozia, ecc.*; *ma non in Inghilterra*).

provenance /'prɒvənəns/, *n.* provenienza; origine.

Provençal /prɒvɒn'sɑ:l, *USA* prəʊ-/, *a.* e *n.* provenzale: **P. poetry**, la poesia provenzale.

Provence /prə'vɑ:ns, prɒ-, *USA* prəʊ-, 'prɒvəns/, *n.* (*geogr.*) Provenza.

provender /'prɒvəndə(r)/, *n.* ***1*** biada; foraggio ***2*** (*fam. scherz.*) alimenti; cibo; vettovaglie.

provenience /prə'vi:nɪəns/, *n.* provenienza; origine.

proverb /'prɒvɜ:b/, *n.* ***1*** proverbio ***2*** (*anche pl.*) gioco dei proverbi. ● (*relig.*) **Proverbs**, il libro dei Proverbi (*nel Vecchio Testamento*) □ **He is a p. for laziness**, la sua pigrizia è proverbiale.

proverbial /prə'vɜ:bɪəl/, *a.* (*anche fig.*) proverbiale: **a p. phrase**, un'espressione proverbiale; **p. wisdom**, saggezza proverbiale. || **-ly**, *avv.*

to **provide** /prə'vaɪd/, **A** *v. t.* e *i.* ***1*** provvedere; procacciare; procurare; fornire: **to p. bread for one's family**, provvedere il vitto alla famiglia; **to p. one's son with money**, fornire di denaro il proprio figliolo; **Our agent will be provided with all the necessary information**, al nostro agente saranno fornite tutte le informazioni necessarie ***2*** (*stor.*, *relig.*) nominare, designare (q.) a succedere (*in un beneficio ecclesiastico non ancora vacante*) ***3*** (*leg.*) stabilire; contemplare; prevedere: **a clause which provides that...**, una clausola la quale stabilisce che... **B** to **provide oneself** (**with**), *v. rifl.* provvedersi, fornirsi (di); procacciarsi. ● **to p. against**, prendere provvedimenti in vista di; prepararsi a; premunirsi contro: **We must p. against a shortage of meat**, dobbiamo prepararci a un'eventuale scarsità di carne; **to p. against old age**, premunirsi contro la vecchiaia □ (*Borsa*) **to p. against a fall** [**a rise**], prepararsi a un ribasso [a un rialzo] □ **to p. for**, provvedere a; badare a; tenere conto di; occuparsi di; (*econ.*) provvedere al mantenimento di (q.): **to p. for one's family**, provvedere al mantenimento della famiglia; **We should p. for unexpected strikes**, dobbiamo tener conto di scioperi imprevisti □ (*banca*) **to p. mortgages**, offrire mutui ipotecari □ (*leg.*) **unless otherwise provided**, salvo convenzione contraria.

provided /prə'vaɪdɪd/, *cong.* (*spesso* **p. that**) purché; a condizione che; a patto che: **P. you keep quiet, you can come with us**, puoi venire con noi, purché tu faccia il buono.

providence /'prɒvɪdəns/, *n.* ***1*** provvidenza ***2*** (*form. arc.*) preveggenza; parsimonia; prudenza. ● **special p.**, miracolo.

Providence /'prɒvɪdəns/, *n.* (*relig.*) la Provvidenza.

provident /'prɒvɪdənt/, *a.* ***1*** provvido; previdente; prudente ***2*** parsimonioso; economo. ● **p. fund**, fondo di previdenza □ **p. society**, società di mutuo soccorso. || **-ly**, *avv.*

providential /prɒvɪ'denʃl/, *a.* provvidenziale; (*enfat.*) felice, fortunato, opportuno: **a p. reform**, una riforma provvidenziale. || **-ly**, *avv.*

provider /prə'vaɪdə(r)/, *n.* ***1*** provveditore (*raro*); chi provvede (*specialm. ai bisogni della sua famiglia*) ***2*** fornitore.

providing /prə'vaɪdɪŋ/, *V.* **provided**.

province /'prɒvɪns/, *n.* ***1*** provincia; distretto; regione: **the provinces of the Roman Empire**, le province dell'Impero Romano; **The Italian territory is divided into over hundred provinces**, il territorio italiano è diviso in oltre cento province ***2*** (*relig.*) provincia ecclesiastica ***3*** (*fig.*) competenza; campo; sfera d'azione: **This is outside my p.**, non è cosa di mia competenza; **It is not within my p.**, non è di mia competenza.

provincial /prə'vɪnʃl/, **A** *a.* provinciale; da provinciale; (*spreg.*) limitato, ristretto, rozzo: **p. roads**, strade provinciali; **a p. outlook**, un modo di vedere le cose da provinciale. **B** *n.* ***1*** (*anche spreg.*) provinciale ***2*** (*relig.*) (padre) provinciale. || **-ly**, *avv.*

provincialism /prə'vɪnʃəlɪzəm/, *n.* provincialismo.

provincialist /prə'vɪnʃəlɪst/, *n.* provinciale.

provinciality /prəvɪnʃɪ'ælətɪ/, *n.* provincialismo.

to **provincialize** /prə'vɪnʃəlaɪz/, *v. t.* rendere provinciale.

proving /'pru:vɪŋ/, *n.* ***1*** sperimentazione; verifica ***2*** (*leg.*) dichiarazione d'autenticità ***3*** (*elab.*) controllo. ● **p. ground**, (*tecn.*) terreno (*o* percorso) di prova (*di auto, ecc.*); (*fig.*) banco di prova □ (*tecn.*, *mecc.*) **p. ring**, anello dinamometrico.

provision /prə'vɪʒn/, *n.* ***1*** il provvedere; provvista; fornitura: (*fin.*) **the p. of capital**, la provvista di fondi ***2*** (*rag.*) accantonamento ***3*** (*leg.*) disposizione; norma; clausola; articolo: **one of the provisions in the will**, una delle disposizioni testamentarie ***4*** (*stor.*, *relig.*) nomina sub condicione (*di un beneficiato*; *V.* **to provide**) ***5*** (*pl.*) provviste; vettovaglie; viveri. ● (*rag.*) **p. account for depreciation**, fondo svalutazione □ (*rag.*) **p. account for bad debts**, fondo svalutazione crediti □ (*rag.*) **p. account for income taxes**, fondo imposte da liquidare □ (*comm.*) **p. dealer** (*o* **p. merchant**), negoziante di alimentari; alimentarista □ **to make p. against st.**, premunirsi contro q.c. □ **to make p. for sb.**, provvedere a q. (*nel testamento, ecc.*) □ **to make p. for one's old age**, provvedere alla (*o* risparmiare per la) vecchiaia □ **to run out of provisions**, esaurire le scorte (di viveri, ecc.).

to **provision** /prə'vɪʒn/, *v. t.* approvvigionare.

provisional /prə'vɪʒənl/, **A** *a.* ***1*** provvisorio: **a p. appointment**, una nomina provvisoria; (*leg.*) **a p. contract**, un contratto provvisorio; **p. data**, dati provvisori; (*leg.*) **p. liquidator**, liquidatore provvisorio ***2*** interlocutorio: **a p. answer**, una risposta interlocutoria. **B** *n.* (*in Irlanda*) «provisional»; membro dell'ala estremista dell'IRA (*Irish Republican Army*). ● (*leg.*) **p. arrest**, fermo di polizia □ (*autom.*, *in G.B.*) **p. licence**, patente provvisoria.

provisionary /prə'vɪʒənrɪ, *USA* -nerɪ/, *a.* provvisorio.

provisioner /prə'vɪʒənə(r)/, *n.* approvvigionatore.

provisionment /prə'vɪʒənmənt/, *n.* approvvigionamento.

proviso /prə'vaɪzəʊ/, *n.* (*pl.* **provisos, provisoes**) (*leg.*) clausola condizionale; condizione. ● **with the p. that...**, a condizione che...; a patto che...

provisor /prə'vaɪzə(r)/, *n.* ***1*** (*stor.*, *relig.*) detentore del diritto di successione a un beneficio ecclesiastico non ancora vacante ***2*** (*relig. cattolica*) vicario generale.

provisory /prə'vaɪzərɪ/, *a.* ***1*** (*leg.*) condizionale ***2*** provvisorio.

provocation /prɒvə'keɪʃn/, *n.* (*anche leg.*) provocazione.

provocative /prə'vɒkətɪv/, *a.* provocativo; provocatore; provocatorio; provocante: **a p. act**, un atto provocatorio; **a p. glance**, uno sguardo provocante. || **-ly**, *avv.*

to **provoke** /prə'vəʊk/, *v. t.* provocare; eccitare; irritare; stimolare; stuzzicare; causare: **to p. laughter** [**indignation**], provocare il riso [lo sdegno]; **Don't p. me!**, non provocarmi! ● **to p. a riot**, sollevare un tumulto □ **to p. sb. into doing st.**, spingere q. a fare q.c.

provoker /prə'vəʊkə(r)/, *n.* provocatore, provocatrice.

provoking /prə'vəʊkɪŋ/, *a.* provocante; irritante; fastidioso; noioso; seccante. ● **thought-p.**, che stimola il pensiero. || **-ly**, *avv.*

provost /'prɒvəst, -əst, *USA* 'prəʊvəʊst/, *n.* ***1*** (*in Scozia*) sindaco ***2*** (*in talune università*) direttore di un college; rettore; preside ***3*** (*relig.*) prevosto (*nella Chiesa Anglicana*) ***4*** membro della polizia militare (*in G.B. e in Canada*) ***5*** (*stor.*) prevosto. ● (*mil.*) **p. marshal**, comandante della polizia militare □ (*mil.*) **p. sergeant**, sergente della polizia militare.

provostship /'prɒvəstʃɪp, -ɒs-, *USA* 'prəʊvəʊstʃɪp/, *n.* ***1*** (*in Scozia*) ufficio (*o* carica) di sindaco; l'essere sindaco ***2*** (*in talune università*) direzione di un college ***3*** (*relig.*) prevostura; prepositura.

prow /praʊ/, *n.* (*naut.*, *aeron.*) prora; prua.

prowess /'praʊɪs/, *n.* ***1*** prodezza; valore; coraggio ***2*** abilità; bravura; capacità.

prowl /praʊl/, *n.* – **to be** [**to go**] **on the p.**, essere [andare] in cerca di preda. ● (*USA*) **p. car**, automobile della polizia (*in servizio di pattuglia*); pantera, gazzella, volante (*fam.*).

to **prowl** /praʊl/, **A** *v. i.* ***1*** vagare in cerca di preda: **Hyenas p. by night**, le iene escono la notte in cerca di preda *2* andare furtivamente; gironzolare; aggirarsi (*specialm. in cerca di q.c.*): **He is always prowling about here**, s'aggira sempre nelle vicinanze. **B** *v. t.* aggirarsi in (*un luogo*) in cerca di preda.

prowler /'praʊlə(r)/, *n.* *1* chi va in cerca di preda; predone *2* chi s'aggira in un luogo *3* (*zool.*) animale da preda; predatore *4* losco figuro; malintenzionato.

prox /prɒks/, *a. abbr. fam.* di **proximo**.

proxemics /prɒk'semɪks/, *n. pl.* (*col verbo al sing.*) (*scient.*) prossemica.

proximal /'prɒksɪməl/, *a.* (*anat., geol.*) prossimale.

proximate /'prɒksɪmət/, *a.* *1* vicino; prossimo; immediato: **the p. cause**, la causa prossima (*o* immediata) *2* approssimato; approssimativo. || **-ly**, *avv.*

proximity /prɒk'sɪmətɪ/, *n.* prossimità; vicinanza. ● **p. of blood**, consanguineità.

proximo /'prɒksɪməʊ/ (*lat.*), *a.* (*comm., di solito abbr. in* **prox**) del mese venturo; prossimo (venturo): **on the 20th prox**, il venti del mese prossimo.

proxy /'prɒksɪ/, *n.* (*leg.*) *1* procura; delega; mandato: **to vote by p.**, votare per procura; **marriage by p.**, matrimonio per procura *2* procuratore; mandatario: **He made me his p.**, mi fece suo procuratore; **to stand p. for sb.**, fungere da procuratore per q. ● **p. celebrity**, celebrità di riflesso □ (*polit.*) **p. vote**, voto per procura (*o* per delega).

to **proxy** /'prɒksɪ/, *v. i.* (*specialm. leg.*) agire per procura.

prude /pru:d/, *n.* persona troppo modesta e pudica; chi affetta pudore; santocchio; (*di donna, anche*) santarellina.

prudence /'pru:dns/, *n.* prudenza; cautela; avvedutezza; saggezza.

prudent /'pru:dnt/, *a.* prudente; cauto; avveduto; giudizioso; saggio: **a p. housewife**, una donna di casa avveduta (*o* giudiziosa). ● (*leg.*) **p. man rule**, diligenza del buon padre di famiglia.

prudential /pru:'denʃl/, *a.* prudenziale.

prudery /'pru:dərɪ/, *n.* pudore estremo e affettato; modestia eccessiva; santimonia; santocchieria (*raro*); pruderie (*franc.*).

prudish /'pru:dɪʃ/, *a.* che si scandalizza facilmente; che affetta pudore; troppo pudibondo; prude (*franc.*). || **-ly**, *avv.* || **-ness**, *sost.*

pruinose /'pru:ɪnəʊs/, *a.* (*bot.*) pruinoso.

prune /pru:n/, *n.* *1* prugna, susina secca *2* color prugna *3* (*fam.*) tipo noioso, barboso (*fam.*); stupido; fesso (*fam.*) *4* (*volg. USA*) palle; testicoli. ● (*di modo di parlare, ecc.*) **prunes and prisms**, affettato; lezioso □ (*pop. USA*) **p.-picker**, californiano.

to **prune** /pru:n/, *v. t.* *1* potare; mondare; sfrondare; sfoltire *2* (*fig.*) sfrondare; far tagli in: **to p. a speech**, sfrondare un discorso. ● **to p. down a tree**, potare un albero □ **to p. (down) expenses**, ridurre le spese □ **to p. off** (*o* **away**) **branches**, tagliare rami.

prunella (**1**) /pru:'nelə/, *n.* (*ind. tess.*) prunella.

prunella (**2**) /pru:'nelə/, *n.* (*bot., Prunella vulgaris*) prunella; brunella.

prunelle /pru:'nel/ (*franc.*), *n.* *1* prugna secca pelata *2* prunella (*liquore*).

pruner /'pru:nə(r)/, *n.* potatore, potatrice.

pruners /'pru:nəz/, *n. pl.* forbici da giardino.

pruning /'pru:nɪŋ/, *n.* potatura. ● **p. hook**, ronca; roncola; potatoio □ **p. knife**, coltello da giardinaggio; roncolo □ **p. shears** (*o* **p. scissors**), forbici da giardino.

prurience /'prʊərɪəns/, **pruriency** /'prʊərɪənsɪ/, *n.* lascivia; libidine.

prurient /'prʊərɪənt/, *a.* lascivo; libidinoso; lubrico; pruriginoso. || **-ly**, *avv.*

pruriginous /prʊ'rɪdʒɪnəs/, *a.* (*med.*) pruriginoso.

prurigo /prʊ'raɪgəʊ/, *n.* (*pl.* **prurigos**) (*med.*) prurigine.

pruritus /prʊ'raɪtəs/, *n.* (*med.*) prurito.

Prussian /'prʌʃn/, *a.* e *n.* prussiano. ● (*chim.*) **P. blue**, blu di Prussia.

to **prussianize** /'prʌʃənaɪz/, *v. t.* rendere prussiano; dare un carattere prussiano a (q.c.).

prussiate /'prʌʃɪət/, *n.* (*chim.*) prussiato.

prussic /'prʌsɪk/, *a.* (*chim.*) prussico: **p. acid**, acido prussico.

pry /praɪ/, *n.* leva; palanchino; piede di porco (*arnese*).

to **pry** (**1**) /praɪ/, *v. i.* curiosare; indagare; rovistare; scrutare; spiare. ● **to pry about**, ficcare il naso dappertutto □ **to pry into**, frugare in; rovistare □ **to pry into sb.'s affairs**, ficcare il naso negli affari di q. □ **a Paul Pry**, un ficcanaso.

to **pry** (**2**) /praɪ/, *v. t.* aprire (*o* forzare, sollevare) con una leva. ● (*fig.*) **to pry a secret out of sb.**, carpire un segreto a q.

prying /'praɪɪŋ/, *a.* curioso; indagatore; indiscreto; inquisitivo: **a p. look**, uno sguardo indiscreto. || **-ly**, *avv.*

prytaneum /prɪtə'ni:əm/, *n.* (*stor. greca*) pritaneo.

P.S. /pi:'es/, *n.* *1* (*acronimo di* **postscript**) poscritto: **to add a P.S.**, aggiungere un poscritto *2* (*acronimo USA di* **public school**) scuola elementare statale (*dai 6 ai 12 anni d'età*).

psalm /sɑ:m/, *n.* salmo; cantico. ● **Psalms**, il Libro dei Salmi (*nella Bibbia*) □ **to sing psalms**, salmodiare.

psalmist /'sɑ:mɪst/, *n.* salmista. ● (*Bibbia*) **the P.**, il Salmista (il re David).

psalmodic /sɑ:'mɒdɪk, sæl-/, *a.* salmodico.

psalmody /'sɑ:mədɪ/, *n.* salmodia.

psalter /'sɔ:ltə(r)/, *n.* (*relig.*) salterio; raccolta di salmi.

psaltery /'sɔ:ltərɪ/, *n.* (*mus.*) salterio (*strumento a corde*).

psephologist /se'fɒlədʒɪst, *USA* si:-/, *n.* (*polit.*) studioso del comportamento elettorale.

psephology /se'fɒlədʒɪ, *USA* si:-/, *n.* (*polit.*) psefologia; studio del comportamento elettorale.

pseudarthrosis /sju:dɑ:'θrəʊsɪs, su:-/, *n.* (*pl.* **pseudoarthroses**) (*med.*) pseudoartrosi.

pseudepigrapha /sju:dɪ'pɪgrəfə, su:-/, *n. pl.* (*filol., relig.*) pseudepigrafi.

pseudo /'sju:dəʊ, 'su:-/, (*fam.*) **A** *a.* falso; finto. **B** *n.* (*pl.* **pseudos**) simulatore; impostore.

pseudocarp /'sju:dəʊkɑ:p, 'su:-/, *n.* (*bot.*) pseudocarpo.

pseudomorph /'sju:dəʊmɔ:f, 'su:-/, *n.* (*miner.*) cristallo pseudomorfo.

pseudomorphic /sju:dəʊ'mɔ:fɪk, su:-/, *a.* (*miner.*) pseudomorfo.

pseudomorphism /sju:dəʊ'mɔ:fɪzəm, su:-/, *n.* (*miner.*) pseudomorfismo.

pseudomorphous /sju:dəʊ'mɔ:fəs, su:-/, *a.* (*miner.*) pseudomorfo.

pseudonym /'sju:dənɪm, 'su:-/, *n.* pseudonimo.

pseudonymity /sju:də'nɪmətɪ, su:-/, *n.* lo scrivere sotto falso nome.

pseudonymous /sju:'dɒnɪməs, su:-/, *a.* *1* che scrive con uno pseudonimo *2* scritto sotto falso nome; pseudonimo (*raro*).

pseudonymously /sju:'dɒnɪməslɪ, su:-/, *avv.* sotto pseudonimo.

pseudophilosophical /sju:dəʊfɪlə'sɒfɪkl, su:-/, *a.* pseudofilosofico.

pseudopodium /sju:dəʊ'pəʊdɪəm, su:-/, *n.* (*pl.* **pseudopodia**) (*biol.*) pseudopodio.

pseudopregnancy /sju:dəʊ'pregnənsɪ, su:-/, *n.* (*med.*) pseudogravidanza.

pseudoscience /sju:dəʊ'saɪəns, su:-/, *n.* pseudoscienza.

pseudoscientific /sju:dəʊsaɪən'tɪfɪk, su:-/, *a.* pseudoscientifico.

pseudovector /sju:dəʊ'vektə(r), su:-/, *n.* (*mat.*) pseudovettore.

pshaw /pʃɔ:/, *inter.* (*lett.: di disgusto, impazienza, ecc.*) puh!; puah!; uff !; ohibò!

psi /psaɪ/, *n.* (*pl.* **psis**) psi (*ventitreesima lettera dell'alfabeto greco*).

psilosis /saɪ'ləʊsɪs/, *n.* (*ling., med.*) psilosi.

psittacosis /sɪtə'kəʊsɪs/, *n.* (*pl.* **psittacoses**) (*med.*) psittacosi.

psoas /'səʊəs/, *n.* (*anat.*) psoas.

psoriasis /sə'raɪəsɪs/, *n.* (*med., pl.* **psoriases**) psoriasi.

psoriatic /sɔ:rɪ'ætɪk, sɔ:'raɪətɪk/, *a.* (*med.*) psorico.

psst /ps, pst/, *inter.* (*per imporre silenzio o richiamare l'attenzione*) pss.

psyche /'saɪkɪ/, *n.* (*psic.*) psiche.

Psyche /'saɪkɪ/, *n.* (*mitol.*) Psiche.

to **psych**(**e**) /saɪk/, (*fam.*) **A** *v. t.* *1* psicanalizzare *2* (*specialm.* **to p. up**) stimolare; incoraggiare; tirare su di morale (*fam.*); dare la carica a (q.). **B** *v. i.* (*specialm.* **to p. down**) crollare; smontarsi. ● **to p. out**, impaurire, intimidire, spaventare; analizzare, capire, indovinare (*le intenzioni di q., ecc.*) □ **to get oneself psyched up**, caricarsi (*fig.*), concentrarsi (*per una prova, un esame, ecc.*).

psychedelic /saɪkɪ'delɪk/, **A** *a.* psichedelico: **p. drugs**, droghe psichedeliche; **p. music**, musica psichedelica; **a p. trip**, un «viaggio» psichedelico. **B** *n.* *1* droga psichedelica *2* (*med.*) consumatore di droghe psichedeliche.

to **psychedelicize** /saɪkə'delɪsaɪz/, *v. t.* rendere psichedelico.

psychiatric(**al**) /saɪkɪ'ætrɪk(l)/, *a.* (*med.*) psichiatrico.

psychiatrist /saɪ'kaɪətrɪst, *USA* sɪ-/, *n.* (*med.*) psichiatra; alienista.

psychiatry /saɪ'kaɪətrɪ, *USA* sɪ-/, *n.* (*med.*) psichiatria.

psychic /'saɪkɪk/, **A** *a.* *1* psichico: **p. trauma**, trauma psichico; **p. forces**, forze psichiche *2* medianico; telepatico. **B** *n.* *1* medium *2* sensitivo. ● (*farm.*) **p. energizer**, antidepressivo □ **a p. person**, una persona dotata di qualità medianiche (*o* telepatiche).

psychical /'saɪkɪkl/, *a.* *1* psichico *2* dei fenomeni psichici *3* medianico; paranormale.

psychicism /'saɪkɪsɪzəm/, *n.* studio dei fenomeni psichici.

psychicist /'saɪkɪsɪst/, **psychist** /'saɪkɪst/, *n.* studioso di fenomeni psichici.

psychics /'saɪkɪks/, *n. pl.* (*col verbo al sing.*) psicologia.

psycho /'saɪkəʊ/, *n.* (*pl.* **psychos**) (*fam.*) psicopatico; malato di mente (*fam.*).

psychoactive /saɪkəʊ'æktɪv/, *a.* psicoattivo.

to **psychoanalyse** /saɪkəʊ'ænəlaɪz/, *v. t.* psicoanalizzare.

psychoanalysis /saɪkəʊə'næləsɪs/, *n.* (*pl.* **psychoanalyses**) psicoanalisi.

psychoanalyst /saɪkəʊ'ænəlɪst/, *n.* psicoanalista.

psychoanalytic(**al**) /saɪkəʊænə'lɪtɪk(l)/, *a.* psicoanalitico.

to **psychoanalyze** /saɪkəʊ'ænəlaɪz/, (*USA*) *V.* **to psychoanalyse**.

psychodrama /'saɪkəʊdrɑ:mə, *USA* -dræ-/, *n.* psicodramma.

psychodynamic /saɪkəʊdaɪ'næmɪk/, *a.* psicodinamico.

psychodynamics /saɪkəʊdaɪ'næmɪks/, *n. pl.* (*col verbo al sing.*) psicodinamica.

psychograph /'saɪkəʊgrɑ:f, *USA* -græf/, *n.* psicografo (*strumento*).

psychography /saɪ'kɒgrəfɪ/, *n.* psicografia.

psychokinesis /saɪkəʊkɪ'ni:sɪs/, *n.* (*pl.* **psychokineses**) psicocinesi.

psycholinguist /saɪkəʊ'lɪŋgwɪst/, *n.* psicolinguista.

psycholinguistic(**al**) /saɪkəʊlɪŋ'gwɪstɪk(l)/, *a.* psicolinguistico.

psycholinguistics /saɪkəʊlɪŋ'gwɪstɪks/, *n. pl.* (*col verbo al sing.*) (*ling.*) psicolinguistica.

psychologic(**al**) /saɪkə'lɒdʒɪk(l)/, *a.* psicologico: **p. warfare**, guerra psicologica. || **-ally**, *avv.*

psychologism /saɪ'kɒlədʒɪzəm/, *n.* psicologismo.

psychologist /saɪ'kɒlədʒɪst/, *n.* psicologo.

to **psychologize** /saɪ'kɒlədʒaɪz/, **A** *v. i.* studiare (*o* fare della) psicologia. **B** *v. t.* analiz-

zare psicologicamente.
psychology /saɪ'kɒlədʒɪ/, *n.* psicologia.
psychometric /saɪkəʊ'mɛtrɪk/, *a.* psicometrico.
psychometrics /saɪkəʊ'mɛtrɪks/, *n. pl.* (*col verbo al sing.*) psicometria.
psychometry /saɪ'kɒmətrɪ/, *V.* **psychometrics**.
psychomotor /'saɪkəʊməʊtə(r)/, *a.* (*anche med.*) psicomotorio.
psychoneurosis /saɪkəʊnjʊə'rəʊsɪs, *USA* -nʊə-/, *n.* (*med.*) psiconevrosi.
psychopath /'saɪkəʊpæθ/, *n.* (*med.*) psicopatico.
psychopathic /saɪkəʊ'pæθɪk/, *a.* (*med.*) psicopatico.
psychopathist /saɪ'kɒpəθɪst/, *n.* (*med.*) psicopatologo.
psychopathologic(al) /saɪkəʊpæθə'lɒdʒɪk(l)/, *a.* psicopatologico.
psychopathologist /saɪkəʊpə'θɒlədʒɪst/, *n.* psicopatologo.
psychopathology /saɪkəʊpə'θɒlədʒɪ/, *n.* (*med.*) psicopatologia.
psychopathy /saɪ'kɒpəθɪ/, *n.* (*med.*) psicopatia.
psychopharmaceutical /saɪkəʊfɑːmə'sjuːtɪkl, -'suː-/, *n.* (*farm.*) psicofarmaco.
psychopharmacological /saɪkəʊfɑːməkə'lɒdʒɪkl/, *a.* psicofarmacologico. ● (*med.*) **p. drug**, psicofarmaco.
psychopharmacology /saɪkəʊfɑːmə'kɒlədʒɪ/, *n.* psicofarmacologia.
psychophysical /saɪkəʊ'fɪzɪkl/, *a.* psicofisico.
psychophysics /saɪkəʊ'fɪzɪks/, *n. pl.* (*col verbo al sing.*) psicofisica.
psychophysiological /saɪkəʊfɪzɪə'lɒdʒɪkl/, *a.* psicofisiologico.
psychophysiology /saɪkəʊfɪzɪ'ɒlədʒɪ/, *n.* psicofisiologia.
psychosexual /saɪkəʊ'sɛkʃʊəl/, *a.* psicosessuale: **p. energy**, energia psicosessuale.
psychosis /saɪ'kəʊsɪs/, *n.* (*pl.* **psychoses**) (*med.*) psicosi.
psychosomatic /saɪkəʊsə'mætɪk/, *a.* (*med.*) psicosomatico.
psychosomatics /saɪkəʊsə'mætɪks/, *n. pl.* (*col verbo al sing.*) (*med.*) psicosomatica.
psychotherapeutic /saɪkəʊθɛrə'pjuːtɪk/, *a.* (*med.*) psicoterapeutico.
psychotherapeutics /saɪkəʊθɛrə'pjuːtɪks/, *n. pl.* (*col verbo al sing.*) (*med.*) psicoterapeutica.
psychotherapist /saɪkəʊ'θɛrəpɪst/, *n.* (*med.*) psicoterapista; psicoterapeuta.
psychotherapy /saɪkəʊ'θɛrəpɪ/, *n.* (*med.*) psicoterapia.
psychotic /saɪ'kɒtɪk/, *a.* e *n.* (*med.*) psicotico.
psychotoxic /saɪkəʊ'tɒksɪk/, *a.* psicotossico.
psychotropic /saɪkəʊ'trɒpɪk/, *a.* e *n.* (*med.*) (farmaco) psicotropico.
psychrometer /saɪ'krɒmɪtə(r)/, *n.* (*fis., meteor.*) psicrometro.
ptarmigan /'tɑːmɪgən/, *n.* (*zool., Lagopus mutus*) pernice bianca.
pterodactyl /tɛrə'dæktɪl/, *n.* (*paleont., Pterodactylus*) pterodattilo.
pteropod /'tɛrəpɒd/, *n.* (*zool.*) pteropode.
pterosaur /'tɛrəsɔː(r)/, *n.* (*paleont.*) pterosauro.
pterygoid /'tɛrɪgɔɪd/, *a.* (*anat.*) pterigoideo: **p. plexus**, plesso pterigoideo.
ptisan /tɪ'zæn/, *n.* tisana (*specialm. d'orzo*).
pto /piːtiː'əʊ/, *locuz. verb.* (*acronimo di* **please turn over**) (*in fondo a una pagina*) vedi retro.
Ptolemaic /tɒlə'meɪɪk/, *a.* (*stor.*) tolemaico: (*astron.*) **P. system**, sistema tolemaico.
Ptolemy /'tɒləmɪ/, *n.* (*stor.*) Tolomeo.
ptomaine /'təʊmeɪn/, *n.* (*biol.*) ptomaina. ● (*pop.*) **p. poisoning**, intossicazione alimentare.
ptosis /'təʊsɪs/, *n.* (*pl.* **ptoses**) (*med.*) ptosi.
ptyalin /'taɪəlɪn/, *n.* (*chim., biol.*) ptialina.
ptyalism /'taɪəlɪzəm/, *n.* (*med.*) ptialismo.
pub /pʌb/, *n.* (*abbr. fam. di* **public house**) pub; spaccio di alcolici. ● **pub-keeper**, proprietario di pub; oste □ (*fam.*) **to go on a pub-crawl**, fare il giro dei pub.
to **pub-crawl** /'pʌbkrɔːl/, *v. i.* (*fam., anche* **to go pub-crawling**) fare il giro dei pub.
puberal /'pjuːbərəl/, *a.* puberale.
pubertal /'pjuːbərtəl/, *a.* puberale.
puberty /'pjuːbətɪ/, *n.* pubertà.
pubes /'pjuːbiːz/, *n.* (*invar. al pl.*) (*anat.*) pube; regione pubica.
pubescence /pjuː'bɛsns/, *n.* pubescenza.
pubescent /pjuː'bɛsnt/, **A** *a.* pubescente; pubere. **B** *n.* pubere.
pubic /'pjuːbɪk/, *a.* (*anat.*) pubico.
pubis /'pjuːbɪs/, *n.* (*pl.* **pubes**) (*anat.*) osso pelvico; pube.
public /'pʌblɪk/, **A** *a.* pubblico (*in ogni senso*): **a p. building**, un edificio pubblico; **p. law**, diritto pubblico; **a p. protest**, una protesta pubblica; **p. relations**, relazioni pubbliche; **p. education**, pubblica istruzione; (*fin.*) **p. expenditure** (*o* **p. spending**), la spesa pubblica; (*fin.*) **the p. debt**, il debito pubblico. **B** *n.* *1* pubblico; clientela; spettatori, lettori, ascoltatori *2* pubblico; gente: **The museum is open to the p.**, il museo è aperto al pubblico. ● **p. accountant**, ragioniere professionista (*iscritto all'albo*) □ **p.-address system**, sistema d'amplificazione del suono □ (*edil., leg.*) **p. area**, parti comuni (*di un condominio*) □ (*USA*) **p. assistance**, assistenza sociale □ (*in G.B.*) **p. bar**, sala esterna (*di un pub*: *meno elegante e meno cara*; *cfr.* **saloon bar**) □ (*polit.*) **p. bill**, disegno di legge d'iniziativa governativa; (*anche*) proposta di legge d'interesse generale □ (*fin.*) **p. company**, società di capitali (*ad azionariato diffuso*; *cfr.* **private company**) □ **p. conveniences**, gabinetti (*di decenza*); latrine pubbliche □ (*fin.*) **p. corporation**, (*in G.B.*) ente di diritto pubblico (*come la B.B.C.*); (*USA*) società (*o* azienda) statale; (*anche*) comunità urbana □ (*leg., USA*) **p. defender**, difensore d'ufficio □ (*leg., USA*) **p. domain**, pubblico dominio; (*anche*) demanio, proprietà demaniali □ **p. holiday**, festa nazionale; pubblica festività □ **p. house**, pub; spaccio d'alcolici □ **p. housing**, edilizia popolare; alloggi popolari □ **p. life**, vita pubblica; politica □ **p. limited company**, *V.* **p. company** □ **a p. man**, un uomo che ricopre cariche pubbliche □ **p.-minded**, animato da senso civico; che ha una coscienza sociale □ **p. nuisance**, (*leg.*) turbativa dell'ordine pubblico; (*fam.*) seccatore; scocciatore, rompiscatole (*fam.*) □ **p. opinion**, opinione pubblica □ **p.-opinion poll**, sondaggio d'opinione; indagine demoscopica □ **p. orator**, oratore ufficiale □ (*leg.*) **p. prosecutor**, pubblico ministero □ (*in G.B.*) **the P. Record Office**, l'Archivio di Stato (*a Londra*) □ **p. relations officer**, addetto alle pubbliche relazioni □ (*leg.*) **p. safety**, sicurezza pubblica □ **p. school**, (*in G.B.*) scuola privata (*residenziale, a livello secondario*); (*in U.S.A. e Scozia*) scuola pubblica (*a livello elementare*) □ (*econ.*) **the p. sector**, il settore pubblico □ (*fin.*) **p.-sector borrowing requirement**, fabbisogno monetario dello Stato □ **p. servant**, funzionario statale (*specialm. se eletto*) □ **p. speaking**, oratoria □ **p. spirit**, senso civico; civismo □ **p.-spirited**, *V.* **p.-minded** □ **p. utility**, servizio pubblico; impresa pubblica (*o* d'interesse pubblico) □ **p. works**, lavori pubblici; opere pubbliche □ **to go p.**, (*di una persona*) fare rivelazioni; uscire allo scoperto; (*fin.*: *d'una società anonima privata*) trasformarsi in una **p. company** (*q.V.*) □ **in p.**, in pubblico □ (*di notizia*) **to be in the p. domain**, essere di dominio pubblico □ (*di persona*) **to be in the p. eye**, essere molto in vista □ **to make p.**, pubblicare, rendere di pubblico dominio □ **the reading p.**, il pubblico che legge; i lettori □ **the sporting p.**, gli sportivi (*in quanto spettatori*) □ **the television p.**, il pubblico televisivo; i telespettatori.
publican /'pʌblɪkən/, *n.* *1* (*stor.*) pubblicano; appaltatore; gabelliere *2* bettoliere; oste; locandiere.
publication /pʌblɪ'keɪʃn/, *n.* pubblicazione. ● **the p. of banns**, l'esposizione delle pubblicazioni matrimoniali.
publicist /'pʌblɪsɪst/, *n.* *1* giornalista; pubblicista *2* addetto stampa *3* agente pubblicitario *4* pubblicista (*esperto di diritto pubblico o internazionale*).
publicity /pʌb'lɪsətɪ/, *n.* pubblicità. ● **p. agent**, agente pubblicitario □ **p. stunt** (*o* **p. gimmick**), trovata (*o* montatura) pubblicitaria.
to **publicize** /'pʌblɪsaɪz/, *v. t.* *1* dare notizia di (q.c.); rendere noto; rendere di pubblico dominio *2* pubblicizzare; dare (*o* fare) pubblicità a (q.c.).
publicly /'pʌblɪklɪ/, *avv.* pubblicamente; in pubblico. ● (*fin.*) **p.-controlled**, a controllo pubblico □ (*leg., econ.*) **p.-owned**, di proprietà pubblica.
to **publish** /'pʌblɪʃ/, *v. t.* *1* pubblicare; stampare: **to p. the news [a book]**, pubblicare le notizie [un libro] *2* promulgare; proclamare: **to p. an edict**, promulgare un editto *3* rendere noto; dare notizia di (q.c.): **to p. the latest data**, rendere noti i dati più recenti. ● **to p. the banns of marriage**, fare le pubblicazioni matrimoniali.
publishable /'pʌblɪʃəbl/, *a.* pubblicabile.
publisher /'pʌblɪʃə(r)/, *n.* *1* editore; casa editrice *2* proprietario di giornali; direttore della diffusione.
publishing /'pʌblɪʃɪŋ/, *n.* editoria; attività editoriale. ● **p. agreement**, contratto di edizione □ **p. house**, casa editrice.
puce /pjuːs/, *n.* color pulce.
puck (1) /pʌk/, *n.* folletto (*anche fig.*); spiritello maligno.
puck (2) /pʌk/, *n.* (*sport*) disco di gomma dura (*usato nell'hockey su ghiaccio*).
pucka /'pʌkə/, *V.* **pukka(h)**.
pucker /'pʌkə(r)/, *n.* *1* crespa; grinza; piega; ruga *2* (*fig.*) aria corrucciata.
to **pucker** /'pʌkə(r)/, **A** *v. t.* (*spesso* **to p. up**) corrugare; increspare (*stoffa, ecc.*); raggrinzare. **B** *v. i.* corrugarsi; incresparsi; raggrinzarsi. ● **to p. one's brows**, aggrottare le ciglia; corrugare la fronte.
puckery /'pʌkərɪ/, *a.* corrugato; increspato; raggrinzato: **a p. skin**, pelle raggrinzata.
puckish /'pʌkɪʃ/, *a.* da folletto; birichino; maliziosetto.
pud (1) /pʊd/, *n.* (*abbr. fam. di* **pudding**) budino.
pud (2) /pʌd/, *n.* (*infant.*) zampina; manina.
pudding /'pʊdɪŋ/, *n.* (*cucina*) *1* budino: **rice p.**, budino di riso *2* pudding; sformato; pasticcio di carne (*con pastella*): **steak-and-kidney p.**, pudding di manzo e rognone tritati *3* specie di salsiccia di carne (*tritata*), mista a farina d'avena, ecc. *4* (*fam.*) dolce; dessert (*in genere*) *5* (*fam.*) grassone; ciccione *6* (*naut.*) parabordo; protezione. ● **p.-cloth**, tela dentro cui si fa cuocere il **pudding** (*def. 3*) □ (*fig.*) **p.-face**, faccione tondo □ (*fam.*) **p.-headed**, stupido; tonto □ (*cucina*) **p. pie**, crostata; pasticcio di carne □ (*geol.*) **p.-stone**, puddinga; conglomerato di ciottoli multicolori □ (*cucina*) **black p.**, sanguinaccio.
puddle /'pʌdl/, *n.* *1* pozza; pozzanghera *2* (*edil.*) malta *3* (*fam.*) imbroglio; pasticcio.
to **puddle** /'pʌdl/, **A** *v. t.* *1* ricoprire (*o* rivestire) (*un muro, ecc.*) di malta; intonacare *2* impastare; rimescolare (*argilla, sabbia e acqua*) *3* (*metall.*) puddellare; affinare *4* intorbidare (*l'acqua*). **B** *v. i.* *1* sguazzare nel fango *2* (*edil.*) fare la malta.
puddler /'pʌdlə(r)/, *n.* *1* impastatore (*di malta*) *2* (*metall.*) forno di puddellaggio.
puddling /'pʌdlɪŋ/, *n.* *1* (*edil.*) l'impastar malta *2* (*metall.*) puddellaggio; affinatura: **p. furnace**, forno di puddellaggio.
puddly /'pʌdlɪ/, *a.* *1* pieno di pozzanghere *2* fangoso; melmoso.
pudenda /pjuː'dɛndə/ (*lat.*), *n. pl.* (le) pudende.

pudge /pʌdʒ/, *n.* (*fam.*) persona bassotta e tonda; tombolo (*pop.*); tappetto (*pop.*).

pudginess /ˈpʌdʒɪnəs/, *n.* l'essere basso e tondo; l'essere tozzo.

pudgy /ˈpʌdʒɪ/, *a.* bassotto e tondo; tozzo.

pueblo /ˈpwɛbləʊ/ (*spagn.*), *n.* (*pl.* **pueblos**) *1* villaggio indiano (*nel Messico e nel Sud degli U.S.A.*) *2* (*nell'America latina*) villaggio; paese.

puerile /ˈpjʊəraɪl, *USA* -rəl/, *a.* puerile; fanciullesco.

puerilism /ˈpjʊərəlɪzəm/, *n.* (*med., psic.*) puerilismo; infantilismo.

puerility /pjʊəˈrɪlətɪ/, *n.* puerilità; fanciullaggine.

puerperal /pjuːˈɜːpərəl/, *a.* puerperale: (*med.*) **p. fever**, febbre puerperale.

puerperium /pjuːəˈpiːrɪəm/, *n.* (*pl.* **puerperia**) (*fisiol.*) puerperio.

Puerto Rican /pwɜːtəʊˈriːkən/, *a.* e *n.* portoricano.

Puerto Rico /ˈpwɜːtəʊˈriːkəʊ/, *n.* (*geogr.*) Portorico.

puff /pʌf/, *n.* *1* soffio; sbuffo (*di vento, di fumo*); folata (*di vento*); buffo; sboffo: **a p. of wind**, un soffio (*o* una folata) di vento; **puffs of smoke**, sbuffi di fumo *2* (*d'abito, ecc.*) sboffo; sbuffo: **sleeves with puffs**, maniche a sbuffo *3* ciuffo di capelli (*sulla fronte*) *4* piumino: **powder p.**, piumino per la cipria *5* (*cucina*) bignè: **jam p.**, bignè alla marmellata *6* (*fam.*) respiro; fiato *7* (*fam.*) gonfiatura; montatura pubblicitaria; soffietto (*fam.*). ● (*infant.*) **the p.-p.**, il tu-tù; il treno; la locomotiva □ (*zool.*) **p.-adder** (*Bitis arietans*), vipera del deserto □ **p.-box**, portacipria □ (*cucina*) **p. pastry**, pasta sfoglia; sfogliata □ (*fam.*) **to be short of p.**, essere senza fiato.

to **puff** /pʌf/, **A** *v. i.* *1* sbuffare; ansare; ansimare; (*del fumo*) uscire a sbuffi: **Smoke puffed up out of the chimneypot**, il fumo usciva a sbuffi dal comignolo *2* soffiare; (*del vento*) spirare; arrivare a sbuffi (*o* a folate) *3* tirar boccate di fumo (*da una sigaretta, ecc.*). **B** *v. t.* *1* soffiar via; emettere (*fumo, ecc.*) sbuffando (*o* a sbuffi) *2* (*spesso* **to p. out**) gonfiare, distendere: **The toads puffed out their throats**, i rospi gonfiavano la gola; **He puffed out his chest**, gonfiò il petto *3* decantare (*merci per la loro bontà, ecc.*); scrivere un soffietto per (*un libro, ecc.*) *4* incipriare (*la faccia*) *5* fumare (*sigarette, ecc.*) *6* far salire il prezzo di (*un lotto all'asta*) con offerte fatte da un complice. ● **to p. and blow**, ansare; ansimare; sbuffare □ **to p. away**, soffiar via; (*di treno, ecc.*) allontanarsi (*o* muoversi, passare) sbuffando □ **to p. (away) at one's cigarette**, tirar boccate (di fumo) dalla sigaretta □ **to p. out**, spegnere (*una candela, ecc.*) soffiando; gonfiare (*il petto, ecc.*); dire (*parole*) sbuffando □ (*fig.*) **to p. up**, gonfiare d'orgoglio (*o* di boria); insuperbire: **Don't be puffed up**, non gonfiarti di boria □ **The paddle steamer puffed out of sight**, il piroscafo a ruote sbuffando scomparve alla vista.

puffball /ˈpʌfbɔːl/, *n.* (*bot.*) vescia di lupo (*fungo*).

puffed /pʌft/, *a.* *1* (*di manica, ecc.*) a sbuffo *2* (*di cereale*) soffiato: **p. rice**, riso soffiato *3* (*fam.*) sfiatato; senza fiato: **to be p.**, avere il fiato corto (*o* il fiatone) *4* (*fig., di solito* **p. up**) tronfio; borioso.

puffer /ˈpʌfə(r)/, *n.* *1* chi soffia; chi sbuffa; chi ansima *2* chi decanta; imbonitore *3* (*parola infant.*) tu-tù; locomotiva; treno *4* (*zool.*) pesce dei Tetraodontidi; pesce palla.

puffery /ˈpʌfərɪ/, *n.* *1* gonfiatura; montatura pubblicitaria; soffietto (*fam.*) *2* sbuffi (*in un vestito*); trine a sbuffo.

puffin /ˈpʌfɪn/, *n.* (*zool., Fratercula arctica*) pulcinella di mare.

puffiness /ˈpʌfɪnəs/, *n.* *1* l'ansimare; l'esser senza fiato *2* gonfiore; enfiagione *3* (*fig.*) boria; pomposità.

puffy /ˈpʌfɪ/, *a.* *1* che arriva a sbuffi (*o* a folate): **a p. wind**, un vento che arriva a folate *2* ansante; ansimante; sbuffante; senza fiato *3* gonfio; rigonfio: **a p. cushion**, un cuscino rigonfio *4* (*fig.*) tronfio; borioso.

pug (**1**) /pʌg/, *n.* *1* (*zool.*, = **pug-dog**) carlino *2* (= **pug-nose**) naso rincagnato (*o* schiacciato e all'insù) *3* (*ferr.*) piccola locomotiva di manovra. ● **pug-nosed**, dal naso rincagnato; dal naso schiacciato e all'insù.

pug (**2**) /pʌg/, *n.* (*ind.*) impasto di creta e argilla (*per ceramiche, ecc.*). ● **pug mill**, impastatrice di argilla (*macchina*).

pug (**3**) /pʌg/, *n.* (*anglo-indiano*) traccia (*di selvaggina*); orma (*di belva*).

pug (**4**) /pʌg/, *n.* (*abbr. pop. di* **pugilist**) pugile.

to **pug** /pʌg/, *v. t.* *1* (*ind.*) impastare (*argilla e creta*) *2* (*edil.*) riempire (*giunti*) d'argilla (*o* di materiale insonorizzante).

pugging /ˈpʌgɪŋ/, *n.* *1* (*ind.*) l'impastare (*argilla*) *2* (*edil.*) impasto d'argilla, segatura, ecc. (*specialm. per isolamento acustico*).

pugh /pjuː/, *inter.* (*di disprezzo, disgusto*) puh!; puah!

pugilism /ˈpjuːdʒɪlɪzəm/, *n.* (*sport, stor.*) pugilato.

pugilist /ˈpjuːdʒɪlɪst/, *n.* (*sport, form.* o *stor.*) pugile; pugilatore, pugilista (*raro*).

pugilistic /pjuːdʒɪˈlɪstɪk/, *a.* (*sport, form.* o *stor.*) pugilistico.

pugnacious /pʌgˈneɪʃəs/, *a.* pugnace (*lett.*); battagliero; combattivo. || **-ly**, *avv.* || **-ness**, *sost.*

pugnacity /pʌgˈnæsətɪ/, *n.* combattività.

puisne /ˈpjuːnɪ/, (*leg.*) **A** *a.* (di grado) inferiore; meno anziano: **p. judge**, giudice di grado inferiore (*o* meno anziano). **B** *n.* *V.* **p. judge.**

puissance /ˈpjuːɪsns/, *n.* (*arc.* o *poet.*) possa, possanza (*lett.*); forza; vigore.

puissant /ˈpjuːɪsənt/, *a.* (*arc.* o *poet.*) possente; forte; vigoroso. || **-ly**, *avv.*

puke /pjuːk/, *n.* (*pop.*) vomito.

to **puke** /pjuːk/, *v. i.* e *t.* (*pop.*) vomitare; rigettare.

pukka(h) /ˈpʌkə/, *a.* (*anglo-indiano*) *1* autentico; vero; genuino: **a p. sahib**, un vero signore *2* buono; ben fatto; di prim'ordine.

pulchritude /ˈpʌlkrɪtjuːd, *USA* -tuːd/, *n.* (*lett.*) bellezza (*fisica*); leggiadria.

pulchritudinous /pʌlkrɪˈtjuːdɪnəs, *USA* -ˈtuː-/, *a.* (*lett.*) bello; avvenente; leggiadro.

to **pule** /pjuːl/, *v. i.* piagnucolare; frignare.

puling /ˈpjuːlɪŋ/, *a.* piagnucolante; piagnucoloso.

pull /pʊl/, *n.* *1* tirata (*anche fig.*); strappo; strattone: **I gave a p. at the rope**, diedi uno strattone alla corda; **It was a long p. from the valley up here**, è stata una bella tirata dalla valle fin quassù; **He gave a p. at the chain**, diede uno strattone alla catena *2* tirata di fumo (*di pipa, di sigaro, ecc.*) *3* tirata di briglia (*data al cavallo*) *4* (*naut.*) colpo di remo; remata; vogata *5* (*fis.*) trazione: **drawbar p.**, sforzo di trazione alla barra *6* (*tipogr.*) prima bozza *7* sorso; sorsata: **He took a long p. at his tankard of beer**, bevve una lunga sorsata dal suo boccale di birra *8* cordone; maniglia; pomello *9* (*fig.*) autorità; ascendente; influsso; influenza; entratura (*fig.*): **That cardinal has a strong p. with the Pope**, quel cardinale ha molta influenza presso il Papa *10* forza d'attrazione (*p. es., della luna sulla terra*); (*fig.*) attrazione pubblicitaria; capacità di attrarre il pubblico; fascino; richiamo: (*market.*) **p. strategy**, strategia dell'attrazione; **an actor [a play] with great box-office p.**, un attore che richiama molto pubblico [un dramma di cassetta] *11* tirante; cordone (*di campanello*) *12* maniglia (*di cassetto*). ● **p.-back**, ostacolo; impedimento; (*mil.*) ripiegamento □ **p.-in**, luogo di ristoro (*per viaggiatori*); autogrill □ (*d'indumento*) **p.-on**, che s'infila dal collo; senza allacciatura □ **p.-out**, (*aeron.*) richiamata; (*mil.*) ritirata; (*giorn.*) fascicolo estraibile, inserto □ **p.-out basket**, cestello estraibile (*di elettrodomestico, ecc.*) □ **p. rope**, fune di alaggio; fune traente □ **p. tab**, linguetta (*di scatoletta, lattina, ecc.*) □ (*mil., stor.*) **p.-through**, sorta di scovolo; cordone con straccio per pulire l'anima del fucile □ **p.-up**, luogo di ristoro, autogrill (*per viaggiatori*); (*ginnastica*) sollevamento sulle braccia (*alla sbarra*); (*aeron.*) cabrata □ **beer p.**, leva della spina della birra □ **a slogan with tremendous p.**, uno slogan efficacissimo.

to **pull** /pʊl/, **A** *v. t.* *1* tirare; trarre; trascinare; tirare a sé: **Don't p. my hair**, non tirarmi i capelli; **P. your cap over your ears**, tirati il cappello sulle orecchie!; **to p. the trigger**, tirare il grilletto; (*ferr.*) **to p. the cord**, tirare l'allarme; **to p. a heavy weight**, trascinare un grosso peso; **P. the chair nearer to you**, tirati la sedia più vicino! *2* estrarre; tirare fuori; cavare; togliere: **I had two teeth pulled**, mi sono fatto cavare due denti; **He pulled a gun on me**, tirò fuori una pistola e me la puntò contro *3* cogliere; strappare: **We pulled a lot of flowers**, cogliemmo molti fiori *4* spennare (*un pollo, ecc.*) *5* attirare (*la clientela, spettatori, ecc.*); assicurarsi (*l'appoggio di q.*); ottenere (*consensi, voti, ecc.*): **to p. a crowd**, attirare folle di spettatori *6* spillare (*birra*) *7* (*tipogr.*) tirare; stampare: **to p. a copy [a proof]**, tirare una copia [una bozza] *8* mettersi (*un abito*); indossare *9* (*fam., specialm. USA*) fare, commettere (*un reato, ecc.*): **to p. a robbery**, fare una rapina; **to p. a job**, fare un colpo (*in banca, ecc.*) *10* (*pop.*) arrestare: **The police pulled him for the robbery**, la polizia lo ha arrestato per la rapina *11* (*naut.*) spingere coi remi (*una barca*) *12* (*sport*) frenare, trattenere (*un cavallo*; *specialm. per non fargli vincere una corsa*). **B** *v. i.* *1* tirare; dare strappi (*o* strattoni) *2* lasciarsi tirare; muoversi; spostarsi, aprirsi (*quando si tira*): **This drawer won't p. out**, questo cassetto non vuole aprirsi *3* tirare una boccata di fumo (*da una sigaretta, ecc.*) *4* bere un gran sorso (*di birra, vino, ecc.*) *5* (*del cavallo*) tirare il morso *6* (*naut.*) remare; vogare. ● (*pop. USA*) **to p. a boner**, prendere una cantonata □ (*USA*) **to p. camp**, levare il campo (*o* le tende) □□ **to p. the door open [shut]**, aprire [chiudere] la porta (tirando) □ **to p. sb.'s ears**, tirare le orecchie a q. □ **to p. faces**, far boccacce; fare smorfie □ **to p. a face**, fare la faccia lunga; fare una boccaccia (*o* una smorfia) □ **to p. a fast one on sb.**, giocare un brutto tiro a q.; mettere q. nel sacco (*fig.*) □ (*fig. fam.*) **to p. sb.'s leg**, prendere in giro q.; prendere q. per i fondelli (*fam.*) □ (*med.*) **to p. a muscle**, farsi uno strappo muscolare □ (*naut.*) **to p. oars**, remare; vogare □ **to p. a plug**, cavare (*o* togliere) una spina elettrica □ (*pop. USA*) **to p. the plug on sb. [st.]**, farla finita con q. [q.c.] □ **to p. one's punches**, (*boxe*) non affondare, trattenere i colpi; (*fig.*) risparmiare colpi, non infierire □ (*pop. USA*) **to p. rank**, far pesare la propria autorità; farla cascare dall'alto (*fig.*) □ **to p. a sad face**, fare la faccia triste; assumere un'aria rattristata □ (*di veicolo, dei freni, ecc.*) **to p. to one side**, tirare da una parte; tendere ad andare da un lato □ **to p. to pieces**, fare a pezzi, rompere, spezzare; (*fig.*) criticare aspramente, stroncare □ **to p. one's weight**, mettercela tutta; fare la propria parte (*di lavoro*) □ (*fig.*) **to p. strings for sb.**, usare la propria influenza a favore di q. □ (*di veicolo*) **to p. uphill**, arrancare in salita □ (*fig.*) **to p. the wires**, tenere in mano le fila; manovrare.

♦**pull about**, *v. t.* + *avv.* bistrattare; maltrattare.

♦**pull ahead**, *v. i.* + *avv.* andare avanti; portarsi in testa; passare avanti; (*autom.*) superare, passare: **Let the coach p. ahead**, fai passare il torpedone!

♦**pull along**, *v. t.* + *avv.* tirare; trascinare; tirarsi dietro.

♦**pull alongside**, *v. i.* (*o v. t.*) + *avv.* (*anche naut.*) accostarsi, affiancarsi (a).

♦**pull apart**, **A** *v. t.* + *avv.* *1* staccare; fare a pezzi *2* smontare (*un giocattolo, ecc.*) *3* (*fam.*) fare a pezzi, demolire (*fig.*); criticare aspramente: **He was pulled apart by the critics**, i critici lo demolirono. **B** *v. i. + avv.* **1** staccarsi **2** smontarsi.

♦**pull around**, *V.* **pull about**.

♦**pull aside**, *v. t. + avv.* **1** scostare, tirare (*una tenda e sim.*) **2** prendere da parte (q.).

♦**pull at**, *v. i. + prep.* **1** tirare: **to p. at sb.'s arm**, tirare q. per un braccio; **to pull at a bell rope**, tirare la fune di una campana (*o* il campanello) **2** dare boccate a: **to p. at one's pipe**, tirare boccate dalla pipa **3** attaccarsi a (*una bottiglia, ecc.*).

♦**pull away**, **A** *v. t. + avv.* **1** tirare via; scostare; allontanare **2** staccare, separare (*q. da q. altro*). **B** *v. i. + avv.* **1** allontanarsi **2** (*sport*) staccare gli altri (concorrenti) **3** continuare a remare □ (*autom.*) **to p. away from a car park**, uscire da un parcheggio.

♦**pull back**, **A** *v. t. + avv.* **1** tirare indietro (*una tenda, q. in pericolo, ecc.*) **2** ritirare, far ritirare (*truppe*). **B** *v. i. + avv.* **1** tirarsi indietro (*anche fig.*): **It's too late to p. back**, è troppo tardi per tirarsi indietro **2** (*mil.*) ritirarsi □ **to p. back on one's spending**, ridurre le spese □ **to p. sb. back to health**, rimettere in salute q.

♦**pull down**, *v. t. + avv.* **1** tirare giù; calare; abbassare: **to p. down the blinds**, tirare giù le tapparelle; **to p. down a box**, tirare giù una cassa **2** buttare a terra (q.) **3** buttare giù; demolire: **to p. down an old building**, demolire un edificio vecchio **4** buttare giù (*fisicamente*), indebolire **5** ridurre (q.) alla ragione; umiliare **6** (*fam.*) portare a casa, guadagnare (*denaro*) □ (*fin.*) **to p. down prices**, far crollare i prezzi.

♦**pull for**, *v. i. + prep.* (*fam.*) tenere per, fare il tifo per (q.).

♦**pull in**, **A** *v. i. + avv.* **1** (*del treno*) entrare in stazione **2** (*di autoveicolo*) arrivare; (*anche*) accostarsi al marciapiede, accostare, farsi da parte **3** (*di conducente*) fare sosta; fermarsi **4** (*di barca*) accostare. **B** *v. t. + avv.* **1** tirare (q. *o* q.c.) dentro **2** tirare in dentro (*la pancia, ecc.*) **3** tirare su (*una rete da pesca*) **4** attirare, attrarre (*spettatori, ecc.*) **5** (*fam.*) tirare dentro (*fig.*); coinvolgere **6** (*fam.*) portare a casa, guadagnare (*denaro*) **7** (*fam.*) portare dentro; arrestare; fermare □ (*fig.*) **to p. in one's belt**, tirare la cinghia.

♦**pull off**, **A** *v. t. + avv.* **1** togliere, cavare (*specialm. tirando*): **He pulled off his raincoat**, si tolse l'impermeabile **2** portare a compimento; mettere a segno; riuscire a concludere: **to p. off a deal**, riuscire a concludere un affare. **B** *v. i. + avv.* **1** (*di un veicolo o un'imbarcazione*) allontanarsi; (*anche*) accostare; farsi da parte **2** (*di una persona*) partire □ **to p. off one's stockings**, sfilarsi le calze □ **to p. it off**, farcela; riuscire a sfondare (*in affari, ecc.*).

♦**pull on**, *v. t. + avv.* indossare; mettersi (*indumenti*) □ **to p. on one's socks**, infilarsi i calzini.

♦**pull out**, **A** *v. i. + avv.* **1** (*del treno*) uscire di stazione: **The train is pulling out (of the station)**, il treno sta lasciando la stazione **2** (*di veicolo*) partire; (*anche*) staccarsi dal marciapiede **3** (*di barca*) staccarsi (dalla riva) **4** (*autom.*) buttarsi fuori; uscire dalla fila; iniziare un sorpasso **5** (*fig.*) uscire (*da una depressione, ecc.*); rimettersi in sesto; riprendersi **6** (*anche mil.*) disimpegnarsi; sganciarsi; ritirarsi; tirarsi fuori (*da un impegno, ecc.*) **7** (*aeron.*) rimettersi in assetto orizzontale (*dopo una picchiata*). **B** *v. t. + avv.* **1** cavare; estrarre; togliere: **to have a tooth pulled out**, farsi cavare un dente; **to p. out a gun**, estrarre una pistola **2** staccare (*un inserto, ecc.*) **3** ritirare (*truppe, ecc.*); disimpegnare **4** (*aeron.*) richiamare (*un aereo dopo una picchiata*) □ (*pop.*) **to p. one's finger out**, darsi da fare; darsi una mossa (*pop.*).

♦**pull over**, *v. i. + avv.* **1** (*di veicolo*) accostare; farsi da parte **2** (*di conducente*) fermarsi.

♦**pull round**, **A** *v. t. + avv.* **1** far fare dietro front a (q.) **2** (*fam.*) far rinvenire; far tornare (q.) in sé; rimettere in sesto (*un malato, un'azienda, ecc.*) **3** convincere, portare dalla propria parte (*elettori e sim.*). **B** *v. i. + avv.* (*fam.*) riprendere i sensi; rinvenire; tornare in sé.

♦**pull through**, **A** *v. i. + avv.* **1** riprendersi, rimettersi in sesto (*dopo una malattia, una crisi, ecc.*) **2** farcela: **Italy will p. through**, l'Italia ce la farà. **B** *v. t. + avv.* **1** far passare, infilare (*un filo, ecc.*) **2** rimettere in sesto (*q., un'azienda, ecc.*). **C** *v. t. + prep.* **1** superare (*una crisi, ecc.*) **2** far superare (*una malattia, ecc.*) a (q.) □ **to p. oneself through**, infilarsi (*in un foro, un pertugio, ecc.*).

♦**pull together**, **A** *v. i. + avv.* **1** remare all'unisono **2** lavorare d'amore e d'accordo; collaborare; unire gli sforzi. **B** *v. t. + avv.* rimettere in sesto; riorganizzare; rimettere insieme (*fam.*) □ **to p. oneself together**, tirarsi su (*fig.*); riprendersi.

♦**pull under**, *v. t. + avv.* (*o prep.*) tirare giù (*o* sotto): **He was pulled under by the current**, la corrente (del fiume) lo tirò sotto.

♦**pull up**, **A** *v. t. + avv.* **1** tirare su; alzare: **to p. up a box with a rope**, tirare su una cassa con una fune; **to p. up one's socks**, tirarsi su i calzini; (*fig.*) rimboccarsi le maniche **2** strappare (*fiori, ecc.*); sradicare (*erbacce, ecc.*) **3** accostare; avvicinare: **to p. up a chair to the table**, avvicinare una sedia alla tavola **4** arrestare, fermare (*un veicolo, un conducente, ecc.*): **The police pulled me up**, mi fermò la polizia **5** (*fam.*) rimproverare; sgridare **6** (*fam.*) tirare su (*fam.*), migliorare (q.c.). **B** *v. i. + avv.* **1** avvicinarsi; accostarsi; farsi avanti: **He pulled up to the next car**, si accostò alla macchina che gli stava davanti (*in un parcheggio*) **2** (*di veicolo, ecc.*) arrestarsi; fermarsi; (*di conducente*) fare sosta: **The bus pulled up in front of the station**, l'autobus si fermò di fronte alla stazione **3** (*fam.*) prendersi un po' di respiro; rallentare il ritmo □ **to p. oneself up**, tirarsi su; ergersi □ **to pull up a boat on the shore**, tirare a riva (*o* in secco) una barca □ (*fam.*) **to p. up one's roots** (*USA*: **stakes**), sradicarsi, piantare tutto □ **to p. sb. short**, dar da pensare a, fare riflettere q. □ **to p. up to** (*o* **with**), portarsi al livello di; raggiungere; riprendere (*fam.*): **His car soon pulled up with the others**, la sua auto raggiunse presto le altre.

puller /ˈpʊlə(r)/, *n.* **1** chi tira, trascina, rema, ecc. (*V.* **to pull**) **2** (*mecc.*) argano a mano **3** (*ind. tess.*) tiratoio; strappatore **4** (*fig.*) richiamo; attrazione. ● **cork p.**, cavaturaccioli □ **tack p.**, estrattore per bullette □ (*comm.*) **This advertisement is a good p.**, questo annuncio pubblicitario è davvero efficacissimo.

pullet /ˈpʊlət/, *n.* pollastra; pollastrella.

pulley /ˈpʊlɪ/, *n.* (*mecc.*) puleggia; carrucola. ● (*naut.*) **p.-block**, paranco □ (*edil.*) **p. stile**, montante verticale porta puleggia.

Pullman /ˈpʊlmən/, *n.* (*ferr.*) **1** carrozza pullman; carrozza di lusso **2** (*USA*) vagone letto; wagon lit. ● **P. train**, treno di lusso.

pullover /ˈpʊləʊvə(r)/, *n.* pullover; maglione di lana.

to **pullulate** /ˈpʌljʊleɪt/, *v. i.* **1** pullulare; (*fig.*) diffondersi rapidamente **2** (*di pianta*) germogliare; gemmare; spuntare.

pullulation /pʌljʊˈleɪʃn/, *n.* **1** il pullulare; (*fig.*) rapida diffusione **2** (*bot.*) gemmazione.

pulmonary /ˈpʌlmənrɪ, ˈpʊl-, *USA* -nerɪ/, *a.* (*anat., med.*) polmonare.

pulmonate /ˈpʌlmənət, ˈpʊl-/, *a.* (*zool.: di animale*) dei polmonati; fornito di polmoni.

pulmonic /pʌlˈmɒnɪk, pʊl-/, *a.* (*anat., med.*) polmonare.

Pulmotor /pʊlˈməʊtə(r)/, *n.* (*marchio: med.*) respiratore meccanico.

pulp /pʌlp/, *n.* **1** polpa **2** (*ind.*) pasta di legno (*per fare la carta*) **3** (*ind. min.*) torbida. ● (*ind.*) **p.-board**, cartone di pastalegno □ **p. magazine**, rivista popolare (*e, spesso, scandalistica: un tempo stampata su carta scadente*) □ **p. novel**, romanzaccio □ **to reduce** (*o* **to crush**) **to (a) p.**, ridurre in polpa; spappolare; (*fig.*) ridurre male (*o* ai minimi termini).

to **pulp** /pʌlp/, **A** *v. t.* **1** ridurre in polpa (*o* in pasta); spappolare **2** estrarre la polpa da (*frutta, ecc.*). **B** *v. i.* ridursi in polpa; diventare polposo. ● **to p. old books**, mandare al macero libri vecchi.

pulper /ˈpʌlpə(r)/, *n.* (*ind. della carta*) spappolatore idrodinamico.

pulpit /ˈpʊlpɪt/, *n.* (*relig.*) **1** pulpito **2** – (*fig.*) **the p.**, la professione del predicatore **3** – (*collett.*) **the p.**, i predicatori.

pulpiteer /pʊlpɪˈtɪə(r)/, *n.* (*spreg. arc.*) predicatore.

pulpiteering /pʊlpɪˈtɪərɪŋ/, *n.* (*spreg. arc.*) predicazione (*dal pulpito*).

pulpless /ˈpʌlpləs/, *a.* senza polpa.

pulpous /ˈpʌlpəs/, **pulpy** /ˈpʌlpɪ/, *a.* polposo.

pulpwood /ˈpʌlpwʊd/, *n.* (*ind.*) **1** pasta di legno **2** legname (*pino, abete rosso, ecc.*) per cartiera.

pulsar /ˈpʌlsɑː(r)/, *n.* (*astron.*) pulsar.

to **pulsate** /pʌlˈseɪt, *USA* ˈpʌlseɪt/, *v. i.* **1** pulsare; battere: **The heart pulsates**, il cuore pulsa **2** (*anche fig.*) palpitare; vibrare; sussultare.

pulsatile /ˈpʌlsətaɪl, *USA* -tl/, *a.* **1** (*anat.: di un organo*) pulsatile **2** (*di strumento musicale*) a percussione.

pulsatilla /pʌlsəˈtɪlə/, *n.* (*bot., Anemone pulsatilla*) pulsatilla.

pulsating /pʌlˈseɪtɪŋ/, *a.* (*astron., elettr.*) pulsante: **p. star**, stella pulsante.

pulsation /pʌlˈseɪʃn/, *n.* **1** (*anche fisiol.*) pulsazione; battito **2** (*fis., elettr.*) pulsazione **3** palpitazione; vibrazione; sussulto.

pulsative /ˈpʌlsətɪv/, *a.* pulsante; che batte.

pulsator /pʌlˈseɪtə(r)/, *n.* (*ind. min.*) vaglio a scosse.

pulsatory /ˈpʌlsətrɪ, pʌlˈseɪtərɪ, *USA* ˈpʌlsətɔːrɪ/, *V.* **pulsative**.

pulse (**1**) /pʌls/, *n.* **1** (*fisiol.*) polso (*arterioso*): (*med.*) **to have a quick [a weak] p.**, avere il polso frequente [debole] **2** (*fis., elettr.*) impulso **3** (*fig.*) vivacità; attività febbrile: **the p. of a city**, l'attività febbrile di una città **4** (*mus.*) cadenza ritmica. ● (*elettron.*) **p. circuit**, circuito a impulsi □ **p. counter**, contatore d'impulsi □ (*fisiol., med.*) **p. meter**, sfigmomanometro □ (*med.*) **p. pressure**, pressione arteriosa differenziale □ (*med.*) **p. rate**, frequenza del polso □ (*anche fig.*) **to feel** (*o* **to take**) **sb.'s p.**, tastare il polso a q.: **to feel the p. of the nation**, tastare il polso al popolo; sondare i sentimenti (*o* l'umore) del popolo □ (*fig.*) **to keep one's finger on the p.**, tenersi aggiornato □ **the measured p. of oars**, il ritmico battere dei remi.

pulse (**2**) /pʌls/, *n.* **1** (*collett.*) legumi; leguminose **2** (*bot.*) (pianta) leguminosa.

to **pulse** /pʌls/, *v. i.* pulsare; battere; vibrare: **The mining town was pulsing with life**, la città dei minatori pulsava di vita.

pulse-jet engine /ˈpʌlsdʒetˈendʒɪn/, *locuz. n.* (*aeron., mecc.*) pulsoreattore; pulsogetto.

pulseless /ˈpʌlsləs/, *a.* (*med.*) che ha perso il polso; privo di vita.

pulser /ˈpʌlsə(r)/, *n.* **1** (*fis.*) pulsatore **2** (*elettron.*) generatore d'impulsi.

pulsimeter /pʌlˈsɪmɪtə(r)/, *n.* (*med.*) pulsimetro.

pulsion /ˈpʌlʃn/, *n.* (*scient.*) pulsione.

pulsive /ˈpʌlsɪv/, *a.* (*scient.*) pulsivo.

pulsometer /pʌlˈsɒmɪtə(r)/, *n.* **1** (*mecc.*, = **p. pump**) pulsometro; pompa a pressione di vapore **2** *V.* **pulsimeter**.

pulverable /ˈpʌlvərəbl/, **pulverizable** /ˈpʌlvəraɪzəbl/, *a.* polverizzabile.

pulverization /pʌlvəraɪˈzeɪʃn, *USA* -rɪˈz-/, *n.* polverizzazione.

to **pulverize** /ˈpʌlvəraɪz/, **A** *v. t.* polverizzare (*anche fig.*); ridurre in polvere; vaporizzare. **B** *v. i.* polverizzarsi; vaporizzarsi.

pulverizer /ˈpʌlvəraɪzə(r)/, *n.* **1** polverizzatore; vaporizzatore **2** (*mecc.*) polverizzatore **3** (*agric.*) erpice frangizolle.

pulverulent /pʌlˈverjʊlənt/, *a.* **1** polverulento; polveroso **2** (*miner.: di roccia*) friabile.

pulvinate /ˈpʌlvɪnət/, **pulvinated** /ˈpʌlvɪneɪtɪd/, *a.* ***1*** (*archit.*) a faccia convessa; pulvinato (*lett.*) ***2*** (*bot.*: *di gambo*) pulvinato.

puma /ˈpjuːmə, *USA* ˈpuː-/, *n.* (*pl.* **pumas, puma**) (*zool.*, *Felis concolor*) puma; coguaro.

pumice /ˈpʌmɪs/, *n.* (= **p. stone**) (pietra) pomice.

to **pumice** /ˈpʌmɪs/, *v. t.* pulire (*o* levigare) con la pomice.

pumiceous /pjʊˈmɪʃəs/, *a.* pomicioso (*raro*); simile alla pomice.

to **pummel** /ˈpʌməl/, *V.* **to pommel**.

pump (**1**) /pʌmp/, *n.* ***1*** (*mecc.*) pompa: **hand p.**, pompa a mano; **foot p.**, pompa a pedale; **bicycle p.**, pompa da bicicletta; **double-acting p.**, pompa a doppio effetto; pompa aspirante e premente; (*autom.*) **fuel p.**, pompa di alimentazione; pompa della benzina (*o* del gasolio; *fam.*) ***2*** (*autom.*) distributore di benzina ***3*** (*elettron.*) pompa; sorgente pompa ***4*** (*fam.*) vigorosa stretta di mano ***5*** (*pop. USA*) cuore ***6*** (*pop. USA*, = **p.-action rifle** *o* **p. gun**), fucile a pompa. ● **p. priming**, adescamento della pompa; (*fig.*, *econ.*) investimenti pubblici per la ripresa economica □ **p.-room**, (*in uno stabilimento termale*) sala in cui si bevono le acque □ **motor-driven p.**, elettropompa □ **suction p.**, pompa aspirante □ **village p.**, pompa dell'acqua (*o* fontana) del villaggio □ **All hands to the pumps!**, (*naut.*) tutti alle pompe!; (*fig.*) dateci sotto tutti!

pump (**2**) /pʌmp/, *n.* scarpa scollata; scarpetta di vernice (*da sera o da ballo*).

to **pump** /pʌmp/, **A** *v. t.* ***1*** (*spesso* **to p. out, to p. up,** *ecc.*) pompare (*acqua, ecc.*): **to p. out the boat**, pompare l'acqua dalla barca; **to p. petrol into the tank**, pompare la benzina nel serbatoio ***2*** (*spesso* **to p. up**) gonfiare (*con la pompa*): **to p. up a tyre**, gonfiare un pneumatico ***3*** (*fig.*) cavare, strappare, carpire (*informazioni a q.*): **to p. news out of sb.**, strappare notizie a q.; spremere q. (*fig.*) ***4*** (*fig.*) far restare senza fiato; spompare (*fam.*): **He was quite pumped after the long run**, dopo la lunga corsa, era proprio spompato ***5*** (*fig.*) azionare con forza; pigiare su: **to p. the pedals**, pigiare sui pedali ***6*** (*fig., fin.*) pompare, immettere (*capitali, dollari, ecc.*) ***7*** (*fam.*) far entrare; ficcare: **to p. a difficult theory into sb.'s head**, far entrare in testa a q. una teoria difficile ***8*** (*fam.*) sparare (*colpi*) a ripetizione (*o* a raffica). **B** *v. i.* ***1*** pompare; azionare una pompa ***2*** andare su e giù in fretta (*come la manopola della pompa*) ***3*** (*di liquido*) sgorgare; uscire a fiotti ***4*** (*naut.*: *di un sottomarino*) delfinare. ● (*autom.*) **to p. air into a tyre**, gonfiare un pneumatico □ (*autom.*) **to p. on the brake**, premere e rilasciare il freno ripetutamente; pompare (*fam.*) □ **to p. a ship [a well] dry**, prosciugare la stiva d'una nave [un pozzo] con le pompe □ **He pumped my hand up and down**, mi strinse calorosamente la mano (*muovendola su e giù*) □ **My heart was pumping wildly**, il cuore mi batteva all'impazzata.

pumper /ˈpʌmpə(r)/, *n.* chi pompa, gonfia, ecc. (*V.* **to pump**).

pumpernickel /ˈpʌmpənɪkl/ (*ted.*), *n.* pane integrale di segale.

pumping /ˈpʌmpɪŋ/, *n.* ***1*** (*mecc.*) pompaggio (*di un fluido*) ***2*** gonfiaggio (*di un pneumatico*).

pumpkin /ˈpʌmpkɪn/, *n.* (*bot.*, *Cucurbita pepo*) zucca.

pun /pʌn/, *n.* bisticcio; gioco di parole; freddura: **to make puns**, dire freddure.

to **pun** (**1**) /pʌn/, *v. i.* fare giochi di parole; fare dei bisticci. ● **to pun on (o upon) words**, giocare con le parole.

to **pun** (**2**) /pʌn/, *v. t.* compattare, costipare, comprimere (*la terra smossa, ecc.*) battendo con un arnese apposito (*V.* **punner** (**1**)).

punch (**1**) /pʌntʃ/, *n.* ***1*** (*mecc.*) punzone (*arnese*); punzonatrice (*macchina*); (*metall.*) stampo ***2*** (*falegn.*, = **driving p., nail p.**) punzone per incassare chiodi ***3*** (*elab.*, = **p. knife**) punzone ***4*** (*elab.*) perforazione. ● **p. card**, scheda perforata □ **p. clock**, orologio marcatempo □ (*mecc.*) **p. press**, pressa meccanica □ **ticket p.**, macchina obliteratrice.

punch (**2**) /pʌntʃ/, *n.* ***1*** pugno; colpo (*dato col pugno*) ***2*** (*fam.*) energia; forza; vigore. ● **p.-drunk**, (*di un pugile e fig.*) stordito (*per i pugni ricevuti*), suonato □ **p. line**, battuta finale, il più bello (*di una barzelletta, ecc.*) □ (*fam. ingl.*) **p.-up**, baruffa; lite; zuffa □ **to beat sb. to the p.**, (*boxe*) battere q. sull'anticipo; (*fig.*) giocare d'anticipo □ (*di pugile*) **to pack quite a p.**, essere un picchiatore □ **to pull one's punches**, *V. sotto* **to pull** □ (*boxe*) **to roll with the p.**, assorbire il colpo con un arretramento o uno spostamento.

to **punch** (**1**) /pʌntʃ/, *v. t.* ***1*** (*mecc.*) punzonare; forare, perforare: **to p. a ticket**, forare (*bur.*: obliterare) un biglietto ***2*** (*elab.*) perforare: **punched cards**, schede perforate. ● **to p. a hole**, fare un buco col punzone □ **to p. in**, timbrare il cartellino all'entrata □ **to p. a nail in**, incassare un chiodo □ **to p. out**, timbrare il cartellino all'uscita □ **to get one's ticket punched**, farsi forare il biglietto (*in autobus, ecc.*); (*fig. fam. USA*) morire, lasciarci la pelle: **The poor old man got his ticket punched while he was waiting for a bus**, il povero vecchio morì mentre aspettava l'autobus.

to **punch** (**2**) /pʌntʃ/, *v. t.* ***1*** colpire col pugno; dar pugni a (q.) ***2*** (*USA*) pungolare, spingere innanzi (*bestiame*) ***3*** (*boxe*) colpire. ● **to p. out**, formare, comporre (*un numero*) sulla tastiera □ **to p. up**, battere (*sul registratore di cassa, ecc.*); (*fam. ingl.*) prendere (q.) a pugni.

punch (**3**) /pʌntʃ/, *n.* punch; ponce: **rum p.**, ponce al rum. ● **p.-bowl**, grande coppa da ponce; (*fig.*) buca tonda (*nel fianco d'un colle*).

Punch /pʌntʃ/, *n.* Punch (*personaggio dei burattini ingl.*: *dall'ital. Pulcinella*). ● **P.-and-Judy show**, teatro delle marionette; (i) burattini □ **to be as pleased as P.**, esser contento come una pasqua.

punchbag /ˈpʌntʃbæg/, *n.* (*boxe*) incassatore.

punchball /ˈpʌntʃbɔːl/, *n.* (*boxe*) punching ball; sacco; pera.

punched /ˈpʌntʃt/, *a.* (*elab.*) perforato: **p. card**, scheda perforata; **p. tape**, nastro perforato.

puncheon (**1**) /ˈpʌntʃn/, *n.* ***1*** palo di sostegno (*specialm. nelle miniere di carbone*) ***2*** punzone; stampo.

puncheon (**2**) /ˈpʌntʃn/, *n.* (*stor.*) grossa botte (*della capacità di 70-120 galloni*).

puncher (**1**) /ˈpʌntʃə(r)/, *n.* ***1*** (*ind.*) punzonatore ***2*** (*mecc.*) punzone.

puncher (**2**) /ˈpʌntʃə(r)/, *n.* ***1*** (*boxe*) picchiatore ***2*** (*USA*, = **cowpuncher**) bovaro; mandriano.

Punchinello /pʌntʃɪˈneləʊ/, *n.* (*pl.* **Punchinellos, Punchinelloes**) (*commedia dell'arte*) Pulcinella.

punching /ˈpʌntʃɪŋ/, *n.* ***1*** (*mecc.*) punzonatura; perforazione; (*metall.*) stampaggio ***2*** (*elab.*) perforazione. ● (*boxe*) **p. ball**, sacco; pera; punching ball □ (*mecc.*) **p. machine**, punzonatrice.

punchy /ˈpʌntʃɪ/, *a.* (*pop.*) ***1*** (*di un pugile*) stordito (*dai pugni*); suonato (*fig.*) ***2*** (*fig.*) stordito; suonato ***3*** (*fig.*) vigoroso; forte; incisivo.

punctate /ˈpʌŋkteɪt/, *a.* (*zool., bot.*) punteggiato; macchiettato.

punctation /pʌŋkˈteɪʃn/, *n.* (*zool., bot.*) punteggiamento (*raro*); macchiettatura.

punctilio /pʌŋkˈtɪlɪəʊ/, *n.* (*pl.* **punctilios**) ***1*** formalità; cerimonia; punto d'onore ***2*** formalismo; cerimoniosità; meticolosità; pignoleria; scrupolo.

punctilious /pʌŋkˈtɪlɪəs/, *a.* formalistico; cerimonioso; meticoloso; minuzioso; pignolo; scrupoloso. ● **a p. man**, un formalista. || **-ly**, *avv.* || **-ness**, *sost.*

punctual /ˈpʌŋktʃʊəl/, *a.* ***1*** puntuale: **He is always p.**, è sempre puntuale ***2*** (*geom.*) di un punto. || **-ly**, *avv.* || **-ness**, *sost.*

punctuality /pʌŋktʃʊˈælətɪ/, *n.* puntualità.

to **punctuate** /ˈpʌŋktʃʊeɪt/, *v. t.* ***1*** punteggiare; mettere i segni d'interpunzione a (*uno scritto*) ***2*** (*fig.*) costellare; punteggiare: **to p. a long tirade with exclamations**, costellare una lunga tirata d'esclamazioni ***3*** accentuare; dar forza a; dare risalto a: **He repeatedly shook his head to p. his refusal**, scosse il capo più volte per dar forza al suo rifiuto.

punctuation /pʌŋktʃʊˈeɪʃn/, *n.* ***1*** punteggiatura; interpunzione ***2*** interruzione continua di un discorso (*per applausi, ecc.*) ***3*** rilievo; risalto. ● **p. marks**, segni d'interpunzione.

punctuative /ˈpʌŋktʃʊətɪv, -ʊeɪtɪv/, *a.* d'interpunzione.

punctuator /ˈpʌŋktʃʊeɪtə(r)/, *n.* chi punteggia.

puncture /ˈpʌŋktʃə(r)/, *n.* ***1*** (*autom., ciclismo, ecc.*) foratura; bucatura (*d'una gomma*): **p. repair**, riparazione di una foratura ***2*** puntura (*d'insetto, ecc.*) ***3*** (*med.*) puntura; iniezione. ● (*autom., ciclismo, ecc.*) **to get a p.**, bucare; forare □ (*autom., ecc.*) **to have a p.**, avere una gomma a terra.

to **puncture** /ˈpʌŋktʃə(r)/, **A** *v. t.* ***1*** pungere ***2*** bucare; forare. **B** *v. i.* ***1*** (*di ciclista, automobilista*) bucare; forare ***2*** (*di pneumatico, ecc.*) bucarsi; forarsi. ● (*fig.*) **His pride** (*o* **self-importance, etc.**) **was punctured**, perse tutta la prosopopea; diventò un pallone sgonfiato.

pundit /ˈpʌndɪt/, *n.* ***1*** (*in India*) pandit; bramino molto erudito ***2*** (*fig., spesso scherz.*) esperto; erudito; dotto; (*spreg.*) sapientone.

pungency /ˈpʌndʒənsɪ/, *n.* ***1*** l'essere pungente (*anche fig.*); acrimonia; asprezza ***2*** sapore piccante ***3*** odore forte (*o* acuto).

pungent /ˈpʌndʒənt/, *a.* ***1*** pungente; acre; aspro; frizzante; mordente: **p. smoke**, fumo acre; **p. language**, parole aspre ***2*** (*di sapore*) piccante ***3*** (*di odore*) forte. || **-ly**, *avv.*

Punic /ˈpjuːnɪk/, **A** *a.* (*stor.*) punico: **the P. Wars**, le guerre puniche. **B** *n.* lingua punica. ● (*fig.*) **P. faith**, fede punica; slealtà.

puniness /ˈpjuːnɪnəs/, *n.* ***1*** piccolezza; gracilità; debolezza ***2*** meschinità; dappocaggine.

to **punish** /ˈpʌnɪʃ/, *v. t.* ***1*** punire; castigare ***2*** (*fam., sport*) infliggere una (severa) punizione, dare una batosta a (*un avversario*) ***3*** (*fam.*: *di corsa, gara*) mettere a dura prova (*i concorrenti*) ***4*** (*fam.*) spazzare via, mangiarsi quasi per intero (*una pietanza*); far piazza pulita di; far fuori (*pop.*).

punishability /pʌnɪʃəˈbɪlətɪ/, *n.* punibilità.

punishable /ˈpʌnɪʃəbl/, *n.* punibile.

punisher /ˈpʌnɪʃə(r)/, *n.* punitore; punitrice.

punishing /ˈpʌnɪʃɪŋ/, **A** *a.* ***1*** che punisce; punitore ***2*** (*fam.*) estenuante; faticosissimo; massacrante ***3*** (*sport*) che colpisce forte. **B** *n.* (*fam.*) severa punizione; grave sconfitta; batosta.

punishment /ˈpʌnɪʃmənt/, *n.* ***1*** punizione; castigo ***2*** (*leg.*) pena: **capital p.**, pena capitale ***3*** (*fam.*) trattamento duro; batosta; gravi danni ***4*** (*fam., sport*) punizione. ● (*di un pugile, di un automezzo, ecc.*) **to have taken a lot of p.**, essere ridotto male.

punitive /ˈpjuːnətɪv/, **punitory** /ˈpjuːnɪtərɪ, *USA* -ɔːrɪ/, *a.* punitivo: (*mil.*) **p. expedition**, spedizione punitiva. ● (*leg.*) **p. damages**, *V.* **exemplary damages**.

punk (**1**) /pʌŋk/, **A** *n.* ***1*** punk ***2*** (*pop.*) bambino; ragazzotto; pivello; teppistello ***3*** (*pop. USA*) robaccia; balle, fesserie: **to talk a lot of p.**, dire un sacco di fesserie ***4*** (*arc.* o *USA*) omosessuale; checca (*pop.*) ***5*** (*arc.*) puttana ***6*** *V.* **p. rock**. **B** *a.* ***1*** punk: **the p. revolution**, la rivoluzione punk ***2*** da punk; alla punk: **p. hair**, capelli alla punk ***3*** (*pop.*) scadente; pessimo: **p. food**, cibo scadente ***4*** (*pop. USA*) giù di forma; giù di corda. ● (*mus.*) **p. rock** (*o* **p. music**), musica punk □ **p. rocker**, musicista punk.

punk (**2**) /pʌŋk/, **A** *n.* ***1*** (*USA*) legno marcio; muschio secco (*usati come esca*) ***2*** (*USA*) esca (*di solito in forma di bastoncino*) per fuochi d'artificio. **B** *a.* marcio; putrido.

punka(h) /ˈpʌŋkə/, *n.* (*in India*) grande ventaglio (*spesso di foglie di palma: appeso al soffitto e mosso da un cordone con carrucola*).

punkster /ˈpʌŋkstə(r)/, *n.* (*USA*) punk.

punner (1) /ˈpʌnə(r)/, *n.* arnese per compattare la terra; mazzapicchio; mazzeranga.

punner (2) /ˈpʌnə(r)/, *V.* **punster**.

punnet /ˈpʌnɪt/, *n.* cestello tondo (*per frutta o verdura*).

punning /ˈpʌnɪŋ/, *a.* spiritoso: **a p. caption**, una didascalia spiritosa (*su una cartolina, ecc.*).

punningly /ˈpʌnɪŋlɪ/, *avv.* con giochi di parole; spiritosamente.

punster /ˈpʌnstə(r)/, *n.* freddurista; chi si diletta di giochi di parole.

punt (1) /pʌnt/, *n.* barchino; barca a fondo piatto, sospinta da una pertica (*specialm. a Oxford e a Cambridge*). ● **p.-pole**, pertica.

punt (2) /pʌnt/, *n.* (*sport*) calcio al volo (*per es., nel rugby*).

punt (3) /pʌnt/, *n.* **1** puntata; scommessa **2** giocatore che punta contro il banco.

to **punt (1)** /pʌnt/, **A** *v. t.* **1** spingere (*un barchino*) con una pertica **2** portare (*o* trasportare) su un barchino. **B** *v. i.* andare (*su un fiume*) in barchino.

to **punt (2)** /pʌnt/, *v. t.* e *i.* (*sport*) calciare (il pallone) al volo.

to **punt (3)** /pʌnt/, *v. i.* **1** (*a faraone o in altri giochi di carte*) puntare contro il banco **2** giocare d'azzardo **3** (*alle corse*) puntare forte su un cavallo.

punter (1) /ˈpʌntə(r)/, *n.* chi va su un fiume per diporto in un barchino (*spingendolo con una pertica*).

punter (2) /ˈpʌntə(r)/, *n.* (*sport*) chi dà un calcio al pallone al volo.

punter (3) /ˈpʌntə(r)/, *n.* **1** (*nei giochi di carte*) chi fa puntate; scommettitore **2** giocatore d'azzardo **3** (*fam.*) fruitore; utente; cliente.

punting /ˈpʌntɪŋ/, *n.* l'andare in un barchino spinto da una pertica (*sport praticato a Oxford, Cambridge, ecc.*).

punty /ˈpʌntɪ/, *n.* (*ind.*) asta di ferro per soffiatore di vetro.

puny /ˈpju:nɪ/, *a.* **1** piccolo; debole; gracile: **p. arms**, braccia gracili **2** meschino; dappoco.

pup /pʌp/, *n.* **1** (*zool.*) cucciolo **2** (*fig.*) ragazzotto presuntuoso: **He is a young pup**, è un ragazzotto presuntuoso. ● **pup tent**, tenda canadese □ (*di cagna*) **to be in** (*o* **with**) **pup**, essere gravida □ (*fig.*) **to sell sb. a pup**, imbrogliare q.; raggirare q.; bidonare q. (*pop.*).

to **pup** /pʌp/, **A** *v. i.* (*specialm. di cagna*) figliare. **B** *v. t.* partorire (*cuccioli*).

pupa /ˈpju:pə/, *n.* (*pl.* **pupae, pupas**) (*zool.*) pupa; crisalide.

pupal /ˈpju:pl/, *a.* (*zool.*) di pupa; di crisalide.

to **pupate** /pju:ˈpeɪt, *USA* ˈpju:peɪt/, *v. i.* (*zool.*) impuparsi; trasformarsi in pupa (*o* in crisalide).

pupation /pju:ˈpeɪʃn/, *n.* (*zool.*) trasformazione in pupa.

pupil (1) /ˈpju:pɪl/, *n.* **1** alunno, alunna; scolaro, scolara; allievo, allieva: **pupils enrolled**, alunni iscritti **2** (*leg.*) pupillo, pupilla **3** (*leg., scozz.*) minorenne.

pupil (2) /ˈpju:pɪl/, *n.* (*anat.*) pupilla (*dell'occhio*).

pupillage /ˈpju:pəlɪdʒ/, *n.* **1** condizione di alunno **2** periodo di scolarizzazione **3** (*leg.*) l'essere pupillo.

pupillary (1) /ˈpju:pələrɪ, *USA* -lerɪ/, *a.* (*leg.*) di pupillo; pupillare.

pupillary (2) /ˈpju:pəlrɪ, *USA* -lerɪ/, *a.* (*anat.*) della pupilla; pupillare.

puppet /ˈpʌpɪt/, *n.* (*anche fig.*) burattino; fantoccio; marionetta. ● **a p. government**, un governo fantoccio □ **p. show [theatre]**, rappresentazione [teatro] delle marionette; (i) burattini □ **glove p.**, burattino (*che s'infila come un guanto*).

puppeteer /pʌpɪˈtɪə(r)/, *n.* burattinaio.

puppetry /ˈpʌpɪtrɪ/, *n.* **1** (*collett.*) (i) burattini; (le) marionette **2** (*anche fig.*) burattinata **3** arte del burattinaio.

puppy /ˈpʌpɪ/, *n.* **1** cucciolo **2** (*fig. arc.*) giovincello fatuo, presuntuoso; ragazzetto insolente. ● (*infant.*) **p.-dog**, cucciolo; cagnolino □ (*fam.*) **p. fat**, pinguedine infantile □ (*fam.*) **p. love**, cotta; innamoramento da adolescenti.

puppyish /ˈpʌpɪɪʃ/, *a.* **1** di (*o* da) cucciolo **2** (*fig. arc.*) fatuo; insolente; presuntuoso.

purblind /ˈpɜ:blaɪnd/, *a.* **1** quasi cieco; molto miope **2** (*fig.*) lento (a intendere); ottuso; tardo (di comprendonio).

purblindness /ˈpɜ:blaɪndnəs/, *n.* **1** semicecità; forte miopia **2** (*fig.*) ottusità; scarsa intelligenza.

purchasable /ˈpɜ:tʃəsəbl/, *a.* **1** acquistabile; comperabile **2** (*di persona*) corruttibile; venale.

purchase /ˈpɜ:tʃəs/, *n.* **1** acquisto; compera **2** (*pl.*) acquisti fatti; compere; la spesa (*fam.*) **3** appiglio; presa; punto di appoggio (*per uno scalatore, ecc.*) **4** (*mecc.*) attrezzo (*o* dispositivo) di sollevamento **5** (*naut.*) paranco: **p. block**, bozzello per paranco **6** (*fig.*) leva (*fig.*); appoggio **7** (*comm.*) prezzo (*di un immobile*) pari al suo valore locativo. ● (*fin.*) **p. and leaseback**, leasing immobiliare □ (*leg.*) **p. deed**, atto di compravendita □ (*Borsa*) **p. for the account**, acquisto a termine □ **p. for cash**, acquisto in contanti □ (*rag.*) **purchases ledger**, partitario fornitori □ **p. money**, prezzo d'acquisto (*specialm. d'immobili*) □ **p. on credit**, acquisto a credito □ **p. order**, ordine di acquisto □ (*fisc.*) **p. tax**, imposta sugli acquisti (*fino al 1973; cfr. ital. I.G.E.*) □ **to gain a p. with one's foot**, trovare un punto d'appoggio per i piedi.

to **purchase** /ˈpɜ:tʃəs/, *v. t.* **1** acquistare (*anche fig.*); comperare; comprare: **to p. real estate**, comprare immobili; (*lett.*) **to p. freedom with one's blood**, acquistare la libertà a prezzo del proprio sangue **2** (*econ., fin.*) rilevare (*un'azienda, ecc.*) **3** (*naut.*) sollevare (*con paranchi*); levare (*l'ancora, ecc.*).

purchaser /ˈpɜ:tʃəsə(r)/, *n.* acquirente; compratore, compratrice.

purchasing /ˈpɜ:tʃəsɪŋ/, **A** *a.* acquirente; che acquista: **the p. party**, la parte acquirente. **B** *n.* **1** l'acquistare; acquisti **2** (*org. az.*) approvvigionamento. ● **p. bureau**, ufficio acquisti □ (*econ.*) **p. power**, potere d'acquisto □ (*fin.*) **p.-power bond**, obbligazione indicizzata.

purdah /ˈpɜ:də/, *n.* (*specialm. in India*) **1** cortina (*o* tenda) che separa le donne nelle case **2** (*fig.*) sistema della separazione delle donne.

pure /pjʊə(r), pjɔ:(r)/, *a.* puro; casto; schietto; puro e semplice: **p. air [water]**, aria [acqua] pura; **p. mathematics**, matematica pura; (*econ.*) **p. competition**, concorrenza pura; **That's p. nonsense**, questa è una sciocchezza pura e semplice (*o* bell'e buona). ● **p. blood**, sangue puro; (*fig.*) razza pura □ (*ass.*) **p. premium**, premio netto □ **p. white**, bianco immacolato; bianchissimo.

pureblooded /ˈpjʊəblʌdɪd, ˈpjɔ:-/, *a.* (*di persona*) dal sangue puro; purosangue.

purebred /ˈpjʊəˈbred, ˈpjɔ:-/, **A** *a.* (*di animale*) di razza pura; purosangue. **B** *n.* purosangue.

purée /ˈpjʊəreɪ, *USA* pjʊəˈreɪ, -ˈri:/ (*franc.*), *n.* (*cucina*) purè; purea; passato (*di verdura, ecc.*).

to **purée** /ˈpjʊəreɪ, *USA* pjʊəˈreɪ, -ˈri:/, *v. t.* (*cucina*) ridurre in purè (*o* purea); passare (*verdure*).

purely /ˈpjʊəlɪ, ˈpjɔ:-/, *avv.* **1** puramente; semplicemente; soltanto: **a p. formal proposal**, una proposta puramente formale **2** castamente; in purezza: **to live p.**, vivere castamente. ● **to speak Italian p.**, parlare l'italiano puro.

pureness /ˈpjʊənəs, ˈpjɔ:-/, *n.* purezza: **the p. of the air**, la purezza dell'aria.

purfling /ˈpɜ:flɪŋ/, *n.* (*mus.*) listello ornamentale (*d'un violino*).

purgation /pɜ:ˈgeɪʃn/, *n.* **1** (*anche relig.*) purgazione; purificazione **2** (*med.*) purga; il purgarsi **3** (*leg., stor.*) dimostrazione d'innocenza **4** (*relig.*) purgazione canonica.

purgative /ˈpɜ:gətɪv/, **A** *a.* purgativo; purgante. **B** *n.* (*farm.*) purgante.

purgatorial /pɜ:gəˈtɔ:rɪəl/, *a.* **1** purgatorio (*raro*); espiatorio **2** (*relig.*) del purgatorio.

purgatory /ˈpɜ:gətrɪ, *USA* -tɔ:rɪ/, **A** *n.* **1** (*relig.*) purgatorio **2** (*fig.*) purgatorio; pena; sofferenza. **B** *a.* purgatorio (*raro*); espiatorio.

purge /pɜ:dʒ/, *n.* **1** purga; purgante **2** (*polit.*) epurazione; purga.

to **purge** /pɜ:dʒ/, **A** *v. t.* **1** purgare (*anche med.*); purificare **2** spurgare (*una caldaia, sedimenti, ecc.*) **3** (*leg.*) prosciogliere (*da un'accusa*); liberare (*da un sospetto*) **4** (*polit.*) epurare (*un partito, una nazione, ecc.*) **5** espiare (*una colpa, ecc.*); scontare (*una pena*). **B** *v. i.* purgarsi (*anche med.*); purificarsi. ● **to p. away** (*o* **off, out**), liberare; pulire; sgombrare □ (*leg.*) **to p. a mortgage**, estinguere un'ipoteca □ **to p. oneself of a charge**, discolparsi □ **to p. oneself of suspicion**, dimostrare l'infondatezza di ogni sospetto sul proprio conto; scagionarsi.

purging /ˈpɜ:dʒɪŋ/, *n.* **1** purificazione; depurazione; spurgo (*di una caldaia, ecc.*) **2** (*leg.*) proscioglimento **3** (*polit.*) epurazione **4** espiazione (*di una colpa, ecc.*) **5** (*med.*) scarica (intestinale). ● (*leg.*) **the p. of a mortgage**, l'estinzione di un'ipoteca.

purification /pjʊərɪfɪˈkeɪʃn, pjɔ:-/, *n.* **1** purificazione **2** (*chim.*) depurazione.

purificator /ˈpjʊərɪfɪkeɪtə(r), ˈpjɔ:-/, *n.* (*relig.*) purificatoio.

purificatory /pjʊərɪfɪˈkeɪtrɪ, pjɔ:-, *USA* pjʊəˈrɪfɪkətɔ:rɪ/, *a.* purificatorio; depurativo.

purifier /ˈpjʊərɪfaɪə(r), ˈpjɔ:-/, *n.* **1** purificatore; purificatrice **2** depuratore (*dell'acqua, ecc.*): **air p.**, depuratore dell'aria.

to **purify** /ˈpjʊərɪfaɪ, ˈpjɔ:-/, **A** *v. t.* **1** purificare **2** (*chim.*) depurare. **B** *v. i.* **1** purificarsi **2** (*chim.*) depurarsi.

purifying /ˈpjʊərɪfaɪɪŋ, ˈpjɔ:-/, **A** *a.* purificante; che purifica. **B** *n.* **1** purificazione **2** (*chim.*) depurazione.

purine /ˈpjʊəri:n/, *n.* (*biochim.*) purina.

purism /ˈpjʊərɪzəm, ˈpjɔ:-/, *n.* (*anche ling.*) purismo.

purist /ˈpjʊərɪst, ˈpjɔ:-/, *n.* purista.

puristic(al) /pjʊəˈrɪstɪk(l), pjɔ:-/, *a.* puristico. || **-ally**, *avv.*

Puritan /ˈpjʊərɪtən/, *n.* e *a.* **1** (*stor., relig.*) puritano **2** – (*fig.*) **p.**, puritano; moralista.

puritanic(al) /pjʊərɪˈtænɪk(l), pjɔ:-/, *a.* **1** (*stor., relig.*) puritano **2** (*per estens.*) rigido; severo. || **-ally**, *avv.*

Puritanism /ˈpjʊərɪtənɪzəm, ˈpjɔ:-/, *n.* **1** (*stor., relig.*) puritanesimo, puritanismo **2** – (*fig.*) **p.**, puritanesimo; eccessivo moralismo.

to **puritanize** /ˈpjʊərɪtənaɪz, ˈpjɔ:-/, **A** *v. i.* fare il puritano. **B** *v. t.* convertire al puritanesimo; rendere puritano.

purity /ˈpjʊərətɪ, ˈpjɔ:-/, *n.* purezza (*anche scient., tecn.*); purità.

purl (1) /pɜ:l/, *n.* **1** (*lavoro a maglia*) punto rovescio **2** bordura (*o* filetto) di cordoni d'oro e d'argento **3** smerlo; orlo (*di merletto*) a piccoli cappi. ● (*lavoro a maglia*) **two plain, two p.**, due diritti, due rovesci.

purl (2) /pɜ:l/, *n.* (*d'un ruscello, ecc.*) **1** borbottio; mormorio; sussurro **2** moto vorticoso; vortice; mulinello.

purl (3) /pɜ:l/, *n.* (*stor.*) bevanda di ginepro e di birra.

to **purl (1)** /pɜ:l/, *v. t.* e *i.* **1** (*lavoro a maglia*) lavorare a punto rovescio **2** filettare; ornare (*un abito*) con filetti (*o* con orli ricamati) **3** orlare con smerli. ● **to p. a stitch**, fare un punto a rovescio.

to **purl (2)** /pɜ:l/, *v. i.* (*di ruscello, ecc.*) **1** borbottare; mormorare; sussurrare **2** scorrere vorticoso; turbinare; mulinare.

purler /ˈpɜ:lə(r)/, *n.* (*fam. arc.*) colpo (*o* spinta) che manda a gambe levate. ● **to come** (*o* **to take**) **a p.**, fare un capitombolo (*o* un ruzzolone).

purlieu /ˈpɜːljuː, *USA* -luː/, *n.* **1** (*leg., stor.*) striscia di terra ai margini d'una foresta **2** (*pl.*) vicinanze; dintorni; sobborghi **3** (*spesso al pl.*) luogo di ritrovo.

purlin /ˈpɜːlɪn/, **purline** /ˈpɜːlaɪn/, *n.* (*edil.*) arcareccio; terzera; trave maestra.

to **purloin** /pɜːˈlɔɪn, ˈpɜː-/, *v. t.* (*form.* o *scherz.*) rubare; involare (*lett.*); sottrarre; trafugare.

purloiner /pɜːˈlɔɪnə(r), ˈpɜː-/, *n.* ladro.

purple /ˈpɜːpl/, **A** *n.* **1** porpora; color porpora: **Tyrian p.**, porpora di Tiro **2** (*fig.*) veste regale (*o* nobiliare) di porpora; (la) porpora (*regale, cardinalizia, ecc.*) **3** – (*collett.*) **the p.**, i vescovi. **B** *a.* **1** purpureo; violaceo; porporino; di porpora: **a p. sunset**, un tramonto di porpora **2** (*fig.*) regale; imperiale **3** paonazzo: **He became p. with rage**, diventò paonazzo (*o* s'imporporò) per la rabbia. ● (*fam.*) **p. heart**, compressa a base di amfetamina (*a forma di cuore*) □ (*USA*) **P. Heart**, medaglia al valore (*per ferite riportate in guerra*) □ **a p. passage** (*o* **a p. patch**) **in a book**, un passo elaborato (*o* ornato) in un libro □ **p.-red**, rosso porpora □ **to be born in the p.**, essere di sangue reale; esser nato principe □ (*fig., relig.*) **to be raised to the p.**, essere innalzato alla porpora (*cardinalizia*).

to **purple** /ˈpɜːpl/, **A** *v. t.* imporporare; tingere di porpora. **B** *v. i.* imporporarsi.

purplish /ˈpɜːplɪʃ/, **purply** /ˈpɜːplɪ/, *a.* tendente al purpureo; alquanto porporino; violaceo.

purport /ˈpɜːpət/, *n.* **1** senso; significato; portata, valore (*d'una parola, ecc.*) **2** (*lett.*) intenzione; proposito; scopo.

to **purport** /pəˈpɔːt/, *v. t.* **1** (*di documento, discorso, ecc.*) significare; voler dire; dichiarare, stabilire (*un fatto, ecc.*) **2** dare l'impressione di; dare a intendere; far apparire; pretendere; voler passare per: **The long poem purported to be a translation from the Swedish**, il lungo poema voleva passare per una traduzione dallo svedese.

purported /pəˈpɔːtɪd/, *a.* presunto; supposto.

purportedly /pəˈpɔːtɪdlɪ/, *avv.* a quel che si dice; secondo la gente (*fam.*).

purpose /ˈpɜːpəs/, *n.* **1** proposito; fine; scopo; intenzione; mira; disegno: **I will effect my p.**, porterò a compimento il mio proposito **2** decisione; fermezza; risolutezza: **He lacks p.**, manca di fermezza. ● (*edil.*) **p.-built**, costruito su commissione (*o* appositamente): **p.-built homes for old people**, case per anziani □ **p.-made**, (fatto) su ordinazione: **p.-made joinery**, lavori di falegnameria fatti su ordinazione □ **to answer** (*o* **to serve**) **one's p.**, servire; andare bene; fare al caso proprio: **I don't think it will serve my p.**, non credo che mi servirà; **I haven't got a screwdriver, but a knife will answer the same p.**, non ho un cacciavite, ma un coltello andrà bene (lo stesso) □ **for all practical purposes**, a tutti gli effetti; praticamente □ **a man of p.**, un uomo risoluto □ **a novel with a p.**, un romanzo a tesi □ **on p.**, di proposito; apposta: **He did it on p.**, l'ha fatto apposta □ **to little p.**, con scarsi risultati □ **to no p.**, senza alcun risultato □ **to some p.**, con qualche (buon) risultato; non invano □ (*arc.*) **to the p.**, a proposito; pertinente; utile □ **to be weak of p.**, essere indeciso (*o* irresoluto).

to **purpose** /ˈpɜːpəs/, *v. t.* proporsi; intendere; aver l'intenzione di; volere: **He purposes to write** (*o* **writing**) **the story of his life**, si propone di scrivere la storia della sua vita.

purposeful /ˈpɜːpəsfl/, *a.* **1** deciso; fermo; risoluto **2** pieno di significato; significativo **3** finalizzato (*a uno scopo*): **p. activities**, attività che hanno uno scopo ben preciso.

purposefulness /ˈpɜːpəsflnəs/, *n.* **1** decisione; fermezza; risolutezza **2** l'essere significativo **3** l'essere finalizzato (*a uno scopo*).

purposeless /ˈpɜːpəsləs/, *a.* **1** indeciso; incerto; irresoluto **2** senza scopo; inutile **3** senza senso; insensato: **p. violence**, violenza insensata. || **-ly**, *avv.* || **-ness**, *sost.*

purposely /ˈpɜːpəslɪ/, *avv.* di proposito; apposta; intenzionalmente.

purposive /ˈpɜːpəsɪv/, *a.* **1** fatto con uno scopo; intenzionale; voluto **2** finalizzato (*a uno scopo*); utile **3** deciso; risoluto.

purpura /ˈpɜːpjʊərə/, *n.* (*med.*) porpora.

purpuric /pəˈpjʊərɪk/, *a.* (*chim., med.*) purpurico: **p. acid**, acido purpurico; **p. fever**, febbre purpurica.

purpurin /ˈpɜːpjʊərɪn/, *n.* (*chim.*) porporina.

purr /pɜː(r)/, **purring** /ˈpɜːrɪŋ/, *n.* **1** (*del gatto*) fusa; (il) fare le fusa **2** (*per estens.*) ronzio (*del motore, ecc.*).

to **purr** /pɜː(r)/, **A** *v. i.* **1** (*del gatto*) fare le fusa **2** (*fig.*) essere soddisfatto; esprimere soddisfazione **3** (*per estens.: di motore*) ronzare sommessamente. **B** *v. t.* esprimere (*un sentimento*), dire (*parole*) facendo le fusa come un gatto. ● (*fig.*) **to p. with delight**, fare le fusa per la gioia.

purse /pɜːs/, *n.* **1** borsa (*anche fig.*); borsellino (*da uomo*); (*fig.*) denaro, fondi: **a light p.**, un borsellino vuoto (*o* all'asciutto); **to have a common p.**, far cassa comune; **I've bought a leather p.**, ho comprato un borsellino di cuoio **2** borsellino da donna; borsetta (*USA*: **coin p.**) **3** (*USA*) borsa (*da donna*) **4** (*sport*) premio; (*boxe*) borsa: **to put up a p.**, mettere in palio una borsa. ● **p.-bearer**, cassiere; tesoriere □ **p.-net** (*o* **p.-seine**), senna a sacco; sciabica □ (*USA*) **p.-snatcher**, scippatore □ (*USA*) **p.-snatching**, scippo □ **to be beyond one's p.**, non essere alla portata della propria borsa: **That fur coat is beyond my purse**, quella pelliccia non posso proprio permettermela □ (*fig.*) **to hold the p. strings**, tenere i cordoni della borsa □ **to live within one's p.**, vivere secondo le proprie possibilità; fare il passo secondo la gamba □ (*polit.*) **the privy p.**, la lista civile (*in G.B.*) □ **the public p.**, l'erario □ (*fig.*) **to tighten** [**to loosen**] **the p. strings**, stringere [allargare] i cordoni della borsa.

to **purse** /pɜːs/, **A** *v. t.* (*spesso* **to p. up**) arricciare; aggrottare; corrugare; increspare: **to p. up one's brows**, aggrottare le ciglia; corrugare la fronte; **to p. up one's lips**, increspare le labbra; far boccuccia. **B** *v. i.* (*della fronte, delle labbra, ecc.*) arricciarsi; aggrottarsi; corrugarsi; incresparsi.

purser /ˈpɜːsə(r)/, *n.* (*naut.*) commissario di bordo.

pursiness /ˈpɜːsɪnəs/, *n.* **1** l'essere asmatico; bolsaggine **2** (*arc.*) corpulenza; grassezza.

purslane /ˈpɜːslɪn/, *n.* (*bot., Portulaca oleracea*) porcellana.

pursuance /pəˈsjuːəns, -ˈsuː-/, *n.* **1** adempimento; esecuzione: **in the p. of one's duty**, nell'adempimento del dovere **2** proseguimento. ● (*leg.*) **the p. of truth**, la ricerca della verità □ (*bur.*) **in p. of**, in esecuzione di; in applicazione di (*una legge, ecc.*); conformemente a.

pursuant /pəˈsjuːənt, -ˈsuː-/, *a.* che segue; che consegue. ● **p. to**, in conformità con; aderendo a; facendo seguito a; (*leg.*) ai sensi di.

to **pursue** /pəˈsjuː, -ˈsuː-/, *v. t.* e *i.* **1** inseguire; incalzare; perseguitare; dar la caccia a: **to p. the enemy**, inseguire il nemico; **Bad luck pursued him all the time**, la sfortuna lo perseguitava di continuo **2** seguire; cercare; andare in cerca di; perseguire: **to p. pleasure**, andare in cerca del piacere; **to p. one's aim** (*o* **end**), perseguire il proprio scopo **3** continuare; proseguire; portare avanti; attendere a: **to p. one's studies**, proseguire gli studi; **to p. a subject**, portare avanti un argomento; **to p. one's task**, attendere al proprio compito **4** (*leg., scozz.*) fare causa a (q.). ● **to p. after**, andare a caccia (*o* in cerca) di; inseguire; perseguire □ **to p. a road**, proseguire per una strada.

pursuer /pəˈsjuːə(r), -ˈsuː-/, *n.* **1** inseguitore, inseguitrice **2** (*leg., scozz.*) attore (*in giudizio*).

pursuit /pəˈsjuːt, -ˈsuː-/, *n.* **1** inseguimento; caccia; ricerca: **the p. of game**, l'inseguimento della selvaggina; **the p. of knowledge**, la ricerca del sapere **2** (*form.*) occupazione; attività **3** passatempo; svago: **literary pursuits**, svaghi (*o* interessi) letterari **4** obiettivo; scopo **5** (*ciclismo*) (gara a) inseguimento **6** (*leg., scozz.*) procedimento. ● (*mil.*) **p. plane**, (aereo da) caccia □ **to be in p. of**, andare in cerca di; dar la caccia a; perseguire □ **to be in hot p.**, essere alle calcagna (*di q.*): **The fox ran off with the hounds in hot p.**, la volpe corse via con la muta dei cani alle calcagna.

pursuivant /ˈpɜːsɪvənt/, *n.* **1** (*stor.*) assistente dell'araldo; valletto d'arme **2** (*poet.*) accompagnatore; seguace.

pursy (**1**) /ˈpɜːsɪ/, *a.* **1** asmatico; bolso **2** (*arc.*) corpulento; grasso.

pursy (**2**) /ˈpɜːsɪ/, *a.* arricciato; corrugato; aggrottato; increspato: **p. lips**, labbra arricciate (*per il disgusto, ecc.*).

purulence /ˈpjʊərələns/, **purulency** /ˈpjʊərələnsɪ/, *n.* (*med.*) purulenza; suppurazione.

purulent /ˈpjʊərələnt/, *a.* (*med.*) purulento.

to **purvey** /pəˈveɪ/, **A** *v. t.* fornire; provvedere; approvvigionare. **B** *v. i.* – **to p. for**, approvvigionare; essere fornitore di: **Mr Brown and Sons p. for the army**, la ditta Brown e Figli è fornitrice dell'esercito.

purveyance /pəˈveɪəns/, *n.* **1** fornitura; approvvigionamento **2** provvigioni; provviste **3** (*stor.*) diritto della Corona inglese di acquistare provviste fissandone il prezzo.

purveyor /pəˈveɪə(r)/, *n.* fornitore; approvvigionatore: **P. to the Royal Household**, fornitore della Real Casa (*in G.B.*).

purview /ˈpɜːvjuː/, *n.* **1** (*leg.*) testo (*o* dispositivo) (di una legge); portata (d'una legge) **2** intento; intenzione; mira; scopo **3** ambito; campo (d'azione); portata; limite: **to lie within the p. of an inquiry**, rientrare nell'ambito di un'indagine **4** campo visivo; visuale (*anche fig.*).

pus /pʌs/, *n.* (*med.*) pus.

push /pʊʃ/, *n.* **1** spinta (*anche fig.*); spintone; urto; impulso: **Nuclear physics was given a tremendous p. by war**, la fisica nucleare ricevette un'enorme spinta dalla guerra **2** il pigiare; pressione: **at the p. of a button**, premendo un pulsante **3** sforzo: **to make a p.**, fare uno sforzo; mettercela tutta **4** (*fam.*) grinta (*fam.*); decisione; risolutezza; iniziativa; vigore; energia; aggressività: **After the reshuffle, the government acquired new p.**, dopo il rimpasto, il governo acquistò nuovo vigore **5** (*mil.*) offensiva; attacco in forze **6** (*fam.*) folla; ressa (*a una festa, ecc.*) **7** pulsante **8** (*market.*) forte campagna promozionale **9** (*pop.*) banda; cricca. ● (*fam.*) **p.-bike**, bicicletta □ **p. button**, pulsante □ **p.-button**, a pulsante □ (*telef.*) **p.-button dialling**, selezione a pulsanti □ **p.-button panel**, pulsantiera □ (*elettr.*) **p.-button switch**, interruttore a pulsante □ (*radio, TV*) **p.-button tuner**, sintonizzatore a pulsante □ **p.-button warfare**, guerra tecnologica (*o* dei bottoni) □ (*market.*) **p. money**, incentivo in denaro (*a un venditore*) □ (*elettron.*) **p.-pull**, «push-pull»; in controfase: **p.-pull amplifier**, amplificatore in controfase □ (*mecc.*) **p. rod**, asta di comando; punteria □ (*USA*) **p.-up**, piegamenti, flessioni (*sulle braccia*) □ **at a p.**, in caso d'emergenza; in un momento critico; al bisogno □ (*pop.*) **to get the p.**, farsi licenziare; farsi buttar fuori □ (*pop.*) **to give sb. the p.**, licenziare q.; buttar fuori q. □ **when** (*o* **if**) **it comes to the p.**, quando (*o* se) arriva il momento critico.

to **push** /pʊʃ/, **A** *v. t.* **1** spingere; premere; pigiare; schiacciare: **He pushed me into a corner**, mi spinse in un angolo; **to p. a button**, premere un pulsante; **to p. old clothes into a case**, pigiare vestiti vecchi in una cassa; **to p. a key**, spingere un tasto **2** spingere (*fig.*); fare pressioni su (q.): **My father is pushing me to take up law**, mio padre mi spinge a studiare legge; **Don't p. him!**, non fare pressioni su di lui! ***3*** spingere (*fam.*); cercare d'imporre (*un candidato, un prodotto, ecc.*); fare una grande pubblicità a: **to p. deep-frozen foods onto the Italian table**, cercare d'imporre i surgelati alla cucina degli italiani ***4*** (*pop.*) spacciare (*droga*) ***5*** (*pop. USA*) vendere porta a porta ***6*** (*pop. USA*) spacciare; fare fuori (*pop.*); uccidere ***7*** (*pop. USA*) guidare (*un taxi, ecc.*) a tutta birra (*pop.*). **B** *v. i.* ***1*** spingere, dare spinte; premere; fare pressione: **Stop pushing!**, smettila di spingere!; **I felt a gun pushing against my back**, sentii premermi una pistola sulla schiena ***2*** (*lett.*) spingersi; addentrarsi; inoltrarsi: **We pushed into the undergrowth**, ci addentrammo nel sottobosco ***3*** (*nella forma progressiva*) andare per, avvicinarsi a: **He's pushing sixty**, va per i sessanta (anni). **C** to **push oneself**, *v. rifl.* darsi da fare, darci sotto; (*anche* **to p. oneself forward**) farsi avanti (*fig.*): **to p. oneself too hard**, lavorare troppo; strafare. ● **to p. one's advantage**, sfruttare il vantaggio che si ha □ **to p. the door open [shut]**, aprire [chiudere] la porta con una spinta □ **to p. the door to**, chiudere la porta con una spinta □ **to p. for payment**, insistere per essere pagato □ **to p. one's luck (too far)**, sfidare la fortuna (*o* la sorte); azzardare troppo □ **to p. past sb.**, dare uno spintone a q. per passare; spingere q. da parte □ (*market.*) **to p. sales**, incentivare le vendite □ (*fig.*) **to p. (up) a friend**, aiutare un amico a far carriera; dare una spinta a un amico □ (*anche fig.*) **to p. one's way**, farsi largo a spinte; farsi strada a viva forza □ **to p. one's way through the crowd**, aprirsi un varco tra la folla □ **to be pushed for time [for money]**, essere alle strette per mancanza di tempo [di denaro].

♦**push about**, *v. t. + avv.* comandare (q.) a bacchetta; dare di continuo ordini a (q.).

♦**push ahead**, **A** *v. t. + avv.* spingere avanti (*una carriola, una persona, ecc.*). **B** *v. i. + avv.* tirare (*o* andare) avanti; avanzare (*o* continuare) con determinazione.

♦**push along**, **A** *v. t. + avv.* *V.* **push ahead, A**. **B** *v. i. + avv.* (*fam.*) andare via; andarsene.

♦**push around**, *V.* **push about**.

♦**push aside**, *v. t. + avv.* ***1*** spingere (q.) da parte ***2*** (*fig.*) mettere (q.) da parte; scartare; lasciare a casa (*un dipendente*).

♦**push away**, **A** *v. i. + avv.* continuare a spingere. **B** *v. t. + avv.* spingere via; allontanare da sé; respingere.

♦**push back**, *v. t. + avv.* ***1*** spingere indietro; respingere (q.) ***2*** tirare indietro (*i capelli dalla fronte, ecc.*).

♦**push by**, *v. i. + avv.* spingere; farsi avanti spingendo (*o* a spintoni), spintonare.

♦**push forward**, **A** *v. t. + avv.* ***1*** spingere avanti ***2*** (*mil.*) continuare (*un'avanzata*) ***3*** (*fig.*) avanzare (*un'idea, ecc.*) ***4*** presentare (*q.c. all'attenzione di q.*) ***5*** accampare, far valere (*un diritto, ecc.*). **B** *v. i. + avv.* *V.* **push ahead, B** □ **to p. oneself forward**, farsi avanti.

♦**push in**, **A** *v. t. + avv.* spingere dentro; far entrare a forza. **B** *v. i. + avv.* ***1*** entrare a spintoni (*o* spintonando: *in una fila o coda*) ***2*** (*fam.*) intromettersi; interloquire con poco garbo.

♦**push into**, *v. t. + prep.* ***1*** spingere dentro, fare entrare a forza in (*un luogo*) ***2*** spingere, costringere, forzare; convincere: **to p. sb. into doing st.**, spingere q. a fare q.c.; **He had to be pushed to do it**, bisognò farglielo fare per forza.

♦**push off**, **A** *v. i. + avv.* ***1*** (*di barca*) prendere il largo; partire ***2*** (*pop.*) andare via; andarsene. **B** *v. t. + avv.* sospingere, spingere: **He was pushed off from a fifth-floor window**, fu sospinto (*o* buttato giù) da una finestra del quinto piano □ **to p. off a difficult task onto sb.**, buttare un compito difficile sulle spalle di q.

♦**push on**, *V.* **push ahead**.

♦**push out**, **A** *v. i. + avv.* (*di barca*) prendere il largo. **B** *v. t. + avv.* ***1*** spingere fuori; buttare (*o* mettere) fuori; cacciare: **P. out, the cat!**, metti fuori il gatto! ***2*** spingere (q.c.) in fuori; estrarre (*premendo*) ***3*** (*fam.*) buttare fuori; licenziare □ (*fig. fam.*) **to p. the boat out**, fare gran festa; fare le cose in grande.

♦**push over**, *v. t. + avv.* far cadere, buttare giù (q. o q.c.) con una spinta.

♦**push through**, **A** *v. t. + avv.* ***1*** far passare (q.c.) a fatica ***2*** far approvare (*una legge, un candidato, ecc.*). **B** *v. i. + avv.* passare a forza (*o* a stento) □ **to p. one's way through**, farsi largo a spintoni.

♦**push up**, *v. t. + avv.* ***1*** sollevare; far alzare; spingere in su: **The roots of the big fir have pushed up the stones of the pavement**, le radici del grosso abete hanno fatto alzare le pietre del marciapiede ***2*** far salire, alzare (*prezzi, quantitativi, ecc.*) □ (*fam.*) **to p. up the daisies**, essere morto e sepolto.

pushcart /ˈpʊʃkɑːt/, *n.* carretto (*a mano*); carretto di ambulante.

pushchair /ˈpʊʃtʃɛə(r)/, *n.* girellino, passeggino (*per bimbi piccoli*).

pushed /pʊʃt/, *a.* (*fam.*) ***1*** indaffarato; occupato; preso ***2*** in difficoltà; nei guai; a disagio.

pusher /ˈpʊʃə(r)/, *n.* ***1*** chi spinge; chi si fa largo a spinte ***2*** (*fam.*) persona intraprendente; arrivista ***3*** (*ferr.*) locomotiva di spinta ***4*** (*aeron.*) elica spingente; (= **p. aeroplane**) aereo con elica spingente ***5*** (*pop.*) spacciatore di droga.

pushful /ˈpʊʃfl/, **pushing** (1) /ˈpʊʃɪŋ/, **pushy** /ˈpʊʃɪ/, *a.* ***1*** intraprendente; energico; aggressivo; grintoso (*fam.*) ***2*** invadente; che sa imporsi, che sa farsi valere (*anche in modo sfacciato*).

pushing (2) /ˈpʊʃɪŋ/, *n.* (*sport, specialm. calcio*) spinta, spinte (*fallo*).

pushover /ˈpʊʃəʊvə(r)/, *n.* (*fam.*) ***1*** cosa facilissima; inezia; passeggiata, giochetto (*fig.*); (*sport*) avversario non temibile, partita facile ***2*** gonzo; facile preda (*di q.*): **He's a p. for blondes**, è facile preda delle bionde.

pusillanimity /pjuːsɪləˈnɪmətɪ/, *n.* pusillanimità; viltà.

pusillanimous /pjuːsɪˈlænɪməs/, *a.* pusillanime; vile. ‖ **-ly**, *avv.* ‖ **-ness**, *sost.*

puss /pʊs/, *n.* ***1*** micio; micino ***2*** (*fam.*) ragazza; «gatta»: **a sly p.**, una ragazza che la sa lunga; una «gatta» ***3*** (*pop.*) faccia; muso (*fig.*) ***4*** (*irl.*) faccia lunga; muso. ● **p. in the corner**, (gioco dei) quattro cantoni.

pussy (1) /ˈpʊsɪ/, *n.* ***1*** (*infant.*, = **pussycat**) micio; micino ***2*** (*bot., fam.*) gattino, amento (*del salice*).

pussy (2) /ˈpʊsɪ/, *n.* (*volg.*) ***1*** fica, passera (*volg.*) ***2*** fica (*volg.*); ragazza ***3*** (*specialm. USA*) chiavata, scopata (*volg.*).

pussyfoot /ˈpʊsɪfʊt/, *n.* (*pl.* **pussyfoots**) (*fam.*) chi non si compromette; chi è molto prudente.

to **pussyfoot** /ˈpʊsɪfʊt/, *v. i.* ***1*** muoversi in modo circospetto (*o* furtivamente) ***2*** non prendere posizione; evitare di compromettersi.

pussyfooter /ˈpʊsɪfʊtə(r)/, *n.* (*USA*) ***1*** *V.* **pussyfoot** ***2*** proibizionista.

pussy willow /ˈpʊsɪˈwɪləʊ/, *n.* (*bot.*) ***1*** (*Salix*) salice ***2*** (*Salix discolor*) salice americano.

pustulant /ˈpʌstjʊlənt, *USA* -tʃʊ-/, *a.* e *n.* (*med.*) (sostanza) pustolante.

pustular /ˈpʌstjʊlə(r), *USA* -tʃʊ-/, **pustulate** /ˈpʌstjʊlət, *USA* -tʃʊ-/, *a.* (*med.*) pustoloso.

to **pustulate** /ˈpʌstjʊleɪt, *USA* -tʃʊ-/, *v. t.* e *i.* (*med.*) formar pustole; coprire (*o* ricoprirsi) di pustole.

pustulation /pʌstjʊˈleɪʃn, *USA* -tʃʊ-/, *n.* (*med.*) formazione di pustole.

pustule /ˈpʌstjuːl, *USA* -tʃuːl/, *n.* ***1*** (*med.*) pustola ***2*** (*bot.*) gonfiore; escrescenza.

pustulous /ˈpʌstjʊləs, *USA* -tʃʊ-/, *a.* (*med.*) pustoloso.

put (1) /pʊt/, *n.* ***1*** (*sport*) lancio (*del peso*) ***2*** (*Borsa*, = **put option**) opzione di vendita (*di azioni*). ● (*Borsa*) **put and call (option)**, opzione doppia (*per acquisto o vendita, a scelta*); stellaggio; stellage (*franc.*) □ **put of more**, contratto (a premio) di aggiunta; noch per consegnare □ **put price**, prezzo dello stellaggio.

put (2) /pʊt/, *a.* (*fam.*) fermo; immobile; irremovibile: **to stay put**, restare immobile; essere irremovibile.

put (3) /pʌt/, *V.* **putt**.

to **put** (1) /pʊt/ (*pass.* e *p. p.* **put**), **A** *v. t.* ***1*** mettere; porre; collocare; apporre; disporre; imporre; aggiungere: **Put the dictionary on the shelf, please**, metti il dizionario sullo scaffale, per favore!; **I'll put the car into the garage**, metterò l'auto in garage; **Let's put her at ease**, mettiamola a suo agio; **Put yourself in my place**, mettiti al mio posto (*o* nei miei panni); **He put the matter in(to) my hands**, mise la faccenda nelle mie mani; **to put one's signature to a document**, apporre la firma a un documento; **Put the papers in the right order**, disponi i documenti nel giusto ordine!; **A new tax was put on cattle**, fu imposta una nuova tassa sul bestiame; **Put water in your wine**, aggiungi acqua al vino! ***2*** (*atletica*) lanciare: **to put the shot**, lanciare il peso ***3*** esporre; esprimere; presentare; dire: **I put the matter to him**, gli esposi la faccenda; **I cannot put it into words**, non so esprimerlo (*o* dirlo) a parole; **He has a strange way of putting things**, ha uno strano modo di presentare le cose; **How can I put it in French?**, come si dice in francese? ***4*** porre; proporre; presentare; sottoporre; fare: **to put a question**, porre un quesito; fare una domanda; **I put the case to the manager**, sottoposi il caso al direttore; **to put a question to the vote**, mettere (*o* porre) ai voti una questione ***5*** calcolare; stimare; valutare: **The editor puts the circulation at one hundred thousand copies**, il direttore (del giornale) calcola che la tiratura sia di centomila copie; **They put the crowd as over twenty thousand**, si calcola che siano presenti più di ventimila persone ***6*** attribuire; ascrivere; dare: **You don't put the proper interpretation on the clauses of the contract**, non dai la giusta interpretazione alle clausole del contratto; **John always puts the blame on me**, John dà sempre la colpa a me ***7*** (*nelle corse*) puntare, scommettere (*denaro*) ***8*** piantare; conficcare; infiggere: **to put a knife into sb.**, conficcare un coltello in corpo a q.; accoltellare q.; **to put a bullet into sb.**, piantare una pallottola in corpo a q.. **B** *v. i.* (*specialm. naut.*) procedere; dirigersi; far rotta per: **The boat put to shore**, la barca si diresse verso la riva; **to put to sea**, prendere il largo; allontanarsi. **C** to **put oneself**, *v. rifl.* mettersi: **to put oneself on a diet**, mettersi a dieta. ● **to put the blame on sb.**, dare la colpa a q. □ **to put a check on st.**, mettere un freno a q.c. □ **to put the clock ahead**, mettere avanti l'orologio □ **to put a dog through his tricks**, fare eseguire a un cane giochi d'abilità (*o* le sue prodezze) □ **to put an end to**, por fine a; porre termine a: **That law put an end to gambling**, quella legge pose fine al gioco d'azzardo □ **to put an end to oneself** (*o* **to one's life**), porre fine ai propri giorni; togliersi la vita □ **to put a field to** (*o* **under**) **potatoes**, mettere un campo a patate □ (*comm.*) **to put goods on the market**, immettere merce in un mercato □ **to put a horse to the cart**, attaccare un cavallo al carro □ (*sport*) **to put a horse to** (*o* **at**) **a fence**, presentare un ostacolo a un cavallo; portare un cavallo sotto ostacolo (*per farlo saltare*) □ **to put sb. in mind of st.**, ricordare (*o* rammentare) q.c. a q. □ **to put sb. in possession of st.**, far entrare q. in possesso di q.c. □ **to put sb. in the wrong**, mettere q. dalla parte del torto □ **to put a knife into sb.'s ribs**, piantare un coltello nelle costole a q. □ **to put a law in force**, far entrare in vigore (*o* rendere esecutiva) una legge □ **to put money to good use**, far buon uso del denaro □ **to put new life into**, infondere nuova vita in □ (*autom.*) **to put petrol into one's tank**, fare benzina □ **to put sb. right**, correggere q. □ **to put st. right**, mettere a posto, aggiustare q.c.:

to put a matter right, sistemare una faccenda □ (*naut.*) **to put the rudder to port**, mettere la barra a sinistra; virare a sinistra □ (*fig.*) **to put a spoke in sb.'s wheel**, mettere il bastone fra le ruote a q. □ **to put to bed**, mettere a letto □ **to put sb. to death**, mettere a morte q. □ **to put sb. to flight**, mettere in fuga q. □ **to put sb. to sleep**, far addormentare q. □ **to p. sb. to the sword**, passare q. a fil di spada □ **to p. st. to use**, fare uso di q.c.; servirsi di q.c. □ (*fam. USA*) **to put sb. wise**, avvertire q. (*di q.c.*); aprire gli occhi a q. (*fig.*) □ **to be hard put to it**, trovarsi in grande difficoltà; essere messo alle strette; volerci del bello e del buono: **I was hard put to it to finish my work in time**, mi ci volle del bello e del buono per finire in tempo il mio lavoro.

♦**put about**, **A** *v. i.* (*naut.*) invertire la rotta; virare di bordo. **B** *v. t.* + *avv.* **1** invertire la rotta di (*una nave*): **Put her about!**, invertire la rotta! **2** diffondere, mettere in giro (*notizie*) **3** (*specialm. scozz.*) seccare; scocciare; disturbare.

♦**put across**, **A** *v. t.* + *avv.* **1** mettere (q.c.) di traverso; gettare (*un ponte su un fiume*) **2** (*fam.*) comunicare; convogliare, trasmettere (*un'idea, un messaggio, ecc.*) **3** (*fam.*) concludere, portare a termine (*un affare e sim.*). **B** *v. t.* + *prep.* **1** mettere di traverso su **2** (*trasp.*) traghettare **3** (*fam.*) far credere, rifilare: **I put one across my boss yesterday**, ieri ho rifilato una frottola al capo □ **to put a bridge across a river**, scavalcare un fiume con un ponte.

♦**put aside**, *v. t.* + *avv.* **1** mettere da parte; accantonare; dimenticare: **to put aside one's differences**, accantonare le proprie divergenze **2** abbandonare; mettere via (*o* da parte): **to put aside a new plan**, abbandonare un progetto nuovo; **to put aside one's work**, mettere via il lavoro **3** mettere da parte; tenere in serbo; risparmiare: **to put aside some money**, mettere da parte un po' di soldi; **to put aside a rare book for an old customer**, mettere da parte un libro raro per un vecchio cliente.

♦**put away**, *v. t.* + *avv.* **1** mettere via; riporre; portare via (*un veicolo, ecc.*): **Put away your things!**, metti via le tue cose! **2** mettere via (*o* da parte); tenere in serbo; risparmiare **3** mettere da parte, rinunciare a (*un'idea, ecc.*) **4** (*fam.*) papparsi, far fuori (*cibo, ecc.*) **5** (*fam.*) mettere dentro (*in carcere o in manicomio*) **6** (*fam.*) eliminare, sopprimere (*un animale malato*) **7** (*fam. USA*) far fuori; battere; sconfiggere **8** (*Bibbia*) ripudiare (*una moglie*).

♦**put back**, **A** *v. t.* + *avv.* **1** tirare indietro (*una sedia, i capelli, ecc.*) **2** rimettere a posto, rimettere: **Put it back on the shelf!**, rimettilo sullo scaffale! **3** mettere indietro: **to put the clock back**, mettere indietro l'orologio (*anche fig.*) **4** posticipare, rinviare, spostare: **The meeting was put back to April 20th**, la riunione fu rinviata al 20 aprile **5** (far) ritardare; rallentare; ostacolare: **The long strike has put back production**, il lungo sciopero ha rallentato la produzione **6** rimettere su, riacquistare (*peso corporeo*). **B** *v. i.* + *avv.* (*naut.*) tornare (indietro): **to put back into harbour**, tornare in porto □ **The trip abroad put me back 1,000 pounds**, il viaggio all'estero m'è costato 1.000 sterline.

♦**put before**, *v. t.* + *prep.* **1** mettere (*o* porre) (q.c.) davanti a (q.) **2** anteporre a **3** portare (*un progetto, ecc.*) davanti a; presentare a **4** offrire (*una scelta*) □ (*fig.*) **to put the cart before the horse**, mettere il carro innanzi ai buoi.

♦**put behind**, *v. t.* + *avv.* **1** far ritardare; tenere indietro (q. *o* q.c.) **2** (*fig.*) gettarsi (q.c.) dietro le spalle; trascurare.

♦**put by**, *v. t.* + *avv.* **1** *V.* **put aside 2** eludere, scansare, lasciar perdere (*una domanda, un argomento, ecc.*).

♦**put down**, **A** *v. t.* + *avv.* **1** mettere giù; posare; deporre: **to put down one's suitcase** [**the phone receiver**], mettere giù la valigia [posare il ricevitore]; **to put down arms**, deporre le armi **2** fare scendere, scaricare (*q. da un veicolo*): **The lorry driver put me down at the new bridge**, il camionista mi fece scendere al ponte nuovo **3** (*aeron.*) fare scendere (*un aereo: sulla terra o anche sull'acqua*) **4** abbattere; eliminare; reprimere, sopprimere; domare: **to put down gambling**, sopprimere il gioco d'azzardo; **to put down a revolt**, domare (*o* reprimere) una rivolta **5** opprimere (*un popolo, ecc.*) **6** ridurre al silenzio; far tacere: **to put down an interrupter**, far tacere uno che interrompe **7** buttare giù (*fam.*); annotare; scrivere; registrare; segnare: **The students put down every word the teacher says**, gli studenti annotano ogni parola che dice l'insegnante; **He is put down as a gardener**, è registrato come giardiniere; **I put it down on my notebook**, me lo segnai sul taccuino **8** (*comm.*) dare (*una somma*) come anticipo **9** segnare (*q. per una colletta, q.c. in conto a q.*): **Put it down to my account!**, segnalo sul mio conto!; mettimelo in conto!; **You can put me down for ten pounds!**, puoi segnarmi per dieci sterline **10** (*fam.*) disapprovare; criticare; mortificare; umiliare; buttare giù (*fam.*) **11** (*fam.*) buttare giù; divorare; trangugiare **12** (*fam.*) abbattere, sopprimere (*un animale*) **13** (*form.*) mettere in lista; segnare il nome di; iscrivere: **You have to put down your sons for Eton when they are born**, per il collegE di Eton si devono mettere in lista i figli al momento della nascita. **B** *v. i.* + *avv.* **1** (*aeron.*) scendere, posarsi: **His plane had to put down in the sea**, il suo aereo dovette scendere sulle onde del mare **2** (*form.*) mettersi in lista; iscriversi □ **to put down as**, giudicare, ritenere; capire subito che: **I put him down as a salesman**, mi parve che dovesse essere un venditore; **I put her down as shy**, capii subito che era timida □ **to put down to**, attribuire, imputare: **The outbreak of the civil war was put down to the barons**, lo scoppio della guerra civile fu imputato ai baroni □ **to put a field down to wheat**, mettere a grano un campo □ **to put one's foot down**, (*autom.*) pigiare l'acceleratore; (*fam.*) puntare i piedi, agire con fermezza □ (*fig.*) **to put down roots**, mettere radici □ (*di lavoratori*) **to put down one's tools**, incrociare le braccia.

♦**put forth**, *v. t.* + *avv.* **1** (*di piante*) mettere (*foglie, gemme*) **2** (*arc.*) stendere (*la mano, ecc.*) **3** (*arc.*) produrre, fare (*uno sforzo, ecc.*) **4** (*arc.*) pubblicare **5** *V.* **put forward**, *def.* 2.

♦**put forward**, *v. t.* + *avv.* **1** mettere avanti (*un oggetto qualsiasi, un orologio, ecc.*): **to put the clock forward one hour**, mettere avanti l'orologio di un'ora **2** proporre; avanzare; suggerire: **to put forward a new theory**, avanzare una nuova teoria; **to put forward sb.'s name**, proporre q.; fare il nome di q. **3** anticipare (*una riunione, ecc.*) **4** far anticipare (*un raccolto, le messi, ecc.*) **5** portare (q.) alla ribalta (*fig.*) □ **to put oneself forward**, mettersi in evidenza; farsi avanti (*come candidato*).

♦**put in**, **A** *v. t.* + *avv.* **1** mettere dentro; inserire; introdurre: **to put one's hand** [**head**] **in**, mettere dentro la mano [la testa]; **to put in a special clause**, inserire una clausola speciale **2** mettere, metterci (*energia, lavoro, ecc.*): **I've put in a few years' work on this dictionary**, ci ho messo alcuni anni di lavoro a fare questo dizionario **3** passare, dedicare (*tempo*); fare (*fam.*): **to put in eight hours at the office**, fare otto ore (filate) in ufficio **4** mettere (*personale, apparecchi, ecc.*); impiegare; installare **5** (*ass., leg.*) presentare: **to put in a claim for damages**, presentare una richiesta di risarcimento **6** (*polit.*) far eleggere; mandare al potere **7** (*boxe*) assestare, piazzare (*un colpo*) **8** (*sport*) mandare (*o* mettere) in campo. **B** *v. i.* + *avv.* **1** interloquire; intromettersi: **«It's too late», she put in**, «è troppo tardi», disse lei, interloquendo **2** (*naut.*) attraccare; fare scalo □ **to put in an appearance**, farsi vedere; (*leg.*) comparire in giudizio □ **to put in a bid**, fare un'offerta all'asta □ (*leg.*) **to put in evidence**, fornire (*o* addurre) prove □ (*fam.*) **to put one's oar in**, intromettersi; voler aiutare per forza □ (*leg.*) **to put in a plea of guilty**, dichiararsi colpevole.

♦**put in for**, **A** *v. t.* + avv. + *prep.* **1** iscrivere (*q. a un esame, una gara, ecc.*) **2** chiedere (*formalmente*); insistere per ottenere (*un aumento, ecc.*) **3** proporre, candidare (*q. per un premio, ecc.*). **B** *v. i.* + *avv.* + *prep.* **1** iscriversi **2** candidarsi: **to put in for a job**, fare domanda per un posto di lavoro □ **to put in for a grant**, fare domanda di sussidio.

♦**put into**, **A** *v. t.* + *prep.* **1** mettere (q. *o* q.c.) in (*un posto, una situazione, ecc.*) **2** investire (*denaro*) **3** mettere; tradurre; esprimere: **to put a Greek passage into Latin**, mettere in latino un passo greco; **to put st. into words**, esprimere q.c. a parole. **B** *v. i.* + *prep.* (*naut.*) entrare: **to put into port for repairs**, entrare in porto per raddobbi.

♦**put off**, **A** *v. t.* + *avv.* o *prep.* **1** rinviare; rimandare; differire; posporre: **The general meeting has been put off**, l'assemblea generale è stata rinviata; **to put off payments**, differire i pagamenti **2** spegnere (*la luce, il gas, ecc.*) **3** mandare via (q.) con un pretesto; respingere; liberarsi, sbarazzarsi di: **How can I put off the tax collector?**, come faccio a liberarmi dell'esattore delle tasse? **4** fare scendere (*da un veicolo*); mollare (*fam.*) **5** distogliere, dissuadere; scoraggiare; distrarre; disturbare; sconcertare: **The railway strike puts me off going on a holiday**, lo sciopero ferroviario mi fa passare la voglia di andare in vacanza; **to put sb. off his speech** [**work**], disturbare q. che parla [che lavora]; impedire a q. di parlare [di lavorare]; **His rude remark put me off**, la sua osservazione sgarbata mi sconcertò **6** mettere via (*dubbi, sospetti, ecc.*); liberarsi di (*una responsabilità, ecc.*) **7** (*arc.*) togliersi (*un indumento*). **B** *v. i.* + *avv.* (*naut.*) salpare: **At last we put off from the island**, finalmente salpammo dall'isola □ **This smell puts me off**, quest'odore mi dà la nausea (*o* il voltastomaco).

♦**put on**, *v. t.* + *avv.* **1** mettere (*sopra q.c.*); mettere su (*cibo a cuocere*): **Don't forget to put the lid on!**, non dimenticare di mettere il coperchio! **2** mettersi, indossare (*indumenti*): **He put on his raincoat**, si mise l'impermeabile **3** accendere (*la luce, il gas, ecc.*): **Put the fire on, please**, per favore, accendi il fuoco! **4** mettere su (*peso corporeo*); crescere di: **I've put on a few pounds since Christmas**, da Natale sono cresciuto di qualche libbra **5** mettere; aggiungere; aumentare il numero di: **to put on additional trains in the summer**, mettere treni supplementari l'estate **6** mettere, imporre (*nuove tasse, ecc.*) **7** aumentare: (*di un veicolo*) **to put on speed**, aumentare la velocità **8** mettere in scena; allestire (*uno spettacolo*); dare (*un concerto*): **to put on a new play**, mettere in scena una commedia nuova **9** mettere avanti (*l'orologio*) **10** (*teatr.*) mandare in scena (*un attore*) **11** (*sport*) mandare in campo (*un giocatore*) **12** puntare; scommettere; mettere su (*fam.*) **13** (*fam. USA*) prendere in giro; prendersi gioco di (q.) □ **to put it on**, esagerare (*anche nel prezzo*) □ **to put on an act**, fingere, recitare, fare la commedia □ **to put on airs**, darsi delle arie □ (*autom.*) **to put on the brake** (*o* **brakes**), azionare i freni; frenare □ (*sport*) **to put on a spurt**, fare uno scatto □ **to put on weight**, ingrassare.

♦**put onto**, *v. t.* + *prep.* **1** mettere (q.c.) su **2** mettere in contatto con: **I'll put you onto the manager**, Le passo il direttore (*al telefono*) **3** informare (q.) di; fare il nome di; mettere (q.) sulle tracce di: **to put the police onto a criminal plan**, informare la polizia di un piano criminoso; **to put sb. onto a cheaper hotel**, fare a q. il nome di un albergo meno caro □ **to put sb. onto a good investment**, consigliare a q. un buon investimento.

♦**put out**, **A** *v. t.* + *avv.* ***1*** mettere fuori; buttare fuori (*q. che disturba, ecc.*); esporre; espellere: **to put out the washing [the cat]**, mettere fuori il bucato [il gatto]; **to put out the flags**, esporre le bandiere ***2*** stendere, allungare, tendere (*la mano, ecc.*); tirare fuori (*la lingua*) ***3*** tirare fuori (*l'argenteria, ecc.*) ***4*** (*di piante*) mettere (*foglie, germogli*) ***5*** diramare, trasmettere (*una notizia, un messaggio radio, ecc.*); emettere (*un comunicato*); dare alle stampe, fare uscire (*un libro, un disco, ecc.*) ***6*** (*econ.*) produrre: **This plant puts out 55,000 cars a year**, questo stabilimento produce 55.000 auto all'anno ***7*** (*econ.*) dare fuori, dare a domicilio (*lavoro*) ***8*** spegnere (*il fuoco, la luce, il gas, ecc.*): **to put out a candle**, spegnere una candela ***9*** fare perdere i sensi a (q.); tramortire (*con un pugno, ecc.*); (*med.*) anestetizzare (*in anestesia totale*) ***10*** (*med.*) lussarsi, slogarsi: **I put my shoulder out**, mi slogai la spalla ***11*** disturbare, dare disturbo a; scomodare: **I don't want to put you out**, non voglio arrecarvi disturbo; **to put oneself out to help people**, scomodarsi per aiutare gli altri ***12*** contrariare; seccare; offendere: **I was put out by their attitude**, il loro atteggiamento mi seccò ***13*** (*fam.*) far sballare (*un calcolo, ecc.*) ***14*** (*fin.*) investire: **to put out money into shares**, investire denaro in azioni ***15*** (*sport*) mettere (*un avversario*) fuori gioco ***16*** (*comm.*, *anche* **to put out of business**) far fallire; mandare in rovina. **B** *v. i.* + *avv.* ***1*** mettercela tutta; fare ogni sforzo ***2*** (*naut.*, anche **to put out to sea**) salpare ***3*** (*pop. USA*) stare al gioco (*fig.*); (*specialm. di una donna*) starci □ **to put out of action**, (*mil.*) mettere fuori combattimento; (*fig.*) guastare, mettere fuori uso □ **to put a baby out to the nurse**, mettere a balia un bambino □ **to put out feelers**, (*zool.*) tirare fuori le antenne; (*fig.*) tastare il polso alla situazione □ **to put an idea out of one's head**, togliersi dalla testa un'idea □ **to put out to service**, mettere (*una ragazza, ecc.*) a servizio.

♦**put over**, **A** *v. t.* + *avv.* ***1*** far passare (q. *o* q.c.) sopra ***2*** (*fam.*) far capire, trasmettere (*un messaggio, ecc.*); esprimere (*il proprio pensiero, ecc.*) ***3*** (*fam.*) far accettare, assicurare il successo di (*un film, un candidato, ecc.*) ***4*** (*fam. USA*) rinviare, rimandare, posporre. **B** *v. i.* + *avv.* (*naut.*) spostarsi; fare una traversata □ (*fam.*) **to put one over sb.**, darla a bere a q.

♦**put over on**, *v. t.* + avv. + *prep.* (*fam.*) darla a bere a (q.); rifilare (*una balla, ecc.*) a (q.): **Don't try to put it** (*o* **one**) **over on me!**, non cercare di darmela a bere!; non raccontarmi balle! (*fam.*).

♦**put through**, *v. t.* + *avv.* ***1*** portare a compimento (*o* a buon fine), realizzare (*cambiamenti, innovazioni, ecc.*); concludere (*un affare*) ***2*** fare promuovere (*uno studente*) ***3*** fare approvare (*una legge: in parlamento, ecc.*) ***4*** (*telef.*) mettere in linea: **Putting you through**, La metto in linea □ (*telef.*) **to put through to**, dare la comunicazione con, passare: **I'll put you through to the captain**, Le passo il capitano □ (*fam.*) **to put sb. through it** (*o* **through the mill**), sottoporre q. a una severa prova □ (*telef.*) **to put a call through**, passare una telefonata □ (*fam.*) **to put sb. through his paces**, far fare una prova (*o* un provino) a q. □ **to put one's son through college**, (riuscire a) fare laureare il figlio.

♦**put together**, *v. t.* + *avv.* ***1*** mettere insieme; riunire; congiungere, giungere: **to put a meal together**, mettere insieme un pranzo; **to put one's hands together**, giungere le mani (*per pregare, ecc.*) ***2*** rimettere insieme; assemblare; montare: **Put the camp bed together!**, monta la brandina! ***3*** raccogliere, ordinare (*le proprie idee, ecc.*) □ **to put a sentence together**, costruire una frase □ (*fam.*) **to put two and two together**, fare due più due; trarre le debite conclusioni.

♦**put under**, *v. t.* + *avv.* fare perdere i sensi a (q.).

♦**put up**, **A** *v. t.* + *avv.* ***1*** alzare; innalzare; issare; sollevare; levare (*in alto*): **to put up a tent**, alzare una tenda; **to put up one's hands**, alzare le mani; **to up a prayes to God**, innalzare a Dio una preghiera; **to put up a flag**, issare una bandiera; **to put up a new cathedral**, innalzare (*o* costruire) una nuova cattedrale; **to put up a fence**, alzare (*o* fare) uno steccato ***2*** mettere su: **to put up a shelf**, mettere su una mensola ***3*** affiggere, attaccare (*un avviso, ecc.*) ***4*** aumentare, crescere, far salire: **to put up prices**, aumentare i prezzi; **to put up the rent**, crescere l'affitto ***5*** mettere da parte; riporre; preparare; confezionare: **to put up hay for the winter**, mettere da parte il fieno per l'inverno; **to put a packed meal**, preparare una colazione al sacco; **to put up a parcel**, confezionare un pacchetto ***6*** provvedere, fornire, tirare fuori (*denaro*) ***7*** opporre (*resistenza, ecc.*); contrapporre (*un argomento*); accampare (*una scusa*) ***8*** offrire, mettere (*in vendita, in premio, ecc.*): **His house was put up for sale**, la sua casa fu messa in vendita ***9*** proporre (*per un posto, per un ruolo, come candidato*): **They put up Mr A. Clark for the chairmanship**, per la presidenza proposero Mr A. Clark ***10*** presentare (*un progetto, un'idea, ecc.*) ***11*** alloggiare, ospitare, sistemare: **We can put you up in the spare room**, possiamo sistemarti nella camera degli ospiti ***12*** far levare, stanare (*selvaggina*) ***13*** (*leg.*) chiamare alla sbarra (*un imputato*) ***14*** (*fam., di solito al passivo*) arrangiare; fare (q.c.) sottobanco ***15*** (*arc.*) deporre (*la spada, ecc.*); mettere via, riporre (*preziosi, ecc.*). **B** *v. i.* + *avv.* ***1*** prendere alloggio; sistemarsi; scendere: **to put up at a four-star hotel**, scendere in un albergo a quattro stelle; **to put up with friends for the weekend**, sistemarsi presso amici per il fine settimana ***2*** candidarsi: (*polit.*) **to put up for a seat**, candidarsi per un seggio □ (*fam.*) **to put sb.'s back up**, irritare; seccare; scocciare (*fam.*) □ **to put up the banns**, fare le pubblicazioni (matrimoniali) □ **to put up one's fists** (*o* **guard**), mettersi in guardia (*per fare a pugni*) □ (*leg.*) **to put sb. up for trial**, processare q. □ **to put up a petition**, presentare una petizione □ **to put up fruit**, fare una conserva di frutta □ **to put up the shutters**, mettere su le imposte (*di un negozio*); (*fig.*) chiudere bottega, ritirarsi (dagli affari).

♦**put up to**, *v. i.* + *avv.* + *prep.* ***1*** indurre; spingere; istigare: **Who put the boy up to this piece of mischief?**, chi ha spinto il ragazzo a fare questa birichinata? ***2*** informare, avvertire, mettere (q.) al corrente di (q.c.): **The manager put me up to my new duties**, il direttore mi mise al corrente delle mie nuove mansioni ***3*** lasciare, rimettere (*una decisione, ecc.*) a (q.).

♦**put up with**, *v. i.* + *avv.* + *prep.* ***1*** alloggiare presso (q.); sistemarsi (*per la notte*) da (q.) ***2*** (*fam.*) sopportare; tollerare: **I cannot put up with him any longer**, non lo sopporto più; **I can't put up with your rudeness**, non tollero i tuoi sgarbi □ **to put up with an unpleasant situation**, adattarsi pazientemente a una situazione sgradevole □ **to have a lot to put up with**, avere molti rospi da ingoiare (*fig.*).

♦**put upon**, *v. t.* + *avv.* ***1*** *V.* **put on** ***2*** recare disturbo a (q.); dare fastidio a (q.); disturbare.

to **put** (**2**) /pʌt/, *V.* **to putt**.

putative /ˈpjuːtətɪv/, *a.* putativo. ● (*leg.*) **p. father**, padre putativo. || **-ly**, *avv.*

put-down /ˈpʊtdaʊn/, *n.* (*fam.*) dura critica; smontatura, osservazione che smonta.

putlock /ˈpʌtlɒk/, **putlog** /ˈpʌtlɒg, *USA* -ɔːg/, *n.* (*edil.*) traversa orizzontale di ponteggio.

put-off /ˈpʊtɒf, *USA* -ɔːf/, *n.* ***1*** pretesto; scappatoia ***2*** differimento; rinvio.

put-on /ˈpʊtɒn, *USA* -ɔːn/, (*fam.*) **A** *a.* affettato; lezioso. **B** *n.* ***1*** messa in scena (*fig.*); finta ***2*** affettazione; leziosità; vezzo ***3*** burla; scherzo.

put-put /ˈpʌtpʌt, ˈpʌtˈpʌt/, *n.* (*fam.*) ***1*** (il) ciuff-ciuff (*di un motore*) ***2*** (*autom.*) macchinina (*fam.*); automobilina ***3*** barchetta a motore.

putrefaction /pjuːtrɪˈfækʃn/, *n.* ***1*** putrefazione ***2*** (*fig.*) putredine; corruzione, marciume.

putrefactive /pjuːtrɪˈfæktɪv/, *a.* putrefattivo.

putrefiable /ˈpjuːtrɪfaɪəbl/, *a.* putrefattibile (*raro*).

to **putrefy** /ˈpjuːtrɪfaɪ/, **A** *v. i.* ***1*** putrefarsi; imputridire; marcire ***2*** (*fig.*) corrompersi. **B** *v. t.* ***1*** putrefare; decomporre; far imputridire ***2*** (*fig.*) corrompere.

putrescence /pjuːˈtrɛsns/, *n.* ***1*** putrescenza (*arc.*); marciume ***2*** (*fig.*) putredine.

putrescent /pjuːˈtrɛsnt/, *a.* putrescente.

putrescible /pjuːˈtrɛsəbl/, *a.* putrescibile.

putrescine /pjuːˈtrɛsiːn/, *n.* (*chim.*) putrescina.

putrid /ˈpjuːtrɪd/, *a.* ***1*** putrido (*anche fig.*); corrotto; imputridito; marcio; putrefatto ***2*** (*fam.*) sgradevole; orribile; schifoso: **a p. smell**, un odore schifoso.

putridity /pjuːˈtrɪdətɪ/, **putridness** /ˈpjuːtrɪdnəs/, *n.* putridità (*raro*); putredine (*anche fig.*); marciume.

putsch /pʊtʃ/ (*ted.*), *n.* putsch; colpo di mano.

putt /pʌt/, *n.* (*golf*) colpo lento e preciso; putt (*V.* **to putt**).

to **putt** /pʌt/, *v. i.* e *t.* (*golf*) effettuare un putt; colpire leggermente (*la palla*) per mandarla in buca.

puttee /ˈpʌtɪ/, *n.* (*mil.*) fascia (*di panno*); mollettiera.

putter (**1**) /ˈpʌtə(r)/, *n.* chi mette, chi pone, ecc. (*V.* **put** (**1**)).

putter (**2**) /ˈpʌtə(r)/, *n.* (*golf*) putter.

to **putter** /ˈpʌtə(r)/, (*USA*) *V.* **to potter**.

puttie /ˈpʌtɪ/, *V.* **puttee**.

puttier /ˈpʌtɪə(r)/, *n.* stuccatore; vetraio stuccatore.

putting /ˈpʌtɪŋ/, *n.* (*golf*) ***1*** putting; effettuazione di putt ***2*** golf semplificato che si gioca, nei parchi e al mare, su un «putting green».

putting green /ˈpʌtɪŋgriːn/, *locuz. n.* (*golf*) ***1*** zona del campo vicino alla buca (*per i tiri in buca*) ***2*** campo da golf semplificato.

putting into port /ˈpʊtɪŋɪntəˈpɔːt/, *locuz. n.* (*naut.*) entrata in porto (*di una nave*).

putting the weight /ˈpʊtɪŋðəˈweɪt/, *locuz n.* (*atletica*) lancio del peso.

putty (**1**) /ˈpʌtɪ/, *n.* ***1*** stucco per legno: **glaziers' p.**, stucco da vetraio ***2*** (= **plasterers' p.**) intonaco a gesso. ● **p. knife**, spatola per stucco □ (*fig.*) **to be like p. in sb.'s hands**, essere come la creta nelle mani di q. □ (*edil.*) **lime p.**, grassello.

putty (**2**) /ˈpʌtɪ/, *V.* **puttee**.

to **putty** /ˈpʌtɪ/, *v. t.* stuccare; dare lo stucco a. ● **to p. up**, riempire di stucco.

put-up /ˈpʊtʌp/, *a.* (*fam.*) concertato; combinato; losco; poco chiaro: **a p. job**, un affare losco; un intrallazzo; un imbroglio. ● **put-up bed**, letto di fortuna; branda.

put-upon /ˈpʊtəpɒn, *USA* -ɔːn, -ʌn/, *a.* (*fam.*) ***1*** sfruttato: **I don't like feeling b.**, non mi piace sentirmi sfruttato ***2*** bistrattato; maltrattato.

puzzle /ˈpʌzl/, *n.* ***1*** enigma (*gioco* e *fig.*); indovinello (*fig.*); problema difficile; rompicapo ***2*** confusione; incertezza; dubbio; perplessità: **to be in a p. about st.**, essere in dubbio (*o* essere perplesso) circa q.c. ● **p.-headed** (*o* **p.-pated**), che ha le idee confuse; stordito; svampito, svanito (*fam.*) □ **Chinese p.**, gioco di pazienza □ **a crossword p.**, un cruciverba.

to **puzzle** /ˈpʌzl/, **A** *v. t.* confondere; imbarazzare; rendere perplesso; sconcertare; sbalordire: **Your behaviour puzzles me**, il tuo modo di fare mi sconcerta. **B** *v. i.* ***1*** essere perplesso ***2*** spremersi le meningi; scervellarsi. ● **to p. one's brains**, scervellarsi □ **to p. (st.) out**, districare (*un imbroglio*); riuscire a capire (*q.c. di difficile*); indovinare (*una soluzione*); risolvere (*un problema*) □ **to p. over st.**, scervellarsi su q.c.; rompersi la testa per capire q.c.

puzzled /'pʌzld/, *a.* confuso; perplesso; sconcertato.

puzzlement /'pʌzlmənt/, *n.* confusione; perplessità.

puzzler /'pʌzlə(r)/, *n.* ***1*** enigma; problema difficile; questione complessa ***2*** chi ama risolvere enigmi; enigmista. ● **That girl is a real p.**, quella ragazza non riesco proprio a capirla!

puzzling /'pʌzlɪŋ/, *a.* sconcertante; che lascia perplessi; assai strano. || **-ly**, *avv.*

puzzolana /pu:tsə'lɑ:nə/, *n.* (*miner.*) pozzolana.

pyaemia /paɪ'i:mɪə/, *n.* (*med.*) piemia.

pyaemic /paɪ'i:mɪk/, *a.* (*med.*) piemico.

pyedog /'paɪdɒg, *USA* -dɔ:g/, *n.* (*in India*) cane randagio.

pyelitis /paɪə'laɪtɪs/, *n.* (*med.*) pielite.

pyemia /paɪ'i:mɪə/, **pyemic** /paɪ'i:mɪk/, *V.* **pyaemia, pyaemic.**

pygm(a)ean /pɪg'mi:ən/, *a.* pigmeo; nano.

Pygmalion /pɪg'meɪlɪən/, *n.* (*mitol.*) Pigmalione.

pygmy /'pɪgmɪ/, *n.* e *a.* pigmeo (*anche fig.*); nano.

pyjamas /pə'dʒɑ:məz, *USA* -'dʒæ-/, *n. pl.* pigiama. ● **pyjama top**, giacca del pigiama.

Pylades /'pɪlədi:z/, *n.* (*letter.*) Pilade.

pylon /'paɪlən, -lɒn/, *n.* ***1*** (*elettr.*) pilone; (palo a) traliccio ***2*** (*edil.*) pilone ***3*** (*aeron.*) pilone ***4*** (*archit.*) porta, pilastro (*di tempio egizio*).

pyloric /paɪ'lɒrɪk, -ɔ:rɪk/, *a.* (*anat.*) pilorico.

pylorus /paɪ'lɔ:rəs/, *n.* (*pl.* **pylori, pyloruses**) (*anat.*) piloro.

pyoderma /paɪə'dɜ:mə/, *n.* (*med.*) piodermite.

pyogen /'paɪədʒən/, *n.* (*med.*) piogeno.

pyogenic /'paɪə'dʒenɪk/, *a.* (*med.*) piogeno; piogenico.

pyorrh(o)ea /paɪə'rɪ:ə/, *n.* (*med.*) piorrea.

pyralidid /paɪ'rælədɪd/, *n.* (*zool.*) piralide.

pyramid /'pɪrəmɪd/, *n.* ***1*** (*geom., archit.*) piramide: **the Pyramids**, le piramidi (*d'Egitto*) ***2*** albero (*o* mucchio) a piramide ***3*** (*econ., fin.*) gruppo di holding finanziarie a struttura piramidale.

to **pyramid** /'pɪrəmɪd/, **A** *v. t.* ***1*** disporre a piramide ***2*** (*Borsa, fin.*) reinvestire (*i guadagni*) in nuovi titoli (*per speculazione*). **B** *v. i.* disporsi a piramide.

pyramidal /pɪ'ræmɪdl/, *a.* (*geom., anat.*) piramidale. || **-ly**, *avv.*

pyramiding /'pɪrəmɪdɪŋ/, *n.* ***1*** (*fin.*) partecipazione a piramide (*tipica delle società di controllo*) ***2*** (*Borsa, fin.*) reinvestimento dei guadagni in nuovi titoli.

Pyramus /'pɪrəməs/, *n.* (*mitol.*) Piramo.

pyrargyrite /paɪ'rɑ:dʒɪraɪt/, *n.* (*miner.*) pirargirite.

pyre /'paɪə(r)/, *n.* pira; pira funeraria; rogo.

Pyrenean /pɪrə'ni:ən/, *a.* pirenaico.

Pyrenees /pɪrə'ni:z, *USA* 'pɪ-/, *n. pl.* (*geogr.*) Pirenei.

pyrethrin /paɪ'ri:θrɪn/, *n.* (*chim.*) piretrina.

pyrethrum /paɪ'ri:θrəm/, *n.* ***1*** (*bot., Chrysanthemum cinerariaefolium*) piretro ***2*** (*chim.*) piretro.

pyretic /paɪ'retɪk, pɪ-/, *a.* (*med.*) piretico; febbrile.

Pyrex /'paɪreks/, **A** *n.* (*marchio*) pyrex; pirex. **B** *a. attr.* di pyrex: **a P. pan**, un tegame di pyrex.

pyrexia /paɪ'reksɪə/, *n.* (*med.*) piressia; febbre.

pyrexial /paɪ'reksɪəl/, **pyrexic(al)** /paɪ'reksɪk(l)/, *a.* (*med.*) piretico; febbrile.

pyrheliometer /pɜ:hi:lɪ'ɒmɪtə(r)/, *n.* (*astrofisica*) pireliometro.

pyridine /'paɪrɪdɪn/, *n.* (*chim.*) piridina.

pyriform /'pɪrɪfɔ:m/, *a.* (*specialm. anat.*) piriforme: **p. muscle**, muscolo piriforme.

pyrimidine /pɪ'rɪmɪdi:n/, *n.* (*chim.*) pirimidina.

pyrite /'paɪraɪt/, *n.* (*miner.*) pirite; bisolfuro di ferro.

pyrites /paɪ'raɪti:z/, *n.* (*invar. al pl.*) (*miner.*) bisolfuro: **copper p.**, bisolfuro di rame; cuprite; **iron p.**, bisolfuro di ferro; pirite.

pyritic(al) /paɪ'rɪtɪk(l)/, *a.* (*miner.*) piritico.

pyroclastic /paɪrəʊ'klæstɪk/, *a.* (*geol.*) piroclastico.

pyroconductivity /paɪrəʊkɒndʌk'tɪvətɪ/, *n.* (*elettr.*) piroconducibilità.

pyroelectric /paɪrəʊɪ'lektrɪk/, *a.* piroelettrico.

pyroelectricity /paɪrəʊɪlek'trɪsətɪ/, *n.* (*fis.*) piroelettricità.

pyrogallic acid /paɪrəʊ'gælɪk'æsɪd/, **pyrogallol** /paɪrəʊ'gælɒl, *USA* -ɔ:l, -əʊl/, *n.* (*chim.*) acido pirogallico; pirogallolo.

pyrogenetic /paɪrəʊdʒə'netɪk/, *V.* **pyrogenic**, *def. 1.*

pyrogenic /paɪrəʊ'dʒenɪk/, **pyrogenous** /paɪ'rɒdʒənəs/, *a.* ***1*** (*geol.*) pirogenetico ***2*** (*med.*) pirogeno.

pyrograph /'paɪrəgrɑ:f, *USA* -græf/, *a.* (*arte*) pirografia (*l'incisione*).

pyrographer /paɪ'rɒgrəfə(r)/, *n.* (*arte*) pirografista.

pyrographic /paɪrə'græfɪk/, *n.* (*arte*) pirografico.

pyrography /paɪ'rɒgrəfɪ/, *n.* (*arte*) pirografia (*il procedimento*).

pyroligneous /paɪrəʊ'lɪgnɪəs/, *a.* (*chim.*) pirolegnoso.

pyrolusite /paɪrəʊ'lu:saɪt/, *n.* (*miner.*) pirolusite.

pyrolysis /paɪ'rɒlɪsɪs/, *n.* (*chim.*) pirolisi; piroscissione.

pyromancy /'paɪrəʊmænsɪ/, *n.* piromanzia.

pyromania /paɪrəʊ'meɪnɪə/, *n.* (*psic.*) piromania.

pyromaniac /paɪrəʊ'meɪnɪæk/, *n.* (*psic.*) piromane.

pyrometallurgy /paɪrəʊme'tælədʒɪ/, *n.* (*metall.*) pirometallurgia.

pyrometer /paɪ'rɒmɪtə(r)/, *n.* (*fis.*) pirometro.

pyrometric(al) /paɪrəʊ'metrɪk(l)/, *a.* (*fis.*) pirometrico.

pyrometry /paɪ'rɒmətrɪ/, *n.* (*fis.*) pirometria.

pyromorphite /paɪrəʊ'mɔ:faɪt/, *n.* (*miner.*) piromorfite.

pyrope /'paɪrəʊp/, *n.* (*miner.*) piropo.

pyrophoric /paɪrəʊ'fɒrɪk, *USA* -ɔ:r-/, *a.* (*chim., metall.*) piroforico.

pyrophorus /paɪ'rɒfərəs/, *n.* (*pl.* **pyrophori**) (*chim.*) piroforo.

pyrosis /paɪ'rəʊsɪs/, *n.* (*med.*) pirosi.

pyrosphere /'paɪrəʊsfɪə(r)/, *n.* (*geol.*) pirosfera.

pyrosulphate /paɪrəʊ'sʌlfeɪt/, *n.* (*chim.*) pirosolfato.

pyrosulphuric /paɪrəʊsʌl'fjʊərɪk/, *a.* (*chim.*) pirosolforico.

pyrotechnic(al) /paɪrəʊ'teknɪk(l)/, *a.* ***1*** pirotecnico: **a p. display**, uno spettacolo pirotecnico ***2*** (*fig.*) brillante; spumeggiante; molto vivace.

pyrotechnics /paɪrə'teknɪks/, *n. pl.* ***1*** (*col verbo al sing.*) pirotecnica ***2*** spettacolo pirotecnico; fuochi d'artificio ***3*** (*fig.*) sfoggio, sfavillio (*d'oratoria, di spirito*).

pyrotechnist /paɪrəʊ'teknɪst/, *n.* pirotecnico.

pyrotechny /'paɪrəʊteknɪ/, *n.* pirotecnica; pirotecnia.

pyroxene /'paɪrɒksi:n/, *n.* (*miner.*) pirosseno.

pyroxenite /paɪ'rɒksənaɪt/, *n.* (*geol.*) pirossenite.

pyrrhic (1) /'pɪrɪk/, *n.* (*stor.*, = **p. dance**) pirrica; danza pirrica.

pyrrhic (2) /'pɪrɪk/, **A** *a.* (*poesia*) ***1*** di pirrichio ***2*** (*di poema*) scritto in pirrichi. **B** *n.* (*poesia*) pirrichio.

Pyrrhic /'pɪrɪk/, *a.* (*stor.*) pirrico; di Pirro: (*fig.*) **a P. victory**, una vittoria di Pirro.

Pyrrho /'pɪrəʊ/, *n.* (*filos.*) Pirrone.

Pyrrhonian /pɪ'rəʊnɪən/, *a.* (*stor. filos.*) pirroniano.

Pyrrhonic /pɪ'rɒnɪk/, *a.* (*filos.*) pirronistico.

Pyrrhonism /'pɪrənɪzəm/, *n.* (*filos.*) pirronismo; scetticismo.

Pyrrhonist /'pɪrənɪst/, *n.* (*filos.*) pirronista; scettico.

pyrrhotite /'pɪrətaɪt/, *n.* (*miner.*) pirrotite.

Pyrrhus /'pɪrəs/, *n.* (*stor.*) Pirro.

pyrrole /'pɪrəʊl/, *n.* (*chim.*) pirrolo.

pyruvate /paɪ'ru:veɪt/, *n.* (*chim.*) piruvato.

pyruvic /paɪ'ru:vɪk/, *a.* (*chim.*) piruvico.

Pythagoras /paɪ'θægərəs, -æs, *USA* pɪ-/, *n.* (*filos.*) Pitagora.

Pythagorean /paɪθægə'ri:ən, *USA* pɪ-/, **A** *a.* pitagorico; di Pitagora: **P. theorem**, teorema di Pitagora. **B** *n.* (*filos.*) (un) pitagorico.

Pythagoreanism /paɪθægə'ri:ənɪzəm, *USA* pɪ-/, *n.* (*filos.*) pitagorismo.

Pythia /'pɪθɪə/, *n.* (*mitol.*) Pitia, Pizia (delfica); Pitonessa.

Pythian /'pɪθɪən/, **A** *a.* pitico: **P. games**, giochi pitici. **B** *n.* Pitia, Pizia; Pitonessa. ● (*mitol.*) **the P.**, Apollo Pizio.

Pythias /'pɪθɪæs/, *n.* (*mitol.*) Pizia.

Pythic /'pɪθɪk/, *a.* pitico.

python (1) /'paɪθn, *USA* -ɒn/, *n.* (*zool., Python*) pitone.

python (2) /'paɪθn, *USA* -ɒn/, *n.* (*mitol.*) pitone (*spirito diabolico o uomo che prevede il futuro*); indovino.

pythoness /'paɪθənɪs, 'pɪ-, -es/, *n.* (*nell'antica Grecia*) pitonessa; maga; indovina.

pythonic (1) /paɪ'θɒnɪk/, *a.* (*zool.*) di (*o* simile a) pitone.

pythonic (2) /paɪ'θɒnɪk/, *a.* (*mitol.*) divinatorio; profetico; pitonico.

pyuria /paɪ'jʊərɪə/, *n.* (*med.*) piuria.

pyx /pɪks/, *n.* ***1*** (*relig.*) pisside ***2*** (= **pyx chest**) cassetta che contiene i campioni delle monete d'oro e d'argento (*nella Zecca reale ingl.*).

to **pyx** /pɪks/, *v. t.* ***1*** deporre (*monete*) nella cassetta della Zecca (*V.* **pyx**) ***2*** saggiare il peso e la purezza di (*monete metalliche*).

pyxidium /pɪk'sɪdɪəm/, *n.* (*pl.* **pyxidia, pyxidiums**) (*bot.*) pisside.

Pyxis /'pɪksɪs/, *n.* (*astron.*) Bussola (*costellazione*).

pyxis /'pɪksɪs/, *n.* (*pl.* **pyxides**) ***1*** (*stor.*) cofanetto cilindrico ***2*** (*bot.*) pisside ***3*** (*relig.*) (*raro*) pisside.

q,Q

Q, q /kjuː/, *n.* (*pl.* **Q's, q's**; **Qs, qs**) Q, q (*diciassettesima lettera dell'alfabeto ingl.*). ● (*naut., mil.*) **Q-boat** (*o* **Q-ship**), nave civetta □ (*telef.*) **q for Queen**, q come Quarto □ (*pop.*) **on the q. t.**, *V.* **on the quiet**, *sotto* **quiet** (*2*).
qua /kweɪ, -ɑː, *USA* -ɑː, -eɪ/ (*lat.*), *cong.* come; in qualità di; in quanto: **He will testify qua official**, testimonierà in qualità di pubblico funzionario.
quack (**1**) /kwæk/, *n.* qua qua (*verso dell'anatra*). ● (*infant.*) **q.-q.**, anatroccolo.
quack (**2**) /kwæk/, **A** *n.* ***1*** ciarlatano; gabbamondo; impostore ***2*** (*specialm.*) medico empirico (*ciarlatano*); mediconzolo. **B** *a. attr.* falso; finto; da ciarlatano. ● **q. medicines**, rimedi empirici; panacee.
to **quack** (**1**) /kwæk/, *v. i.* (*dell'anatra*) fare qua qua; schiamazzare.
to **quack** (**2**) /kwæk/, *v. i.* fare il ciarlatano. ● **to q. a cure**, vantare una cura come miracolosa.
quackery /ˈkwækərɪ/, *n.* ciarlataneria; empirismo.
quackish /ˈkwækɪʃ/, *a.* ciarlatanesco; da ciarlatano; empirico.
quacksalver /ˈkwæksælvə(r)/, (*arc.*) *V.* **quack** (*2*).
quad (**1**) /kwɒd/, *n.* (*fam.*) ***1*** quadrangolo; quadrilatero ***2*** (*in G.B.*) corte quadrangolare interna (*di un college universitario, ecc.*).
quad (**2**) /kwɒd/, *n.* (*tipogr.*) quadrato.
quad (**3**) /kwɒd/, (*fam.*) *V.* **quadruplet**.
quadragenarian /kwɒdrɪdʒəˈneərɪən/, *a.* e *n.* (*raro*) quadragenario.
Quadragesima /kwɒdrəˈdʒesɪmə/, *n.* (*relig.*, = **Q. Sunday**) domenica di quadragesima.
quadragesimal /kwɒdrəˈdʒesɪməl/, *a.* (*relig.*) quadragesimale; quaresimale.
quadrangle /ˈkwɒdræŋgl/, *n.* ***1*** (*geom.*) quadrangolo; quadrilatero ***2*** (*in G.B.*) corte quadrangolare interna (*di un college universitario, ecc.*).
quadrangular /kwɒˈdræŋgjʊlə(r)/, *a.* quadrangolare.
quadrant /ˈkwɒdrənt/, *n.* ***1*** (*geom., anat., naut., astron.*) quadrante ***2*** (*mecc.*) leva a squadra ***3*** (*naut.*) settore (*del timone*).
quadrantal /kwɒˈdræntl/, *a.* quadrantale; di quadrante.
quadraphonic /kwɒdrəˈfɒnɪk/, *a.* (*tecn.*) quadrifonico.
quadraphonics /kwɒdrəˈfɒnɪks/, *n. pl.* (*col verbo al sing.*) (*tecn.*) quadrifonia.
quadrat /ˈkwɒdrət/, *n.* (*tipogr.*) quadrato. ● **em q.**, quadrato di dodici punti; quadratone □ **en q.**, quadratino.
quadrate /ˈkwɒdrət, -eɪt/, **A** *n.* (*geom., anat.*) quadrato. **B** *a.* (*anat.*) quadrato: **q. bone**, osso quadrato; **q. muscle**, muscolo quadrato.
to **quadrate** /ˈkwɒdreɪt/, *v. t.* ***1*** quadrare; squadrare ***2*** fare la quadratura di (*un cerchio*) ***3*** far quadrare; far corrispondere.
quadratic /kwɒˈdrætɪk/, (*mat.*) **A** *a.* quadratico; di secondo grado: **q. equation**, equazione di secondo grado. **B** *n.* equazione di secondo grado; equazione quadratica.
quadrature /ˈkwɒdrətʃə(r)/, *n.* (*mat., astron.*) quadratura: **the q. of the circle**, la quadratura del cerchio.
quadrennial /kwɒˈdrenɪəl/, *a.* quadriennale. ‖ **-ly**, *avv.*
quadrennium /kwɒˈdrenɪəm/, *n.* (*pl.* **quadrenniums, quadrennia**) quadriennio.
quadric /ˈkwɒdrɪk/, (*mat.*) **A** *a.* quadrico. **B** *n.* quadrica. ● (*geom.*) **q. cone**, cono ellittico.
quadriceps /ˈkwɒdrɪseps/, *n.* (*pl.* **quadricepses, quadriceps**) (*anat.*) quadricipite.
quadriennium /kwɒdrɪˈenɪəm/, *V.* **quadrennium**.
quadrifid /ˈkwɒdrɪfɪd/, *a.* (*bot.*) quadrifido.
quadrifoliate /kwɒdrɪˈfəʊlɪət/, *a.* (*bot.*) quadrifogliato.
quadriga /kwəˈdriːgə/, *n.* (*pl.* **quadrigae**) (*stor.*) quadriga.
quadrilateral /kwɒdrɪˈlætərəl/, *a.* e *n.* (*geom.*) quadrilatero.
quadrilingual /kwɒdrɪˈlɪŋgwəl/, *a.* quadrilingue.
quadrille (**1**) /kwɒˈdrɪl/ (*franc.*), *n.* (*mus.*) quadriglia (*danza*).
quadrille (**2**) /kwɒˈdrɪl/ (*franc.*), *n.* (*stor.*) quadriglio (*gioco di carte del '700*).
quadrillion /kwɒˈdrɪlɪən/, *n.* ***1*** (*in G.B.*) quarta potenza di un milione (*un 1 seguito da 24 zeri*) ***2*** (*USA*) quadrilione (*un 1 seguito da 15 zeri*).
quadrinomial /kwɒdrɪˈnəʊmɪəl/, (*mat.*) **A** *n.* quadrinomio. **B** *a.* quadrinomiale.
quadripartite /kwɒdrɪˈpɑːtaɪt/, *a.* quadripartito.
quadriplegia /kwɒdrɪˈpliːdʒə/, *n.* (*med.*) quadriplegia.
quadriplegic /kwɒdrɪˈpliːdʒɪk/, *a.* e *n.* (*med.*) quadriplegico.
quadripole /ˈkwɒdrɪpəʊl/, *V.* **quadrupole**.
quadrireme /ˈkwɒdrɪriːm/, *n.* (*stor., naut.*) quadrireme.
quadrisyllabic /kwɒdrɪsɪˈlæbɪk/, *a.* quadrisillabo.
quadrisyllable /kwɒdrɪˈsɪləbl/, *n.* quadrisillabo.
quadrivalence /kwɒdˈrɪvələns/, **quadrivalency** /kwɒdrɪˈveɪlənsɪ/, *n.* (*chim.*) tetravalenza.
quadrivalent /kwɒdrɪˈveɪlənt, kwɒˈdrɪvə-/, *a.* (*chim.*) tetravalente.
quadrivium /kwɒˈdrɪvɪəm/, *n.* (*pl.* **quadrivia**) (*stor.*) quadrivio (*delle arti medievali*).
quadroon /kwɒˈdruːn/, *n.* quarterone; cuarteron (*spagn.*); persona che ha un quarto di sangue negro.
quadrumane /ˈkwɒdrʊmeɪn/, *n.* (*zool.*) quadrumane.
quadrumanous /kwɒˈdruːmənəs/, *a.* (*zool.*) quadrumane.
quadruped /ˈkwɒdrʊped/, *n.* e *a.* (*zool.*) quadrupede.
quadrupedal /kwɒˈdruːpedl/, *a.* (*zool.*) quadrupede.
quadruple /ˈkwɒdrʊpl, kwɒˈdruːpl, -ˈdrʌpl/, **A** *a.* quadruplo; quadruplice. **B** *n.* quadruplo.
to **quadruple** /ˈkwɒdrʊpl, kwɒˈdruːpl, *USA* -ˈdruːpl, -ˈdrʌpl/, **A** *v. t.* quadruplicare. **B** *v. i.* quadruplicarsi.
quadruplet /ˈkwɒdrʊplət, kwɒˈdruːp-, *USA* -ˈdruːp-, -ˈdrʌp-/, *n.* ***1*** uno di quattro gemelli ***2*** (*pl.*) quattro nati da un parto; gemelli di un parto quadrigemino.
quadruplicate /kwɒˈdruːplɪkət/, *a.* ***1*** quadruplo; quadruplice ***2*** (*di documento*) in quattro copie ***3*** (*mat.*) alla quarta potenza. ● **in q.**, in quattro esemplari; in quattro copie.
to **quadruplicate** /kwɒˈdruːplɪkeɪt/, *v. t.* ***1*** quadruplicare ***2*** fare quattro copie di (*un documento*).
quadruplication /kwɒdruːplɪˈkeɪʃn/, *n.* ***1*** quadruplicazione ***2*** redazione (*di un documento*) in quattro copie.
quadruplicity /kwɒdrəˈplɪsətɪ/, *n.* quadruplicità.
quadrupole /ˈkwɒdrʊpəʊl/, *n.* (*elettr.*) quadripolo, quadrupolo.
quads /kwɒdz/, (*fam.*) *V.* **quadruplet**, *def.* 2.
quaere /ˈkwɪərɪ/, (*lat.*), (*raro*) **A** *voce verb.* (*imper. di quaerere*) vorrei sapere; di grazia: **That's most interesting; but q., is it true?**, è una cosa interessantissima; ma, di grazia, è vera? **B** *n.* domanda; quesito.
quaestor /ˈkwiːstə(r)/, *n.* (*stor. romana*) questore.
quaestorial /kwiːˈstɔːrɪəl/, *a.* (*stor. romana*) di (*o* da) questore; questorio.
quaestorship /ˈkwiːstəʃɪp/, *n.* (*stor. romana*) questura.
to **quaff** /kwɒf, -ɑːf, *USA* kwɔːf, -æf/, *v. t.* e *i.* (*lett.*) bere a gran sorsi; tracannare.
quag /kwæg/, *n.* (*arc.*) pantano; acquitrino.
quagga /ˈkwægə/, *n.* (*pl.* **quaggas, quagga**) (*zool.*, *Equus quagga*) quagga.
quaggy /ˈkwægɪ/, *a.* ***1*** paludoso; pantanoso ***2*** molle; flaccido.
quagmire /ˈkwɒgmaɪə(r), ˈkwæ-, *USA* ˈkwæ-/, *n.* ***1*** pantano; acquitrino ***2*** (*fig.*) situazione difficile. ● **to be in a q.**, essere nei pasticci.
quail /kweɪl/, *n.* (*pl.* **quail, quails**) ***1*** (*zool., Coturnix*) quaglia ***2*** (*pop. USA*) bella ragazza. ● **q. call** (*o* **q. pipe**), quagliere.
to **quail** /kweɪl/, *v. i.* sgomentarsi; aver paura; indietreggiare; perdersi d'animo; tremare (*fig.*); turbarsi: **He quailed before danger**, si sgomentò di fronte al pericolo; **His enemies quailed before him**, i nemici tremavano davanti a lui.
quaint /kweɪnt/, *a.* ***1*** caratteristico (d'altri tempi); pittoresco: **a q. old fireplace**, un caminetto caratteristico (d'altri tempi); **a q. old custom**, una pittoresca usanza dei tempi passati ***2*** bizzarro; buffo; curioso; eccentrico; originale: **a q. method**, un metodo curioso (*o* originale); **a q. little hat**, un bizzarro cappellino. ‖ **-ly**, *avv.* ‖ **-ness**, *sost.*
quake /kweɪk/, *n.* ***1*** tremito; tremolio; brivido ***2*** (*fam.*) terremoto.
to **quake** /kweɪk/, *v. i.* tremare; tremolare; rabbrividire; oscillare; scuotersi; vacillare: **The earth quaked**, la terra tremò; **My legs were quaking**, mi tremavano le gambe. ● (*bot.*) **quaking aspen** (*Populus tremula*), pioppo tremolo; tremolino □ (*geogr.*) **quaking bog**, palude mobile (*o* tremante).
Quaker /ˈkweɪkə(r)/, *n.* (*relig.*) quacchero, quacquero. ● (*zool.*) **q.-bird** (*Diomedea fuliginosa*), albatro fuligginoso □ (*zool.*) **q. moth**, farfalla appartenente alla famiglia dei nottuidi □ **Quakers' meeting**, assemblea religiosa di quaccheri; (*fig. fam.*) riunione in cui si parla poco.
Quakerdom /ˈkweɪkədəm/, *n.* (*relig.*) quaccherismo, quacquerismo.
Quakeress /ˈkweɪkərɪs/, *n.* (*relig.*) quacchera, quacquera.
Quakerish /ˈkweɪkərɪʃ/, *a.* di (*o* da) quacchero; quacchero.
Quakerism /ˈkweɪkərɪzəm/, *n.* (*relig.*) quac-

cherismo, quacquerismo.

Quakerly /ˈkweɪkəlɪ/, **A** *a.* di (*o* da) quacchero; quacchero. **B** *avv.* alla quacchera.

quakiness /ˈkweɪkɪnəs/, *n.* l'esser tremulo; l'esser tremebondo.

quaky /ˈkweɪkɪ/, *a.* tremulo; tremebondo.

qualifiable /ˈkwɒlɪfaɪəbl/, *a.* qualificabile.

qualification /kwɒlɪfɪˈkeɪʃn/, *n.* ***1*** modificazione; precisazione; riserva: **This statement stands without q.**, questa affermazione è valida senza riserva ***2*** (*anche leg.*) qualità; attributo; titolo; qualifica; condizione; requisito: **a teacher's qualifications**, le qualifiche professionali d'un insegnante; **q. for an office**, titolo per ricoprire una carica; **the q. for citizenship**, la condizione per ottenere la cittadinanza ***3*** qualificazione; attribuzione d'una qualità; descrizione ***4*** (*leg.*) limitazione; restrizione. ● (*fin.*) **q. shares**, pacchetto azionario di un amministratore (*della società*) □ (*in U.S.A.*) **qualifications to register**, requisiti necessari per essere iscritti nelle liste elettorali □ **His delight had one q.**, una sola nube offuscava la sua gioia.

qualificatory /ˈkwɒlɪfɪkətrɪ, *USA* -ɔːrɪ/, *a.* ***1*** limitativo; restrittivo ***2*** qualificativo.

qualified /ˈkwɒlɪfaɪd/, *a.* ***1*** (*anche leg.*) condizionale; condizionato; con riserva: **q. approval**, approvazione con riserva ***2*** qualificato; capace; competente: **a q. worker**, un operaio qualificato ***3*** (*leg.*) dotato dei requisiti necessari; abilitato; qualificato. ● **q. acceptance of a bill**, accettazione condizionata (*o* restrittiva) d'una cambiale.

qualifier /ˈkwɒlɪfaɪə(r)/, *n.* ***1*** (*gramm.*) aggettivo (*o* avverbio) qualificativo ***2*** (*sport*) eliminatoria; gara di selezione ***3*** (*sport*) chi si qualifica (*o* si è qualificato).

to **qualify** /ˈkwɒlɪfaɪ/, **A** *v. t.* ***1*** dare a (q.) i requisiti necessari (*per una carica, una professione, ecc.*) ***2*** abilitare, qualificare (*anche leg.*): **to q. sb. to teach French** (*o* **for teaching French**), abilitare q. all'insegnamento del francese ***3*** modificare; precisare; attenuare; restringere; limitare: **to q. one's opinion**, attenuare la propria opinione ***4*** condizionare; sottoporre (q.c.) a condizioni ***5*** qualificare (*anche gramm.*); dare una qualità a (q.); descrivere: **Adjectives q. nouns**, l'aggettivo qualifica il nome; **They q. him as a man of letters**, lo descrivono come un letterato. **B** *v. i.* ***1*** (*anche, v. rifl.*, **to qualify oneself**) acquisire le qualità necessarie (*o* i titoli richiesti, i requisiti); abilitarsi; qualificarsi: **Have you qualified as a barrister?**, hai acquisito i requisiti necessari per esercitare la professione forense?; **You must q. yourself for a teacher's post**, devi abilitarti all'insegnamento ***2*** (*sport*) qualificarsi. ● **to q. for the Bar**, prepararsi per la professione forense.

qualifying /ˈkwɒlɪfaɪɪŋ/, *a.* qualificativo: (*gramm.*) **q. adjective**, aggettivo qualificativo.

qualitative /ˈkwɒlɪtətɪv, *USA* -teɪt-/, *a.* qualitativo: (*chim.*) **q. analysis**, analisi qualitativa; (*stat.*) **q. data**, dati qualitativi.

quality /ˈkwɒlətɪ/, *n.* ***1*** qualità; proprietà essenziale; carattere, caratteristica; pregio: **goods of high [of poor] q.**, merci d'ottima [di scadente] qualità; **That boy has many fine qualities**, quel ragazzo ha molte buone qualità ***2*** (*arc.*) – **the q.**, le persone di qualità; i nobili; i titolati. ● **q. circle**, tavola rotonda aziendale □ (*ind.*) **q. control**, controllo di qualità □ (*in G.B.*) **q. paper**, giornale di buone qualità □ (*lett.*) **to give a taste of one's q.**, dar saggio di sé; far vedere di che cosa si è capace □ **a man without qualities**, un uomo senza nessuna qualità □ **in the q. of a friend**, in qualità (*o* in veste) d'amico; (*meglio*) da amico □ **people of q.**, persone di qualità (*d'alto rango, di ceto elevato*).

qualm /kwɑːm, *USA* kwɔːm/, *n.* ***1*** nausea; conato di vomito ***2*** dubbio improvviso; rimorso; scrupolo: **The boy had qualms about having told a lie**, il ragazzo sentiva il rimorso d'aver detto una bugia ***3*** emozione improvvisa (*specialm. dolore o paura*).

qualmish /ˈkwɔːmɪʃ/, *a.* ***1*** che ha la nausea ***2*** che sente rimorso; che ha scrupoli; inquieto ***3*** che dà la nausea; nauseabondo. || **-ly**, *avv.* || **-ness**, *sost.*

quandary /ˈkwɒndərɪ/, *n.* difficoltà; dilemma; dubbio; imbarazzo; impaccio. ● **to be in a q.**, trovarsi in imbarazzo.

quango /ˈkwæŋgəʊ/, *n.* (*fam. spreg., acronimo di* **quasi-autonomous non-governmental organization**) ente parastatale; organizzazione quasi ufficiale; ente inutile.

quant /kwɒnt/, *n.* pertica munita di disco (*applicato a un'estremità perché non affondi nel fango; usata dai barcaioli delle coste orientali ingl.*).

to **quant** /kwɒnt/, *v. t.* e *i.* spingere (*una barca*) con una pertica (*V.* **quant**).

quantic /ˈkwɒntɪk/, *a.* (*mat.*) quantico: **q. transition**, salto quantico.

quantifiable /kwɒntɪˈfaɪəbl/, *a.* quantificabile.

quantification /kwɒntɪfɪˈkeɪʃn/, *n.* (*scient., tecn.*) quantificazione.

quantifier /ˈkwɒntɪfaɪə(r)/, *n.* (*logica, ling.* e *mat.*) quantificatore.

to **quantify** /ˈkwɒntɪfaɪ/, *v. t.* quantificare.

quantile /ˈkwɒntaɪl, *USA* -tl/, *n.* (*stat.*) quantile.

quantitative /ˈkwɒntɪtətɪv, *USA* -teɪt-/, *a.* quantitativo: (*chim.*) **q. analysis**, analisi quantitativa; (*stat.*) **q. data**, dati quantitativi; (*poesia*) **q. scansion**, scansione quantitativa.

quantity /ˈkwɒntətɪ/, *n.* quantità; grandezza; abbondanza; gran numero; (*comm.*) quantitativo: **We grant a discount for large quantities of goods**, concediamo uno sconto per grossi quantitativi di merci; (*mat.*) **scalar q.**, grandezza scalare; (*mat.*) **incommensurable q.**, quantità incommensurabile; **We've had quantities of orders lately**, di recente abbiamo avuto ordinazioni in abbondanza. ● (*comm.*) **q. discount** (*o* **rebate**), sconto per acquisti di grossi quantitativi □ (*edil.*) **q. survey**, computo metrico ed estimativo (*dei materiali*) □ (*poesia*) **q. mark**, segno della quantità (*d'una vocale*); segno di lunga o di breve □ **q. meter**, contatore □ (*d'acqua*) **q. per second**, portata al secondo □ (*ind.*) **q. production**, produzione in grande quantità □ (*edil.*) **q. surveyor**, tecnico che fa il computo metrico ed estimativo; preventivista □ (*econ.*) **q. theory of money**, teoria quantitativa della moneta □ **negligible q.**, quantità trascurabile; (*fig.*) persona senza importanza □ **unknown q.**, (*mat.*) incognita; (*fig.*) persona imprevedibile.

quantization /kwɒntaɪˈzeɪʃn, *USA* -tɪˈz-/, *n.* (*scient., tecn.*) quantizzazione.

to **quantize** /ˈkwɒntaɪz/, *v. t.* (*scient., tecn.*) quantizzare.

quantum /ˈkwɒntəm/, *n.* (*pl.* **quanta**) ***1*** (*fis.*) quanto: **light q.**, quanto di luce ***2*** quanto; piccola quantità ***3*** (*med.*) dose. ● **q. chemist**, esperto in chimica quantistica □ **q. chemistry**, chimica quantistica □ **q. jump**, (*fis.*) salto quantico; (*fig.*, = **q. leap**) enorme balzo, grande progresso □ (*fis.*) **q. number**, numero quantico □ (*med.*) **q. sufficit** (*lat.*), quanto basta □ (*fis.*) **q. theory**, teoria quantistica (*o* dei quanti).

quaquaversal /kweɪkwəˈvɜːsl/, *a.* (*scient.*) periclinale; radiale.

quarantine /ˈkwɒrəntiːn, *USA* ˈkwɔːr-/, *n.* (*med., naut., fig.*) quarantena.

to **quarantine** /ˈkwɒrəntiːn, *USA* ˈkwɔːr-/, *v. t.* (*anche fig.*) mettere (*o* tenere) in quarantena.

quark /kwɑːk, kwɔːk/, *n.* (*fis. nucl.*) quark (*da una parola «nonsensical» detta da un personaggio di Finnegans Wake di James Joyce*).

quarrel (**1**) /ˈkwɒrəl, *USA* ˈkwɔː-/, *n.* ***1*** lite; litigio; alterco; contesa; disputa ***2*** contrasto; disaccordo; dissidio; motivo di lite: **I have no q. against** (*o* **with**) **James**, non ho motivi di contrasto con James; non trovo niente da ridire su quello che dice (fa, ecc.). ● **to make up a q.**, fare la pace; rappacificarsi; riconciliarsi □ **to pick a q. with sb.**, attaccar lite (*o* briga) con q.

quarrel (**2**) /ˈkwɒrəl, *USA* ˈkwɔː-/, *n.* ***1*** (*stor., mil.*) quadrello; dardo ***2*** losanga, rombo (*di vetrate a piombi*) ***3*** quadrello (*mattone quadrato da pavimento*); mattonella ***4*** tagliavetro; diamante (*da vetraio*).

to **quarrel** /ˈkwɒrəl, *USA* ˈkwɔː-/, *v. i.* ***1*** litigare; altercare; bisticciare; disputare; attaccar briga; questionare ***2*** lagnarsi; trovare a ridire; essere scontento: **I never q. with Providence**, non mi lagno mai della Provvidenza; **to q. with one's wages**, essere scontento del salario. ● **to q. about** (*o* **over**) **st.**, litigare per q.c. □ (*fig.*) **to q. with one's bread and butter**, rischiare di perdere il lavoro che ci dà da vivere.

quarreller, (*USA*) **quarreler** /ˈkwɒrələ(r), *USA* ˈkwɔː-/, *n.* ***1*** litigante ***2*** attaccabrighe.

quarrelling /ˈkwɒrəlɪŋ, *USA* ˈkwɔː-/, (*USA*) **quarreling** /ˈkwɒrəlɪŋ, *USA* ˈkwɔː-/, *n.* il litigare; lite; litigio; disputa.

quarrelsome /ˈkwɒrəlsəm, *USA* ˈkwɔː-/, *a.* litigioso; attaccabrighe. || **-ly**, *avv.* || **-ness**, *sost.*

quarrier /ˈkwɒrɪə(r), *USA* ˈkwɔː-/, *n.* cavatore (di marmo, ecc.); cavapietre.

quarry (**1**) /ˈkwɒrɪ, *USA* ˈkwɔː-/, *n.* cava; (*fig.*) miniera, fonte (*di notizie, ecc.*): **marble q.**, cava di marmo; **slate q.**, cava di lavagna. ● **stone q.**, cava di pietre.

quarry (**2**) /ˈkwɒrɪ, *USA* ˈkwɔː-/, *n.* preda (*anche fig.*); selvaggina.

quarry (**3**) /ˈkwɒrɪ, *USA* ˈkwɔː-/, *n.* ***1*** losanga, rombo (*di vetrate a piombi*) ***2*** (= **q. tile**) quadrello. ● (*edil.*) **q.-tiled flooring**, pavimentazione in mattonelle; ammattonato.

to **quarry** /ˈkwɒrɪ, *USA* ˈkwɔː-/, **A** *v. t.* ***1*** scavare; estrarre: **to q. limestone**, estrarre calcare (pietre calcaree) ***2*** (*fig.*) cavar fuori, ricavare (*notizie, fatti, ecc.: da libri, manoscritti, ecc.*). **B** *v. i.* (*fig.*) fare ricerche (*o* indagini).

quarryman /ˈkwɒrɪmən, *USA* ˈkwɔː-/, *n.* (*pl.* **quarrymen**) cavatore.

quart (**1**) /kwɔːt/, *n.* ***1*** quarto di gallone (*misura per liquidi, pari a litri 1,14 circa in G.B., o a 1 litro circa in U.S.A.*); recipiente (*specialm.* boccale) di tale capacità ***2*** ottavo di «peck» (*misura per cereali, pari a litri 1,14 circa in G.B., o a litri 1,1 circa in U.S.A.*). ● (*fam.*) **to try to put a q. into a pint pot**, tentare l'impossibile □ **The old man still takes his q.**, il vecchio beve ancora il suo bravo boccale di birra.

quart (**2**) /kwɔːt/, *n.* ***1*** (*scherma*, = **quarte**) quarta ***2*** (*nei giochi di carte*) sequenza di quattro carte dello stesso seme. ● **q. major**, asso, re, regina e fante dello stesso seme.

to **quart** /kɑːt/, *v. i.* (*scherma*) mettersi in posizione di quarta.

quartan /ˈkwɔːtn/, *a.* e *n.* (*med.*) (febbre) quartana.

quartation /kwɔːˈteɪʃn/, *n.* (*metall.*) inquartazione (*dell'oro*).

quarte /kɑːt/ (*franc.*), *n. V.* **quart** (**2**), *def. 1.*

quarter /ˈkwɔːtə(r)/, *n.* ***1*** (*mat., astron., arald., ecc.*) quarto: **a q. of a mile**, un quarto di miglio; **a q. of a century**, un quarto di secolo; **It's a q. to** (*USA*: **of**) **four**, sono le quattro meno un quarto; **The moon is in its first q.**, la luna è al primo quarto; **a q. of beef**, un quarto di bue; **hind quarters**, quarti posteriori ***2*** trimestre; (*specialm. scozz.* e *USA*) trimestre scolastico (*cfr. ingl.* **term**): **A q. is a school term of about twelve weeks**, il trimestre scolastico è di circa dodici settimane ***3*** (*USA*) quarto di dollaro; moneta da 25 centesimi ***4*** quadrante della bussola; punto cardinale; (*per estens.*) direzione, località, parte: **Which q. is the wind in?**, in che direzione soffia il vento?; **He has travelled in every q.**

of the globe, ha viaggiato in ogni parte del mondo; **There was no help to be looked for in that q.**, da quella parte non c'era da aspettarsi alcun aiuto ***5*** (*fig.*) ambiente; circolo; fonte (*d'informazione*); settore (*della pubblica opinione*); (*pl.*) sfere: **This information comes from a good q.**, questa informazione viene da fonte sicura ***6*** quartiere; rione; zona d'una città: **We live in the Italian q.**, abitiamo nel quartiere italiano; **the residential q.**, il quartiere residenziale; **the manufacturing q.**, la zona industriale della città ***7*** (*pl.*) alloggio: **I found quarters for my friends**, trovai alloggio per i miei amici ***8*** (*pl.*) (*mil.*) quartieri; alloggiamento; luogo di guarnigione; caserme: **Caesar's legions were in winter quarters**, le legioni di Cesare erano nei loro quartieri d'inverno ***9*** (*pl.*) (*naut. mil.*) posti di combattimento: **The crew took up their quarters**, l'equipaggio occupò i posti di combattimento ***10*** (*naut.*) giardinetto; anca ***11*** «quarter» (*misura per cereali, pari a ettolitri 2,90 circa*) ***12*** «quarter»; quarto di «hundredweight» (*misura di peso, pari a kg 12,70 in G.B. e a kg 11,34 in U.S.A.*). ● (*fam., sport*) **the q.**, il quarto di miglio (*402 m circa*): **He has done the q. in a minute**, ha fatto il quarto di miglio in un minuto □ **q. bell**, campana che suona i quarti □ (*di libro*) **q.-bound**, rilegato in pelle (*o* in tela) solo sul dorso □ (*biliardo*) **q. butt**, stecca corta □ (*in G.B.*) **q. days**, giorni di scadenza dei pagamenti trimestrali (*dei canoni d'affitto, ecc.*: *25 marzo, 24 giugno, 29 settembre e 25 dicembre*) □ (*USA*) **q. dollar**, quarto di dollaro (*25 cent*) □ (*vet.*) **q. evil**, gangrena gassosa (*del bestiame*) □ (*sport*) **q. finals**, quarti di finale □ (*mil.*) **q. left** [**q. right**], ad angolo retto a sinistra [a destra] □ **q.-hour**, quarto d'ora □ (*sport*) **q. mile**, quarto di miglio □ (*sport*) **q.-miler**, podista che corre il quarto di miglio □ (*mus., USA*) **q. note**, semiminima □ (*elettr.*) **q.-phase**, bifase □ (*fotogr.*) **q. plate**, lastra di $3^1/_4$ x $4^1/_4$ pollici (cm 8,3 x 10,8 circa) □ (*falegn.*) **q. round**, quartabuono; quartabono □ (*leg., stor.*) **q. sessions**, sessioni trimestrali; udienze trimestrali □ (*mus.*) **q. tone**, quarto di tono; mezzo semitono □ (*naut.*) **q. wind**, vento al giardinetto □ (*lett.*) **to ask for q.**, chieder quartiere; chiedere salva la vita □ (*fig.*) **a bad q. of an hour**, un brutto quarto d'ora □ (*naut.*) **to beat to quarters**, chiamare l'equipaggio ai posti di combattimento □ **at close quarters**, dappresso, vicino; (*mil.*) corpo a corpo □ (*naut.*) **fire quarters**, posto d'incendio □ **from every q.** (*o* **from all quarters**), da ogni parte; da tutte le direzioni □ (*lett.*) **to give no q.**, non dar quartiere; non usare misericordia □ **to live in close quarters**, vivere in un ambiente ristretto □ (*edil.*) **living quarters**, zona giorno □ (*naut.*) **officers' quarters**, quadrato degli ufficiali; alloggi degli ufficiali □ (*lett.*) **to receive q.**, aver salva la vita □ (*edil.*) **sleeping quarters**, zona notte □ **to take up one's quarters with sb.**, andare ad abitare con q.

to **quarter** /ˈkwɔːtə(r)/, **A** *v. t.* ***1*** dividere in quarti; dividere in quattro parti: **to q. a watermelon**, dividere in quattro un cocomero ***2*** (*stor.*) fare in quarti; squartare: **The traitor was hanged and quartered**, il traditore fu impiccato e squartato ***3*** (*arald.*) inquartare; dividere (*lo scudo, lo stemma*) in quarti ***4*** (*mecc.*) mettere (*gomiti*) ad angolo retto ***5*** alloggiare; acquartierare (*soldati*) ***6*** battere (*un terreno*); perlustrare. **B** *v. i.* ***1*** alloggiare; essere alloggiato; (*mil.*) acquartierarsi ***2*** battere un terreno; fare una perlustrazione ***3*** (*di nave*) navigare col vento al giardinetto ***4*** (*del vento*) soffiare verso il giardinetto.

quarterage /ˈkwɔːtərɪdʒ/, *n.* ***1*** pagamento trimestrale (*dell'affitto, ecc.*) ***2*** (*mil.*) acquartieramento.

quarterback /ˈkwɔːtɜːbæk/, *n.* (*football americano*) giocatore in posizione centrale, che dirige il gioco offensivo; quarterback.

to **quarterback** /ˈkwɔːtɜːbæk/, *v. i.* e *t.* ***1*** (*sport*) essere il quarterback; dirigere il gioco (*di una squadra*) come quarterback ***2*** (*fig. USA*) dirigere; organizzare.

quarterdeck /ˈkwɔːtədɛk/, *n.* (*naut.*) cassero di poppa; casseretto.

quarterfinal /kwɔːtəˈfaɪnl/, *n.* (*sport*) ***1*** (= **q. match**) incontro dei quarti di finale ***2*** (*pl.*) quarti di finale.

quartering /ˈkwɔːtərɪŋ/, *n.* ***1*** divisione in quattro parti ***2*** (*stor.*) squartamento ***3*** (*mil.*) acquartieramento ***4*** (*arald.*) inquartamento.

quarterlight /ˈkwɔːtəlaɪt/, *n.* (*autom.*) piccolo finestrino laterale; deflettore.

quarterly /ˈkwɔːtəlɪ/, **A** *a.* trimestrale: **q. payments**, pagamenti trimestrali. **B** *avv.* ***1*** trimestralmente ***2*** (*arald.*) in quarti: (*di scudo*) **q. divided**, diviso in quarti; inquartato. **C** *n.* pubblicazione trimestrale.

quartermaster /ˈkwɔːtəmɑːstə(r), *USA* -mæs-/, *n.* ***1*** (*mil.*) quartiermastro (*un tempo*); (*ora*) commissario; maresciallo d'alloggio; furiere ***2*** (*naut.*: *un tempo*) quartiermastro ***3*** (*naut.*: *oggi*) timoniere ***4*** (*naut., mil.*) secondo capo timoniere ***5*** (*USA*) ufficiale del Commissariato. ● (*USA*) **Q. Corps** (*abbr.* **Q.M.C.**), Commissariato militare □ (*USA*) **Q. General** (*abbr.* **Q.M.G.**), generale del Commissariato □ (*naut., mil.*) **chief q.**, capo timoniere.

quartern /ˈkwɔːtən/, *n.* ***1*** (= **q. loaf**) pagnotta di quattro libbre circa ***2*** quarto di pinta (*o* di libbra, ecc.).

quarterstaff /ˈkwɔːtəstɑːf, *USA* -æf/, *n.* (*pl.* **quarterstaves**) lunga asta di legno dalla punta ferrata (*usata un tempo in combattimento*).

quartet, quartette /kwɔːˈtɛt/, *n.* ***1*** (*mus.*) quartetto ***2*** (*fig.*) quartetto; gruppo di quattro.

quartic /ˈkwɔːtɪk/, *a.* (*mat.*) quartico; di quarto grado.

quartile /ˈkwɔːtaɪl, *USA* -tl/, *n.* (*stat.*) quartile.

quarto /ˈkwɔːtəʊ/, (*tipogr.*) **A** *a.* in quarto. **B** *n.* (*pl.* **quartos**) (volume) in quarto.

quartz /kwɔːts/, *n.* (*miner.*) quarzo. ● (*elettron.*) **q. crystal**, cristallo di quarzo □ (*elettr.*) **q.-iodine lamp**, lampada alogena (*o* al quarzo-iodio) □ (*elettron., med.*) **q. lamp**, lampada al quarzo □ **a q. watch**, un orologio al quarzo.

quartziferous /kwɔːtˈsɪfərəs/, *a.* (*miner.*) quarzifero.

quartzite /ˈkwɔːtsaɪt/, *n.* (*miner.*) quarzite.

quartzose /ˈkwɔːtsəʊs/, **quartzous** /ˈkwɔːtsəs/, *a.* (*miner.*) quarzoso.

quasar /ˈkweɪzɑː(r), -s-/, *n.* (*astron., acronimo di* **quasi-stellar radio source**) quasar; radiosorgente quasi stellare.

to **quash** /kwɒʃ, *USA* kwɔːʃ/, *v. t.* ***1*** schiacciare; soggiogare; sottomettere; domare: **to q. an uprising**, domare una rivolta ***2*** (*leg.*) annullare; cassare; invalidare: **to q. a verdict**, annullare un verdetto. ● (*leg.*) **to q. the array**, annullare la composizione della giuria.

quashing /ˈkwɒʃɪŋ, *USA* ˈkwɔːʃ-/, *n.* ***1*** il domare; soggiogamento ***2*** (*leg.*) annullamento; cassazione.

quasi /ˈkweɪzaɪ, -saɪ, ˈkwɑːzɪ, -sɪ, ˈkwæzɪ/, *a.* e *avv.* quasi; pressoché; semi- (*pref.*); poco meno che: **a q.-historical novel**, un romanzo poco meno che storico; **q.-officially**, in modo quasi ufficiale; **The two countries are engaged in a q.-war**, le due nazioni sono poco meno che in guerra. ● (*econ.*) **q.-money**, quasi moneta □ (*econ.*) **q.-monopoly**, quasi monopolio □ (*fin.*) **q.-partner**, quasi socio.

quassia /ˈkwɒʃə/, *n.* (*bot., Quassia amara*) quassia.

quatercentenary /kwætəsɛnˈtiːnərɪ, -ˈtɛn-, kwɒ-, kweɪ-, -ˈtɛn-, *USA* -ˈsɛntənɛrɪ/, *n.* quarto centenario.

quaternary /kwəˈtɜːnərɪ/, **A** *a.* ***1*** quaternario; che si compone di quattro elementi ***2*** – (*geol.*) **Q.**, quaternario ***3*** (*chim., metall.*) quaternario. **B** *n.* ***1*** (*raro*) quattro (*il numero*) ***2*** quartetto; serie di quattro cose ***3*** – (*geol.*) **the Q.**, il Quaternario; l'era quaternaria.

quaternion /kwəˈtɜːnɪən/, *n.* (*mat.*) quaternione.

quatrain /ˈkwɒtreɪn/, *n.* (*poesia*) quartina.

quatrefoil /ˈkætrəfɔɪl/, *n.* ***1*** (*specialm. archit.*) quadrifoglio ***2*** (*arald.*) quattrofoglie.

quaver /ˈkweɪvə(r)/, *n.* ***1*** (*nel canto*) trillo; gorgheggio ***2*** tremolio (*della voce*) ***3*** (*mus.*) croma.

to **quaver** /ˈkweɪvə(r)/, **A** *v. i.* ***1*** tremolare; tremare; vibrare: **His voice quavered and broke**, la voce gli tremò e poi si spezzò ***2*** (*mus.*) trillare; gorgheggiare. **B** *v. t.* (*di solito* **to q. out**) dire (*o* cantare) con voce tremula. ● (*mus.*) **to q. a note**, trillare su una nota; eseguire una nota trillata.

quavering /ˈkweɪvərɪŋ/, **A** *a.* ***1*** tremulo ***2*** trillante. **B** *n.* gorgheggio.

quaveringly /ˈkweɪvərɪŋlɪ/, *avv.* ***1*** con voce tremula ***2*** con trilli.

quavery /ˈkweɪvərɪ/, *a.* ***1*** tremulo; tremolante ***2*** trillante.

quay /kiː/, *n.* (*naut.*) banchina (d'attracco); molo; calata. ● **q. dues**, diritti di banchina □ **q. trial**, prova agli ormeggi.

quayage /ˈkiːɪdʒ/, *n.* (*comm., naut.*) diritti di banchina.

queasy /ˈkwiːzɪ/, *a.* ***1*** nauseabondo; disgustoso; nauseante: **a q. mixture**, un miscuglio disgustoso ***2*** nauseato ***3*** delicato (*di stomaco*); schizzinoso; schifiltoso ***4*** (*fig.*) ansioso; a disagio; (*anche*) troppo scrupoloso: **a q. conscience**, una coscienza troppo scrupolosa. ‖ **-ily**, *avv.* ‖ **-ness**, *sost.*

queen /kwiːn/, *n.* ***1*** regina: **q. consort**, regina consorte; **q. mother**, regina madre; (*stor.*) **Q. Victoria**, la Regina Vittoria ***2*** (*fig.*) regina: (*relig.*) **the Q. of Grace**, la Regina delle grazie (*la Madonna*); **beauty q.**, regina di bellezza; reginetta ***3*** (*a scacchi*) regina ***4*** (*a carte*) regina; donna ***5*** (*zool.*) regina (*di api, ecc.*) ***6*** (*pop.*) omosessuale; finocchio, frocio, checca (*pop.*). ● **Q. Anne furniture**, mobili stile Regina Anna (*1702-1714*) □ (*zool.*) **the q. bee**, l'ape regina □ (*leg.*) **Q.'s Bench** (**Division**), sezione dell'Alta Corte di Giustizia che si occupa di questioni di assicurazioni, diritto commerciale e marittimo, ecc. □ (*leg.*) **Q.'s counsel**, *V. sotto* **counsel** □ **the q. dowages**, la regina (vedova) □ **Q.'s English**, l'inglese puro (*la lingua*) □ (*leg.*) **Q.'s evidence**, *V. sotto* **evidence** □ (*edil.*) **q. post**, monaco □ (*leg.*) **The Q.'s peace**, l'ordine pubblico □ **the q. regent**, la reggente (*del trono*) □ **q. regnant**, regina regnante □ (*polit.*) **the Q.'s speech**, il discorso della regina (*all'apertura del parlamento*) □ (*arte*) **Q.'s ware**, ceramiche pregiate di colore bianco.

to **queen** /kwiːn/, **A** *v. t.* ***1*** (*arc.*) fare (*una donna*) regina ***2*** (*scacchi*) fare (*un pedone*) regina. **B** *v. i.* ***1*** (*scacchi*) andare a regina ***2*** (*gioco della dama*) andare a dama. ● (*fam. spreg.*) **to q. it**, darsi arie da regina □ **to q. it over sb.**, spadroneggiare su q.

queenhood /ˈkwiːnhʊd/, *n.* condizione (*o* dignità) di regina; regalità.

queenlike /ˈkwiːnlaɪk/, *a.* di (*o* da) regina; regale.

queenliness /ˈkwiːnlɪnəs/, *n.* regalità; maestà; dignità di regina.

queenly /ˈkwiːnlɪ/, *a.* di (*o* da) regina; degno d'una regina; regale.

Queensberry rules /ˈkwiːnzbrɪˈruːlz, *USA* ˈkwiːnzbɛrɪruːlz/, *locuz. n.* ***1*** le regole del pugilato ***2*** (*fam.*) comportamento leale; rispetto delle regole del gioco.

queenship /ˈkwiːnʃɪp/, *V.* **queenhood**.

queer /kwɪə(r)/, **A** *a.* ***1*** strano; bizzarro; curioso; singolare; eccentrico: **a q. way of pronouncing English**, uno strano modo di pronunciare l'inglese ***2*** dubbio; di dubbia moralità; sospetto; poco chiaro: **a q. fellow**, un tipo di dubbia moralità ***3*** indisposto; che ha la nausea (*o* le vertigini) ***4*** (*fam.*) omosessuale.

B *n.* (*fam.*) omosessuale; finocchio, frocio, checca (*pop*). ● (*pop.*) **q.-bashing**, pestaggio degli omosessuali (*reato*) □ (*fam.*) **a q. fish**, un tipo strano; un eccentrico □ (*fam.*) **q. in the head**, matto da legare; pazzo □ **q. money**, denaro di dubbia provenienza □ **to feel q.**, sentirsi indisposto; star poco bene □ (*pop.*) **to find oneself in Q. Street**, essere inguaiato (*pop.*); essere pieno di debiti. || **-ly**, *avv.* || **-ness**, *sost.*

to **queer** /kwɪə(r)/, *v. t.* (*pop.*) **1** guastare; rovinare; sciupare **2** mettere (*q.*, o *se stesso*) in cattiva luce. ● (*fig.*) **to q. sb.'s pitch**, rompere le uova nel paniere a q.

queerish /'kwɪərɪʃ/, *a.* **1** alquanto strano; piuttosto bizzarro **2** piuttosto dubbio; sospetto.

to **quell** /kwɛl/, *v. t.* **1** reprimere; domare; soffocare: **to q. a rebellion**, domare una rivolta **2** acquietare; calmare; lenire: **to q. sb.'s fears**, calmare le apprensioni di q.

to **quench** /kwɛntʃ/, *v. t.* **1** estinguere; spegnere; smorzare; soffocare: **to q. a fire**, spegnere un fuoco; **to q. the light**, smorzare la luce **2** (*fig.*) reprimere; soffocare (*una speranza, un desiderio, ecc.*) **3** (*metall.*) raffreddare; temprare (*metallo rovente*) in acqua **4** (*pop.*) far tacere; ridurre al silenzio (*un avversario*). ● **to q. one's thirst**, dissetarsi.

quenchable /'kwɛntʃəbl/, *a.* **1** estinguibile **2** (*fig.*) soffocabile.

quench bath /'kwɛntʃ'bɑːθ, *USA* 'bæθ/, *locuz. n.* (*metall.*) bagno di tempra.

quencher /'kwɛntʃə(r)/, *n.* **1** spegnitore **2** (*metall.*) tempratore **3** (*arc.*) qualcosa da bere; bevanda.

quench hardening /'kwɛntʃ'hɑːdnɪŋ/, *locuz. n.* (*metall.*) indurimento per tempra.

quenching /'kwɛntʃɪŋ/, *n.* **1** (*anche elettron.*) spegnimento; estinzione **2** (*fig.*) soffocamento; repressione **3** (*metall.*) raffreddamento rapido; tempra: **q. bath**, bagno di tempra **4** (*fis. nucl.*) quenching.

quenchless /'kwɛntʃləs/, *a.* **1** inestinguibile; perenne **2** (*fig.*) irreprimibile; non soffocabile.

quenelle /kə'nɛl/ (*franc.*), *n.* polpetta di carne; crocchetta di pesce.

quercetin /'kwɜːsətɪn/, *n.* (*chim.*) quercetina.

quercitol /'kwɜːsɪtɒl, *USA* -əʊl, -ɔːl/, *n.* (*chim.*) quercitolo; quercite.

querist /'kwɪərɪst/, *n.* chi indaga; investigatore.

quern /kwɜːn/, *n.* **1** macina a mano; macinatoio (*per cereali*) **2** macinino (*per il pepe, ecc.*). ● **q.-stone**, macina di mulino.

querulous /'kwɛrʊləs/, *a.* querulo; lamentoso; piagnucoloso. || **-ly**, *avv.* || **-ness**, *sost.*

query /'kwɪərɪ/, *n.* **1** domanda; quesito; questione: **to raise a q.**, sollevare una questione **2** punto interrogativo **3** (*elab.*) interrogazione. ● **Q., what can we do to prevent that?**, di grazia, che cosa possiamo fare per impedirlo?

to **query** /'kwɪərɪ/, *v. t.* **1** indagare; investigare; chiedersi; sondare (*fig.*): **to q. sb.'s intentions**, sondare le intenzioni di q.; **I q. whether we can trust him or not**, mi chiedo se ci possiamo fidare di lui o no **2** discutere; mettere in dubbio (*o* in discussione): **to q. an order**, discutere un ordine **3** (*USA*) fare domande a (q.); interrogare **4** segnare (*parole scritte o stampate*) con un punto interrogativo.

quest /kwɛst/, *n.* **1** (*lett.*) ricerca: **in q. of the Golden Fleece**, alla ricerca del Vello d'Oro; **They went off in q. of a hidden treasure**, andarono alla ricerca di un tesoro nascosto **2** (*relig.*) questua; cerca **3** (*leg., raro*) inchiesta: **coroner's q.**, inchiesta del «coroner» (*q.V.*).

to **quest** /kwɛst/, *v. t.* e *i.* **1** (*specialm. di cani da caccia*) cercare **2** abbaiare: **The dogs were questing on the broken trail**, i cani abbaiavano avendo perduto le tracce. ● (*lett.*) **to q. after** (*o* **for**) **st.**, andare in cerca di q.c.

question /'kwɛstʃən/, *n.* **1** domanda; interrogazione; quesito: **Stop asking me questions**, smettila di farmi domande; (*gramm.*) **indirect q.**, interrogazione indiretta **2** questione; discussione; problema; disputa; controversia; obiezione: **a difficult q.**, una questione difficile; **the Middle East q.**, la questione del Medio Oriente; **It's not a q. of money**, non si fa questione di denaro; **That is the q.!**, ecco il problema!; **They granted my claim without q.**, accolsero il mio reclamo senza far questioni (*o* senza obiezioni) **3** (*arc.*) tortura: **The prisoner was put to the q.**, il prigioniero fu messo alla tortura. ● (*nelle pubbliche riunioni*) **Q.!**, stia in argomento!; niente digressioni! □ **q. and answer**, botta e risposta □ (*radio, TV*) **q.-and-answer show**, programma a quiz □ (*leg.*) **q. of fact** [**of law**], questione di fatto [di diritto] □ **q. mark**, punto interrogativo (*anche fig.*) □ **q. master**, *V.* **quizmaster** □ (*gramm. ingl.*) **q. tag**, «question tag»; breve domanda in coda a una frase (*cfr. ital.* «è vero?», «non è vero?»): **In the sentence «He likes his job, doesn't he?», «doesn't he» is a q. tag**, nella frase «He likes his job, doesn't he?», «doesn't he» è una «question tag» □ (*polit.*) **q. time**, fase dei lavori dedicata alle interrogazioni □ **to beg the q.**, postulare una tesi; fare una petizione di principio □ **beside the q.**, non pertinente; fuori tema □ **beyond** (**all**) **q.** (*o* **out of q.**), (*avv.*) fuor di dubbio; senza dubbio, certamente; (*agg.*) indubbio, indubitabile, certo, sicuro □ **to call st. in q.**, mettere in dubbio q.c. □ **to come into q.**, venire in discussione; essere discusso; acquistare importanza □ **an open q.**, una questione pendente; un problema insoluto □ **out of the q.**, fuori discussione; fuori questione; impossibile □ (*fam.*) **to pop the q.**, fare una proposta di matrimonio □ (*polit., ecc.*) **to put the q.**, sollevare una questione; mettere una questione ai voti □ **It's only a q. of putting more sugar in it**, si tratta solo di metterci più zucchero □ **Where he went later is not the q.**, dove sia andato dopo è cosa del tutto irrilevante □ **There is no q. about** (*o* **of**) **his being honest**, non c'è alcun dubbio sulla sua onestà □ **That's begging the q.!**, (con ciò) non dimostri un bel niente!

to **question** /'kwɛstʃən/, **A** *v. t.* **1** interrogare; far domande a (q.); esaminare: **They were questioned by the immigration officer**, furono interrogati dal funzionario dell'ufficio immigrazione **2** mettere in questione; mettere in dubbio; dubitare di (q.c.): **I q. the accuracy of the report**, dubito dell'accuratezza della relazione; **I q. whether his plan will be successful**, dubito che il suo piano riesca **3** indagare; investigare (*fenomeni, fatti, ecc.*). **B** *v. i.* far domande. ● **to q. a statement**, negare la validità di un'asserzione □ **It cannot be questioned that** (*lett.*: **but that**)**...**, è fuori dubbio che...

questionable /'kwɛstʃənəbl/, *a.* **1** discutibile; dubbio; incerto; insoluto: **a q. statement**, un'affermazione discutibile **2** di dubbia moralità; poco rispettabile; ambiguo; equivoco. || **-ness**, *sost.* || **-bly**, *avv.*

questionary /'kwɛstʃənərɪ, *USA* -ɛrɪ/, *n.* (*raro*) questionario.

questioner /'kwɛstʃənə(r)/, *n.* interrogatore; interrogante.

questioning /'kwɛstʃənɪŋ/, **A** *n.* interrogatorio. **B** *a.* **1** interrogativo; di domanda; interrogante: **a q. look**, uno sguardo interrogativo **2** indagatore: **a q. mind**, una mente indagatrice.

questionnaire /kwɛstʃə'nɛə(r)/ (*franc.*), *n.* questionario.

questor /'kwɛstə(r)/, e *deriv. V.* **quaestor**, e *deriv.*

quetzal /'kɛtsl/, *n.* (*pl.* **quetzals, quetzales**) **1** (*zool., Pharomachrus mocinno*) quetzal **2** quetzal (*la moneta del Guatemala*).

queue /kjuː/, *n.* **1** coda (*di capelli*); codino **2** coda (*di gente*); fila: **to stand in a q.**, stare in fila; fare la coda; **to form a q.**, mettersi in fila; formare una fila **3** (*elab.*) coda (*di attesa*). ● (*fam.*) **q.-jumper**, chi non rispetta la fila; chi passa davanti scavalcando gli altri (*in una coda*) □ **to jump the q.**, passare davanti agli altri (*che fanno la coda*).

to **queue** /kjuː/, *v. i.* (*spesso* **to q. up**) fare la fila; fare la coda; mettersi in coda: **to q. up for a bus**, fare la fila per prendere un autobus. ● (*mat., ric. op.*) **queuing theory**, teoria delle code.

to **queue-jump** /'kjuːdʒʌmp/, *v. i.* non rispettare la coda; passare davanti agli altri (*in una fila*).

quibble /'kwɪbl/, *n.* **1** cavillo; arzigogolo; sofisma **2** (*arc.*) gioco di parole; bisticcio **3** (*fam.*) piccola lagnanza; cosa su cui ridire.

to **quibble** /'kwɪbl/, *v. i.* **1** cavillare; arzigogolare; sofisticare; usare sofismi; sottilizzare **2** (*arc.*) fare giochi di parole.

quibbler /'kwɪblə(r)/, *n.* cavillatore; sofista.

quibbling /'kwɪblɪŋ/, *a.* **1** cavilloso; sofistico **2** (*fam.*) che trova a ridire.

quick /kwɪk/, **A** *a.* **1** celere; lesto; rapido; svelto; veloce: **in q. succession**, in rapida successione; **a q. bus**, un autobus veloce; **a q. worker**, un lavoratore svelto; uno che lavora in fretta **2** pronto; acuto; desto; sveglio (*fig.*); intelligente; vivace; vivo: **a q. reply**, una pronta risposta; **to have a q. eye**, avere la vista acuta; **a q. sense of smell**, un acuto senso dell'olfatto; un odorato acutissimo; **a q. mind**, una mente acuta; un'intelligenza pronta; **a q. wit**, uno spirito vivace; **a q. child**, un ragazzo sveglio (*o* intelligente); **q. to anger**, pronto all'ira; **q. to take offense**, pronto a offendersi; permaloso **3** impaziente; focoso: **a q. temper**, un temperamento focoso. **B** *avv.* (*fam.*) rapidamente; velocemente; in fretta: **You are talking too q.**, parli troppo in fretta. **C** *n.* – **the q.**, il vivo; la carne viva: **He bites his nails to the q.**, si morde le unghie fino alla carne viva (*o* a sangue); **The insult stung him to the q.**, l'insulto lo toccò sul vivo. ● (*farm., med.*) **q.-acting**, a effetto immediato; ad azione rapida □ (*arc.*) **the q. and the dead**, i vivi e i morti □ (*pop. USA*) **q.-and-dirty**, (*avv.*) alla carlona; (*agg.*) fatto alla carlona; (*anche*) tavola calda, ristorante economico □ (*teatr.*) **a q.-change artist**, un trasformista □ (*geol.*) **q. clay**, argilla fluidificata □ **q.-eyed**, dagli occhi vivaci (*o* penetranti) □ **q.-fire**, (*di fucile* e *fig.*) a ripetizione; (*di cannone*) a tiro rapido: **q.-fire questions**, domande a ripetizione □ (*mil.*) **q.-firer**, fucile a ripetizione; cannone a tiro rapido □ **q.-firing**, *V.* **q.-fire** □ **a q. kiss**, un bacio dato in fretta □ **q.-lunch bar** (*o* **q.-lunch counter**), tavola calda □ (*mil.*) **Q. march!**, avanti, march! □ **a q. meal**, un pasto alla svelta □ **to be q. off the mark**, essere sveglio, intelligente □ **to be q. on the up take**, capire alla svelta □ **a q. one**, (*fam.*) una bevutina; (*volg.*) una sveltina (*volg.*) □ **q.-setting cement**, cemento a presa rapida □ **q.-sighted**, dalla vista acuta; acuto, perspicace □ **q.-sightedness**, vista acuta; perspicacia □ **q.-tempered**, impulsivo; focoso; irascibile □ **q.-thinking**, di mente pronta □ (*mil.*) **q. time**, velocità normale di marcia □ **q.-witted**, acuto; perspicace; sagace □ (*arc.*) **to be q. with child**, essere avanti nella gravidanza □ (*fam.*: *di ragazzo*) **not very q.**, lento; poco intelligente □ **Be q.!**, fa' presto; spicciati! □ **He is a Tory to the q.**, è conservatore fino al midollo.

to **quicken** /'kwɪkən/, **A** *v. t.* **1** affrettare; accelerare: **We quickened our steps**, affrettammo il passo **2** (*form.*) animare; accendere (*fig.*); rinvigorire; stimolare; vivificare: **His vivid description quickened my interest**, la sua vivace descrizione accese il mio interesse. **B** *v. i.* **1** affrettarsi; accelerare; farsi più rapido: **My pulse quickened**, il polso mi si fece più rapido **2** (*form.*) animarsi; ravvivarsi **3** (*del feto*) muoversi.

quickening /'kwɪkənɪŋ/, **A** *a.* che anima; stimolante; vivificante. **B** *n.* **1** accelerazione (*del polso, ecc.*) **2** (*med.*) movimenti fetali.

to **quick-freeze** /ˈkwɪkfriːz/ (*pass.* **quick--froze**, *p. p.* **quick-frozen**), *v. t.* surgelare. ● **quick-frozen foods**, surgelati.

quickie /ˈkwɪkɪ/, **A** *n.* (*fam.*) *1* cosa fatta alla svelta *2* film fatto in economia *3* bicchierino bevuto in fretta: **Let's have a q.!**, facciamoci una bevutina! *4* (*volg.*) sveltina. **B** *a.* (*fam.*) fatto (ottenuto, ecc.) alla svelta: **to get a q. divorce**, ottenere il divorzio (*o* divorziare) alla svelta. ● **q. strike**, sciopero a gatto selvaggio; sciopero illegale.

quicklime /ˈkwɪklaɪm/, *n.* (*edil.*) calce viva.

quickly /ˈkwɪklɪ/, *avv.* rapidamente; presto; prontamente; alla svelta.

quickness /ˈkwɪknəs/, *n.* *1* prontezza; acutezza; acume; intelligenza; sagacia; sveltezza; vivacità *2* (*raro*) rapidità; celerità; velocità. ● **q. of temper**, impulsività; irascibilità.

quicksand /ˈkwɪksænd/, *n.* (*spesso al pl.*) sabbie mobili (*anche fig.*).

quickset /ˈkwɪksɛt/, **A** *n.* *1* talea (*o* pianta) viva (*per siepi*) *2* siepe viva (*specialm. di biancospino*). **B** *a.* di talee (*o* piante) vive (*da siepe*): **a q. hedge**, una siepe viva (*specialm. di biancospino*).

quicksilver /ˈkwɪksɪlvə(r)/, *n.* (*chim.*) mercurio; argento vivo (*anche fig.*). ● **to have a q. temper**, avere l'argento vivo addosso.

to **quicksilver** /ˈkwɪksɪlvə(r)/, *v. t.* *1* trattare con mercurio *2* rivestire (*uno specchio*) di amalgama di mercurio.

quickstep /ˈkwɪkstɛp/, *n.* *1* (*mus.*) «quickstep» (*danza*) *2* (*mil., mus.*) vivace marcia militare *3* (*pop. USA*) diarrea; cacarella (*pop.*).

quid (**1**) /kwɪd/, *n.* pezzo di tabacco da masticare; cicca.

quid (**2**) /kwɪd/, *n.* (*invar. al pl.*) (*fam.*) sterlina: **seventy q. a week**, settanta sterline la settimana.

quiddity /ˈkwɪdətɪ/, *n.* *1* (*filos.*) quiddità; essenza *2* (*poet.*) cavillo; sofisma.

quid pro quo /ˈkwɪdprəʊˈkwəʊ/ (*lat.*), *n.* (*pl.* **quid pro quos**) *1* compenso *2* contropartita; qualsiasi cosa data in scambio (*un colpo, ecc.*) *3* (*raro*) qui pro quo; equivoco; svista.

quiescence /kwaɪˈɛsns, kwɪˈɛsns/, **quiescency** /kwaɪˈɛsnsɪ/, *n.* quiescenza (*anche bot.*); immobilità; riposo.

quiescent /kwaɪˈɛsnt, kwɪˈɛsnt/, *a.* *1* quiescente (*anche bot.*); immobile; inattivo *2* (*med.*) latente *3* (*elettron.*) a riposo; in assenza di segnale. ● (*elettron.*) **q. value**, valore di riposo.

quiet (**1**) /ˈkwaɪət/, *a.* *1* quieto; calmo; tranquillo; cheto; zitto; silenzioso; taciturno; placido: **a q. den**, un quieto rifugio; **a q. street**, una strada quieta; **The sea is q. today**, oggi il mare è calmo; **the q. waters of the lake**, le placide acque del lago; **a q. morning**, una mattinata tranquilla; **Be q.**, sta' zitto!; **a q. man**, un uomo placido (*o* taciturno) *2* dimesso; modesto; semplice; sobrio; non chiassoso: **a q. dress**, un abito dimesso, semplice; **q. good taste**, sobrio buon gusto; **q. colours**, colori non chiassosi *3* (*del carattere*) mite; pacifico; pacioso (*fam.*): **a q. disposition**, un carattere pacifico. ● (*elettron.*) **q. battery**, batteria telefonica (*a basso rumore*) □ **a q. dinner party**, un pranzo alla buona □ (*leg.*) **q. enjoyment**, pacifico godimento (*di un bene*) □ **a q. laugh**, una risata sommessa; una risatina □ **a q. manner**, un modo di fare discreto (*o* riservato) □ **to harbour q. resentment**, nutrire un segreto rancore □ **to keep st. q.**, tener segreto q.c.

quiet (**2**) /ˈkwaɪət/, *n.* quiete; calma; tranquillità; pace; riposo; silenzio: **a few hours of q.**, qualche ora di tranquillità; **a period of q.**, un periodo di pace (*o* di quiete pubblica). ● **to live in peace and q.**, vivere in santa pace □ **on the q.** (*pop.*: **on the q. t.** /kjuːˈtiː/), di nascosto, alla chetichella; in confidenza, a quattr'occhi.

to **quiet** /ˈkwaɪət/, (*specialm. USA*) *V.* **to quieten.**

to **quieten** /ˈkwaɪətn/, **A** *v. t.* acquietare; chetare; calmare; placare; rabbonire: **He quietened the angry crowd**, placò la folla adirata. **B** *v. i.* (*di solito* **to q. down**) acquietarsi; chetarsi; calmarsi; placarsi.

quietism /ˈkwaɪətɪzəm/, *n.* *1* (*stor., relig.*) quietismo *2* (*spreg., polit.*) immobilismo.

quietist /ˈkwaɪətɪst/, *n.* *1* (*stor., relig.*) quietista *2* (*spreg., polit.*) immobilista.

quietistic /kwaɪəˈtɪstɪk/, *a.* *1* (*stor., relig.*) quietistico *2* (*spreg., polit.*) immobilistico.

quietly /ˈkwaɪətlɪ/, *avv.* *1* quietamente; tranquillamente; silenziosamente; pacificamente; placidamente *2* dimessamente; modestamente *3* senza strepito; senza fare storie; con le buone: (*detto da un poliziotto, ecc.*) **Better come along q.!**, (è) meglio venir via con le buone.

quietness /ˈkwaɪətnəs/, **quietude** /ˈkwaɪətjuːd/, *USA* -tuːd/, *n.* quiete; calma; tranquillità; riposo; silenzio.

quietus /kwaɪˈiːtəs/, *n.* (*lett.*) *1* liberazione finale; morte *2* colpo di grazia: **to give sb. his q.**, dare il colpo di grazia a q. *3* (*raro*) ricevuta (*di un pagamento*); quietanza; estinzione (*di un debito*).

quiff /kwɪf/, *n.* ricciolo incollato sulla fronte; ciuffo alla brava.

quill /kwɪl/, *n.* *1* (= **q. feather**) calamo; penna dell'ala (*o* della coda) *2* (= **q. pen**) calamo; penna d'oca *3* (*pesca*) galleggiante a penna *4* (*di porcospino*) aculeo; spina *5* stuzzicadenti (*di penna d'oca*) *6* (*mus.*) zufolo *7* (*ind. tess.*) tubetto; cannello *8* (*mecc.*) albero (*o* perno) cavo. ● (*mecc.*) **q. drive**, trasmissione tubolare □ **q.-driver**, imbrattacarte; scrittorello.

to **quill** /kwɪl/, *v. t.* *1* pieghettare (*in forma di pieghe tubolari*) *2* (*ind. tess.*) incannare (*filato*).

quillet /ˈkwɪlət/, (*arc.*) *V.* **quibble.**

quilt /kwɪlt/, *n.* coperta imbottita; trapunta; piumino.

to **quilt** /kwɪlt/, *v. t.* *1* imbottire; impuntire; trapuntare *2* cucire (*documenti, monete, ecc.*) in un lembo di vestito *3* mettere insieme da varie fonti, raffazzonare (*un'opera letteraria*) *4* (*fam. Austr.*) percuotere; picchiare.

quilted /ˈkwɪltɪd/, *a.* *1* trapunto; impuntito *2* trapuntato; imbottito: **a q. windcheater**, una giacca a vento imbottita. ● **q. bedspread**, imbottita (*da letto*) □ (*moda*) **q. jacket**, giaccone imbottito; piumino.

quilter /ˈkwɪltə(r)/, *n.* fabbricante di piumini e trapunte.

quilting /ˈkwɪltɪŋ/, *n.* *1* imbottitura; l'impuntire; il trapuntare *2* stoffa per imbottite (*o* trapunte); tessuto trapuntato *3* imbottita; trapunta.

quim /kwɪm/, *n.* (*volg.*) fica (*volg.*); vulva.

quin /kwɪn/, (*fam.*) *V.* **quintuplet.**

quinary /ˈkwaɪnərɪ, ˈkwɪn-/, *a.* (*mat.*) quinario: (*elab.*) **q. code**, codice quinario.

quince /kwɪns/, *n.* (*bot.*) *1* mela cotogna *2* (= **q.-tree**; *Cydonia oblonga*) cotogno. ● **q. jam**, cotognata.

quincentenary /kwɪnsɛnˈtiːnərɪ, -ˈtɛn-, *USA* -ˈsɛntənɛrɪ/, *n.* quinto centenario; cinquecentesimo anniversario.

quincuncial /kwɪnˈkʌnʃl/, *a.* (*geom., bot.*) quinconciale.

quincunx /ˈkwɪnkʌŋks/, *n.* (*geom., bot.*) quinconce.

quindecagon /kwɪnˈdɛkəgən/, *n.* (*geom.*) poligono con quindici angoli.

quindecennial /kwɪndɪˈsɛnɪəl/, *a.* quindicennale.

quinidine /ˈkwɪnɪdiːn, -ɪn/, *n.* (*chim.*) chinidina.

quiniela /kiːnˈjɛlə/, *n.* (*ippica USA*) accoppiata invertibile (*o* reversibile).

quinine /kwɪˈniːn, ˈkwɪniːn, *USA* ˈkwaɪnaɪn, ˈkwɪnaɪn, kwɪˈnaɪn, kɪˈniːn/, *n.* *1* (*chim.*) chinina *2* (*farm.*) chinino.

quinoline /ˈkwɪnəliːn, -ɪn/, *n.* (*chim.*) chinolina.

quinone /kwɪˈnəʊn, ˈkwɪnəʊn/, *n.* (*chim.*) chinone.

quinquagenarian /kwɪŋkwədʒəˈnɛərɪən/, *a.* e *n.* cinquantenne.

quinquagenary /kwɪŋkwəˈdʒiːnərɪ/, **A** *a.* cinquantenne. **B** *n.* cinquantenario.

Quinquagesima /kwɪŋkwəˈdʒɛsɪmə/, *n.* (*relig.*, = **Q. Sunday**) Quinquagesima; domenica di quinquagesima.

quinquennial /kwɪnˈkwɛnɪəl/, *a.* quinquennale. || **-ly**, *avv.*

quinquennium /kwɪŋˈkwɛnɪəm/, *n.* (*pl.* **quinquenniums, quinquennia**) quinquennio; lustro.

quinquereme /ˈkwɪŋkwɪriːm/, *n.* (*stor., naut.*) quinquereme.

quinquevalent /kwɪnkwɪˈveɪlənt, kwɪnˈkwɛvə-/, *a.* (*chim.*) pentavalente.

quinquina /kwɪŋˈkwaɪnə/, *n.* (*arc.*) corteccia di china; chinchina (*arc.*).

quins /kwɪnz/, (*fam.*) *V.* **quintuplet.**

quinsy /ˈkwɪnzɪ/, *n.* (*med.*) angina; tonsillite.

quint (**1**) /kwɪnt/, (*fam. USA*) *V.* **quintuplet.**

quint (**2**) /kwɪnt/, *n.* *1* (*mus.*) quinta *2* (*nei giochi di carte*) sequenza di cinque carte.

quintain /ˈkwɪntɪn/, *n.* (*stor.*) quintana (*gioco medievale*).

quintal /ˈkwɪntl/, *n.* *1* quintale (*100 Kg.*) *2* «hundredweight» (*100 libbre in USA, 112 libbre in G.B.*).

quintan /ˈkwɪntn/, *n.* (*med.*) quintana (*febbre*).

quinte /kwɪnt, kænt/ (*franc.*), *n.* (*scherma*) quinta.

quintessence /kwɪnˈtɛsns/, *n.* (*anche fig.*) quintessenza; concentrato.

quintessential /kwɪntɪˈsɛnʃl/, *a.* (*anche fig.*) quintessenziale. || **-ly**, *avv.*

quintet(te) /kwɪnˈtɛt/, *n.* (*mus.*) quintetto.

Quintilian /kwɪnˈtɪlɪən/, *n.* (*stor. letter.*) Quintiliano.

quintillion /kwɪnˈtɪlɪən/, *n.* *1* (*in G.B.*) quinta potenza di un milione (*un 1 seguito da 30 zeri*; *uguale a un nostro nonilione*) *2* (*USA*) quintilione (*un 1 seguito da 18 zeri*).

Quintin /ˈkwɪntɪn/, *n.* Quintino.

quintuple /ˈkwɪntjʊpl, kwɪnˈtjuːpl, *USA* -ˈtuːpl, -ˈtʌpl/, *a.* e *n.* quintuplo.

to **quintuple** /kwɪntjʊpl, kwɪnˈtjuːpl, *USA* -ˈtuːpl, -ˈtʌpl/, **A** *v. t.* quintuplicare. **B** *v. i.* quintuplicarsi.

quintuplet /ˈkwɪntjʊplət, -ˈtjuː-, -plɛt, *USA* -ˈtuːplət, -ˈtʌplət/, *n.* *1* ciascuno di cinque gemelli *2* (*pl.*) cinque nati da un parto; parto di cinque gemelli.

quintuplicate /kwɪnˈtjuːplɪkət, *USA* -ˈtuː-/, **A** *a.* quintuplice; quintuplicato. **B** *n.* uno di cinque esemplari; una di cinque copie. ● **in q.**, in cinque esemplari (*o* copie).

to **quintuplicate** /kwɪnˈtjuːplɪkeɪt, *USA* -ˈtuː-/, *v. t.* *1* quintuplicare *2* fare cinque copie di (*un documento, ecc.*).

quintuplication /kwɪntjuːplɪˈkeɪʃn/, *n.* *1* quintuplicazione *2* redazione (*di un documento, ecc.*) in cinque copie.

quip /kwɪp/, *n.* *1* frizzo; motto arguto (*o* pungente); arguzia; boutade (*franc.*) *2* gioco di parole; bisticcio.

to **quip** /kwɪp/, *v. i.* dire frizzi (*o* arguzie, battute di spirito); fare dello spirito.

quipster /ˈkwɪpstə(r)/, *n.* persona arguta (*o* spiritosa).

quipstering /ˈkwɪpstərɪŋ/, *a.* (*fam. USA*) arguto; spiritoso.

quire (**1**) /ˈkwaɪə(r)/, *n.* *1* mazzetta di ventiquattro (*o* venticinque) fogli di carta *2* (*legatoria*) quaderno; quattro fogli piegati (*16 pagine*). ● **a book in quires**, un libro non (ancora) rilegato.

quire (**2**) /ˈkwaɪə(r)/, (*arc.*) *V.* **choir.**

to **quire** /ˈkwaɪə(r)/, (*arc.*) *V.* **to choir.**

Quirinal /ˈkwɪrɪnl/, *n.* (il) Quirinale.

quirk /kwɜːk/, *n.* *1* (*raro*) cavillo; scappatoia; sotterfugio *2* arguzia; frizzo; motto pungente;

battuta di spirito; boutade (*franc.*) **3** (*arc.*) ghirigoro; svolazzo **4** ticchio; vezzo; piccola mania. ● **a q. of fancy**, un ghiribizzo.

quirky /ˈkwɜːkɪ/, *a.* **1** cavilloso **2** strambo; originale **3** astuto; furbo. ‖ **-iness**, *sost.*

quirt /kwɜːt/, *n.* (*USA*) frustino di cuoio (*da cavaliere*).

to **quirt** /kwɜːt/, *v. t.* (*USA*) frustare; colpire col frustino.

quisling /ˈkwɪzlɪŋ/, *n.* **1** (*polit.*) quisling; collaborazionista **2** (*per estens.*) traditore (*in genere*).

quit /kwɪt/, *a. pred.* **1** liberato; sbarazzato: **We are well q. of our fears**, finalmente ci siamo liberati dei nostri timori **2** disobbligato; sdebitato.

to **quit** /kwɪt/ (*pass.* e *p. p.* **quitted** *o, specialm. USA,* **quit**), **A** *v. t.* **1** abbandonare; lasciare; partire da: **They quitted me in anger**, mi lasciarono adirati; **I quitted London at dawn**, partii da Londra all'alba; **to q. one's office**, abbandonare l'impiego (il posto di lavoro) **2** cessare; smettere: **Q. worrying**, smettila di preoccuparti; **We don't q. work till 6 p.m.**, non smettiamo di lavorare fino alle sei di sera **3** (*poet.*) compensare; ricambiare; ripagare: **to q. love with hatred**, ripagare l'amore con l'odio. **B** *v. i.* **1** andarsene; sloggiare **2** abbandonare un'impresa; cedere; arrendersi; rinunciare **3** dare le dimissioni; dimettersi; abbandonare un impiego **4** (*arc.*) comportarsi (*bene, ecc.*). ● **to q. a debt**, pagare (*o* saldare) un debito □ **to q. hold of sb.** [**st.**], lasciar andare q. [q.c.]; abbandonare la presa su q. [q.c.] □ **to q. town** (*o* **one's country**), levare le tende (*fig.*) □ (*leg.*) **notice to q.**, disdetta (*di contratto di locazione*); escomio (*la notifica*); licenziamento, (gli) «otto giorni» (*fam.*) □ (*prov.*) **Death quits all scores**, la morte salda tutti i conti.

quitch /kwɪtʃ/, *n.* (*bot., Agropyron repens*; = **q. grass**) gramigna officinale.

quitclaim /ˈkwɪtkleɪm/, *n.* (*leg., stor.*) rinuncia a un diritto.

to **quitclaim** /ˈkwɪtkleɪm/, *v. t.* (*leg., stor.*) rinunciare a (*un diritto, ecc.*).

quite /kwaɪt/, **A** *avv.* **1** completamente; interamente; del tutto; affatto: **My work is not q. finished yet**, il mio lavoro non è ancora interamente finito; **He isn't q. a gentleman**, non è del tutto (*o* proprio quel che si dice) un gentiluomo **2** davvero; proprio: **It's q. cold today**, oggi fa davvero freddo; **He is q. a hero**, è proprio un eroe; **«He's a very clever boy» «Oh (Yes), q.!»**, «È un ragazzo molto intelligente» «Lo è davvero!» (*o* «oh, certo!») **3** esattamente; di preciso; perfettamente: **I don't q. understand**, non capisco di preciso; **He is q. sure about the outcome**, è perfettamente sicuro del risultato **4** (*ingl.*) abbastanza; piuttosto; più o meno: **He's q. young**, è piuttosto giovane; **The cake is q. nice**, la torta è piuttosto buona (*o* buonina) **5** (*USA*) molto; assai: **She's q. young**, è giovanissima; **The cake is q. nice**, la torta è ottima. **B** *inter.* certo!; davvero!; proprio! ● **q. a** (*o* **an**, *o* **some**), (*davanti a un sost. sing., è idiom., per es.:*) **That was q. a race**, quella sì che è stata una corsa; **He's q. a friend**, altroché se è un amico! □ **q. a few**, non pochi; molti □ **q. other**, del tutto diverso; tutt'altra cosa □ **q. right**, giustissimo; perfetto □ **q. so**, proprio così; davvero □ (*fam.*) **q. something**, non cosa da poco; mica male (*fam.*): **It's q. something to be knighted at twenty**, mica male essere fatto baronetto a vent'anni □ **I q. like her**, la trovo davvero assai simpatica □ **It took q. a long time**, ci volle un bel po' di tempo □ **I was q. alone** (*o* **q. by myself**), ero tutto solo; ero solo soletto □ **This hat is q. the thing**, questo cappellino è proprio quello che (mi) ci vuole.

quitrent /ˈkwɪtrent/, *n.* (*leg., stor.*) canone enfiteutico (*pagato a un signore feudale*).

quits /kwɪts/, *a. pred.* pari; pari e patta: **We're q. now**, ora siamo pari. ● **to call it q.**, considerarsi pari e patta; farla finita □ **to cry q.**, riconoscere che la partita è pari; rinunciare a competere (a battersi, ecc.) □ (*nei giochi*) **double or q.**, lascia o raddoppia.

quittance /ˈkwɪtəns/, *n.* **1** (*leg., comm.*) quietanza; ricevuta **2** (*poet.*) proscioglimento, dispensa (*da un debito, un obbligo*) **3** (*poet.*) ricompensa **4** (*raro*) rappresaglia. ● **to give sb. his q.**, mettere q. alla porta; mandare via q. □ (*prov.*) **Omittance is no q.**, la mancata richiesta di pagamento non annulla il debito.

quitter /ˈkwɪtə(r)/, *n.* (*fam.*) chi si arrende (*o* si dà per vinto) facilmente; rinunciatario; traditore (*anche scherz.*).

quiver (**1**) /ˈkwɪvə(r)/, *n.* faretra; turcasso. ● (*fig.*) **to have an arrow** (*o* **a shaft**) **left in one's q.**, avere ancora una freccia al proprio arco; avere ancora una carta da giocare.

quiver (**2**) /ˈkwɪvə(r)/, *n.* tremito; tremolio; brivido.

to **quiver** /ˈkwɪvə(r)/, **A** *v. i.* tremare; tremolare; fremere; rabbrividire: **Her voice quivered**, le tremava la voce; **The leaves were quivering in the wind**, le foglie tremolavano al vento. **B** *v. t.* agitare; far fremere; scuotere.

quivering /ˈkwɪvərɪŋ/, **A** *a.* tremante; tremolante; fremente. **B** *n.* tremito; brivido; tremolio. ‖ **-ly**, *avv.*

qui vive /ˈkiːˈviːv/ (*franc.*), *n.* (*mil.*) chi va là. ● **to be on the qui vive**, stare sul chi vive; stare all'erta.

Quixote /ˈkwɪksət/, *n.* **1** (*letter.*) Chisciotte **2** – **q.** (*fig.*), donchisciotte; visionario.

quixotic(al) /kwɪkˈsɒtɪk(l)/, *a.* donchisciottesco; chisciottesco (*raro*). ‖ **-ally**, *avv.*

quixotism /ˈkwɪksətɪzəm/, **quixotry** /ˈkwɪksətrɪ/, *n.* donchisciottismo.

quiz /kwɪz/, *n.* (*pl.* **quizzes**) **1** quiz; questionario; serie di domande (*o* di quesiti); (*specialm. USA*) interrogazione, breve esame (*a scuola*) **2** (*radio, TV*) quiz **3** (*raro*) beffa; burla **4** (*raro*) eccentrico; tipo buffo (*o* ridicolo). ● (*TV*) **q. show**, quiz; gioco a premi.

to **quiz** /kwɪz/, *v. t.* **1** porre domande (*o* quesiti) a (q.); (*specialm. USA*) esaminare, interrogare (*studenti*) **2** (*raro*) burlarsi di (q.); canzonare **3** (*raro*) sbirciare (*attraverso una lente o un monocolo*).

quizmaster /ˈkwɪzmɑːstə(r), *USA* -mæs-/, *n.* (*radio, TV*) conduttore di giochi a quiz; presentatore di quiz.

quizzical /ˈkwɪzɪkl/, *a.* **1** beffardo; canzonatorio; satirico **2** buffo; comico; ridicolo **3** interrogativo; interrogatorio: **a q. look**, un'occhiata interrogativa. ‖ **-ly**, *avv.*

quod /kwɒd/, *n.* (*pop. arc.*) prigione; carcere; gattabuia (*pop.*).

to **quod** /kwɒd/, *v. t.* (*pop.*) imprigionare; incarcerare.

quoin /kɔɪn/, *n.* **1** (*archit., edil.*) immorsatura; concio d'angolo **2** (*archit.*) concio rastremato (*per archi*) **3** cuneo; bietta; zeppa **4** (*tipogr.*) serraforme. ● (*tecn., naut.*) **q. post**, montante centrale (*di chiusa*).

to **quoin** /kɔɪn/, *v. t.* **1** fissare (*o* rialzare) con un cuneo (*o* con una bietta) **2** (*tipogr.*) serrare a cunei.

quoit /kɔɪt, *USA* kwɔɪt/, *n.* **1** anello (*di ferro, corda o gomma*) per il gioco del lancio degli anelli **2** (*pl.*) gioco del lancio degli anelli (*da infilare in un paletto fisso*).

quondam /ˈkwɒndæm, -əm/ (*lat.*), *a.* quondam (*scherz.*); una volta; un tempo: **Mr Smith, a q. friend of mine**, Mr Smith, un tempo mio amico.

Quonset hut /ˈkwɒnsɪt/, *locuz. n.* (*marchio: mil., USA*) baracca (*di lamiera ondulata*).

quorate /ˈkwɔːrət, -reɪt/, *a.* (*ingl.*) che ha raggiunto il quorum; che ha il numero legale.

quorum /ˈkwɔːrəm/ (*lat.*), *n.* (*leg., polit.*) quorum; numero legale: **to form a q.**, raggiungere il numero legale.

quota /ˈkwəʊtə/, *n.* **1** (*comm.*) quota; (*fig.*) aliquota; parte; porzione; rata: **immigration q.**, quota d'immigrazione **2** (*econ.*) contingente (*d'importazione*) **3** (*fin.*) tangente. ● (*econ.*) **q. period**, periodo contingentale □ (*market., stat.*) **q. sample**, campione stratificato □ (*econ.*) **q. system**, (sistema del) contingentamento.

quotability /kwəʊtəˈbɪlətɪ/, *n.* **1** l'essere citabile; citabilità **2** (*fin.*) l'essere quotabile.

quotable /ˈkwəʊtəbl/, *a.* **1** citabile **2** (*fin.*) quotabile.

quotation /kwəʊˈteɪʃn/, *n.* **1** citazione; passo citato: **a q. from Milton**, una citazione da Milton **2** (*Borsa, fin.*) quotazione **3** (*comm.*) preventivo (*del costo di un lavoro*): **to give sb. a q. for repainting the house**, fare a q. un preventivo per ridipingere la casa. ● (*naut.*) **a q. for freight**, una quotazione di nolo □ **q. marks**, virgolette (*di citazione*) □ (*comm.*) **the q. of prices**, la quotazione dei prezzi.

quote /kwəʊt/, *n.* (*fam.*) **1** citazione; passo citato **2** (*pl.*) virgolette: **in quotes**, fra virgolette.

to **quote** /kwəʊt/, **A** *v. t.* **1** citare; addurre (*un esempio*): **The teacher quoted Milton**, l'insegnante citò Milton **2** (*Borsa, fin.*) quotare (*titoli, ecc.*); indicare il prezzo corrente di (*merci, ecc.*): **We have quoted our best prices**, vi abbiamo quotato i nostri prezzi minimi; **These shares are not quoted on Milan Stock Exchange**, queste azioni non sono quotate alla Borsa Valori di Milano **3** (*tipogr.*) mettere fra virgolette; virgolettare. **B** *v. i.* fare citazioni: **to q. from T.S. Eliot**, fare citazioni da T.S. Eliot. ● (*dettando*) **Q.!**, (aprire le) virgolette!

quoted /ˈkwəʊtɪd/, *a.* **1** citato **2** (*Borsa, fin.*) quotato: **a q. company**, una società quotata in borsa; **q. shares**, azioni quotate **3** (*fin.*) in titoli quotati: **q. investments**, investimenti in titoli quotati.

quoth /kwəʊθ/, *voce verb. di 1ª e 3ª pers. sing.* (*arc.*; *seguito o preceduto dal discorso diretto*) **1** – **q. I**, dissi **2** – **q. he** (*o* **q. she**), disse.

quotidian /kwəʊˈtɪdɪən/, **A** *a.* (*form.*) **1** quotidiano; giornaliero **2** (*fig.*) ordinario; comune; banale. **B** *n.* (*med.*) febbre quotidiana (*nella malaria*).

quotient /ˈkwəʊʃnt/, *n.* (*mat.*) quoziente. ● **q. set**, insieme quoziente.

qwerty /ˈkwɜːtɪ, ˈkweətɪ/, *a.* (*anche elab.*) qwerty; del tipo standard anglosassone: **q. keyboard**, tastiera qwerty.

qzerty /kˈzɜːtɪ, kˈzeətɪ/, *a.* (*specialm. di macchina da scrivere*) qzerty; del tipo standard italiano: **q. keyboard**, tastiera qzerty.

r,R

R, r /ɑː(r)/, *n.* (*pl.* **Rs, rs; R's, r's**) R, r (*diciottesima lettera dell'alfabeto ingl.*). ● (*telef.*) **r for Robert** (*USA*: **r for Roger**), r come Roma □ **the «r» months**, i mesi con la erre (*da settembre ad aprile*) □ **the three R's**, leggere, scrivere e far di conto (**reading, 'riting, 'rithmetic**; *i tre elementi dell'istruzione*).

rabbet /'ræbɪt/, *n.* **1** gola; incastro; scanalatura **2** (= **r. joint**) giunto a maschio e femmina. ● **r. plane**, pialletto per scanalare; sponderuola.

to **rabbet** /'ræbɪt/, **A** *v. t.* **1** fare un incastro in (*un legno*); scanalare **2** unire con un giunto a maschio e femmina. **B** *v. i.* essere unito a incastro.

rabbi /'ræbaɪ/, *n.* (*pl.* **rabbis**) **1** rabbino **2** (*titolo*) rabbi **3** (*pop. USA*) padrino influente; consigliere (*di un criminale*).

rabbinate /'ræbɪnət, -eɪt/, *n.* **1** rabbinato **2** (*collett.*) (i) rabbini.

Rabbinic /rə'bɪnɪk/, *n.* lingua rabbinica.

rabbinic(al) /rə'bɪnɪk(l)/, *a.* rabbinico.

rabbinism /'ræbɪnɪzəm/, *n.* **1** rabbinismo **2** locuzione della lingua rabbinica.

rabbinist /'ræbɪnɪst/, *n.* rabbinista.

rabbit /'ræbɪt/, *n.* **1** (*zool., Oryctolagus cuniculus*) coniglio **2** pelliccia di coniglio **3** (*fam., sport*) giocatore di scarso valore; brocco, schiappa (*fam.*). ● **r. breeder**, allevatore di conigli; cunicoltore □ **r. breeding**, allevamento di conigli; cunicoltura □ **r.-burrow** (*o* **r.-hole**), tana di coniglio □ (*fig., TV*) **r. ears**, antenna incorporata □ **r. hutch**, conigliera (*la gabbia*) □ **r. punch**, colpo (di taglio) alla nuca □ **r. shooting**, caccia al coniglio □ **r. warren**, garenna; terreno di conigli selvatici; (*fig.*) casa (*o* zona) sovraffollata; alveare (*fig.*) □ **Welsh r.**, *V.* **rarebit**.

to **rabbit** /'ræbɪt/, *v. i.* **1** (*di solito* **to go rabbiting**) andare a caccia di conigli **2** (*fam.*) blaterare; parlare a vanvera **3** (*fam. USA*) scappare; darsela a gambe.

rabbitfish /'ræbɪtfɪʃ/, *n.* (*zool.*) **1** (*Chimaera monstrosa*) chimera mostruosa **2** *V.* **globefish**.

to **rabbit-punch** /'ræbɪtpʌntʃ/, *v. t.* colpire (q.) alla nuca.

rabbitry /'ræbɪtrɪ/, *n.* **1** allevamento di conigli **2** conigliera.

rabbity /'ræbətɪ/, *a.* **1** di (*o* da) coniglio **2** pieno di conigli.

rabble (**1**) /'ræbl/, *n.* **1** folla tumultuante; calca; ressa **2** – (*spreg.*) **the r.**, la plebaglia; la marmaglia; la feccia (del popolo). ● **r.-rouser**, arruffapopoli; agitatore; demagogo □ **r.-rousing**, (*agg.*) che incita alla rivolta, demagogico; (*sost.*) istigazione alla rivolta, sobillazione.

rabble (**2**) /'ræbl/, *n.* (*metall.*) **1** raschiatoio **2** agitatore, mescolatore (*strumento*).

to **rabble** /'ræbl/, *v. t.* (*metall.*) **1** raschiare **2** agitare; rimescolare.

Rabelaisian /ræbə'leɪzɪən, -ʒən/, **A** *a.* (*letter.*) rabelesiano. **B** *n.* ammiratore (*o* studioso) di Rabelais.

rabid /'ræbɪd, *USA* 'reɪ-/, *a.* **1** (*di cane, volpe, ecc.*) rabbioso; idrofobo **2** arrabbiato; furioso; furibondo; furente: **r. hatred**, odio furibondo **3** accanito; fanatico; arrabbiato: **a r. republican**, un fanatico repubblicano; **a r. basketball fan**, un accanito tifoso di pallacanestro. ‖ **-ly**, *avv.* ‖ **-ness**, *sost.*

rabidity /rə'bɪdətɪ/, *n.* **1** rabbia; furia; furore **2** accanimento; fanatismo **3** l'essere idrofobo.

rabies /'reɪbiːz/, *n.* (*med., vet.*) rabbia; idrofobia.

raccoon /rə'kuːn, *USA* ræ-/, *n.* (*zool., Procyon lotor*) procione; orsetto lavatore. ● (*zool.*) **r. dog** (*Nyctereutes procyonides*), cane procione; cane viverrino.

race (**1**) /reɪs/, *n.* **1** (*specialm. sport*) corsa; gara (*di velocità*): **to attend the races**, andare alle corse (*dei cavalli*); (*fig.*) **a r. against time**, una corsa contro il tempo; **a horse r.**, una corsa di cavalli; una corsa ippica; **a boat r.**, una gara di canottaggio; una regata; **a r. for power**, una corsa al potere **2** (*pl.*) corse dei cavalli; ippica **3** corso (*di un astro, della vita*); cammino (*poet.*); vita: **ere he had run half his r.**, prima del mezzo del cammino di sua vita; (*fig.*) **The old man's r. was nearly run**, la vita del vecchio era ormai giunta al suo termine **4** corrente (*specialm. di marea*: *in un estuario, ecc.*) **5** (= **mill r.**) canale di adduzione; condotta, gora (*di mulino*) **6** (*mecc.*) guida (*o* gola) di scorrimento **7** (*mecc.*) anello (*di un cuscinetto a sfere*) **8** (*ind. tess.*) corsa (*della spola*). ● **r. card**, programma delle corse □ (*polit.*) **the r. for mayor**, la lotta per l'elezione a sindaco □ **r. meeting**, riunione ippica, concorso ippico □ **r. over hurdles**, corsa a ostacoli □ **r.-track**, (*autom.*) pista; (*USA*) ippodromo □ (*sport*) **r.-walking**, la marcia □ (*ciclismo*) **massed-start r.**, corsa in linea □ (*sport*) **road r.**, corsa su strada □ (*sport*) **to run a r.**, fare una corsa □ (*ciclismo*) **timed r.**, corsa a cronometro.

race (**2**) /reɪs/, *n.* razza; schiatta; stirpe; gruppo etnico; etnia; progenie; discendenza: **the human r.**, la razza umana; **the white r.**, la razza bianca; (*fig.*) **the r. of heroes**, la stirpe degli eroi; **a man of noble r.**, un uomo di nobile discendenza. ● **r. relations**, relazioni interrazziali (*o* interetniche) □ **r. riot**, scontro razziale □ **r. squad**, squadra (*della polizia*) per i disordini razziali.

race (**3**) /reɪs/, *n.* (*bot.*) radice di zenzero.

to **race** /reɪs/, **A** *v. i.* **1** (*specialm. sport*) correre; partecipare a una gara; gareggiare: **My horse will r. for the cup**, il mio cavallo parteciperà alla gara per la coppa **2** andare a tutta velocità; andare di corsa; affrettarsi **3** (*di motore*) girare a vuoto; imballarsi. **B** *v. t.* **1** gareggiare (*in corsa*) con (q.); correre contro (q.); cercar di superare (q.) nella corsa **2** far correre (*un cavallo, ecc.*); iscrivere alle corse; far partecipare a una gara (*un aereo, ecc.*) **3** portare (q.) di corsa: **He raced me home on his motorbike**, mi portò di corsa a casa sulla sua moto **4** accelerare; affrettare: **to r. a bill through the Commons**, accelerare la discussione (*o* affrettare l'approvazione) di un disegno di legge ai Comuni **5** (*mecc.*) far girare a vuoto, imballare (*il motore*). ● **to r. a fortune away**, sperperare un patrimonio alle corse dei cavalli □ **to r. with sb.**, gareggiare in corsa con q.; correre contro q.

racecourse /'reɪskɔːs/, *n.* **1** (*ippica*) ippodromo **2** (*per cani*) cinodromo.

racehorse /'reɪshɔːs/, *n.* cavallo da corsa.

raceme /rə'siːm, 'ræsiːm, *USA* reɪ'siːm/, *n.* (*bot.*) racemo.

racemic /reɪ'siːmɪk/, *a.* (*chim.*) racemico.

racemiferous /ræsɪ'mɪfərəs/, *a.* (*bot.*) racemifero.

racemization /ræsəmaɪ'zeɪʃn, *USA* -mɪ'z-/, *n.* (*chim.*) racemizzazione.

racemose /'ræsɪməʊs/, *a.* (*bot.*) racemoso.

racer /'reɪsə(r)/, *n.* **1** (*sport*) corridore **2** (*sport*) automobile da corsa; bicicletta da corsa; aereo (*o* imbarcazione) da competizione **3** (*sport*) cavallo da corsa **4** (*ind. tess.*) aspo **5** (*zool., Coluber constrictor*) serpente corridore **6** (*mil.*) piattaforma girevole (*di cannone*) **7** (*mecc.*) elemento di macchina a scorrimento veloce. ● (*sport*) **r. chaser**, tifoso che segue i corridori nelle varie trasferte.

racetrack /'reɪstræk/, *n.* **1** (*autom.*) pista **2** (*ippica*) ippodromo.

raceway /'reɪsweɪ/, *n.* **1** (*elettr.*) canaletta **2** *V.* **race** (**1**), *def. 5* **3** (*specialm. USA*) *V.* **race** (**1**), *def. 6* e *7*.

Rachel /'reɪtʃəl/, *n.* Rachele.

rachis /'reɪkɪs/, *n.* (*pl.* **rachises, rachides**) (*bot., anat.*) rachide.

rachischisis /rə'kɪskɪsɪs/, *n.* (*pl.* **rachischises**) (*anat.*) rachischisi; spina bifida.

rachitic /ræ'kɪtɪk/, *a.* (*med.*) rachitico.

rachitis /ræ'kaɪtɪs/, *n.* (*pl.* **rachitedes**) (*med.*) rachitismo.

racial /'reɪʃl/, *a.* razziale: **r. prejudices**, pregiudizi razziali; **r. discrimination**, discriminazione razziale.

racialism /'reɪʃəlɪzəm/, *n.* razzismo.

racialist /'reɪʃəlɪst/, *n.* e *a.* razzista: **That film is r.**, quello è un film razzista.

racialistic /reɪʃə'lɪstɪk/, *a.* razzistico; razzista.

raciness /'reɪsɪnəs/, *n.* **1** genuinità; originalità **2** asprezza; forza; vigore **3** brio; vivacità; mordacità **4** salacità.

racing /'reɪsɪŋ/, (*sport*) **A** *n.* **1** corsa; (le) corse **2** corse dei cavalli; ippica. **B** *a. attr.* da corsa; da competizione: **r. car**, automobile da corsa; **r. craft**, imbarcazione da competizione. ● **r. calendar**, calendario delle corse □ **r.-car driver**, pilota da corsa □ **r. coat**, livrea da corsa (*dei cani*: *nei cinodromi*) □ **r. colours**, colori di scuderia □ **r.-cyclist**, corridore ciclista □ **r. man**, corridore □ **r. stable**, allevamento di cavalli da corsa; scuderia □ **the r. world**, l'ambiente delle corse dei cavalli; il mondo ippico □ **horse r.**, l'ippica □ **a r. man**, un appassionato d'ippica □ **road r.**, corse su strada □ **track r.**, corse su pista.

racism /'reɪsɪzəm/, *n.* razzismo.

racist /'reɪsɪst/, *n.* e *a.* razzista.

rack (**1**) /ræk/, *n.* **1** rastrelliera (*per foraggio, armi, stoviglie, ecc.*); stenditoio: **a plate r.**, una rastrelliera per le stoviglie; uno scolapiatti **2** (*market.*) scaffale (*per esposizione di merce*) **3** (*di solito* **hat r.**) attaccapanni a pioli **4** (= **luggage r.**) portabagagli, rete, reticella (*su treno, corriera, ecc.*) **5** (*mecc.*) cremagliera: **a r. railway**, una ferrovia a cremagliera **6** (*stor.*) ruota, cavalletto (*per la tortura*): **to be tortured on the r.**, essere messo alla ruota; essere torturato; (*fig.*) stare sulle spine **7** (*pop. USA*) letto; branda. ● (*autom.*) **r.-and-pinion steering gear**, sterzo a cremagliera □ (*ferr., USA*) **r. car**, vagone merci per trasporto di autovetture □ (*fig.*) **the r. of gout**, il tormento della gotta □ (*ferr.*) **r. rail**, rotaia a dentiera □ **r.-rent**, affitto esorbitante □ **r.-renter**, padrone di casa esoso □ (*mecc.*) **r. wheel**, ruota dentata.

rack (**2**) /ræk/, *n.* (*meteor.*) nembi; nuvolaglia.

rack (**3**) /ræk/, *n.* (*di cavallo*) andatura fra il trotto e il piccolo galoppo; ambio.

rack (**4**) /ræk/, *n.* distruzione; rovina (*solo nelle locuz.*:) **to be in r. and ruin**, essere in rovina; **to go to r. and ruin**, andare in rovina; andare in malora.

rack (**5**) /ræk/, *n.* arak, arrack (*bevanda fermentata orientale*).

to **rack** (**1**) /ræk/, *v. t.* ***1*** collocare (*o* disporre) su una rastrelliera ***2*** (*stor.*) mettere alla ruota; torturare, tormentare (*anche fig.*): **I was racked with jealousy**, ero tormentato dalla gelosia ***3*** angariare; opprimere; sfruttare: **That landlord racks his tenants**, quel padrone di casa sfrutta i suoi inquilini ***4*** (*naut.*) legare (alla portoghese); strangolare. ● (*fig.*) **to r. one's brains**, scervellarsi; lambiccarsi il cervello □ **to r. up**, provvedere (*un cavallo*) di foraggio; legare (*un cavallo*) alla rastrelliera; (*fam., sport*) racimolare (*punti*); (*fam. USA*) battere, sconfiggere; (*anche*) atterrare, stendere (*con un colpo*).

to **rack** (**2**) /ræk/, *v. i.* (*di nembo*) essere spinto dal vento.

to **rack** (**3**) /ræk/, *v. i.* (*di cavallo*) ambiare; andare all'ambio.

to **rack** (**4**) /ræk/, *v. t.* (*spesso* **to r. off**) travasare (*vino, sidro, ecc.*)..

racket (**1**) /ˈrækɪt/, *n.* ***1*** chiasso; baccano; fracasso; frastuono: **to kick up no end of a r.**, fare un baccano del diavolo ***2*** (*raro*) bella vita; baldoria: **to go on the r.**, darsi alla bella vita ***3*** racket; attività illegale; organizzazione di gangster: **the narcotics r.**, il racket della droga ***4*** (*fam.*) imbroglio: **a r. to avoid taxes**, un imbroglio per evadere il fisco ***5*** (*pop., scherz.*) lavoro; occupazione: **Selling is a good r.**, fare il venditore (*o* il commerciante) è un buon lavoro (*o* un'occupazione redditizia). ● **to stand the r.** (**of st.**), superare una dura prova; farcela (*fam.*) □ (*scherz.*) **What r. are you in?**, che mestiere fai? □ **What a r.!**, che casino! (*pop.*).

racket (**2**) /ˈrækɪt/, *n.* ***1*** (*sport*) racchetta (*da tennis, da neve, ecc.*) ***2*** (*pl.*) le racchette (*gioco simile al tennis, ma giocato al chiuso*). ● **r. press**, pressa per racchette.

to **racket** /ˈrækɪt/, *v. i.* ***1*** far chiasso; far baccano; fare casino (*pop.*) ***2*** (*spesso* **to r. about**) far baldoria; far vita allegra; fare la bella vita.

racketeer /rækəˈtɪə(r)/, *n.* affiliato a un racket, malavitoso; delinquente.

racketeering /rækəˈtɪərɪŋ/, *n.* appartenenza a un racket; malavita organizzata.

rackety /ˈrækətɪ/, *a.* ***1*** chiassoso; rumoroso ***2*** (*raro*) festaiolo; che ama far baldoria.

racking (**1**) /ˈrækɪŋ/, *a.* tormentoso; doloroso; tremendo: **a r. headache**, un tremendo mal di testa.

racking (**2**) /ˈrækɪŋ/, *n. collett.* (*comm.*) scaffalature.

to **rack-rent** /ˈrækrɛnt/, *v. t.* dare in affitto (*case, ecc.*) a un canone esorbitante.

rackway /ˈrækweɪ/, *n.* ferrovia a cremagliera.

raconteur /rækɒnˈtɜː(r)/ (*franc.*), *n.* buon raccontatore; uno che sa raccontare.

racoon /rəˈkuːn/, *V.* **raccoon**.

racquet /ˈrækɪt/, *V.* **racket** (**2**).

racy /ˈreɪsɪ/, *a.* ***1*** genuino; naturale; originale: **a r. way of talking**, un modo di parlare naturale ***2*** con un sapore caratteristico (*o* particolare); forte; vigoroso: **a r. wine**, un vino vigoroso ***3*** brioso; frizzante; mordace; vivace: **r. humour**, umorismo frizzante ***4*** salace; scabroso (*fig.*): **a r. novel**, un romanzo scabroso. || **-ily**, *avv.* || **-ness**, *sost.*

Rad /ræd/, *n.* (*polit., abbr. pop. di* **Radical**) radicale.

radar /ˈreɪdɑː(r)/, *n.* radar; radiolocalizzatore. ● (*aeron.*) **r. altimeter**, radaraltimetro □ **r. beacon**, radarfaro; radiofaro a impulsi □ **r. detection**, radarlocalizzazione □ (*naut.*) **r.-fitted**, provvisto di radar □ **r. meteorology**, radarmeteorologia □ **r. operator**, radarista □ **r. scanning**, esplorazione radar □ (*astron.*) **r. telescope**, radar-telescopio □ (*autom.*) **r. trap**, Autovelox (*marchio*).

radarscope /ˈreɪdɑːskəʊp/, *n.* schermo radar.

radarsonde /ˈreɪdɑːsɒnd/, *n.* radarsonda.

raddle /ˈrædl/, *n.* (*arc.*) ocra rossa.

to **raddle** /ˈrædl/, *v. t.* ***1*** tingere con ocra rossa ***2*** dare il rossetto a; imbellettare: **a raddled face**, una faccia imbellettata.

raddled /ˈrædld/, *a.* (*fam. USA*) ***1*** confuso; frastornato ***2*** logoro; consumato; consunto.

radial /ˈreɪdɪəl/, **A** *a.* ***1*** (*geom., mecc., anat.*) radiale: **r. axle**, asse radiale; **r. artery**, arteria radiale ***2*** (*autom.*: *di pneumatico*) radiale. **B** *n.* ***1*** (*anat.*) arteria (*o* nervo) radiale ***2*** pneumatico (a struttura) radiale. ● (*mecc.*) **r. engine**, motore stellare □ (*mecc.*) **r.-flow turbine**, turbina radiale □ **r.-ply tyre**, pneumatico radiale □ **r. rotor**, rotore a pale radiali (*di elicottero*). || **-ly**, *avv.*

radian /ˈreɪdɪən/, *n.* (*geom.*) radiante.

radiance /ˈreɪdɪəns/, **radiancy** /ˈreɪdɪənsɪ/, *n.* ***1*** radiosità; fulgore; splendore ***2*** (*fis.*) radianza.

radiant /ˈreɪdɪənt/, **A** *a.* radiante (*anche fis.*); raggiante; brillante; fulgido; fulgente; sfolgorante; splendido: (*fis.*) **r. energy**, energia radiante; **r. heat**, calore radiante; **a r. smile**, un sorriso raggiante; **r. beauty**, fulgida bellezza; **a r. morning**, uno splendido mattino. **B** *n.* ***1*** (*fis., astron.*) punto radiante ***2*** radiatore: **gas fire r.**, radiatore a gas ***3*** (*mat.*) radiante. ● **r. heating**, riscaldamento a pannelli radianti. || **-ly**, *avv.*

radiate /ˈreɪdɪət, -ɪeɪt/, *a.* ***1*** a raggi; provvisto di raggi ***2*** radiale.

to **radiate** /ˈreɪdɪeɪt/, *v. t.* e *i.* irradiare; irraggiare; raggiare; (*fig.*) diffondere, diffondersi; emanare; permeare: **Heat and light r.**, il calore e la luce s'irradiano; **Five roads r. from the town**, cinque strade s'irraggiano dalla città. ● **to r. joy**, essere raggiante di gioia.

radiation /reɪdɪˈeɪʃn/, *n.* ***1*** (*scient.*) radiazione; irradiazione; irraggiamento ***2*** disposizione radiale (*o* a raggi). ● (*fis. nucl.*) **r. protection**, radioprotezione □ (*med.*) **r. sickness**, male (*o* malattia) da radiazioni.

radiative /ˈreɪdɪətɪv, *USA* -ɪeɪt-/, *a.* (*fis. nucl.*) relativo alle radiazioni; radiativo.

radiator /ˈreɪdɪeɪtə(r)/, *n.* ***1*** radiatore (*d'automobile o di termosifone*) ***2*** (*radio*) antenna trasmittente; trasmettitore. ● (*autom.*) **r. cap**, tappo del radiatore □ (*autom.*) **r. hose**, manicotto □ **panel r.**, radiatore a pannelli.

radical /ˈrædɪkl/, **A** *n.* ***1*** (*chim., mat., polit.*) radicale ***2*** (*ling.*, = **r. word**) radice; radicale ***3*** (*mat.*, = **r. sign**) segno di radice. **B** *a.* ***1*** radicale; (*fig.*) integrale, profondo: **a r. change**, un mutamento radicale; (*polit.*) **the R. Party**, il partito radicale ***2*** (*raro*) connaturato: **the r. rottenness of human nature**, la corruttela connaturata nell'uomo ***3*** (*pop. USA*) eccellente; favoloso; ottimo. ● **r. chic**, sinistrismo di moda □ (*polit.*) **r. left**, nuova sinistra. || **-ly**, *avv.*

radicalism /ˈrædɪkəlɪzəm/, *n.* (*polit.*) radicalismo.

radicalization /rædɪkəlaɪˈzeɪʃn, *USA* -lɪˈz-/, *n.* (*polit.*) radicalizzazione.

to **radicalize** /ˈrædɪkəlaɪz/, (*polit.*) **A** *v. t.* radicalizzare. **B** *v. i.* radicalizzarsi.

to **radicate** /ˈrædɪkeɪt/, **A** *v. i.* (*bot.*) radicare; mettere radici. **B** *v. t.* far attecchire; radicare; infondere.

radication /rædɪˈkeɪʃn/, *n.* (*bot.*) radicamento.

radicle /ˈrædɪkl/, *n.* ***1*** (*bot.*) radichetta ***2*** (*anat.*) piccola radice; radicula ***3*** (*chim.*) radicale.

radic-lib /ˈrædɪkˈlɪb/, *n.* (*polit. USA*) sinistroide.

radicular /ræˈdɪkjʊlə(r)/, *a.* (*anat.*) radicolare.

radii /ˈreɪdɪaɪ/, *pl.* di **radius**.

radio /ˈreɪdɪəʊ/, **A** *n.* (*pl.* **radios**) ***1*** radio; radiofonia; radiotelegrafia; apparecchio radio: **to broadcast by r.**, trasmettere per radio; **I heard it on the r.**, l'ho sentito alla radio ***2*** radiomessaggio; marconigramma; radiogramma ***3*** radiocanale; canale: **R. 1**, primo canale; **R. 4**, canale 4 della BBC. **B** *a. attr.* radiofonico; radio: **r. programmes**, programmi radiofonici; **r. station**, stazione radiofonica; radiostazione. ● **r. advertising**, pubblicità per radio □ **r. aerial**, antenna radio □ **r. alarm**, allarme dato via radio; (*anche*) radiosveglia □ **r. astronomer**, radioastronomo □ **r. astronomy**, radioastronomia □ (*aeron.*) **r. altimeter**, radioaltimetro □ **r. amateur**, radioamatore □ (*aeron., naut.*) **r. beacon**, radiofaro □ **r. bearing**, radiorilevamento □ (*autom.*) **r. car**, autoradio (*il veicolo*); radiomobile □ **r. commentary**, radiocronaca □ **r. commentator**, radiocronista □ (*naut., aeron.*) **r. compass**, radiobussola □ **r. control**, radiocomando; radioguida □ (*aeron.*) **r.-controlled autopilot**, radiopilota □ **r.-controlled car**, automobilina radiocomandata (*giocattolo*) □ **r. engineer**, radiotecnico □ **r. engineering**, radiotecnica □ **r. frequency**, radiofrequenza □ (*mil.*) **r. fuse**, radiospoletta □ (*astron.*) **r. galaxy**, radiogalassia □ **r.-gramophone**, radiogrammofono □ (*fam.*) **r. ham**, radioamatore □ **r. interview**, radiointervista □ **r. link** (*o* **linkup**), radiocollegamento; ponte radio □ **r. listener**, radioascoltatore; radioutente □ **r. navigation**, radionavigazione □ **r. operator**, radiotelegrafista, marconista; (*mil.*) radiofonista □ **r. oscillator**, radiooscillatore □ (*miss.*) **r. probe**, radiosonda □ **r. range-finder**, radiotelemetro □ **r. range-finding**, radiotelemetria □ (*aeron.*) **r. range-track**, radiosentiero □ **r. receiver**, radioricevitore □ **r. reception**, radioricezione □ **r. recorder**, radioregistratore □ **r. repairer**, radioriparatore □ **r. repeater**, radioripetitore □ **r. set**, apparecchio radio; radio (*fam.*) □ **r. signal**, radiosegnale □ **r. sounding**, radiosondaggio (*dell'atmosfera, ecc.*); (*naut.*) radioscandaglio □ (*astron.*) **r. source**, radiosorgente □ **r. spectrograph**, radiospettografo □ (*astron.*) **r. star**, radiostella; radiosorgente discreta □ **r. talk**, radioconversazione □ (*astron.*) **r. telescope**, radiotelescopio □ **r. transmitter**, radiotrasmettitore □ **r. tube** (*o* **r. valve**), valvola termoionica □ **r. van**, radiofurgone □ **r. wave**, onda radio; radioonda □ **car r.**, autoradio (*radio di bordo*) □ **on the r.**, alla radio; (*di una persona*) in onda □ **portable r.** (*o* **pocket r.**), radiolina.

to **radio** /ˈreɪdɪəʊ/, **A** *v. t.* ***1*** radiotrasmettere (*un messaggio*) ***2*** mettersi in contatto radiofonico con (q.). **B** *v. i.* trasmettere per radio. ● **to r. for help**, chiedere aiuto via radio.

to **radioactivate** /reɪdɪəʊˈæktɪveɪt/, *v. t.* (*fis.*) rendere radioattivo.

radioactive /reɪdɪəʊˈæktɪv/, *a.* (*chim., fis.*) radioattivo: **r. decay**, decadimento radioattivo; **r. fallout**, ricaduta radioattiva; fallout.

radioactivity /reɪdɪəʊækˈtɪvətɪ/, *n.* (*chim., fis.*) radioattività.

radiobiologist /reɪdɪəʊbaɪˈɒlədʒɪst/, *n.* radiobiologo.

radiobiology /reɪdɪəʊbaɪˈɒlədʒɪ/, *n.* (*biol.*) radiobiologia.

radiobroadcast /reɪdɪəʊˈbrɔːdkɑːst, *USA* -æst/, *n.* radiotrasmissione; radiodiffusione.

to **radiobroadcast** /reɪdɪəʊˈbrɔːdkɑːst, *USA* -æst/, *v. t.* radiotrasmettere; radiodiffondere.

radiocarbon /reɪdɪəʊˈkɑːbən/, *n.* (*scient.*) radiocarbonio.

radiochemist /reɪdɪəʊˈkemɪst/, *n.* radiochimico.

radiochemistry /reɪdɪəʊˈkemɪstrɪ/, *n.* (*chim.*) radiochimica.

radiochromatographic /reɪdɪəʊkrəmætəˈgræfɪk/, *a.* radiocromatografico.

radiochromatography /reɪdɪəʊkrəʊməˈtɒgrəfɪ/, *n.* radiocromatografia.

radiocommunication /reɪdɪəʊkəmjuːnɪ-

ˈkeɪʃn/, *n.* radiocomunicazione.
to **radio-control** /reɪdɪəʊkənˈtrəʊl/, *v. t.* radiocomandare; radioguidare; radiotelecomandare.
radioecological /reɪdɪəʊiːkəˈlɒdʒɪkl/, *a.* radioecologico.
radioecologist /reɪdɪəʊiːˈkɒlədʒɪst/, *n.* radioecologo.
radioecology /reɪdɪəʊiːˈkɒlədʒɪ/, *n.* radioecologia.
radioelement /reɪdɪəʊˈɛlɪmənt/, *n.* (*chim.*) radioelemento.
radiogenic /reɪdɪəʊˈdʒɛnɪk/, *a.* (*scient.*) radiogenico.
radiogoniometer /reɪdɪəʊgəʊnɪˈɒmɪtə(r)/, *n.* (*aeron., naut.*) radiogoniometro.
radiogoniometric /reɪdɪəʊgəʊnɪəʊˈmɛtrɪk/, *a.* radiogoniometrico.
radiogoniometry /reɪdɪəʊgəʊnɪˈɒmətrɪ/, *n.* radiogoniometria.
radiogram /ˈreɪdɪəʊgræm/, *n.* ***1*** (*med.*) radiografia (*lastra*); radiogramma ***2*** radiomessaggio; marconigramma; radiogramma ***3*** (*abbr. di* **radio-gramophone**) radiogrammofono.
radiograph /ˈreɪdɪəʊgrɑːf, *USA* -græf/, *n.* (*specialm. med.*) radiografia (*lastra*).
to **radiograph** /ˈreɪdɪəʊgrɑːf, *USA* -græf/, *v. t.* radiografare.
radiographer /reɪdɪˈɒgrəfə(r)/, *n.* (*med.*) radiologo.
radiographic /reɪdɪəʊˈgræfɪk/, *a.* (*specialm. med.*) radiografico. ‖ **-ally**, *avv.*
radiography /reɪdɪˈɒgrəfɪ/, *n.* (*specialm. med.*) radiografia (*il procedimento*).
radioisotope /reɪdɪəʊˈaɪsətəʊp/, *n.* (*chim., fis.*) radioisotopo.
radiolabel /reɪdɪəʊˈleɪbl/, *n.* radiolocalizzatore (*fascetta, collarino, ecc. con radio, applicato a un animale selvatico*).
radiolarian /reɪdɪəʊˈlɛərɪən, -ˈlær-/, *n.* (*zool.*) radiolario.
radiolarite /reɪdɪəʊˈlɛəraɪt, -ˈlær-/, *n.* (*geol.*) radiolarite.
to **radiolocate** /reɪdɪəʊləʊˈkeɪt/, *v. t.* radiolocalizzare.
radiolocation /reɪdɪəʊləˈkeɪʃn/, *n.* (*tecn.*) radiolocalizzazione.
radiolocator /reɪdɪəʊləˈkeɪtə(r)/, *n.* radiolocalizzatore; radar.
radiological /reɪdɪəˈlɒdʒɪkl/, *a.* (*med.*) radiologico. ● (*mil.*) **r. defence**, difesa antiradiazioni □ (*mil.*) **r. warfare**, guerra di radiazioni. ‖ **-ly**, *avv.*
radiologist /reɪdɪˈɒlədʒɪst/, *n.* (*med.*) radiologo.
radiology /reɪdɪˈɒlədʒɪ/, *n.* (*med.*) radiologia.
radiolucent /reɪdɪəʊˈluːsənt/, *a.* radiotrasparente.
radiolysis /reɪdɪˈɒləsɪs/, *n.* (*chim.*) radiolisi.
radiometer /reɪdɪˈɒmɪtə(r)/, *n.* radiometro.
radiometric /reɪdɪəʊˈmɛtrɪk/, *a.* (*scient.*) radiometrico.
radiometry /reɪdɪˈɒmətrɪ/, *n.* (*fis.*) radiometria.
radionuclide /reɪdɪəʊˈnjuːklaɪd, *USA* -ˈnuː-/, *n.* (*fis. nucl.*) radionuclide.
radiopacity /reɪdɪəʊˈpæsətɪ/, *n.* (*elettr.*) radioopacità.
radiopaque /reɪdɪəʊˈpeɪk/, *a.* (*elettr.*) radioopaco.
radiopharmaceutical /reɪdɪəʊfɑːməˈsjuːtɪkl, *USA* -ˈsuː-/, *n.* (*farm.*) farmaco radioattivo.
radiophone /ˈreɪdɪəʊfəʊn/, *V.* **radiotelephone**.
radiophonic /reɪdɪəʊˈfɒnɪk/, *a.* radiofonico.
radiophony /reɪdɪˈɒfənɪ/, *n.* (*fis.*) radiofonia.
radiophoto /ˈreɪdɪəʊfəʊtəʊ/, *n.* radiofoto.
radiophotography /reɪdɪəʊfəˈtɒgrəfɪ/, *n.* radiofotografia.
radioprotection /reɪdɪəʊprəˈtɛkʃn/, *n.* radioprotezione.
radioprotective /reɪdɪəʊprəˈtɛktɪv/, *a.* radioprotettivo.
radioscopic /reɪdɪəʊˈskɒpɪk/, *a.* radioscopico. ‖ **-ally**, *avv.*
radioscopy /reɪdɪˈɒskəpɪ/, *n.* (*specialm. med.*) radioscopia.
radiosensitive /reɪdɪəʊˈsɛnsɪtɪv/, *a.* (*specialm. med.*) radiosensibile.
radiosensitivity /reɪdɪəʊsɛnsəˈtɪvətɪ/, *n.* (*med.*) radiosensibilità.
radiosonde /ˈreɪdɪəʊsɒnd/, *n.* (*meteor.*) radiosonda.
radiostrontium /reɪdɪəʊˈstrɒntɪəm/, *n.* (*chim.*) stronzio radioattivo.
radiotaxi /reɪdɪəʊˈtæksɪ/, *n.* radiotaxi.
radiotelegram /reɪdɪəʊˈtɛlɪgræm/, *n.* radiotelegramma; radiogramma; marconigramma.
radiotelegraph /reɪdɪəʊˈtɛlɪgrɑːf, *USA* -græf/, *n.* radiotelegrafo. ● **r. operator**, radiotelegrafista; marconista.
to **radiotelegraph** /reɪdɪəʊˈtɛlɪgrɑːf, *USA* -græf/, *v. t.* e *i.* radiotelegrafare.
radiotelegraphic /reɪdɪəʊtɛlɪˈgræfɪk/, *a.* radiotelegrafico.
radiotelegraphist /reɪdɪəʊtɪˈlɛgrəfɪst/, *n.* radiotelegrafista.
radiotelegraphy /reɪdɪəʊtɪˈlɛgrəfɪ/, *n.* radiotelegrafia.
radiotelemetry /reɪdɪəʊtɪˈlɛmətrɪ/, *n.* radiotelemetria.
radiotelephone /reɪdɪəʊˈtɛlɪfəʊn/, **A** *n.* radiotelefono. **B** *a. attr.* radiotelefonico. ● **r. operator**, radiotelefonista.
radiotelephony /reɪdɪəʊtɪˈlɛfənɪ/, *n.* radiotelefonia.
radioteleprinter /reɪdɪəʊˈtɛlɪprɪntə(r)/, *n.* radiotelescrivente.
radiotherapeutic /reɪdɪəʊθɛrəˈpjuːtɪk/, *a.* (*med.*) radioterapico.
radiotherapeutics /reɪdɪəʊθɛrəˈpjuːtɪks/, *n. pl.* (*col verbo al sing.*) (*med.*) radioterapia.
radiotherapist /reɪdɪəʊˈθɛrəpɪst/, *n.* radioterapista.
radiotherapy /reɪdɪəʊˈθɛrəpɪ/, *n.* (*med.*) radioterapia.
radiothorium /reɪdɪəʊˈθɔːrɪəm/, *n.* (*chim.*) torio radioattivo.
radish /ˈrædɪʃ/, *n.* (*bot.*) ***1*** (*Raphanus sativus*) rafano ***2*** (*Raphanus sativus radicula*) ravanello.
radium /ˈreɪdɪəm/, *n.* (*chim.*) radio. ● **r. emanation**, radioemanazione; radon □ (*med.*) **r.-therapy**, radioterapia, radiumterapia.
radius /ˈreɪdɪəs/, *n.* (*pl.* **radii, radiuses**) ***1*** (*geom.*) raggio (*anche fig.*): **r. vector**, raggio vettore; (*mil.*) **r. of action**, raggio d'azione; **He knows everyone within a r. of ten miles**, conosce tutti entro un raggio di dieci miglia ***2*** (*anat.*) radio ***3*** (*mecc.*, = **r. rod**) raggio di ruota ***4*** (*fig.*) ambito; campo: **within the r. of my experience**, nell'ambito della mia esperienza. ● (*a Londra*) **the four-mile r.**, il cerchio (*con raggio di quattro miglia*) al cui centro sta Charing Cross.
radix /ˈreɪdɪks/, *n.* (*pl.* **radices, radixes**) ***1*** (*bot.*) radice ***2*** (*ling.*) radice ***3*** (*mat.*) numero base; radice: **Ten is the r. of decimal numeration**, il dieci è il numero base del sistema decimale.
radon /ˈreɪdɒn/, *n.* (*chim.*) radon.
radula /ˈrædjʊlə, *USA* -dʒʊ-/, *n.* (*pl.* **radulae**) (*zool.*) radula.
raff /ræf/, *V.* **riff-raff**.
Raffaelesque /ræfɪəˈlɛsk/, *V.* **Raphaelesque**.
raffia /ˈræfɪə/, *n.* (*bot., Raphia ruffia*) raffia, rafia (*l'albero e la fibra*).
raffish /ˈræfɪʃ/, *a.* ***1*** disinvolto; noncurante; non convenzionale ***2*** corrotto; dissipato; vizioso ***3*** vistoso; volgare. ‖ **-ly**, *avv.* ‖ **-ness**, *sost.*
raffle (**1**) /ˈræfl/, *n.* riffa; lotteria.
raffle (**2**) /ˈræfl/, *n.* rifiuti; resti; detriti.
to **raffle** /ˈræfl/, **A** *v. t.* (*spesso* **to r. off**) mettere in palio (*un premio*) in una riffa. **B** *v. i.* partecipare a una lotteria. ● **to r. for**, concorrere a (*un premio di lotteria*).
raft /rɑːft, *USA* ræft/, *n.* ***1*** zattera (*di tronchi d'albero, barili, ecc.*) ***2*** massa di tronchi galleggianti (*legati insieme per farli fluitare*) ***3*** (= **life r.**) gommone; battellino di gomma ***4*** (*edil.*) fondazione continua. ● (*fam. USA*) **a r. of**, un mucchio di.
to **raft** /rɑːft, *USA* ræft/, **A** *v. t.* ***1*** trasportare su una zattera ***2*** fare fluitare (*tronchi, ecc.*) ***3*** attraversare (*un fiume, ecc.*) su zattere. **B** *v. i.* navigare su una zattera.
rafter (**1**) /ˈrɑːftə(r), *USA* ˈræftə(r)/, *V.* **raftsman**.
rafter (**2**) /ˈrɑːftə(r), *USA* ˈræftə(r)/, *n.* (*edil.*) travetto; travicello; falso puntone.
raftered /ˈrɑːftəd, *USA* ˈræf-/, *a.* (*edil.*) ***1*** provvisto di travetti ***2*** a travi a vista: **a r. ceiling**, un soffitto a travi a vista.
raftsman /ˈrɑːftsmən, *USA* ˈræf-/, *n.* (*pl.* **raftsmen**) zatteriere.
rag (**1**) /ræg/, *n.* ***1*** cencio; brandello; straccio: **He hadn't got a rag to cover himself**, non aveva un cencio da coprirsi ***2*** (*fig.*) brandello; lembo; pezzo: **We spread every rag of sail**, issammo ogni lembo di vela (*o* tutta la velatura); **This book has been torn to rags**, questo libro è stato ridotto a brandelli ***3*** (*pl.*) abiti vecchi; stracci ***4*** (*spreg.*) bandiera; fazzoletto; giornalaccio ***5*** (*ferr., fam. USA*) addetto agli scambi ***6*** (*volg.*) tampone; assorbente igienico. ● **rag-and-bone man**, straccivendolo; cenciaiolo □ **a rag doll**, una bambola di pezza □ **rag fair**, mercato di abiti usati □ **rag merchant**, straccivendolo □ **rag-paper**, carta di stracci □ (*edil.*) **rag-rolling**, marezzatura (*di pareti*) ottenuta passando uno straccio □ (*fam.*) **a rags-to-riches story**, la storia di uno passato dalla povertà alla ricchezza □ (*fam.*) **the rag trade**, l'industria della confezione (*o* dell'abbigliamento) □ (*pop.*) **to chew the rag**, ciarlare; disputare, litigare □ (*fam.*) **glad rags**, abiti buoni (*o* alla moda) □ **in rags**, in brandelli; sbrindellato, stracciato; (*di persona*) vestito di stracci, cencioso □ **worn to rags**, logoro; stracciato.
rag (**2**) /ræg/, *n.* (*pop.*) ***1*** (*in G.B.*) corteo (*con carri, ecc.*) di studenti universitari allo scopo di raccogliere fondi per beneficenza (*in un giorno detto* **rag day**, *o in una data settimana*, **rag week**) ***2*** scherzo di mano; scherzo: **They pushed me into the pond as a rag**, per farmi uno scherzo, mi spinsero dentro lo stagno.
rag (**3**) /ræg/, *n.* (*mus.*) brano di ragtime.
rag (**4**) /ræg/, *n.* (*edil.*) lastra di ardesia (*per la copertura di tetti*).
to **rag** (**1**) /ræg/, *v. t.* ***1*** fare uno scherzo a (q.); prendere in giro (q.) ***2*** (*fam., arc. o USA*) dare una grossa sgridata a (q.); strapazzare.
to **rag** (**2**) /ræg/, *v. t.* (*mus.*) comporre (*o* suonare) in ragtime.
ragamuffin /ˈrægəmʌfɪn/, *n.* (*arc.*) ***1*** pezzente; straccione ***2*** monello; ragazzaccio.
ragbag /ˈrægbæg/, *n.* ***1*** sacco per gli stracci ***2*** (*fig.*) raccolta di cianfrusaglie; guazzabuglio; confusione.
ragbolt /ˈrægbəʊlt/, *n.* (*mecc.*) bullone di fondazione.
rage /reɪdʒ/, *n.* ***1*** collera; furia; furore; ira; rabbia; stizza: **to be in a r. with sb.**, essere in collera con q.; **to fly into a r.**, montare in collera; andare su tutte le furie; **eyes sparkling with r.**, occhi scintillanti di collera; **the r. of the wind**, la furia del vento ***2*** desiderio smodato; passione; mania: **He has a r. for hunting**, ha la mania della caccia ***3*** furore poetico (*o* profetico); frenesia; ispirazione ***4*** (*poet.*) ardore; entusiasmo; passione; violenza: **the r. of your grief**, la violenza del tuo dolore. ● **to be** (**all**) **the r.**, esser di gran moda; esser assai popolare; far furore; furoreggiare (*fig.*): **That actress was all the r. a few years ago**, quell'attrice faceva furore alcuni anni fa.
to **rage** /reɪdʒ/, *v. i.* essere in collera; andare su tutte le furie; infuriare; essere infuriato; infierire; imperversare: **The sea raged**, il mare era

infuriato; **The plague raged throughout the city**, la peste infuriò per tutta la città. ● **to r. at** (*o* **against**) **sb.**, essere furioso con q.; inveire contro q. □ **to r. oneself out**, sfogarsi.

ragee /ˈrægiː/, *V.* **raggee**.

ragged /ˈrægɪd/, *a.* ***1*** logoro; sbrindellato; stracciato; sfilacciato: **a r. shirt**, una camicia logora (*o* stracciata); **r. clothes**, abiti sbrindellati; **r. edges**, orli sfilacciati ***2*** cencioso; lacero; pezzente; vestito di stracci: **r. flags** [**sails**], bandiere [vele] lacere; **a r. old man**, un vecchio pezzente ***3*** frastagliato; scabro; scabroso: **r. rocks**, rocce frastagliate ***4*** irsuto; ispido; irto: **r. hair**, capelli ispidi ***5*** aspro; ruvido; stridente: **a r. voice**, una voce stridente ***6*** imperfetto; malfatto; rozzo: **r. verses**, versi imperfetti; **a r. style**, uno stile rozzo ***7*** (*pop.*) esausto; spompato (*pop.*). ● (*bot.*) **r. lady** (*Nigella damascena*) fanciullaccia □ (*pop.*) **r. out**, vestito a festa □ (*bot.*) **r. robin** (*Lychnis flos-cuculi*), fior di cuculo □ (*med.*) **a r. wound**, una ferita lacera. || **-ly**, *avv.* || **-ness**, *sost.*

raggedy /ˈrægədɪ/, *a.* (*fam. USA*) lacero; frangiato; sfrangiato; in disordine. ● (*volg.*) **r.-ass(ed)**, malvestito; trasandato; malmesso; sciatto.

raggee /ˈrægɪ/, *n.* (*bot., Eleusine coracana*) dagussà.

ragging /ˈrægɪŋ/, *n.* ***1*** scherzo di mano; scherzo; presa in giro ***2*** (*fam. USA*) rimprovero; strapazzata.

raging /ˈreɪdʒɪŋ/, *a.* furioso; furibondo; infuriato; violento: **the r. sea**, il mare infuriato; **a r. fever**, una febbre violenta (*pop.*: da cavallo). ● (*econ.*) **r. inflation**, inflazione che imperversa □ **r. mad**, matto da legare. || **-ly**, *avv.*

raglan /ˈræglən/, (*moda*) **A** *a.* alla raglan: **r. sleeves**, maniche alla raglan. **B** *n.* (= **r. coat**) raglan; cappotto alla raglan.

ragman /ˈrægmən/, *n.* (*pl.* **ragmen**) straccivendolo; cenciaiolo.

ragout /ræˈguː, ˈræguː, *USA* ræˈguː/, *n.* (*cucina*) ragù.

ragpicker /ˈrægpɪkə(r)/, *n.* straccivendolo; cenciaiolo.

ragstone /ˈrægstəʊn/, *n.* (*edil.*) arenaria dura.

ragtag /ˈrægtæg/, *n.* (*spreg. arc.*; *di solito* **r. and bobtail**) canaglia; plebaglia; marmaglia.

ragtime /ˈrægtaɪm/, *n.* (*mus.*) ragtime (*tipo di musica sincopata*). ● (*fig.*) **a r. army**, un esercito da operetta.

ragwort /ˈrægwɜːt/, *n.* (*bot., Senecio jacobaea*) erba di San Giacomo.

raid /reɪd/, *n.* ***1*** incursione; irruzione; razzia; scorreria; scorribanda; (*mil., sport*) raid: **an air r.**, un'incursione aerea; **a r. by the police**, un'irruzione della polizia ***2*** rapina: **a r. on a bank**, una rapina a una banca ***3*** (*Borsa*) scalata (*data a una società acquisendone il pacchetto di maggioranza*). ● **a r. on the reserves of a company**, un grosso prelievo (*sia legale sia fraudolento*) dai fondi d'una società □ **air-r. warning**, allarme aereo □ (*fig., fin.*) **to make a r. on**, appropriarsi di (*una somma di denaro, stornandola dalla sua destinazione originaria*).

to **raid** /reɪd/, **A** *v. t.* ***1*** fare un'incursione in; assalire; razziare; saccheggiare: **The police raided their hideout**, la polizia fece un'incursione nel loro covo ***2*** depredare; rapinare; assaltare (*una banca, ecc.*) ***3*** (*Borsa, fin.*) dare la scalata a (*un titolo, una società*). **B** *v. i.* fare incursioni (*o* scorrerie).

raider /ˈreɪdə(r)/, *n.* ***1*** razziatore; predone ***2*** (*mil.*) aereo (*o* nave) da incursione ***3*** guastatore; soldato di un commando ***4*** (*naut.*) nave corsara ***5*** (*Borsa, fin.*) chi dà la scalata (*a una società*): «predatore».

rail (**1**) /reɪl/, *n.* ***1*** barra; sbarra; asta: **a picture r.**, una sbarretta cui appendere quadri ***2*** (*di legno*) asta; stecca ***3*** grata; inferriata; cancellata ***4*** staccionata; steccato ***5*** parapetto; balaustra; sponda; ringhiera ***6*** (= **handrail**) corrimano ***7*** (*ippica*) steccato: **inner** [**outer**] **r.**, steccato interno [esterno] ***8*** (*naut.*) bordo di murata; battagliola ***9*** (*ferr.*) rotaia ***10*** ferrovia: **to send goods by r.**, spedire merce per ferrovia; **to travel by r.**, viaggiare in treno. ● **r. fence**, staccionata; steccato □ (*ferr.*) **r. gauge**, scartamento □ **r. link**, collegamento ferroviario □ (*ferr.*) **r.-motor**, automotrice □ (*edil.*) **r. post**, colonnino di ringhiera □ **r. transport**, trasporto su rotaia □ **to go off the rails**, (*di treno*) deragliare; (*fig.*) uscire di carreggiata (*o* dai binari); fare cose strane; darsi alla birba □ (*naut.*) **to go over the r.**, cadere a mare (*da una nave*) □ **towel r.**, portasciugamano.

rail (**2**) /reɪl/, *n.* (*zool., Rallus*) rallo. ● **water r.** (*Rallus aquaticus*), porciglione.

to **rail** (**1**) /reɪl/, **A** *v. t.* ***1*** munire di sbarre ***2*** provvedere di cancelli (staccionate, parapetti) ***3*** (*raro*) spedire (*merci*) per ferrovia. **B** *v. i.* (*arc.*) posare le rotaie. ● **to r. in**, rinchiudere con inferriate (*o* con steccati, ecc.): **to r. the cattle in**, rinchiudere il bestiame con una staccionata □ **to r. off**, separare (*o* circondare) con inferriate (staccionate, ecc.): **to r. off the kitchen garden**, circondare l'orto con uno steccato.

to **rail** (**2**) /reɪl/, *v. i.* (*form.*) inveire; lamentarsi; recriminare; prendersela con: **They always r. at** (*o* **against**) **him**, inveiscono sempre contro di lui.

railbed /ˈreɪlbɛd/, *n.* (*ferr.*) massicciata.

railbird /ˈreɪlbɜːd/, *n.* (*pop. USA*) appassionato delle corse di cavalli (*che le segue stando appollaiato sullo steccato*).

railcar /ˈreɪlkɑː(r)/, *n.* (*ferr.*) ***1*** automotrice; elettromotrice ***2*** (*USA*) vagone ferroviario.

railcard /ˈreɪlkɑːd/, *n.* (*ferr.*) tessera ferroviaria. ● (*in G.B.*) **R.**, tessera speciale per biglietti a prezzo ridotto (*per giovani, disabili, ecc.*).

railhead /ˈreɪlhɛd/, *n.* ***1*** punto estremo di una ferrovia in costruzione ***2*** (*ferr.*) stazione terminale; capolinea ***3*** (*ferr.*) fungo (della rotaia) ***4*** (*mil.*) punto di smistamento dei rifornimenti.

railing (**1**) /ˈreɪlɪŋ/, *n.* ***1*** barra; sbarra ***2*** (*spesso al pl.*) grata; inferriata; cancellata; parapetto; balaustra; ringhiera ***3*** (*ferr.*) complesso di rotaie; armamento; metallo per rotaie ***4*** (*elettron.*) grata (*disturbo intenzionale*).

railing (**2**) /ˈreɪlɪŋ/, **A** *n.* ***1*** l'inveire ***2*** (*pl.*) invettive; recriminazioni. **B** *a.* ***1*** che inveisce ***2*** ingiurioso; offensivo.

raillery /ˈreɪlərɪ/, *n.* (*form.*) burla; motteggio; bonaria presa in giro.

railman /ˈreɪlmən/, *n.* (*pl.* **railmen**) ferroviere.

railroad /ˈreɪlrəʊd/, *n.* (*USA*) ***1*** binario ***2*** ferrovia; strada ferrata ***3*** (*fin.*) società ferroviaria ***4*** (*pl.*) (*Borsa*) titoli ferroviari; azioni ferroviarie. ● (*USA*) **r. car**, vagone ferroviario □ (*USA*) **r. ferry**, nave traghetto □ (*USA*) **r. jack**, *V.* **railway jack** □ **r. truck**, carrello portabagagli.

to **railroad** /ˈreɪlrəʊd/, *v. t.* (*USA*) ***1*** trasportare per ferrovia ***2*** provvedere (*un paese, ecc.*) di ferrovie ***3*** (*fam.*) far passare (*o* far approvare) in fretta (q.c.) ***4*** (*fam.*) processare (q.) sommariamente; mandare (q.) in prigione con false accuse. ● **to r. sb. into doing st.**, indurre q. a fare q.c., con indebite pressioni.

railroader /ˈreɪlrəʊdə(r)/, *n.* (*USA*) ferroviere.

railway /ˈreɪlweɪ/, *n.* ferrovia; strada ferrata. ● **a r. accident**, un incidente ferroviario □ **r.-carriage**, carrozza; vettura; vagone passeggeri □ **r.-coach**, carrozza ferroviaria □ **r. company**, società ferroviaria □ **r. crossing**, incrocio ferroviario □ **r. engine**, locomotiva □ (*mecc.*) **r. jack**, binda; cricco (*o* martinetto) idraulico; carroponte per locomotive □ **r. journey**, viaggio in ferrovia □ **r. line**, linea ferroviaria □ **r. rates**, tariffe ferroviarie □ **r. section**, tronco ferroviario □ (*fin.*) **r. shares**, titoli ferroviari; azioni ferroviarie □ **r. siding**, raccordo ferroviario □ **r. sleeper**, traversina (*di binario*) □ **r. station**, stazione ferroviaria □ **r. switch**, scambio □ **r. system**, rete ferroviaria □ **r. terminus**, capolinea □ **r. ticket**, biglietto ferroviario □ **r. ticket agency**, agenzia di prenotazioni e biglietti ferroviari □ **r. track**, binario □ **r. wagon**, vagone ferroviario □ **r. worker**, ferroviere □ **cable-r.**, funicolare □ **rack-r.**, ferrovia a cremagliera □ **to work on the r.**, lavorare in ferrovia.

railwayman /ˈreɪlweɪmən/, *n.* (*pl.* **railwaymen**) ferroviere.

raiment /ˈreɪmənt/, *n.* (*poet.*) abbigliamento; vesti; vestimenti (*lett.*).

rain /reɪn/, *n.* ***1*** pioggia (*anche fig.*); diluvio: **a r. of petals**, una pioggia di petali; **a r. of kisses**, un diluvio di baci; **to go out in the r.**, uscire sotto la pioggia; **to be drenched with r.**, essere inzuppato di pioggia ***2*** (*pl.*) – **the rains**, le grandi piogge; la stagione delle piogge. ● (*USA*) **r. check**, (*sport, ecc.*) buono per un ingresso in data futura (*in caso di sospensione di gara o incontro per il maltempo*); (*fig. fam.*) riserva d'accettare: **I don't want a whiskey now, but I'll take a r. check on it**, adesso il whisky non lo voglio, ma lo prenoto per dopo □ **r. forest**, foresta pluviale □ **r. gauge**, pluviometro □ **r. or shine**, col bello e col cattivo tempo; piova o faccia bello □ **r. squall**, piovasco □ (*fam.*) **to be as right as r.**, stare benissimo (*di salute*) □ (*zool.*) **r.-worm** (*Lumbricus*), lombrico □ **It looks like r.**, vuol piovere.

to **rain** /reɪn/, *v. t. e i.* ***1*** piovere: **It's raining hard**, piove forte; **It's raining cats and dogs**, piove a catinelle; **It rained large drops**, pioveva a goccioloni ***2*** (*fig.*) piovere (*fig.*); cadere, venire giù, versarsi, scorrere, fioccare: **Bullets were raining about me**, mi fioccavano intorno le pallottole; **Tears were raining down her cheeks**, le lacrime le scorrevano sulle guance ***3*** (*fig.*) dare (q.c.) a piene mani; gettare a profusione; far cadere: **to r. gifts on sb.**, coprire q. di doni; **to r. kisses on a starlet**, gettare un sacco di baci a un'attricetta; **to r. insults on sb.**, coprire q. d'insulti; **to r. blows on the door**, tempestare di colpi la porta. ● (*fam. USA*) **to r. on sb.'s parade**, guastare la festa (*o* rompere le uova nel paniere) a q. □ **to get rained on**, bagnarsi (per la pioggia); prendere l'acqua (*fam.*): **I don't want to get rained on**, non voglio prendere l'acqua! □ (*prov.*) **It never rains but it pours**, piove (sempre) sul bagnato; le disgrazie non vengono mai sole.

♦**rain down**, **A** *v. i. + avv.* piovere, cadere (*dell'acqua* e *fig.*): **A lot of troubles rained down on us**, ci piovvero addosso un sacco di guai. **B** *v. t. + avv.* *V.* **to rain**, *def. 3*.

♦**rain in**, *v. i. + avv.* piovere dentro (*o* in casa).

♦**rain off**, *v. t. + avv.* sospendere (*o* rinviare) per la pioggia: **The soccer match was rained off**, la partita (di calcio) è stata rinviata per la pioggia.

♦**rain out**, **A** *v. i. + avv.* smettere di piovere; spiovere: **It has rained** (**itself**) **out**, è spiovuto; **Wait till it rains out**, aspetta che abbia spiovuto. **B** *v. t. + avv.* (*USA*) *V.* **to rain off**.

rainbird /ˈreɪnbɜːd/, *n.* (*zool.*) picchio verde.

rainbow /ˈreɪnbəʊ/, *n.* arcobaleno. ● (*zool.*) **r. trout** (*Salmo gairdneri*), trota arcobaleno.

raincloud /ˈreɪnklaʊd/, *n.* (*meteor.*) nembo.

raincoat /ˈreɪnkəʊt/, *n.* impermeabile.

raindrop /ˈreɪndrɒp/, *n.* goccia di pioggia.

rainfall /ˈreɪnfɔːl/, *n.* ***1*** pioggia; acquazzone; scroscio ***2*** caduta di pioggia; piovosità; precipitazioni atmosferiche.

raininess /ˈreɪnɪnəs/, *n.* piovosità.

rainless /ˈreɪnləs/, *a.* senza pioggia; (*di clima*) secco.

rainmaker /ˈreɪnmeɪkə(r)/, *n.* ***1*** mago della pioggia ***2*** (*pop. USA*) personaggio influente; avvocato bravo.

rainmaking /ˈreɪnmeɪkɪŋ/, *n.* ***1*** il far piovere ***2*** (*tecn.*) stimolazione della pioggia.

rainproof /ˈreɪnpruːf/, **A** *a.* impermeabile; a tenuta d'acqua: **r. material**, stoffa impermeabile; **a r. roof.**, un tetto che tiene la pioggia. **B** *n.* impermeabile.

to **rainproof** /ˈreɪnpruːf/, *v. t.* (*ind.*) rendere impermeabile; impermeabilizzare.

rainstorm /ˈreɪnstɔːm/, *n.* temporale.

raintight /ˈreɪntaɪt/, *a.* impermeabile.

rainwater /ˈreɪnwɔːtə(r), *USA* -wɒt-/, *n.* acqua piovana.

rainwear /ˈreɪnwɛə(r)/, *n. collett.* (*market*) impermeabili, cerate, cappucci, ecc.

rainy /ˈreɪnɪ/, *a.* piovoso; umido; carico di pioggia: **r. weather**, tempo piovoso; **r. days**, giornate piovose; **r. winds**, venti umidi. ● **the r. season**, la stagione delle piogge □ (*fig.*) **to save up** (*o* **to put away**) **for a r. day**, risparmiare (*o* mettere da parte) per i tempi difficili.

raise /reɪz/, *n.* **1** (*specialm. USA*) aumento; aumento di stipendio (*o* di salario) **2** (*poker*) rilancio; aumento della posta (*o* della puntata, *o* del piatto) **3** (*ind. min.*) scavo in rimonta; fornello.

to **raise** /reɪz/, *v. t.* **1** alzare; drizzare; innalzare; levare; elevare; sollevare; erigere: **to r. a weight**, sollevare un peso; **to r. one's eyes**, alzare gli occhi; **to r. one's voice**, alzare la voce; (*naut.*) **to r. anchor**, alzare l'ancora; **to r. a monument**, innalzare (*o* erigere) un monumento; **to r. a wall**, alzare un muro; **to r. one's hat**, levarsi il cappello; scappellarsi; **to r. a revolt**, sollevare una rivolta; **to r. the country**, sollevare il paese (*farlo rivoltare*); **to r. a question**, sollevare una questione **2** aumentare; accrescere; elevare: **to r. retail prices**, aumentare i prezzi al minuto; **to r. real wages**, aumentare i salari reali; **to r. the temperature**, aumentare la temperatura; (*mat.*) **to r. to the third power**, elevare alla terza potenza **3** elevare; innalzare; promuovere: **to r. sb. to the peerage**, elevare q. al grado di pari d'Inghilterra **4** evocare; suscitare: **to r. memories**, evocare ricordi; **to r. the ghosts of the dead**, evocare le anime dei morti; **to r. a laugh**, suscitare una risata **5** (*agric.*) far crescere; coltivare; produrre: **to r. corn**, coltivare il granturco; **to r. one's own vegetables**, produrre in proprio gli ortaggi per uso domestico **6** allevare; tirar su (*fam.*); fare l'allevatore di: **to r. rabbits as a hobby**, allevare conigli per diletto; **to r. a large family**, tirar su una famiglia numerosa; **to r. cattle**, fare l'allevatore di bestiame **7** raccogliere; radunare; procurare, procurarsi; creare: **to r. a sum of money**, raccogliere (*o* procurarsi) una somma di denaro; **to r. capital**, raccogliere fondi; **to r. an army**, radunare un esercito **8** (*anche mil.*) levare, togliere (*un assedio, un blocco navale, un divieto, ecc.*) **9** (*edil.*) rialzare; soprelevare **10** (*radio, ecc.*) contattare; mettersi in contatto con: **we managed to r. the outpost**, riuscimmo a contattare la postazione avanzata **11** (*poker*) rilanciare; aumentare (*la posta*); rilanciare su (*un altro giocatore*) **12** (*ind. tess.*) garzare. ● **to r. bread**, far crescere il pane; farlo lievitare □ **to r. a claim [a demand]**, presentare un reclamo [una richiesta] □ **to r. a colour**, ravvivare un colore □ **to r. a disturbance**, provocare una sommossa (un tumulto) □ (*fig. fam.*) **to r. a dust about st.**, fare chiasso (*o* una chiassata) per q.c.; fare un gran casino per q.c. (*pop.*) □ **to r. one's eyebrows**, inarcare le ciglia (*in atto di meraviglia o con aria interrogativa*) □ **to r. a flag**, issare una bandiera □ **to r. sb. from the dead**, risuscitare q. □ (*mil.*) **to r. sb. from the ranks**, promuovere q. ufficiale □ **to r. one's glass to sb.**, levare il bicchiere in onore di q.; brindare a q. □ **to r. one's hand to sb.**, alzare la mano su q.; percuotere q. □ **to r. one's head**, apparire; fare la comparsa: **Plague raised its head in the country**, la peste fece la sua comparsa nel paese □ (*fam.*) **to r. hell** (*o* **Cain, the devil**), fare il diavolo a quattro; scatenare un pandemonio □ (*naut.*) **to r. land**, avvistare terra □ **to r. a loan**, ottenere un prestito □ (*fig.*) **to r. no eyebrows**, non fare colpo su (*o* impressione a) nessuno □ **to r. an objection**, sollevare (*o* muovere) un'obiezione; (*leg.*) sollevare un'eccezione □ **to r. a shout**, lanciare (*o* levare) un grido □ **to r. sb.'s spirits**, sollevare il morale a q. □ **to r. the standard of living**, migliorare il tenore di vita □ **to r. a tax**, esigere un tributo; (*anche*) aumentare una tassa □ **to r. one's voice against sb.**, inveire (*o* protestare) contro q.

raised /reɪzd/, *a.* **1** (*arte, ecc.*) in rilievo: **r. embroidery**, ricamo in rilievo **2** (*di pane, dolci*) ben lievitato; gonfio.

raiser /ˈreɪzə(r)/, *n.* **1** (*agric.*) coltivatore: **a r. of wheat**, un coltivatore di frumento **2** allevatore: **a r. of cattle**, un allevatore di bestiame. ● **a fund-r.**, uno che raccoglie fondi.

raisin /ˈreɪzn/, *n.* uva secca; uva passa.

raising /ˈreɪzɪŋ/, *n.* **1** innalzamento; sollevamento; elevamento; aumento (*di prezzi, ecc.*) **2** (*agric.*) coltivazione **3** allevamento (*di bestiame*) **4** il tirare su (*bambini*); educazione **5** (*edil.*) erezione, costruzione; (*anche*) sopraelevazione **6** riscossione, esazione (*d'imposte*) **7** (*ind. tess.*) garzatura.

raison d'être /ˈreɪzɒnˈdɛtrə/ (*franc.*), *n.* (*pl.* **raisons d'être**) ragion d'essere; scopo.

raja, rajah /ˈrɑːdʒə/, *n.* ragià.

rajahship /ˈrɑːdʒəʃɪp/, *n.* dignità (*o* titolo) di ragià.

rake (1) /reɪk/, *n.* (*agric.*) rastrello. ● **r. bar**, traversa portadenti (*di rastrello meccanico*) □ **a croupier's r.**, un rastrello da croupier (*al tavolo da gioco*) □ **as lean as a r.**, magro come un chiodo.

rake (2) /reɪk/, *n.* **1** inclinazione **2** (*archit., edil.*) pendenza, scarpa **3** (*aeron.*) inclinazione **4** (*mecc.*) angolo di spoglia (*di un utensile*) **5** (*mecc., autom.*) angolo d'inclinazione (*di uno sterzo, ecc.*) **6** (*naut.*) slancio; inclinazione: **the r. of the stem**, lo slancio del dritto di prua.

rake (3) /reɪk/, *n.* (*arc.*) libertino; individuo dissoluto.

to **rake (1)** /reɪk/, *v. t. e i.* **1** (*anche* **to r. up**) rastrellare; raccogliere, raggranellare: **to r. the gravel from the courtyard [the grass from the lawn]**, rastrellare la ghiaia dal cortile [l'erba falciata dal prato]; **to r. up some spare cash**, raggranellare un po' di spiccioli sparsi qua e là **2** frugare; rovistare: **Don't r. among my papers**, non frugare tra le mie carte **3** rastrellare (*fig.*); setacciare: **I raked the whole French quarter looking for him**, setacciai tutto il quartiere francese per cercarlo **4** percorrere velocemente con lo sguardo; dare una rapida occhiata a **5** esaminare attentamente; scrutare; frugare: **I raked the enemy trenches with my binoculars**, scrutai le trincee nemiche con il binocolo; **Our search lights raked the dark waters of the bay**, i nostri riflettori frugavano le scure acque della baia **6** (*mil.*) sparare a ventaglio su; sventagliare raffiche su; falciare (*fig.*): **We raked each new wave of attackers with machine-gun fire**, sventagliavamo raffiche di mitragliatrice su ogni nuova ondata di attaccanti. ● **to r. level** (*o* **smooth**), spianare col rastrello □ (*di barca, ecc.*) **to r. the side of the quay**, strisciare contro il fianco del molo.

♦ **rake about** (*o* **around**), *v. t. e i. + avv.* (*o prep.*) cercare con grande attenzione; rovistare: **to r. around (the room) for proof**, cercare attentamente (nella stanza) in cerca di prove.

♦ **rake in**, *v. t. + avv.* **1** rastrellare (*gettoni di gioco, ecc.*) **2** (*fig.*) racimolare, guadagnare; mettersi in tasca, intascare (*fig.*): **to r. in large profits**, intascare grossi utili □ (*fam.*) **to r. it in**, fare un mucchio di soldi.

♦ **rake off**, *v. t. + avv.* **1** togliere con il rastrello; rastrellare (*foglie secche, ecc.*) **2** (*fam.*) prendere come tangente; beccarsi: **The racketeer raked off half my earnings**, il malavitoso si beccava la metà dei miei guadagni.

♦ **rake out**, *v. t. + avv.* **1** *V.* **rake off**, *def. 1* **2** pulire (*un camino, una caldaia*) **3** (*fam.*) scovare, trovare: **to r. out an old photo**, scovare una vecchia fotografia.

♦ **rake over**, *v. t. + avv.* **1** rivoltare con il rastrello **2** (*fam.*) rievocare, rivangare: **to r. over old ashes**, rivangare il passato.

♦ **rake round**, *V.* **rake about**.

♦ **rake through**, *v. t. + prep.* rovistare in; esaminare attentamente.

♦ **rake up**, *v. t. + avv.* **1** raccogliere con il rastrello (*fieno, ecc.*) **2** attizzare (*il fuoco*) **3** (*fam.*) rivangare, riesumare (*accuse, vecchie storie, ecc.*) **4** (*fam.*) scovare; trovare.

to **rake (2)** /reɪk/, **A** *v. i.* (*specialm. naut.*) essere inclinato; avere un'inclinazione. **B** *v. t.* inclinare; dare un'inclinazione a; incurvare: **The front forks of a bicycle are raked**, la forcella anteriore di una bicicletta è incurvata (*o* ricurva).

to **rake (3)** /reɪk/, *v. i.* **1** (*di cane da caccia*) cercare la preda col muso a terra **2** (*di falcone*) volare in caccia di preda.

rake-off /ˈreɪkɒf, *USA* -ɔːf/, *n.* (*fam.*) **1** quota; percentuale (*sulle vincite, ecc.*) fetta (*fig.*) **2** bustarella; pizzo; tangente (*compenso illecito*) **3** sconto illegale.

raking /ˈreɪkɪŋ/, *a.* inclinato; obliquo.

rakish (1) /ˈreɪkɪʃ/, *a.* (*arc.*) dissoluto; licenzioso.

rakish (2) /ˈreɪkɪʃ/, *a.* **1** (*di battello, ecc.*) slanciato; agile; di tipo corsaro **2** ardito; sbarazzino; provocante: **a hat worn at a r. angle**, un cappello portato con un'inclinazione sbarazzina (*o* sulle ventitré).

rakishness /ˈreɪkɪʃnəs/, *n.* dissolutezza; licenziosità.

râle /rɑːl, ræl/ (*franc.*), *n.* (*med.*) rantolo (*dei polmoni*); ronco.

rally /ˈrælɪ/, *n.* **1** adunanza; riunione; raduno; manifestazione; comizio: **a political r.**, una riunione politica; **an electoral r.**, un comizio elettorale **2** il rianimarsi; il riaversi; recupero di forze; ripresa **3** (*autom.*) rally **4** (*sport*) scambio di colpi; palleggio **5** (*Borsa, fin.*) ripresa (*del mercato*); rialzo (*dei titoli*).

to **rally (1)** /ˈrælɪ/, **A** *v. t.* **1** raccogliere; chiamare a raccolta; radunare; adunare; riunire: **The general rallied his troops after the defeat**, il generale radunò le sue truppe dopo la sconfitta; **The trade-unionist rallied the workers**, il sindacalista chiamò a raccolta gli operai **2** rianimare; ravvivare; fare appello a: **He rallied all his energy**, fece appello a tutte le sue energie **3** (*fin.*: *di una notizia, ecc.*) favorire la ripresa di (*un mercato, ecc.*). **B** *v. i.* **1** raccogliersi; radunarsi; adunarsi; stringersi: **The soldiers rallied**, i soldati si adunarono; **The party rallied round him**, il partito si strinse intorno a lui **2** rianimarsi; riaversi; rimettersi; riprendersi; recuperare: **The patient rallied from the coma**, il paziente si riebbe dal coma **3** (*Borsa, fin.*) essere in ripresa; (*di titoli*) recuperare, riprendersi, essere in rialzo: **The market has rallied**, il mercato è in ripresa **4** (*di solito*, **to r. round**) correre in aiuto; accorrere: **He rallied to his friend in danger**, corse in aiuto del suo amico in pericolo **5** (*sport*) fare uno scambio di colpi (*per allenamento, ecc.*); palleggiare.

to **rally (2)** /ˈrælɪ/, (*arc.*) **A** *v. t.* burlarsi di; canzonare; prendere in giro bonariamente. **B** *v. i.* motteggiare.

to **ralph** /rælf, reɪf/, *v. t.* (*pop. USA*) vomitare. ● **to r. up one's dinner**, vomitare il pranzo.

Ralph /rælf, reɪf/, *n.* Rodolfo.

ram /ræm/, *n.* **1** (*zool., stor. mil.*) ariete; montone **2** (*naut.*) sperone, rostro; (*anche*) nave munita di sperone **3** (*mecc.*, = **battering ram**) mazza battente; mazzapicchio; maglio **4** (*mecc.*) pistone (*di pressa idraul.*) **5** (= **hydraulic ram**) ariete idraulico **6** – (*astron., astrol.*) **the Ram**, l'Ariete (*costellazione e I segno dello zodiaco*). ● (*aeron.*) **ram rocket**, razzo d'avviamento (*di pulsoreattore*); (*anche*) endostatoreattore, endoautoreattore

to **ram** /ræm/, *v. t.* **1** cozzare, sbattere; urtare:

to ram one's head against the wall, sbattere la testa contro il muro *2* speronare (*un automezzo, una nave, un sottomarino*) *3* battere; calcare; pigiare; cacciar dentro; piantare; conficcare; ficcare: **to ram** (**down**) **the earth**, battere (*o* costipare) la terra; **to ram a post** (**into the ground**), battere (*o* piantare) un palo nel terreno; **to ram one's hat down on one's head**, ficcarsi (*o* cacciarsi) il cappello in testa; **to ram clothes into a bag**, pigiare vestiti in una borsa da viaggio. ● (*fig.*) **to ram st. down sb.'s throat**, costringere q. ad accettare q.c. (di sgradevole); far ingoiare q.c. a q. (*fig.*) □ (*mil., stor.*) **to ram a gun**, caricare un'arma da fuoco (*con il calcatoio*) □ (*fig.*) **to ram st. home**, far entrare q.c. nella testa; fare capire, rendere ovvio □ **to ram one's horse at a fence**, mandare il proprio cavallo a sbattere contro un ostacolo.

Ramadan /ræmə'dæn, -'dɑːn, 'ræməd-/, *n.* (*relig.*) *1* ramadan *2* digiuno di ramadan.

ramal /'reɪməl/, *a.* (*bot.*) di ramo; appartenente a un ramo.

ramate /'reɪmeɪt/, *a.* (*biol.*) ramificato.

ramble /'ræmbl/, *n.* *1* giro; escursione; passeggiata *2* digressione; divagazione.

to **ramble** /'ræmbl/, *v. i.* *1* vagare; vagabondare; andare a zonzo *2* (*anche* **to r. on**) divagare; saltare di palo in frasca *3* vaneggiare; delirare *4* (*di piante*) crescere da ogni parte. ● **Vines rambled over the wall**, piante rampicanti rivestivano il muro.

rambler /'ræmblə(r)/, *n.* *1* chi va a zonzo; gitante *2* divagatore; chi salta di palo in frasca *3* (*bot.*, = **r. rose**) rosa rampicante *4* (*sport*) podista.

rambling /'ræmblɪŋ/, **A** *a.* *1* errante; errabondo; girovago *2* incoerente; sconnesso; sconclusionato: **a r. speech**, un discorso sconnesso *3* (*di pianta*) rampicante *4* (*di casa, edificio*) mal costruito; a struttura irregolare *5* (*di strade*) tortuoso. **B** *n.* (*sport*) podismo turistico; (il) fare lunghe gite a piedi. || **-ly**, *avv.*

rambunctious /ræm'bʌŋkʃəs/, *a.* (*fam.*) chiassoso; rumoroso; vivace; turbolento.

ramie /'ræmɪ/, *n.* (*ind. tess.*) ramia; ramiè.

ramification /ræmɪfɪ'keɪʃn/, *n.* *1* (*bot.* e *fig.*) ramificazione; diramazione: **the ramifications of a river** [**of a business**], le ramificazioni di un fiume [di un'azienda]; (*anat.*) **nervous r.**, ramificazione nervosa *2* (*fig.*) conseguenza; risultato; complicazione (*che deriva da q.c.*).

to **ramify** /'ræmɪfaɪ/, **A** *v. i.* *1* ramificarsi; diramarsi *2* complicarsi. **B** *v. t.* far diramare; suddividere.

ramjet (**engine**) /'ræmdʒet ('ɛndʒɪn)/, *n.* (*aeron.*) statoreattore; autoreattore.

rammer /'ræmə(r)/, *n.* *1* battipalo; berta *2* pestello *3* (*mil., stor.*) calcatoio; cacciaproietti *4* (*mil.*) calcatoio.

rammish /'ræmɪʃ/, *a.* *1* che puzza come un montone; puzzolente; fetido *2* lascivo; lussurioso.

rammy /'ræmɪ/, *a.* (*pop. USA*) arrapato (*pop.*); eccitato sessualmente.

ramose /ræ'məʊs/, **ramous** /'reɪməs/, *a.* (*bot.*) ramoso; ramificato.

ramp (**1**) /ræmp/, *n.* *1* rampa; pendio; salita *2* rampa d'accesso (*a un garage, ecc.*) *3* scaletta mobile (*d'aereo*); scaletta d'imbarco (*o* di sbarco) *4* (*autom.*) cunetta; dosso *5* (*autom., USA*) rampa d'accesso (*d'autostrada, ecc.*; *cfr. ingl.* **slip-in**) *6* (*arc.*) scatto d'ira.

ramp (**2**) /ræmp/, *n.* (*pop. ingl.*) scandaloso aumento di prezzo; imbroglio; furto (*fig.*).

to **ramp** /ræmp/, **A** *v. i.* *1* (*di animali e in arald.*) rampare *2* (*arc.*: *di solito* **to r. and rage**) andare su tutte le furie; imperversare; infuriare; tempestare *3* (*di piante*) arrampicarsi. **B** *v. t.* provvedere di rampe.

rampage /'ræmpeɪdʒ/, *n.* atto sfrenato; furia; scalmana: **to go on the r.**, andare su tutte le furie; sfrenarsi; scatenarsi. ● **to be on the r.**, essere infuriato (*o* scatenato).

to **rampage** /ræm'peɪdʒ/, *v. i.* *1* andare su tutte le furie; imperversare; infuriare; scatenarsi; tempestare *2* (*di belve, ecc.*) aggirarsi (*o* correre) infuriato.

rampageous /ræm'peɪdʒəs/, *a.* furioso; furibondo; sfrenato.

rampageousness /ræm'peɪdʒəsnəs/, *n.* furia; sfrenatezza.

rampancy /'ræmpənsɪ/, *n.* *1* l'imperversare; il dilagare *2* sfrenatezza; violenza; aggressività; esuberanza *3* rigogliosità (*raro*); rigoglio.

rampant /'ræmpənt/, *a.* *1* (*specialm. arald. e archit.*) rampante: **a lion r.**, un leone rampante *2* (*fig.*) imperversante; dilagante; predominante: **r. heresy**, eresia dilagante; **Corruption is r. among us**, la corruzione dilaga tra noi *3* (*fig.*) sfrenato; violento; aggressivo; esuberante *4* (*di vegetazione*) lussureggiante; rigoglioso. || **-ly**, *avv.*

rampart /'ræmpɑːt/, *n.* *1* bastione; baluardo: **ramparts of rock**, bastioni di rocce *2* (*fig.*) difesa; protezione; riparo; baluardo.

to **rampart** /'ræmpɑːt/, *v. t.* fortificare con bastioni.

rampion /'ræmpɪən/, *n.* (*bot., Campanula rapunculus*) raperonzolo.

ramrod /'ræmrɒd/, *n.* (*mil.*) *1* bacchetta, scovolo (*d'arma da fuoco*) *2* (*stor.*) calcatoio (*per arma da fuoco ad avancarica*). ● (*fig.*) **as stiff** (*o* **as straight**) **as a r.**, impalato; dritto come un fuso.

ramshackle /'ræmʃækl/, *a.* sgangherato; sconquassato; traballante; vacillante; sul punto di crollare: **a r. coach**, una carrozza sgangherata; **a r. old building**, un vecchio edificio sul punto di crollare; **a r. dictatorship**, una dittatura traballante.

ramson /'ræmsən/, *n.* (*bot., Allium ursinum*) aglio orsino.

ran /ræn/, *pass.* di **to run.** ● **also-ran**, (*ippica*) cavallo non piazzato; (*fig.*) concorrente (*o* candidato) perdente.

rance /ræns/, *n.* marmo rosso del Belgio (*con striature azzurre e bianche*).

ranch /rɑːntʃ, *USA* ræntʃ/, *n.* (*in U.S.A.*) ranch, fattoria (*specialm. per l'allevamento del bestiame*). ● (*USA*) **r. house**, (*agric.*) edificio principale (*di un ranch*); fattoria; (*edil.*) casa a un piano.

to **ranch** /rɑːntʃ, *USA* ræntʃ/, *v. i.* (*USA*) *1* possedere (*o* condurre) un ranch *2* lavorare in un ranch.

rancher /'rɑːntʃə(r), *USA* 'ræn-/, *n.* (*in U.S.A.*) *1* chi possiede (*o* dirige, *o* lavora in) un ranch *2* allevatore (*di bestiame*).

ranchman /'rɑːntʃmən, *USA* 'ræn-/, *n.* (*pl.* **ranchmen**) *V.* **rancher**.

rancid /'rænsɪd/, *a.* rancido; stantio.

rancidity /ræn'sɪdətɪ/, **rancidness** /'rænsɪdnəs/, *n.* rancidità.

rancorous /'ræŋkərəs/, *a.* pieno di rancore; acrimonioso; astioso. || **-ly**, *avv.* || **-ness**, *sost.*

rancour, (*USA*) **rancor** /'ræŋkə(r)/, *n.* rancore; risentimento; acrimonia; astio.

rand (**1**) /rænd/, *n.* *1* striscia di cuoio (*tra la suola e il tacco*) *2* (*dial.*) bordo, margine (*specialm. di campo o prato*) *3* (*in Sud Africa*) pianoro lungo il fianco d'una valle. ● (*geogr.*) **the R.**, la zona di Johannesburg (*distretto aurifero*).

rand (**2**) /rænd, rɑːnd, rɑːnt/, *n.* rand (*unità monetaria del Sud Africa*).

randan (**1**) /'rændæn/, *n.* (*naut.*) imbarcazione a tre rematori.

randan (**2**) /'rændæn/, *n.* baldoria: **to be on the r.**, far baldoria.

randem /'rændəm/, **A** *avv.* con tre cavalli attaccati in fila. **B** *n.* tiro a tre.

randiness /'rændɪnəs/, *n.* *1* lascivia *2* (*scozz.*) chiassosità; rumorosità; volgarità.

Randolph /'rændɒlf/, *n.* Randolfo.

random /'rændəm/, *a.* *1* casuale; fortuito; accidentale; fatto (*o* detto) a caso (*o* a casaccio): **r. selection**, scelta fatta a caso; **a r. shot**, un colpo sparato a casaccio *2* (*d'opera muraria*) irregolare *3* (*stat.*) casuale: **a r. sample**, un campione casuale. ● (*elab.*) **r. access**, accesso casuale; accesso random □ (*mat.*) **r. function**, funzione aleatoria □ (*stat.*) **r. sampling**, campionamento aleatorio □ **at r.**, a casaccio; alla cieca; alla rinfusa: **to shoot at r.**, sparare alla cieca. || **-ly**, *avv.* || **-ness**, *sost.*

randomization /rændəmaɪ'zeɪʃn, *USA* -mɪ'z-/, *n.* (*stat.*) randomizzazione.

to **randomize** /'rændəmaɪz/, *v. t.* (*stat.*) randomizzare.

randy /'rændɪ/, *a.* *1* (*fam.*) lascivo; libidinoso *2* (*scozz.*) chiassoso; rumoroso; volgare *3* (*scozz.*: *d'animale*) selvatico.

ranee /rɑː'niː/, *n.* (*in India*) moglie di un ragià.

rang /ræŋ/, *pass.* di **to ring**.

range /reɪndʒ/, *n.* *1* fila; serie; catena (*di montagne*): **a r. of buildings**, una fila di edifici; **a r. of mountains**, una catena di montagne *2* linea; direzione: **The two buoys are in r. with the lighthouse**, le due boe sono in linea con il faro; **The r. of the strata is north and south**, la direzione degli strati è da nord a sud *3* (*d'arma da fuoco*) portata; gittata: **The enemy ship was out of r.**, la nave nemica era fuori portata *4* campo; gamma; raggio d'azione; sfera; portata (*fig.*): **The r. of colours was narrow**, la gamma dei colori era ristretta; **the whole r. of literature**, l'intero campo delle lettere; **studies of very wide r.**, studi di vastissima portata *5* (*comm.*) assortimento; gamma (*di prodotti*): **the winter r.**, la gamma degli articoli (*o* dei capi) per l'inverno *6* (*mus.*) estensione (*della voce*); gamma; registro: **soprano r.**, registro di soprano *7* (*meteor.*) escursione (termica) *8* (*aeron., naut., autom.*) autonomia *9* distesa; tratto (*di terreno*): **a wide r. of meadows**, un'ampia distesa di prati *10* (*USA*) prateria; terreno di pascolo libero *11* (= **rifle-r.**) poligono (*di tiro*): **police pistol range**, poligono della polizia per il tiro con la pistola *12* (= **kitchen r.**) fornelli (*di tipo vecchio*); cucina economica *13* (*bot., zool.*) habitat; ambiente naturale *14* (*tecn.*) raggio; portata (*di cannone, missile, radar, emittente radio, ecc.*): **operating r.**, raggio d'azione *15* (*elab.*) gamma, fascia (*di valori, ecc.*); campo di variabilità *16* (*stat.*) campo di variazione *17* (*mat.*) immagine (*di una funzione*) *18* (*miss.*) poligono sperimentale *19* (*fis. nucl.*) percorso; portata *20* (*mecc.*) escursione; campo *21* (*USA*) serie di agglomerati urbani. ● (*mil.*) **r. adjustment**, aggiustamento in alzo □ (*specialm. USA*) **r. cattle**, bestiame al pascolo libero □ (*mil., elettron.*) **r.-finder**, telemetro □ (*mil., elettron.*) **r.-finding**, telemetria □ (*comm.*) **the r. of prices**, la scala dei prezzi □ **r. of salary**, fascia retributiva □ (*naut.*) **r. of tide**, intervallo di marea □ (*naut.*) **r. of visibility**, campo di visibilità □ **at close r.**, a breve distanza □ **to give free r. to one's imagination**, dare libero corso alla propria fantasia □ **out of r.** (*o* **beyond r.**), fuori portata; fuori del raggio d'azione □ **the upper ranges of society**, gli strati più alti della società □ **within r.**, nel raggio d'azione; (*mil.*) a tiro (*di fucile, ecc.*) □ **Chinese is out of my r.** (**of knowledge**), il cinese non rientra nelle mie conoscenze linguistiche.

to **range** /reɪndʒ/, **A** *v. t.* *1* disporre; mettere in ordine; allineare; schierare: **The colonel ranged his troops along the street**, il colonnello schierò le sue truppe lungo la strada *2* classificare; annoverare: **He is ranged among the best scientists**, lo si annovera fra i migliori scienziati *3* (*mil.*) dare l'alzo a; correggere il tiro di: **to r. a gun on a target**, correggere il tiro di un cannone sparando su un bersaglio *4* puntare (*un telescopio, un fucile, ecc.*) *5* percorrere; vagare per; attraversare; (*naut.*) navigare in: **They ranged the woods**, vagarono per i boschi; **We ranged the hills**, attraversammo le colline; **The ship ranged the South**

Seas, la nave navigò nei mari del Sud ***6*** (*specialm. USA*) tenere (*bestiame*) al pascolo libero ***7*** (*naut.*) abbisciare (*un cavo*). **B** *v. i.* ***1*** estendersi; allungarsi: **The mountains r. to the north**, i monti si estendono a nord ***2*** errare; vagare; vagabondare: **Wolves r. through the woods in search of food**, i lupi vagano nelle foreste in cerca di cibo ***3*** andare (*da...a*); variare; oscillare: **Discounts ranged between ten per cent and fifty per cent** (*o* **from ten per cent to fifty per cent**), gli sconti andavano dal dieci al cinquanta per cento ***4*** essere nel numero (di); poter essere annoverato (fra): **He ranges with the great novelists**, può essere annoverato fra i grandi romanzieri ***5*** (*d'arma da fuoco*) avere una portata (*o* una gittata) (di): **Our guns ranged four miles**, i nostri cannoni avevano una portata di quattro miglia ***6*** (*bot., zool.*) avere il proprio habitat; esser diffuso; trovarsi: **Nightingales r. from the Channel to Warwickshire**, gli usignoli si trovano in tutto il territorio dal Canale della Manica alla contea di Warwick. **C** to **range oneself**, *v. rifl.* disporsi; schierarsi; mettersi in una categoria, ritenere di far parte di (*una classe, un gruppo*): **They ranged themselves on each side of the road**, si disposero su entrambi i lati della strada; **They ranged themselves with the barons**, si schierarono con i grandi feudatari. ● (*naut.*) **to r. the coast**, costeggiare ◻ (*fig.*) **to r. far and wide**, trattare argomenti disparati; diffondersi a parlare di ogni sorta di cose ◻ **to r. over**, errare, vagabondare per (*un territorio*); (*d'animali*) avere l'habitat in (*una zona*); (*fig.*: *di un libro, ecc.*) spaziare su, coprire (*un argomento*) ◻ **to r. soldiers in line**, allineare soldati.

rangeland /'reɪndʒlænd/, *n.* (*USA*) (terreno da) pascolo.

ranger /'reɪndʒə(r)/, *n.* ***1*** (*in G.B.*) guardiano d'un parco (*o* d'una foresta) reale ***2*** (*USA*) guardia forestale; guardaboschi ***3*** (*specialm. USA*) ranger; soldato a cavallo; poliziotto a cavallo ***4*** (*mil., USA*) soldato d'un reparto di truppe d'assalto ***5*** (*nelle organizzazioni giovanili*) ranger (*delle Guide*).

rangette /reɪn'dʒet/, *n.* (*USA*) cucinetta portatile (*a gas o elettrica*).

ranging /'reɪndʒɪŋ/, *n.* ***1*** allineamento; schieramento ***2*** classificazione ***3*** (*mil.*) determinazione dell'angolo d'elevazione (*d'un cannone*) ***4*** (*mil.*) misura della distanza; telemetria ***5*** (*mil.*) ricerca dell'obiettivo.

rangy /'reɪndʒɪ/, *a.* ***1*** dalle gambe (*o* zampe) lunghe; slanciato ***2*** che copre lunghe distanze ***3*** (*di un locale*) spazioso. || **-ness**, *sost.*

rani /rɑː'niː/, *V.* **ranee**.

rank (**1**) /ræŋk/, *n.* ***1*** (*anche mil.*) fila; riga; schiera: **the front r.**, la prima fila; **the rear r.**, l'ultima fila; **to keep r.**, stare in riga; restare allineati; **to fall into r.**, formare le righe; allinearsi ***2*** (*negli scacchi*) linea orizzontale di «case» (*della scacchiera*) ***3*** posteggio; posto di stazionamento: **a taxi r.**, un posteggio di taxi ***4*** ceto, condizione sociale; grado (*anche mil.*); rango, posizione; classe, ordine: **people of all ranks and classes**, gente d'ogni ceto e classe sociale; **the r. of major**, il grado di maggiore; **a poet of the first r.**, un poeta di prim'ordine ***5*** (*mat.*) rango, caratteristica (*di una matrice*) ***6*** (*pl.*) **the ranks** (*o* **the r. and file**), i militari di truppa; (*fig.*) la «truppa», i gregari, gli operai, le maestranze; la base (*di un partito politico, ecc.*). ● **the r. and fashion**, l'alta società; la nobiltà ◻ (*stat.*) **r. correlation**, cograduazione ◻ **the ranks of organized labour**, le file dei lavoratori organizzati (in sindacati) ◻ **to break r.** (*o* **ranks**), rompere le file; (*di truppe*) disperdersi; (*fig.*) uscire dai ranghi ◻ (*anche fig.*) **to close ranks**, serrare (*o* stringere) le file, serrare i ranghi ◻ **a man of (high) r.**, un uomo d'elevata condizione sociale; un uomo d'alto rango ◻ **the pride of r.**, l'orgoglio della propria condizione sociale; l'alterigia della nobiltà ◻ **to pull r.** (*USA*: **one's r.**) **on sb.**, far pesare il proprio grado (*o* la propria autorità) a q. ◻ (*mil.*) **to reduce sb. to the ranks**, degradare q. a soldato semplice ◻ (*mil.* e *fig.*) **to rise from the ranks**, venire dalla gavetta.

rank (**2**) /ræŋk/, *a.* ***1*** (*di vegetazione*) lussureggiante; rigoglioso; che fa troppe foglie: **r. weeds**, erbacce rigogliose ***2*** (*di terreno*) troppo fertile; ricoperto (*d'erbacce*); infestato: **r. soil**, terreno troppo fertile; **land r. with poppies**, terra infestata da papaveri ***3*** fetido; maleodorante; rancido; (*di un odore*) forte ***4*** grossolano; indecente; volgare; di cattivo gusto ***5*** (*spreg.*) grande; bell'e buono; vero e proprio: **the rankest idiot I know**, il più grande idiota che io conosca; **r. treason**, un tradimento bell'e buono. ● **r. pedantry**, gretta pedanteria ◻ (*di pianta ornamentale*) **to grow r.**, fare troppe foglie. || **-ly**, *avv.* || **-ness**, *sost.*

to **rank** /ræŋk/, **A** *v. t.* ***1*** mettere in riga; schierare ***2*** classificare; assegnare un posto a; collocare; mettere (q.) nel numero (*o* nel novero) di; reputare, stimare: **We can r. D.H. Lawrence as a great novelist**, possiamo mettere D.H. Lawrence nel numero dei grandi romanzieri; **I r. association football above rugby**, reputo il gioco del calcio superiore al rugby ***3*** (*USA*) precedere (*in grado*); venir prima di: **A general ranks** (*ingl.*: **ranks above**) **a colonel**, generale viene prima di colonnello ***4*** (*elab.*) ordinare (*dati, ecc.*) in sequenza ***5*** (*pop. USA*) infastidire; bistrattare; strapazzare. **B** *v. i.* ***1*** occupare un certo posto; collocarsi; essere (*il primo, il secondo, ecc.*): **China will probably r. among the Great Powers**, probabilmente la Cina sarà in futuro una delle grandi potenze; **He ranks third on the list**, occupa il terzo posto nella lista; è il terzo in elenco ***2*** esser considerato (*o* reputato); passare per: **That man ranks among the failures**, quell'uomo passa per un fallito ***3*** (*mil., USA*) avere il grado più alto: **The major ranked at Fort Laramie**, a Fort Laramie, l'ufficiale di grado più alto era il maggiore. ● **to r. above**, venir prima di (*per grado, importanza*) ◻ **to r. after** (**next to**), venir (subito) dopo (*per grado, importanza*): **The hereditary prince ranks next to the king**, il principe ereditario viene subito dopo il re ◻ **to r. with**, avere lo stesso grado di, corrispondere a: **A naval captain ranks with a colonel in the army**, un capitano di vascello corrisponde a un colonnello dell'esercito.

ranker /'ræŋkə(r)/, *n.* ***1*** militare di truppa; soldato semplice ***2*** ufficiale che viene dalla gavetta.

ranking /'ræŋkɪŋ/, **A** *a.* ***1*** (*mil., USA*) più elevato in grado; che ha il grado più alto: **Who's the r. officer here?**, chi ha il comando qui? ***2*** importante, rinomato. **B** *n.* (*specialm. sport*) (posto in) graduatoria; (posizione in) classifica; ranking.

to **rankle** /'ræŋkl/, *v. i.* (*fig.*) bruciare; far soffrire: **Defeat still rankled in his mind**, il ricordo della sconfitta lo faceva ancora soffrire. ● **Envy rankles in his breast**, si rode d'invidia.

rankness /'ræŋknəs/, *n.* ***1*** esuberanza; rigoglio ***2*** eccessiva fertilità (*d'un terreno*) ***3*** cattivo odore ***4*** grossolanità; indecenza; volgarità.

to **ransack** /'rænsæk, *USA* ræn'sæk/, *v. t.* ***1*** frugare; rovistare: **to r. sb.'s pockets**, rovistare nelle tasche di q. ***2*** depredare; saccheggiare; svaligiare: **to r. a safe**, svaligiare una cassaforte. ● **to r. one's conscience**, fare un accurato esame di coscienza.

ransacker /'rænsækə(r), *USA* -'sæ-/, *n.* saccheggiatore; predone.

ransom /'rænsəm/, *n.* riscatto; prezzo del riscatto. ● (*leg., naut.*) **r. bill**, promessa (*del proprietario di una nave catturata*) di pagare il riscatto ◻ **r. money**, riscatto, denaro del riscatto ◻ **to hold sb. to r.**, tenere q. in ostaggio per ottenere un riscatto; (*fig.*) tenere q. alla propria mercè, ricattare q. ◻ (*fig.*) **a king's r.**, una grossa somma; un mucchio di soldi (*fam.*).

to **ransom** /'rænsəm/, *v. t.* ***1*** riscattare; (*fig.*) redimere: **Jesus ransomed mankind**, Gesù ha riscattato il genere umano ***2*** (*raro*) tenere in ostaggio; chiedere un riscatto per (q.).

ransomer /'rænsəmə(r)/, *n.* riscattatore (*raro*); chi riscatta.

rant /rænt/, *n.* concione; declamazione; discorso vuoto e ampolloso; farneticamento; lunga tirata.

to **rant** /rænt/, **A** *v. i.* ***1*** concionare; declamare ***2*** sbraitare; farneticare; inveire; scalmanarsi. **B** *v. t.* (*spesso* **to r. out**) declamare; dire (*o* recitare) in modo ampolloso. ● **to r. and rave**, fare una sfuriata; fare fuoco e fiamme.

ranter /'ræntə(r)/, *n.* declamatore; parlatore vuoto e ampolloso.

ranting /'ræntɪŋ/, **A** *a.* farneticante; ampolloso; altisonante; esaltato. **B** *n. V.* **rant**. || **-ly**, *avv.*

ranunculaceous /rənʌŋkjʊ'leɪʃəs/, *a.* (*bot.*) delle ranuncolacee. ● **a r. plant**, una ranuncolacea.

ranunculus /rə'nʌŋkjʊləs/, *n.* (*pl.* **ranunculuses, ranunculi**) (*bot., Ranunculus*) ranuncolo.

rap (**1**) /ræp/, *n.* ***1*** colpo (*secco e lieve*); colpetto; (il) bussare; bussata, bussatina: **There was a rap at the door**, si udì una bussatina alla porta ***2*** (*pop.*) colpa: **to lay the rap on sb.**, dare la colpa a q. ***3*** (*pop.*) condanna ***4*** (*pop.*) sgridata ***5*** (*pop.*) accusa: **to make the rap stick**, tenere in piedi un'accusa. ● (*pop. USA*) **rap sheet**, fedina penale ◻ (*pop. USA*) **to beat the rap**, evitare la condanna; farla franca ◻ **to give sb. a rap on the knuckles**, dare a q. un colpo sulle nocche delle dita; (*fig.*) rimproverare q. ◻ (*pop.*) **to take the rap** (**for st.**), prendersi la colpa (di q.c.); essere rimproverato (per q.c.); essere condannato.

rap (**2**) /ræp/, *n.* ***1*** (*stor.*) mezzo penny falso (*in Irlanda*) ***2*** (*fam.*) niente; nulla: **I don't care a rap**, non me ne importa nulla (*o* un fico secco).

rap (**3**) /ræp/, *n.* matassa di centoventi iarde di filato (*109 metri circa*).

rap (**4**) /ræp/, **A** *n.* ***1*** (*pop. USA*) chiacchierata; conversazione ***2*** (*mus.*, = **rap music**) musica rap (*discorsiva, basata più sulle parole che sull'accompagnamento*). **B** *a.* (*mus.*) rap. ● **rap group**, gruppo di discussione ◻ **rap session**, discussione di gruppo; chiacchierata fra amici.

to **rap** (**1**) /ræp/, **A** *v. t.* ***1*** colpire; battere; picchiare ***2*** criticare; sgridare; strapazzare; inveire contro (q.) **B** *v. i.* bussare; picchiare: **to rap at the door**, picchiare all'uscio; bussare. ● **to rap sb. awake**, svegliare q. bussando ◻ **to rap out**, trasmettere (*battendo*); lanciare, dare, sbottare in: **The spirit rapped out his answer to my question**, lo spirito rispose alla mia domanda con colpi sul tavolino; **He rapped out a series of commands**, lanciò una sfilza di secchi ordini ◻ **to rap out a tune**, strimpellare un motivo ◻ **to rap sb. over** (*o* **on**) **the knuckles**, (*un tempo, a scuola*) dare le righettate sulle mani a q.; (*fig.*) dare una grossa sgridata (*o* lavata di capo) a q.

to **rap** (**2**) /ræp/, *v. i.* (*pop. USA*) ***1*** parlare; fare quattro chiacchiere; conversare: **Let's rap about it!**, parliamone! ***2*** simpatizzare; andare d'accordo; intendersela ***3*** (*mus.*) suonare (*o* cantare) musica rap.

rapacious /rə'peɪʃəs/, *a.* rapace; avido. || **-ly**, *avv.* || **-ness**, *sost.*

rapacity /rə'pæsətɪ/, *n.* rapacità; avidità.

rape (**1**) /reɪp/, *n.* ***1*** (*leg.*) stupro; violenza carnale ***2*** (*poet.*) rapimento; ratto ***3*** (*fig.*) violazione; offesa: **a r. of justice**, un'offesa alla giustizia; un abuso legale. ● (*fig.*) **the r. of a city**, il saccheggio d'una città ◻ (*stor.*) **the r. of the Sabine women**, il ratto delle Sabine ◻ (*leg., USA*) **statutory r.**, stupro di minorenne.

rape (2) /reɪp/, *n.* (*bot.*) *1* (*Brassica napus oleifera*) ravizzone *2* (*Brassica napus arvensis*) colza. ● **r. cake**, panello di ravizzone □ **r. oil**, olio di ravizzone; olio di colza □ (*bot.*) **wild r.** (*Raphanus raphanistrum*), ravanello.

rape (3) /reɪp/, *n.* *1* (*generalm. al pl.*) vinaccia *2* recipiente per fare l'aceto.

to **rape** /reɪp/, *v. t.* *1* stuprare; violentare *2* (*arc., poet.*) rapire *3* (*raro*) saccheggiare (*una città, ecc.*) *4* (*fig.*) offendere, violare (*la giustizia, ecc.*).

rapeseed /ˈreɪpsiːd/, *n.* seme di ravizzone (*o* di colza).

Raphael /ˈræfeɪəl/, *n.* *1* Raffaello *2* Raffaele.

Raphaelesque /ræfeɪəˈlɛsk/, *a.* (*arte*) raffaellesco.

raphia /ˈreɪfɪə/, *V.* **raffia**.

rapid /ˈræpɪd/, **A** *a.* *1* rapido; celere; lesto; svelto; veloce: **a r.-flowing river**, un fiume che scorre veloce *2* (*del polso*) frequente. **B** *n.* (*di solito al pl.*) rapida (*di fiume*): **to shoot the rapids**, scendere (*o* superare) le rapide. ● (*mil.*) **a r.-fire gun**, un cannone a tiro rapido □ **r.-fire questions**, un fuoco di fila di domande □ (*mil.*) **r.-reaction force**, forza di pronto intervento. || **-ly**, *avv.*

rapidity /rəˈpɪdətɪ/, **rapidness** /ˈræpɪdnəs/, *n.* rapidità; celerità; lestezza; sveltezza; velocità.

rapier /ˈreɪpɪə(r)/, *n.* spada; spadino; stocco. ● **r.-thrust**, colpo di spada; (*anche fig.*) stoccata.

rapine /ˈræpaɪn, *USA* ˈræpɪn/, *n.* (*poet., retor.*) rapina; saccheggio.

rapist /ˈreɪpɪst/, *n.* (*leg.*) violentatore, stupratore.

rapparee /ræpəˈriː/, *n.* *1* (*stor.*) soldato irregolare, bandito irlandese (*del secolo XVII*) *2* bandito; brigante.

rappee /ræˈpiː/, *n.* rapé (*tabacco da fiuto*).

rappel /ræˈpɛl, *USA* rə-/, *n.* *1* (*alpinismo*) discesa a corda doppia *2* (*arc., mil.*) rullo di tamburo per l'adunata.

to **rappel** /ræˈpɛl, *USA* rə-/, *v. i.* (*alpinismo*) calarsi a corda doppia.

rapper (1) /ˈræpə(r)/, *n.* *1* chi batte; chi bussa *2* (*specialm.*) batacchio; battente (*di porta*).

rapper (2) /ˈræpə(r)/, *n.* *1* (*pop. USA*) chi chiacchiera (*o* conversa); parlatore *2* (*mus.*) rapper; interprete di musica rap.

rapport /ræˈpɔː(r)/, *n.* rapporto (*specialm. d'amicizia*); relazione. ● **to be in r. with sb.**, essere in rapporti amichevoli con q.

rapprochement /ræˈprɒʃmɒn, ræˈprəʊʃ-, *USA* ræprəʊʃˈmɒn/ (*franc.*), *n.* (*anche polit.*) riavvicinamento; riconciliazione.

rapscallion /ræpˈskælɪən/, *n.* (*arc. o scherz.*) canaglia; furfante; mascalzone.

rapt /ræpt/, *a.* rapito (in estasi); assorto; estatico; estasiato: (*relig.*): **r. to heaven**, rapito in cielo; **to be r. in study**, essere assorto nello studio; **a r. look**, uno sguardo estatico.

raptor /ˈræptə(r)/, *n.* (*zool.*) uccello rapace; rapace.

raptorial /ræpˈtɔːrɪəl/, *a.* (*zool.*) rapace; predatore; da preda.

rapture /ˈræptʃə(r)/, *n.* *1* rapimento; rapimento estatico; estasi *2* (*pl.*) entusiasmo; trasporto. ● (*relig.*) **r. to heaven**, assunzione in cielo □ **to look with r. at sb.**, guardare rapito (*o* estatico) q. □ **to send sb. into raptures**, mandare q. in estasi □ **to be in [to go into] raptures**, essere [andare] in estasi.

rapturous /ˈræptʃərəs/, *a.* *1* rapito; estasiato; estatico; entusiastico; frenetico: **r. applause**, applausi frenetici *2* entusiasmante. || **-ly**, *avv.* || **-ness**, *sost.*

raptus /ˈræptəs/, *n.* (*anche fig.*) raptus.

rare (1) /reə(r)/, *a.* *1* raro; infrequente; insolito: **a r. event**, un avvenimento insolito; **r. beauty**, rara bellezza; **a r. gem**, una gemma rara *2* (*dell'aria, di un gas*) rarefatto *3* (*form.*) eccezionale; straordinario; eccellente; ottimo: **a r. artist**, un artista eccellente; **r. fruit**, frutta ottima (*o* di prima qualità). ● (*chim.*) **r. earths**, terre rare □ **r.-earth alloy**, lega di metalli delle terre rare □ (*fam.*) **r. fun**, un gran (*o* bel) divertimento □ **r. skill**, grande bravura.

rare (2) /reə(r)/, *a.* (*cucina*) poco cotto; al sangue: **r. beef**, manzo poco cotto.

rarebit /ˈreəbɪt/, *n.* toast ricoperto di formaggio fuso.

raree-show /ˈreəriːʃəʊ/, *n.* *1* spettacolo (*in genere*) nelle piazze e nelle strade (*con carri, ecc.*) *2* *V.* **peepshow**.

rarefaction /reərɪˈfækʃn/, *n.* (*fis.*) rarefazione.

rarefactive /ˈreərɪfæktɪv/, *n.* rarefattivo.

rarefied /ˈreərɪfaɪd/, *a.* *1* (*fis.*) rarefatto *2* (*fig.*) rarefatto; esclusivo; sublime: **r. circles**, ambienti esclusivi (*o* riservati).

to **rarefy** /ˈreərɪfaɪ/, **A** *v. t.* *1* (*fis.*) rarefare *2* purificare; affinare; raffinare. **B** *v. i.* *1* rarefarsi *2* purificarsi; affinarsi; raffinarsi.

rarely /ˈreəlɪ/, *avv.* *1* raramente; di rado *2* (*form.*) in modo eccellente; benissimo.

rareness /ˈreənəs/, *n.* *1* rarità *2* (*dell'aria, di un gas*) rarefazione *3* (*form.*) eccellenza; eccezionalità.

raring /ˈreərɪŋ/, *a.* (*fam.*) impaziente: **to be r. to do st.**, essere impaziente (*o* non vedere l'ora) di fare q.c.

rarity /ˈreərətɪ/, *n.* *1* rarità *2* rarità; cosa rara (*o* singolare): **Rain is a r. in this region**, la pioggia è una rarità in questa regione *3* (*dell'aria, di un gas*) rarefazione *4* (*form.*) eccellenza; eccezionalità.

ras /ræs/, *n.* (*anche fig.*) ras.

rascal /ˈrɑːskl, *USA* ˈræskl/, *n.* *1* canaglia; briccone; farabutto; furfante; mascalzone *2* (*scherz.*) bricconcello; birba: (*a un bambino*) **You little r.!**, birba!; birichino!; bricconcello!

rascality /rɑːˈskælətɪ, *USA* ræ-/, *n.* birbanteria; bricconeria; furfanteria.

rascally /ˈrɑːskəlɪ, *USA* ˈræ-/, *a.* *1* da canaglia; bricconesco; furfantesco; birbone: **a r. trick**, un tiro birbone *2* (*arc.*: *di un luogo*) miserabile; orrendo.

to **rase** /reɪz/, *V.* **to raze**.

rash (1) /ræʃ/, *n.* *1* (*med.*) rash; eruzione cutanea *2* (*fig.*) fioritura, rigoglio, valanga, mucchio (*fig.*): **a r. of scientific discoveries**, una fioritura di scoperte scientifiche; **a r. of accidents**, un mucchio d'incidenti. ● (*di una persona*) **to come** (*o* **to break**) **out in a r.**, ricoprirsi di bollicine (*o* di chiazze) rosse.

rash (2) /ræʃ/, *a.* avventato; sconsiderato; impetuoso; imprudente; precipitoso: **a r. act**, un atto avventato; un colpo di testa (*fig.*). || **-ly**, *avv.* || **-ness**, *sost.*

rasher /ˈræʃə(r)/, *n.* (*cucina*) fetta di pancetta (*o* di prosciutto).

rasp /rɑːsp, *USA* ræsp/, *n.* *1* (*mecc.*) raspa; raschietto *2* suono aspro, stridente; stridore.

to **rasp** /rɑːsp, *USA* ræsp/, **A** *v. t.* *1* raspare; raschiare; rodere con la raspa; grattare *2* (*fig.*) irritare; urtare: **The baby's crying rasped my nerves**, il pianto del bambino mi urtava i nervi. **B** *v. i.* *1* raschiare; essere ruvido *2* stridere; emettere un suono aspro, stridulo.

raspatory /ˈrɑːspətrɪ, *USA* ˈræspətɔːrɪ/, *n.* (*med.*) raspa per uso chirurgico.

raspberry /ˈrɑːzbrɪ, -s-, *USA* ˈræzberɪ/, *n.* *1* (*bot., Rubus idaeus*) lampone *2* (*pop.*) pernacchia: **to give sb. a r.** (*o* **to blow a r. at sb.**), fare una pernacchia a q. *3* (*fig.*) critica (osservazione, ecc.) sprezzante. ● (*pop.*) **to get a r.**, essere spernacchiato.

rasper /ˈrɑːspə(r), *USA* ˈræs-/, *n.* *1* raschino; raschiatoio *2* (*caccia alla volpe*) ostacolo difficile da saltare.

rasping /ˈrɑːspɪŋ, *USA* ˈræs-/, **A** *n.* raspatura. **B** *a.* *1* aspro; stridulo *2* (*fig.*) fastidioso; irritante *3* lesto; svelto; veloce: **at a r. pace**, a passi veloci *4* (*caccia*: *di ostacolo*) difficile (da saltare).

rasse /ræs/, *n.* (*zool., Viverricula indica*) viverricola indiana.

rasta /ˈræstə/, *n.* (*abbr. fam.*) *V.* **rastafarian**.

rastafarian /ræstəˈfeərɪən/, *n.* (*relig.*) rastafariano (*in Giamaica*: *da «Ras Tafari», titolo dell'imperatore etiope Hailé Sellassié, defunto, venerato come dio*); rasta.

raster /ˈræstə(r)/, *n.* (*elettron.*) raster; percorso di scansione.

rat /ræt/, **A** *n.* *1* (*zool., Rattus*) ratto *2* (*fam.*) disertore; voltagabbana *3* (*fam.*) crumiro; rinnegato *4* (*specialm. al vocat.*) miserabile; verme: **You rat!**, verme! *5* (*pop. USA*) spia; informatore della polizia; talpa (*fig.*). **B** *inter.* (*fam.*) **Rats!**, maledizione!; dannazione! ● (*volg. USA*) **rat's ass**, niente; nulla □ **rat-catcher**, acchiappatopi; derattizzatore (*volg. USA*) **rat fuck**, tiro mancino; scherzo da prete □ (*zool.*) **rat kangaroo**, (*in Austr. e Tasmania*: *Bettongia, Potorous, ecc.*) ratto canguro (*marsupiale*); (*in U.S.A.*: *Dipodomys*) ratto canguro (*roditore*) □ **rat poison**, veleno per topi □ (*fig.*) **rat race**, concorrenza (*o* rivalità) accanita; corsa al successo □ **rat-tail**, (cavallo con la) coda spelata; (*metall.*) coda di topo; (*tecn.*) lima a coda di topo □ **a rat-tailed horse**, un cavallo dalla coda spelata □ **rat-trap**, trappola per topi; (*fig. USA*) topaia, catapecchia, stamberga; pedale da bicicletta seghettato □ **to look like a drowned rat**, sembrare un pulcino bagnato □ (*fig.*) **to see rats**, avere allucinazioni; aver le traveggole □ (*fig.*) **to smell a rat**, subodorare un tranello; mangiare la foglia: **I smell a r.!**, gatta ci cova! □ **water rat**, topo di fogna; (*fam.*) marinaio, pirata.

to **rat** /ræt/, *v. i.* *1* (*specialm.* **to go ratting**) cacciare topi; andare a caccia di topi *2* (*polit.*) defezionare; voltare gabbana; abbandonare il proprio partito *3* (*pop.*) fare il crumiro *4* (*pop. USA*) fare la spia.

♦**rat around**, *v. i.* + *avv.* (*pop. USA*) bighellonare, vivere nell'ozio.

♦**rat on**, *v. t.* + *prep.* (*fam.*) *1* fare la spia a; tradire: **to rat on one's friends**, fare la spia agli amici *2* venir meno a (*una promessa*) *3* abbandonare (*un progetto*) □ **to rat on one's debts**, non pagare i debiti.

♦**rat out**, *v. i.* + *avv.* (*pop. USA*) tagliare la corda; filare via □ **to rat out on**, *V.* **rat on**.

ratability /reɪtəˈbɪlətɪ/, *n.* *1* l'essere valutabile *2* (*fisc.*) imponibilità (*in rapporto con le imposte comunali*).

ratable /ˈreɪtəbl/, *a.* *1* valutabile; stimabile *2* (*fisc.*) tassabile; imponibile: **r. property**, proprietà tassabile (*V.* **ratability**) *3* proporzionale: **r. distribution of profits**, distribuzione proporzionale degli utili. ● (*di edificio*) **r. value**, valore locativo; coefficiente catastale.

ratafee /rætəˈfiː/, **ratafia** /rætəˈfɪə/, *n.* *1* ratafià (*liquore*) *2* (= **r. biscuit**) biscotto alle mandorle; amaretto.

ratal /ˈreɪtl/, *n.* (*fisc.*) imponibile; reddito imponibile.

ratan /rəˈtæn/, *V.* **rattan**.

rataplan /rætəˈplæn/, *n.* rataplan; rullar di tamburi.

to **rataplan** /rætəˈplæn/, *v. i.* (*di tamburi*) rullare.

rat-a-tat /rætəˈtæt/, *V.* **rat-tat**.

ratbag /ˈrætbæg/, *n.* (*pop.*) *1* individuo spregevole; canaglia; furfante; mascalzone *2* tipo strambo; eccentrico.

to **ratch** /rætʃ/, *V.* **to ratchet**.

ratchet /ˈrætʃɪt/, *n.* (*mecc.*) *1* dente d'arresto; nottolino d'arresto; fermo *2* (= **r.-wheel**) ruota di arpionismo *3* (= **r.-gear**) arpionismo; ruota dentata e fermo. ● **r. drill**, trapano a cricco □ **r. jack**, martinetto a cricco □ (*pop. USA*) **r.-mouth**, blaterone; chiacchierone □ **r. tool**, utensile a cricchetto.

to **ratchet** /ˈrætʃɪt/, *v. t.* provvedere (*una ruota*) di denti d'arresto.

rate /reɪt/, *n.* *1* (*anche stat.*) ammontare; aliquota; percentuale; indice: **the r. of pay per month**, l'ammontare della retribuzione mensile; **the r. of refunds on exports**, le aliquote dei rimborsi all'esportazione; (*fisc.*) **flat r.**, aliquota costante; **the birth r.**, l'indice di natalità; **the death r.**, l'indice di mortalità; **the marriage r.**, la percentuale di matrimoni ***2*** ritmo, andamento; (= **r. of speed**) velocità; rapidità: **The train was going at a** (*o* **the**) **r. of sixty miles an hour**, il treno andava a una velocità di sessanta miglia all'ora; **Poverty increases at a fearful r.**, la miseria aumenta con un ritmo spaventoso; **the r. of price increases**, il ritmo di rialzo dei prezzi ***3*** costo; prezzo; tariffa: **railway rates**, tariffe ferroviarie; **at a cheap r.**, a basso prezzo; a buon mercato; **the r. for printed matter**, la tariffa per (la spedizione degli) stampati; **the electricity rates**, le tariffe dell'energia elettrica; **subscription rates**, prezzi (*o* quote) d'abbonamento ***4*** (*fin.*) corso (*delle divise*): **the r. of exchange**, il corso del cambio ***5*** (*fin.*) saggio; tasso: (*banca*) **r. of interest**, tasso d'interesse; **the r. of inflation**, il tasso inflazionistico; **r. of discount**, saggio (*o* tasso) di sconto ***6*** (*specialm. al pl.*) (*fisc.*) imposta comunale (*o* locale); imposta locale sugli immobili (*cfr. ital.* I.L.O.R.): **rates and taxes**, tributi locali e imposte nazionali ***7*** classe; categoria; ordine: **a writer of the first r.** (*o* **a first-r. writer**), uno scrittore di prim'ordine ***8*** (*naut.*) rata (*o* tariffa) di nolo ***9*** (*USA*) classifica (*a scuola*). ● **r. base**, base del tasso di remunerazione □ **r. basis**, base tariffaria □ **r. collector**, esattore comunale □ (*aeron.*) **r. of climb**, velocità ascensionale □ (*aeron.*) **r.-of-climb indicator**, variometro □ (*econ.*) **r. of growth**, tasso di crescita (*o* di sviluppo) □ **r. scale**, scala tariffaria; scala retributiva □ (*econ.*) **r. war**, guerra tariffaria □ **at any r.**, a ogni modo, comunque; a ogni costo; almeno, per lo meno □ **at that r.**, di quel passo; in quel caso; se è così □ **at this r.**, di questo passo; in questo caso; se va così □ (*med.*) **pulse r.**, frequenza del polso.

to **rate** (**1**) /reɪt/, **A** *v. t.* ***1*** valutare; stimare; fare il prezzo a: **What do you r. his estate at?**, a quanto valuti il suo patrimonio? ***2*** considerare; giudicare; reputare: **He is rated as a remarkable statesman**, è giudicato un notevole statista ***3*** annoverare: **I r. him among my benefactors**, lo annovero tra i miei benefattori ***4*** (*fisc.*) valutare (*ai fini fiscali*); tassare: **We are highly rated for education**, siamo fortemente tassati per le spese della pubblica istruzione ***5*** (*naut.*) classificare (*una nave*); assegnare la categoria (*o* il grado) a (*un marinaio*) ***6*** meritare: **to r. a mention**, meritare di essere menzionato; (*teatr.*) **to r. a show**, meritare di andare in scena ***7*** regolare (*un orologio*) ***8*** (*USA*) classificare (*uno studente*) ***9*** (*pop.*) apprezzare. **B** *v. i.* essere classificato; essere considerato (*o* reputato): **He rates among** (*o* **with**) **the best contemporary poets**, è considerato tra i migliori poeti contemporanei. ● **to r. goods**, fissare le tariffe per il trasporto delle merci □ (*ass., USA*) **to r. up**, far pagare (*a un contraente, un assicurato*) un sovrappremio □ (*mecc.*) **rated horsepower**, potenza caratteristica (*di un motore*).

to **rate** (**2**) /reɪt/, *v. t.* (*arc.*) rampognare (*lett.*); rimproverare; sgridare.

rateability /reɪtəˈbɪlətɪ/, **rateable** /ˈreɪtəbl/, *V.* **ratability, ratable.**

to **rate-cap** /ˈreɪtkæp/, *v. t.* (*fisc.*; *del governo ingl.*) fissare il tetto dell'imponibile applicato da (*un ente locale*).

ratel /ˈreɪtɛl/, *n.* (*zool., Mellivora capensis*) ratele; ratelo; mellivora.

ratepayer /ˈreɪtpeɪə(r)/, *n.* (*fisc., ingl.*) contribuente (*V.* **rate**, *def.* 6).

rater /ˈreɪtə(r)/, *n.* (*nei composti, per es.*:) **a first-r.**, una persona di prim'ordine; **He's only a second-r.**, non è che una persona di second'ordine. ● (*naut.*) **a ten-r.**, un panfilo di dieci tonnellate.

ratfink /ˈrætfɪŋk/, *n.* (*pop.*) individuo meschino; verme (*fig.*).

rathe /reɪð/, *a.* (*poet.*) ***1*** mattutino; mattiniero ***2*** (= **r.-ripe**) precoce; primaticcio.

rather /ˈrɑːðə(r), *USA* ˈræ-, ˈrʌ-/ /ˈrɑːðə(r), rɑːˈðɜː(r), *USA* ˈræ-, ˈrʌ-, -ˈðɜː(r)/, **A** *avv.* ***1*** piuttosto; alquanto; abbastanza; discretamente; un po': **I am r. tired**, sono piuttosto (*o* alquanto) stanco; **I was r. tired**, ero un po' stanco; **She was r. pleased**, era abbastanza soddisfatta; **I would r. die than surrender**, vorrei morire piuttosto che arrendermi; **It's r. cold today**, fa piuttosto freddo oggi ***2*** anzi; meglio; ma piuttosto: **We have not lost; r., we have won**, non abbiamo perso; anzi, abbiamo vinto. **B** *inter.* (*fam.*) certamente; certo; sicuro; eccome; altroché: **«Would you like to go?» «R.!»**, «ti piacerebbe andarci?» «altroché!» ● **r. pretty than beautiful**, più grazioso che veramente bello □ **anything r. than...**, tutto piuttosto che...; tutto fuorché... □ **I [you] had r.**, preferirei [preferiresti]: **He'd r. go than stay**, preferirebbe andarsene piuttosto che rimanere □ **I r. enjoy singing**, non mi dispiace affatto cantare □ **I r. think that**, ho l'impressione che...; sono dell'idea che... □ **I would** (*o* **I'd**) **r. not**, preferirei di no □ **It's r. a pity**, è proprio un peccato □ **I r. like Jenny**, tutto sommato, Jenny mi è simpatica.

ratherish /ˈrɑːðərɪʃ, *USA* ˈræ-, ˈrʌ-/, *avv.* (*fam. USA*) alquanto; piuttosto; un po'. ● **a r. handsome fellow**, un tipo belloccio.

rathole /ˈræthəʊl/, *n.* ***1*** tana di topo; topaia ***2*** (*fig. USA*) topaia; catapecchia; stamberga ***3*** (*USA*) galleria; tunnel. ● (*di denaro*) **to go down the r.**, finire in un pozzo senza fondo.

ratification /rætɪfɪˈkeɪʃn/, *n.* ratificazione; ratifica; sanzione.

ratifier /ˈrætɪfaɪə(r)/, *n.* ratificatore, ratificatrice.

to **ratify** /ˈrætɪfaɪ/, *v. t.* ratificare; sanzionare.

ratine /reɪˈtiːn, *USA* rætɪˈneɪ/, *n.* (*ind. tess.*) ratina.

rating (**1**) /ˈreɪtɪŋ/, *n.* ***1*** stima; valutazione ***2*** (*fisc.*) commisurazione delle imposte ***3*** (*fin.*, = **credit r.**) rating; (valutazione del) livello di affidabilità (*o* di solidità finanziaria) ***4*** (*naut., sport*) rating; categoria, classe (*dei panfili, ecc.*) ***5*** (*anche mil.*) grado; rango ***6*** (*naut., mil.*) marinaio semplice ***7*** (*di macchina*) prestazioni di esercizio; limiti d'impiego ***8*** (*TV*) rating; indice di ascolto (*o* di gradimento) ***9*** (*fam.*) classe sociale. ● (*fin.*) **r. officer**, perito, stimatore (*del fisco*) □ (*mus., radio, TV*) **to get good ratings**, piazzarsi bene (*o* ai primi posti della classifica).

rating (**2**) /ˈreɪtɪŋ/, *n.* (*arc.*) rimprovero; sgridata; lavata di capo.

ratio /ˈreɪʃɪəʊ, *USA* -ʃəʊ/, *n.* (*pl.* **ratios**) ***1*** (*mat., mecc.*) rapporto; proporzione: **in the r. of three to two**, in proporzione di tre a due; **compression r.**, rapporto di compressione ***2*** (*fis., chim.*) titolo: **steam r.**, titolo di vapore acqueo (*nell'aria*). ● (*elettron.*) **r. detector**, demodulatore a rapporto □ (*tecn.*) **r. print**, copia in scala □ (*stat.*) **r. scale**, scala di rapporti.

to **ratiocinate** /ræʃɪˈɒsɪneɪt, rætɪ-, *USA* -tɪˈəʊsən-/, *v. i.* raziocinare (*lett.*); ragionare.

ratiocination /ræʃɪɒsɪˈneɪʃn, rætɪ-, *USA* -tɪəʊsənˈeɪ-/, *n.* raziocinio; ragionamento.

ratiocinative /ræʃɪˈɒsɪnətɪv, rætɪ-, *USA* -tɪˈəʊsəneɪtɪv/, *a.* raziocinante.

ratiocinator /ræʃɪˈɒsɪneɪtə(r), rætɪ-, *USA* -tɪˈəʊsəneɪt-/, *n.* raziocinatore.

ration /ˈræʃn, *USA* ˈreɪʃn/, *n.* ***1*** razione (*anche fig.*): **I've had my r. of sorrow**, ho avuto la mia razione di dolore ***2*** (*pl.*) razioni; viveri. ● **r. card** (*o* **r. book**), carta (*o* tessera) annonaria □ **to put sb. on rations**, mettere a razione, razionare q. □ **to be on short rations**, essere a corto di viveri; stare a stecchetto.

to **ration** /ˈræʃn, *USA* ˈreɪʃn/, *v. t.* ***1*** razionare (*alimenti, benzina, ecc.*) ***2*** mettere (q.) a razione; imporre il razionamento a (*persone*). ● **to r. out**, distribuire (*viveri*) in razioni; razionare (*l'acqua, ecc.*).

rational /ˈræʃənl/, *a.* ***1*** razionale: **Man is a r. creature**, l'uomo è una creatura razionale ***2*** ragionevole: **a r. decision**, una decisione ragionevole; **r. behaviour**, comportamento ragionevole ***3*** (*mat.*) razionale: **r. number**, numero razionale. ● **r. powers**, capacità intellettive; raziocinio. || **-ly**, *avv.*

rationale /ræʃəˈnɑːl, *USA* -ˈnæl/, *n.* base razionale; fondamento logico; giustificazione logica (*di q.c.*).

rationalism /ˈræʃnəlɪzəm/, *n.* (*filos., relig.*) razionalismo.

rationalist /ˈræʃnəlɪst/, *n.* (*filos., relig.*) razionalista.

rationalistic /ræʃnəˈlɪstɪk/, *a.* (*filos., relig.*) razionalistico. || **-ally**, *avv.*

rationality /ræʃəˈnælətɪ/, *n.* ***1*** razionalità ***2*** ragionevolezza; sensatezza.

rationalization /ræʃnəlaɪˈzeɪʃn, *USA* -lɪˈz-/, *n.* ***1*** razionalizzazione (*anche mat.* e *psic.*) ***2*** (*ind.*) organizzazione razionale, razionalizzazione (*del lavoro*).

to **rationalize** /ˈræʃnəlaɪz/, **A** *v. t.* ***1*** razionalizzare (*anche mat.*); rendere razionale ***2*** (*ind.*) razionalizzare, organizzare razionalmente (*il lavoro*). **B** *v. i.* (*raro*) comportarsi da razionalista.

rationing /ˈræʃnɪŋ/, *n.* razionamento; contingentamento: **petrol r.**, il razionamento della benzina.

ratlin(e)s /ˈrætlɪnz/, **ratlings** /ˈrætlɪŋz/, *n. pl.* (*naut.*) griselle.

ratoon /rəˈtuːn/, *n.* germoglio nuovo (*di canna da zucccheró*).

to **ratoon** /rəˈtuːn/, *v. i.* (*di canna da zucchero*) germogliare di nuovo.

ratsbane /ˈrætsbeɪn/, *n.* veleno per topi.

rattan /ræˈtæn/, *n.* ***1*** (*bot., Calamus rotang*) canna d'India; rattan; malacca ***2*** rattan (*fusto della canna d'India usato per fare sedie, canne da pesca e bastoni da passeggio*) ***3*** bastone di malacca.

rat-tat /ˈrætˈtæt/, *n.* toc-toc; rumore di colpi (*alla porta*).

to **ratten** /ˈrætn/, *v. t.* (*leg.*) danneggiare (*un datore di lavoro, un'azienda, ecc.*) coercendo la volontà di dipendenti non iscritti al sindacato.

rattening /ˈrætənɪŋ, -tn-/, *n.* (*leg.*) coercizione esercitata su dipendenti per indurli a iscriversi a un sindacato (*o* a scioperare; *è un reato*).

ratter /ˈrætə(r)/, *n.* ***1*** cacciatore di topi ***2*** cane (*o* gatto) bravo a catturare i topi ***3*** (*fam.*) disertore; traditore; rinnegato ***4*** (*fam.*) crumiro.

ratting /ˈrætɪŋ/, *n.* ***1*** caccia ai topi ***2*** (*fam.*) defezione; tradimento; voltafaccia.

rattle /ˈrætl/, *n.* ***1*** sonaglio (*giocattolo, o di serpente*) ***2*** rumore sordo e prolungato; tamburellamento; acciottolio (*di piatti, ecc.*): **the r. of the drums**, il rumore sordo dei tamburi; **the r. of hail on the roof of the hut**, il tamburellamento della grandine sul tetto della capanna ***3*** ciarle; cicaleccio; chiacchiericcio ***4*** cianciatore; ciancione; chi parla a vanvera ***5*** (*mus.*) raganella ***6*** (*med.*) rantolo; ronco. ● (*med., arc.*) **the rattles**, il crup; la difterite □ **r.-brain** (*o* **r.-head, r.-pate**), zucca vuota (*fig.*); persona insulsa e chiacchierona □ **r.-brained** (*o* **r.-headed, r.-pated**), scervellato; scriteriato; che parla a vanvera.

to **rattle** (**1**) /ˈrætl/, **A** *v. i.* ***1*** sbatacchiare; sbattere; scuotersi con fracasso; (*della grandine, ecc.*) tamburellare: **The shutters rattled in the wind**, le persiane sbatacchiavano al vento ***2*** procedere rumorosamente: **The cart rattled over the cobbled street**, il carro procedeva con gran rumore sull'acciottolato. **B** *v. t.* ***1*** far sbatacchiare; scuotere; fare del rumore agitando; acciottolare (*piatti, ecc.*); far tintinnare (*monete*): **The wind rattled the door**, il vento faceva sbatacchiare la porta; **to r. the door handle**, scuotere la maniglia dell'uscio; **to r. a box full of pebbles**, fare del rumore agitando una scatola piena di sassolini ***2*** (*fam.*) confondere; sconcertare; innervosire; spaventare: **The orator was badly rattled by**

the continuous interruptions, l'oratore si innervosì molto per le continue interruzioni. ● **to r. at the door**, bussare insistentemente □ **to get rattled**, innervosirsi; spaventarsi.

♦**rattle along**, *v. i. + avv.* (*di un veicolo*) procedere rumorosamente; sferragliare.

♦**rattle away**, *v. i. + avv.* **1** (*di macchine, ecc.*) fare frastuono; fare un rumore metallico **2** (*della grandine, ecc.*) battere forte (*sul tetto, ecc.*); tamburellare □ **to r. away at the piano**, strimpellare al pianoforte.

♦**rattle off**, *v. t. + avv.* dire in fretta; snocciolare: **The little girl rattled off the speech she had learnt by heart**, la bambina snocciolò il discorso che aveva imparato a memoria.

♦**rattle on**, *v. i. + avv.* **1** (*di un veicolo*) procedere rumorosamente; sferragliare **2** (*di una persona*) chiacchierare; parlare incessantemente; cianciare, ciarlare: **to r. on about one's work**, cianciare di continuo del proprio lavoro.

♦**rattle through**, *v. t. + prep.* fare (*o* dire, recitare, ecc.) in fretta e furia: **to r. through one's work**, fare il proprio lavoro in fretta e furia.

to **rattle** (**2**) /'rætl/, *v. i.* (*naut.*) (*di solito,* **to r. down**) mettere le griselle.

rattler /'rætlə(r)/, *n.* **1** chi (*o* cosa che) fa un rumore sordo **2** (*fam. USA*) treno; treno merci **3** (*fam. USA*) serpente a sonagli; (*anche*) sonaglio (*di serpente*) **4** (*fam. arc.*) cannonata (*fig.*); cosa (*o* persona) eccezionale.

rattlesnake /'rætlsneɪk/, *n.* (*zool.*) **1** (*Crotalus*) serpente a sonagli; crotalo **2** (*Sistrurus*) sistruro; massasauga (*spagn.*).

rattletrap /'rætltræp/, **A** *n.* **1** vecchia automobile; macinino (*fig. fam.*) **2** (*fam.*) chiacchierone **3** (*fam.*) bocca **4** (*pl.*) cianfrusaglie. **B** *a. attr.* sconquassato; sgangherato.

rattling /'rætlɪŋ/, *a.* **1** che risuona; tintinnante **2** (*fam. arc.*) vivace; impetuoso: **a r. wind**, un vento impetuoso **3** (*fam. arc.*) eccellente; splendido; magnifico. ● (*fam. arc.*) **r. good**, ottimo; (*di racconto*) bellissimo.

ratty /'rætɪ/, *a.* **1** di (*o* da) topo **2** pieno di topi **3** (*fam.*) bisbetico; irritabile; permaloso **4** (*fam. USA*) malmesso; in disordine; trasandato; (*d'abito*) frusto, logoro. ● (*fam.*) **to get r.**, scocciarsi (*fam.*), seccarsi (*con q.*).

raucity /'rɔːsətɪ/, *n.* raucedine.

raucous /'rɔːkəs/, *a.* rauco. || **-ly**, *avv.*

raucousness /'rɔːkəsnəs/, *n.* raucedine.

raunchy /'rɔːntʃɪ/, *a.* (*fam.*) **1** piccante; salace; osceno; eccitante: **a r. dance**, una danza eccitante (*pop.*: arrapante) **2** (*USA*) puzzolento; sporco; trasandato; sciatto. || **-ily**, *avv.* || **-iness**, *sost.*

ravage /'rævɪdʒ/, *n.* **1** devastazione; saccheggio; rovina **2** (*pl.*) danni: **the ravages of war**, i danni provocati dalla guerra; i guasti della guerra.

to **ravage** /'rævɪdʒ/, *v. t.* e *i.* devastare (*anche fig.*); depredare; saccheggiare: **a face ravaged by smallpox**, un viso devastato dal vaiolo.

rave (**1**) /reɪv/, *n.* **1** delirio; vaneggiamento **2** urlo, furia (*del vento, del mare*) **3** (*fam.*) mania; moda; infatuazione **4** orgia (*fig.*): **a r. of colours**, un'orgia di colori **5** (*pop.*) elogio sperticato **6** (*pop.*, = **r.-up**) festa scatenata, da sballo; baldoria; (*anche*) party di drogati, rave. ● (*fam.*) **r. party**, festa da sballo □ **a r. review**, una recensione entusiastica □ (*pop.*) **to be in a r. about**, andare pazzo per.

rave (**2**) /reɪv/, *n.* sponda (*di carro*).

to **rave** /reɪv/, *v. i.* **1** delirare; farneticare; vaneggiare: **The dying man went on raving**, il morente continuava a delirare **2** (*del vento, del mare*) ruggire; rumoreggiare; infuriare. ● (*fam.*) **to r. about** (*o* **over**), andare in estasi per; andar pazzo per: **They r. about the colours of this painting**, vanno in estasi per i colori di questo quadro □ **to r. against** (*o* **at**) **sb.**, inveire con forza contro q. □ **to r. oneself hoarse**, diventare roco a furia di gridare (*per manifestare il proprio entusiasmo*).

ravel /'rævl/, *n.* **1** groviglio; intrico; nodo; viluppo **2** (*fig.*) complicazione; difficoltà **3** sfilacciatura; lembo sfilacciato.

to **ravel** /'rævl/, **A** *v. t.* **1** imbrogliare; ingarbugliare; complicare; confondere: **Don't r. the question**, non complicare la questione! **2** sfrangiare (*stoffa*) **3** (*di solito* **to r. out**) districare; sbrogliare; sciogliere (*il capo d'una fune, ecc.*). **B** *v. i.* **1** imbrogliarsi; ingarbugliarsi; complicarsi; confondersi **2** (*di solito* **to r. out**) districarsi; sbrogliarsi; sciogliersi **3** (*di stoffa*) sfrangiarsi; sfilacciarsi. ● **to r. up**, aggrovigliare, (*un gomitolo, ecc.*); aggrovigliarsi □ (*fig.*) **the ravelled skein of life**, l'intricata matassa della vita.

ravelin /'rævlɪn/, *n.* (*mil., stor.*) rivellino.

ravelling /'rævəlɪŋ/, *n.* **1** lo sbrogliare; il districare **2** sfilacciamento **3** sfilacciatura; filo tirato.

raven /'reɪvn/, **A** *n.* (*zool.*) **1** (*Corvus corax*) corvo imperiale **2** (*Corvus*) corvo. **B** *a.* corvino: **r. hair**, capelli corvini.

to **raven** /'rævn/, (*lett.*) **A** *v. i.* **1** far bottino; predare; saccheggiare **2** mangiare avidamente. **B** *v. t.* divorare. ● **to r. after**, andare in cerca di (*preda o bottino*) □ **to r. for**, essere affamato di.

ravening /'rævənɪŋ/, *a.* famelico; feroce; vorace.

ravenous /'rævənəs/, *a.* **1** famelico; feroce; vorace: **a r. wolf**, un lupo vorace **2** (*anche fig.*) avido; ingordo; insaziabile: **r. for praise**, avido di lodi; **a r. hunger**, una fame insaziabile (*o* da lupi).

raver /'reɪvə(r)/, *n.* (*fam.*) gaudente; libertino; donnaiolo.

ravine /rə'viːn/, *n.* burrone; gola; forra.

raving /'reɪvɪŋ/, **A** *a.* **1** delirante; farneticante; frenetico; furioso **2** (*fam.*) eccezionale; straordinario; da far girare la testa: **a r. beauty**, una bellezza da far girare la testa. **B** *n.* (*spesso al pl.*) vaneggiamento. ● **r. mad**, pazzo furioso; matto da legare. || **-ly**, *avv.*

to **ravish** /'rævɪʃ/, *v. t.* **1** (*poet.*) rapire; (*fig.*) rapire in estasi, affascinare, incantare: **I was ravished by her beauty**, fui affascinato dalla sua bellezza; **ravished by sweet music**, rapito dalla musica soave **2** (*leg.*) stuprare; violentare.

ravisher /'rævɪʃə(r)/, *n.* (*leg.*) stupratore, stupratrice; violentatore, violentatrice.

ravishing /'rævɪʃɪŋ/, *a.* affascinante; incantevole: **a r. sight**, una vista incantevole. ● **a r. music**, una musica che rapisce l'anima.

ravishment /'rævɪʃmənt/, *n.* **1** (*poet.*) rapimento; ratto (*specialm. di donna sposata o di minorenne*) **2** (*fig.*) rapimento; estasi; incanto **3** (*leg.*) violenza carnale; stupro.

raw /rɔː/, **A** *a.* **1** crudo; (*fig.*: *dell'aria, del tempo*) freddo, rigido: **This steak is nearly raw**, questa bistecca è quasi cruda; **a raw brick**, un mattone crudo; **a raw wind**, un vento freddo **2** greggio; grezzo; naturale; non raffinato: **raw wool**, lana greggia; **raw silk**, seta greggia; **raw whisky**, whisky naturale (*o* liscio); **raw sugar**, zucchero non raffinato; **raw hides**, pelli grezze; **raw material**, materiale grezzo; materia prima (*anche fig.*) **3** (*fig.*) inesperto; immaturo; rozzo: **a raw recruit**, una recluta inesperta, ancora da istruire; un marmittone (*fig. fam.*); **a raw lad**, un ragazzo immaturo **4** escoriato; scorticato **5** aperto; infiammato; sanguinante; (messo) a nudo; vivo: **a raw wound**, una ferita sanguinante; **a raw sore**, una piaga viva; **a raw throat**, una gola infiammata **6** (*USA*) fresco; appena fatto: **raw paintwork**, vernice fresca. **B** *n.* – **the raw**, il vivo; il punto sensibile, dolente: **to touch sb. on the raw**, toccare q. sul vivo. ● **raw-boned**, ossuto; scarno □ **raw cloth**, stoffa prima della follatura □ (*fam.*) **a raw deal**, un trattamento ingiusto (*o* crudele, duro) □ (*fam. USA*) **a raw joke**, una barzelletta sporca □ (*econ., ind.*) **raw materials**, materie prime □ **raw sludge**, fango non trattato □ **raw spirit**, alcol puro □ **raw water**, acqua non depurata □ **in the raw**, allo stato grezzo (*o* naturale); (*fam.*) nudo, svestito. || **-ly**, *avv.* || **-ness**, *sost.*

to **raw** /rɔː/, *v. t.* sfregare fino a produrre escoriazioni.

rawhide /'rɔːhaɪd/, **A** *n.* **1** cuoio greggio **2** corda (*o* frusta) di pelle non conciata; correggia. **B** *a. attr.* di cuoio greggio.

rawish /'rɔːɪʃ/, *a.* piuttosto crudo (*o* freddo, inesperto, rozzo) *V.* **raw**.

Rawlplug /'rɔːlplʌg/, *n.* (*marchio*) tappo (*o* tassello) a espansione.

ray (**1**) /reɪ/, *n.* **1** (*fis., bot., zool.*) raggio (*anche fig.*): **a ray of light**, un raggio di luce; **X-rays**, raggi X; **heat rays**, raggi termici; (*fig.*) **a ray of sunshine in one's life**, un raggio di sole nella vita **2** (*fig.*) filo: **There isn't a ray of hope**, non c'è un filo di speranza. ● (*fantascienza*) **ray gun**, pistola a raggi.

ray (**2**) /reɪ/, *n.* (*zool., Raja*) razza.

to **ray** /reɪ/, **A** *v. i.* **1** raggiare; splendere **2** irradiarsi; irraggiarsi. **B** *v. t.* **1** irradiare; irraggiare **2** ornare di raggi.

Ray /reɪ/, *n. dim.* di **Raymond**.

rayed /reɪd/, *a.* raggiato; a raggi; che ha raggi.

rayless /'reɪləs/, *a.* **1** senza raggi **2** senza un raggio di luce; oscuro; tetro.

raylet /'reɪlət/, *n.* piccolo raggio.

Raymond /'reɪmənd/, *n.* Raimondo.

rayon /'reɪɒn/, *n.* (*ind. tess.*) rayon; seta artificiale.

to **raze** /reɪz/, *v. t.* distruggere; radere al suolo; spianare: **The fortress was razed** (**to the ground**) **by the invaders**, la fortezza fu rasa al suolo dagli invasori. ● (*raro*) **to r. out**, cancellare: (*fig.*) **to r. out sb.'s name from remembrance**, cancellare dalla memoria il nome di q.

razee /rə'ziː/, *n.* (*naut., stor.*) nave rasa (*priva del ponte superiore*).

razor /'reɪzə(r)/, *n.* rasoio: **safety r.**, rasoio di sicurezza. ● (*zool.*) **r.-back**, (*Balaenoptera*) balenottera; (*USA*) maiale semiselvatico □ **r.-backed**, dal dorso affilato (*o* a lama di rasoio) □ **r.-bill**, becco a lama di rasoio; (*zool., Alca torda*) gazza marina □ (*di un uccello*) **r.-billed**, dal becco a lama di rasoio □ **r. blade**, lametta da barba □ (*zool.*) **r.-shell** (*USA* **r. clam**) (*Solen*), cannolicchio; cappalunga; cannello □ **r. haircut**, taglio (*di capelli*) scolpito □ **r.-strop**, cuoio per affilare rasoi; coramella □ (*fig.*) **to keep on the r.-edge of orthodoxy**, sfiorare l'eresia □ (*fig.*) **to be on a r.-edge** (*o* **r.'s edge**), camminare sul filo del rasoio.

to **razor** /'reɪzə(r)/, *v. t.* radere; rasare. ● **a well-razored beard**, una barba ben fatta.

razz /ræz/, *n.* (*pop. USA*) pernacchia; (*fig.*) critica sprezzante.

to **razz** /ræz/, *v. t.* (*pop. USA*) stuzzicare; prendere in giro; sfottere.

razzamatazz /'ræzəmətæz/, *n.* (*fam.*) montatura pubblicitaria (*o* elettorale); strombazzata (*fig.*).

razzle /'ræzl/, *V.* **razzle-dazzle**, *def. 1.*

razzle-dazzle /ræzl'dæzl/, *n.* **1** (*pop.*) confusione; baldoria; eccitazione **2** (*pop. USA*) imbroglio; truffa. ● **to be** (*o* **to go**) **on the r.**, far baldoria; darsi alla pazza gioia.

re (**1**) /reɪ/, *n.* (*mus.*) re (*nota*).

re (**2**) /riː/, *prep.* (*leg., comm.*) in merito a; in riferimento a.

re (**3**) /'riː/, *pref.* ri-; di nuovo (*si trova col trattino per ragioni fonetiche, per es. in* **to re-elect,** *«rieleggere»; o per evitare confusione, come fra* **to re-cover,** *«ricoprire» e* **to recover,** *«guarire»*).

're /ə(r)/, *voce verb. abbr. fam.* di **are** (*per es., in:*) **they're**, essi (*o* esse) sono.

to **reabsorb** /riːəb'sɔːb/, *v. t.* riassorbire.

reabsorption /riːəb'sɔːpʃn/, *n.* riassorbimento.

to **reaccustom** /riːə'kʌstəm/, **A** *v. t.* riabituare. **B** to **reaccustom oneself**, *v. rifl.* riabituarsi.

reach /riːtʃ/, *n.* **1** l'allungar la mano; lo stendersi: **to get st. by a long r.**, arrivare a prender q.c. allungando molto la mano ***2*** distanza; portata di mano; accesso: **The farm is within easy r. of Bristol**, la fattoria è a poca distanza da Bristol; **No help was within r.**, non c'era alcun aiuto a portata di mano; **The top is quite near, but not within easy r.**, la cima è vicinissima, ma di non facile accesso ***3*** campo d'azione; raggio d'azione; capacità; portata: (*mecc.*) **the r. of a crane**, il campo d'azione d'una gru; **That's above** (*o* **beyond, out of**) **my r.**, ciò è al di sopra (*o* fuori) delle mie capacità; non ci arrivo (*fam.*) ***4*** (*geogr.*) tratto (*specialm. di fiume, tra due anse*); tronco (*di canale*); braccio (*di mare*); distesa d'acqua ***5*** (*mil.*) portata; tiro: **to be within r.**, essere a tiro (*di fucile, di cannone, ecc.*) ***6*** (*boxe*) allungo ***7*** (*radio, TV*) numero di utenti raggiungibili ***8*** (*naut.*, = **beam r.**) lasco. ● (*fam.*) **r.-me-down**, abito confezionato (*o* bell'e fatto); abito vecchio, vestito usato □ (*fig.*) **r.-me-down ideas**, idee trite, banali.

to **reach** /riːtʃ/, **A** *v. t.* ***1*** (*spesso* **to r. out**) allungare; stendere: **I reached out my hand for the book**, allungai la mano per prendere il libro; **The tree reaches its branches over the river**, l'albero stende i suoi rami sul fiume ***2*** raggiungere; giungere a; arrivare a; pervenire a: **to r. an agreement**, raggiungere un accordo; **Can you r. the window?**, ci arrivi alla finestra?; **We reached the town by night**, giungemmo nella città di notte; **She has reached old age**, è arrivata alla vecchiaia; **Your letter reached me yesterday**, la tua lettera mi è pervenuta ieri; **The water reached his knees**, l'acqua gli arrivava alle ginocchia ***3*** (*fam.*) allungare; porgere; passare: **R. me the salt, please**, allungami il sale, per favore ***4*** mettersi in contatto con (*q., per telefono, ecc.*): **We tried to r. them by cable**, cercammo di metterci in contatto con loro con un cablogramma. **B** *v. i.* ***1*** arrivarci: **Please clean where you can't r.**, favorite pulire anche dove non ci si arriva ***2*** – **to r. for**, allungare la mano per prendere; cercar di prendere; cercar d'arrivare a: **I reached for my gun but couldn't get hold of it**, cercai di prendere la rivoltella ma non ci riuscii ***3*** stendersi; estendersi; andare; arrivare: **The Roman empire reached from Gibraltar to Asia Minor**, l'impero romano si stendeva da Gibilterra all'Asia Minore; **His power reaches into other lands**, il suo potere si estende ad altri territori; **You must r. out further**, devi andare oltre (devi progredire, mirare più in alto); **My property reaches as far as the river**, la mia proprietà arriva fino al fiume. ● **to r. after** (*o* **for**) **st.**, aspirare a q.c. □ **to r. ahead**, portarsi in testa □ **to reach down a suitcase**, tirar giù una valigia □ **to r. for the stars**, tentare di raggiungere l'impossibile □ **to r. into one's pocket for the money**, mettere la mano in tasca per prendere i soldi □ **to r. land**, toccare terra □ **to r. the mark**, andare a segno □ **as far as the eye can r.**, fin dove giunge lo sguardo □ **I cannot r. so high** (*o* **up to it**), non ci arrivo (fin lassù) □ (*pop. USA*) **R. for the sky!**, mani in alto!

reachable /ˈriːtʃəbl/, *a.* raggiungibile; (che è) alla portata.

to **react (1)** /riːˈækt/, *v. i.* (*chim., ecc.*) reagire; (*di persona*) rispondere (*a uno stimolo*), ribellarsi: **The patient doesn't r. to the medicines**, il paziente non reagisce alle medicine; **The citizens reacted against dictatorship**, i cittadini si ribellarono alla dittatura. ● (*chim.*) **to r. upon each other**, reagire reciprocamente □ (*chim.*) **to r. with**, reagire con: **Acids react with bases to form salts**, gli acidi reagiscono con le basi per formare i sali.

to **re-act (2)** /riːˈækt/, *v. t.* rappresentare (*o* recitare) di nuovo; ridare (*un dramma*); replicare: **to r. a scene**, recitare di nuovo una scena.

reactance /riːˈæktəns/, *n.* (*elettr.*) reattanza.

reactant /riːˈæktənt/, *n.* (*chim.*) reagente.

reaction /rɪˈækʃn/, *n.* (*chim., fis., polit., med.*) reazione: **chain r.**, reazione a catena; **the forces of r.**, le forze della reazione; **a r. against repression**, una reazione alla repressione; **anxiety r.**, reazione ansiosa; **myastenic r.**, reazione miastenica. ● (*aeron.*) **r. engine**, motore (*o* propulsore) a reazione □ (*radio, TV*) **r. index**, indice di gradimento □ (*fisiol.*) **r. time**, tempo di reazione.

reactionary /rɪˈækʃənrɪ, *USA* -ənerɪ/, *a.* e *n.* (*polit.*) reazionario.

reactionist /riːˈækʃnɪst/, *n.* (*polit.*) reazionario.

to **reactivate** /rɪˈæktɪveɪt/, *v. t.* e *i.* riattivare; riattivarsi.

reactivation /rɪæktɪˈveɪʃn/, *n.* riattivazione.

reactive /rɪˈæktɪv/, *a.* (*chim., elettr.*) reattivo: **r. dye**, colorante reattivo; **r. power**, potenza reattiva. ‖ **-ly**, *avv.*

reactivity /riːækˈtɪvətɪ/, *n.* (*chim.*) reattività.

reactor /rɪˈæktə(r)/, *n.* ***1*** (*fis. nucl.*; = **nuclear r.**) reattore nucleare; pila atomica ***2*** (*elettr.*) reattore.

read (1) /riːd/, *n.* ***1*** (tempo dedicato alla) lettura: **We had a long r.**, facemmo una lunga lettura; **a quick r.**, una lettura frettolosa; una letta; una scorsa ***2*** (*elab.*) lettura; prelievo di informazioni: **r. head**, testina di lettura; **r.-only memory** (*abbr.* **ROM**), memoria a sola lettura. ● (*elab.*) **r.-out**, *V.* **readout** □ (*fam.*) **a good [a bad] r.**, un libro interessante [noioso].

read (2) **A** /red/ *pass.* e *p. p.* di **to read**. **B** *a.* /riːd/ (*di solito nei composti*) colto; dotto; istruito: **a well-r. man**, un uomo di vasta cultura. ● **to take st. as r.**, dare q.c. per letto; (*fig.*) dare q.c. per scontato □ **widely r.**, (*di autore*) assai noto; molto letto.

to **read** /riːd/ (*pass.* e *p. p.* **read**), *v. t.* e *i.* ***1*** leggere; (*fig.*) interpretare, indovinare, spiegare: **R. it aloud, please**, leggilo a voce alta, per favore!; **to r. a book [a letter, music]**, leggere un libro [una lettera, la musica]; **to r. French**, leggere il francese; **to r. futurity**, leggere nel (libro del) futuro; **to r. sb.'s hand**, leggere la mano a q.; **to r. a dream [an omen]**, interpretare un sogno [un presagio]; **to r. sb.'s silence as agreement**, interpretare il silenzio di q. come consenso; **I can r. him like a book**, leggo in lui come in un libro aperto; **to r. men's hearts**, leggere nel cuore degli uomini ***2*** studiare (*all'università*): **to r. law [chemistry]**, studiar legge [chimica]; **to r. for the bar**, studiare per diventare un avvocato patrocinante ***3*** (*di strumento*) registrare; segnare: **The speedometer reads sixty miles per hour**, il tachimetro segna sessanta miglia all'ora ***4*** essere, suonare (*alla lettura*); dire: **His answer reads like a threat**, la sua risposta suona come una minaccia; **The sentence reads as follows...**, la frase dice come segue... ***5*** (*fam. USA*) capire; afferrare l'idea: **Do you r. me?**, mi hai capito? ● (*fig.*) **to r. between the lines**, leggere fra le righe □ **to r. sb.'s character in his face**, leggere il carattere di q. sul suo viso □ **to r. deeply**, leggere molto □ **to r. sb.'s fortune**, leggere la fortuna a q. □ **to r. hieroglyphs**, decifrare geroglifici □ (*fig.*) **to r. sb. a lesson**, fare una predica a q.; redarguire q. aspramente □ **to r. music at sight**, legger la musica a prima vista □ (*di libro, autore, ecc.*) **to r. poorly**, essere noioso alla lettura □ **to r. the sky**, scrutare il cielo □ **to r. to oneself**, leggere in silenzio □ **to r. oneself to sleep**, leggere fino ad addormentarsi □ **to r. too much into sb.'s words**, attribuire un significato in più (*o* dare un peso eccessivo) alle parole di q. □ (*di libro, autore, ecc.*) **to r. well**, essere interessante alla lettura; farsi leggere, leggersi bene □ **This book reads like a translation**, alla lettura, questo libro ha l'aria d'essere una traduzione.

♦**read back**, *v. t.* + *avv.* rileggere (*nomi, cifre, ecc.; per controllarli*).

♦**read in**, *v. t.* + *avv.* (*elab.*) mettere, registrare (*dati, ecc.*) in memoria; memorizzare.

♦**read off**, *v. t.* + *avv.* leggere da cima a fondo; leggere a voce alta.

♦**read on**, *v. i.* + *avv.* continuare a leggere; andare avanti (*leggendo*).

♦**read out**, *v. t.* + *avv.* ***1*** leggere ad alta voce ***2*** (*elab.*) estrarre, prelevare (*dati, ecc.*) ***3*** (*USA*) espellere, cacciare (*da un partito politico, ecc.*).

♦**read over**, *v. t.* + *avv.* ***1*** rileggere: **Let me r. the shopping list over**, fammi rileggere la lista della spesa ***2*** leggere attentamente (*o* a fondo).

♦**read through**, *v. t.* + *avv.* ***1*** *V.* **read over** ***2*** (*teatr.*) leggere (*un testo*) come prova.

♦**read up**, *v. t.* + *avv.* esaminare attentamente; studiare (*un regolamento, ecc.*) □ **to r. up on a subject**, documentarsi su un argomento.

readability /riːdəˈbɪlətɪ/, *n.* leggibilità (*specialm. fig.*). ● **r. requirements**, requisiti di leggibilità (*per la posta*).

readable /ˈriːdəbl/, *a.* ***1*** piacevole a leggersi; interessante: **Is this book r.?**, è interessante questo libro? ***2*** leggibile; decifrabile. ‖ **-ness**, *sost.* ‖ **-bly**, *avv.*

to **re(-)address** /riːəˈdres/, *v. t.* ***1*** rifare l'indirizzo di (*una lettera, ecc.*); rispedire (*q.c. a un nuovo indirizzo*) ***2*** rivolgersi di nuovo a (q.).

reader /ˈriːdə(r)/, *n.* ***1*** lettore, lettrice: **I'm a great r.**, sono un gran lettore ***2*** (= **publisher's r.**) consulente editoriale; chi legge manoscritti per un editore; reader ***3*** (= **lay r.**) laico che legge parti dell'ufficio in chiesa ***4*** (*tipogr.*, = **proof-r.**) correttore di bozze ***5*** libro di lettura (*a scuola*) ***6*** (*nelle università ingl.*) «reader» (*professore non cattedratico*; *anche* **senior lecturer**, *q.V.*) ***7*** (*nelle università USA*) assistente ***8*** (*elab.*) lettore ***9*** (*grafica*) microlettore; lettore ***10*** (*market.*) segnaprezzo; cartellino. ● **the first r.**, il sillabario.

readership /ˈriːdəʃɪp/, *n.* ***1*** i lettori, il numero di lettori (*di una rivista, ecc.*) ***2*** (*nelle università*) posto di «reader» (*V.* **reader** *def.* 6 e 7).

readily /ˈredəlɪ/, *avv.* prontamente; alla svelta.

readiness /ˈredɪnəs/, *n.* ***1*** prontezza; premura; buona volontà; sollecitudine: **r. of wit**, prontezza di mente (*o* di spirito); **r. to learn**, voglia d'imparare ***2*** facilità: **r. of conversation**, facilità di parola. ● **to have st. in r.**, avere già pronto q.c. □ **to hold** (*o* **to keep**) **st. in r.**, tener pronto q.c. □ **to put st. in r.**, preparare q.c.

reading /ˈriːdɪŋ/, **A** *n.* ***1*** (*anche polit.*) lettura; lettura pubblica: **first, second, third r.**, prima, seconda, terza lettura (*di un disegno di legge*); **readings from Shakespeare**, letture di Shakespeare; (*tecn.*) **meter r.**, lettura del contatore ***2*** indicazione; valore indicato (*da uno strumento*) ***3*** studio; cultura: **a man of vast r.**, un uomo di vasta cultura ***4*** materia di lettura; materia da leggere: **There's plenty of r. in this magazine**, c'è molto da leggere in questa rivista ***5*** (*di codice*) lezione; variante; versione: **This is the right r. of the passage**, questa è la lezione giusta del brano ***6*** interpretazione: **What is your r. of the facts?**, qual è la tua interpretazione dei fatti? **B** *a.* ***1*** che legge: **the r. public**, il pubblico dei lettori ***2*** da (*o* per) leggere. ● **r. desk**, leggio □ **r. glass**, lente per leggere; lente biconvessa □ **r. lamp**, lampada da tavolo □ **r. room**, sala di lettura □ (*elab.*) **r. sensor**, sensore di lettura □ **This book is good [dull] r.**, questo libro è interessante [noioso] da leggere.

to **readjourn** /riːəˈdʒɜːn/, *v. t.* rimandare (*o* rinviare) di nuovo (*o* per la seconda volta).

to **readjust** /riːəˈdʒʌst/, **A** *v. t.* ***1*** aggiustare di nuovo; riadattare; riordinare; riassestare ***2*** (*fin., comm.*) ritoccare (*tariffe, prezzi, ecc.*). **B** *v. i.* riadattarsi; riassestarsi.

readjustment /riːəˈdʒʌstmənt/, *n.* ***1*** riadattamento; riordinamento; riassestamento: **a r. in the accounts**, un riordinamento dei conti ***2*** (*fin., comm.*) ritocco (*di tariffe, prezzi, ecc.*).

readmission /riːəd'mɪʃn/, *n.* riammissione.
to **readmit** /riːəd'mɪt/, *v. t.* riammettere.
readmittance /riːəd'mɪtns/, *n.* riammissione.
readout /'riːdaʊt/, *n.* (*elab.*) ***1*** lettura e trasferimento dalla memoria ***2*** informazioni prelevate.
readsorption /riːəd'sɔːpʃn/, *n.* (*scient.*) riassorbimento.
read-through /'riːdθruː/, *n.* (*teatr.*) lettura (*di un dramma, ecc.*) come prova.
ready /'rɛdɪ/, **A** *a.* ***1*** pronto; disposto; preparato; rapido; sollecito; svelto: **I am r. to leave**, sono pronto per il viaggio; (*oppure*) sono disposto a partire; **Dinner is r.**, il pranzo è pronto; **I am r. to risk my life**, sono pronto a rischiare la vita; **You shouldn't be so r. to suspect**, non devi essere così pronto a sospettare; **a r. reply**, una risposta pronta; **to sell goods for r. money**, vendere merce per pronti contanti; **He has a r. wit**, ha la mente pronta; **This is the readiest way to do it**, questo è il modo più rapido di farlo ***2*** (*mil.*) pronto al fuoco. **B** *n.* ***1*** (*mil.*) posizione di «pronti» (*del fucile, prima di puntarlo*) ***2*** – (*pop.*) **the r.**, i denari contanti; il contante. ● (*rag.*) **r. assets**, disponibilità liquide □ (*edil.*) **r.-built houses**, case prefabbricate □ (*comm.*) **r. cash**, pronta cassa □ **r.-made**, abito bell'e fatto □ **r.-made**, bell'e pronto; (*d'abito*) confezionato; bell'e fatto; prêt-à-porter; (*fig.*) prefabbricato: **a r.-made excuse**, una scusa bell'e pronta; **r.-made clothes** (*o* **r.-made clothing**), abiti confezionati; confezioni; **r.-made opinions**, opinioni prefabbricate; luoghi comuni □ **r.-made shop**, negozio di abiti confezionati □ **r.-made situations**, situazioni banali (*o* trite) □ (*edil.*) **r.-mixed concrete**, cemento già preparato; calcestruzzo pronto per la gettata □ **r. money**, contanti; denaro contante: **to pay r. money**, pagare in contanti □ (*mil.*) **R., present, fire!**, pronti, puntate, fuoco! □ **r. reckoner**, prontuario di calcoli □ (*anche sport*) **R., steady, go!**, pronti..., via!; un, due, tre... via! □ **r. to hand**, a portata di mano □ (*d'abito*) **r.-to-wear**, confezionato; bell'e fatto; prêt-à-porter □ **to be r. with one's tongue**, avere la lingua sciolta □ **r.-witted**, di mente pronta; dallo spirito pronto; dall'ingegno vivace □ **the boy that answers readiest**, il ragazzo che risponde per primo □ **to get r.**, prepararsi □ **to make r.**, prepararsi: **They made r. to fight**, si prepararono al combattimento □ **We made everything r.**, preparammo ogni cosa □ (*anche sport*) **(Are you) r.?... Go!**, pronti?... via!
to **ready** /'rɛdɪ/, *v. t.* (*form.*) preparare; approntare.
to **reaffirm** /riːə'fɜːm/, *v. t.* riaffermare; riconfermare.
reaffirmation /riæfə'meɪʃn/, *n.* riaffermazione; riconferma.
to **reafforest** /riːæ'fɒrɪst, *USA* -'fɔː-/, *v. t.* rimboschire; rimboscare.
reafforestation /riːəfɒrɪ'steɪʃn, *USA* -fɔː-/, *n.* rimboschimento.
reagency /riː'eɪdʒənsɪ/, *n.* (*scient.*) capacità di reazione; reagibilità; reattività.
reagent /riː'eɪdʒənt/, *n.* (*chim.*) reagente; reattivo.
to **reaggregate** /riː'ægrɪgeɪt/, **A** *v. t.* (*specialm. scient.*) riaggregare. **B** *v. i.* riaggregarsi.
reaggregation /riːægrɪ'geɪʃn/, *n.* (*specialm. scient.*) riaggregazione.
real (1) /rɪəl, riːl/, **A** *a.* ***1*** reale; concreto; effettivo; genuino; autentico; schietto; naturale; sincero; vero: **a r. object**, un oggetto reale; **a r. thing**, una cosa concreta; **r. silk**, vera seta; seta pura; (*mat.*) **r. numbers**, numeri reali; **a r. man**, un vero uomo; un uomo schietto; un uomo in carne e ossa; **r. flowers**, fiori veri; (*fin.*) **r. partner**, socio effettivo ***2*** (*leg.*) immobile; immobiliare: **r. estate**, patrimonio immobiliare; beni immobili; **r. property**, proprietà immobiliare. **B** *n.* – **the r.**, il reale. **C** *avv.* (*fam.*) davvero; veramente; realmente; vero e proprio: **a r. fine day**, una giornata veramente bella; **It's r. cold**, fa proprio freddo; **I'm r. sorry**, mi dispiace davvero. ● **r. ale**, birra alla spina □ **r. agent**, *V.* **r.-estate agent** □ (*leg.*) **r. assets**, beni reali; beni immobili □ (*ass.*) **r. damages**, risarcimento satisfattorio □ **r.-estate agency [agent]**, agenzia [agente] immobiliare □ (*fin.*) **r.-estate investment trust**, fondo d'investimento immobiliare □ (*fin.*) **the r.-estate market**, il mercato immobiliare □ (*leg.*) **r. evidence**, prova materiale (*o* concreta) □ (*econ.*) **r. income**, reddito reale (*o* in termini reali) □ **r.-life contexts**, contesti (*o* situazioni) di vita reale □ (*elab.*) **r. memory** (*o* **storage**), memoria reale □ **r. money**, moneta reale (*biglietti e monete metalliche*) □ **r. price**, prezzo reale □ (*leg.*) **r. property**, proprietà immobiliare □ (*leg.*) **r. rights**, diritti reali □ (*leg.*) **r. security**, garanzia reale (*o* immobiliare) □ **r. tennis**, *V.* **royal tennis** □ (*pubbl.*) **the r. thing**, il prodotto genuino; (*fig.*) la cosa che va bene □ **r. time**, tempo reale □ (*elab., ecc.*) **r.-time**, in tempo reale: **r.-time programming**, programmazione in tempo reale □ (*econ.*) **r. value**, valore reale □ (*econ.*) **r. wages**, salario reale □ **r. wood**, legno naturale (*non laminato*) □ (*fam. USA*) **for r.**, (*avv.*) davvero, sul serio; (*agg.*) fatto (*o* detto) sul serio: **Is this for r.?**, sul serio?; **Are you for r.?**, dici (*o* fai) sul serio? □ **in r. earnest**, proprio sul serio □ (*fam.*) **It's been r.!**, è stata proprio una bella festa!
real (2) /reɪ'ɑːl/, *n.* (*stor.*) reale (*antica moneta spagnola*).
realgar /rɪ'ælgə(r)/, *n.* (*miner.*) realgar (*solfuro d'arsenico*).
realia /reɪ'ɑːlɪə/ (*lat.*), *n. pl.* ***1*** (*filos.*) le cose reali; la realtà ***2*** materiale didattico tratto dalla vita reale (*specialm. per la geografia e le lingue straniere*).
to **realign** /riːə'laɪn/, **A** *v. t.* riallineare. **B** *v. i.* riallinearsi.
realignment /riːə'laɪnmənt/, *n.* ***1*** riallineamento ***2*** (*econ., fin.*) riassetto: **economic r.**, riassetto economico.
to **realise** /'riːəlaɪz/, *V.* **to realize**.
realism /'rɪəlɪzəm, 'riːl-/, *n.* (*anche filos., arte, polit.*) realismo.
realist /'rɪəlɪst, 'riːl-/, *n.* (*anche filos. arte, polit.*) realista.
realistic /rɪə'lɪstɪk, riːl-/, *a.* realistico. ‖ **-ally**, *avv.*
reality /rɪ'ælətɪ/, *n.* ***1*** realtà: **One cannot escape from r.**, non si può sfuggire alla realtà ***2*** (*arte*) realismo: **The scene is reproduced with startling r.**, la scena è riprodotta con impressionante realismo. ● **in r.**, in realtà; in verità □ (*elab.* e *fig.*) **virtual r.**, realtà virtuale.
realizability /rɪəlaɪzə'bɪlətɪ, riːl-/, *n.* ***1*** comprensibilità ***2*** realizzabilità; attuabilità (*di un progetto, ecc.*).
realizable /'rɪəlaɪzəbl, 'riːl-/, *a.* ***1*** comprensibile; di cui ci si può rendere conto ***2*** realizzabile; attuabile; effettuabile ***3*** (*fin.*) realizzabile: **r. property**, beni realizzabili.
realization /rɪəlaɪ'zeɪʃn, riːl-, *USA* -lɪ'z-/, *n.* ***1*** comprensione; percezione; riconoscimento: **the r. of the difficulties**, il riconoscimento delle difficoltà ***2*** realizzazione; attuazione; effettuazione; compimento: **the r. of one's hopes**, la realizzazione delle proprie speranze ***3*** (*fin.*) realizzazione; realizzo.
to **realize** /'rɪəlaɪz, 'riːl-/, *v. t.* ***1*** comprendere; capire; rendersi conto di; realizzare: **He doesn't r. the risks he is running**, non capisce i rischi che corre; **I r. the difficulties**, mi rendo conto delle difficoltà ***2*** dare realtà a; far apparire reale: **These details help to r. the scene**, questi particolari contribuiscono a dare realtà alla scena ***3*** attuare; avverare; realizzare; effettuare; soddisfare: **to r. one's hopes**, realizzare (*o* attuare) le proprie speranze; **to r. one's ambitions**, soddisfare le proprie ambizioni ***4*** (*fin.*) realizzare; convertire in (denaro) contante; ottenere: **to r. a credit**, realizzare un credito; **to r. a profit**, ottenere un profitto; **to r. securities**, realizzare titoli.
to **reallocate** /riː'æləkeɪt/, *v. t.* riassegnare; cambiare la destinazione di (*fondi, ecc.*).
reallocation /riːælə'keɪʃən/, *n.* nuova assegnazione.
really /'rɪəlɪ, 'riːlɪ/, *avv.* realmente; veramente; davvero; proprio: **a r. hot day**, una giornata veramente calda; **«I'm flying to New York tomorrow». «Oh, r.?»**, «Domani prendo l'aereo per New York» «Davvero?» («Ah, sì?»). ● (*fam.*) **Not r.?**, ma davvero?, ma cosa mi dici!
realm /rɛlm/, *n.* reame; regno: **the laws of the r.**, le leggi del regno; **the r. of fancy**, il regno della fantasia.
realtor /'rɪəltə(r), 'riːl-/, *n.* (*USA*) agente immobiliare.
realty /'rɪəltɪ, 'riːl-/, *n.* (*leg.*) beni immobili; proprietà immobiliare.
ream /riːm/, *n.* risma (*480 o 500 fogli di carta da scrivere*). ● **printer's r.**, 516 fogli □ **He writes reams and reams of verse**, scrive versi in grande quantità (*o* a getto continuo).
to **ream** /riːm/, *v. t.* ***1*** (*mecc.*) alesare; svasare ***2*** (*USA*) spremere (*arance, limoni, ecc.*).
reamer /'riːmə(r)/, *n.* ***1*** (*mecc.*) alesatore ***2*** (*USA*) spremiagrumi; spremifrutta.
reaming /'riːmɪŋ/, *n.* (*mecc.*) alesatura; svasatura. ● **r. bit**, allargatore (*utensile*).
to **reanimate** /riː'ænɪmeɪt/, *v. t.* rianimare; ravvivare.
reanimation /riːænɪ'meɪʃn/, *n.* rianimazione; ravvivamento.
to **reannex** /riːə'nɛks/, *v. t.* riannettere.
reannexation /riːə'nɛks/, *n.* riannessione.
to **reap** /riːp/, *v. t.* e *i.* ***1*** mietere; falciare: **to r. a field of wheat**, mietere un campo di grano ***2*** (*fig.*) raccogliere; cogliere: **to r. the fruits of one's industry**, raccogliere i frutti della propria operosità. ● **to r. a crop** (*o* **a harvest**), fare un raccolto □ (*fig.*) **to r. laurels**, mietere allori □ **to r. the reward of one's toils**, avere il frutto delle proprie fatiche □ (*fig.*) **to r. where one has not sown**, mietere l'altrui campo; trarre profitto dal lavoro altrui □ (*prov.*) **He that sows the wind will r. the whirlwind**, chi semina vento, raccoglie tempesta □ (*prov.*) **We r. as we sow**, chi la fa l'aspetti.
reaper /'riːpə(r)/, *n.* (*agric.*) ***1*** mietitore, mietitrice ***2*** mietitrice (*macchina*). ● **r. and binder**, mietilegatrice; mietilega.
reap hook /'riːphʊk/, *locuz. n.* (*agric.*) falce corta; falcetto.
reaping /'riːpɪŋ/, *n.* mietitura; falciatura; raccolto. ● **r. hook**, falce corta; falcetto □ **r. machine**, mietitrice (*macchina*).
to **reappear** /riːə'pɪə(r)/, *v. i.* ***1*** riapparire; ricomparire ***2*** (*med.: di malattia*) recidivare.
reappearance /riːə'pɪərəns/, *n.* ***1*** riapparizione; ricomparsa ***2*** (*med.: di malattia*) recidiva.
to **reapply** /riːə'plaɪ/, **A** *v. t.* ***1*** riapplicare ***2*** azionare di nuovo (*un meccanismo, ecc.*). **B** *v. i.* fare domanda di nuovo, rifare la domanda (*per un posto, ecc.*). **C** to **reapply oneself**, *v. rifl.* applicarsi (*o* dedicarsi) di nuovo (*a q.c.*).
to **reappoint** /riːə'pɔɪnt/, *v. t.* ***1*** rinominare; rieleggere ***2*** stabilire (*o* fissare) di nuovo.
reappointment /riːə'pɔɪntmənt/, *n.* nuova nomina; rielezione.
reappraisal /riːə'preɪzl/, *n.* rivalutazione.
to **reappraise** /riːə'preɪz/, *v. t.* rivalutare.
rear /rɪə(r)/, **A** *n.* ***1*** (il) dietro, didietro; tergo; parte posteriore; retro: **the r. of the church**, il retro della chiesa; **the r. of the wardrobe**, il didietro dell'armadio ***2*** (*mil.*) retroguardia; retrovie: **The wounded were sent to the r. for safety**, i feriti furono mandati in salvo nelle retrovie ***3*** (*fam.*) deretano; sedere; didietro ***4*** (*fam.*) gabinetto; latrina. **B** *a. attr.* posteriore; di dietro; sul retro: **the r. entrance**, l'entrata posteriore. ● (*naut., mil.*) **r.-admiral**, contrammiraglio □ (*archit.*) **r.-arch**, arco interno

(*di finestra o di porta*) □ (*autom.*) **r. drive**, trazione posteriore □ (*autom.*) **r.-driven**, a trazione posteriore □ (*autom.*) **r. fog lamp**, (faro) retronebbia □ (*autom.*) **r. light**, fanale posteriore (*o* di coda) □ **the r. rank**, l'ultima fila; la fila di dietro □ (*autom.*) **r. reflector**, catarifrangente □ (*autom.*) **the r. seats**, i sedili posteriori □ (*d'arma da fuoco*) **r. sight**, alzo □ (*autom.*) **r. stop lamp**, luce posteriore di stop □ **a r. view**, una vista della parte posteriore □ (*autom.*) **r.-view mirror**, specchietto retrovisore (*interno*; *cfr.* **wing mirror**) □ (*autom.*) **r. window**, lunotto □ (*autom.*) **r.-window washer**, tergilunotto; lavatergilunotto □ **to be at the r.**, essere in coda □ **at the r. of the church**, dietro la chiesa □ **to bring up** (*o* **to take up**) **the r.**, formare la retroguardia; essere in coda □ (*mil.*) **to hang on the r. of the enemy**, stare alle calcagna del nemico □ **in the r. of the procession**, in fondo alla processione □ **to keep in the r.**, rimanere indietro.

to **rear** /rɪə(r)/, **A** *v. t.* ***1*** alzare; drizzare; sollevare: **to r. one's hand** [**voice**], alzar la mano [la voce]; **The animal reared its head**, la bestia sollevò la testa ***2*** (*form.*) elevare; innalzare; costruire: **to r. a huge temple**, innalzare un tempio enorme; **to r. a cathedral**, costruire una cattedrale ***3*** allevare; educare, crescere (*bambini, ecc.*): **to r. dogs**, allevare cani ***4*** coltivare; far crescere (*prodotti agricoli*). **B** *v. i.* (*di solito*, **to r. up**) ***1*** (*di un cavallo*) impennarsi ***2*** (*della folla, ecc.*) sollevarsi; ribellarsi ***3*** (*lett.*) alzarsi; ergersi; elevarsi.

rearer /ˈrɪərə(r)/, *n.* ***1*** allevatore: **cattle r.**, allevatore di bestiame ***2*** educatore ***3*** coltivatore ***4*** cavallo che s'impenna.

rearguard /ˈrɪəgɑːd/, *n.* (*mil.* e *fig.*) retroguardia. ● **r. action**, azione di retroguardia.

to **rearm** /riːˈɑːm/, **A** *v. t.* ***1*** riarmare ***2*** (*mil.*) riattivare (*una bomba*). **B** *v. i.* riarmarsi.

rearmament /riːˈɑːməmənt/, *n.* riarmamento; riarmo.

rearmost /ˈrɪəməʊst/, *a.* (il) più arretrato; (l') ultimo.

to **rearrange** /riːəˈreɪndʒ/, *v. t.* ***1*** riordinare; risistemare; riassettare (*anche econ.*) ***2*** fissare una nuova data per (*un incontro, una partita, ecc.*).

rearrangement /riːəˈreɪndʒmənt/, *n.* ***1*** riordinamento; nuovo ordine; riassetto (*anche econ.*) ***2*** fissazione di una nuova data.

rearward (**1**) /ˈrɪəwəd/, *n.* ***1*** (*raro*) posizione arretrata; fondo; coda ***2*** (*specialm.*) retroguardia; retrovie. ● **in the r.**, in fondo; in coda □ **to the r. of**, dietro a; alle spalle di.

rearward (**2**) /ˈrɪəwəd/, **A** *a.* posteriore; di dietro. **B** *avv.* di dietro; verso il fondo; in coda.

rearwards /ˈrɪəwədz/, *avv.* indietro; verso il fondo; verso la retroguardia.

to **reascend** /riːəˈsend/, *v. t.* e *i.* risalire.

reascent /riːəˈsent/, *n.* risalita.

reason /ˈriːzn/, *n.* ***1*** ragione; causa; motivo; intelletto; ragionevolezza; buonsenso: **We are afraid she may lose her r.**, temiamo che ella perda la ragione; **to regain r.**, riacquistare l'uso della ragione; **There is no r. to believe that he lied**, non c'è motivo di credere che abbia mentito; **He always complains, with or without r.**, si lamenta sempre, a torto o a ragione; **He doesn't want to hear r.**, non vuol sentire ragione ***2*** (*filos.*) premessa minore (*di un sillogismo*). ● **All the more r. to accept their offer**, una ragione di più per accettare la loro offerta! □ **as r. was**, secondo i dettami della ragione; come ragion comandava □ **to bring sb. to r.**, ridurre q. alla ragione; fare ragionare q. □ **by r. of**, a causa di; a motivo di □ **to give reasons for st.**, render ragione di q.c. □ **to listen to r.**, ascoltare la voce della ragione; lasciarsi persuadere □ **out of all r.**, (in modo) del tutto irragionevole □ **to be restored to r.**, riacquistare l'uso della ragione □ **to see r.**, diventare ragionevole; farsi persuadere □ **to see r. to do st.**, aver motivo di far q.c. □ **to state the r. for st.**, motivare q.c. □ **within r.**, entro limiti ragionevoli □ **It stands to r. that...**, non si può negare che...; è ovvio che... □ **There is r. in what you say**, quel che dici è ragionevole; c'è del vero in ciò che dici.

to **reason** /ˈriːzn/, **A** *v. i.* ***1*** ragionare; riflettere, argomentare: **the ability to r.**, la capacità di ragionare; **to r. about** (*o* **on**) **politics**, ragionare di politica ***2*** – **to r. with**, ragionare con; cercare di convincere: **You simply cannot r. with him**, con lui proprio non si ragiona. **B** *v. t.* ***1*** (*specialm. al passivo*) ragionare: **a reasoned conclusion**, una conclusione ragionata ***2*** valutare (*a lume di ragione*); calcolare, ritenere: **The party leaders reasoned that the electoral campaign would be a long and hard one**, i capi del partito ritenevano che la campagna elettorale sarebbe stata lunga e dura ***3*** convincere (*con il ragionamento*): **to r. sb. into doing st.**, convincere q. a fare q.c.; **to r. sb. out of an idea**, convincere q. a rinunciare a un'idea. ● **to r. out**, ragionare a fondo su; risolvere ragionando: **to r. out a problem**, risolvere un problema.

reasonable /ˈriːznəbl/, *a.* ***1*** ragionevole; conforme alla ragione; discreto; giusto; conveniente: **Be r.**, siate ragionevoli; **a r. explanation**, una spiegazione ragionevole; **a r. price**, un prezzo ragionevole ***2*** (*comm.*: *di un articolo*) a buon mercato; venduto a un prezzo ragionevole. ‖ **-ness**, *sost.*

reasonably /ˈriːznəblɪ/, *avv.* ragionevolmente. ● (*comm.*: *di un articolo*) **r. priced**, dal prezzo ragionevole: **r. priced foods**, generi alimentari a un prezzo ragionevole.

reasoner /ˈriːznə(r)/, *n.* chi ragiona; ragionatore, ragionatrice. ● **a clever r.**, uno che ragiona bene.

reasoning /ˈriːznɪŋ/, **A** *n.* ***1*** ragionamento; argomentazione ***2*** ragionamento; modo di ragionare. **B** *a.* ragionevole; razionale: **a r. being**, una creatura razionale.

reasonless /ˈriːznləs/, *a.* ***1*** irragionevole; irrazionale ***2*** privo di motivo; immotivato; senza ragione.

to **reassemble** /riːəˈsembl/, **A** *v. t.* ***1*** radunare (*o* riunire) di nuovo ***2*** (*mecc.*) rimontare; montare di nuovo. **B** *v. i.* adunarsi (*o* riunirsi) nuovamente.

to **reassert** /riːəˈsɜːt/, *v. t.* riaffermare; riasserire.

reassertion /riːəˈsɜːʃn/, *n.* riasserzione.

to **reassess** /riːəˈses/, *v. t.* ***1*** valutare di nuovo; rivedere; correggere (*un'impressione, ecc.*) ***2*** (*fisc.*) fissare di nuovo (*un'imposta*); riaccertare (*l'imponibile*) ***3*** (*ass.*) valutare nuovamente (*un danno, ecc.*).

reassessment /riːəˈsesmənt/, *n.* ***1*** nuova valutazione; revisione, modifica (*di un'opinione, ecc.*) ***2*** (*fisc.*) nuova determinazione d'imposta; nuovo accertamento (*dell'imponibile*) ***3*** (*ass.*) nuova valutazione (*di un danno, ecc.*).

to **reassign** /riːəˈsaɪn/, *v. t.* ***1*** riassegnare; (*fin.*) stanziare di nuovo ***2*** rifissare (*una data, ecc.*) ***3*** (*leg.*) cedere (*o* trasferire) di nuovo (*un bene*).

reassignment /riːəˈsaɪnmənt/, *n.* ***1*** riassegnazione; (*fin.*) nuovo stanziamento (*di fondi*) ***2*** nuova nomina ***3*** (*leg.*) nuova cessione (*di beni*) ***4*** (*elab.*) nuova attribuzione (*di valori, ecc.*).

to **reassume** /riːəˈsjuːm, -ˈsuːm/, *v. t.* riassumere; riprendere.

reassurance /riːəˈʃʊərəns, -ˈʃɔː-, *USA* -ˈʃʊə-, -ˈʃɜː-/, *n.* ***1*** (*ass.*) riassicurazione ***2*** rassicurazione.

to **reassure** /riːəˈʃʊə(r), -ˈʃɔː(r), *USA* -ˈʃʊə(r), -ˈʃɜː(r)/, *v. t.* ***1*** (*ass.*) riassicurare ***2*** rassicurare.

reassuring /riːəˈʃʊərɪŋ, -ˈʃɔː-, *USA* -ˈʃʊə-, -ˈʃɜː-/, *a.* rassicurante. ‖ **-ly**, *avv.*

to **reave** /riːv/ (*pass.* e *p. p.* **reft**, *USA anche* **reaved**), (*arc.*) **A** *v. t.* rapire; portar via. **B** *v. i.* predare; saccheggiare; darsi al saccheggio.

to **reawaken** /riːəˈweɪkən/, **A** *v. t.* risvegliare (*anche fig.*). **B** *v. i.* risvegliarsi.

reawakening /riːəˈweɪkənɪŋ/, *n.* risveglio (*anche fig.*): **the r. of my interest in literature**, il risveglio del mio interesse per la letteratura.

re-balance /riːˈbæləns/, *n.* (*autom.*) bilanciatura (*delle ruote*).

rebaptism /riːˈbæptɪzəm/, *n.* secondo battesimo.

to **rebaptize** /riːbæpˈtaɪz/, *v. t.* ribattezzare.

rebarbative /rɪˈbɑːbətɪv/, *a.* repellente; ripugnante; scostante.

rebate (**1**) /ˈriːbeɪt/, *n.* ***1*** (*comm.*) riduzione; ribasso; sconto; abbuono ***2*** (*fin.*) rimborso: **a r. on one's income tax**, un rimborso di parte dell'imposta sul reddito.

rebate (**2**) /ˈriːbeɪt/, *V.* **rabbet**.

to **rebate** (**1**) /rɪˈbeɪt/, **A** *v. t.* ***1*** (*comm.*) fare uno sconto di, praticare un ribasso di (*una certa somma*) ***2*** concedere uno sconto a (q.) ***3*** (*fin.*) rimborsare (*interessi pagati, ecc.*). **B** *v. i.* (*comm.*) concedere sconti; praticare ribassi.

to **rebate** (**2**) /ˈriːbeɪt/, *V.* **to rabbet**.

rebec(**k**) /ˈriːbek/, *n.* (*mus.*) ribecca, ribeca (*antico strumento*).

rebel /ˈrebl/, *n.* ribelle; rivoltoso. ● (*mil.*) **the r. army**, l'esercito di rivoltosi.

to **rebel** /rɪˈbel/, *v. i.* ribellarsi; rivoltarsi; insorgere: **The army rebelled against their leaders**, l'esercito si ribellò ai suoi capi; **to r. against authority**, ribellarsi all'autorità.

rebellion /rɪˈbelɪən/, *n.* ***1*** ribellione; rivolta; insurrezione; sedizione ***2*** insubordinazione; riottosità.

rebellious /rɪˈbelɪəs/, *a.* ribelle; rivoltoso; riottoso; insubordinato; sedizioso: **a r. pupil**, uno studente ribelle; **a r. disease**, una malattia ribelle (*alle cure*); **a r. meeting**, un'adunata sediziosa. ‖ **-ly**, *avv.* ‖ **-ness**, *sost.*

to **rebind** /riːˈbaɪnd/ (*pass.* e *p. p.* **rebound**), *v. t.* legare di nuovo; rilegare di nuovo (*un libro*).

rebirth /riːˈbɜːθ/, *n.* ***1*** rinascita; rinascimento ***2*** (*relig.*) rigenerazione.

reboant /ˈrebəʊənt/, *a.* (*poet.*) reboante; rimbombante; che rimbomba.

reborn /riːˈbɔːn/, *a.* ***1*** rinato; nato a nuova vita ***2*** (*relig.*) rigenerato.

rebound (**1**) /riːˈbaʊnd/, **A** *pass.* e *p. p.* di **to rebind**. **B** *a.* (*di libro*) legato (*o* rilegato) di nuovo.

rebound (**2**) /ˈriːbaʊnd/, *n.* rimbalzo; contraccolpo: **to hit a ball on the r.**, colpire la palla di rimbalzo. ● **on the r.**, di rimbalzo; (*fig.*) per reazione, per rifarsi, per ripicca □ (*fig.*) **to take** (*o* **to catch**) **sb. on** (*o* **at**) **the r.**, far leva sulle reazioni emotive di q. (*per indurlo a fare q.c.*).

to **rebound** /rɪˈbaʊnd/, *v. i.* ***1*** rimbalzare ***2*** (*fig.*) ricadere, ripercuotersi (*su q.*); tornare a danno (*di q.*): **His bad action will r. upon him**, la sua cattiva azione ricadrà sul suo capo ***3*** (*fin.*: *di prezzi, quotazioni, ecc.*) risalire; tornare al livello di prima.

rebounder /ˈriːbaʊndə(r)/, *n.* (*pallacanestro*) rimbalzista.

rebroadcast /riːˈbrɔːdkɑːst, *USA* -kæst/, *n.* (*radio, TV*) ritrasmissione.

to **rebroadcast** /riːˈbrɔːdkɑːst, *USA* -kæst/ (*pass.* e *p. p.* **rebroadcast**), *v. t.* (*radio, TV*) ritrasmettere.

rebuff /rɪˈbʌf/, *n.* ripulsa; secco rifiuto.

to **rebuff** /rɪˈbʌf/, *v. t.* rifiutare seccamente; respingere sdegnosamente; snobbare (*un'offerta, ecc.*).

to **rebuild** /riːˈbɪld/ (*pass.* e *p. p.* **rebuilt**), *v. t.* ***1*** (*edil.*) ricostruire; riedificare; restaurare ***2*** (*fig.*) ricostruire; riorganizzare (*la società, ecc.*). ● **to r. one's confidence**, riacquistare fiducia □ **to r. one's hopes**, ricominciare a sperare.

rebuilding /riːˈbɪldɪŋ/, *n.* ***1*** (*edil.*) ricostruzione; riedificazione; restauro (conservativo) ***2*** (*fig.*) ricostruzione; riorganizzazione.

rebuke /rɪˈbjuːk/, *n.* rimprovero; ramanzina; sgridata: **to administer a r.**, dare una sgridata;

fare una ramanzina.
to **rebuke** /rɪ'bju:k/, *v. t.* rimproverare; sgridare aspramente.
rebukingly /rɪ'bju:kɪŋlɪ/, *avv.* in tono di rimprovero.
rebus /'ri:bəs/, *n.* (*enigmistica*) rebus.
to **rebut** /rɪ'bʌt/, *v. t.* *1* (*form.*) rifiutare; respingere: **to r. sb.'s offers**, respingere le offerte di q. *2* (*leg.*) respingere; rigettare: **to r. a charge**, respingere un'accusa *3* (*anche leg.*) confutare (*prove*).
rebuttable /rɪ'bʌtəbl/, *a.* confutabile; controvertibile. ● (*leg.*) **r. presumption**, presunzione refutabile.
rebuttal /rɪ'bʌtl/, *n.* *1* rifiuto; ripulsa *2* (*leg.*) rigetto (*di un'accusa*); diniego (*di un'istanza*) *3* (*anche leg.*) confutazione (*di prove, ecc.*). ● **r. evidence**, prove confutative.
rebutter /rɪ'bʌtə(r)/, *n.* *1* chi rifiuta; chi respinge *2* (*anche leg.*) chi confuta *3* (*leg.*) replica del convenuto; difesa.
recalcitrance /rɪ'kælsɪtrəns/, **recalcitrancy** /rɪ'kælsɪtrənsɪ/, *n.* ricalcitramento; opposizione; ostinazione; riluttanza.
recalcitrant /rɪ'kælsɪtrənt/, *a.* ricalcitrante; ostinato; restio; riluttante.
to **recalcitrate** /rɪ'kælsɪtreɪt/, *v. i.* ricalcitrare; essere restio; opporsi; far resistenza.
recalcitration /rɪkælsɪ'treɪʃn/, *V.* **recalcitrance**.
recalescence /ri:kə'lesəns/, *n.* (*metall.*) recalescenza.
recall /rɪ'kɔ:l, 'ri:kɔ:l/, *n.* *1* richiamo (*specialm. d'un funzionario, di un diplomatico*) *2* (*mil., naut.*) ritirata: **to sound the r.**, suonare la ritirata *3* (*leg.*) revoca, annullamento (*di una sentenza*: *per ragioni di fatto*; *cfr.* **reversal**) *4* (*ind., comm.*) ritiro (*di prodotti deteriorati o difettosi*) *5* (*telef.*) richiamo; segnalatore *6* (*anche pubbl.*) capacità di ricordare: **to have total r. of st.**, ricordare q.c. perfettamente. ● **beyond** (*o* **past**) **r.**, (*avv.*) irrevocabilmente; (*agg.*) irrevocabile; che non si può ricordare, dimenticato.
to **recall** /rɪ'kɔ:l/, *v. t.* *1* richiamare; far ritornare (*in patria, ecc.*): **to r. an ambassador**, richiamare un ambasciatore; **to r. sb. to a sense of his responsibility**, richiamare q. al senso della responsabilità *2* richiamare alla mente; far venire in mente; rievocare; ricordare: **to r. the days of one's youth**, rievocare i giorni della giovinezza *3* (*anche leg.*) revocare; annullare (*una sentenza*: *per motivi di fatto*; *cfr.* **to reverse**): **to r. a decision**, revocare una decisione *4* (*poet.*) richiamare in vita; far rivivere; rianimare (*anche fig.*) *5* (*ind., comm.*) ritirare (*prodotti deteriorati o difettosi*) *6* (*mil.*) richiamare alle armi. ● **to r. a gift**, farsi restituire (*o* riprendersi) un dono □ (*polit.*) **to r. Parliament**, riconvocare il parlamento.
recallable /rɪ'kɔ:ləbl/, *a.* *1* che può essere richiamato; richiamabile (*in patria, ecc.*) *2* che può essere ricordato *3* (*anche leg.*) revocabile; annullabile.
recanalization /ri:kænəlaɪ'zeɪʃn, *USA* -lɪ'z-/, *n.* (*med.*) ricanalizzazione.
to **recanalize** /ri:'kænəlaɪz/, *v. t.* (*med.*) ricanalizzare.
to **recant** /rɪ'kænt/, *v. t.* e *i.* *1* ritrattare; ripudiare, ritirare (*un'affermazione, ecc.*) *2* abiurare.
recantation /ri:kæn'teɪʃn/, *n.* *1* ritrattazione *2* abiura.
recanter /rɪ'kæntə(r)/, *n.* *1* ritrattatore *2* chi abiura.
recap (1) /'ri:kæp/, *n.* (*USA* e *Austr.*) pneumatico ricostruito.
recap (2) /'ri:kæp/, *n.* (*fam.*) ricapitolazione; riassunto.
to **recap** (1) /'ri:kæp/, *v. t.* (*USA* e *Austr.*) ricostruire, rigenerare (*un pneumatico*).
to **recap** (2) /'ri:kæp/, *v. t.* e *i.* (*fam.*) ricapitolare; riassumere.
recapitalization /ri:kæpɪtəlaɪ'zeɪʃən, *USA* -lɪ'z-/, *n.* (*fin.*) ricapitalizzazione.
to **recapitalize** /ri:'kæpɪtəlaɪz/, *v. t.* (*fin.*) ricapitalizzare (*un'azienda, ecc.*).
to **recapitulate** /ri:kə'pɪtʃʊleɪt/, *v. t.* e *i.* ricapitolare; riassumere.
recapitulation /ri:kəpɪtʃʊ'leɪʃn/, *n.* ricapitolazione; riassunto.
recapitulative /ri:kə'pɪtʃʊlətɪv, *USA* -leɪtɪv/, **recapitulatory** /ri:kə'pɪtʃʊlətrɪ-leɪtrɪ, *USA* -tɔ:rɪ/, *a.* riassuntivo.
recapping /'ri:kæpɪŋ/, *n.* (*USA* e *Austr.*) ricostruzione, rigenerazione (*di pneumatici*).
recaption /ri:'kæpʃn/, *n.* (*leg.*) ripresa di possesso di beni immobili illecitamente sottratti.
recapture /ri:'kæptʃə(r)/, *n.* *1* (*mil.*) ripresa; riconquista *2* ricattura.
to **recapture** /ri:'kæptʃə(r)/, *v. t.* *1* (*specialm. mil.*) riprendere; riconquistare *2* ricatturare, riprendere (*un evaso*) *3* (*fig.*) ritrovare, riacquistare (*una capacità, una sensazione, ecc.*) *4* (*lett.*) riuscire a ricreare (*un'atmosfera, ecc.*).
recast /ri:'kɑ:st, *USA* -'kæst/, *n.* *1* (*metall.*) rifusione; il rifondere *2* (*fig.*) rifacimento; rimaneggiamento; (*polit.*) rimpasto.
to **recast** /ri:'kɑ:st, *USA* -'kæst/ (*pass.* e *p. p.* **recast**), *v. t.* *1* (*metall.*) rifondere; fondere di nuovo: **to r. a bronze statue**, rifondere una statua di bronzo *2* (*fig.*) ricomporre; rimaneggiare; rifare; riscrivere: **to r. a writing**, rimaneggiare uno scritto; **to r. a chapter**, riscrivere un capitolo *3* (*teatr.*) ridistribuire le parti di (*un dramma*). ● (*mat., rag.*) **to r. a column of figures**, rifare l'addizione di una colonna di cifre □ (*polit.*) **to r. the cabinet**, fare un rimpasto □ (*teatr.*) **He was recast as Polonius**; gli fu assegnata la parte di Polonio (*in sostituzione di un'altra*).
recce /'rekɪ/, *n.* (*gergo mil., abbr. di* **reconnaissance**) ricognizione.
to **recede** /rɪ'si:d/, *v. i.* *1* recedere; indietreggiare; ritirarsi; cedere; rinunciare (a): **The high water receded**, l'acqua alta (*dell'inondazione, della marea*) si ritirò; **He receded from his engagement**, si ritirò dall'impegno assunto; **to r. from an undertaking**, rinunciare a un'impresa *2* allontanarsi (*dalla vista, dalla memoria*); perdersi (*nella lontananza*): **Memories of childhood r.**, i ricordi dell'infanzia si perdono (*o* si allontanano) *3* (*di prezzi, ecc.*) calare; diminuire; ribassare; essere in ribasso *4* (*econ.*) rallentare *5* (*dei capelli*) cominciare a cadere (*sulla fronte, sulle tempie*): **My hair begin to r.**, comincio a stempiarmi. ● (*fig.*) **to r. in the background**, perdere importanza; perdere interesse □ **Our hopes receded**, le nostre speranze si affievolirono.
receding /rɪ'si:dɪŋ/, *a.* rientrante; sfuggente: **to have a r. chin**, avere il mento sfuggente.
receipt /rɪ'si:t/, *n.* *1* ricezione; ricevimento; ricevuta: (*comm.*) **upon r. of the goods**, al ricevimento della merce; **Please acknowledge r.**, favorite accusare ricevuta *2* ricevuta; quietanza: **to sign a r.**, firmare una ricevuta; **a r. in full**, una ricevuta a saldo; **a r. on account**, una ricevuta in conto *3* (*pl.*) introiti; entrate; proventi; incassi *4* (*arc. o dial. USA*) ricetta (*culinaria*) *5* (*arc.*) ricevitoria: **r. of custom**, ricevitoria della dogana. ● **r. book**, (*comm.*) registro delle ricevute; bollettario □ **r. stamp**, marca da bollo; bollo per ricevuta □ (*comm., bur.*) **to be in r. of**, aver ricevuto: **We are in r. of your letter dated the 3rd of March**, abbiamo ricevuto la vostra lettera del 3 marzo □ **to make out a r.**, compilare (*o* fare, rilasciare) una ricevuta □ (*comm.*) **warehouse r.**, fede di deposito.
to **receipt** /rɪ'si:t/, *v. t.* (*comm.*) *1* quietanzare (*una fattura, un conto*) *2* accusare ricevuta di (*merce*).
receipting /rɪ'si:tɪŋ/, *n.* (*comm.*) il quietanzare. ● **r. machine**, quietanzatrice (*macchina*).
receiptor /rɪ'si:tə(r)/, *n.* (*comm., specialm. USA*) quietanzatore; chi rilascia quietanza.
receivable /rɪ'si:vəbl/, **A** *a.* *1* ricevibile *2* (*anche leg.*) accettabile *3* (*comm.*) esigibile: **bills r.**, effetti esigibili; cambiali esigibili. **B** *n. pl.* (*rag.*) crediti da clienti; (*come intestazioni di conto*) «clienti»; «debitori». ● (*rag.*) **receivables turnover**, indice di dilazione dei pagamenti.
to **receive** /rɪ'si:v/, *v. t.* e *i.* *1* ricevere; accogliere; riscuotere (*denaro*): **to r. a confession**, ricevere una confessione; **to r. a letter** [**a telegram**], ricevere una lettera [un telegramma]; **The dentist doesn't r. on Tuesday afternoons**, il dentista non riceve il martedì pomeriggio; **He received a favourable impression**, ricevette (*o* ebbe) un'impressione favorevole; **They received their early education in a voluntary school**, hanno ricevuto la loro prima istruzione in una scuola privata; **How did she r. your offer?**, come accolse la tua offerta?; **to r. medical treatment**, ricevere cure mediche; **to r. a blow on one's head**, ricevere un colpo in testa; **to r. one's pay**, ricevere la paga *2* (*radio, TV, telef., ecc.*) ricevere; sentire: **Are you receiving me?**, mi sentite?; **How many channels do you r.?**, quanti canali ricevete? *3* accettare (q.c.) come vero; dare credito a; accettare: **I r. it as a prophecy**, l'accetto come una profezia; **to r. a theory**, dare credito a una teoria *4* (*raro*) reggere, sostenere: **This arch receives the weight of the roof**, quest'arco regge il peso del tetto *5* (*relig.*) fare la comunione *6* (*tennis*) ricevere la battuta *7* (*arc.*: *di un recipiente, ecc.*) avere la capacità di; contenere. ● (*leg.*) **to r. stolen goods**, ricettare (*merce rubata*) □ **to be received into the Church**, essere accolto in seno alla Chiesa; convertirsi.
received /rɪ'si:vd/, *a.* *1* ricevuto (*V.* **to receive**) *2* generalmente accettato (per vero); generale; invalso: **the r. version**, la versione generalmente accettata; **r. opinions**, opinioni invalse *3* (*ling.*) acquisito. ● (*fon.*) **r. pronunciation**, pronuncia standard.
receiver /rɪ'si:və(r)/, *n.* *1* chi riceve; (*comm.*) ricevitore, destinatario *2* (*fin.*) tesoriere *3* (*leg.*) curatore (*dei beni di un incapace o di un immobile ipotecato*) *4* (*leg., in G.B.*; **= r. in bankruptcy, official r.**) custode giudiziario, sequestratario, curatore ad interim (*nella procedura fallimentare*: *prima dell'eventuale dichiarazione di fallimento*; cfr. **trustee**) *5* (*leg.*, **= r. of stolen goods**) ricettatore *6* (*leg., USA*) amministratore giudiziale (*nell'amministrazione controllata*); (*anche*) liquidatore (*di un'azienda*) *7* (*telef.*) ricevitore; cornetta *8* (*radio*) apparecchio ricevente; ricevitore *9* (*chim.*) recipiente di raccolta; serbatoio *10* (*sport*) ricevitore *11* (*ling.*) ricevente; destinatario.
receivership /rɪ'si:vəʃɪp/, *n.* (*leg.*) *1* curatela (*dei beni di un incapace o di un'immobile ipotecato*) *2* custodia giudiziaria; curatela ad interim (*V.* **receiver**, *def. 4*) *3* (*USA*) amministrazione controllata: **The corporation has been put into r.**, la società è stata messa in amministrazione controllata.
receiving /rɪ'si:vɪŋ/, **A** *a.* ricevente; che riceve. **B** *n.* *1* (*leg.*, **= r. stolen goods**) ricettazione *2* (*form. o sport*) ricezione. ● (*leg.*) **r. order**, provvedimento di nomina di un curatore fallimentare (*V.* **receiver**, *def. 4*) □ **r. set**, apparecchio radioricevente □ (*pallavolo*) **the r. team**, la squadra che effettua i rilanci □ (*fig. fam.*) **to be on the r. end of claims** [**complaints**], essere il destinatario (*o* essere fatto oggetto) di reclami [lagnanze].
recency /'ri:snsɪ/, *n.* (*raro*) l'esser recente; freschezza (*di una notizia, ecc.*).
recension /rɪ'senʃn/, *n.* *1* (*filol.*) recensione *2* testo riveduto (*d'autore antico*).
recent /'ri:snt/, *a.* recente: **r. discoveries**, scoperte recenti. ● **r. buds**, germogli novelli. || **-ly**, *avv.* || **-ness**, *sost.*
receptacle /rɪ'septəkl/, *n.* *1* ricettacolo (*anche bot.*) *2* contenitore.

reception /rɪ'sɛpʃn/, *n.* *1* ricevimento; il ricevere: **There will be a r. in honour of the new director**, ci sarà un ricevimento in onore del nuovo direttore; **after the r. of the goods**, dopo il ricevimento della merce *2* accoglienza: **a warm r.**, una calorosa accoglienza *3* (*radio, TV*) ricezione: **R. was poor**, la ricezione era mediocre *4* (*in albergo*) accettazione; reception; ricezione *5* (*raro*) accettazione; approvazione: **the general r. of his theories**, l'accettazione delle sue teorie da parte di tutti. ● **r. centre**, centro di raccolta □ (*nelle scuole materne*) **r. class**, prima classe (*4-5 anni d'età*) □ (*USA*) **r. clerk,** *V.* **receptionist** □ **r. desk**, bureau, ricevimento, ricezione (*in albergo*) □ **r. office**, (ufficio) ricezione □ (*med.*) **r. order**, ordine d'internamento in manicomio □ **r. room**, salone, sala di ricevimento; sala d'attesa (*di medico, ecc.*); salotto, soggiorno (*di casa privata*) □ **to have** (*o* **to get**) **a bad** [**a good, a mixed**] **r.**, essere accolto male [bene, così e così] □ **His latest novel has had a favourable r.**, il suo ultimo romanzo ha incontrato il favore del pubblico (*o* della critica) □ **The proposal had a favourable r.**, la proposta fu accolta favorevolmente.

receptionist /rɪ'sɛpʃənɪst/, *n.* *1* (*tur.*) receptionist; chi riceve i clienti (*in un albergo, ecc.*) *2* (*di dentista*) assistente di studio; infermiera (*che risponde al telefono, prende appuntamenti, ecc.*).

receptive /rɪ'sɛptɪv/, *a.* ricettivo: **a r. mind**, una mente ricettiva.

receptiveness /rɪ'sɛptɪvnəs/, **receptivity** /rɪsɛp'tɪvətɪ, riː-, re-/, *n.* ricettività.

receptor /rɪ'sɛptə(r)/, *n.* (*biol., fisiol.*) recettore.

recess /rɪ'sɛs, *USA* 'riːsɛs/, *n.* *1* interruzione (*del lavoro, dello studio, ecc.*); intervallo *2* recesso (*anche fig.*): **in the inmost recess of one's soul**, nei più segreti recessi dell'anima *3* rientranza; nicchia; alcova: **a curtained r.**, una nicchia chiusa da una tenda *4* (*in G.B.*) chiusura del Parlamento (*per le vacanze o nell'imminenza di nuove elezioni*) *5* (*leg.*) breve sospensione (*di udienza*) *6* (*USA*) intervallo, ricreazione (*tra due lezioni delle elementari*). ● **r. bed**, letto a scomparsa; letto che s'incassa nel muro.

to **recess** /rɪ'sɛs, *USA* 'riːsɛs/, **A** *v. t.* *1* fare una nicchia (*o* un vano) in (*un muro, ecc.*) *2* (*edil.*) incassare. **B** *v. i.* (*form.*) interrompere l'attività (*o* il lavoro, lo studio); (*leg., polit.*) sospendere i lavori (*o* l'udienza).

recession /rɪ'sɛʃn/, *n.* *1* (il) recedere; arretramento; (il) ritirarsi; ritiro *2* rientranza; incasso; nicchia; vano *3* (*astron.*) recessione *4* (*biol.*) recessione (*dei caratteri*) *5* (*econ.*) recessione; congiuntura negativa: **Our economy has been hit by r.**, la nostra economia è stata colpita dalla recessione *6* (*geol.*) ritiro glaciale.

recessional /rɪ'sɛʃənl/, **A** *n.* (*relig.*, = **r. hymn**) inno cantato al termine dell'ufficio (*mentre il sacerdote e il coro si ritirano*). **B** *a.* *1* di (*o* da, per) «recessional»: **r. music**, musica per «recessional» *2* relativo a (*o* che avviene durante) la sospensione dei lavori parlamentari. ● (*geol.*) **r. moraine**, morena di ritiro glaciale.

recessionary /rɪ'sɛʃənrɪ, *USA* -ənɛrɪ/, *a.* (*econ.*) recessivo.

recessive /rɪ'sɛsɪv/, *a.* (*biol.*) recessivo: **r. characters**, caratteri recessivi. || **-ly**, *avv.* || **-ness**, *sost.*

Rechabite /'riːkæbaɪt/, *n.* (*fig.*) astemio (*dal personaggio biblico Rechab*).

to **rechannel** /riː'tʃænl/, *v. t.* rincanalare.

recharge /riː'tʃɑːdʒ/, *n.* *1* ricarica; nuova carica *2* (*idrologia*) ricarica; ravvenamento: **r. well**, pozzo di ricarica.

to **recharge** /riː'tʃɑːdʒ/, *v. t.* e *i.* (*mil., elettr., ecc.*) ricaricare; caricare di nuovo: **to r. a battery**, ricaricare una batteria; **The bull recharged**, il toro caricò di nuovo.

rechargeable /riː'tʃɑːdʒəbl/, *a.* (*mil., elettr., ecc.*) ricaricabile.

recherché /rə'ʃɛəʃeɪ/ (*franc.*), *a.* ricercato; troppo raffinato.

to **rechristen** /riː'krɪsn/, *v. t.* ribattezzare.

to **recidivate** /rɪ'sɪdɪveɪt/, *v. i.* (*leg.*) recidivare.

recidivism /rɪ'sɪdɪvɪzəm/, *n.* (*leg.*) recidiva; recidività.

recidivist /rɪ'sɪdɪvɪst/, *n.* (*leg.*) recidivo.

recipe /'rɛsəpɪ/, *n.* ricetta (*medica, di cucina e fig.*); prescrizione medica; (*fig.*) chiave: **the r. for success**, la chiave del successo.

recipience /rɪ'sɪpɪəns/, **recipiency** /rɪ'sɪpɪənsɪ/, *n.* *1* ricevimento; il ricevere *2* capacità di ricezione; ricettività.

recipient /rɪ'sɪpɪənt/, **A** *a.* ricettivo; capace di (*o* pronto a) ricevere. **B** *n.* *1* ricevente; destinatario (*di merci*); chi riceve; chi ha ricevuto: **the r. of a gift**, chi ha ricevuto un dono *2* beneficiario (*di un sussidio, ecc.*).

reciprocal /rɪ'sɪprəkl/, **A** *a.* *1* reciproco; scambievole; vicendevole; mutuo: **r. love** [**hatred**], amore [odio] reciproco; (*gramm.*) **r. pronouns**, pronomi reciproci *2* stesso; fatto (*o* dato) in cambio; ricambiato: **a r. benefit**, un beneficio fatto in cambio (*di un altro*) *3* (*comm.*) di reciprocità: **r. trade agreements**, accordi commerciali di reciprocità. **B** *n.* (*mat.*) reciproco; inverso. ● (*leg.*) **r. contract**, contratto sinallagmatico □ (*geom.*) **r. pole**, antipolo □ (*mat.*) **r. ratio**, rapporto inverso. || **-ly**, *avv.*

reciprocality /rɪsɪprə'kælətɪ/, *n.* reciprocità.

to **reciprocate** /rɪ'sɪprəkeɪt/, *v. t.* e *i.* *1* (*mecc.*) muovere (muoversi) con moto alterno (*o* alternativo) *2* contraccambiare; ricambiare: **to r. sb.'s wishes**, ricambiare gli auguri di q.; **I r. her affection**, contraccambio il suo affetto *3* scambiare, scambiarsi. ● **to r. enmity**, essere nemici; odiarsi a vicenda.

reciprocating /rɪ'sɪprəkeɪtɪŋ/, *a.* (*mecc.*) alternativo; a moto alternativo: **r. motion**, moto alternativo; **a r. engine**, un motore alternativo (*a pistoni, a stantuffi*); **r. compressor**, compressore alternativo. ● (*tecn.*) **r.-plate feeder**, alimentatore a scosse.

reciprocation /rɪsɪprə'keɪʃn/, *n.* *1* contraccambio; ricambio; scambio: **the r. of kindnesses** [**of wishes**], lo scambio di gentilezze [degli auguri] *2* (*mecc.*) moto alternativo (*o* a va e vieni).

reciprocity /rɛsɪ'prɒsətɪ/, *n.* (*anche comm., polit., scient.*) reciprocità (*di trattamento, ecc.*): (*mat.*) **r. law**, legge di reciprocità; (*comm. est.*) **r. in trade**, reciprocità di trattamento commerciale.

recision /rɪ'sɪʒn/, *n.* (*leg., raro*) rescissione; annullamento.

recital /rɪ'saɪtl/, *n.* *1* (*form.*) racconto; relazione; narrazione; resoconto; rapporto *2* recital, esibizione solistica (*di cantante, danzatore o attore*) *3* (*spesso al pl.*) (*leg.*) parte introduttiva (*di una comparsa*).

recitation /rɛsɪ'teɪʃn/, *n.* *1* (*form.*) racconto; narrazione; resoconto: **the r. of his woes**, il racconto delle sue pene *2* recitazione; recita *3* brano imparato (*o* da imparare) a memoria *4* (*USA*) ripetizione della lezione (*da parte degli alunni*).

recitative /rɛsɪtə'tiːv/, *a.* e *n.* (*mus.*) recitativo.

to **recite** /rɪ'saɪt/, *v. t.* e *i.* *1* recitare a memoria; declamare (*poesie, ecc.*) *2* enumerare; fare l'elenco di; raccontare; dire: **to r. a long catalogue of troubles**, fare un lungo elenco dei propri guai. ● **to r. examples**, citare esempi □ (*USA*) **to r. one's lesson**, dire la lezione (*a scuola*).

reciter /rɪ'saɪtə(r)/, *n.* *1* recitatore, recitatrice; declamatore, declamatrice *2* (*arc.*) raccolta di brani da recitare.

to **reck** /rɛk/, *v. t.* e *i.* (*poet.; solo in frasi interr. e neg. o con* **little**) *1* curarsi (di); far caso (a); preoccuparsi (di): **They recked little of the future**, si curavano ben poco del futuro; **He recks not of the peril**, non fa caso ai pericoli *2* (*impers.*) riguardare; interessare: **It recks him not**, non è cosa che lo riguardi; non è affar suo.

reckless /'rɛkləs/, *a.* incurante; avventato; incauto; imprudente; sconsiderato; spericolato: **r. of consequences**, incurante delle conseguenze; **a r. driver**, un guidatore temerario (*o* spericolato); **r. exploitation of the soil**, sconsiderato sfruttamento del suolo. ● (*leg.*) **r. murder**, omicidio causato da imprudenza deliberata. || **-ly**, *avv.* || **-ness**, *sost.*

to **reckon** /'rɛkən/, *v. t.* e *i.* *1* calcolare; computare; contare: **to r. the cost of st.**, calcolare il costo di q.c.; **I reckoned twenty-two (of them)**, ne contai ventidue; **reckoning from 1990**, a contare dal 1990 *2* considerare; giudicare; reputare; stimare: **I r. him as my enemy**, lo considero un nemico; **This play is reckoned as the best of the year**, questo dramma è giudicato il migliore dell'anno *3* (*fam. specialm. USA*) credere; supporre; pensare: **They don't want me, I r.**, non mi vogliono, credo.

♦**reckon for**, *v. t.* + *prep.* (*fam.*) aspettarsi; pensare; ritenere: **I got more troubles than I reckoned for**, ebbi più guai di quel che m'aspettavo.

♦**reckon in**, *v. t.* + *avv.* (*fam.*) contare anche; includere nel conto (*o* nel conteggio); conteggiare: **to r. in the students who are absent**, contare anche gli studenti assenti.

♦**reckon on**, *v. t.* + *prep.* contare su; fare affidamento (*o* assegnamento) su: **You can always r. on me**, puoi sempre contare su di me; **Don't r. on getting the first prize**, quanto al primo premio, non farci conto.

♦**reckon up**, *v. t.* + *avv.* *1* fare il totale di; sommare; addizionare: **to r. up all one's money**, fare il totale dei soldi che si hanno *2* (*fam.*) farsi un'idea della vera natura di (q.); prendere le misure a (*fam.*) □ **to r. up a bill**, fare (il totale di) un conto □ **to r. up to**, contare fino a.

♦**reckon upon**, *V.* **reckon on.**

♦**reckon with**, *v. i.* + *prep.* *1* tener conto di; prendere in considerazione; considerare; prevedere: **I didn't r. with having to wait so long**, non avevo previsto di dover aspettare tanto; **You should r. with all extra costs**, devi tener conto di tutti i costi extra *2* fare i conti con (*fig.*); vedersela con: **He'll have to r. with me**, dovrà vedersela con me; **He's an opponent to be reckoned with**, è un avversario con il quale bisogna fare i conti.

♦**reckon without**, *v. i.* + *prep.* fare i conti senza; non tener conto di: **to r. without the weather**, non tener conto del (cattivo) tempo; (*fig.*) **to r. without one's host**, fare i conti senza l'oste.

reckoner /'rɛkənə(r)/, *n.* *1* chi conta; chi fa di conto; contabile; computista *2* (= **ready r.**) prontuario dei calcoli. ● **a quick r.**, uno svelto a far di conto.

reckoning /'rɛkənɪŋ/, *n.* *1* (il) far di conto; calcolo, calcoli; computo: **by my r.**, secondo i miei calcoli *2* (*arc. o fig.*) conto (*da pagare*): **to pay one's r.**, (*arc.*) pagare il conto; (*fig.*) pagare il fio (*o* lo scotto) *3* (*aeron., naut.*) determinazione della posizione. ● **the day of r.**, il giorno della resa dei conti; (*fig.*) il giorno del giudizio universale □ (*aeron., naut.*) **dead r.**, stima della posizione; posizione stimata □ **to be out in one's r.**, far male i conti; sbagliare i propri calcoli □ (*prov.*) **Short reckonings make long friends**, patti chiari, amicizia lunga.

reclaim /rɪ'kleɪm/, *n.* recupero; redenzione (*raro, eccetto nella locuz.*:) **past** (*o* **beyond**) **r.**, irrecuperabile; incorreggibile.

to **reclaim** /rɪ'kleɪm/, *v. t.* *1* (*anche leg.*) reclamare; rivendicare; chiedere la restituzione di (*beni, denaro, ecc.*); ripetere *2* recuperare (*alla civiltà, alla virtù, ecc.*); redimere; riscattare; riabilitare; correggere: **to r. a man from a life of sinfulness**, redimere un uomo da una vita peccaminosa; **to r. a tribe from savagery**, riscattare una tribù dalla barbarie *3* (*ind.*) recuperare, rigenerare (*gomma, ecc.*): **reclaimed rubber**, gomma rigenerata *4* (*agric.*) bonificare; prosciugare; risanare: **to r. marshes**, bonificare terreni paludosi.

reclaimable /rɪ'kleɪməbl/, *a.* *1* (*anche leg.*) rivendicabile *2* (*di persona*) redimibile; recuperabile *3* recuperabile; correggibile *4* (*ind.*) recuperabile; rigenerabile *5* (*agric.*) bonificabile.

reclamation /rɛklə'meɪʃn/, *n.* *1* (*anche leg.*) rivendicazione; ripetizione *2* recupero; redenzione; correzione *3* (*ind.*) recupero, rigenerazione (*della gomma, ecc.*) *4* (*agric.*) bonifica; prosciugamento; risanamento: **r. district**, comprensorio di bonifica.

reclassification /riːklæsɪfɪ'keɪʃn/, *n.* riclassificazione.

to **reclassify** /riː'klæsɪfaɪ/, *v. t.* riclassificare.

reclinate /'rɛklɪneɪt/, *a.* (*bot.*) reclinato.

to **recline** /rɪ'klaɪn/, **A** *v. t.* reclinare (*specialm. il capo, le membra*); piegare; appoggiare. **B** *v. i.* adagiarsi; appoggiarsi; giacere; sdraiarsi.

recliner /rɪ'klaɪnə(r)/, *n.* sedia con lo schienale reclinabile.

reclining /rɪ'klaɪnɪŋ/, *a.* inclinato; coricato; disteso. ● **r. seat**, sedile reclinabile.

recloth /rɪ'klɒθ, *USA* -ɔːθ/, **reclothing** /rɪ'kləʊðɪŋ/, *n.* messa in opera di un panno nuovo (*in un biliardo*).

to **reclothe** /rɪ'kləʊð/, *v. t.* rivestire.

recluse /rɪ'kluːs, *USA* 'rɛkluːs/, **A** *a.* appartato; solitario; isolato. **B** *n.* chi vive in solitudine; (*specialm.*) eremita, anacoreta.

reclusion /rɪ'kluːʒn/, *n.* vita appartata; solitudine; isolamento.

to **recoal** /riː'kəʊl/, **A** *v. t.* rifornire (*una nave, ecc.*) di carbone. **B** *v. i.* (*di nave, ecc.*) rifornirsi di carbone.

recognition /rɛkəg'nɪʃn/, *n.* *1* riconoscimento; atto di riconoscenza; identificazione; accettazione: (*polit.*) **the r. of the former French colonies in Africa**, il riconoscimento delle ex colonie francesi in Africa; **in r. of your services**, in riconoscimento dei tuoi servigi; **the r. of danger**, il riconoscimento (*o* la consapevolezza) del pericolo *2* (*teatr.*) agnizione. ● **to be beyond r.** (*o* **out of all r.**), essere irriconoscibile.

recognizability /rɛkəgnaɪzə'bɪlətɪ/, *n.* riconoscibilità; l'essere riconoscibile.

recognizable /rɛkəg'naɪzəbl, 'rɛkəgnaɪzəbl/, *a.* riconoscibile. ‖ **-bly**, *avv.*

recognizance /rɪ'kɒgnɪzns/, *n.* (*leg.*) *1* impegno formale assunto di fronte a un magistrato *2* cauzione; garanzia.

recognizant /rɪ'kɒgnɪzənt/, *a.* (*raro*) riconoscente; grato.

to **recognize** /'rɛkəgnaɪz/, *v. t.* *1* riconoscere; ravvisare; ammettere; accorgersi di (q.c.): **to r. a long-lost friend**, riconoscere un vecchio amico che s'era perso di vista; **to r. sb. as one's heir**, riconoscere q. come proprio erede; (*polit.*) **to r. a government**, riconoscere un governo; **I r. your superiority**, riconosco la tua superiorità; **to r. defeat**, ammettere d'esser stato sconfitto; **to r. danger**, accorgersi del pericolo; **His services to the country have been recognized**, i servizi da lui resi al paese sono stati riconosciuti *2* riconoscere la giustizia di (q.c.); accogliere; accettare: **to r. a claim**, accettare (*o* riconoscere la validità di) un reclamo *3* riconoscere come amico; salutare: **The Joneses now refuse to r. the Clarks**, i Jones si rifiutano di salutare (*o* non salutano più) i Clark *4* (*USA*) dare la parola a (*q.; in una riunione, ecc.*).

recoil /'riːkɔɪl/, *n.* *1* balzo indietro *2* (*mil.*) rinculo: **the r. of a gun**, il rinculo d'un cannone *3* (*mecc.*) contraccolpo *4* ripugnanza; disgusto. ● (*d'arma da fuoco*) **r. pull**, contraccolpo.

to **recoil** /rɪ'kɔɪl/, *v. i.* *1* balzare indietro; indietreggiare (*per disgusto, sorpresa, timore, ecc.*): **She recoiled in horror**, indietreggiò inorridita *2* (*d'arma da fuoco*) rinculare *3* (*fig.*) rifuggire da: **I r. from the thought**, rifuggo da questo pensiero; il solo pensiero (di ciò) mi ripugna *4* (*fig.*) ricadere (su); ritorcersi (contro): **His slanderous attacks recoiled on himself**, i suoi attacchi diffamatori ricaddero su di lui (*o* sul suo capo).

recoilless /rɪ'kɔɪlləs/, *a.* (*mil.: d'arma da fuoco*) senza rinculo.

to **recoin** /riː'kɔɪn/, *v. t.* riconiare; coniare di nuovo.

to **recollect** (1) /rɛkə'lɛkt/, **A** *v. t.* e *i.* ricordare; ricordarsi di; rammentarsi di; richiamare alla mente: **I cannot r. their names**, non riesco a ricordare i loro nomi; **As far as I r.**, se ben ricordo. **B** to **recollect oneself**, *v. rifl.* rammentarsi; ricordarsi.

to **re-collect** (2) /riːkə'lɛkt/, **A** *v. t.* rimettere insieme; radunare nuovamente: **The boy re-collected his sheep**, il ragazzo radunò nuovamente le sue pecore. **B** *v. i.* riunirsi (*o* adunarsi) di nuovo. **C** to **re-collect oneself**, *v. rifl.* ricomporsi; riaversi; tornare in sé. ● **to r. one's courage**, riprendere coraggio; farsi animo □ **to r. one's thoughts**, raccogliere le idee □ **to r. one's strength**, raccogliere le proprie energie; ritrovare le forze.

recollection (1) /rɛkə'lɛkʃn/, *n.* *1* ricordo; rimembranza (*lett.*); memoria; reminiscenza: **recollections of youth**, ricordi di gioventù; **a slight r.**, una vaga reminiscenza *2* (*relig.*) raccoglimento. ● **to the best of my r.**, per quel che ricordo io; se ben ricordo □ **I have no r. of it**, non me ne ricordo.

re-collection (2) /riːkə'lɛkʃn/, *n.* l'adunare (*o* adunarsi) di nuovo; nuova riunione; nuovo raduno.

recollective /rɛkə'lɛktɪv/, *a.* del ricordo; della memoria.

recolonization /riːkɒlənaɪ'zeɪʃn, *USA* -nɪ'z-/, *n.* nuova colonizzazione.

to **recolonize** /riː'kɒlənaɪz/, *v. t.* colonizzare di nuovo.

to **recolour** /riː'kʌlə(r)/, *v. t.* ricolorare; tingere di nuovo.

recombinant /riː'kɒmbɪnənt/, *a.* e *n.* (*biol.*) ricombinante: **r. DNA**, DNA ricombinante.

recombination /riːkɒmbɪ'neɪʃn/, *n.* (*scient.*) ricombinazione.

to **recombine** /riːkəm'baɪn/, (*scient.*) **A** *v. t.* ricombinare; combinare di nuovo. **B** *v. i.* ricombinarsi.

to **recommence** /riːkə'mɛns/, *v. t.* e *i.* ricominciare.

recommencement /riːkə'mɛnsmənt/, *n.* ricominciamento (*raro*); nuovo inizio.

to **recommend** /rɛkə'mɛnd/, **A** *v. t.* *1* raccomandare; consigliare; segnalare: **to r. sb. for a good position**, raccomandare q. per un buon impiego; **Which wine would you r.?**, che vino mi consigli?; **I r. you to do what he says**, ti consiglio di fare quel che dice lui *2* rendere gradito (*o* bene accetto): **His diligence recommends him**, la sua diligenza lo rende bene accetto *3* (*arc.*) raccomandare; affidare: **to r. one's soul to God**, raccomandare l'anima a Dio; **I r. him to your care**, lo raccomando a te; lo affido alle tue cure *4* (*polit.*) proporre (*un provvedimento*). **B** to **recommend oneself**, *v. rifl.* raccomandarsi. ● **to r. sb. a cook**, consigliare a q. di assumere una persona come cuoco (*o* cuoca) □ (*market.*) **recommended price**, prezzo consigliato.

recommendable /rɛkə'mɛndəbl/, *a.* raccomandabile.

recommendation /rɛkəmɛn'deɪʃn/, *n.* raccomandazione; segnalazione; consiglio: **letter of r.**, lettera di raccomandazione; **to do st. on sb.'s r.**, fare q.c. su consiglio di q.

recommendatory /rɛkə'mɛndətrɪ, *USA* -tɔːrɪ/, *a.* raccomandatorio; di raccomandazione; commendatizio.

recommender /rɛkə'mɛndə(r)/, *n.* chi raccomanda; raccomandante.

to **recommit** /riːkə'mɪt/, *v. t.* *1* commettere di nuovo *2* riaffidare *3* (*polit.*) rinviare (*un progetto di legge, ecc.*) a una commissione. ● **to r. sb. to prison**, incarcerare q. di nuovo.

recommitment /riːkə'mɪtmənt/, **recommittal** /riːkə'mɪtl/, *n.* *1* rinvio (*di un progetto di legge, ecc.*) a una commissione *2* riaffidamento *3* nuova incarcerazione.

recompense /'rɛkəmpɛns/, *n.* *1* compenso; ricompensa; remunerazione *2* riparazione (*di un torto*); risarcimento (*di un danno*).

to **recompense** /'rɛkəmpɛns/, *v. t.* *1* ricompensare; remunerare; retribuire *2* riparare (*un torto*); risarcire (*un danno*).

to **recompose** /riːkəm'pəʊz/, **A** *v. t.* ricomporre (*anche tipogr.*). **B** to **recompose oneself**, *v. rifl.* ricomporsi (*anche fig.*).

recomposition /riːkɒmpə'zɪʃn/, *n.* ricomposizione.

reconcilability /rɛkənsaɪlə'bɪlətɪ/, *n.* *1* riconciliabilità *2* conciliabilità.

reconcilable /'rɛkənsaɪləbl, -'saɪ-/, *a.* *1* riconciliabile *2* conciliabile.

to **reconcile** /'rɛkənsaɪl/, **A** *v. t.* *1* riconciliare *2* conciliare, comporre, appianare (*una lite, una divergenza*) *3* accordare; far quadrare: **I cannot r. these figures with those of my account**, non riesco a far quadrare queste cifre con quelle del mio conto *4* (*relig.*) riconsacrare (*un luogo sacro profanato*). **B** to **reconcile oneself**, *v. rifl.* rassegnarsi: **You must r. yourself to your fate**, devi rassegnarti al tuo destino. ● **to be** (*o* **to become**) **reconciled to**, rassegnarsi a: **They became reconciled to their lot**, si rassegnarono alla loro sorte.

reconcilement /'rɛkənsaɪlmənt/, *n.* riconciliamento (*raro*); riconciliazione.

reconciliation /rɛkənsɪlɪ'eɪʃn/, *n.* *1* riconciliazione; conciliazione *2* composizione (*d'una vertenza*) *3* rassegnazione *4* (*rag.*) (controllo della) concordanza (*di due conti*).

recondite /'rɛkəndaɪt/, *a.* recondito; oscuro; astruso: **r. thoughts**, pensieri reconditi; **a r. subject**, un argomento astruso; **a r. author**, un autore oscuro (*o* ermetico). ‖ **-ly**, *avv.* ‖ **-ness**, *sost.*

reconditeness /rɪ'kɒndaɪtnəs/, *n.* astrusità; oscurità.

to **recondition** /riːkən'dɪʃn/, *v. t.* *1* riparare; ripristinare; rimettere in efficienza *2* (*mecc.*) rialesare; ripassare *3* (*autom.*) rifare, revisionare, ripassare: **reconditioned engine**, motore rifatto (*o* revisionato). ● (*ind., comm.*) **reconditioned model**, modello (*d'auto, ecc.*) che ha subito modifiche.

reconditioning /riːkən'dɪʃənɪŋ/, *n.* *1* riparazione; ripristino *2* (*mecc.*) ripassata *3* (*autom.*) revisione (*di un motore*).

to **reconduct** /riːkən'dʌkt/, *v. t.* ricondurre; condurre (*o* guidare) di nuovo.

to **reconfirm** /riːkən'fɜːm/, *v. t.* riconfermare.

reconfirmation /riːkɒnfə'meɪʃn/, *n.* riconferma.

reconnaissance /rɪ'kɒnɪsns, *USA* -zns/, *n.* *1* (*mil.*) ricognizione; esplorazione; perlustrazione: **r. in force**, ricognizione in forze; **r. flight**, volo di ricognizione *2* (*mil.*) pattuglia in ricognizione *3* accertamento; esame preliminare: **to make a r. of the market conditions**, fare un accertamento sulla situazione del mercato. ● (*aeron.*) **r. aircraft**, aereo da ricognizione; ricognitore □ (*mil.*) **r. car**, veicolo da ricognizione.

to **reconnect** /riːkə'nɛkt/, *v. t.* *1* riconnettere; ricollegare; ricongiungere *2* (*elettr.*) riallacciare (*una linea, ecc.*).

reconnection /riːkə'nɛkʃn/, *n.* *1* riconnessione; ricollegamento *2* (*elettr.*) riallacciamento.

to **reconnoiter** /rɛkə'nɔɪtə(r), *USA* riːk-/, **reconnoiterer** /rɛkə'nɔɪtərə(r), *USA* riːk-/, (*USA*) *V.* **to reconnoitre, reconnoitrer**.

to **reconnoitre** /rɛkə'nɔɪtə(r), *USA* riːk-/, **A** *v. t.* fare una ricognizione di (*una posizione nemica*); esplorare; perlustrare: **to r. the ground**, perlustrare il terreno. **B** *v. i.* fare una ricognizione; andare in ricognizione. ● **reconnoitring patrol**, pattuglia di ricognizione.

reconnoitrer /rekə'nɔɪtrə(r), *USA* ri:k-/, *n.* (*mil.*) ricognitore; esploratore; perlustratore.

to **reconquer** /ri:'kɒŋkə(r)/, *v. t.* riconquistare.

reconquest /ri:'kɒŋkwest/, *n.* riconquista.

to **reconsecrate** /ri:'kɒnsɪkreɪt/, *v. t.* riconsacrare.

reconsecration /ri:kɒnsɪ'kreɪʃn/, *n.* riconsacrazione.

to **reconsider** /ri:kən'sɪdə(r)/, **A** *v. t.* riconsiderare; riesaminare; rivedere; riprendere in esame: **to r. a measure**, riprendere in esame un provvedimento. **B** *v. i.* riflettere di nuovo.

reconsideration /ri:kənsɪdə'reɪʃn/, *n.* riconsiderazione; riesame; revisione; ripresa in esame.

reconstituent /ri:kən'stɪtjʊənt, *USA* -tʃʊənt/, *a.* e *n.* (*farm.*) ricostituente.

to **reconstitute** /ri:'kɒnstɪtju:t, *USA* -tu:t/, *v. t.* ricostituire.

reconstitution /ri:kɒnstɪ'tju:ʃn, *USA* -tu:ʃn/, *n.* ricostituzione.

to **reconstruct** /ri:kən'strʌkt/, *v. t.* ricostruire (*anche fig.*). ● **reconstructed coal**, agglomerato di carbone; mattonella di polverino.

reconstruction /ri:kən'strʌkʃn/, *n.* ricostruzione (*anche fig.*).

reconstructive /ri:kən'strʌktɪv/, *a.* ricostruttivo.

to **reconvene** /ri:kən'vi:n/, *v. t.* (*leg.*) riconvenire.

reconvention /ri:kən'venʃn/, *n.* (*leg.*) azione riconvenzionale; riconvenzione.

reconversion /'rɪkən'vɜ:ʃn/, *n.* (*anche ind.* e *fin.*) riconversione.

to **reconvert** /ri:kən'vɜ:t/, *v. t.* (*anche ind.* e *fin.*) riconvertire.

to **reconvey** /ri:kən'veɪ/, *v. t.* ***1*** rispedire; portare indietro ***2*** (*leg.*) trasferire, cedere (*beni*) al proprietario precedente.

reconveyance /ri:kən'veɪəns/, *n.* ***1*** rispedizione ***2*** (*leg.*) retrocessione immobiliare.

record /'rekɔ:d, *USA* 'rekəd/, **A** *n.* ***1*** documento; documentazione; registrazione; testimonianza; verbale: **records of early peoples [of past civilizations]**, testimonianze di popoli primitivi [di civiltà passate]; **the records of the law court**, i verbali del tribunale ***2*** stato di servizio; curriculum; (il) passato (*di q.*); cose fatte, risultati ottenuti; pagella (*fig.*): **military r.**, curriculum militare; **Murphy's r. is against him**, il passato di Murphy gioca a suo sfavore; **to fight an election on one's own r.**, sostenere una battaglia elettorale sulla base delle cose fatte (*stando al governo o al potere*) ***3*** (*mus.*) disco (fonografico): **a microgroove r.**, un (disco) microsolco; **a long-playing r.**, un (disco) long-playing ***4*** (*sport*) primato; record: **to break** (*o* **to beat**) **a r.**, battere (*o* superare) un primato ***5*** (*elab.*) record; registrazione; articolo ***6*** (*pl.*) atti ufficiali; archivi: **in the Army Records**, negli archivi delle Forze Armate; **the Records Office**, l'Archivio di Stato. **B** *a. attr.* di (*o* da) primato; imbattibile; insuperabile; record: **at r. speed**, a velocità di primato; **a r. score**, un punteggio record; **r. prices**, prezzi imbattibili. ● (*elab.*) **r. block**, blocco dei record □ (*sport*) **r. breaker**, primatista □ **r.-breaking**, di (*o* da) primato; imbattibile; insuperabile; da record □ **r. centre**, archivio □ **r.-changer**, cambiadischi □ **r. company**, casa discografica □ **a r. crop**, un raccolto abbondantissimo (*o* eccezionale) □ **r. deck**, piastra del giradischi □ (*sport*) **r. holder**, primatista; detentore di un primato; recordman □ (*elab.*) **r. key**, chiave di record □ **r. library**, discoteca (*la raccolta di dischi*) □ **r. player**, giradischi □ **r. shop**, negozio di dischi e nastri □ **to bear r. to**, testimoniare; garantire: **I can bear r. to his good character**, posso testimoniare della sua onestà □ (*leg.*) **court of r.**, tribunale tenuto alla conservazione degli atti processuali □ (*leg.*) **criminal r.**, fedina penale □ **for the r.**, per la precisione; per l'esattezza □ (*USA*) **to go on r.**, esprimere pubblicamente le proprie opinioni □ **to have a good [a bad] r.**, avere un buono [un cattivo] stato di servizio; godere di buona [di cattiva] fama □ **to keep to the r.**, attenersi al verbale; (*fig.*) stare ai fatti □ **a matter of r.**, un fatto documentato (*o* provato) □ (*fam.*) **off the r.**, da non pubblicarsi; non ufficiale: **This interview [statement] is off the r.**, questa intervista [dichiarazione] non è da pubblicarsi (*o* non è ufficiale) □ **on r.**, agli atti; registrato: **to put st. on r.**, mettere q.c. agli atti; verbalizzare q.c.; **the hottest summer on r.**, l'estate più calda che si sia mai registrata □ **school r.**, carriera scolastica (*di un alunno*) □ **to set the r. straight**, mettere le cose in chiaro; ristabilire la verità □ **to speak off the r.**, parlare ufficiosamente □ **It is on r. that...**, risulta che...; è documentato che...; è noto (*o* risaputo) che... □ (*polizia*) **«No criminal r.»**, «nessun precedente penale».

to **record** /rɪ'kɔ:d/, *v. t.* ***1*** registrare; tenere memoria di; prender nota di; incidere; segnare; mettere a verbale; verbalizzare: **to r. the day's events**, prender nota degli avvenimenti del giorno; **A seismograph records earthquakes**, il sismografo registra i terremoti; **to r. one's voice [a speech]**, incidere (*su disco, ecc.*) la propria voce [un discorso]; (*radio, TV*) **to r. a programme**, registrare un programma; **The thermometer recorded 10 °C below zero**, il termometro segnava 10 °C sotto zero; **to r. a vote**, mettere a verbale una votazione ***2*** (*di uno storico, ecc.*) tramandare per iscritto; riferire; narrare ***3*** indicare; testimoniare: **The marks on the houses r. the height of the flood waters**, i segni sulle case indicano l'altezza raggiunta dalle acque dell'inondazione. ● (*telef.*) **to r. one's name**, lasciare (*o* dire) il proprio nome (*a una segreteria telefonica*) □ (*leg.*) **to r. a verdict**, mettere agli atti un verdetto □ (*leg.*) **to have a deed recorded**, protocollare un atto.

recordable /rɪ'kɔ:dəbl/, *a.* ***1*** registrabile; che si può incidere ***2*** degno d'essere annotato (*o* ricordato).

recorded /rɪ'kɔ:dɪd/, *a.* ***1*** registrato; verbalizzato ***2*** tramandato ***3*** (*mus.*) registrato ***4*** (*radio, TV*; = **as a r. show**) in differita. ● (*in G.B.*) **r. delivery**, servizio di «consegna registrata» (*di lettera o pacco*).

recorder /rɪ'kɔ:də(r)/, *n.* ***1*** chi registra; chi prende nota; chi mette a verbale; impiegato addetto alla registrazione; archivista; cancelliere ***2*** (*leg.*) giudice onorario di nomina reale (*in certe città*) ***3*** (*tecn.*) strumento registratore ***4*** (*generalm.* **tape r.**) registratore a nastro magnetico; magnetofono ***5*** (*mus.*) flauto dolce.

recording /rɪ'kɔ:dɪŋ/, *n.* ***1*** il registrare; l'annotare; il mettere a verbale, ecc. (*V.* **to record**) ***2*** registrazione, incisione (*su dischi, nastri, ecc.*): **sound r.**, registrazione del suono ***3*** (*radio, TV*) programma registrato; registrazione. ● **r. head**, testina di registrazione □ (*tecn.*) **r. rain gauge**, pluviografo □ **r. instrument**, strumento registratore □ **r. room**, sala di registrazione □ **r. speed**, velocità d'incisione.

recordist /rɪ'kɔ:dɪst/, *n.* (*cinem.*) recordista.

re-count /'ri:kaʊnt/, *n.* nuovo computo, nuovo conteggio (*specialm. dei voti in un'elezione*).

to **recount** (**1**) /rɪ'kaʊnt/, *v. t.* ***1*** narrare; raccontare; riferire ***2*** elencare; enumerare: **He recounted his sins**, elencò i suoi peccati.

to **re-count** (**2**) /ri:'kaʊnt/, *v. t.* ricontare; contare di nuovo.

to **recoup** /rɪ'ku:p/, **A** *v. t.* ***1*** recuperare: **to r. one's strength**, recuperare le forze ***2*** (*leg.*) dedurre, trattenere (*parte di una somma dovuta*) ***3*** rimborsare; risarcire: **to r. sb. for damages**, risarcire q. per i danni subiti ***4*** recuperare; farsi risarcire (*o* rimborsare): **to r. a loss**, farsi risarcire una perdita. **B** *v. i.* recuperare; rimettersi in sesto (*economicamente*). **C** to **recoup oneself**, *v. rifl.* ripagarsi; rifarsi: **to r. oneself of a loss**, rifarsi di una perdita. ● **to r. one's health**, rimettersi in salute.

recoupment /rɪ'ku:pmənt/, *n.* ***1*** recupero ***2*** (*leg*) deduzione, trattenuta (*di parte d'una somma dovuta*) ***3*** rimborso; risarcimento; indennizzo.

recourse /rɪ'kɔ:s/, *n.* ***1*** ricorso: **to have r. to sb. [st.]**, far ricorso a, ricorrere a q. [q.c.] ***2*** (*raro*) persona (*o* cosa) cui si ricorre; risorsa (*fig.*) ***3*** (*leg., comm.*) regresso; azione di regresso (*o* di rivalsa). ● (*leg.*) **r. action** (*o* **claim**), azione di regresso □ **to have r. to the law**, ricorrere alla legge; adire le vie legali □ (*leg., comm.*: *su una cambiale, ecc.*) **without r.**, senza rivalsa; senza regresso.

recover /rɪ'kʌvə(r)/, *n.* (*scherma*) il rimettersi in guardia.

to **recover** (**1**) /rɪ'kʌvə(r)/, **A** *v. t.* ***1*** recuperare; compensare; riacquistare; riguadagnare; riottenere; riprendere; ritrovare: **to r. stolen goods**, recuperare beni rubati; **to r. lost time**, recuperare il tempo perduto; **to r. one's strength**, recuperare le forze; **to r. one's gambling losses**, compensare le (*o* rifarsi delle) perdite subite al tavolo da gioco; **to r. sb.'s affection**, riacquistare l'affetto di q.; **to r. one's balance**, ritrovare l'equilibrio; **to r. one's breath**, riprendere fiato; **to r. consciousness**, riprendere coscienza ***2*** (*leg.*) ottenere (*dal tribunale*): **to r. judgment against sb.**, ottenere una sentenza contro q.; aver causa vinta contro q.; **to r. damages**, ottenere il risarcimento dei danni ***3*** (*elab.*) recuperare (*informazioni*); ripristinare (*procedure*); riparare, correggere (*errori*). **B** *v. i.* ***1*** rimettersi (*in salute*); ristabilirsi; riaversi; riprendersi; guarire: **He recovered slowly after a difficult operation**, si ristabilì lentamente dopo una difficile operazione; **to r. from a cold**, guarire da un raffreddore; **to r. from a slip**, riprendersi da uno scivolone ***2*** (*leg.*) ottenere una sentenza favorevole; vincere una causa; ottenere un risarcimento ***3*** (*fin., econ.*: *di titoli, della situazione, ecc.*) essere in ripresa: **Our shares are recovering smartly**, le nostre azioni sono in brillante ripresa ***4*** (*sport*, = **to r. the position of guard**) rimettersi in guardia. **C** to **recover oneself**, *v. rifl.* ristabilirsi, rimettersi, guarire; riaversi, riprendersi, tornare in sé, tornare padrone di sé. ● **to r. land from the sea**, bonificare terreni strappandoli al mare □ **to r. one's legs**, rimettersi in piedi (*dopo una caduta*) □ (*arc.*) **to r. sb. to life**, richiamare q. in vita □ (*scherma*) **to r. the sword**, riportare la spada in linea (*dopo una stoccata*) □ **to r. one's voice**, riuscire a parlare di nuovo (*dopo aver perso la voce*).

to **re-cover** (**2**) /ri:'kʌvə(r)/, *v. t.* ricoprire; coprire di nuovo.

recoverability /rɪkʌvərə'bɪlətɪ/, *n.* recuperabilità.

recoverable /rɪ'kʌvərəbl/, *a.* ***1*** recuperabile ***2*** (*med.*) guaribile ***3*** (*elab.*) riparabile; ripristinabile; correggibile.

recovery /rɪ'kʌvərɪ/, *n.* ***1*** recupero; riacquisto; ritrovamento: **the r. of a credit**, il recupero di un credito; **the r. of a hidden treasure**, il ritrovamento di un tesoro nascosto ***2*** il ritrovare l'equilibrio ***3*** (*aeron.*) ripresa d'assetto; rimessa in linea di volo ***4*** (*med.*) recupero; ristabilimento (*in salute*); ripresa; guarigione: **to make a slow r.**, avere una guarigione lenta ***5*** (*fin., econ.*) ripresa: **a r. in production**, una ripresa produttiva ***6*** (*leg.*) ottenimento (*di q.c. dal tribunale*) ***7*** (*mecc.*) ritorno; corsa di ritorno (*di pistone, ecc.*) ***8*** (*miss.*) recupero (*di una capsula spaziale, ecc.*) ***9*** (*sport*) il rimettersi in guardia ***10*** (*elab.*) recupero (*d'informazioni*); ripristino (*di procedure*); correzione (*di errori*). ● (*miss.*) **r. capsule**, capsula (spaziale) da recupero □ (*econ.*) **r. package**, piano di risanamento □ (*med.*) **r. room**, sala di risveglio □

(*autom.*) **r. vehicle**, veicolo di soccorso; autogrù □ (*di un malato*) **to be past r.**, essere incurabile.

recreance /ˈrɛkrɪəns/, **recreancy** /ˈrɛkrɪənsɪ/, *n.* (*poet., arc.*) **1** codardia; viltà **2** slealtà; tradimento.

recreant /ˈrɛkrɪənt/, *a.* e *n.* (*poet., arc.*) **1** codardo; vigliacco; vile **2** rinnegato; traditore.

to **recreate** (**1**) /ˈrɛkrieɪt/, **A** *v. t.* ricreare; divertire; svagare. **B** *v. i.* (*anche, v. rifl.*, **to recreate oneself**) ricrearsi; divertirsi; svagarsi.

to **re-create** (**2**) /riːkrɪˈeɪt/, *v. t.* ricreare; creare di nuovo.

recreation /rɛkrɪˈeɪʃn/, *n.* ricreazione; divertimento; passatempo; svago. ● **a r. ground**, un campo giochi □ **r. room**, sala di ricreazione; (*USA*) stanza dei giochi (*per i bambini*).

recreational /rɛkrɪˈeɪʃənl/, *a.* ricreativo. ● **r. facilities**, attrezzature sportive.

recreative /ˈrɛkrɪeɪtɪv/, *a.* ricreativo.

to **recriminate** /rɪˈkrɪmɪneɪt/, *v. i.* recriminare.

recrimination /rɪkrɪmɪˈneɪʃn/, *n.* recriminazione.

recriminative /rɪˈkrɪmɪnətɪv/, **recriminatory** /rɪˈkrɪmɪnətrɪ, *USA* -tɔːrɪ/, *a.* recriminatorio.

to **recross** /riːˈkrɒs, *USA* -ɔːs/, *v. t.* riattraversare; ritraversare.

to **recrudesce** /riːkruːˈdɛs/, *v. i.* **1** rincrudire (*fig.*) **2** (*di malattia, ecc.*) essere in recrudescenza.

recrudescence /riːkruːˈdɛsns/, **recrudescency** /riːkruːˈdɛsnsɪ/, *n.* recrudescenza: **the r. of organized crime**, la recrudescenza del crimine organizzato.

recrudescent /riːkruːˈdɛsnt/, *a.* **1** in recrudescenza; che rincrudisce **2** (*di malattia*) che ha una recrudescenza.

recruit /rɪˈkruːt/, *n.* **1** (*mil.*) coscritto; recluta **2** (*fig.*) adepto; proselito; nuovo socio **3** (*spesso* **raw r.**) novellino; novizio; principiante. ● (*mil., USA*) **r. depot**, centro di addestramento reclute (*abbr.* C.A.R.).

to **recruit** /rɪˈkruːt/, **A** *v. t.* **1** (*mil.*) arruolare; coscrivere; reclutare **2** fare di (q.) un adepto (*o* un nuovo socio) **3** (*per estens.*) assumere; reclutare: **to r. workers**, assumere manodopera **4** (*arc.*) riacquistare; recuperare: **to r. strength**, recuperare le forze. **B** *v. i.* **1** (*mil.*) arruolare, reclutare uomini **2** rimettersi in salute; rinvigorirsi.

recruitable /rɪˈkruːtəbl/, *a.* reclutabile; arruolabile.

recruiting /rɪˈkruːtɪŋ/, *n.* **1** (*mil.*) arruolamento; coscrizione; reclutamento **2** (*per estens.*) assunzione; reclutamento: **the r. of personnel**, il reclutamento di personale. ● (*di un'azienda*) **r. office**, ufficio assunzioni □ (*mil.*) **r. sergeant**, sottufficiale di reclutamento.

recruitment /rɪˈkruːtmənt/, *V.* **recruiting**.

rectal /ˈrɛktəl/, *a.* (*anat., med.*) rettale; del retto.

rectangle /ˈrɛktæŋgl/, *n.* (*geom.*) rettangolo.

rectangular /rɛkˈtæŋgjʊlə(r)/, *a.* (*geom.*) rettangolare.

rectangularity /rɛktæŋgjʊˈlærətɪ/, *n.* l'essere rettangolare.

rectifiable /ˈrɛktɪfaɪəbl, rɛktɪˈfaɪəbl/, *a.* rettificabile; correggibile.

rectification /rɛktɪfɪˈkeɪʃn/, *n.* **1** rettificazione; correzione; rettifica (*anche mecc.*): **the r. of alcohol**, la rettificazione dell'alcol; **the r. of mistakes**, la correzione degli errori; **the r. of a curve**, (*geom.*) la rettificazione di una curva; (*di strada*) la rettifica d'una curva **2** (*elettr., radio*) raddrizzamento: **the r. of the current**, il raddrizzamento della corrente. ● (*chim.*) **r. distillation**, rettifica.

rectifier /ˈrɛktɪfaɪə(r)/, *n.* **1** chi rettifica; chi corregge **2** (*chim.*) rettificatore **3** (*elettr., radio*) raddrizzatore.

to **rectify** /ˈrɛktɪfaɪ/, *v. t.* **1** rettificare (*anche chim., mat., mecc.*); correggere: **to r. a figure [a mistake]**, rettificare una cifra [un errore] **2** (*fis., radio*) raddrizzare. ● (*rag.*) **to r. an entry**, rettificare una posta □ **to r. one's life**, emendarsi; tornare sulla retta via (*fig.*).

rectilineal /rɛktɪˈlɪnɪəl/, **rectilinear** /rɛktɪˈlɪnɪə(r)/, *a.* (*geom., fis.*) rettilineo. ● (*mecc.*) **r. motion**, moto rettilineo.

rectilinearity /rɛktɪlɪnɪˈærətɪ/, *n.* (*geom., ecc.*) l'essere rettilineo.

rection /ˈrɛkʃn/, *n.* (*ling.*) rezione.

rectitude /ˈrɛktɪtjuːd, *USA* -tuːd/, *n.* rettitudine; onestà; probità.

recto /ˈrɛktəʊ/, *n.* (*pl.* **rectos**) (*tipogr.*) recto; pagina dispari: **the r. and the verso**, il recto e il verso.

rector /ˈrɛktə(r)/, *n.* **1** (*relig.*: *Chiesa anglicana*) parroco **2** (*relig.*: *Chiesa cattolica*) rettore (*di seminario, ecc.*) **3** rettore (*d'università, di college*) **4** preside (*di talune scuole*).

rectorate /ˈrɛktərət/, *n.* rettorato; incarico del **rector** (*q.V.*).

rectorial /rɛkˈtɔːrɪəl/, *a.* rettorale; di rettore (*V.* **rector**).

rectorship /ˈrɛktəʃɪp/, *n.* rettorato; incarico del **rector** (*q.V.*).

rectory /ˈrɛktərɪ/, *n.* (*relig.*) **1** (*Chiesa anglicana*) canonica; presbiterio **2** (*Chiesa cattolica*) beneficio; prebenda.

rectum /ˈrɛktəm/, *n.* (*pl.* **rectums, recta**) (*anat.*) retto; intestino retto.

rectus /ˈrɛktəs/, *n.* (*pl.* **recti**) (*anat.*) retto; muscolo retto.

recumbency /rɪˈkʌmbənsɪ/, *n.* il giacere; giacitura; lo stare supino.

recumbent /rɪˈkʌmbənt/, *a.* **1** disteso; sdraiato; supino **2** (*bot.*) reclinato.

to **recuperate** /rɪˈkjuːpəreɪt, -kuː-/, **A** *v. t.* recuperare; riacquistare: **to r. health and strength after a long illness**, recuperare salute e forze dopo una lunga malattia. **B** *v. i.* **1** ristabilirsi; riaversi; rimettersi in salute; riprendersi **2** (*Borsa, fin.*) recuperare. ● **to r. one's losses**, rifarsi delle perdite.

recuperation /rɪkjuːpəˈreɪʃn, -kuː-/, *n.* **1** (*anche Borsa, fin.*) recupero **2** recupero della salute; ristabilimento.

recuperative /rɪˈkjuːpərətɪv, -kuː-/, *a.* **1** che favorisce il recupero: ritemprante; ristoratore **2** (*mecc.*) a recupero: **r. air heater**, riscaldatore d'aria a recupero.

recuperator /rɪˈkjuːpəreɪtə(r), -kuː-/, *n.* (*tecn.*) recuperatore (*di calore, ecc.*): (*mecc.*) **spring r.**, recuperatore a molla (*in un fucile*).

to **recur** /rɪˈkɜː(r)/, *v. i.* **1** riandare; tornare, ritornare (*col pensiero*): **Let's r. to what was said before**, torniamo a quel che si diceva prima **2** tornare alla mente; ripresentarsi: **The long-forgotten accident now recurred to him**, ora gli tornava alla mente quell'incidente da tanto dimenticato **3** ricorrere (*lett.*); riaccadere; (*di un fatto*) ripetersi; (*di un'occasione*) ripresentarsi **4** (*mat.*: *di un numero*) essere periodico. ● (*mat.*) **recurring decimal**, numero decimale periodico.

recurrence /rɪˈkʌrəns, *USA* -ˈkɜː-/, *n.* **1** il riandare; il ritornare (*col pensiero*) **2** ricorrenza; riapparizione; ritorno periodico; ricorso. ● **to have a r. of one's illness**, avere una ricaduta (di una malattia).

recurrent /rɪˈkʌrənt, *USA* -ˈkɜː-/, **A** *a.* ricorrente; periodico: **r. events**, fatti ricorrenti; (*med.*) **r. fevers**, febbri periodiche; (*anat.*) **r. nerve**, nervo ricorrente. **B** *n.* (*anat.*) nervo (*o* arteria) ricorrente.

recursion /rɪˈkɜːʃn/, *n.* (*mat., ling.*) processo (*o* fatto) ricorsivo.

recursive /rɪˈkɜːsɪv/, *a.* (*mat., ling.*) ricorsivo. ● **r. theory**, teoria della ricorsività.

recursiveness /rɪˈkɜːsɪvnəs/, *n.* (*mat., ling.*) ricorsività.

recurvate /riːˈkɜːvət/, *a.* (*bot.*) ricurvo.

to **recurve** /riːˈkɜːv/, **A** *v. t.* ricurvare; curvare all'indietro. **B** *v. i.* ricurvarsi; esser ricurvo.

recurved /riːˈkɜːvd/, *a.* (*scient., tecn.*) ricurvo.

recusal /rɪˈkjuːzl/, *n.* (*leg.*) ricusazione.

recusance /ˈrɛkjʊzəns/, **recusancy** /ˈrɛkjʊzənsɪ/, *n.* **1** rifiuto d'obbedienza all'autorità costituita **2** (*stor. ingl.*) rifiuto di assistere alle funzioni della religione anglicana.

recusant /ˈrɛkjʊznt/, *n.* e *a.* **1** chi (*o* che) si rifiuta (*d'obbedire*); dissidente; dissenziente **2** (*stor. ingl.*) chi (*specialm.* cattolico che) si rifiutava di assistere alle funzioni anglicane.

recusation /rɛkjʊˈzeɪʃn/, *n.* (*leg.*) ricusazione.

to **recuse** /rɪˈkjuːz/, *v. t.* (*leg.*) ricusare, rifiutare (*un giudice, un giurato*).

recyclable /riːˈsaɪkləbl/, *a.* (*econ., ind.*) riciclabile.

to **recycle** /riːˈsaɪkl/, *v. t.* e *i.* (*econ., ind.*) riciclare (*rifiuti, ecc.*): **to r. black money**, riciclare denaro sporco.

recycling /riːˈsaɪklɪŋ/, *n.* (*econ., ind.*) riciclaggio: **r. plant**, impianto di riciclaggio; **glass r.**, riciclaggio del vetro.

red /rɛd/, **A** *a.* **1** rosso: **red lips**, labbra rosse; **red hair**, capelli rossi **2** (*polit., spesso* **Red**) rosso; comunista; sovietico; di sinistra: **the Red Army**, l'Armata Rossa. **B** *n.* **1** rosso; color rosso: **deep red**, rosso cupo; rosso scuro **2** rosso (*della roulette*) **3** (*biliardo*) pallino rosso **4** – **the Reds**, (*polit.*) i rossi, i comunisti; (*anche*) i pellirosse, gli indiani (d'America) **5** (*raro*) rossetto; fard. ● **red alert**, allarme rosso □ (*zool.*) **red ant** (*Formica rufa*), formica rossa □ (*trasp.*) **Red Arrow Bus**, autobus dalla ferrovia alla zona centrale di Londra □ (*pop. USA*) **red-assed**, infuriato, furibondo; incavolato (*pop.*) □ (*fam., polit.*) **red-baiting**, attacchi con l'accusa di comunismo □ (*USA*) **red ball**, treno merci veloce; treno con diritto di precedenza □ **a red battle**, una battaglia sanguinosa □ (*med.*) **red-blind**, affetto da protanopia □ (*med.*) **red-blindness**, protanopia □ (*biol.*) **red blood cell**, globulo rosso □ **red-blooded**, (*di persona*) vigoroso, gagliardo; (*di romanzo, ecc.*) emozionante, pieno d'azione □ **red book**, annuario dei nomi di personaggi di spicco □ (*stor.*) **the Red Brigades**, le Brigate Rosse □ (*calcio*) **red card**, cartellino rosso □ (*USA*) **red cent**, centesimo di dollaro (*di rame*): **I don't care a red cent**, non me ne importa nulla (*o* un fico) □ (*fam.*) **Red China**, la Cina popolare □ **red cross**, croce di San Giorgio (*rossa su campo bianco*: *emblema della G.B.*) □ **the Red Cross**, la Croce Rossa □ (*zool.*) **red deer** (*Cervus elaphus*), cervo nobile; cervo europeo □ (*mil.*) **the Red Devils**, il reggimento dei paracadutisti inglesi □ **the red ensign**, la bandiera rossa (*della marina mercantile britannica*) □ (*USA*) **red eye**, (*fam.*) aereo in volo notturno; (*pop.*) whisky da pochi soldi □ **red eyes**, occhi rossi (*o* arrossati, iniettati di sangue) □ **red flag**, bandiera rossa (*segno di pericolo*; *stendardo della rivoluzione*); (*fig.*) drappo rosso, cosa che mette paura □ **the Red Flag**, Bandiera Rossa (*l'inno*) □ (*astron.*) **red giant**, (stella) gigante rossa □ (*zool.*) **red grouse** (*Lagopus scoticus*), pernice rossa della Scozia □ (*polit.*) **Red Guard**, guardia rossa □ **red hat**, berretta rossa (*da cardinale*) □ (*metall.*) **red heat**, calor rosso □ **red herring**, aringa affumicata; (*fig.*) falsa pista, falsa traccia: **to draw a red herring across the track**, mettere gli inseguitori (la polizia, ecc.) su una falsa pista □ **red-haired**, dai capelli rossi □ (*fig.*) **red-handed**, in flagrante; con le mani nel sacco □ **red-headed**, dalla testa rossa; *V.* **red-haired** □ **red-hot**, incandescente; arroventato; rovente; (*fig.*) ardente, bruciante; acceso, fanatico; furibondo; recentissimo, fresco: **red-hot anger**, ira furibonda; **red-hot news**, notizie fresche □ **Red Indian**, indiano d'America; pellerossa □ **red ink**, inchiostro rosso; (*fam., banca, fin.*) indebitamento, posizione debitoria; passivo: (*di un'azienda*) **to go into red ink**, andare in passivo (*fam.*: in rosso) □ **red-ink**, in inchiostro rosso; (*banca, fin.*) passivo: **red-ink interest**, interessi passivi □ (*miner.*) **red lead**, minio □ (*miner.*)

red-lead ore, crocoite □ **a red-letter day**, un giorno di festa, di vacanza (*dal colore usato nei calendari*); (*fig.*) un giorno memorabile □ **red light**, luce rossa, segnale di pericolo; semaforo rosso, segno di fermarsi □ (*autom.*) **the red light**, il rosso: **when the red light shows**, quando il semaforo segna rosso; **to jump the red light**, «bruciare» il rosso □ **red-light district**, distretto a luci rosse; quartiere delle case di tolleranza □ (*USA*) **red-lining**, acquisto di aree urbane decadute e deprezzate (*come speculazione edilizia*) □ **red man**, *V.* **Red Indian** □ **red meat**, carne rossa (*specialm. di bue*) □ (*zool.*) **red mullet** (*Mullus surmuletus*), triglia di scoglio □ (*miner.*) **red ochre**, ocra rossa; rosso inglese □ **red pepper**, pepe di Caienna □ **a red rag**, un cencio rosso; (*fig.*) una cosa irritante, una provocazione □ (*autom.*) **red rear light**, (faro) retronebbia □ **red ribbon**, nastro rosso (*dell'Ordine di Bath*) □ (*autom.*) **red route**, strada con divieto di parcheggio (*specialm. a Londra*) □ **the Red Sea**, il Mar Rosso □ **red tail-lights**, (*autom.*) fanali posteriori, fanalini di coda; (*aeron.*) luci di coda □ **red tape**, nastro rosso; (*fig.*) burocrazia; lungaggine burocratica □ **red-tapist**, burocrate □ (*bot.*) **red weed**, (*Papaver rhoeas*) rosolaccio; (*Phytolacca americana*) fitolacca □ **red worm**, lombrico rosso (*usato come esca*) □ **to become** (*o* **to go**) **red in the face**, farsi rosso in viso; diventar rosso □ **blood red**, (color) rosso sangue □ **to be caught red-handed**, esser colto in flagrante; esser preso con le mani nel sacco □ **fiery red**, (color) rosso fuoco □ (*banca*) **to get in the red**, andare in rosso; andare in debito; andare sotto (*fam.*) □ (*banca*) **to get out of the red**, tornare in credito; tornare a galla (*fig. fam.*) □ (*fig.*) **to have red hands**, avere le mani insanguinate (*o* sporche di sangue) □ (*banca*) **to be in the red**, essere in rosso; essere in debito; avere il conto scoperto; essere allo scoperto □ (*pop.*) **to paint the town red**, farne di tutti i colori; far baldoria □ **to run in the red**, *V.* **to get-in the red** □ (*fig.*) **to see red**, veder rosso □ (*fig.*) **to see the red light**, accorgersi di un pericolo imminente.

to **redact** /rɪˈdækt/, *v. t.* **1** redigere **2** revisionare; rivedere (*per la stampa*).

redaction /rɪˈdækʃn/, *n.* **1** redazione; il redigere **2** preparazione per la stampa; revisione **3** nuova edizione; ristampa.

redactor /rɪˈdæktə(r)/, *n.* **1** redattore; chi redige (*un documento, ecc.*) **2** chi rivede un'edizione (*o* una pubblicazione); revisore.

redan /rɪˈdæn/, *n.* (*mil.*) saliente.

redbreast /ˈredbrest/, *n.* (*zool.*) **1** (*Erithacus rubecola*, = **robin r.**) pettirosso **2** (*Calidris canutus*) piovanello maggiore.

redbrick /ˈredbrɪk/, *a.* **1** (*edil.*) di mattoni rossi **2** (*di università ingl.*) fondata di recente; di nuova istituzione.

redcap /ˈredkæp/, *n.* **1** (*fam.*) soldato della polizia militare **2** (*USA*) facchino, portabagagli (*di stazione*).

redcoat /ˈredkəʊt/, *n.* **1** (*stor.*) «giubba rossa»; soldato inglese **2** (*tur.*) intrattenitore (*in un villaggio turistico*).

redcurrant /redˈkʌrənt, *USA* -ˈkɜːrə-/, *n.* (*bot., Ribes rubrum*) ribes rosso.

to **redden** /ˈredn/, **A** *v. t.* **1** arrossare **2** fare arrossire (*le guance, ecc.*). **B** *v. i.* **1** (*del viso, ecc.*) arrossire **2** (*della luce, del cielo, ecc.*) diventare rosso.

reddish /ˈredɪʃ/, *a.* rossiccio; rossastro.

reddle /ˈredl/, *n.* (*miner.*) ocra rossa; rosso inglese.

to **reddle** /ˈredl/, *v. t.* colorare (*o* tingere) con ocra rossa.

to **redecorate** /riːˈdekəreɪt/, *v. t.* ridecorare; ritinteggiare; imbiancare (*una stanza, ecc.*) di nuovo.

redecoration /riːdekəˈreɪʃn/, *n.* ritinteggiatura; rimbiancatura.

to **redeem** /rɪˈdiːm/, *v. t.* **1** redimere; riscattare; affrancare; liberare: **to r. a prisoner**, riscattare un prigioniero; **to r. a slave**, affrancare uno schiavo; redimere uno schiavo dalla schiavitù **2** recuperare; riacquistare: **to r. one's rights**, recuperare i (*o* essere reintegrato nei) propri diritti **3** adempiere (*un obbligo*); mantenere (*una promessa*) **4** fare ammenda di; compensare; riscattare: **to r. a fault**, fare ammenda di una colpa; **Her eyes r. her face from ugliness**, gli occhi riscattano la bruttezza del suo viso **5** (*fin., leg.*) riscattare; estinguere (*un'ipoteca, ecc.*): **to r. mortgaged land**, riscattare terreni ipotecati **6** (*fin.*) convertire in contanti; rimborsare (*obbligazioni, titoli*). ● **to r. plegded goods**, ritirare oggetti dati in pegno.

redeemable /rɪˈdiːməbl/, *a.* (*anche fin., leg.*) redimibile; riscattabile: **r. stocks**, titoli redimibili; **r. loan**, prestito redimibile.

redeemer /rɪˈdiːmə(r)/, *n.* redentore. ● (*relig.*) **the R.**, il Redentore.

redeeming /rɪˈdiːmɪŋ/, *a.* che redime. ● **r. feature**, cosa positiva (*o* che salva q.): **Her one r. feature is her kindness**, si salva solo perché è gentile.

to **redefine** /riːdɪˈfaɪn/, *v. t.* ridefinire.

redefinition /riːdefəˈnɪʃn/, *n.* ridefinizione.

redemption /rɪˈdempʃn/, *n.* **1** redenzione; riscatto **2** recupero, disimpegno, ritiro (*di q.c. dato in pegno*) **3** (*fin., leg.*) liberazione, affrancamento (*da un impegno*); ammortamento, estinzione (*di un'ipoteca*) **4** (*fin.*) rimborso (*d'obbligazioni, di titoli*) **5** (*ass., trasp.*) riscatto (*di una polizza di carico, ecc.*). ● (*comm.*) **r. coupon**, buono omaggio (*o* sconto) □ (*fin.*) **r. fund**, fondo d'ammortamento □ **the r. of a loan**, il rimborso di un mutuo; la restituzione di un prestito □ **in the year 1850 of our r.**, nell'anno del Signore 1850 □ **to be past** (*o* **beyond**) **r.**, essere irredimibile (*o* incorreggibile).

redemptive /rɪˈdemptɪv/, *a.* **1** che redime **2** di redenzione.

to **redeploy** /riːdɪˈplɔɪ/, *v. t.* reimpiegare, ridistribuire (*soldati, operai, ecc.*); (*mil.*) ridislocare, trasferire (*ad altre mansioni, ecc.*).

redeployment /riːdɪˈplɔɪmənt/, *n.* reimpiego, ridistribuzione, trasferimento; (*mil.*) nuovo dislocamento (*V.* **to redeploy**).

to **redescend** /riːdɪˈsend/, *v. t.* e *i.* ridiscendere.

to **redesign** /riːdɪˈzaɪn/, *v. t.* ridisegnare; riprogettare; ripianificare.

to **redevelop** /riːdɪˈveləp/, *v. t.* **1** sviluppare di nuovo **2** (*edil., urbanistica*) ricostruire: **to r. a slum district**, ricostruire un quartiere di catapecchie.

redevelopment /riːdɪˈveləpmənt/, *n.* **1** nuovo sviluppo **2** (*edil., urbanistica*) bonifica urbana; ricostruzione. ● **r. site**, lotto (di edifici) da ricostruire □ **urban r.**, rinnovamento urbanistico (*cfr. ital. P.E.E.P.*).

redfish /ˈredfɪʃ/, *n.* (*zool.*) **1** salmone maschio (*nel periodo della riproduzione*) **2** (*Oncorhyncus nerka*) salmone rosso.

redhead /ˈredhed/, *n.* (*fam.*) rossa; donna dai capelli rossi.

redhibition /redhɪˈbɪʃən/, *n.* (*leg.*) redibizione; azione redibitoria.

redhibitory /redˈhɪbɪtrɪ, *USA* -tɔːrɪ/, *a.* (*leg.*) redibitorio.

rediffusion /riːdɪˈfjuːʒən/, *n.* (*radio, TV*) ridiffusione.

to **redimension** /riːdaɪˈmenʃən/, *v. t.* (*econ.* e *fig.*) ridimensionare.

redingote /ˈredɪŋgəʊt/ (*franc.*), *n.* (*moda*) redingote.

to **redintegrate** /reˈdɪntɪgreɪt/, *v. t.* (*anche leg.*) reintegrare.

redintegration /redɪntɪˈgreɪʃn/, *n.* (*anche leg.*) reintegrazione.

to **redirect** /riːdɪˈrekt, -daɪ-/, *v. t.* riindirizzare; rispedire (*una lettera*) a un nuovo indirizzo.

rediscount /riːˈdɪskaʊnt/, *n.* (*banca*) risconto. ● **r. rate**, tasso di risconto.

to **rediscount** /riːˈdɪskaʊnt/, *v. t.* (*banca*) riscontare; scontare di nuovo.

to **rediscover** /riːdɪˈskʌvə(r)/, *v. t.* riscoprire; ritrovare.

rediscovery /riːdɪˈskʌvərɪ/, *n.* riscoperta.

to **redistribute** /riːdɪˈstrɪbjuːt/, *v. t.* ridistribuire.

redistribution /riːdɪstrɪˈbjuːʃn/, *n.* ridistribuzione: (*econ.*) **the r. of wealth**, la ridistribuzione della ricchezza.

to **redivide** /riːdɪˈvaɪd/, *v. t.* ridividere.

to **redlight** /ˈredˈlaɪt/, *v. t.* (*pop. USA*) scaraventare (q.) da un veicolo (*automobile, treno, ecc.*).

redneck /ˈrednek/, *n.* (*spreg. USA*) **1** rozzo contadino bianco degli Stati del Sud **2** (*per estens.*) reazionario; (*specialm.*) razzista.

redness /ˈrednəs/, *n.* l'essere rosso; rossore.

to **re(-)do** /riːˈduː/ (*pass.* **redid**, *p. p.* **redone**), *v. t.* **1** rifare; fare di nuovo: **to r. one's work**, rifare il lavoro **2** ridipingere; ritinteggiare: **to r. the kitchen in white**, ridipingere la cucina di bianco. ● **to r. one's hair**, rifarsi la pettinatura.

redolence /ˈredəʊləns/, **redolency** /ˈredələnsɪ/, *n.* olezzo; profumo; fragranza.

redolent /ˈredələnt/, *a.* olezzante; profumato; fragrante: **r. wine**, vino profumato. ● (*fig.*) **r. of**, che sa di; che ricorda; che richiama alla mente.

redouble /riːˈdʌbl/, *n.* (*nel bridge*) surcontre.

to **redouble** /riːˈdʌbl/, *v. t.* e *i.* **1** raddoppiare, raddoppiarsi; aumentare: **to r. one's efforts**, raddoppiare gli sforzi **2** (*bridge*) surcontrare.

redoubt /rɪˈdaʊt/, *n.* (*mil.*) ridotta, ridotto, fortino.

redoubtable /rɪˈdaʊtəbl/, *a.* (*lett.*) formidabile; temibile; terribile.

to **redound** /rɪˈdaʊnd/, *v. i.* **1** ridondare (*fig.*); riuscire, tornare (*a vantaggio, a danno, ecc.*): **This procedure will r. to our advantage**, questa procedura tornerà a nostro favore **2** ricadere, riversarsi (su): **The disgrace will r. upon his family**, l'onta ricadrà sulla sua famiglia **3** (*arc.*) provenire, derivare (da): **benefits that r. to us from his sacrifice**, benefici che ci derivano dal suo sacrificio.

redpoll /ˈredpəʊl/, *n.* (*zool.*) **1** (*Carduelis flammea*) organetto **2** (*Carduelis cannabina*) fanello; montanello.

redraft /riːˈdrɑːft, *USA* -æft/, *n.* (*leg., comm.*) **1** rivalsa **2** cambiale di rivalsa.

to **redraft** /riːˈdrɑːft, *USA* -æft/, *v. t.* redigere di nuovo.

redress /rɪˈdres, ˈriːdres/, *n.* rimedio giuridico; riparazione (*di torti, ecc.*); risarcimento (*di danni*); indennizzo. ● **to get legal r.**, ottenere giustizia □ (*leg.*) **to seek r. in a court of law**, cercare di ottenere per vie legali un risarcimento di danni.

to **redress** (**1**) /rɪˈdres/, *v. t.* **1** raddrizzare; riaggiustare; ristabilire: **to r. the balance**, ristabilire l'equilibrio **2** compensare; correggere; riparare; fare ammenda di; risarcire: **to r. a wrong**, riparare un torto; **to r. a grievance**, riparare un'ingiustizia; **to r. a damage**, risarcire un danno; **to r. a fault**, fare ammenda di una colpa.

to **re-dress** (**2**) /riːˈdres/, *v. t.* rivestire; vestire di nuovo.

redshank /ˈredʃæŋk/, *n.* (*zool., Tringa totanus*) pettegola.

redskin /ˈredskɪn/, *n.* (*arc., spreg.*) pellerossa; indiano d'America.

redstart /ˈredstɑːt/, *n.* (*zool., Phoenicurus phoenicurus*) codirosso.

to **reduce** /rɪˈdjuːs, *USA* -ˈduːs/, **A** *v. t.* **1** ridurre (*anche med.*); mettere (*in una certa condizione*); diminuire; restringere; scemare: **to r. sb. to discipline [obedience]**, ridurre q. alla disciplina [all'obbedienza]; **to r. speed [expenses, the staff]**, ridurre la velocità [le spese, il personale]; **He had his broken shoulder reduced**, si fece ridurre la frattura alla spalla; **to r. prices**, ridurre (*o* diminuire, ribassare) i prezzi; (*fin.*) **to r. the discount**

rate, ridurre il tasso di sconto; **to r. to powder [to a pulp]**, ridurre in polvere [in polpa, in poltiglia]; (*mat.*) **to r. fractions to their lowest terms**, ridurre frazioni ai minimi termini; **He is reduced to skin and bones**, s'è ridotto pelle e ossa **2** (*chim., metall.*) ridurre: **to r. a substance**, ridurre una sostanza **3** (*mil., arc.*) ridurre alla resa; soggiogare: **He reduced the revolted towns (to submission)**, soggiogò le città ribelli **4** (*pitt.*) diluire (*un colore*) **5** (*fotogr.*) indebolire (*una negativa*). **B** *v. i.* **1** ridursi **2** (*fam.*) dimagrire; cercar di dimagrire (*specialm. stando a dieta*): **Mrs Brown has been reducing for a month**, la signora Brown segue una cura dimagrante da un mese. ● (*mil.*) **to r. sb. to the ranks**, degradare q. a soldato semplice □ **to r. sb. to silence**, far tacere q. □ **to r. one's weight**, perdere peso; dimagrire.

reduced /rɪ'djuːst, *USA* -'duːst/, *a.* ridotto: **r. prices**, prezzi ridotti; (*trasp.*) **r. rate**, tariffa ridotta; (*fis.*) **r. mass**, massa ridotta. ● (*arc.*) **to be in r. circumstances**, essere in ristrettezze.

reducer /rɪ'djuːsə(r), *USA* -'duː-/, *n.* **1** chi riduce; riduttore, riduttrice **2** (*mecc.*) riduttore; dispositivo di riduzione: **speed r.**, riduttore di velocità **3** (*mecc.*) giunto di riduzione (*di tubature*) **4** (*chim.*) agente deossidante (*o* riducente) **5** (*fotogr.*) bagno d'indebolimento.

reducibility /rɪdjuːsə'bɪlətɪ, *USA* -duː-/, *n.* riducibilità.

reducible /rɪ'djuːsəbl, *USA* -'duː-/, *a.* (*anche mat.*) riducibile.

reductase /rɪ'dʌkteɪz, -s/, *n.* (*biochim.*) reduttasi; riduttasi.

reducting /rɪ'dʌktɪŋ/, *a.* riducente. ● (*chim.*) **r. agent**, riducente; agente riducente.

reduction /rɪ'dʌkʃn/, *n.* **1** riduzione; ribasso (*dei prezzi*); diminuzione: **a r. in working hours**, una riduzione delle ore di lavoro; **a great r. in customs duties**, un gran taglio ai (*o* una notevole diminuzione dei) dazi doganali **2** (*chim.*) riduzione **3** (*med.*) riduzione (*di una frattura*) **4** (*disegno, fotogr.*) riproduzione in scala minore **5** (*mil.*) degradazione **6** perdita di peso; dimagramento.

reductionistic /rɪdʌkʃə'nɪstɪk/, *a.* (*spreg.*) riduttivo: **r. conclusions**, conclusioni riduttive.

reductive /rɪ'dʌktɪv/, *a.* riduttivo; che serve a ridurre. || **-ly**, *avv.*

redundance /rɪ'dʌndəns/, *V.* **redundancy**, *def. 1.*

redundancy /rɪ'dʌndənsɪ/, *n.* **1** ridondanza; sovrabbondanza **2** (*scient., tecn.*) ridondanza **3** (*miss.*: *di strumento*) l'essere di riserva **4** (*econ.*) esuberanza (*di manodopera, ecc.*); l'essere in soprannumero. ● (*econ.*) **r. fund**, fondo per la «redundancy pay» (*V.* **redundant**) □ (*econ.*) **r. money** (*o* **pay**), liquidazione, indennità di licenziamento pagata a un **redundant worker** (*V. sotto* **redundant**).

redundant /rɪ'dʌndənt/, *a.* **1** ridondante; sovrabbondante: **a r. style**, uno stile ridondante **2** (*scient., tecn.*) ridondante **3** (*miss.*: *di strumento*) doppio; secondo; di riserva **4** (*econ.*: *di manodopera*) esuberante; in soprannumero. ● (*econ.*) **r. worker**, operaio (licenziato perché) in soprannumero □ (*econ.*: *d'operaio, ecc.*) **to be made r.**, essere dichiarato in soprannumero (*o* esuberante); essere licenziato (*senza colpa, e col pagamento di una indennità; in G.B. non esiste la Cassa integrazione guadagni*).

to **reduplicate** /rɪ'djuːplɪkeɪt, *USA* -'duː-/, *v. t.* **1** raddoppiare; duplicare; ripetere; replicare **2** (*ling.*) reduplicare; raddoppiare.

reduplication /rɪdjuːplɪ'keɪʃn, *USA* -duː-/, *n.* **1** raddoppiamento; raddoppio; ripetizione **2** (*ling.*) reduplicazione; raddoppiamento.

reduplicative /rɪ'djuːplɪkətɪv, *USA* -'duː-/, *a.* **1** che raddoppia; che tende a raddoppiare **2** (*ling.*) reduplicativo.

redwing /'redwɪŋ/, *n.* (*zool.*) **1** (*Turdus musicus*) tordo sassello **2** (*Agelaeus phoeniceus*, = **red-winged blackbird**) alarossa orientale.

redwood /'redwʊd/, *n.* **1** (*bot.*, *Sequoia sempervirens*, = **r. tree**) sequoia **2** (*comm.*) legno rosso di California; legno di sequoia.

to **re(-)dye** /riː'daɪ/, *v. t.* ritingere; tingere di nuovo.

to **re-echo** /riː'ekəʊ/, *v. t.* e *i.* riecheggiare.

reed /riːd/, *n.* **1** (*bot.*, *Arundo donax*) canna **2** (*collett.*) canneto **3** (*collett.*) canniccio; cannucce (*specialm. se usate come copertura di tetti*) **4** (*poet.*) siringa; zampogna; (*fig.*) poesia pastorale **5** (*poet.*) freccia; dardo; saetta; strale **6** (*mus.*) ancia; linguetta **7** (*pl.*) (*mus.*) strumenti a fiato muniti di ancia (*clarinetto, oboe, ecc.*; *distinti dagli ottoni*) **8** (*ind. tess.*) pettine (*di telaio*) **9** (*archit*) modanatura a cordoncino. ● (*mus.*) **r. instruments**, *V. sopra, def. 7* □ (*bot.*) **r. mace**, (*Typha latifolia*) sala, tifa, mazza di palude; (*Typha angustifolia*) stiancia □ (*mus.*) **r. organ**, armonium □ (*zool.*) **r. pheasant** (*Panurus biarmicus*), basettino □ (*mus.*) **r. pipe**, zampogna; canna d'organo munita d'ancia □ (*mus.*) **r. stop**, registro d'organo □ (*elettr.*) **r. switch**, interruttore a lamelle □ (*zool.*) **r. warbler** (*o* **r. wren**) (*Acrocephalus scirpaceus*), cannaiola □ (*fig. fam.*) **a broken r.**, una persona infida; una cosa su cui non si può contare □ (*bot.*) **ditch r.** (*Phragmites communis*), cannuccia; canna di palude □ (*fig.*) **to lean on a r.**, fare assegnamento su una cosa assai incerta (*o* su una persona debole, incostante).

to **reed** /riːd/, *v. t.* **1** ricoprire (*un tetto*) di canniccio **2** (*archit.*) decorare con modanature a cordoncino **3** (*mus.*) provvedere (*uno strumento a fiato, una canna d'organo*) di ancia.

reedification /riːedɪfɪ'keɪʃn/, *n.* riedificazione; ricostruzione.

to **reedify** /riː'edɪfaɪ/, *v. t.* riedificare; ricostruire.

reediness /'riːdɪnəs/, *n.* **1** abbondanza di canne **2** esilità; debolezza **3** (*della voce*) stridore; acutezza.

to **re-edit** /riː'edɪt/, *v. t.* pubblicare di nuovo; ripubblicare; curare una nuova edizione di (*un libro*).

re-edition /riːɪ'dɪʃn/, *n.* riedizione; nuova edizione.

reedling /'riːdlɪŋ/, *n.* (*zool.*, *Panurus biarmicus*) basettino.

to **re(-)educate** /riː'edʒʊkeɪt/, *v. t.* rieducare.

re(-)education /riːedʒʊ'keɪʃn/, *n.* rieducazione.

reedy /'riːdɪ/, *a.* **1** pieno di canne: **a r. pond**, uno stagno pieno di canne **2** fatto di canne; di canna **3** (*fig.*) esile; debole **4** (*della voce*) sottile; stridulo; acuto.

reef (**1**) /riːf/, *n.* (*naut.*) terzarolo. ● **r. knot**, nodo piano □ **r. point**, matafione di terzarolo □ **to take in a r.**, (*naut.*) prendere una mano di terzaroli; (*fig.*) procedere con cautela.

reef (**2**) /riːf/, *n.* **1** (*geogr.*) scogliera; banco di scogli (*o* di sabbia) a fior d'acqua **2** (*ind. min.*) filone tabulare; filone-strato. ● **barrier r.**, barriera corallina.

to **reef** /riːf/, *v. t* (*naut.*) terzarolare (*una vela*).

reefer /'riːfə(r)/, *n.* **1** (*naut.*) marinaio che fa terzaroli **2** (*gergo naut.*) aspirante (*o* cadetto) di marina **3** (= **reefing jacket**) giubbotto corto a doppiopetto (*da marinaio*) **4** (*naut.*) nodo piano **5** (*pop.*) sigaretta alla marijuana **6** (*pop. USA*) autocarro (*o* carro, vagone) frigorifero; nave frigorifera.

reefing jacket /'riːfɪŋdʒækɪt/, *V.* **reefer**, *def. 3.*

reek /riːk/, *n.* **1** (*lett. o scozz.*) fumo **2** odore acre; puzzo; esalazione fetida: **the r. of snuff**, l'odore acre del tabacco da fiuto; **the r. of the sewers**, il puzzo delle fogne.

to **reek** /riːk/, **A** *v. i.* **1** trasudare; fumare; emettere fumo (*o* vapori) **2** puzzare; (*fig.*) saper di: **He reeks of garlic**, puzza d'aglio; **It reeks of affectation**, sa d'affettazione. **B** *v. t.* **1** affumicare **2** emettere, esalare (*fumo, vapori*). ● (*fig.*) **to r. with corruption**, puzzare di corruzione □ (*raro*) **to r. with sweat**, grondare di sudore.

reekie /'riːkɪ/, **reeky** /'riːkɪ/, *a.* **1** (*lett. o scozz.*) fumoso **2** fetido; puzzolente. ● (*scozz.*) **Auld R.**, la vecchia fumosa Edimburgo.

reel (**1**) /riːl/, *n.* **1** (*ind. tess.*) aspo; bobina **2** rocchetto; bobina: **a r. of cotton**, un rocchetto di cotone; **a r. of magnetic tape**, una bobina di nastro magnetico **3** (*fotogr.*) rotolo; (*cinem.*) bobina, rotolo, pizza **4** mulinello (*di canna da pesca*). ● (*fig. fam.*) **off the r.**, senza posa; tutto d'un fiato.

reel (**2**) /riːl/, *n.* (*mus.*) «reel» (*vivace danza scozz. o irl.*).

reel (**3**) /riːl/, *n.* **1** barcollamento; ondeggiamento; traballio; vacillamento **2** giro vorticoso; vortice: (*fig.*) **the r. of folly around us**, il vortice della follia intorno a noi.

to **reel** (**1**) /riːl/, *v. t.* (*ind. tess.*, *anche* **to r. in**) annaspare; avvolgere (*filo*) sull'aspo; bobinare. ● (*sport*) **to r. in a fish**, tirar su un pesce col mulinello □ **to r. off**, dipanare (*filo*); dire d'un fiato, snocciolare (*una storiella, date, versi, ecc.*) □ **to r. out**, dipanare.

to **reel** (**2**) /riːl/, *v. i.* ballare il «reel» (*V.* **reel (2)**).

to **reel** (**3**) /riːl/, *v. i.* **1** (*della testa*) girare: **My head reeled**, mi girava la testa; **to make sb.'s head r.**, far girare la testa a q. **2** barcollare; ondeggiare; traballare; vacillare; esser scosso: **The front ranks reeled under the onslaught**, le prime schiere vacillarono sotto l'urto; **They went off reeling**, se ne andarono barcollando (*o* traballando); **The State was reeling to its foundations**, lo Stato era scosso dalle fondamenta **3** girare; turbinare: **The square reeled before his eyes**, la piazza gli girava sotto gli occhi. ● **to r. back in horror**, arretrare inorridito (*vacillando*).

to **re-elect** /riːɪ'lekt/, *v. t.* rieleggere.

re-election /riːɪ'lekʃn/, *n.* rielezione.

reeler /'riːlə(r)/, *n.* **1** (*nei composti*) pellicola; film: **a four-r.**, un film di quattro pizze **2** (*fam. USA*) giro dei bar.

re-eligibility /riːelɪdʒə'bɪlətɪ/, *n.* rieleggibilità.

re-eligible /riː'elɪdʒəbl/, *a.* rieleggibile.

reeling /'riːlɪŋ/, *a.* **1** barcollante; vacillante; traballante **2** che gira; vorticante. || **-ly**, *avv.*

to **re-embark** /riːɪm'bɑːk/, *v. t.* e *i.* rimbarcare, rimbarcarsi.

re-embarkation /riːembɑː'keɪʃn/, *n.* rimbarco.

to **re-emerge** /riːɪ'mɜːdʒ/, *v. i.* riemergere.

re-emergence /riːɪ'mɜːdʒəns/, *n.* riemersione.

to **re-employ** /riːɪm'plɔɪ/, *v. t.* **1** reimpiegare, rimpiegare; impiegare di nuovo **2** assumere di nuovo; riassumere (*manodopera, ecc.*).

re-employment /riːɪm'plɔɪmənt/, *n.* **1** reimpiego **2** riassunzione (*di lavoratori*).

to **re-enact** /riːɪ'nækt/, *v. t.* **1** rimettere (*una legge*) in vigore **2** ricostruire (*una scena, un delitto, ecc.*) **3** (*teatr.*) recitare (*o* rappresentare) di nuovo.

re-enactment /riːɪ'næktmənt/, *n.* **1** rimessa in vigore (*d'una legge*) **2** ricostruzione (*di un'azione*) **3** (*teatr.*) nuova recita (*V.* **to re-enact**).

to **re-enforce** /riːɪn'fɔːs/, e *deriv. V.* **to reinforce**, e *deriv.*

to **re-engage** /riːɪn'geɪdʒ/, **A** *v. t.* **1** impegnare (prenotare, occupare, ecc.) di nuovo (*una camera, un posto, ecc.*) **2** riassumere; assumere (ingaggiare, ecc.) di nuovo (*personale, ecc.*) **3** attirare di nuovo (*l'attenzione, ecc.*); riconquistare (*la benevolenza, ecc.*) **4** (*mil.*) impegnare (o attaccare) di nuovo **5** (*autom., mecc.*) reingranare, reinnestare (*una marcia*). **B** *v. i.* **1** impegnarsi di nuovo **2** (*mil.*) impegnare combattimento (*o* attaccare) di nuovo **3** (*mecc.*) reingranare; (di una marcia) entrare di nuovo. ● **to r. in business**, rimettersi in affari.

re-engagement /riːɪn'geɪdʒmənt/, *n.* **1** nuovo impegno; nuova prenotazione **2** riassunzione, rinomina (*di personale, ecc.*) **3** (*mil.*) nuovo attacco **4** (*autom., mecc.*) reinnesto (*di una marcia*).

to **re-enlist** /riːɪn'lɪst/, (*mil.*) **A** *v. t.* riarruolare. **B** *v. i.* raffermarsi; riarruolarsi; arruolarsi di nuovo.

re-enlistment /riːɪn'lɪstmənt/, *n.* (*mil.*) nuovo arruolamento; reingaggio; rafferma.

to **re-enter** /riː'ɛntə(r)/, **A** *v. t.* **1** rientrare in; entrare di nuovo in. **2** iscriversi di nuovo a (*un circolo, una gara, ecc.*) **3** (*rag.*) registrare di nuovo. **B** *v. i.* **1** rientrare; entrare di nuovo **2** iscriversi di nuovo; reiscriversi.

re-entrance /riː'ɛntrəns/, *n.* rientranza.

re-entrant /riː'ɛntrənt/, **A** *a.* rientrante. **B** *n.* angolo (*o* parte) rientrante.

re-entry /riː'ɛntrɪ/, *n.* **1** rientrata; rientro (*anche di navicella spaziale*) **2** (*leg.*) il rientrare in possesso (*di q.c.*) **3** (*rag.*) nuova registrazione **4** reingresso (*in un paese*): (*tur.*) **r. visa**, visto di reingresso. ● (*miss.*) **r. vehicle**, veicolo per rientro □ (*miss.*) **r. window**, finestra di rientro □ (*miss.*) **to make a successful r.**, rientrare felicemente (*dallo spazio*); fare un rientro perfetto.

to **re-equip** /riːɪ'kwɪp/, *v. t.* **1** equipaggiare di nuovo, riallestire (*un esercito, una nave*) **2** riattrezzare (*un'officina, ecc.*); riarredare (*una casa*).

re-equipment /riːɪ'kwɪpmənt/, *n.* **1** riallestimento **2** nuova attrezzatura; nuovo arredamento.

to **re-establish** /riːɪ'stæblɪʃ/, **A** *v. t.* **1** ristabilire; ricostituire; restaurare; rifondare; ricostruire: **to r. military bases**, ristabilire basi militari; **to r. a town on a hill**, ricostruire una città su un colle; **to r. sb.'s authority**, restaurare l'autorità di q. **2** riaffermare (*un diritto, ecc.*) **3** confermare (*o* dimostrare) di nuovo (*una teoria, ecc.*). **B** to **re-establish oneself**, *v. rifl.* **1** installarsi di nuovo; ristabilirsi (*in un luogo*) **2** rimettersi in affari. ● **to r. the budget on a sound footing**, risanare il bilancio □ **to r. one's health**, rimettersi in salute.

re-establishment /riːɪ'stæblɪʃmənt/, *n.* **1** ristabilimento; ricostituzione; restaurazione; rifondazione **2** riaffermazione (*di un diritto, ecc.*) **3** conferma, dimostrazione (*di una teoria, ecc.*).

reeve (1) /riːv/, *n.* **1** (*stor.*) primo magistrato (*di città o distretto medievale*) **2** (*stor.*) sovrintendente, fattore (*di una grande tenuta*) **3** (*nel Can.*) presidente di consiglio comunale.

reeve (2) /riːv/, *n.* (*zool.*) femmina della pavoncella combattente (*cfr.* **ruff (1)**, *def. 4*).

to **reeve** /riːv/ (*pass.* e *p. p.* **reeved, rove**), *v. t.* (*naut.*) **1** infilare, passare (*una cima attraverso un anello, ecc.*) **2** assicurare, legare (*passando una cima in un anello*) **3** superare (*le secche, ecc.*).

re-examination /riːɪgzæmɪ'neɪʃn/, *n.* **1** riesame; nuovo esame **2** (*leg.*) nuovo interrogatorio (*del testimone, da parte di colui che l'ha citato*).

to **re-examine** /riːɪg'zæmɪn/, *v. t.* **1** riesaminare **2** (*leg.*) sottoporre (*un testimone*) a nuovo interrogatorio (*dopo il controinterrogatorio*).

re-export /riː'ɛkspɔːt/, **re-exportation** /riːɛkspɔː'teɪʃn/, *n.* (*comm.*) **1** riesportazione **2** merce riesportata.

to **re-export** /riːɪk'spɔːt/, *v. t.* (*comm.*) riesportare.

re-exporter /riːɪk'spɔːtə(r)/, *n.* (*comm.*) riesportatore, riesportatrice.

ref /rɛf/, *n.* (*sport, abbr. fam. di* **referee**) arbitro.

to **ref** /rɛf/, *v. t.* (*fam.*) arbitrare.

to **reface** /riː'feɪs/, *v. t.* **1** rifare la facciata di (*un edificio, ecc.*) **2** (*mecc.*) rettificare; ripassare.

to **refashion** /riː'fæʃn/, *v. t.* **1** rifoggiare, rimodellare; rifare **2** rimodernare.

refection /rɪ'fɛkʃn/, *n.* (*arc.*) **1** refezione; pasto leggero **2** rifocillamento.

refectory /rɪ'fɛktrɪ, 'rɛfəktrɪ, *USA* 'rɛfəktɔːrɪ/, *n.* refettorio.

to **refer** /rɪ'fɜː(r)/, **A** *v. t.* **1** indirizzare; mandare; dire (*a q.*) di rivolgersi (a): **My doctor referred me to a specialist**, il mio medico mi mandò da uno specialista; **The waiter referred me to the landlord**, il cameriere mi disse di rivolgermi al padrone **2** affidare; deferire; rimettere; rinviare: **Let's r. the question to arbitration**, deferiamo la questione a un arbitro!; (*polit.*) **to r. a bill to a committee**, rinviare un disegno di legge a una commissione (*per ulteriore esame*) **3** dire a (q.) di consultare: **to r. a student to an encyclopaedia**, dire a uno studente di consultare un'enciclopedia **4** (*comm.*) indirizzare per referenze; dare a (q.) il nome (*di q. altro*) come referenza: **The applicant has referred us to you**, il candidato ci ha dato (*o* ha fatto) il Vostro nome come referenza **5** (*in G.B.*) rimandare, riprovare (*uno studente*) **6** attribuire; assegnare; ascrivere; imputare: **to r. famine to the war**, attribuire la causa della carestia alla guerra; **They referred their defeat to him**, imputavano a lui la loro sconfitta; **to r. the subclass of barnacles to the crustaceans**, assegnare la sottoclasse dei cirripedi ai crostacei. **B** *v. i.* **1** riferirsi (a); concernere; trattare (di); rifarsi (a); alludere; accennare; aver relazione (con): **This book deals only with fish; it does not r. to crustaceans**, questo libro si occupa solo dei pesci; non tratta i crostacei; **His remark refers only indirectly to you**, la sua osservazione si riferisce a te soltanto indirettamente; **Don't r. to the accident again**, non alludere più all'incidente (*o* non menzionarlo, non farne più parola)!; **Referring to what I said just now**, rifacendomi a quanto ho detto or ora **2** appellarsi; rivolgersi, fare ricorso (*a q. per informazioni, aiuto, ecc.*); consultare: **R. to the office**, rivolgetevi all'ufficio; **to r. to a map [a dictionary, one's watch, etc.]**, consultare una carta geografica [un dizionario, l'orologio]. **C** to **refer oneself**, *v. rifl.* affidarsi, rimettersi: **I r. myself to your sense of justice**, mi rimetto al tuo senso di giustizia. ● (*banca*) **«r. to drawer»** (*abbr.* **R.D.**), «rivolgersi all'emittente» (*formula con cui una banca rifiuta il pagamento di un assegno scoperto*) □ (*anche comm.*) **referring to**, in riferimento a; riguardo a.

referable /rɪ'fɜːrəbl/, *a.* riferibile; attribuibile; assegnabile.

referee /rɛfə'riː/, *n.* **1** (*leg.*) arbitro **2** (*leg.*) relatore; perito **3** (*polit.*) relatore (*su un disegno di legge*) **4** (*comm.*) chi dà referenze (*per q.*); referenza: **Can I give your name as a r.?**, posso fare il Suo nome come referenza? **5** (*sport*) arbitro; giudice (di gara) **6** (*pallacanestro*) primo arbitro. ● (*banca*) **r. in case of need**, bisognatario □ (*boxe*) **r. stop count**, knockout tecnico (*decretato dall'arbitro*).

to **referee** /rɛfə'riː/, *v. t.* e *i.* (*leg.* e *sport*) arbitrare; fare da arbitro.

refereeing /rɛfə'riːɪŋ/, *n.* (*leg.* e *sport*) arbitraggio.

reference /'rɛfərəns/, *n.* **1** riferimento; rimando; rinvio; accenno; allusione; menzione; relazione; rapporto: **The novel is full of historical references**, il romanzo è pieno di riferimenti storici; **a passing r.**, un accenno fugace; **No r. to a previous meeting was made**, non si fece allusione a un precedente incontro; **His success seems to have little r. to merit**, sembra che il suo successo non sia in relazione (*o* abbia ben poco a che fare) coi suoi meriti **2** consultazione: **r. books** (*o* **works of r.**), libri (*o* opere) di consultazione; **r. library**, biblioteca di consultazione (*che non fa prestiti*); **r. to a dictionary**, consultazione di un dizionario **3** referenza; attestato; benservito: **What are your references?**, quali sono le vostre referenze?; **trade references**, referenze commerciali **4** (lettera di) raccomandazione **5** chi dà referenze (*su q.*); referenza **6** (*leg.*) compromesso arbitrale **7** (*leg.*) ricorso all'arbitrato; deferimento (*di una controversia*) a un arbitro **8** (= **r. mark**) segno di rimando (*asterisco, ecc.*) **9** (*ling.*) referenza **10** (*raro*) competenza; poteri: **That isn't within the r. of our committee**, ciò non rientra nei poteri della nostra commissione. ● (*fin.*) **r. currencies**, valute di riferimento □ (*mecc.*) **r. gauge**, calibro di riscontro; calibro campione □ **r. number**, numero di riferimento □ (*econ.*) **r. price**, prezzo di riferimento □ (*stat.*) **r. set**, insieme di riferimento □ (*comm.*) **to ask for references**, chiedere referenze □ (*comm.*) **banker's r.**, referenze bancarie □ **for easy r.**, per facilitare la consultazione (*di un libro, ecc.*) □ **in** (*o* **with**) **r. to**, in rapporto a, rispetto a; in relazione a, in riferimento a □ **to make r. to**, consultare; accennare, alludere a; fare il nome di; chiedere referenze a: **You should make r. to a good encyclopaedia**, dovresti consultare una buona enciclopedia; **We would like to make r. to your last employer**, vorremmo domandare Sue referenze (*o* informazioni sul Suo conto) al Suo ultimo datore di lavoro □ **to provide sb. with references**, munire q. di (buone) referenze; referenziare q.

to **reference** /'rɛfərəns/, *v. t.* **1** provvedere (*un libro*) di rimandi **2** fare la bibliografia per (*una tesi, ecc.*) **3** citare, fare riferimento a (*una fonte*).

referendary (1) /rɛfə'rɛndərɪ/, *n.* **1** (*relig.*) referendario **2** arbitro.

referendary (2) /rɛfə'rɛndərɪ/, *a.* (*polit.*) referendario: **r. vote**, voto referendario.

referendum /rɛfə'rɛndəm/, *n.* (*pl.* **referenda, referendums**) (*polit.*) referendum.

referent /'rɛfərənt/, *n.* (*ling.*) referente.

referential /rɛfə'rɛnʃl/, *a.* **1** di riferimento; di rimando **2** di referenza; informativo **3** (*ling.*) referenziale.

referral /rɪ'fɜːrəl/, *n.* (*form.*) **1** riferimento; il riferirsi (*a q.*) **2** deferimento; il rimettere; rinvio: **the r. of a matter to a special committee**, il rinvio di una questione a una commissione ad hoc.

referring to /rɪ'fɜːrɪŋtuː, -tʊ, -tə/, *prep.* in riferimento a; quanto a; riguardo a.

refill /'riːfɪl/, *n.* **1** ricambio, ricarica, refill, cartuccia (*di un accendisigaro, di una biro, e sim.*) **2** nuovo rifornimento (*di benzina, ecc.*) **3** (*fam.*) secondo giro (*fam.*); replica (*di una portata*); bis (*di una bevanda*). ● (*offrendo di nuovo da bere*) **Would you like a r.?**, ne vuoi ancora?

to **refill** /riː'fɪl/, *v. t.* riempire di nuovo (*il serbatoio, ecc.*); ricaricare (*un accendisigaro, una biro, ecc.*).

to **refinance** /riː'faɪnæns, -f(a)ɪ'næns/, *v. t.* (*fin.*) rifinanziare.

refinancing /riː'faɪnænsɪŋ, -f(a)ɪ'nænsɪŋ/, *n.* (*fin.*) rifinanziamento.

to **refine** /rɪ'faɪn/, **A** *v. t.* **1** (*ind.*) raffinare; affinare; purificare: **to r. sugar**, raffinare lo zucchero; **to r. gold**, affinare l'oro **2** (*fig.*) raffinare; dirozzare; affinare; ingentilire: **to r. sb.'s taste [manners]**, raffinare i gusti [le maniere] di q.; **to r. one's style**, affinare il proprio stile. **B** *v. i.* raffinarsi; affinarsi; dirozzarsi; ingentilirsi. ● **to r. out** (*o* **away**), togliere (*impurità*) □ **to r. upon** (*o* **on**), migliorare, perfezionare: **to r. on the previous method of prospecting**, perfezionare il metodo precedente di fare ricerche minerarie.

refined /rɪ'faɪnd/, *a.* **1** (*ind.*) raffinato; purificato: **r. sugar**, zucchero raffinato **2** (*fig.*) raffinato; ricercato; fine; delicato: **r. feelings**, sentimenti delicati; **a r. style**, uno stile raffinato. || **-ly**, *avv.* || **-ness**, *sost.*

refinement /rɪ'faɪnmənt/, *n.* **1** (*ind.*) raffinazione (*dello zucchero, ecc.*) **2** raffinatezza; ricercatezza; finezza: **r. of taste**, raffinatezza di gusti; **the refinements of luxury**, le ricercatezze del lusso **3** miglioramento; perfezionamento (*di un metodo, ecc.*) **4** miglioria (*in un prodotto*): **Anti-block brakes are an expensive car r.**, l'ABS è una miglioria costosa in un'automobile **5** (*raro*) sottigliezza (*di ragionamento*).

refiner /rɪˈfaɪnə(r)/, *n.* raffinatore (*uomo o apparecchio*). ● **a big oil r.**, un grosso industriale della raffinazione (del petrolio); un grande proprietario di raffinerie.

refinery /rɪˈfaɪnərɪ/, *n.* raffineria: **an oil r.**, una raffineria di petrolio. ● **r. gas**, gas di raffineria.

refit /ˈriːfɪt/, *n.* **1** riparazione **2** (*naut.*) raddobbo.

to **refit** /riːˈfɪt/, **A** *v. t.* **1** riattare; riaggiustare; riparare **2** (*naut.*) raddobbare. **B** *v. i.* **1** essere in riparazione **2** (*naut.*) essere in raddobbo: **to put a ship into port to r.**, mettere una nave in porto per essere raddobbata. ● (*naut.*) **refitting yard**, cantiere di raddobbo.

refitment /riːˈfɪtmənt/, *V.* **refit**.

to **reflate** /riːˈfleɪt/, (*econ.*) **A** *v. t.* reflazionare. **B** *v. i.* provocare una reflazione; adottare misure reflazionistiche.

reflation /riːˈfleɪʃn/, *n.* (*econ.*) reflazione.

reflationary /riːˈfleɪʃnrɪ, *USA* -nerɪ/, *a.* (*econ.*) reflazionistico.

to **reflect** /rɪˈflekt/, **A** *v. t.* **1** riflettere; rimandare; riverberare: **A mirror reflects images**, lo specchio riflette le immagini **2** rispecchiare, riflettere (*fig.*): **Their actions r. their thoughts**, le loro azioni rispecchiano i loro pensieri **3** gettare (*discredito, ecc.*): **This scandal reflects discredit on the government**, questo scandalo getta discredito sul governo **4** (*raro*) ripiegare; piegare all'indietro. **B** *v. i.* **1** riflettersi; esser riflesso: **The light reflected from the water into her eyes**, la luce si rifletteva dall'acqua nei suoi occhi **2** riflettere; considerare; meditare: **I need more time to r. on the matter**, mi occorre più tempo per riflettere sulla faccenda. ● **to r. credit on sb.** [**st.**], fare onore a q. [q.c.] □ **to r. dishonour on sb.**, tornare a disonore di q. □ **to r. favourably** (*o* **well**) **on**, fare onore a; stare a dimostrare; essere chiara prova di: **His decision reflects well on his integrity**, la sua decisione è chiara prova della sua onestà □ **to r. unfavourably** (*o* **badly**) **on**, tornare a disonore (*o* a discredito) di; gettare un'ombra su □ (*fig.*) **to be reflected in**, riflettersi in, essere come conseguenza: **The state of the Italian economy is reflected in the low value of the lira**, lo stato dell'economia italiana si riflette nello scarso valore della lira □ **That reflects little credit on him!**, (la cosa) non gli fa molto onore!

♦**reflect back**, *v. t. + avv.* **1** riflettere (*la luce, ecc.*) **2** (*fig.*) rispecchiare (*opinioni, ecc.*).

♦**reflect on** (*o* **upon**), *v. t. + prep.* **1** riflettere su **2** riflettersi, ripercuotersi, influire su; ricadere su: **Your behaviour will r. on your career**, la tua condotta si ripercuoterà sulla tua carriera; **The weakness of the government reflects badly on our economy**, la debolezza del governo influisce negativamente sulla nostra economia; **This charge will r. on the political class as a whole**, questa accusa ricadrà sull'intera classe politica **3** gettare un'ombra su; mettere (*o* revocare) in dubbio: **The border incident reflects on their good faith**, l'incidente di frontiera getta un'ombra sulla loro buona fede.

reflectance /rɪˈflektəns/, *n.* (*fis.*) fattore (*o* coefficiente) di riflessione; riflettenza.

reflecting /rɪˈflektɪŋ/, *a.* **1** che riflette **2** (*fis.*) riflettente: **r. sign**, segnale riflettente (*nella segnaletica orizzontale*). ● (*ottica*) **r. microscope**, microscopio a riflessione □ **r. telescope**, telescopio a riflessione.

reflection /rɪˈflekʃn/, *n.* **1** (*fis.*) riflessione; il riflettere, il riflettersi: **the r. of light** [**of heat, of sound**], la riflessione della luce [del calore, del suono] **2** riflesso; riverbero (*del sole, ecc.*); immagine riflessa (*in uno specchio*) **3** riflessione; meditazione; considerazione: **I was lost in r.**, ero assorto in meditazione; **philosophical reflections**, riflessioni filosofiche **4** (*fisiol.*) riflesso **5** riflesso (*fig.*); conseguenza; risultato: **Drug addiction is a r. of our unstable society**, la droga è un riflesso della nostra instabile società **6** rispecchiamento (*fig.*) **7** biasimo; critica; discredito; insinuazione; riprovazione: **to cast reflections upon sb.'s honesty**, fare insinuazioni sull'onestà di q. ● (*fis.*) **r. coefficient** (*o* **r. factor**), fattore (*o* coefficiente) di riflessione □ (*elettr.*) **r. loss**, perdita per riflessione □ **on r.**, riflettendoci; pensandoci sopra.

reflective /rɪˈflektɪv/, *a.* **1** riflessivo; cogitabondo; meditabondo; pensoso: **a r. mind**, un ingegno riflessivo **2** (*fis.*) riflettente: **r. paint**, vernice riflettente. ● **r. glare**, bagliore riflesso. || **-ly**, *avv.*

reflectiveness /rɪˈflektɪvnəs/, **reflectivity** /riːflekˈtɪvətɪ/, *n.* **1** riflessività; pensosità **2** (*fis.*) capacità di riflettere; riflettività.

reflector /rɪˈflektə(r)/, *n.* **1** (*elettr., autom.*) riflettore **2** catarifrangente (*di bicicletta*) **3** (*astron.*; = **r. telescope**) telescopio a riflessione. ● (*fig.*: *di persona, libro, ecc.*) **to be a r. of**, rispecchiare; essere lo specchio di.

reflex /ˈriːfleks/, **A** *n.* **1** riflesso (*anche fig.*): **Their glory is but a r. of ours**, la loro gloria non è che un riflesso della nostra **2** immagine riflessa (*in uno specchio, ecc.*) **3** (*fig.*) conseguenza; risultato; cosa che rispecchia: **Legislation should be the r. of public opinion**, le leggi dovrebbero rispecchiare l'opinione pubblica **4** (*fisiol.*) riflesso: **The patient's reflexes were normal**, i riflessi del paziente erano normali **5** (*fig.*) reazione automatica (*non cosciente né voluta*). **B** *a.* (*fis., fisiol.*) riflesso: **r. light**, luce riflessa; **r. actions**, azioni riflesse. ● (*geom.*) **r. angle**, angolo concavo □ (*cinem., fotogr.*) **r. camera**, reflex; macchina fotografica reflex □ (*med.*) **r. hammer**, martelletto (*per saggiare i riflessi*) □ **a r. influence**, un influsso che si ripercuote (*su chi ne è l'origine*) □ **a r. thought**, un pensiero introspettivo □ **to have quick reflexes**, avere i riflessi pronti; essere pronto di riflessi.

to **reflex** /riːˈfleks/, *v. t.* **1** riflettere **2** flettere (*o* piegare) all'indietro.

reflexed /riːˈflekst/, *a.* (*bot.*) riflesso; ricurvo.

reflexibility /rɪfleksəˈbɪlətɪ/, *n.* (*fis.*) riflessibilità.

reflexible /rɪˈfleksəbl/, *a.* (*fis.*) riflessibile.

reflexion /rɪˈflekʃn/, *V.* **reflection**.

reflexive /rɪˈfleksɪv/, **A** *a.* **1** (*gramm.*) riflessivo: **a r. pronoun** [**verb**], un pronome [un verbo] riflessivo **2** (*mat.*) riflessivo: **r. relation**, relazione riflessiva. **B** *n.* (*gramm.*) pronome (*o* verbo) riflessivo. || **-ly**, *avv.*

reflexivity /riːflekˈsɪvətɪ/, *n.* (*mat.*) riflessività.

reflexology /riːflekˈsɒlədʒɪ/, *n.* (*psic.*) riflessologia.

reflexotherapy /rɪfleksəˈθerəpɪ/, *n.* (*med.*) riflessoterapia.

to **refloat** /riːˈfləʊt/, *v. t.* **1** (*naut.*) disincagliare (*una nave*); recuperare, rimettere a galla (*una nave affondata*) **2** (*econ., fin.*) riportare a galla (*un'azienda*); rilanciare (*un prestito, ecc.*).

reflow /ˈriːfləʊ/, *n.* riflusso.

to **reflow** /rɪˈfləʊ/, *v. i.* rifluire.

refluence /ˈrefluəns/, *n.* riflusso; il rifluire.

refluent /ˈrefluənt/, *a.* che rifluisce; in riflusso; refluo: (*med.*) **r. blood**, sangue refluo.

reflux /ˈriːflʌks/, *n.* (*anche chim. e med.*) riflusso.

refolding /riːˈfəʊldɪŋ/, *n.* (*geol.*) ripiegamento.

to **reforest** /riːˈfɒrɪst, *USA* -ˈfɔː-/, *v. t.* rimboschire, rimboscare.

reforestation /riːfɒrəˈsteɪʃn, *USA* -fɔː-/, *n.* rimboschimento, rimboscamento.

reform /rɪˈfɔːm/, *n.* **1** riforma: **Students and workers were demonstrating for social r.**, studenti e lavoratori facevano dimostrazioni per le riforme sociali **2** l'emendarsi; emendamento; miglioramento. ● (*USA* o *stor.*) **r. school**, riformatorio; casa di correzione (*in G.B., ora,* **approved school**).

to **reform** (**1**) /rɪˈfɔːm/, **A** *v. t.* **1** riformare; correggere; emendare; migliorare **2** eliminare; reprimere: **to r. abuses**, reprimere gli abusi. **B** *v. i.* (*anche, v. rifl.,* **to reform oneself**) correggersi; emendarsi; migliorare.

to **re(-)form** (**2**) /riːˈfɔːm/, **A** *v. t.* riformare; formare di nuovo; ricostituire: (*econ.*) **to r. a trust**, ricostituire un trust. **B** *v. i.* **1** riformarsi; formarsi di nuovo; ricostituirsi **2** (*mil.*) rimettersi in formazione (serrata); serrare i ranghi.

reformable /rɪˈfɔːməbl/, *a.* riformabile; correggibile; emendabile.

to **reformat** /riːˈfɔːmæt/, *v. t.* (*elab.*) riformattare.

reformate /rɪˈfɔːmeɪt/, *n.* (*chim., ind.*) prodotto di reforming.

reformation (**1**) /refəˈmeɪʃn/, *n.* **1** riforma **2** l'emendarsi; emendamento; miglioramento **3** – (*stor., relig.*) **the R.**, la Riforma.

re(-)formation (**2**) /riːfɔːˈmeɪʃn/, *n.* riformazione; nuova formazione.

reformational /refəˈmeɪʃənl/, *a.* di riforma; riformatore; migliorativo.

reformative /rɪˈfɔːmətɪv/, *a.* riformativo.

reformatory /rɪˈfɔːmətrɪ, *USA* -tɔːrɪ/, **A** *n.* (*USA* o *stor.*) riformatorio; casa di correzione. **B** *a.* riformativo; riformatore.

reformed /rɪˈfɔːmd/, *a.* **1** riformato **2** emendato; migliorato; tornato sulla retta via **3** (*chim., ind.*) riformato; di reforming: **r. petrol**, benzina di reforming. ● (*relig.*) **the R. Church**, la Chiesa Protestante; (*specialm.*) la Chiesa Calvinista.

reformer /rɪˈfɔːmə(r)/, *n.* **1** riformatore, riformatrice **2** (*stor., relig.*) uno dei capi della Riforma.

reforming /rɪˈfɔːmɪŋ/, *n.* **1** il riformare, ecc. (*V.* **to reform**) **2** (*chim., ind.*) reforming.

reformism /riːˈfɔːmɪzəm/, *n.* (*polit., ecc.*) riformismo.

reformist /rɪˈfɔːmɪst/, (*polit.*) **A** *n.* riformista. **B** *a.* riformistico.

to **reformulate** /riːˈfɔːmjuleɪt/, *v. t.* riformulare.

reformulation /riːfɔːmjuˈleɪʃn/, *n.* riformulazione.

to **refract** /rɪˈfrækt/, *v. t.* **1** (*fis.*) rifrangere (*raggi di luce, ecc.*): **refracted light**, luce rifratta; **refracted ray**, raggio rifratto **2** misurare il grado di rifrazione di (*un occhio, una lente, ecc.*).

refracting /rɪˈfræktɪŋ/, *a.* (*fis.*) rifrangente. ● **r. telescope**, telescopio a rifrazione (*o* diottrico).

refraction /rɪˈfrækʃn/, *n.* (*fis.*) rifrazione: **atmospheric r.**, rifrazione atmosferica. ● (*elettr.*) **r. loss**, perdita per rifrazione.

refractional /rɪˈfrækʃənl/, *a.* di (*o* concernente la) rifrazione.

refractive /rɪˈfræktɪv/, *a.* (*fis.*) **1** rifrangente **2** di rifrazione; concernente la rifrazione: **r. index**, indice di rifrazione.

refractivity /rɪfrækˈtɪvətɪ/, *n.* (*elettr.*) rifrattività; rifrangenza.

refractor /rɪˈfræktə(r)/, *n.* (*fis.*) rifrattore. ● **r. telescope**, *V.* **refracting telescope**.

refractory /rɪˈfræktərɪ/, **A** *a.* **1** (*fis., med.*) refrattario: **r. lining**, rivestimento refrattario **2** (*fig.*) indocile; ostinato; caparbio. **B** *n.* **1** (*fis.*) refrattarietà **2** (*ind.*) materiale refrattario. ● (*ind. costr.*) **r. cement**, cemento refrattario □ **r. engineer**, tecnico dei refrattari. || **-ily**, *avv.* || **-ness**, *sost.*

refrain /rɪˈfreɪn/, *n.* **1** (*mus.*) ritornello; refrain **2** (*poesia*) ripresa **3** (*fig.*) cosa (*o* frase) ripetuta. ● (*fig.*) **It's always the same old r.!**, è sempre la stessa musica!

to **refrain** /rɪˈfreɪn/, *v. i.* frenarsi; trattenersi; astenersi: **I refrained from answering**, mi trattenni dal rispondere.

refrangibility /rɪfrændʒə'bɪlətɪ/, *n.* (*fis.*) rifrangibilità.

refrangible /rɪ'frændʒəbl/, *a.* (*fis.*) rifrangibile.

to **refresh** /rɪ'frɛʃ/, **A** *v. t.* **1** rinfrescare; ristorare; rianimare; rinvigorire: **Rest refreshes the body and the mind**, il riposo ristora il corpo e la mente; **Let me r. your memory of what happened**, lascia che ti rinfreschi la memoria su quel che accadde! **2** rifornire; rinnovare; ricaricare; riattivare: **to r. the fire**, riattivare il fuoco; **to r. an electric battery**, ricaricare una batteria elettrica **3** (*raro*) rinfrescare; far ritornare fresco. **B** *v. i.* (*anche, v. rifl.*, **to refresh oneself**) rinfrescarsi; rifocillarsi; ristorarsi; rianimarsi: **to r. oneself with a cold shower**, rinfrescarsi con una doccia fredda.

refresher /rɪ'frɛʃə(r)/, *n.* **1** (*leg.*) parcella supplementare (*in una causa lunga*) **2** (*fam.*) bibita fresca. ● **r. course**, corso di aggiornamento.

refreshing /rɪ'frɛʃɪŋ/, *a.* **1** rinfrescante; ristoratore; che rianima: **a r. drink**, una bibita rinfrescante; **r. sleep**, sonno ristoratore **2** gradevole; piacevole: **a r. informality**, una piacevole mancanza di cerimonie. ● **a r. breeze**, una brezza che dà refrigerio. || **-ly**, *avv.*

refreshment /rɪ'frɛʃmənt/, *n.* **1** rinfresco; ristoro; riposo; sollievo **2** spuntino. ● (*ferr.*) **r. car**, carrozza ristorante □ **«Refreshments provided»**, «saranno offerti rinfreschi» (*scritto su un invito, ecc.*) □ (*ferr.*) **r. room**, buffet; posto di ristoro □ **to have some r.**, rifocillarsi □ **without r.**, senza toccare cibo.

refrigerant /rɪ'frɪdʒərənt/, **A** *a.* **1** refrigerante; fluido frigorigeno **2** (*farm.*) antifebbrile. **B** *n.* **1** sostanza (*o* miscela) refrigerante **2** (*farm.*) medicamento antifebbrile; antipiretico.

to **refrigerate** /rɪ'frɪdʒəreɪt/, *v. t.* refrigerare; raffreddare; mettere (q.c.) in frigorifero.

refrigerated /rɪ'frɪdʒəreɪtɪd/, *a.* refrigerato. ● **r. lorry** (*USA* **r. truck**), autocarro frigorifero.

refrigeration /rɪfrɪdʒə'reɪʃn/, *n.* refrigerazione. ● **r. engineer**, tecnico della refrigerazione □ **r. industry**, industria del freddo.

refrigerative /rɪ'frɪdʒərətɪv/, *a.* refrigerativo; refrigerante.

refrigerator /rɪ'frɪdʒəreɪtə(r)/, *n.* refrigeratore; (armadio) frigorifero; cella frigorifera. ● (*ferr.*) **r. car**, carro frigorifero, vagone frigorifero □ **r.-freezer**, frigorifero-congelatore; combinato (*fam.*) □ **r. technician**, frigorista □ **r. van**, autocarro frigorifero.

refrigeratory /rɪ'frɪdʒəreɪtrɪ, -ərətrɪ, *USA* -rətɔːrɪ/, *a.* e *n.* refrigerante.

reft /rɛft/, **A** *pass.* e *p. p.* di **to reave**. **B** *a.* (*lett.*) – **r. of**, privo di; privato di (*più comune* **bereft**).

to **refuel** /'rɪ'fjʊəl/, (*autom., aeron., naut.*) **A** *v. t.* rifornire di carburante. **B** *v. i.* rifornirsi di carburante; fare rifornimento; fare benzina (*fam.*): **we stopped to r.**, ci fermammo per fare benzina.

refuelling /riː'fjʊəlɪŋ/, *n.* (*autom., aeron., naut.*) rifornimento (*di carburante*). ● **r. stop**, sosta per fare benzina.

refuge /'rɛfjuːdʒ/, *n.* **1** rifugio (*anche fig.*); asilo; ricovero: **to take r.**, trovare rifugio; rifugiarsi; **to seek r.**, cercare rifugio **2** (= **street r.**) salvagente (*stradale*). ● (*fig.*) **to take r. in silence**, rifugiarsi nel silenzio □ **He took r. in lying**, ricorse a una bugia.

refugee /rɛfjʊ'dʒiː, *USA* 'rɛfjʊdʒiː/, *n.* rifugiato (*specialm. politico*); esule; profugo. ● **a r. camp**, un campo di profughi □ (*econ.*) **r. capital**, capitali vaganti □ **r. government**, governo in esilio.

refulgence /rɪ'fʌldʒəns/, **refulgency** /rɪ'fʌldʒənsɪ/, *n.* (*lett.*) fulgore; splendore.

refulgent /rɪ'fʌldʒənt/, *a.* (*lett.*) rifulgente; fulgido; splendente. || **-ly**, *avv.*

refund /'riːfʌnd/, *n.* (*leg., comm., ecc.*) rimborso; restituzione; risarcimento; rifusione (*delle spese, dei danni, ecc.*): **prompt r.**, sollecito rimborso.

to **refund** (**1**) /riː'fʌnd/, **A** *v. t.* rimborsare; restituire; rifondere; risarcire: **to r. expenses**, rimborsare le spese; **to r. a person**, risarcire una persona. **B** *v. i.* fare un rimborso.

to **refund** (**2**) /riː'fʌnd/, *v. t.* (*fin.*) rifinanziare; riconvertire (*un prestito*); rinnovare (*un mutuo*).

re-funding /riː'fʌndɪŋ/, *n.* (*fin.*) rifinanziamento; rinnovo (*di un mutuo*).

to **refurbish** /riː'fɜːbɪʃ/, *v. t.* **1** mettere a nuovo; (*edil.*) restaurare l'esterno di (*una casa*) **2** (*fig.*) rispolverare: **You need to r. your English**, hai bisogno di rispolverare il tuo inglese.

refurbishment /riː'fɜːbɪʃmənt/, *n.* **1** il rimettere a nuovo; (*edil.*) (lavoro di) restauro degli esterni (*di una casa*) **2** (*fig.*) rinfrescata, rinfrescatina (*V.* **to refurbish**).

to **refurnish** /riː'fɜːnɪʃ/, *v. t.* **1** rifornire; provvedere di nuovo **2** riammobiliare; ammobiliare di nuovo.

refusable /rɪ'fjuːzəbl/, *a.* rifiutabile; ricusabile.

refusal /rɪ'fjuːzl/, *n.* **1** rifiuto; diniego (*anche leg.*): **to meet with a r.**, ricevere un rifiuto **2** (*comm., di solito* **first r.**) opzione; diritto d'opzione; scelta: **to give sb. the first r.**, dare a q. il diritto d'opzione. ● **to meet with a r.**, ricevere un rifiuto; (*di un'offerta, ecc.*) essere rifiutato □ (*di persona*) **to take no r.**, non accettare un rifiuto; insistere; essere insistente.

refuse /'rɛfjuːs/, **A** *n.* **1** scarto; rifiuti; avanzi **2** immondizia; spazzatura; rifiuti. **B** *a.* di scarto; di rifiuto. ● **r. collector**, netturbino; spazzino □ **r. container**, cassonetto dell'immondizia □ **r. disposal**, smaltimento dei rifiuti □ **r. dump**, luogo di scarico di rifiuti; discarica □ **r. sack**, sacchetto per rifiuti.

to **refuse** (**1**) /rɪ'fjuːz/, **A** *v. t.* **1** rifiutare (*anche leg.*); ricusare; respingere: **He refused me satisfaction**, rifiutò di (*o* non volle) darmi soddisfazione; **He refused my request**, respinse la mia richiesta **2** rifiutare di sposare (q.). **B** *v. i.* rifiutare; rifiutarsi; dire di no; (*a carte*) non rispondere (a colore). ● **to r. compliance**, rifiutare di aderire a una richiesta (*o* di attenersi alle istruzioni) □ **to r. obedience**, rifiutarsi di obbedire □ **to r. orders**, non accettare ordini □ **I've never been refused**, non ho mai avuto un rifiuto □ **The engine refused to start**, il motore non voleva partire.

to **re-fuse** (**2**) /riː'fjuːz/, *v. t.* rifondere; fondere di nuovo.

refuser /rɪ'fjuːzə(r)/, *n.* **1** chi rifiuta **2** (*sport*) cavallo che rifiuta l'ostacolo.

refutability /rɛfjʊtə'bɪlətɪ, *USA* rɪfjuːtə-/, *n.* l'essere confutabile; oppugnabilità.

refutable /rɪ'fjuːtəbl, 'rɛfjʊtəbl/, *a.* confutabile; oppugnabile.

refutal /rɪ'fjuːtl/, **refutation** /rɛfjuː'teɪʃn/, *n.* confutazione.

to **refute** /rɪ'fjuːt/, *v. t.* confutare; dimostrare (q.c.) falso: (*leg.*) **to r. a charge** [**a testimony**], confutare un'accusa [una testimonianza].

refuter /rɪ'fjuːtə(r)/, *n.* confutatore, confutatrice.

to **regain** /rɪ'geɪn/, *v. t.* riguadagnare; riacquistare; riconquistare; recuperare; riprendere; raggiungere di nuovo: **to r. health**, riacquistare la salute; **to r. international credibility**, riconquistare la credibilità internazionale; **to r. consciousness**, riprendere conoscenza; tornare in sé. ● **to r. one's footing** (*o* **feet**), rimettersi in piedi (*dopo una caduta* e *fig.*) □ (*leg.*) **to r. possession of st.**, tornare in possesso di q.c.

regal /'riːgl/, *a.* regio; regale; reale. || **-ly**, *avv.*

to **regale** /rɪ'geɪl/, **A** *v. t.* **1** intrattenere piacevolmente (*q., specialm. conversando*) **2** deliziare; dilettare. **B** *v. i.* (*anche, v. rifl.*, **to regale oneself**) deliziarsi. ● **to r. oneself with choice food**, mangiare cibi prelibati; trattarsi bene □ **to r. one's guests with the best of everything**, offrire agli ospiti ogni ben di Dio.

regalia /rɪ'geɪlɪə/, *n. pl.* **1** insegne reali (*di re*) **2** insegne; decorazioni; distintivi: **the mayor in his full r.**, il sindaco con tutte le insegne della sua carica **3** abiti da cerimonia **4** (*stor.*) prerogative del sovrano.

regalism /'riːgəlɪzəm/, *n.* (*polit., stor.*) teoria della supremazia del sovrano anche in fatto di religione.

regality /rɪ'gælətɪ/, *n.* **1** regalità; sovranità **2** prerogativa del sovrano **3** (*raro*) regno; reame; monarchia.

regard /rɪ'gɑːd/, *n.* **1** riguardo; attenzione; considerazione; cura; rispetto; stima: **He has no r. for other people's wishes**, non ha riguardo per i desideri degli altri; **They hold you in high r.**, hanno molta stima di te **2** (*pl.*) saluti; complimenti; ossequi; omaggi: **Please give my kind regards to Your mother**, La prego di porgere i miei ossequi a Sua madre; **Give my best regards to your wife**, omaggi alla Signora **3** (*arc.*) sguardo; sguardo attento; occhiata. ● **in this r.**, a questo riguardo; a questo proposito □ **in r. to** (*o* **with r. to**), riguardo a; in quanto a □ **in this r.**, a questo proposito □ **a man of great r.**, un uomo di riguardo □ **a man of small r.**, un uomo da poco (*o* tenuto in scarsa considerazione) □ **out of r. for**, per riguardo a; per rispetto di □ **without r. to**, senza prendere in considerazione; senza tener conto di; a prescindere da.

to **regard** /rɪ'gɑːd/, *v. t.* **1** riguardare; concernere: **What you say does not r. our problem at all**, quello che dici non riguarda affatto il nostro problema (*o* è del tutto irrilevante) **2** considerare; giudicare: **They r. him as a brave soldier**, lo considerano un soldato valoroso **3** tenere in considerazione; stimare; apprezzare: **I still r. them highly**, li stimo ancora molto **4** guardare intensamente; osservare; scrutare **5** (*specialm. nelle frasi neg. e interr.*) prestare attenzione a; prendere in considerazione; tener conto di: **He does not r. my suggestions**, non prende in considerazione i miei suggerimenti. ● **to r. sb. kindly**, aver caro q.; voler bene a q. □ **as regards**, per quanto riguarda; riguardo a; in quanto a.

regardant /rɪ'gɑːdənt/, *a.* (*arald.*) volto a guardare indietro, col viso di profilo.

regardful /rɪ'gɑːdfl/, *a.* riguardoso; attento; rispettoso. || **-ly**, *avv.* || **-ness**, *sost.*

regarding /rɪ'gɑːdɪŋ/, *prep.* riguardo a; per quanto riguarda; quanto a: **r. your proposal**, quanto alla vostra proposta.

regardless /rɪ'gɑːdləs/, **A** *a.* incurante; indifferente; negligente; noncurante; sbadato. **B** *avv.* (*fam.*) malgrado tutto; senza badare alle difficoltà (ai pericoli, ecc.): **to continue the peace talks r.**, continuare le trattative di pace malgrado tutto. ● (*fam.*) **r. of**, senza badare a; a dispetto di; nonostante: **She loves him, r. of his faults**, ella lo ama, a dispetto dei suoi difetti □ **to be r. of**, non curarsi di; non badare a: **He is r. of expenses**, non bada a spese □ **She was dressed r. of expenses**, vestiva senza badare a spese. || **-ly**, *avv.* || **-ness**, *sost.*

regatta /rɪ'gætə/, *n.* (*sport*) regata: **yachting r.**, regata di panfili.

to **regelate** /'riːdʒəleɪt/, *v. i.* rigelare; gelare di nuovo (*V.* **regelation**).

regelation /riːdʒə'leɪʃn/, *n.* rigelo (*del ghiaccio, dopo temporanea fusione dovuta all'aumento di pressione*).

regency /'riːdʒənsɪ/, **A** *n.* (*polit.*) reggenza. **B** *a. attr.* (*di mobili, ecc.*) in stile reggenza. ● (*stor.*) **the R.**, il periodo della Reggenza (*in G.B.: 1810-1820*; *in Francia: 1715-1723*).

regenerate /rɪ'dʒɛnərət/, *a.* rigenerato; rinato a nuova vita (*fig.*).

to **regenerate** /rɪ'dʒɛnəreɪt/, **A** *v. t.* **1** rigenerare (*anche fig.*); riprodurre; recuperare; riacquistare: **He must r. his self-respect**, deve riacquistare il rispetto di se stesso **2** rigenerare spiritualmente; redimere *3* (*chim., ind., elettron.*) rigenerare: **regenerated cellulose**, cellulosa rigenerata *4* (*econ.*) risanare (*un'azienda, ecc.*). **B** *v. i.* *1* rigenerarsi: **The injured tissue has regenerated**, il tessuto offeso si è rigenerato *2* rinascere spiritualmente; rigenerarsi; redimersi.

regeneration /rɪdʒenəˈreɪʃn/, *n.* *1* rigenerazione (*biol, fis. nucl., elettron., ind.*); recupero *2* (*fig.*) rigenerazione; rinascita spirituale *3* (*econ.*) risanamento (di un'azienda, ecc.).

regenerative /rɪˈdʒenərətɪv/, *a.* *1* rigenerativo *2* (*ind.*) a recupero: **r. furnace**, forno a recupero (*del calore*). ● (*mecc.*) **r. pump**, turbopompa □ (*fis. nucl.*) **r. reactor**, reattore rigeneratore.

regenerator /rɪˈdʒenəreɪtə(r)/, *n.* *1* rigeneratore (*anche fig.*) *2* (*ind.*) preriscaldatore a recupero; recuperatore di calore.

regent /ˈriːdʒənt/, **A** *n.* *1* (*polit.*) reggente; principe reggente *2* (*USA*) membro del consiglio d'amministrazione (*di un'università di stato*). **B** *a.* (*posposto al sost.*) reggente: **the Prince R.**, il Principe Reggente (*di G.B.*).

to **regerminate** /riːˈdʒɜːmɪneɪt/, *v. i.* rigerminare.

regermination /riːdʒɜːmɪˈneɪʃn/, *n.* rigerminazione.

reggae /ˈregeɪ/, *n.* (*mus.*) reggae (*musica popolare delle Indie Occidentali*).

regicidal /redʒɪˈsaɪdl/, *a.* regicida.

regicide /ˈredʒɪsaɪd/, *n.* *1* regicida *2* regicidio.

to **regild** /riːˈgɪld/, *v. t.* ridorare; dorare di nuovo.

régime, regime /reɪˈʒiːm, rɛ-, rə-, ˈrɛʒ-, ˈreɪʒ-/ (*franc.*), *n.* *1* (*polit.*) regime; sistema politico (*o* sociale) *2* (*med.*) regime; dieta: **a strict r. of diet**, un rigido regime dietetico; una dieta stretta *3* (*idrologia*) regime.

regimen /ˈredʒɪmen/, *n.* *1* (*med.*) regime (*di vita, igienico*); dieta: **a strict r.**, una dieta stretta *2* (*idrologia*) regime *3* (*raro, polit.*) regime *4* (*raro, gramm.*) reggenza (*di un verbo, ecc.*).

regiment /ˈredʒɪmənt/, *n.* *1* (*mil.*) reggimento *2* (*fig.*) reggimento; moltitudine; gran numero.

to **regiment** /ˈredʒɪment/, *v. t.* *1* (*mil.* e *fig.*) irreggimentare *2* (*mil.*) assegnare (q.) a un reggimento.

regimental /redʒɪˈmentl/, *a.* (*mil.*) reggimentale.

regimentals /redʒɪˈmentlz/, *n. pl.* (*mil.*) *1* uniforme (*o* mostrine) del reggimento *2* uniforme; divisa militare: **to be in full r.**, essere in alta uniforme.

regimentation /redʒɪmenˈteɪʃn/, *n.* irreggimentazione.

Regina /rəˈdʒaɪnə/ (*lat.*), *n.* *1* Regina: **Elizabeth R.**, Elisabetta Regina *2* (*leg.*) (la) Corona; lo Stato (*nelle cause contro privati*): **R. v. (= versus) Taylor**, lo stato britannico contro Taylor.

Reginald /ˈredʒɪnld/, *n.* Reginaldo.

region /ˈriːdʒən/, *n.* *1* regione; contrada; zona: **a fertile r.**, una regione fertile; (*anat.*) **the lumbar r.**, la regione lombare *2* (*fig.*) campo; sfera: **in the r. of higher mathematics**, nel campo della matematica superiore. ● (*seguito da una cifra tonda*) **in the r. of**, circa; all'incirca □ **the lower regions**, gl'inferi; il regno dei morti □ **In what r. do you think the price will be?**, su che cifra pensi che si aggiri il prezzo?

regional /ˈriːdʒənl/, *a.* regionale; zonale: **r. policy**, politica regionale. ● (*scient.*) **r. anatomy**, anatomia topografica.

regionalism /ˈriːdʒənəlɪzəm/, *n.* regionalismo.

regionalist /ˈriːdʒənəlɪst/, **A** *n.* regionalista. **B** *a. attr.* regionalistico.

regionalistic /riːdʒənəˈlɪstɪk/, *a.* regionalistico.

regionalization /riːdʒənəlaɪˈzeɪʃn, *USA* -lɪ-ˈz-/, *n.* regionalizzazione.

to **regionalize** /ˈriːdʒənəlaɪz/, *v. t.* regionalizzare.

register /ˈredʒɪstə(r)/, *n.* *1* registro: **the r. of births**, il registro delle nascite; **r. of charges**, registro delle ipoteche; (*fin.*) **r. of members**, registro dei soci; (*fin.*) **the register of directors**, il registro degli amministratori; **r. of title**, registro immobiliare *2* (*mus.*) registro (*della voce o di uno strumento*) *3* (*mecc.*) registro; valvola di regolazione (*di stufa, ecc.*) *4* (*ling.*) registro *5* (*tipogr.*) registro *6* (*polit.*, = **electoral r.**) lista elettorale. ● **r. of voters**, lista elettorale □ **r. office**, ufficio dello stato civile; anagrafe □ (*naut.*) **r. tonnage**, tonnellaggio di registro (*o* di stazza) □ **cash r.**, registratore di cassa.

to **register** /ˈredʒɪstə(r)/, **A** *v. t.* *1* registrare; iscrivere; immatricolare: **to r. a birth**, registrare una nascita; **to r. one's car**, immatricolare l'automobile; (*leg.*) **to r. a deed**, registrare un atto *2* segnare; indicare: **The thermometer registered 40 °C.**, il termometro segnava 40 °C *3* (*fig.*) esprimere; indicare: **John's attitude registered uncontrollable fear**, l'atteggiamento di John esprimeva una paura incontrollabile *4* raccomandare (*una lettera*) *5* assicurare (*bagaglio, pacchi*) *6* (*mecc.*) registrare; regolare *7* (*leg.*) registrare, depositare (*un brevetto, un marchio di fabbrica*) *8* (*tipogr.*) dare il registro a. **B** *v. i.* *1* firmare un registro (*specialm. all'arrivo in un albergo*) *2* iscriversi (*all'università, ecc.*) *3* (*polit.*) iscriversi nelle liste elettorali *4* (*fam.*) fare effetto; fare impressione: **He told her his name, but it didn't r.**, le disse il suo nome, ma la cosa la lasciò indifferente.

registered /ˈredʒɪstəd/, *a.* *1* registrato; immatricolato *2* (*di lettera, pacco, ecc.*) raccomandato; assicurato: **r. parcels**, pacchi raccomandati *3* (*fin.*: *di titoli, ecc.*) nominativo: **r. shares**, azioni nominative *4* (*leg.*) registrato; depositato: **r. trademark**, marchio di fabbrica depositato. ● (*fin.*) **r. capital**, capitale sociale □ (*banca, USA*) **r. check**, assegno circolare; credenziale □ (*fin.*) **r. holder**, intestatario (*di titoli*) □ (*di un immobile*) **r. in sb.'s name**, intestato a q. □ **r. mail** (*o* **post**), (servizio di) posta raccomandata □ (*USA*) **r. nurse**, infermiera diplomata □ **r. office**, (*leg.*) domicilio legale; (*fin.*) sede legale (*di una società*) □ (*naut.*) **r. tonnage**, tonnellaggio di registro (*o* di stazza) □ (*Borsa, USA*) **r. trader**, operatore in titoli (*nominato per esami*).

registrable /ˈredʒɪstrəbl/, *a.* registrabile.

registrant /ˈredʒɪstrənt/, *n.* (*form.*) *1* chi registra *2* chi deposita (*un brevetto*).

registrar /redʒɪˈstrɑː(r), ˈredʒ-/, *n.* *1* segretario; archivista (*leg.*); cancelliere *2* ufficiale di stato civile (*o* dell'anagrafe) *3* (*in G.B.*) medico (*o* chirurgo) ospedaliero *4* (*leg., in G.B.*) ausiliare della giustizia. ● **the R. of Mortgages**, il Conservatore delle Ipoteche.

registrarship /ˈredʒɪstrɑːʃɪp/, *n.* *1* ufficio di segretario (*o* archivista, cancelliere) *2* funzioni di ufficiale di stato civile.

registration /redʒɪˈstreɪʃn/, *n.* *1* registrazione; iscrizione; immatricolazione (*di automobili, ecc.*): **r. charges**, spese di registrazione *2* (*di lettere*) raccomandazione *3* (*leg.*) registrazione, deposito (*di brevetti, marchi di fabbrica*) *4* (*autom., USA*; = **r. document**) libretto di circolazione. ● (*autom.*) **r. book**, libretto di circolazione □ **r. fee**, tassa per (lettera) raccomandata □ (*autom.*) **r. number**, numero d'immatricolazione (*o* di targa) □ (*autom., Austr.*) **r. plate**, targa □ (*fin.*) **r. under the Companies Acts**, registrazione ai sensi delle leggi sulle società.

registry /ˈredʒɪstrɪ/, *n.* *1* (= **r. office**) ufficio di stato civile; anagrafe *2* registrazione; iscrizione; immatricolazione *3* (*naut.*) atto di nazionalità; bandiera (*fig.*): **a ship of Liberian r.**, una nave che batte bandiera della Liberia. ● **land r.**, (ufficio del) catasto □ **to be married at a r. office**, sposarsi civilmente; sposarsi in municipio.

Regius /ˈriːdʒ(ɪ)əs/, *a.* (*di professore*) regio: **R. Professor of Latin**, regio professore di latino (*nelle università di Oxford e Cambridge*).

regnal /ˈregnl/, *a.* di regno: **r. day**, anniversario del regno; **r. year**, anno di regno.

regnant /ˈregnənt/, *a.* *1* regnante: **Queen r.**, la regina regnante (*non la consorte del re*) *2* (*fig.*) predominante; prevalente: **the r. fashion**, la moda prevalente.

to **regorge** /rɪˈgɔːdʒ/, **A** *v. t.* rigettare; vomitare. **B** *v. i.* sgorgare di nuovo; rifluire; rigurgitare.

to **regrate** /rɪˈgreɪt/, *v. t.* (*stor.*) accaparrare, incettare (*specialm. generi alimentari*).

regrater, regrator /rɪˈgreɪtə(r)/, *n.* (*stor.*) accaparratore, accaparratrice; incettatore, incettatrice.

regrating /rɪˈgreɪtɪŋ/, *n.* (*stor.*) accaparramento; incetta.

regress /ˈriːgres/, *n.* *1* regresso; declino; retrocessione *2* (*leg.*) rientro in possesso (*di un immobile*).

to **regress** /ˈriːgres/, *v. i.* regredire (*anche psic.*); declinare; retrocedere.

regression /rɪˈgreʃn/, *n.* *1* regressione; regresso; retrocessione *2* (*geol.*) regressione (*del mare*) *3* (*psic.*) regressione *4* (*stat.*) regressione.

regressive /rɪˈgresɪv/, *a.* (*psic., fisc., ling. stat.*) regressivo: **r. phase**, fase regressiva; (*econ.*) **r. supply**, offerta regressiva; **r. tax**, imposta regressiva. || **-ly**, *avv.* || **-ness**, *sost.*

regret /rɪˈgret/, *n.* rammarico; rincrescimento; rimpianto; dispiacere: **He has no regrets**, non ha rimpianti; **to express r. for st.**, esprimere il proprio rammarico per q.c. ● **to send one's regrets**, scusarsi per iscritto di non potere accettare un invito □ (*su un biglietto d'invito*) **«Regrets only»**, «Si prega di rispondere soltanto in caso d'impossibilità d'intervenire» □ **Please accept my regrets**, voglia (*o* La prego di) accettare le mie scuse.

to **regret** /rɪˈgret/, *v. t.* *1* dolersi di; rammaricarsi di; pentirsi di; dolere, dispiacere, rincrescere (*impers.*): **I r. being unable** (*o* **my inability**) **to attend the meeting** (*o* **that I cannot attend the meeting**), mi duole (*o* mi rincresce, mi rammarico) di non poter presenziare alla riunione *2* (*form.*) piangere; rimpiangere: **to r. the loss of a friend**, piangere la perdita di un amico. ● **I r. to say**, dispiace doverlo dire □ **to die regretted by all**, lasciare un gran rimpianto dietro di sé (*dopo la morte*).

regretful /rɪˈgretfl/, *a.* *1* addolorato; dolente: **a r. look**, uno sguardo dolente *2* pieno di rammarico (*o* di rimpianto). ● **r. tears**, lacrime di rammarico.

regretfully /rɪˈgretfəlɪ/, *avv.* *1* con rincrescimento *2* purtroppo; malauguratamente.

regretfulness /rɪˈgretflnəs/, *n.* rammarico; rimpianto.

regrettable /rɪˈgretəbl/, *a.* deplorevole; increscioso; spiacevole.

regrettably /rɪˈgretəblɪ/, *avv.* *1* spiacevolmente; in modo deplorevole *2* purtroppo; malauguratamente.

to **regroup** /riːˈgruːp/, **A** *v. t.* *1* raggruppare, radunare, riunire di nuovo *2* riorganizzare (*specialm. truppe, prima di una nuova offensiva, ecc.*). **B** *v. i.* *1* raggrupparsi di nuovo *2* (*mil.*) riorganizzarsi.

regulable /ˈregjʊləbl/, *a.* regolabile.

regular /ˈregjʊlə(r)/, **A** *a.* *1* regolare; normale; ordinario; regolato: **r. features**, lineamenti regolari; **r. crystals**, cristalli regolari; **a r. polygon**, un poligono regolare; **r. pulse**, polso regolare; **r. army**, esercito regolare; **r. clergy**, clero regolare; **a r. attitude**, un atteggiamento normale; **to lead a r. life**, condurre una vita regolata *2* fisso; solito; usuale: **r. habits**, abitudini fisse; **a r. income**, un reddito fisso (*o* sicuro); **a r. customer**, un cliente fisso (*o* abituale); **He sat in his r. place**, era seduto al suo solito posto ***3*** autentico; qualificato; con le carte in regola: **a r. butler**, un maggiordomo con le carte in regola ***4*** (*fam. arc.*) completo; perfetto; bell'e buono; matricolato: **a r. humbug**, un perfetto cialtrone; **a r. scoundrel**, un furfante matricolato ***5*** (*autom.*: *di benzina*) normale ***6*** (*specialm. USA*: *di taglia, misura, ecc.*) normale ***7*** (*fam.*: *di una persona*) che va bene di corpo; che ha le mestruazioni regolari ***8*** (*fam. USA*) bravo, onesto, perbene; simpatico, in gamba: **He's a r. guy**, è un tipo perbene (*o* in gamba). **B** *n.* ***1*** soldato dell'esercito regolare ***2*** (*relig.*) membro del clero regolare; religioso di un ordine monastico ***3*** (*fam.*) cliente abituale ***4*** (*fam.*) impiegato di ruolo; dipendente fisso ***5*** (*fam., TV*) personaggio fisso. ● **r. people**, gente che fa vita regolata, ordinata; gente quieta, gente per bene □ **a r. soldier**, un soldato dell'esercito regolare □ **r. stop**, fermata obbligatoria (*di mezzo pubblico*) □ **r. work**, lavoro fisso (*o* stabile) □ **as r. as clockwork**, regolare (*o* preciso, puntuale) come un orologio □ **to keep r. hours**, essere abitudinario □ **on the r. staff**, in pianta stabile, effettivo (*rif. a personale*).

regularity /rɛgjʊ'lærətɪ/, *n.* regolarità.

regularization /rɛgjʊləraɪ'zeɪʃn, *USA* -lɪ'z-/, *n.* regolarizzazione.

to **regularize** /'rɛgjʊləraɪz/, *v. t.* rendere regolare; regolarizzare: **to r. the position**, regolarizzare la situazione; (*di due amanti*) sposarsi.

regularly /'rɛgjʊləlɪ/, *avv.* ***1*** regolarmente; con regolarità ***2*** usualmente; abitualmente ***3*** in modo regolare. ● (*del naso, mento, ecc.*) **r. shaped**, di forma regolare; regolare.

to **regulate** /'rɛgjʊleɪt/, *v. t.* ***1*** regolare: **to r. one's habits**, regolare le proprie abitudini; **to r. the pressure of the tyres**, regolare la pressione delle gomme; **to r. a watch**, regolare un orologio ***2*** regolare, regimare (*un corso d'acqua*) ***3*** regolamentare: **to r. economic activity**, regolamentare l'attività economica.

regulated /'rɛgjʊleɪtɪd/, *a.* ***1*** regolato ***2*** regolamentato: **r. commodities**, merci regolamentate. ● (*econ.*) **r. company**, società a economia controllata (*dallo stato*).

regulating /'rɛgjʊleɪtɪŋ/, *a.* (*tecn.*) che regola; di regolazione: (*elettr.*) **r. transformer**, trasformatore di regolazione. ● (*idraul.*) **r. reservoir**, bacino compensatore □ (*mil.*) **r. station**, stazione di controllo.

regulation /rɛgjʊ'leɪʃn/, **A** *n.* ***1*** disposizione; ordinamento; regolamentazione (*bur.*): **the excessive r. of business**, l'eccessiva regolamentazione degli affari ***2*** (*tecn.*) regolazione; controllo ***3*** regolamento; regola: **New regulations have been enacted**, sono stati adottati nuovi regolamenti ***4*** regolazione, regimazione (*di un corso d'acqua*). **B** *a. attr.* ***1*** conforme a regolamento; consentito; regolamentare (*bur.*): **a r. uniform**, una divisa regolamentare; **r. dress**, abito prescritto (*adatto alla circostanza*); **to exceed the r. speed**, superare la velocità consentita ***2*** regolare; normale; **the r. mourning**, il lutto normale. ● (*leg.*) **the regulations in force**, le vigenti disposizioni □ (*autom.*) **at r. speed**, alla velocità consentita (*dai regolamenti*).

regulative /'rɛgjʊlətɪv/, *a.* che regola; regolare.

regulator /'rɛgjʊleɪtə(r)/, *n.* ***1*** chi regola; moderatore ***2*** (*tecn.*) regolatore ***3*** (*autom., mecc.*) correttore (*di frenata, ecc.*). ● (*d'orologio*) **r. pin**, copiglia di regolazione.

regulatory /'rɛgjʊlətrɪ, -leɪtrɪ, rɛgjʊ'leɪtrɪ, *USA* -lətɔ:rɪ/, *a.* che regola; regolatore.

regulo /'rɛgjʊləʊ/, *n.* (*ingl.*) punto della fiamma (*in una cucina a gas*).

regulus /'rɛgjʊləs/, *n.* (*pl.* **reguluses, reguli**) ***1*** (*zool., Regulus*) regolo ***2*** (*chim.*) regolo (*di antimonio*).

Regulus /'rɛgjʊləs/, *n.* (*stor. romana, astron.*) Regolo.

to **regurgitate** /rɪ'gɜ:dʒɪteɪt/, **A** *v. i.* rigurgitare. **B** *v. t.* ***1*** rigettare; ributtare ***2*** (*fig.*) ripetere pedissequamente.

regurgitation /rɪgɜ:dʒɪ'teɪʃn/, *n.* rigurgito (*anche med.* e *fig.*).

rehab /'ri:hæb/, *n.* (*fam. USA*) riabilitazione.

to **rehabilitate** /ri:ə'bɪləteɪt/, *v. t.* ***1*** (*leg.*) riabilitare; reintegrare (q.) in un ufficio (*o* in una carica, ecc.) ***2*** (*anche med.*) riabilitare; rieducare ***3*** restaurare (*una casa*).

rehabilitation /ri:əbɪlə'teɪʃn/, *n.* ***1*** (*leg.*) riabilitazione (*anche di un fallito*) ***2*** restauro, ripristino (*di un edificio*) ***3*** (*anche med.*) riabilitazione; rieducazione.

to **rehandle** /ri:'hændl/, *v. t.* rimaneggiare; maneggiare di nuovo.

rehash /'ri:hæʃ/, *n.* rifacimento; rimaneggiamento; rimasticaticcio; rimasticatura: **This musical is a r. of old themes**, questo musical è una rimasticatura di vecchi motivi.

to **rehash** /ri:'hæʃ/, *v. t.* rifare; rimaneggiare; rifriggere, rimasticare (*fig.*): **to r. old-fashioned notions**, rimasticare vecchie nozioni.

to **rehear** /ri:'hɪə(r)/ (*pass.* e *p. p.* **reheard**), *v. t.* ***1*** riudire; udire di nuovo ***2*** (*leg.*) riesaminare, giudicare di nuovo (*una causa*).

rehearing /ri:'hɪərɪŋ/, *n.* (*leg.*) ***1*** riesame (*di una causa*); nuova udienza ***2*** udienza di causa d'appello. ● **the r. of a trial**, la revisione d'un processo.

rehearsal /rɪ'hɜ:sl/, *n.* ***1*** (*teatr., cinem., mus.*) prova: **to attend rehearsals**, assistere alle prove; **dress r.**, prova generale ***2*** narrazione; enumerazione; ripetizione; **the r. of one's troubles**, l'enumerazione dei propri guai.

to **rehearse** /rɪ'hɜ:s/, *v. t.* e *i.* ***1*** (*teatr., cinem., mus.*) provare (*un dramma, un concerto, ecc.*); fare le prove ***2*** narrare; enumerare; ripetere per esteso ***3*** far fare le prove a (q.) ***4*** recitare (*preghiere*).

rehearser /rɪ'hɜ:sə(r)/, *n.* ***1*** (*teatr., cinem., mus.*) chi dirige le prove ***2*** chi enumera; chi ripete.

to **reheat** /ri:'hi:t/, *v. t.* riscaldare (*avanzi, ecc.*).

to **rehouse** /ri:'haʊz/, *v. t.* provvedere di un alloggio nuovo (*specialm. inquilini di case demolite, espropriate*); rialloggiare.

to **rehydrate** /ri:'haɪdreɪt/, *v. t.* (*chim., med.*) reidratare.

rehydration /ri:haɪ'dreɪʃn/, *n.* (*chim., med.*) reidratazione.

reification /ri:ɪfɪ'keɪʃn/, *n.* (*filos.*) reificazione.

to **reify** /'ri:ɪfaɪ/, *v. t.* (*filos.*) reificare.

reign /reɪn/, *n.* regno (*anche fig.*): **Queen Victoria's r. was a glorious one**, il regno della regina Vittoria fu glorioso; **the R. of Terror**, il regno del Terrore (*in Francia e fig.*); **the r. of law**, il regno della legge; **in the r. of King Alfred**, sotto il regno di Re Alfredo.

to **reign** /reɪn/, *v. i.* regnare (*anche fig.*); dominare, predominare: **to r. over England**, regnare sull'Inghilterra; **A complete silence reigned in the castle**, il silenzio assoluto regnava nel castello.

reigning /'reɪnɪŋ/, *a.* regnante: **the r. queen**, la regina che regna ora. ● (*sport*) **the r. champion**, il campione in carica.

to **reignite** /ri:ɪg'naɪt/, *v. t.* riaccendere.

reimbursable /ri:ɪm'bɜ:səbl/, *a.* rimborsabile; risarcibile.

to **reimburse** /ri:ɪm'bɜ:s/, *v. t.* rimborsare; rifondere; risarcire: **to r. travelling expenses**, rimborsare le spese di viaggio.

reimbursement /ri:ɪm'bɜ:smənt/, *n.* rimborso; risarcimento.

reimport /ri:'ɪmpɔ:t/, **reimportation** /ri:ɪmpɔ:'teɪʃn/, *n.* (*comm.*) ***1*** reimportazione ***2*** merce reimportata.

to **reimport** /ri:ɪm'pɔ:t/, *v. t.* (*comm.*) reimportare; importare di nuovo.

to **reimpose** /ri:ɪm'pəʊz/, *v. t.* ***1*** imporre di nuovo ***2*** (*raro, tipogr.*) ristampare.

reimposition /ri:ɪmpə'zɪʃn/, *n.* ***1*** nuova imposizione ***2*** (*raro, tipogr.*) ristampa.

rein /reɪn/, *n.* redine (*anche fig.*); briglia: **a pair of reins**, un paio di redini; **to take up [to drop] the reins of government**, prendere [lasciare] le redini del governo. ● **to draw r.**, tirare le redini; (*fig.*) raccorciare la briglia (*fig.*), ridurre le spese □ **to give a horse the r.** (*o* **reins**), dar la briglia sul collo al cavallo, lasciarlo andare dove vuole □ **to give free** (*o* **full**) **r. to one's exasperation [imagination]**, sfogare la propria esasperazione [sbrigliare la fantasia] □ **to hold the reins**, tenere le redini; (*fig.*) avere il comando □ **to keep a tight r. on sb.**, tenere q. in briglia (*o* a freno) □ **to shorten the reins**, raccorciare la briglia □ (*fig.*) **to take the reins**, prendere in mano le redini □ (*fig.*) **to throw the reins to sb.**, lasciar la briglia sul collo a q.

to **rein** /reɪn/, *v. t.* ***1*** imbrigliare; mettere le redini a (*un cavallo*) ***2*** (*fig.*) frenare, tenere a freno.

♦**rein back**, *v. t.* + *avv.* ***1*** fermare (*un cavallo*) tirando le redini ***2*** (*fig.*) tenere a freno (*o* sotto controllo): **to r. back one's anger**, tenere a freno l'ira.

♦**rein in**, *v. t.* + *avv.* ***1*** rimettere al passo (*un cavallo*) ***2*** (*fig.*) limitare, ridurre (*spese, ecc.*) ***3*** (*fig.*) tenere a freno (*o* sotto controllo).

♦**rein up**, *v. t.* + *avv.* fermare, arrestare (*un cavallo*) tirando le redini.

reincarnate /ri:ɪn'kɑ:nət/, *a.* (*relig.*) reincarnato.

to **reincarnate** /ri:ɪn'kɑ:neɪt/, *v. t.* (*relig.*) reincarnare.

reincarnation /ri:ɪnkɑ:'neɪʃn/, *n.* (*relig.*) reincarnazione.

to **reincorporate** /ri:ɪn'kɔ:pəreɪt/, *v. t.* incorporare di nuovo (*V.* **to incorporate**).

reindeer /'reɪndɪə(r)/, *n.* (*pl.* **reindeer, reindeers**) (*zool., Rangifer tarandus*) renna. ● (*bot.*) **r. moss** (*Cladonia*), muschio delle renne.

reinforce /ri:ɪn'fɔ:s/, *n.* rinforzo; pezzo di rinforzo.

to **reinforce** /ri:ɪn'fɔ:s/, *v. t.* ***1*** rinforzare; rafforzare; rinvigorire: **to r. the army**, rinforzare l'esercito; **to r. one's argument**, rafforzare la propria argomentazione: **to r. one's health**, rinforzarsi la salute ***2*** (*ind. costr.*) armare; fare l'armatura a; rinforzare ***3*** (*biol.*) rinforzare (*la risposta a uno stimolo*). ● (*ind. costr.*) **reinforcing rod** (*o* **bar**), ferro d'armatura.

reinforceable /ri:ɪn'fɔ:səbl/, *a.* rinforzabile; rafforzabile.

reinforced /ri:ɪn'fɔ:st/, *a.* (*ind. costr.*) ***1*** rinforzato: **r. beam**, trave rinforzata ***2*** armato: **r. concrete**, cemento armato; conglomerato cementizio armato.

reinforcement /ri:ɪn'fɔ:smənt/, *n.* ***1*** rinforzamento; rafforzamento; rinforzo: (*med.*) **r. of reflexes**, rafforzamento dei riflessi ***2*** (*ind. costr.*) armatura: **r. bars**, ferri d'armatura ***3*** (*pl.*) (*mil.*) rinforzi. ● (*med.*) **r. therapy**, terapia di rinforzo.

reinless /'reɪnləs/, *a.* ***1*** senza redini ***2*** (*fig.*) sfrenato.

to **reinsert** /ri:ɪn'sɜ:t/, *v. t.* reinserire.

reinsertion /ri:ɪn'sɜ:ʃn/, *n.* reinserimento.

to **reinstate** /ri:ɪn'steɪt/, *v. t.* reintegrare (q.) in un ufficio (*o* in una carica, ecc.); riabilitare; ripristinare; riassumere (*un dipendente*).

reinstatement /ri:ɪn'steɪtmənt/, *n.* reintegrazione; riabilitazione; ripristino; riassunzione (*di un dipendente*): (*leg.*) **r. order**, ordine di riassunzione (*di un dipendente*).

reinsurance /ri:ɪn'ʃʊərəns, -'ʃɔ:-, *USA* -'ʃʊə-, -'ʃɜ:-/, *n.* (*ass.*) riassicurazione.

to **reinsure** /ri:ɪn'ʃʊə(r), -'ʃɔ:(r), *USA* -'ʃʊə(r), -'ʃɜ:(r)/, *v. t.* (*ass.*) riassicurare.

to **reintegrate** /ri:'ɪntɪgreɪt/, *v. t.* reintegrare.

reintegration /ri:ɪntɪ'greɪʃn/, *n.* reintegrazione.

reintegrative /ri:'ɪntɪgreɪtɪv/, *a.* reintegrativo.

to **reinter** /ri:ɪn'tɜ:(r)/, *v. t.* riseppellire; risotterrare.

to **reinvent** /ri:ɪn'vɛnt/, *v. t.* reinventare. ●

(*fam. USA*) **to r. the wheel**, scoprire l'acqua calda.

to **reinvest** /riːɪnˈvɛst/, **A** *v. t.* **1** (*fin.*) reinvestire, reimpiegare (*capitali*) **2** (*mil.*) investire di nuovo. **B** *v. i.* (*fin.*) fare un reinvestimento.

reinvestment /riːɪnˈvɛstmənt/, *n.* (*fin.*) reinvestimento; reimpiego (*di capitali*).

to **reinvigorate** /riːɪnˈvɪgəreɪt/, *v. t.* rinvigorire.

reinvigoration /riːɪnvɪgəˈreɪʃn/, *n.* rinvigorimento.

reissue /riːˈɪʃuː/, *n.* **1** (*anche fin.*) nuova emissione (*di azioni, francobolli, ecc.*) **2** nuova edizione; ripubblicazione; ristampa.

to **reissue** /riːˈɪʃuː/, *v. t.* **1** (*anche fin.*) emettere di nuovo (*azioni, francobolli*) **2** ripubblicare, ristampare (*libri, ecc.*).

to **reiterate** /riːˈɪtəreɪt/, *v. t.* reiterare; ripetere; rifare.

reiteration /riːɪtəˈreɪʃn/, *n.* reiterazione; ripetizione.

reiterative /riːˈɪtərətɪv/, *a.* ripetitivo.

to **reive** /riːv/, *v. i.* (*specialm. scozz.*) fare incursioni (*o* scorrerie).

reiver /ˈriːvə(r)/, *n.* (*specialm. scozz.*) razziatore; predone.

rejaser /riːˈdʒeɪsə(r)/, *n.* (*pop. USA*) chi ricicla oggetti (*o* materiale) di scarto.

reject /ˈriːdʒɛkt/, *n.* **1** rifiuto; scarto; oggetto di scarto; (*comm.*) scarto di fabbricazione **2** (*mil.*) riformato; persona inabile al servizio militare **3** (*biol., med.*) rigetto (*di un trapianto, ecc.*).

to **reject** /rɪˈdʒɛkt/, *v. t.* **1** (*anche biol., med., leg.*) rigettare; respingere; rifiutare: **You can r. three jurors**, puoi rifiutare tre giurati; **to r. a claim [a proposal]**, respingere un reclamo [rifiutare una proposta]; (*comm.*) **to r. goods**, respingere merci **2** gettar via; scartare: **to r. all defective specimens**, scartare tutti gli esemplari difettosi **3** (*mil.*) riformare: **He was rejected for the army**, è stato riformato **4** (*raro*) rigettare; vomitare. ● (*comm.*) **r. goods**, merci respinte □ **rejected material**, scarto.

rejectable /rɪˈdʒɛktəbl/, *a.* **1** rigettabile; rifiutabile **2** (*mil.*) riformabile.

rejecter /rɪˈdʒɛktə(r)/, *n.* chi rifiuta; chi respinge.

rejection /rɪˈdʒɛkʃn/, *n.* **1** rifiuto; rigetto (*bur.*); ripulsa: **the r. of an application**, il rigetto di una domanda di impiego; **a feeling of r.**, un sentimento di ripulsa **2** rifiuto; scarto **3** (*med.*) rigetto **4** (*tecn.*) reiezione. ● **r. slip**, lettera di rifiuto (*di un manoscritto; da parte di un editore*).

rejig /riːˈdʒɪg/, *n.* **1** (*econ.*) ristrutturazione; riorganizzazione **2** (*fig. spreg.*) rimaneggiamento; manipolazione.

to **rejig** /riːˈdʒɪg/, *v. t.* **1** (*econ.*) ristrutturare; riorganizzare **2** (*fig. spreg.*) rimaneggiare; manipolare.

to **rejoice** /rɪˈdʒɔɪs/, *v. i.* allietarsi; rallegrarsi; gioire; esultare: **to r. in** (*o* **at**) **one's children's success**, rallegrarsi del (*o* esultare per il) successo dei propri figli. ● (*scherz.*) **He rejoices in the name of Burley**, si chiama Burley; ha il buffo cognome «Burley» (*cfr. l'agg.* **burly**).

rejoicing /rɪˈdʒɔɪsɪŋ/, *n.* **1** allegrezza; gioia; giubilo; esultanza; letizia **2** (*pl.*) festeggiamenti; feste pubbliche; celebrazioni. || **-ly**, *avv.*

to **rejoin** (**1**) /riːˈdʒɔɪn/, *v. t.* e *i.* **1** replicare; ribattere; rispondere **2** (*leg.*) controreplicare.

to **rejoin** (**2**) /rɪˈdʒɔɪn/, **A** *v. t.* **1** ricongiungere; riunire; riattaccare: **to r. two wires**, riattaccare due fili (*della luce, ecc.*) **2** ricongiungersi con; raggiungere, tornare al (*reggimento, alla base, alla propria nave*) **3** (*polit.*) iscriversi di nuovo a (*un partito*). **B** *v. i.* ricongiungersi; riattaccarsi; riunirsi; tornare insieme.

rejoinder /rɪˈdʒɔɪndə(r)/, *n.* **1** replica; risposta (*specialm. pronta e spiritosa*) **2** (*leg.*) controreplica; replica della difesa **3** (*leg.*) replica del convenuto.

to **rejuvenate** /rɪˈdʒuːvɪneɪt/, *v. t.* e *i.* ringiovanire (*anche fig.*).

rejuvenation /rɪdʒuːvɪˈneɪʃn/, *n.* ringiovanimento (*anche fig.*).

rejuvenator /rɪˈdʒuːvɪneɪtə(r)/, *n.* persona (*o* cosa) che ridà la giovinezza. ● **Joyce is a r. of language**, Joyce è uno scrittore che ha rinnovato il linguaggio.

to **rejuvenesce** /riːdʒuːvɪˈnɛs/, **A** *v. t.* **1** ringiovanire **2** (*biol.*) dare nuova vitalità a (*cellule, ecc.*). **B** *v. i.* **1** ringiovanire **2** (*biol.*: *di una cellula*) diventare più vitale.

rejuvenescence /rɪdʒuːvɪˈnɛsns/, *n.* (*anche biol.*) ringiovanimento.

rejuvenescent /rɪdʒuːvɪˈnɛsnt/, *a.* che ringiovanisce.

to **rekindle** /riːˈkɪndl/, *v. t.* e *i.* riaccendere, riaccendersi (*anche fig.*): **to r. a fire [a hope]**, riaccendere un fuoco [una speranza].

to **relabel** /riːˈleɪbl/, *v. t.* mettere una nuova etichetta a (q.c.).

re-laid /riːˈleɪd/, *pass.* e *p. p.* di **to re-lay**.

relapse /ˈrɪlæps/, *n.* **1** ricaduta **2** (*med.*) ricaduta; recidiva **3** (*leg.*) recidiva.

to **relapse** /rɪˈlæps/, *v. i.* **1** (*di persona già guarita*) avere una ricaduta; riammalarsi; (*med.*) recidivare **2** ricadere (in); ricascare (in): **to r. into error [heresy]**, ricadere nell'errore [nell'eresia] **3** (*leg.*) recidivare. ● **to r. into sleep**, riaddormentarsi □ (*med.*) **relapsing fever**, febbre ricorrente.

to **relate** /rɪˈleɪt/, **A** *v. t.* **1** (*form.*) riferire; riportare; narrare; raccontare: **The old champion used to r. the deeds of his youth**, il vecchio campione soleva raccontare le imprese della sua giovinezza **2** mettere in relazione; collegare; connettere: **It is easy to r. unemployment and crime**, è facile collegare la disoccupazione con la delinquenza. **B** *v. i.* **1** riferirsi (a); riguardare; concernere: **He takes interest only in what relates to his profession**, s'interessa soltanto di ciò che riguarda la sua professione **2** (*fam.*) andare d'accordo; trovarsi d'accordo (*o* in sintonia): **She doesn't r. well with her mother-in-law**, non va molto d'accordo con la suocera; **I can't r. to your idea**, non mi trovo d'accordo con le tue idee.

related /rɪˈleɪtɪd/, *a.* **1** collegato; connesso: **drug-r. crime**, la criminalità connessa con il traffico della droga **2** imparentato. ● **to be related to**, essere collegato (*o* connesso) con; essere imparentato con: **These subjects are strictly related**, questi argomenti sono strettamente connessi; **He is related to the Prime Minister by marriage**, è imparentato con il primo ministro per parte di moglie. || **-ness**, *sost.*

relater /rɪˈleɪtə(r)/, *n.* narratore, narratrice.

relating /rɪˈleɪtɪŋ/, *a.* relativo (a); che concerne; riguardante: **all the details r. to the matter**, tutti i particolari relativi alla faccenda. ● (*leg.*) **r. to procedure**, procedurale.

relation /rɪˈleɪʃn/, *n.* **1** relazione; rapporto; connessione; nesso: **There is no r. between the two events**, non c'è rapporto alcuno tra i due fatti **2** (*pl.*) relazioni; rapporti: **trade relations**, rapporti commerciali; **foreign relations**, relazioni con l'estero; **the relations between husband and wife**, i rapporti fra marito e moglie; **My relations with your friends are good**, sono in buone relazioni coi tuoi amici; **business relations**, rapporti d'affari; **human relations**, relazioni umane **3** parente; consanguineo; congiunto: **Is he any r. to you?**, è un tuo parente?; **distant relations**, parenti lontani; **near relations**, parenti stretti **4** racconto; relazione; resoconto: **the r. of one's voyages**, il racconto dei propri viaggi di mare **5** (*mat.*) relazione **6** (*leg.*) esposto (*del denunciante*) **7** (*med.*) referto. ● **relations between workers and industry**, clima sindacale □ **to bear no r. to** (*o* **to be out of all r. to**), non essere affatto in rapporto con; non aver nulla a vedere con □ **to have** (**sexual**) **relations with sb.**, avere una relazione (*o* rapporti sessuali) con q. □ **in** (*o* **with**) **r. to**, rispetto a; riferendosi a; in quanto a □ **a poor r.**, un parente povero (*anche fig.*).

relational /rɪˈleɪʃənl/, *a.* (*ling.*) relazionale; che indica una relazione (*specialm. sintattica*).

relationship /rɪˈleɪʃnʃɪp/, *n.* **1** parentela **2** relazione; rapporto; connessione; nesso: **to have a close r. with one's parents**, avere un buon rapporto con i genitori **3** relazione; rapporto sessuale. ● **What is your r. to him?**, in che modo siete parenti?

relatival /rɛləˈtaɪvl/, *a.* (*gramm.*) relativo.

relative /ˈrɛlətɪv/, **A** *a.* **1** relativo (*anche gramm.*); in relazione (con); connesso (con); attinente (a): (*fis.*) **r. humidity**, umidità relativa; (*mecc.*) **r. motion**, moto relativo; (*naut.*) **r. wind**, vento relativo; **a r. pronoun**, un pronome relativo; **a r. clause**, una proposizione relativa; **Beauty is r.**, la bellezza è relativa; **the details r. to the matter**, i particolari relativi alla (*o* connessi con la) faccenda; **Supply is r. to demand**, l'offerta è in relazione con la domanda (*di merci o prodotti*) **2** correlativo; reciproco; rispettivo: **the r. responsibilities of a ruler and his people**, le reciproche responsabilità d'un governante e del suo popolo **3** comparato; rispettivo: **r. merit**, merito comparato; **the r. advantages of petrol and natural gas as a means of propulsion**, i rispettivi vantaggi della benzina e del gas naturale come mezzi di propulsione. **B** *n.* **1** (*gramm.*) (pronome) relativo **2** parente; congiunto: **She is a r. of mine**, è una mia parente. ● (*naut.*) **r. bearing**, rilevamento polare □ **r. to**, relativo a, attinente a, che si riferisce a, connesso con: **matters r. to economic growth**, cose connesse con lo sviluppo economico □ **«Cold» is a r. term**, «freddo» è una parola che ha un valore relativo.

relatively /ˈrɛlətɪvlɪ/, *avv.* relativamente: **r. cheap [new]**, relativamente poco costoso [nuovo]; **Trade is r. slack**, gli scambi sono relativamente deboli. ● **r. to**, relativamente a; in rapporto a □ **r. speaking**, parlando non in senso assoluto; relativamente.

relativeness /ˈrɛlətɪvnəs/, *n.* relatività.

relativism /ˈrɛlətɪvɪzəm/, *n.* (*filos., mat.*) relativismo.

relativist /ˈrɛlətɪvɪst/, *n.* (*filos.*) relativista.

relativistic /rɛlətɪˈvɪstɪk/, *a.* (*filos., mat., fis.*) relativistico.

relativity /rɛləˈtɪvətɪ/, *n.* (*anche filos., mat., fis.*) relatività: **the theory of r.**, la teoria della relatività (*di A. Einstein*).

relativization /rɛlətɪvaɪˈzeɪʃn, *USA* -vɪˈz-/, *n.* (*anche ling.*) relativizzazione.

relator /rɪˈleɪtə(r)/, *n.* **1** (*raro*) narratore; chi riferisce **2** (*leg.*) denunciante; istante.

to **relax** /rɪˈlæks/, **A** *v. t.* rilassare; allentare; diminuire; ridurre: **to r. one's muscles**, rilassare i muscoli; **to r. discipline**, rilassare la disciplina; **to r. one's hold** (*o* **grip**), allentare la presa; **to r. one's effort**, ridurre i propri sforzi; **to r. one's attention**, diminuire l'attenzione; **to r. the tension**, ridurre la tensione. **B** *v. i.* **1** rilasciarsi; rilassarsi; allentarsi; attenuarsi; diminuire: **to r. on the beach**, rilassarsi sulla spiaggia; **Then discipline relaxed**, allora la disciplina s'allentò **2** (*di persona*) riposarsi; prender fiato; distrarsi. ● **to r. in one's efforts**, rallentare gli sforzi □ **to r. one's mind**, ricrearsi; distrarsi □ **to r. the pace**, rallentare il passo (*o* l'andatura).

relaxant /rɪˈlæksnt/, *n.* (*farm.*) (farmaco) rilassante.

relaxation /riːlækˈseɪʃn/, *n.* **1** rilasciamento (*dei muscoli, ecc.*); rilassamento; rilassatezza **2** allentamento; attenuazione: **the r. of stiff banking controls**, l'allentamento dei rigidi controlli sulle banche **3** modo di rilassarsi; relax; distensione; ricreazione; riposo; svago; distrazione **4** remissione (*di un'ammenda,*

ecc.) **5** (*scient., tecn.*) rilassamento.
relaxed /rɪˈlækst/, *a.* rilassato; disteso; tranquillo: **She looked very r.**, aveva un'aria molto rilassata. || **-ly,** *avv.*
relaxin /rɪˈlæksɪn, *USA* -sn/, *n.* (*biochim.*) relaxina; rilassina.
relaxing /rɪˈlæksɪŋ/, *a.* rilassante; distensivo.
relay /ˈriːleɪ/, *nella def. 5* /ˈriːˈleɪ/, *n.* **1** (*un tempo*) cavalli di ricambio; cavalli di posta **2** muta (*di cani*) di ricambio **3** squadra (*di lavoratori*) di ricambio **4** materiale di scorta **5** (*elettr., radio*) relè, relais; ripetitore: **directional r.**, relè direzionale; (*ferr.*) **block r.**, relè di blocco **6** (*radio*) collegamento **7** (*sport, di solito* **r. race**) corsa a staffetta; staffetta. ● (*radio*) **r. broadcast**, ritrasmissione □ (*autom.*) **r. membership card**, tessera per il servizio di traino □ (*autom.*) **r. service**, servizio di traino (*fino all'officina*) □ (*radio*) **r. station**, stazione ripetitrice; stazione relè; ripetitore □ (*sport*) **four-man r.**, staffetta di quattro frazioni.
to **relay** (**1**) /rɪˈleɪ/, *v. t.* **1** dare il cambio a; sostituire (*cavalli, lavoratori, ecc.*) **2** (*elettr.*) fornire di relè **3** (*radio e fig.*) ritrasmettere: **to r. broadcast music**, ritrasmettere musica riprodotta; **to r. a message to an outpost**, ritrasmettere un messaggio a un avamposto **4** (*elettr.*) comandare (*un circuito, ecc.*) a mezzo di relè **5** riferire; comunicare: **Please r. the news to my family**, per favore, comunica la notizia alla mia famiglia.
to **re-lay** (**2**) /riːˈleɪ/ (*pass.* e *p. p.* **re-laid**), *v. t.* **1** ricollocare; rideporre; posare di nuovo (*un cavo, ecc.*) **2** (*edil.*) posare di nuovo, rifare (*un pavimento, una moquette*) **3** (*ferr.*) posare di nuovo (*un tratto di binario*).
releasable /rɪˈliːsəbl/, *a.* **1** liberabile; rilasciabile **2** (*leg.*) rinunciabile; cedibile; (*di un debito*) che può esser rimesso **3** (*di film*) che può essere distribuito; rappresentabile **4** (*di notizia*) divulgabile; pubblicabile **5** (*di un paziente*) che può essere dimesso **6** (*mecc.*) disinseribile; disinnestabile (*V.* **to release** (**1**)).
release /rɪˈliːs/, *n.* **1** liberazione; rilascio (*di un detenuto*) (*fig.*) sollievo: **a feeling of r.**, un senso di sollievo **2** allentamento di presa; il lasciare andare; il mollare **3** (*aeron. mil.*) sganciamento (*di bombe*) **4** (*fig.*) liberazione (*da un obbligo*); dispensa; esenzione (*fiscale, ecc.*) **5** (*leg.*) cessione (*di proprietà*); atto di cessione, abbandono (*di un diritto*); remissione (*di un debito*) **6** (*cinem.*) noleggio; permesso di noleggio, distribuzione (*di un film*) **7** pubblicazione, permesso di pubblicazione (*d'una notizia*) **8** disco, film (*specialm. appena messo in circolazione*) **9** (*mecc.*) sgancio; disinnesto; rilascio, scatto: **the r. of a spring**, lo scatto d'una molla **10** (*mecc.*) dispositivo di scatto; dispositivo di sgancio **11** (*mecc.*) scarico (*di vapore, ecc.*) **12** (*fotogr.*) scatto (*di macchina fotografica*). ● (*leg.*) **r. from seizure**, dissequestro □ **r. of a mortgage**, estinzione di un'ipoteca □ (*leg.*) **r. on bail**, concessione della libertà provvisoria su cauzione □ (*fotogr.*) **r. trigger**, levetta dello scatto; scatto □ **new r.**, novità (*specialm. discografica*) □ (*di un film*) **on general r.**, distribuito a tutte le sale cinematografiche di una zona.
to **release** (**1**) /rɪˈliːs/, *v. t.* **1** liberare; mettere in libertà; rilasciare; sciogliere: **to r. a prisoner**, rilasciare un prigioniero; **to r. sb. from a promise**, liberare (*o* sciogliere) q. da una promessa **2** allentare; lasciare; mollare: **to r. one's hold**, mollare la presa **3** (*aeron. mil.*) sganciare (*bombe*) **4** (*leg.*) prosciogliere (*un imputato*); liberare, esonerare (*da un obbligo*) **5** (*leg.*) cedere (*una proprietà*); abbandonare, rinunciare a (*un diritto*); rimettere (*un debito*) **6** (*cinem.*) permettere la proiezione al pubblico di (*un film*); distribuire **7** dare alla stampa, rendere pubblica (*una notizia*) **8** (*med.*) dimettere (*un paziente*) **9** (*mecc.*) sbloccare; sganciare; rilasciare **10** (*fotogr.*) far scattare (*l'otturatore*). ● **to r. an arrow**, scoccare una freccia □ (*autom.*) **to r. the clutch**, innestare la frizione □ (*autom.*) **to r. the handbrake**, togliere il freno a mano □ (*leg.*) **to r. from seizure**, dissequestrare □ (*mecc.*) **to r. a spring**, scaricare una molla.
to **re-lease** (**2**) /riːˈliːs/, *v. t.* riaffittare.
releasee /rɪliːˈsiː/, *n.* (*leg.*) chi ottiene la cessione d'una proprietà; cessionario.
releaser /rɪˈliːsə(r)/, *n.* **1** chi libera, rilascia, ecc. (*V.* **to release** (**1**)) **2** distributore di film **3** (*mecc.*) dispositivo di scatto (*o* di sgancio). ● (*fotogr.*) **automatic r.**, autoscatto.
releasor /rɪˈliːsə(r)/, *n.* (*leg.*) **1** cedente; chi cede una proprietà (*o* un diritto) **2** chi rimette un debito.
relegable /ˈrɛlɪgəbl/, *a.* **1** relegabile **2** deferibile; delegabile.
to **relegate** /ˈrɛlɪgeɪt/, *v. t.* **1** relegare; confinare; bandire; esiliare **2** relegare (*fig.*); mettere in disparte; retrocedere **3** (*raro*) deferire; delegare; rimettere: **The matter was relegated to him**, la faccenda fu rimessa alle sue decisioni **4** (*sport*) retrocedere: **to r. a team to the second division**, retrocedere una squadra in serie B. ● **to r. an article to the waste-paper basket**, gettare nel cestino (*o* cestinare) un articolo □ (*sport*) **to be relegated**, essere retrocesso (*in serie B, ecc.*).
relegation /rɛlɪˈgeɪʃn/, *n.* **1** relegazione; relegamento, esilio **2** relegazione (*fig.*); retrocessione **3** (*raro*) deferimento; il rimettere (*una questione, ecc. a q.*) **4** (*sport*) retrocessione.
to **relent** /rɪˈlɛnt/, *v. i.* **1** addolcirsi; cedere (alla compassione); placarsi; venire a più mite consiglio **2** (*del vento, della pioggia, ecc.*) attenuarsi; placarsi un poco.
relentingly /rɪˈlɛntɪŋlɪ/, *avv.* cedendo; placandosi; venendo a più miti consigli.
relentless /rɪˈlɛntləs/, *a.* implacabile; inflessibile; inesorabile. ● **r. pain**, dolore che non dà tregua. || **-ly,** *avv.* || **-ness,** *sost.*
to **re(-)let** /riːˈlɛt/ (*pass.* e *p. p.* **re(-)let**), *v. t.* **1** ridare in affitto; riaffittare **2** subaffittare.
re(-)letting /riːˈlɛtɪŋ/, *n.* **1** riaffitto **2** subaffitto.
relevance /ˈrɛləvəns/, **relevancy** /ˈrɛlɪvənsɪ/, *n.* **1** attinenza; pertinenza; rapporto **2** attualità; l'essere attuale **3** (*leg.*) importanza, utilità (*di una testimonianza, ecc.*).
relevant /ˈrɛləvənt/, *a.* **1** attinente; pertinente; che fa al caso; del caso: **the r. details**, i particolari pertinenti; **to examine all the r. documents**, esaminare tutti i documenti del caso **2** d'attualità; (ancora) valido; che tratta problemi di attualità **3** (*leg.: di una testimonianza, ecc.*) importante; utile.
reliability /rɪlaɪəˈbɪlətɪ/, *n.* **1** attendibilità; affidabilità; credibilità; sicurezza; esattezza **2** resistenza; robustezza; saldezza; solidità **3** (*elab., stat.*) affidabilità; attendibilità. ● (*mecc.*) **r. of service**, regolarità di funzionamento □ (*di uno strumento*) **r. test**, prova d'esattezza □ (*autom., sport*) **r. trial**, gara di regolarità □ (*autom.*) **r. trials**, prove di collaudo (*o* di resistenza).
reliable /rɪˈlaɪəbl/, *a.* **1** attendibile; degno di fiducia; fidato; affidabile; credibile; sicuro; esatto; che dà affidamento: **a r. assistant**, un aiutante degno di fiducia; **He is a r. man**, è un uomo che dà affidamento; **a r. instrument**, uno strumento esatto (*o* di cui ci si può fidare) **2** resistente; solido: **a r. engine**, un motore resistente **3** (*elab., stat.*) affidabile; attendibile. || **-ness,** *sost.* || **-bly,** *avv.*
reliance /rɪˈlaɪəns/, *n.* **1** affidamento; assegnamento; fiducia; fede: **to place r. in** (*o* **on, upon**) **sb.**, aver fiducia in q.; fare assegnamento su q.; **My r. is upon God**, la mia fiducia è riposta in Dio **2** cosa (*o* persona) che dà affidamento; sostegno; appoggio; risorsa.
reliant /rɪˈlaɪənt/, *a.* **1** fiducioso; fidente; che fa assegnamento (*su q.* o *q.c.*) **2** (= **self-r.**) che ha fiducia in se stesso; sicuro di sé. ● **to be r. on physical strength**, contare sulla forza fisica.
relic /ˈrɛlɪk/, *n.* **1** (*relig.*) reliquia: **a holy r.**, una sacra reliquia **2** cimelio: **a glorious r.**, un glorioso cimelio **3** (*pl.*) avanzi; resti; vestigia: **the relics of an ancient civilization**, le vestigia di un'antica civiltà **4** (*pl.*) (*poet.* o *arc.*) spoglie mortali **5** (*geol.*) relitto.
relict /ˈrɛlɪkt/, **A** *n.* **1** (*arc.*) (*di solito, preceduto da un possessivo*) vedova: **His r. lives on a scanty pension**, la sua vedova vive di una misera pensione **2** (*biol.*) relitto. **B** *a. attr.* (*geol.*) relitto: **r. lake**, lago relitto; **r. rock**, roccia relitta.
relief (**1**) /rɪˈliːf/, *n.* **1** sollievo; conforto; ristoro: **The medicine gave me some r. from pain**, la medicina mi diede un po' di sollievo dal dolore **2** assistenza; aiuto; soccorso; sussidio: **r. for the flooded areas**, assistenza per le zone alluvionate; **r. funds for those in need**, fondi per l'assistenza ai bisognosi; (*stor.*) **indoor r.**, sussidi assegnati ai ricoverati in una casa di riposo; (*stor.*) **outdoor r.**, sussidi esterni; assistenza a domicilio **3** (*mil.*) liberazione (*di città assediata*) **4** (*mil.*) soccorso (*a città assediata*); truppe di soccorso **5** (*anche mil.*) cambio; sostituzione: **the r. of a sentry**, il cambio d'una sentinella; **the r. given to a policeman**, il cambio dato a un poliziotto **6** chi dà il cambio (*a una sentinella, a q. che è in servizio*); squadra che dà il cambio **7** diversivo; calo di tensione (*in un libro, ecc.*): **by way of r.**, a mo' di diversivo; tanto per cambiare; (*teatr.*) **comic r.**, diversivo comico (*scene comiche intercalate in un dramma serio*) **8** rimedio (*a un male*); riparazione (*di un torto*) **9** (*fisc.*) sgravio, detrazione: **r. for expenses**, detrazione per spese sostenute **10** (*leg.*) condono **11** (*mecc.*) scarico **12** (*sport*) alleggerimento; disimpegno. ● **a r. bus** [**coach**], un autobus [un pullman] straordinario □ **a r. driver**, un secondo autista (*in caso d'incidenti*) □ (*mil.*) **r. party**, colonna di soccorso; truppe di ricambio (*o* di rincalzo) □ **r. road**, strada d'alleggerimento del traffico; strada alternativa □ (*ferr.*) **r. train**, treno supplementare; treno straordinario □ (*mecc.*) **r. valve**, valvola limitatrice di pressione □ **r. well**, pozzo di drenaggio □ **r. works**, lavori pubblici intrapresi per alleviare la disoccupazione; lavori socialmente utili □ (*di lavoratore*) **to be on r.**, percepire il sussidio di disoccupazione □ **a sigh of r.**, un sospiro di sollievo □ (*fisc.*) **tax r.**, sgravio fiscale.
relief (**2**) /rɪˈliːf/, *n.* (*arte, geogr.*) rilievo; (*fig.*) evidenza; risalto: **high r.**, altorilievo; **low r.**, bassorilievo; **a r. map**, una carta del rilievo; una carta orografica. ● **r. model**, modello del rilievo; plastico □ (*tipogr.*) **r. printing**, stampa a rilievo; rilievografia □ **to bring out st. in r.**, mettere in rilievo q.c.; dar risalto a q.c.; far risaltare q.c. □ **to stand out in r.**, risaltare; essere in contrasto: **His actions stand out in strong r. against his family background**, le sue azioni sono in forte contrasto col suo ambiente familiare.
relievable /rɪˈliːvəbl/, *a.* **1** confortabile; alleviabile; mitigabile **2** assistibile; che si può aiutare **3** liberabile **4** sostituibile.
to **relieve** /rɪˈliːv/, **A** *v. t.* **1** sollevare (*anche eufem.*); dar sollievo a; confortare; alleviare; mitigare: **I was much relieved to hear it**, a quella notizia mi sentii assai sollevato; **He was relieved of his task**, fu sollevato dal suo incarico; **to r. the distressed**, confortare gli afflitti; **to r. pain**, alleviare il dolore; **to r. the food shortage**, mitigare la penuria di generi alimentari **2** assistere; aiutare; soccorrere: **to r. the poor**, soccorrere i bisognosi **3** (*mil.*) liberare; disimpegnare: **to r. a besieged town**, liberare una città assediata **4** alleggerire (*anche fig.*); eliminare; togliere: **to r. sb. of a load**, alleggerire q. di un peso; (*scherz.*) **A pickpocket relieved him of his purse**, un borsaiolo lo alleggerì del portafoglio **5** (*anche mil.*) dare il cambio a; rilevare: **to r. a sentry**,

rilevare una sentinella; **He relieved the nurse**, diede il cambio all'infermiera *6* ravvivare; rendere piacevolmente vario: **a black bodice relieved with white lace**, un corpetto nero ravvivato da merletti bianchi *7* (*anche leg.*) liberare, sollevare (*da responsabilità, ecc.*) *8* (*fisc.*) esentare, sgravare *9* (*mecc.*) togliere il carico a (*una molla, ecc.*) *10* (*sport*) disimpegnare; alleggerire. **B** to **relieve oneself**, *v. rifl.* (*eufem.*) andare di corpo; orinare; liberarsi (*fam.*). ● **to r. one's feelings**, dare sfogo ai propri sentimenti; sfogarsi □ (*mil.*) **to r. guard**, dare il cambio al corpo di guardia; fare il cambio della guardia □ **to r. sb.'s mind**, rassicurare q.; tranquillizzare q. □ **to r. the monotony of the journey**, rompere la monotonia del viaggio □ (*mil.*) **to r. the watch**, cambiare il quarto di guardia □ (*archit.*) **relieving arch**, arco di scarico □ (*sport*) **relieving manoeuvre**, manovra di alleggerimento □ **relieving officer**, funzionario preposto all'assistenza dei poveri □ (*sport*) **relieving pass**, passaggio di disimpegno; disimpegno.

relieved /rɪ'li:vd/, *a.* *1* sollevato; confortato: **I'm very r.**, mi sento assai sollevato *2* (*anche leg.*) liberato, sollevato (*da responsabilità*) *3* che ha spicco; in risalto. ● **a r. smile**, un sorriso di sollievo.

reliever /rɪ'li:və(r)/, *n.* *1* chi conforta; soccorritore, soccorritrice *2* liberatore (*di una città assediata, ecc.*). ● (*farm.*) **pain r.**, analgesico.

relievo /rɪ'li:vəʊ/, *n.* (*pl.* **relievos**) (*arte*) rilievo. ● **alto-r.**, altorilievo □ **basso-r.**, bassorilievo.

to **relight** /ri:'laɪt/, *v. t.* *1* riaccendere *2* (*aeron.*) riaccendere, riavviare (*il motore*).

religion /rɪ'lɪdʒən/, *n.* *1* religione (*anche fig.*): **the Christian r.**, la religione cristiana; **Patriotism was his r.**, il patriottismo era la sua religione *2* pratica conventuale (monastica); vita religiosa (*o* monastica): **to enter into a r.**, abbracciare la vita religiosa. ● (*fam. USA*) **to get r.**, diventare religioso; convertirsi □ **to make a r. of doing st.**, sentire il dovere sacrosanto (*o* farsi un dovere) di fare q.c.

religionism /rɪ'lɪdʒənɪzəm/, *n.* fanatismo religioso; bigotteria; santocchieria.

religionist /rɪ'lɪdʒənɪst/, *n.* bigotto; baciapile; santocchio.

religiose /rɪ'lɪdʒɪəʊs/, *a.* affetto da religiosità morbosa; bigotto, santocchio.

religiosity /rɪlɪdʒɪ'ɒsətɪ/, *n.* *1* religiosità *2* (*spreg.*) fanatismo religioso; bigotteria; santocchieria.

religious /rɪ'lɪdʒəs/, **A** *a.* *1* religioso; devoto; pio: **r. books**, libri religiosi; **a r. man**, un uomo religioso *2* (*fig.*) coscienzioso; scrupoloso; religioso: **to be r. in the exercise of one's duty**, essere coscienzioso nel fare il proprio dovere; **with r. care**, con religiosa attenzione. **B** *n.* *1* religioso, religiosa *2* – (*pl. collett.*) **the r.**, i religiosi; la gente religiosa. ● **a r. house**, una casa di religiosi (*o* di religiose); una comunità monastica □ **r. liberty**, libertà di religione. || **-ly**, *avv.* || **-ness**, *sost.*

to **reline** /ri:'laɪn/, *v. t.* *1* rifoderare; rivestire di nuovo *2* (*autom.*) sostituire gli spessori (*o* le pastiglie) dei (*freni*). ● (*autom.*) **to r. the brakes**, fare i freni (*fam.*).

relining /ri:'laɪnɪŋ/, *n.* *1* (il) rifoderare; nuovo rivestimento *2* (*autom.*) sostituzione degli spessori (*o* delle pastiglie): **brake r.**, sostituzione delle pastiglie dei freni.

to **relinquish** /rɪ'lɪŋkwɪʃ/, *v. t.* (*form.*) *1* abbandonare; lasciare; cedere; rinunciare a (q.c.): **to r. all hope**, lasciare ogni speranza; **to r. one's hold**, lasciar la presa; **to r. a plan**, abbandonare un progetto; **to r. a right**, cedere un diritto; **to r. one's advantage**, rinunciare al proprio vantaggio *2* allentare la presa su (q.c.).

relinquishment /rɪ'lɪŋkwɪʃmənt/, *n.* (*form.*) abbandono; cessione; rinuncia: (*leg.*) **r. of a right**, abbandono di un diritto.

reliquary /'relɪkwərɪ, *USA* -kwerɪ/, *n.* (*relig.*) reliquiario.

relish /'relɪʃ/, *n.* *1* gusto (*anche fig.*); sapore; piacere; attrattiva; inclinazione; passione: **The boy eats with great r.**, il ragazzo mangia proprio di gusto (*o* di buon appetito); **There's a r. of garlic in the stew**, si sente il sapore dell'aglio nello stufato; **Life has lost its r. for him**, la vita non gli offre più alcuna attrattiva; **He has no r. for poetry**, non ha gusto per la poesia; **I have no r. for study**, non ho affatto la passione dello studio; lo studio non mi entusiasma *2* (*fig.*) traccia; tocco; pizzico; punta: **There was a r. of malice in his actions**, c'era un pizzico di malizia nei suoi atti *3* condimento; salsa (piccante); sottaceti.

to **relish** /'relɪʃ/, **A** *v. t.* *1* gustare; gradire; apprezzare; trovare di proprio gusto; piacere (*impers.*): **I thought you would r. Spanish wine**, pensavo che avresti gradito il vino spagnolo; **I don't r. the prospect at all**, non trovo davvero di mio gusto (*o* non mi piace affatto) questa prospettiva *2* insaporire; dar sapore a (*un cibo*); condire. **B** *v. i.* *1* (*anche fig.*) sapere (di); avere il sapore (di): **The soup relished of onion**, la zuppa sapeva di cipolle *2* avere un buon sapore.

relishable /'relɪʃəbl/, *a.* appetitoso; gustoso; saporito.

to **relive** /ri:'lɪv/, *v. t.* e *i.* rivivere; vivere di nuovo (*un'esperienza, ecc.*).

to **reload** /ri:'ləʊd/, **A** *v. t.* (*mil., elab.*) ricaricare: **to r. a rifle**, ricaricare un fucile. **B** *v. i.* ricaricare: **He's quick at reloading**, è svelto a ricaricare.

reloadable /ri:'ləʊdəbl/, *a.* (*mil., elab.*) ricaricabile.

reloading /'ri:ləʊdɪŋ/, *n.* ricarica (*di un'arma da fuoco*).

relocatable /ri:ləʊ'keɪtəbl/, *a.* *1* trasferibile; spostabile *2* (*elab.*) rilocabile.

to **relocate** /ri:ləʊ'keɪt, *USA* ri:'ləʊkeɪt/, **A** *v. t.* *1* trasferire; spostare: **to r. an oil refinery**, spostare una raffineria di petrolio; **to r. a factory**, trasferire una fabbrica *2* (*mil.*) dislocare *3* (*elab.*) rilocare. **B** *v. i.* *1* trasferirsi; sistemarsi in una sede nuova *2* (*elab.: di un programma*) traslare.

relocation /ri:ləʊ'keɪʃn/, *n.* *1* trasferimento; spostamento (*di fabbriche, uffici, ecc.*) *2* (*mil.*) dislocamento *3* (*elab.*) rilocazione.

relogging /ri:'lɒgɪŋ, *USA* -'lɔ:g-/, *n.* (*agric., ind.*) recupero di legname.

reluctance /rɪ'lʌktəns/, **reluctancy** /rɪ'lʌktənsɪ/, *n.* *1* riluttanza; avversione; ripugnanza *2* (*fis.,* = **magnetic r.**) riluttanza magnetica; riluttanza.

reluctant /rɪ'lʌktənt/, *a.* riluttante; restio; ritroso; alieno: **I am r. to accept**, sono riluttante ad accettare; **She was r. to marry**, era restia al matrimonio. ● **a r. answer**, una risposta data di malavoglia. || **-ly**, *avv.*

reluctivity /relʌk'tɪvətɪ/, *n.* (*fis.*) riluttività; resistenza specifica.

to **rely** /rɪ'laɪ/, *v. i.* *1* confidare (in); contare (su); fare affidamento (su); fare assegnamento (sopra); star certo: **You can r. on him**, puoi contare su di lui; puoi fare affidamento su di lui; **He can be relied on to keep a secret**, si può contare sulla sua segretezza; **You may r. upon it that he will come**, puoi star certo che verrà; verrà, stanne certo *2* dipendere da: **Our country relies on foreign aid**, il nostro paese dipende dagli aiuti dall'estero.

rem /rem/, *n.* (*acronimo di* **roengten equivalent man**) rem (*unità di misura di radiazione ionizzante*).

remade /ri:'meɪd/, *pass.* e *p. p.* di **to remake**.

to **remain** /rɪ'meɪn/, *v. i.* (*form.*) *1* rimanere; restare; trattenersi; stare: **They remained at home**, rimasero a casa; **Nothing remains (for us) but to leave**, non ci resta che andarcene; **It remains to be seen whether it is true**, resta da vedere se è vero; **We remained two weeks in Paris**, ci trattenemmo due settimane a Parigi; **to r. faithful**, restar fedele; **It only remains for you to decide**, resta soltanto che tu decida *2* (*di un edificio*) restare (*o* essere ancora) in piedi: **The old house still remains**, la vecchia casa è ancora in piedi. ● **to r. hungry**, non cavarsi la fame; restare a pancia vuota □ (*leg.*) **to r. in force**, restare in vigore □ **to r. in office**, restare in carica □ **to r. standing**, restare in piedi □ (*nelle lettere formali*) **I r. Yours truly**, Suo devotissimo (*abbr.* dev.mo) □ (*nelle lettere commerciali tradizionali*) **We r. Yours faithfully**, distinti saluti □ **One thing remains certain**, una cosa è certa □ **You can't let your bedroom r. like this!**, non puoi lasciare la tua camera in questo stato!

remainder /rɪ'meɪndə(r)/, *n.* *1* resto (*anche mat.*); rimanente; residuo; avanzo; avanzi: **the r. of one's life**, il resto della propria vita; **the r. of a meal**, gli avanzi di un pasto; **Ten people were killed and the r. were injured**, dieci persone furono uccise e le rimanenti (*o* le altre) furono ferite; **I ate the r. of the cake**, mangiai gli avanzi (*o* quel che avanzava) della torta *2* (*comm.*) rimanenza; giacenza *3* remainder; copia invenduta (*di un libro*) *4* (*leg.*) diritto di proprietà che ha effetto all'accadere di un evento che pone termine a una proprietà precedente (*A trasferisce a B, per la durata della sua vita, un immobile che, dopo la morte di B, passerà a C; non esiste in Italia*). ● **a publisher's r.**, un fondo di magazzino; un libro di rimanenza; un remainder.

to **remainder** /rɪ'meɪndə(r)/, *v. t.* (*comm.*) disfarsi di, liquidare, svendere (*libri di rimanenza, fondi di magazzino*).

remainderman /rɪ'meɪndəmən/, *n.* (*pl.* **remaindermen**) (*leg.*) titolare di un diritto di «remainder» (*q.V.*; *cfr.* **reversioner**).

remaining /rɪ'meɪnɪŋ/, *a.* rimanente; che resta; restante.

remains /rɪ'meɪnz/, *n. pl.* *1* resti; avanzi; cimeli; resti mortali, spoglie mortali; ceneri (*fig.*); rovine, ruderi: **the r. of my dinner**, gli avanzi del mio pranzo; **the r. of a temple**, i resti di un tempio; **the r. of ancient Ostia**, le rovine di Ostia antica *2* (*raro*) opere postume (*di uno scrittore*). ● **the r. of a family**, quel che resta d'una famiglia □ **the r. of one's strength**, il residuo delle proprie forze.

remake /'ri:meɪk/, *n.* (*cinem.*) nuova versione; rifacimento, remake (*di un vecchio film*).

to **remake** /ri:'meɪk/ (*pass.* e *p. p.* **remade**), *v. t.* *1* rifare; fare di nuovo (*specialm. un film*) *2* rifare, rivedere (*piani, progetti*).

to **reman** /ri:'mæn/, *v. t.* *1* fornire (*un'imbarcazione, ecc.*) di un nuovo equipaggio *2* provvedere (*una fabbrica, ecc.*) di nuova manodopera (*o* di personale nuovo) *3* (*mil.*) rinnovare gli effettivi di (*un reparto*) *4* (*arc.*) infondere nuovo coraggio a (q.); ridare dignità d'uomo a (q.).

remand /rɪ'mɑ:nd, *USA* rɪ'mænd/, *n.* *1* (*leg.*) rinvio a giudizio *2* (*leg., USA*) rinvio (*di una causa civile*) al giudice di merito (*da parte della corte d'appello*). ● **r. centre** (*o* **r. home**), carcere minorile per detenuti in attesa di giudizio □ **r. on custody**, rinvio a giudizio con l'ordine di detenzione in custodia preventiva (*per un periodo massimo di 28 giorni*).

to **remand** /rɪ'mɑ:nd, *USA* rɪ'mænd/, *v. t.* *1* (*leg.*) rinviare a giudizio *2* (*leg., USA*) rinviare (*una causa civile*) al giudice di merito (*dicesi di un tribunale di grado superiore*). ● **to r. on bail**, rinviare (q.) a giudizio con concessione della libertà provvisoria su cauzione.

remanent /'remənənt/, *a.* (*anche fis.*) rimanente; residuo: **r. magnetism**, magnetismo residuo.

remanet /'remənet/, *n.* *1* (*leg.*) causa rinviata (*a nuova udienza*) *2* (*polit.*) disegno di legge rinviato (*ad altra sessione*).

to **remargin** /ri:'mɑ:dʒɪn/, *v. t.* rifare i margini di (*un libro*).

remark /rɪ'mɑ:k/, *n.* osservazione; nota; commento: **I saw nothing worthy of special r.**, non vidi niente degno di particolare nota; **an interesting r.**, un'osservazione interessante; **to pass remarks at** (*o* **about**) **sb.**, fare commenti sul conto di q.; **Let it pass without r.**, non fare commenti! ● **witty r.**, osservazione spiritosa; battuta di spirito.

to **remark** (1) /rɪ'mɑːk/, *v. t. e i.* (far) osservare, notare, rilevare; fare osservazioni; fare commenti: **Did you r. the paleness in his face?**, hai notato il pallore del suo viso?; **He remarked that it was a fine day**, osservò (*o* disse) che era una bella giornata; **This point has been already remarked upon**, questo punto è già stato fatto rilevare; **to r. on sb.'s behaviour**, fare commenti sul comportamento di q.; **to r. loudly on st.**, fare osservazioni ad alta voce su q.c.

to **remark** (2) /riː'mɑːk/, *v. t.* rimarcare; marcare, segnare di nuovo.

remarkable /rɪ'mɑːkəbl/, *a.* notevole; cospicuo; ragguardevole; eccezionale; straordinario. ● **r. beauty**, bellezza fuori del comune. || **-ness**, *sost.* || **-bly**, *avv.*

remarriage /riː'mærɪdʒ/, *n.* nuovo matrimonio; seconde (*o* terze, ecc.) nozze.

to **remarry** /riː'mærɪ/, **A** *v. t.* sposare di nuovo; unire di nuovo in matrimonio. **B** *v. i.* risposarsi.

to **remast** /riː'mɑːst, *USA* -mæst/, *v. t.* (*naut.*) rialberare; rifare l'alberatura a (*una nave*).

rematch /'riːmætʃ, *USA* riː'-/, *n.* (*fam., sport*) partita (*o* incontro) di ritorno (*o* di rivincita).

remediable /rɪ'miːdɪəbl/, *a.* **1** rimediabile; riparabile **2** (*med.*) curabile; sanabile. || **-ness**, *sost.* || **-bly**, *avv.*

remedial /rɪ'miːdɪəl/, *a.* **1** che porta rimedio; atto a porre rimedio; riparatore: **r. legislation**, leggi atte a porre rimedio **2** (*med.*) correttivo: **r. surgery**, chirurgia correttiva. ● **r. gymnast**, insegnante di (ginnastica) correttiva □ **r. gymnastics**, ginnastica correttiva.

remediless /'rɛmədɪləs/, *a.* irrimediabile; irreparabile.

remedy /'rɛmədɪ/, *n.* **1** rimedio; cura; medicamento; provvedimento; riparo: **a good headache r.**, un buon rimedio per il mal di testa; **a r. for social evils**, un rimedio per i mali della società **2** (*leg.*) rimedio giuridico; riparazione; mezzo di tutela di un diritto accordato dalla legge **3** margine di tolleranza del peso (*nel conio delle monete*). ● **beyond** (*o* **past**) **r.**, senza rimedio; irrimediabile, irreparabile.

to **remedy** /'rɛmədɪ/, *v. t.* porre rimedio a (q.c.); rimediare (a): riparare; curare: **to r. an evil**, porre rimedio a un male; **to r. a defect**, rimediare un difetto.

to **remember** /rɪ'mɛmbə(r)/, **A** *v. t. e i.* **1** ricordare; ricordarsi di; rammentare; rammentarsi di; commemorare (*un avvenimento*): **I can't r. his telephone number**, non riesco a ricordare (*o* non ricordo) il suo numero telefonico; **I r. him quite well**, mi ricordo benissimo di lui; **I r. him as little boy**, me lo ricordo (che era un) bambino; **R. to send** (*o* **about sending**) **the telegram**, ricordati di mandare il telegramma; **I r. telling him**, ricordo d'averglielo detto; **He remembered his friend in his will**, si ricordò del suo amico nel testamento (*gli lasciò q.c.*); **If I r. rightly**, se ben ricordo **2** non scordarsi (*di fare un regalo, dare la mancia, ecc.*): **Please r. the waiter**, non scordarti del cameriere! **B** to **remember oneself**, *v. rifl.* tornare in sé, tornare a comportarsi bene; riprendersi (*da un errore, ecc.*). ● **Please r. me to your mother**, saluta tua madre da parte mia; porga i miei ossequi a Sua madre □ (*form.*) **Mr X begs to be remembered to you**, Mr X Le manda i suoi saluti.

remembrance /rɪ'mɛmbrəns/, *n.* **1** ricordo; memoria: **to call st. to r.**, richiamare q.c. alla memoria; **It has escaped my r.**, m'è sfuggito (dalla memoria); **in r. of**, in ricordo di; in memoria di **2** (*arc.*) ricordo; piccolo dono: **He gave me a small r. when he left**, mi diede un ricordino quando partì **3** (*pl.*) (*nelle lettere*) saluti: **Give my remembrances to all at home**, porgi i miei saluti a tutti i tuoi familiari. ● **R. Day** (*o* **R. Sunday**), il giorno commemorativo dei caduti in guerra (*in G.B., la domenica più vicina all'11 novembre*) □ **I have no r. of it**, non me ne rammento affatto.

remembrancer /rɪ'mɛmbrənsə(r)/, *n.* **1** – (*in G.B.*) **R.** (= **Queen's** o **King's R.**), funzionario che riscuote le somme dovute alla Corona **2** (*arc.*) promemoria; ricordo; ricordino. ● **City R.**, rappresentante della City di Londra presso il Parlamento.

remilitarization /riːmɪlɪtəraɪ'zeɪʃn, *USA* -rɪ-'z-/, *n.* rimilitarizzazione.

to **remilitarize** /riː'mɪlɪtəraɪz/, *v. t.* rimilitarizzare.

to **remind** /rɪ'maɪnd/, *v. t.* (far) ricordare a (q.); rammentare; richiamare alla mente: **R. me to send a wire**, ricordami di mandare un telegramma; **May I r. you that you promised to come?**, posso rammentarti che avevi promesso di venire?; **Joan reminds me of my dead sister**, Joan mi ricorda la mia povera sorella. ● **to r. sb. of st.**, ricordare q.c. a q.: **R. daddy of his promise!**, ricorda a papà la sua promessa □ **That reminds me!**, a proposito!

reminder /rɪ'maɪndə(r)/, *n.* **1** memento; promemoria **2** cosa che ne richiama alla mente un'altra **3** (*comm.*) lettera di sollecitazione; sollecito; sollecitatoria. ● **She forgot her promise; I must send her a r.**, ha dimenticato la sua promessa; devo mandarle una lettera per ricordargliela.

remindful /rɪ'maɪndfl/, *a.* che richiama alla mente; che fa ricordare; che ravviva la memoria.

to **reminisce** /rɛmɪ'nɪs/, *v. i.* **1** abbandonarsi ai ricordi; riandare al passato **2** parlare del passato (*fra amici*).

reminiscence /rɛmɪ'nɪsns/, *n.* **1** reminiscenza; ricordo; rimembranza (*lett.*) **2** (*pl.*) memorie (*specialm. scritte*) **3** qualcosa che ricorda: **There is a r. of his mother in the way she speaks**, c'è qualcosa nel suo modo di parlare che ricorda sua madre.

reminiscent /rɛmɪ'nɪsnt/, *a.* **1** – **r. of**, che rammenta; che richiama alla mente **2** che si abbandona ai ricordi: **The old man became r.**, il vecchio si abbandonò ai ricordi. ● **a r. smile**, il sorriso di chi ricorda (*q.c. di piacevole*).

to **remint** /riː'mɪnt/, *v. t.* coniare di nuovo (*monete*).

remise (1) /rə'miːz/, *n.* (*scherma*) rimessa.

remise (2) /rɪ'maɪz/, *n.* (*leg., stor.*) **1** cessione (*di proprietà*) **2** rinuncia (*a un diritto*).

to **remise** (1) /rə'miːz/, *v. i.* (*scherma*) fare una rimessa.

to **remise** (2) /rɪ'maɪz/, *v. t.* (*leg., stor.*) cedere, rinunciare a (*un diritto, una proprietà, ecc.*).

remiss /rɪ'mɪs/, *a.* (*form.*) **1** negligente; trascurato: **to be r. in one's duties**, essere trascurato nel fare il proprio dovere **2** fiacco; pigro; svogliato.

remissible /'rɪmɪsəbl/, *a.* remissibile; condonabile; perdonabile.

remission /rɪ'mɪʃn/, *n.* **1** (*anche leg.*) remissione; condono; perdono: (*relig.*) **the r. of sins**, la remissione dei peccati; (*comm.*) **the r. of a debt**, la remissione d'un debito **2** diminuzione; abbassamento; riduzione, rallentamento (*degli sforzi, ecc.*): **the r. of cold** [**of heat**], la diminuzione del freddo [del caldo] **3** (*leg.*) riduzione (*di pena*) **4** (*med.*) remissione, remittenza (*di sintomi*) **5** (*raro*) *V.* **remittance.** ● (*leg.*) **the r. of a case**, il rinvio di una causa (*a un altro tribunale o al giudice di merito*) □ (*leg.*) **the r. of a claim**, la rinuncia a far valere un diritto □ (*leg.*) **the r. of an offence**, la remissione di un reato □ (*di una malattia*) **to go into r.**, diminuire; fare registrare un miglioramento.

remissive /rɪ'mɪsɪv/, *a.* **1** (*anche leg.*) remissivo: **a r. clause**, una clausola remissiva **2** che tende a fare abbassare **3** (*med.*) di remittenza.

remissness /rɪ'mɪsnəs/, *n.* (*form.*) **1** disattenzione; negligenza; trascuratezza **2** fiacchezza; pigrizia, svogliatezza.

to **remit** /rɪ'mɪt/, **A** *v. t.* **1** (*anche leg.*) rimettere; condonare; perdonare: **God will r. your sin**, Dio rimetterà (*o* perdonerà) il tuo peccato; **to r. a debt**, rimettere un debito; **to r. a penalty**, condonare una pena **2** rimettere; demandare; affidare: **to r. a matter to sb.**, rimettere (*o* demandare) una faccenda a q. **3** rimandare; differire; rinviare: **to r. a matter to a future date**, differire (*o* rinviare) una questione ad altro tempo **4** rimettere; inviare; spedire; mandare: (*comm.*) **to r. money** [**cheques**], rimettere (*o* spedire) denaro [assegni] **5** sospendere; annullare: **to r. a punishment**, sospendere una punizione; **to r. a sentence**, sospendere una sentenza **6** diminuire; ridurre; scemare; smorzare: **They remitted their efforts**, ridussero i loro sforzi; **He remitted his anger**, smorzò l'ira **7** (*leg.*) rinviare (*una causa: a un altro tribunale o al giudice di merito*). **B** *v. i.* **1** rimettere (*raro*); diminuire; scemare; smorzarsi; calare: **The fever remits in the morning**, la febbre cala la mattina; **Enthusiasm began to r.**, l'entusiasmo cominciò a smorzarsi **2** (*comm.*) fare una rimessa; spedire denaro: **Kindly r. by return of mail**, vogliate fare una rimessa a giro di posta; **He remits home every month**, spedisce denaro a casa tutti i mesi.

remittable /rɪ'mɪtəbl/, *V.* **remissible.**

remittal /rɪ'mɪtl/, *V.* **remission.**

remittance /rɪ'mɪtns/, *n.* (*comm.*) rimessa: **a r. in settlement**, una rimessa a saldo; **to make a r.**, fare una rimessa. ● (*un tempo*) **r. man**, persona che vive all'estero col denaro che riceve da casa □ (*banca*) **r. slip**, distinta di accompagnamento.

remittee /rɪmɪ'tiː/, *n.* (*comm.*) destinatario di una rimessa (*di denaro*).

remittence /rɪ'mɪtns/, **remittency** /rɪ'mɪtnsɪ/, *n.* (*med.*) remittenza.

remittent /rɪ'mɪtnt/, (*med.*) **A** *a.* remittente: **a r. fever**, una febbre remittente. **B** *n.* febbre remittente.

remitter /rɪ'mɪtə(r)/, *n.* **1** (*comm.*) chi effettua una rimessa (*di denaro*) **2** (*leg.*) rinvio a un titolo d'acquisto (*di un diritto di proprietà anteriore*).

remittor /rɪ'mɪtə(r)/, *V.* **remitter,** *def. 1.*

to **remix** /riː'mɪks/, *v. t.* mescolare di nuovo; rimescolare.

remixing /riː'mɪksɪŋ/, *n.* rimescolamento (*V.* **to remix**).

remnant /'rɛmnənt/, *n.* **1** resto; avanzo; residuo; rimasuglio: **the remnants of a feast**, gli avanzi di un banchetto **2** orma; traccia; vestigio: **a r. of his former pride**, una traccia del suo antico orgoglio; **remnants of her former beauty**, vestigia dell'antica bellezza **3** (*pl.*) (*comm.*) rimanenze (*di magazzino*); giacenze **4** ritaglio (*di stoffa*); scampolo. ● (*comm.*) **a r. sale**, una vendita delle rimanenze; (*specialm.*) una vendita di scampoli.

to **remodel** /riː'mɒdl/, *v. t.* **1** rimodellare; riplasmare **2** rifare; ricostruire **3** (*edil.*) ristrutturare **4** (*med.*) ricostruire; rifare: **to have one's nose remodelled**, farsi rifare il naso.

remodelling /riː'mɒdlɪŋ/, *n.* **1** ricostruzione; rifacimento **2** (*edil.*) ristrutturazione **3** (*med.*) ricostruzione; rifacimento.

remonetization /rɪmʌnɪtaɪ'zeɪʃn, -mɒn-, *USA* -tɪ'z-/, *n.* (*econ.*) rimonetazione (*di un metallo*).

to **remonetize** /riː'mʌnɪtaɪz, -'mɒn-/, *v. t.* (*econ.*) rimonetare; ridare corso legale a (*oro, argento, ecc.*).

remonstrance /rɪ'mɒnstrəns/, *n.* rimostranza; protesta.

remonstrant /rɪ'mɒnstrənt/, **A** *a.* che protesta; di protesta. **B** *n.* chi fa rimostranze; chi protesta.

to **remonstrate** /ˈrɛmənstreɪt/, *v. i.* fare rimostranze; protestare: **to r. with sb.**, fare rimostranze a q.; protestare con q.; **to r. against pollution**, protestare contro l'inquinamento.

remonstration /rɛmənˈstreɪʃn/, *n.* rimostranza; protesta.

remonstrative /rɪˈmɒnstrətɪv/, *a.* di rimostranza; di protesta.

remonstrator /ˈrɛmənstreɪtə(r)/, *n.* chi fa rimostranze; chi protesta.

remontant /rɪˈmɒntnt/, *a.* e *n.* (*bot.*) (pianta) rifiorente.

remora /ˈrɛmərə/, *n.* (*zool.*, *Echeneis remora*) remora.

remorse /rɪˈmɔːs/, *n.* rimorso; contrizione; pentimento. ● **without r.**, senza rimorso; (*anche*) senza pietà, spietatamente.

remorseful /rɪˈmɔːsfl/, *a.* *1* preso dal rimorso; pieno di rimorsi; contrito; pentito *2* che esprime rimorso; dovuto al rimorso. || **-ly**, *avv.* || **-ness**, *sost.*

remorseless /rɪˈmɔːsləs/, *a.* *1* senza rimorso; sordo ai rimorsi *2* inesorabile; spietato. || **-ly**, *avv.* || **-ness**, *sost.*

remote /rɪˈməʊt/, *a.* *1* remoto; lontano, distante (*anche fig.*); fuori (di) mano: **in a r. village**, in un remoto villaggio; **in the r. past**, nel lontano passato; **in the remotest ages**, nella più remota antichità; **a r. cousin**, un lontano cugino; **a r. resemblance**, una lontana somiglianza; (*anche leg.*) **r. causes**, cause remote *2* (*fig.*) distaccato; distante; indifferente: **He is r. and cold in his manner**, ha un modo di fare distaccato e freddo *3* (*fig.*) lontano; avulso; estraneo: **r. from reality**, avulso dalla realtà; **a question r. from the subject**, una questione estranea all'argomento *4* lieve; piccolo; vago: **There's only a r. possibility**, non c'è che una vaga possibilità; **I haven't the remotest idea of what he means**, non ho la minima (*o* la più pallida, la più lontana) idea di che cosa intenda (dire). ● (*elab.*) **r. access**, accesso a distanza □ (*elab.*) **r. batch processing**, teleelaborazione a lotti □ **r. control**, (*radio, telef., TV, ecc.*) comando a distanza, telecomando, telecontrollo; (*miss.*) teleguida; (*mil.*) puntamento a distanza (*di un cannone*) □ **r.-control** (*o* **r.-controlled**), comandato a distanza, telecomandato; (*miss.*) teleguidato □ (*edil.*) **r.-control gate operator**, apricancello automatico con telecomando □ (*TV*) **r.-control unit**, telecomando □ (*naut.*) **r.-indicating compass**, telebussola □ (*elettron.*) **r. indicator**, teleindicatore.

remotely /rɪˈməʊtlɪ/, *avv.* *1* di lontano; a distanza: **controlled r.**, comandato a distanza *2* vagamente; alla lontana: **to know sb. r.**, conoscere q. alla lontana *3* lontanamente; minimamente: **He isn't r. interested in the matter**, non ha il ben che minimo interesse nella faccenda. ● (*aeron.*) **r. piloted vehicle**, veicolo teleguidato □ **to smile r.**, sorridere con distacco.

remoteness /rɪˈməʊtnəs/, *n.* *1* distanza; lontananza *2* (*fig.*) distacco; freddezza.

remotion /rɪˈməʊʃn/, *n.* (*raro*) rimozione (*più comune* **removal**).

remould /ˈriːməʊld/, *n.* (*autom.*) pneumatico ricostruito.

to **remould** /riːˈməʊld/, *v. t.* *1* rimodellare; riplasmare *2* (*ind.*) ricostruire (*un pneumatico*).

remoulding /ˈriːməʊldɪŋ/, *n.* *1* rimodellamento *2* (*ind.*) ricostruzione (*di pneumatici*).

remount /ˈriːmaʊnt/, *n.* *1* cavallo fresco; nuova cavalcatura *2* (*mil.*, *stor.*) cavallo di rimonta; rimonta.

to **remount** /riːˈmaʊnt/, **A** *v. t.* *1* rimontare a (*cavallo*); risalire in (*bicicletta*); risalire (*un colle, ecc.*) *2* (*mil.*, *stor.*) rifornire (*un reggimento, ecc.*) di cavalli nuovi *3* (*fotogr.*) rimontare; fare una montatura nuova a (*una fotogr.*). **B** *v. i.* *1* rimontare in sella; risalire in bicicletta *2* rifare una scalata; risalire in vetta *3* – (*fig.*) **to r. to**, risalire a; riandare a (*una data, una fonte, un'età passata, ecc.*).

removability /rɪmuːvəˈbɪlətɪ/, *n.* amovibilità; l'essere rimovibile (*o* trasferibile).

removable /rɪˈmuːvəbl/, **A** *a.* *1* amovibile, trasferibile *2* rimovibile; spostabile; trasportabile. **B** *n.* (*leg.*, *in Irlanda*) magistrato amovibile.

removal /rɪˈmuːvl/, *n.* *1* rimozione (*dal grado, ecc.*); revoca; destituzione; allontanamento (*da un ufficio*): **the r. of an official**, la destituzione di un funzionario *2* spostamento; trasferimento; trasloco; sgombero: **«Removals»**, «traslochi» (*cartello o scritta su un furgone*) *3* eliminazione; abolizione; soppressione: **the r. of customs barriers**, l'abolizione delle barriere doganali; **the r. of the causes of discontent**, l'eliminazione delle cause del malcontento *4* (*med.*) rimozione; estirpazione *5* (*leg.*) avocazione (*di una causa*). ● **r. agency**, agenzia di traslochi □ **r. van**, furgone per traslochi.

remove /rɪˈmuːv/, *n.* *1* distanza; grado (*fig.*); passo (*fig.*): **We were but one short r. from war**, eravamo a un passo dalla guerra *2* (*form.*) pietanza che viene dopo un'altra (*a tavola*) *3* (*in talune scuole ingl.*) classe speciale *4* (*form.*) trasloco; trasferimento *5* (*arc.*) grado di parentela *6* (*arc.*) promozione (*a scuola*). ● **a second cousin at one r.**, un cugino di terzo grado; un terzo cugino □ **Genius is often only one r. from eccentricity**, spesso ci corre poco fra il genio e l'eccentricità.

to **remove** /rɪˈmuːv/, **A** *v. t.* *1* rimuovere; levare; spostare; togliere; trasferire; destituire; allontanare; ritirare; espellere; eliminare; togliere di mezzo: **to r. a magistrate from office**, rimuovere un magistrato dalla carica; destituire un magistrato; **to r. a book from the shelf**, togliere un libro dallo scaffale; **to r. one's hat**, levarsi il cappello; far di cappello, scappellarsi; **to r. the causes of suffering**, eliminare le cause della sofferenza; **The tyrant was removed by poison**, il tiranno fu tolto di mezzo col veleno *2* (*med.*) estirpare; rimuovere *3* (*leg.*) avocare, trasferire (*una causa*). **B** *v. i.* *1* (*poet.*) allontanarsi; andar via; dipartirsi (*lett.*); partire: **Truth has removed from earth**, la verità s'è dipartita da (*o* ha abbandonato) questo mondo *2* trasferirsi; traslocare; sgomberare; spostarsi; cambiar residenza; cambiare ufficio: **My family is removing from Chester to London**, la mia famiglia sta traslocando da Chester a Londra. **C** to **remove oneself**, *v. rifl.* togliersi di mezzo; andar via; andarsene. ● **to r. one's family to the seaside**, mandare la famiglia al mare □ **to r. sb. from school**, ritirare q. da scuola; (*anche*) espellere q. dalla scuola □ **to r. furniture**, fare traslochi (*come mestiere*) □ **to r. one's gaze**, distogliere lo sguardo; abbassare gli occhi □ **to r. one's make-up**, struccarsi □ (*fig.*) **to r. mountains**, spostare le montagne; far miracoli.

removed /rɪˈmuːvd/, *a.* remoto; lontano; discosto; estraneo: **considerations quite r. from morals**, considerazioni ben lontane dalla morale (*o* del tutto estranee alla morale). ● **a first cousin once** [**twice**] **r.**, un cugino di secondo [di terzo] grado; un secondo [un terzo] cugino.

remover /rɪˈmuːvə(r)/, *n.* *1* chi rimuove; toglie, trasferisce, sgombera, ecc. (*V.* **to remove**) *2* (*specialm.* **furniture r.**) titolare di un'agenzia di traslochi *3* (*pl.*) impresa di traslochi *4* (*leg.*) avocazione, trasferimento (*di una causa*). ● **hair r.**, depilatore □ **paint r.**, preparato per togliere la vernice □ **stain r.**, smacchiatore (*preparato chimico*).

to **remunerate** /rɪˈmjuːnəreɪt/, *v. t.* remunerare; ricompensare; retribuire.

remuneration /rɪmjuːnəˈreɪʃn/, *n.* remunerazione; ricompensa; retribuzione.

remunerative /rɪˈmjuːnərətɪv/, *USA* -nəreɪtɪv/, *a.* remunerativo; remuneratorio; redditizio: **r. jobs**, lavori remunerativi; **a r. business**, un'azienda redditizia. || **-ly**, *avv.* || **-ness**, *sost.*

renaissance /rəˈneɪsəns, ˈrenəsɒns, *USA* rɛnəˈsɑːns, ˈrenəsɑːns, -z-/, *n.* rinascita; rinascimento.

Renaissance /rəˈneɪsəns, ˈrenəsɒns, *USA* rɛnəˈsɑːns, ˈrenəsɑːns, -z-/, **A** *n.* (*arte, letter.*) Rinascimento. **B** *a. attr.* del Rinascimento; rinascimentale: **R. painting**, la pittura del Rinascimento; **a R. church**, una chiesa rinascimentale.

renal /ˈriːnl/, *a.* (*anat.*) renale: **r. artery**, arteria renale; **r. tubule**, tubulo renale. ● (*med.*) **r. calculus**, calcolo renale □ (*med.*) **r. failure**, insufficienza renale.

to **rename** /riːˈneɪm/, *v. t.* *1* rinominare; nominare di nuovo *2* ribattezzare (*fig.*); dare un nuovo nome a (q.).

renascence /rɪˈnæsns/, *n.* rinascita; rinascimento.

Renascence /rɪˈnæsns/, *n.* (*arte, letter.*) Rinascimento.

renascent /rɪˈnæsnt/, *a.* rinascente: **r. hopes**, speranze rinascenti.

to **rend** /rɛnd/ (*pass.* e *p. p.* **rent**), **A** *v. t.* *1* lacerare; squarciare; stracciare; straziare: **to r. one's clothes**, lacerarsi gli abiti; **The stillness of the air was rent by a shot**, l'aria immota fu squarciata da uno sparo; **to r. sb.'s heart**, straziare il cuore a q. *2* fendere; dividere; spaccare: **The country was rent in two by the question of slavery**, la nazione fu divisa in due dalla questione dello schiavismo *3* strappare: **to r. one's hair**, strapparsi i capelli. **B** *v. i.* *1* lacerarsi; strapparsi *2* fendersi; spaccarsi. ● **to r. asunder**, tagliare in due □ **to r. away**, strappare via □ **to r. laths**, fare listelli spaccando il legno.

render /ˈrɛndə(r)/, *n.* (*edil.*) prima mano d'intonaco; rinzaffo.

to **render** /ˈrɛndə(r)/, *v. t.* *1* rendere; restituire; contraccambiare, ricambiare; prestare, tributare; far diventare, ridurre; esprimere; rappresentare; riprodurre; tradurre: **to r. thanks**, rendere grazie; **to r. good for evil**, rendere il bene per il male; ricambiare il male col bene; **to r. blow for blow**, restituire colpo su colpo; **to r. a service**, rendere un servizio; fare un favore; **I have to r. an account of my actions**, devo rendere conto delle mie azioni; **to r. obedience**, tributare obbedienza; **to r. sb.'s conception**, esprimere (*o* rendere) un concetto altrui; **Can you r. it into French?**, sai tradurlo in francese? *2* (*comm.*) presentare (*un conto, una cambiale*); sottoporre (*un documento, ecc.*): **We r. accounts once a month**, presentiamo i conti una volta al mese *3* (*arte*) rendere, raffigurare, rappresentare; (*mus.*) eseguire; (*teatr.*) recitare, interpretare (*una parte*): **The quartet was well rendered**, il quartetto fu eseguito bene *4* (*edil.*) rinzaffare *5* (*leg.*) emettere, pronunciare (*una sentenza*) *6* (*naut.*) abbisciare (*un cavo*). ● **to r. help**, prestare aiuto □ (*di un contenitore*) **to be rendered**, a rendere □ (*comm.*) **account rendered**, conto presentato (*ma non ancora saldato*).

♦**render down**, *v. t.* + *avv.* *1* sciogliere, struggere (*lardo, ecc.*) *2* raffinare (*olio*) *3* (*fig.*) ridurre, semplificare (*idee, ecc.*).

♦**render to**, *v. t.* + *prep.* (*form.*) rendere, dare a: **R. to Caesar the things that are Caesar's; and to God the things that are God's**, date a Cesare quello che è di Cesare, e a Dio quello che è di Dio.

♦**render up**, *v. t.* + *avv.* *1* (*form.*) innalzare (*preghiere a Dio*) *2* (*arc.*) cedere, consegnare (*una città al nemico*).

rendering /ˈrɛndərɪŋ/, *n.* *1* traduzione; versione *2* (*arte, mus., teatr.*) rappresentazione; esecuzione; interpretazione *3* (*edil.*, = **r. coat**) prima mano d'intonaco; rinzaffatura; rinzaffo *4* (*leg.*) emissione (*di una sentenza*) *5* (*archit.*) prospettiva (*di un edificio, ecc.*); disegno prospettico. ● **r. of accounts**, rendimento dei conti; rendiconto.

rendezvous /ˈrɒndɪvuː/, *n.* (*invar. al pl.*) **1** appuntamento **2** convegno; incontro; riunione **3** luogo d'incontro **4** (*mil., naut.*) luogo di adunata (*o* di raduno) **5** (*miss.*) rendez-vous, appuntamento (*nello spazio*). ● **place of r.**, luogo d'incontro.

to **rendezvous** /ˈrɒndɪvuː/, **A** *v. i.* **1** incontrarsi; riunirsi; trovarsi **2** (*miss.*: *di due astronavi, ecc.*) incontrarsi (*nello spazio*). **B** *v. t.* (*mil., naut.*) adunare; radunare. ● (*miss.*) **to r. in space**, effettuare un appuntamento nello spazio (*o* in orbita).

rendition /rɛnˈdɪʃn/, *n.* (*specialm. USA*) (*mus., teatr., ecc.*) interpretazione: **an excellent r. of Hamlet**, un'eccellente interpretazione di Amleto.

renegade /ˈrɛnɪgeɪd/, *n.* **1** rinnegato; disertore; traditore **2** (*relig.*) apostata **3** fuorilegge; ribelle.

to **renegade** /ˈrɛnɪgeɪd/, *v. i.* **1** disertare; diventare un rinnegato **2** (*relig.*) abiurare.

to **renegotiate** /riːnɪˈgəʊʃɪeɪt/, *v. t.* rinegoziare.

to **reneg(u)e** /rɪˈniːg, -eɪg, -ɛg, *USA* -ɪg, -ɛr, -iːg/, *v. i.* **1** (*a carte*) rifiutare; non rispondere a colore **2** tirarsi indietro (*fig.*) **3** – **to r. on**, rimangiarsi: **to r. on a promise**, rimangiarsi una promessa.

to **renew** /rɪˈnjuː, *USA* -ˈnuː/, *v. t.* **1** rinnovare; ripristinare; ripetere; sostituire: (*mil.*) **to r. an attack**, rinnovare un attacco; **to r. a sorrow**, rinnovare un dolore; **to r. the golden age**, ripristinare l'età dell'oro; **to r. one's supplies**, rinnovare le provviste; (*leg.*) **to r. a contract**, rinnovare un contratto; **to r. a garrison [the tyres]**, sostituire una guarnigione [i pneumatici] **2** (*fig.*) rinvigorire; rianimare; ravvivare; rigenerare: **He was renewed by baptism**, fu rigenerato dal battesimo. ● (*comm.*) **to r. a bill**, rinnovare una cambiale □ **to r. a book at the library**, rinnovare il prestito di un libro □ **to r. sb.'s life**, dar nuova vita a q. □ (*ass.*) **to r. a policy**, rinnovare una polizza □ **to r. one's strength**, recuperare le forze; recuperare (*fam.*); rinvigorirsi □ **with renewed strength**, con rinnovato vigore.

renewable /rɪˈnjuːəbl, *USA* -ˈnuːəbl/, *a.* rinnovabile: **a r. ticket**, un tesserino rinnovabile; (*leg.*) **r. contract**, contratto rinnovabile.

renewal /rɪˈnjuːəl, *USA* -ˈnuːəl/, *n.* **1** rinnovamento; ripristino; sostituzione; (*comm.*) rinnovo: **the r. of a country**, il rinnovamento d'una nazione; **the r. of a bill (of exchange)**, il rinnovo d'una cambiale **2** ripresa: **r. of peace talks**, ripresa dei negoziati di pace. ● **r. of lease**, rinnovo della locazione; (*leg.*) riconduzione □ (*fin.*) **r. coupon**, cedola di affogliamento.

renewer /rɪˈnjuːə(r), *USA* -ˈnuː-/, *n.* rinnovatore, rinnovatrice.

reniform /ˈriːnɪfɔːm/, *a.* (*scient.*) reniforme; a forma di rene.

renin /ˈriːnɪn/, *n.* (*biochim.*) renina.

renitency /rɪˈnaɪtnsɪ/, *n.* renitenza; riluttanza.

renitent /rɪˈnaɪtənt/, *a.* renitente; riluttante; restio.

rennet (**1**) /ˈrɛnɪt/, *n.* **1** (*zool.*) abomaso **2** caglio; presame.

rennet (**2**) /ˈrɛnɪt/, *n.* (*bot.*) mela renetta; renetta.

rennin /ˈrɛnɪn/, *n.* (*biochim.*) rennina.

to **renominate** /riːˈnɒmɪneɪt/, *v. t.* **1** rinominare; nominare di nuovo **2** (*polit.*) riproporre la candidatura di (q.).

renomination /riːnɒmɪˈneɪʃn/, *n.* nuova nomina.

renounce /rɪˈnaʊns/, *n.* (*a carte*) rifiuto. ● **I have a r. in hearts**, non ho cuori; ho il fallo a cuori (*fam.*).

to **renounce** /rɪˈnaʊns/, **A** *v. t.* **1** rinunciare a; cedere; abbandonare: (*leg.*) **to r. a claim**, abbandonare una pretesa; **to r. a right [a privilege, a title]**, rinunciare a un diritto [un privilegio, un titolo]; **to r. the world**, rinunciare al mondo; **to r. the crown**, rinunciare alla corona **2** ripudiare; rinnegare; disconoscere; sconfessare; (*polit.*) denunciare: **to r. a friend**, ripudiare un amico; **to r. a son**, disconoscere un figlio; **to r. one's principles**, rinnegare i propri principi; **to r. a treaty**, denunciare un trattato. **B** *v. i.* (*a carte*) rifiutare; non rispondere a colore. ● **to r. one's religion**, abiurare.

renouncement /rɪˈnaʊnsmənt/, *n.* **1** rinuncia, rinunzia; cessione; abbandono **2** ripudio; disconoscimento; sconfessione **3** (*polit.*) denuncia (*di un accordo, ecc.*).

renouncer /rɪˈnaʊnsə(r)/, *n.* **1** chi rinuncia **2** (*leg.*) rinunciatario.

to **renovate** /ˈrɛnəveɪt/, *v. t.* rinnovare; ripristinare; riparare; restaurare.

renovation /rɛnəˈveɪʃn/, *n.* rinnovamento; rinnovo; ripristino; riparazione; restauro.

renovator /ˈrɛnəʊveɪtə(r)/, *n.* rinnovatore; ripristinatore; restauratore.

renown /rɪˈnaʊn/, *n.* rinomanza; fama; celebrità; notorietà.

renowned /rɪˈnaʊnd/, *a.* rinomato; famoso; celebre.

rent (**1**) /rɛnt/, *pass.* e *p. p.* di **to rend**.

rent (**2**) /rɛnt/, *n.* **1** lacerazione; spaccatura; squarcio; strappo **2** (*fig.*) frattura, divisione, scissione (*in un partito politico, ecc.*).

rent (**3**) /rɛnt/, *n.* **1** affitto; pigione; canone d'affitto; prezzo della locazione: **I must pay the r.**, devo pagare l'affitto; **r. in advance**, affitto anticipato; **r. in arrears**, affitto arretrato **2** (*per macchinario, ecc.*) nolo **3** (= **economic r.**; *termine dell'economia classica*; *cfr.* **rente** e **unearned income**) rendita. ● **r. book**, ricevutario dei canoni d'affitto □ **r. boy**, gigolò □ **r. collector**, esattore; chi riscuote affitti □ (*leg., econ.*) **r. control**, blocco degli affitti □ **r.-free**, senza pagare l'affitto; gratuitamente; (*d'alloggio*) gratuito □ (*leg., econ.*) **r. freeze**, blocco degli affitti □ **r. restrictions**, disciplina delle locazioni (*o* dei canoni d'affitto) □ (*stor.*) **r. roll**, lista dei poderi col nome degli affittuari; ammontare delle rendite dei propri terreni; ruolo dei censi □ (*stor.*) **r. service**, servizi resi in luogo del canone d'affitto □ **r. strike**, sciopero degli inquilini, rifiuto di pagare l'affitto (*come protesta per gli aumenti, la cattiva conduzione, ecc.*); autoriduzione (*del canone*) □ **«for r.»**, «da affittare; affittasi» (*cartello*).

to **rent** /rɛnt/, **A** *v. t.* **1** prendere in affitto; avere in affitto **2** affittare; dare in affitto; locare; appigionare; dare a pigione **3** (*specialm. USA*) prendere a nolo; noleggiare (*cfr. ingl.* **to hire**): **to r. a car**, noleggiare un'automobile. **B** *v. i.* essere affittato: **The flat rents for three thousand five hundred pounds a year**, l'appartamento è affittato a tremila e cinquecento sterline l'anno. ● (*specialm. USA*) **to r. out**, dare a nolo; noleggiare □ **a high-rented [low-rented] farm**, un podere dato in affitto per un prezzo alto [basso].

rentable /ˈrɛntəbl/, *a.* affittabile.

rental /ˈrɛntl/, *n.* **1** canone d'affitto **2** reddito di fabbricati; reddito dominicale **3** valore locativo **4** (prezzo del) noleggio: **I must pay the TV r.**, devo pagare il noleggio del televisore **5** (*leg.*) immobile offerto in locazione. ● **r. car**, auto da noleggio □ (*USA*) **r. library**, biblioteca circolante □ **car r.**, noleggio d'automobili; nolo auto (*fam.*).

rente /rɛnt/ (*franc.*), *n.* (*fin.*) rendita.

renter /ˈrɛntə(r)/, *n.* **1** affittuario; inquilino; locatario **2** locatore **3** fittavolo **4** (*USA*) noleggiatore **5** noleggiatore, distributore (*di film*).

rentier /ˈrɒntɪeɪ/ (*franc.*), *n.* persona (*specialm. anziana*) che vive di rendita; redditiere, redditiera.

to **renumber** /riːˈnʌmbə(r)/, *v. t.* **1** numerare di nuovo **2** ricontare.

renunciation /rɪnʌnsɪˈeɪʃn/, *n.* **1** rinuncia, rinunzia; cessione; abbandono: (*leg.*) **r. of a claim**, rinuncia a far valere un diritto **2** rinuncia; sacrificio **3** ripudio. ● **r. on oath**, abiura.

renunciative /rɪˈnʌnʃɪətɪv/, **renunciatory** /rɪˈnʌnʃɪətrɪ, *USA* -ɪətɔːrɪ/, *a.* di rinuncia; rinunciatario.

reoccupation /riːɒkjʊˈpeɪʃn/, *n.* rioccupazione.

to **reoccupy** /riːˈɒkjʊpaɪ/, *v. t.* rioccupare.

to **reopen** /riːˈəʊpən/, **A** *v. t.* **1** riaprire: **to r. a factory**, riaprire una fabbrica **2** riprendere; riaprire; ricominciare: **to r. the peace talks**, riprendere le trattative per la pace; **to r. hostilities**, riprendere le ostilità. **B** *v. i.* riaprirsi; riaprire: **My office reopens at 2.30 P.M.**, il mio ufficio riapre alle 14 e 30.

reopening /riːˈəʊpənɪŋ/, *n.* **1** riapertura **2** ripresa, riapertura (*di una discussione, di trattative, ecc.*).

reorder /riːˈɔːdə(r)/, *n.* (*comm.*) nuova ordinazione (*di merce già ordinata*).

to **reorder** /riːˈɔːdə(r)/, **A** *v. t.* **1** (*comm.*) ordinare (*merce*) di nuovo **2** riordinare; rimettere in ordine. **B** *v. i.* (*comm.*) fare nuove ordinazioni.

reorganization /riːɔːgənaɪˈzeɪʃn, *USA* -nɪˈz-/, *n.* riorganizzazione; riassetto.

to **reorganize** /riːˈɔːgənaɪz/, *v. t.* e *i.* riorganizzare, riorganizzarsi.

rep (**1**) /rɛp/, *n.* (*ind. tess.*) reps.

rep (**2**) /rɛp/, *n.* (*abbr. fam. USA di* **reputation**) reputazione; buon nome.

rep (**3**) /rɛp/, *n.* (*abbr. fam. di* **repertory**) teatro (*o* compagnia) di repertorio.

rep (**4**) /rɛp/, *n.* (*comm., abbr. pop. di* **representative**) rappresentante; agente di commercio; commesso viaggiatore.

to **rep** /rɛp/, *v. i.* (*comm., fam.*) fare il rappresentante.

repaid /riːˈpeɪd/, *pass.* e *p. p.* di **to repay**.

to **repaint** /riːˈpeɪnt/, *v. t.* ridipingere; riverniciare.

repainting /riːˈpeɪntɪŋ/, *n.* riverniciatura.

repair (**1**) /rɪˈpɛə(r)/, *n.* (*arc.*) **1** il rifugiarsi; il riparare **2** rifugio; riparo **3** ritrovo; luogo di ritrovo.

repair (**2**) /rɪˈpɛə(r)/, *n.* **1** riparazione; restauro; (*pl.*) lavori di restauro: **The museum is closed during repairs**, il museo è chiuso durante i lavori di restauro **2** (*naut.*) raddobbo **3** rammendo **4** condizione; stato; buone condizioni: **My car is kept in (good) r.**, la mia automobile è tenuta in buone condizioni; **The house is in bad (*o* poor) r.**, la casa è in cattivo stato **5** (*pitt.*) ritocco. ● (*naut.*) **r. dock**, bacino di riparazione □ (*naut.*) **r. ship**, nave officina □ **r. shop**, officina di riparazioni □ (*naut.*) **r. yard**, cantiere di raddobbo □ **to be in (good) r.**, essere in buone condizioni (*o* in buono stato) □ **to be out of r.**, essere in cattivo stato; essere guasto: **The lift is out of r.**, l'ascensore è guasto □ **under r.**, in riparazione: **The road is under r.**, la strada è in riparazione □ (*naut.*) **to undergo repairs**, essere ai lavori (*o* in raddobbo) □ **«Road under r.»** (*cartello stradale*), «lavori in corso».

to **repair** (**1**) /rɪˈpɛə(r)/, *v. i.* (*form.*) **1** ripararе; rifugiarsi: **The nomads r. to the caves in the rainy season**, nella stagione delle piogge, i nomadi si rifugiano nelle caverne **2** recarsi; andare (*di solito*): **to r. to a café**, andare al caffè.

to **repair** (**2**) /rɪˈpɛə(r)/, *v. t.* **1** riparare; accomodare; aggiustare; metter riparo a; rimediare; risarcire: **to r. a house [an engine, a pair of shoes, a railway track]**, riparare una casa [un motore, un paio di scarpe, un binario ferroviario]; **to r. a wrong [an injury]**, riparare un torto [un'offesa]; **to r. a mistake**, rimediare un errore; **to r. a loss**, risarcire una perdita **2** (*naut.*) raddobbare: **to r. a ship**, raddobbare una nave **3** rammendare **4** (*edil.*) restaurare (*un edificio*).

repairable /rɪˈpɛərəbl/, *a.* riparabile; aggiustabile; accomodabile.

repairer /rɪˈpɛərə(r)/, *n.* aggiustatore; accomodatore; riparatore. ● **bicycle r.**, ciclista (*meccanico*) □ **shoe r.**, calzolaio.

repairing /rɪ'pɛərɪŋ/, *n.* ***1*** riparazione (*anche di un torto*) ***2*** (*mecc.*) riparazioni: (*USA*) **auto r.**, riparazioni auto ***3*** (*naut.*) raddobbo: **r. basin**, bacino di raddobbo (*o* di carenaggio).

repairman /rɪ'pɛəmən/, *n.* (*pl.* **repairmen**) aggiustatore; riparatore. ● **radio r.**, radiotecnico.

repand /rɪ'pænd/, *a.* (*bot.*: *di foglia*) col margine ondulato.

to **repaper** /riː'peɪpə(r)/, *v. t.* ritappezzare; cambiare la carta da parati a (*una stanza*).

reparable /'rɛpərəbl/, *a.* riparabile; rimediabile; risarcibile. || **-bly**, *avv.*

reparation /rɛpə'reɪʃn/, *n.* ***1*** riparazione (*di danni, offese, ecc.*); risarcimento: **to ask r. for the damage one has suffered**, chiedere riparazione dei danni subiti ***2*** (*pl.*) riparazioni; lavori di restauro (*più comune* **repairs**) ***3*** (*pl.*) (= **war reparations**) riparazioni di guerra. ● **to make r. for st.**, fare ammenda di q.c.; riparare a q.c. (*un torto, ecc.*).

reparative /rɪ'pærətɪv/, *a.* (*anche leg.*) di riparazione; riparatore.

repartee /rɛpɑː'tiː/, *n.* ***1*** replica pronta; risposta spiritosa ***2*** conversazione serrata, spiritosa; botta e risposta ***3*** l'avere la battuta pronta; prontezza di spirito; abilità nel fare a botta e risposta.

repartition /riːpɑː'tɪʃn/, *n.* ***1*** ripartizione; divisione; distribuzione ***2*** ridistribuzione.

to **repartition** /riːpɑː'tɪʃn/, *v. t.* ***1*** ripartire; dividere; distribuire ***2*** ridistribuire.

repast /rɪ'pɑːst, *USA* rɪ'pæst/, *n.* (*form.*) pasto (*più comune* **meal**): **a light r.**, un pasto leggero; **a rich r.**, un pasto abbondante.

repatriate /riː'pætrɪət, *USA* -'peɪt-/, *n.* rimpatriato.

to **repatriate** /riː'pætrɪeɪt, *USA* -'peɪt-/, *v. t.* e *i.* rimpatriare.

repatriation /riːpætrɪ'eɪʃn, *USA* -peɪt-/, *n.* rimpatrio.

to **repay** /rɪ'peɪ/ (*pass.* e *p. p.* **repaid**), **A** *v. t.* ripagare; restituire, rendere; rimborsare, ricompensare; ricambiare: **to r. money**, restituire denaro; **to r. a favour**, ricambiare un favore; **to r. a blow**, rendere un colpo; **to r. a visit**, restituire una visita; **to r. sb. for a service**, ricompensare q. per un servizio; **to r. a loan**, rimborsare un mutuo. **B** *v. i.* ***1*** (*banca*) restituire il denaro; fare un rimborso; rimettersi in pari (*fam.*) ***2*** contraccambiare; ricambiare ***3*** punire ***4*** ricompensare.

repayable /rɪ'peɪəbl/, *a.* rimborsabile; restituibile: (*fin.*) **r. at call**, rimborsabile a vista. ● (*fin.*) **non-r.**, a fondo perduto: **non-r. capital grants**, sovvenzioni di capitali a fondo perduto.

repayment /rɪ'peɪmənt/, *n.* ***1*** restituzione; rimborso: **r. of VAT on exportation**, restituzione dell'IVA all'esportazione ***2*** ricompensa ***3*** rata di un mutuo. ● **r. table**, tabella di ammortamento (*di un mutuo*).

repeal /rɪ'piːl/, *n.* (*leg.*) abrogazione; annullamento; revoca: **r. by implication**, abrogazione tacita; **the r. of a duty**, l'abolizione di un dazio.

to **repeal** /rɪ'piːl/, *v. t.* (*leg.*) abrogare; abolire; annullare; revocare: **The law was repealed**, la legge fu abrogata.

repealable /riː'piːləbl/, *a.* (*leg.*) abrogabile; annullabile; revocabile.

repealer /rɪ'piːlə(r)/, *n.* ***1*** chi abroga ***2*** provvedimento abrogativo ***3*** – (*stor.*) **R.**, fautore della separazione dell'Irlanda dalla Gran Bretagna.

repeat /rɪ'piːt/, *n.* ***1*** ripetizione; rinnovazione; rinnovo (*anche comm.*): **the r. of an order**, il rinnovo di un'ordinazione ***2*** (*mus., radio, TV*) replica ***3*** (*mus.*) segno di replica. ● (*comm.*) **a r. order**, un'ordinazione rinnovata; un ordinativo ripetuto □ (*teatr.*) **r. performance**, replica.

to **repeat** /rɪ'piːt/, **A** *v. t.* ***1*** ripetere; reiterare; replicare; ridire; rifare; ripetere a memoria, recitare: **R. that**, ripetilo!; **to r. an attempt** [**a mistake**], ripetere un tentativo [un errore]; **R. after me:...**, ripeti con me:...; **to r. verses**, recitare dei versi ***2*** (andare a) raccontare; ridire; spiattellare, spifferare (*fam.*); svelare: **to r. a secret**, svelare un segreto ***3*** rivivere: **to r. an adventure**, rivivere un'avventura. **B** *v. i.* ***1*** ripetersi; ricorrere; accadere più volte: **Experiences r.**, le esperienze si ripetono ***2*** (*del cibo*) tornare in gola; venire su (*fam.*) ***3*** (*USA*) votare (*illegalmente*) più d'una volta. **C** to **repeat oneself**, *v. rifl.* ripetersi: **This writer does nothing but r. himself**, questo scrittore non fa che ripetersi. ● (*elettr.*) **repeating coil**, bobina ripetitrice (*o* traslatrice) □ (*mat.*) **a repeating decimal**, un (numero) decimale periodico □ (*mil.*) **a repeating rifle**, un fucile a ripetizione □ **a repeating watch**, un orologio a ripetizione.

repeatable /rɪ'piːtəbl/, *a.* ripetibile.

repeated /rɪ'piːtɪd/, *a.* ripetuto; reiterato: **after r. efforts**, dopo ripetuti sforzi. ● (*mat.*) **r. root**, radice multipla. || **-ly**, *avv.*

repeater /rɪ'piːtə(r)/, *n.* ***1*** ripetitore, ripetitrice; chi ripete ***2*** orologio a ripetizione ***3*** arma da fuoco (*fucile, pistola*) a ripetizione ***4*** (*a scuola*) ripetente ***5*** (*mat.*) numero periodico ***6*** (*telef., radio, TV*) ripetitore; amplificatore ***7*** (*USA*) chi vota più volte (*illegalmente*). ● (*radio*) **r. station**, stazione ripetitrice; stazione relè; ripetitore.

repeating /rɪ'piːtɪŋ/, *a. V. sotto* **to repeat**.

to **repel** /rɪ'pɛl/, *v. t.* e *i.* ***1*** respingere; cacciare indietro; ricacciare; rifiutare; non accettare: **Two breakwaters r. the waves**, due frangiflutti respingono le onde; **to r. the invading army**, respingere l'esercito invasore; **to r. a suitor**, rifiutare un pretendente; **to r. an offer**, non accettare un'offerta ***2*** ripugnare a; essere repellente a: **This odour repels me**, quest'odore mi ripugna ***3*** (*fis., chim.*) respingere (*un altro elemento*); (*di due elementi*) respingersi. ● **to r. a blow**, parare un colpo □ (*comm.*) **to r. competition**, combattere la concorrenza □ **Water repels oil**, l'acqua non può combinarsi con l'olio.

repellency /rɪ'pɛlənsɪ/, *n.* ***1*** ripugnanza; repulsione ***2*** (*chim.*) repellenza.

repellent /rɪ'pɛlənt/, **A** *a.* repellente; ripugnante; repulsivo. **B** *n.* sostanza (*o* soluzione) repellente; insettifugo. ● **mosquito r.**, unguento (*o* spray) contro le zanzare. || **-ly**, *avv.*

repeller /rɪ'pɛlə(r)/, *n.* ***1*** chi respinge ***2*** (*elettron.*) riflettore.

repent /'riːpənt, rɪ'pɛnt/, *a.* ***1*** (*bot.*) rampicante ***2*** (*zool.*) strisciante.

to **repent** /rɪ'pɛnt/, *v. t.* e *i.* pentirsi; pentirsi di; rammaricarsi di: **You shall r. (of) this**, te ne pentirai; **I have nothing to r. of**, non ho nulla di cui pentirmi; **They repented their generosity**, si pentirono della loro generosità; **We repented setting off late**, ci rammaricammo d'esser partiti tardi; **You won't r. it**, non avrai a pentirtene.

repentance /rɪ'pɛntəns/, *n.* pentimento; contrizione.

repentant /rɪ'pɛntənt/, **A** *a.* pentito; penitente; contrito. **B** *n.* (*specialm. relig.*) penitente. || **-ly**, *avv.*

to **repeople** /riː'piːpl/, *v. t.* ripopolare.

repercussion /riːpə'kʌʃn/, *n.* ripercussione (*anche fig.*); contraccolpo.

repercussive /riːpɜː'kʌsɪv/, *a.* ripercussivo.

repertoire /'rɛpətwɑː(r)/ (*franc.*), *n.* (*mus., teatr.*) repertorio (*anche fig.*): **a r. of jokes**, un repertorio di barzellette.

repertory /'rɛpətrɪ, *USA* -tɔːrɪ/, *n.* ***1*** repertorio lista; raccolta ***2*** (*mus., teatr.*) repertorio. ● **r. company**, compagnia di repertorio □ **r. theatre**, teatro di repertorio.

repetend /'rɛpɪtɛnd/, *n.* ***1*** (*mat.*) periodo (*di decimale periodico*) ***2*** (*mus.*) motivo ricorrente; ritornello.

repetition /rɛpɪ'tɪʃn/, *n.* ***1*** ripetizione; reiterazione; replica ***2*** (*arte*) replica; copia; riproduzione: **It's a mere r.**, non è che una copia ***3*** recitazione a memoria.

repetitious /rɛpɪ'tɪʃəs/, *a.* ripetitivo; pieno di ripetizioni; noioso. || **-ly**, *avv.* || **-ness**, *sost.*

repetitive /rɪ'pɛtɪtɪv/, *a.* ***1*** ripetitivo; reiterativo ***2*** pieno di ripetizioni; che si ripete; noioso. || **-ly**, *avv.* || **-ness**, *sost.*

to **rephrase** /riː'freɪz/, *v. t.* riformulare (*una domanda, ecc.*).

to **repine** /rɪ'paɪn/, *v. i.* (*form.*) affliggersi; dolersi; lagnarsi; lamentarsi: **to r. at one's lot**, affliggersi della propria sorte.

to **replace** /rɪ'pleɪs/, *v. t.* ***1*** ricollocare; rimettere a posto; riporre; restituire: **You must r. the stolen money**, devi restituire il denaro rubato ***2*** soppiantare; sostituire; rimpiazzare: **to r. a worn tyre**, sostituire un pneumatico logoro; **No article shall be replaced after it has been taken out of the shop**, la merce non viene sostituita dopo aver lasciato il negozio ***3*** subentrare a, succedere a: **Mr A. Jones has become general manager, thus replacing Mr J. Martin**, Mr A. Jones è diventato direttore generale, e pertanto subentra a Mr J. Martin ***4*** (*sport*) sostituire (*un giocatore*).

replaceable /rɪ'pleɪsəbl/, *a.* ***1*** ricollocabile; restituibile ***2*** soppiantabile; sostituibile ***3*** (*econ.*) fungibile; surrogabile: **r. goods**, beni fungibili.

replacement /rɪ'pleɪsmənt/, *n.* ***1*** ricollocamento; restituzione ***2*** sostituzione; rimpiazzo: **the r. of obsolete machinery**, la sostituzione del macchinario obsoleto ***3*** successione, subentro (*in una carica, in una mansione, ecc.*) ***4*** rimpiazzo; sostituto; chi subentra ***5*** (*ind., mecc.*) sostituzione, ricambio (*di pezzi e sim.*) ***6*** (*ind., mecc.*) ricambio; pezzo di ricambio ***7*** (*geol.*) sostituzione ***8*** (*sport*) sostituzione. ● (*polit.*) **r. party**, partito di ricambio (*o* di alternativa).

to **replant** /riː'plɑːnt, *USA* -'plænt/, *v. t.* ***1*** ripiantare (*alberi, ecc.*) ***2*** trapiantare (*alberi*).

replantation /riːplɑːn'teɪʃn, *USA* -plæn-/, *n.* ***1*** nuova piantagione ***2*** trapianto (*d'alberi, di piante*).

re(-)plastering /riː'plɑːstərɪŋ, *USA* -'plæs-/, *n.* (*edil.*) rifacimento dell'intonaco.

replay /'riːpleɪ/, *n.* ***1*** (*sport*) partita ripetuta; incontro ripetuto ***2*** (*radio, TV*; = **action r.**) ripetizione; replay.

to **replay** /riː'pleɪ/, **A** *v. t.* ***1*** (*sport*) giocare di nuovo, ripetere (*una partita, un incontro*) ***2*** (*mus.*) suonare di nuovo; riascoltare (*una cosa registrata*) ***3*** (*radio, TV*) ripetere (*parte di una trasmissione, una scena, alcune sequenze*) ***4*** (*elab.*) rileggere (*un nastro*). **B** *v. i.* (*sport*) ripetere la partita.

repleader /riː'pliːdə(r)/, *n.* (*leg.*) ***1*** replica (*nella discussione d'una causa*) ***2*** diritto di replica (*anche dopo la sentenza*) ***3*** riapertura di un processo (*a causa della scoperta di un vizio di forma*).

to **replenish** /rɪ'plɛnɪʃ/, *v. t.* (*form.*) riempire; rifornire; completare: **I must r. my wine-cellar**, devo rifornire la cantina; **to r. one's stock of goods**, completare le scorte di merce. ● (*di persona*) **replenished with**, pieno di; ben fornito di.

replenishment /rɪ'plɛnɪʃmənt/, *n.* (*form.*) ***1*** riempimento; rifornimento; completamento (*delle scorte*) ***2*** nuova provvista.

replete /rɪ'pliːt/, *a.* (*form.*) ***1*** pieno; (ben) fornito; (ben) provveduto: **to be r. with charm** [**with humour**], essere pieno di fascino [d'umorismo] ***2*** sazio; satollo. || **-ly**, *avv.* || **-ness**, *sost.*

repletion /rɪ'pliːʃn/, *n.* (*form.*) ***1*** pienezza; l'esser ben fornito ***2*** sazietà: **to eat to r.**, mangiare a sazietà ***3*** (*med.*) pletora. ● **The theatre was filled to r.**, il teatro era pieno zeppo (*o* stracolmo).

replevin /rɪ'plɛvɪn/, *n.* (*leg.*) (azione di) recupero di beni mobili, contro cauzione.

to **replevy** /rɪ'plɛvɪ/, *v. t.* (*leg.*) recuperare (*be-*

ni mobili) contro cauzione.

replica /ˈrɛplɪkə/ (*ital.*), *n.* ***1*** (*arte*) replica; riproduzione ***2*** (*per estens.*) copia; facsimile.

replicable /ˈrɛplɪkəbl/, *a.* replicabile; ripetibile.

replicate (**1**) /ˈrɛplɪkət/, *n.* (*mus.*) motivo ripetuto un'ottava più alta (*o* più bassa).

replicate (**2**) /ˈrɛplɪkət/, *a.* (*bot.*) ripiegato su se stesso.

to **replicate** /ˈrɛplɪkeɪt/, **A** *v. t.* ***1*** replicare, ripetere (*un esperimento, ecc.*) ***2*** (*raro*) piegare all'indietro. **B** *v. i.* (*biol.*) replicarsi; moltiplicarsi.

replication /rɛplɪˈkeɪʃn/, *n.* ***1*** (*raro*) replica; risposta ***2*** (*raro*) eco (*di un suono*) ***3*** copia; riproduzione ***4*** (*biol.*) replicazione ***5*** (*leg., un tempo*) replica dell'attore.

replier /rɪˈplaɪə(r)/, *n.* chi risponde; chi replica.

reply /rɪˈplaɪ/, *n.* risposta; replica. ● **r. card**, cartolina con risposta pagata □ **r.-paid telegram**, telegramma con risposta pagata □ **r. sheet**, foglio per le risposte (*in un questionario, ecc.*) □ **in r. to**, in risposta a.

to **reply** /rɪˈplaɪ/, *v. i.* e *t.* rispondere (a); replicare; ribattere: **to r. to a question**, rispondere a una domanda; **to r. in writing**, rispondere per iscritto; **We replied to the enemy's fire**, rispondemmo al fuoco del nemico. ● **to r. for sb.**, rispondere per (*o* a nome di) q.

repo /ˈriːpəʊ/, *n.* ***1*** (*fam. USA*; *abbr. di* **repossessed car**) automobile espropriata (*a un insolvente*) ***2*** (*fin., banca*; *abbr. di* **repurchase operation**) patto di riacquisto (*di titoli venduti*); pronti contro termine. ● **r. man**, chi fa il mestiere (*odioso*) di espropriatore di autoveicoli a debitori insolventi.

to **repolish** /riːˈpɒlɪʃ/, *v. t.* riforbire; levigare (*o* lucidare) di nuovo.

to **repopulate** /riːˈpɒpjʊleɪt/, *v. t.* ripopolare.

repopulation /riːpɒpjʊˈleɪʃn/, *n.* ripopolamento.

report /rɪˈpɔːt/, *n.* ***1*** diceria; pettegolezzo; voce: **The r. goes** (*o* **R. has it**) **that you are married**, corre voce che tu sia sposato; **idle reports**, notizie infondate; voci ***2*** rapporto; relazione; resoconto; descrizione; cronaca; verbale; denuncia (*alla polizia*): **to make [to draw up] a r.**, fare [stendere] un rapporto; **the r. of a battle**, la descrizione d'una battaglia; **He moved the adoption of the r.**, propose l'approvazione del verbale; **The police have taken the r. of my crime**, la polizia ha ricevuto la denuncia del reato di cui sono stato vittima ***3*** servizio (giornalistico); pezzo di cronaca ***4*** (*form.*) reputazione; fama: **a man of good [of ill] r.**, un uomo che gode buona [cattiva] reputazione ***5*** (= **school r.**) rapporto scolastico (*alla fine del trimestre*); pagella: **a schoolboy's r.**, la pagella di un alunno ***6*** colpo (*d'arma da fuoco*); scoppio; detonazione: **the r. of a gun**, un colpo di fucile; uno sparo. ● (*USA*) **r. card**, *V. sopra, def. 5.*

to **report** /rɪˈpɔːt/, **A** *v. t.* ***1*** riportare; riferire; relazionare; narrare; raccontare: **I reported what I had seen**, riferii quel che avevo visto; **to r. a message**, riferire un messaggio; **He reported all the details of the scene to me**, mi raccontò tutti i particolari della scena ***2*** annunciare; comunicare: **The chairman of the board has reported a sales total of one million pounds**, il presidente del consiglio d'amministrazione ha dichiarato un fatturato di un milione di sterline ***3*** fare una relazione su; relazionare su (*bur.*); fare la cronaca di: **to r. a speech**, riportare un discorso (*stenografarlo, riassumerlo*); **to r. an event**, fare la cronaca di un avvenimento ***4*** fare rapporto contro (q.); deferire, denunciare (*alla polizia, ecc.*): **to r. a clerk to the manager**, fare rapporto al direttore contro un impiegato; **to r. sb.'s rude behaviour**, denunciare il comportamento sgarbato di q.; **to r. an accident**, denunciare un incidente. **B** *v. i.* ***1*** fare una relazione (*o* un rapporto) ***2*** fare il cronista: **He reports for the «Independent»**, fa il cronista per l'«Independent» ***3*** presentarsi (*a rapporto, alla polizia, ecc.*): **R. to the manager at once**, presentati subito al direttore!; **to r. to the police**, presentarsi alla polizia ***4*** presentarsi a rapporto: **You must r. immediately**, devi presentarti subito a rapporto ***5*** dare notizie di sé. ● **to r. back**, riferire; riferire al ritorno; ripresentarsi □ **to r. for duty**, presentarsi a rapporto; riprendere servizio □ **to r. for work at 8.30**, andare al lavoro alle 8.30 □ (*fin.*) **to r. one's income**, dichiarare i propri redditi □ (*USA*) **to r. out**, riferire su; ripresentare: **The committee reported the bill out**, la commissione parlamentare riferì sul disegno di legge □ **to r. the proceedings of a meeting**, verbalizzare gli atti di una riunione □ **to r. progress**, riferire sull'andamento (*o* lo stato d'avanzamento) dei lavori □ **to r. progress to sb.**, tenere al corrente q. sull'andamento (*di un lavoro, ecc.*) □ **to r. sick**, darsi ammalato; marcare visita (*fam.*) □ (*gramm.*) **reported speech**, discorso indiretto □ **It is reported**, si dice; corre voce □ (*form.*) **He is badly reported of**, si parla male di lui; ha una cattiva reputazione.

reportable /rɪˈpɔːtəbl/, *a.* ***1*** riportabile; riferibile; degno di menzione ***2*** (*fisc.*) da dichiarare: **one's r. income**, il reddito da dichiarare (*al fisco*).

reportage /rɛpɔːˈtɑːʒ/ (*franc.*), *n.* ***1*** cronaca giornalistica; servizio giornalistico; reportage ***2*** stile giornalistico.

reportedly /rɪˈpɔːtɪdlɪ/, *avv.* da quanto viene riferito; stando a quel che si dice.

reporter /rɪˈpɔːtə(r)/, *n.* ***1*** chi riferisce; rapportatore (*raro*) ***2*** (*specialm.*) cronista; redattore, reporter (*di giornale*) ***3*** stenografo (*al Parlamento*). ● (*in Parlamento*) **reporters' gallery**, tribuna della stampa.

reporting /rɪˈpɔːtɪŋ/, *n.* cronaca (*anche radio, TV*); giornalismo; servizio d'informazioni.

reportorial /riːpɔːˈtɔːrɪəl/, *a.* (*specialm. USA*) di (*o* da) cronista.

reposal /rɪˈpəʊzl/, *n.* (*form.*) riponimento (*raro*); il riporre (*fiducia, ecc.*: *in q.*).

repose /rɪˈpəʊz/, *n.* ***1*** riposo; pace; quiete; tranquillità ***2*** compostezza; calma; pacatezza ***3*** armonia (*di forme, di colori*; *per es. in un quadro*).

to **repose** (**1**) /rɪˈpəʊz/, *v. t.* riporre, nutrire (*fiducia, speranza, ecc.*): **to r. full confidence in sb. [st.]**, nutrire piena fiducia in q. [q.c.].

to **repose** (**2**) /rɪˈpəʊz/, **A** *v. i.* ***1*** (*anche, v. rifl.*, **to repose oneself**) riposare, riposarsi: **R. yourself on the bed**, riposati sul letto! ***2*** (*fig.*) esser riposto: **His faith reposed in God**, la sua fede era riposta in Dio ***3*** basarsi; fondarsi; esser basato (*o* fondato): **The whole system reposes on credit**, l'intero sistema è basato sul credito ***4*** (*eufem.*) riposare (in pace); giacere ***5*** (*geol.*) poggiare: **The shale reposes on a bed of limestone**, lo scisto argilloso poggia su uno strato di calcare. **B** *v. t.* posare; appoggiare; far riposare: **to r. one's head on sb.'s shoulder**, appoggiare (*o* posare) il capo sulla spalla di q.

reposeful /rɪˈpəʊzfl/, *a.* calmo; riposante; tranquillo. || **-ly**, *avv.*

repository /rɪˈpɒzətrɪ, *USA* -tɔːrɪ/, *n.* ***1*** ricettacolo; ripostiglio ***2*** deposito; magazzino ***3*** sepolcro; tomba ***4*** (*fig.*) miniera (*di notizie, ecc.*) ***5*** (*fig.*) depositario (*di segreti, ecc.*); confidente. ● **to be the r. of sb.'s wildest dreams**, conoscere i sogni più sfrenati di q.

to **repossess** /riːpəˈzɛs/, *v. t.* ***1*** rientrare in possesso di (q.c.); riacquistare; (*specialm.*) riprendersi (*un oggetto per inadempienza del compratore*) ***2*** reintegrare (q.) in possesso; restituire a (q.): **They repossessed him of his house**, gli restituirono la sua casa.

repossession /riːpəˈzɛʃn/, *n.* il rientrare (*o* il rimettere) in possesso; riacquisto; ripresa di possesso (*specialm. di un bene mobile, per mancato pagamento del compratore*). ● (*leg.*) **r. order**, sentenza di restituzione (*di un immobile*) al proprietario.

to **repot** /riːˈpɒt/, *v. t.* rinvasare; trapiantare in un vaso più grande.

repotting /riːˈpɒtɪŋ/, *n.* rinvasatura.

repoussé /rəˈpuːseɪ, *USA* -ˈseɪ/ (*franc.*), **A** *a.* (*di metallo*) sbalzato; a sbalzo. **B** *n.* lavoro a sbalzo; metallo lavorato a sbalzo.

repp /rɛp/, *V.* **rep (1)**.

repped /rɛpt/, *a.* (*di tessuto*) a coste.

to **reprehend** /rɛprɪˈhɛnd/, *v. t.* (*form.*) riprendere; ammonire; rimproverare; biasimare; riprovare.

reprehensibility /rɛprɪhɛnsəˈbɪlətɪ/, *n.* l'essere riprovevole.

reprehensible /rɛprɪˈhɛnsəbl/, *a.* (*form.*) biasimevole; riprovevole. || **-bly**, *avv.*

reprehension /rɛprɪˈhɛnʃn/, *n.* (*form.*) biasimo; riprovazione.

to **represent** (**1**) /rɛprɪˈzɛnt/, **A** *v. t.* ***1*** rappresentare; descrivere; dipingere (*anche fig.*); raffigurare; simboleggiare; significare; far presente; recitare: **The picture represents the murder of Abel**, il quadro rappresenta l'uccisione di Abele; **The scene represents a middle-class sitting-room**, la scena rappresenta il salotto di una casa borghese; (*mat.*) **«x» represents the unknown**, l'«x» rappresenta l'incognita; **I represented to him the absolute necessity to see to it at once**, gli feci presente l'assoluta necessità di provvedere immediatamente; (*teatr.*) **to r. «Hamlet»**, rappresentare l'«Amleto»; **Diplomats r. their country abroad**, i diplomatici rappresentano il loro paese all'estero ***2*** presentare alla mente; dimostrare; illustrare: **I can only r. it to you by metaphors**, posso illustrartelo soltanto per mezzo di metafore ***3*** (*teatr.*) impersonare; fare la parte di; interpretare: **to r. Hamlet**, fare la parte d'Amleto ***4*** fungere da; essere l'equivalente di: **A cave represented home to primitive peoples**, per i popoli primitivi, una caverna fungeva da casa ***5*** far osservare; asserire; dichiarare; affermare: **He represented that the war was already lost**, asserì che la guerra era ormai persa; **He represents that he has been** (*o* **himself to have been**) **to the Pole**, asserisce d'essere stato al Polo ***6*** significare; voler dire; aver valore: **Such excuses r. nothing at all to me**, siffatte scuse non hanno per me alcun valore ***7*** (*leg.*) rappresentare (*parti in causa, ecc.*) ***8*** (*comm.*) fare il rappresentante per (*una ditta*). **B** to **represent oneself**, *v. rifl.* presentarsi come; dichiarare d'essere; farsi passare per; protestarsi: **He likes to r. himself as a famous healer**, ama farsi passare per un famoso guaritore. ● **to r. to oneself**, farsi un'idea di (q.c.); immaginare: **Can you r. infinity to yourself?**, riesci a farti un'idea dell'infinito?

to **re-present** (**2**) /riːprɪˈzɛnt/, *v. t.* ripresentare; presentare di nuovo: (*comm.*) **to r. a bill for payment**, ripresentare una cambiale al pagamento.

representable /rɛprɪˈzɛntəbl/, *a.* ***1*** rappresentabile; descrivibile; raffigurabile ***2*** dimostrabile; illustrabile.

representation /rɛprɪzɛnˈteɪʃn/, *n.* ***1*** rappresentazione (*anche nel diritto di successione*); descrizione; raffigurazione; immagine; quadro (*fig.*) ***2*** (*teatr.*) rappresentazione; interpretazione ***3*** (*comm., polit.*) rappresentanza: **proportional r.**, rappresentanza proporzionale ***4*** argomentazione; asserzione; dichiarazione; dimostrazione; illustrazione: **according to his own representations**, secondo le sue asserzioni (*o* dichiarazioni); stando a quel che dice lui ***5*** (*spesso al pl.*) osservazione; rimostranza; protesta: **to make representations**, fare osservazioni (*o* rimostranze) ***6*** (*pl.*) (*ass.*) dichiarazioni dell'assicurato (*alla compagnia d'assicurazione*: *sul rischio da assicurare*).

representational /rɛprɪzɛnˈteɪʃənl/, *a.* ***1*** rappresentativo; di rappresentazione, ecc. (*V.* **representation**) ***2*** (*arte*) figurativo. ● **r. art**, figurativismo.

representationalism /rɛprɪzɛn'teɪʃənlɪzəm/, *n.* (*arte*) figuratività.

representationalist /rɛprɪzɛn'teɪʃənlɪst/, *n.* (*arte*) artista figurativo; seguace del figurativismo.

representative /rɛprɪ'zɛntətɪv/, **A** *a.* rappresentativo; che rappresenta; basato sulla rappresentanza; tipico: **a meeting of r. men**, una riunione di uomini rappresentativi; (*polit.*) **r. government**, sistema (di governo) rappresentativo; (*stat.*) **r. sample**, campione rappresentativo; **Detroit is a r. American city**, Detroit è una tipica città americana; **a r. selection of English poets**, una scelta rappresentativa di poeti inglesi. **B** *n.* **1** uomo rappresentativo; cosa (*o* persona) tipica; esempio tipico **2** (*comm.*, = **r. agent**) rappresentante **3** (*polit.*) rappresentante del popolo; deputato: **Our State has sent four Democratic representatives to Congress**, il nostro Stato ha mandato quattro rappresentanti democratici al Congresso; (*in U.S.A.*) **the House of Representatives**, la Camera dei Rappresentanti. ● **a r. assembly**, un'assemblea di rappresentanti del popolo □ **a r. body**, un organo rappresentativo; una rappresentanza □ **a r. firm**, un'azienda tipo □ **to be r. of**, rappresentare; raffigurare: **a group r. of the theological virtues**, un gruppo che rappresenta le virtù teologali □ **the Chinese r. at the U.N.O.**, il rappresentante della Cina all'O.N.U. ‖ **-ly**, *avv.*

representativeness /rɛprɪ'zɛntətɪvnəs/, *n.* l'essere rappresentativo; aspetto tipico; carattere rappresentativo (*V.* **representative**).

to **repress** /rɪ'prɛs/, *v. t.* **1** reprimere; frenare; trattenere; domare: **to r. one's feelings**, reprimere i propri sentimenti; **to r. a sigh**, trattenere un sospiro; **to r. an uprising**, reprimere (*o* domare) una sollevazione **2** (*psic.*) rimuovere.

repressed /rɪ'prest/, *a.* **1** represso: **a r. child**, un bambino represso **2** (*psic.*) rimosso. ● (*psic.*) **r. content** (*o* **r. experience**), il rimosso □ **a r. feeling**, un sentimento represso □ (*econ.*) **r. inflation**, inflazione repressa (*dal governo*).

repressibility /rɪpresə'bɪlətɪ/, *n.* (*scient.*) reprimibilità.

repressible /rɪ'presəbl/, *a.* (*scient.*) reprimibile.

repression /rɪ'prɛʃn/, *n.* **1** repressione: **sexual r.**, repressione sessuale **2** (*psic.*) rimozione.

repressive /rɪ'presɪv/, *a.* **1** repressivo **2** (*psic.*) repressivo; di rimozione. ‖ **-ly**, *avv.* ‖ **-ness**, *sost.*

to **reprice** /ri:'praɪs/, *v. t.* **1** fissare un nuovo prezzo per (*merci*) **2** (*fin.*) stabilire un nuovo tasso per (*titoli*).

repricing /ri:'praɪsɪŋ/, *n.* **1** fissazione di un nuovo prezzo **2** (*fin.*) modifica del tasso (*di titoli a tasso variabile*).

reprieve /rɪ'pri:v/, *n.* **1** (*leg.*) rinvio (*o* sospensione) dell'esecuzione di una sentenza (*specialm. di una condanna a morte*) **2** (*fig.*) dilazione; tregua **3** (*fig. raro*) notizia confortante; sollievo.

to **reprieve** /rɪ'pri:v/, *v. t.* **1** (*leg.*) rinviare (*o* sospendere) l'esecuzione di (*una condanna a morte*) **2** (*fig.*) dar tregua, dar sollievo a (q.). ● (*fin.*) **to r. a company with a low-interest loan**, concedere a una società il sollievo di un mutuo a basso interesse.

reprimand /'rɛprɪmɑ:nd, *USA* -mænd/, *n.* **1** rabbuffo; rampogna; rimprovero **2** (*rif. a impiegati, ecc.*) ammonimento; censura.

to **reprimand** /'rɛprɪmɑ:nd, *USA* -mænd/, *v. t.* **1** rampognare; rimproverare **2** ammonire, censurare (*un impiegato, ecc.*).

reprint /'ri:prɪnt/, *n.* **1** ristampa **2** (*specialm.*) ristampa anastatica; reprint.

to **reprint** /ri:'prɪnt/, *v. t.* ristampare. ● (*di un libro e sim.*) **to be reprinting**, essere in ristampa.

reprisal /rɪ'praɪzl/, *n.* (*leg.*) rappresaglia: **to make** (*o* **to take**) **reprisals**, compiere rappresaglie. ● **as a r.** (*o* **in r., by way of r.**), per rappresaglia.

reprise /rɪ'pri:z/, *n.* **1** (*leg.*) detrazione annuale (*sul reddito agrario: per pagamento di imposte, annualità, ecc.*) **2** (*mus.*) ripresa; ritornello.

repro /'ri:prəʊ/, **A** *n.* (*abbr. fam. di* **reproduction**) **1** riproduzione; copia **2** *V.* **reproduction proof**. **B** *a. attr.* (*di mobili, ecc.*) di stile: **r. furniture**, mobili di stile.

reproach /rɪ'prəʊtʃ/, *n.* **1** rimprovero; sgridata; rabbuffo; rimbrotto; biasimo: **a term of r.**, una parola di biasimo **2** (*form.*) onta; disonore; discredito; vergogna: **to bring r. upon sb.**, arrecare disonore a q.; **The state of the streets is a r. to the whole township**, lo stato delle strade è una vergogna per tutta la cittadinanza. ● **above** (*o* **beyond**) **r.**, irreprensibile □ **to lead a life without r.**, condurre una vita irreprensibile.

to **reproach** /rɪ'prəʊtʃ/, *v. t.* **1** rimproverare; sgridare; rimbrottare; biasimare: **I'll r. him for being late**, lo sgriderò perché arriva in ritardo **2** accusare; incolpare: **They r. him with negligence**, lo incolpano d'essere negligente **3** (*arc.*) recare onta a; disonorare; screditare. ● **She has nothing to r. herself with**, ella non ha nulla da rimproverarsi.

reproachable /rɪ'prəʊtʃəbl/, *a.* riprovevole. ‖ **-bly**, *avv.*

reproachful /rɪ'prəʊtʃfl/, *a.* **1** di rimprovero; di biasimo: **r. words**, parole di rimprovero **2** (*arc.*) riprovevole; vergognoso.

reproachfully /rɪ'prəʊtʃfəlɪ/, *avv.* in tono di rimprovero.

reproachfulness /rɪ'prəʊtʃflnəs/, *n.* tono di rimprovero.

reprobate /'rɛprəbeɪt/, *a.* e *n.* **1** reprobo **2** (*relig.*) dannato.

to **reprobate** /'rɛprəʊbeɪt/, *v. t.* (*raro*) **1** riprovare; disapprovare; condannare; biasimare **2** (*relig.*) dannare.

reprobation /rɛprə'beɪʃn/, *n.* (*raro*) **1** riprovazione; disapprovazione; biasimo **2** (*relig.*) dannazione.

to **reprocess** /ri:'prəʊsɛs/, *v. t.* **1** (*ind.*) rilavorare **2** (*ind.*) rigenerare.

reprocessing /ri:'prəʊsesɪŋ/, *n.* **1** (*ind.*) rilavorazione **2** (*ind.*) rigenerazione **3** (*fis. nucl.*) ritrattamento; reprocessing.

to **reproduce** /ri:prə'dju:s, *USA* -'du:s/, **A** *v. t.* riprodurre; rigenerare; rappresentare di nuovo; ripetere: (*biol.*) **to r. one's kind**, riprodurre la specie; **to r. a play**, riprodurre un dramma; **to r. sounds on a tape**, riprodurre suoni su un nastro; **There are animals, like lizards, that can r. a lost part**, vi sono animali, come le lucertole, che possono rigenerare una parte del corpo perduta. **B** *v. i.* **1** (*biol.*) riprodursi **2** poter essere riprodotto (*o* copiato).

reproduceable /ri:prə'dju:səbl, *USA* -'du:-/, *a.* riproducibile.

reproducer /ri:prə'dju:sə(r), *USA* -'du:-/, *n.* **1** (*biol.*) riproduttore **2** riproduttore (*del suono, ecc.*) **3** (*elab.*) riproduttore.

reproducible /ri:prə'dju:səbl, *USA* -'du:-/, *a.* riproducibile.

reproduction /ri:prə'dʌkʃn/, *n.* **1** riproduzione; procreazione **2** riproduzione; imitazione; copia (riprodotta). ● **a r. portrait**, la copia di un ritratto □ (*grafica*) **r. proof**, bozza in carta fotografica □ (*stat.*) **r. rate**, tasso di riproduzione (demografica).

reproductive /ri:prə'dʌktɪv/, *a.* riproduttivo; di riproduzione; riproduttore: (*anat.*) **r. system**, apparato riproduttore. ‖ **-ly**, *avv.* ‖ **-ness**, *sost.*

reprographer /rɪ'prɒgrəfə(r)/, *n.* riprografo.

reprographic /ri:prə'græfɪk/, *a.* riprografico.

reprography /rɪ'prɒgrəfɪ/, *n.* riprografia.

reproof /rɪ'pru:f/, *n.* (*form.*) riprovazione; biasimo; rimprovero: **a word of r.**, una parola di biasimo. ● **to speak in r. of st.**, avere parole di riprovazione per q.c.

to **reproof** /ri:'pru:f/, *v. t.* (*ind.*) rendere (*un tessuto, ecc.*) nuovamente impermeabile; impermeabilizzare di nuovo.

reprovable /rɪ'pru:vəbl/, *a.* riprovevole.

reproval /rɪ'pru:vl/, *V.* **reproof.**

to **reprove** /rɪ'pru:v/, *v. t.* riprovare; biasimare; rimproverare; riprendere; rimbrottare: **The boy was reproved for being lazy**, il ragazzo fu rimproverato per la sua pigrizia.

reproving /rɪ'pru:vɪŋ/, *a.* di riprovazione; di biasimo. ● **in a r. voice**, in tono di rimprovero. ‖ **-ly**, *avv.*

reps /rɛps/, *n.* reps; tessuto a coste rilevate.

reptant /'rɛptənt/, *a.* (*bot., zool.*) reptante; strisciante.

reptation /rɛp'teɪʃn/, *n.* (*zool.*) reptazione.

reptile /'rɛptaɪl, *USA* -tl/, **A** *n.* (*zool.*) rettile (*anche fig.*). **B** *a.* **1** (*zool., bot.*) strisciante **2** (*fig.*) servile. ● (*fig.*) **the r. press**, la stampa prezzolata.

reptilian /rɛp'tɪlɪən/, **A** *a.* **1** di (*o* simile a) rettile **2** (*fig.*) abietto; insidioso; malfido. **B** *n.* (*zool.*) rettile. ● (*geol.*) **the r. age**, l'età dei rettili; il mesozoico.

republic /rɪ'pʌblɪk/, *n.* repubblica. ● (*fig.*) **the r. of letters**, la repubblica delle lettere; i letterati.

republican /rɪ'pʌblɪkən/, *a.* e *n.* repubblicano. ● (*USA*) **the R. Party**, il partito repubblicano.

republicanism /rɪ'pʌblɪkənɪzəm/, *n.* repubblicanesimo.

to **republicanize** /rɪ'pʌblɪkənaɪz/, *v. t.* rendere repubblicano.

republication /ri:pʌblɪ'keɪʃn/, *n.* **1** ripubblicazione **2** nuova edizione; ristampa.

to **republish** /ri:'pʌblɪʃ/, *v. t.* ripubblicare.

to **repudiate** /rɪ'pju:dɪeɪt/, *v. t.* **1** ripudiare; sconfessare; rinnegare: **to r. one's wife [friends]**, ripudiare la moglie [gli amici] **2** rifiutare; ricusare; respingere: **to r. an offer**, respingere un'offerta; **to r. a gift**, ricusare un dono **3** (*leg.*) rifiutare di riconoscere; misconoscere: **to r. a debt**, rifiutare di riconoscere un debito.

repudiation /rɪpju:dɪ'eɪʃn/, *n.* **1** ripudio; sconfessione **2** rifiuto **3** (*leg.*) rifiuto di riconoscere (*un debito, ecc.*); misconoscimento.

repudiator /rɪ'pju:dɪeɪtə(r)/, *n.* ripudiatore; rinnegatore.

to **repugn** /rɪ'pju:n/, (*arc.*) **A** *v. t.* avversare; opporsi a; far resistenza a; ostacolare. **B** *v. i.* ripugnare; essere repellente.

repugnance /rɪ'pʌgnəns/, **repugnancy** /rɪ'pʌgnənsɪ/, *n.* **1** ripugnanza; avversione; disgusto; repulsione **2** (*raro*) incompatibilità; inconciliabilità **3** (*arc.*) opposizione; resistenza.

repugnant /rɪ'pʌgnənt/, *a.* **1** ripugnante; disgustoso; ributtante; schifoso: **r. food**, cibo ripugnante **2** incompatibile; inconciliabile: **actions r. to his words**, atti incompatibili (*o* in contrasto) con le sue parole **3** (*arc.*) contrario; avverso; ostile: **r. forces**, forze avverse. ● **a mind r. to knowledge**, una mente refrattaria alla conoscenza □ **It is r. to me...**, mi ripugna...

repulse /rɪ'pʌls/, *n.* **1** ripulsa; diniego; rifiuto: **to meet with a r.**, ricevere un rifiuto **2** (*mil.*) il respingere; l'essere respinto **3** (*fig.*) sconfitta; scacco.

to **repulse** /rɪ'pʌls/, *v. t.* respingere; ricacciare; rifiutare; rigettare; ricusare: **to r. the enemy**, ricacciare il nemico; **to r. an attack**, respingere un assalto; (*leg.*) **to r. an accusation**, respingere un'accusa; **to r. an offer**, rifiutare (*o* respingere) un'offerta.

repulsion /rɪ'pʌlʃn/, *n.* repulsione, ripulsione (*anche fis.*); ripugnanza; avversione; disgusto: **capillary r.**, repulsione capillare (*di certi liquidi*). ● (*elettr.*) **r. motor**, motore a repulsione.

repulsive /rɪ'pʌlsɪv/, *a.* repulsivo, ripulsivo (*anche fis.*); ripugnante; disgustoso; ributtante; schifoso: **a r. disease**, una malattia ripugnante. ● (*mecc.*) **r. force**, forza repulsiva. || **-ly**, *avv.* || **-ness**, *sost.*

repurchase /riːˈpɜːtʃɪs/, *n.* riacquisto; ricompera; riscatto: (*leg.*) **r. clause**, clausola di riacquisto. ● (*fin., banca*) **r. agreement**, (operazione di) pronti contro termine; patto di riacquisto (*di titoli venduti*).

to **repurchase** /riːˈpɜːtʃɪs/, *v. t.* riacquistare; ricomprare; riscattare.

reputability /rɛpjʊtəˈbɪlətɪ/, *n.* rispettabilità; buona reputazione.

reputable /ˈrɛpjʊtəbl/, *a.* onorevole; rispettabile; stimabile: **r. conduct**, condotta onorevole. ● **a r. firm**, una ditta che ha una buona reputazione. || **-bly**, *avv.*

reputation /rɛpjʊˈteɪʃn/, *n.* **1** reputazione; fama; nome: **Jones has a good r.** (*o* **is a man of good r.**), Jones gode buona reputazione; **He has the r. of being a competent teacher**, ha fama d'essere un insegnante di valore; **She has a bad r.**, è donna di dubbia fama **2** onorabilità; rispettabilità; buon nome; stima: **That was a serious blow to his r.**, quello fu un grave colpo per il suo buon nome. ● **to live up to one's r.**, non venir meno al proprio buon nome □ **to make a r. for oneself**, farsi un nome.

repute /rɪˈpjuːt/, *n.* **1** reputazione; fama; nome: **ill r.**, dubbia fama; **good r.**, buona reputazione; buon nome **2** onorabilità; rispettabilità; buon nome: **a hotel of (some) r.**, un albergo (abbastanza) rinomato. ● **to be held in high r.**, essere tenuto in grande considerazione □ **to know sb. by r.**, conoscere q. di fama □ (*arc.*) **a place of ill r.**, un luogo malfamato; un luogo di malaffare □ **a wine of little r.**, un vino poco rinomato.

to **repute** /rɪˈpjuːt/, *v. t.* (*generalm. al passivo*) reputare; credere; giudicare; considerare; ritenere; stimare: **People r. him (to be) the best doctor in the town**, la gente lo reputa il miglior medico della città; **He is reputed (to be) a hard worker**, lo ritengono un gran lavoratore.

reputed /rɪˈpjuːtɪd/, *a.* **1** ritenuto; supposto; presunto: (*leg.*) **r. owner**, proprietario presunto **2** (*leg.*) putativo: **r. father**, padre putativo. ● **to be highly** (*o* **well**) **r.**, godere di una buona reputazione; essere assai stimato □ **to be ill r.**, avere una brutta nomea.

reputedly /rɪˈpjuːtɪdlɪ/, *avv.* **1** a quel che si suppone; secondo l'opinione generale **2** (*leg.*) putativamente.

request /rɪˈkwɛst/, *n.* **1** richiesta; domanda: **We did it at his r.**, lo facemmo a sua richiesta; **Your r. has been granted**, la tua richiesta è stata accolta; **a r. for a loan**, una domanda di mutuo **2** richiesta; sollecitazione **3** (*radio, TV*) disco (canzone, ecc.) a richiesta. ● **r. for bids** (*o* **for tenders**), concorso (*o* gara) d'appalto □ **r. stop**, fermata a richiesta □ **by r.**, a richiesta; su invito □ **on r.**, su richiesta: **The catalogue is available on r.**, il catalogo è disponibile su richiesta □ **These goods are in great r.**, c'è molta richiesta di questa merce.

to **request** /rɪˈkwɛst/, *v. t.* **1** chiedere; richiedere; domandare; sollecitare: **Contributions are requested for the war refugees**, si sollecitano offerte in denaro per i profughi di guerra **2** invitare; pregare: **Guests are kindly requested to leave their keys with the porter**, i clienti sono pregati di consegnare la chiave al portiere. ● **to r. st. of sb.**, chiedere q.c. a q. □ **to r. sb.'s presence**, invitare q. (*a un ricevimento, ecc.*) □ **as requested**, come da istruzioni ricevute.

to **requicken** /riːˈkwɪkn/, *v. t.* ravvivare; rianimare.

requiem /ˈrɛkwɪəm, -ɪɛm/, *n.* (*relig., mus.*) **1** requiem **2** (= **r. mass**) messa di requiem.

requirable /rɪˈkwaɪərəbl/, *a.* **1** che si può richiedere; esigibile **2** *V.* **requisite, A**.

to **require** /rɪˈkwaɪə(r)/, *v. t.* **1** richiedere; esigere; volere; volerci (*impers.*): **to r. obedience**, esigere obbedienza; **This job requires a lot of patience**, questo lavoro richiede molta pazienza; **It required all my authority to keep them in hand**, ci volle tutta la mia autorità per tenerli a freno; **The tailor requires payment**, il sarto vuole essere pagato **2** comandare; ordinare: **They required me not to leave the town**, mi ordinarono di non lasciare la città; **Do what is required of you**, fa' quel che ti si comanda **3** abbisognare, aver bisogno di: **We r. your assistance**, abbiamo bisogno del tuo aiuto **4** (*gramm.: di un verbo, ecc.*) reggere; volere (*fam.*). ● **to be required**, essere necessario (*o* richiesto); occorrere; volerci; (*di persona*) essere invitato a, dovere: **All candidates are required to hold a university degree**, tutti i candidati devono essere in possesso di laurea □ **«Guests are required to wear tie and jacket»** (*su un invito*), «giacca e cravatta d'obbligo».

required /rɪˈkwaɪəd/, *a.* **1** richiesto; necessario; che serve: **the r. spanner**, la chiave inglese che serve **2** (*anche leg.*) obbligatorio: **the r. books**, i libri contabili obbligatori. ● **the r. exams**, gli esami che si devono sostenere □ **when r.**, se del caso; all'occorrenza.

requirement /rɪˈkwaɪəmənt/, *n.* **1** bisogno; esigenza; necessità: **to meet the requirements of one's customers**, soddisfare le esigenze della clientela **2** requisito: **the requirements for university entrance**, i requisiti per l'ammissione all'università **3** (*econ.*) fabbisogno: **Car production is in excess of home r.**, la produzione di automobili supera il fabbisogno domestico **4** (*pl.*) (*fin., rag.*) «parte fabbisogni» (*di un bilancio*). ● (*leg.*) **r. contract**, contratto di fornitura (*o* di somministrazione, *o* a consegne ripartite).

requisite /ˈrɛkwɪzɪt/, **A** *a.* richiesto; necessario; indispensabile: **everything r. for a long journey**, tutte le cose necessarie a un lungo viaggio. **B** *n.* **1** requisito **2** fabbisogno; (l') occorrente; (il) necessario. ● **food r. for the journey**, cibo che serve per il viaggio.

requisition /rɛkwɪˈzɪʃn/, *n.* **1** (*raro*) richiesta scritta; domanda; istanza **2** condizione (*o* qualità) richiesta; requisito: **the requisitions for a university degree**, i requisiti per conseguire una laurea **3** (*specialm. mil.*) requisizione. ● **to call st. into r.**, richiedere q.c.; far richiesta di q.c.; (*anche*) requisire q.c. □ **to put st. in r.**, ricorrere a q.c.; far uso di q.c.

to **requisition** /rɛkwɪˈzɪʃn/, *v. t.* **1** requisire: **Several hotels were requisitioned to accommodate the earthquake refugees**, diversi alberghi furono requisiti per alloggiare i terremotati **2** imporre una requisizione a: **They requisitioned the town for cars**, imposero alla città una requisizione d'automobili **3** (*mil.*) ordinare a (q.); assegnare (q.): **I was requisitioned to drive the colonel's car**, fui assegnato al colonnello come autista.

requital /rɪˈkwaɪtl/, *n.* **1** cambio; contraccambio; compenso: **the r. of evil**, il contraccambio del male ricevuto; **to receive benefits in r. for one's services**, ricevere benefici in cambio dei propri servigi **2** ricompensa **3** rappresaglia; vendetta. ● **to make full r.**, ricambiare a usura; ricompensare ampiamente.

to **requite** /rɪˈkwaɪt/, *v. t.* **1** contraccambiare; ricambiare; restituire: **to r. a favour [an injury]**, ricambiare un favore [un'offesa]; **to r. evil with good**, ricambiare il male col bene; rendere bene per male; **to r. like for like**, restituire pan per focaccia **2** ricompensare; ripagare: **to r. sb. for his services**, ricompensare q. per i servizi resi **3** vendicare; vendicarsi di; punire: **to r. a wrong**, vendicare un torto; **to r. a traitor with death**, punire un traditore con la morte.

to **re-read** /riːˈriːd/ (*pass.* e *p. p.* **re-read**), *v. t.* rileggere.

reredos /ˈrɪədɒs, ˈrɛə-/, *n.* **1** (*archit.*) dossale **2** *V.* **fireback**, *def. 1*.

reroofing /riːˈruːfɪŋ/, *n.* (*edil.*) rifacimento (dei) tetti.

to **reroute** /riːˈruːt/, *v. t.* **1** avviare (*o* instradare) di nuovo **2** dirottare (*anche econ.*): **to r. investments**, dirottare gli investimenti.

rerun /ˈriːrʌn/, *n.* **1** (film presentato in) seconda visione; replica **2** (*sport*) ripetizione (*di una gara*) **3** (*elab.*) riesecuzione.

to **rerun** /riːˈrʌn/ (*pass.* **reran**, *p. p.* **rerun**), *v. t.* **1** presentare (*un film*) in seconda visione; ridare (*fam.*) **2** (*sport*) rifare, ripetere (*una corsa*) **3** (*elab.*) rieseguire (*un programma*).

to **resaddle** /riːˈsædl/, *v. t.* sellare di nuovo.

resalable /riːˈseɪləbl/, *a.* rivendibile.

resale /ˈriːseɪl, riːˈseɪl/, *n.* (*comm.*) rivendita; il rivendere. ● **r. price**, prezzo imposto (*o* di rivendita) □ **r. price agreement**, accordo di prezzo imposto.

resaleable /riːˈseɪləbl/, *V.* **resalable**.

to **reschedule** /riːˈʃɛdjuːl, *USA* -ˈskɛdʒʊl/, *v. t.* **1** (*org. az.*) riprogrammare; ripianificare **2** rifare (*orari, ecc.*); rivedere (*impegni*) **3** (*trasp.*) modificare gli orari di (*treni, ecc.*) **4** (*fin.*) rinegoziare le condizioni di (*prestiti rinnovati*); riscadenzare (*un mutuo*).

rescheduling /riːˈʃɛdjuːlɪŋ, *USA* -ˈskɛdʒʊlɪŋ/, *n.* **1** (*org. az.*) riprogrammazione **2** revisione, riordino (*di orari, ecc.*) **3** (*trasp.*) modifica degli orari **4** (*fin.*) rinegoziazione delle condizioni.

to **rescind** /rɪˈsɪnd/, *v. t.* (*leg.*) rescindere; annullare; abrogare: **to r. a contract**, rescindere un contratto; **to r. a law**, abrogare una legge. ● (*leg.*) **rescinding clause**, clausola risolutiva.

rescindable /rɪˈsɪndəbl/, *a.* (*leg.*) rescindibile.

rescission /rɪˈsɪʒn/, *n.* rescissione, annullamento, risoluzione (*di un contratto*); abrogazione (*di una legge*).

rescript /ˈriːskrɪpt/, *n.* **1** (*stor.*) rescritto (*d'imperatore romano, di papa, di principe*) **2** editto; decreto (*in genere*).

rescue /ˈrɛskjuː/, *n.* **1** liberazione; aiuto; soccorso; salvamento; salvataggio: **A tug came to our r.**, un rimorchiatore venne in nostro soccorso; **He has tens of rescues to his credit**, ha decine di salvataggi al suo attivo **2** (*leg.*) liberazione (*di un detenuto*) con la forza. ● (*alla spiaggia, al mare*) **«Rescue»**, «Bagnino» (*di salvataggio: cartello*) □ **a r. team**, una squadra di salvataggio (*o* di soccorritori) □ **r. services**, la protezione civile □ (*naut.*) **r. vessel**, nave di soccorso.

to **rescue** /ˈrɛskjuː/, *v. t.* **1** liberare; salvare; soccorrere: **He rescued the old woman from the fire**, salvò la vecchia dall'incendio; **to r. a child from his kidnappers**, liberare un bambino dai suoi rapitori **2** (*leg.*) liberare con la forza; far evadere (*un detenuto*).

rescuer /ˈrɛskjuːə(r)/, *n.* salvatore; soccorritore, soccorritrice.

research /rɪˈsɜːtʃ, ˈriːsɜːtʃ/, *n.* ricerca; indagine; inchiesta; studio (*scient.*): **to do** (*o* **to carry out**) **some r. into** (*o* **on**) **a problem [a subject]**, fare (*o* condurre) ricerche su un problema [un argomento]. ● (*naut.*) **r. ship**, nave oceanografica □ **a r. worker**, un ricercatore □ **to be engaged in r. [in r. work]**, essere impegnato in ricerche [in un lavoro di ricerca] □ **a piece of r.**, una ricerca (scientifica).

to **research** /rɪˈsɜːtʃ, ˈriːsɜːtʃ/, **A** *v. i.* fare ricerche; indagare; investigare: **to r. into the causes of st.**, fare ricerche sulle cause di q.c. **B** *v. t.* fare ricerche su, indagare su (*un argomento*).

researcher /rɪˈsɜːtʃə(r), ˈriːsɜːtʃə(r)/, *n.* ricercatore, ricercatrice.

to **reseat** /riːˈsiːt/, *v. t.* **1** (*form.*) rimettere a sedere **2** fornire di sedie (*o* di poltrone) nuove **3** rifare il fondo a (*una sedia, ecc.*). ● **when you're all reseated**, quando vi sarete riseduti tutti.

to **resect** /riːˈsɛkt/, *v. t.* (*med.*) resecare.

resection /riːˈsɛkʃn/, *n.* (*med.*) resezione.

reseda /rɪˈsiːdə, ˈrɛsɪdə/, *n.* **1** (*bot., Reseda*)

reseda *2* color reseda; verde pallido.

to **resell** /riːˈsɛl/ (*pass.* e *p. p.* **resold**), *v. t.* rivendere.

reseller /riːˈsɛlə(r)/, *n.* rivenditore, rivenditrice; chi vende per la seconda volta.

reselling /riːˈsɛlɪŋ/, *n.* rivendita (*il rivendere*).

resemblance /rɪˈzɛmbləns/, *n.* somiglianza; rassomiglianza. ● **to bear much r. to sb. [st.]**, somigliare molto a q. [q.c.].

resemblant /rɪˈzɛmblənt/, *a.* (*raro*) somigliante, simile (a).

to **resemble** /rɪˈzɛmbl/, *v. t.* assomigliare a; rassomigliare a.

to **resent** /rɪˈzɛnt/, *v. t.* risentirsi di; dolersi di; offendersi per; prendersela per: **He resents groundless accusations**, si risente delle accuse gratuite. ● **You r. my interrupting you, don't you?**, ti dà fastidio se t'interrompo, vero?

resentful /rɪˈzɛntfl/, *a.* *1* pieno di risentimento; risentito; sdegnato: **a r. look**, un'occhiata risentita *2* che si risente facilmente; permaloso. || **-ly**, *avv.* || **-ness**, *sost.*

resentment /rɪˈzɛntmənt/, *n.* risentimento; rancore; sdegno: **I bear no r. against her**, non le serbo alcun rancore.

reserpine /rɪˈsɜːpɪn/, *n.* (*chim.*) reserpina.

reservation /rɛzəˈveɪʃn/, *n.* *1* riserva; restrizione; eccezione: **He agreed, but with some reservations**, fu d'accordo, ma con qualche riserva; (*leg., relig.*) **mental r.**, riserva mentale *2* (*in U.S.A. e Can.*) riserva: **an Indian r.**, una riserva di indiani *3* (*specialm. USA*) prenotazione (*in albergo, piroscafo, ecc.*; *cfr. ingl.* **booking**): **to honor a r.**, rispettare una prenotazione. ● (*econ.*) **r. demand**, domanda di riserva ◻ **r. price**, prezzo di riserva.

reserve /rɪˈzɜːv/, **A** *n.* *1* riserva; scorta; serbo: **a r. of fuel**, una riserva di combustibile; **a game r.**, una riserva di caccia; **I accept your conditions without r.**, accetto le tue condizioni senz'alcuna riserva; (*mil.*) **to be in** (*o* **to be on**) **the r.**, appartenere alla riserva; **to have other arguments in r.**, avere altri argomenti in serbo *2* riserbo; riservatezza, riserbatezza (*raro*); discrezione; reticenza: **I appreciate his r. of manner**, apprezzo il suo riserbo *3* (*sport*) riserva; riservista *4* (*ecol.*) riserva; parco naturale *5* (*banca, fin., rag.*) riserva; fondo di riserva: **the gold r.**, la riserva aurea; **bank r.**, riserva bancaria *6* – (*pl.*) (*mil.*) **the reserves**, le riserve; le truppe di riserva *7* (*Austr.*) parco giochi *8* (*Can.*) riserva indiana *9* – (*fin.*) **the R.**, la riserva della Banca d'Inghilterra. **B** *a. attr.* di riserva: **r. stock**, provvista di riserva; (*fin.*) **r. assets**, attività di riserva; riserve ufficiali. ● (*rag.*) **r. account**, conto (di) riserva; fondo: **r. account for bad debts**, fondo svalutazione crediti; **r. account for depreciation**, fondo svalutazione (*di merci, titoli, ecc.*); **r. account for income taxes**, fondo imposte da pagare ◻ (*ass.*) **r. against unsettled claims**, riserva sinistri ◻ (*fin.*) **r. bank**, una delle 12 banche che formano il **«Federal R. System»** (*q.V.*) in U.S.A. ◻ (*fin., leg.*) **r. capital**, capitale di riserva (*di una società*) ◻ (*fin.*) **r. currency**, valuta di riserva; valuta pregiata ◻ (*rag.*) **r. for depreciation**, fondo ammortamento ◻ (*fin.*) **r. fund**, fondo di riserva ◻ **r. price**, prezzo di riserva; prezzo minimo (*a un'asta pubblica*) ◻ (*fin.*) **r. ratio**, rapporto della riserva bancaria ◻ (*ass.*) **r. value**, valore di riserva (*di una polizza*) ◻ (*ass.*) **actuarial r.**, riserva matematica ◻ **with all (due) reserves**, con tutte le riserve ◻ **without r.**, senza riserve; (*leg.*) incondizionatamente.

to **reserve** /rɪˈzɜːv/, *v. t.* *1* riservare; riservarsi: **I r. the right to come and go freely**, mi riservo il diritto di passaggio (di andare e venire liberamente); **The umpire reserved his decision**, l'arbitro si riservò di decidere *2* serbare; conservare; tenere in serbo: **R. your energy**, tieni in serbo le tue energie! *3* (*specialm. USA*) prenotare; riservare (*cfr. ingl.* **to book**): **to r. a seat on a train [on a plane, at the theatre]**, prenotare un posto in treno [in aereo, una poltrona a teatro]. ● **to r. for oneself**, riservare per sé; riservarsi (*un diritto, ecc.*).

reserved /rɪˈzɜːvd/, *a.* *1* riservato; prenotato: **r. seats**, posti riservati *2* riservato; pieno di riserbo; poco espansivo: **He is too r. to be liked by everyone**, è troppo riservato per riuscire simpatico a tutti. ● (*mil.*) **r. list**, lista degli ufficiali della riserva. || **-ly**, *avv.* || **-ness**, *sost.*

reservist /rɪˈzɜːvɪst/, *n.* (*mil.*) riservista; soldato (*o* marinaio) della riserva.

reservoir /ˈrɛzəvwɑː(r)/, *n.* *1* serbatoio; cisterna: **the r. of an oil lamp**, il serbatoio d'una lampada a petrolio *2* bacino idrico (*o* idroelettrico); lago artificiale *3* (*anat.*) serbatoio; cavità *4* (*fig.*) miniera, repertorio, riserva (*di fatti, notizie, ecc.*).

reset (1) /riːˈsɛt/, *n.* (*leg., scozz.*) ricettazione.

reset (2) /riːˈsɛt/, *n.* *1* ricollocamento; nuova sistemazione; ripristino *2* (*tipogr.*) ricomposizione *3* rimessa a zero (*o* a punto: *d'uno strumento*) *4* (*autom., elettr., mecc.*) registrazione; regolazione *5* (*raro*) piantina trapiantata.

to **reset** (1) /riːˈsɛt/, (*leg., scozz.*) **A** *v. t.* ricettare. **B** *v. i.* fare il ricettatore.

to **reset** (2) /riːˈsɛt/ (*pass.* e *p. p.* **reset**), *v. t.* *1* ricollocare; rimettere a posto (*anche med.*); risistemare; ripristinare: **to r. a broken arm**, rimettere a posto un braccio rotto *2* (*tipogr.*) ricomporre *3* riazzerare, rimettere a zero (*o* a punto): **to r. an instrument**, rimettere a zero uno strumento *4* incastonare (*una pietra preziosa*) di nuovo *5* riaffilare (*una sega, ecc.*) *6* (*autom., elettr., mecc.*) registrare; regolare: **to r. the gap of the distributor points**, regolare l'apertura delle puntine dello spinterogeno *7* (*elab.*) ripristinare *8* (*raro*) ripiantare (*un arbusto*); risistemare (*un'aiuola*). ● **to r. one's watch**, rimettere l'orologio (*cambiando fuso orario*).

to **resettle** /riːˈsɛtl/, **A** *v. t.* *1* ristabilire; riassettare; risistemare *2* colonizzare di nuovo *3* insediare (*profughi, stranieri, ecc.*: *in un paese nuovo*). **B** *v. i.* *1* ristabilirsi (*in un luogo*) *2* (*di profughi, ecc.*) insediarsi *3* (*di un liquido*) depositarsi di nuovo.

resettlement /riːˈsɛtlmənt/, *n.* *1* ristabilimento; riassetto *2* nuova colonizzazione *3* insediamento *4* (*di un liquido*) nuovo deposito (*V.* **to resettle**).

to **reshape** /riːˈʃeɪp/, *v. t.* rifoggiare; dare nuova forma a.

to **reship** /riːˈʃɪp/, **A** *v. t.* *1* (*naut.*) rimbarcare; spedire di nuovo (*via mare*) *2* (*naut.*) trasbordare *3* (*per estens.*) spedire di nuovo; rispedire. **B** *v. i.* rimbarcarsi (*anche come marinaio*).

reshipment /riːˈʃɪpmənt/, *n.* *1* (*naut.*) rimbarco; rispedizione (*via mare*) *2* (*naut.*) trasbordo *3* (*per estens.*) rispedizione (*di merci, ecc.*).

reshuffle /riːˈʃʌfl, ˈriːʃ-/, *n.* *1* il rimescolare (*le carte, ecc.*); rimescolamento *2* (*fig.*) rimaneggiamento; rimescolamento delle carte (*fig. fam.*) *3* (*specialm. polit.*) rimpasto; rimaneggiamento: **a Cabinet r.**, un rimpasto del governo.

to **reshuffle** /riːˈʃʌfl/, *v. t.* *1* rimescolare, mescolare di nuovo (*le carte, ecc.*) *2* (*fig.*) rimaneggiare *3* (*specialm. polit.*) fare un rimpasto di; rimaneggiare; rimpastare.

to **reside** /rɪˈzaɪd/, *v. i.* *1* risiedere; abitare; vivere; trovarsi: **to r. abroad**, risiedere all'estero *2* (*fig.*) risiedere; stare: **The power of decision resides in him**, il potere decisionale sta in lui.

residence /ˈrɛzɪdns/, *n.* *1* residenza; soggiorno; dimora: **to take up one's r. in a peace**, prendere la residenza in un luogo; **my r. in Europe**, il mio soggiorno in Europa *2* residenza; villa; casa signorile *3* (*spesso scherz.*) casa; abitazione: **my humble r.**, la mia umile casa *4* (*leg.*) domicilio fiscale. ● (*tur.*) **r. hotel**, residence ◻ **r. permit**, permesso di soggiorno ◻ **to be in r.**, (*di funzionario*) essere in sede; (*di professore*) risiedere presso l'università; (*di studenti*) essere in sede ◻ **novelist [poet], in r.**, romanziere [poeta] che è ospite fisso di un college ◻ **R. is required**, la residenza è obbligatoria; c'è l'obbligo di residenza.

residency /ˈrɛzɪdnsɪ/, *n.* *1* (*stor.*) residenza ufficiale del rappresentante del governo inglese (*nelle colonie*) *2* residenza; abitazione *3* (*med.*) internato (*di un medico*).

resident /ˈrɛzɪdnt/, **A** *a.* *1* residente; del luogo; locale: **the r. population**, la popolazione locale *2* interno: **a r. doctor**, un medico interno (*di un ospedale*) *3* (*di animale*) stanziale *4* (*fig.*) inerente; insito: **powers of sensation r. in the nerves**, facoltà sensorie insite nei nervi. **B** *n.* *1* abitante; residente: **the residents of the suburbs**, gli abitanti della periferia *2* – (*stor.*) **R.**, «Residente» (*in una colonia ingl.*) *3* cliente fisso (*di un albergo, ecc.*) *4* (*med.*) medico interno.

residential /rɛzɪˈdɛnʃl/, *a.* residenziale; fatto di sole case d'abitazione (*o* di ville) (*non di negozi o uffici*); (*per estens.*) elegante, signorile: **a r. quarter**, un quartiere residenziale; **a r. street**, una strada signorile. ● **r. course**, corso residenziale ◻ **r. home**, casa di riposo, casa protetta ◻ (*polit.*) **r. qualifications**, requisito della residenza (*per poter votare*) ◻ (*leg.*) **r. requirement**, obbligo della residenza.

residentiary /rɛzɪˈdɛnʃərɪ, *USA* -ʃɪɛrɪ/, **A** *n.* *1* (*relig.*) ecclesiastico che ha l'obbligo della residenza *2* (*raro*) residente; abitante. **B** *a.* *1* (*spesso di carica, beneficio ecclesiastico, ecc.*) residenziale *2* (*d'ecclesiastico*) residente.

residual /rɪˈzɪdjʊəl, *USA* -dʒʊ-/, **A** *a.* *1* residuo; rimanente; restante *2* (*elettr.*) residuo: **r. magnetism**, magnetismo residuo *3* (*geol.*) residuale. **B** *n.* *1* residuo; sostanza residua *2* (*mat.*) resto (*di una sottrazione*); differenza. ● **r. error**, (*mat.*) errore (di calcolo) non ancora trovato (*o* corretto); (*stat.*) errore residuo ◻ (*ind.*) **r. oil**, asfalto (*o* bitume) da petrolio; residuo (di raffinazione) ◻ (*ind.*) **r. product**, sottoprodotto.

residuary /rɪˈzɪdjʊərɪ, *USA* -dʒʊɛrɪ/, **A** *a.* residuo; rimanente. **B** *n.* (*leg.*, = **r. legatee**) erede di ciò che rimane dopo il pagamento dei debiti e dei legati. ● (*leg.*) **r. legacy**, legato del residuo.

residue /ˈrɛzɪdjuː, *USA* -duː/, *n.* *1* residuo (*anche chim., geol.*); resto; rimanente *2* (*mat.*) residuo (integrale) *3* (*leg.*) parte residua (*di un patrimonio ereditario*: *dopo aver pagato i debiti e i legati*).

residuum /rɪˈzɪdjʊəm, *USA* -dʒʊəm/, *n.* (*pl.* **residua, residuums**) (*specialm. chim.*) residuo; sostanza residua.

to **resign** (1) /rɪˈzaɪn/, **A** *v. t.* *1* abbandonare; cedere; lasciare; rinunciare a: **to r. the chairmanship**, lasciare la presidenza (*di un'azienda, ecc.*); **to r. a right**, rinunciare a un diritto; **to r. hope [life]**, abbandonare la speranza [la vita] *2* (*form.*) consegnare; affidare: **The dying man resigned his children to the care of his brother**, il morente affidò i figli alle cure del fratello. **B** *v. i.* *1* rassegnarsi: **We all must r. to our fate**, tutti dobbiamo rassegnarci al nostro destino *2* rassegnare le dimissioni; dimettersi: **to r. as manager**, dimettersi da direttore; **He resigned from the post he had occupied for ten years**, si dimise dal posto che teneva da dieci anni. **C** to **resign oneself**, *v. rifl.* rassegnarsi, adattarsi; abbandonarsi, cedere a: **They don't want to r. themselves to anybody's control**, non vogliono adattarsi a essere controllati da chicchessia; **to r. oneself to sleep**, abbandonarsi al sonno. ● (*polit.*) **to r. from the Cabinet**, dimettersi da ministro ◻ **to r. one's post**, dare le dimissioni, dimettersi (*dall'impiego*).

to **re(-)sign** (**2**) /riː'saɪn/, *v. t.* firmare di nuovo.

resignation /rɛzɪg'neɪʃn/, *n.* ***1*** abbandono; cessione; rinuncia ***2*** dimissioni: **to give** (*o* **to send**) **in one's r.**, dare (*o* presentare) le dimissioni ***3*** rassegnazione: **to put up with a setback with r.**, accettare un contrattempo con rassegnazione.

resigned /rɪ'zaɪnd/, *a.* rassegnato. || **-ly**, *avv.*

resigner /rɪ'zaɪnə(r)/, *n.* ***1*** chi rinuncia (*a q.c.*) ***2*** dimissionario, dimissionaria.

to **resile** /rɪ'zaɪl/, *v. i.* ***1*** (*fis.*) essere resiliente; avere elasticità ***2*** (*fig.*) avere elasticità mentale ***3*** (*fig.*) essere dotato di capacità di recupero.

resilience /rɪ'zɪlɪəns/, **resiliency** /rɪ'zɪlɪənsɪ/, *n.* ***1*** (*fis., ind. costr., mecc.*) resilienza; elasticità (*anche fig.*): **the r. of rubber**, l'elasticità della gomma ***2*** (*fig.*) capacità di recupero (*o* di ripresa).

resilient /rɪ'zɪlɪənt/, *a.* ***1*** (*fis., ind. costr., mecc.*) resiliente; elastico (*anche fig.*): **to have a r. mind**, avere una mente elastica ***2*** (*fig.*) che ha capacità di recupero (*o* di ripresa). || **-ly**, *avv.*

resin /'rɛzɪn, *USA* 'rɛzn/, *n.* (*chim.*) resina. ● **r. emulsion**, emulsione resinosa □ (*ind. tess.*) **r. finish**, resinatura.

to **resin** /'rɛzɪn, *USA* 'rɛzn/, *v. t.* trattare con resina; rivestire di resina.

resinate /'rɛzɪneɪt, *USA* -zən-/, *n.* (*chim.*) resinato.

to **resinate** /'rɛzɪneɪt, *USA* -zən-/, *v. t.* (*tecn.*) impregnare di resina; resinare.

resinated /'rɛzɪneɪtɪd, *USA* -zən-/, *a.* resinato: **r. wine**, vino resinato.

resiniferous /rɛzɪ'nɪfərəs, *USA* -zən'ɪf-/, *a.* resinifero.

resinification /rɛzɪnɪfɪ'keɪʃn, *USA* -zən-/, *n.* (*chim.*) resinificazione.

to **resinify** /'rɛzɪnɪfaɪ, *USA* -zən-/, *v. t.* e *i.* (*chim.*) resinificare, resinificarsi.

resinoid /'rɛzɪnɔɪd, *USA* -zən-/, *n.* (*chim.*) resinoide.

resinous /'rɛzɪnəs, *USA* 'rɛzənəs/, *a.* resinoso: **r. cement**, adesivo resinoso.

resipiscence /rɛsɪ'pɪsəns/, *n.* (*lett.*) resipiscenza; ravvedimento.

resipiscent /rɛsɪ'pɪsənt/, *a.* (*lett.*) resipiscente; che rinsavisce.

resist /rɪ'zɪst/, *n.* ***1*** (*ind.*) sostanza che rende resistente agli agenti chimici ***2*** (*grafica*) riserva ***3*** (*metall.*) rivestimento isolante.

to **resist** /rɪ'zɪst/, **A** *v. t.* ***1*** resistere a; opporsi a; respingere: **to r. an attack** [**disease, old age, temptations**], resistere a un attacco [a una malattia, alla vecchiaia, alle tentazioni]; **to r. God's will**, opporsi alla volontà del Signore; **to r. the enemy**, respingere il nemico ***2*** rinunciare a; resistere a; trattenersi da; fare a meno di: **I cannot r. a cigarette**, non so rinunciare a una sigaretta. **B** *v. i.* ***1*** resistere; opporre resistenza ***2*** reggere; farcela (*fam.*): **I can r. no longer**, non ce la faccio più. ● (*leg.*) **to r. arrest**, fare resistenza all'arresto □ **to r. laughing**, trattenere il riso; riuscire a restare serio.

resistance /rɪ'zɪstəns/, *n.* ***1*** (*elettr., mecc., polit., mil.*) resistenza: **to offer r.**, opporre resistenza; **to make no r. to the enemy**, non offrire resistenza al nemico; (*med.*) **r. to disease**, resistenza alle malattie ***2*** – (*stor.*) **the R.**, la Resistenza. ● (*elettr.*) **r. coil**, bobina di resistenza □ (*fis.*) **r. meter**, ohmmetro □ (*mil.*) **r. movement**, resistenza; movimento di resistenza □ (*metall.*) **r. welding**, saldatura per resistenza □ (*elettr.*) **r. wire**, filo resistivo (*o* per resistori) □ (*anche fig.*) **the line of least r.**, la linea di minor resistenza.

resistant /rɪ'zɪstənt/, *a.* resistente: **disease-r.**, resistente alle malattie; **heat-r.**, resistente al calore.

resister /rɪ'zɪstə(r)/, *n.* chi fa resistenza; oppositore: (*polit.*) **passive r.**, chi fa la resistenza passiva; oppositore passivo.

resistibility /rɪzɪstə'bɪlətɪ/, *n.* ***1*** possibilità di resistere ***2*** capacità di resistenza.

resistible /rɪ'zɪstəbl/, *a.* ***1*** a cui si può resistere ***2*** capace di resistere.

resistive /rɪ'zɪstɪv/, *a.* ***1*** che resiste; capace di resistere; resistente ***2*** (*elettr.*) resistivo.

resistivity /rɪzɪ'stɪvətɪ/, *n.* (*elettr.*) resistività.

resistless /rɪ'zɪstləs/, *a.* (*arc.*) ***1*** irresistibile; cui non si può resistere: **a r. impulse**, un impulso irresistibile ***2*** incapace di far resistenza.

resistojet /rɪ'zɪstəʊdʒɛt/, *n.* (*miss.*) reattore a resistenza.

resistor /rɪ'zɪstə(r)/, *n.* (*elettr.*) resistore; resistenza. ● (*elettr.*) **r. element**, elemento resistivo □ **r. furnace**, forno a resistenza □ (*elettr.*) **r. network**, rete resistiva.

resit /'riːsɪt/, *n.* esame ripetuto.

to **resit** /riː'sɪt/ (*pass.* e *p. p.* **resat**), *v. t.* (*nelle università inglesi*) ripetere (*un esame scritto*); fare (*un esame*) per la seconda volta.

resold /riː'səʊld/, *pass.* e *p. p.* di **to resell**.

to **resole** /riː'səʊl/, *v. t.* risuolare.

resoling /riː'səʊlɪŋ/, *n.* risuolatura.

resolubility /rɪzɒljʊ'bɪlətɪ/, *n.* ***1*** risolvibilità ***2*** (*ottica*) scomponibilità; risolubilità.

resoluble /rɪ'zɒljʊbl/, *a.* ***1*** risolubile; risolvibile ***2*** (*ottica*) scomponibile; risolubile.

resolute /'rɛzəluːt/, *a.* risoluto; deciso; deliberato; fermo; sicuro: **a r. answer**, una risposta decisa. || **-ly**, *avv.* || **-ness**, *sost.*

resolution /rɛzə'luːʃn/, *n.* ***1*** risoluzione (*anche med., mus.*); determinazione; deliberazione; decisione; proposito; soluzione: **to make good resolutions**, fare buoni propositi; **to pass a r.**, approvare una deliberazione (*o* una delibera); **the r. of a doubt** [**of a problem**], la soluzione di un dubbio [di un problema] ***2*** risolutezza; decisione; fermezza ***3*** (*ottica*) decomposizione; scomposizione ***4*** (*fis., ottica, elettron.*) risoluzione; potere risolvente ***5*** (*fotogr.*) definizione (*di immagine*) ***6*** (*chim.*) scomposizione ***7*** (*leg.*) risoluzione (*di un contratto*). ● **to come to a r.**, prendere una decisione □ **to show great r.**, mostrarsi assai deciso (*o* molto risoluto).

resolutive /'rɛzəljʊtɪv, *USA* -lʊ-/, *a.* ***1*** (*med.*) risolvente ***2*** (*leg.*) risolutivo.

resolvability /rɪzɒlvə'bɪlətɪ, *USA* -ɒl-, -ɔːl-/, *n.* ***1*** risolvibilità; risolubilità ***2*** (*ottica*) l'essere scomponibile.

resolvable /rɪ'sɒlvəbl, *USA* -ɒl-, -ɔːl-/, *a.* ***1*** risolvibile; risolubile ***2*** (*ottica*) scomponibile; risolubile.

resolve /rɪ'zɒlv, *USA* -ɒlv, -ɔːlv/, *n.* (*form.*) ***1*** risoluzione; decisione; proposito: **to keep one's r.**, mantenere la propria decisione ***2*** risolutezza; fermezza.

to **resolve** /rɪ'zɒlv, *USA* -ɒlv, -ɔːlv/, **A** *v. t.* ***1*** risolvere; sciogliere; chiarire; decidere; deliberare: **The problem of its origin has not yet been resolved**, il problema della sua origine non è ancora stato risolto; **The discussion resolved itself into a quarrel**, la discussione si risolse in una lite; **to r. difficulties**, risolvere difficoltà; **to r. doubts**, chiarire dubbi; **He resolved not to go** (*o* **that he wouldn't go**), decise di non andare ***2*** (*form.*) indurre; convincere; far decidere: **That discovery resolved us on staying** (*o* **to stay**) **at home**, quella scoperta c'indusse a restare a casa ***3*** scomporre; dividere; separare: **to r. st. into its components**, scomporre q.c. nei suoi componenti ***4*** (*ottica*) decomporre; scomporre; risolvere ***5*** (*mus.*) risolvere ***6*** (*fotogr.*) definire (*l'immagine*). **B** *v. i.* ***1*** (*form.*) risolversi; decidersi; prendere una risoluzione (*o* una decisione) ***2*** dissolversi; sciogliersi; disintegrarsi ***3*** (*chim., ottica*) scomporsi ***4*** (*med.*) risolversi. **C** to **resolve oneself**, *v. rifl.* ***1*** trasformarsi; diventare ***2*** (*polit.*) costituirsi in: **The House resolved itself into a committee**, la Camera (Bassa) si costituì in commissione. ● **to r. against doing st.**, decidere di non fare q.c. □ **to r. Christianity into a system of morality**, ridurre il Cristianesimo a un sistema filosofico-morale □ **to r. on** (*o* **upon**) **doing st.**, decidere (*o* deliberare, stabilire) di fare q.c.: **He resolved on buying the painting**, decise di acquistare il quadro □ (*nelle deliberazioni*) **resolved that...**, (avendo) deliberato che... □ (*fis., ottica, elettron.*) **resolving power**, potere risolvente.

resolved /rɪ'zɒlvd, *USA* -ɒl-, -ɔːl-/, *a.* ***1*** risoluto; deciso; fermo; determinato ***2*** convinto; persuaso ***3*** (*di un problema, ecc.*) risolto. || **-ly**, *avv.* || **-ness**, *sost.*

resolvent /rɪ'zɒlvənt, *USA* -ɒl-, -ɔːl-/, *a.* e *n.* ***1*** (*farm.*) (rimedio) risolvente ***2*** (*mat.*) risolvente: **r. of an operator**, risolvente di un operatore. ● (*mat.*) **r. kernel**, nucleo risolvente.

resonance /'rɛzənəns/, *n.* ***1*** (*della voce*) l'essere risonante ***2*** (*anche fis., elettr., mecc., med.*) risonanza. ● (*elettr.*) **r. bridge**, ponte a risonanza □ (*mecc.*) **r. vibration**, vibrazione di risonanza.

resonant /'rɛzənənt/, *a.* ***1*** (*anche fis., elettr., mecc.*) risonante ***2*** sonoro: **a r. voice**, una voce sonora ***3*** che rimanda (*un suono*); echeggiante: **a house r. with the laughter of children**, una casa che echeggia delle risa dei bambini. ● (*elettr.*) **r. capacitor**, condensatore autorisonante □ (*fis.*) **r. detector**, rivelatore di risonanza □ (*aeron.*) **r. jet**, pulsoreattore risonante □ **to be r. with**, risuonare di (*grida, rumori, ecc.*). || **-ly**, *avv.*

to **resonate** /'rɛzəneɪt/, *v. i.* ***1*** (*fis.*) risuonare; entrare in risonanza ***2*** (*form.*) risuonare; echeggiare.

resonator /'rɛzəneɪtə(r)/, *n.* ***1*** (*fis.*) risonatore ***2*** (*radio*) circuito di risonanza ***3*** (*mus.*) cassa di risonanza.

to **resorb** /rɪ'sɔːb, -z-/, **A** *v. t.* (*anche fis.*) riassorbire. **B** *v. i.* riassorbirsi.

resorbence /rɪ'sɔːbəns, -z-/, *n.* capacità di riassorbimento.

resorbent /rɪ'sɔːbənt, -z-/, *a.* riassorbente.

resorcin /rɪ'zɔːsɪn/, **resorcinol** /rɪ'zɔːsɪnɒl, *USA* -nɔːl, -əʊl/, *n.* (*chim.*) resorcina; resorcinolo.

resorption /rɪ'sɔːpʃn, -z-/, *n.* (*fis.*) riadsorbimento, riassorbimento.

resort /rɪ'zɔːt/, *n.* ***1*** ricorso; il ricorrere: **without r. to violence**, senza fare ricorso alla violenza; **I had r. to my brother**, feci ricorso a mio fratello (*per aiuto, ecc.*) ***2*** risorsa; espediente; ripiego: **I tried to repeat the experiment as a last r.**, come ultimo espediente, cercai di ripetere l'esperimento ***3*** svago; passatempo: **TV watching is my only r.**, il mio unico svago è la televisione ***4*** (*arc.*) affluenza; afflusso; ritrovo; concorso (*di gente, di folla*): **We encourage the r. of tourists**, noi favoriamo l'afflusso dei turisti; **a place of r.**, un luogo di ritrovo ***5*** luogo di vacanza (*o* di villeggiatura); luogo di soggiorno; stazione (*climatica*): **holiday resorts**, luoghi di villeggiatura; **winter r.**, luogo di villeggiatura invernale; **a health r.**, una stazione climatica; **a seaside r.**, una stazione balneare. ● **fishing r.**, luogo di pesca sportiva □ **ski** (*o* **skiing**) **r.**, stazione sciistica □ **without r. to cheating**, senza imbrogliare (*o* barare, *o* copiare all'esame).

to **resort** (**1**) /rɪ'zɔːt/, *v. i.* ***1*** ricorrere (a); far ricorso (a): **to r. to violence**, fare ricorso alla violenza; **I shall have to r. to a stratagem**, dovrò ricorrere a uno stratagemma ***2*** (*arc.*) recarsi (a); andare (a); frequentare: **People r. to the seaside in summer**, la gente va al mare d'estate. ● **to r. to drink**, darsi al bere □ **to r. to plundering**, darsi al saccheggio.

to **re-sort** (**2**) /riː'sɔːt/, *v. t.* selezionare di nuovo.

to **resound** (**1**) /rɪ'zaʊnd/, **A** *v. i.* ***1*** (*di suono, ecc.*) risuonare; echeggiare; rimbombare; ripercuotersi: **Roland's horn resounded at Roncevaux**, il corno di Rolando risuonò a Roncisvalle; **The hall resounded with applause**, la sala risuonò di applausi ***2*** (*fig.*) aver risonanza: **The event will r. through**

Europe, l'avvenimento avrà risonanza in tutta l'Europa. **B** *v. t.* ***1*** far riecheggiare; far risuonare ***2*** (*fig.*) celebrare; cantare: **They will r. his praises**, ne canteranno le lodi.

to **re-sound** (**2**) /riː'saʊnd/, **A** *v. t.* ***1*** suonare di nuovo (*uno strumento*) ***2*** scandagliare (*o* sondare) di nuovo. **B** *v. i.* risuonare; suonare di nuovo.

resounding /rɪ'zaʊndɪŋ/, *a.* risonante; echeggiante; sonoro: **a r. slap**, un sonoro ceffone. ● **a r. success**, un successo clamoroso. || **-ly**, *avv.*

resource /rɪ'sɔːs, -'zɔːs, *USA* 'riːsɔːs/, *n.* ***1*** risorsa (*anche econ.*): **natural resources**, risorse naturali; **r. allocation**, allocazione delle risorse; **I have exhausted all my pecuniary resources**, ho esaurito tutte le mie risorse finanziarie; **He is a man of great r.**, è uomo di molte risorse ***2*** mezzo; espediente; ripiego ***3*** (*raro*) occupazione dilettevole; passatempo; svago: **Reading is a great r.**, la lettura è un'occupazione assai dilettevole. ● **to leave sb. to his own resources**, lasciare che q. se la cavi (*o* passi il tempo, si organizzi) da solo □ **His only r. was flight**, non gli restava che la fuga.

resourceful /rɪ'sɔːsfl, -'zɔː-, *USA* 'riːsɔː-/, *a.* pieno di risorse; intraprendente; ingegnoso: **a r. man**, un uomo intraprendente; **a r. thing**, una trovata ingegnosa. || **-ly**, *avv.* || **-ness**, *sost.*

resourceless /rɪ'sɔːsləs/, *a.* senza risorse; privo di risorse. || **-ness**, *sost.*

respect /rɪ'spɛkt/, *n.* ***1*** rispetto; riguardo; considerazione; conto; stima: **to have [to show] r. for sb.**, avere [mostrare] rispetto per q.; **He was held in great r. by everybody**, era tenuto in gran conto da tutti; **He enjoyed the r. of everybody**, godeva la stima di tutti; **One must have r. for the feelings of others**, bisogna aver riguardo per i sentimenti altrui ***2*** aspetto; rispetto; punto di vista: **He is dangerous in many respects**, è pericoloso sotto molti aspetti ***3*** (*pl.*) rispetti; ossequi; omaggi: **Please give my respects to your mother**, porga i miei rispetti (*o* ossequi) a Sua madre. ● **in r. of** (*o* **to**), riguardo a; in quanto a □ **to pay r. to**, portar rispetto a □ **to pay one's respects to sb.**, presentare i propri rispetti a q.; ossequiare q. □ **to show r. of persons**, fare delle parzialità □ **to win the r. of sb.**, guadagnarsi la stima di q. □ (*bur. e comm.*) **with r. to**, rispetto a, riguardo a, quanto a; con (*o* facendo) riferimento a □ **with** (**all**) **due r.**, col dovuto rispetto; con tutti i riguardi □ **without r. of persons**, senza guardare in faccia nessuno; senza parzialità □ **without r. to**, senza riguardo a; senza curarsi di; a prescindere da: **He did it quite without r. to the results**, lo fece senza curarsi per niente delle conseguenze □ **In this r. you are wrong**, riguardo a ciò, hai torto.

to **respect** /rɪ'spɛkt/, *v. t.* ***1*** rispettare; stimare; tenere in considerazione; osservare: **We should r. other people's feelings**, dobbiamo rispettare i sentimenti degli altri; **to r. the law [a boundary]**, rispettare la legge [un confine] ***2*** (*raro, salvo nel part. pres.*) riguardare; concernere: **laws respecting racial integration**, leggi concernenti l'integrazione razziale.

respectability /rɪspɛktə'bɪlətɪ/, *n.* ***1*** rispettabilità; onorabilità ***2*** (*pl.*) convenienze sociali.

respectable /rɪ'spɛktəbl/, *a.* ***1*** rispettabile; onorabile; onorevole; onesto: **a r. hotel**, un albergo rispettabile; **to act from r. motives**, agire per motivi onorevoli (*o* onesti); **a r. merchant**, un mercante onesto ***2*** conveniente; decoroso; dignitoso; riguardoso: **r. behaviour**, condotta decorosa ***3*** (*fam.*) considerevole; notevole; ragguardevole; discreto: **His work was r. but not outstanding**, la sua opera fu ragguardevole ma non eccezionale; **a r. amount**, una somma ragguardevole. ● (*comm.*) **a r. bill**, una cambiale di buona firma □ **a r. suit of clothes**, un abito decente (*o* presentabile). || **-ness**, *sost.* || **-bly**, *avv.*

respecter /rɪ'spɛktə(r)/, *n.* chi rispetta; chi è rispettoso (*specialm. nella frase*): **He is no r. of persons**, non guarda in faccia nessuno; non fa parzialità. ● (*prov.*) **Death is no r. of persons**, la morte non guardia in faccia nessuno.

respectful /rɪ'spɛktfl/, *a.* rispettoso; deferente. || **-ly**, *avv.*

respectfulness /rɪ'spɛktflnəs/, *n.* rispetto; deferenza.

respecting /rɪ'spɛktɪŋ/, *prep.* rispetto a; riguardo a; quanto a; circa; su: **We don't agree r. the price**, non siamo d'accordo sul prezzo.

respective /rɪ'spɛktɪv/, *a.* rispettivo; relativo: **They were chosen according to their r. qualifications**, furono scelti secondo le rispettive qualifiche. ● **Put them back in their r. places**, riponili ciascuno al suo posto. || **-ly**, *avv.*

to **respell** /riː'spɛl/, *v. t.* ***1*** riscrivere (*una parola*) con diversa ortografia (*di solito, con simboli fonetici*) ***2*** sillabare di nuovo.

respirable /'rɛspɪrəbl/, *a.* respirabile.

respiration /rɛspɪ'reɪʃn/, *n.* ***1*** (*fisiol., med.*) respirazione: **artificial r.**, respirazione artificiale ***2*** respiro.

respirator /'rɛspɪreɪtə(r)/, *n.* ***1*** (*anche med.*) respiratore ***2*** (*mil.*) maschera antigas.

respiratory /rɪ'spɪrətrɪ, -paɪ-, 'rɛsprətrɪ, -ɪreɪtrɪ, *USA* 'rɛspɪrətɔːrɪ, rɪ'spɪ-/, *a.* respiratorio: (*anat.*) **r. organs**, organi respiratori; (*med.*) **r. arrest**, arresto respiratorio; (*anat.*) **r. tract**, vie respiratorie. ● **r. cavity**, cavità toracica.

to **respire** /rɪ'spaɪə(r)/, *v. t.* e *i.* ***1*** (*fisiol.*) respirare ***2*** (*fig.*) respirare; prender fiato.

respite /'rɛspaɪt, -ɪt, *USA* -ɪt, -aɪt/, *n.* ***1*** respiro (*fig.*); momento di riposo; sollievo; tregua: **a r. from toil**, un momento di riposo da un lavoro faticoso; **a r. from pain**, un po' di sollievo dal dolore ***2*** (*comm.*) proroga; dilazione; rinvio ***3*** (*leg.*) sospensione dell'esecuzione (*di una sentenza*). ● **without a moment's r.**, senza un attimo di respiro.

to **respite** /'rɛspaɪt, -ɪt, *USA* -ɪt, -aɪt/, *v. t.* ***1*** dare respiro a (q.); dar tregua a (q.) ***2*** (*comm.*) concedere una dilazione a (*un debitore, ecc.*) ***3*** (*comm.*) differire (*un pagamento*) ***4*** (*leg.*) sospendere (*una condanna*).

resplendence /rɪ'splɛndəns/, **resplendency** /rɪ'splɛndənsɪ/, *n.* splendore; fulgore.

resplendent /rɪ'splɛndənt/, *a.* risplendente; splendido; fulgido. || **-ly**, *avv.*

respond /rɪ'spɒnd/, *n.* ***1*** (*relig.*) responsorio ***2*** (*relig.*) risposta (*data dai fedeli all'officiante*) ***3*** (*archit.*) pilastro portante (*alle due estremità di un portico, di una navata, ecc.*).

to **respond** /rɪ'spɒnd/, *v. i.* ***1*** rispondere; replicare: **to r. to a letter**, rispondere a una lettera ***2*** rispondere; reagire: **The congregation responded to the priest**, i fedeli rispondevano al sacerdote; **He responded to the insult with a blow**, rispose all'insulto con un colpo; **He responded with rage**, reagì con rabbia; **Nerves r. to a stimulus**, i nervi rispondono a uno stimolo; (*med.*) **to r. to treatment with antibiotics**, rispondere al trattamento con antibiotici ***3*** essere (*o* mostrarsi) sensibile (a): **They don't r. to kindness**, non si mostrano sensibili alla gentilezza ***4*** (*arc.*) corrispondere; essere analogo. ● **to r. negatively [positively] to a question**, rispondere di no [di sì] a una domanda.

respondence /rɪ'spɒndəns/, **respondency** /rɪ'spɒndənsɪ/, *n.* rispondenza; corrispondenza.

respondent /rɪ'spɒndənt/, **A** *a.* rispondente; che risponde; che reagisce (a). **B** *n.* ***1*** chi risponde; chi reagisce ***2*** (*leg.*) convenuto, convenuta (*specialm. in una causa di divorzio*).

response /rɪ'spɒns/, *n.* ***1*** risposta; replica: **My letter has brought no r.**, la mia lettera non ha avuto risposta ***2*** reazione; risposta: **Their r. was the declaration of war**, la loro reazione fu di dichiarare la guerra; per tutta risposta, dichiararono guerra ***3*** responso: **the r. of the oracle**, il responso dell'oracolo ***4*** (*relig.*) responsorio. ● **to bring** (*o* **to meet with**) **no r.**, non suscitare reazioni □ **in r. to**, come reazione a □ **to make no r.**, non reagire.

responsibility /rɪspɒnsə'bɪlətɪ/, *n.* responsabilità: **I'll take the r. of doing it**, mi assumerò io la responsabilità di farlo; **heavy [great] responsibilities**, gravi [grandi] responsabilità. ● (*specialm. polit.*) **to claim r. for**, rivendicare (*un attentato, ecc.*) □ **on one's own r.**, sotto la propria responsabilità □ **to take full r.**, assumersi tutta la responsabilità □ **He lacks r.**, è un irresponsabile.

responsible /rɪ'spɒnsəbl/, *a.* ***1*** responsabile; che deve render ragione; dotato di senso della responsabilità; fidato: **The captain is r. for the safety of the passengers and cargo**, il capitano è responsabile della salvezza dei passeggeri e del carico; **He is a r. person**, è persona fidata ***2*** di responsabilità: **He has a r. position**, occupa una posizione di (grande) responsabilità ***3*** che ha la colpa: **Who's r. for spilling the milk?**, di chi è la colpa d'aver versato il latte? ***4*** che è la causa di; cui va attribuito (q.c.): **The U.S.A. is r. for most manufactured goods that cross national frontiers**, agli U.S.A. va attribuito il primo posto nell'esportazione di prodotti finiti (in tutto il mondo). ● (*leg.*) **r. parenthood**, paternità responsabile □ **The author of the music is also r. for the lyrics**, l'autore della musica è anche l'autore dei versi. || **-bly**, *avv.*

responsions /rɪ'spɒnʃənz/, *n. pl.* il primo dei tre esami per conseguire il titolo di «Bachelor of Arts» (*primo grado accademico*) a Oxford.

responsive /rɪ'spɒnsɪv/, *a.* ***1*** di risposta: **a r. glance**, un'occhiata di risposta (*o* d'intesa) ***2*** che reagisce (*agli stimoli, ecc.*); sensibile; comprensivo; pronto a simpatizzare: **a r. audience**, un uditorio comprensivo (*o* pronto a simpatizzare) ***3*** (*tecn.*) che risponde: (*med.*) **a disease r. to treatment**, una malattia che risponde alle cure; **The brakes aren't very r.**, i freni non rispondono bene. ● (*relig.*) **r. reading**, lettura di passi liturgici, con risposte dei fedeli. || **-ly**, *avv.*

responsiveness /rɪ'spɒnsɪvnəs/, *n.* sensibilità; comprensione; simpatia (*V.* **responsive**).

responsory /rɪ'spɒnsərɪ/, *n.* (*relig.*) responsorio.

re-spray, /'riːspreɪ/, **re-spraying** /riː'spreɪɪŋ/, *n.* (*autom.*) riverniciatura (a spruzzo).

to **re-spray** /rɪ'spreɪ/, *v. t.* (*autom.*) riverniciare (a spruzzo).

rest (**1**) /rɛst/, *n.* ***1*** riposo; pace; quiete: **Never deprive yourself of r.**, non rinunciare mai al riposo!; (*anche med.*) **complete r.**, riposo assoluto; **a day of r.**, un giorno di riposo; un giorno di festa ***2*** pausa; posa; sosta: **Shall we have a r. now or later?**, facciamo una pausa adesso o più tardi?; **without r.**, senza posa ***3*** ricovero; rifugio; ospizio; casa di riposo: **a seamen's r.**, una casa di riposo per marinai ***4*** appoggio; sostegno; (*mecc.*) supporto ***5*** (*mus.*) pausa ***6*** (*biliardo*) bilancino (*per la stecca*) ***7*** (*poesia*) cesura ***8*** (*autom.*) (posizione di) fermo: **acceleration from r.**, accelerazione da fermo. ● (*med.*) **r. cure**, cura del riposo, riposo terapeutico □ **r. day**, giorno di riposo □ **r. home**, casa di cura, clinica, convalescenziario; casa di riposo, casa protetta □ (*USA*) **r. room**, toeletta, gabinetto, ritirata (*in un albergo, ristorante, ecc.*) □ (*autom., USA*) **r. stop**, area di servizio □ **an arm-r.**, un bracciolo □ **at r.**, in riposo, quieto; immobile; che sta riposando, che dorme; (*fig.*) morto □ **to come to r.**, arrestarsi; fermarsi □ **to go** (*o* **to retire**) **to r.**, andare a letto (*o* a dormire, a riposare) □ **to have a good night's r.**, fare una bella dormita; riposare bene □ **to lay sb. to r.**, seppellire q. □ **to set sb.'s mind at r.**, mettere in pace l'animo a q.; rassicurare q.; tranquillizzare q. □ **to set a question at r.**, definire una questione; sistemare una faccenda □ **to take one's r.**, riposare, riposarsi □ **to take a short r.**, riposare un poco □ **I never have a moment's r.**, non ho un minuto di riposo; non ho mai tregua □ (*fam.*) **Give it a r.**, falla finita!; piantala!

rest (2) /rɛst/, *n.* (*con l'art. def.*) *1* resto; residuo; rimanente; avanzo; (il) restante: **The r. of the cake belongs to Charles**, il resto della torta è di Charles; **Throw the r. to the dogs**, butta gli avanzi ai cani! *2* (*col verbo al pl.*) (i) rimanenti; (gli) altri *3* (*banca, fin.*) fondo di riserva (*nella parte delle passività della Banca d'Inghilterra*) *4* (*banca*) scadenza (*delle rate di un mutuo*) *5* (*pl.*) (*banca*) scadenze per la preparazione degli estratti conto *6* (*tennis*) serie di ribattute. ● **and (all) the r. (of it)**, e così via; e via dicendo; eccetera eccetera □ **for the r.**, per il resto; in quanto al resto.

rest (3) /rɛst/, *n.* (*stor.*) resta: **to lay** (*o* **to set**) **one's lance in r.**, mettere la lancia in resta.

to **rest** (1) /rɛst/, **A** *v. i.* *1* (*anche fig.*) riposare, riposarsi; dormire; aver pace (*o* riposo): **Let's r. for five minutes**, riposiamoci cinque minuti!; **Let him r. in peace**, lascialo riposare in pace!; **He is resting from his labours**, si riposa dalle sue fatiche; **They r. in a war cemetery**, riposano (*o* sono sepolti) in un cimitero di guerra; **She could not r. till she got her wish**, non ebbe pace finché non ottenne quel che voleva *2* appoggiarsi; poggiarsi; poggiare; posarsi; sostenersi; basarsi: **The bridge rests on six piers**, il ponte poggia su sei piloni; **a hand resting on the table**, una mano appoggiata sulla tavola; **Science rests on the observation of phenomena**, la scienza si basa sull'osservazione di fenomeni; **My eyes rested on the picture**, il mio sguardo si posò sul quadro *3* dipendere: **The final decision rests on my vote**, l'ultima decisione dipende dal mio voto *4* confidare; fidarsi: **to r. in God**, confidare in Dio; **We r. in your promise**, ci fidiamo della tua promessa *5* (*agric.*: *del terreno*) essere a riposo (*o* a maggese). **B** *v. t.* *1* far riposare; dar riposo a; riposare: **I stopped to r. my mule**, mi fermai per far riposare il mulo; **I should r. my eyes from excessive reading**, dovrei (far) riposare gli occhi stanchi per il troppo leggere *2* appoggiare; poggiare; posare; basare; fondare: **R. your head on the pillow**, appoggia la testa sul guanciale!; **He rested his argument on trivialities**, basò la sua tesi su argomenti futili; **I r. my hopes in you**, fondo le mie speranze su di te; **to r. one's gaze** (*o* **one's eyes**) **on st.**, posare lo sguardo su q.c. *3* (*agric.*) lasciare a riposo; lasciare a maggese. ● **to r. after dinner**, fare un riposino dopo pranzo □ **to r. against st.**, appoggiarsi a q.c. □ (*fig.*) **to r. on one's laurels**, dormire sugli allori □ **to r. on one's oars**, smettere di remare; (*fig.*) prendersi un po' di riposo, tirare i remi in barca (*fig.*) □ (*biol.*) **resting cell**, cellula in riposo □ **resting place**, luogo di riposo □ **the last resting place**, l'ultimo (*o* l'estremo) riposo; la tomba □ **God r. his soul**, Dio l'abbia in grazia!

to **rest** (2) /rɛst/, *v. i.* restare; rimanere; stare; essere: **You may r. assured that they will pay you**, puoi star certo che ti pagheranno. ● **to r. with**, essere affidato a; essere di competenza di; spettare a: **The management rests with him**, la direzione è affidata a lui; **It rests with you to see to it**, spetta a te (*o* è compito tuo) provvedere.

to **re-stage** /riːˈsteɪdʒ/, *v. t.* (*teatr.*) rimettere in scena.

restart /ˈriːstɑːt/, *n.* *1* nuovo inizio; ripresa *2* nuova partenza *3* (*mecc.*) rimessa in moto.

to **restart** /riːˈstɑːt/, **A** *v. t.* *1* riavviare; ricominciare; ridare inizio a *2* levare di nuovo (*la selvaggina*) *3* (*mecc.*) rimettere in moto (*un motore*). **B** *v. i.* riavviarsi; ripartire; riprendere.

to **restate** /riːˈsteɪt/, *v. t.* *1* dichiarare di nuovo; riaffermare; riesporre *2* esporre in modo diverso; formulare di nuovo.

restatement /riːˈsteɪtmənt/, *n.* *1* nuova dichiarazione; riaffermazione; riesposizione *2* nuova formulazione.

restaurant /ˈrɛstrɒnt, *USA* -tərənt/, *n.* ristorante. ● (*ferr.*) **r. car**, carrozza (*o* vettura) ristorante □ **delivery r.**, ristorante con asporto □ **go-to r.**, ristorante (normale: *senza asporto delle pietanze*).

restaurateur /rɛstərəˈtɜː(r)/ (*franc.*), *n.* padrone di ristorante.

restful /ˈrɛstfl/, *a.* calmo; quieto; tranquillo; riposante; di riposo: **a r. life**, una vita di riposo (*o* tranquilla). ‖ **-ly**, *avv.* ‖ **-ness**, *sost.*

rest(-)harrow /ˈrɛstˈhærəʊ/, *n.* (*bot.*, *Ononis repens*) ononide strisciante; stancabue.

restitution /rɛstɪˈtjuːʃn, *USA* -ˈtuː-/, *n.* *1* (*form.*) restituzione *2* riparazione; rimborso; risarcimento *3* (*fis.*) restituzione: (*mecc.*) **r. coefficient**, coefficiente di restituzione. ● **to make r.**, riparare un torto; risarcire un danno.

restive /ˈrɛstɪv/, *a.* *1* recalcitrante; restio: **a r. horse**, un cavallo recalcitrante *2* caparbio; cocciuto; indocile; indisciplinato; riottoso: **a r. boy**, un ragazzo riottoso *3* impaziente; irrequieto. ‖ **-ly**, *avv.* ‖ **-ness**, *sost.*

restless /ˈrɛstləs/, *a.* *1* senza riposo; inquieto; irrequieto; agitato; turbato: **the r. sea**, il mare inquieto (*o* agitato); **a r. boy**, un ragazzo irrequieto *2* insonne: **a r. night**, una notte insonne *3* senza tregua; incessante. ‖ **-ly**, *avv.* ‖ **-ness**, *sost.*

to **restock** /riːˈstɒk/, **A** *v. t.* *1* (*comm.*) rifornire; ricostituire le scorte di (*un'azienda, ecc.*) *2* ripopolare (*di fauna*: *un parco, ecc.*). **B** *v. i.* (*anche comm.*) rifornirsi; fare provviste.

restocking /riːˈstɒkɪŋ/, *n.* *1* (*comm.*) rifornimento; ricostituzione delle scorte *2* ripopolamento (*di un parco, ecc.*: *con fauna*).

restorable /rɪˈstɔːrəbl/, *a.* *1* restituibile *2* restaurabile; ricostruibile; ripristinabile (*V.* **to restore**).

restoration /rɛstəˈreɪʃn/, *n.* *1* restituzione *2* restaurazione; ristabilimento; reintegrazione; ripristino; ristabilimento: **the r. of the monarchy**, la restaurazione della monarchia; **the r. of peace**, il ristabilimento della pace *3* ricostruzione (*di un castello, di un fossile ecc.*) *4* restauro; lavoro di restauro: **furniture r.**, restauro di mobili; **closed during restorations**, chiuso per lavori di restauro *5* – (*stor.*) **the R.**, la Restaurazione (*della monarchia degli Stuart, dopo il 1660*). ● (*letter.*) **R. plays**, commedie del periodo della Restaurazione (*1660-1688*) □ **r. to health** (*o* **from sickness**), risanamento; ristabilimento in salute.

restorative /rɪˈstɔːrətɪv/, (*form.*) **A** *a.* ristorativo (*raro*); ristoratore: **a r. drink**, una bevanda ristoratrice; **r. food**, cibo ristoratore. **B** *n.* *1* bevanda ristoratrice; cibo ristoratore *2* (*farm.*) ricostituente. ● (*med.*) **r. dentistry**, odontoiatria ricostruttiva.

to **restore** /rɪˈstɔː(r)/, *v. t.* *1* (*form.*) restituire; rendere: **to r. stolen things**, restituire oggetti rubati *2* restaurare; ristabilire; ripristinare: **to r. a church [a picture]**, restaurare una chiesa [un quadro]; **to r. the monarchy**, restaurare la monarchia *3* rimettere (*sul trono, ecc.*); reintegrare: **to r. a king (to the throne)**, rimettere un re sul trono; **to r. sb. to his rights**, reintegrare q. nei suoi diritti *4* ricostruire: **to r. a text**, ricostruire un testo *5* ristorare; rimettere (q.) in salute. ● **to r. to health**, risanare.

restorer /rɪˈstɔːrə(r)/, *n.* *1* restauratore: **a picture r.**, un restauratore di quadri *2* ripristinatore; ricostruttore. ● **hair r.**, lozione per rigenerare (*o* per rinvigorire) i capelli; rigeneratore per capelli.

to **restrain** /rɪˈstreɪn/, *v. t.* *1* contenere; frenare; dominare; reprimere; trattenere: **Try to r. your zeal**, cerca di limitare il tuo zelo!; **to r. one's indignation**, contenere l'indignazione; **to r. one's tears**, trattenere le lacrime; **He restrained the frightened horse**, trattenne il cavallo imbizzarrito *2* limitare: **to r. price increases**, limitare gli aumenti dei prezzi *3* (*raro*) imprigionare; rinchiudere in manicomio. ● **to r. sb. from doing st.**, impedire a q. di fare q.c.

restrainable /rɪˈstreɪnəbl/, *a.* contenibile; raffrenabile (*raro*); reprimibile.

restrained /rɪˈstreɪnd/, *a.* *1* pieno di ritegno; riservato; controllato; misurato: **r. style**, stile misurato *2* non vistoso; sobrio: **r. colours**, colori sobri; sobrie tinte. ‖ **-ly**, *avv.*

restraint /rɪˈstreɪnt/, *n.* *1* restrizione; freno (*fig.*); limitazione; contenimento: **to submit sb. to r.**, porre freni (*o* limitazioni) a q.; (*econ.*) **wage r.**, contenimento (*o* compressione) dei salari; **without r.**, senza restrizioni; liberamente *2* riserbo; riservatezza; ritegno: **He has no r. at all**, non ha alcun ritegno *3* (*leg.*) restrizione della libertà; arresto (*in genere*); costrizione fisica (*di alienati*). ● (*econ., leg.*) **r. of trade**, limitazione della concorrenza □ (*leg.*) **r. on alienation**, vincolo di inalienabilità □ **to keep one's emotions under r.**, dominare le proprie passioni □ **to be put** (*o* **placed**) **under r.**, essere privato della libertà; (*specialm.*) esser rinchiuso in manicomio.

to **restrict** /rɪˈstrɪkt/, *v. t.* restringere (*fig.*); limitare; ridurre: **I'll r. my son's allowance**, ridurrò l'assegno che passo a mio figlio.

restricted /rɪˈstrɪktɪd/, *a.* *1* limitato; ristretto *2* (*di documento, ecc.*) riservato. ● **r. area**, (*autom.*) zona con restrizioni del traffico (*limiti di velocità, divieti di sosta, ecc.*); (*naut.*) zona regolamentata; (*mil., specialm. USA*) zona militare; (*in una miniera, ecc.*) zona vietata □ (*econ.*) **r. market**, mercato vincolato □ (*naut.*) **r. waters**, acque ristrette □ **I am r. to advising**, tutto quello che posso fare è dare consigli.

restriction /rɪˈstrɪkʃn/, *n.* *1* restrizione; limitazione: **restrictions on exportation [on foreign capital]**, restrizioni alle esportazioni [all'afflusso di capitali esteri] *2* (*fin.*) misura di contenimento. ● (*econ.*) **r. scheme**, regime vincolistico.

restrictive /rɪˈstrɪktɪv/, *a.* restrittivo; limitativo: **r. regulations [tariffs]**, norme [tariffe] restrittive. ● (*leg.*) **r. interpretation of a law**, interpretazione restrittiva di una legge □ **r. practices**, pratiche restrittive della concorrenza. ‖ **-ly**, *avv.* ‖ **-ness**, *sost.*

to **restring** /riːˈstrɪŋ/ (*pass.* e *p. p.* **restrung**), *v. t.* (*mus.*) rimettere le corde a (*un violino, ecc.*).

to **restructure** /riːˈstrʌktʃə(r)/, *v. t.* (*anche econ.*) ristrutturare.

restructuring /riːˈstrʌktʃərɪŋ/, *n.* (*anche econ.*) ristrutturazione.

to **restuff** /riːˈstʌf/, *v. t.* *1* rimpinzare di nuovo *2* imbottire (*o* impagliare) di nuovo.

to **resubmit** /riːsəbˈmɪt/, *v. t.* *1* sottomettere di nuovo *2* sottoporre di nuovo *3* ripresentare (*un'istanza, una domanda di lavoro, ecc.*).

result /rɪˈzʌlt/, *n.* risultato (*anche mat.*); esito; conclusione; conseguenza; effetto: **the uncertain r. of the general elections**, il risultato (*o* l'esito) incerto delle elezioni politiche; **Have you seen the football results?**, hai visto i risultati delle partite di calcio? ● (*pop., sport*) **to get a r.**, fare risultato; vincere la partita; (*anche*) fare un pareggio □ **without r.**, senza alcun risultato; senza frutto; infruttuoso: **The advertising campaign was without r.**, la campagna pubblicitaria fu infruttuosa □ **What is the r.?**, qual è il risultato?; con che risultato?

to **result** /rɪˈzʌlt/, *v. i.* *1* derivare; conseguire; seguire: **Learning results from study**, la cultura deriva dallo studio *2* concludersi; risolversi; finire: **to r. badly**, riuscir male; **Their promises resulted in nothing**, le loro promesse si risolsero in nulla *3* – **to r. in**, portare (a); causare; provocare: **Overwork resulted in illness**, l'eccessivo lavoro fu la causa della malattia. ● **to r. in good**, dare buoni frutti; dare un risultato soddisfacente □ **to r. in tragedy**, finire in tragedia □ **The undertaking resulted in a large profit**, l'impresa diede alla fine un grosso profitto.

resultant /rɪˈzʌltnt/, **A** *a.* risultante; che si ha

come conseguenza; conseguente. **B** *n.* **1** (*ling.*) risultante **2** (*fis.*) risultante.

resultative /rɪ'zʌltətɪv/, *a.* (*ling.*) resultativo.

resultful /rɪ'zʌltfl/, *a.* fecondo di conseguenze; che dà un buon esito; fruttuoso.

resultless /rɪ'zʌltləs/, *a.* senza risultato; infruttuoso; inutile; vano.

resumable /rɪ'zju:məbl, *USA* -'zu:-/, *a.* **1** che si può riprendere **2** recuperabile **3** riassumibile.

to **resume** /rɪ'zju:m, *USA* -'zu:m/, **A** *v. t.* **1** riassumere; riprendere, ripigliare, rioccupare; ricapitolare: **to r. one's office**, riassumere l'ufficio (*o* le funzioni); **to r. work [the conversation]**, riprendere il lavoro [la conversazione] **2** recuperare; rioccupare; riprendere: **He resumed his seat**, riprese (*o* rioccupò) il suo posto (a sedere) **3** riassumere; ricapitolare: **R. what the teacher has said**, riassumi quello che ha detto l'insegnante! **B** *v. i.* ricominciare; riprendere a dire; soggiungere: **«No, it's too late» he resumed**, «no, è troppo tardi» soggiunse. ● (*leg.*) **to r. possession of st.**, rientrare in possesso di q.c. □ **to r. where one left off**, riattaccare (*o* ripigliare) da dove ci si è interrotti.

résumé /'rezju:meɪ, *USA* rezʊ'meɪ, 'rɛ-/ (*franc.*), *n.* **1** riassunto; sunto; sommario **2** (*specialm. USA*) curriculum vitae.

resummons /ri:'sʌmənz/, *n.* (*pl.* **resummonses, resummons**) (*leg.*) nuova convocazione; nuova citazione.

resumption /rɪ'zʌmpʃn/, *n.* riassunzione; ripresa; il ricominciare: **the r. of one's duties**, la riassunzione delle proprie responsabilità; **the r. of diplomatic relations**, la ripresa delle relazioni diplomatiche.

resumptive /rɪ'zʌmptɪv/, *a.* **1** di riassunzione; di ripresa **2** riassuntivo; di riepilogo.

resupinate /rɪ'sju:pɪneɪt, *USA* -'su:-/, *a.* (*bot.*) resupinato; capovolto; invertito.

to **resupply** /ri:sə'plaɪ/, *v. t.* rifornire di nuovo.

to **resurface** /ri:'sɜ:fəs/, *v. i.* **1** (*naut.*: *di sommergibile*) riemergere; tornare in superficie **2** (*fig., specialm. fin.*) tornare a galla; riprendersi; tornare in attivo **3** (*fig.*) ricomparire; riemergere.

resurfacing /ri:'sɜ:fɪsɪŋ/, *n.* **1** (*naut.*) riemersione **2** (*fig.*) ritorno a galla **3** (*fig.*) ricomparsa.

resurgence /rɪ'sɜ:dʒəns/, *n.* rinascita; ripresa: **the r. of nationalism**, la rinascita del nazionalismo.

resurgent /rɪ'sɜ:dʒənt/, **A** *a.* rinascente; in ripresa: **r. interest**, rinascente interesse. **B** *n.* chi è in ripresa.

to **resurrect** /rezə'rekt/, **A** *v. t.* **1** far rivivere; riesumare: **to r. an old world**, far rivivere un mondo passato **2** (*fam.*) dissotterrare; riesumare; cavar fuori **3** (*raro*) risuscitare. **B** *v. i.* risorgere; risuscitare.

resurrection /rezə'rekʃn/, *n.* risurrezione; (*fig.*) rinascita. ● (*relig.*) **the R.**, la Resurrezione (*di Cristo*); la resurrezione dei morti □ (*un tempo*) **r. man**, disseppellitore di cadaveri.

resurrectional /rezə'rekʃənl/, *a.* di risurrezione.

resurrectionist /rezə'rekʃənɪst/, *n.* **1** (*un tempo*) disseppellitore di cadaveri **2** chi ridona vita (*a q.c.*); chi fa rivivere (*una moda, ecc.*) **3** chi crede nella resurrezione di Cristo.

resurvey /ri:'sɜ:veɪ/, *n.* riesame.

to **resurvey** /ri:'sɜ:veɪ/, *v. t.* riesaminare; riconsiderare.

to **resuscitate** /rɪ'sʌsɪteɪt/, *v. t.* e *i.* **1** risuscitare (*anche fig.*); riportare (*o* tornare) in vita: **He was nearly drowned, but they managed to r. him**, era quasi annegato, ma riuscirono a riportarlo in vita **2** (*med.*) rianimare.

resuscitation /rɪsʌsɪ'teɪʃn/, *n.* **1** il risuscitare; richiamo (*o* ritorno) in vita **2** (*med.*) rianimazione.

resuscitative /rɪ'sʌsɪtətɪv/, *a.* che rianima; che richiama in vita.

resuscitator /rɪ'sʌsɪteɪtə(r)/, *n.* **1** chi richiama in vita; rianimatore **2** (*med.*) apparecchio per la rianimazione.

to **ret** /ret/, *v. t.* (*ind.*) macerare (*canapa, lino, ecc.*).

retable /rɪ'teɪbl/, *n.* (*arte, relig.*) retablo.

retail /ri:teɪl/, (*comm.*) **A** *n.* minuto; dettaglio: **to sell by r.**, vendere al minuto; **r. prices**, prezzi al minuto; **a r. dealer**, un venditore al minuto; un dettagliante. **B** *avv.* al minuto; al dettaglio: **to sell [to buy] r.**, vendere [comprare] al minuto. ● **r. department**, reparto vendite al minuto □ **r. outlet**, punto di vendita al dettaglio □ **r. merchant**, dettagliante □ **r. sale**, vendita al dettaglio □ **r. trade**, commercio al dettaglio □ **at r.**, al minuto.

to **retail** /'ri:teɪl/, **A** *v. t.* **1** vendere al minuto (*o* al dettaglio) **2** (*fig.*) particolareggiare; raccontare dettagliatamente; riferire (per filo e per segno): **to r. gossip**, riferire maldicenze (*o* pettegolezzi). **B** *v. i.* (*di merce*) vendersi al minuto: **These articles r. at twenty dollars a dozen**, questi articoli si vendono al minuto per venti dollari la dozzina.

retailer /'ri:teɪlə(r)/, *n.* (*comm.*) commerciante al minuto; dettagliante; rivenditore. ● **a r. of gossip**, una persona pettegola; una malalingua.

to **re-tailor** /ri:'teɪlə(r)/, *v. t.* (*detto di un sarto, ecc.*) vestire di nuovo (*un cliente*); rifare il guardaroba di (*un cliente*).

to **retain** /rɪ'teɪn/, *v. t.* **1** trattenere; non far passare: **A dam is a structure built across a river to r. water**, le dighe sono opere costruite attraverso un fiume per trattenerne le acque **2** conservare; mantenere; serbare: **He retained his seat in Parliament**, mantenne il suo seggio in parlamento; **to r. the use of one's faculties**, serbare l'uso delle proprie facoltà mentali **3** tenere a mente; ritenere a memoria; ricordare **4** (*edil.*) contenere, trattenere (*terriccio, ecc.*) **5** tenere (q.) alle proprie dipendenze (*o* al proprio servizio); confermare (*un dipendente*) **6** (*leg.*) impegnare (*un avvocato*) pagando un anticipo sull'onorario **7** (*specialm. med.*) ritenere (*la bile, l'urina, ecc.*). ● (*form.*) **to r. in one's possession**, conservare; non buttare via: **You must r. this permit in your possession**, questo permesso va conservato □ (*leg.*) **retaining fee**, anticipo sull'onorario (*a un avvocato*) □ (*mil.*) **retaining force**, truppe di contenimento (*o* d'appoggio) □ (*mecc.*) **retaining ring**, anello di ritenuta □ (*edil.*) **retaining wall**, muro di contenimento (*o* di sostegno).

retainer /rɪ'teɪnə(r)/, *n.* **1** (*stor.*) seguace, servitore (*di un signore*) **2** (*lett.*) dipendente; servitore **3** assunzione; ingaggio **4** (*leg.*) onorario versato in anticipo (*a un avvocato, come impegno*) **5** (*tecn.*) gabbia; fermo. ● (*ind. costr.*) **r. wall**, muro di contenimento.

retake /'ri:teɪk/, *n.* **1** ripresa **2** (*cinem., fotogr.*) nuova ripresa.

to **retake** /ri:'teɪk/ (*pass.* **retook**, *p. p.* **retaken**), *v. t.* **1** riprendere; ripigliare; (*mil.*) riconquistare **2** (*cinem., fotogr.*) girare (*o* fotografare) di nuovo; riprendere per la seconda volta.

to **retaliate** /rɪ'tælɪeɪt/, **A** *v. i.* rivalersi; far rappresaglie; rendere la pariglia; reagire: **to r. upon one's opponent**, far rappresaglie su un avversario; **He retaliated quickly**, reagì rapidamente. **B** *v. t.* **1** contraccambiare, ricambiare, restituire (*un'offesa, un torto, ecc.*) **2** ritorcere: **to r. a charge upon an accuser**, ritorcere un'imputazione sull'accusatore. ● (*leg.*) **to r. a wrong**, restituire un torto.

retaliation /rɪtælɪ'eɪʃn/, *n.* ritorsione; rappresaglia; rivalsa. ● **by way of r.**, per ritorsione; per rappresaglia □ (*stor.*) **the law of r.**, la legge del taglione.

retaliative /rɪ'tælɪətɪv/, **retaliatory** /rɪ'tælɪətrɪ, -ɪeɪ-, *USA* -ɪətɔ:rɪ/, *a.* di ritorsione; di rappresaglia. ● (*comm. est.*) **r. duties [tariffs]**, dazi adottati [tariffe adottate] per ritorsione.

retard /ri:'tɑ:d, *nella def.* 2 'ri:tɑ:d/, *n.* **1** ritardo: **r. of the tide**, ritardo della marea **2** (*fam. USA*) (*psic.*) ritardato (mentale).

to **retard** /rɪ'tɑ:d/, *v. t.* e *i.* **1** ritardare; rallentare; tardare: **to r. the progress of science**, rallentare il progresso della scienza; **The tide retards**, la marea ritarda **2** (*mecc.*) ritardare. ● (*comm.*) **to r. payment**, rimandare il pagamento.

retardant /rɪ'tɑ:dnt/, *a.* e *n.* (*chim.*) (agente) ritardante.

retardation /ri:tɑ:'deɪʃn/, *n.* **1** ritardo; rallentamento **2** (*mus.*) ritardo **3** (*psic.*) ritardo mentale.

retardative /rɪ'tɑ:dətɪv/, **retardatory** /rɪ'tɑ:dətrɪ, *USA* -tɔ:rɪ/, *a.* che causa ritardo; atto a ritardare.

retarded /rɪ'tɑ:dɪd/, *a.* (*anche psic.*) ritardato.

retardee /rɪ'tɑrdi:/, *n.* (*psic., USA*) ritardato (mentale).

retarder /rɪ'tɑ:də(r)/, *n.* **1** (*chim.*) ritardante; ritardatore **2** (*ferr.*) freno sul binario; staffa di frenatura.

retardment /rɪ'tɑ:dmənt/, *V.* **retardation**.

retch /retʃ/, *n.* conato di vomito.

to **retch** /retʃ/, *v. i.* aver conati di vomito.

rete /'ri:tɪ, 'reɪtɪ/ (*lat.*), *n.* (*pl.* **retia**) (*anat.*) rete.

to **retell** /ri:'tel/ (*pass.* e *p. p.* **retold**), *v. t.* ridire; ripetere; raccontare di nuovo.

retention /rɪ'tenʃn/, *n.* **1** il trattenere, l'essere trattenuto, ecc. (*V.* **to retain**) **2** ritentiva; memoria **3** (*med.*) ritenzione (*dell'urina, ecc.*) **4** (*leg.*) ritenzione; riserva **5** (*leg.*) trattenuta (*negli appalti: a garanzia della buona esecuzione dei lavori*) **6** (*pl.*) (*fin.*) utili non distribuiti. ● (*med.*) **r. cyst**, cisti da ritenzione □ (*leg.*) **r. of title**, riservato dominio.

retentive /rɪ'tentɪv/, *a.* **1** che trattiene; che non lascia passare: **Peat is r. of water**, la torba trattiene l'acqua **2** ritentivo; che fa ricordare: **r. faculty**, facoltà ritentiva. ● **a r. memory**, un'ottima memoria □ **a r. person**, una persona dotata di ottima memoria (*o* di ritentiva). ‖ **-ly**, *avv.*

retentiveness /rɪ'tentɪvnəs/, *n.* **1** capacità di trattenere (*V.* **retentive**) **2** ritentività (*della memoria*).

retentivity /ri:ten'tɪvətɪ/, *n.* **1** capacità di trattenere: (*del terreno*) **moisture r.**, capacità di trattenere l'umidità **2** (*elettr.*) induzione residua (massima); ritentiva **3** *V.* **retentiveness,** *def.* 2.

rethink /'ri:θɪŋk/, *n.* (*fam.*) ripensamento.

to **rethink** /ri:'θɪŋk/ (*pass.* e *p. p.* **retought**), *v. t.* e *i.* ripensare; riconsiderare; rivedere: **to r. one's business ethics**, rivedere la propria deontologia aziendale.

retiarius /ri:tɪ'eərɪəs/ (*lat.*), *n.* (*pl.* **retiarii**) (*stor. romana*) reziario.

retiary /'ri:ʃərɪ, *USA* -ɪerɪ/, *n.* (*zool.*) ragno tessitore.

reticence /'retɪsns/, **reticency** /'retɪsənsɪ/, *n.* reticenza; evasività; riserbo; riservatezza.

reticent /'retɪsnt/, *a.* reticente; evasivo; riservato. ‖ **-ly**, *avv.*

reticle /'retɪkl/, *n.* (*ottica*) reticolo.

reticular /rɪ'tɪkjʊlə(r)/, *a.* reticolare (*anche anat.*).

reticulate /rɪ'tɪkjʊlət/, *a.* (*biol.*) reticolato; retiforme.

to **reticulate** /rɪ'tɪkjʊleɪt/, *v. t.* e *i.* formare un reticolo (su).

reticulation /rɪtɪkjʊ'leɪʃn/, *n.* **1** reticolazione **2** (*grafica*) reticolatura **3** (*fotogr.*) retinatura.

reticule /'retɪkju:l/, *n.* **1** (*ottica*) reticolo **2** (*raro*) borsetta a rete.

reticulum /rɪ'tɪkjʊləm/, *n.* (*pl.* **reticula**) (*anat., biol.*) reticolo.

retiform /'ri:tɪfɔ:m/, *a.* retiforme.

retina /'retɪnə, *USA* -ənə/, *n.* (*pl.* **retinas, retinae**) **1** (*anat.*) retina **2** (*elab.*) analizzatore ottico; retina.

retinal /'retɪnəl, *USA* -ənəl/, *a.* (*anat.*) della retina; retinico.

retinitis /retɪ'naɪtɪs, *USA* -tən-/, *n.* (*pl.*

retinitides) (*med.*) retinite.
retinol /ˈrɛtɪnɒl, *USA* -tənɔːl, -əʊl/, *n.* (*biochim.*) retinolo; vitamina A.
retinopathy /rɛtɪnˈɒpəθɪ, *USA* -tən-/, *n.* (*med.*) retinopatia.
retinoscope /ˈrɛtɪnəskəʊp, *USA* -tən-/, *n.* (*med.*) retinoscopio.
retinoscopy /rɛtɪˈnɒskəpɪ, *USA* -tən-/, *n.* (*med.*) retinoscopia.
retinue /ˈrɛtɪnjuː, *USA* -tənuː/, *n.* seguito; persone del seguito; scorta (*anche armata*).
retire /rɪˈtaɪə(r)/, *n.* (*mil.*) ritirata: **to sound the r.**, suonare la ritirata.
to **retire** /rɪˈtaɪə(r)/, **A** *v. i.* ***1*** ritirarsi; indietreggiare; andarsene; (*sport*) uscire dal campo; rientrare (*in casa*): **He retired to his room**, si ritirò in camera sua; **Our forces retired in good order**, i nostri si sono ritirati in buon ordine; **We always r. before midnight**, ci ritiriamo sempre prima di mezzanotte; **to r. from business**, ritirarsi dagli affari ***2*** ritirarsi dall'impiego (*o* dagli affari); andare in pensione; dimettersi: **Most workers must r. (on a pension) at sixty**, la maggior parte dei lavoratori deve andare in pensione a sessant'anni. **B** *v. t.* ***1*** (*mil.*) ritirare: **to r. one's troops**, ritirare le proprie truppe ***2*** (*comm.*) ritirare (*merce e sim.*) ***3*** (*fin.*) ritirare: **to r. banknotes from circulation**, ritirare biglietti di banca dalla circolazione; **to r. stocks [bonds, bills]**, ritirare azioni [titoli, cambiali] ***4*** congedare; collocare (*o* mettere) a riposo; mandare in pensione; pensionare: **They retired several generals**, misero a riposo diversi generali ***5*** (*org. az.*) smobilitare (*impianti, attrezzature, ecc.*). ● **to r. from the world**, entrare in convento □ **to r. into oneself**, chiudersi in sé □ **to r. to bed**, ritirarsi; andare a letto □ **to r. to rest**, andare a riposare.
retired /rɪˈtaɪəd/, *a.* ***1*** (*form.*) ritirato; appartato; solitario: **to lead a r. life**, fare una vita ritirata; **in a r. valley**, in una valle appartata; **He lives r.**, vive appartato (*o* in solitudine) ***2*** (collocato) a riposo; pensionato; in pensione: **a r. general**, un generale a riposo; **a r. public officer**, un funzionario statale in pensione. ● (*comm.*) **a r. bill**, una cambiale ritirata □ **a r. grocer**, un droghiere che s'è ritirato dagli affari; un ex droghiere □ (*mil.*) **the r. list**, la lista degli ufficiali a riposo □ **r. pay**, pensione; trattamento di quiescenza □ **r. person**, pensionato, pensionata □ **the r. personnel**, i pensionati.
retiredly /rɪˈtaɪədlɪ/, *avv.* (*form.*) in modo appartato; in privato.
retiredness /rɪˈtaɪədnəs/, *n.* isolamento; solitudine.
retirement /rɪˈtaɪəmənt/, *n.* ***1*** ritiro; isolamento; (*raro*) luogo appartato: **r. into a monastery**, ritiro a vita monastica ***2*** andata a riposo, in pensione; collocamento a riposo; pensionamento: **He has reached the age of r.**, ha raggiunto l'età pensionabile (*o* del collocamento a riposo); **early r.**, pensionamento anticipato ***3*** periodo in cui si è in pensione; vita di pensionato ***4*** vita appartata; solitudine: **to live in r.**, vivere in solitudine; fare vita ritirata ***5*** (*mil.*) ritirata: **the r. of our troops**, la ritirata delle nostre truppe. ● **r. allowance**, indennità di buonuscita □ (*fin.*) **r. annuity**, rendita vitalizia differita □ **r. date [plan]**, data [piano] di pensionamento □ **r. home**, casa di riposo □ **r. pension**, pensione ordinaria (*per raggiunti limiti d'età*); pensione di anzianità □ **during one's r.**, quando si è (*o* si sarà) in pensione; da pensionato.
retiring /rɪˈtaɪərɪŋ/, *a.* ***1*** ritirato; appartato; riservato; solitario; schivo; timido ***2*** che va in pensione; uscente ***3*** (*mil.*) in ritirata. ● **r. age**, età pensionabile □ **r. allowance**, premio di buonuscita □ **r. pension**, pensione ordinaria (*o* di anzianità) □ (*sport*) **the r. player**, il giocatore che lascia il campo; il giocatore rimpiazzato.
retiringness /rɪˈtaɪərɪŋnəs/, *n.* modestia; riserbo; riservatezza; solitudine; timidezza.
retold /riːˈtəʊld/, *pass. e p. p.* di **to retell**.
retook /riːˈtʊk/, *pass.* di **to retake**.
to **retool** /riːˈtuːl/, *v. t.* ***1*** riattrezzare, rinnovare le attrezzature di (*una fabbrica, ecc.*) ***2*** (*USA*) riorganizzare; ristrutturare.
retooling /riːˈtuːlɪŋ/, *n.* ***1*** rinnovo delle attrezzature (*di una fabbrica*) ***2*** (*USA*) riorganizzazione; ristrutturazione.
retorsion /rɪˈtɔːʃn/, *n.* (*leg.*) ritorsione.
retort (**1**) /rɪˈtɔːt/, *n.* ***1*** replica; rimbecco; risposta per le rime ***2*** (*raro*) ritorsione; rappresaglia. ● **to say in r.**, rimbeccare; replicare.
retort (**2**) /rɪˈtɔːt/, *n.* (*chim.*) storta.
to **retort** (**1**) /rɪˈtɔːt/, **A** *v. t.* ***1*** ritorcere (*fig.*); ribattere: **to r. an argument**, ribattere un argomento; **to r. a charge**, ritorcere un'accusa ***2*** contraccambiare; ricambiare; restituire; rendere: **to r. an incivility**, ricambiare una scortesia (*o* una villania); **to r. an offence upon sb.**, restituire un'offesa a q. **B** *v. i.* replicare; ribattere; rispondere per le rime.
to **retort** (**2**) /rɪˈtɔːt/, *v. t.* ***1*** (*chim.*) distillare (*argillite petrolifera, ecc.*) in una storta ***2*** (*ind.*) sterilizzare (*alimenti in scatola, ecc.*) in autoclave.
retorted /rɪˈtɔːtɪd/, *a.* ritorto; piegato all'indietro.
retortion /rɪˈtɔːʃn/, *n.* ***1*** il ritorcere; il piegare all'indietro ***2*** il ricambiare (*un'offesa, ecc.*) ***3*** il rispondere per le rime ***4*** (*leg., polit.*) ritorsione; rappresaglia.
retouch /ˈriːtʌtʃ/, *n.* (*arte, fotogr.*) ritocco: **r. colours**, colori da ritocco.
to **retouch** /riːˈtʌtʃ/, *v. t.* (*arte, fotogr.*) ritoccare.
retoucher /riːˈtʌtʃə(r)/, *n.* (*arte, fotogr.*) ritoccatore.
to **retrace** (**1**) /rɪˈtreɪs/, *v. t.* riconsiderare; riandare a (*fig.*); tornar con la mente su; rievocare; ripercorrere (*fig.*): **to r. the history of one's life**, rievocare la storia della propria vita. ● (*anche fig.*) **to r. one's steps**, tornare sui propri passi; tornare indietro.
to **re-trace** (**2**) /riːˈtreɪs/, *v. t.* ritracciare (*una mappa, ecc.*); tracciare di nuovo.
to **retract** /rɪˈtrækt/, **A** *v. t.* ***1*** ritirare; tirare indietro; ritrarre: **After taking off, the pilot retracted the undercarriage**, dopo il decollo, il pilota ritirò il carrello; **The surgeon retracted the patient's skin**, il chirurgo tirò indietro la pelle del paziente ***2*** ritirare; ritrattare; revocare: **to r. a statement**, ritrattare una dichiarazione; **to r. an offer**, revocare un'offerta; **to r. a promise**, ritirare la parola data ***3*** (*fisiol.*) ritirare; contrarre. **B** *v. i.* ***1*** ritrarsi (*per la paura, ecc.*) ***2*** ritirarsi; contrarsi.
retractable /rɪˈtræktəbl/, *a.* ***1*** retrattile: (*aeron.*) **r. undercarriage**, carrello retrattile ***2*** ritrattabile; revocabile.
retractation /riːtrækˈteɪʃn/, *n.* ritrattazione; revoca (*di un'offerta, ecc.*).
retractile /rɪˈtræktaɪl, *USA* -tl/, *a.* (*specialm. zool.*) retrattile: **r. claws**, artigli retrattili.
retractility /riːtrækˈtɪlətɪ/, *n.* (*specialm. zool.*) retrattilità.
retraction /rɪˈtrækʃn/, *n.* ***1*** contrazione; ritrazione; ritiro ***2*** ritrattazione; revoca.
retractor /rɪˈtræktə(r)/, *n.* ***1*** (*anat.*) retrattore (*muscolo*); flessore ***2*** (*med.*) divaricatore (*strumento*).
to **retrain** /riːˈtreɪn/, **A** *v. t.* ***1*** riaddestrare, riqualificare (*personale, ecc.*) ***2*** riallenare (*atleti*) ***3*** rieducare (*un muscolo, ecc.*). **B** *v. i.* ***1*** riqualificarsi ***2*** riallenarsi.
retraining /riːˈtreɪnɪŋ/, *n.* ***1*** riaddestramento; riqualificazione ***2*** riallenamento.
retral /ˈriːtrəl/, *a.* (*scient.*) posteriore.
retransfer /riːˈtrænsfɜː(r)/, *n.* nuovo trasferimento.
to **retransfer** /riːˈtrænsfɜː(r)/, *v. t.* trasferire di nuovo.
to **retransform** /riːtrænsˈfɔːm/, *v. t.* ritrasformare; trasformare di nuovo.
to **retranslate** /riːtrænsˈleɪt, -z-, -ɑːn-/, *v. t.* ***1*** ritradurre; tradurre di nuovo ***2*** fare la retroversione di (*un passo, ecc.*).
retranslation /riːtrænsˈleɪʃn, -z-, -ɑːn-/, *n.* ***1*** nuova traduzione ***2*** retroversione (*dalla traduzione all'originale*).
retread /ˈriːtrɛd/, *n.* (*autom.*) pneumatico ricostruito.
to **retread** /riːˈtrɛd/, *v. t.* (*ind.*) ricostruire il battistrada di (*un pneumatico*).
retreading /riːˈtrɛdɪŋ/, *n.* (*ind.*) ricostruzione del battistrada (*di pneumatici*).
retreat /rɪˈtriːt/, *n.* ***1*** (*mil.*) ritirata: **to sound the r.**, suonare la ritirata ***2*** ritiro; luogo appartato; ricovero; rifugio: **a country r.**, un ritiro campestre ***3*** casa di cura; casa di riposo ***4*** (*geogr.*) ritiro (*di ghiacciai, ecc.*) ***5*** (*archit.*) rientro ***6*** (*relig.*) ritiro (spirituale): **to go into r.**, andare in ritiro. ● (*mil.*) **to beat a r.**, battere in ritirata (*anche fig.*) □ **full r.**, rotta: **The enemy was in full r.**, il nemico era in rotta □ **to intercept sb.'s r.**, tagliare la ritirata a q. □ **to make good one's r.**, ritirarsi senza perdite (*o* senza danno).
to **retreat** /rɪˈtriːt/, **A** *v. i.* ***1*** ritirarsi; indietreggiare; (*mil.*) ripiegare ***2*** (*fig.*: *in una discussione, ecc.*) cedere; recedere. **B** *v. t.* (*scacchi*) ritirare (*un pezzo in pericolo*).
retreating /rɪˈtriːtɪŋ/, *a.* ***1*** in ritirata; che ripiega: **a r. army**, un esercito in ritirata ***2*** rientrante; sfuggente: **a r. chin**, un mento sfuggente.
to **retrench** (**1**) /rɪˈtrentʃ/, **A** *v. t.* ***1*** limitare; ridurre; diminuire; decurtare: **to r. expenses**, limitare le spese; **to r. privileges**, ridurre i privilegi; **to r. sb.'s wages**, decurtare il salario di q. ***2*** omettere; tralasciare; tagliare: **to r. passages in a literary work**, omettere passi di un'opera letteraria ***3*** accorciare; fare tagli in: **to r. a book**, fare tagli in un libro. **B** *v. i.* fare economie; ridurre le spese.
to **retrench** (**2**) /rɪˈtrentʃ/, *v. t.* (*mil.*) fortificare (*una posizione*) con una seconda linea di difesa.
retrenchment (**1**) /rɪˈtrentʃmənt/, *n.* ***1*** riduzione; decurtazione; taglio (*fig.*) ***2*** riduzione delle spese; economia; risparmio ***3*** accorciamento; omissione; taglio (*in un libro, ecc.*). ● **a policy of economic r.**, una politica di restrizioni economiche.
retrenchment (**2**) /rɪˈtrentʃmənt/, *n.* (*mil.*) linea di difesa interna.
retrial /riːˈtraɪəl/, *n.* (*leg.*) nuovo processo.
retribution /rɛtrɪˈbjuːʃn/, *n.* (*form.*) castigo; punizione; pena: **to suffer a terrible r.**, subire un tremendo castigo. ● (*relig.*) **the day of r.**, il giorno del giudizio universale.
retributive /rɪˈtrɪbjʊtɪv/, *a.* punitivo; di castigo. ● **r. action**, azione di rappresaglia; azione punitiva. ‖ **-ly**, *avv.*
retributory /rɪˈtrɪbjʊtrɪ, *USA* -tɔːrɪ/, *V.* **retributive**.
retrievable /rɪˈtriːvəbl/, *a.* ***1*** recuperabile (*anche elab.*) ***2*** riparabile; rimediabile.
retrieval /rɪˈtriːvl/, *n.* ***1*** recupero, riacquisto (*di beni, ecc.*) ***2*** riparazione, rimedio (*a un errore*) ***3*** (*elab.*) reperimento; recupero: **r. system**, metodo di reperimento. ● **beyond** (*o* **past**) **r.**, irrecuperabile.
retrieve /rɪˈtriːv/, *V.* **retrieval**.
to **retrieve** /rɪˈtriːv/, **A** *v. t.* ***1*** recuperare; riacquistare; riprendere; ritrovare: **to r. one's losses**, recuperare le perdite; **to r. one's spirits**, riprendere coraggio ***2*** riparare; correggere ***3*** salvare: **to r. sb. from disaster**, salvare q. da un disastro ***4*** richiamare alla mente ***5*** (*di cani da caccia*) riportare (*la selvaggina*) ***6*** (*elab.*) reperire; recuperare, rintracciare (*dati, ecc.*). **B** *v. i.* (*di cani*) riportare; rintracciare e riportare la selvaggina. ● (*fig.*) **to r. one's fortunes**, tornare in auge; rifarsi (*di una perdita, ecc.*).
retriever /rɪˈtriːvə(r)/, *n.* (*caccia*) cane da riporto. ● **That dog is a good r.**, quel cane è bravo a riportare.
retro (**1**) /ˈretrəʊ/, *n.* (*miss., abbr. di* **retrorocket**) retrorazzo; razzo frenante.

retro (2) /'rɛtrəʊ/, *a.* retro; passatista: **r. fashion**, moda retro.

to **retroact** /rɛtrəʊ'ækt/, *v. i.* ***1*** reagire ***2*** agire in senso contrario ***3*** (*leg.*) essere retroattivo; avere effetto retroattivo.

retroaction /rɛtrəʊ'ækʃn/, *n.* ***1*** reazione ***2*** (*tecn.*) retroazione positiva ***3*** (*ling.*) retroazione.

retroactive /rɛtrəʊ'æktɪv/, *a.* retroattivo: **a r. law**, una legge retroattiva. ● **r. pay**, arretrati (di stipendio). || **-ly**, *avv.*

retroactivity /rɛtrəʊæk'tɪvətɪ/, *n.* (*leg.*) retroattività.

to **retrocede** (1) /rɛtrəʊ'siːd/, *v. i.* retrocedere; arretrare; indietreggiare.

to **retrocede** (2) /rɛtrəʊ'siːd/, *v. t.* cedere di nuovo, restituire (*un territorio già occupato*).

retrocedence /rɛtrəʊ'siːdəns/, *n.* retrocessione; indietreggiamento.

retrocedent /rɛtrəʊ'siːdənt/, *a.* che retrocede; che indietreggia.

retrocession (1) /rɛtrəʊ'sɛʃn/, *n.* retrocessione; indietreggiamento.

retrocession (2) /rɛtrəʊ'sɛʃn/, *n.* restituzione (*di un territorio*).

retrochoir /rɛtrəʊkwaɪə(r)/, *n.* (*archit.*) coro dietro l'altare maggiore.

retro-engine /rɛtrəʊ'ɛndʒɪn/, *n.* (*miss.*) retromotore.

retrofire /rɛtrəʊ'faɪə(r)/, *n.* (*miss.*) accensione di un retrorazzo (*o* dei retrorazzi). ● **r. time**, tempo d'accensione dei retrorazzi.

to **retrofire** /rɛtrəʊ'faɪə(r)/, (*miss.*) **A** *v. i.* (*di retrorazzo, ecc.*) accendersi. **B** *v. t.* accendere i retrorazzi di (*un'astronave, ecc.*).

retroflection /rɛtrəʊ'flɛkʃn/, *V.* **retroflexion**.

retroflex(ed) /'rɛtrəʊflɛks(t)/, *a.* (*scient., fon.*) retroflesso.

retroflexion /rɛtrəʊ'flɛkʃn/, *n.* ***1*** (*scient., fon.*) retroflessione ***2*** (*med.*) retroflessione uterina.

retrogradation /rɛtrəʊgrə'deɪʃn/, *n.* ***1*** (*specialm. astron.*) retrogradazione; moto retrogrado ***2*** (*chim.*) retrogradazione ***3*** (*form.*) retrogressione; regressione; regresso; decadimento.

retrograde /'rɛtrəʊgreɪd/, *a.* ***1*** (*specialm. astron.* e *chim.*) retrogrado: **r. motion**, moto retrogrado; **r. evaporation**, evaporazione retrograda ***2*** (*polit.*) retrogrado; reazionario: **r. ideas**, idee retrograde ***3*** contrario; inverso: **in r. order**, in ordine inverso. ● (*psic.*) **r. amnesia**, amnesia retrograda.

to **retrograde** /'rɛtrəʊgreɪd/, *v. i.* ***1*** (*specialm. astron.*) retrogradare; aver moto retrogrado ***2*** regredire; decadere; peggiorare.

to **retrogress** /rɛtrəʊ'grɛs/, *v. i.* (*anche med.* e *psic.*) regredire.

retrogression /rɛtrəʊ'grɛʃn/, *n.* ***1*** (*specialm. astron.*) retrogradazione; moto retrogrado ***2*** (*meteor.*) retrogressione ***3*** regressione (*anche med. e psic.*); regresso.

retrogressive /rɛtrəʊ'grɛsɪv/, *a.* regressivo; degenerativo. || **-ly**, *avv.*

retropack /'rɛtrəʊpæk/, *n.* (*miss.*) gruppo di retrorazzi.

retropulsion /rɛtrəʊ'pʌlʃn/, *n.* (*med.*) retropulsione (*del feto*).

retrorocket /'rɛtrəʊrɒkɪt/, *n.* (*miss.*) retrorazzo.

retrorse /rɪ'trɔːs/, *a.* (*biol.*) retrorso.

retrospect /'rɛtrəʊspɛkt/, *n.* sguardo (*o* esame) retrospettivo; visione retrospettiva: **A short r. is now necessary**, è ora necessario un breve esame retrospettivo. ● **in r.**, riandando al passato; in retrospettiva (*fam.*).

retrospection /rɛtrəʊ'spɛkʃn/, *n.* retrospezione; sguardo (*o* esame) retrospettivo; abitudine (*o* facoltà) di riandare le cose passate.

retrospective /rɛtrəʊ'spɛktɪv/, **A** *a.* ***1*** retrospettivo ***2*** (*leg.*) retroattivo: **a r. law**, una legge retroattiva. **B** *n.* (*arte, mus., ecc.*) retrospettiva. || **-ly**, *avv.* || **-ness**, *sost.*

retrostalsis /rɛtrəʊ'stælsɪs/, *n.* (*pl.* **retrostalses**) (*fisiol.*) antiperistalsi.

retroussé /rə'truːseɪ, *USA* rɛtru'seɪ/ (*franc.*), *a.* (*di naso*) (rivolto) all'insù.

retroversion /rɛtrəʊ'vɜːʃn/, *n.* (*anche med.*) retroversione: **r. of the uterus**, retroversione dell'utero (*o* uterina).

retroverted /'rɛtrəʊvɜːtɪd/, *a.* (*med.*) retroverso.

retrovirus /'rɛtrəʊvaɪərəs/, *n.* (*biol.*) retrovirus.

to **retry** /riː'traɪ/, *v. t.* ***1*** riprovare; ritentare; provare di nuovo ***2*** (*leg.*) processare (q.) di nuovo ***3*** (*leg.*) discutere di nuovo (*una causa*).

rettery /'rɛtərɪ/, *n.* (*ind. tess.*) macero; maceratoio.

retting /'rɛtɪŋ/, *n.* (*ind. tess.*) macerazione.

return /rɪ'tɜːn/, **A** *n.* ***1*** ritorno; viaggio di ritorno: **on my r.**, al mio ritorno; **a r. to power**, un ritorno al potere; **the r. of summer**, il ritorno dell'estate ***2*** contraccambio; cambio; restituzione; compenso; ricompensa: **in r. for**, in cambio di; in compenso di; **That was a poor r. for our kindness**, fu una magra ricompensa per le nostre gentilezze; **I must ask for the r. of the loan**, devo chiedere la restituzione del prestito ***3*** (*fin., rag.*) rendimento; profitto; ricavo; guadagno; provento; incasso: **He got a good cash r. from his novels**, ricavò un buon provento finanziario dai suoi romanzi; **box-office returns**, incassi di botteghino; **the r. on capital**, il profitto (*o* il frutto, il reddito) del capitale (*investito*); (*econ.*) **the law of diminishing returns**, la legge dei rendimenti decrescenti; **returns to scale**, rendimento di scala (*di un'azienda*) ***4*** dichiarazione; (*leg.*) relazione; (*in particolare*) relazione di notifica, rapporto; (*comm.*) prospetto, rendiconto: **bank returns**, prospetti della situazione bancaria (*estratti conto, ecc.*) ***5*** (*pl.*) (*polit., stat.*) risultato: **the census returns**, i risultati del censimento; **the election returns**, i risultati delle elezioni ***6*** (*polit.*) rielezione: **He secured his r. for Colchester**, si assicurò la rielezione per il collegio di Colchester ***7*** (= **r. ticket**) biglietto d'andata e ritorno: **He took a first-class r. to London**, prese un biglietto d'andata e ritorno in prima classe per Londra ***8*** (*pl.*) resa (*all'editore: di libri invenduti*) ***9*** (*elab.*) rinvio alla sequenza principale ***10*** (*tennis, cricket*) ribattuta; rimando ***11*** (*ferr., ecc.*) andata e ritorno: **The price is £ 2 r.**, costa due sterline andata e ritorno ***12*** (*comm.*) merce restituita (*o* respinta) ***13*** (*fam., fisc.*; *di solito*, **tax r.**) dichiarazione dei redditi ***14*** (*pl.*) tabacco dolce da pipa. **B** *a.* ***1*** di ritorno: **r. journey**, viaggio di ritorno ***2*** di andata e ritorno: **r. trip**, viaggio d'andata e ritorno ***3*** (*sport*) di ritorno ***4*** (*sport*) di rimando; di rinvio ***5*** (*elettr., mecc.*) di ritorno: **r. idler**, puleggia folle di ritorno; **r. wire**, filo di ritorno. ● **r. address**, indirizzo del mittente □ (*archit.*) **r. angle**, angolo di ritorno □ (*tecn.*) **r. bend**, curva a 180 gradi (*per tubature*) □ **r. half**, tagliando per il ritorno □ (*di macchina da scrivere*) **r. key**, tasto di ritorno □ (*sport*) **r. match** (*o* **game**), rivincita; partita di ritorno □ (*fin.*) **r. of income**, denuncia dei redditi □ (*mecc.*) **r. of a piston**, (corsa di) ritorno d'un pistone □ (*ass.*) **the r. of premium**, la restituzione del premio □ (*fisc.*) **the r. of taxes**, il rimborso delle imposte (*pagate in eccesso*) □ (*rag.*) **r. on equity** (*abbr.* **R.O.E.**), rendimento del capitale netto □ (*rag.*) **r. on investment** (*abbr.* **R.O.I.**), rendimento (*o* utile) del capitale investito □ (*archit.*) **r. side**, parte rientrante □ (*mecc.*) **r. spring**, molla di richiamo □ **r. visit**, visita di ricambio; nuova visita (*di un ladro in casa, ecc.*) □ **r. voyage**, viaggio di ritorno (*per mare*) □ (*edil.*) **r. wall**. muro di risvolto (*o* d'accompagnamento) □ (*elettr.*) **r. wire**, filo di ritorno □ **by r. of mail** (*o* **of post**), a volta di corriere; a giro di posta □ (*ferr.*) **day r.**, biglietto di andata e ritorno, valido per un giorno □ (*di contenitore*) **no r.**, a perdere □ (*comm.: di merce*) **on sale or r.**, da vendere o restituire; in conto deposito □ **Many happy returns (of the day)!**, cento di questi giorni!

to **return** /rɪ'tɜːn/, **A** *v. i.* ***1*** ritornare; tornare: **Let's r. home**, torniamo a casa!; **Let's r. to the subject**, torniamo all'argomento!; torniamo a bomba! (*fam.*); **The estate has returned to the original owner**, la proprietà è ritornata nelle mani del primo padrone ***2*** replicare; ribattere; rispondere: **«I won't come», he returned**, «io non ci vengo», rispose. **B** *v. t.* ***1*** rendere; restituire; ridare; ritornare (*improprio*); ricambiare; rimandare, rinviare, rispedire, respingere: **to r. a blow**, rendere (*o* restituire) un colpo; (*fin.*) **to r. a loan**, restituire un prestito; pagare un mutuo; **How much did your investment r.?**, quanto ti ha reso il tuo investimento?; **to r. a borrowed book [a visit]**, restituire un libro preso a prestito [una visita]; **to r. love [greetings]**, ricambiare l'affetto [i saluti]; **In case of non-delivery, please r. to the sender**, in caso di mancata consegna, si prega di respingere al mittente ***2*** rimettere; gettar di nuovo: **He returned the knife to his pocket**, si rimise in tasca il coltello; **Small fish must be returned to the water**, i pesci piccoli devono essere rimessi in acqua ***3*** (*anche leg.*) dichiarare (ufficialmente); giudicare; emettere (*una sentenza, un verdetto*): **He was returned guilty [unfit for work]**, fu dichiarato colpevole [inabile al lavoro] ***4*** (*fisc.*) dichiarare; fare una denuncia di: **to r. all the sources of one's income**, fare una denuncia di tutti i cespiti del proprio reddito ***5*** (*polit.*) eleggere; mandare: **Each constituency returns a member to Parliament**, ogni collegio elettorale manda un deputato in Parlamento (*in G.B.*) ***6*** (*fin.*) dare (*un utile*); rendere (*un interesse*) ***7*** (*sport*) rimandare, restituire (*la palla*); (*tennis*) ribattere; (*pallavolo*) rilanciare ***8*** (*a carte*) rispondere a: **My partner returned hearts**, il mio compagno rispose a cuori. ● **to r. an answer**, dare una risposta □ (*telef.*) **to r. sb.'s call**, richiamare q. (*che ci ha telefonato*) □ (*mil.*) **to r. fire**, rispondere al fuoco □ **to r. goods of poor quality**, respingere merci di qualità scadente □ **to r. land to forest**, riafforestare un terreno □ **to r. like for like**, rendere la pariglia; rendere pan per focaccia □ (*leg.*) **to r. a list of jurors**, comunicare ufficialmente un elenco di giurati □ (*fin.*) **to r. a profit**, dar (un) frutto; fruttare □ **to r. thanks**, ringraziare (*in un brindisi, ecc.*); (*specialm.*) rendere grazia (*o* grazie) a Dio (*nella preghiera prima del pasto*) □ (*banca*) **to r. to the black**, tornare in nero (*o* in attivo) □ (*leg.*) **to r. a verdict**, emettere un verdetto □ (*comm.*) **returned empties**, vuoti di ritorno □ **returned soldier**, reduce □ **Empties to be returned**, vuoti a rendere □ (*Bibbia*) **Unto dust shalt thou r.**, polvere sei e polvere ritornerai.

returnable /rɪ'tɜːnəbl/, **A** *a.* ***1*** restituibile ***2*** da rendere; da restituire ***3*** (*polit.*) eleggibile. **B** *n.* (*USA*) recipiente (*o* contenitore) a rendere. ● **r. bottle**, vuoto a rendere □ (*comm.*) **non-r.**, (*di contenitore*) a perdere.

returning /rɪ'tɜːnɪŋ/, *a.* ***1*** che ritorna; (*di persona*) di ritorno ***2*** ricorrente. ● (*polit.*) **r. officer**, presidente di seggio elettorale.

retuse /rɪ'tjuːs, *USA* -'tuːs/, *a.* (*bot.*) retuso; intaccato.

reunion /riː'juːnɪən/, *n.* ***1*** riunione; adunanza ***2*** ricongiungimento; rimpatriata (*fig.*) ***3*** (*fig.*) riconciliazione. ● **a college r.**, una riunione di ex studenti (*della stessa università*).

reunionism /riː'juːnɪənɪzəm/, *n.* movimento in favore della riunione della Chiesa cattolica e di quella d'Inghilterra.

reunionist /riː'juːnɪənɪst/, *n.* fautore della riunione della Chiesa cattolica e di quella d'Inghilterra.

to **reunite** /riːjuː'naɪt/, *v. t.* e *i.* ***1*** riunire, riunirsi ***2*** riconciliare; riconciliarsi.

re-upholstery /riːʌp'həʊlstərɪ/, *n.* (lavori di)

rinnovo della tappezzeria.
reusability /riːjuːzəˈbɪlətɪ/, *n.* l'essere riusabile (*o* rigenerabile).
reusable /riːˈjuːzəbl/, *a.* usabile di nuovo; riusabile; rigenerabile.
to **reuse** /riːˈjuːz/, *v. t.* riusare; rigenerare.
reutilization /riːjuːtəlaɪˈzeɪʃn, *USA* -lɪˈz-/, *n.* riutilizzazione.
to **reutilize** /riːˈjuːtəlaɪz/, *v. t.* riutilizzare.
rev /rɛv/, *n.* (*mecc.*: *abbr. fam. di* **revolution**) giro (*del motore*): **The engine is on high [low] revs**, il motore è su [giù] di giri.
to **rev** /rɛv/, (*fam., spesso* **to rev up**) **A** *v. t.* **1** (*mecc.*) mandare su di giri (*il motore*) **2** (*fig.*) accelerare, aumentare (*la produzione, ecc.*) **3** (*USA*) infiammare; entusiasmare. **B** *v. i.* (*mecc.*: *del motore*) andare su di giri.
Rev /rɛv/, *n.* **1** (*pop.*) reverendo; prete; sacerdote **2** (*seguito dal nome*) Reverendo: **the Rev. G. Clark**, il Reverendo G. Clark.
to **revaccinate** /riːˈvæksɪneɪt/, *v. t.* (*med.*) rivaccinare.
revaccination /riːvæksɪˈneɪʃn/, *n.* (*med.*) rivaccinazione.
revalorization /riːvæləraɪˈzeɪʃn, *USA* -rɪˈz-/, *n.* (*fin., econ.*) rivalorizzazione; rivalutazione: **the r. of currency**, la rivalutazione della moneta.
to **revalorize** /riːˈvæləraɪz/, *v. t.* (*fin., econ.*) rivalorizzare; rivalutare: **to r. the assets on a balance sheet**, rivalutare le attività di bilancio.
revaluation /riːvæljuːˈeɪʃn/, *n.* **1** rivalutazione; nuova valutazione: **the r. of an estate**, la rivalutazione di una proprietà; **the r. of primitive painting**, la rivalutazione della pittura dei primitivi **2** (*econ., fin.*) rivalutazione: **the r. of the lira in terms of the dollar**, la rivalutazione della lira sul dollaro; **the r. of assets**, la rivalutazione delle attività..
to **revalue** /riːˈvæljuː/, *v. t.* **1** rivalutare; valutare di nuovo **2** (*econ., fin.*) rivalutare: **to r. the dollar**, rivalutare il dollaro.
to **revamp** /riːˈvæmp/, *v. t.* **1** rifare la tomaia a (*una scarpa*) **2** (*fig. fam.*) risistemare (*una vecchia automobile, ecc.*); riorganizzare (*un'azienda, ecc.*); rimodernare (*una casa*); rinnovare (*un romanzo, una commedia, ecc.*).
revanchism /rɪˈvæntʃɪzəm/, *n.* (*polit.*) revanscismo.
revanchist /rɪˈvæntʃɪst/, (*polit.*) **A** *n.* revanscista. **B** *a.* revanscistico.
revascularization /riːvæskjʊləraɪˈzeɪʃn, *USA* -rɪˈz-/, *n.* (*med.*) rivascolarizzazione.
reveal /rɪˈviːl/, *n.* (*archit.*) mazzetta (*di porta o finestra*).
to **reveal** /rɪˈviːl/, **A** *v. t.* rivelare; svelare; manifestare; palesare: **to r. one's identity**, rivelare il proprio nome; **to r. a secret**, svelare un segreto. **B** to **reveal oneself**, *v. rifl.* rivelarsi; mostrarsi; apparire. ● **revealed religion**, religione rivelata.
revealable /rɪˈviːləbl/, *a.* rivelabile; svelabile.
revealer /rɪˈviːlə(r)/, *n.* rivelatore, rivelatrice.
revealing /rɪˈviːlɪŋ/, *a.* **1** rivelatore; sintomatico (*fig.*); significativo: **a r. tic**, un tic sintomatico; **a r. remark**, un'osservazione significativa **2** (*d'abito, ecc.*) che rivela (*o* che fa intravedere) le forme (del corpo); trasparente.
reveille /rɪˈvælɪ, *USA* ˈrɛvəlɪ/, *n.* (*mil.*) sveglia: **to sound the r.**, suonare la sveglia. ● (*mil.*) **r. gun**, cannone del mattino.
revel /ˈrɛvl/, *n.* (*spesso al pl.*) festa; festeggiamento; baldoria; gozzoviglia. ● (*stor.*) **Master of the Revels**, Maestro (incaricato) dei festeggiamenti (*o* delle feste: *a Corte*).
to **revel** /ˈrɛvl/, *v. i.* (*arc.* o *scherz.*) divertirsi; far festa; far baldoria; far bagordi; gozzovigliare. ● **to r. away one's money [time]**, sciupare il denaro [il tempo] in bagordi (*o* in gozzoviglie) □ **to r. in**, dilettarsi di; trovar diletto in: **He revels in sports**, si diletta di sport.
revelation /rɛvəˈleɪʃn/, *n.* **1** (*specialm. relig.*) rivelazione: **It was a r. to me**, per me fu una rivelazione **2** – **R.** (*o* **Revelations**), l'Apocalisse. ● **What a r.!**, che portento!
revelational /rɛvɪˈleɪʃənl/, *a.* (*relig.*) della rivelazione.
revelationist /rɛvɪˈleɪʃənɪst/, *n.* (*relig.*) chi crede nella rivelazione divina. ● **the R.**, l'autore dell'Apocalisse; San Giovanni.
reveller /ˈrɛvələ(r)/, *n.* festaiolo; gozzovigliatore; crapulone.
revelling /ˈrɛvəlɪŋ/, *V.* **revelry**.
revelry /ˈrɛvlrɪ/, *n.* festeggiamento; baldoria; crapula; gozzoviglia.
revendication /rɪvɛndɪˈkeɪʃn/, *n.* (*leg., polit.*) rivendicazione.
revenge /rɪˈvɛndʒ/, *n.* **1** vendetta: **to take r. on sb.**, far vendetta su q.; **He did it in** (*o* **out of**) **r.**, lo fece per vendetta **2** desiderio di vendetta; spirito vendicativo **3** (*al gioco*) rivincita: **to give sb. his r.**, dar la rivincita a q. ● **to have one's r.**, prendersi la rivincita.
to **revenge** /rɪˈvɛndʒ/, **A** *v. t.* vendicare; vendicarsi di: **to r. an injustice**, vendicarsi di un'ingiustizia; **to r. one's father**, vendicare il proprio padre; **to r. an offence [an insult]**, vendicare un'offesa [vendicarsi di un'ingiuria]. **B** to **revenge oneself**, *v. rifl.* vendicarsi. ● **to r. on sb.**, vendicarsi di q. □ **to be revenged on sb. for st.**, vendicarsi di q. per q.c.
revengeful /rɪˈvɛndʒfl/, *a.* vendicativo. || **-ly**, *avv.* || **-ness**, *sost.*
revenger /rɪˈvɛndʒə(r)/, *n.* vendicatore, vendicatrice.
revenue /ˈrɛvənjuː, *USA* -ənuː/, **A** *n.* **1** (*fin.*) entrata; reddito; rendita; ricavo: **the balance between costs and revenues**, l'equilibrio fra costi e ricavi **2** (*in G.B.*, = **Inland R.**) erario; fisco **3** (*pl.*) entrate dello Stato; introiti erariali (*o* fiscali). **B** *a. attr.* fiscale; tributario; erariale: **r. claim**, credito fiscale; **r. duties**, dazi fiscali; diritti erariali; **r. receipts**, entrate erariali; (*dog.*) **r. tariffs**, tariffe fiscali (*e non protettive*); **r. tax**, imposta erariale (*o* fiscale). ● (*rag.*) **r. account**, conto economico □ (*leg.*) **r. act**, legge fiscale □ (*rag.*) **revenues and expenditures**, entrate e spese □ (*fin.*) **r.-bearing**, produttivo di reddito □ (*leg.*) **r. case**, controversia tributaria □ (*naut.*) **r. cutter**, lancia della finanza; guardacoste □ (*fin., rag.*) **r. expenditure**, spese d'esercizio □ (*fisc.*) **the r. from taxation**, il gettito tributario □ **r. inspector**, ispettore della finanza □ (*rag.*) **r. reserve**, riserve disponibili □ **r. stamp**, marca da bollo.
reverberant /rɪˈvɜːbərənt/, *a.* (*poet.*) **1** riverberante; che riverbera **2** riecheggiante; rimbombante; risonante.
to **reverberate** /rɪˈvɜːbəreɪt/, **A** *v. i.* **1** riverberare, riverberarsi **2** riecheggiare; rimbombare; risuonare: **We heard their calls reverberating in the cellar**, udimmo le loro grida riecheggiare nella cantina. **B** *v. t.* **1** far riverberare **2** far rimbombare; far risuonare. ● (*ind.*) **reverberating furnace**, forno a riverbero.
reverberation /rɪvɜːbəˈreɪʃn/, *n.* **1** (*acustica*) riverberazione; riverbero **2** (*pl.*) eco (*anche fig.*); risonanza: **His act was followed by reverberations throughout the world**, la sua azione ha avuto risonanza in tutto il mondo.
reverberative /rɪˈvɜːbərətɪv/, *a.* (*poet.*) **1** riverberante **2** riecheggiante; risonante.
reverberator /rɪˈvɜːbəreɪtə(r)/, *n.* **1** lampada a riverbero **2** (*ind.*) forno a riverbero.
reverberatory /rɪˈvɜːbərətrɪ, -əreɪ-, *USA* -rətɔːrɪ/, **A** *a.* (*fis., ind.*) a riverbero; di riverbero: **r. furnace**, forno a riverbero. **B** *n.* forno a riverbero.
to **revere** /rɪˈvɪə(r)/, *v. t.* (*form.*) riverire; onorare; venerare: **a poet revered by all**, un poeta onorato da tutti.
reverence /ˈrɛvərəns/, *n.* **1** riverenza; gran rispetto; venerazione: **to hold sb. [st.] in r.**, avere un gran rispetto per q. [per q.c.]; **to feel r. for sb.**, sentire (*o* nutrire) riverenza per q. **2** (*arc.*) riverenza; inchino **3** – (*relig.*) **R.**, Reverendo (*talora usato per i preti cattolici; preceduto da un agg. poss.*): **Your R.!**, Reverendo!; **His R.**, il Reverendo. ● **to pay r. to sb.**, riverire q.; onorare q.
to **reverence** /ˈrɛvərəns/, *v. t.* (*raro*) riverire; onorare; venerare.
reverend /ˈrɛvərənd/, **A** *a.* **1** reverendo; venerabile **2** del clero: **r. utterances**, dichiarazioni del clero. **B** *n.* reverendo; sacerdote. ● **the r. gentleman**, il reverendo; il ministro del culto di cui si parla □ **The Rev. Peter Miles**, il reverendo pastore Peter Miles □ (*vocat.*) **r. sir**, reverendo (*a un ministro del culto anglicano o protestante*) □ (*d'arcivescovo*) **most r.**, reverendissimo □ (*di vescovo*) **right r.**, molto reverendo □ (*di decano*) **very r.**, molto reverendo.
reverent /ˈrɛvərənt/, *a.* riverente, reverente.
reverential /rɛvəˈrɛnʃl/, *a.* reverenziale, riverenziale; riverente: **r. fear**, timore reverenziale. || **-ly**, *avv.*
reverie /ˈrɛvərɪ/, *n.* fantasticheria; sogno a occhi aperti: **to be lost in r.**, essere assorto in fantasticherie; fantasticare.
revers /rɪˈvɪə(r)/ (*franc.*), *n.* (*invar. al pl.*) revers, risvolto (*d'abito o soprabito*).
reversal /rɪˈvɜːsl/, *n.* **1** rovesciamento, capovolgimento, inversione (*anche fig.*): **the r. of a trend**, l'inversione di una tendenza; **the r. of the present economic trend**, il rovesciamento del ciclo congiunturale **2** (*anche econ., fin.*) rovescio; disastro **3** (*leg.*) revoca, annullamento (*di una sentenza*: *per ragioni di diritto*; *cfr.* **recall**) **4** (*rag.*) storno: **the r. of entries**, lo storno di scritture; **in r.**, a storno; **entry in r.**, scrittura di storno.
reverse /rɪˈvɜːs/, **A** *a.* inverso; contrario; opposto; invertito; a rovescio; rovesciato: **the r. side of a coin**, il lato opposto (*o* il rovescio) d'una moneta; (*geol.*) **r. fault**, faglia inversa; **in r. order**, in ordine inverso; a rovescio; facendosi dal fondo; **in the r. direction**, nella direzione opposta; (*elettr.*) **r. current**, corrente inversa; (*mecc.*) **r. rotation**, rotazione invertita; **a r. «T»**, una «T» rovesciata; **r. discrimination**, discriminazione a rovescio. **B** *n.* **1** rovescio; contrario; opposto: **Quite the r.!**, proprio il contrario!; **the r. of the medal**, il rovescio della medaglia; **The r. (of this) happened**, accadde il contrario **2** rovescio (di fortuna); sfortuna; disgrazia; disfatta; sconfitta: **They suffered a r.**, subirono un rovescio **3** (*mecc.*) marcia indietro; retromarcia: **The car was in r.**, l'automobile era in retromarcia. ● (*elettron.*) **r. bias**, polarizzazione inversa □ (*telef.*) **r.-charge call**, telefonata a carico della persona chiamata □ (*mil.*) **r. fire**, fuoco sulla retroguardia; fuoco alle spalle □ (*autom., mecc.*) **r. gear**, marcia indietro; retromarcia □ (*elettr.*) **r. key**, tasto d'inversione □ (*mecc.*) **r. motion**, marcia indietro; retromarcia □ (*grafica*) **r. process**, inversione □ (*USA*) **r. racism**, razzismo a rovescio (*contro i bianchi*) □ (*fin.*) **r. takeover**, acquisizione di controllo inversa (*di una grande società da parte di una piccola*) □ (*market.*) **r. vending**, vendita (*di bevande*) con contenitori da restituire infilandoli nel distributore (*che, in compenso, emette buoni o moneta*) □ (*autom.*) **to go in r.**, andare in retromarcia □ (*autom.*) **to put the car into r.**, mettere l'auto in retromarcia; mettere la retromarcia □ (*autom.*) **to swing the car into r.**, mettere (*o* sbattere dentro) la retromarcia □ (*fig.*) **to swing st. into r.**, rovesciare q.c. (*una tendenza, ecc.*).
to **reverse** /rɪˈvɜːs/, **A** *v. t.* **1** invertire; rovesciare; capovolgere; rivoltare: **to r. the order**, invertire l'ordine; (*elettr.*) **to r. the current**, invertire la corrente; **to r. a cup [a glass]**, capovolgere una tazza [un bicchiere]; **to r. a coat**, rivoltare una giacca; **to r. one's policy**, invertire la linea (politica, ecc.) **2** (*mecc.*) invertire il movimento di; far andare in senso contrario: **to r. machinery**, invertire il movimento d'un macchinario **3** (*leg.*) riformare; cassare; revocare (*una sentenza*: *per ragioni di diritto*; *cfr.* **to recall**): **The judges of the**

higher court reversed the judgement, i giudici del tribunale superiore riformarono la sentenza *4* (*autom.*) far fare la retromarcia a (*un veicolo*) *5* (*telef.*) addebitare al destinatario. **B** *v. i.* *1* (*specialm. nelle danze*) girare in senso inverso *2* invertire il movimento *3* (*mecc., autom.*) ingranare la retromarcia *4* (*autom.*) fare retromarcia: **to r. into the garage**, entrare in garage a retromarcia. ● (*telef.*) **to r. the charges**, fare una telefonata con addebito alla persona chiamata □ (*autom.*) **to r. on the carriageways**, fare la manovra a U (*o* invertire la marcia) in autostrada (*è proibito*) □ (*mil.*) **R. arms!**, rovesciat'arm!

reverser /rɪˈvɜːsə(r)/, *n.* (*elettr.*) inversore.

reversibility /rɪˈvɜːsəbɪlətɪ/, *n.* *1* invertibilità; reversibilità *2* (*leg.*) revocabilità *3* (*chim., leg.*) reversibilità.

reversible /rɪˈvɜːsəbl/, *a.* *1* invertibile; rovesciabile; rivoltabile *2* (*di stoffa, capo di vestiario, ecc.*) reversibile; a due diritti; double-face: **a r. raincoat**, un impermeabile double-face *3* (*leg.*) cassabile; revocabile *4* (*chim., fis., leg.*) reversibile. ● (*elettr.*) **r. booster**, survoltore-devoltore □ (*elab.*) **r. counter**, contatore reversibile □ (*autom., mecc.*) **r. steering gear**, sterzo reversibile.

reversing /rɪˈvɜːsɪŋ/, *a.* *1* (*scient., tecn.*) che inverte; invertente *2* (*elettr., metall.*) reversibile *3* (*autom.*) in retromarcia. ● (*mecc.*) **r. gear**, invertitore di marcia □ (*autom.*) **r. light**, luce (*o* fanale posteriore) della retromarcia.

reversion /rɪˈvɜːʃn, *USA* -ʒn/, *n.* *1* (*leg.*) reversione *2* (*leg.*) beni reversibili; proprietà reversibile *3* (*ass.*) capitale assicurato (*da pagarsi in caso di morte*) *4* (*biol.*) reversione; regressione *5* ritorno (*a una credenza, a un costume, ecc.*) *6* (*chim.*) ritorno allo stato precedente.

reversional /rɪˈvɜːʃənl, *USA* -ʒənl/, *a.* (*leg.*) reversibile; di reversione. || **-ly**, *avv.*

reversionary /rɪˈvɜːʃənrɪ, *USA* -ʒənerɪ/, *a.* *1* (*leg., chim.*) reversibile: **r. annuity**, pensione reversibile *2* (*biol.*) atavico; regressivo *3* che segna un ritorno (*a una credenza, a costumi, ecc.*).

reversioner /rɪˈvɜːʃnə(r), *USA* -ʒnə(r)/, *n.* (*leg.*) titolare del diritto di reversione (*cfr.* **remainderman**).

revert /rɪˈvɜːt/, *n.* (*relig.*) chi torna alla fede primitiva; riconvertito.

to **revert** /rɪˈvɜːt/, *v. i.* *1* (*leg.*) andare (*o* spettare) (*a q.*) per reversione *2* (*biol.*) regredire *3* tornare; ritornare: **reverting to my original assumption...**, tornando al mio primo assunto...; **The fields have reverted to a desert waste**, i campi (*già coltivati*) sono tornati allo stato di una distesa desertica.

revertant /rɪˈvɜːtənt/, *a.* e *n.* (*biol.*) (individuo) che ha subito una reversione.

reverter /rɪˈvɜːtə(r)/, *n.* (*leg.*) *1* reversione *2* proprietà reversibile; beni reversibili *3* diritto di reversione.

revertible /rɪˈvɜːtəbl/, *a.* (*leg.*) reversibile.

revery /ˈrɛvərɪ/, *V.* **reverie**.

to **revet** /rɪˈvɛt/, *v. t.* (*archit., mil.*) rivestire, rinforzare (*un muro, un bastione*).

revetment /rɪˈvɛtmənt/, *n.* (*archit., mil.*) *1* rivestimento (*di rinforzo*) *2* muro di sostegno; contrafforte.

to **revictual** /riːˈvɪtl/, *v. t.* e *i.* rifornire, rifornirsi di viveri.

review /rɪˈvjuː/, *n.* *1* rivista; rassegna; parata: **to pass soldiers in r.**, passare in rivista soldati *2* esame; sguardo retrospettivo; rassegna: **to pass one's career in r.**, dare uno sguardo retrospettivo alla propria carriera *3* rivista; pubblicazione periodica; periodico: **a scientific r.**, una rivista scientifica *4* recensione (*d'un libro, d'un dramma, ecc.*); critica *5* (*leg.*) revisione; riesame *6* (*USA*) ripasso (*delle lezioni*) *7* (*teatr.*) *V.* **revue.** ● **r. copy**, copia (*di un libro, ecc.*) per recensione □ (*mil.*) **r. order**, alta uniforme; divisa da parata □ (*di un problema, di un libro, ecc.*) **to come under r.**, esser preso in esame; esser fatto oggetto di critiche.

to **review** /rɪˈvjuː/, **A** *v. t.* *1* rivedere; riesaminare; riandare a; dare uno sguardo retrospettivo a; passare in rassegna (*il passato, ecc.*) *2* (*mil.*) passare in rivista; passare in rassegna *3* recensire, fare la recensione di (*un libro, ecc.*) *4* (*leg.*) riesaminare; sottoporre a revisione *5* (*USA*) *V.* **to revise**, *def. 3*. **B** *v. i.* fare il recensore; fare il critico (*letterario, ecc.*).

reviewable /rɪˈvjuːəbl/, *a.* *1* rivedibile; riesaminabile *2* (*di libro e sim.*) recensibile *3* (*leg.*) che si può sottoporre a revisione; riesaminabile.

reviewal /rɪˈvjʊəl/, *n.* *1* recensione; critica *2* (*leg.*) revisione; riesame.

reviewer /rɪˈvjuːə(r)/, *n.* recensore; critico.

to **revile** /rɪˈvaɪl/, **A** *v. t.* (*form.*) ingiuriare; insultare; oltraggiare; svillaneggiare; vituperare. **B** *v. i.* lanciare ingiurie (*o* insulti).

reviler /rɪˈvaɪlə(r)/, *n.* (*form.*) chi ingiuria; chi insulta; oltraggiatore.

reviling /rɪˈvaɪlɪŋ/, (*form.*) **A** *n.* ingiurie; insulti; oltraggi; vituperi. **B** *a.* ingiurioso; oltraggioso.

revisable /rɪˈvaɪzəbl/, *a.* rivedibile; correggibile.

revisal /rɪˈvaɪzl/, *V.* **revision**.

revise /rɪˈvaɪz/, *n.* (*tipogr.*) bozza corretta; seconda bozza. ● **second r.**, terza bozza (*di stampa*).

to **revise** /rɪˈvaɪz/, **A** *v. t.* *1* rivedere; correggere; revisionare: **to r. a manuscript [a printer's proof]**, rivedere un manoscritto [una bozza di stampa]; **to r. an estimate**, rivedere un preventivo *2* modificare; ritoccare: **to r. tariffs**, ritoccare le tariffe *3* ripassare (*q.c. per un esame*). **B** *v. i.* ripassare la lezione; fare il ripasso.

revised /rɪˈvaɪzd/, *a.* *1* riveduto; emendato; corretto *2* ripassato. ● (*relig.*) **the R. Version**, la Versione Riveduta (*della Bibbia Anglicana 1881-85*).

reviser /rɪˈvaɪsə(r)/, *n.* revisore, correttore, correttrice (*di bozze*).

revision /rɪˈvɪʒn/, *n.* *1* revisione; correzione (*di bozze*) *2* modifica; ritocco *3* ripasso (*per gli esami*): **to do some r.**, fare un po' di ripasso.

revisional /rɪˈvɪʒənl/, **revisionary** /rɪˈvɪʒənrɪ, *USA* -nerɪ/, *a.* di revisione.

revisionism /rɪˈvɪʒənɪzəm/, *n.* (*polit.*) revisionismo.

revisionist /rɪˈvɪʒənɪst/, (*polit.*) **A** *n.* revisionista. **B** *a.* revisionistico.

to **revisit** /riːˈvɪzɪt/, *v. t.* rivisitare; visitare di nuovo.

revisor /rɪˈvaɪzə(r)/, *V.* **reviser**.

revisory /rɪˈvaɪzərɪ/, *a.* di revisione; di revisori: **a r. committee**, un comitato di revisori.

revitalization /riːvaɪtəlaɪˈzeɪʃn, *USA* -lɪˈz-/, *n.* ravvivamento; nuova vivificazione.

to **revitalize** /riːˈvaɪtəlaɪz/, *v. t.* rivitalizzare; dar nuova vita a; vivificare di nuovo.

revivable /rɪˈvaɪvəbl/, *a.* nuovamente ravvivabile; rinnovabile (*V.* **to revive**).

revival /rɪˈvaɪvl/, *n.* *1* revival; ripristino; rinascita; rinnovamento; risorgimento; risveglio: **the r. of folk music**, la rinascita della musica folk *2* rimessa in auge; ritorno in uso; ripresa; riesumazione (*fig.*): **the r. of an ancient custom**, la ripresa di un'antica costumanza; **the r. of a word**, il ritorno in uso d'una parola; **the r. of an old comedy**, la riesumazione di una vecchia commedia *3* (*di leggi, ecc.*) ritorno in vigore; riacquisto di validità *4* risveglio religioso; ritorno alla religione *5* (*med.*) ritorno alla vita; ripresa dei sensi; recupero delle forze *6* (*leg.*) revivescenza: **the r. of a contract**, la revivescenza di un contratto. ● (*stor.*) **the R. of Learning** (*o* **of Letters**), il Rinascimento; la Rinascenza □ (*econ.*) **economic r.**, la rinascita economica.

revivalism /rɪˈvaɪvəlɪzəm/, *n.* (*relig.*) revivalismo.

revivalist /rɪˈvaɪvəlɪst/, (*relig.*) **A** *n.* revivalista. **B** *a.* revivalistico.

to **revive** /rɪˈvaɪv/, **A** *v. i.* *1* rianimarsi; riaversi; riprendere i sensi; riprendersi: **Withered flowers r. in the rain**, i fiori avvizziti si riprendono sotto la pioggia *2* ravvivarsi; tornare in vita: **My hopes revived**, le mie speranze si ravvivarono *3* (*di costumanze e sim.*) rivivere; tornare in uso *4* (*di leggi, ecc.*) tornare in vigore; riacquistare validità. **B** *v. t.* *1* rianimare; far riprendere i sensi a (q.); ravvivare; riportare in vita: **to r. a person who has lost consciousness**, rianimare una persona che ha perso i sensi; **to r. the market**, rianimare il mercato *2* far rivivere; ristabilire; rimette in voga (*una moda*): **to r. an ancient custom**, far rivivere un'antica usanza *3* rimettere in vigore; ridare validità a (*una legge, ecc.*) *4* (*teatr.*) riesumare, riprendere, riportare sulle scene (*un vecchio dramma*) *5* richiamare alla mente *6* riattizzare, rinfocolare (*dissidi, liti, ecc.*).

reviver /rɪˈvaɪvə(r)/, *n.* *1* rianimatore; ravvivatore; chi fa rivivere; ecc.; chi rimette in voga (*V.* **to revive**) *2* sostanza che ridà il colore (*ad abiti stinti, ecc.*) *3* (*pop.*) cicchetto; sorso di liquore.

revivification /riːvɪvɪfɪˈkeɪʃn/, *n.* *1* ravvivamento; rinvigorimento; vivificazione *2* (*chim.*) riattivazione.

to **revivify** /rɪˈvɪvɪfaɪ/, *v. t.* *1* ravvivare; rinvigorire; vivificare *2* (*chim.*) riattivare.

reviviscence /rɛvɪˈvɪsns/, **reviviscency** /rɛvɪˈvɪsnsɪ/, *n.* (*lett.*) reviviscenza.

reviviscent /rɛvɪˈvɪsnt/, *a.* (*lett.*) reviviscente.

revocability /rɛvəkəˈbɪlətɪ/, *n.* (*leg.*) revocabilità; abrogabilità; annullabilità.

revocable /ˈrɛvəkəbl/, *a.* (*leg.*) revocabile; abrogabile; annullabile: **r. letter of credit**, lettera di credito revocabile. || **-bly**, *avv.*

revocation /rɛvəˈkeɪʃn/, *n.* (*leg.*) revoca; abrogazione; annullamento: **r. in law**, revoca ope legis; **the r. of a will**, la revoca di un testamento. ● **the r. of a licence**, il ritiro di una licenza.

revocatory /ˈrɛvəkətrɪ, *USA* -tɔːrɪ/, *a.* (*leg.*) revocatorio; abrogatorio.

revoke /rɪˈvəʊk/, *n.* *1* (*a carte*) mancata risposta a colore; rifiuto (*V.* **to revoke**) *2* (*raro*) *V.* **revocation.** ● **beyond r.**, (*agg.*) irrevocabile; (*avv.*) irrevocabilmente.

to **revoke** /rɪˈvəʊk/, **A** *v. t.* revocare; abrogare; annullare. **B** *v. i.* (*a carte*) rifiutare; non rispondere a colore (*pur avendo carte del seme richiesto*). ● **to r. a promise**, venir meno a una promessa.

revolt /rɪˈvəʊlt/, *n.* rivolta; ribellione; insurrezione; sommossa. ● **to break out in r.**, ribellarsi; rivoltarsi; sollevarsi □ **to turn away in r. from sb. [st.]**, sentirsi rivoltato da q. [q.c.]; trovare q. [q.c.] rivoltante.

to **revolt** /rɪˈvəʊlt/, **A** *v. i.* *1* rivoltarsi; ribellarsi; insorgere; sollevarsi: **My stomach revolted at the sight of the carnage**, mi si rivoltò lo stomaco alla vista della carneficina; **The students revolted against the tyrant**, gli studenti si sollevarono contro il tiranno *2* ribellarsi (*fig.*); nausearsi; provare (*o* sentire) ripugnanza: **His nature revolts against such bad treatment**, la sua natura si ribella contro un trattamento così cattivo *3* provare orrore (per); inorridire (a): **I r. from scenes of racial discrimination**, inorridisco di fronte a episodi di discriminazione razziale. **B** *v. t.* disgustare; nauseare; riempire di disgusto; rivoltare (*fig.*); ripugnare a: **What they saw revolted them**, quello che videro li riempì di disgusto; **His actions r. my conscience**, i suoi atti ripugnano alla mia coscienza.

revolted /rɪˈvəʊltɪd/, *a.* rivoltoso; ribelle: **r. subjects**, sudditi ribelli.

revolting /rɪˈvəʊltɪŋ/, *a.* *1* disgustoso; nauseabondo; rivoltante; ripugnante *2* in rivolta; che si ribella *3* (*fam.*) schifoso; orrendo. || **-ly**, *avv.*

revolute /ˈrɛvəljuːt, -luːt/, *a.* (*bot.*) accartocciato.

revolution /rɛvəˈluːʃn/, *n.* **1** (*astron., polit.*) rivoluzione (*anche fig.*); movimento di rivoluzione: **the r. of the artificial satellite round the earth**, il movimento di rivoluzione del satellite artificiale intorno alla terra; **a r. in modern physics**, una rivoluzione nella fisica moderna; **the industrial r.**, la rivoluzione industriale **2** (*mecc.*) giro (*di motore*): **4,000 revolutions** (*abbr.* **revs**) **per minute**, 4.000 giri al minuto. ● (*stor. ingl.*) **the Glorious R.**, la rivoluzione del 1688 (*la cacciata di re Giacomo II*) □ (*mecc.*) **r. counter**, contagiri □ **the r. of the seasons**, il ciclo delle stagioni.

revolutionary /rɛvəˈluːʃənərɪ, *USA* -nerɪ/, **A** *a.* **1** rivoluzionario **2** (*mecc.*) rotatorio. **B** *n.* rivoluzionario. ● (*stor.*) **the R. War**, la guerra d'indipendenza americana (1775-1783).

revolutionism /rɛvəˈluːʃənɪzəm/, *n.* rivoluzionarismo.

revolutionist /rɛvɜːˈluʃənɪst/, *n.* rivoluzionario.

to **revolutionize** /rɛvəˈluːʃənaɪz/, *v. t.* **1** rinnovare radicalmente; rivoluzionare; sovvertire **2** agitare (*fig.*); inculcare idee rivoluzionarie in (*operai, lavoratori, ecc.*).

to **revolve** /rɪˈvɒlv, *USA* -ɒl-, -ɔːl-/, **A** *v. i.* **1** (*mecc., astron.*) girare; ruotare: **The planets r. round the sun**, i pianeti ruotano intorno al sole **2** tornare periodicamente; ricorrere: **the revolving seasons**, le ricorrenti stagioni; il volgere delle stagioni **3** (*fig.*) girare; frullare; mulinare: **God knows what ideas r. in her mind**, Dio sa che cosa le frulla in capo. **B** *v. t.* **1** far girare; far ruotare; roteare **2** rivolgere (*nella mente*); considerare; ponderare: **He was revolving this thought in his mind**, rivolgeva nella mente questo pensiero.

revolver /rɪˈvɒlvə(r), *USA* -ɒl-, -ɔːl-/, *n.* rivoltella; revolver. ● **r. shot**, revolverata.

revolving /rɪˈvɒlvɪŋ, *USA* -ɒl-, -ɔːl-/, *a.* **1** rotante; roteante **2** girevole: **a r. chair**, una sedia girevole; **a r. door**, una porta girevole. ● (*mecc.*) **r.-block engine**, motore a cilindri rotanti □ (*comm.*) **r. credit**, credito rotativo □ (*ind. tess.*) **a r. drier**, un asciugatoio a tamburo rotante □ (*mecc.*) **r. shovel**, escavatore girevole.

revue /rɪˈvjuː/ (*franc.*), *n.* (*teatr.*) rivista; spettacolo di varietà.

revulsant /rɪˈvʌlsnt/, *a.* e *n.* (*med.*) revulsivo.

revulsion /rɪˈvʌlʃn/, *n.* **1** (*med.*) revulsione **2** improvviso mutamento (*dei propri sentimenti, dell'opinione pubblica, ecc.*); reazione violenta **3** (*specialm.*) repulsione; ripugnanza; avversione.

revulsive /rɪˈvʌlsɪv/, *a.* e *n.* (*med.*) revulsivo.

reward /rɪˈwɔːd/, *n.* ricompensa; compenso; premio; (*leg.*) taglia: **the r. for the capture of a criminal**, il premio per la cattura d'un criminale; **to expect some r.**, aspettarsi una ricompensa.

to **reward** /rɪˈwɔːd/, *v. t.* **1** ricompensare; compensare; remunerare; premiare **2** contraccambiare; ripagare (*fig.*).

rewarder /rɪˈwɔːdə(r)/, *n.* chi ricompensa; remuneratore, remuneratrice

rewarding /rɪˈwɔːdɪŋ/, *a.* remunerativo; gratificante; che dà soddisfazioni: **a r. job**, un lavoro gratificante. ● **a r. novel**, un romanzo che merita d'essere letto.

rewardless /rɪˈwɔːdləs/, *a.* **1** senza remunerazione; non pagato **2** senza ricompensa; che non vale la pena di fare. ● **a r. job**, un lavoro ingrato.

to **rewin** /riːˈwɪn/ (*pass.* e *p. p.* **rewon**), *v. t.* vincere di nuovo; riconquistare.

rewind /riːˈwaɪnd/, *n.* (*tecn.*) dispositivo di riavvolgimento.

to **rewind** /riːˈwaɪnd/ (*pass.* e *p. p.* **rewound**), *v. t.* **1** riavvolgere (*un nastro magnetico, ecc.*) **2** ricaricare (*un orologio, un giocattolo a molla, ecc.*).

rewinding /riːˈwaɪndɪŋ/, *n.* **1** riavvolgimento **2** ricarica (*di un orologio, di un giocattolo a molla, ecc.*).

re-wire /riːˈwaɪə(r)/, **re-wiring** /riːˈwaɪərɪŋ/, *n.* (*edil., elettr.*) rifacimento dell'impianto elettrico.

to **rewire** /riːˈwaɪə(r)/, *v. t.* **1** rifare l'impianto elettrico di (*una casa, ecc.*) **2** ritelegrafare (*una notizia*) **3** ritelegrafare a (q.).

to **reword** /riːˈwɜːd/, *v. t.* esprimere (*o* formulare) con altre parole; modificare (*uno scritto, un discorso*).

to **rework** /riːˈwɜːk/, *v. t.* **1** rielaborare (*un motivo musicale, ecc.*) **2** (*tecn.*) rilavorare **3** rimaneggiare; modificare.

reworking /riːˈwɜːkɪŋ/, *n.* **1** rielaborazione **2** (*tecn.*) rilavorazione **3** rimaneggiamento.

rewrite /ˈriːraɪt/, *n.* **1** rimaneggiamento; versione: **a modern r. of an old novel**, una versione moderna di un vecchio romanzo **2** (*gramm. generativa, elab.*) riscrittura: **r. rules**, regole di riscrittura. ● (*fam.*) **r. man**, chi riscrive (*memorie, ecc.*) per q. altro.

to **rewrite** /riːˈraɪt/ (*pass.* **rewrote**, *p. p.* **rewritten**), *v. t.* riscrivere; rimaneggiare.

Rex /rɛks/ (*lat.*), *n.* **1** Re: **George Rex**, Giorgio Re (*regnante*) **2** (*leg., in G.B.*) (la) Corona; lo Stato (*nelle cause contro privati cittadini*). ● **Rex v.** (*o* **versus**) **Smith**, (intestazione di una) causa legale della Corona contro Mr Smith.

Reynard /ˈrɛnəd/, *n.* (*letter.*) la Volpe (*nome proprio usato nelle favole*).

rhabdomancer /ˈræbdəmænsə(r)/, *n.* rabdomante.

rhabdomancy /ˈræbdəmænsɪ/, *n.* rabdomanzia.

rhabdomantist /ˈræbdəmæntɪst/, *n.* rabdomante.

rhachis /ˈreɪkɪs/, *V.* **rachis**.

Rhaetia /ˈriːʃə/, *n.* (*geogr., stor.*) Rezia.

Rhaetian /ˈriːʃən/, **A** *a.* retico: (*geogr.*) **R. Alps**, Alpi Retiche. **B** *n.* (*stor.*) abitante della Rezia.

Rhaetic /ˈriːtɪk/, *a.* (*geol.*) retico.

Rhaeto-Romance /riːtəʊrəˈmæns/, **Rhaeto-Romanic** /riːtəʊrəˈmænɪk/, *a.* e *n.* (*glottologia*) retoromanzo.

rhagades /ˈrægədiːz/, *n. pl.* (*med.*) ragadi.

rhapsode /ˈræpsəʊd/, *n.* (*stor., letter.*) rapsodo.

rhapsodic(al) /ræpˈsɒdɪk(l)/, *a.* **1** (*stor., letter.*) rapsodico **2** (*fam.*) entusiastico. ‖ **-ally**, *avv.*

rhapsodist /ˈræpsədɪst/, *n.* **1** (*stor., letter.*) rapsodo **2** (*fam.*) chi parla (*o* scrive) in modo entusiastico.

to **rhapsodize** /ˈræpsədaɪz/, **A** *v. i.* **1** declamare (*o* scrivere) rapsodie **2** (*fam.*) parlare (*o* scrivere) in modo entusiastico: **to r. about** (*o* **over**) **one's children**, parlare in modo entusiastico dei propri figli. **B** *v. t.* declamare; recitare.

rhapsody /ˈræpsədɪ/, *n.* **1** (*letter., mus.*) rapsodia **2** (*fig.*) discorso (*o* scritto) ampolloso (*o* entusiastico, retorico). ● **to go into rhapsodies over st.**, mostrare grande entusiasmo (*o* andare in sollucchero) per q.c.

rhea /ˈrɪə/, *n.* **1** (*zool., Rhea americana*) nandù **2** – (*mitol., astron.*) **R.**, Rea.

Rheims /riːmz/, *n.* (*geogr.*) Reims.

rheme /riːm/, *n.* (*ling.*) rema.

Rhenish /ˈriːnɪʃ/, **A** *a.* (*geogr.*) del Reno, renano: **R. wine**, vino del Reno. **B** *n.* vino del Reno.

rhenium /ˈriːnɪəm/, *n.* (*chim.*) renio.

rheoencephalogram /riːəʊenˈsɛfələgræm/, *n.* (*med.*) reoencefalogramma.

rheoencephalographer /riːəʊensɛfəˈlɒgrəfə(r)/, *n.* (*med.*) reoncefalografo.

rheoencephalography /riːəʊensɛfəˈlɒgrəfɪ/, *n.* (*med.*) reoncefalografia.

rheograph /ˈriːəgrɑːf, *USA* -æf/, *n.* (*elettr.*) reografo.

rheography /riːˈɒgrəfɪ/, *n.* (*med.*) reografia.

rheology /riːˈɒlədʒɪ/, *n.* (*fis.*) reologia.

rheometer /riːˈɒmɪtə(r)/, *n.* (*elettr.*) reometro.

rheometry /riːˈɒmətrɪ/, *n.* (*elettr.*) reometria.

rheophore /ˈriːəfɔː(r)/, *n.* (*elettr.*) reoforo.

rheoscope /ˈriːəskəʊp/, *n.* (*elettr.*) galvanoscopio; reoscopio.

rheostat /ˈriːəstæt/, *n.* (*elettr.*) reostato.

rheostatic /riːəˈstætɪk/, *a.* (*tecn., scient.*) reostatico. ● (*tecn.*) **r. braking**, frenatura reostatica.

rheotaxis /ˈriːətæksɪs/, *n.* (*zool.*) reotassi.

rheotome /ˈriːətəʊm/, *n.* (*elettr., arc.*) reotomo.

rheotropism /riːəˈtrɒpɪzəm/, *n.* (*bot.*) reotropismo.

rheovirus /riːəˈvaɪərəs/, *n.* (*biol.*) reovirus.

rhesus /ˈriːsəs/, *n.* (*zool., Macaca mulatta*; = **r. monkey**) reso. ● (*med.*) **r. baby**, bambino down □ (*biol.*) **r. factor** (*più spesso* **Rh factor**), fattore Rh; fattore Rhesus.

rhetor /ˈriːtə(r)/, *n.* (*anche fig.*) retore.

rhetoric /ˈrɛtərɪk/, *n.* retorica.

rhetorical /rɪˈtɒrɪkl, *USA* -ˈtɔːr-/, *a.* retorico: **a r. question**, una domanda retorica; **a r. style**, uno stile retorico.

rhetorically /rɪˈtɒrɪklɪ, *USA* -ˈtɔːr-/, *avv.* **1** retoricamente; in modo retorico; in tono retorico **2** (*fam.*) tanto per chiedere (*o* per parlare). ● **I was only asking r.**, facevo tanto per chiedere; era una domanda retorica!

rhetorician /rɛtəˈrɪʃn/, *n.* (*anche fig.*) retore.

rheum /ruːm/, *n.* (*med.*) catarro; muco.

rheumatic /ruːˈmætɪk/, (*med.*) **A** *a.* **1** reumatico: **a r. fever**, una febbre reumatica **2** affetto da reumatismo; reumatizzato: **a r. joint**, una giuntura affetta da reumatismo. **B** *n.* **1** persona affetta da reumatismo; reumatico (*raro*) **2** (*pl.*) (*col verbo al sing.*) (*fam.*) reumatismo.

rheumaticky /ruːˈmætɪkɪ/, *a.* (*fam.*) affetto da reumatismo; reumatizzato.

rheumatism /ˈruːmətɪzəm/, *n.* (*med.*) reumatismo.

rheumatoid /ˈruːmətɔɪd/, *a.* (*med.*) reumatoide: **r. arthritis**, artrite reumatoide.

rheumatological /ruːmətəˈlɒdʒɪkl/, *a.* (*med.*) reumatologico.

rheumatologist /ruːməˈtɒlədʒɪst/, *n.* (*med.*) reumatologo.

rheumatology /ruːməˈtɒlədʒɪ/, *n.* (*med.*) reumatologia.

rheumy /ˈruːmɪ/, *a.* **1** (*med., arc.*) catarrale; catarroso; mucoso **2** (*lett.*) umido; malsano.

rhinal /ˈraɪnl/, *a.* (*anat.*) nasale.

rhinalgia /raɪˈnældʒɪə, -dʒə/, *n.* (*med.*) rinalgia.

Rhine /raɪn/, *n.* (*geogr.*) Reno. ● **R. wine**, vino del Reno.

Rhineland /ˈraɪnlænd/, *n.* (*geogr.*) Renania.

rhinestone /ˈraɪnstəʊn/, *n.* (*miner.*) varietà di cristallo di rocca (*usata anche per fare diamanti artificiali*); strass.

rhinitis /raɪˈnaɪtɪs/, *n.* (*pl.* **rhinitides**) (*med.*) rinite: **allergic r.**, rinite allergica.

rhino (1) /ˈraɪnəʊ/, *n.* (*pl.* **rhino, rhinos**) (*abbr. fam. di* **rhinoceros**) rinoceronte.

rhino (2) /ˈraɪnəʊ/, *n.* (*invar. al pl.*) (*pop., arc.*) denaro; quattrini; grana (*pop.*). ● **ready r.**, contanti; soldi sull'unghia (*pop.*).

rhinoceros /raɪˈnɒsərəs/, *n.* (*pl.* **rhinoceroses, rhinoceros**) (*zool., Rhinoceros*) rinoceronte.

rhinocerotic /raɪnəʊsəˈrɒtɪk/, *a.* di (*o* da) rinoceronte.

rhinology /raɪˈnɒlədʒɪ/, *n.* (*med.*) rinalgia.

rhinopharyngeal /raɪnəfærənˈdʒiːəl/, *a.* (*anat.*) rinofaringeo.

rhinopharyngitis /raɪnəfærənˈdʒaɪtɪs/, *n.* (*med.*) rinofaringite.

rhinoplastic /ˈraɪnəplæstɪk/, *a.* (*med.*) rinoplastico.

rhinoplasty /ˈraɪnəplæstɪ/, *n.* (*med.*) rinoplastica.

rhinorrhea /raɪnəˈriːə/, *n.* (*med.*) rinorrea.

rhinoscope /ˈraɪnəskəʊp/, *n.* (*med.*) rinoscopio.

rhinoscopic /raɪnəˈskɒpɪk/, *a.* (*med.*) rinoscopico.
rhinoscopy /raɪˈnɒskəpɪ/, *n.* (*med.*) rinoscopia.
rhinovirus /ˈraɪnəvaɪərəs/, *n.* (*biol.*) rinovirus.
rhizoid /ˈraɪzɔɪd/, *n.* (*bot.*) rizoide.
rhizome /ˈraɪzəʊm/, *n.* (*bot.*) rizoma.
rho /rəʊ/, *n.* ro (*diciassettesima lettera dell'alfabeto greco*).
Rhodes /rəʊdz/, *n.* (*geogr.*) Rodi.
Rhodesia /rəʊˈdiːzɪə/, *n.* (*geogr.*) Rhodesia.
Rhodesian /rəʊˈdiːzɪən/, *a.* e *n.* rhodesiano.
Rhodian /ˈrəʊdɪən/, **A** *a.* rodio; di Rodi. **B** *n.* rodiota; abitante di Rodi.
rhodic /ˈrəʊdɪk/, *a.* (*chim.*) rodico.
rhodinol /ˈrəʊdɪnɒl/, *n.* (*profumeria, ecc.*) rodinolo.
rhodium (1) /ˈrəʊdɪəm/, *n.* (*chim.*) rodio.
rhodium (2) /ˈrəʊdɪəm/, *n.* (= **r. wood**) legno rodio.
rhodochrosite /rəʊdəˈkrəʊsaɪt/, *n.* (*miner.*) rodocrosite.
rhododendron /rəʊdəˈdendrən/, *n.* (*bot., Rhododendron*) rododendro.
rhomb /rɒm/, *n.* (*geom.*) rombo.
rhombic(al) /ˈrɒmbɪk(l)/, *a.* (*geom.*) rombico.
rhombohedral /rɒmbəʊˈhiːdrəl/, *a.* (*geom., miner.*) romboedrico.
rhombohedron /rɒmbəʊˈhiːdrən/, *n.* (*pl.* **rhombohedrons, rhombohedra**) (*geom.*) romboedro.
rhomboid /ˈrɒmbɔɪd/, **A** *a.* ***1*** (*geom.*) romboidale; romboide ***2*** (*anat.*) romboide: **r. muscle**, muscolo romboide. **B** *n.* ***1*** (*geom.*) romboide; parallelogramma obliquo ***2*** (*anat.*) muscolo romboide; romboide.
rhomboidal /rɒmˈbɔɪdl/, *a.* (*geom.*) romboidale.
rhombus /ˈrɒmbəs/, *n.* (*pl.* **rhombuses, rhombi**) ***1*** (*geom.*) rombo ***2*** (*zool., Rhombus*) rombo.
Rhone /rəʊn/, *n.* (*geogr.*) Rodano.
rhotacism /ˈrəʊtəsɪzəm/, *n.* (*ling.*) rotacismo.
rhotacization /rəʊtəsaɪˈzeɪʃn, *USA* -sɪˈz-/, *n.* (*ling.*) rotacizzazione.
to **rhotacize** /ˈrəʊtəsaɪz/, (*ling.*) **A** *v. t.* rotacizzare. **B** *v. i.* modificarsi per rotacismo; subire la rotacizzazione.
rhubarb /ˈruːbɑːb/, *n.* ***1*** (*bot., Rheum*) rabarbaro ***2*** (*pop. USA*) lite; rissa; baruffa.
rhumb /rʌm/, *n.* (*naut.*) rombo: **r. line**, linea di rombo; linea (*o* retta) lossodromica. ● (*naut.*) **r.-line course**, rotta lossodromica.
rhyme /raɪm/, *n.* ***1*** rima ***2*** poesia; componimento in rima ***3*** (*pl.*) rime; versi. ● **r. royal**, stanza di sette pentapodie giambiche (ababbcc) □ **double** (*o* **female**) **r.**, rima di due sillabe □ **nursery rhymes**, poesiole per bambini; filastrocche □ **without r. or reason**, senza capo né coda; senza senso □ **I prefer blank verse to r.**, preferisco il verso sciolto al verso rimato.
to **rhyme** /raɪm/, **A** *v. i.* ***1*** rimare: **«More» and «door» r. perfectly**, «more» e «door» rimano perfettamente ***2*** (*arc.*) fare versi; verseggiare; scrivere poesie. **B** *v. t.* ***1*** far rimare (*una parola con un'altra*) ***2*** mettere in versi; versificare; verseggiare: **to r. a story**, verseggiare una novella. ● (*letter.*) **rhyming couplets**, distici rimati □ **rhyming dictionary**, rimario □ **rhyming slang**, gergo in cui alcune parole sono sostituite con altre che rimano con esse (*per es., «struggle and strife» invece di «wife»*).
rhymed /raɪmd/, *a.* rimato; in rima.
rhymeless /ˈraɪmləs/, *a.* senza rima.
rhymelessness /ˈraɪmləsnəs/, *n.* mancanza di rima.
rhymer /ˈraɪmə(r)/, *n.* rimatore; verseggiatore; poeta.
rhymester /ˈraɪmstə(r)/, *n.* (*arc. spreg.*) poetastro; poetucolo.
rhymist /ˈraɪmɪst/, *V.* **rhymer**.
rhyolite /ˈraɪəlaɪt/, *n.* (*geol.*) riolite.
rhythm /ˈrɪðəm/, *n.* ***1*** (*mus.*) ritmo ***2*** (*fig.*) cadenza (*o* successione) regolare. ● **r.-and-blues** (*abbr.* **R. and B.**) (*col verbo al sing.*) rhythm and blues (*musica popolare afroamericana*) □ **r. method**, metodo Ogino-Knaus.
rhythmic(al) /ˈrɪðmɪk(l)/, *a.* ritmico. || **-ally**, *avv.*
rhythmicity /rɪðˈmɪsətɪ/, *n.* ritmicità.
rhythmics /ˈrɪðmɪks/, *n. pl.* (*col verbo al sing.*) ritmica; ritmologia.
rhythmist /ˈrɪðmɪst/, *n.* ***1*** compositore di ritmi ***2*** chi ha un buon senso del ritmo.
rhythmless /ˈrɪðəmləs/, *a.* senza ritmo.
riant /ˈraɪənt/, *a.* (*lett.*) ridente; lieto: **a r. landscape**, un ridente paesaggio.
rib /rɪb/, *n.* ***1*** (*anat.*) costa; costola: **false ribs**, costole false; **floating ribs**, costole fluttuanti; **true** (*o* **sternal**) **ribs**, costole vere (*o* sternali); **to fracture one's ribs**, riportare una frattura alle costole ***2*** (*di stoffa, di lavoro a maglia*) costa: **a sweater in rib**, un maglione a coste ***3*** (*cucina*) costoletta: **ribs of beef**, costolette di bue ***4*** (*archit.*) costolone; nervatura ***5*** (*bot., zool.*) nervatura (principale): **the rib of a leave**, la nervatura d'una foglia ***6*** (*aeron.*) centina (*di ala*) ***7*** (*naut.*) ordinata; corba; costa ***8*** (*geol.*) vena (*di minerale*) ***9*** (*d'ombrello*) stecca ***10*** nervatura, rialzo ornamentale (*sul dorso di un libro*) ***11*** (*agric.*) porca (*fra solco e solco*) ***12*** segno lasciato dall'onda sulla spiaggia ***13*** cresta (*di un monte*) ***14*** (*mecc.*) nervatura; scanalatura ***15*** (*ind. min.*) pilastro abbandonato ***16*** (*pop. USA*) presa in giro (*o* per i fondelli) ***17*** (*scherz. arc.*) donna; moglie (*dal racconto della Genesi*). ● (*anat.*) **rib cage**, gabbia toracica □ (*fam. USA*) **rib-tickler**, cosa divertente; spasso □ **to dig** (*o* **to poke**) **sb. in the ribs**, dar di gomito a q.; dare una gomitatina nelle costole a q. (*per richiamarne l'attenzione, ecc.*) □ (*Bibbia*) **to smite sb. under the fifth rib**, pugnalare q.
to **rib** /rɪb/, *v. t.* ***1*** fornire di coste; rinforzare con nervature ***2*** provvedere (*un ombrello*) di stecche ***3*** (*archit.*) munire di costoloni ***4*** (*mecc.*) scanalare ***5*** (*agric.*) arare lasciando le porche fra solco e solco ***6*** lavorare (*un tessuto, ecc.*) a coste ***7*** (*pop. USA*) prendere in giro; burlare; sfottere (*fam.*).
ribald /ˈrɪbld/, **A** *a.* licenzioso; osceno; scurrile; volgare: **a r. joke**, una barzelletta licenziosa. **B** *n.* individuo volgare; chi usa un linguaggio osceno (*o* scurrile); persona sboccata.
ribaldry /ˈrɪbldrɪ/, *n.* licenziosità; oscenità; scurrilità; volgarità.
riband /ˈrɪbənd/, *V.* **ribbon**.
ribband /ˈrɪbənd/, *n.* (*naut.*) ***1*** longarina, longherina ***2*** lista.
ribbed /rɪbd/, *a.* ***1*** munito di coste; fornito di costole ***2*** (*mecc., bot.*) nervato ***3*** (*archit.*) con nervature; cordonato ***4*** rigato; con rigatura a coste: (*autom.*) **r. tyre**, pneumatico rigato. ● **a r. sweater**, un maglione a coste.
ribbing /ˈrɪbɪŋ/, *n.* ***1*** (*archit.*) costolatura; nervatura ***2*** (*bot.*) nervatura (principale) ***3*** (*mecc.*) nervatura; scanalatura ***4*** (*di un tessuto, ecc.*) lavorazione a coste; coste, rigature ***5*** (*pop. USA*) presa in giro (*o* per i fondelli); sfottitura (*fam.*).
ribbon /ˈrɪbən/, *n.* ***1*** nastro; fettuccia ***2*** (*anche mil.*) nastrino ***3*** (*fig.*) lembo; striscia: **a r. of blue sky**, un lembo di sereno; **a r. of smoke**, una striscia di fumo ***4*** (*pl.*) brandelli; pezzi: **to tear st. to ribbons**, fare a brandelli q.c.; lacerare q.c. ***5*** (*pl.*) (*fam.*) redini: **to take the ribbons**, prendere le redini ***6*** (*edil.*) banchina (*di pavimento*). ● (*mecc.*) **r. brake**, freno a nastro □ **r. building** (*o* **r. development**), costruzione di case lungo i lati delle principali vie suburbane (*con danno del paesaggio*) □ (*elettr.*) **r. cable**, cavo a nastro; cavo piatto; piattina □ (*mecc.*) **r. conveyor**, coclea a nastro □ (*bot.*) **r. grass** (*Phalaris arundinacea picta*), scagliola dei giardini; nastro di pastorella □ (*aeron.*) **r. parachute**, paracadute a nastri □ **r.-saw**, sega a nastro □ (*stor.*) **R. Society**, società segreta di cattolici irlandesi (*fondata ai primi dell'800*) □ **Blue R.**, nastro dell'Ordine della Giarrettiera; (*per estens.*) riconoscimento prestigioso □ (*USA*) **blue-r.**, di prim'ordine □ (*d'abito e sim.*) **to hang in ribbons**, esser tutto lacero (*o* a brandelli) □ **typewriter r.**, nastro per macchina da scrivere.
ribboned /ˈrɪbənd/, *a.* ornato di nastri; decorato di nastrini.
ribes /ˈraɪbiːz/, *n.* (*solo sing.*) (*bot., Ribes*) ribes.
riboflavin /raɪbəʊˈfleɪvɪn/, *n.* (*biochim.*) riboflavina; vitamina B_2.
ribonuclease /raɪbəʊˈnjuːklɪəs, *USA* -ˈnuː-/, *n.* (*biochim.*) ribonucleasi.
ribonucleic /raɪbəʊnjuːˈkliːɪk, *USA* -nuː-/, *a.* (*biochim.*) ribonucleico.
ribose /ˈraɪbəʊz/, *n.* (*chim.*) ribosio.
ribosome /ˈraɪbəsəʊm/, *n.* (*biol.*) ribosoma.
ribwork /ˈrɪbwɜːk/, *n.* (*tecn.*) struttura a costoloni; nervatura.
ribwort /ˈrɪbwɜːt/, *n.* (*bot., Plantago lanceolata*) arnoglossa.
rice /raɪs/, *n.* (*invar. al pl.*) ***1*** (*bot., Oryza sativa*) riso ***2*** (= **brown r.**) risone. ● (*zool.*) **r.-bird**, (*Padda oryzivora*) padda; (*USA, Dolichonix oryzivorus*) bobolink; doliconice □ **r. field** (*o* **r. paddy**), risaia □ **r. meal**, farina di riso □ **r. mill**, pileria di riso □ **r. paper**, carta di riso □ **r. pudding**, budino di riso □ **polished r.**, riso brillato □ **r. weeder**, mondariso, mondina.
ricer /ˈraɪsə(r)/, *n.* (*cucina, USA*) passaverdura; schiacciapatate.
rich /rɪtʃ/, *a.* ***1*** ricco; costoso, sfarzoso, sontuoso; abbondante, fertile, opulento; ben condito, ben guarnito; nutriente; succulento: **r. gifts**, ricchi doni; **a r. country**, un paese ricco; **a region r. in natural resources**, una regione ricca di risorse naturali; **a r. banquet**, un banchetto sontuoso; **r. prizes**, ricchi premi; **a r. harvest**, un raccolto abbondante; **a r. land**, un terreno fertile; **r. pastries**, pasticcini ben guarniti; **r. food**, cibo nutriente ***2*** (*di colore*) smagliante; vivo; intenso: **r. colouring**, colori vivi ***3*** (*di suono*) pieno; profondo ***4*** (*di odore*) intenso; fragrante ***5*** (*di vino*) potente; robusto; che ha corpo, corposo ***6*** (*fam.*) divertente; spassoso; comico; ridicolo: **r. humour**, umorismo divertente ***7*** (*fam.*) assurdo; incredibile: **Oh, that's too r.!**, ma no! è incredibile! (*o* questa è bella!; questa è grossa!) ● (*collett.*) **the r.**, i ricchi □ **r.-clad**, riccamente vestito □ (*edil.*) **r. concrete**, calcestruzzo grasso □ **r. cream**, crema grassa □ (*autom.*) **r. mixture**, miscela ricca (*o* grassa) □ **to grow** (*o* **to get**) **r.**, arricchire; arricchirsi □ **to make sb. r.**, arricchire q.
Richard /ˈrɪtʃəd/, *n.* Riccardo.
riches /ˈrɪtʃɪz/, *n. pl.* (*form.*) ricchezza; ricchezze: **vast r.**, grandi ricchezze.
richly /ˈrɪtʃlɪ/, *avv.* ***1*** riccamente; abbondantemente; costosamente; sontuosamente; sfarzosamente ***2*** pienamente; del tutto; proprio; davvero: **He r. deserves to succeed**, merita davvero di riuscire (*o* d'aver successo).
richness /ˈrɪtʃnəs/, *n.* ***1*** ricchezza; abbondanza; opulenza; fertilità (*del suolo*); sfarzosità, sontuosità (*d'abiti, ecc.*) ***2*** vivacità, intensità (*di colore*) ***3*** pienezza, profondità (*di suono*) ***4*** (*del vino*) l'esser corposo.
ricinoleic /rɪsɪnəʊˈliːɪk/, *a.* (*chim.*) ricinoleico.
ricinolein /rɪsɪˈnəʊlɪɪn/, *n.* (*chim.*) ricinoleina.
rick (1) /rɪk/, *n.* ***1*** cumulo, mucchio (*di fieno, paglia, ecc.*) ***2*** (= **hayrick**) mucchio di fieno. ● **r.-cloth**, telone da pagliaio □ **r.-yard** (*o* **r.-barton**), spiazzo per i pagliai; aia.
rick (2) /rɪk/, *V.* **wrick**.
to **rick** (1) /rɪk/, *v. t.* ammucchiare, fare mucchi di (*fieno, paglia*).
to **rick** (2) /rɪk/, *V.* **to wrick**.

ricketiness /ˈrɪkɪtɪnəs/, *n.* ***1*** (*med.*) rachitismo ***2*** (*fig.*) l'esser malfermo (*o* traballante).

rickets /ˈrɪkɪts/, *n.* (*col verbo al sing. o al pl.*) (*med.*) rachitismo.

rickettsia /rɪˈkɛtsɪə/, *n.* (*pl.* **rickettsiae** e **rickettsias**) (*biol.*) rickettsia.

rickety /ˈrɪkətɪ/, *a.* ***1*** (*med.*) rachitico ***2*** (*fig.*) malfermo; sgangherato; sconquassato; traballante: **a r. barn**, un granaio sgangherato; **a r. table**, una tavola traballante. ● **a r. chair**, una sedia zoppa.

ricksha(w) /ˈrɪkʃɔː/, *n.* risciò.

ricky-ticky /ˈrɪkɪˈtɪkɪ/, *a.* (*pop. USA*) ***1*** tipico della musica popolare veloce degli anni '20 ***2*** fuori moda; vecchio; trito.

ricochet /ˈrɪkəʃeɪ, -ʃɛt, *USA* rɪkəˈʃeɪ/, *n.* ***1*** rimbalzo (*specialm. di proiettile o di sasso lanciato sull'acqua*) ***2*** (= **r. shot**) colpo di rimbalzo.

to **ricochet** /ˈrɪkəʃeɪ, -ʃɛt, *USA* rɪkəˈʃeɪ/, **A** *v. i.* rimbalzare: **The bullet ricocheted from the wall**, la pallottola rimbalzò sul muro. **B** *v. t.* colpire di rimbalzo.

to **rid** /rɪd/ (*pass.* **ridded** e **rid**, *p. p.* **rid**), **A** *v. t.* liberare; sbarazzare: **to r. the road of fallen rocks**, sbarazzare la strada dai massi caduti. **B** to **rid oneself**, *v. rifl.* liberarsi; sbarazzarsi: **He succeeded in ridding himself of his debts**, riuscì a liberarsi dei debiti. ● **to be rid of sb. [st.]**, essersi liberato (*o* sbarazzato) di q. [q.c.] □ **to get rid of sb. [st.]**, liberarsi (*o* sbarazzarsi, disfarsi) di q. [q.c.].

ridable /ˈraɪdəbl/, *a.* ***1*** (*di cavallo*) cavalcabile; che si lascia montare ***2*** (*di sentiero, ecc.*) che si può percorrere a cavallo; cavalcabile.

riddance /ˈrɪdns/, *n.* liberazione: **Good r.!**, una bella liberazione!

ridden /ˈrɪdn/, **A** *p. p.* di **to ride**. **B** *a.* (*nei composti:*) ***1*** dominato; oppresso; tormentato: **fear-r.**, tormentato dalla paura ***2*** infestato: **flea-r.**, infestato dalle pulci. ● **a police-r. State**, uno Stato di polizia □ **a priest-r. country**, un paese dominato dai preti.

riddle (1) /ˈrɪdl/, *n.* indovinello; enigma: **the r. of the universe**, l'enigma dell'universo; **to speak in riddles**, parlare per enigmi. ● **to read a r.**, risolvere un indovinello; indovinare.

riddle (2) /ˈrɪdl/, *n.* (*ind. min., metall.*) crivello; setaccio; vaglio.

to **riddle (1)** /ˈrɪdl/, **A** *v. i.* ***1*** parlare per enigmi (*o* in modo enigmatico) ***2*** proporre indovinelli. **B** *v. t.* risolvere (*un enigma*); spiegare (*un indovinello*). ● **R. me this**, risolvi questo indovinello! (*cfr. ital. fam.* «indovina indovinello»).

to **riddle (2)** /ˈrɪdl/, *v. t.* ***1*** (*anche fig.*) passare al crivello; setacciare; vagliare: **to r. the soil**, passare il terriccio al crivello; **to r. the evidence**, vagliare le prove ***2*** crivellare; bucare come un crivello; bucherellare: **His car was riddled with bullets**, gli crivellarono l'automobile di pallottole ***3*** (*fig.*) criticare (*una teoria*); confutare (*un'argomentazione*). ● **r. with errors**, pieno zeppo di errori.

riddler /ˈrɪdlə(r)/, *n.* chi fa indovinelli; chi parla per enigmi.

riddling /ˈrɪdlɪŋ/, *n.* crivellatura; setacciatura; vagliatura.

ride /raɪd/, *n.* ***1*** cavalcata; corsa (*o* passeggiata, viaggio) a cavallo ***2*** corsa, passeggiata, viaggio, giro (*in bicicletta, in motocicletta; anche in automobile come passeggero, ecc.*): **to have a r. in the new car**, fare un giro con la macchina nuova; **to have a r. on the merry-go-round**, fare un giro in giostra ***3*** corsa (*su un mezzo pubblico*): **a bus r.**, una corsa in autobus ***4*** passaggio: **to give sb. a r. to the station**, dare a q. un passaggio fino alla stazione ***5*** tragitto; percorso; distanza: **The school is a short bus r. from my house**, ci sono poche fermate d'autobus da casa mia alla scuola ***6*** vialetto, sentiero per cavalli (*specialm. attraverso un bosco*) ***7*** (*mil.*) gruppo di reclute a cavallo. ● (*pop. USA*) **to give sb. a r.**, imbrogliare, ingannare q. □ **to give sb. a r. on one's shoulders**, portare q. a cavalluccio □ (*pop. USA*) **to go along for the r.**, stare a guardare; non partecipare □ **to go for a r.**, andare a fare una cavalcata (*o* una gita in bicicletta, una corsa in motocicletta, una gita in auto, ecc.) □ (*fig. fam.*) **to be in for a bumpy r.**, andare incontro a delle noie □ **to steal a r.**, viaggiare abusivamente, senza biglietto (*su un mezzo pubblico*) □ (*fam.*) **to take sb. for a r.**, imbrogliare, ingannare q.; fare fesso q. (*pop.*); uccidere, fare fuori q. (*portandolo via in auto*) □ (*autom.*) **to take sb. out for a r.** (*o* **for little rides**), portare q. a fare un giretto (*o* dei giretti) in auto.

to **ride** /raɪd/ (*pass.* **rode**, *p. p.* **ridden**), **A** *v. i.* ***1*** cavalcare; andare a cavallo: **They were riding along the canal**, cavalcavano lungo il canale; **Our cavalry rode at the enemy**, la nostra cavalleria cavalcò contro il nemico; **I'm very keen on riding**, mi piace moltissimo andare a cavallo ***2*** andare, viaggiare (*in bicicletta, in motocicletta, ecc.; e in treno o anche in automobile e in aereo, ma come passeggero; cfr.* **to drive**): **to r. in a coach**, andare in pullman; **to r. in** (*o* **on**) **a cart**, viaggiare su un carro ***3*** (*di mezzo di trasporto*) andare; muoversi; spostarsi; viaggiare: **The car rode on the rims**, l'automobile viaggiava sui cerchioni (*le gomme erano a terra*) ***4*** (*naut.*) galleggiare; essere alla fonda: **The ship rode close to the shore**, la nave era alla fonda presso la spiaggia ***5*** (*di fantino*) pesare (*alle corse*): **The jockey rode ten stone**, il fantino pesava dieci «stone» (*kg 63,500*) ***6*** (*di un veicolo*) andare (*bene, male, ecc.*): **This car rides smoothly**, questa macchina va bene ***7*** (*di una fune, un osso fratturato, ecc.*) sovrapporsi; accavallarsi ***8*** (*mus.*) improvvisare liberamente (*su un tema di jazz*) ***9*** (*volg.*) chiavare; scopare. **B** *v. t.* ***1*** cavalcare; montare: **to r. a horse**, montare un cavallo; **Let me r. your bike!**, fammi montare (*o* provare) la tua bici! ***2*** andare in (*bicicletta, motocicletta, ecc.*): **I r. my bicycle to school every day**, vado a scuola in bicicletta tutti i giorni; **to r. the merry-go-round**, andare in giostra ***3*** percorrere a cavallo; attraversare a cavallo: **We rode 20 miles**, facemmo venti miglia a cavallo; **We rode the prairies of the Mississippi**, attraversammo a cavallo le pianure del Mississippi ***4*** portare (q.) a cavalluccio: **He rode his little girl home on his shoulders**, portò a casa la sua bambina a cavalluccio (*o* sulle spalle) ***5*** (*specialm. al p. p.*) dominare; opprimere; tormentare: **I was ridden by doubts**, ero tormentato da dubbi; **to be ridden by fear**, essere dominato dalla paura ***6*** (*fam. specialm. USA*) infastidire; importunare; seccare; scocciare (*fam.*) ***7*** (*boxe*) attutire, assorbire (*un colpo*) indietreggiando ***8*** (*naut.*) galleggiare, navigare su: **The ship rode the rough sea**, la nave navigava sul mare in tempesta. ● (*pop. USA*) **to r. the arm**, stabilire il prezzo della corsa a occhio (*senza tassametro*) □ (*naut.*) **to r. at anchor**, essere alla fonda (*o* all'ancora) □ **to r. at full gallop**, andare di gran galoppo □ (*pop. USA*) **to r. the fence**, essere indeciso (*o* titubante) □ **to r. for a fall**, cavalcare a rompicollo; (*fig.*) andare in cerca di guai □ **to r. a ford**, passare un guado a cavallo □ (*pop. USA*) **to r. a gray train**, fare la bella vita; trattarsi alla grande □ (*pop. USA*) **to r. high**, fare la bella vita, fare progetti grandiosi □ (*fig.*) **to r. the high horse**, darsi grandi arie □ (*fig.*) **to r. a hobby**, insistere troppo in un passatempo; avere un pallino (*fam.*) □ **to r. one's horse at a fence**, portare il cavallo ad affrontare un ostacolo □ **to r. a horse to death**, sfiancare un cavallo; cavalcare fino a sfiancarlo □ (*fig.*) **to r. a joke to death**, ripetere una barzelletta fino alla noia □ **to r. in a bus**, andare in autobus □ **to r. in a race**, partecipare a una corsa ippica □ **to r. on sb.'s back** (*o* **shoulders**), stare a cavalcioni su q.; farsi portare a cavalluccio da q. □ **to r. on sb.'s knees**, stare a cavalcioni sulle ginocchia di q. □ **to r. a race**, fare una corsa a cavallo: **He rode a race with me**, facemmo una corsa a cavallo □ (*pop. USA*) **to r. the rods**, viaggiare da clandestino (*specialm. su un treno merci*) □ **to r. shotgun**, (*un tempo*) viaggiare accanto al postiglione, con le armi in pugno (*nel Far West*); (*ora*) fare la guardia (*armata*): **Nick was riding shotgun for him**, Nick lo proteggeva (*o* gli copriva le spalle) □ (*pop. USA*) **to r. the tubs**, viaggiare su una nave (*o* per mare) □ **to r. side-saddle**, cavalcare all'amazzone □ **to r. to hounds**, dar la caccia alla volpe (*a cavallo*); partecipare a una caccia alla volpe □ **to r. the waves**, farsi portare dalle onde □ (*fam.*) **to let something r.**, lasciar correre (*fig.*) □ **A full moon was riding high** (*o* **rode in the sky**), la luna piena era alta in cielo.

♦**ride across**, *v. t. + prep.* ***1*** cavalcare attraverso; attraversare a cavallo ***2*** (*sport: polo*) tagliare la strada a (*un avversario*).

♦**ride away**, *v. i. + avv.* andarsene (*a cavallo, in bicicletta, ecc.*).

♦**ride back**, *v. i. + avv.* ***1*** ritornare (*a cavallo, in bicicletta, ecc.*) ***2*** ritornare (*come passeggero: su un veicolo d'altri*).

♦**ride down**, *v. t. + avv.* ***1*** travolgere, calpestare (q.) a cavallo ***2*** caricare (*la folla, ecc.*) a cavallo ***3*** raggiungere e arrestare (q.) a cavallo ***4*** sfiancare (*un cavallo*).

♦**ride off**, *V.* **ride away**.

♦**ride on**, **A** *v. i. + avv.* continuare a cavalcare; andare avanti, proseguire (*a cavallo, in bicicletta, ecc.*). **B** *v. i. + prep.* (*fam.*) ***1*** dipendere da: **The future of the firm rides on getting this contract**, il futuro della ditta dipende dall'acquisizione di questo appalto ***2*** (*di denaro*) essere puntato (*specialm. su un cavallo da corsa*) □ **to r. on great popularity**, godere di grande popolarità.

♦**ride out**. **A** *v. t. + avv.* (*naut.* e *fig.*) superare: **Our ship rode out the storm**, la nostra nave superò la tempesta; **to r. out a financial crisis**, superare una crisi finanziaria. **B** *v. i. + avv.* uscire (*o* andare) a cavallo (*o* in bicicletta): **to r. out to the hills**, fare una cavalcata in collina.

♦**ride over**, *v. i. + prep.* andare a cavallo (*o* in bicicletta) su: **stop riding over my lawn!**, smettila di andare in bicicletta sul mio prato! □ (*fam.*) **to r. roughshod over sb.**, bistrattare (*o* maltrattare) q. □ **to r. roughshod over the law**, calpestare la legge.

♦**ride up**, *v. i. + avv.* ***1*** arrivare a cavallo (*o* in bicicletta) ***2*** (*di un indumento*) salire, andare su: **This skirt tends to r. up**, questa gonna tende a salire.

♦**ride upon**, *V.* **ride on**, **B**.

rider /ˈraɪdə(r)/, *n.* ***1*** cavaliere; cavalcatore; cavalcatrice; cavallerizzo, cavallerizza: **John is no r.**, John è un pessimo cavaliere ***2*** (*ippica*) fantino ***3*** (*ciclismo*) ciclista; corridore ***4*** motociclista; pilota (*di moto*) ***5*** viaggiatore (*su un veicolo*) ***6*** (*leg.*) clausola addizionale; codicillo; poscritto ***7*** (*leg.*) raccomandazione della giuria (*aggiunta al verdetto*) ***8*** (*di bilancia*) cavaliere ***9*** (*costr. navali*) rinforzo diagonale per ordinate; ordinata supplementare ***10*** (*mat.*) esercizio di applicazione. ● **lady r.**, cavallerizza; amazzone.

riderless /ˈraɪdələs/, *a.* (*di cavallo*) ***1*** senza cavaliere ***2*** (*sport*) senza fantino.

ridge /rɪdʒ/, *n.* ***1*** (*geogr.*) cresta; crinale; linea di displuvio; spartiacque: **the r. of a wave**, la cresta di un'onda; **the r. of a mountain**, la cresta di un monte ***2*** (*edil.*) colmo: **the r. of the roof**, il colmo del tetto ***3*** (*geogr.*) catena (*di monti*); giogaia; dorsale ***4*** (*anat.*) cresta (*di un osso, di un dente, ecc.*) ***5*** (*agric.*) porca ***6*** riga in rilievo, costa (*su stoffa, ecc.*) ***7*** (*geol.*) dorsale (*anche sottomarina*) ***8*** (*zool.*) dorso, spina dorsale (*specialm. di una balena*) ***9*** (*meteor.*) promontorio. ● (*edil.*) **r. board** (*o* **r. pole**), trave di colmo □ **r. bone**, spina dorsale; prominenze vertebrali lungo la spina dorsale □ (*edil.*) **r. cap**, scossalina di colmo □

the r. of the nose, il setto nasale □ **r. pole**, traversa (*di una tenda*); (*edil.*) *V.* **r. board** □ (*edil.*) **r. tile**, tegola di colmo.

to **ridge** /rɪdʒ/, *v. t. e i.* ***1*** (*agric.*) rincalzare (*il terreno*) ***2*** (*specialm. del mare*) increspare, incresparsi ***3*** segnare (*specialm. di rughe*): **ridged with care and sorrow**, segnato dagli affanni e dal dolore.

ridger /ˈrɪdʒə(r)/, *n.* (*agric.*) rincalzatore (*arnese*).

ridgeway /ˈrɪdʒweɪ/, *n.* strada lungo un crinale.

ridging /ˈrɪdʒɪŋ/, *n.* (*agric.*) aratura a porche. ● **r. plough**, aratro rincalzatore.

ridgy /ˈrɪdʒɪ/, *a.* ***1*** (*del terreno*) pieno di creste; collinoso ***2*** (*agric.*) a porche; solcato ***3*** (*del mare*) increspato.

ridicule /ˈrɪdɪkjuːl/, *n.* ridicolo; scherno; canzonatura. ● **to hold up sb. [st.] to r.**, mettere in ridicolo q. [q.c.] □ **to pour r. on sb. [st.]**, gettare il ridicolo su q. [q.c.].

to **ridicule** /ˈrɪdɪkjuːl/, *v. t.* mettere in ridicolo; ridicolizzare; beffare; schernire; canzonare.

ridiculous /rɪˈdɪkjʊləs/, *a.* ridicolo; assurdo. ‖ **-ly**, *avv.* ‖ **-ness**, *sost.*

riding (**1**) /ˈraɪdɪŋ/, *n.* ***1*** (*sport*) equitazione ***2*** gita (*o* viaggio) a cavallo ***3*** (il) viaggiare (*su un mezzo pubblico, ecc.*) ***4*** (*di solito con un agg.*) percorribilità a cavallo: **This trail is easy r.**, questo sentiero è cavalcabile senza alcuna difficoltà. ● (*naut.*) **r. boom**, asta di posta □ **r. boots**, stivali da equitazione □ **r. breeches**, calzoni da cavallerizzo □ **r. camel**, cammello da cavalcare (*o* da viaggio) □ **r. crop**, frustino □ **r. ground**, galoppatoio □ **r. habit**, (*o* **r. costume**), abito da cavallerizza; costume da amazzone □ **r. horse**, cavallo da sella □ **r. jacket**, giacca da cavallo □ **r. kit**, corredo da cavallerizzo; attrezzi per l'equitazione, «tutto per l'equitazione» □ (*naut.*) **r. lamp** (*o* **r. light**), fanale di fonda □ **r. master**, maestro d'equitazione; cavallerizzo □ **r. school**, scuola d'equitazione; maneggio □ **r. track**, galoppatoio □ **r. whip**, frustino □ **Little Red R. Hood**, Cappuccetto Rosso.

riding (**2**) /ˈraɪdɪŋ/, *n.* «riding» (*una delle tre divisioni amministrative dello Yorkshire; sta per «thriding» o terza parte*).

Riesling /ˈriːslɪŋ/, *n.* Riesling (*vino*).

rif /rɪf, ɑːraɪˈɛf/, *n.* (*pop. USA*) licenziamento (*acronimo di* **reduction in force**).

to **rif** /rɪf, ɑːraɪˈɛf/, *v. t.* (*pop. USA*) licenziare, buttare fuori, mandare (q.) a spasso.

rife /raɪf/, *a. pred.* ***1*** comune; corrente; diffuso; prevalente: **Famine is still r. in some regions of Africa**, la carestia è ancora diffusa in talune regioni dell'Africa ***2*** abbondante; pieno; ricco: **a language r. with idioms**, una lingua ricca d'espressioni idiomatiche. ● **to be r.**, imperversare: **Rebellion is r. all over the country**, la rivolta imperversa in tutto il paese □ **to be r. with**, abbondare di □ **to grow r.**, diffondersi; (*di piante*) crescere rigoglioso.

riff /rɪf/, *n.* (*mus.*) riff; motivo ripetuto (*di jazz*).

riffle /ˈrɪfl/, *n.* (*USA*) ***1*** bassofondo; barra, secca (*di un fiume*) ***2*** piccola rapida ***3*** increspatura; piccola onda ***4*** lieve suono (*di risate*); mormorio (*di conversazione*) ***5*** dispositivo per il lavaggio delle sabbie aurifere.

to **riffle** /ˈrɪfl/, *v. t.* ***1*** (*di solito* **to r. through**) scorrere (*pagine*); sfogliare (*un giornale*) ***2*** increspare (*l'acqua*) ***3*** mescolare (*le carte da gioco*) incastrandole una nell'altra.

riffler /ˈrɪflə(r)/, *n.* (*tecn.*) lima arcuata (*per stampi*).

riffraff /ˈrɪfræf/, *n.* ***1*** canaglia; marmaglia; plebaglia ***2*** (*dial.*) robaccia; scarti; materiale di scarto.

rifle /ˈraɪfl/, *n.* ***1*** fucile; carabina ***2*** (*pl.*) fucilieri: **the King's Royal Rifles**, i Fucilieri del Re (*in G.B.*) ***3*** (*raro*) cannone rigato ***4*** (*mecc.*) foro spiralato. ● **r. bracket**, portafucile (*per motocicletta, ecc.*) □ **r. green**, verde scuro (*dalla divisa dei fucilieri*) □ (*mil.*) **r. grenade**, granata per fucile □ **r. pit**, trincea per fucilieri □ **r. range**, poligono di tiro; portata, tiro di fucile: **within r. range**, a tiro di fucile □ **r. shot**, colpo di fucile, fucilata; portata, tiro di fucile □ **He is a good r. shot** (*o* **a good shot with a r.**), è un bravo tiratore (*col fucile*).

to **rifle** (**1**) /ˈraɪfl/, *v. t.* ***1*** depredare; saccheggiare; svaligiare: **to r. a captured city**, saccheggiare una città conquistata; **The thieves rifled the safe**, i ladri svuotarono la cassaforte ***2*** rubare; portar via (*bottino, ecc.*). ● **to r. through**, frugare, rovistare in (*o* fra): **to r. through the drawers [sb.'s papers]**, rovistare nei cassetti [frugare fra le carte di q.].

to **rifle** (**2**) /ˈraɪfl/, *v. t.* rigare (*la canna di un'arma da fuoco*): **a rifled gun barrel**, una canna di fucile rigata.

rifleman /ˈraɪflmən/, *n.* (*pl.* **riflemen**) ***1*** (*mil.*) fuciliere ***2*** tiratore: **He's a good r.**, è un bravo tiratore (*col fucile*).

rifler /ˈraɪflə(r)/, *n.* bandito; ladro; predone.

rifling /ˈraɪflɪŋ/, *n.* (*d'arma da fuoco*) rigatura: **uniform-twist r.**, rigatura a passo costante.

rift /rɪft/, *n.* ***1*** (*geol., geogr.*) rift ***2*** fessura; fenditura; spaccatura; spacco; squarcio ***3*** (*fig.*) spaccatura, incrinatura (*fig.*); dissenso; contrasto; divergenza; screzio. ● **a r. in the thick foliage of the jungle**, uno spiraglio nel fitto fogliame della giungla □ **a r. of blue**, uno squarcio di sereno □ (*geol.*) **r. valley**, valle (*o* fossa) tettonica.

to **rift** /rɪft/, **A** *v. t.* fendere; spaccare; squarciare. **B** *v. i.* fendersi; spaccarsi; squarciarsi.

rift-saw /ˈrɪftsɔː/, *n.* (*mecc.*) ***1*** sega per (fare a pezzi) tronchi ***2*** sega multilame (*per tavolette da parquet*).

rig (**1**) /rɪg/, *n.* ***1*** (*naut.*) attrezzatura ***2*** (*anche ind.*) attrezzamento; equipaggiamento ***3*** impianto (*di sondaggio, di trivellazione, ecc.*); piattaforma di trivellazione (*in mare*) ***4*** (*fam.*) abbigliamento; modo di vestire (*specialm. se strano, vistoso*) ***5*** attacco; cavalli e carrozza ***6*** (*autom., USA*) autotreno. ● (*fam. spreg.*) **rig-out**, modo di vestire (*fam.*: d'essere conciato): **You can't go to the meeting in that rig-out!**, non puoi andare alla riunione conciato così! □ **to be in full rig**, (*di imbarcazione a vela*) essere completamente attrezzata (*o* armata); (*di persona*) essere in gran tenuta, essere in ghingheri □ **to be dressed in festive rig**, portare l'abito della festa □ (*ind. petrolifera*) **oil rig**, piattaforma per ricerche petrolifere in mare.

rig (**2**) /rɪg/, *n.* ***1*** imbroglio; inganno; raggiro ***2*** (*comm., fin.*) manovra per far salire i prezzi; maneggiamento.

to **rig** (**1**) /rɪg/, *v. t.* ***1*** (*naut.*) armare; attrezzare, equipaggiare (*una nave, un albero*) ***2*** (*aeron.*) montare (*o* assemblare) le parti di (*un aereo*) ***3*** (*spesso* **to rig up, to rig out**) attrezzare; equipaggiare; (*fam.*) provvedere d'abiti; vestire: **The boy was rigged out as a little sailor**, il ragazzo era vestito da marinaretto ***4*** (*spesso* **to rig up**) costruire in fretta; allestire; impiantare; installare; costruire (*una nave, un aereo*): **They rigged up a bed for the night**, allestirono un letto per la notte. ● **to rig up the tents**, montare le tende.

to **rig** (**2**) /rɪg/, *v. t.* ***1*** manomettere: **to rig the scales**, manomettere la bilancia ***2*** manipolare; truccare: **to rig a local election**, truccare un'elezione amministrativa; **The airport tender has been rigged**, la gara d'appalto dell'aeroporto è stata truccata ***3*** (*Borsa, fin.*) maneggiare; manovrare; controllare: **Speculators rigged the stock market**, gli speculatori manovrarono il mercato azionario.

rigadoon /rɪgəˈduːn/, *n.* rigaudon (*franc.*); rigodone; rigolone (*antico ballo e aria musicale*).

rigger (**1**) /ˈrɪgə(r)/, *n.* ***1*** (*naut.*) operaio allestitore; attrezzatore ***2*** (*aeron.*) assemblatore; montatore ***3*** (*edil.*) ponteggio di protezione ***4*** (*naut.*) nave con un certo tipo di attrezzatura. ● (*naut.*) **a full r.**, un'imbarcazione a vela completamente attrezzata □ (*naut.*) **a square r.**, una nave a vela quadra.

rigger (**2**) /ˈrɪgə(r)/, *n.* ***1*** maneggione ***2*** (*Borsa*, = **market r.**) aggiotatore.

rigging (**1**) /ˈrɪgɪŋ/, *n.* ***1*** (*naut.*) attrezzatura; cordame; sartiame; manovre ***2*** (*aeron.*) assemblaggio ***3*** (*anche ind.*) equipaggiamento; arnesi; attrezzi ***4*** (*fam.*) abbigliamento. ● **r.-loft**, (*naut.*) reparto d'arsenale per l'attrezzatura; (*teatr.*) impalcatura (*o* galleria) per allestire e cambiare le scene.

rigging (**2**) /ˈrɪgɪŋ/, *n.* manipolazione; broglio (*specialm. elettorale*). ● (*Borsa*) **r. the market**, agiotaggio.

right (**1**) /raɪt/, *a.* ***1*** destro; (*anche polit.*) di destra: **one's r. hand**, la mano destra; la destra; **the top r. drawer of a desk**, il cassetto superiore di destra in uno scrittoio; **a r. glove**, un guanto destro; **the r. side of the house**, il lato destro della casa; (*boxe*) **a r. hook**, un gancio destro ***2*** retto (*anche geom.*); corretto, giusto, esatto; onesto; preciso; in linea retta; diritto, dritto; adatto, conveniente, appropriato, opportuno: **a r. line**, una linea retta; una retta; **a r. conscience**, una coscienza retta; **a r. man**, un uomo retto; **It's only r. to let him know**, è più che giusto fargliello sapere; **Your answer is quite r.**, la tua risposta è giusta (*o* è esatta); **He knows the r. people**, conosce le persone giuste (*o* la gente che conta); **Is this the r. train to Chester?**, è il treno giusto per Chester, questo?; va bene questo treno per Chester?; **What is the r. time?**, qual è l'ora esatta (*o* precisa?); **This is the r. time to tell him**, questo è il momento adatto per dirglielo; **at the r. moment**, al momento giusto (*o* opportuno); **He is the r. man in the r. place**, è l'uomo giusto al posto giusto; è l'uomo che ci vuole ***3*** che sta bene (*di salute*); sano (*di corpo e di mente*): **Do you feel all r.?**, ti senti bene?; **She doesn't look quite r.**, ella non ha l'aria di star bene ***4*** che ha ragione; che fa bene, che va bene (*fam.*): **You were r. in refusing his offer**, hai fatto bene a rifiutare la sua offerta; **Time will prove me r.**, il tempo mi darà ragione; (*fam.*) **Am I r. for Oxford Circus?**, vado bene per Oxford Circus? ***5*** (*fam.*) vero; vero e proprio: **He's a r. idiot**, è un vero idiota. ● (*mecc.*) **r.-and-left screw**, doppia vite □ (*sport*) **a r.-and-left shot**, una doppietta (*due fucilate dalle due canne*) □ (*geom.*) **r. angle**, angolo retto □ (*geom.*) **a r.-angled triangle**, un triangolo rettangolo □ (*anche fig.*) **one's r. arm**, il proprio braccio destro: **My son is my r. arm**, mio figlio è il mio braccio destro □ (*fam.*) **r. as rain**, in perfetta salute; che sta benissimo □ (*raro*) **r. as a trivet**, *V.* **r. as rain** □ (*rugby*) **r. centre**, secondo centro (*giocatore*) □ (*polit.*) **r.-centre**, centrodestra (*governativo, ecc.*) □ **r. enough**, discreto; soddisfacente; (*avv.*) naturalmente, ovviamente □ (*baseball*) **r. fielder**, esterno destro □ **r.-hand**, di destra; (che sta) a destra; (*mecc.*) destrorso: (*autom.*) **r.-hand drive**, guida a destra □ **r.-hand man**, uomo di destra (*di soldati in riga, ecc.*); braccio destro (*fig.*), aiutante prezioso (*o* insostituibile) □ **a r.-hand screw**, una vite con filettatura destra □ **r.-handed**, che si serve della mano destra, destrimano; (*di colpo, ecc.*) dato (*o* assestato) con la destra; (*mecc.*) destrorso; in senso orario; (*pop. USA*) eterosessuale: **r.-handed rotation**, rotazione in senso orario; (*mat.*) **r.-handed system**, sistema di riferimento destrorso □ **r.-hander**, persona che si serve della destra, destrimano; (*fam.*) destro, pugno assestato con la destra □ **the r. heir**, l'erede legittimo □ (*fam.*) **r. in the** (*o* **in one's**) **head**, sano di mente; che ha la testa a posto (*fam.*) □ (*geom.*) **r.-lined**, rettilineo □ **r.-minded**, equanime; onesto; giusto; ragionevole; retto □ **r.-mindedness**, equanimità; onestà; ragionevolezza; rettitudine □ (*pop.*) **r. on**, giusto, esatto; aggiornato, moderno □ (*elab.*) **r. shift**, scorrimento a destra □ **the r. side**, il lato (*o* il verso) giusto; il diritto (*di una stoffa, ecc.*) □ **r. side out**, per il diritto (*o* il dritto): **Your jumper isn't r. side out**, il tuo golf non è per il dritto □ **r. side up**, dritto; non capovolto; a testa in su: **In the canal beside the road, r. side up, rested a red car**, nel canale accanto alla strada c'era, dritta, un'auto rossa □ **r.-thinking**, assennato; giudizioso □ (*USA*) **r. triangle**, *V.* **r.-angled triangle** □ **a r. turn**, una svolta a destra; una curva ad angolo retto □ **the r. way**, il modo giusto; il modo buono; il modo: **He took the r. way to offend us**, trovò il modo di offenderci □ **the r. wing**, l'ala destra (*di un esercito, di un partito, di una squadra di calcio o di rugby, ecc.*) □ **r.-wing**, (*polit.*) di destra, ultra; (*sport*) di ala destra: (*polit.*) **r.-wing extremist**, estremista (*o* oltranzista) di destra □ **r.-winger**, (*polit.*) uomo della destra; persona di destra; oltranzista (*o* estremista) di destra, ultra; (*sport*) ala destra □ **all r.**, d'accordo; certamente; bene, benino; bene (di salute): **Is he feeling all r. now?**, sta bene ora? □ **All r.!**, benissimo! □ **at** (*o* **on, to**) **one's r. hand**, a destra; a dritta □ **to be at sb.'s r. hand**, essere alla destra di q.; (*fig.*) essere il braccio destro di q. □ **to do st. in the r. way**, fare q.c. come si deve □ **to give the r. hand of fellowship**, tendere una mano amichevole □ **to be in one's r. mind** (*o* **r. senses**), esser sano di mente; essere dell'umore normale (*o* del solito umore) □ (*fig.*) **to get on the r. side of sb.**, prendere q. per il verso giusto; ingraziarsi q.; entrare nelle grazie di q. □ **to keep on the r. side of the law**, rispettare la legge □ (*autom.*) **to keep to the r. side**, tenere la destra □ (*fam.*) **Mr R.**, l'uomo giusto (*per una donna*); (il mio, tuo, ecc.) «lui» □ (*fam.*) **Miss R.**, la donna giusta (*per un uomo*); (la mia, tua, ecc.) «lei» □ **on the r. side**, a destra □ **to be on the r. side of fifty**, essere al di sotto della cinquantina; avere meno di 50 anni □ **to put r.**, aggiustare; rimettere a posto; rimettere in salute, risanare; correggere, dimostrare a (q.) che aveva torto: **Put the tape-recorder r.!**, aggiusta il mangianastri!; **Five days' rest will put you r.**, cinque giorni di riposo ti rimetteranno in salute; **Put the clock r.!**, rimetti l'orologio! □ (*fig.*) **to put one's r. hand to work**, mettersi al lavoro di buona lena; lavorare sodo □ **to put a pupil r.**, mettere a posto (*o* richiamare all'ordine) uno studente □ **to set r.**, *V.* **to put r.** □ **to set** (*o* **to put**) **oneself r. with sb.**, giustificarsi, spiegarsi con q. □ **to stay on the r. side of sb.**, restare nelle grazie di q.; tenersi buono q.; restare amico di q. □ **R. you are!**; (*fam.*) **R. oh!**, va bene!; d'accordo!; senz'altro □ **Quite r.!**, proprio così!; esatto!; hai ragione! □ **All's r. with the world**, tutto va nel migliore dei modi.

right (2) /raɪt/, *n.* ***1*** lato destro; (la) destra: **to keep to the r.**, tenere la destra; **to turn to the r.**, voltare a destra ***2*** (il) giusto; (la) ragione; (il) bene: **to know r. from wrong**, distinguere il bene dal male; **r. and wrong**, il bene e il male; la ragione e il torto ***3*** (*leg.*) diritto; interesse tutelato dalla legge; pretesa, titolo: **rights and duties**, diritti e doveri; **He has no r. to bully you like that**, non ha il diritto di fare il prepotente con te a questo modo; **the r. to work**, il diritto al lavoro; **r. of access**, diritto di passaggio; **r. of association**, diritto di associazione; **to have a r. to do st.**, avere titolo a fare q.c. ***4*** (*boxe*) destro ***5*** (*mil.*) ala destra; fianco destro: **Our soldiers attacked the enemy's r.**, i nostri attaccarono il fianco destro del nemico ***6*** – (*polit.*) **the R.**, la Destra: **a member of the R.**, un uomo della destra; un conservatore; (*USA*) **the New R.**, la Nuova Destra ***7*** – **the r.**, il diritto (*di una stoffa, ecc.*). ● (*boxe*) **a r.-and-left**, un destro doppiato da un sinistro □ (*leg.*) **r. in action**, diritto immateriale □ (*leg.*) **r. in personam**, diritto di credito □ (*leg.*) **r. in rem**, diritto materiale □ (*leg.*) **r. of action**, diritto di agire in giudizio □ (*leg.*) **r. of common**, diritto di far uso di un terreno della comunità □ (*fam.*) **the r. to hire and fire**, il diritto d'assumere e di licenziare □ (*leg.*) **r. of redemption**, diritto di riscatto □ (*leg.*) **r. of search**, diritto di perquisizione (*di una nave in alto mare*) □ **r. of way**, (*leg.*) diritto (*o* servitù) di passaggio; (*autom.*) diritto di precedenza □ **r. to strike**, diritto di sciopero □ **to assert one's rights**, sostenere (*o* difendere) il proprio buon diritto □ **by r.** (*o* **by rights**), a rigore, a rigor di logica; secondo giustizia; (*leg.*) in via di diritto, di diritto □ **by r. of**, a causa di; per merito di □ **to do sb. r.**, render giustizia a q. □ **in one's own r.**, di diritto; per diritto di nascita; (*fig.*) per i propri meriti: **She is a countess in her own r.**, è contessa per diritto di nascita (*non per matrimonio*) □ **to be in the r.**, essere nel giusto; aver ragione; essere dalla parte della giustizia □ **to set** (*o* **to put**) **st. to rights**, aggiustare q.c.; mettere a posto q.c.: **He'll put the country to rights**, rimetterà a posto il Paese □ **to set** (*o* **to put**) **sb. to rights**, rimettere in sesto q. □ **to stand on one's rights,** *V.* **to assert one's rights** □ **women's rights**, i diritti delle donne.

right (3) /raɪt/, *avv.* ***1*** (*anche polit.*) a destra; a dritta (*lett.*): **to turn** [**to look**] **r.**, voltare [guardare] a destra; **The voters have moved r.**, l'elettorato s'è spostato a destra ***2*** correttamente; giustamente; esattamente; bene; proprio: **Everything seems to go r. with him**, sembra che tutto gli vada bene; **It serves you r.**, ti sta bene!; te lo meriti!; **If I remember r.**, se ben ricordo; **Put it r. in the middle**, mettilo esattamente nel centro (*o* proprio nel mezzo) ***3*** dritto: **Go r. on until you see the station**, va' dritto fin che arrivi alla stazione ***4*** (*di solito,* **r. away** *o* **r. off**) immediatamente; subito: **I'll be r. over**, arrivo subito; **I'll come r. away**, vengo subito ***5*** completamente; del tutto: **He turned r. round**, si girò completamente; si voltò del tutto; fece dietro front ***6*** rettamente; onestamente: **to act r.**, agire rettamente; **to live r.**, vivere onestamente ***7*** dunque; allora: **R.! let's start again!**, allora, ricominciamo ***8*** (= **all r.**) bene; d'accordo: **«Come tomorrow» «R.! What time?»** «Vieni domani» «Bene! a che ora?» ***9*** (*pop.*) molto: **I'm r. glad to see you,** (sono) lietissimo di vederti. ● **r. along,** *V.* **r. on** □ **r. and left**, a destra e a sinistra; a dritta e a manca; da tutte le parti □ **r. away**, subito; immediatamente □ (*fam.*) **r.-down clever**, bravissimo □ (*fam.*) **a r.-down rascal**, un furfante matricolato □ **r. here**, proprio qui: **My favourite oak stood r. here**, la mia quercia prediletta stava proprio qui □ **r., left and centre,** *V.* **r. and left** □ **r. now**, proprio adesso; subito; immediatamente □ **r. on**, senza interruzione; continuamente □ (*fam.*) **R. on!**, bravo!; giusto!; sono d'accordo! □ (*fam.*) **r. off** (*o* **r. off the bat**), subito; immediatamente; per primo □ **r. or wrong**, bene o male; giusto o sbagliato; a ragione o a torto □ (*di vescovo*) **R. Reverend**, reverendissimo □ **r. through**, da cima a fondo □ **r. well**, benissimo; perfettamente □ (*fam.*) **to get sb.** [**st.**] **r.**, capire bene q. [q.c.]: **Let me get this r.: do you want to join us or not?**, fammi capire (bene): vuoi venire con noi o no? □ **to guess r.**, indovinare: **He guessed r. the first time**, ha indovinato subito □ (*fam.*) **too r.!**, hai ragione; sono d'accordo! □ (*mil.*) **R. turn!**, fianco destr!; fronte a destr! □ **I'm going r. home**, vado dritto a casa □ (*USA*) **Let me tell you r. here that...**, lascia che ti dica subito che...; ti dico subito che... □ **The apple is rotten r. through**, la mela è tutta marcia □ (*USA*) **Come r. in**, avanti!; entra pure! □ (*di soldati in parata*) **Eyes r.!**, attenti a destr!.

to **right** /raɪt/, **A** *v. t.* ***1*** raddrizzare (*anche fig.*); correggere; rettificare; rimediare; riparare: **We righted the boat and started rowing**, raddrizzammo la barca e cominciammo a remare; **to r. a wrong**, raddrizzare un torto; **to r. an injustice**, riparare un'ingiustizia; **to r. a mistake**, correggere un errore ***2*** render giustizia a; riabilitare; risarcire (*una persona danneggiata, un'offesa*) ***3*** riassettare; mettere in ordine; riordinare: **The maid righted the room**, la cameriera riordinò la stanza. **B** *v. i.* raddrizzarsi; ritrovare l'equilibrio: **The canoe righted after the rapids**, dopo le rapide la canoa si raddrizzò. **C** to **right oneself**, *v. rifl.* raddrizzarsi, riprendere la posizione verticale; correggersi da sé, aggiustarsi: **Let's hope things will r. themselves in the end**, speriamo che tutto s'aggiusti (da sé) alla fine!

rightable /ˈraɪtəbl/, *a.* correggibile; rimediabile; riparabile.

right-about /ˈraɪtəbaʊt/, **A** *n.* ***1*** (*mil.*) dietro front ***2*** (*fig.*) voltafaccia ***3*** cambiamento di direzione. **B** *a.* e *avv.* in direzione opposta.

to **right-about-face** /raɪtəbaʊtˈfeɪs/, *V.* **to right-about-turn**.

right-about-turn /raɪtəbaʊtˈtɜːn/, *n.* ***1*** (*mil.*) dietro front ***2*** (*fig.*) voltafaccia.

to **right-about-turn** /raɪtəbaʊtˈtɜːn/, *v. i.* ***1*** (*mil.*) fare dietro front ***2*** (*fig.*) fare un voltafaccia. ● **Right-about-turn!**, dietro front!

righteous /ˈraɪtʃəs/, *a.* ***1*** retto; giusto; onesto; virtuoso: **a r. man**, un uomo retto, virtuoso; **a r. act**, un'azione retta, onesta; **a r. cause**, una causa giusta, santa; **r. anger**, giusta ira; ira giustificata ***2*** (*pop. USA*) buono; bravo: **a r. daddy**, un buon padre. || **-ly**, *avv.*

righteousness /ˈraɪtʃəsnəs/, *n.* rettitudine; giustizia; onestà; virtù.

rightful /ˈraɪtfl/, *a.* ***1*** giusto; equo; onesto; retto: **a r. act**, un'azione onesta, retta ***2*** (*leg.*) legittimo: **the r. heir**, l'erede legittimo; **r. claims**, pretese legittime. ● **one's r. rank**, il grado che compete. || **-ly**, *avv.*

rightfulness /ˈraɪtflnəs/, *n.* ***1*** giustizia; equità; onestà; rettitudine ***2*** (*leg.*) legittimità.

rightio /raɪtɪˈəʊ/, **righto** /raɪˈtəʊ, ˈraɪtəʊ/, *inter.* (*fam.*) va bene!; sta bene!; d'accordo!

rightism /ˈraɪtɪzəm/, *n.* (*polit.*) destrismo.

rightist /ˈraɪtɪst/, (*polit.*) **A** *n.* uomo di destra; destroso (*scherz.*); conservatore. **B** *a.* di destra; della destra: **r. sympathizers**, simpatizzanti della destra.

rightly /ˈraɪtlɪ/, *avv.* ***1*** esattamente; correttamente; bene: **if I am r. informed**, se sono bene informato ***2*** giustamente; a buon diritto; a ragione ***3*** (*fam.*) con esattezza; con precisione: **I can't r. say whether he was there yesterday**, non so dire con esattezza se ieri si trovasse là ***4*** rettamente; onestamente.

rightness /ˈraɪtnəs/, *n.* ***1*** correttezza; esattezza; giustezza ***2*** integrità (morale); onestà; rettitudine; dirittura.

right-to-life /ˈraɪttəˈlaɪf/, *a. attr.* (*di un movimento, ecc.*) per il diritto alla vita; antiabortista.

right-to-lifer /ˈraɪttəˈlaɪfə(r)/, *n.* antiabortista; sostenitore del diritto alla vita.

rightward /ˈraɪtwəd/, **A** *a.* ***1*** volto a destra ***2*** a destra: **a r. turn**, una svolta a destra. **B** *avv.* (= **rightwards**) verso destra.

righty /ˈraɪtɪ/, *a.* e *n.* ***1*** che (*o* chi) si serve della mano destra; destrimano ***2*** (*polit.*) reazionario; oltranzista di destra; ultra.

rigid /ˈrɪdʒɪd/, *a.* rigido; duro; (*fig.*) inflessibile, rigoroso, severo: **a r. iron bar**, una sbarra di ferro rigida; **a r. teacher**, un insegnante rigoroso; **r. regulations**, norme rigide, severe. ● (*aeron.*) **r. airship**, dirigibile rigido □ (*edil.*) **r. frame**, telaio rigido □ (*fin.*) **r. parity**, parità rigida □ **to be r. with terror**, essere irrigidito dal terrore □ (*fam.*) **to shake sb. r.**, raggelare q. per la paura; (*anche*) fare restare q. di stucco. || **-ly**, *avv.* || **-ness**, *sost.*

rigidity /rɪˈdʒɪdətɪ/, *n.* rigidità; rigidezza; durezza; (*fig.*) inflessibilità, severità, rigore: **r. of principles**, rigidezza di principi. ● (*leg.*) **the r. of their constitution**, la rigidità della loro costituzione □ (*econ.*) **price** [**wage**] **r.**, la rigidità dei prezzi [dei salari].

rigmarole /ˈrɪgmərəʊl/, *n.* ***1*** filastrocca; cantilena; tiritera ***2*** discorso prolisso (senza capo né coda) *3* procedura lunga e complicata; lunga formalità; trafila.

rigor /ˈrɪɡə(r), ˈraɪɡɔː(r)/ (*lat.*), *n.* (*med.*) *1* rigidità: **r. mortis**, rigidità cadaverica; rigor mortis *2* brivido febbrile.

rigorism /ˈrɪɡərɪzəm/, *n.* rigorismo.

rigorist /ˈrɪɡərɪst/, *n.* rigorista.

rigorous /ˈrɪɡərəs/, *a.* *1* rigido; (*fig.*) inflessibile, severo: **a r. climate**, un clima rigido; **r. discipline**, disciplina severa *2* rigoroso; accurato; preciso; scrupoloso: **a r. inquiry**, un'indagine rigorosa. || **-ly**, *avv.* || **-ness**, *sost.*

rigour /ˈrɪɡə(r)/, *n.* *1* rigore; severità, asprezza; austerità: **the r. of the law**, il rigore della legge; **the rigours of the weather**, i rigori della stagione; **the r. of the hermit's life**, l'austerità della vita eremitica *2* asperità; difficoltà; strettezza: **the rigours of life**, le asperità della vita *3* rigore; coerenza; esattezza; precisione.

to **rile** /raɪl/, *v. t.* *1* (*fam.*) infastidire; irritare; seccare; scocciare (*fam.*) *2* (*USA*) agitare; intorbidire. ● (*fam.*) **to r. up**, seccarsi; scocciarsi (*fam.*).

rill /rɪl/, *n.* *1* (*poet.*) ruscello; rivolo *2* *V.* **rille**.

to **rill** /rɪl/, *v. i.* sgorgare, scorrere (*come un rivolo*).

rille /rɪl/, *n.* (*astron.*) solco (*della superficie lunare*).

rillet /ˈrɪlət/, *n.* (*poet.*) ruscelletto.

rim /rɪm/, *n.* *1* orlo; margine; bordo: **the rim of a bowl**, l'orlo d'una tazza *2* montatura (*di occhiali*) *3* (*mecc., autom.*) cerchio; cerchione. ● (*mecc.*) **rim brake**, freno sul cerchione □ (*poet.*) **golden rim**, corona aurea □ (*poet.*) **the sea's rim**, la linea dell'orizzonte (*sul mare*).

to **rim** /rɪm/, *v. t.* *1* orlare; bordare *2* (*mecc.*) cerchiare; munire (*una ruota*) di cerchione. ● **red-rimmed eyes**, occhi cerchiati di rosso □ **gold-rimmed spectacles**, occhiali dalla montatura d'oro.

rime (1) /raɪm/, *n.* *1* (*poet.*) brina *2* galaverna. ● (*meteor.*) **r. frost**, brina di condensazione.

rime (2) /raɪm/, *V.* **rhyme**.

to **rime** (1) /raɪm/, *v. t.* (*poet.*) coprire di brina.

to **rime** (2) /raɪm/, *V.* **to rhyme**.

rimless /ˈrɪmləs/, *a.* *1* senz'orlo; senza margine *2* (*di occhiali*) senza montatura *3* (*mecc.*) senza cerchione.

rimmed /rɪmd/, *a.* *1* orlato; bordato *2* (*di occhiali*) con la montatura *3* (*mecc.*) cerchiato; con i cerchioni.

rimy /ˈraɪmɪ/, *a.* coperto di brina; brinato.

rind /raɪnd/, *n.* *1* scorza; buccia (*di frutta*); corteccia (*di pianta*) *2* (*del formaggio*) crosta *3* (*di pancetta*) cotenna; cotica (*dial.*) *4* (*fig.*) scorza; aspetto esteriore; apparenza.

to **rind** /raɪnd/, *v. t.* scortecciare; sbucciare.

rinded /ˈraɪndɪd/, *a.* (*nei composti*) dalla corteccia; dalla scorza: **a rough-r. oak**, una quercia dalla corteccia dura; **green-r.**, dalla scorza verde.

rinderpest /ˈrɪndəpest/, *n.* (*vet.*) peste bovina.

ring (1) /rɪŋ/, *n.* *1* anello; cerchio; cerchietto; circolo: **a gold r.**, un anello d'oro; **a r. of smoke**, un anello di fumo; **The girls danced in a r.**, le ragazze danzavano in circolo; **rings in the water**, cerchi nell'acqua; **the rings of a tree**, gli anelli d'un albero *2* alone (*di una macchia, della luna, ecc.*) *3* collare, collarino (*di uccelli*) *4* rotella, disco (*di racchetta da sci*) *5* (*boxe*) ring; quadrato *6* (*ippica*) ring; recinto degli allibratori; (*collett.*) (gli) allibratori *7* recinto per cavalli (*o* bovini) (*in esposizione o in vendita*) *8* banda di criminali; racket; (*fin., polit.*) ring; cricca, combriccola; sindacato (*di speculatori*): **the drug r.**, il racket della droga *9* (= **circus r.**) arena, pista (*di un circo equestre*) *10* (*naut.*) maniglione (*dell'ancora*) *11* (*mecc.*) anello, ghiera; (= **piston r.**) anello di pistone; fascia elastica; segmento *12* (*mat.*) anello *13* (*ind. tess.*) filatoio ad anelli; ring *14* fornello a gas *15* (*Borsa merci*) recinto alle grida. ● **r.-a-r. of roses**, girotondo (*gioco infantile*) □ **r. binder**, quaderno ad anelli; taccuino a fogli mobili □ (*zool.*) **r.-dove**, (*Columba palumbus*) colombaccio; (*Streptopelia risoria*) tortora domestica □ **r.-fence**, steccato di cinta; (*fin.*) allocazione di fondi a uno scopo preciso; stanziamento vincolato □ **r. finger**, (dito) anulare □ (*tecn., mecc.*) **r. gauge**, calibro ad anello □ (*mecc.*) **r. gear**, corona dentata □ (*stor.*) **r.-mail**, maglia di ferro; armatura a maglia □ (*zool.*) **r.-neck**, uccello (*o* serpente) dal collare □ (*zool.*) **r.-necked**, dal collare □ (*mecc.*) **r. nut**, ghiera filettata □ (*astron.*) **the rings of Saturn**, gli anelli di Saturno □ **r.-pull**, linguetta metallica (*che si strappa*) □ **a r.-pull can**, una lattina con apertura a strappo □ (*autom.*) **r. road**, (strada di) circonvallazione; raccordo anulare □ (*zool.*) **r. snake** (*Natrix natrix*), biscia dal collare □ (*mecc.*) **r. spanner**, chiave poligonale (*o* a stella) □ (*d'uccello*) **r.-tailed**, dalla coda ad anelli colorati □ **r.-wall**, muro di cinta □ (*bot.*) **annual rings**, anelli annuali (*di crescita delle piante*) □ **arm r.**, braccialetto □ (*ippica*) **competition r.**, campo di gara □ **curtain rings**, anelli per tendine (*o* per tende) □ **to have rings round one's eyes**, avere gli occhi cerchiati (*o* le occhiaie) □ **key r.**, (anello) portachiavi □ **napkin r.**, (anello) portatovagliolo □ **nose r.**, anello infilato attraverso il naso (*del toro, ecc.*) □ (*fig. fam.*) **to run rings round sb.**, essere superiore di gran lunga a q.; surclassare q. □ (*fig.*) **to throw one's hat into the r.**, entrare in lizza (*o* in gara) □ **wedding r.**, fede; anello nuziale; vera.

ring (2) /rɪŋ/, *n.* *1* suono (*di campana, moneta, ecc.*); suonata; squillo (*di campanello*): **This coin has a bad r.**, questa moneta dà un brutto suono; **There was a r. at the door**, ci fu uno squillo di campanello (*o* una scampanellata) alla porta; **Every r. of the phone made me start**, ogni squillo del telefono mi faceva sobbalzare; **the r. of laughter**, lo squillare delle risa *2* tintinnio (*di monete*) *3* (*fig.*) accento; timbro; tono: **There was a r. of sincerity in his voice**, c'era un accento di sincerità nella sua voce; le sue parole suonavano sincere; **a r. of arrogance**, un tono d'arroganza *4* (*fam.*) colpo di telefono; telefonata: **Give me a r.**, fammi una telefonata; dammi un colpo di telefono.

to **ring** (1) /rɪŋ/, **A** *v. t.* *1* accerchiare; circondare: **We were ringed about with warlike natives**, eravamo circondati da indigeni bellicosi *2* cingere; girare intorno a: **A path ringed the lake**, un sentiero girava intorno al lago *3* radunare; far entrare (*il bestiame*) nel recinto *4* mettere un anello al naso di (*un toro, ecc.*) *5* mettere un anello alla zampa di (*un piccione, ecc.*) *6* segnare (*errori, ecc.*) con un cerchio (*rosso, blu, ecc.*). **B** *v. i.* *1* formare anelli (*o* cerchi); raccogliersi in spire *2* (*di uccelli*) alzarsi a spirale. ● **to r. about** (*o* **around, round**), circondare; accerchiare; fare cerchio intorno a; proteggere: **a village ringed around with hills**, un paese circondato da colline; **to r. round the most significant words**, fare un cerchio intorno alle parole più importanti.

to **ring** (2) /rɪŋ/ (*pass.* **rang**, *p. p.* **rung**), **A** *v. i.* *1* suonare (*anche fig.*); scampanellare; squillare; tintinnare; suonare il campanello: **The bells are ringing**, suonano le campane; **His promises rang false**, le sue promesse suonavano false; **His words rang hollow**, le sue parole suonavano insincere; **The doorbell rang**, squillò il campanello (della porta); **Coins r.**, le monete tintinnano *2* scampanellare; chiamare (*suonando il campanello*); telefonare: **Did you r., sir?**, ha chiamato, signore?; **to r. for the maid**, chiamare la cameriera (*suonando*); suonare per la cameriera; **When did you r.?**, quando hai telefonato?; **to r. for the room service**, telefonare per il servizio in camera (*in albergo*) *3* risuonare (*anche fig.*); echeggiare: **The garden rang with the joyous cries of children**, il giardino risuonava delle grida di gioia dei bambini; **The whole town rang with his fame**, tutta la città echeggiava della sua fama *4* (*degli orecchi*) fischiare; ronzare. **B** *v. t.* *1* suonare (*campane, ecc.*): **to r. the bell**, suonare il campanello; **to r. the bells**, suonar le campane; **The chimes rang the hours**, il carillon suonava le ore *2* far risuonare; far tintinnare: **to r. a coin**, far tintinnare una moneta; battere una moneta (*per accertarne la bontà*) *3* (*fam.*) telefonare a (q.); chiamare (*fam.*): **R. me tomorrow**, chiamami domani. ● **to r. the alarm**, suonare (*o* dare) l'allarme □ (*fig.*) **to r. a bell**, richiamare q.c. alla memoria; dare uno svegliarino □ (*fig. fam.*) **to r. the bell**, aver successo; riuscire □ (*pop. USA*) **to r. sb.'s bell**, dare un orgasmo a q.; scopare q. (*volg.*) □ (*mus.* e *fig.*) **to r. the changes on**, *V. sotto* **change** □ (*teatr.*) **to r. down the curtain**, calare il sipario (*o* la tela) □ (*fig.*) **to r. down the curtain on st.**, porre fine a q.c.; scrivere la parola fine su q.c. □ **to r. false**, (*di una moneta*) sembrare falsa (*al suono*); (*fig.*) suonare falso □ **to r. for coffee**, suonare per (farsi portare) il caffè □ **to r. for dinner**, suonare per il pranzo □ **to r. for prayers**, chiamare alla preghiera (*suonando campane o un campanello*) □ **to r. the knell of**, suonare a morto per (q.); (*fig.*) annunciare (*col suono di campana*) la fine di (q.c.): **The bells seem to r. the knell of parting day**, le campane sembrano annunciare col loro suono la fine del giorno □ **to r. sb.'s praises**, cantare le lodi di q. □ **to r. true**, (*di una moneta*) sembrar buona (*al suono*); (*fig.*) avere un accento di verità □ **to make sb.'s head r.**, intronare il capo a q. □ **The song rings in my head**, la canzone mi ronza nel capo □ **His voice rang with indignation**, la sua voce vibrava di sdegno.

♦**ring around**, *v. i.* e *v. t.* + *avv.* fare un giro di telefonate (a): **I rang around all the hotels but couldn't find a single room**, feci un giro di telefonate a tutti gli alberghi senza riuscire a trovare una camera singola.

♦**ring back**, *v. i.* e *v. t.* + *avv.* ritelefonare (a); richiamare (al telefono): **I'll r. you back later**, ti richiamo più tardi.

♦**ring in**, **A** *v. i.* + *avv.* *1* telefonare, chiamare (*al telefono: in casa, in ufficio, ecc.*): **Your wife has just rung in**, ha telefonato sua moglie un minuto fa *2* (*USA*) marcare l'entrata; timbrare il cartellino (*entrando in fabbrica, in ufficio, ecc.*). **B** *v. t.* + *avv.* dare il benvenuto a, salutare con il suono delle campane l'arrivo di: **to r. in the New Year**, salutare con le campane l'arrivo dell'Anno Nuovo.

♦**ring off**, *v. i.* + *avv.* mettere (*o* buttare) giù il telefono (*a q.*); riattaccare: **Don't r. off!**, non riattaccare!

♦**ring out**, **A** *v. i.* + *avv.* *1* risuonare; squillare: **A shot rang out**, risuonò un colpo (*o* uno sparo); **Suddenly a voice rang out**, si udì lo squillo improvviso di una voce *2* (*del telefono*) squillare lontano *3* (*al telefono*) chiamare; fare una chiamata *4* (*USA*) marcare l'uscita; timbrare il cartellino (*in uscita dal lavoro*). **B** *v. t.* + *avv.* salutare (*o* dare l'addio a) con il suono delle campane: **to r. out the Old Year**, dare l'addio con le campane all'anno vecchio.

♦**ring round**, *V.* **ring around**.

♦**ring up**, **A** *v. i.* + *avv.* **A lot of people have rung up while you were out**, ha telefonato un sacco di gente mentre eri fuori. **B** *v. t.* + *avv.* *1* telefonare a; chiamare (al telefono): **I'll r. you up tomorrow**, ti chiamo domani *2* battere (*sul registratore di cassa*): **The cashier rang up ten pounds**, la cassiera ha battuto dieci sterline *3* (*per estens.*) incassare (*una certa somma*) □ (*teatr.*) **to r. up the curtain**, tirare (*o* alzare) il sipario □ (*fig.*) **to r. up the curtain on st.**, dare l'avvio a q.c.

ringbolt /ˈrɪŋbəʊlt/, *n.* (*mecc.*) bullone a occhio con anello.

ringcraft /ˈrɪŋkrɑːft, *USA* -æft/, *n.* (*sport*) abilità (*o* tecnica) pugilistica.

ringed /rɪŋd/, *a.* **1** che ha (*o* che porta) l'anello (*specialm. nuziale*); sposato; fidanzato **2** ornato d'anelli; inanellato **3** (*di un occhio*) cerchiato **4** (*di un uccello, ecc.*) con il collarino **5** (= **ring-shaped**) ad anello; anulare; circolare.

ringent /ˈrɪndʒənt/, *a.* **1** aperto; spalancato **2** (*bot.*) labiato.

ringer (**1**) /ˈrɪŋə(r)/, *n.* **1** chi accerchia; cosa che fa cerchio intorno (*a un'altra*; *V.* **ring** (**1**)) **2** (*specialm.*) anello di metallo gettato in modo che s'infili su un piolo (*V. gioco dei* **quoits,** *sotto* **quoit**).

ringer (**2**) /ˈrɪŋə(r)/, *n.* **1** (= **bell-r.**) campanaro **2** suoneria: **telephone r.**, suoneria telefonica **3** (*pop. USA*) concorrente (*o* cavallo) iscritto sotto falso nome **4** (*pop.*, = **dead r.**) sosia. ● (*pop.*) **He is a dead r. for his brother**, è suo fratello nato e sputato.

to **ring-fence** /ˈrɪŋfens/, *v. t.* (*fin.*) stanziare, destinare (*fondi*) a uno scopo preciso.

ringing /ˈrɪŋɪŋ/, **A** *n.* **1** suono squillante; tintinnio **2** scampanio; scampanellata. **B** *a.* sonoro; squillante: **a r. laugh**, una risata sonora (*o* squillante); **a r. voice**, una voce sonora. ● **a r. frost**, un gelo che fa scricchiolare il terreno (*sotto i piedi*) □ **a r. in one's ears**, un ronzio (*o* un fischio) negli orecchi □ (*telef.*) **r. tone**, segnale di linea libera.

ringleader /ˈrɪŋliːdə(r)/, *n.* agitatore; capobanda; caporione.

ringlet /ˈrɪŋlət/, *n.* **1** anellino; cerchietto **2** ricciolo; ricciolino: **Yellow ringlets hung down to her shoulders**, riccioli biondi le scendevano sulle spalle.

ringleted /ˈrɪŋlətɪd/, **ringlety** /ˈrɪŋlətɪ/, *a.* ricciuto; riccioluto.

ringmaster /ˈrɪŋmɑːstə(r), *USA* -mæs-/, *n.* direttore di circo (equestre).

ringroad /ˈrɪŋrəʊd/, *n.* (strada di) circonvallazione; raccordo anulare.

ringside /ˈrɪŋsaɪd/, **A** *n.* **1** (*sport*) bordo ring **2** (*per estens.*) posizione di prima fila; buon osservatorio. **B** *a. attr.* **1** (*sport*) di bordo ring: **a r. seat**, un posto di bordo ring **2** di prima fila; da cui si vede bene.

ringster /ˈrɪŋstə(r)/, *n.* (*fam. USA*) membro di una cricca (*specialm. politica*).

ring-the-bull /ˈrɪŋðəˈbʊl/, *n.* lancio di anelli da infilare intorno a un gancio (*gioco*).

ringworm /ˈrɪŋwɜːm/, *n.* (*med.*) tricofizia; tinea.

rink /rɪŋk/, *n.* (*sport*) **1** pattinatoio; pista di pattinaggio (*su ghiaccio o a rotelle*) **2** campo (*di ghiaccio*) per il gioco del curling **3** squadra di giocatori di curling.

to **rink** /rɪŋk/, *v. i.* (*sport*) pattinare (*su ghiaccio o a rotelle*).

rinker /ˈrɪŋkə(r)/, *n.* (*sport*) pattinatore (*su ghiaccio o a rotelle*).

rinky-dink /ˈrɪnkɪdɪŋk/, **rinky-tink** /ˈrɪnkɪtɪŋk/, *n.* (*pop. USA*) **1** merce scadente (*o* di seconda mano); roba da poco; oggetto da due soldi **2** persona da poco (*o* di poco conto) **3** imbroglio; raggiro.

rinse /rɪns/, *n.* **1** risciacquata: **I've given the glasses a r.**, ho dato una risciacquata ai bicchieri **2** (*ind.*) risciacquatura **3** sciacquata; lavata sommaria **4** tintura leggera per capelli (*che si asporta sciacquandoli*).

to **rinse** /rɪns/, *v. t.* **1** (*anche* **to r. out**) sciacquare; risciacquare: **to r. clothes**, risciacquar panni; **to r. one's mouth**, sciacquarsi la bocca **2** sciacquare; lavare sommariamente (*senza sapone*): **to r. one's hands**, sciacquarsi le mani **3** (*fam.*, *anche* **to r. down**) mandar giù (*bevendo*); innaffiare (*cibo con birra, vino, ecc.*).

rinsing /ˈrɪnsɪŋ/, *n.* risciacquatura; acqua di risciacquatura.

riot /ˈraɪət/, *n.* **1** insurrezione; sommossa; sedizione; rivolta; tumulto; sollevazione: **There were bad riots at Lewesham a few years ago**, qualche anno fa ci furono gravi tumulti a Lewesham **2** baccano; chiasso; fracasso; frastuono; intemperanze (*pl.*) **3** gozzoviglia; orgia (*anche fig.*): **a r. of colour**, un'orgia di colori **4** (*fam.*) cannonata (*fig. fam.*); grande successo; colpo (*fig.*) **5** (*fam.*) spasso: **Her hat is a r.**, il suo cappellino è uno spasso (*o* fa morire dal ridere). ● (*stor.*) **the R. Act**, la legge contro le sommosse (*o* i tumulti popolari: *del 1715*) □ **r. gear**, equipaggiamento antisommossa (*elmetti, scudi, ecc.*) □ **r. gun**, fucile a canna corta (*per l'ordine pubblico*) □ (*ass.*) **r. risk**, rischio di sommosse popolari □ **r. shield**, scudo per poliziotti; scudo di plastica □ **r. squad**, reparto di polizia antisommosse □ (*fig.*) **to read the R. Act**, (*della polizia*) leggere l'ordine di scioglimento a una folla (*prima della carica*); (*per estens.*) dare un severo avvertimento; richiamare all'ordine; sgridare, dare una lavata di capo (*a q.*) □ **to run r.**, dare in eccessi; scatenarsi; sfrenarsi; (*di piante*) crescere con eccessivo rigoglio, lussureggiare.

to **riot** /ˈraɪət/, *v. i.* **1** insorgere; sollevarsi; tumultuare **2** far baccano; far chiasso **3** fare orge; gozzovigliare. ● **to r. in**, indulgere (*o* abbandonarsi, darsi) a: **The African dictator rioted in unrestrained cruelty**, il dittatore africano si abbandonò alla crudeltà più sfrenata □ **to r. one's life out**, sciupare la propria vita in bagordi □ **to r. one's money** [**time**] **away**, sprecare il denaro [il tempo] in bagordi.

rioter /ˈraɪətə(r)/, *n.* **1** ribelle; rivoltoso; sedizioso **2** (*arc.*) chi si dà alle orge; gaudente.

riotous /ˈraɪətəs/, *a.* **1** rivoltoso; sedizioso; turbolento; tumultuante **2** dissoluto; intemperante; licenzioso; sfrenato: **He leads a r. life**, conduce una vita dissoluta; **r. laughter**, risa sfrenate **3** (*raro: di piante*) rigoglioso; lussureggiante. ‖ **-ly**, *avv.* ‖ **-ness**, *sost.*

rip (**1**) /rɪp/, *n.* **1** lacerazione; strappo; squarcio **2** scucitura **3** (*falegn.*) taglio secondo il verso della fibra. ● (*pop.*) **rip-off**, oggetto rubato; furto, rapina; imbroglio, fregatura; furto (*fig.*), conto salato; plagio, scopiazzatura.

rip (**2**) /rɪp/, *n.* (*naut.*, = **riptide, tiderip**) tratto di mare o di fiume, con onde tumultuose (*per l'incontro di maree o correnti*). ● **rip current**, corrente di risucchio.

rip (**3**) /rɪp/, *n.* (*pop. raro*) **1** cavallaccio; ronzino; rozza **2** individuo dissoluto; debosciato **3** cosa (*o* persona) senza valore **4** (*arc.*) puttana.

to **rip** /rɪp/, **A** *v. t.* **1** lacerare; strappare; scucire; sdrucire; tirar via: **Rip out the lining**, strappa (*o* scuci) la fodera!; **to rip off the old wallpaper**, strappare (*o* tirar via) la vecchia carta da parati **2** (*spesso* **to rip up**) fendere; spaccare; squarciare: **I ripped up his sleeve to disinfect his wound**, gli strappai la manica per disinfettargli la ferita **3** (*spesso* **to rip off**) staccare; tagliare netto; tranciare; troncare: **He had his arm ripped off by a hand-grenade**, ebbe il braccio troncato da una bomba a mano **4** (*falegn.*) segare (*il legno*) secondo il verso della fibra **5** scoperchiare (*un tetto d'ardesia, di scandole*) **6** (*fig.*) fare (q.c.) a pezzi (*fig.*); criticare aspramente, stroncare. **B** *v. i.* **1** lacerarsi; strapparsi; scucirsi **2** fendersi; spaccarsi; squarciarsi **3** (*fam.*) andare a grande velocità (*o* a tutta birra); filar via: (*di una barca, un'automobile, ecc.*) **Let her** (*o* **it**) **rip**, lasciala filare; mandala a tutta birra. ● **to rip along the seams**, scucire □ **to rip a fissure** [**a passage**], aprire una fessura [un passaggio] □ **to rip in half** (*o* **in two**), spaccare in due; fare in due pezzi □ **to rip open**, sventrare; aprire: **to rip a letter open**, aprire una lettera (*stracciando la busta*) □ (*fig. fam.*) **to let things rip**, lasciare che le cose vadano a modo loro; lasciar perdere □ **Let it rip!**, avanti!; si comincia!; (*anche*) lascia perdere!

♦**rip across**, *v. t.* + *avv.* stracciare (in due pezzi); fare in due pezzi (*fam.*): **to rip across a cheque**, stracciare un assegno.

♦**rip apart**, *v. t.* + *avv.* **1** spaccare in due; fare a pezzi: **The bomb ripped apart the coach**, la bomba spaccò in due il pullman **2** buttare all'aria; mettere a soqquadro: **The burglar ripped apart my flat**, il ladro mise a soqquadro il mio appartamento.

♦**rip away**, *v. t.* + *avv.* **1** strappare via; staccare: **The wind has ripped all the blossoms away**, il vento ha staccato tutti i fiori degli alberi **2** (*fig.*) eliminare; fare piazza pulita di.

♦**rip down**, *v. t.* + *avv.* strappare, tirare giù (*manifesti e sim.*).

♦**rip into**, *v. i.* + *prep.* **1** (*di belve*) azzannare **2** (*fig.*) attaccare, assalire, con grande violenza; criticare, stroncare.

♦**rip off**, *v. t.* + *avv.* **1** strappare via **2** squarciare: **The car bomb ripped off the front of the barracks**, l'autobomba squarciò la facciata della caserma **3** (*pop.*) rubare; depredare; rapinare: **to rip off jewels**, rubare gioielli; **to rip off a bank**, rapinare una banca **4** derubare (*fig.*); far pagare a (*un cliente*) un'esagerazione **5** (*pop. USA*) imbrogliare; raggirare **6** (*pop. USA*) far fuori; uccidere.

♦**rip out**, *v. t.* + *avv.* **1** strappare; tirare via **2** buttare giù, far cadere (*denti, ecc.*) **3** (*edil.*) demolire; sventrare **4** (*arc.*) dire, pronunciare, prorompere in (*bestemmie, parolacce, ecc.*).

♦**rip up**, *v. t.* + *avv.* **1** stracciare, fare a pezzi (*il giornale, una lettera, ecc.*) **2** squarciare, tirare su (*la pavimentazione, ecc.*) **3** sfilacciare (*stoffa*) **4** (*fig.*) stracciare (*fig.*), non rispettare (*un contratto e sim.*).

♦**rip on**, *v. t.* + *prep.* (*pop. USA*) infastidire, importunare, dare addosso a (q.); rompere (*fam.*).

riparian /raɪˈpeərɪən/, *a.* rivierasco; ripario. ● **r. proprietor**, proprietario della riva (*di un fiume, ecc.*) □ (*leg.*) **r. rights**, diritti connessi con la proprietà della riva (*quali la pesca, l'uso delle acque, ecc.*); diritti rivieraschi; ripatico.

ripcord /ˈrɪpkɔːd/, *n.* **1** corda di strappo, cavo di spiegamento (*di paracadute*) **2** fune di strappamento (*di aerostato*).

ripe /raɪp/, *a.* **1** maturo; (*fig.*) compiuto, completo, perfetto: **r. apples**, mele mature; **r. experience**, esperienza matura; **of r. age**, in età matura; **a man of r. years**, un uomo maturo (d'anni); **r. wisdom**, saggezza perfetta **2** atto; idoneo; pronto: **r. for treatment**, pronto a ricevere le cure; **r. for trouble**, pronto a combinar guai **3** stagionato; maturo: **r. cheese**, formaggio stagionato. ● **r. beauty**, bellezza matura □ **r. lips**, labbra piene (*o* turgide) □ **The time is r. for action**, è giunta l'ora d'agire. ‖ **-ly**, *avv.* ‖ **-ness**, *sost.*

to **ripen** /ˈraɪpən/, **A** *v. t.* **1** maturare; far maturare **2** stagionare. **B** *v. i.* **1** maturare; maturarsi **2** stagionarsi.

ripidolite /rɪˈpɪdəlaɪt/, *n.* (*miner.*) ripidolite.

ripost(**e**) /rɪˈpəʊst/, *n.* **1** (*scherma*) risposta **2** (*fig.*) replica, risposta (*spiritosa o incisiva*).

to **ripost**(**e**) /rɪˈpəʊst/, *v. i.* **1** (*scherma*) eseguire una risposta **2** (*fig.*) replicare; rispondere per le rime.

ripped /rɪpt/, *a.* (*anche* **r. off, r. up**) (*pop. USA*) intontito dall'alcol (*o* dalla droga), suonato (*pop.*).

ripper /ˈrɪpə(r)/, *n.* **1** chi lacera, squarcia, ecc. (*V.* **to rip**) **2** arnese per scoperchiare tetti (*d'ardesia o di scandole*) **3** (*falegn.*) *V.* **ripsaw** **4** estrattore per chiodi; cacciachiodi **5** (*pop. specialm. Austr.*) persona (*o* cosa) straordinaria; cannonata (*fig. fam.*). ● **Jack the R.**, Jack lo Squartatore.

ripping /ˈrɪpɪŋ/, **A** *n.* **1** lacerazione; strappo **2** tranciamento **3** (*falegn.*) il segare secondo il verso della fibra (*del legno*). **B** *a.* **1** che lacera, strappa, squarcia (*V.* **to rip**) **2** (*pop. arc.*) eccellente; magnifico; ottimo; straordinario. ● **r. bar**, estrattore per chiodi; cacciachiodi □ (*pop. arc.*) **to have a r. good time**, spassarsela; divertirsi un mondo.

ripple (**1**) /ˈrɪpl/, *n.* ***1*** increspatura; ondulazione; piccola onda ***2*** mormorio di voci (*o di acque*); lieve suono (*di risa*) ***3*** (*elettr.*) ondulazione ***4*** (*USA*) piccola rapida (*di un fiume*). ● **r.-cloth**, tessuto crespo; crespo □ **r. marks**, solchi ondulati (*sulla sabbia, nel fango, ecc.*).

ripple (**2**) /ˈrɪpl/, *n.* (*ind. tess.*) pettine di ferro; gramola.

to **ripple** (**1**) /ˈrɪpl/, **A** *v. i.* ***1*** incresparsi; formare piccole onde ***2*** (*del grano, ecc.*) ondeggiare (*al vento*) ***3*** (*di acque*) mormorare; gorgogliare ***4*** (*fig.*: *di suono, risa, ecc.*) diffondersi; propagarsi. **B** *v. t.* ***1*** increspare, ondulare: **A light wind was rippling the lake**, un venticello increspava le acque del lago ***2*** segnare; rigare.

to **ripple** (**2**) /ˈrɪpl/, *v. t.* (*ind. tess.*) pettinare; gramolare.

ripplet /ˈrɪplət/, *n.* lieve increspatura; piccolissima onda.

ripply /ˈrɪplɪ/, *a.* crespo; increspato; ondulato.

riprap /ˈrɪpræp/, *n.* (*ind. costr.*) ***1*** fondazione subacquea di pietrame alla rinfusa ***2*** pietrame per tali fondazioni.

rip-roaring /ˈrɪprɔːrɪŋ/, *a.* (*fam.*) chiassoso; rumoroso; scatenato; sfrenato.

ripsaw /ˈrɪpsɔː/, *n.* (*falegn.*) saracco; segatrice per taglio (*del legno*) secondo il verso della fibra.

riptide /ˈrɪptaɪd/, *n.* (*naut.*) ***1*** corrente di risucchio ***2*** tratto di mare o di fiume con onde tumultuose (*per l'incontro di maree o correnti*) ***3*** (*fig.*) vortice.

Ripuarian /rɪpjuːˈɛərɪən/, *a.* (*stor.*) Ripuario: **R. Franks**, i Franchi Ripuari.

rise /raɪz/, *n.* ***1*** altura; elevazione; rialzo (*del terreno*): **The house stands on a r.**, la casa è situata su un'altura; (*geogr.*) **continental r.**, rialzo continentale ***2*** salita; ascesa: **a steep r.**, una salita ripida; **the r. of a politician**, l'ascesa di un uomo politico ***3*** (il) sorgere, (la) levata (*del sole, della luna, ecc.*) ***4*** aumento; crescita; rialzo; lievitazione (*di prezzi*); (*di un fiume*) innalzamento di livello: **Prices are on the r.**, i prezzi sono in aumento; **a r. in temperature**, un aumento della temperatura; **a r. in prices**, un rialzo dei prezzi; **a r. in salary**, un aumento di stipendio ***5*** avanzamento; progresso; promozione; aumento (di paga): **He has had a r. in rank**, ha avuto una promozione (di grado); **I asked my employer for a r.**, chiesi un aumento (di stipendio) al principale ***6*** (*raro*) sorgente; origine: **The river has** (*o* **takes**) **its r. at the foothills**, la sorgente del fiume è nelle colline pedemontane ***7*** (*di pesce*) affioramento; il salire a fior d'acqua (*per cibarsi*) ***8*** altezza; livello, crescita: **The tidal r. is twenty feet**, l'altezza della marea è di venti piedi (*sei metri*) ***9*** (*di gradino*) alzata ***10*** (*archit.*) freccia (*di un arco, di un ponte*) ***11*** (*volg.*) erezione; (il) drizzare. ● (*naut.*) **the r. of the tide**, il flusso della marea □ (*econ.*) **the r. of wages**, la dinamica salariale □ **to give r. to**, dare origine a; far nascere (*fig.*), causare □ (*fam.*) **to take** (*o* **to get**) **a r. out of sb.**, far reagire q. a forza di stuzzicarlo; fare uscire dai gangheri q. □ **I fished all day but didn't get a r.**, ho pescato tutto il giorno senza che affiorasse neanche un pesce.

to **rise** /raɪz/ (*pass.* **rose**, *p. p.* **risen**), **A** *v. i.* ***1*** alzarsi; levarsi; rizzarsi; ergersi; sorgere; spuntare; scaturire; nascere: **He rose from the chair**, si alzò dalla sedia; **We rose from the table**, ci alzammo da tavola; **They r. at dawn**, si alzano all'alba; **The tide is rising**, si alza la marea; **The dough has risen**, la pasta s'è alzata (ha lievitato); **The sun was rising**, il sole sorgeva; **The wind rose suddenly**, improvvisamente si levò il vento; **A snow--capped mountain rose on our left**, un monte incappucciato di neve si ergeva alla nostra sinistra; **The Tiber rises from Mount Fumaiolo**, il Tevere sorge (*o* nasce) dal monte Fumaiolo; **The hair rose on my head**, mi si rizzarono i capelli (in testa) ***2*** risorgere; risuscitare: **Christ is risen!**, Cristo è risorto! ***3*** aumentare; crescere; (*di fiume, ecc.*) gonfiarsi, essere in piena; (*di prezzi, ecc.*) salire, lievitare: **In the flood the river rose three feet**, con la piena il fiume crebbe di tre piedi; **The Tiber is rising**, il Tevere è in piena; **Prices are rising**, i prezzi aumentano; **Costs are rising**, i costi salgono; **Blisters r.**, le vesciche si gonfiano; **The barometer [the mercury] is rising steadily**, il barometro [il mercurio] continua a salire; **The road rises in a gentle curve**, la strada sale facendo una lieve curva; **Our net income rose 10% over that of the previous year**, il nostro utile netto crebbe del 10% rispetto a quello dell'anno precedente ***4*** (*del pane, ecc.*) crescere; lievitare ***5*** (*del pesce*) affiorare; venire a galla; salire a fior d'acqua (*per cibarsi*) ***6*** (*fig.*) elevarsi; far carriera; far progressi; farsi una posizione; farsi strada: **a man likely to r.**, un uomo che farà carriera; **to r. to an important position**, raggiungere una posizione di rilievo ***7*** insorgere; sollevarsi; ribellarsi: **The people rose against the tyrant**, il popolo insorse contro il tiranno; **The village people rose against their oppressors**, gli abitanti del villaggio si sollevarono contro gli oppressori ***8*** (*di riunione, del parlamento, ecc.*) sciogliersi; sospendere la seduta ***9*** derivare; provenire; scaturire; scoppiare; essere causato da; esser dovuto a: **The war rose out of a border incident**, la guerra scoppiò per un incidente di frontiera ***10*** (*fam.*) reagire (*se stuzzicati da q.*). **B** *v. t.* levare, scovare, stanare (*selvaggina*); prendere (*pesci*): **We didn't r. a quail all day**, non riuscimmo a levare una quaglia in tutta la giornata; **We didn't r. a single fish**, non riuscimmo a prendere nemmeno un pesce. ● **to r. again**, risorgere □ (*di merce*) **to r. in price**, rincarare □ **to r. in rebellion**, ribellarsi □ **to r. in the world**, fare carriera; farsi strada (*fig.*) □ (*del pesce e fig.*) **to r. to the bait**, abboccare □ **to r. to one's feet**, alzarsi in piedi; prendere la parola □ (*fig.*) **to r. to the occasion**, mostrarsi all'altezza della situazione □ **to r. to power**, salire al potere □ **to r. to the surface**, (*del pesce*) affiorare; (*fig.*) affiorare, venire alla luce □ **a tree that rises twenty feet**, un albero alto venti piedi (*più di sei metri*) □ (*teatr.*) **The house rose**, il pubblico si levò in piedi □ **My stomach rises against it**, mi si rivolta lo stomaco; ciò mi disgusta □ **He doesn't r. above mediocrity**, non esce dalla mediocrità □ **The girl's colour rose**, il viso della ragazza s'imporporò □ **An idea rose before my mind**, mi venne in mente un'idea.

♦**rise above**, *v. i.* + *prep.* ***1*** alzarsi su (*o* sopra): **A column of smoke was rising above the hill**, una colonna di fumo si alzava sulla collina ***2*** (*fig.*) essere (*o* mostrarsi) superiore a; superare: **You should r. above these petty jealousies**, dovresti essere superiore a queste meschine gelosie; **to r. above self-interest**, superare l'interesse personale.

♦**rise from**, *v. i.* + *prep.* ***1*** alzarsi da (*una sedia, da tavola, ecc.*) ***2*** (*fig.*) derivare, provenire, nascere da; essere causato da: **His remorse rises from the consciousness of what he did**, il suo rimorso nasce dalla consapevolezza di ciò che ha fatto □ **to r. from the ashes**, rinascere dalle ceneri □ **to r. from the dead** (*o* **the grave**), risuscitare □ (*mil.*) **to r. from the ranks**, (*di un ufficiale*) venire dalla gavetta.

♦**rise up**, *v. i.* + *avv.* ***1*** alzarsi (in piedi); sollevarsi ***2*** insorgere; sollevarsi; ribellarsi; fare una sommossa ***3*** (*fig.*: *di un sentimento*) sorgere; impadronirsi di: **Terror rose up in my heart when I saw the tiger**, quando vidi la tigre, il terrore s'impadronì di me.

risen /ˈrɪzn/, **A** *p. p.* di **to rise**. **B** *a.* sorto; risorto: **the r. Christ**, Cristo risorto.

riser /ˈraɪzə(r)/, *n.* ***1*** chi si alza (*a un certa ora*): **an early r.**, uno che si alza presto; un tipo mattiniero; **a late r.**, uno che si alza tardi; un dormiglione ***2*** (*di gradino*) alzata ***3*** (*edil.*) colonna montante (*dell'acqua, del gas, ecc.*) ***4*** (*geol.*) scarpata ripida ***5*** (*ind. min.*) fornello ***6*** (*raro*) ribelle; rivoltoso; insorto.

risibility /rɪzəˈbɪlətɪ/, *n.* ***1*** inclinazione al riso; senso del ridicolo ***2*** risibilità ***3*** riso; ilarità.

risible /ˈrɪzəbl/, *a.* ***1*** incline al riso; ridanciano ***2*** (*fisiol.*) del riso: **r. muscle**, muscolo del riso ***3*** risibile; ridicolo; comico. ● **r. wages**, salario risibile.

rising /ˈraɪzɪŋ/, **A** *a.* ***1*** (*del sole, ecc.*) sorgente; nascente: **the r. sun**, il sole nascente; il sol levante ***2*** crescente; in sviluppo; in aumento: **r. tide**, marea crescente; **in a r. series**, in successione crescente; **r. prices**, prezzi in aumento ***3*** ascendente; in salita: **r. ground**, terreno in salita ***4*** promettente; che si fa strada: **a r. young man**, un giovane promettente. **B** *n.* ***1*** insurrezione; sollevamento; rivolta; sommossa: **r. of the people**, sommossa popolare ***2*** (= **r. again**) risurrezione ***3*** (*fam.*) lievito ***4*** (*polit.*) sospensione (*dei lavori*: *in Parlamento*). **C** *prep.* vicino a, circa; che si avvicina a (*negli anni*): **r. 10,000 pounds**, circa 10.000 sterline; **to be r. forty**, essere vicino ai quarant'anni. ● (*edil.*) **r. damp**, umidità dal basso □ **the r. generation**, la nuova generazione □ (*econ.*) **a r. market**, un mercato al rialzo □ **a r. politician [lawyer]**, un uomo politico [un avvocato] che promette bene □ **a r. star**, una stella emergente (*del cinema, ecc.*); (*econ.*) un'azienda (*o* un prodotto) assai promettente; (*econ.*) **a r. trend**, una tendenza al rialzo.

risk /rɪsk/, *n.* rischio; azzardo; pericolo: **fire r.**, rischio d'incendio; **to take** (*o* **to run**) **a r.**, correre un rischio; **There is the r. of your being run over**, c'è pericolo che tu ti faccia investire. ● (*ass., fin.*) **r.-averse**, restio ad assumere rischi □ (*ass., fin.*) **r.-aversion**, riluttanza ad assumere rischi □ (*ass., fin.*) **r. bearing**, l'avere assunto un rischio □ (*fin.*) **r. capital**, capitale di rischio □ (*med.*) **r. factor**, fattore di rischio □ (*naut.*) **r. of craft**, rischio di alleggio □ (*ass., fin.*) **r.-taking**, assunzione di rischio □ (*ass.*) **all risks**, assicurazione contro rischi vari □ **at r.**, in forse; in pericolo □ **at the r. of one's life**, a rischio della vita □ **at one's own r.**, a proprio rischio e pericolo □ (*comm.*) **at owner's r.**, a rischio (e pericolo) del committente □ (*polit.*) **security r.**, rischio per la sicurezza nazionale.

to **risk** /rɪsk/, *v. t.* e *i.* rischiare; arrischiare; azzardare; mettere a rischio: **to r. one's neck**, rischiare di rompersi l'osso del collo; **to r. a battle**, arrischiar battaglia; **to r. failure**, rischiare di far fiasco; **to r. one's life**, mettere a rischio (*o* a repentaglio) la propria vita. ● **to r. a jump**, tentare un salto.

riskily /ˈrɪskəlɪ/, *avv.* rischiosamente.

riskiness /ˈrɪskɪnəs/, *n.* arrischiatezza; avventatezza; pericolosità.

riskless /ˈrɪskləs/, *a.* senza rischio.

risky /ˈrɪskɪ/, *a.* rischioso; arrischiato; azzardoso; pericoloso: **a r. venture**, un'impresa rischiosa.

risotto /rɪˈzɒtəʊ/ (*ital.*), *n.* (*pl.* **risottos**) (*cucina*) risotto.

risqué /ˈrɪskeɪ, *USA* rɪˈskeɪ/ (*franc.*), *a.* audace; scabroso; spinto: **a r. dress**, un abito audace; **a r. joke**, una barzelletta spinta.

rissole /ˈrɪsəʊl/, *n.* (*cucina*) polpetta; crocchetta.

rite /raɪt/, *n.* rito; cerimonia; osservanza: **burial rites**, riti funebri.

ritual /ˈrɪtʃʊəl/, **A** *a.* rituale: **r. dances of the Solomon islands**, danze rituali delle isole Salomone. **B** *n.* rituale: **the rain r.**, il rituale per invocare la pioggia. || **-ly**, *avv.*

ritualism /ˈrɪtʃʊəlɪzəm/, *n.* ***1*** (*relig.*) ritualismo ***2*** (*per estens.*) eccessiva cerimoniosità ***3*** studio di riti magici o religiosi.

ritualist /ˈrɪtʃʊəlɪst/, *n.* ***1*** (*relig.*) ritualista ***2*** persona troppo attaccata a riti e cerimonie ***3***

studioso di riti magici o religiosi.

ritualistic /rɪtʃʊəˈlɪstɪk/, *a.* **1** rituale; ritualistico **2** (*relig.*) che segue il ritualismo. || **-ally**, *avv.*

ritualization /rɪtʃʊəlaɪˈzeɪʃn, *USA* -lɪˈz-/, *n.* ritualizzazione.

to **ritualize** /ˈrɪtʃʊəlaɪz/, **A** *v. t.* ritualizzare; rendere rituale. **B** *v. i.* (*relig.*) seguire il ritualismo.

ritzy /ˈrɪtzɪ/, *a.* (*pop. raro*) costoso; lussuoso; magnifico; splendido; favoloso (*fam.*). || **-ily**, *avv.* || **-iness**, *sost.*

rival /ˈraɪvl/, **A** *n.* rivale: **rivals for the presidency**, rivali per la presidenza. **B** *a.* rivale: **r. factions**, fazioni rivali. ● (*econ.*) **r. commodities**, beni alternativi □ (*fin.*) **r. companies**, compagnie rivali □ **business rivals**, concorrenti; rivali in affari □ **without a r.**, senza pari.

to **rival** /ˈraɪvl/, *v. t.* rivaleggiare con; competere con; eguagliare; emulare: **He rivals his father in intelligence**, eguaglia il padre per intelligenza.

rivalry /ˈraɪvlrɪ/, **rivalship** /ˈraɪvəlʃɪp/, *n.* rivalità; emulazione; (*comm.*) concorrenza: **friendly r.**, emulazione amichevole.

to **rive** /raɪv/ (*pass.* **rived**, *p. p.* **riven**, **rived**), **A** *v. t.* **1** lacerare; strappare: **to r. off the bark of a tree**, strappare la corteccia di un albero; scortecciare un albero **2** fendere; spaccare; spezzare: **to r. wood [stones]**, spaccare legna [pietre]; (*fig.*) **to r. sb.'s heart**, spezzare il cuore a q. **3** fare (*listelli*) spaccando il legno. **B** *v. i.* (*specialm. del legno*) fendersi; spaccarsi; spezzarsi.

river (**1**) /ˈrɪvə(r)/, *n.* (*anche fig.*) fiume: **the R. Thames**, il fiume Tamigi; **the Hudson R.**, il fiume Hudson; **a r. of lava**, un fiume di lava. ● **r. bank**, argine, sponda, riva (*di fiume*) □ **r. basin**, bacino fluviale □ (*zool.*) **r. crawfish**, gambero di fiume □ **r. god**, divinità fluviale □ **r. head**, sorgente (*di fiume*) □ (*zool., fam.*) **r. horse**, ippopotamo □ **down r.**, a valle □ (*fig.*) **to sell sb. down the r.**, tradire q.; vendere q. □ **up r.**, a monte □ (*pop.*) **up the r.**, in galera; al fresco.

river (**2**) /ˈraɪvə(r)/, *n.* chi spacca (*legna, ecc.*); chi lacera.

riverain /ˈrɪvəreɪn/, **A** *a.* fluviale. **B** *n.* territorio fluviale.

riverbed /ˈrɪvəbɛd/, *n.* letto di fiume; alveo (*fluviale*).

riverfront /ˈrɪvəfrʌnt/, **A** *n.* lungofiume. **B** *a. attr.* che si svolge lungo un fiume; rivierasco.

riverine /ˈrɪvəraɪn/, *a.* fluviale: **r. plants**, piante fluviali.

riverside /ˈrɪvəsaɪd/, **A** *n.* sponda, riva (*di fiume*); lungofiume. **B** *a. attr.* della (*o* sulla) riva di un fiume; lungo il fiume: **a r. cottage**, una villetta sulla riva di un fiume.

rivet /ˈrɪvɪt/, *n.* (*mecc.*) chiodo (*da ribadire*); rivetto, ribattino. ● (*mecc.*) **r. gun**, martello per ribadire; ribaditrice (*macchina*) □ (*mecc.*) **split r.**, rivetto spaccato.

to **rivet** /ˈrɪvɪt/, *v. t.* **1** inchiodare (*anche fig.*); (*mecc.*) chiodare, ribadire, ribattere, rivettare; fissare: **to r. a nail**, ribadire (*o* ribattere) un chiodo; **to r. a bolt**, ribadire un bullone; **The onlookers were riveted on the spot**, gli astanti rimasero inchiodati sul posto; (*fig.*) **to r. an error**, ribadire un errore; **to r. one's eyes upon st.**, fissare lo sguardo su q.c.; **to r. one's attention upon st.**, fissare la propria attenzione su q.c. **2** fermare, concentrare (*l'attenzione di q.*).

riveter /ˈrɪvɪtə(r)/, *n.* **1** ribaditore **2** ribaditrice, rivettatrice (*macchina*).

riveting /ˈrɪvɪtɪŋ/, **A** *n.* ribaditura; ribadimento; chiodatura. **B** *a.* (*fig.*) affascinante; incantevole. ● **r. hammer**, martello per ribadire □ (*mecc.*) **r. machine**, ribaditrice; chiodatrice.

Riviera /rɪvɪˈɛərə/, *n.* (*geogr.*) Riviera (*da Cannes a La Spezia*). ● **the French R.**, la Costa Azzurra.

rivière /rɪvɪˈɛə(r)/ (*franc.*), *n.* collana di gemme (*specialm. a più giri*).

rivulet /ˈrɪvjʊlət/, *n.* (*lett.*) ruscelletto; rivoletto.

rix-dollar /ˈrɪksdɒlə(r)/, *n.* (*stor.*) tallero d'argento.

roach (**1**) /rəʊtʃ/, *n.* (*pl.* **roach**, **roaches**) (*zool.*) **1** (*Leuciscus*) leucisco **2** (*Chondrostoma genei*) lasca. ● **as sound as a r.**, sano come un pesce.

roach (**2**) /rəʊtʃ/, *n.* **1** (*zool., specialm. USA*; *abbr. di* **cockroach**) (*Blatta*) blatta; scarafaggio **2** (*pop.*) racchia **3** mozzicone di spinello (*di marijuana*) **4** (*pop. USA*) poliziotto.

roach (**3**) /rəʊtʃ/, *n.* (*naut.*) allunamento, lunata (*di una vela*).

road /rəʊd/, *n.* **1** strada; via (*anche fig.*): **main r.**, strada principale (*o* maestra); **the r. to London**, la strada per Londra; **the r. to success**, la via del successo; **the r. to ruin**, la via della perdizione **2** (*pl.*) (*naut.*) rada: **The ship was lying in the roads**, la nave era ancorata nella rada **3** (*USA*, = **railroad**) ferrovia **4** (*teatr.*) giro di rappresentazioni; tournée **5** (*sport*) tournée: **The soccer team was on the r.**, la squadra di calcio era in tournée. ● **r. accident**, incidente stradale; investimento □ **r. book**, guida stradale □ **r. bump**, cunetta □ (*trasp.*) **r. carrier**, vettore stradale □ (*autom.*) **«r. closed»**, «strada interrotta» (*cartello*) □ **r. conditions**, viabilità □ **r. contractor**, (titolare d') impresa di costruzioni stradali □ (*ciclismo*) **r. course**, percorso su strada □ **r. crossing**, crocevia; crocicchio □ **r. crown**, colmo della strada □ **r. fork**, bivio stradale □ **r. foundation**, massicciata □ (*autom.*) **r. fund licence**, licenza (*o* bollo) di circolazione □ (*autom.*) **r. fund licence fee**, tassa di circolazione □ **r. gang**, squadra di operai addetti a lavori stradali □ **r. grade**, pendenza (di una strada) □ **r. haulage**, trasporto su strada (*o* su gomma) □ **r. haulier**, trasportatore su strada; vettore □ (*tur.*) **r. height**, altitudine (*di un valico, ecc.*) □ (*fam.*) **r. hog**, pirata della strada □ **r. hump**, *V.* **sleeping policeman** □ (*autom.*) **r. link-up**, punto di raccordo (stradale) □ **r. manager**, organizzatore dei trasporti per un complesso di musicisti (*specialm., per un complesso rock*) □ (*autom., mecc.*) **r. manners**, comportamento di un conducente; cortesia stradale □ **r. map**, carta stradale □ **r. marking**, applicazione della segnaletica stradale □ (*autom.*) **r. markings**, segnaletica orizzontale □ **r.-mender**, cantoniere; stradino □ **r. metal**, brecciame; pietrisco □ (*autom.*) **«r. narrows»** (*cartello*), «strozzatura» □ **r. network**, rete stradale □ (*ciclismo*) **r. race**, corsa su strada □ **r. racing**, le corse su strada □ **r. roller**, compressore stradale □ **r. section**, tronco stradale □ (*autom.*) **r. sense**, «senso della strada»; capacità di guida anche con traffico intenso □ **r. sign**, segnale stradale (*verticale*; *cfr.* **marker**); cartello stradale; indicatore stradale □ **r. signal**, segnale stradale □ (*collett.*) **r. signs**, segnaletica (*verticale*) □ (*autom.*) **r. tax**, tassa di circolazione □ (*autom.*) **r. test**, prova su strada □ **r. traffic**, traffico automobilistico; circolazione stradale □ (*leg.*) **r. traffic offence**, contravvenzione al codice della strada □ (*autom.*) **«r. under repair** (*o* **r. up**)**»** (*cartello*), «strada in riparazione» □ (*sport*) **r.-walker**, marciatore □ **r. yard**, cantiere stradale □ (*autom.*) **carriage r.**, rotabile □ **country r.**, strada di campagna □ (*fig. fam.*) **the first man going the roads**, il primo che passa, il primo venuto (*fig.*) □ (*fig.*) **to get in sb.'s r.**, mettere il bastone fra le ruote a q.; ostacolare q. □ (*pop.*) **to hit the r.**, partire, mettersi in viaggio; (*anche*) rimettersi in viaggio □ (*fam.*) **to hit the r.**, *V.* **to take** (**to**) **the r.** □ (*autom., fam.*) **to hog the r.**, guidare in modo spericolato □ **on the r.**, in cammino; lungo la strada; in viaggio □ **to be on the right r.**, essere sulla strada giusta (*anche fig.*) □ (*fam.*) **one for the r.**, l'ultimo bicchierino prima di andarsene □ (*in una città*) **Oxford Rd**, via Oxford (*come prolungamento suburbano di una* **Oxford St.**) □ **the Oxford r.**, la strada per Oxford □ **the rules of the r.**, il codice della strada; (*naut.*) le regole per evitare collisioni □ (*comm.*) **to send goods by r.**, spedire merci con automezzi (autocarri, carri) □ **to take** (**to**) **the r.**, mettersi in cammino; mettersi in viaggio □ **to take to the r.**, (*stor.*) darsi alla macchia (*o* al brigantaggio); (*ora*) darsi al vagabondaggio □ **transport by r.**, trasporto su gomma (*o* su strada) □ (*fig.*) **Get out of my r.!**, togliti di mezzo (*o* dai piedi)! □ **«No road markings»** (*cartello*), «segnaletica in rifacimento».

to **road** /rəʊd/, *v. t.* (*del cane da caccia*) seguire la traccia della (*selvaggina*).

roadbed /ˈrəʊdbɛd/, *n.* massicciata.

roadblock /ˈrəʊdblɒk/, *n.* blocco stradale.

roadcraft /ˈrəʊdkrɑːft, *USA* -æft/, *n.* (*autom.*) abilità (*o* capacità) nella guida.

roadholding /ˈrəʊdhəʊldɪŋ/, *n.* (*autom.*) tenuta di strada. ● **This car has a good r.**, questa automobile tiene bene la strada.

roadhouse /ˈrəʊdhaʊs/, *n.* posto di ristoro; ristorante (*o* albergo) lungo una strada.

roadie /ˈrəʊdɪ/, *n.* (*fam.*) *V.* **road manager**.

roadless /ˈrəʊdləs/, *a.* senza (*o* privo di) strade.

roadman /ˈrəʊdmən/, *n.* (*pl.* **roadmen**) cantoniere; stradino.

roadmanship /ˈrəʊdmənʃɪp/, *n.* (*autom.*) abilità nella guida; sicurezza di guida (*di un conducente*).

roadshow /ˈrəʊdʃəʊ/, *n.* **1** (*teatr.*) spettacolo (*o* compagnia) in tournée **2** mostra all'aperto: **an antique r.**, una mostra dell'antiquariato all'aperto **3** (*radio, mus.*) trasmissione itinerante in diretta (*condotta da un disc jockey*); troupe della radio.

roadside /ˈrəʊdsaɪd/, **A** *n.* margine della strada; banchina. **B** *a. attr.* (posto) sul bordo della strada, sulla strada: **a r. inn**, una locanda sulla strada. ● (*autom.*) **r. repair**, riparazione di fortuna (*non in officina*) □ **r. verge**, ciglio stradale; banchina.

roadstead /ˈrəʊdstɛd/, *n.* (*naut.*) rada.

roadster /ˈrəʊdstə(r)/, *n.* **1** (*autom., arc.*) spider; automobile scoperta a due posti **2** bicicletta da turismo **3** (*un tempo*) cavallo da tiro **4** (*raro*) viaggiatore esperto; chi è abituato a viaggiare **5** (*USA*) bandito di strada **6** (*USA*) vagabondo.

to **road-test** /ˈrəʊdtest/, *v. t.* (*autom.*) sottoporre (*un veicolo*) alla prova su strada; provare su strada.

roadway /ˈrəʊdweɪ/, *n.* **1** manto stradale **2** carreggiata (*di una strada*); corsia di marcia **3** piano stradale (*di ponte*).

roadwork /ˈrəʊdwɜːk/, *n.* (*sport*) footing: **to do** (*o* **to engage in**) **r.**, fare del footing.

roadworks /ˈrəʊdwɜːks/, *n. pl.* lavori stradali. ● (*autom.*) **«R.»** (*cartello*), «lavori in corso».

roadworthy /ˈrəʊdwɜːðɪ/, *a.* (*di veicolo*) efficiente; affidabile. || **-iness**, *sost.*

roam /rəʊm/, *n.* (*raro*) giro (*senza meta precisa*); passeggiata; vagabondaggio: **a half-hour's r.**, un giro di mezz'ora.

to **roam** /rəʊm/, **A** *v. i.* errare; girovagare; vagare; andar ramingo (*lett.*). **B** *v. t.* vagare per; percorrere: **to r. the woods**, vagare per i boschi.

roamer /ˈrəʊmə(r)/, *n.* vagabondo; nomade.

roan (**1**) /rəʊn/, **A** *a.* roano. **B** *n.* (cavallo) roano.

roan (**2**) /rəʊn/, (*calzoleria, legatoria*) **A** *n.* pelle di pecora uso marocchino. **B** *a. attr.* uso marocchino: **r. binding**, legatura uso marocchino.

roar /rɔː(r)/, *n.* **1** ruggito: **the roars of a lion**, i ruggiti di un leone **2** muggito; mugghio; rombo (*del vento, ecc.*); scoppio (*di tuono*); scroscio (*di risa*); urlo: **the r. of a bull**, il muggito di un toro; **the r. of the waves on the beach**, il mugghiare delle onde sulla spiaggia; **roars of laughter**, scrosci di risa; **a**

r. of pain, un urlo di dolore. ● **to set the room in a r.**, far scoppiare dalle risa tutti (i presenti nella stanza).

to **roar** /rɔː(r)/, **A** *v. i.* **1** ruggire; (*per estens.*) mugghiare; muggire; rombare; scrosciare; urlare: **Lions r.**, i leoni ruggiscono; **The sea was roaring**, il mare ruggiva; **The waves are roaring**, le onde mugghiano; **The wind was roaring among the trees**, il vento urlava fra gli alberi; **The guns were roaring**, rombava il cannone; **to r. with pain**, urlare dal dolore **2** scoppiare a ridere; ridere rumorosamente: **Everybody roared at his jokes**, tutti scoppiavano a ridere a sentire le sue barzellette **3** (*specialm. di cavallo bolso*) respirare rumorosamente **4** (*autom.*: *del motore*) ruggire; rombare **5** (*di un veicolo*) correre rombando: **The racing car roared by**, la macchina da corsa passò rombando **6** (*fam.*) piangere a voce alta; strillare. **B** *v. t.* (*spesso* **to r. out**) gridare; urlare; dire (*o* manifestare) a gran voce: **He roared out a threat**, urlò una minaccia; **to r. defiance**, gridare parole di sfida; **to r. approval**, manifestare a gran voce la propria approvazione. ● **to r. at sb.**, gridare a q.; chiamare q. gridando □ **to r. sb. deaf**, assordare q. con urli □ (*autom.*) **to r. the engine**, far ruggire (*o* rombare) il motore □ **to r. sb. down**, subissare q. di urla □ **to r. oneself hoarse**, diventare rauco a furia di urlare □ **to r. out**, lanciare un urlo; gridare (*un ordine, ecc.*) □ **to r. out one's hunger**, urlare per la fame □ **to r. through**, passare rombando: **The express train roared through the station**, l'espresso passò in stazione rombando □ **to r. with laughter**, ridere fragorosamente □ (*fam., specialm. a un bambino*) **You need not r.**, non c'è bisogno di gridare.

roarer /ˈrɔːrə(r)/, *n.* **1** chi ruggisce, chi mugghia, ecc. (*V.* **to roar**) **2** cavallo bolso (dal respiro rumoroso).

roaring /ˈrɔːrɪŋ/, **A** *a.* **1** ruggente; mugghiante; scrosciante; sonante (*lett.*): **the r. sea**, il mare ruggente **2** che urla; fragoroso; rumoroso; rombante **3** tempestoso; di tempesta; tumultuoso: **a r. wind**, un vento di tempesta **4** (*del fuoco*) crepitante **5** (*fam.*) florido; prospero; ottimo: **a r. trade**, ottimi affari. **B** *n.* **1** il ruggire; ruggiti; mugghio **2** fracasso; baccano; urla **3** (*vet.*) bolsaggine. ● **r. applause**, applausi scroscianti □ **r. drunk**, ubriaco fradicio □ (*geogr.*) **the r. forties**, la zona tempestosa dell'Atlantico fra il 40° e il 50° parallelo di latitudine nord (*o* sud) □ (*fig.*) **a r. night**, una notte di bagordi □ **a r. success**, un successone □ **the r. twenties**, i ruggenti anni venti □ **to do a r. trade**, fare affari d'oro □ (*fam.*) **to be in r. (good) health**, scoppiare di salute.

roast /rəʊst/, **A** *n.* **1** arrosto: **cold r.**, arrosto freddo; **pork r.**, arrosto di maiale **2** (*metall.*) arrostimento **3** tostatura (*del caffè*). **B** *a. attr.* arrosto; arrostito: **r. beef**, manzo arrosto; roast beef; **r. pork**, carne di maiale arrosto; arrosto di maiale. ● **r. chestnut**, caldarrosta □ **r. mutton**, arrosto di castrato □ **to give st. a good r.**, arrostire perbenino q.c.

to **roast** /rəʊst/, **A** *v. t.* **1** arrostire: **to r. meat on a spit**, arrostire carne allo spiedo; **to r. chestnuts**, arrostire le castagne; fare le caldarroste **2** tostare, torrefare (*caffè*): **to r. coffee-beans**, tostare i chicchi del caffè **3** (*metall.*) arrostire **4** (*fig. fam. arc.*) beffare; criticare; prendere in giro. **B** *v. i.* **1** fare l'arrosto **2** arrostirsi: **This meat roasts well**, questa carne si arrostisce bene **3** (*del caffè*) tostarsi **4** (*fam.*) crepare (*o* scoppiare) dal caldo. **C** to **roast oneself**, *v. rifl.* arrostirsi (*fig.*): **She likes to r. (herself) in the sun**, le piace arrostirsi al sole.

roaster /ˈrəʊstə(r)/, *n.* **1** chi arrostisce, chi tosta (*V.* **to roast**); rosticciere **2** (*cucina*) casseruola per l'arrosto; forno per arrosto; girarrosto **3** (*metall.*) forno di arrostimento; roaster **4** tostacaffè; tostatrice; tostino: **coffee r.**, tostino per il caffè **5** pollo (*o* maialino, coniglio, ecc.) da fare arrosto **6** (*fam.*) giornata torrida.

roasting /ˈrəʊstɪŋ/, *n.* **1** arrostimento; arrostitura; arrostita (*fam.*) **2** torrefazione (*del caffè*) **3** (*metall.*) arrostimento **4** (*fam.*) lavata di capo (*fig.*); ramanzina; sgridata: **to give sb. a good** (*o* **a real**) **r.**, dare a q. una bella lavata di capo **5** (*pop. USA*) presa in giro (*o* per i fondelli); sfottitura. ● (*metall.*) **r. furnace**, forno di arrostimento □ (*cucina*) **r. jack**, girarrosto □ **It's r. hot in here**, qui dentro si crepa dal caldo.

Rob /rɒb/, *n. dim.* di **Robert**.

to **rob** /rɒb/, *v. t.* **1** rubare; derubare; rapinare; svaligiare: **The thief robbed me of my wallet**, il ladro mi rubò il portafoglio; **I was robbed of my money**, fui derubato dei miei soldi; **to rob a house [a bank, a safe]**, svaligiare una casa [una banca, una cassaforte] **2** (*fig.*) privare; spogliare; saccheggiare (*fig.*): **to rob sb. of his rights**, privare (*o* spogliare) q. dei suoi diritti; **Bears like to rob hives of honey**, agli orsi piace saccheggiare gli alveari **3** (*fig.*) defraudare; derubare (*fig.*). ● (*pop. USA*) **to rob the cradle**, amoreggiare con (*o* sposare) una persona molto più giovane.

robber /ˈrɒbə(r)/, *n.* ladro; ladrone; predone; rapinatore. ● **r. economy**, sfruttamento indiscriminato delle risorse □ (*zool.*) **r. fly** (*Asilus*), tafano, assillo □ **adolescent-age r.**, rapinatore baby.

robbery /ˈrɒbərɪ/, *n.* furto (*anche fig.*); ladrocinio; rapina (*leg.*); ruberia: **That's downright r.!**, questo è un furto bell'e buono! ● **r. with violence**, rapina aggravata □ (*leg.*) **armed r.**, rapina a mano armata □ (*fig.*) **daylight r.**, rapina, ruberia; il far pagare troppo □ **highway r.**, brigantaggio; (*fig. fam.*) il far pagare troppo.

robe /rəʊb/, *n.* **1** veste lunga e ampia **2** toga (*da magistrato, professore, avvocato, ecc.*) **3** (*di sacerdote*) abito talare **4** (= **bathrobe**) accappatoio **5** (*USA*) veste da camera. ● **r.-de-chambre** (*franc.*), veste da camera □ **gentlemen of the r.**, professionisti togati; avvocati □ **long r.**, toga da avvocato □ **royal robes**, abiti regali.

to **robe** /rəʊb/, **A** *v. t.* **1** vestire; rivestire **2** mettere la toga a (q.). **B** *v. i.* vestire la toga. **C** to **robe oneself**, *v. rifl.* vestirsi.

Robert /ˈrɒbət/, *n.* Roberto.

robin /ˈrɒbɪn/, *n.* (*zool.*) **1** (= **r. redbreast**, *Erithacus rubecula*) pettirosso **2** (*USA*, = **American r.**, *Turdus migratorius*) tordo americano. ● (*mitol.*) **R. Goodfellow**, folletto □ (*bot.*) **r.-run-the-hedge** (*Glechoma hederacea*), edera terrestre.

roborant /ˈrəʊbərənt/, *a.* e *n.* (*med.*) corroborante; tonico.

robot /ˈrəʊbɒt/, *n.* **1** automa (*anche fig.*); robot **2** (*mil.*, = **r. bomb**) bomba volante. ● (*aeron.*) **r. pilot**, pilota automatico.

robotic /rəʊˈbɒtɪk/, *a.* di (*o* da) robot; da automa.

robotics /rəʊˈbɒtɪks/, *n. pl.* (*col verbo al sing.*) robotica.

robotism /ˈrəʊbətɪzəm, -bɒt-/, *n.* **1** automazione **2** (*fig.*) comportamento (movimenti, ecc.) da robot.

robotization /rəʊbətaɪˈzeɪʃn, -bɒt-, *USA* -tɪˈz-/, *n.* robotizzazione.

to **robotize** /ˈrəʊbətaɪz, -bɒt-/, *v. t.* **1** robotizzare; automatizzare **2** far diventare (q.) un robot; trasformare (q.) in un automa.

roburite /ˈrəʊbəraɪt/, *n.* (*ind. min.*) roburite.

robust /rəʊˈbʌst/, *a.* **1** robusto (*anche fig.*); forte; gagliardo; vigoroso: **a r. farmer**, un contadino robusto; **r. intellect**, ingegno robusto **2** faticoso; duro; pesante: **r. work**, lavoro faticoso. ● (*mil.*) **a r. defence**, una difesa efficace □ **r. economy**, economia fiorente (*o* sana) □ **a r. mind**, una mente quadrata (*o* solida) ‖ **-ly**, *avv.* ‖ **-ness**, *sost.*

robustious /rəˈbʌstʃəs/, *a.* **1** (*raro*) turbolento; tumultuoso; presuntuoso **2** (*raro*: *del vento*) forte; violento **3** (*raro*: *del clima*) rigido **4** (*arc. o USA*) robusto; vigoroso.

roc /rɒk/, *n.* (*mitol.*) roc (*enorme uccello da preda, nelle leggende arabe*).

rocambole /ˈrɒkəmbəʊl/, *n.* (*bot.*, *Allium scorodoprasum*) aglio di Spagna.

rochet /ˈrɒtʃɪt/, *n.* (*relig.*) rocchetto (*veste di lino bianco, da cerimonia*).

rock (**1**) /rɒk/, *n.* **1** (*geol.*) roccia; pietra (*in genere*); rupe; scoglio; masso; macigno; (*USA*) sasso: **a mass of r.**, una massa di roccia; **Dartmouth castle is built on r.**, il castello di Dartmouth è costruito sulla roccia; **as firm as r.**, saldo come la roccia; **living r.**, roccia viva; **The ship ran upon the rocks**, la nave s'incagliò sugli scogli; (*autom.*) **«Falling rocks»** (*cartello*), «caduta massi» **2** (*USA*, = **r. candy**) (bastoncino di) zucchero candito **3** (*specialm.* **almond r.**) varietà di torrone a strisce colorate (*venduto nell'Inghilterra sett.*) **4** (*pop.*) diamante; gemma; gioiello **5** (*pl.*) (*volg.*) palle (*volg.*); testicoli. ● (*geogr., fam.*) **the R.**, Gibilterra □ **r. bed**, fondo roccioso □ (*zool.*) **r.-bird** (*Rupicola rupicola*), rupicola; galletto di roccia □ (*comm.*: *di prezzo*) **r.-bottom**, bassissimo; ridottissimo: **r.-bottom prices**, prezzi ridottissimi □ **r.-bound**, circondato da rocce; (*di litorale*) roccioso □ **r. cake** (*o* **r. bun**), dolce (*o* tortina) dalla crosta dura □ (*sport*) **r. climber**, rocciatore □ (*sport*) **r. climbing**, (scalate su) roccia □ (*miner.*) **r. crystal**, cristallo di rocca; quarzo ialino □ **r. dove**, *V.* **r. pigeon** □ (*mecc.*) **r. drill**, perforatrice da roccia □ (*zool.*) **r.-fish** (*Scorpaena*; *Helicolenus*, *ecc.*), scorfano; scorpena □ **r. garden**, giardino roccioso (*o* alla giapponese) □ (*zool.*) **r. goat** (*Capra hibex*), stambecco □ **r.-hewn**, scavato (*o* tagliato) nella roccia □ (*fig.*) **the R. of ages**, Gesù Cristo □ (*miner.*) **r.-oil**, petrolio grezzo □ **r. pigeon**, colombo sassaiolo (*o* terraiolo) □ (*bot.*) **r. plants**, piante rupestri (*o* rupicole) □ (*zool.*) **r. rabbit** (*Hirax*), irace □ (*bot.*) **r. rose**, (*Helianthemum vulgare*) eliantemo; (*Cistus*) cisto □ (*comm., arc.*) **r. salmon**, «falso» salmone; palombo; squalo; gatto di mare □ (*min.*) **r. salt**, salgemma □ (*geogr.*) **r. step**, soglia glaciale (*di ghiacciaio*) □ **r. wool**, lana di roccia □ **to be on the rocks**, (*di nave*) essersi arenata sugli scogli; (*fig. fam.*: *di persona*) essere al verde (*o* in bolletta); essere sull'orlo del fallimento; (*fig.*) essere in crisi: **Their marriage was on the rocks**, il loro matrimonio era in crisi □ (*pop. USA*) **to have rocks in one's box** (*o* **head**), non avere tutte le rotelle a posto □ **to reach r. bottom**, toccare il fondo (*anche fig.*) □ **to run upon the rocks**, (*naut.*) urtare negli scogli, naufragare; (*fig.*) andare in malora, far fiasco □ (*USA*) **to throw rocks at each other**, tirarsi sassi; fare a sassate □ **whisky on the rocks**, whisky con (cubetti di) ghiaccio.

rock (**2**) /rɒk/, **A** *n.* **1** dondolio; oscillazione **2** (= **r. and roll**, **rock'n'roll**) rock, rock and roll (*musica e ballo*). **B** *a.* (*mus.*) rock: **a r. singer**, un cantante rock. ● **r. 'n' roller**, rockettaro.

to **rock** /rɒk/, **A** *v. t.* **1** cullare; dondolare: **to r. a baby**, cullare un bambino; **to r. a cradle**, dondolare una culla **2** scuotere; scrollare; far tremare: **The explosion rocked the house**, l'esplosione fece tremare la casa. **B** *v. i.* **1** dondolare, dondolarsi; oscillare **2** tremare; vacillare: **The house rocked during the earthquake**, la casa tremò durante il terremoto **3** ballare il rock; suonare il rock. **C** to **rock oneself** (**to and fro, from side to side**), *v. rifl.* dondolarsi. ● **to r. about**, (*di una barca, ecc.*) dondolare, oscillare; far dondolare (*una barca, ecc.*) □ **to r. a baby asleep**, far addormentare un bambino cullandolo; ninnare un bambino □ (*fig. fam.*) **to r. the boat**, agitarsi con il rischio di far fallire un'impresa (*o* un progetto); causare guai; dare fastidio agli altri (*in un gruppo*); sabotare uno sforzo comune.

rockabilly /ˈrɒkəbɪlɪ/, *n.* (*mus.*) rockabilly; combinazione di rock, pop e country.

rocker (1) /ˈrɒkə(r)/, *n.* *1* chi culla, ecc. (*V.* **to rock**) *2* asse ricurva (*di sedia o cavallo a dondolo*) *3* sedia a dondolo *4* (*edil.*) appoggio articolato *5* pattino dalla lama molto ricurva *6* (*ind. min.*) canale concentratore oscillante *7* (*mil.*) affusto. ● (*mecc.*) **r. arm**, braccio (*o* leva) oscillante; bilanciere □ (*mecc.*) **r. shaft**, albero oscillante □ (*fam.*) **to be off one's r.**, esser matto (da legare); essere svitato (*fig. fam.*).

rocker (2) /ˈrɒkə(r)/, *n.* (*mus.*) *1* rocker; rockettaro, rocchettaro; cantante (*o* musicista) rock *2* canzone rock *3* rocker; rockettaro; fanatico di rock.

rockery /ˈrɒkərɪ/, *n.* giardino roccioso (*o* alla giapponese).

rocket (1) /ˈrɒkɪt/, *n.* *1* razzo (*da segnalazioni militari e fuoco artificiale*) *2* (*mil., miss.*) razzo; missile *3* (*fam.*) sgridata; ramanzina; lavata di capo (*fig.*): **to get a good r.**, prendersi una bella sgridata. ● **r. base**, base missilistica □ **r. bomb**, bomba volante; missile a razzo □ (*aeron.*) **r. engine**, motore a razzo; endoreattore □ (*mil.*) **r. gun**, cannone a razzi □ (*mil.*) **r. launcher**, lanciarazzi; lanciamissili □ **r.-propelled**, con propulsione a razzo □ (*aeron.*) **r. propulsion**, propulsione a razzo □ (*aeron.*) **r. ramjet**, autoreattore a razzo; endostatoreattore □ (*mil.*) **r. range**, poligono missilistico □ (*miss.*) **carrier r.**, razzo vettore □ (*miss.*) **thrusting r.**, razzo di spinta (*di capsula spaziale*).

rocket (2) /ˈrɒkɪt/, *n.* (*bot.*) *1* (*Eruca sativa*) ruca; ruchetta; rucola *2* (*Hesperis matronalis*) viola matronale *3* (*Barbarea vulgaris*) barbarea; erba di Santa Barbara comune.

to **rocket** /ˈrɒkɪt/, **A** *v. i.* *1* salire (arrivare, ecc.) come un razzo; salire (arrivare, ecc.) a razzo; balzare: **In a week the record rocketed to the top of the charts**, in una sola settimana il disco è balzato in testa alla hit-parade *2* sfrecciare; passare sfrecciando: **The train rocketed by**, il treno passò sfrecciando *3* (*dei prezzi*) salire (*o* andare) alle stelle *4* (*di solito* **to r. off** *o* **away**) partire a razzo. **B** *v. t.* *1* (*mil.*) bombardare con razzi *2* inviare con (*o* in) un razzo. ● **He rocketed to the top**, fece una carriera fulminea.

rocketdrome /ˈrɒkɪtdrəʊm/, *n.* base per il lancio di missili.

rocketler /ˈrɒkɪtlə(r)/, *n.* esperto in missilistica.

rocketry /ˈrɒkɪtrɪ/, *n.* missilistica.

rockfall /ˈrɒkfɔːl/, *n.* *1* caduta di massi *2* cumulo di massi caduti.

rockhead /ˈrɒkhɛd/, *n.* (*pop. USA*) testa dura; testone; zuccone; cretino.

Rockies (the) /ˈrɒkɪz/, *n. pl.* (*geogr., fam.*) le Montagne Rocciose.

rockiness /ˈrɒkɪnəs/, *n.* l'essere roccioso.

rocking /ˈrɒkɪŋ/, *a.* dondolante; oscillante: **a r. gait**, un'andatura dondolante; (*mecc.*) **r. lever**, leva oscillante. ● **r. chair**, sedia a dondolo □ **r. horse**, cavallo a dondolo □ **r. stone**, roccia (*o* masso) in bilico.

rock 'n' roll /ˈrɒkn'rəʊl/, *n.* (*mus.*) rock and roll; rock.

rockslide /ˈrɒkslaɪd/, *n.* frana.

rocky (1) /ˈrɒkɪ/, *a.* *1* roccioso; pieno di rocce; sassoso; scoglioso: (*geogr.*) **the R. Mountains**, le Montagne Rocciose *2* (*fig.*) duro come la roccia; di pietra; saldo; irremovibile: **a r. heart**, un cuore di pietra.

rocky (2) /ˈrɒkɪ/, *a.* *1* instabile; malfermo; traballante: **This stool is quite r.**, questo sgabello è tutto traballante *2* (*fam. USA*) alticcio *3* intontito; stordito; giù di corda *4* (*fam.*) difficile; faticoso; travagliato: **to face a r. road ahead**, avere davanti a sé un futuro difficile.

rococo /rəˈkəʊkəʊ/, *a.* e *n.* (*arte, archit.*) rococò: **r. furniture**, mobili rococò.

rod /rɒd/, *n.* *1* verga; bastoncello (*anche anat.*); bacchetta: **glass rod**, bacchetta di vetro; **the rods and cones of the retina**, i coni e i bastoncelli della retina *2* (*mecc.*) asta; barra; ferro (tondo o quadro); tondino: **a curtain rod**, un'asta per tendine *3* (*sport,* = **fishing rod**) canna da pesca *4* (*mecc.,* = **connecting rod**) biella: **a piston rod**, una biella di pistone *5* (*misura di lunghezza*) pertica (*pari a cinque iarde e mezza, cioè a cinque metri circa*) *6* (*fis. nucl.*) barra *7* (*pop. USA*) pistola *8* (*pop. USA*) automobile con il motore truccato *9* (*volg.*) cazzo (*volg.*); verga (*pop.*); pene. ● **rod mill**, laminatoio per tondini □ (*ind. petrolifera*) **boring rod**, asta di perforazione □ **a dictator's iron rod**, il pugno di ferro di un dittatore □ **divining rod** (*o* **dowsing rod**), bacchetta da rabdomante □ (*fig.*) **to have a rod in pickle for sb.**, tenere in serbo una grossa punizione per q. □ (*pop. USA*) **hot rod**, automobile con il motore truccato; persona molto popolare (*a scuola, ecc.*) □ (*fig.*) **to kiss the rod**, accettare umilmente una punizione □ **lightning rod**, (asta di) parafulmine □ (*fig.*) **to make a rod for one's own back**, impiccarsi con le proprie mani (*fig.*); scavarsi la fossa (*fig.*) □ **to spare the rod**, risparmiare le botte; astenersi dal punire □ (*prov.*) **Spare the rod and spoil the child**, il medico pietoso fa la piaga purulenta.

rode /rəʊd/, *pass.* di **to ride**.

rodent /ˈrəʊdnt/, *a.* e *n.* (*zool.*) roditore. ● (*med.*) **r. ulcer**, ulcus rodens; basalioma.

rodenticide /rəʊˈdɛntɪsaɪd/, *n.* (*chim.*) rodenticida; topicida.

rodeo /rəʊˈdeɪəʊ/, *USA* ˈrəʊdɪəʊ/, *n.* (*pl.* **rodeos**) (*specialm. USA*) *1* rodeo *2* rodeo; raduno del bestiame (*per la marcatura, ecc.*) *3* recinto per rodeo.

Roderic(k) /ˈrɒdərɪk/, *n.* Rodrigo.

rodomontade /rɒdəmɒnˈtɑːd, -teɪd, rəʊ-/, **A** *n.* rodomontata; spacconata. **B** *a. attr.* rodomontesco; da rodomonte; da spaccone.

to **rodomontade** /rɒdəmɒnˈtɑːd, -teɪd, rəʊ-/, *v. i.* fare il rodomonte; dire spacconate.

roe (1) /rəʊ/, *n.* uova di pesce. ● (*geol.*) **roe-stone**, oolite □ **hard roe**, uova di pesce □ **soft roe**, latte di pesce.

roe (2) /rəʊ/, *n.* (*pl.* **roe, roes**) (*zool., Capreolus capreolus*; = **roe deer**) capriolo.

roebuck /ˈrəʊbʌk/, *n.* (*zool.*) capriolo (*maschio*).

roentgen /ˈrɒntgən, ˈrʌ-, ˈrɛ-, ˈrʊ-, ˈrɜː-, -dʒən, -jən/, e *deriv. V.* **röntgen**, e *deriv.*

rogation /rəʊˈgeɪʃn/, *n.* *1* (*stor. romana*) rogazione *2* (*pl.*) (*relig.*) rogazioni. ● (*relig.*) **R. days**, giorni delle rogazioni (*i tre giorni precedenti l'Ascensione*: *per propiziare il raccolto*).

rogatory /ˈrɒgətrɪ, *USA* -tɔːrɪ/, *a.* (*leg.*) rogatorio. ● (*leg.*) **r. letter**, rogatoria.

roger /ˈrɒdʒə(r)/, *inter.* *1* (*radio, telef.*) ricevuto! (*dal nome proprio* **Roger** *la cui iniziale sta per* **received**) *2* (*fam.*) bene!; d'accordo!

Roger /ˈrɒdʒə(r)/, *n.* Ruggero. ● (*naut.*) **the jolly R.**, la bandiera nera dei pirati.

to **roger** /ˈrɒdʒə(r)/, **A** *v. t.* (*radio, telef.*) rispondere a, registrare (*una chiamata*). **B** *v. i.* (*volg.*) scopare (*con una donna*).

rogue /rəʊg/, *n.* *1* (*arc.*) vagabondo *2* birbante; briccone; canaglia; farabutto; furfante; mascalzone; mariolo *3* (*scherz.*) birba; bricconcello; furfantello; birichino *4* (*agric.*) erbaccia; malerba *5* cavallo bizzaro, scontroso *6* (*zool.*) animale (*elefante, bufalo, ecc.*) solitario. ● (*zool.*) **r. elephant**, elefante solitario (*che vive appartato dal branco*) □ **rogues' gallery**, schedario fotografico dei criminali; (*fig.*) gruppo d'individui dalla faccia patibolare □ **a r. politician**, uno che fa parte per se stesso; un dissidente.

to **rogue** /rəʊg/, *v. t.* *1* estirpare le erbacce da (*un terreno*); liberare dalla malerba *2* imbrogliare; truffare.

roguery /ˈrəʊgərɪ/, *n.* *1* birbanteria; bricconeria; bricconata; furfanteria; mascalzonata *2* (*scherz.*) birichinata; marachella.

roguish /ˈrəʊgɪʃ/, *a.* *1* bricconesco; furfantesco *2* (*scherz.*) birichino; furbo; smaliziato. || **-ly**, *avv.* || **-ness**, *sost.*

to **roil** /rɔɪl/, *v. t.* *1* intorbidare; intorbidire *2* (*fig.*) irritare; seccare; scocciare.

roily /ˈrɔɪlɪ/, *a.* *1* torbido; fangoso *2* (*fig.*) irascibile; irritabile.

to **roister** /ˈrɔɪstə(r)/, *v. i.* (*arc.*) *1* far baccano; far chiasso; far baldoria; schiamazzare *2* fare lo spaccone; millantarsi; vantarsi.

roisterer /ˈrɔɪstərə(r)/, *n.* (*arc.*) *1* schiamazzatore; chiassone *2* millantatore; spaccone.

roistering /ˈrɔɪstərɪŋ/, (*arc.*) **A** *a.* chiassoso; rumoroso. **B** *n.* baccano; baldoria; schiamazzo.

Roland /ˈrəʊlənd/, *n.* (*anche letter.*) Rolando, Orlando. ● (*fig.*) **to give a R. for an Oliver**, restituire colpo su colpo; dare una risposta pepata.

role, rôle /rəʊl/, *n.* (*teatr.*) ruolo; parte (*anche fig.*). ● (*psic.*) **r, model**, modello di comportamento □ (*psic.*) **r.-playing**, il sostenere un ruolo; il recitare una parte □ **advisory r.**, funzione consultiva □ **to play the leading r.**, fare la parte del protagonista; avere il ruolo principale □ **the title r.**, la parte del personaggio che dà il nome al dramma (*per es., Amleto*).

roll /rəʊl/, *n.* *1* rotolo: **a r. of cloth [of wallpaper]**, un rotolo di tela [di carta da parati]; **a r. of film**, un rotolo di pellicola *2* rocchio; crocchia (*di capelli*): **a sausage r.**, un rocchio di salsiccia *3* elenco; lista; registro; albo; (*leg.*) ruolo (*ad es., di cause*), verbale: **a long r. of heroes**, una lunga lista di eroi; **the r. of honour**, il ruolo d'onore; **the r. of saints**, la lista dei santi *4* (= **bread r.**) panino (*tondo*): **r. and butter**, panino imburrato *5* (= **sweet r.**; *con marmellata,* **jam r.**) rotolo (*di pan di Spagna*); pasta, tortina (*di forma tonda o arrotolata*): **a cup of coffee and a r. for breakfast**, una tazza di caffè e una pasta per colazione *6* (*cucina*) involtino: **spring r.**, involtino primavera (*piatto cinese*) *7* (*di giacca*) revers; risvolto *8* (*archit.*) cartoccio (*di capitello ionico*) *9* (*di tamburi*) rullo; rullio *10* (*di parole, suoni*) flusso continuo; mormorio *11* (*naut., aeron., miss.*) rollio; rollata: **The Channel was choppy and the r. of the hovercraft made me sick**, c'era mare corto nella Manica e il rollio dell'hovercraft mi diede la nausea *12* (*di tuono, cannone*) rombo *13* (*aeron.*) frullo; vite orizzontale *14* ruzzolata: **a r. on the lawn**, una ruzzolata sul prato *15* ondeggiamento; andatura dondolante; dondolio *16* ondulazione (*del terreno, ecc.*) *17* (*mecc.*) rullo; cilindro: **finishing r.**, cilindro finitore *18* (*tipogr.,* = **printing r.**) cilindro per stampa *19* (*pl.*) (*mecc.*) laminatoio: **breaking-down rolls**, laminatoio sbozzatore *20* – **the Rolls**, (*un tempo*) l'Archivio di Stato; (*ora*) l'Albo degli avvocati. ● (*autom.*) **r.-bar**, barra di sicurezza, roll-bar (*sopra l'abitacolo*) □ (*autom.*) **r.-cage**, gabbia di protezione (*dell'abitacolo*) □ **r. call**, appello: **to have a r. call** (*o* **to call the r.**), fare l'appello (*nominale*) □ **a r. of butter**, un panetto (cilindrico) di burro □ **r. film**, pellicola in rotolo □ (*archit.*) **r. moulding**, modanatura convessa □ (*moda*) **r.-neck**, a collo alto □ **r.-neck collar**, colletto a risvolto □ **a r. of soap**, un pezzo (cilindrico) di sapone; una saponetta □ (*aeron.*) **r.-out**, uscita (*di un aereo*) dalla fabbrica; esposizione al pubblico (*di un prototipo*) □ **a r.-top desk**, uno scrittoio con alzata chiusa da serranda avvolgibile □ **r.-up**, (*fam.*) sigaretta fatta a mano; (*Austr.*) folla, persone convenute □ **r.-up shutter**, avvolgibile, serranda (*di negozio, ecc.*) □ **to call the r.**, fare l'appello □ (*stor.*) **Master of the Rolls**, magistrato preposto all'Archivio di Stato □ **to be on the r.**, (*rif. a personale*) essere in organico; (*fam. USA*: *di una persona, di un'azienda*) andare a gonfie vele □ (*fam.*) **to be on the rolls of fame**, essere famoso (*o* celebre) □ **to strike sb. off the rolls**, radiare q. dall'albo (professionale); (*per estens.*) espellere q. da un'associazione.

to **roll** /rəʊl/, **A** *v. i.* **1** rotolare; rotolarsi; ruzzolare: **The ball rolled under the sofa**, la palla rotolò sotto il divano; **The ball rolled into the goal**, il pallone rotolò in porta; **The cat is rolling on the floor**, il gatto si rotola sul pavimento; **The children are rolling on the grass**, i bambini si rotolano sull'erba **2** avvolgersi; avvilupparsi: **to r. oneself in warm clothes**, avvolgersi in panni caldi; **to r. into a ball**, appallottolarsi **3** avvoltolarsi: **Pigs like to r. in the mud**, ai maiali piace avvoltolarsi nel fango **4** ruotare; roteare: **Planets r. on their courses**, i pianeti ruotano seguendo le loro orbite; **His eyes rolled with astonishment**, roteò gli occhi per lo stupore **5** lanciare (*o* tirare) i dadi **6** (*naut., aeron., miss.*) rollare: **The ship rolled heavily**, la nave rollava a più non posso **7** (*per estens.*) camminare dondolandosi; barcollare; ondeggiare: **The drunken sailor rolled back to his ship**, il marinaio ubriaco tornò a bordo barcollando **8** (*di un tamburo*) rullare **9** (*del tuono, della voce, ecc.*) rimbombare **10** (*del terreno, del paesaggio*) essere ondulato: **The plains r. (and dip) for miles**, la pianura è tutta ondulata per miglia e miglia **11** (*di apparecchi, cinecamere, telecamere, ecc.*) cominciare a ronzare; essere (*o* entrare) un funzione: **The cameras were rolling**, le cinecamere erano in funzione **12** (*per estens.*: *di un progetto, un'impresa*) funzionare; essere operativo; marciare (*fig.*): **I hope our new venture will be rolling by the new year**, spero che con l'anno nuovo la nostra nuova impresa comincerà a marciare **13** (*fam.*) andarsene; muoversi; darsi una mossa (*fam.*): **It's high time to r.**, è ora di muoversi. **B** *v. t.* **1** rotolare; far rotolare; far ruzzolare: **A man was rolling a boulder**, un uomo faceva rotolare un macigno; **to r. a hoop**, far ruzzolare un cerchio (*per gioco*); **to r. logs**, fare rotolare tronchi d'albero **2** arrotolare; avvolgere; appallottolare: **to r. one's trousers above one's knees**, arrotolarsi i calzoni fin sopra i ginocchi; **to r. a cigarette**, arrotolarsi una sigaretta; **to r. oneself into a ball**, raggomitolarsi; appallottolarsi **3** far ruotare; ruotare; roteare: **She rolled her eyes at us**, ci guardò roteando gli occhi **4** arrotare (*la «r»*): **He rolls his r's**, arrota la erre **5** gettare, lanciare (*i dadi*) **6** (*aeron.*) fare rollare (*un aereo*) **7** rullare; spianare con un rullo; cilindrare: **to r. a road**, cilindrare una strada; **to r. a lawn**, spianare un prato con un rullo **8** (*cucina*) stendere, tirare (*la sfoglia*: *con un matterello*) **9** (*mecc.*) rullare **10** (*metall.*) laminare: **rolled gold**, oro laminato **11** (*tipogr.*) inchiostrare a rullo **12** (*ind. tess., ind. cartaria*) calandrare **13** (*pop. USA*) derubare (*un ubriaco, uno che dorme, ecc.*): **to r. a sleeping traveler**, derubare un viaggiatore che dorme **14** (*pop. USA*) rapinare. ● **to r. a huge snowball**, fare un'enorme palla di neve □ (*fam.*) **to r. in the aisles**, rotolarsi (*o* sbellicarsi) dal ridere □ (*fam.*) **to r. in it, to r. in money**, sguazzare nei soldi □ **to r. st. into a ball**, fare un gomitolo di q.c.; aggomitolare q.c. □ **to r. on one's back**, rotolarsi; fare le capriole □ (*fam.*) **to r. one's own**, farsi le sigarette da sé □ **to r. with the punch**, (*boxe*) attutire il colpo indietreggiando; (*fig.*) prenderla con calma, rassegnarsi □ (*di cose o persone*) **rolled into one**, combinate (*o* fuse) in una (sola): **a car radio and taperecorder rolled into one**, un'autoradio con mangianastri incorporato □ **to be rolling in wealth [in luxury]**, sguazzare nell'oro [nel lusso] □ (*fig. fam.*) **to start** (*o* **to set**) **the ball rolling**, dare l'avvio (*a un progetto, un lavoro*); dare inizio a q.c.; iniziare q.c. □ **The waves rolled the ship along**, i flutti spingevano avanti la nave facendola rollare.

♦**roll about**, **A** *v. i.* + *avv.* **1** rotolare in giro (*o* liberamente) **2** (*fam.*) sbellicarsi dalle risa. **B** *v. t.* + *avv.* **1** far rotolare qua e là **2** roteare (*gli occhi, ecc.*).

♦**roll against**, *v. i.* + *prep.* (*del mare, delle onde*) battere contro, frangersi su: **The waves were rolling against the boat**, le onde si frangevano sui fianchi della barca.

♦**roll along**, *v. i.* + *avv.* **1** (*di un veicolo*) avanzare (*o* passare) (*come rotolando*): **The cart rolled along**, il carro passò con rumore di ruote **2** (*di un veicolo*) andare: **My old car is still rolling along**, la mia vecchia auto va ancora **3** (*di un fiume*) scorrere; fluire.

♦**roll around**, *V.* **roll about**, **A** e **B**, *def. 1* e **roll round**.

♦**roll away**, **A** *v. i.* + *avv.* **1** rotolare via **2** (*di nubi, nebbia, ecc.*) disperdersi **3** (*di monti*) perdersi in lontananza. **B** *v. t.* + *avv.* tirare (*o* mettere) via (*arrotolando*); spazzare via (*fig.*): **The sun has rolled away the fog**, il sole ha spazzato via la nebbia.

♦**roll back**, **A** *v. t.* + *avv.* **1** tirare (*o* mandare) indietro (*arrotolando*); arrotolare: **to r. back the edge of a carpet**, arrotolare l'orlo di un tappeto; **to r. back one's hair from one's forehead**, tirarsi indietro i capelli dalla fronte **2** fare ripiegare, respingere (*il nemico, ecc.*) **3** (*rag.*) spostare indietro (*operazioni, ecc.*) **4** (*USA*) ridurre (*prezzi e sim.*). **B** *v. i.* + *avv.* **1** (*della parte di un mobile*) ripiegarsi a rullo **2** (*del mare, delle onde*) ritirarsi **3** (*del tempo*) scorrere all'indietro; (*degli anni*) passare **4** (*mil. e fig.*) ripiegare; battere in ritirata □ (*econ., market.*) **to r. back the price of**, calmierare (derrate, ecc.).

♦**roll by**, *v. i.* + *avv.* **1** (*di un veicolo*) passare (*come rotolando*): **Lots of cars were rolling by**, passavano molte automobili **2** (*del tempo, degli anni*) passare (in fretta).

♦**roll down**, **A** *v. t.* + *avv.* (*o prep.*) **1** far rotolare (*o* ruzzolare) giù (*una palla, un masso, ecc.*) **2** srotolare; tirare giù, abbassare (*srotolando, o con un rullo, ecc.*): **to r. down the shutters [the car windows]**, abbassare le serrande [i vetri dei finestrini dell'automobile]; **to r. down one's shirt sleeves**, tirarsi giù le maniche della camicia. **B** *v. i.* + *avv.* **1** rotolare giù; scendere (rotolando): **Tears rolled down my cheeks**, le lacrime mi scendevano sulle guance **2** (*di un veicolo*) scendere, venire giù: **The paddle boat rolled down the river**, il battello a pale scendeva il fiume.

♦**roll forward**, *v. t.* + *avv.* spostare in avanti (*operazioni, ecc.*).

♦**roll in**, **A** *v. i.* + *avv.* **1** (*del mare, delle onde*) giungere a riva; arrivare **2** (*della folla, ecc.*) affluire; arrivare in gran numero: **Application forms are rolling in**, affluiscono le domande d'iscrizione (*o* di lavoro) **3** (*fam.*) arrivare a destinazione **4** (*fam.*: *di un veicolo*) arrivare. **B** *v. t.* + *avv.* **1** far entrare (q.c.) rotolando **2** (*mecc.*) mandrinare.

♦**roll off**, **A** *v. i.* + *avv.* (*o prep.*) **1** rotolare (giù): **The fish bowl rolled off the table**, la vaschetta dei pesci è rotolata dal tavolo; **to r. off the bed**, rotolare giù dal letto **2** (*di veicoli*) scendere, uscire (*da una nave*). **B** *v. t.* + *avv.* **1** fare uscire (*veicoli da una nave*) **2** (*tipogr.*) tirare, fare (*copie, ecc.*) **3** (*fig.*) snocciolare, dire di fila: **to r. off a long list of names**, snocciolare una lunga lista di nomi.

♦**roll on**, **A** *v. i.* + *avv.* **1** (*di un fiume*) scorrere; fluire **2** (*del tempo*) scorrere; passare **3** (*di un giorno, una data, ecc.*) venire in fretta; spicciarsi a venire: **R. on Saturday!**, sabato, spicciati a venire! **4** (*di un veicolo*) entrare in una nave; salire a bordo. **B** *v. t.* + *avv.* **1** mettersi (*arrotolando*); infilare: **to r. on one's stockings**, infilarsi le calze **2** applicare (*vernice*) con un rullo **3** prendere a bordo, far salire (*veicoli su una nave*).

♦**roll out**, **A** *v. i.* + *avv.* **1** uscire rotolando; rotolare fuori **2** (*fam.*) buttarsi giù dal letto. **B** *v. t.* + *avv.* **1** fare uscire (*rotolando, o a spinte*): **The battery is dead; Let's r. the car out of the garage!**, la batteria è scarica; spingiamo l'automobile fuori del garage! **2** stendere (*un tappeto, ecc.*); spiegare (*una cartina*) srotolandola **3** (*cucina*) spianare (*la sfoglia, ecc.*); tirare con il matterello **4** dire, recitare ad alta voce **5** (*di tamburi*) annunciare rullando **6** (*mecc.*) spianare; laminare **7** esibire, esporre, presentare (*un aereo nuovo, un film, ecc.*) al pubblico **8** (*ind.*) produrre (*merce, articoli*) in grande quantità; produrre a getto continuo.

♦**roll over**, **A** *v. i.* + *avv.* **1** rivoltarsi, girarsi sul fianco (*a letto, ecc.*) **2** rovesciarsi, fare una giravolta: **The car rolled over several times before crashing on the river bed**, l'automobile si rovesciò parecchie volte prima di sfasciarsi sul letto del fiume. **B** *v. t.* + *avv.* **1** rovesciare; rivoltare; mettere sul dorso: **Don't r. over the tortoise!**, non mettere sul dorso la tartaruga! **2** (*fin.*) rinnovare (*un credito*); reinvestire (*titoli rimborsati*).

♦**roll round**, **A** *v. i.* + *avv.* **1** (*di palle, ecc.*) rotolare (*o* girare) in tondo **2** (*fam.*: *di una data, una festa, ecc.*) tornare **3** (*fam.*: *di visitatori*) arrivare (all'improvviso); saltare fuori. **B** *v. t.* + *avv.* far rotolare, far girare in tondo.

♦**roll up**, **A** *v. i.* + *avv.* **1** arrotolarsi; aggomitolarsi; appallottolarsi: **The hedgehog rolled up into a ball**, il porcospino si appallottolò **2** (*del fumo, ecc.*) salire in volute **3** (*di un veicolo*) arrivare, giungere: **A truck rolled up to the filling station**, al distributore arrivò un camion **4** arrivare all'improvviso (*o* inatteso); arrivare in massa **5** (*fam.*) accumularsi; gonfiarsi; aumenta: **The manuscript rolls up day by day**, il manoscritto si gonfia sempre di più; **Party membership is rolling up**, aumenta il numero degli iscritti al partito. **B** *v. t.* + *avv.* **1** arrotolare; aggomitolare; avvolgere: **to r. up a child in a blanket**, avvolgere un bambino in una coperta; **to r. oneself up in warm clothes**, avvolgersi in panni caldi; **to r. up a carpet**, arrotolare un tappeto **2** tirare su (*arrotolando, o con un rullo*); alzare: **to r. up one's shirt sleeves**, tirarsi su le maniche della camicia; **to r. one's sleeves up**, rimboccarsi le maniche (*anche fig.*); **to r. up the car windows**, alzare i vetri dei finestrini dell'automobile **3** (*fam.*) accumulare, conquistare, guadagnare, ottenere (*consensi, voti, ecc.*): (*polit.*) **He rolled up large margins in rural areas**, conquistò notevoli margini (di voti) nelle zone rurali **4** (*mil.*) far ripiegare, costringere alla ritirata (*il nemico*) con manovra avvolgente □ **to r. up the umbrella**, chiudere l'ombrello.

rollable /ˈrəʊləbl/, *a.* **1** arrotolabile; avvolgibile **2** spianabile (*con un rullo, ecc.*) **3** (*metall.*) laminabile.

rollaway /ˈrəʊləweɪ/, **A** *n.* (= **r. bed**) rete pieghevole, munita di rotelle. **B** *a.* (*di mobile*) con rotelle; su rotelle.

rollback /ˈrəʊlbæk/, *n.* **1** (*mil.*) ripiegamento; ritirata **2** (*econ.*) riduzione (*dei prezzi*: *ottenuta mediante intervento governativo*); azione di contenimento: **a r. of the prices of necessaries**, una riduzione del prezzo dei generi di prima necessità.

rollbar /ˈrəʊlbɑː(r)/, *n.* (*autom.*) roll-bar; barra di sicurezza.

rolled /rəʊld/, *a.* **1** arrotolato **2** (*metall.*) laminato: **r. gold**, oro laminato: **This watch is only r. gold**, questo orologio non è d'oro: è placcato **3** (*mecc.*) mandrinato **4** (*ind. vetro*) cilindrato; rullato. ● **r. oats**, cereali passati alla mola □ (*ling.*) **r r.**, erre arrotata □ (*edil.*) **r.-steel joist**, trave di acciaio a I (*o* ad H).

roller /ˈrəʊlə(r)/, *n.* **1** chi arrotola, chi rotola, ecc. (*V.* **to roll**) **2** rullo (*di legno, di metallo, ecc.*); (*mecc.*) cilindro; (*metall.*) laminatoio: **a garden r.**, un rullo per giardino; **a blind-r.**, un rullo di persiana avvolgibile; **r. gear**, ingranaggio a rulli **3** compressore; rullo compressore: **a road r.**, un compressore stradale; **a steam r.**, un compressore stradale a vapore **4** (*di solito* **r. bandage**) benda arrotolata; rotolo di garza **5** (*naut.*) onda lunga **6** (*zool.*) piccione tomboliere **7** (*zool., Coracias garru-*

lus) ghiandaia marina ***8*** (*pop. USA*) poliziotto; guardia carceraria. ● (*mecc.*) **r. bearing**, cuscinetto a rulli □ **r. blind**, tendina avvolgibile; avvolgibile □ **r. coaster**, montagne russe (*in un parco divertimenti*) □ (*mecc.*) **r. conveyor**, trasportatore a rulli □ **r. shutter**, (persiana) avvolgibile; saracinesca, serranda □ (*edil.*) **r. shutter door**, porta a saracinesca □ **r.-skater**, schettinatore □ **r.-skates**, pattini a rotelle; schettini □ **r.-skating**, pattinaggio su rotelle; schettinaggio □ **r. towel**, asciugamano a rullo; bandinella □ **r. window shutter**, (persiana) avvolgibile, tapparella (*di finestra*) □ **hair r.**, bigodino.

rollerball /'rəʊləbɔːl/, *n.* penna a sfera.

to **roller-skate** /'rəʊləskeɪt/, *v. i.* pattinare con i pattini a rotelle; schettinare.

rollick /'rɒlɪk/, *n.* allegria; brio; gaiezza.

to **rollick** /'rɒlɪk/, *v. i.* essere allegro; divertirsi; far festa; scatenarsi (*fig.*); far baldoria.

rollicking /'rɒlɪkɪŋ/, **A** *a.* allegro; brioso; gaio, spensierato. **B** *n.* (*fam.*) sgridata; lavata di capo (*fig.*); ramanzina. ● **a r. fellow**, un buontempone.

rollicksome /'rɒlɪksəm/, *V.* **rollicking, A.**

rolling (**1**) /'rəʊlɪŋ/, *n.* ***1*** rotolamento; arrotolamento; avvolgimento; arrotolatura ***2*** (*naut., aeron.*; = **r. motion**) rollio; rollata ***3*** cilindratura (*d'una strada*) ***4*** (*ind. tess.*) laminatura; cilindratura ***5*** (*metall.*) laminatura ***6*** (*di tamburi*) rullo; rullio ***7*** (*del tuono, del cannone*) rombo. ● (*cucina*) **r. board**, spianatoia □ (*mecc.*) **r. mill**, laminatoio □ **r. pin**, spianatoio; matterello □ (*ind.*) **r. press**, calandra; pressa a cilindri; mangano.

rolling (**2**) /'rəʊlɪŋ/, *a.* ***1*** rotolante; che rotola ***2*** rotante; girevole; roteante: **r. eyes**, occhi roteanti ***3*** dondolante; oscillante: **a r. gait**, un'andatura dondolante (*o* barcollante) ***4*** (*di onde, di mare*) agitato; tumultuoso: **r. waters**, acque tumultuose ***5*** (*di nebbia, fumo, ecc.*) a spirali; a volute ***6*** ondulato: **r. land**, terreno ondulato ***7*** rombante; rimbombante ***8*** ricorrente; che torna: **the r. seasons**, le stagioni che tornano ***9*** (*fig.*) che avanza a rullo; inarrestabile. ● **r. door**, porta scorrevole □ **r. in wealth**, straricco; ricco sfondato (*pop.*) □ (*mus.*) **a r. note**, una nota trillata □ (*ferr.*) **r. stock**, materiale rotabile □ **the r. thunder**, il tuono che brontola □ (*prov.*) **A r. stone gathers no moss**, pietra mossa non fa muschio; chi cambia continuamente attività non fa fortuna.

rollmop /'rəʊlmɒp/, *n.* (*cucina*) filetto d'aringa arrotolato, con sottaceti.

roll-on /'rəʊlɒn, *USA* -ɔːn/, **A** *n.* (*arc.*) giarrettiera. **B** *a. attr.* con pallina rotante: **a r. anti-perspirant deodorant**, un deodorante, con pallina rotante, contro il sudore. ● **r.-on/r.-off**, grande cassone scarrabile (*per il trasporto di rifiuti*) □ (*naut.*) **r.-on/r.-off ferry**, traghetto RO-RO (*o* a caricamento orizzontale) (*di autoveicoli*): traghetto con due portelloni.

roll-over /'rəʊləʊvə(r)/, *n.* (*fin.*) rinnovo (*di un credito*). ● **r. credit**, credito rinnovabile □ **r. loan**, mutuo a tasso variabile □ (*fisc., USA*) **r. treatment**, trattamento di distribuzione (*di entrate*) nelle annate fiscali successive.

roly-poly /'rəʊlɪ'pəʊlɪ/, **A** *n.* (*pl.* **roly-polys, roly-polies**) ***1*** (= **roly-poly pudding**) rotolo di sfoglia, pieno di marmellata, uva passa, ecc. ***2*** (*fam.*) tipo grasso e tozzo; tombolo (*fam.*); bambino paffuto. **B** *a.* (*fam.*) cicciotto; paffuto; grassottello.

Romaic /rəʊ'meɪɪk/, *a.* e *n.* romaico; (della) lingua greca moderna; (del) neogreco.

Roman /'rəʊmən/, **A** *a.* ***1*** romano: **the R. Empire**, l'impero romano; **R. law**, diritto romano; **a R. road**, una strada romana; (*tipogr.*) **R. letters**, caratteri romani; **R. numerals**, numeri romani; **R. history**, storia romana ***2*** romanesco: **the R. dialect**, il dialetto romanesco ***3*** (*relig.*, = **R. Catholic**) cattolico. **B** *n.* ***1*** romano; romana ***2*** (*relig.*) cattolico romano, cattolica romana ***3*** (*tipogr.*) carattere romano ***4*** dialetto romanesco. ● (*archit.*) **R. arch**, arco a tutto sesto □ **R. candle**, candela romana (*fuoco d'artificio*) □ **R. Catholic**, cattolico romano □ **R. Catholicism**, cattolicesimo romano □ **R. nose**, naso aquilino □ **R.-nosed**, dal naso aquilino □ (*tipogr.*) **R. type**, carattere tondo.

romance /rəʊ'mæns, 'rəʊmæns/, *n.* ***1*** (*stor.*) romanzo cavalleresco medievale ***2*** romanzo avventuroso, fantastico o sentimentale; racconto favoloso, romanzesco ***3*** romanzo (*fig.*); cosa (*o* avventura) romanzesca; favola; storia incredibile: **Her life is like a r.**, la sua vita pare un romanzo; **I'll tell you the r. of their meeting**, ti racconterò l'avventura romanzesca del loro incontro ***4*** fascino; alone di leggenda; romanticheria; (*spreg.*) romanticume: **the r. of whaling**, il fascino della caccia alle balene; **a girl full of r.**, una ragazza piena di romanticherie ***5*** idillio; romantica storia d'amore; avventura (*o* incontro) sentimentale; (*spreg.*) romanzetto (*fam.*) ***6*** (*mus.*) romanza. ● **the r. of pioneer life**, il lato romanzesco della vita dei pionieri □ **r.-writer**, autore di storie romanzesche.

to **romance** /rəʊ'mæns, 'rəʊmæns/, **A** *v. i.* ***1*** favoleggiare; esagerare; romanzeggiare ***2*** (*di una coppia*) fare i romantici. **B** *v. t.* ***1*** romanzare; esagerare ***2*** (*fam.*) avere un'avventura sentimentale con (q.).

Romance /rəʊ'mæns, 'rəʊmæns/, **A** *a.* romanzo; neolatino: **R. languages**, lingue romanze. **B** *n.* lingua romanza.

romancer /rəʊ'mænsə(r)/, *n.* (*raro*) ***1*** autore di opere romanzesche ***2*** chi inventa storie romanzesche; chi ama romanzare la realtà.

Romanesque /rəʊmə'nɛsk/, **A** *a.* ***1*** (*arte*) romanico: **R. architecture**, architettura romanica ***2*** (*raro, ling.*) romanzo; neolatino. **B** *n.* arte (*specialm.* architettura) romanica; (il) romanico.

Romanian /rəʊ'meɪnɪən/, *a.* e *n.* romeno (*anche la lingua*).

Romanic /rəʊ'mænɪk/, **A** *a.* ***1*** (*ling.*) romanzo; neolatino ***2*** romanico. **B** *n. pl.* lingue romanze.

Romanism /'rəʊmənɪzəm/, *n.* (*relig.*) romanismo.

Romanist /'rəʊmənɪst/, *n.* ***1*** (*spreg.*) cattolico; fautore del cattolicesimo ***2*** romanista (*studioso di Roma antica e di cose romane*).

Romanization /rəʊmənaɪ'zeɪʃn, *USA* -nɪ'z-/, *n.* ***1*** romanizzazione ***2*** conversione al cattolicesimo romano ***3*** trascrizione in caratteri latini.

to **Romanize** /'rəʊmənaɪz/, **A** *v. t.* ***1*** latinizzare; rendere romano; romanizzare ***2*** convertire al cattolicesimo romano ***3*** trascrivere in caratteri latini. **B** *v. i.* ***1*** latineggiare; fare il romano antico ***2*** convertirsi al cattolicesimo romano.

Romansh, Romansch /rəʊ'mænʃ/, *a.* e *n.* (*ling.*) romancio; ladino.

romantic /rəʊ'mæntɪk/, **A** *a.* ***1*** (*arte, letter., mus.*) romantico: **a r. poet**, un poeta romantico ***2*** romantico; sentimentale: **a r. place**, un luogo romantico; **a r. adventure**, un'avventura romantica; **a r. figure**, una figura romantica ***3*** romanzesco; fantastico: **a r. story**, una storia romanzesca; **a r. scheme**, un progetto fantastico. **B** *n.* ***1*** individuo romantico; persona romantica ***2*** (*arte, letter.*) romantico; scrittore (*o* musicista, ecc.) romantico. || **-ally**, *avv.*

romanticism /rəʊ'mæntɪsɪzəm/, *n.* (*arte, letter., mus.*) romanticismo.

romanticist /rəʊ'mæntɪsɪst/, *n.* (*arte, letter., mus.*) romantico; scrittore (*o* pittore, musicista, ecc.) romantico.

to **romanticize** /rəʊ'mæntɪsaɪz/, **A** *v. i.* (*raro*) fare il romantico; scrivere in modo romantico. **B** *v. t.* romanzare.

Romany /'rɒmənɪ/, **A** *n.* ***1*** zingaro ***2*** lingua zingaresca; zingaresco. **B** *a.* zingaresco; di (*o* da) zingaro.

Rome /rəʊm/, *n.* (*geogr.*) Roma. ● (*relig.*) **R. penny**, obolo di San Pietro □ (*prov.*) **R. was not built in a day**, Roma non fu fatta in un giorno □ (*prov.*) **When in R., do as the Romans do**, paese che vai, usanza che trovi.

Romish /'rəʊmɪʃ/, *a.* (*spreg.*) cattolico romano; papista (*spreg.*).

romp /rɒmp/, *n.* ***1*** gioco chiassoso; trambusto; (*fam.*) spasso, divertimento ***2*** birichino, birichina; monello, monella; (*di ragazza*) maschiaccio ***3*** (*ippica e fig.*) andatura sostenuta; scatto veloce.

to **romp** /rɒmp/, *v. i.* ***1*** far chiasso; giocare; ruzzare ***2*** amoreggiare; spassarsela ***3*** (*di solito*, **to r. through**) fare (q.c.) in modo allegro e spensierato; (*mus.*) suonare con brio (improvvisando, ecc.); (*teatr.*) recitare scioltamente, con brio: **to r. through a song**, suonare una canzone con molto brio. ● (*sport, polit., ecc.*) **to r. home**, vincere facilmente; fare una passeggiata (*fig. fam.*) □ **to r. through an exam**, superare un esame con facilità □ **to r. through one's homework**, fare il compito di casa come niente fosse.

romper /'rɒmpə(r)/, *n.* ***1*** (*arc.*) chi fa chiasso; bambino che ruzza ***2*** (*pl.*) (= **r. suit**) pagliaccetto; vestitino (*o* tuta) per giocare ***3*** (*sport, polit., ecc.*) vittoria facile; passeggiata (*fig.*).

rondeau /'rɒndəʊ, *USA* rɒn'dəʊ/ (*franc.*), *n.* (*pl.* **rondeaux**) (*poesia*) rondò.

rondel /'rɒndl/, *n.* ***1*** (*poesia*) rondò ***2*** (*mus.*) «rondel» (*figura di danza scozz.*).

rondo /'rɒndəʊ, *USA* rɒn'dəʊ/, *n.* (*pl.* **rondos**) (*mus.*) rondò.

rondure /'rɒndjʊə(r), -dʒʊə(r)/, *n.* (*poet.*) ***1*** globo; sfera ***2*** rotondità.

roneo /'rəʊnɪəʊ/, *n.* (*pl.* **roneos**) ciclostilato. ● **R. machine**, (*marchio*), ciclostile.

to **roneo** /'rəʊnɪəʊ/, *v. t.* ciclostilare (*V.* **roneo**).

röntgen /'rɒntgən, 'rʌ-, 'rɛ-, 'rʊ-, 'rɜː-, -jən, -dʒən/, *a.* e *n.* (*fis.*) röntgen. ● (*med.*) **r. rays**, raggi X; raggi röntgen.

röntgenogram /rɒnt'gɛnəgræm, rʌ-, rɛ-, rʊ-, rɜː-, -'dʒɛ-/, *n.* (*med.*) röntgenogramma; radiografia; lastra (*fam.*).

röntgenotherapy /rɒntgenə'θɛrəpɪ, rʌ-, rɛ-, rʊ-, rɜː-, -dʒɛ-/, *n.* (*med.*) röntgenterapia.

roo /ruː/, *n.* (*Austr., abbr. fam. di* **kangaroo**) canguro.

rood /ruːd/, *n.* ***1*** (*arc.*, = **r. tree**) croce (*su cui fu crocifisso Gesù*) ***2*** crocifisso (*specialm. se collocato su una* **«r. screen»**) ***3*** (*raro*) «rood» (*misura di superficie, pari a un quarto di acro e cioè a m 1000 circa*). ● (*relig.*) **r. cloth**, velo che ricopre il crocifisso durante la quaresima □ (*relig.*) **r. loft**, galleria sovrastante la **«r. screen»** □ (*archit.*) **r. screen**, parete divisoria in legno o marmo scolpiti, posta fra la navata e il coro; jubé (*franc.*) □ (*relig.*) **the Holy R.**, la Santa Croce □ (*fig.*) **Not even a r. remained to him**, non gli restava più neanche un palmo di terra.

roof /ruːf, rʊf/, *n.* ***1*** tetto (*anche fig.*): **Mount Everest is sometimes called the r. of the world**, il monte Everest è talvolta chiamato il tetto del mondo; **the r. of a car**, il tetto di un'automobile; **to be under sb.'s r.**, essere sotto il tetto di q.; essere ospite in casa di q. ***2*** (*di un veicolo*) imperiale ***3*** (*della bocca*) palato ***4*** (*ind. min.*) cielo (*in galleria*). ● (*edil., USA*) **r. deck**, terrazza sul tetto □ (*edil.*) **r. garden**, grande terrazza sul tetto; giardino pensile □ (*edil.*) **r. light**, lucernaio □ (*fig.*) **the r. of heaven**, la volta del cielo □ **r. rack**, portabagagli (*sul tetto di un'automobile*) □ (*edil.*) **r. space**, sottotetto □ (*edil.*) **r. truss**, capriata □ (*fam.*) **to go through the r.**, (*di prezzi, derrate, ecc.*) andare alle stelle; (*di persone*) andare su tutte le furie □ (*fam.*) **to hit the r.**, andare su tutte le furie □ **penthouse r.**, tetto a uno spiovente □ (*fam.*) **to raise the r.**, spellarsi le mani a furia di applaudire □ (*autom.*) **sliding** (*o* **sunshine**) **r.**, tetto apribile.

to **roof** /ruːf, rʊf/, *v. t.* ***1*** coprire (*con un tetto*); mettere il tetto a: **a hut roofed** (**over**) **with**

branches, una capanna coperta di rami *2* dare un tetto a (q.); alloggiare; ospitare.
roofage /ˈruːfɪdʒ, ˈrʊf-/, *n.* (*edil.*) materiale di copertura.
roofer /ˈruːfə(r), ˈrʊf-/, *n.* conciatetti; chi costruisce (*o* ripara) tetti.
roofing /ˈruːfɪŋ, ˈrʊf-/, *n.* (*edil.*) *1* copertura con tetto; costruzione di tetti *2* riparazione dei tetti *3* (= **r. material**) materiale di copertura. ● **r. contractor**, (titolare d') impresa di costruzione (e riparazione) dei tetti.
roofless /ˈruːfləs, ˈrʊf-/, *a.* *1* senza tetto *2* (*fig.*) senza casa; senza un rifugio.
rooftop /ˈruːftɒp, ˈrʊf-/, *n.* (*edil.*) coperto (*della casa*); tetto. ● (*autom.*) **r. luggage rack**, portapacchi □ (*fig.*) **to shout st. from the rooftops**, proclamare q.c. ai quattro venti.
rooftree /ˈruːftriː, ˈrʊf-/, *n.* *1* (*edil.*) trave di colmo *2* (*fig.*) casa; tetto (*fig.*): **to be under one's r.**, essere in casa propria.
rook (1) /rʊk/, *n.* *1* (*zool., Corvus frugilegus*) corvo nero; cornacchia *2* imbroglione; truffatore; (*specialm.*) baro.
rook (2) /rʊk/, *n.* (*scacchi*) torre.
to **rook** /rʊk/, *v. t.* *1* truffare (q.) barando; spennare (*fig. pop.*) *2* far pagare prezzi esorbitanti a (q.); pelare (*fig. pop.*).
rookery /ˈrʊkərɪ/, *n.* *1* (gruppo d'alberi con) nidi di corvi neri o cornacchie; colonia di corvi neri *2* colonia di foche (*o* di pinguini, di aironi) *3* (*fig. arc.*) casupole; catapecchie.
rookie /ˈrʊkɪ/, *n.* *1* (*gergo mil., USA*) recluta; coscritto; marmittone (*gergo*) *2* (*fam.*) novellino; principiante.
rooky /ˈrʊkɪ/, *a.* (*raro*) abitato da (*o* pieno di) corvi neri.
room /ruːm, rʊm/, *n.* *1* stanza; camera; sala; (*edil.*) ambiente, vano: **double r.**, camera doppia; **single r.**, camera singola; **spare r.**, camera degli ospiti; **dining r.**, sala da pranzo; **He lives in a furnished r.**, vive in una camera ammobiliata; **The whole r. was silent**, tutta la sala taceva *2* spazio; posto: **This wardrobe takes up too much r.**, questo armadio occupa troppo spazio; **Is there r. for me in the coach?**, c'è posto per me nel pullman?; **We have no r. here for idlers**, non c'è posto qui per gli oziosi *3* (*fig.*) adito; luogo; motivo; occasione; possibilità: **r. for doubt**, adito al dubbio; **There's r. to hope for the better**, c'è motivo di sperare che la situazione migliori; **There is no r. for dispute**, non c'è alcun motivo di lite; **There's ample r. for improvement**, si può fare molto meglio di così *4* (*pl.*) camere, stanze; alloggio, appartamento. ● (*tur.*) **r. and board**, vitto e alloggio □ (*ind. min.*) **r.-and-pillar**, coltivazione a camere e pilastri □ **r.-fellow**, *V.* **roommate** □ **r. service**, servizio in camera (*in albergo*) □ **r. temperature**, temperatura ambiente □ **a back r.**, una camera sul retro □ **dressing r.**, spogliatoio □ **a front r.**, una camera (che dà) sulla strada □ **to make r. for sb. [st.]**, fare posto per q. [q.c.] □ **standing r. only!**, (*a teatro, al cinema*) posti a sedere esauriti; solo posti in piedi!; (*in autobus*) completo! □ **waiting r.**, sala d'aspetto □ **Make r.!**, fate largo! □ **There isn't r. to swing a cat**, non c'è spazio per rigirarsi.
to **room** /ruːm, rʊm/, *v. i.* alloggiare; abitare (*specialm. in una camera o in un appartamento mobiliato*).
roomed /ruːmd, rʊmd/, *a.* (*solo nei composti, per es.*:) **a four-roomed flat**, un appartamento di quattro camere (*o* di quattro vani).
roomer /ˈruːmə(r), ˈrʊm-/, *n.* (*USA*) affittuario d'appartamento (*o* di camera ammobiliata); pigionante; pensionante.
roomful /ˈruːmfʊl, ˈrʊm-/, *n.* *1* stanza piena: **a r. of people**, una stanza piena di gente *2* quanto (oggetti, ecc.) sta in una stanza.
roominess /ˈruːmɪnəs, ˈrʊm-/, *n.* ampiezza; spaziosità.
rooming house /ˈruːmɪŋhaʊs/, *locuz. n.* (*USA e Can.*) pensione; locanda.
roommate /ˈruːmmeɪt, ˈrʊm-/, *n.* *1* compagno di stanza *2* (*USA*) persona con la quale si condivide un appartamento (*cfr. ingl.* **flatmate**).
roomy /ˈruːmɪ, ˈrʊmɪ/, *a.* ampio; spazioso; vasto.
roost /ruːst/, *n.* *1* (*d'uccelli o polli*) posatoio *2* pollaio *3* (*fam.*) giaciglio; letto. ● **to be at r.**, essere appollaiato; (*fam.*) essere a letto; essere a pollaio (*fig. pop.*) □ **to go to r.**, appollaiarsi; (*fam.*) andare a letto (*o* a nanna); andare a pollaio (*fig. pop.*) □ (*fam.*) **to rule the r.**, farla da padrone, spadroneggiare; fare la parte del leone: **In Italy, family values rule the r.**, in Italia, i valori della famiglia fanno la parte del leone (*cioè, prevalgono*).
to **roost** /ruːst/, *v. i.* *1* (*d'uccelli*) appollaiarsi; (*di galline*) essere a pollaio (*per la notte*) *2* (*fam.*) andare a dormire; fare la nanna. ● **to come home to r.**, (*di galline*) tornare al pollaio (*per la notte*); (*fig.*: *di azioni, ecc.*) ricadere sull'autore; ritorcersi su chi le fa: **Curses come home to r.**, le maledizioni ricadono sul capo di chi le scaglia.
rooster /ˈruːstə(r), *USA* ˈruː-, ˈrʊ-/, *n.* (*USA*) *1* (*zool., Gallus domesticus*) gallo *2* (*volg.*) uccello (*volg.*); pene.
root /ruːt, *USA* ruːt, rʊt/, *n.* *1* radice; (*fig.*) origine, causa, fonte: **the r. of a tooth [of the tongue]**, la radice di un dente [della lingua]; **Love of money is the r. of all evil**, l'avidità di denaro è la fonte d'ogni male; **a r. of bitterness**, una causa (*o* fonte) d'amarezza *2* (*mat.*) radice: **cube r.**, radice cubica; **square r.**, radice quadrata *3* (*pl.*) radici commestibili *4* (*geol.*) radice (*di una falda*) *5* (*mus.*) nota fondamentale *6* (*mecc.*) fondo (*di una filettatura di vite, ecc.*). ● (*fig.*) **r. and branch**, radicalmente; totalmente; del tutto □ (*USA*) **r. beer**, bevanda frizzante a base di estratti di radici ed erbe □ (*bot.*) **r.-bound**, fissato a terra da radici □ (*anat.*) **r. canal**, canale radicolare (*di un dente*) □ (*bot.*) **r. cap**, cuffia □ (*agric.*) **r. crop**, radice commestibile (*barbabietola, rapa, ecc.*) □ (*bot.*) **r. hair**, pelo radicale □ **r. idea**, idea basilare (*o* fondamentale) □ (*mat.*) **r. sign**, segno di radice; radicale □ (*ling.*) **r.-word**, parola-radice □ **to get to** (*o* **at**) **the r. of the matter**, andare al fondo della faccenda □ (*bot.* e *fig.*) **to grow roots**, mettere radici □ (*anche fig.*) **to pull up by the roots**, sradicare; estirpare □ (*fig.*) **to put down (new) roots**, mettere radici (*o* ambientarsi) in un posto nuovo □ (*anche fig.*) **to strike at the r.**, colpire alla radice □ (*anche fig.*) **to take** (*o* **to strike**) **r.**, radicarsi; mettere radice; attecchire □ **a verb r.**, la radice di un verbo.
to **root** (1) /ruːt, *USA* ruːt, rʊt/, **A** *v. t.* radicare (*anche fig.*); fare attecchire; piantare; fissare. **B** *v. i.* (*anche fig.*) radicarsi; attecchire; metter radice: **These plants r. freely**, queste piante attecchiscono facilmente dovunque. ● (*anche fig.*) **to r. out** (*o* **up**), sradicare; estirpare; svellere: **to r. out prejudice**, sradicare i pregiudizi □ **Their devotion was deeply rooted**, la loro devozione aveva profonde radici.
to **root** (2) /ruːt, *USA* ruːt, rʊt/, **A** *v. t.* (*del maiale, anche* **to r. up**) cavare (*o* scavare) col grugno. **B** *v. i.* *1* (*del maiale*) grufolare *2* – (*fam. specialm. USA*) **to r. for**, tifare, fare il tifo per, parteggiare per (*una squadra, un giocatore*). ● **to r. about** (*o* **around**), frugare; frugacchiare □ (*fam.*) **to r. out** (*o* **up**), scovare; snidare; trovare.
rootage /ˈruːtɪdʒ/, *n.* *1* radicamento; (il) radicarsi *2* (*collett.*) radici (*d'una pianta*).
rooted /ˈruːtɪd/, *a.* *1* radicato (*anche fig.*); saldo; profondo: **a r. belief**, un convincimento ben radicato; **a r. dislike**, una profonda avversione *2* basato; fondato: **obedience r. in fear**, obbedienza fondata sul timore. ● **I stood r. to the spot**, restai inchiodato sul posto.
rootedness /ˈruːtɪdnəs/, *n.* (*anche fig.*) l'esser radicato; radicamento.
rooter (1) /ˈruːtə(r)/, *n.* (*agric.*) estirpatore, sradicatore (*attrezzo*).
rooter (2) /ˈruːtə(r)/, *n.* (*pop. USA*) tifoso; sostenitore; fan.
rootie /ˈruːtɪ/, *n.* (*pop. USA*) persona ossessionata dalla ricerca delle proprie radici familiari (*o* etniche).
to **rootle** /ˈruːtl/, *v. i.* (*di solito,* **to r. about**) *1* grufolare *2* scavare; frugare.
rootless /ˈruːtləs/, *a.* *1* privo di (*o* senza) radice *2* infondato; privo di fondamento: **a r. theory**, una teoria infondata *3* (*di persona*) sradicato; che non ha radici. ‖ **-ness**, *sost.*
rootlet /ˈruːtlət/, *n.* (*bot.*) radichetta; radicetta.
rootstock /ˈruːtstɒk/, *n.* *1* (*bot.*) rizoma *2* (*agric.*) portainnesto *3* (*fig.*) origine, fonte; ceppo (*fig.*).
rootsucker /ˈruːtsʌkə(r)/, *n.* (*agric.*) pollone.
rooty /ˈruːtɪ/, *a.* *1* pieno di radici: **r. soil**, terreno pieno di radici *2* simile a radice; che odora di radici.
rope /rəʊp/, *n.* *1* corda; fune; canapo; (*naut.*, = **boltrope**) cavo, cima, gomena, ralinga: **Throw him a r.**, gettagli una fune (*o* una cima) *2* filo; filza: **a r. of pearls**, un filo di perle *3* (*di cipolle, ecc.*) resta *4* (*di birra, vino, ecc.*) filamento; sedimento filamentoso *5* (*alpinismo*) cordata *6* (*fig.*) (il) capestro; (la) forca *7* (*USA*) lazo; laccio. ● **r. dancer**, funambolo □ **r. dancing**, funambolismo □ **r.'s end** (*o* **r.-end**), pezzo di corda; (*stor.*) sferza (*soprattutto per punizioni inflitte a marinai*) □ **r. ladder**, scala di corda; (*naut.*) biscaglina □ **r.-maker**, cordaio; funaio □ **r.-making**, fabbricazione di funi □ (*fig.*) **a r. of sand**, un legame fragile □ **r. yard**, corderia □ **r. yarn**, filato per funi; filaccia; (*fig.*) inezia, nonnulla □ (*fig.*) **to be at the end of one's r.**, essere allo stremo; essere alle strette; (*anche*) aver esaurito la pazienza □ **braided r.**, fune intrecciata □ (*fam.*) **to give sb. r.** (*o* **plenty of r.**), dar corda (*o* spago) a q.; lasciar fare q. □ **to give sb. r. enough to hang himself**, lasciare che q. faccia a modo suo (*o* che si rovini con le sue mani) □ (*fig.*) **to know the ropes**, essere pratico del mestiere; saperla lunga □ (*fig.*) **money for old r.**, denaro (*o* guadagno) facile □ (*naut.*) **mooring r.**, cavo d'ormeggio □ (*d'alpinisti*) **to be on the r.**, essere in cordata □ **to be on the ropes**, (*boxe*) essere alle corde; (*fig. fam.*) essere con le spalle al muro, essere alle strette □ (*fig.*) **to put sb. up to the ropes**, insegnare a q. i segreti del mestiere □ (*naut.*) **tow r.**, cavo di rimorchio □ (*prov.*) **Give sb. r. enough and he'll hang himself**, dai abbastanza corda a q. (*o* a uno sciocco) e s'impiccherà (con le sue mani).
to **rope** /rəʊp/, **A** *v. t.* *1* (*spesso* **to r. up**) legare con corde; assicurare con funi: **to r. up a trunk**, legare un baule *2* (*naut.*) incordare; ralingare (*le vele*) *3* (*alpinismo*) legare in cordata *4* (*di solito* **to r. in, to r. out**) cingere con corda; delimitare con funi *5* prendere (*un cavallo ecc.*) al lazo. **B** *v. i.* *1* (*di un liquido*) formare un filamento; diventare vischioso *2* (*alpinismo*) formare una cordata. ● (*fam.*) **to r. sb. in**, ingaggiare q.; irretire q. □ **to r. off**, cintare, isolare (*una zona*) con funi □ (*alpinismo*) **to r. up** (*o* **together**), mettere (*o* mettersi) in cordata.
ropery /ˈrəʊpərɪ/, *n.* corderia.
ropewalk /ˈrəʊpwɔːk/, *n.* corderia.
ropewalker /ˈrəʊpwɔːkə(r)/, *n.* (*USA*) funambolo.
ropewalking /ˈrəʊpwɔːkɪŋ/, *n.* (*USA*) funambolismo.
ropeway /ˈrəʊpweɪ/, *n.* funivia; teleferica.
ropey /ˈrəʊpɪ/, *a.* *1* simile a corda *2* (*di liquido*) filamentoso *3* (*pop.*) (di qualità) scadente; scalcagnato; scalcinato.
ropiness /ˈrəʊpɪnəs/, *n.* *1* (*di liquido*) l'esser filamentoso; vischiosità *2* (*di dolce, ecc.*) appiccicosità.
roping /ˈrəʊpɪŋ/, *n.* (*ind.*) cordame. ● **r. needle**, ago per funi.
ropy /ˈrəʊpɪ/, *a.* *1* (*di liquido*) filamentoso; vischioso *2* (*di dolce, ecc.*) appiccicaticcio;

ispessito *3* simile a corda; a corda: (*geol.*) **r. lava**, lava a corda *4* (*pop.*) (di qualità) scadente; scalcagnato; scalcinato.

roquet /ˈrəʊkɪ, -eɪ, *USA* rəʊˈkeɪ/, *n.* (*croquet*) colpo dato alla palla dell'avversario.

to **roquet** /ˈrəʊkɪ, -eɪ, *USA* rəʊˈkeɪ/, *v. t.* e *i.* (*croquet*) colpire (la palla dell'avversario) con la propria.

rorqual /ˈrɔːkwəl/, *n.* (*zool.*, *Balaenoptera*) balenottera.

rorty /ˈrɔːtɪ/, *a.* (*pop.*) *1* divertente; spassoso *2* festaiolo. ● **to have a r. time**, spassarsela; divertirsi un mondo.

rosace /ˈrəʊzeɪs/, *n.* (*archit.*) rosone.

rosaceous /rəʊˈzeɪʃəs/, *a.* (*bot.*) rosaceo.

Rosalie /ˈrɒzəlɪ/, *n.* Rosalia.

Rosalind /ˈrɒzəlɪnd/, *n.* Rosalinda.

Rosamond /ˈrɒzəmənd/, *n.* Rosmunda.

rosaniline /rəʊˈzænɪliːn/, *n.* (*chim.*) rosanilina.

rosarian /rəʊˈzɛərɪən/, *n.* amante delle rose; coltivatore di rose; rosicoltore.

rosary /ˈrəʊzərɪ/, *n.* *1* (*relig.*) rosario; corona *2* (*bot.*) rosaio; roseto.

rose (1) /rəʊz/, **A** *n.* *1* (*bot.*, *Rosa*) rosa (*è l'emblema dell'Inghil.*) *2* color rosa; rosa *3* (*gioielleria, ecc.*) rosetta *4* cipolla bucherellata (*d'annaffiatoio*) *5* (*pl.*) colorito roseo *6* (*med.*) erisipela; risipola (*pop.*) *7* (*archit.*, = **r. window**) rosone. **B** *a. attr.* rosa; color rosa. ● (*bot.*) **r.-apple** (*Eugenia jambos*), melarosa; giambo □ (*bot.*) **r.-bay**, (*Nerium oleander*) oleandro; (*Rhododendron*) rododendro □ **r. bed**, roseto □ (*zool.*) **r.-beetle**, (*Cetonia*) cetonia; (*Cetonia aurata*) cetonia dorata □ (*mecc.*) **r. bit**, punta a rosetta □ **r.-bush** (*o* **r.-tree**), pianta di rose; rosaio □ (*bot.*) **r.-campion** (*Lychnis coronaria*), coronaria □ (*zool.*) **r.-chafer**, *V.* **r.-beetle** □ **r. colour**, rosa; color rosa □ **r.-coloured**, rosa; roseo □ **a r.-cut diamond**, un diamante tagliato a rosetta □ (*bot.*) **r. gall**, galla di rosa canina □ **r. garden**, rosaio; roseto □ (*bot.*) **r. hip**, falso frutto della rosa □ (*fam.*) **r.-laurel**, oleandro □ **r.-leaf**, petalo di rosa; foglia di rosa □ **r.-lipped**, dalle labbra color di rosa □ **r.** (*o* **r.-head**) **nail**, chiodo dalla capocchia a rosetta □ **r. oil**, olio essenziale (*o* essenza) di rosa □ **r. pink**, rosa; color rosa □ (*med.*) **r.-rash**, roseola □ (*mecc.*) **r. reamer**, allargatore a punta; svasatore □ **r.-red**, rosso come una rosa; vermiglio □ **r. vinegar**, aceto rosato; infuso di rose in aceto (*per il mal di testa*) □ **r. water**, acqua di rose □ (*fig.*) **a r.-water revolution**, una rivoluzione all'acqua di rose □ (*archit.*) **r. window**, rosone □ **a bed of roses**, un'aiuola di rose, un rosaio; (*fig.*) un letto di rose, rose e fiori □ (*fig.*) **to come up roses**, andare a meraviglia; riuscire benissimo □ (*naut.*) **compass r.**, rosa della bussola □ (*bot.*) **dog r.** (*Rosa canina*), rosa canina □ (*fig.*) **to gather** (**life's**) **roses**, godersi la vita; darsi ai piaceri della vita □ (*fig.*) **to see the world through r.-coloured glasses**, vedere tutto rosa □ (*fig.*) **to take a r.-coloured view of things**, veder tutto rosa □ (*fig.*) **under the r.**, in confidenza; in gran segreto □ (*stor. ingl.*) **the Wars of the Roses**, la Guerra delle due Rose (*rosa bianca e rosa rossa, rispettivamente emblemi delle case di York e Lancaster*) □ (*prov.*) **There's no r. without a thorn**, non c'è rosa senza spine.

rose (2) /rəʊz/, *pass.* di **to rise**.

to **rose** /rəʊz/, *v. t.* (*raro*) colorare (*o* colorire) di rosa: **The sun roses the snowy slopes**, il sole colora di rosa le pendici nevose.

Rose /rəʊz/, *n.* Rosa.

rosé /ˈrəʊzeɪ/ (*franc.*), *n.* (vino) rosé.

roseate /ˈrəʊzɪət/, *a.* (*lett.*) roseo; rosa; color di rosa; (*fig.*) ottimistico.

rosebud /ˈrəʊzbʌd/, *n.* *1* (*bot.*) bocciolo di rosa *2* (*fig.*) bocciolo di rosa; bella ragazza. ● **a r. mouth**, una bocca che è un bocciolo di rosa; una boccuccia di rosa.

roselike /ˈrəʊzlaɪk/, *a.* di (*o* da, simile a una) rosa.

rosemary /ˈrəʊzmərɪ, *USA* -merɪ/, *n.* (*bot.*) *1* (*Rosmarinus officinalis*) rosmarino *2* (*Crysanthemum balsamita*) erba amara.

Rosemary /ˈrəʊzmərɪ, *USA* -merɪ/, *n.* Rosamaria.

roseola /rəʊˈziːələ/, *n.* (*med.*) roseola.

rosery /ˈrəʊzərɪ/, *n.* rosaio; roseto.

rosette /rəʊˈzet, rə-/, *n.* *1* rosetta; nastrino; coccarda *2* (*archit.*) rosone *3* (*tur.*) stella: **This restaurant was awarded two rosettes by the R.A.C. in 1979**, questo ristorante ha ricevuto due stelle dal R.A.C. (*l'A.C.I. britannico*) nel 1979.

rosewood /ˈrəʊzwʊd/, *n.* (legno di) palissandro.

Rosicrucian /rəʊzɪˈkruːʃn/, (*stor.*) **A** *n.* Rosacroce; Rosacrociano. **B** *a.* dei Rosacroce; dei Rosacrociani.

Rosicrucianism /rəʊzɪˈkruːʃɪənɪzəm/, *n.* (*stor.*) movimento mistico dei Rosacroce, dei Rosacrociani (*che si dice fondato nel 1484 da C. Rosenkreuz*).

rosily /ˈrəʊzəlɪ/, *avv.* in modo roseo.

rosin /ˈrɒzɪn, *USA* ˈrɒzn/, *n.* resina; (*specialm.*) colofonia, pece greca.

to **rosin** /ˈrɒzɪn/, *v. t.* strofinare con la colofonia; impeciare (*specialm. corde e archetti di strumenti musicali*).

Rosinante /rɒzɪˈnæntɪ/, *n.* *1* Ronzinante (*il cavallo di Don Chisciotte*) *2* (*fig.*) ronzino; ronzinante.

rosiness /ˈrəʊzɪnəs/, *n.* l'esser roseo (*o* rosato) (*anche fig.*); color roseo.

rosiny /ˈrɒzɪnɪ/, *a.* resinoso; coperto di colofonia.

roster /ˈrɒstə(r)/, *n.* *1* elenco; lista; registro *2* (*mil.*) ruolino (*o* lista) dei turni di servizio. ● **promotion r.**, ruolo di promozione.

rostral /ˈrɒstrəl/, *a.* rostrale; rostrato: (*stor. romana*) **r. column**, colonna rostrata.

rostrate /ˈrɒstrət/, **rostrated** /ˈrɒstreɪtɪd/, *a.* rostrato.

rostriform /ˈrɒstrɪfɔːm/, *a.* rostriforme.

rostrum /ˈrɒstrəm/, *n.* (*pl.* **rostrums, rostra**) *1* (*zool.*) rostro; becco; **the r. of an eagle**, il rostro di un'aquila *2* rostro; tribuna (*del Foro Romano*) *3* (*naut.*, *stor.*) rostro: **the r. of a ship**, il rostro di una nave.

rosy /ˈrəʊzɪ/, *a.* *1* roseo (*anche fig.*); rosato: **r. cheeks**, gote rosee; **a r. future**, un futuro roseo; **r. expectations**, rosee speranze *2* (*raro*) fatto (*o* cosparso) di rose. ● **r.-cheeked**, dalle guance rosee.

rot /rɒt/, **A** *n.* *1* decomposizione; putrefazione *2* marciume; putredine; putridume *3* (*fig.*) corruzione; depravazione; decadimento; sfacelo *4* (*bot.*) carie del legno *5* (*vet.*) moria (*delle pecore*) *6* (*pop. arc.*, = **tommy rot**) assurdità; sciocchezze; fesserie: **Don't talk rot!**, non dire sciocchezze! *7* (*cricket*) serie d'insuccessi, di sbagli (*specialm. nella battuta*) *8* (*mil.*) serie di disfatte, di rovesci. **B** *inter.* (*fam. arc.*) che schifo!, che robaccia!; sciocchezze! ● (*tecn.*) **rot proofing**, trattamento anticorrosione □ (*bot.*) **dry rot**, carie del legno; marciume secco □ (*vet.*) **foot rot**, pedaina □ (*vet.*) **liver rot**, fascioliasi ovina □ (*fig.*) **The rot sets in**, le cose si guastano; la situazione si deteriora.

to **rot** /rɒt/, **A** *v. i.* *1* decomporsi; imputridire; putrefarsi; marcire (*anche fig.*): **The prisoner was left to rot in jail**, il prigioniero fu lasciato a marcire in carcere *2* (*fig.*) corrompersi; degenerare; guastarsi. **B** *v. t.* *1* far marcire; far imputridire *2* (*ind.*) macerare (*il lino, ecc.*) *3* (*pop.*) guastare; rovinare; sciupare: **He has rotted the whole plan**, ha rovinato tutto. ● **to rot away**, putrefarsi e cadere; (*di denti*) staccarsi per carie avanzata □ (*di foglia, ecc.*) **to rot off**, putrefarsi e cadere; cadere per il marciume.

rota /ˈrəʊtə/, *n.* *1* lista dei turni di servizio; persone di turno *2* – (*relig.*) **the R.**, la Sacra Rota (*tribunale ecclesiastico*). ● **the housework r. for the month**, i turni (*dei componenti la famiglia*) dei lavori domestici per il mese in corso.

Rotarian /rəʊˈtɛərɪən/, *n.* e *a.* rotariano; (membro) di un Rotary Club.

rotary /ˈrəʊtərɪ/, **A** *a.* (*scient.*, *tecn.*) *1* rotante; girevole: **a r. engine**, un motore rotante *2* rotatorio: **r. motion**, moto rotatorio; (*autom.*) **r. traffic**, traffico rotatorio *3* a rotazione; rotativo: **r. drill**, sonda a rotazione; **r. valve**, valvola rotativa. **B** *n.* *1* motore rotante *2* macchina a rotazione *3* (*USA*, = **r. intersection**; *cfr. ingl.* **roundabout**) rotatoria; rondò (*per il traffico*) *4* – **R.**, Rotary (*associazione internazionale fra professionisti e uomini d'affari*). ● **r. carpet cleaner**, battitappeto a spazzole rotanti □ **r. clothes dryer**, asciugabiancheria a tamburo ruotante □ **R. Club**, Rotary Club □ **r. hoe**, motozappa □ **r. plough**, erpice a dischi □ (*tipogr.*) **r. press**, rotativa □ **r. shaver**, rasoio a testine rotanti □ (*ind. min.*) **r. table**, tavola di rotazione □ (*USA*) **r. tiller**, erpice a dischi □ **r.-vane meter**, contatore a turbina (*per fluidi*).

rotatable /rəʊˈteɪtəbl/, *a.* (*agric.*) avvicendabile.

rotate /ˈrəʊteɪt/, *n.* (*bot.*) rotato.

to **rotate** /rəʊˈteɪt, *USA* ˈrəʊteɪt/, **A** *v. i.* *1* ruotare *2* succedersi regolarmente; avvicendarsi: **The seasons r.**, le stagioni si succedono regolarmente *3* (*anche sport*) compiere una rotazione: **to r. clockwise**, compiere la rotazione di un posto in senso orario. **B** *v. t.* (*agric.*) avvicendare, fare la rotazione di (*colture, raccolti*).

rotating /rəʊˈteɪtɪŋ, *USA* ˈrəʊteɪtɪŋ/, *a.* rotante; rotatorio; a rotazione: **r. shifts**, turni a rotazione (*in fabbrica, ecc.*).

rotation /rəʊˈteɪʃn/, *n.* *1* (*mecc.*, *astron.*) (movimento di) rotazione: **the r. of the earth**, il movimento di rotazione della terra *2* (*mecc.*) giro; rotazione: **ten rotations a minute**, dieci rotazioni al minuto *3* avvicendamento; successione; rotazione (*delle cariche, delle sedi, ecc.*): **the r. of the seasons**, la successione delle stagioni *4* (*agric.*) rotazione agraria. ● (*agric.*) **r. of crops**, avvicendamento delle colture □ (*USA*) **counter-clockwise r.**, rotazione in senso antiorario □ **in** (*o* **by**) **r.**, in successione; a turno; a rotazione.

rotational /rəʊˈteɪʃənl/, *a.* *1* di rotazione; in rotazione; rotatorio *2* (*mat.*, *fis.*) rotazionale; di rotazione: **r. field**, campo rotazionale.

rotative /ˈrəʊtətɪv/, *a.* (*mecc.*) rotativo; rotatorio.

rotator /rəʊˈteɪtə(r)/, *n.* *1* (*anat.*) muscolo rotatorio *2* (*elettr.*) rotatore *3* (*mecc.*) motorino elettrico (*per far ruotare dischi, ecc.*) *4* (*TV*) motorino (*di antenna*).

rotatory /rəʊˈteɪtrɪ, ˈrəʊtə-, *USA* ˈrəʊtətɔːrɪ/, *a.* (*mecc.*, *fis.*) rotatorio; rotativo.

to **rotavate** /ˈrəʊtəveɪt/, *v. t.* lavorare (*la terra*) con un «rotavator» (*q.V.*).

rotavating /ˈrəʊtəveɪtɪŋ/, *n.* lavori eseguiti con un «rotavator» (*q.V.*). ● **r. clearance**, pulizia delle erbacce fatta con un «rotavator».

rotavator /ˈrəʊtəveɪtə(r)/, *n.* (*contraz. di* **rotary cultivator**) (*giardinaggio*) coltivatore (*o* frangizolle) a lame rotanti.

rotch(**e**) /rɒtʃ/, *n.* (*zool.*, *Plautus alle*) gazza marina minore.

rote /rəʊt/, *n.* abitudine meccanica; routine. ● **r.-learning**, apprendimento meccanico □ **by r.**, a memoria; meccanicamente.

rotgut /ˈrɒtgʌt/, *n.* (*pop. scherz.*) liquore pessimo (*che brucia lo stomaco*); torcibudella (*fam.*); vetriolo (*fig.*).

rotifers /ˈrəʊtɪfəz/, *n. pl.* (*zool.*, *Rotifera*) rotiferi.

rotisserie /rəʊˈtiːsərɪ/ (*franc.*), *n.* *1* rosticceria *2* (*cucina*) girarrosto.

rotobale /ˈrəʊtəbeɪl/, *n.* (*agric.*) rotoballa (*di foraggio*).

rotobaler /ˈrəʊtəbeɪlə(r)/, *n.* (*agric.*) rotoimballatrice.

rotogravure /rəʊtəgrəˈvjʊə(r)/, *n.* (*tipogr.*)

rotocalcografia; rotocalco (*il procedimento*).
rotor /ˈrəʊtə(r)/, *n.* **1** (*mecc.*) girante (*di pompa*); girante, ruota (di turbina) **2** (*elettr.*) rotore; indotto **3** (*aeron.*) rotore (*di elicottero, ecc.*) **4** (*autom., elettr.*; = **r. arm**) distributore; spazzola rotante; spazzola (*fam.*). ● (*aeron.*) **r.-craft**, aereo ad ala rotante □ (*naut.*) **r.-ship**, rotonave.
to **rotovate** /ˈrəʊtəveɪt/, *V.* **to rotavate**.
rotovator /ˈrəʊtəveɪtə(r)/, *V.* **rotavator**.
rotten /ˈrɒtn/, **A** *a.* **1** marcio; fradicio; putrido; putrefatto; in decomposizione: **a r. egg**, un uovo marcio; **a r. tomato**, un pomodoro marcio; **r. timber**, legno fradicio **2** (*fam.*: *di dente*) cariato **3** (*fig.*) corrotto; marcio: **r. to the core**, marcio fino alle midolla **4** (*pop.*) disgustoso; seccante; sgradevole; pessimo: **a r. book**, un libro pessimo; un libraccio. **B** *n.* (*pop.*) balordo; malavitoso. ● **a r. child**, un bambino viziato □ (*pop.*) **r. luck**, una sfortuna maledetta □ (*fam.*) **to feel r.**, sentirsi a pezzi; stare poco bene □ **What r. luck!**, che scalogna! || **-ly**, *avv.* || **-ness**, *sost.*
rottenstone /ˈrɒtnstəʊn/, *n.* farina fossile; tripoli (*usata come abrasivo*).
rotter /ˈrɒtə(r)/, *n.* (*pop. arc.*) cialtrone; mascalzone.
rotula /ˈrɒtjʊlə, *USA* -tʃʊ-/, *n.* (*pl.* **rotulas, rotulae**) (*anat.*) rotula.
rotund /rəʊˈtʌnd/, *a.* (*form.*) **1** rotondo; tondo; paffuto; grassoccio: **a r. little man**, un omino tutto tondo **2** (*fig.*) altisonante; magniloquente; pomposo: **r. style**, stile altisonante **3** (*di voce, di tono*) profondo; pieno. || **-ly**, *avv.* || **-ness**, *sost.*
rotunda /rəʊˈtʌndə/, *n.* (*archit.*) rotonda.
rotundate /rəʊˈtʌndət/, *a.* arrotondato.
rotundity /rəʊˈtʌndətɪ/, *n.* **1** rotondità; l'esser grasso **2** (*fig.*) magniloquenza; pomposità **3** (*della voce*) profondità; pienezza.
rouble /ˈruːbl/, *n.* rublo (*moneta russa*).
roué /ˈruːeɪ, *USA* ruːˈeɪ/ (*franc.*), *n.* (*arc. o scherz.*) gaudente; libertino.
rouge (1) /ruːʒ/, *n.* **1** rossetto (*per le labbra e per il viso*); rossetto; belletto **2** (= **jeweller's r.**) fard; ossido di ferro (*per pulire metalli, ecc.*).
rouge (2) /ruːʒ/, *n.* (*rugby*) mischia.
to **rouge** /ruːʒ/, **A** *v. t.* imbellettare; dare il rossetto alle (*labbra o guance*). **B** *v. i.* imbellettarsi; darsi il rossetto.
rouge-et-noir /ruːʒeɪˈnwɑː(r)/ (*franc.*), *n.* trenta e quaranta (*gioco di carte*).
rough /rʌf/, **A** *a.* **1** ruvido; scabro; scabroso; accidentato: **Cats have r. tongues**, i gatti hanno la lingua ruvida; **a r. surface**, una superficie scabra; **a r. road**, una strada accidentata; **r. hair**, capelli ruvidi **2** rude; rozzo; grossolano; sgarbato; aspro; ruvido: **a r. man**, un uomo ruvido, rozzo, sgarbato; uno zoticone; **a r. reply**, una risposta sgarbata; **r. words**, parole aspre; **a r. voice**, una voce aspra; **r. country people**, gente rozza di campagna; **r. manners**, maniere rudi **3** rudimentale; grossolano; approssimativo; alla buona: **a r. sketch**, uno schizzo grossolano; un disegno schematico; **a r. rendering of a passage**, una traduzione approssimativa di un brano; **r. accommodation**, sistemazione alla buona **4** irsuto; ispido; villoso: **r. sheep**, pecore villose; **His face was r. with three days' beard**, aveva la faccia ispida, con la barba di tre giorni **5** agitato; ventoso; tempestoso: **r. seas**, mari agitati; **r. winds**, venti tempestosi; **a r. day**, una giornata ventosa (e fredda); **a r. crossing**, una traversata tempestosa (con mare agitato) **6** grezzo; greggio; allo stato naturale; non tagliato: **r. jewels**, gioielli non tagliati; **a r. stone**, una pietra grezza **7** chiassoso; rumoroso; violento; turbolento: **a r. boy**, un ragazzo turbolento; **a r. child**, un bambino chiassoso **8** (*ling.*) aspro **9** (*pop. USA*) osceno; salace; sporco. **B** *n.* **1** terreno accidentato **2** stato grezzo; stato naturale: **I have seen the diamond only in the r.**, ho visto il diamante soltanto allo stato grezzo **3** (*fam.*) giovinastro; scavezzacollo; teppista **4** (*golf*) erba lunga **5** (*fig.*) situazione difficile; difficoltà. **C** *avv.* (*fam.*) rudemente; duramente; con asprezza; in malo modo: **to treat sb. r.**, trattare q. duramente. ● **r. and ready**, semplice, elementare, sommario; approssimativo, grossolano, empirico; brusco, sbrigativo, spicciativo: **r. and ready calculations**, calcoli approssimativi; **r. and ready methods**, metodi empirici; **a r. and ready fellow**, un tipo brusco (*o* sbrigativo, che va per le spicce) □ **r.-and-tumble**, (*agg.*) disordinato, irregolare; violento, turbolento; (*sost.*) baruffa, rissa, mischia, zuffa □ (*gramm. greca*) **r. breathing**, spirito aspro □ **r. coat**, (*edil.*) prima mano d'intonaco; rinzaffo; (*d'animale*) mantello (*o* pelame) irsuto □ (*edil.*) **r. coating**, materiale da rinzaffo □ **r. copy**, malacopia; brutta copia; minuta □ **r. country**, terreno impervio, malagevole □ (*fig.*) **a r. customer**, un osso duro (*fig.*); un duro, un tipaccio □ (*stat.*) **r. data**, dati grezzi (non ancora elaborati) □ **a r. diamond**, un diamante greggio; (*fig.*) un cuor d'oro sotto una ruvida scorza, un burbero benefico □ **r. draft**, abbozzo; minuta □ (*d'uccello*) **r.-footed**, dalle zampe coperte di penne □ (*pastorizia*) **r. grazings**, pascoli naturali; terreni da pascolo (*o* pascolativi) □ **r. handling**, maltrattamenti; violenza □ **r. justice**, giustizia sommaria □ (*di cavallo*) **r.-legged**, dalle zampe pelose □ **a r. life**, una vita difficile (*o* disagiata) □ **r. luck**, sfortuna; malasorte; scalogna (*fam.*) □ **r. passage**, traversata tempestosa (con mare agitato) □ **r. play**, scherzi villani; sgarberie; (*sport e fig.*) gioco pesante □ (*tipogr.*) **r. proof**, bozza a mano □ **r. remedies**, rimedi drastici □ **r. rice**, riso non brillato; risone □ **r.-rider**, domatore di cavalli, scozzone; (*mil.*) soldato irregolare di cavalleria □ **r.-spoken**, aspro, sgarbato, volgare, sboccato, villano (*nel parlare*) □ (*fam.*) **r. stuff**, maniere forti; violenza; forza bruta; (*USA*) oscenità, porcherie □ (*fig.*) **a r. tongue**, una persona linguacciuta □ **r. usage**, maltrattamento; violenza □ **r. weather**, tempo cattivo, freddo e ventoso; tempo inclemente □ **r. wine**, vino aspro □ **to be r. with sb.**, trattare q. duramente; maltrattare q. □ **r. work**, lavoro pesante, faticoso; lavoro incompleto, mal fatto □ (*ind.*) **r.-wrought**, sgrossato; sbozzato □ **at a r. estimate**, a un calcolo approssimativo; all'ingrosso □ **at a r. guess**, grossomodo; ad occhio e croce □ (*fig. fam.*) **to cut up r.**, arrabbiarsi; mostrare risentimento □ **to have a r. time**, passarsela male; far vita grama □ **in** (*o* **on**) **r.**, in brutta, in mala; in malacopia □ **in the r.**, (*specialm. di gemma*) grezzo, non lavorato; (*di un progetto e sim.*) (appena) abbozzato □ (*di piante*) **to be in the r. leaf**, mettere le prime foglie □ **to lead a r. life**, condurre una vita disagiata (*o* dura) □ **to play r.**, fare scherzi villani; (*sport e fig.*) fare un gioco pesante □ **to look rather r.**, avere una brutta cera □ **to plough the land r.**, arare il terreno alla meglio □ (*fam.*) **to sleep r.**, dormire sul pavimento (*o* all'aperto) □ (*fig.*) **to take the r. with the smooth**, accettare il buono e il cattivo (*di una situazione, ecc.*); prendere la vita come viene □ **It was r. on him losing his wife**, è stato duro per lui perdere la moglie.
to **rough** /rʌf/, *v. t.* **1** rendere ruvido; irruvidire **2** (*spesso* **to r. up**) maltrattare, malmenare; (*sport*) fare un gioco pesante contro (*un avversario*) **3** (*mecc., falegn.*; *spesso* **to r. off**) sbozzare; sgrossare **4** (*di solito* **to r. in, to r. out**) abbozzare; delineare; schizzare (*o* tracciare) alla meglio: **R. out a scheme**, abbozza un progetto!; **R. them in with a pencil**, schizzali alla meglio con la matita! **5** ferrare a ramponi (*un cavallo*). ● **to r. it**, far vita dura; vivere senza alcuna comodità.
♦**rough in**, *v. t.* + *avv.* **1** *V. sopra, def. 4* **2** (*edil.*) incassare, mettere (q.c.) sotto traccia.
♦**rough off**, *v. t.* + *avv. V. sopra, def. 3.*
♦**rough out**, *v. t.* + *avv. V. sopra, def. 4.*
♦**rough up**, *v. t.* + *avv.* **1** *V. sopra, def. 2* **2** (*fam.*) attaccare; malmenare; ridurre (q.) a malpartito **3** (*fam.*) ferire (q.) leggermente; causare dei lividi a (q.) **4** arruffare (*i capelli*); increspare (*le piume, ecc.*).
roughage /ˈrʌfɪdʒ/, *n.* **1** fibra alimentare **2** alimenti ricchi di fibre **3** crusca; paglia tritata (*come foraggio*).
roughcast /ˈrʌfkɑːst, *USA* -kæst/, *n.* **1** (*edil.*) intonaco rustico **2** (*fig.*) abbozzo; minuta.
to **roughcast** /ˈrʌfkɑːst, *USA* -kæst/ (*pass.* e *p. p.* **roughcast**), *v. t.* **1** (*edil.*) intonacare (*muri*) a rustico **2** (*fig.*) abbozzare; sbozzare; fare lo schema di: **to r. a novel**, abbozzare un romanzo.
roughcasting /ˈrʌfkɑːstɪŋ, *USA* -æs-/, *n.* (*edil.*) intonacatura a rustico.
to **rough-dry** /ˈrʌfdraɪ/, *v. t.* asciugare (*panni*) senza stirarli.
to **roughen** /ˈrʌfn/, **A** *v. t.* **1** rendere ruvido; irruvidire **2** (*fig.*) rendere grossolano (*o* rozzo) **3** arruffare (*i capelli, le onde, ecc.*). **B** *v. i.* **1** irruvidirsi **2** (*fig.*) diventar grossolano (*o* rozzo) **3** arruffarsi **4** (*del mare*) agitarsi; ingrossarsi.
to **rough-grind** /ˈrʌfgraɪnd/ (*pass.* e *p. p.* **rough-ground**), *v. t.* (*mecc.*) sgrossare (*o* sbozzare) alla mola.
rough-grinding /ˈrʌfgraɪndɪŋ/, *n.* (*mecc.*) sgrossatura (*o* sbozzatura) alla mola.
to **rough-hew** /ˈrʌfˈhjuː/, *v. t.* (*p. p.* **rough-hewn** e *reg.*) **1** digrossare, sgrossare (*legno*) **2** (*arte*) abbozzare; sbozzare **3** (*fig.*) dirozzare.
rough-hewn /ˈrʌfˈhjuːn/, **A** *p. p.* di **to rough-hew**. **B** *a.* **1** appena abbozzato; informe **2** (*fig.*) grossolano; incolto; rozzo.
rough-house /ˈrʌfhaʊs/, *n.* (*fam. arc.*) rissa; baruffa; tafferuglio.
to **rough-house** /ˈrʌfhaʊs, -z/, (*fam. arc.*) **A** *v. t.* **1** malmenare; maltrattare **2** fare scherzi pesanti a (q.); essere manesco con (q.). **B** *v. i.* prendere parte a una rissa.
roughing /ˈrʌfɪŋ/, *n.* **1** (*edil.*) rinzaffatura **2** (*mecc.*) sbozzatura; sgrossatura. ● (*edil.*) **r.-in**, incassatura sotto traccia □ (*mecc.*) **r. mill**, treno sbozzatore □ (*metall.*) **r. rolls**, laminatoi □ (*mecc.*) **r. tool**, utensile per sbozzare.
roughish /ˈrʌfɪʃ/, *a.* **1** piuttosto ruvido, rozzo, rude **2** (*del mare*) alquanto agitato; mosso (*V.* **rough**).
roughly /ˈrʌflɪ/, *avv.* **1** rudemente; rozzamente; sgarbatamente; aspramente; bruscamente **2** approssimativamente; all'incirca; pressappoco.
to **rough-mill** /ˈrʌfˈmɪl/, *v. t.* (*mecc.*) sbozzare (*o* sgrossare) alla fresa.
roughneck /ˈrʌfnɛk/, *n.* **1** attaccabrighe; bullo; teppista **2** (*ind. petrolifera*) operaio addetto alla trivellazione.
roughness /ˈrʌfnəs/, *n.* **1** ruvidità; rozzezza; rudezza; scabrosità; (*fig.*) asprezza (*della voce, di parole, del clima, ecc.*); sgarbatezza, villania **2** (*del mare*) l'essere agitato (*o* burrascoso) **3** (*del tempo*) inclemenza **4** stato grezzo; stato naturale **5** violenza; turbolenza (*V.* **rough**) **6** (*mecc. dei fluidi*) scabrezza.
roughshod /ˈrʌfˈʃɒd/, *a.* (*di cavallo*) ferrato a ramponi. ● (*fig.*) **to ride r. over sb.** [**st.**], calpestare q. [q.c.]; fare il prepotente con q.; bistrattare q.; non tenere conto di, mettersi sotto i piedi (q.c.).
to **rough-turn** /ˈrʌfˈtɜːn/, *v. t.* (*mecc.*) sbozzare (*o* sgrossare) al tornio.
rough-turning /ˈrʌftɜːnɪŋ/, *n.* (*mecc.*) sbozzatura (*o* sgrossatura) al tornio.
roulade /ruːˈlɑːd/ (*franc.*), *n.* (*mus.*) gorgheggio; trillo.
roulette /ruːˈlɛt/, *n.* **1** (*gioco d'azzardo*) roulette **2** rotellina dentata (*per dentellare francobolli, ecc.*) **3** (*geom.*) rolletta, rulletta **4** (*legatoria*) bulino. ● **Russian r.**, roulette russa.
Roumania /ruːˈmeɪnɪə/, *n.* (*geogr.*) Romania.
Roumanian /ruːˈmeɪnɪən/, *a.* e *n.* rumeno (*an-*

che la lingua).

Roumansh /rəʊ'mænʃ/, *V.* **Romansh.**

round (1) /raʊnd/, *a.* ***1*** rotondo; tondo; circolare; sferico; rotondeggiante; tondeggiante: **a r. table**, un tavolo rotondo; (*fig.*) una tavola rotonda; **as r. as a ball**, tondo come una palla; **r. cheeks**, gote tonde (*o* paffute); **r. brackets**, parentesi tonde; **in r. figures** (*o* **numbers**) (*o* **as a r. figure**), in cifra tonda; **a r. hand**, una calligrafia rotondeggiante ***2*** completo; intero; bello; buono: **a r. dozen**, un'intera dozzina; **a good r. sum**, una bella somma; **at a r. pace**, di buon passo ***3*** chiaro e tondo; bell'e buono: **a r. oath**, un'imprecazione bell'e buona ***4*** (*della voce, di suono*) pieno; sonoro ***5*** (*di stile*) fluente; scorrevole; ben tornito ***6*** (*mat.*) arrotondato: **a r. sum**, una somma arrotondata ***7*** (*fon.*: *di suono*) arrotondato ***8*** (*arc.*) franco; schietto; sincero. ● (*geom.*) **r. angle**, angolo giro □ (*archit.*) **r. arch**, arco a tutto sesto □ (*sport*) **r.-arm**, roteando il braccio: **to bowl r.-arm**, lanciare la palla roteando il braccio □ **r.-backed**, dalla schiena ricurva □ **r. dance**, ballo in tondo; (*anche*) valzer □ **a r. estimate**, un preventivo approssimativo; un calcolo approssimativo □ (*pop. USA*) **r.-eye**, individuo di etnia caucasica □ **r.-eyed**, con gli occhi spalancati □ **r. figure**, figura tondeggiante; (*mat.*) cifra tonda □ (*zool.*) **r.-fish**, carpa □ **a r. game**, un gioco che si fa stando in circolo □ (*sport*) **r.-hand bowling**, il lanciare la palla roteando il braccio □ **r.-house**, (*ferr.*) deposito locomotive; (*naut.*) tuga; (*stor.*) carcere, guardina; (*fam., boxe*) sventola □ **a r. jacket**, una giacca senza falde □ (*Borsa*) **r. lot**, unità di contrattazione □ **r. robin**, (*stor.*) petizione con le firme poste in cerchio (*in modo da mantenere l'anonimato del primo firmatario*); (*ora*) denuncia ufficiale a più firme, lettera collettiva di protesta; (*sport, USA*) torneo all'italiana □ **r.-shouldered**, dalle spalle tonde (*o* spioventi) □ (*leggenda*) **the R. Table**, la Tavola Rotonda (*dei Cavalieri di Re Artù*) □ **r.-table conference** (*o* **discussion**), tavola rotonda (*fig.*) □ **r. trip**, viaggio di andata e ritorno □ (*USA*) **r.-trip ticket**, biglietto di andata e ritorno □ **I gave the boy a r. hiding [scolding]**, diedi al ragazzo una bella bastonatura (*fam.*: suonata) [una bella sgridata].

round (2) /raʊnd/, *n.* ***1*** tondo; tondello, tondino; cerchio; circolo; globo; sfera: **rounds of paper**, tondini di carta; (*poet.*) **this earthly r.**, il globo terrestre, la terra; **to dance in a r.**, danzare in cerchio ***2*** giro (*in tondo, d'ispezione, di bevute, ecc.*); (*mil.*) ronda: **the milkman's r.**, il giro del lattaio; **The policeman makes** (*o* **goes**) **his rounds every hour**, il poliziotto fa il suo giro ogni ora; **to go for a r. of the nightclubs**, andare a fare il giro dei locali notturni; **This r. is on me**, questo giro è mio (*pago io*); **He's doing the usual paper r.**, fa il solito giro delle consegne dei giornali (a domicilio) ***3*** (*sport*) turno; (*golf*) percorso, giro; (*boxe* e *fig.*) ripresa, round: (*boxe*) **a match of fifteen rounds** (**world championship**), un combattimento in quindici riprese (campionato del mondo) ***4*** (*mil.*) colpo; salva; scarica; sparo: **We didn't fire a single r.**, non sparammo un sol colpo; **I'd only got three rounds left**, mi restavano solo tre colpi; **The guns fired 101 rounds in his honour**, i cannoni spararono 101 salve in suo onore; **a blank r.**, uno sparo a salve; **a live r.**, un colpo con proiettile (*non a salve*); una scarica a palla ***5*** scroscio; scoppio; salva (*fig.*): **a r. of applause**, uno scroscio di applausi ***6*** ballo in tondo; danza in cerchio ***7*** (*mus.*) canone ***8*** (*ind. min.*) volata (*di mine*) ***9*** (*macelleria*) girello; contronoce (*di bue*) ***10*** giro, serie (*di colloqui, d'incontri, ecc.*): **a long r. of talks**, una lunga serie di colloqui; **a r. of formal consultations**, un giro di consultazioni ufficiali ***11*** (*a carte*) giro; mano; smazzata ***12*** piolo (di scala) ***13*** fetta (*di pane*); panino imbottito; sandwich semplice (*non doppio*). ● **a r. of bread**, una fetta di pane □ **the rounds of a chair**, i braccioli di una sedia □ **a r. of days**, una successione di giorni □ **a r. of parties**, una serie di trattenimenti □ **a r. of poker**, una partita (*o* una mano, un giro) di poker □ **the r. of the seasons**, il ciclo delle stagioni □ **a r. of visits**, un giro (*o* una serie) di visite □ **the daily r.**, il trantran quotidiano; il lavoro (*di cucina, le pulizie, ecc.*) di tutti i giorni □ (*astron., lett.*) **the earth's daily r.**, la rotazione (quotidiana) della terra □ (*astron. lett.*) **the earth's yearly r.**, la rivoluzione (annuale) della terra □ **in all the r. of Nature**, in tutto il regno della natura □ (*scultura e fig.*) **in the r.**, a tutto tondo: **a statue in the r.**, una statua a tutto tondo; **This character is drawn in the r.**, questo personaggio è rappresentato a tutto tondo □ **to make the r. of st.**, fare il giro di q.c.; girare intorno a q.c. □ (*di diceria, notizia, ecc.*) **to make** (*o* **to go**) **the rounds**, essere in giro; girare; diffondersi □ (*mecc.*: *di cilindro*) **out of r.**, ovalizzato □ **to serve out a r. of whisky**, offrire agli ospiti del whisky □ **The doctor is on his rounds**, il dottore è fuori in visita □ **The news goes the rounds**, la notizia passa di bocca in bocca.

round (3) /raʊnd/, *avv.* ***1*** in tondo; in cerchio; in giro; attorno; intorno; all'intorno: **The earth goes r.**, la terra gira in tondo; **The news got r. quickly**, ben presto la notizia fu messa in giro; **The headmaster showed the foreign visitors r.**, il preside accompagnò gli ospiti stranieri nel giro di visita (della scuola); **The fields extended all r.**, i campi si stendevano tutt'intorno ***2*** vicino; nelle vicinanze: **He knew all the people r.**, conosceva tutti nelle vicinanze (*o* tutto il vicinato) ***3*** di ritorno: **Easter will soon be r. again**, la Pasqua tornerà presto; presto sarà di nuovo Pasqua ***4*** durante l'intero; per tutto: (**all**) **the year r.**, per tutto l'anno ***5*** in circonferenza: **The oak is three meters r.**, la quercia ha una circonferenza di tre metri ***6*** (*nei verbi frasali, è idiom.*; *per es.*:) **to ask r.**, invitare a casa propria; **to come r.**, ritornare; riprendere conoscenza; ecc. (*V. sotto* **to ask, to come**, ecc.). ● **r. about**, nella direzione opposta; tutt'intorno; circa, all'incirca: **It will cost r. about ten dollars**, costerà dieci dollari all'incirca □ **r. and about**, in giro; qua e là □ **r. and r.**, più volte intorno; in giro, in tondo: **The last whisky made my head go r. and r.**, l'ultimo whisky mi fece girare la testa □ **all** (*o* **right**) **r.**, con un giro completo; tutt'in tondo □ **an all-r. man**, un uomo versatile □ **for a mile r.**, nel raggio di un miglio □ **to have a look r.**, dare un'occhiata in giro □ **the opposite** (*o* **the other**) **way r.**, dall'altra parte; in senso opposto; al contrario □ **to sleep the clock r.**, dormire dodici (*o* ventiquattro) ore □ **somewhere r. about**, da qualche parte; non lontano: **They live somewhere r. about**, abitano non lontano □ **taking it all r.**, nell'insieme; tutto considerato □ (*di persona*) **to be thirty inches r.**, misurare trenta pollici (*75 cm circa*) alla vita □ **to turn r. and r.**, girare su se stessi; continuare a girare in tondo □ **the wrong way r.**, nel senso sbagliato; a rovescio: **You've got your cap on the wrong way r.**, hai il berretto alla rovescia □ (*fam.*) **What are you hanging r. for?**, che fai qui in giro (*o* qui intorno)?

round (4) /raʊnd/, *prep.* ***1*** intorno a; tutt'intorno a; nelle vicinanze di: **a rope r. a tree**, una corda intorno a un albero; **a wall r. a town**, un muro tutt'intorno a una città; **to put a shawl r. one's shoulders**, mettersi uno scialle intorno alle spalle; **to travel r. the world**, viaggiare intorno al mondo; fare il giro del mondo; **Shells were bursting** (**all**) **r. me**, le granate mi esplodevano intorno da ogni parte; **They farm r. Cleveland**, fanno gli agricoltori nelle vicinanze di Cleveland ***2*** in; per: **to travel r. Europe**, viaggiare in tutta l'Europa; **to walk r. the park**, camminare nel parco ***3*** verso; intorno a; circa; all'incirca: **He'll be back r. midnight**, sarà di ritorno verso mezzanotte. ● **r. about**, circa: **I've lived in England for r. about five years**, ho vissuto in Inghilterra per circa cinque anni □ **r. the back of the church**, dietro la chiesa □ **r. the clock**, per (tutte le) ventiquattro ore; tutto il giorno e la notte □ **r. the corner**, girato l'angolo; dietro l'angolo; (*fig.*) vicino, a portata di mano, dietro l'angolo: **There's a post office r. the corner**, c'è un ufficio postale dietro l'angolo □ **r. here**, nei dintorni □ **r. one's neck**, al collo: **She wore a necklace r. her neck**, aveva al collo una collana □ **to argue r. and r. a subject**, discutere senza fine intorno a un argomento □ (*pop.*) **to go r. the shops**, fare il giro dei negozi □ **to work r. the day**, lavorare tutto il (santo) giorno □ **The little boy played r. the room**, il bambino giocava qua e là nella stanza □ **We went r. the factory**, facemmo il giro della fabbrica.

to **round** /raʊnd/, **A** *v. t.* ***1*** (*mat., ecc.*) arrotondare: **to r. a figure**, arrotondare una cifra; **4.519 rounded to two decimals in 4.52**, 4,519 arrotondato a due decimali dà 4,52 ***2*** arricciare, sporgere (*le labbra*) ***3*** girare (intorno a); (*naut.*) doppiare: **to r. the corner**, girare l'angolo; scantonare; **The ship rounded the island**, la nave doppiò l'isola ***4*** (*fam., autom.*; *di solito* **to r. a turn**) prendere, fare (*una curva*). **B** *v. i.* ***1*** (*anche* **to r. out**) arrotondarsi; ingrassare: **Her body is rounding**, le sue forme si stanno arrotondando; si sta ingrassando ***2*** girarsi; voltarsi; far dietro front: **The fleeing cat suddenly rounded**, improvvisamente il gatto in fuga si voltò. ● **to r. the angles**, smussare gli angoli □ **to r. a dog's ears**, mozzare a tondo le orecchie a un cane □ (*fon.*) **to r. a vowel**, pronunciare una vocale con le labbra arrotondate; labializzare una vocale.

♦**round down**, *v. t. + avv.* arrotondare (*una cifra*) per difetto: **to r. down prices to the nearest dollar**, arrotondare per difetto i prezzi al dollaro.

♦**round in**, *v. t. + avv.* (*naut.*) recuperare l'imbando di (*una cima*); alare (*una vela*).

♦**round off**, *v. t. + avv.* ***1*** arrotondare (una cifra): **to r. off a figure to two decimals**, arrotondare una cifra a due decimali ***2*** smussare, levigare (*uno spigolo, ecc.*) ***3*** completare; finire; concludere; coronare: **to r. off a speech with a toast to sb.'s health**, concludere un discorso con un brindisi alla salute di q.; **to r. off the evening with a snack**, completare la serata con uno spuntino; **to r. off one's career**, coronare la propria carriera.

♦**round on**, *v. t. + prep.* ***1*** rivoltarsi contro: **The wounded boar rounded on the hunter**, il cinghiale ferito si rivoltò contro il cacciatore ***2*** (*fig.*) scagliarsi a parole contro (q.); aggredire verbalmente.

♦**round out**, **A** *v. t. + avv.* ***1*** completare: (*un tempo*) **to r. out one's education by goin on the grand tour**, completare la propria educazione facendo il giro dei paesi europei ***2*** perfezionare; migliorare (*un racconto, una relazione, ecc.*) ***3*** (*del vento*) gonfiare (*le vele*). **B** *v. i. + avv.* ***1*** (*delle forme del corpo*) arrotondarsi; (*di una persona*) rimettersi in carne, ingrassare ***2*** (*delle vele, ecc.*) gonfiarsi.

♦**round to**, *v. i. + avv.* (*naut.*) venire al vento; orzare.

♦**round up**, *v. t. + avv.* ***1*** arrotondare (*una cifra*) per eccesso ***2*** radunare, riunire, raccogliere (*persone, il bestiame, ecc.*) ***3*** (*della polizia*) fare una retata di ***4*** (*naut.*) fermare (*una nave*) mettendola controvento ***5*** (*fam. USA*) riassumere (*notizie, ecc.*).

♦**round upon**, *V.* **round on.**

roundabout /'raʊndəbaʊt/, **A** *a.* ***1*** indiretto; obliquo; storto; traverso; tortuoso: **r. methods**, metodi indiretti; **to go by a r. way**, prendere una via traversa ***2*** paffuto; tondo. **B** *n.* ***1*** giro in tondo; giro tortuoso (*o* vizioso) ***2*** giostra (*divertimento da luna park*) ***3*** (*autom.*) aiuola (*o* rotonda) spartitraffico con senso rotatorio; rotatoria; rondò. ● (*autom.*) **r. circulation**, rotatoria (*senso rotatorio*); traffico rotatorio □ **a r. way of saying st.**, una circonlocuzione □ **to take a r. course**, fare una deviazione □ **to be told st. in a r. way**, apprendere q.c. dopo un lungo giro di frasi □ **His approach (to the subject, etc.) was a r. one**, la prese alla larga (*o* alla lontana).

roundaboutness /ˈraʊndəbaʊtnəs/, *n.* **1** obliquità; tortuosità **2** (*fig.*) il prenderla alla larga.

rounded /ˈraʊndɪd/, *a.* **1** arrotondato, tondeggiante **2** (*di spigolo, ecc.*) smussato **3** (*dello stile, ecc.*) ben tornito; fluente; scorrevole **4** (*fon.: di suono*) arrotondato; labializzato.

roundel /ˈraʊndl/, *n.* **1** (*archit.*) pannello di forma circolare; medaglione decorativo; tondo **2** (*letter., mus.*) rondello; rondò **3** (*aeron., mil.*) stemma rotondo (*indica la nazionalità*).

roundelay /ˈraʊndɪleɪ/, *n.* (*letter., mus.*) rondello; rondò.

rounder /ˈraʊndə(r)/, *n.* **1** (*arc.*) chi fa un giro d'ispezione; chi fa la ronda **2** chi arrotonda; arnese che serve ad arrotondare **3** (*fam. USA*) gaudente; libertino; gozzovigliatore; festaiolo **4** (*fam.*) guardiano; custode **5** (*pl.*) (*sport*) «rounders» (*gioco simile al baseball, giocato dai bambini in G.B.*).

Roundheads /ˈraʊndhɛdz/, *n.* (*stor.*) teste rotonde; puritani; seguaci di Cromwell (*nella guerra civile del 1642-49; così detti perché, a differenza dei nobili, portavano i capelli tagliati corti*).

rounding /ˈraʊndɪŋ/, **A** *a.* **1** tondeggiante **2** che gira intorno. **B** *n.* **1** (*mecc., mat., ecc.*) arrotondamento **2** (*fon.*) labializzazione. ● (*mat.*) **r. down**, arrotondamento per difetto □ (*mat.*) **r. off**, arrotondamento □ **r. tool**, arnese per arrotondare □ (*mat.*) **r. up**, arrotondamento per eccesso.

roundish /ˈraʊndɪʃ/, *a.* rotondetto; tondetto; tondeggiante.

roundly /ˈraʊndlɪ/, *avv.* **1** (*raro*) in forma tondeggiante; a sfera; in modo circolare **2** di buona lena; vigorosamente: **to go r. to work**, mettersi al lavoro di buona lena **3** energicamente; severamente: **He was r. rebuked**, fu severamente sgridato **4** chiaro e tondo; esplicitamente; francamente: **I'll tell him r. he had better keep clear of us**, gli dirò chiaro e tondo che farebbe bene a girare alla larga.

roundness /ˈraʊndnəs/, *n.* **1** rotondità; sfericità **2** (*della voce*) pienezza; sonorità **3** (*di stile*) l'esser tornito; scorrevolezza.

roundsman /ˈraʊndzmən/, *n.* (*pl.* **roundsmen**) **1** fattorino (*di negozio*) **2** chi fa la ronda; chi fa giri d'ispezione **3** (*USA*) poliziotto di ronda **4** (*Austr.*) cronista.

roundtripping /ˈraʊndtrɪpɪŋ/, *n.* (*fin.*) arbitraggio d'interessi finanziari.

roundup /ˈraʊndʌp/, *n.* **1** raccolta, raduno (*del bestiame*) **2** (*fam.*) riunione; adunata **3** (*specialm. della polizia*) retata **4** riepilogo; riassunto; sommario: **a weather r.**, un riepilogo delle condizioni del tempo.

roup (1) /raʊp/, *n.* (*scozz.*) vendita all'asta.

roup (2) /ruːp/, *n.* (*vet.*) difterite aviaria (*malattia dei polli*).

to **roup** /raʊp/, *v. t.* (*scozz.*) vendere all'asta.

roupy /ˈruːpɪ/, *a.* (*di pollo*) affetto da difterite.

rouse /raʊz/, *n.* (*specialm. USA*) (*mil.*) sveglia.

to **rouse (1)** /raʊz/, **A** *v. t.* **1** levare, far alzare, stanare (*la selvaggina*) **2** destare, svegliare; risvegliare (*sentimenti*); (*fig.*) svegliare, scuotere: **I was roused by a knock at the door**, fui svegliato da q. che bussava alla porta; **to r. one's audience**, scuotere il proprio uditorio **3** incitare; spingere; spronare; stimolare: **to r. sb. to action**, spronare q. ad agire **4** eccitare; provocare; irritare: **He can be very dangerous when roused**, se lo si provoca, può essere molto pericoloso **5** (*naut.*) alare con forza. **B** *v. i.* **1** (*della selvaggina*) alzarsi; uscire allo scoperto **2** (*di solito* **to r. up**) destarsi; svegliarsi **3** (*fig., anche v. rifl.* **to rouse oneself**) ridiventare attivo; scuotersi; svegliarsi. ● **to r. sb. to anger**, fare arrabbiare q. □ **He wants rousing**, ha bisogno d'essere scosso; è indolente.

to **rouse (2)** /raʊz/, *v. t.* mettere sotto sale, salare (*specialm. aringhe*).

rouser /ˈraʊzə(r)/, *n.* **1** chi sveglia; (*fig.*) chi stimola; animatore; incitatore **2** (*fam. arc.*) bugia sfacciata; fandonia.

rousing /ˈraʊzɪŋ/, *a.* eccitante; stimolante; d'incitamento: **a r. speech**, un discorso d'incitamento. ● **a r. cheer**, un'ovazione travolgente.

roust /raʊst/, *n.* (*fam. USA*) **1** arresto; retata **2** perquisizione; setacciamento.

to **roust** /raʊst/, *v. t.* **1** svegliare; scuotere **2** (*fam. USA*) arrestare; fare una retata di **3** (*fam. USA*) perquisire; setacciare.

roustabout /ˈraʊstəbaʊt/, *n.* (*USA*) **1** scaricatore di porto **2** uomo di fatica; manovale **3** (*ind. petrolifera*) operaio non qualificato **4** (*Austr.*) galoppino.

rout /raʊt/, *n.* **1** rotta; disfatta, sconfitta: **The army was put to r.**, l'esercito fu messo in rotta **2** (*leg. o arc.*) moltitudine tumultuante; assembramento sedizioso; sommossa; tumulto **3** (*arc., poet.*) riunione; festa; party: **a jovial r. of country folk**, una festosa riunione di campagnoli.

to **rout (1)** /raʊt/, *v. t.* mettere in rotta; sbaragliare; sgominare.

to **rout (2)** /raʊt/, *v. i. e t.* (*spesso* **to r. out, to r. up**) buttar fuori; scovare; snidare; stanare: **They were routed out of their hiding place**, furono stanati dal loro nascondiglio. ● **to r. sb. out of bed**, buttar q. giù dal letto.

to **rout (3)** /ruːt/, *V.* **to root (2)**.

route /ruːt, raʊt/, *n.* **1** itinerario; percorso; strada (*anche fig.*): **Which r. did you take?**, che strada prendesti?; **the r. to success**, la strada del successo **2** (*naut., aeron.*) rotta: **air r.**, rotta aerea **3** (*med.*) via: **oral r.**, via orale **4** (*comm.*) itinerario di vendita; giro **5** (*specialm. USA*) (strada) statale: **«Georgia – r. 75»** (*cartello*), «statale N° 75 della Georgia» **6** (*mil.*) ordini di marcia: **to get the r.**, ricevere gli ordini di marcia **7** (*USA*) giro di consegne. ● (*autom.*) **r. chart** (*o* **r. map**), carta stradale □ (*mil.*) **r. march**, marcia d'addestramento □ (*autom.*) **r. markers**, segnaletica orizzontale □ (*ind. costr.*) **r. survey**, rilievo del tracciato (*d'una strada, ecc.*) □ (*mil.*) **column of r.**, formazione di marcia □ **en r.**, in cammino; in viaggio □ (*autom. USA*) **large-scale r.**, strada d'interesse nazionale; autostrada □ (*di una casa, ecc.*) **to be on a bus r.**, essere servito dall'autobus □ (*naut.*) **open-sea r.**, rotta d'altura.

to **route** /ruːt, raʊt/, *v. t.* **1** avviare, instradare; dirigere; far passare (*merci, truppe, ecc.*) per **2** inoltrare, spedire (*merci, documenti, ecc.*) **3** progettare l'itinerario di (*viaggi, ecc.*).

routeing /ˈruːtɪŋ, ˈraʊ-/, *n.* **1** instradamento **2** spedizione; inoltro **3** (*market.*) determinazione degli itinerari di vendita.

routine /ruːˈtiːn/, **A** *n.* **1** routine; abitudine meccanica; trantran; procedura solita; ordinaria amministrazione (*fig.*): **I dislike r.**, non mi piace il trantran (nel lavoro, nella vita); **parliamentary r.**, la solita procedura parlamentare; **a matter of r.**, un affare d'ordinaria amministrazione **2** (*elab.*) routine **3** (*fam.*) discorso stereotipato; parole insincere **4** (*danza*) programma (*o* passi) di repertorio. **B** *a. attr.* **1** routinario; di routine; abituale; solito; ordinario: **r. duties**, doveri (*o* compiti) abituali; (*autom., mecc.*) **r. maintenance**, manutenzione ordinaria; (*med.*) **r. treatment**, terapia ordinaria **2** corrente; d'ordinaria amministrazione: **r. procedures**, procedure correnti; **a r. job**, un lavoro d'ordinaria amministrazione.

routing (1) /ˈraʊtɪŋ/, *n.* lo sgominare; sbaragliamento.

routing (2) /ˈraʊtɪŋ/, *n.* snidamento; lo stanare.

routing (3) /ˈruːtɪŋ, ˈraʊt-/, *n.* (*specialm. USA*) *V.* **routeing**.

routinism /ruːˈtiːnɪzəm/, *n.* il seguire una routine.

routinist /ruːˈtiːnɪst/, *n.* chi segue una routine; routiniero; abitudinario.

routinization /ruːtiːnaɪˈzeɪʃn, *USA* -tənɪˈz-/, *n.* routinizzazione.

to **routinize** /ruːˈtiːnaɪz, *USA* ˈruːtənaɪz/, *v. t.* routinizzare; rendere routinario.

rove (1) /rəʊv/, *n.* (*raro*) vagabondaggio. ● (*fam*) **to be on the r.**, andare ramingo; vagabondare.

rove (2) /rəʊv/, *n.* (*ind. tess.*) lucignolo; stoppino.

rove (3) /rəʊv/, *n.* **1** (*naut.*) doppino **2** (*mecc.*) rondella; rosetta; riparella.

rove (4) /rəʊv/, *pass. e p. p.* di **to reeve**.

to **rove (1)** /rəʊv/, **A** *v. i.* **1** vagare; errare; girovagare; vagabondare: **to r. over sea and land**, vagare per mare e per terra **2** (*degli occhi, dello sguardo, degli affetti*) vagare; posarsi qua e là **3** (*fam., specialm. dell'uomo*) correre la cavallina; essere infedele. **B** *v. t.* (*arc.*) errare per (*le strade, ecc.*); attraversare (*boschi, ecc.*) vagando.

to **rove (2)** /rəʊv/, *v. t.* (*ind. tess.*) torcere (*il filo*): per fare il lucignolo.

rover (1) /ˈrəʊvə(r)/, *n.* **1** (*lett.*) girovago; giramondo **2** (*tiro con l'arco*) bersaglio a grande distanza (scelto a caso) **3** (*un tempo*) «rover» (*capo di giovani esploratori*) **4** (*miss.,* **= lunar r.**) veicolo lunare.

rover (2) /ˈrəʊvə(r)/, *n.* (*stor.*) **1** corsaro; pirata **2** nave corsara.

rover (3) /ˈrəʊvə(r)/, *n.* (*ind. tess.*) banco a fusi.

roving /ˈrəʊvɪŋ/, **A** *a.* **1** errante; vagante; nomade: **a r. shepherd**, un pastore errante; **a r. tribe of gypsies**, una tribù nomade di zingari **2** itinerante: **a r. judge**, un giudice itinerante **3** (*della fantasia, della mente, ecc.*) che divaga; instabile. **B** *n.* spostamento continuo; vagabondaggio; viaggio senza meta. ● **r. assignment**, destinazione (*di funzionario, ecc.*) in trasferta; missione (ufficiale) □ **r. commission**, incarico di missione; (*fam.*) lavoro che fa viaggiare di continuo □ (*fam.*) **r. eye**, «occhio erratico», incostanza in amore: **to have got a r. eye**, guardare con interesse le donne (*o* gli uomini); essere incostante in amore.

row (1) /rəʊ/, *n.* **1** fila; riga: **a row of houses**, una fila di case; **a row of seats**, una fila di posti (a sedere) **2** filare (*di piante*) **3** via, strada (*con case su ambo i lati*) **4** (*mat.*) riga: **row vector**, vettore riga. ● **the Row**, Rotten Row (*a Hyde Park, Londra*) □ (*USA*) **row house**, casa a schiera □ (*fig.*) **a hard row to hoe**, un compito assai difficile; una (brutta) gatta da pelare (*fig.*) □ **in a row**, in fila; di fila: **to sit in a row**, stare seduti in fila; **Milan soccer team won the championship twice in a row**, il Milan ha vinto il campionato di calcio due volte di fila □ **in rows**, in file; a file.

row (2) /rəʊ/, *n.* **1** remata; vogata **2** gita in barca a remi. ● **to go for a row**, andare a fare una vogata (*o* un giro in barca).

row (3) /raʊ/, *n.* (*fam.*) **1** baccano; chiasso; rumore; strepito: **There is too much row going on**, c'è troppo baccano **2** baruffa; battibecco; lite; litigio; tafferuglio; zuffa: **to have a row with sb.**, avere un battibecco con q.; litigare con q.; azzuffarsi con q. ● **to get into a row**, cacciarsi nei guai; buscarsi un rimprovero □ **to kick up** (*o* **to make**) **a row**, fare un gran chiasso; fare il diavolo a quattro; strepitare; protestare □ **What's the row about?**, che diamine succede?; che c'è?

to **row (1)** /rəʊ/, (*naut., sport*) **A** *v. i.* **1** remare; vogare **2** (*di barca*) andare a remi **3** (*sport*) far parte di un equipaggio (*o* di un armo): **He rows on the university eight**, fa parte dell'otto universitario **4** (*sport*) vogare (*con un certo numero*): **John rows N° 3 in our crew**, John è il terzo vogatore del nostro armo. **B** *v. t.* ***1*** spingere coi remi; manovrare (*una barca a remi*): **Sir John Norman's barge was rowed by watermen with silver oars**, la barca di Sir John Norman era sospinta da barcaioli con remi d'argento ***2*** trasportare (*o* attraversare) in barca (a remi): **I rowed him across the river**, lo trasportai dall'altra parte del fiume (*o* lo traghettai) in una barca a remi ***3*** (*di barca*) avere, essere equipaggiata con (*un certo numero di remi*) ***4*** (*sport*) gareggiare contro (*un altro armo*). ● **to row down**, raggiungere e superare (*in una gara di canottaggio*) □ **to row a fast stroke**, vogare a ritmo accelerato □ **to row over**, vincere con facilità (*una gara di canottaggio*) □ **to row a race**, fare (*o* disputare) una gara di canottaggio □ **to row stroke**, essere il capovoga □ (*fam. USA*) **to row with one oar**, pestare acqua nel mortaio; fare una cosa assurda □ (*di un armo*) **to be rowed out**, essere esausto a forza di remare.

to **row** (**2**) /raʊ/, **A** *v. i.* (*fam.*) far chiasso; strepitare; litigare; altercare. **B** *v. t.* rimproverare severamente; sgridare aspramente.

rowan /ˈrəʊən, ˈraʊ-/, *n.* (*bot.*) ***1*** (*Sorbus aucuparia*, = **r. tree**) sorbo rosso; sorbo degli uccellatori ***2*** (= **r.-berry**) sorba selvatica.

rowboat /rəʊ/, *n.* (*USA*) barca a remi; (*sport*) canotto.

rowdy /ˈraʊdɪ/, **A** *a.* (*fam.*) litigioso; facinoroso; turbolento; violento. **B** *n.* (*pop.*) attaccabrighe; scalmanato; teppista. || **-ily**, *avv.* || **-iness**, *sost.*

rowdyish /ˈraʊdɪɪʃ/, *a.* piuttosto litigioso; alquanto turbolento.

rowdyism /ˈraʊdɪɪzəm/, *n.* condotta turbolenta; teppismo.

rowel /ˈraʊəl/, *n.* ***1*** rotella (*di sperone*) ***2*** (*vet.*) setone.

to **rowel** /ˈraʊəl/, *v. t.* ***1*** spronare (*un cavallo*) ***2*** (*vet.*) applicare un setone a (*un cavallo*).

rowen /ˈraʊən/, *n.* (*USA*) secondo taglio (*del fieno, ecc.*).

rower /ˈrəʊə(r)/, *n.* rematore; vogatore; (*sport*) canottiere.

rowing /ˈrəʊɪŋ/, *n.* ***1*** il remare; voga; il vogare ***2*** (*sport*) canottaggio. ● **r. boat**, barca (*o* imbarcazione) a remi; (*sport*) canotto □ **r. club**, circolo dei canottieri □ **r. machine**, vogatore (*attrezzo ginnico*) □ **r. regatta**, gara di canottaggio.

rowlock /ˈrəʊlɒk, ˈrɒlək, ˈrʌlək/, *n.* (*naut.*) scalmo; scalmiera.

Roxana /rɒkˈsɑːnə, *USA* -ˈsænə/, *n.* Rossana.

royal /ˈrɔɪəl/, **A** *a.* reale; regale; regio; (*fig.*) maestoso, splendido, grandioso: **the r. family**, la famiglia reale; **of the blood r.**, di sangue reale; **His R. Highness**, Sua Altezza Reale; (*in G.B.*) **the R. Navy**, la Regia Marina; **r. robes**, vestimenti regali, splendidi; **a r. welcome**, un'accoglienza splendida (*o* degna di un re). **B** *n.* ***1*** (*fam.*) membro della famiglia reale: **the royals**, la famiglia reale ***2*** (*di carta*) formato reale ***3*** (*zool.*, = **r. stag**) cervo maschio di otto o più anni di età ***4*** (*naut.*) controvelaccio. ● **the Royals**, (*fam.*) i reali, la famiglia reale (*della G.B.*); (*mil.*) i Dragoni della Regina □ (*ippica*) **R. Ascot**, corse di cavalli ad Ascot (*in giugno*) □ **r. blue**, blu reale; blu savoia □ **r. charter**, carta istitutiva (*di un'associazione, di una società*) concessa dal sovrano □ (*in G.B.*) **R. Duke**, duca della famiglia reale (*è anche principe*) □ (*bot.*) **r. fern** (*Osmunda regalis*) osmunda; felce palustre □ (*nel poker*) **r. flush**, scala reale □ (*volg. USA*) **r. fuck**, grande fregatura; pesci in faccia (*fig.*) □ (*chim.*) **r. gases**, gas nobili □ **the R. Household**, la Casa Reale (*in G.B.*) □ **r. jelly**, pappa reale □ **r. magnanimity**, magnanimità degna d'un re □ **the R. Marines**, la fanteria da sbarco (*in G.B.*) □ (*naut.*) **r. mast**, albero di controvelaccio □ **the R. Mint**, la Zecca di Stato □ (*mil., in G.B.*) **the R. Navy**, la Marina da guerra □ (*stor.*) **the r. oak**, la quercia dentro la quale trovò rifugio re Carlo II dopo la battaglia di Worcester (1651) □ (*lotta libera*) **r. rumble**, la rissa reale □ (*naut.*) **r. sail**, controvelaccio □ **r. standard**, stendardo quadrato, con le insegne del sovrano □ **the r. «we»**, il «noi» regale (*o* majestatis) □ **a battle r.**, una battaglia campale; (*fig.*) una violenta lite □ **to be in r. spirits**, essere d'ottimo umore □ (*naut.*) **main r.**, velaccio volante □ (*naut.*) **mizzen r.**, alberetto di controbelvedere.

royalism /ˈrɔɪəlɪzəm/, *n.* (*polit.*) realismo; fede monarchica; attaccamento alla monarchia.

royalist /ˈrɔɪəlɪst/, *n.* ***1*** (*polit.*) realista; monarchico; fautore della monarchia ***2*** (*stor. USA* e *fig.*) conservatore; membro dell'ala destra. ● (*stor.*) **the Royalists**, i seguaci di re Carlo I (*nella guerra civile del 1642-49*).

royalistic /rɔɪəˈlɪstɪk/, *a.* (*polit.*) realista; monarchico; favorevole alla monarchia.

royally /ˈrɔɪəlɪ/, *avv.* regalmente; (*fig.*) maestosamente, splendidamente.

royalty /ˈrɔɪəltɪ/, *n.* ***1*** regalità; sovranità; dignità (*o* autorità) regale ***2*** (*collett.*) i reali; la famiglia reale ***3*** (*pl.*) prerogative (*o* privilegi) reali ***4*** (*pl.*) diritti di sfruttamento (*d'una miniera*) ***5*** (*pl.*) diritti di brevetto; (percentuale sui) diritti d'autore.

rozzer /ˈrɒzə(r)/, *n.* (*pop. arc.*) poliziotto.

r p m /ɑːpiːˈɛm/, *n. pl.* (*acronimo di* **revolutions per minute**) (*mecc.*) giri al minuto; giri: **The engine is running at 5,000 r p m**, il motore sta andando a 5.000 giri.

rub (**1**) /rʌb/, *n.* ***1*** (= **rub-up, rub-down**) fregamento; strofinamento; fregata; fregatina; strofinata; stropicciata; lucidata: **Give the knives a good rub**, da' una bella strofinata ai coltelli; **Give the silver a quick rub!**, da' una lucidatina all'argenteria! ***2*** frizione; massaggio ***3*** (*specialm. a bocce*) asperità (*o* irregolarità) del terreno ***4*** (*fig.*) difficoltà; ostacolo; impedimento; inciampo ***5*** (*fig.*) critica; sarcasmo; scherno; rimprovero. ● (*pop. USA*) **rub joint**, locale notturno con taxi-girls □ (*pop. USA*) **rub parlor**, salone per massaggi e prestazioni equivoche □ **There's the rub!**, qui sta il guaio; qui sta il punto.

rub (**2**) /rʌb/, *V.* **rubber** (**2**).

to **rub** /rʌb/, *v. t.* e *i.* ***1*** fregare; sfregare; strofinare; stropicciare; strusciare: **to rub one's hands in glee**, fregarsi le mani per la contentezza; **The tyre rubs against the fender**, la gomma sfrega contro il paraurti; **He rubbed his sore elbow**, si strofinò il gomito che gli doleva; **to rub one's hands (together)**, stropicciarsi (*o* fregarsi) le mani; **The bear was rubbing itself against the tree trunk**, l'orso si strusciava contro il tronco dell'albero ***2*** (*med.*) fare frizioni a (q.); massaggiare; frizionare ***3*** riprodurre (*figure rilevate*) su carta mediante sfregamento (*con grafite, un carboncino e sim.*) ***4*** spalmare, stendere (*vernice, ecc.*) strofinando ***5*** levigare, lucidare (*strofinando*) ***6*** togliere (*strofinando*): **She rubbed the rust from the scissors**, tolse la ruggine alle forbici ***7*** (*di stoffa, pelle*) consumarsi, logorarsi (*per l'attrito*) ***8*** (*di una scarpa troppo stretta e fig.*) causare irritazione; fare male. ● **to rub st. dry**, asciugare q.c. strofinando □ **to rub st. through a sieve**, passar q.c. al setaccio (*sfregando*) □ **to rub two sticks together to make fire**, strofinare due bacchetti per accendere il fuoco.

♦**rub along**, *v. i.* + *avv.* ***1*** (*fam.*) tirare avanti; farcela; campare alla meglio; cavarsela: **They rub along quite well**, tirano avanti benissimo; **I cannot rub along on my scanty salary**, con il mio stipendiuccio, non ce la faccio; **Tom just rubs along at school**, Tom se la cava appena a scuola ***2*** (*fam.*) andare d'accordo: **I manage to rub along with the boss**, riesco ad andare d'accordo con il capo.

♦**rub away**, **A** *v. i.* + *avv.* continuare a sfregare; strofinare e strofinare. **B** *v. t.* + *avv.* ***1*** consumare, logorare, togliere, cancellare sfregando: **The words have been rubbed away with lots of passing feet**, le parole sono state cancellate dai piedi degli innumerevoli visitatori ***2*** (*med.*) eliminare con frizioni (*o* massaggi).

♦**rub down**, *v. t.* + *avv.* ***1*** consumare, logorare strofinando: **The steps of the old staircase had been rubbed down by thousands of feet**, i gradini della vecchia scala erano stati logorati da migliaia di piedi ***2*** asciugare (q.) strofinando ***3*** pulire (q.c.) strofinando ***4*** cartavetrare (*una superficie*).

♦**rub in**, **A** *v. t.* + *avv.* ***1*** far penetrare (q.c.) strofinando: **Rub the ointment in well!**, fai penetrare bene l'unguento (*sotto la pelle*)!; friziona in modo che l'unguento penetri bene! ***2*** (*fam.*) far entrare (q.c.) nella testa (*a q.*); far recepire: **to rub information in**, far recepire (*o* inculcare) nozioni. **B** *v. t.* + *prep.* far penetrare (q.c.) strofinando in: **Rub this cream in the wound!**, fai penetrare questa crema nella ferita! □ (*fam.*) **to rub it in**, tirarci dentro, farla lunga (*fam.*); ricordare di continuo una cosa spiacevole □ (*fam.*) **to rub sb.'s nose in it**, fare pesare q.c. a q.: **I know I was wrong; but you needn't rub my nose in it**, so d'aver avuto torto; ma non occorre che tu me lo faccia pesare tanto □ (*fig.*) **to rub salt in a wound**, girare il coltello nella piaga.

♦**rub into**, *v. t.* + *prep.* ***1*** far penetrare in (*strofinando*): **I rubbed the cream into the chaps on my skin**, feci penetrare la crema nelle screpolature della pelle ***2*** (*fam.*) fare entrare nella testa di (q.); inculcare in: **The danger of touching a live wire should be rubbed into children**, l'idea del pericolo di toccare un filo della corrente elettrica dovrebbe essere inculcata nei bambini.

♦**rub off**, **A** *v. t.* + *avv.* ***1*** cancellare (*o* togliere) sfregando (*alla lavagna, ecc.*): **to rub off the paint**, togliere la vernice ***2*** (*di q.c. di ruvido*) consumare, logorare, portare via, abradere (*strofinando*): **The sandpaper has rubbed the rust off**, la carta vetrata ha portato via la ruggine. **B** *v. i.* + *avv.* ***1*** (*di vernice, ecc.*) andare via; scrostarsi ***2*** consumarsi; logorarsi; abradersi ***3*** (*fam.: di un ricordo, una sensazione piacevole, ecc.*) offuscarsi; ottundersi. **C** *v. t.* + *prep.* abradere, togliere, cancellare da: **Rub the mud off your shoes!**, togliti il fango dalle scarpe!; **Rub the words off the blackboard!**, cancella le parole dalla lavagna! **D** *v. i.* + *prep.* abradersi, togliersi, cancellarsi da: **This paint is still wet: it won't rub off the wall**, questa vernice è ancora fresca: non si stacca dalla parete.

♦**rub off on** (*o* **onto**), *v. i.* + *avv.* + *prep.* ***1*** (*di vernice, ecc.*) attaccarsi a (*dopo essersi staccata*): **Some of the paint of your car has rubbed off on mine**, si è attaccata alla mia auto un po' di vernice della tua ***2*** (*fam.*) attaccarsi a, trasmettersi a: **Let's hope some of your friend's good qualities will rub off on-to you**, speriamo che ti si attacchi qualcuna delle buone qualità del tuo amico!

♦**rub on**, *v. t.* + *avv.* mettersi, applicarsi (*una crema, ecc.*) strofinando (*o* frizionando).

♦**rub out**, **A** *v. t.* + *avv.* ***1*** togliere, eliminare (*una macchia, ecc.*) strofinando ***2*** cancellare (*con la gomma, ecc.*) ***3*** (*pop. USA*) fare fuori (*fam.*); eliminare; uccidere. **B** *v. i.* + *avv.* togliersi, andare via (*strofinando*): **This stain won't rub out**, questa macchia non va via.

♦**rub through**, *v. i.* + *avv.* (*fam.*) cavarsela alla meno peggio; farcela in qualche modo.

♦**rub up**, *v. t.* + *avv.* ***1*** lucidare, lustrare, pulire (*strofinando*): **to rub the silver up**, pulire l'argenteria; **R. up your shoes!**, lustrati le scarpe! ***2*** (*fam.*) ripassare; rinfrescare; dare una ripassata (*o* una rinfrescata) a: **I must rub up my English before going to London**, prima d'andare a Londra, devo dare una rinfrescata al mio inglese □ (*fam.*) **to rub sb. up the right [the wrong] way**, prendere q. per il verso giusto [per il verso sbagliato].

♦**rub up against**, *v. i.* + *avv.* + *prep.* ***1*** sfregare (*o* strofinarsi) contro: **Cats like to rub up against people's legs**, ai gatti piace strofinarsi contro le gambe della gente *2* (*fig.*) essere a contatto di; venire in contatto con; incontrare; conoscere: **to rub up against important people**, venire in contatto con persone importanti; **You'll rub up against some film producers if you go to Bill's parties**, se vai alle feste di Bill, conoscerai dei produttori cinematografici.

♦**rub with**, *v. t. + prep.* strofinare su: **to rub bread with garlic**, strofinare dell'aglio sul pane □ (*fam.*) **to rub elbows** (*o* **shoulders**) **with sb.**, essere a contatto di gomito con q.; acquistare familiarità con q.

rub-a-dub /ˈrʌbədʌb/, *n.* rataplan; rullo di tamburo.

to **rub-a-dub** /ˈrʌbədʌb/, *v. i.* (*di tamburi*) fare rataplan; rullare.

rubber (1) /ˈrʌbə(r)/, *n.* *1* chi sfrega; chi strofina; strofinatore; lucidatore *2* massaggiatore; chi fa frizioni *3* (= **India r.**) gomma; caucciù *4* gomma da cancellare; cancellino (di lavagna) *5* elastico *6* (*pl.*) soprascarpe di gomma; galosce *7* (*pl.*) scarpe da roccia *8* (*fam.*) preservativo. ● **r. band**, elastico □ **r. boat**, canotto di gomma; gommone □ **r. cement**, soluzione di gomma; mastice □ (*fam. USA*) **r. check**, assegno a vuoto □ (*sport*) **r. cleat**, bollino di gomma (*sotto le scarpe*) □ **r.-coated fabric**, stoffa gommata □ **r. dinghy**, *V.* **r. boat** □ (*bot.*) **r. plant** (*Ficus elastica*), ficus □ **r. sheath**, preservativo □ (*pop. USA*) **r. sock**, smidollato; pappa molle (*fig.*) □ **r. solution**, mastice □ **r. sponge**, gomma espansa □ **r. stamp**, timbro di gomma; (*fig.*) (chi dà la sua) approvazione a occhi chiusi; chi (*o* ente che) passa lo spolverino su decisioni altrui □ (*bot.*) **r. tree** (*Hevea brasiliensis*), albero della gomma □ **r. tyre**, pneumatico (*di automobile*); gomma (*fam.*) □ (*ind.*) **adhesive r.**, para.

rubber (2) /ˈrʌbə(r)/, *n.* *1* partita di tre (talora cinque) giochi a carte (*vinta da chi ne vince due o tre*) *2* vincita di tale partita *3* partita decisiva; (la) bella. ● **Game and r.!**, abbiamo vinto la bella!

to **rubber** /ˈrʌbə(r)/, *v. t.* ricoprire (*o* rivestire) di gomma; gommare.

to **rubberize** /ˈrʌbəraɪz/, *v. t.* rivestire di uno strato di gomma; gommare.

rubberized /ˈrʌbəraɪzd/, *a.* gommato; rivestito di gomma.

rubberneck /ˈrʌbənɛk/, *n.* (*fam.*) *1* ficcanaso; curiosone *2* turista che allunga il collo da tutte le parti (*secondo le indicazioni della guida*).

to **rubberneck** /ˈrʌbənɛk/, *v. i.* (*fam. USA*) *1* allungare il collo (*per vedere q.c.*); curiosare *2* andare (*o* essere) in gita turistica.

to **rubber-stamp** /ˈrʌbəˈstæmp/, *v. t.* *1* bollare; timbrare *2* (*fig.*) approvare (*un progetto, ecc.*) a occhi chiusi; passare lo spolverino su (q.c.).

rubbery /ˈrʌbərɪ/, *a.* gommoso; duro come la gomma; tiglioso. || **-iness**, *sost.*

rubbing /ˈrʌbɪŋ/, *n.* *1* fregamento; sfregamento *2* (= **r. down**) frizione; massaggio *3* riproduzione (*su carta*) ottenuta mediante sfregamento. ● **r.-off**, abrasione □ **r. paper**, carta abrasiva.

rubbish /ˈrʌbɪʃ/, *n.* *1* materiale di scarto; rifiuti; immondizie; spazzatura *2* merce di scarto; robaccia; porcheria; schifezza *3* (*edil.*) macerie; calcinacci *4* (*fig.*) sciocchezze; corbellerie: **This film is all r.**, questo film è un cumulo di sciocchezze. ● **r. bin**, bidone della spazzatura; pattumiera □ **the r. cart**, il carro della spazzatura □ **r. collection**, la raccolta delle immondizie □ **r. disposal**, smaltimento dei rifiuti □ **r. heap**, mucchio d'immondizie; discarica; (*fig.*) mucchio di porcherie (*o* di sciocchezze) □ **good riddance to bad r.!**, un bel repulisti!; una bella pulizia!

to **rubbish** /ˈrʌbɪʃ/, *v. t.* (*fam.*) criticare aspramente; stroncare.

rubbishing /ˈrʌbɪʃɪŋ/, (*fam.*) *V.* **rubbishy**.

rubbishy /ˈrʌbɪʃɪ/, *a.* *1* senza valore; di scarto; infimo *2* (*fig.*) pieno di sciocchezze; stupido.

rubble /ˈrʌbl/, *n.* *1* breccia; pietrisco; pietrame grezzo *2* pietra da sbozzare *3* (*geol.*) breccione; detriti grossolani *4* macerie: **a heap of r.**, un cumulo di macerie.

rubblework /ˈrʌblwɜːk/, *n.* (*edil.*) muratura in pietrisco (*o* a secco).

rubbly /ˈrʌblɪ/, *a.* di (*o* simile a) breccia (*o* a pietrisco).

rub(-)down /ˈrʌbdaʊn/, *n.* *1* strofinata energica; massaggio (*dopo il bagno, ecc.*) *2* strigliata (*di cavallo*) *3* pulitura; pulita; lucidata.

rube /ruːb/, *n.* (*pop. USA*) campagnolo; zoticone.

rubefacient /ruːbɪˈfeɪʃɪənt/, *a.* e *n.* (*med.*) rubefacente.

rubefaction /ruːbɪˈfækʃn/, *n.* (*med.*) *1* arrossamento cutaneo (*da irritanti*) *2* rossore (*della pelle*).

to **rubefy** /ˈruːbɪfaɪ/, *v. t.* (*med.*) fare arrossare; indurre arrossamento cutaneo in.

rubella /ruːˈbɛlə/, *n.* (*med.*) rubeola; rosolia.

rubellite /ruːˈbɛlaɪt/, *n.* (*miner.*) rubellite.

rubeola /ruːˈbiːələ/, *n.* (*med.*) morbillo.

Rubicon /ˈruːbɪkən, *USA* -ɒn/, *n.* (*geogr., stor.*) Rubicone. ● (*fig.*) **to cross** (*o* **to pass**) **the R.**, passare il Rubicone.

rubicund /ˈruːbɪkənd/, *a.* rubicondo.

rubicundity /ruːbɪˈkʌndətɪ/, *n.* aspetto rubicondo.

rubidium /ruːˈbɪdɪəm/, *n.* (*chim.*) rubidio.

rubied /ˈruːbɪd/, *a.* di color rubino.

rubiginous /ruːˈbɪdʒɪnəs/, *a.* di color ruggine.

ruble /ˈruːbl/, *n.* rublo.

rubric /ˈruːbrɪk/, *n.* *1* (*anche relig.*) rubrica *2* (*arc.*) argilla rosso ocra.

rubrical /ˈruːbrɪkl/, *a.* *1* di rubrica *2* (*relig.*) prescritto dalle rubriche liturgiche *3* (*fig.*) scritto (*o* segnato) in rosso.

to **rubricate** /ˈruːbrɪkeɪt/, *v. t.* *1* provvedere di rubriche *2* (*fig.*) segnare in rosso; scrivere in lettere rosse. ● (*un tempo*) **to r. a book**, miniare un libro in rosso.

rubrication /ruːbrɪˈkeɪʃn/, *n.* (*un tempo*) rubricazione (*di un codice, un libro, ecc.*).

rubrician /ruːˈbrɪʃn/, **rubricist** /ˈruːbrɪsɪst/, *n.* (*relig.*) rubricista.

rubstone /ˈrʌbstəʊn/, *n.* pietra pomice.

ruby /ˈruːbɪ/, **A** *n.* *1* (*miner.*) rubino (*anche d'orologio*) *2* color rubino; rosso cupo *3* (*fig.*) vino rosso cupo *4* (*tipogr., un tempo*) corpo 5 e mezzo. **B** *a.* color rubino; vermiglio: **r. lips**, labbra vermiglie. ● **a r. necklace**, una collana di rubini □ (*miner.*) **balas r.**, balascio □ **spinel r.**, rubino spinello.

to **ruby** /ˈruːbɪ/, *v. t.* (*lett.*) tingere di rosso; invermigliare (*lett.*).

ruche /ruːʃ/ (*franc.*), *n.* gala (*d'abito femminile*).

ruched /ruːʃt/, *a.* ornato di gale.

ruck (1) /rʌk/, *n.* *1* mucchio (*di cose o persone*) *2* – **the r.**, la massa (anonima); la folla; il gregge (*fig.*) *3* – (*in una gara*) **the r.**, il gruppo (di coda) *4* (*rugby*) mischia. ● (*fig.*) **to get** (*o* **to come**) **out of the r.**, farsi un nome; emergere dalla massa.

ruck (2) /rʌk/, **ruckle** (1) /ˈrʌkl/, *n.* (*raro*) grinza; piega, sgualcitura (*specialm. di stoffa*).

to **ruck** /rʌk/, to **ruckle** (1) /ˈrʌkl/, **A** *v. t.* raggrinzare; sgualcire; spiegazzare. **B** *v. i.* (*di solito* **to r. up**) raggrinzarsi; sgualcirsi; spiegazzarsi: **Your trousers are all rucked up**, hai i calzoni tutti spiegazzati.

ruckle (2) /ˈrʌkl/, *n.* (*dial.*) rantolo.

to **ruckle** (2) /ˈrʌkl/, *v. i.* (*dial.*) rantolare.

rucksack /ˈrʌksæk/, *n.* (*sport*) sacco da montagna; zaino.

ruckus /ˈrʌkəs/, *n.* (*pop. USA*) chiasso; putiferio; finimondo; proteste; storie (*fam.*): **to raise a r.**, far delle storie; fare un gran casino (*pop.*).

ruction /ˈrʌkʃn/, *n.* putiferio; finimondo; tumulto; lite.

rudd /rʌd/, *n.* (*zool.*, *Scardinius erythrophthalmus*) scardola.

rudder /ˈrʌdə(r)/, *n.* *1* (*naut.*) timone *2* (*aeron.*) timone di direzione *3* (*fig.*) guida; timone; governo *4* (*canottaggio*) timone *5* (*zool.*) penne timoniere (*di uccello*). ● **r. blade**, pala del timone □ **r. brace**, femminella del timone □ (*zool.*) **r.-fish**, pesce che segue una nave; (*Naucrates ductor*) pesce pilota □ (*naut.*) **r. tiller**, barra del timone □ (*naut.*) **Right r.!**, timone a dritta!

rudderhead /ˈrʌdəhɛd/, *n.* (*naut.*) testa (dell'asta) del timone.

rudderhole /ˈrʌdədəhəʊl/, *n.* (*naut.*) losca.

rudderless /ˈrʌdələs/, *a.* *1* (*naut.*) senza timone *2* (*fig.*) senza guida; alla deriva (*fig.*): **After the general election, the country was r.**, dopo le elezioni politiche, il paese era alla deriva.

rudderpost /ˈrʌdəpəʊst/, *n.* (*naut.*) dritto del timone; controruota di poppa.

rudderstock /ˈrʌdəstɒk/, *n.* (*naut.*) asta (*o* anima) del timone.

ruddiness /ˈrʌdɪnəs/, *n.* *1* color vermiglio; colorito roseo *2* (*fig.*) floridezza.

ruddle /ˈrʌdl/, *n.* ocra rossa (*specialm. quella usata per marcare le pecore*).

to **ruddle** /ˈrʌdl/, *n.* tingere (*o* marcare) con ocra rossa (*V.* **ruddle**).

ruddock /ˈrʌdək/, *n.* (*dial.*; *zool.*, *Erithacus rubecola*) pettirosso.

ruddy /ˈrʌdɪ/, *a.* *1* rosso; roseo; rubicondo; rubizzo; vermiglio: **a r. sky**, un cielo rosso; **r. cheeks**, gote rubiconde; **r. lips**, labbra vermiglie *2* fiorente; florido: **r. health**, fiorente salute; **a r. country girl**, una florida ragazza di campagna *3* (*pop. arc.*) dannato; maledetto; odioso: **a r. liar**, un maledetto bugiardo. || **-ily**, *avv.*

to **ruddy** /ˈrʌdɪ/, **A** *v. t.* arrossare; imporporare; invermigliare. **B** *v. i.* imporporarsi; diventar rubicondo (*o* rubizzo).

rude /ruːd/, *a.* *1* maleducato; sgarbato; scortese; villano: **It's r. to chew gum at table**, è maleducato masticare gomma a tavola; **a r. boy**, un ragazzo sgarbato; **a r. answer**, una risposta scortese (*o* brusca); **Don't be r. to me!**, non essere villano con me! *2* (*lett., meno comune*; *cfr.* **rough**) grossolano; rozzo; rude (*lett.*): **a r. mountaineer**, un rozzo montanaro; **r. people**, gente rozza (*o* incolta); **r. drawings**, disegni grossolani *3* rozzo; rudimentale; informe: **a r. shelter**, un rozzo rifugio; **a r. steam engine**, una macchina a vapore rudimentale; **a r. plan**, un progetto informe; **a r. estimate**, un rozzo preventivo; un preventivo alla buona *4* aspro; duro; severo: **a r. path**, un aspro sentiero; **a r. shock**, un duro colpo (*fig.*); **r. tones**, toni aspri *5* osceno; volgare; sporco: **r. words**, parole oscene; **a r. joke**, una barzelletta sporca *6* grezzo; greggio: **rubber in its r. state**, la gomma allo stato greggio *7* (*arc.*: *di persona*) forte; vigoroso; robusto *8* (*arc., poet.*) semplice; umile. ● **a r. awakening**, un brusco risveglio; (*fig.*) un crudele disinganno □ (*arc.*) **r. health**, salute di ferro □ **r. remarks**, osservazioni insolenti, offensive □ (*form.*) **to be in r. health**, essere in ottima salute □ **to say r. things**, dire cose offensive; dire insolenze □ **to speak the r. truth**, dire la verità nuda e cruda. || **-ly**, *avv.* || **-ness**, *sost.*

rudiment /ˈruːdɪmənt/, *n.* *1* (*pl.*) rudimenti; primi elementi: **the rudiments of art**, i (primi) rudimenti dell'arte *2* (*biol.*) organo (*o* parte) rudimentale; rudimento *3* (*pl.*) abbozzo; rudimento. ● (*biol.*) **the r. of a tail**, una coda rudimentale.

rudimental /ruːdɪˈmɛntl/, *a.* (*raro*) rudimentale.

rudimentary /ruːdɪˈmɛntrɪ, -tərɪ/, *a.* *1* rudimentale; elementare: **a r. knowledge of**

physics, una conoscenza rudimentale della fisica *2* (*biol.*) rudimentale: **r. legs**, zampe rudimentali. || **-ily**, *avv.* || **-ness**, *sost.*

rudish /ˈruːdɪʃ/, *a.* piuttosto sgarbato, scortese, ecc. (*V.* **rude**).

rudista /ruːˈdɪstə/, **rudistid** /ruːˈdɪstɪd/, *n.* (*paleont.*) rudista.

Rudolph /ˈruːdɒlf/, *n.* Rodolfo.

rue (1) /ruː/, *n.* (*bot.*, *Ruta graveolens*) ruta.

rue (2) /ruː/, *n.* (*lett.*) *1* pentimento; rammarico; rimpianto *2* compassione; pietà.

to **rue** /ruː/, *v. t.* (*lett.*) rammaricarsi, pentirsi di; deplorare: **You shall rue it**, te ne pentirai; **She will live to rue it**, verrà giorno che se ne pentirà. ● **I rue the day I met him**, vorrei non averlo mai conosciuto.

rueful /ˈruːfl/, *a.* *1* addolorato; afflitto; dolente; mesto; triste: **a r. grin**, un mesto sorriso *2* deplorevole; pietoso. ● (*letter.*) **the Knight of the r. countenance**, il Cavaliere dalla triste figura (*Don Chisciotte*). || **-ly**, *avv.*

ruefulness /ˈruːflnəs/, *n.* afflizione; dolore; malinconia; mestizia.

ruff (1) /rʌf/, *n.* *1* collarino elisabettiano; gorgiera *2* (*zool.*) collare (*di piume o di pelo*) *3* (*zool.*) piccione dal collare *4* (*zool.*, *Philomachus pugnax*) pavoncella combattente; gambetta (*il maschio*; *V.* **reeve** (2)).

ruff (2) /rʌf/, *n.* (*zool.*) (*Acerina cernua*) acerina.

ruff (3) /rʌf/, *n.* (*a carte*) il tagliare (*con una briscola*).

to **ruff** /rʌf/, *v. t.* e *i.* (*a carte*) tagliare (*con una briscola*).

ruffed /rʌft/, *a.* *1* (*di persona*) che porta la gorgiera *2* (*d'uccello o altro animale*) che ha un collare, dal collare (*di piume, di pelo*).

ruffian /ˈrʌfɪən/, *n.* (*spreg. arc.*) briccone; canaglia; furfante; ribaldo; teppista.

ruffianism /ˈrʌfɪənɪzəm/, *n.* (*spreg. arc.*) bricconeria; furfanteria; malvagità; ribalderia; scelleratezza; teppismo.

ruffianly /ˈrʌfɪənlɪ/, *a.* (*spreg. arc.*) brutale; ribaldo; scellerato.

ruffle (1) /ˈrʌfl/, *n.* *1* (*di vestito*) gala; balza; guarnizione increspata *2* crespa; increspatura (*dell'acqua*) *3* (*d'uccello, d'animale*) collarino, collare (*di piume, di pelo*) *4* (*fig. raro*) agitazione; turbamento; sconvolgimento.

ruffle (2) /ˈrʌfl/, *n.* (*mil.*) sommesso rullio di tamburi.

to **ruffle** (1) /ˈrʌfl/, **A** *v. t.* *1* increspare; agitare: **The wind ruffles the surface of the water**, il vento increspa la superficie dell'acqua; **to r. cloth**, increspare stoffa *2* arruffare; scompigliare: **The eagle ruffled up its feathers**, l'aquila arruffò le penne; **Don't r. my hair**, non scompigliarmi i capelli *3* (*fig.*) agitare; scomporre; turbare: **Nothing ruffles her**, niente la scompone *4* pieghettare (*stoffa, ecc.*); ornare di crespe *5* sfogliare (rapidamente) (*un libro, ecc.*) *6* mescolare (velocemente) (*le carte*). **B** *v. i.* *1* (*dell'acqua, del mare, ecc.*) incresparsi; agitarsi *2* (*fig.*) agitarsi; scomporsi; turbarsi *3* (*di penne*) arruffarsi; (*di un uccello*) arruffare le penne (*per l'ira*); drizzare le penne (*per esibizione*). ● (*fig. fam.*) **to r. sb.'s feathers**, fare arrabbiare q. □ (*di una persona*) **impossible to r.**, imperturbabile.

to **ruffle** (2) /ˈrʌfl/, *v. i.* (*di tamburi*) rullare sommessamente.

ruffler /ˈrʌflə(r)/, *n.* *1* chi increspa, arruffa, scompiglia, ecc. (*V.* **to ruffle**) *2* (*arc.*) attaccabrighe; fanfarone; rodomonte; spaccone *3* (*di macchina da cucire*) piedino per fare le gale.

rufous /ˈruːfəs/, *a.* (*specialm. zool.*) rossastro; rossobruno.

rug /rʌg/, *n.* *1* tappeto; tappetino *2* coperta (*da viaggio, per un cavallo, ecc.*) *3* scendiletto *4* (*pop. USA*) parrucchino; toupet. ● (*pop. USA*) **rug ape** (*o* **rat**), bambinetto (*che va ancora carponi*) □ (*pop. USA*) **rug joint**, ristorante di lusso □ **bedside rug**, scendiletto □ **hearth rug**, tappeto steso davanti al focolare □ **travelling rug**, coperta da viaggio □ (*fig. fam.*) **to pull the rug out from under sb.**, far mancare il terreno sotto i piedi a q. (*fig.*); lasciare scoperto (*o* indifeso) q.

ruga /ˈruːgə/ (*lat.*), *n.* (*pl.* **rugae**) (*anat.*) ruga; plica; piega.

rugate /ˈruːgət, -eɪt/, *a.* (*anche bot.*) rugoso.

Rugbeian /rʌgˈbiːən/, *n.* e *a.* (alunno) della scuola di Rugby.

Rugby /ˈrʌgbɪ/, *n.* *1* (*geogr.*) Rugby (*città inglese, sede d'una scuola famosa*) *2* – (*sport*, = **r. football**), rugby; palla ovale, pallovale. ● **r. league**, il rugby a tredici □ **r. player**, rugbista □ **r. union**, il rugby a quindici.

rugged /ˈrʌgɪd/, *a.* *1* accidentato; aspro; frastagliato; irregolare; rugoso; ruvido; scabro; scabroso: **r. mountains**, aspre montagne; **r. ground**, terreno accidentato; **a r. coastline**, una costa frastagliata; **a r. profile**, un profilo irregolare (*o* dai lineamenti marcati); **r. bark**, corteccia rugosa; **a r. surface**, una superficie scabrosa *2* rozzo; rude; rigido; austero; scontroso; burbero: **r. verse**, versi rozzi; **a r. countryman**, un rozzo contadino; **r. manners**, modi rudi; **r. honesty**, burbera onestà *3* irsuto; ispido: **a big r. bear**, un grosso orso irsuto *4* aspro; duro; rigido; severo: **r. tones**, toni aspri; **r. life**, vita dura (*o* disagiata); **a r. climate**, un clima rigido *5* burrascoso; tempestoso: **r. weather**, tempo burrascoso *6* (*di persona, ecc.*) forte; rude; robusto: **a r. car**, un'automobile robusta. ● **a r. beard**, una barba incolta, ispida □ **a r. exam**, un esame duro, difficile □ **r. good looks**, bellezza virile (*o* mascolina) □ **r. grandeur**, austera maestosità (*del paesaggio e sim.*). || **-ly**, *avv.* || **-ness**, *sost.*

rugger /ˈrʌgə(r)/, *n.* (*sport, fam.*) rugby; palla ovale, pallovale: **r. match**, partita di rugby.

rugose /ˈruːgəʊs/, **rugous** /ˈruːgəs/, *a.* (*bot.*) rugoso.

rugosity /ruːˈgɒsətɪ/, *n.* (*bot.*) rugosità.

ruin /ˈruːɪn/, *n.* rovina (*anche fig.*); crollo; disastro; disgrazia; rudere: **The cathedral has gone to r.**, la cattedrale è andata in rovina; **Ambition was his r.** (*o* **the r. of him**), l'ambizione fu la sua rovina; **The tower is now a r.**, la torre è ora un rudere; **the ruins of Roman Bath**, i ruderi della Bath romana. ● **the r. of all my hopes**, la fine di tutte le mie speranze □ **to bring to r.**, mandare in rovina; rovinare □ **to fall into r.**, cadere in rovina □ **to lay in ruins**, abbattere; distruggere □ **to lie** [**to tumble**] **in ruins**, essere [cadere] in rovina □ **He is but the r. of what he was**, non è che l'ombra di se stesso.

to **ruin** /ˈruːɪn/, **A** *v. t.* *1* rovinare; diroccare; distruggere, guastare; sciupare: **The storm has ruined the crops**, la tempesta ha rovinato i raccolti; **to r. one's hopes**, distruggere le proprie speranze; **to r. one's new suit**, sciupare l'abito nuovo *2* rovinare; dissestare; mandare in rovina: **Gambling ruined him**, il gioco d'azzardo lo mandò in rovina *3* (*un tempo*) rovinare, sedurre (*una ragazza*). **B** *v. i.* (*poet.*) andare in rovina; rovinare.

ruination /ruːɪˈneɪʃn/, *n.* (*fam.*) rovina: **You'll be the r. of the boy**, tu sarai la rovina del ragazzo.

ruined /ˈruːɪnd/, *a.* *1* rovinato; gravemente danneggiato; diroccato; in rovina *2* (*fig.*) rovinato; dissestato.

ruinous /ˈruːɪnəs/, *a.* *1* rovinoso; disastroso; dannoso: **r. floods**, inondazioni rovinose; **r. expenditure**, spese rovinose; **r. proposals**, proposte dannose *2* rovinato; diroccato; in rovina. || **-ly**, *avv.* || **-ness**, *sost.*

rule /ruːl/, *n.* *1* regola; norma; legge; regolamento; massima; precetto; principio informatore: **grammar rules**, regole di grammatica; (*mat.*) **the r. of three**, la regola del tre semplice; **rules of action**, norme di vita; precetti morali; principi informatori delle proprie azioni; **the r. of force**, la legge della forza; (*relig.*) **the Benedictine r.**, la regola (monastica) di San Benedetto; **to break the rules**, infrangere le regole; **to keep the rules**, osservare le regole; attenersi alle regole *2* costume; buona norma; consuetudine; abitudine: **Large families are the r. here**, le famiglie numerose sono la norma (*o* sono comuni) qui; **My r. is to get up early**, è mia consuetudine alzarmi di buon'ora; **He makes it a r. to go for a walk every day**, è sua buona norma fare una passeggiata tutti i giorni *3* dominio; governo; amministrazione; impero; regime; regno: **under British r.**, sotto il dominio britannico; (*polit.*) **direct r.**, amministrazione diretta (*in Irlanda del Nord*: *da parte di Londra*); (*stor.*) **the r. of Elizabeth I**, il regno di Elisabetta prima *4* riga (*da disegno*); regolo (*calcolatore*): **a foot-r.**, un regolo di un piede (*circa trenta centimetri*) *5* (*leg.*) decisione; ordine; ordinanza *6* (*tipogr.*) filetto: **dotted r.**, filetto punteggiato. ● (*falegn.*) **r. joint**, giunto a regolo □ **r.-making power**, potere normativo (*del governo*) □ (*leg.*) **rules of court**, norme procedurali □ **the rules of the road**, (*autom.*) il codice della strada; (*naut.*) le regole per prevenire le collisioni in mare □ **r. of thumb**, regola empirica; regola pratica □ **r.-of-thumb**, approssimativo; empirico; pratico □ **as a r.**, generalmente; di regola; di norma; di solito □ **to bend** (*o* **to stretch**) **the rules for sb.**, fare uno strappo alle regole (*o* un'eccezione) per q. □ **by r.**, secondo le regole □ **by r. of thumb**, empiricamente; a lume di naso (*fam.*) □ **hard and fast r.**, regola fissa; formula prescritta □ **slide r.**, regolo calcolatore □ **standing r.**, regola fissa; norma inalterabile □ (*di operai*) **to work to r.**, lavorare facendo ostruzionismo (*applicando rigidamente i regolamenti*); fare uno sciopero bianco.

to **rule** /ruːl/, *v. t.* e *i.* *1* dominare (*anche fig.*); governare; regnare; reggere (*una nazione*); tenere saldamente; tenere in pugno: **R., Britannia, over the waves**, domina i mari, o Britannia!; **The Queen reigns but does not r.**, la regina regna ma non governa; **to r. a country**, governare un paese; **James II ruled as an absolute monarch**, Giacomo II regnò da monarca assoluto; **Don't be ruled by envy**, non lasciarti dominare dall'invidia; **Mrs Black rules her children**, Mrs Black tiene in pugno i figli (li comanda a bacchetta) *2* guidare; regolare; moderare; frenare (*fig.*); tenere a freno: **He was ruled by his friends**, si lasciava guidare dagli amici; **to r. one's appetite**, regolare l'appetito; **to r. a horse**, tenere a freno un cavallo; **to r. one's passions**, moderare le proprie passioni *3* (*leg.*) decidere; deliberare; giudicare; dichiarare; decretare; ordinare; riconoscere: **The court ruled the validity of the deed**, il tribunale riconobbe la validità dell'atto; **The judge ruled that the question was out of order**, il giudice dichiarò che la domanda non era ammissibile; **The court ruled his behaviour unlawful**, la corte giudicò illegittimo il suo comportamento *4* rigare (*carta, ecc.*); tracciar righe su (*un foglio, ecc.*) *5* tracciare (*una riga*) col regolo *6* (*comm.*: *dei prezzi*) mantenersi (*a un certo livello*): **Prices ruled high** [**low**], i prezzi si mantenevano alti [bassi] *7* avere la meglio su, prevalere in: **Profit taking ruled the stock market yesterday**, le vendite di realizzo hanno prevalso ieri sul mercato azionario *8* (*sport*: *di una squadra*) dominare; (*di un giocatore*) essere il migliore. ● **to r. the roost**, *V. sotto* **roost** □ **to r. sb. with an iron hand** (*o* **with a rod of iron**), avere il pugno di ferro con q.; governare (*un paese, ecc.*) con il pugno di ferro □ **to let one's heart r. one's head**, dare ascolto alle ragioni del cuore; lasciarsi guidare dal cuore (*e non dalla ragione*).

♦ **rule against**, *v. i.* + *prep.* (*anche leg.*) decidere, deliberare, (*o* pronunciarsi) contro (*o* a sfavore di): **The judge ruled against me**, il giudice si pronunciò a mio sfavore; **The management has ruled against any raise in wages**, gli amministratori hanno deliberato di non concedere aumenti salariali.

♦**rule off**, *v. t.* + *avv.* *1* tracciare una riga in fondo a (*un esercizio, un compito, ecc.*); chiudere (*uno scritto*) con una riga; separare con una riga *2* (*sport*) escludere; squalificare *3* (*comm.*) chiudere, regolare (*conti*).

♦**rule on**, *v. i.* + *prep.* (*anche leg.*) deliberare, decidere, prendere una delibera (*o* una decisione) su (*una questione, ecc.*): **The court will r. on the matter**, la corte deciderà in merito.

♦**rule out**, *v. t.* + *avv.* *1* tirare una riga (*o* un frego) su (*uno scritto*) *2* (*anche leg.*) non ammettere (*prove, ecc.*); non riconoscere la validità di (*richieste, pretese, ecc.*); dichiarare (q.c.) non ammissibile (*o* inaccettabile, impossibile, ecc.); escludere, scartare (*un'idea, una possibilità, ecc.*): **to r. out murder**, escludere che si tratti di un assassinio; **to r. out sb.'s guilt**, escludere che q. sia colpevole *3* decidere (*o* deliberare) di non concedere (*aiuti, aumenti, finanziamenti, ecc.*) *4* precludere (*una possibilità*); impedire; rendere (q.c.) impossibile: **The snowfall ruled the soccer match out**, la nevicata rese impossibile lo svolgimento della partita di calcio.

♦**rule over**, *v. t.* + *prep.* regnare su; reggere le sorti di: **King Alfred ruled wisely over his people**, re Alfredo resse saggiamente le sorti del suo popolo.

rulebook /'ru:lbʊk/, *n.* (*specialm. ind.*) regolamento (*di fabbrica, ecc.*). ● (*fam.*) **to go by the r.**, stare alle regole; essere ligio ai regolamenti.

ruled /'ru:ld/, *a.* rigato; a righe: **r. paper**, carta rigata (*o* a righe) □ (*geom.*) **r. surface**, (superficie) rigata.

ruler /'ru:lə(r)/, *n.* *1* governante; re; sovrano: **a constitutional r.**, un sovrano costituzionale; **a ruthless r.**, un re spietato *2* (*fig.*) dominatore *3* riga (*da disegno*); regolo *4* (*tipogr.*) rigatrice; macchina rigatrice.

rulership /'ru:ləʃɪp/, *n.* dominio; autorità suprema; sovranità.

ruling /'ru:lɪŋ/, **A** *a.* *1* dominante; regnante: **the r. families**, le famiglie, dominanti *2* (*fig.*) dominante; predominante; prevalente: **r. passion**, passione predominante *3* (*comm.*) corrente: **r. prices**, prezzi correnti. **B** *n.* *1* dominio; governo *2* (*leg.*) delibera; decisione; decreto; ordinanza *3* rigatura (*di un foglio, ecc.*). ● **the r. class**, la classe dirigente □ **the r. party**, il partito al potere (*o* al governo) □ (*grafica, disegno*) **r. pen**, tiralinee.

rum (**1**) /rʌm/, *n.* *1* rum (*liquore estratto dalla canna da zucchero*) *2* (*USA*) liquore forte (*in genere*). ● (*fam. USA*) **rum-chaser**, guardacoste □ **rum-runner**, contrabbandiere di liquori; nave per il contrabbando di liquori.

rum (**2**) /rʌm/, *a.* (*pop. arc.*) *1* bizzarro; strano; strambo; originale: **a rum customer**, un tipo strambo; un originale *2* cattivo; di cattivo gusto: **a rum joke**, uno scherzo di cattivo gusto. ● **a rum business** (*o* **go**), un fatto strano □ **to have a rum time**, passarsela male.

Rumania /ru:'meɪnɪə/, *n.* (*geogr.*) Romania.

Rumanian /ru:'meɪnɪən/, *a.* e *n.* rumeno (*anche la lingua*).

Rumansh /rʊ'mænʃ/, *V.* **Romansh**.

rumba /'rʌmbə/, *n.* rumba (*la musica e la danza*).

rumble /'rʌmbl/, *n.* *1* rimbombo; rombo; brontolio (*del tuono, dello stomaco*); fracasso; frastuono; (*fis., mus.*) rumore di fondo *2* mormorio; brontolio: **a r. of discontent**, un mormorio di malcontento *3* (*un tempo: di carrozza*) sedile posteriore (*per i servitori, per il bagaglio*) *4* (*USA*, = **r. seat**) sedile (esterno) posteriore ribaltabile (*di vecchia automobile o di carrozza*); (*ora*) sedile di fortuna (*di una spider*) *5* (*pop. USA*) sedere, natiche *6* (*pop. USA*) rissa; tafferuglio; scontro, battaglia (*fra bande di teppisti*) *7* (*pop. USA*) irruzione della polizia *8* (*pop. USA*) informazioni alla polizia; spiata. ● **r.-tumble**, veicolo pesante (*che si muove rumorosamente*).

to **rumble** (**1**) /'rʌmbl/, **A** *v. i.* *1* (*del tuono, dello stomaco*) brontolare; rimbombare; (*del cannone*) rombare *2* rintronare; rumoreggiare *3* (*di carri, ecc.*) procedere con fracasso, con frastuono; avanzare con gran rumore: **The tank rumbled down the slope**, il carro armato procedeva per la discesa con grande fracasso *4* (*pop. USA*) partecipare a una rissa. **B** *v. t.* far rimbombare; far rintronare. ● **to r. out** (*o* **forth**), dire brontolando; borbottare; dire con voce tonante; tuonare (*fig.*).

to **rumble** (**2**) /'rʌmbl/, *v. t.* (*pop.*) *1* andare al fondo di, vedere chiaro in (*una questione*) *2* annusare (*fig.*); subodorare; scoprire; smascherare.

rumbling /'rʌmblɪŋ/, **A** *a.* *1* (*del tuono, dello stomaco*) che brontola *2* rimbombante; risonante; rombante. **B** *n.* *1* rimbombo; brontolio; frastuono; rotolio rumoroso *2* (*pl.*) avvisaglie; segnali: **rumblings of popular discontent**, segnali dello scontento popolare *3* (*pl.*) dicerie; voci: **rumblings of dissent**, voci di dissenso.

rumbly /'rʌmblɪ/, *a.* rimbombante; risonante; rombante.

rumbustious /rʌm'bʌstɪəs/, *a.* (*fam.*) chiassoso; rumoroso; turbolento.

rumdum(**b**) /'rʌmdʌm/, *n.* (*pop. USA*) *1* ubriacone *2* zuccone; tardo di comprendonio.

rumen /'ru:mɛn/, *n.* (*pl.* **rumina, rumens**) (*zool.*) rumine.

ruminant /'ru:mɪnənt/, **A** *n.* (*zool.*) ruminante. **B** *a.* *1* (*zool.*) dei ruminanti *2* (*fig.*) che rumina; cogitabondo; meditabondo; pensieroso.

ruminants /'ru:mɪnənts/, *n. pl.* (*zool.*, *Ruminantia*) ruminanti.

to **ruminate** /'ru:mɪneɪt/, **A** *v. i.* *1* (*zool.*) ruminare *2* (*fig.*) ruminare; cogitare; meditare: **to r. on** (*o* **over, about**) **the future**, meditare sull'avvenire. **B** *v. t.* ruminare (*anche fig.*); (*fig.*) meditare, rimuginare: **to r. revenge**, meditare vendetta.

rumination /ru:mɪ'neɪʃn/, *n.* *1* (*zool.*) ruminazione *2* (*fig.*) meditazione; cogitazione; elucubrazione.

ruminative /'ru:mɪnətɪv, *USA* -neɪtɪv/, *a.* *1* (*zool.*) ruminante *2* (*fig.*) meditabondo; cogitabondo; pensieroso. || **-ly**, *avv.*

ruminator /'ru:mɪneɪtə(r)/, *n.* chi rumina (*fig.*); persona cogitabonda.

rummage /'rʌmɪdʒ/, *n.* *1* (*fam.*) il frugare; il rovistare; perquisizione *2* roba usata; oggetti spaiati; fondi di magazzino *3* (*dog., naut.*) visita doganale; perquisizione *4* (*USA*, = **r. sale**), vendita di roba usata; vendita di beneficenza; vendita di fondi di magazzino.

to **rummage** /'rʌmɪdʒ/, *v. t.* e *i.* *1* frugare; rovistare: **to r. through the garret**, rovistare in soffitta; **to r. one's pockets**, frugarsi in tasca; **to r. the whole house**, rovistare tutta la casa *2* (*dog., naut.*) perquisire: **to r. a ship**, perquisire una nave. ● **to r. about**, mettere sottosopra; scompigliare □ **to r. out**, trovare (*o* scoprire, scovare) rovistando.

rummer /'rʌmə(r)/, *n.* bicchierone (*specialm. da vino*).

rummy (**1**) /'rʌmɪ/, *V.* **rum** (**2**).

rummy (**2**) /'rʌmɪ/, *n.* ramino (*gioco di carte*).

rumour, (*USA*) **rumor** /'ru:mə(r)/, *n.* diceria; voce (*o* notizia) incontrollata; chiacchiera: **public r.**, voce pubblica; **R. has it that there will be peace**, corre voce che si farà la pace. ● **r.-monger**, chi sparge voci (*o* dicerie); malalingua.

to **rumour,** (*USA*) to **rumor** /'ru:mə(r)/, *v. t.* (*di solito, al passivo*) far correr voce; riferire come diceria: **It is rumoured that there will be a Cabinet reshuffle**, corre voce che ci sarà un rimpasto governativo. ● **a rumoured event**, un avvenimento di cui si fa un gran parlare □ **He is rumoured to have run away**, si dice in giro che sia fuggito.

rump /rʌmp/, *n.* *1* culatta (*di bestia*); groppa; parte posteriore *2* (*d'uccello*) codione; codrione *3* (*scherz.*) deretano; sedere *4* (*macelleria*) culaccio *5* (*cucina*) girello *6* (*fig.*) avanzo; rimasuglio. ● (*stor.*) **the R.** (**Parliament**), quello che rimase del «Lungo Parlamento» dopo l'epurazione dei moderati (*operata dal colonnello Pride nel 1648*) □ (*anat., pop.*) **r.-bone**, osso sacro; coccige □ (*cucina*) **r. steak**, bistecca di culaccio.

to **rumple** /'rʌmpl/, *v. t.* *1* raggrinzare; sgualcire; spiegazzare *2* arruffare; scompigliare (*i capelli*).

rumpless /'rʌmpləs/, *a.* *1* (*di uccello e sim.*) senza codione *2* (*per estens.*) senza coda.

rumpot /'rʌmpɒt/, *n.* (*pop. USA*) ubriacone.

rumpus /'rʌmpəs/, *n.* (*fam., solo al sing.*) *1* chiasso; baccano; fracasso; sarabanda; putiferio *2* baruffa; lite; tafferuglio. ● (*USA*) **r. room**, stanza (*nel seminterrato*) per giochi e feste; tavernetta □ **to kick up a r.**, fare il diavolo a quattro; fare un (gran) casino (*fam.*).

rumpy /'rʌmpɪ/, *n.* (*zool.*, *Felis catus ecaudatus*) gatto (dell'isola) di Man.

run /rʌn/, **A** *p. p.* di **to run**. **B** *n.* *1* corsa (*anche sport e mecc.*); percorso; tragitto; traversata; gita, giro, giratina; scappata; passeggiata; breve viaggio; rapida visita, salto (*fig.*), capatina: **to take a run** (**up**) **to London**, fare una scappata (*o* un viaggetto, un salto) a Londra; **to take the dog for a run**, portare il cane a correre; far fare una corsa al cane; **The bus has been taken off its usual run**, la corsa dell'autobus è stata modificata; l'autobus segue un altro percorso; **a cross-country run**, una corsa campestre; **Let's go for a run in the car**, andiamo a fare una gita (*o* in giro) in macchina! *2* corso; andamento; direzione: **the run of a curve**, l'andamento di una curva; **The run of the market is against us**, l'andamento del mercato ci è sfavorevole; **The run of the range is northeast**, la catena montuosa si estende in direzione di (*o* verso) nordest *3* (*poesia*) ritmo: **I cannot get the run of the metre**, non riesco a sentire il ritmo del verso *4* giro (*d'ispezione, di servizio, ecc.*): **The postman has finished his run**, il postino ha terminato il suo giro *5* periodo; serie; seguito; sequela; sequenza; successione; (*teatr.*) serie di rappresentazioni: **a run of ill luck**, un periodo di sfortuna; una serie sfortunata; **a long run of successes**, un lungo seguito di successi *6* durata; permanenza; voga; successo: **a long run of power**, una lunga permanenza al potere; **There is quite a run on fur coats**, le pellicce sono in gran voga; c'è una gran richiesta di pellicce; **The book had a considerable run**, il libro ebbe un notevole successo (*o* una forte tiratura) *7* tratto (*di terreno, ecc.*); zona cintata; recinto: **a cattle run**, un tratto di terreno riservato al bestiame; **a chicken run**, un recinto per polli; un pollaio; **a sheep run**, un recinto per le pecore; un ovile *8* lunghezza; tratto: **a five-hundred-foot run of pipe**, un tratto di tubatura di cinquecento piedi (*circa 150 metri*); cinquecento piedi di tubatura *9* classe; categoria; qualità: **Your father is above the ordinary run of mankind**, tuo padre è un uomo (di qualità) superiore alla media *10* (*zool.*) branco (*di pesci che risalgono un fiume*); (*di pesci*) il risalire un fiume: **a run of salmon**, un branco di salmoni *11* abbeveratoio; vasca *12* libero accesso; adito: **He has the run of my house**, ha libero accesso alla mia casa *13* (*USA*: *di calza*) smagliatura *14* (*ind.*) produzione; prodotto *15* (*elab.*) fasi di elaborazione, esecuzione; (*anche*) ciclo di operazioni *16* (*mus.*) volata *17* (*aeron., naut.*) distanza percorsa; linea (*di servizio*); viaggio; rotta: **The ship is now on her run to New York**, la nave è ora in viaggio per New York; **The ferry was on the Calais-Dover run**, il traghetto faceva servizio tra Calais e Dover *18* (*aeron.*) corsa a terra; rullaggio ***19*** (*aeron. mil.*) missione; (= **run-in, run-up**) rotta d'approccio, volo d'avvicinamento al bersaglio (*di bombardiere*) ***20*** (*costr. navali*) stellato di poppa ***21*** (*geogr., USA*) corso d'acqua; torrente ***22*** (*fin.*) corsa; domanda forte e insistente; assalto (*fig.*): **a run on the Swiss franc**, una corsa al franco svizzero; **a run on the bank**, una corsa agli sportelli, un assalto alla banca (*da parte dei clienti*) ***23*** (*tipogr.*) tiratura ***24*** (*a carte*) sequenza di carte dello stesso seme (*di solito, più di cinque*; *cfr.* **straight**) ***25*** (*sport*) pista (*di sci, di bob*) ***26*** (*cricket, baseball*) «run»; corsa del battitore; punto (*così segnato*): **Scotland made** (*o* **scored**) **271 runs**, la Scozia fece (*o* segnò) 271 punti ***27*** (*tecn.*) colatura (*di vernice*) ***28*** (*edil.*) pedata (*di un gradino*) ***29*** (*raro*) rampa (*di scale*) ***30*** – (*pl.*) (*fam.*) **the runs**, la diarrea. • (*fam.*) **run-around**, atteggiamento dilatorio (*o* evasivo); corda (*fig.*); tradimento; corna (*fig. volg.*): **to get the run-around**, essere tenuto sulla corda, essere menato per il naso; (*anche*) essere tradito (*dal coniuge, ecc.*); **to give sb. the run-around**, menare q. per il naso; (*anche*) fare (*o* mettere) le corna a q. □ **run-down**, *agg.* (*di edificio*) diroccato, in rovina; (*di batteria, orologio, ecc.*) scarico; (*di persona*) esausto, spossato, esaurito; malandato, in ribasso, a terra (*fam.*); (*urbanistica*) degradato: **run-down area**, zona degradata; *sost. V.* **rundown** □ **run-in**, inserzione (*di testo*), aggiunta; (*autom., mecc.*) rodaggio; (*fam.*) «scontro», brutto incontro; lite, litigio, alterco, disputa, rissa; cattura, arresto: **to have a run-in with the police [the law]** avere uno «scontro» con la polizia [incorrere in sanzioni di legge] □ **run-of-the-mill**, (*ind. min.*) preconcentrato (*sost.*); *agg.* (*fig.*) comune, ordinario, mediocre, dozzinale, banale □ (*di un annuncio pubblicitario, ecc.*) **run-of-paper**, collocato sulla pagina (*di un giornale*) a discrezione della direzione □ **run-off**, liquido traboccato (*da un recipiente*); (*geogr.*) deflusso superficiale (*delle acque piovane*); (*sport*) spareggio □ **run-on**, *agg.* (*tipogr.*) stampato di seguito; (*poesia*: *di un verso*) con l'enjambement (*q.V.*); *sost.* (*tipogr.*) parola aggiunta di seguito (*senza andare a capo*); (*in un dizionario*) sottolemma □ **run-out**, (*mecc.*) rotazione difettosa; (*metall.*) getto imperfetto, fuoriuscita del metallo (*dalla forma*); (*USA*) diserzione, fuga: **to take a run-out on sb.**, abbandonare q. □ **run-through**, occhiata, scorsa; ripasso, ripassata; (*anche teatr.*) prova: **Let's give the play another run-through**, proviamo la commedia ancora una volta! □ (*elab.*) **run time**, tempo di elaborazione □ **run-up**, (*sport*) rincorsa; (*market., fin.*; *specialm. USA*) balzo, impennata (*dei prezzi, delle quotazioni, ecc.*); (*polit.*) periodo preelettorale; (*in genere*) attività febbrile (*in preparazione di un evento*) □ **at a run**, di corsa; a passo di corsa: **The soldiers went past at a run**, i soldati sfilarono a passo di corsa □ **to break into a run**, mettersi a correre □ **a buffalo run**, una pista di bufali □ (*sport*) **circular run**, circuito □ (*Borsa, fin.*: *di titoli*) **to go against the run of the market**, essere in controtendenza □ (*sport*) **to go against the run of the play**, fare un'azione di contropiede □ **to have a run for one's money**, spendere bene i propri quattrini; aver qualche soddisfazione dalle proprie fatiche; vedere il frutto dei propri sforzi □ **in the day's run**, nel corso della giornata □ **in the long run**, a lungo andare; (*econ.*) nel lungo periodo □ **in the short run**, a breve scadenza; a breve termine; (*econ.*) nel breve periodo □ (*aeron.*) **landing run**, corsa d'atterraggio □ **on the run**, in fuga; in moto; in attività, in faccende: **The invaders are on the run now**, gli invasori sono ora in fuga; **I have been on the run all day**, sono stato in movimento (*o* affaccendato) tutto il giorno □ (*sport*) **to score against the run of the play**, segnare in contropiede □ **to take a run**, fare una corsa □ (*aeron.*) **take-off run**, corsa di decollo □ **with a run**, improvvisamente; rapidamente; di colpo: **Temperature came down with a run**, la temperatura s'abbassò di colpo □ **This doctrine has had its run**, questa teoria ha fatto il suo tempo.

to **run** /rʌn/ (*pass.* **ran**, *p. p.* **run**), **A** *v. i.* ***1*** correre; fare una corsa; accorrere; trascorrere; passare; scorrere: **A man came running along the street**, un uomo venne correndo (*o* di corsa) per la strada; **Let's run down to the beach**, facciamo una corsa (*o* un salto) alla spiaggia!; **She is always running to her psychiatrist**, corre sempre dallo psichiatra; **They ran to my aid**, corsero (*o* accorsero) in mio aiuto; **I used to run when I was at Eton**, da studente correvo nella squadra di Eton; **Trains run on rails**, i treni corrono su rotaie; **A gentle breeze ran through the trees**, una lieve brezza passava (*o* spirava) fra gli alberi; **Rumours ran through the village**, correvano (*o* circolavano) dicerie per il paese; **The days ran swiftly**, i giorni trascorrevano veloci; **The road runs along a ridge**, la strada corre lungo un crinale; **Wait till the water runs hot**, aspetta che scorra l'acqua calda; **The story ran that the bank would close**, correva voce che la banca avrebbe chiuso i battenti ***2*** ricorrere; ritornare (*alla mente*): **That tune runs in my head**, quel motivo mi torna in mente; **The idea kept running through my mind**, quell'idea mi ricorreva (*o* mi si presentava) sempre alla mente ***3*** decorrere; essere pagabile da (*una certa data*): **Interest runs from January 1st**, gli interessi decorrono dal 1° di gennaio; **Your salary will run from tomorrow**, il tuo stipendio decorrerà da domani ***4*** correr via; fuggire; scappare: **The enemy ran**, il nemico fuggì; **I had to run for my life**, dovetti scappare per aver salva la vita; (*fig.*) **to run for one's life**, correre a più non posso ***5*** (*di veicoli, di navi*) circolare; effettuare corse (*o* viaggi); passare; transitare; fare servizio; far la spola: **The trains of the Piccadilly line, which connects the heart of London to Heathrow Airport, run every four minutes in peak hours**, i treni della linea Piccadilly (*della sotterranea*), che collega il centro di Londra all'aeroporto di Heathrow, passano ogni quattro minuti nelle ore di punta; **The ferry runs between the two towns**, il traghetto fa la spola tra le due città ***6*** (*sport*) arrivare (*primo, secondo, ecc.*): **He ran second**, arrivò secondo (*nella corsa*); **My horse ran last**, il mio cavallo arrivò ultimo ***7*** (*di macchine, ecc.*) funzionare, andare (*anche fig.*); (*di motori*) andare, girare, essere in moto (*o* acceso): **Does the heating run on oil o gas?**, il riscaldamento va a gasolio o a gas?; **Everything is running smoothly at the factory**, tutto va bene in fabbrica; **The engine of my car won't run properly**, il motore della mia auto non funziona bene; **The sink isn't running**, il lavandino non funziona (*o* non scarica) ***8*** fondersi; sciogliersi; struggersi; spandere; diluirsi; stemperarsi; sbiadire; stingere: **The butter ran**, il burro si sciolse; **The ice cream is running**, il gelato si sta sciogliendo; **The colour ran when the material was washed**, il colore sbiadì quando la stoffa fu lavata ***9*** (*delle calze*) smagliarsi; sfilarsi ***10*** concorrere; (*polit.*) presentarsi candidato: **He will run for Parliament**, si presenterà candidato alla Camera dei Comuni ***11*** gocciolare; perdere (*acqua, ecc.*): **This tap runs**, questo rubinetto perde ***12*** sgocciolare: **The candle runs**, la candela sgocciola ***13*** colare; gocciolare; (*di una ferita*) suppurare: **The boy's nose is running**, il bambino ha il naso che gocciola ***14*** durare; (*leg.*) essere valido (*o* in vigore); (*cinem., teatr.*) essere in programmazione, tenere il cartellone: **The film runs for three hours**, il film dura tre ore; **The lease has ten years to run**, il contratto d'affitto ha una durata (*o* una validità) di dieci anni; **Agatha Christie's «The Mouse Trap» ran for years and years in London**, la «Trappola per i topi» di Agata Christie tenne il cartellone per molti anni a Londra ***15*** (*fig.*) correre; filare: **His reasoning ran like this...**, il suo ragionamento filava così... ***16*** (*fig.*) arrivare a; marciare (*fig.*): **Inflation is running at 10%**, l'inflazione arriva al 10% ***17*** farsi; diventare: **Our food supplies are running low**, le nostre provviste di viveri si fanno scarse ***18*** (*di una malattia, di una caratteristica, ecc.*) essere ereditaria (*in una famiglia, ecc.*): **Madness runs in his family**, c'è un ramo di pazzia nella sua famiglia ***19*** essere concepito (*o* stilato); dire; fare: **The song runs like this**, la canzone fa così; **The document runs in these legal terms**, il documento è concepito in questi termini giuridici; **The proverb runs like this**, il proverbio dice così ***20*** (*di salmoni, ecc.*) risalire un fiume ***21*** (*fam.*) avere la sciolta (*o* la diarrea). **B** *v. t.* ***1*** far passare; conficcare; ficcare; infilare; infilzare; trafiggere: **to run a thorn into one's finger**, conficcarsi uno spino in un dito; **to run one's sword into sb.** (*o* **to run sb. through with one's sword**), trafiggere q. con la spada; **to run a rope through an eyelet**, infilare una corda in un anello ***2*** far funzionare; condurre; dirigere; amministrare; organizzare; (*comm.*) gestire, esercire: **to run a machine**, far funzionare, fare andare (*o* azionare) una macchina; **to run a car on gas**, fare andare a gas un'automobile; **to run a business**, condurre (*o* amministrare) un'azienda; **to run a shop**, gestire un negozio; **Mary runs the household**, Mary dirige la casa (*o* ha la direzione della casa); **Who is running the contest?**, chi organizza la gara?; **to run a truck-line**, esercire un servizio di autocarri ***3*** correre; fare (*una corsa*): **to run the mile in five minutes**, correre il miglio in cinque minuti; **to run a race**, fare una corsa; **to run risks** (*o* **hazards**), correre rischi; **He runs a chance of being plucked**, corre il rischio di farsi bocciare ***4*** far correre; (*sport*) iscrivere a una corsa: **to run a horse**, far correre un cavallo (*o* farlo sgambare); **to run a horse in the Derby**, iscrivere un cavallo al Derby ***5*** (*trasp.*) fare, fare andare, effettuare corse di (*autobus, treni, ecc.*); (*naut.*) avere una linea di (*navi, traghetti, ecc.*): **to run a special train**, fare (*o* mettere) un treno straordinario ***6*** seguire: **Things must run their course**, le cose devono seguire il loro corso naturale; (*caccia*) **to run a scent**, seguire una pista ***7*** inseguire (*selvaggina*): **to run sb. hard** (*o* **close**), inseguire dappresso q.; **Wolves ran the reindeer**, i lupi inseguivano le renne ***8*** far scorrere; tirare: **to run water into the bath-tub**, far scorrere l'acqua nella vasca da bagno; **to run the water until it is hot**, tirare l'acqua finché non viene calda ***9*** colare; versare: **to run water into a glass**, versare acqua in un bicchiere ***10*** (*fam.*) portare (*in automobile, ecc.*): **I'll run you to the station**, ti porterò alla stazione (in automobile) ***11*** contrabbandare: **to run arms [liquor]**, contrabbandare armi [liquori] ***12*** smagliare; sfilare: **She ran her stocking on a nail**, le si smagliò una calza con un chiodo ***13*** cucire a punti lenti; imbastire ***14*** percorrere (*una distanza*) ***15*** cacciare, espellere: **They ran the stranger out of town**, cacciarono lo straniero dalla città ***16*** candidare; presentare come candidato: **We ran him for mayor**, lo candidammo come sindaco ***17*** (*di fonte o sorgente*) gettare; dare: **The fountain ran wine**, la fontana dava vino ***18*** (*cinem., teatr.*) rappresentare; proiettare; dare: **to run a film for two months**, dare un film per due mesi di seguito ***19*** pubblicare: **to run a story [an advertisement]**, pubblicare una storia [un annuncio pubblicitario] ***20*** (*di solito, al passivo*) regolare; dominare: **Don't try and run my life!**, non cercare di regolare la mia vita!; **to be run**

by sb., essere dominato da q. ● **to run at the nose**, avere il naso che gocciola □ **to run a bill at a shop**, avere un conto corrente con un negozio; pagare ogni settimana (*o* ogni mese) □ (*mil.*) **to run a blockade**, forzare un blocco □ **to run a car**, guidare un'automobile; tenere l'automobile: **I can't afford to run a Bentley**, non posso permettermi (di tenere) una Bentley □ **to run a car into the garage**, mettere un'automobile nella rimessa □ **to run cattle**, mandare bestiame al pascolo □ **to run sb. close**, (*sport*) incalzare q. alle spalle, tallonare q.; (*fig.*) non essere da meno di q. □ (*dell'acqua corrente*) **to run cold**, venire fredda (*a forza di scorrere*) □ **to run the country**, governare il paese □ **to run the drug racket**, controllare il racket della droga □ **to run dry**, esaurirsi; prosciugarsi; seccarsi: **The rills are running dry**, i ruscelli si stanno prosciugando (*o* vanno in secca) □ **to run errands (messages)**, fare commissioni; fare ambasciate; fare il fattorino □ (*ferr.*) **to run extra trains**, far viaggiare treni straordinari; effettuare corse straordinarie (*di metropolitana*) □ **to run one's eyes over st.**, dare un'occhiata (*o* una scorsa) a q.c. □ **to run one's fingers on the keyboard**, far scorrere le dita sulla tastiera (*di un pianoforte*) □ (*mecc.*: *di un motore*) **to run free**, girare in folle □ **to run sb. a hot bath**, preparare un bagno caldo (*nella vasca*) per q. □ (*fam.*) **to run it fine**, farcela a stento; cavarsela per un pelo (*o* per un soffio) □ **to run to meet sb.**, correre incontro a q. □ **to run to meet one's troubles**, fasciarsi la testa prima del tempo (*fig.*); essere pessimista □ **to run the rapids**, discendere le rapide (*in barca*) □ **to run rife**, abbondare; (*di una malattia*) essere diffusa (*o* epidemica); (*di una notizia*) circolare; (*di una diceria*) correre □ **to run riot**, *V.* **to run wild** □ (*naut.*: *del capitano*) **to run a ship to Boston**, portare una nave a Boston □ **to run short**, finire, venire a mancare, venire meno: **Petrol is running short**, sta finendo la benzina; **The gas supply will run short**, verrà a mancare il gas □ **to run short of**, rimanere a corto di, finire, restare senza: **We had run short of ammunition**, eravamo rimasti a corto di munizioni; **I ran short of money**, restai senza soldi □ (*fam.*) **to run the show**, essere il capo; tenere le fila; comandare □ **to run smoothly**, (*di un motore*) andare liscio, funzionare (*o* girare) bene; (*di un veicolo*) procedere senza scosse; (*fig.*) funzionare alla perfezione □ (*di ragazzi*) **to run the street**, vivere in mezzo alla strada □ (*fam.*) **to run a temperature**, avere la febbre □ **to run wild**, (*di piante*) inselvatichire, inselvatichirsi; (*fig.*: *di persone*) inselvatichirsi, diventare rozzo (*o* maleducato): **The orchard has run wild**, l'orto si è inselvatichito □ **His blood ran cold**, gli si gelò il sangue nelle vene □ **His life has only a few hours to run**, ha poche ore di vita; è agli sgoccioli □ **So the story runs**, così dicono □ **He ran me breathless**, (*fam.*) **He ran me (clean) off my feet** (*o* **legs**), a forza di farmi correre, mi sfiancò □ **The illness must run its course**, la malattia deve fare il suo corso.

♦**run about**, *v. i.* + *avv.* (*o prep.*) ***1*** andare in giro; correre qua e là; girovagare (per); scorrazzare: **The children are running about (in) the park**, i bambini scorrazzano nel parco ***2*** fare un giretto (*in automobile, ecc.*): **to run about town**, fare un giretto in città.

♦**run across**, **A** *v. i.* + *prep.* ***1*** attraversare di corsa (*la strada, ecc.*) ***2*** (*dell'acqua, ecc.*) attraversare, scorrere attraverso (*un luogo*) ***3*** (*fam.*) portare (q.) in auto (in moto, ecc.) attraverso (*una città, ecc.*) ***4*** incontrare (q.) per caso; imbattersi in. **B** *v. i.* + *avv.* attraversare: **Don't run across!**, non attraversare! **C** *v. t.* + *avv.* (*fam.*) dare un passaggio a (q.); portare in auto (in moto, ecc.).

♦**run afoul of**, *V.* **run foul of.**

♦**run after**, *v. i.* + *prep.* ***1*** correre dietro a; rincorrere: **to run after a pickpocket**, rincorrere un borsaiolo; **to run after the bus**, correre dietro all'autobus ***2*** (*fig.*) correre dietro, fare la corte a: **to run after girls**, correre dietro alle ragazze ***3*** (*fam.*) fare da servitore a (q.); servire.

♦**run against**, **A** *v. i.* + *prep.* ***1*** (*sport*) correre contro; gareggiare contro (*un avversario*) ***2*** andare a sbattere contro (*un muro, un palo, ecc.*); entrare in collisione (*o* scontrarsi) con (*un altro veicolo*) ***3*** (*specialm. USA*) scendere in campo, entrare in lizza, candidarsi contro (*q.*: *alle elezioni politiche, ecc.*). **B** *v. t.* + *prep.* ***1*** (*sport*) fare gareggiare (q.) contro ***2*** sbattere (*la testa, ecc.*) contro □ (*fig. fam.*) **to run one's head against a brick wall**, dare il capo contro il muro; fare una cosa inutile.

♦**run aground**, **A** *v. i.* + *avv.* ***1*** (*naut.*) finire sulle secche; arenarsi; incagliarsi ***2*** (*fig.*: *di un progetto e sim.*) arenarsi; fallire. **B** *v. t.* + *avv.* (*naut.*) mandare (*una nave*) sulle secche; fare arenare; incagliare.

♦**run along**, **A** *v. i.* + *avv.* ***1*** correre: **The dog was running along beside my bike**, il cane correva accanto alla mia bicicletta ***2*** (*fam.*; *specialm. all'imper.*) andare via; andarsene: **Run along now!**, ora vattene! **B** *v. t.* + *avv.* dare un passaggio a (q.); portare (q.) in auto (in moto, ecc.).

♦**run around**, **A** *v. i.* + *avv.* ***1*** *V.* **run about** ***2*** (*fam.*) andare in giro (*con q.*); amoreggiare; fare il farfallone (*o* la farfallona): **Don't run around with hooligans!**, non andare in giro con dei teppisti! **B** *v. i.* + *prep. V.* **run round.**

♦**run ashore**, *v. i.* + *avv.* (*naut.*) ***1*** approdare (*per un'emergenza, ecc.*) ***2*** *V.* **run aground.**

♦**run at**, *v. i.* + *prep.* ***1*** correre verso ***2*** correre contro; assalire; attaccare: **The watchdog ran at me**, il cane da guardia mi attaccò ***3*** ammontare a; arrivare a (*una certa cifra*): **The Italian national debt was running at an enormous figure**, il debito pubblico dell'Italia ammontava a una cifra enorme □ (*fin.*: *di un'azienda*) **to be run at a deficit**, presentare una gestione passiva.

♦**run away**, *v. i.* + *avv.* ***1*** andare via; andarsene; scappare; fuggire; (*dell'acqua*) defluire: **Don't run away!**, non andartene!; **to run away from home**, scappare di casa; **to run away with the boss's daughter**, fuggire con la figlia del padrone ***2*** correre via: **The dog ran away with a bone in his mouth**, il cane corse via con un osso in bocca □ **to run away from the facts**, chiudere gli occhi alla realtà □ (*sport*) **to run away from one's competitors**, staccare gli avversari.

♦**run away with**, *v. i.* + *avv.* + *prep.* ***1*** (*di un cavallo, un veicolo*) sfuggire al controllo di, prendere la mano a: **The horse [the car] ran away with him**, il cavallo [la macchina] gli prese la mano ***2*** (*di sentimenti*: *ira, ecc.*) prendere la mano a; impadronirsi di ***3*** portare via, ottenere (*premi, ecc.*); vincere facilmente (*una partita, ecc.*) ***4*** (*di un apparecchio*) consumare (*molto, poco, ecc.*) ***5*** fare spendere, impegnare (*denaro, ecc.*); richiedere (*tempo*) □ **to run away with the idea that...**, mettersi in testa (*o* illudersi) che... □ **to let one's feelings run away with one**, lasciare che i sentimenti prendano il sopravvento □ **His imagination ran away with him**, si lasciò trasportare dalla fantasia.

♦**run back**, **A** *v. i.* + *avv.* ***1*** tornare (*o* ritornare) di corsa ***2*** (*dell'acqua*) rifluire ***3*** (*di un evento*) risalire (*a un tempo, una data*). **B** *v. t.* + *avv.* ***1*** riportare (q.) a casa in auto (*in moto, ecc.*) ***2*** fare scorrere indietro (*un nastro, una pellicola, ecc.*); rimettere indietro ***3*** riportare (*un avvenimento, ecc.*) al passato (*o* all'inizio) □ **to run back over**, riandare a; ritornare su; riconsiderare: **Let's run back over what we said before**, ritorniamo su quanto si diceva prima!

♦**run before**, *v. i.* + *avv.* (*o prep.*) correre davanti (a) □ (*naut.*) **to run before the storm**, fuggire la tempesta □ (*naut.*) **to run before the wind**, navigare col vento in poppa.

♦**run behind**, *v. i.* + *avv.* (*o prep.*) ***1*** correre dietro (a) ***2*** essere (*o* rimanere) indietro (rispetto a): **to be running behind time** (*o* **schedule**), essere in ritardo sul tempo prefissato (*o* sul programma).

♦**run down**, **A** *v. i.* + *avv.* ***1*** correre giù; scendere di corsa ***2*** (*dell'acqua*) fluire, defluire; (*di un fiume*) scorrere (*verso la foce*) ***3*** (*di una macchina, di un motore*) arrestarsi; fermarsi; guastarsi ***4*** (*di un orologio, una batteria, ecc.*) scaricarsi ***5*** (*fig.*) rallentare; affievolirsi; rallentare il ritmo; diminuire: **Oil production has run down lately**, la produzione di petrolio è diminuita di recente. **B** *v. t.* + *avv.* ***1*** inseguire e raggiungere; catturare, scovare (*evasi, fuggiaschi, ecc.*) ***2*** trovare, scovare (*oggetti nascosti, ecc.*); rintracciare (*un articolo, una citazione, un libro, ecc.*) ***3*** (*autom.*) investire, travolgere; mettere sotto (*fam.*): **He ran down a man on a bicycle**, investì un ciclista ***4*** (*naut.*) entrare in collisione da poppavia con (*un'altra nave*) ***5*** scaricare (*una batteria, ecc.*) ***6*** denigrare; sparlare, parlare male di (q.) ***7*** ridurre (*scorte, prodotti finiti, ecc.*); rallentare l'attività di; ridurre il volume d'affari di (*un'azienda, ecc.*); ridimensionare: **to run down a military base**, ridimensionare una base militare ***8*** (*fig.*) indebolire; buttare giù (*fig.*); stancare; rendere (q.) esausto: **He feels run down**, si sente esausto (*o* depresso) ***9*** portare (q.) in auto (*o* in moto); dare un passaggio a. **C** *v. i.* + *prep.* ***1*** correre per (*o* lungo), scendere di corsa per: **to run down the road**, correre per la strada; **to run down the stairs**, scendere di corsa le scale; **A cold shiver ran down his back**, un brivido di freddo gli corse lungo la schiena ***2*** (*di un liquido*) scorrere (*o* fluire) giù; scendere per (*o* lungo): **Tears were running down my cheeks**, le lacrime mi rigavano le guance ***3*** (*fig.*) passar per; trascorrere: **A murmur ran down the crowd**, un mormorio passò per la folla □ **to run a boat down to the water**, calare in acqua una barca □ **to run one's eyes down a flyleaf**, dare un'occhiata a un volantino □ **to run one's forefinger down a column of figures**, controllare una colonna di cifre scorrendole con l'indice.

♦**run down to**, **A** *v. i.* + *avv.* + *prep.* ***1*** correre giù (*o* scorrere) fino a ***2*** estendersi; andare fino a: **The meadows run down to the river**, i prati vanno fino al fiume. **B** *v. t.* + *avv.* + *prep.* (*fig.*) ricondurre, attribuire (q.c.) a (q.).

♦**run downstairs**, *v. i.* + *avv.* scendere (*o* fare) le scale di corsa.

♦**run for**, *v. i.* + *prep.* ***1*** correre per prendere (*l'autobus, ecc.*) ***2*** correre in cerca di (*aiuto*) ***3*** (*di un accordo, ecc.*) essere in vigore da (*un certo tempo*) ***4*** (*cinem., teatr.*) essere programmato, tenere il cartellone per (*un certo tempo*) ***5*** (*specialm. USA*) essere in lizza per essere candidato a (*una carica, la presidenza, ecc.*) □ (*fam.*) **to run for dear life** (*o* **for one's life**), darsi alla fuga; darsela a gambe: **Run for your live!**, si salvi chi può! □ (*fam.*) **Run for it!**, via!; scappate! (*arrivano i nemici, la polizia, ecc.*).

♦**run foul of**, *v. i.* + *avv.* + *prep.* ***1*** (*naut.*) entrare in collisione con (*un'altra nave*): **The two ships ran foul of each other**, le due navi entrarono in collisione ***2*** impigliarsi con: **The sounding line ran foul of some weeds**, lo scandaglio s'impigliò nelle erbacce ***3*** (*fig.*) trovare un ostacolo in, scontrarsi con (*opposizione, manovre avverse, ecc.*).

♦**run hard**, **A** *v. i.* + *avv.* correre forte (*o* a più non posso). **B** *v. t.* + *avv.* ***1*** (*sport*) correre a ridosso di, essere alle spalle (*o* a ruota) di (*un avversario*) ***2*** (*fig.*) tallonare (*un altro candidato*) dappresso.

♦**run high**, *v. i.* + *avv.* ***1*** (*del mare*) gonfiarsi; farsi grosso (*o* agitato) ***2*** (*fig.*) crescere, aumentare, salire: **Racial hatred was runnig**

high, l'odio razziale stava crescendo; **Prices are running high**, i prezzi salgono □ **words ran high**, volarono parole grosse.

♦**run in**, **A** *v. i. + avv.* **1** correre dentro; entrare di corsa **2** (*di un liquido*) fluire dentro; entrare **3** fare una corsa (*o* un salto) (*in automobile, ecc.*): **Let's run in and see our parents tonight**, facciamo un salto dai genitori stasera!; **Run in and see me tomorrow**, fa' una capatina da me domani! **B** *v. t. + avv.* **1** portare (q.) in automobile in città (*o* altro luogo); dare uno strappo a (*fam.*) **2** (*autom., mecc.*) rodare; fare il rodaggio a (*un autoveicolo*) **3** (*fam.*) assicurare l'elezione di (*un candidato*) **4** (*fam.*) arrestare, fermare; portare dentro (*fam.*): **The police ran him in for careless driving**, la polizia lo portò dentro per guida pericolosa **5** (*USA*) *V.* **run on, B.**

♦**run into**, **A** *v. i. + prep.* **1** entrare di corsa (*o* in fretta) in; correre dentro: **The scared boy ran into the house**, il ragazzo spaventato corse dentro casa; **The ship ran into port**, la nave si rifugiò nel porto **2** (*di un liquido*) entrare, fluire dentro; (*di un fiume e sim.*) sfociare; sboccare: **The Po runs into the Adriatic Sea**, il Po sfocia nell'Adriatico **3** (andare a) sbattere contro; investire; entrare in collisione con: **The lorry ran into the lamppost**, il camion andò a sbattere contro il lampione **4** imbattersi in; incontrare: **to run into an old friend at the station**, imbattersi in un vecchio amico in stazione; **to run into unexpected difficulties**, incontrare difficoltà impreviste; **to run into a patch of fog**, incontrare un banco di nebbia; **to run into a storm**, imbattersi in una tempesta **5** ammontare a; raggiungere (la cifra di); arrivare a: **The expense will run into thousands of pounds**, la spesa ammonterà a migliaia di sterline; **Inflation ran into a two-digit figure**, l'inflazione arrivò a un numero di due cifre (*cioè, del 10% e oltre*); **My book ran into five printings**, il mio libro raggiunse la quinta edizione. **B** *v. t. + prep.* **1** *V.* **to run, B**, *def. 1* **2** (mandare a) sbattere contro; far entrare in collisione con; urtare con: **to run one's car into a shop window**, mandare l'automobile a sbattere contro la vetrina di un negozio; **to run one's head into the window**, sbattere la testa contro la finestra **3** portare (q.) in auto in (*città, campagna, ecc.*) **4** (*fig.*) portare, mettere, cacciare; impegolare (*fig.*): **His behaviour ran us into serious difficulties**, il suo comportamento ci mise in gravi difficoltà (*o* ci cacciò in guai seri); **Don't run your firm into debt**, non impegolare nei debiti la tua azienda! □ (*fin.*) **to run two companies into one**, fondere due società □ **to run into debt**, indebitarsi; fare debiti □ (*fig. fam.*) **to run oneself the ground**, ammazzarsi dal lavoro □ (*fig. fam.*) **to run one's head into a brick wall**, battere il capo contro il muro; tentare l'impossibile □ (*metall.*) **to run metal into a mould**, colare metallo in una forma □ **The days ran into weeks**, i giorni si fecero settimane.

♦**run low**, *v. i. + avv.* (*di provviste, ecc.*) venire meno; scarseggiare.

♦**run off**, **A** *v. i. + avv.* **1** correre via; andarsene di corsa; andarsene: **The cat ran off with the meat**, il gatto corse via con la carne; **Off you run now**, e adesso, vattene! **2** scappare; fuggire: **He ran off with my money**, scappò con i miei soldi; **He ran off with his boss's daughter**, scappò con la figlia del padrone **3** (*dell'acqua, ecc.*) defluire; scaricarsi; vuotarsi. **B** *v. t. + avv.* **1** fare scorrere via (*o* defluire); tirare (*acqua*); fare svuotare: **He ran off the bath water**, fece svuotare la vasca da bagno; **Don't run off all the hot water**, non tirare tutta l'acqua calda! **2** battere, scrivere (*a macchina*) **3** (*tipogr.*) tirare, stampare (*copie, ecc.*) **4** scrivere in fretta, buttare giù (*una lettera, un articolo*) **5** dire in fretta, snocciolare (*una poesia, ecc.*) **6** rubare (*bestiame*) **7** (*sport*) disputare, superare, decidere con lo spareggio (*una gara, una corsa*): **They ran off the preliminary heats**, superarono le eliminatorie. **C** *v. i. + prep.* **1** correre via, andarsene da; abbandonare in fretta: **The soldiers ran off the drilling ground**, i soldati abbandonarono in fretta il campo di addestramento **2** (*dell'acqua, ecc.*) scorrere via, defluire da **3** (*fig.*) scivolare come acqua su; non avere alcun effetto su: **Your remarks just run off him**, le tue osservazioni non hanno alcun effetto su di lui (*o* lasciano il tempo che trovano). **D** *v. t. + prep.* **1** fare scappare (q.) da (*un luogo*) **2** cacciare; scacciare: **The Selfish Giant ran the children off his garden**, il Gigante Egoista scacciò i bambini dal suo giardino □ **to run off the rails**, (*di un treno*) deragliare; (*fig. fam.*) lasciare la retta via; darsi alla birba (*fam.*) □ (*di un automezzo*) **to run off the road**, uscire di strada □ **to run one's car [a stolen car] off the road**, mandare la propria automobile [una macchina rubata] fuori strada □ (*fam.*) **to have run one's legs** (*o* **feet**) **off**, essere stanco morto; non poterne più.

♦**run on**, **A** *v. i. + avv.* **1** continuare a correre; (*per estens.*) continuare senza sosta (*a funzionare, a parlare, ecc.*): **The old man ran on and on about his youth**, il vecchio parlava di continuo della sua giovinezza **2** (*mecc.*) continuare a girare: **The engine ran on after I'd taken off the ignition key**, il motore continuò a girare dopo che ebbi tolto la chiave dell'accensione **3** (*del tempo*) trascorrere; passare: **Years ran on**, passarono gli anni **4** (*tipogr.*) andare di seguito **5** (*del senso delle parole, di una frase, ecc.*) continuare di seguito; essere collegato (*con*) **6** (*naut.*) navigare, procedere (*col favore del vento*). **B** *v. t. + avv.* **1** attaccare (lettere, parole, ecc.) **2** collegare (*frasi, ecc.*) **3** (*tipogr.*) stampare di seguito. **C** *v. i. + prep.* **1** correre su (*ruote, rotaie, ecc.*) **2** (*sport*) correre su (*o* in): **to run on a track**, correre in pista **3** (*mecc.*) funzionare con; andare a; consumare (*energia o carburante*): **Most cars run on premium petrol**, la maggior parte delle auto va a benzina super; **This dishwasher runs on very little electricity**, questa lavastoviglie consuma pochissima elettricità **4** (*del pensiero e sim.*) andare a (*il passato, il futuro, ecc.*); riandare a; correre a **5** concernere; riguardare; trattare di; vertere su: **His speech ran upon the best way to deal with unemployment**, il suo discorso verteva sul modo migliore di affrontare la disoccupazione **6** (*naut.*) urtare contro; finire su: **One of the trawlers ran on the rocks**, uno dei pescherecci finì sugli scogli. **D** *v. t. + prep.* **1** mandare (*un veicolo*) su (*o* in mezzo a q.c.): **I ran my canoe on the rocks**, mandai la canoa sugli scogli **2** stampare (*un libro*) su (*un certo tipo di carta*) □ (*di idee e sim.*) **to run on the same lines**, coincidere; collimare □ **to run oneself on one's sword**, gettarsi sulla (propria) spada (*per uccidersi*) □ (*mecc.*: *di un motore*) **to run on three cylinders**, andare a tre cilindri.

♦**run out**, **A** *v. i. + avv.* **1** correre fuori; uscire di corsa: **The whole house was burning and they ran out**, tutta la casa era in fiamme ed essi uscirono di corsa **2** (*dell'acqua, ecc.*) defluire; uscire; (*in genere*) venire fuori; (*della marea*) rifluire: **The cable ran out smoothly**, il cavo venne fuori (*o* si srotolò) facilmente **3** esaurirsi; finire: **Time is running out**, sta finendo il tempo; **Drinking water was running out**, si stava esaurendo l'acqua potabile; **My patience has run out**, la mia pazienza si è esaurita **4** (*di un contratto, un biglietto, un affitto, ecc.*) scadere **5** addentrarsi; spingersi; sporgere: **The landing strip runs out into the sea**, la pista d'atterraggio si addentra nel mare; **The wall runs out into the meadow**, il muro si spinge sul prato **6** essere rimasto senza: **I went to the baker's for some bread, but they had run out**, andai dal fornaio per del pane, ma erano rimasti senza **7** andare, fare un salto in auto (*in campagna, ecc.*). **B** *v. t. + avv.* **1** far venire fuori; fare uscire (q.c.) tirando; svolgere (*una fune, ecc.*); srotolare (*una manica da incendio, ecc.*) **2** portare (q.) in auto; dare uno strappo a (*fam.*): **Can you run me out to the town?**, puoi darmi un passaggio in città? **3** (*cricket*) mandare (*un giocatore*) fuori campo **4** (*specialm. USA*) *V.* **run off, D** □ (*sport*) **to run out the clock**, tenere il pallone; fare melina (*fam.*) □ **to have run oneself out**, non poterne più dal correre; essere sfiancato (*o* spossato).

♦**run out at**, *v. i. + avv. + prep.* ammontare a; arrivare a: **The total expense will run out at ten thousand pounds and over**, la spesa complessiva ammonterà a oltre diecimila sterline.

♦**run out of**, **A** *v. i. + avv. + prep.* **1** correre fuori di; uscire di corsa da: **We ran out of the burning house**, uscimmo di corsa dalla casa che bruciava **2** (*di un liquido*) sgorgare, defluire, scorrere da; (*di un fiume*) nascere da **3** esaurire, finire: **We've run out of butter [money]**, abbiamo finito il burro [i soldi]; **I've run out of stock**, ho esaurito le scorte; **I've run out of petrol**, sono rimasto senza benzina. **B** *v. t. + avv. + prep.* (*specialm. USA*) mandare via, cacciare, scacciare (q.) da (*un luogo*) □ **to run out of control**, sfuggire di mano; (*di una persona, una situazione, ecc.*) diventare ingovernabile □ (*sport*: *della palla*) **to run out of play**, andare fuori gioco.

♦**run out on**, *v. i. + avv. + prep.* (*fam.*) **1** abbandonare; lasciare: **to run out on one's family [an old friend]**, abbandonare la famiglia [un vecchio amico] **2** tradire, non mantenere (*promesse e sim.*) **3** violare, non rispettare (*un contratto, ecc.*).

♦**run over**, **A** *v. i. + avv.* **1** (*di un liquido*) traboccare: **The milk has run over**, è traboccato il latte **2** (*fig.*) eccedere in; essere (troppo) pieno di: **Children tend to run over with excitement**, i bambini tendono a eccitarsi troppo **3** (*fig.*) passare il segno; andare (troppo) oltre (*con le spese, ecc.*) **4** fare un salto (*fam.*); andare: **Please run over to the baker's and buy some bread**, per favore, fai un salto dal fornaio e compra un po' di pane. **B** *v. t. + avv.* (*di un veicolo o un conducente*) investire; travolgere; mettere sotto (*fam.*): **My dog was run over by a lorry**, il mio cane fu investito da un camion; **Mind you don't run over someone**, bada di non mettere sotto qualcuno!; **The train ran over the coach**, il treno travolse il pullman. **C** *v. i. + prep.* **1** correre su (*un prato, ecc.*) **2** (*di un fiume*) traboccare da, superare: **The river has run over its banks**, il fiume ha superato gli argini (*o* è straripato) **3** passare; fare scorrere: **to run one's fingers on a surface**, passare le dita su una superficie **4** scorrere (*un giornale*); dare una scorsa a: **My eye ran over the wire**, diedi una scorsa al telegramma **5** ripassare, ripetere: **Let's run over these songs!**, ripassiamo queste canzoni! **6** (*di piante*) crescere sopra; ricoprire: **The ivy runs over the porch**, l'edera ricopre la veranda □ **to run over and see sb.**, fare un salto (*o* una capatina) da q. □ **to run over the time limit**, oltrepassare il tempo concesso (*o* consentito).

♦**run round**, **A** *v. i. + avv.* (*o prep.*) **1** correre in tondo (*o* in cerchio) **2** fare un salto (*al negozio, ecc.*); fare una capatina (*da q.*), una visitina (*a q.*): **Run round to the chemist's, will you?** fai un salto in farmacia, per favore! **B** *v. t. + avv.* (*fam.*) servire, fare da servitore a (q.). **C** *v. i. + prep.* **1** correre in tondo dentro (*una gabbia, ecc.*) **2** correre intorno a; circondare: **A tall fence runs round our garden**, un alto steccato circonda il nostro giardino.

♦**run through**, **A** *v. i. + avv.* (*di un liquido*) defluire; uscire; scorrere. **B** *v. t. + avv.* **1** fare scorrere (*o* srotolare, ecc.); proiettare (*un film*) **2** trafiggere, infilzare, trapassare (*con la spada, ecc.*); pungersi (*un dito, ecc.*). **C** *v. i. + prep.* **1** attraversare; (*fig.*) pervadere: **A**

feeling of sadness runs through this poem, un senso di tristezza pervade questa poesia *2* (*di un liquido, un fiume, ecc.*) fluire, scorrere attraverso *3* (*fig.*) passare (*o* frullare) per; diffondersi in: **Lara's theme had been running through my head all day long**, era tutto il giorno che mi frullava nella testa il motivo di Lara; **The rumour ran through the little town**, la voce si diffuse in tutta la cittadina. **D** *v. t. + prep.* *1* fare scorrere, iniettare (*un liquido*) *2* far passare; passare: **He ran the rope through the hole**, fece passare (*o* infilò) la fune nel buco; **He ran his fingers through his hair**, si passò le dita fra i capelli; si ravviò i capelli con le dita *3* tirare un frego su, cancellare: **I ran my pen through the last words**, tirai un frego con la penna sulle ultime parole *4* scorrere, dare una scorsa a: **He ran through her letter and tore it to pieces**, diede una scorsa alla sua lettera e la fece a pezzi *5* trattare in fretta, sbrigare (*una faccenda, un lavoro, ecc.*) *6* ripassare (*una lezione, ecc.*); sfogliare (*appunti, ecc.*) *7* (*teatr.*) provare, riprovare (*una commedia, ecc.*) *8* scialacquare, sperperare (*fondi, denaro*) □ (*fam.*) **to run a comb through one's hair**, darsi una pettinatina.

♦**run to**, *v. i. + prep.* *1* correre a (*o* da) (*anche fig.*): **The dog ran to his master**, il cane corse dal padrone; **Don't run to me for help!**, non correre (*o* venire) da me in cerca di aiuto! *2* fare una corsa (*o* un salto) a: **Run to the newsstand and get me a paper, will you?**, per favore, fa' un salto all'edicola e prendimi il giornale! *3* (*fig.*) arrivare a; ammontare a: **The crowd ran to thousands**, la folla arrivava a qualche migliaio di persone *4* (*di denaro*) bastare per, essere sufficiente per: **My earnings don't run to a holiday abroad**, le mie entrate non bastano per (*o* non mi consentono) una vacanza all'estero *5* arrivare a; permettersi: **I'm afraid I can't run to a house at the seaside**, temo di non potermi permettere una casa al mare *6* tendere a; propendere per: **Most women run to romance**, per lo più le donne tendono a essere romantiche *7* avere come caratteristica: **My family runs to black hair**, i capelli neri sono una caratteristica della mia famiglia *8* seguire fino a; ricondurre: **to run a fact to its source**, ricondurre un fatto alla fonte □ (*fam.*) **to run oneself to death**, ammazzarsi dal lavoro □ **to run to earth** (*o* **to ground**), inseguire (*la volpe*) fino alla tana; (*fig.*) stanare, scovare (q.); scovare, trovare (q.c.) □ **to run to extremes**, tendere agli estremi; andare troppo oltre □ **to run to fat**, ingrassare; appesantirsi □ (*di un edificio*) **to run to ruin**, andare in rovina □ **to run to seed**, (*di una pianta*) andare in semenza, sementire; (*fig. fam.*) lasciarsi andare, peggiorare, decadere □ **to run to waste**, andare in malora; (*di una risorsa e sim.*) sprecarsi, essere sprecato.

♦**run together**, **A** *v. i. + avv.* *1* correre insieme *2* (*fig.*) attaccarsi; fondersi: **The words have run together**, le parole si sono attaccate l'una all'altra; **The colours of the painting have run together**, i colori del quadro si sono fusi tra di loro. **B** *v. t. + avv.* *1* (*sport*) far correre (*cavalli, cani, ecc.*) insieme *2* appiccicare, attaccare (*parole, ecc.*); fondere (*colori, ecc.*).

♦**run up**, **A** *v. i. + avv.* *1* correre su; salire di corsa; fare una corsa di sopra (*o* al piano di sopra) *2* (*di prezzi*) balzare; impennarsi *3* (*di vendite, debiti, ecc.*) aumentare; crescere, salire *4* (*sport*) prendere la rincorsa *5* (*naut.*) procedere, avanzare (troppo) in fretta. **B** *v. t. + avv.* *1* alzare, issare (*una bandiera*) *2* costruire in fretta; mettere su (*fam.*); improvvisare (*un rifugio, una tettoia, ecc.*) *3* cucire in fretta (*un abito*); farsi (*i vestiti*) da solo *4* rincarare (*derrate*); far salire (*prezzi, ecc.*) *5* accumulare (*conti da pagare, debiti*) *6* sommare, addizionare (*numeri*) alla svelta *7* (*aeron., mecc.*) far girare al massimo (*i motori*). **C** *v. i. + prep.* *1* correre su per, salire di corsa (*un monte, ecc.*) *2* (*di un brivido, un dolore, ecc.*) andare (*o* salire) su per (*la schiena, le gambe, ecc.*).

♦**run up against**, *v. i. + avv. + prep.* *1* andare a sbattere, urtare contro *2* (*fam.*) imbattersi in (q.); incontrare: **I ran up against an old friend at the party**, alla festa mi sono imbattuto in un vecchio amico; **to run up against serious difficulties**, incontrare gravi difficoltà.

♦**run upon**, *V.* **run on, C** e **D**.

♦**run upstairs**, *v. i. + avv.* salire (*o* fare) le scale di corsa.

♦**run with**, *v. i. + prep.* *1* correre con *2* (*sport*) correre contro (*un concorrente*) *3* essere inondato di; grondare; colare: **to run with sweat**, grondare sudore; **to run with water**, colare acqua *4* farsela con (q.); frequentare: **Don't run with hooligans!**, non fartela con dei teppisti!

runabout /'rʌnəbaʊt/, *n.* *1* girandolone; girellone; vagabondo *2* (*un tempo*) vettura leggera; calesse *3* (*autom.*) utilitaria; (*USA*) spider *4* (*naut.*) piccolo motoscafo da diporto *5* (*pl.*) (*Austr.*) bestiame allo stato brado.

runaway /'rʌnəweɪ/, **A** *n.* *1* fuggiasco; fuggitivo; disertore; evaso *2* cavallo che ha preso la mano; cavallo in fuga *3* (*miss., ecc.*) fuga: **r. speed**, velocità di fuga. **B** *a.* *1* fuggiasco; evaso *2* galoppante; sfrenato; scatenato. ● **a r. couple**, una coppia d'innamorati scappati per sposarsi di nascosto □ (*mil.*) **r. gun**, arma a raffica spontanea □ **a r. horse**, un cavallo in fuga □ (*econ.*) **r. inflation**, inflazione galoppante □ (*fin.*) **a r. market**, un mercato in rapido rialzo □ **a r. match** (*o* **marriage**), un matrimonio clandestino □ (*comm.*) **r. prices**, prezzi in rapido aumento □ (*sport*) **a r. race**, una corsa vinta facilmente □ **a r. ring**, una scampanellata alla porta data da qualcuno che poi se la dà a gambe □ (*econ.*) **r. shop**, azienda trasferitasi per sottrarsi alle leggi del luogo sul lavoro □ **a r. success**, un successo travolgente (*o* clamoroso) □ **a r. victory**, una vittoria facilissima; una passeggiata (*fig.*).

runback /'rʌnbæk/, *n.* (*chim., ind.*) tubo di ritorno.

runcible spoon /'rʌnsəbl'spuːn/, *locuz. n.* forchetta che serve anche da coltello e cucchiaio (*avendo tre grossi rebbi concavi, di cui uno tagliente*).

runcinate /'rʌnsɪnət/, *a.* (*bot.*) roncinato, runcinato.

rundle /'rʌndl/, *n.* *1* piolo (*di scala*) *2* rotella *3* ruota (*di carriola*).

run-down /'rʌn'daʊn/, *n.* *1* (*anche econ., fin.*) riduzione (*dell'organico, delle scorte, dei prodotti finiti, ecc.*); rallentamento dell'attività (*di un'azienda*); ridimensionamento: **There has been a gradual r. of dollar balances**, c'è stata una graduale riduzione dei saldi in dollari *2* (*fam.*) rapporto dettagliato; resoconto; riassunto.

rune /ruːn/, *n.* *1* runa; carattere runico *2* iscrizione runica *3* (*fig.*) segno misterioso; simbolo magico *4* antico poema finlandese (*o* scandinavo). ● **r.-staff**, bacchetta magica (*con scritte runiche*); antico calendario scandinavo o inglese.

rung (1) /rʌŋ/, *n.* *1* piolo (*di scala, di sedia, ecc.*) *2* (*di ruota*) raggio. ● (*fig.*) **to start at the bottom r. of the ladder**, cominciare dal primo gradino (*della carriera*); cominciare dalla gavetta □ (*fig.*) **the topmost r. of Fortune's ladder**, il gradino più alto nella scala della fortuna; il colmo della fortuna.

rung (2) /rʌŋ/, *p. p.* di **to ring** (2).

runic /'ruːnɪk/, **A** *a.* *1* runico *2* simile alle rune; a mo' di rune. **B** *n.* (*tipogr.*) carattere di stampa modellato sul runico.

runlet (1) /'rʌnlət/, *n.* (*USA*) ruscelletto; torrentello.

runlet (2) /'rʌnlət/, *n.* (*arc.*) barile; botte.

runnel /'rʌnl/, *n.* *1* (*lett.*) rivo; ruscelletto; rigagnolo *2* canaletto di scolo *3* (*geol.*) canale di drenaggio.

runner /'rʌnə(r)/, *n.* *1* chi corre; (*sport*) corridore; podista; cavallo da corsa *2* fattorino; messaggero; messo (*specialm. di una banca*) *3* (*comm.*) piazzista; propagandista; sollecitatore (*d'ordinazioni, ecc.*) *4* chi fugge; chi scappa; fuggiasco *5* (*mil.*) staffetta; portaordini *6* contrabbandiere; nave contrabbandiera (*specialm. nei composti*): **a gun r.**, un contrabbandiere di armi *7* (*di slitta, d'aliante*) pattino; (*di pattino*) lama *8* striscia ornamentale (*da porre su una tavola, una credenza*) *9* striscia di tappeto (*in un corridoio, in un salone*); guida; passatoia; corsia *10* (*bot.*) stolone; rampollo: **strawberry runners**, stoloni di fragole *11* (*mecc.*) guida di scorrimento; scanalatura *12* (*metall.*) canale di colata *13* rullo di legno (*per spostare oggetti pesanti*) *14* anello (*di corda, cinghia, ecc.*) *15* (*di un mulino*) macina; mola *16* (*zool.*) uccello corridore (*in genere*); (*specialm., Rallus aquaticus*) porciglione *17* (*naut.*) paranco mobile; amante; stricco *18* (*tecn.: di turbina ad acqua*) girante: **r. blade**, pala della girante *19* (*ferr., USA*) macchinista *20* (*USA*) smagliatura (*di calza*; *cfr. ingl.* **ladder**). ● (*bot.*) **r. bean** (*o* **scarlet r.**) (*Phaseolus coccineus*), fagiolo di Spagna □ (*med.*) **r.'s knee**, ginocchio del podista □ **r.-up**, (*specialm. sport*) secondo arrivato, secondo in classifica; (*comm.*) chi rilancia a un'asta; (*fig., anche polit.*) (l') eterno secondo: **He's a r.-up**, è l'eterno secondo □ **blockade r.**, (*mil.*) violatore di un blocco; (*naut.*) nave che forza un blocco.

running (1) /'rʌnɪŋ/, *a.* *1* che corre; in corsa *2* corrente: **r. water**, acqua corrente; **r. account**, conto corrente, conto aperto (*in un negozio; non in banca*) *3* corsivo: **a r. hand** (*o* **handwriting**), un carattere corsivo; un carattere a mano (*non stampatello*) *4* scorsoio: **a r. knot**, un nodo scorsoio *5* (*di un motore*) in marcia; che funziona; acceso: **Don't leave the engine r.**, non lasciare acceso il motore! *6* (*di ferita, ecc.*) purulento; in suppurazione *7* (*di un rubinetto, ecc.*) aperto: **to keep the tap r.**, tenere aperto il rubinetto *8* consecutivo; continuo; regolare: **eight r. days**, otto giorni consecutivi *9* incessante: **r. battle**, battaglia incessante *10* (*di stile*) scorrevole, fluente *11* (*del naso*) che cola; gocciolante. ● (*zool.*) **r. bird**, *V.* **runner**, *def. 16* □ (*autom.*) **r. board**, montatoio; predellino □ (*radio, TV*) **a r. commentary**, una radiocronaca (*o* telecronaca) diretta □ (*rag.*) **r. costs**, costi variabili □ **a r. design**, un disegno (*o* un ornamento) ricorrente □ (*fig. fam.*) **r. dog**, galoppino; lacché; servo □ (*rag.*) **r. expenses**, spese di esercizio; spese correnti □ (*mil., naut.*) **r. fight**, combattimento fra chi insegue e chi si ritira □ (*mil.*) **r. fire**, fuoco di fila; fuoco a volontà □ (*fig.*) **a r. fire of questions**, un fuoco di fila di domande □ (*poker*) **r. flush**, scala reale □ **a r. foot**, un piede lineare (*30 cm circa*) □ (*mecc.*) **r. gear**, parti mobili; (*ferr.*) rodiggio □ (*ind. min.*) **r. ground**, terreno franoso □ **r. head**(**line**) (*o* **r. title**), testatina, testata di pagina (*di giornale*) □ (*sport*) **r. jump**, salto con rincorsa □ (*sport*) **a r. race**, una corsa veloce □ **r. repairs**, lavori di manutenzione ordinaria □ **r. stitch**, punto filza □ **r. story**, articolo a puntate (*di giornale*) □ (**for**) **five days r.**, per cinque giorni consecutivi □ **to keep the bath r.**, fare scorrere l'acqua nella vasca da bagno □ **six times r.**, sei volte di seguito □ (*di meccanismo, ecc.*) **smooth-r.**, scorrevole □ (*pop.*) **Take a r. jump!**, vattene!; fila!; smamma!

running (2) /'rʌnɪŋ/, *n.* *1* la corsa; (*sport*) podismo *2* (*mecc.*) marcia; funzionamento, manutenzione (*di macchinario*): **ahead r.**, marcia avanti; **reverse r.**, marcia indietro *3* corso; flusso; scorrimento *4* (*sport*) rincorsa *5* direzione, gestione, conduzione (*di un'azienda, ecc.*) *6* (*autom.*) percorso: **mixed r.**, percorso misto (*in città e su strada*) *7* (*di fe-*

rita) suppurazione ***8*** (*leg., comm.*) decorrenza (*d'un termine, ecc.*). ● (*naut.*) **r. aground** (*o* **r. ashore**), incaglio □ (*autom.*) **r.-in**, rodaggio □ **r. mate**, cavallo di un tiro a due; (*ippica*) cavallo che fa l'andatura al favorito; (*sport*) chi tira la corsa (*a un compagno di squadra*); (*polit.*) candidato alla meno importante di due cariche abbinate; (*USA*) candidato alla Vicepresidenza □ (*autom., mecc.*) **r.-on**, autoaccensione □ (*sport*) **r. shoes**, scarpe (*o* scarpette) da corsa (*o* da podismo) □ (*trasp.*) **r. time**, durata della corsa: **The r. time is two hours**, la durata della corsa è di due ore □ (*sport*) **r. track**, pista (*per atletica leggera*) □ (*sport* e *fig.*) **to be in the r.**, essere (ancora) in corsa (*o* in gara) □ (*fig.*) avere probabilità di vittoria □ **to make the r.**, (*sport*) fare l'andatura, (*fig.*) imporre agli altri il proprio ritmo □ **to be out of the r.**, (*sport*: *di concorrente*) essere fuori gara; (*fig.*) non aver probabilità di vittoria □ (*mecc., autom.*) **slow r.**, minimo □ **to take up the r.**, (*sport*) condurre la corsa; (*fig.*) prendere la posizione di testa, mettersi in testa.

runny /ˈrʌnɪ/, *a.* ***1*** troppo liquido; liquefatto; squagliato: **r. butter**, burro squagliato ***2*** (*dell'occhio*) lacrimoso ***3*** (*del naso*) che cola; gocciolante. || **-ily**, *avv.* || **-iness**, *sost.*

runt /rʌnt/, *n.* ***1*** bovino di razza piccola (*specialm. della Scozia o del Galles*) ***2*** animale (*o* pianta) di misura inferiore al normale ***3*** il più piccolo di una figliata (*specialm. di maiali*) ***4*** (*spreg.*) omuncolo; nanerottolo ***5*** grosso piccione domestico.

runty /ˈrʌntɪ/, *a.* più piccolo del (*o* inferiore al) normale. || **-iness**, *sost.*

runway /ˈrʌnweɪ/, *n.* ***1*** (*mecc.*) piano di scorrimento ***2*** rampa (*di carico, ecc.*) ***3*** (*di fiume*) alveo; letto ***4*** (*di bestie selvatiche*) pista ***5*** scivolo (*per tronchi d'albero*) ***6*** (*aeron.*) pista (*d'atterraggio o di decollo*); scivolo (*per idrovolanti*) ***7*** (*sport*) pista per la rincorsa.

rupee /ruːˈpiː, ˈruːpɪ/, *n.* rupia (*unità monetaria dell'India, del Pakistan, del Nepal e dello Sri Lanka*).

rupestral /ruːˈpestrəl/, **rupestrian** /ruːˈpestrɪən/, *a.* (*bot.*) rupestre.

rupia /ˈruːpɪə/, *n.* (*med.*) rupia; crosta della pelle.

rupicola /ruːˈpɪkələ/, *n.* (*zool., Rupicola peruviana*) rupicola; galletto di roccia.

rupicolous /ruːˈpɪkələs/, *a.* (*zool., bot.*) rupicolo.

rupture /ˈrʌptʃə(r)/, *n.* ***1*** (*anche fig.*) rottura ***2*** (*med.*) ernia.

to **rupture** /ˈrʌptʃə(r)/, **A** *v. t.* ***1*** rompere; provocare la rottura di (*una vena, un matrimonio, ecc.*) ***2*** provocare un'ernia a (q.). **B** *v. i.* ***1*** (*anche med.*) rompersi ***2*** (*di un tendine, ecc.*) strapparsi. ● (*med.*) **to r. a ligament**, strappare un legamento □ (*med.*) **to be ruptured**, avere un'ernia.

rural /ˈrʊərəl/, *a.* rurale; agreste; campagnolo; campestre: **r. schools**, scuole rurali; **a r. landscape**, un paesaggio agreste; **r. housing**, edilizia rurale; **r. customs**, usanze campagnole; **a r. policeman**, una guardia campestre. ● (*ecologia*) **the preservation of r. amenities**, la conservazione delle bellezze della natura. || **-ly**, *avv.*

rurality /rʊəˈrælətɪ/, *n.* l'esser rurale; carattere agreste.

ruralization /rʊərəlaɪˈzeɪʃn, *USA* -lɪˈz-/, *n.* ruralizzazione.

to **ruralize** /ˈrʊərəlaɪz/, **A** *v. t.* ruralizzare. **B** *v. i.* ***1*** ruralizzarsi; diventare rurale ***2*** (*fam.*) (andare a) vivere in campagna.

ruscus /ˈrʌskəs/, *n.* (*bot.*) ***1*** (*Ruscus*) rusco ***2*** (*Ruscus aculeatus*) rusco; pungitopo.

ruse /ruːz/, *n.* (*form.*) artificio; astuzia; inganno; stratagemma; trucco.

rush (**1**) /rʌʃ/, *n.* ***1*** (*bot., Juncus, Scirpus*) giunco ***2*** (*collett.*) vimini (*per lavori in vimini*); paglia (*per sedie*) ***3*** (*fig.*) bazzecola; inezia; nonnulla. ● **r. bearing**, festa dei giunchi (*con cui s'adornano le chiese nell'Inghilterra sett.*) □ **r. candle**, *V.* **rushlight** □ **I don't care a r.**, non me ne importa un fico (secco) □ **It is not worth a r.**, non vale nulla; non vale una cicca.

rush (**2**) /rʌʃ/, *n.* ***1*** fretta; furia; eccitazione; traffico; trambusto: **I don't like the r. of big cities**, non mi piace il trambusto delle grandi città; **What is all this r.?**, perché tutta questa fretta? ***2*** assalto; attacco; corsa impetuosa; impeto; forza impetuosa; slancio: **When the fire broke out, there was a r. for the emergency exits**, quando scoppiò l'incendio, le uscite di sicurezza furono prese d'assalto; **The citadel was carried with a r.**, la cittadella fu conquistata di slancio; **Whole families were swept away by the r. of the river**, intere famiglie furono spazzate via dalla forza impetuosa delle acque ***3*** afflusso (*di gente*); affollamento; ressa: **the Christmas r.**, l'affollamento delle feste natalizie (*nei negozi*) ***4*** (*market.*) grande richiesta; grande ricerca: **There is a r. for second-hand cars**, c'è una grande richiesta di automobili usate ***5*** (*pl.*) (*cinem.*) prima stampa ***6*** (*med.*) afflusso, flusso (*di sangue, ecc.*) ***7*** (*fam. USA*) corteggiamento ***8*** (*fam. USA*) caccia alle matricole: **the r. week**, la settimana della festa della matricola ***9*** (*ippica*) «rush». ● (*trasp.*) **r.-hour traffic**, il traffico delle ore di punta □ **the r. hours**, le ore di punta (*del traffico*) □ **r. job**, un lavoro urgente, da fare in fretta □ (*med.*) **a r. of blood to the head**, un flusso di sangue alla testa; una congestione cerebrale □ **a r. of tenderness**, un impeto di tenerezza □ (*comm.*) **a r. order**, un'ordinazione urgente □ (*comm., tur., ecc.*) **the r. season**, l'alta stagione □ (*pop.*) **to give sb. the bum's r.**, buttare q. fuori (*da un locale*) □ **the Gold R.**, la febbre dell'oro (*in California, nel 1848*) □ (*in U.S.A.*) **a great r. of population to the West**, un grande movimento migratorio verso l'Ovest □ **in a r.**, in fretta e furia □ **with a r.**, di slancio; d'impeto.

to **rush** (**1**) /rʌʃ/, **A** *v. t.* ***1*** rivestire di vimini (*il fondo d'una sedia*); impagliare (*sedie*) ***2*** coprire (*un pavimento*) di giunchi. **B** *v. i.* (*di solito,* **to go rushing**) raccogliere giunchi.

to **rush** (**2**) /rʌʃ/, **A** *v. i.* ***1*** andare di gran carriera; correre a precipizio; passare a tutta velocità; sfrecciare; scorrere (*o* fluire) veloce: **A car rushed by**, un'automobile ci sfrecciò accanto; **The river rushes past**, il fiume scorre veloce ***2*** affrettarsi; accorrere; precipitarsi; lanciarsi: **I rushed to meet him**, m'affrettai ad andargli incontro; **He rushed to help me**, accorse in mio aiuto; **The soldiers rushed to the attack**, i soldati si lanciarono all'attacco ***3*** affluire; salire; venire: **Blood rushed to my face**, mi salì il sangue al viso; **Tears rushed to her eyes**, le vennero le lacrime agli occhi. **B** *v. t.* ***1*** spingere; portare (*o* trascinare) d'urgenza: **They rushed him out of the bar**, lo spinsero (*o* lo buttarono) fuori dal caffè; **She rushed the child to the doctor**, portò il bambino d'urgenza dal dottore ***2*** mandare (*o* portare, spedire) in tutta fretta; far affluire rapidamente: **I rushed him home**, lo portai a casa in tutta fretta; **Fresh troops were rushed up to the front**, truppe fresche furono rapidamente fatte affluire al fronte ***3*** fare (q.c.) in fretta; affrettare; accelerare; far fretta a (q.): **I don't like to r. my work**, non mi piace fare il mio lavoro in fretta; **I refuse to be rushed**, non voglio che mi si faccia fretta ***4*** (*fam.*) far pagare, chiedere (*un prezzo esorbitante*): **They rushed us fifty pounds each**, ci fecero pagare cinquanta sterline a testa ***5*** gettarsi, buttarsi, lanciarsi su (q.): **I rushed the bagsnatcher**, mi gettai sullo scippatore ***6*** (*mil.*) irrompere in (*difese, trincee, ecc.*); prender d'assalto; catturare; conquistare: **to r. the enemy's positions**, conquistare le posizioni nemiche ***7*** (*fam. USA*) sollecitare (q.) ad iscriversi (*aderire, ecc.*) ***8*** (*fam. USA*) corteggiare; fare il filo a (*una donna*). ● **to r. one's breakfasdt** [**dinner**], fare colazione [pranzare] in fretta □ (*fig.*) **to r. one's fences**, essere precipitoso; essere avventato □ **to r. the gates**, forzare i cancelli (*con un'automobile, ecc.*) □ **to r. to conclusions**, balzare alle conclusioni □ **a rushing mighty wind**, un vento di estrema violenza □ **I've been rushing all day**, è tutto il giorno che corro (*o* che mi do da fare).

♦ **rush at**, *v. i.* + *prep.* ***1*** avventarsi su (*o* contro); assalire, attaccare, caricare: **to r. at the enemy**, avventarsi sul nemico; **The buffalo rushed at the hunter**, il bufalo caricò il cacciatore ***2*** precipitarsi a; fare (q.c.) in fretta: **You needn't r. at doing your homework at once**, non è necessario che ti precipiti a fare subito il compito di casa; **Don't r. at your housework**, non fare in fretta le faccende domestiche!

♦ **rush back**, *v. i.* + *avv.* tornare indietro (*o* ritornare) in tutta fretta.

♦ **rush down**, *v. i.* + *avv.* scendere in fretta; precipitarsi giù: **to r. down the stairs**, scendere le scale a precipizio.

♦ **rush for**, *v. i.* + *prep.* ***1*** affrettarsi, accalcarsi, precipitarsi per prendere (*il treno, l'autobus, ecc.*) ***2*** (*fam.*) far pagare: **How much did they r. you for that skirt?**, quanto te l'hanno fatta pagare quella gonna? □ **to be rushed for time**, avere poco tempo (*a disposizione*); non avere tempo.

♦ **rush in**, *v. i.* + *avv.* andare (*o* venire) dentro, entrare in tutta fretta; precipitarsi.

♦ **rush into**, **A** *v. i.* + *prep.* ***1*** entrare precipitosamente (*o* precipitarsi) in (*un luogo*) ***2*** fare (q.c.) in fretta (*o* senza riflettere): **to r. into (signing) a contract**, firmare un contratto senza pensarci su; **To r. into marriage**, sposarsi in fretta; **To r. into doing st.**, fare q.c. affrettatamente ***3*** (*di un'idea, ecc.*) venire all'improvviso: **A terrible thought rushed into my mind**, un pensiero terribile mi si presentò a un tratto alla mente. **B** *v. t.* + *prep.* far fare (q.c.) a (q.) in fretta; spingere (q.) a fare (q.c.) in fretta: **My wife rushed me into taking a decision**, mia moglie mi spinse a prendere una decisione frettolosa □ **to r. into print**, dare alle stampe (*un libro, ecc.*) in fretta e furia □ **to r. into an undertaking**, lanciarsi a capofitto in un'impresa.

♦ **rush off**, **A** *v. i.* + *avv.* andarsene in tutta fretta; scappare (*fig.*). **B** *v. t.* + *avv.* ***1*** mandare via, spedire via (q.); portare d'urgenza: **We rushed the injured man to hospital**, portammo d'urgenza il ferito in ospedale ***2*** produrre, scrivere, stampare, tirare (*copie*) in tutta fretta □ (*fig. fam.*) **to r. sb. off his feet**, fare fuoco sotto i piedi a q. (*fig.*); fare fretta a (q.) □ **to be rushed off one's feet**, non avere un attimo di tregua; non avere il tempo di respirare (*fam.*).

♦ **rush out**, **A** *v. i.* + *avv.* uscire in fretta; precipitarsi fuori: **He rushed out of the burning car**, uscì in fretta e furia dall'auto che bruciava. **B** *v. t.* + *avv.* ***1*** (*econ.*) produrre (*beni*) in fretta e furia ***2*** pubblicare, stampare, tirare in fretta: **to r. out 10,000 copies of a novel**, tirare in fretta 10.000 copie di un romanzo □ **The stars rushed out**, le stelle si accesero in cielo all'improvviso.

♦ **rush past**, *v. i.* + *prep.* (*di un veicolo, ecc.*) sfrecciare accanto a: **The racing car rushed past us**, l'automobile da corsa ci sfrecciò accanto.

♦ **rush through**, **A** *v. t.* + *avv.* ***1*** (*di un veicolo*) attraversare a tutta velocità; sfrecciare per ***2*** far passare (*o* approvare) in fretta e furia; accelerare l'iter di (*una legge*): **They rushed the bill through the House of Commons**, fecero approvare il disegno di legge ai Comuni in fretta e furia ***3*** (*market.*) evadere sollecitamente, sbrigare (*un ordinativo*). **B** *v. i.* + *prep.* compiere (*o* eseguire) in gran fretta; fare (q.c.) precipitosamente: **to r. through one's daily chores**, fare le faccende domestiche in

fretta e furia.
♦**rush up**, *v. i.* + *avv.* salire in fretta; precipitarsi su: **to r. up the stairs**, salire le scale a precipizio.
rushlight /ˈrʌʃlaɪt/, *n.* ***1*** candela di giunco ***2*** (*fig.*) luce debole, fioca.
rushlike /ˈrʌʃlaɪk/, *a.* simile a un giunco; flessibile (come un giunco).
rushy /ˈrʌʃɪ/, *a.* ***1*** coperto (*o* folto, pieno) di giunchi ***2*** fatto di vimini ***3*** simile a un giunco; flessibile (come un giunco).
rusk /rʌsk/, *n.* fetta di pane biscottato; biscotto croccante.
russet /ˈrʌsɪt/, **A** *n.* ***1*** color rossastro (*o* rossiccio); color ruggine ***2*** (*bot.*) mela ruggine ***3*** (*stor., in G.B.*) veste da contadino. **B** *a.* ***1*** rossastro; rossiccio; color ruggine ***2*** (*arc.*) rustico; rozzo; rusticano; casalingo.
Russia /ˈrʌʃə/, *n.* ***1*** (*geogr.*) Russia ***2*** (= **R. leather**) cuoio di Russia.
Russian /ˈrʌʃn/, *a.* e *n.* russo (*anche la lingua*). ● **R. dressing**, condimento per l'insalata russa □ **R. roulette**, roulette russa □ (*cucina*) **R. salad**, insalata russa.
to **Russianize** /ˈrʌʃənaɪz/, *v. t.* russificare.
Russification /rʌsɪfɪˈkeɪʃn/, *n.* russificazione.
to **Russify** /ˈrʌsɪfaɪ/, *v. t.* russificare.
Russo-American /rʌsəʊəˈmerɪkən/, *a.* russo-americano: **R. trade**, il commercio russo-americano.
Russophil /ˈrʌsəʊfɪl/, **Russophile** /ˈrʌsəʊfaɪl, *USA* -fɪl/, *a.* e *n.* russofilo.
Russophilism /ˈrʌsəʊfɪlɪzəm/, *n.* russofilia.
Russophobe /ˈrʌsəʊfəʊb/, *n.* russofobo.
Russophobia /rʌsəʊˈfəʊbɪə/, *n.* russofobia.
Russophobic /rʌsəʊˈfəʊbɪk/, *a.* russofobo.
rust /rʌst/, *n.* ***1*** (*anche bot.*) ruggine ***2*** (*fig.*) inerzia; torpore mentale ***3*** color ruggine. ● (*in U.S.A.*) **the R. Belt**, la Zona della Ruggine (*gli Stati dell'Illinois e del Michigan*) □ **r.-coloured**, color ruggine □ **r.-eaten**, corroso dalla ruggine □ **r. preventer**, (sostanza) antiruggine □ **r. prevention** (*o* **r.-preventive treatment**), trattamento antiruggine □ **r.-proof** (*o* **r.-resistant**), inossidabile □ (*tecn.*) **r. proofing**, trattamento antiruggine □ (*autom.*) **r. protection**, protezione antiruggine □ **r. remover**, solvente per la ruggine.
to **rust** /rʌst/, **A** *v. i.* ***1*** arrugginire; far la ruggine, arrugginirsi (*anche fig.*); indebolirsi: **My memory has rusted**, mi s'è arrugginita la memoria ***2*** (*bot.: delle piante*) avere la ruggine ***3*** diventare color ruggine. **B** *v. t.* fare arrugginire (*anche fig.*). ● **to r. away**, essere distrutto dalla ruggine; corrodere, logorare per corrosione: **The bolt has rusted away**, il bullone è stato corroso dalla ruggine □ **to rust in**, bloccarsi per la ruggine: **The screw has rusted in**, la vite s'è bloccata per la ruggine.
rustic /ˈrʌstɪk/, **A** *a.* rustico; agreste; campagnolo; grossolano; rozzo; semplice; schietto; rusticano (*lett.*): **r. hospitality**, rustica ospitalità; **r. furniture**, mobili rustici; **r. dress**, abito campagnolo; **r. manners**, modi rusticani; modi rustici e sinceri. **B** *n.* campagnolo; contadino. ● **a r. bridge**, un ponticello rustico; una passerella di legno (*o* di pietra) □ **r. charm**, fascino della campagna; fascino agreste □ **a r. seat**, un sedile alla rustica (*di rozze pietre o di grossi rami*) □ (*edil.*) **r. work**, opera muraria (*muro, facciata, ecc.*) rustica.
rustically /ˈrʌstɪklɪ/, *avv.* rusticamente; rozzamente.
to **rusticate** /ˈrʌstɪkeɪt/, (*form.*) **A** *v. i.* vivere in campagna; condurre vita rustica. **B** *v. t.* ***1*** mandare (q.) in campagna; far vivere (q.) in campagna ***2*** sospendere temporaneamente (*uno studente*) dall'università ***3*** rendere rustico ***4*** (*edil.*) costruire (*un muro, ecc.*) alla rustica; bugnare. ● (*archit.*) **rusticated ashlar**, bugna; bozza.
rustication /rʌstɪˈkeɪʃn/, *n.* ***1*** soggiorno in campagna; vita rurale ***2*** sospensione temporanea (*dall'università*) ***3*** (*archit.*) bugnato.
rusticity /rʌˈstɪsətɪ/, *n.* (*form.*) rusticità; rustichezza.
rustily /ˈrʌstəlɪ/, *avv.* in modo rugginoso; come una cosa arrugginita: **The lock creaks r.**, la serratura scricchiola come se fosse piena di ruggine.
rustiness /ˈrʌstɪnəs/, *n.* rugginosità; l'esser arrugginito (*anche fig.*).
rusting /ˈrʌstɪŋ/, *n.* (*chim., metall.*) arrugginimento.
rustle /ˈrʌsl/, *n.* ***1*** fruscio (*di vesti, di carta, ecc.*); lo stormire (*delle fronde*); mormorio (*del vento, ecc.*) ***2*** (*della pioggia*) picchiettio ***3*** (*fam. USA*) furto (*specialm. di bestiame*).
to **rustle** /ˈrʌsl/, **A** *v. i.* ***1*** (*di vesti, carta*) frusciare; (*di foglie*) stormire ***2*** (*della pioggia*) picchiettare; picchierellare ***3*** (*del vento, ecc.*) mormorare ***4*** (*di una persona*) passare frusciando: **The girls rustled along**, le ragazze passarono con un fruscio di gonnelle ***5*** (*fam. USA*) essere attivo (*o* energico); darsi da fare. **B** *v. t.* ***1*** far frusciare; far stormire ***2*** (*fam. USA, spesso* **to r. up**) ottenere (*o* procurarsi) (q.c.) agendo energicamente ***3*** (*fam. USA*) rubare (*specialm. bestiame*). ● (*di belva*) **to r. through the jungle**, strisciare nella giungla (*facendo frusciare le piante*) □ (*fam.*) **to r. up**, scovare, trovare, tirare fuori: **to r. up some money**, trovare un po' di soldi; **to r. up some food**, preparare da mangiare alla meglio; tirar fuori qualcosa da mangiare.
rustler /ˈrʌslə(r)/, *n.* (*fam. USA*) ***1*** persona energica, attiva ***2*** ladro di bestiame.
rustless /ˈrʌstləs/, *a.* ***1*** senza ruggine ***2*** (*metall.*) inossidabile: **r. steel**, acciaio inossidabile.
rustling /ˈrʌslɪŋ/, **A** *a.* frusciante; che stormisce. **B** *n.* ***1*** fruscio; lo stormire (*delle fronde*); mormorio (*del vento, ecc.*) ***2*** (*della pioggia*) picchiettio ***3*** (*fam. USA*) abigeato; furto di bestiame.
rustproof /ˈrʌstpruːf/, *a.* (*metall.*) inossidabile.
to **rustproof** /ˈrʌstpruːf/, *v. t.* (*metall.*) rendere inossidabile.
rusty /ˈrʌstɪ/, *a.* ***1*** rugginoso; arrugginito: **a r. sword**, una spada rugginosa; **a r. key**, una chiave arrugginita ***2*** (*di pianta*) affetto dalla ruggine ***3*** (*fig.*) arrugginito; antiquato: **His geometry is r.**, le sue nozioni di geometria sono antiquate; **My French is very r.**, il mio francese è proprio arrugginito ***4*** (*fig.: di persona*) non allenato; fuori esercizio; arrugginito: **I am a little r. in chess**, sono un po' fuori esercizio nel gioco degli scacchi ***5*** color ruggine ***6*** (*d'abito nero*) scolorito; stinto ***7*** (*della voce, di tono*) roco; rauco. ● **to become** (*o* **to get**) **r.**, arrugginire, arrugginirsi (*anche fig.*).
rusty-dusty /ˈrʌstɪˈdʌstɪ/, *n.* (*pop. USA*) sedere; deretano; natiche.
rut (**1**) /rʌt/, *n.* ***1*** solco (*lasciato dalle ruote*); carreggiata; rotaia ***2*** (*fig.*) abitudine inveterata; consuetudine; trantran: **to get into a rut**, farsi prendere dal trantran; cadere nella routine □ **to sink** (*o* **to settle**) **into a rut**, fossilizzarsi (*fig.*).
rut (**2**) /rʌt/, *n.* (*d'animale maschio*) fregola; calore.
to **rut** (**1**) /rʌt/, *v. t.* solcare; far solchi in: **a deeply rutted road**, una strada profondamente solcata (*dal passaggio di veicoli*).
to **rut** (**2**) /rʌt/, *v. i.* (*d'animale maschio*) essere in fregola; essere in calore.
rutabaga /ruːtəˈbeɪgə/, *n.* (*USA e Can.*) ***1*** (*bot., Brassica napobrassica*) rutabaga; navone ***2*** (*fam.*) dollaro.
ruth /ruːθ/, *n.* (*arc.*) ***1*** compassione; pietà ***2*** rimorso; pentimento ***3*** angoscia; sofferenza; dolore.
Ruthenian /ruːˈθiːnɪən/, *a.* e *n.* ruteno (*anche la lingua*).
ruthenic /ruːˈθiːnɪk/, *a.* (*chim.*) rutenico.
ruthenious /ruːˈθiːnɪəs/, *a.* (*chim.*) rutenoso.
ruthenium /ruːˈθiːnɪəm/, *n.* (*chim.*) rutenio.
rutherford /ˈrʌðəfəd/, *n.* (*fis.*) rutherford (*unità di misura di una radiazione ionizzante*).
ruthless /ˈruːθləs/, *a.* ***1*** spietato; crudele; implacabile; inesorabile ***2*** fermo; deciso; risoluto. || **-ly**, *avv.* || **-ness**, *sost.*
rutilant /ˈruːtɪlənt/, *a.* ***1*** (*lett.*) rutilante; fulgido; splendente ***2*** (*raro*) rossastro; che dà un bagliore rossastro.
rutile /ˈruːtiːl, -aɪl/, *n.* (*miner.*) rutilo.
rutting /ˈrʌtɪŋ/, *a.* (*d'animale maschio*) in calore; in fregola.
ruttish /ˈrʌtɪʃ/, *a.* ***1*** (*d'animale maschio*) in fregola; in calore ***2*** (*di uomo*) libidinoso; lascivo; osceno; sboccato.
rutty /ˈrʌtɪ/, *a.* (*di strada, viottolo, ecc.*) pieno di solchi; solcato dalle ruote.
rye (**1**) /raɪ/, *n.* ***1*** (*bot., Secale cereale*) segale, segala ***2*** (= **rye whiskey**) whisky di segale ***3*** (*USA*) pane di segale ***4*** (*USA*) bicchiere di whisky di segale. ● **rye bread**, pane di segale □ (*bot.*) **rye-grass** (*Lolium perenne*), loglio; loglierella.
rye (**2**) /raɪ/, *n.* (*zingaresco*) gentiluomo; signore.
ryot /ˈraɪət/, *n.* (*anglo-ind.*) contadino.

s, S

S, s /ɛs/, *n.* (*pl.* **S's, s's**; **Ss, ss**) ***1*** S, s (*diciannovesima lettera dell'alfabeto ingl.*) ***2*** esse; oggetto a forma di S ***3*** (= **S-bend**) curva a S: **The river makes a great S**, il fiume fa una grande esse. ● (*telef.*) **s for Sugar**, s come Savona.

's (**1**) /z/, *desinenza del caso poss.* (*dei nomi al sing.*; *dei nomi pl., con pl. non uscente in «s»*; *di taluni pronomi*; *per es.*:) **the girl's father**, il padre della ragazza; **the boss's daughter**, la figlia del padrone; **the children's toys**, i giocattoli dei bambini; **one's relatives**, i propri parenti.

's (**2**) /z/, *contraz. fam.* di: ***1*** **is**: **He's here**, è qui ***2*** **has**: **He's gone away**, se n'è andato ***3*** **us**: **Let's go**, andiamo!; andiamocene! ***4*** **does** (*dopo un pron. o un avv. interr.*): **How's he play it?**, e come lo suona?

's (**3**) /z/, *desinenza del pl.* (*di numeri e lettere*): **three 5's**, tre 5; **the roaring '20's**, i ruggenti anni venti; **to cross one's t's**, tagliare le t.

sabadilla /sæbəˈdɪlə/, *n.* (*bot.*, *Schoenocaulon officinale*) sabadiglia.

Sabaean /səˈbiːən/, *a.* e *n.* (*stor.*) sabeo (*di Saba, abitante di Saba*).

Sabaoth /sæˈbeɪɒθ, ˈsæb-/, *n. pl.* (*Bibbia*) eserciti (*soltanto nella locuz.*:) **the Lord of S.**, il Dio degli eserciti.

sabbatarian /sæbəˈtɛərɪən/, (*relig.*) **A** *a.* dei sabbatari. **B** *n.* ***1*** sabbatario ***2*** (*fam.*, *per estens.*) fautore del «sabato all'inglese».

sabbatarianism /sæbəˈtɛərɪənɪzəm/, *n.* (*relig.*) dottrina dei sabbatari.

Sabbath /ˈsæbəθ/, *n.* ***1*** (*relig.*) giorno di riposo; sabato (*per gli ebrei*): **to keep** [**to break**] **the S.**, osservare [non osservare] il sabato ***2*** (*relig.*, *arc.*) domenica (*per i cristiani*) ***3*** – **s.** (= **witches' s.**) sabba; tregenda di streghe e demoni ***4*** (*fig. raro*) giorno (*o* periodo) di riposo.

sabbatical /səˈbætɪkl/, **A** *a.* ***1*** (*relig.*) sabbatico: (*Bibbia*) **s. year**, anno sabbatico ***2*** (*università*) sabbatico: **s. leave**, congedo sabbatico; **s. year**, anno sabbatico. **B** *n.* (*università*) (anno) sabbatico: **to be on s.**, essere in (anno) sabbatico; **to take a s.**, prendersi l'anno sabbatico.

Sabean /səˈbiːən/, *a.* e *n.* (*stor.*) sabeo (*anche la lingua*).

Sabellian (**1**) /səˈbelɪən/, *a.* e *n.* (*stor.*) sabellico.

Sabellian (**2**) /səˈbelɪən/, *a.* e *n.* (*relig.*) sabelliano.

saber /ˈseɪbə(r)/, e *deriv.* (*USA*) *V.* **sabre**, e *deriv.*

Sabian /ˈseɪbɪən/, *a.* e *n.* (*stor.*, *relig.*) sabeo.

Sabianism /ˈseɪbɪənɪzəm/, *n.* (*stor.*, *relig.*) sabeismo.

Sabine /ˈsæbaɪn, *USA* ˈseɪb-/, *a.* e *n.* (*stor. romana*) sabino.

sable (**1**) /ˈseɪbl/, *n.* ***1*** (*zool.*, *Martes zibellina*) zibellino ***2*** pelliccia di zibellino ***3*** pennello (*da pittore*) di peli di zibellino.

sable (**2**) /ˈseɪbl/, **A** *n.* ***1*** (*arald.*) color nero; nero ***2*** (*pl.*) abito da lutto; lutto; gramaglie. **B** *a.* (*poet.*, *retor.*) nero; fosco; scuro; tetro. ● (*zool.*) **s. antelope** (*Hippotragus niger*), antilope nera.

sabot /ˈsæbəʊ, *USA* sæˈb-/, *n.* ***1*** zoccolo ***2*** scarpa con la suola di legno.

sabotage /ˈsæbətɑːʒ, -dʒ/, *n.* sabotaggio (*anche fig.*).

to **sabotage** /ˈsæbətɑːʒ, -dʒ/, *v. t.* sabotare. ● **to s. sb.'s plans**, guastare i piani di q.

saboteur /sæbəˈtɜː(r)/, *n.* sabotatore.

sabra /ˈsɑːbrə/ (*ebraico*), *n.* sabra; cittadino nato in Israele.

sabre /ˈseɪbə(r)/, *n.* ***1*** (*mil.*, *sport*) sciabola ***2*** (*pl.*) cavalleggeri; soldati di cavalleria: **The general had five thousand sabres**, il generale aveva cinquemila cavalleggeri. ● **s.-cut**, sciabolata □ **s. rattling**, l'agitare la spada; (*fig.*) minacce di guerra □ (*mecc.*) **s. saw**, sega alternativa (*portatile*) □ (*paleont.*) **s.-toothed tiger** (*Smilodon*), tigre dai denti a sciabola.

to **sabre** /ˈseɪbə(r)/, *v. t.* sciabolare; colpire con la sciabola.

sabretache /ˈsæbətæʃ/, *n.* (*mil.*) giberna (*d'ufficiale di cavalleria*).

sabreur /səˈbrɜː(r), sæ-/ (*franc.*), *n.* (*scherma*) sciabolatore.

sabulous /ˈsæbjʊləs/, *a.* (*raro*) ***1*** sabbioso; arenoso ***2*** (*med.*) sabbioso; granuloso.

saburra /səˈbʌrə, -ˈbʊə-, *USA* -bɜː-/, *n.* (*med.*) saburra.

saburral /səˈbʌrəl, -ˈbʊə-, *USA* -bɜː-/, *a.* (*med.*) saburrale.

sac /sæk/, *n.* (*anat.*) sacco: **amniotic sac**, sacco amniotico.

saccate(d) /ˈsækeɪt(ɪd)/, *a.* (*bot.*) a forma di sacco; otricolato.

saccharase /ˈsækəreɪz/, *n.* (*chim.*) saccarasi.

saccharate /ˈsækəreɪt/, *n.* (*chim.*) saccarato.

saccharic /səˈkærɪk/, *a.* (*chim.*) saccarico.

saccharide /ˈsækəraɪd/, *n.* (*chim.*) saccaride; glucide.

sacchariferous /sækəˈrɪfərəs/, *a.* saccarifero.

saccharification /səkærɪfɪˈkeɪʃn/, *n.* (*chim.*) saccarificazione.

to **saccharify** /səˈkærɪfaɪ/, *v. t.* (*chim.*) saccarificare.

saccharimeter /sækəˈrɪmɪtə(r)/, *n.* (*chim.*) saccarimetro.

saccharin(e) (**1**) /ˈsækərɪn, -iːn/, *n.* (*chim.*) saccarina.

saccharine (**2**) /ˈsækərɪn, -iːn, -aɪn/, *a.* ***1*** (*chim.*) zuccherino ***2*** (*fig.*) zuccheroso; sdolcinato; melato: **a s. voice**, una voce melata.

saccharinity /sækəˈrɪnətɪ/, *n.* (*chim.*) saccarinità.

saccharoid /ˈsækərɔɪd/, **A** *a.* (*geol.*) saccaroide: **s. marble**, marmo saccaroide. **B** *n.* (*biochim.*) saccaroide.

saccharoidal /sækəˈrɔɪdl/, *V.* **saccharoid, A.**

saccharometer /sækəˈrɒmɪtə(r)/, *n.* (*chim.*) saccarometro.

Saccharomyces /sækərəʊˈmaɪsiːz/, *n.* (*bot.*, *Saccharomyces*) saccaromicete.

saccharose /ˈsækərəʊs, -z/, *n.* (*chim.*) saccarosio.

sacciform /ˈsæksɪfɔːm/, *a.* (*scient.*) sacciforme.

saccular /ˈsækjʊlə(r)/, *a.* (*scient.*) sacciforme. ● **s. gland**, ghiandola alveolare.

sacculate /ˈsækjʊlət/, **sacculated** /ˈsækjʊleɪtɪd/, *a.* (*scient.*) sacculato; formato da (*o* diviso in) piccoli sacchi; sacciforme. ● (*med.*) **s. bladder**, vescica con diverticoli.

sacculation /sækjʊˈleɪʃn/, *n.* (*scient.*) sacculazione.

saccule /ˈsækjuːl/, *n.* (*anat.*, *biol.*) sacculo.

sacerdotage /sæsəˈdəʊtɪdʒ/, *n.* (*scherz.*, *spreg.*) clericalismo; governo pretesco.

sacerdotal /sækəˈdəʊtl/, *a.* sacerdotale. || **-ly**, *avv.*

sacerdotalism /sæsəˈdəʊtəlɪzəm/, *n.* (*spesso spreg.*) clericalismo; governo pretesco.

sachem /ˈseɪtʃəm/, *n.* ***1*** «sachem»; capo indiano (*d'America*) ***2*** (*fam. USA*) capopartito; capo; pezzo grosso (*fam.*).

sachet /ˈsæʃeɪ, *USA* sæˈʃeɪ/ (*franc.*), *n.* ***1*** sacchetto profumato (*specialm. per la biancheria*) ***2*** (= **s. powder**) polvere profumata (*in sacchetti*) ***3*** bustina (*di zucchero, ecc.*).

sack (**1**) /sæk/, *n.* ***1*** sacco: **a jute s.**, un sacco di juta ***2*** sacco (*anche come unità di misura*): **a s. of coal** [**of potatoes**], un sacco di carbone [di patate] ***3*** (*fam.*) licenziamento; espulsione: **The s. is what I'm afraid of**, la paura che ho è di essere licenziato ***4*** (*pop.*) letto: **to hit the s.**, andare a letto ***5*** (*un tempo*) vestito a sacco (*da donna*) ***6*** (*football americano*) placcaggio ***7*** (= **rucksack**) zaino. ● (*pop. USA*) **s. artist**, dormiglione; pigrone □ **s. race**, corsa nei sacchi □ **s. rat**, *V.* **s. artist** □ (*pop. USA*) **s. time**, ora d'andare a letto; (*mil.*) (ora della) ritirata; tempo passato a dormire, dormita; periodo d'ozio □ (*pop. USA*) **to climb into the s.**, andare a letto (*con una ragazza*, ecc.) □ **to get the s.**, farsi licenziare (*o* espellere); essere licenziato □ **to give sb. the s.**, licenziare (*o* espellere) q. □ (*pop. USA*) **sad s.**, *V. sotto* **sad**.

sack (**2**) /sæk/, *n.* sacco (*lett.*); saccheggio: **the s. of Rome in 1527**, il sacco di Roma nel 1527; **to put a city to s.**, mettere a sacco una città.

sack (**3**) /sæk/, *n.* (*stor.*) vino bianco secco (*spagnolo o delle Canarie*).

to **sack** (**1**) /sæk/, *v. t.* ***1*** metter in sacchi; insaccare ***2*** (*fam.*) licenziare; mandare a spasso (*fig.*) ***3*** (*football americano*) placcare ***4*** (*pop.*) battere, sconfiggere; suonarle a. ● (*pop. USA*) **to s. out**, andare a dormire (*o* a letto); infilarsi nel letto □ (*pop. USA*) **to s. out with a girl**, andare a letto con una ragazza □ (*pop. USA*) **to s. up**, guadagnare, incassare, fare (su): **I've sacked up a hundred dollars**, ho fatto (su) cento dollari.

to **sack** (**2**) /sæk/, *v. t.* ***1*** (*di soldati, ecc.*) saccheggiare; mettere a sacco ***2*** (*di ladri*) svaligiare; saccheggiare.

sackbut /ˈsækbʌt/, *n.* (*stor.*, *mus.*) sorta di trombone (*in uso nel Medioevo*).

sackcloth /ˈsækklɒθ, *USA* -ɔːθ/, *n.* tela da sacchi. ● **in s. and ashes**, vestito di sacco e col capo cosparso di cenere; (*fig.*) col capo cosparso di cenere, con aria contrita.

sacker (**1**) /ˈsækə(r)/, *n.* ***1*** chi insacca (*o* riempie sacchi) ***2*** fabbricante di sacchi.

sacker (**2**) /ˈsækə(r)/, *n.* saccheggiatore.

sackful /ˈsækfʊl/, *n.* ***1*** quanto sta in un sacco; saccata; sacco: **a s. of flour**, un sacco di farina ***2*** (*fam.*) sacco (*fig.*); mucchio, grande quantità.

sacking /ˈsækɪŋ/, *n.* ***1*** tela da sacchi ***2*** insaccamento ***3*** (*fam.*) licenziamento.

sackload /ˈsækləʊd/, *V.* **sackful.**

sacque /sæk/, *n.* (*un tempo*) vestito a sacco (*da donna*).

sacral (**1**) /ˈseɪkrəl, ˈsæ-/, *a.* (*relig.*) sacrale.

sacral (**2**) /ˈseɪkrəl, ˈsæ-/, (*anat.*) **A** *a.* sacrale. **B** *n.* nervo (*o* vertebra) sacrale.

sacrament /ˈsækrəmənt/, *n.* ***1*** (*relig.*) sacramento: **the seven sacraments**, i sette sacramenti; **the Blessed** [**the Holy**] **S.**, il Santo [il

Divin] Sacramento *2* sacramento (*lett.*); giuramento (*o* promessa) solenne: **to take the s. to do st.**, far sacramento (*o* solenne promessa) di fare q.c. *3* (*fig.*) cosa sacra (*o* misteriosa); simbolo sacro.

to **sacrament** /'sækrəmənt/, *v. t.* (*raro*) consacrare; rendere sacro.

sacramental /sækrə'mɛntl/, (*relig.*) **A** *a.* sacramentale; dei sacramenti; dell'Eucaristia: **s. wine**, il vino dell'Eucaristia. **B** *n.* sacramentale; rito sacramentale (*per es., l'uso dell'acqua santa*). || **-ly**, *avv.*

sacramentality /sækrəmɛn'tæləti/, *n.* (*relig.*) l'essere sacramentale.

sacramentarian /sækrəmɛn'tɛəriən/, **A** *a.* (*relig.*) sacramentale; dei sacramenti. **B** *n.* (*stor., relig.*) *V.* **acramentary**.

Sacramentarianism /sækrəmɛn'tɛəriənizəm/, *n.* (*stor., relig.*) dottrina dei sacramentari.

sacramentary /sækrə'mɛntəri/, *n.* (*stor., relig.*) sacramentario.

sacrarium /sə'krɛəriəm/, *n.* (*pl.* **sacraria**) sacrario.

sacred /'seikrid/, *a.* *1* sacro; santo; inviolabile; solenne; venerato: **a s. place**, un luogo sacro; **s. history**, storia sacra; **s. music**, musica sacra; **a s. right**, un diritto inviolabile; **a s. memory**, una memoria venerata *2* consacrato; dedicato: **s. to the memory of**, dedicato alla memoria di. ● **a s. cow**, (*relig.*) una vacca sacra; (*fig.*) un dogma indiscusso; un principio indiscutibile. || **-ly**, *avv.*

sacredness /'seikridnəs/, *n.* carattere sacro; sacralità; santità.

sacrifice /'sækrifais/, *n.* *1* sacrificio; (*fig.*) rinuncia; privazione, scapito: **They killed an ox as a s.**, immolarono un bue in sacrificio; **to make sacrifices for one's children**, far sacrifici (*o* sopportare privazioni) per i figli; **at some s. of accuracy**, a scapito della precisione *2* (*relig.*) santo sacrificio (*la crocifissione di Gesù*); sacrificio incruento (*l'Eucaristia*) *3* (*relig.*) fioretto *4* (*comm.*) perdita; scapito: **to sell at a s.**, vendere in perdita; **to sell goods at a large s.**, vendere merci con grave scapito. ● (*fisc.*) **s. tax theory**, teoria fiscale del sacrificio □ **to give one's life as a s.**, fare olocausto della vita □ **the great** (*o* **the last**) **s.**, il supremo sacrificio; il sacrificio della propria vita □ **self-s.**, sacrificio di sé; abnegazione.

to **sacrifice** /'sækrifais/, **A** *v. t.* *1* sacrificare; offrire in sacrificio; immolare; (*fig.*) sacrificare, rinunciare a: **to s. a lamb**, sacrificare un agnello (*agli dei*); **to s. one's life**, immolare la vita; **to s. one's holidays to get a promotion**, rinunciare alle vacanze per avere una promozione *2* (*comm.*) vendere (*merce*) sottocosto (*o* in perdita); svendere. **B** *v. i.* sacrificare; offrire sacrifici (*agli dei*). **C** to **sacrifice oneself**, *v. rifl.* sacrificarsi; immolarsi.

sacrificer /'sækrifaisə(r)/, *n.* sacrificatore, sacrificatrice.

sacrificial /sækri'fiʃl/, *a.* sacrificale; del sacrificio; espiatorio; propiziatorio. || **-ly**, *avv.*

sacrilege /'sækrəlidʒ/, *n.* sacrilegio (*anche fig.*).

sacrilegious /sækrə'lidʒəs/, *a.* sacrilego. || **-ly**, *avv.*

sacring /'seikriŋ/, *n.* (*relig.*) consacrazione. ● **s. bell**, campanello dell'elevazione.

sacrist /'seikrist/, *n.* (*relig.*) sacrista, sagrista.

sacristan /'sækristən/, *n.* (*relig.*) sagrestano, sacrista, sagrista.

sacristy /'sækristi/, *n.* (*relig.*) sagrestia, sacrestia.

sacroiliac /seikrəu'iliæk, sæ-/, *a.* (*anat.*) sacroiliaco.

sacrolumbar /seikrəu'lʌmbə(r), sæ-/, *a.* (*anat.*) sacrolombare.

sacrosanct /'sækrəusæŋkt/, *a.* sacrosanto; inviolabile. || **-ly**, *avv.*

sacrosanctity /sækrəu'sæŋktəti/, *n.* l'esser sacrosanto; inviolabilità.

sacrum /'seikrəm, 'sæ-/, *n.* (*pl.* **sacra**) (*anat.*) osso sacro.

sad /sæd/, *a.* *1* triste; malinconico; mesto; addolorato; afflitto; dolente; doloroso: **Don't be so sad**, non esser così triste!; **a sad experience**, una dolorosa esperienza *2* (*di colore*) spento; smorto; neutro *3* senza valore; brutto; cattivo; scadente; misero; meschino: **The interest they pay on deposits is a sad 3%**, l'interesse che danno sui depositi è un misero 3% *4* (*di pane, pasta, ecc.*) mal lievitato; pesante; mal cotto. ● (*pop. USA*) **sad apple**, tipo scialbo, tetro, insopportabile □ **a sad coward**, un abominevole vigliacco □ **a sad day**, una giornata triste; un giorno di dolore □ (*fig.*) **a sad dog**, una canaglia □ **a sad fellow**, un povero diavolo; un poveraccio □ **sad iron**, pesante ferro da stiro □ (*pop. USA*) **sad sack**, tipo depresso, tetro, scialbo, goffo; pasticcione; soldato scalcagnato; ragazza goffa, brutta □ **sad to say**, doloroso a dirsi; dispiace dirlo □ (*fam.*) **to be sadder but wiser**, avere imparato a proprie spese □ **to grow sad**, rattristarsi □ **in sad earnest**, proprio sul serio □ **This roast is really sad**, questo arrosto fa schifo □ **He writes sad stuff**, scrive cose senza valore; i suoi scritti sono illeggibili.

to **sadden** /'sædn/, *v. t.* e *i.* rattristare, rattristarsi.

saddle /'sædl/, *n.* *1* (*del cavallo, della bicicletta, ecc.*) sella *2* (*del cavallo*) sellino (*parte del finimento da tiro*) *3* (*geogr.*) sella; valico (montano) *4* (*cucina*) sella (*d'agnello, ecc.*) *5* (*mecc.*) slitta, carrello (*di tornio, ecc.*). ● (*USA*) **s. blanket**, sottosella □ (*med.*) **s. block**, anestesia a sella □ (*di bicicletta*) **s.-cover**, coprisella □ **s.-girth**, sottopancia □ **s. horse**, cavallo da sella □ (*anat.*) **s. joint**, articolazione a sella □ (*macelleria*) **s. of mutton**, sella di castrato □ **s. pad**, sottosella (*del cavallo*) □ (*mecc.*: *di bicicletta*) **s.-pin**, tubo reggisella □ (*edil.*) **s. roof**, tetto a due falde □ **s.-room**, selleria; (*anche*) bottega di sellaio □ **s. sore**, piaga causata (*al cavallo*) dalla sella □ **s.-sore**, col sedere indolenzito dalla sella; (*fig.*) col sedere indolenzito a forza di stare seduto □ **s.-tree**, fusto della sella □ **in the s.**, in sella, a cavallo; (*fig.*) in posizione di comando, al potere □ (*fig. arc.*) **to put the s. on the wrong horse**, dar la colpa a chi è innocente.

to **saddle** /'sædl/, *v. t.* *1* (*anche* **to s. up**) sellare (*un cavallo*) *2* (*fig.*) caricare; addossare; imporre; accollare, rifilare, appioppare a: **to s. sb. with a responsibility**, accollare una responsabilità a q.; **Tax-payers were saddled with the additional burden of surtax**, ai contribuenti fu imposto il carico addizionale della sovrattassa; **Don't try to s. this task on me!**, non cercare di appiopparmi questo lavoro! ● **He saddled up and rode away**, sellò il cavallo e si allontanò.

saddleback /'sædlbæk/, *n.* *1* (*geogr.*) sella (*di monte*) *2* (*edil.*) tetto a due falde *3* (*zool.*) animale (*specialm.* insetto) dal dorso ricurvo *4* (*med., pop.*) lordosi.

saddlebacked /'sædlbækt/, *a.* *1* (*di cavallo*) sellato *2* concavo; fatto a sella *3* (*di tetto*) a due falde.

saddlebag /'sædlbæg/, *n.* *1* bisaccia (*da sella*) *2* borsa (*per bicicletta o motocicletta*).

saddlebow /'sædlbəu/, *n.* arcione.

saddlecloth /'sædlkloθ, *USA* -ɔːθ/, *n.* copertina (*della sella del cavallo*); gualdrappa.

saddler /'sædlə(r)/, *n.* sellaio.

saddlery /'sædləri/, *n.* selleria (*arte, bottega di sellaio*; *finimenti, ecc.*).

Sadducean /sædju'siːən, *USA* -dʒu-/, *a.* (*stor.*) sadduceo.

Sadducee /'sædjusiː, *USA* -dʒu-/, *n.* (*stor.*) sadduceo.

sadism /'seidizəm/, *n.* (*psic.*) sadismo.

sadist /'seidist/, *n.* (*psic.*) sadico; persona sadica.

sadistic /sə'distik/, *a.* (*psic.*) sadico.

sadly /'sædli/, *avv.* *1* tristemente; mestamente *2* miseramente; meschinamente; male *3* gravemente; molto: **s. damaged**, gravemente danneggiato. ● **He's s. mistaken**, si sbaglia di grosso; ha torto marcio.

sadness /'sædnəs/, *n.* tristezza; malinconia; mestizia.

sadomasochism /seidəu'mæsəkizəm/, *n.* (*psic.*) sadomasochismo.

sadomasochist /seidəu'mæsəkist/, *n.* (*psic.*) sadomasochista.

sadomasochistic /seidəumæsə'kistik/, *a.* (*psic.*) sadomasochistico.

safari /sə'fɑːri/, *n.* (*pl.* **safaris**) *1* safari; spedizione di caccia grossa *2* (= **photo s.**) safari fotografico. ● **s. park**, parco con selvatici in libertà; zoo naturale; zoosafari □ **s. participant**, safarista □ **s. suit**, tenuta da safari.

safe (**1**) /seif/, *a.* *1* sicuro; salvo; fuor di pericolo; al sicuro; in salvo: **Now we are s.**, ora siamo salvi, al sicuro; **to put st. in a s. place**, metter q.c. al sicuro, in un posto sicuro; **a s. method**, un metodo sicuro; (*polit.*) **a s. seat**, un seggio (*o* un collegio) sicuro; **Our candidate is s. to win the election**, il nostro candidato è sicuro di vincere l'elezione; **s. sex**, il sesso sicuro *2* cauto; prudente; che non fa correre rischi: **a s. economic policy**, una cauta politica economica; **a s. driver**, un guidatore prudente (*o* di cui ci si può fidare) *3* intatto; intero; incolume: **The parcel came s.**, il pacco arrivò intatto; **I saw her s. home**, l'accompagnai a casa incolume (*o* senza incidenti) *4* (*fin.*) sicuro: **a s. investment**, un investimento sicuro *5* accurato; attendibile; preciso; prudenziale: **a s. estimate**, un preventivo prudenziale *6* (*di un amico, ecc.*) fidato; fido *7* (*d'animale, ecc.*) innocuo; inoffensivo; non mordace; non pericoloso. ● **s. and sound**, sano e salvo □ **s.-conduct**, salvacondotto □ **s. custody**, (*leg.*) custodia; (*banca*) custodia in cassette di sicurezza □ (*banca*) **s.-deposit box**, cassetta di sicurezza □ **s.-deposit service**, servizio di cassaforte (*negli alberghi, ecc.*) □ (*di strumento*) **s. edge**, lato privo di taglio □ (*di un criminale*) **s. in jail**, al sicuro; in carcere □ **s.-keeping**, custodia □ (*demogr.*) **s. period**, periodo di sicurezza (*o* non fecondo) □ (*banca*) **s. room**, camera blindata □ (*banca*) **s. vault**, cella blindata □ **to be as s. as houses** (*o* **as the Bank of England**), essere in una botte di ferro □ **in s. keeping**, al sicuro; in buone mani □ (*fig.*) **to be on the s. side**, andare sul sicuro; non correre rischi □ (*fam.*) **to play it s.**, essere cauto; stare sul sicuro; non rischiare affatto □ **He is a s. first**, arriverà certamente primo; ha il primo posto assicurato □ **They have got him s.**, l'hanno messo al sicuro (nell'impossibilità di nuocere, in carcere) □ **It is s. to say that...**, si può dire con sicurezza che...

safe (**2**) /seif/, *n.* *1* cassaforte *2* (= **meat s.**) moscaiola; armadietto arieggiato per cibi. ● **s. installer**, installatore di casseforti □ **s. remover**, trasportatore di casseforti.

safeblower /'seifbləuə(r)/, *n.* scassinatore di casseforti che usa esplosivi.

safebreaker /'seifbreikə(r)/, *n.* scassinatore di casseforti.

safecracker /'seifkrækə(r)/, *V.* **safebreaker**.

safeguard /'seifgɑːd/, *n.* *1* salvaguardia; custodia; difesa; protezione; tutela *2* salvacondotto.

to **safeguard** /'seifgɑːd/, *v. t.* salvaguardare; custodire; difendere; proteggere; tutelare.

safeguarding /'seifgɑːdiŋ/, *n.* salvaguardia; tutela: (*rag.*) **s. of assets**, salvaguardia delle attività.

safely /'seifli/, *avv.* *1* in salvo; al sicuro; felicemente *2* con sicurezza; senza pericolo; senza correre rischi.

safeness /'seifnəs/, *n.* *1* sicurezza (*di un investimento, ecc.*) *2* integrità; incolumità; l'essere intatto *3* accuratezza, precisione, attendibilità (*di un preventivo, ecc.*).

safety /'seifti/, *n.* *1* sicurezza; salvezza; incolumità; scampo: **s. at the workplace**, sicurezza sul lavoro; **s. appliance**, dispositivo di sicurezza; **coefficient** (*o* **factor**) **of s.**, coefficiente di sicurezza; **for s.'s sake**, per maggior sicurezza; **He sought s. in flight**, cercò scampo nella fuga **2** (*mecc.*, = **s. catch**) dispositivo di sicurezza; sicura (*anche d'arma da fuoco*) **3** (*fam. USA*) preservativo; profilattico. ● **s. belt**, (*aeron., autom., ecc.*) cintura di sicurezza; (*in mare*) cintura di salvataggio, salvagente □ **s. binding**, attacco di sicurezza (*degli sci*) □ **s. bolt**, catenaccio di sicurezza; chiavistello □ **s. catch**, (*mecc.*) arresto di sicurezza; (*d'arma*) sicura □ (*teatr.*) **s. curtain**, sipario di sicurezza □ (*ind.*) **s. engineer**, tecnico d'antinfortunistica □ **s. equipment**, corredo antinfortunistico □ (*cinem.*) **s. film**, pellicola ininfiammabile □ **s.-first**, cauto; guardingo; prudente □ (*ind. min.*) **s. fuse**, miccia di sicurezza □ **s. glass**, vetro di sicurezza (*o* retinato, *o* temprato) □ (*autom.*) **s. harness**, seggiolino di sicurezza per bambini □ **s. helmet**, casco di sicurezza □ (*USA*) **s. island**, isola spartitraffico, salvagente (*per i pedoni*; *cfr. ingl.* **refuge**) □ (*ind. min.*) **s. lamp**, lampada di sicurezza □ **s. lock**, serratura di sicurezza □ **s. match**, fiammifero di sicurezza (*o* svedese) □ **s. net**, rete di sicurezza (*in un circo equestre*); (*fig.*) ancora di salvezza □ **s. pin**, spilla di sicurezza; spilla da balia □ **s. rail**, guardavia; guardrail □ **s. razor**, rasoio di sicurezza □ (*edil., elettr.*) **s. socket**, presa di sicurezza □ **s. stop**, (dispositivo di) arresto automatico □ **s. valve**, valvola di sicurezza (*anche fig.*) □ **committee of public s.**, comitato di salute pubblica □ **to drag sb. to s.**, mettere in salvo q. con uno strattone □ **lessons in «s. first»**, lezioni di circolazione stradale; lezioni di «strada sicura» (*a ragazzi, studenti, ecc.*) □ **to play for s.**, giocare sul sicuro, camminare sul sicuro (*fig.*); non voler correre rischi □ **road s.**, sicurezza stradale □ **It cannot be done with s.**, non lo si può fare senza correre rischi (*o* senza pericolo) □ (*prov.*) **There is s. in numbers**, l'unione fa la forza.

safflower /'sæflauə(r)/, *n.* **1** (*bot., Carthamus tinctorius*) cartamo; zafferanone; zafferano falso **2** (*chim.*) cartamina.

saffron /'sæfrən/, **A** *n.* **1** (*bot., Crocus sativus*) zafferano **2** (= **s. yellow**) colore dello zafferano. **B** *a.* color zafferano. ● (*bot.*) **bastard s.** (*Carthamus tinctorius*), cartamo; zafferanone; zafferano falso.

saffrony /'sæfrənı/, *a.* color zafferano; giallastro.

safranin(e) /'sæfrənın, -iːn/, *n.* (*chim.*) safranina.

safrole /'sæfrəʊl/, *n.* (*chim.*) safrolo.

sag /sæg/, *n.* **1** abbassamento; incurvatura; cedimento; avvallamento (*di strada*); insellamento, insellatura (*di nave, d'aereo*); subsidenza (*di un edificio*) **2** inclinazione; piegamento **3** (*econ., fin.*) cedimento, flessione, calo, declino, diminuzione (*dei prezzi, delle quotazioni, ecc.*) **4** (*naut.*) deriva; scarroccio **5** (*teoria delle costruzioni*) freccia apparente.

to **sag** /sæg/, **A** *v. i.* **1** abbassarsi; incurvarsi; cedere (*specialm. nel mezzo*); (*di strada*) avvallarsi; insellarsi; (*di un edificio*) cedere per subsidenza: **The damaged bridge is sagging**, il ponte lesionato cede (*o* s'incurva); **The building has sagged**, l'edificio ha ceduto **2** inclinarsi; piegarsi: **The old bridge has sagged**, il vecchio ponte s'è inclinato **3** (*di un indumento*) sformarsi; fare le borse (*fam.*) **4** (*econ., fin.*) calare; diminuire; cedere; subire una flessione: **Both output and prices are sagging**, cala la produzione e diminuiscono i prezzi; **Finance shares have sagged**, le azioni finanziarie hanno subito una flessione **5** (*naut.*: *di nave*) andare alla deriva; scarrocciare **6** (*delle guance, ecc.*) afflosciarsi **7** (*fig.*) afflosciarsi; perdere interesse: **The film sagged a bit at the end**, il film ha perso interesse verso la fine. **B** *v. t.* far piegare; far cedere; avvallare; insellare. ● (*naut.*) **to sag to leeward**, scarrocciare sottovento.

saga /'sɑːgə/, *n.* **1** (*anche fig.*) saga **2** (*letter.*, = **s. novel**) romanzo fiume **3** (*spreg.*) solfa; storia lunga e noiosa.

sagacious /sə'geıʃəs/, *a.* sagace; accorto; avveduto; scaltro. || **-ly**, *avv.*

sagacity /sə'gæsətı/, *n.* sagacia; accortezza; avvedutezza; scaltrezza.

sagamore /'sægəmɔː(r)/, *n.* capotribù indiano (*in America*).

sage (**1**) /seıdʒ/, *n.* **1** (*bot., Salvia officinalis*) salvia **2** (*USA*) *V.* **sagebrush**. ● **s. cheese**, formaggio aromatizzato con salvia □ **s. cock**, *V.* **s. grouse** □ **s.-green**, verde salvia; grigioverde □ (*zool.*) **s. grouse** (*Centrocercus urophasianus*), gallinaceo delle pianure alcaline dell'ovest degli Stati Uniti (*grosso tetraonide che si ciba dell'artemisia tridentata*) □ **s. tea**, infuso di salvia.

sage (**2**) /seıdʒ/, **A** *a.* **1** saggio; savio; assennato: **s. advice**, saggi consigli **2** (*spesso iron.*) dall'aspetto saggio; dall'aria solenne: **The owl is a s. bird**, il gufo è un uccello dall'aria solenne. **B** *n.* saggio: **the seven sages**, i sette saggi (*dell'antica Grecia*).

sagebrush /'seıdʒbrʌʃ/, *n.* **1** (*bot., Artemisia tridentata*) artemisia tridentata **2** (*geogr.*, = **s. regions**) pianure alcaline dell'ovest degli Stati Uniti.

sageness /'seıdʒnəs/, *n.* saggezza.

saggar /'sægə(r)/, *n.* **1** (*ind. ceramica*) cassetta refrattaria **2** (*metall.*) cassetta di ricottura.

sagging /'sægıŋ/, *n.* **1** abbassamento; incurvatura; cedimento; avvallamento; insellatura **2** inclinazione; piegamento **3** (*naut.*) scarroccio **4** (*anche fig.*) afflosciamento.

saggy /'sægı/, *a.* cascante; cedevole; che si piega; che s'incurva.

Sagittarian /sædʒı'tɛərıən/, (*astrol.*) **A** *n.* persona nata sotto il segno del Sagittario. **B** *a.* del Sagittario.

Sagittarius /sædʒı'tɛərıəs/, **A** *n.* **1** (*astron., astrol.*) Sagittario (*costellazione e IX segno dello zodiaco*) **2** (*astrol.*: *pl.* **Sagittarii**) (un) sagittario; individuo nato sotto il segno del Sagittario. **B** *a.* (*astrol.*) del Sagittario.

sagittary /'sædʒıtrı, *USA* -erı/, *n.* (*mitol.*) centauro.

sagittate /'sædʒıteıt/, *a.* (*bot.*) sagittato.

sago /'seıgəʊ/, *n.* (*pl.* **sagos**) **1** (*cucina*) sago; sagù **2** (*bot., Metroxylon rumphii*; = **s. palm**) palma da sagù.

saguaro /*spagn.*/, /sə'gwɑːrəʊ, *USA* sə'w-/, *n.* (*pl.* **saguaros**) (*bot., Carnegieia gigantea*) saguaro; cactus gigante.

sagy /'seıdʒı/, *a.* **1** (*bot.*) di salvia **2** aromatizzato con salvia.

Saharan /sə'hɑːrən, *USA* -'hæ-/, **Saharian** /sə'hɑːrıən, *USA* -'hæ-/, *a.* sahariano.

sahib /'sɑːhıb, sɑːb/, *n.* (*in India*) sahib; signore; padrone.

said /sed/, **A** *pass.* e *p. p.* di **to say**. **B** *a. attr.* predetto; suddetto.

sail /seıl/, *n.* **1** (*naut., sport*) vela: **to hoist [to lower] the sails**, issare [calare] le vele; **There were several sails on the lake**, c'erano parecchie vele sul lago **2** (*naut., collett.*) velatura: **to make more s.**, aumentare la velatura **3** (*di mulino a vento*) pala; ala **4** gita in mare; breve viaggio per mare; durata della traversata: **a five days' s. from Genoa**, un viaggio (per mare) di cinque giorni da Genova **5** (*invar. al pl.*) veliero; nave: **a fleet of fifty s.**, una flotta di cinquanta velieri; **S. ho!**, nave in vista! **6** (*zool.*) pinna dorsale (*di pesce*). ● (*naut.*) **s. locker**, deposito delle vele □ (*naut.*) **s.-loft**, veleria □ **s. maker**, velaio □ (*naut.*) **s. room**, camera (*o* deposito) delle vele □ **fore-and-aft s.**, vela aurica; vela di taglio □ **fore s.**, vela di trinchetto □ **fore topgallant s.**, velaccino; pappafico □ **fore topgallant studding-s.**, coltellaccino di trinchetto □ **fore topmast studding-s.**, coltellaccio di parrocchetto □ (*anche fig.*) **full s.**, a vele spiegate □ **to go for a s.**, andare in gita su una barca a vela □ (*di nave*) **in full s.**, con tutte le vele spiegate □ (*naut.*) **lateen s.**, vela latina □ **lower sails**, vele maggiori □ **lower studding-s.**, coltellaccio di basso parrocchetto; scopamare □ **main s.**, vela maestra □ **main topgallant s.**, gran velaccio □ **main topmast studding-s.**, coltellaccio di gabbia □ **mizzen s.**, (vela di) mezzana □ **mizzen topgallant s.**, belvedere □ **to set s.**, far vela; salpare □ **to shorten s.**, terzarolare □ **spare sails**, vele di ricambio, di rispetto □ **storm s.**, velatura di cappa □ **to strike s.**, ammainare le vele; salutare ammainando le vele □ **studding-s.**, coltellaccio □ **to take in s.**, raccogliere le vele; ridurre la velatura; (*fig.*) mettere un freno alle proprie ambizioni □ **to take s. to**, fare vela (*o* salpare) per (*un luogo*) □ (*fig.*) **to take the wind out of sb.'s sails**, cogliere q. alla sprovvista □ **top sails**, vele di gabbia □ (*di nave*) **to be under s.**, essere alla vela □ **to unfurl the sails**, spiegare le vele.

to **sail** /seıl/, **A** *v. i.* **1** veleggiare; navigare; (*sport*) fare della vela **2** far vela (*verso un luogo*); salpare; imbarcarsi: **to s. with the tide**, salpare con l'alta marea; **We s. next week**, salpiamo la settimana prossima **3** (*fig.*) veleggiare; volare; scivolare; (*specialm. di donna*) incedere lievemente, muoversi con grazia: **White clouds are sailing in the sky**, bianche nubi veleggiano in cielo. **B** *v. t.* **1** navigare; correre; percorrere; solcare: **to s. the Adriatic Sea**, navigare l'Adriatico; **to s. the seas**, correre il mare; **to s. the Atlantic Ocean**, solcare l'Oceano Atlantico **2** far navigare; governare (*una nave, una barca*). ● **to s. against the wind**, (*naut.*) navigare controvento, bordeggiare; (*fig.*) andare controcorrente □ **to s. along the coast**, costeggiare □ **to s. before the wind**, avere il vento in poppa □ **to s. close** (*o* **near**) **to the wind**, (*naut.*) stringere il vento, navigare di bolina; (*fig.*) camminare sul filo del rasoio; rasentare il codice; rischiare grosso □ **to go sailing**, andare in barca a vela; (*sport*) fare della vela (*fam.*).

♦ **sail back**, *v. i.* + *avv.* (*di nave*) tornare; navigare (*o* salpare) verso il porto di partenza.

♦ **sail down**, *v. i.* + *prep.* discendere (*un fiume*: *a vela o a motore*).

♦ **sail in**, *v. i.* + *avv.* **1** (*di nave*) entrare (*o* arrivare) in porto **2** (*fam.*: *di persona*) entrare con una certa pomposità (*o* con l'aria di chi ha molto da fare) **3** (*fam.*) interloquire; intromettersi.

♦ **sail into**, **A** *v. i.* + *prep.* **1** (*di nave*) entrare in: **to s. into port**, entrare in porto **2** (*fam.*: *di persona*) entrare in (*V.* **sail in**, *def.* 2) **3** (*fam.*) attaccare a fare (a suonare, ecc.) di buona lena **4** (*fam.*) inveire contro (q.); attaccare; assalire □ **to s. into the food**, gettarsi sul cibo; attaccare a mangiare. **B** *v. t.* + *prep.* fare entrare (*una nave*) in (*porto, ecc.*).

♦ **sail over**, *v. i.* + *prep.* (*aeron.*) sorvolare.

♦ **sail through**, *v. i.* + *avv.* (*o prep.*) **1** (*di nave*) veleggiare, navigare attraverso (*uno stretto, ecc.*); passare (per) **2** (*fam.*) superare facilmente, passare senza difficoltà (*un esame, ecc.*) **3** (*fam.*) cavarsela, farcela; fare, sbrigare (*un lavoro, ecc.*) con grande facilità.

♦ **sail up**, *v. i.* + *prep.* risalire (*un fiume*: *a vela o a motore*) □ **to s. up the coast**, rimontare la costa □ (*di una persona*: *in un incidente*) **to go sailing up**, essere sbalzato in aria.

sailable /'seıləbl/, *a.* navigabile.

sailboard /'seılbɔːd/, *n.* (*sport*) tavola da windsurf.

sailboarding /'seılbɔːdıŋ/, *n.* (*sport*) il windsurf (*l'azione*).

sailboat /'seılbəʊt/, *n.* (*USA*) barca a vela.

sailcloth /'seılklɒθ, *USA* -ɔːθ/, *n.* tela da vele; tela olona.

sailer /'seılə(r)/, *n.* (*naut.*) veliero; nave a vela. ● **a swift s.**, una nave (che naviga) veloce.

sailfish /'seılfıʃ/, *n.* (*zool.*) **1** (*Istiophorus*) istioforo **2** (*Istiophorus gladius*) pesce spada imperiale **3** *V.* **basking shark**, *sotto* **to bask**.

sailflying /ˈseɪlflaɪɪŋ/, *n.* (*sport, aeron.*) volo a vela.

sailing /ˈseɪlɪŋ/, *n.* (*naut.*) **1** navigazione: **plain s.**, navigazione agevole; (*fig.*) compito facile, gioco (*fig.*) **2** partenza (*di nave*); imbarco: **the list of sailings from Naples**, la lista delle partenze da Napoli **3** (*sport*) lo sport della vela; la vela; velismo. ● **s. board**, quadro (*o* tabella) delle partenze (*di navi*) □ **a s. boat**, una barca a vela; una deriva □ **s. club**, club velico □ **s. cruise**, crociera (*o* viaggio) su nave a vela; (*sport*) crociera di navigatore solitario □ **s. cruiser**, cabinato a vela □ **s. equipment**, attrezzature per la vela □ **s. master**, ufficiale di rotta; pilota d'altura □ **a s. ship** (*o* **a s. vessel**), una nave a vela; un veliero.

sailor /ˈseɪlə(r)/, *n.* **1** marinaio; navigatore; navigante **2** (*sport*) velista **3** chi viaggia per mare **4** (*pop. scherz.*) omosessuale. ● **s. hat**, cappello alla marinara □ **s. suit**, vestito alla marinara □ **s.-like**, marinaresco □ **I am a bad [a good] s.**, soffro [non soffro] il mal di mare.

sailorly /ˈseɪləlɪ/, *a.* **1** di (*o* da) marinaio **2** abile; destro; bravo.

sailplane /ˈseɪlpleɪn/, *n.* (*aeron.*) veleggiatore; aliante.

to **sailplane** /ˈseɪlpleɪn/, *v. i.* (*sport, aeron.*) veleggiare; volare con un aliante.

sainfoin /ˈseɪnfɔɪn, ˈsæn-/, *n.* (*bot., Onobrychis sativa*) lupinella; fieno santo.

saint /seɪnt, sənt, snt, sn/, *n.* **1** (*relig.*) santo, santa; beato, beata **2** (*fig.*) persona molto virtuosa; santo, sant'uomo; santa, santa donna: **Our grandmother was a real s.**, nostra nonna era proprio una santa. ● **St Andrew's cross**, la croce di S. Andrea (*bandiera nazionale della Scozia*) □ (*med.*) **St Anthony's fire**, il fuoco di S. Antonio □ **St Bernard (dog)**, sanbernardo □ **s.'s day**, giorno in cui si celebra un santo □ **one's s.'s day**, festa del proprio santo; (giorno) onomastico □ **St. George's cross**, la croce di S. Giorgio (*bandiera nazionale dell'Inghilterra*) □ **St James's** (*o* **the Court of St James's**), la corte di San Giacomo; la Corte inglese □ (*bot.*) **St John's wort** (*Hypericum*), erba di San Giovanni □ **St Patrick's cross**, la croce di S. Patrizio (*bandiera nazionale dell'Irlanda*) □ **St Paul's**, la cattedrale di San Paolo (*a Londra*) □ **All Saints' Day**, Ognissanti □ **departed s.**, anima santa di defunto □ **patron s.**, santo patrono □ **He would try the patience of a s.**, farebbe perdere la pazienza a un santo □ (*prov.*) **Young saints, old devils** (*o* **sinners**), santi da giovani, diavoli da vecchi.

to **saint** /seɪnt/, *v. t.* **1** (*relig.*) santificare; beatificare; canonizzare **2** chiamare (*o* giudicare, stimare) santo; venerare.

saintdom /ˈseɪntdəm/, *n.* santità; l'essere santo.

sainted /ˈseɪntɪd/, *a.* **1** santo; pio **2** (*di luogo*) consacrato; sacro **3** (*relig.*) beatificato; (*di un beato*) canonizzato.

sainthood /ˈseɪnthʊd/, *n.* santità.

saintliness /ˈseɪntlɪnəs/, *n.* santità.

saintly /ˈseɪntlɪ/, *a.* da santo; santo; pio: **a s. life**, una vita da santo. ● **a s. man**, un sant'uomo.

saith /sɛθ/, (*arc.*) 3ª pers. sing. del pres. indic. di **to say**.

sake (1) /seɪk/, *n.* (*soltanto in certe locuz.*; *per es.*:) **for God's** (*o* **goodness'**) **s.**, per amor di Dio; **for my s.**, per amor mio; per me; **for my own s. as well as yours**, nell'interesse mio e vostro; **for all our sakes**, nell'interesse di noi tutti; nell'interesse comune; **for pity's s.**, per pietà; **for mercy's s.**, per misericordia; **for the s. of freedom**, per la libertà; **for the s. of money**, per amor del denaro; a scopo di lucro; **for his name's s.**, per il suo buon nome; **for form's s.**, per la forma; per salvare le apparenze; **for conscience' s.**, per scrupolo di coscienza; **for old times' s.**, in ricordo dei tempi passati; **to do st. for its own s.**, fare q.c. per il gusto di farlo.

sake (2), sakè /ˈsɑːkɪ, -eɪ, *USA* ˈsækɪ/, *n.* sakè (*liquore giapponese*).

saker /ˈseɪkə(r)/, *n.* **1** (*zool., Falco cherrug*) falco sacro (*specialm. la femmina*) **2** (*mil.*) falconetto (*cannone dei secoli scorsi*).

sakeret /ˈseɪkərət/, *n.* (*zool.*) falco sacro maschio.

saki (1) /ˈsɑːkɪ/, *n.* (*pl.* **sakis**) (*zool., Pithecia*) pitecia.

saki (2) /ˈsɑːkɪ/, *V.* **sake (2)**.

sal /sæl/, *n.* (*chim., farm.*) sale: **sal volatile**, sale volatile. ● **sal ammoniac**, sale ammoniaco; cloruro d'ammonio; clorammonio.

salaam /səˈlɑːm/, *n.* **1** salaam (*saluto musulmano*) **2** salamelecco.

to **salaam** /səˈlɑːm/, *v. t.* e *i.* salutare (*V.* **salaam**); far salamelecchi.

salability /seɪləˈbɪlətɪ/, *n.* (*USA*) vendibilità.

salable /ˈseɪləbl/, *a.* (*USA*) vendibile; smerciabile.

salacious /səˈleɪʃəs/, *a.* salace; lussurioso; lascivo; osceno. || **-ly**, *avv.*

salaciousness /səˈleɪʃəsnəs/, **salacity** /səˈlæsətɪ/, *n.* salacità; lascivia; oscenità.

salad /ˈsæləd/, *n.* (*cucina*) **1** (*anche fig.*) insalata: **mixed s.**, insalata mista; **chicken s.**, insalata di pollo; **crab s.**, insalata di granchi **2** (*USA*) cibo (*pollo, tonno, uovo, ecc.*) tritato (*per sandwich*) **3** (*più comune,* **lettuce**) lattuga. ● **s. bowl**, insalatiera □ **s. cream**, condimento (*o* salsa) dolce per le insalate □ (*fig. arc.*) **s. days**, anni verdi; anni d'inesperienza; giovinezza □ **s. dressing**, condimento per l'insalata □ **s. oil**, olio da tavola □ **fruit s.**, macedonia di frutta □ **green s.**, insalata (verde) □ **vegetable s.**, insalata mista.

salamander /ˈsæləmændə(r)/, *n.* **1** (*mitol.*) salamandra **2** (*zool., Salamandra*) salamandra **3** fornello portatile (*per muratori, ecc.*).

salamandrine /sæləˈmændrɪn/, *a.* **1** simile a una salamandra **2** (*fig.*) insensibile (*o* resistente) al fuoco.

salami /səˈlɑːmɪ/, *n.* salame.

Salamis /ˈsæləmɪs/, *n.* (*geogr., stor.*) Salamina.

salangane /ˈsæləŋgeɪn/, *n.* (*zool., Collocalia*) salangana.

salaried /ˈsælərɪd/, *a.* stipendiato; retribuito: **a s. position**, un posto stipendiato. ● **a s. worker**, uno stipendiato.

salary /ˈsælərɪ/, *n.* stipendio; retribuzione: **s. cut [increase]**, riduzione [aumento] dello stipendio. ● **s. adjustment**, adeguamento dello stipendio □ **s.-earner**, stipendiato (*sost.*) □ **s. level**, livello retributivo □ **s. rise**, aumento di stipendio □ **s. scale**, scala (*o* tabella) retributiva □ **s. structure**, struttura dello stipendio.

to **salary** /ˈsælərɪ/, *v. t.* stipendiare.

sale /seɪl/, *n.* **1** (*comm.*) vendita; smercio: **Sales are down**, ci sono meno vendite **2** (*comm.*) liquidazione; svendita; saldo: **That shop is having a s.**, c'è una svendita in quel negozio; **January sales**, saldi di gennaio **3** (*pl.*) (*rag.*) vendite; fatturato: **Our sales have slumped badly**, le nostre vendite hanno subito una forte flessione; **Sales are off [up] 5% this year**, quest'anno le vendite sono in regresso [in ripresa] del 5%. ● (*rag.*) **sales account**, conto vendite □ **sales agent**, agente di vendita □ (*fin.*) **s. and leaseback**, leasing immobiliare □ **s. and return**, *V.* **s. or return** □ (*fin.*) **s. at best**, vendita al meglio □ **s. below cost**, vendita sottocosto □ (*rag.*) **sales book**, libro vendite; giornale delle vendite □ **s. by auction**, vendita all'asta (*o* all'incanto) □ (*leg.*) **s. by the court**, vendita giudiziale □ **s. by description**, vendita (*della merce*) su descrizione □ **s. by inch of candle**, vendita (*all'asta*) a candele vergini □ **s. by instalments**, vendita a rate □ (*leg.*) **s. by private contract**, vendita a trattativa privata □ **s. by retail**, vendita al dettaglio (*o* al minuto) □ **s. by sample**, vendita su campione □ **s. by weight**, vendita a peso □ **sales campaign**, campagna di vendita □ **s. cash on delivery**, vendita contrassegno □ **sales commission**, provvigione sulle vendite □ (*Borsa*) **s. confirmation**, fissato bollato □ **s. contract**, (*leg.*) contratto di vendita (*o* di compravendita); (*Borsa*) distinta di vendita □ **sales department**, reparto (*o* ufficio) vendite □ **sales drive**, campagna di vendita □ (*org. az.*) **sales engineer**, sales engineer □ (*leg.*) **s. excepted**, salvo venduto (*clausola*) □ (*Borsa*) **s. for the account** (*o* **for the settlement**), vendita a termine □ **s. for cash**, vendita per contanti □ **s. for future delivery**, vendita per consegna futura (*o* differita) □ **sales forecast**, previsione delle vendite □ (*rag.*) **sales invoicing**, fatturazione del venduto □ (*rag.*) **sales ledger**, partitario vendite □ (*pubbl.*) **sales literature**, materiale pubblicitario □ **sales manager**, sales manager; direttore commerciale □ (*org. az.*) **sales mix**, sales mix; composizione delle vendite □ (*market.*) **s. note**, distinta di vendita □ (*rag.*) **sales of assets**, smobilizzi e realizzi □ (*leg.*) **s. of goods**, compravendita commerciale; vendita di beni mobili □ (*leg.*) **s. of real property**, vendita immobiliare □ **s. of work**, vendita di beneficenza (*di abiti, dolci, ecc. fatti in casa*) □ **sales offices**, punti di vendita □ **sales officer**, addetto alle vendite □ **s. on approval**, vendita salvo vista e verifica (*della merce*); vendita con riserva di gradimento □ (*leg.*) **s. on commission**, vendita per conto terzi □ **s. on credit**, vendita a credito □ **s. on trial**, *V.* **s. on approval** □ **s. or return**, vendita in conto deposito; «conto deposito» (*clausola*) □ **sales outlet**, centro (*o* punto) di vendita □ (*fam.*) **sales pitch**, discorsetto fatto a un cliente potenziale; imbonitura di venditore □ **sales policy**, politica di vendita □ **sales potential**, potenziale di vendita □ **s. price**, prezzo di vendita; (*anche*) prezzo di saldo stagionale □ **s. proceeds**, ricavo di una vendita □ (*pubbl.*) **sales promotion**, promozione (*o* sviluppo) delle vendite □ **sales register**, registratore di cassa □ **sales representative**, rappresentante (*di commercio*); propagandista (*di medicinali, ecc.*) □ **sales resistance**, resistenza all'acquisto (*da parte della clientela*) □ **sales returns**, rese sulle vendite: (*rag.*) **sales returns account (book)**, conto (giornale) rese sulle vendite □ **s. ring**, cricca di compratori (*a una vendita all'asta*); (*market.*) recinto di bestiame in vendita □ **sales slip**, (*market.*) talloncino di vendita (*sulle confezioni*); (*USA*) scontrino, ricevuta; (*banca*) *V.* **sales voucher** □ **sales stagnation**, ristagno delle vendite □ **sales talk**, *V.* **sales pitch** □ (*fisc.*) **sales tax**, imposta (*locale*) sulle vendite (*cfr. ital. I.G.E., un tempo*) □ (*leg.*) **s. underexecution**, vendita giudiziale (*o* forzata) □ (*banca*) **sales voucher**, distinta degli acquisti fatti (*con una carta di credito*); documento di spesa □ (*pubbl.*) **«for s.»**, «in vendita»; «vendesi» □ (*di un prodotto*) **to be on s.**, essere in vendita (*o* in commercio) □ **on a s. or return basis**, in conto deposito □ (*di un prodotto*) **to be out of s.**, essere esaurito (*o* fuori commercio) **to put st. up for s.**, mettere in vendita q.c. □ **subject to s.**, salvo venduto □ **«This s.»** (*scritta su un distributore di benzina*), «importo» (*da pagare*) □ (*comm.*) **white s.**, fiera del bianco.

saleability /seɪləˈbɪlətɪ/, *n.* vendibilità; facilità di smercio.

saleable /ˈseɪləbl/, *a.* vendibile; smerciabile.

salep /ˈsæləp/, *n.* «salep» (*farina di tuberi di orchidee*).

saleratus /sæləˈreɪtəs/, *n.* (*chim.*) bicarbonato di potassio (*o* di sodio).

saleroom /ˈseɪlruːm, -rʊm/, *n.* (*specialm. ingl.*) **1** sala delle vendite all'asta; sala aste **2** sala di esposizione e vendita.

salesclerk /ˈseɪlzklɑːk, *USA* -klɜːk/, *n.* (*USA*) commesso, commessa (*di negozio*).

salesgirl /ˈseɪlzgɜːl/, **saleslady** /ˈseɪlzleɪdɪ/, *V.* **saleswoman**.

Salesian /səˈliːzɪən, *USA* -iːʒn/, *a.* e *n.* (*relig.*) salesiano.

salesman /ˈseɪlzmən/, *n.* (*pl.* **salesmen**) *1* commesso (*di negozio*) *2* viaggiatore di commercio; commesso viaggiatore; piazzista *3* (*org. az.*) agente (*o* funzionario) di vendita.

salesmanship /ˈseɪlzmənʃɪp/, *n.* (*comm.*) arte del vendere; abilità nel vendere.

salespeople /ˈseɪlzpiːpl/, *n.* (*collett.*) personale addetto alle vendite; venditori.

salesperson /ˈseɪlzpɜːsn/, *n.* *1* persona addetta alle vendite; commesso, commessa (*di negozio*) *2* rappresentante.

salesroom /ˈseɪlzruːm, -rʊm/, (*USA*) *V.* **saleroom**.

saleswoman /ˈseɪlzwʊmən/, *n.* (*pl.* **saleswomen**) *1* commessa (*di negozio*) *2* viaggiatrice di commercio; rappresentante; propagandista.

Salian (1) /ˈseɪlɪən/, *a.* (*stor. romana*) saliare (*dei Salii, sacerdoti di Marte*).

Salian (2) /ˈseɪlɪən/, (*stor.*) **A** *a.* salico. **B** *n.* Franco Salico.

Salic /ˈsælɪk/, *a.* (*stor.*) salico: **the S. law**, la legge salica.

salicin /ˈsælɪsɪn/, *n.* (*chim.*) salicina.

salicylate /səˈlɪsɪleɪt/, *n.* (*chim.*) salicilato.

salicylic /sælɪˈsɪlɪk/, *a.* (*chim.*) salicilico: **s. acid**, acido salicilico.

salience /ˈseɪlɪəns/, **saliency** /ˈseɪlɪənsɪ/, *n.* *1* l'esser saliente (*anche fig.*); importanza; rilevanza *2* parte sporgente; sporgenza; prominenza.

salient /ˈseɪlɪənt/, **A** *a.* *1* saliente; sporgente; (*fig.*) importante, rilevante, notevole, prominente: **a s. point**, un punto saliente; **a s. feature**, un aspetto notevole; **the s. note**, la nota prominente *2* (*di animale*) che salta; saltatore: **Salmon is a s. fish**, il salmone è un pesce saltatore *3* (*arald.*) saliente *4* (*poet.*: *d'acqua, ecc.*) zampillante. **B** *n.* (*mil.*) saliente.

saliferous /səˈlɪfərəs/, *a.* (*geol., chim.*) salifero.

salifiable /ˈsælɪfaɪəbl/, *a.* (*chim.*) salificabile.

salification /sælɪfɪˈkeɪʃn/, *n.* (*chim.*) salificazione.

to **salify** /ˈsælɪfaɪ/, *v. t.* (*chim.*) salificare.

salina /səˈlaɪnə/, *n.* *1* (*geol.*) salina *2* lago (*o* stagno) salato (*non collegato col mare*).

saline /ˈseɪlaɪn/, **A** *a.* *1* (*chim.*) salino: **a s. solution**, una soluzione salina *2* salso *3* (*di sapore*) di sale; salato. **B** *n.* *1* sorgente d'acqua salsa *2* (*geogr.*) lago (*o* stagno) salato (*non collegato col mare*) *3* (*geol.*) salina; giacimento di sale *4* (*chim.*) soluzione salina *5* (*med.*) sale purgativo.

salinity /səˈlɪnətɪ/, *n.* *1* (*chim.*) salinità *2* (*dell'acqua, di sapore, ecc.*) salsedine.

salinometer /sælɪˈnɒmɪtə(r)/, *n.* (*chim.*) salinometro.

saliva /səˈlaɪvə/, *n.* (*fisiol.*) saliva.

salivant /ˈsælɪvənt, səˈlaɪ-/, *a.* e *n.* (*med.*) sialagogo.

salivary /ˈsælɪvrɪ, səˈlaɪvərɪ, *USA* ˈsælɪverɪ/, *a.* (*fisiol.*) salivare: **s. gland**, ghiandola salivare.

to **salivate** /ˈsælɪveɪt/, **A** *v. t.* far salivare; causare una salivazione eccessiva in (q.). **B** *v. i.* salivare; produrre saliva.

salivation /sælɪˈveɪʃn/, *n.* *1* (*fisiol.*) salivazione *2* (*med.*) ipersalivazione.

sallet /ˈsælət/, *n.* (*stor.*) celata.

sallow (1) /ˈsæləʊ/, **A** *a.* giallastro; gialliccio; olivastro: **s. complexion**, colorito giallastro. **B** *n.* colore giallastro; colore olivastro.

sallow (2) /ˈsæləʊ/, *n.* (*bot., Salix caprea*) salice.

to **sallow** /ˈsæləʊ/, **A** *v. t.* rendere giallastro, olivastro. **B** *v. i.* diventar giallastro.

sallowness /ˈsæləʊnəs/, *n.* colore olivastro; tinta giallastra.

sallowy /ˈsæləʊɪ/, *a.* coperto di salici.

sally /ˈsælɪ/, *n.* *1* (*mil.*) sortita *2* escursione; gita; scappata *3* (*fig.*) botta; frecciata; frizzo *4* impeto; scoppio: **a s. of anger**, uno scoppio d'ira *5* (*archit.*) aggetto.

to **sally** /ˈsælɪ/, *v. i.* *1* (*mil.*) balzar fuori; fare una sortita *2* (*arc. o scherz.*; di solito **to s. forth**) andarsene, partire *3* (*arc. o scherz.*; di solito **to s. out**) andarsene, uscire: **We sallied out into the country**, ce ne andammo in campagna.

Sally /ˈsælɪ/, *n. dim.* di **Sarah**. ● (*fam.*) **the S. Army**, l'Esercito della Salvezza □ (*cucina*) **S. Lunn**, focaccina di farina, lievito, latte, burro e uova (*servita calda*).

salmagundi /sælməˈɡʌndɪ/, *n.* (*pl.* **salmagundies**) *1* (*cucina*) piatto di carne tritata, acciughe, uova, cipolle, ecc. *2* (*fig.*) guazzabuglio; miscuglio.

salmi /ˈsælmɪ/, *n.* (*pl.* **salmis**) (*cucina*) salmì; cacciagione in salmì.

salmon /ˈsæmən/, **A** *n.* (*pl.* **salmon, salmons**) (*zool., Salmo salar*) salmone: **smoked s.**, salmone affumicato. **B** *a.* (= **s. pink**) rosa salmone. ● **s.-coloured**, color salmone □ **s. ladder** (*o* **s. leap, s. stair**), gradinata (*o* scalinata) per consentire ai salmoni di superare una diga □ (*zool.*) **s. trout**, trota salmonata.

salmonella /sælməˈnɛlə/, *n.* (*pl.* **salmonellae**) (*biol.*) salmonella.

salmonellosis /sælmənɛˈləʊsɪs/, *n.* (*med.*) salmonellosi.

salmonoid /ˈsælmənɔɪd/, (*zool.*) **A** *a.* di (*o* simile a) salmone. **B** *n.* salmonide.

Salome /səˈləʊmɪ/, *n.* (*Bibbia*) Salomè.

salon /ˈsælɒn, *USA* səˈlɒn/, *n.* *1* salone; sala da ricevimenti (*o* per mostre d'arte) *2* (*fig.*) salone; galleria (d'arte); esposizione; mostra *3* salotto (*letterario o mondano*). ● **a beauty s.**, un salone di bellezza □ **s. music** (*pop. USA*: **s. mush**), musica leggera di sottofondo (*in un bar, ecc.*).

Salonica /səˈlɒnɪkə/, *n.* (*geogr.*) Salonicco.

salonist /səˈlɒnɪst/, *V.* **salonnard**.

salonnard /səˈlɒnəd/ (*franc.*), *n.* frequentatore dei salotti «bene»; persona salottiera; salottiero.

saloon /səˈluːn/, *n.* *1* sala (*d'albergo, ecc.*); salone *2* (*di teatro*) ridotto *3* (*USA*) bar del Far West; saloon *4* (*autom.*, = **s. car**) berlina *5* (= **s. bar**) sala interna (*più elegante e costosa*) di un pub (*cfr.* **public bar**) *6* (*naut.*) salone delle feste; sala di prima classe. ● (*ferr.*) **s. car** (*o* **s. carriage**), vettura salone; carrozza salotto □ (*naut.*) **s. deck**, ponte di prima classe □ (*ferr.*) **s.-passenger**, viaggiatore di prima classe □ **dancing s.**, sala da ballo □ **dining s.**, (*ferr.*) vagone ristorante; (*su un transatlantico*) sala da pranzo □ (*USA*) **shaving s.**, bottega di barbiere; salone □ **shooting s.**, tiro a segno; poligono coperto.

saloonkeeper /səˈluːnkiːpə(r)/, *n.* (*USA*) gestore (*o* padrone) di saloon.

saloop /səˈluːp/, *n.* infuso caldo a base di «salep» (*q.V.*).

Salopian /səˈləʊpɪən/, *n.* e *a.* *1* (abitante) dello Shropshire *2* (membro) della scuola di Shrewsbury.

salpingian /sælˈpɪndʒɪən/, *a.* (*anat.*) della salpinge; salpingeo.

salpingitis /sælpɪnˈdʒaɪtɪs/, *n.* (*med.*) salpingite.

salpingography /sælpɪŋˈɡɒɡrəfɪ/, *n.* (*med.*) salpingografia.

salpingoplasty /sælˈpɪŋɡəplæstɪ/, *n.* (*med.*) salpingoplastica.

salpingotomy /sælpɪŋˈɡɒtəmɪ/, *n.* (*med.*) salpingotomia.

salpinx /ˈsælpɪŋks/, *n.* (*pl.* **salpinges**) (*anat.*) salpinge (*uditiva o uterina*).

salsify /ˈsælsəfɪ, ˈsɔːl-, ˈsɒl-, -aɪ/, *n.* (*bot., Tragopogon porrifolius*) salsefica, salsefrica; barba di becco.

salt /sɔːlt/, **A** *n.* *1* (*chim., farm.*) sale; sale marino (*o* da cucina); (*fig.*) criterio, senno; (*fig.*) sapore, succo: **table s.**, sale da tavola; **common s.**, sale comune; **cooking s.**, sale grosso; **white s.**, sale fino; **Epsom s.**, sale inglese (*purgativo*); **Risk is the s. of life**, il rischio dà sapore alla vita *2* (*fam.*) marinaio: **an old s.**, un vecchio marinaio; un lupo di mare *3* salina *4* (*pl.*) (*med.*) sali: **smelling salts**, sali da fiuto. **B** *a. attr.* *1* salato; salso: **s. pork**, carne salata di maiale; **s. water**, acqua salata (*o* di mare) *2* (*fig. raro*) amaro: **to weep s. tears**, piangere amare lacrime. ● **s.-and-pepper**, pepe e sale (*agg.*); (*fam. USA*) interrazziale □ (*fam.*) **a s. bill**, un conto salato □ (*chim.*) **s. cake**, solfato sodico con impurità □ (*geogr.*) **s. desert**, deserto salato □ (*geol.*) **s. dome**, duomo salino; cupola salina □ (*geogr.*) **s. flat**, piana di sale; letto di lago salato prosciugatosi □ (*med.*) **s.-free diet**, dieta senza sale; dieta sodiopenica □ (*ind. ceramica*) **s. glaze**, smaltatura a sale □ (*geogr.*) **s. lake**, lago salato □ **s. lick**, terreno ricco di salgemma (*dove i selvatici vanno a leccare il sale*); blocco di sale per il bestiame domestico □ (*geogr.*) **s. marsh**, palude costiera salmastra □ **s. meadow**, prato ricco di salgemma □ (*Bibbia*) **the s. of earth**, il sale della terra (*fig.*); i migliori; gli eletti □ **s. pit**, miniera di salgemma; salina □ (*USA*) **s. rising**, lievito □ **s. spoon**, cucchiaino per il sale □ (*USA*) **s. truck**, camion spandisale □ **s. well**, pozzo d'acqua salata □ **s. wit**, spirito arguto, mordace □ (*fig. lett.*) **Attic s.**, sale attico; arguzia; spirito □ (*arc.*) **to eat sb.'s s.**, mangiare il pane di q.; essere ospite di q. □ (*di cibo*) **in s.**, sotto sale □ (*arc.*) **to sit above [below] the s.**, essere seduto come ospite di riguardo [essere seduto in fondo alla tavola, con i servitori] □ (*med.*) **smelling salts**, sali (da fiuto) □ (*fig.*) **to take st. with a pinch** (*o* **a grain**) **of s.**, prendere q.c. *cum grano salis* (*o* con un po' di buonsenso).

to **salt** /sɔːlt/, *v. t.* *1* salare; aspergere (*o* cospargere) di sale; conservare sotto sale; mettere in salamoia: **to s. the hams**, salare i prosciutti; **to s. cod**, salare il merluzzo; **to s. the roads**, cospargere le strade di sale *2* (*fig.*) dar sapore a; rendere sapido: **He salted his conversation with wit**, rendeva sapida la sua conversazione con l'arguzia. ● (*comm., fam.*) **to s. an account**, calcar la mano su un conto; presentare un conto salato □ (*comm., fam.*) **to s. the books**, falsare i conti; alterare (esagerando) le cifre della contabilità □ (*fam.*) **to s. a mine [an oil-well]**, mettere minerale in una miniera [petrolio in un pozzo] per farli apparire più ricchi.

♦ **salt away**, *v. t.* + *avv.* *1* conservare, mettere sotto sale (*alimenti*) *2* (*fam.*) mettere via (*o* da parte); risparmiare (*denaro*).

♦ **salt down**, *v. t.* + *avv.* *1* *V.* **salt away**, *def. 1* *2* (*raro*) *V.* **salt away**, *def. 2*.

♦ **salt out**, *v. t.* e *i.* + *avv.* (*chim.*) (far) precipitare con l'aggiunta di un sale.

saltation /sælˈteɪʃn/, *n.* *1* salto; atto del saltare; il muoversi a salti *2* (*biol.*) forte mutazione genetica.

saltatorial /sæltəˈtɔːrɪəl/, *V.* **saltatory**.

saltatory /ˈsæltətrɪ, *USA* -tɔːrɪ/, *a.* saltatorio; (*zool.*) saltatore: **a s. animal**, un animale saltatore. ● (*med.*) **s. spasm**, spasmo saltatorio.

saltbox /ˈsɔːltbɒks/, *n.* cassettina del sale.

saltbush /ˈsɔːltbʊʃ/, *n.* (*bot., Atriplex*) arbusto delle Chenopodiacee (*in genere*); atreplice, atriplice.

saltcellar /ˈsɔːltsɛlə(r)/, *n.* *1* saliera *2* spargisale (*saliera bucherellata*).

salted /ˈsɔːltɪd/, *a.* *1* salato; conservato sotto (*o* col) sale: **s. peanuts**, noccioline salate; **s. biscuits**, biscotti salati; **Add some s. water**, aggiungi un po' d'acqua salata! *2* (*fam.*) esperto; pratico (*di un lavoro, ecc.*).

salter /ˈsɔːltə(r)/, *n.* *1* produttore di sale *2* venditore di sale *3* operaio di salina; salinaio *4* salatore.

saltern /ˈsɔːltən/, *n.* *1* salina *2* raffineria di sale.

saltigrade /ˈsæltɪɡreɪd/, *a.* (*zool.*) saltigrado.

saltiness /ˈsɔːltɪnəs/, *n.* salsedine; l'essere salato; salinità.

salting /ˈsɔːltɪŋ/, *n.* *1* salatura *2* palude costie-

ra; salina.
saltire /ˈsɔːltaɪə(r)/, *n.* (*arald.*) decussе; croce di Sant'Andrea.
saltish /ˈsɔːltɪʃ/, *a.* salmastro.
saltless /ˈsɔːltləs/, *a.* senza sale; insipido.
saltmine /ˈsɔːltmaɪn/, *n.* miniera di salgemma; salina.
saltness /ˈsɔːltnəs/, *V.* **saltiness**.
saltpan /ˈsɔːltpæn/, *n.* (*geogr.*) bacino di sale; salina; stagno salato.
saltpeter (*USA*), **saltpetre** /sɔːltˈpiːtə(r)/, *n.* (*chim.*) *1* salnitro; nitrato di potassio *2* (= **Chile s.**) nitro del Cile; nitrato di sodio. ● **s. rot**, incrostazione di salnitro.
saltshaker /ˈsɔːltʃeɪkə(r)/, *n.* (*USA*) spargisale; saliera (*bucherellata*).
saltwater /ˈsɔːltwɔːtə(r), *USA* -wɒ-/, *a. attr.* d'acqua salata; di mare: **s. fish**, pesce (*o* pesci) di mare.
saltworks /ˈsɔːltwɜːks/, *n.* salina; impianto per l'estrazione del sale.
saltwort /ˈsɔːltwɜːt/, *V.* **glasswort**.
salty /ˈsɔːltɪ/, *a.* *1* salato; salino; salso: **The broth is too s.**, il brodo è troppo salato *2* (*fig. arc.*) arguto; mordace; pungente *3* (*fig. arc.*) piccante; spinto.
salubrious /səˈluːbrɪəs, -ˈljuː-/, *a.* *1* (*form.*) salubre, sano: **This climate is very s.**, questo clima è molto sano *2* buono; rispettabile: **to live in a s. area**, abitare in una buona zona. || **-ly**, *avv.*
salubriousness /səˈluːbrɪəsnəs, ˈljuː-/, **salubrity** /səˈluːbrətɪ, -ˈljuː-/, *n.* salubrità.
salutary /ˈsæljʊtrɪ, *USA* -terɪ/, *a.* salutare; benefico. || **-ily**, *avv.* || **-iness**, *sost.*
salutation /sæljʊˈteɪʃn/, *n.* *1* (*form.*) saluto *2* (*nelle lettere*) formula introduttiva; vocativo (*per es.*, **Dear Sir**). ● (*relig.*) **the Angelic S.**, la salutazione angelica; l'Ave Maria □ **to raise one's hat in s.**, togliersi il cappello in segno di saluto.
salutatory /səˈluːtətrɪ, -ˈljuː-, *USA* -tətɔːrɪ/, **A** *a.* (*form.*) di saluto; di benvenuto: **s. address**, parole di benvenuto. **B** *n.* (*USA*) orazione, discorso (*letti da uno studente alla cerimonia delle lauree o dei diplomi*).
salute /səˈluːt, -ˈljuːt/, *n.* *1* saluto; saluto militare *2* (*mil.*) salva (*di cannone*) *3* (*mil.*) saluto fatto abbassando la bandiera *4* (*scherma*) saluto. ● (*mil.*) **s. with cheers**, saluto alla voce □ (*mil.*) **to fire a s.**, tirare una salva □ **in s.**, a mo' di saluto; per salutare □ (*mil.*) **a royal** (*o* **twenty-one-gun**) **s.**, una salva di ventun colpi di cannone □ (*mil.*) **to stand at the s.**, fare il saluto militare □ (*mil.: di un personaggio importante*) **to take the s.**, stare sull'attenti (*ricevendo il saluto di truppe che sfilano, ecc.*).
to **salute** /səˈluːt, -ˈljuːt/, *v. t.* e *i.* *1* salutare (*anche fig.*); fare il saluto militare; rendere gli onori a: **Soldiers must s. when they pass an officer**, i soldati devono salutare quando passano vicino a un ufficiale; **Laughter saluted us**, fummo salutati (*o* accolti) da uno scoppio di risa *2* festeggiare (*un personaggio illustre*); onorare, rendere onore a (q.) *3* (*arc.*) baciare in segno di saluto. ● **to s. each other**, salutarsi □ (*mil.*) **to s. sb. striking colours**, salutare q. abbassando la bandiera □ (*mil.*) **to s. with cheers**, salutare alla voce □ (*mil.*) **saluting gun**, cannone per salve d'onore.
saluter /səˈluːtə(r), -ˈljuː-/, *n.* (*form.*) chi saluta.
salvable /ˈsælvəbl/, *a.* (*di nave, carico, ecc.*) salvabile; recuperabile.
Salvador(i)an /sælvəˈdɔːr(ɪ)ən/, *a.* e *n.* salvadoregno.
salvage /ˈsælvɪdʒ/, *n.* *1* (*naut.*) salvataggio (*della nave, del carico*): **s. dues**, diritti di salvataggio *2* (*naut.*) recupero; operazioni di recupero: **s. company**, società di recuperi marittimi *3* (*comm., naut.*) materiale recuperato (*da un naufragio, da un rottame*) *4* (*comm., naut.*; = **s. money**) compenso pagato per il recupero marittimo *5* (*ind.*) materiale di recupero: **s. dealer**, commerciante in materiale di recupero. ● **s. corps**, uomini addetti (*per conto di società d'assicurazioni*) al salvataggio di beni minacciati dal fuoco □ (*naut.*) **s. tug**, rimorchiatore □ (*ass.*) **s. value**, valore residuale (*o* di recupero).
to **salvage** /ˈsælvɪdʒ/, *v. t.* *1* (*naut.* e *fig.*) salvare (*da naufragio, incendio, ecc.*): (*fig.*) **There's little to s. from this article**, c'è poco da salvare in quest'articolo *2* (*naut.* e *fig.*) recuperare (*un carico marittimo, ecc.*): (*fig.*) **to s. wayward youths**, recuperare giovani traviati *3* (*med.*) salvare (*un arto leso, ecc., senza amputarlo*). ● **salvaged materials**, materiali di recupero.
salvation /sælˈveɪʃn/, *n.* *1* salvezza; salvazione (*specialm. dell'anima*); salute eterna *2* salvamento; salvataggio. ● (*relig.*) **the S. Army**, l'Esercito della Salvezza □ (*relig.*) **to find s.**, salvarsi.
Salvationist /sælˈveɪʃnɪst/, *n.* (*relig.*) membro dell'Esercito della Salvezza.
salve (**1**) /sɑːv, sælv, *USA* sæv/, *n.* *1* balsamo (*anche fig.*); pomata; unguento *2* (*fig.*) lenimento; rimedio. ● **lip s.**, pomata per le labbra.
salve (**2**) /ˈsælvɪ/ (*lat.*), **A** *n.* (*relig.*, = **S. regina**) Salveregina. **B** *inter.* salve!
to **salve** (**1**) /sɑːv, sælv, *USA* sæv/, *v. t.* *1* lenire; placare; acquietare *2* (*arc.*) applicare un unguento su (*una ferita*). ● **to try to s. one's conscience**, cercare di mettere in pace la coscienza.
to **salve** (**2**) /sælv/, *V.* **to salvage**.
salver /ˈsælvə(r)/, *n.* vassoio.
salvia /ˈsælvɪə/, *n.* (*bot., Salvia*) salvia.
salvo /ˈsælvəʊ/, *n.* (*pl.* **salvos, salvoes**) *1* (*mil.*) salva (*d'artiglieria* e *fig.*): **There was a s. of applause**, ci fu una salva (*o* uno scroscio) d'applausi *2* (*aeron., mil.*) salva; grappolo (*di bombe*) *3* (*aeron., mil.*) gruppo di bombe sganciate contemporaneamente.
salvor /ˈsælvə(r)/, *n.* (*naut.*) addetto ai recuperi marittimi.
Sam /sæm/, *n.* *1* (*dim. di* **Samuel**) Samuele *2* (*pop. USA*) il governo federale; la polizia federale.
samara /ˈsæmərə, səˈmɑːrə/, *n.* (*bot.*) samara.
Samaritan /səˈmærɪtən/, *a.* e *n.* samaritano. ● **the good S.**, il buon samaritano (*nel Vangelo*); (*fig.*) persona caritatevole.
samarium /səˈmeərɪəm/, *n.* (*chim.*) samario.
samba /ˈsæmbə/, *n.* (*mus.*) samba.
sambar /ˈsæmbə(r)/, *V.* **sambur**.
sambo /ˈsæmbəʊ/, *n.* (*pl.* **sambos, samboes**) *1* zambo (*figlio di un genitore indio e di un genitore negro di origine africana*) *2* (*soprannome offensivo*) negro.
Sam Browne (**belt**) /ˈsæmˈbraʊn(belt)/, *locuz. n.* (*mil.*) cinturone da ufficiale.
sambur /ˈsæmbə(r)/, *n.* (*zool., Cervus unicolor*) sambar; cervo unicolore.
same /seɪm/, **A** *a.* *1* stesso; medesimo; identico: **They died on the s. day**, morirono lo stesso giorno; **We went to the s. school**, frequentammo la medesima scuola; **that s. day**, lo stesso giorno; **He gave me the s. answer as before**, mi diede la stessa risposta di prima *2* solito; stesso; sempre uguale: **It's the s. old story**, è sempre la stessa storia (*o* la solita storia). **B** *pron.* *1* (lo) stesso; (la) stessa cosa: **Whatever I do, the boy tries to do the s.**, qualsiasi cosa io faccia, il bambino cerca di fare lo stesso; **Life can't ever stay the same**, la vita non può essere sempre la stessa cosa (*purtroppo, le cose cambiano*) *2* (*comm., bur.*; *senza l'articolo def.*) lo stesso; il medesimo: **To repairing table, £ 75; to polishing s., £ 30**, per riparazione della tavola, 75 sterline; per lucidatura della stessa, 30 sterline. **C** *avv.* *1* allo stesso modo; nella medesima maniera: **to feel the s. about st.**, pensarla (sempre) allo stesso modo su q.c. *2* (*fam.*) né più né meno; proprio (come): **I have my rights, s. as my husband**, ho i miei diritti anch'io, proprio come mio marito. ● **S. again, please!**, ancora un po'!; dammene ancora, per favore! □ (*comm.*) **s.-day delivery**, consegna entro 24 ore □ **S. here!**, lo stesso qui!; anche (*o* nemmeno) qui; (*fam.*) lo stesso, io!; (sono) d'accordo!; anche (*o* nemmeno) io!: **«Glad to know you» «S. here»**, «lieto di conoscerLa» «anch'io» □ (*fam.*) **S. difference!**, sai la differenza!; e che differenza fa?; se non è zuppa è pan bagnato □ **all** (*o* **just**) **the s.**, lo stesso; nondimeno; ugualmente: **It's a rainy day but I'll go for a walk all the s.**, è una giornata piovosa, ma farò lo stesso una passeggiata □ **at the s. time**, a un tempo, insieme; ciononostante, tuttavia, pure □ **to come to the s. thing**, equivalere; non fare differenza alcuna □ **much the s.**, quasi (*o* su per giù) lo stesso; pressoché uguale; più o meno: **The patient is much the s. as yesterday**, il malato sta più o meno come ieri □ **not to feel the s.**, non provare gli stessi sentimenti □ **the very s.** (*o* **one and the s.**), proprio lo stesso, il medesimo: **This is the very s. man I met yesterday**, è proprio lo stesso uomo che incontrai ieri; **They belong to one and the s. class**, appartengono esattamente alla medesima categoria □ **It is all the s.** (*o* **just the s.**) **to me**, per me fa lo stesso; mi è del tutto indifferente □ **«A Happy New Year!» «The s. to you!»**, «Buon Anno!» «Altrettanto!» □ **She is the s. as ever**, è sempre la stessa; è quella di sempre □ **She looks the s. as ever**, all'aspetto non è affatto cambiata □ **We behaved about the s. as you (did)**, ci comportammo pressappoco come voi.
sameness /ˈseɪmnəs/, *n.* *1* identità; identicità; somiglianza assoluta *2* (*spreg.*) monotonia; uniformità *3* (*di lavoro, ecc.*) trantran, routine.
samey /ˈseɪmɪ/, *a.* (*fam.*) monotono; ripetitivo; noioso.
Samian /ˈseɪmɪən/, *a.* e *n.* (abitante) di Samo: **S. ware**, vasi di Samo.
samite /ˈsæmaɪt/, *n.* (*stor.*) sciamito (*pesante drappo di seta*).
samizdat /ˈsæmɪzdæt, -ˈdæt, *USA* ˈsɑːmiːzdɑːt/ (*russo*), *n.* samizdat.
samlet /ˈsæmlət/, *n.* (*zool.*) salmone giovane.
Sammy /ˈsæmɪ/, *n.* *1* (*dim. di* **Samuel**) Samuele *2* (*pop. USA*) giovane ebreo.
Samnite /ˈsæmnaɪt/, (*stor.*) **A** *n.* sannita. **B** *a.* sannitico.
Samoan /səˈməʊən/, *a.* e *n.* samoano; (abitante, lingua) delle isole Samoa.
Samos /ˈseɪmɒs, ˈsæm-, *USA* ˈsæməʊs/, *n.* (*geogr.*) Samo.
Samothrace /ˈsæməθreɪs/, *n.* (*geogr.*) Samotracia.
samovar /ˈsæməvɑː(r), sæməˈv-/ (*russo*), *n.* samovar.
Samoyed /sæmɔɪˈed, səˈmɔɪed, *USA* ˈsæməjed/, *a.* e *n.* samoiedo (*anche la lingua* e *il cane*).
Samoyedic /sæmɔɪˈedɪk, *USA* -məˈjed-/, *a.* e *n.* samoiedo (*la lingua*).
sampan /ˈsæmpæn/, *n.* (*naut.*) sampan, sampang (*piccola imbarcazione cinese*).
samphire /ˈsæmfaɪə(r)/, *n.* (*bot.*) *1* (*Crithmum maritimum*) finocchio marino; erba di San Pietro *2* (*Salicornia europea*) salicornia.
sample /ˈsɑːmpl, *USA* ˈsæm-/, *n.* *1* (*anche comm., elab., stat.*) campione: **The goods are not up to s.**, la merce non è conforme (*o* è di qualità inferiore) al campione; **random s.**, campione casuale *2* (*metall.*) saggio *3* (*fig.*) esempio; esemplare; modello; saggio: **Give us a s. of your ability**, dateci un saggio delle vostre capacità. ● **s. card**, cartella di campioni □ **s. collection**, campionario □ **s. fair**, fiera campionaria □ (*comm.*) **samples on collection**, campioni su richiesta □ (*comm.*) **«samples only»**, «campione senza valore» □ **s. rate**, tariffa postale per la spedizione di campioni; (*stat.*) tasso di campionamento □ **s. room**, sala di mostra dei campioni □ (*stat.*) **s. survey**, indagine campionaria □ (*stat.*) **s. unit**, unità campionaria □ (*comm.*) **as per s.**, come

da campione □ (*di vendita*) **by s.**, su campione □ **to send st. by s. post**, spedire q.c. come campione senza valore □ **a set of samples**, un campionario □ (*metall.*) **test s.**, provino.
to **sample** /ˈsɑːmpl, *USA* ˈsæm-/, *v. t.* **1** (*comm., stat.*) campionare **2** provare; saggiare; assaggiare; gustare; degustare (*vini, ecc.*): **S. this cake**, assaggia questa torta!
sampler /ˈsɑːmplə(r), *USA* ˈsæm-/, *n.* **1** (*comm., stat.*) campionatore; campionarista **2** (*un tempo*) imparaticcio; modello (*o* saggio) di ricamo **3** (*ind. min.*, = **soil s.**) sonda campionatrice.
sampling /ˈsɑːmplɪŋ, -pəl-, *USA* ˈsæm-/, *n.* **1** (*comm., stat.*) campionatura; campionamento **2** assaggio; (*di vini, ecc.*) degustazione. ● **s. bottle**, bottiglia per il prelievo di campioni □ (*stat.*) **s. error**, errore campionario □ (*stat.*) **s. frame**, base del sondaggio □ (*comm.*) **s. order**, ordine di prova; ordine di saggio □ (*stat.*) **s. theory**, teoria dei campioni □ **s. unit**, unità campionaria.
Sampson /ˈsæmpsn/, **Samson** /ˈsæmsn/, *n.* (*Bibbia*) Sansone (*anche fig.*).
Samuel /ˈsæmjʊəl/, *n.* Samuele.
samurai /ˈsæmʊraɪ/ (*giapponese*), *n.* (*pl.* **samurai, samurais**) samurai. ● (*fin.*) **s. bond**, obbligazione in yen.
sanative /ˈsænətɪv/, *a.* curativo; che risana; sanativo (*raro*).
sanatorium /sænəˈtɔːrɪəm/, *n.* (*pl.* **sanatoriums, sanatoria**) **1** sanatorio; casa di salute (*o* di cura) **2** (*in G.B.*) infermeria (*di convitto e sim.*).
sanatory /ˈsænətrɪ, *USA* -ɔːrɪ/, *V.* **sanative**.
sanctifiable /ˈsæŋktɪfaɪəbl/, *a.* santificabile.
sanctification /sæŋktɪfɪˈkeɪʃn/, *n.* santificazione.
sanctified /ˈsæŋktɪfaɪd/, *a.* **1** santificato; consacrato **2** (*raro*) santocchio. ● **s. airs**, santimonia; santocchieria (*raro*); arie di santità.
sanctifier /ˈsæŋktɪfaɪə(r)/, *n.* santificatore, santificatrice.
to **sanctify** /ˈsæŋktɪfaɪ/, *v. t.* **1** santificare; consacrare **2** sancire; sanzionare.
sanctimonious /sæŋktɪˈməʊnɪəs/, *a.* santocchio; ipocrita; bigotto. || **-ly**, *avv.* || **-ness**, *sost.*
sanctimony /ˈsæŋktɪmənɪ, *USA* -məʊnɪ/, *n.* santimonia (*spreg.*); santocchieria (*raro*); ipocrisia.
sanction /ˈsæŋkʃn/, *n.* **1** (*anche polit.*) sanzione; approvazione; ratifica: **economic sanctions against a country**, sanzioni economiche contro un paese **2** (*leg.*) sanzione; pena; punizione. ● (*comm. est.*) **sanctions-busting**, violazione dell'embargo □ **punitive** (*o* **vindicatory**) **s.**, sanzione punitiva; punizione □ **remuneratory s.**, provvedimento remunerativo.
to **sanction** /ˈsæŋkʃn/, *v. t.* **1** sanzionare; approvare; ratificare; sancire **2** (*leg.*) sanzionare; fare oggetto di sanzioni punitive.
sanctionary /ˈsæŋkʃənrɪ, *USA* -nerɪ/, *a.* sanzionatorio.
sanctioner /ˈsæŋkʃənə(r)/, *n.* sanzionatore, sanzionatrice.
sanctitude /ˈsæŋktɪtjuːd, *USA* -tuːd/, *n.* santità.
sanctity /ˈsæŋktətɪ/, *n.* **1** santità **2** carattere sacro; sacralità; inviolabilità **3** (*pl.*) affetti (diritti, doveri, principi, ecc.) sacri (*o* sacrosanti).
sanctuary /ˈsæŋktʃʊərɪ, *USA* -tʃʊerɪ/, *n.* **1** (*relig.*) santuario (*anche fig.*); luogo sacro; chiesa; tempio; tabernacolo **2** (*anche stor.*) asilo; rifugio **3** riserva forestale; parco nazionale: **a wildlife s.**, una riserva per (la protezione degli) animali selvatici. ● (*stor.*) **to claim s.**, invocare il diritto d'asilo □ (*stor.*) **right of s.**, diritto d'asilo □ **to seek s.**, cercar rifugio; cercare asilo □ **to take s.**, rifugiarsi; trovare asilo (*in origine, in un santuario*).
sanctum /ˈsæŋktəm/, *n.* (*pl.* **sanctums, sancta**) **1** santuario; luogo sacro **2** (*fig. fam.*) stanza privata; studio. ● (*relig.* e *fig.*) **s. sanctorum**, sancta sanctorum.
sand /sænd/, *n.* **1** sabbia; rena; arena **2** (*pl.*) granelli di sabbia; terreno sabbioso; spiaggia: **The boy is playing on the sands**, il ragazzo gioca sulla spiaggia **3** (*pl.*) (*ind. min.*) sabbie; frazione sabbiosa **4** (*med.*) sabbia **5** (*pop. USA*) zucchero **6** (*pop. USA*) coraggio; fermezza di carattere; tenacia. ● **s. bar**, barra di sabbia; secca (*alla foce d'un fiume, all'entrata di un porto*) □ **s.-bath**, (*chim.*) bagno a sabbia; (*med.*) sabbiatura □ **s. bed**, strato di sabbia □ **s.-blind**, mezzo cieco □ **s. castle**, castello di sabbia □ (*vet.*) **s.-crack**, setola; malattia dello zoccolo dei cavalli □ (*fam. USA*) **s. dollar**, piastra di riccio di mare □ **s. dune**, duna di sabbia □ **s. flea**, *V.* **sandhopper** □ (*edil.*) **s. finish**, frattazzatura □ (*zool.*) **s.-fly** (*Phlebothomus*), flebotomo; pappataci □ **s. hill**, duna □ (*zool.*) **s.-martin** (*Riparia riparia*), rondine riparia; topino □ (*mecc.*) **s. mill**, mulino a sabbia □ **s.-spout**, tromba di sabbia □ **s. trap**, (*tecn.*) fermasabbia, separatore di sabbia; (*golf, USA*) bunker □ (*sport*) **s. yacht**, barca su ruote, con una vela (*per correre sulle spiagge*) □ (*fig.*) **built on s.**, costruito sulla sabbia □ (*fig.*) **to make ropes of s.**, voler fare l'impossibile □ (*fig.*) **to plough the sands**, fare un lavoro inutile □ (*geol.*) **sharp s.**, sabbia a spigoli vivi; sabbia grossolana.
to **sand** /sænd/, *v. t.* **1** cospargere di sabbia (*strade ghiacciate, ecc.*) **2** insabbiare; seppellire sotto la sabbia; coprire di sabbia **3** (*tecn.*) levigare (*o* pulire) con la sabbia; sabbiare **4** (*tecn.*) levigare con la cartavetrata; carteggiare; scartavetrare (*fam.*) **5** (*tecn.*) levigare con abrasivo; smerigliare. ● (*edil.*) **to s. and polish**, levigare (*pavimenti*).
sandal (1) /ˈsændl/, *n.* sandalo (*calzatura*).
sandal (2) /ˈsændl/, *n.* **1** (= **sandlewood**) sandalo (*legno pregiato*) **2** (*bot., Santalum*) sandalo.
sandalled /ˈsændld/, *a.* calzato di sandali.
sandarac /ˈsændəræk/, *n.* **1** (= **gum s.**) sandracca (*resina*) **2** (*miner.*) realgar; solfuro d'arsenico.
sandbag /ˈsændbæg/, *n.* (*anche mil.*) sacchetto di sabbia.
to **sandbag** /ˈsændbæg/, *v. t.* **1** proteggere (*o* rinforzare, zavorrare) con sacchetti di sabbia **2** colpire (*o* abbattere) con un sacchetto di sabbia **3** (*fam. USA*) costringere, forzare: **to s. sb. into doing st.**, costringere q. a fare q.c. **4** (*pop. USA*) imbrogliare; fregare (*pop.*).
sandbank /ˈsændbæŋk/, *n.* banco di sabbia.
sandblast /ˈsændblɑːst, *USA* -æst/, *n.* (*tecn.*) getto di sabbia; sabbiatura.
to **sandblast** /ˈsændblɑːst, *USA* -æst/, *v. t.* (*tecn.*) sabbiare (*una superficie*).
sandblasting /ˈsændblɑːstɪŋ, *USA* -æst-/, *n.* **1** (*tecn.*) sabbiatura **2** (*geol.*) abrasione da sabbia eolica. ● (*tecn.*) **s. machine**, sabbiatrice.
sandbox /ˈsændbɒks/, *n.* **1** (*ferr.*) sabbiera **2** (*USA*) *V.* **sandpit**, *def.* 2.
sander /ˈsændə(r)/, *n.* (*tecn.*) **1** levigatore (*operaio*) **2** chi smeriglia; smerigliatore **3** levigatrice (*macchina*) **4** (= **disk s.**) smerigliatrice a nastro **5** (*ferr.*) lanciasabbia.
sanderling /ˈsændəlɪŋ/, *n.* (*zool., Crocethia alba*) piovanello tridattilo.
to **sand-finish** /ˈsændfɪnɪʃ/, *v. t.* (*edil.*) frattazzare.
sandglass /ˈsændglɑːs, *USA* -æs/, *n.* clessidra.
sandhopper /ˈsændhɒpə(r)/, *n.* (*zool., Talitrus locusta*) pulce di mare.
sandiness /ˈsændɪnəs/, *n.* l'essere sabbioso; arenosità.
sanding /ˈsændɪŋ/, *n.* **1** spargimento di sabbia (*su strade, ecc.*) **2** il coprire con sabbia; insabbiamento **3** (*tecn.*) sabbiatura **4** (*tecn.*) carteggiatura: **dry s.**, carteggiatura a secco **5** (*tecn.*) levigatura con abrasivi; smerigliatura. ● (*edil.*) **s. and polishing**, levigatura (*di pavimenti*) □ **s. disk** (*o* **s. drum**), disco abrasivo □ **s. machine**, levigatrice (*per marmi, parquet, ecc.*).
sandiver /ˈsændɪvə(r)/, *n.* (*ind.*) schiuma che si forma sul vetro in fusione.
sandman /ˈsændmæn/, *n.* (*pl.* **sandmen**) (*infant.*) omino del sonno (*che sparge sabbia sugli occhi per fare addormentare*).
sandpaper /ˈsændpeɪpə(r)/, *n.* carta vetrata.
to **sandpaper** /ˈsændpeɪpə(r)/, *v. t.* carteggiare; cartavetrare; scartavetrare (*fam.*).
sandpiper /ˈsændpaɪpə(r)/, *n.* (*zool., Actitis, Tringa, Erolia, ecc.*) uccello dei Caradriformi (*in genere*); piovanello; piro piro; gambecchio.
sandpit /ˈsændpɪt/, *n.* **1** cava di sabbia (*o* di rena) **2** buca piena (*o* recinto pieno) di sabbia per i giochi dei bambini.
sandshoe /ˈsændʃuː/, *n.* scarpa di tela.
sandstone /ˈsændstəʊn/, *n.* (*geol.*) arenaria: **chalky s.**, arenaria calcarea.
sandstorm /ˈsændstɔːm/, *n.* tempesta di sabbia.
sandwich /ˈsænwɪdʒ, *USA* -dwɪtʃ/, *n.* sandwich; panino imbottito; tramezzino. ● **s. bar**, *V.* **sandwicheria** □ **s. board**, cartellone pubblicitario doppio (*portato sulle spalle da un uomo sandwich*) □ (*ind.*) **s. course**, corso d'istruzione universitaria che alterna periodi di studio a periodi di tirocinio; stage □ (*cucina*) **s. maker**, tostatore per sandwich; tostapane □ **s. man**, uomo sandwich.
to **sandwich** /ˈsænwɪdʒ, *USA* -dwɪtʃ/, *v. t.* **1** serrare (*fra due persone o cose*); stringere in mezzo: **My car was sandwiched between two coaches**, la mia auto si trovava stretta tra due torpedoni **2** inserire; ficcare; far entrare (*a forza*).
sandwicheria /sænwɪˈdʒɪərɪə, *USA* -dwɪˈtʃ-/, *n.* tavola calda in cui si servono tramezzini; paninoteca.
sandwort /ˈsændwɜːt/, *n.* (*bot., Arenaria*) arenaria (*pianta delle cariofillacee in genere*).
sandy /ˈsændɪ/, *a.* **1** sabbioso; arenoso **2** (*di capelli*) color sabbia; biondo rossiccio. ● (*di persona*) **s.-haired**, biondo rossiccio.
sane /seɪn/, *a.* **1** sano di mente **2** equilibrato; posato **3** assennato; ragionevole; sensato; sano (*fig.*): **a s. economic policy**, una sana politica economica. || **-ly**, *avv.* || **-ness**, *sost.*
sanforization /sænfəraɪˈzeɪʃn, *USA* -rɪˈz-/, *n.* (*ind. tess.*) sanforizzazione.
to **sanforize** /ˈsænfəraɪz/, *v. t.* (*ind. tess.*) sanforizzare.
sang /sæŋ/, *pass.* di **to sing**.
sangaree /sæŋgəˈriː/, *n.* bevanda simile alla sangria.
sang-froid /sɒŋˈfrwɑː, sɑːŋ-, sæŋ-/ (*franc.*), *n.* sangue freddo; imperturbabilità.
Sangraal, Sangrail, Sangreal /sæŋˈgreɪl/, *n.* (*relig.*) Graal; Santo Graal.
sangria /sænˈgriːə/ (*spagn.*), *n.* sangria (*bevanda*).
sanguiferous /sæŋˈgwɪfərəs/, *a.* (*fisiol.*) sanguifero.
sanguification /sæŋgwɪfɪˈkeɪʃən/, *n.* (*fisiol.*) sanguificazione.
sanguinaria /sæŋgwɪˈnerɪə/, *n.* (*bot., Sanguinaria*) sanguinaria.
sanguinary /ˈsæŋgwɪnərɪ, *USA* -nerɪ/, *a.* **1** sanguinoso; cruento: **a s. war**, una guerra cruenta **2** sanguinario; assetato di sangue: **a s. tyrant**, un tiranno sanguinario **3** (*med.*) del sangue; ematico; sanguigno. ● (*fig.*) **s. laws**, leggi crudeli. || **-ily**, *avv.* || **-iness**, *sost.*
sanguine /ˈsæŋgwɪn/, **A** *a.* **1** sanguigno; rubicondo; che ha molto sangue: **a s. man**, un uomo sanguigno **2** fiducioso; ottimistico; speranzoso: **He is too s. about success**, è troppo fiducioso di farcela; **beyond one's s. hopes**, oltre le speranze più ottimistiche **3** rosso sangue **4** (*raro*) sanguinario; assetato di sangue. **B** *n.* sanguigna (*matita o disegno*). ● **s. hopes**, vive speranze. ● **to be of a s. disposition**, essere ottimista per natura. || **-ly**, *avv.* || **-ness**, *sost.*

sanguineous /sæŋ'gwɪnɪəs/, *a.* ***1*** (*fisiol.*) sanguigno; del sangue ***2*** (*specialm. bot.*) rosso sangue; sanguigno ***3*** (*med.*) sanguigno; pletorico ***4*** *V.* **sanguine**. ● (*med.*) **s. apoplexy**, emorragia cerebrale.

sanguinolent /sæŋ'gwɪnələnt/, *a.* sanguinolento.

Sanhedrim /'sænɪdrɪm/, **Sanhedrin** /'sænɪdrɪn/, *n.* (*stor. ebraica*) Sinedrio.

sanicle /'sænɪkl/, *n.* (*bot., Sanicula*) sanicola; erba fragolina.

sanidine /'sænɪdiːn, -dɪn/, *n.* (*miner.*) sanidino.

sanitarian /sænɪ'teərɪən/, **A** *a.* sanitario; igienico; che concerne la sanità. **B** *n.* sanitario; igienista.

sanitariness /'sænɪtrɪnəs/, *n.* l'essere igienico; salubrità.

sanitarium /sænɪ'teərɪəm/, *n.* (*pl.* **sanitariums, sanitaria**) (*USA*) *V.* **sanatorium**.

sanitary /'sænɪtrɪ, *USA* -terɪ/, *a.* sanitario; igienico: **s. inspector**, ispettore (*o* ufficiale) sanitario; **s. towel** (*o* **s. napkin**), assorbente igienico. ● **s. appliances**, impianti sanitari □ **s. cotton**, cotone idrofilo □ **s. engineer**, tecnico della sanità; installatore d'impianti igienico-sanitari; idraulico □ **s. fittings**, apparecchi igienico-sanitari □ **s. hygiene services**, servizi sanitari e d'igiene □ **s. sewer**, fogna per acque nere.

sanitaryware /'sænɪtrɪweə(r), *USA* -terɪ-/, *n. collett.* (articoli) sanitari.

sanitation /sænɪ'teɪʃn/, *n.* ***1*** igiene; misure sanitarie ***2*** servizi igienici ***3*** fognature. ● (*USA*) **s. worker**, operatore ecologico (*eufem.*); netturbino.

sanitationman /sænɪ'teɪʃnmən/, *n.* (*pl.* **sanitationmen**) (*USA*) operatore ecologico (*eufem.*); spazzino; netturbino.

sanitization /sænɪtaɪ'zeɪʃn, *USA* -tɪ'z-/, *n.* ***1*** sanitizzazione ***2*** (*fig.*) risanamento.

to **sanitize** /'sænɪtaɪz/, *v. t.* ***1*** sanitizzare; rendere igienico (*sterilizzando o disinfettando*) ***2*** (*fig.*) dare un aspetto sano a (q.c.); risanare ***3*** (*fam. USA*) ritoccare, epurare (*un rapporto, ecc.*).

sanitizer /'sænɪtaɪzə(r)/, *n.* sanitizzante; prodotto disinfettante (*o* sterilizzante).

sanity /'sænətɪ/, *n.* ***1*** sanità mentale ***2*** equilibrio; discernimento; buonsenso; giudizio (*fam.*). ● (*med.*) **s. test**, esame psichiatrico.

sank /sæŋk/, *pass.* di **to sink**.

sans /sænz/, *prep.* (*arc.*) senza. ● (*leg., comm.*) **s. frais**, senza spese □ **s. recours**, senza ricorso (*di cambiale, ecc.*) □ (*tipogr.*) **s. serif**, bastone.

sans(-)culotte /sænzkjʊ'lɒt/ (*franc.*), *n.* (*stor.*) sanculotto.

Sanskrit /'sænskrɪt/, *n.* e *a.* sanscrito.

Sanskritic /sæn'skrɪtɪk/, *a.* sanscrito.

Sanskritist /'sænskrɪtɪst/, *n.* sanscritista; conoscitore del sanscrito.

Santa Claus /sæntə'klɔːz/, *n.* «Santa Claus» (*corrisponde al Babbo Natale ital.*).

santonica /sæn'tɒnɪkə/, *n.* (*bot., Artemisia pauciflora*) santonico. ● (*med.*) **s. flower heads**, capolini di santonico; seme santo.

santonin /'sæntənɪn/, *n.* (*chim.*) santonina.

sap (**1**) /sæp/, *n.* ***1*** (*bot.*) linfa ***2*** (*fig.*) energia; forza; vigore: **the sap of youth**, il vigore della giovinezza ***3*** (= **sapwood**) alburno ***4*** (*pop. USA*) bastone; randello; manganello.

sap (**2**) /sæp/, *n.* ***1*** (*mil.*) scavo d'approccio; trincea di avvicinamento; galleria sotterranea ***2*** (*fig. raro*) modo d'agire insidioso, subdolo.

sap (**3**) /sæp/, *n.* ***1*** (*gergo studentesco*) sgobbone ***2*** (*pop.*) imbecille; sempliciotto; stupido.

to **sap** (**1**) /sæp/, *v. t.* ***1*** privare della linfa ***2*** (*fig.*) indebolire; fiaccare; svigorire: **Overwork sapped his strength**, l'eccesso di lavoro indebolì le sue forze ***3*** (*pop. USA*) bastonare; manganellare.

to **sap** (**2**) /sæp/, (*mil.*) **A** *v. t.* ***1*** scalzare; minare (*anche fig.*): **The besiegers sapped a wall of the city**, gli assedianti scalzarono un muro della città; **Science was sapping old beliefs**, la scienza minava le antiche credenze ***2*** (*fig.*) fiaccare; logorare; indebolire: **health sapped by hardships**, salute logorata dalle privazioni. **B** *v. i.* ***1*** scavare trincee di avvicinamento ***2*** avvicinarsi (al nemico) scavando gallerie sotterranee.

to **sap** (**3**) /sæp/, *v. i.* (*gergo studentesco*) sgobbare.

sapajou /'sæpədʒuː/, *n.* (*zool., Cebus*) cebo.

sapanwood /'sæpənwʊd/, *n.* ***1*** (*ind.*) legno di «sapan» (*pianta delle Indie*) ***2*** (*bot.*) *Caesalpinia sappan*.

saphead (**1**) /'sæphed/, *n.* (*pop.*) imbecille; sempliciotto; stupido.

saphead (**2**) /'sæphed/, *n.* (*mil.*) testa di trincea di avvicinamento.

saphena /sə'fiːnə/, *n.* (*pl.* **saphenae**) (*anat.*) (vena) safena.

saphenous /sə'fiːnəs/, *a.* (*anat.*) safeno: **s. nerve**, nervo safeno; **s. vein**, vena safena.

sapid /'sæpɪd/, *a.* ***1*** sapido; saporoso ***2*** piacevole; gradevole.

sapidity /sə'pɪdətɪ/, **sapidness** /'sæpɪdnəs/, *n.* sapidità; saporosità.

sapience /'seɪpɪəns/, **sapiency** /'seɪpɪənsɪ/, *n.* ***1*** (*lett. o iron.*) sapienza; saggezza ***2*** (*spreg.*) saccenteria.

sapient /'seɪpɪənt/, *a.* ***1*** (*lett. o iron.*) sapiente; saggio ***2*** (*spreg.*) saccente.

sapiential /seɪpɪ'enʃɪəl/, *a.* (*relig.*) sapienziale: (*Bibbia*) **s. books**, libri sapienziali.

sapindus /sə'pɪndəs/, *n.* (*bot., Sapindus saponaria*) sapindo; albero del sapone.

sapless /'sæpləs/, *a.* ***1*** (*d'albero*) senza linfa; avvizzito; secco ***2*** (*fig.*) indebolito; senza vigore; fiacco ***3*** (*fig.*) insipido; insulso: **a s. story**, una storia insulsa.

sapling /'sæplɪŋ/, *n.* ***1*** (*bot.*) alberello; arboscello ***2*** (*fig.*) giovane inesperto; giovinetto di primo pelo ***3*** levriero di un anno.

sapodilla /sæpə'dɪlə/, *n.* (*bot.*) ***1*** (*Achras sapota*) sapota; sapotilla ***2*** (= **s. plum**) sapotilla, sapotiglia (*il frutto*).

saponaceous /sæpə'neɪʃəs/, *a.* saponaceo; saponoso.

saponaria /sæpə'neərɪə/, *n.* (*bot.*) ***1*** (*Saponaria*) saponaria ***2*** (*Saponaria officinalis*) saponaria rossa.

saponifiable /sə'pɒnɪfaɪəbl/, *a.* (*chim.*) saponificabile.

saponification /səpɒnɪfɪ'keɪʃn/, *n.* (*chim.*) saponificazione.

to **saponify** /sə'pɒnɪfaɪ/, (*chim.*) **A** *v. t.* saponificare. **B** *v. i.* saponificarsi; subire il processo di saponificazione.

saponin /'sæpənɪn/, *n.* (*chim.*) saponina.

saporous /'sæpərəs/, *a.* (*raro*) saporoso.

sapo(u)r /'seɪpə(r)/, *n.* (*raro*) sapore.

sappanwood /'sæpənwʊ/, *V.* **sapanwood**.

sapper /'sæpə(r)/, *n.* (*mil.*) ***1*** zappatore; soldato del genio, geniere ***2*** (*USA*) sminatore.

Sapphic /'sæfɪk/, **A** *a.* (*stor.*) saffico; di Saffo. **B** *n.* (*poesia*) verso saffico.

sapphire /'sæfaɪə(r)/, **A** *n.* ***1*** (*miner.*) zaffiro ***2*** blu zaffiro (*colore*). **B** *a.* del color dello zaffiro; blu zaffiro.

sapphirine /'sæfɪraɪn/, *a.* zaffirino; simile allo zaffiro; del color dello zaffiro.

sapphism /'sæfɪzəm/, *n.* saffismo; lesbismo.

Sappho /'sæfəʊ/, *n.* (*stor., letter.*) Saffo.

sappiness /'sæpɪnəs/, *n.* ***1*** abbondanza di linfa; succosità ***2*** (*fig.*) energia; forza; vigore ***3*** (*pop. USA*) fatuità; stoltezza.

sappy /'sæpɪ/, *a.* ***1*** ricco di linfa; succoso ***2*** (*fig.*) energico; forte; vigoroso ***3*** (*pop. USA*) fatuo; sciocco; stupido.

sapropel /'sæprəpel/, *n.* (*geol.*) sapropel.

sapropelic /sæprəʊ'pelɪk/, *a.* (*geol.*) sapropelico.

sapropelite /'sæprəpəlaɪt/, *n.* (*geol.*) sapropelite.

saprophyte /'sæprəfaɪt/, *n.* (*bot.*) saprofito; saprofita.

saprophytic /sæprəʊ'fɪtɪk/, *a.* (*bot.*) saprofitico; saprofito; saprofita.

saprophytism /sə'prəʊfɪtɪzəm/, *n.* (*bot.*) saprofitismo.

sapwood /'sæpwʊd/, *n.* (*bot.*) alburno.

saraband(e) /'særəbænd/, *n.* (*stor., mus.*) sarabanda.

Saracen /'særəsn/, *n.* e *a.* (*stor.*) saraceno. ● (*agric.*) **S. corn**, grano saraceno □ (*arald.*) **S.'s head**, testa di moro.

Saracenic /særə'senɪk/, *a.* (*stor.*) saraceno.

Sarah /'seərə/, *n.* Sara.

sarcasm /'sɑːkæzəm/, *n.* sarcasmo.

sarcastic /sɑː'kæstɪk/, *a.* sarcastico.

sarcenet /'sɑːsnət/, *V.* **sarsenet**.

sarcocele /'sɑːkəsiːl/, *n.* (*med.*) sarcocele.

sarcode /'sɑːkəʊd/, *n.* (*biol.*) sarcode; protoplasma.

sarcoid /'sɑːkɔɪd/, *n.* (*med.*) sarcoide.

sarcoidosis /sɑːkɔɪ'dəʊsɪs/, *n.* (*pl.* **sarcoidoses**) (*med.*) sarcoidosi.

sarcolemma /sɑːkəʊ'lemə/, *n.* (*anat.*) sarcolemma.

sarcolite /'sɑːkəlaɪt/, *n.* (*miner.*) sarcolite.

sarcoma /sɑː'kəʊmə/, *n.* (*pl.* **sarcomas, sarcomata**) (*med.*) sarcoma.

sarcomatosis /sɑːkəʊmə'təʊsɪs/, *n.* (*pl.* **sarcomatoses**) (*med.*) sarcomatosi.

sarcomatous /sɑː'kəʊmətəs/, *a.* (*med.*) sarcomatoso.

sarcomere /'sɑːkəmɪə(r)/, *n.* (*anat.*) sarcomero.

sarcophagus /sɑː'kɒfəgəs/, *n.* (*pl.* **sarcophagi, sarcophaguses**) (*archeol.*) sarcofago.

sarcoplasm /'sɑːkəplæzəm/, *n.* (*biol.*) sarcoplasma.

sarcous /'sɑːkəs/, *a.* (*anat.*) carnoso; muscolare.

sard /sɑːd/, *n.* (*miner.*) sarda.

sardelle /sɑː'del/, *n.* (*zool., Sardinella aurita*) sardella.

sardine (**1**) /sɑː'diːn/, *n.* (*pl.* **sardines, sardine**) (*zool., Sardina pilchardus*) sardina; sarda; sardella. ● (*fig.*) **We were packed like sardines**, eravamo pigiati come acciughe (*o* sardine).

sardine (**2**) /'sɑːdaɪn, 'sɑːdən/, *n.* (*miner.*) sarda.

Sardinia /sɑː'dɪnɪə/, *n.* (*geogr.*) Sardegna.

Sardinian /sɑː'dɪnɪən/, *a.* e *n.* sardo.

sardonic /sɑː'dɒnɪk/, *a.* sardonico; beffardo; maligno: **s. laugh**, riso sardonico. ‖ **-ally**, *avv.*

sardonyx /'sɑːdənɪks/, *n.* (*miner.*) sardonica; sardonice.

sargasso /sɑː'gæsəʊ/, *n.* (*pl.* **sargassos**) (*bot., Sargassum bacciferum*) sargasso; uva di mare. ● (*geogr.*) **S. Sea**, Mar dei Sargassi.

sarge /sɑːdʒ/, *n.* (*gergo mil.*) sergente.

sari /'sɑːriː/, *n.* (*pl.* **saris**) sari (*veste delle donne indiane*).

sarin /'sɑːrɪn, zɑː'riːn/, *n.* (*chim., mil.*) gas nervino.

sarking /*scozz.*/ /'sɑːkɪŋ/, *n.* (*edil.*) strato d'assicelle (*o* feltro bituminoso) posto sotto il manto di copertura.

sarky /'sɑːkɪ/, *a.* (*pop.*) sarcastico.

Sarmatia /sɑː'meɪʃɪə/, *n.* (*geogr., stor.*) Sarmazia.

Sarmatian /sɑː'meɪʃɪən/, **A** *n.* sarmata; della Sarmazia. **B** *a.* sarmatico.

sarmentose /'sɑːmentəʊs/, **sarmentous** /sɑː'mentəs/, *a.* (*bot.*) sarmentoso.

sarnie /'sɑːnɪ/, **sarny** /'sɑːnɪ/, *n.* (*pop.*) sandwich.

sarong /sə'rɒŋ, *USA* -ɔːŋ/, *n.* sarong (*veste dell'arcipelago malese*).

saros /'seərɒs, 'seɪr-/, *n.* (*astron.*) saros.

sarsaparilla /sɑːspəpə'rɪlə/, *n.* ***1*** (*bot., Smilax*) salsapariglia ***2*** (*med.*) radice secca di salsapariglia ***3*** gassosa aromatizzata con salsapariglia.

sarsenet /'sɑːsnət/, *n.* tessuto leggero di seta; ormisino; ormesino.

sartorial /sɑː'tɔːrɪəl/, *a.* di sarto; di sartoria. ●

(*scherz.*: *d'abito*) **a s. triumph**, un capolavoro d'eleganza.

sartorius /sɑːˈtɔːrɪəs/, *n.* (*pl.* **sartorii**) (*anat.*) muscolo sartorio.

sash (**1**) /sæʃ/, *n.* sciarpa, fascia, fusciacca (*a tracolla o alla vita*).

sash (**2**) /sæʃ/, *n.* **1** telaio (*di finestra a ghigliottina o porta a vetri*); telaio scorrevole **2** pannello vetrato scorrevole (*di finestra*). ● **s. bar**, listello fermavetro □ **s. cord** (*o* **s. line**), corda del contrappeso □ **s. pocket**, scanalatura del saliscendi □ **s. pulley**, puleggia del contrappeso □ **s. weight**, contrappeso per finestra a ghigliottina □ **s. window**, finestra a ghigliottina.

to **sashay** /ˈsæʃeɪ/, *v. i.* (*fam. USA*) camminare; andare; avanzare piano piano; muoversi agilmente (*o* delicatamente).

sashed /sæʃt/, *a.* che indossa una sciarpa (*o* una fascia).

sasin /ˈsæsɪn/, *n.* (*zool.*, *Antilope cervicapra*) antilope cervicapra.

sass, to **sass** /sæs/, (*pop. USA*) *V.* **sauce, to sauce**, *def. 3*.

sassaby /ˈsæsəbɪ/, *n.* (*zool.*, *Damaliscus lunatus*) damalisco di Sassaby.

sassafras /ˈsæsəfræs/, *n.* (*bot.*, *Sassafras officinale*) sassafrasso, sassofrasso.

Sassanian /sæˈseɪnɪən/, **Sassanid** /səˈsænɪd/, *n.* e *a.* (*stor.*) sasanide, sassanide.

Sassenach /ˈsæsənæk/, *n.* e *a.* (*scozz.*, *irl.*) anglosassone; (*per estens.*) inglese; (*anche*) scozzese della Scozia meridionale.

sassolite /ˈsæsəlaɪt/, *n.* (*miner.*) sassolite.

sassy /ˈsæsɪ/, (*fam. USA*) *V.* **saucy**, *def. 1*.

sat /sæt/, *pass.* e *p. p.* di **to sit**.

Satan /ˈseɪtn/, *n.* Satana.

satanic /səˈtænɪk/, *a.* satanico; diabolico; infernale. ● (*letter.*) **the S. poets**, i poeti satanici.

satanical /səˈtænɪkl/, *a.* (*raro*) satanico. ‖ **-ly**, *avv.* ‖ **-ness**, *sost.*

Satanism /ˈseɪtənɪzəm/, *n.* culto di Satana; satanismo (*anche letter.*).

Satanist /ˈseɪtənɪst/, *n.* adoratore (*o* adoratrice) di Satana.

satchel /ˈsætʃəl/, *n.* cartella; borsa (*specialm. di scolaro*).

to **sate** /seɪt/, *v. t.* (*form.*) **1** saziare; satollare; disgustare **2** (*fig.*) appagare, soddisfare (*un desiderio, ecc.*).

sateen /sæˈtiːn/, *n.* (*ind. tess.*) raso di cotone; rasatello; rasato.

sateless /ˈseɪtləs/, *a.* (*arc. o poet.*) insaziabile; mai satollo.

satellite /ˈsætəlaɪt/, *n.* **1** (*astron.*) satellite **2** (*fig.*) satellite; seguace **3** (*urbanistica*) paese (quartiere, ecc.) satellite **4** (*miss.*) satellite: **unmanned s.**, satellite senza equipaggio umano. ● (*TV*) **s. broadcasting**, trasmissione via satellite □ (*TV*) **s. dish**, antenna parabolica □ (*polit.*) **a s. state**, uno stato satellite □ (*TV*) **s. television**, televisione via satellite □ **s. town**, città satellite □ (*radio, TV*) **by s.**, via satellite.

satellitic /sætəˈlɪtɪk/, *a.* (*raro, astron.*) di satellite.

satellitism /ˈsætəlaɪtɪzəm/, *n.* (*polit.*) satellitismo.

satellization /sætəlaɪˈzeɪʃn, *USA* -lɪˈz-/, *n.* (*polit.*) satellizzazione.

satiability /seɪʃəˈbɪlətɪ, -ʃɪə-/, *n.* saziabilità.

satiable /ˈseɪʃəbl/, *a.* saziabile.

to **satiate** /ˈseɪʃɪeɪt/, *v. t.* **1** saziare; satollare **2** nauseare; disgustare.

satiate(**d**) /ˈseɪʃɪeɪt(ɪd)/, *a.* sazio; satollo.

satiation /seɪʃɪˈeɪʃn/, *n.* (*raro*) saziamento (*raro*).

satiety /səˈtaɪətɪ/, *n.* sazietà: **to eat to** (**the point of**) **s.**, mangiare a sazietà.

satin /ˈsætɪn, *USA* -tn/, *n.* (*ind. tess.*) raso; satin. ● **s. cloth**, tessuto di lana rasata □ (*mecc.*) **s. finish**, finitura satinata □ (*miner.*) **s. gypsum**, gesso fibroso e lucido □ **s. paper**, carta satinata □ (*miner.*) **s. spar** (*o* **s. stone**), spato satinato □ (*cucito*) **s. stitch**, punto raso.

satinet(**te**) /sætɪˈnet/, *n.* (*ind. tess.*) rasatello.

satinflower /ˈsætɪnflaʊə(r), *USA* -tn-/, *n.* (*bot.*, *Lunaria annua*) lunaria; medaglia.

to **satinize** /ˈsætɪnaɪz/, *v. t.* satinare.

satiny /ˈsætɪnɪ, *USA* -tnɪ/, *a.* satinato; rasato (*anche fig.*): **The girl has a s. skin**, la ragazza ha la pelle satinata.

satire /ˈsætaɪə(r)/, *n.* (*anche letter.*) satira.

satiric(**al**) /səˈtɪrɪkl/, *a.* satirico: **a s. play**, una commedia satirica; **s. remarks**, osservazioni satiriche. ‖ **-ally**, *avv.*

satirist /ˈsætərɪst/, *n.* satirico; scrittore di satire.

to **satirize** /ˈsætəraɪz/, *v. t.* satireggiare.

satisfaction /sætɪsˈfækʃn/, *n.* **1** soddisfazione; soddisfacimento; appagamento; contentezza; gioia; piacere: **much to our s.**, con nostra grande soddisfazione **2** soddisfazione; riparazione: **to demand s.**, chiedere soddisfazione; sfidare a duello; **to give s.**, dar soddisfazione; riparare un torto; **to obtain s.**, avere (*o* ricevere) soddisfazione **3** (*relig.*) espiazione, riparazione (*dei peccati dell'uomo*) **4** (*leg.*) esecuzione, adempimento (*di un'obbligazione*); estinzione (*di un debito*) **5** (*leg.*) attestazione dell'avvenuta estinzione (*o* esecuzione, ecc.). ● (*leg.*) **to enter s.**, dichiararsi soddisfatto d'ogni proprio avere □ **in s. of**, a risarcimento di; in riparazione di □ **to make full s. to sb.**, risarcire in pieno q. □ **I can prove it to your s.**, posso dimostrartelo in modo che tu rimanga convinto.

satisfactory /sætɪsˈfæktərɪ/, *a.* **1** soddisfacente; convincente; esauriente: **a s. result**, un risultato soddisfacente; **a s. proof**, una prova soddisfacente; **a s. answer**, una risposta esauriente **2** buono; riuscito: **a s. marriage**, un buon matrimonio; **a s. expedition**, una spedizione riuscita **3** (*relig.*) riparatorio; espiatorio. ‖ **-ily**, *avv.* ‖ **-iness**, *sost.*

satisfiable /ˈsætɪsfaɪəbl/, *a.* che si può soddisfare.

satisficing behaviour /ˈsætɪsfaɪsɪŋbɪˈheɪvjə(r)/, *locuz. n.* (*econ.*) politica aziendale che consiste nell'accontentarsi di profitti ragionevoli.

satisfied /ˈsætɪsfaɪd/, *a.* **1** soddisfatto; contento **2** (*leg.*: *d'obbligo, ecc.*) eseguito; adempiuto **3** (*leg.*: *di debito*) soddisfatto; estinto. ● **a s. mortgage**, un'ipoteca estinta □ **to be s. of sb.'s innocence**, essere convinto dell'innocenza di q. □ **to be s. that sb. is telling the truth**, essere persuaso che q. dica la verità □ **to be s. with the little one has**, contentarsi di quel poco che si ha.

to **satisfy** /ˈsætɪsfaɪ/, **A** *v. t.* **1** soddisfare; soddisfare a; adempiere; appagare; contentare: **It's rather difficult to s. all the clients**, è alquanto difficile soddisfare tutti i clienti; **to s. an urgent need**, soddisfare a un bisogno urgente; **to s. an obligation**, soddisfare un impegno; adempiere (a) un dovere; **to s. sb.'s desires**, appagare i desideri di q.; **to s. one's creditors**, soddisfare (*o* tacitare) i creditori **2** saziare; soddisfare: **to s. one's appetite**, saziare l'appetito; sfamarsi **3** essere conforme a, rispondere a (*condizioni, regole, requisiti*): **The consignment does not s. all the conditions agreed upon**, la merce che ci avete inviato non risponde a tutte le condizioni concordate **4** convincere; persuadere: **He satisfied us that he could not accept our offer**, ci convinse che non era in grado di accettare la nostra offerta **5** risolvere, dissipare (*un dubbio*). **B** to **satisfy oneself**, *v. rifl.* convincersi; persuadersi. ● **to s. a debt**, pagare (*o* soddisfare, estinguere) un debito □ **to s. the examiners**, superare un esame (*all'università*) con un risultato mediocre; ottenere la sufficienza □ **to s. sb.'s hopes**, non venir meno alle speranze di q. □ **hard to s.**, di difficile contentatura.

satisfying /ˈsætɪsfaɪɪŋ/, *a.* soddisfacente; convincente; esauriente. ‖ **-ly**, *avv.*

satrap /ˈsætrəp/, *n.* (*stor.*) satrapo (*anche fig.*).

satrapy /ˈsætrəpɪ/, *n.* (*stor.*) satrapia.

satsuma /sætˈsuːmə, ˈsætsʊmɑː, -əmə/, *n.* **1** (*bot.*, *Citrus nobilis*) «satsuma» (*giapponese*) **2** (*specialm. ingl.*: *il frutto*) mandarino (*senza semi*).

saturability /sætʃərəˈbɪlətɪ/, *n.* saturabilità.

saturable /ˈsætʃərəbl/, *a.* saturabile.

saturant /ˈsætʃərənt/, *n.* (*chim.*) (sostanza) saturante.

saturate /ˈsætʃərət/, *a.* **1** (*poet.*) saturo; impregnato; inzuppato **2** (*di colore*) intenso; carico.

to **saturate** /ˈsætʃəreɪt/, *v. t.* **1** impregnare; inzuppare **2** rendere saturo; saturare: **to s. a market with orders**, saturare un mercato di ordinazioni **3** (*chim., fis.*) saturare.

saturated /ˈsætʃəreɪtɪd/, *a.* **1** (*chim., fis.*) saturo: **s. fats**, grassi saturi; **s. solution**, soluzione satura **2** saturo; colmo: **s. with oxygen**, saturo di ossigeno **3** *V.* **saturate**.

saturation /sætʃəˈreɪʃn/, *n.* **1** saturazione (*anche chim., fis.*): **s. point**, punto di saturazione; **the s. of the domestic market**, la saturazione del mercato interno **2** (*del colore*) grado d'intensità. ● (*mil.*) **s. bombing**, bombardamento a tappeto □ (*econ.*) **market s.**, la saturazione del mercato.

saturator /ˈsætʃəreɪtə(r)/, *n.* (*chim., fis.*) saturatore.

Saturday /ˈsætədeɪ, -dɪ/, *n.* sabato: **on Saturdays** (*USA*: **Saturdays**), di (*o* il) sabato; **on a S.**, un sabato; di sabato. ● **S. girl**, «ragazza del sabato» (*studentessa che fa la commessa il sabato*) □ **S. person**, giovane che studia, ma lavora il sabato □ **S.-to-Monday**, il fine settimana □ (*relig.*) **Holy S.**, Sabato Santo.

Saturn /ˈsætən, -tɜːn, -tn/, *n.* (*mitol., astron.*) Saturno.

Saturnalia /sætəˈneɪlɪə/, *n. pl.* **1** (*stor. romana*) saturnali **2** – (*fig. lett.*) **s.**, orgia.

Saturnalian /sætəˈneɪlɪən/, *a.* **1** (*stor. romana*) saturnale **2** – (*fig. lett.*) **s.**, orgiastico.

Saturnalias /sætəˈneɪlɪəz/, *V.* **Saturnalia**.

Saturnian /sæˈtɜːnɪən/, **A** *a.* **1** (*mitol.*) saturnio; di Saturno: **the S. age**, l'età di Saturno; l'età dell'oro **2** (*astron.*) saturniano; di Saturno (*il pianeta*). **B** *n.* **1** (*poesia*) verso saturnio; saturnio **2** (*astron.*) saturniano.

saturnine /ˈsætənaɪn/, *a.* saturnino (*anche med.*); cupo; malinconico; tetro: **a s. fellow**, un tipo malinconico; (*med.*) **s. breath**, alito saturnino. ● **a s. patient**, un paziente affetto da saturnismo.

saturnism /ˈsætənɪzəm/, *n.* (*med.*) saturnismo.

satyr /ˈsætə(r), *USA* ˈseɪ-/, *n.* (*mitol.*) satiro (*anche fig.*).

satyriasis /sætəˈraɪəsɪs, *USA* seɪ-/, *n.* (*psic.*) satiriasi.

satyric(**al**) /səˈtɪrɪk(l)/, *a.* satiresco: **s. drama**, dramma satiresco.

sauce /sɔːs/, *n.* **1** salsa; sugo; intingolo: **tomato s.**, salsa di pomodoro **2** (*fig.*) cosa che dà sapore; gusto; condimento: **without the s. of danger**, senza il gusto del pericolo **3** (*fam.*) impertinenza; sfacciataggine: **I'm fed up with your s.!**, sono stufo delle tue impertinenze! **4** (*pop. USA*) liquore; alcolico: **s. parlor**, spaccio d'alcolici. ● **s.-boat**, salsiera □ (*fig.*) **to serve sb. with the same s.**, rendere a q. pan per focaccia □ (*prov.*) **Hunger is the best s.**, il miglior condimento è l'appetito □ (*prov.*) **What is s. for the goose is s. for the gander**, ciò che vale per l'uno vale anche per l'altro.

to **sauce** /sɔːs/, *v. t.* **1** (*raro*) condire con salsa **2** (*fig.*) dare gusto (*o* sapore) a (q.c.); condire (*fig.*) **3** (*fam.*) fare l'impertinente con (q.); dire impertinenze a (q.); rimbeccare **4** (*pop. USA*) ubriacare: **He's quite sauced**, è ubriaco fradicio.

saucebox /ˈsɔːsbɒks/, *n.* (*fam.*) impertinente; sfacciatello, sfacciatella.

saucepan /ˈsɔːspən, *USA* -æn/, *n.* casseruola; tegame.

saucer /ˈsɔːsə(r)/, *n.* sottocoppa; piattino. ● **s.-eyed**, dagli occhi grandi e tondi □ (*fantascienza*) **flying s.**, disco volante.

saucerman /ˈsɔːsəmən/, *n.* (*pl.* **saucermen**) (*fantascienza*) extraterrestre.

saucy /ˈsɔːsɪ/, *a.* ***1*** impertinente; sfacciato ***2*** birichino; sbarazzino; vivace: **a s. smile**, un sorriso sbarazzino ***3*** (*fam.*) elegante; chic: **a s. little hat**, un cappellino elegante ***4*** (*fam.*) piccante; salace. || **-ily**, *avv.* || **-iness**, *sost.*

Saudi /ˈsaʊdɪ/, *a.* e *n.* saudita: **S. Arabia**, Arabia Saudita. ● **a S. Arab**, un saudita.

sauerkraut /ˈsaʊəkraʊt/ (*ted.*), *n.* (*cucina*) crauti; salcrauti, sarcrauti.

sauna /ˈsɔːnə, ˈsaʊnə/, *n.* (= **s. bath**) sauna (*il bagno e il locale*).

saunter /ˈsɔːntə(r)/, *n.* ***1*** passeggiatina; giretto; quattro passi (*fam.*) ***2*** andatura comoda; passo lento.

to **saunter** /ˈsɔːntə(r)/, *v. i.* andare a zonzo; bighellonare; girovagare; gironzolare. ● (*fig.*) **to s. through life**, prendere la vita come viene.

saunterer /ˈsɔːntərə(r)/, *n.* chi va a zonzo; bighellone; girandolone.

saurian /ˈsɔːrɪən/, (*zool.*) **A** *a.* dei sauri. **B** *n.* ***1*** sauro ***2*** (*pl.*) (*Sauria*) sauri.

saury /ˈsɔːrɪ/, *n.* (*zool., Scomberesox saurus*) costardella; luccio sauro.

sausage /ˈsɒsɪdʒ, *USA* ˈsɔːs-/, *n.* ***1*** salsiccia ***2*** (*pl.*) salsicce; salumi ***3*** (*aeron., fam.*; = **s. balloon**) pallone frenato (*da osservazione*) ***4*** (*pop. USA*) pugile con molti combattimenti ***5*** (*pop. USA*) (soldato) tedesco. ● (*fam.*) **s. dog**, bassotto tedesco □ **s. factory**, salumificio □ **s.-filler**, insaccatrice (*per salsicce*) □ **s. manufacturer**, salsicciaio □ **s. roll**, rotolo di carne tritata, cotto dentro un involucro di pasta □ **Bologna s.**, mortadella.

sauté /ˈsəʊteɪ, *USA* səʊˈteɪ/ (*franc.*), *a.* (*cucina*) saltato; sauté; rosolato in padella.

to **sauté** /ˈsəʊteɪ, *USA* səʊˈteɪ/ (*pass.* e *p. p.* **sautéed, sautéd**), *v. t.* (*cucina*) saltare; rosolare in padella (a fuoco vivo).

savable /ˈseɪvəbl/, *a.* salvabile.

savage /ˈsævɪdʒ/, **A** *a.* ***1*** selvaggio; barbaro; incivile; crudele; atroce; feroce; orrido: **s. tribes**, tribù selvagge; **s. revenge**, vendetta crudele; **a s. dog**, un cane feroce; **a s. landscape**, un paesaggio selvaggio; **a s. murder**, un atroce assassinio ***2*** (*fam.*) adirato; fuori di sé; furibondo ***3*** (*pop. USA*) splendido; ottimo; favoloso. **B** *n.* ***1*** selvaggio; barbaro ***2*** individuo brutale ***3*** (*pop. USA*) poliziotto zelante. ● (*fam.*) **to make sb. s.**, fare infuriare q.; far montare q. su tutte le furie.

to **savage** /ˈsævɪdʒ/, *v. t.* ***1*** (*di cane, ecc.*) attaccare con ferocia; rovinare (*un bambino, ecc.*) a morsi ***2*** (*di cavallo imbizzarrito*) mordere e calpestare ***3*** (*fig.*) attaccare (*o* criticare) violentemente.

savagedom /ˈsævɪdʒdəm/, *n.* ***1*** stato selvaggio; vita selvaggia; barbarie ***2*** (*collett.*) (i) selvaggi.

savagely /ˈsævɪdʒlɪ/, *avv.* selvaggiamente.

savageness /ˈsævɪdʒnəs/, **savagery** /ˈsævɪdʒrɪ/, *n.* ***1*** selvatichezza; barbarie; stato selvaggio ***2*** crudeltà; ferocia; atto di ferocia.

savanna(h) /səˈvænə/, *n.* (*geogr.*) savana.

savant /ˈsævənt, *USA* sæˈvɑːnt/ (*franc.*), *n.* (*lett.*) sapiente; dotto; erudito.

save (1) /seɪv/, *n.* (*gioco del calcio, hockey*) salvataggio; parata.

save (2) /seɪv/, *prep.* eccetto; eccettuato; salvo; fuorché; tranne: **all s. one**, tutti tranne uno; **all s. me**, tutti eccetto me. ● **s. and except**, eccetto; tranne; salvo □ **s. that**, eccetto che; salvo che.

to **save** /seɪv/, **A** *v. t.* ***1*** salvare; scampare; preservare: **to s. sb. from a fire**, salvare q. da un incendio; **He saved my life**, mi salvò la vita; **God s. me from my friends**, Dio mi scampi (e liberi) dagli amici! ***2*** serbare; tenere in serbo; conservare: **Let's s. our best dishes for our friends**, teniamo in serbo le pietanze migliori per i nostri amici! ***3*** risparmiare; far risparmiare: **to s. (up) a lot of money**, risparmiare molto denaro; **It saves me time**, mi fa risparmiare tempo ***4*** evitare: **to s. expenses**, evitare le spese; **Stopping there overnight saved me the trouble of driving in the dark**, fermandomi là per la notte evitai il fastidio di guidare al buio. **B** *v. i.* ***1*** risparmiare; fare economie; economizzare ***2*** (*gioco del calcio*) fare una parata; salvarsi in tuffo. **C** to **save oneself**, *v. rifl.* salvarsi. ● **to s. appearances**, salvare le apparenze □ (*volg. USA*) **to s. one's ass** (*o* **butt**), salvare il culo (*volg.*); cavarsela □ **to s. one's breath**, risparmiare il fiato; tacere □ (*mil.* e *fig.*) **to s. the day**, salvare la situazione □ (*fig.*) **to s. one's face**, salvare la faccia □ (*fam.*) **to s. (st.) for a rainy day**, risparmiare (q.c.) per il futuro □ **to s. sb. from himself**, salvare q. da se stesso (impedendogli di fare sciocchezze) □ (*fam.*) **to s. one's neck** (*o* **skin**), salvarsi il collo (*o* la pelle) □ **to s. the situation**, salvare la situazione □ **to s. one's strength**, risparmiare le forze, risparmiarsi □ **God s. the King [the Queen]!**, Dio salvi il Re [la Regina]! □ **You may s. your pains [your trouble]**, puoi risparmiarti la fatica [il disturbo] □ (*fam.*) **I couldn't speak Chinese to s. my life**, non ce la farei mai a parlare cinese □ (*prov.*) **A stitch in time saves nine**, un punto in tempo ne salva cento; chi ha tempo non aspetti tempo.

♦**save on**, *v. i.* + *prep.* risparmiare; economizzare: **to s. on fuel**, economizzare il combustibile.

♦**save up**, *v. t.* + *avv.* risparmiare; mettere (*denaro, ecc.*) da parte.

save-all /ˈseɪvɔːl/, *n.* ***1*** (*tecn.*) raccoglitore (*oggetto da mettere sotto q.c.*) ***2*** (*naut.*) vela aggiuntiva ***3*** (*dial. ingl.*) grembiulino; tuta.

save as you earn /ˈseɪvəʒuˈɜːn, -əzjuː-/, *locuz. v.* (*fin., in G.B.*; *abbr.* **SAYE**) risparmio individuale esentasse, fatto con ritenute sulla paga o piccoli versamenti alla Posta.

saveloy /ˈsævəlɔɪ/, *n.* (*cucina*) cervellata.

saver /ˈseɪvə(r)/, *n.* ***1*** salvatore; liberatore ***2*** risparmiatore; economizzatore ***3*** cosa che fa risparmiare: **Machines are both labour--savers and time-savers**, le macchine fanno risparmiare non solo il lavoro dell'uomo ma anche il suo tempo. ● (*econ.*) **s.'s surplus**, rendita del risparmiatore.

savin(e) /ˈsævɪn/, *n.* (*bot.*) ***1*** (*Juniperus sabina*) sabina ***2*** (*Juniperus virginiana*) ginepro della Virginia.

saving (1) /ˈseɪvɪŋ/, *a.* ***1*** che salva; che redime ***2*** parsimonioso; economo; frugale: **a s. housekeeper**, una massaia parsimoniosa ***3*** che fa risparmiare: **labour-s.**, che fa risparmiare lavoro. ● (*leg.*) **a s. clause**, una riserva di legge; una clausola che stabilisce un'eccezione □ **s. grace**, unica buona qualità: □ **He has the s. grace of honesty**, se non altro, è una persona onesta □ (*relig.*) **the s. grace of God**, la grazia divina (*che salva l'anima*).

saving (2) /ˈseɪvɪŋ/, *n.* ***1*** salvamento; salvezza: **the s. of souls**, la salvezza delle anime ***2*** risparmio; economia: **a 10% s. on the cost**, un risparmio del 10% sul costo ***3*** (*econ.*) risparmio: **personal s.**, il risparmio delle famiglie ***4*** (*pl.*) (*banca, fin.*) risparmi: **to invest one's savings**, investire i propri risparmi. ● (*banca, USA*) **savings account**, conto di deposito fruttifero □ (*fin., USA*) **savings and loan association**, cooperativa di risparmiatori che concede mutui ai soci per l'acquisto o la costruzione di case □ **savings bank**, cassa di risparmio □ (*fin.*) **savings bonds**, buoni di risparmio □ (*fin.*) **savings certificates**, certificati di risparmio; buoni fruttiferi □ (*econ.*) **savings market**, mercato del risparmio □ (*banca*) **savings pass-book**, libretto di risparmio □ (*fin.*) **savings rate**, tasso di risparmio □ (*econ., fin.*) **savings ratio**, indice di risparmio (*rapporto tra il reddito disponibile e quello risparmiato*) □ (*banca*) **savings scheme**, piano di risparmio.

saving (3) /ˈseɪvɪŋ/, *prep.* eccetto; tranne; salvo. ● **s. your presence** (*o* **your reverence**), con rispetto parlando.

saviour, (*USA*) **savior** /ˈseɪvɪə(r)/, *n.* salvatore; liberatore. ● (*relig.*) **the S.**, il Salvatore; il Redentore.

savoir-faire /ˈsævwɑːˈfɛə(r)/ (*franc.*), *n.* savoir-faire; tatto; (il) saperci fare (*fam.*).

savor /ˈseɪvə(r)/, e *deriv.* (*USA*) *V.* **savour**, e *deriv.*

savory /ˈseɪvərɪ/, *n.* (*bot., Satureja hortensis*) satureia; santoreggia.

savour /ˈseɪvə(r)/, *n.* ***1*** sapore (*anche fig.*); gusto ***2*** (*raro*) aroma; profumo.

to **savour** /ˈseɪvə(r)/, **A** *v. t.* ***1*** assaporare (*anche fig.*); assaggiare; gustare: **He savoured the melon**, assaporò il melone; **to s. the pleasure of liberty**, assaporare il piacere della libertà ***2*** (*raro*) insaporire; dar sapore a. **B** *v. i.* – **to s. of**, sapere di; aver sapore di: **His words s. of cynicism**, le sue parole sanno di cinismo.

savouriness /ˈseɪvərɪnəs/, *n.* saporosità.

savourless /ˈseɪvələs/, *a.* insipido; scipito.

savoury /ˈseɪvərɪ/, **A** *a.* sapido; saporito; gustoso; appetitoso. **B** *n.* piatto piccante (*servito al principio o alla fine d'un pranzo*); stuzzichino. ● **s. herbs**, erbe aromatiche.

savoy /səˈvɔɪ/, *n.* (*bot., Brassica oleracea sabauda*) cavolo verzotto; cavolo verza.

Savoy /səˈvɔɪ/, *n.* (*stor., geogr.*) Savoia.

Savoyard /səˈvɔɪɑːd, sævɔɪˈɑːd/, *n.* e *a.* (*stor., geogr.*) savoiardo.

savvy /ˈsævɪ/, **A** *n.* (*fam.*) ***1*** comprendonio; buonsenso; «sale in zucca» (*pop.*): **He's got s.**, ha sale in zucca; ci sa fare ***2*** (il) saper fare; pratica; praticaccia (*fam.*). **B** *a.* (*specialm. USA*) che ci sa fare; astuto; furbo.

to **savvy** /ˈsævɪ/, *v. i.* (*pop.*) capire; comprendere: **no s.**, non capisco, non capisce, ecc.; **S.?**, capisci?; hai capito?

saw (1) /sɔː/, *n.* sega: **chain saw**, sega a catena; **disk saw**, sega a disco. ● (*zool.*) **saw-fly** (*Tenthredo*), tentredine □ **saw-frame**, telaio di sega □ **saw-gin**, sgranatrice di cotone con denti a sega □ **saw-horse**, cavalletto (*per segare la legna*) □ (*un tempo*) **saw-pit**, buca del segatore di tronchi □ **saw-set**, licciaiola □ **saw--toothed**, a denti di sega; seghettato □ **band saw**, sega a nastro □ **cylinder saw**, sega cilindrica □ **cross-cut saw**, sega per taglio trasversale; segone □ **pit-saw**, sega per tronchi; segone.

saw (2) /sɔː/, *n.* detto; proverbio; massima: **an old saw**, un antico detto; un vecchio proverbio.

saw (3) /sɔː/, *pass.* di **to see**.

to **saw** /sɔː/ (*pass.* **sawed**, *p. p.* **sawn**, *USA* **sawed**), **A** *v. t.* segare: **to saw a log in two**, segare in due un tronco; **to saw wood for the fire**, segare legna da ardere; **to saw boards**, segare assi. **B** *v. i.* ***1*** segare; usare la sega: **You saw well**, sai usare la sega ***2*** segarsi: **This log saws smoothly**, questo tronco si sega bene ***3*** muoversi avanti e indietro (*come una sega*). ● (*fam. raro*) **to saw the air**, gesticolare.

♦**saw down**, *v. t.* + *avv.* abbattere (*un albero, ecc.*) con la sega; segare.

♦**saw off**, *v. t.* + *avv.* (*o prep.*) ***1*** segare; tagliare via con la sega: **to saw a branch off a tree**, segare il ramo di un albero ***2*** (*fig.*) tagliare via (*con i denti, ecc.*).

♦**saw through**, *v. t.* + *avv.* (*o prep.*) segare (da parte a parte); staccare con una sega (una lima, ecc.).

♦**saw up**, *v. t.* + *avv.* fare a pezzi con la sega; segare: **to saw timber into logs**, segare del legname facendone tronchetti.

sawbones /ˈsɔːbəʊnz/, *n.* (*invar. al pl.*) (*pop. scherz.*) chirurgo; medico.

sawbuck /ˈsɔːbʌk/, *n.* (*USA*) ***1*** cavalletto (*per segare la legna*) ***2*** (*pop.*) biglietto da dieci dollari.

sawder /ˈsɔːdə(r)/, *n.* (*fam.*) – **soft s.**, adulazione; lisciata; complimenti; parole lusinghiere; saponata (*fig. fam.*).

sawdust /ˈsɔːdʌst/, *n.* segatura (*polvere di legno*).

sawed /sɔːd/, *p. p.* (*USA*) di **to saw**. ● **s.-off shotgun**, fucile a canne mozze.

sawfish /ˈsɔːfɪʃ/, *n.* (*invar. al pl.*) (*zool., Pristis*) pesce sega.

sawing /ˈsɔːɪŋ/, *n.* il segare; segatura. ● **s. machine**, sega meccanica; segatrice.

sawmill /ˈsɔːmɪl/, *n.* segheria.

sawn /sɔːn/, *p. p.* di **to saw**. ● **a s.-off shotgun**, un fucile a canne mozze.

Sawney /ˈsɔːnɪ/, *n.* (*nomignolo*) *1* scozzese *2* sempliciotto; babbeo.

sawwort /ˈsɔːwɜːt/, *n.* (*bot., Serratula tinctoria*) serratula.

sawyer /ˈsɔːjə(r), ˈsɔɪə(r)/, *n.* *1* segatore; segantino; operaio di segheria *2* (*USA*) tronco sradicato, caduto nell'acqua di un fiume.

sax (1) /sæks/, *n.* (*edil.*) utensile per pareggiare e forare tegole d'ardesia.

sax (2) /sæks/, *n.* (*fam.*) sassofono.

saxatile /ˈsæksətaɪl/, *a.* (*bot., zool.*) che vive tra le rocce; sassatile (*arc.*).

saxhorn /ˈsækshɔːn/, *n.* (*mus.*) saxhorn.

saxicoline /sækˈsɪkəlaɪn/, **saxicolous** /sækˈsɪkələs/, *a.* (*bot., zool.*) sassicolo; che vive tra le rocce.

saxifrage /ˈsæksɪfreɪdʒ/, *n.* (*bot., Saxifraga*) sassifraga.

Saxon /ˈsæksn/, **A** *n.* *1* (*stor. ingl.*) sassone (*anche la lingua*) *2* (*geogr.*) sassone (*anche il dialetto*). **B** *a.* *1* sassone *2* anglosassone: **S. words**, parole anglosassoni. ● **S. blue**, blu di Sassonia □ (*stor.*) **Anglo-S.**, anglosassone.

saxony /ˈsæksnɪ/, *n.* (*ind. tess.*) (stoffa di) lana di Sassonia.

Saxony /ˈsæksənɪ/, *n.* (*geogr.*) Sassonia. ● **S. wool**, lana di Sassonia.

saxophone /ˈsæksəfəʊn/, *n.* (*mus.*) sassofono.

saxophonist /sækˈsɒfənɪst/, *n.* (*mus.*) sassofonista.

saxtuba /ˈsækstjuːbə, *USA* -stʃuː-/, *n.* (*mus.*) tuba bassa; bassotuba.

say (1) /seɪ/, *n.* *1* quel che si ha da dire; opinione *2* diritto di parlare (*o* di decidere); voce in capitolo. ● **to have a say (in the matter)**, aver voce in capitolo (nella faccenda) □ **to have** (*o* **to say**) **one's say**, dire la propria; dare il proprio parere: **I will have my say**, voglio dire la mia □ **He has no say in the matter**, non tocca a lui decidere la questione; lui non c'entra per niente.

say (2) /seɪ/, *inter.* (*fam. USA*) ehi!; di' un po'! senti (un po')!

to **say** /seɪ/ (*pass. e p. p.* **said**), *v. t. e i.* *1* dire; dichiarare; asserire; affermare; recitare: **to say «Good morning»**, dire «buongiorno»; dare il buongiorno; **to say yes [no]**, dire di sì [di no]; **People say** (*o* **they say**) **he is very wealthy**, dicono che sia molto ricco; **He is said to be the best hunter in the county**, si dice sia il miglior cacciatore della contea; (*fam.*) **You can say that again!**, puoi ben dirlo!; **You said it!**, l'hai detto tu!; (*fam. USA*) (sono) d'accordo!; **Say your prayers**, di' (*o* recita) le preghiere!; **He said that he would join the army**, dichiarò che si sarebbe arruolato; **John was saying his history lesson**, John diceva (*o* recitava, esponeva all'insegnante) la lezione di storia; **to be said or sung**, per essere recitato o cantato; da dirsi o da cantarsi *2* dire; essere scritto: **It says: «Drive slowly»**, sta scritto: «Prudenza!»; **It is said in the Bible**, la Bibbia dice; sta scritto nella Bibbia *3* indicare; segnare; fare: **The tower clock says ten past four**, l'orologio della torre segna le 4 e 10 *4* supporre; ammettere: **Let us say he is innocent**, supponiamo che sia innocente! ● (*arc.*) **to say sb. nay**, dir di no a q. □ **to say one's say**, dire la propria; dare il proprio parere □ (*pop. USA*) **to say uncle**, dire basta; arrendersi □ (*versando da bere a q.*) **«Say when!» «When»**, «Di' basta!», «Basta così» □ **to say the word**, dare l'ordine; dare il via □ (*pop.*) **Says who?**, e chi lo dice? □ (*pop.*) **Says me!**, lo dico io! □ (*pop.*) **Says you!**, lo dici tu!; provaci (un po')! □ **saying and doing**, il dire e il fare; le parole e i fatti □ (*fam.*) **says I**, dico io; dissi io □ **a few of them, say a dozen or so**, alcuni di loro, diciamo una dozzina o giù di lì □ **no sooner said than done**, detto fatto □ **So you say!**, ah sì?; davvero?; cosa mi dici! □ (*fam. specialm. USA*) **You said it**, sì, certo; hai ragione; l'hai detto (*pop.*) □ **You may well say so!**, puoi ben dirlo!; altroché!; sfido! □ **You don't say so!**, ma no!; non è possibile!; ma scherzi? □ **It goes without saying that...**, va da sé che...; è ovvio che... □ (*fam. arc.*) **I say!**, senti; di' un po'; ascolta; ehi!; ma no!; davvero? □ **I dare say**, oso dire; credo bene □ (*a un'offerta*) **I wouldn't say no**, grazie, sì; volentieri □ (*fam.*) **What do you say?**, che ne dici? che ne pensi?; che te ne pare? □ **Who can say?**, chi può dirlo?, chi lo sa? □ **There is no saying how he will react**, non si può sapere come la prenderà; la sua reazione è imprevedibile □ **I've heard say that...**, ho sentito dire che... □ (*fam.*) **Say no more**, non dire altro!; non aggiunger altro!; basta così!; ho (già) capito! □ **£ 1,000, say one thousand pounds**, £ 1.000, diconsi mille sterline □ **that is to say**, vale a dire; cioè; in altre parole □ **There is much to be said on both sides**, c'è molto da dire in favore dell'una e dell'altra parte □ **It is hard to say**, è difficile a dirsi □ **when all is said and done**, a conti fatti; tutto considerato.

♦**say about**, *v. t. + prep.* dire su; fare osservazioni su: **Did the teacher have much to say about your being late?**, ha fatto molte osservazioni l'insegnante sul tuo ritardo a scuola?

♦**say after**, *v. t. + prep.* dire, ripetere con (q.): **Say after me: «I swear to speak the truth»**, dite con me: «Giuro di dire la verità».

♦**say against**, *v. t. + prep.* dire (q.c.) contro; criticare; biasimare; deplorare.

♦**say for**, *v. t. + prep.* *1* dire (q.c.) a favore di (q.); difendere: **Have you nothing to say for yourself?**, non hai nulla da dire a tua difesa (*o* a tua discolpa)? *2* stare a indicare; far propendere (*bene, male, ecc.*): **Failing the exam doesn't say much for the student's ability**, l'essere stato bocciato all'esame non fa propendere affatto per le capacità dello studente □ **to say a (good) word for sb.**, dire (*o* mettere) una buona parola per q.

♦**say of**, *v. t. + prep.* dire di: **What do the villagers say of me?**, che cosa dicono di me i paesani? □ **to say nothing of**, per non dire di; senza (voler) menzionare; tralasciando; trascurando.

♦**say on**, *v. i. + avv.* (*fam.*) continuare (a parlare): **Say on!**, continua pure!; va avanti!

♦**say out**, *v. t. + avv.* dire esplicitamente (*o* chiaro e tondo); dichiarare (q.c.) apertamente.

♦**say over**, *v. t. + avv.* dire, recitare, ripetere (*preghiere, ecc.*) □ (*teatr.*) **to say over one's lines**, ripassare la parte.

♦**say to**, *v. t. + prep.* *1* dire (q.c.) a (q.); dire su (*fam.*); raccontare a: **I say to you that I don't know anything about it**, ti dico che io non ne so niente! *2* dirne di: **What would you say** (*o* **do you say**) **to a glass of beer?**, che ne diresti (*o* che ne dici) di una birra? □ **to say to oneself**, dire fra sé; pensare: **He said to himself that something was wrong**, pensò che c'era qualcosa che non andava (*o* che non quadrava).

saying /ˈseɪɪŋ/, *n.* detto; adagio; motto; massima; proverbio; sentenza. ● **as the s. is** (*o* **goes**), come dice il proverbio.

say-so /ˈseɪsəʊ/, *n.* (*fam.*) *1* diceria; voce corrente *2* diritto di parlare (*o* di decidere); voce in capitolo *3* permesso; autorizzazione: **on the teacher's s.**, col permesso dell'insegnante.

scab /skæb/, *n.* *1* escara; crosta (*di ferita in via di guarigione*) *2* (*bot., vet.*) scabbia; rogna *3* (*fam.*) crumiro *4* (*metall.*) sfoglia (*difetto*).

to **scab** /skæb/, *v. i.* *1* (*di ferita*) fare la crosta; cicatrizzarsi *2* (*fam.*) fare il crumiro.

scabbard /ˈskæbəd/, *n.* (*mil.*) fodero; guaina. ● (*fig. arc.*) **to fling** (*o* **to throw**) **away the s.**, battersi all'ultimo sangue.

to **scabbard** /ˈskæbəd/, *v. t.* rinfoderare, ringuainare (*la spada*).

scabbed /skæbd/, *V.* **scabby**.

scabbiness /ˈskæbɪnəs/, *n.* *1* l'esser coperto di croste *2* l'essere scabbioso (*o* rognoso).

to **scabble** /ˈskæbl/, *v. t.* sbozzare (*pietre*).

scabby /ˈskæbɪ/, *a.* *1* coperto di croste *2* (*med.*) rognoso; scabbioso.

scabies /ˈskeɪbiːz/, *n.* (*med.*) scabbia.

scabious (1) /ˈskeɪbɪəs, *USA* ˈskæb-/, *a.* (*med.*) rognoso; scabbioso.

scabious (2) /ˈskeɪbɪəs, *USA* ˈskæb-/, *n.* (*bot., Scabiosa*) scabiosa, scabbiosa.

scabrous /ˈskeɪbrəs, *USA* ˈskæb-/, *a.* *1* scabroso (*anche fig.*); scabro: **a s. situation**, una situazione scabrosa *2* osceno; spinto: **s. jokes**, barzellette spinte. || **-ly**, *avv.* || **-ness**, *sost.*

scad /skæd/, *n.* (*pl.* **scad, scads**) (*zool.*) *1* pesce dei Carangidi (*in genere*) *2* (*Trachurus trachurus*) sugherello; scombro bastardo.

scads /skædz/, *n. pl.* (*fam. USA*) (un) mucchio; (una) quantità; (un) sacco (*di cose*).

scaffold /ˈskæfəʊld, *USA* -fld/, *n.* *1* (*edil.*) ponteggio; impalcatura; incastellatura: **iron s.**, ponteggio di ferro *2* (*metall.*) ponte; volta *3* patibolo; forca: **to ascend the s.**, salire il patibolo *4* (*sci*) trampolino.

to **scaffold** /ˈskæfəʊld, *USA* -fld-/, *v. t.* innalzare un'impalcatura intorno a (*una casa*).

scaffolder /ˈskæfəʊldə(r), *USA* -fld-/, *n.* (*edil.*) ponteggiatore.

scaffolding /ˈskæfəʊldɪŋ, *USA* -fld-/, *n.* (*edil.*) *1* ponteggio; impalcatura; armatura *2* materiale da impalcature. ● **s. erector**, (titolare d') impresa per il montaggio d'impalcature (*o* di ponteggi) □ **s. pole**, palo principale, antenna (*di ponteggio*).

scag /skæg/, *n.* (*pop. USA*) eroina.

scagliola /skælɪˈəʊlə/, *n.* (*edil.*) *1* scagliola *2* stucco a imitazione di marmo screziato.

scalable (1) /ˈskeɪləbl/, *a.* squamabile; scrostabile.

scalable (2) /ˈskeɪləbl/, *a.* *1* scalabile *2* graduabile *3* rappresentabile su scala.

scalar /ˈskeɪlə(r)/, *a.* (*mat.*) scalare: **s. product**, prodotto scalare.

scalariform /skəˈlærɪfɔːm/, *a.* (*bot., zool.*) scalariforme.

scalawag /ˈskæləwæg/, *n.* *1* (*fam. arc.*) buono a nulla; briccone; scapestrato *2* (*stor. USA*) sudista rinnegato (*dopo la guerra civile*).

scald (1) /skɔːld/, *n.* scottatura; ustione.

scald (2) /skɔːld/, *n.* (*stor., letter.*) scaldo (*poeta di corte*).

to **scald** /skɔːld/, *v. t.* *1* scottare; ustionare *2* scaldare (*latte, ecc.*); portare quasi a bollore *3* (*spesso* **to s. up**) lavare (*piatti*) in acqua molto calda.

scalding /ˈskɔːldɪŋ/, **A** *n.* *1* (*ind. tess.*) cottura; lisciviatura *2* scottatura. **B** *a.* bollente; che scotta; scottante (*anche fig.*). ● **s. hot**, rovente; (*del tempo*) torrido; (*d'acqua*) bollente □ (*fig.*) **a s. report**, un giudizio del tutto negativo □ **s. tears**, lacrime cocenti.

scale (1) /skeɪl/, *n.* *1* piatto della bilancia *2* (*pl.*) (= **pair of scales**) bilancia; basculla; (*fig.*) **the scales of justice**, la bilancia della giustizia. ● (*astron., astrol.*) **the Scales**, la Bilancia; la Libra □ **s. pan**, piatto della bilancia □ **bathroom scales**, pesapersone □ (*sport*) **to go to the scales**, andare al peso □ (*fig.*) **to hold the scales even**, essere giudice imparziale □ **to tip** (*o* **to turn**) **the scales**, far pendere la bilancia (*anche fig.*); essere decisivo □ **to tip the s. at**, raggiungere il peso di (*un certo numero di libbre, ecc.*).

scale (2) /skeɪl/, *n.* *1* scaglia; squama; lamella: **the scales of a snake**, le squame d'un serpente; **the scales of a fish**, le squame d'un pesce *2* (*bot.*) squama; brattea *3* (*di metallo*) scoria; scaglia *4* incrostazione (*di caldaia, ecc.*) *5* tartaro (*dei denti*). ● (*stor.*) **s.-armour**, armatura a piastre □ **s.-board**, piallaccio (*per impiallacciatura, ecc.*) □ (*tecn.*) **s. inhibitor**, anticalcare; disincrostante □ (*zool.*) **s. insect**, cocciniglia □ (*tecn.*) **s. remover**, disincrostante; dispositivo che elimina le formazioni calcaree □ **s.-work**, disposizione (*o* sovrapposizione) a squame; (*arte*) lavorazione a squame □ (*fig.*) **to remove the scales from sb.'s eyes**, aprire gli occhi a q. (*fig.*).

scale (3) /skeɪl/, *n.* *1* (*mus., geogr., mat., ecc.*) scala; gamma; gradazione: **chromatic s.**, scala cromatica; **This map is on the s. of one inch to a mile**, questa cartina è su scala di un pollice a miglio; **the decimal s.**, la scala decimale; **to practise scales on the piano**, eseguire le scale sul pianoforte; (*econ.*) **s. of preference**, gamma delle preferenze (*dei consumatori*); **s. of priority**, scala di priorità; **The s. on this ruler is in centimetres**, la gradazione di questo regolo è in centimetri *2* regolo graduato; righello graduato *3* tariffario; tariffa: **union s.**, tariffa sindacale *4* (*fig.*) dimensioni: **The s. of the corruption scandal was enormous**, le dimensioni dello scandalo della corruzione erano enormi. ● **s. drawing** [**model**], disegno [modello] in scala □ (*econ.*) **s. effect**, effetto di scala □ (*rag.*) **s. of depreciation**, tabella di ammortamento □ **s. rate**, tariffa scalare (*di servizi*) □ **to draw st. to s.**, disegnare qc. in scala □ **drawn to s.**, (disegnato) in scala □ **on a large s.**, su larga scala; (*se fig., meglio*) in grande □ **out of s.**, non in scala; (*fig.*) sproporzionato □ (*fam.*) **to pay s.**, pagare la tariffa sindacale □ (*econ.*) **sliding s.**, scala mobile (*dei salari*) □ **a small-s. map**, una cartina in scala ridotta □ **the social s.**, la scala dei valori sociali.

to **scale** (1) /skeɪl/, *v. t.* e *i.* (*specialm. di pugile*) pesare: **He scales ten stone**(s), pesa sessantatré chili e mezzo.

to **scale** (2) /skeɪl/, **A** *v. t.* *1* squamare: **to s. a fish**, squamare un pesce *2* sfaldare (vernice) *3* coprire di croste; incrostare *4* scrostare; disincrostare: **to s. a boiler**, disincrostare una caldaia *5* (*med.*) togliere: **to s. tartar from the teeth**, pulire i denti dal tartaro *6* sgranare; sbucciare: **to s. peas**, sgranare piselli; **to s. almonds**, sbucciare mandorle. **B** *v. i.* *1* perdere le squame; squamarsi *2* (*di vernice*) sfaldarsi *3* (*di caldaie, ecc.*) incrostarsi.● **to s. off**, squamare; sfaldare, scrostare; squamarsi; sfaldarsi, scrostarsi: **The plaster is scaling off**, l'intonaco si sta scrostando.

to **scale** (3) /skeɪl/, **A** *v. t.* *1* scalare (*un monte, ecc.*); arrampicarsi su; scavalcare: **to s. a wall**, scalare un muro *2* disegnare in scala; rappresentare su scala: **to s. a map**, disegnare una cartina in scala *3* (*mecc., fis.*) graduare; tarare (*uno strumento*). **B** *v. i.* *1* arrampicarsi, salire (*con scale*) *2* (*mat.: di quantità, ecc.*) aumentare con un rapporto costante; essere commensurabile. ● **to s. down**, ridurre progressivamente; scalare □ **to s. to**, commisurare a, rapportare a: **The tax burden is scaled to the taxpayer's income**, il carico fiscale è rapportato al reddito dei contribuenti □ **to s. up**, aumentare progressivamente: **The income tax was scaled up by 6%**, l'imposta sul reddito fu aumentata del 6%.

scaled /skeɪld/, *a.* *1* (*zool.*) squamoso; squamato; coperto di squame *2* squamato; privato delle squame *3* incrostato: **a heavily s. radiator**, un radiatore tutto incrostato *4* (*scient.*) embricato. ● (*zool.*) **s. partridge** (*o* **s. quail**) (*Callipepla squamata*), quaglia squamosa.

scale-down /'skeɪldaʊn/, *n.* riduzione progressiva: (*fin.*) **a s. of debts**, una riduzione progressiva dell'indebitamento.

scalene /'skeɪli:n/, (*geom.*) **A** *a.* scaleno. **B** *n.* triangolo scaleno.

scaler /'skeɪlə(r)/, *n.* *1* chi squama, disincrosta, ecc. *2* raschietto (*da dentista*) *3* (*elettron.*) demoltiplicatore.

scale-up /'skeɪlʌp/, *n.* aumento progressivo: **a s. of wages**, un aumento progressivo dei salari.

scalewing /'skeɪlwɪŋ/, *n.* (*zool.*) lepidottero; farfalla; falena.

scaliness /'skeɪlɪnəs/, *n.* squamosità; scagliosità.

scaling (1) /'skeɪlɪŋ/, *n.* (= **s.-off**) *1* incrostazione (*di caldaia, ecc.*) *2* disincrostazione; scrostamento *3* desquamazione *4* sfaldatura (*di vernice, ecc.*).

scaling (2) /'skeɪlɪŋ/, *n.* *1* scalata; lo scalare *2* graduazione; commisurazione; taratura. ● (*mil., arc.*) **s. ladder**, scala da assedio.

scall /skɔ:l/, *n.* (*med., arc.*) rogna; tigna; dermatosi desquamante.

scallawag /'skæləwæg, -lɪ-/, *V.* **scalawag**.

scallion /'skæljən/, *n.* (*bot.*) *1* (*Allium ascalonicum*) scalogno; scalogna *2* (*Allium porrum*) porro *3* (*USA*) *V.* **spring onion**.

scallop /'skɒləp, *USA* -ɒl-, -æl-, -ɔ:l-/, *n.* *1* (*zool., Pecten*) pettine *2* (= **s.-shell**) conchiglia di pettine *3* (*cucina*) cappasanta *4* (*cucina*) (*anche*) recipiente a forma di conchiglia (*per cuocere il pesce*) *5* (*su stoffa*) dentellatura; smerlo.

to **scallop** /'skɒləp, *USA* -ɒl-, -æl-, -ɔ:l-/, *v. t.* *1* cuocere (*ostriche, ecc.*) in conchiglie di pettine (*o* cappesante) *2* dentellare; smerlare: **a scalloped cuff**, un polsino smerlato.

scalloping /'skɒləpɪŋ, *USA* -ɒl-, -æl-, -ɔ:l-/, *n.* dentellatura; smerlatura.

scallywag /'skælɪwæg/, *V.* **scalawag**.

scalp /skælp/, *n.* *1* (*anat.*) cuoio capelluto; cotenna (*del cranio dell'uomo*) *2* scalpo; (*fig.*) trofeo *3* (*fig.*) cima (*di un monte*) tondeggiante e brulla *4* (*USA*) piccola speculazione di borsa. ● (*stor.*) **s. hunter**, cacciatore di scalpi □ (*un tempo*) **s. lock**, ciocca di capelli sul cranio rasato di un pellerossa (*lasciata come sfida al nemico*) □ **s.-wound**, ferita al cuoio capelluto □ (*fam.*) **to call for sb.'s s.**, domandare (*o* volere) la testa di q. (*fig.*) □ (*fig.*) **to be out for scalps**, mettersi sul sentiero di guerra; avere intenzioni bellicose.

to **scalp** /skælp/, **A** *v. t.* *1* scotennare (*i nemici*); privare dello scalpo; scalpare *2* (*fig.*) attaccare; criticare senza pietà; demolire, sconfiggere (*un avversario*) *3* (*fam. USA*) comprare e rivendere (*merce, titoli, ecc.*) per un piccolo margine di guadagno *4* (*fam.*) incettare (*biglietti*) *5* vagliare (*cereali o minerali*). **B** *v. i.* *1* (*fam. USA*) fare piccole speculazioni in Borsa *2* (*fam.*) fare del bagarinaggio; fare il bagarino.

scalpel /'skælpl/, *n.* (*med.*) bisturi.

scalper (1) /'skælpə(r)/, *n.* *1* vaglio; crivello *2* (*arte*) scalpello da incisore.

scalper (2) /'skælpə(r)/, *n.* *1* scotennatore *2* (*fam. USA*) piccolo speculatore di Borsa *3* (*fam.*) bagarino.

scalping /'skælpɪŋ/, *n.* scotennamento.

scaly /'skeɪlɪ/, *a.* *1* scaglioso; squamoso *2* incrostato; coperto d'incrostazioni *3* (*scient.*) embricato *4* (*fam. USA*) meschino, spregevole; gretto, spilorcio. ● (*zool.*) **s. anteater** (*Manis*), pangolino.

scam /skæm/, *n.* (*pop.*) *1* imbroglio; raggiro; turlupinatura *2* (*USA*) notizia confidenziale.

to **scam** /skæm/, *v. t.* (*pop.*) imbrogliare; raggirare, turlupinare.

scammony /'skæmənɪ/, *n.* (*farm., bot., Convulvulus scammonia*) scamonea, scammonea.

scamp /skæmp/, *n.* *1* birbante; briccone; furfante *2* (*scherz.*) bricconcello; birichino.

to **scamp** /skæmp/, *v. t.* (*USA raro*) abborracciare; acciarpare; raffazzonare.

scamper /'skæmpə(r)/, *n.* *1* corsa rapida (*o* precipitosa) *2* gitarella: **a s. through Lombardy**, una gitarella attraverso la Lombardia.

to **scamper** /'skæmpə(r)/, *v. i.* *1* correre; correr via; scappare; sgattaiolare: **The rabbit scampered off**, il coniglio scappò via *2* (*spesso* **to s. about**) scorrazzare; sgambettare; saltellare. ● **to s. away**, svignarsela; scappare via.

scampi /'skæmpɪ/ (*ital.*), *n. pl.* (*col verbo al sing.*) (*cucina*) scampi.

scampish /'skæmpɪʃ/, *a.* *1* birbantesco; furfantesco *2* (*scherz.*) birichino; sbarazzino.

scan /skæn/, *n.* *1* attento esame *2* rapida occhiata; scorsa *3* (*elettron, TV*) scansione *4* (*elab.*) scansione (*di linee*); analisi (*di stringhe*) *5* (*med.*) esame diagnostico con apparecchio a scansione; esplorazione *6* (*radar, ecc.*) scansione; esplorazione *7* (*poesia*) scansione..

to **scan** /skæn/, **A** *v. t.* *1* esaminare, scrutare: **We closely scanned their faces**, scrutammo attentamente i loro volti *2* scorrere in fretta; dare una scorsa a: **I scanned the want ads while I was waiting for the manager**, mentre aspettavo il direttore, diedi una scorsa alla piccola pubblicità *3* (*elettron, TV, radar, ecc.*) scandire; analizzare; esplorare: **The radar scanned the horizon**, il radar esplorava l'orizzonte; **to s. the image** [**a spectrum**], scandire l'immagine televisiva [uno spettro] *4* (*elab.*) scandire (*linee*); analizzare (*stringhe, ecc.*) *5* (*med.*) esplorare, esaminare (*un tessuto, ecc.*) con un apparecchio a scansione *6* (*poesia*) scandire (*versi*). **B** *v. i.* *1* (*elab.*) eseguire una scansione *2* (*poesia*) potersi scandire: **This line doesn't s.**, questo verso non si può scandire (*o* non è regolare).

scandal /'skændl/, *n.* *1* scandalo: **A grave s. occurred**, accadde un grave scandalo *2* vergogna; obbrobrio; onta: **Those slum dwellings are a s.**, quelle catapecchie sono un obbrobrio *3* indignazione; ribellione (*o* reazione) morale; sdegno *4* maldicenza; pettegolezzi: **to talk s.**, fare della maldicenza; **to be the object of s.**, essere oggetto di pettegolezzi *5* scandalo; individuo (discorso, ecc.) scandaloso: **His conduct is a s.**, la sua condotta è scandalosa *6* (*leg.*) diffamazione. ● **s.-plagued** (*o* **tainted by s.**), infestato di scandali □ **to give rise to s.**, fare scandalo; provocare uno scandalo □ **to hush down a s.**, soffocare uno scandalo □ **to make a s. out of st.**, sollevare uno scandalo (*o* gridare allo scandalo) per q.c.

to **scandalize** /'skændəlaɪz/, *v. t.* scandalizzare; dare scandalo a. ● **to be scandalized at st.**, scandalizzarsi per q.c.

scandalmonger /'skændlmʌŋgə(r), *USA* -mɒ-/, *n.* chi suscita scandali; malalingua.

scandalmongering /'skændlmʌŋgərɪŋ, *USA* -mɒ-/, *n.* maldicenza.

scandalous /'skændələs/, *a.* *1* scandaloso; vergognoso *2* diffamatorio; denigratorio: **a s. rumour**, una voce diffamatoria. ‖ **-ly**, *avv.* ‖ **-ness**, *sost.*

Scandinavian /skændɪ'neɪvɪən/, *n.* e *a.* scandinavo. ● (*sci*) **S. specialities**, le specialità nordiche.

scandium /'skændɪəm/, *n.* (*chim.*) scandio.

scank /skæŋk/, *n.* (*pop. USA*) scorfano (*fig.*); ragazza brutta.

scanner /'skænə(r)/, *n.* *1* chi scandisce versi *2* (*elab.*) decodificatore; scanner; analizzatore *3* (*TV, radar*) analizzatore d'immagini; esploratore. ● **bar code s.**, lettore di codice a barre.

scanning /'skænɪŋ/, *n.* *1* (*poesia*) scansione *2* (*elab.*) scansione *3* (*TV, radar*) esplorazione, scansione (*dell'immagine*) *4* (*didattica*) lettura veloce. ● (*TV*) **s. beam**, fascio esploratore □ (*elettron., med.*) **s. electron microscope**, microscopio elettronico a scansione □ (*elettron.*) **s. head**, testina d'esplorazione □ **s. sonar**, sonar esplorante (*o* oscillante).

scansion /'skænʃn/, *n.* (*poesia*) scansione.

scansorial /skæn'sɔ:rɪəl/, *a.* (*zool.*) scansorio; rampicante (*detto del piede di taluni uccelli*).

scant /skænt/, **A** *a.* scarso; inadeguato; insufficiente; limitato; magro: **to give s. attention**, prestare scarsa attenzione; **a s. allowance**, un assegno insufficiente; **s. consolation**, magra consolazione. **B** avv. (*dial.*) *V.* **scantly**. • **s. of breath**, dal fiato corto; bolso □ **to be s. of st.**, essere a corto di q.c.

to **scant** /skænt/, (*raro*) v. t. *1* limitare; risparmiare; lesinare su (q.c.) *2* trattare (*un argomento, ecc.*) in modo sbrigativo.

scanties /ˈskæntɪz/, n. pl. (*fam. USA*) mutandine; slip.

scantily /ˈskæntəlɪ/, avv. scarsamente; appena; poco. • **s.-clad**, vestito succintamente; seminudo.

scantiness /ˈskæntɪnəs/, n. scarsezza; inadeguatezza; insufficienza.

scantling /ˈskæntlɪŋ/, n. *1* (*arc.*) piccola quantità; (il) necessario; quanto basta *2* (*edil.*) travicello *3* (*ind. costr.*) dimensioni, misure (*di materiale da costruzione*) *4* (*naut.*) dimensioni (*delle parti strutturali di una nave*) *5* (*per barile o botte*) cavalletto.

scantly /ˈskæntlɪ/, avv. scarsamente; inadeguatamente; appena.

scantness /ˈskæntnəs/, *V.* **scantiness**.

scanty /ˈskæntɪ/, a. scarso; inadeguato; insufficiente; magro (*fig.*); manchevole; limitato: **a s. supply of food**, una scarsa provvista di cibo; **a s. crop**, un magro raccolto. • **a s. dress**, un vestito succinto □ **s. hair**, capelli radi.

scape (1) /skeɪp/, n. (*bot., archit.*) scapo.

scape (2) /skeɪp/, n. (*arc.*) fuga; scampo (*V.* **escape**). • (*d'orologio*) **s. wheel**, ruota dentata di scappamento.

scape (3) /skeɪp/, n. (*fam.*) panorama; veduta; vista.

scapegoat /ˈskeɪpgəʊt/, n. capro espiatorio.

scapegrace /ˈskeɪpgreɪs/, n. (*anche scherz.*) scapestrato; scavezzacollo; birichino; monello.

scaphoid /ˈskæfɔɪd/, (*anat.*) **A** a. scafoide. **B** n. (osso) scafoide.

scapula /ˈskæpjʊlə/ (*lat.*), n. (*pl.* **scapulae, scapulas**) (*anat.*) scapola.

scapular /ˈskæpjʊlə(r)/, **A** n. *1* (*relig.*) scapolare *2* (*med.*) benda per la spalla. **B** a. (*anat.*) scapolare: **s. arch**, arco scapolare.

scapulary /ˈskæpjʊlərɪ, *USA* -erɪ/, n. *1* (*relig.*) scapolare *2* (*di volatile*) penna scapolare.

scar (1) /skɑː(r)/, n. *1* cicatrice (*anche fig.*); sfregio: **a nasty s.**, una brutta cicatrice *2* segno, graffio (*sulla carrozzeria, ecc.*) *3* (*fig.*) segno: **Italy still bore the scars of war**, l'Italia portava ancora i segni della guerra. • (*med.*) **s. tissue**, tessuto cicatriziale.

scar (2) /skɑː(r)/, n. *1* balza; rupe scoscesa *2* scoglio isolato (*sommerso*).

to **scar** /skɑː(r)/, **A** v. t. *1* sfregiare *2* (*fig.*) deturpare; butterare: **a scarred face**, un viso deturpato; un viso butterato *3* (*fig.*) lasciare il segno su; segnare: **So many years in jail scarred him for life**, tanti anni passati in carcere lo segnarono a vita. **B** v. i. cicatrizzare, cicatrizzarsi.

scarab /ˈskærəb/, n. *1* (*zool., Scarabaeus sacer*) scarabeo sacro *2* (*archeol.*) scarabeo (*l'amuleto egizio*). • (*zool.*) **s. beetle**, scarabeo.

scarabaeid /skærəˈbiːɪd/, n. (*zool.*) scarabeide.

scarabaeoid /skærəˈbiːɔɪd/, **A** a. (*zool.*) simile a scarabeo; di scarabeo. **B** n. (*archeol.*) scaraboide; finto scarabeo (*amuleto*).

scarabaeus /skærəˈbiːəs/, n. (*pl.* **scarabaei, scarabaeuses**) *V.* **scarab**, *def. 1*.

scaramouch /ˈskærəmaʊtʃ, *USA* -muːʃ/, n. (*arc.*) fanfarone; smargiasso; cialtrone (*dalla commedia dell'arte*).

scarce /skeəs/, **A** a. *1* scarso; inadeguato; insufficiente; poco: **Food is s.**, il cibo è scarso *2* difficile da reperire; infrequente; raro: **a s. print**, una stampa rara. **B** avv. (*arc. o poet.*) *V.* **scarcely**. • **to be s.**, scarseggiare □ (*fam.*) **to make oneself s.**, andarsene, tagliare la corda, svignarsela; stare alla larga, farsi desiderare, non farsi vedere.

scarcely /ˈskeəslɪ/, avv. *1* appena; a malapena; a stento; sì e no: **I s. know her**, la conosco appena; **He can s. speak his native tongue**, a malapena sa parlare la sua lingua madre; **There were s. twenty articles in the shop window**, c'erano sì e no venti oggetti in vetrina *2* quasi: **s. ever**, quasi mai; **s. anybody**, quasi nessuno. • **s. true**, incredibile; inverosimile □ **He can s. have said so**, è quasi impossibile (*o* è incredibile) che abbia detto ciò.

scarcement /ˈskeəsmənt/, n. (*archit.*) riduzione di spessore; risega.

scarceness /ˈskeəsnəs/, n. scarsezza; scarsità; carenza; penuria.

scarcity /ˈskeəsətɪ/, n. *1* scarsezza; scarsità; carenza; penuria *2* scarsità di viveri; carestia; periodo di carestia *3* rarità.

scare /skeə(r)/, n. spavento; sgomento; sbigottimento; panico; spaghetto (*fam.*). • **s.-heading** (*o* **s. headline**), titolo allarmistico (*di giornale*) □ **s. story**, notizia (*o* voce) allarmistica □ **war scares**, (diffusi) timori di una guerra.

to **scare** /skeə(r)/, v. t. spaventare; atterrire; sbigottire; sgomentare; impaurire. • **to s. away (off)**, far fuggire (dallo spavento); mettere in fuga (spaventando); scoraggiare, far allontanare (*clienti, ecc.*): **The police scared away the kidnappers**, la polizia mise in fuga i rapitori □ (*fam.*) **to s. sb. stiff**, spaventare a morte q. □ (*fam.*) **to s. the hell out of sb.**, far prendere a q. una paura del diavolo □ (*volg.*) **to s. the shit out of sb.**, fare in modo che q. se la faccia sotto per la paura □ (*fam. USA*) **to s. up**, mettere insieme, improvvisare (*un pasto, ecc.*); raggranellare (*soldi, ecc.*) □ **to be scared to death**, essere spaventato a morte □ (*fam.*) **to be scared out of one's mind** (*o* **wits**), non capire più nulla dalla paura □ **to get scared**, impaurirsi; spaventarsi.

scarecrow /ˈskeəkrəʊ/, n. *1* spaventapasseri (*anche fig.*) *2* (*fig.*) spauracchio *3* (*fig.*) straccione *4* (*fig.*) (un) tipo pelle e ossa.

scaredy-cat /ˈskeədɪkæt/, n. (*fam.*) fifone, fifona; coniglio (*fig.*).

scaremonger /ˈskeəmʌŋgə(r), *USA* -mɒ-/, n. (*specialm. rif. a giornalista*) allarmista.

scaremongering /ˈskeəmʌŋgərɪŋ, *USA* -mɒ-/, n. allarmismo.

scarf (1) /skɑːf/, n. (*pl.* **scarfs, scarves**) *1* sciarpa; (*mil.*) fascia *2* cravatta; cravattone *3* (*relig.*) stola. • **s.-pin**, spilla per cravatta □ **s.-ring**, anello per sciarpa.

scarf (2) /skɑːf/, n. *1* (*falegn.*) ammorsatura *2* (= **s.-joint**) giunto ad ammorsatura *3* (*caccia alla balena*) incisione (*fatta longitudinalmente nella pelle d'una balena*).

to **scarf** /skɑːf/, v. t. *1* (*falegn.*) ammorsare; fare un giunto ad ammorsatura in (*un pezzo di legno*) *2* scuoiare (*una balena*) incidendo solchi nella pelle *3* (*metall.*) scriccare alla fiamma (*o* col cannello).

scarfing /ˈskɑːfɪŋ/, n. *1* (*falegn.*) ammorsatura *2* scuoiamento (*d'una balena*) *3* (*metall.*) scriccatura alla fiamma (*o* col cannello).

scarfskin /ˈskɑːfskɪn/, n. (*anat.*) epidermide.

scarification /skeərɪfɪˈkeɪʃn/, n. (*med., agric.*) scarificazione; scarificatura.

scarificator /ˈskeərɪfɪkeɪtə(r)/, **scarifier** /ˈskeərɪfaɪə(r)/, n. (*med., agric.*) scarificatore.

to **scarify** /ˈskeərɪfaɪ/, v. t. *1* (*med., agric, ecc.*) scarificare *2* (*fig.*) biasimare aspramente; criticare severamente.

scarious /ˈskeərɪəs/, a. (*bot.*) scarioso.

scarlatina /skɑːləˈtiːnə/, n. (*med.*) scarlattina.

scarlet /ˈskɑːlət/, **A** n. *1* colore scarlatto *2* stoffa scarlatta. **B** a. scarlatto. • (*med.*) **s. fever**, scarlattina □ **s. hat**, cappello da cardinale; (*fig.*) la porpora □ **the s. letter**, un'«A» scarlatta (*marchio imposto un tempo alle adultere come segno di colpa*) □ (*bot.*) **s. oak** (*Quercus coccinea*), quercia americana □ (*bot.*) **s. pimpernel** (*Anagallis arvensis*), anagallide, mordigallina (a fiori rossi) □ (*letter., teatr.*) **the S. Pimpernel**, la Primula Rossa □ (*med.*) **s. rash**, eritema da scarlattina □ (*bot.*) **s. runner** (*Phaseolus coccineus*), fagiolo di Spagna □ (*arc. o scherz.*) **s. woman**, pubblica peccatrice; passeggiatrice; prostituta □ (*secondo Lutero*; *spreg.*) **the S. Woman**, la Chiesa Cattolica; la Chiesa di Roma □ **dressed in s.**, vestito di scarlatto.

scaroid /ˈskeərɔɪd/, (*zool.*) **A** a. simile a scaride. **B** n. scaride.

scarp /skɑːp/, n. *1* scarpa, scarpata (*anche geol.*); pendio ripido *2* (*edil.*) muraglia (*o* terrapieno) a scarpa; sperone (*di muro*).

to **scarp** /skɑːp/, v. t. *1* tagliare (*un pendio*) a scarpata *2* munire (*un fosso*) di terrapieno a scarpa *3* (*edil.*) rinforzare (*un muro*) con uno sperone.

to **scarper** /ˈskɑːpə(r)/, v. i. (*pop.*) darsela a gambe; battersela; squagliarsela; filare (via).

scarred /skɑːd/, a. *1* segnato di cicatrici; sfregiato; deturpato *2* segnato; graffiato: **My mudguard is all s.**, ho il parafango tutto segnato *3* segnato (*da un dolore, ecc.*).

scarus /ˈskeərəs/, n. (*zool.*) *1* (*Sparisoma cretense*) scaro di Creta; pesce pappagallo *2* (*Scarus*) scaride.

scarves /skɑːvz/, pl. di **scarf (1)**.

scary /ˈskeərɪ/, a. (*fam.*) *1* pauroso; timoroso; timido *2* che incute paura; pauroso; terrificante.

scat /skæt/, inter. (*fam.*) va via!; passa via!; fila via!; smamma!

to **scat** /skæt/, v. i. (*fam.*) *1* filare via; andarsene; smammare *2* (*autom.*) filare; andare a tutta velocità.

scathe /skeɪð/, n. (*arc. o poet.*) danno; ferita; offesa. • **without s.**, illeso.

to **scathe** /skeɪð/, v. t. *1* (*raro*) criticare aspramente; stroncare *2* ustionare; scottare *3* (*arc.*) danneggiare; ferire; offendere.

scatheless /ˈskeɪðləs/, a. incolume; indenne; illeso.

scathing /ˈskeɪðɪŋ/, a. aspro; feroce; mordace; rovente (*fig.*); scottante; severo: **s. sarcasm**, sarcasmo feroce; **s. remarks**, osservazioni aspre (*o* mordaci). • **s. criticism**, critiche aspre; stroncatura □ **s. irony**, ironia pungente.

scatological /skætəˈlɒdʒɪkl/, a. scatologico.

scatologist /skæˈtɒlədʒɪst/, n. scatologo.

scatology /skæˈtɒlədʒɪ/, n. scatologia.

scatophagy /skæˈtɒfədʒɪ/, n. scatofagia.

scatter /ˈskætə(r)/, n. *1* spargimento; sparpagliamento *2* dispersione: (*stat., demogr.*) **s. of the population**, dispersione della popolazione *3* (*fam.*) numero ridotto: **a s. of phone calls in the morning**, un certo numero di telefonate (sparse) nella mattinata. • (*radio, TV*) **s. band**, banda di dispersione □ (*stat.*) **s. chart**, nube di punti □ (*stat.*) **s. diagram**, diagramma a dispersione (*o* a nube di punti) □ (*elab.*) **s. read**, lettura sparsa.

to **scatter** /ˈskætə(r)/, **A** v. t. *1* cospargere; spargere; sparpagliare; gettare; diffondere; disseminare: **to s. salt on a road in winter**, spargere sale su una strada d'inverno; **to s. seed**, gettare il seme; **to s. the fields with seed**, cospargere i campi di semente; **to s. light**, diffondere la luce *2* disperdere; sbaragliare; mettere in fuga: **The mounted police scattered the demonstrators**, la polizia a cavallo disperse i dimostranti; **The shouts scattered the birds**, le grida misero in fuga gli uccelli. **B** v. i. *1* disperdersi; sparpagliarsi: **The threatening clouds are scattering**, le nubi minacciose si disperdono *2* disperdersi; dividersi: **The escaped prisoners scattered at the crossroads**, all'incrocio gli evasi si divisero. • **to s. money about**, spendere e spandere □ **to s. to the four winds**, gettare (*o* volare) da tutte le parti.

scatterbrain /ˈskætəbreɪn/, n. individuo scervellato (*o* sventato).

scatterbrained /ˈskætəbreɪnd/, *a.* scervellato; sventato; sbadato.
scattered /ˈskætəd/, *a.* *1* sparso; disseminato: **s. hamlets**, villaggi sparsi qua e là *2* sporadico: **s. instances**, casi sporadici *3* (*del cielo*) poco nuvoloso. ● **s. showers**, piogge sparse.
scattering /ˈskætərɪŋ/, **A** *n.* *1* spargimento *2* dispersione; sparpagliamento *3* piccola quantità; numero ridotto: **a mere s. of fans**, pochissimi sostenitori *4* (*fis., elettr.*) diffusione; scattering *5* (*anche stat.*) dispersione. **B** *a.* *1* sparso; disseminato *2* disperso (*per es., di voti distribuiti fra vari candidati*).
scatty /ˈskætɪ/, *a.* (*fam.*) *1* matto; pazzo: **to drive sb. s.**, far diventare pazzo q.; fare ammattire q. *2* scervellato; sbadato, sventato.
scaup /skɔːp/, **scaup-duck** /ˈskɔːpdʌk/, *n.* (*zool., Aythya*) moretta: **greater s.**, (*Aythya marila*), moretta grigia; moretta maggiore; **lesser s.** (*Aythya affinis*), moretta minore.
to **scavenge** /ˈskævɪndʒ/, **A** *v. t.* *1* spazzare; scopare (*le strade, ecc.*) *2* (*mecc.*) lavare, fare il lavaggio a (*un motore*) *3* ricavare (*pezzi: da una vecchia auto*) *4* scovare, trovare (*roba vecchia ma utilizzabile*) *5* (*chim.*) decontaminare *6* (*metall.*) degassare (*il metallo fuso*). **B** *v. i.* *1* fare lo spazzino *2* (*d'animali, ecc.*) cercar cibo (*fra i rifiuti*) *3* cercare materiale utilizzabile.
scavenger /ˈskævɪndʒə(r)/, *n.* *1* spazzino; netturbino *2* (*zool.*) animale che si ciba d'immondizie (*o* di carogne); animale saprofago *3* chi cerca tra i rifiuti *4* (*mecc.*) apparecchio per lavaggi *5* (*chim.*) (sostanza) decontaminante. ● (*zool.*) **s. beetle** (*Hydrophilus*), idrofilo.
to **scavenger** /ˈskævɪndʒə(r)/, *v. i.* fare lo spazzino.
scazon /ˈskeɪzən/, *n.* (*poesia*) scazonte; coliambo.
scenario /səˈnɑːrɪəʊ, -ˈnɛə-, *USA* -ˈnæ-/ (*ital.*), *n.* (*pl.* **scenarios, scenari**) *1* (*teatr., cinem.*) sceneggiatura; scenario; canovaccio *2* piano d'azione; programma. ● **s. writer**, sceneggiatore.
scenarist /səˈnɑːrɪst, -ˈnɛə-, *USA* -ˈnæ-/, *n.* (*teatr., cinem.*) sceneggiatore.
to **scend** /sɛnd/, *V.* **send** (*2*).
scene /siːn/, *n.* *1* scena (*anche teatr.*); luogo; teatro (*fig.*): **Othello, Act I, s. II**, Otello, atto I, scena II; **the balcony s. in «Romeo and Juliet»**, la scena del balcone in «Giulietta e Romeo»; **distressing scenes**, scene strazianti; **The s. is laid in Rome**, la scena è posta a Roma; **on** (*o* **at**) **the s. of the disaster**, sul luogo del disastro; **Waterloo was the s. of a famous battle**, Waterloo fu teatro d'una famosa battaglia; **the s. of the crime**, la scena del delitto *2* spettacolo; vista; veduta; panorama: **a beautiful s.**, una veduta magnifica *3* scenata; scena: **Now don't make a s.**, via, non fare una scenata! *4* (*fam.*) ambiente; mondo: **the drug s.**, l'ambiente (*o* il mondo) della droga; **change of s.**, cambiamento d'ambiente *5* (*fam.*) cosa preferita; genere: **Opera is not my s.**, l'opera lirica non è il mio genere *6* (*arc.*) palcoscenico (*anche fig.*). ● **s. bay**, *V.* **s. dock** □ (*teatr.*) **s.-cloth**, sipario; tela □ (*teatr.*) **s. dock**, magazzino degli scenari □ (*in G.B.*) **scenes-of-crime officer**, poliziotto che svolge le indagini sul luogo del reato □ **s.-painter**, pittore di scene; scenografo □ **s.-painting**, scenografia □ (*teatr.*) **s.-shifter**, macchinista □ (*teatr.*) **s.-shifting**, cambiamento di scena □ (*teatr.*) **scenes painted by X.Y.**, scenografia di X.Y. □ (*fam. USA*) **a bad s.**, un'esperienza (o un episodio) spiacevole □ (*spesso fig.*) **behind the scenes**, dietro le scene; dietro le quinte □ (*spesso fig.*) **to come on the s.**, entrare in scena; comparire □ **to keep behind the scenes**, stare dietro le quinte; (*fig.*) tenersi in disparte □ (*fam. USA*) **to make the s.**, fare la propria comparsa; essere presente, esserci □ (*di cronista, inviato, ecc.*) **on the s.**, sul luogo (*di un avvenimento*) □ (*fig.*) **to quit the s.**, morire □ **to set the s.**, (*teatr.*) montare la scena; (*fig.*) ricostruire (*o* descrivere) un ambiente; (*anche*) creare le premesse (*per q.c.*) □ (*teatr.*) **set s.**, scenario □ (*fig.*) **to steal the s. from sb.**, distogliere l'attenzione del pubblico (*o* dei presenti) da q.
scenery /ˈsiːnərɪ/, *n.* *1* (*teatr.*) scenario *2* (*fig.*) paesaggio, panorama, veduta: **lake s.**, paesaggio lacustre; **The s. is imposing**, il panorama è maestoso.
scenic /ˈsiːnɪk/, *a.* *1* (*teatr.*) scenico: **s. performances**, rappresentazioni sceniche (*o* teatrali) *2* del paesaggio; del panorama; panoramico: **s. beauty**, bellezza del paesaggio; bellezze naturali; **s. route**, strada panoramica *3* (*d'un quadro, di un racconto, ecc.*) drammatico; icastico. ● **s. railway**, trenino di un parco (*o* di uno zoo); montagne russe (*a una fiera*). ‖ **-ally**, *avv.*
scenographer /siːˈnɒgrəfə(r)/, *n.* (*teatr.*) scenografo.
scenographic(al) /siːnəʊˈgræfɪk(l)/, *a.* (*teatr.*) scenografico. ‖ **-ally**, *avv.*
scenography /siːˈnɒgrəfɪ/, *n.* *1* (*teatr.*) scenografia *2* (*disegno*) riproduzione prospettica.
scent /sɛnt/, *n.* *1* profumo; odore; fragranza; aroma; olezzo: **the s. of flowers**, il profumo dei fiori; **a s. of stale smoke**, un odore di fumo stantio *2* profumo; essenza: **a bottle of s.**, una boccetta di profumo; **Put some s. on your handkerchief**, metti un po' di profumo sul fazzoletto! *3* (*caccia*) odore della selvaggina; scia, traccia, pista (*anche fig.*): **The s. was weak**, l'odore della selvaggina era debole; **to lose the s.**, perdere le tracce; **The s. is hot**, la pista è calda (*anche fig.*) *4* (*anche fig.*) fiuto; odorato: **Some dogs have practically no s.**, certi cani sono quasi privi di fiuto; **He has a s. for young talent**, ha molto fiuto per scoprire giovani dotati. ● **s. bag**, sacchetto profumato □ (*zool.*) **s. gland**, ghiandola odorifera □ (*anche fig.*) **to follow a false s.**, seguire una pista sbagliata; essere fuori strada (*fig.*) □ **to get s. of st.**, aver sentore di q.c. □ **to be off the s.** (*o* **on a false s.**), seguire una falsa pista □ **to be on the s. of**, essere sulle tracce di; (*fig.*) essere sul punto di (*fare q.c.*) □ **to put** (*o* **to throw**) **sb. off the s.**, far perdere le tracce a q.; mettere q. su una falsa pista.
to **scent** /sɛnt/, **A** *v. t.* *1* (*d'animali*) fiutare; (*fig.*) aver sentore di; subodorare: **The dogs had scented a hare**, i cani avevano fiutato una lepre; **to s. danger** [**a snare**], fiutare il pericolo [subodorare un'insidia] *2* profumare; olezzare: **Flowers s. the air**, i fiori profumano l'aria. **B** *v. i.* *1* (*d'animali*, = **to s. the air**) fiutare; annusare *2* sapere, sentire (*all'olfatto*): **This cellar scents of mould**, questa cantina sa di muffa. ● **to s. out**, scoprire (*selvaggina, ecc.*) col fiuto; (*fig.*) scoprire, scovare: **At last the FBI scented out his hide-out**, alla fine l'FBI scoprì il suo nascondiglio.
scented /ˈsɛntɪd/, *a.* profumato; odoroso: **s. flowers**, fiori odorosi.
scentless /ˈsɛntləs/, *a.* *1* inodoro; senza profumo: **a s. rose**, una rosa senza profumo *2* (*d'animale*) privo di fiuto.
scepsis /ˈskɛpsɪs/, *n.* (*filos.*) scepsi.
scepter /ˈsɛptə(r)/, (*USA*) *V.* **sceptre**.
sceptic /ˈskɛptɪk/, *n.* (*anche filos.*) scettico.
sceptical /ˈskɛptɪkl/, *a.* (*anche filos.*) scettico: **I'm s. of** (*o* **about**) **his success**, sono scettico sulla sua riuscita. ‖ **-ly**, *avv.*
scepticism /ˈskɛptɪsɪzəm/, *n.* (*anche filos.*) scetticismo.
sceptre /ˈsɛptə(r)/, *n.* scettro (*anche fig.*); potere regale.
sceptred /ˈsɛptəd/, *a.* *1* scettrato (*poet.*); munito di scettro *2* (*fig.*) che ha il potere regale.
schedule /ˈʃɛdjuːl, *USA* ˈskɛdʒəl/, *n.* *1* elenco; lista; distinta; prospetto; scaletta; specchietto; tabella: (*fin., banca*) **s. of rates**, scaletta dei tassi; (*naut.*) **s. of freight rates**, tabella dei noli *2* programma, piano (*di lavoro, delle consegne, ecc.*): **s. of operations**, programma operativo *3* (*trasp.*) orario: **train s.**, orario ferroviario *4* (*fisc.*) categoria: **There are six tax schedules in Great Britain**, in Gran Bretagna ci sono sei categorie d'imposta *5* (*stat.*) questionario; scheda *6* (*leg.*) allegato; (*specialm.*) inventario (*della massa fallimentare*). ● (*ass.*) **s. rate**, tariffa tabellare □ (**according**) **to s.**, secondo la tabella di marcia; rispettando i tempi (*delle consegne, ecc.*) □ **ahead of** [**behind**] **s.**, in anticipo [in ritardo] sulla tabella di marcia (*o* rispetto al previsto) □ **on s.**, in orario: **The plane was on s.**, l'aereo era in orario □ **I've got a pretty busy** (*o* **a tight**) **s. for tomorrow**, domani ho una giornata piena d'impegni.
to **schedule** /ˈʃɛdjuːl, *USA* ˈskɛdʒəl/, *v. t.* *1* mettere in programma; programmare; fissare; stabilire: **The meeting of creditors has been scheduled for next week**, l'assemblea dei creditori è stata fissata per la prossima settimana *2* (*trasp.*) mettere in orario, istituire (*corse di treni, ecc.*) *3* mettere in lista; elencare; fare una lista di *4* (*elab.*) schedulare; programmare; organizzare *5* (*cronot.*) tempificare.
scheduled /ˈʃɛdjuːld, *USA* ˈskɛdʒəld/, *a.* *1* fissato; in programma *2* (*aeron.*) di linea: **to travel by s. flight**, viaggiare con un volo (*o* un aereo) di linea; **s. service**, servizio di linea *3* (*ingl.: di un edificio, ecc.*) dichiarato d'interesse architettonico e storico. ● **s. maintenance**, manutenzione ordinaria □ (*fin.*) **s. territories**, area della sterlina.
scheduler /ˈʃɛdjuːlə(r), *USA* ˈskɛdʒəl-/, *n.* (*elab.*) schedulatore; ordinatore dei processi.
scheduling /ˈʃɛdjuːlɪŋ, *USA* ˈskɛdʒəl-/, *n.* *1* programmazione *2* (*trasp.*) istituzione (*di treni nuovi, ecc.*) *3* inserimento in lista; elencazione *4* (*elab.*) schedulazione; programmazione *5* (*cronot.*) tempificazione.
schema /ˈskiːmə/, *n.* (*pl.* **schemata**) schema (*anche elab.*); diagramma; sinossi.
schematic /skɪˈmætɪk, skiː-/, *a.* schematico. ‖ **-ally**, *avv.*
schematism /ˈskiːmətɪzəm/, *n.* schematismo.
schematization /skiːmətaɪˈzeɪʃn, *USA* -tɪ-ˈz-/, *n.* schematizzazione.
to **schematize** /ˈskiːmətaɪz/, *v. t.* schematizzare; rendere schematico.
scheme /skiːm/, *n.* *1* piano; progetto; programma; disegno; combinazione; disposizione; schema: **a s. of work**, un piano di lavoro; **a colour s.**, una combinazione di colori; **a furnishing s.**, una particolare disposizione dei mobili; uno schema d'arredamento *2* trucco; stratagemma: **a s. to dodge taxation**, un trucco per non pagare le tasse *3* intrigo; macchinazione; trama; congiura; complotto: **the schemes of the courtiers**, gli intrighi dei cortigiani *4* (*specialm. ingl.*) piano governativo (*o* aziendale): **a hydroelectric s.**, un piano (governativo) idroelettrico *5* progetto impossibile (*o* illusorio) *6* (*elab.*) schema. ● (*leg.*) **s. of composition**, proposta di concordato (*fallimentare*).
to **scheme** /skiːm/, *v. t.* e *i.* *1* (*raro*) progettare; far progetti; disegnare; pianificare *2* intrigare; macchinare; ordire; tramare; complottare: **They were scheming (a plot) against the queen**, tramavano contro la regina.
scheme arch /ˈskiːmɑːtʃ/, *locuz. n.* (*archit.*) arco scemo.
schemer /ˈskiːmə(r)/, *n.* *1* (*raro*) chi fa progetti; progettatore *2* macchinatore; intrigante; chi complotta.
scheming /ˈskiːmɪŋ/, *a.* intrigante; astuto; che trama. ● **a s. fellow**, un intrigante.
scherzo /ˈskɛətsəʊ/ (*ital.*), *n.* (*pl.* **scherzos, scherzi**) (*mus.*) scherzo.
schilling /ˈʃɪlɪŋ/ (*ted.*), *n.* scellino austriaco.
schism /ˈskɪzəm, ˈsɪz-/, *n.* scisma (*anche fig.*): **There was a s. in the Labour party**, ci fu uno scisma nel partito laburista.
schismatic /skɪzˈmætɪk, sɪz-/, *a.* e *n.* scismatico.
schismatical /skɪzˈmætɪkl, sɪz-/, *a.* scismati-

co. || **-ly**, *avv.*

schist /ʃɪst/, *n.* (*geol.*) scisto (*roccia*).

schistose /ˈʃɪstəʊs/, **schistous** /ˈʃɪstəs/, *a.* (*geol.*) scistoso.

schistosity /ʃɪˈstɒsətɪ/, *n.* (*geol.*) scistosità.

schistosoma /ʃɪstəˈsəʊmə/, *n.* (*biol.*) schistosoma.

schistosomiasis /ʃɪstəsəʊˈmaɪəsɪs/, *n.* (*pl.* **schistosomiases**) (*med.*) schistosomiasi.

schizo /ˈskɪtsəʊ/, (*fam.*) *V.* **schizophrenic**.

schizoid /ˈskɪtsɔɪd, -dz-/, *a.* e *n.* (*psic.*) schizoide.

schizomycete /skɪtsəʊmaɪˈsiːt, -ˈmaɪs-, sk(a)ɪz-/, *n.* (*biol.*) schizomicete; batterio.

schizophrenia /skɪtsəʊˈfriːnɪə, -ɛn-/, *n.* (*psic.*) schizofrenia.

schizophrenic /skɪtsəʊˈfrɛnɪk/, *a.* e *n.* (*psic.*) schizofrenico (*anche fig.*).

to **schiz out** /ˈskɪtsˈaʊt/, *v. i.* (*pop. USA*) andare giù di testa; dare i numeri.

schlemiel /ʃləˈmiːl/, *n.* (*pop. USA*) babbeo; gonzo; credulone; fesso; tontolone.

schlep /ʃlɛp/, *n.* (*pop. USA*) ***1*** balordo; stupido; tontolone ***2*** tragitto; viaggio: **a 5-mile s.**, tragitto di 5 miglia.

to **schlep** /ʃlɛp/, (*pop. USA*) **A** *v. t.* trasportare con difficoltà; trascinare; tirarsi dietro (*anche una persona*); strascicare. **B** *v. i.* trascinarsi; strascicarsi; procedere a stento.

schlepper /ˈʃlɛpə(r)/, *n.* (*pop. USA*) ***1*** opportunista; scroccone; arraffone ***2*** rompiscatole; chi chiede sempre favori.

schleppy /ˈʃlɛpɪ/, *a.* (*pop. USA*) balordo; stupido; tonto; fesso.

schlock /ʃlɒk/, *n.* (*pop. USA*) cianfrusaglia; roba scadente; merce da due soldi. ● **s. joint**, negozio di cianfrusaglie.

schlocky /ˈʃlɒkɪ/, *a.* (*pop. USA*) ***1*** scadente; da due soldi ***2*** vistoso; di cattivo gusto.

schlong /ʃlɒŋ, *USA* -ɔːŋ/, *n.* (*volg. USA*) cazzo, uccello (*volg.*); pene.

schloomp /ʃlʊmp/, **schlump** /ʃlʊmp, -ʌ-/, *n.* (*pop. USA*) tardo di comprendonio; imbecille; cretino; stupido.

schlub /ʃlʌb/, *n.* (*pop. USA*) individuo rozzo, stupido; zoticone.

schmalz /ʃmɔːlts, -ɒl-, -æl-, *USA* -ɔːl-, -ɑːl-/, *n.* (*pop. USA*) ***1*** sdolcinatezza; svenevolezza; smanceria ***2*** musica sentimentale, sdolcinata.

schmalzy /ˈʃmɔːltsɪ, -ɒl-, -æl-, *USA* -ɔːl-, -ɑːl-/, *a.* (*pop. USA*) sdolcinato; svenevole; smanceroso.

schmattah /ˈʃmætə, ˈʃmʌ-, *USA* ˈʃmɑː-/, **schmatte** /ˈʃmætə, ˈʃmʌ-, *USA* ˈʃmɑː-/, *n.* (*pop. USA*) vestito usato, logoro; straccetto (*fig.*).

schmear /ʃmɪə(r)/, *n.* (*pop. USA*) bustarella; pizzo; tangente.

to **schmear** /ʃmɪə(r)/, *v. t.* (*pop. USA*) ***1*** ungere (*fig.*); comprare, corrompere ***2*** sviolinare (*fig. fam.*); adulare.

schmeck /ʃmɛk/, *n.* (*pop. USA*) ***1*** morso (*di q.c.*); assaggio ***2*** eroina (*droga*). ● **to be hooked on s.**, essere un eroinomane.

schmecker /ˈʃmɛkə(r)/, *n.* (*pop. USA*) eroinomane.

schmo(e) /ʃməʊ/, *n.* (*pop. USA*) ***1*** gonzo; fesso; babbeo; credulone ***2*** tipo cocciuto, odioso ***3*** tipo; tizio; individuo ***4*** (*eufem.*) *V.* **schlong**.

schmooze /ʃmuːz/, *n.* (*pop. USA*) chiacchierata; pettegolezzo.

to **schmooze** /ʃmuːz/, *v. i.* (*pop. USA*) chiacchierare; pettegolare.

schmoozer /ˈʃmuːzə(r)/, *n.* (*pop. USA*) chiacchierone, chiacchierona; chi ha la lingua sciolta.

schmoozing /ˈʃmuːzɪŋ/, *n. collett.* (*pop. USA*) chiacchiere; pettegolezzi.

schmuck /ʃmʌk/, *n.* (*pop. USA*) ***1*** individuo spregevole; bastardo; figlio di buona donna ***2*** stupido; fesso; tontolone ***3*** (*volg.*) *V.* **schlong**.

schmucky /ˈʃmʌkɪ/, *a.* (*pop. USA*) ***1*** spregevole; sgradevole; bastardo ***2*** stupido; fesso; tonto.

schnapper /ˈʃnæpə(r)/, *n.* (*zool.*) *V.* **snapper**.

schnaps /ʃnæps, -ɑː-/, **schnapps** /ʃnæps, -ɑː-/ (*ted.*), *n.* schnaps; superalcolico.

schnitzel /ˈʃnɪtsl/ (*ted.*), *n.* (*cucina*) cotoletta (di vitello).

schnockered /ˈʃnɒkəd/, **schnoggered** /ˈʃnɒgəd/, *a.* (*pop. USA*) ubriaco; sbronzo.

schnook /ʃnʊk/, *n.* (*pop. USA*) babbeo; gonzo; credulone; tontolone.

schnorkel /ˈʃnɔːkl/, *V.* **snorkel**.

to **schnorr** /ʃnɔː(r)/, *v. t.* (*pop. USA*) sfruttare (q.). ● **to s. sb. for money**, scroccare denaro a q.

schnorrer /ˈʃnɔːrə(r)/, *n.* sfruttatore; scroccone; parassita; chi vive a sbafo (*o* a ufo).

schnozzle /ˈʃnɒzl/, **schnozzola** /ʃnɒˈzəʊlə/, *n.* (*pop. USA*) naso.

scholar /ˈskɒlə(r)/, *n.* ***1*** studioso; dotto; erudito ***2*** borsista; vincitore di una borsa di studio ***3*** (*fam.*) persona colta, istruita ***4*** (*arc. o dial.*) scolaro, scolara. ● **a classical s.**, un umanista; un classicista □ **a Greek s.**, un grecista □ (*pop.*) **He's not much of a s.**, non è un gran letterato; sa appena leggere e scrivere.

scholarly /ˈskɒləlɪ/, *a.* ***1*** dotto; erudito ***2*** dedito agli studi; studioso ***3*** da eruditi; accademico: **a s. journal**, una rivista accademica.

scholarship /ˈskɒləʃɪp/, *n.* ***1*** dottrina; erudizione; cultura; sapere: **a fine piece of s.**, una bella opera di erudizione ***2*** borsa di studio: **to award a s.**, assegnare una borsa di studio. ● **s. holder**, borsista.

scholastic /skəˈlæstɪk/, **A** *a.* ***1*** (*anche filos.*) scolastico: **s. life**, vita scolastica; **s. theology**, teologia scolastica ***2*** (*fig.*) pedantesco. **B** *n.* ***1*** (*filos.*) scolastico ***2*** (*fig.*) formalista; pedante. ● **s. attire**, divisa della scuola □ **a s. post**, un posto d'insegnante □ **the s. profession**, la professione dell'insegnante; l'insegnamento. || **-ally**, *avv.*

scholasticism /skəˈlæstɪsɪzəm/, *n.* ***1*** (*filos.*) scolastica ***2*** (*in didattica*) pedanteria; (*spreg.*) scolasticume.

scholiast /ˈskəʊlɪæst/, *n.* scoliaste; chiosatore; commentatore.

scholium /ˈskəʊlɪəm/, *n.* (*pl.* **scholia, scholiums**) (*lett.*) scolio; chiosa; commento.

school (1) /skuːl/, **A** *n.* ***1*** scuola; (*fig.*) lezioni, studi: **to go to s.**, andare a scuola; **to leave s.**, finire la scuola (*o* gli studi); **to stay after s.**, restare a scuola dopo la fine delle lezioni; **to quit s.**, abbandonare gli studi (*o* la scuola); **You are late again for s.**, sei di nuovo in ritardo per la scuola; **I am in favour of the comprehensive schools**, sono favorevole alle scuole onnicomprensive; **All the s. knows**, tutta la scuola lo sa; (*fig.*) **the hard s. of life**, la dura scuola della vita; **the Flemish s. of painting**, la scuola fiamminga (di pittura) ***2*** scuola di perfezionamento: **a s. of oculistics**, una scuola di perfezionamento in oculistica ***3*** (*specialm. USA*) facoltà (*universitaria*); (*anche*) università: **a law s.**, una facoltà di giurisprudenza; (*USA*) **the s. of liberal arts**, la facoltà di lettere ***4*** corso di studi; istituto universitario: **the history s.**, il corso di studi storici; **the mathematical s.**, l'istituto di matematica ***5*** (*pl.*) esami di laurea (*a Oxford*) ***6*** (*pl.*) (*stor.*) – **the Schools**, le università medievali ***7*** aula (universitaria) (*specialm. a Oxford*): **the chemistry s.**, l'aula di chimica ***8*** (*fam.*) combriccola (*di bevitori, giocatori, ecc.*); banda; ghenga. **B** *a. attr.* scolastico: **s. library**, biblioteca scolastica; **s. French**, francese scolastico. ● **s. age**, età scolare: **s.-age children**, i bambini in età scolare □ **s. bell**, campanella □ **s. board**, comitato scolastico locale (*in U.S.A.*; *non più in G.B.*) □ **s. books**, libri scolastici; libri di testo □ (*fam. USA*) **s.-book** (*agg.*), semplificato, elementare □ **s. bus**, scuolabus □ **s. day**, giorno di scuola □ **s. days**, i giorni di scuola; (*specialm.*) il tempo in cui s'andava a scuola □ **s. district**, distretto scolastico □ **s. doctor**, medico scolastico; (*filos.*) (filosofo) scolastico; (*stor.*) professore d'università medioevale □ **s. fees**, tasse scolastiche □ (*pattinaggio*) **s. figures**, figure obbligatorie □ **s. inspector**, ispettore scolastico □ **s.-leaver**, chi ha assolto l'obbligo scolastico; diplomato □ **s.-leaving age**, età dell'adempimento dell'obbligo scolastico (*16 anni in G.B.*) □ (*arc.*) **s. miss**, educanda; ragazzina inesperta e timida □ **s. of dancing**, scuola di ballo □ (*fig.*) **the s. of hard knocks**, la dura scuola dell'esperienza personale □ (*autom.*) **s. of motoring**, scuola guida □ (*comm.*) **s. outfitter**, fornitore di articoli per la scuola □ **s. report**, pagella (scolastica) □ (*fam.*) **s. run**, il portare i figli a scuola □ (*naut.*) **s. ship**, nave scuola □ **s. song**, inno della scuola □ **s. term**, trimestre; quadrimestre □ **s. tie**, cravatta della scuola (*a strisce, o con uno stemma*) □ **s.-time**, ore di lezione (*o* di studio) □ (*comm.*) **s. wear**, indumenti per uso scolastico (*uniformi, ecc.*) □ **s. welfare officer**, assistente sociale che si occupa degli studenti bisognosi o difficili □ **s. year**, anno scolastico □ **a gentleman of the old s.**, un signore di vecchio stampo □ (*fig.*) **to be hot from s.**, essere fresco di studi □ **to keep a s.**, gestire una scuola privata □ **the old s. tie**, la cravatta della scuola (*portata dagli ex alunni*); (*fig.*) lo spirito di corpo □ **primary** (*o* **elementary**) **s.**, scuola elementare; scuola primaria □ **public schools**, (*in G.B.*) scuole private d'antica tradizione (*quali Eton, Harrow, ecc.*); (*in U.S.A.*) scuole pubbliche □ **secondary s.**, scuola secondaria; scuola media □ (*USA*) **senior high s.**, scuola media superiore □ **state schools**, scuole statali; scuole pubbliche □ (*USA*) **to teach s.**, insegnare; essere un insegnante □ **technical schools**, scuole tecniche (*o* istituti tecnici) industriali □ (*stor., relig.*) **the theology of the Schools**, la teologia scolastica □ **vocational s.**, scuola professionale □ (*in G.B.*) **voluntary schools**, scuole private (*spesso tenute da religiosi*) □ **That artist has created a s.** [**has left no s. behind him**], quell'artista ha fatto [non ha fatto] scuola.

school (2) /skuːl/, *n.* (*di pesci, delfini, balene*) banco; frotta: **a s. of mackerel**, un banco di sgombri.

to **school** (1) /skuːl/, *v. t.* ***1*** istruire; ammaestrare; insegnare a ***2*** alfabetizzare; scolarizzare ***3*** disciplinare; dominare; frenare; tenere a freno: **to s. one's feelings**, dominare i propri sentimenti ***4*** coltivare (*la mente*); esercitare (*una dote naturale*) ***5*** addestrare, ammaestrare (*anche un cavallo*) ***6*** (*arc.*) mandare a scuola. ● **to s. oneself in forbearance**, abituarsi all'esercizio della sopportazione □ **He has been schooled by hardships**, s'è formato alla scuola dei duri sacrifici.

to **school** (2) /skuːl/, *v. i.* (*di pesci, delfini, balene*) formare banchi; nuotare in frotte.

schoolable /ˈskuːləbl/, *a.* ***1*** (*di bambino*) in età scolare ***2*** (*di un cavallo, ecc.*) che si può addestrare; ammaestrabile.

schoolbag /ˈskuːlbæg/, *n.* cartella; borsa dei libri.

schoolboy /ˈskuːlbɔɪ/, *n.* scolaro; scolaretto; studente. ● **s. slang**, gergo studentesco.

schoolchild /ˈskuːltʃaɪld/, *n.* (*pl.* **schoolchildren**) alunno, alunna; scolaro, scolara.

schooldame /ˈskuːldeɪm/, *n.* (*arc.*) maestra di una scuola per ragazze.

schoolfellow /ˈskuːlfɛləʊ/, *n.* compagno (*o* compagna) di scuola.

schoolfriend /ˈskuːlfrɛnd/, *n.* compagno (*o* compagna) di scuola.

schoolgirl /ˈskuːlgɜːl/, *n.* scolara; scolaretta; studentessa.

schoolhouse /ˈskuːlhaʊs/, *n.* edificio scolastico; scuola.

schooliganism /ˈskuːlɪgənɪzəm/, *n.* teppismo (*o* vandalismo) scolastico (*ai danni di edifici scolastici*).

schooling /ˈskuːlɪŋ/, *n.* ***1*** istruzione; educazione (scolastica) ***2*** alfabetizzazione; scolarizzazione.

schoolkid /ˈskuːlkɪd/, *n.* scolaretto, scolaretta.

schoolman /ˈskuːlmən/, *n.* (*pl.* **schoolmen**) ***1*** (*filos.*) scolastico; filosofo scolastico ***2*** (*stor.*) professore d'università medioevale ***3*** (*USA*) uomo di scuola; docente; insegnante.

schoolmarm /ˈskuːlmɑːm/, *n.* ***1*** (*specialm. USA*) professoressa; maestra ***2*** (*spreg.*) donna all'antica; passatista ***3*** (*spreg.*) donna saccente (*o* pedante).

schoolmaster /ˈskuːlmɑːstə(r), *USA* -æs-/, *n.* ***1*** insegnante; docente; professore (*specialm. di una «public school» inglese*; *q.V.*) ***2*** gestore di scuola (privata).

schoolmastering /ˈskuːlmɑːstərɪŋ, *USA* -æs-/, *n.* professione d'insegnante; insegnamento.

schoolmate /ˈskuːlmeɪt/, *n.* compagno (*o* compagna) di scuola.

schoolmistress /ˈskuːlmɪstrɪs/, *n.* ***1*** (*quasi arc.*) insegnante; docente; professoressa ***2*** gestrice di scuola (privata).

schoolroom /ˈskuːlruːm, -rum/, *n.* aula; classe (scolastica).

schoolteacher /ˈskuːltiːtʃə(r)/, *n.* insegnante; maestro; professore (*di scuola secondaria*).

schoolteaching /ˈskuːltiːtʃɪŋ/, *n.* insegnamento (scolastico).

schoolwork /ˈskuːlwɜːk/, *n.* lavoro (*o* compito) in classe (*cfr.* **homework**).

schooner /ˈskuːnə(r)/, *n.* ***1*** (*naut.*) goletta; schooner ***2*** (*USA*) boccale da birra (*di solito, della capacità di una pinta*) ***3*** (*ingl.*) grosso bicchiere da sherry. ● (*USA*) **prairie s.**, carro coperto (*usato dai pionieri nelle migrazioni*).

schorl /ʃɔːl/, *n.* (*miner.*) tormalina nera; sciorlo.

schtick /ʃtɪk/, *n.* (*pop. USA*) numero (*di varietà*).

schtoonk /ʃtʊŋk/, *n.* individuo odioso, spregevole; bastardo.

schwa /ʃwɑː, ʃvɑː/, *n.* (*fon. ingl.*) «schwa»; e capovolta (ə).

sciagram /ˈsaɪəgræm/, **sciagraph** /ˈsaɪəgrɑːf, *USA* -æf/, *n.* (*astron.*) sciografia.

sciagraphic /saɪəˈgræfɪk/, *a.* (*astron.*) sciagrafico.

sciagraphy /saɪˈægrəfɪ/, *n.* (*astron.*) sciografia.

scialytic /saɪəˈlɪtɪk/, *a.* scialitico: **s. lamp**, lampada scialitica.

sciascopy /saɪˈæskəpɪ/, *n.* (*med.*) sciascopia; retinoscopia.

sciatic /saɪˈætɪk/, *a.* ***1*** (*anat.*) sciatico; ischiatico: **s. nerve**, nervo sciatico ***2*** (*med.*) affetto da sciatica. ● (*med.*) **s. pain**, sciatalgia.

sciatica /saɪˈætɪkə/, *n.* (*med.*) sciatica.

science /ˈsaɪəns/, *n.* ***1*** scienza: **the progress of s.**, il progresso della scienza; **pure s.**, la scienza pura ***2*** tecnica; abilità: **In boxing, s. is more important than strength**, nel pugilato la tecnica vale più della forza. ● **s. fiction**, fantascienza □ **the s. of boxing**, l'arte del pugilato □ **s. of nutrition**, scienza dell'alimentazione □ **s. park**, centro di ricerca applicata □ (*scherz.*) **the dismal s.**, l'economia politica □ **exact s.**, le scienze esatte □ (*fam.*) **to have st. down to a s.**, saper fare q.c. alla perfezione □ **a man of s.**, un uomo di scienza; uno scienziato □ **military s.**, l'arte militare □ **natural s.**, le scienze naturali □ **social sciences**, le scienze sociali.

scienter /saɪˈɛntə(r)/ (*lat.*), *avv.* (*leg.*) scientemente; intenzionalmente.

sciential /saɪˈɛnʃl/, *a.* ***1*** conoscitivo; che produce conoscenza ***2*** esperto; che possiede conoscenza.

scientific /saɪənˈtɪfɪk/, *a.* ***1*** scientifico: **s. method**, metodo scientifico; **s. apparatus**, apparecchiature scientifiche; **s. instruments**, strumenti scientifici ***2*** tecnico; esperto; dotato di buona tecnica: **a s. boxer**, un pugile dotato di buona tecnica. ● (*fam.*) **to be s. about st.**, trattare q.c. in modo scientifico □ **s. books**, libri di scienze □ **s. fair**, mostra della scienza □ **s. men**, gli scienziati □ **a s. thinker**, uno che pensa in termini scientifici. || **-ally**, *avv.*

scientifiction /saɪəntɪˈfɪkʃn, saɪɛn-/, *n.* (*USA*) fantascienza.

scientism /ˈsaɪəntɪzəm/, *n.* ***1*** metodi scientifici; vedute caratteristiche degli scienziati ***2*** (*filos., relig.*) scientismo.

scientist /ˈsaɪəntɪst/, *n.* ***1*** scienziato ***2*** (*filos., relig.*) scientista.

scientologist /saɪənˈtɒlədʒɪst/, *n.* membro della scientology (*q.V.*).

scientology /saɪənˈtɒlədʒɪ/, *n.* (*relig.*) «scientology» (*setta d'origine americana, introdotta in G.B. nel 1968*).

sci-fi /ˈsaɪfaɪ/, *a.* (*specialm. USA*; *acronimo fam. di* **science fiction**) fantascientifico. ● (*mus., radio, TV*) **s. effect**, effetto (sonoro) fantascientifico.

scilicet /ˈsɪlɪsɛt, ˈsaɪ-, *USA* ˈskiːlɪkɛt/ (*lat.*), *avv.* cioè; vale a dire.

scilla /ˈsɪlə/, *n.* (*bot., Scilla*) scilla.

Scillonian /sɪˈləʊnɪən/, *a.* e *n.* (abitante, nativo) delle isole Scilly.

scimitar /ˈsɪmɪtə(r)/, *n.* scimitarra.

scintigram /ˈsɪntɪgræm/, *n.* (*med.*) scintigramma.

scintigraphy /sɪnˈtɪgrəfɪ/, *n.* (*med.*) scintigrafia.

scintilla /sɪnˈtɪlə/, *n.* (*pl.* **scintillas, scintillae**) ***1*** (*scient.*) scintilla ***2*** (*fig.*) barlume; briciolo: **There's not a s. of truth**, non c'è un briciolo di verità.

scintillant /sɪnˈtɪlənt/, *a.* (*form.*) scintillante.

to **scintillate** /ˈsɪntɪleɪt/, *v. i.* (*specialm. scient.*) scintillare.

scintillating /ˈsɪntɪleɪtɪŋ/, *a.* scintillante (*anche fig.*): **s. conversation**, conversazione scintillante.

scintillation /sɪntɪˈleɪʃn/, *n.* ***1*** (*scient.*) scintillamento ***2*** (*astron.*) scintillazione.

scintillator /ˈsɪntɪleɪtə(r)/, *n.* (*fis.*) scintillatore.

sciolism /ˈsaɪəlɪzəm/, *n.* conoscenza superficiale; infarinatura (*fig.*); saccenteria.

sciolist /ˈsaɪəlɪst/, *n.* persona che ha una cultura superficiale; saccente.

sciolistic /saɪəˈlɪstɪk/, *a.* saccente; saputo.

scion /ˈsaɪən/, *n.* ***1*** (*agric.*) marza; nesto; pollone ***2*** (*fig.*) rampollo, discendente (*di famiglia nobile*).

scirrhoid /ˈsɪrɔɪd, ˈskɪ-/, *a.* (*med.*) scirroide.

scirrhosity /sɪˈrɒsətɪ, skɪ-/, *n.* (*med.*) scirrosità.

scirrhous /ˈsɪrəs, ˈskɪ-/, *a.* (*med.*) scirroso.

scirrhus /ˈsɪrəs, ˈskɪ-/, *n.* (*pl.* **scirrhi, scirrhuses**) (*med.*) scirro.

scissel /ˈsɪsl, ˈsɪzl/, *n.* (*ind.*) ritagli metallici; sbavatura.

scissile /ˈsɪsaɪl, *USA* ˈsɪsl/, *a.* (*scient.*) scissile; che si sfalda facilmente.

scission /ˈsɪʒn, ˈsɪʃn/, *n.* (*scient.*) scissione.

to **scissor** /ˈsɪzə(r)/, *v. t.* tagliare con le forbici; sforbiciare. ● **to s. out**, ritagliare.

scissoring /ˈsɪzərɪŋ/, *n.* sforbiciatura.

scissors /ˈsɪzəz/, *n. pl.* ***1*** forbici: **a pair of s.**, un paio di forbici ***2*** (*col verbo al sing.*) (*ginnastica*) forbice; (*atletica*) salto a forbice; (*lotta*) presa a forbice. ● (*fig.*) **s.-and-paste job**, lavoro copiato (*o* abborracciato); lavoro di forbici e colla □ **s. case**, astuccio per forbici □ **s. cut**, forbiciata □ (*lotta*) **s. hold**, presa a forbice □ (*atletica*) **the s. jump**, il salto della forbice americana (*o* dello scavalcamento dorsale) □ (*nuoto e gioco del calcio*) **s. kick**, sforbiciata □ **buttonhole s.**, forbici con l'occhiello (*con un incavo vicino al perno*) □ **nail s.**, forbici per le unghie.

scissor(s) bill /ˈsɪzə(z)bɪl/, *n.* (*zool., Rhyncops*) rincope; becco a forbice.

scissor wing /ˈsɪzəwɪŋ/, *locuz. n.* (*aeron.*) V. **swing wing.**

scissure /ˈsɪʒə(r), -ʃə(r)/, *n.* (*raro*) ***1*** fessura; taglio ***2*** (*anat.*) scissura; fessura.

sciurine /ˈsaɪjərɪn, -raɪn/, (*zool.*) **A** *a.* della famiglia dello scoiattolo; degli Sciuridi. **B** *n.* scoiattolo.

sciuroid /ˈsaɪjərɔɪd, saɪˈjʊər-/, *a.* (*zool.*) simile allo scoiattolo; della famiglia degli Sciuridi.

sclera /ˈsklɪərə, *USA* ˈsklɛə-/, *n.* (*pl.* **scleras, sclerae**) (*anat.*) sclera; sclerotica.

scleral /ˈsklɪərəl, *USA* ˈsklɛə-/, *a.* (*anat.*) della sclera; sclerale.

sclereid /ˈsklɪərɪɪd, *USA* ˈsklɛə-/, *n.* (*bot.*) sclereide.

sclerenchyma /skləˈrɛŋkɪmə/, *n.* (*pl.* **sclerenchymas, sclerenchymata**) (*bot.*) sclerenchima.

scleritis /skləˈraɪtɪs/, *n.* (*med.*) sclerite.

scleroderma /sklɪərəˈdɜːmə, *USA* sklɛə-/, *n.* (*pl.* **sclerodermata, sclerodermas**) (*med.*) scleroderma.

scleroma /skləˈrəʊmə/, *n.* (*pl.* **scleromas, scleromata**) (*med.*) scleroma.

sclerometer /skləˈrɒmɪtə(r)/, *n.* (*fis.*) sclerometro.

scleroprotein /sklɪərəˈprəʊtiːn, *USA* sklɛə-/, *n.* (*biochim.*) scleroproteina.

scleroscope /ˈsklɪərəskəʊp, *USA* ˈsklɛə-/, *n.* (*fis.*) scleroscopio.

to **sclerose** /ˈsklɪərəʊs, *USA* ˈsklɛə-/, *v. t.* e *i.* (*med.*) sclerotizzare, sclerotizzarsi.

sclerosing /skləˈrəʊsɪŋ/, *a.* (*med.*) sclerosante.

sclerosis /skləˈrəʊsɪs/, *n.* (*pl.* **scleroses**) (*med.*) sclerosi.

sclerotic /skləˈrɒtɪk/, **A** *a.* (*med.*) sclerotico. **B** *n.* (*anat.*) sclerotica.

sclerotitis /sklɪərəˈtaɪtɪs, *USA* sklɛə-/, *n.* (*med.*) sclerite.

sclerotium /skləˈrəʊʃɪəm/, *n.* (*pl.* **sclerotia**) (*bot.*) sclerozio.

sclerotome /ˈsklɪərətəʊm, *USA* ˈsklɛə-/, *n.* ***1*** (*med.*) sclerotomo ***2*** (*anat.*) sclerotomo.

sclerotomy /skləˈrɒtəmɪ/, *n.* (*med.*) sclerotomia.

sclerous /ˈsklɪərəs, *USA* ˈsklɛə-/, *a.* (*anat., bot., med.*) duro; ispessito.

scoff (1) /skɒf, *USA* skɔːf/, *n.* ***1*** beffa; derisione; dileggio; scherno ***2*** oggetto di scherno; zimbello.

scoff (2) /skɒf, *USA* skɔːf/, *n.* (*pop.*) cibo; roba da mangiare (*fam.*).

to **scoff (1)** /skɒf, *USA* skɔːf/, *v. i.* farsi beffe; deridere; dileggiare; schernire: **to s. at sb.**, farsi beffe di q.; deridere q.

to **scoff (2)** /skɒf, *USA* skɔːf/, *v. t.* e *i.* (*pop.*) mangiare avidamente; divorare, abbuffarsi; pappare, papparsi (*pop.*); ingozzare, ingozzarsi.

scoffer /ˈskɒfə(r), *USA* ˈskɔːf-/, *n.* derisore; dileggiatore; schernitore.

scoffing /ˈskɒfɪŋ, *USA* ˈskɔːf-/, **A** *a.* beffardo; derisorio. **B** *n.* derisione; dileggio; scherno. || **-ly**, *avv.*

scofflaw /ˈskɒflɔː, *USA* ˈskɔːf-/, *n.* (*fam. USA*) chi si fa beffe delle leggi; trasgressore. ● **a traffic s.**, un automobilista indisciplinato.

scold /skəʊld/, *n.* (*arc.*) donna bisbetica; brontolona.

to **scold** /skəʊld/, *v. t.* e *i.* sgridare; rimproverare; rimbrottare (*specialm. bambini*).

scolding /ˈskəʊldɪŋ/, *n.* sgridata; rimprovero; rimbrotto. ● **you're in for a s.**, ti farai sgridare; ti prenderai una sgridata.

scolecite /ˈskɒləsaɪt, ˈskəʊl-/, *n.* (*miner.*) scolecite.

scolex /ˈskəʊlɛks/, *n.* (*pl.* **scolices, scoleces, scolexes**) (*zool.*) scolice.

scoliosis /skɒlɪˈəʊsɪs, *USA* skəʊl-/, *n.* (*pl.* **scolioses**) (*med.*) scoliosi.

scoliotic /skɒlɪˈɒtɪk, *USA* skəʊl-/, *a.* (*med.*) affetto da scoliosi; scoliotico.

scollop, to **scollop** /ˈskɒləp, *USA* -ɒl-, -æl-, -ɔːl-/, *V.* **scallop, to scallop.**

scolopendra /skɒləˈpɛndrə/, *n.* (*zool.*) (*Scolopendra*) scolopendra; centopiedi.

scolopendrine /skɒləˈpɛndraɪn, -ɪn /, *a.* (*zool.*) di (*o* simile a) una scolopendra.

scolopendrium /skɒlˈpɛndrɪəm/, *n.* (*bot.*)

scolopendrio; lingua cervina.
scolymus /ˈskɒlɪməs/, *n.* (*bot., Scolymus hispanicus*) cardo scolimo; scardaccione.
scomber /ˈskɒmbə(r)/, *n.* (*invar. al pl.*) (*zool., Scomber*) scombro; sgombro.
scombrid /ˈskɒmbrɪd/, *n.* (*zool.*) pesce degli scombridi.
scon /skɒn/, *V.* **scone**.
sconce (1) /skɒns/, *n.* ***1*** candeliere col manico ***2*** candelabro a muro; applique (*franc.*).
sconce (2) /skɒns/, *n.* ***1*** (*mil.*) fortino; bastione; terrapieno ***2*** rifugio; riparo.
sconce (3) /skɒns/, *n.* penalità di dover tracannare un boccale di birra (*V.* **to sconce**).
sconce (4) /skɒns/, *n.* (*arc., scherz.*) ***1*** zucca; testa ***2*** cervello (*fig.*); buonsenso; sale in zucca.
to **sconce** /skɒns/, *v. t.* (*un tempo: nelle università di Oxford* e *Cambridge*) sfidare (*uno studente*) a bere una gran quantità di birra tutta d'un fiato (*per un'infrazione delle usanze studentesche*).
scone /skɒn, -əʊn, *USA* skəʊn, -ɒn/, *n.* (*cucina*) focaccina tonda (*solo farina, latte e un po' di grasso: si mangia a pezzetti, imburrata*).
scoop /skuːp/, *n.* ***1*** cucchiaione; ramaiolo; mestolo ***2*** paletta (*per zucchero, farina, ecc.*) ***3*** (*mecc.*) cucchiaia; secchia; tazza ***4*** cucchiaiata; ramaiolata; palettata: **three scoops of ice cream**, tre cucchiaiate di gelato ***5*** (*fam.*) scoop; colpo giornalistico; notizia (in) esclusiva ***6*** (*fam.: specialm. in affari*) colpo di fortuna; buon colpo; speculazione vantaggiosa; grosso affare: **to make a s.**, fare un buon colpo (*o* un grosso affare); **He earned ten thousand dollars at one s.**, guadagnò diecimila dollari in un sol colpo ***7*** (*autom., aeron.*) presa (*d'aria, ecc.*) a imbuto ***8*** (*naut.*) gottazza. ● **s. dredger**, draga a secchie (*o* a tazze) □ (*moda*) **s. neck**, ampia scollatura; scollatura rotonda e profonda □ **s.-net**, rete da pesca a sacco; giacchio □ **to make a s. with one's hand and pick up st.**, raccogliere q.c. usando la mano a mo' di mestolo □ **measuring s.**, cucchiaio dosatore.
to **scoop** /skuːp/, *v. t.* ***1*** (*di solito* **to s. up**) cavare (*col ramaiolo, ecc.*); tirar su; raccogliere: **He scooped up three balls of ice cream**, tirò su tre palline di gelato; **to s. up the water with a bucket**, tirare su l'acqua con un secchio ***2*** (*di solito* **to s. out**) scavare (*con una paletta, ecc.*): **The water had scooped (out) a channel in the sand**, l'acqua aveva scavato un canale nella sabbia; **The ostrich has scooped out a hole in the earth**, lo struzzo si è scavato un buco nella terra ***3*** (*giorn.*) procurarsi (*una notizia*) prima degli altri (e pubblicarla) ***4*** battere (*un altro giornale*); farla in barba a (*un giornalista rivale*) ***5*** (*fam., spesso* **to s. in**) fare (*un grosso affare*); assicurarsi (*un forte guadagno*) ***6*** (*comm., fam.*) battere sul tempo (*la concorrenza, ecc.*). ● **to s. out the soup**, scodellare la zuppa □ **to s. up a child in one' arms**, prendere in braccio un bambino.
scooper /ˈskuːpə(r)/, *n.* ***1*** chi usa un mestolo; chi tira su (*liquidi*) ***2*** (*arte*) scalpello da intagliatore ***3*** (*zool., Recurvirostra avocetta*) avocetta; monachina.
scoopful /ˈskuːpful/, *n.* cucchiaiata; ramaiolata; mestolata; palettata: **a s. of ice cream**, una cucchiaiata di gelato.
scoot /skuːt/, *n.* (*fam.*) ***1*** corsa (*o* fuga) precipitosa ***2*** corsa, salto (*fig.*); scappata ***3*** (*pop. USA*) dollaro.
to **scoot** /skuːt/, *v. i.* (*fam.*) ***1*** correre; fare in fretta; filare; fare una corsa (*a un negozio, ecc.*) ***2*** correr via; filar via; battersela; darsela a gambe; scappare; svignarsela.
scooter /ˈskuːtə(r)/, *n.* ***1*** monopattino ***2*** (= **motor s.**) scooter; motoretta ***3*** (*USA*) scooter; barca a vela per slittare sul ghiaccio.
scooterist /ˈskuːtərɪst/, *n.* scuterista; scooterista.
scop /skɒp/, *n.* (*stor., letter.*) bardo; menestrello.
scope (1) /skəʊp/, *n.* ***1*** ambito; attribuzioni; campo (*d'azione*); portata, sfera (*fig.*): **That is beyond the s. of the inquiry**, ciò esula dall'ambito (*o* dal campo) dell'indagine; **That is outside my s.**, ciò è al di fuori delle mie attribuzioni; ciò non è di mia competenza; **an undertaking of wide s.**, un'impresa di grande portata ***2*** libertà d'azione; opportunità; sfogo; sbocco: **to give no s.**, non dare opportunità alcuna; **He seeks s. for his energies**, cerca uno sfogo alle sue energie ***3*** (*naut.*) calumo; tratto di cavo (*o* di catena dell'ancora) non immerso: **The ship is riding to a long s.**, la nave è all'ancora con molto calumo ***4*** (*arc.*) scopo; fine. ● **the s. of a missile**, la gittata d'un missile □ **to give full s. to**, dar campo libero a; dar libero sfogo a □ **a mind of wide s.**, una mente di larghe vedute □ **within the s. of**, entro i limiti di □ **This job gives no s. to ability**, le capacità personali non sono chiamate in causa (*o* non entrano in gioco) in questo lavoro.
scope (2) /skəʊp/, *n.* (*abbr. fam. di*) ***1*** **microscope** ***2*** **periscope** ***3*** **telescope**.
to **scope** /skəʊp/, *v. t.* (*pop. USA: di solito,* **to s. on, to s. out**) esaminare; guardare bene; scrutare; squadrare.
scopolamine /skəˈpɒləmiːn, -ɪn/, *n.* (*chim.*) scopolamina.
scorbutic(al) /skɔːˈbjuːtɪk(l)/, *a.* (*med.*) scorbutico.
scorbutus /skɔːˈbjuːtəs/, *n.* (*med.*) scorbuto.
scorch /skɔːtʃ/, *n.* ***1*** bruciatura superficiale; bruciacchiatura; scottatura ***2*** (*fam.*) corsa pazza; volata ***3*** (*agric.*) imbrunimento dei tessuti vegetali (*per malattia, parassiti, insetticidi*).
to **scorch** /skɔːtʃ/, **A** *v. t.* ***1*** ardere; bruciare; bruciacchiare; abbrustolire; scottare; seccare; inaridire: **His face was scorched by the sun**, aveva il viso arso (*o* bruciato) dal sole ***2*** (*fig.*) ferire; offendere; urtare; (*specialm.*) criticare aspramente: **He has a wit that scorches**, il suo spirito ferisce (*o* è offensivo) ***3*** (*mil.*) fare di (*un territorio*) terra bruciata. **B** *v. i.* ***1*** bruciarsi; bruciacchiarsi; scottarsi ***2*** (*fam.*) andare a tutta velocità; correre da matti; fare una volata (*in bicicletta, motocicletta, ecc.*). ● **to s. down the road**, sfrecciare (giù) per la strada □ (*mil.*) **scorched-earth policy**, tattica della terra bruciata.
scorcher /ˈskɔːtʃə(r)/, *n.* ***1*** chi brucia, scotta, ecc. (*V.* **to scorch**) ***2*** (*fam.*) giornata caldissima (*o* torrida) ***3*** (*fam.*) severo rimprovero; osservazione pungente ***4*** (*fam.*) automobilista (*o* motociclista, ciclista) troppo veloce; chi va a velocità eccessiva ***5*** (*fam.*) cosa straordinaria; tipo in gamba; cannonata, schianto: **That girl is a real s.**, quella ragazza è uno schianto (*fig.*) ***6*** (*sport*) tiro imparabile.
scorching /ˈskɔːtʃɪŋ/, **A** *a.* ***1*** bruciante; scottante; cocente: **a s. sun**, un sole cocente ***2*** (*fig.*) pungente; caustico; scottante: **a s. remark**, un'osservazione pungente. **B** *n.* ***1*** bruciatura superficiale; bruciacchiatura; scottatura ***2*** (*agric.*) imbrunimento dei tessuti vegetali. **C** *avv.* terribilmente; estremamente: **s. hot**, terribilmente caldo. || **-ly**, *avv.*
score /skɔː(r)/, *n.* ***1*** frego; linea; segno; tacca; tratto (*di penna*); rigatura; (*geol.*) scanalatura, striatura: **to make a s. through a name with a pen**, tirare un frego con la penna su un nome; **the scores of the whip**, i segni delle frustate; **to make a s. in the tally**, fare una tacca sulla taglia (*o* sul legnetto); **The rock was covered with scores**, la roccia era coperta di striature ***2*** conto; debito; scotto: **to run up a s.**, far debiti; indebitarsi; **to pay** (*o* **to wipe off**) **scores**, pagare i debiti; saldare i conti (*anche fig.*); **Waiter, what's the s. please?**, cameriere, il conto, prego! ***3*** (*sport*) score; punteggio; segnatura; punti: **to make a good s.**, fare una buona segnatura; ottenere un buon punteggio; **The s. was 4 to 1**, il punteggio fu di 4 a 1; **to keep (the) s.**, segnare i punti ***4*** (*specialm. USA: d'un esame, di un test*) risultato, punteggio, votazione ***5*** ventina; gruppo di venti (*cose o persone*): **four s. men**, un'ottantina di uomini ***6*** (*mus.*) partitura; spartito; (*di film*) colonna sonora, musica: **full s.**, partitura d'orchestra; **short s.**, partitura per pianoforte ***7*** (*fam.*) punto a favore; stoccata (*fig.*): **That speaker is a devil at making scores off interrupters**, quell'oratore è abilissimo nel segnare punti a suo favore a spese di coloro che lo interrompono; **a debater given to making cheap scores**, un polemista che suol dare facili stoccate; uno che nelle discussioni s'accontenta di ottenere un successo apparente ***8*** (*fam.*) conto in sospeso (*fig.*): **He's got a s. to settle with her**, ha un (vecchio) conto in sospeso con lei ***9*** (*fam.*) colpo di fortuna; fortuna: **What a s.!**, che fortuna! ***10*** (*fam.*) successo (*di pubblico*): **a new s. on Broadway**, un nuovo successo a Broadway ***11*** (*fam.*) successo (*al gioco*); denaro vinto (*al gioco, alle corse*) ***12*** (*fam.*) denaro rubato; malloppo ***13*** (*fam.*) vittima (*di una truffa, di un furto*) ***14*** (*fam.*) colpo grosso (*della malavita*): **to make a good s.**, fare un colpo grosso ***15*** (*fam. USA*) risultato finale; conclusione: **The s. is that you've lost your job**, in conclusione, hai perso il lavoro ***16*** (*pop. USA*) incontro segreto; rapporto sessuale ***17*** (*pop. USA*) cliente (*di prostituta o di gigolò*); marchetta (*volg.*) ***18*** (*pop. USA*) assassinio su commissione ***19*** (*pop. USA*) pacchetto di droga; acquisto di droga. ● (*calcio*) **s. draw**, pareggio con segnature □ **s. line**, linea di demarcazione (*o* di confine) □ **s. mark**, frego; striscione (*fam.*): **s. marks on the floor**, striscioni (*segni di mobili spostati, ecc.*) sul pavimento □ **scores of people**, centinaia di persone; una gran folla □ (*elab.*) **s. storage** (*o* **store**), memoria di transito □ **by the s.**, in gran numero □ **half a s.**, una decina □ (*fam.*) **to know the s.**, conoscere la situazione; sapere come stanno (realmente) le cose; non farsi illusioni □ **on the s. of**, a causa di; a motivo di □ **on more scores than one**, per più di un motivo □ **on that s.**, per quel motivo; sul quel punto, al riguardo: **You may be** (*o* **rest**) **easy on that s.**, puoi stare tranquillo al riguardo □ (*fam.*) **to be over the s.**, essere eccessivo, iniquo; essere troppo (*fig.*) □ (*fig.*) **to quit scores with sb.**, fare i conti con q. □ (*Bibbia*) **three s. and ten**, settant'anni; il corso normale della vita umana □ **On what s.?**, per quale motivo? a che titolo? □ (*prov.*) **Death pays all scores**, la morte non guarda in faccia a nessuno.
to **score** /skɔː(r)/, **A** *v. t.* ***1*** segnare; intaccare; far tacche in; graffiare; marcare; rigare; (*geol.*) striare: **The translation had been scored with a red ball-point pen**, la traduzione era stata segnata (*o* corretta) con una biro rossa; **His face was scored with anxiety**, aveva il viso segnato dall'ansia ***2*** (*spesso* **to s. up**) annotare; mettere in conto; registrare; tenere a mente (*un'offesa, ecc.*) ***3*** (*sport*) segnare (*una rete, un canestro, ecc.*); fare, realizzare (*un punto*): **The outside left scored two goals**, l'esterno sinistro segnò due reti ***4*** (*sport*) valere, contare (*un certo numero di punti*) ***5*** (*sport*) assegnare (*un certo numero di*) punti a (*un pugile, ecc.*): **The Russian judge scored him 21** (*o* **21 to him**), il giudice russo gli assegnò ventuno punti ***6*** (*fig.*) ottenere; riportare: **to s. an advantage [a success]**, ottenere un vantaggio [riportare un successo] ***7*** far guadagnare (*un punto a favore, ecc.*) a (q.) ***8*** (*mus.*) orchestrare; comporre la musica per (*un film, ecc.*) ***9*** (*USA*) correggere, valutare (*elaborati, compiti, ecc.; cfr. ingl.* **to mark**) ***10*** (*fam. USA*) criticare; biasimare; rimproverare ***11*** (*pop. USA*) rubare ***12*** (*pop. USA*) procurare, trovare (*droga*) ***13*** (*pop. USA*) assassinare; uccidere. **B** *v. i.* ***1*** (*sport*) segnare; fare punti: **Our team failed to s.**, la nostra squadra non riuscì a segnare ***2*** (*sport*)

segnare i punti (*o* il punteggio); fare il segnapunti: **Will you s.?**, vuoi segnare tu i punti? ***3*** ottenere un punteggio; riportare un voto (*o* una votazione: *a un esame*): **to s. high** (*o* **well**), riportare voti alti; ottenere un buon punteggio ***4*** (*fam.*) aver successo; riuscire; fare centro, fare colpo (*fig.*): **That is where he scores**, è lì che ha successo ***5*** (*pop.*) farsi una donna, scopare (*volg.*) ***6*** (*pop.*) comprare (*o* trovare) droga. ● (*pop. USA*) **to s. a connection**, incontrare uno spacciatore di droga □ **to s. a hit on the target**, colpire in pieno il bersaglio □ (*pop.*) **to s. with a girl**, farsi una ragazza (*volg.*) □ (*sport*) **a chance to s.**, un'occasione da goal, di segnare un goal (*o* un canestro, ecc.) □ (*mecc.*) **scored cylinder**, cilindro rigato □ (*sport*) **the scoring side**, la squadra che segna (*o* che ha segnato).

♦**score off**, **A** *v. t.* + *prep.* ***1*** (*cricket*) segnare punti con (*una palla*); segnare punti su (*un battitore avversario*) ***2*** (*fig.*) battere; sconfiggere; avere la meglio su (q.); far fare una figura barbina a (q.); mettere (q.) sotto (*fam.*): **It's quite easy to s. off him in a debate**, in un dibattito, è facilissimo metterlo sotto. **B** *v. t.* + *avv. V.* **score out**.

♦**score on**, *v. t.* + *prep.* (*sport*) segnare contro (q.): **It wasn't our team that was scored on, but theirs**, è stata la loro squadra che ha subìto la rete (*o* il canestro, ecc.), e non la nostra.

♦**score out**, *v. t.* + *avv.* tirare un frego su; cancellare.

♦**score over**, *v. t.* + *prep.* segnare un punto a proprio favore su (q.); essere superiore a, battere (q.) in un punto.

♦**score through**, *V.* **score out**.

♦**score under**, *v. t.* + *avv.* sottolineare.

♦**score up**, *v. t.* + *avv.* ***1*** addebitare, mettere in conto a (*un cliente, uno studente, ecc.*) ***2*** (*sport*) segnare; fare (*un certo numero di punti*).

scoreboard /ˈskɔːbɔːd/, *n.* (*sport*) tabellone segnapunti; tabellone.

scorebook /ˈskɔːbʊk/, *n.* (*sport*) libretto segnapunti; score.

scorecard /ˈskɔːkɑːd/, *n.* (*sport*) cartellino segnapunti; score.

scorekeeper /ˈskɔːkiːpə(r)/, *n.* (*sport*) segnapunti.

scoreless /ˈskɔːləs/, *a.* (*sport*: *di una partita*) a reti inviolate; zero a zero.

scorepad /ˈskɔːpæd/, *n.* (*a carte*) taccuino segnapunti.

scorer /ˈskɔːrə(r)/, *n.* (*sport*) ***1*** chi segna i punti; segnapunti ***2*** chi segna; chi fa un punto (una rete, ecc.); marcatore; realizzatore.

scoria /ˈskɔːrɪə/, *n.* (*pl.* **scoriae**) (*metall., geol.*) scoria.

scoriaceous /skɔːrɪˈeɪʃəs/, *a.* (*scient.*) scoriaceo; bolloso: (*geol.*) **s. rock**, roccia scoriacea.

scorification /skɔːrɪfɪˈkeɪʃn/, *n.* (*metall.*) scorificazione.

scorifier /ˈskɔːrɪfaɪə(r)/, *n.* (*metall.*) scorificatore.

to **scorify** /ˈskɔːrɪfaɪ/, *v. t.* (*metall.*) scorificare; ridurre in scorie.

scoring /ˈskɔːrɪŋ/, *n.* ***1*** (*sport*) segnatura; punteggio; punti: (*calcio*) **the s. of a goal**, la segnatura di una rete ***2*** (*mus.*) orchestrazione; arrangiamento ***3*** (*mecc.*) rigatura ***4*** (*geol.*) abrasioni; striature ***5*** (*USA*) correzione, valutazione (*di compiti, temi, ecc.*) ***6*** (*fam. USA*) critiche; rimproveri. ● **s. board**, tabellone dei risultati □ **s. card**, cartellino del punteggio □ (*scherma*) **s. light**, luce segnapunti.

scorn /skɔːn/, *n.* ***1*** disprezzo; disdegno; sprezzo; spregio ***2*** oggetto di disprezzo; ludibrio ***3*** oggetto di dileggio; zimbello. ● **to laugh to s.**, deridere; dileggiare; schernire □ (*lett.*) **to pour s. on sb.** [**on st.**], trattare q. in modo sprezzante [respingere sdegnosamente q.c.].

to **scorn** /skɔːn/, *v. t.* ***1*** disprezzare; disdegnare; sprezzare; spregiare; sdegnare: **I would s. to do it**, sdegnerei di farlo ***2*** respingere sdegnosamente (*proposte, ecc.*).

scorner /ˈskɔːnə(r)/, *n.* spregiatore; derisore; schernitore.

scornful /ˈskɔːnfl/, *a.* sdegnoso; sprezzante. || **-ly**, *avv.* || **-ness**, *sost.*

Scorpio /ˈskɔːpɪəʊ/, **A** *n.* ***1*** (*astron., astrol.*) Scorpione (*costellazione e VIII segno dello zodiaco*) ***2*** (*astrol.*: *pl.* **Scorpios**) (uno) scorpione; individuo nato sotto il segno dello Scorpione. **B** *a.* (*astrol.*) dello Scorpione.

scorpioid /ˈskɔːpɪɔɪd/, *a.* ***1*** (*zool.*) degli scorpioni ***2*** (*bot.*) scorpioide.

scorpion /ˈskɔːpɪən/, *n.* ***1*** (*zool., Scorpio, Buthus, ecc.*) scorpione ***2*** – (*astron., astrol.*) **the S.**, lo Scorpione (*costellazione e VIII segno dello zodiaco*) ***3*** (*Bibbia*) staffile con punte metalliche. ● (*zool.*) **s. fish** (*Scorpaena*), scorpena; scorfano □ (*zool.*) **s. fly** (*Panorpa communis*), panorpa; mosca scorpione □ (*bot.*) **s. grass**, *V.* **forget-me-not**.

Scorpionic /skɔːpɪˈɒnɪk/, (*astrol.*) **A** *n.* persona nata sotto il segno dello Scorpione. **B** *a.* dello Scorpione.

scorzonera /skɔːzəʊˈnɪərə/, *n.* (*bot., Scorzonera*) scorzonera.

scot /skɒt/, *n.* (*stor.*) scotto; tassa. ● (*stor. ingl.*) **s. and lot**, imposta locale (*fino al «Reform Bill» del 1832*) □ **s.-free**, (*stor.*) esentasse; (*fig.*) incolume, illeso; impunito □ **to get off** (*o* **to go**) **s.-free**, farla franca, passarla liscia □ **to pay s. and lot**, (*stor.*) pagare le imposte locali; (*fig.*) pagare i propri debiti, assolvere alle proprie obbligazioni.

Scot /skɒt/, *n.* scozzese. ● (*stor.*) **the Scots**, gli Scoti □ (*stor.*) **Mary, Queen of Scots**, Maria (Stuarda), regina di Scozia.

scotch (**1**) /skɒtʃ/, *n.* calzatoia; cuneo; bietta; zeppa.

scotch (**2**) /skɒtʃ/, *n.* (*arc.*) ***1*** graffio; ferita; taglio ***2*** riga, linea (*tracciata per terra, ecc.*).

to **scotch** (**1**) /skɒtʃ/, *v. t.* mettere una bietta a; bloccare (*una ruota, ecc.*) con un cuneo; imbiettare.

to **scotch** (**2**) /skɒtʃ/, *v. t.* ***1*** far cessare; soffocare (*fig.*); stroncare sul nascere; mettere a tacere: **to s. an idea**, stroncare un'idea sul nascere; **to s. a rumour**, mettere a tacere una diceria ***2*** guastare; rovinare; mandare a monte: **to s. sb.'s plans**, mandare a monte i progetti di q. ***3*** (*arc.*) ferire; graffiare; segnare; incidere ***4*** (*arc.*) rendere (q.) inoffensivo.

Scotch /skɒtʃ/, **A** *a.* scozzese (**Scottish** *e* **Scots** *sono termini preferiti, salvo per cose e prodotti della Scozia, dagli scozzesi stessi*): **S. terrier**, terrier scozzese (*cane da caccia*); **S. whisky**, whisky scozzese. **B** *n.* ***1*** – (*collett., parola sgradita agli scozzesi*) **the S.**, gli scozzesi ***2*** dialetto scozzese ***3*** whisky scozzese; scotch: **S. and soda**, whisky con soda. ● **S. barley**, orzo mondo □ **S. broth**, zuppa di manzo, orzo mondo e legumi □ **S. egg**, uovo sodo, cotto dentro un involucro di mollica, carne tritata, ecc. □ **S. elm**, *V.* **wych elm** □ (*bot.*) **S. fir** (*Pinus sylvestris*), pino silvestre □ **S. kale**, cavolo di Scozia □ **S. mist**, nebbia fitta e piovigginosa □ **S. pine**, *V.* **S. fir** □ (*marchio, specialm. USA*) **S. tape**, nastro adesivo (*o* autoadesivo); scotch □ **S. thistle**, cardo di Scozia (*emblema nazionale*) □ **S. woodcock**, pane tostato, spalmato di pasta d'acciughe e ricoperto di uovo strapazzato.

Scotchman /ˈskɒtʃmən/, *n.* (*pl.* **Scotchmen**) (*parola sgradita agli scozzesi*) scozzese (*uomo*).

to **scotch-tape** /ˈskɒtʃˈteɪp, ˈskɒtʃteɪp/, *v. t.* (*specialm. USA*) fissare con nastro adesivo.

Scotchwoman /ˈskɒtʃwʊmən/, *n.* (*pl.* **Scotchwomen**) (*parola sgradita agli scozzesi*) scozzese (*donna*).

scoter /ˈskəʊtə(r)/, *n.* (*pl.* **scoters, scoter**) (*zool., Melanitta nigra*) orchetto marino.

scotia /ˈskəʊʃə/, *n.* (*archit.*) scozia (*modanatura concava*).

Scoticism /ˈskɒtɪsɪzəm/, *V.* **Scotticism**.

Scotism /ˈskɒtɪzəm/, *n.* (*filos.*) scotismo.

Scotland /ˈskɒtlənd/, *n.* (*geogr.*) Scozia. ● (**New**) **S. Yard**, (sede centrale della) polizia metropolitana di Londra; (*fig.*) polizia investigativa.

scotoma /skəˈtəʊmə/, *n.* (*pl.* **scotomas, scotomata**) (*med.*) scotoma.

scotopia /skəˈtəʊpɪə/, *n.* (*med.*) scotopia.

scotopic /skəˈtəʊpɪk/, *a.* (*med.*) scotopico: **s. vision**, visione scotopica.

Scots /skɒts/, **A** *a.* (*per lo più di persone*) scozzese. **B** *n.* dialetto scozzese. ● (*mil.*) **S. Greys**, reggimento di dragoni scozzesi □ (*leg.*) **S. law**, diritto scozzese.

Scotsman /ˈskɒtsmən/, *n.* (*pl.* **Scotsmen**) scozzese (*uomo*). ● (*ferr.*) **the Flying S.**, il treno espresso Londra-Edimburgo.

Scotswoman /ˈskɒtswʊmən/, *n.* (*pl.* **Scotswomen**) scozzese (*donna*).

Scotticism /ˈskɒtɪsɪzəm/, *n.* idiotismo (*o* espressione, pronuncia, ecc.) scozzese.

Scottish /ˈskɒtɪʃ/, **A** *a.* scozzese: **a S. poet**, un poeta scozzese; **S. rite**, rito scozzese (*della massoneria*). **B** *n.* ***1*** – (*collett.*) **the S.**, gli scozzesi ***2*** dialetto scozzese.

Scotty /ˈskɒtɪ/, *n.* (*fam.*) terrier scozzese (*cane*).

scoundrel /ˈskaʊndrəl/, *n.* (*form.*) canaglia; briccone; farabutto; furfante; mascalzone.

scoundrelism /ˈskaʊndrəlɪzəm/, *n.* bricconeria; furfanteria; ribalderia; malvagità.

scoundrelly /ˈskaʊndrəlɪ/, *a.* (*lett.*) furfantesco; infame; ribaldo; malvagio.

scour /ˈskaʊə(r)/, *n.* ***1*** lavatura; lavaggio; pulizia; lucidata, lucidatura (*di metalli*) ***2*** detersivo ***3*** (*geol.*) dilavamento; erosione ***4*** (*pl.*) (*vet.*) dissenteria del bestiame. ● **the s. of the tide**, l'azione ripulitrice della marea.

to **scour** (**1**) /ˈskaʊə(r)/, **A** *v. t.* ***1*** pulire sfregando; sfregare; lucidare (*con abrasivi, ecc.*); strofinare: **She scoured the saucepans till they shone**, pulì i tegami fino a farli splendere; **to s. metalware**, lucidare oggetti metallici ***2*** pulire; lavare; smacchiare: **to s. bottles**, pulire (*o* lavare) bottiglie ***3*** stasare, sturare (*tubazioni*) con un getto d'acqua ***4*** pulire (*fossi*) ***5*** (*vet.*) purgare drasticamente (*bestiame*) ***6*** (*geol.*: *specialm. dei ghiacciai*) dilavare; erodere ***7*** (*ind. tess.*) sgrassare (*lana*) ***8*** (*agr.*) mondare, svecciare (*grano*) ***9*** (*mil., arc.*) ripulire (*un territorio, ecc.*). **B** *v. i.* ***1*** pulirsi, lucidarsi: **These pots s. easily**, queste pentole si puliscono bene ***2*** (*vet.*: *del bestiame*) avere la dissenteria.

♦**scour away** (*o* **off**), *v. t.* + *avv.* togliere (*o* rimuovere) strofinando: **to s. away the rust**, togliere la ruggine; **to s. off a stain**, togliere una macchia; **to s. off the dirt**, rimuovere il sudiciume.

♦**scour out**, *v. t.* + *avv.* ***1*** pulire (*o* lavare) bene (q.c.) strofinando ***2*** (*dell'acqua*) portare via; rimuovere: **The tide has scoured out the mud**, la marea ha portato via il fango.

to **scour** (**2**) /ˈskaʊə(r)/, **A** *v. t.* ***1*** percorrere; perlustrare: **The marshal scoured the whole county for the bandit**, lo sceriffo perlustrò tutta la contea in cerca del bandito ***2*** mettere sottosopra; rovistare: **I scoured the library for the book**, rovistai la biblioteca per trovare il libro. **B** *v. i.* correre qua e là; scorrazzare; girovagare; vagabondare. ● **to s. the country**, battere la campagna; correre il paese.

scourer /ˈskaʊərə(r)/, *n.* ***1*** chi (*o* sostanza che) pulisce, lucida, smacchia, ecc.; smacchiatore ***2*** (*cucina*) paglietta (*metallica o di plastica*) ***3*** chi stasa tubazioni ***4*** (*agr.*) svecciatoio.

scourge /skɜːdʒ/, *n.* ***1*** flagello (*anche fig.*); sferza; frusta; staffile: **the s. of war**, il flagello della guerra ***2*** (*fig.*) flagellatore, fustigatore (*dei costumi, ecc.*).

to **scourge** /skɜːdʒ/, *v. t.* ***1*** flagellare; sferzare; frustare ***2*** (*fig.*) castigare; punire; affliggere; opprimere; tormentare.

scourger /ˈskɜːdʒə(r)/, *n.* (*stor.* e *fig.*) fustigatore.

scourging /ˈskɜːdʒɪŋ/, *n.* flagellazione; fustigazione.

scouring /ˈskaʊərɪŋ/, *n.* **1** lavaggio; lucidatura (*con abrasivi*) **2** pulitura; smacchiatura **3** stasamento; sturamento **4** pulitura (*dei fossi*) **5** (*geol.*) dilavamento; erosione **6** (*ind. tess.*) sgrassaggio, purga (*della lana*) **7** (*agr.*) mondatura, svecciamento (*del grano*). ● (*ind. tess.*) **s. agent**, purgante.

scouse /skaʊs/, *n.* **1** (*arc.*) stufato di carne con patate e verdure **2** (*fam.*) abitante (*o* nativo) di Liverpool **3** (*fam.*) dialetto che si parla a Liverpool **4** (*fam. USA*) pietanza insipida; piatto povero.

scout /skaʊt/, *n.* **1** (*mil.*) esploratore **2** (*aeron.*) aereo da ricognizione; ricognitore **3** (*naut.*) nave vedetta; nave da ricognizione; esploratore **4** (= **boy s.**) giovane esploratore; scoutista; scout **5** (*USA*) *V.* **girl s.** **6** atto di cercare; sguardo; occhiata: **to take a s. round**, dare un'occhiata in giro **7** (*mus., cinem.,* = **talent s.**) scopritore di talenti; talent scout **8** (*in G.B.*) addetto al soccorso stradale (*per gli automobilisti in viaggio*) **9** (*fam.*) tipo; tizio; uomo: **a good s.**, un buon uomo **10** (*a Oxford, Harvard e Yale*) inserviente di un college. ● (*mil.*) **s. car**, automezzo da ricognizione □ (*ind. min.*) **s. hole**, sondaggio esplorativo □ (*USA*) **girl s.**, guida; giovane esploratrice (*cfr. ingl.* **girl guide**) □ (*mil.*) **on the s.**, in ricognizione.

to **scout** (**1**) /skaʊt/, **A** *v. t.* (*mil.*) esplorare; perlustrare; fare una ricognizione in. **B** *v. i.* **1** (*mil.*) andare in ricognizione (*o* in esplorazione) **2** fare il talent scout. ● **to s. about** (*o* **around**), andare in cerca: **They scouted around for some firewood**, andarono in cerca di legna da ardere □ **to s. out**, esplorare, perlustrare (*il terreno, ecc.*); scovare, trovare, reperire (*attori, cantanti, ecc.*).

to **scout** (**2**) /skaʊt/, *v. t.* (*arc.*) respingere; scartare; sdegnare; ridicolizzare: **to s. an idea**, scartare un'idea; **to s. a proposal**, respingere (*o* sdegnare) un'offerta. ● **to s. the notion of st.**, rifiutarsi di credere a q.c.

scouter /ˈskaʊtə(r)/, *n.* **1** (*mil.*) esploratore **2** (*aeron.*) ricognitore **3** capo di un gruppo di scout.

scouting /ˈskaʊtɪŋ/, **A** *n.* **1** (*mil.*) esplorazione; ricognizione **2** scoutismo, scautismo. **B** *a. attr.* scoutistico, scautistico: **the s. movement**, il movimento scoutistico.

scoutmaster /ˈskaʊtmɑːstə(r), *USA* -æs-/, *n.* (*arc.*) *V.* **scouter**, *def. 3.*

scow /skaʊ/, *n.* (*naut.*) barcone a fondo piatto; chiatta.

scowl /skaʊl/, *n.* cipiglio; sguardo corrucciato (*o* torvo).

to **scowl** /skaʊl/, *v. i.* aggrottare le ciglia; accigliarsi; imbronciarsi. ● **to s. at sb.**, guardar torvo q. □ **to s. sb. down**, intimidire (*o* far tacere) q. con un fiero cipiglio □ **to s. one's repugnance**, manifestare la propria ripugnanza aggrottando le ciglia.

scowling /ˈskaʊlɪŋ/, *a.* accigliato; imbronciato; minaccioso; torvo. || **-ly**, *avv.*

scrabble /ˈskræbl/, *n.* **1** grattata; raspata **2** scarabocchio **3** (*fam.*) *V.* **scramble** **4** (*marchio*) scarabeo (*gioco da tavolo*).

to **scrabble** /ˈskræbl/, *v. t.* e *i.* **1** grattare; raspare: **The dog is scrabbling at the door**, il cane raspa alla porta **2** scarabocchiare; scribacchiare **3** (*fam.*) *V.* **to scramble, A** ● **to s. about for st.**, cercare a tentoni q.c. □ **to s. for a foothold**, cercare un appiglio per il piede □ (*fig.*) **to s. for a living**, darsi da fare per guadagnarsi da vivere □ **to s. up a meal**, rimediare un pasto.

scrag /skræg/, *n.* **1** persona (*o* bestia) molto magra; individuo allampanato; animale ossuto **2** (*macelleria,* = **s. end**) collo, collottola (*di montone*) **3** (*fam.: di persona*) collottola; collo: **to grab sb. by the s.**, afferrare (*o* prendere) q. per il collo **4** (*pop. USA*) racchia; racchiona.

to **scrag** /skræg/, *v. t.* **1** (*fam.*) torcere il collo a **2** (*rugby*) afferrare per il collo **3** (*gergo studentesco*) serrare col braccio il collo a (*un ragazzo; per picchiarlo*) **4** strozzare; impiccare **5** (*pop.*) fare fuori; uccidere.

scragginess /ˈskrægɪnəs/, *n.* **1** magrezza estrema; l'essere ossuto **2** ruvidezza; scabrosità.

scraggly /ˈskræglɪ/, *a.* (*fam.*) **1** frastagliato; ispido; incolto: **a s. beard**, una barba incolta; **s. rocks**, rocce frastagliate **2** malformato; cresciuto male; (tutto) storto.

scraggy /ˈskrægɪ/, *a.* **1** magro; ossuto; scheletrico: **a s. neck**, un collo ossuto **2** ruvido; scabro; scabroso.

scram /skræm/, *inter.* (*pop.*) vattene!; fila!; battitela!; smamma! (*pop.*).

to **scram** /skræm/, *v. i.* (*pop.*) andarsene; filare, tagliare la corda (*fig. fam.*); smammare (*pop.*).

scramble /ˈskræmbl/, *n.* **1** arrampicata; scalata **2** salita ardua, difficile **3** mischia; parapiglia; tafferuglio **4** lotta; zuffa; gara: **There was quite a s. for the best seats**, si azzuffarono per i posti (*a sedere*) migliori; **to s. for the best job**, fare a gara per ottenere il posto migliore (*di lavoro*) **5** (*sport*) gara di motocross **6** (*aeron.*) decollo rapido.

to **scramble** /ˈskræmbl/, **A** *v. i.* **1** arrampicarsi (*con le mani e i piedi*); inerpicarsi; andare carponi: **Don't s. up the cliff!**, non arrampicarti sulla scogliera! **2** (*di solito* **to s. for**) fare una mischia; accapigliarsi; azzuffarsi; pigiarsi; urtarsi: **The fans scrambled for the front seats**, i tifosi si accapigliarono per occupare i primi posti; **The beggars scrambled for the pennies**, i mendicanti si azzuffarono per afferrare le monetine **3** (*fig.*) agitarsi; darsi da fare: **He scrambles for office [for a living]**, si dà da fare per ottenere una carica [per guadagnarsi da vivere] **4** (*sport*) partecipare a un motocross **5** (*aeron.*) levarsi in volo, decollare in tutta fretta. **B** *v. t.* **1** mescolare senz'ordine; confondere **2** strapazzare (*uova*): **scrambled eggs**, uova strapazzate **3** (*telef., radio*) rimescolare, rendere indecifrabile, codificare (*un messaggio segreto, ecc.*): **scrambled messages**, messaggi in codice **4** (*aeron.*) far decollare (*un aereo, ecc.*) in tutta fretta. ● **to s. for the ball**, fare una mischia per il possesso della palla □ **to s. out of one's clothes**, spogliarsi in tutta fretta; strapparsi gli abiti di dosso (*fig.*) □ **to s. out of the way**, togliersi di mezzo in un baleno □ **to s. up**, arrampicarsi; inerpicarsi □ (*sport*) **scrambling motorbike**, moto da cross; scrambler.

scrambler /ˈskræmblə(r), -bəl-/, *n.* **1** chi si arrampica, si azzuffa, ecc. (*V.* **to scrambe**) **2** (*bot.*) rampicante **3** (*sport*) scramblerista **4** (*telef., radio*) dispositivo per codificare messaggi; rimescolatore.

scramjet /ˈskræmdʒɛt/, *n.* (*aeron.*) autoreattore (*o* statoreattore) supersonico.

scran /skræn/, *n.* (*pop.*) avanzi (*di cibo*); rimasugli.

scrap (**1**) /skræp/, *n.* **1** pezzo; pezzetto; frammento; brandello: **It's only a s. of paper**, non è che un pezzo di carta (*anche fig.*) **2** brano, passo (*di uno scritto*) **3** (*fig.*) briciolo; briciola; (un) po'; (un) poco: **not a s. of honesty**, neanche un briciolo di onestà **4** (*collett.*) cascami; rottami; scarti: **to collect s.**, raccogliere rottami **5** (*pl.*) avanzi (*di cibo*); rimasugli **6** (*pl.*) ritagli (*di giornale*); fotografie ritagliate **7** (*pl.*) ciccioli. ● **s.-heap**, mucchio di rottami; roba di scarto: **to be on the s.-heap**, (*di un'idea*) essere nel dimenticatoio; (*di persona*) essere inutile □ **s. iron** (*o* **s. metal**), rottami di ferro □ **s.-metal merchant**, rottamatore, rottamaio □ **scraps of news**, notizie frammentarie □ **s. paper**, carta straccia; foglietti (già scritti su un lato) per appunti □ **s. recovery**, recupero degli scarti □ **s. value**, valore di rottamazione □ (*fig.*) **to put a plan on the s. heap**, scartare un progetto □ (*fam.*) **I don't care a s.**, non me ne importa (un bel) niente.

scrap (**2**) /skræp/, *n.* (*fam.*) baruffa; alterco; rissa; zuffa.

to **scrap** (**1**) /skræp/, *v. t.* **1** gettar via; buttar fra i rottami; scartare **2** fare a pezzi; demolire; smantellare; rottamare: **to s. a ship**, demolire una nave **3** accantonare, scartare (*progetti, piani, ecc.*).

to **scrap** (**2**) /skræp/, *v. i.* (*fam.*) azzuffarsi; altercare; rissare.

scrapbook /ˈskræpbʊk/, *n.* **1** album (*di ritagli di stampa, fotografie, ecc.*) **2** (*rag.*) brogliaccio; (libro di) prima nota.

scrape /skreɪp/, *n.* **1** raschiata; raschiatura **2** rumore stridulo; stridore; raschio: **the s. of chalk on the blackboard**, lo stridore del gesso sulla lavagna **3** scorticatura; spellatura; graffio; scalfittura; sbucciatura: **How did you get that nasty s. on your knee?**, come ti sei fatto quella brutta scorticatura sul ginocchio?; **I've only suffered a few scrapes**, me la sono cavata con qualche graffio **4** inchino goffo (*fatto strisciando i piedi*) **5** (*fig. fam.*) difficoltà; guaio; imbarazzo; imbroglio; impaccio **6** tratto (*di penna*); scarabocchio; firma. ● (*fam. arc.*) **bread and s.**, pane con pochissimo burro sopra □ **to get into a s.**, mettersi in un guaio (*o* nei pasticci) □ **to get into scrapes**, combinar guai; mettersi nei pasticci □ **to get out of a s.**, uscire da una situazione difficile; trarsi d'impaccio; cavarsela.

to **scrape** /skreɪp/, *v. t.* e *i.* **1** raschiare; raspare; grattare; scrostare: **to s. the bottom of a boat**, raschiare il fondo d'una barca; **to s. the paint off the table**, grattare la vernice della tavola; **to s. the plaster from the wall**, scrostare l'intonaco dalla parete **2** scorticare: **The child has scraped his elbow**, il bambino s'è scorticato il gomito **3** sfregare; fregare; strofinare; strisciare (contro q.c.): **The ship scraped (against) a rock**, la nave sfregò contro uno scoglio; **to s. a greasy saucepan**, fregare un tegame sporco di grasso **4** scricchiolare; stridere; grattare: **My pen scrapes (over) the paper**, la mia penna scricchiola sulla carta; **The chalk scrapes on the blackboard**, il gesso stride sulla lavagna **5** (*spesso* **to s. up, to s. together**) racimolare; raggranellare: **to s. together a few dollars for a trip**, raggranellare un po' di dollari per fare una gita **6** fare economia; mettere da parte; risparmiare: **to s. and save**, risparmiare e mettere da parte **7** fare (*un buco, ecc.*) raspando: **to s. out a hole**, fare un buco raspando **8** (*mecc.*) raschiettare; raschinare. ● **to s. along the walls**, rasentare i muri (*camminando*) □ **to s. one's boots (clean)**, pulirsi i piedi; fregare le scarpe (*o* gli stivali) sul raschietto □ (*fig. fam.*) **to s. the bottom of the barrel**, raschiare il fondo della pentola; prendere quel che c'è di peggio (*o* gli avanzi, ecc.) □ (*fam.*) **to s. one's chin**, radersi □ **to s. one's feet**, stropicciare i piedi; scalpitare □ **to s. a living**, sbarcare il lunario; tirare avanti □ **to s. (on) the fiddle**, strimpellare il violino □ **to s. one's plate**, pulire il piatto (*senza lasciarvi traccia di cibo*) □ **to s. the skin of a potato**, pelare una patata □ **to bow and s.**, inchinarsi strisciando i piedi; (*fig.*) far salamelecchi; essere troppo cerimonioso; essere servile.

♦ **scrape along**, *v. i.* + *avv.* (*fam.*) tirare avanti; sbarcare il lunario; farcela a malapena: **We manage to s. along**, riusciamo a tirare avanti.

♦ **scrape away**, **A** *v. i.* + *avv.* grattare, scavare (*per terra*). **B** *v. t.* + *avv.* togliere, cavare grattando (*o* scavando): **The dog scraped away the snow and found the skier**, il cane grattò via la neve e trovò lo sciatore.

♦ **scrape by**, *V.* **scrape along**.

♦ **scrape down**, *v. t.* + *avv.* **1** scrostare, sverniciare (*un mobile, ecc.*) **2** zittire (*un oratore*) strisciando i piedi sul pavimento.

♦ **scrape in** (**into**), *v. i.* + *avv.* (*prep.*) (*fam.*) essere ammesso per il rotto della cuffia; passare (*o* essere promosso) a stento: **to s. into the army college**, essere ammesso per il rotto della cuffia all'accademia militare; **I just scraped in by two marks**, fui promosso per appena due voti.

♦**scrape off**, *v. t.* + *avv.* (*o prep.*) ***1*** scrostare (*vernice, ecc.*) ***2*** nettare, pulire (*scarpe dal fango, ecc.*); raschiare ***3*** graffiare (*la pelle, ecc.*); scorticare; spellare ***4*** raschiare via (*il fango*).

♦**scrape out**, *v. t.* + *avv.* ***1*** pulire raschiando (*stoviglie, ecc.*) ***2*** togliere raschiando; grattare via ***3*** scavare (*un buco*) grattando (*o* raschiando).

♦**scrape through**, *v. i.* + *avv.* (*o prep.*) ***1*** passare a stento; infilarsi attraverso ***2*** (*fam.*) passare (*o* essere promosso) a stento (*o* per il rotto della cuffia): **At last I succeeded in scraping through (my exam)**, alla fine ce la feci a superare l'esame, ma a stento ***3*** *V*, **scrape along**.

♦**scrape together**, *V.* **to scrape**, *def. 5.*

♦**scrape up**, *v. t.* + *avv.* ***1*** *V.* **to scrape**, *def. 5* ***2*** cavare, togliere (*fango, ecc.*) raschiando ***3*** (*fam.*) inventare, trovare (*un pretesto, una scusa*).

scrape-gut /ˈskreɪpgʌt/, *n.* (*fam.*) violinista da strapazzo.

scraper /ˈskreɪpə(r)/, *n.* ***1*** chi raschia ***2*** (*mecc.*) raschietto; raschino; raschiatoio ***3*** (= **shoe-s.**) raschietto; puliscipiedi; zerbino ***4*** (*agric., mecc.*) ruspa; scraper ***5*** (*fam. spreg.*) barbiere ***6*** (*fam. spreg.*) strimpellatore. ● (*autom., mecc.*) **s. ring**, anello raschiaolio.

scraping /ˈskreɪpɪŋ/, *n.* ***1*** raschiatura; raschiata; raschiamento ***2*** suono stridulo; stridore; raschio ***3*** scrostatura; (*tecn.*) raschiettatura ***4*** (*pl.*) raschiature; ritagli ***5*** (*pl.*) (*fig.*) risparmi; economie.

scrapper /ˈskræpə(r)/, *n.* (*fam.*) ***1*** individuo rissoso; attaccabrighe ***2*** (*sport*) pugile combattivo.

scrappiness /ˈskræpɪnəs/, *n.* frammentarietà; incoerenza.

scrapping /ˈskræpɪŋ/, *n.* (*ind.*) rottamazione; rottamaggio.

scrappy (1) /ˈskræpɪ/, *a.* frammentario; sconnesso; incoerente.

scrappy (2) /ˈskræpɪ/, *a.* (*fam.*) ***1*** rissoso; litigioso ***2*** combattivo; pugnace; battagliero; (*di pugile*) che attacca di continuo.

scrapyard /ˈskræpjɑːd/, *n.* (*naut.*) cantiere di demolizione.

scratch (1) /skrætʃ/, *n.* ***1*** graffio; graffiatura; scalfittura; segno, segnaccio (*su un disco, la carrozzeria, ecc.*): **It's just a s. on your arm**, non è che un graffio sul braccio ***2*** grattata: **My cat gave himself a good s.**, il mio gatto si diede una bella grattata ***3*** stridio; scricchiolio; stridore: **the s. of the pens**, lo scricchiolio delle penne ***4*** segno frettoloso (*con la penna*); scarabocchio ***5*** (*sport*) linea di partenza ***6*** (*sport*, = **s. player**) giocatore senza abbuoni ***7*** (*sport*) concorrente che si è ritirato ***8*** (*al biliardo*) punti assegnati all'avversario; bevuta (*fam.*) ***9*** (*pop. USA*) grano, grana (*pop.*); quattrini; soldi. ● (*fig.*) **s.-cat**, bambino dispettoso; donna bisbetica □ (*edil.*) **s. coat**, rinzaffo □ (*elab.*) **s. file**, archivio provvisorio; file di lavoro □ **s. knife**, sgarzino (*arnese*) □ (*sport*) **s. line**, linea di partenza; linea di battuta □ **a s. of the pen**, poche parole scritte in fretta; uno scarabocchio per firma □ (*sport*) **s. race**, corsa senza abbuoni (*o* senza handicap) □ (*ippica, USA*) **s. sheet**, foglio di notizie e pronostici sui cavalli da corsa □ (*med.*) **s. test**, test di scarificazione □ **to come up to s.**, disporsi sulla linea di partenza; (*fig.*) dimostrarsi all'altezza della situazione □ **to start from s.**, (*sport*) prendere il via dalla linea di partenza; (*fig.*) cominciare da zero, venire dalla gavetta □ (*fam.*) **to be up to s.**, (*di una persona*) essere all'altezza della situazione; (*di un lavoro, un'esecuzione, ecc.*) essere a un livello accettabile; essere ineccepibile □ **without a s.**, senza una scalfittura; indenne.

scratch (2) /skrætʃ/, *a.* raccogliticcio; raffazzonato; eterogeneo; improvvisato; (fatto) alla meglio: **a s. collection**, una raccolta eterogenea; **a s. team**, una squadra raccogliticcia; **a s. meal**, un pasto improvvisato.

to **scratch** /skrætʃ/, **A** *v. t.* ***1*** graffiare; scalfire; scorticare; segnare; fare un graffio (*o* un segno) su (*la carrozzeria, un disco, un tavolo, ecc.*): **Mind the cat doesn't s. you**, non farti graffiare dal gatto!; **I've scratched my knee badly**, mi sono fatto una brutta scorticatura al ginocchio; **I've scratched the side of my car**, ho segnato la fiancata della macchina ***2*** grattare: **to s. one's head**, grattarsi la testa ***3*** sfregare; strofinare: **He scratched a match on the wall**, strofinò un fiammifero sul muro ***4*** incidere: **to s. one's name on a tree trunk with a knife**, incidere il proprio nome su un tronco d'albero con un coltello ***5*** cancellare (*un nome, q. da una lista, ecc.*) ***6*** scartare (*un progetto, un'idea*) ***7*** (*fam.*) scribacchiare, buttare giù ***8*** (*elab.*) cancellare (*dati, ecc.*) ***9*** (*anche, sport*) ritirare (*un candidato, un concorrente, un cavallo*). **B** *v. i.* ***1*** graffiare ***2*** grattare; raspare: **Fido is scratching at the door**, Fido gratta alla porta ***3*** grattarsi (*per il prurito, ecc.*) ***4*** grattare; scricchiolare; stridere: **The pickup is scratching**, la testina del grammofono gratta ***5*** (*anche sport*) ritirarsi (*da una competizione*) ***6*** (*biliardo*) perdere punti già fatti; bere (*fam.*). **C** to **scratch oneself**, *v. rifl.* (*di un bimbo, ecc.*) graffiarsi; grattarsi. ● (*fam.*) **to s. other people's back (if they s. yours)**, scambiarsi favori; intrallazzare □ **to s. each other**, grattarsi a vicenda □ (*fam.*) **to s. for oneself**, arrangiarsi; cavarsela da solo □ **to s. one's signature**, firmare con uno scarabocchio □ **to s. the surface**, (*agric.*) arare (zappare, ecc.) in superficie; (*fig.*) sfiorare appena: **The report doesn't even s. the surface of the issue**, la relazione non sfiora neanche l'argomento del problema □ (*di un oggetto*) **to get scratched**, graffiarsi; segnarsi □ (*modo prov.*) **You s. my back and I'll s. yours**, una mano lava l'altra.

♦**scratch about** (*o* **around**), *v. i.* + *avv.* razzolare: **The hens were scratching around for worms**, le galline razzolavano in cerca di vermi.

♦**scratch along** (*o* **by**), *v. i.* + *avv.* (*fam.*) tirare avanti; vivacchiare; sbarcare il lunario; farcela a malapena: **We manage to s. along**, riusciamo a tirare avanti.

♦**scratch away**, **A** *v. i.* + *avv.* continuare a grattare; grattare di continuo: **to s. away at a boil**, grattarsi di continuo un foruncolo. **B** *v. t.* + *avv.* grattare via; scrostare (*vernice, ecc.*).

♦**scratch out**, *v. t.* + *avv.* ***1*** togliere, cancellare grattando (*o* raschiando: *con un coltello, ecc.*); raschiare via ***2*** cancellare (con un frego) ***3*** (*fam.*) guadagnare a stento: **to s. out a living**, guadagnare a stento da vivere □ (*fam.*) **to s. sb.'s eyes out**, cavare gli occhi a q. (*fig.*).

♦**scratch together**, *v. t.* + *avv.* mettere insieme; raffazzonare.

♦**scratch up**, *v. t.* + *avv.* ***1*** tirare su, strappare (*con le unghie, ecc.*) ***2*** fare segnacci su (*una superficie*); segnare; rigare ***3*** (*fam.*) racimolare, raggranellare (*denaro e sim.*) ***4*** (*fam.*) raffazzonare; mettere insieme.

Scratch /skrætʃ/, *n.* (*di solito* **Old S.**) il diavolo; il demonio.

scratchboard /ˈskrætʃbɔːd/, *n.* (*arte*) ***1*** tavoletta per graffiti ***2*** graffito (*la tecnica*).

scratchbrush /ˈskrætʃbrʌʃ/, *n.* (*tecn.*) grattapugia.

scratchiness /ˈskrætʃɪnəs/, *n.* l'essere scarabocchiato; raffazzonato, stridulo, ecc. (*V.* **scratchy**).

scratching /ˈskrætʃɪŋ/, *n.* ***1*** graffiatura; scalfittura ***2*** il grattare; strofinamento ***3*** rumore stridulo; vibrazione fastidiosa (*d'altoparlante, ecc.*). ● **s. post**, paletto (*o* ceppo) perché il gatto vi si affili le unghie.

scratch pad /ˈskrætʃpæd/, *locuz. n.* blocchetto di carta per appunti; taccuino a fogli mobili.

scratch paper /ˈskrætʃpeɪpə(r)/, *n.* carta per appunti (*o* per malacopia).

scratch wig /ˈskrætʃwɪg/, *n.* parrucchino.

scratchwork /ˈskrætʃwɜːk/, *n.* (*arte*) graffito (*la decorazione e la tecnica*).

scratchy /ˈskrætʃɪ/, *a.* ***1*** graffiato; scalfito; segnato: **a s. record**, un disco graffiato ***2*** (*di uno scritto*) scarabocchiato; malfatto ***3*** stridulo; che scricchiola; che gratta: **a s. pen**, una penna che scricchiola ***4*** raffazzonato; improvvisato; male assortito: **a s. crew**, un equipaggio male assortito ***5*** ruvido; scabroso; che fora (*fam.*): **s. cloth**, stoffa ruvida ***6*** (*fam.*) misero; scadente. ● **a s. signature**, uno scarabocchio di firma.

scrawl /skrɔːl/, *n.* ***1*** scarabocchio; sgorbio ***2*** biglietto (*o* appunto) buttato giù in fretta ***3*** scrittura illeggibile.

to **scrawl** /skrɔːl/, *v. t.* e *i.* scarabocchiare; fare scarabocchi; scrivere in fretta (*o* in modo illeggibile).

scrawler /ˈskrɔːlə(r)/, *n.* chi scarabocchia; (*fig.*) scribacchino, imbrattacarte.

scrawly /ˈskrɔːlɪ/, *a.* ***1*** scarabocchiato; pieno di scarabocchi ***2*** (*di scrittura*) illeggibile.

scrawny /ˈskrɔːnɪ/, *a.* (*fam.*) ***1*** scheletrico; pelle e ossa ***2*** rado; scarso: **s. vegetation**, vegetazione rada.

scray /skreɪ/, *n.* (*zool., Sterna hirundo*) rondine di mare.

screak, to **screak** /skriːk/, (*pop. specialm. USA*) *V.* **screech, to screech**.

scream /skriːm/, *n.* ***1*** grido; strillo; urlo: **a s. of terror**, un grido di terrore ***2*** (*di vento, locomotiva, ecc.*) sibilo; fischio ***3*** (*di veicolo*) stridore; (*di aereo*) rombo ***4*** (*di sirena*) urlo ***5*** (*fam.*) persona (*o* cosa) spassosa; spasso: **That film is a s.**, quel film è uno spasso. ● **an absolute s.**, una cosa da crepare dal ridere; una persona buffa, spassosissima.

to **scream** /skriːm/, **A** *v. i.* ***1*** gridare; strillare; sbraitare; urlare: **to s. in fright**, gridare per la paura; **The baby screamed all night**, il bimbo strillò tutta la notte; **to s. with pain**, urlare dal dolore ***2*** (*del treno, del vento, ecc.*) fischiare; sibilare: **The wind screamed through the streets**, il vento fischiava per le strade ***3*** (*di un veicolo*) stridere; (*di un aereo*) rombare ***4*** (*di solito*, **to s. with laughter**) ridere sguaiatamente (*o* istericamente); sbellicarsi dalle risa ***5*** (*fig.*) risaltare troppo; saltare agli occhi (*fig.*); (*di colori e sim.*) essere troppo vistoso (*o* chiassoso): **Your yellow necktie screams**, la tua cravatta gialla è un pugno nell'occhio. **B** *v. t.* ***1*** gridare, urlare, strillare (*un ordine, parole, ecc.*) ***2*** dare un gran rilievo a (*una notizia*); mettere in risalto (*un fatto*) ***3*** ridursi (*in un certo stato*) a forza di urlare: **The teacher has screamed himself hoarse**, l'insegnante ha perso la voce a furia di urlare. ● **to s. an extra**, fare lo strillonaggio di un'edizione speciale (*di un giornale*) □ **to s. the news all over the country**, diffondere la notizia con gran risalto in tutto il paese □ **This injustice screams to be remedied**, questa ingiustizia grida vendetta al cospetto di Dio □ **She had a body that screamed**, aveva un corpo favoloso.

♦**scream for**, *v. i.* + *prep.* ***1*** chiedere (*aiuto, ecc.*) gridando: **to s. for help**, gridare aiuto ***2*** (*fig.*) richiedere; avere bisogno di; chiedere a gran voce (*fig.*): **This short story screams for a bit of humour**, questo racconto avrebbe bisogno di un po' di umorismo; **The new farms are screaming for water**, le nuove fattorie chiedono a gran voce acqua.

♦**scream out**, **A** *v. t.* + *avv.* gridare, urlare, strillare (*un ordine, parole, ecc.*). **B** *v. i.* + *avv.* ***1*** gridare; lanciare un grido: **The wounded soldier screamed out in pain**, il soldato ferito lanciò un grido per il dolore ***2*** uscire urlando (*o* stridendo, rombando): **Two jets screamed out of the clouds**, due jet uscirono rombando dalle nubi.

screamer /'skri:mə(r)/, *n.* **1** chi grida; chi strilla; strillone, strillona **2** (*zool.*) uccello della famiglia degli Anhimidi **3** (*fam.*) cosa (*o* persona) spassosa; spasso **4** (*fam.*) persona (*o* cosa) straordinaria; cannonata (*fam.*) **5** (*fam.*) titolo sensazionale (*di giornale*) **6** (*tipogr.*) punto esclamativo **7** (*pop. USA*) film dell'orrore; libro giallo che fa paura **8** (*pop. USA*) automobile con il motore truccato. ● (*zool.*) **horned s.** (*Anhima cornuta*), palamedea cornuta.

screaming /'skri:mɪŋ/, *a.* **1** strillante; stridulo **2** chiassoso; vistoso; sguaiato **3** assai divertente; buffissimo: **a s. farce**, una farsa assai divertente. ● **s. colours**, colori chiassosi □ **s. headlines**, titoli sensazionali □ **s. tyres**, pneumatici che stridono. ● (*pop. USA*) **s. gasser**, auto della polizia che fila a sirene spiegate □ (*pop. USA*) **s.-meemies**, attacco isterico.

screamingly /'skri:mɪŋlɪ/, *avv.* (*fam.*) straordinariamente; terribilmente: **s. funny**, straordinariamente buffo; buffissimo.

scree /skri:/, *n.* **1** breccia; pietrisco **2** (*geol.*) detrito di falda.

screech /skri:tʃ/, *n.* **1** strillo; grido acuto **2** stridio; stridore: **the s. of brakes**, lo stridore dei freni **3** (*fig.*) lo stridere; stonatura. ● (*zool.*) **s. owl** allocco, barbagianni, gufo (*in genere*); (*in U.S.A.*, *Otus asio*) gufo comune americano.

to **screech** /skri:tʃ/, **A** *v. i.* strillare; stridere: **The swallows are screeching**, le rondini stridono; **The tyres screeched**, le gomme stridettero. **B** *v. t.* dire con voce stridula. ● **to s. to a halt** (*o* **to a stop, to a standstill**), (*autom.*) arrestarsi (*o* fermarsi) con stridore di gomme; (*fig.*) fermarsi di colpo (*o* di botto).

screeching /'skri:tʃɪŋ/, **A** *a.* **1** che stride; che strilla **2** stridente; stridulo. **B** *n.* **1** lo strillare **2** stridio; stridore. ● **to come to a s. halt**, (*autom.*) fermarsi con stridore di gomme; (*fig.*) fermarsi di colpo (*o* di botto).

screechy /'skri:tʃɪ/, *a.* stridulo; stridente (*anche fig.*).

screed /skri:d/, *n.* **1** discorso (*o* scritto) lungo e noioso; tirata **2** (*edil.*) guida dell'intonaco (*o* per pavimenti).

screeding /skri:dɪŋ/, *n.* (*edil.*) fissaggio delle guide (*V.* **screed**).

screen /skri:n/, *n.* **1** paravento: **a folding s.**, un paravento pieghevole **2** (= **fire-s.**) parafuoco **3** riparo; schermo; siepe di protezione; (*fig.*) copertura: **a s. of pines**, uno schermo (*o* una siepe) di pini; **to advance under a s. of tanks**, avanzare al riparo dei carri armati; **The club is a s. for a gambling house**, il circolo serve da copertura a una bisca **4** parete divisoria; tramezzo **5** (*relig.*) transenna (*fra la navata e il coro*) **6** (*cinem., TV*) schermo: **a magnetic s.**, uno schermo magnetico **7** (*fig.*) schermo; cinematografo; cinema: **the small s.**, il piccolo schermo; il televisore; la televisione; **a s. star**, una stella del cinema; **a s. actor**, un attore cinematografico **8** (*naut.*) scorta, schermo; naviglio di scorta (*intorno a una portaerei, ecc.*) **9** crivello; vaglio: **a coal s.**, un vaglio per il carbone **10** (*fotogr., tipogr.*) retino **11** zanzariera (*alle finestre*) **12** (*mil.*) reparti (*o* navi) di copertura **13** (*elab.*) schermo; maschera (*di raccolta dati*); videata **14** (*autom.*, = **windscreen**) parabrezza: **heated rear s.**, parabrezza (*o* lunotto) posteriore riscaldato. ● (*in un cinema*) **s. 1** [**2, 3**], sala A [B, C] □ **s. cloth**, tela per crivelli □ **s. door**, porta a zanzariera; (*USA*) porta a libro (*o* a soffietto) □ (*elettron.*) **s. grid**, griglia schermo □ **screens of trees**, quinte di verde □ (*arte*) **s. printing**, serigrafia □ (*ind. min.*) **s. size**, finezza granulometrica (*del minerale*) □ (*cinem., TV*) **s. test**, provino □ (*edil.*) **s. wall**, muro di separazione (*in un giardino, ecc.*) □ **to put on a s. of indifference**, trincerarsi dietro un'aria d'indifferenza □ (*mil.* e *fig.*) **a smoke s.**, una cortina fumogena.

to **screen** /skri:n/, **A** *v. t.* **1** difendere; proteggere; nascondere; riparare: **to s. one's skin from the burning sun**, proteggere la pelle dal sole che brucia; **to s. the doors and windows to keep out insects**, difendere (con schermi) le porte e le finestre dagli insetti; **to s. a villa with a row of cypresses**, nascondere una villa dietro un filare di cipressi **2** (*elettr., fotogr., mecc.*) schermare: **to s. a valve** [**a plug**], schermare una valvola [una candela di motore] **3** coprire (*fig.*); proteggere, far da schermo a (q.); sottrarre (*q. al biasimo, ecc.*): **He pleaded guilty to s. his son**, si dichiarò colpevole per coprire il figlio; **to s. sb. from punishment**, sottrarre q. alla punizione **4** (*cinem.*) adattare per lo schermo; sceneggiare (*un romanzo, ecc.*) **5** (*cinem.*) proiettare, programmare (*una pellicola*) **6** (*TV*) trasmettere; dare **7** vagliare, passare al vaglio, setacciare (*anche fig.*); fare una cernita di, selezionare: **to s. coal**, passare carbone al vaglio; **to s. refugees before admitting them into the country**, fare una cernita dei profughi prima di ammetterli nel territorio nazionale **8** (*biol., med., ecc.*) sottoporre a esame (*in laboratorio*); fare lo screening a (q.) **9** (*sport*) contrastare (*un avversario*). **B** *v. i.* (*cinem.*) **1** essere proiettato; essere in programmazione **2** (*di un romanzo, ecc.*) essere adattabile per lo schermo; essere sceneggiabile: **This story screens well**, questo racconto si presta bene a farne un film **3** (*di un attore*) figurare bene sullo schermo. ● (*TV: di una partita, ecc.*) **to be screened live**, essere trasmessa in diretta □ (*tecn.*) **screening effect**, effetto schermante.

♦**screen off**, *v. t.* + *avv.* separare con un divisorio (un tramezzo, ecc.); transennare.

♦**screen out**, *v. t.* + *avv.* **1** tenere fuori (*la luce, il sole, ecc.*) con uno schermo (una tenda, ecc.): **The curtains screened out the sunlight**, le tendine riparavano la stanza dalla luce del sole **2** eliminare, scartare (q.) dopo una selezione: **A lot of candidates were screened out**, molti candidati furono scartati **3** (*fig.*) escludere, ignorare: **I'm trying to s. out the awful noise the children are making**, cerco di non sentire il rumore tremendo che fanno i bambini.

screening /'skri:nɪŋ/, *n.* **1** (*elettr., fotogr., mecc.*) schermatura; schermaggio **2** (*cinem., TV*) proiezione **3** crivellatura; vagliatura **4** (*pl.*) materiale vagliato **5** (*pl.*) residui (*o* scarti) di vagliatura; mondiglia **6** (*biol., med., ecc.*) screening; esame di laboratorio; test diagnostico **7** (*org. az.*) screening; controllo statistico della qualità **8** (*fig.*) vaglio; cernita; selezione: **s. test**, test di selezione.

screenplay /'skri:npleɪ/, *n.* **1** (*cinem., TV*) sceneggiatura **2** (*TV*) sceneggiato.

to **screen-test** /'skri:ntɛst/, *v. t.* (*cinem., TV*) fare un provino a (q.); sottoporre a un provino.

screenwasher /'skri:nwɒʃə(r), *USA* -wɔ:-/, *n.* (*autom.*) lavacristallo (automatico).

screenwriter /'skri:nraɪtə(r)/, *n.* (*cinem., TV*) sceneggiatore.

to **screeve** /skri:v/, *v. i.* (*fam.*) far disegni col gesso sui marciapiedi (*per ottenere offerte in denaro dai passanti*).

screever /'skri:və(r)/, *n.* (*fam.*) chi fa disegni col gesso sui marciapiedi; madonnaro.

screw /skru:/, *n.* **1** (*mecc., falegn.*) vite: **clamps s.**, vite di fissaggio; **drive s.**, vite autofilettante; **wood s.**, vite da legno; **a turn of the s.**, un giro di vite (*anche fig.*) **2** (*aeron., naut.*) elica **3** avvitata; giro (*di vite*) **4** (*biliardo*) effetto: **to put a s. on a ball**, dare l'effetto a una palla **5** (*fam.*) avaro; spilorcio; taccagno; tirchio; strozzino **6** (*pop.*) paga; salario; stipendio **7** (*pop.*) ronzino **8** (*pop.*) poliziotto **9** (*pop.*) secondino **10** (*volg.*) chiavata, scopata (*volg.*); coito **11** (*volg.*) persona con cui si scopa; partner (sessuale) **12** (*arc.*) cartoccetto (*di tabacco o di tè*). ● **s. blade**, pala dell'elica □ **s.-bolt**, bullone □ **s. boss** (*o* **s. hub**), mozzo dell'elica □ **s. cap**, coperchio a vite; tappo metallico □ (*mecc.*) **s. coupling**, accoppiamento a vite; giunto a vite □ (*mecc.*) **s.-cutter** (*o* **s.-cutting machine**), filettatrice □ **s. eye**, occhiello a vite □ (*mecc.*) **s. gear**, ingranaggio a vite senza fine □ **s. hook**, gancio a vite □ **s. jack**, cricco (*o* martinetto) a vite □ (*mecc.*) **s. machine**, tornio (automatico) da viteria □ (*ind. costr.*) **s.-pile**, palo metallico a vite □ **s. pitch**, passo di una vite □ **s. plug**, tappo a vite □ (*tipogr.*) **s. press**, pressa a vite, torchio a vite □ (*ferr.*) **s. spike**, caviglia □ (*mecc.*) **s. spanner**, chiave a rullo (*o* a rollino) □ (*edil.*) **s. stair**, scala a chiocciola □ (*mecc.*) **s. tap**, maschio per filettare (*arnese per far viti femmine*) □ (*mecc.*) **s. thread**, filettatura; filetto (*della vite*) □ **s. top**, tappo (*o* coperchio) a vite □ **s.-top opener**, svitatappi □ **s.-topped**, con coperchio (*o* tappo) a vite □ (*mecc., USA*) **s. wheel**, ruota (a dentatura) elicoidale □ (*mecc.*) **s. wrench**, *V.* **s. spanner** □ **Archimedean s.**, vite d'Archimede; coclea □ (*mecc.*) **differential s.**, vite differenziale □ **endless s.** (*o* **perpetual s.**), vite senza fine □ **female s.** (*o* **internal s.**), vite femmina □ (*fig.*) **to give another turn of the s.**, dare un altro giro di vite □ (*fam.*) **to have a s. loose**, essere un po' tocco; avere una rotella fuori posto; essere un po' svitato □ **left-handed s.**, vite sinistrorsa □ **male s.** (*o* **external s.**), vite maschio □ **to put** (*o* **to tighten**) **the screw**(**s**) **on sb.** (*o* **to sb.**), sottoporre q. a forti pressioni; costringere q. a fare q.c.

to **screw** /skru:/, **A** *v. t.* **1** avvitare: **to s. a lock on a door**, avvitare una serratura su una porta **2** fissare, chiudere (*con viti* o *avvitando*): **She screwed the jar tight**, chiuse bene il barattolo **3** spremere; strizzare: **to s. the dirty water out of a cloth**, strizzare un cencio per farne uscire l'acqua sporca **4** (*fig.*) spremere; estorcere; strappare: **to s. money out of sb.** (*o* **sb. out of money**), estorcere denaro a q.; **to s. consent out of sb.**, strappare il consenso di q. **5** (*biliardo, anche* **to s. back**) dare l'effetto a (*una palla*) **6** (*pop.*) buggerare; fregare; fottere (*volg.*): **You're screwed!**, sei fottuto! **7** (*volg.*) chiavare, fottere, scopare (*volg.*). **B** *v. i.* **1** avvitarsi **2** (*fam.*) essere avaro (*o* spilorcio) **3** (*specialm. di palla*) deviare; scartare; voltare: **to s. to the right**, deviare a destra. ● **to s. one's forehead into wrinkles**, corrugare la fronte □ **to s. one's head round**, girare il capo; voltare la testa (*per guardare*) □ **to s. a nut tight**, avvitare a fondo un dado.

♦**screw around**, *v. i.* + *avv.* (*pop. USA*) **1** bighellonare; oziare; perdere tempo **2** andare a donne; avere delle avventure; divertirsi (*fam.*) □ **to s. around with**, avere una relazione amorosa con (q.); scherzare, fare il fesso con, prendere sottogamba: **We shouldn't s. around with the international situation**, non dobbiamo prendere sottogamba la situazione internazionale.

♦**screw down**, *v. t.* + *avv.* avvitare (*un coperchio, ecc.*).

♦**screw off**, *v. t.* e *i.* + *avv.* **1** svitare, svitarsi **2** allentare (*un bullone*).

♦**screw on**, *v. t.* e *i.* + *avv.* **1** avvitare, avvitarsi: **Don't forget to s. on the cap!**, non scordarti di avvitare il cappuccio; **The lid screws on easily**, il coperchio si avvita bene **2** stringere, serrare (*un bullone, un dado*).

♦**screw together**, *v. t.* + *avv.* avvitare insieme, fissare con viti (*due pezzi di legno, ecc.*).

♦**screw up**, **A** *v. t.* + *avv.* **1** avvitare; fissare con viti (*un oggetto*) **2** distorcere; storcere: **to s. up one's face**, storcere il viso; fare una smorfia **3** strizzare: **to s. up one's eyes**, strizzare gli occhi **4** (*mus.*) tendere, tirare (*le corde di un violino, ecc.*) **5** (*fam.*) danneggiare, mettere nei guai (q.) **6** (*fam.*) guastare; rovinare; mandare a monte (*progetti, occasioni, ecc.*); incasinare (*pop.: un esame, ecc.*) **7** (*fam.: di solito, al passivo*) innervosire; mettere (q.) a disagio. **B** *v. i.* + *avv.* **1** (*del viso, ecc.*) distorcersi; storcersi (*in una smorfia*) *2* (*fam.*) fare fiasco; fallire; essere bocciato □ (*fam.*) **to s. up oneself** (*o* **one's courage**), farsi coraggio; farsi animo □ **to s. up st. into a ball**, accartocciare, appallottolare q.c. □ (*fam.*) **to s. it up**, incasinare tutto.

screwable /ˈskruːəbl/, *a.* avvitabile.

screwball /ˈskruːbɔːl/, *n.* *1* (*baseball*) palla con l'effetto *2* (*pop. specialm. USA*) individuo eccentrico, strambo; pazzoide; stravagante.

screwdriver /ˈskruːdraɪvə(r)/, *n.* (*mecc.*) cacciavite; giravite.

screwed /skruːd/, **A** *p. p.* di **to screw**. **B** *a.* *1* avvitato *2* (*mecc.*) filettato *3* (*pop.*) buggerato; fregato; fottuto (*volg.*) *4* (*pop.*) brillo; ubriaco; sbronzo (*fam.*). ● (*fam.*) **s. up**, nervoso; preoccupato; teso (*fig.*); incasinato (*pop.*) □ (*fam.*) **to have one's head s. on the right way**, avere la testa sulle spalle.

screwing /ˈskruːɪŋ/, *n.* (*mecc.*) avvitamento; avvitatura.

screw-up /ˈskruːʌp/, *n.* (*pop.*) *1* guaio; pasticcio; sbaglio; incasinamento (*pop.*) *2* fiasco; insuccesso *3* pasticcione; casinista (*pop.*).

screwworm /ˈskruːwɜːm/, *n.* (*med., vet.*) verme a vite (*larva*). ● (*zool.*) **s. fly** (*Callitroga macellaria*), moscone azzurro della carne.

screwy /ˈskruːɪ/, *a.* *1* (*di cavallo*) bizzoso; capriccioso *2* (*fam.*) un po' tocco; pazzerello; un po' svitato; strambo; strampalato: **a s. idea**, un'idea strampalata.

scribal /ˈskraɪbl/, *a.* di scriba; di scrivano. ● **a s. error**, un errore di scrittura; un lapsus calami.

scribble /ˈskrɪbl/, *n.* *1* scarabocchio; sgorbio *2* (*fig. spreg.*) scritto frettoloso; opera da due soldi.

to **scribble** (**1**) /ˈskrɪbl/, *v. t.* e *i.* scribacchiare; scarabocchiare; fare lo scribacchino; scrivere in modo illeggibile.

to **scribble** (**2**) /ˈskrɪbl/, *v. t.* (*ind. tess.*) cardare in grosso.

scribbler (**1**) /ˈskrɪblə(r), -bəl-/, *n.* *1* chi scribacchia; chi scarabocchia *2* scribacchino; scrittorello; imbrattacarte.

scribbler (**2**) /ˈskrɪblə(r), -bəl-/, *n.* (*ind. tess.*) *1* cardatore in grosso *2* carda in grosso (*macchina*).

scribe /skraɪb/, *n.* *1* scriba; scrivano; copista; amanuense *2* (*Bibbia*) scriba; dottore della legge *3* (*spesso scherz.*) scribacchino; scrittore; giornalista *4* (*mecc.*) punta per tracciare; segnatoio.

to **scribe** /skraɪb/, *v. t.* (*tecn.*) *1* incidere (*legno, mattoni, metalli, ecc.*) con una punta metallica *2* tracciare (*una linea*) con un segnatoio. ● **scribing block**, truschino □ **scribing compass**, compasso da tracciatore.

scriber /ˈskraɪbə(r)/, *n.* *1* (*mecc.*) punta per tracciare; segnatoio *2* (*falegn.*) graffietto.

scrim /skrɪm/, *n.* *1* (*ind. tess.*) tela rada (*di cotone o di lino, per tende, ecc.*) *2* trasparente (*per merletti*) *3* (*teatr.*) trasparente.

scrimmage /ˈskrɪmɪdʒ/, *n.* *1* parapiglia; rissa; tafferuglio; zuffa *2* (*sport*: *calcio americano*) mischia. ● (*sport*) **line of s.**, linea d'inizio del gioco.

to **scrimmage** /ˈskrɪmɪdʒ/, **A** *v. i.* *1* azzuffarsi *2* (*sport*) prendere parte a una mischia. **B** *v. t.* (*sport*) mettere (*la palla*) in una mischia.

to **scrimp** /skrɪmp/, *V.* **to skimp**.

scrimpy /ˈskrɪmpɪ/, *V.* **skimpy**.

to **scrimshank** /ˈskrɪmʃæŋk/, *v. t.* (*gergo mil.*) fare il lavativo.

scrimshanker /ˈskrɪmʃæŋkə(r)/, *n.* (*gergo mil.*) lavativo.

scrimshaw /ˈskrɪmʃɔː/, *n.* *1* lavoro d'intaglio e di decorazione (*di conchiglie, pezzi d'avorio, ecc.*) *2* oggetto (*o* oggetti) di avorio intagliati; conchiglia (*o* conchiglie) decorate.

to **scrimshaw** /ˈskrɪmʃɔː/, *v. t.* e *i.* (*specialm. di marinai*) intagliare e decorare (*conchiglie, ossi di balena, avorio, ecc.*); fare lavori d'intaglio.

scrip (**1**) /skrɪp/, *n.* bisaccia; tascapane (*raro, salvo nella locuz.*:) **a pilgrim's s.**, una bisaccia da pellegrino.

scrip (**2**) /skrɪp/, *n.* (*fin.*) *1* certificato provvisorio (*comprovante l'acquisto, il possesso d'azioni, ecc.*) *2* buono frazionario *3* (*collett.*) azioni gratuite assegnate *4* buono (*d'acquisto*: *ai dipendenti, da spendere nei negozi della ditta*). ● (*fin.*) **s. issue**, emissione di azioni gratuite.

script /skrɪpt/, *n.* *1* (*raro*) scrittura (a mano) *2* (*tipogr.*) corsivo inglese *3* carattere; scrittura: **Cyrillic s.**, carattere cirillico *4* (*radio, TV*) copione; testo (*dell'annunciatore*) *5* (*cinem.*) sceneggiatura; copione *6* (*leg.*) documento originale *7* scaletta (*fig.*); abbozzo; schema *8* compito (*di un esaminando*); elaborato. ● **s. girl**, «script girl», segretaria di edizione (*o* di produzione).

to **script** /skrɪpt/, *v. t.* *1* preparare il testo (*o* il copione) di *2* (*cinem., TV*) sceneggiare: **to s. a novel into a film**, sceneggiare un romanzo per il cinema.

scripted /ˈskrɪptɪd/, *a.* (*radio, TV*: *di conferenze, ecc.*) da copione; letto da un testo; scritto; preparato.

scripter /ˈskrɪptə(r)/, *n.* sceneggiatore; soggettista; «scripter».

scriptorium /skrɪpˈtɔːrɪəm/, *n.* (*pl.* **scriptoria, scriptoriums**) sala di scrittura (*specialm. in un monastero*); scrittorio.

scriptural /ˈskrɪptʃərəl/, *a.* scritturale; scritturistico; della Sacra Scrittura; della Bibbia.

scripturalism /ˈskrɪptʃərəlɪzəm/, *n.* (*relig.*) scritturalismo.

scripturalist /ˈskrɪptərəlɪst/, *n.* (*relig.*) *1* scritturale *2* scritturista.

scripture /ˈskrɪptʃə(r)/, *n.* *1* – (*relig.*) **the S.** (= **the Holy Scriptures**) la Scrittura; le Sacre Scritture *2* testo sacro (*d'altra religione*) *3* (*raro*) passo della Bibbia *4* (*fig.*) vangelo; testo autorevole.

scriptwriter /ˈskrɪptraɪtə(r)/, *n.* (*cinem., TV*) sceneggiatore; soggettista.

scriptwriting /ˈskrɪptraɪtɪŋ/, *n.* (*cinem., TV*) sceneggiatura.

scrivener /ˈskrɪvnə(r), -vən-/, *n.* (*arc.*) *1* scrivano; copista; scritturale *2* notaio. ● (*med.*) **s.'s palsy**, crampo dello scrivano.

scrofula /ˈskrɒfjʊlə, *USA* -ɔːf-/, *n.* (*med.*) scrofola; scrofolosi.

scrofulosis /skrɒfjʊˈləʊsɪs, *USA* -ɔːf-/, *n.* (*pl.* **scrofuloses**) *n.* (*med.*) scrofolosi.

scrofulous /ˈskrɒfjʊləsf-/, *a.* *1* (*med.*) scrofoloso *2* (*fig.*) malmesso; malconcio; ridotto male.

to **scrog** /skrɒg, *USA* -ɔːg/, *v. t.* (*volg. USA*) chiavare, scopare (*volg.*).

scroll /skrəʊl/, *n.* *1* rotolo di carta (*o* di pergamena) *2* (*archit.*) spira ornamentale; cartoccio; cartiglio; voluta (*specialm. di capitello ionico*) *3* arabesco; ghirigoro; svolazzo *4* (*arald.*) cartiglio *5* (*di violino*) riccio; chiocciola *6* (*mecc.*) chiocciola; coclea *7* (*ind. tess.*) lumaca. ● (*naut.*) **s.-head**, voluta del tagliamare □ (*mecc.*) **s.-saw**, sega a svolgere.

to **scroll** /skrəʊl/, **A** *v. t.* *1* arrotolare; arricciare *2* ornare di arabeschi, di svolazzi, di volute *3* (*elab.*) fare scorrere (*un testo*) sul video. **B** *v. i.* (*raro*) avvolgersi in volute; arricciarsi; arrotolarsi.

scrolled /skrəʊld/, *a.* *1* (*di ferro, ecc.*) a volute; arricciato *2* a spirale *3* (*di una firma, ecc.*) a svolazzi.

scrolling /ˈskrəʊlɪŋ/, *n.* *1* arricciamento *2* (*elab.*) scorrimento; spostamento.

scrollwork /ˈskrəʊlwɜːk/, *n.* ornamento (*o* decorazioni) a volute, a ricci.

scrooge /skruːdʒ/, *n.* taccagno; spilorcio (*dal nome di un personaggio di una novella di C. Dickens*). ● – **S. Mr Duck**, (*nei fumetti*) Paperone.

scroop /skruːp/, *n.* (*dial.*) suono stridulo; stridio; stridore.

to **scroop** /skruːp/, *v. i.* (*dial.*) stridere; cigolare.

scrotal /ˈskrəʊtl/, *a.* (*anat.*) scrotale.

scrotum /ˈskrəʊtəm/, *n.* (*pl.* **scrota, scrotums**) (*anat.*) scroto.

to **scrounge** /skraʊndʒ/, *v. t.* e *i.* (*fam.*) scroccare; sbafare: **to s. a cigarette off a friend**, scroccare una sigaretta a un amico. ● **to s. around for sb.** [**st.**], cercare q. [q.c.] □ **to s. sb.** [**st.**] **up**, trovare, scovare q. [q.c.].

scrounger /ˈskraʊndʒə(r)/, *n.* (*fam.*) scroccone, scroccona.

scrub (**1**) /skrʌb/, *n.* *1* terreno coperto da arbusti; boscaglia; macchia *2* arbusto atrofico; pianta stentata *3* persona (*o* cosa) più bassa del normale; nanerottolo; tappo (*scherz.*) *4* omuncolo; tipo scialbo *5* (*fam. USA*) giocatore (*specialm. di baseball*) di riserva; riserva. ● (*sport, USA*) **a s. game**, una partita improvvisata (*con giocatori di riserva*) □ (*bot.*) **s. pine**, pino nano □ (*sport, USA*) **s. team**, squadra di ripiego (*con i giocatori di riserva*).

scrub (**2**) /skrʌb/, *n.* *1* lavata; strofinata; (bella) ripulita: **He gave his face a good s.**, si diede una bella lavata alla faccia *2* uomo (*o* donna) di fatica *3* (*ind. chim.*) lavaggio (*di un gas*) *4* (*med.*, = **s.-up**) lavaggio antisettico *5* (*naut.*) frettazzo, frettazza. ● (*USA*) **s. brush**, *V.* **scrubbing brush** □ (*med.*) **s. nurse**, infermiera strumentista.

to **scrub** /skrʌb/, **A** *v. t.* *1* lavare (*pavimenti, ecc.*) fregando; pulire strofinando; strofinare; (*naut.*) frettare *2* (*ind. chim.*) lavare (*un gas*) *3* (*fam.*) annullare; disdire; interrompere: **to s. a party**, annullare un party; **to s. the countdown**, interrompere il conteggio alla rovescia. **B** *v. i.* lavare pavimenti; fare lavori di fatica. ● **to s. the floor clean**, pulire il pavimento (strofinando).

♦**scrub at**, *v. i.* + *prep.* cercare di togliere (*una macchia, ecc.*) strofinando (*o* sfregando).

♦**scrub away**, **A** *v. i.* + *avv.* continuare a strofinare (*o* a sfregare). **B** *v. t.* + *avv.* togliere (portare via, staccare, ecc.) sfregando (*o* strofinando): **Mind you don't s. away the paint!**, bada di non staccare la vernice!

♦**scrub down**, *v. t.* + *avv.* *1* strofinare, lavare con una spazzola: **Please, s. my back down!**, per favore, lavami la schiena! *2* scrostare, pulire con una spazzola (*pareti e sim.*).

♦**scrub out**, *v. t.* + *avv.* *1* pulire, lavare a fondo (*sfregando, ecc.*): **to s. out the kitchen**, pulire (*o* fare) la cucina *2* togliere, cavare strofinando: **to s. out a stain**, togliere una macchia *3* (*fam.*) annullare; disdire; rinviare *4* (*fam.*) tirare un frego su; cancellare.

♦**scrub round**, *v. t.* + *prep.* (*fam.*) *1* interrompere, sospendere (*un incontro, una riunione, ecc.*) *2* evitare (*una difficoltà*); aggirare (*un ostacolo, un regolamento*).

♦**scrub up**, *v. i.* + *avv.* (*med.*: *di un chirurgo o un infermiere*) lavarsi bene (*le mani e gli avambracci*: *prima di un intervento*).

scrubber /ˈskrʌbə(r)/, *n.* *1* chi lava i pavimenti; uomo (*o* donna) di fatica *2* spazzola dura; spazzolone; (*naut.*) frettazza *3* (*tecn.*) macchina lavapavimenti *4* (*ind. chim.*) gorgogliatore di lavaggio (*per i gas*); lavatore; scrubber *5* (*ind. min.*) macchina sfangatrice *6* (*pop.*) ninfomane; donnaccia; prostituta.

scrubbing /ˈskrʌbɪŋ/, *n.* lavatura (*di pavimenti*); strofinatura. ● **s. board**, asse del bucato □ **s. brush**, spazzola dura; spazzolone; (*naut.*) frettazzo, frettazza.

scrubby /ˈskrʌbɪ/, *a.* *1* (*di pianta, arbusto*) cresciuto male; stentato *2* striminzito; meschino; misero *3* (*di terreno*) coperto d'arbusti; a macchia *4* (*del mento, ecc.*) irsuto, ispido.

scrubland /ˈskrʌblænd/, *n.* terreno a macchia; boscaglia.

scrubwoman /ˈskrʌbwʊmən/, *n.* (*pl.* **scrubwomen**) (*USA*) donna delle pulizie.

scruff (**1**) /skrʌf/, *n.* (*di solito* **s. of the neck**) nuca; collottola: **to take sb. by the s. of the**

neck, prendere q. per la collottola.
scruff (2) /skrʌf/, *n.* (*pop.*) individuo sporco, trasandato.
scruffy /ˈskrʌfɪ/, *a.* (*fam.*) sciatto; trasandato; sporco.
scrum /skrʌm/, *n.* 1 (*rugby, abbr. di* **scrummage**) mischia 2 (*fam.*) pigia pigia; calca; ressa: **There was a s. for the tickets**, c'è stata ressa alla biglietteria.
scrumhalf /ˈskrʌmhɑːf, *USA* -æf/, *n.* (*rugby*) mediano di mischia.
scrummage /ˈskrʌmɪdʒ/, *n.* (*rugby*) mischia.
to **scrummage** /ˈskrʌmɪdʒ/, *v. i.* (*rugby*) 1 (*di un giocatore*) entrare in una mischia 2 (*di un gruppo*) fare una mischia.
to **scrump** /skrʌmp/, *v. t. e i.* 1 (*pop.*) rubare (frutta) dall'albero 2 (*volg. USA*) chiavare, scopare (*volg.*).
scrumptious /ˈskrʌmpʃəs/, *a.* (*fam.*) delizioso; eccezionale; ottimo; splendido: **a s. meal**, un pasto eccezionale.
scrumpy /ˈskrʌmpɪ/, *n.* sidro forte e secco.
scrunch /skrʌntʃ/, *n.* 1 scricchiolio; sgretolio 2 masticazione rumorosa; sgranocchiamento 3 accartocciamento; l'appallottolare 4 (*pop.*) stritolamento.
to **scrunch** /skrʌntʃ/, **A** *v. t.* 1 far scricchiolare; schiacciare (rumorosamente) 2 masticare rumorosamente; sgranocchiare 3 (*spesso* **to s. up**) accartocciare; appallottolare 4 (*pop.*) stritolare; fare a pezzi. **B** *v. i.* (*della ghiaia sotto i piedi, ecc.*) scricchiolare.
scrunge /skrʌndʒ/, *n.* (*pop. USA*) sporco; sporcizia; sudiciume; porcheria.
scruple /ˈskruːpl/, *n.* 1 scrupolo (*24ª parte di un'oncia, pari a g. 1,29*) 2 scrupolo; dubbio; esitazione; timore: **I make no s. to tell him**, non ho scrupolo a dirglielo; **He has scruples about gambling**, si fa scrupolo di giocare d'azzardo. ● **a man of no scruples**, un uomo senza scrupoli.
to **scruple** /ˈskruːpl/, *v. i.* aver scrupoli; farsi scrupolo; esitare: **He would not s. to tell a lie**, non esiterebbe a mentire. ● **to s. about**, farsi scrupolo di.
scrupulosity /skruːpjʊˈlɒsətɪ/, *n.* scrupolosità; meticolosità; precisione.
scrupulous /ˈskruːpjʊləs/, *a.* scrupoloso; meticoloso; preciso. || **-ly**, *avv.* || **-ness**, *sost.*
scrutator /skruːˈteɪtə(r)/, *n.* scrutatore; osservatore (*termine usato specialm. in lettere inviate ai giornali*: **a s.**, un osservatore).
scrutineer /skruːtɪˈnɪə(r)/, *n.* (*specialm. polit.*) scrutatore; scrutinatore.
to **scrutinize** /ˈskruːtɪnaɪz/, *v. t.* scrutare; investigare; esaminare (*o* osservare) attentamente; vagliare: **He scrutinized the banknote**, esaminò attentamente la banconota. ● **to s. sb.'s face**, scrutare q. (in volto).
scrutinizer /ˈskruːtɪnaɪzə(r)/, *n.* scrutatore, scrutatrice.
scrutiny /ˈskruːtɪnɪ/, *n.* 1 esame minuzioso; indagine accurata 2 (*polit.*) scrutinio; riscontro (*delle schede elettorali*).
scuba /ˈskuːbə, ˈskjuː-/, *n.* (*acronimo di* **self-contained underwater breathing apparatus**) (*sport*) 1 autorespiratore 2 (= **s. diver**) subacqueo (con autorespiratore).
scud /skʌd/, *n.* 1 corsa rapida 2 nebbia (*o* nuvola) spinta dal vento 3 (*pl.*) spruzzi di schiuma. ● **scuds of rain**, scrosci di pioggia (*spinti dal vento*).
to **scud** /skʌd/, *v. i.* 1 correr via; fuggire: **The wind sent the white clouds scudding across the sky**, il vento faceva correre le bianche nubi per il cielo 2 (*naut.*) correre in poppa; fuggire la tempesta.
scuff /skʌf/, *n.* 1 frego; segnaccio; segno da usura 2 pantofola; pianella.
to **scuff** /skʌf/, **A** *v. i.* 1 camminare strascicando i piedi 2 (*di scarpe*) consumarsi sfregando per terra. **B** *v. t.* 1 strascicare (*i piedi*) 2 stropicciare i piedi sopra (*il pavimento*); lasciare (*o* fare) freghi (*o* striscioni) su (*un pavimento, ecc.*) 3 consumare (*scarpe*) strascicando i piedi. ● **a floor badly scuffed up**, un pavimento tutto segnato.
scuffle /ˈskʌfl/, *n.* 1 baruffa; mischia; rissa; tafferuglio; zuffa 2 strascichio; stropiccio: **a s. of feet**, uno stropiccio di piedi.
to **scuffle** /ˈskʌfl/, *v. i.* 1 azzuffarsi; accapigliarsi; far baruffa; battersi: **to s. with the police**, battersi contro la polizia 2 strascicare i piedi.
scug /skʌg/, *n.* (*gergo studentesco*) ragazzo privo di spirito, poco socievole; pappa molle (*fig.*).
scull /skʌl/, *n.* (*naut.*) 1 palella 2 remo da bratto (*o* di coda) 3 imbarcazione a palelle 4 remata a palelle 5 bratto (*la voga da poppa*) 6 (*per estens.*) gita in barca.
to **scull** /skʌl/, **A** *v. i.* (*naut.*) 1 vogare (con remi a palelle); usare le palelle 2 vogare con remo da bratto; brattare. **B** *v. t.* spingere (*una barca*) con le palelle (*o* con un remo da bratto).
sculler /ˈskʌlə(r)/, *n.* (*naut.*) 1 rematore con palelle 2 vogatore con remo da bratto 3 barca da voga a palelle.
scullery /ˈskʌlərɪ/, *n.* retrocucina; sgabuzzino dell'acquaio. ● **s.-boy**, sguattero □ **s.-maid**, sguattera.
sculling /ˈskʌlɪŋ/, *n.* (*sport*) il remare con palelle (*o* con un remo da bratto).
scullion /ˈskʌljən/, *n.* (*arc.*) sguattero.
sculpin /ˈskʌlpɪn/, *n.* (*pl.* **sculpins, sculpin**) (*zool.*) 1 pesce dei Cottidi (*in genere*) 2 (*Callionymus lyra*) dragoncello 3 (*Scorpaena guttata*) scorpena californiana.
to **sculpt** /skʌlpt/, *v. t.* (*abbr. fam. di* **to sculpture**) scolpire.
sculptor /ˈskʌlptə(r)/, *n.* scultore.
sculptress /ˈskʌlptrɪs/, *n.* scultrice.
sculptural /ˈskʌlptʃərəl/, *a.* scultorio; di (*o* simile a) scultura; statuario: **s. attitute** [**beauty**], posa [bellezza] statuaria. || **-ly**, *avv.*
sculpture /ˈskʌlptʃə(r)/, *n.* scultura.
to **sculpture** /ˈskʌlptʃə(r)/, **A** *v. t.* scolpire. **B** *v. i.* fare lo scultore. ● (*archit.*) **sculptured columns**, colonne scolpite □ **sculpturing in wood**, lavoro di scultura del legno.
sculpturesque /skʌlptʃəˈrɛsk/, *a.* scultorio; statuario.
scum /skʌm/, *n.* 1 schiuma, schiumaccia; strato di sporco, pellicola d'impurità (*su un liquido*); pellicola vischiosa (*su un solido*) 2 (*metall.*) scoria 3 (*fig. spreg.*) feccia; rifiuti (umani); gentaglia: **the s. of the earth**, i rifiuti della società; la teppaglia 4 (*volg. USA*) sperma; sborra (*volg.*).
to **scum** /skʌm/, **A** *v. t.* togliere lo sporco a (q.c.); levar via la pellicola vischiosa da (*V.* **scum,** *def. 1*). **B** *v. i.* 1 (*di liquido*) coprirsi di schiuma; coprirsi di una pellicola d'impurità 2 (*metall.*) produrre scorie.
scumbag /ˈskʌmbæg/, *n.* 1 (*volg. USA*) preservativo 2 (*pop. ingl.*) individuo spregevole; tipaccio; canaglia.
scumble /ˈskʌmbl/, *n.* (*pitt.*) smorzatura delle tinte; sfumatura dei contorni; velatura opacizzante.
to **scumble** /ˈskʌmbl/, *v. t.* (*pitt.*) attenuare le tinte di (*una pittura a olio*) con un velo di colore opaco; sfumare i contorni di.
scummy /ˈskʌmɪ/, *a.* 1 simile a una pellicola d'impurità 2 coperto di una pellicola d'impurità 3 (*fig.*) abietto; basso; meschino; spregevole.
scunge /skʌndʒ/, *n.* (*pop. Austr.*) 1 individuo spregevole 2 chi prende sempre denaro a prestito; debitore cronico.
scungy /ˈskʌndʒɪ/, *a.* (*fam. Austr.*) meschino; spregevole; ripugnante.
scupper /ˈskʌpə(r)/, *n.* 1 (*edil.*) bocca di spurgo (*dell'acqua piovana*) 2 (*naut.*) ombrinale.
to **scupper** /ˈskʌpə(r)/, *v. t.* 1 affondare deliberatamente (*la propria nave*): (*mil., naut.*) **to s. one's ship**, autoaffondarsi 2 (*fam.*) mettere (q.) nei guai (*o* in difficoltà); mandare a monte, all'aria (*progetti, ecc.*).
scuppernong /ˈskʌpənɒŋ, *USA* -ɔːŋ/, *n.* (*USA*) vino moscato americano.
scurf /skɜːf/, *n.* 1 scaglia; squama; crosta (*della pelle*) 2 forfora.
scurfiness /ˈskɜːfɪnəs/, *n.* 1 l'essere squamoso 2 forfora.
scurfy /ˈskɜːfɪ/, *a.* 1 scaglioso; squamoso 2 forforoso. ● **to have s. hair**, avere la forfora.
scurrility /skəˈrɪlətɪ/, *n.* scurrilità; trivialità; volgarità.
scurrilous /ˈskʌrɪləs, *USA* ˈskɜːrɪ-/, *a.* scurrile; triviale; volgare. || **-ly**, *avv.* || **-ness**, *sost.*
scurry /ˈskʌrɪ, *USA* ˈskɜːrɪ/, *n.* 1 corsa veloce; fuga precipitosa 2 rumore di passi frettolosi; tramestio 3 (*sport*) corsa breve 4 folata, raffica (*di pioggia, nevischio*) 5 nuvola (*di polvere*).
to **scurry** /ˈskʌrɪ, *USA* ˈskɜːrɪ/, *v. i.* affrettarsi; correre velocemente; scappare; sgambare; sgambettare. ● **a scurrying rabbit**, un coniglio in fuga.
scurviness /ˈskɜːvɪnəs/, *n.* bassezza; grettezza; meschinità.
scurvy (1) /ˈskɜːvɪ/, *a.* abietto; basso; gretto; meschino; spregevole; vile: **a s. scoundrel**, un'abietta canaglia. ● **a s. trick**, un tiro mancino.
scurvy (2) /ˈskɜːvɪ/, *n.* (*med.*) scorbuto. ● (*bot.*) **s. grass** (*Cochlearia officinalis*), coclearia.
scut /skʌt/, *n.* 1 coda corta; codino (*di coniglio, lepre, ecc.*) 2 (*pop. USA*) individuo spregevole; tipaccio 3 (*pop. USA*) pivello; recluta: **s. work**, lavoro sgradevole, per pivelli.
scutage /ˈskjuːtɪdʒ, *USA* ˈskuː-/, *n.* (*stor., diritto feudale*) «scutagium» (*imposta pagata dal vassallo per l'esonero da prestazioni personali*).
scutate /ˈskjuːteɪt, *USA* ˈskuː-/, *a.* (*bot., zool.*) coperto da squame (*o* da scaglie).
scutch /skʌtʃ/, *n.* 1 (*ind. tess.*) gramola; scotola 2 (*edil.*) martellina.
to **scutch** /skʌtʃ/, *v. t.* (*ind. tess.*) gramolare; scotolare (*lino, canapa, ecc.*).
scutcheon /ˈskʌtʃən/, *n.* 1 stemma; scudo; arme gentilizia; blasone 2 bocchetta (*di serratura*) 3 targa metallica (*per il nome*) 4 (*naut.*) quadro (*o* scudo) di poppa. ● (*fig.*) **a blot on the s.**, una macchia sul proprio onore.
scutcher /ˈskʌtʃə(r)/, *n.* (*ind. tess.*) gramola; scotola.
scutching /ˈskʌtʃɪŋ/, *n.* (*ind. tess.*) gramolatura; scotolatura.
scute /skjuːt, *USA* skuːt/, *n.* (*bot., zool.*) scudo, scuto; piastra; squama.
scutellum /skjuːˈtɛləm, *USA* skuː-/, *n.* (*pl.* **scutella**) (*zool., bot.*) scutello; scudetto; piccola piastra.
scutter, to **scutter** /ˈskʌtə(r)/, *V.* **scurry, to scurry**.
scuttle (1) /ˈskʌtl/, *n.* 1 (*di solito* **coalscuttle**) recipiente (*secchio, cassetta, ecc.*) per il carbone 2 cesta, cesto (*per cereali o verdura*).
scuttle (2) /ˈskʌtl/, *n.* 1 apertura, finestrino, botola (*muniti di coperchio, in un muro o sul tetto*) 2 (*naut.*) portellino; portello.
scuttle (3) /ˈskʌtl/, *n.* corsa precipitosa; fuga.
to **scuttle** (1) /ˈskʌtl/, *v. t.* 1 (*naut.*) affondare deliberatamente (*una nave*) aprendo i portelli (*o* delle falle) 2 (*fig.*) abbandonare, costringere (q.) ad abbandonare (*speranze, progetti, ecc.*).
to **scuttle** (2) /ˈskʌtl/, *v. t.* (*anche* **to s. off, to s. away**) affrettarsi; correr via; scappare; squagliarsela (*pop.*).
scuttling /ˈskʌtlɪŋ/, *n.* (*mil., naut.*) autoaffondamento.
scutum /ˈskjuːtəm, *USA* ˈskuː-/, *n.* (*pl.* **scuta**) 1 (*stor. romana*) scudo (*di legionario*) 2 (*zool.*) scudo (*anche d'insetti*); scuto.
scuz(z) /skʌz/, *n.* (*pop. USA*) 1 sporcizia; sudiciume; porcheria 2 individuo spregevole; tipaccio.

to **scuzz out** /'skʌz'aʊt/, *v. t.* (*pop. USA*) disgustare; nauseare.

scuzzy /'skʌzɪ/, *a.* (*pop. USA*) sporco; sozzo; disgustoso; schifoso.

Scylla /'sɪlə/, *n.* (*geogr., mitol.*) Scilla. ● (*fig.*) **between S. and Charybdis**, tra Scilla e Cariddi.

scyphus /'saɪfəs/, *n.* (*pl.* **scyphi**) (*archeol.*) scifo (*anche bot.*); coppa; cratere.

scythe /saɪð/, *n.* (*agric.*) falce (fienaia).

to **scythe** /saɪð/, *v. t.* e *i.* **1** (*agric.*) falciare **2** (*fig., spesso* **to s. down**) falciare; abbattere. ● **to s. through**, falciare (*fig.*): **The car scythed through the crowd**, l'automobile falciò la folla □ (*stor.*) **a scythed chariot**, un carro falcato (*o* armato di falci).

scythelike /'saɪðlaɪk/, *a.* (fatto) a falce; falcato.

scytheman /'saɪðmən/, *n.* (*pl.* **scythemen**) falciatore.

Scythia /'sɪðɪə, *USA* 'sɪθ-/, *n.* (*geogr., stor.*) Scizia.

Scythian /'sɪðɪən, *USA* 'sɪθ-/, **A** *n.* (*stor.*) scita. **B** *a.* scitico; della Scizia.

sea /siː/, **A** *n.* **1** mare (*anche fig.*): **The sea was smooth [rough]**, il mare era calmo [agitato]; **He jumped into the sea**, si gettò in mare; **the Mediterranean Sea**, il Mare Mediterraneo; (*astron.*) **the Sea of Tranquillity**, il Mare della Tranquillità; **a sea of faces**, un mare di facce; **a sea of troubles**, un mare d'affanni (*o* di guai) **2** mare; colpo di mare; maroso: **high sea** (*o* **strong sea, heavy seas**), mare grosso; **A high sea swept me overboard**, un grosso maroso mi trascinò in mare (dal ponte della nave). **B** *a. attr.* marino; di mare; marittimo: **sea bottom**, fondo marino; **sea air**, aria di mare; **sea camp**, colonia marina; **sea passage**, passaggio marittimo; traversata. ● (*naut.*) **sea abeam**, mare di traverso □ (*zool.*) **sea acorn** (*Balanus*), balano □ (*naut.*) **sea anchor**, ancora galleggiante □ (*zool.*) **sea anemone** (*Actinia*), attinia; anemone di mare □ (*zool.*) **sea bass**, pesce dei Perciformi (*in genere*); (*Labrax lupus*), branzino, spigola □ **sea-bathing**, bagni di mare □ (*zool.*) **sea bear**, (*Thalarctos maritimus*) orso polare; (*Arctocephalus*) arctocefalo; (*Callorhinus alascanus*) callorino dell'Alasca, foca orsina □ **sea bird**, uccello marino □ **sea biscuit**, galletta; biscotto □ (*zool.*) **sea bream**, pesce degli Sparidi (*in genere*); (*Pagellus centrodontus*) pagello □ (*zool.*) **sea calf** (*Phoca vitulina*), foca comune; vitello marino □ (*zool.*) **sea canary** (*Delphinapterus leucas*), delfino bianco; beluga □ (*naut.*) **sea captain**, capitano marittimo (*di un mercantile*); capitano di marina □ **sea change**, metamorfosi marina; (*fig. lett.*) inversione di rotta (*fig.*), svolta improvvisa (*o* radicale) □ **sea chest**, baule da marinaio □ **sea cliff**, scarpata costiera; scogliera □ (*zool.*) **sea cow**, (*Odobenus rosmarus*) tricheco; (*Dugong dugong*) dugongo; vacca marina (*o* di mare); (*Trichechus manatus*) manato, lamantino, vacca di mare; (*Hippopotamus amphibius*) ippopotamo □ (*zool.*) **sea crow**, (*Pyrrhocorax pyrrhocorax*) gracchio corallino; (*Phalacrocorax carbo*) cormorano, marangone □ (*zool.*) **sea cucumber** (*Holothuria*), cetriolo di mare; oloturia □ (*zool.*) **sea-devil** (*Manta birostris*), manta; diavolo di mare; razza cornuta □ **sea dog**, (*scherz.*) lupo di mare; (*stor.*) pirata, corsaro; (*zool., Zalophus californianus*) leone marino della California; (*zool.*) *V.* **sea calf** □ (*zool.*) **sea drum**, *V. sotto* **drum (1)** □ (*zool.*) **sea eagle** (*Haliaetus*), aquila di mare □ (*zool.*) **sea-ear** (*Haliotis*), orecchia di mare □ (*zool.*) **sea elephant** (*Mirounga leonina*), elefante marino □ (*zool.*) **sea fan** (*Gorgonia*), gorgonia □ (*bot.*) **sea fennel** (*Crithmum maritimum*), finocchio marino □ **sea fight**, battaglia navale □ **sea fire**, fosforescenza marina □ **sea floor**, fondo marino □ (*zool.*) **sea-flower** (*Actinia*), attinia; anemone di mare □ **sea foam**, schiuma del mare; (*miner.*) schiuma di mare, sepiolite □ **sea fog**, nebbia marina □ (*zool.*) **sea fowl**, uccello marino □ (*zool.*) **sea fox** (*Alopias vulpinus*), volpe di mare; pesce volpe □ (*lett.*) **sea-girt**, circondato dal mare □ (*mitol.*) **sea-god**, divinità marina; dio del mare □ **sea green**, colore verde mare; verdazzurro □ (*zool.*) **sea hare**, gastropode (*in genere*); (*Aplysia punctata*) lepre di mare □ (*zool.*) **sea hedgehog** (*Echinus*), riccio di mare □ (*zool.*) **sea hog**, (*Phocaena phocaena*) focena comune; (*Cephalorhynchus*) cefalorinco □ (*bot.*) **sea island (cotton)** (*Gossypium barbadense*), cotone delle Sea Islands (*in U.S.A.*); (*ind. tess.*) (tessuto di) cotone a fibra lunga □ (*zool.*) **sea jelly** (*Medusa*), medusa □ (*bot.*) **sea kale** (*Crambe maritima*), cavolo marino □ (*naut.*) **sea kindliness**, *V.* **seakeeping, A** □ (*naut.*) **sea kit**, corredo di bordo (*di marinaio*) □ (*naut.*) **sea ladder**, biscaglina □ **sea lane**, rotta marittima □ (*fam.*) **sea legs**, capacità di stare in equilibrio su un'imbarcazione; il non soffrire il mal di mare; l'avere il piede marino □ (*zool.*) **sea lemon** (*Doris*), doride □ (*zool.*) **sea leopard**, (*Hydrurga leptonyx*) foca leopardo; (*Leptonychotes weddelli*) foca di Weddell □ **sea level**, livello del mare: **above [below] sea level**, sul livello [sotto il livello] del mare □ **sea line**, linea dell'orizzonte (*sul mare*) □ (*zool.*) **sea lion**, (*Zalophus*) zalofo; (*Otaria*) leone marino, otaria □ (*naut.*) **Sea Lord**, alto ufficiale dell'Ammiragliato britannico □ (*poet.*) **sea-maid**, sirena; naiade (*fig.*) □ (*naut.*) **sea marker**, segnale con colorante (*per gli aerei di soccorso, ecc.*) □ (*zool.*) **sea melon** (*Holothuria*), cetriolo di mare; oloturia □ (*zool.*) **sea mew** (*Larus canus*), gavina □ **sea mile**, miglio marino (*o* nautico) □ **sea mist**, foschia dal mare □ **sea monster**, mostro marino □ (*zool.*) **sea mouse** (*Aphrodite aculeata*), afrodite □ (*zool.*) **sea nettle**, medusa □ (*mitol.*) **sea-nymph**, ninfa marina; nereide □ (*fig.*) **seas of blood**, grande spargimento di sangue □ (*bot.*) **sea onion** (*Urginea maritima*), scilla □ (*zool.*) **sea otter** (*Enhydra lutris*), lontra marina □ (*zool.*) **sea parrot** (*Fratercula arctica*), pulcinella di mare □ (*zool.*) **sea pen** (*Pennatula*), penna di mare; pennatula □ **sea pie**, pasticcio di pesce e carne salata; (*zool., Haematopus ostralegus*) beccaccia di mare □ (*arte*) **sea piece**, marina (*quadro*) □ (*zool.*) **sea pig**, (*Phocaena phocaena*) focena comune; (*Dugong*) dugongo; (*Delphinus delphis*) delfino comune □ (*zool.*) **sea pike**, luccio di mare; barracuda □ (*naut.*) **sea pilot**, pilota marittimo □ (*polit.*) **sea power**, potenza navale (*o* marittima) □ (*zool.*) **sea pumpkin** (*Holothuria*), cetriolo di mare; oloturia □ **sea road**, rotta navale □ (*naut.*) **sea room**, spazio per manovrare □ **sea rover**, corsaro, pirata; nave corsara □ **sea salt**, sale marino □ (*zool., mitol.*) **sea serpent**, (*Pelamydrus*) serpente marino; (*Hydrophis*) idrofide □ (*zool.*) **sea sleeve** (*Sepia officinalis*), seppia □ (*zool.*) **sea snipe** (*Macrorhamphosus scolapax*), pesce trombetta; beccaccia (di mare) □ (*bot.*) **sea squill**, (*Pancratium maritimum*), giglio (*o* narciso) marino; pancrazio □ (*zool.*) **sea squirt** (*Ciona, Phallusia, ecc.*), ascidia semplice; ascidia solitaria □ **sea star**, *V.* **starfish** □ (*naut.*) **sea stock**, provviste di bordo □ **sea storm**, tempesta di mare; mareggiata □ (*zool.*) **sea swallow** (*Sterna hirundo*), rondine di mare □ (*bot.*) **sea tangle** (*Laminaria*), laminaria □ (*zool.*) **sea toad** (*Lophius piscatorius*), rana pescatrice □ (*zool.*) **sea trout** (*Salmo trutta trutta*), trota di mare □ (*zool.*) **sea urchin** (*Echinus*), riccio di mare □ **sea water**, acqua di mare; acqua salata □ **sea wind**, brezza di mare; vento dal mare □ **sea-wolf**, (*zool., Zalophus*) zalofo; (*zool., Anarrhichas lupus*) pesce lupo; (*fig.*) corsaro, pirata □ **to be at sea**, (*naut.*) essere in mare (*o* in navigazione); (*fig.*) essere confuso, imbarazzato, perplesso, in alto mare: **I was at sea as to where to apply for information**, ero perplesso su dove rivolgermi per avere informazioni □ **at the bottom of the sea**, in fondo al mare □ **beyond** (*o* **across**) **the sea(s)**, di là del mare; oltremare □ **by sea**, per mare; via mare: **to send goods by sea**, spedire merce via mare □ **by the sea**, presso il mare, sulla riva del mare: **a cottage by the sea**, una villetta in riva al mare; **We live by the sea**, viviamo al mare □ **choppy sea**, mare corto; maretta □ **to follow the sea**, fare il marinaio □ (*naut.*) **following sea**, mare di poppa □ **freedom of the seas**, libertà dei mari (*o* dei traffici marittimi) □ **to get** (*o* **to find**) **one's sea legs**, riuscire a mantenere l'equilibrio a bordo di una nave; non soffrir più il mal di mare □ **to go to sea**, farsi marinaio; imbarcarsi □ (*fig.*) **to be half seas over**, essere mezzo ubriaco; essere brillo □ (*naut.*) **head sea**, mare di prua □ **the high seas**, l'alto mare; il mare aperto □ (*naut.*) **to hold out at sea**, tenere il mare; reggere il mare □ (*geogr.*) **inland sea**, mare interno □ (*naut.*) **to keep the sea**, tenere il mare; restare in mare □ (*naut.*) **long sea**, mare lungo □ (*fig.*) **to be lost in a sea of debt**, esser sommerso da un mare di debiti □ (*d'una nazione, una città*) **mistress of the sea(s)**, signora dei mari □ **on the sea**, sul mare; nel mare; in mare: **Boats were sailing on the sea**, barche veleggiavano nel mare; **We were on the sea**, eravamo in mare (*su una nave*); **Viareggio is on the sea**, Viareggio è sul mare (*in riva al mare*) □ (*naut.*) **to put (out) to sea**, salpare; prendere il mare □ **short sea**, mare corto; maretta □ (*naut.*) **to take to the open sea**, portarsi al largo □ **to travel by land and sea**, viaggiare per mari e per monti □ (*naut.*) **very rough sea**, mare molto agitato.

seabed /'siːbed/, *n.* fondo marino.

seaboard /'siːbɔːd/, **A** *n.* costa; costiera; litorale; riviera; lido. **B** *a.* costiero; marittimo; del litorale: **s. towns**, città marittime.

seaborne /'siːbɔːn/, *a.* **1** marittimo: **s. trade**, traffici marittimi **2** (*mil.*) navale: **s. attack**, attacco navale (*o* dal mare) **3** (*di merci, ecc.*) trasportato via mare.

seacoast /'siːkəʊst/, *n.* costa (del mare); litorale. ● (*mil.*) **s. artillery**, artiglieria costiera.

seacraft /'siːkrɑːft, -æft/, *n.* (*naut.*) **1** arte navigatoria **2** (*collett.*) naviglio d'alto mare.

seadog /'siːdɒg, *USA* -ɔːg/, *n.* (*meteor.*) *V.* **fogdog**.

seadrome /'siːdrəʊm/, *n.* (*aeron.*) **1** idroscalo; idroaeroporto **2** aeroporto galleggiante.

seafarer /'siːfɛərə(r)/, *n.* (*lett.*) navigante; navigatore; uomo di mare.

seafaring /'siːfɛərɪŋ/, **A** *a.* **1** che viaggia per mare; che fa vita di mare **2** di mare; da marinaio: **s. life**, vita di mare. **B** *n.* **1** mestiere del marinaio **2** navigazione; viaggi di mare. ● **s. man**, marinaio; navigatore □ **a s. nation**, un popolo marinaro □ (*stor.*) **s. republic**, repubblica marinara.

seafood /'siːfuːd/, *n.* **1** frutti di mare: **s. cocktail**, coktail di frutti di mare **2** (*pop. USA*) whisky. ● (*cucina*) **s. platter**, piatto di frutti di mare (misti) □ **s. salad**, insalata di mare.

seafront /'siːfrʌnt/, *n.* **1** litorale **2** lungomare.

seagoing /'siːgəʊɪŋ/, *a.* (*naut.*) d'alto mare; di altura; di lungo cabotaggio: **s. craft**, naviglio d'alto mare; **s. fishing**, pesca d'altura.

seagull /'siːgʌl/, *n.* (*zool., pop.*; *Larus*), gabbiano.

seahorse /'siːhɔːs/, *n.* (*zool.*) **1** (*Hippocampus*) cavalluccio marino; ippocampo **2** (*arc.*) ippopotamo.

seakeeping /'siːkiːpɪŋ/, **A** *a.* (*di nave*) che tiene bene il mare. **B** *n.* tenuta (*o* attitudine) al mare.

seal (1) /siːl/, *n.* **1** (*zool., Phoca*: *pl.* **seal, seals**) foca **2** (= **sealskin**) pelle di foca. ● **s. rookery**, colonia di foche □ (*zool.*) **eared s.** (*Otaria*), otaria.

seal (2) /siːl/, *n.* **1** sigillo; bollo, timbro; (*fig.*) suggello, garanzia, pegno, promessa: **to affix**

the seals, apporre i sigilli; **to set one's s. to st.**, mettere il proprio sigillo a q.c.; (*fig.*) approvare q.c.; (*relig.*) **under the s. of confession**, sotto il sigillo della confessione; **His fear was a s. of secrecy**, la sua paura era una garanzia di segretezza; **Our handshake was a s. of friendship**, la nostra stretta di mano fu una promessa d'amicizia; **s. of love**, pegno d'amore ***2*** (*fig.*) impronta; marchio; segno: **He has the s. of death in his face**, ha sul volto il marchio (*o* il segno premonitore) della morte ***3*** (*mecc.*) guarnizione; dispositivo di tenuta; giunto a tenuta ***4*** (*nelle tubazioni*) sifone a tenuta idraulica. ● **s. ring**, anello munito di sigillo □ (*leg.*) **deed under s.**, atto solenne, recante la firma e il sigillo di chi lo redige; (*spesso*) atto notarile □ (*leg.*: *in calce a un documento*) **given under my hand and s.**, da me sottoscritto e sigillato □ **the Great S.**, il sigillo dello Stato; (*in G.B.*) il Sigillo della Corona □ **leaden s.** (*o* **lead s.**), piombino (*di sigillo*) □ (*in G.B.*) **Lord Keeper of the Seal**, Lord Guardasigilli □ (*fig.*) **to put the s. of one's approval**, dare la propria approvazione □ (*fig. lett.*) **to set the s. on**, suggellare (*un patto, ecc.*).

to **seal** (**1**) /siːl/, *v. i.* cacciar le foche; andare a caccia di foche.

to **seal** (**2**) /siːl/, *v. t.* ***1*** sigillare; apporre i sigilli a (*anche leg.*); (*fig.*) suggellare, approvare, sancire; chiudere (ermeticamente): **to s. (up) an envelope [a door]**, sigillare (apporre i sigilli a) una busta [una porta]; **Windows must be sealed up**, bisogna chiudere ermeticamente le finestre; **Sleep sealed his eyes**, il sonno gli chiuse le palpebre; **to s. a pact**, suggellare un patto ***2*** decidere irrevocabilmente; segnare: **This decision sealed our fate**, questa decisione segnò il nostro destino ***3*** (= **to s. with lead**) piombare; sigillare con piombini ***4*** mettere un marchio su; segnare: **Death has sealed him for his own**, la morte l'ha ormai segnato come cosa sua ***5*** fissare: **to s. a staple into the wall**, fissare una grappa nel muro. ● **to s. a bargain**, concludere un affare □ (*fig.*) **to s. sb.'s doom** (*o* **fate**), decidere la sorte di q.; firmare la condanna di q. □ (*fig.*) **to s. sb.'s lips**, mettere il sigillo alle labbra di q.; fare tacere q.

♦ **seal in**, *v. t. + avv.* tenere (q. *o* q.c.) rinchiuso; bloccare: **The whaler was sealed in by ice**, la baleniera era bloccata dai ghiacci.

♦ **seal off**, *v. t. + avv.* ***1*** sigillare; chiudere a tenuta: **to s. off the gas main**, sigillare la tubazione principale del gas ***2*** (*della polizia, ecc.*) bloccare; isolare: **The area has been sealed off**, la zona è stata isolata.

♦ **seal up**, *v. t. + avv.* sigillare; chiudere (*o* tappare) ermeticamente: **to s. up a hole**, tappare un buco.

Sealab /ˈsiːlæb/, *n.* (*USA*) laboratorio sottomarino.

sealant /ˈsiːlənt/, *n.* (*chim.*) sigillante; mastice.

sealed /siːld/, *a.* ***1*** sigillato (*anche fig.*); chiuso ermeticamente; piombato: **My lips are s.**, ho le labbra sigillate; non posso parlare; (*ferr.*) **s. wagon**, vagone piombato ***2*** (*tecn.*) a chiusura ermetica; stagno: **s. compartment**, compartimento stagno. ● (*leg.*) **s. bid** (*o* **tender**), offerta d'appalto sigillata (*o* in busta chiusa) □ (*fig.*) **a s. book**, un libro chiuso (*fig.*); una cosa misteriosa, di cui non si sa niente □ (*specialm. mil.*) **to be under s. orders**, avere ricevuto ordini operativi sigillati (*da aprire al tempo e nel luogo prestabiliti*).

sealer (**1**) /ˈsiːlə(r)/, *n.* ***1*** cacciatore di foche ***2*** imbarcazione attrezzata per la caccia alle foche; fochiera.

sealer (**2**) /ˈsiːlə(r)/, *n.* ***1*** sigillatore; chi sigilla ***2*** funzionario preposto al controllo e all'approvazione di pesi e misure ***3*** sigillante; turapori.

sealery /ˈsiːlərɪ/, *n.* ***1*** caccia alle foche ***2*** luogo di caccia alle foche.

sealing (**1**) /ˈsiːlɪŋ/, *n.* caccia alle foche. ● **to go s.**, andare a caccia di foche.

sealing (**2**) /ˈsiːlɪŋ/, *n.* ***1*** sigillatura; chiusura dei pori; piombatura ***2*** sigillo (*l'impronta*). ● (*chim.*) **s. compound**, sigillante; mastice □ **s. tape**, nastro adesivo grosso (*per imballaggi*) □ **s. wax**, ceralacca.

sealskin /ˈsiːlskɪn/, **A** *n.* ***1*** pelle di foca ***2*** indumento di pelle di foca. **B** *a. attr.* di pelle di foca; di foca.

seam /siːm/, *n.* ***1*** linea (*o* segno) di giunzione; cucitura, costura (*di stoffa, cuoio, ecc.*) ***2*** (*med.*) cicatrice chirurgica; sutura ***3*** (*naut.*) comento; commessura ***4*** cicatrice; ruga; segno (*sul volto, ecc.*) ***5*** (*geol.*) livello; orizzonte ***6*** (*ind. min.*) filone; strato: **a s. of coal**, uno strato di carbone ***7*** (*metall.*) giunzione; giunto freddo; ripresa ***8*** (*mecc.*) aggraffatura. ● (*mecc.*) **s.-folding machine**, aggraffatrice □ **s. lace**, gala (*che nasconde una cucitura*) □ **s. rent**, scucitura □ (*tecn.*) **s. weld**, saldatura continua □ **s. welding**, saldatura continua (*l'azione*) □ **to burst at the seams**, (*d'abito*) scucirsi; (*fig.*: *di persona*) scoppiare, essere pieno zeppo □ **to come apart at the seams**, scucirsi; (*fig.*) cadere a pezzi.

to **seam** /siːm/, *v. t.* ***1*** fare una costura a; cucire ***2*** (*specialm. al p. p.*) segnare: **His face is seamed with scars**, ha il viso segnato da cicatrici ***3*** lavorare a punto costa ***4*** (*mecc.*) aggraffare.

seaman /ˈsiːmən/, *n.* (*pl.* **seamen**) ***1*** marinaio ***2*** (= **able s.**) bravo marinaio; chi sa navigare ***3*** (*mil., naut.*) marinaio comune; (*anche*) graduato ● (*mil., naut.*) **able s.**, sottocapo □ (*USA*) **apprentice s.**, marinaio di 1ª classe □ **junior s.**, marinaio di 2ª classe □ **ordinary s.**, marinaio di 1ª classe □ (*USA*) **recruit s.**, marinaio di 2ª classe.

seamanlike /ˈsiːmənlaɪk/, **seamanly** /ˈsiːmənlɪ/, *a.* da (bravo) marinaio; marinaresco.

seamanship /ˈsiːmənʃɪp/, *n.* (*naut.*) arte navigatoria. ● **a fine piece of s.**, una bella manovra; una manovra ben riuscita.

seamark /ˈsiːmɑːk/, *n.* (*naut.*) segnale fisso; meda.

seamer /ˈsiːmə(r)/, *n.* (*mecc.*) aggraffatrice.

seaminess /ˈsiːmɪnəs/, *n.* (*fig.*) sordidezza; squallore.

seaming /ˈsiːmɪŋ/, *n.* (*mecc.*) aggraffatura.

seamless /ˈsiːmləs/, *a.* ***1*** senza giunti; senza cuciture; senza costure: **a s. gutter**, una fogna senza giunti; **s. stockings**, calze senza cucitura ***2*** (*tecn.*) senza saldatura.

seamount /ˈsiːmaʊnt/, *n.* (*geogr.*) montagna sottomarina.

seamstress /ˈsiːmstrəs, -ɪs, ˈsɛm-/, *n.* cucitrice; cucitrice di bianco.

to **seam-weld** /ˈsiːmweld/, *v. t.* (*tecn.*) unire con saldatura continua.

seamy /ˈsiːmɪ/, *a.* provvisto di cuciture; che mostra le cuciture. ● **the s. side**, il rovescio (*di un abito*); (*fig.*) il lato brutto (*della vita, ecc.*).

séance /ˈseɪɑːns, -ɒns/ (*franc.*), *n.* ***1*** seduta; riunione ***2*** seduta spiritica.

seaplane /ˈsiːpleɪn/, *n.* (*aeron.*) idrovolante; idroplano.

seaport /ˈsiːpɔːt/, *n.* porto di mare; porto marittimo; città portuale.

seaquake /ˈsiːkweɪk/, *n.* maremoto.

sear (**1**) /sɪə(r)/, *a.* (*lett.*) appassito; avvizzito; secco: **s. flowers**, fiori appassiti; **s. leaves**, foglie secche.

sear (**2**) /sɪə(r)/, *n.* (*d'arma da fuoco*) dente d'arresto (*del cane*).

to **sear** /sɪə(r)/, **A** *v. t.* ***1*** disseccare; far appassire; far avvizzire: **The hot wind had seared the seedlings**, il vento caldo aveva disseccato i germogli ***2*** bruciare; ustionare ***3*** marchiare a fuoco ***4*** (*fig.*) inaridire; indurire (*l'animo, ecc.*) ***5*** (*med.*) cauterizzare. **B** *v. i.* appassire; avvizzire. ● **seared conscience**, coscienza incallita □ (*med.*) **searing iron**, ferro per cauterizzare; cauterio.

search /sɜːtʃ/, *n.* ***1*** cerca; ricerca; indagine: **The explorer went off in s. of drinking water**, l'esploratore andò in cerca di acqua da bere; **the s. for a missing person**, la ricerca di una persona scomparsa ***2*** perquisizione; ispezione ***3*** visita doganale; (*naut.*) visita di controllo ***4*** (*elettron.*) ricerca: **a computer s.**, una ricerca con il computer. ● **s. and rescue**, operazione di salvataggio □ (*leg.*) **s. and seizure**, perquisizione e sequestro □ (*radar*) **s. antenna**, antenna di ricerca □ (*elettron.*) **s. gate**, impulso di ricerca □ **s. party**, squadra per le ricerche; squadra di soccorso □ (*naut.*) **s. periscope**, periscopio d'esplorazione □ (*leg.*) **s. warrant**, mandato di perquisizione □ (*polit., naut.*) **right of s.**, diritto di perquisizione (*delle navi dei paesi neutrali*).

to **search** /sɜːtʃ/, **A** *v. t.* ***1*** perquisire; ispezionare: **The detectives searched the prisoner for weapons**, i poliziotti perquisirono l'arrestato per vedere se avesse armi; **to s. a hide-out**, perquisire un nascondiglio di malavitosi; **to s. a ship**, perquisire una nave ***2*** perlustrare; rastrellare (*fig.*): **The police searched the city for the murderer**, la polizia perlustrò la città in cerca dell'assassino ***3*** frugare; rovistare; cercare in (*o* fra): **to s. one's memory**, frugare nella memoria (*o* fra i ricordi); **to s. one's records**, rovistare il proprio archivio ***4*** penetrare in; frugare; insinuarsi in: **The wind searched every corner of the old house**, il vento frugava ogni angolo della vecchia casa ***5*** esplorare (*col radar*) ***6*** (*elab.*) ricercare; esaminare: **to s. a text for errors**, esaminare un testo alla ricerca di errori. **B** *v. i.* (*spesso* **to s. for**) cercare; andare in cerca di; fare ricerche: **to s. for a reason**, cercare un motivo; **to s. for happiness**, cercare la felicità. ● **to s. one's conscience**, fare un esame di coscienza □ **to s. one's heart**, mettersi una mano sul cuore (*fig.*); fare un esame di coscienza □ **to s. into a subject**, approfondire un argomento □ **to s. men's hearts**, cercar di penetrare il cuore degli uomini □ (*med.*) **to s. a wound**, sondare (*o* esplorare) una ferita □ (*fam.*) **S. me!**, non lo so; non ne ho la più pallida idea!

♦ **search about**, *v. i. + avv.* cercare qua e là.

♦ **search after**, *v. i. + prep.* cercare; ricercare: **to s. after peace of mind**, cercare la pace dell'animo; **to s. after the truth**, ricercare la verità.

♦ **search through**, *v. i. + prep.* frugare, rovistare in: **to s. through one's pockets**, frugarsi in tasca.

♦ **search out**, *v. i. + avv.* ***1*** rintracciare; scovare; trovare: **to s. out a missing soldier**, rintracciare un disperso; **to s. out a lost ring**, trovare un anello che si era perso ***2*** scoprire; trovare: **to s. out a weak point in sb.'s testimony**, scoprire il punto debole nella testimonianza di q.

searchable /ˈsɜːtʃəbl/, *a.* ***1*** ricercabile; indagabile ***2*** scopribile.

searcher /ˈsɜːtʃə(r)/, *n.* ***1*** ricercatore; indagatore ***2*** investigatore ***3*** perquisitore ***4*** doganiere che fa un controllo ***5*** (*med.*) sonda.

searching /ˈsɜːtʃɪŋ/, **A** *a.* ***1*** penetrante; scrutatore; indagatore: **a s. wind**, un vento penetrante; **a s. look**, uno sguardo scrutatore ***2*** minuzioso; rigoroso: **a s. examination**, un esame minuzioso. **B** *n.* ***1*** ricerca; indagine ***2*** perquisizione; perlustrazione ***3*** (*med.*) esplorazione con la sonda; sondaggio (*anche fig.*). ● **searchings of the heart**, esame di coscienza; apprensioni; rimorsi □ **a s. question**, una domanda acuta (*o* perspicace). || **-ly**, *avv.* || **-ness**, *sost.*

searchlight /ˈsɜːtʃlaɪt/, *n.* ***1*** (*specialm. mil.*) proiettore; riflettore ***2*** fascio di luce (*di riflettore*) ***3*** fotoelettrica (*sost.*). ● (*mil.*) **s. station**, stazione di fotoelettriche.

searing /ˈsɪərɪŋ/, *a.* ***1*** che scotta; che brucia; scottante ***2*** (*fig. fam.*) ardente, bruciante (*di passione*); conturbante, eccitante: **a s. love story**, una conturbante storia d'amore. ● **s. heat**, caldo soffocante □ **s. pain**, dolore lancinante.

seascape /ˈsiːskeɪp/, *n.* ***1*** panorama (*o* veduta) di mare; vista del mare ***2*** (*pitt.*) marina (*quadro*).

seashell /ˈsiːʃɛl/, *n.* conchiglia marina.

seashore /ˈsiːʃɔː(r)/, *n.* riva del mare; spiaggia; lido: **on the s.**, sulla spiaggia.

seasick /ˈsiːsɪk/, *a.* che soffre il mal di mare. ● **to be s.**, avere il mal di mare.

seasickness /ˈsiːsɪknəs/, *n.* mal di mare.

seaside /ˈsiːsaɪd/, *n.* spiaggia; lido; marina. ● **a s. holiday**, una vacanza al mare □ **s. resort**, luogo di villeggiatura marina; stazione balneare □ **at** (*o* **by**) **the s.**, alla spiaggia; al mare □ **to go to the s.**, andare al mare (*per fare bagni, in villeggiatura*).

season /ˈsiːzn/, **A** *n.* ***1*** stagione; tempo adatto (per q.c.); tempo; periodo di tempo; epoca: **the four seasons**, le quattro stagioni; **the strawberry s.**, la stagione delle fragole; **the soccer s.**, la stagione calcistica; **the rainy s.**, la stagione delle piogge; **the nesting s.**, la stagione dei nidi; l'epoca della nidificazione; (*caccia*) **the quail s.**, la stagione delle quaglie; (*fig.*) **the dead s.** (*o* **the off s.**), la stagione morta; **the London s.**, la stagione di Londra; il periodo delle feste, dei concerti, ecc. (*al principio dell'estate*); **the theatre s.**, la stagione teatrale; **the harvest s.**, il periodo dei raccolti; la stagione delle messi ***2*** (*fam.*, = **s. ticket**) abbonamento (*ferroviario o teatrale*); tessera. **B** *a. attr.* stagionale: **s. employment**, occupazione stagionale. ● **«S.'s Greetings!»**, «Buon Natale!» (*auguri*) □ **the s. of good cheer**, il periodo natalizio □ **s. ticket**, abbonamento □ **s.-ticket holder**, abbonato □ (*di frutta*) **to come into s.**, diventare di stagione; maturare □ (*market., tur.*) **high s.**, alta stagione □ **the holiday s.**, il periodo delle vacanze; le feste (*Natale, Pasqua, Pentecoste*) □ **in s.**, (*tur.*) in alta stagione; (*d'animale*) in calore, nella stagione degli amori; (*di selvaggina*) che si può cacciare □ (*di frutta, ecc.*) **to be in s.**, essere di stagione □ **in s. and out of s.**, in tutte le stagioni; (*fig.*) in ogni momento; a proposito e a sproposito □ **in good s.**, per tempo; al momento giusto □ (*market., tur.*) **low s.**, bassa stagione □ (*sport*) **the open s.**, la stagione della caccia (della pesca, ecc.) □ **to be out of s.**, (*di frutta, ecc.*) essere fuori stagione; (*tur.*) essere in bassa stagione; (*fig.*) essere intempestivo, venire a sproposito □ **wishes for the s.**, auguri di buone feste □ (*fig.*) **a word in s.**, una parola opportuna; un consiglio tempestivo.

to **season** /ˈsiːzn/, **A** *v. t.* ***1*** condire; insaporire; rendere più gustoso (*o* piccante); dar sapore a (*cibi, conversazione, ecc.*): **to s. a dish with capers**, insaporire una pietanza con capperi; **to s. one's talk with humorous remarks**, condire il proprio discorso con osservazioni umoristiche ***2*** stagionare; far maturare; far invecchiare: **to s. timber**, stagionare il legname; **to s. wine**, far invecchiare il vino ***3*** (*specialm. al passivo*) acclimatare; addestrare; allenare; avvezzare; temprare: **seasoned troops**, truppe addestrate; **He was seasoned to the hard life of pioneers**, era temprato alla dura vita dei pionieri ***4*** (*arc. o lett.*) temperare; mitigare: **Justice was then seasoned by mercy**, allora la giustizia fu mitigata dalla misericordia. **B** *v. i.* ***1*** (*del legno*) stagionarsi ***2*** (*del vino*) invecchiare.

seasonable /ˈsiːznəbl, -zən-/, *a.* ***1*** di stagione; normale; usuale: **s. weather**, tempo normale (*per la stagione in cui ci si trova*); clima di stagione ***2*** tempestivo: opportuno; a proposito; provvidenziale: **s. aid**, aiuto tempestivo; **s. advice**, consigli opportuni; **the s. arrival of our allies**, il provvidenziale arrivo dei nostri alleati. || **-ness**, *sost.* || **-bly**, *avv.*

seasonal /ˈsiːzənl/, *a.* stagionale; di stagione: **s. employment**, occupazione (*o* impiego) stagionale; **s. occupations**, lavori stagionali. ● (*econ.*) **s. down**, crisi stagionale □ **s. unemployment**, disoccupazione stagionale □ (*econ.*) **s. worker**, (lavoratore) stagionale. || **-ly**, *avv.*

seasoned /ˈsiːznd/, *a.* ***1*** stagionato: **s. lumber**, legname stagionato ***2*** (*di vino*) vecchio; invecchiato ***3*** (*di cibo*) ben condito; saporito; piccante ***4*** addestrato; allenato; abituato; avvezzo; esperto: **a s. traveller**, un viaggiatore esperto; uno abituato a viaggiare.

seasoner /ˈsiːznə(r), -zən-/, *n.* ***1*** chi stagiona (*legno o altro*); stagionatore, stagionatrice ***2*** chi condisce; chi usa condimenti ***3*** condimento.

seasoning /ˈsiːznɪŋ, -zən-/, *n.* ***1*** stagionatura; invecchiamento (*del vino*) ***2*** (*fig.*) allenamento; acclimatazione; assuefazione ***3*** (*cucina*) condimento (*anche fig.*) ***4*** (*elettron.*) rodaggio.

seat /siːt/, *n.* ***1*** sedile; sedia; sgabello; posto (*a sedere*); stallo: **I want a comfortable s.**, voglio un sedile comodo; **I couldn't find a s.**, non trovai un posto per sedermi; **to book seats**, prenotare posti (*a teatro, ecc.*); **folding s.**, sedia pieghevole; (*anche*) strapuntino; **He has a s. on the committee**, occupa un posto nella commissione (ne fa parte) ***2*** (*di una sedia, dei calzoni, ecc.*) fondo ***3*** (*d'una persona*) sedere; deretano ***4*** (*med., mecc., ecc.*) sede: **the s. of government**, la sede del governo; **a s. of learning**, una sede di studi; un centro culturale; **The liver is the s. of his disease**, il fegato è la sede della sua malattia; (*fin.*) **the s. of a company**, la sede di una società; **to regrind the valve seats**, ripassare le sedi delle valvole ***5*** (*polit.*) seggio (*in parlamento*): **to win a s.**, conquistare un seggio; **to give up** (*o* **to resign**) **one's s. in Parliament**, rinunciare al seggio parlamentare; dimettersi da deputato ***6*** (*specialm.* **country s.**) villa; residenza (di campagna) ***7*** sella (*di bicicletta, ecc.*); modo di stare in sella ***8*** (*mecc.*) alloggiamento ***9*** (*mecc.*) battuta (*di una valvola*). ● (*aeron., autom.*) **s. belt**, cintura di sicurezza: **to fasten the seat belts**, allacciare le cinture di sicurezza; **to wear one's s. belts**, avere le cinture di sicurezza allacciate □ **the s. of a king** [**of a bishop**], la residenza d'un sovrano [d'un vescovo] □ (*mil.*) **the s. of war**, il teatro delle operazioni belliche □ **the chief s. of commerce**, il principale centro commerciale □ **the driver's s.**, (*autom.*) il posto di guida; (*fig.*) il posto di comando, il timone (*fig.*) □ (*autom.*) **folding s.**, strapuntino □ (*fig.*) **to be in the driver's s.**, essere il capo; avere il comando □ **to keep one's s.**, rimanere al proprio posto; rimanere seduto □ (*polit., in G.B.* e *U.S.A.*) **to lose a s.**, perdere un seggio □ **to lose one's s.**, perdere il posto (*a sedere*); (*polit.*) perdere il seggio in parlamento □ **to take a s.**, prender posto a sedere; mettersi a sedere □ **to take one's s.**, occupare il proprio posto (*a teatro, ecc.*); mettersi a sedere □ (*fam.*) **to take a back s.** (**to sb.**), mettersi in disparte (*o* dietro le quinte); accontentarsi di un posto in sottordine (lasciando il comando a q.) □ (*teatr.*) **I've taken two seats for «Macbeth»**, ho comprato due biglietti per il «Macbeth» □ **What graceful s. he has on horseback!**, come sta elegantemente in sella! □ (*ferr.*) **Take your seats!**, in vettura! □ **Won't you take a s.?**, non volete accomodarvi?

to **seat** /siːt/, **A** *v. t.* ***1*** mettere (*o* porre) a sedere; far sedere: **He seated the child on the table**, mise il bambino a sedere sulla tavola ***2*** avere (*o* offrire) (*un certo numero di*) posti a sedere: **The stadium seats** (*o* **can s.**) **80,000 people**, lo stadio ha posti a sedere per 80.000 spettatori ***3*** mettere il fondo a (*una sedia, ecc.*); riparare il fondo dei (*pantaloni*) ***4*** (*mecc.*) collocare in sede; alloggiare; installare: **to s. a machine**, collocare una macchina in sede; installare un macchinario ***5*** (*mecc.*) mettere in sede (*una valvola*) ***6*** insediare; mettere (q.) in un ufficio. **B** to **seat oneself**, *v. rifl.* mettersi a sedere; accomodarsi; insediarsi, stabilirsi: **Please, s. yourself**, prego, s'accomodi!; **The Turks seated themselves on the Bosphorus**, i Turchi si stabilirono sul Bosforo. ● (*polit.*) **to s. a candidate**, mandare un candidato in parlamento □ (*form.*) **Please be seated**, prego, si accomodi! □ **This saloon car seats six**, questa berlina ha sei posti (*o* è a sei posti).

seated /ˈsiːtɪd/, *a.* ***1*** seduto: **I found him s. on a step**, lo trovai seduto su un gradino ***2*** dal fondo: **a hard-s. chair**, una sedia dal fondo duro. ● **a deep-s. disease**, una malattia profondamente radicata.

seater /ˈsiːtə(r)/, *n.* ***1*** chi mette il fondo (*alle sedie*); chi rifà i fondi ***2*** (*d'automobile, aereo, ecc.*; *solo nei composti*) che ha (*un certo numero di*) posti a sedere: **a six-s.**, un'automobile a sei posti; una sei posti (*fam.*) ***3*** (*arc.*) chi fa accomodare (*spettatori, clienti*). ● (*aeron.*) **a single-s.**, un monoposto □ **a two-s.**, (*autom.*) una biposto; (*aeron.*) un biposto.

seating /ˈsiːtɪŋ/, *n.* ***1*** (il) provvedere di posti a sedere: **The s. of 10,000 people is not an easy matter**, il provvedere posti a sedere per 10.000 persone non è cosa facile ***2*** materiale di tappezzeria (tessuto, ecc.) per sedili ***3*** (= **s. capacity, s. room**) posti a sedere ***4*** (*market.*) sedie e poltrone ***5*** (*mecc.*) sede. ● (*autom.*) **s. accommodation**, numero dei posti □ **s. arrangement** (*o* **plan**), assegnazione dei posti (*a un pranzo, ecc.*).

seawall /ˈsiːwɔːl, ˈsiːˈwɔːl/, *n.* diga marittima (*o* foranea); argine.

seaward /ˈsiːwəd/, **A** *a.* ***1*** diretto (*o* rivolto, situato) verso il mare ***2*** (*di vento*) proveniente dal mare. **B** *V.* **seawards**.

seawards /ˈsiːwədz/, *avv.* ***1*** verso il mare ***2*** verso il largo.

seaware /ˈsiːweə(r)/, *n.* (*collett.*) alghe marine in secco (*usate come fertilizzante*).

seaway /ˈsiːweɪ/, *n.* ***1*** (*naut.*) rotta marittima ***2*** canale navigabile; via fluviale. ● (*di nave*) **to make good s.**, procedere a una buona velocità.

seaweed /ˈsiːwiːd/, *n.* (*bot.*) alga marina.

seaworthiness /ˈsiːwɜːðɪnəs/, *n.* (*naut.*) capacità di tenere il mare; qualità nautiche; navigabilità (*di una nave*).

seaworthy /ˈsiːwɜːðɪ/, *a.* (*naut.*) atto a tenere il mare; idoneo alla navigazione; navigabile.

sebaceous /səˈbeɪʃəs/, *a.* (*anat.*) sebaceo: **s. glands**, ghiandole sebacee. ● (*med.*) **s. cyst**, cisti sebacea.

sebacic /səˈbæsɪk/, *a.* (*chim.*) sebacico.

Sebastian /səˈbæstɪən/, *n.* Sebastiano.

seborrh(o)ea /sebəˈriːə/, *n.* (*med.*) seborrea.

seborrh(o)eic /sebəˈriːɪk/, *a.* (*med.*) seborroico.

sebum /ˈsiːbəm/, *n.* (*fisiol.*) sebo.

sec (**1**) /sɛk/ (*franc.*), *a.* (*di vino*) secco.

sec (**2**) /sɛk/, *n.* ***1*** (*abbr. fam. di* **second**) secondo; (*fig.*) attimo: **Wait a sec**, aspetta un attimo! ***2*** (*abbr. fam.*) *V.* **secretary**.

secant /ˈsiːkənt/, *a.* e *n.* (*geom.*) secante.

secateurs /ˈsɛkətəz, *USA* sɛkəˈtɜːz/, *n. pl.* cesoie (da giardiniere).

to **secede** /sɪˈsiːd/, *v. i.* separarsi, staccarsi, uscire (*da un partito, ecc.*); fare una secessione.

seceder /sɪˈsiːdə(r)/, *n.* separatista; secessionista.

to **secern** /sɪˈsɜːn/, *v. t.* ***1*** (*form.*) discriminare; distinguere ***2*** (*biol.*) secernere.

secernent /sɪˈsɜːnənt/, **A** *a.* (*biol.*) secretorio; che secerne. **B** *n.* (*fisiol.*) organo secretorio.

secernment /sɪˈsɜːnmənt/, *n.* (*biol.*) secrezione.

secession /sɪˈseʃn/, *n.* secessione; separazione. ● (*stor. USA*) **the War of S.**, la guerra di Secessione (*1861-1865*).

secessionism /sɪˈsɛʃnɪzəm/, *n.* secessionismo; separatismo.

secessionist /sɪˈsɛʃənɪst/, *n.* secessionista; separatista.

to **seclude** /sɪ'kluːd/, **A** *v. t.* isolare; segregare; separare. **B** to **seclude oneself,** *v. rifl.* isolarsi; appartarsi; ritirarsi; far vita solitaria. ● **to s. sb. from public view**, tenere segregato q.

secluded /sɪ'kluːdɪd/, *a.* appartato; luogo isolato; remoto; solitario: **in a s. valley**, in una valle remota; **a s. spot**, un luogo isolato; **to lead a s. life**, fare vita solitaria (*o* ritirata). ● (*relig.*) **s. nuns**, suore di clausura. || **-ly,** *avv.* || **-ness,** *sost.*

seclusion /sɪ'kluːʒn/, *n.* ***1*** isolamento; solitudine; ritiro: **to live in s.**, vivere in solitudine; fare vita ritirata ***2*** luogo appartato; luogo isolato ***3*** (*relig.*) clausura.

seclusive /sɪ'kluːsɪv/, *a.* che ama l'isolamento; che vive in solitudine (*o* isolato, appartato). || **-ness,** *sost.*

second /'sɛkənd/, **A** *a.* ***1*** secondo; altro; nuovo; novello; aggiuntivo; supplementare: **the s. house in the row**, la seconda casa della fila; **the s. day of the week**, il secondo giorno della settimana; **My horse came in s.**, il mio cavallo arrivò secondo; **I took a s. helping**, presi un'altra porzione; **There has been no s. Shakespeare**, il mondo non ha avuto un altro Shakespeare; **He thinks he is a s. Solomon**, crede d'essere un novello Salomone ***2*** secondo; secondario; inferiore; di seconda qualità; subordinato: **s. cause**, causa secondaria; **He was s. to none as a novelist**, non fu secondo (*o* inferiore) a nessuno come romanziere. **B** *n.* ***1*** secondo; secondo arrivato; padrino (*nei duelli*); minuto secondo: **You're the s. to apply for the job**, sei il secondo che ha chiesto il posto; (*fig.*) **Wait a s.**, aspetta un secondo!; aspetta un momento! ***2*** (*in G.B.*) votazione buona, di secondo livello (*di una tesi di laurea*) ***3*** (*mus.*) seconda; intervallo di seconda ***4*** (*pl.*) (*fam.*, = **factory seconds**) merci di seconda scelta; articoli con piccoli difetti, venduti sottoprezzo ***5*** (*pl.*) (*fam.*) un'altra porzione (*di cibo*): **to have seconds**, fare il bis. **C** *avv.* ***1*** in secondo luogo ***2*** (*seguito da un superl.*) secondo; di riserva: **the s.-largest city in the world**, la seconda città del mondo (*per grandezza*); **my s. best pair of shoes**, il mio paio di scarpe di riserva. ● (*relig.*) **S. Advent**, secondo avvento (di Cristo) □ (*polit.*) **s. ballot**, ballottaggio □ (*pop. USA*) **s. banana**, spalla (*di un comico*); (*fig.*) tirapiedi □ (*baseball*) **s. base**, seconda base (*la posizione*) □ (*baseball*) **s. baseman**, seconda base (*il giocatore*) □ **s. best**, (*sost.*) seconda cosa (*in una scala di valori*); soluzione (*o* sistemazione) di ripiego; (*agg.*) di seconda qualità (*o* categoria); (*d'indumento*) di riserva: **We don't want s. best goods**, non vogliamo merce di seconda qualità □ (*fin.*) **s. bill of exchange**, seconda di cambio □ (*leg.*) **s.-born child**, secondo nato □ **s.-born daughter**, secondogenita □ **s.-born son**, secondogenito □ (*leg., fin.*) **s. call**, seconda convocazione (*di un'assemblea, ecc.*) □ (*polit.*) **s. chamber**, Camera alta □ **s. childhood**, la seconda infanzia; la senilità □ **s. class**, (*sost.*) seconda classe (*di treno, ecc.*); servizio postale ordinario (*in G.B.*); posta per le stampe (*in U.S.A.*); (*in G.B.*) *V. sopra,* **B**, *def. 2*; (*avv.*) in seconda classe: **We travelled s. class**, viaggiammo in seconda (classe) □ **s.-class**, (*agg.*) di seconda classe; di seconda categoria; inferiore, scadente: **a s.-class ticket**, un biglietto di seconda classe; **a s.-class hotel**, un albergo di seconda categoria; **I refuse to be a s.-class citizen**, non voglio essere un cittadino di seconda classe □ (*relig.*) **S. Coming**, secondo avvento (di Cristo) □ **s. cousin**, secondo cugino; cugino di secondo grado □ **s. cover**, seconda di copertina (*di un libro, ecc.*) □ (*naut.*) **s. deck**, ponte di coperta □ **s.-degree**, di secondo grado: (*med.*) **s.-degree burns**, bruciature di secondo grado □ (*in un paesaggio, un quadro*) **s. distance**, secondo piano □ (*edil.*) **s. floor**, (*in G.B.*) secondo piano; (*in U.S.A.*) primo piano (*sopra il piano terreno*) □ (*autom.*) **s. gear**, seconda (marcia) □ **a s.-generation computer**, un elaboratore della seconda generazione □ **the s. hand**, la lancetta dei secondi (*di un orologio*) □ **s.-hand**, di seconda mano, usato; che tratta articoli di seconda mano, dell'usato; di seconda mano, non originale: **a s.-hand car**, un'auto di seconda mano; **the market of s.-hand goods**, il mercato dell'usato; **s.-hand books**, libri usati; **s.-hand opinions**, opinioni non originali; **I bought it s.-hand**, l'ho comprato di seconda mano; **a s.-hand shop**, un negozio dell'usato; **I got this information s.-hand**, ho avuto questa informazione di seconda mano □ **s.-in command**, (*mil.*) comandante in seconda, vicecomandante; (*naut.*) secondo □ (*mil.*) **s. lieutenant**, sottotenente □ **the s. mark**, il segno dei minuti secondi □ (*leg.*) **s. mortgage**, ipoteca di secondo grado □ **s. nature**, seconda natura; abitudine inveterata (*o* radicata) □ (*fin.*) **s. of exchange**, seconda di cambio □ **the s. of March**, il 2 marzo □ (*fam. USA*) **s. off**, in secondo luogo; inoltre □ (*ind. tess.*) **s. pieces**, pezze di seconda scelta □ **s.-rate**, di seconda qualità; mediocre, scadente: **a s.-rate novel**, un romanzo scadente □ (*fam.*) **s.-rater**, individuo mediocre; schiappa, mezza cartuccia (*fam.*) □ (*rugby*) **s. row**, seconda linea □ **s. shift**, turno pomeridiano (*del personale*) □ **s. sight**, prescienza □ (*USA*) **s.-story man**, ladro acrobata; gatto (*fig. fam.*) □ (*sport*) **s.-string player**, (giocatore di) riserva □ **s. teeth**, denti permanenti □ (*fig.*) **s. wind**, forza ritrovata, nuova energia, novello vigore: **He's got his s. wind**, ha ritrovato le forze □ **to come in** (*o* **to finish**) **s.**, arrivare secondo (*in una gara*) □ **to come in a good s.**, arrivare buon secondo; arrivare a spalla (*o* a ruota) □ **to come off s.-best**, doversi accontentare del secondo posto; avere la peggio □ **every s. day [year]**, ogni due giorni [ogni due anni] □ **in the s. place**, in secondo luogo □ **to know st. at s.-hand**, sapere q.c. per sentito dire □ **my s. self**, un altro me stesso; il mio alter ego □ **on s. thoughts** (*USA* **on s. thought**), ripensandoci bene; dopo matura riflessione □ **to play s. fiddle**, (*mus.*) fare da secondo violino; (*fig.*) avere una parte di secondaria importanza, essere in secondo piano □ **to settle for s. best**, contentarsi (di quello che si trova: *in un negozio, ecc.*).

to **second** (/'sɛkənd/, *def. 4* /sɪ'kɒnd/), *v. t.* ***1*** far da secondo (*o* da padrino) a (*q., in un duello, ecc.*); assistere ***2*** assecondare; secondare; aiutare; appoggiare; sostenere: **to s. a motion [a resolution]**, appoggiare una mozione [una risoluzione]; **Will you s. me if I ask him?**, mi seconderai (mi sosterrai) se glielo chiedo? ***3*** essere secondo a; seguire (*nell'ordine*) ***4*** (*anche mil.*) comandare; distaccare: **The teacher has been seconded to the Ministry of Education**, il docente è stato comandato presso il Ministero della Pubblica Istruzione; **He was seconded to headquarters**, fu distaccato presso il quartier generale.

secondary /'sɛkəndrɪ, *USA* -derɪ/, **A** *a.* secondario; accessorio; derivato; subordinato; subalterno: **a s. school**, una scuola secondaria; **s. colours**, colori secondari; (*astron.*) **s. planet**, pianeta secondario; (*fon.*) **s. accent**, accento secondario; (*leg.*) **s. evidence**, prova accessoria (*o* indiretta). **B** *n.* ***1*** subordinato; subalterno ***2*** (*elettr.*) avvolgimento (*o* circuito, *o* conduttore) secondario ***3*** (*zool.*) penna secondaria ***4*** (*astron.*) pianeta secondario; satellite ***5*** – (*geol.*) **the S.**, il secondario; l'era mesozoica. ● (*ling.*) **s. compound**, sovracomposto □ **s. education**, istruzione di secondo grado □ (*metall.*) **s. ingot**, lingotto di seconda fusione □ (*fam.*) **s. mod,** *V.* **s. modern school** □ (*in G.B.*; *un tempo*) **s. modern (school)**, scuola secondaria a indirizzo tecnico □ (*econ.*) **s. strike**, sciopero secondario □ (*mil.*) **s. target**, obiettivo secondario □ **a s. teacher**, un docente di scuola secondaria; un professore, una professoressa.

seconde /sɪ'kɒnd/, *n.* (*scherma*) (parata di) seconda.

seconder /'sɛkəndə(r)/, *n.* (*in un'assemblea*) secondatore; chi appoggia una mozione; sostenitore.

to **second-guess** /'sɛkənd'gɛs/, *v. t.* ***1*** (*fam. USA*) giudicare (q., q.c.) con il senno di poi ***2*** cercare di prevedere (*o* di indovinare). ● **He likes second-guessing**, gli piace fare della dietrologia.

secondly /'sɛkəndlɪ/, *avv.* in secondo luogo.

secondment /sɪ'kɒndmənt/, *n.* ***1*** (*mil.*) assegnazione, destinazione ***2*** (*bur.*) comando; assegnazione provvisoria; distacco.

secrecy /'siːkrəsɪ/, *n.* ***1*** segretezza; discrezione; riserbo: **You can rely on his s.**, puoi contare sulla sua segretezza; **the gift of s.**, il dono della discrezione ***2*** segreto: **The peace talks were held in great s.**, le trattative di pace avvennero in gran segreto.

secret /'siːkrət/, **A** *a.* ***1*** segreto; nascosto; occulto: **a s. marriage**, un matrimonio segreto; **a s. door**, una porta segreta; **a s. society**, una società segreta; (*fin.*) **s. partner**, socio occulto; (*rag.*) **s. profits**, profitti occulti ***2*** isolato; appartato; intimo; tranquillo: **a s. place**, un luogo isolato ***3*** (*di persona*) riservato; discreto. **B** *n.* ***1*** segreto (*anche fig.*): **to keep a s.**, mantenere (*o* serbare) un segreto; **the secrets of nature**, i segreti della natura; **the s. of success**, il segreto del successo ***2*** (*relig.*) segreta, secreta. ● **s. agent**, agente segreto □ **the s. service**, il servizio segreto □ **to have no secrets from sb.**, non avere segreti per q. □ **in s.**, in segreto; in confidenza □ **to be in the s.**, essere a parte di un segreto □ **to let sb. into the s.**, mettere q. a parte del segreto □ **an open s.**, il segreto di Pulcinella □ **Keep it s.!**, acqua in bocca! || **-ly,** *avv.* || **-ness,** *sost.*

secretaire /sɛkrə'tɛə(r)/, *n.* scrittoio; secrétaire.

secretarial /sɛkrə'tɛərɪəl/, *a.* segretariale; di (*o* da) segretario; di segreteria: **s. work**, lavoro di segreteria. ● **s. services**, servizi di segreteria; segretariato.

secretariat /sɛkrə'tɛərɪət/, *n.* segretariato; segreteria.

secretary /'sɛkrətrɪ, *USA* -terɪ/, *n.* ***1*** segretario, segretaria: **private s.**, segretario privato; segretario particolare ***2*** (= **s. of embassy**) segretario d'ambasciata ***3*** – (*polit.*) **S.**, Segretario di Stato; Ministro: **Education S.**, Ministro della Pubblica Istruzione ***4*** (*raro*) scrivania; scrittoio. ● (*zool.*) **s.-bird** (*Sagittarius serpentarius*), serpentario □ **s.-general**, segretario generale □ **S. of State**, (*in U.S.A.* e *in Vaticano*) Segretario di Stato, Ministro degli Esteri; (*in G.B.*) Ministro □ **s.'s office**, segreteria □ (*in G.B.*) **Foreign S.**, Ministro degli Esteri □ (*in G.B.*) **Home S.**, Ministro degli Interni □ **honorary s.**, segretario onorario □ (*polit.*) **Permanent S.**, Sottosegretario permanente (*in G.B.*: *alto funzionario, che non cambia col mutar dei governi*).

secretaryship /'sɛkrətrɪʃɪp, *USA* -terɪ-/, *n.* segretariato.

to **secrete** /sɪ'kriːt/, *v. t.* ***1*** (*form.*) celare; nascondere; occultare; segregare ***2*** (*biol.*) secernere.

secreted /sɪ'kriːtɪd/, *a.* (*biol.*) secreto.

secretin /sɪ'kriːtɪn, *USA* -tn/, *n.* (*biochim.*) secretina.

secretion /sɪ'kriːʃn/, *n.* ***1*** occultamento ***2*** (*biol.*) secrezione.

secretionary /sɪ'kriːʃənrɪ, *USA* -nerɪ/, *a.* (*biol.*) secretivo; secretorio.

secretive /'siːkrətɪv/, *a.* ***1*** segreto; riservato; poco comunicativo; reticente ***2*** (*biol.*) secretorio; secretivo; secretore. || **-ly,** *avv.* || **-ness,** *sost.*

secretor /sɪ'kriːtə(r)/, *n.* ***1*** (*med.*) secretore; soggetto con secrezione misurabile ***2*** (*fisiol.*) ghiandola secretoria; dotto secretorio.

secretory /sɪ'kriːtərɪ/, *a.* (*biol.*) secretorio; secretivo; secretore.

sect /sɛkt/, *n.* setta; (*specialm.*) setta religiosa.

sectarian /sɛk'tɛərɪən/, **A** *a.* settario; fazioso; partigiano: **s. violence**, violenza faziosa. **B** *n.* **1** (*relig.*) membro di una setta **2** settario; fazioso; partigiano.

sectarianism /sɛk'tɛərɪənɪzəm/, *n.* settarismo; faziosità.

to **sectarianize** /sɛk'tɛərɪənaɪz/, *v. t.* rendere settario (*o* fazioso).

sectary /'sɛktərɪ/, *n.* **1** (*specialm. relig.*) settario **2** (*relig.*) dissidente.

sectile /'sɛktaɪl, *USA* -tl/, *a.* (*specialm. di minerale*) settile; che si taglia bene.

section /'sɛkʃn/, *n.* **1** sezione; divisione; spaccato; taglio; parte; riparto; scomparto; scompartimento; settore: (*geom.*) **conic s.**, sezione conica; (*scient.*) **microscopic s.**, sezione microscopica; **a bookcase in four sections**, una libreria in quattro scomparti; **The subject falls into five sections**, l'argomento si divide in cinque parti; **a s. of the wool industry**, un settore dell'industria della lana **2** gruppo (*di persone*); categoria; classe: **the various sections of society**, le diverse classi sociali **3** quartiere (*di città*); distretto; zona: **postal s.**, distretto postale **4** (*giorn.*) rubrica: **the sports s. of a paper**, la rubrica sportiva di un giornale **5** (*leg., tipogr.*) paragrafo; (*anche*) segnatura **6** tronco (*di ferrovia*); tratto; tappa (*fig.*): **the last s. of the journey**, l'ultimo tratto del viaggio **7** (*ferr.*) scompartimento di vagone letto **8** spicchio (*di arancia, ecc.*) **9** (*med., biol.*) campione; prelievo **10** (*med.*) sezione; taglio **11** (*mil.*) plotone **12** (*metall.*) profilato **13** (*USA*) miglio quadrato (*di terreno*). ● (*metall.*) **s. bar**, profilato □ (*mil., USA*) **S. Eight**, congedo disonorevole; (*fam.*) pazzoide, nevrotico □ (*ferr., USA*) **s. gang**, squadra dei lavori di manutenzione □ (*USA*) **s. house**, casello ferroviario □ (*grafica*) **s. line**, linea di tratteggio □ (*comm.*) **s. manager**, ispettore di reparto (*di grande magazzino, ecc.*) □ (*tipogr.*) **s. mark**, segno di paragrafo □ **s. plane**, piano di sezione; sezione orizzontale □ (*med.*) **Caesarean s.**, taglio cesareo □ **in s.**, in sezione □ (*di macchinario*) **built in sections**, costruito in pezzi.

to **section** /'sɛkʃn/, *v. t.* **1** sezionare; dividere in sezioni **2** (*med.*) sezionare **3** (*disegno industriale*) tratteggiare.

sectional /'sɛkʃənl/, **A** *a.* **1** settoriale; locale; di una classe; di un gruppo; di una regione; campanilistico: **s. interests**, interessi settoriali (*o* locali, campanilistici) **2** a sezioni: **a s. boiler**, una caldaia a sezioni **3** (*di mobili, ecc.*) componibile: **a s. sofa**, un divano componibile. **B** *n.* mobile componibile. ● (*edil.*) **s. buildings**, prefabbricati □ **a s. garage**, un garage prefabbricato □ (*med.*) **s. radiography**, stratigrafia. || **-ly**, *avv.*

sectionalism /'sɛkʃənəlɪzəm/, *n.* spirito di parte; faziosità; campanilismo.

to **sectionalize** /'sɛkʃənəlaɪz/, *v. t.* **1** dare un carattere locale (*o* particolare) a (q.c.); rendere campanilistico **2** dividere in sezioni; sezionare.

sector /'sɛktə(r)/, *n.* **1** settore: **the private sectors of industry**, i settori privati dell'industria **2** (*geom.*) settore (circolare): **s. of sphere**, settore di sfera **3** (*Borsa*) settore; comparto **4** (*strumento*) compasso di proporzione. ● (*econ.*) **s.-by-s. negotiations**, negoziati settoriali □ (*stat.*) **s. diagram**, diagramma a settori □ (*mecc.*) **s. gear**, settore dentato □ (*econ.*) **the public s.**, il settore pubblico.

to **sector** /'sɛktə(r)/, *v. t.* dividere (*o* organizzare) in settori.

sectoral /'sɛktərəl/, *a.* di settore; settoriale.

sectorial /sɛk'tɔːrɪəl/, **A** *a.* **1** di settore; settoriale **2** (*zool.*) premolare. **B** *n.* (*zool.*) (dente) premolare (*dei carnivori*).

secular /'sɛkjʊlə(r)/, **A** *a.* **1** secolare; laico; terreno; mondano: **s. affairs**, affari secolari; **s. schools**, scuole laiche; (*stor.*) **the s. arm**, il braccio secolare; la magistratura civile; **the s. power**, il potere secolare (*dello Stato*) **2** secolare; di lunga durata: **s. fame**, fama secolare. **B** *n.* secolare; membro del clero secolare. ● **s. change**, trasformazione lenta ma continua □ **s. music** [**art**], musica [arte] profana (*non religiosa*) □ (*econ.*) **the s. trend of prices**, l'andamento a lungo termine dei prezzi. || **-ly**, *avv.*

secularism /'sɛkjʊlərɪzəm/, *n.* laicismo.

secularist /'sɛkjʊlərɪst/, **A** *n.* laicista. **B** *a.* laicistico; laico.

secularity /sɛkjʊ'lærətɪ/, *n.* **1** laicità; mondanità **2** laicismo.

secularization /sɛkjʊləraɪ'zeɪʃn, *USA* -rɪ'z-/, *n.* secolarizzazione.

to **secularize** /'sɛkjʊləraɪz/, *v. t.* **1** secolarizzare; laicizzare **2** incamerare (*beni della Chiesa*) **3** rendere profano.

secund /sɪ'kʌnd/, *a.* (*bot., zool.*) unilaterale.

secundines /'sɛkəndaɪnz, sɪ'kʌndɪnz/, *n. pl.* (*fisiol.*) placenta; seconda (*fam.*).

secundogeniture /sɪkʌndəʊ'dʒɛnɪtʃə(r)/, *n.* (*leg.*) secondogenitura.

securable /sɪ'kjʊərəbl, -'kjɔː-/, *a.* **1** assicurabile **2** garantibile **3** conseguibile; ottenibile.

secure /sɪ'kjʊə(r), -'kjɔː-/, *a.* **1** sicuro; certo; al sicuro; fiducioso; tranquillo; saldo; salvo: **to be s. in one's beliefs**, essere sicuro delle proprie idee; **a s. belief**, una fede salda; **a s. job**, un lavoro sicuro; **to feel s. against attack**, sentirsi al sicuro dagli attacchi; **His success is s.**, la sua riuscita è certa; **They are s. of victory**, sono sicuri di vincere; **a quiet, s. existence**, una vita calma, tranquilla; **Is this lock s.?**, è sicura questa serratura?; **a s. grasp**, una salda presa **2** (*leg.*) garantito: (*comm.*) **a s. debt**, un debito garantito. ● **to be s. against assault** [**from surprise**], essere al riparo dagli assalti [dalle sorprese] □ **to make st. s.**, assicurare q.c.; fissare q.c.. || **-ly**, *avv.* || **-ness**, *sost.*

to **secure** /sɪ'kjʊə(r), -'kjɔː-/, **A** *v. t.* **1** assicurare; mettere al sicuro (*o* al riparo); chiudere; serrare; rafforzare; fortificare: **to s. labourers (in) the fruits of their labour**, assicurare ai lavoratori il frutto del loro lavoro; **to s. valuables**, mettere al sicuro oggetti di valore; **to s. a city from floods**, mettere una città al riparo dalle alluvioni; **He secured all the entrances to the shelter**, serrò tutte le vie d'accesso al rifugio; **to s. a position against attack**, fortificare una posizione contro gli attacchi **2** (*leg.*) garantire: **The loan is secured on real property**, il prestito è garantito da beni immobili **3** (*form.*) assicurarsi; procurarsi; riuscire a ottenere; ottenere: **to s. the agency of a company**, riuscire ad avere la rappresentanza di una società; **to s. front seats at the theatre**, procurarsi posti di prima fila a teatro; **to s. a good job**, ottenere un buon impiego; (*comm.*) **to s. orders**, riuscire a ottenere ordinazioni. **B** *v. i.* **1** assicurarsi; garantirsi; premunirsi: **to s. against attack**, premunirsi contro gli attacchi **2** (*naut.*) ormeggiare; andare all'ormeggio. **C** to **secure oneself**, *v. rifl.* **1** garantirsi; premunirsi (*da q.c.*) **2** rafforzarsi, fortificarsi (*in una posizione, ecc.*). ● (*sport*) **to s. the ball**, impossessarsi della palla (*o* del pallone) □ **to s. one's ends**, raggiungere i propri fini; conseguire il proprio scopo □ **to s. a prisoner**, fare un prigioniero; (*anche*) rinchiudere un prigioniero □ **to s. a prize**, vincere un premio □ (*naut.*) **to s. a rope**, dar volta (a un cavo).

secured /sɪ'kjʊəd, -'kjɔː-/, *a.* **1** assicurato; fissato; (ben) chiuso **2** (*leg.*) garantito: **a s. loan**, un prestito garantito. ● (*banca*) **s. advance**, anticipazione su garanzia □ (*leg.*) **s. claim**, credito privilegiato.

securitization /sɪkjʊərɪtaɪ'zeɪʃn, -kjɔː-, *USA* -tɪ'z-/, *n.* (*banca, fin.*) securitizzazione.

security /sɪ'kjʊərətɪ, -'kjɔː-/, *n.* **1** sicurezza: **Britain's s. depended on her navy**, la sicurezza dell'Inghilterra dipendeva dalla flotta; **for s. reasons**, per motivi di sicurezza; **s. of judgment**, sicurezza di giudizio; **s. forces** [**measures**], forze [misure] di sicurezza; **s. officer**, addetto alla sicurezza; **airport s. check**, controllo di sicurezza negli aeroporti **2** – **S.**, il servizio di sicurezza (nazionale; *o di una banca, ecc.*); il servizio di controspionaggio: **You should get in touch with S. at once**, devi contattare subito il servizio di sicurezza **3** protezione (*anche elab.*); difesa: **Real estate is good s. against inflation**, i beni immobili costituiscono una buona difesa contro l'inflazione **4** (senso di) sicurezza: **the s. of a permanent job**, il senso di sicurezza che dà un lavoro fisso **5** (*leg.*) garanzia; cauzione; pegno: **s. on property**, garanzia immobiliare (*o* reale); (*banca*) **without s.**, senza garanzia; allo scoperto; **the s. given by an employee**, la cauzione versata da un dipendente □ **to put up one's house as s. for a bank loan**, offrire la propria casa a garanzia di un mutuo bancario; **in s. of**, a garanzia di; in pegno di **6** (*specialm. al pl.*) (*fin.*) valore (mobiliare); titolo; azione; obbligazione: (*banca*) **securities department** (**holding**), ufficio (portafoglio) titoli; **securities issue**, emissione di titoli; **government securities**, titoli di stato; **s. exchange**, borsa valori; mercato mobiliare; **securities house**, società di collocamento di titoli **7** (*arc.*) eccessiva fiducia in sé; sicumera, temerità. ● (*in U.S.A.*) **Securities and Exchange Commission** (*abbr.* **S.E.C.**), Commissione per il controllo della borsa e dei titoli (*cfr. ital. Consob*) □ (*in G.B.*) **Securities and Investments Board** (*abbr.* **S.I.B.**), Comitato di controllo dei titoli e degli investimenti mobiliari □ **s. blanket**, coperta di Linus (*nei fumetti; che dà senso di sicurezza*); (*fig.*) senso di sicurezza; (*della polizia, ecc.*) copertura (*data a un pentito, ecc.*) □ **the S. Council**, il Consiglio di Sicurezza (*dell'ONU*) □ **s. device**, dispositivo di sicurezza; sicura □ **s. door**, porta di sicurezza □ (*leg.*) **s. for costs**, cauzione per le spese di giudizio □ **s. guard**, guardia giurata □ **s. lock**, serratura di sicurezza; (*elab.*) chiave di protezione (*dei dati*) □ **s. net**, rete di sicurezza, rete protettiva (*della polizia, ecc.*) □ **s. of employment**, sicurezza del lavoro □ (*leg.*) **s. of tenure**, sicurezza del locatario □ **s. printing**, la stampa di documenti segreti (*o* riservati) □ **s. risk**, chi (*o* cosa che) costituisce un pericolo per la sicurezza dello stato □ (*in G.B.*) **the S. Service**, il Servizio di sicurezza □ **s. van**, furgone blindato □ **s. vault**, camera blindata □ (*leg.*) **maximum** (*o* **top**) **s. prison**, carcere di massima sicurezza.

sedan /sɪ'dæn/, *n.* **1** (= **s. chair**) portantina **2** (*autom., specialm. USA*) berlina.

sedate /sɪ'deɪt/, *a.* composto; pacato; contegnoso; calmo; posato. || **-ly**, *avv.* || **-ness**, *sost.*

to **sedate** /sɪ'deɪt/, *v. t.* **1** calmare; acquietare **2** (*med.*) dare un sedativo a (q.).

sedation /sɪ'deɪʃn/, *n.* (*med.*) **1** sedazione **2** somministrazione di sedativi. ● **to be under s.**, essere sotto l'effetto di un sedativo.

sedative /'sɛdətɪv/, *a.* e *n.* sedativo; calmante; tranquillante.

sedentary /'sɛdntrɪ, *USA* -terɪ/, *a.* **1** sedentario: **s. work**, lavoro sedentario; **s. tribes**, tribù sedentarie **2** (*zool.*) stanziale: **s. birds**, uccelli stanziali **3** (ormai) sistemato; che ha messo radici (*fig.*). ● **s. posture**, posizione (*o* positura) a sedere. || **-ily**, *avv.* || **-iness**, *sost.*

sedge /sɛdʒ/, *n.* (*bot.*) **1** (*Carex*) falasco; carice **2** (*Acorus calamus*) calamo aromatico. ● (*zool.*) **s.-warbler** (*Acrocephalus shoenobaenus*), forapaglie; forasiepe.

sedgy /'sɛdʒɪ/, *a.* coperto di (*o* fiancheggiato da) falaschi.

sediment /'sɛdɪmənt/, *n.* sedimento; deposito; fondo (*di un liquido*).

sedimentary /sɛdɪ'mɛntrɪ, *USA* -terɪ/, *a.* sedimentario: (*geol.*) **s. rocks**, rocce sedimentarie.

sedimentation /sɛdɪmɛn'teɪʃn/, *n.* (*anche geol.*) sedimentazione.

sedimentological /sɛdɪmɛntə'lɒdʒɪkl/, *a.* (*geol.*) sedimentologico.

sedimentologist /sɛdɪmən'tɒlədʒɪst/, *n.* (*geol.*) sedimentologo.

sedimentology /sɛdɪmən'tɒlədʒɪ/, *n.* (*geol.*) sedimentologia.

sedition /sɪ'dɪʃn/, *n.* sedizione.

seditionary /sɪ'dɪʃənrɪ, *USA* -nɛrɪ/, *a.* e *n.* sedizioso.

seditionist /sɪ'dɪʃənɪst/, *n.* (*raro*) sedizioso.

seditious /sɪ'dɪʃəs/, *a.* sedizioso: **s. speeches**, discorsi sediziosi. || **-ly**, *avv.* || **-ness**, *sost.*

to **seduce** /sɪ'dju:s, *USA* -'du:s/, *v. t.* ***1*** sedurre; allettare ***2*** corrompere; sviare; fuorviare ***3*** allontanare; distogliere: **They tried to s. him from his duty of allegiance to the king**, cercarono di distoglierlo dal suo dovere di fedeltà al sovrano. • **to be seduced into doing st.**, essere indotto, con allettamenti, a fare q.c.

seducement /sɪ'dju:smənt, *USA* -'du:s-/, *V.* **seduction**.

seducer /sɪ'dju:sə(r), *USA* -'du:s-/, *n.* seduttore.

seducible /sɪ'dju:səbl, *USA* -'du:s-/, *a.* seducibile.

seduction /sɪ'dʌkʃn/, *n.* seduzione; allettamento; attrattiva.

seductive /sɪ'dʌktɪv/, *a.* seducente; allettante; attraente. || **-ly**, *avv.* || **-ness**, *sost.*

seductress /sɪ'dʌktrɪs/, *n.* seduttrice.

sedulity /sɪ'dju:lətɪ, *USA* -'du:-/, *n.* assiduità; diligenza; solerzia.

sedulous /'sɛdjʊləs, *USA* -dʒʊ-/, *a.* assiduo; diligente; solerte: **with s. care**, con assidue cure. || **-ly**, *avv.* || **-ness**, *sost.*

see /si:/, *n.* (*relig.*) sede vescovile (*o* arcivescovile); diocesi; vescovado; arcivescovado. • **the Holy See** (*o* **the See of Rome**), la Santa Sede.

to **see** /si:/ (*pass.* **saw**, *p. p.* **seen**), **A** *v. t.* ***1*** vedere; scorgere; osservare: **Can you see that plane?**, lo vedi quell'aereo?; **I saw him packing up**, lo vidi che faceva le valige; **Later, I saw him leave**, dopo, lo vidi partire; **I saw the spy arrested**, vidi arrestare la spia; **Can you see anything in this poor light?**, vedi niente con così poca luce? ***2*** capire; afferrare; rendersi conto di; accorgersi di; vedere: **Can't you see he's pulling your leg?**, non vedi (*o* non ti accorgi) che ti prende in giro?; **Do you see what I mean?**, capisci quel che voglio dire?; **I saw they didn't understand me**, mi resi conto che non mi comprendevano ***3*** vedere; giudicare; considerare; reputare; ritenere; parere (*impers.*): **to see life in a better light**, vedere la vita sotto un aspetto migliore; **The boss doesn't see it that way**, il capo non la vede così (*è di un altro parere*); **We'll see what we can do for you**, vedremo che cosa si può fare per te; **I see it as my bounden duty**, lo considero (*o* reputo) come un mio sacro dovere; **I see his actions as irresponsible**, giudico irresponsabili le sue azioni; **I can't see that it really matters**, non vedo che importanza abbia; non mi pare sia importante ***4*** andare da; andare a trovare; visitare; frequentare, intendersela con; vedere; consultare: **Come and see me soon**, vienimi a trovare presto!; **I must see my solicitor**, devo vedere (*o* consultare) l'avvocato; **You ought to see a doctor**, devi andare dal medico; devi farti vedere dal dottore; **He sees a married woman**, se la intende con una donna sposata ***5*** accompagnare: **I saw him to the station**, lo accompagnai in stazione ***6*** vederci; trovarci; immaginare: **Can you see him solving the problem?**, ce lo vedi a risolvere il problema?; **Only God knows what the girl sees in him**, Dio solo sa che cosa la ragazza ci trovi in lui; **Can you see Jack marrying her?**, te lo immagini Jack che se la sposa? ***7*** ricevere; vedere: **I'll ask the chairman if he can see you**, chiedo al presidente se può riceverLa; **The prisoner refuses to see anyone**, il detenuto non vuole vedere nessuno ***8*** assicurarsi, fare in modo (che), badare di: **See that the soldiers are ready in ten minutes!**, fa' in modo che i soldati siano pronti in dieci minuti!; **See you're back before dark!**, bada di tornare prima del buio! ***9*** apprezzare; capire; essere d'accordo con; vedere: **She cannot see a joke**, non apprezza gli scherzi; non sa stare agli scherzi; **I didn't see the joke**, non ho capito la battuta; **I can see your point**, capisco (*o* sono d'accordo con) il tuo punto di vista; **I can't see the point of learning old Greek**, non vedo a che cosa serva studiare il greco antico ***10*** (*poker*) vedere. **B** *v. i.* ***1*** vedere; vederci: **He doesn't see very well with his left eye**, ci vede male dall'occhio sinistro ***2*** vedere; guardare: **Sit down, please; I'll see if the manager is in**, s'accomodi, prego; vedo se c'è il direttore; **See who's at the door, will you?**, guarda chi c'è (alla porta), per piacere! ***3*** capire; afferrare; accorgersi; rendersi conto: **as far as I can see**, per quello che posso capire io; a quanto capisco io; **Do you see?**, capisci?; vedi?; **I see**, capisco; vedo; **You can see for yourself**, te ne rendi conto da solo (*o* da te) ***4*** pensarla; avere un'opinione: **Unfortunately, daddy saw differently**, purtroppo, il babbo la pensava diversamente (*o* era di tutt'altro parere). • **to see oneself as a great actor**, credere d'essere un grande attore □ **to see the back** (*o* **the last**) **of sb.**, liberarsi (*o* sbarazzarsi) di q.; farla finita con q. □ (*fig.*) **to see everything black**, vedere tutto nero □ (*fig.*) **to see daylight**, cominciare a capire; essere a buon punto col lavoro □ **to see eye to eye with sb.**, vedere le cose allo stesso modo di q. □ **to see the funny side of st.**, vedere il lato (*o* l'aspetto) buffo (*o* divertente) di q.c. □ **to see good to do st.**, giudicare conveniente (*o* reputare opportuno) fare q.c. □ (*fig.*) **to see how the cat jumps**, stare a vedere come si mettono le cose □ **to see the last of st.**, mettere la parola fine a q.c.; farla finita con q.c. □ **to see life**, acquistare esperienza della vita; conoscere il mondo e gli uomini □ **to see the light**, vedere la luce; nascere; venire al mondo; (*anche*) cominciare a capire, accettare un'idea □ **to see the reason why**, capire il perché □ (*fig.*) **to see red**, veder rosso; infuriarsi □ (*fam.*) **to see sb. right**, rendere giustizia a q.; riparare un torto subito da q. □ **to see the sights**, fare il giro turistico d'una città; visitare una città da turista □ (*fig.*) **to see stars**, veder le stelle (*per un dolore lancinante e improvviso*) □ **to see things**, vedere (*o* capire) le cose (*o* la situazione); (*anche*) avere le traveggole □ **to see a thing done**, veder fare una cosa; (*anche*) vedere che una cosa sia fatta □ **to see the town**, visitare la città □ **to see visions**, avere visioni; essere un veggente □ **to see one's way** (**clear**) **to doing st.**, trovare il modo (giusto) di fare q.c. □ **as I see it**, come la vedo io; come la penso io; a mio modo di vedere □ **to have seen service**, (*di una persona*) aver un lungo stato di servizio, esser esperto; (*di un oggetto*) esser stato usato a lungo, essere consunto (*o* logoro) □ **You see**, vedi, capisci; ascolta, senti un po' (*parentetico, molto usato*) □ (*fam.*) **See?**, (hai) capito?; (è) chiaro? □ (*fam.*) **See you soon!**, a presto!; arrivederci! □ **See you later!**, arrivederci!; a fra poco! □ (*fam.*) **Be seeing you, Tom**, ci vediamo, Tom □ **He will never see forty** [**fifty**] **again**, ha passato da un pezzo i quaranta [i cinquanta] anni □ **Let me see**, fammi vedere; (*esitando prima di rispondere*) vediamo un po', lasciami pensare! □ **Let me see** (**now**), **what can I do for you?**, vediamo (un po'), che cosa posso fare per te? □ **The poor old man has seen better days**, il povero vecchio ha visto tempi migliori □ **Wait and see**, chi vivrà vedrà; stiamo a vedere □ **We have seen the day** (*o* **the time**) **when...**, è ormai passato il tempo che... □ **You can see it at a glance**, si vede a occhi chiusi □ (*prov.*) **Seeing is believing**, vedere per credere.

♦ **see about**, *v. t.* + *prep.* ***1*** provvedere a; pensare a; occuparsi di; prendersi cura di: **to see about supper**, provvedere alla cena; **I'll see about it!**, ci penso io!; **I'll see about that when the time comes**, me ne occuperò a tempo debito; **I'll see to redecorating the house next month**, provvederò a ridipingere la casa il mese prossimo ***2*** informarsi su (q.c.); cercare: **to see about a good restaurant**, informarsi se c'è un buon ristorante; **to see about a good doctor**, cercare un bravo medico ***3*** contattare, incontrare (q.) per discutere (q.c.); abboccarsi con (q.) su; parlare con (q.) di (q.c.): **You must see the manager about your complaint**, per il tuo reclamo, devi contattare il direttore; **Remember to see the boss about your promotion**, per la tua promozione, ricordati di parlarne con il capo □ **We'll** (*o* **We'll have to**) **see about that**, ci penseremo su, vedremo; ne riparliamo; staremo a vedere □ (*fam.*) **We'll see about that!**, ti (gli, ecc.) faccio vedere io!; ci penso io! (*a farlo smettere, ecc.*); si vedrà!; la vedremo! □ **I cannot promise, but I'll see about it**, non prometto nulla, ma vedrò.

♦ **see across**, *v. t.* + *avv.* (*o prep.*) far attraversare; accompagnare, scortare: **I saw the old woman across** (**the street**), feci attraversare la strada alla vecchietta.

♦ **see after**, *v. t.* + *prep.* occuparsi di; pensare a: **to see after the guests**, occuparsi degli ospiti; **to see after the preparations**, pensare ai preparativi.

♦ **see ahead**, *v. t.* e *i.* + *avv.* ***1*** vedere avanti (a sé): **The fog is so thick that I cannot see ahead more than a few yards**, la nebbia è così fitta che non ci si vede che per pochi metri ***2*** essere antiveggente (*o* preveggente).

♦ **see around**, **A** *v. t.* + *avv.* vedere (q.) in giro (*o* nei dintorni). **B** *v. t.* + *prep.* ***1*** vedere (q.) in (*o* dietro): **I've seen him around the neighbourhood**, l'ho visto in giro (*o* nei dintorni); **I hadn't seen the car around the bend**, non avevo visto la macchina dietro la curva ***2*** accompagnare (q.) in visita in (*un luogo*); fare vedere; far visitare; andare a vedere, visitare: **Who's going to see the Japanese around our plant?**, chi accompagnerà i giapponesi nella visita al nostro stabilimento?; **When can I see around the house I want to buy?**, quando posso andare a vedere la casa che vorrei comprare?

♦ **see back**, *v. t.* + *avv.* riaccompagnare; accompagnare a casa.

♦ **see beyond**, *v. t.* + *prep.* ***1*** vedere oltre; vedere al di là di (*un limite*) ***2*** prevedere (*il tempo, ecc.*) oltre (*due giorni, ecc.*) ***3*** antivedere □ (*fam.*) **He cannot see beyond** (**the end of**) **his nose**, non vede al di là del naso.

♦ **see home**, *v. t.* + *avv.* accompagnare (q.) a casa; riaccompagnare.

♦ **see in**, **A** *v. i.* + *avv.* vedere dentro (*o* dentro casa: *dal di fuori*). **B** *v. t.* + *avv.* ***1*** accompagnare (q.) dentro; far entrare: **He saw the guests in**, fece entrare gli ospiti ***2*** aiutare (q.) a entrare (*con l'auto, ecc.*; *in un luogo stretto*) □ **to see the New Year in**, festeggiare il Capodanno.

♦ **see into**, *v. t.* + *prep.* ***1*** vedere dentro (*un posto buio*) ***2*** esaminare; indagare su; studiare (a fondo): **to see into a complaint**, esaminare un reclamo; **The police will see into the whole matter**, sulla faccenda indagherà la polizia ***3*** accompagnare, far entrare (q.) in (*un luogo*) ***4*** capire; comprendere, rendersi conto di (*una causa, un motivo, ecc.*) □ **to see into the future**, prevedere il futuro □ **to see into men's hearts**, leggere nel cuore degli uomini □ **I must see into the matter**, voglio vederci chiaro.

♦ **see of**, *v. t.* + *prep.* frequentare (*molto, poco, ecc.*); stare in compagnia di; vedere, incontrare: **My sister sees a great deal of the Clarks**, mia sorella frequenta molto i Clark; **I saw nothing of him for a year**, non lo vidi più per un anno; **We don't see much of each other**, ci vediamo poco; non ci frequentiamo molto.

♦ **see off**, *v. t. + avv.* **1** salutare (q.) alla partenza: **I saw her off at Heathrow**, la salutai alla partenza dall'aeroporto di Heathrow **2** cacciare; scacciare; mandare via: **The farmer saw the stranger off with a gun**, il colono scacciò col fucile lo sconosciuto **3** respingere, resistere a (*un attacco, ecc.*); superare (*una difficoltà*) □ **to see sb. off the premises**, accompagnare q. alla porta; mandare via q.

♦ **see out**, *v. t. + avv.* **1** vedere fuori; vederci: **The windscreen is so dirty that I can't see out**, il parabrezza è così sporco che non ci si vede; (*di una persona*) **to be seen out**, farsi vedere fuori (*di casa*; *o in giro*) **2** accompagnare (*un ospite*) alla porta **3** aiutare (*il conducente di un veicolo*) a uscire (*da un luogo ristretto*) **4** durare, bastare per: **The food supplies saw the winter out** (*o* **saw the hunters out for the winter**), le provviste di cibo bastarono (ai cacciatori) per l'inverno **5** superare: **The wounded soldier didn't see out the night**, il soldato ferito non superò la notte **6** resistere per la durata di; completare (*un corso di studi, ecc.*); vedere fino in fondo (*uno spettacolo, ecc.*) □ **to see oneself out**, uscire da solo (*senza essere accompagnato alla porta*) □ **to see the Old Year out**, festeggiare la vigilia del Capodanno.

♦ **see over**, **A** *v. t. + prep.* veder (*o* vederci) al di sopra di (*o* al di là di): **I can't see over the hedge**, non ci vedo sopra la siepe. **B** *v. t. + avv.* esaminare a fondo; ispezionare; vedere bene: **I'd like to see over the flat before I rent it**, vorrei vedere bene l'appartamento prima di prenderlo in affitto.

♦ **see round**, *V.* **see around**.

♦ **see through**, **A** *v. i. + avv.* vedere attraverso; vederci: **The window is too dirty; I can't see through**, il finestrino è sporco; non ci vedo. **B** *v. t. + avv.* **1** vedere (*uno spettacolo*) da cima a fondo (*o* dal principio): **I like to see films through**, mi piace vedere i film dal principio **2** (*fam.*) portare a termine (*un lavoro, ecc.*) **3** (*fam.*) essere d'aiuto, bastare a (q.): **It was his loan that saw me through**, fu il suo prestito che mi aiutò (*a liberarmi dei debiti, ecc.*); **A hundred pounds will see you through till I come back**, cento sterline ti basteranno fino al mio ritorno. **C** *v. t. + prep.* **1** vedere attraverso: **Can you see through the rear window?**, ci vedi attraverso il lunotto?; **to see sb. through the keyhole**, vedere q. attraverso il buco della serratura **2** essere d'aiuto, bastare a (q.) per: **Her husband's loving care saw her through her illness**, le premure del marito l'aiutarono a superare la malattia; **This money will see you through a weekend at the seaside**, questi soldi ti basteranno per un weekend al mare **3** (*fam.*) capire; intuire; indovinare; aver capito: **I can see through him**, ho capito che tipo è; **Now I see through his real motives**, ora intuisco i suoi veri motivi □ **to see sb. through a difficulty** [**a scrape**], aiutare q. a superare una difficoltà [a cavarsi dai guai] □ **to see through sb.'s game**, scoprire qual è il gioco di q. (*fig.*) □ **to see through sb.'s good manners**, non farsi ingannare dalle buone maniere di q. □ **to see through sb.'s tricks**, evitare di cadere nei tranelli di q.

♦ **see to**, *v. i. + prep.* **1** provvedere; occuparsi di; prendersi cura di; pensare a: **to see to the preparations**, prendersi cura dei preparativi; **The car is run down; will you see to it?**, l'automobile non va; vuoi occupartene tu?; **I'll see to it!**, ci penso io; lascia fare a me! **2** badare a; stare attento a: **You must see to your pronunciation**, devi stare attento alla pronuncia **3** guardare (*fam.*); accomodare, riparare (*un apparecchio*); curare (*una ferita, una parte del corpo*): **Your swollen leg ought to be seen to**, la tua gamba gonfia ha bisogno d'essere curata **4** bastare, essere sufficiente a (q.) per arrivare a: **The petrol already in the tank will see me to the next filling station** [**to the end of the strike**], la benzina del serbatoio mi basterà per arrivare al prossimo distributore [alla fine dello sciopero] □ **to see to it that...**, provvedere a che...; assicurarsi che...; badare di...: **See to it that you are not late again for your lessons**, bada di non fare di nuovo tardi a scuola □ **to see an end to st.**, (riuscire a) vedere la fine di q.c. □ **You'd better see to it yourself!**, veditela (un po') tu!

♦ **see up**, **A** *v. i. + avv.* vedere in alto (*o* in su). **B** *v. t. + avv.* accompagnare (q.) su (*o* di sopra): **I'll see you up to the boss's office**, ti accompagno di sopra dal capo.

seed /siːd/, *n.* (*pl.* **seeds, seed**) **1** seme; semenza; semente; (*fig.*) causa, germe, origine; progenie, stirpe: **to sow the seeds of discord**, gettare il seme della discordia; **the s. of Adam**, la stirpe (*o* la progenie) d'Adamo; **to plant the s. of suspicion in sb.**, insinuare il germe del sospetto in q.; **the seeds of revolt**, il germe della rivolta **2** (*biol.*) seme; sperma **3** (*sport, fam.*) *V.* **seeded player**, *sotto* **to seed**. ● (*bot.*) **s.-ball**, capsula □ **s.-case**, *V.* **s.-vessel** □ (*bot.*) **s. coat**, testa; tegumento seminale □ **s. corn**, (*agric.*) grano (*USA*: granturco) da semina, semente; (*fig., fin.*) germe, seme (*di profitti futuri*) □ (*agric.*) **s.-drill**, seminatrice (*macchina*) □ (*zool.*) **s.-eater**, uccello granivoro □ **s.-leaf**, foglia seminale; germoglio □ (*bot.*) **s.-lobe**, cotiledone □ **s. merchant**, commerciante di sementi □ **s. money**, stanziamento iniziale; capitale (*o* fondi) d'avviamento di un'impresa □ **the s. of Abraham**, il seme d'Abramo; gli ebrei □ **s.-pearl**, perla minuta; perlina □ **s. plant**, pianta da semina □ **s.-plot**, semenzaio □ (*agr.*) **s.-plough**, aratro seminatore □ **s. potatoes**, patate per seme □ **s.-time**, tempo della semina □ (*bot.*) **s.-vessel**, pericarpo □ **s.-wool**, cotone grezzo (*prima che sian tolti i semi*) □ **to go** (*o* **to run**) **to s.**, far seme, produrre seme, sementire; (*fig.*) andare in malora, guastarsi, sciuparsi □ (*Bibbia*) **to raise up s.**, procreare figlioli.

to **seed** /siːd/, **A** *v. i.* **1** (*di pianta*) produrre seme; sementire **2** seminare; fare la semina. **B** *v. t.* **1** piantare il seme di (*una pianta*); seminare **2** togliere i semi da; sgranare **3** inseminare (*le nuvole*: *per provocare la pioggia*) **4** (*sport*) selezionare (*i concorrenti in un torneo*). ● (*sport*) **seeded player**, concorrente selezionato; testa di serie.

seedbed /ˈsiːdbɛd/, *n.* **1** semenzaio; vivaio **2** (*fig.*) vivaio.

seedcake /ˈsiːdkeɪk/, *n.* (*cucina*) torta aromatizzata con semi di carvi e bucce di limone.

seeder /ˈsiːdə(r)/, *n.* **1** seminatore, seminatrice **2** (*agric.*) seminatrice (*macchina*) **3** sgranatrice (*macchina*) **4** pesce che depone le uova.

seediness /ˈsiːdɪnəs/, *n.* **1** l'esser pieno di semi **2** il fare i semi **3** l'essere consunto (*o* logoro); trasandatezza; sciatteria; squallore **4** (*fam.*) indisposizione; depressione.

seeding /ˈsiːdɪŋ/, *n.* (*agric.*) semina; seminagione. ● **s. machine**, seminatrice (*macchina*).

seedless /ˈsiːdləs/, *a.* senza semi: **s. tangerines**, mandarini senza semi.

seedling /ˈsiːdlɪŋ/, *n.* **1** giovane pianta; pianticella **2** piantina di semenzaio. ● (*agric.*) **s. nursery**, vivaio forestale.

seedsman /ˈsiːdzmən/, *n.* (*pl.* **seedsmen**) **1** venditore di sementi; commerciante di semi **2** (*agric.*) seminatore.

seedy /ˈsiːdɪ/, *a.* **1** pieno di semi; che contiene semi: **This orange is too s.**, quest'arancia ha troppi semi **2** (*bot.*: *di pianta*) che fa i semi **3** consunto; logoro; malandato; trasandato; sciatto; in cattivo stato; squallido: **s. clothes**, abiti logori **4** (*fam.*) indisposto; depresso; abbattuto; giù di morale: **to feel s.**, sentirsi indisposto; star poco bene; essere depresso. ● **a s.-looking man**, un uomo male in arnese.

seeing /ˈsiːɪŋ/, **A** *n.* vista; capacità di vedere. **B** *cong.* – **s. that**, visto che; dato che; considerato che (*anche, fam.*: **s. as, s. as how**). ● (*USA*) **s. eye dog**, cane guida per non vedenti.

to **seek** /siːk/ (*pass. e p. p.* **sought**), *v. t. e i.* **1** cercare; andare in cerca (*o* alla ricerca) di; ricercare; tentare: **He sought shelter from the snowstorm**, cercò riparo dalla bufera di neve; **to s. a situation**, cercare un impiego; **to s. one's fortune**, andare in cerca di fortuna; **They sought to climb Mount Blanc**, tentarono la scalata del Monte Bianco; **Two suspects are sought for murder**, sono ricercate due persone sospettate dell'omicidio **2** chiedere; richiedere: **to s. sb.'s help**, chiedere aiuto a q.; **I'll s. my lawyer's opinion** (*o* **advice from my lawyer**), chiederò parere al (*o* consulterò il) mio avvocato **3** andare a; darsi a: **to s. one's bed**, andare a letto; **He sought the woods for safety**, si diede alla macchia per salvarsi **4** (*d'elemento naturale, di strumento*) rivolgersi; tendere a: **Liquids s. their own level**, i liquidi tendono a livellarsi; **The compass needle seeks the magnetic north**, l'ago della bussola si rivolge al nord magnetico **5** (*elab.*) posizionare **6** (*mil.*: *di missile*) cercare, dirigersi verso (*il bersaglio*). ● (*lett.*) **to s. sb.'s life**, voler la morte di q. □ **to s. a quarrel**, cercare d'attaccar lite □ **The reason for his success is not far to s.**, i motivi del suo successo sono ovvi □ (*Bibbia*) **S. and you shall find**, chi cerca trova (*prov.*).

♦ **seek after**, *v. i. + prep.* (*form., lett.*) ricercare; essere alla ricerca di; richiedere; aspirare a: **to s. after happiness**, aspirare alla felicità; **to s. after the truth**, essere alla ricerca della verità.

♦ **seek for**, *v. i. + prep.* (*form., lett.*) cercare; andare in cerca: **to s. for glory**, andare in cerca di gloria; **to s. for gold**, cercare l'oro; fare il cercatore d'oro.

♦ **seek from**, *v. t. + prep.* (*form., lett.*) **1** cercare da: **What is he seeking from you?**, che cosa cerca (o vuole) da te? **2** chiedere a: **to s. satisfaction from sb.**, chiedere soddisfazione a q.

♦ **seek into**, *v. i. + prep.* (*form., lett.*) indagare su; mettere il naso in (*fig.*).

♦ **seek out**, *v. t. + avv.* trovare; rinvenire; scoprire; scovare.

seeker /ˈsiːkə(r)/, *n.* **1** cercatore, cercatrice; ricercatore, ricercatrice **2** (*miss., mil.*) ordigno (*o* congegno) autocercante.

seek time /ˈsiːktaɪm/, *locuz. n.* (*elab.*) tempo di posizionamento (*della testina*).

to **seem** /siːm/, *v. i.* **1** sembrare; parere: **He seems glad to see us**, sembra contento di vederci; **It seems to me that it will rain**, mi pare che voglia piovere; **It seems as if there will be a new boom**, sembra che ci sarà un nuovo boom; **So we are to get nothing, it seems**, a quanto pare, non riceveremo nulla; **I s. to hear voices**, mi sembra di udire voci; **I s. (to be) deaf today**, mi pare d'essere sordo, oggi **2** avere un (dato) aspetto: **You s. tired**, hai l'aria stanca. ● **as it seems**, a quanto pare □ **It would s. so**, pare di sì □ **It would s. not**, pare (*o* parrebbe) di no □ (*fam.*) **I do not s. to like him**, non so perché, ma mi è antipatico □ **How does it s. to you?**, che te ne pare? □ **That's how it seems to me**, io la vedo così.

seeming /ˈsiːmɪŋ/, **A** *a.* apparente; finto; preteso: **s. indifference**, apparente indifferenza; **a s. friend**, un finto amico. **B** *n.* (*raro*) apparenza; sembianza: **the s. and the real**, l'apparenza e la realtà.

seemingly /ˈsiːmɪŋlɪ/, *avv.* **1** apparentemente; in apparenza **2** evidentemente; a quanto pare.

seemliness /ˈsiːmlɪnəs/, *n.* convenienza; decenza; decoro.

seemly /ˈsiːmlɪ/, *a.* **1** conveniente; decente; decoroso: **s. behaviour**, comportamento decoroso **2** (*arc.*) piacevole; di bell'aspetto.

seen /siːn/, *p. p. di* **to see**.

to **seep** /siːp/, *v. i.* **1** (*di liquidi*) colare; gocciolare; filtrare; infiltrarsi; trasudare **2** (*fig.*) (*di una notizia e sim.*) trapelare; diffondersi. ● **to s. away**, (*di un liquido*) colare via; (*fig.*) svanire, dileguarsi, sfumare □ **to s. in**, filtrare, entrare: **The rain was seeping in**, l'acqua entrava dal tetto □ **to s. through**, (*di liquido*) filtrare attraverso; (*di significato, ecc.*) essere recepito.

seepage /'si:pɪdʒ/, *n.* gocciolamento; infiltrazione; trasudamento.

seer /'si:ə(r), sɪə(r)/, *n.* veggente; profeta.

seeress /'si:ərɪs/, *n.* profetessa.

seersucker /'sɪəsʌkə(r)/, *n.* tela indiana a strisce alterne, crespe e lisce.

see-safe /'si:seɪf/, *n.* (*comm.*) vendita in conto deposito.

seesaw /'si:sɔ:/, *n.* *1* altalena (*asse in bilico su un fulcro*) *2* (*fig.*) movimento su e giù (*o* di va e vieni); fasi alterne: **the s. of a pitched battle**, le fasi alterne d'una battaglia campale. ● (*mecc.*) **s. motion**, moto alternativo; va e vieni.

to **seesaw** /'si:sɔ:/, *v. i.* *1* fare l'altalena; giocare all'altalena *2* (*fig.*) vacillare; titubare; esitare *3* (*mecc.*) muoversi con moto alternativo (*o* di va e vieni).

to **seethe** /si:ð/, **A** *v. i.* *1* bollire (*anche fig.*); ribollire: **to s. with rage**, bollire (*o* fremere) di rabbia; **The sea was seething under the cliffs**, il mare ribolliva sotto le scogliere *2* (*fig.*) essere in fermento (*o* in subbuglio): **The country was seething with unrest**, il paese era in fermento (di ribellione). **B** *v. t.* (far) bollire; lessare.

seething /'si:ðɪŋ/, **A** *a.* *1* in ebollizione; ribollente (*anche fig.*) *2* (*fig.*) arrabbiato; furioso; furibondo *3* (*fig.*) in fermento; in subbuglio. **B** *n.* (*raro*) *1* ebollizione *2* (*fig.*) fermento; subbuglio.

see(-)through /'si:θru:/, **A** *a.* (*d'indumento, ecc.*) trasparente: **s. bottom**, fondo trasparente (*di una barca*). **B** *n.* *1* indumento (*o* capo) trasparente *2* moda del trasparente.

segment /'sɛgmənt/, *n.* *1* (*geom., elab., zool.*) segmento: **a s. of a line**, un segmento di retta; **a s. of a sphere**, un segmento sferico; **the s. of a worm**, il segmento di un verme *2* settore; parte; fetta; sezione *3* (*di taluni frutti*) spicchio: **a s. of an orange**, uno spicchio d'arancia *4* (*ling.*) segmento. ● (*metall.*) **s. die**, filiera scomponibile.

to **segment** /sɛg'mɛnt, *USA* 'sɛgmɛnt/, (*scient.*) **A** *v. t.* *1* segmentare; dividere in segmenti *2* dividere (*un frutto*) in spicchi. **B** *v. i.* *1* segmentarsi; dividersi in segmenti *2* (*biol.*) riprodursi per segmentazione *3* (*di un frutto*) dividersi in spicchi.

segmental /sɛg'mɛntl/, **segmentary** /sɛg'mɛntrɪ, *USA* 'sɛgmɛntɛrɪ/, *a.* (*scient.*) *1* di segmento; segmentale; segmentario *2* segmentato; costituito da segmenti *3* ad arco di cerchio. ● (*archit.*) **s. arch**, arco scemo (*o* a sesto ribassato).

segmentation /sɛgmɛn'teɪʃn, -mən-/, *n.* (*scient.*) segmentazione: (*econ.*) **the s. of the market**, la segmentazione del mercato.

segregable /'sɛgrəgəbl/, *a.* segregabile.

segregate /'sɛgrəgət/, *a.* (*specialm. scient.*) separato; a sé stante; semplice.

to **segregate** /'sɛgrəgeɪt/, **A** *v. t.* segregare; isolare; separare. **B** *v. i.* segregarsi; isolarsi.

segregated /'sɛgrəgeɪtɪd/, *a.* *1* segregato; isolato *2* che applica la segregazione (razziale): (*stor. USA*) **s. schools**, scuole che applicavano la segregazione razziale.

segregation /sɛgrə'geɪʃn/, *n.* *1* segregazione; segregamento; isolamento; separazione *2* segregazione razziale *3* segregazionismo.

segregationist /sɛgrə'geɪʃənɪst/, **A** *n.* segregazionista. **B** *a.* segregazionistico.

segregative /'sɛgrəgeɪtɪv/, *a.* che segrega; che tende a segregare.

seigneur /sɛn'jɜ:(r), seɪn-, *USA* seɪn-, si:n-/, **seignior** /'seɪnjə(r), -jɔ:(r)/, *n.* (*stor.*) signore feudale; feudatario.

seign(i)orage /'seɪnjərɪdʒ/, *n.* (*stor., econ.*) diritti della Corona (*o* d'un signore feudale) sulla moneta coniata; signoraggio.

seign(i)orial /'seɪnjərɪəl/, *a.* (*stor.*) signorile; di signore feudale; di feudatario.

seigniory /'seɪnjərɪ/, *n.* (*stor.*) signoria; possesso feudale.

seine /seɪn/, *n.* (= **s. net**) senna. ● **beach s.**, scorticaria; rezzola.

to **seine** /seɪn/, *v. t.* e *i.* pescare con la senna.

Seine /seɪn/, *n.* (*geogr.*) Senna.

to **seise** /si:z/, *v. t.* (*leg., stor.*) investire (q.) di un bene immobile.

seisin /'si:zɪn, *USA* -zn/, *n.* (*leg., stor.*) proprietà assoluta; possesso incondizionato.

seism /'saɪzəm/, *n.* (*geol.*) *1* sisma *2* scossa tellurica.

seismal /'saɪzml/, *V.* **seismic(al)**.

seismic(al) /'saɪzmɪk(l)/, *a.* (*geol.*) sismico: **seismic belt**, zona sismica. || **-ally**, *avv.*

seismogram /'saɪzməgræm/, *n.* (*scient.*) sismogramma.

seismograph /'saɪzməgrɑ:f, *USA* -græf/, *n.* (*scient.*) sismografo.

seismographic(al) /saɪzmə'græfɪk(l)/, *a.* (*scient.*) sismografico.

seismography /saɪz'mɒgrəfɪ/, *n.* (*scient.*) sismografia.

seismologic(al) /saɪzmə'lɒdʒɪk(l)/, *a.* (*scient.*) sismologico.

seismologist /saɪz'mɒlədʒɪst/, *n.* (*scient.*) sismologo.

seismology /saɪz'mɒlədʒɪ/, *n.* (*scient.*) sismologia.

seismometer /saɪz'mɒmɪtə(r)/, *n.* (*scient.*) sismometro.

seismometric(al) /saɪzmə'metrɪk(l)/, *a.* (*scient.*) sismometrico.

seismoscope /'saɪzməskəʊp/, *n.* (*scient.*) sismoscopio.

seizable /'si:zəbl/, *a.* *1* afferrabile; che si può prendere *2* (*leg.*) confiscabile; pignorabile; sequestrabile: **s. chattels**, beni pignorabili.

to **seize** /si:z/, **A** *v. t.* *1* afferrare (*anche fig.*); prendere; cogliere; pigliare; acciuffare; arrestare: **to s. a knife [one's hat]**, afferrare un coltello [il cappello]; **to s. a concept**, afferrare un concetto; **to s. (upon) an opportunity** (*o* **a chance**), cogliere un'occasione; **He was seized by panic**, fu preso dal panico; **The policeman seized the pickpocket**, il poliziotto acciuffò il borsaiolo; **to s. sb. by the neck**, prendere q. per il collo *2* impadronirsi di; impossessarsi di; conquistare: **to s. power**, impadronirsi del potere; (*mil.*) **to s. a fortress**, impossessarsi d'una fortezza *3* (*leg.*) confiscare; sequestrare; pignorare: **His property was seized**, le sue proprietà furono messe sotto sequestro; **to s. contraband goods**, confiscare merce di contrabbando *4* (*leg.*) entrare in possesso di (q.c.) *5* (*leg., stor.*; *USA*) *V.* **to seise** *6* (*naut.*) legare; allacciare. **B** *v. i.* (*mecc.*, *spesso* **to s. up**) grippare, gripparsi; bloccarsi. ● **to s. a distinction**, afferrare una distinzione; capire una differenza □ **to s. on** (*o* **upon**), afferrare, cogliere al volo, accettare subito; appigliarsi, fare ricorso a: **to s. on a good offer**, cogliere al volo un'offerta favorevole; **to s. on an excuse not to do st.**, appigliarsi a una scusa per non fare q.c. □ **to s. the point**, afferrare l'idea; capire il punto essenziale; **to s. upon a pretext**, appigliarsi a un pretesto □ **to s. up**, (*mecc.*: *di motore*) grippare; gripparsi; (*fig.*) bloccarsi, andare in tilt: **Traffic was seized up**, il traffico era bloccato □ **to be seized by apoplexy**, essere colpito dall'apoplessia □ **to be seized of st.**, (*leg.*) essere in possesso di q.c.; (*fig.*) essere al corrente (*o* informato) di q.c.

seizer /'si:zə(r)/, *n.* (*leg.*) pignorante.

seizin /'si:zɪn, *USA* -zn/, (*USA*) *V.* **seisin**.

seizing /'si:zɪŋ/, *n.* *1* l'afferrare; il prendere; cattura *2* (*leg.*) confisca; sequestro *3* (*mecc.*) grippaggio *4* (*naut.*) legatura.

seizure /'si:ʒə(r)/, *n.* *1* il prendere; presa (*di una fortezza, ecc.*); cattura *2* (*leg.*) confisca; sequestro; pignoramento *3* (*leg.*) entrata in possesso (*di q.c.*) *4* (*med.*) attacco (*specialm. apoplettico*); accesso; crisi; colpo (*anche fig.*): **He'll have a s. when he hears that**, gli prenderà un colpo quando lo saprà *5* (*mecc.*) grippaggio.

sejant, sejeant /'si:dʒənt/, *a.* (*arald.*) sedente.

selachians /sə'leɪkɪənz/, *n. pl.* (*zool., Selachii*) selaci.

seldom /'sɛldəm/, *avv.* raramente; di rado; rare volte: **I s. go to the theatre**, vado a teatro di rado. ● **s. or never**, quasi mai □ **not s.**, non di rado; spesso.

select /sə'lɛkt/, *a.* *1* scelto; selezionato; eletto; distinto: **a s. group of students**, un gruppo di studenti scelti; **s. company**, eletta compagnia *2* esclusivo: **a s. club**, un circolo esclusivo *3* eccellente; pregiato: **s. wines**, vini pregiati. ● **s. area**, zona residenziale □ (*polit.*) **s. committee**, comitato ristretto; commissione d'inchiesta.

to **select** /sə'lɛkt/, *v. t.* *1* scegliere; selezionare (*anche sport*) *2* scegliere (*con votazione*); eleggere: **to s. a candidate**, scegliere un candidato.

select bit /sə'lɛktbɪt/, *locuz. n.* (*elab.*) bit di scelta.

selectee /səlɛk'ti:/, *n.* (*mil., USA*; *un tempo*) coscritto; recluta.

selection /sə'lɛkʃn/, *n.* *1* selezione (*anche biol.*); scelta; raccolta: **natural [artificial] s.**, selezione naturale [artificiale] *2* assortimento: **We can offer you a wide s. of first-rate articles**, possiamo mettere a vostra disposizione un vasto assortimento d'articoli di prima qualità *3* (*econ., elab., ecc.*) selezione *4* (*pl.*) brani (*o* passi) scelti (*di un autore*). ● **s. commission**, commissione selezionatrice (*del personale*) □ **s. consultant**, selezionatore.

selective /sə'lɛktɪv/, *a.* *1* (*anche scient.*) selettivo: **s. absorption**, assorbimento selettivo *2* (*comm.*: *di cliente*) selettivo; esigente. ● (*demogr.*) **s. immigration**, immigrazione selezionata □ (*USA, un tempo*) **s. service**, coscrizione; servizio militare obbligatorio □ (*econ.*) **s. strike**, sciopero a scacchiera. || **-ly**, *avv.* || **-ness**, *sost.*

selectivity /səlɛk'tɪvətɪ/, *n.* (*anche scient.*) selettività.

selectman /sə'lɛktmən/, *n.* (*pl.* **selectmen**) (*USA*) consigliere comunale (*in talune città della Nuova Inghilterra*).

selector /sə'lɛktə(r)/, *n.* *1* chi sceglie *2* (*specialm. elettr., elab., radio, TV*) selettore *3* (*ferr.*) preselettore *4* (*autom.*) comando per la selezione (*delle marce*) *5* (*autom.*) selettore manuale (*di cambio automatico*) *6* (*tecn.*) macchina cernitrice *7* (*sport*) selezionatore.

selenic /sə'li:nɪk/, *a.* (*chim.*) selenico: **s. acid**, acido selenico.

selenious /sə'li:nɪəs/, *a.* (*chim.*) selenioso.

selenite /'sɛlənaɪt/, *n.* (*miner.*) selenite.

selenitic /si:lə'nɪtɪk, *USA* sel-/, *a.* (*miner.*) selenitico.

selenium /sə'li:nɪəm/, *n.* (*chim.*) selenio.

selenographer /si:lə'nɒgrəfə(r), *USA* sɛl-/, *n.* (*scient.*) selenografo.

selenographic /səli:nəʊ'græfɪk/, *a.* (*scient.*) selenografico.

selenography /si:lə'nɒgrəfɪ, *USA* sɛl-/, *n.* (*scient.*) selenografia.

selenological /səli:nəʊ'lɒdʒɪkl, *USA* selən-/, *a.* (*scient.*) selenologico.

selenologist /si:lə'nɒlədʒɪst, *USA* sɛl-/, *n.* (*scient.*) selenologo.

selenology /si:lə'nɒlədʒɪ, *USA* sɛl-/, *n.* (*scient.*) selenologia.

selenosis /si:lə'nəʊsɪs, *USA* sɛl-/, *n.* (*med.*) selenosi.

Seleucid /sə'lu:sɪd, -'lju:-/, *n.* (*pl.* **Seleucids, Seleucidae**) (*stor.*) seleucide.

self (1) /sɛlf/, *n.* (*pl.* **selves**) *1* sé; se stesso: **the consciousness of s.**, la coscienza di sé; **He is too conscious of s.**, è tutto compreso di sé; **He cares for nothing but s.**, non si cura che di se stesso; è un egoista *2* interesse personale, tornaconto; (*per estens.*) egoismo; egocentrismo: **He only thinks of s.**, pensa solo al suo interesse; **S. is a bad guide to happiness**, l'egoismo non può condurre alla felicità *3* personificazione: **pride's s.**, la personificazione dell'orgoglio *4* (*filos.*) io *5* (*psic.*) io; ego: **He puts his s. before everything else**, mette il suo io davanti a tutto. ● **one's better s.**, la parte migliore di sé; i sentimenti migliori, gli impulsi più nobili □ (*comm.*) **a cheque drawn to s.**, un assegno pagabile al proprio nome □ **to feel one's usual s. again**, essere tornato in condizioni normali; stare bene come prima □ **to have lost one's former s.**, non esser più quello di prima (*o* d'una volta) □ **to be one's old s. again**, essere tornato come prima; essere di nuovo quello di un tempo □ (*comm.*: *su un assegno*) **pay s.**, pagate a me medesimo (*abbr. M.M.*) □ **one's second s.**, il proprio alter ego; l'anima gemella; l'amico del cuore □ **the thought of s.**, il pensare solo a se stessi; l'egoismo; l'egocentrismo □ **one's worse s.**, il lato peggiore di sé; i sentimenti peggiori; gli istinti più malvagi.

self (**2**) /sɛlf/, *a.* *1* monocromo; di tinta unita: **a s. flower**, un fiore monocromo, d'un solo colore *2* della stessa materia (*o* sostanza). ● **an overcoat with s. lining**, un soprabito con fodera della stessa stoffa (*dell'indumento*).

self- /sɛlf/, *pref.* auto-; di sé, in sé; di se stesso, in se stesso; personale; automatico; autonomo; naturale; spontaneo. ● **s.-abasement**, autoumiliazione; svilimento di se stesso □ **s.-abnegation**, abnegazione; spirito di rinuncia (*o* di sacrificio) □ **s.-absorbed**, che pensa solo a se stesso; assorbito dai propri affari; egocentrico, egoista □ **s.-absorption**, l'essere assorbito dai propri affari; egocentrismo, egoismo; (*fis. nucl.*) autoassorbimento □ **s.-abuse**, cattivo uso delle proprie capacità; (*anche, eufem.*) masturbazione □ (*leg.*) **s.-accusation**, autoaccusa □ **s.-acting**, automatico: **a s.-acting door**, una porta automatica □ **s.-action**, automatismo □ (*di congegno esplosivo*) **s.-activating**, a innesco automatico □ (*psic.*) **s.-actualization**, autorealizzazione □ **s.-addressed**, con l'indirizzo del mittente; preindirizzato: **Please enclose a s.-addressed envelope**, siete pregati di allegare una busta col vostro indirizzo □ **s.-adhesive**, autoadesivo (*agg.*) □ (*tecn.*) **s.-adjusting**, ad autoregolazione □ **s.-admiration**, narcisismo □ **s.-advancement**, arrivismo; carrierismo □ **s.-aggrandizement**, affermazione (*o* estensione) della propria potenza □ (*psic.*) **s.-analysis**, autoanalisi □ **s.-applause**, l'elogiarsi da solo; autoincensamento □ **s.-appointed**, autonominatosi □ (*tecn., comm.*: *di un oggetto*) **s.-assembly**, da montare (*da parte dell'acquirente*) □ **s.-asserting** (*o* **s.-assertive**), che si fa valere; autoritario; arrogante; invadente □ **s.-assertion**, il farsi valere; il far valere i propri diritti; (*psic.*) autoaffermazione □ (*fisc.*) **s.-assessment**, autotassazione □ (*di titolo, ecc.*) **s.-assumed**, assunto senz'averne il diritto □ **s.-assurance**, sicurezza di sé; fiducia nelle proprie capacità □ **s.-assured**, sicuro di sé □ **s.-aware**, consapevole di sé □ **s.-awareness**, autocoscienza □ **s.-betrayal**, il tradirsi da solo □ (*agric.*) **s.-binder**, mietitrice legatrice automatica; mietilega □ **s.-catering**, con uso di cucina: **s.-catering accommodation**, sistemazione (*senza pasti*) con uso di cucina □ (*tur.*) **s.-catering holidays**, vacanze in appartamento d'affitto (*o* in camping) □ (*mecc.*) **s.-centering chuck**, mandrino autocentrante □ (*autom., mecc.*) **s.-centering shoes**, ganasce autocentranti (*di freno a tamburo*) □ **s.-centred**, egocentrico □ **s.-centredness**, egocentrismo □ (*banca*) **s.-cheque**, assegno pagabile all'emittente □ (*tecn.*) **s.-cleaning**, autopulente □ **s.-closing**, che si chiude da sé; a chiusura automatica □ **s.-collected**, padrone di sé; calmo; dotato di sangue freddo □ **s.-coloured**, monocromatico, a tinta unita; di colore naturale □ **s.-combustion**, autocombustione □ **s.-command**, autocontrollo □ **s.-complacence, s.-complacency**, autocompiacimento □ **s.-complacent**, che si compiace di sé; borioso; vanitoso □ **s.-composed**, calmo; padrone di sé □ **s.-conceit**, presunzione □ **s.-conceited**, presuntuoso; pieno di sé □ **s.-condemnation**, autocondanna □ **s.-confessed**, confesso, dichiarato: **a s.-confessed thief**, un ladro confesso □ **a s.-confessed drug addict**, uno che ammette di drogarsi □ **s.-confidence**, *V.* **s.-assurance** □ **s.-confident**, *V.* **s.-assured** □ **s.-conscious**, imbarazzato, timido, impacciato; (*filos.*) cosciente di sé, autocosciente □ **s.-consciousness**, timidezza, imbarazzo, impaccio; (*filos.*) autocoscienza □ **s.-consistency**, coerenza □ **s.-consistent**, coerente □ **a s.-constituted judge**, una persona che s'arroga il diritto di giudicare □ (*econ.*) **s.-consumption**, autoconsumo □ **s.-contained**, (*di persona*) riservato, discreto; padrone di sé, calmo; (*tecn.*) autosufficiente, completo, autonomo, indipendente; (*mecc.*) autonomo: **a s.-contained community**, una comunità autonoma; **a s.-contained flat**, un appartamento indipendente □ **a s.-contained electric lamp**, una lampada elettrica (*portatile*) a batteria □ **s.-contempt**, disprezzo di sé □ **s.-content**, il contentarsi □ **s.-contented**, che s'accontenta della sua condizione □ **s.-contradiction**, contraddizione in termini; mancanza di coerenza, incoerenza □ **s.-contradictory**, che si contraddice da solo; contraddittorio; incoerente □ **s.-control**, autocontrollo; padronanza (*o* dominio) di sé; imperturbabilità □ **s.-controlled**, padrone di sé; imperturbabile □ (*tecn.*) **s.-cooled**, autoraffreddato; a raffreddamento automatico □ (*ling.*) **s.-correction**, autocorrezione □ **s.-critical**, autocritico □ (*anche polit.*) **s.-criticism**, autocritica □ **s.-debasement**, autoumiliazione; svilimento di se stesso □ **s.-deceit** (*o* **s.-deception**), l'illudersi; il lusingarsi; l'ingannare se stesso; illusione □ **s.-deceived**, illuso □ **s.-defeating**, controproducente; autolesionistico (*fig.*) □ **s.-defence**, autodifesa, difesa personale (*lotta, ecc.*); difesa di sé, dei propri interessi e beni; (*leg.*) legittima difesa: **in s.-defence**, per legittima difesa □ **s.-delusion,** *V.* **s.-deceit** □ **s.-denial**, abnegazione; rinuncia □ **s.-denying**, (*agg.*) pieno di abnegazione; che impone (*o* accetta) rinunce; parco, frugale; (*sost.*) *V.* **s.-denial** □ (*econ.*) **s.-dependent**, autosufficiente □ (*tecn.*) **s.-destroying**, che si autodistrugge: **a s.-destroying fuse**, una spoletta che si autodistrugge □ **s.-destruction**, autodistruzione (*anche mil.*); suicidio □ **s.-destructive**, autodistruttivo; che tende a distruggersi; suicida □ **s.-determination**, (*polit.*) autodeterminazione, autodecisione; (*filos.*) libero arbitrio □ **s.-development**, lo sviluppo delle proprie capacità; (*econ.*) sviluppo autonomo □ **s.-devotion**, abnegazione; dedizione □ (*telef.*) **s.-dialled call**, telefonata in teleselezione □ **s.-discipline**, autodisciplina □ **s.-distrust**, mancanza di fiducia in se stesso □ **s.-doubt**, mancanza di fiducia in sé; insicurezza □ **s.-doubting**, irresoluto; incerto □ (*autom.*) **s.-drive hire**, noleggio senza autista □ (*mecc.*) **s.-driven**, semovente □ (*ind. min.*) **s.-dumping car**, vagone a cassa inclinabile □ **a s.-educated man**, un autodidatta □ **s.-effacement**, il tenersi nell'ombra; modestia □ **s.-effacing**, che si tiene in disparte; schivo; che resta (*o* vive) nell'ombra □ **s.-elected**, autoelettosi; che si è scelto liberamente: **a s.-elected job**, un lavoro di propria libera scelta □ (*di un'assemblea*) **s.-elective**, che elegge i propri membri; elettivo: **a s.-elective body**, un organo elettivo □ **s.-employed**, indipendente; per conto proprio; che lavora in proprio; autonomo □ (*econ.*) **s.-employed workers**, gli autonomi; i lavoratori indipendenti □ (*econ.*) **s. employment**, lavoro autonomo (*o* in proprio) □ **s.-esteem**, stima di sé; amor proprio; (*spreg.*) presunzione □ **s.-evident**, chiaro di per sé; ovvio; lampante; lapalissiano □ **s.-examination**, esame di coscienza; introspezione □ (*elettr.*) **s.-excited**, autoeccitato □ (*leg.*: *di un provvedimento, ecc.*) **s.-executing**, precettivo; che si applica subito □ **s.-explaining** (*o* **s.-explanatory**), che si spiega da sé; ovvio □ (*arte, pedagogia*) **s.-expression**, libera espressione della propria personalità □ **s.-feeding**, (*mecc.*) alimentazione automatica; (*elab.*) autoavanzamento □ (*bot., zool.*) **s.-fertilization**, autofecondazione □ (*econ.*) **s.-financed**, autofinanziato □ (*econ.*) **s.-financing**, (*agg.*) che si autofinanzia; (*sost.*) autofinanziamento: **s.-financing ratio**, rapporto di autofinanziamento (*di un'azienda*) □ (*ottica*) **s.-focusing**, autofocalizzante □ **s.-forgetful**, dimentico di sé; disinteressato; altruista □ **s.-forgetfulness**, disinteresse; altruismo □ **s.-fulfilling**, *V.* **s.-realizing** □ **s.-fulfilment**, *V.* **s.-realization** □ **s.-funding**, *V.* **s.-financing** □ (*polit.*) **s.-governing**, indipendente; autonomo □ (*polit.*) **s.-government**, autonomia; autogoverno □ (*med.*) **s.-graft**, autotrapianto □ (*bot.*) **s.-heal** (*Brunella vulgaris*), brunella □ **s.-help**, l'aiutarsi da solo, il contare sulle proprie forze; (*leg.*) autotutela; (*med.*: *di un malato*) autosufficienza □ (*med.*) **s.-hypnosis**, autoipnosi □ **s.-ignition**, (*mecc.*) autoaccensione; (*fis., chim.*) accensione spontanea, autocombustione □ **s.-importance**, alta opinione di sé; boria; presunzione □ **s.-important**, borioso; presuntuoso □ **a s.-imposed task**, un compito assunto volontariamente □ (*leg.*) **s.-incrimination**, autoincriminazione □ (*elettr., mecc.*) **s.-induced**, autoindotto □ (*elettr.*) **s.-inductance**, autoinduttanza □ (*elettr.*) **s.-induction**, autoinduzione □ **s.-indulgence**, indulgenza verso se stesso □ **s.-indulgent**, indulgente con se stesso □ **s.-inflicted**, inflitto da sé □ **s.-inflicted injury**, autolesione □ **s.-injurer**, autolesionista □ **s.-injury**, autolesione □ **s.-instructed**, che ha imparato da solo: **a s.-instructed man**, un autodidatta □ **s.-instructor**, manuale; guida □ **s.-insurance**, autoassicurazione □ **s.-interest**, interesse personale; egoismo □ **s.-interested**, egoistico □ **a s.-interested man**, un egoista □ **s.-invited**, che s'è invitato da solo; autoinvitatosi □ **s.-justification**, il giustificarsi □ **s.-justifying**, che si giustifica; (*tipogr.*) a giustificazione automatica □ **s.-knowledge**, consapevolezza di sé; conoscenza di se stesso □ (*di un debito*) **s.-liquidating**, autoliquidantesi □ (*mecc.*) **s.-loading**, a caricamento automatico □ **s.-locking**, che si chiude da sé; autobloccante □ **s.-love**, amore di sé; egoismo; egocentrismo □ **s.-made**, (che si è) fatto da sé: **a s.-made man**, un uomo che s'è fatto da sé; uno che è figlio delle proprie opere □ (*di stampato, ecc.*) **s.-mailer**, pieghevole (*che si spedisce per posta senza bisogno di busta*) □ **s.-managed learning**, apprendimento autogestito □ (*econ.*) **s.-management**, autogestione □ **s.-mastery**, *V.* **s.-control** □ **s.-murder**, suicidio □ (*mecc.*) **s.-moving**, semovente □ **s.-neglect**, trascuratezza; trasandatezza □ **s.-opinion**, boria, presunzione, arroganza; caparbietà, testardaggine □ **s.-opinionated**, borioso, presuntuoso, arrogante; caparbio, testardo □ **s.-perpetuating**, che si perpetua da solo: **The prices-wages spiral is s.-perpetuating**, la spirale prezzi-salari si alimenta da sola □ **s.-pity**, compassione di sé; autocommiserazione □ **s.-pitying**, che si autocommisera □ (*bot.*) **s.-pollination**, autoimpollinazione; impollinazione diretta; autogamia □ **s.-portrait**, autoritratto □ **s.-possessed**, calmo; composto; padrone di sé □ **s.-possession**, calma; compostezza; padronanza di sé: **to lose one's s.-possession**, perdere la calma □ **s.-praise**, lode (*o* elogio) di sé; autoincensamento □ **s.-preservation**, autoconservazione: **the instinct of s.-preservation**, l'istinto di autoconservazione □ **s.-promotion**, il farsi propaganda da solo; autopromozione □ (*mecc.*) **s.-propelled**, a propulsione autonoma; autopropulso; motorizzato; semovente: (*mil.*) **s.-propelled artillery**, artiglieria semovente; (*miss.*) **a s.-propelled missile**, un missile autopropulso □ (*mecc.*) **s.-propulsion**, autopropulsione □ **s.-protection**, *V.* **s.-defence** □ (*cucina*) **s.-raising flour**, farina con lievito in polvere; miscela (*per pizze, ecc.*) □ **s.-realization**, il realizzarsi (*nel lavoro, ecc.*) □ **s.-realizing**, che si realizza; che appaga le proprie aspirazioni □ (*leg.*) **s.-redress**, autotutela □ **s.-regard**, grande considerazione di sé e dei propri interessi □ **s.-regarding**, interessato, egocentrico; egoista; pieno d'amor proprio □ **s.-registering**, a registrazione automatica □ (*mecc.*) **s.-regulating**, a regolazione automatica; autoregolatore □ **s.-reliance**, fiducia in sé □ **s.-reliant**, che ha fiducia in sé □ (*leg.*) **s.-remedy**, autotutela □ **s.-renunciation**, *V.* **s.-sacrifice** □ **s.-reproach**, senso di colpa; rimorso □ (*elettr.*) **s.-reset**, ripristino automatico □ **s.-respect**, rispetto di sé; amor proprio; dignità □ **s.-respecting** (*o* **s.-respectful**), che ha amor proprio; dignitoso □ **s.-restraint**, riserbo, riservatezza; dominio di sé, autocontrollo □ **s.-restrained**, riservato; padrone di sé □ **s.-righteous**, moralistico; che si crede più virtuoso degli altri; farisaico; ipocrita □ **s.-righteousness**, moralismo; fariseismo; ipocrisia □ (*USA*) **s.-rising flour**, *V.* **s.-raising flour** □ (*polit.*) **s.-rule**, *V.* **s.-government** □ (*polit.*) **s.-ruling**, dotato di autogoverno □ **s.-sacrifice**, sacrificio di sé; abnegazione; altruismo □ **s.-sacrificing**, pieno d'abnegazione; altruistico □ **s.-satisfied**, compiaciuto di sé; tronfio; borioso □ **s.-satisfaction**, autocompiacimento; boria □ (*elettron.*) **s.-saturation**, autosaturazione □ (*tecn.*) **s.-selection**, autoselezione □ **s.-seeker**, egoista; chi cerca solo il proprio interesse □ **s.-seeking**, (*sost.*) egoismo; (*agg.*) egoistico □ **s.-service**, self-service: **s.-service restaurant [shop, petrol station]**, ristorante [negozio, pompa di benzina] self-service □ (*bot.*) **s.-sown**, spontaneo: **s.-sown vegetation**, vegetazione spontanea □ **s.-starter**, (*autom., mecc.*) starter automatico, autostarter; (*fig. fam.*) chi si sa organizzare bene da solo (*nel lavoro, ecc.*), persona efficiente □ **s.-study**, (*sost.*) studio da autodidatta, autodidattica; (*agg.*) autodidattico □ **s.-styled**, sedicente □ **s.-sufficiency**, (eccessiva) sicurezza di sé, sicumera, presunzione; (*econ.*) autosufficienza, autarchia □ **a s.-sufficiency policy**, una politica autarchica □ **s.-sufficient** (*o* **s.-sufficing**), (troppo) sicuro di sé, presuntuoso, che si dà arie di sufficienza; (*econ.*) autosufficiente: **a s.-sufficient country**, un paese autosufficiente □ (*econ.*) **s.-sufficiency policy**, politica autarchica □ **s.-suggestion**, autosuggestione □ **s.-supporting**, in grado di mantenersi da solo; (*econ.*) autosufficiente, indipendente, autonomo: **s.-supporting firms [persons]**, aziende [persone] autosufficienti (*o* indipendenti); **s.-supporting people**, persone autosufficienti (*non a carico*) □ **s.-surrender**, arrendevolezza; accondiscendenza □ (*econ.*) **s.-sustained**, autosostentato: **s.-sustained growth**, sviluppo autosostentato □ **s.-sustaining**, *V.* **s.-supporting** □ **s.-tanning cream**, crema autoabbronzante □ (*mecc.*) **s.-tapping**, autofilettante: **a s.-tapping screw**, una vite autofilettante □ **a s.-taught man**, un autodidatta □ (*fisc.*) **s.-taxation**, autotassazione □ (*elab.*) **s.-test**, prova automatica □ (*fotogr.*) **s.-timer**, autoscatto □ **s.-training**, autoaggiornamento (*di docenti, ecc.*) □ (*naut.*) **s.-trimmer**, (nave) autostivante □ (*naut.*) **s.-unloader**, (nave) autoscaricante □ **s.-will**, caparbietà; ostinazione □ **s.-willed**, caparbio; ostinato □ (*d'orologio*) **s.-winding**, a carica automatica □ **s.-worship**, egolatria; egotismo □ **s.-worshipper**, egolatra; egotista.

to **self-destruct** /ˈsɛlfdɪˈstrʌkt, -dɪs-/, *v. i.* (*tecn.*) autodistruggersi.

selfhood /ˈsɛlfhʊd/, *n.* (*raro*) *1* personalità; individualità *2* egocentrismo; egoismo.

selfish /ˈsɛlfɪʃ/, *a.* egoista; egoistico; interessato.

selfishly /ˈsɛlfɪʃlɪ/, *avv.* egoisticamente.

selfishness /ˈsɛlfɪʃnəs/, *n.* egoismo.

selfless /ˈsɛlfləs/, *a.* altruista; altruistico; disinteressato.

selflessness /ˈsɛlfləsnəs/, *n.* altruismo; disinteresse.

selfsame /ˈsɛlfseɪm/, *a.* (*lett.*) (proprio) lo stesso; identico.

sell /sɛl/, *n.* *1* (*comm.*) tecnica di vendita (*cfr.* **hard s.**, *sotto* **hard**; **soft s.**, *sotto* **soft**) *2* (*fam.*) imbroglio; turlupinatura; bidone, fregatura, fregata (*pop.*). ● (*di un prodotto preconfezionato*) **s.-by date**, data di scadenza: (*fam.*: *di una persona*) **to be past one's s.-by date**, non essere più tanto giovane □ (*Borsa*) **s. order**, ordine di vendita.

to **sell** /sɛl/ (*pass. e p. p.* **sold**), **A** *v. t.* *1* vendere (*anche fig.*); smerciare; spacciare; (*leg.*) alienare, cedere; (*fig.*) tradire: **Do you s. pet food?**, vendete alimenti per animali?; **to s. one's honour**, vendere l'onore; vendersi; **to s. one's country**, vendersi al nemico; tradire la patria; **to s. an estate**, alienare una proprietà; (*di merce*) **to be sold by weight**, essere venduta (*o* andare) a peso; **He would s. his soul for success**, venderebbe l'anima al diavolo pur d'aver successo; **to s. one's life dearly**, vender cara la vita (*fam.*: la pelle) *2* far vendere: **It's scientific advertising that sells our goods**, è la pubblicità raffinata che fa vendere la nostra merce *3* (*fam.*) ingannare; imbrogliare; fregare (*pop.*). **B** *v. i.* *1* vendersi; trovare smercio: **Musicassettes s. better than records**, le musicassette si vendono meglio dei dischi; **These goods s. well**, questi articoli hanno facile smercio *2* (*fam.*) essere accettato (*o* accolto bene); incontrare: **Do you think the idea will s.?**, pensi che l'idea incontrerà? **C** to **sell oneself**, *v. rifl.* vendersi; prostituirsi (*anche fig.*); (*fam.*) saper vendere la propria merce (*anche fig.*). ● **to s. at any price**, vendere (tanto) per vendere □ (*fin., comm.*) **to s. at best**, vendere al meglio □ **to s. at a loss**, vendere in perdita □ **to s. below cost**, vendere sottocosto □ **to s. by auction**, vendere all'asta (*o* all'incanto) □ **to s. by retail**, vendere al dettaglio (*o* al minuto) □ **to s. cash on delivery**, vendere contrassegno □ **to s. st. cheap [dear]**, vendere q.c. a basso [a caro] prezzo □ (*fam.*) **to s. sb. down the river**, imbrogliare, ingannare q.; turlupinare q.; tradire le aspettative di q. □ **to s. for cash**, vendere per contanti □ (*Borsa*) **to s. for a fall**, speculare al ribasso □ (*Borsa, comm.*) **to s. for forward** (*o* **future**) **delivery**, vendere per consegna futura (*o* differita) □ (*Borsa*) □ **to s. forward**, vendere a termine □ **to s. st. house-to-house**, vendere q.c. porta a porta □ **to s. insurance**, stipulare contratti di assicurazione; vendere polizze □ **to s. like hot cakes**, andare a ruba □ **to s. on the black market**, vendere a mercato nero □ **to s. on commission**, vendere su commissione (*o* per conto terzi) □ **to s. on credit**, vendere a credito □ **to s. on easy terms**, vendere concedendo facilitazioni di pagamento □ **to s. on hire purchase**, vendere a rate □ (*fig.*) **to s. the pass**, tradire (la patria, il partito, la fiducia di q.) □ (*pop. arc.*) **to s. sb. a pup**, darla a bere a q.; ingannare q.; raggirare q. □ **to s. retail**, vendere al dettaglio □ (*Borsa*) **to s. short**, vendere allo scoperto (*titoli o merci*) □ (*fig.*) **to s. sb. [st.] short**, sottovalutare q. [q.c.] □ **to s. one's soul to the devil**, vendere l'anima al diavolo □ **to s. wholesale**, vendere all'ingrosso □ (*fam.*) **Sold again!**, me (*o* te) l'han fatta di nuovo!; ci sono (*o* ci sei) cascato di nuovo □ **«to be sold»** (*avviso o cartello*), «da vendere; in vendita».

♦ **sell for**, *v. i. + prep.* (*di merce*) vendersi a; costare: **These shoes s. for ninety pounds**, queste scarpe costano novanta sterline.

♦ **sell off**, *v. t. + avv.* *1* vendere alla svelta; svendere; smerciare: **We had to s. off the machinery**, dovemmo svendere i macchinari; **It won't be easy to s. off your old camera**, non sarà facile smerciare la tua macchina fotografica vecchia *2* (*fin.*) liquidare: **Our firm was compelled to s. off their soundest assets**, la nostra azienda ha dovuto liquidare le sue attività migliori.

♦ **sell on**, *v. t. + prep.* (*fam.*) convincere (q.) della bontà di (*un progetto, ecc.*): **I'll try to s. the boss on my idea**, cercherò di fare accettare la mia idea al padrone □ **to be completely sold on**, essere pienamente convinto della bontà, essere entusiasta di (*un'idea, ecc.*).

♦ **sell out**, **A** *v. t. + avv.* *1* vendere, esaurire: **We succeeded in selling out all the tickets**, siamo riusciti a vendere tutti i biglietti; **The tickets are sold out**, i biglietti sono esauriti *2* (*fam.*) vendere (*fig.*), tradire; venir meno a; abdicare, rinunciare a: **to s. out one's country**, vendere la patria; **to s. out one's accomplices**, tradire i complici; **to s. out one's principles**, abdicare ai propri princìpi; **to s. out a promise**, venir meno a una promessa *3* (*USA*) *V.* **sell up, A**. **B** *v. i. + avv.* *1* vendersi completamente; esaurirsi: **His novel sold out in no time**, il suo romanzo si esaurì in un batter d'occhio; **The new sweaters have sold out**, i maglioni nuovi sono stati venduti tutti (*o* sono esauriti) *2* (*fam.*) vendersi, tradire (*fig.*): **The scientist was charged with selling out to Russia**, lo scienziato fu accusato d'essersi venduto alla Russia *3* (*fin.*) *V.* **sell up, B** □ **to have sold out of**, avere esaurito: **Sorry, we have sold out of milk**, mi dispiace, abbiamo finito (*o* esaurito) il latte □ (*sport*) **a sold-out match**, una partita per la quale sono esauriti i biglietti.

♦ **sell up**, **A** *v. t. + avv.* *1* vendere, svendere (*beni*: *per far fronte a debiti, ecc.*); (*leg.*) alienare, cedere *2* mettere in liquidazione i beni di (*un debitore, un fallito*). **B** *v. i. + avv.* (*fin.*) liquidare tutto; vendere l'azienda; cedere la ditta (*il negozio, ecc.*): **If trade goes on like that, it won't be long before we have to sell up**, se gli affari vanno avanti così, presto dovremo liquidare tutto.

sellable /ˈsɛləbl/, *a.* vendibile.

seller /ˈsɛlə(r)/, *n.* venditore; negoziante. ● (*Borsa, comm.*) **sellers' market**, mercato favorevole alle vendite; mercato al rialzo □ (*Borsa*) **s.'s option**, opzione di vendita □ (*Borsa*) **s.'s option to double**, noch per consegnare □ **a good [a bad] s.**, un articolo che si vende bene [male].

selling /ˈsɛlɪŋ/, *n.* vendita. ● **s.-agent**, commissionario □ **s.-off** (*o* **s.-out**), liquidazione; vendita totale; svendita □ (*comm.*) **s. point**, qualità (*di un prodotto*) che lo rende appetibile □ **s. price**, (*comm.*) prezzo di vendita; (*Borsa*) prezzo lettera □ (*Borsa*) **s. short**, vendita allo scoperto □ (*fin.*) **s. syndicate**, sindacato di collocamento di titoli □ (*leg.*) **s.-up**, vendita forzata (*dei beni d'un debitore insolvente*).

sell-off /ˈsɛlɒf, *USA* -ɔːf/, *n.* (*Borsa*) crollo dei prezzi dei titoli.

sellotape /ˈsɛləteɪp/, *n.* (*marchio*) nastro adesivo; scotch (*marchio*).

to **sellotape** /ˈsɛləteɪp/, *v. t.* accomodare (*o* attaccare) con lo scotch.

sell(-)out /ˈsɛlaʊt/, *n.* *1* (*comm.*) esaurimento delle scorte *2* liquidazione; svendita *3* (*fam.*) tradimento *4* (*sport, teatr.*) spettacolo (incontro, partita) che ha fatto segnare il tutto esaurito.

Seltzer /ˈsɛltsə(r)/, *n.* (= **S. water**) seltz.

selvage, selvedge /ˈsɛlvɪdʒ/, *n.* *1* cimosa; vivagno *2* (*mecc.*) bocchetta (*di serratura*).

selves /sɛlvz/, *pl.* di **self**.

semanteme /səˈmæntiːm/, *n.* (*ling.*) semantema.

semantic /səˈmæntɪk/, *a.* (*ling.*) semantico. ‖ **-ally**, *avv.*

semantics /səˈmæntɪks/, *n. pl.* (*col verbo al sing.*) semantica.

semaphore /ˈsɛməfɔː(r)/, *n.* ***1*** (*ferr.*) semaforo ***2*** (*mil.*) sistema di segnalazione a mano per mezzo di due bandierine. ● (*ferr.*) **s. arm** [**s. blade**], braccio [ala] del semaforo.
to **semaphore** /ˈsɛməfɔː(r)/, (*mil.*) **A** *v. i.* segnalare con bandierine. **B** *v. t.* trasmettere (*un segnale, un messaggio*) col semaforo (per mezzo di bandierine).
semaphoric /sɛməˈfɒrɪk, *USA* -ˈfɔːr-/, *a.* semaforico.
semasiological /səmeɪzɪəˈlɒdʒɪkl, *USA* -s-/, *a.* (*ling.*) semasiologico.
semasiologist /səmeɪzɪˈɒlədʒɪst, *USA* -s-/, *n.* semasiologo.
semasiology /səmeɪzɪˈɒlədʒɪ, *USA* -s-/, *n.* (*ling.*) semasiologia.
sematology /sɛməˈtɒlədʒɪ/, *n.* (*ling.*) semantica.
semblance /ˈsɛmbləns/, *n.* ***1*** sembianze (*lett.*); aspetto; espressione; aria: **the s. of an angel**, angeliche sembianze; **to put on a s. of anger**, assumere un'espressione irata ***2*** somiglianza; rassomiglianza ***3*** copia; immagine ***4*** apparenza; finzione. ● **in s.**, apparentemente.
seme /siːm/, *n.* (*ling.*) sema.
semeiologic(al) /sɛmɪəʊˈlɒdʒɪk(l), *USA* siːm-/, *a.* ***1*** (*ling.*) semiologico ***2*** (*med.*) semeiotico; semeiologico.
semeiologist /sɛmɪˈɒlədʒɪst, *USA* siːm-/, *n.* (*med.*) semeiologo; semiologo.
semeiology /sɛmɪˈɒlədʒɪ, *USA* siːm-/, *n.* ***1*** (*ling.*) semiologia; semiotica ***2*** (*med.*) semeiotica.
semeiotic(al) /sɛmɪˈɒtɪk(l), *USA* siːm-/, *a.* (*med.*) semeiotico.
semeiotics /sɛmɪˈɒtɪks, *USA* siːm-/, *n. pl.* (*col verbo al sing.*) ***1*** (*ling.*) semiologia; semiotica ***2*** (*med.*) semeiotica.
sememe /ˈsiːmiːm, *USA* ˈsɛm-/, *n.* (*ling.*) semema.
semen /ˈsiːmən/, *n.* (*pl.* **semina, semens**) (*fisiol.*) sperma; seme.
semester /səˈmɛstə(r)/, *n.* semestre accademico (*nelle università tedesche o statunitensi*).
semi- /ˈsɛmɪ-, *USA* ˈsɛmaɪ-/, *pref.* semi-; mezzo; a metà (*di un periodo di tempo*). ● **s.-annual**, semestrale: **a s.-annual magazine**, una rivista semestrale □ **s.-annually**, semestralmente □ **s.-barbarian**, semibarbaro □ (*edil.*) **s.-beam**, trave a sbalzo □ **s.-centennial**, cinquantenario □ (*mus.*) **s.-grand**, pianoforte a mezza coda □ **s.-invalid**, seminvalido; seminfermo □ **s.-monthly**, quindicinale: **a s.-monthly magazine**, una rivista quindicinale □ **s.-weekly**, bisettimanale: **a s.-weekly publication**, una pubblicazione bisettimanale □ **s.-yearly**, semestrale.
semi /ˈsɛmɪ, *USA* ˈsɛmaɪ/, *n.* (*abbr. fam. di*) ***1*** **semidetached** ***2*** **semifinal** ***3*** (*USA*) **semitrailer**.
semiarid /sɛmɪˈærɪd, *USA* -maɪ-/, *a.* (*geogr.*) subdesertico.
semiautomated /sɛmɪˈɔːtəmeɪtɪd, *USA* -maɪ-/, *a.* semiautomatizzato.
semiautomatic /sɛmɪɔːtəˈmætɪk, *USA* -maɪ-/, **A** *a.* semiautomatico: **s. gun**, fucile semiautomatico. **B** *n.* arma semiautomatica. ● (*mecc.*) **s. transmission**, trasmissione semiautomatica.
semiaxis /sɛmɪˈæksɪs, *USA* -maɪ-/, *n.* (*pl.* **semiaxes**) (*geom., mecc.*) semiasse.
semibreve /ˈsɛmɪbriːv, *USA* -maɪ-/, *n.* (*mus.*) semibreve.
semic /ˈsiːmɪk, *USA* ˈsɛm-/, *a.* (*ling.*) semico.
semicircle /ˈsɛmɪsɜːkl, *USA* -m(a)ɪ-/, *n.* (*geom.*) semicerchio.
semicircular /sɛmɪˈsɜːkjʊlə(r), *USA* -m(a)ɪ-/, *a.* ***1*** (*geom.*) semicircolare ***2*** (*archit.: di un arco*) a tutto sesto.
semicircumference /sɛmɪsəˈkʌmfərəns, *USA* -maɪ-/, *n.* (*geom.*) semicirconferenza.
semicivilized /sɛmɪˈsɪvəlaɪzd, *USA* -maɪ-/, *a.* semicivilizzato.
semicolon /sɛmɪˈkəʊlən, *USA* ˈsɛmaɪk-/, *n.* punto e virgola.
semicoma /sɛmɪˈkəʊmə, *USA* -maɪ-/, *n.* (*med.*) semicoma.
semiconductor /sɛmɪkənˈdʌktə(r), *USA* -maɪ-/, *n.* (*elettr., elettron., fis.*) semiconduttore.
semiconscious /sɛmɪˈkɒnʃəs, *USA* -maɪ-/, *a.* conscio solo in parte; semisvenuto. || **-ly**, *avv.* || **-ness**, *sost.*
semiconsonant /sɛmɪˈkɒnsənənt, *USA* -maɪ-/, *n.* (*fon.*) semiconsonante.
semiconsonantal /sɛmɪkɒnsəˈnæntl, *USA* -maɪ-/, *a.* (*fon.*) semiconsonantico.
semicylinder /sɛmɪˈsɪlɪndə(r), *USA* -maɪ-/, *n.* (*geom.*) semicilindro.
semicylindrical /sɛmɪsɪˈlɪndrɪkl, *USA* -maɪ-/, *a.* (*geom.*) semicilindrico.
semidetached /sɛmɪdɪˈtætʃt, *USA* -maɪ-/, (*edil.*) **A** *a.* (*di casa*) con un muro divisorio in comune con un'altra. **B** *n.* casa bifamiliare.
semidiameter /sɛmɪdaɪˈæmɪtə(r), *USA* sɛmaɪ-/, *n.* (*geom.*) semidiametro.
semidome /ˈsɛmɪdəʊm, *USA* -maɪ-/, *n.* (*archit.*) semicupola.
semidurable /sɛmɪˈdjʊərəbl, *USA* -maɪˈdʊə-/, *a.* (*econ.*) semidurevole: **s. goods**, beni (di consumo) semidurevoli.
semifinal /sɛmɪˈfaɪnl, *USA* -maɪ-/, *a.* e *n.* (*sport*) semifinale.
semifinalist /sɛmɪˈfaɪnəlɪst, *USA* -maɪ-/, *n.* (*sport*) semifinalista.
semifinished /sɛmɪˈfɪnɪʃt, *USA* -maɪ-/, *a.* (*mecc., ind.*) semilavorato: **s. products**, prodotti semilavorati; semilavorati.
semifluid /sɛmɪˈfluːɪd, *USA* -maɪ-/, *a.* semifluido.
semigroup /ˈsɛmɪgruːp, *USA* -maɪ-/, *n.* (*mat.*) semigruppo.
semiliteracy /sɛmɪˈlɪtrəsɪ, *USA* -maɪ-/, *n.* semianalfabetismo.
semiliterate /sɛmɪˈlɪtərət, *USA* -maɪ-/, *n.* semianalfabeta.
semilunar /sɛmɪˈluːnə(r), *USA* -maɪ-/, *a.* semilunare; che ha forma di mezzaluna: (*anat.*) **s. valve**, valvola semilunare.
semimanufactured /sɛmɪmænjʊˈfæktʃəd, *USA* -maɪ-/, *V.* **semifinished**.
semimanufactures /sɛmɪmænjʊˈfæktʃəz, *USA* -maɪ-/, *n. pl.* (*ind.*) (prodotti) semilavorati.
seminal /ˈsɛmɪnl/, *a.* (*scient.*) ***1*** seminale ***2*** riproduttivo: **s. power**, capacità riproduttiva ***3*** embrionale (*anche fig.*): **in the s. state**, allo stato embrionale ***4*** (*fig. form.*) degno di nota; di (tutto) rilievo: **a s. line in a poem**, un verso di rilievo in una poesia. ● (*fisiol.*) **s. fluid**, liquido seminale.
seminar /ˈsɛmɪnɑː(r)/, *n.* seminario (*d'università*).
seminarian /sɛmɪˈnɛərɪən/, *n.* chi frequenta un seminario (*di studio*).
seminarist /ˈsɛmɪnərɪst/, *n.* (*relig.*) seminarista.
seminary /ˈsɛmɪnərɪ, *USA* -nerɪ/, *n.* ***1*** (*relig.*) seminario ***2*** (*un tempo*) scuola superiore; istituto: **a s. for young women**, un istituto per giovinette ***3*** (*fig.*) semenzaio, vivaio (*fig.*) ***4*** (*USA*) *V.* **seminar**. ● (*fig.*) **a s. of vice**, un covo del vizio.
semination /sɛmɪˈneɪʃn/, *n.* ***1*** (*bot.*) seminatura; spargimento del seme; disseminazione (*anche fig.*) ***2*** (*med.*) inseminazione: **artificial s.**, inseminazione artificiale ***3*** (*med.*) insemenzamento (*di batteri, ecc.*).
seminiferous /sɛmɪˈnɪfərəs/, *a.* (*anat., bot.*) seminifero.
seminivorous /sɛmɪˈnɪvərəs/, *a.* (*zool.*) granivoro.
seminoma /sɛmɪˈnəʊmə/, *n.* (*pl.* **seminomata, seminomas**) seminoma.
semiofficial /sɛmɪəˈfɪʃl/, *a.* semiufficiale; ufficioso.
semiologic(al) /sɛmɪəˈlɒdʒɪk(l), *USA* siː-/, *a.* (*ling.*) semiologico.
semiologist /sɛmɪˈɒlədʒɪ, *USA* siː-/, *n.* ***1*** (*ling.*) semiologo ***2*** (*med.*) semiologo; specialista in semeiotica.
semiology /sɛmɪˈɒlədʒɪ, *USA* siː-/, *n.* (*ling.*) semiologia.
semiotic(al) /sɛmɪˈɒtɪk(l), *USA* siː-/, *a.* (*ling.*) semiotico.
semiotics /sɛmɪˈɒtɪks, *USA* siː-/, *n. pl.* (*col verbo al sing.*) (*ling.*) semiotica.
semiparalysis /sɛmɪpəˈræləsɪs, *USA* -maɪ-/, *n.* (*med.*) semiparalisi.
semiparalytic /sɛmɪpærəˈlɪtɪk, *USA* -maɪ-/, *a.* e *n.* (*med.*) semiparalitico.
semiparasite /sɛmɪˈpærəsaɪt, *USA* -maɪ-/, *a.* e *n.* (*biol.*) semiparassita.
semiprecious /sɛmɪˈprɛʃəs, *USA* -maɪ-/, *a.* (*miner.*) duro; semiprezioso.
semiprivate /sɛmɪˈpraɪvət, *USA* -maɪ-/, *a.* semiprivato.
semipro /ˈsɛmɪprəʊ, *USA* -maɪ-/, *n.* (*fam., sport*) semiprofessionista.
semiprocessed /sɛmɪˈprəʊsɛst, *USA* -maɪˈprɒs-/, *a.* (*ind.*) semilavorato.
semiprofessional /sɛmɪprəˈfɛʃənl, *USA* -maɪ-/, (*anche sport*) **A** *n.* semiprofessionista. **B** *a.* semiprofessionistico.
semiprofessionalism /sɛmɪprəˈfɛʃnəlɪzəm, *USA* -maɪ-/, *n.* (*sport*) semiprofessionismo.
semipublic /sɛmɪˈpʌblɪk, *USA* -maɪ-/, *a.* semipubblico.
semiquaver /ˈsɛmɪkweɪvə(r), *USA* -maɪ-/, *n.* (*mus.*) semicroma.
semirefined /sɛmɪrɪˈfaɪnd, *USA* -maɪ-/, *a.* (*ind.*) semiraffinato.
semiround /sɛmɪˈraʊnd, *USA* -maɪ-/, *a.* semitondo.
semiskilled /sɛmɪˈskɪld, *USA* -maɪ-/, *a.* semispecializzato: **s. labour**, manodopera semispecializzata.
semisolid /sɛmɪˈsɒlɪd, *USA* -maɪ-/, *a.* semisolido.
semisparkling /sɛmɪˈspɑːklɪŋ, -kəl-, *USA* -maɪ-/, *a.* (*del vino*) frizzantino.
semisteel /ˈsɛmɪstiːl, *USA* -maɪ-/, *n.* (*metall.*) ghisa acciaiosa.
semisuburban /sɛmɪsəˈbɜːbən, *USA* -maɪ-/, *a.* della semiperiferia (*di una città*).
semisweet /sɛmɪˈswiːt, *USA* -maɪ-/, *a.* (*del vino*) amabile.
Semite /ˈsiːmaɪt/, *n.* semita.
Semitic /səˈmɪtɪk/, *a.* semitico.
Semitics /səˈmɪtɪks/, *n. pl.* (*col verbo al sing.*) semitistica.
Semitism /ˈsɛmɪtɪzəm/, *n.* semitismo.
Semitist /ˈsɛmɪtɪst/, *n.* semitista.
semitone /ˈsɛmɪtəʊn, *USA* -maɪ-/, *n.* (*mus.*) semitono.
semitonic /sɛmɪˈtɒnɪk, *USA* -maɪ-/, *a.* (*mus., fon.*) semitonico. ● (*mus.*) **s. scale**, scala cromatica.
semitrailer /sɛmɪˈtreɪlə(r), *USA* -maɪ-/, *n.* (*autom.*) ***1*** autoarticolato ***2*** semirimorchio.
semitransparent /sɛmɪtrænˈspærənt, -pɛə-, *USA* -maɪ-/, *a.* semitrasparente.
semitropical /sɛmɪˈtrɒpɪkl, *USA* -maɪ-/, *a.* (*geogr.*) subtropicale.
semivocal /sɛmɪˈvəʊkl, *USA* -maɪ-/, *a.* (*fon.*) semivocalico.
semivowel /ˈsɛmɪvaʊəl, *USA* -maɪ-/, *n.* (*fon.*) semivocale.
semolina /sɛməˈliːnə/, *n.* semolino (*di frumento*). ● (*cucina*) **s. pudding**, semolino (*la minestra*).
sempiternal /sɛmpɪˈtɜːnl/, *a.* (*retor.*) sempiterno. || **-ly**, *avv.*
sempstress /ˈsɛmpstrɪs/, *V.* **seamstress**.
sems /sɛmz/, *n.* (*mecc.*) vite con rondella (*fissata prima della filettatura*).
senarius /sɪˈnɛərɪəs/, *n.* (*pl.* **senarii**) (*poesia*) verso senario.
senary /ˈsiːnərɪ/, *a.* senario (*letter.*); composto di sei elementi.
senate /ˈsɛnət/, *n.* ***1*** (*stor., polit.*) senato ***2*** (*università*) senato accademico. ● **S. House**, palazzo del senato.

senator /ˈsɛnətə(r)/, *n.* (*stor., polit.*) senatore.

senatorial /sɛnəˈtɔːrɪəl/, *a.* ***1*** (*polit.*) senatoriale ***2*** (*stor.*) senatorio: **s. rank**, dignità senatoria. ● (*USA*) **s. district**, collegio elettorale che elegge un senatore.

senatorship /ˈsɛnətəʃɪp/, *n.* dignità (*o* carica, ufficio) di senatore.

send /sɛnd/, *n.* (*naut.*) ***1*** spinta dell'onda ***2*** beccheggio.

to **send** (**1**) /sɛnd/ (*pass.* e *p. p.* **sent**), **A** *v. t.* ***1*** mandare; inviare; spedire; rimettere (*denaro*); trasmettere; lanciare: **We sent the goods by rail**, spedimmo la merce per ferrovia; **S. help at once!**, inviate subito soccorsi!; **The boy sent the ball over the fence**, il ragazzo lanciò la palla oltre la staccionata; **to s. a message**, trasmettere un messaggio ***2*** costringere; obbligare: **The breakdown sent him looking for help**, il guasto meccanico lo costrinse a cercare aiuto ***3*** far diventare; rendere: **She'll s. me mad!**, mi farà diventare matto; mi farà impazzire!; **to s. sb. into a terrible temper**, fare imbestialire q. ***4*** (*fam.*) mandare in visibilio; fare impazzire: **This music really sends me**, questa musica mi fa impazzire ***5*** (*radio*) trasmettere. **B** *v. i.* inviare un messaggio; mandare a dire: **He sent to me to take care of the boy**, mi mandò a dire d'aver cura del ragazzo. ● **to s. sb. about his business**, dire a q. di farsi i fatti suoi □ **to s. by book-post**, spedire in busta aperta (come stampe) □ **to s. by sample-post**, spedire come campione □ **to s. sb. flying**, mandar q. a gambe levate; mettere in fuga q. □ (*sport, fig.*) **to s. sb. for an early shower**, mandare q. agli spogliatoi (*espellerlo*) □ (*fig.*) **to s. sb. packing** (*o* **flying**), mandare q. a farsi benedire; mandare q. a quel paese □ **to s. sb. sprawling**, mandare q. a gambe levate □ (*naut.*) **to s. to the bottom**, colare a picco; affondare □ **to s. sb. to the electric chair**, mandare q. sulla sedia elettrica □ **to s. under cover**, spedire sotto fascia □ **to s. word**, mandare a dire; far sapere: **Please s. (me) word as soon as possible**, ti prego di farmelo sapere al più presto.

♦**send across**, *v. t. + avv.* mandare (q.) dall'altra parte (*della strada, del fiume, ecc.*).

♦**send after**, *v. t. + prep.* ***1*** mandare a cercare (q.) ***2*** spedire, inoltrare (*oggetti lasciati*) a (*q. che è partito*).

♦**send ahead**, *v. t. + avv.* mandare avanti.

♦**send along**, *v. t. + avv.* (*fam.*) mandare: **S. him along, and I'll talk to him**, mandamelo pure, e io gli parlerò.

♦**send around**, *v. t. + avv.* mandare in giro, diffondere (*una circolare, un avviso, ecc.*).

♦**send away**, *v. t. + avv.* ***1*** mandare via; licenziare; congedare: **He was sent away for misconduct**, fu licenziato per comportamento indegno ***2*** inviare, spedire (*una domanda, ecc.*) □ **to s. away for**, far venire, richiedere, mandare a prendere (*un catalogo, un dépliant, ecc.*); ordinare (*merce*).

♦**send back**, *v. t. + avv.* ***1*** rimandare; restituire; mandare indietro: **to s. back the goods**, restituire la merce ***2*** rimandare; rispedire: **She sent back the parcel unopened**, rispedì il pacco senza aprirlo □ **to s. back for**, mandare (q.) indietro a prendere (q.c.); mandare a chiedere (q.c.); far venire, mandare a chiamare, chiedere l'intervento di: **to s. back for more policemen**, chiedere l'intervento di altri poliziotti; chiedere rinforzi.

♦**send down**, *v. t. + avv.* ***1*** mandare (q. *o* q.c.) giù (*o* di sotto) ***2*** far calare, far diminuire (*prezzi, quotazioni, la temperatura, ecc.*) ***3*** cacciare, espellere (*dall'università*) ***4*** (*fam.*) mandare (q.) in galera □ **to s. down for**, mandare a prendere (*q.c. in un negozio*); farsi portare (*la colazione in camera, ecc.*) dalle cucine.

♦**send for**, *v. t. + prep.* ***1*** mandare a chiamare (*o* a prendere); chiamare; far venire; far portare: **We sent for the doctor**, mandammo a chiamare il medico; **S. for coffee, will you?**, per favore, fai portare il caffè!; **You sent for me, madam?**, mi ha mandato a chiamare, signora?; **to s. for the police**, chiamare la polizia ***2*** richiedere (*un catalogo, ecc.*); ordinare (*merce*) a mezzo posta: **Have you sent for the books yet?**, i libri, li hai ordinati?

♦**send forth**, *v. t. + avv.* (*arc.*) ***1*** mandare, spedire (*uomini, reparti, ecc., specialm. all'estero o in missione*) ***2*** emettere (*luce, calore, un ordine, ecc.*) ***3*** (*di piante*) mettere (*le foglie*); gettare (*germogli*); dare, produrre (*frutti*) ***4*** emettere, esalare, mandare (*un odore*).

♦**send in**, *v. t. + avv.* ***1*** mandare dentro, far entrare (q.) ***2*** (*mil.*) mandare (*truppe, ecc.*) di rincalzo ***3*** inviare; far pervenire; presentare: **to s. in a request** [**one's resignation**], inviare una richiesta [presentare le dimissioni] ***4*** (*sport*) mettere in campo (*un giocatore*) ***5*** (*comm.*) fare (*un'ordinazione*) □ **to s. in one's card**, farsi precedere dal biglietto da visita □ **to s. students in for an exam**, far presentare studenti a un esame.

♦**send off**, *v. t. + avv.* ***1*** inviare (per posta); spedire: **I've sent the parcel off by registred mail**, ho spedito il pacco per assicurata ***2*** spedire, mandare (*q. al lavoro, a scuola, ecc.*) ***3*** salutare (q.) alla partenza: **I went to the airport to s. her off**, andai all'aeroporto per salutarla alla partenza ***4*** (*sport,* = **to s. off the field**) espellere, mandare agli spogliatoi (*un giocatore*) ***5*** far perdere i sensi a (q.) □ **to s. off for**, *V.* **to s. away for** □ **to s. sb. off to sleep**, fare addormentare q.

♦**send on**, **A** *v. t. + avv.* ***1*** mandare avanti; spedire prima: **We sent the Gurkhas on**, mandammo avanti i Gurkha; **S. on the trunks!**, spedisci prima i bauli! ***2*** (*teatr.*) mandare (*un attore, ecc.*) in scena ***3*** (*sport*) mettere (*un giocatore*) in campo ***4*** inoltrare (*corrispondenza*) ***5*** trasmettere (*un ordine*). **B** *v. t. + prep.* mandare (q.) in (*o* a): **to s. sb. on holiday**, mandare q. in vacanza; **to s. a student on a summer course**, mandare uno studente a un corso estivo □ (*pop. USA*) **to s. sb. on the long road**, mandare q. all'altro mondo.

♦**send out**, *v. t. + avv.* ***1*** mandare fuori; fare uscire: **Jim was sent out (of the classroom)**, Jim fu mandato fuori (dell'aula) ***2*** mandare (*lontano, all'estero, ecc.*) ***3*** mandare, inviare, spedire (*una circolare, merci, ecc.*) ***4*** far circolare, diramare (*istruzioni, inviti, ordini, ecc.*) ***5*** emettere (*calore, fumo, vapore, ecc.*) ***6*** mandare (*un suono, ecc.*) ***7*** (*di piante*) mettere (*foglie*); gettare (*germogli*) □ **to s. sb. out for st.**, mandare (fuori) q. a prendere q.c. (*da bere, da mangiare, ecc.*) □ (*fig.*) **to s. sb. out of his mind**, fare uscire di senno q.

♦**send over**, *v. t. + avv.* mandare (q.); spedire (*merce*).

♦**send round**, *v. t. + avv.* ***1*** mandare (q.); spedire (*merce*) ***2*** far circolare (*un avviso*); diramare (*istruzioni, ecc.*).

♦**send under**, *v. t. + avv.* mettere sotto (*fam.*); sconfiggere; battere (*un concorrente, ecc.*).

♦**send up**, **A** *v. t. + avv.* ***1*** mandare su (*o* di sopra); far salire: **When the nurse arrives, send her up**, quando arriva l'infermiera, falla salire ***2*** mandare in alto (o in cielo); lanciare; mettere in orbita: **to s. up a column of smoke**, mandare in cielo una colonna di fumo; **to s. up a spacecraft**, mettere in orbita una navicella spaziale ***3*** far aumentare, far salire (*prezzi, quotazioni, la temperatura, ecc.*) ***4*** mandare, rinviare, inoltrare (*a un'autorità, un ufficio superiore, ecc.*) ***5*** far saltare in aria; distruggere: **The air raid sent up our ammunition deposit**, l'incursione aerea distrusse il nostro deposito munizioni ***6*** (*fam.*) mandare (q.) in galera; mettere dentro (*fam.*) ***7*** (*fam.*) imitare; fare il verso a (q.); parodiare; fare la parodia di (q.); prendere in giro. **B** *v. t. + prep.* mandare (q.) su per: **to s. sb. up a tall tree**, mandare q. su per (*o* in cima a) un alto albero □ **to s. st. up in flames**, mandare in fiamme q.c.

to **send** (**2**) /sɛnd/ (*pass.* e *p. p.* **sent**), *v. i.* (*naut.*) beccheggiare: **Our ship sent violently**, la nostra nave beccheggiava violentemente.

sendal /ˈsɛndl/, *n.* (*stor.*) zendado (*ricco drappo di seta*).

sender /ˈsɛndə(r)/, *n.* ***1*** (*anche comm.*) mittente; speditore: **«Return to s.»**, «(restituire) al mittente»; **the s. of the goods**, lo speditore della merce ***2*** (*radio, telef.*) apparecchio trasmittente; trasmettitore ***3*** rimettitore (*di denaro*).

sending /ˈsɛndɪŋ/, *n.* ***1*** (*specialm. comm.*) invio; spedizione ***2*** (*radio, telef.*) trasmissione ***3*** rimessa (*di denaro*). ● **s. station**, stazione trasmittente; emittente.

send(-)off /ˈsɛndɒf, *USA* -ɔːf/, *n.* ***1*** commiato; saluto a chi parte: **His friends gave him a fine s.**, gli amici gli fecero un caloroso saluto alla partenza ***2*** festa d'addio (*o* per l'inizio di una nuova attività) ***3*** inizio incoraggiante; buona accoglienza ***4*** (*giorn.*) recensione favorevole; soffietto ***5*** (*pop. USA*) funerale.

send-up /ˈsɛndʌp/, *n.* (*fam.*) parodia; imitazione.

senega /ˈsɛnɪɡə/, *n.* (*bot., Polygala senega*) poligala.

Senegalese /sɛnɪɡəˈliːz/, *a.* e *n.* (*invar. al pl.*) senegalese (*anche la lingua*).

senescence /sɪˈnɛsns/, *n.* senescenza.

senescent /sɪˈnɛsnt/, *a.* senescente.

seneschal /ˈsɛnɪʃl/, *n.* (*stor.*) siniscalco: **High S.**, Gran Siniscalco.

sengreen /ˈsɛŋɡriːn/, *n.* (*bot.*) ***1*** (*Sedum*) sedo ***2*** (*Sempervivum tectorum*) semprevivo ***3*** (*Vinca minor*) pervinca.

senile /ˈsiːnaɪl, *USA* ˈsɛnl/, *a.* ***1*** senile: **s. apathy**, apatia senile ***2*** (*rif. a persone*) dall'aspetto senile; decrepito; rimbambito. ● **s. decay**, decrepitezza; senilità.

senility /səˈnɪlətɪ/, *n.* senilità.

senior /ˈsiːnɪə(r)/, **A** *a.* ***1*** più anziano; più vecchio; senior: **He is two years my s.** (*o* **my s. by two years**), ha due anni più di me; **Andrew Jones S.**; Andrew Jones senior ***2*** che ha maggiore anzianità di servizio; di grado più elevato: **Jack is s. to me, even if he's younger**, anche se è più giovane d'età, Jack, (*come impiegato ufficiale, docente, ecc.*) è più anziano di me ***3*** (*mil.*) superiore: **s. officers**, gli ufficiali superiori; **He's my s. officer**, è il mio superiore diretto ***4*** (*USA: di studente*) (più) anziano; dell'ultimo anno: **a s. student**, un anziano (*all'università*) ***5*** (*fin.: di un titolo*) che ha priorità; di primo grado. **B** *n.* ***1*** anziano; decano (*in una scuola, ecc.*) ***2*** studente anziano (*o* dell'ultimo anno) ***3*** (la) persona più alta in grado. ● (*eufem.*) **s. citizen**, anziano; pensionato □ **the s. French master**, il decano degli insegnanti di francese □ (*USA*) **s. high school**, scuola secondaria superiore □ (*fin.*) **s. partner**, socio dirigente □ (*in G.B.*) **the S. Service**, la marina militare (*che è la più antica delle tre armi*).

seniority /siːnɪˈɒrətɪ, *USA* -ˈɔːr-/, *n.* ***1*** maggiore età; maggiore anzianità ***2*** anzianità di servizio: **advancement through s.**, promozione per anzianità di servizio. ● **s. list**, ruolo d'anzianità □ **s. rights**, diritto d'anzianità.

senna /ˈsɛnə/, *n.* (*med., bot., Cassia*) sena, senna.

sennight /ˈsɛnaɪt/, *n.* (*arc.*) settimana. ● **Monday s.**, lunedì (a) otto.

sennit /ˈsɛnɪt/, *n.* (*specialm. naut.*) treccia (*di corda o paglia*); gaschetta.

sensation /sɛnˈseɪʃn/, *n.* ***1*** sensazione; senso; sensibilità (fisica): **a s. of cold**, una sensazione di freddo; **He lost all s. in his right hand**, perse la sensibilità della mano destra ***2*** sensazione; scalpore; impressione; colpo (*fig.*): **to make a s.**, far impressione; far scalpore; far sensazione; **to create a s.**, far colpo; **to cause a s.**, destare scalpore ***3*** cosa che fa colpo; avvenimento sbalorditivo; fatto sensazionale:

The president's speech was a s., il discorso del presidente ha fatto colpo; **What is the latest s.?**, qual è l'ultimo fatto sensazionale?

sensational /sɛn'seɪʃənl/, *a.* ***1*** sbalorditivo; che fa colpo; sensazionale; emozionante; impressionante; strabiliante; raccapricciante: **s. happening**, avvenimento sensazionale; **a s. story**, un racconto impressionante; **a s. crime**, un delitto raccapricciante ***2*** (*fam.*) fantastico; eccezionale ***3*** (*filos.*) sensoriale; delle sensazioni. ● **a s. play**, un dramma a sensazione. || **-ly**, *avv.*

sensationalism /sɛn'seɪʃnəlɪzəm/, *n.* ***1*** ricerca del sensazionale; tendenza a far colpo (*o* a sbalordire); sensazionalismo (*raro*): **the s. of certain novels**, la tendenza di certi romanzi a far colpo ***2*** (*filos.*) sensismo.

sensationalist /sɛn'seɪʃnəlɪst/, *n.* ***1*** chi vuol far colpo; chi tende a impressionare (*o* a sbalordire) ***2*** (*filos.*) sensista.

sensationalistic /sɛnseɪʃnə'lɪstɪk/, *a.* ***1*** sbalorditivo; che vuol far colpo; sensazionalistico ***2*** (*filos.*) sensistico.

sense /sɛns/, *n.* ***1*** senso; sensazione; sentimento: **the five senses**, i cinque sensi; **the s. of hearing [of sight]**, il senso dell'udito [della vista]; **a s. of humour**, il senso dell'umorismo; **a s. of shame**, un senso di vergogna; **the moral s.**, il senso morale ***2*** senso; buonsenso; senso comune; criterio; discernimento; giudizio: **He's a man of s.**, è una persona dotata di buonsenso; **What's the s. of talking like that?**, che senso c'è a parlare così?; **That boy hasn't s. enough**, quel ragazzo non ha abbastanza giudizio ***3*** senso; significato: **a word with several senses**, una parola con vari significati; **I didn't grasp the s. of his remarks**, non afferrai il senso delle sue osservazioni ***4*** sentimento generale; indirizzo, orientamento, polso (*fig.*): **The speaker tried to take the s. of the audience**, l'oratore cercò di tastare il polso all'uditorio ***5*** (*pl.*) coscienza; conoscenza: **to lose one's senses**, perdere la coscienza; **to come back to one's senses**, riprendere conoscenza; riaversi; (*anche*) rinsavire, tornare in sé ***6*** (*pl.*) facoltà mentali: **to be in one's right senses**, essere nel pieno possesso delle proprie facoltà mentali. ● (*elab.*) **s. byte**, byte rivelatore □ (*filos.*) **s. datum**, dato sensoriale. ● (*fisiol.*) **s. organ**, organo sensorio □ **s. perception**, percezione sensoria □ (*elab.*) **s. signal**, segnale di lettura □ **to bring sb. to his senses**, far tornare in sé q.; far rinsavire q. □ **common s.**, senso comune □ **to frighten sb. out of his senses**, terrorizzare, spaventare a morte q. □ **good s.** (*o* **sound s.**), buonsenso □ (*anche sport*) **good s. of timing**, tempismo □ **in a s.**, in un certo senso □ **in the best [in the full] s. of the word**, nel miglior [nel vero] senso della parola □ **to make s.**, aver senso: **This sentence doesn't make s.**, questa frase non ha senso □ **to make s. (out) of st.**, trovare un senso in, capire il senso di q.c. □ **to be out of one's senses**, essere fuori di sé; esser matto □ **the sixth s.**, il sesto senso; l'intuizione □ **to take leave of one's senses**, uscire di senno; ammattire □ (*fam.*) **to talk s.**, parlare assennatamente; dire cose sensate; ragionare bene.

to **sense** /sɛns/, *v. t.* ***1*** sentire; accorgersi di; percepire; intuire; avvertire: **I sensed that he was hiding something**, sentii che mi nascondeva qualcosa; **John sensed our hostility**, John avvertiva la nostra ostilità; **to s. danger**, sentire il pericolo ***2*** (*di apparecchio*) rilevare; scoprire (*per mezzo di sensori*) ***3*** (*elab.*) rilevare la perforazione di (*schede o nastri*).

senseless /'sɛnsləs/, *a.* ***1*** inanimato; privo di sensi; senza conoscenza; tramortito: **to fall s. to the ground**, cadere a terra privo di sensi ***2*** insensato; assurdo; irragionevole; privo di buonsenso; sciocco; stupido: **a s. attack**, un attacco insensato; un attentato assurdo; **a s. idea**, un'idea insensata; (*fam.*) **a s. chap**, uno stupido ***3*** privo di facoltà sensorie. ● **to knock sb. s.**, tramortire q. (*con uno o più colpi*). || **-ly**, *avv.* || **-ness**, *sost.*

sensibility /sɛnsə'bɪlətɪ/, *n.* ***1*** sensibilità; impressionabilità: **s. to pain [to praise]**, sensibilità al dolore [alle lodi]; **artistic s.**, sensibilità artistica ***2*** (*pl.*) suscettibilità: **to wound sb.'s sensibilities**, urtare la suscettibilità di q. ***3*** l'esser sensibile a (q.c.); sensitività; emotività.

sensible /'sɛnsəbl/, *a.* ***1*** assennato; ragionevole; saggio; sensato: **That's very s. of him**, è una cosa molto assennata da parte sua; **a s. compromise**, un compromesso ragionevole; **It's a s. idea**, è un'idea saggia; **She is a s. woman**, è una donna ragionevole, saggia; **a s. answer**, una risposta sensata ***2*** percepibile, percettibile; apprezzabile; notevole; ragguardevole; sensibile: **a s. impression**, un'impressione (chiaramente) percepibile; **a s. drop in the prices of foodstuffs**, un sensibile calo dei prezzi dei generi alimentari; **s. phenomena**, fenomeni percettibili; **a s. difference**, una notevole differenza ***3*** conscio; consapevole: **I am s. of my shortcomings**, sono conscio dei miei difetti; **I am s. of his danger**, sono consapevole del pericolo che corre ***4*** (*raro*) grato; riconoscente: **I am very s. of your good words**, ti sono assai grato delle tue buone parole. ● **a s. headgear**, un copricapo pratico □ **a s. smell**, un odore che si sente.

sensibleness /'sɛnsəblnəs/, *n.* assennatezza; buonsenso; ragionevolezza; giudizio.

sensibly /'sɛnsəblɪ/, *avv.* ***1*** assennatamente; ragionevolmente; saggiamente ***2*** notevolmente; sensibilmente; molto: **It's s. hotter today**, fa molto più caldo oggi ***3*** intensamente; vivamente.

sensing /'sɛnsɪŋ/, *n.* (*anche elab.*) rilevazione.

sensism /'sɛnsɪzəm/, *n.* (*filos.*) sensismo.

sensist /'sɛnsɪst/, *n.* (*filos.*) sensista.

sensitive /'sɛnsətɪv/, **A** *a.* ***1*** sensibile; delicato: **s. skin**, pelle sensibile, delicata; **to have a s. molar**, avere un molare sensibile (*o* che duole); **to be s. to beauty**, essere sensibile alla bellezza; **s. film**, pellicola sensibile; (*fotogr.*) **s. plate**, lastra sensibile; **The thermometer is s. to heat**, il termometro è sensibile al calore; (*Borsa, comm.*) **a s. market**, un mercato sensibile ***2*** sensitivo; impressionabile; emotivo ***3*** sensibile alla pietà; pietoso; tenero: **He is s. to the sufferings of animals**, si muove facilmente a pietà per le sofferenze degli animali ***4*** ombroso; permaloso; suscettibile; troppo sensibile ***5*** (*di documento, ecc.*) delicato; segreto. **B** *n.* (*psic.*) soggetto sensibile; sensitivo. ● (*elab.*) **s. data**, dati significativi □ (*fotogr.*) **s. paper**, carta sensibile (*o* impressionabile) □ **a s. performance**, un'esecuzione (*o* recitazione) raffinata □ **s. plant**, (*bot.*, *Mimosa pudica*) sensitiva; (*fig.*) persona troppo sensibile (*o* influenzabile). || **-ly**, *avv.*

sensitiveness /'sɛnsətɪvnəs/, **sensitivity** /sɛnsə'tɪvətɪ/, *n.* ***1*** sensibilità; delicatezza, finezza ***2*** sensitività; emotività ***3*** permalosità; ombrosità; suscettibilità ***4*** (*fotogr.*) impressionabilità.

sensitizable /'sɛnsətaɪzəbl/, *a.* (*fotogr., biol., med.*) sensibilizzabile.

sensitization /sɛnsətaɪ'zeɪʃn, *USA* -tɪ'z-/, *n.* (*fotogr., biol., med.*) sensibilizzazione.

to **sensitize** /'sɛnsətaɪz/, *v. t.* (*fotogr., biol., med.*) sensibilizzare. ● (*di persona*) **to become sensitized**, sensibilizzarsi.

sensitizer /'sɛnsətaɪzə(r)/, *n.* (*fotogr., biol., med.*) sensibilizzatore.

sensitometer /sɛnsɪ'tɒmɪtə(r)/, *n.* (*fotogr.*) sensitometro.

sensor /'sɛnsə(r)/, *n.* (*tecn.*) sensore.

sensorial /sɛn'sɔːrɪəl/, *a.* sensoriale; sensorio: **s. organs**, organi sensori.

sensorium /sɛn'sɔːrɪəm/, *n.* (*pl.* **sensoriums, sensoria**) (*fisiol.*) ***1*** sensorio; centro sensitivo ***2*** apparato sensoriale.

sensory /'sɛnsərɪ/, *a.* (*fisiol., med.*) sensoriale; sensitivo: **s. area**, area sensoriale; **s. nerve**, nervo sensitivo; **s. paralysis**, paralisi sensoriale; (*psic.*) **s. deprivation**, deprivazione sensoriale.

sensual /'sɛnʃʊəl/, *a.* ***1*** sensuale; carnale; voluttuoso: **s. pleasures**, piaceri sensuali ***2*** (*filos.*) sensualistico ***3*** sensoriale. || **-ly**, *avv.*

sensualism /'sɛnʃʊəlɪzəm/, *n.* ***1*** sensualismo; carnalità; voluttuosità ***2*** (*filos.*) sensualismo.

sensualist /'sɛnʃʊəlɪst/, *n.* ***1*** persona sensuale ***2*** (*filos.*) sensualista.

sensualistic /sɛnʃʊə'lɪstɪk/, *a.* (*filos.*) sensualistico.

sensuality /sɛnʃʊ'ælətɪ/, *n.* sensualità.

to **sensualize** /'sɛnʃʊəlaɪz/, *v. t.* rendere sensuale.

sensuous /'sɛnʃʊəs/, *a.* ***1*** piacevole ai sensi; sensuoso: **s. poetry**, poesia sensuosa ***2*** (*talora*) sensuale; voluttuoso; dei sensi: **a merely s. satisfaction**, una soddisfazione soltanto dei sensi. || **-ly**, *avv.*

sent /sɛnt/, *pass. e p. p.* di **to send**.

sentence /'sɛntəns/, *n.* ***1*** (*leg.*) sentenza; giudizio: **a s. of the court**, una sentenza del tribunale ***2*** (*leg.*) condanna: **a heavy s.**, una grave condanna; **s. of death**, condanna a morte ***3*** (*ling.*) frase; proposizione; periodo: **a simple [compound, complex] s.**, una proposizione semplice [composta, complessa]; **s.-word**, parola-frase ***4*** (*raro*) massima; detto ***5*** (*elab.*) enunciato, frase (*di un programma*). ● **capital s.**, condanna a morte; pena capitale □ **life s.**, (condanna all') ergastolo □ **to pass** (*o* **to pronounce**) **s.**, emettere una sentenza; condannare □ **to serve a s.**, scontare una condanna; scontare una pena detentiva □ **to be under s. of death**, essere stato condannato a morte.

to **sentence** /'sɛntəns/, (*leg.*) **A** *v. t.* emettere sentenza contro (q.); condannare (*anche fig.*): **to s. sb. in default**, condannare q. in contumacia; **He was sentenced to death**, fu condannato a morte; **The old building was sentenced to destruction**, il vecchio edificio fu condannato alla demolizione. **B** *v. i.* emettere la sentenza.

sentencing /'sɛntənsɪŋ/, *n.* (*leg.*) irrogazione della pena. ● **s. process**, ultima fase del processo penale; sistema sanzionatorio penale.

sententious /sɛn'tɛnʃəs/, *a.* sentenzioso; aforistico; pomposo: **a s. writer**, uno scrittore sentenzioso; **a s. style**, uno stile sentenzioso (*o* pomposo). ● (*spreg.*) **a s. man**, uno sputasentenze. || **-ly**, *avv.* || **-ness**, *sost.*

sentience /'sɛnʃəns/, **sentiency** /'sɛnʃənsɪ/, *n.* facoltà di sentire; l'esser senziente; sensibilità.

sentient /'sɛnʃnt/, *a.* senziente; dotato di senso; sensibile; cosciente. || **-ly**, *avv.*

sentiment /'sɛntɪmənt/, *n.* ***1*** sentimento; senso: **a noble s.**, un nobile sentimento; **the s. of mercy**, il senso della misericordia ***2*** (*pl.*) avviso; opinione; parere; modo di pensare (*o* di sentire): **I share your sentiments**, sono dello stesso avviso; **These are my sentiments**, questa è la mia opinione ***3*** (*spreg.*) sentimentalismo ***4*** (*form.*) formula augurale. ● **to do st. for s.**, fare q.c. per motivi sentimentali □ **There's strong public s. on the issue of drug-addiction**, l'opinione pubblica è fortemente coinvolta nel problema della droga □ (*fam.*) **My sentiments exactly!**, sono perfettamente d'accordo!; la penso proprio così!

sentimental /sɛntɪ'mɛntl/, *a.* ***1*** sentimentale: **a s. girl**, una ragazza sentimentale ***2*** delicato; romantico; tenero: **s. poems**, poesie delicate, tenere; **s. music**, musica romantica ***3*** (*spreg.*) sentimentale; sdolcinato; patetico: **a s. story**, un racconto patetico, sdolcinato. ● (*comm.*) **s. value**, valore di affezione. || **-ly**, *avv.*

sentimentalism /sɛntɪ'mɛntəlɪzəm/, *n.* sentimentalismo.

sentimentalist /sɛntɪ'mɛntəlɪst/, *n.* sentimentalista; persona (troppo) sentimentale.

sentimentality /sɛntɪmɛn'tælətɪ/, *n.* senti-

mentalità.
to **sentimentalize** /sɛntɪ'mɛntəlaɪz/, **A** *v. i.* fare il sentimentale. **B** *v. t.* *1* rendere sentimentale *2* fare del sentimentalismo (*o* del romanticismo) su (q.c.).
sentinel /'sɛntɪnl/, *n.* *1* (*lett.* o *arc.*) sentinella *2* (*elab.*) segnalatore. ● **to stand s.** (**over st.**), far la sentinella (*a q.c.*).
to **sentinel** /'sɛntɪnl/, *v. t.* (*lett.* o *arc.*) *1* mettere (q.) di sentinella *2* mettere sentinelle a (q.c.); vigilare su (q.c.).
sentry /'sɛntrɪ/, *n.* (*mil.*) sentinella; (soldato di) guardia; vedetta. ● **s. box**, garitta □ **to come off s.**, smontare di guardia □ **to be on s.-duty**, far la sentinella □ **to be on s.-go**, far la sentinella camminando su e giù □ **to keep s.**, far la sentinella; montare la guardia □ **to relieve a s.**, dare il cambio a una sentinella □ **to stand on s.**, essere di sentinella; montare la guardia.
sepal /'sɛpl/, *n.* (*bot.*) sepalo.
separability /sɛpərə'bɪlətɪ/, *n.* separabilità.
separable /'sɛpərəbl, -prə-/, *a.* separabile. || **-bly**, *avv.* || **-ness**, *sost.*
separate /'sɛprət/, **A** *a.* *1* separato; disgiunto; diviso; distinto: **s. tables**, tavole separate; **to sleep in s. rooms**, dormire in camere separate; **Keep it s. from the others**, tienlo separato (*o* distinto) dagli altri; (*rag.*) **s. accounts**, conti distinti *2* diverso; vario; singolo: **the s. parts of the body**, le diverse parti del corpo; **the s. volumes**, i singoli volumi *3* individuale; personale: **Each teacher has a s. room**, ogni docente ha il suo studio personale *4* indipendente: **a flatlet with a s. entrance**, un appartamentino con l'ingresso indipendente. **B** *n.* *1* (*tipogr.*) pubblicazione a sé stante; monografia *2* (*pl.*) (*moda*) abiti coordinati. ● (*leg.*) **s. estate**, proprietà personale della moglie; beni parafernali □ (*leg.*) **s. maintenance**, alimenti (*a un coniuge divorziato*) □ (*bur., comm.*) **under s. cover**, in plico a parte.
to **separate** /'sɛpəreɪt/, **A** *v. t.* *1* separare; disgiungere; dividere; suddividere; scindere; distinguere: **A wall separates the two gardens**, un muro separa i due giardini; **to s. two quarrellers**, dividere due litiganti; **The estate was separated into small lots**, la proprietà fu suddivisa in piccoli appezzamenti *2* smistare: **to s. the mail**, smistare la corrispondenza *3* scegliere; fare la cernita di (*cereali, frutta, ecc.*). **B** *v. i.* separarsi; disgiungersi; dividersi; staccarsi; scindersi: **to s. from one's wife**, separarsi dalla moglie; **He has separated from the party**, s'è staccato dal partito; **We separated at noon**, ci separammo a mezzogiorno. ● (*fis.*) **to s. light**, scomporre la luce □ **to s. milk**, scremare il latte □ **a legally separated husband**, un marito legalmente separato □ (*ind.*) **separated milk**, latte scremato □ **How long have they been separated?**, da quanto tempo vivono separati?
separation /sɛpə'reɪʃn/, *n.* *1* separazione; disgiunzione; distacco *2* scomposizione; divisione: (*polit., leg.*) **the s. of powers**, la divisione dei poteri *3* (*leg.*) separazione (*tra coniugi*): **judicial s.**, separazione legale *4* smistamento (*della corrispondenza*) *5* (*USA*) cessazione del rapporto di lavoro; licenziamento: **s. from employment**, licenziamento dall'impiego. ● **the s. from the labour force**, l'uscita dalla vita attiva □ (*mecc.*) **s. into parts**, scomposizione, smontaggio (*di una macchina*) □ (*leg.*) **s. of property**, separazione dei beni.
separationist /sɛpə'reɪʃnɪst/, *V.* **separatist**.
separatism /'sɛpərətɪzəm, -prə-/, *n.* *1* (*polit.*) separatismo *2* (*relig.*) dissidenza; tendenze scismatiche.
separatist /'sɛpərətɪst, -prə-/, *n.* *1* (*polit.*) separatista *2* (*relig.*) scismatico.
separatistic /sɛpərə'tɪstɪk, -prə-/, *a.* *1* (*polit.*) separatistico *2* (*relig.*) scismatico.
separative /'sɛpərətɪv, *USA* -eɪtɪv/, *V.* **separatory**.
separator /'sɛpəreɪtə(r)/, *n.* *1* chi separa; separatore *2* (*tecn.*) separatore: **dust s.**, separatore di polvere; **centrifugal s.**, separatore centrifugo; centrifuga; **electrostatic s.**, separatore elettrostatico; **magnetic s.**, separatore magnetico *3* (*autom.*) (banchina, barriera) spartitraffico *4* (= **cream s.**) scrematrice (*del latte*) *5* (*agric., USA*) trebbia.
separatory /'sɛpərətrɪ, *USA* -tɔ:rɪ/, *a.* separatorio; divisorio.
Sephardi /sə'fɑ:dɪ, -di:/, *n.* (*pl.* **Sephardim**) sefardita.
Sephardic /sə'fɑ:dɪk/, *a.* sefardita.
sepia /'si:pɪə/, *n.* *1* (*zool., Sepia*) seppia *2* nero di seppia (*il liquido e il colore*): **s. drawing**, disegno a nero di seppia *3* (*arte*) disegno a nero di seppia *4* inchiostro della seppia *5* fotografia color seppia.
sepiolite /'si:pɪəlaɪt/, *n.* (*miner.*) sepiolite; schiuma di mare.
sepoy /'si:pɔɪ/, *n.* (*stor., mil.*) sepoy (*soldato indiano delll'esercito britannico*). ● (*stor.*) **the s. mutiny**, la rivolta dei sepoy.
seps /sɛps/, *n.* (*zool., Chalcides chalcides*) luscengola..
sepsis /'sɛpsɪs/, *n.* (*pl.* **sepses**) (*med.*) sepsi.
sept (1) /sɛpt/, *n.* (*stor.*) gruppo di famiglie irlandesi (*o* scozzesi); clan; tribù.
sept (2) /sɛpt/, *n.* transenna; tramezzo.
septa /'sɛptə/, *pl.* di **septum**.
septal /'sɛptl/, *a.* (*anat., zool., bot.*) del setto; settale: **s. carthilage of the nose**, cartilagine del setto nasale.
septate /'sɛpteɪt/, *a.* (*biol.*) provvisto di setti; settato.
September /sɛp'tɛmbə(r)/, **A** *n.* settembre. **B** *a. attr.* di settembre; settembrino: **S. figs**, fichi settembrini; **in a clear S. day**, in una serena giornata settembrina.
septemvir /sɛp'tɛmvə(r)/, *n.* (*stor.*) settemviro, settenviro.
septemvirate /sɛp'tɛmvɪrət/, *n.* (*stor.*) settemvirato, settenvirato.
septenarius /sɛptɪ'nɛərɪəs/, *n.* (*pl.* **septenarii**) (*poesia latina*) settenario.
septenary /'sɛptɪnərɪ, *USA* -ɛrɪ/, **A** *a.* *1* del numero sette *2* (*poesia*) settenario. **B** *n.* (*poesia*) (verso) settenario.
septennate /sɛp'tɛnət/, *n.* (*raro*) settennato.
septennial /sɛp'tɛnɪəl/, *a.* settennale. || **-ly**, *avv.*
septentrional /sɛp'tɛntrɪənl/, *a.* (*raro*) settentrionale.
septet(te) /sɛp'tɛt/, *n.* *1* (*mus.*) settimino *2* (*fig.*) gruppo di sette cose (*o* persone).
septfoil /'sɛtfɔɪl/, *n.* (*bot., Potentilla tormentilla*) tormentilla.
septic /'sɛptɪk/, *a.* (*med.*) settico. ● (*edil.*) **s. tank**, fossa settica □ (*med.*: *di ferita, ecc.*) **to go s.**, infettarsi.
septicaemia, septicemia /sɛptɪ'si:mɪə/, *n.* (*med.*) setticemia.
septicaemic, septicemic /sɛptɪ'si:mɪk/, *a.* (*med.*) setticemico.
septicidal /sɛptɪ'saɪdl/, *a.* (*bot.*) setticida.
septicity /sɛp'tɪsətɪ/, *n.* (*med.*) tendenza a infettarsi.
septillion /sɛp'tɪljən/, *n.* (*mat.*) *1* (*in G.B.*) (un) sestilione di sestilioni (*un 1 seguito da 42 zeri*) *2* (*in USA*) settilione (*un 1 seguito da 24 zeri*).
septime /'sɛpti:m/, *n.* (*scherma*) posizione (*o* parata) di settima.
septuagenarian /sɛptjʊədʒə'nɛərɪən, *USA* -tʃʊə-/, *a.* e *n.* settuagenario; settantenne.
Septuagesima /sɛptjʊə'dʒɛsɪmə, *USA* -tʃʊə-/, *n.* (*relig.*, = **S. Sunday**) (domenica di) settuagesima.
Septuagint /'sɛptjʊədʒɪnt, *USA* -tʃʊə-/, *n.* (*relig.*) versione del Vecchio Testamento dei Settanta (*in greco*).
septum /'sɛptəm/, *n.* (*pl.* **septa, septums**) (*anat., zool., bot.*) setto.
septuple /'sɛptjʊpl, sɛp'tju:pl, *USA* -'tu:pl, -'tʌpl/, *a.* e *n.* settuplo.
sepulcher /'sɛplkə(r)/, (*USA*) *V.* **sepulchre**.
sepulchral /sə'pʌlkrəl/, *a.* sepolcrale (*anche fig.*): **in a s. voice**, con voce sepolcrale. ● **s. customs**, usanze funebri.
sepulchre /'sɛplkə(r)/, *n.* sepolcro; tomba. ● **the Holy S.**, il Santo Sepolcro □ (*fig.*) **a whited s.**, un sepolcro imbiancato; un ipocrita.
sepulture /'sɛpltʃə(r), *USA* -tʃʊə(r)/, *n.* sepoltura; seppellimento; sepolcro.
sequacious /sɪ'kweɪʃəs/, *a.* *1* (*raro*) seguace (*poet.*); pedissequo; poco originale; servile *2* conseguente; coerente. || **-ly**, *avv.*
sequacity /sɪ'kwæsətɪ/, *n.* *1* (*raro*) mancanza di originalità; servilità; servilismo *2* coerenza.
sequel /'si:kwəl/, *n.* *1* seguito; continuazione *2* conseguenza; effetto: **Higher production costs are a s. to rising prices of raw materials**, i maggiori costi di produzione sono una conseguenza dei crescenti prezzi delle materie prime. ● **in the s.**, in seguito; successivamente.
sequela /sɪ'kwi:lə/, *n.* (*pl.* **sequelae**) (*med.*) postumo (*di malattia*).
sequence /'si:kwəns/, *n.* *1* sequela; serie (ininterrotta); successione; ordine; il susseguirsi: **the s. of events**, il susseguirsi degli avvenimenti; **to give the facts in historical s.**, dare i fatti in ordine cronologico; **a s. of calamities**, una sequela di disgrazie *2* (*mus., relig., cinem., in certi giochi di carte, ecc.*) sequenza: **transitional s.**, sequenza di passaggio; **a s. of diamonds**, una sequenza di quadri (*carte da gioco*); (*elab.*) **s. check**, controllo di sequenza *3* (*mat.*) successione *4* (*geol.*) serie; sequenza *5* (*cinem.*) episodio. ● (*gramm.*) **the s. of tenses**, la consecutio temporum; la sintassi dei tempi □ (*letter.*) **a sonnet s.**, una raccolta di sonetti; un canzoniere.
to **sequence** /'si:kwəns/, *v. t.* sistemare in sequenza; ordinare (in successione).
sequencer /'si:kwənsə(r)/, *n.* (*elab.*) ordinatore in sequenza.
sequencing /'si:kwənsɪŋ/, *n.* *1* (*ind.*) il fissare l'ordine d'esecuzione (*dei lavori*) *2* (*ferr.*) il fissare l'ordine di precedenza (*dei treni*) *3* (*elab.*) ordinamento in sequenza.
sequent /'si:kwənt/, *a.* *1* seguente; successivo *2* conseguente; consequenziale.
sequential /sɪ'kwɛnʃl/, *a.* *1* seguente; successivo *2* in successione; in serie ininterrotta *3* conseguente; derivante; risultante *4* (*mat., stat., elab.*) sequenziale: **s. analysis**, analisi sequenziale; **s. computer**, calcolatore sequenziale; **s. file**, file sequenziale. || **-ly**, *avv.*
to **sequester** /sɪ'kwɛstə(r)/, **A** *v. t.* *1* (*leg.*; *in Scozia e in diritto internazionale*) sequestrare; mettere sotto sequestro; confiscare *2* (*leg.*) porre (*beni*) sotto sequestro giudiziario *3* appartare; isolare; segregare. **B** to **sequester oneself**, *v. rifl.* appartarsi; isolarsi; ritirarsi. ● **a sequestered cottage**, una casetta isolata □ **a sequestered spot**, un luogo appartato □ (*chim.*) **sequestering agent**, agente sequestrante.
sequestrable /sɪ'kwɛstrəbl/, *a.* (*leg.*) sequestrabile.
sequestrant /'si:kwəstrənt, 'sɛ-, sɪ'kwɛ-/, *n.* (*chim.*) (sostanza) sequestrante.
to **sequestrate** /'si:kwəstreɪt, 'sɛ-, sɪ'kwɛ-/, *v. t.* (*leg.*) *1* *V.* **to sequester, A**, *def.* *1* *2* *V.* **to sequester, A**, *def.* *2* *3* (*in Scozia*) dichiarare (q.) fallito.
sequestration /si:kwə'streɪʃn, sɛ-/, *n.* *1* (*leg.*; *in diritto internazionale*) sequestro; confisca *2* (*chim.*) sequestrazione *3* (*raro*) isolamento; segregazione.
sequestrator /'si:kwəstreɪtə(r), 'sɛ-/, *n.* (*leg.*) *1* sequestrante *2* sequestratario (*di beni di un debitore*).
sequin /'si:kwɪn/, *n.* *1* (*moda*) lustrino *2* (*stor.*) zecchino (*moneta*).
sequoia /sɪ'kwɔɪə/, *n.* (*bot., Sequoia*) sequoia. ● (*bot.*) **giant s.** (*Sequoia gigantea*), sequoia gigante.

sérac /ˈsɛræk, *USA* səˈræk/ (*franc.*), *n.* seracco (*di ghiacciaio*).
seraglio /səˈrɑːlɪəʊ, sɛ-, *USA* -ˈræ-/, *n.* (*pl.* **seraglios, seragli**) serraglio; harem.
serai /sɛˈraɪ, *USA* sə-/, *n.* (*pl.* **serais**) caravanserraglio.
seraph /ˈsɛrəf/, *n.* (*pl.* **seraphim, seraphs**) (*relig.*) serafino.
seraphic(al) /səˈræfɪk(l)/, *a.* (*relig.*) serafico (*anche fig.*): **a s. smile**, un sorriso serafico. || **-ally**, *avv.*
Serb /sɜːb/, **Serbian** /ˈsɜːbɪən/, *a.* e *n.* serbo (*anche la lingua*).
Serbo-Croat /sɜːbəʊˈkrəʊæt/, **Serbo-Croatian** /sɜːbəʊkrəʊˈeɪʃn/, *a.* e *n.* serbo-croato (*anche la lingua*).
sere (1) /sɪə(r)/, *V.* **sear (1)**.
sere (2) /sɪə(r)/, *V.* **sear (2)**.
serenade /sɛrəˈneɪd/, *n.* (*anche mus.*) serenata.
to **serenade** /sɛrəˈneɪd/, **A** *v. t.* cantare (*o* fare) una serenata a (q.). **B** *v. i.* cantare (*o* fare) serenate.
serenader /sɛrəˈneɪdə(r)/, *n.* chi fa serenate.
serenata /sɛrəˈnɑːtə/ (*ital.*), *n.* (*pl.* **serenatas, serenate**) (*mus.*) serenata.
serendipitous /sɛrənˈdɪpətəs/, *a.* fortunatissimo (*V.* **serendipity**).
serendipity /sɛrənˈdɪpətɪ/, *n.* capacità di fare felici scoperte, di trovar tesori (*parola coniata da H. Walpole ne «I tre principi di Serendip»*); serendipità.
serene /səˈriːn/, **A** *a.* sereno (*anche fig.*); limpido; calmo; quieto; tranquillo: **a s. sky**, un cielo sereno, limpido; **a s. life**, una vita serena; **to have a s. expression on one's face**, avere un'aria serena (in volto); **a s. temper**, un temperamento tranquillo. **B** *n.* (*poet.*) *1* cielo sereno; (il) sereno *2* mare calmo. ● (*stor.*) **Your S. Highness**, Vostra Serenità; Vostra Altezza Serenissima. || **-ly**, *avv.*
to **serene** /səˈriːn/, *v. t.* (*poet.*) rasserenare.
serenity /səˈrenətɪ/, *n.* serenità (*anche fig.*). ● (*stor.*) **Your S.**, Vostra Serenità.
serf /sɜːf/, *n.* *1* (*stor.*) servo della gleba *2* (*fig.*) servo; schiavo.
serfage /ˈsɜːfɪdʒ/, **serfdom** /ˈsɜːfdəm/, **serfhood** /ˈsɜːfhʊd/, *n.* *1* (*stor.*) servitù della gleba *2* (*fig.*) servitù; servaggio; schiavitù.
serge /sɜːdʒ/, *n.* (*ind. tess.*) serge.
sergeancy /ˈsɑːdʒənsɪ/, *V.* **sergeantship**.
sergeant /ˈsɑːdʒənt/, *n.* *1* (*mil.*) sergente *2* (*di polizia*) sergente; brigadiere *3* *V.* **serjeant**. ● (*mil.*) **s.-drummer**, tamburo maggiore □ (*zool.*) **s.-fish**, (*Rachycentron canadum*), pesce sergente □ **s.-major**, sergente maggiore □ **lance-s.**, caporalmaggiore; caporale che fa le veci di sergente.
sergeantship /ˈsɑːdʒəntʃɪp/, *n.* (*mil.*) grado (*o* ufficio) di sergente.
serial /ˈsɪərɪəl/, **A** *a.* *1* di serie; in serie; (*elab., stat.*) seriale: **s. number**, numero di serie (*di banconote, ecc.*); (*ind.*) **s. production**, produzione in serie; **s. correlation**, correlazione seriale *2* (*di racconto, servizio, ecc.*) pubblicato a puntate *3* (*di pubblicazione*) a fascicoli; a dispense. **B** *n.* *1* racconto (*o* romanzo, servizio, ecc.) a puntate *2* (*cinem., radio, TV*) film (racconto, teleromanzo) a episodi; serial *3* pubblicazione periodica; periodico. ● **s. killer**, pluriomicida □ **s. murders**, delitti a catena □ (*elab.*) **s. processor**, elaboratore seriale □ **s. rights**, diritti esclusivi per la pubblicazione a puntate: **The magazine has the s. rights to the story**, la rivista ha il diritto esclusivo di pubblicare il racconto a puntate.
serialism /ˈsɪərɪəlɪzəm/, *n.* (*mus.*) serialismo; dodecafonia.
serialist /ˈsɪərɪəlɪst/, *n.* (*mus.*) compositore di musica dodecafonica.
serialization /sɪərɪəlaɪˈzeɪʃn, *USA* -lɪˈz-/, *n.* *1* pubblicazione a puntate *2* (*radio, TV*) trasmissione (*o* messa in onda) a puntate.
to **serialize** /ˈsɪərɪəlaɪz/, *v. t.* *1* pubblicare (*un racconto, un servizio, ecc.*) a puntate *2* (*radio, TV*) trasmettere a puntate.
serially /ˈsɪərɪəlɪ/, *avv.* *1* in serie *2* a puntate; a dispense.
seriate /ˈsɪərɪət, -eɪt/, *a.* *1* disposto (*o* ordinato) in serie *2* (*biol., geol.*) seriato.
to **seriate** /ˈsɪərɪeɪt/, *v. t.* *1* disporre (*o* ordinare) in serie *2* (*stat.*) seriare.
seriatim /sɪərɪˈeɪtɪm/, *avv.* in successione; successivamente; in ordine (regolare).
seriation /sɪərɪˈeɪʃn/, *n.* *1* disposizione (*o* ordinamento) in serie *2* (*stat.*) seriazione.
sericeous /səˈrɪʃɪəs/, *a.* *1* di seta; simile a seta *2* (*bot.*) sericeo; setoso.
sericultural /sɛrɪˈkʌltʃərəl/, *a.* sericolo; della bachicoltura.
sericulture /ˈsɛrɪkʌltʃə(r)/, *n.* sericoltura; bachicoltura.
sericulturist /sɛrɪˈkʌltʃərɪst/, *n.* sericoltore; bachicoltore.
seriema /sɛrɪˈiːmə/, *n.* (*zool., Cariama cristata*) seriema.
series /ˈsɪəriːz/, *n.* (*invar. al pl.*) *1* serie; successione: **a s. of victories**, una serie di vittorie; **a new s. of documentaries**, una nuova serie di documentari; **a s. of stamps**, una serie di francobolli *2* collana (*di libri*); serie: **a TV s.**, una serie televisiva *3* (*elettr.*) serie; collegamento in serie *4* (*geol., mat.*) serie *5* (*sport*) serie d'incontri (*o* di partite). ● (*elettr., radio*) **s. connection**, collegamento in serie □ (*elettron.*) **s. feed**, alimentazione in serie □ (*di motore elettrico, ecc.*) **s.-wound**, (eccitato) in serie □ (*anche elettr.*) **in s.**, in serie.
serif /ˈsɛrɪf/, *n.* (*tipogr.*) grazia; terminazione.
serin /ˈsɛrɪn/, *n.* (*zool., Serinus canarius*) crespolino; verzellino.
seriocomic /sɪərɪəʊˈkɒmɪk/, *a.* semiserio; tra il serio e il faceto. || **-ally**, *avv.*
serious /ˈsɪərɪəs/, **A** *a.* *1* serio; che fa (*o* dice) sul serio: **Are you s. about sacking him?**, fai sul serio a volerlo licenziare? *2* serio; impegnativo: **s. music**, musica seria *3* serio; preoccupato; triste: **She's looking s. today**, oggi ha un'aria seria; **a s. look**, uno sguardo serio; (*anche*) un aspetto triste (*o* preoccupato) *4* serio; scrupoloso: **a s. worker**, un lavoratore serio *5* serio; grave; preoccupante: **a s. illness**, una malattia grave; **s. damages**, danni gravi; **a s. crisi**, una crisi seria; **a s. offence**, (*leg.*) un reato grave; (*sport*) un fallo (*o* un'infrazione) grave; **a s. situation**, una situazione preoccupante *6* (*fam. scherz.*) vero e proprio; bello: **to do some s. swimming**, fare una bella nuotata. **B** *avv.* (*fam.*) sul serio: **to take things s.**, prendere le cose sul serio. ● (*di persona*) **s.-minded**, serio; riflessivo □ **to give st. a s. thought**, pensare a q.c. sul serio.
seriously /ˈsɪərɪəslɪ/, *avv.* seriamente; sul serio; gravemente: **to take st. s.**, prendere q.c. sul serio; **s. wounded**, gravemente ferito.
seriousness /ˈsɪərɪəsnəs/, *n.* serietà; gravità; importanza: **the s. of the situation**, la gravità della situazione. ● **in all s.**, molto seriamente; in tutta serietà.
serjeant /ˈsɑːdʒənt/, *n.* (*soltanto nelle locuz.*) **s.-at-arms**, (*stor.*) cortigiano armato, uomo d'armi; (*ora*) questore d'assemblea legislativa; probiviro (di un'associazione); (*leg., stor.*) **s.-at-law**, avvocato di prima classe.
sermon /ˈsɜːmən/, *n.* (*relig.*) sermone, predica (*anche fig.*); predicozzo; paternale: **to preach a s.**, fare una predica. ● (*dal Vangelo*) **the S. on the Mount**, il Sermone della Montagna.
sermonic /sɜːˈmɒnɪk/, *a.* sermoneggiante; moraleggiante.
to **sermonize** /ˈsɜːmənaɪz/, **A** *v. i.* sermoneggiare; moraleggiare. **B** *v. t.* fare la predica (*o* un predicozzo) a (q.); ammonire.
sermonizer /ˈsɜːmənaɪzə(r)/, *n.* *1* predicatore *2* (*spreg.*) chi fa predicozzi.
serodiagnosis /sɪərəʊdaɪəgˈnəʊsɪs/, *n.* (*med.*) sierodiagnosi.
serologic(al) /sɪərəʊˈlɒdʒɪkl/, *a.* (*med.*) sierologico.
serology /sɪˈrɒlədʒɪ, sə-/, *n.* (*med.*) sierologia.
seronegative /sɪərəʊˈnɛgətɪv/, *a.* (*med.*) sieronegativo.
seronegativity /sɪərəʊnɛgəˈtɪvətɪ/, *n.* (*med.*) sieronegatività.
seropositive /sɪərəʊˈpɒzətɪv/, *a.* (*med.*) sieropositivo.
seropositivity /sɪərəʊpɒzəˈtɪvətɪ/, *n.* (*med.*) sieropositività.
serosity /sɪˈrɒsətɪ, sə-/, *n.* (*fisiol.*) sierosità.
serotherapy /sɪərəʊˈθɛrəpɪ/, *n.* (*med.*) sieroterapia.
serotine (1) /ˈsɛrətaɪn/, *a.* (*di frutto, ecc.*) serotino; tardivo.
serotine (2) /ˈsɛrətaɪn/, *n.* (*zool., Eptesicus serotinus*) pipistrello serotino.
serotinous /sɪˈrɒtɪnəs, sə-, *USA* -tn-/, *V.* **serotine (1)**.
serotonin /sɪərəʊˈtəʊnɪn/, *n.* (*biochim.*) serotonina.
serotype /ˈsɪərətaɪp/, *n.* (*med.*) sierotipo.
serous /ˈsɪərəs/, *a.* sieroso. ● **s. fluid**, liquido sieroso □ (*anat.*) **s. membrane**, membrana sierosa.
serpent /ˈsɜːpənt/, *n.* *1* (*lett. o dial.*) serpente; serpe (*anche fig.*) *2* (*stor., mus.*) serpentone. ● **s. charmer**, incantatore di serpenti □ (*zool.*) **s.-eater** (*Sagittarius serpentarius*), serpentario; sagittario □ (*zool.*) **s. lizard** (*Chalcides chalcides*), luscengola □ (*bot.*) **s.'s tongue** (*Ophioglossum*), ofioglossa □ **the (old) S.**, il Serpente; il Diavolo.
serpentiform /səˈpɛntɪfɔːm/, *a.* serpentiforme.
serpentine /ˈsɜːpəntaɪn, *USA* -tiːn/, **A** *a.* *1* serpentino; di (*o* da) serpe *2* serpeggiante; sinuoso: **a s. road [river]**, una strada [un fiume] serpeggiante *3* (*fig.*) astuto; infido; maligno; perfido. **B** *n.* *1* (*miner.*) serpentino *2* (*mat.*) serpentina. ● **the S.**, la Serpentina (*laghetto in Hyde Park, a Londra*) □ (*mat.*) **s. curve**, serpentina □ (*geol.*) **s. rock**, serpentina □ **s. windings**, serpentine (*tubi a spire*; *svolte di una strada*); sinuosità (*di un fiume, ecc.*) □ (*dal Vangelo*) **s. wisdom**, saggezza profonda.
serpentlike /ˈsɜːpəntlaɪk/, *a.* di (*o* da) serpente; serpentino.
serpiginous /sɜːˈpɪdʒɪnəs/, *a.* (*med.*) serpiginoso.
serpigo /sɜːˈpaɪgəʊ/, *n.* (*pl.* **serpigoes, serpigines**) (*med.*) serpigine.
serpula /ˈsɜːpjʊlə/, *n.* (*pl.* **serpulae**) (*zool., Serpula*) serpula.
serrate /ˈsɛrət, -eɪt/, **serrated** /səˈreɪtɪd, *USA* ˈsɛreɪ-/, *a.* (*anat., bot., zool., mecc.*) dentellato; seghettato.
serration /səˈreɪʃn/, **serrature** /ˈsɛrətʃə(r), *USA* -tʃʊə(r)/, *n.* (*anat., bot., zool., mecc.*) dentellatura; seghettatura. ● (*mecc.*) **serrations**, denti.
serried /ˈsɛrɪd/, *a.* serrato; compatto; folto; fitto: **s. ranks of soldiers**, schiere serrate di soldati.
serrulate(d) /ˈsɛrʊleɪt(ɪd), -rj-/, *a.* (*anat., bot., zool.*) finemente dentellato (*o* seghettato).
serrulation /sɛrʊˈleɪʃn, -rj-/, *n.* (*bot., zool.*) fine dentellatura (*o* seghettatura).
serum /ˈsɪərəm/, *n.* (*pl.* **serums, sera**) *1* (*fisiol., med.*) siero *2* (*bot.*) linfa. ● (*med.*) **s. accident**, accidente da siero; sieroanafilassi; shock da siero □ **s. albumin**, sieroalbumina □ **s. globulin**, sieroglobulina.
serval /ˈsɜːvl/, *n.* (*zool., Felis serval*) servalo; gattopardo africano.
servant /ˈsɜːvnt/, *n.* *1* (*termine in disuso*; = **domestic s.**) servitore; servo; domestico, domestica *2* (*fig.*) servo, servitore: **A minister is a s. of God**, un ministro del culto è un servo di Dio *3* (*econ.*) prestatore d'opera; dipendente. ● **s. girl** (*o* **s. maid**), domestica; fantesca (*lett.*) □ **servants' hall**, stanza della servitù □ **the s. question**, il problema delle persone di servizio □ **a civil s.**, un impiegato statale; un

pubblico dipendente □ **general s.**, domestico (*o* domestica) tuttofare □ **indoor servants**, servi di casa □ **outdoor servants**, giardinieri, stallieri, ecc. □ **a public s.**, un pubblico funzionario □ (*arc. o scherz.*) **your humble s.!**, servo Vostro! □ (*prov.*) **Fire is a good s. but a bad master**, il fuoco è buon servitore, ma cattivo padrone.

serve /sɜːv/, **A** *n.* **1** (*tennis, ecc.*) servizio; battuta: **He has an accurate s.**, ha un servizio preciso; **What a powerful s.!**, che servizio potente! **2** (*pallavolo*) battuta: **to draw lots for the choice of s. or court**, tirare a sorte per la scelta della battuta o del campo. **B** *inter.* – (*tennis*) **S.!**, palla!

to **serve** /sɜːv/, *v. t.* e *i.* **1** servire; essere a servizio (di); servire (da); fare (da); giovare; servire (*o* portare) in tavola; bastare: **He served in the navy**, ha servito (ha prestato servizio) in marina; **She has served the Joneses since she was a girl**, è al servizio dei Jones fin da ragazzina; **This box will s. for a table**, questa cassetta farà da tavola; **Are you being served, madam?**, La stanno servendo, signora?; **Dinner is served!**, il pranzo è servito (*o* è in tavola); **This explanation will s. to make my theory clearer**, questa spiegazione servirà a rendere più chiara la mia teoria; **One pound of butter serves him for a week**, una libbra di burro gli basta per una settimana **2** trattare: **He served me badly**, mi trattò malissimo **3** fare, prestare (*servizio e sim.*); essere sotto le armi: **He has served his apprenticeship**, ha fatto il suo tirocinio; **He has served in the army for two years**, è nell'esercito da due anni **4** (*leg.*) intimare; notificare; presentare: **to s. a summons on sb.** (*o* **to s. sb. with a summons**), intimare a q. un mandato di comparizione; citare q. in giudizio; **to s. a warrant of arrest**, presentare un mandato di cattura; **to s. a paper**, notificare un atto **5** (*leg.*) espiare (*una pena*); scontare (*una condanna*): **a man serving life**, un uomo che sconta una condanna all'ergastolo; un ergastolano **6** (*tennis, pallavolo, ecc.*) battere; servire; effettuare il servizio: **to s. a ball**, battere una palla; servire; **to s. well [badly]**, avere un buon [un cattivo] servizio; **It's your turn to s.**, la battuta è tua **7** (*naut.*) fasciare: **to s. a rope**, fasciare un cavo **8** servire a tavola **9** (*di bestiame*) montare; coprire: **to s. a mare**, coprire una cavalla **10** (*naut.*: *della marea*) essere favorevole. ● (*mil.*) **to s. as an officer**, prestare servizio come ufficiale □ **to s. as a reminder [as a spoon]**, servire da promemoria [da cucchiaio] □ **to s. at table**, servire a tavola □ (*mil.*) **to s. a battery**, servire una batteria □ **to s. behind the counter**, servire (*o* stare) al banco (*in un negozio, ecc.*) □ (*mil.*) **to s. a gun**, servire un pezzo; caricare un cannone □ (*fig. fam.*) **to s. sb. hand and foot**, servire q. di barba e di capelli □ **to s. in the Armed Forces**, fare parte delle Forze Armate; essere un militare □ (*polit.*) **to s. in Parliament**, essere un membro del Parlamento □ (*relig.*) **to s. mass**, servire la messa □ **to s. an office**, tenere una carica fino alla scadenza □ **to s. on a committee**, fare parte di una commissione; essere membro di un comitato □ (*leg.*) **to s. on a jury**, fare parte di una giuria □ **to s. a purpose**, servire a uno scopo □ **to s. sb.'s purpose**, servire a q.; andare bene (lo stesso): **I haven't got a screwdriver, but a knife will s. my purpose**, non ho un cacciavite, ma un coltello va bene lo stesso □ **to s. some private ends**, avere qualche fine particolare; fare il proprio interesse personale □ **to s. sb. right**, trattare q. come si merita; (*impers.*) meritarsi: **It served him right to lose his job**: **he was always taking time off for no reason**, il licenziamento se l'è meritato: faceva sempre assenze ingiustificate □ (*polit.*) **to s. a term (of office)**, restare in carica per un mandato □ (*fam.*) **to s. time**, essere in carcere; stare al fresco (*fam.*) □ (*spesso fig.*) **to s. two masters**, servire due padroni □ (*polit.*: *di un presidente, ecc.*) **to s. two terms**, restare in carica per due mandati □ **to s. sb. a trick** (*o* **to s. a trick on sb.**), fare uno scherzo a q.; giocare un tiro a q. □ **to s. sb.'s wants**, soddisfare le necessità di q. □ **as occasion serves**, quando si presenta l'occasione; al momento opportuno □ **It serves my turn** (*o* **my need**), fa al caso mio; serve al mio scopo □ **if my memory serves (me)**, se mi assiste la memoria; se la memoria non mi tradisce □ **This nail is too short to s.**, questo chiodo è troppo corto; non serve (*o* non va bene) □ (*fam.*) **Serves you right!**, ben ti sta!

♦**serve out**, *v. t.* + *avv.* **1** servire, mettere in tavola (*vivande*) **2** distribuire (*razioni*) **3** finire, completare, portare a termine: **to s. out one's term of office**, portare a termine il proprio mandato; restare in carica fino alla fine **4** espiare (*o* scontare) fino in fondo: **to s. out ten years in jail**, scontare dieci anni di carcere **5** (*fam.*) farla scontare (*o* pagare) a (q.): **I'll s. him out for what he's done to me**, gliela farò pagare per quello che mi ha combinato □ **to have served out one's time**, (*di un soldato*) avere finito la ferma; (*di un carcerato*) avere scontato la pena.

♦**serve round**, *v. t.* + *avv.* (*o prep.*) servire (a); fare un giro di (*bevande, vivande*): **She served cocktails round (her guests)**, fece un giro di cocktail (ai suoi ospiti).

♦**serve under**, *v. i.* + *prep.* **1** (*anche mil.*) servire sotto (q.); essere agli ordini di (q.) **2** avere (*o* ricoprire) una carica in sottordine a (q.); fare (*il segretario, il ministro, ecc.*) in (*un ufficio, un governo, ecc.*): **He has served as a foreign minister under several government**, ha fatto il ministro degli esteri in vari governi.

♦**serve up**, **A** *v. t.* + *avv.* **1** servire (*una pietanza, ecc.*): **S. it up hot**, servitelo caldo **2** (*fig.*) servire; fornire, insegnare, comunicare (*e sim.*): **This teacher serves up the same old stuff**, questo docente insegna sempre le stesse cose rifritte (*o* rimasticate). **B** *v. i.* + *avv.* mettere in tavola; portare da mangiare.

♦**serve with**, *v. t.* + *prep.* **1** servire a (q.) (*una vivanda, una bevanda*): **to s. sb. with soup**, servire la zuppa a q. **2** servire, dare (*merce*) a (*un cliente*) **3** (*specialm. mil.*) prestare servizio in (*un reparto*); combattere con: **My father served with the Fifth Army at Cassino**, mio padre combatté a Cassino con la Quinta Armata □ (*fig.*) **to s. sb. with the same sauce**, ripagare q. della stessa moneta.

server /ˈsɜːvə(r)/, *n.* **1** (*relig.*) chi serve la messa; chierico **2** servitore; cameriere **3** (*tennis, pallavolo, ecc.*) chi batte; chi ha la battuta (*o* il servizio) **4** vassoio **5** carrello (*portavivande*). ● **fish servers**, posate per il pesce □ **salad servers**, posate da insalata.

servery /ˈsɜːvərɪ/, *n.* banco delle vivande (*di trattoria, self-service, ecc.*).

Servian (**1**) /ˈsɜːvɪən/, *a.* e *n.* (*stor.*) Serbo.

Servian (**2**) /ˈsɜːvɪən/, *a.* (*stor. romana*) di Servio Tullio; serviano: **the S. wall**, le mura serviane.

service (**1**) /ˈsɜːvɪs/, *n.* **1** servizio; impiego (*anche fig.*); servigio; favore; atto utile; prestazione professionale; funzione ecclesiastica; rito religioso; ufficio; culto: **to be in s.**, essere in servizio; **to be in** (*o* **on**) **active s.**, essere in servizio attivo; **to be out of s.**, essere fuori servizio; **She entered the s. of a rich family**, andò a servizio presso una famiglia di gente ricca; **His services to the country have been invaluable**, i servigi da lui resi alla patria sono stati preziosi; **You will need a lawyer's services**, avrai bisogno (delle prestazioni) di un avvocato; **The food is excellent but the s. is not so good**, il cibo è eccellente ma il servizio non è molto buono; **Prices include s.**, il servizio è incluso (*nel prezzo*); **a silver tea s.**, un servizio da tè d'argento; (*relig.*) **divine s.**, servizio divino; funzione religiosa; **the burial s.**, il rito (*o* il servizio) funebre; (*tennis*) **His s. is not very accurate**, il suo servizio è alquanto impreciso **2** (*comm., ind., mecc.*) servizio; assistenza; manutenzione; tagliando (*fam.*): (*ind.*) **s. engineer**, capo della manutenzione; (*comm.*) **s. department**, ufficio assistenza (*ai clienti*); **We provide s. to our customers**, prestiamo assistenza ai nostri clienti; **I must take my car in for its 5,000-mile s.**, devo fare il tagliando dei 10.000 (kilometri) alla macchina **3** (*leg.*) notificazione; notifica: **s. by publication**, notifica mediante pubblicazione (*sulla stampa*) **4** (*naut.*) fasciatura (*di un cavo, ecc.*) **5** (*pl.*) (*econ.*) (i) servizi; (le) attività terziarie: **goods and services**, beni e servizi **6** (*pl.*) (*fam.*) **the Services**, le Forze Armate **7** (*di bestiame*) monta. ● (*autom.*) **s. area**, area di servizio □ (*mecc.*) **s. bay**, posto macchina (*in officina*) □ (*relig.*) **s. book**, rituale □ (*autom.*) **s. brake**, freno di stazionamento □ (*telef.*) **s. call**, chiamata di controllo □ (*aeron.*) **s. ceiling**, quota massima operativa □ **s. centre**, centro servizi □ **s. charge**, percentuale per un dato servizio; (*tur.*) servizio; (*banca*) commissione, competenza: **S. charge**: **10%**, servizio: 10%; **No s. charge**, servizio incluso (*in un albergo, ecc.*) □ (*leg.*) **s. contract**, contratto di manutenzione □ (*mil.*) **s. dress**, divisa d'ordinanza; uniforme di servizio □ **s. entrance**, entrata di servizio □ **s. flat**, appartamento in un residence □ **s. hatch**, passavivande □ (*econ.*) **the s. industry**, il settore dei servizi; il terziario □ **s. life**, vita militare □ **s. lift** (*USA*: **s. elevator**), ascensore di servizio; montacarichi □ (*tennis*) **s. line**, linea di servizio □ (*miss.*) **s. module**, modulo di servizio □ (*leg.*) **s. of process**, citazione in giudizio □ **s. pipe**, tubo d'alimentazione; condotto dell'acqua (*o* del gas) (*dalla tubatura stradale all'utente*) □ **s. record**, stato di servizio □ (*mil.*) **s. rifle**, fucile d'ordinanza □ **s. road**, controviale □ (*econ.*) **the services sector**, il settore dei servizi; il terziario □ (*naut.*) **s. speed**, velocità di crociera □ (*edil.*) **s. stairs**, scale di servizio □ (*autom.*) **s. station**, stazione di servizio; officina □ (*econ.*) **the s. trades**, il settore terziario (*o* dei servizi) □ (*USA*) **s. uniform**, *V.* **s. dress** □ **after-sales s.**, servizio assistenza (*ai clienti*) □ **the armed services**, le forze armate □ **church s.**, funzione religiosa □ **the civil s.**, la pubblica amministrazione; la burocrazia statale (*in G.B.*) □ **the diplomatic s.**, la diplomazia □ **to do sb. a s.**, rendere un servigio (fare un favore) a q. □ **the fighting services**, le forze armate □ (*relig.*) **full s.**, funzione solenne (*con musica e canto del coro*) □ **to go out to** (*o* **to go into**) **s.**, andare a servizio □ **to have seen s.**, (*di persona*) essere stato al servizio dello Stato; (*specialm.*) aver prestato servizio nelle forze armate; (*di cosa, indumento*) essere stato indossato a lungo, esser logoro □ **to be in the services**, essere sotto le armi; essere nelle forze armate □ **to be of s. to sb.**, essere utile (*o* giovevole) a q. □ (*mil.*) **s. on the front line**, servizio in zona operazioni □ **on His** (*o* **Her**) **Majesty's S.** (*abbr.* **O.H.M.S.**), al servizio di Sua Maestà; (*stampato sulle buste della corrispondenza governativa*) servizio di Stato, in franchigia postale □ **personal s.**, (*leg.*) notificazione in mani proprie (*fatta direttamente all'interessato*); (*stor.*) prestazioni personali (*del vassallo*) □ (*relig.*) **plain s.**, servizio divino normale (*cfr. ital. «messa piana»*) □ (*econ.*) **the public services**, i servizi pubblici □ (*leg.*) **substituted s.**, notificazione non in mani proprie □ **to take a girl into one's s.**, prendere una ragazza a servizio □ **train s.**, servizio di treni; servizio ferroviario □ **Can I be of s. to you?**, posso esserLe utile?; posso fare qualcosa per Lei? □ **I am at your s.!**, sono al tuo servizio!; sono a tua disposizione □ (*tennis*) **It's my s.!**, ho la battuta io!; tocca a me servire! □ (*mil.*) **Which s. were you in?**, in quale arma (*o* corpo) hai prestato servizio?

service (**2**) /ˈsɜːvɪs/, *n.* (*bot., Sorbus dome-*

stica; = **s. tree**) sorbo. ● **s. berry**, sorba.

to **service** /'sɜːvɪs/, *v. t.* ***1*** mantenere in ordine, fare la manutenzione di, provvedere alla manutenzione di, riparare (*un'automobile, un televisore, ecc.*) ***2*** (*comm.*) prestare assistenza a: **We s. our clients**, prestiamo assistenza ai nostri clienti ***3*** servire; fornire d'energia, ecc.: **One power company services the whole region**, una sola società elettrica serve tutta la regione ***4*** (*fin.*) pagare gli interessi su (*un debito*) ***5*** (*elab.*) servire, soddisfare (*richieste, ecc.*) ***6*** (*zootecnia*) montare.

serviceability /sɜːvɪsə'bɪlətɪ/, *n.* ***1*** utilità; praticità; funzionalità; (*ind.*) utilizzabilità ***2*** (*di stoffa, ecc.*) durata, resistenza (*all'uso*) ***3*** (*mecc.*) stato di efficienza.

serviceable /'sɜːvɪsəbl/, *a.* ***1*** utile; pratico; funzionale; (*ind.*) utilizzabile: **a s. instrument**, uno strumento utile; **a s. equipment**, un'attrezzatura pratica ***2*** (*di stoffa, ecc.*) durevole; resistente ***3*** (*mecc.*) efficiente. || **-ably**, *avv.*

serviceableness /'sɜːvɪsəblnəs/, *V.* **serviceability**.

serviceman /'sɜːvɪsmən/, *n.* (*pl.* **servicemen**) ***1*** membro delle forze armate; soldato; marinaio; aviere ***2*** tecnico; addetto alla manutenzione (*o* alle riparazioni).

servicing /'sɜːvɪsɪŋ/, *n.* ***1*** assistenza (*ai clienti*); manutenzione (*di macchine, veicoli, ecc.*): (*autom.*) **cost of s.** (*o* **s. cost**), costo di manutenzione ***2*** (*autom., comm.*) servizio (di) assistenza ***3*** (*fin.*) servizio: **the s. of external debt**, il servizio del debito estero. ● (*econ.*) **the s. industry**, il settore dei servizi.

serviette /sɜːvɪ'ɛt/ (*franc.*), *n.* tovagliolo.

servile /'sɜːvaɪl, *USA* -vl/, *a.* ***1*** servile; di servo; di schiavo: **s. condition**, condizione servile; **s. war**, guerra servile; **s. revolt**, rivolta degli schiavi ***2*** servile; abietto; basso: **s. spirit**, animo servile; **s. imitation**, imitazione servile (*o* pedissequa). ● (*relig.*) **s. works**, lavori manuali (*vietati la domenica*). || **-ly**, *avv.*

servilism /'sɜːvɪlɪzəm/, *n.* ***1*** servilismo; servilità ***2*** schiavismo.

servility /sɜː'vɪlətɪ/, *n.* ***1*** servilità; servilismo ***2*** servitù; schiavitù.

serving /'sɜːvɪŋ/, **A** *a.* ***1*** che serve; (fatto) per servire: **s. fork**, forchetta per servire (*a tavola*) ***2*** (*mil.*) (che è) in servizio: **s. officers**, gli ufficiali in servizio attivo. **B** *n.* ***1*** arte (*o* modo) di servire (*i pasti, ecc.*); servizio ***2*** porzione (*di cibo*); fetta (*di dolce, ecc.*) ***3*** (*leg.*) notifica (*di un atto, ecc.*); notificazione ***4*** (*tecn.*) rivestimento; protezione ***5*** (*naut.*) fasciatura ***6*** (*sport*) il servire (*la palla*); battuta. ● (*pallavolo*) **s. area**, zona di battuta □ **the s. team**, la squadra che ha la battuta.

Servite /'sɜːvaɪt/, *n.* (*relig.*) servita.

servitor /'sɜːvɪtə(r)/, *n.* ***1*** (*arc. o poet.*) servitore; domestico; seguace ***2*** (*stor., all'università di Oxford*) studente che prestava servizio in cambio d'un sussidio del suo college.

servitude /'sɜːvɪtjuːd, *USA* -tuːd/, *n.* ***1*** servitù; schiavitù; soggezione ***2*** (*leg., raro*) servitù. ● (*leg., stor.*) **penal s.**, lavori forzati (*aboliti in G.B. nel 1948*).

to **servo** /'sɜːvəʊ/, *v. t.* (*mecc.*) azionare con un servomeccanismo.

servo-assisted /'sɜːvəʊəsɪstɪd/, *a.* (*mecc.*) servoassistito: (*autom.*) **s. disc brakes on all four wheels**, freni a disco servoassistiti sulle quattro ruote.

servo-brake /'sɜːvəʊbreɪk/, *n.* (*autom.*) servofreno.

servo-control /'sɜːvəʊkəntrəʊl/, *n.* (*mecc., aeron.*) servocomando.

servo-mechanism /'sɜːvəʊmɛkənɪzəm/, *n.* (*mecc.*) servomeccanismo.

servomotor /'sɜːvəʊməʊtə(r)/, *n.* (*mecc., naut.*) servomotore.

servo-system /'sɜːvəʊsɪstəm/, *n.* (*mecc.*) servosistema.

sesame /'sɛsəmɪ/, *n.* (*bot., Sesamum indicum*) sesamo: **s. oil**, olio di sesamo. ● **Open s.!**, apriti sesamo! (*formula magica*).

sesamoid /'sɛsəmɔɪd/, *a.* e *n.* (*anat.*) (osso) sesamoide.

sesquioxide /sɛskwɪ'ɒksaɪd/, *n.* (*chim.*) sesquiossido.

sesquipedal /sɛ'skwɪpɪdl/, **sesquipedalian** /sɛskwɪpɪ'deɪlɪən/, *a.* sesquipedale; plurisillabo; lunghissimo: **s. words**, parole sesquipedali.

sessile /'sɛsaɪl, *USA* -sl/, *a.* (*bot., zool., med.*) sessile.

session /'sɛʃn/, *n.* ***1*** sessione; seduta (*del parlamento, di un tribunale, di una commissione*); (*leg.*) udienza; riunione: **to be in s.**, essere in seduta; **Parliament had a long s.**, la sessione parlamentare durò a lungo ***2*** (*specialm. scozz. e USA*) trimestre; semestre: **The summer s. of our university is from April to July**, il trimestre estivo della nostra università va da aprile a luglio ***3*** sessione, «session»; seduta; riunione: **a jazz s.**, una jazz session; **a recording s.**, una seduta di registrazione; **a dancing s.**, una riunione per ballare. ● **s. musician**, musicista che partecipa a registrazioni □ (*leg., in Scozia*) **the Court of S.**, la Corte Suprema □ (*leg.*) **in closed s.**, a porte chiuse.

sessional /'sɛʃənl/, *a.* ***1*** di sessione; di seduta ***2*** che avviene a ogni seduta (*o* sessione). ● (*polit.*) **s. order**, ordinanza parlamentare valevole per una sessione.

sesterce /'sɛstɜːs/, *V.* **sestertius**.

sestertius /sɛ'stɜːtɪəs, -ʃɪəs/, *n.* (*pl.* **sestertii**) (*stor. romana*) sesterzio.

sestet /sɛ'stɛt/, *n.* ***1*** (*mus.*) sestetto ***2*** (*poesia*) le due terzine finali di un sonetto (*di tipo italiano*).

set (1) /sɛt/, *n.* ***1*** assortimento; collezione; raccolta; complesso; insieme (*di cose affini*); serie; servizio (*di piatti, ecc.*); set; coordinato: **a set of medical instruments**, un assortimento di strumenti medicali; **a set of rare books**, una collezione di libri rari; **a carpentry set**, un complesso di arnesi da falegname; **a set of lectures**, una serie di conferenze; **a china set**, un servizio di porcellana; **a tea set**, un servizio da tè ***2*** gruppo (*di persone*); consorteria; cricca; squadra; ambiente, mondo (*fig.*): **a set of politicians**, una consorteria di politicanti; **a set of smugglers**, una cricca di contrabbandieri; **the political set**, gli ambienti politici; **the racing set**, l'ambiente delle corse ippiche; **the literary set in a town**, gli ambienti letterari di una città; **the smart set**, il bel mondo; (*sport*) **a fine set of players**, una bella squadra (di giocatori) ***3*** (*radio, TV*) apparecchio; radio; televisore: **a radio set**, un apparecchio radio; **a television set**, un televisore ***4*** (*solo al sing.*) conformazione; portamento; positura, postura: (*geogr.*) **the set of the hills**, la conformazione delle colline; **the set of one's head**, il modo di tenere la testa (*alta, china, ecc.*); **the set of one's shoulders**, la positura delle spalle ***5*** (*solo al sing.*) direzione; corso; moto; tendenza; inclinazione; propensione: **the set of the current**, la direzione della corrente; **the set of public opinion**, la tendenza dell'opinione pubblica; **The set of his mind is towards intolerance**, l'inclinazione del suo animo è verso l'intolleranza; tende a essere intollerante ***6*** (*teatr.*) set; scenario; allestimento scenico; (*cinem.*) set ***7*** (*costr. stradali*) blocchetto (*da pavimentazione*); quadrello ***8*** (*tennis*) partita; set ***9*** (*agric.*) pianticella (*da trapianto*); talea ***10*** (*caccia, spesso* **dead set**) punta, ferma (*di cane*) ***11*** (*edil., mecc.*) deformazione permanente ***12*** (*elab.*) posizionamento ***13*** (*ind. costr.*) presa (*della malta o del cemento*); (*anche*) stabilitura ***14*** (*di sega*) allicciatura ***15*** (*ind. min.*) quadro; struttura di supporto (*d'una galleria*) ***16*** (*tipogr.*) larghezza (*dei caratteri*) ***17*** (*zool.*) covata (*d'uova*) ***18*** (*naut.*) gioco (*o* muta) delle vele ***19*** (*mat.*) insieme: **the theory of sets** (*o* **the set theory**), la teoria degli insiemi ***20*** (*cucina*) il rapprendersi; coagulamento ***21*** (*dei capelli*) messa in piega (*il risultato*) ***22*** (*poet.*) tramonto; occaso (*poet.*) ***23*** (*pop. USA*) festa; party. ● (*cinem.*) **set decorator** (*o* **set designer**), scenografo □ **set-down**, rimprovero; affronto, offesa □ **a set of diamonds**, una parure di diamanti □ (*mat.*) **a set of equations**, un sistema di equazioni □ **the set of a jacket**, il taglio d'una giacca; il modo in cui cade una giacca □ (*comm., fin.*) **set of exchange**, prima, seconda e terza di cambio □ **a set of horses**, un tiro (a due, a quattro) □ **a set of pearls**, un vezzo di perle □ (*leg.*) **set of rules**, normativa □ (*comm.*) **set of samples**, campionario □ **a set of (artificial) teeth**, una dentiera □ **a set of (natural) teeth**, una dentatura □ **a set of thieves**, una banda di ladri □ (*autom.*) **a set of tyres**, un treno di gomme □ (*pop. USA*) **a set of wheels**, un'automobile; quattro ruote (*pop.*) □ **set-out**, inizio, principio; esposizione, mostra (*di merci*) □ (*tennis*) **set point**, punto che può decidere un set; set point □ (*mat.*) **set theory**, teoria degli insiemi □ (*fam.*) **set-to**, baruffa; battibecco; lite; rissa; zuffa □ **set-up**, *V.* **setup** □ **at the first set-out**, fin dall'inizio □ (*fig.*) **to make a dead set at sb.**, attaccare (*o* criticare) a fondo q.; sferrare un attacco contro q.; fare una corte spietata a (*una donna, ecc.*) □ **a toilet set**, un set da bagno (*pettine, specchietto, ecc.*).

set (2) /sɛt/, *a.* ***1*** posto; collocato; situato: **The cottage is set back from the road**, la villetta è in posizione arretrata rispetto alla strada; **The old village is set on a hill**, il paese vecchio è situato su una collina ***2*** fisso; fermo; saldo; reciso: **set rules**, regole fisse; **a set stare**, uno sguardo fisso; **set wages**, salario fisso; **a set purpose**, un saldo proposito; **a man of set opinions**, un uomo dalle idee ferme (*o* recise); un testardo ***3*** fisso; fissato; stabilito; prestabilito: **He studies at set hours**, studia a ore fisse; **at the set time**, all'ora stabilita ***4*** preparato; studiato, stereotipato; fatto: **a set speech**, un discorso preparato; **a set smile**, un sorriso studiato (*o* stereotipato); **set phrases**, frasi fatte; luoghi comuni ***5*** deciso; risoluto; determinato: **He is set on going abroad**, è deciso a emigrare; **He's dead set on marrying her**, è fermamente deciso a sposarla; **His mother is dead set against his marriage**, sua madre è decisamente contraria al suo matrimonio ***6*** (*tur.*: *di pasto o ristorante*) a prezzo fisso ***7*** (*tecn.*) inserito; attaccato: **«antitheft device set»** (*avviso*), «antifurto inserito» ***8*** (*di uno strumento, ecc.*) messo a punto; regolato; tarato ***9*** destinato; probabile: **This problem is set to cause a lot of trouble to the management**, questo problema è destinato a creare molti guai alla direzione; **The weather is set to change for the worse**, è probabile che il tempo peggiori ***10*** (*fam.*) pronto: **Everything was set for the picnic**, tutto era pronto per il picnic. ● (*mil.*) **a set battle**, una battaglia campale □ **set books**, libri da portare per l'esame; testi prescritti □ (*del tempo*) **set fair**, messo al bello; bello stabile □ **set hammer**, martello piano; butteruola □ **to be set in one's ways**, avere abitudini radicate; essere irremovibile □ **set lunch**, menù turistico □ **set piece**, (*arte, letter.*) lavoro convenzionale; (*anche fig.*) pezzo forte (*o* di bravura); (*teatr.*) scena fissa; fuochi d'artificio fissi; (*mil.*) operazione preparata a tavolino; (*sport*) manovra studiata, azione pianificata □ (*rugby*) **set scrum**, mischia chiusa (*o* comandata) □ **The sky was set with stars**, il cielo era trapunto di stelle □ (*sport*) **«Get set! – go!»**, «pronti! – via!».

to **set** /sɛt/ (*pass.* e *p. p.* **set**), **A** *v. t.* ***1*** mettere; porre; posare; disporre; collocare: **She set the bowl of milk before the kitten**, mise la ciotola di latte davanti al gattino; **He set his hand on my shoulder**, mi posò la mano sulla spalla; **to set a trap**, collocare (*o* preparare) una trappola; **to set a wheel on the axle**, collocare una ruota sull'asse; **Set your mind at ease**, mettiti l'animo in pace; **He set the men to dig a ditch**, mise gli uomini a scavare un fossato; **They set the pretender on the throne**, misero sul trono il pretendente; **We set pickets around the factory**, mettemmo picchetti intorno alla fabbrica; **They set a price on his head** (*o* **on his life**), misero una taglia sulla sua testa ***2*** conficcare; piantare: **I set the pole in the ground**, piantai (*o* conficcai) il palo nel terreno; **to set potatoes**, piantar patate ***3*** fissare; rendere fisso; assicurare: **Set the glass in the window**, fissa il vetro alla finestra! ***4*** fissare; stabilire: **The price was set at 50 pounds**, il prezzo è stato fissato in 50 sterline; **The time and date of the meeting have not yet been set**, la data e l'ora della riunione non sono state ancora stabilite ***5*** (*mecc.*) regolare; registrare; tarare, mettere a punto; sistemare; preparare (*per l'uso*); inserire, attaccare: **to set a clock** (*o* **a watch**), regolare un orologio; rimettere un orologio (all'ora giusta); **to set an alarm clock**, regolare (*o* mettere) una sveglia; **to set an antitheft alarm system**, inserire un antifurto ***6*** assegnare; dare; proporre: **The teacher set us two chapters of history to study for the next day**, l'insegnante ci diede due capitoli di storia da studiare per il giorno dopo ***7*** fare rapprendere; rendere solido; seccare; solidificare; rassodare: **to set varnish**, seccare la vernice; **Warm weather sets cement**, il caldo solidifica il cemento ***8*** contrarre; irrigidire; stringere; serrare: **to set one's lips**, stringere le labbra ***9*** (*tecn.*) fissare (*un colore*) ***10*** incastonare; montare (*gioielli, pietre preziose*) ***11*** affilare (*un coltello, un rasoio, ecc.*) ***12*** allicciare (*una sega*) ***13*** (*tipogr.*) comporre: **This dictionary has been set (up) by machine**, questo dizionario è stato composto a macchina; **to set close [wide]**, comporre con poca [con molta] spaziatura ***14*** (*mus.*) adattare (*musica a un testo, parole a una musica*): **to set piano music for the violin**, adattare al violino musica scritta per pianoforte ***15*** (*letter., cinem., teatr., ecc.*) ambientare (*una storia, un racconto, ecc.*): **The (action of the) film is set in Venice**, il film è ambientato a Venezia; l'azione del film si svolge a Venezia ***16*** (*med.*) aggiustare, mettere a posto (*un osso rotto, ecc.*): **to set a (broken) leg**, aggiustare una gamba rotta ***17*** (*leg.*) apporre (*un sigillo a un documento, ecc.*) ***18*** accostare; avvicinare; applicare: **to set a match to the gas ring**, accostare un fiammifero al fornello a gas (portatile) ***19*** (*sport*) stabilire (*un nuovo record*) ***20*** (*teatr.*) allestire, attrezzare (*il palcoscenico*); montare (*una scena*) ***21*** (*naut.*) issare, spiegare (*le vele*) ***22*** (*naut.*: *del vento, ecc.*) portare, spingere (*una nave*): **The tide set us towards the island**, la corrente della marea ci spinse verso l'isola ***23*** (*naut.*) dirigere, volgere (*un'imbarcazione*): **They set the trawler for shore**, diressero il peschereccio a riva ***24*** (*naut.*) tracciare (*la rotta*) ***25*** (*elab.*) posizionare; impostare ***26*** mettere (*una gallina, ecc.*) a covare (*o* alla cova) ***27*** far covare (*uova*) ***28*** (*caccia*: *del cane*) puntare (*la selvaggina*) ***29*** mettere in piega (*i capelli*). **B** *v. i.* ***1*** (*di un astro o pianeta*) tramontare; calare: **The sun sets in the west**, il sole tramonta a occidente; **The moon is setting**, sta calando la luna ***2*** (*fig.*) tramontare; essere in declino: **Male supremacy is slowly setting**, la supremazia del maschio sta lentamente tramontando ***3*** indurirsi; (*edil.*) fare presa; solidificare; rassodarsi; rapprendersi; coagularsi: **The mortar hasn't set yet**, la malta non ha ancora fatto presa; **This jam has set at last**, questa marmellata s'è finalmente rassodata; **The milk has set**, il latte s'è rappreso (*o* s'è coagulato) ***4*** (*fig.*) indurirsi; irrigidirsi; assumere un'espressione dura: **His face set and he hit back**, la faccia gli s'indurì ed egli colpì a sua volta ***5*** muoversi, fluire, scorrere, spirare (*in una data direzione*): **The Gulf Stream sets eastwards**, la Corrente del Golfo fluisce verso est; **The wind was setting from the mountain tops to the valley below**, il vento spirava dalle cime dei monti verso la valle sottostante ***6*** volgersi (*o* voltarsi, orientarsi) verso; prendere posizione (*fig.*): **Public opinion has set against him**, l'opinione pubblica gli si è voltata contro; **Even left-wing parties are setting against terrorism**, anche i partiti di sinistra stanno prendendo posizione contro il terrorismo ***7*** (*med.*: *di un osso rotto*) saldarsi ***8*** (*di un colore*) fissarsi ***9*** (*di piante*) fiorire; germogliare; fruttificare ***10*** (*di fiori*) allegare ***11*** (*di gallina*) covare ***12*** (*di cane da caccia*) cadere in ferma ***13*** (*dei capelli*) prendere la piega ***14*** (*di un abito*) cadere; stare (*bene, male, ecc.*). ● **to set one's affairs in order**, mettere in ordine i propri affari □ **to set st. [the law] at defiance**, sfidare q.c. [la legge] □ **to set sb. at his ease**, mettere q. a suo agio □ (*form.*) **to set (sb., st.) at naught**, non fare alcun conto di, non stimare affatto (q., q.c.) □ (*fig.*) **to set one's cap at sb.**, mettere gli occhi addosso a q.; cercar d'accalappiare q.: **That girl is setting her cap at you**, quella ragazza cerca d'accalappiarti □ **to set sb.'s doubts at rest**, risolvere i dubbi di q. □ **to set eggs**, far covare le uova □ **to set one's face homeward**, prendere la via del ritorno □ **to set the fashion**, fare (*o* lanciare) la moda □ **to set sb. free**, mettere q. in libertà; lasciar libero, liberare q.; (*leg.*) rilasciare (*un detenuto*) □ (*mecc.*) **to set going**, mettere in moto; avviare □ **to set sb.'s heart** (*o* **mind**) **at rest**, tranquillare (*o* tranquillizzare) q. □ (*fig.*) **to set one's house in order**, fare ordine nella propria vita □ (*topogr.*) **to set a map**, orientare una carta □ **to set sb. laughing**, far ridere q. □ **to set the pace**, fare il passo; (*sport*) fare l'andatura; (*fig.*) fare da esempio, servir da modello □ (*a scuola*) **to set the papers**, preparare (*o* proporre) i temi d'esame □ **to set pen to paper**, metter mano alla penna; cominciare a scrivere □ **to set right**, accomodare, aggiustare (*un apparecchio, ecc.*); mettere a posto, correggere (*un errore, un conto, ecc.*); rimettere a posto (*o* in sesto); rinvigorire: **Set everything right again**, rimetti tutto a posto!; **to set a boy right**, mettere a posto (*o* raddrizzare) un ragazzo; **A short holiday will set you right**, una breve vacanza ti rimetterà in sesto □ (*naut.*) **to set sail**, far vela; salpare □ **to set seed(s)**, piantar semi; seminare □ **to set spurs to a horse**, dar di sprone a (*o* spronare) un cavallo □ (*fig.*) **to set a stone rolling**, suscitare un vespaio □ **to set st. straight**, raddrizzare q.c.: **Set your hat straight!**, raddrizzati il cappello! □ (*canottaggio*) **to set the stroke**, battere il tempo della voga; stabilire la vogata □ **to set the table**, apparecchiare (la tavola) □ **to set one's teeth**, serrare (*o* stringere) i denti; (*fig.*) tener duro □ **to set sb.'s teeth on edge**, allegare i denti a q.; (*fig.*) dare ai nervi a q. □ **to set sb. thinking**, fare pensare (*o* fare riflettere) q.; dare da pensare a q. □ **to set things going**, dare l'avvio; mettere le cose in moto □ (*mil.*) **to set a watch**, piazzare le sentinelle □ **His eyes set**, sbarrò gli occhi (*per uno svenimento o in punto di morte*).

♦**set about**, **A** *v. t. + avv.* mettere in giro, diffondere (*una diceria, una voce, ecc.*). **B** *v. i. + prep.* ***1*** menare colpi intorno a: **He set about him with a sword**, menava gran colpi di spada ***2*** assalire; aggredire; attaccare: **to set about sb. with one's fists**, aggredire q. a pugni ***3*** cominciare, accingersi, mettersi a: **to set about looking for a job**, mettersi a cercare lavoro □ **I didn't know how to set about it**, non sapevo da dove cominciare (*o* come attaccare).

♦**set above**, *v. t. + prep.* ***1*** mettere (q.c.) sopra; attaccare sopra ***2*** (*fig.*) anteporre a: **You must set the good of the community above your personal interest**, devi anteporre il bene comune al tuo interesse personale.

♦**set adrift**, *v. t. + avv.* (*naut.*) lasciare (q.) alla deriva, abbandonare (q.) in mare aperto.

♦**set afloat**, *v. t. + avv.* ***1*** (*naut.*) far galleggiare, mettere in acqua (*un'imbarcazione*); varare ***2*** (*fig.*) varare, lanciare (*un'impresa, un'azienda, ecc.*).

♦**set against**, *v. t. + prep.* ***1*** mettere (q.) contro; aizzare, istigare contro: **Don't set the daughter against her mother!**, non istigare la figlia contro la madre! ***2*** mettere (q.c.) sullo sfondo di; far risaltare contro (*l'orizzonte, ecc.*) ***3*** contrapporre a; paragonare con: **to set the advantages of the new invention against its dangers for the environment**, contrapporre i vantaggi della nuova invenzione ai pericoli che rappresenta per l'ambiente; **to set the year's proceeds against those of 1995**, paragonare i ricavi dell'annata con quelli del 1995 ***4*** *V.* **set off against** □ (*fig.*) **to set one's face against st.**, opporsi decisamente a q.c.; ostacolare q.c.

♦**set ahead**, *v. t. + avv.* ***1*** mettere avanti: **to set the clocks ahead two hours**, mettere avanti gli orologi di due ore ***2*** anticipare (*una data, una riunione, ecc.*) ***3*** (*del tempo*) far maturare prima (*le messi, il raccolto*).

♦**set apart**, *v. t. + avv.* ***1*** mettere da parte (*o* in serbo); risparmiare: **to set apart some money for a rainy day**, mettere da parte un po' di soldi per un'emergenza futura ***2*** serbare, riservare (*il proprio tempo*) ***3*** mettere (*o* tenere) in disparte (*o* da parte); tenere (q. *o* q.c.) separato (*dagli altri*) ***4*** (*fig.*) distinguere; contraddistinguere □ **to feel set apart from the others**, sentirsi diverso dagli altri.

♦**set ashore**, *v. t. + avv.* (*naut.*) sbarcare (*merci o passeggeri*).

♦**set aside**, *v. t. + avv.* ***1*** mettere da parte; spostare, scansare; posare, mettere via; lasciare da parte, trascurare, non tener conto di: **to set aside a chair**, spostare una sedia; **to set aside the newspaper [one's work], posare** (*o* mettere via) il giornale [il lavoro]; **Let's set aside our differences!**, lasciamo da parte le nostre divergenze! ***2*** mettere da parte (*o* in serbo); riservare (*tempo*); risparmiare (*denaro*) ***3*** tenere da parte (*merce*: *per un cliente*) ***4*** (*rag.*) accantonare (*denaro, profitti, ecc.*) ***5*** (*leg.*) annullare, cassare, revocare (*una sentenza*); annullare, rescindere (*un contratto*) □ **setting aside**, astraendo da; a prescindere da.

♦**set back**, *v. t. + avv.* ***1*** spostare indietro (*un mobile, un veicolo, ecc.*) ***2*** (*di un cane, ecc.*) piegare all'indietro, abbassare (*le orecchie, ecc.*) ***3*** impedire, ostacolare; rallentare; ritardare (*un progetto, ecc.*); far ritardare (q.): **to set back economic growth**, impedire lo sviluppo economico; **to set back output**, rallentare la produzione; **The harvest was set back by bad weather**, il raccolto è stato ritardato dal cattivo tempo ***4*** posticipare (*una data, una riunione, ecc.*) ***5*** mettere indietro (*un orologio*): (*fig.*) **to set the clock back to prewar times**, mettere indietro l'orologio rifacendosi alle condizioni prebelliche ***6*** (*edil.*) arretrare (*un edificio*: *rispetto alla strada, ecc.*) ***7*** (*fam.*) costare (*una certa somma*) a (q.): **The new car has set me back a fair bit**, la macchina nuova mi è costata un bel po' (di soldi).

♦**set before**, *v. t. + prep.* ***1*** porre, collocare (q.c.) davanti a (q.) ***2*** presentare, sottoporre (*una proposta, ecc.*) a (q.) ***3*** offrire, mettere davanti (*una scelta, ecc.*) a (q.) ***4*** (*fig.*) anteporre (q.c.) a.

♦**set beside**, *v. t. + prep.* ***1*** mettere (*o* collocare, posare) accanto a ***2*** mettere al fianco di (*fig.*); paragonare; contrapporre: **No one can be set beside him as a teacher**, come insegnante, non c'è l'uguale.

♦**set by**, **A** *v. t. + avv.* *V.* **set aside**, *def. 1* e *2*. **B** *v. t. + prep.* attribuire, dare (*valore, ecc.*) a: **to set great [little] store by st.**, dare grande [poca] importanza a q.c. □ (*fig.*) **to set people**

by the ears, fare litigare la gente.

♦ **set down**, *v. t. + avv.* **1** mettere giù; deporre; posare: **to set down one's case**, posare la valigia **2** (*trasp.*) fare scendere (*passeggeri*): **He asked to be set down at the bridge**, chiese d'essere fatto scendere al ponte **3** (*aeron.*) far atterrare (*un aereo*) **4** fissare, stabilire, decidere (*norme, condizioni, limiti, ecc.*): **The management sets down who shall get a raise in salary**, la direzione decide chi deve avere un aumento di stipendio **5** buttare giù (*fam.*); annotare; scrivere **6** segnare, tracciare (*su una cartina, una mappa, ecc.*) □ (*leg.*) **to set down a case for trial**, iscrivere a ruolo una causa □ **to set oneself down**, accomodarsi; sedersi.

♦ **set down as**, *v. t. + avv. + prep.* **1** iscrivere (*o* registrare) come (*o* in qualità di): **to set sb. down as a temporary worker**, registrare q. come lavoratore saltuario **2** considerare, pensare, ritenere; classificare (q. *o* q.c.) come: **I set her down as an actress**, ritenni che fosse un'attrice; **I set her down as very shy**, pensai che fosse molto timida; **We set him down as a swindler at once**, lo classificammo subito come un imbroglione □ **to set oneself down as**, dichiararsi, registrarsi come (*lavoratore autonomo, ecc.*).

♦ **set down to**, *v. t. + avv. + prep.* attribuire, ascrivere a: **You can set your success down to perseverance**, puoi attribuire il tuo successo alla tenacia.

♦ **set forth**, **A** *v. i. + avv.* (*arc.*) mettersi (in viaggio); partire: **to set forth on a journey**, mettersi in viaggio; **The knight set forth at dawn**, il cavaliere partì all'alba. **B** *v. t. + avv.* **1** (*form.*) esporre (*motivi, ecc.*); spiegare, manifestare **2** (*arc.*) esporre; mettere in mostra.

♦ **set forward**, **A** *v. t. + avv.* **1** mettere (più) avanti; tirare avanti (*una sedia, ecc.*) **2** (*del tempo, ecc.*) fare maturare prima (*le messi, il raccolto*) **3** esporre, proporre, suggerire (*un'idea, un progetto, ecc.*); avanzare (*una proposta*) **4** anticipare (*una data, una riunione, ecc.*) **5** mettere avanti (*un orologio*). **B** *v. i.* (*arc.*) mettersi in viaggio; partire.

♦ **set in**, **A** *v. t. + avv.* **1** inserire; introdurre **2** (*sartoria*) attaccare (*una manica*); applicare (*un rinforzo*); riportare (*una tasca, ecc.*): **a set-in pocket**, una tasca riportata **3** (*teatr.*) inserire (*una scena*) **4** (*tipogr.*) far rientrare (*una frase, un testo*) **5** (*naut.*) fare accostare (*una nave*) a riva. **B** *v. i. + avv.* **1** mettersi; cominciare a: **It set in to rain**, si mise a piovere; **before it sets in to snow**, prima che cominci a nevicare **2** farsi; diventare: **Darkness set in**, si fece buio; **Drizzle set in**, il tempo diventò piovigginoso **3** aversi; insorgere: **A violent reaction set in**, si ebbe (*o* ci fu) una violenta reazione; **Caries has already set in**, è già insorta la carie **4** instaurarsi; prendere piede (*fig.*): **A new fashion has set in**, ha preso piede una nuova moda **5** (*della marea*) avanzare **6** (*del vento*) alzarsi, soffiare verso terra □ (*fig. fam.*) **The rot (has) set in**, la situazione è peggiorata □ **The weather is setting in fine**, il tempo volge al bello.

♦ **set off**, **A** *v. t. + avv.* **1** far esplodere; accendere: **to set off a bomb**, far esplodere una bomba; **to set off a mine**, far esplodere una mina; **to set off a fuse [the fireworks]**, accendere una miccia [i fuochi d'artificio] **2** fare sparare, scaricare (*un'arma da fuoco*): **to set off a gun**, sparare un colpo di cannone; (*anche*) sparare con una pistola **3** (*mecc.*) fare partire; lanciare; azionare: **to set off a rocket**, fare partire (*o* lanciare) un razzo; **to set off the burglar alarm**, azionare l'allarme antifurto (*specialm. inavvertitamente*) **4** (*fig.*) dare il via a, causare; provocare; scatenare: **A new boom was set off by lower rates of discount**, la riduzione del tasso di sconto causò un nuovo boom; **to set off a violent reaction [a war]**, provocare una violenta reazione [scatenare una guerra] **5** far scoppiare (*q.: a ridere, piangere, ecc.*): **His funny remark set me off**, la sua buffa osservazione mi fece scoppiare a ridere **6** mettere in evidenza; far risaltare; esaltare (*fig.*): **Headwords are set off in bold type**, i lemmi sono evidenziati in neretto; **The girl's pale complexion set off her black eyes**, la carnagione pallida della ragazza faceva risaltare i suoi occhi neri **7** compensare, controbilanciare (*un debito, uno svantaggio, ecc.*). **B** *v. i. + avv.* **1** mettersi in viaggio; partire; andare; muoversi; (*sport*) prendere il via: **It's time to set off**, è ora di muoversi; **to set off for work [on a holiday]**, andare al lavoro [in vacanza]; **to set off running**, partire di corsa; **The cars have set off on the last lap**, le auto sono partite per l'ultimo giro (di pista) **2** (*fig.*) intendere; proporsi di; partire con l'idea di: **I had set off to do it by myself**, ero partito con l'idea di farlo da solo **3** (*fig.*) mettersi, cominciare a: **If he sets off complaining, he'll never stop**, se si mette a lamentarsi, non la finisce più □ **to set sb. off crying**, fare piangere q. □ **to set sb. off hiccuping**, fare venire il singhiozzo a q. □ **to set sb. off on his hobby-horse**, fare in modo che q. parli del suo argomento preferito.

♦ **set off against**, *v. t. + avv. + prep.* **1** controbilanciare, compensare (*un debito, uno svantaggio, ecc.*) con (*un credito, un vantaggio, ecc.*) **2** (*fisc.*) mettere (*o* portare) in detrazione di: **Interest payments may be set off against income tax**, gli interessi passivi pagati possono essere messi in detrazione d'imposta □ **This car is expensive, but you can set off its cost against the fact that it is extremely safe**, quest'automobile è cara, ma in compenso offre la massima sicurezza.

♦ **set on**, **A** *v. t. + avv.* **1** aizzare; istigare; mettere su (*fam.*): **It's Freddie who sets on the other boys**, è Freddie che mette su gli altri ragazzi **2** (*ingl.*) assumere; prendere (q.) alle proprie dipendenze. **B** *v. t. + prep.* **1** mettere (q.c.) su; posare su; porre su: **Set the book on the desk!**, metti il libro sulla scrivania! **2** aizzare, istigare, mettere su (q.) contro: **He set his dog on the thief**, aizzò il cane contro il ladro **3** assalire; attaccare: **The robbers set on him and killed him**, i predoni lo assalirono e l'uccisero **4** mettere (q.) a fare (*un lavoro*) □ (*anche fig.*) **to set one's cards on the table**, mettere le carte in tavola □ **to set eyes on sb.**, vedere q.: **I'd never set eyes on her**, non l'avevo mai vista prima □ (*fig.*) **to set a finger [a hand] on sb.**, toccare q. con un dito (*fig.*) [mettere le mani addosso a q. (*fig.*)] □ **to set sb. on his feet**, rimettere in piedi q. (*anche fig.*) □ **to set a firm on its feet**, rimettere in piedi (*o* in sesto) un'azienda □ **to set st. on fire**, dare alle fiamme q.c.; appiccare il fuoco a q.c.; incendiare q.c. □ **to set foot on**, mettere piede (*o* entrare) in □ (*fam.*) **to set hands on**, mettere le mani su (q. *o* q.c.); impadronirsi di; arrestare, catturare □ **to set one's heart on st.**, desiderare ardentemente q.c. □ **to set one's hopes in sb.**, riporre le proprie speranze in q. □ (*fam.*) **to set sb. on his way**, mettere q. sulla strada giusta; accompagnare q. per un tratto.

♦ **set out**, **A** *v. i. + avv.* **1** *V.* **set off, B**, *def. 1* e *2* **2** mettersi; cominciare, iniziare (*un'attività, ecc.*): **to set out in business**, mettersi in affari; **to set out as a freelance photographer**, mettersi a fare il paparazzo; **to set out on one's work**, cominciare il proprio lavoro. **B** *v. t. + avv.* **1** disporre; collocare; sistemare bene; esporre, mettere in mostra (*merce in vendita*): **The vases were set out in the exhibition rooms**, i vasi furono (bellamente) disposti nelle sale della mostra; **The young plants should be set out at regular intervals**, le pianticelle devono essere collocate (*o* piantate, poste) a intervalli regolari; **to set out goods for display**, mettere in mostra la merce **2** esporre; dichiarare; enunciare; spiegare: **He set out his programme in an election speech**, espose il suo programma in un discorso elettorale; **to set out a plan**, enunciare un progetto; **to set out one's reasons**, dichiarare (*o* spiegare) le proprie ragioni **3** mettere, disporre (*cibo*) sulla tavola **4** preparare, tirare fuori (*abiti e sim.*) **5** agghindare; abbellire: **to set out one's stall**, agghindare il proprio banco di vendita; (*fig.*) saper vendere la propria merce (*fig.*); saperla vendere **6** impostare (*un conto, un problema*) □ **to set oneself out**, farsi bello, agghindarsi, mettersi in ghingheri; (*anche*) darsi da fare, impegnarsi: **She set herself out for the ball**, si mise in ghingheri per il ballo; **He always sets himself out to help people**, si dà sempre da fare per gli altri.

♦ **set to**, **A** *v. i. + avv.* **1** darsi da fare; mettersi al lavoro; mettercisi di buona lena; darci sotto (*fam.*) **2** gettarsi sul cibo; mettersi a mangiare (avidamente) **3** venire alle mani; azzuffarsi **4** (*mil.*) attaccare battaglia. **B** *v. t. + prep.* mettere, portare, porre (q.c.) a: **He set the flute to his lips**, si portò il flauto alla bocca; **to set one's hand to an important task**, porre mano a un lavoro importante □ **to set the axe to**, applicare la scure a (*un albero e fig.*); cominciare a tagliare: **to set the axe to social security**, applicare la scure alla previdenza sociale □ **to set fire to**, appiccare (*o* dare) fuoco a □ **to set a good example to sb.**, dare il buon esempio a q. □ **to set one's hand to a document**, apporre la firma a un documento □ (*fig. lett.*) **to set one's hand to the plough**, mettersi all'opera □ **to set one's hand to serious study**, cominciare a studiare sul serio □ **to set light to**, dare fuoco a □ **to set one's mind to**, dedicarsi a (*un lavoro, ecc.*) □ **to set to music**, mettere in musica, musicare (*un testo letterario, ecc.*) □ **to set to rights**, raddrizzare (*un torto*); porre rimedio a (*un sopruso*) □ (*naut.*) **to set sail to**, salpare per (*un porto*) □ (*fig.*) **to set one's shoulder to the wheel**, rimboccarsi le maniche, dare una spinta (*fig.*) □ **to set to work on**, mettersi al lavoro per fare (q.c.) □ **to set sb. to work**, mettere al lavoro q.; mettere sotto q. (*fam.*).

♦ **set up**, *v. t.* **1** mettere su; alzare; erigere; piantare: **to set up a tent**, mettere su (*o* piantare) una tenda; **to set up a statue**, erigere una statua **2** mettere su; montare; installare; allestire: (*teatr.*) **to set up the scenery**, montare l'apparato scenico; **to set up the machinery**, installare il macchinario; **to set up a stand**, allestire uno stand **3** mettere su; mettere in piedi (*fig.*); istituire; fondare; costituire; formare; aprire (*un ufficio*); avviare (*un'azienda*): **to set up a school**, mettere su una scuola; **to set up a new firm**, fondare una nuova ditta; **to set up a special committee**, istituire una commissione speciale; **to set up a new government**, formare il governo; **to set up a new branch**, aprire una nuova filiale; **to set up one's practice**, aprire uno studio medico (*o* dentistico, ecc.) **4** sistemare; mettere (q.) in affari (*o* in politica, ecc.); aiutare (q.) finanziariamente (politicamente, ecc.) a fare carriera; lanciare (q.): **to set sb. up for life**, sistemare q. per tutta la vita **5** lanciare (*un grido*) **6** causare, provocare, dare l'avvio (*o* il via) a: **to set up a violent reaction**, causare una reazione violenta; **to set up inflammation**, provocare un'infiammazione; **to set up a row**, causare (*o* sollevare) un putiferio **7** (*sport*) stabilire (*un buon tempo, un primato*) **8** (*tipogr.*) comporre **9** (*naut.*) tesare, arridare (*sartie, ecc.*) **10** (*fam.*) rimettere in salute (*o* in forze, in sesto); tirare su (*fam.*) **11** (*fam.*) montare un'accusa contro (q.); incastrare (*fig.*): **He claimed he had been set up by the police**, sosteneva d'essere stato incastrato dalla polizia □ **to set oneself up against sb.**, mettersi contro q.; prendere posizione contro q. □ **to set (oneself) up as**, mettersi a fare (*l'avvocato, ecc.*); impancarsi a (*giudice, ecc.*); pretenderla a, darsi arie di (*intenditore, ecc.*) □ **to set up home** (*o* **house**), metter su casa □ **to set up shop**, mettere su un negozio; aprire bottega (*anche fig.*) □ **to set up sb. with st.**, fornire, provvedere q. di q.c. □ **to be well set up**, essere forte (*o* robusto, tarchiato) □ **to be well set up with st.**, essere ben fornito di q.c.: **I'm well set up with wine**, ho una bella provvista di vino; **I'm well set up with clothes**, ho un ricco guardaroba.

setaceous /sɪ'teɪʃəs/, *a.* ***1*** setoloso ***2*** simile a una setola.

setback /'setbæk/, *n.* ***1*** arretramento; regresso; battuta d'arresto: **There's been a s. in oil production**, c'è stata una battuta d'arresto nella produzione di petrolio ***2*** rovescio; scacco; ostacolo imprevisto: **to suffer a s.**, subire un rovescio ***3*** ricaduta (*di malattia*) ***4*** (*econ.*) caduta (*dell'attività*); riduzione del volume d'affari; recessione; (*Borsa*) ribasso ***5*** (*edil.*) rientranza (*di un muro*); risega ***6*** (*mecc.*) concussione; rinculo ***7*** (*mil., sport*) sconfitta.

setiferous /sɪ'tɪfərəs/, **setigerous** /sɪ'tɪdʒərəs/, *a.* (*biol.*) setoloso.

setoff /'setɒf, *USA* -ɔːf/, *n.* ***1*** compenso; contropartita ***2*** (*leg., rag.*) compensazione (*di un debito*) ***3*** (*fisc.*) compensazione (*delle perdite*) ***4*** cosa che mette in evidenza; in risalto; ornamento ***5*** (*edil.*) risega ***6*** (*leg.*) domanda riconvenzionale ***7*** (*tipogr.*) controstampa (*difetto*).

seton /'siːtn/, *n.* (*vet.*) setone.

setose /'siːtəus/, *a.* (*biol.*) setoloso.

sett /set/, *n.* (*costr. stradali*) blocchetto (*da pavimentazione*); quadrello.

settee /se'tiː/, *n.* divano; sofà (*per due o tre persone*).

setter /'setə(r)/, *n.* ***1*** chi mette, fissa, stabilisce, ecc. (*V.* **to set**): **a s. of traps**, chi mette trappole (*per animali*); **a s. of fashions**, uno che stabilisce (*o* detta) la moda ***2*** (*zool.*) setter; cane da ferma: **an Irish s.**, un setter irlandese ***3*** (*mecc.*) macchina per allicciare lame da sega ***4*** (*ind.*) montatore, incastonatore (*di pietre preziose*). ● **a s. of rules**, uno che fissa regole □ (*fam.*) **bone s.**, ortopedico.

setterwort /'setəwɜːt/, *n.* (*bot., Helleborus foetidus*) elleboro puzzolente.

setting /'setɪŋ/, *n.* ***1*** collocazione; installazione; messa in opera; posa; sistemazione ***2*** incastonatura, montatura (*d'un gioiello*) ***3*** ambientazione; sfondo; cornice (*fig.*); ambiente; scenario: **the exotic s. of the novel**, lo sfondo esotico del romanzo; i luoghi remoti in cui si svolge la storia; **in a beautiful mountain s.**, in uno scenario incantevole di montagne ***4*** (*teatr.*) messa in scena; scenario ***5*** (*mus.*) il musicare (*un testo*); adattamento, arrangiamento ***6*** (*di una chioccia*) covata ***7*** affilatura (*di strumenti da taglio*); allicciatura (*di una lama da sega*) ***8*** (*mecc.*) regolazione; messa a punto; registrazione; taratura ***9*** (*mecc.: di un apparecchio, ecc.*) posizione: **There are two settings: fast and slow**, ci sono due posizioni: veloce, e lento ***10*** (*ind. costr.*) indurimento; presa (*di malta, di cemento*) ***11*** (*chim.*) coagulazione ***12*** (*tipogr.*) composizione ***13*** (*dei capelli*) messa in piega (*l'azione*) ***14*** (*med.*) riduzione (*di una frattura*) ***15*** (*di un astro*) tramonto: **the s. of the sun**, il tramonto del sole. ● **s. board**, tavoletta da entomologo □ (*edil.*) **s. coat**, ultima mano d'intonaco □ **s.-free**, liberazione □ **s.-in**, inizio; principio □ (*cosmesi*) **s. lotion**, fissatore per capelli □ **s.-needle**, spillo per insetti (*da entomologo*) □ **s.-off**, partenza □ **s.-out**, impostazione (*d'un problema, ecc.*) □ (*tipogr.*) **s. rule** (*o* **s. stick**), compositoio □ **s.-up**, costruzione, messa in opera, erezione; fondazione, istituzione, costituzione, (*mecc.*) montaggio, messa a punto, registrazione □ **s.-up cost**, costo di avviamento (*di un impianto*) □ **to change the s. of a thermostat**, regolare un termostato in modo diverso □ **hair-s.**, messa in piega □ **page-s.**, impaginazione.

settle /'setl/, *n.* panca (*con schienale alto*); cassapanca.

to **settle** /'setl/, **A** *v. t.* ***1*** decidere; determinare; fissare; stabilire: **to s. an argument**, decidere una controversia; **to s. the day**, fissare la data ***2*** definire; precisare: **to s. a few points before signing a contract**, definire alcuni punti prima di firmare un contratto ***3*** sistemare (*cose o persone*): **to s. one's affairs**, sistemare i propri affari; **The firm has settled its employees in nearby houses**, l'azienda ha sistemato i suoi dipendenti in case vicine (alla fabbrica) ***4*** risolvere (*una faccenda*); comporre (*una disputa*): **The dispute has been settled in a friendly manner**, la vertenza è stata composta in via amichevole ***5*** mettere in ordine (*o* a posto); riordinare; aggiustare: **A nice cup of tea will s. your stomach**, una bella tazza di tè ti metterà a posto lo stomaco; **to s. a room**, riordinare una stanza ***6*** (*comm.*) pagare; regolare; saldare; estinguere: **to s. a bill** [**an account**], saldare una fattura [pagare un conto]; **to s. sb.'s debts**, pagare i debiti di q. ***7*** stabilirsi in (*un luogo*); colonizzare: **Canada was settled by the French**, il Canada fu colonizzato dai francesi ***8*** acquietare; calmare: **to s. one's nerves**, calmare i propri nervi ***9*** stabilizzare (*il tempo*) ***10*** far posare (*il sedimento*) ***11*** far sedimentare (*il caffè, ecc.*) ***12*** decantare (*un liquido*) ***13*** (*della pioggia*) ammorzare (*la polvere*) ***14*** (*leg.*) regolare (*una pendenza*); comporre (*una lite*); transigere: **to s. a dispute out of court**, comporre una vertenza in via stragiudiziale ***15*** (*leg.*) assegnare; intestare: **He settled an annuity on her**, le assegnò un vitalizio; **He settled his property on his son**, intestò i suoi beni al figlio ***16*** (*rag.*) conguagliare, chiudere (*conti, ecc.*) ***17*** (*fam.*) mettere a posto, sistemare (*q., sgridandolo, battendolo*); sbarazzarsi di (q.); liquidare, far fuori (*pop.*). **B** *v. i.* ***1*** (*spesso* **to s. down**) sistemarsi; stabilirsi; insediarsi; andare a stare; domiciliarsi; metter su casa: **When he retired, he settled (down) in his native village**, quando andò in pensione, si stabilì nel suo paese natale; **It's time for you to marry and s. down**, è ora che ti sposi e ti sistemi; **to s. down in Cornwall**, andare a stare in Cornovaglia; **The French settled in Canada**, i francesi si insediarono nel Canada; **He is now married and settled down**, s'è sposato e ha messo su casa ***2*** posarsi; fermarsi: **A fly had settled on the face of the sleeping baby**, una mosca s'era posata sul viso del bimbo addormentato; **Dust has settled on the furniture**, la polvere s'è posata sui mobili ***3*** (*della nebbia, delle tenebre*) calare; scendere ***4*** (*del terreno*) avvallarsi; (*anche di edificio*) abbassarsi per subsidenza ***5*** piantarsi, sprofondare: **The car settled in the soft ground**, l'automobile si piantò nel terreno molle ***6*** (*naut.*) affondare: **The ship was settling**, la nave stava affondando ***7*** (*del tempo*) diventare stabile; stabilizzarsi ***8*** (*di liquido*) decantare; sedimentare ***9*** (*di sedimento*) depositarsi ***10*** (*comm.*) pagare; saldare un conto (*o* un debito): **Will you s. for me?**, vuoi pagare per me?; **Let's s. up**, saldiamo il conto! ***11*** accordarsi; giungere a un accomodamento: **It won't be easy to s. with our creditors**, non sarà facile giungere a un accomodamento con i creditori. **C** to **settle oneself** (**down**), *v. rifl.* accomodarsi; adagiarsi, sistemarsi; applicarsi, mettersi: **I settled myself down in an easy-chair**, m'accomodai in poltrona; **S.** (**yourself**) **down to work**, mettiti al lavoro. ● (*leg.*) **to s. a fine out of court**, conciliare una multa □ **to s. one's eldest daughter**, sistemare (*o* accasare) la figlia maggiore □ (*fin.*) **to s. one's foreign debts**, liquidare i propri debiti nei confronti dell'estero □ (*pop.*) **to s. sb.'s hash**, ridurre q. a più miti consigli; far abbassare la cresta a q. □ **to s. sb. in business**, avviare q. negli affari □ **to s. a matter**, sistemare una faccenda; evadere una pratica (*bur.*) □ **to s. the pillows**, sprimacciare i guanciali □ **to s. the succession to the throne**, regolare la successione al trono □ (*spesso fig.*) **to have an account to s. with sb.**, avere un conto da regolare con q. □ **a liqueur to s. one's dinner**, un bicchierino di liquore come digestivo □ **He can't s. to anything**, è perennemente irrequieto; è insoddisfatto di tutto □ **That settles it!**, ciò risolve la faccenda; (*fam.*) siamo sistemati (*iron.*); è fatta!

♦ **settle back**, *v. i. + avv.* mettersi comodo; adagiarsi: **to s. back in an armchair**, adagiarsi in poltrona.

♦ **settle down**, **A** *v. i. + avv.* ***1*** *V.* **to settle, B,** *def. 1* ***2*** calmarsi; placarsi; acquietarsi; tranquillizzarsi: **The baby has settled down at last**, finalmente il bimbo si è calmato; **Let's wait until the riots s. down**, aspettiamo che i tumulti si plachino ***3*** mettersi comodo; adagiarsi: **to s. down in a deep armchair**, sprofondare in una comoda poltrona ***4*** darsi da fare; mettersi sotto: **You must s. down to doing your homework**, devi metterti sotto a fare il compito (a casa) ***5*** (*anche fin.: di prezzi, quotazioni, ecc.*) stabilizzarsi ***6*** (*di una nave*) affondare; posarsi (*sul fondo*). **B** *v. t. + avv.* ***1*** calmare; placare; acquietare ***2*** sistemare (*anche fig.*); far mettere la testa a posto a (q.): **The birth of a child settled the young couple down**, la nascita di un bambino fece mettere la testa a posto ai giovani sposi □ **to s. down for life**, sistemarsi (*fig.*); sposarsi □ **to s. down on a new job**, fare l'osso a un lavoro nuovo; farci l'abitudine; impratichirsi □ **to s. down to dinner**, mettersi a tavola □ **to s. down to a job**, impegnarsi in un lavoro.

♦ **settle for**, *v. i. + prep.* ***1*** adattarsi a; contentarsi di: **to s. for a life of sacrifices**, adattarsi a una vita di sacrifici; **to s. for the second prize**, contentarsi del secondo premio ***2*** contentarsi di; accettare (*come pagamento*): **He won't s. for less than 10,000 pounds**, non accetterà meno di 10.000 sterline.

♦ **settle in**, *v. i. + avv.* ***1*** stabilirsi; sistemarsi (*in una casa nuova*): **We haven't settled in yet**, non ci siamo ancora sistemati ***2*** (*del tempo*) cominciare, mettersi a (*con l'aria di voler durare*): **It settled in to rain at noon and lasted till midnight**, cominciò a piovere a mezzogiorno e durò fino a mezzanotte.

♦ **settle into**, *v. i. + prep.* abituarsi, adattarsi, assuefarsi a: **It takes some time to s. into life in London**, ci vuole un po' di tempo ad assuefarsi a vivere a Londra □ **to s. into a new job**, impratichirsi di un lavoro nuovo.

♦ **settle on**, *v. i. + prep.* ***1*** posarsi su (*un oggetto*) (*V.* **to settle, B,** *def. 2*) ***2*** decidere; fissare; stabilire: **Have you settled on where to spend your holidays?**, hai deciso dove passare le vacanze?; **to s. on doing st.**, decidere di fare q.c.; **to s. on a date**, fissare una data ***3*** decidere per; scegliere (*una cosa*): **My wife has settled on a camera as a present for Ann**, mia moglie ha scelto una macchina fotografica come regalo per Ann.

♦ **settle up**, *v. i. + avv.* saldare un conto; pagare; regolare i conti: **I've settled up with the waiter**, ho pagato il conto al cameriere; **to s. up with all the tradesmen**, regolare i conti con i negozianti.

♦ **settle with**, **A** *v. i. + prep.* ***1*** regolare i conti con; saldare il conto a; pagare a saldo (*un creditore*) ***2*** (*fig.*) fare i conti con (q.); suonarle a (q.). **B** *v. t. + prep.* risolvere (*una lite*), sistemare (*una faccenda*), comporre (*una vertenza*) con (q.): **I'd like to s. my old quarrel with him**, vorrei rappacificarmi con lui.

settled /'setld/, *a.* ***1*** fisso; sicuro; fermo; saldo: **s. price**, prezzo fisso (*stabilito dal fabbricante*); **a s. income**, un reddito sicuro; **s. opinions**, ferme convinzioni; **s. principles**, saldi principi ***2*** radicato; inveterato: **a s. habit**, un'abitudine radicata; **s. indolence**, indolenza inveterata ***3*** (*del tempo*) stabile; (*specialm.*) messo al bello ***4*** (*comm.: di un debito, ecc.*) pagato; regolato; saldato; estinto: **settled in full**, pagato a saldo; saldato ***5*** (*di persona*) calmo; posato ***6*** (*di luogo*) abitato; popolato ***7*** (*di popolo*) sedentario; stanziale: **a s. population**, una popolazione stanziale. ● **a s. government**, un governo stabile □ **s. habitation**, residenza stabile □ **s. order**, ordine costituito.

settlement /ˈsɛtlmənt/, *n.* **1** sistemazione; composizione (*di una disputa, ecc.*); (*leg.*) accordo, compromesso, transazione; accomodamento; soluzione; risoluzione: **wage settlements**, accordi salariali; **The terms of the s. are not clear**, le condizioni dell'accordo non sono chiare; **The labour dispute does not seem to be nearing a s.**, la vertenza sindacale non sembra vicina a una composizione; (*leg.*) **s. out of court**, transazione stragiudiziale **2** (*comm.*) pagamento; regolamento; estinzione (*di un debito*); saldo: **full s.**, pagamento a saldo; **partial s.**, pagamento in conto; **the s. of tax arrears**, il pagamento delle imposte arretrate; **the Bank of International Settlements** (*abbr.* **B.I.S.**), la Banca dei Regolamenti Internazionali (*abbr. B.R.I.*) **3** (*Borsa*) liquidazione (*quindicinale o mensile*); sistemazione: **the s. of accounts**, la sistemazione delle partite **4** (*rag.*) conguaglio, chiusura (*di conti*) **5** colonizzazione; insediamento (*di coloni*): **the s. of new lands**, la colonizzazione di nuovi territori **6** insediamento; colonia; stabilimento coloniale: **Virginia was the first English s. to survive in the New World**, la Virginia fu la prima colonia inglese destinata a sopravvivere nel Nuovo Mondo **7** nuovo centro urbano; città satellite (*nei piani urbanistici di decentramento*) **8** (*un tempo*) centro (*o* comitato) d'assistenza sociale **9** (*del terreno*) avvallamento; assestamento; sistemazione **10** (*d'un edificio*) cedimento per subsidenza **11** (*leg.*) assegnazione, disposizione (*di un bene*); costituzione (*di rendita, ecc.*); assegno personale; rendita; vitalizio. ● (*Borsa*) **s. day**, giorno di liquidazione □ **s. discount**, sconto di cassa □ **the s. of an annuity on sb.**, la costituzione di un vitalizio a favore di q. □ (*Borsa*) **s. price**, prezzo di chiusura (*di un titolo*) □ (*leg.*) **s. procedure**, procedura transattiva □ (*comm.*) **in full [in part] s. of your account**, a saldo [in conto] del vostro avere □ **to reach a s. with one's creditors**, fare un concordato con i creditori.

settler /ˈsɛtlə(r), -təl-/, *n.* **1** chi sistema, decide, stabilisce, ecc. (*V.* **to settle**) **2** (*specialm.*) colono; colonizzatore **3** (*fam.*) argomento decisivo; discorso che non ammette replica; fatto che taglia la testa al toro **4** (*tecn.*) decantatore.

settling /ˈsɛtlɪŋ, -təl-/, *n.* **1** sistemazione; accomodamento **2** (*fin.*) liquidazione **3** (*rag.*) chiusura (*di conti*); conguaglio **4** insediamento; colonizzazione **5** (*edil., geol.*) assestamento (*del terreno*); cedimento **6** (*anche ind.*) decantazione; sedimentazione **7** (*pl.*) deposito; sedimenti; feccia. ● (*Borsa*) **s. day**, giorno di liquidazione (*o* dei compensi) □ (*tecn.*) **s. pits**, pozzetti di decantazione □ **s. tank**, vasca di sedimentazione □ (*fin.*) **s.-up**, liquidazione; regolamento dei conti.

setup /ˈsɛtʌp/, *n.* **1** portamento (*del capo, ecc.*); positura, postura (*delle membra*) **2** situazione; assetto: **It's a very strange s.**, è una situazione molto strana; **the political s. of the country**, l'assetto politico del paese **3** sistemazione, regolazione, messa a punto (*di macchine*) **4** sistemazione, disposizione, impianto, organizzazione (*di un'azienda, ecc.*) **5** (*comm.*) azienda; impresa **6** (*fam.*) incastrata (*fam.*); inganno; raggiro **7** (*pop. specialm. USA, sport*) incontro truccato; (*fig.*) passeggiata (*fig.*), cosa facile da ottenere **8** (*pop. USA*) merlo, pollo (*fig.*): **The would-be s. turned out to be a cop**, saltò fuori che il presunto pollo era un poliziotto **9** (*pop. USA*) appartamento (*o* ufficio) arredato; posto, sistemazione: **He's got a nice s.**, ha un bel posticino; è sistemato proprio bene **10** (*pop. USA*) servizio completo da tavola (*o* da bar: *bottiglie, bicchieri, soda, ecc.*). ● (*pop. USA*) **s. man**, grosso organizzatore di rapine.

setwall /ˈsɛtwɔːl/, *n.* (*bot., Valeriana officinalis*) valeriana.

seven /ˈsɛvn/, *a.* e *n.* sette. ● **the s.-league boots**, gli stivali delle sette leghe □ **the S. Sisters**, (*econ.*) le Sette Sorelle (*società petrolifere*); (*astron.*) le Pleiadi □ **the S. Sleepers**, i Sette Dormienti (*della leggenda cristiana*) □ (*astron.*) **the S. Stars**, le Pleiadi □ (*fam. scherz.*) **the s.-year itch**, la crisi del settimo anno (*in un matrimonio*) □ **at sixes and sevens**, in gran disordine; sottosopra □ **by sevens**, sette alla volta □ **in sevens**, a gruppi di sette □ **It's s. o'clock**, sono le sette.

sevenfold /ˈsɛvnfəʊld/, **A** *a.* **1** composto di sette parti **2** settuplo. **B** *avv.* sette volte (tanto).

seventeen /sɛvnˈtiːn/, *a.* e *n.* diciassette. ● **The girl was s. last birthday**, la ragazza ha compiuto i diciassette anni.

seventeenth /sɛvnˈtiːnθ/, *a.* e *n.* diciassettesimo; decimosettimo (*lett.*) . ● **the s. of June**, il 17 giugno □ **one s.**, un diciassettesimo.

seventh /ˈsɛvnθ/, **A** *a.* settimo. **B** *n.* **1** (*mat.*) settimo **2** (*mus.*) (intervallo di) settima: **s. chord**, accordo di settima. ● (*relig.*) **the s. day**, la domenica (*nel linguaggio dei quaccheri*); il sabato (*per gli ebrei*) □ (*relig.*) **S.-Day Adventists**, Avventisti del settimo giorno, Sabbatari (*setta religiosa*) □ **the s. of May**, il 7 maggio □ (*fig.*) **to be in the** (*o* **in one's**) **s. heaven**, essere al settimo cielo □ (*mat.*) **one s.**, un settimo.

seventhly /ˈsɛvnθlɪ/, *avv.* in settimo luogo; settimo.

seventieth /ˈsɛvntɪəθ/, *a.* e *n.* settantesimo.

seventy /ˈsɛvntɪ/, *a.* e *n.* settanta. ● (*mus.*) **a s.-eight** (*o* **78**), un (disco a) 78 giri (*non più in uso*) □ **in the seventies**, negli anni fra i 70 e gli 80 (*nella vita d'una persona*); negli anni 70, fra il '70 e l'80 (*in un secolo*): **He is in his seventies**, ha ormai passato i settanta □ **a man of s.**, un settantenne.

to **sever** /ˈsɛvə(r)/, **A** *v. t.* **1** separare; dividere; staccare; disgiungere; recidere; tagliare; troncare: **The Rhine severs France from Germany**, il Reno separa la Francia dalla Germania; **to s. husband and wife**, dividere la moglie dal marito; **to s. sb.'s head**, recidere il capo a q.; decapitare q.; **to s. a rope with a knife**, tagliare una corda con un coltello **2** troncare (*fig.*); interrompere; rompere: **to s. a connection [a friendship]**, troncare una relazione [un'amicizia]; **to s. diplomatic relations with China**, rompere le relazioni diplomatiche con la Cina. **B** *v. i.* **1** separarsi; dividersi; staccarsi **2** spezzarsi; rompersi **3** (*leg.*) condurre un'azione legale separatamente (*in una causa comune*).

severable /ˈsɛvrəbl/, *a.* separabile; divisibile; staccabile.

several /ˈsɛvrəl/, **A** *a.* e *pron.* alcuni; diversi; vari; parecchi: **S. of you have seen him**, alcuni di voi l'hanno visto; **I have s. friends here**, qui ho diversi amici; **S. boxes were broken**, diverse casse erano rotte; **I already have s.**, ne ho già parecchi. **B** *a.* **1** separato; distinto; diverso; vario: **the s. opinions of different people**, i diversi pareri di più persone; (*leg.*) **an indictment on three s. charges**, un'incriminazione per tre distinti capi d'accusa **2** individuale; particolare; personale; singolo: **collective and s. responsibility**, responsabilità collettiva e individuale; **the s. members of the committee**, i singoli membri del comitato. ● (*leg.*) **s. action**, azione separata, indipendente (*da altre*) □ (*leg.*) **s. estate**, proprietà personale (*non condivisa con altri*) □ (*leg.*) **s. inheritance**, eredità disgiunta □ **s. times**, diverse volte; più d'una volta □ (*form.*) **They went their s. ways**, se ne andarono ciascuno per conto suo.

severally /ˈsɛvrəlɪ/, *avv.* **1** separatamente; uno alla volta **2** individualmente; singolarmente; ognuno per conto suo: **In a general partnership, partners are s. liable**, in una società in nome collettivo, i soci sono responsabili individualmente (*o* hanno una responsabilità solidale).

severalty /ˈsɛvrəltɪ/, *n.* **1** (*leg.*) proprietà individuale di beni (*non condivisi con altri*) **2** (*arc.*) l'essere distinto; individualità.

severance /ˈsɛvərəns/, *n.* **1** separazione; disgiunzione; distacco; divisione; taglio **2** rottura (*di rapporti, relazioni diplomatiche, ecc.*) **3** (*leg.*) rescissione (*d'un contratto di lavoro, ecc.*) **4** (*leg.*) separazione (*di cause*). ● **s. pay**, indennità di licenziamento (*o* di buonuscita); liquidazione (*corrisposta al dipendente licenziato senza sua colpa; non è, come in Italia, una forma differita di retribuzione*).

severe /sɪˈvɪə(r)/, *a.* **1** severo, austero; disadorno; sobrio; rigoroso: **a s. teacher**, un insegnante severo; **a s. style**, uno stile severo; **s. beauty**, austera bellezza; **a s. inspection**, un'ispezione rigorosa **2** (*di tempo*) duro; rigido: **a s. winter**, un inverno rigido **3** (*meteor.*) intenso; violento; forte: **a s. storm**, una perturbazione intensa; un forte temporale; una violenta tempesta **4** (*di dolore, ecc.*) acuto; forte; vivo; violento: **a s. pain**, un acuto dolore; **a s. cold**, un forte raffreddore; **a s. attack of gout**, un violento attacco di gotta **5** (*di malattia, ecc.*) grave: **He received a s. setback**, subì un grave rovescio **6** duro; difficile; complicato: **a s. test**, un test (*o* una prova) difficile **7** (*di un giudizio, ecc.*) severo; aspro. ● (*fig.*) **a s. blow**, un duro colpo □ (*sport*) **a s. competition**, una gara impegnativa □ (*leg.*) **a s. punishment**, una condanna severa. || **-ly**, *avv.* || **-ness**, *sost.*

severity /sɪˈvɛrətɪ/, *n.* **1** severità; austerità, sobrietà (*dello stile, ecc.*); rigore; rigorosità; durezza; rigidezza: **the s. of an examination**, la severità di un esame; **the s. of a climate**, il rigore d'un clima **2** acutezza; gravità; violenza: **the s. of an illness**, la gravità d'una malattia; **the s. of the storm**, la violenza della tempesta **3** durezza, difficoltà, complessità (*di un esame, ecc.*) **4** (*pl.*) (*arc.*) giudizi severi; critiche aspre.

Seville /səˈvɪl/, *n.* (*geogr.*) Siviglia. ● **S. orange**, arancia amara.

Sèvres /ˈseɪvrə, ˈsɛvrə/, *n.* **1** (*geogr.*) Sèvres **2** (= **S. ware**) porcellana di Sèvres.

to **sew** /səʊ/ (*pass.* **sewed**, *p. p.* **sewn, sewed**), *v. t.* e *i.* **1** cucire: **to sew a dress**, cucire un vestito; **to sew linen**, cucir tela; cucire in bianco **2** attaccare, rammendare (*cucendo*): **If you stand still, I'll sew your button on**, se stai fermo, ti attacco il bottone; **to sew a button onto a shirt**, attaccare un bottone a una camicia. ● **to sew back on**, ricucire, riattaccare (*un bottone staccato, un arto tranciato, ecc.*) □ **to sew in a band**, attaccare un nastro (*cucendolo*) □ **to sew in a patch**, fare un rammendo □ **to sew up**, cucire, rammendare; (*fam.*) portare a termine, concludere (*un affare, ecc.*); (*fam.*) assicurarsi, vincere (*un'elezione, ecc.*); (*fam.*) accaparrarsi, monopolizzare: **to sew up a wound**, cucire una ferita; **to sew up a hole [a tear]** rammendare un buco [uno strappo]; **I've got the contract sewed up**, mi sono assicurato il contratto □ (*fam.*) **to be sewed up**, essere ubriaco fradicio.

sewage /ˈsuːɪdʒ, ˈsj-/, *n.* acque di scolo; acque luride; acque di rifiuto; liquami. ● **s. disposal**, trattamento delle acque luride □ **s. disposal plant**, impianto di trattamento dei liquami (*o* delle acque luride) □ **s. farm**, azienda agricola che pratica la fertilizzazione con liquami □ **s. system**, (sistema di) fognatura □ **raw s.**, acque luride non trattate.

sewer (**1**) /ˈsəʊə(r)/, *n.* cucitore, cucitrice.

sewer (**2**) /ˈsuːə(r), ˈsj-/, *n.* fogna; cloaca. ● **s. gas**, gas mefitico (di fognatura) □ **s. rat**, topo di fogna.

sewer (**3**) /ˈsuːə(r), ˈsj-/, *n.* (*stor.*) cerimoniere (*nei banchetti medievali*).

to **sewer** /ˈsuːə(r), ˈsj-/, *v. t.* provvedere (*una città, ecc.*) di fogne.

sewerage /ˈsuːərɪdʒ, ˈsj-/, *n.* **1** fognatura; sistema di fognature; rete fognaria **2** rimozione (*o* scarico) delle acque luride; drenaggio **3** *V.* **sewage.**

sewergator /ˈsuːəgeɪtə(r), ˈsj-/, *n.* (*contraz. fam. USA di* **sewer** *e* **alligator**) alligatore che vive nelle fogne (*di una città del Sud*).

sewing /ˈsəʊɪŋ/, *n.* **1** il cucire; cucitura **2** cucito; lavoro di cucito: **She was doing her s.**, stava facendo il cucito. ● **s. awl**, punteruolo per lavori di cucito (*di cuoio, tende, vele, ecc.*) □ **s. cotton**, cotone da cucire □ **s. machine**, macchina da cucire □ (*legatoria*) **s. press**, cucitrice □ **s. thread**, filo da cucire; cucirino.

sewn /səʊn/, *p. p.* di **to sew.** ● **s.-off shotgun**, fucile a canne mozze.

sex /sɛks/, **A** *n.* **1** (*biol.*) sesso: **What sex is this chicken?**, di che sesso è questo pulcino?; **Sex does not matter**, non si fa distinzione di sesso; **both sexes**, ambo i sessi **2** rapporti sessuali; **to have sex with sb.**, avere rapporti sessuali con q. **B** *a. attr.* sessuale: (*anat.*) **sex organs**, organi sessuali; (*biol.*) **sex chromosome**, cromosoma sessuale. ● **sex antagonism**, antagonismo fra i due sessi □ **sex appeal**, sex appeal; fascino sessuale; attrattiva fisica □ (*zootecnia*) **sex assesser**, sessatore □ (*biol.*) **sex cell**, gamete □ **sex change**, cambiamento di sesso □ **sex discrimination**, discriminazione in base al sesso □ **s. drive** (*o* **s. urge**), impulso sessuale □ (*pop. USA*) **sex job**, intensa attività sessuale; persona che ha un forte sex appeal □ (*fam.*) **sex kitten**, gatta (*fig.*); ninfetta □ **sex-linked**, legato al sesso □ **sex maniac**, maniaco sessuale □ **sex object**, oggetto (del desiderio) sessuale □ **sex romps**, orge; giochi audaci (*eufem.*) □ **sex shop**, sex shop □ **sex starved**, affamato di sesso □ (*fam.*) **sex swap**, *V.* **sex change** □ **the fair sex**, il gentil sesso □ **for sex**, per fare sesso; per andarci a letto: **He visits her regularly for sex**, va a trovarla a intervalli regolari per andarci a letto □ **the sterner sex**, il sesso forte □ **sex symbol**, sex symbol; simbolo del sesso □ **the weaker sex**, il sesso debole □ **She is the fairest of her sex**, è la più bella donna del mondo.

to **sex** /sɛks/, *v. t.* (*zootecnia*) stabilire il sesso di (*pulcini, ecc.*); sessare.

sexagenarian /sɛksədʒəˈnɛərɪən/, *a.* e *n.* sessagenario (*lett.*) sessantenne.

sexagenary /sɛkˈsædʒɪnrɪ, *USA* -nɛrɪ/, *a.* **1** sessagenario; sessantenne **2** (*mat.*) sessagesimale.

Sexagesima /sɛksəˈdʒɛsɪmə/, *n.* (*relig.*, = **S. Sunday**) sessagesima; domenica di sessagesima.

sexagesimal /sɛksəˈdʒɛsɪml/, (*mat.*) **A** *a.* sessagesimale: **s. fractions**, frazioni sessagesimali. **B** *n.* frazione sessagesimale.

sexangular /sɛksˈæŋgjʊlə(r)/, *a.* (*geom.*) esagonale.

sexcapade /ˈsɛkskəpeɪd, sɛkskəˈp-/, *n.* (*pop. USA*) avventura amorosa.

sexcentenary /sɛksɛnˈtiːnərɪ, -ˈtɛn-, *USA* -ɛrɪ/, *n.* sesto centenario.

sexed /sɛkst/, *a.* **1** (*biol.*) sessuato **2** che ha una forte carica sessuale: **highly s.**, che ha forti impulsi sessuali **3** che ha molto sex appeal.

sexennial /sɛkˈsɛnɪəl/, *a.* sessennale (*lett.*); che dura sei anni.

sexfid /ˈsɛksfɪd/, *a.* (*bot.*) diviso in sei.

sexing /ˈsɛksɪŋ/, *n.* (*zootecnia*) sessaggio.

sexism /ˈsɛksɪzəm/, *n.* discriminazione (*o* pregiudizio) sessuale; sessismo.

sexist /ˈsɛksɪst/, *a.* e *n.* sessista.

sexless /ˈsɛksləs/, *a.* **1** asessuato; neutro **2** (*fam.*) per niente sexy; privo di attrattiva sessuale.

sexlessness /ˈsɛksləsnəs/, *n.* **1** l'essere asessuato **2** (*fam.*) mancanza di attrattiva sessuale.

sexological /sɛksəˈlɒdʒɪkl/, *a.* sessuologico.

sexologist /sɛkˈsɒlədʒɪst/, *n.* sessuologo.

sexology /sɛkˈsɒlədʒɪ/, *n.* sessuologia.

sexpartite /sɛkˈspɑːtaɪt/, *a.* (*scient.*) diviso in sei parti; sestuplice.

sexpert /ˈsɛkspɜːt/, *n.* (*pop. USA*) esperto in problemi sessuali; terapeuta del sesso.

sexploitation /sɛksplɔɪˈteɪʃn/, *n.* (*cinem., arte, ecc.*) sfruttamento del sesso; erotismo deteriore. ● **a s. film**, un film sfacciatamente erotico.

sexpot /ˈsɛkspɒt/, *n.* (*pop.*) bomba del sesso; donna tutta sesso; donna conturbante.

sext /sɛkst/, *n.* (*relig.*) sesta (*ora canonica; uffizio*).

sextain /ˈsɛksteɪn/, *n.* (*poesia*) sestina.

sextan /ˈsɛkstən/, *a.* e *n.* (*med.*) (febbre) ricorrente ogni sei giorni.

sextant /ˈsɛkstənt/, *n.* **1** (*naut., aeron., astron.*) sestante **2** (*geom.*) sesta parte del cerchio.

sexte /sɛkst/, *V.* **sext.**

sextet(te) /sɛkˈstɛt/, *n.* (*mus., sport*) sestetto.

sextile /ˈsɛkstaɪl, *USA* -tl/, *a.* (*astron., astrol.*) sestile.

sextillion /sɛkˈstɪlɪən/, *n.* (*mat.*) **1** (un) quintilione di quintilioni (*un 1 seguito da 36 zeri, in G.B.*) **2** sestilione (*un 1 seguito da 21 zeri, in U.S.A.*).

sexto /ˈsɛkstəʊ/, *n.* (*pl.* **sextos**) (*tipogr.*) (libro in) sesto.

sextodecimo /sɛkstəʊˈdɛsɪməʊ/, *n.* (*pl.* **sextodecimos**) (*tipogr.*) (libro in) sedicesimo.

sexton /ˈsɛkstən/, *n.* **1** sagrestano **2** becchino; necroforo. ● (*zool.*) **s.-beetle** (*Necrophorus*), necroforo.

sextuple /ˈsɛkstjʊpl, *USA* -tʃʊ-/, *a.* e *n.* sestuplo.

to **sextuple** /ˈsɛkstjʊpl, -ˈtjuː-, *USA* -tʃʊ-, -ˈtuː-, -ˈtʌpl/, *v. t.* e *i.* sestuplicare, sestuplicarsi.

sextuplet /ˈsɛkstjʊplət, -ˈtjuː-, -plɛt, *USA* -tʃʊ-, -ˈtuːplət, -ˈtʌp-/, *n.* **1** uno di sei gemelli **2** (*pl.*) sei gemelli (*a un parto*).

sexual /ˈsɛkʃʊəl/, *a.* sessuale: **s. intercourse**, rapporti sessuali (*o* carnali); **s. revolution**, rivoluzione sessuale. ● (*leg.*) **s. crime**, reato sessuale □ **s. harassment**, molestie sessuali. ‖ **-ly**, *avv.*

sexualism /ˈsɛkʃʊəlɪzəm/, *n.* **1** lo spiegare tutto con motivi sessuali **2** erotismo.

sexualist /ˈsɛkʃʊəlɪst/, *n.* chi riconduce tutto al sesso.

sexuality /sɛkʃʊˈælətɪ/, *n.* sessualità.

sexualization /sɛkʃʊəlaɪˈzeɪʃn, *USA* -lɪˈz-/, *n.* **1** (*biol.*) acquisizione dei caratteri sessuali **2** il rendere (q.c.) sessuale.

to **sexualize** /ˈsɛkʃʊəlaɪz/, *v. t.* **1** (*biol.*) conferire i caratteri sessuali a (q.) **2** rendere (*un amore, ecc.*) sessuale.

sexy /ˈsɛksɪ/, **A** *a.* (*fam.*) provocante; erotico; eroticamente conturbante; sexy. **B** *avv.* (*fam.*) in modo sexy: **to dress s.**, vestire in modo sexy. ‖ **-ily**, *avv.* ‖ **-iness**, *sost.*

sh /ʃ/, *V.* **ssh.**

shabby /ˈʃæbɪ/, *a.* **1** in cattivo stato; frusto; logoro; malconcio; misero; sciupato; stracciato: **s. clothes**, abiti frusti, sciupati; **s. surroundings**, miseri dintorni **2** (*di persona*) male in arnese; trasandato; malvestito; scalcagnato **3** gretto; meschino; misero: **a s. offering**, un'offerta meschina; **s. treatment**, trattamento misero. ● **s.-genteel**, (*di vestito*) malconcio e misero, ma non senza pretese; pretenzioso, ma logoro e frusto; (*di persona*) che tenta di salvare le apparenze □ **to play sb. a s. trick**, giocare un tiro mancino a q. ‖ **-ily**, *avv.* ‖ **-iness**, *sost.*

shabrack /ˈʃæbræk/, *n.* (*stor.*) gualdrappa.

shack /ʃæk/, *n.* capanna; baracca; tugurio. ● (*volg.*) **s.-up**, chiavata, scopata (*volg.*).

to **shack** /ʃæk/, *v. i.* – (*pop.*) **to s. up with sb.**, convivere con q.; vivere more uxorio con q. ● (*volg.*) **to s. up**, chiavare, scopare (*volg.*).

shackle /ˈʃækl/, *n.* **1** (*mecc.*) grillo; maniglia; anello di trazione **2** (*naut.*) maniglia, maniglione (*della catena dell'ancora*) **3** anello (*delle manette*) **4** gambo (*di un lucchetto*) **5** (*pl.*) ceppi; ferri; manette; catene **6** (*pl.*) (*fig.*) legami; impedimenti; pastoie; restrizioni: **the shackles of habit [of superstition]** le pastoie dell'abitudine [della superstizione]. ● (*mecc.*) **s. bolt**, perno di anello di trazione.

to **shackle** /ˈʃækl/, *v. t.* **1** mettere in ceppi; ammanettare; incatenare **2** (*fig.*) inceppare; impedire; ostacolare: **we are shackled by our legislation**, siamo ostacolati dalle pastoie della nostra legge **3** (*naut.*) ammanigliare.

shad /ʃæd/, *n.* (*pl.* **shad, shads**) (*zool., Alosa*) alosa.

shaddock /ˈʃædək/, *n.* (*bot., Citrus grandis*) pomelo.

shade /ʃeɪd/, *n.* **1** ombra (*anche fig.*); oscurità, buio, tenebre; fantasma, spettro, spirito: **in the s.**, all'ombra; **the shades of twilight**, le ombre del crepuscolo; **the s. of Virgil in the «Divine Comedy»**, l'ombra di Virgilio nella *Divina Commedia*; **to throw** (*o* **to put**) **sb. into the s.**, mettere in ombra q.; eclissare q. **2** gradazione; sfumatura; nuance (*franc.*); tonalità: **different shades of green**, diverse tonalità di verde; **delicate shades of meaning**, lievi sfumature di significato; **a lighter s.**, una nuance più chiara **3** schermo; (*specialm.*) paralume **4** (*pl.*) luogo ombroso; recesso **5** (*pl.*) (*pop.*) occhiali da sole **6** (*pl.*) (*USA*) avvolgibili; tapparelle. ● **a s.**, un po'; leggermente; un tantino: **I feel a s. better today**, sto leggermente meglio oggi □ (*poet.*) **to go down to the shades**, andare nel regno delle ombre; scendere nell'Ade; morire □ (*naut.*) **s. deck**, ponte tenda □ **to keep in the s.**, restare all'ombra; (*fig.*) restare nell'ombra □ **the shadow of a s.**, l'ombra d'un sogno; una cosa illusoria, irreale □ **sun-s.**, ombrellino; parasole □ **window s.**, tendina; tapparella; scuro □ **without light and s.**, (*di disegno*) senza sfumature; (*fig.*) monotono, noioso, tetro.

to **shade** /ʃeɪd/, **A** *v. t.* **1** ombreggiare; far ombra a; fare schermo a; proteggere (*dalla luce, dal sole*); riparare: **trees that s. the road**, alberi che ombreggiano la strada; **a hat that shades one's eyes**, un cappello per proteggere gli occhi dal sole; **I shaded my eyes with my hand**, mi feci schermo dal sole con la mano **2** offuscare; oscurare; ottenebrare: **A sullen look shaded his face**, un'aria tetra gli offuscava il volto **3** (far) sfumare (*un colore in un altro*) **4** (*disegno, pitt.*) ombreggiare **5** (*mus.*) modulare il tono di (*una canna d'organo, ecc.*). **B** *v. i.* **1** (*di colore*) sfumare (*in un altro*): **yellow shading off into green**, giallo che sfuma nel verde **2** (*fig.*) cambiare per gradi; mutare lentamente **3** (*comm.: di prezzi*) diminuire leggermente. ● **to s. the light**, riparare dalla luce; velare la luce.

shaded /ˈʃeɪdɪd/, *a.* **1** ombreggiato; ombroso **2** (*di disegno*) ombreggiato; ombrato; sfumato.

shadeless /ˈʃeɪdləs/, *a.* **1** senz'ombra; privo d'ombra **2** (*pitt.*) senza ombreggiatura.

shadily /ˈʃeɪdəlɪ/, *avv.* **1** ombrosamente **2** in modo equivoco, sospetto; loscamente.

shadiness /ˈʃeɪdɪnəs/, *n.* **1** ombrosità; l'essere in ombra **2** (*fig. fam.*) disonestà; dubbia fama; ambiguità.

shading /ˈʃeɪdɪŋ/, *n.* **1** (*pitt.*) ombreggiatura; ombreggiamento; sfumatura **2** riparo contro la luce **3** gradazione; tonalità; sfumatura (*di un colore*) **4** (*fig.*) sfumatura; lieve differenza (*di significato, ecc.*) **5** (*comm.*) lieve riduzione (*dei prezzi*).

shadow /ˈʃædəʊ/, *n.* **1** ombra (*anche fig.*); oscurità, buio, tenebre; fantasma, spettro, spirito: (*astron.*) **the earth's s.**, l'ombra della terra; **The valley was already in s.**, la valle era già in ombra; **The tall trees cast long shadows**, gli alti alberi gettavano lunghe ombre; **to sit in the s.**, essere seduto all'ombra; **He is the s. of his former self**, è diventato l'ombra di se stesso; **There isn't a s. of suspicion [justification]**, non c'è ombra di sospetto [di giustificazione] **2** (*fig.*) ombra; compagno inseparabile **3** (*fig.*) chi sta alle calcagna (*di q.*); pedinatore. ● **a s. army**, un esercito ombra □ (*sport*) **s. boxing**, allenamento con l'ombra □ (*polit.*) **S. Cabinet**, Gabinetto Ombra (*in G.B.*) □ (*in G.B.*) **S. Chancellor**, Cancelliere del Governo Ombra □ (*ind.*) **s. factories**, fabbriche facilmente convertibili alla produzione bellica □ (*in G.B.*) **S. Minister**, Ministro del Governo Ombra □ **the s. of freedom**, la parvenza della libertà □ (*econ., fin.*) **s. price**, prezzo ombra □ (*med.*) **s. test**, retinoscopia □ (*fam.*) **to be afraid of one's own s.**, avere paura della propria ombra □ **beyond the s. of a doubt**, senza ombra di dubbio □ (*fig.*) **to catch at shadows**, voler afferrare le ombre; correre dietro ai fantasmi □ **five o'clock s.**, il velo di barba del pomeriggio; la barba non fatta di fresco □ **to have shadows round one's eyes**, avere gli occhi cerchiati □ **to live in the s.**, vivere nell'ombra; far vita ritirata □ (*fig.*) **to live in the s. of sb.**, vivere all'ombra di q. (*più importante*) □ (*astron.*) **umbra s.**, cono d'ombra □ **under the s. of the Almighty**, all'ombra dell'Onnipossente; con la protezione di Dio □ **under the s. of misfortune**, sotto il segno della sfortuna.

to **shadow** /ˈʃædəʊ/, *v. t.* ***1*** ombreggiare; far ombra a ***2*** offuscare; oscurare; ottenebrare ***3*** pedinare; seguire le mosse di; spiare; tener d'occhio: **The private detective shadowed the suspected blackmailer**, l'investigatore privato pedinava l'uomo che sospettava essere il ricattatore ***4*** (*pitt.*) ombreggiare; sfumare. ● (*lett.*) **to s. forth**, adombrare; preannunciare; prefigurare; simboleggiare.

to **shadow-box** /ˈʃædəʊbɒks/, *v. i.* ***1*** (*boxe*) allenarsi con l'ombra ***2*** (*fig.*) fare per finta; non fare (*o* non dire) sul serio; (*anche*) fare finta, fingere ***3*** (*fig.*) andarci piano, agire con prudenza (*con q.*).

shadow-boxing /ˈʃædəʊbɒksɪŋ/, *n.* (*boxe*) allenamento con l'ombra.

shadowiness /ˈʃædəʊɪnəs/, *n.* ***1*** ombreggiatura; ombrosità ***2*** illusorietà; irrealtà ***3*** vaghezza; nebulosità; oscurità.

shadowing /ˈʃædəʊɪŋ/, *n.* (*pitt.*) ombreggiatura; sfumatura.

shadowless /ˈʃædəʊləs/, *a.* ***1*** (*di corpo*) che non getta ombra; senz'ombra ***2*** (*di superficie*) senza ombre; privo di ombre.

shadowy /ˈʃædəʊɪ/, *a.* ***1*** ombroso; ombreggiato: **s. forests**, foreste ombrose ***2*** illusorio; irreale; chimerico: **a s. hope**, una speranza illusoria ***3*** vago; nebuloso; confuso; indistinto; oscuro: **a s. human form**, una forma umana indistinta ***4*** (*fig.*) confuso; nebuloso; vago; incerto: **the s. line between right and wrong**, l'incerta linea che separa il torto dalla ragione.

shady /ˈʃeɪdɪ/, *a.* ***1*** ombroso; ombreggiato; in ombra: **s. leaves**, ombrose fronde; **a s. lawn**, un prato ombreggiato ***2*** (*fig.*) ambiguo; dubbio; disonesto; di dubbia fama; equivoco; losco; sospetto: **a man of s. reputation**, un uomo di dubbia fama; **a s. politician**, un politicante disonesto; **a s. fellow**, un losco figuro; **a s. transaction**, un affare sospetto. ● **to be on the s. side of fifty**, aver passato la cinquantina.

shaft /ʃɑːft, *USA* ʃæft/, *n.* ***1*** asta (*di lancia*); asticciola (*di freccia*); stelo, gambo: **the s. of a golf club**, l'asta di una mazza da golf; **the s. of a candlestick**, lo stelo di un candelabro ***2*** (*arc.*) freccia; (*poet.*) dardo, saetta, strale (*anche fig.*): **the shafts of satire**, gli strali della satira ***3*** manico lungo (*d'arnese o strumento*): **the s. of a hammer**, il manico di un martello ***4*** (*archit.*) fusto (*d'una colonna*) ***5*** (*di carro*) stanga ***6*** (*mecc.*) albero; asse: **drive s.**, albero motore; **driven s.**, albero condotto; (*autom.*) **gear s.**, albero del cambio (*di velocità*); **propeller s.**, (*naut., aeron.*) albero dell'elica; (*autom.*) albero di trasmissione ***7*** (*tecn.*) condotto, sfiatatoio; (*ind. min.*) pozzo: **ventilating s.**, pozzo d'aerazione ***8*** (*mecc.*) asta; gambo ***9*** (*archit.*) stele; colonnina; obelisco ***10*** (*metall.*: *d'altoforno*) tino: **s. furnace**, forno a tino ***11*** (*pop. USA*) fregatura; truffa; raggiro ***12*** (*pop. USA*) pene eretto; cazzo dritto (*volg.*) ***13*** (*pop. USA*) gambe. ● (*mecc.*) **s. drive**, trasmissione ad alberi □ **s. horse**, cavallo da tiro □ (*mecc.*) **s. horsepower**, potenza all'asse □ **a s. of light**, un raggio di luce □ **a s. of lightning**, un fulmine □ (*autom.*) **axle s.**, semiasse □ (*mecc.*) **connecting s.**, albero di trasmissione □ (*edil.*) **elevator s.** (*o* **lift s.**), pozzo dell'ascensore □ (*pop. USA*) **to get the s.**, essere trattato male; farsi fregare (*pop.*) □ (*pop. USA*) **to give sb. the s.**, trattare male q.; fregare q. (*pop.*).

to **shaft** /ʃɑːft, *USA* ʃæft/, *v. t.* ***1*** provvedere (q.c.) di asta (*o* manico, stanghe, ecc.) ***2*** (*mecc.*) montare l'albero (*o* l'asse) in (*un motore*) ***3*** (*pop. USA*) trattare male; fregare (*pop.*).

shafting /ˈʃɑːftɪŋ, *USA* ˈʃæ-/, *n.* ***1*** (*mecc.*) (sistema di) trasmissione ad alberi ***2*** (*archit.*) colonnine ornamentali ***3*** (*tecn.*) sistema di condotti; (*ind. min.*) sistema di pozzi di ventilazione.

shag (**1**) /ʃæg/, *n.* ***1*** intreccio, viluppo, intrico (*di capelli, erbacce, ecc.*) ***2*** tessuto peloso e ruvido (*specialm. di lana*) ***3*** tabacco grossolano; trinciato ***4*** pelo irsuto, ispido.

shag (**2**) /ʃæg/, *n.* (*zool., Phalacrocorax aristotelis*) marangone dal ciuffo.

shag (**3**) /ʃæg/, *n.* (*volg.*) chiavata, scopata (*volg.*)

to **shag** (**1**) /ʃæg/, *v. t.* rendere peloso (*o* ispido).

to **shag** (**2**) /ʃæg/, **A** *v. t.* (*pop. USA*) stare alle calcagna di (q.); pedinare; seguire. **B** *v. i.* (*pop. USA*; *spesso* **to s. off**) andarsene in fretta; filare via; smammare. ● (*volg.*) **to s. ass**, alzare le chiappe (*volg.*); andarsene.

to **shag** (**3**) /ʃæg/, *v. t.* (*volg.*) chiavare, fottere, scopare (*volg.*).

shagged /ʃægd/, *V.* **shaggy**. ● (*volg.*) **s.-off**, incazzato □ (*pop.*) **s. out**, stanco morto; spompato (*pop.*).

shagginess /ˈʃægɪnəs/, *n.* ***1*** pelosità; ispidezza; villosità ***2*** asprezza; ruvidezza; scabrosità.

shaggy /ˈʃægɪ/, *a.* ***1*** dal pelo lungo; irsuto; ispido; velloso; villoso: **a s. dog**, un cane dal pelo lungo; **a s. beard**, una barba ispida ***2*** aspro; ruvido; scabro: **s. wool**, lana ruvida ***3*** (*di terreno*) coperto di erbacce; sterposo ***4*** (*bot.*) peloso; vellutato. ● **a s.-dog story**, una lunga storiella comica, con finale paradossale; una barzelletta lunga e priva di senso.

shagreen /ʃəˈgriːn, *USA* ʃæ-/, *n.* zigrino. ● **a s. handbag**, una borsetta di zigrino.

to **shagreen** /ʃəˈgriːn, *USA* ʃæ-/, *v. t.* zigrinare (*cuoio*).

shah /ʃɑː/, *n.* (*stor.*) scià.

shake /ʃeɪk/, *n.* ***1*** scossa; scrollata; scrollo; scossone: **Give him a s.**, dagli una scossa; **He gave the tree a s.**, diede uno scossone all'albero; **a s. of the head**, una scrollata di capo; un cenno di diniego ***2*** (= **handshake**) stretta di mano ***3*** (*fam.*) scossa di terremoto; terremoto ***4*** fenditura, fessura (*nel legno, nella roccia*) ***5*** (*fam.*) attimo; momento; istante: **I'll be back in half a s.** (*o* **in two shakes**), torno in un attimo; vado e vengo ***6*** (*pl.*) – **the shakes**, (*med.*) febbre con brividi; malaria; delirium tremens; (*fam.*) tremarella: **to get the shakes**, farsi venire la tremarella ***7*** (*USA*) frullato di latte; frappé ***8*** (*mus.*) trillo ***9*** shake (*ballo*). ● **s.-out**, (*econ.*) rallentamento dell'attività, ristagno; (*Borsa*) eliminazione dal mercato (*degli investitori più deboli*); (*metall.*) sformatura; *V.* **shake-up** □ **s.-up**, rimescolamento, scossone (*fig.*); movimento (*di funzionari*); riorganizzazione, ristrutturazione, ridimensionamento (*di un'azienda*); rimpasto (*del personale, del governo, ecc.*) □ **to be all of a s.**, tremare come una foglia □ (*fam. USA*) **to get a fair s.**, essere trattato con giustizia □ (*fam.*) **to give sb.** [**st.**] **the s.**, disfarsi, sbarazzarsi di q. [di q.c.] □ (*fam.*) **He's no great shakes**, non è un gran che; non è niente di straordinario.

to **shake** /ʃeɪk/ (*pass.* **shook**, *p. p.* **shaken**), **A** *v. t.* ***1*** scuotere; agitare; scrollare; fare sbattere: **to s. one's head**, scuotere il capo (*per disapprovare, ecc.*); **The wind shook the branches**, il vento scuoteva i rami; **to s. one's fist** [**stick**] **at sb.**, agitare il pugno [il bastone] contro q.; **to s. a carpet**, sbattere un tappeto; **to s. branch**, scrollare un ramo; **The wind shook the window-shutters**, il vento sbatteva le imposte; **to s. sb.'s faith**, scuotere la fede di q. ***2*** scuotere (*fig.*); turbare; impressionare: **He was much shaken when he heard of the horrible accident**, rimase molto scosso quando seppe dell'orribile incidente ***3*** far tremare; far vacillare: **The blast shook the house**, l'esplosione fece tremare la casa ***4*** (*fig.*) inficiare, infirmare (*una testimonianza, ecc.*) ***5*** (*fam.*) liberarsi di; distanziare; seminare (*fam.*): **He succeeded in shaking his pursuers**, riuscì a seminare gli inseguitori ***6*** shakerare (*un cocktail*). **B** *v. i.* ***1*** tremare; tremolare; barcollare; traballare; vibrare: **The earth was shaking**, la terra tremava; **I was shaking like a leaf** (*o* **a jelly**), tremavo come una foglia; **He was shaking with rage**, tremava dalla rabbia; **Our house shakes whenever a train passes by**, la nostra casa vibra ogni volta che passa il treno; **His hands are shaking**, gli tremano le mani ***2*** (*mus.*) trillare ***3*** darsi (*o* stringersi) la mano: **Shake!**, datevi la mano!; **Let's s. on it!**, qua la mano! **C** to **shake oneself**, *v. rifl.* scuotersi; agitarsi. ● **to s. sb. by the hand**, dare (*o* stringere) la mano a q. □ **to s. sb.'s composure**, far perdere la calma a q. □ **to s. one's finger at sb.**, minacciare (*o* rimproverare) q. scuotendo l'indice □ **to s. hands**, darsi (*o* stringersi) la mano: **We shook hands**, ci stringemmo la mano; **They reached an agreement and shook hands on it**, si misero d'accordo e suggellarono l'intesa con una stretta di mano □ **to s. hands with sb.**, stringere (*o* dare) la mano a q. □ (*fam.*) **to s. a leg**, far quattro salti; ballare; sbrigarsi: **Shake a leg!**, sbrigati! □ (*mecc.*: *di dado, ecc.*) **to s. loose**, allentarsi per effetto delle vibrazioni □ (*fam.*) **to s. the money tree**, fare grossi guadagni □ **to s. one's sides with laughing**, sbellicarsi dalle risa □ (*fam.*) **to be shaking in one's shoes** (*o* **boots**), avere una gran fifa; essere mezzo morto dalla paura.

♦ **shake down**, **A** *v. t.* + *avv.* ***1*** far cadere (*frutti, ecc.*) scuotendo: **to s. down chestnuts**, far cadere i marroni dall'albero ***2*** (*fam.*) collaudare, provare (*un'auto, un'imbarcazione, ecc.*) ***3*** (*fam. USA*) spillare denaro a (q.); mungere (*fig.*) ***4*** (*fam. USA*) setacciare; perquisire a fondo. **B** *v. i.* + *avv.* ***1*** (*di oggetti*) cadere per le scosse ***2*** abituarsi; adattarsi; impratichirsi: **to s. down in a new job**, impratichirsi in un lavoro nuovo ***3*** (*di un'azienda*) assestarsi ***4*** sistemarsi alla meglio (*per la notte*); dormire: **I can s. down on the floor**, posso anche dormire per terra.

♦ **shake off**, **A** *v. t.* + *avv.* ***1*** scuotere (*anche fig.*): **to s. off one's arm**, scuotere il braccio; **to s. off the yoke**, scuotere il giogo ***2*** scuotersi (*di dosso*); scrollarsi di dosso; cacciare (*mosche, ecc.*: *per es., agitando la coda*): **to s. off the snow from one's shoes**, scuotersi la neve dalle scarpe; **to s. off the dust**, scuotersi di dosso la polvere ***3*** liberarsi, disfarsi, sbarazzarsi di; distanziare; seminare (*fig.*): **I wish to God I could s. him off**, vorrei proprio potermene sbarazzare; **to s. off a severe cold**, liberarsi di un brutto raffreddore; **to s. off the traffic police**, seminare la polizia stradale. **B** *v. t.* + *prep.* far cadere da; scuotere da: **to s. the water off one's hair**, scuotersi l'acqua dai capelli (*o* dal pelo); **The buffalo shook the lion off its back**, il bufalo si scosse di dosso il leone.

♦ **shake out**, **A** *v. t.* + *avv.* ***1*** fare uscire (*o* cadere) scuotendo; scrollare, scuotere fuori: **to s. out coins from one's pockets**, far cadere monete dalle tasche (*di un indumento che vie-*

ne scosso); **S. the dust out of your coat!**, scrolla la polvere dal soprabito! *2* vuotare (q.c.) scuotendo: **S. out the sack!**, vuota il sacco! *3* spargere: **to s. out salt from the shaker**, spargere il sale dalla saliera *4* spiegare al vento (*una bandiera*); stendere (*un lenzuolo*) *5* (*fam.*) rimescolare (*fig.*); ristrutturare, ridimensionare, riorganizzare; fare un rimpasto di *6* (*naut.*) spiegare (*una vela*); mollare: **to s. out a reef**, mollare un terzarolo *7* (*Borsa, fin.*) eliminare (*concorrenti*) dal mercato *8* (*metall.*) sformare. **B** *v. i.* + *avv.* (*mil.*) mettersi (*o* avanzare) in ordine sparso; sparpagliarsi □ **to s. out salt water from one's ears**, fare uscire l'acqua salata dalle orecchie scuotendo il capo.

♦ **shake up**, *v. t.* + *avv.* *1* agitare; scuotere; mescolare (*liquidi, medicine, ecc.*) scuotendo: **S. up the bottle before pouring out its content**, agita la bottiglia prima di versare il contenuto!; **Remember to s. up the ingredients properly**, ricordati di mescolare bene gli ingredienti! *2* sprimacciare: **to s. up a pillow**, sprimacciare un guanciale *3* (*fig.*) turbare (q.); scioccare; dare una brutta scossa a (q.) *4* (*fig.*) dare una scossa, uno scossone a (q.); stimolare; scuotere (*fig.*): **The change has shaken up his life**, il mutamento ha dato uno scossone alla sua vita *5* (*fam.*) *V.* **shake out, A**, *def. 5*.

shakeable /ˈʃeɪkəbl/, *a.* agitabile; che si può scuotere (*o* scrollare).

shakedown /ˈʃeɪkdaʊn/, **A** *n.* (*fam.*) *1* (*di un'azienda, ecc.*) assestamento (economico) *2* (*tecn.*) prova di affidabilità (*delle macchine di una nave, dei motori di un aereo*); collaudo finale; prova di addestramento (*dell'equipaggio*) *3* letto di fortuna *4* (*pop. USA*) perquisizione accurata; setacciamento *5* (*pop. USA*) lo spillare soldi; estorsione di denaro; ricatto. **B** *a. attr.* (*tecn.*) di collaudo; di prova finale: (*naut.*) **s. cruise**, crociera di collaudo; (*aeron.*) **s. flight**, volo di prova finale. ● (*tecn.*: *di macchinario*) **s. test**, collaudo durante l'installazione.

shaken /ˈʃeɪkən/, *p. p.* di **to shake**.

shaker /ˈʃeɪkə(r)/, *n.* *1* chi scuote, chi agita, ecc. (*V.* **to shake**) *2* (*ind.*) scuotitoio *3* (*ind.*) trasportatore a scosse *4* (*agric.*) scuotipaglia (*di trebbiatrice*) *5* shaker; sbattighiaccio (*per cocktail*) *6* contenitore per spargere (*sale, ecc.*). ● **pepper s.**, spargipepe; pepaiola □ **salt s.**, spargisale; saliera.

Shaker /ˈʃeɪkə(r)/, *n.* (*relig.*) membro di una setta di millenaristi americani (*fondata nel 1747*) che credono nel secondo avvento di Cristo.

Shakerism /ˈʃeɪkərɪzəm/, *n.* (*relig.*) dottrina degli Shakers (*V. sopra*).

Shakespearian /ʃeɪkˈspɪərɪən/, *a.* shakespeariano; scespiriano.

shakiness /ˈʃeɪkɪnəs/, *n.* *1* l'essere malfermo (*o* barcollante, traballante); instabilità *2* scarso affidamento; inattendibilità, incertezza; indecisione.

shaking /ˈʃeɪkɪŋ/, **A** *a.* *1* tremante; tremulo; vacillante: **in a s. voice**, con voce tremula *2* (*tecn.*) che agita (*o* scuote), scuotitore. **B** *n.* *1* scuotimento; scrollata; scossone; scossa: **He deserves a good s.**, si merita una buona scrollata (*o* strigliata) *2* tremito; tremore *3* sbattuta: **Give these clothes a good s.**, dà una bella sbattuta a questi panni. ● (*med.*) **s. palsy**, paralisi agitante; morbo di Parkinson □ **s. screen**, vaglio a scosse □ **to get a good s.**, prendere molti scossoni; essere sballottato per bene.

shako /ˈʃeɪkəʊ/, *n.* (*pl.* **shakos, shakoes**) (*mil., stor.*) sciaccò.

shaky /ˈʃeɪkɪ/, *a.* *1* malfermo; barcollante; traballante; tremante; tremolante; debole; vacillante: **a s. table**, una tavola traballante; **a s. old man**, un vecchio tremolante; **a s. hand**, una mano malferma (*o* tremante); **He looks very s.**, pare assai debole; **a s. house**, una casa vacillante *2* infido; dubbio; inattendibile; incerto; indeciso; insicuro: **a s. character**, un carattere infido; **a s. fellow**, un tipo inattendibile; **s. voters**, elettori indecisi; **He is rather s. in Greek**, è piuttosto insicuro in greco. ● **s. health**, salute malferma (*o* precaria) □ **to feel s.**, non stare in piedi (*dopo una malattia*) □ **to be s. on one's legs**, avere le gambe che tremano; avere la tremarella alle gambe.

shale /ʃeɪl/, *n.* (*geol.*) argillite; scisto. ● **s. clay**, argilla scistosa □ **s. oil**, olio di scisto.

shall /ʃæl, ʃəl, ʃl, ʃə, ʃ, əl, l/ (*pass.* **should**), *v. modale* *1* (*ausiliare per la 1ª pers. sing. e pl. nel futuro semplice*; *nell'ingl. corrente, spesso sostituito da* **will** o **'ll**; *è idiom.*; *per es.*:) **I s.** [**we s.**] **do it tomorrow**, lo farò [lo faremo] domani; **S. we be late?**, arriveremo tardi?; **I s. have finished by three o'clock**, avrò finito per le tre; **I doubt whether I s. see him again**, dubito che lo rivedrò *2* (*ausiliare per la 1ª pers. sing. e pl. nel futuro volitivo*; *è idiom.*); (*per la 2ª e la 3ª pers. sing. e pl.*, *anche*) devi, deve, dovete, devono: **He told me not to do it, but I s.**, mi ha detto di non farlo, ma lo farò (lo stesso); **I shan't let you down**, non ti deluderò; **I s. let you know**, te lo farò sapere; **The traitor s. be hanged**, il traditore sarà impiccato (*così voglio, ordino, ecc.*); **If your are a clever boy, you s. have a prize**, se sarai bravo, avrai un premio; **I promise you shan't be punished**, prometto che non sarai punito; **You s. go to school, whether you like it or not**, andrai a scuola, ti piaccia o no; **Blessed are the pure in heart, for they s. see God**, beati i puri di cuore, perché essi vedranno Dio; **You s. eat your meal at once**, devi mangiare subito; **Payment s. be made by cheque**, il pagamento deve essere effettuato (*o* va fatto) mediante assegno; **S. the trespassers be punished?**, devono essere puniti i trasgressori?; **S. the students come tomorrow?**, devono venire domani gli studenti? *3* (*ausiliare per la 1ª pers. sing. e pl.*; *quando ci si offre di fare q.c. o si chiede un parere*) devo, dobbiamo; vuoi (volete) che io (noi): **S. I shut the door?**, devo chiudere (*o* vuoi che chiuda) la porta?; **S. I get you a drink?**, vuoi (che ti porti) qualcosa da bere?; ti porto da bere?; **S. I get a taxi for you?**, vuoi che ti chiami un taxi?; ti chiamo un taxi?; **S. we order the goods from the same firm?**, volete che ordiniamo la merce alla stessa ditta?; **What s. I answer?**, che risposta devo dare?; **What s. we do (now)?**, che cosa volete che si faccia?; e adesso, che si fa? *4* (*ausiliare nel congiunt. perifrastico*; *è idiom.*; *per es.*:) (*form.*) **I request that it s. be done at once**, esigo che lo si faccia immediatamente; **The principle that the rich s. contribute part of their wealth through taxes for the benefit of the less fortunate is now generally accepted**, è ormai accettato da tutti il principio che i ricchi diano, sotto forma d'imposta, il contributo di una parte della loro ricchezza a beneficio dei meno abbienti *5* (*nelle risposte e domande brevi, è idiom.*; *per es.*:) **«Will you go abroad next summer?» «Yes, I s.»**, «Andrai all'estero la prossima estate?» «Sì, (ci vado)»; **We shan't be late, s. we?**, non facciamo mica tardi, è vero?; **I'll see you tomorrow, shan't I?**, ti rivedo domani, vero?; ci vediamo domani, no?; **«Do you think you'll need the car?», «No, I shan't»**, «pensi di avere bisogno dell'automobile?» «no»; **Let's go for a walk, s. we?**, andiamo a fare una passeggiata, eh?; **«I'll stay at home» «(and) so s. I»**, «resterò a casa» «anch'io»; **«I'll never forgive him» «Neither (*o* nor) s. I»**, «Non lo perdonerò mai» «Neanch'io». ● **S. we go to the party?**, alla festa, ci andiamo? (*o* ci vogliamo andare?).

shallop /ˈʃæləp/, *n.* (*naut.*) scialuppa.

shallot /ʃəˈlɒt/, *n.* (*bot.*, *Allium ascalonicum*) scalogno.

shallow /ˈʃæləʊ/, **A** *a.* *1* poco profondo; basso: **s. water**, acqua bassa; **a s. river**, un fiume poco profondo *2* poco fondo; piano: **a s. dish**, un piatto piano *3* (*fig.*) frivolo; futile; leggero; superficiale: **a s. debate**, un dibattito futile; **a s. mind**, una mente superficiale *4* (*di respiro*) corto; breve. **B** *n.* (*generalm. al pl.*) bassofondo; secca (*di fiume, ecc.*). ● **s.-brained** (*o* **s.-pated**), frivolo; scervellato; vuoto (*fig.*) □ (*mil.*) **a s. bridgehead**, una testa di ponte poco profonda □ (*naut.*) **s. draught**, scarso pescaggio: **This boat has a s. draught**, questa barca pesca poco □ **the s. end of the lake**, la parte del lago dove si tocca. || **-ly**, *avv.* || **-ness**, *sost.*

to **shallow** /ˈʃæləʊ/, **A** *v. i.* *1* (*d'acqua*) abbassarsi; (*di fiume*) diventare meno profondo *2* (*fig.*) divenire frivolo (*o* superficiale). **B** *v. t.* ridurre la profondità di (*un corso d'acqua, ecc.*).

shalom /ʃæˈlɒm, *USA* ʃɑːˈləʊm/ (*ebraico*), *inter.* shalom!; pace! (*saluto*).

shalt /ʃælt, ʃəlt/, *voce verb.* (2ª *pers. sing. pres. arc. di* **shall**). ● (*Bibbia*) **Thou s. not steal**, non rubare!

shaly /ˈʃeɪlɪ/, *a.* (*geol.*) argilloso; scistoso.

sham /ʃæm/, **A** *n.* *1* imitazione; mistificazione: **Are those real diamonds or only shams?**, sono diamanti veri o imitazioni? *2* finzione; simulazione; finta; inganno; frode: **I hate s.**, detesto la finzione *3* ciarlatano; impostore; simulatore; ipocrita. **B** *a.* finto; simulato; fittizio; falso; posticcio: (*leg.*) **a s. contract**, un contratto simulato; **s. pearls**, perle finte (*o* false); (*fin.*) **s. dividends**, dividendi fittizi; **a s. fight**, una battaglia simulata. ● (*fin.*) **s. company**, società fittizia □ (*leg.*) **a s. plea**, un'eccezione defatigatoria.

to **sham** /ʃæm/, **A** *v. t.* fingere; simulare; mistificare: **to s. illness**, simulare una malattia; fingersi malato. **B** *v. i.* fingere; far finta; fingersi; finger d'essere: **He isn't really ill; he is just shamming**, non è malato davvero, fa solo finta; **to s. dead [asleep]**, fingersi morto [addormentato]; finger d'esser morto [di dormire].

shaman /ˈʃæmən, *USA* ˈʃɑː-/, *n.* sciamano.

shamanic /ʃəˈmænɪk/, *V.* **shamanistic**.

shamanism /ˈʃæmənɪzəm, *USA* ˈʃɑː-/, *n.* sciamanismo.

shamanistic /ʃæməˈnɪstɪk, *USA* ʃɑː-/, *a.* sciamanico.

shamateur /ˈʃæmətə(r), *USA* -tʃʊə(r)/, *n.* (*contraz. fam. ingl. di* **sham** *e* **amateur**) (*sport*) finto dilettante.

shamateurism /ˈʃæmətərɪzəm, -ətʃə-/, *n.* (*fam., sport*) finto dilettantismo.

shamble /ˈʃæmbl/, *n.* andatura dinoccolata; passo strascicato.

to **shamble** /ˈʃæmbl/, *v. i.* camminare dinoccolato (*o* strascicando i piedi).

shambles /ˈʃæmblz/, *n. pl.* (*spesso col verbo al sing.*) *1* (*un tempo*) macello; mattatoio *2* (*fig.*) carneficina; macello; strage *3* (*fig. fam.*) confusione; gran disordine; macello, casino (*fam.*). ● **The children left the whole house a s.**, i bambini misero a soqquadro tutta la casa.

shambling /ˈʃæmblɪŋ, -bəl-/, **A** *a.* *1* dinoccolato: **a s. gait**, un'andatura dinoccolata *2* (*poesia*: *di un verso*) zoppo; (*dello stile*) zoppicante. **B** *n.* andatura dinoccolata; strascichio di piedi.

shambolic /ʃæmˈbɒlɪk/, *a.* (*fam.*) molto disordinato; (che è) sottosopra.

shame /ʃeɪm/, *n.* *1* vergogna; pudore; ritegno: **to feel s. at having done st. wrong**, sentir vergogna per aver fatto q.c. di male; **to blush** (*o* **to flush**) **with s.**, arrossire per la vergogna; **He has [he feels] no s. at all**, non ha [non sente] vergogna; ha perduto il pudore *2* vergogna; infamia; ignominia; onta; vituperio: **He is a s. to his parents** è un'onta per i suoi genitori; **What a s. to treat you in that way!**, che infamia trattarti in quel modo! *3* peccato: **What a s.!**, che peccato! ● **to bring s. upon**

oneself [one's family], disonorarsi [disonorare la propria famiglia] □ **to cry s. on sb.**, coprire q. di vergogna □ **out of s.**, per pudore □ **to put sb. [st.] to s.**, svergognare q.; (*fig.*) eclissare q.; oscurare, fare scomparire q. [q.c.]: **I put the liar to s.**, svergognai il bugiardo; **Your tidy kitchen puts mine to s.**, la mia cucina sfigura a confronto della tua, che è così ordinata □ **To my s., I couldn't answer**, con mia grande vergogna non seppi rispondere □ **S. on you!**, vergognati!; vergogna! □ **For s.!**, vergogna! □ **There's no s. in being poor**, non c'è da vergognarsi a esser povero.

to **shame** /ʃeɪm/, *v. t.* ***1*** svergognare; umiliare; far arrossire (*di vergogna*) ***2*** disonorare; recar onta a: **to s. one's family**, disonorare la propria famiglia ***3*** far sfigurare; eclissare; oscurare: **His honesty shames most of his competitors**, la sua onestà fa sfigurare la maggior parte dei suoi concorrenti. ● **to s. sb. into reacting to an offence**, svergognare q. costringendolo a reagire a un'offesa □ **to s. sb. out of a prejudice**, liberare q. da un pregiudizio facendogliene provare vergogna □ **A dog's fidelity shames us**, la fedeltà del cane dovrebbe farci arrossire.

shamefaced /ʃeɪmˈfeɪst/, *a.* ***1*** pudico; modesto; timido ***2*** vergognoso (*della propria colpa*); confuso; imbarazzato. ● **in a s. way**, con grande imbarazzo. || **-ly**, *avv.* || **-ness**, *sost.*

shameful /ˈʃeɪmfl/, *a.* vergognoso; ignominioso; infame; obbrobrioso; disonorevole: **s. behaviour**, condotta vergognosa. || **-ly**, *avv.* || **-ness**, *sost.*

shameless /ˈʃeɪmləs/, *a.* ***1*** spudorato; impudente; sfacciato; sfrontato; svergognato ***2*** indecente; vergognoso. || **-ly**, *avv.* || **-ness**, *sost.*

shammer /ˈʃæmə(r)/, *n.* simulatore, simulatrice; impostore, impostora.

shammy /ˈʃæmɪ/, **A** *n.* (= **s. leather**) pelle di daino. **B** *a.* scamosciato.

shamoy /ˈʃæmɔɪ/, *V.* **shammy**.

shampoo /ʃæmˈpuː/, *n.* (*pl.* **shampoos**) ***1*** shampoo; sciampo; lavatura dei capelli: **to give oneself a s.**, fare lo shampoo ***2*** shampoo; preparato per lavare i capelli.

to **shampoo** /ʃæmˈpuː/, *v. t.* lavare con uno shampoo (*capelli, tappeti, ecc.*); fare lo shampoo a (q.), ● **to s. one's hair**, lavarsi i capelli.

shampooing /ʃæmˈpuːɪŋ/, *n.* shampooing; lavatura e frizione (*dei capelli*) con lo shampoo.

shamrock /ˈʃæmrɒk/, *n.* (*bot.*) ***1*** (*Trifolium pratense*) trifoglio d'Irlanda (*è il simbolo del paese*) ***2*** (*Trifolium repens*) trifoglio bianco ***3*** (*Oxalis acetosella*) trifoglio acetoso; acetosella. ● **the S. Isle**, l'Irlanda.

shamus /ˈʃeɪməs/, *n.* (*pop. USA*) ***1*** poliziotto; detective ***2*** poliziotto privato; guardia del corpo ***3*** spalla (*fig.*); tirapiedi (*di un politicante, ecc.*).

shandrydan /ˈʃændrɪdæn/, *n.* ***1*** calesse ***2*** (*raro*) carrozza decrepita; veicolo sgangherato; trabiccolo (*scherz.*).

shandy /ˈʃændɪ/, (*USA*) **shandygaff** /ˈʃændɪgæf/, *n.* bibita che è per metà birra e per metà gazzosa o ginger.

to **shanghai** /ʃæŋˈhaɪ/, *v. t.* (*gergo naut.*) imbarcare (q.) come marinaio, drogandolo e portandolo a bordo a forza. ● (*pop.*) **to s. sb. into doing st.**, costringere q. (con l'inganno) a fare q.c. (*di sgradito o rischioso*).

shank /ʃæŋk/, *n.* ***1*** (*anat., arc.*) stinco; gamba; tibia ***2*** (*bot.*) gambo; stelo; peduncolo ***3*** (*mecc.*) gambo; codolo; stelo: **rivet s.**, gambo di un rivetto ***4*** manico (*di cucchiaio, ecc.*) ***5*** fusto, canna (*di chiave*) ***6*** (*archit.*) fusto (*di colonna*) ***7*** (*naut.*) fuso (*di ancora*) ***8*** (*cucina*) stinco: **veal shanks**, stinchi di vitello. ● (*mecc.*) **s. cutter**, fresa frontale a codolo □ (*scherz.*) **to go on s.'s mare** (*o* **pony**), andare sul caval di San Francesco; andare a piedi.

to **shank** /ʃæŋk/, *v. i.* (*bot., di solito* **to s. off**) cadere per malattia del gambo (*o* del peduncolo); avvizzire.

shanked /ʃæŋkt/, *a.* (*nei composti*) che ha un certo tipo di fusto (di stelo, di canna, ecc.); dalle gambe: **a long-s. key**, una chiave dalla canna lunga; **a short-s. chap**, un tizio dalle gambe corte.

shan't /ʃɑːnt, *USA* ʃænt/, *contraz.* di **shall not**.

shantung /ʃænˈtʌŋ/, *n.* (*ind. tess.*) shantung; sciantung; seta grezza cinese.

shanty (**1**) /ˈʃæntɪ/, *n.* ***1*** casupola; capanna; baracca; tugurio ***2*** (*Austr.*) osteria; bettola. ● **s.-town**, quartiere di baracche; baraccopoli; bidonville.

shanty (**2**) /ˈʃæntɪ/, *n.* canzone marinaresca; coro di marinai.

shapable /ˈʃeɪpəbl/, *a.* formabile; foggiabile; adattabile; plasmabile.

shape /ʃeɪp/, *n.* ***1*** forma; foggia; fattezza; figura, ombra, fantasma, sagoma; aspetto; veste (*fig.*); modello; stampo; taglio (*d'abito*): **spherical in s.**, di forma sferica; **pebbles of different shapes**, ciottoli di fogge diverse; **The blurred s. of a liner appeared in the fog**, nella nebbia apparve la sagoma confusa di un transatlantico; **an enemy in the s. of a friend**, un nemico in veste di amico; **hat s.**, forma del cappellaio; **a jelly s.**, uno stampo per la gelatina; **I don't like the s. of this dress**, non mi piace il taglio di questo vestito ***2*** struttura: **to change the s. of Italian society**, cambiare la struttura della società italiana ***3*** specie; sorta; genere; qualità: **dangers of every s.**, pericoli d'ogni sorta; **He made no offer in any s. or form**, non fece offerte d'alcun genere ***4*** (*fam.*) forma; condizione, stato (*di salute*): **to stay in s.**, tenersi in forma; **The injured man was in bad s.**, il ferito era in cattive condizioni ***5*** figura; fattezza; personale: **to show one's shapes**, mostrare le proprie fattezze ***6*** (*sport*) forma: **to be in s.**, essere in forma; **to be out of s.**, essere giù di forma ***7*** (*tecn.*) profilato. ● **to cut st. to s.**, tagliare q.c. su misura □ **to get** (*o* **to put**) **into s.**, allestire, disporre; ordinare, riordinare: **to get one's ideas into s.**, riordinare le idee □ **to get out of s.**, perdere la forma; deformarsi; sformarsi □ **in the s. of**, sotto forma di □ (*fam.*) **to knock** (*o* **to lick**) **into s.**, portare (*un atleta, ecc.*) alla forma ottimale □ **out of s.**, deformato; sformato; (*sport*) giù di forma □ **to take s.**, prendere forma; (*di progetto, ecc.*) concretarsi, essere attuato; (*d'idee, ecc.*) concretarsi, esprimersi, tradursi (*in q.c.*).

to **shape** /ʃeɪp/, **A** *v. t.* ***1*** formare; foggiare; modellare; plasmare: **to s. rolls from dough**, foggiare la pasta in rotoli; **to s. the clay**, modellare (*o* plasmare) la creta; **to s. sb.'s character**, formare il carattere di q. ***2*** adattare; regolare: **to s. one's plans according to one's abilities**, adattare i propri progetti alle proprie capacità; **to s. one's life**, regolare la propria vita ***3*** concepire; formulare: **to s. a plan**, formulare un progetto ***4*** (*di solito al passivo*) foggiare; tagliare: **My new dress is shaped at the waist**, il mio vestito nuovo è tagliato in vita ***5*** (*tecn.*) sagomare; profilare ***6*** (*fig.*) lasciare un'impronta profonda (*o* un'orma indelebile) su (q.c.); incidere profondamente su: **President Kennedy shaped the XX century**, il Presidente Kennedy ha lasciato un'orma indelebile sul XX secolo. **B** *v. i.* ***1*** prender forma; concretarsi ***2*** svilupparsi; andare, mettersi (*bene, male*): **Things are shaping right**, le cose si mettono bene.

♦**shape into**, *v. t.* + *prep.* fare (q.c.) foggiando (*o* dando una certa forma): **to s. clay into little statues**, foggiare la creta in statuette; fare statuette di creta; **to s. vague ideas into an essay**, dare forma a idee vaghe ricavandone un saggio.

♦**shape to**, *v. t.* + *prep.* fare su misura per; adattare, adeguare a: **The new law will be shaped to the needs of the workers**, la nuova legge sarà fatta su misura per i bisogni dei lavoratori □ **to have one's hair shaped to one's head**, farsi fare un'acconciatura adatta alla propria testa.

♦**shape up**, *v. i.* + *avv.* (*fam.*) ***1*** procedere; svilupparsi; venire, andare (*bene, male, ecc.*); cavarsela: **My new book is shaping up well**, il mio nuovo libro viene bene; **How is the new clerk shaping up?**, come va (*o* come se la cava) l'impiegato nuovo? ***2*** darsi da fare; darci sotto (*fam.*): **You'd better s. up!**, farai bene a darci sotto! □ **to s. up to a difficult task**, affrontare con determinazione un compito difficile.

shaped /ʃeɪpt/, *a.* ***1*** (*mecc.*) sagomato; modellato ***2*** (*nei composti*) a foggia di; a forma di: **pear-s.**, a forma di pera. ● **ill-s.**, deforme; malformato □ **well-s**, ben fatto; di belle forme; proporzionato.

shapeless /ˈʃeɪpləs/, *a.* ***1*** informe; confuso ***2*** deforme; sgraziato. || **-ly**, *avv.* || **-ness**, *sost.*

shapely /ˈʃeɪplɪ/, *a.* (*specialm. di donna*) benfatto; proporzionato; aggraziato; armonioso. || **-iness**, *sost.*

shaper /ˈʃeɪpə(r)/, *n.* ***1*** foggiatore; modellatore; plasmatore; sagomatore ***2*** (*mecc.*) piallatrice; limatrice. ● (*mecc.*) **gear s.**, dentatrice.

shaping /ˈʃeɪpɪŋ/, *n.* ***1*** formazione; foggiatura; modellatura ***2*** (*mecc.*) sagomatura; piallatura; limatura.

shard /ʃɑːd/, *n.* ***1*** coccio; pezzo di coccio; frammento (*di vaso, ecc.*) ***2*** (*archeol.*) frammento ***3*** (*zool.*) elitra.

share (**1**) /ʃɛə(r)/, *n.* ***1*** parte; porzione; quota; contributo: **a s. of the plunder**, una parte del bottino; **I have paid my s.**, ho pagato la mia quota; **a s. of the market**, una quota del mercato; **a fair s.**, una giusta porzione; una parte equa; **He had a notable s. in the success of their enterprise**, egli ebbe una parte considerevole nella riuscita della loro impresa ***2*** (*fin.*) partecipazione; azione; titolo azionario: **I have a s. in the concern**, ho una partecipazione nell'azienda; **s. in the profits**, partecipazione agli utili; **a new issue of 20,000 shares**, una nuova emissione di ventimila azioni ***3*** (*fin.*) quota-parte, quota (*di un fondo d'investimento*) ***4*** (*naut.*) carato; caratura. ● **s. and s. alike**, in parti uguali; con equa spartizione □ (*fin.*) **s. capital**, capitale azionario □ (*fin.*) **s. certificate**, certificato azionario □ (*Borsa*) **s. dealing**, contrattazioni di azioni □ (*agric., in U.S.A.*) **s. farming**, colonia parziaria □ **s. hawking**, vendita di azioni porta a porta (*vietata in G.B. dal 1958*) □ (*fin., stat.*) **s. index**, indice finanziario □ (*Borsa*) **s. list**, listino valori; listino di Borsa □ **s.-out**, distribuzione (*di cibo o di sussidi*); ripartizione (*di utili*); spartizione (*del bottino*) □ **s. parcel**, pacchetto azionario □ (*fin.*) **s. prices**, i corsi azionari □ (*fin.*) **s. premium**, sovrapprezzo azioni; premio di emissione □ (*spreg.*) **s. pusher**, venditore di azioni di scarso valore □ (*spreg.*) **s. pushing**, vendita porta a porta di azioni di scarso valore (*o* di quote di fondi d'investimento) □ (*fin.*) **s. split**, frazionamento azionario □ **to go shares**, fare le parti giuste; dividersi le spese; fare alla romana (*fam.*) □ **to go shares in st.**, dividere q.c. (equamente): **Let's go shares in the travelling expenses**, dividiamo le spese di viaggio! □ (*fig.*) **the lion's s.**, la parte del leone □ (*fin.*) **ordinary s.**, azione ordinaria □ (*fin.*) **preference s.** (*o* **preferred s.**), azione preferenziale (*o* privilegiata) □ **We had our s. of laughs**, ci facemmo delle belle risate.

share (**2**) /ʃɛə(r)/, *n.* (*agric.*, = **ploughshare**, *USA* **plowshare**) vomere.

to **share** /ʃɛə(r)/, *v. t.* e *i.* ***1*** (*spesso* **to s. out**) dividere (*equamente*); distribuire (*in parti uguali*); ripartire; spartire: **to s. expenses**, dividersi le spese; **to s. (out) ten thousand dollars among four persons**, ripartire diecimila dollari fra quattro persone; **to s. out money to the poor**, distribuire denaro ai poveri; **to s. one's meal with a beggar**, spartire il proprio pasto con un mendicante ***2*** avere in comune; condividere; ripartirsi: **The two boys shared the bedroom**, i due ragazzi avevano la camera in comune; **to s. (in) the profits**, ripartirsi gli utili; **to s. losses**, ripartirsi le perdite *3* condividere; partecipare a: **I s. your opinion**, condivido la tua opinione; **to s. (in) sb.'s joy [sorrow]**, partecipare alla gioia [al dolore] di q. ● **to s. and s. alike**, prendere parti uguali; usare in comune; godere insieme; dividere le spese □ **I will s. with you in the petrol costs**, ci divideremo le spese della benzina □ **I will s. with you in the undertaking**, parteciperò con te all'impresa □ **He doesn't s. his worries with anybody**, i suoi guai se li tiene (tutti) per sé.

sharebroker /ˈʃɛəbrəʊkə(r)/, *n.* (*fin.*) intermediario di Borsa; agente di cambio.

to **sharecrop** /ˈʃɛəkrɒp/, *v. i.* (*in U.S.A.*) fare il mezzadro.

sharecropper /ˈʃɛəkrɒpə(r)/, *n.* (*in U.S.A.*) colono parziario; mezzadro.

sharecropping /ˈʃɛəkrɒpɪŋ/, *n.* (*in U.S.A.*) colonia parziaria; mezzadria.

shareholder /ˈʃɛəhəʊldə(r)/, *n.* (*fin.*) *1* azionista; socio (*di società per azioni*): **Shareholders can vote by proxy**, i soci possono votare per procura *2* (*in G.B.*) detentore di quote; socio (*di una «building society», q.V.*) *3* (*naut.*) caratista; comproprietario (*di una nave*) *4* (*pl.*) (*collett.*) azionariato. ● (*fin.*) **shareholders' equity**, capitale netto (*o* proprio) □ **shareholders' ledger**, libro mastro dei soci □ **shareholders' meeting**, assemblea degli azionisti.

shareholding /ˈʃɛəhəʊldɪŋ/, *n.* (*fin.*) *1* azionariato *2* partecipazione azionaria.

sharer /ˈʃɛərə(r)/, *n.* *1* partecipante; compartecipe *2* chi spartisce; chi fa le parti. ● **to be a s. in st.**, partecipare a q.c.; condividere q.c.

shareware /ˈʃɛəwɛə(r)/, *n.* (*contraz. fam. USA di* **share** e *software*) (*elab.*) programmi (*o* software) in prova (*gratuiti o quasi*).

sharing /ˈʃɛərɪŋ/, *n.* *1* compartecipazione; partecipazione: **s. of profits**, partecipazione agli utili *2* distribuzione; ripartizione. ● (*tra drogati*) **s. of needles**, scambio di siringhe □ (*econ.*) **s. the market**, divisione del mercato □ (*prov.*) **S. is caring**, la compartecipazione è coinvolgimento (*crea affezione, attaccamento, ecc.*).

shark /ʃɑːk/, *n.* *1* (*zool.*) squalo *2* (*zool., Carcharodon*) pescecane *3* (*fig.*) imbroglione; avventuriero; truffatore; baro; strozzino: **a loan s.**, uno strozzino *4* (*pop. USA*) persona molto abile; tipo in gamba; fenomeno (*fig. fam.*). ● **s. net**, rete antisqualo.

to **shark** /ʃɑːk/, *v. i.* (*arc.*) fare il truffatore; imbrogliare il prossimo. ● **to s. for a living**, vivere di truffe (*o* d'espedienti) □ **to s. up a fortune**, accumulare un patrimonio con mezzi disonesti.

sharker /ˈʃɑːkə(r)/, *V.* **shark**, *def. 3.*

sharkskin /ˈʃɑːkskɪn/, *n.* (*ind. tess.*) sagrì; sagrino; zigrino.

sharp (1) /ʃɑːp/, *a.* *1* acuto; acuminato; aguzzo; affilato; pungente; tagliente; penetrante; sottile; perspicace; scaltro; fine; aspro; (*di sapore*) agro; mordace; sarcastico: **a s. knife**, un coltello affilato; **a s. pin**, uno spillo acuminato; **a s. pain**, un acuto dolore; **a s. frost**, un freddo pungente; **s. sight**, vista acuta; **a s. sense of hearing**, un fine senso dell'udito; **a s. cry**, un grido acuto; **a s. child**, un bambino perspicace, intelligente; **s. words**, parole pungenti (*o* mordaci, sarcastiche); **to have a s. tongue**, avere la lingua tagliente; **a s. taste**, un sapore piccante; **a s. flavour**, un aroma aspro *2* brusco; improvviso; a secco; secco: **a s. bend**, una curva brusca (*o* a secco); un tornante; **a s. crack**, un rumore secco; **a s. shot**, un colpo secco (*di fucile, ecc.*) *3* ripido; scosceso: **a s. incline**, un pendio scosceso *4* forte; notevole; rilevante; marcato; netto; drastico: **a s. rise in rates**, un forte rialzo dei tassi; **a s. rise [fall] in prices**, un marcato aumento [una netta caduta] dei prezzi; **s. measures**, provvedimenti drastici *5* chiaro; distinto; marcato; netto; preciso; nitido: **the s. outline of the mountains**, il nitido profilo dei monti; **s. features**, lineamenti marcati; **a s. distinction**, una netta distinzione *6* astuto; disonesto; privo di scrupoli: **a s. deal**, un'azione disonesta; **a s. politician**, un politicante privo di scrupoli *7* grave; duro; energico; forte; gagliardo: **a s. fight**, una dura lotta; **a s. blow**, un forte colpo; **a s. appetite**, un gagliardo appetito; **a s. attack of flu**, un violento attacco d'influenza *8* (*fon.*) sordo: **a s. consonant**, una consonante sorda *9* (*mus.*) in diesis; diesis: **C sharp**, do diesis; **key of F s.**, chiave di fa diesis *10* (*ling.*) diesizzato *11* (*fam.*) elegante; raffinato; (*spreg.*) vistoso: **a s. dresser**, uno che veste in modo vistoso *12* (*cucina*: *di formaggio, ecc.*) piccante. ● **s.-cut**, chiaro, distinto, netto, preciso: **a s.-cut difference**, una netta differenza □ **a s. cut**, un taglio netto □ **s.-eared**, dalle orecchie aguzze; dall'udito fine □ **s.-edged**, affilato; tagliente (*anche fig.*) □ (*fam.*) **the s. end of a job**, la parte difficile di un lavoro □ **s.-eyed**, *V.* **s.-sighted** □ **s.-featured**, dal profilo marcato; dalla faccia angolosa □ **a s. flash of light**, un vivido lampo di luce □ **a s. impression**, una viva impressione □ **s. practice**, disonestà; mancanza di scrupoli; (*leg.*) azione ai limiti della legalità □ **a s. run**, una corsa veloce □ **s.-set**, (*di arnese*) in posizione di taglio; (*fig.*) ansioso, desideroso (*di fare q.c.*); famelico (*anche fig.*) □ (*di cavallo*) **s.-shod**, ferrato a ghiaccio □ **s.-sighted**, dalla vista acuta; sveglio, perspicace □ **a s. stick**, un bastone puntuto □ **a s. temper**, un temperamento collerico □ **s.-tongued**, dalla lingua tagliente; linguacciuto; ipercritico □ (*radio*) **s. tuning**, sintonia acuta □ **a s. walk**, una camminata energica □ **s. wit**, mente acuta; intelligenza viva □ **s.-witted**, di mente acuta; sveglio; perspicace □ **to be s. at physics**, essere bravo in fisica □ **to give sb. the s. edge of one's tongue**, trattare q. con asprezza; essere duro con q. □ **to keep a s. look-out**, star bene in guardia; stare all'erta.

sharp (2) /ʃɑːp/, *n.* *1* (*mus.*) diesis: **sharps and flats**, diesis e bemolle *2* (*fon.*) consonante sorda *3* (*spesso al pl.*) ago sottile (*per cucire*) *4* (*fam.*) imbroglione; truffatore; baro *5* (*fam. USA*) persona abilissima; competente; perito; esperto: **a mining s.**, un perito minerario; uno che s'intende molto di miniere *6* (*pl.*) cruschello; tritello.

sharp (3) /ʃɑːp/, *avv.* *1* bruscamente; all'improvviso; di colpo; di botto: **The car in front of me pulled up s. and I bumped into it**, la macchina davanti (a me) si fermò di botto e io la tamponai *2* puntualmente; in punto: **at ten (o'clock) s.**, alle dieci precise; alle dieci in punto. ● (*fam.*) **to look s.**, stare all'erta, tenere gli occhi aperti (*fig.*); affrettarsi, sbrigarsi, fare in fretta: **Look s.!**, presto!; sbrigatevi! □ **She is singing s.**, canta in una tonalità troppo alta (*o* più alta di quella indicata).

to **sharp** /ʃɑːp/, **A** *v. t.* *1* (*mus., USA*) diesizzare; alzare (*una nota*) di un semitono *2* (*mus.*) diesare; diesizzare. **B** *v. i.* *1* (*mus.*) cantare in una tonalità troppo alta (*o* più alta di quella indicata) *2* (*fam.*) imbrogliare; truffare; barare.

to **sharpen** /ˈʃɑːpən/, **A** *v. t.* *1* aguzzare; affilare; arrotare; far la punta a; appuntire: **to s. a knife**, affilare un coltello; **to s. a pencil**, far la punta a (*o* temperare) una matita *2* (*fig.*) acuire; aguzzare (*l'appetito, l'ingegno*); inasprire (*una pena*) *3* (*mus.*) diesizzare; alzare (*una nota*) di un semitono. **B** *v. i.* *1* aguzzarsi; affilarsi; diventare acuminato (*o* appuntito) *2* (*fig.*) acuirsi; inasprirsi: **His criticism sharpened**, le sue critiche si inasprirono *3* (*mus.*) cantare in una tonalità troppo alta (*o* più alta di quella indicata).

sharpener /ˈʃɑːpənə(r)/, *n.* *1* (*mecc.*) affilatrice; affilatoio *2* arrotino. ● **a blade s.**, un affilalame □ **a knife s.**, un affilatoio per coltelli □ **a pencil s.**, un temperamatite.

sharpening /ˈʃɑːpənɪŋ/, *n.* (*tecn.*) affilatura; l'appuntire. ● **s. machine**, affilatrice.

sharper /ˈʃɑːpə(r)/, *n.* imbroglione; truffatore; baro.

sharpie /ˈʃɑːpɪ/, *n.* *1* (*naut.*) sharpie *2* imbroglione; truffatore; baro *3* (*fam.*) tipo sveglio *4* (*pop. USA*) elegantone.

sharply /ˈʃɑːplɪ/, *avv.* *1* aspramente; in modo pungente (*o* sarcastico, ecc.) *2* bruscamente; seccamente *3* fortemente; drasticamente *4* chiaramente; nettamente *5* astutamente.

sharpness /ˈʃɑːpnəs/, *n.* *1* acutezza; acume; affilatezza; finezza; penetrazione; sottigliezza; perspicacia: **the s. of your sight**, l'acutezza della tua vista *2* bruschezza: **the s. of the curve**, la bruschezza della curva *3* chiarezza; nettezza; nitidezza; precisione: **the s. of the image**, la nitidezza dell'immagine *4* acredine; asprezza; mordacità; sarcasticità: **the s. of his words**, l'asprezza delle sue parole *5* astuzia; disonestà; mancanza di scrupoli *6* gravità; durezza; forza; intensità: **the s. of the pain**, l'intensità del dolore.

sharpshooter /ˈʃɑːpʃuːtə(r)/, *n.* tiratore scelto; cecchino.

shat /ʃæt/, *pass.* e *p. p.* di **to shit**.

to **shatter** /ˈʃætə(r)/, **A** *v. t.* *1* fracassare; fare a pezzi; frantumare; spaccare; mandare in frantumi: **The explosion shattered tens of windowpanes**, l'esplosione mandò in frantumi decine di vetri di finestre *2* (*fig.*) distruggere; rovinare: **to s. sb.'s hopes**, distruggere le speranze di q.; **shattered health**, salute rovinata. **B** *v. i.* andare in pezzi; farsi in pezzi; frantumarsi; spaccarsi; rompersi in frammenti; frammentarsi. ● **shattered nerves**, nervi scossi; nervi a pezzi □ **I feel completely shattered**, mi sento proprio distrutto (*o* a pezzi).

shattering /ˈʃætərɪŋ/, *a.* *1* disastroso; rovinoso: **s. news**, notizie disastrose *2* (*fam.*) eccezionale; straordinario; strepitoso.

shatterproof /ˈʃætəpruːf/, *a.* infrangibile.

shatters /ˈʃætəz/, *n. pl.* frammenti; frantumi.

shave /ʃeɪv/, *n.* *1* rasatura; il radere; il radersi: **to have a s.**, radersi; farsi la barba *2* (*mecc.*, = **s. hook**) raschietto (*da idraulico e metall.*) *3* (*mecc.*) truciolo. ● (*fam.*) **to have a close s.**, scamparla bella; cavarsela per un pelo (*o* per un soffio) □ **I need a s.**, ho bisogno di farmi (*o* farmi fare) la barba □ **It takes a double-edge razor to get a clean (*o* a close) s.**, ci vuole un rasoio a doppia lama per radersi bene.

to **shave** /ʃeɪv/, (*p. p.* **shaved, shaven**) **A** *v. t.* *1* radere; sbarbare; fare la barba a; rasare: **to s. one's face**, radersi la faccia; **to s. a patient for surgery**, rasare un paziente per un'operazione chirurgica *2* piallare; lisciare (*col raschietto*) *3* sfiorare; rasentare: **The car shaved the wall**, l'automobile rasentò il muro *4* (*mecc.*) sbavare (*pezzi fucinati o stampati, tubi, ecc.*) *5* (*mecc.*) sbarbare (*ingranaggi*) *6* (*relig.*) tonsurare *7* (*comm.*) limare, ridurre (*prezzi*) *8* (*pop. USA*) pelare (*fig.*); truffare *9* (*cucina*) fare (q.c.) a fette; affettare. **B** *v. i.* *1* (*anche, v. rifl.*, **to shave oneself**) radersi; sbarbarsi; farsi la barba: **You should s. every day**, dovresti raderti tutti i giorni *2* (*di rasoio, ecc.*) radere; tagliare (*bene, male, ecc.*). ● **to s. off**, radere, rasare; tagliare, eliminare; raschiare, scrostare; tagliare (*burro, ghiaccio, ecc.*) a scaglie (*o* a riccioli): **She got him to s. off his beard**, lo convinse a tagliarsi la barba; **She shaved the hair off her legs**, si depilò le gambe; **You must s. off the old paint from the table**, devi raschiare via la vernice vecchia dal tavolo □ **to s. off one's hair**, tosarsi a zero; (*relig.*) farsi la tonsura □ **to get shaved**, farsi sbarbare; farsi fare la barba.

shaved /ʃeɪvd/, *a.* *1* rasato; sbarbato *2* (*relig.*) tonsurato *3* (*di cibo*) affettato; fatto a fette *4* (*pop. USA*) sbronzo; ubriaco.

shaveling /ˈʃeɪvlɪŋ/, *n.* (*spreg., arc.*) *1* chi ha la tonsura; prete; frate *2* sbarbatello.

shaven /ˈʃeɪvn/, **A** *p. p.* di **to shave**. **B** *a.* *1* rasato; sbarbato; senza barba: **a s. chin**, un mento rasato *2* (*relig.*) tonsurato. ● **well-s.**, ben rasato.

shaver /ˈʃeɪvə(r)/, *n.* *1* chi rade; barbiere *2* rasoio: **electric s.**, rasoio elettrico *3* (*fam., di solito* **young s.**) sbarbatello.

Shavian /ˈʃeɪvɪən/, (*letter.*) **A** *a.* caratteristico di (*o* alla maniera di) G.B. Shaw. **B** *n.* ammiratore di G.B. Shaw.

shaving /ˈʃeɪvɪŋ/, *n.* *1* rasatura; sbarbatura; il radersi *2* (*mecc.*) sbavatura (*V.* **to shave, A**, *def. 4*) *3* (*mecc.*) sbarbatura (*d'ingranaggi*) *4* (*pl.*) trucioli (*di legno o di metallo*) *5* scaglia; scheggia: **chocolate shavings**, scaglie di cioccolata. ● **s. brush**, pennello da barba □ **s. cream**, crema da barba □ **s. foam**, schiuma da barba □ **s. horse**, cavalletto per piallare il legno □ **s. lather**, schiuma da barba □ (*mecc.*) **s. machine**, sbarbatrice (*per ingranaggi*) □ **s. soap**, sapone da barba □ **s. stick**, sapone da barba (*a forma di bastoncino*); stick da barba.

shaw /ʃɔː/, *n.* (*poet.*) boschetto; bosco ceduo.

shawl /ʃɔːl/, *n.* scialle. ● (*moda*) **s. collar**, collo sciallato (*o* a scialle).

to **shawl** /ʃɔːl/, *v. t.* avvolgere (q.) in uno scialle.

shawm /ʃɔːm/, *n.* (*stor., mus.*) chiarina; cennamella.

shay /ʃeɪ/, *n.* *1* (*dial.*) carrozza *2* (*fam. USA*) calesse.

shaz(z)am /ʃəˈzæm/, *inter.* (*pop. USA*) evviva!; e voilà: **S.! I passed my exam!**, evviva! sono stato promosso!

she /ʃiː, ʃɪ/, **A** *pron. pers. 3ª pers. sing. f.* *1* ella, essa (*spesso sottinteso in ital.*); lei (*fam.*) (*rif. a persone, animali, e talora ad automobili, aerei, navi, strumenti, città, nazioni, ecc.*): **«Where is your mother?» «She's at home»**, «dov'è tua madre?» «è a casa»; **He called her, but she didn't answer**, la chiamò, ma lei non rispose; **«Who is it?» «It's her»** (*form.*: **«It's she»**), «chi è?» «è lei»; **It's she who did it**, è stata lei (a farlo); **Here she is!**, eccola!; **She's a fine mare**, è una bella cavalla; **She's a nice little bitch**, è una bella cagnetta; **My car is old but she's still running very well**, la mia auto è vecchia ma va ancora benissimo; **The Queen Elizabeth II is a good liner, but she may be dismantled soon for lack of passengers**, il Queen Elizabeth II è un buon transatlantico, ma può darsi che venga smantellato presto per mancanza di passeggeri; **Venice was once so powerful that she was called the Queen of the Adriatic**, Venezia era un tempo così potente da essere chiamata la Regina dell'Adriatico *2* (*lett.*) colei; la donna: **She who appeared on the threshold was a queer creature**, la donna che apparve sulla soglia era una strana creatura. **B** *n.* femmina; femminuccia; bambina; bimba: **Our dog is a she**, il nostro cane è una femmina; **Is the baby a he or a she?**, è un maschietto o una femminuccia?; è un bimbo o una bimba? **C** *a. attr.* femmina (*spesso idiom.*): **a she-hyena**, una iena femmina; **a. she-ass**, un'asina. ● **she-bear**, orsa □ **she-cat**, gatta □ **she-devil**, diavolessa; indemoniata, (un) demonio (*fig., di donna*) □ **she-elephant**, elefantessa □ **she-goat**, capra □ **she-wolf**, lupa □ **Anyone can do it if he or she** (*scrivendo*: **if he/she**) **tries hard**, chiunque può farlo, purché s'impegni a fondo.

shea /ʃiː/, *n.* (*bot., Butyrospermum parkii*) albero del burro; shea. ● **s. butter**, burro di shea.

sheaf /ʃiːf/, *n.* (*pl.* **sheaves**) *1* covone: **a s. of wheat**, un covone di grano *2* mannello (*di paglia, ecc.*); fascio; fastello: **a s. of documents**, un fascio di documenti *3* frecce contenute in una faretra *4* (*mat.*) fascio: **the s. theory**, la teoria dei fasci. ● **s. binder**, macchina per legare il grano in covoni.

to **sheaf** /ʃiːf/, *v. t.* *1* abbarcare, accovonare, legare in covoni (*il grano*) *2* affastellare; ammucchiare.

shear /ʃɪə(r)/, *n.* *1* (*pl.*) cesoie; forbici (*per tosare le pecore, ecc.*): **a pair of shears**, un paio di cesoie; **pruning shears**, forbici da giardinaggio *2* (*mecc.*) cesoia: **power s.**, cesoia meccanica; **rotary s.**, cesoia circolare *3* (*fis., mecc.*, = **s. strain**) deformazione di taglio *4* (*geol.*) taglio: **s. folding**, piegamento per taglio; **s.-joint plane**, piano di diaclasi (di taglio) *5* (*naut.*) biga: **s. hulk**, pontone (a) biga *6* (*tecn.*) tosatura (*delle pecore*). ● (*bot.*) **s.-grass** (*Agropyron repens*), gramigna dei medici; dente canino □ (*mecc.*) **s. pin**, spina di sicurezza □ **s. plane**, (*mecc.*) piano di taglio; (*geol.*) piano di diaclasi □ (*mecc.*) **s. strength**, resistenza al taglio □ (*mecc.*) **s. stress**, sforzo di taglio □ (*tecn.*) **s. test**, prova di taglio □ **a sheep of two shears**, una pecora che è stata tosata due volte □ (*Austr.*) **a sheep off shears**, una pecora appena tosata.

to **shear** /ʃɪə(r)/ (*pass.* **sheared**, *p. p.* **shorn, sheared**), **A** *v. t.* *1* tosare: **to s. sheep [a hedge]**, tosare le pecore [una siepe] *2* cimare (*stoffa, panno*) *3* (*tecn.*) cesoiare; troncare; tagliare; tranciare *4* (*fig.*) spogliare; privare: **The king was shorn of all his powers**, il re fu privato di ogni potere; **to be shorn of one's rights**, essere privato dei propri diritti *5* (*fis., mecc.*) sottoporre (*materiali*) a sforzo di taglio *6* (*poet.*) fendere; tagliare (*con la spada*). **B** *v. i.* (*di materiali*) spezzarsi, torcersi (*sotto la sollecitazione di taglio*). ● **to s. away** (*o* **off**), tosare (*la lana*); tagliare via, eliminare; staccarsi: **The handle has sheared off**, si è staccato il manico □ **a closely shorn head**, una testa rasata a zero (*o* rapata) □ **a shorn lamb**, un agnello tosato; (*fig.*) un gonzo, uno che s'è fatto pelare.

shearbill /ˈʃɪəbɪl/, *n.* (*zool., Rhynchops niger*) becco a forbice nero.

shearer /ˈʃɪərə(r)/, *n.* *1* tosatore (*di pecore*) *2* (macchina) tosatrice *3* (*mecc.*) tranciatore *4* (*mecc.*) tranciatrice (*macchina*); trancia.

shearing /ˈʃɪərɪŋ/, *n.* *1* tosatura (*delle pecore*): (*N. Z.*) **s. shed**, impianto per la tosatura delle pecore *2* taglio; recisione: **the s. of a hedge**, il taglio di una siepe *3* (*fis., mecc.*) taglio: **s. stress**, sforzo di taglio *4* (*mecc.*) tranciatura *5* cimatura (*di stoffa*) *6* *V.* **shearling** *7* (*pl.*) cimature (*della stoffa*); lana tosata; residui della tosatura. ● (*mecc.*) **s. die**, stampo per tranciatura □ **s. machine**, tosatrice, macchina per tosare; (*mecc.*) cesoia meccanica; tranciatrice; trancia □ (*mecc.*) **s. punch**, tagliolo.

shearling /ˈʃɪəlɪŋ/, *n.* *1* pecora tosata una sola volta; pecora di un anno *2* montone (*la pelle e il cappotto*).

shears /ʃɪəz/, *n. pl.* *V.* **shear**.

sheartail /ˈʃɪəteɪl/, *n.* (*zool.*) *1* colibrì *2* rondine di mare.

shearwater /ˈʃɪəwɔːtə(r)/, *n.* (*zool.*) *1* (*Puffinus*) puffino; berta *2* uccello dei Rincopidi (*in genere*).

sheat-fish /ˈʃiːtfɪʃ/, *n.* (*zool., Silurus glanis*) siluro d'Europa.

sheath /ʃiːθ/, *n.* *1* fodero; (*anche bot.*) guaina; (*zool.*) guaina, elitra *2* (*in genere*) astuccio; rivestimento; custodia *3* (*edil.*) rivestimento (*di protezione*) *4* (*elettr.*) guaina (*del filo*) *5* *V.* **s.-dress** *6* preservativo; contraccettivo. ● **s.-dress**, abito aderente, che inguaina □ **s. knife**, coltello a lama fissa, con fodero □ (*zool.*) **s.-winged**, munito di elitre.

to **sheathe** /ʃiːð/, *v. t.* *1* rinfoderare; inguainare: **to s. one's sword**, rinfoderare la spada (*anche fig.*) *2* foderare; rivestire; proteggere: **The reactor is sheathed with lead**, il reattore è rivestito di piombo *3* (*fig.*) rinfoderare, ritrarre (*le unghie, gli artigli*) *4* affondare (*la spada*); piantare (*le zanne, ecc.*) *5* inguainare: **She was sheathed in a lamé dress**, era inguainata in un abito di lamé.

sheathing /ˈʃiːðɪŋ/, *n.* *1* rivestimento; copertura; fodera (*anche naut.*) **timber s.**, rivestimento di legno; **bottom s.**, fodera della carena (*di nave*); **zinc s.**, fodera di zinco *2* (*elettr., mecc.*) (guaina di) protezione; isolamento: **cable s.**, isolamento dei cavi; guaina per cavi *3* inguainamento. ● (*edil.*) **s. board**, pannello di fibre (*o* di gesso) □ **s. hair**, borra □ **s. paper**, carta per rivestimenti isolanti.

sheave /ʃiːv/, *n.* (*mecc.*) puleggia a gola; carrucola.

to **sheave** /ʃiːv/, *V.* **to sheaf**.

sheaves /ʃiːvz/, *pl.* di **sheaf**.

Sheba /ˈʃiːbə/, *n.* (*Bibbia*) Saba: **the Queen of S.**, la Regina di Saba.

shebang /ʃɪˈbæŋ/, *n.* (*pop. USA*) affare; baracca; faccenda; cosa. ● **the whole s.**, tutta la baracca; baracca e burattini: **to sell the whole s.**, vendere baracca e burattini.

shed (1) /ʃɛd/, *n.* *1* capannone; tettoia *2* baracca; capanna *3* (*aeron.*) aviorimessa; hangar. ● (*edil.*) **s. base**, pilastrino per recinzione □ **a bicycle s.**, una rimessa per biciclette □ **a cattle s.**, un capannone per il bestiame □ **a tool s.**, una baracca per gli attrezzi.

shed (2) /ʃɛd/, *n.* *1* (*ind. tess.*) passo dell'ordito *2* (= **watershed**) spartiacque *3* (*dial.*) scriminatura.

to **shed** (1) /ʃɛd/ (*pass. e p. p.* **shed**), **A** *v. t.* *1* spargere; versare: **to s. tears [blood]**, versare lacrime [spargere sangue]; **to s. one's blood for a noble cause**, versare il sangue per una nobile causa *2* respingere; non lasciare passare; essere impermeabile a: **Oilskin sheds water**, la tela cerata è impermeabile all'acqua *3* perdere; lasciar cadere: **The tree has shed its leaves**, l'albero ha perso le foglie; **The snake has shed its skin**, il serpente ha perso (*o* ha mutato) la pelle; (*di un animale*) **to s. hair**, perdere peli (*o* il pelo) *4* diffondere; effondere; emanare; ispirare: **The sun sheds light and warmth**, il sole emana luce e calore; **He sheds confidence wherever he goes**, dovunque vada, ispira fiducia *5* levarsi, togliersi (*indumenti*) *6* disfarsi, liberarsi di; perdere: **I succeeded in shedding all my fears**, riuscii a liberarmi di tutti i miei timori; **I hope to s. a few kilos before my holidays**, spero di perdere qualche kilo prima delle vacanze *7* (*ingl.*: *di un veicolo*) perdere (*il carico*: *in un incidente, ecc.*). **B** *v. i.* *1* perdere le foglie (*o* la pelle, il pelo, ecc.): **My dog is shedding badly**, il mio cane perde pelo a tutto andare *2* (*ind. tess.*) formare il passo dell'ordito. ● **to s. one's clothes**, spogliarsi □ **to s. light**, diffondere luce; dare luce □ (*specialm. fig.*) **to s. light on st.**, gettare (*o* fare) luce su q.c. □ (*dial.*) **to s. one's hair**, farsi la scriminatura.

to **shed** (2) /ʃɛd/, *v. t.* (*pass. e p. p.* **shed**) (*di cane da pastore*) separare (*una pecora, ecc.*) dal branco.

she'd /ʃiːd, ʃɪd/, *contraz.* di: *1* **she had** *2* **she would**.

shedder /ˈʃɛdə(r)/, *n.* *1* chi versa; spargitore *2* salmone che ha deposto le uova *3* serpente in muta *4* crostaceo che si libera del guscio.

shedding /ˈʃɛdɪŋ/, *n.* *1* spargimento; versamento: **without blood s.**, senza spargimento di sangue *2* effusione, perdita (*di liquido*) *3* caduta (*delle foglie*) *4* (*di serpente, ecc.*) muta *5* (*di pesce*) deposizione (*delle uova*) *6* (*ind. tess.*) formazione del passo dell'ordito.

sheen /ʃiːn/, *n.* lucentezza; splendore.

sheeny (1) /ˈʃiːnɪ/, *a.* lucente; lustro; splendente.

sheeny (2) /ˈʃiːnɪ/, *n.* (*pop. spreg.*) ebreo.

sheep /ʃiːp/, *n.* *1* (*invar. al pl.*; *zool., Ovis aries*) pecora (*anche fig.*): **a flock of s.**, un gregge di pecore; **Jack is the black s. of the family**, Jack è la pecora nera della famiglia; **They follow him like s.**, lo seguono come pecore; **Don't be a s.!**, non fare la pecora! *2* – (*col verbo al pl.*) **the sheep**, il gregge; (*fig.*) i parrocchiani, i fedeli *3* *V.* **sheepskin**. ● (*fig.*) **the s. and the goats**, le pecore bianche e le pecore nere; i buoni e i cattivi □ **s. farm**, allevamento di pecore □ **s. farmer**, allevatore di pecore □ **s. farming**, allevamento di pecore; pastorizia □ **s.-herder**, pecoraio; pastore □ **s.-hook**, bastone da pastore; vincastro □ **s. run**, *V.* **sheepwalk** e **s. station** □ **s.-shearing**, tosatura delle pecore □ (*Austr.* e *N. Z.*) **s. station**, grosso allevamento di pecore □ **s. wash**, vasca per il bagno delle pecore; (*ingl.*) *V.* **sheep dip** □ (*fig. fam.*) **to cast** (*o* **to make**) **s.'s eyes at sb.**, fare l'occhio di triglia a q. □ (*fig.*) **a lost s.**, una pecorella smarrita □ (*fig.*) **a wolf in s.'s clothing**, un lupo in veste d'agnello; (*prov.*) **One may well be hanged for a s. as a lamb**, quando la pena è la stessa, tanto vale commettere il reato più grave.

sheepcote /'ʃi:pkəʊt/, *n.* (*specialm. ingl.*) *V.* **sheepfold**.

sheepdip /'ʃi:pdɪp/, *n.* bagno di liquido antiparassitario per pecore.

sheepdog /'ʃi:pdɒg, *USA* -ɔ:g/, *n.* ***1*** cane da pastore ***2*** (*specialm.*) pastore scozzese; collie.

sheepfold /'ʃi:pfəʊld/, *n.* ovile; recinto per le pecore.

sheepish /'ʃi:pɪʃ/, *a.* timido; imbarazzato; confuso; impacciato. || **-ly**, *avv.* || **-ness**, *sost.*

sheepman /'ʃi:pmən/, *n.* (*pl.* **sheepmen**) (*USA*) ***1*** allevatore di pecore ***2*** pecoraio; pastore.

sheepshank /'ʃi:pʃæŋk/, *n.* ***1*** (*naut.*) nodo margherita ***2*** (*fig. scozz.*) cosa da nulla; bazzecola; inezia.

sheepskin /'ʃi:pskɪn/, *n.* ***1*** pelle di pecora (*o* di montone) ***2*** cartapecora; pergamena ***3*** (*fam.*) documento su pergamena ***4*** (*scherz. specialm. USA*) laurea; diploma. ● (*moda*) **a s. coat**, un montone □ **a s. rug**, un tappeto di pelle di montone.

sheepwalk /'ʃi:pwɔ:k/, *n.* (*specialm. ingl.*) pascolo (*o* pastura) per le pecore.

sheepyard /'ʃi:pjɑ:d/, *n.* (*Austr.*, *N. Z.*) recinto per le pecore.

sheer (**1**) /ʃɪə(r)/, **A** *a.* ***1*** puro e semplice; vero e proprio; bell'e buono; mero (*lett.*): **s. selfishness**, egoismo puro e semplice; **It's s. folly**, è una vera follia; **s. nonsense**, una sciocchezza bell'e buona ***2*** perpendicolare; a picco: **a s. cliff**, una scogliera a picco; una falesia ***3*** (*di tessuto o capo di vestiario*) sottile; diafano; trasparente: **s. stockings**, calze da donna sottilissime; **a s. blouse**, una camicetta trasparente ***4*** (*di liquore*) liscio. **B** *avv.* ***1*** completamente; affatto ***2*** proprio: **He fell s. into the river**, cadde proprio nel fiume ***3*** a picco; a perpendicolo: **The hill rises s. from the water**, il colle sorge a picco dalle acque. ● **a s. drop**, uno strapiombo □ **s. impossibility**, assoluta impossibilità □ **I made it by s. luck**, ce l'ho fatta proprio per un pelo (*o* solo per fortuna).

sheer (**2**) /ʃɪə(r)/, *n.* ***1*** (*naut.*) cambio (*o* inversione) di rotta; virata ***2*** (*naut.*) straorzata; **a rank s.**, una straorzata violenta e improvvisa ***3*** (*per estens.*) inversione di rotta; cambiamento di direzione; deviazione ***4*** (*naut.*) posizione (*della nave all'ancora*) rispetto all'ormeggio; angolo di ormeggio ***5*** (*naut.*) curvatura, insellatura (*del ponte*) ***6*** (*pl.*) *V.* **sheerlegs**.

to **sheer** /ʃɪə(r)/, **A** *v. i.* ***1*** (*naut.*) cambiare rotta; invertire la rotta; virare ***2*** (*naut.*) straorzare; abbattersi: **Our ship suddenly sheered towards the sandbank**, all'improvviso la nostra nave si abbatté al traverso della secca ***3*** (*per estens.*) invertire la rotta (*fig.*); cambiare direzione; deviare. **B** *v. t.* ***1*** (*naut.*) far virare; invertire la rotta di (*una nave*) ***2*** (*naut.*) governare: **to s. a ship to her anchor**, governare una nave all'ancora ***3*** (*per estens.*) guidare, portare (*un veicolo*): **I sheered my car around the larger potholes**, guidai (la macchina) in modo da scansare le buche più grandi. ● **to s. away** (*o* **to s. off**), (*naut.*) allontanarsi, scostarsi, largare; (*fig.*) girare alla larga, svicolare (*anche fig.*): **The boat sheered off to avoid a collision**, il battello si scostò per evitare una collisione; **He sheered off so as not to meet me**, girò alla larga per non incontrarmi; **Whenever I ask about his wife, he sheers off**, tutte le volte che gli chiedo di sua moglie, lui svicola □ **to s. off from sb.** [**a subject**], evitare, scansare q. [un argomento].

sheerlegs /'ʃɪəlɛgz/, *n. pl.* (*naut.*) biga; capria; capra.

sheet /ʃi:t/, *n.* ***1*** lenzuolo: **as white as a s.**, bianco come un lenzuolo ***2*** foglio (*di carta, ecc.*): **fact s.**, foglio informativo ***3*** pubblicazione; giornale ***4*** lastra; lastrone: **a s. of glass**, una lastra di vetro; **a s. of ice**, un lastrone di ghiaccio ***5*** (*metall.*) lamiera; lamina; foglio; lamierino: **corrugated s.**, lamiera ondulata; **a s. of tin**, una lamina di latta; **a s. of copper**, un foglio di rame ***6*** (*naut.*) scotta ***7*** distesa; specchio d'acqua ***8*** (*geol.*) coltre; falda; copertura basaltica ***9*** (*geol.*) filone ***10*** (*filatelia*) foglio ***11*** lastra del forno ***12*** scroscio (*di pioggia*): **The rain is coming down in sheets**, sta piovendo a scrosci. ● (*naut.*) **s. anchor**, ancora di tonneggio (*o* di speranza); (*fig.*) ancora di salvezza □ (*naut.*) **s. bend**, nodo di scotta □ **s. brass**, lamierino d'ottone □ **s. copper**, lamierino di rame □ **s. glass**, lastra di vetro; cristallo in lastra □ **s. lightning**, lampeggio diffuso; bagliore di fulmini □ **s.-metal**, lamiera sottile; lamierino; lastra □ **s.-metal merchant**, venditore di lamierino □ **s.-metal work**, fabbricazione di lamiere □ **s.-metal worker**, lamierista; battilastra; lattoniere □ **s.-metal works**, fabbrica di lamiere; lattoneria □ **s. music**, musica stampata su fogli sciolti (*o* volanti) □ **a s. of colour**, uno strato di colore □ **a s. of fire**, una cortina di fuoco □ (*edil.*) **s. piling**, palancolata □ **s. rubber**, gomma in fogli □ **s. steel**, lamiera d'acciaio □ **a book in sheets**, un libro non rilegato □ **to get between the sheets**, mettersi fra le lenzuola; (*fig.*) andare a letto □ (*fam.*) **to have a s. in the wind**, esser brillo □ (*fam.*) **to have three sheets in the wind**, essere ubriaco fradicio □ (*naut.*) **to let a s. fly**, mollare una scotta.

to **sheet** /ʃi:t/, **A** *v. t.* ***1*** avvolgere in (*o* coprire con) un lenzuolo ***2*** provvedere (*un letto, ecc.*) di lenzuola ***3*** (*tecn.*) foderare; rivestire; proteggere: **to s. a gallery with timber**, rivestire una galleria di legname ***4*** (*fig.*) coprire, rivestire, ricoprire: **Fog sheeted the valley**, la valle era coperta da una coltre di nebbia; **The pond was sheeted with ice**, una lastra di ghiaccio ricopriva lo stagno ***5*** (*naut.*) assicurare, fissare con una scotta. **B** *v. i.* ***1*** (*della pioggia*) cadere a scrosci ***2*** (*della neve*) cadere fitta. ● **to s. down**, piovere a dirotto □ (*naut.*) **to s. home**, bordare (*o* tesare) a segno (*una scotta*); stringere il vento (*con una vela quadra*) alando le scotte; (*fam. USA*) far capire (*q.c. di difficile*) □ (*naut.*) **to s. in**, alare abbasso, serrare (*una vela*).

sheeted /'ʃi:tɪd/, *a.* ***1*** avvolto in un lenzuolo ***2*** (*tecn.*) foderato; rivestito.

sheeting /'ʃi:tɪŋ/, *n.* ***1*** tela per lenzuola ***2*** (*tecn.*) rivestimento; copertura con fogli (*o* con lamiere) ***3*** materiale in fogli (*o* da rivestimento) ***4*** (*geol.*) esfoliazione; desquamazione. ● **copper s.**, rivestimento di rame; lamierino di rame per rivestimenti.

sheik(**h**) /ʃeɪk, *USA* ʃi:k/, *n.* ***1*** sceicco ***2*** (*fam.*) bell'uomo; rubacuori; dongiovanni.

sheik(**h**)**dom** /'ʃeɪkdəm, *USA* 'ʃi:k-/, *n.* sceiccato.

sheila /'ʃi:lə/, *n.* (*fam. Austr.* e *N. Z.*) donna; ragazza.

shekel /'ʃɛkl/, *n.* ***1*** (*stor.*) siclo (*moneta e misura di peso ebraica*) ***2*** sheqel (*unità monetaria d'Israele*) ***3*** (*pl.*) (*fam.*) denaro; quattrini; ricchezza.

sheldrake /'ʃɛldreɪk/, *n.* (*pl.* **sheldrakes**, **sheldrake**) (*zool.*, *Tadorna tadorna*) volpoca (*il maschio*; *per la femmina*, **shelduck**).

shelduck /'ʃɛldʌk/, *n.* (*zool.*) volpoca (*la femmina*; *cfr.* **sheldrake**).

shelf /ʃɛlf/, *n.* (*pl.* **shelves**) ***1*** scaffale a muro; mensola ***2*** piano di scaffale (*di legno*); ripiano; scansia; palchetto (*di libreria*) ***3*** (*di roccia*) ripiano; sporgenza ***4*** (*di ghiaccio*) banco ***5*** (*geol.*) piattaforma: **continental s.**, piattaforma continentale. ● (*edil.*) **s. angle**, angolare dormiente □ **s. ice**, banchisa □ (*comm.*) **s. items**, prodotti da banco □ (*comm.*) **s. life**, conservazione, durata (*di un prodotto*) □ **s. mark**, segnatura (*di un libro di biblioteca*) □ (*geol.*) **continental s.**, piattaforma continentale □ (*comm.*) **an off-the-s. model**, un modello disponibile, già in negozio □ (*fig.*) **to be on the s.**, essere tenuto in disparte (*o* in un canto); (*di donna*) essere ancora nubile □ (*fig.*) **to be put on the s.**, essere messo in disparte (*o* a riposo) □ **a set of shelves**, una scaffalatura; una libreria.

shell /ʃɛl/, *n.* ***1*** guscio; involucro; baccello (*di pianta*); conchiglia, corazza, esoscheletro (*d'animale*) ***2*** (*d'edificio, macchina, auto, nave, ecc.*) carcassa; ossatura; struttura; (*di una casa bruciata*) scheletro ***3*** (*fig.*) aspetto esteriore; parvenza; guscio vuoto (*fig.*): **Worship is the s. of religion**, il culto è l'aspetto esteriore della religione; **He is the mere s. of a man**, è ridotto a una parvenza d'uomo; **The new black government won't be a mere s.**, il nuovo governo dei neri non sarà un guscio vuoto ***4*** schema; schizzo (*d'un piano, d'un progetto*) ***5*** cassa interna (*di feretro*) ***6*** (*sport*) leggero battello da competizione; schifo ***7*** (*mil.*) proiettile; granata; bomba ***8*** (*mil.*) bossolo; cartuccia ***9*** (*archit.*) struttura a guscio; volta sottile ***10*** (*mecc.*) cassa; cilindro cavo; incamiciatura, camicia: **the s. of a boiler**, la camicia di una caldaia ***11*** (*geol.*) crosta (terrestre) ***12*** (*metall.*) conchiglia; guscio: **s. core**, anima a guscio ***13*** (*metall.*) sbozzo cavo fucinato ***14*** granata (*fuoco d'artificio*) ***15*** indumento (*soprabito, tuta, ecc.*) con fodera amovibile: (*sport*) **s. suit**, tuta impermeabile, a due strati ***16*** (*fis. nucl.*) guscio; strato: **s. model**, modello a strati ***17*** (*fin.*; = **s. company**) «scatola vuota»; società fittizia ***18*** (*cucina*) involucro, fodera di pasta (*di flan, pasticcio di carne, ecc.*) ***19*** (= **tortoiseshell**) tartaruga (*il materiale*) ***20*** (*in talune scuole*) classe intermedia ***21*** (*poet.*) lira (*lo strumento musicale*) ***22*** (*arc.*) guardamano (*di spada*). ● (*USA*) **s. bean**, fagiolo da sgranare □ (*mecc.*) **s.-bit**, punta elicoidale; punta a sgorbia □ **s. button**, bottone ricoperto (*di stoffa o altro*) □ **s. case**, bossolo di proiettile □ **s. hole**, cratere di granata □ (*mil.*) **s. jacket**, giubba corta di bassa tenuta (*da ufficiale*) □ (*geol.*) **s. limestone**, calcare fossilifero □ (*naut.*) **s. plating**, fasciame esterno in ferro □ (*med.*) **s. shock**, psicosi traumatica (*specialm. dovuta a bombardamento*) □ **to come out of one's s.**, uscire dal proprio guscio (*anche fig.*); perdere la timidezza, diventare socievole □ (*fig.*) **empty s.**, zucca vuota; zuccone; babbeo □ **to go into one's s.**, chiudersi nel proprio guscio (*anche fig.*).

to **shell** /ʃɛl/, **A** *v. t.* ***1*** sgusciare; sbaccellare; sgranare; aprire (*ostriche, ecc.*): **It's much easier to s. peas than oysters**, è assai più facile sbaccellare piselli che aprire ostriche; **to s. corn**, sgranare il granturco ***2*** (*mil.*) bombardare; cannoneggiare. **B** *v. i.* sgranarsi; sgusciarsi; sbaccellarsi; (*d'ostriche, ecc.*) aprirsi: **Peanuts s. easily**, le noccioline americane si sgusciano bene. ● **to s. off**, squamarsi; ridursi in scaglie □ **to s. out**, (*mil.*) sganciare (*bombe*); (*fam.*) pagare un sacco di soldi; sborsare, sganciare, tirar fuori (*denaro*); (*fam. USA*) regalare, donare □ (*fam.*) **as easy as shelling peas**, facile come bere un bicchier d'acqua.

she'll /ʃi:l, ʃɪl/, *contraz.* di: ***1*** **she will** ***2*** **she shall**.

shellac /ʃə'læk, 'ʃɛlæk/, *n.* gommalacca.

to **shellac** /ʃə'læk, 'ʃɛlæk/, *v. t.* ***1*** verniciare con gommalacca ***2*** (*fam. USA*) battere; scon-

figgere; dare una batosta a (q.) ***3*** (*fam. USA*) battere; picchiare.
shellacking /ʃəˈlækɪŋ, ˈʃɛlækɪŋ/, *n.* (*fam. USA*) ***1*** bastonatura; botte (*pl.*); pestaggio ***2*** dura sconfitta; batosta.
shellback /ˈʃɛlbæk/, *n.* (*gergo naut.*) vecchio marinaio; lupo di mare.
shelled /ʃɛld/, *a.* (*nei composti; per es.*) **soft--s.**, dal guscio tenero.
sheller /ˈʃɛlə(r)/, *n.* (*agric.*) sgranatoio; sgusciatrice (*macchina*).
shellfire /ˈʃɛlfaɪə(r)/, *n.* (*mil.*) bombardamento; cannoneggiamento.
shellfish /ˈʃɛlfɪʃ/, *n.* (*invar. al pl.*) ***1*** (*zool.*) mollusco; crostaceo ***2*** (*cucina*) frutti di mare.
shelling /ˈʃɛlɪŋ/, *n.* ***1*** sgusciatura; sgranatura ***2*** (*mil.*) bombardamento; cannoneggiamento; fuoco d'artiglieria.
shellproof /ˈʃɛlpruːf/, *a.* (*di rifugio, ecc.*) a prova di bomba.
shellwork /ˈʃɛlwɜːk/, *n.* decorazione (*o* rivestimento) di conchiglie.
shelly /ˈʃɛlɪ/, *a.* ***1*** coperto di conchiglie ***2*** simile a una (*o* fatto a) conchiglia.
shelter /ˈʃɛltə(r)/, *n.* ***1*** ricovero; rifugio; riparo; asilo; difesa; protezione: **an air-raid s.**, un rifugio antiaereo ***2*** tettoia; pensilina: **a bus s.**, una pensilina alla fermata di un autobus. ● (*mil., USA*) **s. tent**, tenda a due teli □ **to find s.**, trovare asilo (*o* rifugio, riparo) □ **to give s.**, riparare; proteggere □ **to take s.** (*o* **to seek s.**), rifugiarsi; cercare riparo □ **under s.**, al coperto; al riparo.
to **shelter** /ˈʃɛltə(r)/, **A** *v. t.* dare asilo a; ricoverare; riparare; proteggere; difendere: **to s. a wounded partisan**, dare asilo a un partigiano ferito; **to s. from the sun**, riparare dal sole; **to s. trade**, proteggere gli scambi (*dalla concorrenza straniera*). **B** *v. i.* (= *v. rifl.*, **to shelter oneself**) ricoverarsi; rifugiarsi; ripararsi; mettersi al coperto.
sheltered /ˈʃɛltəd/, *a.* ***1*** riparato; protetto: **a house s. from the wind**, una casa riparata dal vento ***2*** (*spreg.*) troppo protetto; tenuto nella bambagia (*fig.*): **to lead a s. life**, fare una vita troppo protetta; vivere nella bambagia. ● **s. accomodation for the elderly**, sistemazione degli anziani in case protette □ (*econ.*) **s. industries**, industrie protette.
shelterer /ˈʃɛltərə(r)/, *n.* ***1*** chi offre riparo (*o* asilo); protettore, protettrice ***2*** chi cerca rifugio.
shelterless /ˈʃɛltələs/, *a.* privo di asilo (*o* di protezione); senza un rifugio (*o* un riparo).
sheltie /ˈʃɛltɪ/, **shelty** /ˈʃɛltɪ/, *n.* ***1*** (*abbr. fam. di* **Shetland pony**) cavallino delle isole Shetland ***2*** (*abbr. fam. di* **Shetland sheepdog**) piccolo cane da pastore delle Shetland.
to **shelve (1)** /ʃɛlv/, *v. t.* ***1*** porre su una mensola; mettere su uno scaffale ***2*** provvedere (*una credenza, ecc.*) di ripiani ***3*** (*fig.*) mettere da parte, accantonare, rimandare, rinviare (*un problema, una discussione*); insabbiare (*fig.*) ***4*** (*fig.*) collocare a riposo, congedare, licenziare (*una persona*).
to **shelve (2)** /ʃɛlv/, *v. i.* essere in declivio; digradare: **The land shelves (down) to** (*o* **towards**) **the shore**, il terreno digrada verso la spiaggia.
shelved /ʃɛlvd/, *a.* provvisto di mensole; fornito di scaffali.
shelves /ʃɛlvz/, *pl.* di **shelf**.
shelving (1) /ˈʃɛlvɪŋ/, *n.* (*collett.*) scaffalatura; scaffali.
shelving (2) /ˈʃɛlvɪŋ/, **A** *n.* declivio; pendenza. **B** *a.* in declivio; digradante.
Shem /ʃɛm/, *n.* (*Bibbia*) Sem.
shemozzle /ʃɪˈmɒzl/, *n.* (*fam.*) confusione; pandemonio; baraonda; casino (*fam.*).
shenanigan /ʃɪˈnænɪgən/, *n.* (*fam.*) ***1*** (*di solito al pl.*) lazzo; buffonata; numero comico; gag ***2*** tiro mancino; scherzo gobbo; birbonata ***3*** (*di solito al pl.*) ciarlataneria; disonestà.
shepherd /ˈʃɛpəd/, *n.* pastore (*anche fig.*); pecoraio: **the Good S.**, il Buon Pastore; Gesù. ● (*bot.*) **s.'s-club** (*Verbascum thapsus*), tassobarbasso; barbasso □ **s.'s crook**, bastone da pastore; vincastro □ **s. dog**, cane da pastore; pastore □ (*cucina*) **s.'s pie**, pasticcio di carne ricoperto di purè □ **s.'s pipe**, zampogna □ **s.'s--plaid**, tessuto a quadretti bianchi e neri □ (*bot.*) **s.'s-purse** (*Capsella bursa-pastoris*), borsa da pastore.
to **shepherd** /ˈʃɛpəd/, *v. t.* condurre, guidare, custodire (*pecore; ma anche fig.*): **to s. pupils in a school trip**, guidare studenti in una gita scolastica.
shepherdess /ʃɛpəˈdes, ˈʃɛpədɪs/, *n.* pastora; pecoraia: **a young s.**, una pastorella.
sherbet /ˈʃɜːbət/, *n.* ***1*** bibita ghiacciata a base di succo di frutta zuccherato ***2*** (*specialm. USA*) sorbetto; gelato di frutta. ● (*USA*) **s. glass**, coppa da gelato □ **s. powder**, polverina effervescente per fare la detta bibita ghiacciata.
sherd /ʃɜːd/, *V.* **shard**.
shereef, **sherif** /ʃəˈriːf/, *n.* sceriffo (*discendente di Maometto; primo magistrato della Mecca*).
sheriff /ˈʃerɪf/, *n.* ***1*** – **S.**, sceriffo (*rappresentante del sovrano ingl. in una contea*): **the S. of Nottingham**, lo sceriffo di Nottingham ***2*** (*in Inghil. e nel Galles*) «sceriffo» (*funzionario statale a capo di una contea, ma con mansioni prevalentemente di mera rappresentanza*) ***3*** (*in Scozia*) giudice; magistrato ***4*** (*in U.S.A.*) sceriffo (*capo della polizia in una contea; carica elettiva, salvo nel Rhode Island*). ● (*leg., in Scozia*) **s.-clerk**, cancelliere di tribunale □ **s.-officer**, ufficiale giudiziario □ **deputy s.**, vicesceriffo.
Sherpa /ˈʃɜːpə/, *n.* sherpa (*portatore himalayano*).
sherry /ˈʃerɪ/, *n.* sherry; vino di Xeres.
she's /ʃiːz, ʃɪz/, *contraz.* di: ***1*** **she is** ***2*** **she has.**
Shetland /ˈʃɛtlənd/, *n.* (*geogr., spesso* **the Shetlands**) isole Shetland. ● **S. pony**, cavallino delle Shetland □ **S. wool**, lana Shetland.
Shetlander /ˈʃɛtləndə(r)/, *n.* abitante (*o* nativo) delle isole Shetland.
to **shew** /ʃəʊ/, (*raro*) *V.* **to show.**
shh /ʃ/, *inter.* sss, sssh, st; zitto!; zitti!
shibboleth /ˈʃɪbəleθ/, *n.* ***1*** (*stor.*) contrassegno di razza (*specialm., capacità o incapacità di pronunciare determinati suoni*) ***2*** modo di dire (parola, ecc.) che distingue un gruppo ***3*** parola d'ordine; slogan; motto ***4*** idea antiquata; teoria vecchia; principio ormai screditato.
shield /ʃiːld/, *n.* ***1*** (*stor., mil., zool., geol.*) scudo; (*fig.*) protezione, riparo, difesa ***2*** (*ind., mecc.*) riparo; schermo ***3*** (*arald.*) scudo; stemma ***4*** (*sport*) scudetto ***5*** (*fis. nucl.*) schermo ***6*** (*mil.*) scudo (*di cannone*). ● (*stor.*) **s.-bearer**, scudiero □ (*ind.*) **face s.**, visiera protettiva (*per saldatore*) □ (*autom.*) **glare s.**, visiera parasole □ (*di poliziotto*) **to turn in one's s.**, consegnare il distintivo (*dimettersi*).
to **shield** /ʃiːld/, *v. t.* ***1*** difendere; proteggere; riparare; far scudo a (q.): **to s. sb. with one's body**, fare scudo a q. col proprio corpo; **to s. one's eyes from the sun**, ripararsi gli occhi dal sole ***2*** coprire (*fig.*); evitare una punizione a (q.) ***3*** (*elettr., radio, TV*) schermare.
shielding /ˈʃiːldɪŋ/, *n.* ***1*** il proteggersi (*o* ripararsi) ***2*** (*tecn.*) schermatura; schermaggio.
shieling /ˈʃiːlɪŋ/, *n.* (*scozz.*) ***1*** pascolo ***2*** capanna (*per pastori o cacciatori*) ***3*** ricovero per le pecore.
shier /ˈʃaɪə(r)/, *n.* cavallo ombroso.
shift /ʃɪft/, *n.* ***1*** cambiamento; mutamento; avvicendamento; sostituzione; spostamento: **a s. in public opinion**, un cambiamento dell'opinione pubblica ***2*** turno (*di lavoro*): **to work the night s.**, fare il turno di notte; **to work in shifts**, lavorare a turni ***3*** squadra di turno: **s. boss**, capo della squadra di turno ***4*** espediente; risorsa; stratagemma; sotterfugio; trucchetto: **to live by shifts**, vivere di espedienti ***5*** (*del vento*) salto ***6*** (*agric.*) rotazione; avvicendamento: **the s. of crops**, la rotazione dei raccolti ***7*** (*autom., USA*, = **gearshift**) (leva del) cambio ***8*** (*fis.*) effetto: **Doppler s.**, effetto Doppler ***9*** (*geol.*) rigetto orizzontale ***10*** (*elab.*) scorrimento ***11*** (*ling.*) rotazione; spostamento dei suoni: **consonant s.**, rotazione consonantica (delle lingue germaniche); **the great vowel s.**, la grande rotazione vocalica (*dal «Middle English» all'ingl. moderno*) ***12*** (*arc.*) camicia, sottoveste, camicia da notte (*da donna*) ***13*** (*arc.*) imbroglio, truffa. ● (*di macchina da scrivere*) **s. key**, tasto delle maiuscole □ **s. lock**, tasto fissamaiuscole □ (*ling.*) **s. of meaning**, slittamento di senso □ (*autom., USA*) **s. stick**, leva del cambio □ **s. worker**, turnista □ **to make s.**, ingegnarsi; arrabattarsi: **We must make s. without him**, dobbiamo ingegnarci senza di lui (*o* fare da soli) □ **to make s. with st.**, accontentarsi di q.c.
to **shift** /ʃɪft/, **A** *v. t.* ***1*** spostare; cambiare; mutare; sostituire: **to s. the weight from one's back**, spostare il peso dalle proprie spalle; **to s. the cargo on the deck of a ship**, spostare il carico sul ponte di una nave; **to s. the scene**, cambiar la scena (*a teatro, in un romanzo, ecc.*); **to s. gears**, (*autom.*) cambiare (marcia); (*fig.*) cambiare tono (*o* atteggiamento, ecc.) all'improvviso; **to s. one's lodging**, mutar residenza; cambiare casa ***2*** trasferire; avvicendare (*personale*) ***3*** togliere, mandare via (*macchie e sim.*) ***4*** (*fam.*) disfarsi di, piazzare, vendere: **to s. stolen goods**, piazzare merce rubata ***5*** (*elab.*) fare scorrere; shiftare (*angl.*). **B** *v. i.* ***1*** spostarsi; muoversi; viaggiare continuamente; trasferirsi: **He shifted in his chair**, si spostò sulla sedia; **They shifted about for several years**, si trasferirono da una città all'altra per alcuni anni ***2*** cambiare; mutare: **The scene shifted**, la scena cambiò; **Tastes have shifted**, sono mutati i gusti ***3*** (*del vento*) cambiar direzione, voltarsi; (*naut.*) girare: **The wind has shifted to the south**, il vento ha girato verso sud ***4*** (*di solito* **to s. for oneself**) arrangiarsi; ingegnarsi: **I must s. as I can**, devo arrangiarmi alla meglio; **You must s. for yourself now**, devi ingegnarti da solo, ora ***5*** (*naut.: del carico*) spostarsi; scorrere ***6*** (*autom., USA*) cambiare (marcia) ***7*** (*fam.*) andare a tutta birra ***8*** (*raro arc.*) usar sotterfugi; ingannare; truffare. ● (*naut.*) **to s. berth**, cambiare ormeggio □ **to s. the blame on to sb. else**, gettare (*o* far ricadere) la colpa su q. altro □ (*leg.*) **to s. the burden of proof**, scaricare l'onere di prova sulla parte avversa □ **to s. for oneself**, fare da sé; cavarsela da solo; arrangiarsi □ (*fig.*) **to s. one's ground**, portare la questione su un terreno diverso □ (*naut.*) **to s. the helm**, cambiare la barra □ (*autom., specialm. USA*) **to s. into second [third]**, inserire (*o* mettere) la seconda [la terza] □ **to s. the responsibility**, scaricare la responsabilità; fare a scaricabarile (*fam.*) □ **This car shifts automatically**, questa automobile ha il cambio automatico.
♦**shift about**, *v. i. + avv.* spostarsi di continuo; trasferirsi in continuazione.
♦**shift abroad**, *v. t. + avv.* (*fin.*) trasferire (*capitali*) all'estero.
♦**shift away from**, *v. i. + avv. + prep.* allontanarsi, scostarsi da (*anche fig.*): **My taste has shifted away from rock music**, i miei gusti si sono allontanati dalla musica rock.
♦**shift down**, *v. t. + avv.* (*autom., USA*) scalare una marcia.
♦**shift off**, *v. t. + avv.* spostare (*un peso, ecc.*).
♦**shift towards**, *v. t. + prep.* ***1*** spostare verso ***2*** (*fig.*) far propendere per: **to s. public opinion towards indifference**, far propendere l'opinione pubblica per l'indifferenza.
♦**shift up**, *v. i. + avv.* (*autom., USA*) mettere (*o* innestare) una marcia più alta.
shiftable /ˈʃɪftəbl/, *a.* spostabile; che si può spostare. ● (*fin.*) **s. parity**, parità mobile.
shifter /ˈʃɪftə(r)/, *n.* ***1*** chi sposta, cambia, ecc.

(*V.* **to shift**); individuo evasivo (*o* elusivo) ***2*** (*mecc.*) dispositivo spostatore ***3*** (*ling.*) commutatore; shifter ***4*** (*fam. USA*) ricettatore ***5*** (*arc.*) truffatore; imbroglione. ● (*teatr.*) **scene s.**, macchinista.

shiftiness /ˈʃɪftɪnəs/, *n.* ***1*** astuzia; furberia; scaltrezza ***2*** disonestà ***3*** accortezza; avvedutezza; ricchezza di risorse ***4*** mutevolezza.

shifting /ˈʃɪftɪŋ/, **A** *n.* ***1*** cambiamento; mutamento; spostamento; sostituzione ***2*** (*autom.*) cambio: **synchronized s.**, cambio sincronizzato ***3*** (*naut.*) spostamento, scorrimento (*del carico*) ***4*** (*ling.*) *V.* **shift**, *def. 11* ***5*** (*elab.*) scorrimento ***6*** (*fisc.*) traslazione: **s. of taxation**, traslazione d'imposta. **B** *a.* ***1*** mobile; movibile ***2*** (*fig.*) incostante; instabile; mutevole. ● **s. sands**, sabbie mobili □ **s. wind**, vento variabile.

shiftless /ˈʃɪftləs/, *a.* incapace; inconcludente; inefficiente; inetto. ‖ **-ly**, *avv.* ‖ **-ness**, *sost.*

shiftman /ˈʃɪftmən/, *n.* (*pl.* **shiftmen**) capo della squadra di turno.

shiftwork /ˈʃɪftwɜːk/, *n.* (*org. az.*) (sistema di) lavoro a turni.

shifty /ˈʃɪftɪ/, *a.* ***1*** astuto; furbo; scaltro ***2*** ingannevole; furtivo: **a s. glance**, un'occhiata furtiva ***3*** accorto; avveduto; pieno di risorse ***4*** mutevole; variabile; incostante: **the s. attitude of voters**, l'orientamento incostante degli elettori. ● **a s. customer**, un tipo ambiguo □ **s.-eyed**, dallo sguardo sfuggente □ **s. eyes**, occhi sfuggenti.

shiism /ˈʃiːɪzəm/, *n.* (*relig.*) sciismo.

shiite /ˈʃiːaɪt/, *n.* (*relig.*) sciita.

shiitic /ʃiːˈɪtɪk/, *a.* (*relig.*) degli sciiti; dello sciismo.

shiksa /ˈʃɪksə/, *n.* (*iron. o spreg.*) ragazza non ebrea (*detto da un ebreo*).

shill /ʃɪl/, *n.* (*pop. USA*) ***1*** compare, spalla, esca (*di giocatore d'azzardo, imbonitore, ecc.*) ***2*** imbonitore; venditore ambulante ***3*** (*spreg.*) pubblicitario; pubblicità smaccata.

to **shill** /ʃɪl/, *v. t.* e *i.* (*pop. USA*) abbindolare; adescare; fare l'imbonitore; fare una pubblicità smaccata.

shillalah, shillelagh /ʃɪˈleɪlə/, *n.* (*irl.*) bastone; randello.

shilling /ˈʃɪlɪŋ/, *n.* ***1*** (*stor.*) scellino (*moneta inglese*) ***2*** scellino (*unità monetaria somala, keniota, ugandese, ecc.*). ● **to cut sb. off with a s.**, diseredare q. □ (*un tempo*) **to pay one shilling in the pound**, pagare il 5% □ (*stor.*) **to take the King's** (*o* **the Queen's**) **s.**, arruolarsi nell'esercito.

shilly(-)shally /ˈʃɪlɪʃælɪ/, **A** *n.* (*spesso al pl.*) (*fam.*) esitazione; indecisione; incertezza; titubanza. **B** *a.* esitante; indeciso; incerto; irresoluto; titubante.

to **shilly(-)shally** /ˈʃɪlɪʃælɪ/, *v. i.* (*fam.*) esitare; titubare; nicchiare.

shim /ʃɪm/, *n.* ***1*** zeppa; spessore ***2*** (*ind. del legno*) listello (*per fare il compensato*).

to **shim** /ʃɪm/, *v. t.* (*ind. costr., mecc.*) mettere una zeppa a; inserire uno spessore in; spessorare.

shimmer /ˈʃɪmə(r)/, *n.* ***1*** bagliore; barlume; luccichio; scintillio ***2*** riflesso (*di luce, di calore, ecc.*) ***3*** (*meteor.*) scintillazione terrestre.

to **shimmer** /ˈʃɪmə(r)/, *v. i.* brillare; luccicare; scintillare (*di luce tremula*).

shimmering /ˈʃɪmərɪŋ/, **shimmery** /ˈʃɪmərɪ/, *a.* brillante; luccicante; scintillante.

shimmy /ˈʃɪmɪ/, *n.* ***1*** (*autom.*) shimmy; farfallamento (*delle ruote anteriori*); sfarfallamento ***2*** (*mus.*) shimmy (*ballo in voga fra il 1920 e il 1930*).

to **shimmy** /ˈʃɪmɪ/, *v. i.* ***1*** (*autom.*) fare lo shimmy; sfarfallare ***2*** ballare lo shimmy (*V.* **shimmy**) ***3*** (*fam.*) ancheggiare.

shin /ʃɪn/, *n.* ***1*** (*anat.*) cresta tibiale; stinco ***2*** (*cucina*) stinco: **a beef s.**, uno stinco di bue. ● **s. boot**, stinchiera (*della bardatura del cavallo*) □ (*sport*) **s. guard**, parastinchi □ (*ind. tess.*) **s. wool**, lana degli stinchi.

to **shin** /ʃɪn/, *v. t.* e *i.* ***1*** arrampicarsi; arrampicarsi su (*un albero*; *di solito* **to s. up**) ***2*** dare un calcio negli stinchi a (q.). ● **to s. down**, scendere, venire giù; calarsi da (*un albero, ecc.*): **He got away by shinning down a pipe**, fuggì calandosi da una doccia.

shinbone /ˈʃɪnbəʊn/, *n.* (*anat.*) tibia.

shindig /ˈʃɪndɪɡ/, **shindy** /ˈʃɪndɪ/, *n.* (*fam.*) ***1*** baccano; chiasso; schiamazzo; baldoria ***2*** baruffa; alterco ***3*** festa rumorosa (*da ballo, ecc.*); ricevimento; party. ● **to kick up a s.**, fare un gran baccano; far baruffa; far casino (*pop.*).

shine (1) /ʃaɪn/, *n.* ***1*** splendore; fulgore; lucentezza ***2*** (*fam.*) lucidata; lustrata; pulita: **The silver needs a good s.**, ci vuole una bella lucidata all'argenteria ***3*** bel tempo (*soltanto nella locuz.*): **come rain or s.**, piova o faccia bel tempo; con qualunque tempo; (*fig.*) qualunque cosa accada ***4*** (*fam.*) chiaro di luna ***5*** (*pop. USA, spreg.*) negro. ● **to take the s. out of (sb., st.)**, eclissare, oscurare (q.); far perdere lo splendore a, far passare in second'ordine (q.c.) □ (*fam.*) **to take a s. to sb.**, prendere q. in simpatia; invaghirsi di q., prendere una scuffia per q.

shine (2) /ʃaɪn/, *n.* ***1*** (*pop. arc.*) *V.* **shindig** ***2*** (*pl.*) (*pop. USA*) burle; scherzi.

to **shine** /ʃaɪn/ (*pass. e p. p.* **shone**; **shined,** *nel sign.* **B**, *def. 2*), **A** *v. i.* brillare (*anche fig.*); splendere; risplendere; rifulgere; (*fig.*) essere brillante, fare una bella figura; riuscire bene: **The sun is shining bright**, splende un sole luminoso; **Her eyes shone withy joy**, gli occhi le brillavano di gioia; **He doesn't s. at official dinner parties**, non brilla nella conversazione ai pranzi ufficiali; **He shines at maths [all kind of sports]**, riesce bene in matematica [in tutti gli sport]. **B** *v. t.* ***1*** far luce con: **S. your flashlight over there**, fa luce laggiù con la lampadina tascabile! ***2*** (*fam.*) lucidare; lustrare; pulire: **to s. shoes**, lustrare le scarpe.

♦**shine on**, **A** *v. i.* + *prep.* splendere, brillare su: **The moon was shining on us**, la luna splendeva su di noi. **B** *v. t.* + *prep.* fare (*luce*) su; illuminare: **He shone his light on the sleeping girl**, fece luce sulla ragazza che dormiva.

♦**shine out**, *v. i.* + *avv.* ***1*** brillare; splendere; apparire brillando: **The evening star shone out**, vespero apparve nel suo splendore ***2*** (*fig.*) brillare; spiccare: **His intelligence shines out in comparison with his schoolmates**, la sua intelligenza spicca al confronto con i suoi compagni di scuola.

♦**shine over**, *V.* **shine on.**

♦**shine through**, *v. i.* + *avv.* (*o prep.*) ***1*** (*di una luce*) trasparire (attraverso q.c.) ***2*** (*fig.*) trasparire; vedersi (*o* capirsi) chiaramente (attraverso, da): **A faint light shone through the curtains**, dalle tendine traspariva una luce fioca; **His meaning shines through his hazy words**, anche dalle sue parole nebulose si capisce chiaramente quello che vuol dire □ **to s. a torch through the mist**, forare la nebbia con una torcia.

♦**shine up to**, *v. i.* + *avv.* + *prep.* (*fam. USA*) cercare di ingraziarsi (q.) adulandolo; blandire; insaponare, sviolinare (*fam.*).

♦**shine upon**, *V.* **shine on.**

shiner /ˈʃaɪnə(r)/, *n.* (*fam.*) ***1*** moneta; (*specialm.*) moneta d'oro ***2*** (*pl.*) denaro; quattrini ***3*** occhio nero; occhio pesto ***4*** (*pop.*; *zool., Scomber scombrus*) scombro.

shingle (1) /ˈʃɪŋɡl/, *n.* ***1*** ghiaia; ciottoli (*di spiaggia*) ***2*** (= **s. beach**) spiaggia di ciottoli.

shingle (2) /ˈʃɪŋɡl/, *n.* ***1*** assicella, scandola (*per copertura di tetti*) ***2*** (*fam. USA*) targa (di legno); insegna: **to hang out one's s.**, appendere l'insegna; metter fuori la targa (*detto di dottore, d'avvocato, ecc.*) ***3*** (taglio di) capelli alla garçonne (*o* alla maschietta). ● (*mecc.*) **s. lap**, embricatura.

to **shingle** (1) /ˈʃɪŋɡl/, *v. t.* ***1*** ricoprire (*un tetto*) d'assicelle ***2*** tagliare (*i capelli*) alla garçonne (*o* alla maschietta).

to **shingle** (2) /ˈʃɪŋɡl/, *v. t.* (*metall.*) disincrostare al maglio (*dopo il puddellaggio*).

shingles /ˈʃɪŋɡlz/, *n. pl.* (*col verbo al sing.*) (*med.*) herpes zoster; fuoco di Sant'Antonio.

shingly /ˈʃɪŋɡlɪ/, *a.* ghiaioso; coperto di ciottoli; ciottoloso.

shininess /ˈʃaɪnɪnəs/, *n.* splendore; lucentezza; lustro.

shining /ˈʃaɪnɪŋ/, *a.* ***1*** brillante; lucente; splendente; risplendente; fulgido: **a s. example of generosity**, un fulgido esempio di generosità ***2*** splendido; eccellente.

shinny /ˈʃɪnɪ/, (*USA*) *V.* **shinty.**

to **shinny** /ˈʃɪnɪ/, (*fam. USA*) *V.* **to shin.**

shinplaster /ˈʃɪnplɑːstə(r), *USA* -æst-/, *n.* (*fam. USA*) pagherò scritto su un pezzo di carta qualsiasi; (*spreg.*: *di moneta*) carta straccia (*fig.*).

Shinto /ˈʃɪntəʊ/, **Shintoism** /ˈʃɪntəʊɪzəm/, *n.* (*relig.*) scintoismo.

Shintoist /ˈʃɪntəʊɪst/, *n.* (*relig.*) scintoista.

shinty /ˈʃɪntɪ/, *n.* (*sport*) varietà popolare di hockey.

shiny /ˈʃaɪnɪ/, **A** *a.* ***1*** brillante; lucente; luccicante; splendente; splendido; fulgido ***2*** lucido; lustro: **s. boots**, scarpe lucide; **a s. nose**, naso lucido ***3*** lucido; frusto; logoro; liso: **a s. jacket**, una giacca lucida (*o* frusta). **B** *n.* – (*pop.*) **the s.**, il denaro; i quattrini; la grana (*pop.*).

ship /ʃɪp/, *n.* ***1*** (*naut.*) nave; bastimento; vascello; naviglio: **a sailing s.**, una nave a vela; un veliero; **a battle s.**, una nave da guerra; **a merchant s.**, una nave mercantile: **a s. lying** (*o* **riding**) **at anchor**, una nave alla fonda ***2*** (*naut.*, = **steamship**) piroscafo ***3*** (*miss., arc.* = **spaceship**) astronave; nave spaziale ***4*** (*specialm. USA*, = **airship**) dirigibile; aereo: **A jumbo jet is a large s.**, il jumbo è un grosso aereo ***5*** (*fam.*) barca; battello. ● **s.'s agency**, agenzia di raccomandazione marittima □ **s.'s agent**, raccomandatario □ **s.'s articles**, contratto d'imbarco; clausole d'ingaggio □ (*stor.*) **s.('s) biscuit**, pan biscotto; galletta □ **s.-boy**, mozzo □ **s.-breaker**, demolitore di navi □ **s. canal**, canale navigabile □ **s.('s) carpenter**, carpentiere navale □ **s. chandler**, fornitore marittimo □ **s.'s company**, equipaggio (*esclusi gli ufficiali*) □ (*med.*) **s.-fever**, tifo □ **s.'s husband**, raccomandatario; capitano d'armamento □ **s.'s manifest**, manifesto di bordo (*o* di carico) □ **s.'s papers**, carte (*o* documenti) di bordo □ **s.'s protest**, testimoniale (*o* dichiarazione) d'avaria □ **s. repairs**, riparazioni navali; raddobbi □ **s.'s stores**, provviste di bordo; forniture navali □ (*zool.*) **s.-worm** (*Teredo navalis*), teredine □ **coast-defence s.**, nave guardacoste □ (*trasp.*) **ex s.**, sotto paranco; F.O.B. destino □ (*stor.*) **fire s.**, brulotto □ **to fit out a s.**, armare (*o* allestire) una nave □ **flag s.**, nave ammiraglia □ **mother s.** (*o* **parent s.**), nave appoggio □ **repair s.**, nave officina □ **sister s.**, nave gemella □ **to take s.**, imbarcarsi □ **training s.**, nave scuola □ (*trasp.*) **under s.'s tackle**, *V.* **ex ship** □ (*fig. fam.*) **When my ship comes home** (*o* **in**), quando farò fortuna; quando i miei sogni s'avvereranno.

to **ship** /ʃɪp/, **A** *v. t.* ***1*** spedire, inviare, trasportare (*merci su nave, per mare*) ***2*** spedire, inviare, trasportare (*con qualsiasi mezzo*): **We'll s. the cattle by rail**, spediremo il bestiame per ferrovia ***3*** armare, montare, fissare (*l'albero, il timone, ecc.*) sulla nave ***4*** imbarcare, mettere a bordo (*una ciurma, ecc.*). **B** *v. i.* imbarcarsi (*specialm. come marinaio*); viaggiare per nave: **He shipped as a purser**, s'è imbarcato come commissario di bordo. ● **to s. oars**, disarmare i remi □ (*fam.*) **to s. off**, mandare, spedire, trasferire (*su nave o con altro mezzo*); (*fig.*) mandare, spedire: **We must s. off fresh troops to the front**, dobbiamo mandare al fronte truppe fresche; **to s. off a boy to a boarding school**, mandare in collegio un ragazzo □ **to s. out**, spedire (*o* partire) in nave; salpare □ (*di nave*) **to s. water** (*o* **a heavy** sea), imbarcare acqua.

shipboard /ˈʃɪpbɔːd/, *n.* – (*naut.*) **on s.**, a bordo. ● **a s. encounter**, un incontro a bordo di una nave.

shipbroker /ˈʃɪpbrəʊkə(r)/, *n.* agente (*o* sensale) marittimo; mediatore di noleggi marittimi (*si occupa anche di assicurazione della nave*).

shipbuilder /ˈʃɪpbɪldə(r)/, *n.* costruttore navale; ingegnere navale.

shipbuilding /ˈʃɪpbɪldɪŋ/, *n.* costruzioni navali; ingegneria navale.

shipload /ˈʃɪpləʊd/, *n.* (*naut.*) carico completo (*di una nave*).

shipmaster /ˈʃɪpmɑːstə(r), *USA* -æs-/, *n.* (*naut.*) capitano (*di mercantile*).

shipmate /ˈʃɪpmeɪt/, *n.* (*naut.*) compagno di bordo.

shipment /ˈʃɪpmənt/, *n.* ***1*** imbarco (*di merci*); operazioni di carico ***2*** spedizione (*di merce via mare*; *la merce così spedita*); carico: **a large s. of coal**, un grosso carico di carbone ***3*** spedizione (*di merce in genere*; *la merce spedita*).

shipowner /ˈʃɪpəʊnə(r)/, *n.* (*naut.*) armatore. ● **shipowners' company**, società armatrice.

shipper /ˈʃɪpə(r)/, *n.* ***1*** spedizioniere marittimo ***2*** proprietario della merce trasportata; destinatario (*del carico, via mare*) ***3*** merce spedita (*o* adatta a essere spedita) (*via mare*) ***4*** spedizioniere (*in genere*). ● **s.'s certificate**, dichiarazione d'imbarco.

shipping /ˈʃɪpɪŋ/, *n.* ***1*** spedizione marittima ***2*** spedizione (*di merce, in genere*) ***3*** (*naut.*) naviglio; marina mercantile ***4*** traffico marittimo; navigazione. ● **s. agent**, spedizioniere marittimo; spedizioniere (*in genere*) □ **s. articles**, contratto d'imbarco; clausole d'ingaggio □ (*dog.*) **s. bill**, bolletta di sortita □ **s. brokerage**, brokeraggio marittimo □ **s. charges**, spese (*o* diritti) d'imbarco; (*anche*) spese di spedizione □ **s. clerk**, addetto alle spedizioni □ **s. company**, società di navigazione □ **s. costs**, costi di spedizione □ **s. department**, ufficio spedizioni □ **S. Exchange**, Borsa dei Noli □ (*in G.B.*) **S. Federation**, Federazione degli Armatori □ **s. industry**, industria dell'armamento; cantieristica □ **s. line**, compagnia (*o* linea) di navigazione □ **s. market**, mercato dei noli marittimi □ **s. trade**, commercio marittimo; (*anche*) armamento, industria dell'armamento □ **s. weight**, peso all'imbarco.

shipshape /ˈʃɪpʃeɪp/, *a. pred.* e *avv.* (= **s. and Bristol fashion**) ben assettato; in perfetto ordine.

shipway /ˈʃɪpweɪ/, *n.* (*naut.*) ***1*** scalo di costruzione ***2*** canale navigabile.

shipwreck /ˈʃɪprɛk/, *n.* ***1*** naufragio; (*fig.*) rovina, fallimento: **to make s.**, far naufragio; andare in rovina ***2*** relitto (*di nave*). ● **to suffer the s. of one's hopes**, assistere al naufragio delle proprie speranze.

to **shipwreck** /ˈʃɪprɛk/, **A** *v. i.* naufragare; far naufragio. **B** *v. t.* far naufragare (*per lo più fig.*); mandare in rovina; far fallire. ● **to be shipwrecked**, far naufragio □ **a shipwrecked person**, un naufrago.

shipwright /ˈʃɪpraɪt/, *n.* (*naut.*) maestro d'ascia; carpentiere navale.

shipyard /ˈʃɪpjɑːd/, **A** *n.* (*naut.*) ***1*** cantiere navale ***2*** (= **naval s.**) arsenale. **B** *a. attr.* cantieristico: **s. activities**, attività cantieristiche. ● **s. worker**, arsenalotto.

shire /ˈʃaɪə(r)/, *n.* ***1*** (*arc., stor.*) contea (*divisione amministrativa ingl.*) ***2*** *V.* **s.-bred horse**. ● (*geogr.*) **the Shires**, le contee dell'Inghilterra centrale; la regione della caccia alla volpe □ **s.-bred horse** (*o* **s.-horse**), grosso cavallo da tiro.

shirk /ʃɜːk/, **shirker** /ˈʃɜːkə(r)/, *n.* scansafatiche; (*mil.*) imboscato.

to **shirk** /ʃɜːk/, **A** *v. t.* evitare; scansare; schivare; sottrarsi a (*un dovere, una responsabilità, ecc.*). **B** *v. i.* tirarsi indietro; sottrarsi agli obblighi; (*mil.*) imboscarsi. ● **to s. a question**, eludere una domanda □ **to s. school**, marinare la scuola.

shirr /ʃɜː(r)/, *n.* filo elastico (*inserito in un tessuto*); increspatura; filze increspate.

to **shirr** /ʃɜː(r)/, *v. t.* increspare (*stoffa*) con filze parallele.

shirring /ˈʃɜːrɪŋ/, *V.* **shirr**.

shirt /ʃɜːt/, *n.* ***1*** camicia (*da uomo*) ***2*** camicetta di foggia maschile (*da donna*; *spesso* **shirtwaist** *in USA*). ● **s. collar**, collo di camicia; colletto □ **s.-front**, sparato (*della camicia*) □ **s. manufacturer**, industriale della camiceria; camiciaio □ **s. manufacturing**, camiceria □ (*fig.*) **s.-sleeve philosophy**, filosofia spicciola, volgarizzata □ (*pop.*) **to get sb.'s s. off** (*o* **out**), far arrabbiare q.; far perdere le staffe a q. □ **to be in one's s.-sleeves**, essere in maniche di camicia □ (*pop.*) **to keep one's s. on**, mantenere la calma; non perdere le staffe □ (*pop.*) **to lose one's s.**, rimetterci anche la camicia □ (*pop.*) **to put one's s. on st.**, scommettere fino all'ultima lira (*o* giocarsi la camicia) su q.c.

shirtdress /ˈʃɜːtdrɛs/, *n.* (*moda*) chemisier (*franc.*).

shirting /ˈʃɜːtɪŋ/, *n.* stoffa per camicie.

shirtsleeve /ˈʃɜːtsliːv/, *n.* manica di camicia (*V. anche sotto* **shirt**).

shirttail /ˈʃɜːtteɪl/, *n.* lembo della camicia.

shirtwaist /ˈʃɜːtweɪst/, *n.* (*USA*) ***1*** camicetta di foggia maschile (*da donna*) ***2*** *V.* **shirtwaister**.

shirtwaister /ˈʃɜːtweɪstə(r)/, *n.* (*moda*) chemisier (*franc.*).

shirty /ˈʃɜːtɪ/, *a.* (*pop.*) arrabbiato; irascibile; incollerito; seccato.

shit /ʃɪt/, **A** *n.* ***1*** (*volg.*) merda, cacca (*volg.*) ***2*** cacata, cagata (*volg.*): **to take a s.**, fare una cacata ***3*** (*fig.*) merda; robaccia ***4*** (*fig.*) stronzate, cazzate (*volg.*); cavolate (*pop.*); fesserie ***5*** stronzo (*fig. volg.*): **What a s. you are!**, sei uno stronzo! ***6*** droga ***7*** (*pl.*) – **the shits**, la cacarella; la diarrea. **B** *inter.* (*volg.*) merda! ● **s.-face**, faccia di merda (*o* da culo; *volg.*); individuo spregevole, odioso; idiota, cretino □ **s.-faced**, ubriaco, sbronzo □ **s.-house**, cesso; (*fig.*) posto schifoso □ **to beat** (*o* **to kick, to knock, to scare**) **the s. out of sb.**, ammazzare q. di botte; picchiare q. a sangue □ (*USA*) **to give sb. s.**, raccontare balle, dire cavolate a q.; cercare di fregare q. □ **to be in the s.**, essere nella merda (*volg.*); essere nei guai fino al collo □ **not to be doing s.**, non guadagnare un cazzo (*volg.*); non fare una lira □ **not to give a s.**, fottersene (*volg.*); fregarsene, sbattersene (*pop.*): **I don't give a s. about it**, me ne fotto; **I don't give a s. who did it**, me ne sbatto di chi è stato □ (*USA*) **not to know a s. about st.**, non sapere un cazzo di q.c. (*volg.*); non saperne un cavolo, un accidente (*pop.*) □ **not to be worth a s.**, non valere un cazzo (*volg.*); non valere un accidente (*o* un fico secco) □ **to take s. from sb.**, prendere su (*o* sopportare) qualsiasi cosa da q.; farsi prendere a pesci in faccia da q. □ **The s. has hit the fan**, siamo inguaiati (*o* incasinati) □ **when the s. hit the fan**, quando la situazione s'incasinò; quando successe il guaio □ **Tough s.!**, cazzi tuoi (suoi, ecc.)! (*volg.*); cavoli tuoi (suoi, ecc.)!

to **shit** /ʃɪt/ (*pass.* e *p. p.* **shit**), (*volg.*) **A** *v. i.* cacare (*volg.*). **B** *v. t.* ***1*** cacare (*volg.*) ***2*** immerdare, smerdare; cacarsi in (*volg.*); farsela in (*pop.*): **You've shit your pants**, ti sei cacato (*o* te la sei fatta) nei calzoni ***3*** (*volg. USA*) raccontare balle a (q.); cercare di fregare. **C** to **shit oneself**, *v. rifl.* (*anche fig.*) cacarsi sotto; farsela addosso, farsela sotto (*anche, fig., per la paura*). ● (*volg. USA*) **to s. all over sb.**, smerdare, svergognare, strigliare q. □ (*volg.*) **to s. on sb.**, fare la spia a q.; denunciare (*un complice*) alla polizia □ (*volg. USA*) **S. a brick!**, va a cacare! (*volg.*).

shitass /ˈʃɪtæs/, *n.* (*volg. USA*) individuo spregevole; farabutto; egoista.

shithead /ˈʃɪthɛd/, *n.* (*volg. USA*) ***1*** testa di cazzo (*volg.*); idiota; cretino; confusionario; testone ***2*** *V.* **shitass**.

shithole /ˈʃɪthəʊl/, *n.* (*volg. USA*) cesso (*fig.*); posto schifoso.

shitless /ˈʃɪtləs/, *a.* (*volg.*) di merda (*volg.*): **to be scared s.**, restare di merda (per lo spavento).

shitlist /ˈʃɪtlɪst/, *n.* (*volg. USA*) lista nera; lista di persone sgradite.

shitty /ˈʃɪtɪ/, *a.* (*volg.*) merdoso (*volg.*); disgustoso; schifoso.

shiver (1) /ˈʃɪvə(r)/, *n.* ***1*** brivido; tremore; tremito ***2*** (*pl.*) brividi; tremarella (*fam.*): **to get** (*o* **to have**) **the shivers**, avere i brividi; rabbrividire; **to give sb. the shivers**, far venire la tremarella a q.; fare rabbrividire q.

shiver (2) /ˈʃɪvə(r)/, *n.* (*generalm. al pl.*) frammento; pezzetto; scheggia: **shivers of glass**, frammenti di vetro. ● **to break into shivers**, andare in frantumi.

to **shiver (1)** /ˈʃɪvə(r)/, **A** *v. i.* ***1*** rabbrividire; tremare; battere i denti: **to s. with cold [with fear]**, tremare di freddo [di paura] ***2*** (*naut.*: *di vele*) fileggiare; sbattere. **B** *v. t.* ***1*** far tremare; scuotere; far rabbrividire: **A sudden jerk shivered my body**, uno scossone improvviso mi fece tremare ***2*** (*naut.*) fare sbattere (*le vele*) stringendo il vento. ● (*fam.*) **to be shivering in one's shoes**, avere la tremarella; tremare dalla paura.

to **shiver (2)** /ˈʃɪvə(r)/, (*raro*) **A** *v. t.* fare a pezzi; frantumare; fracassare. **B** *v. i.* andare in pezzi; frantumarsi. ● (*arc. o scherz.*) **S. my timbers!**, accidenti!; maledizione!

shivering /ˈʃɪvərɪŋ/, **A** *a.* tremante. **B** *n.* tremito; tremore; brivido. ● **s. fit**, (accesso di) brividi.

shivery (1) /ˈʃɪvərɪ/, *a.* ***1*** che ha i brividi; tremante ***2*** che dà i brividi; agghiacciante; spaventoso: **s. threats**, minacce spaventose ***3*** (*del tempo*) gelido; assai freddo. ● **to feel s.**, avere i brividi.

shivery (2) /ˈʃɪvərɪ/, *a.* (*raro*) fragile.

shlemiel /ʃləˈmiːl/, *V.* **schlemiel**.

(to) **shlep** /ʃlɛp/, e *deriv. V.* **(to) schlep**, e *deriv.*

shlock /ʃlɒk/, e *deriv. V.* **schlock**, e *deriv.*

shlong /ʃlɒŋ, *USA* -ɔːŋ/, *V.* **schlong**.

shloomp /ʃlʊmp/, **shlump** /ʃlʊmp, -ʌ-/, *V.* **schloomp, schlump**.

shlub /ʃlʌb/, *V.* **schlub**.

shmaltz /ʃmɔːlts, -ɒl-, -æl-, *USA* -ɔːl-, -ɑːl-/, e *deriv. V.* **schmaltz**, e *deriv.*

shmeck /ʃmɛk/, e *deriv. V.* **schmeck**, e *deriv.*

shmo /ʃməʊ/, *V.* **schmo**.

(to) **shmooze** /ʃmuːz/, e *deriv. V.* **(to) schmooze**, e *deriv.*

shmuck /ʃmʌk/, e *deriv. V.* **schmuck**, e *deriv.*

shnockered /ˈʃnɒkəd/, **shnoggered** /ˈʃnɒgəd/, *V.* **schnockered, schnoggered**.

shnook /ʃnʊk/, *V.* **schnook**.

to **shnorr** /ʃnɔː(r)/, e *deriv. V.* **to schnoor**, e *deriv.*

shoal (1) /ʃəʊl/, *n.* ***1*** (*di pesci*) branco; banco; frotta ***2*** branco; folla; moltitudine; gran quantità: **shoals of tourists**, branchi di turisti; **He gets letters in shoals**, riceve lettere in gran quantità.

shoal (2) /ʃəʊl/, **A** *n.* (*naut.*) bassofondo; secca. **B** *a.* (*dell'acqua*) bassa; poco profonda. ● **the shoals**, (*naut.*) le secche; (*fig.*) le insidie, i pericoli nascosti □ (*naut.*) **s. mark**, segnale che indica una secca.

to **shoal (1)** /ʃəʊl/, *v. i.* (*dei pesci*) ***1*** raggrupparsi; riunirsi in banchi ***2*** nuotare a frotte.

to **shoal (2)** /ʃəʊl/, *v. i.* (*del mare o di un corso d'acqua*) diminuire di profondità. ● **The lake shoals here**, in questo punto il lago è poco profondo.

shoaliness /ˈʃəʊlɪnəs/, *n.* ***1*** scarsa profondità (*dell'acqua*) ***2*** abbondanza di secche.

shoaly /ˈʃəʊlɪ/, *a.* ***1*** poco profondo ***2*** pieno di secche.

shock (1) /ʃɒk/, *n.* ***1*** colpo; cozzo; urto: **the s. of a fall**, il colpo di una caduta; **the s. of**

the waves against the rocks, l'urto delle onde contro gli scogli; **s. waves**, onde d'urto (*di un'esplosione o di un terremoto*); (*fig.*) ripercussioni **2** (*fig.*) colpo; forte impressione; violenta emozione; choc; shock: **His wife's death was a terrible s. to him**, la morte della moglie fu per lui un colpo terribile; **to recover from a s.**, riprendersi da uno shock **3** (*elettr.*) scossa **4** (*geol.*) scossa (*di terremoto*) **5** (*med.*) shock; choc; collasso: **insulin s.**, shock insulinico; **traumatic s.**, shock traumatico **6** (*mil.*) assalto; attacco: **s. troops**, truppe d'assalto **7** (*econ.*) crollo (*fig.*); crisi: **oil s.**, crisi petrolifera **8** (*fam.*) *V.* **s. absorber**. ● (*mecc.*) **s. absorber**, ammortizzatore □ (*elettr.*) **s. excitation**, eccitazione a impulso □ **s.-horror show** [**story**], spettacolo [racconto] orripilante □ (*econ.*) **s. model**, modello econometrico con funzioni affette da errori casuali □ **s.-resistant**, resistente agli urti □ (*mil.*) **s. tactics**, tattica d'urto (*cariche di cavalleria, impiego di carri armati, ecc.*) □ (*psic.*) **s. therapy** (*o* **s. treatment**), shockterapia □ (*mil.*) **s. troops**, truppe d'assalto □ **s. workers**, lavoratori d'assalto; stacanovisti □ (*med.*) **to die of s.**, morire in seguito a un collasso □ **to get a bit of a s.**, rimanere un po' impressionato □ (*med.*) **to be in s.**, essere in stato di shock □ (*fig.*) **to send s. waves through**, gettare lo scompiglio in; mettere a soqquadro.

shock (**2**) /ʃɒk/, *n.* bica (*di covoni di grano*).

shock (**3**) /ʃɒk/, *n.* (*generalm.* **s. of hair**) massa di capelli arruffati; folta chioma, zazzera. ● **s.-head**, testa piena di capelli (*o* dai capelli arruffati) □ **s.-headed**, zazzeruto; dai capelli arruffati.

to **shock** (**1**) /ʃɒk/, **A** *v. t.* **1** urtare; scuotere; impressionare vivamente; shoccare, shockare, scioccare; indignare; scandalizzare; sconvolgere; traumatizzare: **I was shocked by his behaviour**, rimasi shockato dal suo comportamento; **The news of the riots shocked the financial world**, la notizia dei tumulti sconvolse il mondo della finanza **2** dare la scossa (elettrica) a (q.) **3** (*med.*) provocare uno shock a (q.). **B** *v. i.* **1** scontrarsi; urtarsi; collidere **2** (*fig.*) scandalizzarsi; rimanere shockato; essere sconvolto: **That girl shocks easily**, basta poco a scandalizzare quella ragazza. ● **to get shocked**, prendere la scossa (elettrica).

to **shock** (**2**) /ʃɒk/, *v. t.* abbicare (*il grano*).

shocked /ʃɒkt/, *a.* **1** shockato; scandalizzato; sconvolto; traumatizzato **2** (*elettr.*) che ha preso la scossa **3** (*med.*) in preda a uno shock. ● **a s. person**, un traumatizzato (*fig.*).

shocker /ˈʃɒkə(r)/, *n.* (*spesso scherz.*) **1** persona (*o* cosa) che scuote, sconvolge, traumatizza, ecc. (*V.* **to shock** (**1**)) **2** (*fam.*) racconto (*o* romanzo) scandalistico, sensazionale; film dell'orrore.

shocking /ˈʃɒkɪŋ/, **A** *a.* **1** disgustoso; indecente; irritante; scandaloso; sconveniente: **s. conduct**, comportamento disgustoso, sconveniente **2** shockante; shockizzante; sconvolgente; traumatizzante; terribile; spaventoso; traumatizzante: **the s. news of his death**, la terribile (*o* sconvolgente) notizia della sua morte; **a s. experience**, un'esperienza traumatizzante **3** (*fam.*) pessimo; orribile; infame: **a s. meal**, un pasto pessimo; **s. weather**, tempo orribile. **B** *avv.* (*fam.*) assai; molto; estremamente: **s. bad**, molto cattivo; pessimo. ● **s. pink**, rosa shocking (*il colore*).

shockingly /ˈʃɒkɪŋlɪ/, *avv.* **1** scandalosamente; (*per estens.*) esageratamente, eccessivamente: **s. expensive**, eccessivamente costoso **2** (*fam.*) malissimo; in modo orribile; in maniera infame: **You sing s.**, canti malissimo.

shockingness /ˈʃɒkɪŋnəs/, *n.* **1** indecenza; sconvenienza **2** (*fam.*) terribilità; spaventosità.

shockproof /ˈʃɒkpruːf/, *a.* (*tecn.*) antishock; antiurto; a prova d'urto: **a s. watch**, un orologio antiurto.

shod /ʃɒd/, **A** *pass.* e *p. p.* di **to shoe**. **B** *a.* **1** (*di cavallo*) ferrato **2** (*d'uomo*) calzato; provvisto di scarpe **3** ricoperto; rivestito.

shoddy /ˈʃɒdɪ/, **A** *n.* **1** (*ind. tess.*) lana rigenerata; cascame **2** (*fig.*) roba di scarto; articolo scadente. **B** *a.* **1** (*ind. tess.*) fatto di lana rigenerata **2** (*fig.*) scadente; di scarto: **a s. piece of furniture**, un mobile scadente **3** (*fig.*) meschino; gretto. ● **a s. trick**, uno scherzo da prete; un tiro mancino. ‖ **-ily**, *avv.* ‖ **-iness**, *sost.*

shoe /ʃuː/, *n.* **1** scarpa: **shoes down at heel**, scarpe scalcagnate; **to put on** [**to take off**] **one's shoes**, mettersi [cavarsi] le scarpe **2** ferro di cavallo **3** (*di legno*) zoccolo **4** (*mecc.*) ceppo; ganascia: **brake s.**, ceppo (*o* ganascia) del freno (*a tamburo*) **5** (*di bastone o canna*) puntale **6** (*di slitta, treno elettrico*) pattino **7** (*ind. costr.*) scarpa di appoggio (*di un ponte*) **8** (*autom.*) copertone (*di pneumatico*) **9** cuneo; zeppa; fermo: **a ladder s.**, un fermo per una scala a pioli **10** (*mecc.*) sagoma (di piegatrice) **11** (*nei casinò*) sabot **12** (*pop. USA*) piedipiatti; poliziotto in borghese. ● (*mecc.*) **s. brake**, freno a ceppo □ **s. brush**, spazzola per scarpe □ **s. buckle**, fibbia di scarpa □ **s.-care kit**, kit pulisciscarpe □ **s. cream**, crema per calzature; lucido da scarpe □ **s. cupboard**, scarpiera (*armadietto*) □ **s.-knife**, trincetto (*di calzolaio*) □ **s. leather**, cuoio per scarpe; (*fig.*) scarpe: **to save s. leather**, fare economia di scarpe □ **s.-lift**, corno (da scarpe); calzatoio; calzascarpe □ **s. manufacturer**, industriale delle calzature (*o* calzaturiero) □ **s. manufacturing**, industria calzaturiera □ **s. polisher**, pulisciscarpe (*elettrico*) □ **s. rack**, scarpiera (*aperta*) □ **s. repairer**, calzolaio; ciabattino □ **s. shop**, calzoleria; negozio di calzature □ **ballet shoes**, scarpette da ballo □ **to die in one's shoes**, morire con le scarpe ai piedi; morire di morte violenta □ (*fam.*) **to fill sb.'s shoes**, occupare il posto di q.; fare le scarpe a q. (*pop.*) □ (*fig.*) **to be in sb.'s shoes**, essere nei panni di q. (*fig.*) □ (*fig.*) **to know where the s. pinches**, sapere cosa c'è che non va; conoscere la causa dei guai (*o* delle difficoltà) □ (*fig.*) **to put the s. on the right foot**, mettere il dito sulla piaga □ (*fig.*) **to shake in one's shoes**, tremare di paura; aver la tremarella □ **square-toed shoes**, scarpe a punta quadra □ **to step into sb.'s shoes**, *V.* **to fill sb.'s shoes** □ **to take off one's shoes and socks** (*o* **and stockings**), scalzarsi; mettersi a piedi nudi □ (*fig.*) **That's another pair of shoes**, è un altro paio di maniche; è tutt'altra cosa! □ (*fam.*) **The s. is on the other foot**, la situazione si è capovolta □ (*fam. USA*) **If the s. fits, wear it**, se l'osservazione è calzante, non te la devi prendere! (devi accettarla!); prendi su e porta a casa (*fam.*)!

to **shoe** /ʃuː/ (*pass.* e *p. p.* **shod**), *v. t.* **1** ferrare (*un cavallo*) **2** (*specialm. al p. p.*) provvedere di scarpe; calzare: **neatly shod feet**, piedi ben calzati **3** coprire; rivestire. ● **an iron-shod stick**, un bastone ferrato (*con un puntale di ferro*).

shoeblack /ˈʃuːblæk/, *n.* lustrascarpe.

shoehorn /ˈʃuːhɔːn/, *n.* corno (da scarpe); calzatoio; calzascarpe.

to **shoehorn** /ˈʃuːhɔːn/, *v. t.* (*fam.*) infilare a stento; far entrare (q. *o* q.c.) a viva forza.

shoeing /ˈʃuːɪŋ/, *n.* ferratura (*dei cavalli*). ● **s.-forge**, fucina (*o* bottega) di maniscalco; mascalcia □ **s.-smith**, maniscalco.

shoelace /ˈʃuːleɪs/, *n.* laccio da scarpe; laccetto; stringa (per scarpe).

shoeless /ˈʃuːləs/, *a.* **1** senza scarpe; scalzo **2** (*di cavallo*) non ferrato.

shoemaker /ˈʃuːmeɪkə(r)/, *n.* calzolaio. ● **s.'s shop**, bottega di calzolaio; calzoleria.

shoemaking /ˈʃuːmeɪkɪŋ/, *n.* arte del calzolaio; calzoleria (*raro*).

shoer /ˈʃuːə(r)/, *n.* maniscalco.

shoeshine /ˈʃuːʃaɪn/, *n.* **1** lustratura, lucidatura (*di scarpe*) **2** aspetto lucido, brillantezza (*di scarpe*) **3** (*fam.*) lustrascarpe.

shoestring /ˈʃuːstrɪŋ/, **A** *n.* **1** stringa per scarpe; laccio; laccetto (*fam.*) **2** (*fam.*) piccola somma; pochi soldi (*fam.*); piccolo gruzzolo; gruzzoletto. **B** *a. attr.* **1** (*USA*) lungo e sottile **2** risicato; stentato **3** limitato; ristretto **4** (*geol.*) filiforme. ● (*fin.*) **a s. budget**, un bilancio striminzito (*o* all'osso) □ (*USA*) **s. potatoes**, patatine a bastoncino (*fritte*) □ **to live on a s.**, vivere di poco □ (*fam.*) **to start a business on a s.**, avviare un'azienda con scarsi capitali.

shoetree /ˈʃuːtriː/, *n.* forma per scarpe.

shogun /ˈʃəʊgʌn, -guːn, *USA* -gən/, *n.* (*stor. giapponese*) shogun.

shogunate /ˈʃəʊgəneɪt, *USA* -nət/, *n.* (*stor.*) shogunato.

shone /ʃɒn, *USA* ʃəʊn/, *pass.* e *p. p.* di **to shine**.

shoo /ʃuː/, *inter.* sciò; via!

to **shoo** /ʃuː/, **A** *v. i.* far sciò. **B** *v. t.* (*spesso* **to s. away, to s. off**) allontanare (*galline, uccelli, ecc.*) facendo sciò.

shoo-fly /ˈʃuːflaɪ/, *n.* (*pop. USA*) poliziotto (in borghese) che indaga su altri poliziotti sospettati di essere poco «puliti».

shoo-in /ˈʃuːɪn/, *n.* **1** cosa sicura; vittoria scontata **2** (= **s. candidate**) candidato (*o* concorrente) dato per vincente; favorito; sicuro vincitore: **My horse is a s.**, il mio cavallo è un favorito.

shook (**1**) /ʃʊk/, *pass.* di **to shake**.

shook (**2**) /ʃʊk/, *n.* **1** fascio di doghe e fondi (*per fare un barile*) **2** bica (*di covoni di grano*).

shoot /ʃuːt/, *n.* **1** (*bot.*) germoglio; virgulto; pollone; (*anche*) parte aerea (di una pianta) **2** partita di caccia; battuta; riserva di caccia **3** gara di tiro (al bersaglio) **4** rapida (*di fiume*) **5** getto d'acqua; zampillo **6** scivolo: **a coal s.**, uno scivolo per il carbone **7** fitta; puntura (*di dolore*) **8** (*ind. min.*) filone **9** (*edil.*) spinta (*di un arco*) **10** (*specialm. USA, miss.*) lancio: **a moon s.**, un lancio sulla luna. ● **s.-out**, conflitto (*o* scontro) a fuoco; sparatoria; regolamento di conti (*tra due bande*) □ (*pop.*) **s.-up**, buco (*pop.*); iniezione di droga.

to **shoot** /ʃuːt/ (*pass.* e *p. p.* **shot**), **A** *v. t.* **1** sparare; sparare a (*o* con); tirare; scaricare (*un'arma da fuoco*): **to s. a bullet with a rifle**, sparare un colpo col fucile; (*di un fucile, ecc.*) **to s. real bullets**, sparare proiettili veri (*non a salve*); sparare sul serio; **to s. a gun**, sparare con la pistola (*o* con il cannone); **to s. one's rifle**, scaricare il fucile; **to s. sb. dead**, sparare a q. uccidendolo; **to s. partridges**, sparare alle pernici; **He shot a pheasant and killed it**, tirò a un fagiano e lo prese (in pieno); **Don't s. this revolver: it's rusty**, non sparare con questa rivoltella: è arrugginita **2** andare a caccia di, cacciare, abbattere (*col fucile*): **He's in Kenya shooting buffaloes** [**big game**], è in Kenya a caccia di bufali [a caccia grossa]; **You cannot s. elephants**, è vietato abbattere gli elefanti **3** colpire, ferire, uccidere (*con un'arma da fuoco*); abbattere: **He shot a deer**, uccise un cervo; **The soldier was shot in the leg** [**in his left leg**], il soldato fu ferito (*o* colpito) alla gamba [alla gamba sinistra]; **The killer was shot by the police**, il killer fu abbattuto dalla polizia **4** (*mil.*) fucilare: **The spy was shot at dawn**, la spia fu fucilata all'alba **5** (*ind. min.*) brillare, sparare (*una mina*) **6** gettare; lanciare; scagliare; sbalzare; proiettare: **to s. dice**, gettare i dadi; **to s. the anchor** [**a net**], gettare l'ancora [una rete]; **to s. a glance at sb.**, lanciare un'occhiata a q.; **to s. a stone from a sling**, lanciare una pietra con la fionda; **I shot an arrow into the air**, scagliai in aria una freccia; **The driver was shot over the fence**, il conducente fu sbalzato al di là della siepe; **The elevator shot me to the top of the skyscraper**, l'ascensore mi proiettò in cima al grattacielo **7** scoccare: **to s. an arrow from one's bow**, scoccare una freccia (dall'arco) **8** buttare giù lungo uno scivolo;

scaricare (*fig.*); sbattere: **to s. coal into the cellar**, scaricare il carbone in cantina; **S. him down into his cell**, sbattilo in cella!; **to s. rubbish**, scaricare l'immondizia ***9*** (*bot.*) mettere (*foglie*); buttare fuori (*germogli*) ***10*** (*fotogr., cinem., TV*) riprendere; girare; filmare: **to s. a film**, girare un film; **to s. a scene**, riprendere una scena ***11*** (*sport nautici*) superare, scendere rapidamente: **to s. a bridge**, superare un ponte (*passandovi sotto in barca*); **The canoe shot the rapids safely**, la canoa scese le rapide senza danno ***12*** attraversare velocemente; bruciare (*fam.*): **to s. the lights**, bruciare il semaforo; passare con il rosso ***13*** (*astron.*) determinare l'altezza di (*un astro*) ***14*** (*al passivo*) striare; (*fig.*) intridere: **The ocean was a deep blue shot with violet**, l'oceano era di un blu cupo con striature viola; **The «Canterbury Tales» are shot with humour**, i *Racconti di Canterbury* sono intrisi di umorismo ***15*** (*falegn.*) piallare a misura; piallare bene: **shot edges**, margini piallati bene ***16*** (*mecc.*) fare scorrere; azionare; tirare: **to s. the bolt**, tirare il catenaccio ***17*** (*fam.*) fulminare: **He shot me with a terrible glance**, mi fulminò con un'occhiata tremenda ***18*** (*sport*) tirare (*il pallone, la palla*) in porta ***19*** (*sport, specialm. USA*) fare, segnare (*una rete, punti, ecc.*): **Jones shot the winning goal**, Jones ha segnato il gol della vittoria; **Smith shot a 50 today**, oggi Smith ha fatto 50 punti ***20*** (*pop.*) iniettarsi (*droga*): **to s. heroine**, iniettarsi eroina ***21*** (*USA*) fare una partita di (*biliardo*). **B** *v. i.* ***1*** sparare; tirare (*con un'arma da fuoco*): **This gun won't s.**, questo fucile non spara; **He taught me to s.**, m'insegnò a sparare; **Don't s.!**, non sparate!; **He shoots indifferently**, spara così e così; è un mediocre tiratore; **to s. on sight**, sparare a vista; **to s. to kill**, sparare sul serio; sparare per uccidere; **to s. straight**, sparare diritto; tirare bene ***2*** andare a caccia (*col fucile*): **He's shooting in the Highlands**, è a caccia nelle Highland ***3*** (*fig. fam.*) sparare; parlare: **«I must talk to you» «S.!»**, «Devo parlarti» «Spara!» ***4*** (*cinem., TV*) girare: **When will they begin to s.?**, quando cominciano a girare? ***5*** (*bot.*: *di piante*) mettere le foglie; germogliare; (*di germogli*) spuntare ***6*** (*fam.*) passare velocemente; saettare; sfrecciare; balzare: **The rocket shot across the sky**, il razzo attraversò il cielo a tutta velocità; **An ambulance shot past us**, un'ambulanza ci sfrecciò accanto; **A squirrel shot into the air**, uno scoiattolo balzò in aria ***7*** (*sport*) tirare in porta ***8*** (*sport*: *nei giochi con la palla*) giocare: **He's been shooting poorly for some time**, è un po' di tempo che gioca maluccio ***9*** (*pop. USA*) rigettare; vomitare ***10*** (*volg.*) eiaculare. **C** *to* **shoot oneself**, *v. rifl.* spararsi: **He shot himself in the head**, si sparò alla testa (*o* un colpo in testa). ● (*fam.*) **to have shot one's bolt** (*USA*: **one's wad**), avere sparato tutte le cartucce (*fig.*) □ (*fam. USA*) **to s. the bull** (*o* **the breeze**), parlare del più e del meno; fare quattro chiacchiere □ **to s. from the hip**, sparare dall'anca (*come nei film western*); sparare senza mirare; (*fig.*) agire (*o* parlare) avventatamente □ **to s. a match**, fare una gara di tiro a segno □ (*fig.*) **to s. Niagara**, cimentarsi in un'impresa disperata; voler fare l'impossibile □ (*fig. fam.*) **to s. oneself in the foot**, darsi la zappa sui piedi (*fig.*) □ (*fam.*) **S.!**, fuori!; di' quel che hai da dire!; butta fuori quel che hai in corpo!; sputa il rospo!; (*pop. USA, anche*) porca miseria! □ **I'll be shot if...**, ch'io possa essere impiccato se... □ **The sun is shooting its rays on the plain**, il sole dardeggia la pianura.

♦**shoot at**, *v. t. e i. + prep.* ***1*** sparare a (*o* contro); tirare a: **He shot at the pheasant but missed it**, tirò al fagiano ma lo mancò; **Don't s. at me**, non sparatemi!; **With a peashooter you can s. pellets at rabbits**, con una cerbottana si possono tirare palline ai conigli ***2*** lanciare (*uno sguardo, ecc.*) a (q.) ***3*** (*sport*) tirare a (*o* in): **to s. at the basket**, tirare a canestro; **to s. at goal**, tirare a rete (*o* in porta) ***4*** (*fig. specialm. USA*) mirare a, avere come obiettivo: **He's shooting at the chairmanship**, mira alla presidenza □ (*fam.*) **to s. questions at sb.**, tempestare q. di domande.

♦**shoot away**, **A** *v. i. + avv.* ***1*** continuare a sparare; fare fuoco a volontà: **S. away!**, fuoco a volontà! ***2*** balzare via; scappare (via); andarsene di corsa: **The hare shot away**, la lepre scappò. **B** *v. t. + avv.* ***1*** (*mil.*) distruggere a cannonate ***2*** asportare, portare via (*con un colpo d'arma da fuoco*): **His left hand was shot away**, una granata gli portò via la mano sinistra.

♦**shoot down**, *v. t. + avv.* ***1*** (*mil., aeron.*) abbattere (*sparando*): **The plane [the pilot] was shot down over the Channel**, l'aereo [il pilota] fu abbattuto sulla Manica ***2*** (*fam.*) respingere (*un'idea*); bocciare (*una proposta*) □ **to s. down in flames**, abbattere (*un aereo*) in fiamme; (*fig.*) bocciare (*una proposta*); rimbeccare, zittire (q.).

♦**shoot for**, *V.* **shoot at**, *def. 4.*

♦**shoot in**, **A** *v. i. + avv.* ***1*** sparare dentro ***2*** entrare di volata: **When I opened the door, the dog shot in**, quando aprii la porta, il cane entrò di corsa. **B** *v. t. + avv.* (*mil.*) coprire sparando (*soldati che attaccano*).

♦**shoot off**, **A** *v. t. + avv.* ***1*** (*mil.*) distruggere a cannonate ***2*** asportare, portare via sparando: **He was charged with shooting off his big toe**, fu accusato d'essersi sparato all'alluce ***3*** scaricare (*armi*) in aria; sparare in aria. **B** *v. i. + avv.* ***1*** partecipare a una gara di tiro a segno ***2*** andarsene di volata; balzare via; scappare (via) □ (*fam.*) **to s. one's mouth off**, vuotare il sacco (*fig.*); spifferare tutto □ **He had two fingers shot off**, un colpo (*d'arma da fuoco*) gli portò via due dita.

♦**shoot out**, **A** *v. i. + avv.* ***1*** sparare fuori ***2*** uscire di corsa; balzare (*o* saltare) fuori: **A rabbit shot out of the bush**, dal cespuglio balzò fuori un coniglio. **B** *v. t. + avv.* ***1*** sbalzare fuori: **Some passengers were shot out of the coach**, qualche viaggiatore fu sbalzato fuori del pullman ***2*** cacciare (*o* tirare) fuori; far guizzare: **The pupil shot out his tongue**, lo scolaro tirò fuori la lingua (*o* fece una linguaccia); **The adder shot out its forked tongue**, la vipera fece guizzare la lingua biforcuta ***3*** tirare fuori; tendere: **The beggar shot out his hand for the coins**, il mendicante tese la mano per prendere i soldi ***4*** spegnere (*sparando*): **He shot out all the lights in the saloon**, a colpi di pistola spense tutte le luci del saloon ***5*** dire con forza; lanciare; prorompere in: **He shot out a stream of abuse**, proruppe in una sfilza di parole offensive ***6*** (*fam.*) eliminare; fare fuori (*fam.*); sbarazzarsi di (q.) □ (*fam.*) **to s. it out**, regolare i conti con una sparatoria; (*fig.*) farla finita (*con q.*).

♦**shoot through**, **A** *v. i. + avv.* (*fam.*) andarsene; filarsela; squagliarsela. **B** *v. t. + prep.* ***1*** trapassare: **He was shot through his shoulder**, un colpo (*di fucile, ecc.*) gli trapassò la spalla ***2*** (*specialm. al passivo*) striare; (*fig.*) intridere, impregnare: **His poems are shot through with tenderness**, le sue poesie sono piene di tenerezza.

♦**shoot to**, *v. t. + avv.* tirare, mettere (*il catenaccio*: *alla porta*).

♦**shoot up**, **A** *v. i. + avv.* ***1*** sparare verso l'alto ***2*** balzare (*o* saltare) in piedi; balzare su (*o* al piano di sopra): **The girl shot up out of the armchair**, la ragazza balzò in piedi dalla poltrona; **The maid shot up when I called her**, quando la chiamai, la domestica venne su di volata ***3*** (*delle fiamme, ecc.*) alzarsi di botto; divampare ***4*** (*di prezzi, ecc.*) salire di colpo; balzare (alle stelle): **Petrol shot up to two pounds a gallon**, la benzina balzò a due sterline il gallone ***5*** (*di un giovane*) crescere a vista d'occhio ***6*** (*pop.*: *di drogato*) farsi; bucarsi. **B** *v. t. + avv.* ***1*** danneggiare a cannonate; crivellare di colpi: **The houses are badly shot up**, le case sono crivellate di colpi ***2*** colpire, ferire (*con un'arma da fuoco*): **He was shot up by the robbers**, i banditi lo ferirono (*o* gli spararono) ***3*** (*fam.*: *di armati*) seminare il terrore in (*una città, ecc.*) sparando ***4*** (*pop.*) iniettarsi (*droga*); farsi (*una dose*) □ **The pain shot up my leg**, ebbi una fitta di dolore alla gamba □ **The police shot up the rioters**, la polizia sparò sui rivoltosi.

shooter /ˈʃuːtə(r)/, *n.* ***1*** chi spara, tira, ecc. (*V.* **to shoot**) ***2*** (*specialm.*) tiratore; cacciatore ***3*** pistola, rivoltella: **a six-s.**, una pistola a sei colpi.

shooting /ˈʃuːtɪŋ/, **A** *n.* ***1*** caccia: **to go s.**, andare a caccia ***2*** lo sparare; spari (*collett.*); sparatoria; scontro a fuoco; tiro (*con arma da fuoco*); tiro al bersaglio: **I heard s.**, sentii degli spari ***3*** fucilazione; (*specialm.*) assassinio, attentato (*con un'arma da fuoco*) ***4*** riserva di caccia ***5*** terreno di caccia; bandita ***6*** (*cinem.*) il girare (*una scena*); ripresa ***7*** (*sport*) il tirare a rete (a canestro, ecc.) ***8*** (*bot.*) il germogliare; germoglio. **B** *a. attr.* ***1*** che spara ***2*** di (*o* da) caccia. ● **s. boots**, stivali da caccia □ **s. box** (*o* **s. lodge**), casino di caccia □ (*autom.*) **s. brake**, familiare □ **s. butt**, bersaglio; sagoma □ **s. coat**, abito da caccia □ **s. contest**, gara di tiro al bersaglio (*o* di tiro a segno) □ **s. gallery**, locale per esercitazioni di tiro (*con la pistola, ecc.*); tiro a segno (*nei luna park*); (*pop.*) covo di drogati □ (*pop. USA*) **s. iron**, arma da fuoco (*fucile, rivoltella, ecc.*) □ **s. jacket**, giacca da caccia; giacca alla cacciatora □ **s. match**, gara di tiro □ **s. party**, partita di caccia □ **a s. pain**, un dolore lancinante □ **s. pocket**, carniere □ **s. range** (*o* **s. ground**), tiro a segno; poligono di tiro □ (*cinem.*) **s. script**, sceneggiatura □ (*astron.*) **s. star**, stella cadente, stella filante (*meteora*) □ **s. stick**, bastone trasformabile in sedile □ (*pop.*) **s.-up**, iniezione di droga in vena; buco (*pop.*) □ (*fam.*) **s. war**, guerra calda.

shop /ʃɒp/, *n.* ***1*** bottega; negozio; esercizio; spaccio (*cfr. USA* **store**): **to set up s.**, metter su bottega; aprire un negozio; **to shut up s.**, chiuder bottega; (*fig.*) smettere di far qualcosa, cessare un'attività; **to keep a s.**, avere un negozio; fare il bottegaio ***2*** (= **workshop**) officina; stabilimento; reparto (*di fabbrica*): **assembling s.**, officina di montaggio; (*autom.*) **body s.**, reparto carrozzeria; (*metall.*) **pattern s.**, reparto modellisti ***3*** (*fam.*) azienda; ufficio ***4*** (*fam.*) spesa: **I've done a big s.**, ho fatto una grossa spesa; ho comprato molte cose; (*fam. arc.*) scuola; istituto; ufficio (*specialm. in*): **the other s.**, la scuola rivale; l'istituto che ci fa concorrenza. ● (*ind.*) **s. assembly**, montaggio in officina □ **s. assistant**, commesso, commessa □ **s. bell**, campanello di bottega □ **s. boy**, giovane (*o* ragazzo) di negozio □ (*ind.*) **s. committee**, commissione interna (*d'una fabbrica*) □ **s. fascia**, insegna di negozio □ **s. floor**, (*ind.*) zona di lavoro degli operai comuni; (*fig.*) la base operaia, la componente operaia, le maestranze: **The manager started his career on the s. floor**, il direttore all'inizio della carriera era un semplice operaio □ **s. foreman**, capo officina □ **s. front**, *V.* **shopfront** □ **s. girl**, commessa (*di negozio*) □ **s. hours**, orario di negozio (*o* d'apertura) □ **the s. management**, la direzione dello stabilimento □ (*market.*) **s. paper**, carta da incarto; carta per fare cartocci □ (*ind.*) **s. steward**, membro d'una commissione interna; rappresentante dei sindacati in un reparto di fabbrica; delegato sindacale □ (*ind.*) **s. supplies**, materiali di consumo □ **s. window**, vetrina (*di negozio e fig.*): **The San Remo festival is the s. window for the Italian song**, il festival di San Remo è la vetrina della canzone italiana □ (*pop.*) **all over the s.**, dappertutto; sottosopra, a soqquadro □ **a beauty s.**, un salone (*o* istituto) di bellezza

□ **butcher's s.**, macelleria □ **chemist's s.**, farmacia □ (*fam.*) **to come** (*o* **to go**) **to the wrong s.**, rivolgersi alla persona meno adatta (*per aiuto, informazioni, ecc.*): **You've come to the wrong s.**, sei cascato male; hai sbagliato porta □ **to hit all over the s.**, menar botte da orbi; colpire all'impazzata □ (*fig.*) **on the s. floor**, a livello aziendale □ (*fig.*) **to sink the s.**, non parlare dei propri affari; astenersi dal parlare del proprio lavoro □ **to talk s.**, parlare di lavoro □ **wine s.**, spaccio di vini; fiaschetteria.

to **shop** /ʃɒp/, **A** *v. i.* ***1*** andare in giro per negozi: **to shop for a new dress**, fare il giro dei negozi in cerca di un vestito nuovo ***2*** fare acquisti (*o* compere, spese): **to go shopping**, andare a fare spese; fare lo shopping. **B** *v. t.* ***1*** esaminare (*merce da acquistare, un catalogo, ecc.*) ***2*** mandare in officina, fare riparare (*una macchina, ecc.*) ***3*** (*dial.*) arrestare, incarcerare (q.) ***4*** (*pop.*, *anche* **to s. on**) fare una spiata a (q.); denunciare (*alla polizia*). ● **to s. around**, fare il giro dei negozi (*per confrontare i prezzi*); (*fig. fam.*) prendere in considerazione varie possibilità; guardarsi attorno (*fig.*) □ **to s. around for information**, chiedere informazioni in giro □ (*USA*) **to s. the main shops**, fare il giro dei negozi principali □ **to s. round**, *V.* **to s. around**.

shopfitter /ˈʃɒpfɪtə(r)/, *n.* arredatore di negozi.

shopfitting /ˈʃɒpfɪtɪŋ/, *n.* arredamento di negozi.

shopfront /ˈʃɒpfrʌnt/, *n.* (il) davanti di un negozio; facciata di negozio; vetrine (anteriori) di negozio: **s. glass**, vetro per vetrine.

shopkeeper /ˈʃɒpkiːpə(r)/, *n.* bottegaio; negoziante; esercente. ● **a nation of shopkeepers**, una nazione di bottegai; l'Inghilterra (*secondo Napoleone*).

shopkeeping /ˈʃɒpkiːpɪŋ/, *n.* commercio al dettaglio; vendita al minuto.

to **shoplift** /ˈʃɒplɪft/, *v. t.* e *i.* taccheggiare; rubare nei negozi.

shoplifter /ˈʃɒplɪftə(r)/, *n.* taccheggiatore, taccheggiatrice.

shoplifting /ˈʃɒplɪftɪŋ/, *n.* taccheggiamento; taccheggio; furto in un negozio.

shopman /ˈʃɒpmən/, *n.* (*pl.* **shopmen**) ***1*** bottegaio; negoziante ***2*** commesso (*di negozio*) ***3*** operaio (*d'officina*).

shoppe /ʃɒp/, *n.* (*arc. o nelle insegne*) negozio; bottega: **a gift s.**, un negozio di articoli da regalo.

shopper /ˈʃɒpə(r)/, *n.* chi va in giro a far compere; chi fa la spesa; acquirente; compratore, compratrice; cliente.

shopping /ˈʃɒpɪŋ/, *n.* ***1*** acquisti; compere; spese; shopping: **I have some s. to do today**, oggi devo fare delle compere (*o* delle spese); **to do one's s.**, fare lo shopping ***2*** (la) spesa (*acquisto di alimentari e alimenti acquistati*): **to do the s.**, fare la spesa; **I'll carry your s.**, la (borsa della) spesa te la porto io; **Don't put the s. on the sink!**, non posare la spesa sull'acquaio! ● **s. bag**, borsa della spesa; (*nei negozi*) shopper, sacchetto di carta, borsina di plastica; (*fig. fam.*) spesa: **a very expensive s. bag**, il caro spesa □ **s. centre**, shopping centre, centro commerciale; area suburbana di empori, zona dei negozi □ **s. list**, lista della spesa □ **s. mall**, centro commerciale (*al chiuso*) □ **s. precinct**, centro commerciale pedonalizzato (*con parcheggio annesso*) □ **a s. spree**, una «scorpacciata» di acquisti □ **a s. street in London**, una via di bei negozi a Londra □ **to go window-shopping**, guardare le vetrine.

shopsoiled /ˈʃɒpsɔɪld/, *a.* ***1*** (*di un articolo*) logoro; sciupato; stinto (*perché in negozio da troppo tempo*) ***2*** (*fig.*) logoro; stantio; vecchio; trito: **s. ideas**, idee vecchie. ● **a s. journalist**, un giornalista vecchio del mestiere.

shoptalk /ˈʃɒptɔːk/, *n.* il parlare di lavoro; discorsi sul lavoro.

shopwalker /ˈʃɒpwɔːkə(r)/, *n.* (*comm.*) capo reparto; ispettore di reparto (*in un grande negozio*).

shopworn /ˈʃɒpwɔːn/, (*USA*) *V.* **shopsoiled**.

shore (**1**) /ʃɔː(r)/, *n.* ***1*** spiaggia; riva; lido; sponda (*anche di lago*): **on the s.**, sulla spiaggia; (*naut.*) **on s.**, a terra ***2*** costa; litorale; sponda (*lett.*): **a rocky s.**, una costa rocciosa (*cfr.* **beach**); **the shores of Ireland**, le coste dell'Irlanda ***3*** battigia; bagnasciuga (*improprio, ma pop.*) ***4*** (*pl.*) (*lett.*) lidi; terre; paesi: **to visit foreign shores**, visitare paesi stranieri. ● (*zool.*) **s. bird**, uccello di ripa; piviere □ **s. crab**, granchio ripario □ (*naut.*) **s. fast**, cima d'ormeggio □ (*naut.*) **s. leave**, permesso di scendere a terra; franchigia □ (*mil.*) **s. party**, squadra controllo della testa di sbarco □ (*geol.*) **s. platform**, piattaforma costiera □ (*naut.*) **to go on s.**, andare a riva; sbarcare □ (*naut.*) **to hug the s.**, tenersi a riva; costeggiare □ (*naut.*) **in s.**, vicino alla riva; sottocosta □ (*naut.*) **off (the) s.**, al largo; in acque profonde.

shore (**2**) /ʃɔː(r)/, *n.* (*ind. costr., specialm. navali*) puntello.

to **shore** /ʃɔː(r)/, *v. t.* (*di solito* **to s. up**) ***1*** (*edil., ind. costr. navali*) puntellare: **to s. up a wall [a ship]**, puntellare un muro [una nave] ***2*** (*fig.*) sostenere, tenere alto: (*econ.*) **to s. up livestock prices**, sostenere i prezzi delle scorte vive.

shoreless /ˈʃɔːləs/, *a.* (*poet., di mare, ecc.*) sconfinato; immenso.

shoreline /ˈʃɔːlaɪn/, *n.* linea di costa; costiera.

shoreward /ˈʃɔːwəd/, **A** *a.* che si muove (*o* volto) verso la spiaggia. **B** *avv.* (= **shorewards**) verso la spiaggia; verso riva.

shoring /ˈʃɔːrɪŋ/, *n.* ***1*** (*edil., ind. costr. navali*) puntellamento ***2*** (*fig.*) sostegno (*di prezzi, ecc.*).

shorn /ʃɔːn/, *p. p.* di **to shear**.

short (**1**) /ʃɔːt/, *a.* ***1*** corto; breve; conciso; di breve durata: **He has s. legs**, ha le gambe corte; **This jacket is s. on you**, questa giacca ti è corta; **a s. journey**, un viaggio breve; **a s. answer**, una risposta breve; **s. hair**, capelli corti; **s. sight**, vista corta; **s. wind**, fiato corto; **a s. way off**, a breve distanza; (*elettr.*) **a s. circuit**, un corto circuito; un cortocircuito; (*radio*) **s. waves**, onde corte; **a s. speech [style]**, un discorso [uno stile] conciso; **S., weak governments**, governi deboli, di breve durata ***2*** basso; piccolo (*di statura*): **a s. man**, un uomo piccolo ***3*** scarso; insufficiente: **s. weight**, peso scarso; **s. measure**, misura insufficiente; **a s. ten miles**, dieci miglia scarse; meno di dieci miglia ***4*** brusco; rude; secco; sgarbato: **a s. reply**, una brusca risposta; **Don't be s. with me!**, non essere sgarbato con me! ***5*** friabile; frollo: **s. coal**, carbone friabile; **s. pastry**, pasta frolla ***6*** (*metall.*) fragile: **s. iron**, ferro fragile ***7*** (*comm.*) a breve scadenza: **a s. bill**, una cambiale a breve scadenza ***8*** (*rag.: di somma, ecc.*) parziale ***9*** (*Borsa*) corto; allo scoperto: **s. position**, posizione corta; **s. sale [seller]**, vendita [venditore] allo scoperto; **s. selling**, il vendere (*o* vendite) allo scoperto ***10*** (*market.: di un prodotto, una derrata, ecc.*) che scarseggia; non disponibile ***11*** (*trasp.*) incompleto; in meno (*di quanto pattuito*): **s. delivery**, consegna in meno; **s. shipment**, spedizione incompleta ***12*** (*fon.: di vocale*) breve ***13*** (*pred.*) mancante, privo; che si trova q.c. in meno; a corto di: **We are two cases [200 dollars] s.**, (ci) mancano due casse [200 dollari]; **He's s. on brains**, è corto di cervello; **I was s. of breath**, ero senza fiato; **I'm s. of money**, sono a corto di quattrini; **They are a mile s. of their goal**, manca loro un miglio alla meta ***14*** (*fam.: di liquore*) liscio. ● (*med.*) **s.-acting**, ad azione ritardata □ (*d'oratore, di un discorso*) **to be s. and to the point**, essere conciso e pertinente □ (*fam.*) **to be s. and sweet**, andare per le corte; farla corta; (*di un discorso*) essere stringato □ **s.-armed**, dalle braccia corte □ (*giorn.*) **s. article**, trafiletto □ (*fin.*) **s. bond**, titolo di stato a breve (termine) □ (*elettr.*) **s.-contact switch**, interruttore cortocircuitante □ (*Borsa*) **s. covering**, copertura di una posizione corta; il coprirsi da una vendita allo scoperto □ **a s. cut**, una scorciatoia; (*fig.*) un mezzo rapido, spiccio (*d'ottenere q.c.*) □ (*comm.: di cambiale, ecc.*) **s.-dated**, a breve scadenza □ **a s. drink**, una bevanda (*o* una bibita) servita in un bicchiere piccolo; un bicchierino (*di liquore*); (*specialm.*) un aperitivo □ (*cinem.*) **a s. film**, un cortometraggio □ **s. for**, abbreviazione di; diminutivo di: **Sam, s. for Samuel**, Sam, diminutivo di Samuele □ **s. fuse**, miccia corta; (*fig. fam.*) irascibilità, eccitabilità □ **s.-haired**, dai capelli corti; (*d'animale*) dal pelo corto □ **to be s.-handed**, essere a corto di manodopera, essere sotto organico; (*naut.: di nave*) avere l'equipaggio incompleto □ (*ippica*) **a s. head**, meno d'una incollatura: **to win by a s. head**, (*di cavallo*) vincere per una mezza testa; (*fig.*) vincere per un pelo □ (*comm.*) **to be s. in one's payments**, essere in arretrato coi pagamenti; essere moroso □ (*trasp.*) **s.-haul**, a breve distanza; a breve raggio: **a s.-haul run**, un viaggio a breve distanza; **a s.-haul plane**, un aereo a breve raggio □ **s.-legged**, dalle gambe corte □ **s. list**, lista ristretta (*o* dei favoriti); rosa dei candidati □ **s.-lived**, che ha breve vita; (*biol.*) che ha la vita corta; (*fig.*) di breve durata, passeggero: **s.-lived enthusiasm**, entusiasmo passeggero □ **s. loan**, mutuo a breve termine; prestito a breve scadenza □ (*econ.*) **s. period** (*o* **s. range**), breve periodo; breve termine: **in the s. period**, nel breve periodo □ **s.-range**, (*econ., meteor.*) a breve (termine); (*tecn.*) a corto raggio, a corta gittata (*o* portata): **s.-range forecast**, previsione a breve termine; **a s.-range missile**, un missile a corto raggio; **s.-range plans**, progetti a breve termine; **a s.-range rifle**, un fucile a corta gittata (*o* portata) □ (*anat.*) **s. ribs**, costole mobili □ **s. run**, (*econ.*) breve periodo, breve termine; (*giorn.*) piccola tiratura □ (*econ.*) **s.-run planning**, programmazione a breve termine □ (*naut.*) **a s. sea**, mare corto; maretta □ **s. sight**, vista corta, miopia; (*fig.*) imprevidenza, miopia mentale □ **s.-sighted**, corto di vista, miope; (*fig.*) miope, imprevidente □ **s.-sightedness**, vista corta, miopia; (*fig.*) imprevidenza, miopia mentale □ **s.-spoken**, di poche parole; laconico □ **s.-staffed**, a corto di personale □ **a s. story**, un racconto; una novella: **a s. s. story**, un racconto cortissimo □ (*a carte*) **s. suit**, sequela corta; meno di quattro carte dello stesso seme □ (*aeron.*) **s. take-off and landing** (*abbr.* **STOL**), decollo e atterraggio corto □ **s. temper**, irascibilità: **He has a s. temper**, è irascibile □ **s.-tempered**, collerico; irascibile; stizzoso □ **s.-term**, (*econ., fin.*) a breve scadenza, a breve (termine); (*econ.*) congiunturale: **s.-term action**, interventi a breve (*sull'economia*); **s.-term bank debt**, indebitamento a breve verso le banche; **s.-term borrowing**, indebitamento a breve; **s.-term economic policy**, politica congiunturale; **s.-term financing**, finanziamento a breve; **s.-term fluctuations of demand**, fluttuazioni congiunturali della domanda; **s.-term paper**, titolo di credito a breve termine □ **s.-term saving**, risparmio a breve termine □ (*fig.*) **s.-termism**, miopia (*specialm. in economia e finanza*) □ (*ind.*) **s. time**, orario ridotto: **to be on s. time** (*o* **to work s. time**), lavorare a orario ridotto □ (*ind.*) **s.-time working**, lavoro a orario ridotto □ **a s. time ago**, poco tempo fa □ **s. ton**, tonnellata americana (*pari a 2 000 libbre, cioè a 907 kg circa*) □ **s. waist**, vita troppo alta (*in un vestito*) □ **s.-waisted**, che ha la vita troppo alta □ (*radio*) **a s.-wave broadcast**, una trasmissione sulle onde corte □ **a s.-wave radioset**, un apparecchio radio a onde corte □ **s.-winded**, dal fiato corto, bolso, sfiatato; (*fig.*) conciso, stringato □ **s.-windedness**, fiato corto; bolsaggine; (*fig.*) concisione, stringatezza □ **s.-witted**, di poco cervello; stupido; tonto □ **at s. notice**, con breve preavviso; entro breve termine □ **at s. range**, a breve distanza; a corto raggio □ **to cut a long story s.**, per farla corta (*o* breve) □ **to get s.**, abbreviarsi, accorciarsi: **Days are getting shorter and shorter**, le giornate si accorciano sempre più □ **to give s. weight**, dare il peso scarso; rubare sul peso □ (*di merce, ecc.*) **in s. supply**, scarseggiante; scarso □ **to make s. work of st.**, consumare (*o* finire, distruggere) q.c. rapidamente; liquidare (*o* sbrigare, divorare, fare fuori) q.c. in quattro e quattr'otto □ **to make a long story s.**, per farla breve; per tagliar corto □ **nothing s. of**, a dir poco; addirittura; senz'altro: **a victory nothing s. of marvellous**, una vittoria a dir poco miracolosa □ (*fam.*) **something s.**, qualcosa di forte (*da bere*) □ **to take s. views**, guardare solo al presente; non pensare al futuro; vivere alla giornata □ (*fam.*) **He is a bit s.**, è a corto di denaro.

short (2) /ʃɔːt/, *n.* **1** (*fon.*) vocale (*o* sillaba) breve; (una) breve **2** (*prosodia*) segno di breve **3** (*cinem., TV*) short; cortometraggio **4** (*pubbl., TV*) short pubblicitario; spot **5** (*pl.*) shorts; calzoncini corti **6** (*pl.*) (*USA*) mutandine, slip (*da uomo*) **7** (*giorn.*) trafiletto **8** (*rag.*) somma parziale **9** (*pl.*) (*ind.*) sfridi; ritagli **10** (*pl.*) (*ind.*) cruschello **11** (*pl.*) (*tecn.*) sopravaglio **12** (*pl.*) (*Borsa*) titoli di stato a breve termine **13** ammanco (*di denaro*) **14** (*Borsa*) *V.* **s. sale** e **s. seller**, *sotto* **short** (1), *def.* 9 **15** (*fam.*) cortocircuito; corto (*fam.*) **16** (*fam.*) bicchierino di liquore. ● **for s.**, per brevità: **They call him Sam for s.**, per brevità, lo chiamano Sam (*abbr. di* **Samuel**); il suo diminutivo è Sam □ **in s.**, in breve; in poche parole □ **the long and the s. of it**, tutto quel che c'è da dire.

short (3) /ʃɔːt/, *avv.* **1** bruscamente; di botto; improvvisamente; tutt'a un tratto: **The car stopped s.**, l'automobile s'arrestò bruscamente; **to stop st. s.**, fermare bruscamente q.c.; **to stop sb. s.**, interrompere q. (*che parla*) **2** bruscamente; rudemente; in modo sgarbato: **He talks s. with everybody**, parla in modo brusco con tutti **3** (*Borsa*) allo scoperto: **to sell s.**, vendere (*titoli, ecc.*) allo scoperto. ● **s. of**, all'infuori di; tranne; ad esclusione di; eccetto: **S. of going on strike, I don't see how we can get a pay rise**, all'infuori di uno sciopero, non vedo come si possa ottenere un aumento salariale □ **s. of actually stealing**, pur senz'arrivare al furto vero e proprio □ (*fam.*) **to be caught s.**, *V.* **to be taken s.** □ **to cut s.**, farla corta, tagliar corto; abbreviare (*la procedura, ecc.*); interrompere (*uno che parla*) □ **to cut the matter** (*o* **it**) **s.**, (per) farla corta; (per) tagliar corto; alle corte □ **to fall** (*o* **to come**) **s. of**, non raggiungere, restare indietro a; rimanere al di sotto di, essere inadeguato (*o* insufficiente); venir meno a, deludere: **It falls s. of perfection**, non raggiunge la perfezione; **His action fell s. of the occasion**, la sua azione fu inadeguata al caso; **The result has come s. of our expectations**, il risultato ha deluso le nostre speranze □ (*fam.*) **to go s. of st.**, restare a corto di q.c. □ **to let sb. go s.**, lasciare q. senza (q.c.); far mancare (q.c.) a q.: **I never let my family go s.**, non faccio mancare nulla alla mia famiglia □ (*di un veicolo*) **to pull up s.**, fermarsi di botto; arrestarsi bruscamente □ **to run s.**, venir meno; scarseggiare; esaurirsi: **Our supplies ran s.**, ci vennero meno le provviste □ **to run s. of st.**, restare a corto di q.c., rimanere senza q.c.: **We've run s. of bread**, siamo rimasti senza pane □ **to sell a crop s.**, vendere un raccolto anzitempo; vendere il grano in erba □ **a shot that falls s.**, un tiro corto (*di fucile, ecc.*) □ **to stop s.**, arrestarsi di colpo; fermarsi su due piedi □ **to stop s. of doing st.**, fermarsi prima di fare q.c. □ **to take sb. up s.**, interrompere bruscamente q. □ (*fam.*) **to be taken s.**, sentire un improvviso bisogno corporale; (sentire d') avere un bisognino (*fam.*) □ **I stopped him s. of disaster**, lo fermai sull'orlo del disastro.

to **short** /ʃɔːt/, (*fam.*) **A** *v. t.* **1** causare un cortocircuito in (*un impianto*); mettere in cortocircuito; cortocircuitare **2** (*USA*, = **to shortchange**) dare il resto sbagliato a (q.) **3** (*USA*) far mancare q.c. a (q.); lesinare a (q.): **I shorted him on beer, his favorite drink**, gli lesinai la birra, la sua bevanda preferita. **B** *v. i.* andare in corto (circuito): **Mind that the battery connections don't s.**, bada che i collegamenti della batteria non vadano in corto! ● (*USA*) **to s. sb. at the scales**, rubare a q. sul peso.

shortage /ˈʃɔːtɪdʒ/, *n.* **1** deficienza; scarsità; carenza; penuria; insufficienza; mancanza: **s. of personnel**, penuria di personale; **food s.**, carenza di cibo; **s. of small change**, mancanza di spiccioli; **There is a s. of raw materials**, c'è scarsità di materie prime **2** (*econ., fin., rag.*) ammanco; deficit: **a s. in cash**, un ammanco di cassa; **to make up the s.**, ripianare il deficit.

shortbread /ˈʃɔːtbred/, *n.* biscotto di pasta frolla.

shortcake /ˈʃɔːtkeɪk/, *n.* **1** pasticcino (*o* tortino) di pasta frolla **2** tortino ricoperto di frutta: **strawberry s.**, tortino ricoperto di fragole.

to **short-change** /ˈʃɔːttʃeɪndʒ/, *v. t.* **1** dare il resto sbagliato a (q.); fregare (q.) sul resto (*fam.*) **2** (*pop.*) imbrogliare; truffare.

short-changer /ˈʃɔːttʃeɪndʒə(r)/, *n.* **1** chi frega sul resto (*fam.*) **2** (*pop.*) imbroglione; truffatore.

to **short-circuit** /ʃɔːtˈsɜːkɪt/, **A** *v. t.* **1** (*elettr.*) causare un cortocircuito in (*un impianto*); mettere in cortocircuito; cortocircuitare **2** (*fig.*) aggirare (*una difficoltà, un ostacolo*); fare a meno di, passare sopra a (*formalità, regole, ecc.*) **3** (*fig.*) guastare; frustrare; ostacolare. **B** *v. i.* (*elettr.*) andare in cortocircuito; andare in corto (*fam.*).

shortcoming /ˈʃɔːtkʌmɪŋ/, *n.* **1** deficienza; difetto; manchevolezza **2** insufficienza; mancanza; scarsità **3** (*pl.*) difetti; manchevolezze; imperfezioni; limiti.

to **short-cut** /ˈʃɔːtkʌt/, (*pass.* e *p. p.* **short-cut**) *v. i.* prendere una (*o* la) scorciatoia.

to **shorten** /ˈʃɔːtn/, **A** *v. t.* **1** accorciare; abbreviare; scorciare: **to s. one's life**, accorciarsi la vita; **to s. a visit**, abbreviare una visita; **to s. a rope**, scorciare una corda **2** (*comm.*) diminuire, ribassare, ridurre (*i prezzi*) **3** (*naut.*) serrare (*le vele*); ridurre (*la velatura*) **4** rendere frollo (*o* friabile). **B** *v. i.* **1** accorciarsi; abbreviarsi; scorciarsi: **Days begin to s. towards the end of June**, le giornate cominciano ad accorciarsi verso la fine di giugno **2** diminuire; ridursi; calare. ● (*mil.*) **to s. step**, accorciare il passo (*marciando*).

shortening /ˈʃɔːtnɪŋ, -tən-/, **A** *n.* **1** accorciamento; accorciatura; abbreviamento **2** (*comm.*) diminuzione, contrazione, riduzione (*di prezzi*) **3** (*cucina*) ingredienti per rendere frolla la pasta (*grasso, burro, ecc.*); grasso (*usato in pasticceria*) **4** (*ling.*) troncamento. **B** *a.* che si accorcia; che diminuisce; che cala.

shortfall /ˈʃɔːtfɔːl/, *n.* **1** (il) non essere all'altezza di; inadeguatezza **2** diminuzione (*sul previsto*); caduta (*fig.*): **a s. in oil output**, una caduta della produzione di petrolio **3** (*econ., fin., rag.*) ammanco; deficit: **a substantial s. in the balance of payments**, un pesante deficit della bilancia dei pagamenti.

shorthand /ˈʃɔːthænd/, **A** *n.* stenografia. **B** *a. attr.* stenografico: **a s. record**, un verbale stenografico. ● **s. and typing**, stenodattilografia □ **s. typist**, stenodattilografo, stenodattilografa □ **s. writer**, stenografo, stenografa □ **to take st. down in s.**, stenografare q.c.

to **shorthand** /ˈʃɔːthænd/, *v. t.* stenografare.

shorthorn /ˈʃɔːthɔːn/, *n.* (*zootecnia*) bue dalle corna corte. ● **s. cattle**, bovini dalle corna corte.

shortie /ˈʃɔːtɪ/, *V.* **shorty**.

shorting /ˈʃɔːtɪŋ/, *n.* (*Borsa*) vendita allo scoperto.

to **short-list** /ˈʃɔːtlɪst/, *v. t.* **1** mettere (q.) nella rosa dei candidati **2** (*leg.*) includere (q.) nella lista dei favoriti.

shortly /ˈʃɔːtlɪ/, *avv.* **1** presto; in breve tempo; tosto **2** in breve; in poche parole; concisamente **3** bruscamente; seccamente. ● **s. after**, poco dopo; di lì a poco □ **s. before**, poco prima.

shortness /ˈʃɔːtnəs/, *n.* **1** brevità; cortezza (*raro*) **2** piccolezza; bassa statura **3** bruschezza; rudezza **4** mancanza; scarsità; deficienza: **s. of memory**, mancanza di memoria **5** (*metall.*) fragilità **6** (*fon.*) brevità (*di una vocale, ecc.*). ● **s. of breath**, respiro affannoso; mancanza di fiato; bolsaggine.

shortstop /ˈʃɔːtstɒp/, *n.* (*baseball*) interbase (*la posizione e il giocatore*).

to **short-weight** /ˈʃɔːtˈweɪt/, *v. i.* (*comm.*) dare il peso scarso; rubare sul peso.

shorty /ˈʃɔːtɪ/, **A** *a.* (*d'indumento*) corto: **a s. nightdress**, una camicia da notte corta. **B** *n.* **1** (*fam.*) piccolino; piccoletto; persona (*o* cosa) più bassa (*o* più piccola) del normale; tappo, tappetto (*fig. pop.*) **2** (*scozz.*) *V.* **shortbread**.

shot (1) /ʃɒt/, *n.* **1** colpo (*d'arma da fuoco*); sparo; tiro; tentativo di colpire: **I heard three shots in quick succession**, udii tre spari in rapida successione; **Let's take one more s. at the target**, facciamo un altro tentativo di colpire il bersaglio; **a blank s.**, uno sparo a salve; una salva; **a bad s.**, un tiro sbagliato **2** (*fig.*) tentativo (*di cogliere nel segno, ecc.*); congettura; supposizione: **He had several shots at it, but all in vain**, fece parecchi tentativi (*di riuscirci, d'indovinare, ecc.*), ma invano **3** (*fig.*) stoccata; frecciata; osservazione sarcastica: **That was a s. at me**, è stata una stoccata contro di me **4** (*sport*) tiro; calcio: **a lucky s. at goal**, un tiro a rete riuscito; **a penalty s.**, un calcio di rigore **5** tiratore: **He's the best s. in the county**, è il miglior tiratore della contea **6** tiro; portata (*di fucile*): **The quail was within rifle s.**, la quaglia era a tiro (*o* a portata di fucile) **7** (*stor.*) palla (*di cannone*); pallottola; proiettile (*non esplosivo*; *cfr.* **shell**) **8** (*invar. al pl.*) pallino (pallini) di piombo; munizione da caccia: **s. cartridge**, cartuccia a pallini **9** (*ind. min.*) carica esplosiva; sparo (*di mina*); mina: **s. hole**, foro da mina **10** (*fotogr.*) foto; istantanea: **to take a s.**, fare una foto **11** (*cinem., TV*) ripresa; inquadratura; sequenza **12** (*fam.*) iniezione (*di vaccino, droga, ecc.*); buco (*pop.*): **a s. in the arm**, un'iniezione in un braccio; (*fig.*) un incoraggiamento, una boccata di ossigeno (*fig.*) **13** (*fam.*) sorso, goccio; cicchetto; bicchierino (*o* correzione) di liquore: **I can give you a s., if you want**, te ne posso dare un goccio (*o* posso darti da bere), se ti va; **With a s. of gin please**, corretto con gin, per favore! **14** (*fam.*) probabilità; possibilità: **a 5 to 3 s.**, una probabilità di 3 su 5; **He is a good s. to win the race**, ha buone possibilità di vincere la corsa **15** (*miss.*) lancio: **a moon s.**, un lancio sulla luna **16** (*mecc.*) granaglia (sferica) di acciaio: (*ind. min.*) **s. drill**, sonda a granaglia **17** (*fonderia*) iniezione: **s. capacity**, capacità di iniezione **18** (*ind. tess.*) trama; lunghezza del filo di trama: **a two-s. carpet**, un tappeto a doppia trama **19** (*atletica*) peso (*palla di metallo*): **putting the s.**, lancio del peso **20** (*volg.*) eiaculazione. ● (*mecc.*) **s. blasting**, sabbiatura metallica; pallinatura □ **a s. in the dark**, uno sparo nel buio; (*fig.*) un'ipotesi azzardata, un tirare a indovinare □ (*mecc.*) **s. peening**, pallinatura □ (*atletica*) **s. put**, lancio del peso □ **s.-putter**, pesista; lanciatore di peso □ (*un tempo*) **s. tower**, torre per la fabbricazione di pallini da caccia □ **at a s.**, con un solo colpo; (*fig.*) d'acchito □ (*tennis*) **backhand s.**, rovescio □ (*fig. fam.*) **a big s.**, un pezzo grosso (*fig.*); un personaggio importante (*o* influente) □ (*fam.*) **to call the shots**, essere il capo; comandare □ (*fig.*) **a crack s.**, un tiratore eccellente, bravissimo □ (*cinem.*) **distance s.**, campo lungo □ (*cinem.*) **exterior shots**, esterni □ **flying s.**, tiro al volo; colpo a un bersaglio mobile □ **to have** (*o* **to take**) **a s. at**, tirare a (*con l'arco, la fionda, ecc.*); sparare un colpo a; (*fig.*) fare un tentativo di: **I'll have a s. at it**, ci provo io □ (*calcio*) **to have a powerful s. in both feet**, essere un potente ambidestro □ **like a s.**, immediatamente, all'istante, subito; come un fulmine, di volata: **to do st. like a s.**, fare q.c. immediatamente; **He was off like a s.**, scappò come un fulmine □ **long s.**, tiro da lontano; (*cinem.*) campo lungo; (*fig.*) tentativo disperato, ultima risorsa □ **to make a bad s.**, fare un tiro sbagliato, tirare male; (*fig.*) non saper indovinare; sbagliare □ (*fig.*) **to make a good s.**, cogliere nel segno; azzeccare la risposta; indovinare □ (*cinem.*) **panning s.**, panoramica □ **random s.**, colpo tirato a casaccio □ (*cinem.*) **running s.**, carrellata □ **snap s.**, tiro veloce □ (*cinem.*) **tracking s.** (*o* **travel s.**), carrellata □ **It's your s.**, tocca a te tirare (*o* sparare); (*fig.*) tocca a te provare.

shot (2) /ʃɒt/, **A** *pass. e p. p.* di **to shoot**. **B** *a.* ***1*** striato: **s. sky**, cielo striato ***2*** (*di tessuto*) cangiante; screziato: **s. silk**, seta cangiante ***3*** (*fam.*) esausto; distrutto. ● (*di film*) **s. on location**, girato in esterni (*o* sul luogo) □ (*fam.*) **to be s. of**, essersi sbarazzato di; essere libero da □ **s. through with**, intriso di (*fig.*) □ (*fam. USA*) **My nerves are s.**, ho i nervi a pezzi.

shot (3) /ʃɒt/, *n.* parte; quota: **to pay one's s.**, pagare la propria parte.

to **shot** /ʃɒt/, *v. t.* ***1*** caricare (*un fucile*) a pallini da caccia ***2*** appesantire (q.c.) con pallini di piombo.

to **shot-blast** /ˈʃɒtblɑːst, *USA* -æst/, *v. t.* (*mecc.*) pallinare.

shotgun /ˈʃɒtgʌn/, *n.* schioppo (*per lo più a due canne*); doppietta; fucile da caccia. ● **s. wedding**, matrimonio riparatore (*sotto minaccia delle armi*) □ **sawn-off s.**, fucile a canne mozze; lupara.

shotten /ˈʃɒtn/, *a.* (*di aringa, ecc.*) che ha finito di deporre le uova.

shotting /ˈʃɒtɪŋ/, *n.* ***1*** (*mecc.*) granaglia (di acciaio) ***2*** fabbricazione di pallini.

should /ʃʊd, ʃəd, ʃd, ʃt, əd, d/, *v. modale* (*pass. di* **shall**) ***1*** (*ausliare per la 1ª pers. sing. e pl. del condiz. pres.*; *nel periodo ipotetico anche del condiz. pass.*; *nell'ingl. corrente, spesso sostituito da* **'d**; *è idiom.*; *per es.*:) **I s. go** (*o* **I'd go**) **to the party, if they asked me**, se m'invitassero, andrei alla festa; **I should have gone to the party if they had invited me**, sarei andato alla festa, se mi avessero invitato; **I supposed we s. go there the next day**, credevo che ci saremmo andati il giorno dopo; **I should say so**, direi di sì; **I s. think so**, penserei (*o* penso) di sì; **I'd ring him up, if I were you**, se fossi in te, gli telefonerei; **We should be pleased to meet her**, ci farebbe piacere conoscerla ***2*** (*nelle promesse, minacce, ecc.*; *è idiom.*; *per es.*:) **He said they s. be punished**, disse che sarebbero stati puniti; **You had promised she s. get a prize**, avevi promesso che avrebbe ricevuto un premio; **I told him that if he was a good boy he s. have a reward**, gli dissi che se faceva il bravo avrebbe avuto una ricompensa ***3*** (*dichiarando un dovere, una convenienza, ecc.*; *ovvero dando un suggerimento, un consiglio, o esprimendo una probabilità*) dovrei, dovresti, ecc.; (*nel discorso indir.*) dovevo, dovevi, ecc.: **I don't think I s. help him**, non credo che dovrei aiutarlo; **I s. study harder**, dovrei studiare di più; **You shouldn't listen to him**, non dovresti dargli retta; **S. I tell my father?**, dovrei (*o* devo) dirlo a mio padre?; **S. I shut the door?**, dovrei (*o* devo) chiudere la porta?; **He s. go there at once**, dovrebbe andarci subito; **They s. join us**, dovrebbero venire con noi; **They s. have joined us**, avrebbero dovuto raggiungerci; **They s. be here by now**, dovrebbero essere già qui; **My watch shouldn't be on top of the windowsill**, il mio orologio non dovrebbe essere sul davanzale; **Where s. I meet you?**, dove dovrei (*o* dove posso) incontrarti?; **He s. have gone to school**, sarebbe dovuto andare a scuola (*e non c'è andato*; *o avrebbe fatto bene ad andarci*); **He s. have passed his exam**, avrebbe dovuto essere promosso; **I asked him whether the shares s. be sold**, gli chiesi se si dovevano vendere (*o* se voleva che vendessimo) le azioni; **S. I switch on the television, I asked**, chiesi se dovevo accendere la televisione; **It s. be so**, le cose dovrebbero stare così; **Who s. I meet at the airport but Jack?**, e chi dovevo incontrare all'aeroporto se non Jack?; guarda un po' chi t'incontro all'aeroporto: Jack! ***4*** (*facendo una congettura, una supposizione, ecc.*) dovessi, dovesse, ecc.: (**just**) **in case it s. rain**, se (*o* caso mai) dovesse piovere; **If you s. meet her, teel her to go home at once**, se dovessi incontrarla, dille di andare subito a casa; **S. they be late, we shan't wait for them**, se dovessero essere in ritardo, non li aspetteremo; **If something s. happen to him, his mother's life would be broken**, se gli dovesse succedere qualcosa, sua madre non si darebbe pace □ **S. he refuse my offer, I'll ask somebody else**, se dovesse rifiutare la mia offerta, lo dirò a un altro ***5*** (*ausiliare per la formazione del congiunt. perifrastico*; *è idiom.*; *per es.*) (**It's**) **incredible he s. behave like that**, (è) incredibile che si comporti in questo modo!; **It isn't necessary you s. attend the meeting**, non occorre che tu vada alla riunione; **It's strange he s. say that**, è strano che lo dica; **It's astonishing he s. have come in first**, è stupefacente che sia arrivato primo; **They hid so that we shouldn't see them**, si nascosero in modo che li vedessimo; **It's much better your wife s. know**, è molto meglio che tua moglie lo sappia; **We arranged that the goods s. be sent by air**, facemmo in modo che la merce fosse spedita in aereo ***6*** (*nelle risposte e domande brevi, è idiom.*; *per es.*:) **We shouldn't be late, s. we?**, non dovremmo fare tardi, è vero?; **I'll tell her, shouldn't I?**, io glielo dico, faccio male?; faccio bene a dirglielo, vero?; **«I s. never forgive her» «Neither** (*o* **nor**) **s. I»**, «non la perdonerei mai» «neanch'io»; **«I'm so sorry for it» «So you s.»**, «me ne dispiace tanto» «lo credo bene (*o* per forza!)». ● **I s. say**, direi; credo (*come intercalare*) □ **It s. seem**, parrebbe (*o* pare) proprio (*che le cose stiano così*) □ **S. I be free tomorrow, I'll call on you**, se domani (per caso) sono libero, ti vengo a trovare □ **How (the hell) s. I know?**, e come (diamine) faccio a saperlo?

shoulder /ˈʃəʊldə(r)/, *n.* ***1*** (*anat.*) spalla (*anche fig.*): **to dislocate one's s.**, slogarsi una spalla; **broad shoulders**, spalle larghe; **round shoulders**, spalle curve; (*fig.*) **the s. of a bastion**, la spalla d'un bastione ***2*** (*cucina*) spalla: **a s. of lamb**, una spalla d'agnello ***3*** (*pl.*) spalle (*anche fig.*): **to carry st. on one's shoulders**, portare q.c. sulle spalle; **to shift the responsibility onto other shoulders**, gettare la responsabilità sulle spalle di un altro ***4*** (*tipogr.*) spalla ***5*** (*mecc.*) spallamento: **s. gear**, ingranaggio con spallamento ***6*** (*di strada*) margine; bordo; banchina. ● **s. bag**, borsa a tracolla □ **s. belt**, bandoliera, tracolla; cintura di sicurezza a bretella □ (*anat.*) **s. blade**, scapola □ **s. brace**, busto per raddrizzare la schiena (*a un bambino, ecc.*) □ **s. flash**, mostrina (*di divisa militare*) □ (*sport*) **s. harness**, paraspalle □ **s. knot**, cordone (*di militare o di servo in livrea*); cinghia (*di zaino, ecc.*) □ (*USA, di esercito e aeron.*) **s. loop**, spallina □ (*USA, della marina*) **s. mark**, spallina □ (*sartoria*) **s. pad**, spallina (*imbottitura*) □ (*sartoria*) **s. padding**, imbottitura della spalla □ **s. strap**, spallina (*di divisa militare, d'abito femminile*) □ (*mil.*) **s. weapon**, arma da spalla □ **s. to s.**, spalla a spalla; (*fig.*) aiutandosi reciprocamente □ **across the s.**, a spalla; a tracolla □ **to bring a rifle to one's s.**, imbracciare un fucile □ (*fig. fam.*) **from the s.**, (detto) a muso duro (*o* fuori dai denti) □ (*fig.*) **to give sb. the cold s.**, trattare q. con freddezza □ (*autom.*) **hard s.**, corsia d'emergenza □ **to lay the blame on the right shoulders**, addossare la colpa a chi ce l'ha □ **to need a s. to cry on**, avere bisogno di piangere sulla spalla di q.; avere bisogno di conforto □ (*fig.*) **an old head on young shoulders**, un giovane più saggio di quanto l'età comporti □ **over the s.**, *V.* **across the s.** □ (*fig.*) **to put** (**to set**) **one's s. to the wheel**, mettersi al lavoro di buona lena; darci dentro (*fam.*) □ **to shrug one's shoulders**, alzare le spalle; stringersi nelle spalle; fare spallucce □ (*fig.*) **to stand head and shoulders above sb.**, superare q. di gran lunga; valere assai più di q. □ **straight from the s.**, (*di pugno*) diretto, ben assestato; (*di parole*) a muso duro, fuori dai denti; (*di critica, consiglio, ecc.*) franco, esplicito, leale □ **He has broad shoulders**, ha le spalle larghe (*anche fig.*).

to **shoulder** /ˈʃəʊldə(r)/, **A** *v. t.* ***1*** prendere sulle spalle; caricarsi di; (*fig.*) accollarsi, addossarsi, assumersi, sobbarcarsi a: **He shouldered all the liabilities of the firm**, si addossò tutto il passivo dell'azienda; **to s. the responsibility**, assumersi la responsabilità ***2*** spingere con le spalle. **B** *v. i.* lavorare di spalle; farsi largo a spallate. ● (*mil.*) **to s. arms**, mettere il fucile in posizione di bracci'arm (*USA*: di spall'arm): **S. arms!**, bracci'arm!; (*USA*) spall'arm! □ **to s. one's way through a crowd of demonstrators** [**of strikers**], farsi largo a spallate in una folla di dimostranti [di scioperanti].

shouldn't /ˈʃʊdnt, -dn/, *voce verb.* (*contraz. di*) **should not**.

shouldst /ʃʊdst, ʃədst/, *voce verb. 2ª pers. sing. pass. arc.* di **should**.

shout /ʃaʊt/, *n.* grido; urlo; strillo: **The poor girl gave a s.**, la povera ragazza cacciò un urlo; **shouts of joy**, grida di gioia. ● **shouts of laughter**, scrosci di risa □ (*pop.*) **It's my s.**, tocca a me offrire; offro io!; pago io!

to **shout** /ʃaʊt/, *v. i. e t.* ***1*** gridare; urlare; strillare; parlare ad alta voce; schiamazzare; vociare: **to s. for help**, gridare aiuto; **to s. with pain**, gridare dal dolore; **Don't s.!**, non urlare!; **to s. to sb.**, gridare a q.; chiamare q. a gran voce ***2*** (*pop.*) pagare da bere. ● **to s. one's approbation**, esprimere la propria approvazione con alte grida; acclamare □ **to s. at sb.**, alzare la voce con q. □ **to s. sb. down**, far tacere q. a forza di grida; zittire (*un oratore, ecc.*) □ **to s. fire**, gridare al fuoco □ **to s. for joy**, esultare di gioia □ **to s. oneself hoarse**, perdere la voce a furia di urlare; sgolarsi □ **to s. one's orders**, dare ordini gridando (*o* a gran voce, a squarciagola) □ **to s. with laughter**, ridere rumorosamente □ **He shouted to** (*o* **for**) **me to go**, mi gridò di andare.

shouter /ˈʃaʊtə(r)/, *n.* ***1*** chi grida, urla, ecc.; strillone, strillona ***2*** (*di un cantante*) urlatore.

shouting /ˈʃaʊtɪŋ/, *n.* grida; gridio; clamore; vocio; acclamazioni; schiamazzo. ● **within s. distance**, a portata di voce □ (*fam., sport*) **It's all over bar** (*o* **but**) **the s.**, la partita (*o* la gara, ecc.) è praticamente finita; hanno già vinto!

shove /ʃʌv/, *n.* spinta; urto; spintone: **to give sb. a s. off**, dare una spinta a q. (*anche, fig., per aiutarlo a partire*).

to **shove** /ʃʌv/, **A** *v. t.* ***1*** spingere; sospingere: **The hunted man shoved the furniture against the door**, l'uomo braccato spinse i mobili contro la porta ***2*** (*fam.*) gettare; mettere; cacciare; ficcare: **S. it in the drawer**, mettilo nel cassetto; **He shoved the money into his pocket**, si cacciò i soldi in tasca ***3*** (*specialm. sport*) strattonare. **B** *v. i.* ***1*** spingere; dare spinte; farsi largo a spintoni ***2*** spostarsi. ● (*fam.*) **S. it!**, piantala!; smettila!; lascia perdere!; cavati dai piedi! (*pop.*).

♦**shove about**, *v. t. + avv.* ***1*** spintonare (q.) ***2*** (*fig.*) mandare (q.) in giro; comandare (q.) a bacchetta; tiranneggiare.

♦**shove along**, **A** *v. t. + avv.* spingere (*un carretto e sim.*). **B** *v. i. + avv.* (*fam.*) andarsene; partire □ **S. along!**, (farsi) avanti!; (*nell'autobus, ecc.*) avanti c'è posto!

♦**shove around**, *V.* **shove about**.

♦**shove aside**, *v. t. + avv.* spostare di lato; spingere da parte.

♦**shove at**, *v. t. e i. + prep.* ***1*** spingere (q.c.) verso (q.): **He shoved the dish [the telegram] at me**, spinse verso di me il piatto [il telegramma] ***2*** tirare: **I had to s. at the door to open it**, per aprire la porta, dovetti tirare ***3*** (*fig.*) gettare in faccia a (*fig.*); imporre (*q.c. di spiacevole*) all'attenzione di (q.).

♦**shove away**, **A** *v. t. + avv.* ***1*** spingere via; allontanare; spostare (*un oggetto*) ***2*** respingere, allontanare da sé (q.). **B** *v. i.* continuare a spingere (*o* a spintonare).

♦**shove back**, *v. t. + avv.* ***1*** spingere indietro ***2*** rimettere a posto (*un oggetto*) spingendo ***3*** (*mil.*) respingere, ricacciare (*il nemico*).

♦**shove by**, **A** *v. i. + avv.* spingere, spintonare (*in una ressa, ecc.*). **B** *v. i. + prep.* spingere (q.) da parte; spintonare (q.).

♦**shove down**, *v. t. e i. + avv.* ***1*** spingere (giù); pestare, ammaccare (*l'erba, ecc.*): **S. down on the handle!**, spingi la maniglia (*della porta*)! ***2*** distruggere, abbattere (q.c.) spingendo ***3*** (*fam.*) buttare giù, scrivere (*appunti, ecc.*); annotare; prendere giù (*fam.*) □ (*fig. fam.*) **to s. st. down sb.'s throat**, cacciare q.c. in gola a q.; rinfacciare q.c. a q.

♦**shove forward**, *v. i. + avv.* ***1*** spingersi avanti ***2*** (*mil.*) avanzare ***3*** (*fam.*) continuare a camminare (*o* a lavorare, ecc.) □ **to s. forward with a plan**, portare avanti un progetto.

♦**shove in, shove into**, *V.* **push in, push into**.

♦**shove off**, **A** *v. t. + avv.* ***1*** spingere, sospingere: **He didn't fall accidentally**; **he was shoved off**, non è caduto per disgrazia; l'hanno spinto (giù) ***2*** (*naut.*) spostare (*una barca*) dalla riva; far prendere il largo a. **B** *v. i. + avv.* ***1*** (*fam.*) andarsene; partire; andare via; filare; smammare: **S. off!**, vattene!; fila!; smamma! ***2*** (*fam.*: *di uno spettacolo, ecc.*) cominciare ***3*** (*naut.*) staccarsi dalla riva; salpare; prendere il largo □ (*fig.*) **to s. st. off on sb.**, imporre (affibbiare, ecc.) q.c. a q.

♦**shove on**, **A** *v. i. + prep.* ***1*** spingere su (*un oggetto*) ***2*** (*fig. fam.*) imporre, affibbiare (q.c.) a (q.). **B** *v. i. + avv.* continuare a camminare (a lavorare, ecc.); andare avanti. **C** *v. t. + avv.* (*fam.*) spingere, forzare (q.): **He was shoved on by his father to become a doctor**, il padre lo spinse a fare il medico.

♦**shove out**, *v. t. + avv.* ***1*** spingere fuori; far uscire (*il gatto, un fermo, un beccuccio, ecc.*) ***2*** (*fam.*) buttare fuori; licenziare.

♦**shove over**, **A** *v. t. + avv.* rovesciare; abbattere (*un muro, ecc.*) con una spinta; buttare (q.) a terra. **B** *v. i. + avv.* muoversi; spostarsi; farsi in là: **S. over!**, fatti (più) in là!

♦**shove past**, *V.* **shove by**.

♦**shove through**, *V.* **push through**.

♦**shove up**, *v. i. + avv.* farsi avanti; fare posto (*a quelli che si accalcano*): **S. up, will you?**, avanti, prego!; farsi avanti!

shove-ha'penny /ʃʌv'heɪpnɪ/, *n.* gioco (*nei pub e in qualche club*) consistente nello spingere monetine (*o* dischetti metallici) dentro le caselle disegnate su un apposito tabellone di legno.

shovel /'ʃʌvl/, *n.* ***1*** badile; pala ***2*** paletta ***3*** (*mecc.*) escavatore a cucchiaia ***4*** *V.* **shovelful**. ● **s.-board**, *V.* **shuffleboard** □ **s. hat**, cappello di feltro nero dall'ampia tesa rialzata (*portato dal clero anglicano*) □ (*mecc.*) **s. loader**, pala caricatrice; caricatore □ **snow s.**, pala da neve; badile da spalatore.

to **shovel** /'ʃʌvl/, *v. t.* ***1*** spalare: **to s. the snow**, spalare la neve ***2*** aprire con la pala (*o* col badile): **to s. a tunnel into a snowslide**, aprire col badile una galleria dentro una valanga. ● **to s. food into one's mouth**, ingozzarsi; mangiare a quattro palmenti.

shovelful /'ʃʌvlfʊl/, *n.* palata, badilata (*quanto sta in una pala o in un badile*).

shoveller /'ʃʌvələ(r), -vl-/, *n.* ***1*** spalatore; chi adopera la pala ***2*** (*zool.*, *Anas clypeata*) mestolone. ● **mechanical s.**, spalatrice meccanica.

shovelling /'ʃʌvəlɪŋ, -vl-/, *n.* spalatura.

shoving /'ʃʌvɪŋ/, *n.* ***1*** lo spingere; urtoni ***2*** (*sport*) spinta, spinte (*fallo*).

show /ʃəʊ/, *n.* ***1*** mostra; dimostrazione; apparenza, aspetto esteriore; esposizione, fiera; esibizione, ostentazione; pompa, esteriorità; finta, commedia, parvenza: **a s. of love**, una dimostrazione d'affetto; (*polit., mil.*) **a s. of strength**, una dimostrazione di forza; **a flower s.**, una mostra di fiori; **a cattle s.**, una mostra di bovini; **a sample s.**, una fiera campionaria; **the s. of things**, l'aspetto esteriore delle cose; **He is too concerned with s.**, si preoccupa troppo delle apparenze; è ossessionato dall'esteriorità; **a request with some s. of reasonableness**, una richiesta che ha qualche parvenza di ragionevolezza; **Her contrition was mere s.**, il suo pentimento era tutta una finta (*o* una commedia) ***2*** (*teatr.*) spettacolo, rappresentazione, rivista; (*cinem., radio, TV*) proiezione, programma: **The s. begins at nine o'clock**, lo spettacolo comincia alle nove; **television s.**, programma televisivo; spettacolo televisivo ***3*** segno; traccia: **There's a s. of oil on your engine**, c'è traccia d'olio sul motore ***4*** (*fam.*) azienda; impresa; organizzazione; baracca (*fam.*): **He wants to run** (*o* **to boss**) **the s.**, vuole essere a capo dell'azienda; vuole comandare lui; **You're in charge of the whole s.**, sei tu il capo della baracca! ***5*** (*fam.*) affare; cosa; faccenda: **a disgraceful s.**, un brutt'affare; una cosa vergognosa; **to give the (whole) s. away**, mettere a nudo la faccenda; svelare le magagne; scoprire gli altarini ***6*** (*fam.*) occasione; opportunità: **Give him a fair s.**, dategli l'occasione di mostrare quel che vale (*o* quel che sa fare). ● (*teatr.*) **s. bill**, cartellone, manifesto □ **s. business**, industria dello spettacolo □ (*USA*) **s. biz**, *V.* **showbiz** □ **s. card**, *V.* **showcard** □ **s. ground**, zona fiera (*o* fieristica) □ (*comm.*) **s.-how**, dimostrazione (*di un metodo, ecc.*) □ (*nelle votazioni*) **s. of hands**, alzata di mano □ (*sport*) **s.-jumper**, cavaliere di concorso ippico □ (*sport*) **s.-jumping**, i concorsi ippici □ (*sport*) **s.-jumping competition**, concorso ippico □ (*fam.*) **s.-off**, ostentazione, esibizionismo; (*fam.*) esibizionista, mattatore □ (*leg.*) **s.-up**, confronto (*tra l'imputato e la vittima o un testimone*) □ (*USA*) **s.-window**, vetrina, mostra (*di negozio*) □ **car s.**, salone dell'automobile: **the Turin car s.**, il salone di Torino □ **dumb s.**, pantomima □ (*cinem.*) **first s.**, prima visione □ **for s.**, per mostra; per salvare le apparenze □ (*fam.*) **Good s.!**, bel lavoro!; bravo!; benissimo! □ **to make a s. of**, far mostra di, fingere di; mettere in mostra; ostentare: **He made a s. of interest [of accepting my offer]**, fece finta di essere interessato [di accettare la mia offerta]; **to make a s. of indifference**, ostentare indifferenza □ **to make a fine s.**, fare un bell'effetto; far figura; □ **to be on s.**, essere in mostra; essere esposto; (*di merce*) essere in vetrina □ **outward s.**, aspetto esteriore; apparenza □ (*fam.*) **to put up a good [a poor] s.**, fare una bella [una misera] figura □ (*fam.*) **to steal the s.**, monopolizzare l'attenzione di tutti; essere al centro dell'interesse generale □ **a travelling s.**, un circo; un carro di Tespi □ **to vote by s. of hands**, votare per alzata di mano □ (*fam.*) **Let's get this s. on the road!**, cominciamo!

to **show** /ʃəʊ/ (*pass.* **showed**, *p. p.* **shown**, *raro* **showed**), **A** *v. t.* ***1*** mostrare; far vedere; esibire; mettere in mostra; esporre; presentare a una mostra; dimostrare; indicare; additare; segnare: **S. us the garden**, mostraci il giardino; **I was shown a specimen**, mi mostrarono un esemplare; **S. me how to do it**, fammi vedere come si fa; **All passengers are to s. their passports**, tutti i passeggeri devono esibire i passaporti; **to s. one's goods**, mettere in mostra (*o* esporre) la propria merce; **to s. paintings**, esporre quadri (a un mostra); **We are going to s. the new spring dresses**, esporremo i nuovi abiti primaverili; **He showed neither joy nor sorrow**, non dimostrò né gioia né dolore; **He shows his age**, dimostra gli anni che ha; **Please s. me the way**, per favore, indicami la strada!; **A barometer shows air pressure**, il barometro segna la pressione atmosferica ***2*** dimostrare; provare; rivelare: **This shows you how difficult it is**, questo ti dimostra quanto sia difficile; **This goes to s. that you can do it**, ciò sta a dimostrare che tu sei capace di farlo; **The report shows that he did it on purpose**, il rapporto prova che l'ha fatto apposta ***3*** accompagnare; condurre; guidare; portare: **to s. sb. to the door**, accompagnare q. alla porta; **The bellboy showed me to my room**, il ragazzo dell'albergo mi guidò alla mia camera ***4*** (*econ., fin., comm.*) far registrare; presentare; accusare: **to s. a big increase in exports**, far registrare un forte aumento delle esportazioni; **to s. a balance of 10,000 pounds**, presentare un saldo di 10.000 sterline; **to s. a deficit**, presentare un deficit; (*di conti*) essere in rosso; **The stock market showed a heavy fall yesterday**, ieri la borsa ha accusato una forte flessione ***5*** (*cinem.*) proiettare; (*teatr.*) rappresentare; programmare; dare (*fam.*): **They're showing a famous film of the 1920s**, danno un famoso film degli anni venti. **B** *v. i.* ***1*** apparire; vedersi: **Buds are just showing**, appaiono i primi germogli ***2*** (*fam.*) farsi vedere; mostrarsi; fare atto di presenza; comparire: **Her husband never shows at her at-homes**, il marito non si fa mai vedere ai ricevimenti della moglie ***3*** vedersi; essere visibile: **The mend doesn't s. at all**, il rammendo non si vede affatto; **Does the scar still s.?**, si vede ancora la cicatrice? ***4*** (*cinem.*) essere in programma; essere proiettato: **What's showing tonight?**, che cosa danno stasera? ***5*** essere in mostra; (*anche arte*) fare una mostra; partecipare (*a una mostra, un concorso, ecc.*). **C** to **show oneself**, *v. rifl.* mostrarsi in pubblico, farsi vedere; dimostrarsi, dar prova d'essere: **He showed himself to be clever [a clever student]**, dimostrò d'essere bravo [un bravo studente]. ● (*fig.*) **to s. a clean pair of heels**, darsela a gambe □ (*fig.*) **to s. the cloven hoof**, rivelare un'indole malvagia, diabolica □ (*di un abito, ecc.*) **to s. daylight**, essere pieno di buchi □ **to s. sb. the door**, mostrare la porta a q.; mettere q. alla porta □ **to s. one's face** (*o* **head**), mostrare la faccia; farsi vedere □ **to s. fight**, mostrarsi bellicoso; accettare il combattimento; opporre resistenza □ **to s. one's hand**, scoprire il proprio gioco; (*fig.*) mettere le carte in tavola, rivelare le proprie intenzioni □ **to s. a leg**, metter giù una gamba dal letto; alzarsi: **S. a leg!**, giù dal letto! □ (*lett.*) **to s. mercy on** (*o* **upon**) **sb.**, aver pietà di q. □ **to s. reason**, addurre ragioni valide □ **to s. sb. the sights**, far vedere a q. le cose più notevoli (*monumenti, ecc.*) d'una città (*o* d'un luogo); fare da cicerone a q. □ **to s. signs of**, dar segno di; dimostrare di □ (*anche fig.*) **to s. one's teeth**, mostrare i denti □ (*fig. lett.*) **to s. the way**, indicare il cammino; aprire la strada (*fig.*) □ **to have nothing to s. for all one's efforts [for one's life's work]**, non avere niente in mano dopo tutti gli sforzi compiuti [dopo una vita di lavoro]; stringere un pugno di mosche (*fig.*) □ **That dress shows your underwear**, con quel vestito ti si vede quello che porti sotto □ (*in treno, ecc.*) **S. your tickets, please**, biglietti, prego! □ **I'll s. you!**, ti faccio vedere io! □ (*prov.*) **Time will s.**, chi vivrà vedrà.

♦**show around**, *v. t. + avv.* (*o prep.*) ***1*** accompagnare in (una) visita; portare in giro (q.); fare da guida a (q.): **My wife will s. you around**, mia moglie vi accompagnerà in giro per la casa (*ve la farà visitare*); mia moglie vi farà da guida; **S. the party around**, porta in giro la comitiva! ***2*** far visitare (q.c.): **I'll s. the foreign visitors around the factory**, farò visitare la fabbrica agli ospiti stranieri.

♦**show down**, *v. t. + avv.* mettere in tavola (*le carte*); (*fig.*) scoprire (*le carte*): **to s. one's cards down**, mettere in tavola le carte; (*fig.*) giocare a carte scoperte.

♦**show downstairs**, *v. t. + avv.* accompagnare (q.) da basso (*o* di sotto); fare scendere (q.).

♦**show home**, *v. t. + avv.* accompagnare (q.) a casa.

♦**show in**, *v. t. + avv.* accompagnare (q.) dentro; introdurre, far accomodare, far entrare (q.): **S. in the visitors, please**, per favore, fai entrare i visitatori!

♦**show into**, *v. t. + prep.* far entrare, introdurre, far accomodare (q.) in (*un luogo*).

♦**show off**, **A** *v. t. + avv.* ***1*** mettere in evidenza (*o* in risalto); far risaltare; sottolineare (*fig.*); valorizzare: **Her black dress showed off her blond hair**, l'abito nero metteva in risalto i suoi capelli biondi ***2*** mettere in mostra; fare sfoggio di; sfoggiare; ostentare: **He enjoyed showing off his new motorbike to his friends**, con grande piacere sfoggiava davanti agli amici la sua moto nuova. **B** *v. i. + avv.* mettersi in mostra; pavoneggiarsi; fare la ruota (*fig.*).

♦**show out**, *v. t. + avv.* accompagnare (q.) alla porta; far uscire: **You needn't s. me out**; **I know my way**, non importa che tu mi accompagni; so la strada.

♦**show over**, *v. t. + prep.* far visitare (*un luogo*); fare da guida a (q.) nella visita a: **The landlady will s. you over the house**, la padrona vi farà vedere la casa; **He showed us over the show**, ci fece visitare la mostra.

♦**show round**, *V.* **show around**.

♦**show through**, *v. i. + avv.* (*o prep.*) vedersi (attraverso); trasparire (*anche fig.*): **He's so thin that the ribs s. through**, è così magro che gli si vedono le costole; **The old paint of your car shows through**, nella tua auto si vede ancora la vernice vecchia; **His joy showed through his eyes**, la gioia che provava gli traspariva dagli occhi.

♦**show up**, **A** *v. t. + avv.* ***1*** accompagnare (q.) di sopra; far salire: **S. him up!**, fallo salire! ***2*** rivelare; far apparire; mettere in luce (*anche fig.*); dimostrare: **The light showed up the wrinkles on his face**, la luce rivelava le rughe del suo viso; **His failure showed up the weakness of his plan**, il fallimento dimostrò la debolezza del suo progetto ***3*** svelare, mettere a nudo (*un inganno, ecc.*); smascherare (q.): **to s. up a swindler**, smascherare un imbroglione ***4*** (*specialm. ingl.*) far fare una brutta figura a (q.); far vergognare (q.); mettere (q.) in imbarazzo: **Please, don't criticize me in front of the students; it shows me up**, ti prego, non criticarmi di fronte agli studenti; mi fai fare una brutta figura! **B** *v. i.* ***1*** (*di un difetto, ecc.*) vedersi; notarsi ***2*** (*fam.*) farsi vedere; farsi vivo; arrivare; presentarsi; intervenire: **Only the bigger shareholders showed up for the general meeting**, all'assemblea generale intervennero soltanto gli azionisti maggiori.

♦**show upstairs**, *v. t. + avv.* accompagnare (q.) di sopra; far salire (q.).

showbiz /ˈʃəʊbɪz/, *n.* (*fam.*) industria dello spettacolo; mondo dello spettacolo.

showboat /ˈʃəʊbəʊt/, *n.* (*specialm. USA*) showboat; battello fluviale adibito a locale di spettacolo.

to **showboat** /ˈʃəʊbəʊt/, *v. i.* (*fam. USA*) mettersi in mostra; dare nell'occhio; dare spettacolo.

showcard /ˈʃəʊkɑːd/, *n.* ***1*** (*market.*) cartello (*da vetrina*) ***2*** (*pubbl.*) cartello pubblicitario ***3*** (*teatr.*) cartellone.

showcase /ˈʃəʊkeɪs/, *n.* ***1*** bacheca; vetrinetta ***2*** (*fig.*) vetrina (*fig.*); occasione (modo, ecc.) di mettere in mostra q.c.

showdown /ˈʃəʊdaʊn/, *n.* ***1*** (*poker*) il mettere le carte in tavola ***2*** (*fig.*) resa dei conti; confronto; prova di forza: **to call for a s.**, richiedere un confronto; esigere una presa di posizione; **to come to a s.**, mettere le carte in tavola (*fig.*); venire al dunque. ● **to force a s.**, costringere l'avversario a mettere le carte in tavola (*fig.*).

shower (1) /ˈʃəʊə(r)/, *n.* ***1*** chi mostra, indica, ecc. (*V.* **to show**) ***2*** (*comm.*) espositore.

shower (2) /ˈʃaʊə(r)/, *n.* ***1*** acquazzone; rovescio, scroscio (*di pioggia*) ***2*** (*fig.*) pioggia, gragnola; nugolo; scarica, tempesta, valanga: **a s. of gifts**, una pioggia di doni; **a s. of snowballs**, una gragnola (*o* una tempesta) di palle di neve; **a s. of insults**, una tempesta d'insulti; **a s. of arrows**, un nugolo di frecce; **a s. of letters**, una valanga di lettere ***3*** (*USA*) festa con consegna di doni: **a wedding s.**, una festa di matrimonio, con doni alla sposa; **a baby s.**, una festa con doni per il neonato ***4*** (= **s.-bath**) doccia: **s. cubicle**, box (*o* recesso) della doccia; **s. tray**, piatto della doccia ***5*** (*fis. nucl.*) sciame ***6*** (*fam. spreg.*) branco di stupidi (*o* d'imbecilli); gentaglia. ● **s. gel**, gel per la doccia □ **a s. of dust**, una nube di polvere; un polverone □ **a s. of hail**, una grandinata □ **a s. of honours**, un cumulo d'onori; onori in quantità □ **a heavy s.**, un forte acquazzone; un diluvio.

to **shower** /ˈʃaʊə(r)/, **A** *v. t.* ***1*** inondare (*anche fig.*); coprire, riempire, colmare di: **The newly-married couple was showered with rice**, gli sposini furono inondati di riso; **to s. gifts on sb.**, colmare q. di doni; **to s. blessings upon sb.**, coprire q. di benedizioni ***2*** lanciare (*o* rovesciare, scagliare) in gran quantità: **They showered stones on the besiegers**, rovesciarono una grandinata di pietre sugli assedianti. **B** *v. i.* ***1*** piovere a rovesci; diluviare ***2*** fare la doccia.

showerproof /ˈʃaʊəpruːf/, *a.* impermeabile.

showery /ˈʃaʊərɪ/, *a.* (*del tempo*) piovoso; temporalesco; a piovaschi.

showgirl /ˈʃəʊgɜːl/, *n.* ballerina di rivista; ragazza del balletto; girl.

showiness /ˈʃəʊɪnəs/, *n.* fasto; ostentazione; pompa; sfarzo; vistosità; appariscenza (*raro*).

showing /ˈʃəʊɪŋ/, *n.* ***1*** esposizione; presentazione: **the s. of a new car model**, la presentazione di un nuovo modello d'automobile ***2*** (*teatr.*) spettacolo; rappresentazione; (*cinem.*) proiezione, spettacolo: **late night s.**, ultimo spettacolo ***3*** (*comm., fin.*) stato degli affari; situazione: **They make a poor financial s.**, la loro situazione finanziaria è brutta ***4*** (*anche sport*) prestazione: **a poor s.**, una cattiva prestazione. ● (*leg.*) **s. of evidence**, esibizione delle prove □ **s.-off**, esibizionismo; ostentazione □ **to make a good s.**, fare una bella figura; dare buona prova di sé □ **to make a poor s. beside sb.**, fare una brutta figura a confronto di q. □ **on any s.**, sotto ogni aspetto; da tutti i punti di vista □ **on your own s.**, per tua stessa ammissione.

showman /ˈʃəʊmən/, *n.* (*pl.* **showmen**) ***1*** (*in genere*) organizzatore di spettacoli; (*di un circo, ecc.*) impresario ***2*** uomo di spettacolo; showman ***3*** (*a una fiera*) imbonitore.

showmanship /ˈʃəʊmənʃɪp/, *n.* ***1*** abilità d'impresario; bravura nell'organizzare spettacoli; arte dello showman ***2*** (*fig.*) comunicativa; capacità propagandistica; (il) saper vendere la propria merce.

shown /ʃəʊn/, *p. p.* di **to show**.

showpiece /ˈʃəʊpiːs/, *n.* ***1*** oggetto in mostra; pezzo (esposto) ***2*** esempio; modello: **a s. factory**, una fabbrica modello.

showplace /ˈʃəʊpleɪs/, *n.* luogo (*o* edificio, monumento) d'interesse turistico.

showroom /ˈʃəʊruːm, -rʊm/, *n.* sala (*o* salone) d'esposizione: **a car s.**, un salone dell'automobile (*di vendita*).

showy /ˈʃəʊɪ/, *a.* appariscente; fastoso; pomposo; sfarzoso; vistoso: **a s. furcoat**, una pelliccia vistosa; **a s. present**, un dono appariscente.

shrank /ʃræŋk/, *pass.* di **to shrink**.

shrapnel /ˈʃræpnl/, *n.* (*invar. al pl.*) (*mil.*) ***1*** granata a pallette; shrapnel ***2*** frammenti di proiettile esploso.

shred /ʃrɛd/, *n.* brandello; brindello; briciolo (*fig.*); rimasuglio; frammento; pezzetto; straccio (*fig.*): **There isn't a s. of evidence**, non c'è uno straccio di prova; **There's not a s. of horse sense in it**, non c'è neanche un briciolo di elementare buonsenso. ● **to cut st. to shreds**, tagliare (*o* fare) a strisce q.c. □ **to tear to shreds**, fare a brandelli; sbrindellare □ (*fig.*) **to tear an argument to shreds**, fare a pezzi un argomento; confutare (*o* stroncare) un argomento □ **without a s. of clothing on him**, senza neanche uno straccio addosso.

to **shred** /ʃrɛd/, *v. t.* ***1*** fare a brandelli; sbrindellare; stracciare; tagliuzzare ***2*** (*cucina*) sminuzzare □ **to s. documents**, distruggere documenti.

shredder /ˈʃrɛdə(r)/, *n.* ***1*** chi sbrindella, straccia, ecc. ***2*** (*ind.*) spezzettatrice; trinciatrice (*macchina*) ***3*** (*cucina*) sminuzzatrice; tritaverdure; grattugia (*per verdure, ecc.*) ***4*** (*giardinaggio*) trinciatrice ***5*** tritadocumenti; macchina per fare a brandelli documenti segreti.

shredding machine /ˈʃrɛdɪŋməʃiːn/, *V.* **shredder**.

shrew /ʃruː/, *n.* ***1*** bisbetica; brontolona ***2*** (*zool., Sorex*; = **s.-mouse**) toporagno; sorcide (*in genere*). ● **«The Taming of the S.»**, «La bisbetica domata» (*di W. Shakespeare*).

shrewd /ʃruːd/, *a.* ***1*** accorto; acuto; perspicace; avveduto; sagace; scaltro: **a s. politician**, un accorto uomo politico; **a s. business sense**, un acuto senso degli affari; **a s. observer**, un acuto osservatore; **a s. comment**, un commento sagace ***2*** (*lett.*) penetrante; pungente: **a s. wind**, un vento penetrante; **s. cold**, freddo pungente. ● **a s. guess**, un'ipotesi valida (e forse azzeccata) □ **a s. knock**, un duro colpo □ **a s. plan**, un piano abile □ **a s. suspicion**, un sospetto fondato. ‖ **-ly**, *avv.* ‖ **-ness**, *sost.*

shrewish /ˈʃruːɪʃ/, *a.* bisbetico; brontolone; petulante. ‖ **-ly**, *avv.*

shrewishness /ˈʃruːɪʃnəs/, *n.* indole bisbetica; acredine; petulanza.

shriek /ʃriːk/, *n.* ***1*** grido; strillo; urlo: **a s. of pain**, un grido di dolore; **a s. of terror**, un urlo di terrore ***2*** (*di treno*) fischio.

to **shriek** /ʃriːk/, *v. i.* e *t.* gridare; strillare; urlare. ● **to s. out**, gridare; strillare; urlare; dire con voce alta e stridula: **to s. out in pain**, gridare dal dolore; **to s. out a warning**, lanciare a gran voce un avvertimento □ **to s. with laughter**, fare una risata stridula; ridere in tono stridulo.

shrievalty /ˈʃriːvltɪ/, *n.* carica (*o* giurisdizione, ufficio) di sceriffo.

shrift /ʃrɪft/, *n.* ***1*** (*arc.*) confessione (*specialm. in punto di morte*) ***2*** (*arc.*) assoluzione. ● **to get short s.**, (*stor.*) essere processato per direttissima; (*fig.*) essere trattato bruscamente, non essere tenuto in conto, essere liquidato in fretta □ **to give sb. [st.] short s.**, trattare q. in modo spiccio; essere brusco (*o* sbrigativo) con q. [fare poco conto di q.c., non dare importanza a q.c.] □ **Consumption is getting short s.**, i consumi fanno la parte di Cenerentola (*fig.*).

shrike /ʃraɪk/, *n.* (*zool.*) ***1*** (*Lanius*) averla; uccello dei Lanidi (*in genere*) ***2*** (*Lanius excubitor*) averla maggiore.

shrill /ʃrɪl/, *a.* ***1*** acuto; lacerante; stridulo: **a**

s. complaint, un acuto lamento; **a s. laugh**, una risata stridula *2* irascibile; petulante *3* (*poet.*) acuto; lancinante; pungente: **a s. pain**, un dolore lancinante. || **-ness**, *sost.* || **-y**, *avv.*

to **shrill** /ʃrɪl/, *v. i.* emettere un suono stridulo; stridere; strillare. ● **to s. out**, dire (*o* cantare) con voce stridula □ **to s. out a complaint**, lagnarsi con voce stridula.

shrimp /ʃrɪmp/, *n.* *1* (*zool., Crangon*: *pl.* **shrimps, shrimp**) gamberetto *2* (*fig.*) nanerottolo; omiciattolo; tappo (*fig.*).

to **shrimp** /ʃrɪmp/, *v. i.* (*specialm.* **to go shrimping**) pescare gamberetti; andare a pesca di gamberetti.

shrimper /ˈʃrɪmpə(r)/, *n.* *1* pescatore di gamberetti *2* barca per la pesca di gamberetti.

shrimping /ˈʃrɪmpɪŋ/, *n.* pesca dei gamberetti. ● **s. net**, gamberana.

shrine /ʃraɪn/, *n.* *1* reliquiario; teca; tomba di un santo *2* sacrario; santuario *3* luogo sacro; tempio (*anche fig.*).

to **shrine** /ʃraɪn/, (*poet.*) *V.* **to enshrine**.

shring /ʃrɪŋ/, *n.* (*contraz. fam.*) *V.* **shrink-wrapping**.

shrink /ʃrɪŋk/, *n.* *1* contrazione; restringimento *2* (*tecn.*) ritiro *3* (*pop.*) psichiatra; strizzacervelli (*fam.*). ● (*mecc.*) **s. fit**, calettamento forzato a caldo □ (*mecc.*) **s. ring**, anello di forzamento.

to **shrink** /ʃrɪŋk/ (*pass.* **shrank**, *p. p.* **shrunk**), **A** *v. i.* *1* restringersi; contrarsi (*anche fig.*); accorciarsi; rimpicciolire, ritirarsi: **This cloth won't s. in the wash**, questa stoffa non si restringe al lavaggio; **This jacket has shrunk**, questa giacca s'è accorciata; **Alice began to s. again**, Alice cominciò a rimpicciolire di nuovo (*nel classico di letteratura fantastica di Lewis Carroll*); **The number of the unemployed is shrinking**, il numero dei disoccupati si sta contraendo *2* indietreggiare; rinculare; ritrarsi; tirarsi (*o* farsi) indietro; essere riluttante; rifuggire: **I shrank from the heat of the fire**, indietreggiai davanti al calore del fuoco; **He shrinks from any kind of show**, rifugge da ogni ostentazione *3* ridursi; diminuire; calare: **My profits are shrinking**, i miei profitti diminuiscono (*o* calano); **Our earnings have shrunk**, le nostre entrate sono diminuite *4* torcersi; contorcersi: **to s. with pain**, torcersi dal dolore. **B** *v. t.* *1* far restringere; far ritirare: **This soap won't s. woollen clothes**, questo sapone non fa restringere gli abiti di lana *2* (*ind. tess.*) rendere (*un tessuto*) irrestringibile. ● **to s. into a corner**, rincantucciarsi □ **to s. into oneself**, chiudersi in sé; chiudersi nel riserbo □ **to s. with cold**, essere rattrappito per il freddo.

♦ **shrink away**, *v. i.* + *avv.* *1* tirarsi (*o* farsi) indietro; ritrarsi; indietreggiare; staccarsi: **He shrank away in terror**, indietreggiò atterrito; **She shrank away from his arms**, si staccò dalle braccia dell'uomo *2* restringersi *3* scomparire; svanire.

♦ **shrink back**, *v. i.* + *avv.* *1* *V.* **shrink away**, *def. 1* *2* (*fig.*) tirarsi indietro; arretrare (*anche fig.*) *3* rifuggire, essere alieno (*da q.c.*): **He shrinks back from violence**, rifugge dalla violenza.

♦ **shrink on**, *v. t.* + *avv.* (*mecc.*) calettare a caldo: **to s. on a tyre**, calettare un cerchione (*di ruota*).

♦ **shrink up**, *v. i.* + *avv.* *1* (*di una cosa*) restringersi, ritirarsi *2* (*di una persona*) farsi (più) piccolo; ritrarsi in sé (*per timidezza, timore, ecc.*): **Whenever she meets a boy, she shrinks up**, ogni volta che incontra (*o* conosce) un ragazzo, si ritrae in se stessa.

shrinkable /ˈʃrɪŋkəbl/, *a.* restringibile.

shrinkage /ˈʃrɪŋkɪdʒ/, *n.* *1* contrazione (*anche fig.*); restringimento: **a s. in prices**, una contrazione dei prezzi; **the s. of cloth**, il restringimento della stoffa *2* diminuzione; riduzione: **a s. in sales**, una diminuzione delle vendite; (*fin.*) **a s. in the public budget**, una riduzione del bilancio statale *3* (*comm.*) calo: **The goods have suffered a 10 per cent s. in transit**, la merce ha subito un calo del 10% durante il trasporto *4* (*mecc., tecn.*) ritiro (*del materiale*).

shrinker /ˈʃrɪŋkə(r)/, *n.* (*tecn.*) operaio (*o* macchina) per calettamento a caldo.

shrinking /ˈʃrɪŋkɪŋ/, **A** *n.* *1* restringimento; contrazione (*anche fig.*) *2* diminuzione; riduzione; calo *3* (*tecn.*) ritiro (*di materiale*). **B** *a.* *1* che si restringe, che si ritira *2* che cala; in diminuzione *3* (*fig.*) che si ritrae in sé; timido *4* (*fig.*) riluttante. ● (*econ.*) **s. exercise**, ridimensionamento (*di un'azienda*) □ (*mecc.*) **s.-on**, calettamento (*o* calettatura) a caldo □ (*fin.*) **s. profits**, utili in diminuzione □ (*fin.*) **the s. pound**, la sterlina che s'indebolisce di continuo □ (*fam. scherz.*) **a s. violet**, una mammola, una mammoletta (*fig.*); un timidone, una timidona.

shrinkingly /ˈʃrɪŋkɪŋlɪ/, *avv.* con esitazione; con riluttanza; con ritrosia; timidamente.

shrinkproof /ˈʃrɪŋkpruːf/, *a.* irrestringibile.

shrink-wrap /ˈʃrɪŋkræp/, *n.* (*tecn.*) pellicola di plastica (*per confezioni*); cellophane; cellofan.

to **shrink-wrap** /ˈʃrɪŋkræp/, *v. t.* (*tecn.*) cellofanare; avvolgere (*un prodotto*) nel cellofan.

shrink-wrapped /ˈʃrɪŋkræpt/, *a.* (*tecn.*) cellofanato.

shrink-wrapping /ˈʃrɪŋkræpɪŋ/, *n.* (*tecn.*) cellofanatura.

to **shrive** /ʃraɪv/ (*arc. o relig. cattolica*) (*pass.* **shrived, shrove**, *p. p.* **shrived, shriven**), **A** *v. t.* confessare; assolvere. **B** to **shrive oneself**, *v. rifl.* confessarsi.

to **shrivel** /ˈʃrɪvl/, **A** *v. i.* contrarsi; aggrinzarsi; raggrinzarsi; accartocciarsi; avvizzire. **B** *v. t.* *1* aggrinzare; raggrinzare; accartocciare *2* fare avvizzire; disseccare: **The hot wind shrivelled up the plants**, il vento caldo fece avvizzire le piante *3* (*fig.*) guastare; rovinare; sciupare.

shrivelled /ˈʃrɪvld/, *a.* *1* avvizzito; inaridito *2* (*fig.*) avvizzito; grinzoso: **a s. old sailor**, un vecchio marinaio pieno di grinze.

shriven /ˈʃrɪvn/, *p. p.* di **to shrive**.

shriver /ˈʃraɪvə(r)/, *n.* (*arc. o relig. cattolica*) confessore.

shriving /ˈʃraɪvɪŋ/, *n.* (*arc. o relig. cattolica*) *1* confessione *2* assoluzione.

shroff /ʃrɒf, *USA* -ɔːf/, *n.* (*in Estremo Oriente*) *1* banchiere *2* cambiavalute *3* saggiatore di monete.

to **shroff** /ʃrɒf, *USA* -ɔːf/, *v. t.* (*in Estremo Oriente*) saggiare (*monete*).

shroud /ʃraʊd/, *n.* *1* sudario; lenzuolo funebre *2* (*fig.*) velo; manto; coltre: **a s. of dust [of secrecy]**, un velo di polvere [di mistero]; **a s. of snow**, un manto di neve; **a s. of fog**, una coltre di nebbia *3* (*naut.*) sartia; sartiola *4* (*tecn.*) copertura protettiva.

to **shroud** /ʃraʊd/, *v. t.* *1* avvolgere (*un cadavere*) nel sudario *2* (*fig.*) avvolgere; coprire; celare; nascondere: **Her past was shrouded in mystery**, il suo passato era avvolto nel mistero; **The mountains were shrouded in mist**, i monti erano avvolti nella (*o* nascosti dalla) nebbia.

shrove /ʃrəʊv/, *pass.* di **to shrive**.

Shrovetide /ˈʃrəʊvtaɪd/, *locuz. n.* gli ultimi tre giorni di carnevale.

Shrove Tuesday /ˈʃrəʊvˈtjuːzdeɪ, -dɪ, *USA* ˈtuː-/, *n.* martedì grasso.

shrub (1) /ʃrʌb/, *n.* *1* (*bot.*) arbusto; arboscello: **ornamental shrubs**, arbusti ornamentali *2* cespuglio: **s. roses**, rose a cespuglio.

shrub (2) /ʃrʌb/, *n.* bevanda fatta di succo di agrumi e liquore.

shrubbery /ˈʃrʌbərɪ/, *n.* piantagione d'arbusti; boschetto.

shrubby /ˈʃrʌbɪ/, *a.* *1* coperto d'arbusti; cespuglioso *2* simile a un arbusto; arbustivo.

shrug /ʃrʌɡ/, *n.* alzata di spalle; (il) far spallucce; spallucciata: **He answered with a s.**, rispose con un'alzata di spalle.

to **shrug** /ʃrʌɡ/, **A** *v. i.* alzare le spalle; stringersi nelle spalle; far spallucce. **B** *v. t.* alzare, scrollare (*le spalle*). ● (*fig.*) **to s. one's shoulders at st.**, infischiarsene di q.c.

♦ **shrug away**, *V.* **shrug off**, *def. 2*.

♦ **shrug off**, *v. t.* + *avv.* *1* cavarsi, togliersi (*un indumento*) contorcendosi (*o* divincolandosi); scrollarsi di dosso: **He shrugged off his fur coat and let it fall**, si scrollò di dosso la pelliccia e la lasciò cadere *2* (*fig.*) scrollarsi di dosso; non dare peso a; prendere alla leggera; minimizzare: **to s. off one's troubles**, scrollarsi di dosso i propri guai; **to s. off the pain**, non dare peso al dolore che si prova; **to s. off criticism**, non dare peso alle critiche; prenderle alla leggera; **to s. off an issue**, minimizzare un problema *3* (*fig.*) ignorare; passare sopra a (*un'offerta, un torto, ecc.*) *4* (*fig.*) cavarsi, togliersi d'attorno; seminare (*fam.*): **He succeeded in shrugging off the freelance photographers**, riuscì a seminare i paparazzi.

shrunk /ʃrʌŋk/, *p. p.* di **to shrink**.

shrunken /ˈʃrʌŋkən/, *a.* avvizzito; accartocciato; contratto; rattrappito; rinsecchito: **s. leaves**, foglie accartocciate; **s. limbs**, membra rattrappite. ● **s. heads**, teste rinsecchite (*dei nemici: recise e fatte seccare*) □ **Italy's s. car industry**, l'industria automobilistica italiana, alquanto ridimensionata.

shti(c)k /ʃtɪk/, *V.* **schtick**.

shtoonk /ʃtʊŋk/, *V.* **schtoonk**.

shuck /ʃʌk/, *n.* *1* guscio; baccello; buccia *2* conchiglia (*d'ostrica, ecc.*) *3* (*pl.*) (*fam. USA*) bazzecola; nonnulla *4* (*fam. USA*) imbroglio; truffa; fregatura (*fam.*). ● (*fam.*) **It isn't worth shucks**, non vale un fico secco.

to **shuck** /ʃʌk/, *v. t.* *1* sgusciare; sbaccellare; sbucciare; sgranare: **to s. peanuts**, sgusciare le noccioline *2* (*USA, spesso* **to s. off**) levare; togliere: **He shucked his clothes**, si tolse gli abiti; si svestì *3* (*fam. USA*) imbrogliare; truffare; fregare (*fam.*). ● (*USA*) **to s. off**, *V.* **to shuffle off, A**.

shucks /ʃʌks/, *inter.* (*fam. USA*) uffa!; puah!; acciderba!

shudder /ˈʃʌdə(r)/, *n.* *1* brivido; fremito d'orrore (*o* di disgusto) *2* (*di un motore*) vibrazione.

to **shudder** /ˈʃʌdə(r)/, *v. i.* *1* rabbrividire; raccapricciare; fremere (*d'orrore, di disgusto, di paura*): **I s. to think what might happen**, rabbrividisco al pensiero di quel che potrebbe accadere; **to s. at the sight of the victims of the quake**, raccapricciare alla vista delle vittime del terremoto *2* (*di un motore, ecc.*) vibrare.

shudderingly /ˈʃʌdərɪŋlɪ/, *avv.* rabbrividendo; con raccapriccio.

shuffle /ˈʃʌfl/, *n.* *1* strascicamento (*o* stropiccio) dei piedi; andatura strascicata *2* (*ballo*) striscio; passo strisciato *3* mescolata (*di carte da gioco*): **It's your s.**, sta a te mescolare *4* rimescolamento; rimpasto: (*polit.*) **a Cabinet s.**, un rimpasto ministeriale *5* scompiglio; tramestio *6* (*fig.*) inganno; sotterfugio; tergiversazione; trucco.

to **shuffle** /ˈʃʌfl/, **A** *v. i.* *1* (*spesso* **to s. along**) muoversi a fatica; trascinarsi a stento; strascinarsi *2* strisciare i piedi per terra; strascicare i piedi *3* ballare con lo striscio *4* (*fig.*) usare sotterfugi; essere evasivo; tergiversare; nicchiare: **The more you s., the angrier she will get**, più sei evasivo, più la farai arrabbiare. **B** *v. t.* *1* strascicare (*i piedi*) *2* mescolare, rimescolare: **to s. the cards**, mescolare le carte (*anche fig.*) *3* mescolare, mischiare (*in genere*); gettare (*o* mettere) alla rinfusa; scompigliare: **He shuffled his belongings into the suitcase**, gettò i suoi effetti personali alla rinfusa nella valigia.

♦ **shuffle across**, *v. i.* + *prep.* attraversare (*una stanza, ecc.*) strascicando i piedi.

♦ **shuffle away**, *V.* **shuffle off, B**.

♦ **shuffle off**, **A** *v. t.* + *avv.* *1* togliersi di dosso; cavarsi: **to s. off one's clothes**, togliersi (*o* sfilarsi) i vestiti **2** (*fig.*) liberarsi, sbarazzarsi di (*un peso, una responsabilità, una persona sgradita, ecc.*); abbandonare (*un'abitudine e sim.*). **B** *v. i.* + *avv.* andarsene strascicando i piedi (*o* ciabattando) □ (*fig.*) **to s. off the load of responsibility on sb.**, scaricare sulle spalle di q. la responsabilità □ (*di un animale*) **to s. off one's skin**, mutare pelle; far la muta.

♦**shuffle on**, *v. t.* + *avv.* gettarsi (*o* mettersi) addosso (*o* sulle spalle); indossare in fretta: **She shuffled on her fur**, si gettò la pelliccia sulle spalle.

♦**shuffle out of**, *v. i.* + *avv.* + *prep.* **1** togliersi, cavarsi (*un indumento*) con difficoltà **2** uscire da (*un luogo*) strascicando i piedi **3** (*fig.*) trarsi di (*impaccio*) a stento; togliersi alla meno peggio da (*guai, difficoltà, ecc.*).

shuffleboard /ˈʃʌflbɔːd/, *n.* **1** «shuffleboard» (*gioco, in origine americano, spesso giocato a bordo di una nave in crociera, consistente nello spingere, con apposite stecche, dischi di legno dentro figure geometriche numerate*) **2** tabellone per lo «shuffleboard».

shuffler /ˈʃʌflə(r)/, *n.* **1** chi si trascina a stento; chi strascica i piedi, ecc. (*V.* **to shuffle**) **2** chi mescola le carte **3** (*fig.*) furbacchione; tergiversatore.

shuffling /ˈʃʌflɪŋ, -fəl-/, **A** *a.* **1** (*di passo*) strascicato; (*d'andatura*) dinoccolata, trasandata **2** (*fig.*) evasivo; che tergiversa. **B** *n.* **1** strascichio (*di piedi*) **2** (*delle carte*) mescolata.

shufti /ˈʃʊftɪ/, **shufty** /ˈʃʊftɪ/, *n.* (*pop. arc.*) occhiata; scorsa: **to have** (*o* **to take**) **a s. at st.**, dare un'occhiata a q.c.

shun /ʃʌn/, *inter.* (*mil., abbr. di* **attention**) attenti!

to **shun** /ʃʌn/, *v. t.* evitare; sfuggire; scansare; schivare; rifuggire da: **to s. publicity**, evitare la pubblicità; **to s. wordly pleasures**, rifuggire dai piaceri mondani.

to **shunpike** /ˈʃʌnpaɪk/, *v. i.* (*autom., USA*) non prendere l'autostrada; preferire le strade ordinarie (*alle autostrade*); preferire i percorsi alternativi.

shunpiking /ˈʃʌnpaɪkɪŋ/, *n.* (*autom., USA*) guida su strada ordinaria; preferenza data alle strade ordinarie.

shunt /ʃʌnt/, **A** *n.* **1** (*ferr.*) deviazione, smistamento, instradamento (*di un treno*) **2** (*ferr.*) scambio **3** (*elettr.*) derivazione, derivatore; shunt: **magnetic s.**, derivatore magnetico **4** (*med.*) derivazione; shunt **5** (*autom., fam.*) tamponamento. **B** *a. attr.* (*elettr.*) **1** shuntato; derivato; in derivazione; in parallelo: **s. reactor**, reattore in parallelo **2** shunt; eccitato in derivazione: **s. motor**, motore shunt (*o* eccitato in derivazione). ● **s.-fed antenna**, antenna alimentata in parallelo □ **a s.-wound generator**, un generatore con gli avvolgimenti in derivazione.

to **shunt** /ʃʌnt/, **A** *v. t.* **1** (*ferr.*) deviare, instradare, smistare (*un treno, un vagone*) **2** (*elettr., radio*) shuntare; collegare (*o* inserire) in derivazione (*o* in parallelo) **3** (*fam.*) mettere da parte, accantonare, abbandonare, scartare (*un progetto*) **4** (*fam.*) spostare (q.) da parte; mettere in disparte; spostare, trasferire (*un dipendente, ecc.*) **5** (*med.*) shuntare **6** (*pop.*) sfasciare (*un'auto da corsa*). **B** *v. i.* **1** (*ferr.: di treno, vagone*) essere smistato; cambiare binario **2** (*fig.*) fare la spola; andare avanti e indietro.

shunter /ˈʃʌntə(r)/, *n.* (*ferr.*) **1** deviatore; manovratore di scambi; scambista **2** locomotiva da manovra.

shunting /ˈʃʌntɪŋ/, *n.* **1** (*ferr.*) smistamento; instradamento; manovra **2** (*elettr.*) derivazione; inserzione in parallelo; shuntaggio: **field s.**, derivazione di campo. ● (*ferr.*) **s. engine**, locomotiva da manovra □ (*ferr.*) **s. lines**, binari di smistamento.

shush /ʃʊʃ/, *inter.* st!; sst!

to **shush** /ʃʊʃ/, *v. t.* e *i.* zittire (*facendo «st»*).

shut /ʃʌt/, **A** *a.* chiuso; serrato. **B** *n.* **1** porta; portello; sportello **2** atto del chiudere **3** (*mecc.*) linea della saldatura; saldatura. ● **s.-down**, *V.* **shutdown** □ **s.-in**, (*di un posto*) isolato, segregato; (*psic.*) introverso, schizoide; (*USA*) malato che non può uscire □ (*pop.*) **to get s. of sb.**, sbarazzarsi di q.

to **shut** /ʃʌt/ (*pass.* e *p. p.* **shut**), **A** *v. t.* chiudere; serrare: **to s. a door [a window, a drawer]**, chiudere una porta [una finestra, un cassetto]; **to s. one's eyes**, chiudere gli occhi; **to s. one's teeth**, serrare i denti; **to s. a knife**, chiudere un coltello (*a serramanico*); **S. your books!**, chiudete i libri!; **She shut herself in her room**, si chiuse in camera. **B** *v. i.* chiudersi; chiudere: **This drawer doesn't s. properly**, questo cassetto non chiude bene; **The door shut with a bang**, la porta si chiuse fragorosamente. ● **to s. one's ears to st.**, non voler ascoltare q.c.; fingere di non sentire q.c.; tapparsi le orecchie (*fig.*) □ **to s. one's eyes to st.**, chiudere gli occhi (*alla realtà, ecc.*); non voler vedere q.c.; fingere di non vedere q.c.; chiudere un occhio su q.c. □ **to s. sb.'s mouth**, chiuder la bocca a q.; far tacere q.

♦**shut away**, *v. t.* + *avv.* rinchiudere; chiudere; segregare: **He was shut away in a mental hospital**, fu rinchiuso in manicomio □ **I shut myself away in my cottage in the country**, mi ritirai nella mia casetta in campagna.

♦**shut down**, **A** *v. t.* + *avv.* **1** chiudere bene: **S. the lid down!**, chiudi bene il coperchio! **2** chiudere (*un'azienda, una fabbrica, ecc.*): **I had to s. down my firm for lack of orders**, dovetti chiudere la ditta per mancanza di ordinativi **3** interrompere, sospendere l'erogazione di (*gas, elettricità, ecc.*). **B** *v. i.* chiudere bottega (*o* i battenti); cessare l'attività: **Some plants shut down entirely**, alcune fabbriche chiusero del tutto; **The school will s. down for two months**, la scuola resterà chiusa per due mesi □ **The gas supply will be shut down tomorrow**, domani mancherà il gas.

♦**shut in**, *v. t.* + *avv.* **1** chiudere (q.) dentro **2** racchiudere; circondare: **a house shut in by tall trees**, una casa circondata da alti alberi.

♦**shut off**, **A** *v. t.* + *avv.* **1** interrompere il funzionamento (*o* l'erogazione) di; chiudere; togliere; spegnere: **to s. off the power supply**, togliere la corrente elettrica (*fam.*: la luce); **Remember to s. off the gas**, ricordati di chiudere il gas; **S. off the engine!**, spegni il motore!; **S. off the radio!**, chiudi (o spegni) la radio! **2** racchiudere; circondare: **a valley shut off by high mountains**, una valle racchiusa da alte montagne **3** (*fig.*) escludere; isolare; tagliare fuori (*fig.*): **We were shut off from civilization**, eravamo tagliati fuori dal mondo civile; **He shut himself off from his family**, si isolò dalla famiglia. **B** *v. i.* + *avv.* chiudersi; bloccarsi; fermarsi; spegnersi: **The record player shuts off by itself**, il giradischi si ferma da solo.

♦**shut on**, *v. t.* + *prep.* chiudersi in: **I've shut the door on my finger [dress]**, mi sono chiuso un dito [il vestito] nella porta □ (*fig.*) **to s. the door on an offer**, respingere (*o* rifiutare) un'offerta.

♦**shut out**, *v. t.* + *avv.* **1** chiudere (q.) fuori **2** tenere fuori (*o* lontano); riparare da (*luce, rumore, ecc.*); escludere, non fare entrare; precludere; impedire: **to s. out the noise**, riparare dal rumore; **to s. out daylight**, non far passare la luce; **to s. sb. out of all hope**, precludere a q. ogni speranza; **to s. out coloured immigrants**, impedire l'accesso agli (*o* escludere dal paese gli) immigranti di colore; **to s. out the view**, impedire la vista (*del paesaggio*); **to s. out unpleasant thoughts**, tenere lontani i pensieri molesti **3** (*a carte, o sport; specialm. USA*) neutralizzare (*un avversario*); dare cappotto a, sconfiggere pesantemente (*una squadra, ecc.*): **We shut them out six to one yesterday**, ieri li abbiamo sconfitti per sei a uno.

♦**shut to**, *v. t.* + *avv.* chiudere bene; assicurare: **Don't forget to s. the door to**, non dimenticare di chiudere bene la porta!

♦**shut up**, **A** *v. t.* + *avv.* **1** chiudere (bene); rinchiudere; serrare: **S. up the trunk [the shop, the safe]!**, chiudi il baule [il negozio, la cassaforte]!; **You've shut up the cat in the house**, hai chiuso il gatto in casa; **We shut up the house for the holidays**, chiudemmo casa per le vacanze; **to s. sb. up in prison**, rinchiudere in carcere q.; **S. up all the windows**, serra tutte le finestre! **2** (*fam.*) far tacere (*o* stare zitto); ridurre al silenzio; chiudere la bocca a: **S. the children up!**, fa stare zitti i bambini!; **The politicians are trying to s. him up**, i politici cercano di ridurlo al silenzio. **B** *v. i.* + *avv.* **1** (*di azienda, negozio, ecc.*) chiudere; cessare l'attività **2** (*fam.*) tacere; stare zitto: **S. up!**, sta zitto!; zitti!; chiudi (*o* chiudete) il becco (*fam.*)! □ (*fam.*) **to s. up like an oyster**, non aprire bocca; restare a bocca chiusa (*o* muto come un pesce) □ **to s. up shop**, chiudere bottega (*anche fig.*); cessare l'attività; smettere (*di lavorare, ecc.*).

shutdown /ˈʃʌtdaʊn/, *n.* **1** (*econ., ind.*) arresto del lavoro (*in fabbrica, ecc.*); sospensione dell'attività; chiusura temporanea: **the s. of plants**, la chiusura degli stabilimenti **2** (*elettr., elettron., ecc.*) arresto: **s. circuit**, circuito d'arresto. ● **s. device**, dispositivo d'arresto.

shut-eye /ˈʃʌtaɪ/, *n.* sonnellino; pisolino: **I need a bit of s.**, ho bisogno di fare un sonnellino.

shutoff /ˈʃʌtɒf, *USA* -ɔːf/, *n.* **1** arresto; cessazione **2** (*tecn.*) arresto, chiusura (*di un forno: automatico*) **3** (*aeron., miss.*) arresto della combustione.

shutout /ˈʃʌtaʊt/, *n.* **1** (*econ.*) serrata (*più comune* **lock-out,** *V. sotto* **lock** (2)) **2** (*sport, USA*) cappotto (*fam.*).

to **shutout** /ˈʃʌtaʊt/, *v. t.* (*sport, USA*) dare cappotto a (*un avversario*); battere (*una squadra*) senza farla segnare.

shutter /ˈʃʌtə(r)/, *n.* **1** chi chiude (*V.* **to shut**) **2** imposta; persiana; scuretto; serranda, saracinesca (*di negozio*) **3** (*naut.*) portello **4** (*fotogr.*) otturatore: **diaphragm s.**, otturatore a diaframma; otturatore centrale **5** (*mil.*) sicura (*di spoletta*). ● **folding s.**, imposta a libro (*o* pieghevole) □ **to put up the shutters**, mettere su gli scuretti (*cfr. ital.* abbassare le serrande); (*fig.*) chiudere bottega, chiudere i battenti □ **roll-up s.** (*o* **roller s.**), saracinesca (*di negozio, ecc.*); serranda avvolgibile; tapparella □ **roller s. box**, cassonetto (*di tapparella*) □ **sliding s.**, persiana scorrevole.

to **shutter** /ˈʃʌtə(r)/, *v. t.* **1** provvedere d'imposte; munire di persiane **2** chiudere le imposte di (*una finestra*); abbassare la saracinesca di (*un negozio*). ● **The shops were all shuttered**, i negozi avevano tutti le serrande abbassate.

shutterbug /ˈʃʌtəbʌg/, *n.* (*pop. USA*) appassionato (*o* patito) di fotografia.

shuttering /ˈʃʌtərɪŋ/, *n.* (*edil.*) cassaforma: **s. for concrete**, cassaforma per cemento.

shuttle /ˈʃʌtl/, *n.* **1** moto di va e vieni **2** autobus (*o* treno, aereo) che fa la spola **3** (*ind. tess.*) spola; spoletta; navetta **4** (*miss.*, = **space s.**) shuttle; navetta (*o* navicella) spaziale **5** *V.* **shuttlecock.** ● (*mecc.*) **s. box**, cassetta per navetta □ (*mecc.*) **s. conveyor**, trasportatore a va e vieni □ (*ferr.*) **s. service**, servizio locale (*fra due stazioni*); servizio navetta □ (*ferr.*) **s. train**, treno navetta.

to **shuttle** /ˈʃʌtl/, **A** *v. i.* far la spola; andare avanti e indietro. **B** *v. t.* far fare la spola a (*passeggeri*); muovere (q.c.) avanti e indietro.

shuttlecock /ˈʃʌtlkɒk/, *n.* **1** volano **2** gioco del volano.

shuttling /ˈʃʌtlɪŋ, -təl-/, **A** *n.* (*di veicoli*) spola; navetta. **B** *a.* (*di passeggero*) che fa la spola.

shwa /ʃwɑː, ʃvɑː/, *n.* (*ling.*) schwa.

shy (1) /ʃaɪ/, *a.* **1** pauroso; timoroso; schivo;

timido: **a shy little girl**, una ragazzina timorosa; **a shy approach**, un timido approccio ***2*** cauto; diffidente; guardingo: **a shy beast**, una bestia diffidente ***3*** (*di cavallo*) ombroso ***4*** (*di albero o animale*) poco produttivo; sterile. ● (*fam. USA*) **to be shy of** (*o* **on**), essere a corto di (*quattrini, ecc.*) □ **to be shy of doing st.**, esitare (*o* essere riluttante) a far q.c. □ **camera-shy**, che non vuole essere fotografato □ **to fight shy of**, evitare; stare (*o* girare) alla larga da □ **to be gun-shy**, aver paura di toccare (*o* di sparare con, del rumore di) un fucile □ **to make sb. shy**, intimidire q. □ **to be shy of women**, avere paura delle donne; esserne intimidito □ (*fam. USA*) **I'm shy three bucks**, mi mancano tre dollari (*per pagare un debito, una scommessa, ecc.*) □ (*fam. USA*) **We are ten votes shy**, ci mancano dieci voti (*per vincere*) □ (*prov.*) **Once bitten, twice shy**, il gatto scottato teme l'acqua fredda.

shy (**2**) /ʃaɪ/, *n.* scarto, scartata (*di un cavallo*).

shy (**3**) /ʃaɪ/, *n.* (*fam.*) ***1*** lancio; getto; colpo; tiro ***2*** tentativo; prova ***3*** frecciata; stoccata; motto pungente: **to have a shy at sb.**, lanciare una frecciata a q.; schernire q. ● **to have a shy at st.**, tentare d'ottenere q.c.

to **shy** (**1**) /ʃaɪ/, *v. i.* ***1*** (*di cavallo*) adombrarsi; fare uno scarto; impennarsi: **His horse shied at the fence**, il suo cavallo s'impennò davanti all'ostacolo ***2*** (*fig.*) essere riluttante; esitare; tirarsi indietro: **to shy at a proposal**, esitare di fronte a una proposta. ● **to shy away from st.**, rifuggire da q.c.; evitare di, guardarsi (bene) dal fare q.c. □ **to shy off**, schivare; scansare; tirarsi indietro, rifiutare: **The girl shied off him**, la ragazza lo scansò; **He proposed to her, but she shied off**, le propose di sposarla ma lei rifiutò.

to **shy** (**2**) /ʃaɪ/, (*fam. arc.*) *v. t.* gettare; lanciare; tirare; scagliare: **The boy shied a stone over the fence**, il ragazzo tirò un sasso oltre lo steccato.

shyer /ˈʃaɪə(r)/, *n.* cavallo ombroso.

Shylock /ˈʃaɪlɒk/, *n.* (*fig.*) creditore esoso; strozzino, usuraio (*dal nome del protagonista del «Mercante di Venezia» di W. Shakespeare*).

shyly /ˈʃaɪlɪ/, *avv.* ***1*** timidamente; con ritrosia ***2*** cautamente; con diffidenza.

shyness /ˈʃaɪnəs/, *n.* ***1*** ritrosia; timidezza; vergogna ***2*** diffidenza; cautela.

shyster /ˈʃaɪstə(r)/, *n.* (*fam. USA*) ***1*** imbroglione; truffatore ***2*** (*specialm.*) avvocato privo di scrupoli; azzeccagarbugli.

si /siː/, *n.* (*pl.* **sis**) (*mus.*) si (*nota*).

sial /ˈsaɪəl/, *n.* (*geol.*) sial.

Siamese /saɪəˈmiːz/, *a.* e *n.* (*invar. al pl.*) siamese (*anche la lingua*). ● **S. cat**, gatto siamese □ **S. twins**, fratelli siamesi.

Siberian /saɪˈbɪərɪən/, *a.* e *n.* siberiano: **S. husky**, cane siberiano (*da slitta*).

sibilance /ˈsɪbɪləns/, **sibilancy** /ˈsɪbɪlənsɪ/, *n.* ***1*** sibilo ***2*** (*fon.*) l'essere sibilante ***3*** (*fon.*) suono sibilante.

sibilant /ˈsɪbɪlənt/, **A** *a.* sibilante (*anche fon.*). **B** *n.* (*fon.*) sibilante.

to **sibilate** /ˈsɪbɪleɪt/, *v. t.* e *i.* (*fon.*) sibilare; pronunciare (*una lettera*) come sibilante.

sibilation /sɪbɪˈleɪʃn/, *n.* (*fon.*) ***1*** il pronunciare come sibilante ***2*** suono sibilante ***3*** sibilo.

sibling /ˈsɪblɪŋ/, *n.* ***1*** fratello germano ***2*** (*fam.*) fratello; sorella (*in genere*). ● (*psic.*) **s. rivalry**, rivalità tra fratelli.

sibyl /ˈsɪbl, -bɪl/, *n.* (*anche fig.*) sibilla: **the Cumaean S.**, la Sibilla cumana.

Sibyl /ˈsɪbl, -bɪl/, *n.* Sibilla.

sibylline /ˈsɪbəlaɪn, -liːn, sɪˈbɪlaɪn/, *a.* sibillino; (*fig.*) misterioso, profetico: **s. pronouncements**, dichiarazioni sibilline.

sic /sɪk, siːk/ (*lat.*), *avv.* sic (*di solito, fra parentesi tonde*).

siccative /ˈsɪkətɪv/, *a.* e *n.* (*ind.*) essiccativo; (sostanza) essiccante; (composto) siccativo.

sice (**1**) /saɪs/, *n.* (*arc.*) sei (*al gioco dei dadi*).

sice (**2**) /saɪs/, *n.* (*anglo-ind.*; *un tempo*) mozzo di stalla; stalliere; servo.

Sicel /ˈsɪkl, ˈsɪsl/, *n.* (*stor.*) siculo (*anche la lingua*).

Siceliot /sɪˈkelɪɒt, sɪˈsel-/, *n.* (*stor.*) siceliota.

Sicilian /sɪˈsɪlɪən/, *a.* e *n.* siciliano.

Sicily /ˈsɪsɪlɪ/, *n.* (*geogr.*) Sicilia.

sick /sɪk/, *a.* ***1*** (*attr. in G.B., anche pred. in USA*) ammalato; malato; infermo; indisposto; sofferente: **a s. man**, un uomo malato; un malato; (*USA*) **He has been s. since he was a child**, è malato da quand'era bambino; (*fig.*) **a s. economy**, un'economia malata ***2*** (*pred.*) con la nausea; sul punto di vomitare: **I am feeling s.**, ho la nausea; sono sul punto di vomitare ***3*** (*pred., fam.*) disgustato; seccato; stanco; stufo: **I am s. of all this flattery**, sono disgustato di tutta questa adulazione; **I am s. of waiting**, sono stanco d'aspettare; **We were s. of their complaints**, eravamo stufi delle loro lamentele ***4*** (*attr.*) di (*o* da) malato; per malati: **s. diet**, dieta per ammalati ***5*** (*di odore, ecc.*) nauseabondo; disgustoso ***6*** (*fig.*) malato; morboso: **a s. mind**, una mente malata; **s. thoughts**, pensieri morbosi ***7*** (*fam.*) *V.* **sickly**. ● (*collett.*) **the s.**, i malati; gli infermi □ **to be s.**, aver la nausea; aver conati di vomito; vomitare; (*USA*) essere malato □ (*fam.*) **to be s. at** (*o* **about**) **st.**, essere dispiaciuto (*o* amareggiato) a causa di q.c.: **I'm s. at having to say «no»**, mi spiace dover dire di no □ **to be s. at heart**, essere amareggiato; essere deluso (*o* rattristato) □ **s. benefit**, sussidio per malattia □ (*med.*) **s. building syndrome**, malessere dovuto al lavoro in locali dotati di aria condizionata □ (*mil., USA*) **s. call**, *V.* **s. parade** □ **a s. feeling**, un senso di disgusto □ (*naut.*) **s. flag**, bandiera di quarantena □ (*fam.*) **to be s. for**, sentir nostalgia per; desiderare ardentemente; non veder l'ora di: **I am s. for my native country**, non vedo l'ora di tornare in patria □ **s. headache**, emicrania; (*specialm.*) mal di testa accompagnato da nausea □ **s. humour**, umore nero □ **s. insurance**, assicurazione contro le malattie □ **s. leave**, congedo (*o* licenza) per malattia □ (*anche mil.*) **s. list**, elenco degli ammalati: **to be on the s. list**, essere assente (*o* in congedo) per malattia □ (*ind.*) **s.-out**, assenteismo di protesta (*col pretesto della malattia*) □ (*mil.*) **s. parade**, appello dei soldati che marcano visita; (ora *o* locale della) visita medica: **to go on s. parade**, marcare visita □ **s. pay**, retribuzione per il periodo di congedo per malattia □ (*USA*) **to be s. to one's stomach**, avere la nausea □ (*USA*) **to be s. with flu**, aver l'influenza □ **to fall s.**, ammalarsi □ (*anche mil.*) **to go** (*o* **to report**) **s.**, darsi ammalato; marcare visita (*fam.*) □ **to make sb. s.**, dar la nausea a q.; far stare male q.; (*fig.*) disgustare q.: **It makes me s. to think of it**, solo a pensarci mi vien la nausea; il solo pensiero mi disgusta □ (*di un dipendente*) **to be off s.**, essere a casa per malattia □ **to take s.**, ammalarsi □ **to turn s.**, sentirsi venire la nausea; aver conati di vomito □ **I am s. and tired** (*o* **I am s. to death**) **of him**, sono arcistufo (*o* non ne posso più) di lui.

to **sick** /sɪk/, *v. t.* (*pop., di solito* **to s. up**) vomitare; rigettare.

sickbay /ˈsɪkbeɪ/, *n.* (*naut.*) infermeria.

sickbed /ˈsɪkbed/, *n.* letto (di dolore): **I visited John in his s.**, andai a trovare John che era a letto (malato).

to **sicken** /ˈsɪkən/, **A** *v. i.* ***1*** ammalarsi ***2*** sentir nausea; essere disgustato: **I sickened at the sight of the blood**, mi sentii prendere dalla nausea alla vista del sangue ***3*** (*lett.*) seccarsi, stancarsi, stufarsi: **At last she sickened of her husband**, alla fine si stancò del marito. **B** *v. t.* ***1*** far ammalare ***2*** fare star male; dar la nausea a: **The sight of blood sickens me**, la vista del sangue mi dà la nausea ***3*** (*fig.*) nauseare, disgustare. ● **to be sickened of doing st.**, essere stufo di fare q.c. □ (*med.*) **to be sickening for something**, avere i sintomi d'una malattia; covare un malanno.

sickener /ˈsɪkənə(r), -kn-/, *n.* cosa noiosa, seccante, disgustosa; oggetto d'avversione, di ripugnanza.

sickening /ˈsɪkənɪŋ, -kn-/, *a.* ***1*** nauseabondo; nauseante; che fa vomitare: **a s. stink**, un puzzo nauseabondo ***2*** (*fam.*) disgustoso; ripugnante; sgradevole: **a s. sight**, uno spettacolo disgustoso.

sickie /ˈsɪkɪ/, *n.* (*pop. USA*) nevropatico; psicopatico; pazzoide.

sickish /ˈsɪkɪʃ/, *a.* ***1*** indisposto; malaticcio ***2*** alquanto nauseato ***3*** *V.* **sickening**.

sickle /ˈsɪkl/, *n.* (*agric.*) falce (*corta*); falcetto. ● (*med.*) **s. cell**, eritrocita falciforme; drepanocita □ (*med.*) **s.-cell anemia** [**disease**], anemia [malattia] falciforme (*o* drepanocitica) □ (*zool.*) **s.-feather**, penna falciforme (*per es., della coda del gallo*).

sickliness /ˈsɪklɪnəs/, *n.* ***1*** salute cagionevole, malferma ***2*** aspetto malaticcio; pallore ***3*** (*del clima, ecc.*) insalubrità ***4*** insulsaggine; melensità; scipitezza; svenevolezza.

sickly /ˈsɪklɪ/, *a.* ***1*** di salute malferma; malaticcio; debole; delicato: **a s. child**, un fanciullo delicato, malaticcio; **a s. look**, un aspetto malaticcio; **a s. smile**, un debole sorriso ***2*** pallido; malsano: **a s. complexion**, una carnagione pallida (*o* malsana) ***3*** insalubre; malsano: **a s. climate**, un clima insalubre ***4*** nauseabondo; nauseante: **s. food**, cibo nauseabondo ***5*** insulso; melenso; scipito; svenevole.

sickness /ˈsɪknəs/, *n.* ***1*** malattia; male; malanno ***2*** nausea; conati di vomito ***3*** (*fig.*) malessere: **Russia's economic s.**, il malessere economico della Russia. ● **s. benefit**, sussidio (*o* indennità) di malattia (*o* di invalidità; *pagabile in G.B. per 28 settimane*) □ (*med.*) **falling s.**, epilessia; mal caduco (*pop.*) □ **altitude s.**, mal di montagna □ **car s.**, mal d'auto □ (*med.*) **radiation s.**, malattia da raggi.

sicknurse /ˈsɪknɜːs/, *n.* infermiera.

sicko /ˈsɪkəʊ/, *V.* **sickie**.

to **sick on** /ˈsɪkˈɒn, *USA* -ˈɔːn/, *v. t.* (*fam.*) aizzare: **to s. a dog on sb.**, aizzare un cane contro q.

sickroom /ˈsɪkruːm, -rʊm/, *n.* ***1*** camera dell'ammalato ***2*** (*a scuola, ecc.*) infermeria.

sicky /ˈsɪkɪ/, *V.* **sickie**.

Siculian /sɪˈkjuːlɪən/, *n.* e *a.* (*stor.*) siculo.

side /saɪd/, **A** *n.* ***1*** lato; fianco; banda; canto; parte; faccia (*fig.*): **the four sides of a box**, i quattro lati di una cassa; **the sides of a house**, i lati (*o* i fianchi) di una casa; **He was hit in the left s.**, fu colpito al fianco sinistro; **the s. of a hill**, il fianco d'un colle; **s. by s.**, fianco a fianco; **They rushed up from all sides**, accorsero da ogni banda; **on this s.**, da questa parte; per di qua; **great-grandfather on my mother's s.**, il bisnonno dalla parte (*o* dal lato) di mia madre; **the other s. of the moon**, l'altra faccia della luna ***2*** (*fig.*) lato; aspetto; faccia: **on** (*o* **from**) **every s.**, da ogni lato; sotto ogni aspetto; **the ugly s. of sb.'s character**, il lato brutto del carattere di q.; **to study all sides of an issue**, studiare tutti gli aspetti di una questione; **Let's consider the other s. of the question**, vediamo un po' l'altra faccia del problema! ***3*** (*geom.*) lato; faccia: **the sides of a triangle**, i lati di un triangolo; **A cube has six sides**, il cubo ha sei facce ***4*** sponda; riva; margine; orlo: **by the s. of a river**, in riva a un fiume; **by the s. of the road**, sull'orlo della strada; **by the s. of the lake**, in sponda al lago ***5*** (*geogr.*) versante: **on this s. of the Alps**, su questo versante delle Alpi ***6*** lato; facciata (*di un foglio di carta, di un documento, di un disco, ecc.*) ***7*** fiancata (*di una nave, di un veicolo, di un edificio, ecc.*): **There's a big dent in the right s. of your car**, c'è una grossa ammaccatura nella fiancata destra della tua macchina ***8*** parte; fazione; partito: **the winning s.**, il partito vincente; **the losing s.**, la parte soccombente; il partito che ha perso; **He is on our s.**, è dalla nostra parte; è dei nostri; (*anche leg.*) **to hear both sides**, ascoltare entrambe le parti in causa; sentire le due campane (*fam.*); **to change sides**, cambiare partito ***9*** (*rag.*) lato; sezione: **credit [debit] s.**, lato (*o* sezione) avere [dare] ***10*** (*sport*) squadra: **the winning s.**, la squadra che ha vinto; **to pick up sides**, formare le squadre ***11*** (*biliardo*) effetto dato alla palla colpendola di lato ***12*** mezzena (*di animale macellato*): **a s. of beef**, una mezzena di bue; un mezzo bue ***13*** (*pop., TV*) canale ***14*** (*pop. o arc.*) boria; alterigia; arie: **to put on too much s.**, darsi troppe arie. **B** *a. attr.* ***1*** laterale; di fianco: **s. door**, porta laterale; **s. chapel**, cappella laterale ***2*** collaterale; marginale; secondario: (*econ.*) **s. business**, attività collaterale; **a s. issue**, una questione marginale. ● (*mil.*) **s. arms**, armi da fianco □ (*a teatro*) **a s. box**, un palco di lato □ (*edil.*) **a s.-cut brick**, un mattone tagliato ad angolo □ **a s. dish**, un contorno (*d'insalata, ecc.*) □ (*mus.*) **s. drum**, piccolo tamburo □ **s. effect**, (*med.*) effetto collaterale; (*fig.*) effetto secondario (*specialm.* indesiderato) □ **s. face**, profilo: **a s.-face portrait**, un ritratto di profilo □ (*autom.*) **s. frame**, fiancata □ **a s. glance**, uno sguardo di traverso; un'occhiata in tralice □ (*fam. USA*) **s. meat**, carne di maiale salata □ **s. note**, nota a margine (*di pagina*) **s.-on**, (*agg.*) laterale; (*avv.*) lateralmente, di lato: (*autom.*) **a s.-on crash**, uno scontro laterale; **to crash s.-on**, scontrarsi di lato □ (*al ristorante*) **s. order**, ordinazione aggiuntiva (*o* di un extra) □ (*sport*) **s. out**, cambio di battuta □ (*autom.*) **s. panel**, fiancata □ (*edil.*) **s. post**, stipite □ **a s. road**, una (strada) laterale; una traversa □ (*al ristorante*) **s. salad**, insalata come contorno; piccola porzione d'insalata □ (*trasp.*) **s. seat**, sedile laterale □ **s.-splitting**, che fa sbellicare dalle risa; divertentissimo □ **s. street**, *V.* **s. road** □ **s. table**, tavolo (*o* tavolino) di servizio □ (*mecc.*) **s.-valve engine**, motore a valvole laterali □ (*geogr.*) **s. vent**, cono avventizio (*di vulcano*) □ **s. view**, veduta di fianco (*o* di profilo) □ (*naut.*) **s.-wheeler**, piroscafo a ruote laterali □ **s. whiskers**, basette; fedine; favoriti □ **s. wind**, (*naut.*) vento di traverso; (*fig.*) influsso indiretto □ **by sb.'s s.**, a fianco di; a petto di, al confronto di: **The king looked a dwarf by the s. of the queen**, il re sembrava un nano al confronto della regina □ **the far s.**, il lato più lontano, il lato opposto (*di un oggetto*) □ **from s. to s.**, da un capo all'altro; da un'estremità all'altra □ **to join the winning s.**, schierarsi con il vincitore □ (*fam.*) **to let the s. down**, deludere gli amici (i compagni di squadra, ecc.) □ (*fig.*) **to look on the bright s. of things** (*o* **of life**), veder tutto rosa; essere ottimista □ (*fig.*) **to look on the dark** (*o* **gloomy**) **s. of things** (*o* **of life**), veder tutto nero; essere pessimista □ **the near s.**, il lato più vicino, il lato in vista (*di un oggetto*) □ **on every s.**, su (*o* da) ogni lato; da tutte le parti □ (*fam.*) **to be on the high [long, low, short] s.**, essere piuttosto alto [lungo, basso, corto]: **The price he offers for the car is on the low s.**, il prezzo che offre per l'automobile è un po' troppo basso □ **on one s.**, da una parte; in disparte □ **to be on the right s. of forty**, essere sotto la quarantina □ **to be on the safe s.**, (per) stare sul sicuro; (per) non correre rischi □ **on the south s. of**, a sud di □ **to be on the wrong s. of the door**, esser rimasto chiuso fuori □ **to be on the wrong s. of forty**, aver passato (*o* essere sopra) la quarantina □ **to put st. to one s.**, mettere da parte (*o* in serbo) q.c. □ **the right s.**, il lato giusto, il verso giusto (*anche fig.*); (*di stoffa*) il diritto, il dritto (*V. sotto* **right (1)**) □ **the shady s. of the courtyard**, il lato in ombra del cortile □ (*fig.*) **to shake** (*o* **to split**) **one's sides**, sbellicarsi dalle risa; ridere a crepapelle □ **to stand by sb.'s s.**, stare a lato (*o* a fianco) di q.; (*fig.*) appoggiare, sostenere q. □ **to take sb.'s s.**, prendere partito per q. □ (*fig.*) **to take sides**, prendere posizione; prender partito □ (*fig.*) **to take sides with sb.**, parteggiare per q.; prendere le difese di q. □ **to take sb. on one s.**, prendere in disparte q. (*per parlargli*) □ (*fam.*) **this s. of**, senza arrivare a; prima di: **this s. of next month**, prima del mese prossimo □ **the wrong s.**, il lato sbagliato, il verso sbagliato (*anche fig.*); (*di stoffa*) il rovescio (*V. sotto* **wrong (1)**) □ **the wrong s. of the cloth**, il rovescio della stoffa □ **Which s. of the coin is up?**, è venuta testa o croce? □ (*su una cassa, un collo, ecc.*) **This s. up**, Alto! □ **The Lord is on our s.**, il Signore è dalla nostra parte; Dio è con noi.

to **side** /saɪd/, *v. i.* schierarsi (con); prendere le parti (di q.); prender partito; parteggiare (per); appoggiare, sostenere: **John always sides with his mother**, John prende sempre le parti di sua madre; **I don't want to s. with either of them**, non voglio parteggiare né per l'uno né per l'altro.

sidearm /ˈsaɪdɑːm/, *a.* e *avv.* (*sport: baseball, ecc.; di tiro, ecc.*) (effettuato) con il braccio tenuto di fianco (*al di sotto della spalla*).

sideband /ˈsaɪdbænd/, *n.* (*radio, ecc.*) banda laterale.

sidebar /ˈsaɪdbɑː(r)/, **A** *n.* ***1*** barra laterale; stanga (*di calessino*) ***2*** (*naut.*) verga piatta laterale (*di chiglia*) ***3*** (*giorn.*) servizio con notizie integrative. **B** *a.* (*fam. USA*) aggiuntivo; supplementare.

sideboard /ˈsaɪdbɔːd/, *n.* credenza; buffè, buffet.

sideboards /ˈsaɪdbɔːdz/, *n. pl.* basette; basettoni.

sideburns /ˈsaɪdbɜːnz/, (*USA*) *V.* **sideboards**.

sidecar /ˈsaɪdkɑː(r)/, *n.* (*trasp.*) motocarrozzetta; motocarrozzino; sidecar.

sided /ˈsaɪdɪd/, *a.* (*nei composti; per es.*) **many-s.**, che ha molti lati; che ha molte facce; poliedrico; **one-s.**, unilaterale; (*geom.*) **a four-s. figure**, un quadrilatero.

to **side-face** /ˈsaɪdfeɪs/, *v. t.* (*mecc.*) sfacciare. ● **side-facing tool**, utensile per sfacciare.

sidekick /ˈsaɪdkɪk/, *n.* (*fam., specialm. USA*) ***1*** amico intimo; compagno; seguace fedele ***2*** assistente; aiuto.

sidelight /ˈsaɪdlaɪt/, *n.* ***1*** (*autom.*) luce d'ingombro; luce di posizione ***2*** (*naut., aeron.*) fanale di via ***3*** luce proveniente di lato; illuminazione laterale ***4*** (*naut.*) portellino di murata; oblò ***5*** (*fig.*) informazione aggiuntiva; chiarimento. ● (*naut.*) **green s.**, fanale (di via) verde □ (*naut.*) **red s.**, fanale (di via) rosso □ **to throw s. on a question**, gettare nuova luce su una questione; farla apparire sotto un particolare riflesso.

sideline /ˈsaɪdlaɪn/, *n.* ***1*** linea laterale ***2*** (*market.*) linea di prodotti secondaria ***3*** (*fin., org. az.*) attività secondaria; ramo d'affari meno importante ***4*** (*pl.*) (*sport*) linee laterali; bordi del campo (*di gioco*) ***5*** (*pl.*) (*sport; fig.*) panchina. ● **as a s.**, come attività secondaria; a tempo perso □ **to put sb. on the sidelines**, (*sport*) tenere q. in panchina; (*fig.*) costringere q. all'inattività □ (*sport*) **to stay on the s.** (*o* **sidelines**), (*dell'allenatore*) stare nella panchina; (*di un giocatore*) stare in panchina, fare panchina.

sidelock /ˈsaɪdlɒk/, *n.* ricciolo sulla guancia; boccolo.

sidelong /ˈsaɪdlɒŋ, *USA* -ɔːŋ/, **A** *avv.* ***1*** obliquamente; a sghembo; di traverso: **to move s.**, camminare a sghembo ***2*** con la coda dell'occhio; di sottecchi: **to look s. at sb.**, guardar q. di sottecchi. **B** *a.* ***1*** obliquo; laterale; di fianco; di traverso ***2*** furtivo: **a s. glance**, uno sguardo furtivo ***3*** indiretto: **a s. remark**, un'osservazione indiretta.

sidereal /saɪˈdɪərɪəl/, *a.* (*astron.*) sidereo; siderale: **s. day [year]**, giorno [anno] siderale.

siderite /ˈsaɪdəraɪt, *USA* ˈsɪ-/, *n.* (*miner.*) siderite.

sideritic /saɪdəˈrɪtɪk, *USA* sɪ-/, *a.* (*chim.*) sideritico.

siderography /saɪdəˈrɒgrəfɪ, *USA* sɪ-/, *n.* (*arte*) siderografia.

siderolite /ˈsaɪdərəlaɪt, *USA* saɪˈdɪər-, ˈsɪdə-/, *n.* (*geol.*) siderolite.

sideropenia /saɪdərəˈpiːnɪə, *USA* sɪ-/, *n.* (*med.*) sideropenia; mancanza di ferro.

siderosis /saɪdəˈrəʊsɪs, *USA* sɪ-/, *n.* (*med.*) siderosi.

siderostat /ˈsaɪdərəstæt, *USA* ˈsɪ-/, *n.* (*astron.*) siderostato; celostata.

sidesaddle /ˈsaɪdsædl/, **A** *n.* sella da amazzone (*o* da donna). **B** *avv.* all'amazzone: **to ride s.**, cavalcare all'amazzone.

sideshow /ˈsaɪdʃəʊ/, *n.* ***1*** spettacolo secondario (*in un circo, ecc.*); attrazione (*in un luna park*) ***2*** evento di secondaria importanza.

sideslip /ˈsaɪdslɪp/, *n.* ***1*** (*autom.*) sbandata laterale ***2*** (*aeron.*) scivolata d'ala ***3*** (*fig.*) sbandata ***4*** (*fig. fam.*) figlio naturale (*o* illegittimo).

to **sideslip** /ˈsaɪdslɪp/, *v. i.* ***1*** (*autom.*) sbandare ***2*** (*aeron.*) scivolare d'ala.

sidesman /ˈsaɪdzmən/, *n.* (*pl.* **sidesmen**) (*relig. anglicana*) ***1*** fabbriciere aggiunto ***2*** aiuto sagrestano (*che fa la raccolta delle offerte in chiesa e distribuisce i libri delle preghiere*).

sidestep /ˈsaɪdstɛp/, *n.* ***1*** passo laterale (*o* obliquo) ***2*** (*sport*) schivata laterale ***3*** (*fig.*) schivata.

to **sidestep** /ˈsaɪdstɛp/, **A** *v. i.* fare un passo di lato; tirarsi in disparte. **B** *v. t.* ***1*** schivare, scansare (*un colpo, ecc.*) ***2*** (*sport*) driblare (q.) con un passo laterale ***3*** (*fig.*) eludere, sottrarsi a, evitare (*una domanda, ecc.*).

sidestroke /ˈsaɪdstrəʊk/, *n.* nuoto alla marinara. ● **to do a fast s.**, nuotare bene alla marinara.

sideswipe /ˈsaɪdswaɪp/, *n.* ***1*** (*anche autom.*) strisciata; colpo di striscio ***2*** (*fig. fam.*) frecciata, stoccata (*contro q.*).

to **sideswipe** /ˈsaɪdswaɪp/, *v. t.* ***1*** colpire (*o* urtare) di striscio ***2*** (*fig. fam.*) lanciare una frecciata contro, dare una stoccata a (q.).

sidetrack /ˈsaɪdtræk/, *n.* ***1*** (*ferr., USA*) binario di raccordo; binario morto ***2*** (*fig.*) digressione; sviamento (*delle indagini*); depistaggio.

to **sidetrack** /ˈsaɪdtræk/, **A** *v. t.* ***1*** (*ferr., USA*) smistare, instradare (*un treno*) su un binario morto ***2*** (*fig.*) distogliere (q.) dal suo proposito; sviare (q.) dall'argomento principale ***3*** (*fig.*) sviare (*indagini*); depistare ***4*** (*pop. USA*) arrestare; catturare. **B** *v. i.* perdere il filo; divagare.

sidewalk /ˈsaɪdwɔːk/, *n.* (*USA*) marciapiede (*cfr. ingl.* **pavement**). ● **s. artist**, *V.* **pavement artist** □ **s. superintendent**, spettatore curioso (*di lavori stradali, ecc.*); critico (*in genere*).

sidewall /ˈsaɪdwɔːl/, *n.* ***1*** parete (*di galleria*) ***2*** (*autom.*) fianco (*di pneumatico*).

sideward /ˈsaɪdwəd/, **A** *avv. V.* **sidewards**. **B** *a.* di lato; a lato; (in direzione) laterale; obliquo: **a s. look**, un'occhiata a lato; **s. motion**, moto laterale.

sidewards /ˈsaɪdwədz/, *avv.* lateralmente; obliquamente; di fianco; di traverso.

sideways /ˈsaɪdweɪz/, **A** *avv.* lateralmente; obliquamente; di fianco; di traverso; a sghembo: **to look s.**, guardar di traverso; **to walk s.**, camminare a sghembo. **B** *a.* di fianco; di lato; laterale; obliquo; diretto a lato: **a s. jump**, un balzo di lato; un salto laterale.

sidewinder /ˈsaɪdwaɪndə(r)/, *n.* ***1*** (*zool., Crotalus cerastes*) crotalo ceraste ***2*** (*boxe, USA*) forte sventola ***3*** (*miss., USA*) «sidewinder» (*missile aria-aria a raggi infrarossi*).

sidewise /ˈsaɪdwaɪz/, *V.* **sideways**.

siding /ˈsaɪdɪŋ/, *n.* ***1*** (*ferr.*) binario di raccordo ***2*** (*edil.*) rivestimento per pareti esterne (*di legno o metallo*). ● **dead-end s.**, binario morto □ **private s.**, binario di raccordo privato (*di una fabbrica, ecc.*).

to **sidle** /'saɪdl/, *v. i.* ***1*** camminare a sghembo; andare storto (*come un granchio*) ***2*** camminare furtivamente; procedere con cautela; muoversi furtivamente. ● **to s. away from sb.**, allontanarsi furtivamente da q. ▫ **to s. up to sb.**, avvicinarsi timorosamente a q.

Sidon /'saɪdn/, *n.* (*stor.*) Sidone.

Sidonian /saɪ'dəʊnɪən/, *a.* e *n.* (*stor.*) (abitante) di Sidone.

siege /si:dʒ/, *n.* ***1*** (*mil.*) assedio ***2*** (*fig.*) insistenza; pressioni ***3*** (*fig.*) lungo periodo (*di degenza, malattia, ecc.*) ***4*** (*arc.*) seggio; trono. ● **s. artillery**, artiglieria da assedio ▫ **s. gun**, pezzo (*o* cannone) da assedio ▫ **s. train**, equipaggiamento da assedio ▫ (*mil.*) **s. warfare**, guerra d'assedio ▫ **s. works**, opere d'assedio ▫ (*fig.*) **to lay s. to sb.**, importunare q. ▫ **to lay s. to a town**, stringere d'assedio una città ▫ **to push the s.**, rafforzare l'assedio; (*fig.*) farsi più insistente (*o* pressante) ▫ **to stand a long s.**, subire (*o* resistere a) un lungo assedio.

siemens /'si:mənz/, *n.* (*elettr.*) siemens.

sienna /sɪ'ɛnə/, *n.* (*arte*) ***1*** terra di Siena ***2*** color terra di Siena. ● **burnt s.**, terra di Siena bruciata; ocra bruciata.

Sien(n)ese /sɪɛ'ni:z/, *a.* e *n.* (*invar. al pl.*) senese. ● (*pitt.*) **the S. school**, la Scuola senese.

sierra /sɪ'ɛrə/, *n.* (*geogr.*) sierra; catena di monti.

siesta /sɪ'ɛstə/, *n.* siesta. ● **to take a s.**, fare la siesta.

sieve /sɪv/, *n.* ***1*** setaccio; staccio; crivello; buratto; vaglio ***2*** (*fig. raro*) persona che non sa tenere un segreto; chiacchierone, chiacchierona. ● (*bot.*) **s. cell**, cellula cribrosa ▫ (*ind., chim.*) **s. plate** (*o* **tray**), piatto forato ▫ **s. shaker**, apparecchio stacciatore ▫ **to have a memory** (*o* **a head, a mind**) **like a s.**, non avere memoria; essere smemorato.

to **sieve** /sɪv/, *v. t.* setacciare, stacciare; passare al crivello; abburattare (*la farina*).

to **sift** /sɪft/, **A** *v. t.* ***1*** setacciare (*anche fig.*); stacciare; passare al crivello; abburattare (*farina*); vagliare (*anche fig.*); passare allo staccio, al vaglio: **The candidates were sifted out**, i candidati furono setacciati (*o* selezionati); (*leg.*) **to s. the evidence**, vagliare le prove ***2*** cospargere; spolverare; spolverizzare (*zucchero e sim.*) ***3*** (*fig.*) distinguere; separare; cernere: **to s. fact from fable**, separare i fatti reali da quelli leggendari. **B** *v. i.* ***1*** usare un setaccio ***2*** passare attraverso un setaccio: **The flour has sifted through**, la farina è passata (attraverso il setaccio) ***3*** (*fig.*) infiltrarsi; filtrare ***4*** (*fig.*) fare un esame scrupoloso. ● **to s. out the truth**, scoprire la verità (*vagliando prove, ecc.*) ▫ **to s. through a heap of documents**, rovistare in un mucchio di documenti.

sifter /'sɪftə(r)/, *n.* ***1*** setaccio; staccio; crivello; buratto; vaglio ***2*** spolverizzatore ***3*** chi setaccia ***4*** (*fig.*) chi vaglia; selezionatore.

sifting /'sɪftɪŋ/, *n.* ***1*** setacciatura; stacciatura; vagliatura; crivellatura ***2*** (*fig.*) attento esame; vaglio, cernita (*fig.*) ***3*** (*pl.*) mondiglia. ● **siftings of snow beside the door**, uno spolverio di neve accanto alla porta.

sigh /saɪ/, *n.* sospiro: **to heave** (*o* **to let out**) **a s. of relief**, tirare un sospiro di sollievo; **to draw a deep s.**, fare un profondo sospiro.

to **sigh** /saɪ/, **A** *v. i.* ***1*** sospirare; (*fig.*) dolersi, lamentarsi: **to s. for a lost friend**, sospirare per la morte d'un amico; **The trees were sighing in the wind**, gli alberi si lamentavano al vento ***2*** (*del vento*) gemere. **B** *v. t.* (*di solito* **to s. out**) esprimere (*o* dire) con un sospiro. ● **to s. for**, sospirare; rimpiangere; avere nostalgia di; desiderare ardentemente ▫ **to s. over sb.** [**st.**], struggersi per q. [q.c.] ▫ **to s. one's youth away**, passar la giovinezza sospirando (*o* struggendosi di languore).

sighing /'saɪɪŋ/, **A** *a.* che sospira; sospiroso. **B** *n.* il sospirare; sospiri.

sighingly /'saɪɪŋlɪ/, *avv.* sospirosamente; sospirando.

sight /saɪt/, *n.* ***1*** vista: **to have good** [**bad**] **s.**, aver la vista buona [cattiva]; **long s.**, vista lunga; **short** (*o* **near**) **s.**, vista corta ***2*** vista; veduta; spettacolo: **a wonderful s.**, una magnifica veduta; **a sad s.**, un triste spettacolo; **There was nobody in s.**, non c'era nessuno in vista; **Victory is in s.**, la vittoria è in vista ***3*** giudizio; opinione; parere: **He can do no wrong in your s.**, a parer tuo (*o* ai tuoi occhi), è incapace di far del male ***4*** (*pl.*) curiosità di un luogo; cose da vedere; luoghi d'interesse turistico: **the sights of Rome**, le cose da vedere a Roma; **We went to see the sights**, andammo a fare il giro turistico della città (a visitare i monumenti, ecc.) ***5*** (*al sing. con l'art. indef.*) (*fam.*) cosa ridicola; spettacolo (comico); orrore (*scherz.*): **What a s. you are in that old nightgown!**, con quella vecchia camicia da notte sei un orrore! ***6*** (*al sing. con l'art. indef.*) (*fam.*) mucchio; quantità; sacco: **It costs a s. of money**, costa un occhio della testa! ***7*** (*d'arma da fuoco, di strumento ottico*) mirino; (*mil.*) congegno di mira: **I forgot to put up the leaf of the back s.**, dimenticai di tirar su l'alzo del mirino (posteriore) ***8*** mira: **He fired without taking a s.**, sparò senza prendere la mira ***9*** (*topogr.*) traguardo. ● (*anche mil.*) **s. aperture**, diottra ▫ (*comm.*) **s. bill**, cambiale a vista ▫ (*banca*) **s. deposit book**, libretto di deposito libero ▫ (*comm.*) **s. draft**, tratta a vista ▫ **a s. for sore eyes**, un piacere a vedersi; una consolazione (*fig.*) una soddisfazione ▫ (*mil.*) **s. leaf**, alzo a foglia ▫ (*mus.*) **s.-reader**, chi suona (*o* canta) a prima vista ▫ **s.-reading**, il suonare, il cantare (*una partitura*) a prima vista ▫ **a s. to see** (*o* **to behold**), una cosa da vedere; uno spettacolo meraviglioso ▫ (*mil.*) **s. setter**, graduatore d'alzo ▫ (*mil.*) **s. standard**, congegno di mira ▫ (*med.*) **s. test** (*o* **s. testing**), esame della vista ▫ **s. unseen**, senza averci potuto dare un'occhiata: **to buy st. s. unseen**, comprare q.c. a scatola chiusa ▫ **at s.**, a vista; a prima vista: **to shoot at s.**, sparare a vista; (*fin.*) **a draft payable at s.**, una tratta pagabile a vista; **She plays music at s.**, suona (musica) a prima vista ▫ **at the s. of**, alla vista di; al vedere; vedendo ▫ **at first s.**, a prima vista; immediatamente: **love at first s.**, amore a prima vista ▫ (*naut.*) **at our first s. of land**, appena avvistammo terra ▫ **by s.**, di vista (*non di persona*): **to know sb. by s.**, conoscere q. di vista ▫ **to catch** (*o* **to get, to have**) **s. of**, scorgere; avvistare; vedere per un momento; intravedere ▫ **to come in s.** (*o* **within s.**) **of**, giungere in vista di (*una città, un luogo*) ▫ **to come into s.**, presentarsi alla vista, apparire: **A destroyer came into s. on the horizon**, all'orizzonte apparve un cacciatorpediniere ▫ **to find favour in sb.'s s.**, riuscir gradito (*o* bene accetto) a q.; acquistar favore agli occhi di q. ▫ (*mil.*) **front s.**, mirino anteriore ▫ (*anche fig.*) **to have sb. in one's sights**, avere q. nel mirino; tenere q. sotto tiro ▫ **to heave in s.**, *V.* **to come into s.** ▫ **to keep in s.**, mantenersi in vista ▫ **to keep out of s.**, tenersi nascosto ▫ **to lose one's s.**, perdere la vista ▫ **to lose s. of**, non vedere più; perdere di vista: **I have lost s. of him**, l'ho perso di vista ▫ **to make a s. of oneself**, rendersi ridicolo; vestire in modo stravagante, buffo ▫ (*fam.*) **not by a long s.**, nient'affatto; neanche un po'; per niente ▫ **on s.**, *V.* **at s.** ▫ **out of s.**, fuori di vista; lontano; (*fam.*) in alto, alle stelle; (*pop.*) eccezionale, favoloso: **The plane was soon out of s. among the clouds**, l'aereo ben presto scomparve (alla vista) fra le nuvole; **Oil prices have gone out of s.**, i prezzi dei prodotti petroliferi sono andati alle stelle ▫ **to put out of s.**, celare, nascondere; fare come se q. (*o* q.c.) non esistesse ▫ (*mil.*) **rear s.**, alzo ▫ (*mil.*) **to set the s.**, regolare l'alzo ▫ (*fig.*) **to set one's sights on st.**, puntare (tutto) su q.c.; mirare decisamente a q.c. ▫ **I hate the s. of him**, non posso vederlo; non posso soffrirlo; lo detesto ▫ (*fam.*) **He's a long s. better**, è assai migliorato (*di salute*) ▫ **Out of my s.!**, ch'io non ti veda più!; sparisci! ▫ (*prov.*) **Out of s., out of mind**, lontano dagli occhi, lontano dal cuore.

to **sight** /saɪt/, **A** *v. t.* ***1*** avvistare; giungere in vista di: **to s. land**, avvistare terra; **to s. the enemy fleet**, avvistare la flotta nemica ***2*** scorgere: **Suddenly I sighted her face in the crowd**, improvvisamente scorsi il suo viso tra la folla ***3*** (*astron., naut.*) traguardare: **to s. a star**, traguardare un astro ***4*** aggiustare la mira di; prender la mira con; mirare a: **to s. a gun**, prendere la mira col fucile; **to s. a target**, mirare a un bersaglio ***5*** provvedere (*un fucile, ecc.*) di mirino. **B** *v. i.* prendere la mira; puntare.

sighted /'saɪtɪd/, *a.* ***1*** (*nei composti*; *per es.*:) **far-s.**, lungimirante; **long-s.**, che ha la vista lunga; (*med.*) presbite; (*fig.*) oculato, previdente, preveggente; **short-s.**, che ha la vista corta; (*med.*) miope; (*fig.*) imprevidente, improvvido, miope (*fig.*) ***2*** (*di fucile, ecc.*) provvisto di mirino.

sighting /'saɪtɪŋ/, *n.* ***1*** avvistamento: **eye s.**, avvistamento a occhio nudo ***2*** (*d'arma da fuoco*) puntamento ***3*** (*astron., naut.*) rilevamento. ● **s. shot**, colpo sparato per aggiustare la mira ▫ (*mil.*) **s. station**, centrale di tiro.

sightless /'saɪtləs/, *a.* ***1*** non vedente; cieco ***2*** (*poet.*) invisibile. || **-ly**, *avv.* || **-ness**, *sost.*

sightly /'saɪtlɪ/, *a.* ***1*** avvenente; attraente; di bell'aspetto; piacevole a vedersi ***2*** (*USA*: *di posizione, punto*) che offre una bella vista; panoramico. || **-iness**, *sost.*

to **sight-read** /'saɪtri:d/, *v. t.* (*mus.*) suonare a prima vista.

to **sightsee** /'saɪtsi:/ (*pass.* **sightsaw**, *p. p.* **sightseen**), (*fam.*) **A** *v. i.* fare il turista; essere un turista. **B** *v. t.* fare il giro turistico di (*un luogo, una città*).

sightseeing /'saɪtsi:ɪŋ/, *n.* giro turistico; visita ai monumenti. ● **s. tour**, giro turistico ▫ **to go s.**, visitare un luogo, una città; vederne le bellezze artistiche (*o* naturali).

sightseer /'saɪtsi:ə(r)/, *n.* visitatore; turista.

sightworthy /'saɪtwɜ:ðɪ/, *a.* degno d'esser visto.

sigil /'sɪdʒɪl/, *n.* (*raro*) ***1*** sigillo; suggello ***2*** sigillo; segno misterioso.

sigillaria /sɪdʒɪ'lɛərɪə/, *n.* (*paleont.*) sigillaria.

sigillate /'sɪdʒɪlət/, *a.* (*arte*: *di ceramica*) a disegni sovraimpressi.

Sigismund /'sɪgɪsmənd/, *n.* (*stor.*) Sigismondo.

sigma /'sɪgmə/, *n.* ***1*** sigma (*diciottesima lettera dell'alfabeto greco*) ***2*** (*zool.*) spicola tipo sigma.

sigmate /'sɪgmət/, *a.* a forma di sigma (*o* di «s»); sigmoide.

sigmatic /sɪg'mætɪk/, *a.* (*ling.*) sigmatico: **s. aorist**, aoristo sigmatico.

sigmoid /'sɪgmɔɪd/, *a.* e *n.* (*anat.*) sigmoideo: **s. colon**, colon sigmoideo.

sigmoiditis /sɪgmɔɪ'daɪtɪs/, *n.* (*med.*) sigmoidite.

Sigmund /'sɪgmənd/, *n.* (*mitol.*) Sigismondo.

sign /saɪn/, *n.* ***1*** segno; cenno; contrassegno; simbolo; presagio; indizio; sintomo: **the s. of the cross**, il segno della croce; **the signs of the zodiac**, i segni dello zodiaco; **a s. of approval**, un cenno d'approvazione; (*mat.*) **positive** [**negative**] **s.**, segno positivo [negativo]; **Greed is a s. of the times**, l'avidità è un segno dei tempi; **The dove is a s. of peace**, la colomba è il simbolo della pace; **a s. of spring**, un presagio di primavera; **the s. of a disease**, il sintomo di una malattia ***2*** impronta; traccia: **Deer signs were plentiful**, c'erano molte impronte di cervi; **There's no s. of John**, di John non c'è traccia ***3*** cartello (*stradale, ecc.*); insegna (*di negozio, ecc.*): **to put up at the s. of the White Hart**, alloggiare all'insegna del Cervo Bianco ***4*** (*autom.*) segnale: **road signs**, segnali stradali (*verticali*; *cfr.*

markers); (*collett.*) segnaletica (*verticale*); **warning signs**, segnali di pericolo (*per lo più triangolari*); **signs giving orders**, segnali di prescrizione (*o* di divieto: *per lo più circolari*) ***5*** (*pl.*) (*autom.*) segnaletica (*verticale*) ***6*** (*arc.*) miracolo; portento: (*Bibbia*) **He did signs and wonders**, operò miracoli e portenti. ● (*mil.*) **s. and countersign**, parola d'ordine (*domanda e risposta*) □ (*autom.*) **s. bridge**, tabellone segnalatore (*posto in alto, attraverso le corsie di marcia di un'autostrada*) □ **s.-in**, registrazione (*in un albergo, ecc.*); raccolta di firme (*per petizioni, ecc.*) □ **s. language**, linguaggio mimico dei sordomuti □ **s. maker**, fabbricante (*o* pittore) d'insegne □ (*leg.*) **s. manual**, firma autografa (*specialm. di un sovrano*) □ **a s. of good will**, una prova di buona volontà □ **s. painter**, pittore d'insegne (*di scritte su negozi, ecc.*) □ **s.-up**, di adesione; di arruolamento; (*sport*) d'ingaggio: **s.-up money**, premio d'ingaggio □ **s. writer**, grafico pubblicitario □ **s. writing**, grafica pubblicitaria □ **deaf-and-dumb signs**, segni usati dai sordomuti □ **to give sb. a s. to withdraw**, far cenno a q. di ritirarsi □ **inn s.**, insegna di locanda □ **to show signs**, dare segno: **The economy is showing signs of recovery**, l'economia sta dando segni di ripresa □ **traffic signs**, segnaletica stradale (*verticale*; *cfr.* **road markings**, *sotto* **marking**) □ (*astron.*) **zodiac s.**, segno dello zodiaco.

to **sign** /saɪn/, **A** *v. t.* ***1*** firmare; ratificare; sottoscrivere: **to s. a letter [a contract, a will]**, firmare una lettera [un contratto, un testamento]; **to s. a treaty**, ratificare un trattato; **to s. a petition**, sottoscrivere una petizione ***2*** indicare con un gesto: **to s. one's assent**, fare un gesto (*o* un cenno) d'assenso ***3*** (*specialm. sport*) ingaggiare; assumere; prendere (*fam.*) ***4*** (*relig.*) fare il segno della croce su (*q., specialm. un battezzando*). **B** *v. i.* ***1*** firmare: **S. here, please**, firmi qui! ***2*** fare un cenno; fare un gesto; dare un segnale: **He signed for me to go in**, mi fece cenno di entrare. **C** to **sign oneself**, *v. rifl.* ***1*** firmarsi ***2*** (*relig.*) segnarsi; farsi il segno della croce. ● **to s. a promotion**, ratificare una promozione □ **to s. a road intersection**, mettere la segnaletica a un incrocio stradale.

♦**sign away**, *v. t.* + *avv.* alienare, cedere, trasferire per iscritto: **to s. away an estate**, firmare il contratto di cessione di un bene immobile; **to s. away one's control of a territory**, cedere il controllo di un territorio □ (*fig.*) **to s. away one's freedom**, rinunciare alla libertà.

♦**sign for**, *v. i.* + *prep.* firmare per (*o* in segno di ricevuta di): **You should s. for the parcel**, (Lei) deve firmare per il pacco.

♦**sign in**, **A** *v. i.* + *avv.* ***1*** firmare il registro, registrarsi (*in un circolo, un albergo, ecc.*) ***2*** fare la firma di presenza; timbrare il cartellino all'entrata (*in ufficio, ecc.*) ***3*** iscriversi (*a un circolo, ecc.*) ***4*** (*sport*) firmare per l'ingaggio. **B** *v. t.* + *avv.* ***1*** registrare il nominativo di (*ospiti invitati a un circolo, ecc.*) ***2*** (*org. az.*) firmare la ricevuta di carico di (*merci*) ***3*** iscrivere (q.) a un circolo.

♦**sign off**, **A** *v. i.* + *avv.* ***1*** chiudere una lettera (*firmandola*) ***2*** licenziarsi ***3*** (*radio, TV*) chiudere le trasmissioni; dare la sigla di chiusura ***4*** (*fam. USA*) smettere di parlare; smetterla ***5*** (*elab.*) chiudere il colloquio. **B** *v. t.* + *avv.* ***1*** licenziarsi da (*un posto*); abbandonare (*un lavoro*) ***2*** (*di un medico*) dichiarare (q.) inabile al lavoro.

♦**sign on**, **A** *v. i.* + *avv.* ***1*** fare la firma; sottoscrivere un contratto; farsi assumere ***2*** (*mil.*) arruolarsi; fare la firma (*fam.*); (*naut.*) imbarcarsi ***3*** (*sport*) firmare per l'ingaggio; ingaggiarsi (*raro*) ***4*** (*ingl.*) iscriversi nelle liste di collocamento; firmare la disoccupazione (*fam.*); essere disoccupato: **How long has he been signing on?**, da quanto tempo è disoccupato? ***5*** (*radio, TV*) iniziare le trasmissioni; dare la sigla d'apertura. **B** *v. t.* + *avv.* ***1*** assumere (*personale, candidati, ecc.*) ***2*** (*mil.*) arruolare; (*naut.*) imbarcare (*marinai*) ***3*** (*sport*) ingaggiare □ **to s. on the dotted line**, fare la firma sulla riga punteggiata; (*fig. fam.*) accettare subito, incondizionatamente.

♦**sign out**, **A** *v. i.* + *avv.* ***1*** registrarsi alla partenza (*in albergo*) ***2*** firmare all'uscita (*da un luogo*); timbrare il cartellino all'uscita (*dal lavoro*). **B** *v. t.* + *avv.* ***1*** (*org. az.*) firmare la ricevuta di scarico di (*merce*) ***2*** annotare l'uscita di: **All documents must be signed out when they are taken out of my office**, si deve prendere nota di tutti i documenti che lasciano il mio ufficio □ **to s. out books from the library**, segnare i libri della biblioteca dati in prestito.

♦**sign over**, *V.* **sign away**.

♦**sign to**, *v. i.* + *prep.* fare cenno a (q.): **He signed to his secretary to hand over the contract to the customer**, fece cenno alla segretaria di passare il contratto al cliente.

♦**sign up**, **A** *v. i.* + *avv.* ***1*** fare la firma; impegnarsi per iscritto ***2*** (*mil.*) arruolarsi (*anche nella polizia*), fare la firma (*fam.*); (*naut.*) imbarcarsi: **to s. up for the army [navy]**, arruolarsi nell'esercito [in marina] ***3*** (*anche sport*) firmare l'ingaggio ***4*** iscriversi (*a un corso, una scuola, ecc.*). **B** *v. t.* + *avv.* ***1*** assumere; ingaggiare: **to s. up a singer [a soccer player]**, ingaggiare un cantante [un calciatore] ***2*** iscrivere (*studenti, ecc.*) ***3*** impegnare (*un cliente, un oratore, un personaggio*) per iscritto ***4*** (*mil.*) arruolare (*anche nella polizia*); (*naut.*) imbarcare (*marinai*).

signable /ˈsaɪnəbl/, *a.* ***1*** che si può firmare ***2*** da firmare; alla firma.

signal (1) /ˈsɪgnəl/, *n.* ***1*** segnale (*anche fig.*); segno d'intesa: **Signals are made with flags or lights**, i segnali si fanno con bandierine o con luci; **a danger s.**, un segnale di pericolo; **He gave the s. for advance**, diede il segnale dell'avanzata; **stop s.**, segnale d'arresto; (*autom.*) stop ***2*** (*pl.*) (*autom.*) segnaletica (*verticale*) ***3*** semaforo (*stradale*) ***4*** (*radio., TV*) segnale ***5*** (*sport*) segnalazione. ● (*autom.*) **signals above lanes**, segnaletica verticale (*in autostrada*) □ (*mil., naut.*) **s. book**, codice dei segnali □ (*ferr.*) **s. box**, cabina di manovra □ (*mil., USA*) **S. Corps**, Genio Radiotelegrafisti e Segnalatori □ (*naut.*) **s. lamp**, fanale di segnalazione □ **s. light**, segnalazione luminosa □ **s. rocket**, razzo di segnalazione □ (*naut.*) **s. station**, semaforo □ (*radio, TV*) **s. strength**, potenza del segnale □ (*ferr., USA*) **s. tower**, *V.* **s. box** □ (*ferr.*) **disk s.**, segnale a disco; disco □ **to display signals**, fare segnalazioni □ **storm s.**, segnale di tempesta □ **television s.**, segnale televisivo (*di un canale*) □ (*radio, TV*) **time s.**, segnale orario □ **traffic s.**, semaforo □ (*autom.*) **traffic signals**, segnaletica (*verticale*) □ (*ferr.*) **The s. is up**, il segnale è alzato; il disco segna rosso.

signal (2) /ˈsɪgnəl/, *a.* ***1*** (*form.*) segnalato; cospicuo; famoso; insigne; notevole; esemplare: **s. virtue**, segnalata virtù; **a s. success**, un notevole successo; **a s. punishment**, una punizione esemplare ***2*** (usato) per segnalazioni: **s. fires**, fuochi (di segnalazione).

to **signal** /ˈsɪgnəl/, **A** *v. t.* ***1*** segnalare; fare segnalazioni, fare segnali a (q.) ***2*** trasmettere (*un messaggio*) mediante segnali ***3*** (*fig.*) essere il segno di; segnare (*la fine di q.c., ecc.*) ***4*** (*sport*) segnalare. **B** *v. i.* fare segnali; fare segnalazioni.

to **signalize** /ˈsɪgnəlaɪz/, **A** *v. t.* ***1*** segnalare; distinguere; rendere illustre ***2*** mettere in evidenza; celebrare. **B** to **signalize oneself**, *v. rifl.* distinguersi.

signaller /ˈsɪgnələ(r)/, *n.* ***1*** (*tecn.*) segnalatore (*strumento*) ***2*** *V.* **signalman**.

signalling /ˈsɪgnəlɪŋ/, *n.* ***1*** (*mil., ferr., naut.*) segnalazione; sistema di segnalazioni: **visual s.**, segnalazione ottica ***2*** (*autom.*) segnaletica. ● (*tecn.*) **s. device**, segnalatore (*strumento*).

signally /ˈsɪgnəlɪ/, *avv.* segnatamente; cospicuamente; notevolmente. ● **to fail s.**, fallire clamorosamente.

signalman /ˈsɪgnlmən/, *n.* (*pl.* **signalmen**) (*ferr., mil., naut.*) segnalatore.

signalment /ˈsɪgnəlmənt/, *n.* (*USA*) (descrizione dei) dati segnaletici (*per es., di un ricercato dalla polizia*).

signatory /ˈsɪgnətrɪ, *USA* -tɔːrɪ/, *a.* e *n.* (*leg., comm., polit.*) firmatario.

signature /ˈsɪgnətʃə(r)/, *n.* ***1*** firma: **to affix one's s. on st.**, apporre la propria firma a, firmare q.c. ***2*** (*radio, TV,* = **s. tune**) sigla musicale (*d'una trasmissione*) ***3*** (*tipogr.*) segnatura ***4*** (*leg.*) vidimazione ***5*** (*mus.*) segnatura ***6*** (*arc.*) segno; marchio. ● (*leg.*) **s. by mark**, firma col segno di croce □ **to honour one's s.**, far onore alla propria firma □ (*mus.*) **key s.**, segnatura in chiave □ **to put one's s. on** (*o* **to**) **st.**, firmare q.c.; (*fig.*) accettare volentieri (*o* subito) q.c.; fare la firma a q.c. (*fam.*) □ (*mus.*) **time s.**, indicazione del tempo.

signboard /ˈsaɪnbɔːd/, *n.* cartello (pubblicitario), cartellone; insegna (*di negozio, ditta, ecc.*).

signer /ˈsaɪnə(r)/, *n.* chi firma; firmatario, firmataria.

signet /ˈsɪgnət/, *n.* sigillo. ● (*stor.*) **the s.**, il sigillo reale □ **s. ring**, anello con sigillo □ (*in Scozia*) **writer to the s.**, avvocato patrocinante nella «Court of Session» (*la più alta corte civile*).

significance /sɪgˈnɪfɪkəns/, **significancy** /sɪgˈnɪfɪkənsɪ/, *n.* ***1*** significato; senso ***2*** importanza; peso; portata, rilievo (*fig.*): **a decision of great s.**, una decisione di grande importanza; **the s. of oil**, l'importanza del petrolio; **The true s. of the new economic measures cannot be overestimated**, non si può sopravvalutare la reale portata dei nuovi provvedimenti economici. ● **with a glance of deep s.**, con un'occhiata assai espressiva (*o* significativa) □ **There is no s. in his eyes**, ha uno sguardo inespressivo (*o* che non dice niente).

significans /sɪgˈnɪfɪkænz/ (*lat.*), *n.* (*ling.*) significante.

significant /sɪgˈnɪfɪkənt/, *a.* ***1*** significativo: **a s. remark**, un'osservazione significativa; (*mat.*) **to the third s. figure**, alla terza cifra significativa ***2*** significante; eloquente; espressivo: **a s. look**, uno sguardo espressivo, eloquente ***3*** importante: **a s. event**, un avvenimento importante.

signification /sɪgnɪfɪˈkeɪʃn/, *n.* (*form.*) significato; senso.

significative /sɪgˈnɪfɪkətɪv, *USA* -eɪtɪv/, *a.* significativo. || **-ly**, *avv.*

significatum /sɪgnɪfɪˈkɑːtəm/ (*lat.*), *n.* (*ling.*) significato.

signified /ˈsɪgnɪfaɪd/, *n.* (*ling.*) significato.

signifier /ˈsɪgnɪfaɪə(r)/, *n.* (*ling.*) significante.

to **signify** /ˈsɪgnɪfaɪ/, *v. t.* e *i.* ***1*** significare; voler dire; annunciare; comunicare; esprimere; far sapere: **What does that s.?**, che cosa significa ciò?; **The chairman signified his intention to resign**, il presidente annunciò la sua intenzione di dimettersi; **to s. one's consent**, esprimere il proprio consenso ***2*** significare; avere importanza; importare: **It doesn't s.**, non ha importanza; non importa: **That error doesn't s.**, quell'errore non significa nulla ***3*** essere un segno di; dimostrare; denotare; rivelare: **His rags s. his poverty**, gli stracci di cui va vestito sono un segno della sua miseria ***4*** (*pop. USA*) fingere d'essere al corrente (*o* d'essere importante); darsi arie ***5*** (*pop. USA*) far casino; offendere; insultare.

signing /ˈsaɪnɪŋ/, *n.* ***1*** firma; atto della firma ***2*** (*sport*) giocatore ingaggiato; ingaggio: **our latest s.**, il nostro ultimo ingaggio. ● (*specialm. sport*) **s.-on**, ingaggio; firma d'ingaggio: **s.-on fee**, premio d'ingaggio.

signpost /ˈsaɪnpəʊst/, *n.* ***1*** (*autom.*) cartello indicatore; indicatore (*o* indicazione) stradale ***2*** (*fig.*) indicazione; guida.

to **signpost** /ˈsaɪnpəʊst/, *v. t.* ***1*** fornire (*una strada*) di segnaletica (verticale) ***2*** segnalare, indicare (*una località, ecc.*) con un cartello ***3*** (*fig.*) indicare (*la strada da fare, il metodo da seguire, ecc.*); indirizzare (q.). ● (*di strada*) **signposted**, munita di segnaletica verticale.

Sikh /siːk/, *a.* e *n.* sikh.

Sikhism /ˈsiːkɪzəm/, *n.* sikhismo.

silage /ˈsaɪlɪdʒ/, *n.* (*agric.*) ***1*** silaggio; insilamento ***2*** foraggio conservato in un silo.

to **silage** /ˈsaɪlɪdʒ/, *v. t.* (*agric.*) insilare.

silence /ˈsaɪləns/, *n.* silenzio: **in the s. of night**, nel silenzio della notte; **He listened in s.**, ascoltò in silenzio; **to keep [to break] the s.**, mantenere [rompere] il silenzio. ● **a dead s.**, un silenzio di tomba □ **to pass into s.**, esser passato sotto silenzio; cadere in oblio □ **to pass over st. in s.**, passare q.c. sotto silenzio □ **to put sb. to s.**, far tacere q. □ **to reduce sb. to s.**, ridurre al silenzio q. □ (*prov.*) **S. gives consent**, chi tace acconsente.

to **silence** /ˈsaɪləns/, *v. t.* far tacere; ridurre al silenzio; (*fig.*) far cessare, reprimere, metter fine a: **to s. one's opposers**, ridurre i propri oppositori al silenzio; **to s. a nest of machine-guns**, ridurre al silenzio un nido di mitragliatrici; **to s. the voice of conscience**, far tacere la voce della coscienza; **to s. complaints**, metter fine alle lagnanze.

silencer /ˈsaɪlənsə(r)/, *n.* ***1*** silenziatore (*di arma da fuoco*) ***2*** (*autom.*) silenziatore; marmitta.

silent /ˈsaɪlənt/, **A** *a.* ***1*** silenzioso; silente (*poet.*); taciturno; tacito; zitto: **He is always s.**, è sempre silenzioso; **s. longing**, tacito desiderio ***2*** (*fig., anche fon.*) muto: **a s. prayer**, una muta preghiera; **a s. film**, un film muto; **a s. letter**, una lettera muta (*che non si pronuncia*) ***3*** (*fig.*) silenzioso: (*polit.*) **the s. majority**, la maggioranza silenziosa. **B** *n.* (*fam.*) film muto. ● **to be s.**, tacere; far silenzio □ **to be s. about** (*o* **on, upon**), passar sotto silenzio; non parlare di; non toccare (*fig.*): **History is s. upon this fact**, la storia non ne parla; **The report was s. on this matter**, la relazione non toccò (*o* sorvolò su) questo argomento □ (*fin., USA*) **s. partner**, *V.* **sleeping partner** □ (*fam.*) **the s. service**, la marina militare □ **the s. system**, il sistema di obbligare al silenzio i carcerati □ (*leg.*) **s. vote**, voto segreto □ **to fall s.**, tacersi □ **to keep s.**, tacere; stare zitto □ **Keep s.!**, silenzio!; zitti! ‖ **-ly,** *avv.* ‖ **-ness**, *sost.*

Silenus /saɪˈliːnəs/, *n.* (*pl.* **Sileni**) (*mitol.*) Sileno.

silesia /saɪˈliːzɪə, -ʒə/, *n.* (*ind. tess.*) silesia (*tessuto per fodere*).

Silesia /saɪˈliːzɪə, -ʒə/, *n.* (*geogr.*) Slesia.

Silesian /saɪˈliːzɪən, -ʒn/, *a.* e *n.* (abitante, nativo) della Slesia.

silex /ˈsaɪlɛks/, *n.* ***1*** vetro termoresistente; pirex ***2*** (*miner.*) silice.

silhouette /sɪluːˈɛt/, *n.* silhouette; siluetta; contorno; profilo; sagoma: **a car with a low s.**, un'automobile dal profilo basso. ● **in s.**, di profilo, in controluce.

to **silhouette** /sɪluːˈɛt/, **A** *v. t.* ***1*** (*anche fotogr.*) disegnare (*o* rappresentare, ritrarre) di profilo e controluce ***2*** proiettare su uno sfondo. **B** *v. i.* stagliarsi; profilarsi.

silica /ˈsɪlɪkə/, *n.* (*chim., miner.*) silice; anidride silicica. ● (*chim.*) **s. gel**, gel di silice; silicagel □ **s. glass**, vetro di quarzo.

silicate /ˈsɪlɪkeɪt/, *n.* (*chim., miner.*) silicato.

silication /sɪlɪˈkeɪʃn/, *n.* (*geol.*) silicizzazione.

siliceous /sɪˈlɪʃəs/, *a.* (*geol.*) siliceo.

silicic /sɪˈlɪsɪk/, *a.* (*chim.*) silicico: **s. acid**, acido silicico.

siliciferous /sɪlɪˈsɪfərəs/, *a.* (*chim.*) che contiene (*o* che produce) silice (*o* silicio).

silicification /sɪlɪsɪfɪˈkeɪʃn/, *n.* (*geol.*) silicizzazione.

to **silicify** /sɪˈlɪsɪfaɪ/, *v. t.* e *i.* (*geol.*) silicizzare, silicizzarsi.

silicious /sɪˈlɪʃəs/, *a.* (*geol.*) siliceo.

silicium /sɪˈlɪʃɪəm/, *n.* (*raro*) *V.* **silicon**.

silicle /ˈsɪlɪkl/, *n.* (*bot.*) siliquetta.

silicon /ˈsɪlɪkən, -ɒn/, *n.* ***1*** (*chim.*) silicio ***2*** (*elab.*, = **s. chip**) tessera al silicio; chip. ● (*elettron.*) **s. diode**, diodo al silicio □ **s. dioxide**, anidride silicica.

silicone /ˈsɪlɪkəʊn/, *n.* (*chim., ind.*) silicone. ● **s. rubber**, gomma al silicone.

silicosis /sɪlɪˈkəʊsɪs/, *n.* (*pl.* **silicoses**) (*med.*) silicosi.

siliqua /ˈsɪlɪkwə/, *n.* (*pl.* **siliquae**) *V.* **silique**.

silique /sɪˈliːk/, *n.* (*bot.*) siliqua.

siliquose /ˈsɪlɪkwəʊs/, **siliquous** /ˈsɪlɪkwəs/, *a.* (*bot.*) siliquiforme.

silk /sɪlk/, **A** *n.* ***1*** seta ***2*** tessuto di seta ***3*** (*pl.*) abiti di seta; sete ***4*** (*pl.*) (*ippica*) colori di scuderia (*di un fantino*) ***5*** filo (*di ragnatela*) ***6*** (*bot.*) barba (*del granturco*). **B** *a. attr.* di seta: **s. stockings**, calze di seta. ● (*econ.*) **s. district**, regione sericola □ **s. flowers**, fiori finti □ **s. goods**, seterie □ **s. hat**, cappello a cilindro; cilindro □ **s. mill**, setificio; filanda □ **s. moth**, farfalla del baco da seta □ **s. reeling**, filatura della seta □ **s. screen**, matrice per serigrafia □ **s.-screen**, serigrafico: **s.-screen printing**, stampa serigrafica; serigrafia □ **s. spinner**, filatore di seta; setaiolo □ **s. thrower**, torcitore (del filato) di seta □ **s. waste**, cascami di seta □ **s. weaver**, tessitore di seta; setaiolo □ **artificial s.**, seta artificiale □ **raw s.**, seta greggia □ **shot s.**, seta cangiante □ **spun s.**, seta filata □ (*leg.*) **to take s.**, diventare *«King's* (*o Queen's*) *Counsel»* (*titolo onorifico di avvocati patrocinanti, che indossano una toga di seta*) □ (*prov.*) **You can't make a s. purse out of a sow's ear**, non si può cavar sangue da una rapa.

silken /ˈsɪlkən/, *a.* ***1*** serico; di seta: **a s. veil**, un velo di seta ***2*** vestito di seta ***3*** (*fig.*) di seta; soffice; delicato; morbido; insinuante; suadente: **s. hair**, capelli di seta; **a s. caress**, una carezza delicata; **a s. touch**, un tocco delicato; **s. flattery**, adulazione insinuante.

silkgrower /ˈsɪlkgrəʊə(r)/, *n.* sericoltore.

silkgrowing /ˈsɪlkgrəʊɪŋ/, *n.* sericoltura.

silkiness /ˈsɪlkɪnəs/, *n.* ***1*** aspetto serico; apparenza di seta ***2*** (*fig.*) delicatezza; lucentezza; morbidezza ***3*** (*fig. spreg.*) mellifluità; insincerità.

to **silk-screen** /ˈsɪlkskriːn/, *v. t.* serigrafare.

silkworm /ˈsɪlkwɜːm/, *n.* (*zool., Bombyx mori*) baco da seta; filugello. ● **s. breeder**, bachicoltore; sericoltore □ **s. breeding**, bachicoltura; sericoltura □ **s. house** (*o* **s. nursery**), bigattiera □ **s. rot**, calcino (*malattia*).

silky /ˈsɪlkɪ/, *a.* ***1*** di seta; serico: **s. wisps**, ciocche di seta ***2*** (*fig.*) delicato; liscio; lucente; morbido; soave: **s. manners**, maniere delicate; delicatezza di modi ***3*** (*fig. spreg.*) insinuante; mellifluo; insincero: **a s. voice**, una voce melliflua. ● **s. wool**, lana setosa.

sill /sɪl/, *n.* ***1*** (*di finestra*) davanzale ***2*** (*di porta*) soglia ***3*** (*edil.*) soglia; soletta (*di cemento, ecc.*) ***4*** (*geol.*) sill; filone-strato ***5*** (*geol.*) soglia sottomarina ***6*** (*ind. min.*) suola (*della galleria o del quadro*).

sillabub /ˈsɪləbʌb/, *n. V.* **syllabub**.

silly /ˈsɪlɪ/, **A** *a.* ***1*** sciocco; stupido; imbecille; scemo: **a s. remark**, un'osservazione sciocca ***2*** futile; frivolo; fatuo ***3*** (*fam.*) fuori di sé; stordito: **to knock sb. s.**, stordire q. con un pugno ***4*** (*raro*) matto; pazzo. **B** *n.* (= **s.-billy**) (*fam.*) sciocco; sciocchino: **You s.!**, sciocchino! ● **the s. season**, la stagione morta (*per i giornali*: *agosto e settembre*) □ **to bore sb. s.**, stufare a morte q. □ **to drink oneself s.**, bere a crepapelle □ **Don't be s.!**, non dire scemenze!; non fare lo stupido! ‖ **-ily**, *avv.* ‖ **-iness**, *sost.*

silo /ˈsaɪləʊ/, *n.* (*pl.* **silos**) ***1*** (*agric.*) silo ***2*** (*mil.*) base sotterranea (*di missili teleguidati*).

to **silo** /ˈsaɪləʊ/, *v. t.* (*agric.*) insilare.

silt /sɪlt/, *n.* (*geol.*) silt; limo; sedimento di sabbia (*o* fango).

to **silt** /sɪlt/, **A** *v. t.* (*di solito* **to s. up**) insabbiare; ostruire. **B** *v. i.* (*di un porto, ecc.*) insabbiarsi; ostruirsi.

silting /ˈsɪltɪŋ/, *n.* ***1*** (*geol.*) deposizione di limo ***2*** (*ind. costr.*) interramento. ● **s.-up**, insabbiamento; ostruzione (*di un porto, ecc.*).

siltstone /ˈsɪltstəʊn/, *n.* (*geol.*) siltite.

silty /ˈsɪltɪ/, *a.* limaccioso; melmoso; fangoso.

Silurian /saɪˈlʊərɪən, -ljʊ-, *USA* sɪ-/, *a.* (*geol.*) siluriano. ● **the S.**, il Siluriano.

silurids /saɪˈlʊərɪd, -ljʊ-, *USA* sɪ-/, *n. pl.* (*zool.*) siluridi.

silurus /saɪˈlʊərəs, -ljʊ-, *USA* sɪ-/, *n.* (*zool.*) siluro.

silvan /ˈsɪlvən/, *a.* (*lett.*) silvano; silvestre.

silver /ˈsɪlvə(r)/, **A** *n.* ***1*** (*chim.*) argento ***2*** argenteria; posate d'argento; oggetti d'argento: **table s.**, argenteria da tavola ***3*** monete d'argento: **a bag of s.**, un sacchetto di monete d'argento ***4*** color argento ***5*** (*fotogr.*) sale d'argento ***6*** (*sport*) l'argento; medaglia d'argento. **B** *a. attr.* d'argento; argenteo; argentino: **a s. coin**, una moneta d'argento; **the s. moon**, l'argentea luna; **the s. age**, l'età argentea (*della letteratura latina*); **a s. voice**, una voce argentina. ● (*fotogr.*) **s. bath**, bagno di nitrato d'argento □ (*bot.*) **s. birch** (*Betula verrucosa*), betulla bianca □ (*pop. USA*) **s. bullet**, soluzione miracolosa; toccasana □ (*econ.*) **s. bullion**, argento monetabile □ **s. cleaner**, apparecchio per pulire l'argenteria □ (*bot.*) **s. fir** (*Abies alba*), abete bianco □ **s. foil**, foglia (*o* lamina) d'argento; (*anche*) stagnola □ (*zool.*) **s. fox** (*Vulpes fulva*), volpe argentata □ **s. frost**, *V.* **s. thaw** □ **s.-gilt**, argento dorato □ **s.-grey**, grigio argento □ (*miner.*) **s. glance**, argentite □ **s. hair**, capelli argentei □ **s.-haired**, dai capelli argentei □ (*metall.*) **s. iron**, ghisa grigia □ **s. leaf**, foglia (*o* lamina) d'argento □ (*fig.*) **s. lining**, lato buono; aspetto positivo (*V. prov. in fondo a* **cloud**) □ **s. medal**, medaglia d'argento □ **s. paper**, stagnola □ **s. plate**, silverplate; oggetti (*vasellame, ecc.*) placcati in argento □ **s.-plated**, placcato d'argento □ **s.-plating**, argentatura; placcatura d'argento □ (*econ.*) **s. standard**, monometallismo argenteo □ (*fig. fam.*) **s. stick**, ufficiale delle guardie reali (*in G.B.*) □ (*Can.*) **s. thaw**, ghiaccio vetroso argenteo □ (*fig. lett.*) **s. tongue**, eloquenza □ (*lett.*) **s.-tongued**, assai eloquente □ **s. wedding**, nozze d'argento □ (*fig.*) **to be born with a s. spoon in one's mouth**, essere nato con la camicia □ **nickel s.**, argentana; argentone □ **quick s.**, argento vivo; mercurio □ **wrought s.**, argento battuto.

to **silver** /ˈsɪlvə(r)/, **A** *v. t.* ***1*** argentare ***2*** (*fig.*) inargentare: **trees silvered with snow**, alberi inargentati di neve. **B** *v. i.* inargentarsi (*anche dei capelli*).

silverfish /ˈsɪlvəfɪʃ/, *n.* (*zool.*) ***1*** pesciolino d'argento; lepisma (*vive nei libri*) ***2*** (*Carassius auratus*) carassio dorato (*pesce*) ***3*** (*Tarpon atlanticus*) tarpone atlantico (*pesce*).

silveriness /ˈsɪlvərɪnəs/, *n.* aspetto argenteo.

silvering /ˈsɪlvərɪŋ/, *n.* ***1*** argentatura ***2*** (*fig.*) inargentatura.

to **silver-plate** /ˈsɪlvəpleɪt/, *v. t.* placcare d'argento; argentare.

silverpoint /ˈsɪlvəpɔɪnt/, *n.* (*arte*) punta secca.

silversmith /ˈsɪlvəsmɪθ/, *n.* argentiere.

silverware /ˈsɪlvəwɛə(r)/, *n.* argenteria; vasellame d'argento.

silverweed /ˈsɪlvəwiːd/, *n.* (*bot., Potentilla anserina*) argentina; anserina.

silvery /ˈsɪlvərɪ/, *a.* ***1*** argenteo: **the s. light of the moon**, l'argenteo raggio della luna ***2*** argentino: **a s. voice**, una voce argentina.

silvicultural /sɪlvɪˈkʌltʃərəl/, *a.* della selvicoltura.

silviculture /ˈsɪlvɪkʌltʃə(r)/, *n.* selvicoltura, silvicoltura.

silviculturist /sɪlvɪˈkʌltʃərɪst/, *n.* selvicoltore, silvicoltore.

sima /ˈsaɪmə/, *n.* (*geol.*) sima.

simian /ˈsɪmɪən/, (*zool.*) **A** *a.* scimmiesco; simile a scimmia. **B** *n.* scimmia.

similar /ˈsɪmələ(r)/, **A** *a.* simile; similare; analogo. **B** *n.* (*raro*) cosa (*o* persona) simile. || **-ly**, *avv.*

similarity /sɪməˈlærətɪ/, *n.* **1** somiglianza; rassomiglianza; similarità; analogia: **s. of tastes**, somiglianza di gusti **2** analogia; caratteristica comune.

simile /ˈsɪməlɪ/, *n.* (*retor.*) similitudine.

similitude /sɪˈmɪlɪtjuːd, *USA* -tuːd/, *n.* **1** somiglianza; rassomiglianza; similarità **2** (*retor., mat.*) similitudine.

simmer /ˈsɪmə(r)/, *n.* (*solo al sing.*) lenta ebollizione. ● (*cucina*) **to bring to a s.**, far sobbollire □ **to keep the water at a s.**, far bollire l'acqua lentamente.

to **simmer** /ˈsɪmə(r)/, **A** *v. i.* **1** bollire lentamente; sobbollire **2** (*fig.*) ribollire; fremere: **to s. with anger**, ribollire di rabbia **3** (*fam.*) scoppiare dal caldo. **B** *v. t.* far bollire lentamente; far sobbollire. ● **to s. down**, smettere di bollire; (*di una zuppa, ecc.*) ridursi a forza di sobbollire; (*fig.*) sbollire, calmarsi.

simnel(-cake) /ˈsɪmnl(keɪk)/, *n.* dolcetto con canditi, uva passa, ecc., ricoperto di marzapane (*per Natale, Pasqua, ecc.*).

Simon /ˈsaɪmən/, *n.* Simone.

simoniac /sɪˈməʊnɪæk/, *n.* simoniaco.

simoniacal /saɪməˈnaɪəkl/, *a.* simoniaco. || **-ly**, *avv.*

simonist /ˈsaɪmənɪst/, *V.* **simoniac**.

simony /ˈsaɪmənɪ/, *n.* (*relig., stor.*) simonia.

simoom /sɪˈmuːm/, **simoon** /sɪˈmuːn/, *n.* simun (*vento del deserto caldo e secco*).

simp /sɪmp/, *n.* (*fam. USA*) sempliciotto; babbeo; tonto.

simper /ˈsɪmpə(r)/, *n.* sorriso affettato (*o* melenso, sciocco).

to **simper** /ˈsɪmpə(r)/, *v. i.* sorridere affettatamente (*o* in modo melenso, scioccamente). ● **to s. one's consent**, acconsentire (*o* annuire) con un sorriso sciocco.

simperer /ˈsɪmpərə(r)/, *n.* chi sorride scioccamente; individuo lezioso.

simperingly /ˈsɪmpərɪŋlɪ/, *avv.* leziosamente.

simple /ˈsɪmpl/, **A** *a.* **1** semplice; sobrio; disadorno; sincero; schietto; ingenuo; spontaneo; naturale; facile; alla buona; umile: **a s. problem**, un problema semplice; **a s. soldier**, un soldato semplice; **s. tastes**, gusti semplici; **s. folk**, gente semplice (*o* alla buona); **a s. dress**, un vestito semplice, disadorno; (*gramm.*) **a s. sentence**, un periodo semplice; (*mat.*) **a s. fraction**, una frazione semplice; **by a s. majority**, a maggioranza semplice **2** (*spreg.*) semplice; ignorante; inesperto; poco accorto; credulone; sciocco; stolto: **He's so s. that he believes everything he is told**, è così sciocco da creder tutto quello che gli si dice **3** (= **pure and s.**) puro e semplice; vero e proprio: **It's s. madness!**, è pura e semplice follia **4** (*chim.*) elementare **5** (*mat.*) lineare: **s. equation**, equazione lineare (*o* di primo grado) **6** (*med.*) semplice: **a s. fracture**, una frattura semplice. **B** *n.* (*arc.*) **1** sempliciotto; sprovveduto **2** semplice; erba medicinale. ● **s.-hearted**, candido; schietto; sincero □ (*fin., rag.*) **s. interest**, interesse semplice □ (*fam.*) **the s. life**, la vita semplice □ (*fam.*) **a s. lifer**, uno che cerca di vivere con semplicità □ (*mecc.*) **s. machine**, macchina semplice □ **s. manners**, modo di fare semplice; maniere alla buona □ **s.-minded**, credulone, ingenuo, sprovveduto, sempliciotto; *V.* **s.-hearted** □ **s.-mindedness**, credulità, ingenuità, sempliciotneria; candore, schiettezza, sincerità □ **s.-natured**, d'indole semplice; semplice (*non complicato*) □ **a s. soul**, un'anima candida; uno spirito semplice □ (*fam.*) **It's that s.!**, è semplice!; le cose stanno così!

simpleton /ˈsɪmpltən/, *n.* (*arc.*) semplicione; sempliciotto; credulone.

simplex /ˈsɪmplɛks/, **A** *n.* **1** (*mat.*) simplesso **2** (*ling.*) parola semplice. **B** *a. attr.* (*tecn., scient.*) simplex: **s. channel**, canale simplex.

simplicity /sɪmˈplɪsətɪ/, *n.* **1** semplicità; sobrietà (*nel vestire, ecc.*); candore; schiettezza; ingenuità; naturalezza **2** (*spreg.*) ingenuità eccessiva; credulità, stoltezza. ● (*fam.*) **It is s. itself**, è la cosa più semplice del mondo.

simplification /sɪmplɪfɪˈkeɪʃn/, *n.* semplificazione.

to **simplify** /ˈsɪmplɪfaɪ/, *v. t.* semplificare.

simplism /ˈsɪmplɪzəm/, *n.* semplicismo.

simplistic /sɪmˈplɪstɪk/, *a.* semplicistico. || **-ally**, *avv.*

simply /ˈsɪmplɪ/, *avv.* **1** semplicemente; con semplicità; sobriamente; schiettamente: **She was dressed s.**, era vestita in modo semplice (*o* sobrio) **2** proprio; del tutto; veramente: **I'm afraid I s. don't know**, temo proprio di non saperlo; **His English is s. awful**, il suo inglese è veramente pessimo **3** soltanto; solo: **I did it s. because I couldn't help it**, l'ho fatto solo perché non potevo farne a meno.

simulacrum /sɪmjʊˈleɪkrəm/, *n.* (*arc.*) (*pl.* **simulacra, simulacrums**) simulacro (*anche fig.*): **a s. of virtue**, un simulacro di virtù.

simulant /ˈsɪmjʊlənt/, *a.* (*biol.*) simile (a): **stamens s. of petals**, stami simili a petali (*o* petaliformi).

to **simulate** /ˈsɪmjʊleɪt/, *v. t.* **1** simulare; fingere **2** imitare; assumere l'aspetto di; mimetizzarsi con: **This material simulates leather**, questo materiale imita il cuoio; **The insect simulated a twig**, l'insetto assunse l'aspetto di un ramoscello; **The chameleon simulates its surroundings**, il camaleonte si mimetizza con l'ambiente **3** (*tecn.*) simulare, riprodurre (*un rumore, condizioni di vita, ecc.*).

simulated /ˈsɪmjʊleɪtɪd/, *a.* simulato; finto: **s. sale**, vendita simulata.

simulation /sɪmjʊˈleɪʃn/, *n.* **1** simulazione; finzione; finta: (*leg.*) **s. of offence**, simulazione di reato **2** (*elab., mat., ric. op., stat.*) simulazione: **s. language**, linguaggio di simulazione; **s. techniques**, tecniche di simulazione.

simulator /ˈsɪmjʊleɪtə(r)/, *n.* **1** (*aeron., miss.*) simulatore (*di volo*) **2** (*autom.*) simulatore (*del traffico*).

simulcast /ˈsɪmlkɑːst, *USA* ˈsaɪmlkæst/, *n.* (*radio, TV*) trasmissione simultanea.

to **simulcast** /ˈsɪməlkɑːst, *USA* ˈsaɪmlkæst/ (*pass.* e *p. p.* **simulcast** *o* **simulcasted**), *v. t.* (*radio, TV*) trasmettere in simultanea.

simultaneity /sɪmltəˈniːətɪ, *USA* saɪm-/, *n.* simultaneità.

simultaneous /sɪmlˈteɪnɪəs, *USA* saɪm-/, *a.* simultaneo: **s. translation**, traduzione simultanea. ● (*radio, TV*) **s. broadcast**, trasmissione simultanea. || **-ly**, *avv.* || **-ness**, *sost.*

sin /sɪn/, *n.* **1** peccato (*anche fig.*); fallo, colpa: (*relig.*) **original** [**venial**] **sin**, peccato originale [veniale]; **the seven deadly sins**, i sette peccati capitali; **sin of gluttony**, peccato di gola; **It's a sin having to watch without taking part in the game**, è un peccato dover stare a guardare senza poter prendere parte al gioco **2** (*fig.*) offesa; errore; peccato (*fig.*): **a sin against good taste**, un'offesa al buongusto. ● **sin-offering**, sacrificio espiatorio □ (*fam.*) **sin tax**, imposta sui prodotti voluttuari □ **sb.'s besetting sin**, il peccato in cui q. incorre più spesso □ (*scherz.*) **for my sins!**, per scontare i miei peccati (*fig.*) □ **to forgive sins**, rimettere i peccati □ (*arc.*) **to live in sin**, vivere nel peccato (*in concubinaggio*); essere pubblici peccatori □ (**as**) **ugly as sin**, brutto come il peccato □ (*Bibbia*) **Let him that is without sin among you, cast the first stone**, chi di voi è senza peccato scagli la prima pietra.

to **sin** /sɪn/, *v. i.* peccare; macchiarsi d'una colpa. ● **to sin against God**, peccare contro Dio □ **to sin against good taste**, offendere il buongusto □ **to sin against one's principles**, venir meno ai propri principi.

Sinaitic /saɪnɪˈɪtɪk, -niːˈɪt-/, *a.* (*geogr., relig.*) sinaitico; del monte Sinai.

sinanthropus /sɪnˈænθrəpəs/, *n.* (*antropol.*) sinantropo.

sinapism /ˈsɪnəpɪzəm/, *n.* (*med.*) senapismo.

since /sɪns/, **A** *avv.* **1** da allora; da allora in poi; dopo; di poi: **He left last Monday and I haven't seen him s.**, partì lunedì scorso e non l'ho rivisto da allora; **He was injured a year ago but he's s. fully recovered**, rimase ferito un anno fa ma si è poi completamente ristabilito **2** (*raro*) fa; or sono: **He disappeared many years s.**, scomparve molti anni fa. **B** *prep.* (*di tempo*) da; da quando; a partire da: **I've been working s. six o'clock**, lavoro dalle sei; **I've known him s. 1992**, lo conosco dal 1992; **It's a long time s. dinner**, è passato un bel po' di tempo dal pranzo; **I've eaten nothing s. yesterday**, non ho mangiato (nulla) da ieri; non mangio da ieri; **s. Sunday**, da domenica; **s. your last letter**, dalla tua ultima lettera; **s. seeing you**, da quando ti vidi; dall'ultima volta che ti ho visto. **C** *cong.* **1** da quando; dacché: **What have you been doing s. we met?**, che cosa hai fatto da quando (*o* dall'ultima volta che) c'incontrammo?; **s. we parted**, da quando ci siamo lasciati **2** poiché; dacché; giacché; siccome: **S. you have come late, you'll have to wait longer**, poiché sei arrivato in ritardo, dovrai aspettare di più; **S. he was king, he could do no wrong**, siccome era il re, non si ammetteva che potesse sbagliare. ● **s. that is so**, stando così le cose □ **s. then**, da allora □ **s. now**, da adesso (in avanti) □ **ever s.**, da allora; da allora in poi: **We met in 1992 and have been friends ever s.**, ci incontrammo nel 1992 e da allora siamo rimasti amici □ **long s.**, molto tempo fa; da molto tempo, da un pezzo: **I've long s. forgiven him**, l'ho perdonato da un pezzo □ **a more dangerous, s. unknown, foe**, un nemico pericoloso tanto più perché ignoto □ **not long s.**, non molto tempo fa; poc'anzi □ **How long is it s. I last saw you?**, quant'è che non ti vedo? □ (*iron.*) **S. when have you been a moralist?**, da quando in qua sei un moralista? □ **The 1899-1901 famine in India was unlike any other famine, before or s.**, la carestia del 1899-1901 in India fu la peggiore di tutte, quelle precedenti e le successive.

sincere /sɪnˈsɪə(r)/, *a.* sincero; schietto; franco; genuino: **s. affection**, affetto sincero; **a s. statement**, una dichiarazione franca.

sincerely /sɪnˈsɪəlɪ/, *avv.* sinceramente; francamente; onestamente. ● (*nelle lettere*) **Yours s.**, cordiali saluti.

sincerity /sɪnˈserətɪ/, *n.* sincerità; schiettezza; franchezza; onestà. ● **in all s.**, con tutta sincerità; francamente.

sinciput /ˈsɪnsɪpʌt/, *n.* (*pl.* **sinciputs, sincipita**) (*anat.*) sincipite.

sine (**1**) /saɪn/, *n.* (*mat.*) seno. ● (*mat.*) **s. curve**, sinusoide □ (*mat.*) **s. function**, funzione sinusoidale □ **s.-shaped**, sinusoidale □ (*fis.*) **s. wave**, onda sinusoidale.

sine (**2**) /ˈsaɪnɪ/ (*lat.*), *avv.* senza. ● **s. die**, sine die; a tempo indeterminato; a data da stabilirsi □ **s. qua non**, sine qua non; condizione essenziale.

sinecure /ˈsɪnɪkjʊə(r), ˈsaɪ-/, *n.* sinecura.

sinecurism /ˈsɪnɪkjʊərɪzəm, ˈsaɪ-/, *n.* consuetudine (*o* pratica, sistema) di conferire sinecure.

sinecurist /ˈsɪnɪkjʊərɪst, ˈsaɪ-/, *n.* chi gode di una sinecura.

sinew /ˈsɪnjuː/, *n.* **1** (*anat.*) tendine; nervo **2** (*spesso pl.*) (*fig.*) nerbo; energia; forza; vigore; gagliardia: **moral s.**, vigore morale **3** (*di carne d'animale macellato*; *o lett.*) muscolo.

to **sinew** /ˈsɪnjuː/, *v. t.* (*poet.*) rafforzare; fortificare; sostenere.

sinewiness /ˈsɪnjuːɪnəs/, *n.* **1** muscolosità; forza; vigore **2** fibrosità (*di carne d'animale macellato*).

sinewless /ˈsɪnjuːləs/, *a.* **1** senza tendini **2** (*fig.*) senza nerbo; senza vigore; fiacco; debole.

sinewy /ˈsɪnjuːɪ/, *a.* ***1*** nerboruto; muscoloso; gagliardo; forte; vigoroso: **s. shoulders**, spalle muscolose; **a s. style**, uno stile vigoroso ***2*** (*di carne d'animale macellato*) fibroso; tiglioso.

sinful /ˈsɪnfl/, *a.* peccaminoso; colpevole; immorale. || **-ly**, *avv.* || **-ness**, *sost.*

to **sing** /sɪŋ/ (*pass.* **sang**, *p. p.* **sung**), *v. t.* e *i.* ***1*** cantare; celebrare; descrivere in versi: **to s. a song**, cantare una canzone; **Parrots cannot s.: they talk**, i pappagalli non cantano: parlano; **The crickets [the frogs] were singing**, i grilli [le rane] cantavano; **to s. sb.'s praises**, cantare le lodi di q.; **«Arms and the man I s. ...»**, «canto l'armi e l'eroe...» ***2*** (*di un bollitore*) fischiare; (*di un bricco, ecc.*) borbottare, brontolare ***3*** (*di insetti*) ronzare ***4*** (*delle orecchie*) ronzare; fischiare: **My ears are singing**, mi ronzano le orecchie ***5*** (*del vento, ecc.*) fischiare: **The bullet sang past my head**, la pallottola mi fischiò vicino alla testa ***6*** (*di parole, ecc.*) risuonare; echeggiare: **His words are still singing in my ears**, le sue parole mi risuonano ancora nelle orecchie ***7*** (*relig.*) cantare: **to s. mass**, cantare messa ***8*** (*pop. USA*) cantare (*fig.*); soffiare, fare una soffiata (*pop.*). ● (*fig.*) **to s. another song** (*o* **tune**), cambiar registro; abbassare la cresta □ **to s. by ear**, cantare a orecchio □ **to s. in tune [out of tune]**, cantare intonato [stonato] □ **to s. small**, *V.* **sing low** □ **to make sb.'s heart s.**, far esultare q.

♦**sing along**, *v. i.* + *avv.* mettersi a cantare (*con il cantante*); unirsi al canto; fare coro.

♦**sing away**, **A** *v. i.* + *avv.* cantare; continuare a cantare. **B** *v. t.* + *avv.* scacciare, liberarsi di (q.c.) cantando: **to s. away one's troubles**, scacciare i pensieri funesti cantando.

♦**sing in**, *v. t.* + *avv.* salutare (*o* celebrare) con canti: **to s. the New Year in**, salutare con canti l'anno nuovo.

♦**sing low**, *v. i.* + *avv.* ***1*** cantare a bassa voce ***2*** (*fig.*) abbassare la cresta; fare pio pio (*fam.*); scendere dal pero (*fig., tosc.*).

♦**sing out**, **A** *v. i.* + *avv.* ***1*** cantare a squarciagola (*o* ad alta voce) ***2*** gridare; chiamare: **When you're ready to go, s. out!**, quando sei pronto per andare, chiama! **B** *v. t.* + *avv.* gridare (dire, annunciare, ecc.) ad alta voce: **to s. out a warning**, gridare un avvertimento; **The butler sang out the names of the guests**, il maggiordomo annunciava gli ospiti a gran voce □ **to s. one's heart out**, cantare gioiosamente e a gran voce □ **to s. the Old Year out**, salutare con canti la fine dell'anno (*o* l'anno vecchio).

♦**sing to**, *v. i.* + *prep.* ***1*** (*mus.*) cantare accompagnandosi con (*uno strumento*); cantare a: **to s. to the piano**, cantare al pianoforte ***2*** cantare davanti a: **to s. to a lot of people**, cantare davanti a molta gente □ **to s. sb. to sleep**, fare addormentare q. cantando □ **to s. a baby to sleep**, ninnare un bimbo.

♦**sing together**, *v. i.* + *avv.* cantare insieme (*o* in coro).

♦**sing up**, *v. i.* + *avv.* cantare più forte (*o* in tono più alto).

singable /ˈsɪŋəbl/, *a.* cantabile; facile da cantare.

sing-along /ˈsɪŋəlɒŋ, *USA* -lɔːŋ/, *n.* coro (*del pubblico che si unisce al cantante*).

singe /sɪndʒ/, *n.* bruciacchiatura; bruciatura superficiale; strinatura.

to **singe** /sɪndʒ/ (*p. pres.* **singeing**), **A** *v. t.* ***1*** bruciacchiare; bruciare (superficialmente); strinare: **You 've singed your jacket**, ti sei bruciato la giacca; **to s. a fowl**, strinare un pollo; **to have one's hair singed**, farsi bruciare le punte dei capelli (*per eliminare le doppie punte*) ***2*** (*fig.*) intaccare; rovinare: **to s. one's reputation**, rovinarsi la reputazione. **B** *v. i.* bruciarsi (*superficialmente*); bruciacchiarsi; strinarsi: **Your dress is singeing**, ti si strina il vestito. ● (*fig.*) **to s. one's feathers** (*o* **wings**), scottarsi; lasciarci le penne.

singer /ˈsɪŋə(r)/, *n.* ***1*** cantante; cantore; cantatore, cantatrice ***2*** uccello canoro ***3*** (*arc.* o *lett.*) cantore; poeta ***4*** (*pop. USA*) spia; informatore della polizia.

Singhalese /sɪŋəˈliːz, -ŋhə-/, (*invar. al pl.*) *V.* **Sinhalese**.

singing /ˈsɪŋɪŋ/, *n.* ***1*** canto; il cantare: **to study s.**, studiare canto ***2*** ronzio: **I have a s. in my ears**, sento un ronzio nelle orecchie ***3*** (*del vento, ecc.*) fischio. ● **s. bird**, uccello canoro □ **s. lesson**, lezione di canto □ **s. teacher**, maestro di canto □ **s. tuition**, insegnamento del canto.

single /ˈsɪŋgl/, **A** *a.* ***1*** singolo; solo; semplice; individuale; unico; solitario: (*bot.*) **s. flower**, fiore semplice; **a s. tree**, un solo albero; un albero solitario; **They were inspired by a s. purpose**, erano ispirati da un unico proposito; **a s.-track railway**, una ferrovia a binario unico (*o* a un solo binario); (*econ.*) **the European S. Market**, il Mercato Unico Europeo ***2*** celibe; scapolo: **a s. man**, un uomo celibe; uno scapolo; **to remain s.**, rimanere celibe ***3*** nubile: **a s. woman**, una donna nubile; una zitella ***4*** (*fig. raro*) schietto; sincero; leale; onesto ***5*** (*fig.*) deciso; determinato; saldo; sicuro: **a man of s. purpose**, un uomo di saldi propositi; un uomo che sa quello che vuole ***6*** (*ferr.*: *di biglietto*) d'andata. **B** *n.* ***1*** (*tennis, ecc.*) singolo ***2*** (*ferr., ecc.*) biglietto semplice; biglietto d'andata ***3*** (*in G.B.*) banconota da una sterlina ***4*** (*in U.S.A.*) banconota da un dollaro ***5*** (*mus.*) disco singolo (*disco a 45 giri, del diametro di 18 cm*) ***6*** single; uomo (che vive da) solo; scapolo; divorziato ***7*** single; donna sola; nubile; divorziata ***8*** (*tur.*) singola (*camera*) ***9*** (*cricket*) tiro con cui si segna un solo punto ***10*** (*fam. USA*) esibizione solistica; recital. ● (*mecc.*) (*di motore*) **s.-acting**, a semplice effetto □ **singles bar**, bar dove s'incontrano giovani (*d'ambo i sessi*); ritrovo per uomini soli (*o* per donne sole: *in cerca di compagnia*) □ (*di fucile*) **s.-barrelled**, a una canna □ **a s. bed**, un letto a una piazza; un letto a un posto □ (*scherz.*) **s. blessedness**, vita da scapolo; celibato □ **s. bond**, (*chim.*) legame semplice; (*fin.*) obbligazione semplice □ (*di giacca* o *cappotto*) **s.-breasted**, a un petto; monopetto □ (*autom.*) **s.-carriageway road**, strada ordinaria (a una sola carreggiata) □ **s. combat**, singolar tenzone; duello □ (*aeron.*) **s.-control**, a un solo comando; monocomando □ (*econ.*) **s. cost**, costo unitario □ (*agric.*) **s.-crop farming**, monocoltura □ (*di lima*) **s.-cut**, a taglio semplice □ (*mecc.*: *di motore*) **s.-cylinder**, monocilindrico □ **s.-deck bus**, autobus a un (solo) piano □ **s.-decker**, autobus a un piano; (*naut.*) nave a un ponte □ (*demogr.*) **s. delivery**, parto semplice □ (*mecc.*) **s.-engined**, monomotore: **a s.-engined aircraft**, un aereo monomotore □ (*rag.*) **s. entry**, partita semplice: **s.-entry bookkeeping**, contabilità in partita semplice □ **s.-eye cutting**, talea a un solo bottone (*di una pianta*) □ **s.-eyed**, monocolo, guercio; (*fig.*) equanime, leale □ (*econ.*) **s.-figure inflation**, inflazione a una cifra sola □ **s. file**, fila indiana: **in s. file**, in fila indiana; in fila: **a s. file of cars**, una fila di automobili; **We walked s. file**, camminavamo in fila indiana □ (*tennis, ecc.*) **s. game**, singolo □ **s.-handed**, che ha una mano sola, monco; (*mecc.*) che si usa (*o* si manovra) con una mano sola; (*fig.*: *di un viaggio, ecc.*) solitario; (fatto) da solo; da sé; senz'aiuto: **by his s.-handed efforts**, con gli sforzi compiuti da lui solo □ **s.-hearted**, sincero; schietto; devoto; leale □ **s.-heartedness**, sincerità; schiettezza; devozione; lealtà □ **s. issue**, numero unico (*di una rivista*) □ **s. life**, vita da scapolo, celibato; vita da nubile, nubilato (*raro*) □ (*autom.*) **s.-line traffic**, (traffico a) corsia unica □ **s. loader**, arma da fuoco (*specialm.* fucile) a un solo colpo □ (*polit.*) **s.-member constituency**, collegio uninominale □ **s.-minded**, che mira a un solo scopo; determinato, deciso, risoluto; *V.* **s.-hearted** □ (*polit.*) **s.-party government**, (governo) monocolore □ (*elettr.*) **s.-phase system**, sistema monofase □ (*autom., mecc.*) **s.-plate clutch**, frizione monodisco □ (*sport*) **singles player**, singolarista □ (*market.*) **s. price**, prezzo unico □ **a s. room**, una camera a un letto; una camera singola □ (*naut.*) **s.-screw**, monoelica □ (*canottaggio*) **s. scull**, singolo □ (*autom., aeron.*) **s.-seater**, monoposto □ **s.-sex**, unisessuale: **a s.-sex school**, una scuola unisessuale (*e non mista*) □ (*tennis*) **singles sideline**, linea del singolo □ (*econ.*) **s. standard**, monometallismo □ **s. state**, (*d'uomo*) celibato; (*di donna*) l'esser nubile □ (*stat.*) **s.-tail test**, criterio unilaterale □ **a s. ticket**, un biglietto d'andata □ (*fig.*) **a s.-track mind**, una mente ristretta (*o* limitata) □ (*autom., in Scozia, ecc.*) **s. track road**, strada per un solo veicolo alla volta □ (*fig.*) **to judge with a s. eye**, dare un giudizio equo (*o* leale); essere equanime □ **not a s. one**, non uno; nemmeno uno □ **to pay in a s. sum**, pagare per contanti (*o* in un'unica soluzione) □ **I couldn't see a s. soul**, non si vedeva anima viva.

to **single** /ˈsɪŋgl/, to **single out** /ˈsɪŋgəlaʊt/, *v. t.* ***1*** scegliere; selezionare; distinguere: **He was singled out for a special mention**, fu scelto per una menzione d'onore ***2*** sfrondare (*ramoscelli, ecc.*). ● **to s. sb. out for punishment**, destinare q. a essere punito.

singleness /ˈsɪŋglnəs/, *n.* ***1*** semplicità; singolarità; unicità ***2*** (*fig. raro*) sincerità; schiettezza; onestà; lealtà ***3*** (*d'uomo*) celibato ***4*** (*di donna*) l'esser nubile. ● **with great s. of purpose**, con grande determinazione.

singles /ˈsɪŋglz/, *n.* (*invar. al pl.*) (*tennis*) singolo.

singlestick /ˈsɪŋglstɪk/, *n.* (*stor.*) ***1*** bastone ***2*** combattimento con bastoni (*usati a mo' di spade*).

singlet /ˈsɪŋglət/, *n.* ***1*** maglietta; camiciola ***2*** (*sport*) maglietta.

singleton /ˈsɪŋgltən/, *n.* ***1*** (*a carte*) singleton; carta unica (*di un dato seme*; *in mano a un giocatore*) ***2*** individuo (*o* oggetto) singolo; persona (*o* cosa) unica nel suo genere ***3*** (*biol.*) unico nato; figlio unico.

singly /ˈsɪŋglɪ/, *avv.* ***1*** singolarmente; individualmente; separatamente; a uno a uno; uno alla volta ***2*** da solo; da sé; senz'aiuto.

singsong /ˈsɪŋsɒŋ, *USA* -ɔːŋ/, **A** *n.* ***1*** cantilena; canto monotono ***2*** (*fam.*) concerto vocale improvvisato; riunione canora; cantatina tra amici. **B** *a. attr.* monotono; cantilenante; noioso; tedioso.

to **singsong** /ˈsɪŋsɒŋ, *USA* -ɔːŋ/, **A** *v. i.* cantilenare; parlare (cantare, ecc.) in modo monotono. **B** *v. t.* dire, recitare (*versi, ecc.*) in modo monotono.

singular /ˈsɪŋgjʊlə(r)/, **A** *a.* ***1*** singolare; unico; solo; straordinario; insolito; bizzarro; strano: **a man of s. tastes**, un uomo di gusti singolari; **a s. specimen**, un solo esemplare; **s. clothes**, abiti bizzarri; vestiti strani ***2*** (*gramm.*) singolare ***3*** (*mat.*) singolare: **s. matrix**, matrice singolare. **B** *n.* (*gramm.*) singolare: **in the s.**, al singolare.

singularity /sɪŋgjʊˈlærətɪ/, *n.* singolarità; stranezza; particolarità.

to **singularize** /ˈsɪŋgjʊləraɪz/, *v. t.* ***1*** (*gramm.*) singolarizzare (*raro*); mettere (*una parola*) al singolare ***2*** singolarizzare; mettere in risalto (*o* in evidenza).

singularly /ˈsɪŋgjʊləlɪ/, *avv.* ***1*** singolarmente; uno alla volta ***2*** (*gramm.*) al singolare.

singulary /ˈsɪŋgjʊlərɪ, *USA* -erɪ/, *a.* (*logica, ling., mat.*) singolare; monadico.

Sinhalese /sɪnhəˈliːz/, *a.* e *n.* (*invar. al pl.*) singalese; (abitante, lingua) di Ceylon (*ora Sri Lanka*).

sinister /ˈsɪnɪstə(r)/, *a.* sinistro; di cattivo augurio; funesto; bieco; minaccioso; cattivo; malvagio: **a s. smile**, un sorriso sinistro; **a s. man**, un uomo sinistro; **a s. omen**, un presagio funesto; **a s. design**, un disegno malvagio. ● **s.-looking**, (*di persona*) dall'aspetto sinistro; (*di oggetto*) minaccioso; pauroso □ (*arald.*) **bar s.**, bastone scorciato (*segno di bastardigia, cioè di nascita illegittima*). || **-ly**, *avv.*

sinistral /ˈsɪnɪstrəl/, **A** *a.* ***1*** (*raro*) sinistro; a (*o* sulla) sinistra ***2*** (*geol., biol.*) sinistrorso: **s. fold**, piega sinistrorsa ***3*** (*zool.*: *di conchiglia*) con spire sinistrorse ***4*** (*fisiol.*) mancino. **B** *n.* (*tecn.*) (un) mancino.

sinistrality /sɪnɪˈstrælətɪ/, *n.* (*fisiol.*) mancinismo.

sinistrorse /ˈsɪnɪstrɔːs, sɪˈn-, sɪnɪˈs-/, *a.* ***1*** (*biol.*) sinistrorso ***2*** (*zool.*: *di conchiglia*) con spire sinistrorse.

sink (1) /sɪŋk/, *n.* ***1*** acquaio; secchiaio (*dial.*); lavello: **a double s.**, un lavello a due vasche ***2*** (*USA*) lavandino; lavabo ***3*** (*raro*) scarico; scolo ***4*** (*fig.*) sentina; ricettacolo: **a s. of vice**, una sentina di vizi ***5*** (*geogr.*) foiba; dolina ***6*** (*edil.*) pozzo nero ***7*** (*geogr.*) avvallamento; (*spesso*) lago salato ***8*** (*fis.*) pozzo ***9*** (*teatr.*) botola. ● (*fig. spreg.*) **the s. contract**, il matrimonio (*per la vessata casalinga*) □ (*edil.*) **s. unit**, lavello: **a stainless steel double s. unit**, un lavello doppio in acciaio inossidabile □ **heat s.**, (*aeron., propulsione nucleare*) pozzo di calore; (*elettr.*) dissipatore.

sink (2) /sɪŋk/, *n.* (*acronimo fam. USA di* **single income no kids**) coniuge (*marito o moglie*) in una coppia monoreddito, senza figli.

to **sink** /sɪŋk/ (*pass.* **sank**, *p. p.* **sunk**), **A** *v. i.* ***1*** andare a fondo; affondare; andare (*o* colare) a picco; sommergersi: **Cork won't s.; it floats**, il sughero non va a fondo; galleggia; **The cargo sank after striking an iceberg**, il mercantile affondò dopo aver urtato un iceberg; **We sank knee-deep in the snow**, affondavamo nella neve fino alle ginocchia ***2*** sprofondare; cedere; avvallarsi: **Whole villages have sunk into the earth**, interi villaggi sono sprofondati nelle viscere della terra; **The ceiling has sunk**, il soffitto ha ceduto ***3*** abbassarsi; calare; digradare; scendere; tramontare; scomparire: **The lake has sunk ten inches**, il lago s'è abbassato di dieci pollici (*25 cm circa*); **The wind has sunk**, è calato il vento; **The flood waters are sinking**, l'inondazione sta calando; **The land sinks gradually to the lake**, il terreno digrada verso il lago; **The moon sank behind a cloud**, la luna scomparve dietro una nuvola; **The sun sinks in the west**, il sole tramonta a occidente; **The sun is sinking**, il sole sta calando; **The balloon sank to earth**, il pallone (aerostatico) scese al suolo ***4*** cadere (*anche fig.*); lasciarsi cadere: **to s. to one's knees**, cadere in ginocchio; **The arrow sank to earth**, la freccia cadde a terra; **to s. into a deep sleep**, cadere in un sonno profondo; **to s. into disuse**, cadere in disuso; **to s. into oblivion**, cadere nell'oblio; **She sank into the chair**, si lasciò cadere sulla sedia ***5*** penetrare; internarsi; filtrare; (*fig.*) imprimersi: **Water sinks rapidly through topsoil**, l'acqua filtra rapidamente attraverso lo strato superficiale del suolo; **The words of the dying man sank into my soul**, le parole del morente s'impressero nel mio animo ***6*** incavarsi; infossarsi: **His cheeks [his eyes] have sunk after his illness**, gli si sono incavate le guance [infossati gli occhi] dopo la malattia ***7*** decadere; peggiorare; deperire; indebolirsi: **He sank in social prestige**, decadde in prestigio sociale; **The patient is sinking fast**, il malato peggiora a vista d'occhio ***8*** calare; diminuire; ridursi; scendere: **The population has sunk**, la popolazione è calata; (*econ.*) **Output has sunk to a new low**, la produzione è scesa a un nuovo minimo ***9*** (*fig.*) affondare (*fig.*); essere sconfitto ***10*** (*pop. USA*) crepare; morire. **B** *v. t.* ***1*** affondare; (*mil., naut.*) colare a picco: **to s. a ship**, affondare una nave; **He sank the spade in the ground**, affondò la vanga nel terreno ***2*** abbassare; chinare; calare; ribassare; ridurre; far calare: **to s. one's voice**, abbassare la voce; **to s. one's head on one's chest**, chinare il capo sul petto; **to s. prices**, calare (*o* ribassare) i prezzi; **The drought has sunk the rivers**, la siccità ha fatto calare il livello dei fiumi ***3*** scavare; perforare: **to s. a mine**, scavare una miniera; **to s. a well**, perforare un pozzo ***4*** affondare; piantare: **to s. a pole into the soil**, piantare un palo nel terreno ***5*** celare; nascondere; dimenticare; affogare (*fig.*); seppellire (*fig.*); passar sopra a; passar sotto silenzio: **to s. one's identity**, celare la propria identità; **She sank her head in her hands**, si nascose il capo fra le mani; **to s. one's worries in whisky**, affogare nel whisky i propri guai; **Let's s. our quarrels in the face of common danger**, seppelliamo le nostre liti di fronte al pericolo comune! ***6*** (*mecc.*) incidere (*un conio, un punzone*) ***7*** (*fin.*) investire (*denaro*); perdere (*denaro*) in investimenti azzardati; dilapidare (*un patrimonio*) ***8*** (*fin.*) ammortare, ammortizzare (*un debito, un mutuo*) ***9*** (*edil.*) incassare; mettere sotto traccia ***10*** (*biliardo, golf*) mandare, mettere in buca (*una palla*) ***11*** (*pop.*) buttare giù; ingollare; tracannare. ● (*naut.*) **to s. into decay [into ruin]**, cadere in sfacelo [in rovina] □ **to s. into grief**, abbandonarsi al dolore □ **to s. into sb.'s mind**, entrare in testa a q. □ **to s. one's teeth into**, affondare i denti in (*una mela, ecc.*); (*fig.*) affrontare (un problema); fare (*un lavoro*) con soddisfazione □ (*fig.*) **to leave sb. to s. or swim**, lasciar che q. si tragga d'impaccio da solo □ **My courage is sinking**, mi viene meno il coraggio □ **My heart sank (to my boots)**, mi sentii mancare (il cuore) □ **His life is sinking**, è agli estremi □ **His eyes sank**, abbassò gli occhi (*per imbarazzo o vergogna*) □ **It is a case of s. or swim**, o bere o affogare; ne va della vita (*o* della riuscita, ecc.) □ (*fig.*) **to be left to s. or swim by oneself**, essere lasciato nelle peste, a cavarsela da solo.

♦**sink below**, *v. i.* + *prep.* tramontare dietro: **The moon sank below the mountains**, la luna tramontò dietro i monti □ (*naut.*) **to s. below the surface**, immergersi.

♦**sink back**, *v. i.* + *avv.* ***1*** lasciarsi cadere all'indietro: **He sank back into an armchair**, si lasciò cadere su una poltrona ***2*** (*fig.*) accasciarsi.

♦**sink down**, *v. i.* + *avv.* ***1*** cadere (giù); (*della testa, ecc.*) abbassarsi, cadere sul petto: **I sank down in a faint**, caddi svenuto ***2*** (*del sole, ecc.*) calare; tramontare.

♦**sink in**, *v. i.* + *avv.* ***1*** (*di un liquido*) penetrare: **The glue hasn't sunk in yet**, la colla non è ancora penetrata (*o* non ha fatto presa) ***2*** sprofondarsi; affondare: **The track was covered with mud and the wheels sank in**, la pista era coperta di fango e le ruote affondavano ***3*** (*di strada, ecc.*) cedere; avvallarsi ***4*** (*delle guance, ecc.*) incavarsi; infossarsi ***5*** (*fig.*: *di un concetto, un suggerimento, ecc.*) essere recepito; andare a segno, fare presa (*fig.*).

♦**sink to**, *v. i.* + *prep.* ***1*** cadere a: **He sank to the ground in a faint**, cadde a terra svenuto ***2*** (*di un aeromobile*) scendere a (*terra*) ***3*** (*di un natante*) posarsi su (*il fondo*) ***4*** (*del terreno*) digradare verso ***5*** (*fig.*) scendere a; abbassarsi in; calare, diminuire fino a diventare: **Her voice sank into a whisper**, la voce le si abbassò in un sussurro; **The gale sank to a breeze**, il ventaccio diminuì fino a diventare una brezza ***6*** (*fig.*) abbassarsi a; cadere in basso fino a (*fig.*): **I. didn't think he would s. to stealing**, non credevo che si sarebbe abbassato a rubare; **He sank to a life of debauchery**, cadde in basso dandosi a una vita dissoluta □ (*della testa*) **to s. to one's chest**, cadere sul petto □ **to s. to rest**, (*del sole*) tramontare; (*di una persona*) morire.

♦**sink low**, *v. i.* + *avv.* ***1*** abbassarsi; calare ***2*** (*fig.*) cadere in basso; degenerare; mutare in peggio.

♦**sink under**, *v. i.* + *prep.* ***1*** afflosciarsi, cadere sotto (*un peso*) ***2*** venire meno a (q.); cedere a (q.): **My legs sank under me**, mi cedettero le gambe.

♦**sink up**, *v. i.* + *avv.* piantarsi, sprofondare, affondare (*nel fango, ecc.*).

sinkable /ˈsɪŋkəbl/, *a.* ***1*** affondabile ***2*** (*fin.*: *di un debito*) ammortabile; ammortizzabile.

sinker /ˈsɪŋkə(r)/, *n.* ***1*** (*mecc.*, = **die-s.**) incisore (*di coni o punzoni*) ***2*** scavatore, perforatore (*di pozzi, ecc.*) ***3*** (*ind. min.*) pompa per prosciugare cantieri di scavo ***4*** (*naut., sport*) peso, piombo (*di scandaglio o lenza*) ***5*** (*fam. USA*) ciambellina fritta; frittella.

sinkhole /ˈsɪŋkhəʊl/, *n.* ***1*** pozzo di scarico; pozzo nero ***2*** (*geogr.*) inghiottitoio (*anche di vulcano*); foiba; dolina ***3*** (*fig.*) pozzo di San Patrizio; pozzo senza fondo ***4*** (*USA*) buco (*o* scarico) dell'acquaio.

sinking /ˈsɪŋkɪŋ/, *n.* ***1*** (*naut.*) affondamento (*di una nave*) ***2*** abbassamento; calo; diminuzione ***3*** scavo, trivellazione (*d'un pozzo*) ***4*** (*geol.*) affondamento ***5*** (*edil.*) scavo; sterro ***6*** (*mecc.*) incisione (*di punzoni*) ***7*** (*fin.*) investimento (*di denaro, specialm. se azzardato*) ***8*** (*fin.*) ammortamento (*di un debito*): **s. fund**, fondo di ammortamento; **s. plan**, piano di ammortamento. ● (*naut.*) **s. below the surface**, immersione □ **s. pump**, *V.* **sinker**, *def. 3* □ **to have a s. feeling**, avere un senso di vuoto alla bocca dello stomaco (*per fame, paura, ecc.*).

sinless /ˈsɪnləs/, *a.* senza peccato; innocente; puro. || **-ly**, *avv.* || **-ness**, *sost.*

sinner /ˈsɪnə(r)/, *n.* peccatore, peccatrice.

Sinn Fein /ˈʃɪnˈfeɪn/, *n.* (*stor.*) Sinn Fein; movimento indipendentista irlandese (*fondato nel 1905*).

Sino- /ˈsaɪnəʊ-/, *pref.* cino-: **the Sino--Japanese war**, la guerra cino-giapponese.

sinologist /saɪˈnɒlədʒɪst, sɪ-/, **sinologue** /ˈsaɪnəlɒg, sɪ-, *USA* -ɔːg/, *n.* sinologo.

sinology /saɪˈnɒlədʒɪ, sɪ-/, *n.* sinologia.

sinopia /sɪˈnəʊpɪə/, *n.* (*arte*) sinopia.

sinter /ˈsɪntə(r)/, *n.* ***1*** (*geol.*) sedimento da precipitazione chimica ***2*** (*miner.*) geyserite ***3*** (*metall.*) agglomerato per sinterizzazione.

to **sinter** /ˈsɪntə(r)/, *v. t.* (*metall.*) sinterizzare.

sintered /ˈsɪntəd/, *n.* (*metall.*) sinterizzato: **s. steel**, acciaio sinterizzato.

sintering /ˈsɪntərɪŋ/, *n.* (*metall.*) sinterizzazione.

sinuate /ˈsɪnjʊət/, *a.* ***1*** sinuoso ***2*** (*bot.*) sinuato.

sinuosity /sɪnjʊˈɒsətɪ/, *n.* ***1*** sinuosità ***2*** agilità; snellezza ***3*** curva; svolta ***4*** (*di fiume*) meandro.

sinuous /ˈsɪnjʊəs/, *a.* ***1*** sinuoso; serpeggiante; tortuoso ***2*** agile; snello. || **-ly**, *avv.*

sinus /ˈsaɪnəs/, *n.* (*pl.* **sinuses, sinus**) ***1*** (*anat.*) seno; cavità ***2*** (*med.*) fistola ***3*** (*bot.*) seno (*fra due lobi di foglia*).

sinusitis /saɪnəˈsaɪtɪs/, *n.* (*med.*) sinusite.

sinusoid /ˈsaɪnəsɔɪd/, *n.* ***1*** (*mat.*) sinusoide ***2*** (*anat.*) sinusoide.

sinusoidal /saɪnəˈsɔɪdl/, *a.* ***1*** (*mat.*) sinusoidale: **s. curve**, curva sinusoidale ***2*** (*anat.*) sinusale.

sip /sɪp/, *n.* sorso; centellino.

to **sip** /sɪp/, *v. t.* e *i.* centellinare; sorseggiare; bere a sorsi.

siphon /ˈsaɪfn/, *n.* sifone: **a soda s.**, un sifone del seltz. ● **s. barometer**, barometro a sifone □ **s. bottle**, sifone; sifone del seltz □ **s. gauge**, manometro a sifone □ **s. spillway**, sfioratore a sifone.

to **siphon** /ˈsaɪfn/, **A** *v. t.* (*di solito* **to s. out, to s. off**) ***1*** travasare per mezzo di un sifone ***2*** (*fig.*) deviare; dirottare: **to s. off traffic from the town centre**, deviare il traffico dal centro cittadino ***3*** rubare (*benzina*) da un serbatoio (*aspirandola*). **B** *v. i.* ***1*** sgorgar fuori da un sifone ***2*** (*per estens.*) sgorgare. ● **to s. off the school funds into one's bank account**, appropriarsi dei fondi della scuola trasferendoli sul proprio conto in banca.

siphonage /ˈsaɪfənɪdʒ/, *n.* sifonamento; travaso per mezzo di un sifone.

siphonal /ˈsaɪfənl/, **siphonic** /saɪˈfɒnɪk/, *a.* di sifone; a forma di sifone.

siphuncle /ˈsaɪfʌŋkəl/, *n.* (*zool.*) ***1*** sifone, sifoncino ***2*** codicola (*degli afidi*).

sipper /ˈsɪpə(r)/, *n.* ***1*** chi sorseggia ***2*** beone ***3*** (*USA*) cannuccia.

sippet /ˈsɪpɪt/, *n.* crostino di pane (*inzuppato o da inzuppare*).

sir /sɜː(r), sə(r)/, *n.* ***1*** (*al vocat.*) signore: **May I leave now, sir?**, posso andare, signore?; **Yes, sir**, sì, signore; sissignore; signorsì; (*fam. USA*) di sicuro, certamente; (*nelle lettere*) **Dear Sir**, Egregio Signore ***2*** (*titolo di baronetto o cavaliere*) Sir: **Sir Walter Scott**, Sir Walter Scott ***3*** (*fam. ingl.*) il professore: **Sir is watching you!**, il professore ti guarda! ● (*nelle lettere comm.*) **Dear Sirs**, Spettabile Ditta □ **No, Sir!**, nossignore, signornò!; (*fam. USA*) certo che no!, no e poi no!

to **sir** /sɜː(r)/, *v. t.* chiamare (q.) signore; dare del sir a (q.): **Don't sir me**, non darmi del sir!

sire /ˈsaɪə(r)/, *n.* ***1*** (*al vocat.*) (*arc.*) sire; maestà ***2*** (*poet.*) antenato; padre ***3*** (*specialm. di stallone*) progenitore.

to **sire** /ˈsaɪə(r)/, *v. t.* (*specialm. di stallone*) generare; essere il progenitore di (*un cavallo*).

siren /ˈsaɪərən/, **A** *n.* ***1*** (*mitol.*) sirena (*anche fig.*) ***2*** sirena (*apparecchio acustico*): **a ship's s.**, la sirena d'una nave; **the police s.**, la sirena della polizia ***3*** (*zool., Siren lacertina*) sirena. **B** *a. attr.* di (*o* da) sirena; allettante; tentatore.

sirenian /saɪˈriːnɪən/, (*zool.*) **A** *a.* dell'ordine dei Sirenidi. **B** *n.* (*pl.* **sirenians**) sirenide (*dugongo, tricheco, ecc.*).

siriasis /sɪˈraɪəsɪs/, *n.* (*pl.* **siriases**) (*med.*) colpo di sole; insolazione.

Sirius /ˈsɪrɪəs/, *n.* (*astron.*) Sirio.

sirloin /ˈsɜːlɔɪn/, *n.* (*cucina*) lombo di manzo; controfiletto. ● **s. steak**, bistecca di lombo; lombata.

sirocco /sɪˈrɒkəʊ/, *n.* (*pl.* **siroccos**) scirocco.

sirrah /ˈsɪrə/, *n.* (*arc., spreg.*) messere (*usato al vocat.*).

sirree /sɪˈriː/, *inter.* – (*fam. USA*) **No, s.!**, no e poi no!; **Yes, s.!**, sì, eccome!; altroché!

sirup /ˈsɪrəp, *USA* ˈsɜːrəp/, *n.* sciroppo.

sirvente /səˈvɛnt, *USA* sɪəˈvɑːnt/ (*franc.*), *n.* (*stor., letter.*) sirventese.

sis /sɪs/, *n.* (*abbr. fam. di* **sister**) sorella.

sisal /ˈsaɪsl/, *n.* (*bot., Agave sisalana*) agave sisalana; sisal. ● **s. hemp**, fibra di agave; sisal.

siskin /ˈsɪskɪn/, *n.* (*zool., Carduelis spinus*) lucherino.

sissified /ˈsɪsɪfaɪd/, *a.* (*fam.*) ***1*** effeminato ***2*** vile; pauroso.

sissy /ˈsɪsɪ/, **A** *n.* (*fam.*) ***1*** donnicciola; ragazzo (*o* uomo) effeminato ***2*** vigliacco; fifone (*fam.*). **B** *a.* di (*o* da) donnicciola; effeminato. ● (*motociclismo*) **s. bar**, maniglia per la persona trasportata.

sister /ˈsɪstə(r)/, *n.* ***1*** sorella (*anche fig.*): **They are like sisters**, sono come sorelle ***2*** suora; sorella; monaca ***3*** (*med.*, = **ward s.**) (infermiera) caposala ***4*** compagna, socia (*di un circolo, ecc.*) ***5*** (*fig.*) cosa affine; gemello (*fig.*) ***6*** (*pop. USA*) ragazza; donna. ● (*mecc.*) **s.-hook**, gancio doppio □ **s.-in-law**, cognata □ **the Sisters of Mercy**, le Sorelle della Misericordia □ (*aeron.*) **s. plane**, aereo gemello □ (*naut.*) **s. ships**, navi gemelle □ (*mitol.*) **the Fatal Sisters** (*o* **the three Sisters**), le tre sorelle; le Parche □ **half-s.**, sorellastra □ **step-s.**, sorellastra.

sisterhood /ˈsɪstəhʊd/, *n.* ***1*** sorellanza; l'essere sorelle ***2*** associazione femminile ***3*** comunità di suore; congregazione religiosa ***4*** (*fig.*) fratellanza: **the s. of emerging countries**, la fratellanza dei paesi emergenti.

sisterliness /ˈsɪstəlɪnəs/, *n.* atteggiamento (*o* affetto) di (*o* da) sorella.

sisterly /ˈsɪstəlɪ/, *a.* di sorella; sororale (*lett.*); fraterno: **s. love**, amor di sorella; amore fraterno.

Sistine Chapel /ˈsɪstiːnˈtʃæpl, -taɪn-/, *locuz. n.* (*arte, relig.*) Cappella Sistina.

sistrum /ˈsɪstrəm/, *n.* (*pl.* **sistrums, sistra**) (*stor., mus.*) sistro.

Sisyphean /sɪsɪˈfiːən/, *a.* di Sisifo: **a S. task**, una fatica di Sisifo.

Sisyphus /ˈsɪsɪfəs/, *n.* (*mitol.*) Sisifo.

sit /sɪt/, *n.* ***1*** seduta; attesa (a sedere): **a long sit in the waiting room**, una lunga attesa in sala d'aspetto ***2*** (*d'indumento*) modo di cadere (*alle spalle, in vita, ecc.*): **I don't like the sit of dress**, non mi piace come mi sta questo vestito.

to **sit** /sɪt/ (*pass.* e *p. p.* **sat**), **A** *v. i.* ***1*** sedere; essere (*o* stare) seduto: **to sit on a chair [in an armchair, on the sofa]**, sedere (*o* essere seduto) su una sedia [in poltrona, sul divano]; **to sit at table [at one's desk]**, sedere a tavola [alla scrivania]; **She was sitting next to me**, era seduta accanto a me; **The cat [the dog] is sitting under the table**, il gatto [il cane] è seduto sotto la tavola; **He just sat there watching**, se ne stava seduto a guardare; **They were sitting round the camp fire**, erano seduti intorno al fuoco dell'accampamento ***2*** sedersi; mettersi a sedere: **He came into the room and sat beside me**, entrò nella stanza e mi si sedette accanto; **Sit over there!**, siediti laggiù; **Go and sit at the back of the class!**, vai a sederti di dietro!; prendi posto in fondo all'aula!; (*a un cane*) **Sit!**, seduto! (*cfr.* **sit down**, *per le persone*) ***3*** (*di uccelli, polli, ecc.*) appollaiarsi, posarsi (*su un ramo, ecc.*); esserci, essere appollaiato: **The thrush was sitting on the tallest branch**, il merlo era appollaiato sul ramo più alto; **There's a bird sitting in that tree**, su quell'albero c'è un uccello ***4*** (*di uccelli*) covare: **Hens sit in late spring**, le galline covano nella tarda primavera; **The mother bird is sitting now**, adesso la femmina sta covando ***5*** posare (*per una foto, un ritratto*); (*pitt.*) fare da modello: **She sat to a famous painter**, fece la modella per un pittore famoso ***6*** (*polit.*) avere un seggio; essere in carica: **to sit in Parliament**, avere un seggio in parlamento; essere un deputato; **a sitting member**, un deputato in carica ***7*** essere in seduta; tenere udienza; essere riunito: **Parliament is sitting now**, il parlamento è in seduta; (*leg.*) **The court was sitting yesterday**, ieri il tribunale ha tenuto udienza ***8*** (*d'abito e sim.*) stare; cadere (*bene, ecc.*): **How does my coat sit behind?**, come mi sta il cappotto di dietro? ***9*** (*di un oggetto*) stare; rimanere; restare: **My car sat unused in the garage for a month**, la mia auto rimase ferma in garage per un mese ***10*** (*poet.*) essere situato; trovarsi: **The cottage sits next to a little creek**, la casetta si trova presso un ruscello ***11*** (*del vento*) spirare; tirare: **How sits the wind?**, da dove tira il vento?; (*fam.*) che aria tira (oggi)? **B** *v. t.* ***1*** far sedere; mettere a sedere: **Don't sit the baby on the windosill!**, non mettere il bambino a sedere sul davanzale! ***2*** stare in sella a (*un cavallo*); cavalcare: **He cannot sit his horse properly**, non sa stare in sella ***3*** (*di uccelli*) covare (*le uova*) ***4*** (*di un veicolo, ecc.*) aver posti a sedere per: **This bus can sit forty people**, in questo autobus c'è posto per quaranta persone ***5*** sostenere, dare (*un esame scritto*): **to sit maths**, dare l'esame di matematica ***6*** (*nei composti*) assistere; badare a: **to baby-sit**, badare ai bambini; **to granny-sit**, assistere la nonnina. ● (*fig.*) **to sit at sb.'s feet**, stare in adorazione di q.; pendere dalle labbra di q. □ **to sit at home**, starsene (a casa) in ozio; essere disoccupato □ (*fig.*) **to sit in judgment**, impancarsi a giudice □ **to sit tight**, star seduto senza muoversi; non fare nulla, non prendere iniziative; star fermo al proprio posto; (*fam.*) tener duro, resistere, essere tetragono □ (*fam.*) **to be sitting pretty**, passarsela bene (*a soldi*); (*di un'azienda*) andare bene (*o* a gonfie vele); essere fiorente □ **We were sitting at tea**, stavamo prendendo il tè □ **We were sitting at dinner**, stavamo pranzando; eravamo a tavola.

♦ **sit about** (*o* **around**), *v. i. + avv.* (*o prep.*) starsene seduto in ozio; bighellonare; oziare; stare senza far niente: **I hate sitting around (the house) all day long**, detesto bighellonare (in casa) tutto il santo giorno.

♦ **sit back**, *v. i. + avv.* ***1*** spostarsi indietro (*sulla sedia*); mettersi comodo ***2*** (*fig.*) rilassarsi; prendere fiato (*fig.*) ***3*** (*di un edificio*) essere in posizione arretrata (*rispetto alla strada*) ***4*** (*fam.*) restare inerte (*o* passivo, impassibile); stare a guardare (*o* alla finestra) (*fig.*).

♦ **sit by**, **A** *v. i. + avv. V.* **sit back**, *def. 4*. **B** *v. i. + prep.* sedere (*o* sedersi) accanto (*o* vicino) a: **Sit by me!**, siediti accanto (a me)!; **They used to sit by the fire**, di solito stavano seduti vicino al fuoco.

♦ **sit down**, **A** *v. i. + avv.* ***1*** sedersi; mettersi a sedere; accomodarsi: **Sit down!**, siediti!; mettiti a sedere!; (*come comando in classe, ecc.*) seduti!; **Sit down, please!**, prego, si accomodino!; **He sat down on the bench**, si sedette sulla panchina; **He refused to sit down**, non volle sedersi ***2*** (*nella forma progressiva*) essere a sedere; essere (*o* stare) seduto: **I delivered my speech sitting down**, pronunciai il mio discorso stando (*o* da) seduto; **How many guests were sitting down?**, quanti degli ospiti erano a sedere? ***3*** sedersi in terra (*per protesta*) ***4*** (*mil.*) prendere posizione; accamparsi. **B** *v. t. + avv.* ***1*** far sedere; far accomodare: **He sat me down on a sofa**, mi fece accomodare su un divano ***2*** mettere a sedere: **Don't sit the baby down on the wet grass!**, non mettere a sedere il bimbo sull'erba bagnata! □ **to sit oneself down**, mettersi a sedere □ (*di un hovercraft*) **to sit down on the ground**, atterrare.

♦ **sit down on**, *v. i. + avv. + prep.* (*fig. fam.*) opporsi a, bocciare (*una proposta e sim.*).

♦ **sit down to**, *v. i. + avv. + prep.* ***1*** sedersi (*o* accomodarsi) a: **Would you like to sit down to table, please?**, volete accomodarvi a tavola, prego? ***2*** accingersi a (*mangiare, ecc.*): **They sat down to a hearty meal**, si accinsero a fare un bel pranzetto ***3*** (*fig.*) acconciarsi, rassegnarsi a: **to sit down to endless peace talks**, rassegnarsi a interminabili trattative di pace.

♦ **sit down under**, *v. i. + avv. + prep.* (*fam.*) sopportare, tollerare; mandare giù (*fam.*) (*un affronto, un'offesa, ecc.*).

♦ **sit for**, *v. i. + prep.* ***1*** posare per (*un ritratto, ecc.*) ***2*** sostenere, dare (*un esame scritto*) ***3*** concorrere per (*una borsa di studio*) ***4*** (*polit.*) rappresentare (*un collegio*) in parlamento ***5*** (*fam.*) fare da baby-sitter a (*un bambino*); assistere (*un anziano*).

♦ **sit in**, *v. i. + avv.* ***1*** fare da (*o* la) baby-sitter; badare ai bambini (*degli altri*) ***2*** fare (*o* partecipare) a un sit-in; occupare un luogo pubblico per protesta ***3*** assistere (*alle lezioni, ecc.*): **I'd rather sit in for a while**, per un po', preferisco assistere (*prima di cominciare a insegnare*) □ **to sit in on rehearsals**, assistere alle prove (*di una commedia, ecc.*).

♦ **sit in for**, *v. i. + avv. + prep.* rimpiazzare, prendere il posto di (q.).

♦ **sit on**, *v. i. + prep.* ***1*** sedere, essere seduto su (*o* a, per): **He was sitting on the grass**, era seduto sull'erba; **He likes to sit on the ground**, gli piace sedere a terra (*o* per terra) ***2*** (*di un oggetto*) stare; restare: **These letters have been sitting on the mantelpiece for a week**, è una settimana che queste lettere stanno sulla mensola del caminetto ***3*** (*di cibo ingerito*) pesare, essere rimasto, essersi piantato su (*lo stomaco*) ***4*** (*di un indumento*) cadere, stare (*bene, male, ecc.*) a (q.) ***5*** (*fig.*) stare, andare a (q.): **The directorship sits extremely well on him**, la direzione gli sta come un vestito nuovo ***6*** fare parte di (*un comitato, una giuria, ecc.*): **I don't want to sit on**

any more committees, non voglio far parte di altre commissioni; **Which judge is sitting on this case?**, chi fa parte del collegio giudicante?; qual è il giudice di questa causa? **7** (*della polizia, ecc.*) indagare su (*un caso, ecc.*) **8** trattenere, aspettare a vendere (*merce, ecc.*); tenere nel cassetto (*una lettera, ecc.*) **9** trascurare, non evadere (*una pratica*); non esaminare (*un reclamo*); bloccare, insabbiare (*un provvedimento, un'inchiesta*) **10** (*fig.*) gravare su, opprimere: **All the cares of the world sit on my father's mind**, mio padre è oppresso da mille preoccupazioni **11** (*fam.*) mettersi (q.) sotto i piedi; trattare (q.) con durezza; fare il prepotente con (q.): **Even if he is my elder brother, I won't stand his sitting on me like that**, anche se è il mio fratello maggiore, non sono disposto a sopportare che mi metta sotto i piedi in questo modo **12** (*fam.*) mettere a sedere, mettere a posto (*fig.*); sistemare: **to sit hard on sb.**, sistemare q. a dovere; metterlo a posto una volta per tutte □ (*fig. fam.*) **to sit on the fence**, restare indeciso (*o* neutrale); non sapere che pesci prendere □ (*fam.*) **to sit on one's hands**, restare con le mani in mano; restare inerte; non prendere alcuna iniziativa; (*anche*) restare freddo (*fig.*); non partecipare, non applaudire □ **to sit heavy on sb.**, gravare, pesare su q.: **Taxation sits heavy on the wage-earners**, le imposte gravano sui salariati □ **to sit lightly on sb.**, non pesare a q.; non angustiare, non preoccupare: **Financial matters sit lightly on your son**, i problemi di soldi non angustiano tuo figlio; **Worries sit lightly on him**, prende tutto alla leggera □ (*di un uccello*) **to sit on the nest**, restare nel nido per la cova.

♦**sit out**, **A** *v. i. + avv.* **1** stare seduto di fuori; sedere all'aperto: **We used to sit out in the summer**, d'estate stavamo seduti all'aperto **2** (*a un ballo*) restare a sedere; fare tappezzeria (*fig.*) **3** (*in barca*) stare seduto all'infuori (*con parte del corpo fuori del bordo*). **B** *v. t. + avv.* **1** saltare, non fare (*un ballo*) **2** resistere (*fam.*: tener botta) fino alla fine di (*uno spettacolo, un discorso, ecc.*); guardare (ascoltare, ecc.) fino in fondo **3** restare (*a una festa, ecc.*) più a lungo di (q.): **He decided he would sit out the other guests**, decise di rimanere finché tutti gli altri se ne fossero andati.

♦**sit over**, *v. i. + prep.* starsene seduto a (*fare q.c.*): **to sit over a novel**, starsene seduto a leggere un romanzo; **to sit over a pipe**, starsene seduto a fumare la pipa.

♦**sit through**, *V.* **sit out, B**, *def.* 2.

♦**sit under**, *v. i. + prep.* (*USA*) **1** studiare con (*fam.*: sotto) (*un insegnante*); essere studente di **2** essere parrocchiano di (*un sacerdote*).

♦**sit up**, **A** *v. i. + avv.* **1** tirarsi su a sedere (*da sdraiato*): **The patient cannot sit up yet**, il malato non riesce ancora a tirarsi su **2** stare dritto (*con la schiena*); sedere a schiena eretta: **Sit up!**, sta dritto! (*a tavola, ecc.*); **Sit up, children!**, bambini, su con la schiena! **3** (*di un cane*) sedersi e sollevare le zampe anteriori: **Sit up!**, su con le zampe! **4** (*fam.*) trasalire, avere un soprassalto, sobbalzare (*per lo stupore, ecc.*): **The news of the killer's release made me sit up**, la notizia del rilascio del killer mi fece sobbalzare **5** (*fam.*) rimettersi in riga (*fig.*); darsi una regolata: **I think it's time for you to sit up**, credo che sarebbe ora che vi deste una regolata; **It's up to the boss to make his employees sit up**, sta al padrone mettere in riga i dipendenti **6** stare alzato, rimanere in piedi (*la notte*): **I sat up all night**, restai in piedi tutta la notte; **Don't sit up for me!**, non stare alzata ad aspettarmi! **B** *v. t. + avv.* tirare su, mettere a sedere (*un ammalato, ecc.*) □ (*di un cane*) **to sit up and beg**, sedersi tenendo le zampe davanti sollevate e ripiegate (*come per chiedere cibo, ecc.*) □ (*fig. fam.*) **to sit up and take notice**, farsi (*o* stare) molto attento; drizzare le orecchie (*fig.*) □ **to make sb. sit up and take notice**, imporsi all'attenzione di q.

♦**sit upon**, *V.* **sit on.**

♦**sit with**, *v. i. + prep.* **1** stare seduto (*a tavola, ecc.*) con (q.) **2** assistere, stare al capezzale di (*un malato, un anziano*) **3** (*fig.*) andare, stare (*bene, ecc.*) con (*o* per): **Don't you think the long mirror sits well with the rest of the furniture?**, non ti pare che lo specchio lungo stia bene con gli altri mobili?; **I agree to your proposal, if it sits well with the other shareholders**, io sono d'accordo con la tua proposta, se va bene agli altri azionisti.

sitar /sɪˈtɑː(r), ˈsɪt-/, *n.* (*mus.*) sitar.

sitcom /ˈsɪtkɒm/, *n.* (*contraz. fam.*) (*radio, TV*) *V.* **situation comedy.**

sit-down /ˈsɪtdaʊn/, **A** *n.* **1** sit-in; raduno di protesta (*occupando, seduti, un luogo pubblico*) **2** (= **s. strike**) sciopero con occupazione (*della fabbrica*); sciopero bianco **3** (*fam.*) il mettersi (*o* stare) a sedere; sedutina: **Let's have a s.!**, facciamoci una sedutina!; mettiamoci un po' a sedere! **B** *a. attr.* (*di un pasto*) a sedere; a tavola: **a s. dinner**, un pranzo a tavola (*non in piedi*).

site /saɪt/, *n.* **1** sito; luogo; posto; località: **a good s. for a picnic**, un posto adatto per un picnic; **an archeological s.**, un luogo di scavi archeologici; **a s. for a missile base**, una località per una base missilistica **2** (*edil.*) area: **building s.**, area (*o* terreno) edificabile **3** scena (*di un delitto*) **4** teatro (*di una battaglia*). ● (*edil.*) **s. investigation**, esame geologico (*del terreno*) □ (*edil.*) **s. office**, ufficio presso il cantiere □ (*edil.*) **on s.**, quando si è in cantiere; sul lavoro □ (*market.*) **on-s. demonstration**, dimostrazione a domicilio.

to **site** /saɪt/, *v. t.* **1** collocare; porre; situare (*una casa, ecc.*) **2** (*econ., ind.*) localizzare, trovar sede a.

sitfast /ˈsɪtfɑːst, *USA* -æst/, *n.* (*vet.*) piaga da sella (*sul dorso di un cavallo*).

sith /sɪθ/, (*arc.*) *V.* **since.**

sit-in /ˈsɪtɪn/, *n.* **1** raduno di protesta (*occupando, seduti, un luogo pubblico*); sit-in; occupazione (*di una facoltà, un ospedale, ecc.*) **2** *V.* **sit-down strike.**

siting /ˈsaɪtɪŋ/, *n.* **1** ubicazione (*di una casa*) **2** (*econ., ind.*) localizzazione (*di una fabbrica, ecc.*).

sitology /saɪˈtɒlədʒɪ/, *n.* sitologia; scienza dell'alimentazione.

sitter /ˈsɪtə(r)/, *n.* **1** chi siede; chi sta seduto **2** (*arte*) chi posa; modello, modella **3** chioccia; gallina che cova: **This hen is a good s.**, questa gallina è una buona chioccia **4** (*USA*) *V.* **s.-in** **5** (*pop.*) colpo facile (*a caccia e nello sport*); cosa facile (*in genere*). ● **s.-in**, baby-sitter □ **flat-s.**, chi bada a un appartamento (*in assenza dei proprietari*).

sitting /ˈsɪtɪŋ/, **A** *n.* **1** seduta; adunanza; tornata (*di lavori*); (*leg.*) udienza: **an all-night s. of the House of Commons**, una seduta della Camera dei Comuni che è durata tutta la notte; **s. in camera**, udienza a porte chiuse **2** (*arte*) posa; seduta: **He made my portrait in ten sittings**, mi fece il ritratto in dieci sedute **3** cova (*di uccelli*) **4** (*al ristorante*) turno (*per i pasti*) **5** posto riservato (*a teatro, ecc.*) **6** banco riservato o privato (*in chiesa*). **B** *a.* **1** che occupa (*un posto, ecc.*) **2** (che è) in seduta **3** (*polit.*) in carica: **the s. M.P.**, il deputato in carica **4** (*di un uccello*) che cova. ● **s. accommodation**, (disponibilità di) posti a sedere □ (*stor. USA*) **S. Bull**, Toro Seduto (*capo indiano*) □ (*fig. fam.*) **s. duck**, facile bersaglio, facile preda □ **s. hen**, chioccia; gallina che cova □ **s. room** (stanza di) soggiorno; salotto (*fam.*) □ (*fam.*) **s. target**, *V.* **s. duck** □ (*leg.*) **the s. tenant**, l'attuale affittuario (*o* inquilino); l'occupante □ **baby-s.** (*o* **s.-in**), baby-sitteraggio; sorveglianza dei bambini in assenza dei genitori: **Many students now earn money by s.-in**, molti studenti oggigiorno guadagnano soldi andando nelle case a badare ai bambini (*per lo più, la sera*) □ **to give a s. to a painter**, posare per un pittore □ **to read a novel at one s.**, leggere un romanzo tutto di un fiato □ **to write a poem at a s.**, scrivere una poesia di getto (*o* in una sola tirata).

situate /ˈsɪtʃʊeɪt/, (*arc.*) *V.* **situated.**

situated /ˈsɪtʃʊeɪtɪd/, *a.* **1** situato; collocato; posto: **The fort is s. on a hilltop**, il forte è situato in cima a un colle **2** (*di persona*) sistemato (*bene, male, ecc.*). ● **How are you s. for money?**, come sei messo a soldi?

situation /sɪtʃʊˈeɪʃn/, *n.* **1** situazione; condizione; stato delle cose; complesso di circostanze: **The political s. is a difficult one**, la situazione politica è difficile; **in a crisis s.**, in una condizione di crisi **2** (*econ.*) situazione; congiuntura: **s. analysis**, analisi della situazione; **There are prospects of a better world s.**, si prevede una congiuntura mondiale migliore **3** (*econ., fin.*) posizione: **s. rent**, rendita di posizione (*di un immobile*); **debt s.**, posizione debitoria **4** (*econ.*) posto; lavoro; occupazione; impiego: **Tens of people have applied for this s.**, decine di persone hanno fatto domanda per questo posto; **He found a s. as an accountant**, trovò lavoro come contabile; (*pubbl.*) **«Situations vacant»**, «offerte di lavoro»; «cercasi»; **«Situations wanted»**, «domande di lavoro»; «offresi» **5** (*form.*) situazione; ubicazione: **The house is in a magnificent s.**, la casa ha un'ubicazione splendida (*o* è in un sito splendido) **6** (*fam.*) problema; guaio; brutta situazione: **You've got quite a s. there!**, per te è un bel problema!; **What a s.!**, che guaio! ● (*radio, TV*) **s. comedy**, sceneggiato con personaggi che devono affrontare problemi della vita quotidiana; situation comedy □ **s. room**, (*mil., USA*) sala operativa (*nel sottosuolo della Casa Bianca*); (*fig.*) stanza dei bottoni.

sit-up /ˈsɪtʌp/, *n.* (*ginnastica*) flessione in avanti (*da supino*).

sit-upon /ˈsɪtəpɒn, *USA* -ɔːn, -ʌn/, *n.* (*fam. scherz.*) sedere; deretano; sederino.

sitz-bath /ˈsɪtsbɑːθ, *USA* -æθ/, *n.* semicupio.

six /sɪks/, *a.* e *n.* sei: **He is not six yet**, non ha ancora sei anni; **the six of spades**, il sei di picche (*carta da gioco*). ● (*fam.*) **six-footer**, persona (*o* cosa) alta sei piedi (*m 1,83 circa*); stanga, stangone (*fig.*) □ (*naut.*) **six-master**, (nave a) sei alberi □ (*fam. ingl.*) **six of the best**, sei fustigate (*a uno scolaro, per punizione*) □ **six-pack**, confezione da sei (bottiglie, lattine, ecc.) □ (*fam. USA*) **six-shooter**, rivoltella a sei colpi □ (*fam.*) **at sixes and sevens**, in disordine, sottosopra; in disaccordo □ **by** (*o* **in**) **six**, a sei a sei □ (*fam.*) **to knock sb. for six**, sbalordire, stordire, tramortire q. □ **It's six o'clock**, sono le sei □ (*fig.*) **It's six of one and half a dozen of the other**, è praticamente la stessa cosa; se non è zuppa è pan bagnato □ (*mat.*) **Twice six is twelve**, sei per due fa dodici.

sixain /ˈsɪkseɪn/, *n.* (*poesia*) sestina.

sixfold /ˈsɪksfəʊld/, **A** *a.* **1** sestuplo **2** sestuplice. **B** *avv.* sei volte (tanto).

sixpence /ˈsɪkspəns, *USA* -pens/, *n.* (*stor.*) monetina d'argento del valore di sei penny; mezzo scellino (*non più in circolazione dal 1980 circa*).

sixpenny /ˈsɪkspənɪ, *USA* -penɪ/, *a.* **1** che vale sei penny; da sei penny: **a s. stamp**, un francobollo da sei penny **2** (*fig.*) di poco prezzo; da pochi soldi.

sixte /sɪkst/, *n.* (*scherma*) posizione di sesta.

sixteen /sɪkˈstiːn/, *a.* e *n.* sedici.

sixteenmo /sɪkˈstiːnməʊ/, *n.* (*pl.* **sixteenmos**) (*tipogr.*) formato (*o* volume) in sedicesimo.

sixteenth /sɪkˈstiːnθ/, *a.* e *n.* sedicesimo. ● **on the s. of October**, il sedici ottobre □ (*mat.*) **one s.**, un sedicesimo (1/16).

sixth /sɪksθ/, **A** *a.* e *n.* sesto: **He came in s.**, arrivò sesto; (*mat.*) **one s.**, un sesto (1/6). **B** *n.* **1** (*mus.*) sesta **2** (*nelle scuole inglesi e del Galles*, = **s. form**) classe preparatoria per l'università (*11° anno d'istruzione*). ● **s. former**,

alunno di una sixth form □ **s. sense**, sesto senso; intuito □ **on the s. of May**, il sei maggio.
sixthly /ˈsɪksθlɪ/, *avv.* in sesto luogo (*nelle enumerazioni*).
sixtieth /ˈsɪkstɪəθ/, *a.* e *n.* sessantesimo.
sixty /ˈsɪkstɪ/, *a.* e *n.* sessanta. ● **in the sixties**, negli anni fra i 60 e i 69 (*della vita di un uomo o in un secolo*) □ (*fam. USA*) **like s.**, a gran velocità; a tutta birra (*fam.*); con grande forza; a più non posso □ **a man of s.**, un sessantenne.
sixty-four /sɪkstɪˈfɔː(r)/, *a.* e *n.* sessantaquattro. ● (*fam.*) **It's the sixty-four(-thousand) -dollar question**, è una domanda da cinque milioni!
sizable /ˈsaɪzəbl/, *a.* di considerevoli dimensioni; piuttosto grande; ragguardevole: **a s. income**, un reddito ragguardevole.
sizar /ˈsaɪzə(r)/, *n.* (*a Cambridge o al Trinity College di Dublino*) detentore di borsa di studio; borsista.
sizarship /ˈsaɪzəʃɪp/, *n.* borsa di studio universitaria (*V.* **sizar**).
size (1) /saɪz/, *n.* **1** dimensione; grandezza; statura: taglia: **The new town hall is of vast s.**, il nuovo municipio è di ampie dimensioni; **It was about the s. of a pill**, era all'incirca della grandezza d'una pillola; **a man of his s.**, un uomo della sua taglia; **the s. of the business [market]**, le dimensioni dell'azienda [del mercato] **2** taglia (*di un indumento*); misura; numero (*di scarpe, ecc.*): **What is your s.?**, che taglia porti?; **I take a s. 9 shoe**, di scarpe porto il (numero) 43; **sizes of wear and shoes**, taglie d'abiti e numeri di scarpe; **children sizes**, misure per bambini; **We have all sizes of pullovers**, abbiamo pullover di tutte le misure **3** formato (*di carta, ecc.*): **commercial s.**, formato commerciale **4** (*comm.: del carbone, ecc.*) pezzatura **5** (*tecn.*) calibro; spessore **6** volume; valore; numero: **the s. of exports**, il volume delle esportazioni; **the s. of the reading public**, il numero dei lettori. ● **the s. of a bank account**, l'ammontare di un conto in banca □ (*tipogr.*) **s. of type**, corpo del carattere □ **s.-stick**, arnese di calzolaio per prendere la misura del piede □ **to cut sb. down to s.**, ridimensionare q. □ (*d'abito, ecc.*) **a s. too big**, di una taglia in più; che sta (*o* va) largo di una misura □ (*di sigarette, ecc.*) **king s.**, formato maggiore (*o* grande) □ **a life-s. portrait**, un ritratto a grandezza naturale □ **to try on for a s.**, provarsi (*un abito, ecc.*) per vedere se va bene (*come misura*); (*fig.*) assaggiare (q.c.) tanto per cominciare □ (*fam.*) **That's about the s. of it**, così, a un dipresso, stanno le cose; le cose sono andate più o meno così □ **What's the s. of your garage?**, quant'è grande il tuo garage?
size (2) /saɪz/, *n.* (*ind. tess.*) colla; bozzima. ● (*pittura*) **s. colour**, tinta a colla.
to **size** (1) /saɪz/, *v. t.* **1** raggruppare (*o* classificare, graduare) secondo la misura; fare la cernita di **2** (*mecc.*) ridurre a misura; ridimensionare **3** calibrare (*frutta, ecc.*). ● **to s. up**, calcolare la grandezza, valutare le dimensioni di (*un oggetto*); (*fam.*) indovinare (*una probabilità*); inquadrare, farsi un'idea di (*una persona*).
to **size** (2) /saɪz/, *v. t.* (*ind.*) imbozzimare; incollare (*tessili, cuoio, carta*).
sizeable /ˈsaɪzəbl/, *V.* **sizable**.
sized /saɪzd/, *a.* **1** classificato in base alle dimensioni; (*di un frutto, ecc.*) calibrato **2** (*nei composti*) di una data grandezza (*o* taglia): **large-s.**, grande; **medium-s.**, medio; di mezza taglia.
sizer (1) /ˈsaɪzə(r)/, *n.* **1** chi fa la cernita; cernitore **2** (*ind. min.*) pezzatore (*di minerali*).
sizer (2) /ˈsaɪzə(r)/, *n.* (*ind. tess.*) **1** imbozzimatore **2** imbozzimatrice (*macchina*).
sizing (1) /ˈsaɪzɪŋ/, *n.* **1** controllo delle dimensioni; calibratura (*di frutta, ecc.*) **2** (*tecn.*) classificazione granulometrica (*o* volumetrica).
sizing (2) /ˈsaɪzɪŋ/, *n.*(*ind. tess.*) incollatura; imbozzimatura. ● **s. machine**, imbozzimatrice.
sizzle /ˈsɪzl/, *n.* sfrigolio; friggio.
to **sizzle** /ˈsɪzl/, *v. i.* **1** sfrigolare, sfriggere **2** (*fig.*) friggere (*per la rabbia*) **3** (*fam.*) fare molto caldo.
sizzler /ˈsɪzələ(r), -zl-/, *n.* (*fam.*) giornata caldissima; giorno afoso (*o* soffocante).
sizzling /ˈsɪzəlɪŋ, -zl-/, *a.* **1** sfrigolante **2** caldissimo; bollente.
ska /skɑː/, *n.* (*mus.*) ska.
skag /skæg/, *n.* (*pop. USA*) **1** cosa (*o* persona) sgradevole; (uno) schifo **2** sigaretta; cicca (*pop.*) **3** eroina **4** *V.* **skank**.
to **skag** /skæg/, *v. i.* (*pop. USA*) fumare.
skald /skɔːld/, *n.* (*stor., letter.*) scaldo.
skank /skæŋk/, *n.* (*pop. USA*) racchia; scorfano; racchiona.
to **skank** /skæŋk/, *v. i.* (*pop. USA*) essere molto brutta; fare schifo.
skate (1) /skeɪt/, *n.* (*pl.* **skates, skate**) (*zool., Raja*) razza.
skate (2) /skeɪt/, *n.* (*sport*) pattino (*da ghiaccio*). ● (*fig. fam.*) **to get** (*o* **to put**) **one's skates on**, affrettarsi; sbrigarsi □ **roller-s.**, pattino a rotelle.
to **skate** /skeɪt/, *v. i.* **1** (*sport*) pattinare (*sul ghiaccio; talora, a rotelle*) **2** (*pop. USA*) inchiodare un creditore; piantare (*o* lasciare) un chiodo (*pop.*) **3** (*pop. USA*) sbronzarsi.
♦**skate around**, *V.* **skate round**.
♦**skate on**, *v. i.* + *prep.* pattinare su: **to s. on a frozen lake**, pattinare su un lago ghiacciato □ (*fig. fam.*) **to s. on thin ice**, camminare sul filo del rasoio (*fig.*).
♦**skate over**, **A** *v. i.* + *prep.* percorrere con i pattini (ai piedi): **to s. over a frozen river to the other side**, attraversare con i pattini un fiume coperto di ghiaccio. **B** *v. t.* + *avv.* eludere (*una domanda*); evitare, glissare su (*un argomento*) □ (*fig. fam.*) **to s. over thin ice**, camminare sul filo del rasoio (*fig.*).
♦**skate round**, **A** *v. i.* + *avv.* pattinare in tondo (*o* in cerchio). **B** *v. t.* + *avv.* **1** *V.* **skate over, B 2** (*fam.*) aggirare (*una difficoltà, ecc.*): **to s. round the tax laws**, aggirare le norme fiscali; eludere il fisco.
♦**skate through**, *v. i.* + *prep.* (*fig. fam.*) superare facilmente (*una prova, un esame, ecc.*).
skateboard /ˈskeɪtbɔːd/, *n.* pattino a quattro rotelle; skateboard.
to **skateboard** /ˈskeɪtbɔːd/, *v. i.* andare in skateboard; correre su uno skateboard.
skateboarder /ˈskeɪtbɔːdə(r)/, *n.* chi pratica lo skateboarding (*q.V.*).
skateboarding /ˈskeɪtbɔːdɪŋ/, *n.* (il) correre su uno skateboard (*q.V.*).
skater /ˈskeɪtə(r)/, *n.* (*sport*) pattinatore, pattinatrice.
skating /ˈskeɪtɪŋ/, *n.* (*sport*) pattinaggio: **s. in pairs**, pattinaggio a coppie. ● **s. rink**, pista di pattinaggio (*anche a rotelle*); pattinatoio.
skatole /ˈskætəʊl/, *n.* (*chim.*) scatolo.
skean /ˈskiːən/, *n.* pugnale irlandese (*o* scozzese). ● **s.-dhu**, pugnale del costume nazionale scozzese (*infilato in un calzettone*).
skedaddle /skɪˈdædl/, *n.* (*fam.*) fuga precipitosa.
to **skedaddle** /skɪˈdædl/, *v. i.* (*fam.*) scappare; svignarsela; darsela a gambe; filare (*fam.*); smammare (*pop.*).
skeet (1) /skiːt/, *n.* (*sport*, = **s. shooting**) tiro al piattello da otto posizioni; skeet.
skeet (2) /skiːt/, *n.* (*naut.*) gottazza; sassola.
skeg /skɛg/, *n.* (*naut.*) **1** pinna di deriva **2** calcagnolo.
skein /skeɪn/, *n.* **1** matassa **2** stormo d'oche selvatiche. ● **tangled s.**, matassa arruffata; (*fig.*) confusione, pasticcio.
skeletal /ˈskɛlətl/, *a.* **1** (*anat.*) scheletrico; dello scheletro **2** (*fig.*) magrissimo; scheletrico **3** (*fig.*) schematico; scheletrico; ridotto all'essenziale.
skeleton /ˈskɛlətn/, *n.* **1** (*anat.*) scheletro; (*fig.*) individuo magrissimo (*o* pelle e ossa) **2** ossatura; intelaiatura; scheletro: **building s.**, ossatura muraria; **steel s.**, intelaiatura d'acciaio **3** schema; schizzo; abbozzo; progetto schematico **4** (*sport*) skeleton; slittino monoposto. ● **a s. army**, un esercito con effettivi ridotti □ (*fig.*) **a s. at the feast**, uno spettro al banchetto; un guastafeste □ **a s. crew**, un equipaggio ridotto al minimo □ (*edil.*) **s. framing**, ossatura a scheletro □ (*fig.*) **a s. in the cupboard** (*USA*: **in the closet**), un segreto imbarazzante (*o* vergognoso); la vergogna della famiglia (*di cui nessuno parla*); lo scheletro nell'armadio (*fig.*) □ **s. key**, chiave universale; comunella; passe-partout □ (*ferr., ecc.*) **a s. service**, un servizio ridottissimo (*o* all'osso).
to **skeletonize** /ˈskɛlətənaɪz/, *v. t.* **1** scheletrire; ridurre (*un corpo*) a uno scheletro **2** (*fig.*) schematizzare; abbozzare; ridurre all'essenziale **3** (*fig.*) ridurre al minimo; ridurre all'osso (*il personale d'ufficio, ecc.*).
to **skelter** /ˈskɛltə(r)/, *v. i.* correre a precipizio; correre via; sfrecciare: **The rabbit skeltered away**, il coniglio scappò via.
skene /skiːn/, *V.* **skean**.
skep /skɛp/, *n.* **1** cesta di vimini; paniere **2** alveare (*di paglia o vimini*).
skepsis /ˈskɛpsɪs/, **skeptic** /ˈskɛptɪk/, e *deriv.* (*USA*) *V.* **scepsis, sceptic**, e *deriv.*
sketch /skɛtʃ/, *n.* **1** schizzo; disegno; abbozzo; schema; breve e rapida trattazione; profilo: **a biographical s.**, un profilo biografico **2** bozzetto; scenetta (*di teatro di varietà*); sketch **3** (*fam.*) tipo ridicolo; macchietta. ● **s.-block**, album per schizzi □ **s. map**, carta muta (*geografica*) □ **to draw a s.**, buttar giù uno schizzo □ **a rough s.**, un primo abbozzo.
to **sketch** /skɛtʃ/, **A** *v. t.* **1** schizzare; disegnare; abbozzare **2** delineare; descrivere per sommi capi; abbozzare; tratteggiare: **to s. a plan**, abbozzare un piano. **B** *v. i.* fare schizzi; fare bozzetti. ● **to go out sketching**, andare a fare degli schizzi (*specialm. del paesaggio*).
♦**sketch in**, *v. t.* + *avv.* **1** (*pitt.*) aggiungere (*disegnando*); introdurre, inserire: **to s. in a few flowers**, inserire dei fiori (*in un bozzetto, un quadro, ecc.*) **2** (*fig.*) aggiungere (*particolari, ecc.: a una descrizione*).
♦**sketch out**, *v. t.* + *avv.* **1** (*pitt.*) abbozzare **2** (*fig.*) abbozzare, delineare, tratteggiare, descrivere in linea di massima (*un progetto, ecc.*) **3** fare lo schizzo di (*una casa e sim.*).
sketchbook /ˈskɛtʃbʊk/, *n.* **1** (*pitt.*) album per schizzi **2** (*lett.*) raccolta di bozzetti.
sketcher /ˈskɛtʃə(r)/, *n.* disegnatore di schizzi; bozzettista.
sketchily /ˈskɛtʃəlɪ/, *avv.* per sommi capi; sommariamente.
sketchiness /ˈskɛtʃɪnəs/, *n.* **1** approssimazione; imprecisione; incompiutezza; incompletezza **2** superficialità.
sketchpad /ˈskɛtʃpæd/, *n.* (*pitt.*) blocco per schizzi.
sketchy /ˈskɛtʃɪ/, *a.* **1** abbozzato; approssimativo; impreciso; incompiuto; incompleto; vago **2** superficiale.
skew /skjuː/, **A** *a.* **1** obliquo; sghembo; sbilenco; storto; fuori squadra: **s. bridge**, ponte fuori squadra; **s. chisel**, scalpello storto; **s. wheel**, ruota a denti obliqui **2** (*stat.*) asimmetrico; anormale: **s. distribution**, distribuzione asimmetrica. **B** *n.* **1** direzione (*o* posizione) obliqua **2** (*archit.*) cimasa; copertina **3** (*elab.*) disallineamento **4** (*elettron.*) inclinazione; obliquità **5** (*mecc.*) ingranaggio sghembo. ● (*fam.*) **s.-eyed**, strabico □ (*mat.*) **s.-symmetric**, antisimmetrico □ (*edil.*) **s. wall**, parete sbieca □ (*fam.*) **s.-whiff**, storto, di sghembo; (*di cappello*) sulle ventitré □ **on the s.**, di sghembo; obliquamente.
to **skew** /skjuː/, **A** *v. t.* **1** collocare (*o* mettere) di traverso **2** rendere obliquo (*o* sghembo); deflettere; far deviare **3** (*fig.*) distorcere, travisare (*un risultato, ecc.*). **B** *v. i.* **1** mettersi di sghembo (*o* di traverso) **2** deviare; cambiare

direzione. ● **to s. at sb.**, guardare q. di sbieco (*o* di traverso).

skewback /ˈskjuːbæk/, *n.* (*archit.*) cuscinetto d'imposta (*di un arco*).

skewbald /ˈskjuːbɔːld/, *a.* (*di cavallo*) pomellato.

skewer /ˈskjuːə(r)/, *n.* ***1*** schidione; spiedo; spiedino ***2*** (*scherz.*) spada; spadone.

to **skewer** /ˈskjuːə(r)/, *v. t.* ***1*** infilzare (*carne, ecc.*) in uno spiedo (*o* spiedino) ***2*** (*fam.*) infilzare; trafiggere; forare.

skewness /ˈskjuːnəs/, *n.* l'essere obliquo; asimmetria (*anche stat.*).

ski /skiː/, *n.* (*pl.* **skis, ski**) (*sport*) sci. ● **ski boots**, scarponi da sci □ **ski centre**, centro sciistico □ **ski course**, pista di sci □ **ski goggles**, occhiali da sciatore □ **ski instructor**, maestro di sci □ **ski jacket**, giacca da sci □ **ski jump**, salto con gli sci; trampolino □ **ski jumper**, saltatore con gli sci □ **ski-lift**, sciovia, ski-lift □ **ski-mountaineering**, lo sci-alpinismo □ **ski pants**, pantaloni da sci □ **ski plane**, aereo provvisto di sci □ **ski-pole** (*o* **ski-stick**), racchetta da sci; bastoncino □ **ski run**, pista di sci □ **ski-scooter**, gatto delle nevi (*veicolo*) □ **ski slide**, pista di sci □ **ski slope**, campo di sci □ **ski suit**, completo da sci □ **ski touring**, sci-alpinismo □ **ski-tow**, sciovia □ **ski wax**, sciolina.

to **ski** /skiː/ (*pass.* e *p. p.* **ski'd, skied**), *v. i.* (*sport*) sciare. ● **to go skiing**, andare a sciare.

skiagram /ˈskaɪəgræm/, **skiagraph** /ˈskaɪəgrɑːf, *USA* -æf/, *n.* (*med.*) radiografia (*la lastra*).

skiagraph /ˈskaɪəgrɑːf, *USA* -æf/, *n.* (*med.*) radiografia.

skiascope /ˈskaɪəskəʊp/, *n.* (*med.*) fluoroscopio; retinoscopio; schiascopio.

skiascopy /skaɪˈæskəpɪ/, *n.* (*med.*) fluoroscopia; retinoscopia; schiascopia.

skibob /ˈskiːbɒb/, *n.* (*sport*) ski-bob.

skibobber /ˈskiːbɒbə(r)/, *n.* (*sport*) chi pratica lo ski-bob.

skibobbing /ˈskiːbɒbɪŋ/, *n.* (*sport*) lo ski-bob (*l'azione*).

skid /skɪd/, *n.* ***1*** slittata; slittamento; sbandata: (*autom.*) **to go into a s.**, fare una slittata; slittare ***2*** freno a scarpa; martinicca ***3*** (*aeron.*) pattino ***4*** asse (*o* trave) usata come piano inclinato (*o* sostegno) ***5*** (*ind. min.*) slitta (*di macchina*) ***6*** (*aeron., autom.* e *sci*) derapata; sbandata controllata; dérapage ***7*** (*naut.*) parabordi d'accosto ***8*** (*aeron.*) pattino (*di elicottero, ecc.*). ● (*autom.*) **s. chain**, catena da neve □ (*pop. USA*) **to go on the skids**, andare alla malora (*o* in rovina) □ (*pop. USA*) **to be on the skids**, essere in declino (*o* in crisi) □ (*pop.*) **to put the skids under sb.**, metter fretta a q. □ (*autom.*) **side-s.**, sbandamento; sbandata □ (*aeron.*) **tail s.**, pattino di coda.

to **skid** /skɪd/, **A** *v. i.* ***1*** scivolare; slittare; sbandare: **The car skidded on the wet road**, l'automobile slittò sulla strada bagnata ***2*** (*aeron., autom.* e *sci*) derapare. **B** *v. t.* ***1*** provvedere (*una ruota*) di freno a scarpa (*o* di martinicca) ***2*** (*aeron.*) provvedere di pattini ***3*** (*specialm. autom.*) far derapare ***4*** (*USA*) trascinare. ● (*autom.*) **to side-s.**, sbandare.

skidding /ˈskɪdɪŋ/, *n.* ***1*** (*specialm. autom.*) slittamento; sbandata ***2*** (*aeron., autom.* e *sci*) derapaggio; dérapage ***3*** (*USA*) trascinamento (*di tronchi, ecc.*).

skidlid /ˈskɪdlɪd/, *n.* (*fam.*) casco da motociclista.

skidoo /skɪˈduː, skiː-/, *n.* (*pl.* **skidoos**) gatto delle nevi (*veicolo*).

to **skidoo** /skɪˈduː, skiː-/, *v. i.* (*pop. USA*) squagliarsela; tagliare la corda (*fig.*).

skidpan /ˈskɪdpæn/, *n.* (*autom., sport*) pista scivolosa (*per le sbandate controllate*).

skid row /ˈskɪdˈrəʊ/, *locuz. n.* (*fam. USA*) quartiere povero, malfamato. ● **skid row bum**, barbone; vagabondo.

skidway /ˈskɪdweɪ/, *n.* ***1*** piano inclinato; scivolo (*per tronchi d'albero*) ***2*** (*naut.*) scivolo.

skier /ˈskiːə(r)/, *n.* (*sport*) sciatore, sciatrice.

skiff /skɪf/, *n.* ***1*** barca a remi; barchetta ***2*** (*canottaggio*) skiff; singolo.

skiffle /ˈskɪfl/, *n.* (*mus.*) «skiffle» (*con chitarra e strumenti a percussione di fortuna; popolare negli anni '50*).

skiing /ˈskiːɪŋ/, *n.* (*sport*) (lo) sciare; lo (sport dello) sci. ● **s. resort**, stazione sciistica.

to **ski-jump** /ˈskiːdʒʌmp/, *v. i.* (*sport*) fare il salto con gli sci.

skilful /ˈskɪlfl/, *a.* abile; bravo; destro; esperto; pratico; provetto: **He is very s. at** (*o* **in**) **maths**, è molto bravo in matematica. || **-ly**, *avv.* || **-ness**, *sost.*

skill /skɪl/, *n.* ***1*** abilità; bravura; destrezza; perizia ***2*** mestiere; professione: **I had to learn a new s.**, mi toccò imparare un altro mestiere ***3*** (*econ., collett.*) manodopera qualificata. ● **s. centre**, centro di riqualificazione professionale (*in G.B.*).

Skillcentre /ˈskɪlsɛntə(r)/, *V.* **skill centre**.

skilled /skɪld/, *a.* ***1*** *V.* **skilful** ***2*** (*ind.*) qualificato; specializzato: **a s. workman**, un operaio specializzato; **s. labour**, manodopera qualificata; **s. work**, lavoro specializzato. ● (*econ.*) **s. jobs**, posti di lavoro specializzato.

skilless /ˈskɪlləs/, *V.* **unskilled**.

skillet /ˈskɪlɪt/, *n.* (*cucina*) ***1*** casseruola col manico lungo ***2*** (*USA*) padella.

skillful /ˈskɪlfl/, *a.* (*USA*) *V.* **skilful**.

skilly /ˈskɪlɪ/, *n.* (*cucina*) brodo lungo; brodaglia; zuppa diluita (*di farina d'avena*).

skim /skɪm/, *n.* ***1*** (= **s. milk**) latte scremato ***2*** strato sottile; pellicola ***3*** (*agric.*) coltello superiore dell'aratro. ● **s. coulter**, avanvomere.

to **skim** /skɪm/, **A** *v. t.* ***1*** schiumare; scremare; spannare (*il latte*): **He skimmed the milk (of its cream)**, scremò il latte ***2*** sfiorare; rasentare: **Our plane was skimming the roofs**, il nostro aereo sfiorava i tetti ***3*** leggere rapidamente; scorrere: **to s. a book**, scorrere un libro ***4*** trattare in modo sommario (*un argomento*) ***5*** far saltellare; far balzellare: **to s. stones across the surface of a pond**, lanciare sassi facendoli balzellare sulla superficie d'uno stagno. **B** *v. i.* ***1*** (*generalm.* **to s. along**) passare rasente ***2*** coprirsi di un velo (*di schiuma, di ghiaccio, ecc.*). ● **skimmed milk**, latte scremato □ (*pop.*) **skimming dish**, motoscafo veloce; panfilo dal fondo piatto.

♦**skim off**, *v. t. + avv.* ***1*** schiumare: **to s. off the broth**, schiumare il brodo; **to s. off the fat from the soup**, schiumare il grasso dalla minestra ***2*** scremare (*il latte*) ***3*** (*fig., anche* **to s. the cream off**) scremare, trascegliere (*cose o persone*) □ (*pop. USA*) **to s. off the top**, sottrarre al fisco una parte del reddito (*o* dei profitti).

♦**skim over**, *v. i. + prep.* ***1*** rasentare; sfiorare: **The gulls were skimming over the water**, i gabbiani rasentavano l'acqua ***2*** (*fam.*) dare una scorsa (*o* un'occhiata) a (*un libro, ecc.*) □ **to s. over the ground**, volare rasoterra.

♦**skim through**, *v. i. + prep.* (*fam.*) dare una scorsa (*o* un'occhiata) a; scorrere velocemente: **to s. through the newspaper**, dare una scorsa al giornale.

skimmer /ˈskɪmə(r)/, *n.* ***1*** scrematrice; spannatoia ***2*** schiumaiola, schiumarola ***3*** (*tecn.*) skimmer (*per depurare l'acqua delle piscine*) ***4*** (*USA*) cappello con cocuzzolo basso e tesa larga ***5*** (*zool.*) uccello dei Rincopidi (*in genere*). ● (*zool.*) **black s.** (*Rhynchops nigra*), rincope nero.

skimming /ˈskɪmɪŋ/, *n.* ***1*** scrematura; spannatura ***2*** lo sfiorare; il rasentare ***3*** (*pl.*) (*metall.*) scorie di affioramento. ● **s.-through**, scorsa (*data a un libro, ecc.*).

to **skimp** /skɪmp/, **A** *v. t.* ***1*** lesinare; fare economia di: **Don't spoil the cocktail by skimping gin**, non sciupare il cocktail lesinando il gin ***2*** tenere (q.) a stecchetto ***3*** fare in fretta e furia, abborracciare (*un lavoro*). **B** *v. i.* essere tirchio; lesinare; fare economie: **to s. on health and education budgets**, fare economie sui bilanci della sanità e dell'istruzione.

skimping /ˈskɪmpɪŋ/, *a.* parsimonioso; avaro; spilorcio; tirchio. || **-ly**, *avv.*

skimpy /ˈskɪmpɪ/, *a.* ***1*** insufficiente; scarso; striminzito ***2*** avaro; spilorcio; tirchio ***3*** (*di abito*) striminzito; (*per estens.*) succinto.

skin /skɪn/, **A** *n.* ***1*** pelle; cute; epidermide; (*fig.*) vita: **He is only s. and bone(s)**, è tutto pelle e ossa; **to save one's s.**, salvar la pelle; **fair [dark] s.**, pelle chiara [scura]; **to change one's s.**, mutar pelle; (*fig.*) fare un cambiamento radicale ***2*** pelle (*d'animale*); pellame; cuoio: **calf s.**, pelle (*o* cuoio) di vitello ***3*** otre (*di pelle*) ***4*** buccia; scorza: **the s. of a banana**, la buccia d'una banana ***5*** (*metall.*) crosta (*di metallo fuso*) ***6*** (*naut.*) fasciame ***7*** (*aeron.*: *di un'ala*) rivestimento ***8*** (*del latte, ecc.*) pellicola; tela ***9*** (*pl.*) (*fam.*) skinheads (*q.V.*) ***10*** (*pop. USA*) mano ***11*** (*pop. USA*) biglietto da un dollaro. **B** *a. attr.* cutaneo; da cute: (*med.*) **s. clip**, grappa da cute; **s. graft**, innesto cutaneo. ● (*cosmesi*) **s. care products**, prodotti per la pelle □ **s.-deep**, a fior di pelle; superficiale; epidermico: **a s.-deep wound [impression]**, una ferita [un'impressione] superficiale □ (*med.*) **s. disease**, malattia cutanea □ **s.-diver**, apneista; (*anche*) subacqueo □ **s.-diving**, nuoto subacqueo (*specialm.* in apnea); (*anche*) pesca subacquea (*in apnea*) □ (*elettr.*) **s. effect**, effetto pelle □ (*fam.*) **s. flick**, film porno; pornofilm □ (*aeron., naut.*) **s.-friction**, resistenza di attrito □ (*pop.*) **s. game**, gioco di destrezza; truffa □ **s. merchant**, commerciante in pellami □ **s. specialist**, dermatologo □ **s.-tight**, molto aderente: **s.-tight jeans**, jeans attillatissimi □ **to escape by the s. of one's teeth**, uscirne per il rotto della cuffia; scamparla per un pelo (*o* per un soffio) □ (*fam.*) **to get under sb.'s s.**, colpire profondamente q.; affascinare q.; irritare (*o* infastidire) moltissimo q. □ (*anche fig.*) **to have a thick s.**, aver la pelle dura; essere insensibile □ (*fig.*) **to have a thin s.**, esser troppo delicato (*o* ipersensibile, suscettibile) □ (*anat.*) **inner s.** (*o* **true s.**), derma □ (*anat.*) **outer s.**, epidermide □ **tanned s.**, pelle conciata; cuoio □ (*fig.*) **to the s.**, fino alle ossa: **soaked to the s.**, bagnato fradicio □ (*fig.*) **under the s.**, sotto pelle (*fig.*); in fondo; nell'animo □ (*fig.*) **with** (*o* **in**) **a whole s.**, illeso; senza nemmeno un graffio □ (*fam.*) **It's no s. off my nose**, non è affar mio! □ (*pop. USA*) **Give me some s.!**, qua la mano!

to **skin** /skɪn/, **A** *v. t.* ***1*** scorticare; scuoiare; spellare: **to s. an ox**, scuoiare un bue ***2*** sbucciare; pelare ***3*** (*fam.*) strappare, togliere (*un abito aderente*) ***4*** (*fam.*) imbrogliare; truffare; pelare ***5*** (*fam.*) *V.* **to skin-pop** ***6*** (*pop. USA*) dare la mano a (q.): **S. me!**, dammi la mano!; qua la mano! **B** *v. i.* (*spesso* **to s. over**) ***1*** ricoprirsi di una pellicola ***2*** (*di ferita*) cicatrizzarsi. ● **to s. alive**, scorticare vivo; (*fig. fam.*) mangiarsi vivo; punire (*o* sgridare) severamente □ (*fam. arc*) **to s. a flint**, essere tirchio □ (*fam.*) **to s. oneself**, spogliarsi □ (*pop. USA*) **to s. through**, passare a stento (*o* a malapena: *da un buco, ecc.*); (*fig.*) passare a stento (*a un esame, ecc.*); farcela per un pelo □ (*fam.*) **to get skinned at cards**, farsi pelare al gioco (*delle carte*) □ (*fam.*) **to keep one's eyes skinned**, tener gli occhi bene aperti; stare in guardia.

skin-beater /ˈskɪnbiːtə(r)/, *n.* (*pop. USA*) suonatore di tamburo.

to **skin-dive** /ˈskɪndaɪv/, *v. i.* (*sport*) immergersi in apnea (*o* con l'autorespiratore); fare l'apneista; fare il subacqueo; pescare in apnea (*o* con l'autorespiratore).

skinflint /ˈskɪnflɪnt/, *n.* avaro; spilorcio; taccagno; tirchio.

skinful /ˈskɪnfʊl/, *n.* ***1*** quanto sta in un otre di pelle; otre: **a s. of wine**, un otre di vino ***2*** (*fam.*) scorpacciata ***3*** (*fam.*) grossa bevuta. ● (*fam.*) **to have had a s. of beer**, avere fatto il pieno di birra.

skinhead /ˈskɪnhɛd/, *n.* ***1*** teppista dalla testa rapata; testa rasata; skinhead ***2*** (*fam.*) testa rapata; pelatone ***3*** (*mil., fam. USA*) recluta.
skink /skɪŋk/, *n.* (*zool., Scincus*) scinco.
skinless /ˈskɪnləs/, *a.* ***1*** senza pelle ***2*** senza buccia.
skinned /skɪnd/, *a.* ***1*** scorticato ***2*** (*nei composti*) dalla pelle: **dark-s.**, dalla pelle scura.
skinner /ˈskɪnə(r)/, *n.* ***1*** conciatore di pelli; conciapelli ***2*** pellaio ***3*** (*USA*) carrettiere ***4*** (*pop.*) truffatore.
skinniness /ˈskɪnɪnəs/, *n.* ***1*** macilenza; magrezza ***2*** (*fig.*) grettezza; meschinità.
skinny (1) /ˈskɪnɪ/, *a.* ***1*** macilento; magro; scarno; pelle e ossa ***2*** di pelle; simile a pelle ***3*** (*fig.*) gretto; meschino; taccagno. ● (*fam. USA*) **s.-dip**, bagno senza costume □ (*fam.*) **s.-dipper**, chi fa il bagno senza costume.
skinny (2) /ˈskɪnɪ/, *n.* (*pop. USA*, = **hot s.**) informazioni riservate. ● **to get the hot s. on sb.**, imparare tutto su q.
to **skinny-dip** /ˈskɪnɪdɪp/, *v. i.* (*fam.*) fare il bagno (*o* nuotare) nudo.
to **skin-pop** /ˈskɪnˈpɒp/, (*fam.*), **A** *v. t.* iniettare, iniettarsi (*la droga*). **B** *v. i.* bucarsi, farsi (*gergo*).
to **skin-search** /ˈskɪnsɜːtʃ/, *v. t.* (*pop. USA*) perquisire (q.) a fondo (*facendolo denudare*).
skint /skɪnt/, *a.* (*pop.*) senza una lira; al verde.
skip (1) /skɪp/, *n.* ***1*** salto; saltello; balzo ***2*** omissione ***3*** (*elab.*) salto: **s. flag**, indicatore di salto. ● (*radio*) **s. distance**, lunghezza della zona di silenzio.
skip (2) /skɪp/, *n.* ***1*** (*ind. min.*) benna di caricamento; secchia; tazza ***2*** (*edil.*) cassone per materiali di rifiuto o macerie. ● (*mecc.*) **s. hoist**, elevatore a secchia.
to **skip** /skɪp/, **A** *v. i.* ***1*** saltare; saltellare; balzare: **The little girls skipped gaily by**, le ragazzine passarono saltellando allegramente; **He skipped out of the way**, si scostò con un balzo (*dal centro della strada, dal cammino altrui, ecc.*) ***2*** (*di solito* **to s. rope**) saltare la corda ***3*** saltare di palo in frasca (*fig.*); cambiare discorso (*o* argomento) ***4*** (*fig. fam.*) fare un salto; fare un viaggetto: **to s. over** (*o* **across**) **to Calais by hovercraft to do a bit of shopping**, fare un salto a Calais con l'hovercraft per fare qualche acquisto ***5*** (*fam.*, *di solito* **to s. off**) scappare; svignarsela; tagliare la corda ***6*** saltare una classe (*a scuola*). **B** *v. t.* saltare; omettere; tralasciare: **to s. a meal**, saltare un pasto; **I skipped the sports pages of the paper**, saltai le pagine sportive del giornale. ● (*fig. fam.*) **to s. over**, saltare, trascurare (*cose, nomi in una lista, ecc.*); passare sopra a (*errori, difetti, ecc.*) □ **to s. school**, marinare la scuola □ **to s. (with) a rope**, saltare la corda.
skipjack /ˈskɪpdʒæk/, *n.* (*zool.*) ***1*** pesce che balza fuor d'acqua; (*specialm., Temnodon saltator*) pesce blu ***2*** (*Katsuwonus pelamis*) tonno striato; bonita ***3*** (*Elater*) elatere, elateride (*coleottero*).
skipper (1) /ˈskɪpə(r)/, *n.* (*zool.*) ***1*** (*Hesperia*) esperia; esperidio ***2*** (*Scomberesox saurus*) luccio sauro.
skipper (2) /ˈskɪpə(r)/, *n.* ***1*** (*naut.*) skipper; capitano (*specialm. di piccolo mercantile o di peschereccio*) ***2*** (*aeron.*) comandante (*di un aereo*) ***3*** (*sport*) capitano (*d'una squadra*) ***4*** (*sport*) direttore tecnico, manager (*d'una squadra*) ***5*** (*fam.*) capo; padrone. ● (*gergo naut.*) **s.'s daughters**, grandi cavalloni; onde dalla cresta bianca.
skipping /ˈskɪpɪŋ/, *n.* ***1*** il saltellare; saltelli ***2*** il saltare la corda ***3*** (*elab.*) salto: **s. operation**, operazione di salto. ● **s. rope**, corda per saltare; corda (*attrezzo ginnico*).
skippingly /ˈskɪpɪŋlɪ/, *avv.* a balzi; saltellando.
skirl /skɜːl/, *n.* suono di cornamuse; suono acuto e stridulo.
to **skirl** /skɜːl/, *v. i.* (*di cornamusa*) suonare; mandare un suono acuto e stridulo.
skirmish /ˈskɜːmɪʃ/, *n.* ***1*** (*mil.* e *fig.*) scaramuccia ***2*** (*fig.*) schermaglia.
to **skirmish** /ˈskɜːmɪʃ/, *v. i.* far scaramucce; scaramucciare (*raro*).
skirmisher /ˈskɜːmɪʃə(r)/, *n.* (*mil.*) chi prende parte a una scaramuccia.
skirmishing /ˈskɜːmɪʃɪŋ/, *n.* (*mil.* e *fig.*) scaramuccia.
skirret /ˈskɪrət/, *n.* (*bot., Sium sisarum*) sisaro.
skirt /skɜːt/, *n.* ***1*** sottana; gonna ***2*** falda (*di vestito*); lembo; orlo; margine: **on the skirts of the desert**, ai margini del deserto ***3*** (*pop.*) sottana (*fam.*); donna; ragazza: **to chase after a bit** (*o* **a piece**) **of s.**, correre dietro a una sottana ***4*** (*pop.*) bella donna ***5*** (*pl.*) sobborghi; periferia ***6*** (*pl.*) (*di un'auto, un hovercraft, ecc.*) gonne. ● (*pop.*) **s. chaser**, donnaiolo □ (*edil.*) **s. roof**, marcapiano □ (*moda*) **divided s.**, gonna pantalone.
to **skirt** /skɜːt/, *v. t.* e *i.* costeggiare; rasentare: **The path skirts (along) the edge of the pond**, il sentiero costeggia l'orlo dello stagno. ● (*fam.*) **to s. around** (*o* **round**), girare attorno a (*un problema*); aggirare, scansare (*una difficoltà*) □ (*autom.*) **to s. round the town centre**, evitare il centro.
skirting /ˈskɜːtɪŋ/, *n.* ***1*** stoffa per sottane ***2*** orlatura; bordo ***3*** zoccolatura. ● (*edil.*) **s. board**, zoccolo; battiscopa.
skit /skɪt/, *n.* burla; parodia; presa in giro; bozzetto comico; scenetta (*di teatro di varietà*): **a s. on sb.**, una parodia di q.
to **skitter** /ˈskɪtə(r)/, *v. i.* ***1*** (*di un animaletto*) correre velocemente ***2*** (*d'uccello*) svolazzare sull'acqua ***3*** (*di pescatore*) pescare trascinando l'esca a fior d'acqua.
skittish /ˈskɪtɪʃ/, *a.* ***1*** (*di cavallo*) ombroso ***2*** civettuolo; lezioso; smorfioso ***3*** capriccioso; incostante; volubile ***4*** (*di un micio, ecc.*) giocherellone. || **-ly**, *avv.* || **-ness**, *sost.*
skittle /ˈskɪtl/, *n.* ***1*** birillo ***2*** (*pl.*) (*col verbo al sing.*) gioco dei birilli. ● **s.-alley** (*o* **s.-ground**), campo per giocare ai birilli □ **s.-pins**, birilli □ (*fam.*) **Skittles!**, sciocchezze!; storie! □ (*fig.*) **Life is not all beer and skittles**, la vita non è un letto di rose.
to **skittle** /ˈskɪtl/, **A** *v. i.* giocare ai birilli. **B** *v. t.* ***1*** (*fam.*, **to s. away**) sciupare; sprecare ***2*** (*cricket*, **to s. out**) eliminare in rapida successione (*tutti i battitori di una squadra*).
skive (1) /skaɪv/, *n.* (*tecn.*) mola (*per gemme*).
skive (2) /skaɪv/, *n.* (*pop.*) – **to have a s.**, far flanella (*pop.*); fare il lavativo.
to **skive** (1) /skaɪv/, *v. t.* ***1*** tagliare (*cuoio, gomma, ecc.*) in strati sottili ***2*** radere il pelo a, raschiare, ripulire, scarnire (*pelli, ecc.*) ***3*** molare (*una gemma*).
to **skive** (2) /skaɪv/, *v. i.* (*pop.*) fare flanella (*pop.*); fare il lavativo; fare lo scansafatiche. ● **to s. off**, squagliarsela (*dal lavoro, da scuola, ecc.*); fare il lavativo.
skiver (1) /ˈskaɪvə(r)/, *n.* ***1*** chi raschia (*o* ripulisce) pelli ***2*** (*tecn.*) fiore (*di una pelle*) ***3*** trincetto.
skiver (2) /ˈskaɪvə(r)/, *n.* (*pop.*) lavativo; scansafatiche.
skivvy /ˈskɪvɪ/, *n.* ***1*** (*pop.*) serva; sguattera ***2*** (*fam. USA*) camiciola; maglietta intima (*da uomo*) ***3*** (*pl.*) (*fam. USA*) maglietta e mutande.
to **skivvy** /ˈskɪvɪ/, *v. i.* (*pop.*) stare a servizio; fare la sguattera.
skiwear /ˈskiːwɛə(r)/, *n.* (*sport*) abbigliamento da sci; indumenti (*o* scarponi) da sci.
skua /ˈskjuːə/, *n.* (*zool., Stercorarius*) skua; stercorario.
skulduggery /skʌlˈdʌgərɪ/, *V.* **skullduggery**.
skulk /skʌlk/, **skulker** /ˈskʌlkə(r)/, *n.* ***1*** tipo sospetto ***2*** scansafatiche; lavativo; imboscato.
to **skulk** /skʌlk/, *v. i.* ***1*** muoversi furtivamente ***2*** appostarsi; rimpiattarsi; nascondersi; rintanarsi ***3*** (*fig.*) sottrarsi al proprio dovere; imboscarsi (*fig.*); tirarsi indietro; fare lo scansafatiche.
skull /skʌl/, *n.* ***1*** (*anat.*) cranio; teschio ***2*** (*fig.*) testa; zucca: **an empty s.**, una zucca vuota (*fig.*); **Get it into your s.!**, ficcatelo in testa! ● **s. and crossbones**, teschio e tibie incrociate (*emblema dei pirati*) □ (*pop. USA*) **s. buster**, poliziotto □ (*edil.*) **s. cracker**, berta per demolizioni □ (*pop. USA*) **s. session**, riunione informativa; discussione di gruppo; seminario intensivo □ (*fig.*) **to have a thick s.**, essere uno zuccone.
skullcap /ˈskʌlkæp/, *n.* ***1*** papalina; zucchetto ***2*** (*anat.*) calotta cranica ***3*** (*bot., Scutellaria*) scutellaria.
skullduggery /skʌlˈdʌgərɪ/, *n.* (*fam.*) loschi traffici; imbrogli; furfanteria; disonestà.
skunk /skʌŋk/, *n.* (*pl.* **skunks, skunk**) ***1*** (*zool., Mephitis mephitis*) moffetta ***2*** pelliccia di moffetta; skunk ***3*** (*fam.*) individuo spregevole; furfante; canaglia. ● (*pop. USA*) **Don't get into a pissing contest with a s.**, non metterti a discutere con gente di bassa lega!; cerca d'essere superiore!
to **skunk** /skʌŋk/, *v. t.* (*fam. USA*) dare cappotto a (q.); lasciare (q.) a zero punti.
sky /skaɪ/, *n.* ***1*** cielo: **clear sky**, cielo sereno; **overcast sky**, cielo coperto; **starry sky**, cielo stellato ***2*** (*pl.*) cieli; clima; tempo: **warmer skies**, un clima più caldo; **the grey skies of Britain**, i cieli grigi dell'Inghilterra. ● **sky blue**, celeste; azzurro (*sost.*) □ **sky-blue**, celeste; azzurro (*agg.*) □ (*fotogr.*) **sky camera**, macchina fotografica per riprese dall'aereo □ **sky-high**, (*agg.*) altissimo, che arriva al cielo, fino al cielo; (*avv.*) molto in alto: **sky-high prices**, prezzi alle stelle □ (*USA*) **sky marshal**, agente speciale per la repressione della pirateria aerea □ **sky pilot**, (*aeron.*) pilota con brevetto; (*pop.*) prete; (*naut.*) cappellano di bordo □ (*tecn.*) **sky-pointing**, puntato verso il cielo □ **sky-sign**, insegna (*pubblicitaria, luminosa*) su un edificio □ **sky wave**, onda spaziale (*o* ionosferica) □ **to blow st. sky-high**, far saltare q.c. in aria □ **out of a clear sky**, a ciel sereno; all'improvviso □ **to praise sb. to the skies**, portare q. alle stelle (*o* al settimo cielo) □ **to be raised to the skies**, essere portato alle stelle (*o* al settimo cielo) □ **under the open sky**, all'aperto; all'aria libera: **to sleep under the open sky**, dormire all'aperto (*o* sotto le stelle) □ (*fam.*) **The sky's the limit**, non c'è limite (*alla spesa, alle puntate, ecc.*).
to **sky** /skaɪ/, **A** *v. t.* (*fam.*) ***1*** lanciare, scagliare (*una palla*) molto in alto ***2*** appendere (*un quadro*) molto in alto. **B** *v. i.* (*pop. USA*) viaggiare (*o* andare) in aereo; volare.
skycap /ˈskaɪkæp/, *n.* (*fam. USA*) portabagagli di aeroporto.
to **skydive** /ˈskaɪdaɪv/, *v. i.* fare del paracadutismo acrobatico.
skydiver /ˈskaɪdaɪvə(r)/, *n.* paracadutista acrobatico.
skydiving /ˈskaɪdaɪvɪŋ/, *n.* paracadutismo acrobatico.
skyer /ˈskaɪə(r)/, *n.* (*sport*) colpo alto; tiro a campanile (*o* a candela).
Skye terrier /ˈskaɪˈtɛrɪə(r)/, *locuz. n.* terrier dell'isola di Skye.
skyey /ˈskaɪɪ/, *a.* (*poet.*) ***1*** celeste; azzurro ***2*** sublime; etereo.
skyjack /ˈskaɪdʒæk/, *n.* ***1*** *V.* **skyjacking** ***2*** *V.* **skyjacker**.
to **skyjack** /ˈskaɪdʒæk/, *v. t.* dirottare (*un aereo*).
skyjacker /ˈskaɪdʒækə(r)/, *n.* dirottatore; pirata dell'aria.
skyjacking /ˈskaɪdʒækɪŋ/, *n.* dirottamento; pirateria aerea.
Skylab /ˈskaɪlæb/, *n.* (*miss.*) Skylab, laboratorio spaziale (*lanciato dagli USA nel 1973*).
skylark /ˈskaɪlɑːk/, *n.* (*zool., Alauda arvensis*) allodola.
to **skylark** /ˈskaɪlɑːk/, *v. i.* far chiasso; far cagnara; far baldoria.
skylight /ˈskaɪlaɪt/, *n.* ***1*** (*edil.*) lucernario ***2***

(*naut.*) osteriggio; spiraglio.
skyline /'skaılaın/, *n.* ***1*** orizzonte; linea dell'orizzonte ***2*** profilo; sagoma (*contro il cielo*): **the s. of New York**, il profilo di New York (*quale appare dalla nave a chi arriva*); **the misty s. of the mountains**, la sagoma annebbiata delle montagne.
skyrocket /'skaırɒkıt/, *n.* razzo (*fuoco d'artificio*).
to **skyrocket** /'skaırɒkıt/, **A** *v. i.* (*specialm. di prezzi*) andare alle stelle; salire all'improvviso. **B** *v. t.* far salire (*o* mandare) alle stelle.
skysail /'skaıseıl/, *n.* (*naut.*) decontrovelaccio; decontrovelaccino; decontrobelvedere.
skyscape /'skaıskeıp/, *n.* (*arte*) paesaggio in cui il cielo ha parte prevalente.
skyscraper /'skaıskreıpə(r)/, *n.* (*edil.*) grattacielo.
skyward /'skaıwəd/, **A** *a.* volto (*o* diretto) verso il cielo. **B** *avv.* verso il cielo.
skywards /'skaıwədz/, *avv.* verso il cielo.
skyway /'skaıweı/, *n.* ***1*** (*aeron.*) rotta aerea ***2*** (*autom.*) autostrada soprelevata.
skywriting /'skaıraıtıŋ/, *n.* scrittura aerea (*pubblicità mediante scritte tracciate da un aereo*).
slab /slæb/, *n.* ***1*** lastra; lastrone; piastra ***2*** (grossa) fetta: **a s. of cheese**, una bella fetta di formaggio ***3*** (*edil.*) soletta: **a concrete s.**, una soletta di calcestruzzo ***4*** (*di tronco d'albero*) fetta esterna (*tolta per squadrarlo*); sciavero ***5*** (*elettron.*) piastrina ***6*** (*metall.*) slab; slebo ***7*** – (*fam.*) **the s.**, *V.* **the mortuary s.** ● (*fam. USA*) **s.-sided**, lungo e sottile; alto e magro □ **the mortuary s.**, il tavolo dell'obitorio.
to **slab** /slæb/, *v. t.* ***1*** tagliare (*una pietra*) in lastre ***2*** squadrare (*tronchi d'albero*) ***3*** (*edil.*) lastricare.
slabber, to **slabber** /'slæbə(r)/, *V.* **slobber, to slobber**.
slabbing /'slæbıŋ/, *n.* ***1*** (*edil.*) sistemazione di lastricati; lastricatura ***2*** squadratura (*di tronchi d'albero*). ● **s. gang**, gruppo di segantini addetti a squadrare tronchi.
slabstone /'slæbstəun/, *n.* ***1*** (*edil.*) pietra da lastre ***2*** (*geol.*) lastrone di roccia.
slack (1) /slæk/, *a.* ***1*** lento; allentato: **a s. rope**, una corda lenta ***2*** fiacco; debole; indolente; inerte; negligente; pigro; trasandato; trascurato: **The market is s.**, il mercato è fiacco; **Domestic demand is still rather s.**, la domanda interna è tuttora alquanto debole; **a s. man**, un uomo debole, inerte; **a s. workman**, un operaio indolente, pigro; **s. bookkeeping**, contabilità trasandata ***3*** (*mecc.*) lasco ***4*** (*naut.*) lasco; non tesato. ● **s.-baked bread**, pane cotto male □ **s.-dried hops**, luppoli essiccati male □ **s. lime**, calce spenta □ (*econ.*) **a s. period**, un periodo morto □ (*comm.*) **the s. season**, la stagione morta □ (*ind. tess.*) **s. silk**, seta floscia; seta da ricamo □ (*naut.*) **s. water**, acqua ferma (*fra le due maree*); stanca di marea □ (*anche fig.*) **to keep a s. hand** (*o* **rein**), allentare le redini.
slack (2) /slæk/, *n.* ***1*** lentezza; mollezza ***2*** (*naut.*) imbando (*di una cima, di una fune*) ***3*** (*geogr.*) morta (*di un fiume*); acqua morta; morta gora (*lett.*) ***4*** (*econ., fin.*) periodo d'inattività (*o* di ristagno) ***5*** (*mecc.*) gioco ***6*** (*pl.*) pantaloni da buon comando; calzoni larghi (*specialm. da donna*). ● (*naut.*) **s. of high water**, stanca d'alta marea □ (*naut.*) **s. of low water**, stanca di bassa marea □ (*naut.*) **to pull in the s. of a rope**, tendere una cima; tesare un cavo □ **There's too much s. in the wire**, il filo (elettrico) è troppo lento.
slack (3) /slæk/, *n.* polverino (*di carbone*).
to **slack** /slæk/, **A** *v. t.* ***1*** (*spesso* **to s. off**) allentare (*una corda, ecc.*); mollare (*un cavo*) ***2*** spegnere (*calce*) ***3*** (*fig.*) allentare (*la disciplina*); diminuire, ridurre (*uno sforzo, ecc.*). **B** *v. i.* ***1*** (*spesso* **to s. off, to s. up**) rallentare; diminuire la velocità; rallentare il ritmo di lavoro (*o* di studio); rilassarsi ***2*** (*fam.*) essere pigro (*o* indolente); battere la fiacca. ● **to s. away**, allentare (*una fune, ecc.*); (*naut.*) filare adagio, allascare (*un cavo*).
to **slacken** /'slækən/, **A** *v. t.* ***1*** diminuire; ridurre; calare; scemare: **to s. one's efforts**, diminuire gli sforzi; **to s. speed**, ridurre la velocità; rallentare ***2*** allentare (*una corda, la disciplina, ecc.*) ***3*** (*naut.*) allascare; mollare: **to s. the sails**, mollare le vele. **B** *v. i.* ***1*** diminuire; calare; scemare; ridursi: **Trade has slackened**, il volume degli affari s'è ridotto ***2*** rilassarsi; rallentare il ritmo; battere la fiacca ***3*** (*di corda, ecc.*) allentarsi ***4*** (*mecc.*) diventare lasco ***5*** (*econ.*) ristagnare: **Output is slackening**, la produzione ristagna.
♦**slacken away**, *V.* **slacken off, A.**
♦**slacken off**, **A** *v. t. + avv.* allentare (*una corda*); (*naut.*) mollare, filare, allascare (*un cavo, ecc.*). **B** *v. i. + avv.* ***1*** (*delle vendite, ecc.*) calare; diminuire ***2*** (*degli affari, ecc.*) ristagnare ***3*** (*di studenti, operai, ecc.*) rallentare il ritmo di studio (di lavoro, ecc.); battere la fiacca.
♦**slacken up**, **A** *v. t. + avv.* ***1*** ridurre, diminuire (*la velocità, uno sforzo, ecc.*) ***2*** ridurre il ritmo di (*un lavoro, ecc.*). **B** *v. i. + avv.* ***1*** rallentare ***2*** ridurre il ritmo del lavoro; rilassarsi; prendersela comoda.
slackening /'slækənıŋ/, *n.* ***1*** allentamento (*dell'attenzione, ecc.*); diminuzione, riduzione (*d'intensità, ecc.*); rallentamento; calo ***2*** allentamento (*di una fune*) ***3*** (*naut.*) allascamento ***4*** (*econ.*) ristagno; stasi.
slacker /'slækə(r)/, *n.* (*fam.*) scansafatiche; fannullone.
slackness /'slæknəs/, *n.* ***1*** lentezza (*d'una fune*) ***2*** fiacchezza; debolezza; indolenza; inerzia; negligenza; rilassatezza; trasandatezza; trascuratezza ***3*** (*econ.*, = **s. in business**) ristagno degli affari; inattività; stasi.
slag /slæg/, *n.* ***1*** (*metall.*) scoria; loppa ***2*** (*geol.*) scoria vulcanica ***3*** (*pop. spreg.*) donnaccia; donna di malaffare. ● (*edil.*) cemento di scoria □ (*ind. min.*) **s. heap**, cumulo di scorie; collinetta formatasi per accumulo delle scorie.
to **slag** /slæg/, (*metall.*) **A** *v. i.* formare scorie; scorificarsi. **B** *v. t.* trasformare in scorie; scorificare. ● (*pop.*) **to s. off**, criticare aspramente, sparlare di (q.).
slagging /'slægıŋ/, *n.* (*metall.*) formazione di scorie; scorificazione.
slaggy /'slægı/, *a.* di scoria; simile a scoria.
slain /sleın/, *p. p.* di **to slay**.
to **slake** /sleık/, **A** *v. t.* spegnere; estinguere; smorzare; (*fig.*) appagare, soddisfare: **to s. lime**, spegnere la calce; **to s. one's thirst**, estinguere la propria sete; dissetarsi; **to s. one's desire for revenge**, appagare il proprio desiderio di vendetta; **to s. a fire**, spegnere un fuoco. **B** *v. i.* ***1*** (*della calce*) spegnersi ***2*** (*fig.*) estinguersi; smorzarsi. ● (*chim.*) **slaked lime**, idrato di calce; calce spenta.
slakeless /'sleıkləs/, *a.* (*lett.*) inestinguibile.
slalom /'slɑːləm/, *n.* (*sport*) slalom; discesa obbligata (*con gli sci*). ● **s. racer**, slalomista □ **s. ski racing**, lo slalom (*l'attività*).
slam (1) /slæm/, *n.* ***1*** sbattuta; sbatacchiamento ***2*** forte colpo (*di porta sbattuta, ecc.*) ***3*** (*fam.*) critica aspra; stroncatura ***4*** (*nei giochi di carte: bridge, ecc.*) slam: **grand s.**, grande slam; cappotto; **little s.**, piccolo slam; stramazzo. ● (*fam. USA*) **s.-bang**, d'impeto, di colpo; avventatamente, sprovvedutamente; proprio, esattamente: **s.-bang in the middle**, proprio nel centro.
slam (2) /slæm/, **A** *avv.* ***1*** con un colpo secco; sbattendo: **S. went the front door**, la porta di casa si chiuse con un colpo secco ***2*** del tutto; proprio; esattamente. **B** *inter.* slam! ● **The blow got him s. across the face**, la botta lo prese in pieno viso.
to **slam** /slæm/, **A** *v. t.* ***1*** sbattere; sbatacchiare; chiudere con forza: **Don't s. the door**, non sbattere la porta! ***2*** gettare (*o* lanciare) con forza; scagliare; scaraventare: **The batter slammed the ball into the river**, il battitore scaraventò la palla nel fiume ***3*** (*fam.*) criticare aspramente; stroncare. **B** *v. i.* (*di porta, finestra, ecc.*) chiudersi fragorosamente; sbattere. ● (*autom.*) **to s. the brakes on**, frenare bruscamente □ (*anche fig.*) **to s. the door in sb.'s face**, sbattere la porta in faccia a q. □ (*fig.*) **to s. the door on a proposal**, respingere con decisione una proposta □ **to s. down**, mettere giù con violenza, sbattere, battere con forza (*un oggetto per terra, su un tavolo, ecc.*) □ (*autom.*) **to s. down on the brake pedal**, schiacciare il pedale del freno.
slammer /'slæmə(r)/, *n.* (*pop. USA*) ***1*** carcere; prigione; gattabuia (*pop.*) ***2*** uscio; porta.
slander /'slɑːndə(r), *USA* 'slæ-/, *n.* ***1*** calunnia; maldicenza ***2*** (*leg.*) diffamazione, calunnia (*cfr.* **libel**): **an action for s.**, una querela per diffamazione. ● (*leg.*) **s. of goods**, denigrazione dei prodotti della concorrenza.
to **slander** /'slɑːndə(r), *USA* 'slæ-/, *v. t.* (*anche leg.*) calunniare; diffamare.
slanderer /'slɑːndərə(r), *USA* 'slæ-/, *n.* calunniatore; diffamatore.
slanderous /'slɑːndərəs, *USA* 'slæ-/, *a.* ***1*** calunnioso; diffamatorio: **a s. statement**, un'affermazione calunniosa ***2*** maldicente. || **-ly**, *avv.* || **-ness**, *sost.*
slang /slæŋ/, **A** *n.* slang; gergo; linguaggio convenzionale: **soldiers' s.**, gergo militare; **thieves' s.**, gergo dei ladri; lingua furbesca. **B** *a. attr.* gergale: **s. words**, parole gergali.
to **slang** /slæŋ/, **A** *v. i.* ***1*** parlare in gergo ***2*** usare un linguaggio ingiurioso. **B** *v. t.* (*fam.*) ingiuriare; insultare; vituperare. ● **slanging match**, scambio d'insulti.
slanginess /'slæŋınəs/, *n.* carattere gergale (*di un'espressione, ecc.*).
slangism /'slæŋızəm/, *n.* gergalismo.
slangster /'slæŋstə(r)/, *n.* chi parla in slang; gergante.
slangy /'slæŋı/, *a.* ***1*** gergale; di gergo ***2*** che parla il gergo; che usa il gergo. || **-ily**, *avv.*
slant (1) /slɑːnt, *USA* slænt/, *n.* ***1*** inclinazione; pendenza; pendio; declivio ***2*** punto di vista; modo di vedere; angolazione; taglio (*fig.*): **a new s. on the matter**, un modo nuovo di vedere la faccenda ***3*** occhiata; rapido sguardo ***4*** raggio obliquo (*di sole*) ***5*** (*ind. min.*) discenderia; traversa di collegamento. ● (*naut.*) **a s. of wind**, una brezza favorevole □ (*di un articolo di giornale*) **to have an anti-union s.**, essere prevenuto contro i sindacati □ **a wrong s.**, una prevenzione ingiustificata □ **on a s.**, obliquamente; di traverso.
slant (2) /slɑːnt, *USA* slænt/, *a.* inclinato; obliquo; sghembo. ● (*spreg.*) **s.-eye**, mongolide □ **s.-eyed**, dagli occhi a mandorla.
to **slant** /slɑːnt, *USA* slænt/, **A** *v. i.* ***1*** inclinarsi; deviare ***2*** pendere; essere in pendenza ***3*** propendere; essere prevenuto (*o* parziale): **to s. towards indulgence**, propendere per l'indulgenza. **B** *v. t.* ***1*** inclinare; far pendere; rendere obliquo; dare una pendenza a ***2*** presentare (*notizie, una legge, ecc.*) in modo tendenzioso; svisare: **Some papers s. their news**, taluni giornali presentano le notizie in modo tendenzioso ***3*** dare un taglio particolare a (*una notizia*); adattare.
slanting /'slɑːntıŋ, *USA* -æn-/, *a.* inclinato; obliquo; in pendenza: **a s. roof**, un tetto inclinato (*o* in pendenza). ● **s. eyes**, occhi a mandorla.
slantingly /'slɑːntıŋlı, *USA* -æn- /, **slantwise** /'slɑːntwaız, *USA* -æn-/, *avv.* obliquamente; a sghembo; di traverso.
slap (1) /slæp/, *n.* ***1*** schiaffo; ceffone; pacca (*fam.*); sleppa (*dial.*) ***2*** (*fig.*) schiaffo; smacco; umiliazione. ● (*fam.*) **a s. in the face**, uno schiaffo in pieno viso; (*fig.*) un affronto; un rimprovero □ **a s. on the back**, una pacca sulla spalla; (*fig.*) approvazione, congratulazione □ (*fig.*) **a s. on the wrist**, una sgridatina; una tiratina d'orecchi; una lieve punizione.

slap (2) /slæp/, *avv.* (*fam.*) *1* improvvisamente; di colpo: **He hit me s. in the eye**, improvvisamente mi colpì nell'occhio *2* dritto; in pieno; proprio: **The thief ran s. into the policeman**, il ladro andò a sbattere proprio contro il poliziotto. ● (*fam.*) **s.-bang**, d'impeto; di colpo; violentemente; (*anche*) proprio, esattamente □ (*fam.*) **s.-up**, eccellente; ottimo; di prim'ordine; coi fiocchi: **a s.-up dinner**, un pranzo coi fiocchi.

to **slap** /slæp/, **A** *v. t.* *1* schiaffeggiare; prendere a ceffoni; dare una pacca a: **to s. sb. on the back**, dare una pacca sulle spalle a q.; (*fig.*) congratularsi con q. *2* mettere a casaccio; buttare, gettare; sbattere: **to s. clothing into a trunk**, gettare indumenti alla rinfusa in un baule *3* (*fam.*) applicare; aggiungere; appioppare (*fam.*); stendere, spalmare alla meglio: **to s. paint on a wall**, stendere la vernice su una parete; **to s. new taxes on the farmers**, applicare nuove tasse agli agricoltori; **to s. a fine on sb.**, appioppare una multa a q.; **to s. butter on the bread**, spalmare burro sul pane *4* (*fam.*) emettere (*un'ordinanza contro q.*); (*leg.*) intimare, fare: **to s. sb. with a summons**, fare una citazione a q. *5* (*fam.*) rimproverare; sgridare. **B** *v. i.* sbattere; battere: **The flags were slapping in the wind**, le bandiere sbattevano al vento; **The sea was slapping against the pier**, le onde battevano contro il molo. ● (*di una lavandaia*) **to s. clothes**, battere i panni (*lavandoli*) □ (*fig.*) **to s. sb.'s face**, schiaffeggiare q. □ **to s. sb. in the face**, dare un bello schiaffo a q.; (*fig.*) umiliare q. □ **to s. one's knee**, battersi la mano sul ginocchio □ **to s. the table**, dare una gran manata sul tavolo □ **to s. sb.'s wrist** (*o* **sb. on the wrist**), fare una ramanzina, dare una sgridatina (*o* una tiratina d'orecchie) a q.

♦**slap at**, *v. i. + prep.* battere contro: **The rain slapped at the windowpanes**, la pioggia batteva sui vetri delle finestre.

♦**slap down**, *v. t. + avv.* *1* posare con violenza; sbattere: **He slapped the briefcase down on the desk**, sbatté la borsa sulla scrivania *2* (*fam.*) mettere a posto (*fig.*); dare una bella lezione a: **It's high time you slapped down your son**, sarebbe proprio ora che tu dessi una bella lezione a tuo figlio *3* (*fam.*) interrompere bruscamente, tagliare corto con, zittire (q.) *4* (*fam.*) respingere, bocciare (*una proposta e sim.*).

♦**slap in**, *v. i. + avv.* (*fam.*) rimpiazzare (q.c.) con; sbattere dentro (*fam.*); inserire in fretta e furia.

♦**slap on**, *v. i. + avv.* mettersi, indossare in fretta e furia; buttarsi addosso: **to s. on one's fur**, buttarsi la pelliccia sulle spalle; **to s. on one's hat**, mettersi il cappello in testa alla svelta.

♦**slap together**, *v. t. + avv.* mettere insieme; costruire alla meglio; raffazzonare.

♦**slap up**, *v. t. + avv.* preparare in fretta, improvvisare (*un pasto, ecc.*).

slap and tickle /'slæpən'tɪkl/, *locuz. n.* (*fam.*) amoreggiamento; toccatine; pomiciata, pomiciatina (*fam.*).

slapdash /'slæpdæʃ/, **A** *a.* *1* precipitoso; sventato; avventato; frettoloso *2* (*di lavoro*) trasandato; fatto in fretta; malfatto. **B** *avv.* frettolosamente; avventatamente; a casaccio; sventatamente. **C** *n.* *1* lavoro fatto in fretta, a casaccio *2* trasandatezza.

slaphappy /'slæphæpɪ/, *a.* (*fam.*) *1* euforico; allegramente irresponsabile; incurante *2* stordito; suonato (*fam.*) *3* (*USA*) un po' eccentrico; strambo; svampito.

slapjack /'slæpdʒæk/, *n.* (*USA*) frittella.

slapping /'slæpɪŋ/, *a.* (*fam.*) eccellente; ottimo; buono: **at a s. pace**, di buon passo; a tutta velocità.

slapstick /'slæpstɪk/, *n.* *1* (*teatr.*) spatola di Arlecchino *2* (*fig.*) farsa alla buona; scherzi maneschi. ● **a s. comedy**, una commedia grossolana; una farsa manesca □ **s. humour**, umorismo grossolano.

slash /slæʃ/, *n.* *1* colpo (*di spada, coltello, ecc.*); fendente *2* frustata; sferzata; scudisciata *3* gran taglio; squarcio; sfregio *4* (*in un abito*) spacco; apertura; taglio ornamentale *5* (*fig.*) taglio; abbattimento (*di prezzi*); riduzione drastica: **The firm has announced a 20% s. in the price of old models**, la casa ha annunciato una riduzione del 20% sul prezzo dei modelli vecchi *6* (= **s. mark**) barra (*segno di frazione*): **5/4 can be read as five s. 4**, 5/4 si legge cinque barra quattro *7* (*USA*) radura (*coperta di resti d'alberi recisi o bruciati*) *8* (*USA*) gocce, gocciolo, sorso (*di liquore*) *9* (*pop.*) goccio d'acqua (*pop.*); pipì: **to have a s.**, fare un goccio d'acqua *10* (*volg.*) fessura; fessa (*merid., volg.*). ● (*sartoria*) **s. pocket**, tasca tagliata (*non a toppa*).

to **slash** /slæʃ/, **A** *v. t.* *1* tagliare; squarciare; sfregiare; fare un gran taglio (*o* uno squarcio) a (*o* in): **to s. the undergrowth with a big knife**, tagliare gli arbusti del sottobosco con un coltellaccio; **I fell on the broken glass and slashed my arm**, caddi sul vetro rotto e mi feci un gran taglio al braccio; **to s. sb.'s throat**, tagliare la gola a q. *2* frustare; fustigare; sferzare *3* far schioccare (*la frusta*) *4* (*fig.*) tagliare; apportare tagli a; abbattere; ridurre drasticamente: **Our budget has been slashed**, il nostro preventivo ha subito tagli considerevoli; **to s. expenses**, tagliare le spese; **to s. prices [taxes]**, abbattere i prezzi [ridurre drasticamente le imposte] *5* (*fig.*) criticare aspramente; stroncare. **B** *v. i.* (*di solito* **to s. at**) *1* menar colpi (*col coltello, la spada, ecc.*) *2* dar frustate *3* (*mil.*) fare un rapido attacco a (*linee di comunicazione, ecc.*) *4* (*fig.*) criticare violentemente; attaccare a fondo *5* abbattersi con violenza; (*del vento*) infuriare, imperversare. ● **to s. about**, menar colpi all'impazzata, a casaccio □ **to s. across**, battere di traverso: **The sleet slashed across the windscreen**, il nevischio batteva di traverso sul parabrezza □ **to s. against**, battere con forza contro: **The rain slashed against the windows**, una pioggia scrosciante batteva contro le finestre □ **«Prices slashed»** (*cartello*), «prezzi imbattibili, prezzi all'osso».

slasher /'slæʃə(r)/, *n.* *1* chi taglia, squarcia, ecc. *2* (*Austr.* e *N. Z.*) decespugliatore *3* (*tecn.*) taglierina *4* (= **slash-saw**) sega circolare (*per fare legna da ardere*) □ (*pop.*) **s. movie**, film con scene di vittime fatte a pezzi.

slashing (1) /'slæʃɪŋ/, *a.* *1* tagliente, sferzante (*anche fig.*); violento: **to make a s. attack on sb. [st.]**, fare un violento attacco contro q. [q.c.]; **s. criticism**, critiche sferzanti *2* (*di persona*) pieno di vita; vivace; impetuoso *3* (*fam.*) enorme; magnifico; splendido; strepitoso: **a s. sum of money**, un'enorme somma di denaro; **a s. success**, un successo strepitoso *4* (*di colore*) vivace; vistoso. ● **the s. review of a book**, la stroncatura di un libro □ **a s. wind**, un vento pungente; un ventaccio.

slashing (2) /'slæʃɪŋ/, *n.* *1* il menar colpi di taglio (*V.* **to slash**) *2* uso di (*o* ferite provocate da) armi da taglio *3* (*in un abito*) inserto (*di colore diverso*) *4* (*USA*) tratto di foresta tagliata.

slat /slæt/, *n.* *1* assicella; stecca (*anche metallica o di plastica*; *specialm. di veneziana*) *2* (*aeron.*) alula; aletta ipersostentatrice; slat *3* (*pl.*) (*pop. USA*) costole.

to **slat** (1) /slæt/, *v. t.* provvedere di stecche (*o* di assicelle).

to **slat** (2) /slæt/, (*dial.*) **A** *v. i.* (*di vele, panni stesi, ecc.*) sbattere; sbatacchiare. **B** *v. t.* scagliare; sbattere (*fam.*).

slate /sleɪt/, **A** *n.* *1* (*geol.*) argilloscisto; ardesia; lavagna *2* tegola d'ardesia *3* lavagna portatile; lavagnetta *4* (*specialm. USA*) lista di candidati. **B** *a. attr.* *1* d'ardesia: **s. roofs**, tetti d'ardesia *2* (= **s.-coloured**) del colore dell'ardesia; color ardesia. ● **s. black**, nero ardesia □ **s. grey**, grigio ardesia □ **s. quarry**, cava d'ardesia □ (*fig.*) **to clean the s.**, passare una spugna sul passato; cominciare una nuova vita □ (*fam.*) **to have a s. loose**, non avere tutte le rotelle a posto; essere un po' tocco □ (*fig.*) **to have a clean s.**, aver la fedina penale pulita □ (*pop. ingl.*) **on the s.**, a credito; senza pagare □ (*fig.*) **to start with a clean s.**, rifarsi da capo; partire da zero □ **Let's wipe the s. clean**, mettiamoci una pietra sopra (*fig.*)!

to **slate** (1) /sleɪt/, *v. t.* *1* (*edil.*) coprire (*un tetto*) di tegole d'ardesia *2* (*specialm. USA*) mettere in lista; portare (q.) candidato; proporre per una carica *3* mettere in programma (*uno spettacolo, ecc.*); prevedere: **The meeting is slated for tomorrow**, la riunione è programmata per domani; **The film is slated to be a great success**, si prevede che il film avrà un grande successo.

to **slate** (2) /sleɪt/, *v. t.* (*fam.*) *1* criticare aspramente; stroncare *2* rimproverare severamente; sgridare; dare una lavata di capo a (q.).

slater (1) /'sleɪtə(r)/, *n.* *1* (*edil.*) conciatetti (*che usa lastre d'ardesia*) *2* (*ind.*) fabbricante di lastre d'ardesia.

slater (2) /'sleɪtə(r)/, *n.* (*fam.*) critico molto severo; stroncatore.

to **slather** /'slæðə(r)/, *v. t.* (*pop. USA*) sciupare; sprecare; buttare via (*fig.*).

slathers /'slæðəz/, *n. pl.* (*fam.*) grande quantità; (un) sacco (*fam.*): **s. of friends**, un sacco d'amici.

slating (1) /'sleɪtɪŋ/, *n.* *1* (*edil.*) copertura (*di tetti*) con lastre d'ardesia; posa in opera di tegole d'ardesia *2* lastre d'ardesia.

slating (2) /'sleɪtɪŋ/, *n.* *1* (= **s. criticism**) aspra critica; stroncatura *2* lavata di capo; sgridata.

slatted /'slætɪd/, *a.* a stecche.

slattern /'slætn/, *n.* (*arc.*) sciattona; sudiciona; donna trasandata.

slatternliness /'slætnlɪnəs/, *n.* sciatteria; sudiceria; sporcizia; trasandatezza.

slatternly /'slætnlɪ/, *a.* sciatto; sudicio; sporco; trasandato.

slaty /'sleɪtɪ/, *a.* *1* simile all'ardesia; color ardesia; ardesiaco *2* (*geol.*) che contiene ardesia: **s. soil**, terreno che contiene ardesia.

slaughter /'slɔːtə(r)/, *n.* *1* macellazione; mattazione (*raro*) *2* (*fig.*) macello; carneficina; massacro; strage: **the s. of the innocents**, la strage degli innocenti. ● (*fig.*) **the week-end s. on the roads**, la strage del week-end dovuta agli incidenti stradali.

to **slaughter** /'slɔːtə(r)/, *v. t.* *1* macellare (*buoi, ecc.*) *2* (*fig.*) far macello di; far strage di; massacrare; trucidare *3* (*fam.*) fare a pezzi (*fig.*); stracciare; sconfiggere pesantemente.

slaughterer /'slɔːtərə(r)/, *n.* *1* macellatore; macellaio *2* (*fig.*) massacratore.

slaughterhouse /'slɔːtəhaʊs/, *n.* *1* macello; mattatoio *2* (*fig.*) luogo di una carneficina.

slaughterous /'slɔːtərəs/, *a.* (*lett.*) sanguinoso; micidiale; mortale: **a s. battle**, una battaglia sanguinosa.

Slav /slɑːv, *USA* slæv/, *n.* e *a.* slavo.

slave /sleɪv/, *n.* (*anche fig.*) schiavo, schiava: **He is a s. to tobacco**, è schiavo del fumo. ● **s.-born**, nato in schiavitù □ **s. driver**, (*stor.*) negriero; (*fig.*) aguzzino, negriero (*fig.*) □ **s. holder**, padrone di schiavi; schiavista □ **s. labour**, lavoro fatto da schiavi; (*fig.*) lavoro ingrato □ (*stor., naut.*) **s. ship**, nave negriera □ (*stor., in U.S.A.*) **the S. States**, gli Stati schiavisti □ **to be a s. to duty**, essere schiavo del dovere □ (*stor.*) **s. trade** (*o* **s. traffic**), tratta degli schiavi □ (*stor.*) **s. trader**, mercante di schiavi; negriero □ (*fig.*) **to be an office s.**, essere un travèt (*o* un passacarte) □ **white-s. traffic**, tratta delle bianche.

to **slave** /sleɪv/, *v. i.* *1* (*spesso* **to s. away**) lavorare come uno schiavo; sgobbare *2* (*stor.*) trafficare in schiavi; fare il mercante di schiavi.

slaver (1) /'sleɪvə(r)/, *n.* (*stor.*) *1* mercante di schiavi; negriero *2* padrone di schiavi *3* (*naut.*) nave negriera.

slaver (2) /ˈslævə(r)/, *n.* ***1*** bava; saliva ***2*** (*fam.*) sciocchezze; stupidaggini.

to **slaver** /ˈsleɪvə(r)/, **A** *v. i.* ***1*** sbavare; fare la bava ***2*** (*fig.*) – **to s. over sb.**, adulare servilmente q.; fare la bava per q.; sbavare per (*una donna, ecc.*). **B** *v. t.* bagnare di saliva; sbavare.

slaverer /ˈslævərə(r)/, *n.* ***1*** persona che sbava; individuo bavoso ***2*** (*fig.*) adulatore servile.

slavery /ˈsleɪvərɪ/, *n.* ***1*** schiavitù (*anche fig.*); servaggio (*lett.*): **They were reduced to s. by the Romans**, furono ridotti in schiavitù dai romani ***2*** schiavismo ***3*** lavoro da schiavo; lavoro pesante e mal retribuito. ● **to sell sb. into s.**, vendere q. come schiavo.

slavey /ˈsleɪvɪ/, *n.* ***1*** (*fam. spreg.*) schiavetta (*fig.*) ***2*** (*fam.*) cameriera, servetta (*specialm. in una pensione*).

Slavic /ˈslɑːvɪk, ˈslæ-/, *a.* e *n.* slavo. ● **s. studies**, slavistica.

Slavicism /ˈslɑːvɪsɪzəm, ˈslæ-/, *n.* (*ling.*) slavismo.

Slavicist /ˈslɑːvɪsɪst, ˈslæ-/, *n.* slavista.

Slavicization /slɑːvɪsaɪˈzeɪʃn, ˈslæ-, *USA* -sɪˈz-/, *n.* slavizzazione.

to **slavicize** /ˈslɑːvɪsaɪz, ˈslæv-/, *v. t.* slavizzare. ● **to become slavicized**, slavizzarsi.

slavish /ˈsleɪvɪʃ/, *a.* ***1*** servile; abietto; basso ***2*** (*fig.*) pedissequo: **Art cannot be a s. imitation of nature**, l'arte non può essere un'imitazione pedissequa della natura ***3*** faticoso; da schiavo; duro; pesante (*fig.*). || **-ly**, *avv.*

slavishness /ˈsleɪvɪʃnəs/, *n.* ***1*** servilità; abiezione; bassezza ***2*** (*fig.*) imitazione pedissequa; mancanza di originalità.

Slavism /ˈslɑːvɪzəm, ˈslæ-/, *n.* (*anche ling.*) slavismo.

Slavist /ˈslɑːvɪst, ˈslæv-/, *n.* slavista.

Slavonian /sləˈvəʊnɪən/, *a.* e *n.* (abitante, nativo) della Slavonia.

Slavonic /sləˈvɒnɪk/, *V.* **Slavic**.

Slavophil /ˈslɑːvəʊfɪl, ˈslæ-/, **Slavophile** /ˈslɑːvəʊfaɪl, ˈslæ-, *USA* -fɪl/, *a.* e *n.* (*polit.*) slavofilo.

Slavophilism /sləˈvɒfɪlɪzəm, ˈslɑːvəʊ-, ˈslævəʊ-/, *n.* slavofilia; slavofilismo.

Slavophobe /ˈslɑːvəʊfəʊb, ˈslæ-/, **Slavophobist** /ˈslɑːvəʊfəʊbɪst, ˈslæ-/, *a.* e *n.* (*polit.*) slavofobo.

Slavophobia /slɑːvəʊˈfəʊbɪə, slæ-/, *n.* slavofobia.

slaw /slɔː/, *n.* (*specialm. USA*) *V.* **coleslaw**.

to **slay** /sleɪ/ (*pass.* **slew**, *p. p.* **slain**), *v. t.* ***1*** (*lett. o arc.*) uccidere; trucidare; ammazzare: **They went forth slaying and spoiling**, si diedero a uccidere e a saccheggiare ***2*** (*fam.*) far colpo su (*una persona dell'altro sesso*).

slayer /ˈsleɪə(r)/, *n.* (*arc.* o *lett.*) uccisore; assassino; omicida.

sleaze /sliːz/, *n.* fango. ● (*polit., USA*) **the s. factor**, il fattore «fango» (*l'uso dello scandalo privato nella lotta politica, specialm. sotto le elezioni*).

sleazy /ˈsliːzɪ/, *a.* ***1*** (*specialm. di tessuto*) sottile; privo di consistenza ***2*** (*fam.*) sporco; sciatto; sudicio; trasandato; squallido ***3*** (*fam.*) losco; equivoco. ● **a s. excuse**, una magra scusa. || **-iness**, *sost.*

sled /sled/, **sledge** /sledʒ/, *n.* ***1*** slitta; slittino ***2*** (*agric.*) treggia; traino.

to **sled** /sled/, to **sledge** /sledʒ/, **A** *v. t.* trasportare su slitta. **B** *v. i.* andare in slitta.

sledding /ˈsledɪŋ/, *n.* ***1*** l'andare in slitta ***2*** trasporto su slitta ***3*** (*sport*) corsa sullo slittino ***4*** pendio innevato (*per slitte*).

sledgehammer /ˈsledʒhæmə(r)/, *n.* martello da fabbro; mazza. ● **s.- blow**, colpo di mazza; mazzata; (*fig.*) fattaccio violento □ (*letter.*) **s. style**, stile violento.

to **sledgehammer** /ˈsledʒhæmə(r)/, **A** *v. i.* usare la mazza (*o* il martello da fabbro). **B** *v. t.* ***1*** battere con la mazza ***2*** (*fig.*) prendere (q.) a mazzate.

sledging /ˈsledʒɪŋ/, *n.* l'andare in slitta; (lo) sport della slitta.

sleek /sliːk/, *a.* ***1*** (*dei capelli, del pelo*) liscio; lucente; lucido; lustro ***2*** (*fig.*) untuoso; mellifluo; insincero; strisciante ***3*** (*fig.*) bello; elegante; pulito (*fig.*): **the s. lines of a Ferrari**, le linee pulite di una Ferrari ***4*** tirato a lustro (*fig.*); florido; dall'aria sana: **a s. dog**, un cane tirato a lustro. || **-ly**, *avv.* || **-ness**, *sost.*

to **sleek** /sliːk/, *v. t.* lisciare, stirare (*i capelli*). ● **to s. back** (*o* **down**) **one's hair with brilliantine**, lisciarsi i capelli con la brillantina

sleeker /ˈsliːkə(r)/, *n.* ***1*** lisciatoio ***2*** bussetto; bisegolo.

sleep /sliːp/, *n.* ***1*** sonno: **light s.**, sonno leggero; **Heavy** (*o* **sound**) **s.**, sonno pesante; **He talks in his s.**, parla nel sonno; **She fell into a deep s.**, cadde in un sonno profondo; (*med.*) **s. disorders**, disturbi del sonno ***2*** dormita: **a nine-hours' s.**, una dormita di nove ore; **to have a good s.**, fare una bella dormita; **to have a short s.**, fare una dormitina ***3*** (*fig.*) quiete; riposo ***4*** (*zool.*) letargo: **winter s.**, letargo invernale; ibernazione. ● **s.-in**, (*agg.*) che dorme nel posto di lavoro, che ha l'alloggio di servizio; (*sost.*) occupazione di luogo pubblico di notte (*per protesta*) □ **s. learning**, ipnopedia □ **the s. of the just**, il sonno del giusto □ (*moda*) **s. shirt**, camicia da notte con spacchi laterali (*da donna*) □ **s. teaching**, ipnopedia □ **broken s.**, sonno interrotto □ **to get little s.**, dormire poco □ **to get some s.**, fare una dormitina (*o* un sonnellino) □ **to get to s.**, prender sonno: **I cannot get to s.**, non riesco a prender sonno □ **to go to s.**, addormentarsi, prendere sonno; (*fam.*) intorpidirsi, addormentarsi: **My foot has gone to s.**, mi si è addormentato un piede □ **the last s.**, l'ultimo sonno; la morte □ **to lose any s. over st.**, perdere il sonno per q.c.: **Be sure I'm not going to lose any s. over it**, sta certo che non ci perderò il sonno □ **overcome with s.**, preso (*o* vinto) dal sonno □ **to put sb. to sleep**, far dormire q.; addormentare q.; (*fam.*) addormentare (*un paziente prima di un intervento*); uccidere (*una bestia*) senza farla soffrire □ **to rouse sb. from his s.**, svegliare q. □ **to walk in one's s.**, essere sonnambulo □ **I haven't had a wink of s. all night**, non ho chiuso occhio tutta la notte □ (*fig.*) **I could do it in my s.**, lo potrei fare ad occhi chiusi.

to **sleep** /sliːp/ (*pass.* e *p. p.* **slept**), **A** *v. i.* ***1*** dormire (*anche fig.*); riposare: **I've slept very well**, ho dormito benissimo; **He sleeps under this stone**, dorme (*o* riposa, è sepolto) sotto questa pietra ***2*** passare la notte: **We slept at Scotch Corner on our way to Edinburgh**, andando a Edimburgo, passammo la notte a Scotch Corner. **B** *v. t.* ***1*** dormire: **He slept a deep sleep**, dormiva un sonno profondo ***2*** (*fam.*) dar da dormire a (q.); potere ospitare: **The new motel sleeps two hundred people**, il nuovo motel può ospitare duecento persone (*o* ha duecento letti). ● **to s. the clock round**, dormire dodici ore di fila □ **to s. one's last sleep**, dormire il sonno eterno □ **to s. late**, dormire fino a tardi □ **to s. like a log** (*o* **a top**), dormire come un ghiro (*o* un macigno); avere il sonno duro □ **to s. right through the night**, fare tutto un sonno □ **to s. rough**, dormire alla meglio; adattarsi per la notte □ **to s. soundly**, dormire profondamente □ **I didn't s. a wink all night**, non ho chiuso occhio tutta la notte.

♦ **sleep around**, *v. i.* + *avv.* (*fam. spreg.*) andare a letto con tutti; essere promiscuo.

♦ **sleep away**, **A** *v. i.* + *avv.* continuare a dormire; essere ancora addormentato. **B** *v. t.* + *avv.* ***1*** passare a letto (*la domenica mattina, ecc.*) ***2*** farsi passare (*o* dimenticare: *angosce, guai, preoccupazioni, ecc.*) dormendoci sopra □ **to s. one's time away**, dormirsela.

♦ **sleep in**, *v. i.* + *avv.* ***1*** dormire fino a tardi; addormentarsi (*fig.*): **Excuse me for being late; I slept in**, scusatemi se sono in ritardo; mi sono addormentato ***2*** (*di un domestico*) dormire in casa (*dei padroni*); avere l'alloggio di servizio.

♦ **sleep off**, *v. t.* + *avv.* smaltire, farsi passare (q.c.) dormendoci sopra: **to s. off a hangover**, smaltire una sbornia con una dormita; **to s. off a headache**, farsi passare il mal di testa dormendoci sopra □ **to s. it off**, dormirci sopra; farsela passare con una dormita.

♦ **sleep on**, **A** *v. i.* + *avv.* continuare a dormire. **B** *v. i.* + *prep.* ***1*** dormire su (*un letto, ecc.*): **to s. on the grass**, dormire sull'erba ***2*** (*fig.*) dormire sopra (*una decisione, ecc.*): **You'd better s. on it before deciding**, prima di decidere, faresti bene a dormirci sopra.

♦ **sleep out**, **A** *v. i.* + *avv.* ***1*** dormire fuori (*o* all'aperto) ***2*** dormire fuori di casa; passare fuori la notte ***3*** (*di un domestico*) non dormire in casa (*dei padroni*); lavorare solo di giorno. **B** *v. t.* + *avv.* passare (*il tempo*) dormendo.

♦ **sleep over**, *v. i.* + *avv.* (*USA*) passare la notte, dormire: **The children will s. over at their granny's house**, i bambini dormiranno dalla nonna.

♦ **sleep through**, *v. i.* + *prep.* (riuscire a) dormire a dispetto di: **How can you s. through this noise?**, come fai a dormire con tutto questo baccano? □ **I've slept through the clock this morning**, stamattina mi sono addormentato (*non mi sono svegliato in tempo*).

♦ **sleep together**, *v. i.* + *avv.* ***1*** dormire insieme ***2*** (*fam.*) andare a letto insieme; fare l'amore.

♦ **sleep with**, *v. i.* + *prep.* ***1*** dormire con (*la mamma, la bambola, ecc.*) ***2*** (*fam.*) andare a letto, fare l'amore con (q.) □ (*fig.*) **to s. with one eye open**, dormire con un occhio solo.

sleeper /ˈsliːpə(r)/, *n.* ***1*** chi dorme; dormiente ***2*** (*comm.*) articolo che si vende con difficoltà ***3*** (*ferr.*) vagone letto ***4*** (*ferr.*) treno di soli vagoni letto ***5*** (*edil.*) dormiente ***6*** (*ferr.*) traversina (*di binario*) ***7*** cerchietto d'oro per i fori nelle orecchie ***8*** (*fam.*) persona (candidato, ecc.), opera (libro, film, ecc.) che ha un successo tardivo o inaspettato ***9*** (*fam.*) spia «in letargo» ***10*** (*fam. USA*) sonnifero; sedativo; calmante. ● **a bad s.**, uno che dorme male □ **a good s.** (*o* **a sound s.**), uno che dorme bene □ **a heavy s.**, uno che dorme sodo; uno che ha il sonno duro; un dormiglione □ **a light s.**, uno che ha il sonno leggero.

sleepily /ˈsliːpəlɪ/, *avv.* in modo sonnolento; con aria assonnata.

sleepiness /ˈsliːpɪnəs/, *n.* sonnolenza; sopore.

sleeping /ˈsliːpɪŋ/, **A** *n.* sonno; riposo. **B** *a.* dormiente; addormentato. ● **s. bag**, sacco a pelo □ **S. Beauty**, la Bella Addormentata (*favola*); (*fig.*) uno che se la sta dormendo beatamente □ (*trasp.*) **s. berth**, cuccetta, posto letto □ (*ferr.*) **s. car** (*o* **s. carriage**), vagone letto □ (*farm.*) **s. draught**, sonnifero (*pozione*) □ (*fin.*) **s. partner**, socio accomandante, socio non operante (*che dà soltanto un apporto di capitale*) □ **s. pill**, pillola per dormire; sonnifero (*in pillola*) □ (*autom.*) **s. policeman**, cordone di pietra (*o* cemento) (*posto di traverso alla strada*) per far rallentare i veicoli □ **s. quarters**, dormitori, camerate □ (*econ.*) **s. rent**, rendita fissa □ **s. room**, dormitorio; camerata □ (*med.*) **s. sickness**, encefalite letargica; (*anche*) malattia del sonno, tripanosomiasi □ **s. suit**, pigiama (a tuta) □ **s. tablet**, *V.* **s. pill** □ (*prov.*) **Let s. dogs lie**, non svegliare il can che dorme!

sleepless /ˈsliːpləs/, *a.* ***1*** insonne; in bianco: **a s. night**, una notte insonne (*o* in bianco) ***2*** insonne; che non riesce a prender sonno; che soffre d'insonnia ***3*** instancabile; attivo ***4*** senza riposo; senza sosta; febbrile (*fig.*): **s. activity**, attività febbrile ***5*** senza posa; irrequieto: **the s. wind**, il vento che non ha mai posa. || **-ly**, *avv.* || **-ness**, *sost.*

sleepville /ˈsliːpvɪl/, *a. attr.* (*pop. USA*) che non sta in piedi dal sonno; assonnato.

to **sleepwalk** /ˈsliːpwɔːk/, *v. i.* essere sonnambulo.

sleepwalker /ˈsliːpwɔːkə(r)/, *n.* sonnambulo, sonnambula.

sleepwalking /ˈsli:pwɔ:kɪŋ/, *n.* sonnambulismo.

sleepy /ˈsli:pɪ/, *a.* ***1*** sonnolento; assonnato; soporifero; soporifico; indolente; pigro; monotono: **I was s.**, ero assonnato; **a s. song**, una canzone sonnolenta, monotona ***2*** tranquillo; quieto: **a s. little town**, una tranquilla cittadina ***3*** (*raro: di frutto*) vicino a marcire; mezzo. ● (*med.*) **s. sickness**, *V.* **sleeping sickness** ◻ **to feel s.**, aver sonno.

sleepyhead /ˈsli:pɪhɛd/, *n.* (*fam.*) dormiglione, dormigliona; pigrone, pigrona.

sleet /sli:t/, *n.* ***1*** nevischio ***2*** grandine mista a pioggia; pioggia ghiacciata ***3*** (*USA*) leggero strato di ghiaccio.

to **sleet** /sli:t/, *v. i.* (*impers.*) nevischiare; venir giù nevischio: **It is sleeting**, vien giù nevischio.

sleety /ˈsli:tɪ/, *a.* (in forma) di nevischio; simile a nevischio.

sleeve /sli:v/, *n.* ***1*** manica (*d'abito*): **to turn up one's sleeves**, rimboccarsi (*o* tirarsi su) le maniche ***2*** (*mecc.*) manicotto ***3*** (*mus.*) copertina, custodia (*di disco*) ***4*** cofanetto, custodia (*di un libro*) ***5*** (*aeron.*) manica a vento ***6*** (*elettr.*) tubetto isolante ***7*** (*pl.*) (*pop. USA*) manette. ● (*mecc.*) **s. bearing**, cuscinetto a manicotto ◻ **s.-board**, stiramaniche ◻ (*mecc.*) **s. coupling**, giunto a manicotto ◻ (*USA*) **s. links**, gemelli; bottoni da polso ◻ (*mecc.*) **s. valve**, valvola a fodero ◻ (*fig.*) **to have a card [an idea, a plan] up one's s.**, avere un asso nella manica [un'idea, un progetto di riserva] ◻ (*fig.*) **to laugh up one's s.**, ridere sotto i baffi ◻ (*pop. USA*) **to put the s. on sb.**, ammanettare q. ◻ (*anche fig.*) **to roll up one's sleeves**, rimboccarsi le maniche ◻ (*fig.*) **to wear one's heart on one's s.**, parlare col cuore in mano.

to **sleeve** /sli:v/, *v. t.* (*sartoria*) mettere le maniche a (*una giacca, ecc.*).

sleeved /sli:vd/, *a.* (*specialm. nei composti*) con le maniche; dalle maniche: **a short-s. dress**, un abito con le maniche corte.

sleeveless /ˈsli:vləs/, *a.* senza maniche: **a s. sweater**, una maglietta senza maniche.

sleigh /sleɪ/, *n.* slitta (*specialm. tirata da cavalli*). ● **s. bells**, campanelli di slitta; sonagli ◻ **s. ride**, corsa in slitta.

to **sleigh** /sleɪ/, **A** *v. i.* andare in slitta. **B** *v. t.* trasportare su una slitta.

sleighing /ˈsleɪɪŋ/, *n.* l'andare in slitta.

sleight /slaɪt/, *n.* ***1*** abilità; destrezza ***2*** stratagemma; trucco. ● **s. of hand**, destrezza di mano; gioco di destrezza (*o* di prestigio); (*fig.*) inganno, trucco.

slender /ˈslɛndə(r)/, *a.* ***1*** esile; snello; sottile; magro; smilzo: **a s. girl**, una ragazza esile; **a s. waist**, una vita snella; **s. legs**, gambe snelle (*o* sottili); **a man of s. build**, un uomo smilzo ***2*** fragile; esiguo; scarso; tenue; magro (*fig.*): **s. hopes**, tenui speranze; **s. health**, salute fragile; **a s. salary**, uno stipendio esiguo; **s. means**, mezzi scarsi; scarsezza di mezzi; **a s. acquaintance with a subject**, una scarsa conoscenza di un argomento; **a s. repast**, un pasto magro. || **-ly**, *avv.*

to **slenderize** /ˈslɛndəraɪz/, **A** *v. t.* far dimagrire. **B** *v. i.* dimagrire (*volutamente*); mantenere la linea (*fam.*).

slenderness /ˈslɛndənəs/, *n.* ***1*** esilità; snellezza; sottigliezza; magrezza ***2*** esiguità; scarsezza; tenuità.

slept /slɛpt/, *pass.* e *p. p.* di **to sleep**.

sleuth /slu:θ/, **sleuth-hound** /ˈslu:θhaʊnd/, *n.* ***1*** segugio; cane poliziotto ***2*** (*fig. fam.*) investigatore; detective; segugio (*fig.*).

slew (1) /slu:/, *pass.* di **to slay**.

slew (2) /slu:/, *n.* ***1*** girata (*sull'asse*); rapida rotazione ***2*** (*autom.*) testa-coda. ● (*elettron.*) **s. rate**, velocità di variazione; slew rate.

slew (3) /slu:/, *n.* (*fam. USA*) grande quantità; mucchio; sacco: **a s. of admirers**, un mucchio di ammiratori; **a s. of troubles**, un sacco di guai.

to **slew** /slu:/, **A** *v. i.* ***1*** girarsi, ruotare (di 180 gradi) ***2*** (*naut.: di nave all'ancora*) straorzare. **B** *v. t.* ***1*** girare: **He slewed his head**, girò la testa ***2*** far girare, far ruotare (*sull'asse*) ***3*** (*tecn.*) brandeggiare (*un cannone, ecc.*). ● **to s. around** (*o* **round**), girare, girarsi; far girare, far ruotare (*una banderuola, un'insegna, ecc.*); (*autom.*) fare un testa-coda; (*naut.*) straorzare, far virare bruscamente (*una nave*).

slewed /slu:d/, *a.* (*pop.*) ubriaco; sbronzo (*pop.*).

slewfoot(ed) /ˈslu:fʊt(ɪd)/, *V.* **sleufoot(ed)**.

slewing /ˈslu:ɪŋ/, *n.* ***1*** rapida rotazione ***2*** (*naut.*) brusca virata; straorzata ***3*** (*tecn.*) brandeggio. ● (*mecc.*) **s. crane**, gru girevole.

slice /slaɪs/, *n.* ***1*** fetta; (*fig.*) porzione, parte; trancia: **a s. of bread**, una fetta di pane; **a large s. of territory**, una grossa fetta di territorio; **a s. of the profits**, una parte dei profitti ***2*** spatola; paletta: **a fish s.**, una spatola per il pesce ***3*** (*ind. min.*) fetta ***4*** (*geol.*) scaglia; lamina ***5*** (*sport*) colpo dato tagliando la palla; tiro (*della palla*) tagliato; (*tennis*) rotazione laterale (*della palla*). ● **s. bar**, attizzatoio (*per forno o fornace*) ◻ **a s. of good luck**, un pizzico di fortuna ◻ (*fig.*) **a s. of life**, una «tranche de vie» (*franc.*) ◻ **«Pizza slices»** (*cartello*), «pizza al taglio».

to **slice** /slaɪs/, **A** *v. t.* ***1*** affettare; fare a fette; tagliare a fette: **to s. onions**, affettare cipolle; **to s. a melon**, tagliare un melone ***2*** incidere; tagliare; fendere: **The plough sliced the ground**, l'aratro tagliava le zolle ***3*** (*sport*) tagliare, colpire di taglio (*una palla*) ***4*** (*ind. min.*) coltivare per fette ***5*** (*fig.*) tagliare (*spese, ecc.*); eliminare; ridurre (*la produzione, ecc.*). **B** *v. i.* (*sport*) tagliare (*o* colpire di taglio) la palla: **to s. under the ball**, tagliare la palla. ● (*fam. USA*) **any way you s. it...**, girala come vuoi...; comunque tu la metta...

♦**slice into**, *v. i.* + *prep.* ***1*** farsi un taglio in (*una mano, ecc.*); tagliarsi: **Mind you don't s. into your hand**, bada di non tagliarti la mano! ***2*** tagliare: **The knife sliced into his leg**, il coltello gli fece un taglio nella gamba ***3*** cominciare a tagliare.

♦**slice off**, *v. t.* + *avv.* tagliare; recidere: **He sliced off a big chunk of meat**, tagliò un gran pezzo di carne; **The machine sliced his finger off**, la macchina gli recise un dito.

♦**slice through**, *v. t.* + *prep.* ***1*** tagliare in due; fare in due pezzi: **The locomotive sliced through the lorry**, la locomotiva tagliò in due il camion ***2*** *V.* **slice into**, *def. 1.*

♦**slice up**, *v. t.* + *avv.* fare a fette; affettare: **to s. up apples**, fare a fette delle mele; **to s. up ham**, affettare il prosciutto.

sliced /slaɪst/, *a.* ***1*** a fette; affettato: **a s. pineapple**, un ananas a fette ***2*** al taglio: **s. pizzas**, pizze al taglio.

slicer /ˈslaɪsə(r)/, *n.* affettatrice (*macchina*).

slicing machine /ˈslaɪsɪŋməʃi:n/, *locuz. n.* affettatrice.

slick (1) /slɪk/, **A** *a.* ***1*** liscio; lucido; levigato ***2*** scivoloso; sdrucciolevole: **a s. road**, una strada sdrucciolevole ***3*** untuoso; falso; insincero; viscido: **s. manners**, modo di fare untuoso; ipocrisia ***4*** (*fam.*) abile; ingegnoso; furbo; astuto; ben congegnato; ben costruito; collaudato (*fig.*): **a s. alibi**, un alibi ingegnoso; (*comm.*) **a s. sales trick**, un collaudato trucco da venditore ***5*** (*fam.: di linguaggio, stile, ecc.*) agile; scorrevole; sciolto; spigliato ***6*** (*fam.*) eccellente; ottimo; superlativo: **a s. dinner**, un ottimo pranzo ***7*** (*fam.*) superficiale; leggero (*fig.*) ***8*** (*autom., sport*) liscio: **a s. tyre**, un pneumatico liscio. **B** *avv.* (*fam.*) ***1*** con precisione; esattamente; dritto; proprio: **He hit me s. in the eye**, mi colpì proprio nell'occhio ***2*** abilmente; ingegnosamente; astutamente. ● (*pop. USA*) **a s. chick**, una bella pollastrella (*fig.*); una bella ragazza ◻ **to play it s.**, giocare d'astuzia. || **-ly**, *avv.* || **-ness**, *sost.*

slick (2) /slɪk/, *n.* ***1*** (*naut.*) zona priva di onde capillari ***2*** (= **oil s.**) macchia di petrolio grezzo sul mare (*per collisione o incaglio di petroliere*) ***3*** (*tecn.*) *V.* **slicker**, *def. 1* e *2* ***4*** (*autom., sport*) pneumatico liscio ***5*** (*fam. USA*) rivista su carta patinata (*con belle foto, ecc.*).

to **slick** /slɪk/, *v. t.* lisciare; lucidare; lustrare.

♦**slick down**, *v. t.* + *avv.* lisciare (*con la brillantina, ecc.*); impomatare: **to s. down one's hair**, impomatarsi i capelli.

♦**slick up**, *v. t.* + *avv.* ***1*** lustrare; tirare a lucido: **He slicked up his car before putting it on sale**, tirò a lucido la macchina prima di metterla in vendita ***2*** agghindare; fare bello; mettere in ghingheri: **She was all slicked up for the party**, s'era messa in ghingheri per la festa.

slickenside /ˈslɪkənsaɪd/, *n.* (*geol.*) liscione (*o* specchio) di faglia.

slicker /ˈslɪkə(r)/, *n.* ***1*** lisciatoio ***2*** bussetto; bisegolo (*da calzolaio*) ***3*** (*fam. USA*) impermeabile di tela cerata (*o* di plastica) ***4*** (*USA, spesso* **city s.**) furbacchione; imbroglione dalla parola facile; truffatore ben vestito (*o* azzimato).

to **slicker** /ˈslɪkə(r)/, *v. t.* (*fam. USA*) imbrogliare; fregare (*fam.*).

slide /slaɪd/, *n.* ***1*** scivolata; scivolone; sdrucciolone ***2*** scivolo (*anche per bambini*); sdrucciolo (*su ghiaccio, ecc.*); piano inclinato; pista di discesa (*per sci*) ***3*** (*mecc.*) scorrimento ***4*** (*scient.*) vetrino (*da microscopio*) ***5*** (*fotogr.*) diapositiva: **s. projector**, proiettore per diapositive; diascopio ***6*** (= **landslide**) frana; lavina; slavina ***7*** (= **snow slide**) valanga ***8*** (*mecc.*, = **slideway**) guida di scorrimento ***9*** (*di strumento*) corsoio; cursore ***10*** (*mecc.*) slitta; parte scorrevole; corsoio ***11*** (*mil.*) carrello (*d'arma automatica*) ***12*** (*per capelli,* = **hair s.**) forcina; molletta; fermacapelli ***13*** (*fig.*) scivolata, scivolone (*di una moneta*); slittamento (*di prezzi*); tracollo: (*Borsa*) **big s.**, scivolone; **to halt the economic s.**, frenare il tracollo dell'economia ***14*** (*pl.*) (*mus.*) note scivolate. ● (*mecc.*) **s. bar**, asta di guida ◻ **s. caliper**, calibro a corsoio ◻ **s. fastener**, chiusura lampo; (la) lampo (*fam.*) ◻ **s. knot**, nodo scorsoio ◻ **s. rule**, regolo calcolatore ◻ (*mecc.*) **s. track**, piano di scorrimento ◻ **s. tray**, caricatore (*di diascopio*) ◻ (*mecc.*) **s. valve**, valvola a cassetto, cassetto di distribuzione; valvola a saracinesca ◻ (*autom.*) **to go into a s.**, prendere una sbandata; sbandare (*sul bagnato, ecc.*): **The car went into a s. on the ice**, sul ghiaccio la macchina sbandò ◻ **a lecture with slides**, una conferenza con proiezione di diapositive.

to **slide** /slaɪd/ (*pass.* e *p. p.* **slid**), **A** *v. i.* ***1*** scivolare (*anche fig.*); sdrucciolare: **Mr Pickwick's friends were sliding on the ice**, gli amici di Mr Pickwick scivolavano sul ghiaccio; **The sword slid from his hand**, la spada gli scivolò di mano ***2*** scorrere: **The sword slides into the scabbard**, la spada scorre nel fodero; **The piston slides up and down**, il pistone scorre su e giù ***3*** infilarsi; entrare di soppiatto. **B** *v. t.* ***1*** far scivolare; far scorrere: **to s. a coin into sb.'s hand**, far scivolare una moneta in mano a q. ***2*** infilare: **to s. a coin into a slotmachine**, infilare una moneta in un distributore automatico; **She slid the key into her bag**, s'infilò la chiave nella borsetta. ● (*mus.*) **to s. from one note to another**, eseguire note scivolate ◻ **to s. on one's back**, cadere sulla schiena scivolando ◻ **to let things s.**, lasciar correre; lasciare che le cose vadano per il loro verso.

♦**slide away**, *v. i.* + *avv.* scivolare via; (*di un veicolo*) allontanarsi silenziosamente.

♦**slide into**, **A** *v. i.* + *prep.* ***1*** infilarsi in; entrare furtivamente: **I slid into the car**, m'infilai in macchina; **The burglar slid into the house**, il ladro entrò furtivamente nella casa ***2*** (*autom.*) slittare andando a sbattere contro: **My car slid into the wall**, la mia macchina slittò andando a sbattere contro il muro ***3*** (*econ., fin.*) scivolare, slittare in: **The readjustment of our economy is sliding into a recession**, il riassetto della nostra economia sta scivolando in una recessione. **B** *v. t. + prep.* *V.* **to slide, B** □ (*leg.*) **to s. into crime again**, recidivare; diventare recidivo □ **to s. into a bad habit**, prendere a poco a poco una cattiva abitudine □ **to s. into vice**, scivolare nel vizio.

♦**slide off**, *v. i. + prep.* scivolare, cadere da: **The newspaper slid off my knee**, il giornale mi cadde dalle ginocchia.

♦**slide out of**, **A** *v. i. + avv. + prep.* **1** scivolare fuori da **2** uscire furtivamente da (*un locale*): **She slid out of the room**, uscì furtivamente dalla stanza **3** (*fig. fam.*) sottrarsi a, scansare, evitare (*una punizione, una responsabilità, ecc.*). **B** *v. t. + avv.* far scivolare, tirare fuori da; sfilare: **I slid the drawer out of the cabinet**, tirai fuori il cassetto dallo stipo; **I slid the dagger out of its sheath**, sfilai il pugnale dal fodero.

♦**slide over**, **A** *v. i. + prep.* scivolare su (*anche fig.*): **The ballet dancer seemed to s. over the stage floor**, pareva che la ballerina scivolasse sul palcoscenico. **B** *v. t. + prep.* **1** far scivolare, passare su: **S. your hand over the surface!**, passa la mano sulla superficie! **2** (*fig. fam.*) sorvolare (*o* glissare) su (*un argomento*). **C** *v. i. + avv.* (*di un infisso, ecc.*) essere a scomparsa verticale: **The garage door slides over**, la porta del garage è a scomparsa verticale.

♦**slide round**, *v. i. + prep.* **1** scivolare (*o* sdrucciolare) su (*un pavimento liscio, ecc.*) **2** (*fig. fam.*) girare intorno a (*un problema, ecc.*); aggirare (*un ostacolo, una difficoltà*).

slidefilm /'slaɪdfɪlm/, *n.* (*cinem.*) filmina.

slide-over door /'slaɪdəʊvə'dɔː(r)/, *locuz. n.* porta (*di un garage, ecc.*) a scomparsa verticale.

slider /'slaɪdə(r)/, *n.* **1** chi scivola; chi sdrucciola **2** (*elettr.*) contatto scorrevole; cursore **3** (*mil.*) sicura a slitta **4** (*USA*) fermaglio di chiusura lampo **5** (*USA*) slitta per carichi pesanti **6** (*fam.*) mattonella (*gelato*).

slideway /'slardweɪ/, *V.* **slide**, *def. 8.*

sliding /'slaɪdɪŋ/, **A** *n.* **1** lo scivolare; lo sdrucciolare **2** (*mecc.*) scorrimento **3** (*econ., polit.*) slittamento. **B** *a.* scorrevole; mobile. ● **s. door**, porta scorrevole □ (*mecc.*) **s. fit**, collegamento scorrevole □ (*autom.*) **s. glass**, vetro scorrevole (*o* abbassabile) □ **s. panel**, pannello scorrevole □ **s. roof**, tetto apribile □ **s. rule**, regolo calcolatore □ (*econ.*) **s. scale**, scala mobile (*dei salari, ecc.*) □ **s. seat**, sedile scorrevole (*di canotto, ecc.*) □ **s. surface**, piano di scorrimento □ (*mecc.*) **s. vector**, cursore □ (*econ.*) **s. wage-scale**, scala mobile dei salari.

slight (**1**) /slaɪt/, *a.* **1** esile; snello; smilzo; sottile; magro: **a s. figure**, una figurina esile **2** debole; delicato; fragile: **on s. foundations**, su deboli fondamenta **3** esiguo; leggero; lieve; scarso; tenue; piccolo: **a s. cold**, un lieve raffreddore; **He spoke with a s. American accent**, parlava con un lieve accento americano; **a s. wound**, una leggera ferita; **to pay s. attention**, prestare scarsa attenzione; **There isn't the slightest excuse for it**, non c'è al riguardo la minima giustificazione **4** di scarsa importanza; di poco peso (*fig.*); inconsistente. ● **s. breeze**, lieve brezza; bava di vento □ **in the slightest**, minimamente; affatto: **I didn't take it amiss in the slightest**, non me la sono presa affatto! □ **Not in the slightest!**, neanche a dirlo!; nemmeno per sogno!

slight (**2**) /slaɪt/, *n.* **1** affronto; ingiuria; offesa; mancanza di rispetto (*o* di riguardo); sprezzo: **to put a s. upon sb.**, far un affronto a q. **2** negligenza; trascuratezza.

to **slight** /slaɪt/, *v. t.* **1** disdegnare; sdegnare; sprezzare **2** far poco conto di; mancar di rispetto a; ingiuriare; offendere **3** trascurare; negligere (*lett.*): **to s. one's duties**, trascurare i propri doveri.

slighting /'slaɪtɪŋ/, *a.* offensivo; scortese; sprezzante: **a s. remark**, un'osservazione offensiva. || **-ly**, *avv.*

slightish /'slaɪtɪʃ/, *a.* alquanto esile; piuttosto sottile; ecc. (*V.* **slight** (**1**)).

slightly /'slaɪtlɪ/, *avv.* **1** esilmente; sottilmente; debolmente **2** leggermente; lievemente; un po': **s. drunk**, un po' ubriaco; brillo; **He's feeling s. better**, sta un po' meglio. ● (*di persona*) **s. built**, di costituzione delicata; esile.

slightness /'slaɪtnəs/, *n.* **1** esilità; snellezza; sottigliezza; magrezza **2** debolezza; fragilità **3** leggerezza; tenuità **4** inconsistenza.

slim /slɪm/, *a.* **1** esile; magro; smilzo; snello; sottile; slanciato: **a s. boy**, un ragazzino esile; **a s. girl**, una ragazza slanciata; **s. hips**, fianchi snelli **2** scarso; tenue; magro (*fig.*): **s. pickings**, scarsi guadagni; **a s. excuse**, una magra scusa **3** (*fam. raro*) astuto; furbo; scaltro; senza scrupoli. ● **s. fingers**, dita affusolate □ **to keep s.**, mantenersi in forma; restare snello. || **-ly**, *avv.*

to **slim** /slɪm/, **A** *v. i.* **1** (*anche* **to s. down**) dimagrire; calare di peso, snellirsi (*con la dieta, la ginnastica, ecc.*): **I'm trying to s.**, cerco di calare di peso **2** fare la dieta (dimagrante); stare a dieta: **No, thank you; I'm slimming**, no, grazie; faccio la dieta. **B** *v. t.* **1** far dimagrire; far calare di peso; fare perdere peso a (q.) **2** snellire; far sembrare (più) snello: **This dress slims your waist a lot**, questo vestito ti snellisce molto in vita **3** (*fig., di solito* **to s. down**) ridurre (*pretese, personale, ecc.*); snellire (*un progetto, ecc.*); ridimensionare: **to s. down the workforce**, ridurre le maestranze; **The Italian iron and steel industry has been slimmed down**, l'industria metallurgica italiana è stata ridimensionata.

slime /slaɪm/, *n.* **1** limo; fanghiglia; melma **2** poltiglia; viscidume **3** bava; mucillagine. ● (*pop. USA*) **s. bucket**, *V.* **slimebag** □ (*zool.*) **s. gland**, ghiandola mucosa □ (*ind. miner.*) **s. pit**, cava di bitume.

to **slime** /slaɪm/, *v. t.* **1** coprire di limo, di melma **2** (*specialm. di lumaca*) ricoprire di bava.

slimebag /'slaɪmbæg/, *n.* (*pop. USA*) individuo ripugnante, schifoso; verme (*fig.*).

sliminess /'slaɪmɪnəs/, *n.* **1** melmosità **2** vischiosità; viscosità; viscidità **3** (*fig.*) untuosità; viscidità; servilità.

slimmer /'slɪmə(r)/, *n.* chi cerca di dimagrire; chi fa una cura dimagrante; chi sta a dieta.

slimming /'slɪmɪŋ/, **A** *a.* dimagrante; che fa dimagrire: **s. diet**, dieta dimagrante; **s. pill**, pillola dimagrante. **B** *n.* **1** (*anche* **s. down**) dimagramento (*voluto*); perdita di peso; snellimento **2** lo stare a dieta; il seguire una cura dimagrante **3** (*fig., di solito* **s. down**) snellimento (*fig.*); riduzione (*del personale, ecc.*); ridimensionamento. ● **s. club**, club (*o* centro) di cure dimagranti.

slimmish /'slɪmɪʃ/, *a.* alquanto esile; magrolino; ecc. (*V.* **slim**).

slimness /'slɪmnəs/, *n.* **1** esilità; snellezza; sottigliezza **2** esiguità; scarsezza; tenuità **3** (*fam. raro*) astuzia; furberia; scaltrezza.

slimy /'slaɪmɪ/, *a.* **1** limaccioso; fangoso; melmoso: **s. water**, acqua limacciosa **2** vischioso; viscoso; viscido; sdrucciolevole **3** (*fig.*) untuoso; viscido; servile: **s. manners**, modo di fare untuoso; servilismo **4** (*fig.*) disgustoso; ripugnante. || **-ily**, *avv.*

sling (**1**) /slɪŋ/, *n.* **1** (*anche stor., mil.*) fionda; frombola **2** colpo (*o* tiro) di fionda **3** braca; imbraca; imbracatura (*per sollevar pesi*) **4** (*med.*) fascia, benda (*ad armacollo, per sospendere un braccio ferito*) **5** (*del fucile, ecc.*) cinghia. ● **s. hook** (*o* **s. dog**), gancio di sollevamento □ **s. pump**, *V.* **slingback** □ **to place a barrel in a s.**, imbracare un barile (*per sollevarlo*) □ **to wear** (*o* **to have**) **one's arm in a s.**, portare un braccio al collo.

sling (**2**) /slɪŋ/, *n.* bevanda composta di liquore (*specialm. gin*), zucchero, acqua e limone.

to **sling** /slɪŋ/ (*pass.* e *p. p.* **slung**), *v. t.* e *i.* **1** gettare; scagliare; tirare: **Don't s. stones at the cat**, non tirar sassi al gatto! **2** lanciare (*o* scagliare) con la fionda; frombolare **3** sospendere; attaccare: **to s. a hammock**, sospendere un'amaca **4** (*fam.*) buttare, gettare (*con forza, a casaccio*): **S. me the car key!**, buttami la chiave dell'automobile!; **She slung her fur on the sofa**, gettò la pelliccia sul divano **5** portare (q.c.) a tracolla **6** imbracare; issare (*con una braca*): **to s.** (**up**) **a barrel**, imbracare un barile. ● (*pop. USA*) **to s. the cat**, vomitare □ (*pop. USA*) **to s. the crap**, blaterare; dire fesserie □ (*pop. USA*) **to s. hash**, fare il cameriere, servire a tavola (*al ristorante*) □ (*pop.*) **to s. one's hook**, tagliare la corda, fare tela, filare (*fig. fam.*) □ (*fam.*) **to s. ink**, scrivere; fare lo scrittore (*o* il giornalista) □ (*fam.*) **to s. mud at sb.**, gettare fango su q. (*fig.*) □ **to s. st. over one's shoulders**, gettarsi (*o* portare) q.c. ad armacollo □ **slung shot**, palla di metallo attaccata al polso (*usata come arma dai teppisti*).

♦**sling out**, *v. t. + avv.* **1** buttare via; gettare via; disfarsi di (*roba vecchia, ecc.*) **2** buttare (q.) fuori; mettere (*un inquilino*) sulla strada; licenziare: **He was so drunk that they had to s. him out of the night club**, era così ubriaco che dovettero buttarlo fuori del night.

♦**sling up**, *v. t. + avv.* **1** appendere; attaccare; sospendere **2** (*fig. fam.*) rinfacciare, rivangare (*cose spiacevoli*).

slingback /'slɪŋbæk/, *n.* scarpa scollata, con cinturino sul calcagno.

slinger /'slɪŋə(r)/, *n.* **1** (*stor.*) fromboliere; frombolatore (*raro*) **2** imbracatore (*operaio*) **3** (*pop. USA*) cameriere (*di ristorante economico*).

slingshot /'slɪŋʃɒt/, *n.* **1** (*anche stor.*) colpo di frombola; colpo di fionda **2** (*USA*) fionda.

slink /slɪŋk/, *n.* animale (*specialm.* vitello) nato prematuramente.

to **slink** /slɪŋk/ (*pass.* e *p. p.* **slunk**), **A** *v. i.* camminare furtivamente; strisciare; sgattaiolare. **B** *v. t.* (*di animali*) partorire (*un piccolo*) prematuramente; perdere (*un figlio*). ● **to s. about**, aggirarsi furtivo; strisciare □ **to s. away** (*o* **off, out**), filar via; squagliarsela; svignarsela □ **to s. back**, ritirarsi in silenzio (*dopo uno scacco, ecc.*).

slinky /'slɪŋkɪ/, *a.* **1** furtivo **2** flessuoso: **her s. little figure**, la sua figurina flessuosa **3** (*fam.: di vestito*) attillato; aderente; provocante. || **-ily**, *avv.* || **-iness**, *sost.*

slip (**1**) /slɪp/, *n.* **1** striscia (*di carta, stoffa, ecc.*): **a s. of land**, una striscia di terra; **a s. of wood**, una striscia di legno; una stecca **2** scontrino; talloncino; tagliando: **receipt s.**, scontrino di ricevuta; **contents s.**, tagliando di controllo (*di merce imballata*) **3** (*banca*) distinta: **paying-in s.**, distinta di versamento **4** (*bot.*) innesto; pollone per innesto; marza **5** (*tipogr.*) bozza in colonna **6** (*zool.*) sogliolina **7** (*fam. arc.*) persona sottile come un giunco. ● **a** (**mere**) **s. of a boy**, un ragazzino esile.

slip (**2**) /slɪp/, *n.* **1** scivolata, scivolone (*anche fig.*): **a s. on the ice**, uno scivolone sul ghiaccio; (*fin.*) **There's been a remarkable s. of the pound**, la sterlina ha fatto un brutto scivolone **2** errore; sbaglio; svista; lapsus (*lat.*); passo falso: **a s. of the pen**, un lapsus calami; **a s. of the tongue**, un lapsus linguae; **to make a s.**, fare uno sbaglio **3** federa (*di guanciale*) **4** sottabito; sottoveste **5** guinzaglio a sgancio rapido (*per cani*) **6** smottamento (di terra), slavina; frana **7** (*elettr., mecc.*) slittamento; scorrimento **8** (*elettron.*) distorsione da scorrimento **9** (*naut.*) *V.* **slipway** **10** (*naut., USA e Can.*) darsena **11** (*autom.*) slittata, sbandata laterale **12** (*boxe*) schivata laterale **13** (*vet.*) aborto **14** (*pl.*) (*teatr.*) quinte **15** (*pl.*) (*arc.*) calzoncini da bagno. ● (*fam.*) **to give sb. the s.**, sfuggire a q. (*che insegue*); seminare q. (*fam.*); sottrarsi a q. □ (*prov.*) **There's many a s. 'twixt the cup and the lip**, tra il dire e il fare c'è di mezzo il mare.

to **slip** /slɪp/, **A** *v. i.* **1** scivolare; sdrucciolare; slittare (*anche fig.*): **The child slipped off my**

knee, il bambino mi scivolò dalle ginocchia; **I slipped in the mud and fell**, sdrucciolai nel fango e caddi; **The car slipped on the slimy road**, l'auto slittò sulla strada viscida; **The pound goes on slipping**, la sterlina continua a slittare *2* sgusciare (via); (*anche fig.*) sfuggire: **Here is a chance you mustn't allow to s.**, ecco un'occasione che non ti devi lasciar sfuggire; **The eel slipped through** (*o* **out of**) **my fingers**, l'anguilla mi sgusciò di fra le dita *3* andare furtivamente; passare inosservato (*o* a poco a poco); scivolare: **The days slipped past** (*o* **by, away**), a poco a poco i giorni passavano (*o* scivolavano via) *4* sbagliare; sbagliarsi; commettere un errore: **He slips now and then in his pronunciation**, di quando in quando commette errori di pronuncia *5* (*fig.*) essere in declino; decadere; perdere di qualità; peggiorare: **The market has slipped**, il mercato è peggiorato *6* (*fig.*) calare; diminuire: **sales are slipping considerably**, le vendite sono in forte calo *7* (*mecc.*) slittare. **B** *v. t.* *1* far scivolare; far scorrere; infilare; sfilare: **He slipped the bolt through the hole**, fece scorrere il catenaccio nel suo foro; **to s. on [off] clothes**, infilarsi [sfilarsi] i vestiti *2* sciogliere; liberare; liberarsi di: **The slave has slipped his chains**, lo schiavo s'è liberato delle catene; **to s. the greyhounds**, sciogliere i levrieri, liberare i levrieri dal guinzaglio (*alle corse, ecc.*) *3* sfuggire a; sfuggire da; sottrarsi a; seminare (*fam.*): **This matter has slipped my notice**, questa faccenda m'è sfuggita; **His telephone number has slipped my mind**, il suo numero telefonico m'è sfuggito dalla mente; **The prisoner slipped his guards**, l'arrestato si sottrasse alle guardie; **I slipped my pursuers**, seminai i miei inseguitori *4* (*fam.*) allungare; dare: **I slipped the porter a ten-dollar bill**, allungai al facchino un biglietto da dieci dollari *5* (*d'animali*) partorire prematuramente. ● **to s. across the border**, passare il confine clandestinamente ◻ (*naut.*) **to s. the anchor**, mollare (*o* filar per occhio) l'ancora ◻ (*di un cane*) **to s. one's collar**, perdere il collare ◻ (*naut.*) **to s. one's moorings**, disormeggiarsi ◻ (*lavori a maglia*) **to s. a stitch**, saltare un punto senza lavorarlo ◻ **to s. one's trolley**, (*di un tram*) perdere il contatto del trolley; (*pop. USA*) perdere le staffe ◻ **to let s.**, lasciarsi sfuggire (*una parola, una frase, ecc.*); lasciarsi scappare; (*lett.*) sciogliere, liberare: **to let s. a cutting remark**, lasciarsi scappare un'osservazione pungente ◻ (*poet.*) **to let s. the dogs of war**, scatenare la guerra ◻ **My foot slipped**, mi mancò il piede; misi il piede in fallo; scivolai ◻ (*pop.*) **S. it!**, lascia perdere!; fregatene! ◻ **She has slipped in my opinion**, ho perso stima in lei; mi è andata giù (*fam.*).

♦**slip along**, *v. i.* + *avv.* (*di un veicolo*) scivolare via; andare liscio (*fam.*).

♦**slip away**, *v. i.* + *avv.* *1* andar via alla chetichella; squagliarsela; svignarsela: **I slipped away before the end of the lecture**, me la svignai prima della fine della conferenza *2* (*del tempo*) passare in fretta (*o* in un baleno).

♦**slip back**, *v. i.* + *avv.* *1* (*di un veicolo, ecc.*) slittare indietro; rinculare slittando *2* (*fam.*: *di una persona*) andare indietro; retrocedere *3* (*fam.*: *del lavoro, ecc.*) peggiorare; regredire.

♦**slip by**, **A** *v. i.* + *avv.* *1* scivolare (*o* passare) accanto (*inosservato, ecc.*) senza far rumore *2* (*del tempo*) passare in fretta; scorrere via *3* (*di un'occasione, ecc.*) sfuggire: **Never let a good chance s. by!**, non ti lasciar sfuggire (*o* non perdere) mai una buona occasione! **B** *v. i.* + *prep.* *1* (*di un errore*) passare inosservato da (q.) *2* *V.* **slip past, B.** **C** *v. t.* + *prep.* *V.* **slip past, C.**

♦**slip down**, *v. i.* + *avv.* *1* scivolare per terra; cadere scivolando *2* (*fam.*) scendere; andare di sotto: **I'll s. down to the butcher's**, faccio un salto di sotto, dal macellaio.

♦**slip in**, **A** *v. i.* + *avv.* infilarsi, intrufolarsi; infiltrarsi; sgusciare, sgattaiolare dentro: **He slipped in without being seen**, s'infilò dentro senza farsi vedere; **to s. in among the guests**, intrufolarsi tra gli invitati. **B** *v. t.* + *avv.* *1* far entrare (q.); infilare dentro (*fam.*); intrufolare, infiltrare (q.); iscrivere, mettere in lista (q.) *2* aggiungere, inserire (*una parola, ecc.*): **He slipped in a cutting remark**, aggiunse un'osservazione pungente.

♦**slip into**, **A** *v. i.* + *prep.* *1* infilarsi dentro (*o* in); entrare in silenzio in: **He slipped into bed**, s'infilò nel letto; **He slipped into the house by the back door**, entrò nella casa dalla parte di dietro *2* scivolare in; andare a sbattere in (*slittando*): **I slipped into the water**, scivolai in acqua; **The motorbike slipped into the wall**, la motocicletta slittò e andò a sbattere nel muro *3* infilarsi, mettersi in fretta (*un indumento*): **She slipped into her nightdress**, s'infilò la camicia da notte *4* (*fig.*) entrare per caso; introdursi: **A lot of misprints have slipped into my article**, il mio articolo è stato stampato con un mucchio di refusi *5* (*fig.*) scivolare in; cadere a poco a poco in: **to s. into vice**, scivolare nel vizio. **B** *v. t.* + *prep.* *1* infilare, intrufolare in; **to s. a letter into a letterbox [a coin into a slot machine]**, infilare una lettera nella cassetta [una moneta in un distributore automatico]; **to s. one's hand into sb.'s pocket**, intrufolare una mano in tasca a q. *2* aggiungere; inserire; infilare dentro (*fam.*): **S. a mention of my book into your talk, will you?**, nel tuo discorso, infilaci dentro un accenno al mio libro, per favore *3* (*fig.*) fare scivolare; mettere furtivamente: **He slipped a bank note into my hand**, mi mise in mano una banconota ◻ **to s. a coin into sb.'s pocket**, cacciare una moneta in tasca a q.

♦**slip off**, **A** *v. i.* + *avv.* *1* scivolare: **My foot slipped off**, mi scivolò un piede *2* andarsene alla chetichella; svignarsela; squagliarsela. **B** *v. t.* + *avv.* sfilarsi, togliersi (*un indumento*): **to s. off one's stockings**, sfilarsi le calze.

♦**slip on**, *v. t.* + *avv.* infilarsi, mettersi in fretta (*un indumento*): **to s. on one's shoes**, infilarsi le scarpe.

♦**slip out**, *v. i.* + *avv.* *1* scivolare, cadere (*scivolando*): **The door key has slipped out of my pocket**, la chiave della porta mi è caduta dalla tasca *2* andarsene alla chetichella; svignarsela; squagliarsela *3* (*di un segreto, un nome, ecc.*) sfuggire; scappare: **It just slipped out**, mi è scappata (*la parola, l'osservazione, ecc.*).

♦**slip out of**, *v. i.* + *avv.* + *prep.* *1* sfilarsi, togliersi in fretta (*indumenti*) *2* (*fig. fam.*) evitare, scansare (*una punizione, ecc.*); sottrarsi a (*un dovere, una responsabilità*).

♦**slip over**, **A** *v. i.* + *prep.* *1* scivolare su: **The gondola slipped over the still waters of the lagoon**, la gondola scivolava sulle acque immote della laguna *2* (*di un indumento, una fodera*) infilarsi su; entrare da: **This jumper won't s. over my head**, questo golf non mi entra dalla testa. **B** *v. t.* + *prep.* *1* infilare (*una fodera*) a (*una poltrona, ecc.*) *2* gettarsi (*un indumento*) su (*le spalle, ecc.*) ◻ (*fam. USA*) **to s. one over sb.**, farla in barba a q.; fare fesso q. (*fam.*): **He's slipped one over me!**, me l'ha fatta!

♦**slip past**, **A** *v. i.* + *avv.* *V.* **slip by, A.** **B** *v. i.* + *prep.* *1* scivolare (o passare inosservato) accanto a (q.) *2* scivolare (*o* passare inosservato) da: **He slipped past the back door**, uscì dalla porta di dietro senza farsi vedere. **C** *v. t.* + *prep.* (*fig.*) far accettare, far passare (*un'idea, un suggerimento, ecc.*).

♦**slip through**, **A** *v. i.* + *avv.* (*o prep.*) *1* passare inosservato (*o* senza fare rumore) **Our torpedo boat slipped through (the strait) in the dark**, la nostra silurante passò (lo stretto) col favore delle tenebre *2* (*fig.*: *di una proposta, una legge, ecc.*) passare; essere approvato. **B** *v. t.* + *avv.* *1* far passare (q. *o* q.c.) inosservato *2* introdurre (*immigranti, merci, ecc.*) clandestinamente. **C** *v. t.* + *prep.* *1* far scivolare in; far scorrere entro (*una guida, ecc.*) *2* (*fig.*) intrufolare, infiltrare attraverso: **They managed to s. ten partisans through the enemy defences**, riuscirono a infiltrare dieci partigiani attraverso le linee del nemico ◻ **to s. through one's fingers**, scivolare di tra le dita; (*fig.*) (riuscire a) scappare ◻ **to s. through the net**, (*di pesce*) scappare di tra le maglie (*della rete*); (*fig.*) (riuscire a) passare attraverso, superare (*controlli, misure di sicurezza, ecc.*).

♦**slip up**, *v. i.* + *avv.* *1* scivolare *2* (*di un indumento*) montare; andare su (*fam.*): **Your cuffs have slipped up; pull them down**, ti sono andati su i polsini; tirali giù! *3* (*fam.*) fare uno sbaglio; fare una gaffe (*o* un passo falso) *4* (*fam.*: *di un progetto, ecc.*) fare fiasco (*o* cilecca); fallire.

slipcase /ˈslɪpkeɪs/, *n.* custodia, cofanetto (*per libri*).

slipcover /ˈslɪpkʌvə(r)/, *n.* *1* (*legatoria*) sopraccoperta, sovraccoperta (*di libro*) *2* (*USA*) fodera lavabile, foderina (*di poltrona o divano*; *cfr. ingl.* **loose cover**).

slip-in /ˈslɪpɪn/, *n.* (*autom., ingl.*) rampa di accesso (*di autostrada*); svincolo.

slip-on /ˈslɪpɒn, *USA* -ɔːn/, **A** *a.* (*d'indumento o calzatura*) da infilare semplicemente; senza bottoni (*o* lacci, ecc.). **B** *n.* *1* indumento che ci si infila (*senza bottoni*) *2* scarpa senza lacci; mocassino *3* fascetta elastica.

slipover /ˈslɪpəʊvə(r)/, *n.* pullover senza maniche; golfino.

slipped disc /ˈslɪptˈdɪsk/, *n.* (*med.*) ernia del disco.

slipper /ˈslɪpə(r)/, *n.* *1* pantofola; ciabatta; pianella *2* freno a scarpa; martinicca *3* (*mecc.*) pattino *4* chi scioglie i levrieri (*alle corse*). ● **s. brake**, (*mecc.*) rallentatore; (*ferr.*) freno sulla rotaia ◻ **s. chair**, poltroncina da camera da letto ◻ **s. dealer**, venditore di pantofole; pantofolaio ◻ **s. factory**, fabbrica di pantofole; pantaforeria ◻ **s. maker**, fabbricante di pantofole; pantofolaio.

to **slipper** /ˈslɪpə(r)/, *v. t.* (*fam.*) picchiare (q.) con una pantofola; prendere (q.) a ciabattate.

slippered /ˈslɪpəd/, *a.* in pantofole; che porta le pantofole.

slipperiness /ˈslɪpərɪnəs/, *n.* *1* l'essere sdrucciolevole; scivolosità; viscidità *2* (*fam.*) evasività; disonestà; ingannevolezza; mancanza di scrupoli.

slipperwort /ˈslɪpəwɜːt/, *n.* (*bot., Calceolaria*) calceolaria.

slippery /ˈslɪpərɪ/, *a.* *1* sdrucciolevole; scivoloso; viscido (*anche fig.*): **a s. pavement**, un marciapiede sdrucciolevole; **as s. as an eel**, viscido come un'anguilla *2* (*fam.*) evasivo; sfuggente; disonesto; ingannevole; infido; privo di scrupoli: **a s. customer**, un tipo infido *3* (*fam.*) precario; incerto; instabile: **a s. situation**, una situazione incerta (*o* precaria). ● (*Austr.*) **s. dip**, scivolo (*gioco infantile*) ◻ (*autom.*) **«S. road»** (*cartello*), «attenzione con pioggia e gelo» ◻ **a s. subject**, un argomento scabroso ◻ (*scherz.*) **What a s. slope you are on!**, su che brutta strada ti sei messo (*fig.*)!

slippy /ˈslɪpɪ/, *a.* (*fam. o dial.*) *V.* **slippery.** ● (*fam.*) **Be s. about it!** (*o* **Look s.!**), sbrigati!; spicciati!

slipshod /ˈslɪpʃɒd/, *a.* *1* (*di persona*) in ciabatte; (*fig.*) scalcagnato *2* (*per estens.*) trascurato; trasandato; disordinato; sciatto: **a s. woman**, una donna sciatta; una sciattona; **a s. speech**, un discorso disordinato.

slipslop /ˈslɪpslɒp/, **A** *n.* *1* (*arc.*) *V.* **slop (1)** *2* (*fam.*) sbrodolata (*fig.*); discorso (*o* scritto) incoerente, prolisso, noioso, sdolcinato. **B** *a.* (*fam.*) *1* incoerente; insulso *2* insipido; scipito; sciapo (*dial.*) *3* trasandato; negligente.

slipstick /ˈslɪpstɪk/, *n.* regolo calcolatore.

slipstream /ˈslɪpstriːm/, *n.* *1* (*aeron.*) flusso (*o* scia) dell'elica *2* (*autom., sport*) scia (*sfruttata da un concorrente*). ● **s. smoking**, fumo passivo.

to **slipstream** /ˈslɪpstriːm/, *v. t. e i.* (*autom., ciclismo, ecc.*) sfruttare la scia (di); succhiare la ruota (di) (*fam.*).

slip-up /ˈslɪpʌp/, *n.* (*fam.*) *1* errore; sbaglio; svista *2* contrattempo; inconveniente: **There's been a s.**, c'è stato un inconveniente.

slipway /ˈslɪpweɪ/, *n.* *1* (*naut.*) scalo di costruzione (*o* di alaggio); invasatura *2* scivolo di carico (*di baleniera*) *3* (*aeron.*) scivolo (*di idrovolante*). ● (*di nave*) **to leave the s.**, scendere in mare.

slit /slɪt/, **A** *n.* *1* taglio longitudinale; fenditura *2* fessura; fenditura; apertura (*lunga e stretta*): **The s. under the door lets in light**, la fessura sotto la porta lascia filtrare la luce *3* feritoia *4* (*moda*) spacco. **B** *a.* *1* spaccato; fenduto *2* (*moda*) con lo spacco. ● **s. eyes**, occhi stretti come fessure □ (*sartoria*) **s. pocket**, tasca tagliata □ (*moda*) **s. skirt**, gonna con lo spacco.

to **slit** /slɪt/ (*pass. e p. p.* **slit**), **A** *v. t.* tagliare (*per il lungo*); fendere; spaccare: **to s. st. into strips**, tagliare q.c. a strisce. **B** *v. i.* fendersi; spaccarsi: **If you strain it too hard it will s.**, se lo tiri troppo si spacca. ● **to s. sb.'s throat**, tagliare la gola a q. □ **to s. up**, tagliare (q.c.) per il lungo; (*fam.*) dare una coltellata a q. □ (*mecc.*) **slitting machine**, macchina tagliatrice; cesoia per taglio a strisce.

slither /ˈslɪðə(r)/, *n.* *1* scivolata; scivolone *2* lo strisciare; striscio *3* fruscio (*delle onde, ecc.*); chiacchericcio (*di una fontana*).

to **slither** /ˈslɪðə(r)/, **A** *v. i.* *1* scivolare; sdrucciolare *2* strisciare. **B** *v. t.* fare strisciare; far scivolare.

slithery /ˈslɪðərɪ/, *a.* scivoloso; sdrucciolevole: **a s. path**, un sentiero sdrucciolevole.

slitter /ˈslɪtə(r)/, *n.* (*mecc.*) taglierina longitudinale.

sliver /ˈslɪvə(r)/, *n.* *1* frammento; scheggia *2* residuo di legno incombusto *3* (*fig.*) pezzetto: **a s. of land**, un pezzettino di terra *4* (*ind. tess.*) nastro; stoppino; teletta.

to **sliver** /ˈslɪvə(r)/, **A** *v. t.* spezzare; fare a pezzi; scheggiare. **B** *v. i.* spezzarsi; scheggiarsi; andare in pezzi.

slob /slɒb/, *n.* (*pop.*) persona rozza; zoticone; villanzone; sudicione.

slobber /ˈslɒbə(r)/, *n.* *1* bava; sbavatura *2* (*fig.*) sentimentalismo; svenevolezza.

to **slobber** /ˈslɒbə(r)/, *v. i. e t.* *1* sbavare, sbavarsi; bagnare di saliva: **The old man has slobbered his napkin**, il vecchio ha sbavato il tovagliolo *2* sbavare; dare baci pieni di saliva a (q.) *3* (*fig.*) fare il sentimentale; fare lo svenevole: **to s. over sb. [st.]**, fare lo svenevole con q.; profondersi in manifestazioni d'affetto (*o* d'ammirazione) per q. [q.c.]. ● **to s. water all over the floor**, fare del bagnato sul pavimento.

slobberer /ˈslɒbərə(r)/, *n.* sbavone, sbavona.

slobbery /ˈslɒbərɪ/, *a.* *1* bavoso *2* (*fig.*) sentimentale; svenevole. || **-iness**, *sost.*

slob-ice /ˈslɒbaɪs/, *n.* (*Can.*) ghiaccio galleggiante misto a neve.

sloe /sləʊ/, *n.* (*bot.*) *1* prugnola; susina di macchia *2* (*Prunus spinosa*) prugnolo; susino di macchia. ● **s.-eyed**, dagli occhi scuri; dagli occhi a mandorla □ **s. gin**, liquore di prugnole; prunella.

slog /slɒg, *USA* -ɔːg/, *n.* (*fam.*) *1* colpo violento *2* procedere faticoso; andatura arrancante *3* duro lavoro; faticata; sfacchinata; sgobbata: **That was a hard s.!**, è stata una bella sgobbata! *4* lunga camminata; sfacchinata (*fig.*).

to **slog** /slɒg, *USA* -ɔːg/, *v. i. e t.* (*fam.*) *1* picchiar forte; colpire con violenza *2* procedere a fatica; arrancare: **to s. uphill**, arrancare in salita *3* faticare; sgobbare. ● **to s. it out**, fare una sgobbata (*o* una sfacchinata); (*anche*) fare una scazzottata, fare a pugni.

♦**slog along**, *v. i. + avv.* procedere a stento; arrancare.

♦**slog at**, *v. i. + prep.* sgobbare a, faticare in (*un lavoro, un compito, ecc.*).

♦**slog away**, *v. i. + avv.* sfacchinare; sgobbare: **to s. away at one's studies**, sgobbare; **to s. away at one's homework**, fare una sgobbata per finire il compito a casa.

♦**slog on**, *v. i. + avv.* continuare a sgobbare.

♦**slog through**, *v. i. + prep.* fare una sgobbata su (*un autore, una materia di studio, ecc.*).

slogan /ˈsləʊgən/, *n.* *1* slogan; motto pubblicitario (*o* propagandistico) *2* motto; parola d'ordine *3* (*stor.*) grido di guerra (*in Scozia*).

sloganeer /sləʊgəˈnɪə(r)/, *n.* (*USA*) ideatore di slogan.

to **sloganeer** /sləʊgəˈnɪə(r)/, *v. i.* coniare slogan; inventare motti.

slogger /ˈslɒgə(r), *USA* -ɔːg-/, *n.* (*fam.*) *1* (*sport*) chi colpisce forte la palla (*specialm. nel baseball e nel cricket*); picchiatore (*nella boxe*) *2* lavoratore accanito; sgobbone.

sloop /sluːp/, *n.* (*naut.*) *1* sloop (*imbarcazione da diporto*) *2* (*stor., mil.*; = **s. of war**) corvetta. ● (*naut.*: *d'imbarcazione*) **s.-rigged**, a un albero, con un solo fiocco.

slop /slɒp/, *n.* *1* (*pl.*) acqua sporca; risciacquatura di piatti *2* (*pl.*) liquido poco sostanzioso; brodaglia; sbobba (*pop.*) *3* (*pl.*) avanzi (*o* fondi) di tè *4* beverone, pastone, broda (*per maiali*) *5* fanghiglia; neve sporca *6* (*fig.*) sdolcinatura; moine; fichi (*fig., tosc.*). ● **s. basin** (*USA*: **s. bowl**), recipiente per gli avanzi del tè o del caffè □ **s. pail**, secchio per l'acqua sporca; bugliolo.

to **slop** /slɒp/, **A** *v. i.* *1* (*di liquido*; *spesso* **to s. over**) traboccare; spandersi; versarsi *2* (*spesso* **to s. about, to s. around**) sguazzare; diguazzare: **The boys were slopping about in the pond**, i ragazzi sguazzavano nello stagno *3* fare moine; fare fichi (*tosc.*): **to s. over a baby**, fare un sacco di moine a un bimbo. **B** *v. t.* *1* spandere; versare; rovesciare: **to s. tea on the tablecloth**, versare il tè sulla tovaglia *2* bagnare, sporcare, imbrattare (*il pavimento, il vestito, ecc.*) *3* alimentare (*o* nutrire) con brodaglia.

♦**slop about** (*o* **around**), *v. i.* (*o v. t.*) *+ avv.* *1* (*di liquido*) sciaguattare (*dentro un recipiente*) *2* (*fig. fam.*) oziare; stare senza far niente; bighellonare: **to s. around the house all day long**, bighellonare in casa tutto il santo giorno.

♦**slop out**, **A** *v. t. + avv.* vuotare (*il bugliolo*: *in prigione*). **B** *v. i. + avv.* vuotare il bugliolo.

♦**slop over**, **A** *v. t. + prep.* *1* buttarsi addosso; sbrodolarsi: **to s. wine over one's shirt**, sbrodolarsi la camicia col vino; buttarsi il vino sulla camicia *2* *V.* **to slop, A**, *def. 3*. **B** *v. i. + avv.* *V.* **to slop, A**, *def. 1*.

slop chest /ˈslɒptʃest/, *locuz. n.* (*naut.*) spaccio di bordo.

slope /sləʊp/, *n.* *1* pendio; china; declivio; pendice; versante; rampa; scarpata: **a gentle s.**, un leggero pendio; **a steep s.**, una china ripida; un forte pendio; **on the mountain slopes**, sulle pendici del monte; (*geol.*) **continental s.**, scarpata continentale *2* pendenza; inclinazione: **a s. of 15 degrees**, una pendenza di 15 gradi *3* (*geom.*) pendenza; coefficiente angolare *4* (*aeron.*) inclinazione *5* (*econ.*) fase recessiva; recessione *6* (*mil.*) posizione inclinata (*del fucile*). ● (*mil.*) **at the s.**, in posizione di spall'arm □ (*mil.*) **to come to the s.**, inclinare il fucile; mettere il fucile a spall'arm □ **a downward s.**, una discesa □ **an upward s.**, una salita.

to **slope** /sləʊp/, **A** *v. i.* *1* essere inclinato; pendere *2* inclinarsi; prendere una direzione obliqua. **B** *v. t.* inclinare; far pendere; dare una pendenza a. ● (*mil.*) **to s. arms**, mettere il fucile a spall'arm □ (*mil.*) **S. arms!**, spall'arm! □ (*del terreno, di strada, ecc.*) **to s. down**, scendere □ (*fam.*) **to s. off**, scappare; svignarsela □ (*del terreno, di strada, ecc.*) **to s. up**, salire.

sloping /ˈsləʊpɪŋ/, *a.* inclinato; in pendenza: **a s. road**, una strada in pendenza. ● **s. handwriting**, calligrafia inclinata. || **-ly**, *avv.*

sloppy /ˈslɒpɪ/, *a.* *1* bagnato (*d'acqua sporca, ecc.*); fangoso, coperto di fanghiglia; sdrucciolevole; viscido; umido: **a s. road**, una strada coperta di fanghiglia; **s. weather**, tempo umido (*o* piovoso); **a s. floor**, un pavimento bagnato (d'acqua sporca), viscido *2* (*fam.*) sciatto; trasandato; trascurato; sudicio: **a s. dresser**, un individuo sciatto, trasandato nel vestire *3* (*fam.*) sentimentale; svenevole; sdolcinato: **s. affection**, affetto svenevole, sdolcinato *4* (*di cibo*) brodoso *5* (*d'indumento*) a sacco; molto largo. ● **s. food**, brodaglia; sbobba (*pop.*) □ (*fam.*) **a s. joe**, un maglione a sacco □ (*fam. USA*) **s. Joe**, panino con hamburger e salsa piccante; poliziotto; piedipiatti; cameriere di ristorante economico (*detto* **s. Joe's**). || **-ily**, *avv.* || **-ness**, *sost.*

slops /slɒps/, *n. pl.* *1* abiti bell'e fatti, di poco prezzo *2* (*naut.*) corredo di marinaio. ● (*naut.*) **s. room**, deposito del vestiario; guardaroba □ **s. seller**, rigattiere □ **s. shop**, bottega da rigattiere.

slosh /slɒʃ/, *n.* *1* fango; fanghiglia *2* sciabordio (*delle onde*); sciacquio; sciaguattio *3* goccio, gocciolo, sorso (*di liquido*) *4* (*fam.*) brodaglia; sbobba (*pop.*); bevanda allungata *5* (*fam.*) sdolcinatura; svenevolezza *6* (*pop.*) forte colpo; pugno.

to **slosh** /slɒʃ/, **A** *v. t.* *1* (*pop.*) percuotere; picchiare; colpire *2* (*di solito* **to s. about**) agitare, mescolare (*un liquido o ciò che vi è immerso*) *3* spruzzare; bagnare; gettare (*acqua, fango, ecc.*) *4* applicare (*vernice, ecc.*). **B** *v. i.* (*spesso* **to s. about, around**) *1* (*di liquido*) sciaguattare; sciabordare *2* (*di una persona o di un animale*) sguazzare.

sloshed /slɒʃt/, *a.* (*pop.*) ubriaco; sbronzo (*fam.*).

sloshy /ˈslɒʃɪ/, *a.* fangoso; pantanoso.

slot (**1**) /slɒt/, *n.* *1* apertura (*lunga e stretta*); fessura; fenditura *2* (*mecc.*) scanalatura; guida; (*di una vite*) taglio *3* (*elab.*) tacca *4* (*fig.*) posto (*in un'organizzazione, ecc.*) *5* (*radio, TV*) spazio (*per un programma, ecc.*); fascia oraria: **advertising s.**, spazio pubblicitario. ● **s. car**, automobilina elettrica (*su pista*) □ **s. machine**, slot-machine; distributore automatico (*a gettoni o a monete*); (*USA*) macchina mangiasoldi □ **s.-meter**, contatore (*del gas, ecc.*) a gettoni (*o* a monete) □ **s. racing**, (il) far correre automobiline elettriche (*su pista*: *gioco*).

slot (**2**) /slɒt/, *n.* (*caccia*) pesta, traccia (*specialm. di cervo*).

to **slot** /slɒt/, *v. t.* *1* introdurre (*o* inserire) in una fessura *2* fare un'apertura in; aprire una fessura in; fare un taglio in *3* introdurre (*monete*) in un distributore automatico *4* (*mecc.*) scanalare; stozzare. ● **s. in**, inserire; programmare, mettere in agenda; trovare un buco per (*fam.*); (*calcio*) mettere in rete (*la palla*); inserirsi, collocarsi: **Can you s. me in to a suitable job?**, riesci a inserirmi in un lavoro che mi si adatti?; **The new car slots in between the Concerto and the Accord**, la nuova auto si colloca tra la Concerto e la Accord □ (*mecc.*) **slotting machine**, stozzatrice.

sloth /sləʊθ/, *n.* *1* accidia; indolenza; ignavia; infingardaggine; pigrizia *2* (*zool., Bradypus*) bradipo. ● (*zool.*) **s.-bear** (*Melursus ursinus*), orso giocoliere □ (*zool.*) **s.-monkey** (*Loris gracilis*), lori gracile.

slothful /ˈsləʊθfl/, *a.* accidioso; indolente; ignavo; infingardo; pigro. || **-ly**, *avv.* || **-ness**, *sost.*

slotted /ˈslɒtɪd/, *a.* provvisto di fenditura (*o* taglio, ecc.): **s. screw**, vite col taglio. ● (*USA*) **s. spatula**, spatola da pesce.

slouch /slaʊtʃ/, *n.* *1* atteggiamento dinoccolato; andatura goffa (*o* dinoccolata) *2* inclinazione (*della tesa del cappello*) *3* (*fam.*) ciondolone; fannullone *4* (*fam.*) incompetente; scalzacane; schiappa: **He's no s. at tennis**, se

la cava benino a tennis. ● **s. hat**, cappello a cencio; cappello floscio □ (*fam.*) **The show was no s.**, lo spettacolo era passabile.
to **slouch** /slaʊtʃ/, **A** *v. i.* *1* stare scomposto (*o* stravaccato); stravaccarsi *2* penzolare *3* camminare (*o* muoversi) dinoccolato. **B** *v. t.* *1* piegare la tesa del (*cappello*) *2* piegare, curvare (*le spalle*). ● **to s. about** (*o* **around**), bighellonare; oziare; gironzolare □ **to s. one's hat over one's eyes**, tirarsi il cappello sugli occhi.
slouchiness /ˈslaʊtʃɪnəs/, *n.* scompostezza; trasandatezza.
slouching /ˈslaʊtʃɪŋ/, *a.* scomposto; dinoccolato; trasandato.
slouchy /ˈslaʊtʃɪ/, *a.* scomposto; dinoccolato; trasandato.
slough (1) /slaʊ, *USA*, *def. 2* sluː/ *n.* *1* pantano; palude *2* acqua stagnante (*separata dalla corrente di un fiume o dal mare*); depressione, avvallamento (*del terreno, spesso con acqua stagnante*) *3* (*ind. min.*) cedimento, franamento; materiale franato *4* (*fig.*) abisso; fondo; pozzo: **the s. of self-pity**, il pozzo dell'autocommiserazione.
slough (2) /slʌf/, *n.* *1* spoglia, scaglia (*specialm. delle serpi*) *2* (*med.*) escara; crosta; squama (*di pelle, ecc.*) *3* (*bridge*) scarto.
to **slough** (1) /slʌf/, *v. i.* (*ind. min.*) cedere; franare.
to **slough** (2) /slʌf/, **A** *v. t.* *1* (*delle serpi, ecc.*) mutare (*la pelle*) *2* spogliarsi di; abbandonare; smettere; perdere: **The retreating platoon sloughed (off) their knapsacks**, i soldati del plotone in ritirata abbandonarono gli zaini *3* (*bridge*) scartare. **B** *v. i.* *1* (*med.*: *di tessuto, ecc.*) staccarsi; distaccarsi; squamarsi *2* (*di serpi*) mutar pelle; fare la muta; spogliarsi. ● **to s. off**, (*di serpi, ecc.*) mutare (*la pelle*); (*fig.*) disfarsi di, abbandonare, perdere (*abitudini, ecc.*).
sloughy (1) /ˈslaʊɪ/, *a.* pantanoso; melmoso; fangoso.
sloughy (2) /ˈslʌfɪ/, *a.* *1* squamoso; pieno di squame *2* che si squama.
Slovak /ˈsləʊvæk/, *a.* e *n.* slovacco (*anche la lingua*).
Slovakia /sləˈvækɪə/, *n.* (*geogr.*) Slovacchia.
Slovakian /sləˈvækɪən/, *V.* **Slovak**.
sloven /ˈslʌvn/, *n.* sciattone, sciattona; sudicione, sudiciona.
Slovene /ˈsləʊviːn, sləˈv-/, *a.* e *n.* sloveno (*anche la lingua*).
Slovenia /sləˈviːnɪə/, *n.* (*geogr.*) Slovenia.
Slovenian /sləˈviːnɪən/, *V.* **Slovene**.
slovenly /ˈslʌvnlɪ/, *a.* sciatto; sudicio; trasandato; trascurato. || **-iness**, *sost.*
slow /sləʊ/, **A** *a.* *1* lento; tardo; pigro; indolente; (*fig.*) tardo di mente, ottuso: **a s. journey**, un viaggio lento; **to walk at a s. pace**, camminare a lenti passi; **a s. fire**, fuoco lento; **He is s. of comprehension**, è tardo di comprendonio; **s. of speech**, lento nel parlare *2* (*pred.*) indietro; in ritardo: **My watch is two minutes s.**, il mio orologio è in ritardo (*o* è indietro) di due minuti *3* monotono; noioso: **a s. afternoon [party]**, un pomeriggio [un trattenimento] noioso *4* (*del terreno, ecc.*) pesante; poco scorrevole: **a s. track**, una pista pesante; **a s. billiard table**, un biliardo poco scorrevole *5* (*econ.*) fiacco: **Business is s.**, gli affari sono fiacchi. **B** *avv.* (*fam.*) lentamente; piano; adagio: **Please, read s.**, leggi adagio, per favore! ● **a s. answer**, una risposta che tarda a venire □ **s.-combustion stove**, parigina (*vecchio tipo di stufa*) □ (*mus.*) **s. foxtrot**, slow (*ballo*) □ **s. hand clap**, battuta di mani per impazienza □ (*autom.*) **s. lane**, corsia per veicoli lenti □ **a s. match**, una miccia a lenta combustione □ (*comm.*) **a s. month**, un mese morto (*per gli affari*) □ (*cinem., TV*) **s. motion**, ripresa al rallentatore □ (*cinem.*) **a s.-motion film**, una pellicola al rallentatore □ **s.-moving**, lento: **s.-moving traffic**, traffico lento □ (*market.*) **s.-moving items**, prodotti a lenta rotazione □ **to be s. off the mark** (*o* **on the uptake**), essere duro di comprendonio; essere lento a capire (*una barzelletta, ecc.*) □ (*autom.*) **s. running**, marcia lenta; minimo □ **s.-spoken**, che parla lentamente □ **to be s. to anger [enthusiasm]**, non arrabbiarsi [entusiasmarsi] tanto facilmente □ (*ferr.*) **s. train**, treno accelerato □ **a s. village**, un paese in cui la vita procede a ritmo lento □ **s.-witted**, tardo di mente; duro di comprendonio □ **s.-wittedness**, durezza di comprendonio; ottusità □ **to go s.**, andar piano; (*fig.*) essere (*o* andare) cauto; (*ind.*) lavorare a rilento, rallentare il lavoro (*per protesta*): (*fig.*) **Go s.!**, vacci piano! □ (*cartello stradale*) **Go s.!**, rallentare! □ (*naut.*) **S. speed ahead!**, avanti adagio □ (*prov.*) **S. but sure**, chi va piano, va sano □ (*prov.*) **S. and steady wins the race**, chi va piano va sano e va lontano.
to **slow** /sləʊ/, **A** *v. i.* (*di solito* **to s. down, to s. up**) *1* rallentare; ridurre la velocità: **The train slowed up**, il treno rallentò *2* ridurre il ritmo di lavoro; rallentare l'attività; prendersela calma. **B** *v. t.* *1* ridurre la velocità di (*un veicolo, ecc.*) *2* (*fig.*) rallentare, frenare: **The numerous strikes will s. down production**, i molti scioperi rallenteranno la produzione; (*fin.*) **Investors are slowing the market**, i risparmiatori stanno frenando il mercato.
slowcoach /ˈsləʊkəʊtʃ/, *n.* (*fam.*) *1* posapiano; lumaca (*fig.*); pigrone *2* individuo tardo di mente; testone; zuccone *3* persona d'idee arretrate; retrogrado.
slowdown /ˈsləʊdaʊn/, *n.* *1* rallentamento (*specialm. dell'attività, del ritmo di lavoro*) *2* sciopero bianco (*con rallentamento del lavoro*). ● (*econ.*) **a s. in economic activity**, un rallentamento congiunturale.
slowly /ˈsləʊlɪ/, *avv.* lentamente; adagio; piano; a poco a poco.
slow-mo /ˈsləʊməʊ/, *a.* e *n.* *V.* **slow-motion** (*film*).
slowness /ˈsləʊnəs/, *n.* *1* lentezza; indolenza; pigrizia *2* (*fig.*) ottusità mentale *3* monotonia; noiosità *4* (*dell'orologio*) l'essere in ritardo.
slowpoke /ˈsləʊpəʊk/, (*USA*) *V.* **slowcoach**.
slow-worm /ˈsləʊwɜːm/, *n.* (*zool.*, *Anguis fragilis*) orbettino.
slub /slʌb/, *n.* (*ind. tess.*) ringrosso.
to **slub** /slʌb/, *v. t.* (*ind. tess.*) torcere (*lo stoppino*).
slubber /ˈslʌbə(r)/, *n.* (*ind. tess.*) torcitoio.
slubbing /ˈslʌbɪŋ/, *n.* (*ind. tess.*) torcitura (*dello stoppino*).
sludge /slʌdʒ/, *n.* *1* fango; melma; limo *2* acque di scolo *3* (*mecc.*) morchia; feccia dell'olio *4* (*chim., ind.*) melme; residui. ● (*chim.*) **s. acid**, melme acide.
sludgeball /ˈslʌdʒbɔːl/, *n.* (*pop. USA*) sciattone, sciattona.
sludgy /ˈslʌdʒɪ/, *a.* *1* fangoso; limaccioso *2* morchioso; viscido.
slue, to **slue** /sluː/, (*USA*) *V.* **slew (2), to slew**.
sluefoot(ed) /sluːˈfʊt(ɪd)/, *a.* (*fam. USA*) dai piedi grossi (*o* all'infuori); (*fig.*) goffo, impacciato.
slug (1) /slʌg/, *n.* *1* (*zool.*) limaccia; lumacone *2* (*fig. pop. USA*) lumaca (*fig.*); pigrone, pigrona.
slug (2) /slʌg/, *n.* *1* (*metall.*) pezzo tondeggiante di metallo; spezzone; sfrido *2* (*ind. min.*) pepita *3* (*ind. min.*) massa di minerale arrostito a metà *4* (*pop.*) pallottola; proiettile *5* (*USA*) oggetto tondo (*disco metallico, ecc.*) inserito in luogo di una moneta (*in una slot-machine*) *6* (*tipogr.*) interlinea *7* (*giorn.*) tappabuco; zeppa *8* (*fam.*) goccio; sorso: **Give me a s. of whisky**, dammi un goccio di whisky!
slug (3) /slʌg/, *V.* **slog**.
to **slug** (1) /slʌg/, *v. i.* (*fam.*) poltrire a letto.
to **slug** (2) /slʌg/, *V.* **to slog**.
to **slug** (3) /slʌg/, *v. t.* caricare a palla (un fucile, ecc.).
slugabed /ˈslʌgəbed/, *n.* (*fam.*) dormiglione, dormigliona.
sluggard /ˈslʌgəd/, *n.* fannullone, fannullona; pigrone, pigrona; poltrone, poltrona (*fam.*).
slugger /ˈslʌgə(r)/, *n.* (*fam.*) *1* (*boxe*) picchiatore *2* (*baseball, cricket*) battitore che colpisce forte la palla.
sluggish /ˈslʌgɪʃ/, *a.* *1* indolente; infingardo; inerte; pigro; lento: **s. temper**, carattere indolente; **a s. stream**, un corso d'acqua pigro (*o* lento); **s. digestion**, digestione lenta *2* (*fig.*) fiacco; fermo; in ristagno: **a s. market**, un mercato fiacco; **s. stock prices**, corsi di Borsa fermi. ● (*fig.*) **to get s.**, andare a rilento; essere in stasi. || **-ly**, *avv.* || **-ness**, *sost.*
sluice /sluːs/, *n.* *1* (= **sluicegate**) chiusa; paratoia; cateratta *2* massa d'acqua controllata da una chiusa *3* (= **sluiceway**) canale con chiusa *4* (canale) scolmatore *5* (*ind. min.*) canale di lavaggio *6* (*fam.*) sciacquata, lavata (*nell'acqua corrente*). ● (*econ.*) **sluicegate prices**, prezzi saracinesca; prezzi limite.
to **sluice** /sluːs/, **A** *v. t.* *1* munire di paratoie (*o* di chiuse) *2* inondare (*aprendo le paratoie*); allagare *3* risciacquare. **B** *v. i.* (*dell'acqua, spesso* **to s. out**) erompere; sgorgare da (*o* come da) una chiusa. ● **to s. down**, lavare in acqua corrente (*o* con un getto d'acqua): (*naut.*) **to s. the decks**, lavare i ponti □ **to s. out**, sturare (*un tubo*) con un getto d'acqua.
sluicegate /ˈsluːsgeɪt/, *V.* **sluice**, *def. 1*.
sluiceway /ˈsluːsweɪ/, *V.* **sluice**, *def. 3* e *4*.
slum /slʌm/, *n.* *1* (= **s. dwelling**) casupola; catapecchia; tugurio; topaia *2* viuzza sudicia; vicolo; angiporto *3* quartiere povero e squallido; corea (*fam.*); slum *4* (*pl.*) bassifondi (*d'una città*). ● (*urbanistica*) **s. area**, zona degradata □ **s. clearance**, bonifica dei bassifondi □ **s. dwellers**, abitanti dei quartieri poveri.
to **slum** /slʌm/, *v. i.* (*di solito* **to go slumming**) visitare i quartieri poveri (*per curiosità, per beneficenza, ecc.*). ● **to s. it**, fare una scorreria negli slum; (*arc.*) vivere precariamente, adattarsi.
slumber /ˈslʌmbə(r)/, *n.* (*spesso pl.*) sonno; dormita; sonnellino. ● **s. cap**, cuffia da notte □ (*USA*) **s. party**, notte passata in compagnia delle amiche mangiando, chiacchierando, ecc.
to **slumber** /ˈslʌmbə(r)/, *v. i.* *1* dormire; dormire beatamente; dormirsela *2* sonnecchiare (*anche fig.*); assopirsi *3* oziare; poltrire. ● **to s. away one's time**, passare il tempo sonnecchiando.
slumberer /ˈslʌmbərə(r)/, *n.* chi dorme; chi è assopito.
slumbering /ˈslʌmbərɪŋ/, *a.* addormentato; assopito; sonnecchiante.
slumberous /ˈslʌmbərəs/, **slumbrous** /ˈslʌmbrəs/, *a.* *1* assonnato; sonnolento; preso da torpore: **a s. little town**, una cittadina sonnolenta *2* addormentato; assopito *3* soporifero; che fa dormire. || **-ly**, *avv.*
slumlord /ˈslʌmlɔːd/, *n.* (*fam.*) esoso padrone d'abitazioni indecenti (*o* di tuguri).
slummer /ˈslʌmə(r)/, *n.* visitatore (*o* abitante) dei quartieri poveri.
slumming /ˈslʌmɪŋ/, *n.* visita agli slum di una città; scorreria negli slum.
slummy /ˈslʌmɪ/, *a.* *1* dei bassifondi; dei quartieri poveri; squallido *2* (*fig.*) in disordine; sporco.
slump /slʌmp/, *n.* *1* (*econ.*) caduta dei prezzi; ribasso improvviso; crollo: **a s. in prices**, (*comm.*) un crollo dei prezzi; (*Borsa*) una flessione nei corsi azionari *2* (*econ.*) crisi; recessione; depressione; congiuntura bassa: **There's a s. on the stock exchange**, la Borsa è in crisi; **the booms and slumps of the business cycle**, i boom e le recessioni del ciclo economico *3* (*fig.*) calo d'interesse; apatia; disinteresse improvviso *4* (*geol.*) frana sottomarina. ● (*econ.*) **s. symptoms**, sintomi recessivi; nodi congiunturali.
to **slump** /slʌmp/, *v. i.* *1* (*econ.*: *dei prezzi*) ri-

bassare all'improvviso; subire una forte flessione; crollare *2* (*econ.*: *dei traffici, ecc.*) contrarsi (*o* ridursi) d'un tratto; entrare in crisi *3* abbandonarsi; lasciarsi cadere; accasciarsi; crollare: **He slumped (down) onto the sofa**, si lasciò cadere sul divano *4* cadere pesantemente: **I slipped on the parquet and slumped backwards**, scivolai sul parquet e caddi pesantemente all'indietro *5* (*di interesse, energia, ecc.*) calare fortemente. ● **to s. over**, andare a gambe all'aria.

slumpflation /slʌmp'fleɪʃn/, *n.* (*econ.*) inflazione unita alla recessione.

slung /slʌŋ/, *pass. e p. p.* di **to sling**.

slunk /slʌŋk/, *pass. e p. p.* di **to slink**.

slur /slɜː(r)/, *n.* *1* macchia (*fig.*); onta, taccia *2* (*fon.*) pronuncia indistinta; dizione difettosa; farfugliamento *3* (*mus.*) legatura *4* denigrazione; ingiuria; osservazione offensiva. ● **to cast a s. on sb.'s reputation**, denigrare q.; macchiare la reputazione di q.

to **slur** /slɜː(r)/, *v. t. e i.* *1* (*fon.*) pronunciare in modo indistinto; articolare male (*un suono*); farfugliare (*parole*) *2* (*mus.*) legare (*note*); (*di note*) legarsi *3* (*arc.*) parlare male di (q.); denigrare. ● (*fig.*) **to s. over**, passar sopra a; sorvolare su.

slurb /slɜːb/, *n.* (*urbanistica, USA*) zona di edilizia popolare; quartiere della periferia.

slurp /slɜːp/, *n.* bevuta rumorosa; tracannata.

to **slurp** /slɜːp/, *v. t. e i.* (*fam.*) mangiare (*o* bere) rumorosamente; trangugiare; tracannare.

slurring /'slʌrɪŋ, *USA* 'slɜː-/, *n.* *1* farfugliamento; pronuncia indistinta *2* (*mus.*) legatura *3* denigrazione; maldicenza; calunnie *4* (*tipogr.*) doppia stampa (*difetto*).

slurry /'slʌrɪ, *USA* 'slɜːrɪ/, *n.* *1* fanghiglia; melma *2* (*edil.*) impasto refrattario semiliquido.

slush /slʌʃ/, *n.* *1* fanghiglia; neve sciolta; fango misto a neve *2* (*fig.*) sentimentalismo; svenevolezza; romanticume (*spreg.*) *3* grasso antiruggine; lubrificante *4* (*edil.*) malta *5* ciac, ciacchete (*rumore di passi sul fango, ecc.*). ● (*metall.*) **s. casting**, colata a rigetto □ **s. fund**, fondo nero □ **s. money**, fondi neri.

to **slush** /slʌʃ/, **A** *v. i.* *1* (*di solito*, **to s. along**) avanzare (*o* procedere) a fatica (*sulla fanghiglia, nella neve, nell'acqua profonda*); diguazzare; sguazzare *2* (*delle scarpe, ecc.*) fare ciac (*o* ciacchete). **B** *v. t.* *1* schizzare di fango (*o* di fanghiglia) *2* (*mecc.*) ingrassare; lubrificare; proteggere contro la ruggine *3* (*edil.*) riempire di malta; stuccare (*un muro, un pavimento, ecc.*) *4* (*specialm. naut.*) lavare, pulire con getti d'acqua.

slushy /'slʌʃɪ/, *a.* *1* fangoso, coperto di fanghiglia; melmoso; viscido *2* (*fig.*) sentimentale; svenevole; sdolcinato.

slut /slʌt/, *n.* *1* sciattona; sudiciona *2* donnaccia; sgualdrina *3* ragazza sfacciata; sfacciatella *4* (*arc.*) cagna.

sluttish /'slʌtɪʃ/, *a.* *1* sciatto; trasandato; sporco; sudicio *2* sguaiato; volgare. || **-ly**, *avv.* || **-ness**, *sost.*

sly /slaɪ/, *a.* *1* astuto; furbo; scaltro; malizioso *2* furtivo; sornione; doppio *3* birichino; sbarazzino; scherzoso. ● (*fig.*) **a sly dog**, un furbacchione; un sornione □ (*fig.*) **a sly old fox**, una vecchia volpe □ **on the sly**, alla chetichella; di nascosto; in segreto. || **-ly**, *avv.* || **-ness**, *sost.*

slyboots /'slaɪbuːts/, *n. pl.* (*col verbo al sing.*) (*scherz.*) furbacchione; birichino.

smack (1) /smæk/, *n.* *1* gusto; sapore; aroma *2* (*fig.*) pizzico; sentore: **He has a s. of recklessness in him**, c'è un pizzico d'avventatezza in lui; **There's a s. of corruption**, c'è sentore di corruzione. ● **This wine has a s. of the cask in it**, questo vino sa di botte.

smack (2) /smæk/, *n.* *1* ceffone; sventola; scapaccione; scappellotto; schiaffo; pacca (*fam.*): **a s. on the jaw**, una sventola alla mascella *2* schiocco (*della frusta, delle labbra*) *3* bacio con lo schiocco; bacione: **a s. on the cheek**, un bacione sulla guancia. ● (*fig.*) **a s. in the eye**, uno smacco, una delusione □ (*fig.*) **a s. in the face**, uno schiaffo (*fig.*); un'umiliazione □ (*sport*) **to give the ball a hard s.**, colpire forte la palla □ (*fam.*) **to have a s. at st.**, provare a fare q.c.; provarcisi.

smack (3) /smæk/, *avv.* (*fam.*) dritto; in pieno; di colpo: **The car went s. into the pylon**, l'automobile andò a sbattere (in pieno) contro il traliccio; **He ran s. into trouble**, si cacciò di colpo nei guai. ● (*fam. USA*) **s.-dab**, proprio; giusto; esattamente.

smack (4) /smæk/, *n.* (*naut.*) peschereccio.

smack (5) /smæk/, *n.* *1* (*pop.*) eroina (*droga*) *2* (*pop. USA*) diavolo; diamine; inferno: **Where the s. is it?**, dove diamine è?; **It's hotter than s. in here**, qui dentro fa un caldo infernale.

to **smack** (1) /smæk/, *v. i.* saper (di); sentire (di); (*fig.*) puzzare (di): **This jam smacks of preservatives**, questa marmellata sa di conservanti; **The whole matter smacks of corruption**, l'intera faccenda puzza di corruzione.

to **smack** (2) /smæk/, **A** *v. t.* *1* dare un ceffone a; schiaffeggiare: **to s. a naughty boy**, dare un ceffone a un ragazzo cattivo *2* (far) schioccare (*le labbra*); far schioccare (*la frusta*) *3* sbattere; sbatacchiare: **to s. the shopping bag on the table**, sbattere la borsa della spesa sulla tavola *4* schioccare baci a (q.); baciare (q.) con lo schiocco. **B** *v. i.* *1* (*delle labbra, della frusta*) schioccare *2* schioccare baci. ● (*fig.*) **to s. one's lips**, avere l'acquolina in bocca.

smacked out /'smækt'aʊt/, *a.* (*pop.*: *di un drogato*) (che si è appena) fatto.

smacker /'smækə(r)/, *n.* *1* (*fam.*) bacio con lo schiocco; bacione *2* (*fam.*) schiaffo sonoro; schiaffone *3* (*pop.*) sterlina *4* (*pop. USA*) dollaro *5* (*pop. USA*) faccia.

smackhead /'smækhed/, *n.* (*pop. USA*) eroinomane.

smacking (1) /'smækɪŋ/, *n.* percosse; botte; busse; strigliata (*fig.*).

smacking (2) /'smækɪŋ/, *a.* *1* schioccante; sonoro *2* (*del vento*) vivace; teso.

smacksman /'smæksmən/, *n.* (*pl.* **smacksmen**) marinaio (*o* proprietario) di un peschereccio.

small (1) /smɔːl/, *a.* *1* piccolo, piccino; esiguo; minuto; ristretto; scarso; basso, umile; insignificante; gretto, meschino: **a s. animal**, un piccolo animale; un animaletto; **a s. boy**, un piccolo ragazzo; un ragazzino; **a s. man**, un uomo piccolo; un uomo basso (*o* insignificante, umile, meschino); (*econ.*) **a s. business**, una piccola azienda (*o* industria); **s. savers**, i piccoli risparmiatori; **a s. tax**, un'imposta esigua; **s. rain**, pioggia minuta; pioggerella; **a s. audience**, scarso pubblico; **a s. matter**, una faccenda insignificante; una faccenduola; una cosa da poco *2* (*di suono, voce*) basso; sommesso: **in a s. voice**, a bassa voce *3* (*della birra*) debole; di scarsa gradazione. ● **s. ads**, piccola pubblicità □ (*mil.*) **s. arms**, armi leggere (*o* portatili) □ (*fig.*) **s. beer**, persona insignificante, senza importanza; inezie; piccolezze □ **to be s. beer**, non avere importanza; essere senza importanza □ **s.-bore**, di piccolo calibro (*anche fig.*) □ (*tipogr.*) **s. capitals**, maiuscoletto □ **a s. car**, un'automobile piccola; un'utilitaria □ **s. change**, moneta spicciola; spiccioli; (*fig.*) roba da poco, insulsaggini □ **s. coal**, carbone minuto □ (*naut.*) **s. craft**, naviglio leggero; barche □ (*mecc., autom.*) **a s.-engined car**, un'automobile di piccola cilindrata □ (*agric., econ.*) **a s. farmer**, un piccolo proprietario; un colono; un coltivatore diretto □ **a s. fortune**, una piccola fortuna; un sacco di soldi □ **s. fry**, pesci minuti, pesciolini; (*fig.*) bambini; persone di nessun conto, gente dappoco □ **s. gravel**, ghiaietto; ghiaino □ (*comm.*) **s. gross**, dieci dozzine □ **s. hand**, scrittura ordinaria □ **the s. hours**, le ore piccole □ (*anat.*) **s. intestine**, intestino tenue □ (*tipogr.*) **s. letters**, lettere minuscole; minuscole □ **a s. mind**, una mente gretta (*o* meschina, ristretta) □ **s.-minded**, gretto; meschino; piccino (*fig.*) □ **s.-mindedness**, grettezza; meschinità; piccineria □ (*sport*) **s. offence**, infrazione (*o* fallo) lieve □ **s. people**, gente di bassa condizione; gente comune (*o* ordinaria); gli umili □ **s. print**, clausole (*di un contratto, ecc.*) stampate in caratteri minutissimi (*o* poco leggibili) □ (*grafica*) **s. scale**, scala ridotta □ **s.-scale**, piccolo; modesto; su piccola scala: **s.-scale industry**, piccola industria □ (*fam.*) **the s. screen**, il piccolo schermo; la televisione □ **s. shot**, pallini piccoli (*da caccia*); (*fam.*) mezza cartuccia (*fig.*) □ (*stor.*) **s. sword**, spadino □ **s. talk**, chiacchiere; insulsaggini □ (*fam.*) **s.-time**, di minore importanza; banale □ **a s.-time criminal**, un piccolo delinquente □ **s. timer**, individuo mediocre; mezza tacca (*fam.*) □ **and s. wonder!**, e non c'è da stupirsene □ **to carry on business in a s. way**, esercitare il commercio in piccolo □ **to feel s.**, sentirsi insignificante; farsi piccolo per la vergogna (*o* l'umiliazione) □ **great and s.**, grandi e piccoli; potenti e umili □ (*fig.*) **in a s. way**, in piccolo; nel proprio piccolo (*fam.*): **He's in business in a s. way**, è un piccolo commerciante □ **to live in a s. way**, far vita semplice; vivere modestamente □ **to look s.**, apparire insignificante; avere un'aria dimessa □ **on the s. side**, piuttosto piccolo; modesto: **My income is on the s. side**, il mio reddito è piuttosto modesto □ (*fig.*) **the still s. voice**, la voce della coscienza □ **to think no s. beer of oneself**, avere un alto concetto di sé; essere presuntuoso □ **It was s. of him to tell you**, è stato ingeneroso da parte sua dirtelo.

small (2) /smɔːl/, *n.* *1* la parte (più) sottile (*di q.c.*): **the s. of the leg**, la parte sottile della gamba; la parte posteriore della caviglia *2* carbone di piccola pezzatura; carbone minuto *3* (*pl.*) (*fam.*) biancheria minuta (*o* intima). ● (*fam.*) **the s. of the back**, il fondo della schiena; le reni.

small (3) /smɔːl/, *avv.* *1* piccolo; minutamente *2* (*fig.*) modestamente. ● (*fig. raro*) **to sing s.**, diventar umile; abbassare la cresta □ **to write s.**, scrivere a caratteri minuti; scrivere piccolo.

smallage /'smɔːlɪdʒ/, *n.* (*bot., Apium graveolens*) sedano (selvatico).

smallholder /'smɔːlhəʊldə(r)/, *n.* (*agric., econ.*) piccolo proprietario (*o* affittuario); coltivatore diretto.

smallholding /'smɔːlhəʊldɪŋ/, *n.* (*agric., econ.*) piccola azienda agricola; poderino.

smallish /'smɔːlɪʃ/, *a.* piuttosto piccolo; piccoletto; piccolino.

smallness /'smɔːlnəs/, *n.* *1* piccolezza; esiguità; scarsezza *2* bassa condizione; umiltà *3* piccineria; grettezza; bassezza; meschinità; piccineria (*V.* **small (1)**).

smallpox /'smɔːlpɒks/, *n.* (*med.*) vaiolo.

smallware /'smɔːlweə(r)/, *n.* (*collett.*) *1* chincaglieria *2* (*ingl.*) merceria *3* minuteria: **metal s.**, minuteria metallica.

smalt /smɔːlt/, *n.* (*ind.*) *1* vetro blu scuro (*al cobalto*) *2* smaltino (*pigmento e colore*); azzurro di cobalto.

smaltine /'smɔːltiːn/, **smaltite** /'smɔːltaɪt/, *n.* (*miner.*) smaltina.

smalto /'smɑːltəʊ, -ɔːl-/ (*ital.*), *n.* (*arte*) *1* vetro colorato (*o* smalto) per mosaici *2* mosaico di vetri colorati.

smarm /smɑːm/, *n.* (*fam.*) adulazione servile; servilismo.

to **smarm** /smɑːm/, (*fam.*) **A** *v. t.* (*di solito*, **to s. down**) impiastrare; ungere; impomatare (*i capelli*). **B** *v. i.* essere untuoso, servile. ● **to s. up to sb.**, adulare q.; cercare d'ingraziarsi q.; sviolinare q. (*fam.*).

smarmy /'smɑːmɪ/, *a.* (*fam.*) untuoso; servile; strisciante.

smart (1) /smɑːt/, *n.* dolore acuto; acuta sofferenza; bruciore (*fig.*): **The s. of the defeat still rankles in their hearts**, il dolore della sconfitta è ancora cocente nei loro cuori. ● **s. money**, indennizzo a un dipendente infortunato; risarcimento; investimento (*o* scommessa) di grande avvedutezza; (*collett.*) investitori (*o* scommettitori) assai accorti: **The s. money is on Black Prince**, quelli che se ne intendono scommettono su Black Prince.

smart (2) /smɑːt/, *a.* ***1*** forte; acuto; aspro; doloroso; cocente; pungente; severo: **a s. blow**, un forte colpo; **a s. pain**, un acuto dolore; **at a s. pace**, a forte andatura; di buon passo; **a s. bout of toothache**, un forte mal di denti; **a s. punishment**, una severa punizione ***2*** bravo; intelligente; sveglio (*fig.*): **a s. boy**, un ragazzo bravo, intelligente; **a s. child**, un bambino sveglio, precoce; **a s. fellow**, un tipo sveglio ***3*** abile; accorto; astuto; destro; scaltro; dritto (*fam.*): **a s. move**, una mossa abile (*o* scaltra); **a s. talker**, un abile parlatore; un oratore brillante; uno che la sa lunga; **a s. answer**, una risposta abile, accorta; **a s. businessman**, un astuto affarista; **a s. fellow**, un drittone (*fam.*); un furbo di tre cotte; un furbacchione ***4*** arguto; brioso; mordace; frizzante; impertinente: **to say s. things**, dire cose argute, briose; parlare con arguzia, con brio; **The boy was punished for being s.**, il ragazzo fu punito per essere stato impertinente ***5*** elegante; alla moda; bello: **a s. hotel**, un albergo elegante; **s. clothes**, abiti eleganti; **a s. car**, una bella automobile; **a s. garden**, un bel giardino; un giardino ben tenuto ***6*** (*fam.*) grande; grosso; notevole. ● (*fam.*) **a s. alec(k)**, un presuntuoso; un saccente; uno sputasenno; uno sputasentenze □ (*fam.*) **s.-alecky**, saccente; presuntuoso □ **s. appearance**, bella presenza □ (*pop. USA*) **s. apple**, tipo in gamba □ (*pop. USA*) **s. ass**, *V.* **smartarse** □ (*mil.*) **s. bomb**, bomba intelligente □ (*banca*) **s. card**, carta di credito intelligente (*elettronica*) □ **a s. deal**, un buon affare; un affarone; un affare vantaggioso ma non del tutto onesto □ (*fam.*) **a s. distance**, una lunga distanza; una bella distanza □ (*fam.*) **a s. earthquake**, un grosso terremoto □ **a s. invention**, una bella invenzione; un'invenzione intelligente □ (*fam.*) **a s. price**, un prezzo alto; un bel prezzo □ **the s. set**, il bel mondo; la gente elegante; la buona società □ **a s. walk**, una bella passeggiata; una camminata di buon passo □ **to make oneself s.**, farsi bello; mettersi in ghingheri □ (*fam.*) **to play it s.**, portarsi bene; mettere giudizio; fare il bravo (*fam.*).

to **smart** /smɑːt/, *v. i.* ***1*** bruciare; far male; dolere: **Alcohol smarts when it is applied to a wound**, l'alcol brucia quando lo si mette su una ferita; **My hand is smarting**, mi fa male una mano; ho un dolore a una mano ***2*** soffrire; patire; provar dolore: **She's still smarting under that disappointment**, soffre ancora per quella delusione. ● **to s. for**, pagare il fio di; scontarla: **You shall s. for this**, la sconterai; te ne farò pentire; me la pagherai cara □ **to s. under sb.'s abuse**, soffrire per gli insulti di q. □ **to s. under a sense of fault**, soffrire per un senso di colpa □ **to make sb. s. for it**, farla pagare cara a q.; vendicarsi di q.

smartarse /ˈsmɑːtɑːs/, *n.* (*pop.*) saccente; sapientone; saputello; furbacchione.

to **smarten** /ˈsmɑːtn/, **A** *v. t.* (*spesso* **to s. up**) ***1*** abbellire; rendere elegante; adornare; azzimare ***2*** ravvivare; rendere brioso (*o* vivace); sveltire; svegliare (*fig.*). **B** *v. i.* (*di solito* **to s. up**) ***1*** farsi bello; attillarsi; azzimarsi; mettersi in ghingheri ***2*** ravvivarsi; diventar brioso (*o* vivace); sveltirsi (*nel lavoro, ecc.*); svegliarsi (*fig.*). ● **to s. oneself up**, agghindarsi; farsi bello □ **to s. up the house**, rimettere in ordine la casa.

smartie /ˈsmɑːtɪ/, *n.* (*fam.*) sapientone; furbacchione; drittone (*fam.*).

smarting /ˈsmɑːtɪŋ/, *a.* acuto; doloroso; cocente; pungente; vivo.

smartish /ˈsmɑːtɪʃ/, *a.* ***1*** piuttosto «smart» (*V.* **smart** (2)) ***2*** considerevole; grande; grosso; notevole: **a s. sum of money**, una grossa somma di denaro; **at a s. distance**, a una distanza considerevole.

smartly /ˈsmɑːtlɪ/, *avv.* ***1*** abilmente; astutamente; con grande acume (*o* accortezza, intelligenza); brillantemente ***2*** rapidamente; velocemente; prontamente; di buon passo ***3*** elegantemente; con eleganza: **She was very s. dressed**, era vestita con grande eleganza.

smartness /ˈsmɑːtnəs/, *n.* ***1*** bravura; intelligenza ***2*** abilità; accortezza; astuzia; destrezza; scaltrezza ***3*** arguzia; brio; mordacità; impertinenza ***4*** eleganza (*V.* **smart** (2)).

smarts /smɑːts/, *n. pl.* (*pop. USA*) acume; acutezza; accortezza; intelligenza: **That boy has lots of s.**, quel ragazzo è molto sveglio.

smartweed /ˈsmɑːtwiːd/, *n.* (*bot., Polygonum hydropiper*) pepe d'acqua; erba pepe.

smarty /ˈsmɑːtɪ/, *n. V.* **smartie**. ● (*fam.*) **s.-boots** (*o* **s.-pants**), saccente; sapientone; chi crede di saperla lunga.

smash /smæʃ/, *n.* ***1*** fracasso; l'andare in frantumi; sconquasso; schianto ***2*** (= **s.-up**) collisione; scontro grave ***3*** (*fig.*) disastro; crollo; rovina; catastrofe: **the s. of all my hopes**, il crollo totale delle mie speranze ***4*** (*fin.*) crollo; tracollo; fallimento; bancarotta ***5*** (*fam.*) *V.* **s. hit** ***6*** (*tennis, ecc.*) smash; schiacciata ***7*** (*fam. USA*) moneta falsa; moneta metallica; spiccioli. ● **the s.-and-grab gang**, la «banda del mattone» □ **s.-and-grab raid**, spaccata (*furto con effrazione di vetrina, ecc.*) □ (*fam.*) **a s. hit**, un successo strepitoso; un successone; un attore (uno spettacolo, ecc.) di grande successo □ **s.-up**, crollo, rovina; (*autom.*) collisione, scontro grave; (*ferr.*) disastro, scontro □ **to go s.**, andare a sbattere in pieno; scontrarsi violentemente: **The locomotive went s. into a goods train**, la locomotiva si scontrò violentemente con un treno merci.

to **smash** /smæʃ/, **A** *v. t.* ***1*** fracassare; frantumare; mandare in frantumi; spezzare; rompere; (*fig.*) polverizzare (*un record*): **The furniture and equipment have been smashed by hooligans**, i mobili e le attrezzature sono stati fracassati da teppisti; **to s. the china**, rompere la porcellana ***2*** (*fam.*) assestare un forte colpo a; percuotere; picchiare ***3*** scagliare; scaraventare: **He smashed a stone into the room**, scagliò un sasso dentro la stanza ***4*** annientare; battere; sconfiggere: **to s. the opposition**, annientare l'opposizione ***5*** (*mil.*) stroncare; respingere: **to s. the enemy's attack**, stroncare l'attacco (del) nemico ***6*** (*fin.*) far fallire; mandare in rovina ***7*** (*tennis, ecc.*) schiacciare (*la palla*) ***8*** (*fig.*) sconfiggere; annientare ***9*** (*fam. USA*) spacciare (*moneta falsa*). **B** *v. i.* ***1*** fracassarsi; frantumarsi; andare in frantumi: **The vase fell and smashed to smithereens**, il vaso cadde e andò in frantumi ***2*** (*fin.*) andare in rovina; far bancarotta; fallire ***3*** (*tennis*) fare una schiacciata. ● (*fis. nucl.*) **to s. the atom**, scindere l'atomo □ **to s. down**, abbattere; buttar giù; sfondare: **The police smashed down the door**, la polizia sfondò la porta □ **to s. sb.'s face in**, spaccare la faccia a q. □ **to s. in**, fare irruzione (*abbattendo la porta, ecc.*); abbattere (*un ostacolo*); sfondare (*una porta, ecc.*); ammaccare (*una lamiera, ecc.*) □ **to s. into**, sbattere contro; urtare con forza; andare a sbattere: **The coach smashed into the guardrail**, il pullman andò a sbattere contro il guardrail □ **to s. open**, sfondare (*una porta, una finestra*) □ (*sport*) **to s. a record**, battere un primato □ **to s. through**, sfondare (*una parete, ecc.*) □ **to s. up**, fracassare; distruggere; ridurre (q.) a malpartito, ferire (q.) gravemente: **My car was smashed up in the accident**, nell'incidente la mia auto rimase distrutta □ (*econ.*) **to s. (up) a monopoly**, distruggere un monopolio.

smashed /smæʃt/, *a.* (*fam.*) ***1*** ubriaco; sbronzo (*fam.*) ***2*** (*di drogato*) fatto.

smasher /ˈsmæʃə(r)/, *n.* ***1*** chi fracassa, frantuma, ecc. (*V.* **to smash**) ***2*** forte colpo ***3*** (*fam.*) cosa (*o* persona) straordinaria; cannonata (*fam.*); (*di ragazza*) schianto; (*di uomo*) fusto ***4*** spaccapietre ***5*** *V.* **smashing machine** ***6*** (*fam. USA*) ricettatore; (*anche*) spacciatore di monete false.

smashing /ˈsmæʃɪŋ/, *a.* (*fam.*) eccellente; straordinario; favoloso; fantastico. ● (*legatoria*) **s. machine**, pressa; pressoio.

smatterer /ˈsmætərə(r)/, *n.* saccente; saputello.

smattering /ˈsmætərɪŋ/, *n.* ***1*** (un) po' (*di q.c.*); pizzico (*di sale, ecc.*); numero esiguo ***2*** conoscenza superficiale; infarinatura (*fig.*): **a s. of French**, un'infarinatura di francese.

smear /smɪə(r)/, *n.* ***1*** macchia (*d'unto e sim.*); patacca (*fam.*) ***2*** (*fig.*) calunnia; diffamazione; denigrazione ***3*** (*med.*) striscio. ● **a s. campaign**, una campagna diffamatoria □ (*med.*) **s. test**, citodiagnosi; striscio (*fam.*): **to have a s. test**, fare lo striscio □ **s. word**, parola offensiva; epiteto.

to **smear** /smɪə(r)/, **A** *v. t.* ***1*** imbrattare; macchiare; ungere ***2*** spalmare; ungersi con ***3*** (*fig.*) calunniare; diffamare; denigrare ***4*** (*pop. USA*) sconfiggere; stracciare (*fig.*) ***5*** (*med.*) fare uno striscio di. **B** *v. i.* ***1*** imbrattarsi; macchiarsi ***2*** macchiare: **Wet paint smears**, la vernice fresca macchia ***3*** spalmarsi: **This ointment smears easily**, questo unguento si spalma bene ***4*** (*di parole scritte, ecc.*) sbiadirsi.

smeary /ˈsmɪərɪ/, *a.* ***1*** imbrattato; macchiato ***2*** untuoso; che imbratta; grasso. ‖ **-iness**, *sost.*

smell /smɛl/, *n.* ***1*** odorato; olfatto; fiuto: **S. is keener in most animals than in man**, la maggioranza degli animali ha un olfatto più fine di quello dell'uomo; **to have a quick s.**, aver buon fiuto ***2*** odore; olezzo; fragranza; profumo: **the s. of gas [of petrol]**, l'odore del gas [della benzina]; **a sweet s.**, un buon profumo; **a s. of cooking**, un odor di cucina ***3*** cattivo odore; fetore; puzzo; puzza: **s. of burning**, puzzo di bruciato ***4*** annusata; fiutata: **Take a s. of this wine: it's sour!**, da' una fiutatina a (annusa, fiuta) questo vino: è acido! ***5*** (*fig.*) sentore; indizio; puzzo: **s. of corruption**, puzzo di corruzione. ● **sense of s.**, senso dell'odorato; olfatto.

to **smell** /smɛl/ (*pass.* e *p. p.* **smelt**, *o* **smelled**), **A** *v. t.* ***1*** odorare; sentire: **S. this: what is it?**, odora questa roba; che cos'è?; **I don't** (*o* **I can't**) **s. anything**, non sento nessun odore; non sento nulla; **to s. st. burning**, sentire odore di bruciato ***2*** annusare; fiutare (*anche fig.*); sentire l'odore di; subodorare: **They smelled danger and ran**, fiutarono il pericolo e fuggirono; **S. the milk and tell me if it's sour**, senti l'odore del latte e dimmi se è acido!; **I think I s. gas**, mi pare di sentire del gas. **B** *v. i.* ***1*** (*in senso assoluto, o seguito da un agg.*) avere profumo; odorare; mandar odore; avere un certo odore; sapere di: **These flowers don't s.**, questi fiori non hanno profumo; **This cake smells good**, questa torta manda un buon odore; **This milk smells sour**, questo latte sa di acido; **It smells nice**, ha un odore gradevole ***2*** aver l'odorato; sentire gli odori: **With this terrible cold, I can't s. at all**, con questo tremendo raffreddore, non sento proprio nulla ***3*** (*in senso assoluto, o seguito da un avv.*) mandare cattivo odore; puzzare: **His breath smells**, gli puzza l'alito; **The sink smells unbelievably**, l'acquaio fa un puzzo incredibile; **This fish smells**, questo pesce puzza ***4*** (*fig.*) puzzare (d'imbroglio): **His proposals s.**, le sue proposte puzzano d'imbroglio. ● **to s. badly**, puzzare □ **to s. blood**, sentire l'odore del sangue (*anche fig.*) □ **to s. old**, sapere di vecchio (*al fiuto*) □ (*fam.*) **to s. a rat**, fiutare un imbroglio □ (*pop.*) **to s. the stuff**, sniffare (*la droga*) □ (*di una stanza, ecc.*) **to s. stuffy**, sapere di chiuso □ (*fam.*) **to s. to high heaven**, puzzare tremendamente; (*fig.*) puzzare d'imbroglio le mille miglia □ **This bread smells fresh**, a giudicar dall'odore, questo pane deve essere fresco □ **It smells fishy**, la cosa mi puzza! □ (*fam.*) **I s. a rat!**, gatta ci cova!

♦**smell about** (*o* **around**), *v. i.* + *avv.* ***1*** annusare in giro; fiutare qua e là ***2*** (*fig.*) fiutare (*fig.*); cercare di ottenere informazioni; indagare.

♦**smell at**, *v. i.* + *prep.* annusare; fiutare; sentire (*col naso*): **My dog smelt at the stranger**, il mio cane fiutò lo sconosciuto; **S. at this fish and tell me if it stinks**, senti questo pesce e dimmi se puzza!

♦**smell of**, *v. i.* + *prep.* ***1*** odorare, profumare di: **The air smelt of the sea**, l'aria odorava di mare; **to s. of lavender**, profumare di lavanda ***2*** puzzare di: **to s. of garlic**, puzzare d'aglio ***3*** (*fig.*) sapere di; puzzare di: **His proposal smells of treachery**, la sua proposta mi puzza d'imbroglio; **The whole matter smells of dishonest dealing**, l'intera faccenda puzza di disonesto □ (*fig., arc. o lett.*: *di un'opera, un lavoro, ecc.*) **to s. of the lamp**, essere stantio (libresco, ecc.); sapere di lavoro a tavolino □ (*fig.*: *di un discorso, ecc.*) **to s. of the shop**, essere troppo tecnico □ **This room smells of smoke**, in questa stanza si sente odore di fumo.

♦**smell out**, *v. t.* + *avv.* ***1*** scoprire (*droga, ecc.*) con il fiuto ***2*** (*fig.*) scoprire, fiutare (*un segreto, ecc.*) ***3*** riempire di puzza; appuzzare; appestare: **Your cigar has smelt out the compartment**, il tuo sigaro ha appestato lo scompartimento.

♦**smell up**, (*USA*) *V.* **smell out**, *def. 3*.

smeller /ˈsmɛlə(r)/, *n.* ***1*** chi odora, annusa, fiuta (*V.* **to smell**) ***2*** (*pop.*) naso ***3*** (*pop.*) forte colpo (*specialm. sul naso*).

smelling /ˈsmɛlɪŋ/, **A** *n.* ***1*** odorato; olfatto; fiuto ***2*** l'annusare; il fiutare; fiutata. **B** *a.* ***1*** odoroso; odorifero ***2*** da fiutare. ● **s. bottle**, boccetta dei sali □ **s. salts**, sali (ammoniacali).

smell-less /ˈsmɛlləs/, *a.* ***1*** inodoro ***2*** privo d'olfatto.

smelly /ˈsmɛlɪ/, *a.* (*fam.*) puzzolente; fetente.

smelt (**1**) /smɛlt/, *n.* (*pl.* **smelts, smelt**) (*zool.*) ***1*** (*Osmerus eperlanus*) sperlano ***2*** (*Osmerus mordax*) osmero americano.

smelt (**2**) /smɛlt/, *pass.* e *p. p.* di **to smell.**

to **smelt** /smɛlt/, *v. t.* (*metall.*) ***1*** fondere (*un metallo*) ***2*** separare (*il metallo*) dalle scorie; scorificare; ridurre; affinare.

smelter /ˈsmɛltə(r)/, *n.* (*metall.*) ***1*** fonditore ***2*** forno fusorio ***3*** fonderia.

smeltery /ˈsmɛltərɪ/, *n.* fonderia.

smelting /ˈsmɛltɪŋ/, *n.* (*metall.*) fusione. ● **s. furnace**, forno fusorio □ **s. works**, fonderia.

smew /smjuː/, *n.* (*zool., Mergus albellus*) smergo bianco; pesciaiola; monaca bianca.

smidgen /ˈsmɪdʒən/, *n.* (*pop. USA*) (un) po'; (un) pezzettino.

smilax /ˈsmaɪlæks/, *n.* (*bot., Smilax*) smilace; salsapariglia.

smile /smaɪl/, *n.* sorriso (*anche fig.*); aspetto ridente: **She has a s. for everyone**, ha un sorriso per tutti; **with a faint s.**, con un lieve sorriso; **an ironical s.**, un sorriso ironico. ● **to be all smiles**, essere tutto sorridente; essere arcicontento □ **He enjoys the smiles of fortune**, gli arride la fortuna.

to **smile** /smaɪl/, **A** *v. i.* sorridere: **He smiled at me**, mi sorrise; **He smiled bitterly**, sorrise amaramente; **She smiled indulgently at her son's escapades**, ella sorrideva con indulgenza delle scappatelle del figlio. **B** *v. t.* ***1*** esprimere con un sorriso: **to s. one's thanks**, esprimere la propria gratitudine con un sorriso; ringraziare con un sorriso ***2*** fare (*un sorriso*): **to s. a significant smile**, fare un sorriso d'intesa; sorridere con l'aria di saperla lunga. ● **to s. at sb.'s claims**, ridere delle pretese di q. □ **to s. at a joke**, sorridere d'una facezia □ **to s. away sb.'s grief**, alleviare con un sorriso il dolore di q. □ **to s. one's consent**, dare il proprio consenso sorridendo □ **to s. an ironical smile**, fare un sorrisetto ironico □ **to s. on** (*o* **upon**), arridere a: **Fortune smiled on him**, gli arrideva la fortuna □ **to s. a sickly smile**, sorridere d'un sorriso forzato □ **to s. sweetly**, avere un sorriso dolce; sorridere con dolcezza □ **s. one's welcome**, dare il benvenuto con un sorriso.

smiler /ˈsmaɪlə(r)/, *n.* chi sorride; persona sorridente.

smiling /ˈsmaɪlɪŋ/, *a.* sorridente; ridente: **s. eyes**, occhi sorridenti; **a s. landscape**, un paesaggio ridente. ‖ **-ly**, *avv.*

smirch /smɜːtʃ/, *n.* macchia (*specialm. fig.*); onta; disonore.

to **smirch** /smɜːtʃ/, *v. t.* macchiare (*anche fig.*); insozzare; imbrattare; sporcare: **to s. one's good name**, macchiare il proprio buon nome.

smirk /smɜːk/, *n.* ***1*** sorriso affettato (*o* sciocco) ***2*** sorriso furbesco; sorrisetto compiaciuto.

to **smirk** /smɜːk/, *v. i.* ***1*** sorridere con affettazione (*o* scioccamente) ***2*** sorridere furbescamente; fare un sorrisetto compiaciuto.

smite /smaɪt/, *n.* (*lett. o scherz.*) forte colpo; percossa.

to **smite** /smaɪt/ (*pass.* **smote**, *p. p.* **smitten**), *v. t.* e *i.* (*lett. o scherz.*) ***1*** battere; colpire, percuotere; picchiare: **He smote the golf ball out of sight**, colpì la palla da golf facendola scomparire alla vista; **She smote the harp strings**, ella percosse (*o* pizzicò) le corde dell'arpa ***2*** castigare; punire: **God shall s. thee**, Dio ti castigherà ***3*** far soffrire; tormentare: **She was smitten with remorse**, era tormentata dal rimorso ***4*** sconfiggere; sbaragliare; debellare; sgominare: **We hope to s. our enemies**, confidiamo di sconfiggere i nostri nemici. ● (*lett.*) **to s. one's breast**, battersi il petto □ (*fig.*) **to s. sb. hip and thigh**, sbaragliare q. □ **to s. off**, tagliare, recidere (*con un colpo di spada, ecc.*): **He smote off his head**, gli recise la testa con un colpo □ (*fig.*) **to s. on sb.'s ear**, percuotere (*o* ferire) l'orecchio di q. □ (*fam.*) **to be smitten by** (*o* **with**) **a girl**, essere innamorato cotto d'una ragazza □ **to be smitten with sb.'s charms**, essere preso dal fascino di q.; essere affascinato da q. □ **to be smitten with dread**, esser preso dal terrore □ **to be smitten with the plague**, essere colpito dalla peste □ **I was smitten with a desire to run away**, fui preso dal desiderio improvviso di fuggire.

smith /smɪθ/, *n.* fabbro; (*specialm.*) fabbro ferraio.

smithereens /smɪðəˈriːnz/, **smithers** /ˈsmɪðəz/, *n. pl.* (*fam.*) frammenti; frantumi; pezzetti: **to smash st. to** (*o* **into**) **s.**, mandare in frantumi q.c.; ridurre in briciole q.c.

smithery /ˈsmɪθərɪ/, *n.* ***1*** fucina; officina del fabbro ***2*** arte del fabbro.

smithsonite /ˈsmɪθsənaɪt/, *n.* (*miner.*) smithsonite.

smithy /ˈsmɪθɪ, -ðɪ/, *n.* fucina; officina del fabbro.

smitten /ˈsmɪtn/, **A** *p. p.* di **to smite**. **B** *a.* (*fam. scherz.*) innamorato cotto (*di q.*).

smock /smɒk/, *n.* ***1*** grembiule ***2*** (*arc.*) camicetta; camiciola. ● **s. frock**, camiciotto da contadino.

to **smock** /smɒk/, *v. t.* ornare con un ricamo pieghettato.

smocking /ˈsmɒkɪŋ/, *n.* punto smock; ricamo pieghettato.

smog /smɒg, *USA* smɔːg/, *n.* (*contraz. di* **smoke** e **fog**) smog; nebbia commista a fumi di fabbrica e residui di combustione.

smogbound /ˈsmɒgbaund, *USA* ˈsmɔːg-/, *a.* avvolto da una cappa di smog.

smoggy /ˈsmɒgɪ, *USA* ˈsmɔːgɪ/, *a.* pieno di smog; avvolto nello smog.

smogless /ˈsmɒgləs, *USA* -ɔːg-/, *a.* ***1*** senza smog ***2*** che non inquina l'ambiente; pulito; ecologico: **a s. car**, un'automobile ecologica.

smokable /ˈsməʊkəbl/, *a.* che si può fumare; fumabile.

smoke /sməʊk/, *n.* ***1*** fumo: **a column** [**a cloud**] **of s.**, una colonna [una nuvola] di fumo ***2*** fumata (*anche di droga*); fumatina; pipata: **I must have a s.**, devo fare una fumatina ***3*** (*pl.*) (*fam.*) sigarette; sigari ***4*** (*pop.*) (sigaretta di) marijuana ***5*** (*pop.*) (*spreg. USA*) negro. ● **s. black**, nerofumo □ (*mil.*) **s. bomb**, bomba fumogena □ (*mil.*) **s. candle**, candelotto fumogeno □ (*ecol.*) **s. control**, controllo dei fumi industriali e domestici (*in G.B.*) □ (*tecn.*) **s. detector**, rilevatore del fumo (*in un impianto antincendio*) □ **s.-dried**, affumicato (*rif. ad alimenti*) □ **s.-hole**, foro di uscita del fumo; (*geol.*) fumarola □ **s.-house**, affumicatoio (*per alimenti*); camera di fumigazione (*di conceria*) □ **s.-in**, raduno pubblico in cui si fuma la marijuana (*per chiederne la legalizzazione*) □ **s.-pipe**, tubo da stufa □ **s. pot**, bidone fumogeno □ **s. ring**, anello di fumo: **to blow s. rings**, fare anelli in aria (*fumando*) □ **s. screen**, (*mil.*) cortina di fumo (*anche fig.*); cortina fumogena; (*pop. USA*) Autovelox □ **s. signal**, segnale di fumo; fumata □ (*miner.*) **s.-stone**, quarzo affumicato □ **a s. trail**, un fil di fumo □ (*bot.*) **s. tree** (*Rhus continus*), scotano □ (*fig.*) **to end up in s.**, finire in niente; andare in fumo; sfumare □ **to go up in s.**, bruciarsi completamente; (*fig.*) andare in fumo, finire in niente: **Our plans went up in s.**, i nostri progetti andarono in fumo □ (*pop.*) **like s.**, rapidamente; in un baleno □ (*prov.*) **There's no s. without fire**, non c'è fumo senza arrosto.

to **smoke** /sməʊk/, **A** *v. i.* ***1*** fumare; far fumo; emettere fumo: **Does he s.?**, fuma?; **The chimneypots were smoking**, i comignoli fumavano; **The camp stove smokes awfully**, la cucina da campo fa un fumo maledetto; **to s. like a chimney**, fumare come un turco ***2*** (*di pipa, ecc.*) tirare (*bene, male, ecc.*) ***3*** (*fig.*) emettere vapore; fumare: **The horse's sides smoked after the race**, dopo la corsa i fianchi del cavallo fumavano ***4*** (*fam.*) fumare la marijuana. **B** *v. t.* ***1*** fumare: **I used to s. a pipe**, fumavo la pipa ***2*** affumicare; conservare col fumo; riempire (*o* annerire) di fumo: **to s. fish**, affumicare il pesce; **a smoked ceiling**, un soffitto annerito dal fumo (*o* affumicato) ***3*** (*spesso* **to s. out**) cacciare col fumo: **to s. out rats from a hole**, cacciare topi da un buco riempiendolo di fumo. ● **to s. bees**, affumicare un alveare □ **to s. heavily**, essere un forte fumatore □ **to have smoked oneself sick**, star male per aver fumato troppo □ **to s. out**, snidare (*o* stanare) col fumo; (*fig.*) costringere (q.) a uscire allo scoperto, a scoprirsi; scoprire (q.c.) dopo lunghe ricerche; (*chim.*) sottoporre (*una sostanza*) all'azione del fumo □ (*USA*) **to s. up**, affumicare (*una stanza, ecc.*); (*fam.*) fumare la marijuana □ (*fig.*) **Put that in your pipe and s. it**, prendi su e porta a casa!

smokebox /ˈsməʊkbɒks/, *n.* (*mecc.*) cassa a fumo.

smoked /sməʊkt/, *a.* ***1*** affumicato: **s. mackerel**, sgombro affumicato ***2*** che sa di fumo: **This soup is s.**, questa zuppa sa di fumo.

smokeless /ˈsməʊkləs/, *a.* senza fumo; che non fa fumo; infume (*tecn.*): **s. coal**, carbone che non fa fumo. ● **a s. city**, una città senza i fumi delle fabbriche □ **s. fuels**, combustibili ecologici □ **s. zone**, zona disinquinata.

smokelessness /ˈsməʊkləsnəs/, *n.* ***1*** mancanza di fumo ***2*** (*dell'aria*) purezza.

smoker /ˈsməʊkə(r)/, *n.* ***1*** fumatore, fumatrice: **a heavy s.**, un forte fumatore ***2*** (*ferr.*) carrozza (*o* scompartimento) per fumatori ***3*** *V.* **smoking concert** ***4*** (*fam. raro*) festicciola per soli uomini. ● (*med.*) **s.'s heart**, cardiopatia dei fumatori □ (*market.*) **s.'s requisites**, articoli per fumatori.

smokestack /ˈsməʊkstæk/, *n.* ***1*** ciminiera ***2*** (*USA*) fumaiolo (*di nave, ecc.*; *cfr. ingl.* **funnel**). ● (*USA*) **the s. industries**, l'industria pesante, a tecnologia matura.

Smokey /ˈsməʊkɪ/, *n.* (*pop. USA*, = **S. the Bear**) agente della stradale.

smokiness /ˈsməʊkɪnəs/, *n.* fumosità.

smoking /ˈsməʊkɪŋ/, **A** *a.* fumante. **B** *n.* (il) fumo; il fumare. ● (*ferr.*) **s. car** (*o* **s. carriage**), carrozza fumatori □ (*ferr.*) **s. compartment**, scompartimento per fumatori □ **s. concert**, concerto in cui è permesso fumare □ **a s. fireplace**, un camino che fa (troppo) fumo □ **a s. gun**, una pistola che fuma ancora; (*fig. USA*) una prova inconfutabile, una prova schiacciante □ **s. jacket**, giacca da casa (*o* da camera; *di solito, di velluto*) □ **s. mixture**, miscela di tabacco da pipa □ **s. room**, sala per fumatori □ **s. tobacco**, tabacco da fumo (*specialm. da pipa*) □ **«No s. (allowed)»** (*cartello*), «vietato fumare».

smoky /ˈsməʊkɪ/, *a.* **1** fumoso; che fa fumo; che è pieno di fumo: **a s. room**, una stanza fumosa; **a s. fire**, un fuoco che fa fumo **2** affumicato; sporco di fumo: **a s. ceiling**, un soffitto sporco di fumo; (*geol.*) **s. quartz**, quarzo affumicato **3** del colore del fumo; grigio fumo **4** che sa di fumo.

smolder, to **smolder** /ˈsməʊldə(r)/, (*USA*) *V.* **smoulder, to smoulder**.

smolt /sməʊlt/, *n.* (*zool.*) salmone di circa due anni che scende dal fiume al mare.

smooch /smuːtʃ/, *n.* (*fam.*) **1** sbaciucchiamento; pomiciata (*fam.*) **2** ballo lento **3** (*pop. USA*) bacio.

to **smooch** /smuːtʃ/, **A** *v. i.* (*fam.*) **1** sbaciucchiarsi; pomiciare (*fam.*) **2** ballare guancia a guancia; stringere (*ballando*). **B** *v. t.* **1** (*USA*) imbrattare; sporcare **2** (*pop. USA*) sgraffignare; rubare.

smoocher /ˈsmuːtʃə(r)/, *n.* (*fam.*) pomicione, pomiciona (*fam.*).

smooth (**1**) /smuːð/, *a.* **1** liscio; levigato; piano: **s. skin**, pelle liscia; **a s. tyre**, un copertone liscio, consumato; **a s. surface**, una superficie levigata; **a s. road**, una strada piana **2** (*fig.*) liscio; scorrevole; facile; calmo; tranquillo: **s. verse**, versi scorrevoli (*o* lisci); **We had a s. crossing**, avemmo una traversata facile; il viaggio di mare andò liscio; **s. sea**, mare calmo; **a s. disposition**, un carattere tranquillo **3** sdolcinato; mellifluo; insinuante; insincero; untuoso: **to have a s. tongue**, parlare in modo mellifluo, insinuante; **a s. manner**, un modo di fare sdolcinato, untuoso; **s. words**, parole melliflue, insincere **4** (*cucina*) omogeneo; bene amalgamato: **Beat until s.**, amalgamare bene! (*q.c. che si sta sbattendo*) **5** glabro; liscio; senza peli: **a s. chin**, un mento imberbe **6** (*fig.*) monotono; uniforme: **a s. flow of words**, un flusso monotono di parole **7** (*del vino*) amabile **8** (*di tabacco*) dolce. ● (*mil.*) **s. bore**, anima (*o* canna) liscia □ **a s.-bore** (**gun**), un fucile a canna liscia □ (*gramm. greca*) **s. breathing**, spirito dolce □ **a s. dancer**, uno che balla con scioltezza □ **a s. face**, una faccia liscia, glabra, imberbe; (*fig.*) un viso ipocritamente amichevole □ **s.-faced**, liscio in faccia; glabro, imberbe; (*fig.*) ipocrita, untuoso □ **a s.-faced tile**, una tegola dalla superficie liscia □ (*di un cane, ecc.*) **s.-haired**, a pelo liscio □ (*zool.*) **s. hound** (*Mustelus mustelus*), palombo □ **s. operator**, *V.* **smoothie** □ (*cucina*) **s. paste**, pasta bene amalgamata □ (*autom.*) **s. ride**, corsa senza scosse: **This car has a s. ride**, questa macchina va liscia come l'olio □ (*mecc.*) **s. running**, funzionamento regolare (*di un motore*) □ (*mecc.*) **s.-running**, che funziona regolarmente □ **s.-spoken** (*o* **s.-tongued**), insinuante; mellifluo □ **s. stones**, ciottoli di fiume □ (*Bibbia*) **s. talk**, parole melliflue, insinuanti □ **s.-tempered**, di carattere mite; affabile; conciliante; bonario □ (*fig.*) **s. things**, adulazione; parole insinuanti, lusinghiere, melate □ **a s.-working team**, una squadra che lavora bene (*o* affiatata) □ **to make things s. for sb.**, spianare la via a q. □ **to run s.**, andar liscio; non incontrare difficoltà □ (*fig.*) **I am now in s. waters**, l'ho passata liscia; la burrasca è passata.

smooth (**2**) /smuːð/, *n.* **1** lisciata; lisciatura; lisciatina: **He gave his hair a s.**, si diede una lisciata (*o* una ravviata) ai capelli **2** parte liscia; spianata **3** (*tennis*) diritto (*della racchetta*). ● (*fig.*) **to take the rough with the s.**, prendere il mondo come viene.

to **smooth** /smuːð/, **A** *v. t.* **1** lisciare; spianare; ravviare: **to s. (down) one's hair**, ravviarsi i capelli **2** appianare; spianare: **to s. away** (*o* **over**) **differences**, appianare le divergenze; **to s. sb.'s way**, spianare la strada a q. **3** rimettere in sesto; dare un'aggiustatina a: **to s. (down) one's dress**, rimettersi in sesto il vestito **4** agevolare; facilitare **5** calmare; confortare; tranquillizzare: **That will s. his old age**, ciò gli sarà di conforto nella vecchiaia **6** limare (*anche fig.*); rifinire **7** (*stat.*) perequare (*dati*). **B** *v. i.* (*di solito,* **to s. down**) appianarsi; calmarsi: **Everything will s. down**, si appianerà tutto; **The waves smoothed down**, le onde si calmarono.

♦**smooth away**, *v. t.* + *avv.* **1** spianare, stirare, eliminare (*pieghe, ecc.*) **2** (*fig.*) appianare, eliminare, rimuovere (*ostacoli, difficoltà, ecc.*) **3** raddrizzare, eliminare (*una curva nella strada, ecc.*).

♦**smooth down**, **A** *v. t.* + *avv.* **1** spianare (*un'asse di legno, ecc.*) **2** lisciare, ravviare (*i capelli*) **3** rimettere in sesto, rassettare (*un abito, ecc.*) **4** (*fig.*) calmare, placare (*q., un sentimento, ecc.*). **B** *v. i.* (*delle onde e fig.*) calmarsi; placarsi □ **to s. down one's dress over one's knees**, tirarsi giù il vestito sui ginocchi.

♦**smooth in**, *v. t.* + *avv.* spalmare; far penetrare (*una sostanza*) strofinando.

♦**smooth on**, *v. t.* + *prep.* spalmare su: **I smoothed the cream on my face**, mi spalmai la crema sul viso.

♦**smooth out**, *v. t.* + *avv.* **1** spianare (*stoffa, lenzuola, ecc.*) **2** distendere (*le rughe*) **3** (*fig.*) appianare, sistemare (*una faccenda*); rendere più agevole (*un rapporto*); facilitare (*un'amicizia*); risolvere (*una difficoltà*).

♦**smooth over**, *v. t.* + *avv.* **1** appianare, risolvere (*una lite, una vertenza, ecc.*) **2** (*fig.*) minimizzare: **to s. over a fault**, minimizzare una colpa; **to s. over one's responsibity**, ridurre al minimo la propria responsabilità.

smoothie, smoothy /ˈsmuːðɪ/, *n.* (*fam.*) **1** individuo lisciato, leccato **2** individuo troppo gentile (*o* untuoso, subdolo); acqua cheta (*fig.*).

smoothing /ˈsmuːðɪŋ/, *n.* **1** spianatura; lisciatura **2** ravviata (*ai capelli*) **3** aggiustatina (*all'abito*) **4** (*fig.*) appianamento (*di una vertenza, ecc.*) **5** (*tecn.*) rifinitura **6** (*stat.*) perequazione (*di dati*). ● **s. iron**, ferro da stiro □ (*tecn.*) **s. plane**, pialletto finitore.

smoothly /ˈsmuːðlɪ/, *avv.* **1** pianamente; scorrevolmente; facilmente **2** tranquillamente; con calma **3** in modo mellifluo, insinuante **4** senza interruzioni; senza difficoltà **5** (*mecc.*) in modo regolare; bene: (*di un motore*) **to run s.**, funzionare bene.

smoothness /ˈsmuːðnəs/, *n.* **1** levigatezza **2** agevolezza; facilità; scorrevolezza **3** (*del mare, ecc.*) calma **4** (*del carattere*) dolcezza; mitezza; affabilità; bonarietà.

smote /sməʊt/, *pass.* di **to smite**.

smother /ˈsmʌðə(r)/, *n.* **1** fumo (*o* vapore) soffocante **2** nuvolo di polvere; polverone.

to **smother** /ˈsmʌðə(r)/, **A** *v. t.* **1** soffocare (*anche fig.*); asfissiare: **He smothered his wife with a pillow**, soffocò la moglie con un guanciale; **We were smothered by smoke**, eravamo soffocati dal fumo; **He smothered the girl with passionate kisses**, soffocò la ragazza di baci appassionati; **to s. a yawn**, soffocare uno sbadiglio **2** spegnere; estinguere: **to s. a fire with sand**, estinguere un incendio con la sabbia **3** celare; nascondere; reprimere; mettere a tacere: **to s. one's rage**, reprimere l'ira; **The facts were smothered up**, la cosa fu messa a tacere **4** ricoprire; colmare: **The steak was smothered with mushrooms**, la bistecca era ricoperta di funghi; **They smothered me with gifts**, mi colmarono di doni. **B** *v. i.* **1** soffocare; respirare a fatica **2** soffocare; morire asfissiato. ● **to s. the fire**, spegnere (*o* coprire di cenere) il fuoco □ (*a scacchi*) **smothered mate**, scacco matto affogato (*dato con il cavallo*) □ (*cucina*) **strawberries smothered in cream**, fragole affogate nella panna.

smothering /ˈsmʌðərɪŋ/, *a.* **1** soffocante: **s. heat**, caldo soffocante **2** (*fig.*) opprimente. || **-ly**, *avv.*

smothery /ˈsmʌðərɪ/, *a.* soffocante; asfissiante. ● **a s. attic**, una soffitta in cui si soffoca dal caldo.

smoulder /ˈsməʊldə(r)/, *n.* **1** combustione senza fiamma **2** fuoco che cova sotto la cenere.

to **smoulder** /ˈsməʊldə(r)/, *v. i.* **1** bruciare senza fiamma **2** (*fig.*) covare sotto la cenere; covare (*fig.*): **Hatred was smouldering in his heart**, nel suo cuore covava l'odio. ● (*del fuoco* e *fig.*) **to s. out**, spegnersi □ **to s. with jealousy**, ardere di gelosia □ **smouldering passions**, passioni represse □ **smouldering revolt**, rivolta che serpeggia (fra il popolo) □ **His eyes smouldered with indignation**, i suoi occhi erano accesi d'indignazione repressa.

smudge /smʌdʒ/, *n.* **1** macchia (*anche fig.*); chiazza; macchia d'inchiostro, sgorbio; (*di colore, rossetto, ecc.*) sbavatura, sbaffo (*fam.*) **2** (*fig.*) ombra; sagoma indistinta **3** (*specialm. USA*) fuoco all'aperto; falò con fumo soffocante (*per tener lontani gli insetti, ecc.*) **4** (*agric.*) fumigazione; fuoco di protezione dal gelo (*nei frutteti*) **5** (*bot.*) antracnosi. ● **s. oil**, olio fumogeno □ **s.-proof lipstick**, rossetto indelebile (*o* che non fa sbavature).

to **smudge** /smʌdʒ/, **A** *v. t.* **1** macchiare (*anche fig.*); imbrattare; scarabocchiare; sgorbiare; sbaffare: **to s. sb.'s reputation**, macchiare il buon nome di q.; **to s. one's face with wet paint**, imbrattarsi il viso di vernice fresca; **Don't s. your copybook**, non scarabocchiare il quaderno! **2** impiastrare; spalmare: **The child smudged the paint on the wall**, il bambino spalmò la vernice sul muro **3** (*specialm. USA*) affumicare (*piante, ecc.*) contro gli insetti (*o* contro il gelo). **B** *v. i.* **1** macchiarsi; imbrattarsi; sporcarsi **2** macchiare; (*dell'inchiostro*) spandersi; (*del rossetto, ecc.*) sbavare: **This lipstick doesn't s. at all**, questo rossetto non sbava.

smudged /smʌdʒd/, *a.* macchiato; imbrattato; sbaffato. ● **a badly s. page**, una pagina piena di sbaffi □ **to get s.**, macchiarsi; imbrattarsi; sbaffarsi: **She got s. with lipstick**, si è sbaffata di rossetto.

smudgy /ˈsmʌdʒɪ/, *a.* macchiato; imbrattato; sporco. || **-iness**, *sost.*

smug /smʌg/, **A** *a.* **1** compiaciuto; soddisfatto di sé: **a s. smile**, un sorrisetto compiaciuto **2** (*arc.*) compito; lindo; rispettabile: **a s. little town**, una cittadina linda; **a s. lady**, una signora compita. **B** *n.* individuo soddisfatto di sé. || **-ly**, *avv.* || **-ness**, *sost.*

to **smuggle** /ˈsmʌgl/, **A** *v. t.* contrabbandare; esportare (*o* importare) di contrabbando: **to s. arms** [**liquors, drugs**], contrabbandare armi [liquori, droghe]. **B** *v. i.* fare il contrabbando; fare il contrabbandiere. ● **to s. in**, importare di contrabbando; introdurre di frodo □ **to s. out**, esportare di contrabbando; fare uscire illegalmente: **He smuggled unskilled labourers out of the country**, fece espatriare operai non qualificati in violazione delle leggi □ **smuggled goods**, merce di contrabbando.

smuggler /ˈsmʌglə(r)/, *n.* **1** contrabbandiere **2** nave contrabbandiera.

smuggling /ˈsmʌglɪŋ, -gəl-/, *n.* contrabbando.

smugly /ˈsmʌglɪ/, *avv.* in modo compiaciuto; con aria soddisfatta.

smugness /ˈsmʌgnəs/, *n.* mediocrità soddisfatta di sé; sciocca vanità.

smut /smʌt/, *n.* **1** macchia (*specialm. di fuliggine*) **2** granellino di fuliggine **3** (*bot.*) carbone (*malattia*); fuliggine; golpe ***4*** (*fig.*) oscenità; linguaggio turpe; sconcezze; materiale pornografico.

to **smut** /smʌt/, **A** *v. t.* ***1*** imbrattare di fuliggine; annerire ***2*** infettare (*cereali*) col carbone. **B** *v. i.* (*di cereali*) esser colpito dal carbone.

smutty /ˈsmʌtɪ/, *a.* ***1*** fuligginoso; nero; sporco ***2*** (*di cereale*) colpito dal carbone ***3*** (*fig.*) osceno; sconcio; sboccato; indecente; pornografico. || **-ily,** *avv.* || **-iness,** *sost.*

snack /snæk/, *n.* ***1*** spuntino; boccone (*fig.*): **to have a s.**, fare uno spuntino; mangiare un boccone ***2*** (*pl.*) stuzzichini. ● **s. bar** (o **s. counter**), snack-bar; tavola calda □ **s. machine**, distributore automatico di panini (e altre cibarie).

to **snack** /snæk/, *v. i.* (*USA*) fare uno spuntino: **to s. on fish and chips**, fare uno spuntino di pesce e patatine fritte.

snaffle /ˈsnæfl/, *n.* (*della bardatura del cavallo*, **= s. bit**) filetto. ● (*fig.*) **to ride sb. on the s.**, allentar le redini a q.; tenere a freno q. con le buone.

to **snaffle** /ˈsnæfl/, *v. t.* ***1*** tenere a freno (*un cavallo*) col morso snodato ***2*** (*fam.*) arraffare; rubare; grattare (*pop.*) ***3*** (*sport*) prendere, impossessarsi di (*una palla*).

snafu /snæˈfuː/, (*acronimo di* **situation normal, all fouled up**) (*pop. USA*) **A** *a. pred.* in gran disordine; caotico. **B** *n.* ***1*** confusione; disordine; caos; casino (*pop.*) ***2*** grosso sbaglio; fiasco (*fig.*).

snag /snæg/, *n.* ***1*** protuberanza; spuntone; troncone; ostacolo sommerso ***2*** pezzo: **to break a s. of bread**, staccare un pezzo di pane ***3*** ceppo; radice puntuta; tronco d'albero, trave spezzata (*anche confitti nel letto di un fiume*) ***4*** filo tirato (*in una calza, ecc.*); smagliatura ***5*** (*med.*) dente sporgente (*o* rotto); radice (*da cavare*) ***6*** (*fig.*) impedimento; intoppo; insidia nascosta; ostacolo imprevisto.

to **snag** /snæg/, *v. t.* ***1*** spingere (*un'imbarcazione*) contro un ostacolo sommerso ***2*** liberare di travi (*o* tronchi, ecc.) sommersi (*un canale navigabile, ecc.*) ***3*** ripulire (*un tronco*) dai mozziconi di rami ***4*** impigliare (*q.c., in una sporgenza, un chiodo, ecc.*); tirare un filo (*di una calza, ecc.*); smagliare ***5*** (*fam. USA*) prendere al volo (*un taxi, ecc.*) ***6*** (*sport*) intercettare, prendere (*il passaggio di un avversario*) ***7*** (*fig.*) impedire; ostacolare; intralciare ***8*** (*pop. USA*) arrestare; catturare; acciuffare. ● (*fam. USA*) **to s. a nice profit**, ricavare un bell'utile.

snaggletooth /ˈsnæglتuːθ/, *n.* (*pl.* **snaggleteeth**) dente sporgente (*o* rotto).

snaggletoothed /ˈsnægltuːθt/, *a.* dai denti sporgenti (*o* rotti).

snaggy /ˈsnægɪ/, *a.* ***1*** (*di un fiume, ecc.*) pieno di ostacoli sommersi ***2*** pieno di protuberanze; pieno di spuntoni ***3*** che è d'intoppo (*o* d'ostacolo).

snail /sneɪl/, *n.* ***1*** (*zool.*) lumaca; chiocciola ***2*** (*fig.*) persona lenta (*o* pigra); lumaca; lumacone. ● (*mecc.*) **s. cam**, camma a chiocciola □ (*fig.*) **s.-paced** (*o* **s.-slow**), lento come una lumaca; lentissimo □ **at a s.'s pace**, a passo di lumaca.

snake /sneɪk/, *n.* ***1*** (*zool.*) serpente, serpe (*anche fig.*); biscia ***2*** (*mecc.*) mandrino flessibile piegatubi ***3*** (*fin.*, **= s. in the tunnel, monetary s.**) serpente monetario. ● **snakes and ladders**, il gioco dell'oca □ (*fig. pop. USA*) **s.-bitten**, imbranato; suonato (*pop.*) □ **s. charmer**, incantatore di serpenti □ **s.-fence**, staccionata di tronchi d'albero disposti a zigzag □ **a s. in the grass**, un serpente fra l'erba; (*fig.*) un pericolo (*o* un nemico) in agguato □ (*fig.*) **s. pit**, manicomio; fossa dei serpenti (*fig.*) □ (*fig.*) **to cherish a s. in one's bosom**, allevare una serpe in seno □ (*fig.*) **to raise** (*o* **to wake**) **snakes**, fare il diavolo a quattro □ (*fig. pop.*) **to see snakes**, avere le traveggole.

to **snake** /sneɪk/, *v. i.* ***1*** serpeggiare: **The path snakes up the mountain**, il sentiero s'inerpica serpeggiando sul fianco del monte ***2*** strisciare: **The patrol snaked through the undergrowth**, la pattuglia avanzava strisciando nel sottobosco ***3*** (*di veicolo*) procedere a zigzag ***4*** (*pop. USA*) complottare; tramare. ● **to s. one's way**, (*di veicolo*) procedere a zigzag; (*di persona*) insinuarsi (*tra la folla, ecc.*).

snakebird /ˈsneɪkbɜːd/, *n.* (*zool.*, *Anhinga*) uccello serpente.

snakebite /ˈsneɪkbaɪt/, *n.* ***1*** morso di serpente ***2*** (*pop. USA*) bevanda alcolica; liquore; whisky.

snakeroot /ˈsneɪkruːt/, *n.* (*bot.*) ***1*** (*Aristolochia serpentaria*) radice colubrina ***2*** (*Polygala senega*) poligala; poligala virginiana ***3*** *V.* **snakeweed.**

snake's-head /ˈsneɪkshɛd/, *n.* (*bot.*, *Fritillaria meleagris*) meleagride.

snakeskin /ˈsneɪkskɪn/, *n.* pelle di serpente; serpente (*il materiale*): **a s. bag**, una borsetta di serpente.

snakestone /ˈsneɪkstəʊn/, *n.* (*paleont.*) ammonite.

snakeweed /ˈsneɪkwiːd/, *n.* (*bot.*, *Polygonum bistorta*) bistorta; serpentaria.

snaky /ˈsneɪkɪ/, *a.* ***1*** serpentino; sinuoso; lungo e tortuoso ***2*** infestato dai serpenti ***3*** (*fig.*) malefico; maligno; perfido; sleale. || **-ily,** *avv.* || **-iness,** *sost.*

snap /snæp/, **A** *n.* ***1*** colpo secco; scatto; schiocco; schianto: **The branch broke with a s.**, il ramo si spezzò di schianto: **I heard the s. of a whip**, udii lo schiocco di una frusta ***2*** brusca rottura; lo spezzarsi (*di un ramo, ecc.*) ***3*** morso; tentativo di mordere (*o* d'azzannare): **to make a s. at sb.**, tentare d'azzannare q. ***4*** fermaglio; fibbia; gancio: **the s. of a necklace**, il fermaglio d'una collana ***5*** (*fig. fam.*) brio; vivacità: **He lacks s.**, manca di brio, di vivacità ***6*** rubamazzo (*gioco di carte*) ***7*** (*abbr. fam. di* **snapshot**) fotografia; istantanea ***8*** biscotto croccante; croccantino: **ginger snaps**, croccantini aromatizzati con zenzero ***9*** (*USA*) *V.* **s. fastener** ***10*** (*fam.*) energia; spinta (*fig.*) ***11*** (*fam. USA*) cosa facilissima; bazzecola ***12*** (*ingl. sett.*) pasto nel panierino; pasto in fabbrica. **B** *a. attr.* ***1*** (*di congegno, fermaglio*) a scatto; a molla; automatico ***2*** improvviso; repentino: **a s. decision**, una decisione improvvisa (*o* repentina); (*polit.*) **a s. division**, una votazione improvvisa. **C** *inter.* (*fam.*) preciso!; identico!; tale e quale! ● (*elettr.*) **s.-action switch**, interruttore a scatto rapido □ **s. closure**, chiusura a scatto □ **s. fastener**, bottone automatico; automatico □ **s. hook**, gancio a molla; moschettone □ **s. judgement**, giudizio dato su due piedi; giudizio avventato □ **a s. lock**, una serratura a scatto □ **s. ring**, (*mecc.*) anello elastico; (*alpinismo*) moschettone □ **s. shot**, colpo sparato senza prendere la mira □ (*elettr.*) **s.-switch**, *V.* **s.-action switch** □ **to call sb. with a s. of one's fingers**, chiamare q. schioccando le dita □ **a cold s.**, un'ondata di freddo intenso □ (*fam. USA*) **a soft s.**, un lavoro facilissimo; una cosa da nulla; uno scherzetto (*fig.*) □ **to speak with a s.**, parlare in tono brusco □ (*polit.*) **to win a s. vote**, ottenere di sorpresa un voto favorevole.

to **snap** /snæp/, *v. t.* e *i.* ***1*** afferrare coi denti; addentare; azzannare; fare l'atto di mordere: **Your dog is vicious: he snarls and snaps**, il tuo cane è cattivo: ringhia e fa l'atto di mordere; **The Alsatian snapped the burglar's forearm**, il pastore tedesco addentò l'avambraccio del ladro ***2*** rompere, rompersi; spezzare, spezzarsi (*con uno schiocco*): **He pulled at the rusty handle until he snapped it**, tirò la maniglia arrugginita finché la ruppe; **The branch snapped and I fell**, il ramo si spezzò e io caddi ***3*** schioccare; far schioccare: **to s. a finger** (*o* **one's fingers**), schioccare le dita; **to s. a whip**, far schioccare una frusta ***4*** scattare (*fig.*); saltare (*fig.*): **That boy snaps easily**, quel ragazzo scatta per un nonnulla; **My nerves snapped**, mi saltarono i nervi ***5*** scoppiettare: **The fire is snapping**, il fuoco scoppietta ***6*** chiudere (*o* chiudersi) di scatto; scattare; serrare: **to s. a clasp**, chiudere una fibbia; **The door snapped to**, la porta si chiuse di scatto ***7*** battere; colpire: **to s. one's teeth together**, battere i denti; **Tom snapped the girl with a rubber band**, Tom colpì la ragazza con un elastico (*tendendolo e poi lasciandolo andare*) ***8*** (*fam.*) fare (*o* scattare) un'istantanea a (q. *o* q.c.); fotografare. ● (*zool.*) **snapping turtle** (*Chelydra serpentina*), tartaruga azzannatrice □ **The lock snapped shut**, la serratura si chiuse di scatto □ **S. the safety before putting the revolver away**, metti la sicura prima di riporre la rivoltella! □ **The pistol snapped**, la pistola lasciò partire un colpo; (*anche*) la pistola fece cilecca □ **The soldiers snapped to attention**, i soldati scattarono sull'attenti □ (*fam.*) **S. to it!**, sbrigati!; spicciati!; scattare!; dacci sotto!

♦ **snap at**, *v. i.* + *prep.* ***1*** cercare di mordere (*o* di addentare); tentare di azzannare: **My dogs snaps at the milkman**, il mio cane tenta di azzannare il lattaio ***2*** (*fig.*) gridare contro (q.); trattare (q.) con durezza; dire, esclamare con durezza (*o* in malo modo); aggredire (q.) verbalmente ***3*** (*anche fig.*) afferrare, cogliere al volo; agguantare: **The cat snapped at the meat**, il gatto agguantò la carne; **to s. at a chance**, cogliere al volo un'occasione □ (*del pesce*) **to s. at the bait**, addentare l'esca; abboccare □ (*fam.*) **to s. one's fingers at sb. [st.]**, non mostrare alcun rispetto per, infischiarsene di q. [q.c.] □ **to s. at an invitation**, non farsi ripetere un invito due volte □ **to s. at a price**, accettare un prezzo senza discutere.

♦ **snap back**, *v. i.* + *avv.* ***1*** (*di un elastico*) scattare indietro, tornare di scatto; (*di un meccanismo, ecc.*) rinculare ***2*** (*fig.*) rispondere male; ribattere; dare una rispostaccia ***3*** (*fig. fam.: dell'economia, del mercato*) recuperare, riprendersi all'improvviso; (*di prezzi, ecc.*) avere un inatteso miglioramento.

♦ **snap into it**, *v. i.* + *prep.* (*fam.*) scattare (*fig.*), darci sotto: **S. into it!**, scattare!

♦ **snap down**, *v. t.* + *avv.* sbattere giù; chiudere di botto: **He snapped the trapdoor down**, sbatté giù la botola.

♦ **snap off**, **A** *v. t.* + *avv.* ***1*** spezzare (*un ramo, ecc.*); staccare (*con un morso, ecc.*): **The shark snapped his arm off**, il pescecane gli staccò un braccio con un morso; **He snapped off a chunk of bread**, con un morso staccò un pezzo dalla pagnotta ***2*** (*fig.*) spegnere (*la luce*) all'improvviso. **B** *v. i.* + *avv.* (*di un ramo, ecc.*) spezzarsi; rompersi □ (*fig. fam.*) **to s. sb.'s head off**, mangiare la faccia a q.; trattare q. in malo modo; mangiarsi vivo q.

♦ **snap on**, **A** *v. t.* + *avv.* ***1*** chiudere di scatto; mettere (*un coperchio, ecc.*) ***2*** (*fig.*) accendere (*la luce*) all'improvviso. **B** *v. i.* + *avv.* chiudersi; attaccarsi; agganciarsi; affibbiarsi.

♦ **snap out**, *v. t.* + *avv.* dire, gridare (*parole*), dare (*un ordine, ecc.*) seccamente (*o* bruscamente): **to s. out a warning**, gridare un avvertimento; **to s. out an order**, dare seccamente un ordine.

♦ **snap out of**, *v. i.* + *avv.* + *prep.* (*fam.*) scuotersi da (*torpore, sonnolenza, ecc.*); liberarsi di, scuotersi di dosso (*una depressione, ecc.*): **S. out of it!**, tirati su!; smettila di compiangerti (lamentarti, ecc.)!; reagisci!

♦ **snap up**, *v. t.* + *avv.* (*fam.*) portare via, prendersi, comprare al volo; non lasciarsi sfuggire: **Mary is so beautiful that they will s. her up very soon**, Mary è così bella che te la farai portare via presto □ **to s. up a bargain**, concludere al volo un buon affare □ **The offer is very good**; **s. it up!**, l'offerta è ottima; prendici dentro! □ (*fam. USA*) **S. it up!**, forza!; scattare!; dacci sotto!

snapback /ˈsnæpbæk/, *n.* ***1*** svolta repentina; inversione di rotta (*fig.*) ***2*** (*econ., fin.*) ripresa (*improvvisa*); inatteso miglioramento: **a s. of**

the market, una ripresa del mercato.

snapdragon /'snæpdrægən/, *n.* **1** (*bot., Antirrhinum majus*) bocca di leone; antirrino **2** gioco natalizio che consiste nell'afferrare chicchi d'uva passita da un vassoio pieno di brandy acceso e mangiarli anche se scottano.

snap-on /'snæpɒn, *USA* -ɔːn/, *a.* che si attacca (*con bottoni, ecc.*); agganciabile; distaccabile: **a s. collar**, un colletto distaccabile.

snapper /'snæpə(r)/, *n.* **1** individuo stizzoso; chi dà rispostacce **2** risposta mordace; clou (*franc.*); battuta finale (*di una barzelletta, ecc.*); argomento conclusivo, colpo finale **3** (*fam.*) fotografo (*dilettante*) **4** (*fam. USA*) *V.* **snap fastener 5** (*pl.*) (*pop. USA*) denti; dentatura. ● **s.-up**, chi coglie al volo le occasioni ▫ **a s.-up of bargains**, chi è abilissimo a concludere buoni affari.

snappish /'snæpɪʃ/, *a.* **1** (*di un cane, ecc.*) mordace **2** (*fig.*) aspro; brusco; rude; sgarbato **3** (*fig.*) arcigno; bisbetico; irritabile. ‖ **-ly**, *avv.* ‖ **-ness**, *sost.*

snappy /'snæpɪ/, *a.* **1** *V.* **snappish 2** (*fam.*) energico; brioso; vivace; vigoroso **3** (*fam.*) elegante; alla moda. ● **a s. dresser**, un elegantone ▫ (*fam.*) **Look s.!**, (*USA anche*: **Make it s.!**), sbrigati!; spicciati! ‖ **-ily**, *avv.* ‖ **-iness**, *sost.*

snapshot /'snæpʃɒt/, *n.* **1** fotografia istantanea; istantanea **2** (*pl.*) (*fig.*) lineamenti; elementi; descrizione sommaria.

to **snapshot** /'snæpʃɒt/, *v. t.* fare (*o* scattare) un'istantanea a (q.); fotografare.

snare /snɛə(r)/, *n.* **1** laccio (*d'uccellatore*); trappola; (*fig.*) insidia, tranello **2** (*mus.*) timbro (*di tamburo*) **3** (*med.*) ansa metallica. ● **s. drum**, tamburo militare ▫ (*anche fig.*) **to fall into a s.**, cadere nel laccio (*o* in trappola) ▫ **to lay a s.**, tendere un laccio (*o* un'insidia).

to **snare** /snɛə(r)/, *v. t.* prendere al laccio, intrappolare (*anche fig.*). ● (*fig.*) **to s. a good job**, procurarsi un buon posto (di lavoro).

snarer /'snɛərə(r)/, *n.* tenditore di trappole (*anche fig.*).

snark /snɑːk/, *n.* animale immaginario (*parola coniata da L. Carroll, nella poesia «La caccia allo snark»; da* **snake** + **shark**).

snarky /'snɑːkɪ/, *a.* (*pop. USA*) irritabile; stizzoso.

snarl (**1**) /snɑːl/, *n.* **1** ringhio (*del cane*) **2** tono (*di voce*) stizzito; voce arrabbiata; ghigno.

snarl (**2**) /snɑːl/, *n.* **1** groviglio; garbuglio **2** confusione; disordine; scompiglio. ● **My hair is full of snarls**, ho i capelli tutti aggrovigliati.

to **snarl** (**1**) /snɑːl/, **A** *v. i.* **1** (*del cane*) ringhiare **2** parlare con acredine (*o* rabbiosamente); ringhiare (*fig.*). **B** *v. t.* (*di solito* **to s. out**) esprimere (*o* manifestare, sfogare) con parole aspre, stizzose; grugnire (*fam.*): **to s. (out) one's contempt [discontent]**, manifestare il proprio disprezzo [sfogare la propria scontentezza] con parole aspre, stizzose.

to **snarl** (**2**) /snɑːl/, **A** *v. t.* **1** aggrovigliare; arruffare; ingarbugliare: **a snarled skein**, una matassa arruffata **2** (*spesso* **to s. up**) mettere in disordine; gettare nello scompiglio; intasare; ingorgare: **to s. up the opposition**, gettare nello scompiglio l'opposizione; **The chain of collisions snarled up traffic on the M 6**, i tamponamenti a catena intasarono il traffico sull'autostrada M 6. **B** *v. i.* **1** aggrovigliarsi; arruffarsi; ingarbugliarsi **2** (*del traffico, spesso* **to s. up**) ingorgarsi; intasarsi.

snarler /'snɑːlə(r)/, *n.* **1** cane che ringhia; cane ringhioso **2** persona ringhiosa (*o* stizzosa).

snarling /'snɑːlɪŋ/, *a.* ringhioso; (*fig.*) stizzoso, collerico.

snarl-up /'snɑːlʌp/, *n.* (*fam.*) groviglio (*di automobili*); ingorgo, intasamento (*del traffico*).

snarly (**1**) /'snɑːlɪ/, *V.* **snarling**.

snarly (**2**) /'snɑːlɪ/, *a.* aggrovigliato; confuso; ingarbugliato.

snatch /snætʃ/, *n.* **1** atto del ghermire; tentativo d'afferrare; strappo; presa; stretta: **to make a s. at st.**, cercar d'afferrare q.c. **2** breve periodo (*di tempo, di lavoro, ecc.*): **snatches of time off**, brevi periodi di ferie; ferie a bocconi **3** frammento; brano; pezzetto; squarcio: **snatches of a tale**, frammenti di un racconto; **snatches of folk music**, brani di musica popolare **4** (*pop.*) rapimento; sequestro di persona **5** (*pop.*) scippo **6** (*sport*: *sollevamento pesi*) strappo. ● (*naut.*) **s. block**, pastecca ▫ **a s. of sleep**, una dormitina ▫ (*in G.B.*) **s. squad**, reparto antisommossa; (*fam.*) squadra di poliziotti che fa un arresto ▫ **to sleep in snatches**, dormire a intervalli ▫ **to work in snatches**, lavorare a strappi.

to **snatch** /snætʃ/, *v. t.* **1** afferrare; agguantare; carpire; ghermire; dar di piglio a: **to s. the opportunity**, afferrare l'occasione; **to s. a kiss**, carpire (*o* rubare) un bacio **2** strappare a viva forza; strappare (*anche fig.*); portar via; cogliere a stento: **The wind snatched my hat off**, il vento mi portò via il cappello; **He was snatched out of my arms [of the flames]**, fu strappato dalle mie braccia [alle fiamme]; **to s. victory**, strappare (*cogliere a stento*) la vittoria **3** (*pop.*) rapire, sequestrare (*un bambino, ecc.*). ● **to s. at**, fare l'atto d'afferrare, cercar di strappare; afferrare, agguantare; (*fig.*) accettare con entusiasmo: **The drowning man snatched at a floating board**, l'uomo sul punto d'annegare cercò d'afferrare un'asse che galleggiava; **The thief snatched at my purse**, il ladro cercò di strapparmi la borsa; **Don't s. at your food like that!**, non agguantare il cibo a quel modo!; **They snatched at the offer**, accettarono al volo l'offerta ▫ **to s. at the chance**, cogliere il destro; non farsi sfuggire l'occasione ▫ **to s. away**, portare via (*anche, fig., speranze, ecc.*); rapire: **He was snatched away by premature death**, fu rapito da morte prematura ▫ **to s. sb. from the jaws of death**, strappare q. alla morte ▫ **to s. a meal**, rimediare un pasto ▫ **to s. up**, prendere su, raccogliere, afferrare in fretta e furia (q. *o* q.c.): **The thug snatched up a knife**, il malvivente afferrò un coltello.

snatcher /'snætʃə(r)/, *n.* **1** chi afferra; chi agguanta **2** (*pop.*) rapitore **3** (*pop.*) scippatore. ● (*un tempo*) **body s.**, disseppellitore di cadaveri.

snatchy /'snætʃɪ/, *a.* (*di lavoro, ecc.*) fatto a strappi (*o* a balzi); a spizzichi; a bocconi; frammentario; discontinuo. ‖ **-ily**, *avv.*

snazzy /'snæzɪ/, *a.* (*fam.*) elegantissimo; azzimato; tirato a lucido (*fig. fam.*): **What a s. fur!**, che pelliccia elegante! ‖ **-ily**, *avv.*

sneak /sniːk/, *n.* **1** individuo doppio (*o* spregevole); sornione; trappolone (*pop.*) **2** (*gergo studentesco*) spia; spione. ● (*cinem., USA*) **s. preview**, anteprima non preannunciata ▫ **s. thief**, ladruncolo.

to **sneak** /sniːk/, **A** *v. i.* **1** muoversi furtivamente; strisciare: **The burglar sneaked into the house**, il ladro s'introdusse furtivamente nella casa **2** (*gergo studentesco*) fare la spia **3** usare inganni; agire (*o* lavorare) sott'acqua (*fig.*). **B** *v. t.* **1** portare di nascosto; trasportare di frodo; contrabbandare: **He sneaked the jewels across the border**, portò i gioielli di frodo oltre il confine **2** (*fam.*) rubare; rubacchiare. ● **to s. away**, andarsene di soppiatto; svignarsela ▫ **to s. in**, infilarsi dentro (*senza pagare, ecc.*); introdurre, inserire (q.c.) di soppiatto ▫ **to s. a look at st.**, dare un'occhiata di nascosto a q.c. ▫ **to s. off**, *V.* **to s. away** ▫ **to s. out**, (fare) uscire (*o* scappare) di soppiatto ▫ **to s. secret information**, impossessarsi d'informazioni segrete ▫ **to s. up on sb.**, arrivare di soppiatto alle spalle di q.; (*fig.: del buio, ecc.*) calare, scendere addosso a q.

sneaker /'sniːkə(r)/, *n.* **1** chi si muove furtivamente; chi striscia **2** individuo doppio (*o* spregevole) **3** (*pl.*) (*fam.*) scarpe di tela, con la suola di gomma; scarpe da ginnastica.

sneaking /'sniːkɪŋ/, *a.* **1** abietto; basso; meschino; spregevole; strisciante; vile: **He has a s. manner**, ha un modo di fare abietto, strisciante **2** inconfessato; furtivo; celato; nascosto; segreto: **He has a s. liking for her**, ha una simpatia inconfessata per lei; **I have a s. fondness for jazz**, ho una passioncella segreta per il jazz. ● **a s. suspicion**, un vago sospetto. ‖ **-ly**, *avv.* ‖ **-ness**, *sost.*

sneaky /'sniːkɪ/, *a.* abietto; basso; meschino; spregevole; strisciante; vile.

sneer /snɪə(r)/, *n.* **1** ghigno; sogghigno; riso di scherno **2** tono di scherno (*nella voce*) **3** dileggio; espressione beffarda; parola derisoria; sarcasmo.

to **sneer** /snɪə(r)/, *v. i.* ghignare; sogghignare; sghignazzare. ● **to s. at**, deridere; dileggiare; schernire ▫ **to s. away sb.'s happiness [reputation]**, distruggere con lo scherno la felicità [il buon nome] di q. ▫ **to s. one's contempt**, manifestare con un ghigno il proprio disprezzo ▫ **to s. sb. down**, umiliare q. schernendolo ▫ **to s. sb. out of countenance**, confondere (*o* sconcertare) q. dileggiandolo ▫ **The proposal was sneered down**, la proposta fu respinta fra lo scherno generale.

sneerer /'snɪərə(r)/, *n.* beffatore, beffatrice; dileggiatore; derisore; schernitore, schernitrice.

sneering /'snɪərɪŋ/, *a.* beffardo; derisorio; di scherno. ‖ **-ly**, *avv.*

sneeze /sniːz/, *n.* starnuto, sternuto.

to **sneeze** /sniːz/, *v. i.* starnutire, starnutare; sternutire; fare uno starnuto. ● (*fam.*) **not to be sneezed at**, non disprezzabile; degno di considerazione; da non prendere sottogamba (*fam.*).

snell /snɛl/, *n.* (*pesca, USA*) finale; setale.

snick /snɪk/, *n.* **1** tacca; incisione; piccolo taglio **2** (*cricket*) colpo che fa deviare la palla; (*anche*) palla deviata.

to **snick** /snɪk/, *v. t.* **1** intaccare; incidere; fare un piccolo taglio in **2** (*cricket*) colpire (*la palla*) in modo da farla deviare leggermente.

snicker /'snɪkə(r)/, *n.* **1** nitrito **2** (*specialm. USA*) risatina repressa.

to **snicker** /'snɪkə(r)/, *v. i.* **1** nitrire **2** (*specialm. USA*) ridacchiare; ridere sotto i baffi; reprimere una risatina.

snickersnee /'snɪkəsniː/, *n.* (*arc. o scherz.*) **1** coltello (*da usare come arma*) **2** duello a coltellate.

snide /snaɪd/, **A** *a.* **1** contraffatto; falso; fasullo **2** malizioso; maligno: **a s. remark**, un'osservazione maliziosa **3** sprezzante; beffardo. **B** *n.* (*pop.*) **1** individuo maligno **2** gioielli falsi; monete false.

sniff /snɪf/, *n.* **1** annusata; fiutata; sniffata (*pop.*: *specialm. di droga*) **2** ciò che si fiuta (*o* si annusa) **3** quantità d'aria aspirata col naso **4** singhiozzo (*di pianto*).

to **sniff** /snɪf/, *v. i.* e *t.* **1** annusare; aspirare; fiutare; sniffare (*pop.*); inalare; respirare rumorosamente (*o* tirar su) col naso: **Don't s.!**, non tirar su col naso!; **to s. medicine**, inalare una medicina; **to s. cocaine**, fiutare (*o* sniffare) cocaina; **to s. the sea air**, aspirare (*o* fiutare) l'aria marina **2** (*fig., anche* **to s. out**) fiutare; subodorare: **to s. danger**, fiutare il pericolo **3** singhiozzare (*piangendo*). ● **to s. at st.**, annusare, fiutare q.c.; (*fig.*) arricciare il naso per q.c.; mostrare disprezzo per q.c., disapprovare q.c. ▫ (*dei cani*) **to s. out illicit drugs**, fiutare la droga abusiva (*negli aeroporti, ecc.*) ▫ **to s. up**, tirar su col naso, aspirare; annusare, fiutare ▫ **That sum of money is nothing to s. at**, quella somma di denaro non è affatto disprezzabile (*o* da disprezzare).

sniffer /'snɪfə(r)/, *n.* annusatore; fiutatore; sniffatore (*pop.*: *specialm. di droga*). ● **s. dog**, cane da fiuto; cane antidroga (*della polizia*).

sniffle /'snɪfl/, *n.* **1** il tirar su col naso **2** singhiozzo (*di pianto*) **3** (*pl.*) (*fam.*) – **the sniffles**, raffreddore (di testa); muco dal naso; moccio.

to **sniffle** /ˈsnɪfl/, *v. i.* **1** tirar su col naso; aspirare rumorosamente **2** singhiozzare; piangere con singhiozzi.

sniffler /ˈsnɪflə(r), -fəl-/, *n.* chi tira su col naso.

sniffy /ˈsnɪfɪ/, *a.* (*fam.*) **1** sdegnoso; sprezzante; superbo; altezzoso **2** maleodorante; puzzolente **3** (*pop. USA*) schizzinoso; altezzoso.

snifter /ˈsnɪftə(r)/, *n.* **1** napoleone; bicchiere da cognac **2** (*fam.*) bicchierino (*o* goccio) di liquore; cicchetto.

snifting valve /ˈsnɪftɪŋvælv/, *locuz. n.* (*mecc.*) valvola di sfiato.

snigger /ˈsnɪgə(r)/, *n.* risatina repressa (*o* irrispettosa); risolino malizioso.

to **snigger** /ˈsnɪgə(r)/, *v. i.* ridacchiare; ridere sotto i baffi.

to **sniggle** /ˈsnɪgl/, *v. i.* e *t.* (= **to s. for eels**) pescare (anguille) infilando l'amo nelle tane.

sniglet /ˈsnɪglət/, *n.* (*fam. USA*) parola buffa; termine scherzoso (*di nuovo conio*).

snip /snɪp/, *n.* **1** taglio; forbiciata **2** ritaglio; pezzetto; scampolo **3** (*arc.*) sarto **4** (*gergo ippico,* = **dead s.**) cavallo vincente (*o* sicuro) **5** (*fam.*) (buon) affare; affarone; buona occasione **6** (*fam.*) cosa facile; passeggiata (*fig.*) **7** (*fam. USA*) persona (*o* cosa) da poco; nonnulla **8** (*fam. USA*) insolente; sfacciato; persona sfacciata.

to **snip** /snɪp/, *v. t.* e *i.* **1** tagliare con le forbici (*o* le cesoie); tagliuzzare: **to s. paperboard**, tagliuzzare del cartone **2** (*spesso* **to s. off**) tagliare; recidere: **to s. off the thread after sewing on a button**, recidere il filo dopo aver attaccato un bottone; **to s. off the dead roses**, tagliare le rose avvizzite **3** (*fig.*) tagliare; ridurre: **to s. one's budget**, fare dei tagli nel proprio bilancio. ● **to s. at st.**, far l'atto di tagliuzzare q.c. □ **to s. off the ends**, tagliare le estremità □ **to s. off the ends of sb.'s hair**, spuntare i capelli a q.

snipe /snaɪp/, *n.* **1** (*invar. al pl.*; *zool.*, *Capella gallinago*) beccaccino **2** colpo sparato da un nascondiglio; colpo di cecchino **3** (*pop. USA*) cicca; mozzicone di sigaro (*o* di sigaretta).

to **snipe** /snaɪp/, **A** *v. i.* **1** andare a caccia di beccaccini **2** (*mil.*, *anche* **to s. at**) sparare da un nascondiglio, da un riparo **3** (*fig.*) criticare con (grande) malevolenza; sparare a zero su (*fig.*): **The critics sniped at his latest novel**, i critici hanno sparato a zero sul suo ultimo romanzo. **B** *v. t.* (*mil.*) colpire (q.) sparando da un nascondiglio.

snipefish /ˈsnaɪpfɪʃ/, *n.* (*zool.*) pesce trombetta; trombetta di mare.

sniper /ˈsnaɪpə(r)/, *n.* **1** (*mil.*) franco tiratore; cecchino **2** criminale che spara da un nascondiglio.

sniping /ˈsnaɪpɪŋ/, *n.* (*mil.*) cecchinaggio.

snippet /ˈsnɪpɪt/, *n.* **1** frammento; pezzetto; ritaglio **2** (*pl.*) informazioni frammentarie; zibaldone **3** (*fam. USA*) individuo insignificante; mezza cartuccia (*fam.*).

snippety /ˈsnɪpətɪ/, **snippy** /ˈsnɪpɪ/, *a.* **1** frammentario **2** (*fam.*) sprezzante; brusco; secco.

snipping /ˈsnɪpɪŋ/, *n.* frammento; pezzetto; ritaglio.

snips /snɪps/, *n. pl.* (*metall.*, = **tin s., pair of s.**) cesoie (*per lamiere*); forbici da lattoniere.

snip-snap /ˈsnɪpsnæp/, *n.* **1** colpi di forbici; forbiciate **2** (*fig.*) dialogo brioso, vivace; botta e risposta.

snipy /ˈsnaɪpɪ/, *a.* (*d'animale*) dal collo lungo; dal muso appuntito.

snit /snɪt/, *n.* (*fam. USA*) broncio; risentimento; arrabbiatura; agitazione. ● **to be in a s.**, essere agitato (*o* arrabbiato).

snitch (**1**) /snɪtʃ/, *n.* (*pop.*) spia; informatore.

snitch (**2**) /snɪtʃ/, *n.* (*fam. scherz.*) naso; becco (*fig. fam.*).

to **snitch** /snɪtʃ/, (*pop.*) **A** *v. t.* rubare; rubacchiare. **B** *v. i.* fare la spia: **to s. on a schoolmate**, fare la spia a un compagno (*di scuola*).

snivel /ˈsnɪvl/, *n.* **1** moccio **2** frignio; piagnisteo; piagnucolamento.

to **snivel** /ˈsnɪvl/, *v. i.* **1** avere il moccio al naso; moccicare **2** (*per estens.*) moccicare; frignare; piagnucolare.

sniveller /ˈsnɪvələ(r), -vl-/, *n.* **1** moccione; moccioso **2** frignone; piagnucolone; piagnone.

snivelling /ˈsnɪvəlɪŋ, -vl-/, **snivelly** /ˈsnɪvəlɪ/, *a.* **1** moccioso; moccicoso (*tosc.*) **2** piagnucoloso; che frigna.

snob /snɒb/, *n.* snob; grande ammiratore (*o* imitatore servile) delle persone di classe sociale superiore; chi affetta distinzione e gusti raffinati; chi disprezza gli umili; amante dell'esteriorità. ● **an intellectual s.**, un intellettualoide □ (*di un oggetto*) **to have a certain s. value**, essere apprezzato dalle persone snob.

to **snob** /snɒb/, *V.* **to snub**.

snobbery /ˈsnɒbərɪ/, *n.* snobismo.

snobbish /ˈsnɒbɪʃ/, *a.* snobistico. || **-ly**, *avv.* || **-ness**, *sost.*

snobbism /ˈsnɒbɪzəm/, *n.* snobismo.

snobby /ˈsnɒbɪ/, *a.* snobistico.

Sno-Cat, /ˈsnəʊkæt/, *n.* (*marchio*: *sport*) gatto delle nevi (*veicolo*).

snockered /ˈsnɒkəd/, *a.* (*pop. USA*) ubriaco; sbronzo.

snofari /snəʊˈfɑːrɪ/, *n.* spedizione sui ghiacci.

snog /snɒg, *USA* -ɔːg/, *n.* (*fam.*) sbaciucchiamento.

to **snog** /snɒg, *USA* -ɔːg/, *v. i.* (*fam.*) baciarsi; sbaciucchiarsi.

snood /snuːd/, *n.* **1** rete (*o* retina) per chignon **2** nastro per i capelli **3** (*pesca*) setale, finale (*di lenza*).

snook /snuːk/, *n.* – (*fam.*) **to cock** (*o* **to cut**) **a s.** (**at sb.**), far marameo (a q.).

snooker /ˈsnuːkə(r)/, *n.* (*biliardo*) gioco (*o* partita) a sei buche e con 21 palle colorate e un pallino bianco. ● **s. table**, biliardo (*il tavolo*).

to **snooker** /ˈsnuːkə(r)/, *v. t.* **1** (*biliardo*) ostacolare (l'avversario) coprendo la palla **2** (*fig.*) ostacolare; danneggiare; intralciare. ● **to be snookered**, avere la palla cui si mira coperta (da un'altra); (*fig. fam.*) trovarsi in una posizione difficile, essere in difficoltà.

snookums /ˈsnuːkəmz/, *n.* (*pop. USA*) tesoro; gioia; amor mio (*a, o detto di, un bimbo, una donna, ecc.*).

snoop /snuːp/, *n.* (*fam.*) ficcare il naso; il curiosare.

to **snoop** /snuːp/, *v. i.* (*fam.*) curiosare; indagare; ficcare il naso nei fatti altrui; spiare. ● **to s. around**, andare in giro a spiare; ficcanasare □ **to s. on U.S. military installations in Germany**, spiare le installazioni militari americane in Germania.

snooper /ˈsnuːpə(r)/, *n.* (*fam.*) **1** curiosone; ficcanaso; spione **2** detective privato **3** (*ingl.*) ispettore del lavoro.

snooperscope /ˈsnuːpəskəʊp/, *n.* (*mil., USA*) visore a raggi infrarossi.

snoopy /ˈsnuːpɪ/, *a.* che ficca il naso; curioso. ● **a s. chap**, un ficcanaso.

snoot /snuːt/, *n.* (*fam.*) **1** naso; becco (*fam.*) **2** faccia; grugno; muso.

snooty, /ˈsnuːtɪ/, *a.* (*fam.*) altezzoso; sprezzante; sdegnoso; borioso. || **-ily**, *avv.* || **-iness**, *sost.*

snooze /snuːz/, *n.* (*fam.*) **1** dormitina; pisolino; sonnellino: **to have a s.**, fare un pisolino **2** (*fig.*) (una) barba (*fig.*); una cosa noiosissima.

to **snooze** /snuːz/, *v. i.* (*fam.*) dormicchiare; sonnecchiare; fare un pisolino. ● **to s. away one's time**, sciupare il tempo sonnecchiando.

snore /snɔː(r)/, *n.* il russare; russamento (*raro*).

to **snore** /snɔː(r)/, *v. i.* russare. ● **to s. one's time away**, passare il tempo russando □ **He snored himself awake**, fu svegliato dal rumore che egli stesso faceva russando.

snorer /ˈsnɔːrə(r)/, *n.* chi russa.

snoring /ˈsnɔːrɪŋ/, **A** *a.* russante; che russa. **B** *n.* il russare; russamento (*raro*).

snorkel /ˈsnɔːkl/, *n.* **1** (*naut. mil.*) snorkel; presa d'aria per sommergibili **2** (*sport*) respiratore (*tubo con boccaglio*: *per un nuotatore*).

snort /snɔːt/, *n.* **1** sbuffo; sbuffata; lo sbuffare **2** (*naut. mil.*) *V.* **snorkel**, *def. 1* **3** (*pop.*) sniffata (*di droga*).

to **snort** /snɔːt/, **A** *v. i.* sbuffare; soffiare: **snorting horses**, cavalli che sbuffano; **The steam engine suddenly snorted and stopped**, all'improvviso la macchina a vapore sbuffò e si fermò. **B** *v. t.* **1** (*spesso* **to s. out**) esprimere (*o* manifestare, dire) sbuffando **2** (*pop.*) fiutare, sniffare (*droga*).

snorter /ˈsnɔːtə(r)/, *n.* **1** chi sbuffa **2** (*fam.*) vento impetuoso **3** (*fam.*) cosa eccezionale; fatto straordinario **4** (*fam.*) grossa difficoltà; rompicapo **5** (*fam.*) lavata di capo; ramanzina.

snorty /ˈsnɔːtɪ/, *a.* (*fam.*) impaziente; irascibile; collerico.

snot /snɒt/, *n.* (*volg.*) **1** moccio; muco nasale **2** individuo spregevole. ● **s. rag**, mocciichino; fazzoletto da naso.

snotnose /ˈsnɒtnəʊz/, *n.* (*fam.*) **1** moccioso; pivellino **2** individuo altezzoso, sprezzante, superbo, saccente.

snotty /ˈsnɒtɪ/, **A** *a.* **1** (*volg.*) moccioso; moccicoso (*tosc.*): **s. nose**, naso moccioso (*o* che goccia) **2** (*pop.*) spregevole **3** (*pop.*, = **s.-nosed**) sprezzante; altezzoso; sdegnoso. **B** *n.* (*gergo naut.*) aspirante di marina.

snout (**1**) /snaʊt/, *n.* **1** (*d'animale*) muso; grugno; grifo **2** (*pop. spreg.*: *di persona*) naso **3** (*tecn.*) beccuccio; cannello **4** (*geol.*) lingua glaciale **5** (*pop.*) informatore della polizia; spione. ● (*zool.*) **s. beetle** (*Curculio*), curculione, punteruolo (*del grano, ecc.*) □ (*geol.*) **the s. of a glacier**, la lingua d'un ghiacciaio.

snout (**2**) /snaʊt/, *n.* (*pop.*) **1** tabacco **2** sigaretta; cicca (*pop.*).

snow /snəʊ/, *n.* **1** neve; (*fig., poet.*) bianchezza, candore: **We were knee-deep in s.**, la neve ci arrivava alle ginocchia; **powdery s.**, neve farinosa **2** (*chim.*) neve carbonica; ghiaccio secco **3** (*radar, TV*) effetto neve **4** (*pop.*) neve; cocaina. ● (*bot.*) **s.-berry**, (*Symphoricarpos albus*) sinforicarpo bianco □ **s.-blind**, accecato dal riverbero della neve □ **s.-blindness**, cecità (temporanea) da neve; (*med.*) fotofobia da neve □ **s. blink**, riflesso della neve □ **s.-boots**, scarpe (*o* scarponi) da neve □ (*zool.*) **s.-bunting** (*Plectrophenax nivalis*), zigolo delle nevi □ **s.-capped**, incappucciato di neve □ (*autom.*) **s. chains**, catene da neve □ **s.-clad** (*o* **s.-covered**), coperto (*o* ammantato) di neve; innevato □ **s. fence**, steccato antineve □ **s. gaiter**, paraneve (*su scarpe o scarponi*) □ **s. gauge**, nivometro □ **s. goggles**, occhiali da neve □ (*zool.*) **s.-goose** (*Chen hyperboreus*), oca delle nevi □ (*zool.*) **s.-grouse** (*Lagopus mutus*), pernice bianca □ (*autom.*) **s. guard**, paraneve (*sul veicolo*) □ **s. havoc**, disastri provocati dalla neve □ **s.-ice**, neve ghiacciata □ (*fam. USA*) **s. job**, imbroglio, inganno; presa in giro; balla; frottola □ (*zool.*) **s. leopard** (*Felis uncia*), leopardo delle nevi □ (*fig.*) **the s. of the seventy years**, la canizie dei settant'anni □ (*zool.*) **s.-owl** (*Nyctea nyctea*), civetta delle nevi □ **s. pellets**, neve tonda □ (*bot.*) **s.-plant** (*Sarcodes sanguinea*), sarcode □ (*cucina*) **s. pudding**, budino di albumi montati a neve e di una gelatina al limone □ **s. shovel**, badile (*o* pala) da spalatore □ **s.-slide**, valanga; slavina □ (*autom.*) **s. tire** (*USA*: **s. tyre**), pneumatico antineve; gomma da neve □ **s.-white**, bianco come la neve; niveo: **a s.-white neck**, un collo niveo □ **fall of s.**, nevicata.

to **snow** /snəʊ/, **A** *v. i.* (*impers.*) nevicare; cader la neve: **It is snowing**, nevica; sta nevicando; cade la neve. **B** *v. t.* **1** (*fig.*) dare (*o* distribuire) a piene mani; gettare (*o* spargere) in abbondanza **2** (*pop. USA*) impressionare, fare colpo su (q.) (*raccontandogli balle*). ●

(*fig.*) **to s. in**, piovere da ogni parte: **Telegrams snowed in on her wedding day**, piovvero telegrammi da ogni parte il giorno del suo matrimonio □ (*USA*) **to s. under**, coprire di (*o* sommergere sotto) la neve; (*fig.*) sopraffare, sbaragliare, sconfiggere □ (*di persone*) **to be snowed in**, essere bloccato dalla neve □ (*di un avvenimento*) **to be snowed off**, essere impedito dalla neve (*o* rinviato per la neve) □ (*fig.*) **to be snowed under**, essere sommerso da (*inviti, reclami, ecc.*); essere sopraffatto da (*lavoro, ecc.*); (*USA*) essere clamorosamente battuto □ **to be snowed up**, (*di un luogo*) essere sommerso dalla neve; (*del traffico, ecc.*) essere bloccato dalla neve.

snowball /'snəʊbɔːl/, *n.* **1** palla di neve **2** (*bot., Viburnum opulus*; = **s.-tree**) palla di neve; pallone di maggio **3** budino di mele (*o* altra frutta) e riso **4** (*fig.*) valanga: **a s. of statistics**, una valanga di dati statistici. ● (*fam.*) **a s.'s chance in hell**, nessuna probabilità.

to **snowball** /'snəʊbɔːl/, **A** *v. i.* **1** lanciar palle di neve, far a pallate **2** (*fig.*) aumentare vorticosamente; crescere a valanga. **B** *v. t.* **1** colpire (q.) con una palla di neve; prendere (q.) a pallate **2** (*fig.*) far aumentare vorticosamente; far crescere a valanga.

snowbird /'snəʊbɜːd/, *n.* **1** (*zool.*; *in U.S.A.*) fringuello **2** (*zool., Plectrophenax nivalis*) zigolo delle nevi **3** (*pop. USA*) vagabondo; lavoratore stagionale **4** (*pop. USA*) cocainomane; eroinomane.

snowblower /'snəʊbləʊə(r)/, *n.* spartineve (*o* sgombraneve) a turbina.

snowboard /'snəʊbɔːd/, *n.* (*sport*) monoscì (*l'attrezzo*).

snowboarding /'snəʊbɔːdɪŋ/, *n.* (*sport*) monoscì (*l'attività*).

snowbound /'snəʊbaʊnd/, *a.* bloccato dalla neve (*o* dalle nevicate).

snowdrift /'snəʊdrɪft/, *n.* **1** cumulo di neve (*ammucchiata dal vento*) **2** raffica di neve.

snowdrop /'snəʊdrɒp/, *n.* (*bot.*) **1** (*Galanthus nivalis*) bucaneve **2** *Anemone quinquefolia*.

snowfall /'snəʊfɔːl/, *n.* **1** nevicata **2** (*meteor.*) quantità di neve caduta (*in una zona*).

snowfield /'snəʊfiːld/, *n.* campo di neve; nevaio.

snowflake /'snəʊfleɪk/, *n.* **1** fiocco di neve; falda **2** (*bot.*) varietà di bucaneve.

snowiness /'snəʊɪnəs/, *n.* **1** nevosità **2** (*fig.*) candore.

snowline /'snəʊlaɪn/, *n.* (*geogr.*) linea delle nevi perenni.

snowmaker /'snəʊmeɪkə(r)/, *n.* (*sport*) macchina per fare la neve artificiale.

snowmaking /'snəʊmeɪkɪŋ/, *a. attr.* per fare la neve: **a s. machine**, una macchina per fare la neve artificiale.

snowman /'snəʊmæn/, *n.* (*pl.* **snowmen**) pupazzo (*o* fantoccio) di neve (*fatto dai bambini per gioco*). ● **the Abominable S.**, l'abominevole Uomo delle nevi (*creatura favolosa della catena dell'Himalaya*).

snowmobile /'snəʊməbiːl/, *n.* (*sport*) cingolato munito di sci; gatto delle nevi.

snowplough /'snəʊplaʊ/, *n.* **1** spazzaneve; spartineve **2** (*sci*) spazzaneve.

snowplow /'snəʊplaʊ/, (*USA*) *V.* **snowplough**.

snowshed /'snəʊʃed/, *n.* (*autom., ferr.*) paraneve (*a protezione della strada o della ferrovia*).

snowshoe /'snəʊʃuː/, *n.* racchetta da neve.

to **snowshoe** /'snəʊʃuː/, *v. i.* camminare con le racchette da neve (*ai piedi*).

snowstorm /'snəʊstɔːm/, *n.* **1** tempesta di neve; tormenta **2** (*radar, TV*) effetto neve.

Snow-White /'snəʊwaɪt, *USA* -hw-/, *n.* (*nella favola*) Biancaneve.

snowy /'snəʊɪ/, *a.* **1** nevoso; coperto di neve: **a s. valley**, una vallata coperta di neve; **s. weather**, tempo nevoso **2** niveo; candido come neve; immacolato: **s. hair**, capelli candidi; **a s. handkerchief**, un fazzoletto immacolato. ● (*zool.*) **s. owl** (*Nyctea nyctea*), civetta delle nevi.

snub (1) /snʌb/, *n.* **1** affronto; offesa; umiliazione: **to suffer a s.**, subire un affronto **2** atteggiamento sprezzante; alterigia **3** (*naut.*) arresto improvviso di una nave (*specialm. con un cavo*) **4** (*arc.*) rampogna; rimprovero. ● (*naut.*) **s.-post**, palo di ormeggio.

snub (2) /snʌb/, *a.* **1** corto; basso; tozzo **2** (*di naso*) schiacciato e all'insù. ● **s.-nosed**, dal naso schiacciato e all'insù.

to **snub** /snʌb/, *v. t.* **1** fare un affronto a (q.); trattare (q.) con malagrazia; ignorare, non rispondere al saluto di (q.); snobbare **2** (*naut.*) arrestare, fermare (*una nave, specialm. con un cavo*) **3** (*arc.*) rampognare; rimproverare. ● (*naut.*) **snubbing post**, palo d'ormeggio.

snuba /'snuːbə/, *n.* (*contraz. fam. USA* di **snorkel** e **scuba**) (*sport*) respiratore (*per subacqueo*) collegato da un tubo con un'imbarcazione sovrastante.

snubby /'snʌbɪ/, *a.* **1** (*di naso*) schiacciato e all'insù **2** (*di persona*) dal naso all'insù **3** (*fig.*) altezzoso; sprezzante: **s. manners**, maniere sprezzanti.

snuff (1) /snʌf/, *n.* **1** *V.* **sniff** **2** tabacco da fiuto: **a pinch of s.**, una presa di tabacco. ● **s.-and-butter**, giallo-marrone □ **s.-coloured**, color tabacco □ **s.-taker**, chi fiuta tabacco □ **s.-taking**, il prendere (*o* fiutare) tabacco □ **to take s.**, prendere (*o* fiutare) tabacco □ (*fam.*) **to be up to s.**, essere in buone condizioni fisiche, essere in forma; aver buon fiuto; saperla lunga.

snuff (2) /snʌf/, *n.* **1** moccolaia; fungo (*di candela che arde*) **2** smoccolatura. ● (*fam.*) **s. film** (*o* **s. movie**), film con scene di vere uccisioni.

to **snuff** (1) /snʌf/, **A** *v. t. V.* **to sniff**. **B** *v. i.* **1** *V.* **to sniff** **2** fiutare tabacco.

to **snuff** (2) /snʌf/, **A** *v. t.* **1** smoccolare (*una candela*) **2** (*spesso* **to s. out**) spegnere (*una candela*): **He can s. a candle with a pistol**, riesce a spegnere una candela con un colpo di pistola **3** (*pop. USA*) ammazzare; fare fuori; uccidere. **B** *v. i.* (*fam.*, **to s. out**) spegnersi; morire. ● (*pop.*) **to s. it**, morire; tirare le cuoia □ (*fig.*) **to s. out**, estinguere; spegnere (*una sigaretta*); por fine a; reprimere; domare: **The rebellion was snuffed out**, la rivolta fu domata.

snuffbox /'snʌfbɒks/, *n.* tabacchiera.

snuffer (1) /'snʌfə(r)/, *n.* **1** spegnitoio **2** (*pl.*) (**= a pair of snuffers**) smoccolatoio.

snuffer (2) /'snʌfə(r)/, *n.* chi fiuta tabacco; (*spreg.*) tabaccone, tabaccona.

snuffle /'snʌfl/, *n.* **1** respiro rumoroso; il tirar su col naso **2** voce nasale **3** (*pl.*) **the snuffles**, raffreddore (di testa); catarro nasale. ● **to have the snuffles**, avere il naso chiuso.

to **snuffle** /'snʌfl/, *v. i.* **1** respirare rumorosamente; tirar su col naso **2** parlare col naso; parlare in tono lamentoso **3** (*arc.*) biascicare preghiere. ● **to s. out**, dire (*o* pronunciare) con voce nasale.

snuffler /'snʌflə(r), -fəl-/, *n.* **1** chi tira su col naso **2** chi parla con voce nasale **3** biascicone; bacchettone; baciapile; bigotto.

snuffy /'snʌfɪ/, *a.* **1** tabaccoso; sporco di tabacco **2** che fiuta tabacco **3** color tabacco **4** (*fig.*) scontroso; stizzoso **5** sgradevole.

snug /snʌg/, **A** *a.* **1** comodo; accogliente; confortevole; intimo; raccolto; riparato; sicuro; tranquillo: **in a s. corner**, in un comodo cantuccio; **a s. cottage**, una villetta confortevole; una bella casetta; **to be s. at home**, essere tranquillo a casa propria **2** (*d'abito*) aderente; attillato; comodo: **Is this dress too s.?**, è troppo attillato questo vestito? **3** celato; nascosto: **The burglar kept s. behind the curtains**, il ladro se ne stava nascosto dietro le tende. **B** *n.* separé (*in un pub*). ● **a s. dinner**, un buon pranzetto □ **a s. fortune**, un bel gruzzolo; un discreto patrimonio □ **a s. income**, un buon reddito; una bella rendita □ (*fig.*) **to be as s. as a bug in a rug**, stare comodissimo; stare da papa.

to **snug** /snʌg/, **A** *v. i.* **1** mettersi al coperto (*o* al riparo) **2** coricarsi; sdraiarsi; mettersi comodo **3** rannicchiarsi **4** (*naut.*) prepararsi per la tempesta. **B** *v. t.* **1** mettere in ordine **2** (*naut., di solito,* **to s. down**) preparare (*una nave*) per la tempesta.

snuggery /'snʌgərɪ/, *n.* **1** stanzetta accogliente, tranquilla; cantuccio appartato; posto comodo **2** salottino privato, separé (*di pub, alberghi, ecc.*).

to **snuggle** /'snʌgl/, **A** *v. i.* star accoccolato; star accucciato; accoccolarsi; rannicchiarsi; mettersi comodo (*fam.*): **to s. up to the fire**, rannicchiarsi vicino al fuoco. **B** *v. t.* stringere a sé (*un bambino, ecc.*); tener vicino; tener stretto a sé; coccolare; vezzeggiare. ● **to s. down**, mettere (*o* mettersi) comodo □ **to s. up** (**together**), rannicchiarsi, raggomitolarsi.

snugly /'snʌglɪ/, *avv.* **1** comodamente; tranquillamente **2** in un posto sicuro.

snugness /'snʌgnəs/, *n.* agio; comodità; intimità; ecc. (*V.* **snug**).

so (1) /səʊ, sʊ, sə/, **A** *avv.* **1** così; in questo modo; in questa maniera; tanto; talmente: **I didn't know it was so far**, non sapevo che fosse così lontano; **You mustn't behave so**, non ti devi comportare in questa maniera; **It isn't so cold today as yesterday**, oggi non fa tanto freddo quanto ieri (è meno freddo di ieri); **He was so fortunate as to escape**, fu così fortunato da salvarsi; **He's so tired that he cannot walk**, è così stanco che non riesce più a camminare **2** (*fam.*, = **so much**) tanto: **Why did you laugh so?**, perché ridevi tanto?; **She talks so!**, chiacchiera tanto!; è una tale chiacchierona! **3** (*fam.*) assai; molto; davvero: **I'm so happy to hear the good news**, sono davvero felice di apprendere la buona notizia **4** anche; pure: **Yes, I denied it, but so did you**, è vero, io lo negai, ma anche tu (ma tu pure); **«I'm fed up» «So am I»**, «sono stufo» «anch'io» **5** (*idiom.*) **Do you really think so?**, lo credi davvero?; **Why do you say so?**, perché dici questo?; **I told you so**, te l'avevo detto!; **I think [am afraid, hope] so**, credo [temo, spero] di sì; **«I didn't know about it» «So you did»**, «non ne sapevo niente» «lo sapevi, eccome!» (*o* «altroché se lo sapevi»); **«Look, it's raining» «So it is!»**, «guarda, piove» «davvero!»; **«I'm so sorry!» «So you should!»**, «me ne dispiace tanto» «lo credo bene!»; **I am not a child, and should not be so treated**, non sono un bambino, e non dovreste trattarmi come tale. **B** *cong.* **1** perciò; di conseguenza; quindi; e così: **It was late, so I went home**, era tardi, perciò andai a casa; **So you are back again**, e così, sei di ritorno (*o* sei di nuovo qui) **2** (*fam.*, = **so that**) cosicché; affinché; perché: **They died so we might live**, sono morti affinché noi potessimo vivere; hanno dato la vita per noi. ● **so and so**, così e cosà: **Tell him to do so and so**, digli di far così e cosà □ (*fam.*) **so-and-so**, (*sost.*: *pl.* **so-and-sos**), qualcuno, un tizio, un tale; (*eufem.*) tipo odioso, sgarbato, villano: **Don't be afraid so-and-so may laugh at you**, non temere che qualcuno rida di te □ **so as**, così da; in modo (tale) da: **Put it so as not to offend him**, esprimiti (*o* metti la cosa) in modo (tale) da non offenderlo □ **so-called**, cosiddetto □ **so far**, finora; fin qui; fino a questo punto: **Business has been good so far**, finora gli affari sono andati bene; **So far you're right**, fin qui, hai ragione; **Did they go so far?**, sono arrivati fino a questo punto (*o* a tanto)? □ **so far as**, per quanto: **so far as I know**, per quanto io sappia □ **so far from**, lungi da; invece di □ **so far so good**, fin qui, tutto (va) bene □ **S. kind of you!**, molto gentile da parte tua! □ (*fam.*) **So long!**, arrivederci!;

ciao! □ **so long as**, purché; a patto che; a condizione che □ **so much** [**so many**], tanto, tanta [tanti, tante] □ **so much the better**, tanto meglio! □ **so much for this matter**, e di ciò, basta; questo è tutto (*cfr. lat. «de hoc satis»*) □ **so much so that**, (così) tanto che: **She insisted on going to the party, so much so that her mother had to give in**, insistette tanto per andare al party che sua madre dovette cedere □ **so much the worse**, tanto peggio! □ (*fam.*) **so so**, così così; mediocre; passabile; passabilmente: **«How is business?» «Oh, only so so»**, «come vanno gli affari?» «Mah! così così» □ **so that**, affinché; cosicché; acciocché; poiché; perché □ **so that... not**, affinché... non □ **so to say** (*o* **so to speak**), per così dire □ (*fam.*) **So what?**, e con ciò?; e allora?; che me ne importa? □ **and so on** (*o* **and so forth**), e così via; eccetera □ **at so much a week**, a un tanto la settimana □ (*fam.*) **ever so**, molto; assai; tanto: **She's ever so nice**, è tanto graziosa □ (*fam.*) **ever so many**, altrettanti, altrettante: **I have two boys and ever so many girls**, ho due figli maschi, e altrettante femmine; □ **how so?**, ma come? □ **if so**, se è così; se le cose stanno così □ **just so**, (*avv.*) (*di oggetti*) al suo (al loro) posto, in ordine; (*cong., fam.*) purché; basta che (*fam.*) □ **just so!** (*o* **quite so!**), proprio così!; davvero! □ (*fam.*) **like so**, così; in questa maniera □ **Mr So-and-So**, il Signore Tal dei Tali □ **not so much as**, neanche; nemmeno; neppure: **He didn't so much as thank me**, non mi ringraziò neppure □ **not so much... as**, non tanto... quanto: **I was not so much tired as fed up**, non ero tanto stanco quanto stufo □ **or so**, circa; a un dipresso; giù di lì: **Give me a dozen or so**, me ne dia una dozzina o giù di lì □ **Quite so!**, proprio così!; esattamente!; d'accordo! □ **Why so?**, perché?; e perché mai? □ **Be it so!**, e sia, e così pure; così sia, amen □ **But it's so!**, ma è così; le cose stanno così, te l'assicuro □ **I consider it so much lost time**, a mio avviso è tutto tempo perso □ **I regard it as so much nonsense**, mi sembra tutto un mucchio di sciocchezze □ (*arc.*) **And so to bed**, dopo di che andai (andammo, ecc.) a letto □ (*anche relig.*) **So be it**, così sia; amen □ **So help me God!** (*nelle formule di giuramento*), così m'assista Iddio! □ **So many men, so many minds**, tante teste, tanti pareri (*cfr. lat. «Tot capita, tot sententiae»*) □ (*fam.*) **So that's that**, così è; ecco tutto; così stan le cose; è andata appunto così □ (**I had**) **told you so!**, te l'avevo detto (, io)! □ **You don't say so!**, davvero?; ma no!; è incredibile!

so (2) /səʊ/, *n.* (*mus.*) sol (*nota*).

soak /səʊk/, *n.* **1** bagnata; bagno (*anche ind.*); inzuppata; inzuppamento: **The linen was in s.**, la biancheria era a bagno **2** ammollamento; immersione; ammollo: **to put st. in s.**, mettere q.c. a mollo **3** (*fam.*) bevuta; sbornia **4** (*fam.*) beone; ubriacone; spugna (*fam.*) **5** (*fam.*) pioggia torrenziale; diluvio (*fam.*). ● **to have a nice long s. in the bath**, crogiolarsi a lungo dentro la vasca da bagno.

to **soak** /səʊk/, **A** *v. t.* **1** bagnare; infradiciare; ammollare; mettere a mollo (*o* a bagno); inzuppare; tuffare: **The sudden downpour soaked us**, l'improvviso acquazzone c'infradiciò; **to s. bread in wine**, inzuppare il pane nel vino; **to s. biscuits in white coffee**, tuffare biscotti nel caffelatte **2** imbevere; impregnare: **Don't s. the brush with paint!**, non impregnare di vernice il pennello! **3** (*fis.*) saturare **4** (*fam.*) colpire; percuotere; picchiare **5** (*fam.*) tartassare; bistrattare; gravare (*con prezzi o imposte esorbitanti*); pelare (*fig. fam.*): **to s. the rich**, tartassare (d'imposte) i ricchi; **to s. tourists**, pelare i turisti. **B** *v. i.* **1** imbeversi; ammollarsi; impregnarsi; inzupparsi **2** (*fis.*) saturarsi **3** filtrare; infiltrarsi; penetrare; (*fig. fam.*) entrare: **Blood has soaked through his shirt**, il sangue è filtrato attraverso la camicia; **Water soaks into the earth**, l'acqua penetra nel terreno; **The idea soaked into his head at last**, finalmente l'idea gli entrò in testa **4** (*fam.*) bere smodatamente; bere come una spugna. **C** to **soak oneself**, *v. rifl.* **1** immergersi; mettersi a mollo; fare il bagno **2** (*fig.*) imbeversi; fare studi profondi: **to s. oneself in a doctrine**, imbeversi d'una dottrina; **to s. oneself in philosophy**, fare studi profondi di filosofia. ● (*di liquido*) **to s. one's way**, filtrare; infiltrarsi; penetrare □ **to be soaked to the skin**, esser tutto bagnato; esser fradicio (*o* zuppo) □ **to let the linen s. in warm water**, ammollare (*o* mettere a mollo) la biancheria nell'acqua calda.

♦**soak away**, *v. i.* + *avv.* (*di un liquido*) assorbirsi; scomparire per assorbimento.

♦**soak in**, *v. i.* + *avv.* **1** assorbirsi; penetrare per assorbimento: **The rain has soaked in only a few inches**, la pioggia è penetrata nel terreno soltanto per pochi centimetri **2** (*fig. fam.*: *di un'idea, un concetto, ecc.*) essere recepito (*o* capito) a poco a poco.

♦**soak off**, *v. t.* + *avv.* (*o prep.*) togliere (*o* staccare) mettendo a bagno (*o* a mollo): **to s. a label off a bottle**, staccare l'etichetta da una bottiglia mettendola a bagno.

♦**soak out**, **A** *v. t.* + *avv.* **1** togliere (*una macchia*) con l'ammollo **2** smacchiare (*indumenti, ecc.*) mettendoli a mollo. **B** *v. i.* + *avv.* (*di macchia, ecc.*) andare via con l'ammollo.

♦**soak through**, **A** *v. i.* + *avv.* (*di un liquido, della pioggia, ecc.*) penetrare; passare; causare infiltrazioni. **B** *v. t.* + *avv.* inzuppare, infradiciare (*di pioggia*); bagnare fradicio: **We were soaked through**, eravamo bagnati fradici. **C** *v. i.* + *prep.* **1** filtrare da; infiltrarsi attraverso: **The rain is soaking through the roof**, la pioggia filtra dal tetto **2** infradiciare, inzuppare: **The snow has soaked through my shoes**, la neve mi ha infradiciato le scarpe.

♦**soak up**, *v. t.* + *avv.* **1** assorbire (*un liquido*) **2** asciugare, tirare su (*fam.*): **to s. up water** [**spilt milk**] **with a sponge** [**a cloth**], asciugare l'acqua [il latte versato] con una spugna [uno straccio] **3** (*fig.*) assorbire (*idee e sim.*); imbeversi di; recepire □ **to s. up the sunshine**, bearsi al sole; fare un bagno di sole.

soakage /ˈsəʊkɪdʒ/, *n.* **1** ammollamento; inzuppamento **2** assorbimento; (*scient.*) imbibizione **3** infiltrazione; liquido assorbito (*o* che è filtrato).

soaked /səʊkt/, *a.* **1** imbevuto; impregnato; inzuppato **2** bagnato fradicio **3** (*pop.*) ubriaco; sbronzo (*pop.*). ● (*di un luogo*) **s. in sunshine**, pieno di sole; soleggiato □ **s. to the skin**, bagnato fino alle ossa □ (*fig.*) **a house s. in childhood memories**, una casa piena di ricordi dell'infanzia.

soaker /ˈsəʊkə(r)/, *n.* **1** chi ammolla; chi inzuppa **2** (*fam.*) acquazzone; rovescio di pioggia; diluvio (*fig.*) **3** (*fam.*) beone; ubriacone; spugna (*fam.*).

soaking (1) /ˈsəʊkɪŋ/, *n.* **1** ammollamento; immersione; inzuppamento; bagnata; (*tecn.*) bagno **2** assorbimento; (*scient.*) imbibizione **3** (*ind.*) macerazione; rinverdimento (*del cuoio*) **4** (*fam.*) acquazzone; rovescio di pioggia. ● (*metall.*) **s. pit**, fossa di permanenza (*di lingotti*) □ **s. vat**, vasca di macerazione (*o* di rinverdimento).

soaking (2) /ˈsəʊkɪŋ/, *a.* (*di pioggia, ecc.*) dirotto; scrosciante. ● (*di persona*) **s. wet**, zuppo; bagnato fradicio.

soap /səʊp/, *n.* **1** sapone: **a bar** (*o* **a cake, a tablet**) **of s.**, un pezzo di sapone; una saponetta; **scented s.**, sapone profumato; **mottled s.**, sapone marezzato; **washing s.**, sapone da bucato; (*chim.*) **insoluble soaps**, saponi insolubili **2** (*fam.*) adulazione **3** (*fam.*) *V.* **soap opera** **4** (*pop. USA*) denaro che serve per corrompere; bustarella. ● **s. boiler**, saponaio; fabbricante di sapone □ (*anche fig.*) **s. bubble**, bolla di sapone □ **s. dish**, portasapone □ **s. dispenser**, macchinetta del sapone (*liquido o in polvere*) □ **s. factory**, saponificio; saponeria □ **s. flakes**, sapone in scaglie; scaglie di sapone □ **s. manufacturer**, fabbricante di sapone; saponaio; saponiere □ (*radio, TV, fam.*) **s. opera**, soap opera; telenovela; sceneggiato sentimentale a puntate; serie radiofonica (*o* televisiva) sulla storia di una famiglia e le sue traversie □ **s. powder**, sapone in polvere □ **s.-works**, saponificio; saponeria □ (*bot.*) **s.-plant** (*Saponaria officinalis*), saponaria □ (*fam. USA*) **no s.!**, niente da fare!; non attacca (*fig.*)! □ **shaving s.**, sapone da barba □ **soft s.**, sapone liquido; (*fig.*) adulazione, lusinghe.

to **soap** /səʊp/, *v. t.* **1** (*spesso* **to s. down**) insaponare: **to s. oneself down**, insaponarsi **2** (*fig.*, = **to soft-s.**) adulare; lisciare; lusingare; insaponare (*fig.*) **3** (*pop. USA*) corrompere.

soapbox /ˈsəʊpbɒks/, *n.* **1** cassa per sapone (*imballaggio*) **2** (scatola) portasapone **3** (*fam.*) palco improvvisato; podio di fortuna. ● **s. orator**, oratore improvvisato.

soapiness /ˈsəʊpɪnəs/, *n.* **1** l'essere saponaceo (*o* saponoso) **2** (*fig.*) l'essere adulatorio; untuosità.

soapstone /ˈsəʊpstəʊn/, *n.* (*miner.*) steatite; talco.

soapsuds /ˈsəʊpsʌdz/, *n. pl.* saponata.

soapwort /ˈsəʊpwɜːt/, *n.* (*bot.*, *Saponaria officinalis*) saponaria.

soapy /ˈsəʊpɪ/, *a.* **1** insaponato: **s. hands**, mani insaponate **2** saponaceo; saponoso; di sapone **3** (*fig.*) adulatorio; insinuante; untuoso: **a s. appeal to brotherhood**, un untuoso appello alla fratellanza **4** (*fig.*) sentimentale. ● **s. water**, acqua saponata.

to **soar** /sɔː(r)/, *v. i.* **1** volare in alto; alzarsi in volo; levarsi in alto; librarsi (*anche fig.*) **2** (*aeron.*) veleggiare; librarsi in aria **3** (*di monti, grattacieli, ecc.*) elevarsi; svettare **4** (*fig.*: *di pensieri, ecc.*) elevarsi **5** (*fig.*) aumentare (*o* crescere, salire) vertiginosamente; andare alle stelle: **When oil prices soared the boom died down**, quando i prezzi del petrolio andarono alle stelle, il boom finì.

soaring /ˈsɔːrɪŋ/, **A** *a.* **1** che vola; che si leva in alto; che si libra **2** (*fig.*) altissimo; svettante; eccelso; elevato; sublime: **a s. spire**, una guglia altissima; **s. skyscrapers**, grattacieli svettanti; **s. ideals**, ideali sublimi. **B** *n.* **1** l'alzarsi (in volo) **2** (*fig.*) aumento vertiginoso **3** (*aeron.*) volo librato (*o* planante, planato) (*d'aliante*) **4** (*zool.*) volo planato. ● **s. ambition**, ambizione sconfinata.

sob /sɒb/, *n.* singhiozzo; singulto. ● (*fam.*) **sob sister**, cronista che fa servizi su casi patetici (*o* pietosi) □ (*fam.*) **sob story**, storia strappalacrime (*fam.*) □ (*fam.*) **sob stuff**, sentimentalismo eccessivo; discorso (*o* scritto, film, ecc.) sentimentale (*o* melodrammatico).

to **sob** /sɒb/, *v. i.* **1** singhiozzare **2** (*fig.*: *del vento, ecc.*) lamentarsi; gemere. ● **to sob one's heart out**, piangere dirottamente (*o* calde lacrime); scoppiare in singhiozzi disperati □ **to sob oneself to sleep**, addormentarsi stremato dai singhiozzi □ **to sob out**, dire (*o* raccontare) tra i singhiozzi.

sobbing /ˈsɒbɪŋ/, **A** *a.* singhiozzante. **B** *n.* il singhiozzare; singhiozzi (*collett.*).

sobbingly /ˈsɒbɪŋlɪ/, *avv.* singhiozzando; fra i singhiozzi.

sober /ˈsəʊbə(r)/, *a.* **1** astemio; che non beve; non su di giri; sobrio; non ubriaco: **Tomorrow we'll be s.**, domani ci asterremo dal bere; **I never met him s.**, non l'ho mai incontrato che non fosse su di giri **2** sobrio; parco; temperante; moderato (*specialm. nel bere, nel mangiare*): **a s. man**, un uomo sobrio; **a s. colour**, una tinta sobria, seria **3** assennato; equilibrato; savio; serio; composto; calmo; tranquillo; sereno: **a s. youth**, un giovane assennato (*o* serio, tranquillo); **I spent many s. hours in reading**, passai molte ore calme (*o* serene) nella lettura. ● **a s. estimate**, un preventivo ragionevole □ **s.-minded**, serio; ragionevole; saggio □ (*scherz.*) **s.-sides**, persona molto seria e contegnosa □ **the s. truth**, la pura verità □ **to be as s. as a judge**, non essere affatto ubriaco; avere la mente lucida □ **to get s.**, calmarsi, rinsavire; smaltire la sbornia □ **in s. fact**, in realtà; in effetti; stando ai fatti □ (*fam.*) **He's in s. earnest**, fa (proprio) sul serio. || **-ly**, *avv.*

to **sober** /'səʊbə(r)/, **A** *v. t.* **1** (*spesso* **to s. down**) calmare; far rinsavire; mettere (q.) tranquillo (*fam.*) **2** (*spesso* **to s. up**) far passare la sbornia a (q.). **B** *v. i.* **1** (*di solito* **to s. down**) calmarsi; metter giudizio; rinsavire; mettersi tranquillo (*fam.*) **2** (*di solito* **to s. up**) smaltire la sbornia: **You mustn't drive if you don't s. up**, se non ti passa la sbornia, non devi guidare.

soberness /'səʊbənəs/, *V.* **sobriety**.

sobriety /sə'braɪətɪ/, *n.* **1** l'essere sobrio (*non ubriaco*) **2** sobrietà; moderazione; temperanza **3** assennatezza; equilibrio; calma; serietà.

sobriquet /'səʊbrɪkeɪ/ (*franc.*), *n.* **1** nomignolo; soprannome **2** pseudonimo.

socage, soccage /'sɒkɪdʒ/, *n.* (*stor.*) possesso di beni feudali soggetto a canone d'affitto o a prestazione di servizi.

soccer /'sɒkə(r)/, **A** *n.* (*sport*) (gioco del) calcio (*deriva, per contraz., dal termine ufficiale* **Association Football**). **B** *a. attr.* calcistico: **s. allegiance**, fede calcistica; **s. tournament**, torneo calcistico. ● **s. expert**, intenditore di gioco del calcio □ **s. fan**, tifoso di calcio □ **s. field**, campo di calcio □ **s. match**, incontro (*o* partita) di calcio □ **s. player**, calciatore □ **s. star**, campione del calcio (*fam.*: della pedata); pedatore (*scherz.*).

sociability /səʊʃə'bɪlətɪ/, *n.* **1** socievolezza; sociabilità (*lett.* o *tecn.*) **2** affabilità; cordialità.

sociable /'səʊʃəbl/, **A** *a.* **1** socievole; sociabile (*lett.* o *tecn.*) **s. animals**, animali socievoli **2** affabile; cordiale; socievole; amichevole **3** piacevole; passato in buona compagnia: **a s. evening**, una serata piacevole (*o* animata). **B** *n.* **1** (*stor.*) giardiniera (*carrozza*) **2** (*stor.*) triciclo a due posti **3** amorino, vis-à-vis (*divano settecentesco a due posti, a forma di «S»*). || **-ness**, *sost.* || **-bly**, *avv.*

social /'səʊʃl/, **A** *a.* **1** sociale: **s. reforms**, riforme sociali; **s. progress**, progresso sociale; **the s. contract**, (*filos.*) il contratto sociale; (*polit., econ.*) il patto sociale; **s. problems**, problemi sociali; **s. insurance**, previdenza sociale **2** socievole; affabile; amichevole; cordiale: **a s. nature**, un carattere socievole **3** (*zool.*) socievole; gregario: **The ant is a s. creature**, le formiche sono animali gregari **4** sociale; mondano: **s. club**, club sociale; **a s. evening**, una serata mondana; **s. happenings**, avvenimenti mondani; mondanità. **B** *n.* festa pubblica; trattenimento; raduno sociale. ● **s. anthropology**, antropologia sociale □ **s. benefits**, provvidenze sociali □ (*fisc.*) **s. charges**, oneri sociali □ **a s. climber**, un arrivista; un arrampicatore sociale □ **s. climbing**, arrivismo □ **s. customs**, usanze sociali; comportamento in società □ **s. dancing**, danze in sale pubbliche □ (*polit.*) **s. democracy**, socialdemocrazia □ (*polit.*) **a s. democrat**, un socialdemocratico □ (*polit.*) **s. democratic**, socialdemocratico (*agg.*) □ **one's s. equal**, una persona del proprio ceto □ **s. intercourse**, rapporti sociali □ **s. kissing**, il baciarsi come forma di saluto □ **s. mobility**, mobilità sociale □ **s. science**, scienze sociali □ **s. scientist**, sociologo □ **s. security**, previdenza sociale □ **s. security agencies**, enti di assistenza sociale; istituti di previdenza sociale □ (*in G.B.* e *U.S.A.*) **s. security number**, (numero di) codice della previdenza sociale (*funge anche da «codice fiscale» per i lavoratori dipendenti*) □ **s. security plan**, sistema previdenziale □ **s. services**, servizi sociali □ **s. status**, posizione sociale □ **s. students**, studiosi di scienze sociali □ **s. studies**, (studi di) scienze sociali □ (*econ., stat.*) **s. survey**, indagine sociologica □ **s. work**, servizi sociali; assistenza sociale □ **a s. worker**, un assistente sociale □ **to have s. tastes**, essere socievole; aver gusti mondani; essere un uomo (*o* una donna) di mondo.

socialism /'səʊʃəlɪzəm/, *n.* (*polit.*) socialismo.

socialist /'səʊʃəlɪst/, *n.* e *a.* (*polit.*) socialista. ● (*arte, lett., mus.*) **s. realism**, realismo socialista.

socialistic /səʊʃə'lɪstɪk/, *a.* (*polit.*) socialistico; socialista.

socialite /'səʊʃəlaɪt/, *n.* (*fam.*) **1** persona mondana; uomo di mondo **2** (*USA*) personaggio noto (*o* in vista) dell'alta società.

sociality /səʊʃɪ'ælətɪ/, *n.* **1** socialità **2** socievolezza.

socialization /səʊʃəlaɪ'zeɪʃn, *USA* -lɪ'z-/, *n.* **1** (*polit., econ.*) socializzazione **2** (*psic.*) integrazione (*specialm. di un bambino*) nella società; socializzazione.

to **socialize**, to **socialise** /'səʊʃəlaɪz/, **A** *v. t.* **1** (*polit., econ.*) socializzare **2** (*psic.*) adattare (q.) alla società e alle sue norme; socializzare. **B** *v. i.* intrattenere rapporti sociali; socializzare. ● (*USA*) **socialized medicine**, assistenza medica da parte dello stato.

socially /'səʊʃəlɪ/, *avv.* socialmente.

societal /sə'saɪətl/, *a.* societario; della società; della comunità. || **-ly**, *avv.*

society /sə'saɪətɪ/, *n.* **1** società; comunità sociale: **a danger to s.**, un pericolo per la società **2** associazione (*anche leg.*); istituzione; compagnia: **a charitable s.**, un'associazione di beneficenza; **a learned s.**, un'associazione culturale; (*relig.*) **the S. of Jesus**, la Compagnia di Gesù; i Gesuiti **3** (*form.*) compagnia: **He avoids s.**, fugge la compagnia (dei suoi simili); **I do not seek his s.**, non cerco la sua compagnia **4** (= **high s.**) (l') alta società; (il) bel mondo **5** (*ecol.*) società. ● **s. column**, rubrica di cronaca mondana □ **s. gossip**, pettegolezzi del bel mondo □ **a s. man [woman]**, un uomo [una donna] di mondo □ (*relig.*) **the S. of Friends**, i Quaccheri (*nome ufficiale*) □ **s. verse**, versi di circostanza; poesia giocosa, leggera □ (*leg., econ.*) **a cooperative s.**, una (società) cooperativa □ **to go a great deal into s.**, andare spesso in società; frequentare spesso il bel mondo □ **in polite s.**, nella buona società; fra la gente bene.

Socinian /səʊ'sɪnɪən/, *a.* e *n.* (*stor., relig.*) sociniano.

Socinianism /səʊ'sɪnɪənɪzəm/, *n.* (*stor., relig.*) socinianismo.

sociobiological /səʊsɪəʊbaɪə'lɒdʒɪkl/, *a.* sociobiologico.

sociobiologist /səʊsɪəʊbaɪ'ɒlədʒɪst/, *n.* sociobiologo.

sociobiology /səʊsɪəʊbaɪ'ɒlədʒɪ/, *n.* sociobiologia.

sociodynamic /səʊsɪəʊdaɪ'næmɪk/, *a.* sociodinamico.

socioeconomic /səʊsɪəʊi:kə'nɒmɪk/, *a.* socioeconomico. || **-ally**, *avv.*

sociolinguistic /səʊsɪəʊlɪŋ'gwɪstɪk/, *a.* sociolinguistico.

sociolinguistics /səʊsɪəʊlɪŋ'gwɪstɪks/, *n. pl.* (*col verbo al sing.*) sociolinguistica.

sociologese /səʊsɪɒlə'dʒi:z/, *n.* gergo della sociologia.

sociological /səʊsɪəʊ'lɒdʒɪkl/, *a.* sociologico. || **-ly**, *avv.*

sociologist /səʊsɪ'ɒlədʒɪst/, *n.* sociologo.

sociology /səʊsɪ'ɒlədʒɪ/, *n.* sociologia.

sociometric /səʊsɪəʊ'metrɪk/, *a.* sociometrico: **s. test**, test sociometrico.

sociometry /səʊsɪ'ɒmətrɪ/, *n.* sociometria.

sociopath /'səʊsɪəʊpæθ/, *n.* (*psic.*) sociopatico.

sociopathic /səʊsɪəʊ'pæθɪk/, *a.* (*psic.*) sociopatico.

sociopathy /səʊsɪ'ɒpəθɪ/, *n.* (*psic.*) sociopatia.

sociopolitical /səʊsɪəʊpə'lɪtɪkl/, *a.* sociopolitico.

sociotherapy /səʊsɪəʊ'θerəpɪ/, *n.* (*psic.*) socioterapia.

sock (**1**) /sɒk/, *n.* **1** calza corta (*da uomo*); calzino **2** soletta **3** (*aeron.*, = **windsock**) manica a vento **4** (*letter.*) socco; calzare basso (*usato dai comici antichi*); (*fig.*) la commedia. ● (*pop. USA*) **s. hop**, ballo senza scarpe □ **s. suspenders**, giarrettiere (*da uomo*) □ (*fig.*) **to pull one's socks up**, rimboccarsi le maniche (*fig.*); darci sotto (*fam.*) □ (*fam.*) **to put a s. in it**, stare zitto; zittirsi.

sock (**2**) /sɒk/, **A** *n.* (*pop.*) colpo (*di pietra, ecc.*); percossa; pugno; cazzotto. **B** *avv.* (*pop.*) dritto; in pieno; proprio: **He hit me s. in the chin**, mi colpì dritto al mento.

to **sock** /sɒk/, *v. t.* (*pop.*) **1** gettare, lanciare, scagliare (*un sasso, una palla*) **2** colpire; percuotere; dare un pugno a (q.). ● (*fam. USA*) **to s. away**, mettere da parte, risparmiare □ (*fam. USA*) **to s. it to sb.**, far vedere a q. chi si è; fare vedere i sorci verdi a q. (*fig.*) □ (*fam. USA*) **to be socked in**, essere bloccato dal maltempo (*rif. ad aeroporto*); essere costretto a terra (*rif. ad aereo*).

sockdolager, sockdologer /sɒk'dɒlədʒə(r)/, *n.* (*pop., specialm. USA*) **1** colpo decisivo; argomento che taglia la testa al toro **2** cosa (*o* persona) straordinaria; cannonata (*fig.*).

socker /'sɒkə(r)/, *V.* **soccer**.

socket /'sɒkɪt/, *n.* **1** (*in genere*) incavatura; incavo; cavità: **the s. of the hip**, l'incavo dell'anca **2** (= **eyesocket**) orbita (*dell'occhio*); occhiaia **3** (*dei denti*) alveolo **4** (*di candelabro*) bocciolo: **The candle is too large for this s.**, la candela è troppo grossa per questo bocciolo **5** (*elettr.*) portalampada; zoccolo (*di lampadina*): **bayonet s.**, portalampada a baionetta **6** (*elettr.*, = **s. outlet**) presa (di corrente); presa luce: **flush s.**, presa incassata **7** (*di tubo*) manicotto; bicchiere: **a s.-pipe**, un tubo (*di conduttura*) a bicchiere. ● (*mecc.*) **s. joint**, giunto a incastro; manicotto □ (*mecc.*) **s. punch**, fustella □ (*mecc.*) **s. wrench**, chiave fissa a tubo.

to **socket** /'sɒkɪt/, *v. t.* mettere in un incavo; incassare; provvedere di un incavo.

sockeye /'sɒkaɪ/, *n.* (*zool., Oncorhynchus nerka*) salmone rosso.

socking /'sɒkɪŋ/, *avv.* (*fam. ingl.*) molto; assai; enormemente: **a s. large sum of money**, un'enorme somma di denaro.

socko /'sɒkəʊ/, (*pop. USA*) **A** *a.* eccezionale; straordinario; formidabile; di gran successo. **B** *n.* **1** grande successo (*di uno spettacolo, ecc.*) **2** (*boxe*) pugno alla mascella.

socle /'sɒkl/, *n.* (*archit.*) zoccolo; plinto.

Socrates /'sɒkrəti:z/, *n.* (*stor.*) Socrate.

Socratic /sə'krætɪk/, *a.* e *n.* (*filos.*) socratico: **S. method**, metodo socratico. || **-ally**, *avv.*

sod (**1**) /sɒd/, *n.* **1** zolla erbosa; piota **2** terreno erboso. ● (*fig.*) **to be under the sod**, essere nella tomba; esser morto e sepolto. ● **sod house**, capanna di zolle e sterpi.

sod (**2**) /sɒd/, *n.* (*pop. volg.*) **1** fottuto, fottutaccio, stronzo, rompicazzo (*volg.*); bastardo; scocciatore **2** seccatura; scocciatura; rottura (*pop.*) **3** (*scherz.*) tipo; tale; tizio. ● **a poor s.**, un poveraccio; un disgraziato □ **I don't care** (*o* **I don't give**) **a sod**, non me ne frega niente (*pop.*).

to **sod** (**1**) /sɒd/, *v. t.* ricoprire (*il terreno*) con zolle erbose; piotare.

to **sod** (**2**) /sɒd/, *v. t.* (*volg.*) mandare al diavolo; mandare affanculo (*volg.*): **Sod the TV set!**, al diavolo il televisore! ● **to sod off**, andare affanculo, cavarsi dal cazzo (*volg.*): **Sod off!**, vaffanculo!

soda /'səʊdə/, *n.* **1** (*chim.*) soda (*carbonato di sodio*) **2** (*chim.*) bicarbonato di sodio **3** (*chim.*) idrossido di sodio; soda caustica **4** *V.* **ice-cream soda** **5** (= **s. water**) acqua di selz; soda: **whisky and s.**, whisky e soda **6** (*USA*) bibita frizzante (*o* effervescente); bevanda gassata. ● **s. ash**, soda □ **s. biscuit** (*o* **s. cracker**), biscotto fatto lievitare col bicarbonato; galletta □ (*USA*) **s. fountain**, banco (*o* mescita) di bevande non alcoliche (*vende anche gelati, ecc.*) □ (*pop. USA*) **s. jerk**, chi lavora in un **s. fountain** (*q.V.*) □ **s. lime**, calce sodata □ **s. siphon**, sifone (per acqua di selz) □ **baking s.**, bicarbonato di sodio □ **caustic s.**, soda caustica; idrossido di sodio □ **washing s.**, soda (per lavare); carbonato di sodio.

sodalite /'səʊdəlaɪt/, *n.* (*miner.*) sodalite.

sodality /səʊ'dælətɪ/, *n.* sodalizio; confraternita.

sodden /'sɒdn/, *a.* **1** bagnato fradicio; inzuppato; zuppo **2** (*di pane, ecc.*) molle e umido; pesante **3** (*fig.*) abbrutito, reso ottuso, istupidito (*specialm. per il troppo bere*) **4** (*fig.*) privo di fantasia; spento (*fig.*).

to **sodden** /'sɒdn/, **A** *v. t.* impregnare d'acqua; inzuppare; infradiciare. **B** *v. i.* impregnarsi d'acqua; inzupparsi; infradiciarsi.

soddenness /'sɒdnnəs/, *n.* **1** l'esser fradicio (*o* zuppo) **2** (*del pane*) l'essere molle e umido; pesantezza **3** (*fig.*) stato di abbrutimento (*per il troppo bere*).

sodding /'sɒdɪŋ/, *a.* (*pop. volg.*) fottuto, stronzo (*volg.*); seccante; scocciante; merdoso, di merda (*volg.*).

soddy /'sɒdɪ/, **A** *a.* coperto di zolle; erboso. **B** *n.* (*USA*) capanna di zolle e sterpi.

sodic /'səʊdɪk/, *a.* (*chim.*) sodico.

sodium /'səʊdɪəm/, *n.* (*chim.*) sodio. ● **s. bicarbonate**, bicarbonato di sodio □ **s. carbonate**, carbonato di sodio; soda (*per lavare*) □ **s. chloride**, cloruro di sodio; sale da cucina □ **s. hydroxide**, idrossido di sodio; soda caustica □ **s. lamp**, *V.* **s.-vapour lamp** □ **s. nitrate**, nitrato di sodio □ **s. perborate**, perborato di sodio □ **s. sulfate**, solfato di sodio □ **s.-vapour lamp**, lampada a vapori di sodio.

Sodom /'sɒdəm/, *n.* (*stor., geogr.*) Sodoma.

sodomite /'sɒdəmaɪt/, *n.* sodomita.

sodomitical /sɒdə'mɪtɪkl/, *a.* sodomitico. || **-ly**, *avv.*

sodomization /sɒdəmaɪ'zeɪʃn, *USA* -mɪ'z-/, *n.* sodomizzazione.

to **sodomize** /'sɒdəmaɪz/, *v. t.* sodomizzare.

sodomy /'sɒdəmɪ/, *n.* sodomia.

soever /səʊ'ɛvə(r)/, *suff.* (*talvolta a sé stante, di solito apposto a pron. e agg. relat.*) che sia; -unque: **whosoever**, chiunque; **whatsoever**, checchessia; **wheresoever**, dovunque. ● **how great s. it may be**, per quanto grande esso sia □ **no help s.**, nessuna sorta d'aiuto.

sofa /'səʊfə/, *n.* sofà; divano; canapè. ● **s. bed**, divano letto □ (*pop. USA*) **s. spud**, teledipendente.

soffione /səʊfɪ'əʊnɪ/ (*ital.*), *n.* (*pl.* **soffioni**) (*geol.*) soffione.

soffit /'sɒfɪt/, *n.* (*archit.*) intradosso (*parte superiore interna di arco o architrave*). ● **archway s.**, intradosso.

soft /sɒft, *USA* sɔːft/, **A** *a.* **1** molle; soffice; morbido; cedevole; tenero; (*fig.*) debole; fiacco: **s. ground**, terreno molle; (*anat.*) **the s. palate**, il palato molle; **s. wool**, lana soffice; **a s. bed**, un letto morbido; **s. skin**, pelle morbida; **a s. pencil**, una matita morbida; **s. wheat**, grano tenero; **s. muscles**, muscoli molli, fiacchi; **He has a s. heart**, ha il cuore tenero **2** mite; dolce; delicato; soave; tenue: **s. air**, aria dolce, mite; **a s. winter**, un inverno mite; **a s. breeze**, una dolce brezza; **a s. voice [music]**, una voce [una musica] dolce (*o* delicata, soave); **s. colours**, colori tenui; tinte delicate **3** conciliante; gentile; blando; troppo indulgente; tenero (*fig.*): **a s. answer**, una risposta conciliante; **to be s. on sb.**, avere del tenero per q.; **He was accused of being s. on Neo-Fascism**, fu accusato d'essere troppo tenero con i neofascisti **4** (*di suono*) basso; quieto; sommesso: **in a s. voice**, a voce bassa; in tono sommesso; **a s. murmur**, un mormorio sommesso **5** (= **s.-headed**) sciocco; scemo; stupido **6** lieve; facile; agevole; leggero: **s. rain**, pioggia leggera; pioggerella; **a s. tap**, un colpo lieve; un colpetto; un colpettino (*alla porta, ecc.*); **a s. job**, un lavoro facile; un compito agevole **7** (*fon.*) dolce; palatalizzato, molle; sonoro: **«G» is s. in «gentle», but hard in «gift»**, la «g» è dolce nella parola «gentle», ma dura in «gift» **8** (*autom.*: *di pneumatico*) poco gonfio; sgonfio; basso **9** (*di detersivo*) biodegradabile **10** (*di stupefacente*) leggero **11** (*chim.*) dolce: **s. water**, acqua dolce **12** (*metall.*) dolce: **s. steel**, acciaio dolce; **s. solder**, lega per brasatura dolce; stagno per saldare; **s. soldering**, brasatura dolce; saldatura a stagno **13** (*fam.*) umanistico: **a s. science**, una materia umanistica. **B** *n.* **1** (il) molle; (le) parti molli **2** sempliciotto; stolto; stupido. **C** *avv.* **1** (*arc.*) adagio; piano **2** delicatamente; sommessamente: **s.-whispering**, che sussurra sommessamente. ● **s.-boiled eggs**, uova alla coque □ (*gramm. greca*) **s. breathing**, spirito dolce □ **s. coal**, carbone bituminoso □ **s.-core film**, film spinto; film erotico (*ma non pornografico*) □ (*elab.*) **s. copy**, copia soft □ (*med.*) **s. corn**, durone □ (*econ.*) **s. currency**, valuta debole; moneta non convertibile (*in oro*) □ **a s. day**, una giornata piovosa □ (*fam.*) **s. drinks**, bevande non alcoliche; (*specialm.*) bibite □ **s. drug**, droga leggera (*marijuana, ecc.*) □ **s.-footed**, dal passo felpato □ **s. fruit**, frutti di bosco (*fragole, mirtilli, ecc.*) □ **s. furnishings**, tessuti per arredamento (*tende, copertine, tappeti, ecc.*) □ **s. goods**, (*econ.*) beni non durevoli; (*comm.*) stoffe, tessuti □ **s.-headed**, sciocco; scemo; stupido □ **s.-hearted**, dal cuore tenero; compassionevole; sensibile; pietoso □ **s.-heartedness**, tenerezza; sensibilità; pietà □ (*fam.*) **s. in the head**, debole di cervello; arteriosclerotico □ (*miss.*) **s. land** (*o* **s. landing**), atterraggio morbido □ (*miss.*) **s.-lander**, astronave che fa un atterraggio morbido □ **s. lens**, lente a contatto morbida □ **s. light**, luce smorzata □ (*polit.*) **s. line**, atteggiamento moderato; linea morbida: **to take a s. line with sb.**, adottare un atteggiamento di moderazione verso q. □ (*polit.*) **s.-liner**, moderato □ (*econ.*) **s. money**, moneta cartacea (*non metallica*), (*anche*) moneta debole □ (*di proiettile*) **s.-nosed**, deformabile □ (*fig.*) **the s. option**, la soluzione più facile (*o* comoda): **to take the s. option**, seguire la linea di minor resistenza □ **a s. outline**, un profilo confuso, incerto □ (*mus.*) **s. pedal**, sordina (*di pianoforte*) □ **s. porn**, materiale pornografico leggero □ **s. rain**, pioggerella □ **s. roe**, latte di pesce □ (*bot.*) **s. rot**, marciume batterico □ **s. sawder**, adulazione; lusinghe □ (*comm.*) **s. sell**, tecnica di vendita che usa la persuasione (*o* la suggestione) □ **s. slumbers**, sonni tranquilli □ **s. soap**, sapone liquido; (*fig. fam.*) adulazione, lusinghe; saponata (*fam.*) □ (*un tempo*) **the softer sex**, il sesso debole □ **s.-spoken**, dalla voce dolce; affabile; cordiale □ (*fig.*) **a s. spot**, un debole: **to have a s. spot for sb.**, avere un debole per q. □ (*metall.*) **s. steel**, acciaio dolce □ **s. stone**, pietra tenera □ (*fig. fam.*) **s. thing**, individuo molle; mollaccione; rammollito □ (*fig.*) **s. touch**, mano leggera; (*fig.*) tatto; (*pop. USA*) facile preda: **He lacks the necessary s. touch**, gli manca il tatto che ci vorrebbe □ (*autom.*) **«s. verge»** (*cartello*), «banchina non transitabile» □ **s. wine**, vino pastoso □ **s.-witted**, sciocco; scemo; stupido □ **to get s.**, rammollire, rammollirsi; (*fig.*) rimbecillire, rimbecillirsi □ (*fam.*) **to have a s. time of it**, passarsela bene □ **to have a s. tongue**, parlare con dolcezza □ (*fam.*) **He's s. about his cousin**, è innamorato cotto di sua cugina.

softball /'sɒftbɔːl, *USA* 'sɔːf-/, *n.* (*sport*) softball.

softbound /'sɒftbaʊnd, *USA* 'sɔːf-/, *a.* (*di libro*) in brossura.

soft-clothes guy /'sɒf(t)kləʊðz'gaɪ, *USA* 'sɔːf(t)kləʊz-/, *locuz. n.* (*pop. USA*) poliziotto in borghese.

to **soften** /'sɒfn, *USA* 'sɔːfn/, **A** *v. t.* **1** ammollire; ammorbidire (*anche fig.*); infiacchire; indebolire; rammollire: **to s. one's moral code**, ammorbidire il proprio codice morale **2** raddolcire; intenerire; lenire; calmare; mitigare; placare; alleviare; attenuare: **She was softened by his words**, le sue parole la raddolcirono; **Her smile softened his heart**, il suo sorriso gl'intenerì il cuore; **The Venetian blinds softened the sunlight**, le tende alla veneziana attenuavano la luce del sole; **to s. sb.'s grief**, alleviare il dolore di q.; **to s. one's claims**, mitigare le proprie pretese **3** (*tecn.*) ammorbidire (*una sostanza*) **4** (*metall.*) stemperare (*un metallo*). **B** *v. i.* **1** ammollirsi; ammorbidirsi (*anche fig.*); infiacchirsi; indebolirsi; rammollirsi: **The ice cream will s. if you don't eat it**, se non lo mangi, il gelato si rammollisce; **His position on the question has softened considerably**, sulla questione la sua posizione si è notevolmente ammorbidita; **Our foreign policy has softened lately**, la nostra politica estera di recente si è ammorbidita **2** raddolcirsi; intenerirsi; attenuarsi; placarsi; calmarsi: **The weather is softening**, il tempo si sta raddolcendo; **The light softened in the late afternoon**, nel tardo pomeriggio la luce si attenuò; **He softened at the sight of the little girl**, vedendo la ragazzina s'intenerì **3** (*econ.*: *della domanda*) indebolirsi; (*del mercato*) diventare fiacco, subire una flessione; (*dei prezzi*) flettersi, calare, diminuire, andare giù (*fam.*). ● (*fig.*) **to s. the blow**, attutire il colpo □ (*fig.*) **to s. up**, ammorbidire (*fig.*: *una persona*); rendere docile, malleabile; lavorarsi (*fam.*); (*mil.*) fiaccare la resistenza di, indebolire: **to s. up the enemy's defences**, indebolire le difese del nemico (*con bombardamenti, ecc.*) □ **to s. one's voice**, abbassare la voce □ **to s. water**, addolcire (*o* rendere dolce, potabile) l'acqua.

softener /'sɒfənə(r), -fn-, *USA* 'sɔːf-/, *n.* **1** chi (*o* cosa che) attenua, infiacchisce, addolcisce, ecc. (*V.* **to soften**) **2** addolcitore dell'acqua (*per renderla potabile*); depuratore **3** (*cosmesi*) emolliente; (*anche*) pennello morbido.

softening /'sɒfənɪŋ, -fn-, *USA* 'sɔːf-/, **A** *a.* emolliente; che rende molle. **B** *n.* **1** ammollimento; ammorbidimento (*anche fig.*); indebolimento **2** addolcimento; mitigazione; alleviamento; attenuazione; intenerimento **3** (*fon.*) raddolcimento **4** (*econ.*) flessione (*dei prezzi, ecc.*). ● (*ind.*) **s. agent**, ammorbidente; emolliente □ **s. of the brain**, (*med.*) encefalomalacia, rammollimento cerebrale; (*fam.*) rimbambimento □ **the s. of water** l'addolcimento dell'acqua □ **s.-up**, l'ammorbidire, il lavorarsi (q.); (*mil.*) indebolimento (*delle difese nemiche*).

softhead /'sɒft'hɛd, *USA* 'sɔːf-/, *n.* individuo stupido; sciocco.

softie /'sɒftɪ, *USA* 'sɔːf-/, *V.* **softy**.

softish /'sɒftɪʃ, *USA* 'sɔːft-/, *a.* molliccio; piuttosto soffice; ecc. (*V.* **soft**).

to **soft-land** /'sɒft'lænd, *USA* 'sɔːft/, (*miss.*) **A** *v. t.* far compiere un atterraggio morbido a (*un'astronave, ecc.*). **B** *v. i.* fare un atterraggio morbido.

softly /'sɒftlɪ, *USA* 'sɔːft-/, *avv.* **1** sofficemente; morbidamente **2** tenuemente; lievemente; sommessamente **3** delicatamente; dolcemente; teneramente **4** adagio; piano piano. ● **S., please!**, adagio, per favore!; (*anche*) senza rumore, prego!; silenzio, prego!; fate piano!

softness /'sɒftnəs, *USA* 'sɔːft-/, *n.* **1** mollezza; morbidezza; tenerezza; debolezza; fiacchezza; **2** mitezza; dolcezza; delicatezza; soavità **3** imbecillità; stupidità. ● **s. of manner**, gentilezza di modi; affabilità.

to **soft-pedal** /'sɒft'pɛdl, *USA* 'sɔːft/, *v. t.* **1** (*mus.*) suonare con la sordina; mettere la sordina a (*uno strumento*) **2** (*fam.*) smorzare; attutire; minimizzare; sminuire.

to **soft-soap** /'sɒft'səʊp, *USA* 'sɔːft/, *v. t.* (*fam.*) adulare; lisciare; lusingare; insaponare (*fig.*). ● **to s. sb. into doing st.**, convincere q. a fare q.c. con lusinghe (*o* adulandolo).

to **soft-solder** /ˈsɒftˈsəʊldə(r), ˈsɒl-, *USA* ˈsɔːftˈsɒ-/, *v. t.* (*mecc.*) saldare a dolce (*o* a stagno).

software /ˈsɒftwɛə(r), *USA* ˈsɔːft-/, *n.* (*elab.*) software (*corredo di linguaggi e programmi*); componenti di programmazione. ● **s. bug**, errore di programmazione □ **s. compatible**, che usa lo stesso linguaggio macchina □ **s. disease**, malattia del software □ **s. house**, società di software □ **s. writer**, creatore di software.

softwood /ˈsɒftwʊd, *USA* ˈsɔːft-/, *n.* (*tecn.*) legno dolce; legno di conifere.

softy /ˈsɒftɪ, *USA* ˈsɔːftɪ/, *n.* (*fam.*) *1* persona debole; rammollito; individuo senza carattere *2* sciocco; tonto *3* persona scioccamente sentimentale; romantico; cuore tenero (*fig.*).

soggy /ˈsɒgɪ, *USA* ˈsɔːgɪ/, *a.* *1* bagnato; fradicio; inzuppato; zuppo *2* (*di pane, ecc.*) molle e umido; pesante *3* (*fin.*) debole; fiacco: **the s. dollar**, il dollaro fiacco *4* (*fig.*) pesante; monotono; noioso. || **-ily**, *avv.* || **-iness**, *sost.*

soh /səʊ/, *n.* (*mus.*) sol (*nota*).

so-ho /səʊˈhəʊ/, *inter.* *1* (*caccia*) attenti!; occhio! *2* (*fam.*) accidenti; mannaggia!

soigné /ˈswɑːnjeɪ, *USA* swɑːnˈjeɪ/ (*franc.*), *a.* «soigné»; elegante; alla moda.

soil (1) /sɔɪl/, *n.* suolo; terreno (*anche fig.*); terra: **one's native s.**, il patrio suolo; il suolo natio; **foreign s.**, terra straniera; **barren s.**, suolo sterile; **rich s.**, terreno ricco; suolo fertile; (*fig.*) terreno fertile. ● **s.-bound**, attaccato alla terra □ **s. engineer**, geologo che fa prospezioni del terreno □ **s. rig**, sonda da geologo □ **s. science**, pedologia □ **s. survey**, prospezione del terreno □ **a man belonging to the s.**, un uomo di campagna; un agricoltore.

soil (2) /sɔɪl/, *n.* *1* sporco *2* sporcizia sudiciume *3* sterco; escrementi (*umani*); bottino: **night s.**, bottino che viene (*o* veniva) portato via di notte *4* (*agric.*) concime naturale; letame. ● (*edil.*) **s. pipe**, tubo di scarico (*dei gabinetti*).

to **soil** (1) /sɔɪl/, **A** *v. t.* *1* sporcare; insudiciare; imbrattare; lordare; insozzare; macchiare (*anche fig.*): **to s. one's name [reputation]**, sporcarsi il nome [la reputazione]; **I don't want to s. my hands with it**, non mi ci voglio sporcare le mani *2* (*agric.*) concimare. **B** *v. i.* *1* sporcarsi; insudiciarsi; imbrattarsi; insozzarsi; macchiarsi; lordarsi: **It soils easily**, si sporca facilmente *2* (*med.*: *di malato*) sporcare il letto.

to **soil** (2) /sɔɪl/, *v. t.* (*agric.*) nutrire (*bestiame*) con foraggio fresco (*in origine, per purgarlo*).

soilage /ˈsɔɪlɪdʒ/, *n.* (*agric.*) foraggio fresco.

soiled /sɔɪld/, *a.* sporco; macchiato (*anche fig.*): **s. linen**, biancheria sporca. ● (*comm.*) **s. goods**, merci deteriorate □ **s. reputation**, reputazione guasta.

soirée /ˈswɑːreɪ, *USA* swɑːˈreɪ/ (*franc.*), *n.* serata; trattenimento; festa mondana.

sojourn /ˈsɒdʒən, ˈsʌ-, *USA* ˈsəʊdʒɜːn, səʊˈdʒɜːn/, *n.* (*lett.*) soggiorno; dimora.

to **sojourn** /ˈsɒdʒən, ˈsʌ-, *USA* ˈsəʊdʒɜːn, səʊˈdʒɜːn/, *v. i.* (*lett.*) soggiornare; dimorare.

sojourner /ˈsɒdʒɜːnə(r), ˈsʌ-, *USA* ˈsəʊdʒɜː-, səʊˈdʒɜː-/, *n.* (*lett.*) ospite; residente temporaneo.

sol (1) /sɒl, *USA* sɔːl/, *n.* (*mus.*) sol (*nota*).

sol (2) /sɒl, *USA* sɔːl/, *n.* (*chim.*) sol.

Sol /sɒl, *USA* sɔːl/, *n.* (*scherz.*, *spesso* **old Sol**) (il) sole.

solace /ˈsɒləs/, *n.* conforto; consolazione; sollievo.

to **solace** /ˈsɒləs/, *v. t.* confortare; consolare; recare sollievo a. ● **to s. oneself with st. [sb.]**, consolarsi con q.c. [trovar conforto in q.].

solan /ˈsəʊlən/, *n.* (*zool.*, *Sula bassana*; = **s.-goose**) sula bassana.

solanaceous /sɒləˈneɪʃəs/, *a.* (*bot.*) solanaceo.

solanine /ˈsəʊləniːn, -naɪn/, *n.* (*chim.*) solanina.

solanum /səˈleɪnəm/, *n.* (*bot.*, *Solanum*) solanum (*qualunque pianta delle Solanacee*: *patata, melanzana, ecc.*).

solar /ˈsəʊlə(r)/, *a.* (*astron.*, *fis.*, *anat.*) solare: **the s. year [day]**, l'anno [il giorno] solare; **the s. system**, il sistema solare; **s. battery**, batteria solare; **s. cell**, cella solare; **s. collector**, collettore solare; **s. energy**, energia solare; (*anche miss.*) **s. panel**, pannello solare; (*geofisica*) **s. wind**, vento solare. ● **s.-cell system**, impianto solare □ (*mecc.*) **s. engine**, eliomotore; motore a energia solare □ (*astron.*) **s. flare**, eruzione solare □ **s. heating**, riscaldamento a pannelli solari □ (*edil.*) **s. house**, casa solare □ **s. plexus**, (*med.*) plesso solare; (*fig.*) parte del corpo sotto lo stomaco: **to punch sb. in the s. plexus**, colpire q. sotto lo stomaco □ **s. water heater**, scaldaacqua a pannelli.

solarium /səˈlɛərɪəm/, *n.* (*pl.* **solaria, solariums**) solario; solarium; stabilimento elioterapico.

solarization /səʊləraɪˈzeɪʃn, *USA* -rɪˈz-/, *n.* (*fotogr.*, *fis.*) solarizzazione.

to **solarize**, to **solarise** /ˈsəʊləraɪz/, *v. t.* e *i.* (*fotogr.*, *fis.*) sottoporre a (*o* subire) solarizzazione; solarizzare, solarizzarsi; sciupare (*o* sciuparsi) per eccessiva esposizione alla luce del sole.

solatium /səʊˈleɪʃɪəm/, *n.* (*pl.* **solatia**) (*leg.*, *specialm. USA*) compenso, risarcimento (*per danni morali*).

sold /səʊld/, **A** *pass.* e *p. p.* di **to sell**. **B** *a.* venduto. ● (*comm.*) **s. ledger**, partitario vendite □ **s. note**, (*comm.*) conto vendite (*a provvigione*); (*Borsa*) fissato bollato □ (*comm.*: *di un articolo*) **s. off**, svenduto □ (*comm.*) **s. out**, esaurito.

soldanella /sɒldəˈnɛlə/, *n.* (*bot.*, *Soldanella alpina*) soldanella.

solder /ˈsəʊldə(r), ˈsɒl-, *USA* ˈsɒd-/, *n.* *1* (*tecn.*) lega per saldature *2* (*fig.*) cemento; legame; vincolo. ● **hard s.**, lega per brasatura forte (*con ottone*) □ **soft s.**, lega per brasatura dolce (*con stagno*).

to **solder** /ˈsəʊldə(r), ˈsɒl-, *USA* ˈsɒd-/, *v. t.* *1* (*tecn.*) brasare; saldare *2* (*fig.*) cementare (*fig.*); unire.

solderer /ˈsəʊldərə(r), ˈsɒl-, *USA* ˈsɒd-/, *n.* saldatore (*operaio*).

soldering /ˈsəʊldərɪŋ, ˈsɒl-, *USA* ˈsɒd-/, *n.* (*tecn.*) brasatura; saldatura. ● **s. gun**, saldatore a pistola □ **s. iron**, saldatoio; saldatore (*attrezzo*).

soldier /ˈsəʊldʒə(r)/, *n.* *1* soldato (*anche fig.*); militare; milite: (*stor.* e *fig.*) **soldiers of fortune**, soldati di ventura; **a s. of Christ**, un soldato di Cristo; **Napoleon was a great s.**, Napoleone fu un grande soldato; **the Unknown S.**, il Milite Ignoto *2* (*zool.*, = **s.-ant**) formica soldato *3* (*USA*) soldato (*della Mafia*) *4* (*pop. USA*) bottiglia vuota (*di birra, ecc.*); sigaretta. ● (*zool.*) **s. crab** (*Pagurus*), paguro □ **to come the old s. over**, darsi arie di veterano; darsi l'aria di saperla lunga □ (*mil.*) **common s.** (*o* **private s.**), soldato semplice □ **to enlist for a s.**, arruolarsi nell'esercito □ **fellow s.**, commilitone □ (*arc.*) **to go for a s.**, andar soldato □ **an old s.**, un vecchio soldato, un veterano; (*fig.*) un uomo di grande esperienza; (*fam.*) una bottiglia vuota □ **to play at soldiers**, giocare ai soldati □ **tin soldiers** (*o* **toy soldiers**), soldatini di piombo.

to **soldier** /ˈsəʊldʒə(r)/, *v. i.* *1* fare il soldato *2* (*fam.*) lavorare di malavoglia; fare il lavativo (*fam.*). ● (*fig.*) **to s. on**, tener duro; continuare a darci dentro (*o* sotto; *fam.*) □ **to go soldiering**, andar soldato.

soldierlike /ˈsəʊldʒəlaɪk/, **soldierly** /ˈsəʊldʒəlɪ/, *a.* *1* soldatesco; marziale; militaresco *2* coraggioso; valoroso.

soldiery /ˈsəʊldʒərɪ/, *n.* *1* (*collett.*) soldatesca; truppa; soldati (*collett.*) *2* arte militare.

sole (1) /səʊl/, *n.* *1* (*anat.*) pianta (*del piede*) *2* (*di scarpa, ecc.*) suola *3* (*in genere*) base; fondo *4* (*edil.*) suola; soletta *5* (*elettron.*) base; suola *6* (*geogr.*) fondovalle. ● **s. leather**, cuoio per risuolature □ **s. plate**, (*edil.*) piastra di fondazione; (*mecc.*) basamento, piastra di supporto; incastellatura (*di una macchina, ecc.*).

sole (2) /səʊl/, *n.* (*zool.*, *Solea*) sogliola.

sole (3) /səʊl/, *a.* solo; singolo; unico; esclusivo: **the s. culprit**, il solo colpevole; **on my own s. responsibility**, sotto la mia esclusiva responsabilità; (*comm.*) **s. agent**, rappresentante esclusivo. ● (*comm.*) **s. distributor**, concessionario □ (*leg.*) **s. heir**, erede universale □ (*leg.*) **s. owner**, proprietario unico □ **s. right**, diritto esclusivo □ **s. selling rights**, esclusiva di vendita □ (*comm.*) **s. trader**, commerciante in proprio □ (*leg.*) **femme s.** (*o* **woman s.**), donna nubile.

to **sole** /səʊl/, *v. t.* mettere le suole a (*un paio di scarpe*); risuolare.

solecism /ˈsɒlɪsɪzəm/, *n.* *1* (*ling.*) solecismo; barbarismo; sgrammaticatura *2* atto (*o* comportamento) scorretto; scorrettezza.

solecist /ˈsɒlɪsɪst/, *n.* chi commette solecismi.

solecistic /sɒlɪˈsɪstɪk/, *a.* scorretto; sgrammaticato.

to **solecize** /ˈsɒlɪsaɪz/, *v. i.* (*raro*) solecizzare.

solely /ˈsəʊlɪ/, *avv.* solamente; soltanto; unicamente; esclusivamente. ● **s. because of...**, per il solo motivo che...

solemn /ˈsɒləm/, *a.* solenne; importante; grave; serio: **a s. feast**, una festa solenne; **a s. oath**, un solenne giuramento; **s. ceremonies**, cerimonie solenni; **s. quiet**, quiete solenne. ● **a s. fool**, un grande imbecille □ (*leg.*) **a s. will**, un testamento pubblico □ **to look s.**, avere un'aria solenne □ **to put on a s. face**, assumere un'aria solenne (*o* sussiegosa). || **-ly**, *avv.* || **-ness**, *sost.*

solemnity /səˈlɛmnətɪ/, *n.* *1* solennità; importanza; gravità; serietà; pompa; sussiego *2* cerimonia solenne; festa solenne; solennità.

solemnization /sɒləmnaɪˈzeɪʃn, *USA* -nɪˈz-/, *n.* celebrazione solenne.

to **solemnize** /ˈsɒləmnaɪz/, *v. t.* *1* solennizzare; celebrare solennemente *2* celebrare (*coi dovuti riti*): **The marriage was solemnized**, il matrimonio fu celebrato (secondo il rito) *3* rendere grave (*o* serio, solenne).

solen /ˈsəʊlən/, *n.* (*zool.*, *Solen ensis*) cannolicchio.

solenoid /ˈsəʊlənɔɪd/, *n.* (*elettr.*) solenoide. ● (*autom.*) **starter s.**, starter del motorino d'avviamento.

solenoidal /səʊləˈnɔɪdl/, *a.* (*fis.*) solenoidale.

sol-fa /sɒlˈfɑː, *USA* səʊl-/, *n.* (*mus.*, *USA*) solfeggio.

to **sol-fa** /sɒlˈfɑː, *USA* səʊl-/, *v. t.* e *i.* (*mus.*) solfeggiare.

sol-faist /sɒlˈfɑːɪst, *USA* səʊl-/, *n.* (*mus.*) solfeggiatore, solfeggiatrice.

solfatara /sɒlfəˈtɑːrə, *USA* səʊl-/ (*ital.*), *n.* (*geol.*) solfatara.

solfeggio /sɒlˈfɛdʒɪəʊ, -dʒəʊ/ (*ital.*), *n.* (*pl.* **solfeggi, solfeggios**) (*mus.*) solfeggio.

solferino /sɒlfəˈriːnəʊ/, **A** *n.* (*pl.* **solferinos**) solferino; color solferino. **B** *a. attr.* color solferino.

to **solicit** /səˈlɪsɪt/, **A** *v. t.* *1* sollecitare; chiedere (con insistenza): **to s. favours**, sollecitare favori; **He solicited them for (their) help**, sollecitò il loro aiuto *2* (*leg.*) adescare *3* (*leg.*) istigare *4* (*leg.*) agire come procuratore legale di (q.). **B** *v. i.* *1* usare sollecitazioni; fare richieste insistenti *2* (*di prostituta*) offrirsi *3* (*leg.*) fare il procuratore legale. ● **to s. sb. to commit a crime**, istigare q. a delinquere.

solicitant /səˈlɪsɪtənt/, *n.* (*form.*) chi sollecita; postulante.

solicitation /səlɪsɪˈteɪʃn/, *n.* *1* sollecitazione; richiesta insistente *2* (*leg.*) invito; adescamento *3* (*leg.*) istigazione: **s. to commit a crime**, istigazione a delinquere.

soliciting /səˈlɪsɪtɪŋ/, *n.* (*leg.*) adescamento.

solicitor /sə'lɪsɪtə(r)/, *n.* *1* (*leg.*) procuratore legale; avvocato (*che tratta coi clienti, ma di norma non discute in tribunale*; *cfr.* **barrister**) *2* (*leg. USA*) legale (*di una città, un ministero, ecc.*) *3* (*comm., USA*) procacciatore d'affari *4* (*USA*) venditore porta a porta; propagandista (*fam.*) *5* (*USA*) galoppino elettorale. ● (*leg.*) **S. General**, (*in Inghil.*) vice dell'«Attorney General»; (*in Scozia*) vice del «Lord Advocate»; (*in U.S.A.*) rappresentante legale del governo federale davanti alla Corte Suprema □ **s.'s office**, studio legale.

solicitorship /sə'lɪsɪtəʃɪp/, *n.* (*leg.*) carica (ufficio, mansioni) di «solicitor» (*q.V.*).

solicitous /sə'lɪsɪtəs/, *a.* *1* sollecito; premuroso *2* ansioso; preoccupato: **He was s. to make friends**, era ansioso di fare amicizia. ● **to be s. about sb.'s health**, preoccuparsi della salute di q. □ (*tur.*) **to be s. of the wellbeing of guests**, preoccuparsi del benessere dei clienti. || **-ly**, *avv.* || **-ness**, *sost.*

solicitude /sə'lɪsɪtju:d, *USA* -tu:d/, *n.* *1* sollecitudine; premura *2* ansia; preoccupazione.

solid /'sɒlɪd/, **A** *a.* *1* solido; forte; resistente; stabile; massiccio; (*fig.*) ben fondato, concreto, serio: **s. geometry**, geometria solida; **s. learning**, solida cultura; **furniture made of s. oak**, mobili di quercia massiccia; **a man of s. build**, un uomo di corporatura forte (*o* massiccia); (*comm.*) **a s. firm**, una ditta solida; **s. reasoning**, ragionamenti concreti; **s. gold**, oro massiccio; **a s. gold watch**, un orologio d'oro massiccio *2* compatto; uniforme; unanime; unito: (*USA*) **the s. South**, il Sud compatto (*che vota compatto per i democratici*); **s. colours**, colori uniformi; tinte unite; **s. white line**, linea bianca uniforme (*o* continua); **a s. vote**, un voto unanime *3* pieno (*non cavo*): (*autom.*) **s. tyre**, gomma piena; (*mecc.*) **a s. shaft**, un albero pieno *4* (*fam.*) ininterrotto; di fila; di seguito: **I've been waiting for two s. hours**, ho aspettato due ore di fila; aspetto da ben due ore *5* (*geom.*) cubico; solido: **s. inch**, pollice cubico (*misura*); **a s. figure**, una figura solida *6* (*fig.*) fidato; sicuro; (*comm.*) solvibile *7* a tinta unita; di un solo colore: **a s. red dress**, un vestito tutto rosso *8* (*pop. USA*) eccellente; magnifico; perfetto. **B** *n.* *1* (*geom.*) solido *2* (*fis.*) sostanza solida *3* (*pl.*) alimenti solidi; cibo solido *4* tessuto (*o* vestito) a tinta unita *5* (*falegn.*) legno massiccio *6* (*pop. USA*) amico fidato. ● (*mecc.*) **s. box**, bussola □ (*di persone*) **to be s. against [for] st.**, essere solidali (prendere la stessa posizione) contro [in favore di] q.c. □ **a s. citizen**, un buon cittadino; un sicuro patriota □ (*comm.*) **s. consideration**, garanzia solida; contropartita di valore concreto □ (*metall.*) **s.-drawn**, trafilato da massello □ **to be** (*o* **to go**) **s. for**, essere concordi per; votare all'unanimità per; essere tutti per: **We are s. for the liberation of women**, siamo tutte per la liberazione della donna □ **a s. man**, un uomo di buonsenso; un uomo con una solida posizione finanziaria □ **s. measures**, misure per solidi; misure cubiche □ (*tipogr.*) **s. printing**, stampa compatta; composizione senza interlineatura □ (*miss.*) **s. propellant**, propellente solido □ **s. reasons**, motivi concreti (*o* validi) □ **the s. rock**, la roccia viva □ **s. sense**, buonsenso □ (*mil.*) **s. square**, quadrato □ (*fis., elettron.*) **s.-state**, dello (*o* allo) stato solido: **s.-state physics**, fisica dello stato solido; (*fis. nucl.*) **s.-state counter**, contatore allo stato solido □ **s.-state computer**, elaboratore con componenti allo stato solido □ (*metall.*) **s.-state welding**, saldatura a freddo □ **to become s.**, solidificarsi □ **to have s. grounds for supposing that...**, avere buoni (*o* fondati) motivi di supporre che... □ **to be on s. ground**, essere sulla terraferma; (*fig.*) tenere i piedi in terra, avere argomenti concreti. || **-ly**, *avv.*

solidarism /'sɒlɪdərɪzəm/, *n.* (*econ.*) solidarismo.

solidarity /sɒlɪ'dærətɪ/, *n.* *1* solidarietà *2* – (*polit., stor.*) **S.**, Solidarnosc (*in Polonia*).

solidary /'sɒlɪdrɪ, *USA* -derɪ/, *a.* solidale.

solidifiable /sə'lɪdɪfaɪəbl/, *a.* solidificabile.

solidification /səlɪdɪfɪ'keɪʃn/, *n.* (*fis.*) solidificazione.

to **solidify** /sə'lɪdɪfaɪ/, **A** *v. t.* *1* solidificare; indurire *2* coagulare (*il sangue*) *3* (*fig.*) rafforzare: **to s. the opposition**, rafforzare (*o* compattare) l'opposizione. **B** *v. i.* *1* (*fis.*) solidificarsi *2* (*del sangue*) coagularsi *3* (*fig.*) consolidarsi; rafforzarsi; compattarsi.

solidity /sə'lɪdətɪ/, **solidness** /'sɒlɪdnəs/, *n.* *1* solidità; (*fig.*) fondatezza, concretezza *2* compattezza; uniformità *3* unanimità *4* (*comm.*) solvibilità.

solidungular /sɒlɪd'ʌŋgjʊlə(r)/, **solidungulate** /sɒlɪd'ʌngjʊlət/, *a.* e *n.* (*zool.*) solipede.

solidus /'sɒlɪdəs/ (*lat.*), *n.* (*pl.* **solidi**) (*mat.*) segno di frazione.

solifluction /'sɒlɪflʌkʃn, *USA* 'səʊ-/, **solifluxion** /'sɒlɪflʌkʃn, *USA* 'səʊ-/, *n.* (*geol.*) soliflussione; soliflusso.

soliloquist /sə'lɪləkwɪst/, *n.* chi fa un soliloquio.

to **soliloquize** /sə'lɪləkwaɪz/, *v. i.* fare un soliloquio; monologare; parlare tra sé e sé.

soliloquy /sə'lɪləkwɪ/, *n.* soliloquio; monologo.

soliped /'sɒlɪpəd/, *a.* e *n.* (*zool.*) solipede.

solipsism /'sɒlɪpsɪzəm/, *n.* *1* (*filos.*) solipsismo *2* (*fam.*) egocentrismo.

solipsist /'sɒlɪpsɪst/, *n.* *1* (*filos.*) solipsista *2* (*fam.*) egocentrista.

solipsistic /sɒlɪp'sɪstɪk/, *a.* *1* (*filos.*) solipsistico *2* (*fam.*) egocentrico; che pensa solo a sé.

solitaire /sɒlɪ'teə(r), *USA* 'sɒl-/ (*franc.*), *n.* *1* solitario (*brillante*) *2* (*USA*) solitario (*gioco di carte*).

solitarily /'sɒlətrəlɪ, *USA* -terə-/, *avv.* solitariamente; da solo; tutto solo; in solitudine.

solitariness /'sɒlətrɪnəs, *USA* -terɪ-/, *n.* solitudine; isolamento.

solitary /'sɒlətrɪ, *USA* -terɪ/, **A** *a.* *1* solitario; solingo; appartato; isolato: **a s. existence**, un'esistenza solitaria; **a s. place**, un luogo solitario; **a s. house**, una casa isolata *2* che ama la solitudine; solitario *3* solo; singolo; unico; isolato: **a s. case of typhus**, un caso isolato di tifo. **B** *n.* *1* eremita; anacoreta *2* (*pop.*) segregazione cellulare; cella di rigore. ● (*leg.*) **s. confinement**, segregazione cellulare.

solitude /'sɒlətju:d, *USA* -tu:d/, *n.* *1* solitudine; isolamento *2* luogo solitario.

solmization /sɒlmaɪ'zeɪʃn, *USA* -mɪ'z-/, *n.* (*mus.*) solmisazione; solfeggio.

solo /'səʊləʊ/ (*ital.*), **A** *n.* (*pl.* **solos, soli**) *1* (*mus.*) assolo; a solo; solo *2* (*aeron.*) volo compiuto da solo (*o* in solitario) *3* (*alpinismo*) (scalata) solitaria *4* (*nei giochi di carte*) gioco senza compagno. **B** *a.* *1* (*mus.*) solista; da (o per) solista: **a s. violin**, un violino solista; **a s. voice**, una voce da solista *2* solitario: **a s. climb**, una scalata solitaria *3* (*sport*) individuale: **s. skating**, pattinaggio individuale. **C** *avv.* *1* da solo *2* (*mus.*) senza accompagnamento *3* (*alpinismo, naut., aeron.*) in solitario. ● (*aeron.*) **a s. flight**, un volo da solo (*senza istruttore*) □ (*mus.*) **a s. pianist**, un solista di pianoforte □ (*aeron.*) **to fly s.**, fare un volo da solo (*senza istruttore*).

to **solo** /'səʊləʊ/, *v. i.* *1* (*mus.*) fare un assolo *2* (*aeron.*) volare da solo (*senza l'istruttore*) *3* fare una (scalata) solitaria.

soloist /'səʊləʊɪst/, *n.* (*mus.*) solista.

Solomon /'sɒləmən/, *n.* (*Bibbia*) Salomone (*anche fig.*): **He is no S.**, non è davvero un Salomone. ● (*bot.*) **S.'s seal** (*Polygonatum multiflorum*), sigillo di Salomone.

Solomonian /sɒlə'məʊnɪən/, *V.* **Solomonic**.

Solomonic /sɒlə'mɒnɪk/, *a.* (*Bibbia*) salomonico (*anche fig.*).

Solomon Islands /'sɒləmən'aɪləndz/, *locuz. n.* (*geogr.*) Isole Salomone.

Solon /'səʊlɒn/, *n.* (*stor.*) Solone (*anche fig.*).

solstice /'sɒlstɪs/, *n.* (*astron.*) solstizio: **summer s.**, solstizio d'estate; **winter s.**, solstizio d'inverno.

solstitial /sɒl'stɪʃl/, *a.* (*astron.*) solstiziale: **s. point**, punto solstiziale.

solubility /sɒlju'bɪlətɪ/, *n.* *1* (*fis., chim.*) solubilità *2* (*anche mat.*) risolubilità; risolvibilità.

solubilization /sɒljʊbɪlaɪ'zeɪʃn, *USA* -lɪ'z-/, *n.* solubilizzazione.

to **solubilize** /'sɒljʊbɪlaɪz/, *v. t.* solubilizzare.

soluble /'sɒljʊbl/, *a.* *1* (*fis., chim.*) solubile *2* (*anche mat.*) risolubile; risolvibile. ● **s. glass**, vetro solubile; silicato di sodio (*o* di potassio) □ **to make s.**, rendere solubile. || **-ness**, *sost.*

solute /'sɒlju:t/, *n.* (*fis., chim.*) soluto; sostanza sciolta.

solution /sə'lu:ʃn/, *n.* *1* (*chim., mat., ecc.*) soluzione: **a sugar s.**, una soluzione di zucchero; **a chemical s.**, una soluzione chimica; **the s. of a problem**, la soluzione di un problema *2* risoluzione, spiegazione (*di un mistero, ecc.*) *3* (*med.*) risoluzione; crisi risolutiva. ● (*ind. petrolifera*) **s. gas**, gas disciolto □ (*med.*) **s. of continuity**, soluzione di continuità (*anche fig.*) □ (*mat.*) **s. set**, insieme risolvente □ (*fig.*) **His ideas are in s.**, le sue idee sono ancora fluide (*o* si stanno formando).

solutionist /sə'lu:ʃənɪst/, *n.* enigmista; chi risolve enigmi.

solutive /'sɒljʊtɪv/, *n.* (*med.*) solutivo; lassativo.

solvability /sɒlvə'bɪlətɪ, *USA* sɒl-, sɔ:l-/, *n.* *1* (*chim.*) solubilità *2* (*anche mat.*) risolvibilità; risolubilità *3* (*comm.*) solvibilità.

solvable /'sɒlvəbl, *USA* 'sɒl-, 'sɔ:l-/, *a.* *1* (*chim.*) solubile *2* (*anche mat.*) risolvibile *3* (*mat.*) risolubile *4* (*comm.*) solvibile.

solvate /'sɒlveɪt, *USA* 'sɒl-, 'sɔ:l-/, *n.* (*chim., fis.*) solvato.

to **solvate** /sɒlveɪt, 'sɒl-, *USA* 'sɒl-, 'sɔ:l-/, *v. t.* (*chim.*) solvatare.

solvation /sɒl'veɪʃn, *USA* sɒl-, sɔ:l-/, *n.* (*chim.*) solvatazione.

to **solve** /sɒlv, *USA* sɒlv, sɔ:lv/, *v. t.* *1* risolvere: **to s. a problem [a riddle]**, risolvere un problema [un indovinello]; (*fig.*) risolvere; spiegare; chiarire: **to s. a murder case**, risolvere un caso d'omicidio *2* (*arc.*) liquidare (*un debito*). ● **to s. a riddle**, sciogliere un enigma.

solvency /'sɒlvənsɪ, *USA* 'sɒl-, 'sɔ:l-/, *n.* (*leg., comm.*) solvibilità.

solvent /'sɒlvənt, *USA* 'sɒl-, 'sɔ:l-/, **A** *a.* *1* (*leg., comm.*) solvibile; solvente: **a s. debtor**, un debitore solvibile *2* (*chim.*) solvente; capace di sciogliere: **s. naphta**, solvente. **B** *n.* (*chim.*) solvente. ● (*leg.*) **s. abuse**, *V.* **glue sniffing** □ (*chim., ind.*) **s. refining**, raffinazione con solventi.

solver /'sɒlvə(r), *USA* 'sɒl-, 'sɔ:l-/, *n.* chi risolve; risolutore (*di enigmi, problemi, ecc.*)

solvolysis /sɒl'vɒləsɪs/, *n.* (*chim.*) solvolisi.

Somali /sə'mɑ:lɪ, səʊ-/, **A** *n.* (*pl.* **Somali, Somalis**) somalo (*anche la lingua*). **B** *a.* somalo.

Somaliland /sə'mɑ:lɪlænd, səʊ-/, *n.* (*geogr.*) Somalia.

somatic /səʊ'mætɪk/, *a.* (*scient.*) somatico: (*biol.*) **s. cell**, cellula somatica. || **-ally**, *avv.*

somatization /səʊmətaɪ'zeɪʃn, *USA* -tɪ'z-/, *n.* (*psic.*) somatizzazione.

to **somatize** /'səʊmətaɪz/, *v. i.* (*psic.*) somatizzare.

somatological /səʊmətə'lɒdʒɪkl/, *a.* (*scient.*) somatologico.

somatology /səʊmə'tɒlədʒɪ/, *n.* (*scient.*) somatologia.

somatometry /səʊmə'tɒmətrɪ/, *n.* (*scient.*) somatometria.

somatoplasm /'səʊmətəplæzəm/, *n.* (*biol.*) somatoplasma.

somatostatin /səʊmətə'stætɪn, *USA* -mætə-'stætn/, *n.* (*biochim.*) somatostatina.

somatotropin /səʊmətə'trəʊpɪn, *USA* -mæt-/, *n.* (*biochim.*) somatotropina.

somber /ˈsɒmbə(r)/, **somberly** /ˈsɒmbəlɪ/, **somberness** /ˈsɒmbənəs/, (*USA*) *V.* **sombre, sombrely, sombreness.**

sombre /ˈsɒmbə(r)/, *a.* cupo; fosco; oscuro; scuro; tetro; tenebroso; triste: **a s. sky**, un cielo scuro; **a man of s. character**, un uomo di carattere cupo (*o* tetro); **s. alleys**, vicoli oscuri. || **-ly,** *avv.* || **-ness,** *sost.*

sombrero /sɒmˈbreərəʊ/ (*spagn.*), *n.* (*pl.* **sombreros**) sombrero.

some /sʌm, səm/, **A** *a.* e *pron.* ***1*** qualche; del, dello, degli, dei; della, delle; un po' di; ne; alcuni, alcune; certuni, certune; taluni, talune; certi, certe; diversi, diverse; parecchi, parecchie: **S. boys were reading**, qualche ragazzo leggeva; alcuni ragazzi leggevano; **S. money will be needed**, ci vorrà del denaro; **I took s., but not all**, ne presi un po' (*o* alcuni), non tutto (*o* non tutti); **I like it, but s. don't**, a me piace, ma a certuni no; **I stayed there for s. time [s. weeks]**, rimasi là un certo tempo [diverse settimane] ***2*** uno, una; un certo, una certa; una specie, una sorta di: **s. boy in my class**, un ragazzo della mia classe; **Give me s. idea of her looks**, dammi un'idea del suo aspetto; **We'll do that s. other time**, lo faremo un'altra (*o* qualche altra) volta; **It seemed to be s. inn or hotel**, aveva l'aria d'essere una (specie di) locanda o un albergo; **s. day or other**, un giorno o l'altro; **I read it in s. paper (or other)**, l'ho letto in un (qualche) giornale ***3*** (*fam.*) grande; considerevole; ragguardevole; grosso; notevole: **That was s. battle**, fu una grossa battaglia, quella; quella sì che fu una battaglia! ***4*** (*fam., iron., in frasi escl.*) bello: **S. friend you are!**, bell'amico che sei! ***5*** (*fam., esprimendo ammirazione, disprezzo, stupore, ecc.; è idiom.; per es.:*) **S. car!**, accidenti che automobile!; **S. party!**, che festa!; **S. people!**, che gente! **B** *avv.* ***1*** circa; pressappoco; all'incirca; a un dipresso: **s. fifty miles away**, a circa cinquanta miglia di distanza ***2*** (*fam. USA*) alquanto; piuttosto; abbastanza; un po': **The snow is s. deeper than yesterday**, la neve è alquanto più alta di ieri; **I'm feeling s. better now**, adesso sto un po' meglio ***3*** (*fam. USA*) molto; un bel po': **You'll have to travel s. to get there**, dovrai viaggiare un bel po' per arrivarci. ● **s. day**, un giorno (*o* l'altro) □ **s. days**, alcuni giorni; qualche giorno □ **s. more**, dell'altro; degli altri; ancora: **Have s. more biscuits**, prendi degli altri biscotti!; **Can I have s. more?**, ne posso prendere ancora? □ **s. people**, alcuni; taluni; certuni □ **s. time**, per un po'; un po' di tempo □ **s. time around noon**, verso mezzogiorno □ (*fam.*) **and then s.**, e molti altri ancora; e più ancora □ **I had s. trouble in arranging the furniture**, mi ci volle del bello e del buono a sistemare i mobili.

somebody /ˈsʌmbədɪ, ˈsʌmbɒdɪ/, **A** *pron.* qualcuno; qualcheduno; uno: **S. is ringing the doorbell**, qualcuno sta suonando il campanello; **It takes s. younger to do this work**, ci vuole uno più giovane per fare questo lavoro. **B** *n.* qualcuno; (una) persona importante: **He thinks he's (a) s., but he's (a) nobody**, crede di essere qualcuno, ma è una nullità. ● **s. else**, qualcun altro □ **This sort of work needs a mechanic or s.**, per questo genere di lavoro ci vuole un meccanico o qualcosa di simile □ **There's s. on the phone for you**, sei desiderato (*o* ti vogliono) al telefono.

someday /ˈsʌmdeɪ/, *avv.* un giorno o l'altro; in futuro; prima o poi.

somehow /ˈsʌmhaʊ/, *avv.* ***1*** in qualche modo; in un modo o nell'altro; per qualche motivo; (= **s. or other**) per un motivo o per l'altro: **S. they have solved the problem**, in qualche modo hanno risolto il problema; **He always seems on the point of succeeding, but s. he never succeeds**, sembra sempre sul punto di riuscire, ma, per un motivo o per l'altro, non riesce mai ***2*** a ogni modo; a tutti i costi: **I'll make it s.**, ce la farò a tutti i costi; **I must get it finished s.**, a ogni modo, devo finirlo.

someone /ˈsʌmwʌn/, *pron.* qualcuno; qualcheduno; uno. ● **s. else**, qualcun altro.

someplace /ˈsʌmpleɪs/, (*fam. USA*) *V.* **somewhere.**

somersault /ˈsʌməsɔːlt, -ɒlt/, **somerset** /ˈsʌməsɪt/, *n.* ***1*** capriola; salto mortale: **to turn** (*o* **to throw**) **a s.**, fare una capriola; **double s.**, doppio salto mortale ***2*** (*autom., aeron.*) ribaltamento; capottamento.

to **somersault** /ˈsʌməsɔːlt, -ɒlt/, to **somerset** /ˈsʌməsɪt/, *v. i.* ***1*** fare una capriola; fare un salto mortale ***2*** (*autom., aeron.*) ribaltarsi; rovesciarsi; capottare.

something /ˈsʌmθɪŋ/, **A** *pron.* ***1*** qualche cosa; qualcosa: **I have s. to tell you**, ho qualcosa da dirti; **Have s. before you leave**, mangia qualcosa prima di partire!; **Ask me s. easier**, chiedimi qualcosa di più facile; **There is s. nice about him**, c'è qualcosa di simpatico in lui; **It's s. to have scraped through your exam**, è già qualcosa aver superato l'esame, sia pure a stento ***2*** qualcosa d'interessante (*o* di vero, di giusto): **There is s. in what he says**, c'è del vero in quel che dice ***3*** e qualcosa; e rotti: **the nine s. bus**, l'autobus delle nove e rotti ***4*** cosa (*o* persona) eccezionale; cannonata, schianto (*fam.*): **He's really s.!**, è una cannonata! **B** *n.* ***1*** qualcosa; (un) non so che: **His poems have a certain s.**, le sue poesie hanno un certo non so che ***2*** (*fam.*) cosa meravigliosa, fantastica, splendida: **It's really s.!**, magnifico!; splendido! **C** *avv.* ***1*** alquanto; piuttosto: **He was s. troubled**, era piuttosto turbato ***2*** un po': **s. under ten miles**, un po' meno di dieci miglia ***3*** (*fam.*) molto; tremendamente: **It hurt s. terrible**, mi faceva un gran male. ● **s. else**, qualchecos'altro; qualche altra cosa; (*fam.*) qualcosa di diverso, tutt'altra cosa □ **s. like**, circa, a un dipresso, pressappoco; più o meno; (*fam.*) grande, eccellente, magnifico, ottimo; straordinario: **The U.F.O. was shaped s. like a saucer**, il disco volante aveva a un dipresso la forma d'un piatto (*o* somigliava a un piatto); **s. like six weeks**, circa (*o* qualcosa come) sei settimane; **s. like that**, qualcosa del genere; **The song goes s. like this**, la canzone fa più o meno così; (*fam.*) **That was s. like a dinner!**, fu davvero un pranzo eccellente!; quello fu un pranzo!; **That's s. like!**, è una cosa magnifica, straordinaria! □ **s. the matter** (*o* **s. wrong**), qualcosa che non va (*o* qualcosa di storto): **The engine makes odd noises: there must be s. the matter with it**, il motore fa degli strani rumori: ci dev'essere qualcosa che non va □ **s. or other**, qualcosa; non so che cosa □ (*di persona o cosa*) **to be s. to do with**, avere (q.c.) a che fare con (*un fatto, ecc.*), essere collegato con (q.c.) □ (*di cosa*) **to have s. to do with**, avere a che fare con □ **a little s.**, una cosetta; una cosuccia: **Here is a little s. for you!**, ecco una cosetta (*un regalino*) per te! □ **to see s. of sb.**, vedere q. ogni tanto □ **to have seen s. of the world**, aver visto un po' di mondo □ **S. tells me that...**, qualcosa mi dice che... □ **He's s. in the City**, ha un impiego nella «City» □ **He thinks himself s.**, crede d'essere qualcuno; si crede importante □ **I am s. of a mechanic**, m'intendo un po' di meccanica; non sono proprio un meccanico, ma insomma! □ **He's called Archibald s.**, si chiama Archibald Vattelapesca (*non ricordo il cognome*) □ **I think he has s. to do with insurance**, credo che faccia l'assicuratore o qualcosa del genere □ **It must be s. of importance**, deve trattarsi d'una cosa importante □ **S. or other prevented him from coming**, una cosa o l'altra gli impedì di venire □ **You should use a knife or a chisel or s.**, dovresti usare un coltello o uno scalpello o qualcosa del genere □ (*avanzando una proposta, ecc.*) **Do you know s.?**, sai una cosa?; senti un po'!

sometime /ˈsʌmtaɪm/, **A** *avv.* ***1*** una volta o l'altra; presto o tardi; prima o poi: **I'll be seeing you s. (or other)**, ti verrò a trovare una volta o l'altra ***2*** un (qualche) giorno: **I saw her s. last week**, la vidi un giorno della scorsa settimana ***3*** una volta; un tempo: **He was s. mayor of X**, fu un tempo il sindaco di X. **B** *a. attr.* ***1*** antico; ex; già: **my s. teacher**, il mio antico insegnante; **the s. sheriff**, l'ex sceriffo ***2*** (*arc. o USA*) saltuario; occasionale.

sometimes /ˈsʌmtaɪmz/, *avv.* qualche volta; talvolta; talora; di quando in quando: **We go there s.**, di quando in quando, ci andiamo; **He s. needs the spur**, qualche volta ha bisogno d'esser spronato.

someway /ˈsʌmweɪ/, *avv.* (*fam. USA*) in qualche modo; in qualche maniera.

somewhat /ˈsʌmwɒt, *USA* -hw-, -ʌt, -ət/, *avv.* alquanto; piuttosto; un po': **s. difficult**, alquanto difficile; **He is s. lazy**, è piuttosto pigro. ● **s. of**, piuttosto; più che altro: **The party was s. of a failure**, la festa riuscì piuttosto male □ **more than s.**, oltremodo; assai □ **Isn't he s. of a swindler?**, non ti pare che sia un po' imbroglione?

somewhere /ˈsʌmweə(r), *USA* -hw-/, *avv.* in qualche luogo; in qualche posto; in qualche parte: **I've seen it s.**, l'ho visto in qualche posto; **He is s. about the house**, è in qualche parte della casa; è in giro per la casa. ● **s. about ten o'clock**, verso le dieci □ **s. else**, in qualche altro posto; in qualche altra parte □ (*fig.*) **to be getting s.**, fare qualche passo avanti; (*d'indagine, della polizia, ecc.*) fare qualche progresso, ottenere qualche risultato □ **I will see him s. first** (**s.** *è qui eufem. per* **hell,** *«inferno»*), vorrei vederlo sulla forca piuttosto (*che fare quello che mi chiede, e sim.*) □ **He's s. in his sixties**, ha più di sessant'anni.

sommelier /sɒˈmelɪə, *USA* sʌmlˈjeɪ/, *n.* (*franc.*) sommelier.

somnambulance /sɒmˈnæmbjʊləns/, *n.* sonnambulismo.

somnambulant /sɒmˈnæmbjʊlənt/, *a.* sonnambulo.

to **somnambulate** /sɒmˈnæmbjʊleɪt/, *v. i.* camminare nel sonno.

somnambulism /sɒmˈnæmbjʊlɪzəm/, *n.* sonnambulismo.

somnambulist /sɒmˈnæmbjʊlɪst/, *n.* sonnambulo, sonnambula.

somnambulistic /sɒmnæmbjʊˈlɪstɪk/, *a.* sonnambolico.

somniferous /sɒmˈnɪfərəs/, **somnific** /sɒmˈnɪfɪk/, *a.* soporifero; sonnifero.

somniloquist /sɒmˈnɪləkwɪst/, *n.* sonniloquo.

somniloquy /sɒmˈnɪləkwɪ/, *n.* sonniloquio.

somnolence /ˈsɒmnələns/, **somnolency** /ˈsɒmnələnsɪ/, *n.* sonnolenza.

somnolent /ˈsɒmnələnt/, *a.* ***1*** sonnolento; assonnato ***2*** che dà il sonno; che fa venire sonno; soporifero. || **-ly,** *avv.*

son /sʌn/, *n.* ***1*** figlio (*anche fig.*); figliolo: **I have a son and a daughter**, ho un figlio e una figlia; **the sons of freedom**, i figli della libertà ***2*** (*fam., al vocat.*) ragazzo ***3*** (*relig.*) – **the Son**, il Figlio (*Gesù Cristo, la seconda persona della Trinità*). ● **son-in-law**, genero □ (*fig.*) **the sons of Abraham**, i figli d'Abramo; gli ebrei □ (*volg. USA*) **son of a bitch**, figlio di puttana (*volg.*); figlio di un cane; figlio di buona donna (*eufem.*) □ (*relig.*) **the Son of God** (*o* **of Man**), il figlio di Dio; il Figlio dell'Uomo; Gesù Cristo □ (*fam.*) **son of a gun**, (*di solito scherz.*) briccone, furfante; (*anche*) bricconcello, drittone, tipo in gamba □ (*fig.*) **a son of Mars**, un guerriero □ (*fig.*) **the sons of men**, gli uomini; l'umanità □ (*fig.*) **Britain's sons**, gli inglesi □ **England's most famous son**, l'inglese più famoso di tutti □ **He is his father's son**, è proprio figlio di suo padre; è tutto suo padre; è degno di suo padre.

sonagram /ˈsəʊnəgræm/, *n.* (*ling.*) sonogramma.

sonance /ˈsəʊnəns/, **sonancy** /ˈsəʊnənsɪ/, *n.* (*specialm. fon.*) l'essere sonante; sonorità.

sonant /ˈsəʊnənt/, **A** *a.* ***1*** (*fon.*) sonante ***2***

(*raro*) sonoro. **B** *n.* (*fon.*) sonante; fonema sonante.
sonantism /ˈsəʊnəntɪzəm/, *n.* (*fon.*) sonanticità.
sonar /ˈsəʊnɑː(r)/, *n.* (*acronimo di* **sound navigation and ranging**) (*naut.*) sonar; ecogoniometro.
sonata /səˈnɑːtə/ (*ital.*), *n.* (*mus.*) sonata.
sonatina /sɒnəˈtiːnə/ (*ital.*), *n.* (*mus.*) sonatina.
sonde /sɒnd/ (*franc.*), *n.* (*meteor.*) pallone sonda; sonda atmosferica (*o* meteorologica).
son et lumière /sɒneɪluːˈmjɛə(r), -ˈluːm-, *USA* -luːmˈj-/ (*franc.*), *locuz. n.* spettacolo «son et lumière» (*musica e luci*).
song /sɒŋ, *USA* sɔːŋ/, *n.* canto; canzone; cantico; aria; romanza; (*fig.*) poesia: **a love s.**, una canzone d'amore; **the S. of Songs**, il Cantico dei Cantici; **the s. of the lark**, il canto dell'allodola; **celebrated in s.**, celebrato in poesia; cantato dai poeti. ● (*fig. fam.*) **s. and dance**, agitazione; eccitazione; trambusto; casino (*pop.*); (*USA*) balla, discorso lungo ed evasivo □ **s.-book**, canzoniere □ (*zool.*) **s. thrush** (*Turdus ericetorum*), tordo bottaccio □ **to burst into s.**, mettersi a cantare □ (*fig.*) **to buy [to sell] st. for a s.** (*o* **for an old s.**), comprare [vendere] q.c. per una sciocchezza (*o* per quattro soldi, per una cicca) □ (*fig.*) **to be on s.**, essere all'unisono; (*di un gruppo, ecc.*) essere affiatato □ (*fig.*) **It's nothing to make a s. about**, non c'è da farne un questione; è cosa da nulla.
songbird /ˈsɒŋbɜːd, *USA* ˈsɔːŋ-/, *n.* uccello canoro.
songless /ˈsɒŋləs, *USA* ˈsɔːŋ-/, *a.* che non canta; (*di un uccello*) muto.
songster /ˈsɒŋstə(r), *USA* ˈsɔːŋ-/, *n.* **1** cantante (*uomo*) **2** autore di canzoni **3** (*fig.*) cantore; poeta **4** uccello canoro.
songstress /ˈsɒŋstrɪs, *USA* ˈsɔːŋ-/, *n.* **1** cantante (*donna*) **2** autrice di canzoni **3** (*fig.*) poetessa.
songwriter /ˈsɒŋraɪtə(r), *USA* ˈsɔːŋ-/, *n.* autore di canzoni; compositore; canzoniere.
sonic /ˈsɒnɪk/, *a.* **1** (*fis.*) del suono; sonico **2** (*aeron.*) sonico: **s. boom**, bang sonico. ● (*aeron.*) **s. barrier**, muro del suono; barriera del suono □ (*mecc.*) **s. cleaning**, pulitura ultrasonica (*o* con ultrasuoni) □ (*naut.*) **s. depth finder**, scandaglio acustico; ecoscandaglio □ (*naut.*) **s. mine**, mina acustica.
soniferous /səˈnɪfərəs/, *a.* sonoro; conduttore del suono.
sonless /ˈsʌnləs/, *a.* senza figli (maschi).
sonlike /ˈsʌnlaɪk/, *a.* di figlio; filiale.
sonnet /ˈsɒnɪt/, *n.* (*letter.*) sonetto. ● **s. sequence**, raccolta di sonetti; canzoniere.
sonneteer /sɒnɪˈtɪə(r)/, *n.* sonettista; scrittore di sonetti.
to **sonneteer** /sɒnɪˈtɪə(r)/, *v. i.* scrivere sonetti.
sonny /ˈsʌnɪ/, *n.* (*fam., al vocat.*) figlio mio; ragazzo mio; piccino mio.
sonobuoy /ˈsəʊnəʊbɔɪ/, *n.* (*naut., aeron.*) boa sonar; boa radioacustica (*per scoprire i sommergibili*).
sonograph /ˈsəʊnəgrɑːf, *USA* -æf/, *n.* (*ling.*) sonografo.
sonometer /səʊˈnɒmɪtə(r)/, *n.* **1** (*geol.*) sonometro **2** (*fis., med.*) audiometro.
sonority /səˈnɒrətɪ, *USA* -ˈnɔːr-/, *n.* (*anche fon.*) sonorità.
sonorous /ˈsɒnərəs, səˈnɔːrəs/, *a.* sonoro: **s. metal**, metallo sonoro; **a s. voice**, una voce sonora; **s. verse**, versi sonori. ● **s. rhetoric**, retorica altisonante □ **a s. sound**, un suono pieno, profondo □ **a s. waterfall**, una cascata rumorosa. || **-ly**, *avv.* || **-ness**, *sost.*
soon /suːn/, *avv.* **1** presto; fra breve; fra poco; di lì a poco; di buonora: **It will s. be Christmas**, presto sarà Natale; **He will be back s.**, sarà di ritorno fra poco; **What makes you come so s.?**, come mai arrivi così di buonora (*o* anzitempo)?; **We were s. to know the result**, di lì a poco avremmo conosciuto il risultato **2** piuttosto; di preferenza: **I would as s. stay at home**, piuttosto resto a casa; **I would sooner do it myself**, preferirei farlo io stesso (*o* da me); **I would sooner** (*o* **I had sooner**) **die than surrender**, preferirei la morte alla resa; (*declinando un invito*) **I'd just as s. not**, preferisco di no. ● **s. after**, subito dopo; poco dopo □ **sooner**, più presto; prima: **He got there sooner than we expected**, arrivò là prima di quel che credevamo □ **the sooner the better**, quanto prima, tanto meglio; più presto è, meglio è □ **sooner or later**, presto o tardi; prima o poi □ **as s. as**, appena; non appena; (così) presto come: **Please let me know as s. as you arrive**, favorisca informarmi appena arriverà; **The goods haven't arrived as s. as I hoped**, la merce non è arrivata presto come speravo □ **as s. as not**, di preferenza: **I'd come with you as s. as not**, io preferirei venire con te □ **as s. as possible**, non appena possibile □ **as s. as you can**, appena puoi; appena potrai □ **at the soonest**, al più presto □ **how s.?**, fra quanto tempo?; quando? □ **just as s.**, volentieri: **I'd just as s. fly there**, ci vado volentieri anche in aereo □ **no sooner... than**, appena; non appena: **No sooner had he received my wire than he left by car**, aveva appena ricevuto il mio telegramma che partì in auto □ **none too soon**, appena in tempo □ **too s.**, troppo presto; anzitempo; in anticipo: **to speak too s.**, parlare troppo presto; dire gatto prima che sia nel sacco □ (*fam.*) **See you s.!**, a presto!; a tra poco! □ **No sooner said than done**, detto fatto □ (*prov.*) **Least said, soonest mended**, meno si parla, meglio è.
soot /sʊt/, *n.* fuliggine; nerofumo.
to **soot** /sʊt/, *v. t.* (*spesso* **to s. up**) coprire (*o* sporcare) di fuliggine.
sooth /suːθ/, *n.* (*arc. o lett.*) verità. ● **in** (**good**) **s.**, in verità; davvero; veramente.
to **soothe** /suːð/, *v. t.* **1** calmare; lenire; consolare; mitigare; placare; attenuare: **to s. a frightened child**, calmare un bambino spaventato; **to s. a pain**, lenire un dolore **2** blandire; lusingare: **to s. sb.'s vanity**, lusingare la vanità di q.
soother /ˈsuːðə(r)/, *n.* **1** chi calma, consola, placa, ecc. (*V.* **to soothe**) **2** lusingatore, lusingatrice.
soothing /ˈsuːðɪŋ/, *a.* **1** calmante; consolatorio; lenitivo; di conforto: **s. words**, parole di conforto **2** che fa piacere; lusinghiero. || **-ly**, *avv.*
to **soothsay** /ˈsuːθseɪ/ (*pass.* e *p. p.* **soothsaid**), *v. i.* (*arc. o lett.*) predire il futuro; profetare; fare l'indovino.
soothsayer /ˈsuːθseɪə(r)/, *n.* (*arc.* o *lett.*) indovino; divinatore.
soothsaying /ˈsuːθseɪɪŋ/, *n.* (*arc. o lett.*) divinazione; predizione; profezia.
sooty /ˈsʊtɪ/, *a.* **1** fuligginoso **2** (*fig.*) nero; oscuro. ● **s. mould**, muffa nera. || **-iness**, *sost.*
sop /sɒp/, *n.* **1** pezzo di pane (*o* biscotto) inzuppato (*nel latte, nel brodo, ecc.*); boccone **2** (*fig.*) offa; concessione; dono propiziatorio; contentino (*fam.*): **The government's offer was just a sop to the strikers**, l'offerta del governo non era che un contentino per gli scioperanti. ● **sop in the pan**, pane fritto.
to **sop** /sɒp/, **A** *v. t.* inzuppare; immergere; intingere (*pane o altro, nel latte, ecc.*). **B** *v. i.* inzupparsi; infradiciarsi; diventar fradicio: **We are sopping with rain**, ci siamo inzuppati di pioggia. ● **to sop up**, assorbire; asciugare; tirar su (*fam.*): **I sopped up the water with a sponge**, asciugai l'acqua con una spugna.
soph /sɒf/, *n. abbr.* di **sophomore**.
Sophia /səˈfaɪə, səʊˈfiːə/, *n.* Sofia.
sophism /ˈsɒfɪzəm/, *n.* sofisma.
sophist /ˈsɒfɪst/, *n.* sofista.
sophister /ˈsɒfɪstə(r)/, *n.* **1** (*arc.*) studente del secondo (*o* terzo) anno (*nelle università inglesi*) **2** (*raro*) *V.* **sophist**.
sophistic(al) /səˈfɪstɪk(l)/, *a.* sofistico: **a s. argument**, un argomento sofistico. ● (*stor.*) **s. teaching**, l'insegnamento dei sofisti. || **-ally**, *avv.*
to **sophisticate** /səˈfɪstɪkeɪt/, **A** *v. t.* **1** rendere sofisticato; rendere troppo ricercato; privare della naturalezza **2** complicare; rendere complesso **3** (*leg.*) sofisticare; adulterare. **B** *v. i.* sofisticare; cavillare; usare sofismi.
sophisticated /səˈfɪstɪkeɪtɪd/, *a.* **1** sofisticato; raffinato: **s. cuisine**, cucina raffinata **2** artefatto; affettato; innaturale; sofisticato **3** sofisticato; complicato; complesso: **s. technology**, tecnologia sofisticata; **s. machines**, macchine complicate **4** (*leg.*: *di cibo, vino, ecc.*) sofisticato; adulterato. ● (*mil.*) **a s. weapon**, un'arma sofisticata.
sophistication /səfɪstɪˈkeɪʃn/, *n.* **1** sofisticazione; raffinatezza; gusti raffinati: **Our selling technique has reached a high degree of s.**, le nostre tecniche di vendita hanno raggiunto un alto grado di sofisticazione **2** affettazione; mancanza di naturalezza **3** (*leg.*) sofisticazione; adulterazione **4** artificiosità **5** ragionamento sofistico; sofisma.
sophisticator /səfɪstɪˈkeɪtə(r)/, *n.* (*leg.*) sofisticatore; adulteratore.
sophistry /ˈsɒfɪstrɪ/, *n.* sofisticheria.
Sophocles /ˈsɒfəkliːz/, *n.* (*stor., letter.*) Sofocle.
sophomore /ˈsɒfəmɔː(r)/, *n.* (*USA*) studente del secondo anno (*di università, «college» o «high school»*); fagiolo (*gergo studentesco*).
soporiferous /sɒpəˈrɪfərəs/, *a.* soporifero.
soporific /sɒpəˈrɪfɪk/, **A** *a.* soporifico; soporifero. **B** *n.* (*farm.*, = **s. drug**) sonnifero.
sopping /ˈsɒpɪŋ/, *a.* (*fam.*, = **s. wet**), bagnato fradicio.
soppy /ˈsɒpɪ/, *a.* **1** bagnato fradicio; inzuppato; zuppo **2** (*fam.*) sentimentale; lacrimoso; svenevole.
sopranist /səˈprɑːnɪst, *USA* -æn-/, *n.* (*mus.*) sopranista.
soprano /səˈprɑːnəʊ, *USA* -æn-/ (*ital.*), (*mus.*) **A** *n.* (*pl.* **sopranos**) **1** voce di soprano **2** soprano. **B** *a. attr.* di (*o* da, per) soprano: **a s. voice**, una voce di soprano.
sora /ˈsɔːrə/, *n.* (*zool., Porzana carolina*) voltolino americano (*rallide dal becco corto*).
sorb /sɔːb/, *n.* (*bot.*) **1** (*Sorbus domestica*) sorbo **2** (*Sorbus aucuparia*) sorbo degli uccellatori **3** (= **s. apple**) sorba.
sorbefacient /sɔːbɪˈfeɪʃənt, -ʃɪənt/, *a.* e *n.* (*med.*) (sostanza) che favorisce l'assorbimento.
sorbent /ˈsɔːbənt/, *n.* (*chim.*) assorbente.
sorbet /ˈsɔːbeɪ, -bət, *USA* -bət, sɔːˈbeɪ/ (*franc.*), *n.* **1** sorbetto; gelato alla frutta **2** (*arc. o USA*) *V.* **sherbet**, *def. 1*.
sorbic /ˈsɔːbɪk/, *a.* (*chim.*) sorbico: **s. acid**, acido sorbico.
sorbite /ˈsɔːbaɪt/, *n.* (*chim., metall.*) sorbite.
sorbitic /sɔːˈbɪtɪk/, *a.* (*chim., metall.*) sorbitico.
sorbitol /ˈsɔːbɪtɒl, *USA* -ɔːl, -əʊl/, *n.* (*chim.*) sorbitolo; sorbite.
sorbose /ˈsɔːbəʊs, -z/, *n.* (*chim.*) sorbosio.
sorcerer /ˈsɔːsərə(r)/, *n.* mago; stregone; (*fig.*) incantatore.
sorceress /ˈsɔːsərɪs/, *n.* strega; fattucchiera; (*fig.*) maliarda.
sorcery /ˈsɔːsərɪ/, *n.* magia; stregoneria; (*fig.*) malia.
sordid /ˈsɔːdɪd/, *a.* **1** sordido (*anche fig.*); basso; gretto; meschino; sporco; sozzo; squallido: **s. blue**, blu sporco; **a s. background**, un ambiente sordido; **s. avarice**, sordida cupidigia **2** (*zool., bot.*) scuro; opaco. || **-ly**, *avv.* || **-ness**, *sost.*
sordine /ˈsɔːdiːn/, *n.* (*mus.*) sordina.
sore /sɔː(r)/, **A** *a.* **1** (*di parte del corpo*) dolente; infiammato; irritato; che fa male: **I have a s. throat**, ho la gola irritata; ho mal di gola; **a s. finger**, un dito che fa male **2** (*lett.*) addolorato; dolente; rattristato; triste: **He has**

a s. heart, è triste in cuor suo; **He is very s. about his failure**, è molto addolorato dal suo insuccesso ***3*** (*fam.*) adirato; irritato; seccato: **to feel s. about st.**, essere irritato per q.c.; **I was s. that nobody would listen to me**, mi seccava che nessuno volesse darmi ascolto ***4*** (*fam.*) permaloso; suscettibile ***5*** doloroso; sgradito: **a s. subject**, un argomento delicato (*o* sgradito) ***6*** (*poet.*) grave; duro; crudele; severo; estremo: **a s. struggle**, una dura lotta; **to be in s. straits**, trovarsi in una situazione grave; **to be in s. need of financial aid**, avere estremo bisogno di un aiuto finanziario. **B** *n.* ***1*** piaga; ferita; infiammazione; male; ulcera ***2*** (*fig.*) ricordo doloroso; cosa spiacevole. **C** *avv.* (*lett.*) gravemente; dolorosamente; severamente; assai; molto: **s. afflicted**, assai afflitto; **s. afraid**, spaventatissimo. ● **a s. point**, un punto dolente (*anche fig.*) □ **to be s. at sb.**, avercela con q. □ **to be s. at heart**, essere desolato □ (*fam. USA*) **to get s.**, aversela a male; prendersela □ **to have a s. arm**, aver male a un braccio □ **to be like a bear with a s. head**, essere collerico (*o* irascibile, di cattivo umore) □ **to make sb. s.**, fare male a q.; addolorare q.; irritare q. □ **a sight for s. eyes**, *V. sotto* **sight** □ (*fig.*) **to touch on a s. point**, toccare (*o* pungere) sul vivo; mettere il dito sulla piaga □ **My heart is s. for him**, mi piange il cuore per lui.

sorehead /ˈsɔːhɛd/, *n.* (*fam. USA*) ***1*** tipo irritabile; individuo irascibile, permaloso ***2*** piagnone; lagnone; chi non si rassegna alla sconfitta.

sorely /ˈsɔːlɪ/, *avv.* ***1*** gravemente; dolorosamente; duramente; severamente ***2*** estremamente; assai; molto. ● **to feel s. tired**, sentirsi stanco morto □ **Help was s. needed**, c'era urgente bisogno d'aiuto □ **My patience was s. tried**, la mia pazienza fu messa a dura prova.

soreness /ˈsɔːnəs/, *n.* ***1*** dolore; male ***2*** rammarico; tristezza ***3*** (*fam.*) irritazione; rancore.

sorg(h)o /ˈsɔːgəʊ/, *V.* **sorghum**.

sorghum /ˈsɔːgəm/, *n.* (*bot., Sorghum vulgare*) sorgo; saggina; melica.

soricine /ˈsɔːrɪsaɪn/, *a.* (*zool.*) del (*o* simile al) toporagno.

sorites /səˈraɪtiːz/, *n.* (*filos.*) sorite.

soroptimist /sɔːˈrɒptɪmɪst/, *n.* soroptimist; aderente a un'associazione internazionale di circoli femminili.

sororicide /səˈrɒrɪsaɪd, *USA* -ˈrɔːr-/, *n.* ***1*** sororicidio ***2*** sororicida.

sorority /səˈrɒrətɪ, *USA* -ˈrɔːr-/, *n.* ***1*** comunità di donne (*specialm. per fini religiosi*) ***2*** (*USA*) associazione di studentesse universitarie.

sorption /ˈsɔːpʃn/, *n.* (*chim., fis.*) assorbimento.

sorrel (1) /ˈsɒrəl, *USA* ˈsɔːr-/, *n.* (*bot.*) ***1*** (*Rumex acetosa*) acetosa ***2*** (*Oxalis acetosella*) acetosella.

sorrel (2) /ˈsɒrəl, *USA* ˈsɔːr-/, **A** *a.* ***1*** (*di cavallo*) sauro ***2*** rosso-castagno. **B** *n.* cavallo sauro.

sorrily /ˈsɒrəlɪ, *USA* ˈsɔːr-/, *avv.* ***1*** tristemente; con aria afflitta; in tono dolente ***2*** miseramente; penosamente; meschinamente.

sorriness /ˈsɒrɪnəs, *USA* ˈsɔːr-/, *n.* ***1*** afflizione; tristezza ***2*** meschinità.

sorrow /ˈsɒrəʊ, *USA* ˈsɔːr-/, *n.* ***1*** dolore; affanno; afflizione; cordoglio; pena; tristezza: **a life-long s.**, il dolore di tutta una vita; **a secret s.**, una pena segreta ***2*** rammarico; rincrescimento; pentimento: **He expressed s. for what he had done**, espresse il suo rammarico per quel che aveva fatto ***3*** doglianza; lamentazione; lamento: **The woman's s. was loud and long**, la donna uscì in alti, prolungati lamenti. ● **s.-stricken**, addolorato; afflitto □ (*relig.*) **the Man of Sorrows**, Gesù Cristo; il Crocifisso □ **to my great s.**, con mio grande dolore; con mio vivo rammarico.

to **sorrow** /ˈsɒrəʊ, *USA* ˈsɔːr-/, *v. i.* (*lett.*) addolorarsi; affliggersi; dolersi; rattristarsi: **to s. at** (*o* **over, for**) **a misfortune**, affliggersi per una sventura.

sorrowful /ˈsɒrəʊfl, *USA* ˈsɔːr-/, *a.* ***1*** addolorato; afflitto; abbattuto; triste; infelice ***2*** doloroso; penoso: **a s. sight**, uno spettacolo doloroso. || **-ly**, *avv.* || **-ness**, *sost.*

sorrowing /ˈsɒrəʊɪŋ, *USA* ˈsɔːr-/, *a.* dolente; afflitto; addolorato.

sorry /ˈsɒrɪ, *USA* ˈsɔːrɪ/, **A** *a.* ***1*** (*pred.*) addolorato; dolente; afflitto; spiacente; dispiaciuto: **I feel very s. for the widow**, sono assai addolorato per la vedova; (**I'm so**) **s., but I can't help you**, spiacente (*o* mi dispiace tanto), ma non posso aiutarti ***2*** (*pred.*) pentito; rammaricato: **If you're s. for your negligence, I'll forgive you**, se sei pentito della tua negligenza, ti perdonerò ***3*** (*attr.*) meschino; misero; miserando; penoso; pietoso; sgradevole; scadente: **a s. excuse**, una misera scusa; **a s. place**, un luogo sgradevole; **a s. sight**, uno spettacolo miserando; una cosa da fare pena; una scena pietosa. **B** *inter.* ***1*** **S.**, scusa!; scusate!; scusi! ***2*** **S.?**, come?; che cosa?; prego?; Le spiace ripetere? ● **I'm s.**, scusa (*o* scusate!; scusi!); (*anche*) mi dispiace davvero!; condoglianze! □ **to be** (*o* **to feel**) **s.**, dolersi, rammaricarsi (*di q.c., per q.*); dispiacere, rincrescere (*impers.*); pentirsi (*di q.c.*): **I am s. for you**, mi rincresce per te; **I felt s. to have missed him**, mi dispiacque di non averlo incontrato; **You'll be s. for this some day**, te ne pentirai, un giorno □ (*arc. o lett.*) **a s. fellow**, un disgraziato; un miserabile □ **the s. truth**, l'amara verità □ **to feel s. for sb.**, essere dispiaciuto per q.; rammaricarsi per q. □ (*fam.*) **to feel s. for oneself**, essere abbattuto (*o* depresso) □ **a s. meal**, un magro pasto; un pasto scadente □ **to cut a s. figure**, fare una magra figura □ **to be in a s. plight**, essere nei guai; essere conciato male □ **to make sb. s. for st.**, fare pentire q. di q.c. □ **a s. mess**, un pasticcio; un casino (*fam.*): **You've made a s. mess of it**, hai incasinato tutto □ **to say one is s.** (*o* **how s. one is**), chiedere scusa; scusarsi □ **We were s. to hear it**, la notizia ci addolorò (*o* ci rattristò).

sort /sɔːt/, *n.* ***1*** sorta; genere; specie; classe; categoria; tipo: **What s. of book is this?**, che genere di libro è questo?; **people of every s.**, gente d'ogni sorta; **biscuits of all sorts**, biscotti di tutti i tipi (*o* assortiti); **a new s. of bicycle**, un nuovo tipo di bicicletta; **John is the s. of man you cannot rely on**, John è quel genere di persona su cui non si può fare affidamento ***2*** (*arc.*) maniera; modo ***3*** (*fam.*) uomo; individuo; persona: **He's a good s.**, è un buon uomo; è un bonaccione; **He's not such a bad s.**, non è poi così cattivo ***4*** (*pl.*) (*tipogr.*) assortimento (*di caratteri*) ***5*** (*elab.*) ordinamento, riordino (*di schede*); programma di ordinamento: **s. key**, chiave di ordinamento. ● (*fam.*) **s. of**, alquanto, piuttosto; un po', quasi; in un certo modo: **I was s. of tired**, ero piuttosto stanco; **I s. of expected it**, in un certo modo me l'aspettavo □ **a s. of**, una sorta (*o* una specie) di: **I felt a s. of fear**, provavo una sorta di timore; **He wore a s. of hat**, portava una specie di cappello □ **after a s.**, in un certo modo; fino a un certo punto □ **in a s.**, *V.* **after a s.** □ **nothing of the s.**, niente del genere; niente di simile □ (*spreg.*) **of a s.** (*o* **of sorts**), per così dire; cosiddetto; una specie di; mediocre, ordinario: **his kindness of a s.**, la sua cosiddetta gentilezza; **He's a writer of sorts**, è, per così dire, uno scrittore □ (*fam.*) **one of the right s.**, un brav'uomo □ **to be out of sorts**, (*tipogr.*) aver finito l'assortimento, essere a corto di caratteri; (*fig.*) essere indisposto (*o* depresso, abbattuto, di malumore) □ (*fam.*) **That's your s.**, ecco come si fa; così si fa □ (*prov.*) **It takes all sorts** (**to make a world**), il mondo è bello perché è vario.

to **sort** /sɔːt/, *v. t.* ***1*** classificare; ordinare; assortire; selezionare: **to s. books according to their size**, assortire i libri secondo l'altezza; **to s. colours**, classificare le tinte; **Fruit is sorted before packaging**, la frutta viene selezionata prima d'essere confezionata ***2*** smistare (*lettere, pacchi, ecc.*) ***3*** (*elab.*) ordinare ***4*** (*fam., specialm. scozz.*) aggiustare; accomodare; riparare.

♦**sort out**, **A** *v. t.* + *avv.* ***1*** mettere in ordine; riordinare: **to s. out important papers**, mettere in ordine documenti importanti; **to s. out one's thoughts**, riordinare i propri pensieri ***2*** cernere; vagliare; selezionare: **to s. out the best applicants**, selezionare i candidati migliori; **to s. out the most suitable books**, scegliere i libri più adatti ***3*** dividere; separare: **to s. out linen into white and coloured materials**, separare i panni bianchi da quelli di colore ***4*** appianare (*difficoltà*); risolvere (*problemi*); mettere a posto: **Let's hope the new government will get things sorted out**, speriamo che il nuovo governo metta a posto le cose! ***5*** (*fam.*) far stare (q.) meglio; rimettere in sesto: **This medicine will s. you out**, questa medicina ti rimetterà in sesto ***6*** (*fam.*) mettere a posto (q.); sistemare (q.) per le feste: **I'll s. him out!**, lo sistemo io! **B** **sort oneself out**, *v. rifl.* + *avv.* ***1*** andare a posto; sistemarsi: **I'm sure things will s. themselves out eventually**, sono sicuro che alla fine tutto andrà a posto da solo ***2*** (= **to get oneself sorted out**), rimettersi in sesto (*con la salute*); mettere la testa a posto.

♦**sort with**, *v. i.* + *prep.* ***1*** (*form.*) accordarsi, andare (*bene, male, ecc.*) con: **to s. well with st.**, accordarsi (bene), essere in armonia con q.c.; **His behaviour sorts ill with his principles**, la sua condotta mal s'accorda con i princìpi che professa ***2*** (*arc. o dial.*) fare lega con (q.); frequentare.

sorta /ˈsɔːtə/, (*pop. USA*) *V.* **sort of**.

sortable /ˈsɔːtəbl/, *a.* classificabile; ordinabile; selezionabile.

sorter /ˈsɔːtə(r)/, *n.* ***1*** classificatore; selezionatore; cernitore ***2*** chi smista lettere (pacchi, ecc.) ***3*** (*elab.*) selezionatrice (*macchina*).

sortie /ˈsɔːtɪ/, *n.* ***1*** (*mil.*) sortita ***2*** (*aeron.*) volo (*o* missione) di un solo apparecchio ***3*** (*fig.*) sortita (*fig.*); spedizione; primo tentativo (*o* viaggio, ecc.): **a s. abroad**, un viaggio all'estero.

sortilege /ˈsɔːtɪlɪdʒ/, *n.* sortilegio.

sorting /ˈsɔːtɪŋ/, *n.* ***1*** classificazione; selezione; cernita ***2*** (*comm.*) assortimento ***3*** smistamento (*di lettere, pacchi, ecc.*): **s. office**, ufficio smistamento. ● (*ind.*) **s. machine**, classificatrice, selezionatrice (*macchina*) □ **s. table**, tavolo (*o* banco) di cernita □ (*elab.*) **s. time**, tempo di riordino.

sortition /sɔːˈtɪʃn/, *n.* sorteggio; il tirare a sorte.

sort-out /ˈsɔːtaʊt/, *n.* (*fam.*) rimessa in ordine; riordinata.

sorus /ˈsɔːrəs/, *n.* (*pl.* **sori**) (*bot.*) soro.

SOS /ɛsəʊˈɛs/, *n.* (*naut., aeron., e fig.*) S.O.S.; richiesta di soccorso.

so-so /səʊˈsəʊ/, *a. pred.* e *avv.* (*fam.*) così così; mediocre; passabile: **Business is just so-so**, gli affari vanno così così.

sot /sɒt/, *n.* ubriacone, ubriacona; beone, beona.

to **sot** /sɒt/, *v. i.* ubriacarsi; essere un beone.

soteriologic(al) /səʊtɪərɪəˈlɒdʒɪk(l)/, *a.* (*relig.*) soteriologico.

soteriology /səʊtɪərɪˈɒlədʒɪ/, *n.* (*relig.*) soteriologia.

sottish /ˈsɒtɪʃ/, *a.* ***1*** inebetito, istupidito (*dal bere*) ***2*** stupido. || **-ly**, *avv.* || **-ness**, *sost.*

sotto voce /ˈsɒtəʊˈvəʊtʃɪ/ (*ital.*), *avv.* (*mus. e fig.*) sotto voce.

sou /suː/ (*franc.*), *n.* soldo. ● (*fam.*) **He hasn't got a sou**, non ha il becco di un quattrino; è uno squattrinato.

soubrette /suːˈbrɛt/ (*franc.*), *n.* ***1*** (*teatr.*) soubrette ***2*** (*fig.*) ragazza sfacciata o civetta.

soubriquet /ˈsuːbrɪkeɪ/, *V.* **sobriquet**.

Soudan /suːˈdɑːn, *USA* -ˈdæn/, *n.* (*geogr.*)

Sudan.

Soudanese /su:də'ni:z/, *a.* e *n.* (*invar. al pl.*) sudanese.

souffle /'su:fl/ (*franc.*), *n.* (*med.*) soffio.

soufflé /'su:fleɪ, *USA* su:'f-/ (*franc.*), (*cucina*) **A** *a.* gonfio; rigonfio: **omelette s.**, frittata rigonfia. **B** *n.* soufflé.

sough /saʊ, sʌf/, *n.* **1** mormorio, sussurro, fremito, gemito (*del vento, ecc.*) **2** sospiro profondo.

to **sough** /saʊ, sʌf/, *v. i.* (*lett.*) mormorare; sussurrare; fremere; gemere.

sought /sɔ:t/, *pass.* e *p. p.* di **to seek.** ● **s.-after**, richiesto; ricercato; apprezzato: **a much s.--after article**, un articolo assai richiesto (*dai clienti*); **a s.-after singer**, un cantante apprezzato.

soul /səʊl/, **A** *n.* **1** anima; spirito; (*fig.*) essenza; creatura; persona; uomo: **the souls in paradise**, le anime dei beati; **the departed souls**, le anime dei defunti; **That boy has no s.**, quel ragazzo è senz'anima; **He was the (life and) s. of the enterprise**, egli era l'anima dell'impresa; **There was not a s. in the street**, nella strada non c'era anima viva; **a village of three hundred souls**, un villaggio di trecento anime; **the greatest souls of antiquity**, i grandi spiriti dell'antichità **2** (*fig.*) anima; calore: **His pictures lack s.**, non c'è anima nei suoi quadri; **The performance was lacking in s.**, l'esecuzione mancava di calore **3** (*mus.*) *V.* **s. music**. **B** *a. attr.* **1** nero; dei neri (d'America): **s. food**, cibo tipico dei neri (*del sud degli USA*) **2** (*mus.*) soul: **a s. singer**, un cantante soul. ● **s. bell**, campana a morto □ (*pop. USA*) **s. brother**, fratello nero; uomo di colore □ **a dear old s.**, un caro vecchietto, una cara vecchietta □ **s.-destroying**, che abbrutisce □ **s.-felt**, profondamente sentito □ **s. mate**, anima gemella □ **s. music**, musica soul (*che fonde elementi di blues, jazz e pop con canti dal Vangelo*) □ **s.-searching**, (*sost.*) esame di coscienza; (*agg.*) che va in fondo all'anima □ (*pop. USA*) **s. sister**, sorella nera; donna di colore □ **s.-stirring**, commovente; toccante □ (*relig.*) **All Souls' Day**, il giorno dei Morti □ **a good s.**, una buona creatura □ **to keep body and s. together**, mantenersi in vita; tirare avanti □ (*al vocat.*) **my good s.**, buonuomo; buona donna □ **poor little s.!**, poverina, poverino! □ **to sell one's s.**, vendere l'anima □ **a simple s.**, un'anima semplice; una persona candida □ (*arc.*) **upon my s.!**, in fede mia!; affè!; perbacco! □ **He cannot call his s. his own**, non è padrone di sé; si fa dominare dagli altri □ **He is the s. of courage**, egli è il coraggio fatto persona □ (*arc.*) **God bless my s.!**, Dio m'aiuti!

soulful /'səʊlfʊl/, *a.* **1** appassionato; pieno di sentimento; profondo (*fig.*) **2** (*spreg.*) sentimentale. || **-ly**, *avv.*

soulfulness /'səʊlflnəs/, *n.* **1** passione; sentimento **2** (*spreg.*) sentimentalismo.

soulless /'səʊlləs/, *a.* **1** senz'anima; egoista; crudele **2** privo d'ispirazione; senza sentimento; prosaico **3** (*di un lavoro, ecc.*) monotono; noioso; ripetitivo. || **-ly**, *avv.* || **-ness**, *sost.*

sound (1) /saʊnd/, *a.* **1** sano (*anche fig.*); buono; in buone condizioni; solido; valido; efficace; fondato (*fig.*): **a s. mind in a s. body**, mente sana in corpo sano; **s. peaches**, pesche sane (*non guaste*); **s. lungs**, polmoni sani; **a s. economic policy**, una sana politica economica; **s. advice**, buoni consigli; **a s. football player**, un buon giocatore di calcio; **a s. ship**, una nave in buone condizioni; **a s. bank**, una banca solida; **a s. method**, un metodo valido; **s. criticism**, critiche efficaci, fondate **2** accurato; completo: **a s. investigation**, un'accurata indagine **3** (*del sonno*) profondo; tranquillo **4** (*comm.*) solvibile **5** (*di persona*) integro; onesto; fidato: **a s. friend**, un amico fidato **6** (*leg.*: *di un titolo di proprietà, ecc.*) valido **7** (*fam.*) bravo; capace: **a s. soccer player**, un bravo calciatore **8** (*fam.*) forte; sonoro; bello (*fam.*): **a s. defeat**, una bella batosta; **a s. slap**, un sonoro ceffone, un bello schiaffo. ● **to be s. asleep**, dormir della grossa; dormire profondamente □ **s.-headed**, equilibrato (*fig.*) □ (*fam.*) **s. in life and limb**, in buona salute; in forma □ (*fin.*) **a s. investment**, un investimento sicuro □ **s.-minded**, dotato di buonsenso □ (*fin.*) **s. money**, moneta stabile □ **a s. thrashing**, una bella bastonatura; un fracco di botte (*pop.*) □ **s. views**, vedute giuste; idee sane □ (*fam.*) **as s. as a bell**, (*di persona*) sano come un pesce; (*di cosa*) in perfette condizioni □ **safe and s.**, sano e salvo.

sound (2) /saʊnd/, **A** *n.* **1** suono (*anche fig.*); rumore; rombo; rimbombo; rintocco: (*fon.*) **vowel sounds**, suoni vocalici; **What was that s.?**, cosa è stato quel rumore?; **It was a s. of footsteps**, era una rumore di passi; **We heard the s. of aircraft overhead**, udimmo il rombo degli aerei sopra di noi; **the s. of bells**, il rintocco delle campane **2** tono: **I like the s. of her voice**, mi piace il tono della sua voce **3** (*radio*) suono; voce (*fam.*) **4** (*cinem.*) (il) sonoro **5** (*TV*) audio: **Turn down the s., will you?**, abbassa l'audio, per favore! **6** (*fig.*) modo in cui si mettono le cose: **From the s. of it, I'm afraid the strike may go on for weeks**, da come si mettono le cose, temo che lo sciopero vada avanti per delle settimane. **B** *a. attr.* **1** (*fis.*) acustico: **s. absorption**, assorbimento acustico **2** (*mus., cinem., TV*) sonoro: **a s. film**, un film sonoro; **s. effects**, effetti sonori **3** (*ling.*) fonetico: **s. law**, legge fonetica; **s. system**, sistema fonetico. ● (*aeron.*) **s. barrier**, muro del suono □ (*fam.*) **s. bite**, breve brano di un discorso (*trasmesso per radio o TV*); spezzone □ (*mus.*) **s. body**, *V.* **soundbox** □ (*cinem., TV*) **s. by...**, tecnico del suono... (*seguito dal nome*) □ (*tecn.*) **s. check**, controllo dell'audio □ (*tecn.*) **s. deadener**, materiale fonoassorbente □ **s. engineer**, tecnico del suono □ (*comm.*) **s. equipment**, attrezzature acustiche □ (*mus.*) **s. hole**, foro di risonanza, effe (*di violino*) □ **s. library**, fonoteca □ **s. mixer**, apparecchio per il missaggio (*di un film*, ecc.); tecnico addetto al missaggio □ (*mus.*) **s. post**, anima (*di un violino, ecc.*) □ **s. projector**, proiettore sonoro □ (*pop. USA*) **s. sheet**, disco fonografico inserito in una rivista; dischetto (*da pochi soldi*) □ (*tecn.*) **s. ranging**, fonotelemetria □ (*ling.*) **s. shift**, cambiamento fonetico; rotazione consonantica □ (*cinem., radio, TV*) **s. technician**, fonico; tecnico del suono □ (*USA*) **s. truck**, furgone con altoparlante □ (*fis.*) **s. wave**, onda sonora □ (*di discorso, ecc.*) **to have a sinister s.**, suonare sinistramente □ **out of s.**, fuori del campo uditivo □ **to be within s. of st.**, essere in grado di udire q.c.; essere a portata di orecchio □ **We liked the s. of his report**, il tenore della sua relazione ci fece piacere.

sound (3) /saʊnd/, *n.* sonda (*anche med.*); scandaglio.

sound (4) /saʊnd/, *n.* (*geogr.*) **1** braccio di mare; stretto **2** (*USA*) laguna.

sound (5) /saʊnd/, *n.* (*zool.*) vescica natatoria (*dei pesci*).

to **sound** (1) /saʊnd/, **A** *v. i.* **1** suonare (*anche fig.*); echeggiare; rimbombare; risuonare; squillare: **His last words sounded in my ears**, le sue ultime parole mi risuonavano nelle orecchie; **The bugles sounded**, squillarono le trombe; **This sentence doesn't s. well**, questo periodo suona male **2** sembrare; apparire; parere: **His idea sounds like a good one**, la sua idea pare buona; **His voice sounded troubled**, la sua voce appariva turbata. **B** *v. t.* **1** suonare; (*dell'orologio*) battere: **The butler sounded the gong for dinner**, il maggiordomo suonò il gong per annunciare il pranzo; **to s. the alarm [the retreat]**, suonare l'allarme [la ritirata]; **The clock sounds the hour**, l'orologio batte l'ora **2** far risuonare; battere su (*q.c. per controllarne il suono*): **to s. the wheels of a railway carriage**, battere sulle ruote di una carrozza ferroviaria **3** (*med.*) auscultare: **The doctor sounded his lungs**, il medico gli auscultò i polmoni **4** (*fon.*) pronunciare: **The «h» in «heir» is not sounded**, l'«h» nella parola «heir» non si pronuncia (*o* è muta) **5** (*lett.*) celebrare; proclamare; cantare (*fig.*): **to s. sb.'s praises**, cantar le lodi di q. ● **to s. as if** (*o* **as though**), sembrare che: **It sounds as if the economic situation is getting worse and worse**, sembra che la congiuntura peggiori sempre più □ **to s. hollow**, dare un suono cupo (*o* sordo); (*di scusa, pretesto, ecc.*) suonare falso □ (*autom.*) **to s. one's horn**, suonare (il clacson) □ (*fig.*) **to s. a note of warning**, suonare il campanello d'allarme □ **to s. off**, (*mil.*) suonare; dare un segnale suonando; (*di soldati in marcia*) cadenzare il passo ad alta voce; (*fig. fam.*) cantarla chiara, parlare apertamente; (*fam. USA*) interloquire; lagnarsi, protestare, fare rimostranze □ **to s. sb.'s praises far and wide**, fare lodi sperticate a q.; portare q. alle stelle □ **Your cough sounds better**, sembra che la tosse ti stia passando.

to **sound** (2) /saʊnd/, **A** *v. t.* **1** sondare; (*naut.*) scandagliare; (*med.*) esaminare con la sonda: **to s. the bottom of the sea**, scandagliare il fondo del mare; **to s. the depth of a channel**, sondare la profondità d'un canale marittimo; (*med.*) **to s. the bladder**, esaminare la vescica con la sonda **2** (*fig., spesso* **to s. out**) scandagliare; sondare; indagare su; sondare l'animo di, tastare il terreno (*fig.*): **to s. sb.'s feelings**, sondare i sentimenti di q.; **Did you s. him out on the subject?**, hai tastato il terreno con lui in proposito? **B** *v. i.* **1** (*naut.*) affondare lo scandaglio; misurare la profondità dell'acqua **2** (*delle balene e di alcuni pesci*) immergersi; puntare verso il fondo.

soundable /'saʊndəbl/, *a.* sondabile.

soundbox /'saʊndbɒks/, *n.* **1** cassa di risonanza (*di un violino, ecc.*) **2** fonorivelatore (*di un grammofono*).

sounder (1) /'saʊndə(r)/, *n.* **1** chi suona, fa risuonare, ecc. (*V.* **to sound** (**1**)) **2** (*telegr.*) ricevitore acustico. ● (*naut.*) **echo s.**, scandaglio acustico.

sounder (2) /'saʊndə(r)/, *n.* (*naut.*) **1** scandagliatore **2** scandaglio (*lo strumento*).

sounding (1) /'saʊndɪŋ/, **A** *a.* **1** sonante; risonante; sonoro **2** altisonante; reboante: **s. rhetoric**, retorica reboante; **s. titles**, titoli altisonanti. **B** *n.* **1** suono; risonanza; l'echeggiare; rimbombo **2** (*mil.*) segnale (*di trombe, ecc.*) **3** (*med.*) auscultazione. ● **s. board**, pannello insonorizzante; (*mus.*) tavola armonica; (*fig.*) cassa di risonanza □ (*fig.*) **s. brass**, parole vuote, senza senso.

sounding (2) /'saʊndɪŋ/, *n.* **1** (*naut.*) scandagliamento; scandagliata (*raro*); scandaglio: **to take soundings**, fare scandagli; **to call the soundings**, gridare scandagli **2** (*naut., anche* **s. apparatus**, **s. gear**) scandaglio: **s. machine**, scandaglio meccanico; **sonic s. gear**, fonoscandaglio **3** (*oceanografia*) batimetria **4** (*pl.*) (*naut.*) fondali bassi (*meno di 100 braccia*): **to be in soundings**, trovarsi su fondali bassi **5** (*pl.*) sondaggio d'opinione **6** (*med.*) sondaggio. ● (*meteor.*) **s. balloon**, pallone sonda □ (*naut.*) **s. lead**, piombino (dello scandaglio) □ (*naut.*) **s. line**, sagola dello scandaglio; scandaglio a sagola □ (*naut.*) **to be off soundings**, essere su fondali alti (*più di 100 braccia*) □ (*meteor.*) **s. rocket**, razzo sonda □ (*naut.*) **to strike soundings**, trovare il fondo con lo scandaglio.

soundless (1) /'saʊndləs/, *a.* senza suono; senza rumore; muto; silenzioso.

soundless (2) /'saʊndləs/, *a.* **1** (*naut.*) insondabile; non scandagliabile **2** (*fig.*) insondabile; senza fondo.

soundly /'saʊndlɪ/, *avv.* **1** sanamente; giustamente; efficacemente; bene: **The boy reasons s.**, il ragazzo ragiona bene **2** profondamente; della grossa: **He was sleeping s.**, dormiva della grossa **3** gravemente; severamente: **They**

were s. defeated, furono severamente sconfitti; subirono una secca sconfitta.

soundness /'saʊndnəs/, *n.* **1** sanità; vigore; buono stato (*di salute*); buone condizioni: **s. of body and mind**, sanità di corpo e di mente **2** completezza; accuratezza **3** efficacia; validità; bontà; solidità: **the s. of his arguments**, la validità (*o* bontà) dei suoi argomenti **4** integrità; onestà **5** (*comm.*) solidità (*di un commerciante, di un'azienda*) **6** (*leg.*) validità (*di un titolo*).

soundproof /'saʊndpru:f/, *a.* (*tecn.*) insonorizzato.

to **soundproof** /'saʊndpru:f/, *v. t.* insonorizzare; isolare acusticamente.

soundproofing /'saʊndpru:fɪŋ/, **A** *n.* insonorizzazione; isolamento acustico. **B** *a.* insonorizzante. ● (*tecn.*) **s. and lagging material**, isolante termoacustico □ (*autom.*) **s. paint**, antirombo.

sound-track /'saʊndtræk/, *n.* (*cinem.*) colonna sonora.

soup /su:p/, *n.* **1** (*cucina*) zuppa; minestra; crema: **fish s.**, zuppa di pesce; **tomato s.**, crema di pomodoro; **vegetable s.**, zuppa di verdura; **chicken s.**, brodo di pollo; **thick s.**, minestra densa, sostanziosa **2** (*fam.*) nebbia fitta **3** (*pop.*) nitroglicerina; dinamite. ● (*pop. USA*) **s.-and-fish**, abito da sera (*da uomo*) □ **s. kitchen**, (*USA*) mensa gratuita per i poveri; (*mil.*) cucina da campo □ **s. ladle**, cucchiaione; mestolo □ **s. plate**, piatto fondo; scodella □ **s. spoon**, cucchiaio □ **s. tureen**, zuppiera □ **clear s.**, brodo; consommé □ (*fam. USA*) **from s. to nuts**, dall'A alla Z; da cima a fondo □ (*fam.*) **to be in the s.**, essere nei pasticci; trovarsi nei guai □ **pea s.**, passato di piselli; crema di piselli.

soupçon /'su:psɒn, *USA* -'sɔʊn/ (*franc.*), *n.* pizzico; tantino; un po' (*di q.c.*).

souped-up /'su:pt'ʌp/, *a.* **1** (*autom.*: *di un motore*) truccato **2** (*elab.*) potenziato **3** (*fig.*) gonfiato; esagerato.

soup job /'su:pdʒɒb/, *locuz. n.* (*pop. USA*) automobile truccata.

to **soup up** /'su:p'ʌp/, *v. t.* (*pop.*) **1** (*autom.*) truccare (*un motore*) **2** (*elab.*) potenziare (*un computer*) **3** (*fig.*) gonfiare, esagerare, arricchire troppo (*un romanzo, una narrazione, ecc.*) **4** (*fig.*) esagerare, presentare (*un'idea, ecc.*) in modo chiassoso.

soupy /'su:pɪ/, *a.* **1** simile alla zuppa; (*spesso, di nebbia*) denso **2** (*fam. USA*) sentimentale; svenevole; lacrimevole; strappalacrime.

sour /'saʊə(r)/, **A** *a.* **1** acido (*anche fig.*); agro; aspro; acerbo; inacidito; bisbetico; scontroso; stizzoso: **s. milk**, latte acido; **s. cream**, panna acida; **s. wine**, vino agro (*o* acido); **s. apples**, mele acerbe; **a s. temper**, un carattere aspro, bisbetico **2** (*del terreno*) acido; sterile (*per l'acidità*) **3** (*chim.*: *d'olio, gas, ecc.*) che contiene troppo zolfo **4** (*fam.*) sgradevole; spiacevole: **a s. experience**, un'esperienza spiacevole. **B** *n.* **1** (*chim.*) soluzione acida **2** bevanda acida **3** (*USA*) bevanda alcolica: **a whiskey s.**, un whisky al succo di limone. ● **s. breath**, alito cattivo □ (*bot.*) **s. dock** (*Rumex acetosa*), acetosa □ **s. grapes**, uva acerba; (*fig.*) cosa che si disprezza solo perché non la si può avere □ (*fin.*) **a s. investment**, un investimento sbagliato □ **a s. job**, un lavoro sgradevole □ (*bot.*) **s. orange** (*Citrus aurantium*), arancio amaro; arancia amara □ **s.-sweet**, agrodolce (*anche fig.*) **a s.-sweet smile**, un sorrisetto agrodolce □ **to make s.**, inacidire; (*fig.*) inacerbire, inasprire: **Failure made him s.**, l'insuccesso lo inasprì □ **to smell s.**, avere un odore acre, aspro; saper d'acido (*all'olfatto*) □ **to taste s.**, saper d'agro, d'acido (*al gusto*) □ **to turn** (*o* **to go**) **s.**, inacidire; (*fig.*) andare a rotoli, finire male; deludere □ **to turn st. s.**, fare inacidire q.c.

to **sour** /'saʊə(r)/, **A** *v. t.* **1** inacidire (*il latte, ecc.*) **2** (*fig.*) guastare; far andare a male **3** (*fig.*) inacerbire; inasprire. **B** *v. i.* **1** inacidirsi **2** (*fig.*) guastarsi: **The relations with our next-door neighbours have soured**, i rapporti con i nostri vicini di casa si sono guastati **3** (*fig.*) inacerbirsi; inasprirsi. ● **to s. sb.'s life**, avvelenare la vita a q. □ (*fam. USA*) **to s. sb. on st.**, far passare per sempre a q. la voglia di fare q.c.

source /sɔ:s/, *n.* **1** sorgente; fonte; (*fig.*) origine, causa: **the sources of the Tiber**, le sorgenti del Tevere; **the s. of all our woes**, la causa di tutti i nostri affanni **2** (*fis.*) sorgente **3** (*elab.*) fonte; sorgente; origine: **s. program**, programma origine **4** (*giorn.*) fonte: **a reliable s.**, una fonte sicura, attendibile. ● **s. book**, raccolta di documenti originali (*su un argomento*) □ (*elab.*) **s. document**, documento origine □ **s. material**, materiale originale (*documenti, ecc.*) □ (*econ.*) **the problem of the sources of power**, il problema energetico.

to **source** /sɔ:s/, *v. t.* **1** rintracciare la fonte di (q.c.) **2** (*tecn.*) fare la diagnosi di. ● (*autom., mecc.*) **sourcing system**, apparecchiatura per la diagnosi del motore.

sourdine /sʊə'di:n/ (*franc.*), *n.* (*mus.*) sordina.

sourdough /'saʊədəʊ/, *n.* (*USA*) **1** lievito naturale **2** (*un tempo*) pioniere (*o* cercatore d'oro) negli Stati dell'Ovest (*o anche in Can. o in Alaska*).

sourish /'saʊərɪʃ/, *a.* **1** acidulo; acidino; aspretto **2** (*fig.*) piuttosto aspro; alquanto bisbetico.

sourly /'saʊəlɪ/, *avv.* acidamente (*anche fig.*); acerbamente; aspramente; bisbeticamente; stizzosamente.

sourness /'saʊənəs/, *n.* acidità (*anche fig.*); acredine; asprezza.

sourpuss /'saʊəpʊs/, *n.* (*fam.*) **1** individuo tetro; imbronciato; musone (*fam.*) **2** tipo incontentabile; brontolone; (un) veneranda (*fam.*).

sourwood /'saʊəwʊd/, *V.* **sorrell** (**1**).

souse /saʊs/, *n.* **1** salamoia **2** carne (*specialm. orecchie e piedini di maiale*) in salamoia **3** immersione; tuffo **4** (*fam.*) sbornia; ubriacone; beone **5** (*dial.*) bagno.

to **souse** /saʊs/, **A** *v. t.* **1** mettere in salamoia **2** marinare (*nell'aceto*) **3** bagnare; immergere; tuffare. **B** *v. i.* **1** tuffarsi **2** (*fam.*) ubriacarsi; sbronzarsi (*fam.*).

soused /saʊst/, *a.* **1** in salamoia: **s. herrings**, aringhe in salamoia **2** (*fam.*) ubriaco; sbronzo (*fam.*).

soutache /su:'tɑ:ʃ, *USA* -'tæʃ/, *n.* gallone ornamentale.

soutane /su:'tɑ:n, -æn/ (*franc.*), *n.* (*relig.*) sottana, tonaca (*di prete cattolico*).

south /saʊθ/, **A** *n.* **1** sud; mezzogiorno; parte meridionale: **Italy is in the s. of Europe**, l'Italia è nella parte meridionale dell'Europa; **Malta is to the s. of Italy**, Malta si trova a sud dell'Italia **2** (*geogr.*) – **the S.**, (*in Inghil.*) il Sud; (*in U.S.A.*) il Sud, gli Stati del Sud; (*stor.*) il Sud, gli Stati sudisti; (*in genere*) i paesi del Sud (*nel mondo*). **B** *a. attr.* **1** del sud; del mezzogiorno; meridionale: **S. America**, l'America del Sud; **s. wind**, vento del sud; **the s. coast of France**, la costa meridionale della Francia **2** (situato a) sud: **the s. entrance**, l'entrata sud; **the s. side of the house**, il lato sud della casa **3** (esposto, rivolto, che guarda) a sud (*o* a mezzogiorno): **a s. window**, una finestra (che guarda) a sud; una finestra a mezzogiorno. **C** *avv.* a sud; verso (il) sud: **The house faces s.**, la casa è esposta a sud; **The swallows go s. in winter**, d'inverno le rondini migrano verso il sud. ● **S. Africa**, il Sud Africa □ **S. African**, sudafricano □ **S. American**, sudamericano □ **the S. Atlantic**, l'Atlantico meridionale □ (*in U.S.A.*) **S. Carolina**, la Carolina del Sud □ **South Dakota**, il Sud Dakota □ **the S. of Italy**, l'Italia meridionale; il Mezzogiorno; il Meridione □ **the S. Pole**, il polo sud; il polo australe (*o* antartico) □ **the S. Seas**, i mari del Sud □ **S. Tyrol**, l'Alto Adige (*ted.*: Südtirol) □ (*fam.*) **down s.**, nel Sud.

southbound /'saʊθbaʊnd/, *a.* diretto a sud; che va verso sud.

Southdown /'saʊθdaʊn/, *n.* pecora inglese dalla lana corta (*originaria delle* **South Downs**, *le colline del Dorset e dell'Essex*).

southeast /saʊθ'i:st/, **A** *n.* sud-est: (*in Inghil.*) **the S.**, il sud-est; la regione londinese. **B** *a.* di sud-est; sudorientale.

southeaster /saʊθ'i:stə(r)/, *n.* **1** forte vento di (*o* da) sud-est; (*in Italia*) scirocco **2** (*naut.*) burrasca da sud-est; (*nel Tirreno*) sciroccata.

southeasterly /saʊθ'i:stəlɪ/, **southeastern** /saʊθ'i:stən/, *a.* di sud-est; sudorientale.

southeastward /saʊθ'i:stwəd/, **A** *a.* **1** (*specialm. del vento*) di (*o* da) sud-est **2** a sud-est; rivolto a sud-est. **B** *n.* (direzione di) sud-est.

southeastward(s) /saʊθ'i:stwəd(z)/, *avv.* verso sud-est: **We were sailing s.**, navigavamo verso sud-est.

souther /'saʊθə(r)/, *n.* forte vento del sud; vento di meridione.

southerly /'sʌðəlɪ/, **A** *a.* del sud; del meridione; meridionale: **a s. wind**, un vento del sud. **B** *avv.* **1** verso sud **2** (*del vento*) da sud: **The wind blew s.**, il vento soffiava da sud. **C** *n.* vento del sud. ● (*geogr.*) **s. latitude**, latitudine australe □ **to sail in a s. direction**, navigare verso sud.

southern /'sʌðn/, **A** *a.* **1** del sud; del meridione; del mezzogiorno; meridionale; australe: **a s. wind**, un vento del sud; (*astron.*) **the S. Cross**, la Croce del Sud; **the S. States of the U.S.A.**, gli Stati del Sud degli U.S.A.; (*geogr.*) **the s. hemisphere**, l'emisfero meridionale (*o* australe); **the s. lights**, l'aurora australe **2** esposto (rivolto, che guarda) a sud (*o* a meridione, a mezzogiorno): **a s. window**, una finestra a mezzogiorno **3** (*USA*) – **S.**, degli Stati del Sud; (*stor.*) sudista. **B** *n.* **1** (*USA*) abitante (*o* nativo) di uno Stato del Sud **2** dialetto del Sud.

southerner /'sʌðənə(r)/, *n.* **1** meridionale; abitante (*o* nativo) di un paese del sud **2** – **S.**, abitante (*o* nativo) dell'Inghilterra meridionale **3** – **S.** (*USA*), abitante (*o* nativo) di uno Stato del Sud; (*stor.*) sudista.

southernmost /'sʌðnməʊst/, *a.* (il) più a sud; (il) più meridionale; dell'estremo sud.

southernwood /'sʌðnwʊd/, *n.* (*bot., Artemisia abrotanum*) abrotano maschio.

southing /'saʊðɪŋ/, *n.* **1** (*naut.*) spostamento (*dalla rotta*) verso sud **2** (*naut.*) distanza coperta navigando verso sud **3** (*astron.*) declinazione sud.

Southland /'saʊθlænd/, *n.* (*specialm. USA*) (il) Sud.

southpaw /'saʊθpɔ:/, (*fam.*) **A** *a.* mancino. **B** *n.* **1** (*sport*) giocatore (*o* pugile) mancino **2** (*boxe*) (un) guardiadestra.

Southron /'sʌðrən/, **A** *n.* **1** (*scozz.*) meridionale; (*specialm.*) inglese **2** (*dial. USA*) meridionale; sudista. **B** *a.* (*scozz.*) meridionale; inglese.

southward /'saʊθwəd/, **A** *a.* diretto (*o* rivolto) a sud. **B** *avv.* verso sud. **C** *n.* (*raro*) direzione sud. ● **The ship sailed to the s.**, la nave fece rotta verso sud.

southwardly /'saʊθwədlɪ/, **A** *a.* **1** diretto (*o* rivolto) a sud; verso il sud: **the s. flight of the geese**, il volo delle oche verso il sud **2** che spira verso sud: **a s. wind**, un vento che spira verso sud. **B** *avv.* verso sud.

southwards /'saʊθwədz/, *avv.* verso sud.

southwest /saʊθ'wɛst/, **A** *n.* sud-ovest: (*in G.B.*) **the S.**, il Sud-ovest (*la Carnovaglia, il Devon e il Somerset*). **B** *a.* di sud-ovest; sudoccidentale.

southwester /saʊθ'wɛstə(r)/, *n.* **1** forte vento di (*o* da) sud-ovest; (*in Italia*) libeccio **2** (*naut.*) burrasca da sud-ovest; (*nel Tirreno*) libecciata.

southwesterly /saʊθ'wɛstəlɪ/, **southwestern** /saʊθ'wɛstən/, *a.* di sud-ovest; sudoccidentale.

southwestward /saʊθ'wɛstwəd/, **A** *a.* *1* (*specialm. del vento*) di sud-ovest *2* a sud--ovest; rivolto a sud-ovest. **B** *n.* (direzione di) sud-ovest.

southwestward(s) /saʊθ'wɛstwəd(z)/, *avv.* verso sud-ovest: **We sailing s.**, navigavamo verso sud-ovest.

souvenir /'su:vənɪə(r), *USA* su:və'n-/, (*franc.*) *n.* souvenir; ricordo; ricordino.

to **souvenir** /'su:vənɪə(r), *USA* su:və'n-/, *v. t.* (*pop. USA*) rubare; grattare, sgraffignare (*pop.*).

sou'wester /saʊ'wɛstə(r)/, *n.* *1* forte vento di sud-ovest *2* (*naut.*) burrasca da sud-ovest *3* sudovest; cappello impermeabile a gronda (*da marinaio*).

sovereign /'sɒvrɪn/, **A** *a.* sovrano; sommo; supremo: **a s. state**, uno stato sovrano; **s. power**, potere supremo; **a s. remedy**, un rimedio sovrano. **B** *n.* *1* sovrano, sovrana; re, regina *2* (*stor.*) sovrana (*sterlina d'oro*): **half s.**, mezza sovrana. ● **s. legislation**, legislazione formale □ (*fin.*) **s. risk**, rischio che un governo ripudi un prestito. ‖ **-ly**, *avv.*

sovereignty /'sɒvrəntɪ/, *n.* sovranità; potere supremo.

soviet /'səʊvɪət, 'sɒ-/, (*polit., stor.*) **A** *n.* soviet (*consiglio rivoluzionario di operai, contadini e soldati russi*). **B** *a. attr.* sovietico: **the S. Union**, l'Unione Sovietica (U.S.S.R.; *in ital.* U.R.S.S.).

sovietism /'səʊvɪətɪzəm/, *n.* (*polit., stor.*) sistema sovietico; comunismo sovietico.

sovietization /səʊvɪətaɪ'zeɪʃn, *USA* -tɪ'z-/, *n.* (*polit., stor.*) sovietizzazione; bolscevizzazione.

to **sovietize** /'səʊvɪətaɪz/, *v. t.* (*polit., stor.*) sovietizzare; bolscevizzare.

Sovietologist /səʊvɪə'tɒlədʒɪst/, *n.* (*polit.*) sovietologo.

Sovietology /səʊvɪə'tɒlədʒɪ/, *n.* (*polit.*) sovietologia.

sow /saʊ/, *n.* *1* (*zool., Sus*) scrofa; troia (*pop.*) *2* (*metall.*) canale di colata per lingotti *3* (*pop.*) trippona; grassona. ● (*zool. USA*) **sow bug**, (*Oniscus murarius*) onisco, porcellino di terra (*o* delle cantine); □ (*bot.*) **sow thistle** (*Sonchus oleraceus*), crespigno; cicerbita □ **as drunk as a sow**, ubriaco fradicio □ (*fig.*) **to get the wrong sow by the ear**, prendere una cantonata (*o* un granchio).

to **sow** /səʊ/ (*pass.* **sowed**, *p. p.* **sown, sowed**), *v. t. e i.* seminare (*anche fig.*); fare la semina; disseminare; spargere; cospargere: **to sow wheat**, seminare il grano; **to sow a field with wheat**, seminare un campo a grano; **to sow (the seeds of) suspicion**, seminare il sospetto; **to sow (the seeds of) dissension**, seminare discordia (*o* zizzania); **to sow the floor with playing cards**, seminare carte da gioco sul pavimento. ● (*fig.*) **to sow one's wild oats**, correre la cavallina; sfogare i bollori giovanili □ (*prov.*) **As they sow, so let them reap**, si raccoglie quel che si semina □ (*prov.*) **He that sows the wind will reap the whirlwind**, chi semina vento, raccoglie tempesta.

sowback /'saʊbæk/, *n.* (*geogr.*) stretta dorsale con pareti scoscese e burroncelli (*morfologia a dorso di suino*).

sowbread /'saʊbrɛd/, *n.* (*bot., Cyclamen europaeum*) ciclamino; panporcino (*pop.*).

sower /'səʊə(r)/, *n.* seminatore, seminatrice.

sowing /'səʊɪŋ/, *n.* (*agric.*) semina; seminagione. ● **s. machine**, seminatrice (*macchina*) □ **s. seed**, semente; semenza □ **s. time**, stagione della semina.

sown /səʊn/, *p. p.* di **to sow**.

sox /sɒks/, *n. pl.* (*specialm. USA*) calzini.

soy /sɔɪ/, *n.* (*anche* **soy sauce**) salsa preparata con semi (fermentati) di soia (*usata specialm. nella cucina cinese*).

soya /'sɔɪə/, *V.* **soy-bean**.

soya-bean /'sɔɪəbi:n/, *n.* (*bot., Glycine max*) soia (*la pianta e il seme*). ● **s. oil**, olio di soia.

soybean /'sɔɪbi:n/, *n.* (*USA*) *V.* **soya-bean**.

sozzled /'sɒzld/, *a.* (*pop.*) ubriaco fradicio; sbronzo (*fam.*).

spa /spɑ:/, *n.* *1* fonte d'acqua termale; sorgente termale *2* stazione termale; terme: **to go to a spa**, andare alle terme.

space /speɪs/, **A** *n.* *1* spazio: **time and s.**, tempo e spazio; **the conquest of s.**, la conquista dello spazio; **advertising s.**, spazio pubblicitario *2* spazio; spazio di tempo; intervallo: **in the s. of a month**, nello spazio di un mese; **after a short s.**, dopo un breve intervallo *3* spazio; area; posto: **Leave a wide s. between the rows**, lascia molto spazio fra una fila e l'altra!; **I couldn't find a parking s.**, non riuscii a trovare un posto per parcheggiare *4* (*tipogr.*) spazio; spaziatura; interlinea; battuta: **A line should not exceed the stated number of spaces**, la riga non deve superare il numero prefissato di battute *5* (*pubbl., radio, TV*) tempo a disposizione; spazio *6* (*elab.*) spazio (*di un carattere*); posto (*in memoria*) *7* (*mus.*) spazio; intervallo. **B** *a. attr.* spaziale: **the s. age**, l'era spaziale; **s. probe**, sonda spaziale; **s. research**, ricerche spaziali. ● **s.-bar**, barra spaziatrice (*di macchina da scrivere o di tastiera di computer*) □ (*fam. USA*) **s. barrel**, stanziamento per le ricerche spaziali □ (*miss.*) **s. capsule**, capsula spaziale □ **s. fiction**, romanzo di fantascienza □ (*miss.*) **s. flight**, volo spaziale □ (*edil.*) **s. frame**, struttura controvento □ (*fam. USA*) **s. girl**, *V.* **spacewoman** □ **s. heater**, convettore termico □ **s. helmet**, casco spaziale □ **s.-key**, barra spazio (*di macchina da scrivere*) □ **s. lattice**, reticolo spaziale (*di un cristallo*) □ (*tipogr.*) **s.--line**, interlinea □ (*anche elab.*) **s. requirement**, ingombro □ **s. rocket**, missile spaziale □ **s.-saving**, poco ingombrante □ **s. shuttle** shuttle; navetta (*o* navicella) spaziale; (*anche*) aereo spaziale (*sorta di aereo-razzo, di cui il prototipo fu il «Columbia»: primo volo il 12 aprile 1981*) □ **s. sickness**, male di spazio □ **s.-suit**, tuta spaziale □ (*fis., filos.*) **s.-time** (*o* **s.-time continuum**), spazio-tempo; cronotopo; spazio quadridimensionale □ **s. travel**, navigazione nello spazio □ **s. traveller**, astronauta □ (*mil.*) **s. weapon**, arma spaziale □ **s. writer**, pubblicista pagato a un tanto la riga □ **blank s.**, spazio in bianco □ **open s.**, spazio aperto □ **Let's rest (for) a s.**, riposiamoci un poco!

to **space** /speɪs/, *v. t.* *1* spaziare; disporre a intervalli; distanziare; scaglionare *2* (*tipogr.*) spaziare: **to s. the lines**, spaziare le righe *3* (*mecc.*) distanziare; separare con un distanziatore.

♦ **space out**, **A** *v. t. + avv.* *1* spaziare; distanziare; diradare: **to s. out one's visits**, diradare le visite *2* scaglionare; frazionare: **to s. out payments**, scaglionare i pagamenti (*farli a rate*) *3* (*tipogr.*) interlineare, spazieggiare (*parole; per evidenziarle*) *4* (*anche mil.*) sparpagliare *5* (*pop., di solito al passivo*) mandare in estasi; (*anche*) mandare in tilt. **B** *v. i. + avv.* *1* distanziarsi; diradarsi *2* (*anche mil.*) sparpagliarsi *3* (*pop.*) andare in estasi; (*anche*) andare in tilt.

spaceborne /'speɪsbɔ:n/, *a.* (*miss.*) trasportato (*o* che viaggia) nello spazio: **a s. satellite**, un satellite che viaggia nello spazio.

spacecraft /'speɪskrɑ:ft, *USA* -æft/, *n.* (*invar. al pl.*) veicolo spaziale; astronave.

spacecrew /'speɪskru:/, *n.* equipaggio di un'astronave.

spaced /speɪst/, *a.* *1* spaziato; distanziato; scaglionato *2* (*di pagamento*) frazionato; rateale. ● (*pop.*) **s. out**, in tilt, imbranato, suonato; intontito dall'alcol (*o* dalla fatica); drogato; fatto (*pop.*).

spacelab /'speɪslæb/, *n.* (*contraz. di* **space laboratory**) laboratorio spaziale.

spaceless /'speɪsləs/, *a.* *1* illimitato; infinito *2* senza spazio; che non occupa spazio.

spaceman /'speɪsmən/, *n.* (*pl.* **spacemen**) *1* astronauta; cosmonauta *2* extraterrestre.

spacer /'speɪsə(r)/, *n.* *1* (*tipogr.*) barra spaziatrice *2* (*mecc.*) distanziatore; distanziale. ● (*metall.*) **s. strip**, striscia distanziatrice.

spaceship /'speɪsʃɪp/, *n.* (*specialm. nella fantascienza*) astronave; nave spaziale.

spacesuit /'speɪssnɪt/, *n.* tuta spaziale.

spacewalk /'speɪswɔ:k/, *n.* passeggiata spaziale.

to **spacewalk** /'speɪswɔ:k/, *v. i.* fare una passeggiata spaziale.

spacewalker /'speɪswɔ:kə(r)/, *n.* astronauta che fa una passeggiata spaziale.

spacewalking /'speɪswɔ:kɪŋ/, *n.* (il fare) passeggiate spaziali.

spacewoman /'speɪswʊmən/, *n.* (*pl.* **spacewomen**) *1* astronauta, cosmonauta (*donna*) *2* extraterrestre (*donna*).

spacey /'speɪsɪ/, *a.* (*pop.*) *1* suonato (*pop.*); imbranato *2* drogato; fatto (*pop.*).

spacial /'speɪʃl/, *V.* **spatial**.

spacing /'speɪsɪŋ/, *n.* *1* (*tipogr., elab.*) spazieggiatura; spaziatura; interlineatura: **double s.**, spaziatura doppia; spaziatura due *2* scaglionamento; distanziamento *3* (*fin.*) frazionamento *4* (*mecc.*) distanza; intervallo. ● (*mecc.*) **s. collar**, manicotto distanziatore.

spacious /'speɪʃəs/, *a.* spazioso; ampio; vasto. ‖ **-ly**, *avv.* ‖ **-ness**, *sost.*

spacy /'speɪsɪ/, *V.* **spacey**.

spade /speɪd/, *n.* *1* (*agric.*) vanga *2* *V.* **spadeful** *3* (*delle carte da gioco*) (carta di) picche; (*pl.*) (seme di) picche: **the five of spades**, il cinque di picche *4* (*spreg.*) negro. ● (*fam.*) **to call a s. a s.**, dir pane al pane (e vino al vino).

to **spade** /speɪd/, *v. t.* (*agric.*) vangare. ● **to s. up**, vangare (*un giardino, ecc.*).

spadeful /'speɪdfʊl/, *n.* vangata; quanto sta in una vanga.

spadework /'speɪdwɜ:k/, *n.* *1* vangatura *2* (*fig.*) faticoso lavoro preliminare.

spadger /'spædʒə(r)/, *n.* (*pop., forma corrotta di* **sparrow**) passero.

spadiceous /speɪ'dɪʃəs/, *a.* (*bot.*) simile a uno spadice; spadiceo.

spadix /'speɪdɪks/, *n.* (*pl.* **spadices**) (*bot.*) spadice.

spaghetti /spə'gɛtɪ/ (*ital.*), *n. pl.* spaghetti. ● (*in G.B.*) **s. house**, spaghetteria □ (*autom.*) **s. junction**, raccordo autostradale (*o* stradale) a più livelli □ (*fam., cinem.*) **s. western**, western all'italiana.

spahee /'spɑ:hɪ/, *V.* **spahi**.

spahi /'spɑ:hɪ/, *n.* (*pl.* **spahis**) (*stor.*) spahi.

Spain /speɪn/, *n.* (*geogr.*) Spagna.

spake /speɪk/, (*arc., poet.*) *pass.* di **to speak**.

spall /spɔ:l/, *n.* frammento; scheggia (*specialm. di pietra*).

to **spall** /spɔ:l/, **A** *v. t.* *1* sbozzare (*col martello*) *2* frantumare, scheggiare (*specialm. minerale metallifero*). **B** *v. i.* *1* frantumarsi; scheggiarsi *2* (*ind. min.*) frantumare il minerale.

spallation /spɔ:'leɪʃn/, *n.* (*fis. nucl., med.*) spallazione.

spam /spæm/, *n.* (*marchio; contraz. di* **spiced ham**) carne suina in scatola (*da mangiare fredda*).

span (1) /spæn/, *n.* *1* spanna (*pari, come misura, a 23 cm circa*); palmo *2* (*di arco, ponte, ecc.*) luce; campata: **the s. of an arch**, la luce d'un arco; **a bridge of four spans**, un ponte a quattro campate *3* breve tratto; breve intervallo: **Our life is but a s.**, la vita dell'uomo ha breve durata *4* distanza fra due estremità; lunghezza; larghezza: **the s. of a bridge**, la lunghezza d'un ponte *5* (*aeron.,* = **wing s.**) apertura alare. ● (*edil.*) **s. roof**, tetto a due spioventi □ **our brief s.**, la vita breve dell'uomo □ (*fig.*) **in the whole s. of Roman history**, nell'intero arco della storia romana.

span (2) /spæn/, *n.* *1* pariglia (*di cavalli*) *2* coppia, giogo (*di buoi*) *3* (*naut.*) penzolo.

to **span** (1) /spæn/, **A** *v. t.* ***1*** misurare a spanne; misurare ***2*** attraversare; stendersi attraverso: **A bridge spans the river at the mouth**, un ponte attraversa il fiume alla foce ***3*** (*fig.*) abbracciare: **The Roman Empire spanned five centuries**, l'Impero Romano abbracciò cinque secoli. **B** *v. i.* muoversi a scatti (*come certi bruchi*). ● **to s. a river with a bridge**, gettare un ponte su un fiume.

to **span** (2) /spæn/, *v. t.* ***1*** apparigliare (*cavalli*) ***2*** aggiogare (*buoi*) a coppie ***3*** (*naut.*) assicurare (*o* imbrigliare) con un penzolo.

spandrel /ˈspændrəl/, *n.* (*edil.*) parapetto (*di finestra*). ● **s. wall**, timpano di volta.

spangle /ˈspæŋgl/, *n.* ***1*** lustrino; paillette ***2*** (*bot.*, = **oak-s.**) galla (*di quercia*).

to **spangle** /ˈspæŋgl/, **A** *v. t.* guarnire (*o* ornare) di lustrini. **B** *v. i.* luccicare; brillare. ● **The Star-Spangled Banner**, la bandiera degli Stati Uniti; l'inno nazionale degli Stati Uniti.

Spanglish /ˈspæŋglɪʃ/, *n.* (*ling.*) spagnolo con molte parole inglesi; inglese (*o* americano) ispanizzato (*per es.*, **Miami S.** in *U.S.A.*).

spangly /ˈspæŋglɪ/, *a.* luccicante; coperto di lustrini.

Spaniard /ˈspænjəd/, *n.* spagnolo.

spaniel /ˈspænjəl/, *n.* ***1*** (*zool.*) spaniel (*cane*) ***2*** (*fig.*) individuo servile, strisciante; adulatore.

Spanish /ˈspænɪʃ/, **A** *a.* spagnolo; di Spagna. **B** *n.* ***1*** spagnolo (*la lingua*) ***2*** – (*collett.*) **the S.**, gli spagnoli. ● (*geogr.*) **S. America**, America Latina □ (*stor.*) **the S. Armada**, l'Invincibile Armata (*la flotta spedita da Filippo II contro l'Inghilterra nel 1588*) □ (*pitt.*) **S. black**, nero di Spagna □ (*zool.*) **S. fly** (*Lytta vescicatoria*), cantaride □ (*stor., geogr.*) **the S. Main**, il Mar dei Caraibi □ (*bot.*) **S. onion**, cipolla dolce dal grosso bulbo □ **S. potato**, patata americana □ (*pitt.*) **S. red**, rosso di Spagna; cinabro □ **S. wines**, vini di Spagna.

spank /spæŋk/, *n.* sculacciata; sculaccione.

to **spank** /spæŋk/, **A** *v. t.* schiaffeggiare; (*specialm.*) sculacciare; battere (*con una pianella, ecc.*). **B** *v. i.* (*di solito*, **to s. along**) ***1*** muoversi con sveltezza; (*autom.*) filare ***2*** (*di cavallo*) andare di buon trotto; trottare serrato ***3*** (*di nave*) filare.

spanker /ˈspæŋkə(r)/, *n.* ***1*** chi sculaccia ***2*** cavallo veloce ***3*** (*fam.*) persona (*o* cosa) eccezionale; cannonata (*fam.*) ***4*** (*naut.*) randa; randa di poppa.

spanking (1) /ˈspæŋkɪŋ/, *n.* (*solo al sing.*) dose di sculacciate.

spanking (2) /ˈspæŋkɪŋ/, *a.* ***1*** rapido; veloce ***2*** (*di vento*) forte: **a s. breeze**, una forte brezza ***3*** (*fam.*) eccellente; magnifico; ottimo; straordinario. ● (*fam.*) **a s. fine girl**, una ragazza bellissima □ **s. new**, nuovo di zecca □ **to go at a s. pace**, (*di cavallo*) trottare serrato; (*fig.*) camminare in fretta □ (*fam.*) **to have a s. time**, divertirsi un mondo.

spanner /ˈspænə(r)/, *n.* ***1*** (*mecc.*) chiave; chiave fissa (*cfr. USA* **wrench**) ***2*** (*mecc. USA*) chiave a settore ***3*** (*tecn.*) collegamento orizzontale ***4*** (*zool.*) bruco misuratore; geometride. ● **adjustable s.**, chiave registrabile; chiave inglese □ **open-ended s.**, chiave a bocca; chiave fissa semplice □ **ring s.**, chiave poligonale (*o* a stella) □ **socket s.**, chiave a bussola □ (*fig.*) **to throw a s. in the works**, mettere il bastone fra le ruote (*fig.*); sabotare.

spanworm /ˈspænwɜːm/, *n.* (*zool.*) geometride; bruco misuratore.

spar (1) /spɑː(r)/, *n.* ***1*** (*naut.*) albero; pennone; asta ***2*** (*aeron.*) longherone. ● (*naut.*) **s. deck**, controcoperta.

spar (2) /spɑː(r)/, *n.* ***1*** (*sport*) incontro di allenamento (*della boxe, ecc.*) ***2*** combattimento di galli ***3*** (*fig.*) disputa; diverbio; litigio; battibecco.

spar (3) /spɑː(r)/, *n.* (*miner.*) spato: **Iceland s.**, spato d'Islanda. ● **fluor s.**, fluorite.

to **spar** /spɑː(r)/, *v. i.* ***1*** (*sport*) allenarsi (*o* esercitarsi) nel pugilato (*o* in un'arte marziale) ***2*** (*di galli*) combattere (*con sproni naturali o aggiunti alle zampe*) ***3*** (*fig.*) disputare; litigare; beccarsi (*fig. fam.*): **They're always sparring (at each other)**, non fanno che litigare.

sparable /ˈspærəbl/, *n.* chiodo senza capocchia (*usato dai calzolai*).

spare /spɛə(r)/, **A** *a.* ***1*** di ricambio; di scorta; di riserva; (*naut.*) di rispetto: **s. wheel**, ruota di scorta; **s. hands**, operai di riserva; **s. bow anchor**, ancora di rispetto ***2*** d'avanzo; libero; disponibile: **a s. room**, una camera disponibile; una camera in più (*per gli ospiti*) ***3*** frugale; magro; parco; scarso: **a s. breakfast**, una colazione frugale; **s. rations**, razioni scarse ***4*** scarno; sparuto; esile; smilzo. **B** *n.* (*mecc.*) pezzo (*o* parte) di ricambio; ricambio. ● **a s. bed**, un letto in più □ **s. cash**, denaro disponibile; riserva di denaro □ (*mecc.*) **s. engine**, motore di riserva □ **a s. pair of shoes**, scarpe di ricambio □ (*mecc.*) **s. parts**, pezzi di ricambio; ricambi □ (*fam.*) **s.-part surgery**, chirurgia sostitutiva (*trapianti, innesti*) □ **s. time**, tempo libero (*dal lavoro*) □ (*USA*) **s. tire**, (*autom.*) ruota di scorta; (*pop.*) lavativo, scansafatiche, ospite sgradito □ (*autom.*) **s. tyre**, ruota di scorta, pneumatico di ricambio; (*fig. fam.*) pancia, pancione, trippa (*fam.*) □ (*pop.*) **to go s.**, arrabbiarsi; agitarsi; perdere le staffe (*fig.*) □ **in one's s. moments**, nei ritagli di tempo. || **-ly**, *avv.* || **-ness**, *sost.*

to **spare** /spɛə(r)/, *v. t.* e *i.* ***1*** risparmiare; economizzare; lesinare; aver riguardo per; salvaguardare: **S. me (***o* **s. my life)!**, risparmiami (la vita)!; fammi grazia della vita!; **I've spared you the trouble**, ti ho risparmiato il fastidio; **Don't s. your efforts!**, non risparmiare alcuno sforzo!; **to s. sb.'s feelings**, aver riguardo per i sentimenti di q. ***2*** dare; offrire: **Can you s. me a cigarette?**, hai una sigaretta da darmi? (*senza che tu debba privartene o rimanere senza*) ***3*** dedicare (*tempo, ecc.*): **Can you s. me two minutes?**, puoi dedicarmi due minuti? ***4*** privarsi; fare a meno di: **I cannot s. him just now**, non posso fare a meno di lui proprio ora. ● **to s. no expense**, non badare a spese □ **to s. no pains**, non badare a sacrifici; fare ogni sforzo □ **to have enough and to s.**, avere ogni ben di Dio □ **to have nothing to s.**, avere lo stretto necessario □ **a moment to s.**, un momento di libertà; un ritaglio di tempo □ **not to s. oneself**, non risparmiarsi; mettercela tutta □ **to s.**, d'avanzo: **with two pounds to s.**, con due sterline d'avanzo (*o* in più) □ **I have no time to s.**, non ho tempo (libero); sono occupato □ **S. my blushes!**, non farmi arrossire! □ **I arrived with an hour to s.**, arrivai con un'ora d'anticipo □ **We have paper enough and to s.**, abbiamo carta in abbondanza (*o* d'avanzo, da vendere) □ (*prov.*) **S. the rod and spoil the child**, il medico pietoso fa la piaga purulenta.

sparerib /ˈspɛərɪb/, *n.* (*cucina*) costoletta di maiale; costolina.

sparger /ˈspɑːdʒə(r)/, *n.* (*ind.*) spruzzatore, innaffiatore (*specialm., nella fabbricazione della birra*).

sparing /ˈspɛərɪŋ/, *a.* ***1*** frugale; parco; parsimonioso; economo ***2*** scarso; limitato; magro. ● **s. of speech**, parco di parole. || **-ly**, *avv.* || **-ness**, *sost.*

spark (1) /spɑːk/, *n.* ***1*** scintilla (*anche fig.*); favilla: **an electric s.**, una scintilla elettrica; **the s. of genius**, la scintilla del genio; la sacra scintilla ***2*** (*fig.*) barlume; traccia; (un) po': **Not a s. of life remained in her**, non v'era più traccia di vita in lei; **if you had a s. of intelligence in you**, se ci fosse un barlume d'intelligenza in te. ● (*mecc.*) **s. arrester**, parascintille □ (*elettr., autom.*) **s. coil**, bobina d'accensione; rocchetto d'induzione □ (*elettr.*) **s. gap**, spinterometro □ (*mecc.*) **s. knock**, detonazione normale (*di motore*) □ (*autom., elettr.*) **s. lead**, anticipo dell'accensione □ (*autom., elettr.*; *USA*) **s. plug**, candela (d'accensione) (*cfr. ingl.* **sparking plug**) □ (*mecc.*) **to advance [to retard] the s.**, anticipare [ritardare] l'accensione □ **not a s.**, neanche un po'; neppure un pizzico □ (*fig.*) **to strike sparks out of sb.**, stimolare la conversazione spiritosa di q. □ **Whenever the two teams meet, the sparks fly**, ogni volta che le due squadre si affrontano, lo scontro fa scintille.

spark (2) /spɑːk/, *n.* ***1*** (*raro*) bellimbusto; damerino; zerbinotto ***2*** (*arc.*) corteggiatore; innamorato ***3*** (*di solito*, **bright s.**; *spesso iron.*) tipo in gamba; furbacchione, furbo; drittone (*fam.*).

to **spark** (1) /spɑːk/, **A** *v. i.* scintillare; mandare (*o* sprizzare) scintille. **B** *v. t.* ***1*** incitare; stimolare; infiammare ***2*** (*USA*) *V.* **to s. off.** ● **to s. off**, accendere, dar fuoco a; (*fig.*) scatenare; provocare; far esplodere (*tumulti, ecc.*).

to **spark** (2) /spɑːk/, (*raro*) **A** *v. i.* fare il bellimbusto. **B** *v. t.* corteggiare; far la corte a.

sparking /ˈspɑːkɪŋ/, *n.* (*elettr.*) ***1*** scintillamento ***2*** accensione mediante scintilla. ● (*autom., elettr.*) **s. plug**, candela (d'accensione) □ (*mecc.*) **s.-plug point**, puntina di candela.

sparkle /ˈspɑːkl/, *n.* ***1*** scintillio; sfavillio; luccichio; lustro; splendore ***2*** scintilla; favilla ***3*** (*di vino*) effervescenza ***4*** (*fig.*) brio; vivacità; animazione.

to **sparkle** /ˈspɑːkl/, *v. i.* ***1*** (*del fuoco*) far scintille ***2*** scintillare; sfavillare; luccicare: **The jewels sparkled in the moonlight**, i gioielli scintillavano al chiaro di luna; **Her eyes sparkled with joy**, gli occhi le sfavillavano di gioia ***3*** (*del vino*) spumeggiare; mussare ***4*** (*fig.*) essere brioso (*o* vivace).

sparkler /ˈspɑːklə(r)/, *n.* ***1*** oggetto scintillante, luccicante; persona brillante ***2*** (*fam.*) brillante; diamante ***3*** fuoco d'artificio a scintille (*o* a stelline); stella filante ***4*** (*pl.*) (*fam.*) occhi sfavillanti.

sparklet /ˈspɑːklət/, *n.* piccola scintilla.

sparkling /ˈspɑːklɪŋ, -kəl-/, *a.* ***1*** scintillante; sfavillante; che brilla; raggiante; splendente: **s. eyes**, occhi che brillano ***2*** (*di vino*) spumeggiante; spumante ***3*** (*fig.*) spumeggiante; brioso; vivace; animato: **s. conversation**, conversazione spumeggiante ***4*** (*d'acqua*) effervescente. ● **s. wine**, spumante.

sparks /spɑːks/, *n.* (*fam.*) ***1*** (*arc.*) elettricista ***2*** (*naut.*) radiotelegrafista; marconista.

sparling /ˈspɑːlɪŋ/, *n.* (*pl.* **sparling, sparlings**) (*zool.*, *Osmerus eperlanus*) sperlano.

sparring /ˈspɑːrɪŋ/, *n.* ***1*** (*sport*) sparring; pugilato fatto per allenamento ***2*** (*fig.*) discussione amichevole. ● **s. gloves**, guantoni da allenamento □ **s. partner**, (*boxe*) sparring partner, allenatore; (*fig.*) persona con cui si discute amichevolmente.

sparrow /ˈspærəʊ/, *n.* (*zool.*, *Passer*) passero. ● (*dial.*) **s.-grass**, asparago □ (*zool.*) **s.-hawk** (*Accipiter nisus*), sparviero, sparviere □ **house-s.**, passero comune □ **young s.**, passerotto.

sparry /ˈspɑːrɪ/, *a.* (*miner.*) spatico; simile a spato; ricco di spato.

sparse /spɑːs/, *a.* ***1*** sparso; scarso: **s. population**, popolazione sparsa ***2*** rado: **a s. vegetation**, una vegetazione rada ***3*** intervallato; a intervalli regolari. || **-ly**, *avv.*

sparseness /ˈspɑːsnəs/, **sparsity** /ˈspɑːsətɪ/, *n.* scarsità; radezza.

Spartacist /ˈspɑːtəsɪst/, *n.* (*stor.*) spartachista.

Spartan /ˈspɑːtən/, *a.* e *n.* (*stor.*) spartano (*anche fig.*): **S. endurance**, resistenza (*o* forza di sopportazione) spartana. || **-ly**, *avv.*

sparteine /ˈspɑːtiːɪːn, -ɪn/, *n.* (*chim.*) sparteina.

spasm /ˈspæzəm/, *n.* ***1*** (*med.*) spasmo; crampo ***2*** accesso; attacco: **a s. of rage**, un violento accesso d'ira. ● **a s. of fear**, un forte spavento □ **a s. of pain**, un dolore acuto □ (*med.*) **to go**

into s., avere uno spasmo □ **muscle s.**, contrazione muscolare; crampo.

spasmodic(al) /spæz'mɒdɪk(l)/, *a.* **1** (*med.*) spasmodico: **s. asthma**, asma spasmodica **2** convulso; intermittente: **s. efforts**, sforzi convulsi. || **-ally**, *avv.*

spasmolytic /spæzmə'lɪtɪk/, *a.* e *n.* (*farm.*) spasmolitico.

spastic /'spæstɪk/, (*med.*) **A** *a.* **1** spastico: **s. paralysis**, paralisi spastica **2** affetto da paralisi spastica; spastico. **B** *n.* spastico (*anche fig., pop. spreg.*).

spat (1) /spæt/, *n.* (*collett.*) uova di molluschi (*specialm. di ostriche*).

spat (2) /spæt/, *n.* (*di solito al pl.*) ghetta; uosa corta.

spat (3) /spæt/, *n.* **1** (*fam.*) bisticcio; battibecco; litigio **2** scappellotto; schiaffetto **3** spruzzo; schizzo **4** picchiettio.

spat (4) /spæt/, *pass.* e *p. p.* di **to spit**.

to **spat** (1) /spæt/, *v. i.* (*dei molluschi*) deporre le uova.

to **spat** (2) /spæt/, *v. i.* e *t.* **1** (*fam.*) bisticciare; battibeccare; litigare **2** schiaffeggiare; dare uno scappellotto (*a q.*) **3** picchiettare; crepitare.

spatchcock /'spætʃkɒk/, *n.* (*cucina*) pollo (*o* volatile domestico) alla diavola.

to **spatchcock** /'spætʃkɒk/, *v. t.* **1** cuocere alla diavola **2** (*fam.*) inserire frettolosamente (*parole in un telegramma, ecc.*); interpolare (*specialm. a vanvera*).

spate /speɪt/, *n.* **1** inondazione; piena: **The river is in s.**, il fiume è in piena **2** acquazzone **3** flusso continuo; ondata: **a s. of words**, un flusso continuo di parole **4** grande quantità; fiume (*fig.*); sacco (*fam.*): **a s. of road accidents**, incidenti stradali a catena.

spathe /speɪð/, *n.* (*bot.*) spata.

spathic /'spæθɪk/, *a.* (*miner.*) spatico.

spatial /'speɪʃl/, *a.* spaziale; di (*o* dello) spazio. ● (*demogr.*) **s. distribution**, distribuzione territoriale. || **-ly**, *avv.*

spatiality /speɪʃɪ'ælətɪ/, *n.* (*scient.*) spazialità.

spatter /'spætə(r)/, *n.* **1** schizzo; spruzzo: **a s. of mud**, uno schizzo di fango **2** pillacchera; zacchera **3** picchiettio: **the s. of the rain**, il picchiettio della pioggia. ● (*edil., USA*) **s. dash**, intonaco rustico □ **a s. of bullets**, una grandine di proiettili □ **a s. of rain**, due (*o* quattro) gocce d'acqua (*o* di pioggia).

to **spatter** /'spætə(r)/, **A** *v. t.* **1** schizzare; spruzzare; cospargere; inzaccherare: **to s. paint over st.**, spruzzare vernice su q.c.; **A lorry spattered us with slush as it passed by**, un autocarro, passando, ci inzaccherò di neve mista a fango **2** macchiare (*fig.*); diffamare; denigrare. **B** *v. i.* **1** (*di liquido in ebollizione*) borbottare; schizzare (fuori) **2** gocciolare; cadere a gocce; (*di pioggia*) battere, picchiettare, scrosciare; (*di grandine, di pallottole, ecc.*) crepitare: **The rain was spattering down on my umbrella**, la pioggia batteva sul mio ombrello. ● **to s. sb. with slander**, gettare fango su q. (*fig.*); calunniare q.; diffamare q.

spatterdashes /'spætədæʃɪz/, *n.* (*pl.*) (*stor.*) gambali da cavaliere; uose lunghe.

spatula /'spætjʊlə, *USA* -tʃʊ-/, *n.* (*arte, med., cucina, ecc.*) spatola. ● (*USA*) **slotted s.**, spatola per il pesce.

spatular /'spætjʊlə(r), *USA* -tʃʊ-/, **spatulate** /'spætjʊlət, *USA* -tʃʊ-/, *a.* (*biol.*) a forma di spatola; spatolato.

spavin /'spævɪn/, *n.* (*vet.*) spavenio.

spavined /'spævɪnd/, *a.* (*di cavallo*) affetto da spavenio; zoppo; azzoppato.

spawn /spɔːn/, *n.* **1** (*zool.: di pesci, di molluschi, ecc.*) uova **2** (*bot.: di funghi*) micelio **3** (*fig. spreg.*) discendenza; progenie; stirpe: **s. of the devil**, progenie del demonio.

to **spawn** /spɔːn/, **A** *v. t.* **1** (*zool.: di pesci, molluschi, ecc.*) deporre (*le uova*) **2** (*spreg.*) generare; mettere al mondo **3** (*pop.*) produrre in gran quantità. **B** *v. i.* **1** (*zool.: di pesci, ecc.*) deporre uova **2** (*spreg.*) figliare; procreare; moltiplicarsi.

spawner /'spɔːnə(r)/, *n.* (*zool.*) pesce (*o* mollusco) che depone le uova.

spawning /'spɔːnɪŋ/, *n.* (*zool.*) fecondazione (*delle uova di pesci, ecc.*). ● **s. time**, periodo della fregola.

to **spay** /speɪ/, *v. t.* asportare le ovaie a; castrare (*una femmina d'animale*).

to **speak** /spiːk/ (*pass.* **spoke**, *p. p.* **spoken**), *v. i.* e *t.* **1** parlare; discorrere; conversare; tenere (*o* fare) un discorso: **He speaks Chinese fluently**, parla correntemente il cinese; **He spoke for ten minutes**, parlò per dieci minuti; **I'll s. to him about it**, gliene parlerò io; **to s. on the telephone**, parlare al telefono; **They're not speaking to each other**, non si parlano (più) **2** dire; esprimere; pronunciare: **to s. the truth**, dire la verità; **to s. one's mind**, dire quel che si pensa; parlar chiaro; **He only spoke a few words**, pronunciò soltanto poche parole; **He speaks the sentiments of us all**, egli esprime i sentimenti di tutti noi **3** contare; valere; esser probante: **Actions s. louder than words**, i fatti contano più delle parole **4** dimostrare; esser prova di: **His conduct speaks a generous heart**, la sua condotta dimostra la sua generosità **5** (*lett.: di strumento musicale*) emettere un suono; suonare; (*di un orologio*) battere le ore **6** (*di animali, armi da fuoco, ecc.*) far sentire la propria voce **7** (*naut.*) comunicare con; fare segnali a: **to s. a passing ship**, comunicare (*per mezzo di segnali*) con una nave che s'incrocia **8** (*teatr.*) recitare: **to s. a piece**, recitare una pièce (teatrale). ● **to s. by the card**, essere preciso nel parlare; parlare in punta di forchetta (*fig.*) □ **to s. highly of sb.**, parlar bene di q. □ **to s. like a book**, parlare come un libro stampato □ **to s. of**, degno del nome; vero e proprio: **No crisis to s. of, only a few quarrels**, non una crisi vera e propria, soltanto qualche lite □ **to s. sense**, parlare sensatamente □ **to s. without book**, citare (*fatti, cifre, ecc.*) a memoria □ **to s. words of wisdom**, dire parole di grande saggezza □ **speaking of**, a proposito di □ **spoken English**, l'inglese parlato □ **English (is) spoken (here)**, qui si parla inglese □ **generally speaking**, in generale; in senso lato □ **a good speaking voice**, una bella voce; una voce piacevole □ **legally speaking**, dal punto di vista legale □ **nothing to s. of**, niente degno d'esser menzionato; nulla d'importante □ **roughly speaking**, all'incirca; pressappoco □ **so to s.**, per così dire □ **strictly speaking**, a rigore; per essere precisi; (parlando) in senso stretto.

♦**speak against**, *v. i.* + *prep.* parlare contro (q. *o* q.c.); esprimersi contro (q.c.); prendere la parola contro.

♦**speak for**, **A** *v. i.* + *prep.* **1** parlare per (*o* a nome di): **I s. for my husband as well**, parlo anche a nome di mio marito **2** parlare (*o* esprimersi) in favore di; esprimere parere favorevole a: **I'll s. to the headmaster for the students**, parlerò al preside in favore degli studenti; **to s. for a plan**, esprimere parere favorevole a un progetto **3** (*leg.*) rappresentare (*un imputato*) in giudizio. **B** *v. t.* + *prep.* dire (*qualche parola, ecc.*) in favore di (q.). **C** – (*al passivo*) **to be spoken for**, (*di una donna*) essere fidanzata, già promessa; (*di un posto, un oggetto*) essere (già) prenotato □ (*di un fatto, un'azione, ecc.*) **to s. volumes for** (*o* **to s. well for**), essere (ampia) prova di, dimostrare (*una qualità, ecc.*) □ **to s. for oneself**, parlare per sé (*o* per conto proprio): **S. for yourself!**, parla per te! □ **speaking for myself**, per me; secondo me □ **The facts s. for themselves**, i fatti parlano da soli.

♦**speak from**, *v. i.* + *prep.* parlare leggendo (q.c.): **He spoke from notes**, parlò leggendo appunti □ **to s. from the heart**, parlare con il cuore in mano □ **to s. from memory**, parlare (*o* dire) a memoria.

♦**speak of**, *v. i.* + *prep.* **1** parlare di (*un argomento*) **2** essere prova di; dimostrare, testimoniare: **His present speaks of his generosity**, il regalo dimostra la sua generosità □ **to s. ill [well] of sb.**, parlare male [bene] di q. □ (*fam.*) **S. of the devil...**, lupus in fabula... (*all'arrivo della persona di cui si sta parlando*).

♦**speak on**, **A** *v. i.* + *prep.* parlare di; tenere un discorso su. **B** *v. i.* + *avv.* continuare a parlare.

♦**speak out**, *v. i.* + *avv.* **1** parlare a voce alta; alzare la voce: **S. out, please!**, voce (*o* più forte), per favore! **2** parlare chiaro (*o* schietto, francamente): **I spoke out to him**, gliel'ho cantata chiara □ **to s. out against a law [a proposal]** pronunciarsi nettamente contro una legge [una proposta].

♦**speak to**, *v. i.* + *prep.* **1** parlare, tenere un discorso a (*una folla, ecc.*) **2** parlare con, rivolgere la parola a (q.): **Don't s. to that hooligan**, non rivolgere la parola a quel teppista! **3** (*fam.*) sgridare, rimproverare (q.) **4** parlare in favore di, appoggiare (*una proposta, ecc.*) **5** (*form.*) dire la propria idea, fare una dichiarazione su (q.c.) □ **to s. to the point**, restare in argomento.

♦**speak up**, *v. i.* + *avv.* **1** *V.* **speak out**, *def.* *1* **2** parlare fuori dei denti; dirne quattro, farsi sentire (*fam.*) □ **to s. up for sb.**, prendere la parola a favore di q.

♦**speak upon**, *V.* **speak on, A.**

speakeasy /'spiːkiːzɪ/, *n.* (*pop. USA*; *un tempo*) spaccio (d'alcolici) clandestino (*durante il proibizionismo*).

speaker /'spiːkə(r)/, *n.* **1** chi parla; parlatore; dicitore; oratore: **a good s.**, un buon oratore **2** – (*polit., in G.B.*) **the S.**, il Presidente della Camera dei Comuni; (*in U.S.A.*) il Presidente della Camera dei Rappresentanti (*al vocat.*, **Mr S.**, Signor Presidente) **3** (= **loudspeaker**) altoparlante **4** cassa acustica **5** (*ling.*) parlante; locutore: **a good s. of English**, un buon parlante inglese. ● **Speakers' Corner**, l'angolo degli oratori improvvisati (*a Hyde Park, Londra*).

speakership /'spiːkəʃɪp/, *n.* (*polit.*) presidenza; carica (*o* ufficio) di presidente (*della Camera*).

speaking /'spiːkɪŋ/, **A** *n.* **1** il parlare; parola; discorso **2** eloquenza; arte oratoria. **B** *a.* parlante (*anche fig.*); che parla: **she's got s. eyes**, ha occhi che parlano; **a s. portrait**, un ritratto parlante. ● (*telef.*) **the s. clock**, (il servizio dell') ora esatta (*in G.B.*) □ **s. trumpet**, cornetto acustico □ **s. tube**, portavoce □ **to have a s. aquaintance with sb.**, conoscere q. tanto da parlargli (non soltanto di vista) □ **not to be on s. terms with sb.**, conoscere q. solo di vista; (*anche*) non essere più in buoni rapporti con q., non rivolgersi la parola: **They are no more on s. terms**, non si parlano più □ **within s. range**, a portata di voce.

spear /spɪə(r)/, *n.* **1** lancia; asta; alabarda **2** (= **fishing s.**) arpione; fiocina **3** (*pl.*) (*bot.*) spine **4** (*poet.*) *V.* **spearman** **5** (*zool.*) pungiglione; aculeo. ● **s. gun**, fucile subacqueo □ (*fig. lett.*) **s. side**, linea (genealogica) maschile: **on the s. side**, da parte di padre □ (*bot.*) **s.-wood**, eucalipto australiano.

to **spear** /spɪə(r)/, *v. t.* **1** colpire (*o* ferire, uccidere) con la lancia; trafiggere **2** fiocinare, arpionare (*un pesce*) **3** infilare; infilzare **4** (*cucina*) infilzare (*carne, ecc.*) in uno spiedo.

spearfish /'spɪəfɪʃ/, *n.* (*zool., Tetrapturus*) «spearfish» (*nei mari tropicali*).

spearhead /'spɪəhed/, *n.* **1** punta della lancia **2** (*mil.*) reparto d'assalto; avanguardia **3** (*fig.*) gruppo d'assalto; punta avanzata **4** (*fig.*) uomo di punta; capo.

to **spearhead** /'spɪəhed/, *v. t.* **1** (*mil.*) essere in testa a; condurre; esser la testa di colonna di (*un esercito*): **The marines spearheaded the attack**, la fanteria da sbarco condusse l'attacco **2** (*fig.*) capeggiare; fare da punta avanzata a: **He spearheaded the opposition**, capeggiava l'opposizione.

spearman /'spɪəmən/, *n.* (*pl.* **spearmen**) (*stor.*) milite astato; soldato armato di lancia;

lanciere.

spearmint /'spɪəmɪnt/, *n.* (*bot.*, *Mentha spicata*) menta verde.

spec /spɛk/, *n.* (*abbr. fam. di* **speculation**) speculazione; affare: **on s.**, per fare una speculazione; rischiando grosso.

special /'spɛʃl/, **A** *a.* ***1*** speciale; particolare; straordinario: **a s. correspondent**, un inviato speciale; (*ferr.*) **a s. train**, un treno straordinario; **a s. favour**, un favore particolare; **s. edition**, edizione straordinaria; **my s. dislike**, la mia antipatia particolare (*o* più spiccata); **s. instructions**, istruzioni particolari ***2*** (*comm.*: *di un modello*) fuori serie ***3*** (*leg.*) condizionale; condizionato: **s. acceptance**, accettazione condizionata. **B** *n.* ***1*** edizione straordinaria (*di un giornale*) ***2*** (*ferr.*) treno speciale ***3*** tutore (volontario) dell'ordine ***4*** esame speciale ***5*** (*radio, TV*) special: **a TV s.**, uno special televisivo ***6*** (*fam. USA, Austr., N.Z.*; *market.*) articolo in offerta speciale; articolo civetta ***7*** (*tur.*: *al ristorante*) piatto del giorno. ● **the S. Branch**, la polizia «politica» (*in G.B.*: *si occupa dei crimini contro lo stato*) □ (*trasp.*) **s. carrier**, vettore privato □ **s. case**, caso speciale □ **s. constable**, tutore volontario dell'ordine (*non retribuito*) □ (*banca*) **s. crossing**, sbarratura particolare (*di un assegno*) □ (*posta*) **s.-delivery letter**, espresso □ **s.-delivery service**, servizio di consegna per espresso □ (*market.*) **s. discount offer**, offerta con sconto speciale □ (*fin.*) **Special Drawing Rights** (*abbr.* **S.D.R.s**), diritti speciali di prelievo □ (*cinem.*) **s. effects**, effetti speciali □ **a s. friend of mine**, uno dei miei amici più cari □ **s. hospital**, clinica □ **s. legislation**, leggi speciali □ (*relig.*) **s. licence**, licenza speciale □ (*giorn.*) **s. number**, numero unico □ (*fin.*) **s. partner**, socio accomandante □ (*fin.*) **s. partnership**, società in accomandita □ (*comm.*) **s. price**, prezzo di favore (*in G.B.*) **s. school**, scuola (*statale o privata*) per handicappati o psicolabili □ (*cinem.*: *nei titoli*) **s. star...**, con la partecipazione straordinaria di... (*segue il nome dell'attore o dell'attrice*) □ **as a s. favour**, in via del tutto eccezionale □ **to take s. trouble (to)**, darsi un gran da fare (per); aver particolare cura (di) □ **Biology is my s. subject**, mi specializzo in biologia □ **Do you want any s. wine?**, c'è un vino particolare che tu voglia? □ **What is your s. work?**, che genere di lavoro fai?; qual è il tuo settore specifico?

specialism /'spɛʃəlɪzəm/, *n.* l'essere uno specialista; specializzazione.

specialist /'spɛʃəlɪst/, **A** *n.* ***1*** specialista: (*med.*) **an ear s.**, uno specialista delle malattie delle orecchie; un otorinolaringoiatra ***2*** (*Borsa, USA*) operatore in proprio e su commissione. **B** *a. attr.* di (*o* da) specialista; specialistico: **a s. examination**, una visita specialistica. ● **a s. in gynecology**, un ginecologo □ **a heart s.**, un cardiologo.

specialistic /spɛʃə'lɪstɪk/, *a.* specialistico.

speciality /spɛʃɪ'ælətɪ/, *n.* ***1*** specialità; prodotto speciale ***2*** studio speciale; oggetto di specializzazione; settore di competenza ***3*** specialità caratteristica; particolarità. ● (*tur.*) **the s. of the house**, la specialità della casa.

specialization /spɛʃəlaɪ'zeɪʃn, *USA* -lɪ'z-/, *n.* (*anche biol.*) specializzazione.

to **specialize** /'spɛʃəlaɪz/, **A** *v. t.* ***1*** specializzare ***2*** (*raro o leg.*) specificare; esporre nei particolari; dettagliare: **S. your accusations!**, specificate le accuse! ***3*** (*anche biol.*) adattare, trasformare, modificare (*per un uso particolare*): **A cock's spurs are toes specialized for fighting**, gli sproni del gallo sono dita trasformate e adattate al combattimento. **B** *v. i.* ***1*** specializzarsi, essere specializzato (*in q.c.*) ***2*** (*biol.*) adattarsi; differenziarsi.

specialized /'spɛʃəlaɪzd/, *a.* ***1*** specializzato (*anche biol.*); specialistico: **s. language**, linguaggio specialistico ***2*** speciale; straordinario. ● (*telef.*) **s. services**, servizi ausiliari e speciali.

specially /'spɛʃəlɪ/, *avv.* ***1*** specialmente ***2*** appositamente; espressamente; apposta: **The President went to the airport s. to meet his guest**, il Presidente si recò all'aeroporto appositamente per ricevere l'ospite. ● (*nelle risposte*) **not s.**, non proprio; non molto: **«Do you like coffee?» «Not s.»**, «ti piace il caffè?» «non molto».

specialty /'spɛʃltɪ/, *n.* ***1*** (*USA*) *V.* **speciality** ***2*** (*leg.*) contratto in atto pubblico. ● **s. dealer**, rivenditore specializzato □ **s. goods**, specialità; prodotti speciali □ **s. shops**, negozi specializzati.

speciation /spi:ʃɪ'eɪʃn, -i:sɪ-/, *n.* (*biol.*) speciazione.

specie /'spi:ʃi:/, *n.* (*fin.*) moneta metallica; numerario metallico. ● (*econ., fin.*) **s. points**, punti dell'oro; punti metallici □ **in s.**, (*fin.*) in moneta metallica; (*leg.*) in senso stretto, nel modo specificato □ (*fin., comm.*) **payment in s.**, pagamento in moneta metallica.

species /'spi:ʃi:z/, *n.* (*invar. al pl.*) ***1*** (*biol., filos., relig.*) specie ***2*** specie; sorta; genere; qualità; tipo: **various s. of people**, gente d'ogni qualità; **the human s.** (*o* **our s.**), la nostra specie; il genere umano; **He had a s. of cunning**, c'era in lui una sorta d'astuzia; **Kidnapping is the most hateful s. of crime**, il sequestro di persona è il genere di delitto più odioso.

specifiable /'spɛsəfaɪəbl/, *a.* specificabile.

specific /spə'sɪfɪk/, **A** *a.* ***1*** specifico (*anche fis.*); preciso; esatto: **a s. statement**, una dichiarazione specifica; (*mecc.*) **s. weight**, peso specifico; **a s. remedy** (*o* **a s. medicine**), un rimedio specifico; **s. orders**, ordini precisi, tassativi; **for no s. reason**, senza un preciso motivo; **the s. name of a plant**, il nome esatto (*o* scientifico) di una pianta ***2*** caratteristico; peculiare; particolare: **That writer has a s. style**, quello scrittore ha uno stile caratteristico; **a style s. to that school of painters**, lo stile peculiare di quella scuola di pittura; (*leg.*) **s. legacy**, legato particolare (*di beni mobili*). **B** *n.* ***1*** (*farm.*) (rimedio) specifico ***2*** (*pl.*) particolari; dettagli. ● (*rag.*) **s. cost**, costo specifico □ (*leg.*) **s. devise**, legato di specie (*di beni immobili*) □ (*biol.*) **s. difference**, caratteristica che differenzia una specie da un'altra □ **the s. forms of animals**, le varie specie animali □ (*mecc.*) **s. gravity**, densità relativa □ (*leg.*) **s. lien**, privilegio speciale □ (*comm.*) **s. order**, commessa □ **s. rate**, (*ass.*) tariffa tabellare; (*demogr.*) quoziente specifico □ **s. use of a word**, uso speciale d'una parola.

specifical /spə'sɪfɪkl/, *a.* (*raro*) *V.* **specific**.

specifically /spə'sɪfɪklɪ/, *avv.* ***1*** specialmente; appositamente: **It was made s. for me**, è stato fatto appositamente per me ***2*** specificatamente; e particolarmente; in modo particolare ***3*** precisamente; chiaramente; chiaro e tondo: **I told him s. not to do it**, glielo ho detto chiaro e tondo di non farlo.

specification /spɛsɪfɪ'keɪʃn/, *n.* ***1*** specificazione; descrizione particolareggiata; (*comm.*) specifica, distinta (*di merce spedita, spese sostenute, ecc.*) ***2*** (*pl.*) (*ind., edil., ecc.*) specifiche; norme (*di capitolato*); capitolato ***3*** (*leg.*) specificazione (*modo di acquisto della proprietà*: *in Italia, Francia, ecc.*; *ma non in Inghil.*) ***4*** (*leg.*) descrizione dell'invenzione (*in un brevetto*) ***5*** (*pl.*) istruzioni, spiegazioni (*per costruire q.c., ecc.*) ***6*** (*pl.*) (*di macchinario, ecc.*) norme di funzionamento ***7*** (*pl.*) (*di una macchina, un'automobile, ecc.*) caratteristiche; dati caratteristici; scheda tecnica ***8*** (*naut.*) dichiarazione doganale di uscita ***9*** (*stat.*) specificazione. ● (*econ.*) **s. cost**, costo standard □ **the s. of materials**, la distinta (*o* descrizione quantitativa) dei materiali □ (*di una casa*) **built to one's own s.**, costruita su richiesta del committente.

specificity /spɛsɪ'fɪsətɪ/, **specificness** /spə'sɪfɪknəs/, *n.* (*anche econ., med., ecc.*) specificità.

to **specify** /'spɛsɪfaɪ/, *v. t.* ***1*** specificare; descrivere (*o* dichiarare, menzionare) nei particolari; particolareggiare; indicare esattamente: **He specified the reasons for their failure**, indicò esattamente le cause del loro insuccesso ***2*** (*edil.*) indicare (*o* includere) nel capitolato: **A hand-rail had not been specified**, la ringhiera non era stata inclusa nel capitolato ***3*** (*leg.*) fissare, stabilire (*in contratto*).

specimen /'spɛsɪmən/, *n.* ***1*** campione; esemplare; modello; saggio; specimen: **specimens of iron ore**, campioni di minerale ferroso; **thousands of specimens of insects**, migliaia d'esemplari d'insetti; **a s. of his skill**, un saggio della sua abilità; (*med.*) **to take a s. of sb.'s blood**, prelevare un campione di sangue a q. ***2*** (*fam.*) (tipo) originale ***3*** (*fam. spreg.*) individuo; tipo: **He's a queer s.**, è un tipo strano ***4*** (*tecn., scient.*) provino. ● **s. copy**, copia (di libro) in saggio □ (*tipogr.*) **s. page**, pagina di prova □ (*banca*) **s. signature**, firma di paragone; specimen; firma depositata.

speciosity /spi:ʃɪ'ɒsətɪ/, *n.* speciosità; aspetto ingannevole; capziosità.

specious /'spi:ʃəs/, *a.* specioso; capzioso: **a s. argument**, un argomento specioso. || **-ly**, *avv.* || **-ness**, *sost.*

speck (1) /spɛk/, *n.* ***1*** macchiolina; puntino; piccolo segno: **The stranger was a s. on the horizon**, il forestiero era una macchiolina all'orizzonte ***2*** corpuscolo; particella; granello: **a s. of dust**, un granello di polvere ***3*** (*fig.*) briciolo; pezzetto: **not a s. of truth**, non un briciolo di verità ***4*** (*fig.*) macchia; difetto.

speck (2) /spɛk/, *n.* (*pop. USA*) ***1*** carne salata di maiale; bacon ***2*** grasso di balena.

to **speck** /spɛk/, *v. t.* macchiettare; chiazzare; segnare con puntini.

speckle /'spɛkl/, *n.* chiazza; macchietta; macchiolina; puntino.

to **speckle** /'spɛkl/, *v. t.* chiazzare; macchiettare; picchiettare. ● **a speckled cat**, un gatto dal pelo maculato □ **speckled wood**, legno venato (*o* marezzato).

speckless /'spɛkləs/, *a.* (*spesso fig.*) senza macchia; immacolato.

specs /spɛks/, *n. pl.* (*abbr. fam. di:*) ***1*** **spectacles**, *V. sotto* **spectacle**, *def.* 2 ***2*** **specifications**, *V. sotto* **specification**, *def.* 5, 6 e 7.

spectacle /'spɛktəkl/, *n.* ***1*** spettacolo; vista; scena: **The northern lights made quite a s.**, l'aurora boreale era uno spettacolo magnifico; **a sad s.**, una vista dolorosa; **a horrible s.**, una scena orribile ***2*** (*pl.*) (*form.*) occhiali: **a pair of spectacles**, un paio di occhiali. ● **spectacles case**, astuccio per occhiali □ **to make a s. of oneself**, dare spettacolo di sé; farsi ridere dietro □ **to put on one's spectacles**, inforcare gli occhiali □ (*fig.*) **to see everything through rose-coloured spectacles**, veder tutto rosa; essere ottimista.

spectacled /'spɛktəkld/, *a.* che porta gli occhiali; occhialuto. ● (*zool.*) **s. snake**, serpente dagli occhiali.

spectacular /spɛk'tækjʊlə(r)/, **A** *a.* spettacoloso; spettacolare; straordinario. **B** *n.* ***1*** rappresentazione (*o* film, ecc.) spettacolare; show, spettacolo ***2*** grande tabellone pubblicitario. || **-ly**, *avv.*

spectator /spɛk'teɪtə(r), *USA* 'spɛkteɪ-/, *n.* spettatore; astante. ● **s. sport**, sport che attira il pubblico (che riempie gli stadi, ecc.).

specter /'spɛktə(r)/, (*USA*) *V.* **spectre**.

spectral /'spɛktrəl/, *a.* ***1*** spettrale; di spettro; fantomatico ***2*** (*fis.*) dello spettro; spettrale: **the s. colours**, i colori dello spettro. ● (*stat.*) **s. analysis**, analisi spettrale □ **s. ship**, nave fantasma. || **-ly**, *avv.*

spectre /'spɛktə(r)/, *n.* ***1*** spettro; fantasma ***2*** (*fig.*) spettro: **the s. of atomic war**, lo spettro della guerra atomica. ● (*zool.*) **s.-bat** (*Vampyrum spectrum*), vampiro □ (*zool.*) **s.-lemur** (*Tarsius*), tarsio; (*Tarsius filippinensis*) tarsio spettro delle Filippine.

spectrobolometer /spɛktrəbəʊ'lɒmɪtə(r)/, *n.* (*astron.*) spettrobolometro.

spectrochemical /spɛktrəʊ'kɛmɪkl/, *a.* spettrochimico.

spectrochemistry /spɛktrəʊ'kɛmɪstrɪ/, *n.* spettrochimica.

spectrogram /'spɛktrəgræm/, *n.* (*fis.*) spettrogramma.

spectrograph /'spɛktrəgrɑːf, *USA* -æf/, *n.* (*fis.*) spettrografo (*strumento*).

spectrographic /spɛktrəʊ'græfɪk/, *a.* (*fis.*) spettrografico.

spectrography /spɛk'trɒgrəfɪ/, *n.* (*fis.*) spettrografia.

spectroheliograph /spɛktrəʊ'hiːlɪəgrɑːf, *USA* -æf/, *n.* (*astron.*) spettroeliografo.

spectrohelioscope /spɛktrəʊ'hiːlɪəskəʊp/, *n.* (*astron.*) spettroelioscopio.

spectrometer /spɛk'trɒmɪtə(r)/, *n.* (*fis.*) spettrometro.

spectrometric /spɛktrə'mɛtrɪk/, *a.* (*fis.*) spettrometrico.

spectrometry /spɛk'trɒmətrɪ/, *n.* (*fis., chim.*) spettrometria.

spectrophotometer /spɛktrəfəʊ'tɒmɪtə(r)/, *n.* (*fis.*) spettrofotometro.

spectrophotometric /spɛktrəfəʊtə'mɛtrɪk/, *a.* (*fis.*) spettrofotometrico.

spectrophotometry /spɛktrəfəʊ'tɒmətrɪ/, *n.* (*fis.*) spettrofotometria.

spectroscope /'spɛktrəskəʊp/, *n.* (*fis.*) spettroscopio. ‖ **-ally**, *avv.*

spectroscopic(al) /spɛktrə'skɒpɪk(l)/, *a.* (*fis.*) spettroscopico.

spectroscopy /spɛk'trɒskəpɪ/, *n.* (*fis.*) spettroscopia.

spectrum /'spɛktrəm/, *n.* (*pl.* **spectra, spectrums**) *1* (*fis.*) spettro: **solar s.**, spettro solare *2* (*mat.*) spettro *3* (*fig.*) gamma; arco: **the political s.**, l'arco dei partiti politici. ● **s. analysis**, analisi spettrale □ **diffraction s.**, spettro di diffrazione □ **visible s.**, spettro del visibile; spettro visibile.

specular /'spɛkjʊlə(r)/, *a.* (*anche scient.*) speculare: **s. surface**, superficie speculare; (*ottica*) **s. reflector**, riflettore speculare.

to **speculate** /'spɛkjʊleɪt/, *v. i.* *1* (*fin.*) speculare; fare speculazioni: **to s. in stocks**, speculare in titoli; **to s. on the stock exchange**, fare speculazioni in Borsa *2* congetturare; fare ipotesi *3* speculare; considerare; meditare; riflettere: **to s. on** (*o* **about**) **a subject**, meditare (*o* riflettere) su un argomento.

speculation /spɛkjʊ'leɪʃn/, *n.* *1* (*fin.*) speculazione: **He was ruined by an unlucky s.**, andò in rovina per una speculazione sbagliata *2* speculazione; meditazione; congettura; ipotesi: **philosophical speculations**, speculazioni filosofiche. ● (*Borsa*) **s. for a fall** [**for a rise**], speculazione al ribasso [al rialzo] □ **I bought the house as a s.**, comprai la casa per fare un affare.

speculative /'spɛkjʊlətɪv, -leɪtɪv/, *a.* *1* (*fin.*) speculativo; speculatorio; (*d'affare*) rischioso: **s. manoeuvres**, manovre speculative *2* ipotetico; congetturale *3* speculativo; di speculazione; meditativo. ● (*filos.*) **s. philosophy**, filosofia teoretica □ (*fin.*) **a s. trader**, uno speculatore. ‖ **-ly**, *avv.* ‖ **-ness**, *sost.*

speculator /'spɛkjʊleɪtə(r)/, *n.* speculatore (*specialm. nel senso fin.*).

speculum /'spɛkjʊləm/, *n.* (*pl.* **specula, speculums**) *1* (*med.*) specolo; speculum *2* (*astron.*) specchio (*specialm. per telescopi*) *3* (*zool.*) ocello. ● (*metall.*) **s. alloy**, bronzo per specchi.

sped /spɛd/, *pass.* e *p. p.* di **to speed.**

speech /spiːtʃ/, *n.* *1* (il) parlare: **She's slow of s.**, è lenta nel parlare; **S. was hardly possible with the noise from the one-arm bandits**, era quasi impossibile parlare per il rumore delle macchine mangiasoldi *2* favella; parola: **He lost his s.**, perse la parola *3* linguaggio; lingua; favella: **a musical s.**, una lingua musicale *4* modo di parlare; parlata: **a clear s.**, un modo chiaro (*o* ben comprensibile) di parlare; **Southern s.**, la parlata (*o* l'accento) del sud (*in U.S.A.*) *5* discorso; orazione; arringa: **a set s.**, un discorso preparato; **an extempore s.**, un discorso improvvisato; **to make** [**to deliver, to give**] **a s.**, fare [tenere] un discorso; fare un'orazione (*o* un'arringa) *6* (*ling.*) «parole» *7* (*gramm.*) discorso: **indirect s.**, discorso indiretto *8* (*teatr.*) monologo; tirata (*fam.*). ● **s. area**, area linguistica □ **s. community**, comunità linguistica □ (*nelle scuole inglesi*) **s. day**, giorno di chiusura (*con discorso di un ex alunno*); giorno della distribuzione dei diplomi e dei premi □ (*med.*) **s. defect** (*o* **s. disorder**), difetto di pronuncia; disturbo del linguaggio (*balbuzie e simili*) □ (*fis., radio*) **s. frequency**, frequenza vocale □ (*polit., in G.B.*) **S. from the Throne**, discorso della Corona (*all'apertura del nuovo parlamento*) □ (*elettron.*) **s. machine**, macchina parlante □ **s. maker**, oratore □ (*anat.*) **s. organs**, organi della fonazione □ **s. pathologist**, patologo del linguaggio; foniatra □ **s. pathology**, patologia del linguaggio; foniatria □ **s.-reading**, lettura delle parole dal movimento delle labbra (*da parte dei sordi*) □ (*tecn.*) **s. synthesizer**, sintetizzatore della voce □ (*med.*) **s. therapist**, foniatra □ (*med.*) **s. therapy**, foniatria; cura dei disturbi del linguaggio □ **s. training**, esercizio di dizione □ (*gramm.*) **figure of s.**, figura retorica □ **free s.**, libertà di parola □ (*prov.*) **S. is silver; silence is golden**, la parola è d'argento, il silenzio è d'oro.

speechification /spiːtʃɪfɪ'keɪʃn/, *n.* *1* (*per lo più iron.*) il fare discorsi in pubblico *2* concione; sproloquio.

speechifier /'spiːtʃɪfaɪə(r)/, *n.* chi ha la mania di far discorsi in pubblico; oratore da strapazzo.

to **speechify** /'spiːtʃɪfaɪ/, *v. i.* (*per lo più iron.*) far discorsi in pubblico; concionare; sproloquiare.

speechless /'spiːtʃləs/, *a.* *1* che non ha il dono della favella; che non parla *2* senza parola; ammutolito; muto: **to be struck s.**, restare senza parola; ammutolire; **He was s. with fear**, era muto per il terrore *3* indicibile; inesprimibile: **s. terror**, terrore indicibile. ● **s. rage**, collera muta. ‖ **-ly**, *avv.*

speechlessness /'spiːtʃləsnəs/, *n.* *1* l'essere senza la parola *2* il restare senza parola; l'ammutolire *3* mutismo.

speed /spiːd/, *n.* *1* velocità; celerità; rapidità; destrezza; sveltezza: **the s. of light**, la velocità della luce; **What was your s.?**, che velocità tenevi (*in auto, ecc.*)?; (*autom.*) **s. limit**, limite (massimo) di velocità; **We travelled at full s.**, viaggiavamo a tutta velocità *2* (*mecc.*) marcia: **This car has five forward speeds**, quest'automobile ha cinque marce avanti; **a six-s. bike**, una bicicletta con il cambio a sei marce *3* (*fotogr.*) velocità (*di un otturatore*); tempo d'esposizione; (*anche*) sensibilità (*di una pellicola*) *4* (*pop. USA*) droga stimolante (*amfetamina, metanfetamina, ecc.*). ● (*mecc.*) **s.-counter**, contagiri □ (*gergo*) **s. freak**, chi fa abuso di amfetamine □ **s. indicator**, tachimetro □ **a s. maniac**, un maniaco della velocità □ (*sport*) **s. skating**, pattinaggio di velocità □ (*sport*) **s. track**, pista, circuito (*specialm. per motociclette*) □ (*autom.*) **s. trap**, tratto (della strada) a velocità controllata □ (*autom.*) **s.-trap device**, Autovelox; apparecchio per scoprire le infrazioni per eccesso di velocità □ **a s.-up**, un'accelerazione; uno sveltimento (*nella lavorazione, nella produzione, ecc.*) □ **at top s.**, a rotta di collo; di gran carriera; di volata □ (*naut., aeron.*) **cruising s.**, velocità di crociera □ (*autom., USA*) **«End (of) s. zone»** (*cartello*), «fine del limite di velocità» □ (*mecc.*) **first** [**second**] **s.**, prima [seconda] velocità □ (*autom.*) **five-s.**, a cinque marce; con la quinta (marcia) □ (*naut.*) **full s.**, tutta forza □ **to get** (*o* **to pick**) **up s.**, prendere (*o* acquistare) velocità: **The car was getting up s. down the steep slope**, nella ripida discesa l'automobile stava prendendo velocità □ (*autom., leg.*) **maximum s.**, velocità massimale (*consentita*) □ (*naut.*) **submerged s.**, velocità di navigazione in immersione □ (*autom., mecc.*) **top s.**, velocità massima (*raggiungibile da un autoveicolo*) □ **with all s.**, in tutta fretta □ (*prov.*) **More haste, less s.**, chi ha fretta vada adagio (*cfr. lat. «Festina lente»*).

to **speed** /spiːd/ (*pass.* e *p. p.* **sped**, *nella def. 6* **speeded**), *v. t.* e *i.* *1* andare a tutta velocità (*o* a velocità eccessiva) (*in automobile, ecc.*); superare il limite: **Was I really speeding?**, ho davvero superato il limite (di velocità)? *2* (*anche* **to s. up**) sbrigarsi; affrettarsi, affrettare il passo: (*lett.*) **The traveller sped down the street**, il viandante affrettò il passo lungo la strada *3* (*anche* **to s. up**) accelerare; aumentare la velocità; sveltire: (*econ.*) **to s. up production**, accelerare la produzione; **to s. up the engine**, accelerare la velocità del motore; **to s. up traffic**, sveltire il traffico *4* (*mecc.*) regolare la velocità di *5* (*arc.*) accomiatare; accomiatarsi da; salutare: **to s. a parting guest**, salutare un ospite che parte. *6* (*arc.*) aver fortuna (*o* successo); rendere felice (*o* prospero); assistere: **God s. you**, Dio t'assista! ● **to s. away** (*o* **to s. off**), allontanarsi a tutta velocità.

speedball /'spiːdbɔːl/, *n.* (*pop.*) miscela di cocaina ed eroina.

speedboat /'spiːdbəʊt/, *n.* (*sport*) motoscafo veloce, da competizione.

speedcop /'spiːdkɒp/, *n.* (*pop. USA*) poliziotto della stradale.

speeder /'spiːdə(r)/, *n.* *1* chi guida a velocità eccessiva *2* (*mecc.*) regolatore della velocità *3* (*ferr.*) carrello di servizio *4* (*ind. tess.*) banco a fusi.

speedfreak /'spiːdfriːk/, **speedhead** /'spiːdhed/, *n.* (*pop.*) consumatore abituale di amfetamine.

speedily /'spiːdəlɪ/, *avv.* velocemente; celermente; rapidamente.

speediness /'spiːdɪnəs/, *n.* *1* velocità; celerità; rapidità; sveltezza *2* prontezza; premura; sollecitudine.

speeding /'spiːdɪŋ/, *n.* *1* (*autom.*) (l') andare forte; guida veloce *2* (*autom., leg.*) eccesso di velocità: **The motorist was fined for s.**, l'automobilista fu multato per eccesso di velocità. ● (*leg.*) **s. charge**, accusa d'infrazione dei limiti di velocità □ (*autom.*) **s. ticket**, multa per eccesso di velocità.

speedo /'spiːdəʊ/, *n.* (*fam.*) *1* *V.* **speedometer** *2* *V.* **speed**, *def. 4*.

speedometer /spɪ'dɒmɪtə(r), spiː'd'ɒ-/, *n.* (*autom., mecc.*) *1* tachimetro *2* contachilometri.

speedster /'spiːdstə(r)/, *n.* *1* chi guida a velocità eccessiva *2* veicolo da corsa; auto veloce (*o* sportiva).

speedway /'spiːdweɪ/, *n.* *1* (*sport, USA*) pista, circuito (*per corse automobilistiche*); autodromo *2* (*sport*) pista, circuito (*per corse motociclistiche*); motodromo *3* (*USA*) autostrada; superstrada.

speedwell /'spiːdwel/, *n.* (*bot., Veronica officinalis*) veronica.

speedy /'spiːdɪ/, *a.* *1* veloce; celere; rapido; svelto: **a s. close**, una rapida conclusione *2* pronto; sollecito; spiccio: **a s. reply**, una risposta sollecita; **a s. recovery**, una pronta guarigione.

spel(a)ean /spɪ'liːən/, *a.* *1* di caverna; speleo *2* cavernicolo.

spel(a)eological /spiːlɪə'lɒdʒɪkl/, *a.* speleologico.

spel(a)eologist /spiːlɪ'ɒlədʒɪst/, *n.* speleologo.

spel(a)eology /spiːlɪ'ɒlədʒɪ/, *n.* speleologia.

spelican /'spɛlɪkən/, *V.* **spillikin.**

spell (1) /spɛl/, *n.* *1* formula magica; parola

magica *2* influsso magico; incantesimo; sortilegio; (*anche fig.*) fascino, malia, incanto: **to be under a s.**, essere sotto un influsso magico; **to break the s.**, rompere l'incantesimo (*o* l'incanto). ● **to cast a s. on sb.**, fare un incantesimo a q.; stregare q.; (*anche*) affascinare q.

spell (2) /spɛl/, *n.* *1* turno (*di lavoro, di servizio, ecc.*): **His s. as a sentry was a short one**, il suo turno di sentinella fu breve *2* intervallo; (breve) periodo (di tempo): **a fine s.**, un periodo di bel tempo; **a long s. of unemployment**, un lungo periodo di disoccupazione *3* (*fam.*) accesso; attacco; indisposizione; malessere: **a s. of coughing**, un attacco di tosse *4* (*fam.*) breve distanza. ● **a cold s.**, un'ondata di freddo □ **to do a s. of carpentering**, fare un lavoretto di falegnameria □ **Wait (for) a s.!**, aspetta un momento!

to **spell** (1) /spɛl/ (*pass.* e *p. p.* **spelt**, *specialm. USA* **spelled**), **A** *v. t.* *1* compitare; pronunciare, scrivere (*lettera per lettera*): **How do you s. this difficult word?**, come si scrive questa parola difficile?; **I'll s. it for you**, te la compiterò; te la scomporrò in lettere *2* (*di lettere*) formare, dare (*una certa parola*): **D-O-G spells «dog»**, le lettere D-O-G danno la parola «dog» *3* (*fig.*) comportare; significare; voler dire; avere come risultato: **That change spelled ruin for him**, quel cambiamento significò (*o* fu) la sua rovina. **B** *v. i.* scrivere (*lettera per lettera*); (*specialm.*) scrivere correttamente: **I wish you would learn to s.**, vorrei proprio che tu imparassi a scrivere correttamente (*senza errori ortografici*).

♦**spell backward**, *v. t.* + *avv.* *1* compitare (*una parola*) a rovescio; leggere dal fondo lettera per lettera *2* (*fig.*) capire a rovescio; fraintendere.

♦**spell down**, *v. t.* + *avv.* (*fam. USA*) battere (*gli altri studenti*) in una gara di spelling.

♦**spell out**, *v. t.* + *avv.* *1* compitare *2* leggere con difficoltà; decifrare a stento *3* (*fig.*) dichiarare, spiegare in dettaglio (*o* in modo chiaro); esporre per filo e per segno.

to **spell** (2) /spɛl/, **A** *v. t.* *1* (*specialm. USA*) sostituire (*q. nel lavoro*): **to s. sb. on duty**, dare il cambio a q. *2* (*Austr.*) dare un periodo di riposo a (q.). **B** *v. i.* *1* lavorare a turno *2* (*Austr.*) riposare un poco.

to **spellbind** /ˈspɛlbaɪnd/, (*pass.* e *p. p.* **spellbound**), *v. t.* affascinare; incantare; ammaliare.

spellbinder /ˈspɛlbaɪndə(r)/, *n.* (*fam.*) oratore che affascina l'uditorio; incantatore, incantatrice.

spellbinding /ˈspɛlbaɪndɪŋ/, *a.* affascinante; incantevole.

spellbound /ˈspɛlbaʊnd/, *a.* affascinato; incantato; ammaliato.

speller /ˈspɛlə(r)/, *n.* *1* chi compita *2* sillabario. ● **a bad s.**, uno che fa molti errori d'ortografia.

spelling /ˈspɛlɪŋ/, *n.* *1* (*ling.*) spelling; scomposizione in lettere; compitazione *2* grafia; scrittura; ortografia. ● **s. bee**, gara di spelling □ **s. book**, sillabario; abbecedario □ **s. mistake**, errore d'ortografia □ **another s. of the same word**, una variante ortografica □ **I'll give you the s.**, ora vi detterò la parola pronunciando una lettera alla volta □ **His s. is rather weak**, è un po' debole in ortografia.

spellout /ˈspɛlaʊt/, *n.* (*fam.*) spiegazione dettagliata.

spelt (1) /spɛlt/, *pass.* e *p. p.* di **to spell** (1).

spelt (2) /spɛlt/, *n.* (*bot., Triticum spelta*) spelta; farro.

spelter /ˈspɛltə(r)/, *n.* (*comm.*) zinco (*specialm. in lingotti*).

spelunker /spɪˈlʌŋkə(r)/, *n.* (*sport*) speleologo (dilettante).

spelunking /spɪˈlʌŋkɪŋ/, *n.* (*sport*) esplorazione di caverne; speleologia.

spencer /ˈspɛnsə(r)/, *n.* (*moda*) spencer; giacchetta (*per lo più di lana*).

Spencerian /spɛnˈsɪərɪən/, *a.* (*filos.*) spenceriano (*V.* **Spencerianism**).

Spencerianism /spɛnˈsɪərɪənɪzəm/, **Spencerism** /ˈspɛnsərɪzəm/, *n.* filosofia spenceriana (*di H. Spencer*: *1820-1903*).

to **spend** /spɛnd/ (*pass.* e *p. p.* **spent**), **A** *v. t.* *1* spendere; (*fig.*) adoperare, consumare, impiegare: **She spends all her money on clothes**, spende tutto il suo denaro in vestiti; **to s. one's breath [strength]**, spendere il fiato [le proprie forze]; **You could s. your time in a better way**, potresti spendere meglio il tuo tempo; **He spends his energy quickly**, consuma in fretta le sue energie *2* passare; trascorrere: **I spent my holidays in Greece**, passai le vacanze in Grecia *3* (*naut.*) perdere (*un albero, il timone, ecc.*). **B** **to spend oneself**, *v. rifl.* consumarsi, esaurirsi; finire: **The tornado soon spent itself**, il tornado finì in breve tempo. ● (*del vento, ecc.*) **to s. one's force**, esaurire la propria violenza; placarsi □ **to s. one's holidays**, villeggiare □ (*fam., eufem.*) **to s. a penny**, andare al gabinetto; fare pipì □ **to s. profusely**, spendere e spandere; sperperare □ (*fig.*) **to be spent**, (*di persona*) essere esaurito, esausto; (*di cosa*) esaurirsi, finire, placarsi: **His fury was soon spent**, la sua furia non tardò a placarsi.

spendable /ˈspɛndəbl/, *a.* spendibile.

spend-aholic /spɛndəˈhɒlɪk, *USA* -ˈhɔːl-/, *a.* (*fam.*) che fa spese sconsiderate. ● **a s. chap**, uno spendaccione.

spender /ˈspɛndə(r)/, *n.* *1* chi spende *2* (*specialm.* **big s.**) spendaccione, spendacciona; scialacquatore, scialacquatrice.

spending /ˈspɛndɪŋ/, *n.* *1* spesa; spese *2* (*econ., fin.*; = **government s.**) spesa pubblica. ● **s. cut-backs**, riduzione nelle spese □ **s. money**, denaro per le piccole spese; paghetta (*fam.*) □ (*econ.*) **s. power**, capacità di spesa; potere d'acquisto (*del consumatore*).

spendthrift /ˈspɛndθrɪft/, **A** *n.* spendaccione, spendacciona; scialacquatore, scialacquatrice. **B** *a.* spendereccio; prodigo.

Spenserian /spɛnˈsɪərɪən/, *a.* (*letter.*) spenseriano (*di E. Spenser*): **S. stanza**, strofe (*o* stanza) spenseriana (*un'ottava più un alessandrino*: *a b a b b c b c c*).

spent /spɛnt/, **A** *pass.* e *p. p.* di **to spend**. **B** *a.* *1* esausto; stremato; sfinito *2* esaurito; consumato *3* (*di proiettile*) esploso *4* (*zool.*) svuotato (*delle uova*). ● (*zool.*) **a s. herring**, un'aringa che ha deposto le uova □ (*sport*) **a s. runner**, un corridore esausto (*fam.*: spompato, che le ha spese tutte) □ **The storm is s.**, la tempesta è passata.

sperm (1) /spɜːm/, *n.* (*pl.* **sperms, sperm**) (*biol.*) *1* sperma *2* spermatozoo; spermio. ● **s. bank**, banca dello sperma.

sperm (2) /spɜːm/, *n.* *1* (*zool., Physeter macrocephalus*; = **s.-whale**) capodoglio *2* (*chim.*) spermaceti; bianco di balena. ● **s. oil**, olio di spermaceti.

spermaceti /spɜːməˈsɛtɪ, *USA* -ˈsiːtɪ/, *n.* (*pl.* **spermacetis**) (*chim.*) spermaceti; bianco di balena.

spermary /ˈspɜːmərɪ/, *n.* (*biol.*) organo produttore di sperma; gonade maschile.

spermatic /spɜːˈmætɪk/, *a.* (*biol.*) spermatico: **s. fluid**, fluido spermatico. ● (*anat.*) **s. cord**, funicolo spermatico.

spermatocele /ˈspɜːmətəsiːl, *USA* -ˈmæt-/, *n.* (*med.*) spermatocele.

spermatocyte /ˈspɜːmətəsaɪt, *USA* -ˈmæt-/, *n.* (*biol.*) spermatocito.

spermatogenesis /spɜːmətəˈdʒɛnəsɪs, *USA* -mæt-/, *n.* (*biol.*) spermatogenesi.

spermatophyte /ˈspɜːmətəfaɪt, *USA* -ˈmæt-/, *n.* (*bot.*) spermatofita.

spermatorrhoea /spɜːmətəˈriːə, *USA* -mæt-/, *n.* (*med.*) spermatorrea.

spermatozoon /spɜːmətəˈzəʊɒn, *USA* -mætəˈzəʊən/, *n.* (*pl.* **spermatozoa**) (*biol.*) spermatozoo; spermio.

spermicidal /spɜːmɪˈsaɪdl/, *a.* (*demogr., med.*) spermicida.

spermicide /ˈspɜːmɪsaɪd/, *n.* (*demogr., med.*) spermicida.

spermophile /ˈspɜːməfaɪl, *USA* -fɪl/, *n.* (*zool.*) spermofilo; citello.

spew /spjuː/, *n.* vomito; cibo rigettato.

to **spew** /spjuː/, **A** *v. i.* *1* sgorgare; fuoriuscire *2* scaturire; zampillare *3* (*pop., di solito* **to s. up**) vomitare. **B** *v. t.* *1* (*di solito* **to s. out**) emettere; schizzare *2* (**to s. up**, *anche fig.*) vomitare; rigettare *3* (*fig.*: *di un vulcano, ecc.*) eruttare.

to **sphacelate** /ˈsfæsɪleɪt/, (*med.*) **A** *v. i.* incancrenire; andare in cancrena. **B** *v. t.* far incancrenire.

sphacelation /sfæsɪˈleɪʃn/, *n.* (*med.*) incancrenimento; necrosi.

sphagnum /ˈsfægnəm/, *n.* (*pl.* **sphagna**) (*bot., Sphagnum*) sfagno. ● **s. bog**, sfagneto.

sphalerite /ˈsfælərait/, *n.* (*miner.*) sfalerite; blenda.

sphenoid /ˈsfiːnɔɪd/, (*anat.*) **A** *a.* sfenoidale. **B** *n.* (= **s. bone**) sfenoide.

sphenoidal /sfiːˈnɔɪdl/, *a.* (*anat.*) sfenoidale.

sphere /sfɪə(r)/, *n.* *1* (*geom.*) sfera; globo; (*fig.*) ambiente, ceto, mondo; campo, limite: (*astron.*) **celestial s.**, sfera celeste; **Egypt was in the British s. of influence**, l'Egitto era nella sfera d'influenza britannica; **one's s. of life**, l'ambiente in cui si vive; il proprio mondo sociale; **He moves quite in another s.**, si muove in tutt'altro ambiente; **He has done much within his peculiar s.**, ha fatto grandi cose nel suo campo d'azione *2* (*poet.*) sfera celeste; astro; pianeta: **the harmony of the spheres**, l'armonia delle sfere celesti. ● (*geom.*) **great circle of s.**, cerchio massimo.

to **sphere** /sfɪə(r)/, *v. t.* *1* racchiudere in una sfera; inglobare *2* rendere sferico *3* (*poet.*) elevare alle sfere celesti; portare alle stelle.

spheric /ˈsfɛrɪk, ˈsfɪər-/, **A** *a.* *1* (*poet.*) delle sfere celesti; celestiale *2* (*raro*) *V.* **spherical**. **B** *n. pl.* geometria (*o* trigonometria) sferica. || **-ly**, *avv.*

spherical /ˈsfɛrɪkl, ˈsfɪər-/, *a.* (*geom., scient.*) sferico: **s. polygon**, poligono sferico; **s. trigonometry**, trigonometria sferica.

sphericity /sfəˈrɪsətɪ/, *n.* (*geom., scient.*) sfericità.

spheroid /ˈsfɪərɔɪd, ˈsfɛr-/, *n.* *1* (*geom.*) sferoide *2* (*mat.*) ellissoide di rotazione.

spheroidal /sfɪəˈrɔɪdl, sfɛ-/, **spheroidical** /sfɪəˈrɔɪdɪkl, sfɛ-/, *a.* (*geom.*) sferoidale.

spheroidicity /sfɪərɔɪˈdɪsətɪ, sfɛ-/, *n.* (*geom.*) forma sferoidale.

spherometer /sfɪəˈrɒmɪtə(r), sfɛ-/, *n.* (*fis., mecc.*) sferometro.

spherular /ˈsfɛrʊlə(r), ˈsfɪə-, -rj-/, *a.* a forma di piccola sfera.

spherule /ˈsfɛruːl, ˈsfɪə-, -rj-/, *n.* piccola sfera; sferetta.

sphincter /ˈsfɪŋktə(r)/, *n.* (*anat.*) sfintere.

sphincteral /ˈsfɪŋktərəl/, **sphincterial** /sfɪŋkˈtɪərɪəl/, **sphincteric** /sfɪŋkˈtɛrɪk/, *a.* (*anat.*) dello sfintere; sfinterico.

sphingosine /ˈsfɪŋgəsɪn, -iːn/, *n.* (*biochim.*) sfingosina.

sphinx /sfɪŋks/, *n.* (*pl.* **sphinxes, sphinges**) *1* (*mitol.* e *archeol.*) sfinge *2* (*fig.*) sfinge; individuo enigmatico *3* (*zool.*, = **s. moth**) sfinge.

sphinx-like /ˈsfɪŋkslaɪk/, *a.* di (*o* da) sfinge; enigmatico.

sphragistics /sfrəˈdʒɪstɪks/, *n. pl.* (*spesso col verbo al sing.*) sfragistica, sigillografia (*studio dei sigilli antichi*).

sphygmograph /ˈsfɪgməʊgrɑːf, *USA* -æf/, *n.* (*med.*) sfigmografo.

sphygmography /sfɪgˈmɒgrəfɪ/, *n.* (*med.*) sfigmografia.

sphygmomanometer /sfɪgməʊməˈnɒmɪtə(r)/, *n.* (*med.*) sfigmomanometro.

sphygmus /ˈsfɪgməs/, *n.* (*med.*) pulsazione; polso.

spic /spɪk/, *n.* (*pop. spreg. USA*) portoricano; (*anche*) latino-americano (*in genere*).

spica /'spaɪkə/ (*lat.*), *n.* (*pl.* **spicae, spicas**) *1* (*bot., raro*) spiga *2* (*med.*) fasciatura a spiga.

spic-and-span /'spɪkən'spæn/, *V.* **spick(-)and(-)span**.

spicate /'spaɪkeɪt/, *a.* (*bot.*) a forma di spiga; spigato.

spice /spaɪs/, *n.* *1* spezie; droga: **a s. box**, una cassettina per le spezie *2* (*fig.*) gusto; sapore; interesse: **Variety is the s. of life**, la varietà dà sapore alla vita *3* (*fig.*) pizzico; punta; tantino; tocco: **a s. of humour**, un pizzico di umorismo; **There was a s. of envy in her tone**, c'era una punta d'invidia nel suo tono di voce. ● (*fig.*) **sugar and s. and all that's nice**, le cose che rendono piacevole la vita.

to **spice** /spaɪs/, *v. t.* *1* condire con spezie; aromatizzare *2* (*fig.*) rendere gustoso; dar sapore a; rendere interessante (*o* piccante).

spicebush /'spaɪsbuʃ/, *n.* (*bot., Lindera benzoin*) benzoino.

spiced /spaɪst/, *a.* *1* condito con spezie; aromatizzato *2* (*fig.*) gustoso; pepato (*fig.*).

spicery /'spaɪsərɪ/, *n.* *1* (*collett.*) spezie; droghe; spezierie *2* aroma; gusto piccante.

spicewood /'spaɪswʊd/, (*bot.*) *V.* **spicebush**.

spiciness /'spaɪsɪnəs/, *n.* *1* sapore piccante; aroma *2* (*fig.*) vivacità *3* (*fig.*) salacità.

spick /spɪk/, *n.* (*spreg. USA*, = **spic, spik**) chi parla spagnolo; portoricano; latino-americano (*in genere*).

spick(-)and(-)span /'spɪkən'spæn/, *a.* *1* nuovo di zecca; nuovo fiammante *2* attillato; azzimato; elegante *3* pulitissimo; lindo; splendente.

spicular /'spɪkjʊlə(r)/, **spiculate** /'spɪkjʊlət/, *a.* *1* (*zool.*) che ha spicole *2* (*bot.*) aghiforme; aguzzo.

spicule /'spɪkjuːl, 'spaɪ-/, *n.* *1* (*zool.*) spicola (*delle spugne*) *2* (*bot.*) spiga secondaria; spighetta.

spicy /'spaɪsɪ/, *a.* *1* drogato; pepato; aromatizzato; piccante *2* (*fig.*) vivace *3* (*fig.*) piccante; salace; spinto: **a s. story**, una storiella piccante.

spider /'spaɪdə(r)/, *n.* *1* (*zool.*) ragno *2* (*USA*) treppiedi; padella di ghisa (*in origine, con piedini*); griglia, bistecchiera *3* (*stor.*, = **s. phaeton**) phaeton; carrozza con grandi ruote *4* (*mecc.*) crociera *5* (*metall.*) comando degli espulsori (*dello stampo*); (*anche*) raggiera (*del mandrino*) *6* (*elettr.*) lanterna. ● (*zool.*) **s. catcher** (*Certhia brachydactyla*), rampichino □ (*zool.*) **s. crab** (*Maja squinado*), grancevola; maia □ (*mil.*) **s. hole**, buca in cui si apposta un cecchino □ (*zool.*) **s. wasp**, vespa che uccide i ragni (*per cibarne le sue larve*) □ **s.'s web**, ragnatela.

spiderweb /'spaɪdəwɛb/, *n.* ragnatela.

spiderwort /'spaɪdəwɜːt/, *n.* (*bot., Tradescantia*) tradescanzia; miseria.

spidery /'spaɪdərɪ/, *a.* *1* simile a un ragno; di (*o* da) ragno *2* infestato da ragni. ● **s. handwriting**, grafia (*o* scrittura) filiforme.

spiegeleisen /'spiːgəlaɪzən, 'ʃp-/, **spiegel iron** /'spiːgəlaɪən, 'ʃp-/, *USA* -aɪə[r]n/, *n.* (*metall.*) ghisa speculare.

spiel /spiːl, ʃp-/, *n.* (*pop.*) lunga tirata; tiritera; (*specialm.*) imbonimento.

to **spiel** /spiːl, ʃp-/, (*pop.*) **A** *v. i.* fare una tirata (*pop.*: una menata); (*specialm.*) fare propaganda (*o* discorsi stravaganti). **B** *v. t.* (*di solito* **to s. off**) dire; raccontare; snocciolare.

spieler /'spiːlə(r), 'ʃp-/, *n.* (*pop.*) chiacchierone; imbonitore.

spier /'spaɪə(r)/, *n.* (*arc.*) spia; spione.

to **spif(f)licate** /'spɪflɪkeɪt/, *v. t.* (*pop.*) *1* bastonare; picchiare; malmenare *2* ridurre a mal partito; annientare; distruggere.

spif(f)lication /spɪflɪ'keɪʃn/, *n.* (*pop.*) *1* bastonatura; botte; percosse *2* annientamento; distruzione.

to **spiff up** /'spɪf'ʌp/, *v. t.* (*fam.*) *1* agghindare; azzimare; tirare a lucido (*fig.*) *2* rassettare (*una stanza, ecc.*) □ **to s. oneself up**, farsi bello.

spiffy /'spɪfɪ/, *a.* (*pop. USA*) *1* attillato; azzimato; elegante *2* splendido; stupendo.

spignel /'spɪgnəl/, *n.* (*bot., Meum athamanticum*) finocchio alpino; finocchiello.

spigot /'spɪgət/, *n.* *1* tappo; zaffo; zipolo *2* (*USA*) rubinetto. ● (*mecc.*) **s.-and-socket joint**, giunto a manicotto.

spike /spaɪk/, *n.* *1* punta; chiodo; lancia: **the spikes of running shoes**, i chiodi delle scarpe da corsa; **the spikes of an iron fence**, le lance d'una cancellata *2* (*ferr.*) arpione (*per fissare le rotaie*) *3* (*bot.*) spiga (*di cereale*) *4* (*pl.*) (*fam.*) scarpe chiodate (*da corsa*) *5* (*di un grafico, un'onda, ecc.*) picco. ● (*USA*) **s. heels**, tacchi a spillo □ (*bot.*) **s. lavender** (*Lavandula latifolia*), spigo □ **s. oil**, olio essenziale (*o* essenza) di spigo □ (*agric.*) **s.-tooth harrow**, erpice a denti rigidi.

to **spike** /spaɪk/, *v. t.* *1* armare di punte; munire di chiodi; chiodare; ferrare *2* infilare; infilzare *3* (*ferr.*) arpionare *4* (*fig.*) bloccare; frustrare; rendere vano *5* (*fam., specialm. USA*) correggere di nascosto (*una bevanda*) *6* (*fam., giorn.*) bocciare (*un articolo*) *7* (*pallavolo*) schiacciare. ● (*stor., mil.*) **to s. a gun**, inchiodare un cannone □ (*fig.*) **to s. sb.'s guns**, frustrare (*o* mandare all'aria, *o* a monte) i piani di q. □ (*fig.*) **to s. a rumour**, porre fine a una diceria □ (*sport*) **spiked running shoes**, scarpe chiodate da corsa.

spikelet /'spaɪklət/, *n.* (*bot.*) spighetta; spiga secondaria.

spikenard /'spaɪknɑːd/, *n.* (*bot., Nardostachys jatamansi*) nardo indiano (*la pianta e l'olio*).

spiking line /'spaɪkɪŋlaɪn/, *locuz. n.* (*pallavolo*) linea dei tre metri.

spiky /'spaɪkɪ/, *a.* *1* armato di punte; munito di chiodi; chiodato *2* appuntito; a punta; acuminato *3* (*fig.*) intransigente; rigido: **a s. Anglican**, un anglicano intransigente *4* (*fig. fam.*) scontroso; intrattabile.

spile /spaɪl/, *n.* *1* piccolo tappo; zaffo; zipolo *2* (*ind. costr.*) cavicchio; palo; palafitta *3* (*ind. min.*) palancola; marciavanti.

to **spile** /spaɪl/, *v. t.* *1* fare un foro per lo zipolo in (*una botte*) *2* spillare (*un liquido*) *3* turare (*un buco*) con un tappo (*o* uno zipolo); zaffare (*un tino, ecc.*).

spilikin /'spɪlɪkɪn/, *V.* **spillikin**.

spiling /'spaɪlɪŋ/, *n.* *1* (*collett.*) pali; palafitte *2* (*ind. min.*) scavo con marciavanti.

spill (1) /spɪl/, *n.* *1* il versare o versarsi (*di un liquido*); spargimento *2* (*fam.*) caduta; capitombolo: **to have** (*o* **to take**) **a s.**, fare un capitombolo (una caduta da cavallo, ecc.) *3* (*tecn.*) perdita; fuoriuscita: **toxic s.**, fuoriuscita di liquidi tossici *4* *V.* **spillway**. ● (*stat.*) **a s. of population**, un travaso di popolazione □ **tea spills**, gocce (*o* macchie) di tè versato.

spill (2) /spɪl/, *n.* *1* striscia di carta per appiccare il fuoco; legnetto *2* cartina (*per fare sigarette*) *3* (*USA*) *V.* **spile**, *def. 1*.

to **spill** /spɪl/ (*pass.* e *p. p.* **spilt, spilled**), **A** *v. t.* *1* versare; spargere; spandere; rovesciare: **to s. blood**, spargere sangue; **I've spilt the coffee**, ho rovesciato il caffè *2* far cadere; gettare a terra; disarcionare: **The horse spilt the rider**, il cavallo disarcionò il cavaliere *3* (*fam.*) spiattellare, spifferare (*fam.*) *4* (*di un veicolo*) scaricare, far scendere (*i passeggeri, ecc.*). **B** *v. i.* versarsi; spargersi; rovesciarsi. ● (*fam.*) **to s. the beans**, svelare un segreto; spifferare (*o* spiattellare) tutto □ **to s. sb.'s blood**, versare il sangue di q.; uccidere q. □ (*prov.*) **It's no use crying over spilt milk**, non serve piangere sul latte versato.

♦ **spill out**, **A** *v. i. + avv.* *1* (*di un liquido*) spargersi; spandersi; versarsi; fuoriuscire: **The wine has spilled out**, il vino è fuoriuscito *2* (*fig.: di una folla, ecc.*) riversarsi. **B** *v. t. + avv.* *1* (*di una persona, un veicolo, ecc.*) rovesciare; far cadere: **The coach turned over spilling us out into the ditch**, il pullman capottò rovesciandoci nel fosso *2* (*fam.*) raccontare; spifferare.

♦ **spill over**, *v. i. + avv.* *1* (*di un liquido*) versarsi; traboccare: **The milk has spilled over**, è traboccato il latte *2* (*fig.: della popolazione, ecc.*) traboccare; espandersi *3* (*fig.*) trasformarsi a poco a poco in (*q.c. di diverso*).

spillage /'spɪlɪdʒ/, *n.* *1* il versare (*un liquido*); spargimento *2* quantità versata; fuoriuscita; perdita.

spiller /'spɪlə(r)/, *n.* (*pesca*) *1* rete a imbuto (*per nassa*) *2* lenza a più ami; palamite.

spillikin /'spɪlɪkɪn/, *n.* *1* bastoncino; stecco; ossicino *2* (*pl.*) sciangai (*gioco che si fa con appositi bastoncini*).

spillover /'spɪləʊvə(r)/, *n.* *1* traboccamento *2* il riversarsi *3* (*radio*) sfioramento *4* (*stat.*) eccesso (*di popolazione*). ● (*econ.*) **s. inflation**, inflazione «traboccante».

spillway /'spɪlweɪ/, *n.* canale di scarico (*di una chiusa*); sfioratore (*di diga*).

spilt /spɪlt/, *pass.* e *p. p.* di **to spill**.

spin /spɪn/, *n.* *1* (*mecc.*) rotazione (*intorno al proprio asse*); moto rotatorio *2* (*fis. nucl.*) spin; moto rotatorio spontaneo (*di una particella*) *3* (*sport*) effetto; **to put little s. on the ball**, dare poco effetto alla palla *4* (*fig.*) angolazione; interpretazione: **to put a positive [a negative] s. on st.**, dare un'interpretazione positiva [negativa] di q.c. *5* (*aeron.*) avvitamento; vite *6* (*fam.*) giro, giretto (*in auto*) *7* (*pattinaggio artistico*) spin; piroetta. ● (*mecc.*) **s. compensation**, compensazione della rotazione □ (*fam.*) **s. doctor**, chi cerca di addolcire una notizia (un provvedimento impopolare, ecc.); (*TV, ecc.*) giornalista (*o* mezzobusto) «di regime» □ (*fig. fam.*) **to get oneself into a s. over st.**, lasciarsi prendere dal panico per q.c. □ **to go into a s.**, (*aeron.*) cadere in (*o* a) vite; (*fig. fam.*) essere preso dal panico □ **to go into** (*o* **to be in**) **a flat s.**, (*aeron.*) cadere (*o* essere) in vite piatta; (*fig. fam.*) entrare (*o* essere) in tilt (*o* in stato confusionale).

to **spin** /spɪn/ (*pass.* **spun**, *o* **span**, *p. p.* **spun**), **A** *v. t.* *1* filare: **to s. wool [silk]**, filare la lana [la seta]; **Not all spiders use their silk for spinning webs**, non tutti i ragni usano il filo per filare la tela *2* far girare; far roteare: **The boy was spinning the top**, il ragazzo faceva girare la trottola *3* (*mecc.*) imbutire su (*o* formare al) tornio *4* (*fig., spesso* **to s. out**) comporre (*un articolo*); scrivere (*un racconto*); raccontare (*una storia*) *5* (*sport*) pescare col cucchiaino (*o* col mulinello) in (*un fiume, uno stagno*) *6* (*pop. arc.*) bocciare (*uno studente*). **B** *v. i.* *1* (*anche del filugello*) filare; (*del ragno*) fare la tela *2* girare; girare vorticosamente; ruotare: **My head was spinning**, mi girava la testa *3* (*sport*) pescare col cucchiaino (*o* col mulinello) *4* (*aeron.*) scendere in vite. ● (*del filugello*) **to s. the cocoon**, fare il bozzolo □ **to s. a coin**, gettare in aria una moneta (*per fare a testa o croce*) □ **to s. a long yarn**, tessere un lungo racconto □ (*fig.*) **to send sb. spinning**, mandare q. a gambe all'aria.

♦ **spin along**, *v. i. + avv.* (*di un veicolo*) andare liscio; filare; sfrecciare.

♦ **spin off**, **A** *v. i. + avv.* *1* (*di q.c. che ruota*) sfilarsi; (*di una ruota*) scappare: **A rear wheel span off**, mi scappò una delle ruote di dietro *2* (*fig.*) derivare, essere uno sviluppo (*o* un'evoluzione): **This gadget has spun off from a previous invention**, questo congegno è derivato da una precedente invenzione *3* (*fin., USA: di un'azienda*) creare una nuova società. **B** *v. t. + avv.* *1* allargare il campo di applicazione di (*una scoperta, ecc.*) *2* (*fin., USA*) scorporare (*una società*).

♦ **spin out**, **A** *v. t. + avv.* *1* allungare (*la lana*) filando *2* (*fig.*) tirare in lungo (*o* per le lunghe) (*un discorso, ecc.*) *3* (*fig.*) far durare (*denaro, ecc.*); prolungare (*un'esperienza piacevole, ecc.*) *4* (*fam.*) sconcertare, confondere (q.). **B** *v. i.* + *avv.* (*USA*: *di un veicolo*) uscire di strada.

♦**spin round**, *v. i.* + *avv.* ***1*** ruotare; girare in tondo ***2*** (*di una persona*) girarsi ***3*** (*di un veicolo*) fare un testa-coda.

spina bifida /ˈspaɪnəˈbɪfɪdə/ (*lat.*), *locuz. n.* (*med.*) spina bifida; rachischisi.

spinach /ˈspɪnɪdʒ, *USA* -tʃ/, spinage /ˈspɪnɪdʒ/, *n.* ***1*** (*bot.*, *Spinacia oleracea*) spinacio ***2*** (*collett.*) spinaci.

spinal /ˈspaɪnl/, *a.* (*anat.*) spinale; dorsale; vertebrale: **s. cord**, midollo spinale; **the s. column**, la colonna vertebrale; la spina dorsale. ● (*med.*) **s. curvature**, deviazione della colonna vertebrale.

spindle /ˈspɪndl/, *n.* ***1*** fuso ***2*** (*mecc.*) asse; alberino; mandrino (*di tornio*) ***3*** (*raro*) idrometro (*strumento*) ***4*** (*fig.*) persona esile, smilza; spilungone; stanga (*fig. fam.*) ***5*** (*autom.*) perno a fuso ***6*** «spindle» (*misura di lunghezza, di circa 14 iarde e mezzo per il lino e di 15 iarde per il cotone*). ● **s.-shanked** (*o* **s.-legged**), dalle gambe lunghe e sottili □ **s.-shanks** (*o* **s.-legs**), persona dalle gambe lunghe e sottili □ **s.-shaped**, fusiforme; affusolato □ (*fig.*) **s. side**, linea (genealogica) femminile: **on the s. side**, da parte di madre □ (*bot.*) **s. tree** (*Evonymus europaeus*), fusaggine; berretta da prete □ (*mecc.*) **dead s.**, mandrino fisso □ (*mecc.*) **live s.**, mandrino girevole.

to **spindle** /ˈspɪndl/, *v. i.* ***1*** affusolarsi; crescere per il lungo (*o* in altezza) ***2*** diventare esile e lungo.

spindly /ˈspɪndlɪ/, *a.* affusolato; lungo e sottile; malfermo.

spin-drier /ˈspɪnˈdraɪə(r)/, *n.* centrifuga (*per strizzare il bucato*).

spindrift /ˈspɪndrɪft/, *n.* spruzzi delle onde del mare; spruzzaglia. ● **s. clouds**, nuvolaglia.

to **spin-dry** /ˈspɪnˈdraɪ/, *v. t.* centrifugare (*il bucato*).

spin-dryer /ˈspɪnˈdraɪə(r)/, *V.* **spin-drier**.

spine /spaɪn/, *n.* ***1*** (*anat.*) spina dorsale; colonna vertebrale ***2*** (*di pianta*) spina ***3*** (*d'animale*) aculeo; (*anche*) lisca ***4*** (*di libro*) costola; dorso. ● **s.-chilling**, agghiacciante; terrificante □ (*med.*) **s. pad**, corsetto rigido; busto ortopedico.

spined /spaɪnd/, *a.* ***1*** pieno di spine; spinoso ***2*** (*raro*, *anat.*) vertebrato.

spinel /spɪˈnɛl/, *n.* (*miner.*) spinello.

spineless /ˈspaɪnləs/, *a.* ***1*** senza spina dorsale; (*fig.*) fiacco, debole, molle, smidollato ***2*** (*bot.*) senza spine ***3*** (*zool.*) senza aculei; (*anche*) senza lische.

spinet /spɪˈnɛt, *USA* ˈspɪnɪt/, *n.* (*mus.*) ***1*** spinetta ***2*** (*USA*) piccolo pianoforte.

spininess /ˈspaɪnɪnəs/, *n.* spinosità.

spinnaker /ˈspɪnəkə(r)/, *n.* (*naut.*) fiocco pallone; spinnaker.

spinner /ˈspɪnə(r)/, *n.* ***1*** filatore, filatrice ***2*** (*ind. tess.*) filatoio ***3*** tornitore (*di vasi, ecc.*) ***4*** (*fig.*) chi la tira per le lunghe; narratore, narratrice ***5*** (*mecc.*) tavola rotante ***6*** (*radar*) antenna rotativa ***7*** (*pesca*) cucchiaino ***8*** (*zool.*) ragno filatore ***9*** (*cricket*) lanciatore che dà l'effetto alla palla; palla lanciata con effetto.

spinnerbait /ˈspɪnəbeɪt/, *n.* (*pesca*) cucchiaino.

spinneret /ˈspɪnərɛt, *USA* spɪnəˈr-/, *n.* ***1*** (*zool.*) filiera (*del ragno e del baco da seta*) ***2*** *V.* **spinnerette**.

spinnerette /spɪnəˈrɛt/, *n.* (*ind. tess.*) filiera.

spinnery /ˈspɪnərɪ/, *n.* filanda.

spinney /ˈspɪnɪ/, *n.* boschetto.

spinning (1) /ˈspɪnɪŋ/, *n.* ***1*** (*ind. tess.*) filatura ***2*** (*mecc.*) imbutitura su tornio; repussaggio ***3*** rotazione; moto rotatorio. ● (*stor.*) **s. jenny**, giannetta; filatoio multiplo □ **s. machine**, (*ind. tess.*) filatoio meccanico; (*mecc.*) tornio per imbutire □ **s. mill**, filanda □ (*stor.*) **s. wheel**, filatoio a mano; filarello.

spinning (2) /ˈspɪnɪŋ/, *a.* (*anche fis.*) rotante; girevole. ● **s. top**, trottola.

spin-off /ˈspɪnɒf, *USA* -ɔːf/, *n.* ***1*** (*tecn.*) applicazione allargata (*di un'invenzione, ecc.*) ***2*** (*econ.*) sottoprodotto; prodotto secondario; derivato ***3*** (*fig.*) effetto; conseguenza ***4*** (*fin.*, *USA*) *V.* **hive-off**.

spinose /ˈspaɪnəʊs/, *a.* spinoso.

spinosity /spaɪˈnɒsətɪ/, *n.* l'essere spinoso, spinosità.

spinous /ˈspaɪnəs/, *a.* ***1*** (*bot.*) spinoso ***2*** (*zool.*) aculeato.

spin-out /ˈspɪnaʊt/, *n.* (*autom.*) testa-coda.

Spinozism /spɪˈnəʊzɪzəm/, *n.* (*filos.*) spinozismo.

Spinozist /spɪˈnəʊzɪst/, *n.* (*filos.*) spinozista (*seguace di B. Spinoza*).

spinozistic /spɪnəʊˈzɪstɪk/, *a.* (*filos.*) spinoziano.

spinster /ˈspɪnstə(r)/, *n.* ***1*** zitella ***2*** (*leg.*) nubile.

spinsterhood /ˈspɪnstəhʊd/, *n.* ***1*** stato (*o* condizione) di zitella ***2*** (*leg.*) condizione di nubile; nubilato.

spinule /ˈspaɪnjuːl/, *n.* (*bot.*, *zool.*) piccola spina.

spiny /ˈspaɪnɪ/, *a.* spinoso; (*fig.*) difficile, fastidioso, imbarazzante. ● (*zool.*) **s. anteater** (*Tachyglossus aculeatus*), echidna istrice □ (*zool.*) **s. dogfish** (*Squalus acanthias*), spinarolo, spinello □ (*zool.*) **s. lobster** (*Palinurus*), aragosta.

spiracle /ˈspaɪərəkl/, *n.* (*zool.*) orifizio per la respirazione; (*dei cetacei*) sfiatatoio; (*degli insetti*) stimma, stigma.

spiracular /spaɪˈrækjʊlə(r)/, *a.* (*zool.*) di sfiatatoio; di stimma.

spiraea /spaɪəˈriːə/, *n.* (*bot.*, *Spiraea*) spirea.

spiral /ˈspaɪərəl/, **A** *a.* ***1*** spirale; a spirale; a spire: **a s. spring**, una molla a spirale; (*astron.*) **s. nebula**, nebulosa a spirale ***2*** spiroidale; spiroide ***3*** (*mecc.*) elicoidale; a dentatura elicoidale: **s. chute**, scivolo elicoidale; **s. gear**, ingranaggio a dentatura elicoidale. **B** *n.* ***1*** (*geom.*) spirale; spira; elica ***2*** (*fig.*: *econ.*, *ecc.*) spirale: **inflationary s.**, spirale inflazionistica; **the vicious s. of prices and wages**, la rovinosa spirale dei prezzi e dei salari ***3*** (*pattinaggio artistico*) spirale. ● **s. balance**, bilancia a molla □ (*edil.*) **a s. staircase**, una scala a chiocciola □ (*zool.*) **s. valve**, valvola spirale.

to **spiral** /ˈspaɪərəl/, **A** *v. i.* ***1*** muoversi a spirale ***2*** girare a spirale: **to s. round a pillar**, girare a spirale intorno a un pilastro. **B** *v. t.* ***1*** far muovere a spirale ***2*** (*raro*) dar forma di spirale a (q.c.). ● (*econ.*: *di prezzi, salari, ecc.*) **to s. upward**, aumentare vertiginosamente.

♦**spiral down**, *v. i.* + *avv.* ***1*** (*di un aereo, un uccello, ecc.*) scendere a spirale ***2*** (*fig.*: *di prezzi, ecc.*) calare rapidamente; scendere a precipizio; precipitare.

♦**spiral up**, *v. i.* + *avv.* ***1*** (*di un aereo, ecc.*) prendere quota salendo a spirale ***2*** (*del fumo*) salire in volute ***3*** (*fig.*: *di prezzi, ecc.*) salire rapidamente (*o* vertiginosamente); andare alle stelle ***4*** (*fig.*) salire, ascendere (*a una posizione di prestigio, ecc.*).

spiralling /ˈspaɪərəlɪŋ/, *a.* (*di prezzi, ecc.*) in vertiginosa ascesa.

spirally /ˈspaɪərəlɪ/, *avv.* a spirale.

spirant /ˈspaɪərənt/, *a.* e *n.* (*fon.*) spirante.

spirantization /spaɪərəntaɪˈzeɪʃn, *USA* -tɪˈz-/, *n.* (*fon.*) spirantizzazione.

spire (1) /ˈspaɪə(r)/, *n.* ***1*** guglia; cuspide; pinnacolo ***2*** (*bot.*) stelo appuntito; lamina appuntita.

spire (2) /ˈspaɪə(r)/, *n.* spira; avvolgimento d'una spirale.

to **spire** /ˈspaɪə(r)/, **A** *v. i.* ***1*** innalzarsi a guglia; elevarsi a pinnacolo; svettare ***2*** germogliare; spuntare. **B** *v. t.* munire di guglie.

spirea /spaɪˈriːə/, (*USA*) *V.* **spiraea**.

spirillum /spaɪˈrɪləm/, *n.* (*pl.* **spirilla**) (*biol.*) spirillo.

spirit /ˈspɪrɪt/, *n.* ***1*** spirito; anima: **the Holy S.**, lo Spirito Santo; (*Bibbia*) **The s. is willing but the flesh is weak**, lo spirito è forte ma la carne è debole; **I'll be with you in s. if not in body**, sarò con voi in ispirito se non fisicamente; **choice spirits**, spiriti eletti; **the poor in s.**, i poveri di spirito; **one of the leading spirits of the French Revolution**, uno degli spiriti animatori della rivoluzione francese; **He was the animating s. of the rebellion**, egli fu l'anima della rivolta ***2*** spirito; spettro; fantasma: **the abode of spirits**, la dimora degli spiriti; il regno delle ombre; **to raise a s.**, evocare uno spirito; **an evil s.**, uno spirito maligno ***3*** spirito; ardore; forza d'animo; vigore; brio: **Do show a little s.!**, mostra un po' di forza d'animo!; fatti coraggio! ***4*** (*pl.*) condizione di spirito; stato d'animo; umore; morale: **to keep up one's spirits**, tenersi su di morale; non perdersi d'animo; **to be in high spirits**, essere su di morale; essere di buonumore (*o* pieno d'entusiasmo); **to be in poor** (*o* **low**) **spirits** (*o* **to be out of spirits**), essere giù di morale; essere abbattuto (*o* depresso) ***5*** (*pl.*) energia; vitalità; carica: **animal spirits**, carica vitale; vitalità ***6*** spirito; significato; intendimento; essenza; sostanza: **the s. of the law**, lo spirito della legge; **the s. of the times**, lo spirito del tempo ***7*** spirito; alcol: **s. of wine**, alcol etilico ***8*** (*pl.*) superalcolici; liquori: **wines and spirits**, vini e liquori. ● (*chim.*) **s. blue**, blu di anilina □ **s. lamp**, lampada a spirito □ (*edil.*, *ecc.*) **s. level**, livella a bolla d'aria □ **spirits of ammonia**, ammoniaca (*in soluzione*) □ **spirits of camphor**, olio essenziale (*o* essenza) di canfora □ **spirits of hartshorn**, ammoniaca liquida □ **spirits of salt**, acido cloridrico □ **spirits of turpentine**, essenza di trementina; acquaragia □ **s. paint**, vernice a spirito □ **s. rapper**, evocatore di spiriti; spiritista □ **s. rapping**, il dare colpi (*del tavolino a tre gambe*); spiritismo □ **s. stove**, fornello a spirito □ **the s. trade**, il commercio dei liquori □ **s. varnish**, *V.* **s. paint** □ **party s.**, spirito di parte; partigianeria □ **to raise sb.'s spirits**, confortare q.; incoraggiare q. □ **to recover one's spirits**, rianimarsi; riprendere coraggio □ **to take st. in the wrong s.**, prendere q.c. in mala parte □ **team s.**, spirito di squadra (*o* di corpo).

to **spirit** /ˈspɪrɪt/, *v. t.* (*di solito* **to s. up**) animare; incoraggiare; rallegrare; rianimare; ravvivare. ● **to s. off** (*o* **away**), far sparire (come) per incanto; rapire; trafugare; portare via all'insaputa di tutti.

spirited /ˈspɪrɪtɪd/, *a.* (*specialm. nei composti*) animato; brioso, vivace; ardente, coraggioso, focoso; pieno d'energia, di vita; vigoroso: **s. competition**, concorrenza animata; **a s. answer**, una risposta vivace; **a s. translation**, una traduzione briosa (*o* spigliata); **a s. defence**, una difesa vigorosa. ● **evil-s.**, malvagio; maligno □ **high-s.**, ardente; focoso; fiero □ **low-s.**, abbattuto; accasciato; depresso; triste □ **mean-s.**, gretto; meschino □ **poor-s.**, abietto; fiacco; timido; vile □ **proud-s.**, altero; orgoglioso. ‖ **-ly**, *avv.* ‖ **-ness**, *sost.*

spiritism /ˈspɪrɪtɪzəm/, *n.* spiritismo.

spiritist /ˈspɪrɪtɪst/, *n.* spiritista.

spiritistic /spɪrɪˈtɪstɪk/, *a.* spiritico.

spiritless /ˈspɪrɪtləs/, *a.* ***1*** abbattuto; accasciato; avvilito; depresso ***2*** debole; fiacco ***3*** pusillanime; vile. ‖ **-ly**, *avv.* ‖ **-ness**, *sost.*

spiritual /ˈspɪrɪtʃʊəl/, **A** *a.* spirituale: **s. life**, vita spirituale. **B** *n.* (= **negro s.**) spiritual; canto religioso dei negri d'America. ● (*stor.*) **s. courts**, tribunali ecclesiastici □ **the s. man**, lo spirito; l'anima □ (*polit.*) **the Lords S.**, i vescovi e gli arcivescovi che fanno parte della Camera dei Lord. ‖ **-ly**, *avv.*

spiritualism /ˈspɪrɪtʃʊəlɪzəm/, *n.* ***1*** (*filos.*) spiritualismo ***2*** spiritismo.

spiritualist /ˈspɪrɪtʃʊəlɪst/, *n.* ***1*** (*filos.*) spiritualista ***2*** spiritista.

spiritualistic /spɪrɪtʃʊəˈlɪstɪk/, *a.* ***1*** (*filos.*) spiritualistico ***2*** spiritistico.

spirituality /spɪrɪtʃʊˈælətɪ/, *n.* ***1*** spiritualità ***2*** (*pl.*) (*leg.*, *stor.*) beni spirituali; proprietà ecclesiastiche.

spiritualization /spɪrɪtʃʊəlaɪˈzeɪʃn, *USA* -lɪ-

'z-/, *n.* spiritualizzazione.

to **spiritualize** /'spɪrɪtʃʊəlaɪz/, *v. t.* spiritualizzare.

spirituel /spɪrɪtʃʊ'ɛl/ (*franc.*), *a.* (*f.* **spirituelle**) (*specialm. di donna*) delicato; fine; etereo; raffinato.

spirituous /'spɪrɪtʃʊəs/, *a.* (*tecn.*) spiritoso (*raro*); alcolico: **s. liquors**, bevande alcoliche; alcolici; liquori.

spirituousness /'spɪrɪtʃʊəsnəs/, *n.* alcolicità.

spiritus /'spɪrɪtəs/ (*lat.*), *n.* (*gramm. greca*) spirito.

spirketting /'spɜːkɪtɪŋ/, *n.* (*naut.*) *1* serrette di trincarino; controtrincarino *2* fasciame tra due portelli *3* opera viva.

spirochaete /spaɪərəʊ'kiːt/, *n.* (*biol.*, *Spirochaeta*) spirocheta.

spirograph /'spaɪərəgrɑːf, *USA* -æf/, *n.* (*med.*) spirografo.

spirometer /spaɪ'rɒmɪtə(r)/, *n.* (*med.*) spirometro.

spirometry /spaɪə'rɒmətrɪ/, *n.* (*med.*) spirometria.

spirt, to **spirt** /spɜːt/, *V.* **spurt, to spurt.**

spiry /'spaɪərɪ/, *a.* *1* simile a guglia; cuspidato; slanciato; sottile *2* pieno di guglie (*o* di pinnacoli).

spit (1) /spɪt/, *n.* *1* sputo; saliva; lo sputare *2* (*d'insetti*) schiuma *3* (*fam.*: *di piante*) sputo. ● **s. and polish**, (*fam.*) pulizia accuratissima; (*mil., naut.*) mania dell'ordine e del tirare a lucido (*fig.*) □ (*fam.*) **She is the very s.** (*o* **the dead s., the s. and image**) **of her mother**, è tutta (*o* è tale e quale) sua madre; è sua madre nata e sputata.

spit (2) /spɪt/, *n.* *1* spiedo; schidione *2* (*geogr.*) punta; lingua di terra *3* (*naut.*) banco di sabbia sommerso.

spit (3) /spɪt/, *n.* *1* profondità raggiunta da un colpo di vanga *2* vangata; badilata. ● (*locuz. avv.*) **s. deep**, alla profondità cui può giungere un colpo di vanga.

to **spit** (1) /spɪt/ (*pass.* e *p. p.* **spat**, *arc.* **spit**), *v. i.* e *t.* *1* sputare; mandare fuori dalla bocca: **to s. blood**, sputare sangue *2* (*del gatto*) soffiare minaccioso *3* (*del fuoco, d'una candela*) scoppiettare; mandar faville *4* (*di penna*) spruzzare inchiostro; spandere *5* (*della pioggia*) cadere leggera; piovigginare. ● (*fig.*) **to s. on sb.'s eye** (*o* **face**), sputare in un occhio (*o* in faccia) a q.; trattare q. con grande disprezzo (*o* insolenza).

♦ **spit at**, *v. i.* + *prep.* *1* sputare addosso a (q.) *2* (*fam.*) sputare su: **It's an offer I wouldn't s. at**, è un'offerta sulla quale non sputerei.

♦ **spit on**, *v. i.* + *prep.* *1* sputare su: **Don't s. on the floor!**, non sputate sul pavimento (*o* per terra)! *2* (*fig. fam.*) sputare su, disprezzare.

♦ **spit out**, *v. t.* + *avv.* *1* sputare (fuori): **to s. out a bitter pill**, sputare una pillola amara *2* (*fig. fam.*) sputar fuori; dire con violenza, esclamare, lanciare (*una maledizione, ecc.*): **S. it out!**, sputa fuori!; sputa il rospo!; racconta! □ **to s. out an angry answer**, rispondere con grande rabbia.

♦ **spit up**, *v. t.* + *avv.* *1* sputare (*sangue, ecc.*) *2* (*fam.*) vomitare.

♦ **spit upon**, *V.* **spit on.**

to **spit** (2) /spɪt/, *v. t.* *1* schidionare; infilzare sullo spiedo *2* (*fig.*) infilzare, trafiggere (*con la spada, ecc.*).

spitchcock /'spɪtʃkɒk/, *n.* (*cucina*) anguilla spaccata in due e arrostita sulla graticola (*o* fritta).

to **spitchcock** /'spɪtʃkɒk/, *v. t.* arrostire (*anguille, pesci, ecc.*) sulla graticola.

spite /spaɪt/, *n.* *1* dispetto; picca; ripicca; spregio (*lett.*): **He did it from** (*o* **out of**) **s.**, lo fece per dispetto (*o* per picca) *2* rancore; livore; ruggine (*fig.*): **He has a s. against me**, ha della ruggine con me; nutre rancore verso di me. ● **from pure s.**, per pura cattiveria □ **in s. of**, a dispetto di; nonostante; malgrado: **He went out shooting in s. of the snow**, andò a caccia nonostante la neve.

to **spite** /spaɪt/, *v. t.* fare un dispetto a (q.); contrariare; tormentare; vessare: **He does it only to s. me**, lo fa apposta per contrariarmi. ● (*fig.*) **to cut off one's nose to s. one's face**, danneggiare se stessi per nuocere ad altri; tirare sassi in piccionaia (*fig.*).

spiteful /'spaɪtfl/, *a.* dispettoso; astioso; malevolo; maligno; spregioso (*tosc.*). || **-ly**, *avv.*

spitefulness /'spaɪtflnəs/, *n.* astiosità; malignità; cattiveria; malvagità; rancore.

spitfire /'spɪtfaɪə(r)/, *n.* *1* persona irascibile (*o* stizzosa); persona (*specialm.* ragazza) focosa *2* (*aeron., stor.*) «spitfire» (*aereo da caccia della R.A.F.*).

spitter /'spɪtə(r)/, *n.* chi sputa; sputatore (*raro*).

spitting /'spɪtɪŋ/, *n.* lo sputare. ● (*fig.*) **sb.'s s. image**, il ritratto di q. (*fig.*); q. nato e sputato □ (*fam.*) **to be within s. distance**, essere a due passi.

spittle /'spɪtl/, *n.* *1* sputo; saliva *2* (*d'insetti*) schiuma.

spittoon /spɪ'tuːn/, *n.* sputacchiera.

spitz /spɪts/, *n.* (*zool.*, = **s.-dog**) (cane) pomero.

spiv /spɪv/, *n.* (*pop.*) individuo che vive d'espedienti (*specialm. esercitando traffici illeciti*); chi si arrangia; intrallazzatore (*pop.*); traffichino; trafficone.

splanchnic /'splæŋknɪk/, *a.* (*anat.*) splancnico.

splanchnology /splæŋk'nɒlədʒɪ/, *n.* (*med.*) splancnologia.

splash (1) /splæʃ/, *n.* *1* schizzo; spruzzo *2* (= **s. of mud**) zacchera; pillacchera (*tosc.*) *3* sciaguattio; sciabordio; tonfo *4* chiazza; macchia: **a s. of colour**, una macchia di colore *5* (*fam.*) colpo; grande effetto; sensazione; furore (*fig.*) *6* (*fam.*) spruzzo d'acqua di seltz (*per diluire il whisky, ecc.*): **whisky and a s.**, whisky e soda. ● (*autom., USA*) **s. guard**, paraspruzzi □ **s. headline**, titolo (di giornale) a caratteri cubitali □ (*fam. USA*) **s. party**, festa (*o* ricevimento) che si tiene ai bordi di una piscina □ (*tecn.*) **s.-resistant**, che resiste agli spruzzi d'acqua □ (*fig. fam.*) **to make a s.** (**in society**), far colpo; far furore, avere successo (in società).

splash (2) /splæʃ/, *avv.* splash; plaff; plaffete; con un (gran) tonfo.

to **splash** /splæʃ/, *v. t.* e *i.* *1* schizzare; sprizzare; spruzzare; far spruzzare *2* infangare; inzaccherare: **to s. one's pants**, inzaccherarsi i calzoni *3* diguazzare; sciabordare; sciaguattare: **We splashed through the mud**, procedevamo diguazzando nel fango *4* (*fam.*) dare (*una notizia*) con grande rilievo; sbattere (*fam.*): **to s. a report on page one**, sbattere un resoconto in prima pagina. ● **to s. into the water**, gettarsi (*o* cadere) in acqua con un tonfo □ **splashed all over**, tutto inzaccherato □ **a street splashed with sunlight**, una strada chiazzata di sole.

♦ **splash about** (*o* **around**), **A** *v. i.* + *avv.* diguazzare, sguazzare (*nell'acqua, nel fango, ecc.*). **B** *v. t.* + *avv.* *1* schizzare, spruzzare (*acqua, ecc.*) tutt'intorno: **Stop splashing the water about**, smetti di schizzare acqua! *2* (*fam.*) scialacquare, sperperare (*denaro, ecc.*).

♦ **splash down**, *v. i.* + *avv.* *1* (*di un liquido*) cadere a grosse gocce *2* (*di un veicolo spaziale*) ammarare.

♦ **splash out**, *v. t.* + *avv.* (*fam. ingl.*) scialacquare, sperperare (*denaro*).

♦ **splash over**, **A** *v. i.* + *prep.* (*dell'acqua*) fluire, scorrere su: **The torrent splashed over the rocks**, l'acqua del torrente scorreva sulle rocce. **B** *v. t.* + *prep.* *1* spargere, gettare (*acqua, ecc.*) su; cospargere di: **to s. water over sb.'s face**, gettare acqua in faccia a q. *2* (*fam., giorn.*) dare (*una notizia*) con grande rilievo in (*prima pagina, ecc.*).

♦ **splash up**, *v. t.* + *avv.* schizzare, spruzzare □ **to s. up with mud**, inzaccherare di fango; infangare.

♦ **splash with**, *v. t.* + *prep.* schizzare, spruzzare, imbrattare di: **During the Gulf War, thousands of birds were splashed with oil**, durante la Guerra del Golfo, migliaia di uccelli rimasero imbrattati di petrolio.

splashback /'splæʃbæk/, *n.* paraspruzzi (*sopra un lavandino*).

splashboard /'splæʃbɔːd/, *n.* *1* paraspruzzi; paraschizzi *2* (*autom.*) parafango.

splashdown /'splæʃdaʊn/, *n.* (*miss.*) ammaraggio, splashdown (*di veicolo spaziale, ecc.*).

splasher /'splæʃə(r)/, *n.* *1* chi schizza, spruzza, ecc. (*V.* **to splash**) *2* (*ferr.*) parafango (*di locomotiva*) *3* paraspruzzi.

splashy /'splæʃɪ/, *a.* *1* fangoso; limaccioso; melmoso *2* pieno di pozzanghere *3* (*fig. fam.*) sgargiante; vistoso; che vuole far colpo.

splat /splæt/, *n.* (*fam.*) lo spiaccicarsi; spiaccichio (*anche il rumore*); ciac.

to **splat** /splæt/, *v. i.* (*fam.*) spiaccicarsi; fare ciac: **Lots of insects splatted on the panes**, molti insetti si spiaccicavano sui vetri.

to **splatter** /'splætə(r)/, *v. t.* e *i.* schizzare; spruzzare.

splay /spleɪ/, **A** *n.* (*archit.*) sguancio; strombo; strombatura. **B** *a.* largo e piatto; aperto verso l'esterno: **s. feet**, piedi piatti e volti all'infuori. ● **s.-footed**, dai piedi piatti e volti all'infuori □ **s. mouth**, bocca spalancata (in una smorfia).

to **splay** /spleɪ/, **A** *v. t.* *1* (*archit.*) sguanciare; strombare *2* slogare (*specialm. la spalla di un cavallo*); spallare (*un cavallo*). **B** *v. i.* *1* (*archit.*) essere sguanciato (*o* strombato) *2* (*med.*: *di un ginocchio, ecc.*) essere valgo. ● (*tecn.*) **to s. out**, far divergere, divaricare □ **a splayed window**, una finestra strombata.

splayfoot /'spleɪfʊt/, *n.* (*pl.* **splayfeet**) (*med.*) piede piatto, volto all'infuori.

spleen /spliːn/, *n.* *1* (*anat.*) milza *2* (*fig.*) spleen; malumore; bile; fiele: **a fit of s.**, un accesso di malumore; **to vent one's s. on sb.**, sfogare il proprio malumore su q. *3* (*arc.*) ipocondria; malinconia; umor nero. ● (*med.*) **s. rate**, tasso splenico.

spleenful /'spliːnfl/, *a.* *1* ipocondriaco; bilioso; collerico *2* depresso; malinconico. || **-ly**, *avv.*

spleenwort /'spliːnwɜːt/, *n.* (*bot.*, *Asplenium*) asplenio.

spleeny /'spliːnɪ/, *V.* **spleenful.**

splenalgia /splə'nældʒə/, *n.* (*med.*) splenalgia.

splendid /'splɛndɪd/, *a.* splendido; magnifico; sontuoso; stupendo; (*fam.*) eccellente; ottimo: **s. decorations**, splendidi ornamenti; **a s. gift**, un dono splendido; **a s. victory**, una magnifica vittoria; **a s. opportunity**, un'ottima occasione. ● (*stor.*) **s. isolation**, splendido isolamento. || **-ly**, *avv.* || **-ness**, *sost.*

splendiferous /splɛn'dɪfərəs/, *a.* (*spesso iron. o scherz.*) splendido; magnifico; favoloso; stupendo.

splendour, (*USA*) **splendor** /'splɛndə(r)/, *n.* *1* splendore; fulgore; magnificenza; sontuosità *2* (*spesso al pl.*) grandezza; gloria.

splenectomy /splɪ'nɛktəmɪ/, *n.* (*med.*) splenectomia.

splenetic /splɪ'nɛtɪk/, **A** *a.* *1* (*anat.*) splenico; della milza *2* (*med.*) splenetico; malato alla milza *3* ipocondriaco; bilioso; irritabile; stizzoso. **B** *n.* *1* (*med.*) persona splenetica; splenico *2* persona stizzosa.

splenetical /splɪ'nɛtɪkl/, *V.* **splenetic, A.** || **-ly**, *avv.*

splenial /'spliːnɪəl/, *a.* *1* (*anat.*) dello splenio *2* (*zool.*) spleniale.

splenic /'spliːnɪk/, *a.* (*anat., med.*) splenico: **s. vein**, vena splenica. ● (*vet., med.*) **s. fever**, antrace maligno; carbonchio.

splenitis /splɪ'naɪtɪs/, *n.* (*pl.* **splenitises**) (*med.*) splenite; infiammazione della milza.

splenius /'spliːnɪəs/, *n.* (*pl.* **splenii**) (*anat.*) splenio (*muscolo*).

splenomegaly /spli:nəʊ'mɛgəlɪ/, n. (*med.*) splenomegalia.
splenotomy /splɪ'nɒtəmɪ/, n. (*med.*) splenotomia.
splib /splɪb/, n. (*pop. spreg. USA*) negro (*specialm. di idee liberali*).
splice /splaɪs/, n. *1* (*naut.*) impiombatura; congiunzione (*di due cavi*) mediante intreccio dei capi *2* (*ind. costr.*) giunzione *3* (*di nastro magnetico, ecc.*) giuntura *4* (*elettr.*) impiombatura; giunto *5* (*fam.*) matrimonio; unione.
to **splice** /splaɪs/, v. t. *1* (*naut.*) impiombare; collegare, unire (*cime, cavi*) intrecciandone i capi *2* accoppiare; congiungere; fare un giunto a ganasce in (*pezzi di legno, rotaie, ecc.*) *3* giuntare (*un nastro magnetico, una pellicola, ecc.*); (*cinem.*) montare (*un film*) *4* (*arti grafiche*) incollare *5* (*fam.*) sposare; unire in matrimonio. ● (*fam.*) **When did they get spliced?**, quando si sposarono?
splicer /'splaɪsə(r)/, n. (*cinem., mus.*) giuntatrice; macchina per giuntare (*pellicola o nastro magnetico*).
splicing /'splaɪsɪŋ/, n. *1* (*naut.*) impiombatura (*di cavi*) *2* (*tecn.*) giuntatura *3* (*cinem.*) giuntaggio; montaggio.
spliff /splɪf/, n. (*pop. USA*) sigaretta alla marijuana; spinello (*pop.*).
spline /splaɪn/, n. *1* (*falegn.*) listello; linguetta *2* (*mecc.*) linguetta; chiavetta *3* (*mecc.*) scanalatura d'accoppiamento *4* (*disegno*) curvilineo flessibile.
to **spline** /splaɪn/, v. t. (*mecc.*) *1* montare una linguetta in (*un albero, ecc.*); bloccare con una linguetta; inchiavettare *2* (*falegn.*) giuntare con una linguetta *3* scanalare. ● (*mecc.*) **splined shaft**, albero scanalato.
splint /splɪnt/, n. *1* (*anche med.*) assicella, stecca (*per far canestri, immobilizzare ossa fratturate, ecc.*) *2* (*raro, anat.*; = **s. bone**) fibula; perone *3* (*vet.*) soprosso.
to **splint** /splɪnt/, v. t. (*med.*) steccare; immobilizzare con stecche.
splinter /'splɪntə(r)/, n. *1* scheggia; frammento (*di legno, pietra, metallo, osso, ecc.*) *2* V. **s. group**. ● (*di carrozza, calesse*) **s.-bar**, bilancino; (*polit.*) **s. group** (*o* **s. party**), ala scissionista, corrente, fazione (*di un partito*) □ (*di rifugio antiaereo, ecc.*) **s.-proof**, a prova di schegge.
to **splinter** /'splɪntə(r)/, A v. t. scheggiare; frantumare; fare a pezzi. B v. i. scheggiarsi; frantumarsi; andare in pezzi.
splintery /'splɪntərɪ/, a. *1* che si scheggia facilmente *2* simile a scheggia *3* scheggiato; pieno di schegge.
split /splɪt/, A n. *1* divisione; separazione; scissione; scisma; spaccatura (*fig.*: *tra dirigenti, politici, ecc.*) *2* fessura, fenditura (*anche geol.*); crepa; spaccatura *3* spacco; strappo *4* (*fin.*) frazionamento azionario (*con aumento del capitale*) *5* (*raro*) scheggia; frammento *6* assicella; listello *7* striscia di pelle (*tagliata nello spessore della pelle intera*) *8* (*fam.*) bottiglia piccola (*di acqua di seltz o d'acqua minerale*) *9* (*fam.*) bicchierino; mezza porzione (*di whisky, ecc.*) *10* (*pl.*) (*ginnastica artistica, danza*) spaccata: **to do the splits**, fare la spaccata *11* (= **banana s.**) banana tagliata longitudinalmente e coperta di gelato, panna, ecc.; banana split *12* (*nel bowling*) split. B a. *1* fenduto; spaccato *2* diviso, spaccato in due; scisso; separato *3* strappato; stracciato; lacerato *4* (*fig.*) diviso; in disaccordo: **a s. home**, una famiglia divisa, in disaccordo. ● (*med.*) **s. brain**, emisezione cerebrale □ (*boxe*) **s. decision**, verdetto ai punti, emesso a maggioranza □ (*metall.*) **s. die**, filiera aperta □ **s. ends**, doppie punte (*dei capelli*) □ (*mecc.*) **s. hub**, mozzo diviso; semimozzo □ (*gramm. ingl.*) **s. infinitive**, infinito preceduto da un avverbio che lo separa dalla particella **«to»** (*per es.*, **to gradually change**, «mutare per gradi») (*da evitare nella lingua scritta*) □ (*edil.*: *di pavimento*) **s.-level**, su quote diverse, a due livelli sfalsati □ **s. peas**, piselli secchi spaccati □ (*psic.*) **s. personality**, personalità dissociata; schizofrenia □ (*mecc.*) **s. pin**, copiglia □ **s. ring**, (*mecc.*) anello elastico; (*per chiavi, ecc.*) anello doppio (*di metallo*), portachiavi □ **in a s. second**, in una frazione di secondo; in un attimo; in un baleno.
to **split** /splɪt/ (pass. e p. p. **split**), A v. t. *1* fendere; spaccare: **to s. logs**, spaccare tronchi d'albero *2* dividere (in due); spartire; spaccare in due (*un gruppo, un partito, ecc.*); scindere; separare: **to s. (up) a cake into parts**, dividere una torta facendo le parti; **The sum was split (up) among us**, ci dividemmo la somma; **We split the cost of the trip**, ci dividemmo le spese della gita; **to s. the profits**, spartirsi gli utili; **The abdication split the country**, l'abdicazione divise il paese; (*fis. nucl.*) **to s. the atom**, scindere l'atomo *3* strappare; stracciare; lacerare (*l'aria, le orecchie, ecc.*): **You've split your sleeve**, ti sei spaccato la manica *4* (*polit.*) provocare la scissione di (*un partito*) *5* spartirsi: **to s. the takings**, spartirsi l'incasso. B v. i. *1* fendersi; spaccarsi: **Ash wood doesn't s. easily**, il legno di frassino non si spacca facilmente; **My jacket split down the back**, mi si spaccò la giacca sulla schiena *2* dividersi; separarsi: **The party split (up) into several factions**, il partito si divise in varie fazioni *3* strapparsi; lacerarsi; stracciarsi *4* (*anche* **to s. one's sides**) sbellicarsi dalle risa *5* (*pop.*) andar via; filarsela; battersela. ● **to s. the difference**, fare un compromesso equo; fare a metà; tagliare a mezzo; (*anche comm.*) dividere la differenza (*fra il prezzo richiesto e la somma offerta*) □ (*fig.*) **to s. hairs**, spaccare in quattro un capello; cavillare; guardare per il sottile □ **to s. on a rock**, (*naut.*) infrangersi su uno scoglio; (*fig.*) trovarsi in gravi difficoltà, arenarsi □ **to s. open**, aprire, aprirsi (*mediante spaccatura*) □ (*fin.*) **to s. shares**, frazionare le azioni □ (*polit.*) **to s. one's vote**, dividere il proprio voto fra due liste di candidati □ **My head is splitting**, mi scoppia la testa (*per il mal di capo*).
♦**split away**, V. **split off**.
♦**split off**, A v. i. + avv. *1* staccarsi, distaccarsi; (*di un coperchio*) venir via; separarsi *2* (*fig.*) derivare: **They s. off from an aboriginal tribe**, derivano da una tribù di aborigeni *3* (*fig.*) scindersi; spaccarsi in due; (*polit.*) fare una scissione. B v. t. + avv. *1* staccare; separare; distaccare *2* (*fig.*) scindere; dividere.
♦**split on**, v. i. + prep. (*fam.*) fare la spia a, tradire (*i compagni di scuola, ecc.*).
♦**split up**, A v. t. + avv. *1* spaccare, fendere: **to s. up a piece of wood**, spaccare un pezzo di legno *2* dividere; suddividere: **to s. up the toffees**, dividere le caramelle; **to s. up a class of students into smaller groups**, suddividere una classe di studenti in gruppi più piccoli *3* (*fig.*) far separare, provocare la separazione di (*una coppia, ecc.*). B v. i. + avv. *1* spaccarsi (in due): **The damaged ship split up in the stormy sea**, nel mare in tempesta, la nave danneggiata si spaccò in due *2* (*di una coppia, di soci in affari, ecc.*) distaccarsi; separarsi; rompere i rapporti; lasciarsi; divorziare □ (*ferr.*) **to s. up a train**, scomporre un treno.
splitter /'splɪtə(r)/, n. *1* chi fende, spacca, ecc. (V. **to split**) *2* arnese per fendere (*o* spaccare); cuneo *3* (*ind. petrolifera*) torre di frazionamento. ● **hair-s.**, cavillatore; sofista □ **side-s.**, persona (*o* barzelletta, ecc.) che fa sbellicare dalle risa.
splitting /'splɪtɪŋ/, A n. *1* divisione; separazione; scissione; scisma; spaccatura (*anche fig.*) *2* (*fis. nucl.*) fissione (*dell'atomo*) *3* (*elettron.*) sdoppiamento *4* (*fisc.*) splitting (*non esiste in Italia*) *5* (*fin.*) ripartizione; frazionamento: **share s.**, frazionamento azionario. B a. *1* che spacca, che fende *2* che si spacca *3* (*fig.*) intenso; forte; acuto: **a s. headache**, un forte mal di testa. ● (*ferr.*) **s.-up of trains**, scomposizione dei treni □ **side-s.**, che fa sbellicare dalle risa.
splodge /splɒdʒ/, V. **splotch**.
splosh /splɒʃ/, n. *1* (*fam.*) quantità d'acqua che cade improvvisamente; sciabordio; tonfo *2* (*pop. arc.*) quattrini; soldi.
to **splosh** /splɒʃ/, v. i. (*fam.*) diguazzare, sguazzare nell'acqua.
splotch /splɒtʃ/, n. (*USA*) chiazza; macchia.
to **splotch** /splɒtʃ/, v. t. (*USA*) macchiare; chiazzare.
splotchy /'splɒtʃɪ/, a. (*USA*) chiazzato; macchiato.
splurge /splɜ:dʒ/, n. (*fam.*) *1* esibizione; ostentazione; sfoggio (*specialm. di denaro*): **to make a s.**, fare sfoggio *2* colpo di vita; pazzia (*fig.*); spesa pazza; festa (pranzo, ecc.) eccezionale.
to **splurge** /splɜ:dʒ/, v. i. (*fam.*) *1* mettersi in mostra; fare sfoggio (*specialm. spendendo denaro a palate*) *2* fare un colpo di vita (*o* una spesa pazza). ● **to s. on**, spendere un sacco di soldi per (q.c.).
splutter /'splʌtə(r)/, n. *1* biascicamento; borbottamento; discorso confuso; farfuglio *2* rumore di schizzi (*o* di spruzzi).
to **splutter** /'splʌtə(r)/, v. i. e t. *1* biascicare; borbottare; farfugliare: **to s. out an apology**, borbottare una scusa *2* schizzare; spruzzare *3* sputacchiare parlando.
splutterer /'splʌtərə(r)/, n. farfuglione, farfugliona.
spoil /spɔɪl/, n. *1* (*di solito al pl.*) spoglie; bottino; preda; (*fig.*) guadagno, profitto, utile, vantaggio: **Robin Hood gave the spoils of his robberies to the poor**, Robin Hood distribuiva ai poveri il bottino delle sue rapine; **the spoils of war**, le prede di guerra *2* materiale di sterro; detriti di roccia *3* (*zool.*) spoglia (*di serpente*) *4* (*arc.*) V. **spoiling**. ● (*polit., specialm. USA*) **the spoils system**, il sistema di distribuire cariche (*o* uffici, ecc.) ai seguaci del partito che ha vinto le elezioni □ (*polit.*) **to allot** (*o* **to bestow**) **as spoils**, lottizzare (*fig.*) □ (*polit.*) **bestowal of spoils**, lottizzazione (*fig.*).
to **spoil** /spɔɪl/ (pass. e p. p. **spoilt, spoiled**), A v. t. *1* guastare; deteriorare; rovinare; sciupare: **to s. one's appetite**, guastarsi l'appetito; **Incessant rain spoiled my holidays**, la pioggia incessante mi guastò le vacanze: **to s. the market**, rovinare il mercato *2* viziare: **Don't s. your children**, non viziare i figlioli! *3* coccolare; vezzeggiare; viziare *4* (*polit.*) rendere nulla (*una scheda elettorale*) per errore di votazione *5* (*lett.*) spogliare; depredare; saccheggiare. B v. i. *1* guastarsi; deteriorarsi; andare a male; (*di cibo*) deperire; rovinarsi; sciuparsi *2* (*fam.*) morire dalla voglia, non vedere l'ora (*di fare q.c.*): **They are spoiling for a scrap**, muoiono dalla voglia d'azzuffarsi (*o* di menare le mani) *3* (*lett.*) far bottino; predare; rubare. ● (*fam.*) **to be spoiling for a fight**, avere una gran voglia di menar le mani □ (*fam.*) **I'll s. his beauty for him**, gli cambio i connotati!; gli rompo il muso!; gli faccio una faccia così! □ **These eggs will not s. with keeping**, queste uova si mantengono bene.
spoilage /'spɔɪlɪdʒ/, n. *1* deterioramento; deperimento (*di cibo*) *2* (*lett.*) spoliazione; saccheggio *3* (*tipogr.*) carta sciupata nel processo della stampa; fogli di scarto; scarto.
spoiled /spɔɪlt/, a. *1* guasto; deteriorato; rovinato *2* (*di un bambino, ecc.*) viziato.
spoiler /'spɔɪlə(r)/, n. *1* (*arc., lett.*) spogliatore; saccheggiatore *2* chi guasta, sciupa, ecc. (V. **to spoil**) *3* (*aeron.*) diruttore; spoiler *4* (*autom.*) spoiler; alettone *5* (*elettr.*) intercettatore *6* (*polit., USA*) candidato di minoranza che sottrae voti ai candidati principali; candidato «di disturbo».
spoiling /'spɔɪlɪŋ/, n. (*arc.*) saccheggio; spoliazione.
spoilsman /'spɔɪlzmən/, n. (*pl.* **spoilsmen**) (*polit., USA*) fautore dello «spoils system» (*q.V.*).

spoilsport /'spɔɪlspɔːt/, *n.* (*fam.*) guastafeste.
spoilt /spɔɪlt/, **A** *pass.* e *p. p.* di **to spoil**. **B** *a.* **1** guasto; deteriorato; rovinato; sciupato **2** viziato: **s. children**, bambini viziati. ● **a s. child of fortune**, un figlio di papà.
spoke (**1**) /spəʊk/, *n.* **1** raggio, razza (*di ruota*) **2** piolo (*di scala*) **3** (*naut.*: *del timone*) maniglia. ● (*fig. fam.*) **to put a s. in sb.'s wheel**, mettere il bastone fra le ruote a q.
spoke (**2**) /spəʊk/, *pass.* di **to speak**.
to **spoke** /spəʊk/, *v. t.* **1** provvedere (*una ruota*) di raggi **2** bloccare (*le ruote di un carro*).
spoken /'spəʊkən/, *p. p.* di **to speak**. ● **s. for**, *V.* **to speak for** □ **plain-s.**, che parla con semplicità; schietto □ **well-s.**, che parla bene; eloquente; raffinato.
spokeshave /'spəʊkʃeɪv/, *n.* (*falegn.*) coltello (*o* raschietto) americano.
spokesman /'spəʊksmən/, *n.* (*pl.* **spokesmen**) portavoce.
spokesperson /'spəʊkspɜːsn/, *n.* portavoce (*uomo o donna*).
spokeswoman /'spəʊkswʊmən/, *n.* (*pl.* **spokeswomen**) portavoce (*donna*).
to **spoliate** /'spəʊlɪeɪt/, *v. t.* (*raro*) spogliare; depredare; saccheggiare.
spoliation /spəʊlɪ'eɪʃn/, *n.* **1** spoliazione; saccheggio (*specialm. di nave neutrale*) **2** (*leg.*) distruzione (*di un documento*).
spoliator /'spəʊlɪeɪtə(r)/, *n.* saccheggiatore; predatore.
spoliatory /'spəʊlɪətrɪ, *USA* -tɔːrɪ/, *a.* di (*o* da) saccheggio; piratesco.
spondaic(al) /spɒn'deɪɪk(l)/, *a.* (*poesia*) spondaico: **s. hexameter**, esametro spondaico.
spondee /'spɒndiː/, *n.* (*poesia*) spondeo.
spondulicks /spɒn'djuːlɪks, *USA* -'duː-/, *n. pl.* (*pop.*) svanziche (*fam.*); quattrini; soldi; grana (*pop.*).
spondyl(e) /'spɒndɪl/, (/'spɒndaɪl/), *n.* (*anat.*) spondilo; vertebra.
spondylitis /spɒndɪ'laɪtɪs/, *n.* (*med.*) spondilite.
spondylosis /spɒndɪ'ləʊsɪs/, *n.* (*med.*) spondilosi.
sponge /spʌndʒ/, *n.* **1** (*zool.*) spugna (*anche lo scheletro, impiegato per vari usi*) **2** (*med.*) tampone di garza **3** (*mil.*) scovolo (*per cannone*) **4** *V.* **s. cake** **5** (*fig. fam.*) parassita; scroccone **6** *V.* **s. bath** **7** (*fam.*) spugna (*fig.*); beone, beona. ● **s. bag**, borsa per oggetti da toeletta □ **s. bath**, spugnatura □ (*cucina*) **s. cake**, pan di Spagna □ **s. cloth**, tessuto di spugna; spugna □ **s.-diver** (*o* **s.-fisher**), pescatore di spugne □ (*metall.*) **s. iron**, spugna di ferro □ **s. rubber**, gomma-spugna; gomma spugnosa □ **to have a s.-down**, fare una spugnatura □ (*anche fig.*) **to pass the s. over st.**, passar la spugna su q.c. □ **to throw in** (*o* **up**) **the s.**, (*boxe*) gettare la spugna; (*fig.*) arrendersi, darsi per vinto.
to **sponge** /spʌndʒ/, **A** *v. t.* **1** asciugare (*o* inumidire, pulire, ecc.) con una spugna; passare la spugna su (q.c.); spugnare (*coralli, ecc.*) **2** (*ind. tess.*) decatizzare **3** (*fam.*) scroccare; sbafare: **to s. a drink from a stranger**, scroccare una bevuta a uno sconosciuto; bere a ufo. **B** *v. i.* **1** pescare spugne **2** (*fam.*) vivere a scrocco; fare lo scroccone.
♦**sponge away**, **A** *v. t.* + *avv.* mandare via, togliere, asciugare (*una macchia, sangue, ecc.*) con una spugna. **B** *v. i.* + *avv.* andare via (pulirsi, asciugarsi, ecc.) con una spugna.
♦**sponge down**, *v. t.* + *avv.* passare la spugna su (q. *o* q.c.) □ **to s. oneself down**, farsi una (bella) spugnatura.
♦**sponge off**, **A** *v. t.* + *avv.* *V.* **sponge away, A. B** *v. t.* + *prep.* (*fam.*) scroccare (q.c.) a (q.).
♦**sponge on**, *v. i.* + *prep.* (*fam.*) vivere alle spalle di (q.); viver a scrocco di (q.): **to s. on one's relatives**, vivere alle spalle dei parenti.
♦**sponge out**, *V.* **sponge away**.
♦**sponge up**, *v. t.* + *avv.* tirare su, assorbire, asciugare (*liquido*) con una spugna.
sponger /'spʌndʒə(r)/, *n.* **1** pescatore di spugne **2** barca per la pesca delle spugne **3** parassita; scroccone.
sponginess /'spʌndʒɪnəs/, *n.* spugnosità.
sponging /'spʌndʒɪŋ/, *n.* **1** (*anche edil.*) pulitura con la spugna; spugnatura **2** (*ind. tess.*) decatissaggio **3** pesca delle spugne **4** parassitismo; lo scroccare.
spongy /'spʌndʒɪ/, *a.* spugnoso; poroso; assorbente; morbido; soffice: **s. cheese**, formaggio poroso; **s. soil**, terreno soffice.
sponsion /'spɒnʃn/, *n.* (*leg.*) garanzia; malleveria.
sponson /'spɒnsən/, *n.* **1** (*naut.*) piattaforma sporgente (*specialm. per cannoni*) **2** (*naut.*) pinna stabilizzatrice **3** (*aeron.*) cassa d'aria stabilizzatrice (*attaccata allo scafo di un idrovolante*).
sponsor /'spɒnsə(r)/, *n.* **1** (*leg.*) garante; mallevadore **2** (*relig.*) padrino, madrina; compare, comare (*di battesimo*) **3** patrocinatore; fautore **4** (*radio, TV*) ditta che finanzia un programma (*in parte dedicato alla pubblicità*); finanziatore, sponsorizzatore, sponsor **5** (*polit.*) presentatore (*di un disegno di legge*).
to **sponsor** /'spɒnsə(r)/, *v. t.* **1** (*leg.*) garantire; far da mallevadore a (q.) **2** patrocinare; sostenere: **This scheme is sponsored by the British Council**, questo progetto è patrocinato dal (*o* è sotto gli auspici del) British Council **3** (*radio, TV*) finanziare; sponsorizzare; offrire (un programma) **4** (*polit.*) presentare (*un disegno di legge*).
sponsorial /spɒn'sɔːrɪəl/, *a.* **1** (*leg.*) di (*o* da) garante; di malleveria **2** di (*o* da) padrino; di (*o* da) patrocinatore, ecc. (*V.* **sponsor**).
sponsorship /'spɒnsəʃɪp/, *n.* **1** (*leg.*) garanzia; malleveria **2** ufficio di padrino (*o* di madrina) **3** (*radio, TV*) sponsorizzazione; il patrocinare (*o* il finanziare) programmi.
spontaneity /spɒntə'neɪətɪ, *USA* -'niːə-/, *n.* spontaneità.
spontaneous /spɒn'teɪnɪəs/, *a.* **1** spontaneo; istintivo: **a s. offer**, un'offerta spontanea **2** (*anche biol.*) automatico; involontario. ● (*chim.*) **s. combustion**, accensione spontanea □ **s. ignition**, *V.* **s. combustion.** ‖ **-ly**, *avv.* ‖ **-ness**, *sost.*
spontoon /spɒn'tuːn/, *n.* (*stor.*) spuntone; grossa alabarda (*o* picca).
spoof /spuːf/, *n.* (*fam.*) **1** imbroglio; inganno; raggiro; truffa **2** presa in giro; parodia.
to **spoof** /spuːf/, *v. t.* (*fam.*) **1** imbrogliare; ingannare; raggirare; truffare **2** prendere in giro; parodiare.
spoofer /'spuːfə(r)/, *n.* (*fam.*) **1** imbroglione; truffatore **2** imitatore; parodista.
spook /spuːk/, *n.* **1** (*fam.*) fantasma; spettro **2** (*fig.*) individuo losco, sinistro **3** (*pop. USA*) spia; spione; agente della C.I.A. **4** (*spreg. USA*) negro.
to **spook** /spuːk/, *v. t.* (*fam. USA*) **1** spaventare; impaurire **2** fare adombrare, fare imbizzarrire (*un cavallo, ecc.*) **3** (*di uno spettro*) frequentare, infestare (*un luogo*). ● **to s. at**, adombrarsi, imbizzarrirsi per.
spookish /'spuːkɪʃ/, **spooky** /'spuːkɪ/, *a.* (*fam.*) **1** di (*o* da) fantasma **2** spettrale; sinistro **3** (*USA*: *di cavallo, ecc.*) ombroso; nervoso. ● **a s. old castle**, un vecchio castello infestato dai fantasmi.
spool /spuːl/, *n.* **1** (*ind. tess.*) rocchetto; bobina; spola **2** (*mecc.*) tamburo (*di argano*) **3** modano (*per fare le maglie delle reti da pesca*) **4** (*cinem.*) bobina.
to **spool** /spuːl/, *v. t.* **1** avvolgere (*su rocchetto, spola, ecc.*); bobinare **2** (*ind. tess.*) incannare **3** (*elab.*) registrare (*dati*) provvisoriamente (*su disco o nastro*). ● **to s. off**, svolgere; sbobinare □ **to s. up**, avvolgere; bobinare.
spooler /'spuːlə(r)/, *n.* (*ind. tess.*) **1** bobinatore, bobinatrice; incannatore (*operai*) **2** bobinatrice, spolatrice, roccatrice, incannatoio (*macchine*) **3** cascame d'incannatura.
spooling /'spuːlɪŋ/, *n.* **1** avvolgimento; bobinatura **2** (*ind. tess.*) bobinatura; incannatura; roccatura **3** (*elab.*) spooling (*V.* **to spool**, *def. 3*).
spoon (**1**) /spuːn/, *n.* **1** cucchiaio **2** (*pesca*; = **spoonbait**) cucchiaino **3** (*golf*) spoon (*legno 3 dallo shaft più corto*) **4** (*mecc.*) cucchiaia **5** (*med.*) cucchiaio (*da chirurgo*) **6** *V.* **spoonful.** ● (*scult.*) **s. blade**, lama a cucchiaio □ **s.-fed**, *V.* **to spoon-feed** □ (*fig.*) **to be born with a silver s. in one's mouth**, essere nato con la camicia □ **dessert s.**, cucchiaio per dolci □ **soup s.**, cucchiaio da minestra □ **wooden s.**, cucchiaio di legno, mestolo; (*fig., scherz.*) premio di consolazione.
spoon (**2**) /spuːn/, *n.* (*scherz. raro*) cascamorto.
to **spoon** (**1**) /spuːn/, **A** *v. t.* **1** (*anche* **to s. up**) pigliar su col cucchiaio **2** (*anche* **to s. out**) prendere (*o* versare, servire) col cucchiaio **3** (*sport*) colpire (*o* sollevare) debolmente (*la palla*). **B** *v. i.* (*pesca*) pescare col cucchiaino.
to **spoon** (**2**) /spuːn/, *v. i.* (*scherz. raro*) amoreggiare; sbaciucchiarsi; pomiciare.
spoonbait /'spuːnbeɪt/, *n.* (*pesca*) cucchiaino.
spoonbill /'spuːnbɪl/, *n.* (*zool.*) **1** trampoliere dal becco a spatola (*in genere*) **2** (*Polyodon spathula*) spatola (*pesce*). ● **common s.** (*Platalea leucorodia*), spatola □ **roseate s.** (*Ajaia ajaja*), spatola rosa.
spoondrift /'spuːndrɪft/, *V.* **spindrift**.
spoonerism /'spuːnərɪzəm/, *n.* scambio delle iniziali di due parole (*per es.*, **blushing crow**, *«cornacchia che arrossisce»*, *invece di* **crushing blow**, *«colpo tremendo»*).
to **spoon-feed** /'spuːnfiːd/ (*pass.* e *p. p.* **spoon-fed**), *v. t.* **1** nutrire (*un bambino*) col cucchiaio **2** (*fig. fam.*) imboccare, imbeccare; imbottire di nozioni; istruire meccanicamente **3** (*fig. fam.*) viziare; coccolare; essere troppo indulgente con (q.). ● **to s. one's students**, far trovare la pappa pronta ai propri studenti (*fig.*).
spoonful /'spuːnfʊl/, *n.* cucchiaiata; cucchiaio: **four spoonfuls of flour**, quattro cucchiai di farina.
spooniness /'spuːnɪnɪs/, *n.* (*pop. raro*) **1** dabbenaggine; minchioneria **2** sentimentalismo; svenevolezza.
spoonwort /'spuːnwɜːt/, *n.* (*bot.*, *Cochlearia officinalis*) coclearia.
spoony /'spuːnɪ/, *a.* (*pop. raro*) sentimentale; svenevole. ● **to be s. on**, essere innamorato cotto di.
spoor /spʊər, spɔː(r)/, *n.* (*caccia*) traccia; orma; pesta; pista.
to **spoor** /spʊə(r), spɔː(r)/, *v. t.* (*caccia*) seguir la traccia di.
sporadic /spə'rædɪk/, *a.* sporadico; occasionale; isolato. ‖ **-ally**, *avv.*
sporadicalness /spə'rædɪklnəs/, *n.* sporadicità.
sporangium /spə'rændʒɪəm, spɔː-/, *n.* (*pl.* **sporangia**) (*bot.*) sporangio.
spore /spɔː(r)/, *n.* **1** (*bot., zool.*) spora **2** (*fig.*) seme; germe; origine. ● (*bot.*) **s. case**, sporangio.
sporidium /spə'rɪdɪəm, spɔː-/, *n.* (*pl.* **sporidia**) (*bot.*) sporidio.
sporiferous /spə'rɪfərəs, spɔː-/, *a.* (*bot.*) sporifero.
sporocarp /'spɔːrəkɑːp/, *n.* (*bot.*) sporocarpo.
sporogenesis /spɔːrə'dʒenəsɪs/, **sporogeny** /spə'rɒdʒənɪ, spɔː-/, *n.* (*bot.*) sporogenesi.
sporogenic /spɔːrə'dʒenɪk/, **sporogenous** /spə'rɒdʒənəs, spɔː-/, *a.* (*bot.*) sporogeno.
sporogonium /spɔːrə'gəʊnɪəm/, *n.* (*pl.* **sporogonia**) (*bot.*) sporogonio.
sporogony /spə'rɒgənɪ, spɔː-/, *n.* (*bot.*) sporogonia.
sporophore /'spɔːrəfɔː(r)/, *n.* (*bot.*) sporofora.
sporophyll /'spɔːrəfɪl/, *n.* (*bot.*) sporofillo.
sporophyte /'spɔːrəfaɪt/, *n.* (*bot.*) sporofito.

sporozoan /spɔːrəˈzəʊən/, *V.* **sporozoon**.

sporozoon /spɔːrəˈzəʊən, *USA* -ɒn/, *n.* (*pl.* **sporozoa**) (*zool.*) sporozoo.

sporran /ˈspɒrən, *USA* ˈspɔː-/, *n.* borsa ricoperta di pelo (*del costume nazionale scozzese*).

sport /spɔːt/, **A** *n.* ***1*** gioco; divertimento; passatempo; scherzo; svago: **to make s. of sb.**, farsi gioco di q.; **to say st. in s.**, dire q.c. per scherzo; **It was great s. to play in the garden**, era un grande svago giocare in giardino ***2*** sport: **He's very fond of s.**, è un vero appassionato dello sport; **winter sports**, gli sport invernali ***3*** (*fig.*) zimbello; trastullo: **He was the s. of fate**, era lo zimbello del fato ***4*** (*pl.*) gare atletiche; incontri sportivi: **inter-university sports**, gare sportive interuniversitarie ***5*** (*biol.*) animale anomalo; pianta anomala ***6*** (*fam., spesso* **good s.**) persona che sta agli scherzi; tipo in gamba; giocatore che sa perdere ***7*** (*fam.*) chi fa la bella vita; gaudente; giocatore d'azzardo ***8*** (*fam. USA*) amico; compagno. **B** *a. attr.* (*USA*) *V.* **sports**, *def.* 2. ● **athletic sports**, atletica □ **to be a bad s.**, non essere di spirito; non saper stare al mondo □ **to have good s.**, divertirsi, spassarsela; (*specialm.*) far buona caccia, far buona pesca □ (*fam.*) **Be a s.!**, sta' al gioco!; sii di spirito!; non prendertela!

to **sport** /spɔːt/, **A** *v. i.* ***1*** divertirsi; giocare; scherzare; spassarsela; svagarsi; trastullarsi ***2*** fare dello sport; praticare sport ***3*** (*biol.*) essere anomalo; subire una mutazione. **B** *v. t.* (*fam.*) mettere in mostra; sfoggiare; ostentare: **She was sporting a fox fur**, sfoggiava una pelliccia di volpe. ● **to s. with sb.'s feelings**, scherzare con i sentimenti di q.

sportful /ˈspɔːtfl/, *a.* (*raro*) ***1*** divertente ***2*** giocoso; scherzoso; allegro. || **-ly**, *avv.* || **-ness**, *sost.*

sporting /ˈspɔːtɪŋ/, *a.* ***1*** sportivo ***2*** (*fig.*) leale; cavalleresco; equo; giusto; sportivo: **s. spirit**, spirito sportivo; **s. conduct**, condotta leale; **a s. proposal**, una proposta equa. ● **s. daily**, giornale sportivo □ **s. dog**, cane da caccia □ **s. editor**, redattore sportivo □ **s. gun**, fucile da caccia □ **s. house**, (*eufem. USA*) casa di malaffare; (*arc.*) casa da gioco □ **a s. man**, uno sportivo □ **the s. press**, la stampa sportiva □ **to give sb. a s. chance**, dare a q. una possibilità di successo (*o* di rivalsa, ecc.).

sportive /ˈspɔːtɪv/, *a.* ***1*** allegro; gaio; gioviale; faceto; scherzoso ***2*** (*di bimbo, gattino, ecc.*) giocherellone ***3*** sportivo; dello sport. || **-ly**, *avv.* || **-ness**, *sost.*

sports /spɔːts/, *a. attr.* ***1*** sportivo; sport (*posposto al nome*): **s. centre**, centro sportivo; **s. association** (*o* **club**), società sportiva; **s. equipment**, attrezzature sportive; **s. ground**, campo sportivo; **a s. car**, un'automobile sportiva; una macchina sport ***2*** (*d'indumento*) sportivo; casual; sport: **a s. jacket** (*o* **coat**), una giacca sportiva (*o* sport); **a s. shirt**, una camicetta casual; una maglietta sportiva. ● (*radio, TV*) **s. commentator**, commentatore sportivo □ (*a scuola*) **s. day**, giorno di gare sportive □ **s. goods shop**, negozio di articoli sportivi □ **s. injury clinic**, clinica di medicina sportiva □ **the s. pages**, le pagine sportive (*di un giornale*).

sportscast /ˈspɔːtskɑːst, *USA* -æst/, *n.* (*radio, TV*) notizie sportive (*la trasmissione*); cronaca sportiva.

sportscaster /ˈspɔːtskɑːstə(r), *USA* -æst-/, *n.* (*radio, TV*) cronista sportivo.

sportsman /ˈspɔːtsmən/, *n.* (*pl.* **sportsmen**) ***1*** sportivo; chi pratica uno (*o* più) sport; cacciatore; pescatore ***2*** sportivo; (*fig.*) uomo cavalleresco, generoso, leale. ● **a fine s.**, un buon sportivo □ **a real s.**, un vero sportivo.

sportsmanlike /ˈspɔːtsmənlaɪk/, **sportsmanly** /ˈspɔːtsmənlɪ/, *a.* ***1*** sportivo; degno d'uno sportivo ***2*** (*fig.*) cavalleresco; leale.

sportsmanship /ˈspɔːtsmənʃɪp/, *n.* ***1*** amore dello sport ***2*** bravura (*o* abilità) nello sport ***3*** sportività; (*fig.*) cavalleria; generosità; lealtà.

sportsperson /ˈspɔːtspɜːsn/, *n.* persona sportiva (*uomo o donna*).

sportswear /ˈspɔːtsweə(r)/, *n.* (*collett.*) articoli d'abbigliamento (e calzature) per lo sport; indumenti sportivi.

sportswoman /ˈspɔːtswʊmən/, *n.* (*pl.* **sportswomen**) donna sportiva.

sporty /ˈspɔːtɪ/, *a.* (*fam.*) ***1*** sportivo; amante dello sport; bravo nello sport ***2*** (*d'abito, automezzo*) sportivo.

sporulation /spɒrjʊˈleɪʃn, *USA* spɔː-/, *n.* (*bot.*) sporulazione.

sporule /ˈspɒruːl, -rjuːl, *USA* ˈspɔː-/, *n.* (*bot., zool.*) sporula; piccola spora.

spot /spɒt/, **A** *n.* ***1*** punto; posto; luogo: **This is the very s. where the accident happened**, questo è il punto esatto in cui accadde l'incidente; **a nice s. for a swim**, un bel posticino per fare il bagno; **a bald s. on one's head**, un punto della testa dove son caduti i capelli; una chierica (*scherz.*) ***2*** chiazza; macchia; macchiolina; puntolino; pallino: **the spots on a leopard**, le chiazze sul manto d'un leopardo; **There's a s. of grease on your tie**, hai una macchia d'unto sulla cravatta; **a blue tie with yellow spots**, una cravatta blu a pallini gialli ***3*** piccolo foruncolo; brufolo ***4*** (*fig.*) macchia; neo: **There is no s. on his character** (*o* **good name, reputation**), la sua reputazione è senza macchia ***5*** (*nel biliardo*) segno (*o* punto) d'acchito ***6*** (*fam.*) (un) po'; (una) piccola quantità; (un) sorso, (un) goccio: **Will you have a s. of whisky?**, volete un goccio di whisky?; **a s. of leave**, un po' di congedo; **a s. of bother**, qualche piccolo guaio; **a s. of lunch**, qualcosa da mangiare; un po' di pranzo ***7*** (*pl.*) (*comm.*) merce venduta a contanti ***8*** (*fam.*) locale (*notturno, ecc.*) ***9*** (*radio, TV*) spazio pubblicitario; spot ***10*** (*astron., di solito* **sunspot**) macchia solare ***11*** *V.* **spotlight** ***12*** (*fam.*) guaio; pasticcio: **to be in a s.**, essere nei guai; essere in difficoltà. **B** *a. attr.* ***1*** (*market.: di merce*) per consegna immediata; (*di consegna*) pronto: **s. delivery**, consegna pronta (*o* immediata); **s. goods**, merci per consegna immediata ***2*** (*Borsa, fin.*) per contanti; a pronti; spot; a pronta cassa: **s. exchange**, cambio a pronti (*o* a vista); **the s. market**, il mercato (*borsistico: merci e valute*) a pronti; **s. payment**, pagamento a pronta cassa; **s. price**, (*market.*) prezzo a pronti, prezzo spot; (*Borsa merci*) corso a contanti; (*fin.*) **s. rate**, tasso (di cambio) a pronti (*o* a vista); **s. trading** (*o* **s. transactions**), operazioni a pronti; **s. cash**, denaro contante; contanti; (*fin.*) **s. against forward**, pronti contro termine. ● (*radio, TV*) **s. announcement**, spot; comunicato commerciale □ (*radio, TV*) **s. broadcast**, emissione locale □ **s. check**, controllo saltuario □ **s. coverage**, servizio speciale giornalistico (*redatto sul luogo di un avvenimento*) □ (*tur.*) **s. height**, altitudine (*di un punto segnato su una cartina*); punto quotato □ **s. news**, notizie recentissime; ultimissime □ **s. on time**, all'ora esatta; puntuale □ (*mecc.*) **s. welding**, saldatura a punti □ (*radio, TV*) **a guest s.**, un'apparizione come ospite d'onore □ **to be killed on the s.**, restare ucciso sul colpo □ **on the s.**, sul posto; subito, lì per lì, su due piedi; a tamburo battente □ **the people on the s.**, la gente del posto; quelli che sono al corrente dei fatti □ (*fam.*) **to put sb. on the s.**, mettere q. in difficoltà, cacciare q. nei guai; (*pop. USA*) uccidere, fare fuori □ **soft s.**, debole (*sost.*) □ (*fig.*) **a tender** (*o* **sore**) **s.**, un punto debole; un tasto delicato □ (*fig.*) **a trouble s.**, un punto caldo (*fig.*) □ **sb.'s weak s.**, il punto debole di q.

to **spot** /spɒt/, **A** *v. t.* ***1*** chiazzare; schizzare; macchiare (*anche fig.*): **a bench spotted with paint**, una panchina macchiata di vernice; **to s. sb. with mud**, schizzare q. di fango; **to s. one's character**, macchiare il proprio buon nome ***2*** picchiettare; punteggiare; fare un segno su (q.c.) ***3*** (*fam.*) riconoscere; scoprire; indovinare; distinguere; vedere; individuare: **I spotted him at once as an Irishman**, lo riconobbi subito per irlandese; **to s. a mistake**, scoprire un errore; **to s. the winner**, indovinare il vincitore d'una gara; **The policeman couldn't s. the pickpocket in the crowd**, il poliziotto non riuscì a individuare il borsaiolo tra la folla ***4*** determinare; localizzare; rilevare ***5*** (*mil.*) individuare, localizzare (*il bersaglio*) ***6*** piazzare (*guardie, poliziotti, ecc.*) ***7*** (*USA, di solito* **to s. out, to s. up**) smacchiare ***8*** (*fam. USA*) concedere un vantaggio a (*un avversario*): **to s. sb. ten points**, dare a q. dieci punti di vantaggio. **B** *v. i.* ***1*** chiazzarsi; macchiarsi: **This material won't s. in the rain**, questa stoffa non si macchia con la pioggia ***2*** (*fam., impers.*; *di solito,* **to be spotting with rain**) piovigginare.

to **spot-check** /ˈspɒttʃek/, *v. t.* fare un controllo saltuario (*o* su campione casuale) di (*contribuenti, denunce di reddito, ecc.*).

spotless /ˈspɒtləs/, *a.* senza macchia (*anche fig.*); immacolato: **a s. shirt**, una camicia immacolata; **s. reputation**, reputazione senza macchia. || **-ly**, *avv.* || **-ness**, *sost.*

spotlight /ˈspɒtlaɪt/, *n.* ***1*** (*cinem., teatr.*) luce della ribalta; (*anche fotogr.*) riflettore orientabile; proiettore (*in genere*); faretto ***2*** (*autom.*) faro orientabile (*o* direzionale) ***3*** (*fig.*) luce, ribalta (*fig.*): **to be in the political s.**, essere alla ribalta nella politica. ● **to hold the s.**, trovarsi alla ribalta (*fig.*) □ **That year in Rome was his s.**, quell'anno a Roma fu il suo gran momento.

to **spotlight** /ˈspɒtlaɪt/, *v. t.* (*pass.* e *p. p.* **spotlit** e *reg.*) ***1*** (*cinem., fotogr., teatr.*) illuminare con un riflettore (*o* con un proiettore); puntare i riflettori su (*anche fig.*) ***2*** (*fig.*) mettere in evidenza, attirare l'attenzione su (q. *o* q.c.).

spot-on /ˈspɒtˈɒn, *USA* -ˈɔːn/, **A** *a.* (*fam.*) preciso; esatto; corretto; giusto; accurato. **B** *avv.* con precisione; esattamente; accuratamente.

spotted /ˈspɒtɪd/, *a.* ***1*** chiazzato; maculato; picchiettato: **s. skin**, pelle chiazzata ***2*** (*di cravatta, ecc.*) a pallini; a pois. ● (*med.*) **s. bones**, osteopecilia □ (*zool.*) **s. crake** (*Porzana porzana*), voltolino □ (*cucina*) **s. dick**, budino con uva passa □ **s. dog**, cane dalmata; *V.* **s. dick** □ (*med.*) **s. fever**, febbre esantematica. || **-ness**, *sost.*

spotter /ˈspɒtə(r)/, *n.* ***1*** (*fam. USA*) agente investigatore (*in una banca, in un'azienda*) ***2*** (*mil.*) osservatore ***3*** (*aeron.,* = **s. plane**) ricognitore; aereo da ricognizione ***4*** chi identifica targhe automobilistiche (*per hobby*) ***5*** chi conta i treni che passano (*o* le navi, ecc.; *per hobby*) ***6*** (*ferr.*) dispositivo che segnala le irregolarità del binario ***7*** (*in tempo di guerra*) volontario della difesa antiaerea ***8*** (*cinem.*) assistente di regia ***9*** *V.* **talent scout**. ● **bird s.**, chi osserva gli uccelli.

spottily /ˈspɒtəlɪ/, *avv.* ***1*** a macchie; a chiazze ***2*** irregolarmente.

spottiness /ˈspɒtɪnəs/, *n.* ***1*** chiazzatura; picchiettatura ***2*** irregolarità (*del disegno, ecc.*) ***3*** (*elettron.*) immagine macchiata.

spotty /ˈspɒtɪ/, *a.* ***1*** chiazzato; maculato; coperto di macchioline; picchiettato: **s. skin**, pelle coperta di macchioline ***2*** ineguale; irregolare: **a s. piece of music**, un brano musicale ineguale ***3*** (*fam.*) foruncoloso; brufoloso; in età da avere i foruncoli: **a s. face**, un viso pieno di foruncoli.

spouse /spaʊz, *USA* spaʊs/, *n.* (*form.*) sposo, sposa; consorte.

spout /spaʊt/, *n.* ***1*** becco; beccuccio; cannella: **the s. of a teapot**, il beccuccio d'una teiera ***2*** (*edil.*; = **waterspout, downspout**) tubo di scarico; grondaia ***3*** getto, colonna (*d'acqua, di vapore*); zampillo ***4*** (*un tempo*) montacarichi (*al monte dei pegni*) ***5*** (*anche* **waterspout**) tromba marina ***6*** sorgente (*d'acqua*); fonte ***7*** (*zool.,* = **s. hole**) sfiatatoio (*d'u-

na balena, ecc.). ● **to be up the s.**, (*arc.*: *di un oggetto*) essere al monte dei pegni; (*pop.*: *di una persona*) essere rovinato, inguaiato; (*di una donna*) essere incinta.

to **spout** /spaʊt/, **A** *v. i.* ***1*** scaturire; sgorgare; schizzare: **Blood spouted from the wound**, il sangue sgorgò dalla ferita ***2*** (*fam.*) concionare; declamare; parlare a getto continuo ***3*** (*della balena o altro cetaceo*) soffiare. **B** *v. t.* ***1*** gettare; lanciare; schizzare; far sgorgare ***2*** (*fam.*, *spesso* **to s. off**) sbrodolare; dire una sfilza di; declamare: **Stop spouting nonsense!**, smettila di dire una sfilza di sciocchezze!

spouter /ˈspaʊtə(r)/, *n.* ***1*** (*naut.*) (capitano di) baleniera ***2*** (*fam. spreg.*) oratore da strapazzo.

sprag /spræg/, *n.* ***1*** (*di veicolo*) puntone d'arresto ***2*** (*di miniera*) puntello.

sprain /spreɪn/, *n.* (*med.*) distorsione; storta; slogatura.

to **sprain** /spreɪn/, *v. t.* (*med.*) storcere; slogare; prendere una storta a (*un polso, una caviglia, ecc.*): **to s. one's ankle**, slogarsi la caviglia.

sprang /spræŋ/, *pass.* di **to spring**.

sprat /spræt/, *n.* ***1*** (*zool.*, *Clupea sprattus*) spratto ***2*** (*scherz. arc.*) bimbetto gracile; ragazzetto mingherlino. ● (*fig.*) **to throw a s. to catch a herring** (*o* **a mackerel, a whale**), dare un uovo per avere una gallina.

to **sprat** /spræt/, *v. i.* pescare spratti.

sprawl /sprɔːl/, *n.* ***1*** atteggiamento scomposto ***2*** movimento scomposto ***3*** massa disordinata; gruppo (*o* sviluppo) irregolare (*o* incontrollato): **the ugly urban s.**, l'orribile sviluppo incontrollato delle città.

to **sprawl** /sprɔːl/, **A** *v. i.* ***1*** abbandonarsi; sedere (*o* sdraiarsi) in modo scomposto; stravaccarsi (*fam.*) ***2*** (*di città, ecc.*) crescere (*o* estendersi) disordinatamente: **New suburbs sprawled in all directions**, nuovi sobborghi si estendevano disordinatamente in ogni direzione ***3*** (*di scrittura*) essere grande e irregolare. **B** *v. t.* ***1*** distendere, allungare (*le braccia, le gambe*) in modo scomposto ***2*** buttare giù (*una firma, ecc.*); scarabocchiare ***3*** (*mil.*) spiegare (*truppe*) a ventaglio; disporre (*soldati*) in ordine sparso. ● **to s. one's limbs**, sdraiarsi, mettersi lungo disteso; sedersi in modo scomposto □ **to be sprawled out**, essere stravaccato (*fam.*) □ **to send sb. sprawling**, mandar q. a gambe levate.

spray (1) /spreɪ/, *n.* ***1*** frasca; ramoscello ***2*** ramoscello, spiga (*di gioielli*).

spray (2) /spreɪ/, *n.* ***1*** spruzzo; spruzzi; spruzzaglia; spruzzata: **the s. of a waterfall**, gli spruzzi d'una cascata; **sea s.**, spruzzaglia delle onde marine ***2*** liquido (*profumo, disinfettante, insetticida, ecc.*) da spruzzare (*o* vaporizzare) ***3*** getto vaporizzato; spray ***4*** (= **sprayer**) spruzzatore; vaporizzatore; spray. ● (*mecc.*) **s. carburettor**, carburatore a getto (*o* a iniettore) □ **s. gun**, pistola a spruzzo (per verniciatura) □ (*mecc.*) **s. nozzle**, atomizzatore; nebulizzatore □ (*agric.*) **s. irrigation**, irrigazione a pioggia □ (*mil.*) **a s. of gunfire**, una sventagliata di fucileria (*di mitra, ecc.*) □ **a s. of sparks**, un fascio di scintille □ **s. paint**, vernice a spruzzo □ (*ind.*) **s. painting**, verniciatura a spruzzo □ **insect s.**, insetticida vaporizzabile; spray contro gli insetti.

to **spray** /spreɪ/, *v. t.* e *i.* ***1*** spruzzare; irrorare; vaporizzare: **to s. paint**, spruzzare vernice; **to s. the vines**, irrorare le viti; **to s. flies**, spruzzare insetticida contro le mosche ***2*** (*ind.*) verniciare a spruzzo. ● (*mil.*) **to s. the attackers with machine-gun fire**, sottoporre gli attaccanti a un violento fuoco di mitragliatrice □ **to s. sb. with bullets**, sventagliare q. di proiettili.

sprayer /ˈspreɪə(r)/, *n.* ***1*** spruzzatore; vaporizzatore; spray ***2*** (*agric.*) irroratore; irroratrice ***3*** (*ind.*) pistola a spruzzo.

sprayey (1) /ˈspreɪɪ/, *a.* ***1*** a forma di ramoscello ***2*** fatto di ramoscelli.

sprayey (2) /ˈspreɪɪ/, *a.* ***1*** simile a uno spruzzo ***2*** pieno (*o* carico) di spruzzi.

spraying /ˈspreɪɪŋ/, *n.* ***1*** (*agric.*) irrorazione: **crop s.**, irrorazione delle piantagioni ***2*** (*ind.*) verniciatura a spruzzo.

spray-on /ˈspreɪɒn, *USA* -ɔːn/, *a.* applicato (*o* da applicare) a spruzzo.

spread (1) /sprɛd/, *n.* (*raramente al pl.*) ***1*** diffusione; espansione; propagazione; trasmissione: **the s. of Christianity**, la diffusione del Cristianesimo; **the ugly s. of a huge city**, la brutta espansione di una grande città ***2*** ampiezza; estensione; larghezza; (*anche aeron.*) apertura d'ala: **The bird's wings had a s. of over three feet**, le ali dell'uccello avevano un'apertura di quasi un metro ***3*** coperta; tovaglia: **a bed-s.**, una coperta da letto; un copriletto ***4*** (*cucina*) crema; pasta: **anchovy s.**, pasta d'acciughe ***5*** (*fam.*) banchetto; festino; desinare; tavola imbandita: **What a beautiful s.!**, che bella tavola! ***6*** (*giorn.*) servizio (*o* intestazione, avviso pubblicitario, ecc.) su due pagine contigue (*o* su due o più colonne) ***7*** (*ass.*) ripartizione (*del rischio*) ***8*** (*Borsa*) scarto (*tra denaro e lettera*) ***9*** (*Borsa, USA*) stellage; contratto a doppio premio; opzione doppia (*cfr. ingl.* **straddle**) ***10*** (*fin.*) diversificazione (*degli investimenti*); giardinetto ***11*** (*econ., market.*) utile lordo; ricarico ***12*** (*stat.*) dispersione; scarto ***13*** (*USA*) grande fattoria ***14*** (*rag.*) registrazione analitica. ● (*ind.*) **s.-over** (**system**), distribuzione delle ore lavorative (*in una fabbrica*) □ **cold s.**, cena fredda □ (*fam.*) **middle-age s.**, la pancetta della mezza età.

spread (2) /sprɛd/, **A** *pass.* e *p. p.* di **to spread**. **B** *a.* ***1*** sparso; diffuso ***2*** disteso; allungato ***3*** (*di vela*) spiegata: **with sails s.**, a vele spiegate ***4*** (*di mensa*) imbandita: **a table s. with every luxury**, una tavola imbandita con ogni ben di Dio. ● (*urbanistica, USA*) **s. city**, città a sviluppo incontrollato □ (*fin.*) **s. investment**, giardinetto.

to **spread** /sprɛd/ (*pass.* e *p. p.* **spread**), **A** *v. t.* ***1*** spargere; diffondere; disseminare; propagare; propalare; trasmettere: **to s. manure over a field**, spargere concime su un campo; **to s. rumours**, diffondere voci; **to s. knowledge**, diffondere la cultura; **The anopheles spreads malaria**, l'anofele trasmette la malaria; **to s. news**, propagare (*o* propalare) notizie ***2*** (*spesso* **to s. out**) stendere; spiegare; aprire: **to s. a carpet**, stendere un tappeto; **to s. the sails**, spiegare le vele; **to s. out a newspaper**, aprire (*o* spiegare) un giornale; **to s. one's hands to the fire**, stendere le mani al fuoco; **The eagle spread its wings ready for flight**, l'aquila aprì le ali per volar via ***3*** cospargere; spalmare: **to s. toast with butter**, cospargere di burro il pane tostato; **to s. jam on a slice of bread**, spalmare marmellata su una fetta di pane; **fields spread with flowers**, campi cosparsi di fiori ***4*** distribuire; prolungare; protrarre: **The bank spread the payments over a year**, la banca distribuì i pagamenti entro il periodo di un anno ***5*** coprire; ricoprire: **to s. the table with a cloth**, coprire la tavola con una tovaglia. **B** *v. i.* ***1*** spargersi; diffondersi; disseminarsi; propagarsi; sparpagliarsi: **The news of the victory spread in no time**, la notizia della vittoria si sparse in un baleno; **The settlers spread over a vast territory**, i coloni si sparpagliarono su un vasto territorio ***2*** stendersi; estendersi; spaziare; aprirsi; spiegarsi: **On every side spread the lonely ocean**, da ogni lato si stendeva il mare deserto; **A wonderful view spread (out) before us**, davanti a noi s'apriva un magnifico paesaggio ***3*** (*stat.*) distribuirsi: **to s. about an average value**, disporsi intorno a un valore medio. **C** to **spread oneself**, *v. rifl.* ***1*** distendersi; allungarsi; sdraiarsi ***2*** dilungarsi, diffondersi (*su un argomento*) ***3*** lasciarsi andare (*fig.*); largheggiare; essere molto generoso ***4*** (*fam.*) darsi da fare; farsi in quattro (*fam.*). ● **to s. the board**, apparecchiare (la tavola) □ (*fam.*) **to s. it on thick**, calcare la mano; avere la mano pesante; esagerare □ (*fig.*) **to s. oneself (too) thin**, mettere troppa carne al fuoco □ (*naut.*) **to s. a sail**, bordare (*o* distendere) una vela □ **to s. the table**, apparecchiare (la tavola) □ (*fig.*) **to s. one's wings**, spiccare il volo (*fig.*).

♦ **spread about** (*o* **around**), *v. t.* + *avv.* (*o prep.*) ***1*** spargere, sparpagliare (in, su): **to s. sand around the track**, spargere sabbia sulla pista ***2*** diffondere, mettere in giro, divulgare (*notizie, voci, ecc.*) in (*un luogo*).

♦ **spread abroad**, *v. t.* + *avv.* diffondere; divulgare; propalare.

♦ **spread out**, **A** *v. t.* + *avv.* ***1*** stendere; spiegare; aprire: **to s. out a map on the bonnet**, stendere una cartina sul cofano; **to s. out one's arms**, stendere (*o* allargare) le braccia; **The bird spread out its wings**, l'uccello spiegò le ali; **The valley was spread out before us**, la valle si apriva davanti a noi ***2*** spargere; sparpagliare: **to s. out documents on the table**, sparpagliare documenti sul tavolo ***3*** mettere a intervalli; intervallare; distanziare: **to s. out payments**, intervallare pagamenti. **B** *v. i.* + *avv.* ***1*** stendersi; distendersi; allungarsi; estendersi (*anche fig.*): **The uncertainties of life spread before him**, un futuro incerto gli si stendeva dinanzi ***2*** (*di persone*) distanziarsi; sparpagliarsi ***3*** (*di un'azienda e sim.*) espandersi.

♦ **spread over**, **A** *v. t.* + *avv.* ***1*** scaglionare ***2*** differire, rinviare (*una decisione, ecc.*). **B** *v. i.* + *avv.* essere rinviato (*o* distribuito, scaglionato) nel tempo. **C** *v. t.* + *prep.* ***1*** stendere su: **to s. a blanket over the grass**, stendere una coperta sull'erba ***2*** coprire di: **to s. paint over the words**, coprire di vernice le parole ***3*** distribuire (*un lavoro, ecc.*) per (*un certo periodo*) ***4*** dilazionare, frazionare (*un pagamento*) per (*settimane, mesi, ecc.*).

♦ **spread to**, **A** *v. i.* + *prep.* (*di un incendio, una malattia, ecc.*) diffondersi fino a colpire (q.); attaccarsi a. **B** *v. t.* + *prep.* diffondere, attaccare (*una malattia*) a (q.).

spread eagle /ˈsprɛdiːgl/, *locuz. n.* ***1*** (*arald.*) aquila spiegata (*con le ali spiegate*) (*anche l'emblema degli USA*) ***2*** (*fam. specialm. USA*) pollo alla diavola (*cfr. ingl.* **spatchcock**) ***3*** cosa che ricorda un'aquila con le ali spiegate; (*per es.*) persona a braccia e gambe divaricate ***4*** spaccata (*figura del pattinaggio artistico*). ● (*polit., USA*) **spread-eagle patriotism**, patriottismo sfrenato; sciovinismo.

spread-eagled /ˈsprɛdiːgld/, *a.* a braccia e gambe divaricate: **to lie s. on the sand**, stare sdraiato a braccia e gambe divaricate sulla sabbia.

spread-eagleism /ˈsprɛdiːgəlɪzəm/, *n.* (*polit., USA*) patriottismo sfrenato; sciovinismo.

spreader /ˈsprɛdə(r)/, *n.* ***1*** diffusore; divulgatore; propagatore ***2*** coltello per spalmare burro, marmellata, ecc.; spatola ***3*** (*mecc.*) spanditore ***4*** (*agric.*, = **manure s.**) concimatrice; spandiletame ***5*** (*elettr.*) separatore.

spreading /ˈsprɛdɪŋ/, *n.* ***1*** diffusione; propagazione; divulgazione ***2*** (*ass.*) ripartizione (*del rischio*).

spreadsheet /ˈsprɛdʃiːt/, *n.* ***1*** (*elab.*) spreadsheet; foglio di calcolo elettronico ***2*** (*rag.*) documento di analisi contabile.

spree /spriː/, *n.* baldoria; festa; bisboccia; bagordo; gozzoviglia: **to go on a s.**, far baldoria; gozzovigliare.

to **spree** /spriː/, *v. i.* far baldoria; gozzovigliare.

sprig /sprɪg/, *n.* ***1*** ramoscello; rametto: **a s. of holly**, un rametto di agrifoglio ***2*** (*agric., bot.*) stolone ***3*** chiodo senza testa ***4*** fantasia (*o* disegno su stoffa) a fiorami (*o* a foglie) ***5*** (*spreg. raro*) giovanotto; giovinastro ***6*** (*fig. scherz. raro*) discendente; rampollo ***7*** (*sport*) chiodo senza testa (*di scarpetta*).

to **sprig** /sprɪg/, *v. t.* ***1*** stampare (*una stoffa, ecc.*) a fiorami (*o* a foglie) ***2*** fissare con (*o* munire di) chiodi senza testa.

sprigged /sprɪgd/, *a.* (stampato) a fiorami: **s. muslin**, mussola a fiorami.

sprigger /'sprɪgə(r)/, *n.* chiodatrice (*per scarpe*).

spriggy /'sprɪgɪ/, *a.* ***1*** (*di pianta, albero*) pieno di ramoscelli; frondoso ***2*** simile a un ramoscello ***3*** ornato a fiorami.

sprightliness /'spraɪtlɪnəs/, *n.* allegria; animazione; gaiezza; brio.

sprightly /'spraɪtlɪ/, *a.* allegro; animato; gaio; brioso; vivace.

spring (1) /sprɪŋ/, *n.* ***1*** balzo; salto; scatto: **to make a s. at sb.**, fare un balzo contro q.; **to take a s.**, fare un salto; **He rose with a s.**, s'alzò di scatto ***2*** sorgente; fonte; (*fig.*) causa, motivo, origine: **hot springs**, sorgenti termali; **mineral springs**, sorgenti d'acqua minerale; **the springs of human behaviour**, i motivi del comportamento umano ***3*** (*mecc.*) molla (*anche fig.*): **the s. of a watch**, la molla di un orologio; **return s.**, molla di richiamo; **Greed is the s. of all his actions**, la cupidigia è la molla di ogni sua azione ***4*** (*mecc., autom.*; = **leaf s.**) balestra ***5*** (*anche fig.*) elasticità: **There's a new s. in the old colonel's step**, c'è una elasticità nuova nel passo del vecchio colonnello ***6*** il tornare a posto (*di q.c., per elasticità*); rinculo ***7*** (*archit.*) linea (*o* piano) d'imposta ***8*** (*nel legno*) fessura; incrinatura; spaccatura ***9*** (*naut.*) traversino; cavo d'ormeggio. ● (*metall.*) **s. back**, ritorno elastico □ **s. balance**, bilancia a molla □ **s. bed**, letto a molle □ **s. binder**, raccoglitore a molla □ (*mecc.*) **s. bolt**, chiavistello a scatto □ **s. carriage**, carrozza molleggiata □ (*elettr.*) **s. clip**, molletta di fissaggio □ (*mecc.*) **s. frame**, telaio molleggiato □ (*mecc.*) **s. hammer**, maglio a balestra □ (*mecc.*) **s. hook**, gancio a molla □ **s. knife**, coltello a molla, a scatto □ (*mecc.*) **s.-loaded**, a molla; caricato a molla □ **s. lock**, serratura a scatto □ **s. manufacturer**, fabbricante di molle □ **s. mattress**, materasso a molle □ (*mecc.*) **s. rate**, flessibilità: (*autom.*) **s. rate at wheel**, flessibilità della ruota □ (*USA*) **s. scale**, *V.* **s. balance** □ **s. water**, acqua sorgiva □ **coil s.**, molla a spirale piana.

spring (2) /sprɪŋ/, *n.* (*anche fig.*) primavera: **the s. of her life**, la primavera della sua vita. ● **s. bank holiday**, festa nazionale di primavera (*l'ultimo lunedì di maggio*) □ **s. chicken**, pollo novello; pollastrino; pollastrella (*anche fig.*: *donna giovane e ingenua*) □ **s.-clean** (*o* **s.-cleaning**), le pulizie di Pasqua □ **a s. day**, un giorno di primavera □ (*fam. USA*) **s. fever**, smania □ (*bot.*) **s. onion** (*Allium fistulosum*), cipolla d'inverno □ (*cucina cinese*) **s. roll**, involtino primavera (*fritto*: *con ripieno di carne, verdura, gamberetti, ecc.*) □ (*naut.*) **s. tide**, marea di plenilunio; marea equinoziale.

to **spring** /sprɪŋ/ (*pass.* **sprang**, *p. p.* **sprung**), **A** *v. i.* ***1*** saltare; balzare; scattare: **I sprang to my feet**, scattai in piedi; **The leopard sprang on its prey**, il leopardo balzò sulla preda; **The watchdog sprang at his throat**, il cane da guardia gli saltò alla gola ***2*** (*spesso* **to s. up**) sorgere; nascere; alzarsi; spuntare; crescere: **Cities and towns sprang up**, sorsero città grandi e piccole; **A doubt sprang up in my mind**, un dubbio mi sorse nella mente; **A strong gale has sprung up**, s'è alzato un forte vento; **Mushrooms were springing up under the tall oaks**, i funghi spuntavano sotto le alte querce ***3*** (*fig.*) derivare; provenire; venire; discendere: **This error springs from a false conviction**, questo errore deriva da una convinzione sbagliata; **He springs from a very ancient family**, discende da una famiglia antichissima ***4*** (*d'acqua*) scaturire; sgorgare; zampillare ***5*** (*di legno, ecc.*) spaccarsi; fendersi; curvarsi; incrinarsi; storcersi ***6*** (*di selvaggina*) levarsi (in volo) ***7*** (*mil.*: *di una mina*) esplodere; brillare. **B** *v. t.* ***1*** saltare: **The boy sprang the hedge**, il ragazzo saltò la siepe ***2*** (*caccia*) alzare, levare (*selvaggina*): **We sprang a covey of quail**, levammo un branco di quaglie ***3*** far scattare; azionare (*chiudere, aprire, ecc.*) con una molla; mettere in moto: **to s. a lock**, far scattare una serratura; **to s. a trap**, far scattare una trappola (*anche fig.*) ***4*** spaccare; fendere; curvare; incrinare; storcere: **I've sprung my oar**, ho spaccato il remo ***5*** comunicare, dire (q.c. a q.) all'improvviso (*o* senza preavviso); dare notizia di (q.c. a q.): **How will she s. her marriage on her father?**, come farà a dare notizia del matrimonio a suo padre? ***6*** (*mil.*) far saltare (*una mina*) ***7*** (*fig.*) creare; produrre; lanciare; tirar fuori: **He has sprung a revolutionary doctrine**, ha lanciato una dottrina rivoluzionaria ***8*** provvedere di molle; molleggiare ***9*** (*pop.*) far evadere (*dal carcere*); (*anche*) liberare, rilasciare. ● (*archit.*) **to s. an arch**, impostare un arco □ **to s. into life**, nascere (*o* germogliare) all'improvviso; (*di motore*) accendersi, andare in moto □ (*naut.*) **to s. a leak**, aprire una falla □ (*naut.*) **to s. a mast**, drizzare un albero □ (*fig.*) **to s. a mine**, sollevare un putiferio □ **to s. open** [**shut**], aprirsi [chiudersi] di scatto □ **to s. st. open** [**shut**], aprire [chiudere] q.c. di scatto (*o* azionando una molla, uno scatto) □ **to s. a surprise on sb.**, fare una sorpresa a q.; cogliere di sorpresa q. □ (*mil.*) **to s. to attention**, scattare sull'attenti □ **Blood sprang to my cheeks**, il sangue mi salì al viso □ **A curse sprang to his lips**, un'imprecazione gli salì alle labbra □ **The ship sprang a leak**, si aprì una falla nella nave.

♦ **spring back**, *v. i.* + *avv.* ***1*** balzare indietro; rinculare ***2*** tornare a posto (chiudersi, ecc.) di scatto: **The bolt sprang back**, il catenaccio si chiuse di scatto.

♦ **spring from**, *v. i.* + *prep.* ***1*** *V.* **to spring, A**, *def. 3* ***2*** (*fam.*) provenire; spuntare, saltar fuori da: **Where did you s. from?**, da dove salti fuori?

♦ **spring out**, *v. i.* + *avv.* saltar fuori; sbucare; uscire (*da un nascondiglio, ecc.*).

♦ **spring to**, *v. i.* + *avv.* chiudersi di scatto: **The door sprang to**, la porta si chiuse di scatto.

♦ **spring up**, *v. i.* + *avv.* ***1*** *V.* **to spring, A**, *def. 2* ***2*** balzare su; saltar su (*o* in piedi): **He sprang up out of the armchair**, saltò su dalla poltrona ***3*** (*fig.*: *di una pianta, un bambino, ecc.*) crescere in fretta; farsi grande (*fam.*).

springboard /'sprɪŋbɔːd/, *n.* (*sport*: *tuffi*) trampolino.

springbok /'sprɪŋbɒk/, *n.* (*pl.* **springbok, springboks**) (*zool., Antidorcas marsupialis*) antidorcade; antilope saltante. ● **the Springboks**, i Sudafricani (*nomignolo*); (*sport*) la squadra di rugby (*o* di cricket) del Sud Africa.

to **spring-clean** /'sprɪŋ'kliːn/, **A** *v. i.* fare le pulizie di Pasqua. **B** *v. t.* pulire a fondo.

springe /sprɪndʒ/, *n.* (*raro*) trappola; laccio; cappio.

to **springe** /sprɪndʒ/, *v. t.* accalappiare.

springer /'sprɪŋə(r)/, *n.* ***1*** chi balza; chi salta; saltatore ***2*** (*archit.*) imposta (*dell'arco*) ***3*** (*zool.*) «springer spaniel» ***4*** (*zool., Antidorcas marsupialis*) antidorcade; antilope saltante ***5*** (*zool., Orcinus orca*) orca ***6*** (*zool., Grampus griseus*) grampo grigio ***7*** *V.* **spring chicken,** *sotto* **spring** (2) ***8*** (= **springing cow**) mucca che sta per figliare.

springhalt /'sprɪŋhɔːlt/, *n.* (*vet.*) spavenio.

springhead /'sprɪŋhɛd/, *n.* sorgente (*di un fiume*).

springiness /'sprɪŋɪnəs/, *n.* elasticità.

springing /'sprɪŋɪŋ/, *n.* ***1*** (*mecc., autom.*) molleggio ***2*** (*archit.*) linea (*o* piano) d'imposta (*di un arco*).

springless /'sprɪŋləs/, *a.* ***1*** senza fonti; senza sorgenti ***2*** (*mecc.*) senza molle.

springlet /'sprɪŋlət/, *n.* piccola sorgente; polla.

springlike /'sprɪŋlaɪk/, *a.* primaverile.

springtide /'sprɪŋtaɪd/, *n.* ***1*** (*geogr., naut.*) marea sigiziale; grande marea ***2*** (*lett.*) *V.* **springtime**, *def. 1.*

springtime /'sprɪŋtaɪm/, *n.* ***1*** (tempo di) primavera; stagione primaverile ***2*** (*fig.*) anni verdi; giovinezza; albori; principio.

springy /'sprɪŋɪ/, *a.* ***1*** elastico; molleggiato: **s. step**, passo elastico ***2*** ricco di sorgenti.

sprinkle /'sprɪŋkl/, *n.* ***1*** spruzzatina; aspersione ***2*** spruzzatina (*fig.*); pioggerella ***3*** (*fig.*) pizzico: **a s. of salt**, un pizzico di sale.

to **sprinkle** /'sprɪŋkl/, **A** *v. t.* ***1*** spruzzare; spargere; aspergere; cospargere; annaffiare: **to s. water**, spruzzare acqua; **to s. sugar over a plateful of strawberries**, spargere zucchero su un piatto di fragole; **to s. the road with water**, annaffiare la strada ***2*** sparpagliare; disseminare; spargere qua e là ***3*** (*cucina*) spolverizzare (*un dolce*) ***4*** (*fig.*) disseminare: **to s. a sermon with quotations from the Gospel**, disseminare una predica di citazioni dal Vangelo. **B** *v. i.* ***1*** (*di liquido*) cadere a piccole gocce ***2*** piovigginare.

sprinkler /'sprɪŋklə(r), -kəl-/, *n.* ***1*** spruzzatore ***2*** annaffiatoio ***3*** innaffiatrice (*automezzo*) ***4*** (*relig.*) aspersorio ***5*** (*tecn.*) sprinkler (*valvola con fusibile, ugello e campanello d'allarme*: *V.* **s. system**). ● **s. system**, impianto antincendio a sprinkler; impianto per annaffiare (*il giardino, il prato*); (*agric.*) impianto d'irrigazione a pioggia □ (*mecc., costr. stradali*) **tar s.**, macchina catramatrice.

sprinkling /'sprɪŋklɪŋ/, *n.* ***1*** spruzzo; spruzzatina; spruzzaglia: **a s. of snow**, una spruzzatina di neve ***2*** (*fig.*) infarinatura: **to have a s. of physics**, avere un'infarinatura di fisica ***3*** (*fig.*) piccolo numero; piccola quantità; (un) po'; pizzico.

sprint /sprɪnt/, *n.* (*sport*) volata; scatto; sprint. ● (*sport*) **s. race**, corsa veloce.

to **sprint** /sprɪnt/, **A** *v. i.* (*sport*) scattare; fare una volata; fare uno scatto. **B** *v. t.* percorrere (*un tratto del percorso*) di volata.

sprinter /'sprɪntə(r)/, *n.* (*sport*) velocista; scattista; sprinter.

sprinting /'sprɪntɪŋ/, *n.* ***1*** (*sport*) scatto ***2*** (*atletica*) le corse veloci.

sprit /sprɪt/, *n.* (*naut.*) balestrone; livarda; struzza; perticone.

sprite /spraɪt/, *n.* folletto; genietto; spiritello.

spritsail /'sprɪtseɪl/, *n.* (*naut.*) tarchia.

sprocket /'sprɒkɪt/, *n.* (*mecc.*) ***1*** dente (*di ruota dentata*) ***2*** (= **s. wheel**) ruota dentata (*collegata con una catena*); rocchetto a denti (*di macchina fotografica, cinecamera, ecc.*). ● **s. chain**, catena articolata □ (*elab.*) **s. pulse**, impulso di sincronizzazione.

sprog /sprɒg, *USA* -ɔːg/, *n.* (*pop.*) ***1*** bambino; marmocchio ***2*** (*mil.*) recluta; marmittone (*pop.*).

sprout /spraʊt/, *n.* ***1*** germoglio; getto ***2*** (*pl.*) (= **Brussels sprouts**) cavoletti di Bruxelles ***3*** (*fam.*) rampollo; giovane discendente.

to **sprout** /spraʊt/, **A** *v. i.* ***1*** germogliare; germinare; rampollare ***2*** (*fig.*) spuntare; crescere all'improvviso (*o* in fretta). **B** *v. t.* far crescere; mettere (*la barba, i baffi*).

sproutsy /'spraʊtsɪ/, *a.* (*pop. USA*) anticonvenzionale.

spruce (1) /spruːs/, *a.* attillato; azzimato; elegante; lindo. ‖ **-ly**, *avv.* ‖ **-ness**, *sost.*

spruce (2) /spruːs/, *n.* (*bot., Picea*) picea; abete rosso (*l'albero e il legno*).

to **spruce** /spruːs/, *v. t.* (*fam.*) attillare; azzimare; agghindare. ● **to s. (oneself) up**, agghindarsi; attillarsi; mettersi in ghingheri; farsi bello (*fam.*) □ **to get spruced,** *V.* **to s. (oneself) up**.

sprue (1) /spruː/, *n.* (*metall.*) ***1*** canale di colata ***2*** colame (*metallo che si è solidificato nel canale*).

sprue (2) /spruː/, *n.* (*med.*) sprue; diarrea di Cocincina.

spruit /spreɪt/, (*sudafricano*) *n.* ruscello; torrentello.

sprung /sprʌŋ/, **A** *p. p.* di **to spring**. **B** *a.* molleggiato; a molle: **a s. mattress**, un materasso a molle. ● (*mecc., autom.*) **s. axle**, assale posteriore.
spry /spraɪ/, *a.* animato; attivo; energico; vivace. ● **to look s.**, far presto; sbrigarsi; spicciarsi. ‖ **-ly**, *avv.* ‖ **-ness**, *sost.*
spud /spʌd/, *n.* **1** (*agric.*) zappetta; sarchio; sarchiello **2** (*mecc.*) punta (*o* utensile) a lancia **3** (*fam.*) patata.
to **spud** /spʌd/, *v. t.* (*spesso* **to s. up, to s. out**) sarchiare (*erbacce, ecc.*); estirpare col sarchiello.
to **spue** /spjuː/, *V.* **to spew**.
spume /spjuːm/, *n.* spuma; schiuma.
to **spume** /spjuːm/, *v. i.* spumare; spumeggiare; schiumare.
spumescence /spjuːˈmɛsns/, *n.* spumosità; schiumosità.
spumescent /spjuːˈmɛsnt/, *a.* **1** spumeggiante **2** spumoso.
spumone /spuːˈməʊnɪ, spʊ-/, **spumoni** /spuːˈməʊnɪ, spʊ-/ (*ital.*), *n.* (*cucina*) spumone (*gelato o meringa*).
spumous /ˈspjuːməs/, **spumy** /ˈspuːmɪ/, *a.* spumoso.
spun /spʌn/, **A** *pass.* e *p. p.* di **to spin**. **B** *a.* **1** (*di seta, oro, ecc.*) filato **2** (*di lana, nylon*) filato **3** (*mecc.*) imbutito al tornio **4** (*pop. raro*) sfinito; stanco morto. ● **s. glass**, vetro filato □ **s. out**, tirato per le lunghe; prolisso □ (*USA*) **s. sugar**, zucchero filato.
spunk /spʌŋk/, *n.* **1** (*fam.*) coraggio; ardimento; fegato (*fig.*) **2** esca (*di funghi o di legno secco*); fungo da esca **3** (*volg.*) sperma; sborra (*volg.*).
spunky /ˈspʌŋkɪ/, *a.* (*fam.*) coraggioso; ardimentoso; che ha fegato.
spur /spɜː(r)/, *n.* **1** sprone; sperone (*di gallo; di monte, ecc.*); contrafforte; (*fig.*) incitamento, stimolo, pungolo: **to put** (*o* **to set**) **the spurs to a horse**, dar di sprone a un cavallo; **the s. of need**, lo stimolo del bisogno **2** (*fis.*) traccia **3** (*bot.*) sperone; getto; cornetto **4** (*ferr.*, = **s. track**) binario di raccordo; raccordo **5** (*autom.*) raccordo: **a motorway s.**, un raccordo autostradale. ● (*mecc.*) **s. gear**, ingranaggio cilindrico (*a denti diritti*) □ (*mecc.*) **s. gearing**, trasmissione con ingranaggi cilindrici □ (*arald.*) **s. rowel**, speronella □ (*ferr.*) **s. track**, raccordo ferroviario □ **on the s. of the moment**, su due piedi; lì per lì; d'impulso: (*fam.*) **s.-of-the-moment** (*agg.*), estemporaneo, improvvisato; spontaneo □ (*mecc.*) **s. wheel**, ruota dentata cilindrica (*a denti dritti*) □ **to win one's spurs**, (*stor.*) ottenere gli speroni di cavaliere; (*fig.*) affermarsi; acquistare fama (*o* rinomanza) □ **That boy needs the s.**, quel ragazzo ha bisogno d'essere spronato.
to **spur** /spɜː(r)/, **A** *v. t.* **1** spronare; (*fig.*) incitare, stimolare: **Ambition spurred him on**, lo spronava l'ambizione **2** munire (*o* provvedere) di speroni. **B** *v. i.* **1** spronare il cavallo; dar di sprone **2** (*anche* **to s. on, to s. forward**) andare a spron battuto; correre a tutta velocità.
spurge /spɜːdʒ/, *n.* (*bot., Euphorbia*) euforbia. ● **s. laurel** (*Daphne laureola*), erba laurina.
spurious /ˈspjʊərɪəs/, *a.* **1** spurio; apocrifo; falso: **a s. coin**, una moneta falsa **2** (*leg., raro*) illegittimo; spurio; bastardo **3** (*elettron., ottica, ecc.*) spurio. ‖ **-ly**, *avv.* ‖ **-ness**, *sost.*
spurn /spɜːn/, *n.* **1** (*arc.*) spinta col piede, calcio (*dato per allontanare q. o q.c. con sdegno*) **2** rifiuto; sdegnoso; ripulsa; disprezzo; disdegno.
to **spurn** /spɜːn/, *v. t.* **1** (*arc.*) respingere (*col piede, a calci*); spingere indietro **2** rigettare; rifiutare; respingere; sdegnare.
spurner /ˈspɜːnə(r)/, *n.* sprezzatore, sprezzatrice.
spurred /spɜːd/, *a.* **1** che porta gli speroni **2** (*di gallo, ecc.*) speronato.
spurrey /ˈspɜːrɪ/, *V.* **spurry**.
spurrier /ˈspɜːrɪə(r)/, *n.* chi fabbrica (*o* vende) speroni.
spurry /ˈspɜːrɪ/, *n.* (*bot., Spergula arvensis*) spergola; renaiola.
spurt /spɜːt/, *n.* **1** sprizzo; zampillo; getto **2** sforzo breve e intenso; scatto; volata **3** impeto; scatto: **to do st. in spurts**, fare q.c. a scatti **4** (*sport*) scatto; volata **5** (*Borsa, econ.*) balzo; ripresa. ● (*comm.*) **a s. in sales**, un'improvviso aumento delle vendite □ (*telef.*) **s. tone**, impulso di selezione; scatto □ (*fam.*) **to put a s. on sb.**, far fretta a q.
to **spurt** /spɜːt/, **A** *v. i.* **1** sprizzare; zampillare; sgorgare **2** fare uno sforzo breve ma intenso **3** (*sport*) fare uno scatto (*o* una volata). **B** *v. t.* far sprizzare; far zampillare; far sgorgare.
sputnik /ˈspʊtnɪk/ (*russo*), *n.* (*miss.*) **1** – **S.**, Sputnik (*1° satellite artificiale nello spazio: 4 ottobre 1957*) **2** (*per estens.*) sputnik; satellite artificiale.
sputter /ˈspʌtə(r)/, *n.* **1** schizzo; spruzzo (*specialm. di saliva*) **2** borbottio; farfugliamento **3** crepitio; scoppiettio; sfrigolio.
to **sputter** /ˈspʌtə(r)/, *v. i.* e *t.* **1** schizzare; spruzzare; sputacchiare (*parlando*) **2** biascicare; borbottare; farfugliare **3** crepitare; scoppiettare; sfrigolare.
sputtering /ˈspʌtərɪŋ/, *n.* **1** spruzzamento **2** biascicamento; farfugliamento **3** crepitio; sfrigolio **4** (*elettron.*) spruzzamento catodico.
sputum /ˈspjuːtəm/, *n.* (*pl.* **sputa, sputums**) (*med.*) sputo; espettorato; escreato.
spy /spaɪ/, *n.* spia; spione; agente segreto; delatore; informatore; confidente (*della polizia*). ● **spy story**, storia di spie □ **to be a spy on sb.'s conduct**, spiare le mosse di q.
to **spy** /spaɪ/, **A** *v. i.* spiare; fare la spia. **B** *v. t.* scorgere; scoprire; vedere (*guardando attentamente*): **I spied a rider approaching**, scorsi un cavaliere che s'avvicinava. ● **to spy into**, investigare; indagare; scrutare: **to spy into a secret**, indagare su un segreto □ **to spy out**, esplorare, investigare; scoprire, trovare: **A patrol was sent to spy out the land**, fu mandata una pattuglia a esplorare il terreno □ (*fig.*) **to spy out the land**, tastare il terreno □ **to spy upon** (*o* **on**) **sb.** [**sb.'s movements**], spiare q. [le mosse di q.] □ (*alla Camera dei Comuni, quando si chiede un dibattito a porte chiuse*) **I spy strangers!**, noto la presenza di estranei!
spyglass /ˈspaɪglɑːs, *USA* -æs/, *n.* cannocchiale.
spyhole /ˈspaɪhəʊl/, *n.* (*edil.*) spia; spioncino.
spying /ˈspaɪɪŋ/, **A** *a.* che spia; che fa la spia. **B** *n.* spionaggio.
squab /skwɒb/, **A** *a.* **1** (*di piccione, ecc.*) implume **2** basso e grasso; grassoccio; grassottello; paffuto. **B** *n.* **1** piccione di nido; piccioncino **2** persona grassoccia; bombolotto **3** cuscino imbottito **4** divano; sofà. **C** *avv.* (*raro*) di peso; pesantemente; di schianto: **The vase came down s. on the floor**, il vaso cadde di schianto sul pavimento. ● (*cucina*) **s. pie**, pasticcio di piccione.
squabble /ˈskwɒbl/, *n.* alterco; lite; battibecco; litigio; disputa.
to **squabble** /ˈskwɒbl/, **A** *v. i.* altercare; litigare; bisticciare; disputare: **to s. with sb. about st.**, litigare con q. su q.c. **B** *v. t.* (*tipogr.*) scomporre, disfare, spaginare (*righe già composte*).
squabbler /ˈskwɒblə(r), -bəl-/, *n.* attaccabrighe; persona litigiosa.
squabby /ˈskwɒbɪ/, *a.* tozzo; grassoccio; grassottello.
squad /skwɒd/, *n.* **1** squadra; drappello (*di soldati o poliziotti*) **2** squadra, gruppo (*di operai, ecc.*): **a bomb s.**, una squadra (*o* un reparto) di artificieri (*o* contro gli ordigni esplosivi). ● (*USA*) **s. car**, automobile della polizia; pantera (*fig.*) □ **the awkward s.**, (*mil.*) la squadra dei coscritti; (*fig.*) gruppo di persone inesperte, incompetenti □ **the flying s.**, la volante (*polizia*) □ **the vice s.**, la buoncostume.
squaddie /ˈskwɒdɪ/, **squaddy** /ˈskwɒdɪ/, *n.* (*pop. ingl.*) soldato semplice.
squadron /ˈskwɒdrən/, *n.* **1** (*mil.*) squadrone (*di cavalleria*) **2** (*naut.*) squadra; flottiglia **3** (*aeron.*) squadriglia **4** gruppo organizzato (*di persone*); comitiva. ● (*aeron., in G.B.*) **s. leader**, comandante di squadriglia (*maggiore di aviazione*).
to **squadron** /ˈskwɒdrən/, *v. t.* (*mil.*) disporre in squadre (*o* in squadroni).
squalene /ˈskweɪliːn/, *n.* (*chim.*) squalene.
squalid /ˈskwɒlɪd, *USA* -wɔː-/, *a.* squallido; misero; povero; sordido; sudicio. ‖ **-ly**, *avv.*
squalidity /skwɒˈlɪdətɪ, *USA* -wɔː-/, **squalidness** /ˈskwɒlɪdnəs, *USA* -wɔː-/, *n.* squallidezza; squallore; sordidezza; sudiciume.
squall (1) /skwɔːl/, *n.* **1** grido; strillo; urlo **2** strepito; schiamazzo: **the s. of the seagulls**, lo schiamazzo dei gabbiani.
squall (2) /skwɔːl/, *n.* **1** raffica; groppo (*di vento*) **2** (*fig.*) burrasca; baruffa; lite. ● **s. cloud**, nube di groppo □ **arched s.**, temporale delle zone equatoriali, con cumuli neri □ (*fig.*) **to look out for squalls**, stare in guardia; tenere gli occhi aperti.
to **squall** (1) /skwɔːl/, *v. i.* e *t.* gridare; sbraitare; strillare; schiamazzare; urlare; vociare: **The baby squalled**, il bambino strillava.
to **squall** (2) /skwɔːl/, *v. i.* far tempesta; far burrasca.
squaller /ˈskwɔːlə(r), *USA* -wɒl-/, *n.* strillone, strillona; urlatore; urlatrice.
squally /ˈskwɔːlɪ, *USA* -wɒl-/, *a.* burrascoso; tempestoso (*anche fig.*).
squaloid /ˈskweɪlɔɪd/, *a.* (*zool.*) simile a uno squalo.
squalor /ˈskwɒlə(r), *USA* -wɔː-/, *n.* squallore; squallidezza; sordidezza.
squama /ˈskweɪmə/, *n.* (*pl.* **squamae**) (*bot., zool.*) squama.
squamate /ˈskweɪmeɪt/, *a.* (*bot., zool.*) squamato.
squamiform /ˈskweɪmɪfɔːm/, *a.* (*biol.*) squamiforme.
squamose /ˈskweɪməʊs/, **squamous** /ˈskweɪməs/, *a.* (*bot., zool.*) squamoso.
squamule /ˈskweɪmjuːl/, *n.* (*bot., zool.*) piccola squama.
to **squander** /ˈskwɒndə(r)/, *v. t.* dissipare; dilapidare; sperperare; sprecare; sciupare; scialacquare.
squanderer /ˈskwɒndərə(r)/, *n.* dissipatore; dilapidatore; sperperatore; sprecone; scialacquatore.
squandering /ˈskwɒndərɪŋ/, *n.* dissipazione; dilapidazione; sperpero; spreco; sciupio; scialacquio.
squandermania /skwɒndəˈmeɪnɪə/, *n.* mania di sprecar denaro.
squarable /ˈskweərəbl/, *a.* che si può far quadrare.
square (1) /skweə(r)/, *n.* **1** (*geom., mat., mil., ecc.*) quadrato: **9 is the s. of 3**, 9 è il quadrato di tre **2** piazza (*specialm. a quattro lati*); piazzetta; piazzale; (*anche*) cortile **3** squadra (*strumento da disegno*) **4** isolato, blocco (*di case*); (*USA*) lunghezza di un intero isolato **5** (*metall.*) barra quadra **6** (*in certi giochi*) casella; (*negli scacchi*) scacco **7** (*fam.*) pasto abbondante; buon pasto **8** (*pop. arc.*) passatista; tradizionalista; conformista **9** (*mil.*) cortile, piazzale (*di caserma*) **10** (*Borsa*) posizione bilanciata. ● (*gergo mil.*) **s.-bashing**, esercitazione militare; esercizi di marcia □ **by the s.**, con esattezza; con precisione □ (*fig.*) **to go** [**to be**] **back to s. one**, tornare [essere] al punto di partenza; ripartire da zero (*fig.*) □ (*mil.*) **hollow s.**, quadrato con spazio libero nel centro (*per i bagagli, ecc.*) □ **on the s.**, (*agg.*) leale, equo, giusto, onesto; (*avv.*) lealmente, onestamente; (*geom.*) ad angolo retto: **to act on the s.**, essere leale; comportarsi onestamente; **to cut st. on the s.**, tagliare q.c. ad angolo retto □ **out of s.**, fuori di squadra; (*fam.*) in disaccordo □ (*disegno*) **set s.**, squadra a triangolo □ (*disegno*) **T s.**, riga a T □ (*enigmistica*) **word s.**, quadrato magico.

square (2) /skweə(r)/, *a.* *1* quadrato (*anche geom., mat.*); quadro: **a s. jaw**, una mascella quadrata; **s. measures**, misure quadrate (*di superficie*); (*naut.*) **a s. sail**, una vela quadra; (*mat.*) **a s. root**, una radice quadrata; **a s. yard**, una iarda quadrata *2* tarchiato; tozzo: **a man of s. frame**, un uomo di corporatura tarchiata *3* allineato; assettato; a posto; in ordine; sistemato; pari e patta: **to get things s.**, mettere a posto le cose; sistemare le cose; **I am now s. with everybody**, sono pari e patta con tutti *4* assoluto; completo; deciso; netto; secco: **I got a s. refusal**, ricevetti un secco rifiuto *5* (*fam.*) giusto; equo; leale; onesto: **His play is not always s.**, il suo gioco non è sempre leale; **a s. deal**, un affare onesto; un trattamento equo *6* (*fam.*) soddisfacente; buono; abbondante: **a s. meal**, un pasto abbondante *7* (*pop. arc.*) passatista; tradizionalista; conformista *8* (*sport*) pari; in parità (o in pareggio): **The teams are all s. at two goals each**, le squadre sono in pareggio, due a due. ● **s. bracket**, parentesi quadra □ **s.-built**, tarchiato; tozzo □ **s. cap**, tocco accademico □ (*USA*) **s. dance**, danza in quattro coppie (*quadriglia, ecc.*) □ **«S. Deal»**, «All'Onestà» (*insegna di negozio*) □ (*mecc.*) **s. engine**, motore quadro □ (*mecc.*) **s.-head bolt**, bullone a testa quadra □ **s. inch**, pollice quadrato (*misura di superficie*) □ (*fig.*) **the S. Mile**, la City di Londra □ (*sport*) **a s. pass**, un passaggio longitudinale □ (*fig.*) **a s. peg in a round hole**, una persona sbagliata (*per un dato lavoro*); un pesce fuor d'acqua □ (*naut.*) **s. port**, portello □ (*naut.*) **s.-rigged**, a vele quadre □ (*naut.*) **s.-rigger**, nave con attrezzatura a vele quadre □ (*fam. USA*) **s. shooter**, tipo onesto (*o* leale); galantuomo □ **s.-shouldered**, dalle spalle quadrate □ (*ingl.*) **s. tin**, pane in cassetta; cassetta di pane □ **s.-toed**, (*di scarpa*) dalla punta quadrata; (*fig.*) pedante; pignolo; all'antica; tradizionalista □ (*fig.*) **s.-toes**, conservatore; formalista; tradizionalista; pignolo; pedante □ (*golf*) **to be (all) s.**, essere pari □ **to get s. with sb.**, fare i conti con q.; farsi pari (*saldare la partita*) con q. (*anche fig.*) □ **to get s. with one's creditors**, pagare i debiti; saldare i propri creditori □ **a table with s. corners**, una tavola ad angoli retti; una tavola quadrata.

square (3) /skweə(r)/, *avv.* *1* ad angolo retto; a squadra *2* dritto: **to look sb. s. in the eye**, guardare q. dritto negli occhi *3* esattamente; proprio: **I hit him s. on the nose**, lo colpii proprio sul naso. ● **I think he plays fair and s.**, credo che agisca lealmente.

to **square** /skweə(r)/, **A** *v. t.* *1* (*mat.*) quadrare (*anche fig.*); fare la quadratura di: **to s. the circle**, fare la quadratura del cerchio; (*fig.*) **to try to s. the circle**, cercare l'impossibile (*o* di fare la quadratura del cerchio): **Are you trying to s. the circle?**, stai cercando di fare la quadratura del cerchio? *2* squadrare: **to s. a marble slab**, squadrare una lastra di marmo; **to s. timber**, squadrare legname da costruzione *3* aggiustare; adattare; raddrizzare; drizzare; far quadrare; regolare; mettere a punto: **S. your shoulders**, drizza le spalle!; **to s. an instrument**, regolare uno strumento; **I tried to s. the figures**, cercai di far quadrare le cifre *4* (*mat.*) quadrare; elevare al quadrato: **to s. a number**, elevare al quadrato un numero *5* (*comm.*) regolare; saldare; pagare; pareggiare; far quadrare: **We have squared our accounts**, abbiamo regolato i conti; **to s. figures**, far quadrare le cifre *6* (*fam.*) corrompere (*con denaro, mance, ecc.*); comprare; ungere (*fig.*): **Can't you s. the night porter?**, non puoi ungere il portiere di notte? *7* (*mecc.*) regolare (*punterie, valvole, ecc.*); mettere a punto *8* (*naut.*) bracciare (*pennoni, ecc.*) in croce (*o* ad angolo retto) *9* (*sport*) mettere in parità; portare al pareggio. **B** *v. i.* *1* quadrare (*fig.*); accordarsi, essere coerente; tornare (*fam.*): **His version of the facts doesn't s. with yours**, la sua versione dei fatti non quadra con la tua *2* assumere un atteggiamento bellicoso (*o* di sfida). ● (*anche fig.*) **to s. accounts with sb.**, regolare (*o* saldare) i conti con q.; fare i conti con q. □ **to s. matters**, mettere tutti d'accordo; sistemare la faccenda □ (*sport*) **to s. the score**, pareggiare.

♦**square away**, **A** *v. t. + avv.* *1* mettere a posto, riassettare, riordinare (*documenti, ecc.*) *2* (*naut.*) bracciare a croce (*vele*); mettere al vento (*una nave*). **B** *v. i. + avv.* *1* riassettarsi; riordinarsi *2* (*naut.*) mettersi al vento *3* (*fam. USA*) affrontarsi; fronteggiarsi.

♦**square off**, **A** *v. t. + avv.* *1* rendere quadrato; squadrare *2* quadrettare; dividere in quadri (*o* in quadratini) *3* (*fam.*) riassettare; riordinare. **B** *v. i. + avv.* *1* riassettarsi; rimettersi in ordine *2* (*fam. USA*) affrontarsi; fronteggiarsi.

♦**square up**, **A** *v. t. + avv.* *1* disporre in quadro, ordinare, spianare (*documenti, libri, ecc.*) *2* pareggiare (*differenze*); rimborsare (*danni*); saldare (*conti, ecc.*). **B** *v. i. + avv.* *1* pagare (*o* saldare) il conto: **to s. up with the baker**, saldare i conti con il fornaio *2* (*fam.*) affrontarsi; fronteggiarsi.

♦**square up to**, *v. i. + avv. + prep.* far fronte a, fronteggiare, affrontare (*un avversario, un problema, ecc.*).

♦**square with**, **A** *v. i. + prep.* *1* *V.* **to square, B,** *def. 1* *2* (*fam.*) fare i conti con, saldare (q.) *3* (*fam. USA*) essere onesto con (q.); dire la verità a (q.). **B** *v. t. + prep.* appianare, sistemare (*le cose, ecc.*) con (q.) □ **to s. it with one's conscience**, mettersi la coscienza a posto □ **to s. it with sb. for sb. else**, fare da paciere con q. per q. altro.

squared /skweəd/, *a.* *1* squadrato *2* (*comm.*) pareggiato; saldato *3* (*di carta*) a quadri; a quadretti; quadrettato *4* (*mat.*) (elevato) al quadrato. ● **s. away**, sistemato; in ordine; a posto □ (*fam., sport*) **the s. circle** (*o* **ring**), il quadrato.

squarehead /'skweəhɛd/, *n.* (*pop. USA*) «testa quadra»; tonto; persona di origine scandinava o tedesca (*spreg.*).

squarely /'skweəlɪ/, *avv.* *1* ad angolo retto; in squadro *2* lealmente; correttamente; onestamente: **to deal s.**, comportarsi correttamente *3* esattamente; in pieno; diritto: **The bullet hit him s. in the forehead**, il proiettile lo colpì in piena fronte.

squareness /'skweənəs/, *n.* *1* forma quadrata *2* (*fig.*) lealtà; correttezza; onestà *3* (*mat.*) quadraticità.

squarer /'skweərə(r)/, *n.* squadratore.

squaring /'skweərɪŋ/, *n.* *1* (*mat.*) quadratura (*anche fig.*): **s. the circle**, la squadratura del cerchio *2* squadratura. ● (*mecc.*) **s. shear**, cesoiatrice a ghigliottina.

squarish /'skweərɪʃ/, *a.* quasi quadrato; più o meno quadro.

squarrose /'skwærəʊs/, **squarrous** /'skwærəs/, *a.* (*bot., zool.*) scaglioso; squamoso.

squash (1) /skwɒʃ, *USA* -wɔːʃ/, *n.* (*per lo più al sing.*) *1* poltiglia; cosa spiaccicata *2* spiaccichio; tonfo *3* calca; folla; pigia pigia; ressa *4* spremuta: **lemon s.**, spremuta di limone; limonata; **orange s.**, spremuta d'arancia; aranciata *5* (*sport,* = **s. rackets**) gioco della palla elastica; squash *6* (*fam.*) ricevimento affollato. ● (*sport*) **s. court**, campo di gioco per lo squash □ **s. hat**, cappello floscio.

squash (2) /skwɒʃ, *USA* -wɔːʃ/, *n.* (*invar. al pl.*; *bot., Cucurbita*) zucca; zucchina.

to **squash** /skwɒʃ, *USA* -wɔːʃ/, **A** *v. t.* *1* schiacciare; spremere; pigiare; pestare; spiaccicare: **to s. an orange**, spremere un'arancia *2* (*fig.*) domare; soffocare: **to s. a rebellion**, domare una rivolta; **to s. a rumour**, soffocare una diceria *3* (*fig. fam.*) far tacere; ridurre al silenzio; zittire; sconcertare. **B** *v. i.* *1* schiacciarsi; spiaccicarsi; ridursi in poltiglia *2* pigiarsi; spingere; fare ressa; accalcarsi: **to s. in a room**, accalcarsi in una stanza *3* aprirsi un varco a forza: **to s. through the gates**, irrompere attraverso i cancelli *4* cadere con un tonfo. ● **to s. in**, entrare a forza; cacciarsi; infilarsi; pigiare; far entrare a forza □ **to s. into a place**, entrare in un luogo a forza di spinte.

squashiness /'skwɒʃɪnəs, *USA* -wɔːʃ-/, *n.* l'essere floscio; mollezza.

squashy /'skwɒʃɪ, *USA* -wɔːʃɪ/, *a.* *1* floscio; molle; molliccio *2* acquitrinoso; pantanoso.

squat /skwɒt/, **A** *a.* *1* (*pred.*) accosciato; accoccolato; accovacciato; rannicchiato *2* tarchiato; tozzo; atticciato: **a s. house**, una casa tozza. **B** *n.* *1* posizione accovacciata, accucciata *2* occupazione abusiva (*di suolo o case*) *3* individuo tarchiato (*o* tozzo) *4* casa occupata *5* (*pop. USA*) niente; nulla: **little more than s.**, poco o nulla. ● (*volg.*) **to take a s.**, accovacciarsi; defecare; (*di donna, anche*) urinare.

to **squat** /skwɒt/, **A** *v. i.* *1* (*anche* **to s. down**) accosciarsi; accoccolarsi; accovacciarsi; rannicchiarsi; stare accovacciato (*o* rannicchiato) *2* (*d'animale*) acquattarsi; accucciarsi; stare a cuccia *3* (*fam.*) sedersi; mettersi a sedere *4* occupare abusivamente suolo pubblico (*o* case altrui); essere uno «squatter» (*q.V.*). **B** to **squat oneself**, *v. rifl.* accosciarsi; accoccolarsi; accovacciarsi. ● (*pop. USA*) **to s. hot**, morire sulla sedia elettrica.

squatter /'skwɒtə(r)/, *n.* *1* uomo (*o* animale) accosciato, accovacciato, ecc. (*V.* **to squat**) *2* occupante abusivo di suolo pubblico (*o* di case destinate ad altri) *3* (*in Austr.*) primo occupante di suolo pubblico (*con diritto d'acquisto a basso prezzo*) *4* (*Austr.*) grande allevatore di bestiame (*specialm.* di pecore).

squatting /'skwɒtɪŋ/, *n.* *1* l'accovacciarsi, l'accucciarsi *2* occupazione abusiva (*di suolo o di case*) *3* (*Austr.*) occupazione di terreno pubblico per adibirlo a pascolo.

squatty /'skwɒtɪ/, *V.* **squat, A.**

squaw /skwɔː/, *n.* *1* donna indiana; moglie di un pellerossa *2* (*scherz. USA*) moglie; (donna) vecchia; uomo effeminato, donnicciola (*spreg.*). ● (*spreg. USA*) **s. man**, uomo bianco che ha sposato una pellerossa.

squawk /skwɔːk/, *n.* *1* strido rauco (*specialm. d'uccello*) *2* (*fam.*) lagnanza (*o* lamentela) rumorosa; strillo (*fig.*): **the squawks of taxpayers**, gli strilli dei contribuenti.

to **squawk** /skwɔːk/, *v. i.* *1* (*d'uccelli, ecc.*) fare un verso roco; emettere strida rauche *2* (*fam.*) lagnarsi (*o* lamentarsi) rumorosamente.

squawker /'skwɔːkə(r)/, *n.* *1* chi emette strida rauche *2* chi si lagna (*o* si lamenta) rumorosamente.

squeak /skwiːk/, *n.* *1* squittio; stridio; guaito; pigolio; strillo: **the s. of a mouse**, lo squittio d'un topo; **the s. of a puppy**, il guaito d'un cucciolo; **the s. of a chicken**, il pigolio d'un pulcino *2* cigolio; scricchiolio: **the s. of an unoiled hinge**, il cigolio di un cardine non oliato. ● (*fam.*) **to have a narrow s.**, salvarsi per il rotto della cuffia; scamparla per un pelo.

to **squeak** /skwiːk/, **A** *v. i.* *1* (*d'animale*) squittire; stridere; guaire; pigolare; strillare *2* (*di cosa*) cigolare; scricchiolare: **My pen squeaks**, la mia penna scricchiola *3* (*fam.*) fare la spia; cantare, soffiare, spifferare (*fam.*). **B** *v. t.* dire con voce stridula; strillare. ● (*fam.*) **to s. by**, farcela a stento, cavarsela appena □ (*fam.*) **to s. through**, cavarsela per un soffio; scamparla per un pelo.

squeaker /'skwiːkə(r)/, *n.* *1* animale che squittisce; maialino, lattonzolo *2* uccello che pigola; uccellino implume *3* giocattolo (*orsacchiotto, pupazzo, ecc.*) che fa un verso stridulo *4* (*fam.*) spia; delatore; soffiatore, spifferone (*fam.*).

squeakily /'skwiːkəlɪ/, *avv.* squittendo; pigolando; guaiendo.

squeakiness /'skwiːkɪnəs/, *n.* l'essere stridulo, ecc. (*V.* **squeaky**).

squeaky /'skwiːkɪ/, *a.* *1* stridulo; che guaisce, che squittisce, che pigola *2* cigolante;

scricchiolante. ● (*fam.*) **s. clean**, pulitissimo; immacolato.

squeal /skwi:l/, *n.* *1* strillo acuto; strido; squittio: **the squeals of a child**, gli strilli di un bambino; **the s. of a pig**, lo strido di un maiale; **the s. of a mouse**, lo squittio di un topo *2* (*autom.*: *delle gomme*) stridore.

to **squeal** /skwi:l/, **A** *v. i.* *1* strillare, stridere (*con un verso più forte e lungo di quello indicato da* **to squeak**); guaire; pigolare; squittire *2* (*fam.*) lagnarsi (*o* lamentarsi) rumorosamente *3* (*fam.*) fare la spia; cantare, soffiare, spifferare (*fam.*) *4* (*autom.*: *delle gomme*) stridere. **B** *v. t.* gridare con voce stridula. ● (*pop.*) **to make sb. s.**, far cantare q.; fare confessare q.; (*anche*) ricattare q.

squealer /'skwi:lə(r)/, *n.* *1* animale che stride *2* uccello di nido; (*specialm.*) piccioncino *3* (*fam.*) piagnucolone, piagnucolona; chi strilla sempre *4* (*fam.*) spia; delatore; soffiatore, spifferone (*fam.*).

squealing /'skwi:lɪŋ/, *n.* *1* stridio; pigolio; squittio *2* (*autom.*) stridore (*di gomme*) *3* (*elettron.*) fischio; sibilo.

squeamish /'skwi:mɪʃ/, *a.* *1* schifiltoso, schizzinoso *2* troppo delicato; troppo scrupoloso *3* che si scandalizza facilmente; prude (*franc.*). ● **to have a s. stomach**, essere delicato di stomaco. ‖ **-ly**, *avv.* ‖ **-ness**, *sost.*

squeegee /'skwi:dʒi:, skwi:'dʒi:/, *n.* *1* (*autom., ecc.*) tergivetro (*manuale*: *a forma di T*) *2* (*naut., fotogr.*) seccatoio.

to **squeegee** /'skwi:dʒi:, skwi:'dʒi:/, *v. t.* *1* asciugare, pulire (*un parabrezza, ecc.*) con un tergivetro *2* (*fotogr.*) seccare, asciugare (*fotografie, ecc.*).

squeezability /skwi:zə'bɪlətɪ/, *n.* compressibilità.

squeezable /'skwi:zəbl/, *a.* *1* compressibile; che si può premere (*o* spremere) *2* (*fig.*) tartassabile; spremibile (*dal fisco*).

squeeze /skwi:z/, *n.* *1* compressione (*anche fis.*); schiacciamento; pigiata; pressione (*anche fig.*) *2* (= **s. of the hand**) stretta di mano *3* stretta; abbraccio *4* spremuta; strizzata; poche gocce, schizzo: **with a s. of lemon**, con uno schizzo di limone *5* (*spesso* **tight s.**) calca; folla; ressa; pigia pigia *6* (*fam.*) estorsione; denaro estorto (*o* sottratto) *7* calco, impronta (*di moneta, ecc.*) *8* (*econ.*) difficoltà economica (*o* finanziaria); compressione (*degli utili*) *9* (*econ., fin.*) severe restrizioni; giro di vite (*fig.*); stretta; crisi: **a s. on imports**, severe restrizioni alle importazioni; **the recent credit s.**, la recente stretta creditizia; **the everlasting housing s.**, l'eterna crisi degli alloggi *10* (*fam. USA*) situazione difficile *11* (*fig.*) drastica riduzione (*di un bilancio*) *12* (*a bridge*) «squeeze»; compressione. ● (*fam.*) **s.-box**, fisarmonica □ (*fin., USA*) **s.-out**, fusione per eliminare gli azionisti di minoranza □ **s. roller**, (*fotogr.*) rullo asciugatore; (*ind. tess.*) cilindro spremitore □ **a close** (*o* **narrow**) **s.**, un brutto rischio (dal quale ci si è salvati per un pelo) □ (*fam.*) **to put the s. on sb.**, fare (*o* esercitare) forti pressioni su q. □ **to be in a tight s.**, essere pigiati come le sardine; (*fig.*) essere in un grosso guaio, essere alle strette.

to **squeeze** /skwi:z/, **A** *v. t.* *1* spremere (*anche fig.*); stringere; comprimere; pigiare; strizzare; (*fig.*) estorcere, spillare: **to s. two oranges**, spremere due arance; **to s. money out of sb.**, spremere denari da q.; **to s. sb.'s hand**, stringere vigorosamente la mano a q.; **to s. a wet cloth**, strizzare un panno bagnato; **to s. one's fingers**, stringersi le dita (*fra l'uscio e il muro, ecc.*) *2* far passare a forza; infilare: **I squeezed my hand through the bars**, infilai la mano fra le sbarre *3* comprimere; schiacciare; pigiare: **They squeezed their guests into a small room**, pigiarono i loro ospiti in una stanzetta; **The child was squeezed to death in the crowd**, il fanciullo morì schiacciato dalla folla *4* costringere; forzare; opprimere; esercitare (*o* fare) pressioni su: **to s. the government**, esercitare pressioni sul governo *5* prendere l'impronta (*o* il calco) di (*una moneta, ecc.*) *6* (*fig.*) mettere (q.) alle strette; mettere (q.) in difficoltà finanziarie *7* (*econ.*) comprimere, far diminuire (*i profitti*) *8* (*fisc.*) spremere, tartassare (*i contribuenti*) *9* (*fig.*) ridurre drasticamente (*un bilancio e sim.*) *10* (*bridge*) costringere (*un avversario*) a giocare carte importanti. **B** *v. i.* *1* essere compressibile; lasciarsi spremere *2* (*di solito,* **to s. in**) farsi largo a forza; cacciarsi; infilarsi; aprirsi un varco: **Can I s. in?**, posso infilarmi anch'io? *3* (*econ.*) esercitare una pressione economica. ● **to s. sb.'s arm**, dare delle strizzatine al braccio di q. □ **to s. into a room**, pigiarsi per entrare in una stanza □ **to s. (out) a tear**, spremere una lacrimuccia □ **to s. wax into a ball**, fare una pallina di cera □ **to s. one's way through the demonstrators**, farsi avanti a spinte fra i dimostranti □ (*Borsa*) **squeezed bear**, ribassista messo alle strette (*o* con le spalle al muro) □ (*fig.*) **squeezed orange**, limone spremuto (*fig.*).

♦**squeeze by**, *v. i.* + *avv.* *1* passare stringendosi; passare a stento *2* (*fig.*) farcela a stento (*o* a malapena); tirare avanti alla meglio.

♦**squeeze in**, **A** *v. i.* + *avv.* *1* infilarsi dentro; entrare a forza: **He managed to s. in**, riuscì a entrare a forza *2* (*fig.*) farcela per un pelo; essere ammesso (accettato, ecc.) per miracolo. **B** *v. t.* + *avv.* *1* cacciare dentro; far entrare a forza *2* (*fig.*) infilare (*fam.*) (riuscire a) trovar posto (tempo, ecc.) per (q. *o* q.c.): **Could you please s. me in?**, mi puoi mettere in lista d'attesa, per favore?

♦**squeeze out**, *v. t.* + *avv.* *1* spremere (*succo, una spugna, ecc.*) *2* (*fig.*) spremere (*denaro e sim.*); cavare, ricavare (*profitti, utili, ecc.*) *3* (*fig.*) cacciare (*di casa, dal posto di lavoro, dal mercato, ecc.*): **Keen competition is squeezing us out of the market**, la concorrenza agguerrita ci sta cacciando dal mercato □ **to s. toothpaste out of the tube**, far uscire il dentifricio dal tubetto (*schiacciandolo*).

♦**squeeze through**, *v. i.* + *avv.* (*o prep.*) *1* passare a stento (*o* a malapena) (attraverso q.c.): **Do you think we can s. through the hole?**, credi che ce la faremo a passare attraverso il buco? *2* (*fig.*) farcela a malapena (*o* per il rotto della cuffia).

♦**squeeze up**, **A** *v. t.* + *avv.* stringere; schiacciare: **I was squeezed up between two giants**, ero schiacciato tra due giganti. **B** *v. i.* + *avv.* stringersi (*per fare posto*): **Will you s. up a little, please?**, volete stringervi un po', per favore?

squeezer /'skwi:zə(r)/, *n.* *1* (*cucina*) spremitoio; spremiagrumi; spremilimoni; spremifrutta *2* chi spreme, strizza, pigia, ecc. (*V.* **to squeeze**) *3* (*mecc.*) strettoio; torchio *4* (*metall.*) formatrice a compressione *5* (*pl.*) (*fam.*) carte da poker.

squeezing /'skwi:zɪŋ/, *n.* *1* compressione; pressione; lo schiacciare *2* (*fig.*) contrazione; riduzione drastica *3* estorsione (*di denaro*).

squelch /skwɛltʃ/, *n.* *1* rumore del fango appiccicaticcio; cic ciac; splash *2* poltiglia; cosa spiaccicata *3* (*fam.*) critica; rabbuffo.

to **squelch** /skwɛltʃ/, **A** *v. t.* *1* schiacciare; spiaccicare *2* (*fam.*) far tacere; ridurre al silenzio *3* soffocare (*una protesta*). **B** *v. i.* *1* fare il rumore del fango appiccicaticcio; fare cic ciac; fare splash *2* diguazzare, sguazzare nel fango.

squib /skwɪb/, *n.* *1* piccolo razzo; petardo *2* (*mil.*) carica d'accensione *3* pasquinata; satira *4* (*pop. USA*) annuncio pubblicitario. ● (*fig.*) **a damp s.**, un fiasco (*fig.*); un fallimento.

to **squib** /skwɪb/, **A** *v. t.* attaccare; satireggiare. **B** *v. i.* scrivere satire; far pasquinate. ● (*pop. USA*) **to s. off**, fare fuori, fare secco, freddare.

squid (**1**) /skwɪd/, *n.* *1* (*zool., Loligo*: *pl.* **squid, squids**) calamaro *2* (*pesca*) calamaro usato come esca; esca artificiale *3* (*aeron.*) calotta di paracadute.

squid (**2**) /skwɪd/, *n.* *1* (*naut., mil.*) istrice (*dispositivo per lanciare cariche antisommergibili*) *2* (*cinem.*) piccola carica esplosiva (*che fa scoppiare una vescichetta di tinta rossa*).

to **squid** /skwɪd/, *v. i.* *1* andare a pesca di calamari *2* pescare usando calamari come esca.

squidgy /'skwɪdʒɪ/, *a.* (*fam.*) molle; pastoso; umidiccio.

squiffy /'skwɪfɪ/, *a.* (*pop. arc.*) brillo; alticcio; un po' sbronzo.

squiggle /'skwɪgl/, *n.* *1* ghirigoro; svolazzo *2* scarabocchi; scrittura indecifrabile.

to **squiggle** /'skwɪgl/, **A** *v. i.* *1* contorcersi; dimenarsi *2* fare ghirigori (*o* svolazzi) *3* fare scarabocchi; scrivere in modo illeggibile. **B** *v. t.* scarabocchiare; fare uno scarabocchio per (*firma*).

squiggly /'skwɪglɪ/, *a.* *1* pieno di ghirigori (*o* di svolazzi); a svolazzi *2* pieno di scarabocchi; illeggibile.

squilgee /'skwɪldʒi:, skwɪl'dʒi:/, *V.* **squeegee**.

squill /skwɪl/, *n.* *1* (*bot., Urginea maritima*) scilla marittima *2* (*zool., Squilla mantis*) canocchia; cicala di mare; squilla.

squinch /skwɪntʃ/, *n.* (*archit.*, = **s. arch**) arco cieco.

squint /skwɪnt/, **A** *n.* *1* (*med.*) strabismo *2* (*fam.*) rapida occhiata; sguardo furtivo: **Let's have** (*o* **take**) **a s. at it**, diamoci un'occhiata! *3* (*fig.*) inclinazione; propensione; tendenza. **B** *a.* *1* strabico *2* (*fam.*) sghembo; storto. ● **s.-eyed**, strabico; (*fig.*) maligno, malevolo □ **He has a s.**, è affetto da strabismo; è strabico.

to **squint** /skwɪnt/, **A** *v. i.* *1* essere strabico *2* guardare di traverso; guardare socchiudendo gli occhi; dare uno sguardo furtivo: **to s. at sb.**, guardare q. di traverso *3* (*fig.*) tendere; inclinare: **to s. towards radicalism**, tendere al radicalismo; essere di tendenze radicali. **B** *v. t.* socchiudere, tener socchiusi (*gli occhi*).

squinter /'skwɪntə(r)/, *n.* strabico.

squintingly /'skwɪntɪŋlɪ/, *avv.* *1* da strabico *2* (*fam.*) di traverso; di sghembo.

squire /'skwaɪə(r)/, *n.* *1* gentiluomo di campagna; signorotto; possidente *2* (*stor.*) scudiero *3* cavalier servente; cavaliere; chi accompagna una signora *4* (*USA*) giudice locale; giudice di pace. ● (*specialm. stor.*) **the s.**, il più grosso proprietario terriero (*in un villaggio*).

to **squire** /'skwaɪə(r)/, *v. t.* far da cavaliere a (*una signora*).

squir(e)archy /'skwaɪərɑ:kɪ/, *n.* *1* ceto dei gentiluomini di campagna *2* (*stor.*) governo sostenuto (*o* influsso esercitato) dai possidenti terrieri (*prima della riforma elettorale del 1832*).

squireen /skwaɪə'ri:n/, *n.* (*in Irlanda*) piccolo possidente.

squirehood /'skwaɪəhʊd/, *n.* condizione di gentiluomo di campagna, di possidente terriero, ecc. (*V.* **squire**).

squireship /'skwaɪəʃɪp/, *V.* **squirehood**.

squirm /skwɜ:m/, *n.* contorcimento; contorsione.

to **squirm** /skwɜ:m/, *v. i.* *1* contorcersi; torcersi; dimenarsi *2* (*fig.*) essere imbarazzato; star sulle spine *3* (*fig.*) vergognarsi; sentirsi in colpa. ● **to s. out of st.**, liberarsi da q.c. (*un impegno, ecc.*) □ **to s. with shame**, vergognarsi come un ladro.

squirrel /'skwɪrəl, *USA* 'skwɜ:-/, *n.* (*pl.* **squirrels, squirrel**) *1* (*zool., Sciurus*) scoiattolo *2* (*pop. USA*) eccentrico; pazzoide *3* (*volg. USA*) bella donna. ● (*anche elettr.*) **s. cage**, gabbia di scoiattolo □ **s.-hawk**, falco predatore (*che si ciba di scoiattoli*) □ **s. monkey**, uistiti (*o altra piccola scimmia*) □ (*pop. USA*) **s. tank**, manicomio □ **barking s.**, cane della prateria.

to **squirrel away** /'skwɪrələ'weɪ, *USA* 'skwɜ-/, *v. t.* + *avv.* (*fam. USA*) mettere da parte; mettere via; accumulare.

squirt /skwɜːt/, *n.* **1** (*anche med.*) schizzetto; siringa **2** schizzo; zampillo; getto d'acqua; spruzzo **3** (*fam.*) giovane di belle speranze (*iron.*); persona insignificante e boriosa; saccentone **4** (*dial.*) – **the squirts**, la diarrea. ● (*USA*) **s. can**, oliatore col fondo flessibile □ **s. gun**, (*mecc.*) spruzzatore; (*anche*) schizzetto (*giocattolo*); pistola ad acqua.

to **squirt** /skwɜːt/, **A** *v. t.* **1** schizzare; sprizzare; spruzzare **2** iniettare (*con uno schizzetto*). **B** *v. i.* (*spesso* **to s. out**) schizzare; zampillare.

squirter /ˈskwɜːtə(r)/, *n.* **1** schizzetto; siringa **2** pistola ad acqua.

squirting cucumber /ˈskwɜːtɪŋˈkjuːkʌmbə(r)/, *locuz. n.* (*bot.*, *Ecballium elaterium*) cocomero asinino.

squish /skwɪʃ/, *n.* **1** splash; cic ciac; rumore di fango appiccicaticcio (d'un frutto maturo che cade, ecc.) **2** (*fam.*) marmellata (*specialm. d'arance*).

to **squish** /skwɪʃ/, **A** *v. t.* schiacciare; spremere. **B** *v. i.* fare cic ciac; fare splash; fare il rumore del fango appiccicaticcio.

squishy /ˈskwɪʃɪ/, *a.* molle; soffice; fangoso; appiccicaticcio.

squit /skwɪt/, *n.* (*pop.*) ometto insignificante; donnicciola, donnetta.

Sri Lankan /sriːˈlæŋkən/, *a.* e *n.* (abitante) dello Sri Lanka (*ex Ceylon*).

ssh /ʃ/, *inter.* sss!; st!; zitti!

St /sən(t), *USA* seɪn(t)/, e *composti V. sotto* **Saint**.

stab /stæb/, *n.* **1** pugnalata (*anche fig.*); coltellata; stilettata: (*anche fig.*) **a s. in the back**, una pugnalata alla schiena **2** ferita di pugnale, di coltello; (*fig.*) offesa **3** fitta di dolore **4** (*fig.*) fitta; sensazione dolorosa: **a s. of remorse**, una fitta di rimorso. ● (*fam.*) **I'll have** (*o* **make**) **a s. at it**, ci proverò; proverò a farlo.

to **stab** /stæb/, **A** *v. t.* **1** pugnalare; accoltellare; colpire con uno stiletto: **to s. sb. in the chest**, pugnalare q. al petto; **to s. sb. to death**, pugnalare q. a morte **2** conficcare; infilzare **3** (*fig.*) dare una pugnalata a; ferire (*i sentimenti di q.*); (*della coscienza*) rimordere **4** (*edil.*) martellinare (*un muro, prima d'intonacarlo*). **B** *v. i.* **1** menar colpi di pugnale; tirare stilettate: **to s. at sb.**, menar colpi di pugnale contro q. **2** (*del dolore*) dare fitte. ● (*fig.*) **to s. at sb.'s reputation**, cercar di denigrare q. □ **to s. one's finger at sb.** [**st.**], additare q. [**q.c.**] □ (*anche fig.*) **to s. sb. in the back**, pugnalare q. alle spalle □ **a stabbing pain**, un dolore acuto (*o* lancinante); una fitta.

stabber /ˈstæbə(r)/, *n.* **1** pugnalatore; accoltellatore **2** pugnale; stiletto.

stability /stəˈbɪlətɪ/, *n.* stabilità (*anche scient.*, *tecn.*); fermezza; saldezza: (*aeron.*) **directional s.**, stabilità di rotta; **s. of character**, fermezza di carattere. ● (*elettron. e fig.*) **s. factor**, fattore di stabilità □ (*econ.*) **lack of s. in one's job**, precarietà nell'impiego; precariato.

stabilization /steɪbəlaɪˈzeɪʃn'z-/, *n.* stabilizzazione (*anche scient.*, *tecn.*); consolidamento: (*econ.*) **the s. of prices** [**of wages**], la stabilizzazione dei prezzi [dei salari].

to **stabilize** /ˈsteɪbəlaɪz/, **A** *v. t.* stabilizzare; rendere stabile; consolidare: (*naut.*) **to s. a ship**, stabilizzare una nave; (*econ., fin.*) **to s. a currency**, rendere stabile una moneta. **B** *v. i.* stabilizzarsi.

stabilized /ˈsteɪbəlaɪzd/, *a.* stabilizzato: (*aeron.*) **s. flight**, volo stabilizzato.

stabilizer /ˈsteɪbəlaɪzə(r)/, *n.* **1** (*chim., ind., tecn., econ.*) stabilizzatore **2** (*naut.*) stabilizzatore **3** (*autom.*) barra stabilizzatrice **4** (*sport*) banda stabilizzatrice (*di parapendio*). ● (*naut.*) **s. fin**, pinna stabilizzatrice □ (*aeron.*) **horizontal s.**, stabilizzatore □ (*aeron., USA*) **vertical s.**, deriva, stabilizzatore verticale (*cfr. ingl.* **fin**).

stabilizing /ˈsteɪbəlaɪzɪŋ/, *a.* **1** (*chim., metall., ecc.*) stabilizzante **2** (*tecn.*) stabilizzatore: (*miss.*) **s. fin**, pinna stabilizzatrice (*di razzo*).

stable (**1**) /ˈsteɪbl/, *a.* **1** stabile; fermo; saldo; fisso; solido: (*fis.*) **s. equilibrium**, equilibrio stabile; **a s. economy**, un'economia solida; **a s. government**, un governo stabile; **a s. job**, un lavoro fisso; **This structure is not s.**, questa struttura non è solida **2** stabile nei propositi; determinato; deciso **3** (*fin.*: *di prezzo, ecc.*) stabile: **a s. dollar**, il dollaro stabile; **s. sales**, vendite stabili.

stable (**2**) /ˈsteɪbl/, *n.* **1** stalla (*specialm. per cavalli*); scuderia (*di cavalli da corsa*); allevamento **2** (*pl.*) (*mil.*) servizio di stalla; governo dei cavalli **3** (*pl.*) (*mil.*) *V.* **s. call** **4** (*autom., sport*) scuderia: **the Ferrari s.**, la scuderia della Ferrari **5** (*fig.*) catena (*di giornali, negozi, ecc.*); gruppo (*specialm.* di artisti o scrittori). ● **s. boy**, mozzo di stalla; boy □ (*mil.*) **s. call**, segnale (di tromba) per il governo dei cavalli □ **s. companion**, compagno di scuderia; (*fig.*) compagno di scuola, socio dello stesso circolo, ecc. □ **s. lad**, *V.* **s. boy** □ **s. man**, stalliere.

to **stable** /ˈsteɪbl/, **A** *v. t.* mettere nella stalla; tenere nella scuderia. **B** *v. i.* stare nella stalla; stare nella scuderia.

stabling /ˈsteɪblɪŋ, -bəl-/, *n.* **1** stallaggio **2** (*collett.*) stalle; scuderie.

stably /ˈsteɪblɪ/, *avv.* stabilmente; in maniera fissa.

staccato /stəˈkɑːtəʊ/ (*ital.*), *a.*, *avv.* e *n.* (*pl.* **staccatos, staccati**) (*mus.*) staccato.

stack /stæk/, *n.* **1** (*di grano, ecc.*) bica **2** (*di fieno, paglia*) pagliaio **3** (*di legna, ecc.*) catasta; pila; mucchio; ammasso; (*fig.*) gran quantità: **a s. of dishes**, una pila di piatti; **He has stacks of money**, ha un mucchio di soldi **4** (*di fucili accatastati*) fascio **5** (= **smokestack**) camino; ciminiera; fumaiolo **6** (*edil.*) gruppo di camini **7** (*spesso pl.*) scaffalatura (*o* scansia) per libri (*in una biblioteca*) **8** «stack» (*misura per legname e carbone, pari a 3 m^3 circa*) **9** (*mecc.*) tubo di scappamento (*o* di scarico) **10** (*geogr.*) faraglione **11** (*elab.*) pila **12** (*aeron.*) scaglionamento a quote diverse (*di aerei in attesa di atterraggio*). ● **s. stand**, base rialzata di bica (*o* di pagliaio) □ (*fam.*) **to make stacks of money**, far soldi a palate.

to **stack** /stæk/, **A** *v. t.* **1** accatastare; ammassare; ammucchiare **2** abbicare (*il grano*) **3** (*aeron.*) assegnare diverse altezze d'attesa a (*aerei in attesa di atterrare*) **4** caricare: **to s. a lorry with old furniture**, caricare un camion di vecchi mobili **5** (*fam.*) truccare (*le carte da gioco, ecc.*) **6** (*elab.*) impilare (*schede*). **B** *v. i.* **1** accatastarsi, ammucchiarsi, ammassarsi (*bene, male, ecc.*) **2** formare una pila di (*una certa altezza*). ● (*mil.*) **to s. arms**, disporre i fucili a piramide □ **to s. bicycles**, accatastare le biciclette □ **to s. cards** (*o* **the deck**), fare mazzetto; (*fig.*) imbrogliare le carte □ (*leg.*) **to s. a jury**, manomettere la composizione di una giuria □ (*fig.*) **The cards** (*o* **the chips, the odds**) **are stacked against me**, tutto congiura contro di me; sono svantaggiato in partenza □ **My desk is stacked with dictionaries**, la mia scrivania è stracolma di dizionari.

♦**stack up**, **A** *v. t.* + *avv.* **1** accatastare; ammucchiare; impilare; abbicare (*covoni di grano, ecc.*) **2** (*fig. fam.*) accumulare, guadagnare (*denaro*); realizzare (*un profitto*) **3** (*aeron.*) *V.* **to stack, A**, *def. 3.* **B** *v. i.* + *avv.* (*fam. USA*) cavarsela; andare (*bene, male, ecc.*): **Our firm is stacking up well**, la nostra azienda sta andando bene; **Let's see how he stalks up**, vediamo come se la cava!

♦**stack up against** (*o* **with**), *v. i.* + *avv.* + *prep.* (*fig.*) reggere il confronto con: **How do our washing machines s. up against theirs?**, le nostre lavatrici come reggono il confronto con le loro?

♦**stack up to**, *v. i.* + *avv.* + *prep.* ammontare a (*una certa somma*) □ **That's how things s. up today**, così va la vita.

stacked /stækt/, *a.* **1** accatastato **2** (*del grano*) abbicato **3** (*elab.*) impilato **4** (*pop.*, = **well-s.**) messo bene (*pop.*); che ha un bel corpo, una bella figura. ● (*elab.*) **s.-job processing**, gestione sequenziale dei lavori.

stacker /ˈstækə(r)/, *n.* **1** chi accatasta; chi ammucchia **2** (*mecc.*) carrello elevatore **3** (*elab.*) impilatore di schede.

stacking /ˈstækɪŋ/, *n.* **1** accatastamento; ammasso **2** abbicamento (*del grano*) **3** (*aeron.*) scaglionamento verticale **4** (*elab.*) impilamento (*di schede*). ● **s. truck**, carrello elevatore.

stadia /ˈsteɪdɪə/, *n.* (*topogr.*, = **s. rod**) stadia graduata.

stadium /ˈsteɪdɪəm/, *n.* (*pl.* **stadia, stadiums**) **1** (*sport*) stadio **2** (*stor.*) stadio (*misura greca di lunghezza*) **3** (*med.*) stadio (*di una malattia*).

stad(t)holder /ˈstæthəʊldə(r)/, *n.* (*stor.*) statolder (*governatore di città o provincia, supremo magistrato dei Paesi Bassi*).

staff (**1**) /stɑːf, *USA* stæf/, *n.* (*pl.* **staffs, staves**) **1** bastone (*anche come insegna di comando*); (*di pellegrino*) bordone **2** asta (*di bandiera, ecc.*) **3** (*tecn.*) asta graduata; biffa **4** (*med.*) catetere guida; sonda scanalata **5** (*fig.*) appoggio; sostegno; bastone: **Bread is the s. of life**, il pane è il sostegno della vita; **the s. of one's old age**, il bastone della propria vecchiaia. ● (*edil.*) **s. angle**, paraspigolo □ (*edil.*) **s. bead**, coprigiunto □ (*tecn.*) **s. gauge**, asta idrometrica □ (*relig.*) **pastoral s.**, pastorale (*bastone di vescovo*).

staff (**2**) /stɑːf, *USA* stæf/, **A** *n.* (*pl.* **staffs**) **1** personale, organico, pianta, corpo, staff; funzionari, dipendenti, impiegati (*collett.*): **to be on the s.**, fare parte del personale; **medical s.**, personale sanitario; **nursing s.**, personale paramedico; **teaching s.**, corpo insegnante; **diplomatic s.**, personale diplomatico; **to be on the permanent s.**, essere in organico; essere di ruolo **2** (*org. az.*) gruppo di consulenti (*o* di specialisti); ufficio studi: **the s. personnel**, il personale dell'ufficio studi **3** (*mil.*) stato maggiore: **s. officer**, ufficiali di stato maggiore. **B** *a. attr.* **1** del personale; dello staff: **s. cards**, schede del personale; **s. manager**, direttore del personale; **s. rating**, valutazione del personale **2** aziendale: **s. association**, associazione aziendale; **s. restaurant**, mensa aziendale. ● (*mil.*) **s. college**, scuola militare □ **s. employee**, impiegato di concetto □ (*med.*) **s. nurse**, infermiera diplomata □ **s. secretary**, segretario (*o* segretaria) di redazione (*di un giornale*) □ (*org. az.*) **s. turnover**, rotazione del personale □ **s. work**, lavoro organizzativo □ **s. writer**, editorialista □ **domestic s.**, personale di servizio □ **editorial s.**, staff redazionale; (la) redazione □ **those who are not on the regular s.**, i precari; il precariato.

staff (**3**) /stɑːf, *USA* stæf/, *n.* (*pl.* **staffs, staves**) (*mus.*) pentagramma; rigo. ● **s. notation**, notazione musicale.

staff (**4**) /stɑːf, *USA* stæf/, *n.* (*edil., USA*) materiale da rivestimento o da decorazione, composto di gesso, sostanze fibrose, ecc.

to **staff** /steɪvz/, *v. t.* **1** provvedere (*un'azienda, ecc.*) di personale **2** assegnare insegnanti a (*una scuola*) **3** fare l'organico di (*un esercito*). ● **over-staffed**, con eccedenza di personale □ **under-staffed**, con personale insufficiente; carente di personale.

staffer /ˈstɑːfə(r), *USA* -æf-/, *n.* **1** membro del personale; chi fa parte di uno staff **2** membro dello staff redazionale, redattore (*di un giornale*).

staffman /ˈstɑːfmən, *USA* -æf-/, *n.* (*pl.* **staffmen**) (*ingl.*) addetto alla palina (*aiutante di un agrimensore*).

stag /stæg/, *n.* **1** (*zool.*: *pl.* **stags, stag**) cervo maschio (*specialm. di cinque o più anni*) **2**

animale adulto castrato ***3*** (*Borsa*) speculatore che compra nuovi titoli per rivenderli subito; aumentista; premista ***4*** (*fam.*) uomo solo (*a un trattenimento, a un party*) ***5*** (*pop. arc.*) spione; delatore. ● (*zool.*) **s.-beetle** (*Lucanus cervus*), cervo volante □ **s. books [films]**, libri [film] per soli adulti □ (*fam.*) **s. line**, fila di uomini soli (*a un ballo*) □ (*fam.*) **s. night**, *V.* **s. party** □ (*fam.*) **one's s. night**, l'ultima serata da scapolo □ (*fam.*) **s. party**, riunione per soli uomini; (*anche*) festa d'addio al celibato □ (*fam.*) **s. show**, festa con spettacolino spinto, per soli uomini.

to **stag** /stæg/, **A** *v. i.* ***1*** (*Borsa*) fare il premista (*o* l'aumentista) ***2*** (*fam.*: *di un uomo*) andare da solo (*a un party, ecc.*): **He decided on stagging at the dance**, decise di andare al ballo da solo. **B** *v. t.* ***1*** (*Borsa*) acquistare (*azioni di nuova emissione*) speculando al rialzo ***2*** (*pop. arc.*) spiare.

stage /steɪdʒ/, **A** *n.* ***1*** piattaforma; palco; palchetto; impalcatura; ponteggio: **a hanging s.**, un'impalcatura volante (*per imbianchini*) ***2*** (*teatr.*) palcoscenico; scena; (*cinem.*) teatro di posa; (*fig.*) scene, teatro: (*di un attore*) **to be on s.**, essere in scena; (*fig.*) fare del teatro; **to go on the s.**, entrare in scena; (*fig.*) calcare le scene; fare del teatro; **to leave the s.**, abbandonare il teatro; **the French s.**, il teatro francese; **Europe has been the s. of many wars**, l'Europa è stata teatro di molte guerre ***3*** stadio; stato; fase; periodo; punto: **This insect is in the larval s.**, questo insetto è nello stadio larvale; **The situation has reached a critical s.**, la situazione ha raggiunto una fase critica; **a long s. of inactivity**, un lungo periodo d'inattività ***4*** luogo di sosta (*in un viaggio*); tappa; (*stor.*) posta: **by easy stages**, a piccole tappe; (*fig.*) per gradi ***5*** (= **stagecoach**) diligenza ***6*** (*scient.*) piatto portaoggetti (*per esame al microscopio*) ***7*** (*miss.*) stadio: **a three-s. rocket**, un razzo a tre stadi ***8*** (*geol.*) fase, stadio; (*anche*) piano stratigrafico ***9*** (*idrologia*: *di un fiume*) livello ***10*** (*ind. min.*) venetta; filone sottile ***11*** (*elettron.*) stadio ***12*** (*ciclismo*) tappa ***13*** (*naut.*) *V.* **landing s. B** *a. attr.* ***1*** scenico: **s. effects**, effetti scenici ***2*** (*fig.*) teatrale; convenzionale. ● (*teatr.*) **s. box**, palco di proscenio □ **s. designer**, scenografo □ **s. directions**, didascalie (*in un testo drammatico*) □ **the s. door**, l'ingresso artisti □ **s. fright**, paura del pubblico □ **s. manager**, direttore di scena; direttore artistico □ **s. name**, nome d'arte (*di un attore*) □ (*fig.*) **the s. of politics**, la scena politica □ **s. properties**, arredi scenici □ **a s. star**, un grande attore, una grande attrice □ (*leg.*) **s. right**, diritto di rappresentazione teatrale □ **s.-struck**, attratto verso il teatro; che ha il pallino di fare l'attore □ **s. whisper**, (*teatr.*) «a parte»; parole sussurrate, ma in modo udibile; (*per estens.*) sussurro (volutamente) udibile □ **s. writer**, autore drammatico; drammaturgo □ (*naut.*) **floating s.**, pontone □ (*teatr.*) **to keep the s.**, tenere il cartellone □ (*naut.*) **landing s.**, sbarcatoio; pontile □ (*miss.*) **a multi-s. rocket**, un razzo pluristadio □ **to speak in a s. whisper**, mormorare in modo da essere intesi.

to **stage** /steɪdʒ/, **A** *v. t.* ***1*** mettere in scena (*un dramma*); rappresentare; inscenare (*anche fig.*): **to s. a public demonstration**, inscenare una manifestazione pubblica ***2*** effettuare; preparare (e mettere in atto); organizzare: **The enemy staged a counterattack**, il nemico effettuò un contrattacco; **to s. a comeback**, preparare un rilancio (*rif. ad attori, pugili, politici, ecc.*). **B** *v. i.* ***1*** (*di dramma*) essere adatto alla rappresentazione: **This tragedy stages well [badly]**, questa tragedia è molto [poco] adatta alla rappresentazione ***2*** (*un tempo*) viaggiare in diligenza. ● (*aeron.*) **staged crew**, equipaggio di rincalzo.

stagecoach /ˈsteɪdʒkəʊtʃ/, *n.* (*stor.*) diligenza; corriera.

stagecraft /ˈsteɪdʒkrɑːft, *USA* -æft/, *n.* scenotecnica; arte scenica; tecnica teatrale.

stagehand /ˈsteɪdʒhænd/, *n.* (*teatr.*) macchinista.

to **stage-manage** /ˈsteɪdʒmænɪdʒ/, *v. t.* ***1*** (*teatr.*) allestire, mettere in scena (*uno spettacolo*) ***2*** (*fig. fam.*) dirigere da dietro le quinte; essere il cervello di (*una rapina, ecc.*).

stager /ˈsteɪdʒə(r)/, *n.* (*fam.*) esperto del mestiere; praticone. ● (*fig.*) **an old s.**, una vecchia volpe (*fig.*).

stagey /ˈsteɪdʒɪ/, (*USA*) *V.* **stagy**.

stagflation /stægˈfleɪʃn/, *n.* (*econ.*) stagflazione; combinazione di stagnazione e inflazione.

stagflationary /stægˈfleɪʃnərɪ, *USA* -erɪ/, *a.* (*econ.*) stagflazionistico; recessivo e inflattivo a un tempo.

staggard /ˈstægəd/, *n.* (*zool.*) cervo maschio di quattro anni.

stagger /ˈstægə(r)/, *n.* ***1*** (*solo al sing.*) barcollamento; ondeggiamento; vacillamento; andatura barcollante ***2*** scaglionamento ***3*** (*pl.*) (*med.*) vertigini ***4*** (*vet.*) (= **blind staggers**) capogatto; vermocane; capostorno ***5*** (*mecc.*) sfalsamento ***6*** (*aeron.*) scalamento.

to **stagger** /ˈstægə(r)/, **A** *v. i.* ***1*** barcollare; traballare; vacillare: **He staggered out of the room**, uscì barcollando dalla stanza ***2*** esitare; ondeggiare; titubare. **B** *v. t.* ***1*** far barcollare; far vacillare: **a staggering blow**, un colpo da far vacillare ***2*** scuotere (*anche fig.*); far vibrare; commuovere; impressionare; sconcertare; sbalordire; mettere nell'imbarazzo: **to s. sb.'s resolution**, scuotere la risolutezza di q.; **The question staggered him**, la domanda lo sconcertò ***3*** (*fig.*) scaglionare; distribuire nel tempo: **The vacation periods have been staggered**, i periodi delle ferie sono stati scaglionati ***4*** (*mecc.*) sfalsare ***5*** (*aeron.*) scalare (*le ali di un biplano*). ● **to s. about** (*o* **around**), camminare barcollando □ **to s. along**, avanzare barcollando.

staggered /ˈstægəd/, *a.* ***1*** sconcertato; sbalordito; scosso (*fig.*) ***2*** scaglionato; a turni ***3*** (*mecc.*) sfalsato ***4*** (*aeron.*) scalato; ad ali scalate. ● **s. holidays**, ferie scaglionate □ (*econ.*) **s. strike**, sciopero a scacchiera.

staggerer /ˈstægərə(r)/, *n.* ***1*** chi scuote; sconcerta, ecc. (*V.* **to stagger**) ***2*** avvenimento sconcertante; domanda (*od* obiezione) imbarazzante.

staggering /ˈstægərɪŋ/, *a.* ***1*** barcollante; traballante; vacillante ***2*** sbalorditivo; sconcertante; stupefacente: **s. news**, notizie sconcertanti. || **-ly**, *avv.*

staghound /ˈstæghaʊnd/, *n.* grosso cane da caccia.

staginess /ˈsteɪdʒɪnəs/, *n.* ***1*** teatralità ***2*** (*spreg.*) artificiosità.

staging /ˈsteɪdʒɪŋ/, *n.* ***1*** (*edil.*) impalcatura; ponteggio ***2*** (*teatr.*) messa in scena; allestimento ***3*** (*miss.*) separazione di stadio ***4*** (*arc.*) il viaggiare in diligenza (con cavalli di posta). ● (*mil.*) **s. area**, *V.* **s. post** □ **s. base**, (*mil., aeron.*) base provvisoria; (*mil., naut.*) ancoraggio □ **s. post**, tappa, scalo; (*mil.*) luogo (*o* zona) di attestamento; (*fig.*) passaggio obbligato, fase preparatoria (indispensabile).

Stagirite /ˈstædʒɪraɪt/, *n.* (*stor.*) stagirita (*abitante o nativo di Stagira*). ● **the S.**, lo Stagirita (*Aristotele*).

stagmometer /stægˈmɒmɪtə(r)/, *n.* pipetta contagocce (*usata in farmacia*).

stagnancy /ˈstægnənsɪ/, *n.* stagnamento; ristagno; stasi.

stagnant /ˈstægnənt/, *a.* stagnante (*anche fig.*); in ristagno; inattivo; fermo: **s. water**, acqua stagnante; (*econ., fin.*) **a s. market**, un mercato stagnante; **Trade is s.**, il commercio è in ristagno. ● (*fig.*) **a s. mind**, una mente pigra. || **-ly**, *avv.*

to **stagnate** /stægˈneɪt, *USA* ˈstægneɪt/, **A** *v. i.* stagnare; ristagnare; essere inattivo: **Production stagnates**, la produzione ristagna. **B** *v. t.* far ristagnare; rendere inattivo.

stagnation /stægˈneɪʃn/, *n.* ***1*** (*geol.*) stagnazione; ristagno ***2*** ristagno; inattività; stasi ***3*** (*econ.*) stagnazione ***4*** (*med.*) arresto; stasi; ristagno: **s. of blood**, ristagno di sangue ***5*** (*fig.*) torpore.

stagnationist /stægˈneɪʃnɪst/, *n.* (*econ.*) stagnazionista.

stagnicolous /stægˈnɪkələs/, *a.* (*zool.*) palustre.

stagy /ˈsteɪdʒɪ/, *a.* ***1*** teatrale ***2*** (*spreg.*) artefatto; istrionico.

staid /steɪd/, *a.* ***1*** posato; serio; calmo; contegnoso; grave ***2*** scialbo; noioso; privo di brio. || **-ly**, *avv.* || **-ness**, *sost.*

stain /steɪn/, *n.* ***1*** macchia (*anche fig.*); chiazza; (*fig.*) onta, taccia, vergogna, sfregio: **a blood s.**, una macchia di sangue; **without a s. on one's reputation [character, good name]**, senza macchia sulla propria reputazione [onorabilità, buon nome] ***2*** colorante; colore; tinta ***3*** (*tecn.*) mordente. ● **s. remover**, smacchiatore.

to **stain** /steɪn/, **A** *v. t.* ***1*** macchiare, sporcare (*anche fig.*); disonorare; sfregiare: **to s. with blood**, macchiare di sangue ***2*** colorare; inscurire; tingere ***3*** (*tecn.*) trattare (*il legno*) con un mordente; mordenzare (*tessuti*) ***4*** (*biol.*) colorare (*un vetrino*). **B** *v. i.* macchiarsi; tingersi: **This cloth won't s.**, questa stoffa non si macchia.

stainable /ˈsteɪnəbl/, *a.* ***1*** macchiabile ***2*** colorabile.

stained /steɪnd/, *a.* ***1*** macchiato: **s. with blood**, macchiato di sangue ***2*** (*di vetro*) colorato. ● (*arte*) **s. glass painter**, disegnatore di vetrate □ **s.-glass window**, vetrata istoriata (*di una chiesa, ecc.*) □ **teeth s. with nicotine**, denti gialli di nicotina.

stainer /ˈsteɪnə(r)/, *n.* ***1*** chi macchia ***2*** colorante; pigmento ***3*** tintore ***4*** (*tecn.*) mordenzatore.

staining /ˈsteɪnɪŋ/, *n.* ***1*** colorazione; tintura ***2*** (*tecn.*) mordenzatura.

stainless /ˈsteɪnləs/, *a.* ***1*** senza macchia; candido; (*fig.*) immacolato: **a s. character**, una reputazione immacolata ***2*** antimacchia; che non si macchia: **s. cloth**, stoffa antimacchia ***3*** (*metall.*) inossidabile: **s. steel**, acciaio inossidabile; **a s.-steel sink**, un lavello di acciaio inossidabile ***4*** (d'acciaio) inossidabile: **s. knives and forks**, posate d'acciaio inossidabile.

stair /steə(r)/, *n.* ***1*** gradino; scalino: **on the top s. but one**, sul penultimo gradino (*salendo*) ***2*** (*pl.*) (*edil.*) scala; scalinata; gradinata: **to go up and down the stairs**, fare su e giù per le scale. ● **s. carpet**, guida; passatoia □ (*edil.*) **s. nosing**, aggetto di uno scalino □ **s. rail**, ringhiera delle scale □ **s. rod**, asta metallica per fissare le passatoie; fermatappeto □ (*edil.*) **s. tread**, pedata (*di scalino*) □ **at the head of the stairs**, in cima alle scale □ **below stairs**, nel seminterrato; (*un tempo*) nei quartieri della servitù □ **a flight of stairs**, una rampa di scale; una scalinata □ **winding stairs**, scala a chiocciola.

staircase /ˈsteəkeɪs/, *n.* ***1*** (*edil.*) scala; scalone: **corkscrew s.** (*o* **spiral s.**, **winding s.**), scala a chiocciola ***2*** (*edil.*) tromba (*o* vano) delle scale ***3*** (*archit.*) scalea.

stairhead /ˈsteəhed/, *n.* (*edil.*) capo della scala; cima delle scale.

stairway /ˈsteəweɪ/, *n.* (*edil.*) scala; scalone; scalinata.

stairwell /ˈsteəwel/, *n.* pozzo (*o* tromba) delle scale.

stake /steɪk/, *n.* ***1*** palo; paletto; piolo; picchetto ***2*** (*stor.*) (palo del) rogo: **to be condemned to the s.**, essere condannato al rogo; **St. Joan died at the s.**, Santa Giovanna morì sul rogo ***3*** posta; puntata; scommessa: **to play for high stakes**, fare puntate assai alte ***4*** (*pl.*) (*ippica*) premi; corse ippiche a premi ***5*** (*topogr.*) palina; biffa ***6*** (*conceria*) orbello ***7*** (*pop. USA*) grossa somma di denaro. ● (*sport*) **s. boat**, boa di virata □ **s. net**, rete da pesca a graticola; gradella □ **at s.**, (*sport*) in palio, in gioco; (*fig.*) in pericolo, a repentaglio, in ballo (*fam.*) □ (*fin.*) **to have a s. in an enterprise**, avere un interesse in un'impresa; esservi cointeressato □ (*fin.*) **a s. in a company**, una partecipazione azionaria □ (*sport*) **maiden stakes**, corsa per cavalli che non abbiano mai vinto □ (*fam.*) **to pull up stakes**, andarsene; fare fagotto; traslocare □ **to win all the stakes**, vincere tutte le poste; far saltare il banco □ **Life (itself) is at s.**, ne va della vita (stessa).

to **stake** /steɪk/, *v. t.* ***1*** fissare (*o* sostenere) con pali; puntellare ***2*** legare a un palo ***3*** (*spesso* **to s. off, to s. out**) delimitare (*o* segnare) con picchetti; picchettare; palinare (*tecn.*): **to s. out an estate**, delimitare con picchetti una proprietà ***4*** puntare; scommettere; rischiare: **He staked his winnings on the next race**, puntò la vincita sulla corsa successiva; **I'd s. my life on it!**, ci scommetterei la testa! ***5*** (*fin.*) sostenere (q.) finanziariamente; finanziare; fare credito a (q.) ***6*** (*stor.*) impalare ***7*** (*conceria*) passare (*pelli*) all'orbello. ● (*pop.*) **to s. out**, controllare, tenere (q. *o q.c.*) sotto controllo (di polizia); tenere d'occhio (*un detenuto rilasciato, un locale, ecc.*) □ **to s. out a** (*o* **one's**) **claim**, piantar picchetti in segno di possesso di un terreno; (*fig.*) accampare diritti, avanzare una pretesa □ (*fam. USA*) **to s. sb. to st.**, comprare (*o* pagare, offrire, regalare) q.c. a q.

stakeholder /ˈsteɪkhəʊldə(r)/, *n.* ***1*** chi tiene le poste delle scommesse ***2*** (*fin.*) chi possiede una quota di partecipazione azionaria ***3*** (*leg.*) fiduciario (*nella vendita di immobili*).

stakeout /ˈsteɪkaʊt/, *n.* ***1*** (*pop.*) sorveglianza (*della polizia*) ***2*** zona (casa, ecc.) tenuta sotto sorveglianza ***3*** poliziotto di guardia. ● **s. duty**, servizio di guardia; il tenere d'occhio (*un individuo sospetto*).

Stakhanovism /stəˈkænəvɪzəm, *USA* -ˈkɑː-/, *n.* (*stor.*) stacanovismo, stakanovismo.

Stakhanovite /stəˈkænəvaɪt, *USA* -ˈkɑː-/, *n.* stacanovista, stakanovista.

staking /ˈsteɪkɪŋ/, *n.* (*tecn.*) picchettamento; palinatura.

stalactic(al) /stəˈlæktɪk(l)/, *a.* (*geol.*) stalattitico.

stalactiform /stəˈlæktɪfɔːm/, *a.* (*geol.*) a forma di stalattite.

stalactite /ˈstæləktaɪt, *USA* stəˈlæk-/, *n.* (*geol.*) stalattite.

stalactitic(al) /stælәkˈtɪtɪk(l)/, *V.* **stalactic(al)**.

stalagmite /ˈstæləgmaɪt, *USA* stəˈlæg-/, *n.* (*geol.*) stalagmite.

stalagmitic(al) /stæləgˈmɪtɪk(l)/, *a.* (*geol.*) stalagmitico.

stalagmometer /stæləgˈmɒmɪtə(r)/, *n.* (*chim., fis.*) stalagmometro.

stale (1) /steɪl/, *a.* ***1*** stantio; passato; vecchio; vieto; vizzo; trito: **These biscuits are too s. to eat**, questi biscotti sono così stantii che non si riesce a mangiarli; **s. butter**, burro stantio; **s. news**, notizie vecchie, passate; **a s. joke**, una barzelletta vecchia; **a s. phrase**, una locuzione trita ***2*** (*di atleta, musicista, ecc.*) spossato; in superallenamento ***3*** (*leg.*) scaduto; caduto in prescrizione: **a s. debt**, un debito caduto in prescrizione. ● **s. air**, aria viziata □ (*leg.*) **s. claim**, azione in giudizio tardiva □ **s. water**, acqua stagnante □ (*fam.*) **I'm getting s. here!**, sto facendo la muffa qui! □ **This room smells s.**, c'è puzza di chiuso qui dentro.

stale (2) /steɪl/, *n.* urina (*di cavalli, di buoi*).

to **stale (1)** /steɪl/, **A** *v. t.* rendere stantio (*o* vieto, trito). **B** *v. i.* diventare stantio (*o* vieto, trito).

to **stale (2)** /steɪl/, *v. i.* (*arc.*) (*di cavalli e buoi*) orinare.

stalely /ˈsteɪllɪ/, *avv.* in modo stantio; vietamente; tritamente.

stalemate /ˈsteɪlmeɪt/, *n.* ***1*** (*scacchi*) stallo ***2*** (*fig.*) punto morto; stallo: **The negotiations have come to a s.**, le trattative sono giunte a un punto morto.

to **stalemate** /ˈsteɪlmeɪt/, *v. t.* ***1*** (*a scacchi*) mettere (*l'avversario*) in stallo ***2*** (*fig.*) portare a un punto morto; mettere in una situazione di stallo.

staleness /ˈsteɪlnəs/, *n.* l'essere stantio; vecchiezza; insipidezza; banalità; l'esser vieto, trito (*V.* **stale**).

Stalinism /ˈstɑːlɪnɪzəm, ˈstæ-/, *n.* (*polit., stor.*) stalinismo.

Stalinist /ˈstɑːlɪnɪst, ˈstæ-/, *n.* e *a.* (*polit., stor.*) stalinista.

stalk (1) /stɔːk/, *n.* ***1*** (*bot.*) gambo; stelo; peduncolo; picciolo ***2*** (*di bicchiere a calice*) gambo; stelo ***3*** (*di fabbrica, ecc.*) ciminiera ***4*** (*anat., zool.*) peduncolo. ● (*zool.*) **s.-eyed**, con gli occhi posti alla sommità dei peduncoli □ (*ind. tess.*) **s. fiber**, fibra di stelo □ **abdominal s.**, cordone ombelicale.

stalk (2) /stɔːk/, *n.* ***1*** andatura altezzosa, imponente ***2*** caccia in appostamento ***3*** (*per estens.*) pedinamento furtivo.

to **stalk** /stɔːk/, **A** *v. i.* ***1*** camminare impettito; andare altezzoso; camminare a passi misurati ***2*** avvicinarsi furtivamente ***3*** (*di malattia, ecc.*) diffondersi, propagarsi a poco a poco. **B** *v. t.* ***1*** avvicinarsi di soppiatto a (*selvaggina, nemici, ecc.*) ***2*** (*anche fig.*) percorrere a gran passi; correre per: **Terror stalked (through) the country**, il terrore correva per tutto il paese. ● **to s. away** (*o* **off**), andarsene tutto impettito (*o* arrabbiato) □ **stalking horse**, cavallo dietro il quale si apposta il cacciatore; (*fig.*) pretesto, sotterfugio, paravento; (*polit.*) candidato di comodo, candidato civetta.

stalker /ˈstɔːkə(r)/, *n.* ***1*** cacciatore all'agguato ***2*** chi avanza furtivamente.

stalkless /ˈstɔːkləs/, *a.* (*bot.*) senza gambo; senza stelo; sessile.

stalklet /ˈstɔːklət/, *n.* (*bot.*) stelo secondario.

stalky /ˈstɔːkɪ/, *a.* ***1*** (*bot.*) a forma di stelo ***2*** lungo e sottile; esile.

stall (1) /stɔːl/, *n.* ***1*** stalla; scuderia ***2*** posta (*spazio assegnato a un cavallo nella scuderia*); box ***3*** chiosco; edicola (*di giornali*); bancarella; posteggio: **a flower s.**, un chiosco di fioraio ***4*** (*relig.*) stallo; scanno: **canons' stalls**, stalli dei canonici ***5*** (*teatr.*, = **orchestra s.**) poltrona di platea ***6*** (*ind. min.*) reparto; recesso (*di miniera*) ***7*** (= **finger s.**) ditale, salvadito (*per un dito ferito*) ***8*** (*autom.*) box; posto macchina ***9*** (*aeron.*) stallo ***10*** (*autom.*) perdita di potenza; piantata (*fam.*). ● (*d'animale*) **s.-fed**, ingrassato nella stalla □ (*aeron.*) **s. speed**, velocità di stallo □ **shower s.**, box doccia □ (*fig.*) **How long has he had his s.?**, da quanto tempo è canonico (*o* decano)?

stall (2) /stɔːl/, *n.* ***1*** complice di ladro, di borsaiolo; palo (*gergo*) ***2*** (*fam. USA*) sotterfugio; stratagemma; trucco; tattica temporeggiatrice.

to **stall (1)** /stɔːl/, **A** *v. t.* ***1*** mettere, tenere (*bestiame*) nella stalla (*specialm. per l'ingrasso*) ***2*** (*relig.*) fornire di scanni (*un coro*) ***3*** (*aeron.*) stallare ***4*** (*autom.*) causare l'arresto del motore di (*una macchina*). **B** *v. i.* ***1*** (*di cavallo, carro, ecc.*) piantarsi nel fango (*o* nella neve); impantanarsi ***2*** (*mecc.: di motore*) arrestarsi; fermarsi; piantarsi: **My car keeps stalling**, mi si spegne il motore di continuo ***3*** (*aeron.*) andare in stallo; stallare.

to **stall (2)** /stɔːl/, (*fam.*) **A** *v. i.* cercare di guadagnar tempo; menare il can per l'aia; temporeggiare. **B** *v. t.* (*spesso* **to s. off**) ***1*** impedire; ostacolare; tirar per le lunghe; procrastinare ***2*** tenere a bada (*con sotterfugi, ecc.*); tenere a distanza; sbarazzarsi di (*con l'inganno*): **He could no longer s. off his creditors**, non riusciva più a tenere a bada i creditori. ● **to s. for time**, cercare di guadagnar tempo; temporeggiare.

stallage /ˈstɔːlɪdʒ/, *n.* ***1*** spazio per (*o* diritto di occupare suolo pubblico con) baracche, chioschi, bancarelle ***2*** (*fisc.*) tassa che si paga per acquisire tale diritto; plateatico.

stall bar /bɑː(r)/, *locuz. n.* (*ginnastica*) spalliera svedese; quadro svedese.

to **stall-feed** /ˈstɔːlfiːd/, *v. t.* (*pass.* e *p. p.* **stall-fed**) ingrassare (*bestiame*) nella stalla (*per macellazione*).

stallholder /ˈstɔːlhəʊldə(r)/, *n.* (*market.*) bancarellista; posteggiatore.

stalling /ˈstɔːlɪŋ/, *n.* (*autom.*) piantata; perdita di potenza; arresto del motore.

stallion /ˈstæljən/, *n.* (*zool.*) stallone.

stalwart /ˈstɔːlwət/, **A** *a.* ***1*** forte; gagliardo; nerboruto; robusto; vigoroso ***2*** animoso; coraggioso; deciso; risoluto: **s. followers**, animosi seguaci. **B** *n.* ***1*** persona vigorosa (*o* coraggiosa, risoluta) ***2*** (*specialm. polit.*) sostenitore di sicura fede; colonna (*fig.*); membro della vecchia guardia. ‖ **-ly**, *avv.* ‖ **-ness**, *sost.*

stamen /ˈsteɪmən/, *n.* (*pl.* **stamens, stamina**) (*bot.*) stame.

stamina /ˈstæmɪnə/, *n.* capacità di resistenza; capacità di sopportazione; fibra; robustezza; vigore. ● **to lose one's s.**, infiacchirsi; indebolirsi.

staminal /ˈstæmɪnəl/, *a.* (*bot.*) staminale; stamineo.

staminate /ˈstæmɪnət, -eɪt/, *a.* (*bot.*) stamineo; che ha stami.

stamineal /stəˈmɪnɪəl/, *V.* **staminal**.

staminiferous /stæmɪˈnɪfərəs/, *a.* (*bot.*) staminifero.

stammer /ˈstæmə(r)/, *n.* ***1*** balbuzie ***2*** balbettamento.

to **stammer** /ˈstæmə(r)/, *v. t.* e *i.* balbettare; tartagliare; farfugliare: **The boy stammered out an excuse**, il ragazzo balbettò una scusa.

stammerer /ˈstæmərə(r)/, *n.* balbuziente; tartaglione.

stammering /ˈstæmərɪŋ/, **A** *a.* che balbetta; balbuziente. **B** *n.* ***1*** balbettamento; balbettio; farfugliamento ***2*** balbuzie.

stammeringly /ˈstæmərɪŋlɪ/, *avv.* balbettando; farfugliando.

stamp /stæmp/, *n.* ***1*** impressione; impronta; marchio; stampo (*per metalli e fig.*); conio; (*fig.*) segno: **to leave one's s. on st.**, lasciare la propria impronta su q.c.; **I don't like men of his s.**, gli uomini del suo stampo non mi piacciono; **the s. of genius**, l'impronta del genio; **the s. of hunger**, i segni della fame ***2*** bollo (*anche fig.*); timbro; stampigliatura ***3*** (*comm.*) marchio di fabbrica; marca ***4*** (= **postage s.**) francobollo: **a two-penny s.**, un francobollo da due penny ***5*** (= **revenue s.**) marca da bollo ***6*** timbro, stampiglia, stampigliatore (*strumento*) ***7*** (*comm.*, = **trading s.**) bollo premio; bollino ***8*** (*ind. min.*) mazza battente (*per frantumare minerali*) ***9*** (*fam. ingl.*; *un tempo*) marchetta della mutua, marchetta (*assicurativa*: *da applicare sul libretto, ecc.*) ***10*** pestata; forte colpo di piede: **with a s. of the foot**, battendo i piedi ***11*** (*mecc.*) mazza battente. ● (*stor.*) **S. Act**, legge parlamentare sulla tassa di bollo (*introdotta nel 1765 nelle colonie del Nord America*) □ **s. album**, album per francobolli □ **s. collecting**, filatelia □ **s. collector**, collezionista di francobolli; filatelico; filatelista □ **s. dealer**, commerciante di francobolli (*da collezione*) □ **s. duty**, tassa (*o* diritto) di bollo □ **s. mill**, mulino a pestelli (*per macinare minerali*) □ **s. office**, ufficio del bollo □ **s. paper**, carta da bollo □ (*comm.*) **s. trading**, vendite fatte mediante bolli premio (*o* bollini) □ **to bear the s. of truth**, avere un accento di verità □ **date s.**, timbro a data; datario □ **receipt s.**, bollo di quietanza □ **revenue s.**, marca da bollo □ (*su una busta*) **No s. needed**, non affrancare! □ **Please affix a s.**, pregasi affrancare!

to **stamp** /stæmp/, **A** *v. t.* ***1*** bollare; imprimere (*anche fig.*); marcare; marchiare; timbrare; stampigliare: **to s. a document**, bollare un documento; **to s. metal [butter, paper]**, marcare metallo [burro, carta]; **to s. one's initials on st.**, imprimere le proprie iniziali su q.c.; **to**

s. the date on a document, stampigliare la data su un documento; **stamped in gold**, impresso a lettere d'oro; **The incident was stamped in his memory**, l'incidente era impresso nella sua mente ***2*** (*mecc.*) punzonare ***3*** (*mecc.*) stampare (*lamiere, carrozzerie di veicoli, ecc.*) ***4*** affrancare (*una lettera, ecc.*) ***5*** frantumare, polverizzare, macinare con un pestello (*minerali, ecc.*) ***6*** pestare; battere (*i piedi*) su; calpestare: **He stamped the floor**, batté i piedi sul pavimento ***7*** caratterizzare, contrassegnare; contraddistinguere: **Ruthlessness stamps both the new extreme Left and the new extreme Right**, la spietatezza contraddistingue tanto la nuova estrema sinistra quanto la nuova estrema destra ***8*** – **to s. as**, descrivere, dimostrare: **to s. sb. as a liar**, descrivere q. come un ladro; **His deeds s. him as a man of great courage**, le sue azioni dimostrano il suo grande coraggio. **B** *v. i.* battere (*o* pestare) i piedi; scalpitare: **to s. in anger**, battere i piedi per la rabbia. ● **to s. st. down** (*o* **flat**), schiacciare (*o* calpestare) q.c. □ **to s. on sb.'s foot**, pestare i piedi a q. □ **to s. on a spider**, schiacciare un ragno (*con i piedi*) □ **to s. out**, schiacciare; spegnere; sopprimere; distruggere, soffocare; battere il tempo (*della musica*) con i piedi; (*mecc.*) stampare (*carrozzerie, ecc.*): **to s. out a cigarette**, schiacciare una sigaretta; **to s. out crime**, sopprimere la delinquenza; **to s. out a fire**, spegnere un fuoco (coi piedi); **to s. out a rebellion**, soffocare una rivolta □ **to s. upstairs**, salire le scale con passo pesante □ **stamped earth**, terra battuta □ **stamped paper**, carta bollata (*o* da bollo).

stampede /stæm'piːd/, *n.* ***1*** fuga precipitosa (*specialm. d'animali spaventati*); fuggifuggi; serra serra; tumulto ***2*** (*polit.*) improvviso moto popolare; azione di massa: **There developed a s. to support the new candidate**, ci fu un improvviso moto popolare in favore del nuovo candidato.

to **stampede** /stæm'piːd/, **A** *v. i.* darsi a fuga precipitosa; fuggire in disordine; correr via tumultuosamente. **B** *v. t.* ***1*** mettere (*o* volgere) in fuga precipitosa; far fuggire in disordine ***2*** (*fig.*) atterrire; spaventare. ● **to s. sb. into doing st.**, far fare q.c. a q. spaventandolo: **We were stampeded into selling our shares**, il timore ci indusse a vendere le nostre azioni.

stamper /'stæmpə(r)/, *n.* ***1*** bollatore; timbratore ***2*** (*ind.*) stampatore: **a metal s.**, uno stampatore di metalli ***3*** (*ind.*) matrice (*per incidere dischi*) ***4*** (*ind. min.*) frantumatrice (*macchina*) ***5*** (*mecc.*) punzone; stampo ***6*** (*in un ufficio*) macchina per bollare; bollatrice.

stamping /'stæmpɪŋ/, *n.* ***1*** impressione; bollatura; timbratura ***2*** affrancatura (*di lettere*) ***3*** (*mecc.*) punzonatura ***4*** (*ind. min.*) frantumatura; macinazione con pestello ***5*** (*mecc.*) stampaggio (*di lamiere, carrozzerie, ecc.*) ***6*** (*elettron.*) lamierino magnetico ***7*** calpestio; scalpitio. ● (*fam.*) **s. ground**, luogo di ritrovo, di raduno □ **s. machine**, affrancatrice postale; stampigliatrice; punzonatrice □ (*ind. min.*) **s. mill**, mulino (*o* impianto di macinazione) a pestelli □ (*metall.*) **drop-s.**, stampaggio al maglio.

stance /stɑːns, stæns/, *n.* ***1*** (*golf, cricket, ecc.*) posizione (*del giocatore nell'atto di colpire la palla*): **correct s.**, posizione corretta ***2*** atteggiamento (*del corpo*); posizione ***3*** (*fig.*) atteggiamento, presa di posizione: **The government has adopted a tough s. on corruption**, il governo ha assunto una posizione rigida sulla corruzione.

stanch /stɑːntʃ, *USA* stæntʃ/, *V.* **staunch**.

to **stanch** /stɑːntʃ, *USA* stæntʃ/, **A** *v. t.* ***1*** arrestare il flusso di (*un liquido*); stagnare: **to s. the blood of a wound**, stagnare il sangue d'una ferita ***2*** (*med.*) tamponare (*una ferita*). **B** *v. i.* (*del sangue*) stagnare.

stanchion /'stænʃn, *USA* 'stæn-/, *n.* ***1*** appoggio; puntello; pilastro; sostegno ***2*** (*ind. costr.*) montante (in ferro) ***3*** (*costr. navali*) puntale ***4*** sbarra, coppia di sbarre (*per tenere una bestia ferma nella posta*) ***5*** (*naut.*) candeliere (*asta metallica*); (*anche*) scalmotto.

to **stanchion** /'stɑːnʃn, *USA* 'stæn-/, *v. t.* ***1*** provvedere di montanti; sostenere con puntelli; puntellare ***2*** tener fermo (*un animale*) con sbarre, nella posta.

stand /stænd/, **A** *n.* ***1*** arresto; fermata; pausa; sosta: **to come to a s.**, fare una sosta; fermarsi; **Our work was brought to a s.**, il nostro lavoro subì una battuta d'arresto ***2*** resistenza; decisa opposizione: **Our troops made a s. on the Piave river against the invaders**, le nostre truppe opposero resistenza (*o* si fermarono per far fronte) all'invasore sul Piave ***3*** posto; posizione (*anche fig.*); presa di posizione: **He took his s. at the rear**, prese posto in coda (s'accodò); **to make a s. for justice**, prendere posizione per una causa giusta; schierarsi dalla parte della giustizia; **I have made my s. clear**, ho chiarito la mia posizione ***4*** posteggio (*per carrozze o taxi*) ***5*** palco; impalcatura; tavolato; stand; podio; (*sport, ecc.; spesso al pl.*) tribuna (*d'ippodromo, stadio, ecc.*); pubblico delle tribune: (*mil.*) **a reviewing s.**, una tribuna per passare in rivista truppe, ecc. ***6*** (*comm.*) banco d'esposizione; stand: **s. designer**, disegnatore di stand; standista ***7*** (*mecc.*) cavalletto; sostegno; supporto ***8*** (*market.*) baracca (*di mercato*); chiosco; edicola; bancarella: **a fruit s.**, una bancarella di fruttivendolo; **a news-s.**, una edicola di giornalaio ***9*** mobile (*o* oggetto) fatto per posarvi (*o* mettervi dentro) q.c. (*per lo più in parole composte*); supporto; sostegno; piedistallo; (*mus.*) leggio ***10*** (*ecol.*) stazione ***11*** (*naut.*) livello stabile di marea. ***12*** (*leg., USA*) banco dei testimoni: **to take the s.**, presentarsi al banco dei testimoni; testimoniare ***13*** bosco; boschetto: **a s. of pines**, un pineto ***14*** (*agric.*) distesa; coltivazione; area coltivata: **a good s. of wheat**, una bella distesa di grano ***15*** (*teatr.*) esecuzione; rappresentazione; recita; spettacolo: **one-night s.**, rappresentazione unica; serata unica ***16*** (*mil.*) dotazione (*di armi*); armamento personale ***17*** (*caccia*) ferma (*del cane*); postazione (*del cacciatore*). **B** *a. attr.* (*comm.*) di stand; standistico: **s. space**, superficie standistica. ● (*comm.*) **s. attendant**, standista (*impiegato*) □ **s. camera**, macchina fotografica su cavalletto □ (*mil.*) **s. of colours**, bandiere del reggimento □ **s. rest**, sgabello per pittori □ **cruet s.**, ampolliera □ **flower s.**, portafiori □ **hat s.**, portacappelli □ **music s.**, leggio per lo spartito □ **reading s.**, leggio □ (*fig.*) **to take a s.**, prendere posizione (*fig.*); prendere partito □ **to take one's s.**, alzarsi in piedi □ **to take one's s. near the door**, appostarsi (*o* mettersi) vicino alla porta □ **to take one's s. on st.**, basare i propri argomenti (*o* fondare il proprio ragionamento) su q.c. □ (*mecc.*) **test s.**, banco di prova (*o* di collaudo) □ **three-legged s.**, treppiede □ (*chim.*) **tube s.**, portaprovette □ **umbrella s.**, portaombrelli □ **wash-s.**, lavabo; lavamano.

to **stand** /stænd/ (*pass.* e *p. p.* **stood**), **A** *v. i.* ***1*** stare in piedi; star ritto; reggersi (*o* tenersi) in piedi: **He was so tired that he couldn't s.**, era così stanco che non riusciva a reggersi in piedi; **I had to s. during the whole trip**, dovetti stare in piedi per tutto il viaggio ***2*** (*di solito* **to s. up**) alzarsi; rizzarsi; alzarsi in piedi: **Everyone stood (up) when the headmaster came in**, tutti si alzarono quando entrò il preside; **S. up, please**, alzatevi, prego!; per favore, in piedi! ***3*** stare; essere; farsi; trovarsi; essere messo (*fam.*): **The benches stood by the wall**, le panche stavano presso il (*o* erano addossate al) muro; **The matter stands thus**, la faccenda sta così; **How do we s. as regards money?**, come stiamo a quattrini?; **He stands five feet four**, è (alto) cinque piedi e quattro pollici; **John stands first on the list**, John è il primo in elenco; **How does Blackpool s. among soccer teams?**, com'è messo il Blackpool (*o* che posizione occupa) fra le squadre di calcio?; **Don't s. there fiddling**, non star lì a gingillarti!; **I s. prepared to dispute your statement**, sono pronto a discutere (*o* a confutare) la tua affermazione ***4*** durare; resistere; rimanere in piedi (*fig.*); essere (ancora) valido: **The castle has been standing for six centuries**, il castello resiste (*o* è in piedi) da sei secoli; **Our contract [order] stands**, il nostro contratto [il nostro ordinativo] è ancora valido ***5*** (*di un colore*) essere solido: **This colour will s.**, questo colore è solido (*o* indelebile) ***6*** (*di liquido*) ristagnare; posare, stare in infusione; depositarsi: **Let it s. for five minutes**, lasciato in infusione cinque minuti! ***7*** (*polit.*) candidarsi; entrare in lizza (*fig.*): **He's decided to s. as an independent**, ha deciso di candidarsi come indipendente ***8*** fermarsi; sostare: **A taxi was standing at the rank**, c'era un taxi fermo al posteggio: **Don't s. on the platform!**, vietato sostare sulla piattaforma. **B** *v. t.* ***1*** mettere (*in piedi, ritto*); collocare; appoggiare: **I'll s. you in the corner**, bada che ti metto (in castigo) nel cantuccio; **I stood the shotgun against the windowsill**, appoggiai il fucile da caccia al davanzale ***2*** sopportare; soffrire; resistere a; tollerare: **I cannot s. the pain**, non riesco a sopportare il dolore; **I cannot s. that fellow** (*o* **the sight of that fellow**), non posso soffrire quell'individuo; **I won't s. your cheek!**, non intendo tollerare la tua sfacciataggine!; **My nerves could not s. the strain**, i miei nervi non resistettero alla tensione; **The suit has stood a lot of hard wear**, l'abito ha resistito a un uso prolungato e senza riguardi ***3*** sostenere; subire: **to s. a test**, sostenere una prova; (*mil.*) **to s. a siege**, sostenere un assedio; **to s. trial**, subire un processo ***4*** (*fam.*) sostenere la spesa di (*un pranzo, ecc.*); offrire: **He always stands drinks to his friends**, offre sempre da bere agli amici; **to s. a round**, pagare da bere a tutti ***5*** (*di autobus, ecc.*) avere posti in piedi per (*un certo numero di persone*). ● **to s. alone**, essere solo, essere senza amici; essere unico, essere senza pari □ **to s. aloof** (*o* **to s. apart**), tenersi da parte, stare in disparte, non immischiarsi □ (*mil.*) **to s. and fight**, attestarsi e accettare il combattimento □ **to s. a chance**, avere una probabilità: **You s. a good chance of succeeding**, hai buone probabilità di successo □ (*leg.*) **to s. convicted of an offence**, essere riconosciuto colpevole di un reato □ **to s. corrected**, accettare una correzione; riconoscere il proprio errore □ **to s. fatigue**, reggere alla fatica □ (*mil.*) **to s. fire**, sostenere il fuoco nemico senza indietreggiare; resistere sotto il fuoco □ **to s. firm**, tener duro; non cedere; non cambiare idea □ **to s. godfather to sb.**, fare da padrino a q. □ **to s. good**, essere vero; valere; esser valido: **The same remark stands good**, la stessa osservazione vale in questo caso □ (*anche fig.*) **to s. one's ground**, star saldo, tener duro; non cedere terreno; rimanere sulle proprie posizioni □ (*mil.*) **to s. guard**, fare la guardia □ **to s. sb. in good stead**, essere assai utile a q.; rendere un buon servizio a q. □ **to s. in need of help**, aver bisogno d'aiuto □ **to s. in the way**, stare tra i piedi (*fig.*); essere d'ingombro, d'impaccio □ **to s. opposed to**, essere contrario a; combattere; osteggiare □ **to s. pat**, (*poker*) essere servito; darsi servito; (*fig.*) non cambiare (*piano, parere, ecc.*), tener duro □ **to s. still**, non muoversi, stare fermo; non reagire; (*fig.*) rimanere fermo, fermarsi: **S. still!**, (sta) fermo!; **Oil production has stood still since the outbreak of war**, la produzione di petrolio s'è fermata dall'inizio del conflitto □ (*leg.*) **to s. surety for sb.**, farsi garante per q.; pagare la cauzione per q. □ **to s. treat**, offrire (*o* pagare) da bere (*o* da mangiare, ecc.) □ (*mil.*) **to s. watch**, essere di sentinella □ **to s. to win [to lose] st.**, avere buone probabilità di vincere [correre serio rischio di perdere] q.c. □ (*arc.*)

S. and deliver, o la borsa o la vita! □ **S. clear!**, largo!; indietro!

♦ **stand aside**, *v. i.* + *avv.* **1** farsi da parte; mettersi in disparte; scansarsi; fare largo **2** (*fig.*) farsi da parte; ritirarsi (*da una competizione, ecc.*) **3** (*fig.*) restare in disparte; stare a guardare; non intervenire.

♦ **stand at**, *v. i.* + *prep.* **1** rimanere, stare (in piedi) a: **I stood at the bus stop for ten minutes**, rimasi alla fermata dell'autobus per dieci minuti **2** (*di un liquido, un prezzo, ecc.*) essere (arrivato) a: **The water now stands at four feet above zero level**, l'acqua è arrivata a un metro e venti sopra lo zero □ (*mil.*) **to s. at attention**, stare sull'attenti □ **to s. at ease**, stare in posizione di riposo: **S. at ease!**, riposo! □ (*fin.*: *di un titolo*) **to s. at a premium**, essere sopra la pari.

♦ **stand back**, *v. i.* + *avv.* **1** tirarsi indietro; indietreggiare: **S. back!**, indietro!; fatevi indietro! **2** (*fig.*) fare un passo indietro; prendere le distanze (*da q.c.*) **3** (*fig.*) tirarsi indietro; stare a guardare; non intervenire **4** (*di un edificio, ecc.*) essere in posizione arretrata: **The school stands well back from the road**, la scuola è in posizione assai arretrata rispetto alla strada.

♦ **stand behind**, *v. i.* + *prep.* **1** stare dietro (q. *o* q.c.) **2** (*fig.*) appoggiare, sostenere (q.); fare da supporto a (q.c.).

♦ **stand by**, **A** *v. i.* + *avv.* **1** stare (*o* essere) vicino; essere sul luogo (*o* presente) **2** (*fig.*) restare in disparte; stare a guardare; non intervenire: **How can you s. by and watch a woman raped?**, come puoi fare a meno d'intervenire se vedi stuprare una donna? **3** (*di persone*) tenersi pronto; stare all'erta (*anche mil.*); essere pronto a intervenire: **S. by for firing!**, pronti a far fuoco! **4** (*di cose*) essere a disposizione; essere di riserva **5** (*telef.*) restare in linea. **B** *v. i.* + *prep.* **1** stare accanto a (q.); restare al fianco di (q.) **2** stare vicino (*o* presso) a: **S. by the wall!**, stai vicino al muro! **3** (*di un edificio, ecc.*) essere situato accanto a: **The village stands by a lake**, il villaggio è situato in riva a un lago **4** (*fig.*) appoggiare, sostenere, aiutare, proteggere: **His parents will always s. by him**, i genitori lo appoggeranno sempre **5** (*fig.*) stare a; tener fede a, mantenere (*una promessa, ecc.*): **Why don't you s. by the terms?**, perché non stai ai patti?; **He never stands by his word**, non mantiene mai la parola □ (*naut.*) **to s. by the anchor**, tenersi pronti a salpare □ (*naut.*) **to s. by a ship in distress**, restare al fianco di una nave in difficoltà.

♦ **stand clear**, *v. i.* + *avv.* **1** stare alla larga; stare lontano: **S. clear of the train!**, state lontani (*o* allontanatevi) dal treno! **2** (*naut.*) restare al largo.

♦ **stand down**, **A** *v. i.* + *avv.* **1** ritirarsi; cedere il posto; abbandonare (il campo): **He stood down in favour of a party candidate**, si ritirò per favorire il candidato del partito **2** (*leg.*) lasciare il banco dei testimoni: **You may s. down**, può andare; con Lei abbiamo finito **3** (*mil.*) smontare di guardia; rompere le righe. **B** *v. t.* + *avv.* (*mil.*) far rompere le righe a (*un reparto*); sciogliere (*una formazione*); far smontare di guardia.

♦ **stand fast**, *v. i.* + *avv.* tener duro; resistere, non cedere.

♦ **stand for**, *v. i.* + *prep.* **1** alzarsi in piedi in segno di rispetto per (q. *o* q.c.): **The crowd stood for the national anthem**, la folla si alzò in piedi per l'inno nazionale **2** stare per; rappresentare; significare: **M.D. stands for medicine doctor**, M.D. significa dottore in medicina **3** essere in favore di (*o* un fautore di); appoggiare, sostenere: **He stands for free trade**, è un fautore del liberismo **4** (*polit.*) presentarsi, candidarsi per (*un seggio in parlamento*) **5** (*fam.*) sopportare; tollerare: **I won't s. for any more of his disrespect**, non sono disposto a tollerare oltre la sua mancanza di rispetto **6** (*naut.*) dirigere, fare rotta verso (*un luogo*).

♦ **stand in**, *v. i.* + *avv.* **1** fare il sostituto; supplire **2** (*cinem.*) fare la controfigura.

♦ **stand in for**, *v. i.* + *avv.* + *prep.* **1** sostituire; rimpiazzare: **He stood in for me at the meeting**, mi sostituì alla riunione **2** (*cinem.*) fare da controfigura per (*un attore*).

♦ **stand in with**, *v. i.* + *avv.* + *prep.* (*fam.*) **1** essere alle buone (*o* in buoni rapporti) con (q.); andare d'amore e d'accordo con (q.) **2** dividere le spese con (q.).

♦ **stand off**, **A** *v. i.* + *avv.* (*o prep.*) **1** stare alla larga (da q.) **2** (*naut.*) restare al largo (di). **B** *v. t.* + *avv.* **1** tenere (q.) lontano, a distanza; girare al largo da (q.) **2** lasciare a casa, sospendere, licenziare (*un dipendente*) □ **to s. off a creditor**, tenere a bada un creditore □ (*naut.*) **to s. off and on**, bordeggiare.

♦ **stand on**, **A** *v. i.* + *avv.* (*naut.*) mantenere la rotta. **B** *v. i.* + *prep.* **1** star ritto su; (*di un oggetto*) rimanere (ritto) su: **Can you s. on one leg?**, sei capace di stare (*o* di reggerti) su una gamba sola? **2** montare (*o* salire) su: **The little boy had to s. on a chair**, il ragazzino dovette salire su una sedia **3** (*fig.*) basarsi su (*un principio, ecc.*); tener fede a (*una versione data, ecc.*); insistere su: **to s. on one's rights**, insistere sui propri diritti **4** mettersi in (*una posizione*); farsi: **Please s. on one side**, favorite farvi da parte! **C** *v. t.* + *prep.* mettere (*o* posare) ritto su: **S. the books on the shelf, will you?**, vuoi mettere i libri ritti sullo scaffale? □ **to s. on ceremony**, fare complimenti □ **to s. on end**, (*di un oggetto*) essere rovesciato; (*dei capelli*) essere ritti: **to make sb.'s hair s. on end**, far rizzare i capelli a q. (*per la paura, ecc.*) □ **to s. on an equal footing**, essere su un piano di parità □ (*fig.*) **to s. on one's (two) feet**, essere indipendente, fare da sé □ **to s. st. on its head**, rivoltare (*un oggetto*); (*fig.*) rivoltare come un guanto (*un'idea, una proposta, ecc.*).

♦ **stand out**, *v. i.* + *avv.* **1** sporgere: **The front of my house stands out from the rest of the buildings**, la facciata della mia casa sporge rispetto agli altri edifici **2** restare fuori; essere escluso (*da un gruppo, dal gioco, ecc.*) **3** essere in evidenza; risaltare; spiccare; (*fig.*) emergere: **My house stands out because of its peculiar style**, la mia casa spicca per il suo stile particolare; **The policeman stood out among the demonstrators**, il poliziotto spiccava in mezzo ai dimostranti; **His work stands out from that of lesser poets**, la sua opera emerge da quella di poeti minori **4** resistere; essere fermo; tener duro; tener botta (*fam.*): **The defenders of the town stood out bravely to the end**, i difensori della città resistettero coraggiosamente sino alla fine; **The strikers are standing out for a pay rise**, gli scioperanti tengono duro nella richiesta di un aumento di salario **5** (*naut.*) salpare; prendere il largo □ (*fig.*) **It stands out a mile!**, si vede lontano un miglio!

♦ **stand out against**, *v. i.* + *avv.* + *prep.* prendere posizione contro (q. *o* q.c.); essere fermamente contrario a.

♦ **stand out of**, *v. i.* + *avv.* + *prep.* fare un passo fuori di (*una fila*): **S. out of line!**, fai un passo avanti! □ **My eyes stood out of my head**, mi uscivano gli occhi dalla testa (*per lo stupore, ecc.*).

♦ **stand over**, **A** *v. i.* + *avv.* **1** essere rinviato; essere rimandato: **The final decision had to s. over till the next meeting**, la decisione finale dovette essere rinviata alla riunione successiva **2** (*di un pagamento, ecc.*) restare in sospeso: **There are a few debts standing over**, c'è ancora qualche debito in sospeso. **B** *v. i.* + *prep.* stare addosso a (q.); tenere d'occhio; controllare: **Don't s. over me while I'm writing**, non starmi addosso mentre scrivo!

♦ **stand to**, **A** *v. i.* + *prep.* **1** essere in (*una certa posizione*): **He was standing to my right**, era alla mia destra **2** mettersi in (*una posizione*); farsi: **Please s. to one side!**, favorite farvi da parte! **3** stare a; attenersi a; tener fede a, mantenere; restare fedele a: **I'd like you to s. to the terms**, vorrei che tu stessi ai patti; **to s. to one's ideals**, tener fede ai propri ideali; **to s. to one's promise**, mantenere la promessa; **Bad politicians don't s. to their guns** (*o* **principles**), i politicanti non si attengono ai princìpi che proclamano. **B** *v. i.* + *avv.* (*mil.*) stare pronti per l'azione; stare all'erta □ (*mil.*) **to s. to attention**, mettersi sull'attenti □ (*mil.*) **to s. to one's post**, non abbandonare il posto (*o* la posizione, il posto di guardia) □ (*fig.*) **It stands to reason that...**, è ovvio (è logico, naturale) che...; c'è da aspettarsi che...

♦ **stand together**, *v. i.* + *avv.* restare insieme (*o* uniti); rimanere compatti: **Workers must s. together against injustice**, i lavoratori devono restare compatti contro l'ingiustizia □ **We s. or fall together**, siamo nella stessa barca (*fig.*).

♦ **stand up**, **A** *v. i.* + *avv.* **1** alzarsi (in piedi) **2** restare in piedi; tenersi ritto **3** (*di un edificio*) elevarsi; restare in piedi: **In Rimini, an old Roman bridge stands up after nearly 2,000 years**, a Rimini, un vecchio ponte romano resta in piedi dopo quasi duemila anni **4** (*di macchine, ecc.*) resistere; durare **5** (*di un racconto, una testimonianza, ecc.*) reggere. **B** *v. t.* + *avv.* **1** mettere (*o* rimettere) in piedi; tirare su (*fam.*): **S. me up!**, tirami su! **2** collocare (*o* mettere: *un oggetto*) ritto **3** (*pop.*) fare un bidone a, tirare il bidone a (q.): **I'd dated her, but she stood me up**, le avevo dato appuntamento, ma mi ha tirato il bidone □ (*fig.*) **to s. up and be counted**, uscire allo scoperto (*fig.*); prendere posizione senza avere paura delle conseguenze.

♦ **stand up against**, *v. i.* + *avv.* + *prep.* prendere posizione contro; opporsi, fare resistenza a (q.).

♦ **stand up for**, *v. i.* + *avv.* + *prep.* **1** essere favorevole a; prendere le parti di; affermare; sostenere: **I stood up for him**, presi le sue parti; **to s. up for the rights of women**, affermare (*o* sostenere) i diritti delle donne **2** rivendicare: **to s. up for one's rights**, rivendicare i propri diritti **3** (*leg.*) difendere, rappresentare (*un imputato*) **4** (*fam.*) fare da testimone per le nozze di (q.) □ (*fig.*) **to s. up for oneself**, essere autonomo (*o* indipendente); fare da sé.

♦ **stand up to**, *v. i.* + *avv.* + *prep.* **1** *V.* **stand up against** **2** resistere a; sopportare; superare: **How can you s. up to living with your mother-in-law?**, come fai a resistere a vivere con tua suocera?; **to s. up to a difficult operation**, superare un intervento (chirurgico) difficile **3** sostenere (*un confronto, la concorrenza, ecc.*); superare (*un esame*); reggere il confronto con: **Our articles cannot s. up to our competitors' products**, i nostri articoli non reggono il confronto con i (*o* non sono all'altezza dei) prodotti della concorrenza.

♦ **stand upon**, *V.* **stand on, B**.

♦ **stand with**, *v. i.* + *prep.* **1** stare con (q.); stare accanto a (q.) **2** (*fig.*) essere in un certo rapporto con (q.): **I need to be sure how I s. with people**, ho bisogno di sapere con certezza in che rapporti sto con la gente; **How well do you s. with the boss?**, vai d'accordo (*fam.*: come sei messo) con il capo?

stand-alone /ˈstændələʊn/, *a.* (*elab.*: *di un gruppo, un'unità, ecc.*) indipendente; che funziona in modo autonomo.

standard /ˈstændəd/, **A** *n.* **1** stendardo (*anche fig.*); bandiera; insegna; vessillo: **the s. of liberty**, il vessillo della libertà; **Caesar's standards**, le insegne di Cesare **2** campione; modello; misura; tipo: (*econ.*) **s. of value**, misura di valore; **standards of weight and measure**, pesi e misure tipo; **standards of purity for drugs**, norme per stabilire la purezza dei prodotti medicinali **3** criterio; norma; principio; regola; (*fig.*) metro, parametro (*con cui giudicare*): **Everyone has his own s. of judgement**, ciascuno ha il suo criterio (*o* metro) di giudizio ***4*** grado; livello; qualità; tenore: **Your goods are not up to s.**, la vostra merce non raggiunge il grado di bontà desiderato (*o* il livello di qualità prestabilito); **work of** (**a**) **low s.**, lavoro di qualità scadente; (*econ., stat.*) **a high** [**a low**] **s. of living** (*o* **of life**), un alto [un basso] tenore di vita ***5*** (*pl.*) principi, valori morali: **He has no standards**, è un uomo senza princìpi; **Traditional standards are under a cloud just now**, i valori tradizionali sono in discredito al momento ***6*** (*fis.*) campione di misura ***7*** sostegno; supporto; montante; piedistallo ***8*** (*fin.*) titolo (*di una moneta*) ***9*** (*econ., fin.*) sistema (*o* tipo) monetario: **the gold s.**, il sistema (monometallico) aureo ***10*** (*giardinaggio*) pianta (fatta crescere) ad alberello ***11*** (*arc.* o *N.Z.*) classe (*delle scuole elementari*) ***12*** (*tecn.*) tubo verticale. **B** *a. attr.* ***1*** standard; comune; corrente; normale; ordinario; unificato; modello; tipo; base: (*leg.*) **s. agreement** (*o* **contract**), contratto tipo; **s. bread**, pane comune; **s. prices**, prezzi normali; (*market.*) **s. sizes**, misure normali; (*econ.*) **s. cost**, costo standard, costo modello, costo guida; (*stat.*) **s. deviation**, scarto tipo, scarto quadratico medio; (*stat.*) **s. error**, errore standard; **s. gauge**, (*ferr.*) scartamento normale; (*cinem.*) passo normale; (*market.*) **s. grade**, qualità tipo; (*ass.*) **s. policy**, polizza tipo; (*market.*) **s. quality**, qualità corrente; (*fisc.*) **s. rate**, aliquota base; (*market.*) **s. sample**, campione unificato ***2*** (*ind.*) di serie: **the s. model of a car**, il modello di serie di un'automobile ***3*** (*fin.*) in titolo legale: **s. gold**, oro in titolo legale ***4*** di base; fondamentale; autorevole; classico; che fa testo: **a s. text**, un testo di base; **the s. work on the U.S.**, l'opera fondamentale sugli Stati Uniti; **s. novels**, romanzi classici ***5*** (*ling.*) standard; corrente; corretto: **s. English**, l'inglese standard; **s. spelling**, grafia corrente; **s. pronunciation**, pronuncia corretta ***6*** (*di un oggetto*) che ha una base (un piedistallo, uno stelo): **s. lamp**, lampada a stelo (*o* a piantana) ***7*** (*giardinaggio*) ad alberello: **a s. rose**, una rosa ad alberello. ● **s. bearer**, (*stor.*) vessillifero, vessillario; (*mil.*) alfiere, portabandiera (*anche fig.*) □ **s. charge**, tariffa fissa (*o* forfettaria) □ (*in G.B.*) **s. charge for the H.N.S. dispensing of a prescription**, ticket fisso per la spedizione di una medicina (*da parte del farmacista*) sotto il Servizio Sanitario Nazionale □ (*rag.*) **s. costing**, valutazione a costi standard □ (*fin.*) **s. currency unit**, modulo monetario, unità monetaria □ (*fisc.*) **s. deduction**, detrazione forfettaria □ **s. form**, modulo tipo □ (*fin.*) **s. money**, moneta base (*o* tipo); valuta legale (*o* ufficiale) □ (*econ.*) **s.-of-life curve**, curva reddito-consumo □ (*demogr.*) **s. population**, popolazione tipo □ (*fisc.*) **s. state**, stato standard □ **s. time**, (*in G.B.*) ora di Greenwich; ora locale del meridiano centrale del fuso □ **to be above s.**, essere superiore alla media; (*di merce*) essere di prima qualità □ **to be below s.**, essere sotto il livello desiderato; (*di merce*) essere scadente (*o* di seconda qualità) □ (*fig.*) **by the same s.**, con lo stesso metro (*o* criterio) □ **by any standards**, quale che sia il metro di giudizio; comunque lo si giudichi □ **by European standards**, giudicando in base ai livelli europei □ **the English Royal S.**, la bandiera reale inglese □ **to have a double s.**, avere due pesi e due misure (*fig.*) □ **to reach a high s. of efficiency**, raggiungere un alto grado di efficienza □ (*aeron., ecc.*) **safety standards**, norme di sicurezza □ **to set a high s. for st.**, fissare un buon livello (*o* grado di qualità) per q.c. □ **to be up to s.**, essere al livello desiderato; (*di un lavoro*) essere soddisfacente; (*di merce*) essere conforme al campione.

standardization /stændədaɪ'zeɪʃn, *USA* -dɪ'z-/, *n.* ***1*** normalizzazione; tipificazione; unificazione; standardizzazione: **the s. of products**, la standardizzazione dei prodotti; **the s. of the basis for assessment of V.A.T.**, l'unificazione della base imponibile dell'I.V.A. ***2*** (*ind.*) costruzione in serie ***3*** (*chim.*) ricerca del titolo (*di una soluzione*).

to **standardize** /'stændədaɪz/, *v. t.* ***1*** normalizzare; tipificare; unificare; standardizzare: **to s. English spellings**, normalizzare l'ortografia inglese; (*econ.*) **to s. production**, standardizzare la produzione ***2*** (*ind.*) costruire in serie ***3*** (*chim.*) titolare, trovare il titolo di (*una soluzione*) ***4*** (*elab.*) standardizzare: **to s. a language**, standardizzare un linguaggio. ● (*autom.*) **standardized road signs**, segnaletica (verticale) unificata (*in Europa, ecc.*).

stand(-)by /'stændbaɪ/, **A** *n.* (*pl.* **standbys**) ***1*** (persona, cosa di) scorta; riserva; surrogato; sostituto: **Tinned beef is a good s. in an emergency**, la carne (di bue) in scatola è un buon surrogato per un'emergenza ***2*** cibo (*o* alimento) preferito: **good old English standbys of pork and mutton**, buona carne di maiale e castrato, alimenti tradizionali della cucina inglese ***3*** (*raro*) persona fidata, su cui contare ***4*** (*USA*) controfigura ***5*** (*aeron.*) lista di attesa per viaggiatori privi di prenotazione. **B** *a. attr.* ***1*** di scorta; di riserva; d'emergenza: (*elettr.*) **s. generator**, generatore d'emergenza; **s.-by computer**, elaboratore di riserva ***2*** (*specialm. fin.*) di sostegno; stand-by; **s. agreement**, accordo stand-by; **s. credit**, (linea di) credito stand-by; **s. letter of credit**, lettera di credito confermata ***3*** (*aeron.*) di riserva: **s. altimeter**, altimetro di riserva ***4*** (*aeron.*) stand-by; di (*o* in) attesa: **s. ticket**, biglietto stand-by. ● (*elettr.*) **s. battery**, batteria tampone □ (*org. az.*) **s. equipment**, attrezzature momentaneamente inutilizzate □ **on s.**, (*di forze d'ordine, ecc.*) di pronto intervento; in stato di preallarme; (*aeron.*: *di passeggeri*) in lista d'attesa.

standee /stæn'diː/, *n.* ***1*** spettatore in piedi (*a teatro, ecc.*) ***2*** viaggiatore (che sta) in piedi.

standfast /'stændfɑːst, *USA* -æst/, *n.* posizione solida (*o* sicura).

stand-in /'stændɪn/, **A** *n.* ***1*** sostituto; interino; supplente; rimpiazzo ***2*** (*teatr.*) attore (*o* cantante lirico) di rimpiazzo; sostituto ***3*** (*cinem.*) controfigura. **B** *a. attr.* di rimpiazzo; supplente: **a s. teacher**, un supplente (*a scuola*).

standing /'stændɪŋ/, **A** *n.* ***1*** lo stare; lo stare fermo (*o* in piedi): **I'm fed up with s.**, sono stufo di stare in piedi ***2*** posizione; condizione; situazione; grado; (buona) reputazione: **He is a man of high s.**, è una persona di condizione elevata; **financial s.**, situazione finanziaria; **to be in good s.**, godere buona reputazione; **a business of no s.**, una ditta di cattiva reputazione ***3*** durata: **a record of long s.**, un primato di lunga durata; **a custom of long s.**, una consuetudine di antica data ***4*** (*banca, fin.*) posizione finanziaria; standing ***5*** (*pl.*) (*sport, ecc.*) classifica: **overall standings**, classifica generale. **B** *a.* ***1*** eretto; dritto; verticale: **in a s. position**, in posizione eretta; (*legatoria*) **s. press**, pressa verticale ***2*** (*edil.*) in piedi; intatto: **The monastery is still s.**, il convento è ancora in piedi ***3*** fisso; permanente; stabile; stabilito: (*org. az., polit.*) **s. commettee**, commissione permanente; (*econ.*) **s. costs**, costi fissi (*o* costanti); **s. expenses**, spese fisse; **a s. rule**, una regola fissa; **a s. army**, un esercito permanente ***4*** (*mecc.*) inoperoso; inattivo; fermo ***5*** (*tipogr.*: *di composizione*) in piedi ***6*** (*tecn., scient.*) stazionario: (*fis.*) **s. wave**, onda stazionaria. ● **s. bowl**, coppa a calice □ (*agric.*) **s. corn**, grano in erba (*non mietuto*) □ **a s. dish**, un piatto giornaliero; la pietanza di tutti i giorni □ **a s. invitation to dinner**, un invito a pranzo valido in qualunque occasione □ **a s. joke**, una barzelletta: **John's habit of being late is a s. joke**, il fatto che John sia sempre in ritardo è diventato (ormai) una barzelletta □ (*sport*) **s. jump**, salto senza rincorsa (*o* a piè pari) □ (*leg., USA*) **s. mute**, rifiuto (*dell'imputato*) di dichiararsi colpevole o innocente □ **s. order**, (*comm.*) ordinazione fatta una volta per sempre (*che si rinnova tacitamente*); (*banca*) ordine (*o* disposizione) d'addebito (*su conto corrente*) □ **s. orders**, (*leg.*) norme procedurali; (*polit.*) norme permanenti (di procedura parlamentare); (*banca*) ordini permanenti (*per il pagamento, per conto del cliente, di bollette, ecc.*); (*mil.*) disposizioni permanenti □ **s. ovation**, applausi dell'uditorio che si alza in piedi □ (*naut.*) **s. rigging**, manovre fisse □ **s. room**, posti in piedi (*in un autobus, ecc.*) □ (*archeol.*) **s. stone**, menhir □ **s. water**, acqua stagnante □ (*leg., USA*) **s. to sue** [**to be sued**] **doctrine**, dottrina della legittimazione processuale attiva [passiva] □ **a habit of long s.**, un'abitudine inveterata □ (*di socio, iscritto, tesserato, ecc.*) **to be in good s.**, essere in regola □ **a long-s. account**, un conto di vecchia data □ **a long-s. friend**, un amico di vecchia data □ (*autom., USA*) **No s.** (*cartello*), divieto di sosta.

stand off /'stændɒf, *USA* -ɔːf/, *n.* ***1*** situazione di stallo; punto morto: **We've reached a s.**, siamo a un punto morto ***2*** (*naut., mil.*) scontro alla pari; battaglia senza vinti né vincitori: **Two of the sea battles were standoffs**, in due delle battaglie navali nessuno ebbe la meglio ***3*** (*rugby*) *V.* **stand-off half**.

stand-off half /'stændɒf'hɑːf, *USA* -ɔːf'hæf/, *locuz. n.* (*rugby*) mediano d'apertura.

standoffish /'stænd'ɒfɪʃ, *USA* -'ɔːf-/, *a.* altero; altezzoso; freddo; riservato; scostante. || **-ly**, *avv.* || **-ness**, *sost.*

stand-out /'stændaʊt/, *n.* (*fam. USA*) persona (*o* cosa) eccezionale; cannonata, schianto (*fam.*): **This car is a real s.**, quest'auto è proprio una cannonata.

standover /'stændəʊvə(r)/, *a.* (*fam.*) aggressivo; minaccioso; prepotente.

standpatter /'stændpætə(r)/, *n.* (*polit.*) chi segue la linea del proprio partito in modo intransigente; tradizionalista.

standpipe /'stændpaɪp/, *n.* ***1*** (*mecc.*) «standpipe»; tubo verticale (*dell'acqua, ecc.*) ***2*** (*idraul.*) serbatoio piezometrico (*di forma cilindrica*).

standpoint /'stændpɔɪnt/, *n.* ***1*** posto da cui osservare; luogo d'osservazione ***2*** (*fig.*) punto di vista; visuale; angolazione; prospettiva: **from his own s.**, dal suo punto di vista.

standstill /'stændstɪl/, *n.* ***1*** arresto; fermata; sosta ***2*** battuta d'arresto; inazione; ristagno; punto morto: **Trade is now at a s.**, il commercio adesso è in ristagno; **We have been brought to a s.**, siamo stati ridotti all'inazione. ● **to bring a vehicle to a s.**, arrestare (*o* fermare) un veicolo □ **to come to a s.**, arrestarsi, fermarsi; (*fig.*) giungere a un punto morto: **The peace talks have come to a s.**, le trattative di pace sono giunte a un punto morto. ● (*comm. est.*) **s. agreements**, accordi di congelamento dei crediti.

stand-to /'stændtuː/, *n.* (*mil.*) preallarme; parata dei reparti; rassegna in assetto di guerra.

stand-up /'stændʌp/, **A** *n.* ***1*** sostegno; appoggio; supporto; piedistallo ***2*** (*USA*) resistenza (*all'uso*); tenuta; durata ***3*** (*fam. USA*) il mancare a un appuntamento; bidone (*fig. fam.*): **Last night I got the s. by my new date**, la mia nuova ragazza iersera mi ha tirato il bidone. **B** *a. attr.* ***1*** in piedi: **a s. lunch**, una colazione in piedi ***2*** (*di un colletto*) verticale; montante ***3*** (*fig.*) accanito; violento; senza soste: **a s. brawl**, una rissa accanita ***4*** (*teatr.*) che tiene la scena da solo: **a s. comedian**, un attore comico che recita da solo (*senza spalla*); un cabarettista; un mattatore (*fig.*) ***5*** (*di un pugile*) che combatte eretto; che sta troppo fermo; che ha poco gioco di gambe ***6*** (*fam. USA*) fidato; su cui si può contare; in gamba: **a s. guy**, un tipo in gamba; un tipo tosto. ● **s. bar**, bar dove si consuma solamente al banco □ **s. battle**, battaglia senza quartiere □ (*teatr.*)

s. comedy, commedia farsesca □ (*boxe*) **a s. fight**, un incontro combattuto (*o* duro, tirato).

stank /stæŋk/, *pass.* di **to stink**.

stannary /ˈstænərɪ/, *n.* **1** (*ind. min.*) miniera di stagno **2** regione stannifera.

stannate /ˈstæneɪt/, *n.* (*chim.*) stannato: **sodium s.**, stannato di sodio.

stannic /ˈstænɪk/, *a.* (*chim.*) stannico: **s. acid**, acido stannico.

stanniferous /stæˈnɪfərəs/, *a.* (*chim.*) stannifero; ricco di stagno.

stannite /ˈstænaɪt/, *n.* **1** (*miner.*) stannite; stannina **2** (*chim.*) stannito.

stannous /ˈstænəs/, *a.* (*chim.*) stannoso.

stanza /ˈstænzə/, *n.* (*poesia*) strofa; stanza.

staphylococcus /stæfɪləˈkɒkəs/, *n.* (*pl.* **staphylococci**) (*biol.*) stafilococco.

staple (**1**) /ˈsteɪpl/, *n.* **1** (*mecc.*) chiodo a U; grappa; gancio; forcella; (*falegn.*) cambretta **2** (*di serratura*) staffa; toppa **3** (*per cucire fogli di carta*) graffa; graffetta; punto metallico.

staple (**2**) /ˈsteɪpl/, **A** *n.* **1** (*econ.*) prodotto principale (*di un luogo*): **the staples of British industry**, i prodotti principali dell'industria inglese **2** ingrediente (*o* alimento) base; (*fig.*) nutrimento principale (*fig.*) **3** (*econ.*) materia prima **4** (*ind. tess.*) fiocco (*della lana*); fibra (*del cotone*); qualità della fibra (*in genere*) **5** (*market.*) merce a domanda costante **6** (*fig.*) argomento principale (*di conversazione, ecc.*); pezzo forte: **Sport is the s. of our TV programmes**, lo sport è il pezzo forte dei nostri programmi televisivi. **B** *a. attr.* **1** (*econ.*) principale; più importante: **Sugar is the s. product of Cuba**, lo zucchero è il prodotto principale di Cuba **2** (*ind. tess.*) di fiocco **3** (*fig.*) tipico; standard; solito. ● **s. commodities**, merci di prima necessità □ **a s. diet of rice**, una dieta alimentare (*o* un'alimentazione) a base di riso □ **s. food**, alimento base □ **s. foodstuffs**, prodotti alimentari principali □ (*econ.*) **s. industry**, industria di base; industria fondamentale.

to **staple** (**1**) /ˈsteɪpl/, *v. t.* **1** (*mecc.*) assicurare con una grappa (*o* un gancio, una forcella) **2** cucire (*fogli di carta*) con punti metallici; graffare; graffettare.

to **staple** (**2**) /ˈsteɪpl/, *v. t.* (*ind. tess.*) classificare, cernere secondo la qualità della fibra (*o* del fiocco).

stapler (**1**) /ˈsteɪplə(r), -pəl-/, *n.* **1** cucitrice (*a punti metallici*) **2** (*tecn.*) graffatrice; martello per graffette.

stapler (**2**) /ˈsteɪplə(r), -pəl-/, *n.* **1** commerciante in prodotti caratteristici (*di una regione*) **2** (*ind. tess.*) classificatore, cernitore (*di cotone, lana, ecc.*).

stapling (**1**) /ˈsteɪplɪŋ, -pəl-/, *n.* **1** cucitura (*a punti metallici*) **2** (*tecn.*) graffatura. ● **s. machine**, cucitrice; graffatrice.

stapling (**2**) /ˈsteɪplɪŋ, -pəl-/, *n.* (*ind. tess.*) classificazione secondo la qualità della fibra (*o* del fiocco).

star /stɑː(r)/, **A** *n.* **1** (*astron.*) stella; astro: **fixed stars**, stelle fisse; **double stars**, stelle doppie; **shooting s.**, stella cadente (*o* filante) **2** (*fig.*) celebrità; stella, astro; (*cinem.*) diva, divo: **a rising film s.**, una stella del cinema in ascesa; **a literary s.**, una celebrità del mondo letterario **3** (*sport*) campione; asso; fuoriclasse: **a basketball s.**, un asso del basket **4** (*fis. nucl.*) stella nucleare **5** (*tipogr.*) stella; stelletta; asterisco: (*tur.*) **a four-s. hotel**, un albergo a quattro stelle **6** (*mil.*) stelletta; stella: **a three-s. general**, un generale a tre stelle. **B** *a. attr.* **1** (*astron.*) stellare; sidereo **2** (*elettr.*) a stella: **s. network**, rete (*o* connessione) a stella **3** di prim'ordine; ottimo; il più importante; principale: **the s. part**, il ruolo principale (*in un film, ecc.*); **our s. player**, il nostro giocatore più importante. ● (*fig.*) **the Stars and Stripes** (*o* **the S.-Spangled Banner**), la bandiera americana (*degli U.S.A.*) □ (*sport*) **s. athlete**, campione; asso □ **s.-bright**, lucente come una stella □ (*stor.*) **S. Chamber**, tribunale speciale della Corona inglese (*abolito nel 1641 dal Parlamento*); (*fig.*) tribunale sommario, ingiusto □ (*astron.*) **s. cluster**, ammasso stellare □ (*elettr.*) **s.-connected**, collegato a stella □ (*lett.*) **s.-crossed**, sfortunato □ (*astron.*) **s. drift**, corrente stellare □ **s. map**, carta celeste □ (*bot.*) **s. of Bethlehem** (*Ornithogalum umbellatum*), latte di gallina; cipollone bianco □ (*cinem., teatr.*) **a s. performance**, un'interpretazione di prim'ordine □ **s. sapphire**, zaffiro asteria □ (*mil.*) **s. shell**, bengala; razzo illuminante □ (*mus.*) **s. singer**, star della canzone □ **s.-spangled**, trapunto di stelle; stellato □ **s.-stone**, *V.* **s. sapphire** □ **s.-studded**, (*del cielo*) trapunto di stelle; (*di notte*) stellata; (*fam.*: *di film o cast*) pieno zeppo di divi □ **s. system**, (*astron.*) sistema stellare; (*fig., cinem.*) star system □ (*teatr.*) **the s. turn**, il numero d'attrazione; il numero del mattatore □ **s. wars**, (*fantascienza*) guerre stellari; (*fig., mil.*) sistemi elettronici di difesa nello spazio □ **s. wheel**, (*mecc.*) ruota di arpionismo; crociera; (*elab.*) ruota dentata di rilevazione (*di perforazione*) □ (*sport*) **an all-s. soccer team**, una squadra di calcio tutta di campioni □ **to be born under a lucky [an evil] s.**, esser nato sotto una buona [una cattiva] stella □ **film s.**, stella del cinema □ **four-s. petrol**, benzina super □ **to have stars in one's eyes**, essere ingenuo (*o* idealista) □ **North S.**, stella polare □ (*fig.*) **to see stars**, vedere le stelle (*per un colpo ricevuto*) □ **to sleep under the stars**, dormire sotto le stelle □ (*nei giornali*) **What your Stars Foretell**, «cosa dicono gli astri» (*rubrica*); l'oroscopo.

to **star** /stɑː(r)/, **A** *v. t.* **1** ornare di stelle **2** (*per estens.*) tempestare di stelle; costellare **3** apporre una stelletta (*o* un asterisco) a (*un nome, una parola*) **4** (*cinem., teatr., TV*) dare una parte di primo piano a (*un attore, un'attrice*). **B** *v. i.* (*cinem., teatr., TV*) **1** essere una stella; fare il divo (*o* la diva) **2** essere fra gli interpreti principali: **to s. in a very good film**, essere il protagonista di un film eccellente. ● (*cinem., TV, ecc.*) **starring...**, con (*seguono i nomi degli attori principali*; *cfr.* **co-starring,** *sotto* **to co-star**).

starboard /ˈstɑːbəd, -ɔːd/, (*naut., aeron.*) **A** *n.* dritta; destra; tribordo (*termine in disuso*). **B** *a.* di dritta; (*un tempo*) di tribordo. **C** *avv.* a dritta; (*un tempo*) a tribordo. ● **s. side**, dritta.

to **starboard** /ˈstɑːbəd, -ɔːd/, *v. i.* e *t.* (*naut., aeron.*) mettere a dritta; (*un tempo*) virare a tribordo. ● **to s. the helm**, volgere il timone a dritta.

starch /stɑːtʃ/, *n.* **1** (*chim.*) amido: **You must avoid starches**, devi evitare gli amidi **2** (*per inamidare*) amido; appretto; salda **3** (*fig.*) rigidezza; formalismo; sostenutezza **4** (*fam. USA*) energia; vigore. ● (*tecn.*) **s. finish**, inamidatura; apprettatura □ (*chim.*) **s. gum**, destrina □ **s. paste**, colla d'amido.

to **starch** /stɑːtʃ/, *v. t.* **1** inamidare; insaldare; apprettare: **to s. a shirt**, insaldare una camicia **2** (*fig.*) rendere rigido, formalistico, sostenuto.

starched /ˈstɑːtʃt/, *a.* **1** inamidato; insaldato; apprettato: **a s. collar**, un colletto inamidato **2** (*fig.*) rigido; sostenuto; impettito. ● **s. manners**, modo di fare sostenuto; formalismo.

starcher /ˈstɑːtʃə(r)/, *n.* **1** chi inamida; apprettatore, apprettatrice **2** apprettatrice (*macchina*).

starchiness /ˈstɑːtʃɪnəs/, *n.* **1** l'essere inamidato **2** (*fig.*) rigidità; formalismo; sostenutezza.

starching /ˈstɑːtʃɪŋ/, *n.* inamidatura; insaldatura; apprettatura.

starchy /ˈstɑːtʃɪ/, *a.* **1** (*chim.*) amidaceo; amidoso **2** inamidato; insaldato; apprettato **3** (*fig.*) rigido; sostenuto; freddo. ‖ **-ily**, *avv.* ‖ **-iness**, *sost.*

stardom /ˈstɑːdəm/, *n.* (*teatr., cinem.*) **1** celebrità **2** (*collett.*) gruppo di stelle; dive, divi. ● **to rise to s.**, diventare una stella (*o* un divo, una diva).

stardust /ˈstɑːdʌst/, *n.* **1** (*fam.*) polvere cosmica **2** (*fig.*) polvere di stelle; atmosfera di sogno; senso magico.

stare /steə(r)/, *n.* sguardo fisso; il guardar fisso.

to **stare** /steə(r)/, **A** *v. i.* **1** guardar fisso; fissare **2** sbarrare (*o* sgranare) gli occhi: **to make sb. s.**, far sbarrare gli occhi a q.; far restare q. a bocca aperta; sbalordire q. **B** *v. t.* fissare; squadrare: **He stared the stranger up and down**, squadrò ben bene lo sconosciuto. ● **to s. sb. in the face**, guardar fisso q.; fissare in faccia q.; (*di un oggetto*) essere proprio sotto gli occhi (*o* sotto il naso) di q.; (*di una cosa*) saltare agli occhi; essere imminente, apparire inevitabile, incombere, sovrastare: **Ruin stared us in the face**, il disastro appariva imminente (*o* incombeva su di noi) □ **to s. into distance**, guardare in lontananza □ **to s. sb. into silence** (*o* **to s. sb. dumb**), far tacere q. con un'occhiataccia □ **to s. into space**, guardare fisso nel vuoto; fissare il vuoto.

♦ **stare after**, *v. i.* + *prep.* seguire (q.) con lo sguardo, intensamente.

♦ **stare at**, *v. i.* + *prep.* **1** guardare fisso; fissare: **Why is he staring at me?**, perché mai mi fissa? **2** (*fig.*) essere evidente a; saltare agli occhi di; essere sotto gli occhi di: **The solution of the problem had been staring at me all the time**, avevo la soluzione del problema sotto gli occhi da chissà quando, e non me n'ero accorto.

♦ **stare back at**, *v. i.* + *avv.* + *prep.* ricambiare lo sguardo di (q.) fissandolo in viso.

♦ **stare down**, (*USA*) *V.* **stare out, B**.

♦ **stare out**, **A** *v. i.* + *avv.* guardare fisso fuori (*della finestra, ecc.*): **The climber stared out over the valley**, l'alpinista guardava fisso la vallata sottostante. **B** *v. t.* + *avv.* far abbassare lo sguardo a (q.) fissandolo intensamente □ **to s. sb. out of countenance**, sconcertare (*o* mettere in imbarazzo) q. a furia di fissarlo.

starer /ˈsteərə(r)/, *n.* chi guarda fisso; scrutatore, scrutatrice.

starfish /ˈstɑːfɪʃ/, *n.* (*pl.* **starfish, starfishes**) (*zool., Asterias*) stella di mare.

to **stargaze** /ˈstɑːgeɪz/, *v. i.* **1** osservare le stelle (*per trarre auspici*) **2** (*fig. fam.*) sognare a occhi aperti; fantasticare.

stargazer /ˈstɑːgeɪzə(r)/, *n.* **1** (*scherz.*) astronomo; astrologo **2** (*fig.*) chi sogna a occhi aperti; chi ha la testa fra le nuvole.

stargazing /ˈstɑːgeɪzɪŋ/, *n.* **1** (*scherz.*) astronomia; astrologia **2** (*fig.*) il sognare a occhi aperti; fantasticherie (*pl.*).

staring /ˈsteərɪŋ/, **A** *a.* **1** che guarda fisso; che fissa **2** (*di sguardo*) sbalordito; stupefatto **3** (*d'occhio*) sbarrato **4** chiassoso; vistoso; che dà nell'occhio: **a s. yellow dress**, un vistoso abito giallo. **B** *n.* il guardare fisso; sguardo fisso. ● (*fam.*) **s. mad**, matto da legare. ‖ **-ly**, *avv.*

stark /stɑːk/, *a.* **1** duro; nudo; crudo: **the s. truth**, la cruda verità; **s. realism**, crudo realismo **2** desolato; aspro; selvaggio: **the s. landscapes of the Highlands**, i desolati paesaggi delle Highlands **3** (*arc. o poet.*) rigido; stecchito: **s. discipline**, disciplina rigida; **to lie s. in death**, essere morto (stecchito) **4** (*poet.*) forte; gagliardo; robusto **5** (*poet.*) duro; inflessibile; risoluto **6** assoluto; completo; bell'e buono; puro e semplice; vero e proprio: **s. nonsense**, fesserie bell'e buone; **That's s. folly**, questa è pura follia! ● (*fam.*) **s. (raving) mad**, matto da legare □ (*fam.*) **s. naked**, completamente nudo. ‖ **-ly**, *avv.* ‖ **-ness**, *sost.*

starkers /ˈstɑːkəz/, *a. pred.* e *avv.* (*fam. scherz.*) completamente nudo; nudo come un verme; nudo nato.

starless /ˈstɑːləs/, *a.* senza stelle.

starlet /ˈstɑːlət/, *n.* **1** (*astron.*) piccola stella; stellina **2** (*cinem.*) attricetta; stellina; starlet.

starlight /ˈstɑːlaɪt/, **A** *n.* luce delle stelle;

chiarore stellare. **B** *a. attr.* illuminato dalle stelle; stellato: **a s. night**, una notte stellata.

starlike /'stɑːlaɪk/, *a.* **1** luminoso come una stella; brillante; lucente **2** fatto a stella; stellato.

starling (1) /'stɑːlɪŋ/, *n.* (*zool., Sturnus vulgaris*) storno.

starling (2) /'stɑːlɪŋ/, *n.* (*ind. costr.*) palizzata di protezione (*intorno al pilone d'un ponte*).

starlit /'stɑːlɪt/, *a.* illuminato dalle stelle; stellato.

starquake /'stɑːkweɪk/, *n.* (*astron.*) cataclisma stellare (*su un astro*).

starred /stɑːd/, *a.* **1** (*lett.*) ornato (*o* tempestato) di stelle; (*fig.*) costellato **2** (*nei composti*) influenzato dalle stelle; sotto l'influsso degli astri; che ha la buona (*o* la mala) sorte: **ill-s.**, dalla sorte avversa; sfortunato; nato sotto cattiva stella **3** (*tipogr.*) contrassegnato da un asterisco; asteriscato.

starriness /'stɑːrɪnəs/, *n.* fulgore di stelle; radiosità; splendore.

starring /'stɑːrɪŋ/, *a. attr.* (*cinem., teatr., TV*) di (*o* da) stella; di primo piano: **a s. role**, un ruolo di primo piano.

starry /'stɑːrɪ/, *a.* **1** stellato; fulgido di stelle; pieno di stelle: **s. sky**, cielo stellato **2** luminoso come una stella; brillante; fulgente; stellante: **s. eyes**, occhi stellanti. ● (*fam.*) **s.-eyed**, sognante; ingenuo; idealista; di (*o* da) sognatore.

start /stɑːt/, *n.* **1** avvio; inizio; principio; primo passo; (*sport*) partenza; punto (*o* segnale) di partenza: (*sport*) **to give the s.**, dare il segnale della partenza (*o* il via); **to make a false s.**, fare una partenza falsa; **at the s.**, all'inizio; in principio; **from s. to finish**, dal principio alla fine **2** (*specialm. sport*) vantaggio: **The robbers have a four-hour s. on us**, i rapinatori hanno un vantaggio di quattro ore su di noi **3** balzo; sobbalzo; scatto; sussulto; trasalimento: **The prisoner sprang up with a s.**, il prigioniero balzò in piedi di scatto (*o* con un sussulto) **4** (*mecc.*) avviamento: (*di motocicletta*) **kick s.**, avviamento a pedale **5** (*tecn.*) parte che s'è allentata (*o* staccata) **6** (*fam.*) incidente imprevisto; fatto strano **7** (*elab.*) start; inizio di programma. ● (*sport*) **s. line**, linea di partenza □ (*sport*: *atletica*) **«s. list»** (*elenco*), «iscritti» (alla gara); «concorrenti» (*seguono i nomi*) □ (*elab.*) **s.-stop tape drive**, unità a nastro start-stop □ **by fits and starts**, a sbalzi; a intervalli; saltuariamente □ **a false s.**, (*sport*) una falsa partenza; (*fig.*) un passo falso, un cattivo inizio □ (*sport*) **flying s.**, partenza volante □ **for a s.**, tanto per cominciare; in primo luogo □ **to get a s. on sb.**, avvantaggiarsi su q.; mettere q. in svantaggio □ **to give a s.**, sussultare; sobbalzare; trasalire □ **to give sb. a s. in life**, avviare q. in una carriera (*o* in una professione) □ **to have a good s. in life**, partire avvantaggiato nella corsa della vita □ **to make an early s.**, partire di buon'ora □ **to make a fresh s. in life**, rifarsi una vita; ricominciare da capo □ **to make a good s.**, (*sport*) fare una partenza valida; (*fig.*) partire col piede giusto, cominciare bene (*nella vita, negli affari, ecc.*) □ **to wake with a s.**, svegliarsi di soprassalto.

to **start** /stɑːt/, **A** *v. i.* **1** balzare; fare un balzo; sobbalzare; sussultare; trasalire: **The cat started back**, il gatto fece un balzo indietro; **A hare started from the bush**, dal cespuglio balzò fuori una lepre; **They started at the roar of a lion**, trasalirono al ruggito di un leone **2** partire; avviarsi; mettersi in viaggio; prendere le mosse: **She started for Canada last month**, partì il mese scorso per il Canada; **We are going to s. at dawn**, ci metteremo in viaggio all'alba **3** cominciare; aver inizio; mettersi a: **to s. by doing st.**, cominciare col fare q.c.; **to s. to do** (*o* **doing**) **st.**, cominciare a fare q.c.; **The child started crying** (*o* **to cry**), il fanciullo si mise a piangere; **How did the quarrel s.?**, come cominciò (*o* ebbe inizio) la lite? **4** (*di assi, fasciame, ecc.*) disgiungersi; staccarsi **5** (*mecc.*: *di un motore*) avviarsi; mettersi in moto; partire (*fam.*): (*autom.*) **The engine won't s.**, il motore non parte. **B** *v. t.* **1** cominciare; principiare; iniziare; por mano a; intraprendere: **to s. a journey**, iniziare (*o* intraprendere) un viaggio; **We must s. work at once**, dobbiamo cominciare subito il lavoro; **to s. university**, cominciare gli studi universitari **2** avviare; impostare; impiantare; fondare; (*mecc.*) mettere in moto, avviare; far partire (*fam.*): **to s. the fire**, avviare (*o* accendere) il fuoco; **to s. a shop**, avviare (*o* aprire) una bottega; **to s. a new political party**, fondare un nuovo partito politico; **I couldn't s. (up) the engine**, non riuscii a mettere in moto il motore **3** (*caccia*) levare, scovare, stanare (*selvaggina*) **4** disgiungere, far staccare, allentare (*assi, fasciame, ecc.*): **The collision started a plank**, la collisione allentò un'asse del fasciame **5** (*sport*) dare la partenza (*o* il via) a (*cavalli, corridori, ecc.*) **6** sollevare (*una questione*); introdurre (*un argomento*); aprire: **to s. a controversy**, sollevare una controversia; **to s. a discussion**, aprire una discussione. ● **to s. all over (again)**, ricominciare da capo □ **to s. as a worker**, cominciare la carriera da operaio □ (*fig.*) **to s. from scratch**, partire da zero; cominciare dalla gavetta (*fam.*) □ (*fam.*) **to s. something**, attaccare lite; cercare la rissa □ (*autom.*: *di motore*) **when starting**, in fase d'avviamento □ **The cold water started me shivering**, l'acqua fredda mi fece rabbrividire □ (*fam.*) **She has started a baby**, è incinta □ **«Prices s. at two pounds»** (*cartello*), «prezzi a partire da due sterline».

♦**start afresh**, *V.* **start again.**

♦**start again**, *v. i.* + *avv.* **1** ricominciare; cominciare da capo **2** (*fig.*) rifarsi una vita. ● (*fam.*) **Are you starting again?**, ricominci (a dar noia)?; ci risiamo, eh?

♦**start away**, *v. i.* + *avv.* balzare via; scappare (via).

♦**start back**, *v. i.* + *avv.* **1** fare un balzo indietro **2** ripartire; cominciare il viaggio di ritorno.

♦**start for**, *v. i.* + *prep.* partire per: **When do you s. for Rome?**, quando parti per Roma?

♦**start in**, *v. i.* + *avv.* cominciare; iniziare; principiare: **Let's s. in at once!**, cominciamo subito!; **I want to s. in to redecorate the house**, voglio iniziare a dare una rinfrescata alla casa.

♦**start in on**, *v. i.* + *avv.* + *prep.* (*fam.*) **1** incominciare, mettersi a: **Let me s. in on ironing**, cominciamo a stirare!; **to s. in on the food**, mettersi a mangiare **2** mettersi a inveire contro (q.); attaccare; prendersela con (q.): **He always starts in on me**, se la prende sempre con me.

♦**start off**, **A** *v. i.* + *avv.* **1** balzare via; scappare: **The hare started off**, la lepre scappò **2** partire; andarsene; andare; (*di nave*) salpare; (*di aereo*) decollare: **to s. off walking**, andarsene a piedi; **to s. off for work**, andare al lavoro **3** incominciare, cominciare (*a fare, col dire, ecc.*); avere avuto l'intenzione di; partire (*fig.*): **I started off to write the book myself, but then gave up**, ero partito per scrivere il libro da solo, ma poi rinunciai; **He started off by attacking the Labour Party**, cominciò il discorso con un attacco ai laburisti. **B** *v. t.* + *avv.* **1** far incominciare; dare il via a (q.); avviare: **to s. off one's students on the study of physics**, far incominciare ai propri studenti l'apprendimento della fisica; **to sb. off as a doctor**, avviare q. alla professione medica **2** fare in modo che (q.) dia la stura a: **Don't s. grandpa off on the story of his serving in the last war**, evita che il nonno dia la stura ai suoi ricordi di quand'era in guerra! □ **to s. off a bank account**, aprire un conto in banca □ **to s. off crying**, cominciare a piangere □ (*fig.*) **to s. off on the right [wrong] foot**, cominciare con il piede giusto [sbagliato].

♦**start on**, *v. i.* + *prep.* **1** cominciare a (*fare, mangiare, bere, ecc.*); affrontare; aprire: **Let's s. on a new case**, affrontiamo un caso nuovo!; **We'd already started on a second bottle of beer**, avevamo già aperto la seconda bottiglia di birra **2** (*fam.*) mettersi a inveire contro (q.); attaccare; prendersela con (q.) □ (*aeron.*) **to s. on a flight**, decollare □ **to s. on a journey**, cominciare un viaggio □ **to s. on a new enterprise**, imbarcarsi in una nuova impresa.

♦**start out**, **A** *v. i.* + *avv.* **1** balzare fuori (*da un cespuglio, ecc.*); scappare (via) **2** svegliarsi di botto (*o* di soprassalto) **3** *V.* **start off, A**, *def. 2* e *3* **4** mettersi (*a fare q.c.*): **to s. out in business**, mettersi in affari. **B** *v. t.* + *avv.* **1** *V.* **start off, B**, *def. 1* **2** svegliare (q.) bruscamente □ **to s. out as a doctor**, cominciare a fare il medico □ **to s. sb. out of his sleep**, svegliare bruscamente q. □ **As a young man he had started out to reform the world**, da giovane aveva creduto di poter riformare il mondo □ **His eyes were starting out of his head**, aveva gli occhi fuori della testa (*o* delle orbite).

♦**start over**, *v. i.* + *avv.* (*USA*) ricominciare; cominciare da capo.

♦**start up**, **A** *v. i.* + *avv.* **1** balzare su (*o* in piedi); saltare fuori; levarsi: **A pheasant started up**, si levò un fagiano **2** sussultare; sobbalzare: **A knock at the door made him s. up**, un colpo alla porta lo fece sobbalzare **3** (*autom., ecc.*: *di un motore*) mettersi in moto; avviarsi: **The car is starting up**, l'auto sta andando in moto **4** (*fig.*) mettersi (*in un'attività*): **to s. up in insurance**, mettersi a fare l'assicuratore **5** (*fig.*: *di un dubbio, una moda, ecc.*) sorgere; venir fuori (*fam.*). **B** *v. t.* + *avv.* **1** far alzare, stanare, levare (*la selvaggina*) **2** (*autom.*) mettere in moto, avviare (*il motore*) **3** (*fig.*) avviare, instradare (*q. in una professione, ecc.*); avviare (*un'attività, un'azienda, ecc.*) □ **to s. up a conversation with sb.**, attaccare discorso con q.

♦**start with**, *v. i.* + *prep.* **1** cominciare con: **The lunch started with appetizers**, il pranzo cominciò con gli antipasti; **The day started with rain**, la giornata cominciò con la pioggia **2** sussultare, sobbalzare per: **The old woman started with fright**, la vecchia sobbalzò per lo spavento □ **to s. with**, tanto per cominciare, in primo luogo, per dirne una; all'inizio, in principio: **To s. with, I haven't the slightest idea what to do**, tanto per cominciare, non ho la più pallida idea di che cosa fare; **We had a capital of £ 10,000 to s. with**, all'inizio avevamo un capitale di diecimila sterline □ **starting with you**, a cominciare da te.

starter /'stɑːtə(r)/, *n.* **1** chi comincia; iniziatore **2** (*sport*) partente: **Of ten starters only four finished the race**, su dieci partenti, ne arrivarono solo quattro **3** (*sport*) starter; mossiere **4** (*elettr., elettron.*) avviatore; starter **5** (*autom., mecc.*; = **self-s.**) starter; motore (*o* motorino) d'avviamento: **The s. is jammed**, il motorino d'avviamento s'è bloccato **6** (*fam.*) prima portata; primo piatto: **Would you like tomato soup as a s.?**, ti va la crema di pomodoro come primo? **7** (*caccia*) cane che stana la preda. ● (*autom., elettr.*) **s. battery**, batteria d'avviamento □ (*edil.*) **s. home**, casa (*o* casetta) per una persona (*o* per una coppia) giovane □ (*autom.*) **s. motor**, motorino d'avviamento □ (*autom.*) **s. shaft**, alberino (*del motore d'avviamento*) □ (*fam.*) **for starters**, tanto per cominciare; come inizio □ **a slow s.**, (*sport*) un concorrente (cavallo, ecc.) lento alla partenza; (*fig.*) chi va piano all'inizio (*di un lavoro, ecc.*) □ **to be under s.'s orders**, (*sport*) essere al palo (*o* ai cancelli) di partenza; (*fig.*) non vedere l'ora di cominciare.

starting /'stɑːtɪŋ/, **A** *n.* **1** inizio; avvio; partenza (*anche sport*) **2** (*mecc.*) avviamento (*anche fig.*); messa in moto **3** (*econ.*) avviamento (*di un'azienda*); lancio (*di un prodot-*

to). **B** *a.* **1** iniziale; d'inizio: **s. salary**, stipendio iniziale **2** (*sport*) che gioca (fin) dall'inizio: **the s. goalkeeper**, il portiere messo in campo all'inizio (della partita). ● (*sport*) **s. blocks**, blocchi di partenza □ (*nei cinodromi*) **s. box**, gabbia di partenza □ (*fin., rag.*) **s. capital**, capitale iniziale □ (*autom.*) **s. device**, starter (*dispositivo d'avviamento di carburatore*) □ **s. gate**, barriera mobile (*per la partenza dei cavalli*); cancelletto di partenza (*di sciatore*) □ (*autom., sport*) **s. grid**, griglia di partenza □ (*mecc.*) **s. handle**, manovella di avviamento □ (*sport*) **s. line**, linea di partenza □ (*autom.*) **s. motor**, motorino d'avviamento □ **s. point**, punto di partenza; inizio □ (*sport*) **s. post**, palo di partenza □ (*comm.*) **s. price**, prezzo di partenza (*a un'asta*) □ (*sport*) **s. prices**, quotazioni di cavalli alla partenza; ultime puntate □ **s.-up**, avviamento (*mecc.* e *fig.*).

startle /ˈstɑːtl/, *n.* sussulto; sobbalzo; trasalimento; soprassalto.

to **startle** /ˈstɑːtl/, **A** *v. t.* **1** far sussultare; far trasalire; allarmare; sbigottire; spaventare; sgomentare: **The hare was startled by the hounds**, la lepre fu spaventata dai cani **2** svegliare (q.) di soprassalto. **B** *v. i.* sussultare; sobbalzare; trasalire: **to s. at a sudden noise**, trasalire a un rumore improvviso. ● **to s. sb. out of his mind** (*o* **wits**), sconcertare, spaventare q. (a morte).

startled /ˈstɑːtld/, *a.* sbigottito; spaventato; allarmato. ● **a s. cry**, un grido d'allarme.

startler /ˈstɑːtlə(r), -təl-/, *n.* **1** chi spaventa; chi sgomenta; allarmista **2** notizia che mette in allarme; fatto allarmante.

startling /ˈstɑːtlɪŋ, -təl-/, *a.* sorprendente; allarmante: **s. news**, notizie allarmanti; **a s. discovery**, una scoperta sorprendente. ‖ **-ly**, *avv.*

start-up /ˈstɑːtʌp/, *n.* **1** (*econ.*) avviamento (*di un'azienda*); lancio (*di un prodotto*) **2** (*elab.*) (operazione di) avviamento **3** (*fig.*) inizio; primi passi. ● (*fin.*) **s. company**, società in fase d'avviamento □ (*fin.*) **s. costs**, costi iniziali (*o* d'avviamento) □ (*fin.*) **s. loan**, mutuo per l'avviamento.

starvation /stɑːˈveɪʃn/, *n.* **1** inedia; fame: **to die of s.**, morire d'inedia **2** morte d'inedia **3** (*fig.*) mancanza di risorse. ● **s. wages**, salario da fame.

to **starve** /stɑːv/, **A** *v. i.* **1** (*anche* **to s. to death**) morire di fame **2** essere affamato; languire; (*fam.*) avere una fame da lupo: **I am simply starving**, ho una fame da lupo **3** (*fig.*) morire dalla voglia: **I'm starving for home**, muoio dalla voglia di andare a casa mia **4** (*di una pianta*) deperire; intristire. **B** *v. t.* **1** affamare; far morire di fame **2** (*fig.*) ridurre all'osso: (*fin.*) **to s. one's reserves**, ridurre all'osso le riserve. ● **to s. a city into submission**, costringere una città alla resa per fame; prendere una città per fame □ **to s. for**, avere un gran desiderio di; essere assetato di; struggersi di: **He is starving for friendship**, è assetato d'amicizia □ **to s. sb. out**, costringere q. alla resa per fame (*o anche*, rifiutando un aiuto finanziario); prendere q. per fame □ **to be starved**, morir di fame □ **to be starved for love**, avere un bisogno estremo di affetto □ **to be starved of all resources**, essere privato d'ogni risorsa □ (*autom.*) **The engine is starved of petrol**, la benzina non arriva al motore.

starveling /ˈstɑːvlɪŋ/, *n.* (*arc. o lett.*) morto di fame (*fig.*); uomo (*o* animale) famelico (*o* malnutrito).

starving /ˈstɑːvɪŋ/, *a.* affamato; famelico.

stash /stæʃ/, *n.* (*fam.*) **1** nascondiglio; roba nascosta **2** droga per uso personale **3** (*pop. USA*) baffi.

to **stash** /stæʃ/, *v. t.* (*fam., anche* **to s. away**) mettere da parte; riporre; nascondere: **to s. away the loot**, nascondere il bottino. ● **to s. money under the bed**, tenere i soldi sotto il materasso (*o* sotto un mattone).

stasis /ˈsteɪsɪs, ˈstæsɪs/, *n.* (*pl.* **stases**) (*med.* e *fig.*) stasi.

stat /stæt/, *n.* (*fam.*) termostato.

state /steɪt/, **A** *n.* **1** (*solo al sing.*) stato; condizione; disposizione; grado; situazione: **s. of health**, stato di salute; **mental s.**, stato di mente; **s. of mind**, disposizione d'animo; **He was in a s. of melancholy**, era in uno stato d'animo malinconico; **She is in no s. to do the housework**, ella non è in grado di fare i lavori domestici; **financial s.**, situazione finanziaria; (*fis.*) **to be in a solid s.**, essere allo stato solido **2** (*polit.*) stato; paese; nazione: **affairs of s.**, affari di Stato; **Church and S.**, la Chiesa e lo Stato; **the United States of America**, gli Stati Uniti d'America **3** cerimonia; pompa; parata; gala: **to dine in s.**, pranzare in pompa magna; **The Queen received the ambassador in s.**, la regina ricevette l'ambasciatore con grande pompa (secondo il cerimoniale); **robes of s.**, abiti da parata **4** dignità; posizione sociale; alto rango; stile di vita: **luxuries befitting his s.**, lussi che si addicono al suo alto rango; **to keep a high s.**, tenere uno stile di vita elevato **5** (*pl.*) (*fam. USA*) **the States**, gli Stati Uniti **6** (*arc.*) trono; baldacchino. **B** *a. attr.* **1** di (*o* dello) stato; statale; pubblico: **s. visit**, visita di stato; **s. papers**, documenti di stato; **s. schools**, scuole statali; scuole pubbliche **2** di (*o* da) cerimonia; di gala; di lusso: **s. coach**, carrozza di gala; (*naut.*) **s. cabin**, cabina di lusso **3** di rappresentanza; ufficiale: **s. apartments**, appartamenti di rappresentanza; **a s. reception**, un ricevimento ufficiale **4** (*USA*) – **S.**, dello (*o* di uno) Stato (*dei 50 che formano l'Unione*): **the S. Senate**, il Senato dello Stato (*di cui si scrive o si parla*). ● **s. agency**, ente pubblico □ (*econ.*) **s.-aided**, sovvenzionato dallo stato □ (*leg., USA*) **S.'s Attorney**, Procuratore dello Stato (*non federale*) □ **a s. ball**, un ballo a corte □ (*fin., USA*) **a s. bank**, una banca di un singolo Stato (*non una «national-bank»*) □ (*fin.*) **s. bond**, titolo di stato □ **s. border**, confine di stato; (*in U.S.A.*) confine di uno Stato □ (*econ.*) **s. capitalism**, capitalismo di stato □ (*fin.*) **s. conglomerate**, conglomerata pubblica (*come l'I.R.I. in Italia*) □ (*econ.*) **s.-controlled**, a controllo (*o* a partecipazione) statale; parastatale; dirigistico: **s.-controlled enterprise**, azienda a partecipazione statale; **s.-controlled body**, ente parastatale; **s.-controlled economy**, economia dirigistica □ (*econ.*) **s.-controlled price**, prezzo di calmiere □ (*in U.S.A.*) **the S. Department**, il Dipartimento di Stato (*il Ministero degli Esteri*) □ (*leg., USA*) **S.'s evidence**, testimonianza a carico (*nel processo penale*); testimone d'accusa: **to turn S.'s evidence**, testimoniare a carico dei complici (*o* dei colpevoli; *cfr. ingl.* **Queen's evidence**) □ (*econ.*) **s. finance**, finanza pubblica □ **s. forest**, foresta demaniale □ (*fin.*) **s. holding company**, finanziaria pubblica; ente di gestione □ (*in U.S.A.*) **S. line**, confine di (uno) Stato □ (*econ.*) **s. monopoly**, monopolio di stato □ **s.-of-the-art**, all'avanguardia, il più avanzato, modernissimo □ (*stor.*) **the States of the Church** (*o* **the Papal States**), lo Stato Pontificio □ **s. of war**, stato di guerra □ (*in G.B.*) **S. Opening of Parliament**, (cerimonia di) apertura ufficiale del nuovo parlamento □ (*econ.*) **s.-owned**, di proprietà dello stato; pubblico: **s.-owned agencies**, enti pubblici; **s.-owned enterprise**, azienda di stato □ (*econ.*) **s.-planned economy**, economia pianificata □ (*econ.*) **s. planning**, pianificazione statale □ (*leg., USA*) **S. prison**, prigione per rei di crimini gravi □ **s. property**, beni dello stato; demanio □ **s. religion**, religione di stato □ (*in U.S.A.*) **S. Secretary**, Segretario di Stato (*Ministro degli Esteri*) □ (*polit.*) **s. socialism**, socialismo reale □ (*fisc., USA*) **S. tax**, imposta statale (*o* locale) (*cfr. «Federal tax»*) □ (*econ.*) **s.-trading countries**, paesi a commercio di Stato □ **s. trial**, processo politico □ (*USA*) **S. trooper**, agente della polizia di (un singolo) Stato □ **s. university**, università statale □ (*elab.*) **s. vector**, vettore di stato □ **affairs of s.**, affari di stato □ (*stor. USA*) **a free S.**, uno Stato antischiavista □ (*fam.*) **to get into a s.**, agitarsi; innervosirsi □ (*relig.* e *fig.*) **to be in a s. of grace**, essere in stato di grazia □ (*fam.*) **to be in a real** (*o* **quite in a**) **s.**, essere ridotto male; essere tutto agitato, turbato: **He was quite in a s. about his dismissal**, era tutto agitato per il licenziamento; **Look what a s. you're in!**, guarda come ti sei ridotto! □ **to lie in s.**, essere esposto solennemente nella camera ardente (*nei funerali di stato*) □ **to live in s.**, fare vita da gran signore □ (*stor. USA*) **a slave S.**, uno Stato schiavista □ **His affairs are in a bad s.**, gli affari gli vanno male □ **My house is in a good s. of repair**, la mia casa non ha bisogno di riparazioni.

to **state** /steɪt/, *v. t.* **1** dichiarare; affermare; asserire; esprimere; esporre; formulare; spiegare; specificare: **I've stated my opinion**, ho espresso la mia opinione; **The witness stated the facts very clearly**, il teste espose i fatti con grande chiarezza; **You must s. full particulars**, devi spiegare tutto nei minimi particolari; **He did not s. why**, non specificò il motivo **2** determinare; fissare; stabilire: **No precise time had been stated**, non era stata fissata un'ora esatta **3** (*leg.*: *di un contratto, ecc.*) stabilire; prevedere **4** **to s. terms and conditions**, stabilire le condizioni **5** (*mat.*) esprimere in simboli (*o* con formule: *un problema, ecc.*) **6** (*fin.*) esprimere: **to s. an account in dollars**, esprimere un conto in dollari. ● **to s. one's case**, esporre le proprie ragioni; (*leg.*) esporre i fatti □ (*bur.*) **to s. one's name and address**, declinare le generalità e dare il proprio indirizzo □ (*leg.*) **to s. reasons for a judgment**, motivare una sentenza □ (*nelle offerte di lavoro*) **«S. salary required»**, «indicare le pretese».

statecraft /ˈsteɪtkrɑːft, *USA* -æft/, *n.* (*polit.*) arte di governare; abilità politica.

stated /ˈsteɪtɪd/, *a.* **1** determinato; fissato; stabilito; fisso: **The film will be shown at the s. times**, lo spettacolo (cinematografico) sarà presentato a ore fisse (*o* alle ore stabilite) **2** asserito; dichiarato; accampato: **his s. motive**, il motivo da lui accampato. ● **s. age**, età dichiarata □ (*fin.*) **s. capital**, capitale dichiarato □ **account s.**, conto approvato (*dal debitore*); (*anche*) conto liquidato.

statehood /ˈsteɪthʊd/, *n.* (*polit.*) **1** condizione di stato: (*stor. USA*: *di un territorio*) **to achieve s.**, diventare uno Stato dell'Unione **2** entità statale; stato (*di una Federazione*).

stateless /ˈsteɪtləs/, *a.* senza nazionalità; apolide. ● **a s. person**, un apolide.

stateliness /ˈsteɪtlɪnəs/, *n.* grandiosità; importanza; maestà; nobiltà.

stately /ˈsteɪtlɪ/, *a.* grandioso; imponente; maestoso; nobile; solenne: **s. bearing**, portamento maestoso; **s. ceremony**, cerimonia solenne. ● (*archit.*) **s. home**, dimora signorile; villa (*o* palazzo) monumentale (*o* d'interesse storico e artistico).

statement /ˈsteɪtmənt/, *n.* **1** dichiarazione; affermazione; asserzione: **The s. is unfounded**, l'asserzione è infondata **2** esposizione (*di un'opinione, ecc.*) **3** formulazione: **A more precise s. is needed**, ci vuole una formulazione più precisa **4** (*banca, comm.*) rendiconto; estratto conto: **quarterly statements**, rendiconti trimestrali; **annual s.**, rendiconto di gestione **5** comunicato: **an official s.**, un comunicato ufficiale **6** (*elab.*) istruzione; frase; enunciato **7** (*leg.*) dichiarazione; relazione; rapporto; verbale (*fatto alla polizia*) **8** (*org. az.*) rapporto; resoconto. ● (*banca, rag.*) **s. of account**, estratto conto □ (*rag.*) **s. of accumulated profits**, conto economico □ (*leg.*) **s. of the accused**, dichiarazioni dell'imputato □ **s. of affairs**, (*rag.*) rendiconto dell'attivo e del passivo; (*leg.*) bilancio del fallimento □ (*rag.*) **s. of assets and liabilities**, stato patrimoniale (*di un'azienda*) □ (*leg.*) **s. of claim**, dichiarazione dell'attore, denuncia (*nel processo civile*) □ (*leg.*) **s. of defence**, replica del convenuto, difesa (*nel processo civile*) □ **s. of expenses**, conto spese, nota spese □ (*ass.*) **s. of loss**, dichiarazione del danno, denuncia di sinistro □ (*rag.*) **s. of net proceeds**, conto del ricavo netto □ (*rag.*) **s. of profit and loss**, conto profitti e perdite; conto economico □ (*leg.*) **s. of reasons**, motivazione (*di una sentenza*) □ (*elab.*) **control s.**, specifica di controllo □ (*leg.*) **final s.**, comparsa conclusionale □ (*leg.*) **s. made by a witness**, deposizione testimoniale □ (*leg.*) **to make false statements**, dichiarare il falso.

stater /'steɪtə(r)/, *n.* (*stor.*) statere (*moneta greca*).

stateroom /'steɪtru:m, -rʊm/, *n.* **1** sala di rappresentanza; salone per cerimonie **2** (*naut.*) cabina di lusso **3** (*ferr.*) scompartimento riservato.

Stateside /'steɪtsaɪd/, (*pop. USA*) **A** *a.* degli (*o* negli) Stati Uniti: **a S. magazine**, una rivista americana. **B** *avv.* negli (*o* verso gli) Stati Uniti.

statesman /'steɪtsmən/, *n.* (*pl.* **statesmen**) uomo di stato; statista.

statesmanlike /'steɪtsmənlaɪk/, **statesmanly** /'steɪtsmənlɪ/, *a.* di statista, da statista; da uomo di stato.

statesmanship /'steɪtsmənʃɪp/, *n.* (*polit.*) arte di governare; grandezza di statista; saggezza politica.

stateswoman /'steɪtswʊmən/, *n.* (*pl.* **stateswomen**) statista (*donna*).

static /'stætɪk/, **A** *a.* statico (*anche scient.*); stazionario: **s. electricity**, elettricità statica; (*fis.*) **s. balance**, equilibrio statico; (*mecc.*) **s. load**, carico statico; (*econ.*) **s. equilibrium**, equilibrio statico; **The situation is s.**, la situazione è stazionaria. **B** *n.* **1** (*radio, TV*) scarica statica **2** (*pop. USA*) lagnanze; reclami; rimostranze. ● (*mecc. dei fluidi*) **s. head**, altezza piezometrica □ (*stat.*) **a s. population**, una popolazione stabile (*o* stazionaria) □ (*fisiol.*) **s. reflex**, riflesso posturale.

statical /'stætɪkl/, *a.* statico; stazionario (*V.* **static**). ‖ **-ly**, *avv.*

statice /'stætəsɪ, 'stætɪs/, *n.* (*bot.*, *Statice armeria*) statice.

statics /'stætɪks/, *n. pl.* **1** (*col verbo al sing.*) (*fis.*) statica **2** (*radio, TV*) scariche statiche; disturbi di origine elettrostatica.

station /'steɪʃn/, *n.* **1** (*trasp.*) stazione; scalo: **bus s.**, stazione di autobus; **boat s.**, stazione d'imbarco; **railway s.**, stazione ferroviaria; **terminal s.**, stazione di testa; **goods s.**, scalo merci; (*naut.*) **boarding s.**, scalo doganale **2** (*econ., scient., mil., ecc.*) stazione; centrale; impianto; base; posto operativo: (*naut.*) **bunkering s.**, stazione di bunkeraggio; **coaling s.**, stazione di carbonamento; **weather s.**, stazione meteorologica; (*naut.*) **naval s.**, stazione (*o* base) navale; **space s.**, stazione spaziale; (*naut.*) **range-finding s.**, stazione telemetrica; (*USA*) **central s.**, centrale elettrica; **police s.**, posto di polizia; **first-aid s.**, posto di pronto soccorso **3** (*mil.*) guarnigione: **to be on s.**, essere di guarnigione **4** (*polit.*) seggio: **polling s.**, seggio elettorale **5** (*radio, TV*) stazione; emittente: **to get** (*o* **to pick up**) **a s.**, prendere una stazione; **radio s.**, stazione radiofonica; **TV s.**, emittente televisiva **6** (*relig.*) stazione (*della Via Crucis*) **7** posto assegnato; posto di manovra; postazione; (*naut.*) posto (*di navi informazione*): **to take up a s. in**, prendere posto, stabilirsi in; **to be out of s.**, non essere al proprio posto; **The ship was out of s.**, la nave non era al suo posto nel convoglio; (*mil.*) **action s.**, posto di combattimento!; (*naut.*) **Take your stations!**, ai posti di combattimento!; (*naut.*) **Every man to his s.!**, tutti ai posti di manovra! **8** (*biol.*) habitat; ambiente **9** (*topogr.*) posto (*o* punto) di rilevamento **10** (*USA*) ufficio postale **11** (*telef., USA*) (numero) interno **12** (*Austr.*) allevamento; fattoria: **a sheep s.**, un allevamento di pecore **13** (*arc.*) posizione (*o* condizione) sociale; ceto; rango; grado: **men of (exalted) s.**, uomini d'alto rango; **the duties of one's s.**, i doveri inerenti al proprio grado; **to marry below one's s.**, sposare una persona di condizione inferiore. ● (*ferr., USA*) **s. agent**, capostazione □ (*mil.*) **s. bill**, ruolo delle destinazioni □ (*ferr.*) **s. calendar**, tabella delle partenze dei treni □ **s. house**, guardina; (*ferr.*) stazione secondaria, stazioncina; (*USA*) stazione (*o* posto) di polizia; caserma dei pompieri □ (*ferr.*) **s. manager**, capostazione □ (*relig.*) **the Stations of the Cross**, le stazioni della Via Crucis; le stazioni del Calvario □ (*topogr., naut.*) **s. pointer**, staziografo; rapportatore a tre aste □ **s. rod**, stadia □ (*ferr.*) **s. roof**, pensilina □ (*autom., USA*) **s. wagon**, familiare; station wagon □ (*mil.*) **to be at action stations**, essere sul piede di guerra □ **coastguard s.**, stazione della guardia costiera □ (*sport*) **control s.**, posto di controllo □ (*autom.*) **filling s.**, posto di rifornimento □ **fire s.**, caserma dei pompieri □ (*naut.*) **fire-control s.**, stazione di direzione del tiro □ **hydro-electric s.**, centrale idroelettrica □ **lifeboat s.**, stazione di salvataggio □ **military s.**, base militare; guarnigione □ **power s.** (*o* **thermal s.**), centrale termoelettrica □ **to take up one's s.**, prendere il proprio posto; (*mil.*) montare di guardia.

to **station** /'steɪʃn/, **A** *v. t.* collocare; assegnare (*a un posto*); appostare; disporre; mettere: **The captain stationed his men by the river**, il capitano appostò i suoi uomini presso il fiume. **B** to **station oneself**, *v. rifl.* collocarsi; appostarsi; mettersi. ● (*mil.*) **to s. sentries**, mettere sentinelle □ (*mil.*) **to be stationed at**, essere di guarnigione a.

stationariness /'steɪʃənrɪnəs/, *n.* stazionarietà.

stationary /'steɪʃənrɪ, *USA* -nerɪ/, **A** *a.* **1** stazionario; fermo; fisso: (*stat.*) **s. population**, popolazione stazionaria; **The patient's condition is s.**, le condizioni del paziente sono stazionarie; **Oil prices are s.**, i prezzi del petrolio sono stazionari; (*mil.*) **a s. gun**, un cannone fisso; (*ind.*) **s. machinery**, macchinario fisso; **s. target**, bersaglio fermo **2** (*mil., arc.*) di stanza: **s. troops**, truppe di stanza. **B** *n.* (*arc.*) persona sedentaria. ● (*med.*) **s. diseases**, malattie endemiche □ **a s. object**, un oggetto immobile □ (*miss.*) **s. orbit**, orbita stazionaria (*o* geostazionaria) □ (*miss.*) **s. satellite**, satellite stazionario □ **s. vehicle**, veicolo che staziona □ **to remain s.**, restar fermo (*in un luogo*); restare immobile, non muoversi.

stationer /'steɪʃnə(r)/, *n.* cartolaio. ● **Stationers' Hall**, palazzo della Corporazione dei Librai (*con ufficio di tutela dei diritti d'autore*) □ **s.'s shop**, cartoleria.

stationery /'steɪʃnərɪ, *USA* -nerɪ/, *n.* **1** articoli di cancelleria; cancelleria **2** carta da lettere. ● **s. department**, reparto cancelleria □ **s. rack**, portacarte □ (*in G.B.*) **H.M.S. Office**, Istituto Poligrafico dello Stato.

stationmaster /'steɪʃnmɑ:stə(r), *USA* -æst-/, *n.* (*ferr.*) capostazione.

statism /'steɪtɪzəm/, *n.* (*polit.*) statalismo.

statist /'steɪtɪst/, **A** *n.* **1** statistico; studioso di statistica **2** (*polit.*) statalista **3** (*arc.*) statista. **B** *a. attr.* statalista.

statistic (**1**) /stə'tɪstɪk/, *a.* statistico.

statistic (**2**) /stə'tɪstɪk/, *n.* **1** statistica (*raccolta di dati*) **2** costante campionaria.

statistical /stə'tɪstɪkl/, *a.* statistico: **s. findings**, rilevazioni statistiche; **s. data**, dati statistici; statistiche; **s. sample**, campione statistico. ‖ **-ly**, *avv.*

statistician /stætɪ'stɪʃn/, *n.* studioso di statistica; statistico.

statistics /stə'tɪstɪks/, *n. pl.* **1** (*col verbo al sing.*) statistica (*la scienza*) **2** statistiche: **s. on house ownership**, statistiche sul numero dei proprietari di case.

stative /'steɪtɪv/, *a.* (*ling.*) stativo: **See is a s. verb**, «to see» è un verbo stativo.

statolatry /steɪ'tɒlətrɪ/, *n.* (*polit., raro*) statolatria.

stator /'steɪtə(r)/, *n.* (*elettr.*) statore (*di un motore elettrico*). ● **s. armature**, indotto fisso.

statoscope /'stætəʊskəʊp/, *n.* (*fis., aeron.*) statoscopio.

stats /stæts/, *n. pl.* (*pop. USA*) statistiche; dati statistici.

statuary /'stætʃʊərɪ, *USA* -ʊerɪ/, **A** *a.* statuario: **s. art**, arte statuaria; statuaria; **s. marble**, marmo statuario. **B** *n.* **1** arte statuaria; statuaria **2** (*collett.*) collezione di statue; statue.

statue /'stætʃu:/, *n.* (*arte*) statua: **equestrian s.**, statua equestre.

statued /'stætʃu:d/, *a.* (*raro*) **1** ornato di statue **2** raffigurato in statua; scolpito.

statuesque /stætʃʊ'esk/, *a.* scultorio; di statua; statuario: **s. beauty**, bellezza statuaria.

statuette /stætʃʊ'et/ (*franc.*), *n.* statuetta; statuina.

stature /'stætʃə(r)/, *n.* statura (*anche fig.*); altezza: **moral s.**, statura morale. ● **to be short of s.**, essere basso (di statura).

status /'steɪtəs, 'stæ-/, *n.* **1** condizione sociale; classe; ceto; grado; posizione: **his s. among novelists**, la sua posizione fra i romanzieri **2** stato; punto; situazione: **What's the s. of the peace talks?**, a che punto sono le trattative di pace? **3** (*leg.*) stato giuridico. ● (*banca*) **s. inquiry**, indagine sulla solvibilità □ **the s. quo**, lo status quo □ **s. seeker**, chi cerca di migliorare la sua condizione sociale; arrampicatore sociale □ **s. seeking**, (*agg.*) arrivista; (*sost.*) arrivismo □ **s. symbol**, simbolo di successo; status symbol □ **to confer s. on sb.**, conferire prestigio a q.

statutable /'stætʃʊtəbl/, *V.* **statutory**.

statute /'stætʃu:t, -tju:t/, *n.* (*leg.*) **1** statuto (*di un ente*) **2** legge (*del parlamento*). ● **statutes at large**, leggi parlamentari nel testo integrale □ (*leg.: di un diritto*) **s.-barred**, caduto in prescrizione □ (*leg.*) **s. book** (*o* **s. roll**), raccolta di leggi (*anche fig.*): (*di una disposizione, ecc.*) **to be on the s. book**, essere in vigore □ (*leg.*) **s. law**, la legge scritta; il corpus delle leggi parlamentari (*approvate dal Parlamento britannico dal 1832 in avanti*; *cfr.* **common law**) □ **s. mile**, miglio ufficiale (*pari a m 1 610 circa*) □ (*leg.*) **s. of limitations** (*o* **s. of repose**), legge sulla prescrizione.

statutory /'stætʃʊtrɪ, *USA* -tɔ:rɪ/, *a.* (*leg.*) **1** statutario; fissato (*o* prescritto, autorizzato) dalla legge scritta; legale: **s. provisions**, norme fissate dalla legge; **s. holiday**, giorno festivo legale **2** (*di reato*) punibile a norma di legge. ● (*fisc.*) **s. allowance**, detrazione ammessa □ (*fin.*) **s. books**, libri contabili obbligatori □ (*leg., fin.*) **s. meeting**, prima assemblea degli azionisti □ (*USA*) **s. rape**, corruzione di minorenne □ (*fin.*) **s. report**, relazione finanziaria della prima assemblea degli azionisti □ (*fin.*) **s. reserve**, riserva legale (*o* statutaria, obbligatoria).

staunch /stɔ:ntʃ, *USA* stɑ:ntʃ/, *a.* **1** fedele; fidato; fido; devoto; leale: **a s. supporter**, un fido sostenitore; **a s. friend**, un amico devoto **2** solido; resistente; robusto: **a s. wall**, un muro solido **3** (*naut.*) solido; in buone condizioni. ‖ **-ly**, *avv.* ‖ **-ness**, *sost.*

to **staunch** /stɔ:ntʃ, *USA* stɑ:ntʃ/, *V.* **to stanch**.

staurolite /'stɔ:rəlaɪt/, *n.* (*miner.*) staurolite.

stauroscope /'stɔ:rəskəʊp/, *n.* (*scient., miner.*) stauroscopio.

stave /steɪv/, *n.* **1** (*di botte*) doga **2** bastone; verga; asta di legno **3** (*di scala di legno*) piolo **4** (*mus.*) rigo; pentagramma **5** (*poesia, arc.*) strofa; stanza. ● (*letter.*) **s. rhyme**, allitterazione.

to **stave** /steɪv/ (*pass. e p. p.* **stove, staved**), **A** *v. t.* **1** (*di solito* **to s. in**) sfondare; schiacciare; deformare (*un cappello, ecc.*): **to s. in the top of a box**, sfondare il coperchio d'una scatola **2** fornire (*una botte, ecc.*) di doghe. **B** *v. i.* sfondarsi; schiacciarsi; deformarsi: **Our boat stove in as we hit the rock**, quando urtammo lo scoglio, la barca si sfondò. ● **to s. in one's ribs**, rompersi le costole □ **to s. off**, allontanare, tenere alla larga (*importuni, ecc.*); evitare; scansare; sottrarsi a: **to s. off a disaster**, evitare un disastro; **to s. off arrest**, sottrarsi all'arresto (*con la fuga*) □ (*pop. USA*) **to be stove up**, essere stanco morto; non poterne più.

staves /steɪvz/, *pl.* di **staff (1)** e **(3)**.

stavesacre /ˈsteɪvzeɪkə(r)/, *n.* (*bot., Delphinium staphysagria*) stafisagria.

stay (1) /steɪ/, *n.* **1** soggiorno; permanenza; sosta; degenza: **a long s.**, una lunga permanenza; **a short s.**, un breve soggiorno; **He had a long s. in the hospital**, fece una lunga degenza in ospedale **2** (*leg.*) sospensione; cancellazione (*di una causa*); innammissibilità (*di un'azione*): **The offender was granted a s. of execution**, al colpevole fu concessa una sospensione dell'esecuzione della condanna **3** (*lett.*) freno; ostacolo; impedimento; remora: **He will endure no s.**, non sopporta alcun freno; **a s. upon my activity**, una remora alla mia attività **4** (*fam.*) resistenza; durata. ● (*leg.*) **s. law**, moratoria □ (*med.*) **long-s. patients**, lungodegenti.

stay (2) /steɪ/, *n.* **1** (*anche fig.*) appoggio; sostegno; puntello: **This boy will be the s. of my old age**, questo ragazzo sarà il sostegno (*o* il bastone) della mia vecchiaia **2** (*naut.*) strallo, straglio **3** (*mecc.*) cavo; strallo; tirante **4** (*pl.*) busto; corsetto (*indossato un tempo dalle donne*). ● (*mecc.*) **s. bar** (*o* **s. rod**), montante; tirante □ (*mecc.*) **s. bolt**, bullone passante; bullone tenditore □ **s. lace**, laccio per busto □ (*un tempo*) **s. maker**, bustaia □ (*naut.*) **s. tackle**, paranco di strallo □ (*mecc.*) **s. tube**, tubo tenditore □ (*naut.*) **to miss stays**, non riuscire a virare; mancare una virata □ **The ship is in stays**, la nave è in ralinga (*in procinto di virare di bordo in prua*).

to **stay (1)** /steɪ/, **A** *v. i.* **1** stare; restare; rimanere; soggiornare; dimorare; alloggiare; fermarsi; trattenersi: **to s. at home**, restare in casa; **to s. in bed**, rimanere a letto; **S. here till I return**, rimani qui fino al mio ritorno!; **I'm in a hurry**; **I have no time to s.**, ho fretta; non posso trattenermi; **Won't you s. for** (*o* **to**) **tea?**, ti fermi per il tè?; **Can you s. for dinner?**, ti fermi a cena da noi?; **to s. at** (*o* **in**) **a hotel**, alloggiare in albergo; **to s. with distant relatives**, stare da (*o* essere ospite di) lontani parenti **2** aspettare; arrestarsi; fermarsi; indugiare: **Get him to s. a minute**, fallo aspettare un minuto; **S. a little before going on with your work**, fermati un attimo prima di procedere col tuo lavoro! **3** permanere; continuare: **to s. as the sales manager**, restare in carica come direttore alle vendite; **to s. in teaching**, continuare a fare l'insegnante; restare nell'insegnamento **4** (*fam.*) resistere; reggere; farcela: **He doesn't s. well in the mile run**, non regge bene nella corsa del miglio **5** (*a poker*) starci; giocare. **B** *v. t.* **1** (*lett.*) arrestare; fermare: **to s. the bloodshed**, arrestare lo spargimento di sangue **2** (*specialm. leg.*) differire; rimandare; rinviare; ritardare; sospendere: **to s. a decision**, rimandare una decisione; **to s. an order [a meeting, sb.'s execution]**, sospendere un'ordinanza [una riunione, l'esecuzione di q.]; **to s. a judgment**, sospendere un giudizio; **to s. proceedings**, rinviare un procedimento **3** calmare; soddisfare: **A glass of milk stayed me** (*o* **my hunger, my stomach**), un bicchiere di latte mi calmò la fame **4** reggere a; resistere a: **He couldn't s. the course**, non riuscì a resistere sino alla fine del percorso; (*fig.*) dovette cedere (*o* arrendersi). ● **to s. clear of**, stare alla larga da; evitare; scansare □ (*fig.*) **to s. cool**, restare calmo; mantenere la calma □ **to s. one's hand**, astenersi (*o* trattenersi) dal fare q.c. □ (*fig.*) **to s. in the wings**, restare dietro le quinte □ (*fam.*) **to s. put**, restare al proprio posto; restar fermo; rimaner fisso; tenere: **This button won't s. put**, questo bottone non tiene □ **to s. the same**, non cambiare mai □ (*fig. fam.*) **to come to s.**, prendere piede; affermarsi: **This fashion has come to s.**, questa moda si è ormai affermata □ **Get out and s. out!**, vai fuori e restaci!

♦**stay away**, *v. i. + avv.* stare via; stare lontano; restare (*o* essere) assente; assentarsi: **He stayed away for two weeks**, stette via due settimane; **Lots of students have stayed away (from school)**, molti studenti si sono assentati.

♦**stay away from**, *v. i. + avv. + prep.* **1** assentarsi da (*scuola, lavoro, ecc.*) **2** tenersi lontano, stare alla larga da (q. *o* q.c.); non toccare (q.c.): **S. away from that boy!**, sta alla larga da quel ragazzo!; **S. away from guns!**, non toccare armi da fuoco! **3** evitare: **You should s. away from wine**, devi evitare di bere vino.

♦**stay back**, *v. i. + avv.* **1** stare indietro; tenersi a distanza **2** rimanere indietro; non partire.

♦**stay behind**, **A** *v. i. + avv.* **1** stare dietro: **S. close behind!**, stammi dietro!; seguimi da vicino! **2** restare; non partire; rimanere. **B** *v. i. + prep.* (*anche sport*) seguire, stare dietro a (q.) □ (*autom.*) **to s. a good distance behind**, tenere la distanza di sicurezza.

♦**stay down**, *v. i. + avv.* **1** stare giù; tenere la testa bassa: **S. down, or you'll be shot**, stai giù, se no ti farai colpire **2** (*di prezzi, della febbre, ecc.*) rimanere basso; restare giù **3** (*del vento*) non soffiare **4** (*del cibo*) restare nello stomaco: **Nothing I eat will s. down**, non tengo niente nello stomaco **5** (*ingl.*) essere bocciato; ripetere (*una classe: a scuola*) **6** (*di minatori in agitazione*) restare nelle gallerie; occupare la miniera.

♦**stay in**, *v. i. + avv.* **1** rimanere in casa; non uscire **2** (*di uno studente, una classe*) rimanere a scuola (*per punizione*) **3** (*di una vite, un bullone, ecc.*) starci; restare a posto: **The bolt won't s. in**, il bullone non vuole starci **4** (*del fuoco*) restare acceso **5** (*di operai, studenti, ecc.*) occupare (*per protesta*) **6** (*mil.*) essere consegnato **7** (*a poker*) giocare; starci.

♦**stay indoors**, *v. i. + avv.* restare in casa; non uscire.

♦**stay off**, *v. i. + prep.* **1** stare lontano (*o* alla larga) da: **S. off the road, children!**, bambini, via dalla strada! **2** restare assente da; non andare a: **The doctor said the boy should s. off school for a week**, il medico ha detto che il ragazzo non deve andare a scuola per una settimana **3** evitare: **You'd better s. off wine**, faresti bene a evitare il vino.

♦**stay on**, *v. i. + avv.* **1** rimanere a posto; starci; non muoversi: **The lid of the box won't s. on**, il coperchio della scatola non ci sta; **This cap won't s. on**, questo berretto non vuol stare al suo posto **2** restare in sella **3** restare; trattenersi; fermarsi (*sul posto di lavoro, ecc.*); restare in servizio; rimanere in carica: **to s. on after working hours**, trattenersi sul posto di lavoro oltre l'orario; **The government stays on for the carrying out of current affairs**, il governo resta in carica per il disbrigo degli affari correnti **4** (*della luce elettrica, ecc.*) restare acceso: **The oil warning light stays on**, resta accesa la spia dell'olio.

♦**stay out**, **A** *v. i. + avv.* **1** stare fuori; restare fuori (*o* all'aperto); non rientrare: **I'll s. out in the sun**, starò fuori al sole; **The cat has stayed out all night**, il gatto è restato fuori tutta la notte; **The dog must s. out of the shop**, il cane deve restare fuori del negozio; **Don't s. out late**, non rientrare tardi! **2** (*di lavoratori*) scioperare. **B** *v. t. + avv.* passare fuori (o fuori di casa): **to s. the night out**, passare fuori la notte.

♦**stay over**, *v. i. + avv.* passare la notte; dormire: **We stayed over at a little hotel**, passammo la notte in un alberghetto.

♦**stay together**, *v. i. + avv.* **1** rimanere insieme (*o* uniti): **The family have stayed together**, la famiglia è rimasta unita **2** (*sport*) restare insieme (*o* fianco a fianco) **3** (*mus.*) cantare (*o* suonare) all'unisono.

♦**stay under**, *v. i. + avv.* (*o prep.*) stare sotto (*o* sott'acqua); restare sotto (q.c.): **How long can you s. under?**, quanto tempo riesci a stare sott'acqua?

♦**stay up**, **A** *v. i. + avv.* **1** stare su; stare in piedi; stare ritto: **I can't make my trousers s. up**, non riesco a farmi stare su i calzoni; **I wonder how the old bridge can s. up**, mi chiedo come faccia a stare in piedi il vecchio ponte **2** restare alzato; non andare a letto: **He stays up late to study for his finals**, resta alzato fino a tardi per prepararsi per gli esami di fine corso **3** (*di prezzi, della febbre, ecc.*) rimanere alto; restare su; non calare. **B** *v. t. + avv.* far stare su; tenere ritto (*o* in piedi): **Pull the rope tight to s. up the curtain**, tira bene la corda per tenere su il sipario!

♦**stay with**, *v. i. + prep.* **1** stare con; rimanere presso; essere ospite di (q.) **2** (*sport*) restare con (*o* al fianco di); non perdere la ruota di (q.) **3** mantenere, continuare a usare (*un metodo, ecc.*); non abbandonare.

♦**stay within**, *v. i. + prep.* stare dentro (*fig.*); rispettare: **to s. within the speed limit**, rispettare il limite di velocità □ (*fig.*) **to s. within bounds**, stare nei limiti; non eccedere.

to **stay (2)** /steɪ/, *v. t.* **1** (*spesso* **to s. up**) rinforzare; sostenere; puntellare: **to s. up a wall**, puntellare un muro **2** (*naut.*) rinforzare (*un albero, ecc.*) con stralli.

stay-at-home /ˈsteɪəthəʊm/, **A** *a.* casalingo: **a s. sort of woman**, un tipo di donna casalinga. **B** *n.* persona casalinga; tipo sedentario.

stay-behind /ˈsteɪbɪhaɪnd/, *n.* (*stor.: in Europa*) organizzazione paramilitare di resistenti clandestini (*in azione dopo una possibile invasione sovietica*).

stayer /ˈsteɪə(r)/, *n.* **1** chi resta; chi rimane **2** persona (*o* animale) resistente alla fatica **3** (*ciclismo*) fondista; mezzofondista; stayer **4** (*ippica*) stayer **5** (*fig.*) chi ha doti di fondo.

staying /ˈsteɪɪŋ/, *n.* (*leg.*) sospensione (*della pena*); rinvio (*di una causa*). ● **s. power**, (capacità di) resistenza; durata.

stay-in strike /ˈsteɪɪnstraɪk/, *locuz. n.* sciopero bianco; sciopero con occupazione del posto di lavoro.

stay-low /ˈsteɪləʊ/, *a.* (*fam., comm.*) basso: **s. prices**, prezzi bassi (*o* tenuti bassi).

staysail /ˈsteɪseɪl/, *n.* (*naut.*) vela di strallo: **main s.**, vela di strallo di maestra. ● **fore s.**, trinchettina.

St Bernard /sənt'bɜːnəd, səm-/, *n.* sanbernardo (*cane*).

STD /ɛstiːˈdiː/, *n.* (*acronimo di* **subscriber trunk dialling**) (*telef.*) teleselezione: **STD code number**, prefisso per la teleselezione; **STD rate**, tariffa di chiamata in teleselezione.

stead /sted/, *n.* **1** luogo; posto; vece: **I'll send him in my s.**, manderò lui in mia vece **2** utilità; vantaggio: **to stand sb. in good s.**, essere di gran vantaggio a q.; tornare assai utile a q.

steadfast /ˈstɛdfɑːst, -fæst, *USA* -fæst/, *a.* costante; fermo; deciso; risoluto; saldo; tenace: **to be s. in love**, essere costante in amore; **a s. gaze**, uno sguardo fermo; **a s. policy**, una politica risoluta. ‖ **-ly**, *avv.* ‖ **-ness**, *sost.*

steadily /ˈstɛdəlɪ/, *avv.* **1** fermamente; saldamente; stabilmente: **to refuse s.**, rifiutare fermamente **2** costantemente; assiduamente; con diligenza; in modo regolare: **to work s. at st.**, lavorare assiduamente a q.c. **3** intensamente: **to look at sb. s.**, guardare intensamente q. ● **to get s. worse**, peggiorare di continuo.

steadiness /ˈstɛdɪnəs/, *n.* **1** fermezza; stabilità; solidità **2** costanza; regolarità; uniformità

3 serietà; industriosità; sobrietà *4* condotta equilibrata; saggezza *5* (*dello sguardo*) fissità.

steading /ˈstɛdɪŋ/, *n.* *1* (*scozz., ingl. sett.*) casa colonica; fattoria *2* (*USA*) lotto edificabile.

steady /ˈstɛdɪ/, **A** *a.* *1* fermo; fisso; saldo; solido; stabile: **He isn't s. on his legs**, non è saldo sulle gambe; **to have a s. hand**, avere la mano ferma; **a s. job**, un lavoro fisso; un'occupazione stabile; **s. foundations**, solide fondamenta; **s. nerves**, nervi saldi; **to make a tottering chair s.**, rendere stabile una sedia traballante (*aggiustandone le gambe*) *2* costante; continuo; saldo (*fig.*); sicuro; affidabile; regolare; uniforme: **a s. breeze**, una brezza costante; **a s. rise in prices**, un continuo (*o* costante) aumento dei prezzi; **He is s. in his principles**, è costante nei suoi principi; è di saldi principi; (*med.*) **s. pulse**, polso regolare; **at a s. pace**, a passo regolare; di buon passo; **a s. light**, una luce uniforme *3* giudizioso; serio; sobrio; industrioso; posato: **a s. young man**, un giovane serio, posato *4* (*fis.*) stazionario: **s. state**, stato stazionario *5* (*econ., fin.*) stabile: **a s. market**, un mercato stabile; **s. prices**, prezzi stabili; **The Milan Bourse was s. at the close**, in chiusura il MIB era stabile *6* (*del trotto*) sostenuto. **B** *inter.* *1* (= **s. on!**) calma!; attenzione!; piano!; (tieni la) testa a posto! *2* (*naut.*, = **keep her s.!**) avanti così!; via!; alla via! *3* (*mil.*) fissi! **C** *n.* (*fam.*) ragazzo fisso, ragazza fissa; innamorato, innamorata. ● (*naut.*) **s. bearing**, rilevamento costante □ **a s. boyfriend**, un ragazzo fisso □ (*comm.*) **a s. customer**, un cliente abituale; un cliente fisso □ **s.-state economics**, economia senza fluttuazioni □ (*fis., astron.*) **s.-state theory**, teoria dello stato stazionario □ **to give a s. job to casual employees**, stabilizzare i precari □ (*fam.*) **to go s.**, fare all'amore; fare coppia fissa: **She's going s. with Tom**, Tom è il suo ragazzo fisso □ (*fam.*) **to go s. with**, andarci piano (*o* non esagerare) con: **Go s. with the salt!**, vacci piano con il sale!

to **steady** /ˈstɛdɪ/, **A** *v. t.* *1* consolidare; rafforzare; rinsaldare; rinforzare; rendere (più) saldo (*o* fermo); tenere fermo: **to s. the domestic market**, rafforzare il mercato interno; **to s. sb.'s nerves**, rinsaldare (*o* distendere) i nervi di q.; **to s. one's hands**, fermare, tenere ferme le mani (*che tremavano*); **Adversity will s. him**, le avversità renderanno più saldo il suo carattere *2* rendere stabile: **to s. the dollar exchange rate**, stabilizzare il tasso di cambio del dollaro *3* (*naut.*) tenere (*o* mantenere) (*una nave*) in rotta. **B** *v. i.* *1* consolidarsi; rafforzarsi; diventare (più) saldo (*o* fermo): **His trembling hand steadied**, la mano che tremava gli si fece (più) ferma (*o* gli si fermò) *2* stabilizzarsi: **Share prices are steadying quickly**, i corsi azionari si stanno stabilizzando rapidamente. **C** to **steady oneself**, *v. rifl.* riprendere (*o* ritrovare) l'equilibrio; riprendersi (*fam.*). ● **to s. down**, (far) mettere giudizio (*a q.*); (far) mettere la testa a posto (*a q.*); (fare) calmare: **He'll s. down in time**, col tempo metterà giudizio; **Marriage will s. him down**, il matrimonio gli farà mettere la testa a posto.

steak /steɪk/, *n.* *1* fetta di carne (*specialm. di manzo*); bistecca: **S. is too expensive for my scanty income**, le bistecche sono troppo care per la mia tasca *2* fetta (*o* trancia) di pesce (*specialm. di merluzzo*) *3* (carne da) spezzatino. ● (*cucina*) **s. and kidney pie**, pasticcio di manzo e rognone, cotto al forno dentro un involucro di pasta □ **s. pie**, pasticcio di carne di manzo □ **beef s.**, bistecca (di manzo) □ **fillet s.**, (bistecca di) filetto.

steakhouse /ˈsteɪkhaus/, *n.* ristorante specializzato in carne alla griglia; «casa della bistecca».

steal /stiːl/, *n.* (*fam.*) *1* furto *2* cosa rubata *3* (*specialm. USA*) (buon) affare; occasione; bazza (*fam.*).

to **steal** /stiːl/ (*pass.* **stole**, *p. p.* **stolen**), **A** *v. t.* *1* rubare (*anche fig.*); portare via; sottrarre; trafugare: **I've had my bag stolen**, mi hanno rubato la borsa; **to s. a secret formula**, rubare una formula segreta; **Illegal immigrants are accused of stealing jobs from natives**, si accusano gl'immigranti clandestini di portar via il lavoro ai locali; **to s. a kiss**, rubare un bacio *2* (*fig.*) accattivarsi; ottenere (*o* procurarsi) con arti (*o* con l'astuzia): **to s. sb.'s heart**, accattivarsi l'affetto (*o* la simpatia) di q. **B** *v. i.* *1* rubare; fare il ladro *2* muoversi furtivamente; andare alla chetichella. ● (*fig.*) **to s. a march on sb.**, battere q. sul tempo □ (*fam.*) **to s. the scene** (*o* **the show**), attirare l'attenzione di tutti su di sé; monopolizzare l'attenzione; far il mattatore □ (*fam.*) **to s. sb.'s thunder**, mettere in ombra q.; prendersi tutto il merito (*sfruttando le idee altrui, ecc.*); rubare la terra di sotto i piedi a (q.) □ (*Bibbia*) **Thou shalt not s.**, non rubare! □ **Time steals on**, il tempo passa senza che ce ne accorgiamo.

♦**steal along**, *v. i.* + *avv.* camminare (*o* procedere) furtivamente; andare quatto quatto.

♦**steal at**, *v. i.* + *prep.* gettare (lanciare, ecc.) furtivamente a (q.): **He stole a glance at the pretty girl**, lanciò un'occhiata furtiva alla (*o* guardò di soppiatto, di sottecchi, sbirciò la) bella ragazza.

♦**steal away**, **A** *v. t.* + *avv.* portare via; rubare (*anche fig.*). **B** *v. i.* + *avv.* *1* andarsene furtivamente (*o* alla chetichella); svignarsela quatto quatto *2* (*del tempo*) passare, scorrere lentamente: **The weeks stole away**, le settimane scorrevano lentamente □ **to s. away sb.'s heart**, accattivarsi l'affetto (*o* la simpatia) di q.

♦**steal from**, *v. i.* + *prep.* *1* rubare da: **He stole the radio from my car**, m'ha rubato l'autoradio dalla macchina *2* rubare a (*anche fig.*); derubare: **to s. a kiss from a girl**, rubare un bacio a una ragazza; **He is said to have stolen from the rich to give to the poor**, si dice rubasse ai ricchi per dare i soldi ai poveri *3* andarsene alla chetichella da (*un luogo*).

♦**steal in** (**into**), *v. i.* + *avv.* (*o prep.*) entrare alla chetichella (*o* di soppiatto) (in): **The burglar stole into the room**, il ladro entrò di soppiatto nella casa.

♦**steal out**, *v. i.* + *avv.* uscire alla chetichella (*o* di soppiatto): **The soldiers stole out of the trench**, i soldati uscirono alla chetichella dalla trincea.

♦**steal over**, *v. i.* + *prep.* *1* scendere (*o* calare) furtivo su: **The mist stole over the valley**, la nebbia calò furtiva sulla valle *2* (*fig.*) scendere su; impossessarsi di: **A sense of fear stole over me**, s'impossessò di me un certo timore □ **Sleep was stealing over me**, a poco a poco mi stavo addormentando.

♦**steal up on** (*o* **to**), *v. i.* + *avv.* + *prep.* *1* avvicinarsi furtivo (*o* di soppiatto) a: **A tiger stole up on him**, una tigre gli si avvicinò di soppiatto; **A stranger stole up to me**, mi si avvicinò furtivo uno sconosciuto *2* venire a poco a poco a (q.); assalire (*fig.*): **A doubt stole up on her about his identity**, l'assalì un dubbio su chi realmente egli fosse.

stealer /ˈstiːlə(r)/, *n.* ladro. ● (*fig.*) **a s. of hearts**, un rubacuori.

stealing /ˈstiːlɪŋ/, *n.* *1* furto; ruberia *2* (*pl.*) oggetti rubati; refurtiva. ● (*leg.*) **s. children**, sottrazione (*o* ratto) di minorenni □ (*leg.*) **cattle s.**, abigeato.

stealth /stɛlθ/, *n.* furtività. ● **by s.**, furtivamente; di nascosto; di soppiatto.

stealthily /ˈstɛlθəlɪ/, *avv.* furtivamente; di nascosto; di soppiatto.

stealthiness /ˈstɛlθɪnəs/, *n.* clandestinità; furtività; segretezza.

stealthy /ˈstɛlθɪ/, *a.* clandestino; furtivo; nascosto; segreto: **a s. glance**, un'occhiata furtiva; un'occhiatina.

steam /stiːm/, *n.* *1* vapore; (*specialm.*) vapore acqueo: **dry s.**, vapore secco; **wet s.**, vapore umido; **saturated s.**, vapore saturo; **superheated s.**, vapore surriscaldato *2* (*fam.*) energia; forza; vigore; (*anche*) sentimenti repressi: **to let off** (*o* **to work off**) **s.**, dar sfogo alla propria energia; sfogarsi; (*fam.*) **to run out of s.**, esaurire l'energia; perdere l'entusiasmo. ● **s. bath**, bagno di vapore, bagno turco; *V.* **s. room** □ **s. boiler**, caldaia a vapore □ (*mecc.*) **s.-box** (*o* **s.-chest**), camera (di distribuzione) del vapore □ (*autom.*) **s. cleaning**, lavaggio a vapore □ **s. coal**, carbone per caldaie (*o* da centrale termica) □ **s. colour**, colore fissato a vapore □ **s. crane**, gru a vapore □ **s. engine**, motore (*o* macchina) a vapore; (*ferr.*) locomotiva a vapore □ **s. gauge**, manometro (*di caldaia*) □ **s. hammer**, maglio a vapore □ **s.-heated**, riscaldato a vapore □ **s. heating**, riscaldamento a vapore □ **s. iron**, ferro (*da stiro*) a vapore □ (*mecc.*) **s. jacket**, camicia di riscaldamento a vapore □ **s. navigation**, navigazione a vapore □ **s. plough**, aratro a vapore □ **s. power**, forza motrice del vapore □ **s. room**, stanza per bagno turco (*o* dei bagni di vapore); sauna (*il locale*) □ **s. shovel**, escavatore (a cucchiaia) a vapore □ (*naut.*) **s. tug**, rimorchiatore a vapore □ (*mecc.*) **s. turbine**, turbina a vapore □ **s. whistle**, sirena a vapore □ **at full s.**, a tutto vapore □ **to blow off s.**, (*di locomotiva*) scaricare vapore; (*fig.*) sfogarsi □ **to get up s.**, (*di locomotiva*) aumentare la pressione (del vapore); (*ferr.*) mettere una locomotiva sotto pressione; (*fig.*) prendere l'abbrivo (*fig.*); (*anche*) raccogliere le proprie forze; infuriarsi, arrabbiarsi □ **under one's own s.**, (*naut.*) con i propri mezzi; (*fig.*) da solo, senz'aiuto □ (*naut.*) **Full s. ahead!**, avanti a tutto vapore!

to **steam** /stiːm/, **A** *v. t.* *1* (*ind., tecn.*) esporre al vapore; vaporizzare; passare al vapore; trattare col vapore: **to s. timber**, trattare legname col vapore *2* (*cucina*) cuocere a vapore: **to s. a pudding**, cuocere a vapore un budino. **B** *v. i.* *1* fumare; fumigare; esalare (*o* emettere) vapore: (*di un cavallo*) **to be steaming with sweat**, fumare dal sudore; **steaming broth**, brodo fumante *2* produrre vapore *3* (*mecc.*) essere azionato dal vapore; andare a vapore *4* (*naut.*: *di nave*) navigare a vapore; procedere, avanzare *5* (*fam.*) *V.* **to get steamed up.** ● (*fam.*) **to s. ahead**, (*di nave a vapore, ecc.*) avanzare; (*fig.*) lavorar sodo □ **to s. away**, evaporare; (*di nave a vapore, ecc.*) partire □ (*naut.*) **to s. into the harbour**, entrare in porto □ (*ferr.*) **to s. into the station**, entrare in stazione □ **to s. off**, staccare (*un francobollo, ecc.*) con il vapore □ **to s. a letter open**, aprire una lettera con il vapore □ (*naut.*) **to s. out**, partire, salpare □ **to s. over**, appannarsi; appannare □ (*di occhiali, ecc.*) **to s. up**, appannarsi; coprirsi di vapore □ (*fam.*) **to get steamed up**, infuriarsi; arrabbiarsi □ **steaming coffee**, caffè fumante □ **The boat steamed down the river**, il vaporetto discese il fiume.

steamboat /ˈstiːmbəʊt/, *n.* (*naut.*) piroscafo; (battello a) vapore; vaporetto.

steamer /ˈstiːmə(r)/, *n.* *1* (*naut.*) piroscafo; vapore; vaporetto *2* (*mecc.*) veicolo a vapore *3* (*cucina*) pentola a pressione *4* (*med.*) autoclave *5* pompa da incendio (*azionata a vapore*) *6* (*ind.*) generatore di vapore.

to **steam-heat** /ˈstiːmhiːt/, *v. t.* riscaldare a vapore.

steaminess /ˈstiːmɪnəs/, *n.* *1* umidità di vapore; appannamento *2* l'essere avvolto in vapori *3* (*fam.*) sensualità.

steamroller /ˈstiːmrəʊlə(r)/, *n.* *1* compressore stradale (a vapore); rullo stradale *2* (*fig.*) rullo compressore; forza travolgente.

to **steamroller** /ˈstiːmrəʊlə(r)/, *v. t.* *1* comprimere con un rullo a vapore; spianare *2* (*fig.*) schiacciare (*l'opposizione, la resistenza, ecc.*); distruggere; spianare al suolo.

steamship /ˈstiːmʃɪp/, *n.* (*naut.*) piroscafo; nave a vapore. ● **s. line**, linea di navigazione a vapore □ **turbine s.**, turbonave.

steamtight /ˈstiːmtaɪt/, *a.* a tenuta di vapore; ermetico.

steamy /ˈstiːmɪ/, *a.* *1* coperto di vapore; pieno di vapore; appannato *2* fumigante; umido: **the s. heat in the jungle**, il calore umido della giungla *3* (*fam.*) sensuale. ● (*autom.*) **a s. windscreen**, un parabrezza appannato.

stearate /ˈstɪəreɪt/, *n.* (*chim.*) stearato.

stearic /stɪˈærɪk/, *a.* (*chim.*) stearico: **s. acid**, acido stearico.

stearin /ˈstɪərɪn/, **stearine** /ˈstɪəriːn/, *n.* (*chim.*) stearina.

steatite /ˈstiːətaɪt/, *n.* (*miner.*) steatite.

steatitic /stiːəˈtɪtɪk/, *a.* (*miner.*) di (*o* simile a) steatite.

steatitis /stiːəˈtaɪtɪs/, *n.* (*med.*) steatite.

steatolysis /stiːəˈtɒləsɪs/, *n.* (*fisiol.*) steatolisi.

steatopygia /stiːətəʊˈpaɪdʒɪə, *USA* stiːætəˈpɪdʒə/, *n.* (*med.*) steatopigia.

steatosis /stiːəˈtəʊsɪs/, *n.* (*pl.* **steatoses**) (*med.*) steatosi.

stedfast /ˈstɛdfɑːst, -əst, *USA* -æst/, *V.* **steadfast.**

steed /stiːd/, *n.* (*lett. o scherz.*) destriero; cavallo.

steel /stiːl/, **A** *n.* *1* (*metall.*) acciaio (*anche fig.*): **high** (*o* **hard**) **s.**, acciaio duro; **soft** (*o* **mild, low**) **s.**, acciaio dolce; **bar s.**, acciaio in barre; **a grip of s.**, una presa d'acciaio; **muscles of s.**, muscoli d'acciaio *2* acciaiolo (*arnese d'acciaio per affilare coltelli, ecc.*) *3* acciarino *4* (*un tempo*) stecca d'acciaio (*per busto o sottana*) *5* (*poet.*) arma bianca; spada; pugnale; acciaro (*poet.*). **B** *a. attr.* *1* di acciaio; in acciaio: **s. casting**, getto d'acciaio; **the s. work of a bridge**, la struttura in acciaio di un ponte *2* (= **iron-and-s.**) dell'acciaio; siderurgico: **s. industry**, industria siderurgica; industria dell'acciaio *3* (*econ.*) del settore dell'acciaio; dei siderurgici: **a s. strike**, uno sciopero dei siderurgici. ● (*mus.*) **s. band**, banda d'improvvisati strumenti a percussione □ **s. blue**, blu acciaio □ (*metall.*) **s. bronze**, bronzo navale □ **s. cap**, elmetto d'acciaio □ (*econ., ind.*) **s. centre**, centro siderurgico □ **s.-clad**, rivestito d'acciaio; corazzato □ (*grafica*) **s. engraving**, incisione su acciaio; stampa fatta da un'incisione su acciaio □ **s. founder**, fonditore di acciaio □ **s.-frame building**, edificio dalla struttura in acciaio □ (*fig.*) **s.-hearted**, dal cuore di pietra □ **s. manufacturer**, siderurgico (*industriale dell'acciaio*) □ (*metall.*) **s. mill**, acciaieria □ **a s. pen**, un pennino d'acciaio □ **s. plate**, lastra di acciaio □ **s.-plated**, ricoperto d'acciaio, acciaiato; blindato, corazzato □ **s.-plate worker**, lamierista □ **s. tube**, tubo d'acciaio □ **s. wool**, lana d'acciaio; paglietta □ (*ind.*) **s. workers**, (operai) metallurgici □ (*fig.*) **cold s.**, arma bianca; spada; pugnale □ (*fig.*) **a heart of s.**, un cuore di pietra □ (*fig.*) **in a grip of s.**, in una morsa d'acciaio □ **silicon s.**, acciaio al silicio □ **stainless s.**, acciaio inossidabile □ **structural s.**, profilato di acciaio.

to **steel** /stiːl/, **A** *v. t.* *1* ricoprire (*o* rivestire) d'acciaio; corazzare; acciaiare *2* (*fig.*) fortificare; temprare; indurire; rendere spietato; corazzare (*fig.*): **to s. one's heart against compassion**, indurire il cuore contro la compassione. **B** to **steel oneself**, *v. rifl.* *1* diventare insensibile (*o* spietato); indurirsi *2* farsi coraggio; farsi animo: **to s. oneself for the enemy attack**, farsi animo in previsione dell'attacco del nemico. ● **to s. oneself for further effort**, farsi forza per compiere uno sforzo ulteriore.

to **steelify** /ˈstiːlɪfaɪ/, *v. t.* acciaiare (*il ferro*).

steeliness /ˈstiːlɪnəs/, *n.* *1* l'essere d'acciaio *2* (*fig.*) durezza; inflessibilità.

steelmaking /ˈstiːlmeɪkɪŋ/, *n.* (*ind.*) fabbricazione dell'acciaio; siderurgia.

steelwork /ˈstiːlwɜːk/, *n.* *1* (*collett.*) oggetti d'acciaio *2* (*edil.*) struttura in acciaio.

steelworker /ˈstiːlwɜːkə(r)/, *n.* siderurgico (*operaio*).

steelworking /ˈstiːlwɜːkɪŋ/, *n.* lavorazione dell'acciaio; siderurgia.

steelworks /ˈstiːlwɜːks/, *n.* (*invar. al pl.*) acciaieria.

steely /ˈstiːlɪ/, *a.* *1* (fatto) d'acciaio *2* del colore dell'acciaio *3* (*fig.*) d'acciaio; duro; inflessibile; ferreo: **s. eyes**, occhi d'acciaio; **a s. glance**, uno sguardo duro.

steelyard /ˈstiːljɑːd/, *n.* stadera. ● **s. maker**, staderaio.

to **steen** /stiːn/, *v. t.* (*ind. costr.*) rivestire internamente (*un pozzo*).

steenbok /ˈstiːnbɒk, ˈsteɪn-, -bʌk/, *n.* (*pl.* **steenbok, steenboks**) (*zool., Raphicerus campestris*) raficero campestre.

steening /ˈstiːnɪŋ/, *n.* (*ind. costr.*) rivestimento interno (*in pietra*) di un pozzo.

steep (**1**) /stiːp/, **A** *a.* *1* erto; ripido; scosceso: **a s. hill**, un erto colle; **a s. descent**, una discesa ripida *2* (*fig.*) forte; considerevole; notevole: **a s. drop in attendance**, un forte calo della frequenza *3* (*fam.*) eccessivo; esorbitante: **His demands are rather s.**, le sue richieste sono piuttosto eccessive; **a s. price**, un prezzo esorbitante (*o* salato) *4* (*fam.*) assurdo; esagerato; illogico; inverosimile: **a s. statement**, un'affermazione esagerata; **It seems a bit s. that...**, mi sembra davvero assurdo (*fam.*: mi pare grossa) che...; **a s. tale**, un racconto inverosimile. **B** *n.* erta; china; pendio; precipizio. ● **s. fall**, scoscendimento □ (*autom.*) **«s. hill 15%»** (*cartello*), «pendenza del 15%» □ **a s. incline**, un'erta; una china; un pendio □ (*fin.*) **a s. rate of interest**, un altissimo tasso d'interesse. || **-ly**, *avv.*

steep (**2**) /stiːp/, *n.* *1* bagno; immersione *2* (*del tè, ecc.*) infusione *3* macerazione *4* bagno (*o* liquido) di macerazione *5* (*raro*) ammollo.

to **steep** /stiːp/, **A** *v. t.* *1* bagnare; immergere (*anche fig.*); inzuppare; tuffare: **S. the vegetables in water**, tuffa la verdura nell'acqua!; **The square was steeped in moonlight**, la piazza era immersa nel chiarore lunare; **steeped in slumber**, immerso nel sonno *2* imbevere (*anche fig.*); impregnare; saturare: **He was steeped in Indian philosophy**, era imbevuto di filosofia indiana *3* (*ind.*) macerare. **B** *v. i.* *1* essere in macerazione; macerarsi *2* (*del tè*) essere in infusione *3* essere in ammollo.

to **steepen** /ˈstiːpn/, **A** *v. i.* diventare scosceso; farsi più ripido. **B** *v. t.* rendere più ripido; rendere scosceso.

steeper /ˈstiːpə(r)/, *n.* *1* chi tuffa, immerge, macera, ecc. (*V.* **to steep**) *2* (*ind.*) recipiente (*o* vasca) di macerazione; maceratoio.

steeping /ˈstiːpɪŋ/, *n.* *1* bagnatura; immersione; inzuppamento *2* infusione (*del tè, ecc.*) *3* (*ind.*) macerazione.

steeple /ˈstiːpl/, *n.* *1* campanile; torre campanaria *2* guglia (*di torre*). ● **s.-crowned hat**, cappello a pan di zucchero □ (*mecc.*) **s.-head**, a testa conica.

steeplechase /ˈstiːpltʃeɪs/, *n.* (*sport*) *1* (*ippica*) steeplechase; corsa siepi *2* (*atletica*) corsa podistica a ostacoli (*di solito, su 3.000 metri*); corsa siepi. ● **s. hurdle**, ostacolo per corsa siepi.

to **steeplechase** /ˈstiːpltʃeɪs/, *v. i.* (*sport*) partecipare a una steeplechase (*o* a una corsa siepi).

steeplechaser /ˈstiːpltʃeɪsə(r)/, *n.* (*sport*) *1* (*ippica*) fantino (*o* cavallo) che corre in uno steeplechase *2* (*atletica*) podista di corsa siepi; siepista.

steeplechasing /ˈstiːpltʃeɪsɪŋ/, *n.* (*sport*) le corse siepi; le siepi.

steepled /ˈstiːpld/, *a.* *1* pieno di campanili; turrito *2* ornato di guglie.

steeplejack /ˈstiːpldʒæk/, *n.* riparatore (*o* pulitore) di campanili (*o* di alti camini, ecc.).

steepness /ˈstiːpnəs/, *n.* *1* ripidezza; ripidità *2* inclinazione; pendenza.

steer (**1**) /stɪə(r)/, *n.* (*zool.*) giovenco; manzo.

steer (**2**) /stɪə(r)/, *n.* (*fam.*) indicazione: **to give sb. a bum s.**, dare a q. un'indicazione sbagliata.

to **steer** /stɪə(r)/, **A** *v. t.* *1* (*naut.*) governare; manovrare; pilotare: **to s. a ship**, governare una nave (per mezzo del timone) *2* (*autom.*) guidare; condurre; pilotare: **to s. a car**, guidare un'automobile *3* (*canottaggio*) pilotare *4* (*fig.*) dirigere; indirizzare; rivolgere: **He steered my efforts in the right direction**, indirizzò i miei sforzi nella giusta direzione *5* (*fig.*) guidare; accompagnare: **Who's steering Russia now?**, chi guida la Russia ora?; **The usherette steered me to my seat**, la maschera mi accompagnò al mio posto. **B** *v. i.* *1* governare una nave; stare al timone: **to s. by the wind**, governare una nave secondo il vento *2* (*autom.*) guidare; stare al volante *3* (*di nave, ecc.*) fare rotta; governarsi; manovrarsi; rispondere al timone: **to s. westing**, fare rotta verso ovest; **This boat steers well**, questa barca risponde bene al timone *4* (*d'automobile, ecc.*) sterzarsi; rispondere allo sterzo: **This car steers easily**, quest'automobile si sterza bene; **My car steers badly**, la mia auto non risponde allo sterzo *5* (*fig.*) dirigersi; andare verso; incamminarsi: **We steered for the pub**, c'incamminammo verso il pub. ● (*autom.*) **to s. one's car round a corner**, prendere una curva; fare una curva □ **to s. one's course**, (*naut.*) fare rotta; (*fig.*) volgere il corso (*o* il cammino), dirigersi □ (*fig.*) **to s. a middle course**, tenere (*o* seguire) una via di mezzo.

♦ **steer away from**, *v. i.* + *avv.* + *prep.* *1* (*naut., autom., ecc.*) tenersi (*o* girare) alla larga da *2* (*fig.*) sviare: **to s. the conversation away from personal matters**, sviare la conversazione da questioni di carattere personale.

♦ **steer clear of**, **A** *v. i.* + *avv.* + *prep.* *1* (*naut.*) tenersi al largo di; manovrare in franchia di *2* (*fig.*) tenersi (*o* stare, girare) alla larga da: **to s. clear of troubles**, stare alla larga dai guai. **B** *v. t.* + *avv.* e *prep.* (*naut.*) governare (*una nave*) evitando (*scogli, ecc.*).

♦ **steer for**, **A** *v. i.* + *prep.* *1* (*naut.*) fare rotta per (*un porto, ecc.*) *2* (*fig.*) dirigersi verso (*un luogo*). **B** *v. t.* + *prep.* (*naut.*) dirigere, governare (*una nave*) verso.

♦ **steer into**, **A** *v. t.* + *prep.* *1* pilotare, mettere, far entrare (*un'imbarcazione, un'automobile, ecc.*) in (*un luogo*) *2* (*fig.*) pilotare, guidare, accompagnare (q.) in (*un luogo*): **He steered the visitors into the dungeons**, accompagnò i visitatori in un giro delle prigioni sotterranee *3* (*fig.*) far adottare (*una linea d'azione, ecc.*) a (q.); indurre, orientare (q.) verso: **His parents tried to s. him into becoming a lawyer**, i genitori cercavano d'indurlo a studiare da avvocato. **B** *v. i.* + *prep.* (*di una persona o un veicolo*) andare a, entrare in (*manovrando*): **I taught him to s. into the berth** [**the garage**], gli insegnai ad andare all'ormeggio [a entrare in garage].

♦ **steer through**, *v. t.* + *avv.* (*o prep.*) *1* (*naut.*) governare, pilotare (*una nave*) attraverso (*uno stretto, ecc.*) *2* (*fig.*) guidare, dirigere, pilotare (attraverso); trarre d'impaccio; portare (q.) fuori di (*fig.*): **The solicitor steered me through**, mi ha tratto d'impaccio il commercialista; **The Premier is trying hard to s. the country through the serious economic crisis**, il Primo Ministro fa ogni sforzo per portare il paese fuori della grave crisi economica □ (*polit.*) **to s. a bill through Parliament**, riuscire a far approvare un disegno di legge in parlamento.

♦ **steer towards**, **A** *v. i.* + *prep.* *1* (*naut.*) fare rotta verso (*un porto, ecc.*) *2* (*fig.*) dirigersi verso. **B** *v. t.* + *prep.* *1* (*naut.*) governare, pilotare (*una barca, ecc.*) in direzione di *2* (*fig.*) *V.* **steer into, A**, *def. 3*.

steerable /ˈstɪərəbl/, *a.* *1* (*naut.*) governabile; che risponde al timone *2* (*aeron.*) dirigibile: **s. balloon**, pallone dirigibile *3* (*elettr.*) orientabile: **s. antenna**, antenna orientabile.

steerage /ˈstɪərɪdʒ/, *n.* (*solo al sing.*) (*naut.*) *1* governo del timone; effetto del timone; rispondenza della nave al timone *2* (*naut.*) ponte di terza classe; quartieri di poppa; stirice, stiriggio. ● **s. passengers**, passeggeri di terza classe □ **s. way**, velocità minima di governabilità; abbrivo sufficiente per governare con il timone □ (*naut.*) **to travel s.**, viaggiare sul ponte.

steerer /ˈstɪərə(r)/, *n.* *1* timoniere; pilota *2* apparecchio di governo.

steering /ˈstɪərɪŋ/, *n.* *1* (*naut.*) governo (*della nave*) *2* (*autom.*) meccanismo di sterzo; sterzo: **hard s.**, sterzo duro *3* manovrabilità: **good** [**bad**] **s.**, buona [cattiva] manovrabilità. ● (*autom.*) **s. box**, scatola dello sterzo □ (*autom.*) **s. column**, piantone dello sterzo □ **s. committee**, comitato direttivo □ (*naut.*) **s. compartment**, timoniera □ (*naut.*) **s. compass**, bussola di governo (*o* di rotta) □ **s. gear**, (*naut.*) agghiaccio, dispositivo di comando del timone; (*autom.*) (comando) sterzo □ (*autom.*) **s. lock**, angolo massimo di sterzata □ (*autom., mecc.*) **s. system**, (meccanismo dello) sterzo □ **s. wheel**, (*naut.*) ruota del timone; (*autom.*) volante □ (*autom., mecc.*) **power s.**, servosterzo.

steersman /ˈstɪəzmən/, *n.* (*pl.* **steersmen**) (*naut.*) timoniere.

steeve (**1**) /stiːv/, *n.* (*naut.*) argano (*o* barra) di stivaggio.

steeve (**2**) /stiːv/, *n.* (*naut.*) inclinazione del bompresso (*angolo del bompresso con l'orizzonte*).

to **steeve** (**1**) /stiːv/, *v. t.* (*naut.*) stivare (*il carico*).

to **steeve** (**2**) /stiːv/, (*naut.*) **A** *v. t.* inclinare (*il bompresso*) ad angolo con l'orizzonte. **B** *v. i.* (*del bompresso*) fare angolo con l'orizzonte.

stegosaur /ˈstɛgəsɔː(r)/, *n.* (*paleont.*) stegosauro.

stein /staɪn/, *n.* boccale di ceramica dipinta (*per birra*).

steinbock /ˈstaɪnbɒk/ (*ted.*), *n.* (*pl.* **steinbock, steinbocks**) *1* (*zool., Capra ibex*) stambecco *2* *V.* **steenbok**.

steinbok /ˈstaɪnbɒk/, *V.* **steenbok**.

stele /ˈstiːliː/, *n.* (*pl.* **stelae**) (*archit.*) stele.

stellage /ˈstɛlɪdʒ/ (*franc.*), *n.* (*Borsa, fin.*) stellage; stellaggio.

stellar /ˈstɛlə(r)/, *a.* *1* (*astron.*) stellare: **s. light**, luce stellare *2* a stella; fatto a stella; stellato *3* (*fam.*) di (*o* da) stella (*o* diva). ● (*fam.*) **the s. role in a play**, la parte principale di un dramma.

stellate /ˈstɛlət/, **stellated** /ˈsteleɪtɪd/, *a.* (*scient.*) stellato; fatto a stella; radiale; a raggera.

stelliform /ˈstɛlɪfɔːm/, *a.* stelliforme; stellato; fatto a stella.

stellionate /ˈstɛlɪənət/, *n.* (*leg.*: *diritto romano o romanistico*) stellionato.

stellular /ˈstɛljʊlə(r)/, *a.* *1* stellato; fatto a stella *2* cosparso di (*o* trapunto di) stelline.

stem (**1**) /stɛm/, *n.* *1* (*bot.*) gambo; picciolo; peduncolo; stelo (*di pianta*) *2* (*bot.*) ceppo; fusto; tronco (*d'albero*) *3* (*di bicchiere*) gambo; stelo *4* (*mus.*: *di nota*) gamba; asta *5* (*di pipa*) cannuccia; cannello *6* (*lett.*) ceppo; stirpe; (*di famiglia*) ramo: **descended from an ancient s.**, discendente da un'antica stirpe; **a collateral s.**, un ramo collaterale *7* (*gramm.*) tema (*di una parola*) *8* (*naut.*) dritto di prora; ruota di prora; (*anche*) prua; prora *9* (*pl.*) (*pop. USA*) gambe (*di donna*). ● (*naut.*) **s. post**, ruota di prora □ (*cucito*) **s. stitch**, punto erba □ **s.-winder**, orologio che si carica a mano (*o* a chiavetta); (*fam. USA*) persona (*o* cosa) eccellente □ **s.-winding**, (*sost.*; *mecc.*) caricamento manuale (*o* a chiavetta); (*agg.*; *fam. USA*) eccellente, ottimo, di prima classe □ (*naut.*) **from s. to stern**, da prua a poppa; da un capo all'altro della nave □ (*mecc.*) **tappet s.**, asta della punteria (*di un motore*).

stem (**2**) /stɛm/, *n.* (*sci*, = **s. turn**) cristiania.

to **stem** (**1**) /stɛm/, **A** *v. t.* *1* staccare il gambo a: **to s. tobacco leaves**, staccare il gambo alle foglie del tabacco *2* fornire di gambo (*fiori artificiali, ecc.*) *3* (*naut.*) procedere contro (*la corrente, il vento*) *4* (*fig.*) andare contro; contrastare il passo a: **to s. the tide of barbarism**, contrastare il passo alla marea della barbarie. **B** *v. i.* derivare; discendere; provenire; esser causato da: **Poverty often stems from war**, la miseria è spesso provocata dalla guerra.

to **stem** (**2**) /stɛm/, **A** *v. t.* *1* arginare (*un fiume*) *2* arrestare; fermare; contenere: **to s. the enemy's attack**, contenere l'attacco del nemico. **B** *v. i.* (*sport*) fare il cristiania (*sciando*).

stemless /ˈstɛmləs/, *a.* (*bot.*) senza gambo; senza stelo; sessile.

stemlet /ˈstɛmlət/, *n.* (*bot.*) piccolo gambo; piccolo stelo.

stemma /ˈstɛmə/, *n.* (*pl.* **stemmata, stemmas**) *1* albero genealogico *2* (*zool.*) ocello.

stemmed /stɛmd/, *a.* (*bot.*) fornito (*o* provvisto) di gambo (*o* di stelo); peduncolato. ● **a thin-s. goblet**, un calice dal gambo sottile.

stemmer /ˈstɛmə(r)/, *n.* lavorante che stacca i gambi: **fruit s.**, lavorante che stacca i gambi alla frutta.

stemple /ˈstɛmpl/, *n.* (*ind. min.*) puntello.

stench /stɛntʃ/, *n.* puzzo; fetore; tanfo. ● (*edil.*) **s.-trap**, sifone intercettatore (*di fogna*); pozzetto (*fam.*).

stencil /ˈstɛnsl/, *n.* *1* stampino, mascherina (*lastra con lettere o con disegno a traforo*) *2* disegno stampinato; stampinatura *3* matrice (*per ciclostile*). ● **s. cutter**, fabbricante di stampini □ **s. cutting**, fabbricazione di stampini.

to **stencil** /ˈstɛnsl/, *v. t.* *1* stampinare; riprodurre (*disegni, lettere*) con uno stampino *2* (*fam.*) ciclostilare.

stenciller /ˈstɛnslə(r), -səl-/, *n.* stampinatore.

stencilling /ˈstɛnslɪŋ, -səl-/, *n.* stampinatura.

Sten gun /ˈstɛngʌn/, *n.* (*mil.*) Sten (*fucile mitragliatore*); mitra Sten.

stenograph /ˈstɛnəgrɑːf, *USA* -æf/, *n.* (*arc.* o *USA*) *1* segno stenografico; stenogramma *2* macchina per stenografare.

to **stenograph** /ˈstɛnəgrɑːf, *USA* -æf/, *v. t.* (*arc.* o *USA*) stenografare.

stenographer /stəˈnɒgrəfə(r), stɛ-/, *n.* (*arc. o USA*) *1* stenografo, stenografa (*cfr. ingl.* **shorthand writer**) *2* stenodattilografo, stenodattilografa (*cfr. ingl.* **shorthand typist**).

stenographic(**al**) /stɛnəˈgræfɪk(l)/, *a.* stenografico. || **-ally**, *avv.*

stenography /stəˈnɒgrəfɪ, stɛ-/, *n.* stenografia.

stenosed /stɛˈnəʊzd, -əʊst, stə-/, *a.* (*med.*) affetto da stenosi.

stenosis /stɛˈnəʊsɪs, stə-/, *n.* (*pl.* **stenoses**) (*med.*) stenosi.

stenothermal /stɛnəˈθɜːml/, *a.* (*biol.*) stenotermo.

stenotypist /ˈstɛnətaɪpɪst/, *n.* stenotipista.

stenotypy /ˈstɛnətaɪpɪ/, *n.* stenotipia.

stentorian /stɛnˈtɔːrɪən/, *a.* stentoreo: **in a s. voice**, con voce stentorea.

step /stɛp/, *n.* *1* passo (*anche fig.*); orma; pedata; andatura; (*fig.*) misura, provvedimento; accorgimento, cosa da fare: **He took a s. forward** [**backward**], fece un passo avanti [indietro]; **to walk with quick s.**, andare di buon passo; camminare con passo spedito; **Don't move a s.!**, non fare un passo!; resta fermo!; **to retrace one's steps**, tornare sui propri passi; **s. by s.**, passo a passo; per gradi; **steps in the wet sand**, orme sulla sabbia bagnata; **to be one s. ahead of sb.**, essere un passo avanti a q. (*anche fig.*); **to follow in sb.'s steps**, calcare le orme di q.; seguire l'esempio di q.; **I heard a heavy s.**, sentii un passo pesante; **The house is just a s. from here**, la casa è qui a un passo; **There's no mistaking his s.**, il suo passo è inconfondibile; **We shall take the necessary steps**, faremo i passi (*o* le pratiche, ecc.) necessari; **These steps were taken to stop the flight of capital**, queste misure furono prese per fermare la fuga di capitali; **These steps will deter the would-be thief**, questi accorgimenti scoraggeranno gli eventuali ladri *2* gradino; scalino (*anche fig.*): **a staircase of thirty steps**, una scalinata di trenta gradini; **This is another s. in my career**, questo è un altro scalino della mia carriera *3* (*di scala di legno*) piolo *4* (*di veicolo*) montatoio; predellino *5* (*pl.*) (= **s. ladder, pair of steps**) scala a libro (*o* a libretto) *6* (*fig.*) promozione; avanzamento: **I hope I'll get a s. at the end of the year**, spero d'avere una promozione alla fine dell'anno *7* (= **doorstep**) soglia *8* (*pl.*) scalinata: **the Spanish steps**, la scalinata di piazza di Spagna *9* (*elettr.*) fase: **alternators in s.**, alternatori in fase (*o* sincronizzati) *10* (*mus.*) passo: **I've learnt a new s.**, ho imparato un passo nuovo *11* (*mil.*) passo: **the goose s.**, il passo dell'oca *12* (*geogr.*) terrazza (*di collina*); cengia (*di montagna*) *13* (*geol.*) gradino *14* (*elab.*) passo; fase di elaborazione *15* (*med.*) momento; fase *16* (*mus.*) intervallo (tra due note) *17* (*naut.*) scassa *18* (*di termometro*) grado. ● (*mecc.*) **s. bearing**, supporto di base; reggispinta (*di un albero*) □ (*elab.*) **s. counter**, contatore di passi □ (*mat.*) **s. function**, funzione a gradini □ (*fig.*) **a s. in the Peerage**, una nomina a Pari d'Inghilterra □ **s. meter rate**, tariffa differenziale (*di un contatore*) □ (*mecc.*) **s. pulley**, puleggia a gradini; cono-puleggia □ **s. stool**, sgabello con gradini, scaletta (*per biblioteca, ecc.*) □ (*archeol.*) **s. trench**, scavo a gradini □ **to bend** (*o* **to direct**) **one's steps** [**towards, home**], volgere i passi, dirigersi [verso un luogo, a casa] □ **to break s.**, rompere il passo □ **to change s.**, cambiare il passo □ **to fall into s. with sb.**, mettersi al passo con q. (*anche fig.*) □ **to fall out of step**, perdere il passo, andar giù di passo □ (*anche fig.*) **a false s.**, un passo falso □ **in s.**, (*mil.*) al passo; (*mus.*) in tempo; (*fig.*) in accordo, all'unisono: **In s.!** (*ordine*), al passo! □ **to keep s.**, (*mil.*) stare (*o* andare) al passo; (*mus.*) tenere il tempo □ (*mil.*) **to keep in s.**, andare al passo; marciare al passo □ (*fig.*) **to keep in s. with fashion**, tenere dietro alla moda □ (*fig.*: *dei salari*) **to keep in s. with the cost of living**, tener dietro all'aumento del costo della vita □ (*naut.*) **landing steps**, scaletta d'approdo (*di un molo*) □ **to be out of s.**, non essere al passo (*anche fig.*): **Grandpa is completely out of s. with modern life**, il nonnino non è per nulla al passo con la vita di oggigiorno □ (*fig.*) **next s.**, la prossima mossa □ (*fig.*) **quite a s. up**, una bella promozione; un bel salto (*fig.*) □ **a rash s.**, un'azione avventata □ **to take a s.**, fare un passo □ (*leg.*) **to take legal steps**, adire le vie legali □ **to turn one's steps**, *V.* **to bend one's steps** □ **to watch one's s.**, guardare dove si mettono i piedi, fare attenzione; (*fig.*) essere cauto, guardingo: **W.** (*o* **mind**) **your s.!**, sta attento (*dove metti i piedi, ecc.*)!; bada (*a quello che fai*)!; attenzione!

to **step** /stɛp/, **A** *v. i.* *1* fare un passo; camminare; andare; venire (*specialm. seguito da prep. o avv. che indicano direzione*): **to s. forward**, fare un passo avanti; **She stepped out of the room**, ella uscì dalla stanza *2* mettere il piede (*o* i piedi): **to s. in the mud**, mettere i piedi nel fango. **B** *v. t.* *1* ballare (*una danza*) *2* misurare (*una distanza*) col passo *3* (*edil.*) provvedere di gradini *4* tagliare (*il terreno*) a terrazze; scavare (*o* intagliare) scalini in: **He stepped the slope leading to his cottage**, intagliò dei gradini nel pendio che portava alla sua villetta *5* (*naut.*) sistemare (*l'albero*) nella scassa. ● **to s. high**, alzare molto i piedi (*camminando*); (*di cavallo*) alzare bene gli zoccoli (*trottando*) □ (*fam.*) **to s. lively**, affrettarsi; fare in fretta; far presto □ **to s. short**, camminare a brevi passi; fare tre passi su un mattone □ **S. this way**, da questa parte!; vieni qua!; per di qua!

♦**step across**, *v. i. + avv.* attraversare: **to s. across the road**, attraversare la strada.

♦**step aside**, *v. i. + avv.* ***1*** fare un passo di fianco; farsi da parte ***2*** (*fig.*) farsi da parte; tirarsi in disparte; ritirarsi (*da una competizione, una gara*) ***3*** (*polit., ecc.*) ritirare la propria candidatura.

♦**step back**, *v. i. + avv.* ***1*** fare un passo indietro; arretrare di un passo ***2*** (*fig.*) tirarsi indietro; astenersi dall'intervenire ***3*** (*fig.*) prendere le distanze.

♦**step down**, **A** *v. i. + avv.* ***1*** scendere; discendere ***2*** calare; diminuire ***3*** (*fig.*) ritirarsi; rinunciare; dimettersi: **The secretary of our party has stepped down**, il segretario del nostro partito si è dimesso; **to s. down from a good position**, rinunciare a un buon posto ***4*** (*fig.*) calare di grado ***5*** (*fig.*: *in una discussione*) arrendersi; cedere le armi (*fig.*). **B** *v. t. + avv.* abbassare; calare; diminuire; ridurre: (*elettr.*) **to s. down the tension**, abbassare la tensione; **to s. down the output of cars**, ridurre la produzione di automobili.

♦**step forward**, *v. i. + avv.* ***1*** fare un passo avanti; avanzare di un passo ***2*** (*fig.*) farsi avanti; presentarsi; mettersi a disposizione: **No witness of the accident has yet stepped forward**, non si è ancora fatto avanti alcun testimone dell'incidente.

♦**step in**, *v. i. + avv.* ***1*** entrare: **S. in, please!**, entra pure! ***2*** (*fig.*) intromettersi; intervenire: **The chairman will have to s. in**, dovrà intervenire il presidente □ **to s. in for sb.**, sostituire, rimpiazzare q.

♦**step inside**, *v. i. + avv.* (*o prep.*) entrare (in): **S. inside the waiting room!**, entra in sala d'aspetto!

♦**step into**, *v. i. + prep.* ***1*** entrare dentro (*un luogo*) ***2*** (*autom.*) salire: **S. into the car!**, sali in macchina! □ (*fig.*) **to s. into a good job**, ottenere un buon impiego.

♦**step off**, **A** *v. i. + avv.* (*o prep.*) ***1*** scendere (da): **I stepped off the plane**, scesi dall'aereo; **to s. off a ladder**, scendere da una scala a pioli ***2*** partire ***3*** (*mil.*) andarsene (*o* partire) a passo di marcia. **B** *v. t. + avv.* misurare a passi: **to s. off ten metres**, misurare a passi dieci metri □ (*fam.*) **to s. off on the right [wrong] foot**, partire col piede giusto [sbagliato].

♦**step on**, *v. i. + prep.* ***1*** mettere i piedi su; pigiare su; calpestare; pestare: **to s. on sb.'s foot**, pestare i piedi a q.; **to s. on the accelerator**, pigiare sull'acceleratore ***2*** (*fig. fam.*) calpestare, ferire, urtare (*i sentimenti di q., ecc.*) ***3*** (*fig. fam.*) dare addosso a, sgridare (q.) □ (*fig.*) **to s. on sb.'s corns** (*o* **toes**), pestare i calli (*o* i piedi) a q. (*fig.*) □ **to s. on the gas**, (*autom.*) schiacciare l'acceleratore; (*fig.*) sbrigarsi, spicciarsi □ (*fig. fam.*) **to s. on it**, sbrigarsi, spicciarsi.

♦**step out**, **A** *v. i. + avv.* ***1*** uscire; andare fuori ***2*** (*autom.*) scendere (*da una macchina*) ***3*** allungare il passo; affrettarsi ***4*** (*fam.*) divertirsi; spassarsela; uscire (*fig.*); fare vita di società. **B** *v. t. + avv.* V. **step off, B** □ (*fam.*) **to s. out on sb.**, tradire, fare (*o* mettere) le corna a (q.).

♦**step outside**, *v. i. + avv.* ***1*** andare fuori; uscire ***2*** (*fam.*) venire fuori: **S. outside, if you dare to**, vieni fuori, se hai coraggio!

♦**step over**, **A** *v. i. + prep.* ***1*** scavalcare: **to s. over heaps of rubbish**, scavalcare cumuli di rifiuti ***2*** (*fig.*) oltrepassare. **B** *v. i. + avv.* (*fam.*) fare un salto (*o* una visitina): **to s. over to one's next-door neighbours**, fare un salto dai vicini di casa.

♦**step round**, V. **step over, B.**

♦**step up**, **A** *v. i. + avv.* ***1*** salire ***2*** crescere; aumentare ***3*** (*fig.*) crescere di grado; essere promosso: **He's stepped up to the executive's chair**, è stato promosso a una carica direttiva. **B** *v. t. + avv.* ***1*** aumentare; accrescere; elevare; intensificare: (*elettr.*) **to s. up the tension**, elevare la tensione; (*econ.*) **to s. up production**, intensificare la produzione; **to s. up savings**, aumentare i risparmi ***2*** fissare, issare (*un palo, ecc.*).

♦**step upon**, V. **step on.**

stepbrother /ˈstɛpbrʌðə(r)/, *n.* fratellastro.

stepchild /ˈstɛptʃaɪld/, *n.* (*pl.* **stepchildren**) figliastro, figliastra.

stepdaughter /ˈstɛpdɔːtə(r)/, *n.* figliastra.

step-down /ˈstɛpdaʊn/, *n.* calo; diminuzione; riduzione: **a s. in production**, un calo della produzione. ● (*elettr.*) **s. transformer**, trasformatore abbassatore (*di tensione*).

step-family /ˈstɛpfæmlɪ, -məlɪ/, *n.* (*USA*) (*demografia*) famiglia «allargata»; famiglia in senso lato.

stepfather /ˈstɛpfɑːðə(r)/, *n.* patrigno.

Stephen /ˈstiːvn/, *n.* Stefano.

step-in /ˈstɛpɪn/, *n.* (*pl.*) (*fam.*) mutandine da donna. ● **a s. garment**, un indumento che s'infila, senza laccetti o bottoni.

stepladder /ˈstɛplædə(r)/, *n.* scala a libro (*o* a libretto).

stepmother /ˈstɛpmʌðə(r)/, *n.* matrigna.

stepparent /ˈstɛppɛərənt/, *n.* patrigno, matrigna.

steppe /stɛp/, *n.* (*geogr.*) steppa.

stepped /stɛpt/, *a.* a gradini; a scalini.

stepping /ˈstɛpɪŋ/, *n.* andatura. ● (*USA*) **s.-out agency**, agenzia che procura compagnia a persone sole □ **s. stone**, passatoio, pietra per passare un guado; (*pl.*) passatoio, guado; (*fig.*) gradino, passo: **That was the first s. stone to victory**, quello fu il primo passo per la vittoria.

stepsister /ˈstɛpsɪstə(r)/, *n.* sorellastra.

stepson /ˈstɛpsʌn/, *n.* figliastro.

step-up /ˈstɛpʌp/, *n.* aumento; accrescimento: **A s. in sales is in sight**, è in vista un aumento delle vendite. ● (*elettr.*) **s. transformer**, trasformatore elevatore (*della tensione*).

stepwise /ˈstɛpwaɪz/, **A** *avv.* a guisa di scala; a mo' di scalinata. **B** *a. attr.* graduale: (*econ.*) **s. inflation**, inflazione graduale.

steradian /stəˈreɪdɪən/, *n.* (*geom.*) steradiante.

stercoraceous /stɜːkəˈreɪʃəs/, **stercoral** /ˈstɜːkərəl/, *a.* (*med.*) stercoraceo.

stere /stɪə(r)/, *n.* stero (*unità di misura della legna, pari a un metro cubo*).

stereo /ˈstɛrɪəʊ, ˈstɪə-/, (*fam.*) **A** *a.* ***1*** stereofonico; stereo: **s. effect**, effetto stereofonico; **s. recorded tape**, registrazione stereofonica su nastro ***2*** stereoscopico. **B** *n.* (*pl.* **stereos**) ***1*** (= **s. set**) stereo; impianto stereo ***2*** stereoscopio ***3*** V. **stereophony** ***4*** V. **stereotype.** ● **s. system**, impianto stereo □ **to broadcast in s.**, trasmettere in stereo.

stereochemistry /stɛrɪəʊˈkɛmɪstrɪ, stɪə-/, *n.* stereochimica.

stereogram /ˈstɛrɪəgræm, ˈstɪə-/, *n.* ***1*** (*fis.*) stereogramma ***2*** (*topogr.*) stereofotogramma ***3*** V. **stereograph.**

stereograph /ˈstɛrɪəgrɑːf, ˈstɪə-, *USA* -græf/, *n.* (*fis.*) stereografo.

stereographic(al) /stɛrɪəˈgræfɪk(l), stɪə-/, *a.* (*geom.*) stereografico: **s. map**, proiezione stereografica.

stereography /stɛrɪˈɒgrəfɪ, stɪə-/, *n.* (*geom.*) stereografia.

stereoisomer /stɛrɪəʊˈaɪsəmə(r), stɪə-/, *n.* (*chim.*) stereoisomero.

stereoisomerism /stɛrɪəʊˈaɪsɒmərɪzəm, stɪə-/, *n.* (*chim.*) stereoisomeria.

stereometry /stɛrɪˈɒmətrɪ, stɪə-/, *n.* (*geom.*) stereometria.

stereophonic /stɛrɪəˈfɒnɪk, stɪə-/, *a.* (*acustica*) stereofonico.

stereophonics /stɛrɪəˈfɒnɪks, stɪə-/, *n. pl.* (*col verbo al sing.*) (*acustica*) stereofonia.

stereophony /stɛrɪˈɒfənɪ, stɪə-/, *n.* (*acustica*) stereofonia.

stereoscope /ˈstɛrɪəskəʊp, stɪə-/, *n.* (*ottica*) stereoscopio.

stereoscopic(al) /stɛrɪəˈskɒpɪk(l), stɪə-/, *a.* (*ottica*) stereoscopico.

stereoscopy /stɛrɪˈɒskəpɪ, stɪə-/, *n.* (*fisiol.*) stereoscopia; visione stereoscopica.

stereospecific /stɛrɪəspəˈsɪfɪk, stɪə-/, *a.* (*chim.*) stereospecifico.

stereotape /ˈstɛrɪəteɪp, ˈstɪə-/, *n.* nastro (magnetico) stereofonico.

stereotype /ˈstɛrɪətaɪp, ˈstɪə-/, *n.* ***1*** (*tipogr.*) stereotipia; lastra stereotipica ***2*** (*ling., psic.*) stereotipo.

to **stereotype** /ˈstɛrɪətaɪp, ˈstɪə-/, *v. t.* ***1*** (*tipogr.*) stereotipare ***2*** (*fig.*) rendere stereotipato (*o* convenzionale).

stereotyped /ˈstɛrɪətaɪpt, ˈstɪə-/, *a.* (*anche fig.*) stereotipato; stereotipo: **s. ideas**, idee stereotipe.

stereotyper /ˈstɛrɪətaɪpə(r), ˈstɪə-/, **stereotypist** /ˈstɛrɪətaɪpɪst, ˈstɪə-/, *n.* (*tipogr.*) stereotipista.

stereotypy /ˈstɛrɪətaɪpɪ, ˈstɪə-/, *n.* (*tipogr.*) stereotipia (*il processo*).

stereovision /ˈstɛrɪəvɪʒn, ˈstɪə-/, *n.* stereovisione.

steric /ˈstɛrɪk/, *a.* (*chim.*) sterico: **s. hindrance**, impedimento sterico.

sterile /ˈstɛraɪl, *USA* -rəl/, *a.* ***1*** sterile (*anche fig.*); infecondo: **a s. cow**, una vacca sterile; **s. land**, terreno sterile; **a s. debate**, un dibattito sterile ***2*** monotono; noioso; privo d'interesse: **a s. style**, uno stile monotono; **a s. lecture**, una conferenza priva d'interesse ***3*** (*med.*) sterile; asettico.

sterility /stəˈrɪlətɪ/, *n.* sterilità; infecondità.

sterilization /stɛrəlaɪˈzeɪʃn, *USA* -lɪˈz-/, *n.* ***1*** (*med., ind.*) sterilizzazione ***2*** (*fig.*) isterilimento.

to **sterilize** /ˈstɛrəlaɪz/, *v. t.* ***1*** (*med., ind.*) sterilizzare: **to s. water**, sterilizzare l'acqua ***2*** (*fig.*) isterilire; sterilire; rendere sterile; sterilizzare: (*fin.*) **to s. the monetary effects of an overvalued dollar**, sterilizzare gli effetti monetari di un dollaro sopravvalutato.

sterilizer /ˈstɛrəlaɪzə(r)/, *n.* (*med., ind.*) sterilizzatore; autoclave.

sterlet /ˈstɜːlət/, *n.* (*zool., Acipenser ruthenus*) sterletto, sterlatto.

sterling /ˈstɜːlɪŋ/, **A** *a.* ***1*** genuino (*anche fig.*); puro; di buona lega: **of s. gold**, d'oro puro; **s. merit**, merito genuino ***2*** (*oreficeria*) «sterling»: **s. silver**, argento sterling; argento al (titolo del) 92,5%. **B** *n.* ***1*** (*fin.*) moneta inglese a corso legale ***2*** (*fin.*) (lira) sterlina: **What's the value of s. today?**, quanto vale la sterlina oggi? ***3*** (*collett.*) lire sterline; sterline: **Payment should be made in £s s. by means of Eurocheque**, il pagamento va fatto mediante eurocheque in sterline britanniche ***4*** (*chim., elettron.*) sterling (*vernice*). ● (*oreficeria*) **s. gold**, oro a 22 carati □ (*econ.*) **the s. area** (*o* **the s. bloc**), l'area (*o* il blocco) della sterlina □ (*fin.*) **s. balances**, saldi in sterline □ (*fin.*) **s. bonds**, obbligazioni in sterline □ **a s. character**, un carattere schietto □ (*fin.*) **a pound s.**, una lira sterlina; una sterlina.

stern (1) /stɜːn/, *a.* ***1*** austero; severo; duro; rigido: **s. virtue**, austera virtù; **a s. father**, un padre severo; **s. reality**, la dura realtà; **s. measures**, provvedimenti rigidi ***2*** arcigno; aspro: **a s. look**, uno sguardo arcigno; **s. criticism**, critiche aspre ***3*** inflessibile; fermo; saldo: **a s. ruler**, un governante inflessibile; **a man of s. purpose**, un uomo di saldi propositi. ● **the sterner sex**, il sesso forte. ‖ **-ly**, *avv.*

stern (2) /stɜːn/, *n.* ***1*** (*naut., aeron.*) poppa ***2*** (*per estens.*) parte posteriore; coda (*specialm.* di cane da caccia) ***3*** (*fam.*) didietro; deretano; sedere. ● (*mil., stor.*) **s.-chaser**, cannoncino di poppa □ **s. end**, parte poppiera □ **s.-fast**, cima per ormeggio di poppa □ (*di bastimento*) **s.-heavy**, appoppato □ (*naut.*) **s. light**, fanale di poppa □ (*naut.*) **s.-on**, di poppa: **to be moored s.-on**, essere ormeggiato di poppa □ **s. sheets**, spazio poppiero (*di barca* *a remi*) □ **s.-tube**, (*naut.*) tubo dell'elica; (*mil.*) tubo lanciasiluri poppiero □ (*naut.*) **s.-wheeler**, piroscafo con ruota poppiera a pale □ (*naut.*) **down by the s.**, appoppato □ **from stem to s.**, da prua a poppa.

sternal /ˈstɜːnl/, *a.* (*anat.*) sternale.

sternmost /ˈstɜːnməʊst/, *a.* (*naut.*) poppiero.

sternness /ˈstɜːnnəs/, *n.* **1** austerità; severità; durezza; rigidità **2** inflessibilità; fermezza; saldezza.

sternpost /ˈstɜːnpəʊst/, *n.* (*naut.*) dritto di poppa.

sternum /ˈstɜːnəm/, *n.* (*pl.* **sternums**, **sterna**) (*anat.*) sterno.

sternutation /stɜːnjʊˈteɪʃn/, *n.* starnutazione (*raro*); starnuto.

sternutative /stɜːˈnjuːtətɪv, *USA* -ˈnuː-/, **sternutatory** /stɜːˈnjuːtətrɪ, -ˈteɪtrɪ, *USA* -ˈnuːtətɔːrɪ/, *a.* e *n.* starnutatorio.

sternward /ˈstɜːnwəd/, *a.* e *avv.* (*naut.*) (posto) a poppa; verso poppa.

sternwards /ˈstɜːnwədz/, *avv.* (*naut.*) verso poppa.

sternway /ˈstɜːnweɪ/, *n.* (*naut.*) abbrivo indietro; moto retrogrado.

steroid /ˈstɪərɔɪd, ˈstɛ-/, (*biochim.*) **A** *n.* (*chim.*) steroide. **B** *a.* steroideo.

sterol /ˈstɛrəʊl/, *n.* (*biochim.*) sterolo.

stertorous /ˈstɜːtərəs/, *a.* (*med.*) stertoroso; (*di respiro*) rumoroso; (*di malato*) dalla respirazione rumorosa.

stertorousness /ˈstɜːtərəsnəs/, *n.* (*med.*) l'essere stertoroso; stertore.

stet /stɛt/ (*lat.*), *voce verb.* (*tipogr.*) vive (*formula convenzionale per annullare una correzione*).

to **stet** /stɛt/, *v. t.* (*tipogr.*) annullare la correzione di (*una parola o una frase*).

stethoscope /ˈstɛθəskəʊp/, *n.* (*med.*) stetoscopio.

to **stethoscope** /ˈstɛθəskəʊp/, *v. t.* (*med.*) auscultare con lo stetoscopio.

stethoscopic(al) /stɛθəˈskɒpɪk(l)/, *a.* (*med.*) stetoscopico.

stethoscopy /stɛˈθɒskəpɪ/, *n.* (*med.*) stetoscopia.

stetson /ˈstɛtsn/, *n.* (*marchio*) cappello da cowboy; cappello a larghe tese (*e a cupola alta*).

stevedore /ˈstiːvədɔː(r)/, *n.* (*naut.*) stivatore.

stew (**1**) /stjuː, *USA* stuː/, *n.* **1** (*cucina*) stufato: **Irish s.**, stufato irlandese (*di castrato, patate e cipolle*) **2** (*fam.*) ansia; apprensione; agitazione: **to be in a (fine) s.**, essere in grande agitazione; stare sulle spine (*fig.*) **3** (*fam.*) caos; casino **4** (*fam.*) bisboccia **5** (*fam.*) ubriacone **6** (*aeron., pop. USA*) steward; hostess.

stew (**2**) /stjuː, *USA* stuː/, *n.* **1** vivaio di pesci; peschiera **2** vivaio per la coltura delle ostriche.

to **stew** /stjuː, *USA* stuː/, **A** *v. i.* **1** (*cucina*) cuocere in umido **2** (*fig.*) soffrire per il caldo afoso; soffocare **3** (*fam.*) cuocere nel proprio brodo (*fig.*); essere in ansia; preoccuparsi **4** (*gergo studentesco, arc.*) studiare sodo; sgobbare. **B** *v. t.* (*cucina*) far cuocere in umido; stufare. ● (*fig.*) **to let sb. s. in his own juice**, lasciar cuocere q. nel suo brodo.

steward /stjʊəd, *USA* stuəd/, *n.* **1** maggiordomo **2** fattore agricolo (*di una grande tenuta*) **3** (*di collegio, ecc.*) dispensiere; economo; amministratore; soprintendente **4** (*naut.*) cambusiere; dispensiere; addetto ai viveri **5** (*naut., aeron.*) cameriere di bordo; assistente di volo; steward **6** cerimoniere; (*sport, festeggiamenti*) membro del comitato organizzatore (*o* del servizio d'ordine) **7** (*mil.*) furiere capo **8** (*sport*) commissario di gara. ● (*in G.B.*) **Lord High S. of England**, Gran Cerimoniere (dell'Incoronazione).

to **steward** /stjʊəd, *USA* stuəd/, *v. i.* fare lo steward (*q.V.*); fare la hostess.

stewardess /stjʊəˈdɛs, *USA* ˈstuədɪs/, *n.* **1** economa; dispensiera **2** (*naut.*) cameriera di bordo **3** (*aeron.*) hostess; assistente di volo.

stewardship /ˈstjʊədʃɪp, *USA* ˈstuə-/, *n.* ufficio (*o* grado, mansioni) di steward (*q.V.*).

stewbum /ˈstjuːbʌm, *USA* ˈstuː-/, *n.* (*pop. USA*) vagabondo; ubriacone.

stewed /stjuːd, *USA* stuːd/, *a.* **1** (*cucina*) stufato; in umido **2** (*di frutta*) cotta **3** (*di tè*) troppo carico **4** (*pop.*) ubriaco; sbronzo (*pop.*).

stewing /ˈstjuːɪŋ, *USA* ˈstuː-/, **A** *n.* lo stufare; il cuocere in umido. **B** *a. attr.* **1** per stufato: **s. beef**, manzo per stufato **2** da cuocere: **s. apples**, mele da cuocere.

stewpan /ˈstjuːpæn, *USA* ˈstuː-/, *n.* tegame per stufato; casseruola.

stewpoud /stjuː, *USA* stuː-/, *n.* vivaio di pesci; peschiera.

St Helena /sɛntɪˈliːnə, sən-, -ˈleɪ-, *USA* seɪntəˈliːnə, -nthə-/, *n.* (*geogr.*) Sant'Elena (*l'isola*).

sthenic /ˈsθɛnɪk/, *a.* **1** (*med.*) stenico **2** forte; vigoroso.

stibial /ˈstɪbɪəl/, *a.* (*chim.*) antimoniale.

stibialism /ˈstɪbɪəlɪzəm/, *n.* (*med.*) stibismo.

stibine /ˈstɪbaɪn/, *n.* (*chim.*) stibina.

stibium /ˈstɪbɪəm/, *n.* (*chim.*) stibio (*arc.*); antimonio.

stichomythia /stɪkəʊˈmɪθɪə/, **stichomythy** /stɪˈkɒmɪθɪ/, *n.* (*letter.*) sticomitia.

stick /stɪk/, *n.* **1** bastone, bacchetta (*anche fig.*): **The old man walks with a s.**, il vecchio cammina col bastone; **walking s.**, bastone da passeggio; (*fig.*) **the s. and the carrot**, il bastone e la carota; **to get the s.**, assaggiare il bastone; essere preso a bacchettate; **That dog wants the s.**, con quel cane ci vuole la bacchetta **2** pezzetto tondeggiante (*in genere*); bastoncino; (*cosmesi*) stick; candelotto; stecca (*di cioccolata, ecc.*); (*cucina*) gambo: **a s. of chalk**, un pezzetto di gesso; **a celery s.**, un gambo di sedano; **an incense s.**, un bastoncino d'incenso; **a dynamite s.**, un candelotto di dinamite; **a s. of shaving soap**, uno stick di sapone da barba; **a s. of sealing wax**, una stecca di ceralacca **3** bastoncello; ramoscello; legnetto; stecco: **Let's look for dry sticks to build a fire**, cerchiamo degli stecchi asciutti per fare il fuoco; **The bird has built its nest with sticks**, l'uccello s'è fatto il nido con dei ramoscelli **4** (*mus.*) bacchetta: **the conductor's s.**, la bacchetta del direttore d'orchestra **5** (*sport*) bastone; mazza: **a hockey s.**, una mazza da hockey **6** (*tipogr.*, = **composing s.**) compositoio **7** (*mil.*, = **drumstick**) bacchetta di tamburo **8** (*aeron.*) barra di comando; cloche **9** (*aeron. mil.*) grappolo di bombe **10** (*fam. ingl.*) aspri rimproveri; dure critiche; severa punizione: **to get s.** (*o* **some s.**), ricevere una bella lezione (*fig.*); **to give sb. s. about st.**, dare a q. una bella lezione per q.c.; rimproverare (*o* criticare) q. aspramente **11** (*mecc.*) braccio (*della benna*) **12** (*mecc.*) lima abrasiva (*o* a smeriglio) **13** (*fam.*, = **s. of furniture**) mobile: **There were only a few sticks of furniture**, c'eravano solo quattro mobili in croce **14** (*gergo naut.*) albero; pennone: **the sticks**, l'alberatura **15** (*fam. arc.*) tipo; tizio; individuo; uomo: **a dry** (*o* **dull**) **old s.**, un vecchio babbeo (*o* barboso); **He's quite a good old s.**, è proprio un buon uomo **16** (*pl.*) (*fam. USA*) zone rurali; boschi; campagna: **They live way out in the sticks**, stanno in campagna, a casa del diavolo. ● (*autom., ecc.*) **s. gauge**, asta indicatrice di livello □ (*zool.*) **s. insect**, insetto stecco (*che somiglia a uno stecco*) □ (*cucina*) **a s. of asparagus**, un asparago □ (*fam., autom.*) **s. shift**, cambio a mano (*o* manuale) □ **divining s.**, bacchetta da rabdomante □ (*mus.*) **fiddle s.**, archetto del violino □ (*fig.*) **to get the wrong end of the s.**, prendere un abbaglio; prendere lucciole per lanterne □ (*fam.*) **to be in a cleft s.**, essere tra due fuochi (*fig.*); non sapere che pesci prendere □ **to take a s. to sb.**, prendere q. a bacchettate □ **umbrella s.**, manico d'ombrello □ **walking s.**, bastone da passeggio; (*zool., USA*) *V.* **s. insect**.

to **stick** (**1**) /stɪk/ (*pass.* e *p. p.* **stuck**), **A** *v. t.* **1** conficcare; ficcare; cacciare; infilare; infilzare; piantare; pungere; trafiggere; trapassare; colpire (*con un pugnale, ecc.*): **to s. a pin under one's skin**, conficcarsi uno spillo sotto la pelle; **to s. a bayonet into sb.**, infilzare q. con la baionetta; **to s. insect specimens**, infilzare esemplari d'insetti (*o fissarli con spilli*); **He pulled out a knife and tried to s. my chest**, tirò fuori un coltello e tentò di piantarmelo in petto; **S. a thumbtack in the board**, pianta una puntina da disegno sul cartellone!; **to s. sb. in the back**, colpire q. alla schiena (*con un coltello e sim.*) **2** attaccare; affiggere; appiccicare; incollare; ingommare: **to s. a stamp on a letter**, attaccare un francobollo a una lettera; **S. the poster on the wall**, affiggi il manifesto sul muro!; **to s. pictures in an album**, incollare fotografie su un album **3** (*fam.*) mettere; porre; cacciare; posare: **He stuck the rose in his buttonhole**, si mise la rosa all'occhiello; **He stuck the cigarette behind his ear**, si mise la sigaretta dietro l'orecchio; **S. it in your pocket**, cacciatelo in tasca! **4** (*fam.*) resistere a; sopportare: **I can't s. this darn job any longer**, non riesco più a sopportare questo maledetto lavoro **5** (*fam.*) appioppare; rifilare; far pagare a: **He stuck me for** (*o* **with**) **all the drinks we had at the counter**, mi rifilò il conto di tutto quello che avevamo bevuto al banco **6** (*pop. ingl.*) tenersi (*q.c. di sgradito*): **You can s. your job!**, tienti pure il tuo lavoro; non m'interessa! **B** *v. i.* **1** conficcarsi; infilzarsi; piantarsi; restar conficcato (*o* infisso): **The pin stuck in my finger**, lo spillo mi si conficcò in un dito; **Arrows stuck in the target**, c'erano frecce piantate nel bersaglio; **The car stuck in the mud**, l'automobile si piantò nel fango **2** attaccarsi; aderire; appiccicarsi; restare attaccato (*o* appiccicato); tenere: **These stamps won't s.**, questi francobolli non si attaccano; **The nickname stuck to him**, il nomignolo gli restò appiccicato; **This glue won't s.**, questa colla non tiene **3** (*fam.*) restare; rimanere: **They s. at home**, restano sempre a casa; non si muovono mai; **Friends should s. together**, gli amici dovrebbero restare uniti **4** (*mecc.*) incepparsi; bloccarsi: **The lid has stuck**, il coperchio s'è inceppato; **The door has stuck**, lo sportello s'è bloccato **5** (*in genere*) arrestarsi; fermarsi: **He got up to the third form, and there he stuck**, arrivò fino alla terza classe e poi si fermò **6** (*fam.*) reggere; stare in piedi (*fig.*): **The charge against him won't s.**, l'accusa che gli muovono non sta in piedi **7** (*a poker, ecc.*) stare; non prendere carte. ● **to s. in sb.'s mind**, rimanere impresso nella mente a q. □ (*fig.*) **to s. in one's throat**, (*di parole*) rimanere in gola, non venire fuori; (*fig.*) non andare giù; essere difficile da mandar giù: **It sticks in my throat to submit to his will**, non mi va giù di dovermi sottomettere a lui □ **to s. like a burr** (*o* **like a leech**), stare attaccato come una lappola (*o* come una sanguisuga); (*fig.*) stare appiccicato, essere appiccicaticcio □ **to s. one's nose into sb.'s affairs**, ficcare il naso negli affari di q. □ **to s. a pig**, ammazzare un maiale (*trafiggendolo alla gola*) □ **to s. through thick and thin**, resistere nella buona e nell'avversa sorte; tener duro □ **a coat stuck with medals**, una giubba coperta di medaglie □ **«S. no bills!»** (*cartello*), «divieto d'affissione!».

♦ **stick about** (*o* **around**), *v. i.* + *avv.* (*fam.*) restare, rimanere; trattenersi; restare vicino, non allontanarsi: **to s. around at the station waiting for a friend**, trattenersi in stazione in attesa di un amico; **S. around!**, non allontanarti!

♦ **stick at**, *v. i.* + *prep.* **1** stare attaccato (*o* incollato) a; perseverare in; continuare a: **to s. at one's work**, stare incollato al lavoro; **to s. at one's studies**, perseverare nello studio; **to s.**

at practising on the piano, continuare a fare esercizi al pianoforte *2* fermarsi, indietreggiare (*fig.*) davanti a: **to s. at little difficulties**, fermarsi davanti a piccole difficoltà; **to s. at nothing**, non indietreggiare davanti a nulla; essere privo di scrupoli □ (*fam.*) **to s. at home**, starsene a casa; restare in casa.

♦**stick by**, *v. i. + prep.* *1* essere fedele a (q. *o* q.c.); restare al fianco di (q.): **She stuck by her husband in the electoral campaign**, restò al fianco del marito nella campagna elettorale *2* restare attaccato a (q.c.); tener fede a; mantenere: **to s. by one's ideals**, tener fede ai propri ideali; **to s. by one's promises**, mantenere le promesse.

♦**stick down**, *v. t. + avv.* *1* incollare; chiudere (*o* ripiegare) incollando: **The strip had been stuck down**, la striscia era stata incollata; **to s. down the flaps of a letter sheet**, incollare i lembi di un biglietto postale; **Don't s. down the envelope!**, non chiudere la busta! *2* (*fam.*) mettere giù; posare: **S. it down somewhere!**, posalo da qualche parte!; **S. it down anywhere!**, mettilo dove ti garba! *3* buttare giù (*fig.*); annotare; scrivere: **to s. down a few ideas**, buttare giù qualche idea; **to s. st. down in one's diary**, annotare q.c. nella propria agenda.

♦**stick fast**, *v. i. + avv.* *1* rimanere preso (*o* impigliato); restare bloccato: **My car had stuck fast in the mud**, la mia auto era rimasta bloccata nel fango *2* (*fig.*) restare della stessa idea; tener duro.

♦**stick in**, **A** *v. t. + avv.* *1* infilare (dentro): **I stuck my hand in**, ci infilai la mano *2* cacciare (*o* conficcare, piantare) dentro: **S. in the pole well**, pianta bene il palo! *3* mettere dentro; inserire: **I'll s. my head in and see if he is there**, metto dentro la testa (*o* faccio una capatina) per vedere se c'è. **B** *v. i. + avv. V.* **stick indoors** □ (*fam.*) **to s. one's heels in**, piantare i piedi (*fig.*) □ **to s. one's nose in**, ficcare il naso (*fig.*); ficcanasare.

♦**stick in with**, *v. i. + avv. + prep.* (*fam.*) fare comunella con, andare a stare con (q.); fare vita in comune con (q.).

♦**stick indoors**, *v. i. + avv.* (*fam.*) restare (inchiodato) in casa; non uscire mai.

♦**stick on**, **A** *v. t. + avv.* *1* incollare, attaccare: **Don't forget to s. the stamps on!**, non scordarti di attaccare (*o* mettere) i francobolli! *2* (*fam.*) aggiungere (*una tassa, un extra al conto, una corsa supplementare di treni, ecc.*) *3* (*fam.*) accendere (*la luce, ecc.*); attaccare (*la radio, la TV, ecc.*). **B** *v. i. + avv.* *1* restare incollato (*o* attaccato) *2* (*per estens.*) restare fisso (*o* al suo posto); restare in sella; non spostarsi; non cadere *3* (*fam.*) restare fermo (*o* fisso) in un posto; non muoversi. **C** *v. t. + prep.* *1* incollare, attaccare (q.c.) su: **to s. the wallpaper on the walls**, attaccare la carta da parati alle pareti *2* (*fam.*) mettere, posare su *3* (*fam.*) aggiungere a: **to s. an additional charge on the bill**, aggiungere un extra al conto *4* (*fam.*) imporre, mettere (*una nuova tassa*) su. **D** *v. i. + prep.* *1* stare (*o* essere) incollato (*o* attaccato) su *2* (*fig.*) essere attaccato a (*fig.*); tener duro su; non mollare su: **The strikers are sticking on the question of a pay rise**, gli scioperanti non mollano sulla questione dell'aumento salariale □ (*fam.*) **to s. it on**, esagerare, andar giù della grossa; andar giù pesante; fare prezzi esorbitanti (*o* salati).

♦**stick out**, **A** *v. i. + avv.* *1* sporgere; essere sporgente; venire in fuori; protrudere: **His head stuck out (of the water)**, la sua testa sporgeva (dall'acqua); **His ears s. out**, ha le orecchie sporgenti *2* distinguersi; spiccare; saltare agli occhi, essere ben visibile (*o* chiaro): **My cottage sticks out for its unusual style**, la mia villetta spicca per il suo stile fuori del comune; **This sticks out a mile**, è lampante; salta subito agli occhi *3* (*fam.*) tener duro; resistere; non mollare: **to s. out against the government's pension plan**, tener duro contro il progetto pensionistico governativo. **B** *v. t. + avv.* *1* cacciare (*o* tirare) fuori; sporgere; protrudere: **S. out your tongue!**, tira fuori la lingua! *2* mettere fuori: **to s. out a flag [one's nose]**, mettere fuori una bandiera [il naso] *3* tendere, stendere: **to s. out one's hand**, tendere la mano *4* allungare (*un piede, ecc.*) *5* (*fam.*) continuare ad asserire (*o* a sostenere): **The accused man sticks out that he has an alibi**, l'imputato continua ad asserire di avere un alibi □ **to s. out one's chest**, gonfiare il petto □ (*fam.*) **to s. it out**, tener duro; tener botta (*fam.*); resistere □ (*fig. fam.*) **to s. one's neck out**, prendere posizione apertamente; esporsi (fin troppo) □ **to s. one's tongue out at sb.**, fare la lingua (*o* le linguacce) a q.

♦**stick out for**, *v. i. + avv. + prep.* (*fam.*) cercare di ottenere (q.c.); battersi, tener duro per: **to s. out for a pay rise**, battersi per un aumento di salario; **to s. out for a higher price [better terms]**, cercare di strappare un prezzo più alto [condizioni migliori].

♦**stick to**, **A** *v. i. + prep.* *1* attaccarsi, appiccicarsi, incollarsi a: **This stamp won't s. to the postcard**, questo francobollo non s'attacca alla cartolina; **My wet shirt stuck to my skin**, la camicia bagnata mi si appiccicò alla pelle *2* stare attaccato (*o* vicino) a: **S. (close) to me!**, stammi vicino!; (*naut.*) **to s. to the shore**, stare vicino alla spiaggia; navigare sotto costa *3* (*autom.*) seguire, non allontanarsi da: **to s. to the main roads**, seguire la strada maestra; **to s. to the motorway**, restare in autostrada *4* attenersi, stare, limitarsi a: **S. to the facts!**, stai ai fatti!; **to s. to the point [to the rules]**, attenersi all'argomento [alle regole] *5* tenersi stretto: **to s. to one's job**, tenersi stretto il posto di lavoro *6* tener fede a; restare fedele a; mantenere: **to s. to one's principles**, tener fede ai propri princìpi; **to s. to a friend in need [to a decision]**, restare fedele a un amico in difficoltà [a una decisione]; **to s. to a promise [one's word]**, tener fede a una promessa [mantenere la parola]. **B** *v. t. + prep.* attaccare, appiccicare, incollare a: **to s. pictures of pin-up girls to the wall**, attaccare fotografie di belle ragazze alla parete □ **to s. to one's business [task, work]**, badare assiduamente ai propri affari [al proprio compito, al proprio lavoro]; darci sotto (*fam.*) □ (*fig. fam.*) **to s. to one's guns**, restare della propria idea; essere irremovibile □ (*fam.*) **S. to it!**, tieni duro!; tieni botta! (*fam.*); non mollare! □ (*fam.*) **to s. to one's last**, fare ciò per cui si è tagliati; limitarsi a fare quel che si sa fare bene (*cfr. prov. lat. «Ne supra crepidam sutor»*) □ (*mil.* e *fig.*) **to s. to one's post**, restare al proprio posto.

♦**stick together**, **A** *v. i. + avv.* *1* incollarsi, attaccarsi; essere (*o* stare) attaccato, appiccicato, incollato: **Two sheets of paper have stuck [are sticking] together**, due fogli di carta si sono incollati [stanno attaccati] *2* (*fam.*) restare insieme; rimanere uniti: **The family must s. together**, la famiglia deve rimanere unita. **B** *v. t. + avv.* attaccare, incollare, appiccicare insieme; riattaccare: **Can you s. the pieces of the broken jug together?**, ce la fai a riattaccare i pezzi della brocca rotta?

♦**stick up**, **A** *v. t. + avv.* *1* attaccare; affiggere; appiccicare: **to s. up posters all over the town**, affliggere manifesti in tutta la città; **to s. up pictures on the wall**, attaccare fotografie alla parete; **to s. up the exam results on the school board**, affiggere i risultati dell'esame al tabellone della scuola *2* alzare: **to s. up one's hand**, alzare la mano (*per rispondere, ecc.*); (*fam.*) **S. 'em up!**, mani in alto! *3* (*fam.*) rizzare: **to s. up a target**, rizzare un bersaglio *4* (*fam.*) assaltare; rapinare: **to s. up a stagecoach**, assaltare una diligenza; **to s. up a bank [the train passengers]**, rapinare una banca [i viaggiatori del treno] *5* (*fig.*) confondere; sconcertare. **B** *v. i. + avv.* *1* sporgere in su; spuntare: **Only his head stuck up in the quicksand**, gli spuntava solo la testa dalle sabbie mobili *2* alzarsi; rizzarsi; levarsi: **My feet stuck up in the air**, andai a gambe levate □ **His hair s. straight up**, ha i capelli irti sulla testa.

♦**stick up for**, *v. i. + avv. + prep.* (*fam.*) *1* prendere le parti di (q.); parteggiare per; prendere le difese di; appoggiare; sostenere: **to s. up for a friend**, prendere le difese di un amico; **to s. up for women's rights**, sostenere i diritti della donna *2* (*anche leg.*) rivendicare: **to s. up for one's rights**, rivendicare i propri diritti.

♦**stick with**, **A** *v. t. + prep.* *1* attaccare, incollare (q.c.) con (*una sostanza, ecc.*) *2* (*specialm. al passivo*) infilzare, infilare (q.c.) in; trafiggere, trapassare con: **The martyr's body was stuck with tens of arrows**, il corpo del martire era trafitto da decine di frecce; **The redskin's head was stuck with many-coloured feathers**, la testa del pellerossa era irta di penne variopinte. **B** *v. i. + prep.* *1* attenersi a; seguire (*un metodo, un progetto, ecc.*) *2* (*fam.*) badare assiduamente, dedicarsi anima e corpo a (*un lavoro, ecc.*) *3* (*fam.*) badare a, stare attento a (q.) *4* (*fam.*) *V.* **stick to, A**, *def. 6*.

♦**stick within**, *v. i. + prep.* restare dentro (*fig.*): **I'm afraid it will be difficult for us to s. within the expenditure limits fixed by the law**, temo che ci sarà difficile restare dentro i limiti di spesa fissati dalla legge.

to **stick** (**2**) /stɪk/ (*pass.* e *p. p.* **sticked**), **A** *v. t.* *1* provvedere di bastoni (*o* di pali di sostegno); puntellare: **to s. a vine**, puntellare una vite *2* (*tipogr.*) disporre (*i caratteri*) sul compositoio. **B** *v. i.* (*hockey su ghiaccio*) alzare la mazza (*fallo*).

stick-at-nothing /ˈstɪkətˈnʌθɪŋ/, *a.* (*fam.*) che non indietreggia davanti a nulla; privo di scrupoli.

sticker /ˈstɪkə(r)/, *n.* *1* chi conficca, attacca, ecc. (*V.* **stick (1)**) *2* attacchino *3* (*fig.*) persona tenace; chi tiene duro *4* ospite che si trattiene troppo a lungo; visitatore sgradito *5* etichetta adesiva; tagliando gommato; adesivo; patacchino (*pop.*) *6* (*bot.*) lappola *7* (*pesca*) arpione; gaffa *8* (*fam.*) coltellaccio; pugnale *9* (*fig. fam.*) cosa sconcertante; faccenda difficile.

stickful /ˈstɪkfʊl/, *n.* (*tipogr.*) insieme dei caratteri disposti sul compositoio.

stickily /ˈstɪkəlɪ/, *avv.* *1* appiccicosamente *2* (*fam.*) sgradevolmente *3* (*fam.*) con riluttanza. ● **s. hot**, caldo soffocante; afoso.

stickiness /ˈstɪkɪnəs/, *n.* *1* l'essere appiccicaticcio; viscosità; vischiosità *2* afosità; umidità (*del tempo*) *3* (*econ.*) vischiosità, rigidità (*di domanda, prezzo, ecc.*) *4* (*fam.*) riluttanza; scarsa disponibilità.

sticking /ˈstɪkɪŋ/, **A** *a.* *1* appiccicoso; adesivo; che s'attacca *2* (*tecn.*) bloccato; che non si vuole aprire: **s. hinges**, cardini bloccati. **B** *n.* *1* l'incollarsi; incollatura; l'aderire; adesività *2* (*tecn.*) bloccaggio; grippaggio *3* (*elab.*) persistenza. ● (*med.*) **s. plaster**, cerotto □ **s. point**, (*tecn.*) punto di arresto (*o* di bloccaggio); (*fig.*) punto d'arresto, punto morto, blocco (*delle trattative e sim.*).

stick-in-the-mud /ˈstɪkɪnðəˈmʌd/, **A** *a.* lento; tardo; retrogrado. **B** *n.* *1* posapiano; trottapiano *2* individuo arretrato; retrogrado; passatista.

stickjaw /ˈstɪkdʒɔː/, *n.* (*pop.*) caramella gommosa.

stickleback /ˈstɪklbæk/, *n.* (*zool.*) *1* (*Gasterosteus aculeatus*) spinarello *2* gasterosteide (*in genere*).

stickler /ˈstɪklə(r)/, *n.* *1* individuo pedante, rigido; pignolo *2* strenuo fautore, accanito sostenitore (*di q.c.*). ● **to be a s. for discipline [propriety]**, tener molto alla disciplina [alle buone maniere].

stick-on /ˈstɪkɒn, *USA* -ɔːn/, *a. attr.* adesivo; gommato; da incollare: **s. label**, etichetta adesiva.

stick-out /ˈstɪkaʊt/, *n.* (*econ., fam.*) sciopero.
stickpin /ˈstɪkpɪn/, *n.* (*USA*) spilla da cravatta (*Cfr. ingl.* **tie-pin**).
stick-up /ˈstɪkʌp/, *n.* (*fam., specialm. USA*) assalto (*alla diligenza, ecc.*); rapina a mano armata.
sticky /ˈstɪkɪ/, *a.* **1** appiccicaticcio; attaccaticcio; appiccicoso; gommoso; colloso; viscoso; che si appiastriccia: **s. syrub**, sciroppo appiccicaticcio; **s. mud**, fango attaccaticcio; **The road was s.**, la strada era appiccicosa; **s. toffees**, caramelle gommose; **Soft sweets are s.**, le caramelle tenere si appiastricciano; **to have s. fingers**, avere le dita appiccicose; (*fig.*) avere le mani lunghe, essere un ladro **2** gommato; adesivo; autoadesivo; che s'incolla: **a s. label**, un'etichetta gommata; **s. tape**, nastro autoadesivo **3** impiastrato: **fingers s. with jam**, dita impiastrate di marmellata **4** (*econ.*) rigido; vischioso: **Domestic demand is rather s.**, la domanda interna è piuttosto rigida; **s. prices**, prezzi vischiosi **5** (*market.*: *di un prodotto*) difficile da vendere **6** (*fam.*) poco accomodante; poco disponibile; riluttante; restio; che fa tante storie (*fam.*): **The bank was very s. about a loan**, la banca fece un sacco di storie per concedere un mutuo **7** (*fam.*) sgradevole; spiacevole; difficile; brutto: **He put me in a s. position**, mi mise in una situazione difficile **8** (*fam.*: *del tempo*) umido e caldo; afoso. ● **a s. customer**, un cliente difficile (*o* di difficile contentatura); (*fig.*) un bastian contrario □ (*fam.*) **s. end**, brutta fine: **He'll come to a s. end if he goes on like this**, se va avanti così, farà una brutta fine □ (*fam.*) **s.-fingered**, dalle mani lunghe (*fig.*); ladro □ (*fig. fam.*) **a s. wicket**, un brutto affare; una situazione difficile.
stickybeak /ˈstɪkɪbiːk/, *locuz. n.* (*fam. Austr. e N.Z.*) ficcanaso; impiccione, impicciona.
stiff (**1**) /stɪf/, *a.* **1** rigido; duro; irrigidito; indolenzito; (*fig.*) austero, freddo, rigoroso, severo: **He has a s. arm**, ha un braccio rigido; **a s. collar**, un colletto duro; **to feel s. after climbing a mountain**, sentirsi indolenzito dopo una scalata; **s. manners**, maniere rigide; modi sostenuti; **The lock is s.**, la serratura è dura; **The steering gear is s.**, lo sterzo è duro; **a s. sentence**, una dura condanna; **a s. punishment**, una severa punizione **2** compatto; denso; spesso; sodo; (*cucina*) consistente: **s. paste**, pasta densa, spessa; **s. soil**, terreno compatto, sodo; **to beat egg white s. until s.**, sbattere albumi d'uovo fino a renderli consistenti; montare a neve chiare d'uovo **3** forte; gagliardo; violento: **a s. drink**, una bevanda forte (*o* molto alcolica); **a s. wind**, un vento gagliardo; **a s. dose of medicine**, una forte dose di medicina **4** difficile; arduo; erto; scosceso: **a s. assignment**, un compito difficile; **a s. climb**, un'ardua scalata; **a s. subject**, una disciplina difficile; **a s. slope**, un erto pendio **5** (*fam.*) eccessivo; assurdo: **It's a bit s. to expect him to apologize**, è un po' eccessivo pensare che chieda scusa **6** (*fam.*: *di prezzo*) esorbitante; salato: **a s. price**, un prezzo salato **7** (*fin.*) sostenuto; tendente al rialzo; **a s. market**, un mercato sostenuto, tendente al rialzo **8** (*fam.*) pieno zeppo; affollato: **London is now s. with tourists**, ora Londra è piena di turisti **9** (*pop.*) ubriaco; sbronzo (*pop.*). ● (*di cavallo*) **s. bit**, morso rigido (*non snodato*) □ (*comm.*) **s. competition**, concorrenza dura □ **s. conditions**, condizioni dure, sfavorevoli □ **a s. denial**, un netto diniego; un secco rifiuto □ (*med.*) **s. joint**, anchilosi □ (*med.*) **s. neck**, torcicollo □ (*fig.*) **s.-necked**, cocciuto, ostinato, testardo; (*anche*) altezzoso, superbo □ **a s. salute**, un saluto compassato □ **a s. shirt-front**, uno sparato inamidato □ **a s. smile**, un sorriso agro, a labbra strette □ (*pop.*) **a s. 'un**, un veterano; (*anche*) un cadavere □ (*fig.*) **a s. upper lip**, impassibilità; fermezza di carattere □ (*fam.*) **s.-upper-lipped**, chiuso (*fig.*); riservato; introverso; che sta sulle sue (*fam.*) □ **a s. whisky**, un whisky liscio □ (*fam.*) **to bore sb. s.**, annoiare q. a morte □ **to drive a s. bargain**, fare un contratto difficile; (*fig.*) battersi con le unghie e con i denti □ **to go s.**, irrigidirsi □ (*fam.*) **to have a s. job**, avere un bel da fare: **I had a s. job to convince him**, ce ne volle a convincerlo □ (*fig.*) **to keep a s. upper lip**, restare impassibile; stare saldo; tener duro; resistere alle difficoltà; stringere i denti; non perdersi di coraggio (*o* d'animo) □ (*fam.*) **to scare sb. s.**, far morire q. di spavento.
stiff (**2**) /stɪf/, *n.* **1** (*fam.*) cadavere **2** (*fam.*) persona rigida, rigorosa (*o* fredda, compassata) **3** (*fam.*, = **big s.**) buono a nulla; idiota; imbecille **4** (*pop. USA*) titolo di credito; cambiale falsa; assegno falso; banconota; denaro **5** (*pop. USA*) biglietto passato clandestinamente (*in carcere*) **6** (*gergo*: *ippica*) cavallo dato perdente.
to **stiff** /stɪf/, *v. t.* (*pop. USA*) **1** fregare (*fam.*); imbrogliare; truffare **2** lasciare (q.) senza mancia **3** inchiodare (*pop.*); non pagare.
to **stiffen** /ˈstɪfn/, **A** *v. t.* **1** irrigidire (*anche fig.*); indurire; intirizzire; intorpidire: **to be stiffened by back trouble**, essere irrigidito dal mal di schiena; **to s. fabric [paper]**, irrigidire stoffa [carta]; (*econ.*) **to s. the market**, irrigidire il mercato; **His joints are stiffened by old age**, la vecchiaia gli ha indurito le giunture **2** apprettare (*un tessuto*); inamidare: **to s. a shirt front**, inamidare lo sparato di una camicia **3** (*cucina*) montare a neve: **to s. egg whites**, montare a neve chiare d'uovo **4** (*fig.*) consolidare; rafforzare; rinforzare: **to s. an army with fresh troops**, rinforzare un esercito con truppe fresche; **to s. one's decision**, rafforzare la propria decisione **5** (*fig.*) rincuorare; sollevare: **to s. sb.'s morale**, sollevare il morale di q. **6** (*fig.*) inasprire (*una legge, ecc.*) **7** rendere più arduo, più difficile: **to s. a test**, rendere un test più difficile **8** (*fin.*) aumentare, alzare, crescere (*prezzi, ecc.*) **9** (*fam.*) rinforzare (*con aggiunta d'alcol*); correggere (*una bibita*). **B** *v. i.* **1** irrigidirsi (*anche fig.*); indurirsi; (*di muscoli e sim.*) intirizzirsi, intorpidirsi **2** rassodarsi; (*di una sostanza*) diventare consistente **3** (*fig.*: *di una decisione, ecc.*) rafforzarsi **4** (*del vento*) rinforzare: **The wind is stiffening**, il vento rinforza **5** (*di un provvedimento*) inasprirsi; (*di un esame, ecc.*) diventare più duro, più difficile **6** (*fin.*) aumentare, crescere: **Retail prices have stiffened lately**, di recente i prezzi al dettaglio sono aumentati.
stiffener /ˈstɪfnə(r), -fən-/, *n.* **1** chi inamida, chi dà l'appretto (*a tessuti, ecc.*); appretto **2** sostanza che indurisce, rinforza (*V.* **stiffening**) **3** (*fam.*) stimolante; tonico **4** (*edil.*) elemento di rinforzo (*o* d'irrigidimento).
stiffening /ˈstɪfnɪŋ, -fən-/, *n.* **1** irrigidimento (*anche fig.*); indurimento; intorpidimento (*delle membra, ecc.*); (*econ.*) **the s. of the market**, l'irrigidimento del mercato **2** apprettatura; inamidatura (*di una camicia, ecc.*) **3** rassodamento; acquisto di consistenza (*di una sostanza*) **4** consolidamento; rafforzamento (*di una decisione, ecc.*) **5** inasprimento (*di leggi, pene, ecc.*) **6** (*fin.*) aumento (*di prezzi*) **7** (*tecn.*) rinforzo: (*mecc.*) **s. plate**, lamiera di rinforzo **8** (*sartoria*) rinforzo; teletta.
stiffish /ˈstɪfɪʃ/, *a.* alquanto rigido; piuttosto duro, ecc. (*V.* **stiff**).
stiffly /ˈstɪflɪ/, *avv.* **1** rigidamente; duramente; severamente **2** cocciutamente; ostinatamente **3** in modo rigido, compassato, altezzoso **4** (*fam.*) eccessivamente; troppo.
stiffness /ˈstɪfnəs/, *n.* **1** rigidezza (*anche mecc.*); durezza **2** (*fig.*) austerità; freddezza; rigore; severità **3** compattezza; consistenza; densità; sodezza **4** forza, violenza (*del vento, ecc.*) **5** asperità; difficoltà (*di un argomento, ecc.*).
stifle /ˈstaɪfl/, *n.* **1** (*zool.*, = **s. joint**) grassella (*articolazione della zampa posteriore dei quadrupedi*) **2** (*vet.*) malattia della grassella. ● **s.-bone**, rotula (*o* patella) del cavallo.
to **stifle** /ˈstaɪfl/, **A** *v. t.* soffocare (*anche fig.*); reprimere; spegnere; trattenere: **to s. a yawn [a rebellion]**, soffocare uno sbadiglio [una rivolta]; **to s. a fire**, soffocare un incendio; **to s. one's sobs**, reprimere (*o* trattenere) i singhiozzi. **B** *v. i.* soffocare (*anche fig.*); morir soffocato; sentirsi mancare il respiro. ● **to s. one's grief**, mettere a tacere il proprio dolore □ **to s. a rumour**, mettere a tacere una diceria □ **to s. sb. to death**, far morire q. soffocato.
stifling /ˈstaɪflɪŋ, -fəl-/, *a.* soffocante; afoso: **s. heat**, caldo soffocante. ● **It's a s. (hot) day**, è una giornata afosissima.
stigma (**1**) /ˈstɪgmə/, *n.* (*pl.* **stigmata, stigmas**) **1** (*bot., zool.*) stigma **2** (*fig.*) stigma; marchio (*d'infamia*); disonore.
stigma (**2**) /ˈstɪgmə/, *n.* (*pl.* **stigmata**) **1** (*med.*) stigma **2** (*pl.*) (*relig.*) stimmate, stigmate: **St. Francis' stigmata**, le stigmate di San Francesco.
stigmatic /stɪgˈmætɪk/, *a.* **1** (*bot., zool.*) stigmatico; di stigma; provvisto di stigmi **2** (*med., relig.*) che ha le stigmate **3** (*ottica*) stigmatico.
stigmatism /ˈstɪgmətɪzəm/, *n.* (*fisiol., med.*) stigmatismo.
stigmatist /ˈstɪgmətɪst/, *n.* (*relig.*) persona che porta le stigmate.
stigmatization /stɪgmətaɪˈzeɪʃn, *USA* -tɪˈz-/, *n.* **1** stigmatizzazione; biasimo **2** (*relig.*) stigmatizzazione.
to **stigmatize** /ˈstɪgmətaɪz/, *v. t.* **1** stigmatizzare; marchiare; bollare (*fig.*) **2** produrre le stigmate su (*una persona*).
stilbite /ˈstɪlbaɪt/, *n.* (*miner.*) stilbite.
stile (**1**) /staɪl/, *n.* **1** cavalcasiepe; gradini (*o* scaletta) per superare un muretto, uno steccato (*per es., di un campo, un recinto di bestiame*) **2** (= **turnstile**) tornello; tornella.
stile (**2**) /staɪl/, *n.* (*edil.*) montante verticale (*di porta, di finestra, ecc.*).
stiletto /stɪˈlɛtəʊ/ (*ital.*), *n.* (*pl.* **stilettos, stilettoes**) **1** stiletto; pugnale **2** punteruolo **3** (*fam.*) scarpa (*da donna*) con tacco a spillo **4** (*elettron.*) stiletto. ● (*moda*) **s. heels**, tacchi a spillo □ **s. thrust**, stilettata.
to **stiletto** /stɪˈlɛtəʊ/, *v. t.* dare una stilettata a (q.); pugnalare.
still (**1**) /stɪl/, **A** *a.* **1** calmo; quieto; cheto; immobile; fermo; silenzioso; tranquillo: **Keep** (*o* **Stand**) **s.!**, sta' fermo!; sta' quieto!; **s. air**, aria ferma; aria calma; **the s. water of the lake**, le chete acque del lago; **s. streets**, strade silenziose **2** (*d'acqua minerale*) liscia; non gassata **3** (*di vino*) fermo; non spumante; non effervescente. **B** *n.* **1** (*poet.*) calma; silenzio; quiete: **in the s. of the night**, nella quiete notturna; nel silenzio della notte **2** (*fam.*) fotografia fissa; posa **3** (*di un film*) fotogramma (*pubblicitario*). ● (*naut.*) **s. bugle**, squillo di attenti □ (*arte*) **s. life**, natura morta: **a s.-life painting**, una natura morta (*il quadro*) □ (*fig.*) **the s. small voice**, la voce della coscienza □ **as s. as the grave**, muto come una tomba □ **stock-s.**, immobile come un sasso; impietrito □ **All sounds are s.**, tutto è silenzio □ **The storm was s. at last**, finalmente il temporale si placò □ (*prov.*) **S. waters run deep**, le acque chete rovinano i ponti.
still (**2**) /stɪl/, **A** *avv.* **1** ancora; tuttora: **He is s. in bed**, è ancora a letto; **Was he s. there when you came?**, c'era ancora quando arrivasti tu?; **I'm still working at over 70**, a settant'anni suonati, lavoro ancora **2** (*con un compar.*) anche; persino; ancora: **It was hot yesterday, but today it's s. hotter**, faceva caldo ieri, ma oggi è anche più caldo. **B** *cong.* tuttavia; eppure; pure; nondimeno: **He was very tired, s. he did not want to stop**, era molto stanco, e tuttavia non voleva fermarsi. ● **s. less**, ancor meno □ **s. more**, ancor più.
still (**3**) /stɪl/, *n.* **1** (*chim., ind.*) alambicco; storta; distillatore **2** (*ind.*) distilleria. ● (*USA*)

s. house, distilleria □ (*ind.*) **s. room**, sala di distillazione; cantina, dispensa.

to **still** (1) /stɪl/, **A** *v. t.* *1* calmare; chetare; acquietare; placare: **to s. a baby's cries**, calmare un bimbo che piange *2* far tacere; zittire. **B** *v. i.* calmarsi; acquietarsi; placarsi: **when the tempest stills**, quando la tempesta si placherà.

to **still** (2) /stɪl/, *v. t.* (*arc.*) distillare, fabbricare (*liquori*).

stillage /ˈstɪlɪdʒ/, *n.* *1* asse; mensola; sostegno; supporto *2* (*agric.*) trebbie (*pl.*) (*residuo di distillazione di cereali*) *3* (*trasp.*) pallet; contenitore *4* *V.* **stilling**.

stillbirth /ˈstɪlbɜːθ/, *n.* *1* (*med.*) parto di feto morto; nascita di un bambino morto *2* bambino nato morto. ● (*demogr.*) **s. rate**, natimortalità.

stillborn /stɪl/, *a.* *1* (*di un bambino*) nato morto *2* (*fig.*: *di un progetto e sim.*) fallito in partenza; abortito.

stilling /ˈstɪlɪŋ/, **stillion** /ˈstɪlɪən/, *n.* cavalletto, sedile (*per botte*).

stillness /ˈstɪlnəs/, *n.* calma; quiete; immobilità; silenzio; tranquillità.

stilly /ˈstɪlɪ/, *a.* (*poet.*) calmo; cheto; silente.

stilt /stɪlt/, *n.* *1* trampolo: **to walk on stilts**, camminare sui trampoli *2* (*edil.*) palo; palafitta *3* (*zool.*, *Himantopus himantopus*; = **s.-bird, s.-plover, s.-walker**) cavaliere d'Italia; trampoliere. ● **on stilts**, sui trampoli; (*fig.*) affettato, ampolloso, pomposo, artefatto, innaturale.

to **stilt** /stɪlt/, *v. t.* (*edil.*) erigere su pali; costruire su palafitte.

stilted /ˈstɪltɪd/, *a.* *1* montato su trampoli *2* (*edil.*) costruito su pali (*o* palafitte) *3* (*fig.*) affettato; ampolloso; pomposo; artefatto; innaturale: **His English is s.**, parla un inglese artefatto. || **-ly**, *avv.* || **-ness**, *sost.*

Stilton /ˈstɪltən/, *n.* *1* (*geogr.*) Stilton (*località dello Huntingdonshire*) *2* (= **S. cheese**) «stilton» (*formaggio piccante, con venature bluastre*).

stimulant /ˈstɪmjʊlənt/, **A** *a.* stimolante; eccitante. **B** *n.* *1* (sostanza) stimolante; eccitante: **He never takes stimulants**, non fa mai uso di eccitanti (*alcol, ecc.*) *2* (*fig.*) stimolo, sprone, incentivo; incitamento.

to **stimulate** /ˈstɪmjʊleɪt/, *v. t.* *1* stimolare (*anche scient.*); incitare; incentivare: **to s. a country's economy**, stimolare l'economia di un paese; **to s. sb. to greater-effort**, incitare q. a compiere uno sforzo maggiore; (*econ.*) **to s. production**, incentivare la produzione *2* corroborare; rinvigorire.

stimulating /ˈstɪmjʊleɪtɪŋ/, *a.* *1* stimolante; eccitante *2* corroborante; tonificante.

stimulation /stɪmjʊˈleɪʃn/, *n.* *1* stimolazione; stimolo; incitamento; incentivazione *2* (*scient.*) stimolazione; eccitazione.

stimulative /ˈstɪmjʊlətɪv, -eɪtɪv/, *V.* **stimulating**.

stimulator /ˈstɪmjʊleɪtə(r)/, *n.* *1* (*anche med.*) stimolatore *2* (*farm.*) sostanza eccitante.

stimulus /ˈstɪmjʊləs/ (*lat.*), *n.* (*pl.* **stimuli**) stimolo (*anche scient.*); pungolo; incitamento; incentivo; impulso: **the s. of hunger**, lo stimolo della fame; **a s. to competition**, un incentivo alla concorrenza; **to give s. to industry**, dare impulso all'industria.

stimy, to **stimy** /ˈstaɪmɪ/, *V.* **stymie, to stymie**.

sting /stɪŋ/, *n.* *1* (*zool.*) pungiglione; aculeo: **the s. of the bee**, il pungiglione dell'ape *2* (*bot.*) aculeo; pelo urticante: **the stings of the nettle**, i peli dell'ortica *3* puntura (*anche fig.*); morso; pungolo; pungiglione; tormento: **a wasp s.**, la puntura di una vespa; **the s. of a snake**, il morso d'un serpente; **the s. of satire**, il pungiglione (il veleno) della satira; **the stings of conscience**, il pungolo della coscienza; **the stings of envy**, il tormento dell'invidia *4* fitta di dolore; dolore acuto, pungente: **the s. of a cut**, il dolore acuto di un taglio *5* (*fig.*) pungolo; stimolo; sprone *6* (*fam.*) mordente; vigore *7* (*fam.*) asprezza; acredine; veleno (*fig.*), velenosità; l'amaro: **the s. of a reproach**, l'acredine di un rimbrotto; **the s. of sb.'s criticism**, la velenosità delle critiche di q.; **to take the s. out of defeat**, togliere di bocca l'amaro della sconfitta. ● (*fig.*) **the s. of her tongue**, la sua lingua tagliente □ (*zool.*) **s.-ray**, *V.* **stingaree** □ **a jest with a s. in it**, uno scherzo pungente (*o* velenoso) □ **He felt the s. of the wind**, sentiva il soffio gelido del vento □ (*di consiglio, progetto, racconto, ecc.*) **It has a s. in its tail**, «in cauda venenum» (*lat.*).

to **sting** /stɪŋ/ (*pass.* e *p. p.* **stung**), **A** *v. t.* *1* pungere; (*fig.*) ferire, offendere, irritare, tormentare: **A bee has stung me on the neck**, un'ape mi ha punto sul collo; **The nettles stung her legs**, le ortiche le pungevano le gambe; **He has been stung to the quick**, è stato punto sul vivo; **to be stung with envy** [**desire**], essere punto dall'invidia [dal desiderio]; **His conscience stings him sharply**, la coscienza lo tormenta dolorosamente *2* (*di serpente*) mordere *3* pungolare; incitare; stimolare; spingere: **My words stung him into action**, le mie parole lo spinsero ad agire *4* (*pop.*) portar via; far pagare; fregare (*pop.*): **The seller stung me for 200 pounds**, il venditore mi ha fregato duecento sterline. **B** *v. i.* *1* pungere; avere il pungiglione: **Drones don't s.**, i fuchi non pungono *2* dare fitte di dolore; dolere; bruciare (*fig.*): **My tooth stings**, ho un dente che mi dà fitte di dolore; **My eyes are stinging from the dust**, mi bruciano gli occhi per la polvere. ● (*fam.*) **to be stung**, farsi imbrogliare (raggirare, fregare): **He got stung on that deal**, s'è fatto fregare in quell'affare □ **Pepper stings one's tongue**, il pepe pizzica sulla lingua.

stingaree /ˈstɪŋəriː/, *n.* (*zool.*, *Dasyatis pastinaca*) pastinaca comune.

stinger /ˈstɪŋə(r)/, *n.* *1* (*zool.*) insetto provvisto di pungiglione *2* (*bot.*) pianta munita d'aculei *3* (*zool.*) organo pungitore; aculeo; pungiglione *4* (*fam.*) colpo doloroso; forte percossa; gran botta *5* (*fam.*) osservazione pungente; frecciata; risposta pepata.

stinginess /ˈstɪndʒɪnəs/, *n.* *1* avarizia; grettezza; spilorceria; taccagneria; tirchieria *2* scarsità; insufficienza.

stinging /ˈstɪŋɪŋ/, *a.* *1* pungente (*anche fig.*); mordace: **a s. thorn**, una spina pungente; **a s. remark**, un'osservazione pungente *2* doloroso; forte; grave: **a s. blow**, un forte colpo; una gran botta; **a s. insult**, un grave insulto *3* (*bot.*) urticante: **s. hair**, pelo urticante (*per es., dell'ortica*). ● (*bot.*) **s. nettle** (*Urtica dioica*), ortica. || **-ly**, *avv.*

stingless /ˈstɪŋləs/, *a.* *1* senza pungiglione; senza aculeo *2* (*fam.*) privo di mordente; senza vigore.

stingo /ˈstɪŋgəʊ/, *n.* (*senza pl.*) *1* birra forte *2* (*pop. fig.*) energia; vigore.

stingray /ˈstɪŋreɪ/, *V.* **stingaree**.

stingy /ˈstɪndʒɪ/, *a.* *1* avaro; gretto; spilorcio; taccagno; tirchio *2* scarso; insufficiente; da poco: **a s. meal**, un pasto insufficiente. ● **to be s. with one's money**, lesinare i soldi.

stink /stɪŋk/, *n.* *1* fetore; cattivo odore; puzzo; tanfo *2* (*pl.*) (*gergo studentesco*) chimica. ● **s. bomb**, bombetta (*o* fialetta) puzzolente □ (*bot.*) **s.-horn** (*Phallus impudicus*), satirione; pisciacane □ (*geol.*) **s.-stone**, roccia maleodorante □ **s.-trap**, sifone trattenitore (*di fogna*) □ (*fam.*) **to raise** (*o* **to make, to kick up**) **a s.**, fare il diavolo a quattro; piantare una grana; fare un casino (*pop.*).

to **stink** /stɪŋk/ (*pass.* **stank, stunk**, *p. p.* **stunk**), *v. i.* *1* puzzare; essere fetido; mandare cattivo odore: **The kitchen stank of fish**, la cucina puzzava di pesce *2* (*pop.*) fare schifo; essere uno schifo: **His proposal stinks**, la sua proposta fa schifo *3* (*pop.*: *di persona*) essere odioso; essere schifoso, fetente (*pop.*). ● (*fig.*) **to s. of corruption**, puzzare di corruzione □ (*fam.*) **to s. of money**, essere ricco da far schifo; essere ricco sfondato □ **to s. sb. out**, costringere q. a uscire all'aperto per via del fetore: **The vapours of burning sulphur stunk us out**, le esalazioni dello zolfo che bruciava ci costrinsero a uscire per il fetore □ **to s. st. out** (*o* **up**), riempire q.c. di puzzo; impuzzolire; ammorbare; appestare: **His cigar has stunk the compartment out**, il suo sigaro ha appestato lo scompartimento □ (*fam.*) **to s. to high heaven**, fare un puzzo da soffocare □ (*fam.*) **I can s. it a mile off**, ne sento il puzzo a un miglio di distanza.

stinkard /ˈstɪŋkəd/, *n.* (*raro*) puzzone, puzzona; animale che puzza.

stinker /ˈstɪŋkə(r)/, *n.* (*fam.*) *1* persona (*o* animale) puzzolente *2* (*fam.*) lettera offensiva; letteraccia *3* (*pop.*) individuo spregevole; fetente; carogna (*fig.*) *4* (*pop.*) (una) schifezza; (uno) schifo; (*una*) porcheria *5* (*zool.*, *fam.*) procellaria; uccello delle tempeste.

stinking /ˈstɪŋkɪŋ/, *a.* *1* puzzolente; fetente; fetido *2* (*pop.*) disgustoso; sgradevole; spiacevole; che fa schifo; schifoso. ● (*fam.*) **a s. cold**, un terribile raffreddore □ (*fam.*) **s. rich**, ricco sfondato □ **to cry s. fish**, deprezzare la propria merce (*fig.*).

stinkpot /ˈstɪŋkpɒt/, *n.* *1* (*stor.*) pentola con zolfo acceso (*che veniva scagliata sul ponte d'una nave nemica*) *2* (*pop.*) puzzone, puzzona; fetente; carogna.

stint (1) /stɪnt/, *n.* *1* limite; restrizione: **without s.**, senza limite; senza restrizione *2* compito prefisso; lavoro assegnato: **one's daily s.**, il proprio lavoro quotidiano *3* periodo di lavoro: **She did a s. as a door-to-door seller**, lavorò per un certo tempo per un'organizzazione di vendite porta a porta. ● (*lett.*) **to work without s.**, lavorare senza risparmiarsi.

stint (2) /stɪnt/, *n.* (*zool.*, *Erolia alpina*) piovanello pancianera.

to **stint** /stɪnt/, **A** *v. t.* *1* tenere a stecchetto: **He stints his family in order to buy wine for himself**, tiene a stecchetto la famiglia per comprare il vino per sé *2* lesinare; limitare; razionare; dare a malincuore; fare a stento: **to s. money**, lesinare il denaro; **to s. service**, fare a stento il proprio servizio. **B** *v. i.* imporsi restrizioni; stare a stecchetto. **C** to **stint oneself**, *v. rifl.* stare a stecchetto, tirare la cinghia; privarsi: **to s. oneself for one's family**, sottoporsi a privazioni per la propria famiglia; **to s. oneself of necessities**, privarsi del necessario. ● **to s. (on) the sugar**, fare economia di zucchero □ (*offrendo q.c.*) **Don't s. yourself!**, non fare (*o* non faccia) complimenti!; serviti (*o* si serva) pure!

stintless /ˈstɪntləs/, *a.* senza restrizioni; abbondante; illimitato; senza risparmio.

stipe /staɪp/, *n.* *1* (*bot.*) stipite; gambo *2* (*zool.*) peduncolo.

stipel /ˈstaɪpl/, *n.* (*bot.*) stipola (*di fogliolina*).

stipellate /staɪˈpelət, -eɪt/, *a.* (*bot.*) stipolato.

stipend /ˈstaɪpend/, *n.* *1* stipendio; retribuzione *2* (*specialm., relig.*) congrua.

stipendiary /staɪˈpendɪərɪ, *USA* -ɪerɪ/, *a.* *1* stipendiato; retribuito *2* (*di prete*) che riceve la congrua. ● (*leg.*) **s. magistrate**, giudice, magistrato di carriera (*nominato dal Ministro dell'Interno*; *la carica di magistrato è per lo più onoraria in G.B.*; *cfr.* **justice of the peace**).

stipes /ˈstaɪpiːz/, *n.* (*pl.* **stipites**) (*zool.*) peduncolo.

stipple /ˈstɪpl/, *n.* *1* (*arte, edil.*) disegno (*o* dipinto) a puntini (*l'opera*) *2* (*arte*) puntinismo *3* (*tipogr.*) incisione a retino.

to **stipple** /ˈstɪpl/, *v. t.* *1* (*arte, edil.*) disegnare (*o* dipingere) a puntini; punteggiare; ombreggiare *2* (*tipogr.*) incidere a retino.

stippling /ˈstɪplɪŋ/, *n.* *1* (*arte*) disegno (incisione, ecc.) a puntini; ombreggiatura (*la tecnica*); puntinismo *2* (*tipogr.*) incisione a retino.

stipular /ˈstɪpjʊlə(r)/, *a.* (*bot.*) stipolare.
stipulate /ˈstɪpjʊlət, -eɪt/, *a.* (*bot.*) stipolato.
to **stipulate** /ˈstɪpjʊleɪt/, *v. t.* e *i.* (*leg.*) stipulare; pattuire; convenire; accordarsi su; esigere come condizione essenziale: **to s. a guarantee**, pattuire una garanzia; **We stipulated for the management of the firm on a sound financial basis**, ci accordammo per una gestione dell'azienda su solide basi finanziarie.
stipulated (**1**) /ˈstɪpjʊleɪtɪd/, *a.* (*leg.*) convenuto; pattuito; stabilito. ● (*ass.*) **s. damages**, danni la cui liquidazione è stabilita da una clausola; (*anche*) penale.
stipulated (**2**) /ˈstɪpjʊleɪtɪd/, *a.* (*bot.*) stipolato.
stipulation /stɪpjʊˈleɪʃn/, *n.* (*leg.*) ***1*** stipulazione; stipula ***2*** condizione (*o* clausola) essenziale: **on the s. that...**, a condizione che...
stipulator /ˈstɪpjʊleɪtə(r)/, *n.* (*leg.*) stipulante.
stipule /ˈstɪpju:l/, *n.* (*bot.*) stipola.
stir (**1**) /stɜ:(r)/, *n.* ***1*** rimescolata; rimestata ***2*** (*fig.*) movimento; animazione; agitazione; confusione; eccitazione; scompiglio; subbuglio; trambusto: **The crowd was in a s.**, la folla era in agitazione; **There was a great s. in the town**, la città era tutta in subbuglio ***3*** (*econ., fin.*) gran movimento (*di prezzi, corsi azionari, ecc.*). ● **It** (*o* **he**) **has made a great s.**, ha fatto una gran sensazione; ha fatto colpo □ **Give the fire a s.**, attizza un po' il fuoco! □ **There was no s. in the air**, l'aria era immota.
stir (**2**) /stɜ:(r)/, *n.* (*pop.*) carcere; prigione; gattabuia: **to be in s.**, essere in gattabuia.
to **stir** /stɜ:(r)/, **A** *v. t.* ***1*** agitare; increspare; muovere; scuotere; rimescolare; rimestare: **A light breeze stirred the curtains**, una leggera brezza muoveva le tendine; **to s.** (**up**) **tea** [**the soup**], rimescolare il tè [rimestare la zuppa]; **Not a breath stirred the lake**, non un alito di vento increspava il lago; **He just stirred the log**, mosse appena (*o* spostò di poco) il ceppo ***2*** (*spesso* **to s. up**) eccitare; incitare; irritare; fomentare; suscitare; scuotere (*fig.*): **to s. sb.'s imagination** [**interest**], eccitare la fantasia [suscitare l'interesse] di q.; **to s. sb. to action**, incitare q. ad agire; **to s. up a rebellion**, fomentare una rivolta ***3*** attizzare (*il fuoco*; *anche fig.*): **He stirred up hatred in the natives for the colonialists**, attizzò l'odio degli indigeni per i colonialisti. **B** *v. i.* ***1*** agitarsi; muoversi; spostarsi; mutar di posto: **If you s., I shoot**, se ti muovi, sparo; **New forces are stirring in our society**, nuove forze si agitano nella nostra società ***2*** essere in piedi; esser già alzato; essere attivo: **He is not stirring yet**, non s'è ancora alzato (dal letto) ***3*** (*fam.*) rimestare, fare il mestatore; seminare zizzania (*sparlando di q.*). ● **to s. sb.'s blood**, far bollire (*o* rimescolare) il sangue a q.; eccitare q.; entusiasmare q. □ (*fam.*) **to s. one's stumps**, affrettarsi; sbrigarsi; spicciarsi; muovere le gambe □ **to s. sb. to the depths**, commuovere profondamente q. □ **to s. sb.'s wrath**, suscitare l'ira di q.; mandare q. in collera □ **not to s. an eyelid**, restare impassibile; non muover ciglio □ **not to s. a finger**, non muovere un dito (*per aiutare q.*) □ **There is no news stirring**, non c'è niente di nuovo in giro □ **Don't s.!**, non muoverti!; non disturbarti!
♦**stir about**, *v. t. + avv.* agitare, mescolare, rimescolare (*un impasto, ecc.*).
♦**stir abroad**, *v. i. + avv.* muoversi di casa; andare fuori (*o* in giro).
♦**stir around**, *V.* **stir about**.
♦**stir in**, *v. t. + avv.* aggiungere mescolando: **S. in the egg whites!**, aggiungere gli albumi e rimescolare!
♦**stir into**, *v. t. + prep.* aggiungere in, mescolando; (*cucina*) incorporare in: **S. the beaten eggs into the flour**, incorporare le uova sbattute nella farina.
♦**stir up**, *v. t. + avv.* ***1*** muovere; smuovere; sollevare: **to s. up the muddy waters**, smuovere le acque torbide; **to s. up the mud in a river**, sollevare il fango di un fiume ***2*** agitare; mescolare; rimestare: **to s. up the eggs with the milk**, rimestare le uova con il latte ***3*** (*fig.*) eccitare; incitare; fomentare (*la rivolta, ecc.*); attizzare (*l'odio, ecc.*) (*V.* **to stir, A**, *def. 2* e *3*) □ (*fig. fam.*) **to s. it up**, fare il mestatore; agitare le acque (*fig.*); mettere zizzania □ (*fig. fam.*) **to s. up a hornet's n.**, sollevare un vespaio □ (*fam.*) **to s. up mud**, sollevare del fango (*fig.*); sollevare uno scandalo □ **to s. up support**, creare consenso (*nel popolo, ecc.*).
stirabout /ˈstɜ:rəbaʊt/, *n.* ***1*** persona indaffarata ***2*** (*cucina*) porridge.
to **stir-fry** /ˈstɜ:fraɪ, ˈstɜ:ˈf-/, *v. t.* (*cucina*) saltare (*alimenti*) in olio bollente.
stir-frying /ˈstɜ:fraɪɪŋ, ˈstɜ:ˈf-/, *n.* (*cucina*) frittura al salto.
stirless /ˈstɜ:ləs/, *a.* fermo; immobile; immoto.
stirpiculture /ˈstɜ:pɪkʌltʃə(r)/, *n.* (*zootecnia*) selezione genetica (*del bestiame*).
stirps /stɜ:ps/, *n.* (*pl.* **stirpes**) ***1*** (*leg.*) progenitore (*d'una famiglia*); capostipite ***2*** (*biol.*) famiglia.
stirrer /ˈstɪrə(r), *USA* ˈstɜ:-/, *n.* ***1*** chi agita; chi rimescola ***2*** eccitatore; incitatore; provocatore ***3*** (*tecn.*) agitatore (*arnese*) ***4*** (*fam.*) rimestatore; seminatore di zizzania. ● **an early s.**, uno che si alza di buon mattino □ **a late s.**, uno che si alza tardi; un dormiglione.
stirring /ˈstɜ:rɪŋ/, **A** *a.* ***1*** eccitante; emozionante; commovente; stimolante; che tocca l'anima: **s. events**, avvenimenti emozionanti; **s. music**, musica che tocca l'anima ***2*** attivo; energico: **to lead a s. life**, far vita attiva. **B** *n.* ***1*** agitazione; scuotimento ***2*** (= **s. up**) rimescolamento. ● **a s. speech**, un discorso elettrizzante □ **s. times**, tempi agitati.
stirrup /ˈstɪrəp, *USA* ˈstɜ:-/, *n.* ***1*** (= **s. iron**) staffa (*della bardatura del cavallo*) ***2*** (*edil.*) staffa ***3*** (*ind. min.*) staffa d'arresto ***4*** (*alpinismo, USA*) staffa (*cfr. ingl.* **étrier**). ● (*anat.*) **s. bone**, staffa (*dell'orecchio*) □ (*specialm. fig.*) **s. cup**, bicchiere della staffa □ **s. eye**, occhio della staffa □ **s. leather**, staffile; cinghia della staffa □ **s. pump**, piccolo estintore portatile (*provvisto di staffa per infilarvi un piede con cui tenerlo fermo*) □ **s. strap**, *V.* **s. leather** □ (*mecc.*) **flat iron s.**, staffa di ferro piatto.
stitch /stɪtʃ/, *n.* ***1*** punto (*di cucito, di ricamo, dato da un medico, ecc.*): **If one s. gives, the rest will**, se cede un punto, cedono anche gli altri; **She's learning a new s.**, sta imparando un punto nuovo; **The doctor is putting stitches in his leg**, il medico gli sta dando dei punti nella gamba ***2*** maglia (*fatta sferruzzando*): **to add a s.**, aumentare una maglia; **to drop a s.**, lasciar cadere (*o* calare) una maglia (*per errore*); diminuire (*o* scalare) una maglia; **to take up a s.**, riprendere una maglia ***3*** (*legatoria*) cucitura (*di un libro*): **thread s.**, cucitura a filo di refe ***4*** (*solo al sing.*) puntura al fianco; fitta di dolore al fianco: **I feel a s.**, sento una puntura al fianco ***5*** (*fam.*) straccio; cencio; indumento: **He wasn't wearing a s.**, non aveva un cencio addosso ***6*** (*pop. USA*) persona buffa; cosa divertente; (uno) spasso. ● (*tecn.*) **s. rivet**, chiodatura □ (*metall.*) **s. welding**, saldatura per punti □ **s. wheel**, ruota da sellaio (*per aprire fori nel cuoio*) □ **button-hole s.**, punto a smerlo □ **cross s.**, punto in croce; punto a croce □ **herring-bone s.**, punto a spina □ (*fam.*) **to be in stitches**, ridere a crepapelle; sbellicarsi dal ridere □ **overcast s.**, punto a sopraggitto □ (*fam.*) **He hasn't done a s. of work**, non ha fatto neanche tanto così di lavoro □ **He has not a dry s. on him**, è bagnato fradicio; è bagnato fino alle ossa □ (*prov.*) **A s. in time saves nine**, un punto in tempo ne risparmia cento.
to **stitch** /stɪtʃ/, *v. t.* e *i.* ***1*** cucire (*stoffa, ecc.*) ***2*** impuntire (*materassi, cuoio, ecc.*) ***3*** (*med.*) suturare. ● **to s. a button on a shirt**, attaccare un bottone a una camicia.
♦**stitch on**, *v. t. + avv.* ***1*** attaccare (con l'ago); mettere su (*fam.*): **The collar hasn't been stitched on properly**, il colletto è stato messo su male ***2*** (*sartoria*) applicare, riportare (*una tasca, ecc.*).
♦**stitch onto**, *v. t. + prep.* attaccare (con l'ago) a: **to s. the buttons onto a pair of trousers**, attaccare i bottoni a un paio di calzoni.
♦**stitch up**, *v. t. + avv.* ***1*** chiudere cucendo; rammendare (*un buco, uno strappo, ecc.*) ***2*** (*med.*) dare dei punti a, suturare (*una ferita, ecc.*) ***3*** (*fig.*) ricucire, rimediare a (*una lite, ecc.*) ***4*** (*fig.*) combinare, sistemare, concludere (*un accordo, un affare, ecc.*) □ **to s. up on the machine**, rammendare a macchina.
stitcher /ˈstɪtʃə(r)/, *n.* ***1*** chi cuce; cucitore, cucitrice ***2*** (*legatoria*) cucitrice (*macchina*).
stitching /ˈstɪtʃɪŋ/, *n.* ***1*** cucitura (*di una scarpa, ecc.*); impuntura ***2*** (*med.*) sutura ***3*** (*tecn.*) saldatura a tratti.
stitchwork /ˈstɪtʃwɜ:k/, *n.* lavoro di cucito; ricamo.
stitchwort /ˈstɪtʃwɜ:t/, *n.* (*bot., Stellaria*) stellaria.
stithy /ˈstɪðɪ/, *n.* (*poet.*) ***1*** incudine ***2*** fucina; bottega di fabbro ferraio.
stiver /ˈstaɪvə(r)/, *n.* (*stor.*) «stuiver» (*antica moneta olandese, di scarso valore*). ● **without a s.**, senza un centesimo; senza un quattrino □ **I don't care a s.**, non me ne importa un fico (secco).
stoa /ˈstəʊə/, *n.* (*pl.* **stoae, stoas**) (*stor., archit.*) stoa; portico d'Atene.
stoat /stəʊt/, *n.* (*zool., Mustela erminea*) ermellino.
stoating /ˈstəʊtɪŋ/, *n.* (*sartoria*) cucitura invisibile.
stochastic /stɒˈkæstɪk/, *a.* (*stat.*) stocastico; aleatorio; casuale: **s. variable**, variabile stocastica.
stock /stɒk/, **A** *n.* ***1*** ceppo; ciocco; fusto; tronco (*d'albero*) ***2*** (*agric.*) pianta che ha subito un innesto; pianta da cui si prelevano gli innesti ***3*** (*di fucile, ecc.*) calcio ***4*** (*di cannone*) affusto ***5*** (*dell'aratro, dell'ancora*) ceppo ***6*** (*in genere*) base; sostegno; supporto: **the s. of the anvil**, la base dell'incudine ***7*** (*della pialla*) corpo ***8*** (*di ruota*) mozzo ***9*** ceppo d'una famiglia; capostipite; (*leg.*) progenitore ***10*** famiglia; etnia; razza; schiatta; stirpe; origine: **He comes of** (**a**) **good s.**, è di buona famiglia; **Though of poor s., he made a career for himself**, benché di famiglia povera, riuscì a fare carriera; **of Roman Catholic s.**, d'origine cattolica; **of Scottish s.**, di stirpe scozzese ***11*** (*ind.*) materia prima; materiale grezzo: **paper s.**, materia prima per la fabbricazione della carta (*stracci, ecc.*) ***12*** brodo ristretto (*di carne o di verdura*): **chicken s.**, brodo di pollo ***13*** provvista; scorta; riserva; (*fig.*) bagaglio (*di idee, ecc.*): **They laid in stocks of food for the winter**, fecero provviste di cibo per l'inverno; **He has a good s. of brandy**, ha una buona riserva di brandy ***14*** (*econ.*) fondo di beni: **s. of money**, massa monetaria (*del sistema economico*) ***15*** (*econ.*, = **livestock**) scorte vive; bestiame ***16*** (*comm., org. az.*) stock; giacenza, provvista, scorta; merce in magazzino; (= **s. left, stocks**) rimanenze: **We don't have these goods in s.**, non abbiamo scorte di questa merce; **The articles you require are in s.**, gli articoli da voi richiesti sono in magazzino (*o* sono disponibili); **a large s. of goods on hand**, un grosso stock di merce a disposizione; **average s.**, giacenza media; **old s.**, fondi di magazzino ***17*** (*fin.*, = **joint s.**) capitale azionario (*o* sociale); (*collett.*) azioni, obbligazioni, titoli, valori mobiliari: **Last year our s. gained ten per cent**, l'anno scorso il nostro capitale azionario ebbe una plusvalenza del dieci per cento; **voting s.**, azioni con diritto di voto; **to buy s.**, comprare azioni (*o* titoli); **government s.**, titoli di stato; **marketable s.**, titoli quotati in borsa ***18*** (*fig.*) credito; popolarità: **The government's s. has risen considerably**, la

popolarità del governo è aumentata considerevolmente ***19*** (*fin., ingl.*) quota sociale; partecipazione azionaria ***20*** (*fin., USA*) azione (*cfr. ingl.* **share**): **capital s.**, azione ordinaria; **preferred s.**, azione privilegiata ***21*** (*market.*) stock, blocco, partita (*di merce*): **to buy st. b. and barrel**, comprare q.c. in blocco; **They are selling the whole b.**, vendono tutto in blocco ***22*** (*pl.*) (*fin.*) azioni (completamente versate); titoli di stato; valori mobiliari; obbligazioni; buoni del tesoro ***23*** (*pl.*) (*fin., fam. ingl.*) – **the stocks**, le rendite vitalizie ***24*** (*pl.*) (*stor.*) ceppi; gogna, berlina (*anche fig.*): **he was put in the stocks**, fu messo alla gogna (*o* alla berlina) ***25*** (*pl.*) (*naut.*) taccate: **The ship was on the stocks**, la nave era sulle taccate (*o* in cantiere di raddobbo) ***26*** (*stor., mil.*) collare rigido (*di cuoio, ecc.*) ***27*** (*teatr., pubbl., TV*) repertorio: **a s. play**, un dramma di repertorio ***28*** (*ferr.*) materiale; impianti (*pl.*); **rolling s.**, materiale rotabile ***29*** (*mecc.*) portacuscinetti; portafiliere ***30*** (*bot., Matthiola incana*) violacciocca ***31*** (*a carte*) mazzo (*delle carte dopo la distribuzione*). **B** *a.* ***1*** comune; usuale; abituale; standard: **a s. greeting**, un saluto usuale; **a s. size**, una misura standard ***2*** banale; scontato; trito: **a s. excuse**, una scusa banale; **a s. remark**, un'osservazione scontata ***3*** (*comm.*) di formato (*o* misura) normale; di tipo corrente ***4*** (*fin.*) azionario; sociale: **s. capital**, capitale azionario (*o* sociale) ***5*** (*zootecnia*) da riproduzione: **a s. mare**, una cavalla da riproduzione. ● (*fin.*) **s. account**, conto capitale □ (*rag.*) **s. accounting**, contabilità di magazzino □ (*fin.*) **stocks and bonds**, azioni e obbligazioni □ (*fin.*) **stocks and shares**, valori mobiliari; titoli □ (*Borsa*) **s. arbitrage**, arbitraggio su titoli □ **s. bonus**, gratifica in azioni (*ai dipendenti*) □ (*rag.*) **s. book**, libro magazzino (*o* di carico e scarico) □ (*sport*) **s. car**, stock car: **s.-car racing**, gare di stock car □ **s. card**, scheda di magazzino □ (*fin.*) **s. certificate**, certificato azionario □ **s. clerk**, magazziniere □ **s. company**, (*fin.*) società per azioni; (*teatr.*) compagnia di repertorio □ (*org. az.*) **s. control**, controllo del livello delle scorte □ (*fin., USA*) **s. corporation**, società per azioni □ **s. cube**, dado da brodo □ (*banca*) **s. department**, ufficio titoli □ (*zool.*) **s. dove** (*Columba oenas*), colombella □ (*fin.*) **s. exchange**, borsa valori: **to be on the S. Exchange**, essere un membro della Borsa Valori di Londra □ (*fin.*) **s. exchange account**, ciclo operativo della borsa □ (*fin.*) **S. Exchange Automated Quotation system** (*abbr.* **SEAQ**), sistema computerizzato di quotazioni di borsa (*a Londra*) □ (*fin.*) **s. exchange index [list, operator, quotation]**, indice [listino, operatore, quotazione] di borsa □ **s. farm**, fattoria per l'allevamento del bestiame □ **s. farmer**, allevatore di bestiame □ **s. farming**, allevamento del bestiame □ (*cinem.*) **s. film sequence**, sequenza di repertorio □ (*fin.*) **s. fund**, fondo (comune d'investimento) azionario □ **s. in trade**, (*org. az.*) merce in magazzino, scorte mercantili; (*rag.*) capitale d'esercizio, attrezzature e impianti, beni strumentali; (*fig.*) armamentario, ferri del mestiere, attributo essenziale: **Helpfulness is the social worker's s. in trade**, la disponibilità è l'attributo essenziale dell'assistente sociale □ (*fin.*) **s. issue**, emissione di azioni □ **s. list**, (*fin., USA*) listino di Borsa; listino valori; (*org. az.*) elenco delle scorte □ (*org. az.*) **s. management**, gestione delle scorte □ **s. market**, (*fin.*) mercato azionario (*o* mobiliare); mercato dei titoli finanziari; borsa valori; (*market.*) mercato del bestiame: **s. market crash**, crollo delle quotazioni di Borsa □ (*fin.*) **s. market tendency** (*o* **trend**), andamento borsistico □ (*fin.*) **s. option**, diritto di opzione, opzione di sottoscrizione □ (*giorn.*) **s. photo**, foto d'archivio □ (*fin.*) **s. right**, diritto di opzione □ **s. room**, magazzino □ (*market.*) **s. rooms**, sale di esposizione □ (*USA*) **s. saddle**, sella da cowboy □ **a s. speech**, un discorso di circostanza □ (*fin.*) **s. split** (*o* **splitting**), frazionamento azionario □ **s.-still**, fermo; impalato; immobile □ (*Borsa*) **s. ticker**, teleborsa □ (*fin.*) **s. transfer**, trasferimento (*o* cessione) di titoli □ (*org. az.*) **s. turnover**, (indice di) rotazione delle scorte □ (*fin.*) **s. warrant**, certificato azionario; certificato di diritto di opzione □ (*fin.*) **s. watering**, annacquamento del capitale □ **s. whip**, frusta dal manico corto □ (*agric.*) **dead s.**, scorte morte □ **gazing s.**, centro dell'attenzione; oggetto di curiosità □ (*market.*: *di merce*) **in s.**, in magazzino; disponibile □ **laughing s.**, zimbello □ (*fig.*) **to be on the stocks**, essere in allestimento; essere in preparazione □ (*market.*) **out of s.**, esaurito: **This article is out of s.**, questo articolo è esaurito □ (*org. az.*) **to take s.**, fare l'inventario □ **to take s. in**, (*fin.*) acquistare azioni di (*una società*); (*fig.*) aver fiducia in, dare importanza a □ (*fig.*) **to take s. of a person**, studiare il carattere di una persona □ (*fig.*) **to take s. of the situation**, valutare attentamente la situazione; fare il punto della situazione.

to **stock** /stɒk/, **A** *v. t.* ***1*** approvvigionare; fornire; rifornire; provvedere; (*org. az.*) stoccare: **We must s. our shops in time with the latest fashions**, dobbiamo rifornire per tempo i nostri negozi degli ultimi modelli; **a well-stocked larder**, una dispensa ben fornita ***2*** (*comm.*) esser provvisto di, tenere, avere (*certa merce, ecc.*): **We don't s. the outsizes**, non teniamo le misure (*di scarpe, ecc.*) fuori del comune ***3*** (*fin.*) emettere azioni di (*una società*) ***4*** munire (*un cannone*) d'affusto; collocare (*il vomere*) sul ceppo; provvedere (*q.c. in genere*) di base (*o* di sostegno, di supporto) ***5*** provvedere (*una fattoria*) di bestiame ***6*** (*agric.*) seminare (*il terreno*) a erba (*o* a foraggio) ***7*** (*stor.*) mettere in ceppi (*o* alla gogna). **B** *v. i.* (*di pianta*) germogliare. ● **to s. up**, (*comm.*) fare provvista di, immagazzinare (*merce*); (*agric.*) ammassare, insilare (*il raccolto*) □ **to s. up on**, fare provvista di (*viveri, birra, ecc.*) □ (*comm.*) **to be well stocked up with st.**, avere una buona scorta di q.c.

stockade /stɒ'keɪd/, *n.* ***1*** staccionata; palizzata; steccato; stecconata ***2*** (*USA*) prigione militare.

to **stockade** /stɒ'keɪd/, *v. t.* difendere (fortificare) con una palizzata; recingere con uno steccato; stecconare.

stockbreeder /'stɒkbriːdə(r)/, *n.* allevatore di bestiame.

stockbreeding /'stɒkbriːdɪŋ/, *n.* allevamento di bestiame.

stockbroker /'stɒkbrəʊkə(r)/, *n.* (*fin.*) agente di cambio; operatore di borsa; scambista. ● **s. belt**, periferia residenziale di gente danarosa □ **s.'s contract**, borderò di borsa.

stockbrokerage /'stɒkbrəʊkərɪdʒ/, **stockbroking** /'stɒkbrəʊkɪŋ/, *n.* (*fin.*) attività (*o* lavoro) di agente di cambio.

stockcar /'stɒkkɑː(r)/, *n.* (*ferr., USA*) carro bestiame.

stockfish /'stɒkfɪʃ/, *n.* (*pl.* **stockfish, stockfishes**) stoccafisso; baccalà.

stockholder /'stɒkhəʊldə(r)/, *n.* ***1*** (*fin.*) azionista ***2*** (*Austr.*) allevatore di bestiame. ● (*fin.*) **stockholders' committee**, comitato esecutivo.

Stockholm /'stɒkhəʊm/, *n.* (*geogr.*) Stoccolma.

stockiness /'stɒkɪnəs/, *n.* robustezza; l'essere tarchiato (*o* tozzo).

stockinet(te) /stɒkɪ'nɛt/, *n.* ***1*** (*ind. tess.*) tessuto elastico a maglia ***2*** (*cucito*) punto a maglia rasata.

stocking /'stɒkɪŋ/, *n.* ***1*** calza (*lunga*): **a pair of stockings**, un paio di calze; **nylon stockings**, calze di nailon ***2*** (*del cavallo*) balzana. ● (*USA*) **s. cap**, berretto di lana a cono con pompon □ **s. filler**, regalo da mettere nella calzetta di Babbo Natale (*cfr. la Befana ital.*) □ **s. foot**, piede della calza □ **s. frame** (*o* **s. loom**), telaio per maglieria □ **s. mask**, maschera formata da una calza di nailon □ (*cucito*) **s. stitch**, punto calza □ (*USA*) **s. stuffer**, *V.* **s. filler** □ (*fig. spreg.*) **blue s.**, donna intellettuale, intellettualoide □ (*med.*) **elastic s.**, calza elastica □ **He is** (*o* **stands**) **six feet in his stocking feet**, è alto sei «piedi» (*m 1,82 circa*) senza scarpe (*o* scalzo).

stockinged /'stɒkɪŋd/, *a.* che porta le calze.

stockingless /'stɒkɪŋləs/, *a.* senza calze; a piedi nudi.

stockish /'stɒkɪʃ/, *a.* ottuso; stupido; stolto. || **-ly**, *avv.* || **-ness**, *sost.*

stockist /'stɒkɪst/, *n.* (*comm.*) ***1*** blocchista; grossista ***2*** fornitore.

stockjobber /'stɒkdʒɒbə(r)/, *n.* ***1*** (*Borsa, ingl., stor.*) «stockjobber» (*intermediario di Borsa fino al 1986*) ***2*** (*Borsa, USA, spreg.*) agente di Borsa poco serio.

stockjobbing /'stɒkdʒɒbɪŋ/, *n.* (*Borsa*) attività (*o* lavoro) di uno «stockjobber» (*q.V.*).

stockless /'stɒkləs/, *a.* ***1*** (*mil.*: *di cannone*) senz'affusto ***2*** (*naut.*: *di ancora*) senza ceppo.

stockman /'stɒkmən/, *n.* (*pl.* **stockmen**) ***1*** allevatore di bestiame ***2*** mandriano ***3*** (*USA*) magazziniere.

stockpile /'stɒkpaɪl/, *n.* riserva, scorta (*di merci, di materie prime, ecc.*); (*org. az.*) stock.

to **stockpile** /'stɒkpaɪl/, *v. t.* accumulare riserve di (*merci, materie prime, ecc.*); (*org. az.*) stoccare.

stockpiling /'stɒkpaɪlɪŋ/, *n.* l'accumulare riserve; accaparramento; (*org. az.*) stoccaggio.

stockpot /'stɒkpɒt/, *n.* (*specialm. ingl.*) pentola per il brodo.

stocktaking /'stɒkteɪkɪŋ/, *n.* ***1*** (*org. az.*) inventario; operazioni d'inventario; ricognizione fisica delle scorte ***2*** (*fig.*) inventario (*fig.*); riconoscimento, valutazione (*di uno stato di cose, una situazione, ecc.*).

stocky /'stɒkɪ/, *a.* tarchiato; tozzo; tracagnotto.

stockyard /'stɒkjɑːd/, *n.* recinto per il bestiame.

stodge /stɒdʒ/, *n.* (*fam.*) ***1*** cibo pesante e poco digeribile ***2*** (*fig.*) argomento noioso; mattone (*fig.*) ***3*** individuo noioso, barboso.

to **stodge** /stɒdʒ/, *v. i.* (*fam.*) ingozzarsi; mangiare avidamente; rimpinzarsi.

stodginess /'stɒdʒɪnəs/, *n.* pesantezza (*V.* **stodgy**).

stodgy /'stɒdʒɪ/, *a.* ***1*** pesante; grossolano; indigesto: **s. food**, cibo pesante, grossolano ***2*** noioso; tedioso; barboso: **a s. book**, un libro noioso; **a s. style**, uno stile tedioso ***3*** convenzionale; senza spirito; ottuso.

stogie, stogy /'stəʊgɪ/, *n.* (*USA*) ***1*** sigaro ordinario (*lungo e sottile*) ***2*** scarpone.

stoic /'stəʊɪk/, *n.* e *a.* (*filos.*) stoico (*anche fig.*): **s. philosophy**, filosofia stoica; **That man is a s.**, quell'uomo è uno stoico.

stoical /'stəʊɪkl/, *a.* (*filos.*) stoico (*anche fig.*). || **-ly**, *avv.* || **-ness**, *sost.*

stoicheiometric /stɔɪkɪəʊ'metrɪk/, **stoichiometric** /stɔɪkɪəʊ'metrɪk/, *a.* (*chim.*) stechiometrico.

stoicheiometry /stɔɪkɪ'ɒmɪtrɪ/, **stoichiometry** /stɔɪkɪ'ɒmɪtrɪ/, *n.* (*chim.*) stechiometria.

stoicism /'stəʊɪsɪzəm/, *n.* (*filos.*) stoicismo (*anche fig.*).

to **stoke** /stəʊk/, **A** *v. t.* ***1*** alimentare, attizzare (*il fuoco*); tenere acceso, caricare (*un forno, una caldaia*) ***2*** attendere a, alimentare, caricare (*una caldaia, ecc.*) ***3*** (*fam., di solito* **to s. up**) aizzare (*odio, ecc.*); fomentare (*una rivolta*); sollevare (*opposizione*). **B** *v. i.* ***1*** fare il fuochista ***2*** (**to s. up**) caricare la caldaia; mettere su la legna (*in una stufa, ecc.*) ***3*** (*fam., di solito* **to s. up**) rimpinzarsi; abbuffarsi; fare una bella mangiata.

stoked /stəʊkt/, *a.* (*pop. USA*) entusiasta. ● **s. out**, sfinito; stanco morto.

stokehold /ˈstəʊkhəʊld/, *n.* (*naut.*) locale (*o* sala) delle caldaie.

stokehole /ˈstəʊkhəʊl/, *n.* **1** (*anche naut.*) bocca del forno **2** (*naut.*) locale (*o* sala) delle caldaie.

stoker /ˈstəʊkə(r)/, *n.* **1** fuochista (*di locomotiva, nave, ecc.*) **2** (= **mechanical s.**) griglia di focolaio; alimentatore automatico (*di combustibile, per caldaia*).

STOL /stɒl/, *n.* (*acronimo di* **short take-off and landing**) (*aeron.*) decollo e atterraggio corto: **S. aircraft**, aeromobile a decollo e atterraggio corto.

stole (**1**) /stəʊl/, *n.* (*stor., relig., ecc.*) stola.

stole (**2**) /stəʊl/, *pass.* di **to steal**.

stolen /ˈstəʊlən/, *p. p.* di **to steal**.

stolid /ˈstɒlɪd/, *a.* flemmatico; impassibile; imperturbabile. || **-ly**, *avv.* || **-ness**, *sost.*

stolidity /stəˈlɪdətɪ, stɒ-/, *n.* flemma; impassibilità; imperturbabilità.

stolon /ˈstəʊlɒn, -ən, *USA* -ən, -ɒn/, *n.* (*bot.*) stolone.

stoloniferous /stəʊləˈnɪfərəs/, *a.* (*bot.*) stolonifero.

stoma /ˈstəʊmə/, *n.* (*pl.* **stomata, stomas**) (*scient.*) stoma.

stomach /ˈstʌmək/, *n.* **1** (*anat.*) stomaco: **to have a delicate s.**, essere delicato di stomaco; **to have a pain in the s.**, avere mal di stomaco **2** (*fam.*) pancia; ventre; addome: **What a s. he's got!**, che pancia ha messo!; **to crawl on one's s.**, strisciare sulla pancia **3** (*fig.*) appetito; fame: **to stay one's s.**, calmare la fame **4** (*fig.*) animo; cuore; fegato; desiderio; voglia: **A coward has no s. for meeting a challenge**, un vile non ha il fegato di accettare una sfida. ● (*med.*) **s. clamp**, pinza gastrica □ (*med.*) **s. pump**, apparecchio per lavanda gastrica □ **s. tooth**, canino di latte (*inferiore; che, quando spunta, provoca disturbi intestinali*) □ (*med.*) **s. tube**, sonda gastrica □ (*zool.*) **s. worm**, verme intestinale □ (*vet.*) **s. worm disease**, strongiloidosi □ **on an empty s.**, a stomaco vuoto; a digiuno □ **on a full s.**, a stomaco pieno □ **pit of the s.**, bocca dello stomaco □ **proud s.** (*o* **high s.**), alterigia; boria □ **to turn sb.'s s.**, rivoltare lo stomaco a q.; stomacare q.

to **stomach** /ˈstʌmək/, *v. t.* **1** riuscire a mangiare; digerire, tollerare (*un cibo*): **I cannot s. this food**, non riesco a mangiare questo cibo; **I can't s. onions**, le cipolle non le digerisco **2** (*fig.*) digerire; tollerare; sopportare: **I cannot s. it**, questa non riesco a digerirla; questa non mi va giù; **I cannot s. cruelty to animals**, non tollero che gli animali siano fatti soffrire.

stomachache /ˈstʌməkeɪk/, *n.* mal di stomaco.

stomachal /ˈstʌməkl/, *a.* (*scient.*) stomacale; gastrico.

stomacher /ˈstʌməkə(r)/, *n.* (*stor.*) pettorina; pettino.

stomachful /ˈstʌməkfl/, *n.* **1** quanto sta nello stomaco; scorpacciata **2** (*fam.*) (il) pieno (*fig.*): **I've had my s. of your cheek!**, ho fatto il pieno della tua insolenza!

stomachic /stəʊˈmækɪk/, **A** *a.* **1** (*anat.*) gastrico; stomacale (*raro*) **2** (*farm.*) stomachico; digestivo. **B** *n.* (*farm.*) stomachico.

stomatic /stəʊˈmætɪk/, *a.* (*bot.*) stomatico.

stomatitis /stəʊməˈtaɪtɪs/, *n.* (*pl.* **stomatitides, stomatitises**) (*med.*) stomatite.

stomatologic(al) /stəʊmətəˈlɒdʒɪk(l)/, *a.* (*med.*) stomatologico.

stomatologist /stəʊməˈtɒlədʒɪst/, *n.* (*med.*) stomatologo.

stomatology /stəʊməˈtɒlədʒɪ/, *n.* (*med.*) stomatologia.

stomatoscope /ˈstəʊmətəskəʊp/, *n.* (*med.*) stomatoscopio.

stomp /stɒmp, *USA* -ɒ-, -ɔː-/, *n.* (*mus.*) musica fortemente ritmata (*o* sincopata); ballo sincopato.

to **stomp** /stɒmp, *USA* -ɒ-, -ɔː-/, **A** *v. i.* **1** (*anche* **to s. about**) camminare a passi pesanti **2** ballare al ritmo di musica sincopata. **B** *v. t.* calpestare. ● (*pop. USA*) **to s. (on) sb.**, picchiare forte q.; (*fig.*) suonarle a q., batterlo clamorosamente.

stone /stəʊn/, **A** *n.* **1** pietra; sasso; ciottolo: **as hard as a s.**, duro come la pietra; **He has a heart of s.**, ha il cuore di pietra; **worked s.**, pietra lavorata; **within** (*o* **at**) **a s.'s throw**, a un tiro di sasso; a breve distanza **2** (= **precious s.**) pietra preziosa; gemma **3** (*di frutta*) nocciolo; osso (*fam.*): **to remove the stones from plums**, cavare il nocciolo alle prugne; **a cherry s.**, l'osso di una ciliegia **4** (*d'uva*) seme; vinacciolo **5** (*med.*) calcolo; calcoli: **He was operated on for stones**, fu operato di calcoli; **a gallstone**, un calcolo biliare **6** (= **hailstone**) chicco (*di grandine*) **7** (= **gravestone**) pietra tombale **8** (= **milestone**) pietra miliare **9** (*tipogr.*) pietra (*o* lastra) litografica **10** (*invar. al pl.*) «stone» (*misura di peso ingl., pari a 14 libbre o a kg 6,350 circa*): **He weighs ten s.** (*o* **stones**), pesa 63 kilogrammi e mezzo **11** (= **s. grey**) grigio pietra. **B** *a.* **1** di pietra; pietroso: **a s. surface**, una superficie di pietra **2** (*di frutta*) col nocciolo: **s. fruit**, frutta col nocciolo **3** (*di colore*) grigiastro: **s. paint**, vernice grigia. ● **the S. Age**, l'età della pietra □ **s.-axe**, mazza da spaccapietre □ **s.-blind**, cieco come una talpa; (*pop. USA*) sbronzo □ (*zool.*) **s.-borer** (*Lithophaga lithophaga*), litofaga □ (*bot.*) **s.-break** (*Saxifraga*), sassifraga □ **s.-breaker**, spaccapietre; (*mecc.*) frantoio di pietre (*macchina*) □ (*fam. USA*) **s.-broke**, rovinato; spiantato □ (*zool.*) **s.-buck**, *V.* **steenbok** □ (*miner.*) **s.-butter**, varietà d'allume □ (*edil.*) **s. cladding**, rivestimento in pietra □ (*edil.*) **s. cleaning**, ripulitura delle pareti esterne □ (*miner.*) **s.-coal**, antracite □ **s.-cold**, freddo come il marmo □ (*fam.*) **s.-cold sober**, lucidissimo; del tutto sobrio □ (*zool.*) **s.-curlew** (*Burhinus oedicnemus*), occhione □ **s.-cutter**, scalpellino; tagliapietre □ **s.-cutting**, lavorazione della pietra □ **s.-dead**, morto stecchito □ **s.-deaf**, sordo come una campana □ **s.-dresser**, *V.* **s.-cutter** □ (*zool.*) **s.-eater**, *V.* **s.-borer** □ (*zool.*) **s. falcon** (*o* **s. hawk**) (*Falco columbarius*) smeriglio □ **s. fence**, muretto di pietra; (*USA*) miscela di whisky e cedrata □ (*edil.*) **s. hammer**, martellina □ **a s. jar**, una brocca di porcellana dura □ **s. merchant**, commerciante in pietre e marmi (*per giardini, ecc.*); marmista □ (*ind. costr.*) **s. pavement**, lastrico; lastricato □ (*bot.*) **s.-pine**, (*Pinus pinea*) pino domestico (*o* da pinoli); (*Pinus cembra*) (pino) cembro □ **s. pit** (*o* **s. quarry**), cava di pietre □ **s.-pitch**, pece dura □ (*zool.*) **s.-plover**, *V.* **s.-curlew** □ (*geol.*) **s. ring**, anello di pietre □ **s. saw**, sega da pietre □ **s. wall**, (*edil.*) muro di pietra; (*fig.*) ostacolo insuperabile □ (*di cibo*) **baked on s.**, cotto sulla pietra □ (*ind. costr.*) **broken s.**, pietrisco □ (*edil.*) **building s.**, pietra da costruzione □ (*fig.*) **to cast the first s.**, scagliare la prima pietra □ (*ind. costr.*) **crushed s.**, breccia □ (*archit.*) **dressed** (*o* **hewed**) **s.**, pietra lavorata; concio □ (*anche fig.*) **to harden into s.**, pietrificare; pietrificarsi □ (*fig.*) **to leave no s. unturned**, non lasciar nulla d'intentato □ **to pelt sb. with stones**, prendere q. a sassate □ **philosopher's s.**, pietra filosofale □ (*fig.*) **to throw stones at sb.**, attaccare (*o* criticare) aspramente q. □ **to throw stones at each other**, fare a sassate □ (*fig.*) **Stones will cry out**, si rivolteranno persino le pietre □ (*prov.*) **You can't get blood out of a s.**, non si può cavar sangue da una rapa □ (*prov.*) **Those who live in glass houses should not throw stones**, chi ha tegole di vetro non tiri sassi al vicino.

to **stone** /stəʊn/, *v. t.* **1** prendere a sassate; scagliare pietre contro (q.) **2** lastricare; pavimentare; rivestire di pietra: **to s. a road**, lastricare una strada; **to s. a well**, rivestire di pietra un pozzo **3** togliere il nocciolo a; snocciolare: **to s. cherries**, togliere il nocciolo alle ciliege **4** affilare (*con una mola*); molare; levigare **5** (*un tempo*) lapidare. ● **to s. sb. to death**, lapidare q. a morte.

stoneboat /ˈstəʊnbəʊt/, *n.* (*ind. min.*) lizza.

stonecast /ˈstəʊnkɑːst, *USA* -æst/, *n.* tiro di sasso.

stonechat /ˈstəʊntʃæt/, *n.* (*zool.*, *Saxicola torquata*) saltimpalo.

stonecrop /ˈstəʊnkrɒp/, *n.* (*bot.*, *Sedum acre*) erba pignola; borraccina.

stoned /stəʊnd/, *a.* **1** senza nocciolo; snocciolato **2** (*fam.*) sbronzo; sborniato **3** (*fam.*) fatto; sotto l'influsso della droga (*marijuana e sim.*). ● (*pop. USA*) **s. out**, *V.* **s.**, *def.* 2 e 3.

stoneless /ˈstəʊnləs/, *a.* **1** senza pietre **2** (*di frutto*) senza nocciolo **3** (*d'uva*) senza semi; senza vinaccioli.

stonemason /ˈstəʊnmeɪsn/, *n.* (*edil.*) **1** muratore **2** scalpellino (*che squadra le pietre da costruzione*).

stonemasonry /ˈstəʊnmeɪsnrɪ/, *n.* (*edil.*) muratura.

stoner /ˈstəʊnə(r)/, *n.* **1** (*USA*) scalpellino; tagliapietre **2** snocciolatoio (*arnese*) **3** (*ind. alimentare*) spietratore (*per chicchi di caffè, ecc.*) **4** (*un tempo*) lapidatore.

to **stonewall** /ˈstəʊnwɔːl/, *v. i.* **1** (*cricket*) fare un gioco di difesa **2** (*polit.*) fare dell'ostruzionismo (*anche fig.*).

stonewaller /ˈstəʊnwɔːlə(r)/, *n.* **1** (*cricket*) giocatore che fa un gioco prudente, di difesa **2** (*polit.* e *fig.*) ostruzionista.

stonewalling /ˈstəʊnwɔːlɪŋ/, *n.* **1** (*cricket*) gioco prudente, di difesa **2** (*polit.* e *fig.*) ostruzionismo.

stoneware /ˈstəʊnweə(r)/, *n.* (*ind.*) porcellane dure; articoli di gres.

stonework /ˈstəʊnwɜːk/, *n.* **1** lavorazione della pietra **2** arte lapidaria **3** (*edil.*) muratura in pietra (a vista): **The first storey is in s.**, il primo piano è in muratura di pietra.

stoneworker /ˈstəʊnwɜːkə(r)/, *n.* (*edil.*) scalpellino; tagliapietre.

stonewort /ˈstəʊnwɜːt/, *n.* (*bot.*) caroficea.

stonily /ˈstəʊnəlɪ/, *avv.* duramente; impassibilmente; insensibilmente; gelidamente.

stoniness /ˈstəʊnɪnəs/, *n.* **1** l'essere pietroso (*o* sassoso) **2** (*fig.*) durezza; insensibilità; crudeltà; spietatezza.

stonk /stɒŋk/, *n.* (*gergo mil.*) bombardamento d'artiglieria.

to **stonk** /stɒŋk/, *v. t.* (*gergo mil.*) bombardare; cannoneggiare.

stony /ˈstəʊnɪ/, *a.* **1** pietroso; sassoso: **s. ground**, terreno sassoso **2** (*fig.*) di pietra; duro; impietrito; insensibile; gelido; crudele; spietato: **a s. heart**, un cuore di pietra; **a s. glance**, uno sguardo impietrito; un'occhiata gelida **3** (*pop.*, *spesso* **s. broke**) rovinato; spiantato; in bolletta (*pop.*). ● **a s. face**, un volto inespressivo □ **s.-hearted**, dal cuore di pietra; crudele; insensibile; spietato.

stood /stʊd, stuːd/, *pass.* e *p. p.* di **to stand**.

stooge /stuːdʒ/, *n.* **1** (*teatr.*) attore che fa da spalla; spalla **2** (*fam. spreg.*) tirapiedi; scagnozzo **3** (*fam.*) fantoccio; burattino; zimbello **4** (*aeron.*) allievo pilota.

to **stooge** /stuːdʒ/, *v. i.* **1** (*teatr.*) fare da (*o* la) spalla **2** (*fam.*) fare lo scagnozzo (*o* il tirapiedi) **3** (*pop.*) girellare; gironzolare. ● (*pop., aeron.*) **to s. about** (*o* **around**), volare in tondo (*in attesa del nemico, ecc.*).

stool /stuːl/, *n.* **1** sgabello; scanno; seggiolino: **folding s.**, seggiolino pieghevole; **a three-legged s.**, uno sgabello a tre piedi **2** (= **footstool**) poggiapiedi; sgabello per i piedi **3** (*relig.*) inginocchiatoio **4** (*archit.*) davanzale (*di finestra*) **5** sedile del water **6** (*fisiol.*) stronzo (*volg.*); feci: **to go to s.**, andare di corpo **7** (*caccia*) palo per il richiamo **8** (*bot.*) ceppo (*o* radice) che mette polloni. ● **s.-pigeon**, piccione da richiamo; (*fig.*) chi fa da esca; (*fam.*) spia, informatore (*della polizia*) □ (*fig.*) **to fall between two stools**, fare la fine dell'asino di Buridano; avere due occasioni e perderle entrambe per non saper quale scegliere □ (*un tempo*) **night s.**, comoda; seggetta □ **piano s.**, sgabello per pianoforte.

to **stool** /stu:l/, *v. i.* **1** (*di ceppo, radice*) germogliare; mettere polloni **2** (*fisiol.*) evacuare; defecare; andar di corpo **3** (*fam.*) fare da esca; fare la spia, il confidente (*della polizia*).

stoolie /ˈstu:lɪ/, *n.* (*pop. USA*) confidente (*o* spia) della polizia; informatore.

stoop (**1**) /stu:p/, *n.* **1** curvatura; inclinazione (*del capo, del corpo in avanti*) **2** (*fig.*) condiscendenza; atto di umiltà, di sottomissione **3** il piombar giù; picchiata (*del falco, ecc.*). ● **to walk with a s.**, camminar curvo.

stoop (**2**) /stu:p/, *n.* (*USA*) **1** piccola veranda; portico **2** scaletta esterna (*di accesso alla porta di una casa*).

stoop (**3**) /stu:p/, *V.* **stoup**.

to **stoop** /stu:p/, **A** *v. i.* **1** chinarsi; curvarsi; piegarsi **2** abbassarsi (*anche fig.*); umiliarsi; accondiscendere, adattarsi (*a q.c. di spregevole, di disonesto*); darsi (a): **The old man stooped to begging**, il vecchio si abbassò a chiedere l'elemosina **3** andare a capo chino; essere (*o* camminare) curvo: **The old man stoops a good deal**, il vecchio è (*o* va) molto curvo **4** (*di falco e fig.*) gettarsi (*sulla preda*); piombar giù. **B** *v. t.* chinare; curvare; piegare; tenere (*il capo, ecc.*) chino: **Don't s. your head like that!**, non tenere il capo chino a quel modo! ● **to s. to conquer**, umiliarsi per salire in alto; piegarsi per raggiungere il proprio scopo □ **to s. down**, chinarsi, abbassarsi (*per raccattare q.c., ecc.*).

stooping /ˈstu:pɪŋ/, *a.* curvo; incurvato: **s. shoulders**, spalle incurvate.

stop /stɒp/, **A** *n.* **1** arresto; fermata, interruzione; pausa; sosta; (*mecc.*) fermo, ritegno: **There are only two stops between London and Brighton**, ci sono solo due fermate fra Londra e Brighton; **the nearest request s.**, la fermata a richiesta più vicina; (*mecc.*) **s. valve**, valvola d'arresto; **to come to a s.**, fare una fermata (*o* un'interruzione); fermarsi; arrestarsi **2** (*aeron., naut.*) scalo **3** (*gramm.*) segno di punteggiatura; (*specialm.*) punto: **a full s.**, un punto; un punto fermo **4** (*mus.*) registro (*d'organo*) **5** (*fig.*) tono: **He can pull out the pathetic s. at will**, sa assumere il tono patetico a piacer suo **6** (*mecc.*) stop; dispositivo di arresto; fermo **7** (*ottica, fotogr.*) diaframma (*dell'obiettivo*) **8** (*di finestra*) fermascuretti **9** (*edil.*) fermaporta **10** (*fon.*) consonante occlusiva; suono occlusivo («p, b, k, g, d, t») **11** (*sport*) stop; stoppata **12** (*nei telegrammi, nella segnaletica*) stop. **B** *inter.* – **S.!**, stop!; alt!; alto là! ● (*fotogr.*) **s. bath**, bagno d'arresto □ (*edil.*) **s. bead**, battuta d'arresto (*di telaio di finestra*) □ (*mecc.*) **s. collar**, collare di fermo □ (*mecc.*) **s. drill**, trapano ad arresto □ (*autom.*) **s.-go lights**, semaforo □ (*econ.*) **s.-go policy**, politica alterna, di freni e stimoli (*della produzione, ecc.*) □ (*elab.*) **s. instruction**, istruzione di arresto □ (*mus.*) **s. key** (*o* **s. knob**), tasto di registro; tasto □ (*Borsa*) **s.-loss order**, ordine debordant; ordine con limite di prezzo □ (*mecc.*) **s. nut**, dado di bloccaggio; dado autobloccante □ **s. on request**, fermata facoltativa (*o* a richiesta) □ **s. order**, (*banca*) ordine di fermo (*di un assegno*); (*Borsa*) ordine con limite di prezzo, ordine debordant □ **s.-press** (**news**), recentissime; notizie dell'ultima ora □ (*nella segnaletica*) **s. sign**, segnale di stop □ **s. street**, strada con il segnale di stop □ **to be at a s.**, essere fermo; non poter andare avanti □ **to bring to a s.**, arrestare; fermare □ (*fig.*) **to come to a full s.**, far punto e basta; arrestarsi; non saper proseguire □ **to come to a sudden s.**, arrestarsi, fermarsi bruscamente □ (*fig.*) **to pull out all the stops**, fare l'impossibile (*per fare q.c.*) □ **to put a s. to st.**, metter fine, porre termine a q.c. □ **to put in the stops**, mettere la punteggiatura.

to **stop** /stɒp/, **A** *v. t.* **1** arrestare; fermare; bloccare; far fermare: (*econ.*) **to s. production**, arrestare (*o* bloccare) la produzione; **to s. a thief**, arrestare un ladro; **to s. traffic** [**production**], fermare il traffico [la produzione]; **The violent crash stopped the watch of the victim**, la violenza dello scontro fece fermare l'orologio della vittima; (*naut.*) **S. the engines!**, ferma le macchine!; (*comm.*) **to s.** (**the payment of**) **a cheque**, fermare (il pagamento di) un assegno; bloccare un assegno **2** cessare; smettere; interrompere; sospendere; far cessare; metter fine a: **S. talking!**, smetti di parlare!; **to s. work**, cessare il lavoro; smettere di lavorare; **The bank stopped payment**, la banca cessò i pagamenti (*o* chiuse gli sportelli); **to s. sb.'s salary**, sospendere q. dallo stipendio; trattenere lo stipendio a q.; **S. that noise!**, fa' cessare quel rumore! **3** far smettere a (q.); impedire a; ostacolare; trattenere: **to s. children from playing on the street**, far smettere ai bambini di giocare in strada; **Nothing shall s. me from doing it**, niente m'impedirà di farlo; nulla potrà trattenermi **4** chiudere; ostruire; otturare; sbarrare; turare; tappare: **to s. a leak in a roof**, chiudere una falla in un tetto; **to s. a passage** [**a road**], ostruire un passaggio [sbarrare una strada]; (*med.*) **to s. a decayed tooth**, otturare un dente guasto; **to s. a bottle**, tappare una bottiglia **5** (*med.*) fermare; stagnare (*una ferita*): **to s. the bleeding**, arrestare l'emorragia **6** (*sport, mil.*) parare (*un colpo*); arrestare (*una stoccata*) **7** (*mus.*) premere il tasto (*o* toccare la corda) di (*uno strumento*) **8** (*gramm.*) punteggiare; mettere la punteggiatura in (*una frase, ecc.*) **9** intercettare (*una lettera, un messaggio*) **10** (*gioco del calcio*) stoppare **11** (*naut.*) abbozzare (*un cavo*). **B** *v. i.* **1** arrestarsi; fermarsi; fermare; (*aeron., naut.*) fare scalo: **The bus stopped**, l'autobus s'arrestò; **He didn't s. at a red light**, non s'è fermato al rosso; **Does this train s. at Martin Mill?**, questo treno ferma a Martin Mill?; **My watch has stopped**, mi s'è fermato l'orologio; **We stopped to admire the landscape**, ci fermammo per ammirare il paesaggio; **He stopped to talk to me**, si fermò per parlare con me **2** cessare; smettere; finire; interrompersi: **The snow stopped in the evening**, la neve cessò a sera; **He stopped talking**, smise di parlare; **He stopped to welcome me**, s'interruppe per salutarmi (*o* per darmi il benvenuto) **3** (*fam.*) restare; rimanere; stare; fermarsi; trattenersi: **I shall s. in bed**, me ne starò a letto; **I preferred to s. at home**, preferii rimanere a casa; **to s. for** (*o* **to**) **dinner**, rimanere a pranzo; **We'll s. at the next restaurant**, ci fermeremo al prossimo ristorante; **They didn't s. long**, non si trattennero molto **4** chiudersi; otturarsi; intasarsi: **The water-pipe has stopped**, la conduttura dell'acqua s'è intasata. ● (*fig.*) **to s. at nothing**, non fermarsi davanti a nulla □ (*scherz.*) **to s. a blow with one's head**, ricevere una botta in testa □ **to s. a bullet**, essere colpito da una pallottola □ **to s. dead**, fermarsi di colpo □ **to s. one's ears**, turarsi le orecchie; (*fig.*) fare orecchie da mercante □ **to s. for horses**, fermarsi per cambiare i cavalli □ **to s. a gap**, turare una falla; (*fig.*) colmare una lacuna □ **to s. sb.'s holidays**, sospendere le ferie a q. □ **to s. in one's tracks**, fermarsi di colpo □ (*naut.*) **to s. a leak**, turare una falla □ **to s. sb.'s mouth**, tappare la bocca a q.; (*fig.*) comprare il silenzio di q.; corrompere q. perché taccia □ **to s. short**, arrestarsi (*o* fermarsi) improvvisamente □ **to s. short of doing st.**, evitare di fare q.c. □ **to s. still**, stare fermo; (*del tempo*) fermarsi □ **to s. the way**, ostruire il passaggio; (*fig.*) sbarrare la strada, impedire il progresso □ **to s. work**, smettere di lavorare; smontare, staccare (*fam.*) □ **Why has our gas** [**light, water**] **been stopped?**, perché ci han tolto (*o* tagliato) il gas [la luce, l'acqua]? □ (*autom.*) **«S. here!»** (*cartello*), «stop» □ **Be sure I'll s. it!**, sta certo che metterò fine a tutto ciò! □ **S., thief!**, al ladro! □ **Even if the door is marked «private», don't let that s. you**, anche se sulla porta c'è scritto «privato», entra lo stesso!

♦ **stop away**, *v. i.* + *avv.* **1** stare via, restare assente (*da scuola, dall'ufficio, ecc.*); non partecipare (*a una riunione, ecc.*) **2** (*fam.*) stare (*o* girare) alla larga (*da q.*).

♦ **stop behind**, *v. i.* + *avv.* **1** restare indietro **2** fermarsi, trattenersi (*dopo la chiusura, dopo gli altri, ecc.*).

♦ **stop by**, *v. i.* + *avv.* (*o prep.*) (*fam. specialm. USA*) fare un salto da, fare una visitina a; fermarsi un attimo: **Please s. by on your way home**, fermati un attimo da noi quando torni a casa; **to s. by the baker's**, fare un salto dal fornaio.

♦ **stop down**, *v. i.* + *avv.* **1** restare acquattato; stare basso **2** (*del vento*) essere costante; non rinforzare **3** (*della temperatura, della febbre, ecc.*) restare bassa; non salire **4** (*del cibo*) restare (*o* essere trattenuto) nello stomaco: **Nothing I eat stops down**, non tengo niente nello stomaco **5** (*fotogr.*; *anche, v. t.*, **to s. down the lens**) ridurre l'apertura dell'obiettivo.

♦ **stop in**, *v. i.* + *avv.* **1** stare fermo; restare a posto: **The bolt won't s. in**, il bullone non sta fermo **2** fermarsi, trattenersi (*dopo la chiusura, ecc.*) **3** restare in casa **4** (*a scuola*) restare in classe (*per punizione, ecc.*) **5** *V.* **stop by** **6** (*del fuoco*) rimanere acceso, durare (*fino al mattino, ecc.*).

♦ **stop indoors**, *v. i.* + *avv.* restare in casa; non uscire.

♦ **stop off**, **A** *v. i.* + *avv.* **1** interrompere il viaggio; fare tappa; fare una sosta, fermarsi: **In Scotland I'll s. off in Inverness for a few days**, in Scozia mi fermerò a Inverness per qualche giorno **2** (*fam.*) fermarsi, fare un salto (*da q.*). **B** *v. i.* + *prep.* stare via, essere assente, assentarsi da (*scuola, ecc.*): **I'll s. off the office until I'm better**, resterò assente dall'ufficio finché non starò meglio.

♦ **stop on**, *v. i.* + *avv.* **1** restare fermo (*o* fisso); restare a posto **2** restare in sella **3** (*della luce elettrica, della radio, del televisore, ecc.*) restare acceso **4** (*di una persona*) restare al lavoro; non andare in pensione; rimanere in carica (*o* al proprio posto) □ **to s. on at college after getting one's degree**, rimanere all'università anche dopo la laurea.

♦ **stop out**, *v. i.* + *avv.* **1** restare fuori (casa); rimanere fuori (*per la notte, ecc.*); (*di un'automobile*) restare all'aperto **2** (*di operai e sim.*) restare in sciopero; continuare a scioperare.

♦ **stop out of**, **A** *v. i.* + *avv.* + *prep.* restare fuori di (*casa, ecc.*). **B** *v. t.* + *avv.* + *prep.* trattenere (*denaro*) su: **Part of the income tax is stopped out of our pay**, parte dell'IRPEF viene trattenuta sulla retribuzione.

♦ **stop over**, *v. i.* + *avv.* **1** fare tappa (*specialm. per la notte*); fermarsi (*interrompendo il viaggio*): **We stopped over in a good hotel**, passammo la notte in un buon albergo **2** (*aeron.*) fare scalo (*per la notte*): **Our plane stopped over at Chicago**, il nostro aereo fece scalo a Chicago.

♦ **stop round**, (*USA*) *V.* **stop by**.

♦ **stop under**, *v. i.* + *avv.* (*di un nuotatore*) restare sott'acqua.

♦ **stop up**, **A** *v. t.* + *avv.* **1** chiudere; otturare; tappare: **to s. up a hole**, tappare un buco **2** otturare; ostruire: **Mud has stopped up the pipe**, il fango ha ostruito la tubazione. **B** *v. i.* + *avv.* **1** (*di un quadro, ecc.*) restare fisso; rimanere attaccato **2** (*fam.*: *di una persona*) restare alzato, restare in piedi: **Don't s. up for me!**, non restare alzato ad aspettarmi! □ **to s. up late**, andare a letto tardi.

stopcock /ˈstɒpkɒk/, *n.* (*mecc.*) rubinetto d'arresto (*o* di regolazione).

stope /stəʊp/, *n.* (*ind. min.*) cantiere di coltivazione in sotterraneo. ● (*ind. min.*) **s. pillar**, pilastro abbandonato.

to **stope** /stəʊp/, *v. t.* e *i.* (*ind. min.*) coltivare (*un giacimento, un minerale*) in sotterraneo.

stopgap /ˈstɒpgæp/, *n.* **1** ripiego; soluzione provvisoria **2** sostituto temporaneo; tappabuchi.

stoping /ˈstəʊpɪŋ/, *n.* (*ind. min.*) coltivazione in sotterraneo. ● **s. drill**, martello perforatore.

stoplight /ˈstɒplaɪt/, *n.* **1** segnale di stop (*o* d'arresto); luce rossa **2** (*autom.*) stop; fanalino d'arresto o di frenata **3** (*USA*) semaforo.

stopover /ˈstɒpəʊvə(r)/, *n.* sosta; fermata. ● (*ferr.*) **s. ticket**, biglietto che consente fermate intermedie.

stoppage /ˈstɒpɪdʒ/, *n.* **1** arresto; fermata; interruzione; sospensione; sosta; **traffic s.**, interruzione del traffico **2** impedimento; ostacolo; ostruzione; intasatura: **the s. of a pipe**, l'ostruzione di una tubazione **3** (*fin.*) trattenuta, ritenuta (*sulla paga*) **4** (*econ.*) sciopero; interruzione del lavoro **5** (*leg.*) fermo: **s. in transit**, fermo durante il viaggio (*della merce: da parte del venditore, se l'acquirente è insolvibile*) **6** (*sport*) interruzione (del gioco). ● (*comm.*) **s. dues**, diritti di giacenza (*della merce*) □ (*mil.*) **s. of leave**, consegna □ (*fisc.*) **s. at source**, esazione alla fonte □ **s. of pay**, sospensione dallo stipendio.

stopper /ˈstɒpə(r)/, *n.* **1** chi arresta, ferma, ostruisce, ecc. (*V.* **to stop**) **2** tappo; turacciolo; zaffo; zipolo: **Put the s. on the bottle**, metti il tappo alla bottiglia!; **screw s.**, tappo a vite **3** stucco (*per carrozzerie d'automobili, ecc.*) **4** (*naut.*) bozza **5** (*nel calcio*) stoppatore; stopper **6** (*baseball*) stopper. ● (*fig.*) **to put the s. on st.**, mettere fine (*o* porre termine) a q.c.

to **stopper** /ˈstɒpə(r)/, *v. t.* **1** tappare; tamponare; turare: **to s. a bottle**, tappare una bottiglia **2** (*ind.*) stuccare; dare lo stucco a (*un'automobile, ecc.*).

stopping /ˈstɒpɪŋ/, **A** *n.* **1** arresto, fermata (*di un veicolo*); sosta **2** ostruzione; intasamento **3** tamponamento; otturazione; chiusura: (*med.*) **the s. of a tooth**, l'otturazione di un dente **4** (*med.*) cemento (*per denti*); amalgama **5** (*banca, comm.*) cessazione, sospensione (*di pagamenti, ecc.*) **6** (*gramm.*) punteggiatura **7** (*ind.*) stuccatura **8** (*fis. nucl.*) rallentamento: **s. power**, potere di rallentamento. **B** *a. attr.* (*ferr.*) che ferma spesso: **a s. train**, un treno che fa molte fermate. ● (*mecc.*) **s. brake**, freno d'arresto □ (*autom.*) **s. distance**, distanza d'arresto (*per la frenata*) □ **s. knife**, spatola per stucco □ (*autom., ecc.*) **s. time**, tempo d'arresto □ (*autom.*) **«No s.»** (*cartello*), «divieto di fermata».

stopple /ˈstɒpl/, *n.* tappo; turacciolo; zaffo; zipolo.

to **stopple** /ˈstɒpl/, *v. t.* tappare; tamponare; turare.

stopwatch /ˈstɒpwɒtʃ, *USA* -wɔːtʃ/, *n.* cronografo; contasecondi.

storable /ˈstɔːrəbl/, *a.* conservabile; che si può immagazzinare.

storage /ˈstɔːrɪdʒ/, *n.* **1** (*comm.*) l'immagazzinare; magazzinaggio: **s. charges**, spese di magazzinaggio **2** ammasso; deposito **3** capienza di un magazzino **4** prezzo del magazzinaggio **5** (*elettr.*) carica (*di una batteria*); riserva, accumulazione (*di energia*) **6** (*elab.*) immagazzinamento (*di dati*); memorizzazione **7** (*elab., USA*) memoria (*cfr. ingl.* **store**): **s. unit**, unità di memoria esterna. ● (*elettr.*) **s. battery**, batteria di accumulatori □ (*agric.*) **s. bin**, silo □ (*elettr.*) **s. cell**, elemento di accumulatore □ **s. heater**, calorifero ad accumulo di calore □ **s. tank**, serbatoio (*per gasolio, nafta, ecc.*) □ (*ferr., USA*) **s. track**, binario di deposito □ **s. vault**, deposito sotterraneo □ **in cold s.**, nelle celle frigorifere □ **to put goods in s.**, mettere merci in magazzino.

storax /ˈstɔːræks/, *n.* (*bot., Styrax officinalis*) storace.

store /stɔː(r)/, *n.* **1** provvista; riserva; scorta: **Squirrels lay in stores of seeds and nuts for the winter**, gli scoiattoli fanno provviste di noci e semi per l'inverno; **a s. of food**, una riserva di cibo; **a good s. of wines**, una buona scorta di vini; (*fig.*) **a good s. of anecdotes**, una riserva inesauribile di aneddoti **2** (= **storehouse**) deposito; magazzino **3** (*anche pl., col verbo al sing.*) (*specialm. USA*) bottega; negozio (*cfr. ingl.* **shop**): **the village s.**, il negozio del villaggio; **a small general stores**, un negozietto che vende un po' di tutto **4** (= **department s.**) grande magazzino; emporio **5** (*pl.*) depositi di magazzino; rifornimenti; scorte di materie prime; (*naut.*) dotazioni (*o* provviste, scorte) di bordo: **military stores**, rifornimenti militari **6** (*elab., ingl.*) memoria (*cfr. USA* **storage**): **s. capacity**, capacità di memoria; **s. core**, nucleo di memoria **7** (*econ.*) riserva: **Money is a s. of value**, il denaro è una riserva di valore (*o* accumula il valore). ● (*market.*) **s. card**, carta di credito di un grande magazzino □ **s. cattle**, bovini da ingrasso □ (*org. az.*) **stores control**, controllo del livello delle scorte □ (*market.*) **s. credit**, credito di banco □ **s. detective**, detective, ispettore di sala (*di grande magazzino*) □ **s.-door delivery**, consegna a domicilio □ (*USA*) **s. hours**, orario di apertura dei negozi □ (*naut.*) **stores list**, manifesto delle provviste di bordo □ (*market.*) **s. loyalty**, fedeltà al negozio □ **s. price**, prezzo all'ingrosso □ **s. sign**, insegna di negozio (*o* di grande magazzino) □ **cold s.**, magazzino frigorifero □ (*fig.*) **a good s. of courage**, una buona dose di coraggio □ **in s.**, in magazzino; (*fig.*) da parte, in serbo: **My furniture is still in s.**, i miei mobili sono ancora in magazzino; **There's a shock in s. for him**, lo aspetta uno shock; **There's a big surprise in s. for you!**, c'è una grossa sorpresa per te! □ **to set great s. by sb.**, tenere in gran conto q.; stimare molto q.

to **store** /stɔː(r)/, *v. t.* **1** mettere in magazzino; immagazzinare; depositare; riporre: **to s. furniture**, mettere mobili in un magazzino; **The harvest has been stored (up)**, il raccolto è stato immagazzinato (messo al coperto) **2** (*anche* **to s. away, to s. up**) mettere via; accumulare; ammassare; far provvista di; metter da parte; conservare: **to s. one's summer clothes**, mettere via gli abiti estivi; **Farmers s. (up) fodder for the winter**, i contadini ammassano il foraggio per l'inverno **3** fornire; provvedere; riempire; (*fig.*) imbottire: **to s. one's mind with useful knowledge**, riempirsi la mente di cognizioni utili; **to s. one's memory with facts and dates**, imbottirsi la memoria di fatti e date **4** (*elab.*) memorizzare; registrare (*dati, ecc.*) in memoria. ● (*fig.*) **to s. up a saying in one's heart**, far tesoro d'una massima.

storehouse /ˈstɔːhaʊs/, *n.* **1** magazzino; deposito **2** (*fig.*) miniera; pozzo: **An encyclopaedia is a s. of information**, un'enciclopedia è una miniera d'informazioni; **He's a s. of erudition**, è un pozzo di erudizione.

storekeeper /ˈstɔːkiːpə(r)/, *n.* **1** (*specialm. mil.*) magazziniere **2** (*specialm. USA*) bottegaio; negoziante; esercente.

storeman /ˈstɔːmən/, *n.* (*pl.* **storemen**) magazziniere.

storeroom /ˈstɔːruːm, -rʊm/, *n.* **1** magazzino; deposito **2** dispensa **3** (*naut.*) cambusa.

storey /ˈstɔːrɪ/, *n.* (*edil.*) piano (*di una casa vista in sezione*): **a house of four storeys**, una casa di quattro piani; **He fell from a third-s. window**, cadde da una finestra del terzo piano. ● (*edil.*) **s. post**, pilastro; colonna di sostegno □ (*scherz.*) **the upper s.** (*o* **the top s.**), il cervello □ (*scherz.*) **He is a little weak in the upper s.**, è un po' tocco; gli manca un venerdì.

storeyed /ˈstɔːrɪd/, *a.* (*nei composti, per es.:*) **a forty-s. skyscraper**, un grattacielo di quaranta piani.

storiated /ˈstɔːrɪeɪtɪd/, *a.* **1** istoriato **2** *V.* **storied (2)**, *def. 1* e *2*.

storied (1) /ˈstɔːrɪd/, (*USA*) *V.* **storeyed.**

storied (2) /ˈstɔːrɪd/, *a.* **1** celebrato nella storia; storico **2** celebrato nella leggenda; leggendario; mitico **3** *V.* **storiated,** *def. 1*.

storing /ˈstɔːrɪŋ/, *n.* **1** (*comm.*) magazzinaggio; immagazzinamento **2** (*elab.*) memorizzazione. ● **s. charges** (*o* **s. expenses**), spese di magazzinaggio.

stork /stɔːk/, *n.* (*zool., Ciconia*) cicogna. ● (*bot.*) **s.'s-bill**, (*Erodium cicutarium*) erba cicutaria, becco d'airone; (*Pelargonium*) pelargonio, geranio □ (*nelle favole*) **King S.**, il Re Cicogna; (*fig.*) un re dispotico.

storking /ˈstɔːkɪŋ/, *n.* (*fam. USA*) il fare la posta a una donna (*spesso, a un'ex moglie, e sim.*) con intenzioni aggressive.

storm /stɔːm/, *n.* **1** (*meteor.*) perturbazione (atmosferica); tempesta; bufera; temporale; (*naut.*) burrasca, fortunale: **a snowstorm**, una tempesta di neve; **a sandstorm**, una tempesta di sabbia; **a rainstorm**, un temporale; **a s. at sea**, una burrasca; un fortunale **2** (*fig.*) pioggia; scroscio; scoppio; esplosione; uragano: **a s. of bullets**, una pioggia di proiettili; **a s. of cheers**, uno scroscio d'applausi; **a s. of rage**, uno scoppio d'ira; **a s. of criticism**, un'esplosione di critiche; **a s. of protest**, un uragano di proteste **3** (*mil.*) assalto; attacco (improvviso e violento) **4** (*med.*) crisi. ● **s.-beaten**, (*di litorale*) flagellato dalla bufera; (*di bastimento*) sbattuto dalla tempesta □ (*geogr.*) **s. belt**, zona dei cicloni □ (*zool.*) **s. bird** (*Hydrobates pelagicus*), uccello delle tempeste, procellaria □ (*USA*) **s. cellar**, rifugio contro i cicloni □ **s. centre**, centro della perturbazione; (*fig.*) focolaio dei disordini □ **s. cloud**, nuvola temporalesca; nube minacciosa (*anche fig.*); nembo □ (*zool.*) **s.-cock**, (*Turdus viscivorus*) tordela; (*Turdus pilaris*) cesena □ (*naut.*) **s. cone**, cono di burrasca □ **s. door**, controporta; porta doppia □ (*fig.*) **a s. in a teacup**, una tempesta in un bicchier d'acqua □ **s. lantern**, lampada antivento □ (*zool.*) **s. petrel**, *V.* **s. bird** □ (*naut.*) **s. sail**, vela di fortuna □ (*edil.*) **s. sewage**, acque bianche; acqua piovana □ (*naut.*) **s. signal**, segnale di burrasca □ (*naut.*) **s. surge**, mareggiata □ **s.-tossed**, sballottato dalla burrasca □ (*mil.*) **s. trooper**, soldato dei reparti d'assalto; (*stor.*) soldato delle «Sturmabteilungen» (*nella Germania nazista*) □ (*mil.*) **s. troops**, truppe d'assalto □ (*naut.*) **s. warning**, avviso di burrasca □ **s. wind**, vento di tempesta □ (*edil.*) **s. window**, controfinestra esterna □ **to take by s.**, (*mil.*) prendere d'assalto; (*fig.*) conquistare di colpo, trascinare (*l'uditorio, gli spettatori, ecc.*).

to **storm** /stɔːm/, **A** *v. t.* **1** (*mil.*) prendere d'assalto **2** (*fig.*) tempestare: **They stormed him with questions**, lo tempestarono di domande. **B** *v. i.* **1** (*del vento, della pioggia, ecc.*; *anche fig.*) scatenarsi; infuriare; imperversare **2** (*fig.*) dare in escandescenze; infierire **3** (*fig.*) lanciarsi; precipitarsi: **He stormed into the office**, si precipitò in ufficio come una furia. ● **to s. at sb.**, fare una scenata a q. □ **to s. out**, andarsene (*o* uscire) tutto infuriato □ (*mil.*) **storming party**, reparto d'assalto.

stormbound /ˈstɔːmbaʊnd/, *a.* (*naut.*) **1** (*di un porto*) bloccato dalla tempesta **2** (*di un bastimento, un passeggero, ecc.*) immobilizzato, trattenuto dalla tempesta.

stormer /ˈstɔːmə(r)/, *n.* (*mil.*) soldato di un reparto d'assalto.

stormily /ˈstɔːməlɪ/, *avv.* tempestosamente, burrascosamente (*anche fig.*).

storminess /ˈstɔːmɪnəs/, *n.* **1** tempestosità; burrascosità **2** (*fig.*) foga; furia; violenza.

stormless /ˈstɔːmləs/, *a.* calmo; placido; senza tempeste.

stormproof /ˈstɔːmpruːf/, *a.* a prova di tempesta; (*specialm. in U.S.A.*) a prova di ciclone (*o* di uragano): **a s. shelter**, un rifugio a prova di ciclone.

stormy /ˈstɔːmɪ/, *a.* **1** tempestoso, burrascoso

(*anche fig.*); temporalesco: **s. seas**, mari tempestosi; **a s. night**, una notte tempestosa; **a s. debate**, una discussione burrascosa *2* (*fig.*) appassionato; focoso; furioso; violento: **a s. temper**, un temperamento focoso; **s. passions**, passioni violente. ● **a s. life**, una vita fortunosa □ **s. petrel** (*zool., Hydrobates pelagicus*), uccello delle tempeste, procellaria □ **a s. sunset**, un tramonto che minaccia tempesta □ **s. weather**, tempo di burrasca □ **It's s.**, fa burrasca.

story (1) /'stɔːrɪ/, *n.* *1* storia; storiella; racconto; narrazione; fiaba; favola; aneddoto; versione dei fatti: **The boy is reading the s. of the discovery of America**, il ragazzo sta leggendo la storia della scoperta dell'America; **a funny s.**, un aneddoto divertente; **a good s.**, una storiella divertente; **They all tell me the same s.**, mi raccontano tutti la stessa storia; **Tell me a s.!**, raccontami una favola!; **according to his own s.**, secondo la sua versione dei fatti *2* intreccio; trama: **The s. is the least interesting part of this novel**, l'intreccio è quello che conta meno in questo romanzo *3* voce; diceria: **The s. goes that...**, corre voce che...; dicono (*o* raccontano) che... *4* (*fam.*) bugia; fandonia; frottola; storia: **Now, don't tell me stories!**, su, non raccontarmi fandonie (*o* storie)! *5* (*giorn.*) servizio; articolo: **a cover s.**, un servizio da prima pagina. ● (*letter., cinem.*) **s. line**, trama, intreccio □ **to make a long s. short**, per farla breve; in poche parole □ (*letter.*) **short s.**, novella, racconto □ **It's the same old s.!**, è sempre la stessa storia! □ **That's (quite) another s.**, questa è un'altra storia; questo è un altro paio di maniche (*fig.*).

story (2) /'stɔːrɪ/, (*USA*) *V.* **storey**.

to **story** /'stɔːrɪ/, *v. t.* istoriare; decorare con scene storiche.

storybook /'stɔːrɪbʊk/, *n.* libro di fiabe (*o* di novelle, di racconti). ● **a s. ending**, un finale lieto (*o* da fiaba) □ **a s. romance**, una storia d'amore fiabesca.

storyteller /'stɔːrɪtelə(r)/, *n.* *1* novelliere; narratore; cantastorie *2* (*fam.*) raccontafavole; bugiardo, bugiarda.

stoup /stuːp/, *n.* (*relig.*) acquasantiera; pila dell'acqua santa.

stout /staʊt/, **A** *a.* *1* forte; gagliardo; robusto; solido; resistente: **to make** (*o* **to put up**) **a s. resistance**, opporre una forte resistenza; **a s. man**, un uomo robusto; **a s. piece of string**, un pezzo di corda resistente; **a s. wall**, un muro solido *2* coraggioso; risoluto; valoroso: **a s. warrior**, un guerriero valoroso *3* tozzo; corpulento; grasso; pingue. **B** *n.* birra forte e scura (*fatta con malto arrostito*). ● **s.-hearted**, coraggioso; intrepido; risoluto □ **s.-heartedness**, coraggio; risolutezza □ **a s. opponent**, un fiero avversario □ **a s. stick**, un robusto bastone; un grosso bastone □ **to grow s.**, ingrassare; ingrossarsi. ‖ **-ly**, *avv.* ‖ **-ness**, *sost.*

stoutish /'staʊtɪʃ/, *a.* alquanto grasso; piuttosto corpulento.

stove (1) /stəʊv/, *n.* *1* stufa; fornello *2* (*ind.*) essiccatoio *3* (*agric.*) serra riscaldata: **s. plants**, piante da serra *4* scaldapiedi *5* (*tecn.*) vernice a fuoco. ● **s.-wood**, legna da ardere □ **cooking s.**, fornello da cucina □ **gas s.**, cucina (*o* stufa) a gas.

stove (2) /stəʊv/, *pass.* e *p. p.* di **to stave**.

to **stove** /stəʊv/, *v. t.* *1* (*tecn.*) essiccare *2* cuocere (*ceramiche*) *3* asciugare nella stufa *4* (*ingl.*) coltivare (*piante*) in serra riscaldata *5* (*scozz.*) (*cucina*) stufare.

stovepipe /'stəʊvpaɪp/, *n.* *1* tubo da stufa *2* (*pl.*) (*fam.*) pantaloni a tubo. ● (*fam.*) **s. hat**, cappello a cilindro.

to **stow** /stəʊ/, *v. t.* *1* assettare; collocare; mettere via; riporre; stipare: **to s. old papers into a drawer**, riporre (*o* stipare) vecchi documenti in un cassetto *2* (*naut., aeron.*) stivare: **to s. goods in bulk**, stivare merci alla rinfusa. ● (*naut.*) **to s. the anchor**, traversare l'ancora □ **to s. away**, metter via, riporre; (*fam.*) rimpinzarsi di; (*naut., aeron.*) imbarcarsi clandestinamente, viaggiare da clandestino □ (*naut.*) **to s. the sails**, ammainare le vele □ (*fam.*) **S. it!**, chiudi il becco! (*fig. fam.*).

stowage /'stəʊɪdʒ/, *n.* *1* assettatura; collocazione; il riporre *2* (*naut.*) stivaggio: **s. in bulk**, stivaggio alla rinfusa *3* (*naut.*) spese di stivaggio *4* (*naut.*) capacità di stivaggio: **to have ample s.**, avere una grande capacità di stivaggio.

stowaway /'stəʊəweɪ/, *n.* (*naut., aeron.*) (passeggero) clandestino.

stower /'stəʊə(r)/, *n.* (*naut.*) stivatore.

strabismal /strə'bɪzml/, **strabismic** /strə'bɪzmɪk/, *a.* (*med.*) *1* dello strabismo *2* affetto da strabismo; strabico.

strabismus /strə'bɪzməs/, *n.* (*med.*) strabismo.

strabometer /strə'bɒmɪtə(r)/, *n.* (*med.*) strabometro.

strabometry /strə'bɒmətrɪ/, *n.* (*med.*) strabometria.

strabotome /'stræbətəʊm/, *n.* (*med.*) strabotomo.

strabotomy /strə'bɒtəmɪ/, *n.* (*med.*) strabotomia.

Strad /stræd/, *n.* (*mus., abbr. fam. di* **Stradivarius**) stradivario.

straddle /'strædl/, *n.* (*solo al sing.*) *1* posizione di gambe divaricate; lo stare (*o* il mettersi) a cavalcioni *2* (*fig.*) esitazione; titubanza; tentennamento; il barcamenarsi *3* (*Borsa, USA*) opzione doppia; stellage; stellaggio; contratto a doppio premio (*cfr. ingl.* **put and call**) *4* (*poker*) controbuio. ● **s.-legged**, a gambe divaricate; a cavalcioni.

to **straddle** /'strædl/, **A** *v. i.* *1* stare a gambe divaricate; stare a cavalcioni; camminare a gambe larghe *2* mettersi a cavalcioni *3* (*fig.*) essere incerto (*o* titubante); esitare (*fra due linee di condotta*); tentennare; barcamenarsi; tenere il piede in due staffe. **B** *v. t.* *1* mettersi (*o* stare) a cavalcioni di; inforcare; calvalcare; montare (*un cavallo*): **to s. a chair**, stare a cavalcioni d'una sedia *2* (*fig.*) essere a cavalcioni di; essere situato su ambo i lati di: **The little town straddles the border**, la cittadina è tagliata in due dal confine. ● (*fig.*) **to s. an issue**, non prendere partito; dare un colpo al cerchio e uno alla botte □ **to s. one's legs**, divaricare le gambe.

Stradivarius /strædɪ'veərɪəs, -'vɑː-/, *n.* (*pl.* **Stradivarii, Stradivariuses**) (*mus.*) stradivario.

strafe /strɑːf, streɪf/, *n.* (*mil., aeron.*) attacco a bassa quota con armamento di lancio (*mitragliatrici, razzi, e sim.*).

to **strafe** /strɑːf, streɪf/, *v. t.* *1* (*mil., aeron.*) colpire (*con razzi, ecc.*); mitragliare a bassa quota (*da un aereo*) *2* (*fig.*) sgridare aspramente; rimproverare; punire.

to **straggle** /'strægl/, *v. i.* *1* disperdersi; sbandarsi; sparpagliarsi: **Then the onlookers straggled off**, poi gli astanti si dispersero *2* (*anche sport*) rimanere indietro *3* errare; girovagare; vagabondare; muoversi in ordine sparso; andare alla spicciolata: **The crowd straggled along**, la folla avanzava alla spicciolata; **The visitors straggled in**, i visitatori arrivarono alla spicciolata *4* (*di piante, ecc.*) crescere in modo disordinato; svilupparsi (*o* estendersi) disordinatamente. ● **to s. away**, andarsene alla spicciolata □ **to s. over the fields**, buttarsi (*o* tagliare) per i campi.

straggler /'stræglə(r)/, *n.* *1* chi è rimasto indietro; ritardatario *2* (*anche mil.*) sbandato *3* (*bot.*) succhione.

straggling /'stræglɪŋ/, *a.* *1* disperso; sbandato *2* sparpagliato; sparso: **s. houses**, case sparpagliate. ● **s. beard**, barba rada □ **s. weeds**, erbacce rigogliose.

straggly /'stræglɪ/, *a.* *1* sparpagliato; sparso qua e là *2* disordinato: **a s. line of ants**, una fila disordinata di formiche. ● **a s. plant**, una pianta cresciuta male.

straight /streɪt/, **A** *a.* *1* diritto; dritto; ritto; eretto; retto; giusto; onesto: **a s. road**, una strada diritta; **s. legs**, gambe diritte; **a s. back**, una schiena dritta, eretta; (*geom.*) **s. line**, linea retta; **a s. man**, un uomo retto; **Is my tie s.?**, ho la cravatta dritta?; **Your tie isn't s.**, hai la cravatta storta; **s. thinking**, modo di pensare retto, giusto; **s. dealings**, affari onesti *2* diretto: **s. course**, itinerario diretto *3* franco; leale; schietto; perbene; bravo: **s. speaking**, parlar franco e leale; **He is well-known for his s. manner**, è noto a tutti per il suo leale modo di fare; **a s. answer**, una risposta franca, schietta; **a s. boy**, un ragazzo schietto; **a s. girl**, una ragazza perbene; una brava ragazza; **to be s. with sb.**, comportarsi lealmente con q. *4* assettato; ordinato; in ordine; a posto; in sesto: **The accounts are s.**, i conti sono in ordine; **Put your bedroom s.**, metti in ordine la tua camera! *5* (*fam.*) di fonte sicura; sicuro; attendibile: **a s. tip**, un'informazione attendibile; un suggerimento sicuro (*circa un cavallo vincente, un investimento, ecc.*) *6* puro; schietto; liscio: **s. whisky**, whisky schietto (*o* liscio) *7* (*autom., mecc.*) in linea: **a s.-six (engine)**, un motore a sei cilindri in linea *8* (*del viso*) serio: **to keep a s. face**, fare la faccia seria; rimanere serio, impassibile *9* (*anche teatr.*) serio; convenzionale *10* consecutivo; di fila, di seguito: **four s. wins**, quattro vittorie di fila *11* (*di motore*) in linea *12* (*fam.*) che non devia dalla norma; «sano» (*eterosessuale, o che non si droga*). **B** *n.* *1* l'esser dritto; l'essere a piombo *2* rettifilo; rettilineo; (*sport*) dirittura (d'arrivo): **They were even as they reached the s.**, entrarono in dirittura d'arrivo appaiati *3* (*poker*) scala; sequenza: **highest [lowest] s.**, scala massima [minima] *4* (*fam.*) chi non devia dalla norma; eterosessuale; persona «sana» (*che non si droga, ecc.*) *5* (*boxe*) diretto *6* (*pop.: di un drogato*) «viaggio» ben riuscito (*senza allucinazioni*). **C** *avv.* *1* diritto; in linea retta; direttamente; dritto: **to go s. on**, andar sempre diritto; tirar diritto; **This hat comes s. from Paris**, questo cappellino viene direttamente da Parigi *2* dritto; ritto; in posizione eretta: **to stand (up) s.**, star ritto; stare eretto *3* francamente; esplicitamente; chiaro e tondo: **I told him s. out**, glielo dissi chiaro e tondo. ● (*fam.*) **the s. and narrow**, la retta via; la vita onesta □ (*geom.*) **a s. angle**, un angolo piatto □ (*archit.*) **s. arch**, piattabanda □ (*fam. USA*) **s.-arrow**, che si attiene alle convenzioni; normale; onesto; perbene □ **s. as a die**, diritto come un fuso □ **s. away** (*o* **off, up**), subito; senz'indugio; difilato; lì per lì; su due piedi: **I'll do it s. away**, lo farò subito; **I cannot tell you s. off**, non posso dirtelo su due piedi □ **a s. blow**, un colpo che va dritto al segno; un diretto □ (*fin.*) **s. bond**, obbligazione ordinaria □ **a s. choice**, una scelta obbligata □ (*di tabacco*) **s.-cut**, tagliato per il lungo □ **s.-cut tobacco**, trinciato □ (*mecc.*) **s.-eight (engine)**, (motore a) otto cilindri in linea □ (*fig.*) **s.-faced**, impassibile; serio □ **a s. fight**, una lotta accanita; (*polit.*) una competizione diretta (*fra due candidati*) □ (*poker*) **s. flush**, scala reale □ **s. from**, (direttamente) da: **He came home s. from the office**, venne a casa direttamente dall'ufficio; **to learn st. s. from the horse's mouth**, apprendere q.c. direttamente dalla fonte; **to drink s. from the bottle**, bere dalla bottiglia; bere a collo □ **s. from the shoulder**, (*di un colpo, un lancio, ecc.*) (effettuato, assestato) dalla spalla; (*fig. fam.*) senza circonlocuzioni, chiaro e tondo: **I'll give it to you s. from the shoulder**, te lo dirò chiaro e tondo □ (*pop. USA*) **s. goods** (*o* **s. dope**), la verità: **I want the s. goods**, voglio sapere la verità □ **s. hair**, capelli lisci □ **straight-jacket**, *V.* **strait-jacket,** *sotto* **strait** (1) □ (*aeron.*) **s. jet**, aereo a reazione senz'elica □ **straight-laced,** *V.* **strait-laced,** *sotto* **strait** (1) □ (*boxe*) **a s. left**, un diretto sinistro □

(*ass.*) **s. life annuity**, assegno vitalizio □ (*ass.*) **s. life insurance**, assicurazione vita intera □ **s.-line**, (*geom.*) in linea retta, rettilineo; (*elab.*) in linea; (*rag.*) a quote costanti: **s.-line coding**, programmazione in linea (*o* in sequenza); **s.-line depreciation**, ammortamento a quote costanti □ **s.-line rate**, tariffa fissa (*dell'elettricità, ecc.*) □ **s.-lined**, rettilineo □ (*teatr.*) **s. man**, spalla □ (*fin.*) **s. paper**, titolo di credito firmato (*o* girato) da una persona sola □ **s. poker**, poker con una sola distribuzione di carte (*ora in disuso, salvo fra professionisti e con poste elevate*) □ (*sport*) **a s. race**, una corsa «tirata» □ (*boxe*) **a s. right**, un diretto destro □ (*chim.*) **s. run**, distillato primario (*o* vergine) □ (*polit., USA*) **s. ticket**, lista definitiva di candidati □ **s. through**, da cima a fondo: **to read a novel s. through**, leggere un romanzo da cima a fondo (*o* tutto d'un fiato) □ **s. time**, orario lavorativo normale (*esclusi gli straordinari, ecc.*) □ (*fam. USA*) **s.-up**, onesto, retto, perbene; (*di wisky, ecc.*) liscio; (*di uovo*) (cotto) all'occhio di bue: **I like my eggs s.-up**, le uova mi piacciono all'occhio di bue □ (*poker*) **bobtail s.**, scala aperta bilaterale □ **to come s. to the point**, venir subito al punto, al dunque; entrare subito in argomento □ (*fam.*) **to get s.**, rimettere (rimettersi) in sesto; raddrizzare (*un'azienda, ecc.*); raddrizzarsi □ (*fam.*) **to get st. s.**, capire bene q.c. □ **to go s.**, andare (sempre) diritto; (*fig. fam.*) comportarsi onestamente, rigare diritto □ **to have a s. eye**, avere «occhio»; saper distinguere una deviazione dalla linea retta □ **to hit s. from the shoulder**, (*boxe*) colpire con un diretto; (*fig.*) essere molto franco, parlar chiaro □ (*fig.*) **to keep to the s. and narrow**, vivere rettamente; condurre una vita onesta □ (*fig.*) **to keep a s. face**, rimanere impassibile; star serio; riuscire a trattenere il riso □ (*poker*) **open s.**, scala aperta □ (*mecc., edil.*) **out of the s.**, storto; fuori squadra □ **to put sb. s.**, chiarire le idee a q.; dire a q. come stanno le cose □ **to put st. s.**, raddrizzare q.c. □ **to put one's hair s.**, rassettarsi, rimettersi a posto i capelli □ **to put the record s.**, dire (*o* per dire) le cose come stanno; (per) mettere tutto in chiaro □ **to put things s.**, metter le cose a posto; sistemare le cose □ **to ride s.**, cavalcare in linea retta (*saltando siepi, steccati, ecc.*) □ **to set sb. s. about it**, chiarire la cosa a q.; accertarsi che q. abbia capito bene □ **to set the record s.**, *V.* **to put the record s.** □ **to shoot s.**, sparar diritto; sparare bene; aver la mira buona □ (*polit., USA*) **to vote a s. ticket**, votare scrupolosamente secondo le direttive del proprio partito □ **Keep s. on!**, andate sempre dritto! □ **He doesn't see s.**, non ci vede bene.

straightaway /'streɪtəweɪ/, **A** *a.* ***1*** diritto; dritto; rettilineo ***2*** diretto: **a s. flight**, un volo diretto. **B** *n.* rettifilo; rettilineo; (*sport, USA*) dirittura. **C** *avv.* ***1*** direttamente ***2*** immediatamente; subito. ● (*sport*) **to hit [to kick] the ball s.**, colpire la palla [calciare il pallone] di prima.

straightedge /'streɪtedʒ/, *n.* riga; righello; regolo.

straightedged /'streɪtedʒd/, *a.* tirato col righello.

to **straighten** /'streɪtn/, **A** *v. t.* ***1*** raddrizzare; drizzare: **to s. one's hat**, raddrizzare il cappello; **to s. a bent bar**, raddrizzare una sbarra piegata ***2*** (*mecc.*) spianare: **to s. a sheet of iron**, spianare una lamiera. **B** *v. i.* raddrizzarsi; diventare diritto: **After the bend the road straightens (out)**, dopo la curva la strada si fa dritta. **C** to **s. oneself out** (*o* **up**), *v. rifl.* ***1*** drizzarsi; raddrizzarsi ***2*** aggiustarsi; ricomporsi; sistemarsi. ● **to s. one's face**, ricomporre il viso.

♦ **straighten out**, **A** *v. i.* + *avv.* ***1*** raddrizzarsi; diventare diritto; riprendere l'andamento rettilineo ***2*** (*dei capelli*) stirarsi ***3*** (*aeron.*) raddrizzarsi (*dopo una virata*); riprendere il volo orizzontale ***4*** (*fig.*) appianarsi; aggiustarsi; accomodarsi; sistemarsi: **I'm pretty sure everything will s. out**, sono sicuro che tutto si aggiusterà. **B** *v. t.* + *avv.* ***1*** raddrizzare (*anche fig.*); rimettere in sesto; rimettere (q.) sulla retta via ***2*** stirare (*i capelli*) ***3*** (*aeron.*) richiamare, rimettere (*un aereo*) in linea di volo ***4*** (*fig.*) regolare; sistemare; mettere in ordine: **to s. out one's accounts**, mettere in ordine i propri conti ***5*** (*fig.*) chiarire (*un fraintendimento*); appianare (*una divergenza*) ***6*** (*mecc.*) spianare.

♦ **straighten up**, **A** *v. i.* + *avv.* ***1*** (*di una persona*) raddrizzarsi; drizzarsi: **My backache prevents me from straightening up**, il mal di schiena m'impedisce di drizzarmi ***2*** (*aeron.*) raddrizzarsi, riprendere quota (*dopo una picchiata*) ***3*** *V.* **straighten out, A**, *def. 4*. **B** *v. t.* + *avv.* ***1*** rimettere a posto; riassettare; riordinare: **to s. up the house**, riordinare la casa ***2*** (*aeron.*) richiamare, rimettere (*un aereo*) in linea di volo (*dopo una picchiata*).

straightforward /streɪt'fɔːwəd/, *a.* ***1*** diritto; dritto; rettilineo ***2*** retto; onesto; franco; schietto; leale: **a s. report**, un franco resoconto ***3*** semplice; chiaro; facile: **s. responsibility**, responsabilità chiara ***4*** netto: **a s. refusal**, un netto rifiuto. || **-ly**, *avv.* || **-ness**, *sost.*

straightness /'streɪtnəs/, *n.* ***1*** l'esser diritto (*o* rettilineo) ***2*** dirittura morale; rettitudine; onestà; lealtà; franchezza; schiettezza.

strain (**1**) /streɪn/, *n.* ***1*** sforzo; strappo; tensione (*anche fig.*): **The chain broke under the s.**, la catena si spezzò sotto lo sforzo; **He gave a great s. and lifted the rock**, diede un grande strappo e sollevò il masso; **The s. in our relations is increasing**, la tensione nelle nostre relazioni è in aumento; **We must combat the s. due to the pressure of home demand**, dobbiamo reprimere la tensione provocata dalla pressione della domanda interna ***2*** (*med.*) tensione nervosa; esaurimento; (*fig.*) logorio: **the s. of business life**, il logorio prodotto dall'indaffaramento ***3*** (*med.*) distorsione; slogatura; strappo muscolare: **I have a s. in my leg**, ho uno strappo muscolare alla gamba ***4*** (*ind. costr.*) sollecitazione ***5*** (*ind. costr., mecc.*) deformazione: **elastic s.**, deformazione elastica. ● (*tecn.*) **s. gauge**, estensimetro □ (*metall.*) **s. hardening**, incrudimento □ **to be on the s.**, esser teso all'estremo □ **to put a great s. on sb.**, sottoporre q. a un grosso sforzo □ **to be under great s.**, essere sotto pressione (*per il lavoro, lo studio, ecc.*) □ **That is a great s. on my imagination**, è uno sforzo eccessivo per la mia fantasia.

strain (**2**) /streɪn/, *n.* ***1*** discendenza; lignaggio; schiatta; stirpe; razza; famiglia: **He comes of a noble s.**, discende da una famiglia nobile; **This dog is of a good s.**, questo cane è di (buona) razza ***2*** specie; varietà: **a new s. of bacterium**, un batterio di una nuova specie; **a new s. of corn**, una varietà nuova di granturco ***3*** inclinazione; tendenza; predisposizione; propensione: **There is a s. of ferocity [madness] in him**, c'è in lui una tendenza alla ferocia [alla pazzia] ***4*** (*spesso al pl.*) (*poet., retor.*) motivo musicale; ritmo; canto; melodia; poesia: **a martial s.**, un ritmo marziale; **the strains of the harp**, le melodie dell'arpa; **a pathetic s.**, un motivo patetico, sentimentale; **the strains of the Elizabethan poets**, le poesie (*o* le liriche, i canti) degli elisabettiani ***5*** tono; modo: **He spoke in an angry s.**, parlò in tono irato ***6*** (*fam.*) pizzico, punta, vena (*di q.c.*); qualcosa: **There is a s. of cruelty in her**, c'è qualche cosa di crudele in lei. ● **a s. of eloquence**, un volo oratorio.

to **strain** /streɪn/, **A** *v. t.* ***1*** tendere (*anche fig.*); tirare; sforzare; affaticare; ferire (*fig.*): **to s. the barbed wire of a fence**, tendere il filo spinato di un recinto; **to s. one's ears**, tendere le orecchie; **The sunlight was straining my eyes**, la luce del sole mi feriva gli occhi; **to s. one's eyes**, affaticarsi la vista ***2*** distorcere; storcere; slogare; forzare; stiracchiare (*fig.*); forzare il significato (*o* l'interpretazione) di: **to s. the truth**, distorcere la verità; svisare i fatti; **He fell and strained his ankle**, cadde e si storse (*o* si slogò) la caviglia; **to s. the sense of a sentence [of other people's words]**, forzare il senso d'una frase [delle parole altrui]; **to s. the law**, stiracchiare la legge; forzarne l'interpretazione ***3*** eccedere; oltrepassare; andare oltre; abusare di: **to s. one's rights**, oltrepassare i propri diritti; **to s. one's powers**, eccedere i propri poteri; **to s. one's authority**, abusare della propria autorità ***4*** danneggiare; deformare; sformare: **The wind has strained the roof**, il vento ha danneggiato il tetto; **The excessive weight has strained the springs**, il peso eccessivo ha deformato le molle ***5*** (*arc.* o *lett.*) stringere; serrare; abbracciare: **to s. sb. to one's bosom [heart]**, stringere q. al seno [al cuore] ***6*** colare; filtrare: **to s. coffee**, filtrare il caffè ***7*** (*cucina*) passare: **to s. vegetables**, passare la verdura. **B** *v. i.* ***1*** sforzarsi; affaticarsi; arrancare; essere sotto sforzo: **He was straining to win**, si sforzava di vincere; **We strained at the oars**, arrancavamo ai remi; **straining horses**, cavalli sotto sforzo, affaticati ***2*** tirare; dare strattoni: **The dog was straining at the leash**, il cane tirava il guinzaglio ***3*** (*di liquido, spesso* **to s. off, to s. away**) colare; filtrare. **C** to **strain oneself**, *v. rifl.* sforzarsi, affaticarsi. ● (*lett.*) **to s. every nerve**, fare ogni sforzo; mettercela tutta □ (*med.*) **to s. a muscle**, prodursi uno strappo muscolare □ **to s. sb.'s patience**, mettere a dura prova la pazienza di q. □ (*fig.*) **to s. a point in sb.'s favour**, fare uno strappo (alla regola) in favore di q. □ **to s. one's voice**, alzare (*o* sforzare) la voce.

♦ **strain after**, *v. i.* + *prep.* sforzarsi di raggiungere; ricercare a tutti i costi: **This poet incessantly strains after effect** (*o* **effects**), questo poeta è alla continua ricerca dell'effetto.

♦ **strain against**, *v. i.* + *prep.* (*lett.*) fare forza, premere, scagliarsi contro: **The prisoner strained against the iron bars of his cell**, il detenuto premeva forte contro le sbarre di ferro della sua cella.

♦ **strain at**, *v. i.* + *prep.* ***1*** tirare con forza, fare forza su: **We were straining at the rope to rescue the climber**, tiravamo la fune a tutta forza per salvare l'alpinista; **to s. at the oars**, fare forza sui remi ***2*** (*fig.*) agitarsi, arrovellarsi, prendersela, fare difficoltà per: **to s. at a gnat**, prendersela per un nonnulla; **to s. at sb.'s decision**, fare delle difficoltà per accettare la decisione di q. □ (*fig. fam.*) **to s. at the leash**, mordere il freno (*fig.*).

♦ **strain away**, *V.* **strain off**.

♦ **strain off**, *v. t.* + *avv.* ***1*** colare; filtrare: **to s. off the fat in the broth**, filtrare il grasso che è nel brodo ***2*** (*cucina*) scolare (*la pasta, l'insalata, ecc.*).

♦ **strain on**, *V.* **strain at**.

♦ **strain through**, **A** *v. t.* + *prep.* (*anche cucina*) filtrare, passare attraverso (*un colino, ecc.*). **B** *v. i.* + *prep.* filtrare attraverso: **Water strains through the sand**, l'acqua filtra attraverso la sabbia.

strainable /'streɪnəbl/, *a.* che si può tendere, storcere, distorcere, ecc. (*V.* **to strain**).

strained /streɪnd/, *a.* ***1*** teso; difficile; sgradevole: **s. relations**, rapporti tesi ***2*** sforzato; stiracchiato; innaturale: **a s. interpretation**, un'interpretazione forzata; **a s. smile**, un sorriso forzato ***3*** affaticato; stressato; teso; tirato: **a s. face**, un viso tirato (*o* stanco) ***4*** (*med.*) affaticato; indebolito: **a s. heart**, un cuore affaticato ***5*** filtrato; colato; (*cucina*) passato. ● **to look a bit s.**, avere l'aria un po' stanca.

strainer /'streɪnə(r)/, *n.* ***1*** filtro; colino; passino: **a tea-s.**, un colino per il tè ***2*** (*mecc.*) dispositivo per stringere (*o* per tendere). ● **centrifugal s.**, depuratore centrifugo □ **a fence s.**, un apparecchio per tendere il filo metallico; un tendifilo.

straining /'streɪnɪŋ/, *n.* ***1*** sforzo; tensione ***2***

forzatura (*del senso, ecc.*); distorsione; travisamento ***3*** colatura; filtrazione ***4*** (*fig.*) tensione; atmosfera tesa. ● (*ind. costr.*) **s. beam** (*o* **s. piece**), controcatena.

strait (1) /streɪt/, *a.* (*arc.*) ***1*** stretto; angusto; ristretto ***2*** severo; rigido; pieno di scrupoli; inflessibile. ● **s.-handed**, spilorcio; tirchio □ **s.-laced**, rigido; rigoroso; severo; pieno di scrupoli; troppo pudico □ **s. waistcoat**, camicia di forza. ‖ **-ly**, *avv.* ‖ **-ness**, *sost.*

strait (2) /streɪt/, *n.* (*spesso al pl.*) ***1*** (*geogr.*) stretto; braccio di mare; canale: **the Straits of Messina**, lo stretto di Messina; **the Straits of Dover**, lo stretto di Dover ***2*** (*spesso pl.*) (= **dire straits, desperate straits**) strette; strettezze; difficoltà: **to be in straits**, essere alle strette; **That customer of ours is in financial straits**, quel nostro cliente si trova in difficoltà finanziarie. ● (*stor.*) **the Straits Settlements**, gli Stabilimenti della Malesia.

to **straiten** /ˈstreɪtn/, *v. t.* ***1*** restringere; limitare ***2*** (*di solito al passivo*) mettere in difficoltà (finanziarie). ● **to be straitened for st.**, essere scarsamente provvisto di q.c. □ **to be in straitened circumstances**, trovarsi in ristrettezze; essere caduto in miseria.

straitjacket /ˈstreɪtdʒækɪt/, *n.* ***1*** (*med.*) camicia di forza ***2*** (*fig.*) costrizione; catene, ceppi (*fig.*).

to **straitjacket** /ˈstreɪtdʒækɪt/, *v. t.* mettere la camicia di forza a (*anche fig.*).

strake /streɪk/, *n.* ***1*** settore del cerchione (*della ruota di un carro*) ***2*** (*costr. navali*) corso di fasciame.

stramonium /strəˈməʊnɪəm/, **stramony** /ˈstræmənɪ/, *n.* (*farm.*; *bot., Datura stramonium*) stramonio.

strand (1) /strænd/, *n.* ***1*** (*poet.*) lido; sponda; spiaggia; riva ***2*** (*geol.*) spiaggia marina.

strand (2) /strænd/, *n.* ***1*** (*di fune o cavo*) trefolo ***2*** (*ind. tess.*) filo di base ***3*** tratta (*di cavo, ecc.*) ***4*** filo, giro (*di collana*) ***5*** (*fig.*) elemento; filo (conduttore).

to **strand** (1) /strænd/, **A** *v. t.* ***1*** (*naut.*) arenare; mandare in secca; incagliare ***2*** (*trasp.*) lasciare a terra (*o* a piedi) ***3*** (*fig.*) lasciare nei guai. **B** *v. i.* ***1*** (*di nave*) arenarsi; incagliarsi ***2*** (*ecol.: di balene, delfini, ecc.*) spiaggiarsi.

to **strand** (2) /strænd/, *v. t.* ***1*** fare (*una fune*) intrecciando i trefoli ***2*** spezzare un trefolo (*o* più trefoli) di (*una fune*); sfilacciare (*una fune*).

stranded /ˈstrændɪd/, *a.* ***1*** (*naut.*) arenato; incagliato; in secca ***2*** (*ecol.: di cetaceo, ecc.*) spiaggiato: **There were three whales s. on the island**, c'erano tre balene spiaggiate sull'isola ***3*** (*trasp.*) a piedi, appiedato, bloccato (*dalla neve, da uno sciopero, ecc.*); lasciato a terra: **The taxi driver left us s. in the dead of night**, il tassista ci lasciò a piedi nel cuore della notte; **There were lots of s. passengers at Heathrow Airport**, nell'aeroporto di Heathrow c'erano tanti viaggiatori lasciati a terra ***4*** (*fig.*) in difficoltà; abbandonato da tutti: **I found myself s. in a foreign country, with no friends or money**, mi trovai abbandonato in un paese straniero, senza denaro né amici.

stranding /ˈstrændɪŋ/, *n.* ***1*** (*naut.*) arenamento; incaglio ***2*** (*ecol.: di balene, delfini, ecc.*) spiaggiamento.

strange /streɪndʒ/, *a.* ***1*** strano; insolito; curioso; singolare; bizzarro; strambo; stravagante; straordinario: **a s. experience**, una strana esperienza; **He is very s. in his manner**, il suo contegno è assai strano; **a s. story**, una storia curiosa, singolare; **s. clothes**, abiti bizzarri, stravaganti; **with s. persistency**, con straordinaria tenacia ***2*** sconosciuto; che non si conosce; estraneo; ignoto: **a s. face**, una faccia sconosciuta; **The place is s. to me**, il luogo mi è ignoto; **I don't like to drive a s. car**, non mi piace guidare una macchina che non conosco ***3*** (*raro*) forestiero; straniero: **s. gods**, divinità forestiere ***4*** non abituato; non pratico; nuovo: **He was s. to the job**, era nuovo a quel genere di lavoro; **The boy was quite s. there**, il ragazzo non era affatto pratico del luogo. ● **s. to say!**, strano a dirsi! □ **to feel s.**, sentirsi sperduto, essere come un pesce fuor d'acqua; non sentirsi bene, (*specialm.*) avere giramenti di testa □ **How s.!**, che strana combinazione! □ **It feels s. to fly for the first time**, è una sensazione curiosa volare per la prima volta.

strangely /ˈstreɪndʒlɪ/, *avv.* stranamente; in modo insolito; bizzarramente; singolarmente. ● **s. enough**, stranamente; sorprendentemente.

strangeness /ˈstreɪndʒnəs/, *n.* ***1*** stranezza; singolarità; bizzarria; stravaganza; straordinarietà ***2*** (*fis. nucl.*) stranezza (*numero quantico*).

stranger /ˈstreɪndʒə(r)/, *n.* ***1*** estraneo; sconosciuto: **Country people were very suspicious of strangers**, i campagnoli guardavano con grande sospetto gli sconosciuti ***2*** forestiero; straniero: **There are many strangers here in summer**, vi sono molti forestieri qui d'estate. ● (*polit.*) **the Strangers' Gallery**, la galleria per i visitatori (*alla Camera dei Comuni*) □ **to be a s. to court intrigues**, essere estraneo agli intrighi di corte □ **to make a s. [no s.] of sb.**, trattare q. da estraneo [trattar q. amichevolmente] □ **He's no s. to love**, ha conosciuto l'amore □ **He is a s. to hate**, non conosce l'odio □ **I am a s. here**, non conosco il luogo (la città, ecc.); non riesco a orizzontarmi □ (*fam.*) **You are quite a s. now**, non ti si vede più □ **He is a s. to me**, non lo conosco affatto □ **He is no s. to me**, lo conosco; non mi è sconosciuto □ (*fam.*) **Hellow, s.!**, chi si rivede!; guarda chi c'è!

to **strangle** /ˈstræŋgl/, **A** *v. t.* ***1*** strangolare; strozzare (*anche fig.*): **That collar is too tight: it will s. the dog**, quel collare è troppo stretto: strangolerà il cane; **to s. a country's foreign trade**, strangolare il commercio estero di un paese ***2*** (*anche fig.*) soffocare; reprimere: **The rioters were strangled by the tear gas**, i rivoltosi erano soffocati dal gas lacrimogeno; **to s. an impulse**, soffocare un impulso. **B** *v. i.* soffocare; sentirsi soffocare.

stranglehold /ˈstræŋglhəʊld/, *n.* ***1*** stretta alla gola ***2*** (*lotta*) presa di gola ***3*** (*fig.*) stretta mortale; forza opprimente; oppressione. ● (*fig.*) **to put a s. on economic activity**, strangolare l'attività economica.

strangler /ˈstræŋglə(r), -gəl-/, *n.* strangolatore; strozzatore.

strangles /ˈstræŋglz/, *n. pl.* (*vet.*) adenite equina; stranguglione (*pop.*).

strangling /ˈstræŋglɪŋ, -gəl-/, *n.* strangolamento; strozzatura; soffocazione.

to **strangulate** /ˈstræŋgjʊleɪt/, *v. t.* ***1*** (*med.*) strozzare ***2*** (*raro*) strangolare. ● (*med.*) **strangulated hernia**, ernia strozzata.

strangulation /stræŋgjʊˈleɪʃn/, *n.* ***1*** (*med.*) strozzatura; strozzamento erniario ***2*** strangolamento.

strangury /ˈstræŋgjʊrɪ/, *n.* (*med.*) stranguria.

strap /stræp/, *n.* ***1*** cinghia (*anche fig.*); correggia; nastro; striscia (*di cuoio o d'altro*): **a book s.**, una cinghia per i libri; **That boy needs the s.**, quel ragazzo ha bisogno d'assaggiare la cinghia ***2*** cinturino: **a watch s.**, un cinturino d'orologio ***3*** fascetta metallica (*per scarpe, ecc.*); reggetta; moietta; piattina ***4*** (*sartoria*) staffa (*dei pantaloni*) ***5*** maniglia a pendaglio (*d'autobus, ecc.*) ***6*** (*edil.*) staffa (*per grondaie, ecc.*) ***7*** *V.* **shoulder-s.** ***8*** (*bot.*) ligula; linguetta ***9*** (*Borsa*) opzione tripla ***10*** *V.* **razor-s.** ***11*** (*naut.*) stroppo ***12*** (*pop. USA*) atleta; tipo sportivo; sportivone. ● (*mecc.*) **s. bolt**, bullone a staffa □ (*mecc.*) **s. brake**, freno a nastro □ (*di corda*) **s.-laid**, fatta a nastro (*coi trefoli accostati, non intrecciati*) □ (*fig.*) **s. oil**, cinghiate; percosse date con la cinghia; mezzi persuasivi (*iron.*) □ (*fig.*) **to get the s.**, assaggiare la cinghia □ **razor-s.**, coramella (*per affilare il rasoio*) □ **shoulder-s.**, spallina (*di reggiseno, ecc.*); bretella (*d'abito femminile*).

to **strap** /stræp/, *v. t.* ***1*** legare (*o* assicurare) con una cinghia ***2*** fissare con una fascetta metallica (*o* con una reggetta) ***3*** battere con la cinghia; prendere a cinghiate; frustare ***4*** affilare (*un rasoio*) con la coramella ***5*** (*naut.*) stroppare.

♦ **strap down**, *v. t.* + *avv.* assicurare (q.c.) con cinghie (*o* con moiette, reggette, ecc.); legare (q.) come un salame.

♦ **strap in**, *v. t.* e *i.* + *avv.* (*autom., aeron.*) assicurare (*o* assicurarsi) con la cintura (*di sicurezza*): **to stay strapped in for the whole flight**, tenere la cintura di sicurezza durante tutto il volo.

♦ **strap on**, *v. t.* + *avv.* (*o prep.*) assicurare, fissare, legare (a): **to s. on crampons on one's boots**, legarsi i ramponi alle scarpe.

♦ **strap up**, *v. t.* + *avv.* ***1*** fissare; legare; assicurare ***2*** (*med.*) incerottare; fasciare, bendare.

straphanger /ˈstræphæŋə(r)/, *n.* ***1*** (*fam.*) passeggero in piedi (*che si regge alla maniglia, in tram o in autobus*) ***2*** (*spreg.*) pendolare.

straphanging /ˈstræphæŋɪŋ/, *n.* ***1*** (*fam.*) il viaggiare in piedi (*su un mezzo pubblico*), reggendosi alla maniglia ***2*** (*spreg.*) pendolarismo.

strapless /ˈstræpləs/, *a.* (*d'abito da donna o di reggiseno*) senza spalline; senza bretelle.

strappado /strəˈpeɪdəʊ/, *n.* (*pl.* **strappados, strappadoes**) (*stor.*) ***1*** supplizio della corda ***2*** corda per il supplizio.

to **strappado** /strəˈpeɪdəʊ/, *v. t.* (*stor.*) dar la corda a (q.); sottoporre (q.) al supplizio della corda.

strapped /stræpt/, *a.* ***1*** assicurato (*o* legato) con una cinghia (con una bretella, ecc.) ***2*** (*pop.*) al verde; senza una lira; in bolletta (dura). ● **s. trousers**, calzoni da cavallerizzo □ (*di un braccio, ecc.*) **s. up**, fasciato, bendato.

strapper /ˈstræpə(r)/, *n.* ***1*** (*tecn.*) reggettatrice; reggiatrice ***2*** (*fam.*) persona ben piantata; pezzo d'uomo: **He's a s.**, è un pezzo d'uomo.

strapping (1) /ˈstræpɪŋ/, *a.* (*fam.*) forte; robusto; grande e grosso; ben piantato: **a s. fellow**, un omone grande e grosso; un tipo robusto. ● **a s. girl**, una ragazzona.

strapping (2) /ˈstræpɪŋ/, *n.* ***1*** fissaggio con cinghie (*o* moiette, reggette, ecc.) ***2*** (*collett.*) cinghiate; staffilate ***3*** (*collett.*) bretelle (*da donna*); spalline; cinturini; linguette ***4*** (*med.*) cerotto; applicazione di cerotto; incerottatura ***5*** moietta; reggetta; piattina.

strass /stræs/, *n.* (*ind.*) strass; cristallo per gioielli artificiali: **a s. brooch**, una spilla di strass.

stratagem /ˈstrætədʒəm/, *n.* stratagemma.

strategic(al) /strəˈtiːdʒɪk(l)/, *a.* (*mil.*) strategico (*anche fig.*): **a s. move**, una mossa strategica; **a s. position**, una posizione strategica; **a s. target**, un obiettivo strategico. ‖ **-ally**, *avv.*

strategics /strəˈtiːdʒɪks/, *n. pl.* (*col verbo al sing.*) (*mil.*) strategia.

strategist /ˈstrætədʒɪst/, *n.* (*mil.*) stratego; stratega.

strategy /ˈstrætədʒɪ/, *n.* (*mil.*) strategia (*anche fig.*).

strath /stræθ/, *n.* ***1*** (*scozz.*) ampia valle ***2*** (*geol.*) fondovalle degradato ***3*** (*geol.*) depressione nella scarpata continentale.

strathspey /stræθˈspeɪ, *USA* ˈst-/, *n.* (*mus.*) vivace danza scozzese.

stratification /strætɪfɪˈkeɪʃn/, *n.* (*specialm. geol., econ., stat.*) stratificazione: **the s. of society**, la stratificazione della società.

stratified /ˈstrætɪfaɪd/, *a.* (*geol., stat., ecc.*) stratificato: **s. rocks**, rocce stratificate; **s. sample**, campione stratificato.

stratiform /ˈstrætɪfɔːm/, *a.* (*scient.*) stratiforme.

to **stratify** /ˈstrætɪfaɪ/, *v. t.* e *i.* stratificare, stratificarsi.

stratigrapher /strəˈtɪgrəfə(r)/, *n.* (*scient.*) stratigrafo.

stratigraphic(al) /strætɪˈgræfɪk(l)/, *a.*

(*geol., med.*) stratigrafico. || **-ally,** *avv.*

stratigraphy /strəˈtɪgrəfɪ/, *n.* **1** (*geol.*) stratigrafia **2** (*med.*) stratigrafia; tomografia.

stratocracy /strəˈtɒkrəsɪ/, *n.* (*polit.*) stratocrazia; governo dei militari; dittatura militare.

stratocumulus /strætəʊˈkjuːmjʊləs/, *n.* (*pl.* **stratocumuli**) (*meteor.*) stratocumulo.

stratopause /ˈstrætəʊpɔːz/, *n.* (*meteor.*) stratopausa.

stratosphere /ˈstrætəsfɪə(r)/, *n.* stratosfera.

stratospheric(al) /strætəʊˈsfɛrɪk(l)/, *a.* stratosferico.

stratum /ˈstrɑːtəm, ˈstreɪ-, *USA* ˈstreɪ, ˈstræ-/, *n.* (*pl.* **strata, stratums**) **1** (*geol.*) strato; falda **2** (*anche econ., stat.*) strato sociale; ceto; classe.

stratus /ˈstreɪtəs/, *n.* (*pl.* **strati**) (*meteor.*) strato.

straw /strɔː/, **A** *n.* **1** paglia; pagliuzza; filo di paglia; fuscello; festuca: **a load of s.**, un carico di paglia **2** cannuccia (*per bere*): **to drink st. through a s.**, bere q.c. con la cannuccia **3** (*fig. arc.*) inezia; nonnulla; cosa senza valore. **B** *a. attr.* **1** (*anche fig.*) di paglia: **a s. hat**, un cappello di paglia; una paglietta; **a s. rope**, una corda di paglia **2** (= **s.-coloured**) color della paglia; paglierino: **s. oil**, olio paglierino. ● (*USA*) **s. ballot,** *V.* **s. vote** □ **s.-bottomed**, col fondo di paglia; impagliato: **s.-bottomed chairs**, sedie impagliate □ (*agric.*) **s.-cutter**, trinciapaglia □ (*fig.*) **a s. in the wind**, un segno premonitore; un indizio □ **s.-mat**, stuoia; stuoino □ **s. mattress**, pagliericcio □ **s. plait(ing)**, treccia di paglia □ (*polit., USA*) **s. poll** (*o* **s. vote**), sondaggio preelettorale, sondaggio dell'opinione pubblica □ (*agric.*) **s.-walker**, scuotipaglia (*di mietitrebbia*) □ **s. wine**, vino d'uva passita □ **s.-yard**, pagliaio, ricovero di paglia (*per il bestiame*) □ **to draw straws**, tirare a sorte (*usando pagliuzze di diversa lunghezza*) □ (*anche leg.*) **a man of s.**, un uomo di paglia □ (*di casa*) **thatched with s.**, col tetto di paglia □ **the last s.** (**that breaks the camel's back**), il colmo; la goccia che fa traboccare il vaso □ (*fig.*) **to try to make bricks without s.**, tentare di far qualcosa senza avere il materiale (*o* l'aiuto) necessario □ **I don't care** (*o* **give**) **a s. for it**, non me ne importa nulla □ **It isn't worth a s.**, non vale nulla (*fam.*: un fico) □ (*fig.*) **A drowning man will catch** (*o* **clutch, grasp**) **at a s.**, chi sta per affogare s'afferra anche a una paglia; la speranza è l'ultima a morire.

strawberry /ˈstrɔːbrɪ, *USA* -bɛrɪ/, *n.* **1** (*bot., Fragaria*) fragola **2** *V.* **s. mark 3** color fragola. ● **s.-bed**, fragoleto □ **s. blonde**, bionda tiziano (*o* tizianesca) □ (*pop. fig.*) **s. fields**, l'LSD □ (*USA*) **s. lemonade**, bibita alla fragola □ **s. mark**, neo angiomatoso; voglia di fragola (*fam.*) □ (*bot.*) **s. sedge**, carice □ (*bot.*) **s. tomato**, (*Physalis*) pianta delle Fisalidi (*in genere*); alchechengi □ (*bot.*) **s. tree** (*Arbutus unedo*), corbezzolo.

strawstack /ˈstrɔːstæk/, *n.* pagliaio.

strawy /ˈstrɔːɪ/, *a.* di paglia; simile a paglia; fatto di paglia.

stray /streɪ/, **A** *a. attr.* **1** disperso; smarrito; randagio; sperso; vagante: **a s. cat**, un gatto randagio; **He was hit by a s. bullet**, fu colpito da un proiettile vagante **2** casuale; fortuito; sporadico; sparso: **a s. customer or two**, qualche cliente casuale; **in a few s. instances**, in qualche caso sporadico **3** isolato: **some s. cottages**, qualche casetta isolata **4** (*elettr., radio*) vagante; parassita: **s. current**, corrente vagante (*o* parassita). **B** *n.* **1** animale randagio **2** persona derelitta; (*specialm.*) bambino smarrito **3** (*pl.*) (*radio*) interferenza atmosferica; scariche **4** (*fam.*) cosa fuori posto: **This musicassette must be a s.**, questa musicassetta dev'essere fuori posto. ● (*elettr.*) **s. field**, campo di dispersione □ (*naut.*) **s. line**, sagola morta.

to **stray** /streɪ/, *v. i.* **1** deviare; allontanarsi (*da*); fuorviare; disperdersi; smarrirsi; sviarsi; sbandarsi: **Don't s. from what is right**, non deviare dalla retta via! **2** (*del pensiero*) distrarsi **3** (*elettr.*) disperdersi. ● **to s. from the point**, divagare; uscire fuori tema.

streak /striːk/, *n.* **1** riga; stria; striscia (*specialm. irregolare*); striatura; banda (*di colore*): **a s. of light above the horizon**, una striscia di luce all'orizzonte; **blue with red streaks**, blu a righe rosse **2** strato (*anche di minerale*); vena; filone: **bacon with thick, red streaks of lean**, pancetta affumicata con spessi strati rossi di magro; **a gold s.**, una vena d'oro **3** (*fig.*) vena; traccia; tocco: **He has a s. of humour in him**, c'è una vena d'umorismo in lui **4** (*fam.*) momento; periodo: **a long s. of bad luck**, un lungo periodo di sfortuna; **a s. of good luck**, un periodo di fortuna; (*di un giocatore*) una serie positiva (*di puntate, ecc.*) **5** (*miner.*) striscio; colore di sfregamento **6** (*batteriologia*) strisciamento **7** (*fam.*) streaking; corsa veloce fatta da nudi e in pubblico. ● **s. lightning**, fulmine dritto □ (*scient.*) **s. plate**, coltura a striscia □ **a losing** [**a winning**] **s.**, una serie negativa [positiva]; una serie di sconfitte [di vittorie] □ **like a s.** (**of lightning**), come un lampo; in un baleno □ **He has a s. of superstition in him**, è un po' superstizioso □ (*fam.*) **He has a yellow s. in him**, è un vigliacco.

to **streak** /striːk/, **A** *v. t.* **1** striare; screziare; rigare: **Tears streaked her face**, le lacrime le rigavano il viso **2** venare (*marmo, ecc.*). **B** *v. i.* **1** (*fam.*) andare come un lampo: **He streaked off**, se ne andò di corsa **2** (*fam.*) fare lo streaking; correre velocemente, e nudo, in pubblico (*specialm. per protesta*).

streaked /striːkt/, *a.* **1** striato; screziato **2** (*di legno*) venato **3** (*di capello*) brizzolato.

streaker /ˈstriːkə(r)/, *n.* chi fa lo streaking (*V.* **to streak, B**, *def. 2*).

streakiness /ˈstriːkɪnəs/, *n.* l'essere striato; striatura.

streaking /ˈstriːkɪŋ/, *n.* streaking (*V.* **to streak, B**, *def. 2*).

streaky /ˈstriːkɪ/, *a.* **1** striato; screziato; (*di marmo, ecc.*) venato **2** (*fig.*) di diverse qualità; disuguale; vario. ● **s. bacon**, pancetta affumicata a strisce (*di grasso e magro*); lardo venato; rigatino (*tosc.*).

stream /striːm/, *n.* **1** corso d'acqua; ruscello; torrente: **mountain streams**, torrenti che scendono dai monti; (*fig.*) **a s. of lava**, un torrente di lava **2** corrente; flusso: **the Gulf S.**, la Corrente del Golfo; **a s. of hot air**, una corrente d'aria calda; **a s. of neutrons**, una corrente di neutroni **3** (*fig.*) fiotto; fiume; flusso; afflusso; profluvio; fiumana; mare; marea: **a s. of blood**, un fiotto di sangue; **a s. of words**, un fiume di parole; **a s. of cars**, un flusso continuo d'automobili; **There's a broad s. of American capital reaching Europe**, in Europa c'è un forte afflusso di capitali americani; **a s. of tears**, un profluvio di lacrime; **a s. of students**, una marea di studenti **4** (*fig.*) corso; serie; successione: **the s. of events**, il corso degli eventi **5** sezione scolastica; gruppo di studenti (*dello stesso livello*) **6** (*elab.*) flusso di dati. ● (*naut.*) **s. anchor**, ancora di corrente (*o* di tonneggio) □ (*naut.*) **s. cable**, cavo di rimorchio □ (*psic., letter.*) **s. of consciousness**, monologo interiore □ **the s. of thought**, l'opinione corrente □ (*geol.*) **s. terrace**, terrazzo fluviale □ **down s.**, secondo la corrente; in giù (*in un fiume*); verso la foce □ **to go with the s.**, andare secondo la corrente; (*fig.*) seguire la corrente □ (*econ.: di beni*) **to be** (*o* **to have come**) **on s.**, essere in produzione □ (*naut.*) **tidal s.**, corrente di marea □ **up s.**, controcorrente; in su (*in un fiume*); verso la sorgente.

to **stream** /striːm/, **A** *v. i.* **1** scorrere; fluire; grondare; colare: **Tears streamed down her cheeks**, le lacrime le scorrevano sulle guance; **to s. with blood**, grondar sangue; **The horse's flanks were streaming with sweat**, i fianchi del cavallo colavano sudore **2** fluttuare; ondeggiare: **The skull and cross-bones was streaming from the main yard**, la bandiera della pirateria ondeggiava al vento dal pennone di maestra **3** (*ind. min.*) lavare il minerale; fare il lavaggio. **B** *v. t.* **1** far fluire; emettere; versare; grondare: **to s. blood**, grondar sangue; **to s. tears**, versare lacrime **2** spiegare (*una bandiera*) **3** selezionare e dividere (*gli studenti: secondo il grado di preparazione*).

♦**stream along**, *v. i.* + *avv.* (*o prep.*) scorrere, fluire, passare: **The crowd streamed along** (**the road**), la folla fluiva (lungo la strada).

♦**stream down**, *v. i.* + *avv.* (*o prep.*) **1** colare, fluire (su): **The rain was streaming down** (**the windscreen**), la pioggia colava a fiotti (sul parabrezza) **2** inondare: **Tears streamed down her face**, le lacrime le inondarono il volto.

♦**stream in**, *v. i.* + *avv.* entrare a fiotti; (*della folla, ecc.*) riversarsi dentro, sciamare: **The water of the flooder river was streaming in**, l'acqua del fiume in piena entrava a fiotti; **The spectators streamed in through the gates**, gli spettatori entrarono accalcandosi ai cancelli.

♦**stream out**, *v. i.* + *avv.* **1** uscire a fiotti; (*della folla, ecc.*) riversarsi fuori, sciamare: **The soldiers streamed out of the barracks**, i soldati sciamarono dalla caserma **2** (*del sangue, ecc.*) sgorgare; scaturire.

♦**stream up**, *v. i.* + *avv.* (*o prep.*) **1** (*di un liquido*) salire a fiotti **2** (*fig.*) levarsi (*o* salire) impetuoso: **The flames streamed up the front of the houses**, le fiamme salivano al cielo lambendo le facciate delle case.

streamer /ˈstriːmə(r)/, *n.* **1** bandiera al vento; banderuola; pennone **2** (*naut.*) fiamma; pennello **3** stella filante; striscia (*o* festone) di carta colorata **4** (*pl.*) aurora boreale **5** (*giorn.*, = **s. headline**) titolo a tutta pagina **6** (*elab.*) streamer; unità a nastro streaming **7** (*poet.*) striscia di luce.

streaming (**1**) /ˈstriːmɪŋ/, *a.* grondante; bagnato: **a s. umbrella**, un ombrello grondante (di pioggia).

streaming (**2**) /ˈstriːmɪŋ/, *n.* **1** (*nelle scuole*) selezione degli studenti e loro divisione in gruppi omogenei **2** (*elab.*) emissione (*di dati*) in continuo; registrazione e lettura in continuo. ● (*elab.*) **s. tape drive**, *V.* **streamer**, *def. 6*.

streamlet /ˈstriːmlət/, *n.* ruscelletto; torrentello.

streamline /ˈstriːmlaɪn/, *n.* **1** (*fis.*) linea di corrente (*o* di flusso) **2** (*tecn.*) linea (*o* forma) aerodinamica.

to **streamline** /ˈstriːmlaɪn/, *v. t.* **1** (*tecn.*) dare forma aerodinamica a (*un'automobile, ecc.*) **2** (*fig.*) sveltire; rendere più efficiente; ottimizzare: **to s. a manufacturing process**, sveltire un processo di fabbricazione.

streamlined /ˈstriːmlaɪnd/, *a.* **1** aerodinamico; affusolato: **a s. car** [**boat**], un'automobile [un'imbarcazione] aerodinamica **2** (*fig.*) sveltito, semplificato; efficiente; dinamico: **a s. office**, un ufficio efficiente.

streamlining /ˈstriːmlaɪnɪŋ/, *n.* **1** (*tecn.*) il rendere aerodinamico **2** (*fig.*) snellimento; ottimizzazione: (*econ.*) **the s. of production**, l'ottimizzazione della produzione.

street /striːt/, *n.* strada (*specialm. di città*); via: **main s.**, via principale; corso; **side s.**, via traversa; **a one-way s.**, una strada a senso unico; **to cross the s.**, attraversare la strada. ● **the S.** (*a Londra*: **Fleet Street**, *q.V.*; *a New York*: **Wall Street**, *q.V.*), strada che designa per antonomasia un'attività che in essa si svolge □ (*spreg.*) **s. Arab**, ragazzo di strada; monello □ (*fin.*) **s. broker**, agente di cambio che lavora fuori della Borsa; operatore del mercato ristretto □ **s. cleaner**, spazzino; netturbino □ **s. cred** (*o* **s. credibility**), aderenza (*da parte dei giovani*) alle maniere e alle mode della controcultura urbana □ **s. cries**, grida di venditori ambulanti □ **s. door**, porta di strada; portone □ **s. furniture**, arredo urbano □ **s. index**, stradario □ **s. island**, isola pedonale; salvagente □ **s. lamp**, lampione □ (*in una casa*) **s. level**, pianterreno □ **s. light**, lampione □ **s. lighting**, illuminazione stradale □ (*fin.*) **s. market**, dopoborsa; fuoriborsa; mercato ristretto; borsino □ **s. orderly**, spazzino □ **s. sweeper**, spazzatrice (*macchina*); spazzino □ **s. theatre**, teatro popolare all'aperto □ (*comm.*) **s. trader**, ambulante □ **s. worker**, operatore di strada (*assistente sociale*) □ (*fig.*) **the man in the s.**, l'uomo della strada; l'uomo comune; il cittadino qualunque □ (*fam.*) **not in the same s. as sb.**, di gran lunga inferiore a q. □ (*polit.*) **to take to the streets**, scendere in piazza □ **to turn sb. out into the s.**, gettare q. sul lastrico □ (*fam.*) **up my s.**, di mio gradimento; di mia competenza □ (*fig.*) **to walk the streets**, battere il marciapiede □ (*fam.*) **He is streets ahead of you**, ti è di gran lunga superiore.

streetcar /kɑː(r)/, *n.* (*USA*) tram; vettura tranviaria.

streetsmart /ˈstriːtsmɑːt/, *a.* (*USA*) *V.* **streetwise**.

streetwalker /ˈstriːtwɔːk/, *n.* donna di strada; peripatetica; passeggiatrice (*eufem.*).

streetwalking /ˈstriːtwɔːkə(r)/, *n.* il battere il marciapiede; prostituzione.

streetward /ˈstriːtwəd/, **A** *a.* che dà sulla strada. **B** *avv.* verso la strada.

streetwise /ˈstriːtwaɪz/, *a.* ***1*** (*di un ragazzo*) che conosce l'arte di arrangiarsi ***2*** (*di un assistente sociale*) che ha esperienza della vita di strada; che conosce bene gli abitanti di un quartiere.

streetworker /ˈstriːtwɜːkə(r)/, *n.* (*USA*) educatore stradale; assistente sociale minorile di quartiere.

strelitzia /strɛˈlɪtsɪə, strə-/, *n.* (*bot.*, *Strelitzia reginae*) strelitzia.

strength /strɛŋθ/, *n.* ***1*** forza; forze; energia; potenza; resistenza; robustezza; solidità; vigore: **That is beyond human s.**, ciò supera le forze umane; **The Japanese attacked in great s.**, i giapponesi attaccarono in forze; **the s. of a belt**, la resistenza (*o* la solidità) d'una cinghia; **s. of body**, forza fisica; **s. of mind**, forza d'animo; **the s. of a cup of coffee**, la forza d'una tazza di caffè ***2*** (*fis.*, *mecc.*) resistenza: **breaking s.**, resistenza alla rottura; **elastic s.**, resistenza elastica ***3*** (*chim.*) concentrazione, titolo (*d'una soluzione*) ***4*** (*fis.*) intensità (*della luce, del suono, ecc.*) ***5*** (*econ.*) vigore (*della domanda*); tendenza dei prezzi al rialzo ***6*** punto forte; cavallo di battaglia ***7*** (*mil.*) organico; effettivo; quadri: **The regiment is at full s.**, il reggimento ha gli effettivi al completo. ● (*mil.*) **below s.**, con gli effettivi ridotti □ (*bur.*, *mil.*) **to be on the s.**, essere in forza (*in un luogo, ecc.*) □ **on the s. of**, in forza di; in base a; contando su: **I did it on the s. of your promise**, lo feci contando sulla tua promessa □ **to regain s.**, riacquistare le forze; rimettersi; ristabilirsi □ (*mil.*) **to strike sb. off the s.**, radiare q. dai ranghi □ (*mil.*) **to be taken on the s.**, esser preso in forza □ (*mil.*) **up to s.**, con gli effettivi al completo.

to **strengthen** /ˈstrɛŋθn/, **A** *v. t.* ***1*** fortificare; rafforzare; rinforzare; potenziare; corroborare; rinvigorire ***2*** (*chim.*) rinforzare, concentrare di più (*una soluzione*) ***3*** (*mil.*, *org. az.*) potenziare. **B** *v. i.* ***1*** rafforzarsi; rinforzarsi; potenziarsi; corroborarsi; rinvigorirsi ***2*** (*del vento, ecc.*) rinforzare; aumentare. ● (*fig. raro*) **to s. sb.'s hands**, far coraggio a q.; incitare q. ad agire vigorosamente.

strengthener /ˈstrɛŋθnə(r), -θən-/, *n.* ***1*** cosa che dà forza (*in genere*) ***2*** (*med.*) corroborante; tonificante; tonico.

strengthening /ˈstrɛŋθnɪŋ, -θən-/, **A** *a.* fortificante; corroborante. **B** *n.* ***1*** rafforzamento; rinforzo ***2*** (*mil.*, *org. az.*) potenziamento.

strengthless /ˈstrɛŋθləs/, *a.* senza forza; debole.

strenuous /ˈstrɛnjʊəs/, *a.* ***1*** strenuo; energico; attivo; efficace; intenso; gagliardo; vigoroso: **a s. man**, un uomo energico, attivo; **a s. orator**, un oratore vigoroso, efficace ***2*** arduo; duro; difficile; stancante; che richiede molta energia: **s. work**, lavoro duro; **a s. examination**, un esame difficile. ● **s. imagination**, immaginazione fertile. || **-ly**, *avv.* || **-ness**, *sost.*

strep /strɛp/, *n.* (*abbr. fam. di* **streptococcus**) streptococco. ● (*fam. USA*) **s. throat**, gola infetta; gola malata.

streptococcal /strɛptəˈkɒkl/, *a.* (*biol.*) streptococcico; di (*o* da) streptococco.

streptococcic /strɛptəˈkɒksɪk, *USA* -kɪk/, *a.* (*med.*) streptococcico.

streptococcus /strɛptəˈkɒkəs/, *n.* (*pl.* **streptococci**) (*biol.*) streptococco.

streptolysin /strɛptəˈlaɪsɪn, *USA* -sn/, *n.* (*biochim.*) streptolisina.

streptomyces /strɛptəˈmaɪsiːz/, *n.* (*pl.* **streptomycetes**) (*biol.*) streptomicete.

streptomycin /strɛptəˈmaɪsɪn, *USA* -sn/, *n.* (*chim.*, *farm.*) streptomicina.

stress /strɛs/, *n.* ***1*** sforzo; spinta; pressione: **under the s. of need**, sotto la spinta del bisogno; **The nation was subjected to the s. of war**, la nazione dovette sostenere lo sforzo bellico ***2*** (*scienza costr.*) sollecitazione; sforzo; tensione: **impact s.**, sollecitazione d'urto ***3*** (*med.*) stress; tensione: **Continued s. is one of the causes of duodenal ulcer**, la tensione prolungata è una delle cause dell'ulcera duodenale ***4*** (*fon.*) accento tonico: **The s. is on the first syllable**, l'accento cade sulla prima sillaba ***5*** (*fig.*) accento; enfasi; rilievo; risalto: **to lay particular s. on st.**, porre l'accento su q.c.; mettere in risalto q.c.; sottolineare q.c. ***6*** (*mus.*) accento. ● (*fis.*) **s. analysis**, analisi delle sollecitazioni □ (*metall.*) **s. corrosion**, tensiocorrosione □ (*fon.*) **s. mark**, segno grafico dell'accento; accento (grafico) □ (*naut.*) **s. of weather**, violenza del tempo; fortunale □ (*metall.*) **s. raiser**, intaglio □ (*scienza costr.*) **maximum s.**, carico di rottura □ **to put s. on sb.**, stressare q. □ **times of s.**, tempi difficili (*o* duri) □ **under the s. of anger**, spinto dall'ira.

to **stress** /strɛs/, *v. t.* ***1*** sottoporre (q.) a tensione (*o* a stress); stressare ***2*** metter l'accento su; accentuare; sottolineare; mettere in rilievo; evidenziare: **He stressed the importance of the new enterprise**, mise in rilievo l'importanza della nuova impresa ***3*** (*fon.*) accentare; mettere l'accento su (*una parola*).

stressed /strɛst/, *a.* stressato.

stressful /ˈstrɛsfl/, *a.* pieno di stress; stressante. || **-ly**, *avv.* || **-ness**, *sost.*

stressing /ˈstrɛsɪŋ/, *a.* stressante.

stressless /ˈstrɛsləs/, *a.* ***1*** (*fon.*) privo di accento tonico ***2*** (*fig.*) privo di enfasi; non enfatizzato ***3*** (*scienza costr.*) senza tensione; non sottoposto a sforzo (*o* a sollecitazione).

stretch /strɛtʃ/, *n.* ***1*** stiramento; allungamento; stiracchiamento ***2*** stiracchiata; stiracchiatina: **The dog got up and had a good s.**, il cane si alzò e si diede una stiracchiata ***3*** estensione; distesa; spazio; tratto: **a s. of rolling country**, una distesa di terreno ondulato; **a long s. of road**, un lungo tratto di strada ***4*** periodo ininterrotto; tirata (*di tempo*): **over a s. of six months**, in un periodo di sei mesi ***5*** (*sport*) rettilineo; dirittura: **the final** (*o* **finishing,** *o* **home**) **s.**, la dirittura d'arrivo ***6*** (*mecc.*) stiratura: **s. forming**, formatura (*di elementi, di lamiera*) mediante stiratura; stiro-imbutitura ***7*** (*pop.*) detenzione; periodo di tempo passato in prigione ***8*** (*naut.*) bordata ***9*** (*ferr.*) tratta ***10*** (*di tessuto, ecc.*) elasticità. ● (*ind. tess.*) **s.-nylon**, filanca □ **a s. of the imagination**, uno sforzo d'immaginazione □ **at a s.**, di seguito; di fila: **to drive a car for five hours at a s.**, guidare l'automobile per cinque ore di seguito (*o* filate) □ **by a s. of language**, in senso lato □ **by no s. of the imagination**, neanche per sogno □ **to obtain st. by a s. of one's authority**, ottenere q.c. abusando della propria autorità □ **with every faculty on the s.**, con ogni facoltà tesa.

to **stretch** /strɛtʃ/, **A** *v. t.* ***1*** tendere; tirare; stirare; distendere; stendere; allargare; allungare (*tirando*): **to s. a wire across a yard**, tendere un filo metallico attraverso un cortile; **Don't s. the material or you'll rip it**, non tirare la stoffa se non vuoi lacerarla; **to s. a pair of trousers**, stirare (*o* tendere) un paio di calzoni (su uno stiracalzoni); **S. the carpet out to dry**, stendi il tappeto ad asciugare!; **to s. a pullover**, allargare un pullover (*tirandolo, per indossarlo*); **to s. one's neck**, allungare il collo ***2*** (*fig.*) forzare; sforzare; stiracchiare; fare uno strappo a; abusare di: **to s. the truth**, forzare la verità; svisare i fatti; **to s. an argument to its very limit**, sforzare un'argomentazione fino all'estremo; **to s. the law**, fare uno strappo alla legge; **to s. one's powers**, abusare del proprio potere; **to s. one's principles**, fare uno strappo ai propri principi ***3*** (*fam.*) gettare a terra; stendere: **to s. sb. on the floor**, stendere q. con un pugno ***4*** (*fam.*) far bastare: **to s. one's salary to meet expenses**, far bastare il proprio stipendio; riuscire a far fronte alle spese ***5*** (*pop. o arc.*) impiccare. **B** *v. i.* ***1*** stendersi; estendersi; spaziare; spiegarsi; (*di strada*) snodarsi: **The desert stretches as far as the Atlas Mountains**, il deserto si stende fino alle montagne dell'Atlante ***2*** durare (*nel tempo*); protrarsi ***3*** allargarsi, allungarsi, cedere (*sotto tensione*); venire (*fam.*): **Rubber will s. but wood won't**, la gomma si allunga ma il legno no; **These gloves won't s.**, questi guanti non vengono ***4*** (*anche, v. rifl.* **to stretch oneself**) stirarsi; stiracchiarsi: **He yawned and stretched** (**himself**), fece uno sbadiglio e si stirò. ● **to s. one's arms**, distendere le braccia; stirarsi □ (*fin.*) **to s. a budget**, stiracchiare un bilancio, fare bastare uno stanziamento □ **to s. one's credit**, abusare del credito di cui si gode □ (*fam.*) **to s. it a bit**, esagerare alquanto; fare la cosa più grande di quello che è □ (*anche fig.*) **to s. one's legs**, sgranchirsi le gambe □ (*med.*) **to s. a muscle**, prodursi uno strappo muscolare □ **to s. a point**, fare uno strappo alla regola; fare un'eccezione □ **I'm not stretched enough by my work**, il lavoro non m'impegna abbastanza.

♦ **stretch away**, *v. i.* + *avv.* (*del tempo e sim.*) estendersi; protrarsi; prolungarsi.

♦ **stretch forth**, (*arc.*) *V.* **stretch out, A**, *def. 2.*

♦ **stretch on**, *v. t.* + *avv.* prolungare, protrarre, tirare in lungo (*un progetto e sim.*).

♦ **stretch out**, **A** *v. t.* + *avv.* ***1*** tendere; tirare: **to s. out a rubber band**, tendere un nastro di elastico ***2*** tendere; stendere; allungare: **to s. out one's arm**, tendere un braccio; **to s. out one's hand**, stendere la mano (*per prendere q.c.*); **to s. out one's legs**, allungare le gambe ***3*** prolungare, tirare in lungo: **He tried to s. out the general meeting**, cercò di tirare per le lunghe l'assemblea generale ***4*** far bastare: **to s. out food supplies till the end of the winter**, far bastare le provviste di cibo sino alla fine dell'inverno. **B** *v. i.* + *avv.* ***1*** allungarsi; sporgersi ***2*** stirarsi; stiracchiarsi: **He got out of bed and stretched out**, s'alzò da letto e si stiracchiò ***3*** distendersi; stendersi: **to s. out in the sun**, stendersi al sole. **C** to **stretch oneself out**, *v. rifl.* allungarsi; stendersi; stiracchiarsi.

stretchability /strɛtʃəˈbɪlətɪ/, *n.* elasticità.

stretchable /ˈstrɛtʃəbl/, *a.* allungabile; estensibile; elastico.

stretched /strɛtʃt/, *a.* ***1*** disteso; sdraiato; lungo disteso ***2*** allungato: (*aeron.*) **s. fuselage**, fusoliera allungata ***3*** (*di un cavo, ecc.*) teso. ● (*geol.*) **s. pebbles**, ciottoli deformati.

stretcher /ˈstrɛtʃə(r)/, *n.* ***1*** chi tende, tira, stira, ecc. (*V.* **to stretch**) ***2*** barella; lettiga ***3*** dispositivo per allargare (*o* tendere); tenditore; stenditore; forma: **a glove s.**, un allargaguanti; **a shoe s.**, una forma per scarpe; un allungascarpe ***4*** (*edil.*) mattone per piano ***5*** (*naut.*) puntapiedi; pedagna ***6*** (*fam.*) balla (*fig.*); esagerazione; bugia. ● **s.-bearer,** (*med.*) barelliere; (*mil.*) portaferiti; portantino (*fam.*) □ (*mil.*) **s. party**, reparto di portaferiti □ **canvas s.**, telaio di quadro (*per tendere la tela*) □ (*mecc.*) **chain s.**, tendicatena.

stretchiness /ˈstretʃɪnəs/, *n.* ***1*** elasticità ***2*** deformabilità.

stretching /ˈstretʃɪŋ/, *n.* ***1*** stiramento; allargamento; allungamento ***2*** deformazione; tensione ***3*** (*mecc.*) stiratura. ● (*leg.*) **s. of one's power**, abuso di potere.

stretch-out /ˈstretʃaʊt/, *n.* (*econ., USA*) ***1*** intensificazione (*del lavoro, senza incentivi*) ***2*** diluimento, rallentamento (*della produzione, specialm. bellica*).

stretchy /ˈstretʃɪ/, *a.* ***1*** elastico ***2*** deformabile.

to **strew** /struː/ (*pass.* **strewed,** *p. p.* **strewn, strewed**), *v. t.* ***1*** spargere; sparpagliare; disseminare: **to s. the gravel**, spargere la ghiaia ***2*** cospargere; ricoprire; coprire: **The streets were strewn with flowers**, le strade erano ricoperte di fiori; **The floor was strewn with litter**, il pavimento era cosparso di rifiuti.

strewth /struːθ/, *V.* **struth**.

stria /ˈstraɪə/, *n.* (*pl.* **striae**) ***1*** (*scient.*) stria: **s. olfactoria**, stria olfattiva ***2*** (*archit.*) stria; scanalatura ***3*** (*med.*: *della pelle*) smagliatura.

striate /ˈstraɪət/, **striated** /straɪˈeɪtɪd, *USA* ˈst-/, *a.* (*scient.*) striato.

to **striate** /ˈstraɪeɪt/, *v. t.* striare.

striation /straɪˈeɪʃn/, **striature** /ˈstraɪətʃə(r)/, *n.* striatura.

stricken /ˈstrɪkən/, **A** *p. p. raro* di **to strike**. **B** *a.* ***1*** colpito; ferito: **s. with paralysis**, colpito dalla paralisi; **the s. buffalo**, il bufalo ferito ***2*** affranto; provato (*dal dolore, ecc.*); straziato: **a s. heart**, un cuore affranto (*o* straziato). ● **s. in years**, carico d'anni; debole e vecchio □ (*naut.*) **a s. ship**, una nave in disarmo □ (*med.*) **s. with polio**, colpito dalla poliomielite; poliomielitico □ **panic-s.**, atterrito; in preda al panico.

strickle /ˈstrɪkl/, *n.* ***1*** rasiera (*con cui togliere il colmo d'una misura di cereali*) ***2*** pietra per affilare ***3*** (*metall.*) sagoma.

strict /strɪkt/, *a.* ***1*** severo; rigoroso; rigido; austero: **a s. teacher**, un insegnante severo; **s. rules**, regole rigide; **s. discipline**, disciplina rigorosa; **s. morals**, morale austera ***2*** stretto; esatto; preciso: **in the s. sense of the word**, nel senso stretto della parola; (*mus.*) **s. time**, tempo esatto; **to give s. orders**, dare ordini precisi (*o* rigorosi, severi). ● (*leg.*) **a s. construction**, un'interpretazione restrittiva (*della legge*) □ (*leg.*) **s. law**, diritto positivo □ (*leg.*) **s. liability**, responsabilità assoluta; (*anche*) presunzione di colpa □ **the s. truth**, la pura verità □ **s. watch**, stretta sorveglianza □ **in s. confidence** (*o* **secret**), in confidenza; in gran segreto □ **to keep s. watch on sb.** [**st.**], far buona guardia a q. [a q.c.].

strictly /ˈstrɪktlɪ/, *avv.* ***1*** severamente; rigorosamente ***2*** esattamente; con gran precisione. ● **s. speaking**, in senso stretto; a rigor di termini.

strictness /ˈstrɪktnəs/, *n.* ***1*** severità; rigore; rigidezza; austerità ***2*** esattezza; precisione.

stricture /ˈstrɪktʃə(r)/, *n.* ***1*** (*med.*) restringimento; stenosi; strozzatura ***2*** (*spesso al pl.*) critica; censura; biasimo; stroncatura. ● **to pass strictures on sb.**, trovare da ridire su q.

stride /straɪd/, *n.* ***1*** passo lungo; buon passo; andatura: **to walk a vigorous s.**, camminare di buon passo; **to make great strides**, procedere di buona andatura (*o* a gran passi); (*fig.*) far notevoli progressi ***2*** posizione divaricata delle gambe. ● (*fig.*) **to get into one's s.**, trovare il ritmo giusto (*di lavoro, ecc.*) □ (*fig.*) **to take st. in one's s.**, fare q.c. con grande facilità; adattarsi facilmente a q.c. (*di difficile*) □ **with giant strides**, a passi di gigante.

to **stride** /straɪd/ (*pass.* **strode,** *p. p.*, **stridden,** *raro* **strid**), **A** *v. i.* ***1*** camminare a grandi passi ***2*** procedere a grandi passi: **The giant strode over mountains and plains**, il gigante scavalcò a grandi passi montagne e pianure. **B** *v. t.* ***1*** percorrere a gran passi: **They strode the streets**, percorrevano a gran passi le strade ***2*** scavalcare con un gran passo (*un ostacolo*) ***3*** (*arc. o poet.*) stare a cavalcioni di (q.c.). ● **to s. away**, andarsene a grandi passi □ **to s. into a room**, entrare in una stanza a grandi passi □ **to s. up to sb.**, accostarsi a q. camminando a grandi passi.

stridence /ˈstraɪdns/, **stridency** /ˈstraɪdnsɪ/, *n.* l'essere stridente (*o* stridulo).

strident /ˈstraɪdnt/, *a.* stridente; stridulo.

striding /ˈstraɪdɪŋ/, *n.* buona andatura; falcate (*pl.*). ● (*atletica*) **s. action**, falcata.

stridor /ˈstraɪdə(r)/, *n.* (*specialm. med.*) stridore (*respiratorio*).

stridulant /ˈstrɪdjʊlənt, *USA* -dʒʊ-/, *a.* ***1*** (*di certi insetti*) stridulante ***2*** stridulo; stridente. || **-ly**, *avv.*

to **stridulate** /ˈstrɪdjʊleɪt, *USA* -dʒʊ-/, *v. i.* (*di certi insetti*) stridulare.

stridulation /strɪdjʊˈleɪʃn, *USA* -dʒʊ-/, *n.* (*di certi insetti*) stridulazione.

stridulous /ˈstrɪdjʊləs, *USA* -dʒʊ-/, *a.* stridulo; stridente. || **-ly**, *avv.* || **-ness**, *sost.*

strife /straɪf/, *n.* ***1*** conflitto; contesa; lotta; lite; litigio: **family s.**, lite in famiglia ***2*** (*anche polit., sindacalismo*) conflittualità. ● **a s.-torn country**, un paese in preda alla guerra civile.

strigil /ˈstrɪdʒɪl, -əl/, *n.* (*archeol.*) strigile.

strigose /ˈstraɪgəʊs/, *a.* (*bot., zool.*) setoloso; ispido.

strike /straɪk/, *n.* ***1*** (*econ.*) sciopero: **to be on s.**, essere in sciopero; **to go on s.**, scendere in sciopero; scioperare; **general s.**, sciopero generale; **s. to the last**, sciopero a oltranza ***2*** rasiera (*per cereali*) ***3*** (*ind. min.*) scoperta di un giacimento (*minerario*); (*fig.*) colpo di fortuna, buon colpo (*anche in Borsa, ecc.*) ***4*** (*mil.*) attacco; (*specialm.*) attacco aereo, incursione ***5*** (*baseball, bowling*) strike ***6*** (*geol.*) direzione (*di uno strato, di una vena*). ● (*mil.*) **s. aircraft**, aereo da combattimento □ **all-out s.**, sciopero totale □ **s. ban**, proibizione di scioperare; precettazione □ **s. benefit,** *V.* **s. pay** □ **s. call**, proclamazione d'uno sciopero □ **s. epidemics**, conflittualità permanente □ (*geol.*) **s. fault**, faglia longitudinale □ (*mil.*) **s. force**, forza d'urto □ **s. pay**, sussidio (*pagato dai sindacati*) durante uno sciopero □ (*geol.*) **s.-slip fault**, faglia trascorrente □ (*fig.*) **a lucky s.**, un buon colpo, un colpo fortunato; una speculazione riuscita □ **a nationwide s.**, uno sciopero a carattere nazionale □ **stay-in s.**, sciopero con occupazione della fabbrica □ **sympathetic s.** (*o* **sympathy s.**), sciopero di solidarietà □ **wild-cat s.**, sciopero selvaggio □ (*pesca*) **I just got a s.**, un pesce ha abboccato all'amo (ma non l'ho preso).

to **strike** /straɪk/ (*pass.* **struck,** *p. p.* **struck,** *raro* **stricken**), **A** *v. t.* ***1*** battere; colpire; percuotere; picchiare; (*fig.*) impressionare: **to s. a nail with the hammer**, battere un chiodo col martello; **He struck his fist on the desk**, batté il pugno sulla scrivania; **He struck me on the mouth**, mi colpì sulla bocca; **The ox was struck by lightning**, il bue fu colpito dal fulmine; **His presence at the meeting struck me as strange**, la sua presenza alla riunione mi colpì come una cosa inusitata; **What struck me was the generosity of the offer**, ciò che mi colpì (*o* mi fece impressione) fu la generosità dell'offerta ***2*** assestare; appioppare: **I struck him a violent blow**, gli assestai (*o* diedi) un forte colpo ***3*** sbattere; urtare: **to s. one's foot against a stone**, sbattere un piede contro un sasso; inciampare in un sasso; **I struck my elbow against the table**, urtai la tavola col gomito ***4*** battere, suonare (*le ore*): **The tower clock was striking midnight**, l'orologio della torre batteva la mezzanotte ***5*** coniare; stampare; (*fin.*) battere: **to s. a new coin** [**a medal**], coniare una moneta nuova [una medaglia]; **The Royal Mint strikes coins**, la Zecca Reale batte moneta ***6*** accendere; strofinare; far sprizzare (*battendo o strofinando*): **to s. a match**, accendere (strofinare) un fiammifero; **to s. a light**, accendere una luce; far luce (*con una candela, lampada, ecc.*); **to s. fire out of flint**, accendere il fuoco battendo sulla pietra focaia ***7*** arrivare a; raggiungere: **I struck the highway late in the morning**, nel tardo mattino arrivai alla strada maestra ***8*** (*specialm. ind. min.*) imbattersi in; scoprire; trovare: **to s. a coal seam**, scoprire uno strato di carbone; **to s. gold** [**water**], trovare l'oro [l'acqua] ***9*** (*mil., naut.*) abbassare; ammainare: **to s. one's flag**, ammainare la bandiera; (*fig.*) arrendersi; **to s. sails**, ammainare le vele ***10*** abbattere; levare; togliere: **to s. the tents**, levar le tende ***11*** investire; urtare contro: **The car struck a lamppost**, l'automobile urtò contro un lampione; **The landing plane struck the tree-tops**, l'aereo in atterraggio urtò contro le cime degli alberi ***12*** configgere; conficcare; infiggere; piantare: **He struck a knife into the trunk of the tree**, piantò il coltello nel tronco dell'albero ***13*** venire in mente, passare per la testa a (q.): **A doubt struck me**, mi venne un dubbio; **Suddenly it struck me that he had left no message for me**, all'improvviso mi venne fatto di pensare che non aveva lasciato alcun messaggio per me ***14*** fare una certa impressione a (q.); sembrare, parere a (q.) (*impers.*): **The so-called «Metropolitan Indians» struck me as extremely funny**, i cosiddetti indiani metropolitani mi sembravano assai buffi; **How does that s. you?**, che impressione ti fa?; che ne pensi?; **How does my scheme s. you?**, che te ne pare del mio progetto? ***15*** pareggiare (*cereali, ecc.*) con la rasiera; rasierare ***16*** (*mus.*) toccare (*un tasto*); pizzicare (*una corda*) ***17*** (*pop. USA*) rivolgersi a (q.). **B** *v. i.* ***1*** assestar colpi; menar botte ***2*** (*mil.*) attaccare: **The enemy struck at dawn**, il nemico attaccò all'alba ***3*** batter le ore; suonare: **The clock is striking**, l'orologio batte l'ora; **Four o'clock had just struck**, erano appena suonate le quattro ***4*** colpire; cozzare; urtare; sbattere contro: **The ball struck against the wall**, la palla colpì il muro ***5*** (*di fiammiferi e sim.*) accendersi; prendere fuoco: **This match won't s.**, questo fiammifero non si accende ***6*** (*econ.*) scioperare: **to s. for higher wages**, scioperare per ottenere un aumento di salario ***7*** filtrare; infiltrarsi; penetrare; inoltrarsi: **A dim light struck through the mist**, una luce fioca filtrava fra la nebbia; **The chill struck through my flesh**, il freddo mi penetrava nella carne; **We struck into the forests of the interior**, ci inoltrammo nei boschi dell'interno ***8*** prendere (*una direzione*); dirigersi, volgere i passi; voltare; uscire: **to s. into a track**, prendere un sentiero; **to s. for the borderline**, dirigersi verso il confine; **Go straight on and then s. to the right**, va' dritto e poi volta a destra! ***9*** (*mil.*) ammainare la bandiera; (*fig.*) arrendersi ***10*** (*di pianta*) attecchire; metter radici ***11*** (*naut.*) andare in secco; incagliarsi ***12*** (*sport*) dare una bracciata (*o* un colpo di gambe; *nuotando*) ***13*** (*canottaggio*) fare (*un certo numero di battute*) al minuto ***14*** (*geol.*) essere orientato verso. ● **to s. an attitude** [**a pose**], darsi un atteggiamento [assumere una posa] □ **to s. an average**, fare una media □ (*rag.*) **to s. a balance,** (*rag.*) fare il bilancio, far quadrare i conti; (*fig.*) raggiungere un accordo, fare un compromesso □ (*tennis*) **to s. the ball out of the court**, lanciare la palla fuori campo □ **to s. a bargain**, concludere un affare; fare un buon affare □ **to s. sb. blind**, accecare q. (*con un colpo o fig.*) □ (*fig.*) **to s.** (**a blow**) **for freedom**, combattere (una battaglia) per la libertà; battersi per la libertà □ (*naut.*) **to s. the bottom**, arenarsi; incagliarsi □ (*mil., ecc.*) **to s. camp**, levare il campo □ (*agric.*) **to s. a cutting**, piantare una talea □ **to s. sb. dead**, fulminare q. □ **to s. sb. deaf**, assordare q. (*con un colpo o di colpo*) □ (*sport*) **to s. a fish**, dare uno strappo alla lenza perché l'amo faccia presa nel pesce □ **to s. sb. for his autograph**, chiedere un autografo a q. □ **to s. st. from sb.'s hand**, far saltar q.c. di mano a q. (con un sol colpo); strappare q.c. a q. □ **to s. one's hand on the table**, battere il pugno sulla tavola □ (*fig.*) **to s. it rich**, arricchire di colpo; trovare l'America (*fig.*) □ (*leg.*) **to s. a jury**, formare una giuria (*cancellando nomi, ecc.*) □ (*fig.*) **to s. a note of caution**, far squillare il campanello d'allarme □ **to s. oil**, trovare il petrolio; (*fig.*) arricchire di colpo, trovare l'America □ (*anche fig.*) **to s. the right track**, trovare la pista buona (*o* la strada giusta) □ (*bot.*) **to s. root**, attecchire; metter radici □ (*naut.*) **to s. soundings**, fare degli scandagli □ (*mus.*) **to s. a tone**, far vibrare una nota □ (*fig.*) **to s. a warning note**, far squillare il campanello d'allarme □ (*nei combattimenti all'arma bianca*) **to s. a weapon aside**, deviare un'arma con un colpo □ (*pesca*) **to s. a whale**, colpire (*o* arpionare) una balena □ **to be stricken with fever**, esser colto dalla febbre □ **to be stricken with paralysis**, esser colpito da paralisi □ (*fam.*) **to be struck all of a heap**, rimanere sbigottito; restar di sale □ **to be struck dumb**, ammutolire; restare senza parola □ (*fam.*) **to be struck on sb.**, essere (innamorato) cotto di q. □ (*fig.*) **to be struck with**, esser colpito da; ricevere una forte impressione da □ **to be struck with dizziness**, avere un improvviso capogiro □ **The light struck (upon) the door**, la luce cadde sulla porta □ **The wind struck cold**, tirava un vento freddo e tagliente □ (*anche fig.*) **The hour has struck**, l'ora è suonata □ (*pop.*) **S. me dead!**, peste mi colga; mi venga un accidente! possa morire (*se non è vero, ecc.*) □ (*prov.*) **S. while the iron is hot**, bisogna battere il ferro finché è caldo.

♦**strike at**, *v. i.* + *avv.* ***1*** fare l'atto di colpire; tentare di colpire: **I struck at the ball but missed it**, tentai di colpire la palla ma la mancai ***2*** (*fig.*) colpire; attaccare; danneggiare: **The terrorists are striking at the national government**, i terroristi colpiscono il governo nazionale ***3*** (*fig.*) criticare; attaccare □ (*fig.*) **to s. at the heart of the State**, colpire lo Stato al cuore.

♦**strike back**, **A** *v. i.* + *avv.* restituire un colpo; ribattere colpo su colpo (*anche fig.*); replicare alle critiche. **B** *v. t.* + *avv.* restituire un colpo a (q.); colpire (q.) di rimando □ **to s. back at**, colpire alla propria volta: **Yesterday our light bombers struck back at the enemy defences**, ieri i nostri bombardieri leggeri hanno risposto agli attacchi del nemico bombardando le sue linee difensive.

♦**strike down**, *v. t.* + *avv.* ***1*** abbattere; mettere a terra; atterrare (*con un pugno, ecc.*) ***2*** (*autom.*) gettare a terra; investire: **He was struck down by a lorry**, fu investito da un camion ***3*** (*fig.*) colpire: **He was struck down by a heart attack**, fu colpito da un attacco cardiaco ***4*** (*fig.*) uccidere; falciare (*fig.*): **He was struck down in his prime**, fu falciato nel fiore degli anni.

♦**strike home**, *v. i.* + *avv.* ***1*** (*di un colpo e fig.*) andare a segno ***2*** (*fig.*: *di un consiglio, ecc.*) essere recepito (capito, inteso, ecc.).

♦**strike in**, *v. i.* + *avv.* intervenire; interloquire; interrompere: **He struck in with the proposal that the meeting should be adjourned**, interloquì per proporre il rinvio della riunione.

♦**strike into**, **A** *v. i.* + *prep.* intervenire, interporsi, immischiarsi in: **to s. into the married couple's quarrel unasked**, intervenire nella lite dei due sposi senza esserne richiesto. **B** *v. t.* + *prep.* ***1*** conficcare, configgere, infiggere, piantare in: **to s. a knife into sb.'s chest**, piantare un coltello in petto a q. ***2*** (*bot.*) mettere (*radici*) in: **The cutling has struck roots into the soil**, la talea di geranio ha messo radici nel terriccio ***3*** (*fig.*) infondere, incutere in: **to s. fear [terror] into sb.**, incutere paura [terrore] a q. □ **to s. alarm into sb.**, allarmare q. □ **to s. into a gallop**, mettersi al galoppo.

♦**strike off**, **A** *v. t.* + *avv.* ***1*** mozzare; tagliare con un colpo; recidere: **S. off his head!**, mozzategli il capo!; tagliategli la testa!; **to s. off flowers**, recidere fiori ***2*** cancellare (*con un frego, ecc.*): **S. off his name!**, cancellalo dalla lista!; **S. off the last word!**, tira un frego sull'ultima parola! ***3*** (*tipogr.*) tirare, stampare (*un certo numero di copie*) ***4*** espellere; estromettere; radiare: **He was struck off for immoral conduct**, è stato radiato per immoralità ***5*** escludere (*da un'eredità, ecc.*) ***6*** (*fam.*) scrivere con facilità; buttare giù (*fig.*) ***7*** segnare (*un numero*: *su una cartella della tombola*). **B** *v. t.* + *prep.* depennare, radiare da: **The ship has been struck off the Lloyd's Register**, la nave è stata radiata dal Registro dei Lloyd's. **C** *v. i.* + *avv.* partire; andarsene; prendere una scorciatoia; tagliare: **We struck off through the woods**, tagliammo per i boschi.

♦**strike on**, **A** *v. t.* + *prep.* ***1*** battere, colpire su (*o* in): **to s. sb. on the head**, colpire q. sulla testa; **to s. sb. on the face**, dare un colpo in faccia a q. ***2*** battere, sbattere (*la testa, ecc.*) su (*o* contro). **B** *v. i.* + *prep.* ***1*** battere su: **The sun was striking on the lake**, il sole batteva sul lago ***2*** sbattere su (*o* contro); urtare: **Our ship struck on the rocks**, la nostra nave urtò gli scogli ***3*** (*fam.*) trovare, scoprire: **At last Jack struck on a silver mine**, alla fine Jack scoprì una miniera d'argento □ **to s. on a plan**, escogitare un piano.

♦**strike out**, **A** *v. t.* + *avv.* ***1*** cancellare; fare una croce su; eliminare: **S. out the last sentence!**, cancellate l'ultima frase! ***2*** (*raro*) architettare, escogitare (*un piano, ecc.*) ***3*** (*baseball*) mettere fuori gioco, eliminare (*uno o più avversari*). **B** *v. i.* + *avv.* ***1*** menare colpi; tirare pugni; colpire ***2*** farsi strada, dirigersi risolutamente; partire: **We struck out at dawn**, partimmo all'alba; **The survivors struck out for the lifeboats**, i superstiti si misero a nuotare a tutta forza verso le lance di salvataggio ***3*** (*fam.*) cominciare un'attività: **He left the firm and struck out on his own**, lasciò la ditta e si mise in affari per conto suo ***4*** (*fam. specialm. USA*) fare fiasco; fallire ***5*** (*baseball*) essere eliminato; uscire di campo □ **to s. out across the fields**, tagliare per i campi □ **to s. out at sb.**, dare un sacco di botte a q. □ **to s. out at random**, dare colpi a casaccio; colpire alla cieca □ **to s. out of the beaten track**, lasciare il sentiero battuto; uscire di strada (*a piedi*).

♦**strike over**, *v. t.* + *avv.* ribattere (*lettere, parole*) a macchina.

♦**strike through**, *v. t.* + *avv.* ***1*** tirare un frego su; cancellare ***2*** fendere; tagliare: **A dim light struck through the mist**, una luce fioca fendeva la nebbia.

♦**strike up**, **A** *v. t.* + *avv.* attaccare (*a parlare, a suonare, ecc.*); cominciare; fare: **The band struck up a waltz**, la banda attaccò un valzer; **to s. up a conversation with sb.**, attaccare discorso con q.; **to s. up a friendship**, fare amicizia. **B** *v. i.* + *avv.* cominciare a suonare; attaccare: **Then the band struck up**, poi la banda attaccò a suonare □ **S. up the band!**, attacca banda!; taca banda! (*dial.*).

♦**strike upon**, *V.* **strike on**.

strikebound /ˈstraɪkbaʊnd/, *a.* (*di stabilimento, ecc.*) fermo per sciopero; bloccato dallo sciopero.

strikebreaker /ˈstraɪkbreɪkə(r)/, *n.* crumiro.

strikebreaking /ˈstraɪkbreɪkɪŋ/, *n.* crumiraggio.

striker /ˈstraɪkə(r)/, *n.* ***1*** scioperante ***2*** (*d'arma da fuoco*) percussore ***3*** (*di campana*) battaglio; batacchio ***4*** (*sport*) battitore; (*calcio*) attaccante, punta, bomber ***5*** orologio a suoneria.

striking /ˈstraɪkɪŋ/, *a.* ***1*** impressionante; sorprendente; singolare; sensazionale; straordinario ***2*** bello; che fa colpo: **a s. woman**, una donna bella, che fa colpo. ● (*hockey*) **s. circle**, cerchio di tiro a rete □ **s. clock**, orologio a suoneria □ **s. contrast**, contrasto stridente □ **s. hammer**, mazza battente □ **a s. idea**, un'idea brillante □ (*elettr.*) **s. potential**, potenziale d'innesco □ **within s. distance of**, a due passi da (*anche fig.*).

strikingly /ˈstraɪkɪŋlɪ/, *avv.* sorprendentemente; in modo stupefacente; singolarmente; straordinariamente.

strikingness /ˈstraɪkɪŋnəs/, *n.* l'esser sorprendente; singolarità; straordinarietà.

Strine /straɪn/, (*pop.*) **A** *n.* inglese parlato in Australia. **B** *a.* australiano.

string /strɪŋ/, *n.* ***1*** cordellina; stringa; cordoncino; spago; laccetto; legaccio: **shoestrings**, stringhe per scarpe; **a ball of s.**, un gomitolo di spago; **the strings of a nightcap**, i cordoncini d'una cuffia da notte; **the apron strings**, i legacci del grembiule ***2*** filza; resta (*di cipolle, ecc.*); filo (*di perle, ecc.*); catena (*fig.*) ***3*** (*fig.*) fila; sfilza; filza; sequela; serie: **a s. of pearls**, un filo di perle; **a s. of oaths [lies]**, una filza d'imprecazioni [di menzogne]; **a s. of houses [cars]**, una fila di case [d'automobili]; **a long s. of failures**, una lunga sequela di fallimenti; **a s. of accidents**, una catena d'incidenti ***4*** (*mus.*) corda: **the strings of a violin**, le corde d'un violino ***5*** (*pl.*) (*mus.*) strumenti a corda; archi ***6*** filo: **nylon s.**, filo di nailon; **to work puppets by strings**, tirare i fili delle marionette ***7*** (*econ.*) catena (*di negozi, ecc.*) **a s. of newspapers**, una catena di giornali; **a s. of motels**, una catena di motel ***8*** (*elab.*) stringa; sequenza ***9*** (*ling.*) sequenza ***10*** (*geol.*) vena filiforme ***11*** (*pl.*) (*leg., USA*) condizioni accessorie; clausole restrittive ***12*** (*ippica*) (cavalli da corsa d'una) scuderia ***13*** (*sport*) scuderia (*di atleti, ecc.*) ***14*** (*biliardo*) tavoletta per segnare i punti (*fatta a mo' di pallottoliere*); punti segnati; tiro per stabilire l'ordine di gioco ***15*** (*archit., edil.*) *V.* **s. course** ***16*** (*arc.*) tèndine; nervo. ● **s. alphabet**, alfabeto per ciechi □ (*ling.*) **s. analysis**, analisi in catena □ **s. bag**, borsa a rete □ (*mus.*) **s. band**, orchestrina d'archi □ (*USA*) **s. bean**, fagiolino (verde); (*fig.*) ragazzo esile, stecco (*fig.*) □ (*giorn.*) **s. correspondent**, corrispondente pagato a un tanto la riga □ (*archit., edil.*) **s. course**, marcapiano □ **a s. of beads**, una collana; (*relig.*) un rosario □ **s. orchestra**, orchestra d'archi (*o* di strumenti a corda) □ (*fig.*) **s. pulling**, manovre, maneggi, intrallazzi (*pl.*) □ (*mus.*) **s. quartet**, quartetto d'archi □ (*fig.*) **to harp on one s.** (*o* **on the same s.**), insistere sullo stesso argomento; toccare sempre lo stesso tasto □ (*fig.*) **to have sb. on a s.**, tirare q. per i fili (*come un burattino*); tenere q. in pugno □ (*fig.*) **to have two strings** (*o* **a second s.**) **to one's bow**, aver due (*più spesso*: molte) corde al proprio arco □ (*fam.*) **no strings attached**, senza restrizioni, senza condizioni (*spesso rif. a offerta d'aiuto finanziario*) □ (*fig.*) **to play second s.**, avere una parte in sottordine □ (*fig.*) **to pull (a few) strings**, manovrare; brigare; darsi da fare, lavorare nell'ombra □ **to pull the strings**, (*del burattinaio*) tirare i fili (*stando nascosto, dietro le quinte*); (*fig.*) tirare le fila, manovrare dietro le quinte □ (*fig.*) **to be tied to one's mother's apron-strings**, essere attaccato alle gonne della mamma □ (*fig.*) **to touch a s.**, toccare un tasto; far vibrare una corda del cuore □ (*mus.*) **to touch the strings**, toccare le corde (*d'uno strumento*); suonare.

to **string** /strɪŋ/ (*pass.* e *p. p.* **strung**), **A** *v. t.* ***1*** legare con spago ***2*** mettere la corda (*o* le corde) a; fornire di corda: **to s. a bow**, fornire un arco di corda; (*anche*) tendere un arco; **to s. a tennis racket**, mettere le corde a una racchetta da tennis ***3*** infilare; infilzare: **to s. beads**, infilzare perline ***4*** togliere il filo a (*fagiolini verdi, ecc.*) ***5*** tendere; appendere; attaccare; posare: **to s. Chinese lanterns across the lawn**, appendere palloncini colorati attraverso il prato; **to s. cables**, posar cavi ***6*** collegare, connettere, mettere insieme (*parole, ecc.*) ***7*** (*mus.*) incordare (*uno strumento*): **to s. a violin**, incordare un violino ***8*** (*pop. USA*) prendere (q.) in giro; prendere per i fondelli (*pop.*). **B** *v. i.* ***1*** diventare filamentoso, fibroso; viscoso ***2*** (*biliardo*) tirare per stabilire l'ordine di gioco.

♦**string along**, **A** *v. i. + avv.* ***1*** aggregarsi; unirsi: **to s. along with sb.**, aggregarsi a q. ***2*** (*autom.*) accodarsi: **to s. along with another car**, accodarsi a (*o* seguire) un'altra macchina ***3*** (*fig.*) fingere d'essere accordo; accodarsi (*fig.*). **B** *v. t. + avv.* tenere (q.) sulla corda; menare (q.) per il naso.

♦**string out**, **A** *v. i. + avv.* mettersi (*o* disporsi) in fila; andare in fila (*lungo un sentiero, ecc.*). **B** *v. t. + avv.* ***1*** disporre (*o* mettere) in fila; far procedere (*soldati, bestie, ecc.*) in fila ***2*** appendere, attaccare al filo (*fazzoletti ad asciugare, ecc.*) □ (*fam.*) **to be strung out**, essersi fatto; essere sotto l'effetto della droga: **to be strung out on heroine**, essere sotto l'effetto dell'eroina.

♦**string together**, *v. t. + avv.* ***1*** infilare, infilzare (*perline, grani, ecc.*) ***2*** mettere insieme, attaccare, fare una sfilza di (*parole, ecc.*).

♦**string up**, *v. t. + avv.* ***1*** appendere, attaccare (in alto): **to s. up the Christmas decorations on the tree**, attaccare all'albero le decorazioni natalizie ***2*** (*fam.*) impiccare: **S. him up!**, impiccatelo! ***3*** (*di solito al passivo*) rendere teso (*o* agitato, inquieto): **He's clever boy, but he's always so strung up**, è un bravo ragazzo, ma è sempre così teso! □ **to get strung up before an exam**, diventare teso (*o* emozionarsi) prima di un esame.

stringboard /'strɪŋbɔːd/, *n.* ***1*** (*edil.*) bordo coprigradino; zoccolo (*di scala*) ***2*** staggio (*di scala a pioli*).

stringed /strɪŋd/, *a.* (*mus.*) a corda: **s. instruments**, strumenti a corda; archi. ● **s. music**, musica di strumenti a corda.

stringency /'strɪndʒənsɪ/, *n.* ***1*** severità; rigore ***2*** urgenza; impellenza ***3*** (*fin.*) penuria; scarsità: **s. of money**, penuria di denaro; scarsità di circolante ***4*** difficoltà; ristrettezza: (*fin.*) **cash s.**, difficoltà di cassa; mancanza di contante ***5*** (*raro*) forza di persuasione (*di un oratore, ecc.*).

stringent /'strɪndʒənt/, *a.* ***1*** severo; rigido; rigoroso: **s. laws**, leggi severe; disposizioni rigide; **Monetary policy is more s. now**, adesso la politica monetaria è più rigorosa ***2*** urgente; impellente ***3*** (*fin.*: *di mercato, ecc.*) difficile, sostenuto (*per scarsità di denaro*) ***4*** (*raro*: *di oratore, ecc.*) convincente; persuasivo. || **-ly**, *avv.*

stringer /'strɪŋə(r)/, *n.* ***1*** chi mette le corde (*a uno strumento musicale*); chi infila perle, ecc. (*V.* **to string**) ***2*** (*edil.*) traversa orizzontale di legno; corrente orizzontale; longherina ***3*** (*ferr.*) traversina; longherina ***4*** (*costr. navali*) corrente; trincarino ***5*** (*edil.*) *V.* **stringboard**, *def. 1* ***6*** (*ind. min.*) vena filiforme ***7*** (*metall.*) venatura ***8*** *V.* **string correspondent**.

stringiness /'strɪŋɪnəs/, *n.* ***1*** fibrosità ***2*** viscosità.

stringy /'strɪŋɪ/, *a.* ***1*** fibroso; filamentoso; filaccioso (*raro*): **s. meat**, carne fibrosa ***2*** viscoso: **s. molasses**, melassa viscosa ***3*** (*di muscolo*) allungato e floscio ***4*** (*di capelli*) lunghi e radi. ● (*bot.*) **s.-bark**, tipo di eucalipto australiano con corteccia filamentosa.

strip /strɪp/, *n.* ***1*** striscia; lista di carta; pezzetto di terreno: **a s. of paper [of cloth, of land]**, una striscia di carta [di stoffa, di terra]; (*geogr.*) **Gaza S.**, la Striscia di Gaza ***2*** listello (*di legno*); assicella ***3*** (*mecc.*) reggetta; nastro ***4*** (= **airstrip**) pista d'atterraggio ***5*** (= **comic s.**) strip; striscia (di fumetti); fumetto ***6*** (*fam.*) strip; spogliarello: **full s.**, strip integrale; **part s.**, strip parziale; **to do a s.**, fare uno spogliarello ***7*** (*sport*) maglietta, divisa, colori (*di una squadra di calcio, ecc.*) ***8*** (*Borsa*) *V.* **strap** ***9*** (*elab.*) striscia; banda ***10*** (*pop. USA*) – **the S.**, il corso, la via principale (*di una città*); (*specialm.*) la strada dei casinò (*a Las Vegas*). ● **s. artist**, spogliarellista □ **s. cartoons**, fumetti; strisce □ **s. club**, night con spogliarello □ (*agric.*) **s. cropping**, coltivazione a terrazze □ (*USA*) **s. joint**, night con spogliarello □ **s. lighting**, illuminazione con tubi fluorescenti □ (*aeron.*) **s. lights**, luci di pista d'atterraggio □ (*ind. min.*) **s. mining**, coltivazione a cielo aperto previo sbancamento □ **s. poker**, poker in cui chi perde si toglie un capo di vestiario □ **s. show**, spogliarello □ **comic strips**, *V.* **s. cartoons** □ (*mil.*) **loading s.**, nastro; caricatore a nastro.

to **strip** /strɪp/, **A** *v. t.* ***1*** strappare; togliere: **He stripped the clothes from** (*o* **off**) **his body**, si tolse i vestiti di dosso; si spogliò; **I stripped the shirt from my back**, mi strappai la camicia di dosso; **to s. paper off a wall**, strappare la carta (da parati) da una parete ***2*** denudare; svestire; spogliare (*anche fig.*); privare, derubare: **They stripped him to the skin**, lo denudarono; **to s. sb. of all his property**, spogliare q. d'ogni suo avere ***3*** sbucciare; scartocciare; pelare: **to s. a banana**, sbucciare una banana; **to s. a chicken (of its feathers)**, pelare un pollo ***4*** vuotare (*un contenitore*); (*edil.*) svuotare (*un edificio*) ***5*** (*mil.*) degradare ***6*** (*mecc., mil.*) smontare: **to s. a motor [a rifle]**, smontare un motore [un fucile] ***7*** (*mecc., mil., naut.*) smantellare; disarmare: **to s. a gun [a ship]**, smantellare un cannone [disarmare una nave] ***8*** sfrondare, scortecciare (*un albero*) ***9*** (*elettr.*) spelare (*un filo elettrico*) ***10*** (*mecc.*) spanare (*una vite*) ***11*** (*ind. min.*) sbancare ***12*** (*metall.*) degalvanizzare elettroliticamente. **B** *v. i.* (*anche* **to s. down, to s. off**) ***1*** spogliarsi; svestirsi; denudarsi ***2*** (*mecc.*: *d'una vite*) spanarsi ***3*** fare lo spogliarello; fare la spogliarellista. ● **to s. the bark from a tree**, scortecciare un albero □ **to s. a bed**, disfare un letto □ **to s. a door**, sverniciare una porta □ **to s. a house of all its valuables**, svuotare una casa di tutte le cose di valore che vi sono □ **to s. to one's bathing suit**, mettersi in costume da bagno □ **to s. tobacco**, togliere il gambo alle foglie del tabacco □ **to s. a wall**, staccare la carta da parati da un muro □ **The locusts stripped the fields**, le locuste lasciarono i campi spogli di vegetazione □ **Was your motorbike stolen or stripped?**, t'hanno rubato la moto o soltanto gli accessori?

♦**strip away**, *v. t. + avv.* ***1*** togliere via, staccare, distaccare (*vernice, un dipinto, ecc.*) ***2*** (*fig.*) eliminare; grattare via, raschiare: **If you s. away his pretended friendliness, you'll realize he's a bully**, se gratti via la sua finta cordialità, ti accorgerai che è un prepotente.

♦**strip down**, **A** *v. i. + avv.* spogliarsi; svestirsi; denudarsi: **to s. down to one's pants**, spogliarsi rimanendo in mutande. **B** *v. t. + avv.* ***1*** denudare; spogliare; svestire ***2*** (*autom., mecc.*) smontare (*un motore, una macchina*) ***3*** (*ind.*) semplificare (*un modello*) ***4*** (*fam.*) rimproverare; sgridare.

♦**strip off**, **A** *v. t. + avv.* ***1*** sbucciare; togliere, cavare (*la buccia, la vernice, ecc.*) ***2*** *V.* **strip down, B**, *def 1* e **strip away**, *def. 2*. **B** *v. i. + avv.* *V.* **strip down, A**. **C** *v. t. + prep.* *V.* **to strip, A**, *def 1*.

stripe /straɪp/, *n.* ***1*** striscia; riga; stria; lista; banda: **red with black stripes**, rosso con bande nere ***2*** (*mil.*) gallone: **corporal's stripes**, i galloni da caporale; **to get one's stripes**, guadagnarsi i galloni; essere promosso; **to lose one's stripes**, perdere i galloni; essere degradato ***3*** (*fam.*) genere; tipo; specie: **people of every s.**, persone d'ogni genere ***4*** (*pl.*) divisa a strisce dei carcerati: (*pop.*) **to wear the stripes**, vedere il sole a scacchi; essere in galera ***5*** (*pl.*) (*fam.*) tigre ***6*** (*un tempo*) frustata; scudisciata (*come punizione*): **twenty stripes on the back**, venti frustate sulla schiena.

to **stripe** /straɪp/, *v. t.* listare; rigare; striare.

striped /straɪpt/, *a.* ***1*** rigato; listato; a strisce: **a s. tie**, una cravatta a strisce; **s. trousers**, pantaloni a righe ***2*** (*mil.*) gallonato. ● (*zool.*) **s. drum**, *V. sotto* **drum** (1) □ (*anat.*) **s. muscle**, muscolo striato.

striper /'straɪpə(r)/, *n.* (*gergo mil., specialm. naut.*) ufficiale. ● **a three-s.**, un ufficiale con tre galloni; un tenente di vascello.

striping /'straɪpɪŋ/, *n.* il fare a strisce; rigatura.

stripling /'strɪplɪŋ/, *n.* adolescente; giovinetto; ragazzo.

stripped /strɪpt/, *a.* spogliato; svestito; nudo. ● **s.-down**, spogliato, svestito; (*mecc.*) smontato; smantellato; (*naut.*) in disarmo; (*ind.*) semplificato, di base: **a s.-down model**, un modello semplificato (*o* di base).

stripper /'strɪpə(r)/, *n.* ***1*** chi spoglia, sveste, sfronda, ecc. (*V.* **to strip**) ***2*** spogliarellista ***3*** sverniciatore ***4*** (*mecc., chim.*) estrattore ***5*** (*elettr.*) spelafili (*strumento*) ***6*** (*pop. USA*) svaligiatore; ladro. ● (*metall.*) **s. punch**, estrattore □ **paint s.**, diluente (*per togliere la vernice*).

strippergram /'strɪpəgræm/, *n.* (*in G.B.*) servizio d'invio di auguri in cui il fattorino (*uomo o donna*) ha il compito di fare uno spogliarello al cospetto del destinatario.

stripping /'strɪpɪŋ/, *n.* ***1*** spogliamento; spogliazione ***2*** (*mecc.*) smontaggio ***3*** (*mecc., mil.*) smantellamento ***4*** (*ind. min.*) sbancamento ***5*** (*tecn.*) sverniciatura: **door s.**, sverniciatura delle porte ***6*** (*ind. petrolifera*) stripping; strippaggio; distillazione frazionata in corrente di vapore ***7*** (*fin.*) *V.* **asset s.** e **dividend s.** (*sotto* **asset** e **dividend**) ***8*** (*metall.*) degalvanizzazione elettrolitica. ● (*ind. tess.*) **s. agent**, decolorante □ (*ind. min.*) **s. shovel**, escavatore per sbancamento.

to **strip-search** /'strɪpsɜːtʃ/, *v. t.* perquisire a fondo (*denudando il perquisito*).

strip-searching /'strɪpsɜːtʃɪŋ/, *n.* perquisizione integrale.

striptease /'strɪptiːz/, *n.* spogliarello. ● **s. artist**, spogliarellista.

to **striptease** /'strɪptiːz/, *v. i.* fare lo spogliarello.

stripteaser /'strɪptiːzə(r)/, *n.* spogliarellista.

stripy /'straɪpɪ/, *a.* rigato; listato; a strisce; zebrato.

to **strive** /straɪv/ (*pass.* **strove**, *p. p.* **striven**), *v. i.* ***1*** sforzarsi; fare sforzi; ingegnarsi: **They strove hard to win**, fecero ogni sforzo per vincere ***2*** battersi; lottare; combattere: **That people is striving against tyranny**, quel popolo è in lotta contro la tirannide. ● **to s. after an end**, cercar di conseguire uno scopo □ **to s. for st.**, sforzarsi d'ottenere q.c. □ **to s. over st.**, disputare, litigare per q.c. □ (*arc.*) **to s. with sb.**, battersi (*con le armi*) con q.

striver /'straɪvə(r)/, *n.* ***1*** chi si sforza, chi s'ingegna (*di fare q.c.*) ***2*** persona attiva, energica; lottatore (*fig.*).

striving /'straɪvɪŋ/, **A** *a.* che si sforza; che lotta, che si batte: **s. hard to succeed**, che fa ogni sforzo per riuscire. **B** *n.* ***1*** sforzo; sforzi ***2*** contesa; lotta; gara: **s. for promotion**, gara per essere promosso.

strobe /strəʊb/, *n.* ***1*** (*elettron.*) impulso (*o* traccia) di riferimento ***2*** (*abbr. fam. di* **stroboscope**) stroboscopio. ● **s. circuit**, circuito generatore d'impulsi □ **s. light**, luce intermittente; lampeggio.

strobile /'strəʊbaɪl, *USA* -bl/, *n.* (*bot., zool.*) strobilo.

stroboscope /'strəʊbəskəʊp/, *n.* (*scient.*) stroboscopio.

stroboscopic(al) /strəʊbə'skɒpɪk(l)/, *a.* (*scient.*) stroboscopico.

stroboscopy /strəʊ'bɒskəpɪ/, *n.* (*scient.*) stroboscopia.

strode /strəʊd/, *pass. di* **to stride**.

stroke (1) /strəʊk/, *n.* ***1*** colpo (*anche fig.*);

botta; percossa; (*med.*) colpo apoplettico: **with a s. of (its) wing**, con un colpo d'ala; **the s. of a hammer**, un colpo di martello; **strokes of the birch**, colpi di verga; vergate; **sword s.**, colpo di spada; (*pitt.*) **a s. of the brush**, un colpo di pennello; **s. of luck**, colpo di fortuna; (*naut., sport*) **s. of oar**, colpo di remo; battuta ***2*** (*nuoto*) battuta, bracciata; (*anche*) stile: **to swim with quick strokes**, nuotare a bracciate veloci ***3*** tratto (*di penna, ecc.*); asta (*di scrittura*); battuta (*dattilografica*); pennellata: **with a s. of the pen**, con un tratto di penna; **thin strokes**, aste sottili; **He dashed off the portrait with a few strokes**, buttò giù il ritratto con poche pennellate; **strokes per minute**, battute (*dattilografiche*) al minuto ***4*** rintocco, tocco, il battere (*dell'orologio*): **He arrived on the s. of midnight**, arrivò al batter della mezzanotte; **It's on the s. of five**, stanno per battere le cinque ***5*** (*fisiol.*) battito (*del cuore*); pulsazione ***6*** (*mecc.*) corsa (*dello stantuffo*); tempo (*di motore*): **a four-s. engine**, un motore a quattro tempi; **s.-bore ratio**, rapporto corsa-alesaggio ***7*** (*naut.*) vogata; battuta (*di remo*) ***8*** (*sport*) capovoga ***9*** (*fig.*) quantità soddisfacente; (un) po' di: **He hasn't done a s. of work up to now**, finora non ha fatto neanche un po' di lavoro. ● (*sport*) **s. oar**, primo rematore, capovoga □ **a s. of genius**, un'idea geniale; un lampo di genio □ **a s. of lightning** (*o* **a lightning s.**), un fulmine □ **a s. of wit**, una battuta spiritosa □ **at a s.**, d'un tratto; di botto □ (*mecc.*) **backward s.**, corsa di ritorno □ **finishing s.**, (*stor.*) colpo di grazia; (*pitt.* e *fig.*) ultimo tocco, ritocchi finali □ **a good s. of business**, un buon affare; un affarone; un bel colpo □ (*naut.*) **to keep s.**, vogare in cadenza; tenere il tempo □ **master s.**, colpo maestro; colpo da maestro □ (*fig. fam.*) **to be off one's s.**, essere giù di forma □ **on the s.**, puntualmente; in perfetto orario □ (*fam.*) **to pull strokes**, fare brutti tiri; fare levate di capo; fare scherzi da prete (*fam.*) □ (*mecc.*) **working s.**, corsa utile □ (*prov.*) **Little strokes fell great oaks**, la goccia scava la pietra.

stroke (**2**) /strəʊk/, *n.* carezza; lisciata; lisciatina.

to **stroke** (**1**) /strəʊk/, **A** *v. i.* (*naut., sport*) remare; vogare: **The crew was stroking at 30**, l'equipaggio vogava a trenta battute al minuto. **B** *v. t.* (*naut., sport*) fare da capovoga per (*un'imbarcazione, un equipaggio*).

to **stroke** (**2**) /strəʊk/, *v. t.* ***1*** lisciare; accarezzare; passare la mano su: **The girl was stroking the cat**, la ragazza accarezzava il gatto ***2*** (*sport*) accompagnare (*la palla, il pallone: in rete, ecc.*) ***3*** (*fam. USA*) adulare; lusingare. ● (*fig.*) **to s. sb. down**, lisciare q.; cercare di rabbonire q. □ (*fig.*) **to s. sb. the wrong way**, prendere q. per il verso sbagliato.

stroking /ˈstrəʊkɪŋ/, *n.* ***1*** carezza; lisciata ***2*** (*mecc.*) movimento (*dello stantuffo*); funzionamento (*di motore*): **four-s.**, funzionamento a quattro tempi.

stroll /strəʊl/, *n.* giro; giretto; passeggiatina: **to go for a s.** (*o* **to take a s.**), andare a fare una passeggiatina; fare quattro passi.

to **stroll** /strəʊl/, **A** *v. i.* andare a zonzo; passeggiare; girellare; gironzolare; bighellonare. **B** *v. t.* andare a zonzo per; vagabondare per: **They strolled the countryside**, vagabondavano per la campagna.

stroller /ˈstrəʊlə(r)/, *n.* ***1*** girandolone; bighellone ***2*** (*arc.*) attore girovago ***3*** (*arc.*) vagabondo ***4*** (*per bambini, specialm. USA*) passeggino; girellino.

strolling /ˈstrəʊlɪŋ/, *a.* ambulante; errante; girovago; vagante: **s. players** (*o* **s. company**), attori girovaghi; comici ambulanti.

stroma /ˈstrəʊmə/, *n.* (*pl.* **stromata**) (*anat.*) stroma.

stromatic /strəʊˈmætɪk/, *a.* (*anat.*) stromatico.

strong /strɒŋ, *USA* strɔːŋ/, **A** *a.* ***1*** forte (*anche fig.*); gagliardo; energico; robusto; vigoroso; solido; saldo; potente; valido; duro; resistente: **a s. man**, un uomo forte; **He is s. in the arms**, è forte di braccia; ha braccia forti; **He's s. in maths**, è forte in matematica; (*anche polit.*) **a s. contender**, un candidato forte; **a s. will**, una forte volontà; **an army 100,000 s.**, un esercito forte di centomila uomini; **a s. affection**, un forte amore; **a s. body**, un corpo robusto; **a s. handshake**, un'energica stretta di mano; **a s. smell of gas**, un forte odore di gas; **s. tea**, tè forte; tè carico; **He has s. nerves**, ha i nervi solidi; **s. beliefs** [**opinions**], salde credenze [opinioni]; **a s. wind**, un forte vento; **a s. wall**, un muro solido (*o* resistente); **s. measures**, provvedimenti energici; **a s. army**, un potente esercito; **a s. telescope**, un telescopio potente; **in a s. voice**, con forte voce; **a s. advocate**, un valido patrono ***2*** (*chim.*) concentrato, forte; (*di liquore*) alcolico: **s. acids**, acidi forti; **s. drinks**, bevande alcoliche ***3*** (*di cibo*) rancido; (*per estens.*) maleodorante: **s. butter**, burro rancido ***4*** (*di formaggio*) piccante ***5*** (*econ., comm.*) alto; sostenuto: **s. prices**, prezzi alti; **The market has not been particularly s. these days**, il mercato non è stato particolarmente sostenuto in questi giorni ***6*** (*econ.*) forte; solido: **a s. national economy**, una forte economia nazionale; **a s. currency**, una valuta forte; **a s. balance of payments**, una solida bilancia dei pagamenti ***7*** (*idiom., nei composti*) di un certo numero; composto di: **an anticipated million-s. crowd**, una folla che si prevede sarà di un milione di persone; **Mr Jones's squad is only 12-s.**, la squadra di Mr Jones è composta di soli 12 uomini; **How s. is the enemy?**, qual è la forza del nemico? ***8*** (*fam.*) in salute: **He's quite s. again**, s'è rimesso bene. **B** *avv.* forte; energicamente; vigorosamente. ● **a s. argument**, un argomento convincente, persuasivo □ **s. arm**, pugno di ferro (*fig.*); (*pop. USA*) *V.* **s.-arm man** □ **s.-arm man** (*o* **boy, guy**), picchiatore (professionista), scagnozzo □ **s.-arm methods**, metodi energici; la maniera forte: **to use s.-arm methods**, ricorrere alla maniera forte □ **s.-arm tactics**, il pugno di ferro: **to use s.-arm tactics against the strikers**, usare il pugno di ferro con gli scioperanti □ **s. breath**, alito cattivo □ **a s. candidate**, un candidato favorito; un concorrente temibile □ (*USA*) **a s. Democrat**, un democratico per la pelle □ (*anche leg.*) **s. evidence**, prove ben fondate □ **s. eyes**, vista acuta □ **s.-headed**, cocciuto; caparbio; ostinato; testardo □ **s. language**, parole grosse; ingiurie; imprecazioni; bestemmie □ **a s. light**, una luce vivida □ **s.-limbed**, tarchiato; nerboruto □ (*fig.*) **s. meat**, roba «pesante»; vista (*o* spettacolo) che richiede uno stomaco forte (*fig.*): **This is s. meat for me**, non è pane per i miei denti! □ **a s. memory**, una buona memoria; una memoria di ferro □ **a s. mind**, un forte ingegno; una mente acuta; un animo forte, virile □ **s.-minded**, d'animo forte e virile; deciso, risoluto □ **s.-mindedness**, risolutezza; determinazione; forza di carattere □ (*fig.*) **one's s. point**, il (punto) forte di q.: **Maths isn't his s. point**, la matematica non è il suo forte □ **s. reasons**, fondati motivi □ **a s. situation**, un episodio commovente; una situazione drammatica □ **a s. town**, una città inespugnabile □ (*gramm. ingl.*) **s. verbs**, verbi forti □ **s.-willed**, deciso; risoluto; tenace □ **to be as s. as a horse**, essere forte come un toro □ **by the s. hand**, con la forza; con la violenza □ (*fam.*) **to come** (*o* **to go**) **it rather s.**, esagerare; passare il segno; strafare □ (*fam.*) **to come on s.**, andar giù di peso (*fig.*); non fare complimenti □ (*fam.*) **to be going s.**, essere ancora arzillo (*o* vigoroso); procedere (andare, funzionare) bene; andar forte, tirare (*fam.*): **Our car industry is still going s. despite the Japanese threat**, la nostra industria automobilistica tira ancora nonostante la minaccia dei giapponesi; **He's over eighty and still going s.**, a ottant'anni suonati, è ancora in gamba □ (*fig.*) **to have a s. hold on sb.**, esercitare un forte ascendente su q. □ **to smell s.**, odorare di rancido □ **How many s. are you?**, in quanti siete? □ **It's a bit s. to send him off for such a small foul!**, mi pare troppo espellerlo per un fallo così lieve! || **-ness**, *sost.*

strongbox /ˈstrɒŋbɒks, *USA* ˈstrɔːŋ-/, *n.* forziere; cassaforte.

stronghold /ˈstrɒŋhəʊld, *USA* ˈstrɔːŋ-/, *n.* (*mil.*) fortezza; (*anche fig.*) roccaforte.

strongish /ˈstrɒŋɪʃ, *USA* ˈstrɔːŋɪʃ/, *a.* alquanto forte; piuttosto robusto, ecc. (*V.* **strong**).

strongly /ˈstrɒŋlɪ, *USA* ˈstrɔːŋlɪ/, *avv.* ***1*** fortemente; energicamente; vigorosamente ***2*** solidamente: **a s.-built wardrobe**, un armadio di solida fattura ***3*** forte; a voce alta ***4*** forte: **to smell s. of wine**, puzzare forte di vino ***5*** vivamente; saldamente; calorosamente: **I s. advise you not to accept the offer**, ti raccomando vivamente di non accettare l'offerta.

strongpoint /ˈstrɒŋpɔɪnt, *USA* -ɔːŋ-/, *n.* (*mil.*) caposaldo.

strongroom /ˈstrɒŋruːm, -rʊm, *USA* -ɔːŋ-/, *n.* camera blindata (*di una banca, ecc.*).

strontia /ˈstrɒnʃɪə/, *n.* (*miner.*) ossido di stronzio.

strontianite /ˈstrɒnʃɪənaɪt/, *n.* (*miner.*) stronzianite.

strontium /ˈstrɒntɪəm/, *n.* (*chim.*) stronzio. ● (*fis. nucl.*) **s.-90**, stronzio 90.

strop /strɒp/, *n.* ***1*** coramella; cuoio per affilare il rasoio ***2*** (*naut.*) stroppo.

to **strop** /strɒp/, *v. t.* affilare (*un rasoio*) sulla coramella.

strophanthin /strəʊˈfænθɪn/, *n.* (*med.*) strofantina.

strophanthus /strəʊˈfænθəs/, *n.* (*bot.*, *Strophantus*) strofanto.

strophe /ˈstrəʊfɪ/, *n.* (*poesia*) strofe; strofa.

strophic /ˈstrəʊfɪk/, *a.* strofico.

strophulus /ˈstrɒfjʊləs/, *n.* (*pl.* **strophuli**) (*med.*) strofulo.

stroppy /ˈstrɒpɪ/, *a.* (*fam.*) indisponente; dispettoso; riottoso.

strove /strəʊv/, *pass.* di **to strive**.

struck /strʌk/, *pass.* e *p. p.* di **to strike**.

structural /ˈstrʌktʃərəl/, *a.* strutturale: (*mecc.*) **s. deflections**, deformazioni strutturali; (*geol.*) **s. geology**, geologia strutturale; (*econ.*) **s. unemployment**, disoccupazione strutturale; **s. linguistics**, linguistica strutturale. ● (*mecc.*) **s. arrangement**, schema costruttivo □ **s. engineer**, strutturista; tecnico delle costruzioni; ingegnere civile □ **s. engineering**, scienza (*o* tecnica) delle costruzioni □ (*edil.*) **s. fault**, difetto strutturale □ (*metall.*) **s. iron**, profilati di ferro □ (*edil.*) **s. steel**, acciaio da costruzioni edili □ **s. steelwork**, strutture in acciaio (*per edifici, ecc.*). || **-ly**, *avv.*

structuralism /ˈstrʌktʃərəlɪzəm/, *n.* (*ling.*) strutturalismo.

structuralist /ˈstrʌktʃərəlɪst/, (*ling.*) **A** *n.* strutturalista. **B** *a.* strutturalistico; strutturalista.

structure /ˈstrʌktʃə(r)/, *n.* ***1*** struttura; conformazione; (*fig.*) impalcatura, ossatura: **the s. of a house** [**of the atom, of society**], la struttura d'una casa [dell'atomo, della società] ***2*** assetto: **the political s.**, l'assetto politico; **the financial s. of a firm**, l'assetto finanziario di un'azienda ***3*** (*edil.*) fabbricato; edificio ***4*** (*ind. costr.*) opera d'arte; opera; costruzione.

to **structure** /ˈstrʌktʃə(r)/, *v. t.* strutturare; dare forma compiuta a (*idee, ecc.*).

structured /ˈstrʌktʃəd/, *a.* strutturato. ● (*market.*) **s. interview**, intervista «strutturata» (*con risposte di «sì», «no», e «non so»*).

structureless /ˈstrʌktʃələs/, *a.* senza struttura; privo di struttura.

structurization /strʌktʃəraɪˈzeɪʃn, *USA* -rɪˈz-/, *n.* strutturazione.

to **structurize** /ˈstrʌktʃəraɪz/, *v. t.* strutturare.

strudel /ˈstruːdl/ (*ted*), *n.* (*cucina*) torta di frutta. ● **apple s.**, strudel.

struggle /ˈstrʌgl/, *n.* **1** lotta; contesa; combattimento: **armed s.**, lotta armata; **the s. for existence**, la lotta per l'esistenza **2** grande sforzo: **with a s.**, con grande sforzo.

to **struggle** /ˈstrʌgl/, *v. i.* **1** lottare; combattere; battersi: **to s. with an illness**, lottare contro una malattia; **We struggled against superior numbers**, combattemmo contro forze preponderanti **2** dibattersi; dimenarsi; divincolarsi: **The boy struggled in the snake's coils**, il ragazzo si dibatteva fra le spire del serpente **3** sforzarsi; fare ogni sforzo: **I struggled to control my feelings**, mi sforzavo di tenere a freno i miei sentimenti.

♦ **struggle along**, *v. i.* + *avv.* **1** procedere a fatica; avanzare a stento; trascinarsi (*con un bastone, sulle grucce, ecc.*) **2** (*fig.*) tirare avanti (*alla meno peggio*); farcela a stento; stentare; arrangiarsi alla meglio.

♦ **struggle for**, *v. i.* + *prep.* **1** battersi, lottare per (*la vita, la libertà, ecc.*) **2** lottare per afferrare, per impossessarsi di (q.c.): **They struggled for the knife**, lottarono per afferrare (*o* prendere) il coltello **3** contendersi: **to s. for a prize**, contendersi un premio.

♦ **struggle in**, **A** *v. i.* + *prep.* lottare, battersi: **to s. in the water**, lottare nell'acqua. **B** *v. i.* + *avv.* entrare a stento (*o* a fatica): **Light struggled in through the dirty panes**, la luce penetrava a stento dai vetri sporchi della finestra □ **to s. in life**, avere la vita difficile.

♦ **struggle on**, *V.* **struggle along**, *def.* 2.

♦ **struggle out**, *v. i.* + *avv.* uscire a stento (*o* a fatica).

♦ **struggle out of**, *v. i.* + *avv.* + *prep.* uscire a stento da; liberarsi, sbarazzarsi a fatica di: **He struggled out of the car [his coat]**, uscì a stento dall'automobile [si liberò a fatica del cappotto].

♦ **struggle through**, *v. i.* + *avv.* (*o prep.*) **1** farsi strada a fatica attraverso: **The explorers struggled through the jungle**, gli esploratori si aprirono a fatica un varco nella giungla **2** (*fig.*) superare a stento (*una prova, un esame, ecc.*).

♦ **struggle up**, *v. i.* + *avv.* (*o prep.*) salire a fatica (*o* a stento); arrancare (per): **to s. up the steep stairs**, salire a fatica le ripide scale.

struggler /ˈstrʌglə(r), -gəl-/, *n.* **1** chi lotta; chi si batte **2** chi si dibatte.

struggling /ˈstrʌglɪŋ, -gəl-/, *a.* che lotta; in lotta: **s. factions**, fazioni in lotta. ● **a s. artist**, un artista che fatica ad affermarsi.

strugglingly /ˈstrʌglɪŋlɪ, -gəl-/, *avv.* lottando; con grande sforzo; a fatica.

strum /strʌm/, *n.* **1** strimpellamento; strimpellata; strimpellio (*di una chitarra, ecc.*) **2** (*fig.*) ticchettio: **the s. of the typewriter**, il ticchettio della macchina da scrivere.

to **strum** /strʌm/, *v. i.* e *t.* **1** strimpellare: **to s. (on) a guitar**, strimpellare la chitarra **2** (*fig.*) ticchettare; tambureggiare.

struma /ˈstruːmə/, *n.* (*pl.* **strumae**) (*med.*) **1** struma; tumore (*della tiroide, ecc.*) **2** gozzo.

strummer /ˈstrʌmə(r)/, *n.* strimpellatore, strimpellatrice.

strumming /ˈstrʌmɪŋ/, *V.* **strum**.

strumose /ˈstruːməʊs/, **strumous** /ˈstruːməs/, *a.* (*med.*) **1** strumoso; gozzuto **2** scrofoloso.

strumpet /ˈstrʌmpɪt/, *n.* (*arc.*) meretrice; prostituta; sgualdrina.

strung /strʌŋ/, **A** *pass.* e *p. p.* di **to string**. **B** *a.* **1** appeso **2** (*mus.*: *di strumento*) incordato. ● (*fam.*) **s. out**, che si droga; dedito alla droga; tossicodipendente; sotto l'effetto della droga □ (*fam. USA*) **to be s. on sb.**, essere (innamorato) cotto di q. □ **s. up**, eccitatissimo; dai nervi tesi; assai preoccupato, teso (*fig.*) □ (*USA*) **high-s.**, *V.* **highly s.** □ **highly s.**, dai nervi tesi; ipersensibile.

strut (**1**) /strʌt/, *n.* andatura impettita; incedere tronfio.

strut (**2**) /strʌt/, *n.* **1** (*ind. costr.*) puntone: **s. of truss**, puntone di capriata **2** (*ind. min.*) puntello **3** (*aeron.*) montante.

to **strut** (**1**) /strʌt/, *v. i.* andare impettito; camminare con boriosa gravità; incedere tronfio; pavoneggiarsi; gigioneggiare (*fam.*).

to **strut** (**2**) /strʌt/, *v. t.* puntellare; rinforzare (*o* sostenere) con puntoni.

struthious /ˈstruːθɪəs/, *a.* (*zool.*) simile allo struzzo; della famiglia dello struzzo.

strutter /ˈstrʌtə(r)/, *n.* chi si pavoneggia; chi cammina impettito; gigione (*gergo teatr.*).

struttingly /ˈstrʌtɪŋlɪ/, *avv.* in modo tronfio; pavoneggiandosi: **He walked s. on**, incedeva in modo tronfio.

strychnine /ˈstrɪkniːn, -ɪn, -aɪn, *USA* -aɪn, -ɪn, -iːn/, *n.* (*chim.*) stricnina.

strychninism /ˈstrɪknɪnɪzəm/, *n.* (*med.*) stricninismo.

Stuart /stjʊət, *USA* stuət/, *n.* (*stor.*) Stuardo.

stub /stʌb/, *n.* **1** ceppo (*d'albero*); troncone; mozzicone: **a s. of a pencil**, un mozzicone di matita; **the s. of a cigar**, un mozzicone di sigaro **2** moccolo (*di candela*) **3** radice (*di un dente*) **4** moncherino (*della coda di un cane*) **5** matrice; madre (*di biglietto, di libretto d'assegni bancari*) **6** (*elettr.*) stub; tronco di linea. ● (*mecc., autom.*) **s. axle**, fuso a snodo □ **s. end**, testa di biella □ **s. tube**, tubo di raccordo.

to **stub** /stʌb/, *v. t.* **1** sradicare, strappare, estirpare (*erbacce, ecc.*) **2** liberare (*il terreno*) dai ceppi **3** sbattere, urtare (*il piede, ecc.*) contro q.c. **4** (*anche* **to s. out**) schiacciare; spegnere (*la sigaretta, il sigaro*: *schiacciandoli*). ● **to s. one's toe (against st.)**, inciampare (in q.c.).

stubble /ˈstʌbl/, *n.* **1** (*agric.*) stoppia **2** (*fig.*) capelli a spazzola **3** (*fig.*) barba corta e ispida. ● (*agric.*) **s. plough**, aratro stoppiatore.

stubbly /ˈstʌblɪ/, *a.* **1** coperto di stoppie **2** (corto e) ispido.

stubborn /ˈstʌbən/, *a.* **1** caparbio; cocciuto; ostinato; testardo; pervicace: **a s. boy**, un ragazzo cocciuto **2** duro; inflessibile; pertinace; tenace; saldo: **s. resistance**, tenace resistenza; **s. opinions**, opinioni salde **3** (*tecn.*) che si lavora male; di difficile trattamento: **s. ore**, minerale difficile a trattarsi **4** (*med.*) persistente; cronico; ribelle: **a s. fever**, una febbre ribelle. ● **a s. fight**, un combattimento accanito (*o* all'ultimo sangue) □ **Facts are s. things**, i fatti non si discutono; sono i fatti che contano! || **-ly**, *avv.*

stubbornness /ˈstʌbənnəs/, *n.* **1** caparbietà; cocciutaggine; ostinatezza; ostinazione; testardaggine; pervicacia **2** durezza; inflessibilità; pertinacia; tenacia; saldezza **3** (*tecn.*: *di una sostanza*) il lavorarsi male; difficoltà di trattamento **4** (*med.*) persistenza, cronicità (*di una malattia*).

stubby /ˈstʌbɪ/, *a.* **1** (*d'albero, ecc.*) troncato; mozzo **2** (*del terreno*) coperto di ceppi **3** corto e ispido; irsuto: **s. bristles**, setole corte e ispide **4** (*fam.*) tozzo; tarchiato: **s. fingers**, dita tozze.

stucco /ˈstʌkəʊ/ (*ital.*), *n.* (*pl.* **stuccos, stuccoes**) (*edil.*) stucco. ● **s. worker**, stuccatore.

to **stucco** /ˈstʌkəʊ/, *v. t.* stuccare; decorare a stucco.

stuccowork /ˈstʌkəʊwɜːk/, *n.* decorazione a stucco; stucco.

stuck /stʌk/, **A** *pass.* e *p. p.* di **to stick**. **B** *a.* **1** bloccato; inceppato: **The lock is s.**, la serratura è inceppata **2** appiccicato; attaccato; incollato (*anche fig.*): **to be s. to the TV set**, essere incollato al televisore **3** (*fig.*) perplesso; confuso; imbarazzato **4** (*fam. USA*) nei guai; inguaiato. ● **to be s. for an answer**, non sapere cosa rispondere □ **to be s. in bed**, essere costretto a letto (*per una malattia, un incidente, ecc.*) □ (*fam.*) **to be s. on sb.**, essere (innamorato) cotto di q. □ (*fam.*) **s.-up**, pieno di sé; borioso; presuntuoso; (*USA*) inguaiato, incasinato □ (*fam.*) **to be s. with an old aunt**, rimanere incastrato con una vecchia zia; averla sempre tra i piedi □ **to get s.**, bloccarsi; incepparsi; (*autom.*) rimanere piantato (*nel fango, ecc.*) □ (*fam.*) **Get s. in!**, attacca! (*a mangiare, ecc.*).

stud (**1**) /stʌd/, *n.* **1** (= **collar s.**) bottoncino da colletto **2** chiodo da tappezziere; borchia: **the studs of a door**, le borchie d'una porta **3** (*mecc.*) perno; colonnetta **4** (*mecc.*, = **s.-bolt**) vite prigioniera; prigioniero **5** (*edil.*) montante; trave verticale **6** (*sport*) tacchetto (*di scarpa da football*). ● (*edil.*) **s. wall**, muro di montanti in legno.

stud (**2**) /stʌd/, *n.* **1** (*collett.*) cavalli da allevamento (*o* da corsa); allevamento di cavalli; scuderia **2** (= **studhorse**) stallone; cavallo da monta **3** (*fig. volg.*) stallone (*fig.*): (*di un uomo*) **s. for hire to moneyed matrons**, stallone (da monta) per anziane signore piene di soldi **4** (*fam. USA*) fico (*fig.*); bel ragazzo **5** (= **s. poker**) telesina; poker in cui le carte sono distribuite così: una coperta (*detta* **hole card**, *q.V.*) e le restanti quattro scoperte. ● **s. farm**, stazione di monta (*per equini*); scuderia di allevamento (*di cavalli*).

to **stud** /stʌd/, *v. t.* **1** ornare (*o* guarnire) di borchie **2** (*mecc.*) fissare con viti prigioniere **3** (*edil.*) provvedere (*un edificio*) di montanti **4** (*fig.*) costellare; punteggiare; tempestare.

studbook /ˈstʌdbʊk/, *n.* libro genealogico; registro dei purosangue; registro di un allevamento di cavalli.

studded /ˈstʌdɪd/, *a.* **1** coperto; guarnito, decorato (*di borchie, ecc.*): **a door s. with nails**, una porta coperta di borchie **2** costellato; punteggiato; tempestato; trapunto: **The wide, barren plain was s. with patches of vegetation**, l'ampia pianura sterile era punteggiata di ciuffi di vegetazione; **a translation s. with mistakes**, una traduzione costellata d'errori; **a star-studded sky** (*o* **a sky s. with stars**), un cielo trapunto di stelle. ● **s. crossing**, passaggio pedonale segnato da chiodi.

studding /ˈstʌdɪŋ/, *n.* (*ind. costr.*) montanti (*collett.*); legname per montanti.

studding-boom /ˈstʌdɪŋbuːm/, *n.* (*naut.*) asta di coltellaccio (*o* di coltellaccino).

studding-sail /ˈstʌdɪŋseɪl/, *n.* (*naut.*) (vela di) coltellaccio; (vela di) coltellaccino.

student /ˈstjuːdnt, *USA* ˈstuː-/, *n.* **1** studente, studentessa: **a university s.**, uno studente universitario; **a s. of archaeology**, uno studente d'archeologia **2** studioso; indagatore; ricercatore: **a s. of wild life**, uno studioso della vita degli animali selvatici; **a s. of human behaviour**, un indagatore del comportamento dell'uomo **3** (*in talune università*) borsista. ● **student council**, comitato studentesco; (comitato) interfacoltà □ **s. lamp**, lampada da tavolo (*o* a braccio mobile) □ (*specialm. in U.S.A.*) **s. loans**, prestiti a studenti per mantenersi all'università □ **s. power**, potere studentesco □ **s. teacher**, studente di Magistero che fa tirocinio □ (*USA*) **s. teaching**, tirocinio come insegnante □ **student union**, unione studentesca; (*anche*) centro studentesco, casa dello studente.

studentship /ˈstjuːdntʃɪp, *USA* ˈstuː-/, *n.* **1** borsa di studio **2** condizione di studente.

studhorse /ˈstʌdhɔːs/, *n.* stallone.

studied /ˈstʌdɪd/, *a.* **1** studiato; calcolato; deliberato; meditato; voluto: **a s. insult**, un insulto deliberato; **with s. indifference**, con calcolata indifferenza **2** ricercato; affettato; manierato: **s. gestures**, gesti affettati. || **-ly**, *avv.* || **-ness**, *sost.*

studio /ˈstjuːdɪəʊ, *USA* ˈstuː-/, *n.* (*pl.* **studios**) **1** studio (*d'artista o professionista*) **2** (*cinem.*) teatro di posa; studio (cinematografico) **3** (*radio, studio*) auditorio **4** (*TV*) studio (televisivo) **5** (*fotogr.*) studio **6** (*pl.*) (*cinem.*) casa di produzione. ● (*USA*) **s. apartment**, monolocale □ (*radio, TV*) **s. audience**, pubblico in sala □ **s. couch**, grande divano letto □ **s. flat**, monolocale.

studious /ˈstjuːdɪəs, *USA* ˈstuː-/, *a.* **1** studioso: **a s. boy**, un ragazzo studioso **2** attento; diligente; premuroso; riguardoso; sollecito;

zelante: **with s. care**, con diligente cura; **s. attention**, sollecita attenzione *3* (*raro*) studiato; calcolato; deliberato. ● (*lett.*) **being s. of brevity**, avendo a cuore la concisione; desiderando esser conciso. || **-ly**, *avv.* || **-ness**, *sost.*

study /ˈstʌdɪ/, *n.* *1* studio; esame, indagine, ricerca: **I have taken up the s. of philosophy**, ho intrapreso lo studio della filosofia; **after careful s. of the matter**, dopo attento esame della faccenda; **a s. of working conditions**, un'indagine sulle condizioni di lavoro; **humanistic studies**, studi umanistici; **a s. by sector**, una ricerca di carattere settoriale *2* studio; stanza da studio *3* (*mus.*) studio: **a s. by Mozart**, uno studio di Mozart *4* (*pitt., scult.*) bozzetto; schizzo; abbozzo *5* oggetto degno di attenzione: **The girl's face was a perfect s.**, il viso della ragazza era interessantissimo *6* (*lett.*) studio (*lett.*); cura; premura: **It shall be my s. to please him**, sarà mia cura compiacerlo (*o* accontentarlo). ● **s. group**, gruppo di studio □ **s. leave**, congedo per studio □ (*org. az.*) **s. office**, ufficio studi □ (*teatr.*) **to be a good [a slow] s.**, essere bravo [lento] a imparare la parte □ **to be in a brown s.**, essere assorto nei propri pensieri □ **to make a s. of st.**, fare uno studio su (indagare attentamente) q.c.; darsi da fare per ottenere q.c. □ (*lett.*) **Their comfort was my s.**, il mio primo pensiero era che si trovassero a loro agio.

to **study** /ˈstʌdɪ/, **A** *v. t.* *1* studiare; esaminare; indagare; investigare: **to s. Latin [English, chemistry]**, studiare il latino [l'inglese, la chimica]; **to s. a book**, studiare un libro; leggere attentamente un libro; **to s. the violin**, studiare il violino; **He studied the inscription on the wall**, esaminò l'iscrizione sulla parete; **to s. a problem**, studiare un problema *2* (*lett.*) attendere a; curarsi di; ricercare: **He studies only his family's welfare**, si cura soltanto del benessere della sua famiglia *3* studiarsi, ingegnarsi, sforzarsi (*di fare q.c.*): **He studies to avoid disagreeable topics**, si studia di evitare gli argomenti spiacevoli. **B** *v. i.* *1* studiare; essere studente *2* (*arc.*) meditare; ponderare. ● **to s. economics**, studiare economia □ **to s. sb.'s face**, scrutare la faccia di q. □ **to s. for the bar** (*o* **for a law degree**), studiare legge □ (*arc.*) **to s. out**, scoprire dopo lungo studio, dopo attento esame; progettare □ (*teatr.*) **to s. one's part**, studiare la (propria) parte □ **to s. under a good teacher**, avere un bravo insegnante □ **to s. up**, studiare bene; approfondire.

stuff /stʌf/, *n.* *1* materia; materiale; roba; sostanza: **the s. that dreams are made of**, la sostanza di cui son fatti i sogni; **What's this s.?**, che cos'è questa roba?; (*detto di cibo, bevanda, ecc.*) **This is poor s.**, questa è roba scadente *2* stoffa (*fig., ma arc. in senso concreto*); tessuto (*specialm. di lana*): **a s. gown**, una toga di lana (*indossata dagli avvocati che non vestono la seta*); **I am made of a different s.**, io sono di tutt'altra stoffa *3* (*fig.*) pasta; stampo: **The two are of the same s.**, i due sono dello stesso stampo *4* (*fam.*) cosa; cose (*pl.*): **my swimming s.**, le mie cose da bagno *5* cosa senza valore; robaccia; (*fig.*) sciocchezze: **Take that s. away!**, porta via quella robaccia!; **What s. he writes!**, che sciocchezze scrive! *6* (*falegn.*) legname *7* (*ind. della carta*) pasta *8* (*fig.*) qualità fondamentale; essenza: **the s. of life**, l'essenza della vita *9* (*fam.*) campo; materia; ramo: **That man knows his s.**, quell'uomo conosce bene il suo ramo *10* (*pop.*) droga (*marijuana, eroina*); roba (*gergo*). ● (*leg., in Inghil.*) **s.-gown barristers**, avvocati patrocinanti «ordinari» (*sono la quasi totalità*; *cfr.* **to take silk**, *sotto* **silk**) □ (*fam.*) **to do one's s.**, esibirsi; far vedere quel che si sa fare □ (*fam.*) **doctor's s.**, medicine □ **to know one's s.**, sapere il fatto proprio □ (*fam.*) **to be short of s.**, essere a corto di quattrini □ **S. and nonsense!**, sciocchezze! □ **the hard s.**, il liquore forte; (*pop.*) la droga pesante □ **That's the s.!**, bravo!; proprio così!; ben fatto!; ben detto! □ (*fam.*) **That's the s. to give them!**, questo è quello che ci vuole per loro! □ **This book is good s.**, questo è un buon libro □ **This wine is sorry s.**, questo vino è una porcheria □ **That boy knows his s.**, quel ragazzo sa il fatto suo □ **He is made of sterner s. than his brother**, ha più forza di carattere che suo fratello □ (*fam.*) **Do your s.!**, fa' vedere quel che sai fare!

to **stuff** /stʌf/, **A** *v. t.* *1* riempire; imbottire (*anche fig.*); turare: **to s. a bag with straw**, riempire di paglia un sacco; **to s. a cushion with down**, imbottire di piume un cuscino; **to s. one's ears with cotton wool**, turarsi le orecchie con la bambagia; **to s. sb.'s head with nonsense**, imbottire di sciocchezze la testa a q. *2* impagliare; imbalsamare: **to s. owls**, impagliare gufi; **a stuffed eagle**, un'aquila imbalsamata *3* (*cucina*) farcire; infarcire: **a stuffed turkey**, un tacchino farcito *4* rimpinzare; ingrassare: **to s. a boy with sweets**, rimpinzare un ragazzo di dolci; **to s. a goose**, ingrassare un'oca *5* cacciare; ficcare; comprimere: **He stuffed a handkerchief into his pocket**, si cacciò un fazzoletto in tasca; **Don't s. the food into your mouth**, non ficcarti il cibo in bocca con le mani! *6* riempire (*un contenitore*) *7* (*polit., USA*) riempire (*un'urna*) di schede fasulle *8* (*fam.*) battere, sconfiggere, sgominare; suonarle a (*un avversario*) *9* (*volg.*) chiavare, scopare, fottere (*volg.*). **B** *v. i.* rimpinzarsi; ingozzarsi (*anche, v. rifl.*, **to stuff oneself**). ● **to s. dates into one's mind**, riempirsi la testa di date □ (*pop.*) **to s. it**, abbozzare; mandare giù (*fig.*): **I'm afraid you have to s. it**, temo proprio che ti tocchi abbozzare! □ (*pop.*) **Get stuffed!**, ma va!; fatti fottere! (*volg.*).

♦**stuff down**, *v. t. + prep.* infilare giù per: **He stuffed the banknotes down his chest to hide them**, s'infilò le banconote giù per il petto per nasconderle □ **to s. st. down sb.'s throat**, cacciare q.c. in gola a q.; (*fig.*) fare credere (insegnare, ecc.) q.c. a q. per forza.

♦**stuff up**, *v. t. + avv.* *1* tappare; otturare; turare: **to s. up a hole**, turare un buco *2* otturare; ostruire; intasare: **The pipe has been stuffed up by silt**, il tubo s'è intasato per il deposito di sabbia □ **to s. up one's ears**, tapparsi le orecchie.

stuffed /stʌft/, *a.* *1* imbottito: **a head stuffed with nonsense**, un cervello imbottito di sciocchezze *2* (*cucina*) farcito; ripieno: **s. chicken**, pollo ripieno *3* impagliato: **a s. owl**, un gufo impagliato *4* pieno zeppo: **The drawer is s. with papers**, il cassetto è pieno zeppo di documenti. ● (*fig.*) **s. shirt**, pallone gonfiato (*fig.*); stupido borioso; formalista impettito □ (*del naso, ecc.*) **s.-up**, intasato, chiuso (*per il raffreddore, ecc.*) □ (*fig.*) **a head stuffed with information**, una testa piena di nozioni.

stuffer /ˈstʌfə(r)/, *n.* *1* imbalsamatore; impagliatore *2* (*fam.*) mangione; chi si rimpinza.

stuffily /ˈstʌfɪlɪ/, *avv.* *1* senz'aria fresca; in modo soffocante *2* (*fam.*) ottusamente *3* (*fam.*) facendo il broncio; permalosamente.

stuffiness /ˈstʌfɪnəs/, *n.* *1* mancanza d'aria fresca; odor di chiuso *2* (*fam.*) arretratezza; ottusità *3* (*fam.*) broncio; cattivo umore *4* (*fam.*) permalosità; sdegnosità; broncio.

stuffing /ˈstʌfɪŋ/, *n.* *1* imbottitura; borra; stoppa *2* (*cucina*) ripieno; farcia: **the s. for a fowl**, il ripieno per un pollo *3* impagliatura; imbalsamatura *4* ingrasso (*di polli, ecc.*) *5* chiusura, otturazione (*di una tubazione, ecc.*) *6* invio di materiale pubblicitario a stampa *7* (*mecc.*) tenuta a premistoppa. ● (*mecc.*) **s. box**, premistoppa □ (*mecc.*) **s. nut**, dado di premistoppa □ (*fam.*) **to knock the s. out of sb.**, bucare un pallone gonfiato (*fig.*); (*di una malattia, una sconfitta, ecc.*) indebolire q., mettere a terra q.; sconcertare q.; stracciare q. (*pop.*).

stuffy /ˈstʌfɪ/, *a.* *1* senz'aria; mal ventilato; che sa di rinchiuso; soffocante: **a s. room**, una stanza che sa di rinchiuso *2* raffreddato; col naso intasato *3* (*fam.*) antiquato; ottuso; di mente ristretta; di idee arretrate *4* (*fam.*) borioso; pieno di sé *5* (*fam.*) imbronciato; di cattivo umore; indispettito. ● **s. air**, aria viziata □ **to smell s.**, saper di rinchiuso □ **It is very s. in here**, qui dentro si soffoca.

stull /stʌl/, *n.* (*edil., ind. min.*) sbatacchio; puntello; piattaforma di legno; palchetto.

stultification /stʌltɪfɪˈkeɪʃn/, *n.* *1* (*arc.*) il mettere in ridicolo; l'essere messo in ridicolo *2* vanificazione; invalidazione *3* istupidimento; rimbambimento *4* (*leg.*) dichiarazione d'infermità mentale.

to **stultify** /ˈstʌltɪfaɪ/, **A** *v. t.* *1* (*form.*) mettere in ridicolo; dimostrare l'illogicità di *2* rendere vano (*o* inutile); vanificare; invalidare; infirmare: **His present behaviour stultifies his previous efforts**, la sua condotta attuale rende vani i suoi sforzi precedenti *3* (*di un lavoro monotono, ecc.*) istupidire; rimbambire *4* (*leg.*) dichiarare (q.) infermo di mente. **B** to **stultify oneself**, *v. rifl.* contraddirsi; cadere nel ridicolo.

stum /stʌm/, *n.* (*enologia*) *1* mosto *2* vino conciato (*con aggiunta di mosto*).

to **stum** /stʌm/, *v. t.* (*enologia*) conciare, rinvigorire (*vino, con l'aggiunta di mosto*).

stumble /ˈstʌmbl/, *n.* *1* l'incespicare, inciampata; passo falso *2* (*fig.*) errore; passo falso; sbaglio.

to **stumble** /ˈstʌmbl/, *v. i.* *1* inciampare; incespicare; dare un'inciampata: **to s. on a stone**, inciampare in un sasso *2* (*fig.*) fare un passo falso; errare; sbagliare *3* (*lett.*) cadere: **to s. into sin**, cadere nel peccato. ● (*fig.*) **to s. at st.**, esitare (*o* titubare) di fronte a q.c.; avere degli scrupoli davanti a q.c. □ **to s. in one's speech**, impuntarsi nel parlare; impaperarsi.

♦**stumble across**, *v. i. + prep.* *1* imbattersi in, incontrare per caso (*una persona*) *2* trovare per caso, rinvenire (*una cosa*).

♦**stumble along**, *v. i. + avv.* procedere incespicando; avanzare barcollando.

♦**stumble on**, *V.* **stumble across**.

♦**stumble over**, *v. i. + prep.* *1* inciampare, incespicare su (*o* in): **to s. over a branch**, inciampare in un ramo *2* (*fig.*) esitare (*o* titubare) davanti a (q.c.) □ **to s. over one's words**, impuntarsi nel parlare; impaperarsi.

♦**stumble through**, *v. i. + prep.* dire (pronunciare, recitare, ecc.) incespicando a ogni parola (*o* impaperandosi): **to s. through a long speech**, pronunciare un lungo discorso che è tutto una papera; **to s. through a poem**, recitare una poesia impaperandosi a ogni verso.

♦**stumble upon**, *V.* **stumble across**.

stumblebum /ˈstʌmblbʌm/, *n.* (*pop. USA*) *1* ubriaco che non sta in piedi *2* vagabondo *3* buono a nulla; schiappa (*fig.*).

stumbler /ˈstʌmblə(r), -bəl-/, *n.* *1* chi incespica *2* chi s'impapera.

stumbling /ˈstʌmblɪŋ/, *n.* l'incespicare; inciampata. ● **s. block**, inciampo; intoppo; impedimento; ostacolo; scoglio (*fig.*); (*anche, fam.*) handicap, difetto fisico; croce (*fig.*).

stumblingly /ˈstʌmblɪŋlɪ, -bəl-/, *avv.* *1* inciampando; incespicando; con passo malfermo *2* esitando; titubando.

stumer /ˈstjuːmə(r), *USA* ˈstuː-/, *n.* (*pop.*) *1* assegno falso (*o* a vuoto); banconota (*o* moneta) falsa *2* (*sport*) cavallo perdente (*perché drogato, ecc.*) *3* oggetto senza valore; patacca *4* crac finanziario; fallimento. ● **seller of stumers**, pataccaro (*fam.*).

stump /stʌmp/, *n.* *1* ceppo (*d'albero*); base tagliata; troncone *2* moncone; moncherino (*della coda, ecc.*); mozzicone (*di matita, ecc.*); radice (*di dente*); dente rotto: **the s. of a pencil**, il mozzicone d'una matita *3* individuo tozzo *4* (*polit.*) piattaforma (*o* tribuna) per comizi; podio *5* (*sport*) asta, paletto (*nel cricket*) *6* matrice (*di registro, libretto, ecc.*) *7* (*arte*) sfumino *8* (*pl.*) – **the stumps**, la porta (*a cricket*) *9* (*pop. USA*) giro; viaggetto.

● **s. orator**, oratore da piazza □ **s. removal**, rimozione dei ceppi (*degli alberi*) □ **s. speeches**, discorsi estemporanei □ (*fam.*) **to go on the s.**, salire sul podio; fare un comizio □ (*fam.*) **to be on the s.**, tenere un comizio □ (*fam. scherz.*) **to stir one's stumps**, muovere le gambe; affrettarsi; spicciarsi □ (*fam. USA*) **to be up a s.**, essere imbarazzato, perplesso; non sapere che pesci pigliare.

to **stump** /stʌmp/, **A** *v. t.* **1** ridurre a un mozzicone; mozzare; troncare **2** sgombrare (*il terreno*) dai ceppi d'albero **3** (*polit., specialm. USA*) tenere comizi in (*una regione*): **He stumped the whole district**, tenne comizi in tutta la regione **4** (*arte*) passare lo sfumino su (*un quadro, ecc.*) **5** (*fam.*) mettere in imbarazzo; sconcertare; imbarazzare; sbalordire **6** (*cricket*) mettere fuori gara (*un battitore*) **7** (*pop. USA*) viaggiare in, visitare (*un paese, ecc.*). **B** *v. i.* **1** (*di solito*, **to s. along, to s. about**) camminare pesantemente, con andatura rigida **2** (*polit., specialm. USA*) andare in giro a tenere comizi **3** (*pop. USA*) andare in giro (*in genere*). ● (*fam.*) **to s. up**, sborsare, sganciare, tirar fuori (*una somma di denaro*); pagare in contanti □ (*fam.*) **to be stumped**, essere imbarazzato, perplesso; non saper che pesci pigliare.

stumpage /ˈstʌmpɪdʒ/, *n.* (*USA* e *Can.*) **1** legname da abbattere **2** valore del legname **3** (*leg.*) diritto di far legna **4** (*fisc.*) tassa pagata per il taglio d'alberi (*su terreno pubblico*).

stumper /ˈstʌmpə(r)/, *n.* (*fam.*) **1** domanda (*o* problema) difficile **2** (*cricket*) giocatore che sta dietro la porta (*per fermare le palle mancate*).

stumpiness /ˈstʌmpɪnəs/, *n.* l'esser tozzo (*o* tarchiato).

stumpy /ˈstʌmpɪ/, *a.* **1** (*del terreno*) pieno di ceppi d'albero **2** corto; tozzo; tarchiato: **a s. tail**, una coda corta; un mozzicone di coda; **a s. pencil**, una matita corta; un mozzicone di matita; **a s. woodcutter**, un tozzo boscaiolo.

stun /stʌn/, *n.* stordimento; intontimento; assordamento. ● **s. gun**, fucile per stordire animali selvatici.

to **stun** /stʌn/, *v. t.* **1** (*di suono*) assordare; intronare (*fam.*) **2** stordire; intontire; sbalordire; istupidire; far restare (q.) di sasso: **They were stunned by the sight**, rimasero sbalorditi a quella vista **3** tramortire; stordire; far perdere i sensi a (q.).

stung /stʌŋ/, *pass.* e *p. p.* di **to sting**.

stunk /stʌŋk/, *pass.* e *p. p.* di **to stink**.

stunned /stʌnd/, *a.* **1** stordito; intontito; sbalordito; istupidito; intronato (*fam.*) **2** affascinato; incantato: **s. by the girl's beauty**, incantato dalla bellezza della ragazza.

stunner /ˈstʌnə(r)/, *n.* **1** cosa che assorda, stordisce, ecc. (*V.* **to stun**) **2** (*fam.*) persona (*o* cosa) meravigliosa, che lascia a bocca aperta; cannonata, schianto (*fig.*): **She's a real s.**, (quella ragazza) è proprio uno schianto.

stunning /ˈstʌnɪŋ/, *a.* **1** (*di suono*) assordante **2** (*fam.*) sbalorditivo; meraviglioso; magnifico; splendido **3** che stordisce; che tramortisce: **a s. blow**, un colpo che stordisce **4** (*fam.*: *di una donna*) che è uno schianto (*fam.*); stupenda; favolosa (*fam.*). || **-ly**, *avv.*

stunsail /ˈstʌnseɪl/, **stuns'l** /ˈstʌnsl/, *n.* (*naut.*) (vela di) coltellaccio; (vela di) coltellaccino.

stunt (**1**) /stʌnt/, *n.* **1** (*biol.*) arresto della crescita, nanismo **2** (*zool.*) animale nano (*o* rachitico) **3** (*bot.*) pianta nana.

stunt (**2**) /stʌnt/, *n.* (*fam.*) **1** bravata; esibizione; impresa rischiosa; numero pericoloso: **to pull a s.**, fare una bravata **2** trovata pubblicitaria **3** (*aeron.*) acrobazia. ● **s. flying**, volo acrobatico □ (*USA*) **s. jumper**, paracadutista acrobatico □ (*USA*) **s. jumping**, paracadutismo acrobatico □ (*cinem.*) **s. man**, cascatore; stuntman □ (*cinem.*) **s. woman**, controfigura (*donna*).

to **stunt** (**1**) /stʌnt/, *v. t.* rendere stentato; arrestare lo sviluppo di.

to **stunt** (**2**) /stʌnt/, *v. i.* (*fam.*) **1** fare una bravata; eseguire un numero pericoloso **2** (*aeron.*) fare acrobazie aeree.

stunted /ˈstʌntɪd/, *a.* (*bot., zool.*) stentato; striminzito; nano; rachitico: **s. pinetrees**, pini nani (*o* rachitici). || **-ly**, *avv.* || **-ness**, *sost.*

stupe (**1**) /stjuːp, *USA* stuːp/, *n.* (*med.*) compressa per impacchi caldi; fomento.

stupe (**2**) /stjuːp, *USA* stuːp/, *n.* (*pop. USA*) stupido; imbecille; tonto.

to **stupe** /stjuːp, *USA* stuːp/, *v. t.* (*med.*) applicare fomenti a; fare impacchi caldi su.

stupefacient /stjuːpɪˈfeɪʃənt, *USA* stuː-/, **A** *a.* stuporoso; che istupidisce. **B** *n.* (*farm.*) stupefacente; narcotico.

stupefaction /stjuːpɪˈfækʃn, *USA* stuː-/, *n.* **1** stordimento; torpore **2** stupefazione; sbalordimento; stupore.

stupefier /ˈstjuːpɪfaɪə(r), *USA* ˈstuː-/, *n.* chi (*o* cosa che) istupidisce; intontisce, stordisce, ecc. (*V.* **to stupefy**).

to **stupefy** /ˈstjuːpɪfaɪ, *USA* ˈstuː-/, *v. t.* **1** istupidire; intontire; stordire; intorpidire: **He was stupefied with narcotics** [**grief**], era intontito dai narcotici [stordito dal dolore] **2** stupefare; sbalordire; stupire.

stupefying /ˈstjuːpɪfaɪɪŋ, *USA* ˈstuː-/, *a.* **1** che stordisce; che istupidisce **2** stupefacente; che sbalordisce.

stupendous /stjuːˈpɛndəs, *USA* stuː-/, *a.* **1** stupefacente; sorprendente; enorme; immenso: **a s. production**, una produzione enorme **2** sbalorditivo; stupendo; mirabile. || **-ly**, *avv.* || **-ness**, *sost.*

stupid /ˈstjuːpɪd, *USA* ˈstuː-/, **A** *a.* **1** stupido; scemo; cretino; ottuso; sciocco; stolto; melenso; scimunito: **a s. person**, una persona ottusa; uno scimunito; **What a s. idea!**, che idea stupida!; **a s. joke**, uno scherzo sciocco; **Don't be s.!**, non fare il cretino! **2** scialbo; noioso; uggioso; seccante: **a s. party**, un trattenimento noioso; **a s. place**, un luogo uggioso **3** (*raro*) istupidito; intontito. **B** *n.* (*fam.*) stupido; sciocco; scimunito. ● **a s. thing** (**to do, to say, etc.**), una stupidaggine; una sciocchezza □ **to become s.**, istupidirsi □ **to drive sb. s.**, intontire q. || **-ly**, *avv.* || **-ness**, *sost.*

stupidity /stjuːˈpɪdətɪ, *USA* stuː-/, *n.* stupidità; ottusità (*fig.*); scemenza.

stupor /ˈstjuːpə(r), *USA* ˈstuː-/, *n.* **1** (*med.*) stupore; stordimento; torpore **2** (*raro*) stupore; meraviglia.

stuporific /stjuːpəˈrɪfɪk, *USA* stuː-/, *a.* (*med.*) stuporoso.

stuporous /ˈstjuːpərəs, *USA* ˈstuː-/, *a.* (*med.*) in stato di stupore; stordito.

sturdily /ˈstɜːdəlɪ/, *avv.* **1** vigorosamente; gagliardamente **2** solidamente **3** risolutamente.

sturdiness /ˈstɜːdɪnəs/, *n.* **1** robustezza; resistenza; solidità; gagliardia; forza; vigore **2** solidità **3** fermezza; risolutezza.

sturdy (**1**) /ˈstɜːdɪ/, *a.* **1** robusto; resistente; vigoroso; forte; gagliardo: **a s. man**, un uomo robusto, vigoroso; **a s. plant**, una pianta resistente; **a s. race**, una razza forte **2** solido **3** saldo; fermo; risoluto: **s. courage**, saldo coraggio. ● (*metall.*) **s. bar**, lingotto □ (*ind. tess.*) **s. fabric**, tessuto sostenuto □ **a s. supporter**, un sostenitore accanito; (*sport*) un tifoso.

sturdy (**2**) /ˈstɜːdɪ/, *n.* (*vet.*) capostorno; capogatto.

sturgeon /ˈstɜːdʒən/, *n.* (*zool., Acipenser sturio*) storione.

stutter /ˈstʌtə(r)/, *n.* **1** balbuzie **2** balbettamento; tartagliamento.

to **stutter** /ˈstʌtə(r)/, *v. i.* e *t.* balbettare; tartagliare; essere balbuziente. ● **to s. out**, balbettare; dire balbettando: **He stuttered out an excuse**, balbettò una scusa.

stutterer /ˈstʌtərə(r)/, *n.* balbuziente; tartaglione, tartagliona.

stuttering /ˈstʌtərɪŋ/, **A** *a.* balbuziente. **B** *n.* balbuzie.

stutteringly /ˈstʌtərɪŋlɪ/, *avv.* balbettando; tartagliando.

sty (**1**) /staɪ/, *n.* **1** (= **pigsty**) porcile **2** (*fig.*) porcile; tugurio.

sty (**2**), **stye** /staɪ/, *n.* (*med.*) orzaiolo.

to **sty** /staɪ/, **A** *v. t.* **1** mettere in un porcile **2** (*fig.*) alloggiare (*o* sistemare) in un tugurio. **B** *v. i.* (*anche fig.*) stare in un porcile.

Stygian /ˈstɪdʒɪən/, *a.* **1** (*mitol.*) stigio; dello Stige **2** (*fig. lett.*) cupo; scuro; tetro **3** (*lett.*: *di giuramento*) inviolabile; sacro.

style /staɪl/, *n.* **1** stile (*anche fig.*); maniera, modo: **This author lacks s.**, questo scrittore non ha stile; **Baroque** [**Renaissance**] **s.**, stile barocco [rinascimentale]; **There are different styles of rowing**, vi sono diverse maniere di remare; **in the s. of Shakespeare**, alla maniera di Shakespeare; **I'd never do it; that's not my s.**, non lo farei mai; non è nel mio stile **2** eleganza; stile; distinzione; tono; classe: **to dress in s.**, vestire con eleganza; **There is no s. in her**, è priva di distinzione; non ha classe **3** genere; qualità; sorta; specie; tipo: **What s. of house do you require?**, che sorta di casa cerchi?; che tipo di casa ti occorre? **4** moda; foggia; linea; taglio: **a dress in the latest s.**, un abito all'ultima moda; **the new spring s.**, la nuova linea (*della moda*) per la primavera **5** modello; capo di vestiario alla moda: **We are stocked with the latest styles in raincoats**, siamo forniti degli ultimi modelli d'impermeabili **6** titolo; nome; appellativo: **He is entitled to the s. of «Esquire»**, ha diritto al titolo di «Esquire»; **My s. is plain Mr John Smith**, il mio appellativo è semplicemente Mr John Smith (*non ho titoli da anteporre o aggiungere al nome*); **I didn't recognize him under his new s.**, il suo nuovo titolo fece sì che non capissi che era lui **7** (*comm.*: *di ditta*) ragione sociale; nome commerciale **8** gnomone (*di meridiana*) **9** puntina (*di giradischi*) **10** (*bot., zool.*) stilo **11** (*stor.*) stilo (*per scrivere*) **12** (*come suffisso*) alla moda (*o* alla maniera) di: **French-s.**, alla francese; **punk-s.**, alla maniera dei punk; **a leather-s. bag**, una borsa di similpelle. ● **bad s.**, mancanza di stile; maleducazione □ **to do st. in s.**, fare q.c. in gran stile (*o* alla grande) □ **a gentleman of the old s.**, un gentiluomo di vecchio stampo, all'antica □ **good s.**, buone maniere □ **house s.**, consuetudine (*o* buona regola) della casa (*o* della ditta) □ **in s.**, in perfetto stile; come si deve: **Let's do the thing in s.**, facciamo le cose come si deve □ **in the French s.**, secondo la moda francese; alla francese □ (*di calendario*) **old** [**new**] **s.**, stile giuliano [gregoriano] □ **She's a woman of s.**, quella donna ha una gran classe □ (*fam.*) **That's the s.!**, così va bene!; ecco, si fa così!

to **style** /staɪl/, *v. t.* **1** appellare; chiamare; designare; dare il titolo di: **He is styled king**, ha il titolo di re; **This is styled folly**, questa si chiama follia **2** (*ind.*) disegnare; progettare; modellare: **to s. children wear**, disegnare abiti per bambini **3** fare l'acconciatura (*o* l'acconciatore) per: **I'm having my hair styled by the best hairdresser in town**, mi faccio fare i capelli dal miglior parrucchiere della città. ● **to s. oneself**, farsi chiamare (*specialm. con un appellativo fasullo, dandosi arie*).

stylebook /ˈstaɪlbʊk/, *n.* manuale di uniformazione tipografica.

styleme /ˈstaɪliːm/, *n.* (*ling.*) stilema.

stylet /ˈstaɪlət/, *n.* **1** stilo; stiletto **2** (*med.*) specillo; stiletto; (*anche*) mandrino (*per sonda*) **3** (*grafica*) bulino.

styliform /ˈstaɪlɪfɔːm/, *a.* stiliforme; a forma di stilo.

styling /ˈstaɪlɪŋ/, *n.* (*ind.*) **1** styling; progettazione; modellazione **2** (*di un'auto, ecc.*) linea; stile **3** acconciatura (di capelli). ● **s. mousse**, fissatore (*per capelli*).

stylish /ˈstaɪlɪʃ/, *a.* elegante; distinto; alla moda. || **-ly**, *avv.* || **-ness**, *sost.*

stylist /ˈstaɪlɪst/, *n.* **1** stilista: **That writer is**

a good s., quello scrittore è un buon stilista ***2*** (*moda*) stilista; disegnatore; figurinista ***3*** (*ind.*) stilista; disegnatore di carrozzerie (*per automobili*). ● **hair s.**, stilista in capelli; parrucchiere (*o* parrucchiera) alla moda.
stylistic(al) /staɪˈlɪstɪk(l)/, *a.* stilistico. || **-ally**, *avv.*
stylistics /staɪˈlɪstɪks/, *n. pl.* (*col verbo al sing.*) stilistica.
stylite /ˈstaɪlaɪt/, *n.* (*stor., relig.*) stilita.
stylization /staɪlaɪˈzeɪʃn, *USA* -lɪˈz-/, *n.* stilizzazione.
to **stylize** /ˈstaɪlaɪz/, *v. t.* stilizzare.
stylized /ˈstaɪlaɪzd/, *a.* stilizzato.
stylo /ˈstaɪləʊ/, *n.* (*pl.* **stylos**) (*abbr. fam. di* **stylograph**) (penna) stilografica.
stylobate /ˈstaɪləbeɪt/, *n.* (*archit.*) stilobate.
stylograph /ˈstaɪləgrɑːf, *USA* -æf/, *n.* (penna) stilografica.
stylographic /staɪləˈgræfɪk/, *a.* stilografico.
stylus /ˈstaɪləs/, *n.* (*pl.* **styli, styluses**) ***1*** stilo (*anche stor.*); bulino ***2*** puntina di giradischi ***3*** punta di registrazione (*o* di incisione) (*per dischi*) ***4*** (*bot., zool.*) stilo ***5*** gnomone (*di meridiana*).
stymie /ˈstaɪmɪ/, *n.* ***1*** (*golf*) stymie; palla di un giocatore che sta tra quella dell'avversario e la buca ***2*** (*fig.*) ostacolo; difficoltà.
to **stymie** /ˈstaɪmɪ/, *v. t.* ***1*** (*golf*) ostacolare la buca a (*un avversario*) ***2*** (*fig.*) ostacolare; mettere in imbarazzo.
styptic /ˈstɪptɪk/, *a.* e *n.* (*med.*) (sostanza) astringente, coagulante, antiemorragico, emostatico: **s. pencil**, matita emostatica.
stypticity /stɪpˈtɪsətɪ/, *n.* (*med.*) potere astringente; qualità emostatiche (*pl.*).
styrax /ˈstaɪəræks/, *n.* (*bot., Styrax officinalis*) storace.
styrene /ˈstaɪriːn/, *n.* (*chim.*) stirene; stirolo.
Styria /ˈstɪrɪə/, *n.* (*geogr.*) Stiria.
Styrian /ˈstɪrɪən/, *a.* e *n.* stiriano.
styrofoam /ˈstaɪərəfəʊm/, *n.* (*marchio, USA*) polistirolo.
Styx /stɪks/, *n.* (*mitol.*) Stige. ● **to cross the S.**, attraversare lo Stige; (*fig.*) morire.
Suabian /ˈsweɪbɪən/, *a.* e *n.* (*stor.*) svevo.
suability /suːəˈbɪlətɪ, sj-/, *n.* (*leg.*) l'esser perseguibile (*o* processabile).
suable /ˈsuːəbl, ˈsj-/, *a.* (*leg.*) perseguibile; processabile.
suasion /ˈsweɪʒn/, *n.* (*lett., spesso* **moral s.**) persuasione.
suasive /ˈsweɪzɪv/, *a.* (*lett.*) suasivo, suadente (*lett.*); persuasivo.
suave /swɑːv, sweɪv/, *a.* ***1*** soave; delicato e gentile; blando; garbato, cortese (*specialm. in modo superficiale*): **s. manners**, maniere soavi; modi insinuanti; **s. words**, parole blande, cortesi ***2*** piacevole; gradevole: **a s. medicine**, una medicina gradevole. || **-ly**, *avv.*
suavity /ˈswævətɪ/, *n.* ***1*** soavità; affabilità; garbo; cortesia ***2*** gradevolezza; piacevolezza.
sub (1) /sʌb/, *n.* (*abbr. fam.*) ***1*** (*mil.*) ufficiale subalterno; sottotenente ***2*** sussidio; anticipo (*sul salario*) ***3*** subordinato ***4*** (*naut.*) sottomarino ***5*** abbonamento; prenotazione; somma sottoscritta; quota associativa (*a un club*) ***6*** sostituto; vice; supplente ***7*** (*di giornale*) vicedirettore; redattore aggiunto ***8*** (*sport*) sostituto; rimpiazzo ***9*** (*pop. USA*) grosso sandwich.
sub (2) /sʌb/ (*lat.*), *prep.* sotto. ● (*leg.*) **sub judice**, in corso di giudizio; in discussione; sub iudice □ **sub rosa**, in confidenza; segretamente; di nascosto □ (*nei dizionari*) **sub voce** (*abbr.* **s.v.**), sotto la voce; cfr.; vedi.
to **sub** /sʌb/, **A** *v. i.* (*fam.*) sostituire; fare le veci di; supplire: **to sub for sb.**, fare le veci di q. **B** *v. t.* ***1*** essere il vicedirettore (*di un giornale*) ***2*** revisionare (*un articolo, un testo, ecc.*) ***3*** (*fam.*) dare un anticipo di salario a (q.).
subaccount /ˈsʌbəkaʊnt/, *n.* (*rag.*) sottoconto.
subacid /sʌbˈæsɪd/, *a.* ***1*** (*chim.*) subacido ***2*** leggermente acido; acidetto; acidulo.
subacidity /sʌbəˈsɪdətɪ/, *n.* (*chim.*) subacidità.
subacute /sʌbəˈkjuːt/, *a.* (*med.*) subacuto.
subaerial /sʌbˈeərɪəl/, *a.* (*geogr.*) subaereo.
subagency /sʌbˈeɪdʒənsɪ/, *n.* (*comm.*) subagenzia.
subagent /ˈsʌbeɪdʒənt/, *n.* (*comm.*) subagente.
subalimentation /sʌbælɪmenˈteɪʃn/, *n.* (*med.*) sottoalimentazione.
subalpine /sʌbˈælpaɪn/, *a.* (*geogr.*) subalpino.
subaltern /ˈsʌbltən, *USA* səˈbɔːlt-/, **A** *a.* (*mil., gramm., filos., ecc.*) subalterno: **a s. proposition**, una proposizione subalterna. **B** *n.* ***1*** (*mil.*) ufficiale subalterno ***2*** (*filos.*) proposizione subalterna (*o* secondaria).
subalternation /sʌbɔːltəˈneɪʃn, -ɒl-, *USA* -ɔːl-, -æl-/, *n.* subordinazione.
subantarctic /sʌbænˈtɑːktɪk, -tˈɑː-, -bˈæ-/, *a.* (*geogr.*) subantartico.
subaquatic /sʌbəˈkwætɪk/, *a.* (*scient.*) ***1*** parzialmente acquatico ***2*** subacqueo.
subaqueous /sʌbˈeɪkwɪəs/, *a.* (*scient.*) subacqueo; sottomarino.
subarctic /sʌbˈɑːktɪk/, *a.* (*geogr.*) subartico.
subarid /sʌbˈærɪd/, *a.* (*geogr.*) subarido.
subastral /sʌbˈæstrəl/, *a.* (*lett.*) sotto le stelle; terrestre.
subatomic /sʌbəˈtɒmɪk/, *a.* (*fis.*) subatomico.
subaudition /sʌbɔːˈdɪʃn/, *n.* (*raro*) il capire ciò che è sottinteso; il leggere fra le righe.
subbase /ˈsʌbbeɪs/, *n.* ***1*** (*archit.*) sottobase ***2*** (*ind. costr., edil.*) sottofondo.
subbing /ˈsʌbɪŋ/, *n.* (*fam.*) *V.* **subediting**.
sub-branch /ˈsʌbbrɑːntʃ, *USA* -æntʃ/, *n.* (*banca*) agenzia; sportello (*fam.*).
subcaudal /sʌbˈkɔːdl/, *a.* (*zool.*) subcaudale.
subchannel /sʌbˈtʃænl/, *n.* (*elab.*) sottocanale.
subcharter /ˈsʌbtʃɑːtə(r)/, *n.* (*trasp., naut.*) (contratto di) subnoleggio.
subchaser /ˈsʌbtʃeɪsə(r)/, *n.* (*naut., mil.*) cacciasommergibili.
subclass /ˈsʌbklɑːs, *USA* -æs/, *n.* (*scient.*) sottoclasse.
subclassification /sʌbklæsɪfɪˈkeɪʃn/, *n.* sottoclassificazione.
to **subclassify** /sʌbˈklæsɪfaɪ/, *v. t.* sottoclassificare.
subclavian /sʌbˈkleɪvɪən/, *a.* (*anat.*) succlavio: **s. artery**, arteria succlavia.
subclinical /sʌbˈklɪnɪkl/, *a.* (*med.*) subclinico; che non manifesta ancora sintomi.
subcommission /sʌbkəˈmɪʃn/, *n.* sottocommissione.
subcommissioner /sʌbkəˈmɪʃənə(r)/, *n.* vicecommissario.
subcommittee /ˈsʌbkəmɪtɪ/, *n.* sottocomitato; sottocommissione.
subcompact /sʌbkəmˈpækt/, *n.* (*autom., USA*; = **s. car**) utilitaria a due porte.
subcompany /sʌbˈkʌmpənɪ/, *n.* (*leg., fin.*) società sussidiaria; consociata.
subconscious /sʌbˈkɒnʃəs/, *a.* e *n.* (*psic.*) subcosciente; subconscio. || **-ly**, *avv.*
subconsciousness /sʌbˈkɒnʃəsnəs/, *n.* (*psic.*) subcosciente.
subcontinent /sʌbˈkɒntɪnənt/, *n.* (*geogr.*) subcontinente: **India is a s.**, l'India è un subcontinente.
subcontract /sʌbˈkɒntrækt, ˈsʌbkɒ-/, *n.* (*leg.*) subappalto; subaccollo. ● **s. work**, lavoro in subappalto.
to **subcontract** /sʌbkənˈtrækt, *USA* sʌbˈkɒnt-/, *v. t.* (*leg.*) subappaltare.
subcontractor /sʌbkənˈtræktə(r), *USA* sʌbˈkɒnt-/, *n.* (*leg.*) subappaltatore; subaccollatario.
subcontrary /sʌbˈkɒntrərɪ, *USA* -erɪ/, *a.* (*filos. antica*) subcontrario.
subcortical /sʌbˈkɔːtɪkl/, *a.* (*anat.*) subcorticale.
subcritical /sʌbˈkrɪtɪkl/, *a.* (*fis. nucl.*) ipocritico; subcritico: **s. mass**, massa subcritica.
subcultural /sʌbˈkʌltʃərəl/, *a.* subculturale; di una sottocultura.
subculture /ˈsʌbkʌltʃə(r)/, *n.* (*sociol.*) subcultura; sottocultura.
subcutaneous /sʌbkjuːˈteɪnɪəs/, *a.* (*anat., med.*) sottocutaneo; ipodermico. ● (*anat.*) **s. connective tissue**, tessuto sottocutaneo; ipoderma.
subdeacon /sʌbˈdiːkən/, *n.* (*relig.*) suddiacono (*prima del Concilio Ecumenico Vaticano Secondo*).
subdeaconate /sʌbˈdiːkənət, -eɪt/, *V.* **subdiaconate**.
subdiaconate /sʌbdaɪˈækənət, -eɪt/, *n.* (*relig.*) suddiaconato.
to **subdivide** /sʌbdɪˈvaɪd/, *v. t.* e *i.* ***1*** suddividere, suddividersi ***2*** (*USA*) lottizzare (*un terreno*).
subdivisible /sʌbdɪˈvaɪzəbl/, *a.* suddivisibile.
subdivision /sʌbdɪˈvɪʒn/, *n.* ***1*** suddivisione ***2*** (*USA*) lotto (*di terreno*) ***3*** (*USA*) terreno lottizzato.
subdominant /sʌbˈdɒmɪnənt/, *n.* (*mus.*) sottodominante.
subduable /sʌbˈdjuəbl, *USA* -ˈdʒuə-/, *a.* ***1*** soggiogabile; domabile; reprimibile; vincibile ***2*** attenuabile; riducibile.
subdual /səbˈdjuːəl, *USA* -ˈduː-/, *n.* ***1*** soggiogamento; sottomissione; conquista; asservimento; repressione ***2*** attenuamento; riduzione.
to **subdue** /səbˈdjuː, *USA* -ˈduː/, *v. t.* ***1*** soggiogare; sottomettere; assoggettare; vincere; conquistare: **to s. a territory**, conquistare un territorio; **to s. one's enemies**, vincere i propri nemici; **to s. nature**, assoggettare le forze della natura ***2*** frenare; dominare; tenere a freno; reprimere: **to s. an unreasonable fear**, dominare un timore irragionevole; **to s. one's desires**, tenere a freno i propri desideri ***3*** attenuare; abbassare; mitigare; ridurre: **to s. the light**, attenuare la luce; **to s. the effect**, mitigare l'effetto; **to s. one's voice**, abbassare la voce. ● (*agric.*) **to s. rough land**, coltivare terra vergine.
subdued /səbˈdjuːd, *USA* -ˈduːd/, *a.* ***1*** assoggettato; soggiogato; sottomesso; soggetto: **a s. people**, un popolo soggetto ***2*** (troppo) calmo; mogio; buono buono (*fam.*) ***3*** attenuato; mitigato; smorzato; tenue: **s. lighting**, illuminazione attenuata; **s. light**, luce smorzata; **a s. colour**, un colore tenue ***4*** pacato; sommesso; smorzato: **in a s. tone**, in tono pacato (*o* sommesso). || **-ly**, *avv.* || **-ness**, *sost.*
subdural /sʌbˈdjʊərəl, *USA* -ˈdʊə-/, *a.* (*anat.*) subdurale.
to **subedit** /sʌbˈedɪt/, *v. t.* ***1*** essere il vicedirettore di (*un giornale*) ***2*** revisionare; fare la revisione di (*scritti altrui*).
subediting /sʌbˈedɪtɪŋ/, *n.* revisione (*di testi, ecc.*); lavoro redazionale.
subeditor /sʌbˈedɪtə(r)/, *n.* ***1*** redattore; revisore ***2*** (*di giornale*) vicedirettore; redattore aggiunto.
subemployed /sʌbɪmˈplɔɪd/, *a.* (*econ.*) sottoccupato. ● **a s. worker**, un sottoccupato.
subemployment /sʌbɪmˈplɔɪmənt/, *n.* (*econ.*) sottoccupazione.
subequatorial /sʌbekwəˈtɔːrɪəl/, *a.* (*geogr.*) subequatoriale.
suberic /suːˈberɪk, sj-/, *a.* (*chim.*) suberico: **s. acid**, acido suberico.
suberin /ˈsuːbərɪn, ˈsj-/, *n.* (*chim.*) suberina.
suberous /ˈsuːbərəs, ˈsj-/, **suberose** /ˈsuːbərəʊs, ˈsj-/, *a.* (*bot.*) sugheroso.
subfamily /ˈsʌbfæmlɪ, -məlɪ/, *n.* (*scient.*) sottofamiglia.
subfield /ˈsʌbfiːld/, *n.* (*mat.*) sottocampo.
subfusc /ˈsʌbfʌsk/, **A** *a.* ***1*** fosco; brunastro; opaco ***2*** (*fig.*) oscuro; misero; meschino. **B** *n.* (*a Oxford*) tenuta accademica (*toga, tocco, ecc.*).
subgenus /ˈsʌbdʒiːnəs/, *n.* (*pl.* **subgenera, subgenuses**) (*scient.*) sottogenere.

subglacial /sʌbˈgleɪʃl/, *a.* (*geol.*) subglaciale.
subgroup /ˈsʌbgruːp/, *n.* (*chim., mat.*) sottogruppo.
subhead /ˈsʌbhɛd/, *n.* **1** V. **subheading** **2** (*nelle scuole*) vicedirettore; vicepreside.
subheading /ˈsʌbhɛdɪŋ/, *n.* (*giorn., tipogr.*) sottotitolo.
subhuman /sʌbˈhjuːmən/, *a.* subumano; disumano; bestiale.
sub-hunter /sʌbˈhʌntə(r)/, *a. attr.* (*mil.*) cacciasommergibili.
subirrigation /sʌbɪrɪˈgeɪʃn/, *n.* (*agric.*) subirrigazione.
subjacent /sʌbˈdʒeɪsnt/, *a.* **1** sottostante; inferiore **2** (*geol.*) soggiacente; non affiorante.
subject (1) /ˈsʌbdʒɛkt, -ɪkt/, *a.* **1** soggetto; assoggettato; sottomesso; sottoposto; esposto: **s. nations**, nazioni soggette; **s. tribes**, tribù sottomesse; **Even foreigners are s. to the laws of the country**, anche gli stranieri sono soggetti alle leggi del paese; **I am s. to tremendous headaches**, vado soggetto a tremende emicranie; **to be s. to envy**, essere esposto all'invidia **2** (*leg.*) subordinato (*a condizioni, ecc.*). ● **the s. plains**, le pianure sottostanti □ **s. to**, salvo: **S. to correction, these are the facts**, salvo errore, i fatti sono questi □ (*comm.: di un prodotto*) **s. to availability**, se disponibile; salvo venduto □ (*banca, fin.*) **s. to collection**, salvo buon fine (*abbr.* S.B.F.) □ (*comm.*) **s. to sale** (*o* **s. to goods being unsold**), salvo venduto □ **to be held s.**, essere assoggettato; essere tenuto in sudditanza □ (*comm.*) **All prices (are) s. to alterations**, tutti i prezzi sono suscettibili di variazione.
subject (2) /ˈsʌbdʒɛkt, -ɪkt/, *n.* **1** soggetto; argomento; oggetto: **the s. of the speech** [**of the book**], il soggetto del discorso [del libro]; (*gramm.*) **Every verb has a s.**, ogni verbo ha un soggetto; **to change the s.**, cambiare argomento; **to let drop the s.**, lasciar cadere l'argomento; **He is a s. for ridicule**, è oggetto di scherno; **He was made the s. of an experiment**, fu fatto oggetto d'esperimento **2** materia (*di studio*); disciplina: **Chemistry is my favourite s.**, la chimica è la mia materia preferita **3** suddito; cittadino: **rulers and subjects**, governanti e sudditi; **He is an Italian s.**, è cittadino italiano **4** (*form.*) causa; motivo; occasione: **a s. for great sorrow**, una causa di grande dolore; **I'll give you no s. for complaint**, non vi darò motivo di lagnarvi di me **5** (*bot., zool.*) esemplare **6** (*med.*) cadavere (*per sala anatomica*) **7** (*med., psic.*) soggetto: **a nervous s.**, un soggetto nervoso **8** (*mus.*) tema (*di una sonata, ecc.*). ● **s. catalogue**, catalogo per soggetto (*in una biblioteca*) □ (*comm., ecc.*) registrazione (*o* archiviazione) per oggetto □ (*fisc.*) **a s. for taxation**, un soggetto tassabile □ **s.-heading**, voce di indice □ **s. matter**, argomento; contenuto; oggetto; tema; materia □ (*ass.*) **the s. matter insured**, la cosa assicurata □ **one's fellow-subjects**, i propri concittadini □ **on the s. of money**, a proposito di denaro.
to **subject** /səbˈdʒɛkt/, **A** *v. t.* **1** assoggettare; soggiogare; sottomettere: **to s. a nation to one's sway**, assoggettare una nazione al proprio potere; soggiogare una nazione **2** sottoporre; esporre: **Iron must be subjected to a special process to become steel**, il ferro deve essere sottoposto a un processo speciale per diventare acciaio; **to s. sb. to indignities**, sottoporre q. a maltrattamenti **3** (*med.*) predisporre: **His weakness subjected him to many diseases**, la sua debolezza lo predisponeva a molte malattie. **B** to **subject oneself**, *v. rifl.* esporsi; sottomettersi: **Don't s. yourself to ridicule** [**criticism**], non esporti al ridicolo [alle critiche].
subjectability /səbdʒɛktəˈbɪlətɪ/, *n.* **1** assoggettabilità **2** l'essere sottoponibile.
subjectable /səbˈdʒɛktəbl/, *a.* **1** assoggettabile **2** sottoponibile.
subjection /səbˈdʒɛkʃn/, *n.* soggezione; sottomissione; assoggettamento; sudditanza: **to be in a state of s.**, essere in stato di soggezione. ● **to bring sb. into s.**, assoggettare, soggiogare q.
subjective /səbˈdʒɛktɪv/, *a.* **1** soggettivo; personale; individuale **2** (*gramm.*) del soggetto; soggettivo: **s. genitive**, genitivo soggettivo. ● (*gramm.*) **s. case**, nominativo □ (*econ.*) **s. utility**, utilità soggettiva. || **-ly**, *avv.* || **-ness**, *sost.*
subjectivism /səbˈdʒɛktɪvɪzəm/, *n.* (*filos.*) soggettivismo.
subjectivist /səbˈdʒɛktɪvɪst/, *n.* (*filos.*) soggettivista.
subjectivistic /səbdʒɛktɪˈvɪstɪk/, *a.* (*filos.*) soggettivistico.
subjectivity /sʌbdʒɛkˈtɪvətɪ/, *n.* soggettività.
subjectless /ˈsʌbdʒɛktləs/, *a.* **1** privo d'argomento **2** (*gramm.*) senza soggetto.
to **subjoin** /sʌbˈdʒɔɪn/, *v. t.* soggiungere; aggiungere.
sub judice /sʌbˈdʒuːdəsɪ, sʊbˈjuːdɪkeɪ/ (*lat.*), *a.* e *avv.* (*leg.*) sub iudice; in discussione; in corso di giudizio.
subjugable /ˈsʌbdʒəgəbl/, *a.* soggiogabile; assoggettabile.
to **subjugate** /ˈsʌbdʒəgeɪt/, *v. t.* soggiogare; assoggettare; domare; sottomettere; ridurre in soggezione.
subjugation /sʌbdʒəˈgeɪʃn/, *n.* soggiogamento; assoggettamento; conquista; sottomissione.
subjugator /ˈsʌbdʒəgeɪtə(r)/, *n.* soggiogatore.
subjunctive /səbˈdʒʌŋktɪv/, *a.* e *n.* (*gramm.*) congiuntivo; soggiuntivo (*meno comune*): **s. mood**, modo congiuntivo.
subkingdom /sʌbˈkɪŋdəm/, *n.* (*zool., bot.*) sottoregno.
sublease /ˈsʌbliːs/, *n.* subaffitto; sublocazione.
to **sublease** /sʌbˈliːs/, *v. t.* subaffittare; sublocare; prendere (*un appartamento, ecc.*) in subaffitto.
sublessee /sʌblɛˈsiː/, *n.* subaffittuario; sublocatario.
sublessor /sʌbˈlɛsɔː, -lɛˈsɔː/, *n.* subaffittante.
sublet /ˈsʌblɛt/, *n.* (*fam. specialm. USA*) V. **sublease**.
to **sublet** /sʌbˈlɛt/ (*pass.* e *p. p.* **sublet**), *v. t.* **1** subaffittare; sublocare **2** subappaltare.
sublevel /ˈsʌblɛvl/, *n.* (*ind. min., fis. nucl., ecc.*) sottolivello.
sublieutenancy /sʌblɛfˈtɛnənsɪ, -ləf-, *USA* -luː-/, *n.* **1** (*mil.*) grado di sottotenente **2** (*naut., mil.*) grado di sottotenente di vascello.
sublieutenant /sʌblɛfˈtɛnənt, -ləf-, *USA* -luː-/, *n.* **1** (*mil.*) sottotenente **2** (*naut., mil.*) sottotenente di vascello.
sublimable /ˈsʌblɪməbl, səˈblaɪm-/, *a.* sublimabile.
sublimate /ˈsʌblɪmət, -meɪt/, *n.* (*chim.*) sublimato: **corrosive s.**, sublimato corrosivo; bicloruro di mercurio.
to **sublimate** /ˈsʌblɪmeɪt/, **A** *v. t.* **1** (*chim., fis.*) sublimare **2** (*fig.*) elevare, idealizzare, purificare **3** (*psic.*) sublimare. **B** *v. i.* (*psic.*) sublimarsi.
sublimation /sʌblɪˈmeɪʃn/, *n.* **1** (*chim., fis.*) sublimazione **2** (*fig.*) elevazione, idealizzazione **3** (*psic.*) sublimazione.
sublime /səˈblaɪm/, *a.* **1** sublime; altissimo; eccelso; elevato; maestoso; nobilissimo: **with a s. spirit of sacrifice**, con sublime spirito di sacrificio; **a s. thought**, un pensiero sublime **2** (*iron.*) supremo; sovrano: **s. ignorance**, suprema ignoranza; **with a s. disgregard of conventions**, con sovrano disprezzo delle convenzioni. ● **the s.**, il sublime □ (*stor.*) **the S. Porte**, la Sublime Porta; l'Impero ottomano. || **-ly**, *avv.*
to **sublime** /səˈblaɪm/, **A** *v. t.* **1** rendere sublime; sublimare; elevare **2** (*chim.*) sublimare. **B** *v. i.* **1** diventare sublime; sublimarsi; elevarsi **2** (*chim.*) sublimarsi.
subliminal /sʌbˈlɪmɪnl/, *a.* (*psic., fisiol.*) subliminale. ● **s. advertising**, pubblicità subliminale □ (*psic.*) **the s. self**, il subcosciente. || **-ly**, *avv.*
sublimity /səbˈlɪmətɪ/, *n.* sublimità; elevatezza; maestosità; nobiltà.
sublingual /sʌbˈlɪŋgwəl/, *a.* (*anat.*) sublinguale; sottolinguale.
sublittoral /sʌbˈlɪtərəl/, *a.* (*geogr.*) sublitorale; sublitoraneo.
sublunar /sʌbˈluːnə(r), -ˈlj-/, **sublunary** /sʌbˈluːnərɪ, -ˈlj-/, *a.* (*astron.*) sublunare.
submachine gun /sʌbməˈʃiːngʌn/, *locuz. n.* (*mil.*) fucile mitragliatore; mitra.
subman /ˈsʌbmæn/, *n.* (*pl.* **submen**) uomo minorato (*per sviluppo o capacità mentali*).
submarine /sʌbməˈriːn, *USA* ˈsʌb-/, **A** *a.* sottomarino; suboceanico; subacqueo: **a s. cable**, un cavo sottomarino; **s. shooting**, ripresa subacquea (*cinematografica, ecc.*); **a s. mine**, una mina subacquea. **B** *n.* **1** (*naut. mil.*) sottomarino; sommergibile **2** (*pop. USA*) immigrante clandestino **3** (*pop. USA*) grosso sandwich (*con molti ingredienti*). ● **s. base**, base per sommergibili □ **s.-chaser**, cacciasommergibili □ **s. earthquake**, maremoto □ **s. pen**, base sotterranea per sommergibili □ **midget s.**, sommergibile tascabile □ **mine-laying s.**, sommergibile posamine □ **nuclear-powered s.**, sottomarino a propulsione nucleare.
submariner /sʌbˈmærɪnə(r), *USA* ˈsʌb-/, *n.* (*naut., mil.*) sommergibilista.
submatrix /sʌbˈmeɪtrɪks/, *n.* (*naut.*) sottomatrice.
submaxillary /sʌbmækˈsɪlərɪ, *USA* -ˈmæksɪlerɪ/, *a.* (*anat.*) sottomascellare.
to **submerge** /səbˈmɜːdʒ/, **A** *v. t.* **1** sommergere; immergere; inondare; allagare; far andare sott'acqua **2** (*fig.*) cancellare; reprimere: **to s. all sense of pity**, reprimere ogni senso di pietà. **B** *v. i.* (*specialm. di sottomarino*) sommergersi; immergersi.
submerged /səbˈmɜːdʒd/, *a.* **1** (*geol.*) sommerso: **s. lands**, terre sommerse **2** (*bot.*) sommerso; subacqueo; che cresce sott'acqua **3** (*fig.*) sommerso: **s. economy**, economia sommersa **4** (*naut., mil.: di sottomarino*) in immersione: **s. navigation**, navigazione in immersione. ● (*fig.*) **I'm quite s. in work**, sono sommerso dal lavoro.
submergence /səbˈmɜːdʒəns/, *n.* **1** (*geol.*) sommersione **2** (*naut.*) immersione.
submergible /səbˈmɜːdʒəbl/, *a.* sommergibile.
to **submerse** /səbˈmɜːs/, V. **to submerge**.
submersible /səbˈmɜːsəbl/, *a.* e *n.* sommergibile. ● (*mecc.*) **s. pump**, pompa (*o* motopompa) sommersa.
submersion /səbˈmɜːʃn, *USA* -ʒn/, *n.* sommersione; immersione.
subminiature /səbˈmɪnɪtʃə(r), sʌb-, *USA* -nɪə-, -cʊə(r)/, *a. attr.* (*tecn.*) microminiaturizzato. ● (*fotogr.*) **s. camera**, microcamera.
subminiaturization /səbmɪnɪtʃəraɪˈzeɪʃn, sʌb-, *USA* -nɪətʃərɪˈz-, -cʊə-/, *n.* (*tecn.*) microminiaturizzazione.
to **subminiaturize** /səbˈmɪnɪtʃəraɪz, sʌb-, *USA* -ˈmɪnɪə-/, *v. t.* (*tecn.*) microminiaturizzare.
submission /səbˈmɪʃn/, *n.* **1** sottomissione; assoggettamento; resa: **complete s.**, completa sottomissione; resa incondizionata **2** sottomissione; docilità; obbedienza; umiltà; deferenza; rispetto: **with all due s.**, con tutto il dovuto rispetto **3** presentazione (*di q.c. a q., perché esamini, decida, ecc.*): **He demands the s. of the signature to an expert**, chiede che la firma sia sottoposta all'esame di un perito **4** (*lett.*) suggerimento; consiglio; proposta **5** (*leg.*) deferimento; rimessione: **s. to arbitration**, rimessione all'arbitrato.
submissive /səbˈmɪsɪv/, *a.* **1** sottomesso; remissivo; obbediente; docile **2** deferente; umile; rispettoso. || **-ly**, *avv.* || **-ness**, *sost.*

to **submit** /səb'mɪt/, **A** *v. t.* ***1*** sottoporre; presentare; affidare; rimettere; (*leg.*) demandare, deferire: **to s. a matter to arbitration**, rimettere una questione all'arbitrato; **The architect submitted his plans to the city council**, l'architetto presentò i progetti al consiglio comunale; **to s. st. to sb.'s inspection**, sottoporre q.c. all'esame di q.; (*leg.*) **to s. a case to the court**, demandare (*o* deferire) una causa al tribunale; (*comm.*) **to s. samples [an offer, a tender for a contract]**, presentare campioni [fare un'offerta, un'offerta per una gara d'appalto] ***2*** (*form.*) affermare; far presente: **He submitted that no evidence of his guilt had been found**, fece presente che non era stata trovata alcuna prova della sua colpevolezza. **B** *v. i.* ***1*** sottomettersi; fare atto di sottomissione; cedere; piegarsi: **They refused to s. to slavery**, non vollero sottomettersi alla schiavitù; **We must s. to God's will**, dobbiamo sottometterci alla volontà di Dio ***2*** rimettersi (*alla decisione, al giudizio altrui*); chinare il capo (*fig.*); ubbidire: **to s. to arbitration**, rimettersi all'arbitrato. **C** to **submit oneself**, *v. rifl.* sottomettersi; cedere; piegarsi. ● **to s. a claim**, sporgere reclamo; (*leg.*) presentare una richiesta.

submontane /sʌb'mɒnteɪn/, *a.* (*geogr.*) submontano.

submultiple /sʌb'mʌltɪpl/, *n.* (*mat.*) sottomultiplo.

subnormal /sʌb'nɔːml/, **A** *a.* ***1*** inferiore al normale; sotto la norma ***2*** (*med., psic.*) subnormale. **B** *n.* (*med., psic.*) subnormale. || **-ly**, *avv.*

subnormality /ˌsʌbnɔː'mælɪtɪ/, *n.* (*med., psic.*) subnormalità.

subnuclear /sʌb'njuːklɪə(r), *USA* -'nuː-/, *a.* (*fis. nucl.*) subnucleare.

suboccipital /sʌbɒk'sɪpɪtl/, *a.* (*anat.*) suboccipitale.

suboceanic /sʌbəʊʃɪ'ænɪk/, *a.* (*geogr.*) suboceanico.

suborbital /sʌb'ɔːbɪtl/, *a.* (*aeron., miss.*) suborbitale.

suborder /'sʌbɔːdə(r)/, *n.* (*zool., bot.*) sottordine.

subordinacy /sə'bɔːdɪnəsɪ/, *n.* subordinazione.

subordinate /sə'bɔːdɪnət/, **A** *a.* subordinato; soggetto; dipendente; subalterno; sottoposto: (*gramm.*) **a s. clause**, una proposizione subordinata; **to be s. to sb.**, esser soggetto a q.; dipendere da q. **B** *n.* subordinato; dipendente; subalterno; sottoposto. || **-ly**, *avv.* || **-ness**, *sost.*

to **subordinate** /sə'bɔːdɪneɪt/, *v. t.* ***1*** subordinare; mettere su un piano secondario: **to s. amusements to the needs of the family**, subordinare i divertimenti ai bisogni della famiglia ***2*** assoggettare; tenere in sottordine.

subordinating /sə'bɔːdɪneɪtɪŋ/, *a.* subordinativo; subordinante: (*gramm.*) **a s. conjunction**, una congiunzione subordinante.

subordination /səbɔːdɪ'neɪʃn/, *n.* ***1*** secondarietà; minore importanza; inferiorità di grado ***2*** subordinazione; dipendenza; sottomissione ***3*** (*gramm.*) subordinazione.

subordinative /sə'bɔːdɪnətɪv, *USA* -eɪtɪv/, *a.* subordinativo.

to **suborn** /sə'bɔːn/, *v. t.* ***1*** (*leg.*) subornare; corrompere (*testimoni, ecc.*) ***2*** (*per estens.*) istigare; sobillare.

subornation /sʌbɔː'neɪʃn/, *n.* ***1*** (*leg.*) subornazione ***2*** (*per estens.*) istigazione; sobillazione. ● (*leg.*) **s. of perjury**, istigazione a giurare il falso.

suborner /sʌ'bɔːnə(r)/, *n.* (*leg.*) subornatore, subornatrice.

subplot /'sʌbplɒt/, *n.* (*lett.*) intreccio secondario.

subpoena /sə'piːnə, səb-, sʌb-/, *n.* (*leg.*) mandato di comparizione (*nel processo civile*; *cfr.* **summons**); citazione (*di un teste, ecc.*). ● **to be served a s.**, essere citato in giudizio; ricevere una citazione.

to **subpoena** /sə'piːnə, səb-, sʌb-/, *v. t.* (*leg.*) citare (q.) a comparire in giudizio (*civile*); citare (q.) come teste; notificare un mandato di comparizione a (q.).

subpolar /sʌb'pəʊlə(r)/, *a.* (*geogr.*) subpolare.

subpopulation /sʌbpɒpjʊ'leɪʃn/, *n.* (*demogr., stat.*) subpopolazione.

sub-post master /sʌb'pəʊstmaːstə(r), *USA* -æst-/, *locuz. n.* (*in G.B.*) agente postale (**mistress** *se donna*).

subprefect /sʌb'priːfekt/, *n.* sottoprefetto; viceprefetto (*in Francia, in Italia*).

subprefecture /sʌb'priːfektʃʊə(r)/, *n.* sottoprefettura.

subprogram /sʌb'prəʊgræm/, *n.* (*elettron.*) sottoprogramma.

subquality /sʌb'kwɒlətɪ/, **A** *n.* (*comm.*) qualità inferiore. **B** *a. attr.* di qualità inferiore: **s. products**, prodotti di qualità inferiore.

subregion /'sʌbriːdʒən/, *n.* (*geogr.*) subregione.

subreption /səb'repʃn, sʌb-/, *n.* (*leg., raro*) surrezione.

subreptitious /sʌbrep'tɪʃəs/, *a.* ***1*** (*leg.*) surrettizio ***2*** (*fig.*) subdolo; furtivo. || **-ly**, *avv.*

subring /'sʌbrɪŋ/, *n.* (*mat.*) sottoanello.

to **subrogate** /'sʌbrəgeɪt/, *v. t.* surrogare.

subrogation /sʌbrə'geɪʃn/, *n.* (*specialm. leg.*) surrogazione.

subroutine /'sʌbruːtiːn/, *n.* (*elab.*) subroutine; sottoprogramma.

subsample /sʌb'saːmpl, *USA* -æm-/, *n.* (*stat.*) sottocampione.

to **subsample** /sʌb'saːmpl, *USA* -æm-/, *v. t.* (*stat.*) sottocampionare.

subsatellite /sʌb'sætəlaɪt/, *n.* ***1*** (*miss.*) oggetto messo in orbita da un satellite ***2*** (*polit.*) satellite di un satellite.

to **subscribe** /səb'skraɪb/, **A** *v. t.* ***1*** sottoscrivere; firmare: **to s. a document**, sottoscrivere un documento; **to s. a picture**, firmare un quadro ***2*** (*fin.*) sottoscrivere: **to s. stock**, sottoscrivere capitale azionario; **to s. a loan**, sottoscrivere un prestito ***3*** contribuire con; dare come contributo: **They s. large sums to charities**, contribuiscono con grosse somme a opere di beneficenza. **B** *v. i.* ***1*** sottoscrivere (*fig.*); aderire (a); approvare; condividere: **I cannot s. to this opinion**, non posso condividere questa opinione; **I don't s. to such measures**, non approvo siffatti provvedimenti ***2*** abbonarsi; prenotarsi: **to s. to a newspaper [a periodical]**, abbonarsi a un giornale [a un periodico]; **to s. for a book**, prenotarsi per acquistare copie di un libro ***3*** sottoscrivere; firmare. ● (*fin.*) **to s. for 5,000 shares**, sottoscrivere cinquemila azioni □ **to s. to a charity**, aderire a una sottoscrizione di beneficenza □ **He subscribed (for) ten pounds**, sottoscrisse (*o* contribuì con) dieci sterline.

subscribed /səb'skraɪbd/, *a.* ***1*** scritto in calce: **the s. names**, i nomi scritti in calce; le firme apposte ***2*** (*fin.*) sottoscritto: **s. capital**, capitale sottoscritto.

subscriber /səb'skraɪbə(r)/, *n.* ***1*** (*fin.*) sottoscrittore, sottoscrittrice (*di titoli mobiliari*) ***2*** abbonato, abbonata: **telephone s.**, abbonato al telefono. ● **the s.**, il sottoscritto □ (*telef., in G.B.*) **s. trunk dialling**, teleselezione.

subscript /'sʌbskrɪpt/, **A** *a.* (*gramm. greca, mat.*) sottoscritto; scritto sotto: **iota s.**, iota sottoscritto. **B** *n.* ***1*** (*mat., scient.*) deponente; pedice ***2*** (*elab.*) indice.

subscription /səb'skrɪpʃn/, *n.* ***1*** sottoscrizione; firma ***2*** sottoscrizione; colletta: **to raise a s.**, fare una colletta ***3*** contribuzione; quota versata (*o* da versare) ***4*** abbonamento (*a un giornale, a teatro, ecc.*) ***5*** (*fin.*) sottoscrizione (*di azioni, ecc.*): **s. to an issue**, sottoscrizione di un'emissione; **s. price**, prezzo di sottoscrizione ***6*** (*form.*) approvazione; consenso. ● **s. concert**, concerto in abbonamento □ **s. edition**, edizione riservata a chi ha prenotato un libro □ **s. fee**, canone di abbonamento □ **s. rates**, quote di abbonamento □ (*fin.*) **s. right**, diritto di opzione □ (*fin., in G.B.*) **s. shares**, quote-parti di sottoscrizione (*di una «building society», q.V.*) □ (*TV*) **s. television**, pay-tv; televisione a pagamento □ (*fin.*) **s. warrant**, ricevuta di sottoscrizione; buono di opzione □ (**trade**) **union s.**, quota sindacale.

subsection /'sʌbsekʃn/, *n.* sottosezione.

subsequence /'sʌbsɪkwəns/, **subsequency** /'sʌbsɪkwənsɪ/, *n.* l'essere susseguente; susseguenza (*raro*).

subsequent /'sʌbsɪkwənt/, *a.* susseguente; seguente; successivo; ulteriore: **the s. events**, gli avvenimenti successivi. ● (*leg.*) **s. buyer**, terzo acquirente □ **s. to**, in seguito a; (*comm., bur.*) facendo seguito a (*una lettera, ecc.*). || **-ly**, *avv.*

to **subserve** /səb'sɜːv/, *v. t.* (*form.*) giovare a; servire a; contribuire a; favorire; promuovere: **to s. a purpose [an end]**, servire a uno scopo [un fine].

subservience /səb'sɜːvɪəns/, **subserviency** /səb'sɜːvɪənsɪ/, *n.* ***1*** eccessiva sottomissione; arrendevolezza; ossequiosità; remissività; servilismo ***2*** (*raro*) il giovare; utilità.

subservient /səb'sɜːvɪənt/, *a.* ***1*** arrendevole; remissivo; ossequioso; servizievole; servile ***2*** (*raro*) giovevole; utile. || **-ly**, *avv.*

subset /'sʌbset/, *n.* ***1*** (*mat.*) sottoinsieme ***2*** (*telef.*: *abbr. di* **subscriber set**) telefono d'abbonato.

to **subside** /səb'saɪd/, *v. i.* ***1*** (*dell'acqua, di un'alluvione*) abbassarsi; calare; decrescere ***2*** (*del terreno, di un edificio*) abbassarsi; avvallarsi; sprofondare ***3*** (*di nave*) affondare ***4*** calmarsi; diminuire; calare; cessare; placarsi: **The wind subsided**, il vento calò; **The sea [the tumult] subsided**, il mare [il tumulto] si placò ***5*** (*di una soluzione*) precipitare; sedimentare ***6*** (*fam.*) lasciarsi andare; sprofondarsi: **He subsided into the sofa**, si lasciò andare sul divano.

subsidence /səb'saɪdns, 'sʌbsɪd-/, *n.* ***1*** abbassamento; calo; decrescita ***2*** abbassamento; cedimento; avvallamento; sprofondamento del suolo; (*geol., ind. costr.*) subsidenza ***3*** diminuzione; cessazione ***4*** il calmarsi, il placarsi (*di passioni, ecc.*); caduta (*del vento*).

subsident /səb'saɪdnt, 'sʌbsɪd-/, *a.* (*geol., ind. costr.*) subsidente.

subsidiarily /səb'sɪdɪərəlɪ, *USA* -dɪer-/, *avv.* sussidiariamente; secondariamente.

subsidiary /səb'sɪdɪərɪ, *USA* -dɪerɪ/, **A** *a.* ***1*** sussidiario; ausiliario; di riserva; supplementare ***2*** sussidiato; sovvenzionato. **B** *n.* ***1*** aiuto; assistente; ausiliario ***2*** (*fin.*) società affiliata (*o* controllata); consociata. ● (*rag.*) **s. account**, sottoconto □ (*fin.*) **s. coins**, monete sussidiarie □ (*ferr.*) **s. track**, binario morto □ (*mil.*) **s. troops**, truppe ausiliarie; truppe mercenarie.

subsidization /sʌbsɪdaɪ'zeɪʃn, *USA* -dɪ'z-/, *n.* il sussidiare; sovvenzionamento.

to **subsidize** /'sʌbsɪdaɪz/, *v. t.* sussidiare; sovvenzionare.

subsidized /'sʌbsɪdaɪzd/, *a.* sussidiato; sovvenzionato: **s. industries**, le industrie sovvenzionate. ● (*fin., banca*) **s. credit**, credito agevolato.

subsidizer /'sʌbsɪdaɪzə(r)/, *n.* chi sussidia; sovvenzionatore.

subsidy /'sʌbsɪdɪ/, *n.* ***1*** sussidio; aiuto finanziario; sovvenzione ***2*** (*stor., in Inghil.*) assegno concesso dal Parlamento al Sovrano; appannaggio.

to **subsist** /səb'sɪst/, **A** *v. i.* ***1*** vivere; sostenersi; tenersi in vita: **to s. on odd jobs**, vivere facendo lavoretti saltuari; **to s. on meat**, sostenersi (*o* sostentarsi) mangiando carne ***2*** consistere (in) ***3*** (*filos.*) esistere; sussistere. **B** *v. t.* (*arc.*) sostenere; sostentare; mantenere.

subsistence /səb'sɪstəns/, *n.* ***1*** esistenza; vita ***2*** mezzi di sussistenza; sussistenza ***3*** (*econ., stat.*) minimo vitale. ● **s. allowance**, diaria □ (*agric.*) **s. crop**, raccolto per uso proprio □

(*econ.*) **s. economy**, economia di sussistenza □ **s. level**, livello di sussistenza □ **s. money**, indennità di trasferta (*o* di missione).

subsoil /ˈsʌbsɔɪl/, *n.* ***1*** (*geol.*) suolo inerte ***2*** (*agric.*) sottosuolo. ● (*agric.*) **s. plough**, aratro di profondità; ripuntatore.

to **subsoil** /ˈsʌbsɔɪl/, *v. t.* (*agric.*) arare in profondità.

subsoiling /ˈsʌbsɔɪlɪŋ/, *n.* (*agric.*) ripuntatura.

subsonic /sʌbˈsɒnɪk/, *a.* (*aeron.*) subsonico: **s. flight**, volo subsonico; **s. speed**, velocità subsonica.

subspace /ˈsʌbspeɪs/, *n.* (*mat.*) sottospazio.

subspecies /ˈsʌbspiːʃiːz/, *n.* (*invar. al pl.*; *zool., bot.*) sottospecie.

substance /ˈsʌbstəns/, *n.* ***1*** sostanza (*anche chim.*); materia; contenuto; essenza: **Iron is a hard s.**, il ferro è una materia dura; **to sacrifice the s. for the appearance**, sacrificare la sostanza per l'apparenza; **The s. is good, but the style repellent**, il contenuto è buono, ma lo stile è repellente; **the s. of religion**, l'essenza della religione; **This is the s. of his remarks**, questa è la sostanza delle sue osservazioni ***2*** consistenza; solidità; corpo; nerbo: **This claim is not lacking in s.**, questo reclamo non è privo di consistenza; **There is no s. in him**, non c'è consistenza in lui, è una persona inconsistente; **to take the shadow for the s.**, scambiar l'ombra per il corpo; **a style of little s.**, uno stile privo di nerbo ***3*** (*form.*) sostanze; averi; beni; patrimonio: **He has wasted his s.**, ha consumato le sue sostanze; ha sperperato il suo patrimonio. ● **in s.**, in sostanza; in realtà; sostanzialmente □ (*form.*) **a man of s.**, un uomo agiato, ricco □ (*di una diceria, ecc.*) **to be without s.**, essere inconsistente; essere privo di fondamento.

substandard /sʌbˈstændəd/, *a.* ***1*** sotto lo standard (*linguistico, ecc.*); al di sotto della norma; sotto la norma ***2*** (*comm.*: *di merce*) di qualità inferiore; scadente. ● **s. English**, inglese da incolto.

substantial /səbˈstænʃl/, *a.* ***1*** sostanziale; essenziale; effettivo; concreto; reale; vero e proprio: **a s. difference**, una differenza sostanziale; **the s. point**, il punto essenziale; **a s. contribution**, un contributo concreto; **s. progress**, effettivo progresso; **a s. success**, un successo vero e proprio ***2*** consistente; solido (*anche fig.*): **a s. building**, un edificio solido; **a s. firm**, una ditta solida ***3*** considerevole; notevole; ragguardevole; importante; non indifferente: (*comm.*) **s. orders**, ordinazioni ragguardevoli; **s. concessions**, importanti concessioni; **a s. fortune**, un patrimonio non indifferente ***4*** sostanzioso: **a s. dinner**, un pranzo sostanzioso ***5*** (*form.*) benestante; agiato; ricco: **a s. man**, un uomo agiato, ricco. ● **a s. argument**, un argomento assai valido □ (*ass.*) **s. damages**, risarcimento sostanziale □ (*leg.*) **s. evidence**, prove sufficienti □ (*leg.*) **s. performance**, adempimento sostanziale □ (*leg.*) **a s. proof**, una prova convincente □ (*leg.*) **s. right**, diritto materiale □ **the s. truth**, la verità dei fatti □ **a man of s. build**, un uomo robusto, ben piantato. || **-ly**, *avv.* || **-ness**, *sost.*

substantialism /səbˈstænʃəlɪzəm/, *n.* (*filos.*) sostanzialismo.

substantialist /səbˈstæŋʃəlɪst/, *n.* (*filos.*) sostanzialista.

substantiality /səbstænʃɪˈælətɪ/, *n.* ***1*** (*anche filos.*) sostanzialità; concretezza; realtà ***2*** consistenza; solidità ***3*** sostanziosità (*di un pasto, ecc.*) ***4*** importanza; effettivo valore.

to **substantialize** /səbˈstænʃəlaɪz/, *v. t.* rendere sostanziale (*o* reale); concretare.

to **substantiate** /səbˈstænʃɪeɪt/, *v. t.* ***1*** provare; addurre valide prove per; dar fondamento a; convalidare: (*leg.*) **to s. a charge**, provare (*o* dimostrare la fondatezza di) un'accusa; **to s. a statement**, convalidare un'asserzione; (*leg.*) **to s. a claim**, provare la validità di un diritto ***2*** rendere sostanziale; dare sostanza a (q.c.); concretare.

substantiation /səbstænʃɪˈeɪʃn/, *n.* ***1*** prova; convalida; convalidazione ***2*** il rendere sostanziale; concretazione. ● (*leg.*) **the s. of a claim**, la prova della validità di un diritto (*di cui si chiede il riconoscimento*).

substantival /səbstænˈtaɪvl/, *n.* (*gramm.*) di (*o* che funge da) sostantivo; sostantivale: **a s. clause**, un'espressione che funge da sostantivo. || **-ly**, *avv.*

substantive /ˈsʌbstəntɪv, səbˈstæn-/, **A** *a.* ***1*** effettivo; concreto; reale; sostanziale: (*mil.*) **s. rank**, grado effettivo; **s. discussions**, discussioni concrete ***2*** indipendente; autosufficiente: **s. nations**, nazioni autosufficienti. **B** *n.* (*gramm.*) sostantivo; nome. ● (*leg.*) **s. law**, diritto sostanziale □ (*leg.*) **s. plea**, eccezione nel merito □ **to make a s. of an adjective**, sostantivare un aggettivo. || **-ly**, *avv.* || **-ness**, *sost.*

substantivization /səbstæntɪvaɪˈzeɪʃn, *USA* -vɪˈz-/, *n.* (*gramm.*) sostantivazione.

to **substantivize** /səbˈstæntɪvaɪz/, *v. t.* (*gramm.*) sostantivare.

substation /ˈsʌbsteɪʃn/, *n.* ***1*** (*elettr.*) sottostazione; stazione di trasformazione ***2*** (*ferr.*) stazione sussidiaria.

substellar /sʌbˈstɛlə(r)/, *a.* ***1*** (*astron.*) substellare; subastrale ***2*** (*cinem.*) indegno di una stella del cinema.

substituent /sʌbˈstɪtjʊənt, *USA* səbˈstɪtʃʊ-/, *n.* (*chim.*) sostituente.

substitute /ˈsʌbstɪtjuːt, *USA* -tuːt/, *n.* ***1*** sostituto; supplente ***2*** surrogato; succedaneo: **Margarine is a s. for butter**, la margarina è un surrogato del burro ***3*** (*sport*) sostituto; rimpiazzo; riserva ***4*** (*pl.*) (*sport*, = **s. players**) riserve; (la) panchina (*fig.*). ● (*econ.*) **s. demand**, domanda alternativa (*o* concorrenziale) □ (*fin.*) **s. money**, moneta scritturale (*giroconti bancari, assegni, ecc.*).

to **substitute** /ˈsʌbstɪtjuːt, *USA* -tuːt/, *v. t.* ***1*** sostituire; mettere al posto di; usare invece di: **to s. cotton for wool**, sostituire il cotone alla lana (*o* la lana con il cotone) ***2*** (*sport*) sostituire; rimpiazzare. ● **to s. for**, sostituire; prendere il posto di: **I had to s. for the head clerk who was absent**, dovetti sostituire il capufficio che mancava.

substitution /sʌbstɪˈtjuːʃn, *USA* -ˈtuː-/, *n.* ***1*** sostituzione; uso (alternativo): **the s. of outdated selling techniques**, la sostituzione di tecniche di vendita obsolete; **the s. of milk for water**, l'uso (*o* il consumo) del latte invece dell'acqua ***2*** (*sport*) sostituzione; rimpiazzo: **The (soccer) manager has made two substitutions in the first half**, il «mister» ha fatto due sostituzioni nel primo tempo (*della partita*) ***3*** (*mat.*) sostituzione ***4*** (*leg.*) surrogazione. ● (*econ.*) **s. effect**, effetto di sostituzione (*di un bene*).

substitutional /sʌbstɪˈtjuːʃənl, *USA* -ˈtuː-/, **substitutionary** /sʌbstɪˈtjuːʃənrɪ, *USA* -ˈtuːʃənerɪ/, *a.* ***1*** che sostituisce; supplente ***2*** sostitutivo; di sostituzione.

substitutive /ˈsʌbstɪtjuːtɪv, *USA* -tuː-/, *a.* ***1*** (*anche ling.*) sostitutivo; di sostituzione ***2*** che sostituisce; supplente; che fa da surrogato. || **-ly**, *avv.*

substraction /səbˈstrækʃn/, *n.* ***1*** (*edil.*) sostruzione; fondazioni ***2*** (*leg.*) sottrazione (*di denaro, ecc.*).

substratum /sʌbˈstrɑːtəm, -ˈstreɪ-, *USA* ˈsʌbstreɪtəm, -ætəm/, *n.* (*pl.* **substrata, substratums**) ***1*** (*geol., agric.*) substrato; sostrato ***2*** (*ling.*) substrato; sostrato ***3*** (*fig.*) fondo: **There is a s. of reality in it**, c'è un fondo di realtà in ciò.

substructure /ˈsʌbstrʌktʃə(r)/, *n.* ***1*** sottostruttura (*in genere*) ***2*** (*edil.*) *V.* **substraction** ***3*** (*ferr.*) piano di posa (della massicciata) ***4*** (*fig.*) base, fondamento (*della società, ecc.*).

to **subsume** /səbˈsuːm, -ˈsj-/, *v. t.* (*filos.*) classificare; includere (*in una categoria, ecc.*).

subsumption /səbˈsʌmpʃn/, *n.* (*filos.*) classificazione; inclusione (*in una categoria, in un gruppo, ecc.*).

subsurface /ˈsʌbsɜːfɪs/, *n.* (*geol.*) primo strato del sottosuolo.

subtangent /sʌbˈtændʒənt/, *n.* (*mat.*) sottotangente.

subteen /ˈsʌbtiːn/, *n.* (*fam. USA*) preadolescente (*sotto i 13 anni di età*).

subtenancy /sʌbˈtɛnənsɪ/, *n.* (*leg.*) subaffitto; sublocazione.

subtenant /sʌbˈtɛnənt/, *n.* (*leg.*) subaffittuario; sublocatario.

to **subtend** /səbˈtɛnd/, *v. t.* (*geom.*) sottendere.

subtense /səbˈtɛns/, *n.* (*geom.*) corda che sottende un arco.

subterfuge /ˈsʌbtəfjuːdʒ/, *n.* sotterfugio; raggiro; stratagemma.

subterranean /sʌbtəˈreɪnɪən/, **subterraneous** /sʌbtəˈreɪnɪəs/, *a.* sotterraneo; (*fig.*) celato; nascosto: **s. stream**, corso d'acqua sotterraneo; **s. diplomacy**, diplomazia sotterranea.

subtext /ˈsʌbtɛkst/, *n.* (*letter., teatr.*) significato (*o* senso) nascosto di un testo.

subtil(e) /ˈsʌtl, ˈsʌb-/, (*arc.*) *V.* **subtle**.

subtilin /ˈsʌbtɪlɪn, ˈsʌb-/, *n.* (*med., farm.*) subtilina (*antibiotico*).

subtilization /sʌtɪlaɪˈzeɪʃn, sʌb-, *USA* -lɪˈz-/, *n.* ***1*** sottilizzazione ***2*** sottigliezza; cavillo.

to **subtilize** /ˈsʌtɪlaɪz, ˈsʌb-/, **A** *v. i.* sottilizzare; cavillare. **B** *v. t.* ***1*** sottilizzare su; discutere sottilmente di; analizzare finemente ***2*** rendere acuto, acuire (*un senso*); affinare (*la mente*) ***3*** (*arc.*) raffinare.

subtitle /ˈsʌbtaɪtl/, *n.* ***1*** (*raro*) sottotitolo (*in un libro, dramma, ecc.*) ***2*** (*cinem.*) sottotitolo; didascalia (*di film*): **an English film with Italian subtitles**, una pellicola inglese con sottotitoli in italiano.

to **subtitle** /ˈsʌbtaɪtl/, *v. t.* (*specialm. cinem.*) sottotitolare.

subtle /ˈsʌtl/, *a.* ***1*** sottile; fine; fino; tenue; acuto; penetrante; sagace; ingegnoso: **s. air**, aria sottile; **a s. perfume**, un tenue profumo; **a s. distinction**, una distinzione sottile; **s. diplomacy**, diplomazia sottile; **a s. mind**, una mente acuta (*o* sottile); **a s. policy**, una linea politica sagace; **a s. device**, una trovata ingegnosa ***2*** astruso; oscuro; indefinibile: **a s. problem**, un problema astruso ***3*** abile; astuto; scaltro: **a s. enemy**, un nemico astuto; **s. fingers**, dita abili. ● **a s. difference**, una differenza impercettibile □ **a s. poison**, un veleno insidioso □ **a s. wink**, un'ammiccatina d'intesa. || **-ness**, *sost.* || **-ly**, *avv.*

subtlety /ˈsʌtltɪ/, *n.* ***1*** sottigliezza; finezza; acume; capacità di penetrazione; sagacia; ingegnosità ***2*** astruseria; oscurità; indefinibilità ***3*** impercettibilità ***4*** astuzia; scaltrezza ***5*** sottigliezza; finezza: **to miss the subtleties of the original**, essere incapace di rendere le finezze del testo originale.

subtopia /sʌbˈtəʊpɪə/, *n.* (*contraz. di* **suburban utopia**) (*urbanistica*) brutto agglomerato (abitativo) in periferia.

subtotal /ˈsʌbtəʊtl/, *n.* (*mat., rag.*) subtotale; somma parziale.

to **subtract** /səbˈtrækt/, (*specialm. mat.*) **A** *v. t.* ***1*** sottrarre ***2*** detrarre; defalcare. **B** *v. i.* fare una sottrazione.

subtraction /səbˈtrækʃn/, *n.* (*specialm. mat.*) sottrazione. ● **a s. sign**, un segno di sottrazione; un meno.

subtractive /səbˈtræktɪv/, *a.* (*scient.*) sottrattivo.

subtrahend /ˈsʌbtrəhɛnd/, *n.* (*mat.*) sottraendo; diminutore.

subtropical /sʌbˈtrɒpɪkl/, *a.* (*geogr.*) subtropicale.

subtropics /sʌbˈtrɒpɪks/, *n. pl.* (*geogr.*) regioni subtropicali.

subulate /ˈsuːbjʊlət, -eɪt, ˈsj-/, *a.* (*zool., bot.*) subulato; a forma di lesina.

suburb /ˈsʌbɜːb/, *n.* ***1*** sobborgo ***2*** (*pl.*) sobborghi; periferia: **in the suburbs**, nei sobborghi; in periferia. ● **inner suburbs**, semiperiferia.

suburban /sə'bɜːbən/, **A** *a.* ***1*** suburbano; della periferia ***2*** in periferia: **s. car parks**, parcheggi (per auto) in periferia ***3*** (*fig. spreg.*) gretto; di mentalità ristretta. **B** *n. V.* **suburbanite**.

suburbanite /sə'bɜːbənaɪt/, *n.* (*fam.*) abitante dei sobborghi residenziali; chi vive nella periferia elegante.

suburbia /sə'bɜːbɪə/, *n.* ***1*** periferia elegante; sobborghi residenziali ***2*** usi e costumi tipici di chi vive nei sobborghi (*o* in periferia).

suburbicarian /səbɜːbɪ'kɛərɪən/, *a.* (*relig.*) suburbicario: **the s. dioceses**, le diocesi suburbicarie.

subvariety /'sʌbvəraɪətɪ/, *n.* (*scient.*) sottovarietà.

to **subvent** /səb'vɛnt/, *v. t.* (*lett.*) sovvenzionare; sovvenire a (*lett.*).

subvention /səb'vɛnʃn/, *n.* sovvenzione; sussidio.

subversion /səb'vɜːʃn, *USA* -ʒn/, *n.* sovversione; sovvertimento; rovesciamento dell'ordine costituito.

subversive /səb'vɜːsɪv/, *a.* e *n.* sovversivo; sovvertitore: **s. ideas**, idee sovversive. ‖ **-ly**, *avv.* ‖ **-ness**, *sost.*

to **subvert** /səb'vɜːt/, *v. t.* ***1*** sovvertire; rovesciare (*le istituzioni, ecc.*) ***2*** corrompere; minare (*credenze, ecc.*) ***3*** (*raro*) incitare alla rivolta.

subverter /səb'vɜtə(r)/, *n.* sovvertitore, sovvertitrice.

subvital /sʌb'vaɪtl/, *a.* (*scient.*) subvitale.

subway /'sʌbweɪ/, *n.* ***1*** sottopassaggio pedonale; passaggio sotterraneo ***2*** (*USA*) ferrovia sotterranea; metropolitana.

subzero /sʌb'zɪərəʊ, -ɪr-, *USA* -ɪr-, -iːr-/, *a. attr.* (*di temperatura*) sotto zero. ● **in s. conditions**, con la temperatura sotto zero.

succedaneous /sʌksɪ'deɪnɪəs/, *a.* succedaneo.

succedaneum /sʌksɪ'deɪnɪəm/, *n.* (*pl.* **succedaneums, succedanea**) succedaneo; surrogato.

to **succeed** /sək'siːd/, **A** *v. i.* ***1*** riuscire; aver successo; prosperare: **I didn't s. in convincing him**, non riuscii a persuaderlo; **The Gunpowder Plot of Nov. 5,1605 in London didn't s.**, la Congiura delle polveri del 5 novembre 1605 a Londra non ebbe successo; **He succeeded as a businessman** (*o* **in business**), ebbe successo negli affari ***2*** succedere; subentrare: **His eldest son succeeded him on the throne**, il figlio maggiore gli succedette sul trono; **to s. to the chairmanship**, subentrare alla presidenza; (*in U.S.A.*) **The vice-president succeeds in case of the president's death**, in caso di morte del presidente, subentra il vicepresidente. **B** *v. t.* succedere a; subentrare a: **Queen Elizabeth I succeeded Mary the Catholic**, la regina Elisabetta I succedette a Maria la Cattolica. ● **to s. in life**, affermarsi nella vita □ **to s. to a title**, ereditare un titolo □ **Days s. days**, i giorni si susseguono.

succeeder /sək'siːdə(r)/, *n.* successore.

succeeding /sək'siːdɪŋ/, *a.* successivo; seguente; susseguente: **the s. laws**, le leggi successive; **the s. ages**, le età seguenti. ‖ **-ly**, *avv.*

succentor /sək'sɛntə(r)/, *n.* (*relig., mus.*) sostituto del maestro del coro.

success /sək'ses/, *n.* ***1*** successo; riuscita; fortuna; affermazione: **He had** (*o* **He met with**) **great s. in business**, ebbe grandi successi (riuscì assai bene) negli affari; **He was spoilt by s.**, fu guastato dal successo; **military successes**, successi militari; vittorie ***2*** (*arc.*) esito; risultato: **poor s.**, esito insoddisfacente. ● **to be a s.**, (*di persona*) affermarsi, aver successo; (*di cosa*) aver successo, riuscire; (*comm.: di un prodotto*) incontrare: **The play was a great s.**, la commedia ebbe un grande successo; **He was a great s. as a doctor**, si affermò splendidamente come medico □ **without s.**, senza successo; senza riuscirci; invano □ (*prov.*) **Nothing succeeds like s.**, un successo ne chiama un altro.

successful /sək'sɛsfl/, *a.* ***1*** coronato da successo; di successo; fortunato; prospero; riuscito; vittorioso: **a s. mission**, una missione coronata da successo (*o* riuscita); **a s. film**, un film di successo; **a s. campaign**, una campagna vittoriosa ***2*** (*sport*) valido: **a s. basket**, un canestro valido. ● **a s. actor**, un attore popolare □ **to be s.**, avere successo; riuscire; (*comm.: di un prodotto*) incontrare: **He was very s. as a novelist**, come romanziere, riuscì benissimo (*o* ebbe un grande successo) □ **Your application has been s.**, la tua domanda è stata accolta. ‖ **-ly**, *avv.*

successfulness /sək'sɛsflnəs/, *n.* l'aver (avuto) successo; riuscita.

succession /sək'sɛʃn/, *n.* ***1*** successione (*anche leg.*); serie; sequela: **the s. to the throne**, la successione al trono; **a s. of disasters**, una serie di disastri ***2*** (*leg.*) diritto di successione: **the laws regulating s.**, le leggi che regolano il diritto di successione ***3*** (*leg.*) discendenti; eredi: **The estate was left to him and his s.**, la proprietà fu lasciata a lui e ai suoi discendenti ***4*** (*ecol.*) successione. ● (*fisc.*) **s. duty**, imposta di successione □ (*agric.*) **s. of crops**, avvicendamento (*o* rotazione) delle colture □ (*fisc., USA*) **s. tax**, imposta di successione □ (*relig.*) **the Apostolic S.**, la Successione Apostolica □ **in s.**, in successione; in serie; di seguito □ (*leg.*) **intestate s.**, successione legittima (*senza testamento*) □ **law of s.**, legge (*o* diritto) di successione □ (*leg.*) **testate s.**, successione testamentaria.

successional /sək'seʃənl/, *a.* ***1*** consecutivo; successivo ***2*** di (*o* della) successione.

successive /sək'sɛsɪv/, *a.* successivo; consecutivo: **This is our third s. victory**, questa è la nostra terza vittoria consecutiva. ‖ **-ly**, *avv.* ‖ **-ness**, *sost.*

successor /sək'sɛsə(r)/, *n.* ***1*** successore ***2*** (*leg.*) successore; erede ***3*** avvenimento successivo; cosa che segue un'altra. ● (*fin.*) **s. company**, società subentrante (*o* rilevante).

succinate /'sʌksɪneɪt/, *n.* (*chim.*) succinato.

succinct /sək'sɪŋkt/, *a.* succinto; breve; conciso. ‖ **-ly**, *avv.* ‖ **-ness**, *sost.*

succinic /sʌk'sɪnɪk/, *a.* (*chim.*) succinico: **s. acid**, acido succinico.

succinite /'sʌksɪnaɪt/, *n.* (*miner.*) succinite.

succor, to **succor** /'sʌkə(r)/, (*USA*) *V.* **succour, to succour**.

succory /'sʌkərɪ/, *n.* (*bot., Cichorium intybus*) cicoria.

succose /'sʌkəʊs/, *a.* (*raro*) succoso.

succotash /'sʌkətæʃ/, *n.* (*USA*) contorno di granturco e fagioli bolliti (*spesso servito con carne di maiale salata*).

succour /'sʌkə(r)/, *n.* (*lett.*) soccorso; assistenza; aiuto.

to **succour** /'sʌkə(r)/, *v. t.* (*lett.*) soccorrere; assistere; aiutare.

succuba /'sʌkjʊbə/, *n.* (*pl.* **succubae**) (*mitol.*) succube, succuba.

succubus /'sʌkjʊbəs/, *n.* (*pl.* **succubi**) (*mitol.*) succube.

succulence /'sʌkjʊləns/, **succulency** /'sʌkjʊlənsɪ/, *n.* succulenza; succosità.

succulent /'sʌkjulent/, **A** *a.* ***1*** (*anche fig.*) succulento; succoso ***2*** (*bot.*) succulento: **Desert cacti are s. plants**, i cactus del deserto sono piante succulente (*fam.*: grasse) ***3*** (*di foglia*) carnosa. **B** *n.* (*bot.*) (pianta) succulenta. ‖ **-ly**, *avv.*

to **succumb** /sə'kʌm/, *v. i.* ***1*** soccombere; cedere; soggiacere: **to s. to temptation**, cedere alla tentazione ***2*** (*fig.*) morire: **He succumbed to cancer**, morì di cancro. ● **to s. to one's enemies**, essere sopraffatto dal nemico.

succursal /sʌ'kɜːsl/, *a.* (*di chiesa, di convento*) succursale; sussidiario.

to **succuss** /sə'kʌs/, *v. t.* (*med.*) scuotere; provocare succussione in (*un organo cavo*).

succussion /sə'kʌʃn/, *n.* (*med.*) succussione; scuotimento.

such /sʌtʃ, sətʃ/, **A** *a.* ***1*** tale; siffatto; simile; di questo (*o* quel) genere: **s. a man**, un tale uomo; **s. a day**, un giorno simile; **I wouldn't go out in s. weather**, io non uscirei con un tempo simile (*o* con un tempo così); **I don't like s. books** (**as these**), libri siffatti non mi piacciono; **S. food is very heavy**, alimenti del genere sono poco digeribili; **s. flowers as you never saw**, fiori che non s'erano mai visti (i) simili; **in s. a way**, in tal modo; **I never expected s. an honour**, non m'aspettavo davvero un tale onore; **His sorrow was s. that everybody pitied him**, il suo dolore era tale che tutti ne avevano compassione; **His wound was not s. as to disable him**, la sua ferita non era tale da renderlo inabile ***2*** (*fam.*) così; tanto: **I don't want s. big apples**, non le voglio delle mele così grosse; **We never had s. a pleasant time**, non c'eravamo mai divertiti tanto; **He was s. a good man!**, era un così buon uomo! **B** *pron.* tale, tali; questo, questi: **S. was his nature**, tale era la sua natura; **S. are the results**, questi sono i risultati. **C** *avv.* così; talmente; tanto: **S. filthy language is intolerable**, un linguaggio così osceno è intollerabile. ● **s.(-)and(-)s.**, tale; certo; determinato (*ma non specificato*): **He made s.-and-s. payments to s.-and-s. customers**, fece determinati pagamenti a determinati clienti □ **s.-and-s. person**, un tale; un tizio □ **s. as**, come; per esempio: **languages coming from Latin, s. as French, Italian and Spanish**, lingue d'origine latina, come il francese, l'italiano e lo spagnolo; **a tradesman, s. as a baker or a shopkeeper**, un commerciante, per esempio un fornaio o un negoziante □ **s. as it is** [**as they are**], così com'è [come sono]; per quel che vale [che valgono] □ **s. being the case**, stando così le cose □ **s. a scarlet as makes the eyes ache**, un rosso così vivo da ferire la vista □ **s. a lot**, tanto, tanti: **There were s. a lot of people**, c'era tanta gente □ **and s.**, e cose del genere; e così via: **tools, instruments and s.**, attrezzi, strumenti e così via □ **as s.**, come tale; appunto perché tale: **He is the boss, and as s. must be obeyed**, è il padrone e come tale gli si deve obbedienza □ **on s. a day as you may go**, il giorno che ti capiterà d'andarci □ **or some s. remark** (*o* **word, etc.**), o qualcosa di simile: **He said**: **«You're a fool», or some s. remark**, disse: «Sei un cretino», o qualcosa di simile □ **tears s. as angels weep**, lacrime pari a quelle degli angeli □ **S. an amusing game!**, un gioco così divertente! □ **S. love as his is seldom experienced**, un amore come il suo lo si trova di rado □ **S. beauty as hers is rare**, una bellezza come la sua è rara □ **I saw just s. another yesterday**, ne ho visto uno proprio uguale ieri □ **«Can i speak to Mark Smith?» «No s. person lives here»**, «posso parlare con Mark Smith?» «qui non c'è nessuno che risponda a questo nome» □ (*prov.*) **S. master, s. servant**, tale (*o* quale) il padrone, tale il servo □ (*prov.*) **S. as live by the sword shall perish by the sword**, chi di spada ferisce, di spada perisce.

suchlike /'sʌtʃlaɪk/, (*fam.*) **A** *a.* di tal sorta; simile; del genere. **B** *pron.* ***1*** persone simili ***2*** cose del genere; simili: **I don't go in for balls, parties and s.**, detesto i balli, le feste e simili.

suck /sʌk/, *n.* ***1*** succhiata; succhiatina; poppata: **to take a s. at st.**, dare una succhiatina a q.c. ***2*** gorgoglio; rumore fatto succhiando ***3*** (*fam.*) sorso (*d'acqua, di liquore, ecc.*) ***4*** (*fam.*) boccata, tirata (*di sigaretta o di sigaro*) ***5*** forza d'attrazione (*di un gorgo, ecc.*); risucchio ***6*** (*pop. USA, per* **suction**) influenza; autorità ***7*** (*pop. USA*) liquore; vino. ● (*fam.*) **s.-up**, leccapiedi; adulatore □ (*pop.*) **What a s.!**, che fiasco!; che insuccesso!

to **suck** /sʌk/, **A** *v. t.* ***1*** succhiare; suggere

(*poet.*); poppare: **to s. milk**, succhiare il latte; poppare; **Hundreds of bees were sucking nectar from the flowers**, centinaia d'api suggevano il nettare dai fiori; **to s. one's mother's breast**, succhiare il latte materno; **to s. toffees**, succhiare caramelle **2** sorbire: **to s. a milk shake through a straw**, sorbire un frappé con la cannuccia **3** (*fig.*) assorbire; imbeversi di; sorbire: **to s. (in) culture**, assorbire cultura; imbeversi di sapere **4** aspirare; inalare; inspirare: **The pump was sucking the water from the hold**, la pompa aspirava l'acqua della stiva; **He sucked air into his lungs**, inspirò aria nei polmoni **5** (*pop. USA*) fregare; imbrogliare; truffare; gabbare **6** (*volg.*) succhiare. **B** *v. i.* **1** succhiare; aspirare **2** poppare **3** (*mecc.*: *di pompa*) aspirare aria **4** (*pop. USA*) rompere (*pop. fig.*); essere fastidioso (*o* sgradevole): **It sucks**, che rottura! ● **to s. an advantage out of sb.**, strappare un vantaggio a q. □ **to s. at one's pipe**, succhiare la pipa □ (*fig.*) **to s. sb.'s brains**, sfruttare le idee di q. □ **to s. away at a lollipop**, succhiare un lecca lecca □ **to s. dry**, succhiare sino in fondo; assorbire (q.c.) completamente; (*fig.*) esaurire, sfiancare, spossare □ **to s. an egg**, bere un uovo □ (*pop. USA*) **to s. eggs**, essere di cattivo umore; arrabbiarsi facilmente □ **to s. one's thumb**, succhiarsi il pollice □ (*fig.*) **a sucked orange**, un limone spremuto; una cosa svuotata d'ogni contenuto, senza valore.

♦**suck down**, *v. t. + avv.* (*dell'acqua*) risucchiare; tirare giù (*o* sotto) (*fam.*); inghiottire: **He was sucked down by the whirlpool**, fu risucchiato dal gorgo.

♦**suck in**, *v. t. + avv.* **1** sorbire; assorbire; (*fig.*) attirare: **Our high rates of interest s. in a lot of dollars**, i nostri alti tassi d'interesse attirano una quantità di dollari **2** inspirare (*aria fresca, ecc.*) **3** tirare in dentro (*inspirando o espirando*): **to s. in one's cheeks**, tirare in dentro le guance; **to s. in one's stomach**, tirare in dentro lo stomaco **4** (*fam.*) bere (*fig.*): **to s. in sb.'s words**, bere le parole di q. **5** (*pop.*) fregare; buggerare; imbrogliare; gabbare.

♦**suck off**, *v. t. + avv.* (*volg.*) succhiare, spompinare (*volg.*).

♦**suck under**, *V.* **suck down**.

♦**suck up**, **A** *v. t. + avv.* **1** asciugare; assorbire: **The sun has sucked up all the dew**, il sole ha asciugato tutta la rugiada **2** aspirare; prosciugare: **The pump will s. up the water in no time**, la pompa prosciugherà l'acqua in un baleno **3** (*fig. fam.*) assorbire, recepire, imparare (*nozioni e sim.*). **B** *v. i. + avv.* (*pop.*) adulare; essere servile; leccare i piedi (*fig.*): **to s. up to the teacher**, leccare i piedi all'insegnante □ (*pop. USA*) **to s. a few up**, fare una bevutina; fare bisboccia □ (*pop. USA*) **to s. it up**, darci dentro (*o* sotto); darsi da fare; fare sul serio.

suckass /ˈsʌkæs/, *n.* (*USA*) leccaculo (*volg.*); leccapiedi.

sucker (1) /ˈsʌkə(r)/, *n.* **1** succhiatore; succhiatrice **2** porcellino di latte; lattonzolo **3** (*mecc.*) tubo d'aspirazione **4** (*mecc.*) pistone, stantuffo (*di pompa*) **5** (*zool.*) ventosa **6** (*mecc.*, = **sucking disk**) ventosa **7** (*zool.*: *d'insetto*) succhiatoio; proboscide **8** (*bot.*) succhione; pollone; rampollo **9** (*fam. USA*) lecca lecca; (*anche*) caramella dura (*da succhiare*) **10** (*fam.*) babbeo; gonzo; sempliciote; credulone; vittima predestinata: **s. list**, lista di persone da fregare **11** (*fam.*) patito; chi ha un debole (*per q.c.* o *q.*). ● **a s. for beautiful girls**, uno che si fa infinocchiare dalle belle ragazze □ **a s. for chocolates**, uno che va matto per i cioccolatini.

sucker (2) /ˈsʌkə(r)/, *n.* (*pop. USA*) abitante (*o* nativo) dell'Illinois.

to **sucker** /ˈsʌkə(r)/, **A** *v. t.* **1** (*agric.*) togliere i succhioni (*o* i polloni) a (*una pianta*) **2** (*pop. USA*) fregare; buggerare; gabbare; truffare. **B** *v. i.* (*bot.*: *di pianta*) mettere polloni (*o* succhioni).

suckfish /ˈsʌkfɪʃ/, *n.* (*pl.* **suckfish**, **suckfishes**) (*zool.*, *Echeneis*) remora.

sucking /ˈsʌkɪŋ/, *a.* **1** poppante; lattante: **a s. child**, un (bambino) lattante **2** (*fig.*) inesperto; novellino; alle prime armi: **a s. barrister**, un avvocato alle prime armi. ● **s. bottle**, poppatoio □ (*mecc.*) **s. disk**, ventosa □ (*zool.*) **s. fish**, *V.* **suckfish** □ **a s. pig**, un porcellino di latte; un lattonzolo.

to **suckle** /ˈsʌkl/, **A** *v. t.* allattare; dare il latte a (*un poppante*). **B** *v. i.* poppare.

suckling /ˈsʌklɪŋ/, *n.* **1** lattante; poppante **2** animale da latte; lattonzolo **3** (*fig.*) persona inesperta; novellino. ● (*fig. arc.*) **babes and sucklings**, gli innocenti.

sucks /sʌks/, *inter.* (*pop.*) accidenti; mannaggia; al diavolo: **S. to you!**, va al diavolo!

sucrase /ˈsuːkreɪz/, *n.* (*biochim.*) invertasi.

sucrose /ˈsuːkrəʊs, -z/, *n.* (*chim.*) saccarosio.

suction /ˈsʌkʃn/, *n.* **1** (*scient.*) suzione; succhiamento **2** (*mecc.*) aspirazione. ● (*mecc., med.*) **s. cup**, ventosa □ (*mecc.*) **s. pipe**, tubo d'aspirazione □ (*med.*) **s. plate**, palato di dentiera □ (*mecc.*) **s. pump**, pompa aspirante □ (*mecc.*) **s. stroke**, corsa d'aspirazione □ (*mecc.*) **s. valve**, valvola d'aspirazione.

suctorial /sʌkˈtɔːrɪəl/, *a.* (*zool.*) **1** (*d'organo*) succhiatore; atto a succhiare **2** (*d'animale*) dotato di succhiatoio (*o* di ventosa).

Sudanese /suːdəˈniːz/, *a.* e *n.* sudanese.

sudarium /suːˈdɛərɪəm, sj-/, *n.* (*pl.* **sudaria**) **1** sudario **2** *V.* **sudatorium**.

sudatorium /sʊdəˈtɔːrɪəm, sj-/, *n.* (*pl.* **sudatoria**) (*archeol.*) sudatorio.

sudden /ˈsʌdn/, *a.* improvviso; repentino; subitaneo; inatteso; inaspettato; imprevisto: **s. death**, morte improvvisa; **a s. change**, un mutamento repentino; **a s. bend in the river**, una curva improvvisa del fiume. ● **s. death**, morte improvvisa, (*sport*) partita decisiva, vinta dalla squadra che va a rete per prima □ **all of a s.**, improvvisamente; a un tratto; di colpo □ **He is very s. in his movements**, si muove a scatti. || **-ly**, *avv.* || **-ness**, *sost.*

sudoriferous /suːdəˈrɪfərəs, sj-/, *a.* (*anat.*) sudorifero; sudoriparo: **s. glands**, ghiandole sudorifere.

sudorific /suːdəˈrɪfɪk/, *a.* e *n.* (*med.*) sudorifero; (medicamento) diaforetico.

suds /sʌdz/, *n. pl.* **1** (*spesso* **soap s.**) saponata; acqua saponata **2** schiuma di sapone **3** (*fam.*) birra.

to **sue** /suː, sjuː/, **A** *v. t.* **1** (*leg.*) convenire (q.) in giudizio; citare; intentar causa a: **We shall sue you for damages**, vi citeremo per danni; **He was sued for libel**, fu citato per diffamazione **2** (*lett.*) supplicare; implorare. **B** *v. i.* **1** (*leg.*) far causa; intentar causa: **to sue for divorce**, intentar causa di divorzio **2** (*lett.*) presentare una supplica. ● (*leg.*) **to sue at law**, adire le vie legali □ **to sue for**, invocare; chiedere; sollecitare: **to sue for mercy**, chiedere misericordia; invocare pietà; **to sue for peace**, sollecitare la pace □ (*leg.*) **to sue sb. in a civil case**, costituirsi parte civile contro q. □ (*leg.*) **to sue out pardon**, impetrare il perdono giudiziale □ (*arc.*) **to sue to sb.**, corteggiare q.

Sue /suː, sjuː/, *n. dim.* di **Susan**.

suede /sweɪd/, **A** *n.* pelle scamosciata; scamosciato. **B** *a.* di pelle scamosciata: **s. shoes**, scarpe di pelle scamosciata.

suet /ˈsuːɪt, ˈsʊɪt, ˈsj-/, *n.* sugna; grasso di rognone (*di bue o di pecora*).

suety /ˈsuːɪtɪ, ˈsʊɪ-, ˈsj-/, *a.* grasso; sugnoso.

Suevian /ˈswiːvɪən/, *a.* e *n.* (*stor.*) svevo.

Suez /ˈsuːɪz, ˈsj-, *USA* suːˈɛz, ˈsuːɛz/, *n.* (*geogr.*) Suez. ● **the S. Canal**, il Canale di Suez.

to **suffer** /ˈsʌfə(r)/, *v. t.* e *i.* **1** soffrire; patire; subire: **I s. from severe colds**, soffro di grossi raffreddori; **to s. from hunger**, soffrire la fame; **The enemy suffered heavy losses**, il nemico subì gravi perdite; **Trade has suffered from the war**, i traffici hanno sofferto a causa della guerra; **Your reputation will s. by it**, la tua reputazione ne soffrirà **2** (*form.*) sopportare; tollerare: **He cannot s. criticism**, non sopporta (*o* non tollera) le critiche **3** (*lett. o arc.*) permettere; lasciare; tollerare: **I will not s. them to be insulted**, non permetterò che vengano insultati; **He was suffered to leave**, lo lasciarono partire **4** esser punito; pagare il fio: **The boy suffered for his disobedience**, il ragazzo fu punito per la sua disobbedienza; **You will s. for it**, ne pagherai il fio; ci andrai di mezzo tu **5** (*arc.*) essere giustiziato; essere messo a morte: **The condemned man was to s. the next morning**, il condannato doveva essere giustiziato la mattina dopo **6** (*Bibbia*: *di Dio*) consentire; permettere. ● (*form.*) **to s. fools gladly**, sopportare pazientemente le persone moleste.

sufferable /ˈsʌfərəbl/, *a.* (*form.*) sopportabile; tollerabile.

sufferance /ˈsʌfərəns/, *n.* **1** sopportazione; capacità di sopportazione **2** (*form.*) tolleranza; acquiescenza; tacito assenso **3** (*arc.*) sofferenza. ● **on s.**, (*di persona, ecc.*) tollerato, sopportato; con riluttanza, di malavoglia □ (*dog.*) **bill of s.**, bolletta di merce in franchigia.

sufferer /ˈsʌfərə(r)/, *n.* **1** sofferente; chi soffre **2** vittima; chi ci rimette: **I am the s. in this matter**, in questa faccenda, sono io che ci rimetto. ● **fellow s.**, compagno di sventura.

suffering /ˈsʌfərɪŋ/, **A** *n.* sofferenza; dolore; patimento: **the sufferings of the poor**, le sofferenze dei poveri. **B** *a.* sofferente; dolorante. || **-ly**, *avv.*

to **suffice** /səˈfaɪs/, *v. i.* e *t.* bastare (a); essere sufficiente (per): **A hint will s.**, basterà un cenno; **S. it to say that...**, basti dire che...; **Half-a-dozen sufficed me**, me ne bastò una mezza dozzina.

sufficiency /səˈfɪʃnsɪ/, *n.* (*form.*) **1** sufficienza; bastevolezza; adeguatezza **2** quantità sufficiente: **a s. of food**, una quantità sufficiente di cibo; cibo a sufficienza.

sufficient /səˈfɪʃnt/, *a.* sufficiente; bastevole; bastante; adeguato: **Our provisions are s. to feed a hundred men**, le nostre provviste sono sufficienti a sfamare cento uomini; **My salary isn't s.**, il mio stipendio non è adeguato ai miei bisogni. ● (*stat.*) **s. estimator**, stimatore esaustivo □ **more than s.**, più che abbastanza □ (*fam.*) **Have you had s.?**, ne hai avuto a sufficienza?; hai mangiato abbastanza? □ (*lett.*) **I had not s. courage for it**, non mi bastò il coraggio. || **-ly**, *avv.*

suffix /ˈsʌfɪks/, *n.* (*ling.*) suffisso.

to **suffix** /səˈfɪks/, *v. t.* (*ling.*) suffissare; aggiungere un suffisso a.

suffixal /ˈsʌfɪksl/, *a.* (*ling.*) suffissale.

suffixation /sʌfɪkˈseɪʃn/, **suffixion** /sʌˈfɪkʃən/ *n.* (*ling.*) suffissazione.

to **suffocate** /ˈsʌfəkeɪt/, *v. t.* e *i.* soffocare (*anche fig.*); asfissiare; sentirsi soffocare: **The heat here suffocates me**, il caldo qui mi soffoca; **I'm suffocating in here**, qua dentro si soffoca; **to s. with anger**, soffocare dalla rabbia. ● **He was suffocated by** (*o* **with**) **excitement**, boccheggiava (*o* non riusciva a parlare) per l'eccitazione.

suffocating /ˈsʌfəkeɪtɪŋ/, *a.* soffocante; asfissiante.

suffocation /sʌfəˈkeɪʃn/, *n.* soffocazione; soffocamento; asfissia.

suffragan /ˈsʌfrəgən/, (*relig.*) **A** *a.* suffraganeo. **B** *n.* (= **s. bishop**) (vescovo) suffraganeo.

suffraganship /ˈsʌfrəgənʃɪp/, *n.* (*relig.*) suffraganeità.

suffrage /ˈsʌfrɪdʒ/, *n.* **1** (*polit.*) suffragio; diritto di voto: **universal s.**, suffragio universale **2** (*relig.*) suffragio **3** (*lett.*) suffragio; voto favorevole. ● (*fig. lett.*) **This plan has my s.**, sono in favore di questo progetto.

suffragette /sʌfrəˈdʒɛt, -rɪ-/, *n.* (*polit., stor.*) suffragetta.

suffragist /ˈsʌfrədʒɪst, -rɪ-/, *n.* (*polit.*) suffragista.
suffrutex /ˈsʌfruːtɛks/, *n.* (*pl.* **suffrutices**) (*bot.*) suffrutice.
to **suffumigate** /səˈfjuːmɪgeɪt/, *v. t.* suffumicare, suffumigare.
suffumigation /səfjuːmɪˈgeɪʃn/, *n.* **1** suffumicazione **2** (*med.*) suffumigio.
to **suffuse** /səˈfjuːz/, *v. t.* cospargere; bagnare; coprire; soffondere: **Tears suffused his cheeks**, le lacrime gli bagnavano le guance.
suffused /səˈfjuːzd/, *a.* soffuso; asperso; bagnato; coperto: **Her face was s. with blush**, aveva il viso soffuso di rossore; **eyes s. with tears**, occhi bagnati di lacrime.
suffusion /səˈfjuːʒn/, *n.* **1** cospargimento; diffusione; spargimento **2** rossore; colore diffuso **3** (*med.*) soffusione.
Sufi /ˈsuːfɪ/, *a.* e *n.* (*pl.* **Sufis**) (*stor., relig.*) sufi, sufita.
Sufism /ˈsuːfɪzəm/, *n.* (*stor., relig.*) sufismo.
sugar /ˈʃʊgə(r)/, *n.* **1** zucchero **2** (*fig.*) lusinghe; paroline dolci, zuccherate **3** (*vezzegg. specialm. USA*; *al vocat.*) tesoro; dolcezza, bellezza (mia) **4** (*pop. USA*) soldi; grana (*pop.*). ● **s. almond**, confetto □ **s. basin** (*o* **s. bowl**), zuccheriera □ (*bot.*) **s. beet** (*Beta vulgaris*), barbabietola da zucchero □ **s. candy**, caramella; zucchero caramellato □ (*fam.*) **s. daddy**, vecchio danaroso che mantiene l'amante giovane □ (*fam.*) **s. diabetes**, diabete mellito □ **s. drop**, caramella □ (*bot.*) **s.-gum**, (*Eucalyptus corynocalyx* ed *Eucalyptus gunnii*), albero del sidro □ **s.-house**, zuccherificio □ **s. loaf**, pan di zucchero; (*fig.*) collina (*o* montagna, ecc.) a pan di zucchero □ (*bot.*) **s. maple** (*Acer saccharinum*), acero da zucchero (*o* del Can.) □ **s. mill**, zuccherificio □ (*chim.*) **s. of milk**, lattosio □ **s. orchard**, terreno coltivato ad aceri (*da zucchero*) □ (*ind.*) **s. refinery**, raffineria di zucchero □ **s. refining**, raffinazione dello zucchero □ (*fam.*) **s. test**, test glicemico □ **s. tongs**, mollette per lo zucchero □ **brown s.**, zucchero scuro □ **cane s.**, zucchero di canna □ **castor s.**, zucchero in polvere □ **cube s.**, zucchero in cubetti □ **icing s.**, zucchero a velo □ **lump s.**, zucchero in zollette □ **powdered s.**, zucchero in polvere □ **white s.**, zucchero raffinato.
to **sugar** /ˈʃʊgə(r)/, **A** *v. t.* **1** zuccherare; inzuccherare: **Please, don't s. my coffee**, per favore, non zuccherarmi il caffè **2** coprire, spolverare di zucchero **3** (*fig.*) addolcire: **to s. the pill**, addolcire (*o* indorare) la pillola. **B** *v. i.* **1** fabbricare zucchero (*specialm. dall'acero*) **2** (*pop.*) battere la fiacca; oziare.
sugarcane /ˈʃʊgəkeɪn/, *n.* (*bot., Saccharum officinarum*) canna da zucchero.
to **sugarcoat** /ˈʃʊgəˈkəʊt, *USA* -ək-/, *v. t.* **1** rivestire di zucchero **2** (*fig.*) inzuccherare, addolcire; rendere gradevole: **to s. maths**, presentare la matematica in forma piacevole.
sugarcoated /ˈʃʊgəˈkəʊtɪd, *USA* -ək-/, *a.* **1** rivestito di zucchero **2** (*fig.*) inzuccherato; addolcito.
sugarcoating /ˈʃʊgəˈkəʊtɪŋ, *USA* -ək-/, *n.* **1** rivestimento di zucchero **2** (*fig.*) addolcimento; lusinghe.
sugared /ˈʃʊgəd/, *a.* **1** inzuccherato; zuccherato **2** ricoperto di zucchero **3** (*fig.*) addolcito; reso gradevole.
sugarer /ˈʃʊgərə(r)/, *n.* (*pop.*) fannullone; ozioso.
sugariness /ˈʃʊgərɪnəs/, *n.* **1** l'essere zuccherino; dolcezza **2** (*fig.*) mellifluità; sdolcinatezza.
sugarplum /ˈʃʊgəplʌm/, *n.* **1** prugna rivestita di zucchero; prugna caramellata **2** caramella **3** (*fig.*) zuccherino (*fig.*); complimento; lusinga; premio.
sugary /ˈʃʊgərɪ/, *a.* **1** zuccherino; molto dolce **2** edulcorato (*fig.*); melato; mellifluo; insinuante; sdolcinato.
to **suggest** /səˈdʒɛst, *USA* səgˈdʒ-/, *v. t.* **1** suggerire; consigliare; far venire (*o* richiamare) alla mente; proporre: **to s. an idea [a plan]**, suggerire un'idea [un piano]; **What does this shape s. to you?**, che cosa ti richiama alla mente questa forma (*o* questa figura)?; **to s. a course of study**, consigliare un corso di studi; **to s. a new theory**, proporre una nuova teoria **2** far pensare a; indicare; esser un segno di; lasciar intendere; rivelare: **His dark skin suggests an African background**, la sua pelle scura fa pensare ch'egli sia d'origine africana; **His haggard features s. bad health**, i suoi lineamenti tirati sono forse un segno di cattiva salute; **His expression suggests fear**, la sua espressione lascia intendere che ha paura **3** (*leg.*) asserire; sostenere; alludere; insinuare: **I s. that you had a secret meeting with them**, sostengo che Lei (*detto dal giudice all'imputato o al testimone*) ebbe un incontro segreto con loro. ● **to s. anger**, dare segni d'ira □ (*di pensiero, idea, ecc.*) **to s. itself**, presentarsi; venire in mente □ **to s. an idea**, suggerire (*o* ispirare) un'idea □ **I s. you leave**, ti consiglio d'andartene.
suggestibility /sədʒɛstəˈbɪlətɪ, *USA* səgˈdʒ-/, *n.* **1** (*psic.*) suggestionabilità **2** l'esser suggeribile (*o* consigliabile).
suggestible /səˈdʒɛstəbl, *USA* səgˈdʒ-/, *a.* **1** (*psic.*) suggestionabile **2** suggeribile; consigliabile; proponibile.
suggestion /səˈdʒɛstʃn, *USA* səgˈdʒ-/, *n.* **1** suggerimento; consiglio; proposta: **to make a s.**, dare un suggerimento; fare una proposta **2** cenno; lieve traccia; sfumatura: **There was a s. of boredom in his voice**, c'era una traccia di noia nella sua voce **3** (*in frasi interr.* e *neg.*) ben che minima possibilità: **There's never been any s. of his being appointed chairman**, non è mai passato per il capo a nessuno di nominarlo presidente **4** (*psic.*) suggestione: **hypnotic s.**, suggestione ipnotica. ● **s. box** (*o* **s. case**), cassetta dei suggerimenti □ (*org. az.*) **s. committee**, comitato con funzioni propositive □ **containing suggestions**, propositivo □ **full of s.**, suggestivo; che fa pensare; che invita alla meditazione.
suggestive /səˈdʒɛstɪv, *USA* səgˈdʒ-/, *a.* **1** che fa pensare (*a q.c.*); che invita alla meditazione **2** provocante; insinuante; invitante: **a s. look**, un'occhiata invitante **3** pesantemente allusivo; indecente; volgare; osceno. ● **to be s. of st.**, essere evocativo (*o* indicativo) di q.c.; evocare q.c.; far pensare a q.c. ‖ **-ly**, *avv.* ‖ **-ness**, *sost.*
suicidal /suːɪˈsaɪdl, sj-/, *a.* **1** suicida; di suicidio: (*psic.*) **s. mania**, mania suicida **2** (*fig.*) suicida; fatale; rovinoso; funesto: **a s. policy**, una politica rovinosa.
suicidally /suːɪˈsaɪdəlɪ, sj-/, *avv.* in modo suicida. ● **to drive s.**, guidare come chi si voglia suicidare.
suicide /ˈsuːɪsaɪd, ˈsj-/, *n.* **1** suicidio (*anche fig.*): **moral s.**, suicidio morale **2** suicida. ● (*pop.*) **s. seat**, posto a fianco del guidatore (*di un'automobile*) □ **to commit s.**, commettere suicidio; suicidarsi; uccidersi □ **racial s.**, estinzione graduale di un popolo (*per insufficiente natalità*).
to **suicide** /ˈsuːɪsaɪd, ˈsj-/, *v. i.* (*fam. USA*) suicidarsi; uccidersi.
suine /ˈsuːaɪn, ˈsj-/, *a.* e *n.* (*zool.*) suino.
suing /ˈsuːɪŋ, ˈsj-/, *n.* (*leg.*) chiamata in giudizio; citazione.
suit /suːt, sjuːt/, *n.* **1** (= **s. of clothes**) abito completo (*da uomo*) **2** abito da donna; tailleur; completo (*in più pezzi*): **a two-piece s.**, un abito in due pezzi; un duepezzi; **a three-piece s.**, un tre pezzi (*giacca, gonna e cappotto*) **3** (*form.*) domanda; petizione; richiesta; istanza; supplica: **to grant [to make] a s.**, accogliere [presentare] una richiesta **4** (*lett.* o *arc.*) proposta di matrimonio; corte; corteggiamento: **to plead** (*o* **to press**) **one's s.**, fare una proposta di matrimonio **5** (*leg.*, *anche* **s. at law, lawsuit**) azione legale; causa; lite; processo: **civil s.**, causa civile; **criminal s.**, causa penale; **to bring a s. against sb.**, far causa a q. **6** (*a carte*) seme; colore; sequenza di più carte dello stesso colore: **long s.**, seme di cui un giocatore ha più carte; quattro (*o* più) carte dello stesso seme; (*fig.*) (punto) forte; **short s.**, tre (*o* due) carte dello stesso seme. ● (*stor., mil.*) **a s. of armour**, un'armatura □ (*naut.*) **s. of sails**, corredo di vele (*da usare insieme*); velatura □ (*naut.*) **diving s.**, scafandro per palombaro □ **dress s.**, abito da sera; abito da società (*per uomo*) □ (*aeron.*) **flying s.**, combinazione di volo □ **to follow s.**, (*a carte*) rispondere a colore, rispondere; (*fig.*) far lo stesso, fare altrettanto (*seguendo l'esempio di q.*) □ **to press one's s.**, insistere nella propria richiesta; fare la corte con grande insistenza □ (*fig.*) **one's strong** (*o* **strongest**) **s.**, il proprio (punto) forte.
to **suit** /suːt, sjuːt/, **A** *v. t.* **1** addirsi; essere adatto (*o* conveniente) per; convenire, andare (*o* stare) bene a; fare al caso di; fare per; contentare; soddisfare: **Mercy suits a king**, ai re si addice la misericordia; **This dress fits me, but I don't think it suits me at all**, questo vestito come misura mi va bene, ma non mi pare mi stia bene per niente; **Would 6 o'clock s. you?**, ti sta bene alle 6?; **That suits me just fine**, ciò mi conviene perfettamente; ciò mi fa proprio comodo; **The six o'clock bus will s. him perfectly**, l'autobus delle sei fa proprio al suo caso; **This job doesn't s. me**, questo lavoro non fa per me; **This article doesn't s. all tastes**, quest'articolo non contenta tutti (*o* non soddisfa tutti i gusti); **Nothing suits him today**, oggi non gli va bene nulla **2** intonarsi con: **Red suits her black hair**, il rosso s'intona con i suoi capelli neri; **Your hat doesn't s. your dress**, il tuo cappellino non s'intona con l'abito **3** adattare; aggiustare; adeguare: **Public speakers should s. their oratory to their audience**, gli oratori dovrebbero adeguare lo stile al loro uditorio. **B** *v. i.* addirsi; andar bene; convenire: **Will that time [that date] s.?**, va bene l'ora [la data]? **C** to **suit oneself**, *v. rifl.* (*fam.*) fare a modo proprio; fare come si vuole; fare il proprio comodo: **S. yourself!**, fa' come ti pare!; fa' pure. ● **to s. the action to the word**, far seguire alle parole i fatti; dar corso a una minaccia; mantenere una promessa □ **to s. sb. down to the ground**, fare proprio al caso di, andare benissimo a (q.) □ **to s. with**, accordarsi (*o* andare d'accordo) con □ **Cold does not s. me**, il freddo non mi si confà □ (*teatr., cinem.*) **That part suits him admirably**, quella parte gli sta a pennello (*o* pare scritta proprio per lui).
suitability /suːtəˈbɪlətɪ, sj-/, *n.* adeguatezza; appropriatezza; convenienza; opportunità. ● (*letter., arte*) **s. of style**, proprietà di stile.
suitable /ˈsuːtəbl, ˈsj-/, *a.* adeguato; appropriato; adatto; conveniente; opportuno: **a s. answer**, una risposta adeguata (*o* che ci vuole, che ci voleva); **s. boots for mountain climbing**, scarponi adatti a fare dell'alpinismo; **a very s. match**, un partito (*q. da sposare*) assai conveniente; **at a s. moment**, in un momento opportuno.
suitableness /ˈsuːtəblnəs, ˈsj-/, *V.* **suitability**.
suitably /ˈsuːtəblɪ, ˈsj-/, *avv.* come si conviene; adeguatamente; opportunamente; doverosamente: **s. treated material**, materiale opportunamente trattato; **He looked s. ashamed of himself**, aveva tutta l'aria di vergognarsi, e ne aveva ben donde.
suitcase /ˈsuːtkeɪs, ˈsj-/, *n.* valigia.
suite /swiːt/, *n.* **1** seguito; corteo: **the monarch and his s.**, il monarca e il suo seguito **2** arredo; mobilio, mobilia (*per una stanza*): **a drawing-room s.**, il mobilio per un salotto **3** (= **s. of rooms**) appartamento; (*tur.*) suite: **a four-room s.**, una suite di quattro stanze **4** (*mus.*) suite; sequenza **5** (*elab.*) pacchetto; insieme di programmi (*o di procedure*). ● **a hotel s.**, un appartamento in un alber-

go; una suite.

suited /ˈsuːtɪd, ˈsj-/, *a.* adeguato; adatto, conveniente, applicabile (a): **You are not s. for teaching** (*o* **to be a teacher**), non sei adatto a fare l'insegnante; **Our political system is not s. to** (*o* **for**) **underdeveloped countries**, il nostro sistema politico non è applicabile nei paesi sottosviluppati. ● **a well-s. couple**, una coppia ben assortita.

suiting /ˈsuːtɪŋ, ˈsj-/, *n.* stoffa (*di lana*) da abiti; tessuto per vestiti (*da uomo*).

suitor /ˈsuːtə(r), ˈsj-/, *n.* ***1*** richiedente; postulante ***2*** pretendente; corteggiatore ***3*** (*leg.*) attore; chi promuove un giudizio.

suitress /ˈsuːtrɪs, ˈsj-/, *n.* (*leg.*) attrice; donna che promuove un giudizio.

sulcate /ˈsʌlkeɪt/, *a.* (*anat., biol.*) solcato; scanalato.

sulcus /ˈsʌlkəs/, *n.* (*pl.* **sulci**) (*anat., biol.*) solco.

sulfate /ˈsʌlfeɪt/, e *deriv.* (*USA*) *V.* **sulphate**, e *deriv.*

to **sulk** /sʌlk/, *v. i.* essere di cattivo umore; essere accigliato (*o* imbronciato); fare lo scontroso; tenere il broncio.

sulker /ˈsʌlkə(r)/, *n.* individuo accigliato; musone, musona; persona di cattivo umore.

sulkily /ˈsʌlkəlɪ/, *avv.* con aria imbronciata; di malumore; tetramente.

sulkiness /ˈsʌlkɪnəs/, *n.* ***1*** broncio; malumore; musoneria ***2*** tetraggine.

sulks /sʌlks/, *n. pl.* malumore; broncio; musoneria; scontrosità: **a fit of the s.**, un accesso di malumore. ● **to have the s.**, essere di cattivo umore (*o* d'umor nero) □ **to be in a fit of s.**, fare il muso; tenere il broncio.

sulky (1) /ˈsʌlkɪ/, *a.* ***1*** accigliato; imbronciato; d'umor nero; ingrugnito; intrattabile; scontroso ***2*** cupo; fosco; tetro; scuro: **a s. day**, una giornata tetra.

sulky (2) /ˈsʌlkɪ/, *n.* (*ippica*) sulky; sediolo (*veicolo a due ruote*).

sullage /ˈsʌlɪdʒ/, *n.* ***1*** rifiuti; spazzatura; sudiciume ***2*** melma; fanghiglia ***3*** (*metall.*) scorie.

sullen /ˈsʌlən/, *a.* ***1*** arcigno; astioso; burbero; malevolo; maligno ***2*** accigliato; imbronciato; astioso ***3*** cupo; fosco; tetro: **s. clouds**, fosche nubi ***4*** lento; pigro. ‖ **-ly**, *avv.*

sullenness /ˈsʌlənnəs/, *n.* ***1*** l'essere arcigno; astiosità ***2*** broncio; astio ***3*** tetraggine ***4*** lentezza.

to **sully** /ˈsʌlɪ/, *v. t.* (*anche fig.*) macchiare; insudiciare; sporcare: **to s. one's good name**, macchiare la propria reputazione. ● **to s. one's victory**, offuscare la propria vittoria.

sulpha drug /ˈsʌlfə/, *locuz. n.* (*farm.*) sulfamidico.

sulphanilamide /sʌlfəˈnɪləmaɪd/, *n.* (*chim.*) sulfanilammide, solfanillammide.

sulphanilic /sʌlfəˈnɪlɪk/, *a.* (*chim.*) sulfanilico, solfanilico.

sulphatation /sʌlfəˈteɪʃn, -feɪ-/, *n.* (*elettr.*) solfatazione.

sulphate /ˈsʌlfeɪt/, *n.* (*chim.*) solfato: **s. of copper** (*o* **copper s.**), solfato di rame; **s. of magnesium**, solfato di magnesio; sale inglese.

sulphation /sʌlˈfeɪʃn/, *n.* (*chim.*) solfatazione.

sulphhemoglobin /sʌlfhiːməˈgləʊbɪn, *USA* -ˈhiːməg-/, *n.* (*med.*) sulfoemoglobina.

sulphide /ˈsʌlfaɪd/, *n.* (*chim.*) solfuro: **zinc s.**, solfuro di zinco; blenda. ● **hydrogen s.**, idrogeno solforato; acido solfidrico.

sulphite /ˈsʌlfaɪt/, *n.* (*chim.*) solfito: **sodium s.**, solfito di sodio.

sulphonal /ˈsʌlfənl/, *n.* (*farm.*) solfonale.

sulphonamide /sʌlˈfɒnəmaɪd/, *n.* (*chim.*) solfonammide.

to **sulphonate** /ˈsʌlfəneɪt/, *v. t.* (*chim.*) solfonare.

sulphonation /sʌlfəˈneɪʃn/, *n.* (*chim.*) solfonazione.

sulphone /ˈsʌlfəʊn/, *n.* (*chim.*) solfone.

sulphonic /sʌlˈfɒnɪk/, *a.* (*chim.*) solfonico: **s. acid**, acido solfonico.

sulphonyl /ˈsʌlfənɪl/, *n.* (*chim.*) solfonile.

sulphur /ˈsʌlfə(r)/, **A** *n.* ***1*** (*chim.*) zolfo: **flowers of s.**, fiori di zolfo ***2*** (*zool., Colias*) colias (*farfalla gialla*). **B** *a. attr.* color zolfo; color verde-giallo. ● (*geol.*) **s. ball**, palla di zolfo □ **s. bath**, bagno di zolfo □ (*zool.*) **s.-bottom** (**whale**) (*Balaenoptera sulfurea*), balenottera dal ventre giallo □ (*chim.*) **s. dioxide**, anidride solforosa; diossido di zolfo □ **s. match**, zolfanello □ **a s. mine** (*o* **s. pit**), una miniera di zolfo; una solfatara □ **s. miner**, solfataio; solfataro □ (*miner.*) **s. ore**, pirite di ferro; ferro solforato □ **s. spring**, sorgente sulfurea (*o* solforosa) □ **roll s.** (*o* **stick s.**), zolfo in pani.

to **sulphur** /ˈsʌlfə(r)/, to **sulphurate** /ˈsʌlfjʊəreɪt/, *v. t.* (*chim., agric.*) solforare.

sulphuration /sʌlfjəˈreɪʃn/, *n.* (*chim.*) solforazione.

sulphurator /ˈsʌlfjʊəreɪtə(r)/, *n.* solforatrice (*macchina*).

sulphureous /sʌlˈfjʊərɪəs/, *a.* ***1*** (*chim.*) sulfureo ***2*** color zolfo.

to **sulphurette** /ˈsʌlfjəret/, *v. t.* (*chim.*) solforare.

sulphuretted /ˈsʌlfjəretɪd/, *a.* (*chim.*) solforato: **s. hydrogen**, idrogeno solforato; acido solfidrico.

sulphuric /sʌlˈfjʊərɪk/, *a.* (*chim.*) solforico: **s. acid**, acido solforico. ● **s. ether**, etere solforico; etere etilico.

sulphurization /sʌlfjʊəraɪˈzeɪʃn, *USA* -rɪˈz-/, *n.* (*chim., agric.*) solforazione.

to **sulphurize** /ˈsʌlfjʊəraɪz/, *v. t.* (*chim., agric.*) solforare.

sulphurous /ˈsʌlfərəs/, *a.* ***1*** (*chim.*) solforoso: **s. acid**, acido solforoso ***2*** (*fig.*) focoso; infuocato: **a s. speech**, un discorso infuocato ***3*** (*fig.*) che puzza di zolfo; diabolico; infernale.

sulphury /ˈsʌlfərɪ/, *a.* (*chim.*) sulfureo; simile allo zolfo.

sulphuryl /ˈsʌlfərɪl, -fjʊər-/, *n.* (*chim.*) solforile.

sultan /ˈsʌltən/, *n.* ***1*** sultano ***2*** (*zool., Porphyrio porphyrio*) pollo sultano.

sultana /sʌlˈtɑːnə, *USA* -ˈtænə/, *n.* ***1*** (= **sultaness**) sultana ***2*** (*specialm. al pl.*) sultanina; uva sultanina ***3*** (*zool.*) gallina sultana.

sultanate /ˈsʌltəneɪt/, *n.* sultanato.

sultanic /sʌlˈtænɪk/, *a.* sultanale, sultaniale.

sultriness /ˈsʌltrɪnəs/, *n.* ***1*** afa; caldo soffocante ***2*** (*fig.*) passionalità; sensualità.

sultry /ˈsʌltrɪ/, *a.* ***1*** afoso; caldo e umido; soffocante: **s. weather**, tempo afoso ***2*** (*fig.*) focoso; passionale; appassionato; sensuale. ‖ **-ily**, *avv.*

sum /sʌm/, *n.* ***1*** somma; (*mat.*) addizione; totale; importo; ammontare; somma di denaro: **to learn to do sums**, imparare a fare le addizioni; **sums allocated**, somme stanziate ***2*** complesso; insieme; quantità complessiva; sintesi: **the sum of our experience**, il complesso delle nostre esperienze ***3*** essenza; conclusione; sostanza; succo (*fig.*): **The sum** (**and substance**) **of his objections is this**, questo è il succo delle sue obiezioni ***4*** compendio; sunto; somma ***5*** (*pl.*) (*fam.*) calcolo; aritmetica; numeri (*fam.*): **That boy is very good at sums**, quel ragazzo è molto bravo in aritmetica ***6*** (*fig.*) calcolo: **He did a rapid sum in his head**, fece un rapido calcolo mentale. ● (*ass.*) **the sum insured**, il capitale assicurato □ **the sum total**, la somma; il totale; la totalità □ **a considerable sum**, una somma ragguardevole □ **a good sum**, una bella somma □ **in sum**, in breve; insomma □ **lump sum**, somma in contanti; cifra globale □ **round sum**, cifra tonda □ **to work out a sum**, fare una somma; fare un calcolo.

to **sum** /sʌm/, *v. t.* ***1*** (*mat.*) sommare; addizionare ***2*** compendiare; ricapitolare; riassumere. ● **to sum into** (*o* **to sum to**), assommare a; ammontare a □ **to sum up**, (*mat.*) addizionare; (*specialm. leg.*) riassumere, ricapitolare, riepilogare; valutare, farsi un'idea di (q.): **In criminal cases the judge eventually sums up the whole trial for the benefit of the jury**, nelle cause penali, alla fine il giudice riassume l'intero processo a beneficio della giuria; **I can't sum up his I.Q.**, non riesco a valutare il suo quoziente d'intelligenza □ **to sum up to**, ammontare a (*una certa somma*) □ (*fig.*) **I summed him up in two minutes**, gli ho preso le misure in due minuti.

sumac(h) /ˈʃuːmæk, suː-, sj-/, *n.* (*bot., Rhus coriaria*) sommacco.

Sumerian /suːˈmɪərɪən, sj-/, *a.* e *n.* (*stor.*) sumero (*anche la lingua*).

summarily /ˈsʌmrəlɪ, *USA* səˈmerəlɪ/, *avv.* ***1*** sommariamente; per sommi capi ***2*** (*leg.*) con procedura sommaria.

summariness /ˈsʌmərɪnɪs/, *n.* sommarietà (*raro*); carattere sommario (*di q.c.*).

summarist /ˈsʌmərɪst/, *n.* compendiatore; ricapitolatore.

to **summarize** /ˈsʌməraɪz/, *v. t.* compendiare; ricapitolare; riassumere.

summary /ˈsʌmərɪ/, **A** *a.* sommario; compendioso; per sommi capi; sbrigativo: **a s. account**, una relazione sommaria; (*leg.*) **s. procedure**, procedura sommaria; **s. justice**, giustizia sommaria. **B** *n.* compendio; riassunto; sunto; scaletta (*fig.*). ● (*leg.*) **s. offence**, reato minore □ (*elab.*) **s. punching**, perforazione di riepilogo □ (*elab.*) **s. record**, record di riepilogo □ (*banca, rag.*) **s. sheet**, riepilogo.

summat /ˈsʌmət/, *n.* (*pop. dial.*) qualcosa.

summation /səˈmeɪʃn/, *n.* ***1*** (*mat.*, = **s. notation**) sommatoria ***2*** sunto; riassunto; sommario ***3*** (*leg., USA*) arringa finale. ● (*elab.*) **s. check**, controllo sommatorio.

summer (1) /ˈsʌmə(r)/, **A** *n.* ***1*** estate: **It happened in s.**, accadde in estate (*o* d'estate) ***2*** (*pl.*) (*poet.*) anni: **a maid of twelve summers**, una fanciulla di dodici anni. **B** *a. attr.* d'estate; estivo: **the s. season**, la stagione estiva; **s. camp**, campeggio estivo; **s. school**, scuola estiva (*presso un'università, ecc.*); **s. course**, corso estivo (*di studi, di conferenze*). ● (*fam.*) **s. complaint**, diarrea estiva □ **s. house**, casa di campagna (*per l'estate*) □ **s. lightning**, lampeggi lontani; lampi d'estate □ **s. resort**, località di villeggiatura estiva □ **s. solstice**, solstizio d'estate □ **s. time**, ora legale; ora estiva □ (*fig.*) **the high s. of Italian art**, la stagione d'oro dell'arte italiana □ **Indian s.** (*o* **St. Martin's s.**), estate di San Martino.

summer (2) /ˈsʌmə(r)/, *n.* (*edil., anche* **s. tree**) architrave; trave principale.

to **summer** /ˈsʌmə(r)/, **A** *v. i.* passare l'estate: **They s. in the Alps**, passano l'estate sulle Alpi. **B** *v. t.* far pascolare (*bestiame*) durante l'estate; estivare.

summerhouse /ˈsʌməhaʊs/, *n.* chiosco, padiglione (*in un giardino*).

summerlike /ˈsʌməlaɪk/, **summerly** /ˈsʌməlɪ/, *a.* estivo; dell'estate.

summersault /ˈsʌməsɔːlt/, **summerset** /ˈsʌməsɪt/, (*rari*) *V.* **somersault**.

summertime /ˈsʌmətaɪm/, *n.* estate; stagione estiva.

summery /ˈsʌmərɪ/, *a.* estivo; dell'estate.

summing-up /ˈsʌmɪŋˈʌp/, *n.* (*leg.*) conclusioni (*del giudice*); riepilogo (*del dibattimento*).

summit /ˈsʌmɪt/, *n.* ***1*** sommità; apice; colmo; massimo: **at the s. of one's fame**, all'apice della fama; **the s. of my expectations**, il massimo delle mie aspettative ***2*** cima; vetta; sommità: **the icy summits of the Alps**, le cime ghiacciate delle Alpi ***3*** (*polit.*) vertice; summit: **meeting at the s.** (*o* **s. meeting**), incontro al vertice; vertice; **s. conference**, conferenza al vertice. ● (*polit.*) **the s. powers**, i vertici dello stato □ **the s. party powers**, i vertici del partito.

to **summon** /ˈsʌmən/, *v. t.* ***1*** (*leg.*) chiamare a comparire; citare (in giudizio) (*nel processo* *penale*; *cfr.* **to subpoena**): **They were summoned before the court**, furono chiamati a comparire in giudizio; **to s. witnesses**, citare i testimoni ***2*** convocare; chiamare a raccolta; adunare; radunare: **to s. a meeting**, convocare (*o* indire) una riunione; **to s. Parliament**, convocare il Parlamento ***3*** (*arc.*) invitare; intimare: **They summoned the enemy to surrender**, invitarono il nemico ad arrendersi; intimarono la resa al nemico ***4*** (*spesso* **to s. up**) fare appello a; raccogliere: **He summoned (up) his energy**, fece appello a tutte le sue energie; **S. (up) your strength**, raccogli le forze! ● **to s. up**, richiamare alla mente; ricordare; rammentare □ **to s. up one's courage**, farsi coraggio; farsi animo; prendere il coraggio a due mani.

summoner /ˈsʌmənə(r)/, *n.* ***1*** chi chiama a raccolta, chi convoca, ecc. (*V.* **to summon**) ***2*** (*stor., leg.*) usciere.

summons /ˈsʌmənz/, *n.* (*pl.* **summonses, summons**) ***1*** (*leg.*) mandato di comparizione; citazione: **to serve a s. on sb.**, notificare un mandato di comparizione a q.; **to issue a s.**, emettere un mandato di comparizione ***2*** convocazione; appello; chiamata; invito: **a s. to arms**, una chiamata alle armi. ● (*USA*) **s. book**, libretto delle contravvenzioni (*di un poliziotto*) □ (*leg.*) **to answer a s.**, comparire in giudizio □ (*leg.*) **writ of s.**, mandato di comparizione.

to **summons** /ˈsʌmənz/, *v. t.* (*leg.*) citare (in giudizio); chiamare a comparire.

sump /sʌmp/, *n.* ***1*** (*edil.*) pozzo di drenaggio; pozzetto ***2*** (*edil.*) pozzo nero; fossa biologica ***3*** (*ind. min.*) pozzo di scarico; bacino di pompaggio ***4*** (*mecc., autom.*) coppa (*dell'olio*); carter: **s. gasket**, guarnizione della coppa.

sumpter /ˈsʌm(p)tə(r)/, *n.* (*arc.*) bestia da soma. ● **s. horse**, cavallo da soma □ **s. mule**, mulo da basto.

sumptuary /ˈsʌm(p)tʃʊərɪ, *USA* -ʊerɪ/, *a.* suntuario: **s. law**, legge suntuaria. ● (*fin.*) **s. tax**, imposta restrittiva dei consumi; tassa suntuaria.

sumptuous /ˈsʌm(p)tʃʊəs/, *a.* sontuoso; fastoso: **a s. dinner**, un pranzo sontuoso. ‖ **-ly**, *avv.*

sumptuousness /ˈsʌm(p)tʃʊəsnəs/, *n.* sontuosità; fasto.

sun /sʌn/, *n.* (*astron.*) sole (*anche fig.*); luce del sole; astro, stella (*in genere*); (*poet., retor.*) giorno, anno: **The sun is rising**, sorge il sole; **The sun is down**, il sole è tramontato; **to sit in the sun**, star seduto al sole; **to catch the sun**, prendere il sole; **I have the sun in my eyes**, ho il sole negli occhi; **We only had sun during our vacation**, abbiamo avuto sempre il sole durante le vacanze; **I've had too much sun**, ho preso troppo sole; **to rise with the sun**, levarsi col sole; alzarsi di buonora; (*astron.*) **the midnight sun**, il sole di mezzanotte; (*fig.*) **His sun is set**, la sua stella è tramontata. ● (*mecc.*) **sun-and-planet motion**, rotismo epicicloidale; treno planetario □ **sun-bath**, bagno di sole □ **sun-blind**, tenda, telone (*a una finestra*) □ **sun bonnet**, cappellino da sole □ (*naut.*) **sun compass**, bussola solare □ (*di carne, ecc.*) **sun-cured**, seccato al sole □ **sun dance**, danza del sole (*degli Indiani d'America*) □ **sun deck**, (*naut.*) ponte scoperto, ponte sole, solarium; (*in Austr.*) terrazza per prendere il sole □ (*di frutta, ecc.*) **sun-dried**, seccato al sole □ (*mecc.*) **s. gear**, ingranaggio centrale □ **sun god**, dio del sole; il Sole (*come divinità*) □ **sun helmet**, casco coloniale □ **sun lounge** (*o, USA*, **sun parlour, sun porch**), veranda; stanza a vetrate (*esposta al sole*) □ **sun power**, energia solare □ **sun rays**, raggi del sole □ (*elettron.*) **sun sensor**, sensore solare □ (*fam.*) **sun-up**, levar del sole; aurora; alba □ (*autom.*) **sun visor**, aletta parasole □ **sun worship**, (*relig.*) culto del sole; (*fam.*) mania del bagno di sole □ **sun worshipper**, adoratore del sole; (*fam.*) fanatico dei bagni di sole □ **against the sun**, controluce; (*scient.*) in senso antiorario □ **to bask in the sun**, crogiolarsi al sole □ (*fig.*) **to hail** (*o* **to adore**) **the rising sun**, rendere omaggio all'astro nascente; cercare d'ingraziarsi un nuovo potente □ (*fig.*) **to hold a candle to the sun**, portar acqua al mare (*o* vasi a Samo); fare un lavoro inutile □ **to let in the sun**, lasciar entrare il sole □ (*scient.*) **mock sun**, parelio □ (*fig.*) **a place in the sun**, un posto al sole □ **the rising sun**, il sole nascente; (*fig.*) l'astro nascente □ (*poet.*) **to see the sun**, vedere la luce del sole; essere tra i vivi □ (*naut.*) **to take** (*o* **to shoot**) **the sun**, fare il punto prendendo l'altezza del sole □ (*prov.*) **Nothing new under the sun**, niente di nuovo sotto il sole.

to **sun** /sʌn/, **A** *v. t.* soleggiare; esporre al sole; asciugare al sole. **B** *v. i.* (*anche, v. rifl.*, **to sun oneself**) prendere il sole; crogiolarsi al sole.

sunbaked /ˈsʌnbeɪkt/, *a.* ***1*** bruciato (*o* riarso) dal sole ***2*** (*di un mattone*) cotto al sole.

to **sunbathe** /ˈsʌnbeɪð/, *v. i.* fare la cura del sole; prendere il sole.

sunbather /ˈsʌnbeɪðə(r)/, *n.* chi fa la cura del sole; chi prende il sole.

sunbathing /ˈsʌnbeɪðɪŋ/, *n.* cura del sole; il prendere il sole; elioterapia.

sunbeam /ˈsʌnbiːm/, *n.* ***1*** raggio di sole ***2*** (*fam. scherz.*) persona allegra, felice; bambino contento come una Pasqua.

sunbed /ˈsʌnbɛd/, *n.* lettino per l'esposizione ai raggi ultravioletti; solarium.

sunbelt /ˈsʌnbɛlt/, *n.* (*geogr.*) (la) zona del sole (*il sud-ovest degli U.S.A.*).

sunbow /ˈsʌnbəʊ/, *n.* arcobaleno (*negli spruzzi di una cascata d'acqua e sim.*; *cfr.* **rainbow**).

sunburn /ˈsʌnbɜːn/, *n.* ***1*** (*med.*) eritema solare; scottatura (*da eccessiva esposizione al sole*) ***2*** abbronzatura.

sunburned /ˈsʌnbɜːnt/, **sunburnt** /ˈsʌnbɜːnt/, *a.* ***1*** arso dal sole; bruciato (*o* scottato) dal sole ***2*** abbronzato; annerito dal sole: **s. hands**, mani annerite dal sole.

sunburst /ˈsʌnbɜːst/, *n.* ***1*** sprazzo di sole; improvviso apparire del sole (*per es., fra le nubi*) ***2*** gioiello (*o* fuoco d'artificio, ecc.) in forma di sole raggiante.

sundae /ˈsʌndeɪ, *USA* -diː/, *n.* gelato con pezzetti di frutta, panna montata, ecc.; cassata.

Sunday /ˈsʌndeɪ, -dɪ/, **A** *n.* domenica: **I'll come on S.**, vengo domenica; **I go to church on Sundays**, vado in chiesa la domenica. **B** *avv.* (*pl.*) (*USA*) di domenica; la domenica: **They eat out Sundays**, la domenica mangiano fuori. ● **one's S. clothes** (*fam.* **one's S. best**), il vestito della domenica; l'abito da festa; il vestito buono (*fam.*) □ **S. driver**, guidatore della domenica □ (*in G.B., cucina*) **the S. joint** (*o* **roast**), l'arrosto della domenica (*tipico delle case inglesi*) □ **S. painter**, pittore della domenica; pittore dilettante □ **S. school**, scuola domenicale di catechismo; la dottrina (*fam.*) □ **S. supplement**, supplemento domenicale (*di un giornale*) □ **Easter S.**, domenica di Pasqua □ (*relig.*) **to keep S.**, osservare la domenica □ (*scherz.*) **a month of Sundays**, un periodo di tempo molto lungo; un secolo; un'eternità □ **Palm S.**, domenica delle Palme.

to **sunder** /ˈsʌndə(r)/, (*poet.*) **A** *v. t.* disgiungere; disunire; scindere; separare. **B** *v. i.* dividersi; separarsi.

sundew /ˈsʌndjuː, *USA* -duː/, *n.* (*bot., Drosera*) drosera. ● (*bot.*) **common** (*o* **roundleaved**) **s.** (*Drosera rotundifolia*), rosolida.

sundial /ˈsʌndaɪl/, *n.* meridiana; orologio solare.

sundog /ˈsʌndɒg, *USA* -ɔːg/, *n.* (*astron., meteor.*) parelio.

sundown /ˈsʌndaʊn/, *n.* tramonto: **at s.**, al tramonto.

sundowner /ˈsʌndaʊnə(r)/, *n.* ***1*** (*fam.*) aperitivo serale ***2*** (*in Austr.*) vagabondo scroccone (*che arriva al calar del sole*).

sundrenched /ˈsʌndrentʃt/, *a.* inondato di sole; assolato: **He lives in a s. island**, vive in un'isola assolata.

sundress /ˈsʌndrɛs/, *n.* prendisole (*indumento*).

sundries /ˈsʌndrɪz/, *n. pl.* ***1*** oggetti di vario genere ***2*** (*comm.*) articoli vari ***3*** (*rag.*) spese diverse; creditori diversi; «diversi».

sundriesman /ˈsʌndrɪzmən/, *n.* (*pl.* **sundriesmen**) negoziante di articoli vari.

sundry /ˈsʌndrɪ/, *a.* diversi; vari: **s. items of clothing**, diversi capi di vestiario. ● **all and s.**, tutti quanti; tutti indistintamente.

sunfast /ˈsʌnfɑːst, *USA* -æst/, *a.* resistente al sole; che non sbiadisce.

sunfish /ˈsʌnfɪʃ/, *n.* (*pl.* **sunfish, sunfishes**) (*zool.*) ***1*** pesce dei Molidi (*in genere*) ***2*** (*Mola mola*) pesce mola; pesce luna ***3*** (*Eupomotis gibbosus*) persico sole.

sunflower /ˈsʌnflaʊə(r)/, *n.* (*bot., Helianthus annuus*) girasole. ● (*USA*) **the S. State**, lo Stato del Kansas.

sung /sʌŋ/, *p. p.* di **to sing**.

sunglasses /ˈsʌnglɑːsɪz, *USA* -æs-/, *n. pl.* occhiali da sole.

sunhat /ˈsʌnhæt/, *n.* cappello da sole (*a tesa larga*).

sunk /sʌŋk/, **A** *p. p.* di **to sink**. **B** *a.* ***1*** immerso; sprofondato: **to be s. in thought**, essere immerso nei pensieri (*o* meditabondo) ***2*** (*fam.*) rovinato; fregato (*fam.*): **If we can't get a loan, we're s.**, se non ci fanno un prestito, siamo fregati. ● (*rag.*) **s. cost**, costo sommerso.

sunken /ˈsʌŋkən/, *a.* ***1*** affondato: **a s. ship**, una nave affondata ***2*** sommerso: **a s. wreck**, un relitto sommerso ***3*** sprofondato: **a s. road**, una strada sprofondata ***4*** incavato; infossato: **s. eyes**, occhi incavati; **s. cheeks**, guance infossate. ● **a s. garden**, un giardino incassato (*artificiale: con rocce, ecc.; in G.B.*).

sunlamp /ˈsʌnlæmp/, *n.* lampada solare (*o* a raggi ultravioletti); lampada abbronzante.

sunless /ˈsʌnləs/, *a.* ***1*** senza sole ***2*** (*fig.*) cupo; tetro.

sunlight /ˈsʌnlaɪt/, *n.* luce del sole; luce solare.

sunlit /ˈsʌnlɪt/, *a.* soleggiato; assolato; illuminato dal sole.

sunn /sʌn/, *n.* (*bot., Crotalaria juncea*; = **s. hemp**) canapa di Calcutta.

Sunna(h) /ˈsʌnə/, *n.* (*relig.*) Sunna (*tradizione orale maomettana*).

sunniness /ˈsʌnɪnəs/, *n.* ***1*** esposizione al sole; l'essere soleggiato ***2*** (*fig.*) allegria; felicità; gioia.

Sunnite /ˈsʌnaɪt/, *n.* (*relig.*) sunnita.

sunny /ˈsʌnɪ/, *a.* ***1*** soleggiato; solatio; aprico (*lett.*); esposto al sole; assolato: **the s. side of a house**, il lato d'una casa esposto al sole; **a s. classroom**, un'aula soleggiata; **a s. country**, una terra solatia; **s. skies**, cieli assolati ***2*** (*fig.*) allegro; felice; gioioso; ridente: **a s. temper**, un carattere allegro. ● **the s. side of the matter**, il lato buono della faccenda □ (*di un uovo*) **s.-side up**, (cotto) all'occhio di bue □ **to be in a s. mood**, essere allegro, euforico □ (*fig.*) **to look on the s. side of things**, vedere il lato buono delle cose; essere ottimista □ **to be on the s. side of forty**, non avere ancora passato i quarant'anni □ **It's s. today**, oggi c'è il sole. ‖ **-ily**, *avv.*

sunproof /ˈsʌnpruːf/, *a.* che non sbiadisce al sole; resistente ai raggi del sole.

sunray /ˈsʌnreɪ/, *n.* ***1*** raggio solare ***2*** (*fis.*) raggio ultravioletto: **s. lamp**, lampada a raggi ultravioletti.

sunrise /ˈsʌnraɪz/, *n.* levar del sole; aurora; alba. ● **s. industry**, industria avanzata (*o* dell'avvenire).

sunroof /ˈsʌnruːf/, *n.* ***1*** (*edil.*) lastrico solare; solarium ***2*** (*autom.*) tetto apribile.

sunseeker /ˈsʌnsiːkə(r)/, *n.* chi va in cerca di luoghi assolati per villeggiare; turista che va al sud.

sunset /ˈsʌnsɛt/, *n.* (*anche fig.*) tramonto: **the s. of life**, il tramonto della vita.
sunshade /ˈsʌnʃeɪd/, *n.* ***1*** parasole; ombrellino da sole ***2*** tenda; telone (*di bottega, ecc.*) ***3*** visiera ***4*** (*pl.*) (*pop.*) occhiali da sole.
sunshield /ˈsʌnʃiːld/, *n.* parasole.
sunshine /ˈsʌnʃaɪn/, *n.* ***1*** luce del sole; splendore del sole; sole; bel tempo: **to walk in the s.**, passeggiare al sole, in pieno sole ***2*** (*fig.*) allegria; letizia; felicità; gioia. ● (*meteor.*) **s. recorder**, eliografo □ (*autom.*) **s. roof**, tetto apribile □ (*med.*) **s. treatment**, elioterapia.
sunshiny /ˈsʌnʃaɪnɪ/, *a.* ***1*** assolato; soleggiato; solatio; pieno di sole: **a s. day**, una giornata (piena) di sole ***2*** (*fig.*) allegro; felice; gioioso: **a s. smile**, un sorriso gioioso.
sunspot /ˈsʌnspɒt/, *n.* ***1*** (*astron.*) macchia solare ***2*** (*tur.*) luogo (*o* paese) del sole.
sunstone /ˈsʌnstəʊn/, *n.* (*miner.*) pietra del sole; eliolite.
sunstroke /ˈsʌnstrəʊk/, *n.* (*med.*) colpo di sole; insolazione.
sunstruck /ˈsʌnstrʌk/, *a.* (*med.*) colpito da insolazione.
sunsuit /ˈsʌnsuːt, -sjuːt/, *n.* (*USA*) prendisole (*indumento*).
suntan /ˈsʌntæn/, *n.* abbronzatura; tintarella (*fam.*). ● **s. centre**, centro per il trattamento alla lampada abbronzante □ **s. cream**, crema abbronzante.
suntanned /ˈsʌntænd/, *a.* abbronzato (dal sole).
suntrap /ˈsʌntræp/, *n.* (*fam.*) luogo (o paese) pieno di sole.
sunward /ˈsʌnwəd/, **A** *a.* esposto al sole; volto verso il sole. **B** *avv.* *V.* **sunwards**.
sunwards /ˈsʌnwədz/, *avv.* verso il sole; in direzione del sole.
sunwise /ˈsʌnwaɪz/, *avv.* (*scient.*) nella direzione del moto apparente del sole; in senso orario.
sup /sʌp/, *n.* (*scozz. e ingl. sett.*) sorso: **with neither bite nor sup**, senza né un boccone né un sorso; a bocca asciutta; a stomaco vuoto.
to **sup (1)** /sʌp/, *v. t.* e *i.* (*scozz. e ingl. sett.*) bere a piccoli sorsi; sorseggiare: **to sup tea**, sorseggiare il tè. ● (*prov.*) **He that sups with the devil needs a long spoon**, nel trattare col diavolo bisogna andare molto cauti.
to **sup (2)** /sʌp/, **A** *v. t.* dare il pasto serale a (*cani da caccia, ecc.*). **B** *v. i.* (*arc.*) cenare. ● **to sup off** (*o* **on**) **st.**, cenare con q.c.; fare una cena a base di q.c.
super /ˈsuːpə(r), ˈsj-/, (*fam.*) **A** *n.* ***1*** (*teatr.*) comparsa ***2*** sovrintendente (*specialm. di polizia*) ***3*** (*comm.*) qualità superiore ***4*** (*comm.*) prodotto eccellente; prodotto di qualità superiore ***5*** (*di stufa a gas, ecc.*) (posizione di) massimo ***6*** (benzina) super; supercarburante. **B** *a.* ***1*** (*fam.*) favoloso (*fam.*); stupendo; eccellente; (*spesso iron.*) grande: **a s. patriot**, un grande patriota ***2*** (*comm.*) super; di prima qualità ***3*** (*arc.*: *di misura*) di superficie; quadrato: **a hundred feet s.**, cento piedi quadrati (*pari a circa* m^2 9,29). **C** *inter.* (*fam. ingl.*) formidabile!; ottimo!; benissimo!
superable /ˈsuːpərəbl, ˈsj-/, *a.* superabile.
to **superabound** /sʊpərəˈbaʊnd, sj-/, *v. i.* sovrabbondare; abbondare.
superabundance /suːpərəˈbʌndəns, sj-/, *n.* sovrabbondanza.
superabundant /suːpərəˈbʌndənt, sj-/, *a.* sovrabbondante; assai abbondante; eccessivo. || **-ly**, *avv.*
superactive /suːpərˈæktɪv, sj-/, *a.* superattivo.
to **superadd** /suːpərˈæd, sj-/, *v. t.* aggiungere in più.
superaddition /suːpərəˈdɪʃn, sj-/, *n.* aggiunta in più; sopraggiunta.
superalimentation /suːpərælɪmenˈteɪʃn, sj-/, *n.* (*med.*) superalimentazione.
superalloy /suːpərˈælɔɪ, sj-/, *n.* (*metall.*) superlega.
superaltar /ˈsuːpərɔːltə(r), ˈsj-/, *n.* (*relig.*) ***1*** pietra consacrata (*posta su un altare non ancora consacrato*) ***2*** dossale (*di altare*).
to **superannuate** /suːpərˈænjʊeɪt, sj-/, **A** *v. t.* ***1*** mettere (*un impiegato, ecc.*) in pensione; collocare a riposo (*per raggiunti limiti d'età*); pensionare; giubilare ***2*** scartare (*un oggetto, macchinario, ecc.*) perché antiquato ***3*** rendere (q.c.) antiquato (*o* superato) ***4*** chiedere il ritiro dalla scuola di (*un alunno che ha superato il limite d'età o il cui profitto è troppo scarso*). **B** *v. i.* ***1*** raggiunger l'età pensionabile ***2*** diventare antiquato (*o* obsoleto).
superannuated /suːpəˈrænjʊeɪtɪd, sj-/, *a.* ***1*** pensionato; collocato a riposo; giubilato (*fam.*) ***2*** (*d'idee, di macchinario, ecc.*) antiquato; obsoleto; troppo vecchio; superato.
superannuation /suːpərænjʊˈeɪʃn, sj-/, *n.* ***1*** collocamento a riposo; andata in pensione (*per limiti d'età*) ***2*** pensione (*per raggiunti limiti d'età*) ***3*** (*di macchinario, ecc.*) l'essere antiquato; obsolescenza. ● **s. fund**, fondo pensioni □ **s. payment**, contributo pensionistico.
superb /suːˈpɜːb, sj-/, *a.* superbo; maestoso; magnifico; sfarzoso; splendido; stupendo: **s. beauty**, superba bellezza; **a s. specimen**, un magnifico esemplare; **a s. view**, una splendida vista; **a s. voice**, una voce stupenda. ● **s. food**, cibo eccellente □ **s. impudence**, sfacciataggine estrema. || **-ly**, *avv.* || **-ness**, *sost.*
supercalender /suːpəˈkæləndə(r), sj-/, *n.* (*ind.*) calandra a più rulli.
supercalendered /suːpəˈkæləndəd, sj-/, *a.* (*di tessuto*) lavorato con una calandra a più rulli. ● (*ind. carta*) **s. paper**, carta superpatinata.
supercalendering /suːpəˈkæləndərɪŋ, sj-/, *n.* calandratura a più rulli.
supercargo /ˈsuːpəkɑːgəʊ, ˈsj-/, *n.* (*pl.* **supercargos, supercargoes**) (*naut.*) ufficiale di bordo (*di nave mercantile*) che sovrintende alle operazioni di carico.
supercentrifuge /suːpəˈsɛntrɪfjuːdʒ, sj-/, *n.* (*tecn.*) supercentrifuga.
supercharge /ˈsuːpətʃɑːdʒ, ˈsj-/, *n.* sovraccarico (*anche fig.*).
to **supercharge** /ˈsuːpətʃɑːdʒ, ˈsj-/, *v. t.* ***1*** (*mecc.*) sovralimentare (*un motore*) ***2*** (*fig.*) sovraccaricare; rendere (*un ambiente, ecc.*) carico di emozione (di tensione, ecc.).
supercharged /ˈsuːpətʃɑːdʒd, ˈsj-/, *a.* ***1*** (*di motore*) sovralimentato ***2*** (*fig.*) teso; appassionato; carico d'emozione ***3*** (*fig.*: *di persona*) pieno di vita; su di giri (*fam.*); gasato (*pop.*).
supercharger /ˈsuːpətʃɑːdʒə(r), ˈsj-/, *n.* (*mecc.*) compressore; sovralimentatore.
supercharging /ˈsuːpətʃɑːdʒɪŋ, ˈsj-/, *n.* (*mecc.*) sovralimentazione.
super-choice day /suːpəˈtʃɔɪsdeɪ, sj-/, *locuz. n.* (*polit., USA*) *V.* **Super-Tuesday**.
superciliary /suːpəˈsɪlɪərɪ, ˈsj-, *USA* -ɪerɪ/, *a.* (*scient.*) sopracciliare.
supercilious /suːpəˈsɪlɪəs, sj-/, *a.* altezzoso; altero; arrogante; borioso; sdegnoso; sprezzante. || **-ly**, *avv.* || **-ness**, *sost.*
supercity /ˈsuːpəsɪtɪ, ˈsj-/, *n.* (*urbanistica*) megalopoli.
supercivilized /suːpəˈsɪvəlaɪzd, sj-/, *a.* ultracivile.
supercolumnar /suːpəkəˈlʌmnə(r), sj-/, *a.* (*archit.*) a doppio ordine di colonne.
supercolumniation /suːpəkəlʌmnɪˈeɪʃn, sj-/, *n.* (*archit.*) sovrapposizione di due ordini di colonne.
superconducting /suːpəkənˈdʌktɪŋ, sj-/, *a.* (*fis.*) superconduttore.
superconductive /suːpəkənˈdʌktɪv, sj-/, *a.* (*fis.*) superconduttivo.
superconductivity /suːpəkɒndʌkˈtɪvətɪ, sj-/, *n.* (*fis.*) superconduttività.
superconductor /suːpəkənˈdʌktə(r), sj-/, *n.* (*fis.*) superconduttore.
to **supercool** /ˈsuːpəkuːl, ˈsj-/, *v. t.* (*fis., chim.*) sopraraffreddare.
supercooling /ˈsuːpəkuːlɪŋ, ˈsj-/, *n.* (*fis., chim.*) sopraffusione; sopraraffreddamento.
supercountry /suːpəˈkʌntrɪ, sj-/, *n.* (*polit.*) superpotenza.
supercriminal /suːpəˈkrɪmɪnl, sj-/, *a.* e *n.* supercriminale.
supercritical /suːpəˈkrɪtɪkl, sj-/, *a.* (*fis. nucl.*) supercritico; ipercritico.
superdominant /suːpəˈdɒmɪnənt, sj-/, *n.* (*mus.*) sopraddominante.
superdose /ˈsuːpədəʊs, ˈsj-/, *n.* superdose.
superdreadnought /suːpəˈdrɛdnɔːt, sj-/, *n.* (*naut. mil., stor.*) supercorazzata.
superduper /ˈsuːpəˈduːpə(r), ˈsj-/, *a.* (*pop.*) favoloso; meraviglioso; stupendo; straordinario; super.
superego /ˈsuːpərɛgəʊ, ˈsj-, *USA* -iːgəʊ/, *n.* (*pl.* **superegos**) (*psic.*) super-io; super-ego.
superelevation /suːpərɛlɪˈveɪʃn, sj-/, *n.* ***1*** (*costr. stradali, ferr.*) soprelevazione, sopraelevazione ***2*** (*mil.*) sopraelevazione; alzo (*di cannone, ecc.*).
supereminence /suːpərˈɛmɪnəns, sj-/, *n.* sovreminenza.
supereminent /suːpərˈɛmɪnənt, sj-/, *a.* sovreminente. || **-ly**, *avv.*
supererogation /suːpərɛrəˈgeɪʃn, sj-/, *n.* ***1*** (*specialm. relig.*) supererogazione ***2*** zelo eccessivo.
supererogatory /suːpəreˈrɒgətrɪ, -ɪˈr-, sj-, *USA* -tɔːrɪ/, *a.* ***1*** supererogatorio ***2*** troppo zelante.
superexcellence /suːpərˈɛksələns, sj-/, *n.* sovraeccellenza.
superexcellent /suːpərˈɛksələnt, sj-/, *a.* sovraeccellente.
superexcited /suːpərɪkˈsaɪtɪd, sj-/, *a.* sovreccitato.
superfamily /suːpəˈfæmlɪ, -məlɪ, sj-/, *n.* (*biol.*) superfamiglia.
superfecundation /suːpəfɛkənˈdeɪʃn, -fiːk-, sj-/, *n.* (*fisiol.*) superfecondazione.
superfetation /suːpəfiːˈteɪʃn, sj-/, *n.* (*biol.*) superfetazione.
superficial /suːpəˈfɪʃl, sj-/, *a.* ***1*** superficiale: **a s. wound**, una ferita superficiale; **a s. person**, una persona superficiale ***2*** (*di misura*) di superficie; quadrato: **a s. foot**, un piede quadrato. || **-ly**, *avv.* || **-ness**, *sost.*
superficiality /suːpəfɪʃɪˈælətɪ, sj-/, *n.* superficialità.
superficies /suːpəˈfɪʃiːz, sj-/, *n.* (*invar. al pl.*) superficie.
superfine /suːpəˈfaɪn, sj-, ˈsuːpəf-, ˈsj-/, *a.* ***1*** (*di merce*) sopraffino; finissimo ***2*** (*di persona*) troppo raffinato; affettato. ● **a s. distinction**, una distinzione fin troppo sottile □ (*comm.*) **s. flour**, farina finissima; farina doppio zero.
superfines /suːpəˈfaɪnz, sj-, ˈsuːpəf-, ˈsj-/, *n. pl.* (*market.*) prodotti di qualità superiore.
superfluid /suːpəˈfluːɪd, sj-/, *n.* (*chim., fis.*) superfluido.
superfluidity /suːpəfluːˈɪdətɪ, sj-/, *n.* (*chim., fis.*) superfluidità.
superfluity /suːpəˈfluːətɪ, sj-/, *n.* (*form.*) ***1*** superfluità; eccesso ***2*** superfluo; soprappiù; cosa superflua.
superfluous /suːˈpɜːfluəs, sj-/, *a.* superfluo; eccessivo; in eccesso. || **-ly**, *avv.*
superfluousness /suːˈpɜːfluəsnəs, sj-/, *n.* superfluità; eccesso.
to **superfuse** /suːpəˈfjuːz, sj-/, *V.* **to supercool**.
superfusion /suːpəˈfjuːʒn, sj-/, *V.* **supercooling**.
supergiant /ˈsuːpədʒaɪənt, ˈsj-/, *n.* (*astron.*) (stella) supergigante.
supergrass /ˈsuːpəgrɑːs, ˈsj-, *USA* -æs/, *n.* (*pop. ingl.*) superinformatore, collaboratore (*della polizia*; *cfr. ital. fam.* «*pentito*»).
supergridlock /suːpəˈgrɪdlɒk, sj-/, *n.* (*fam. USA*) megaingorgo stradale.
to **superheat** /ˈsuːpəhiːt, ˈsj-/, *v. t.* surriscaldare.
superheater /suːpəˈhiːtə(r), sj-/, *n.* surriscal-

datore (*apparecchio*).

superheating /su:pə'hi:tɪŋ, sj-/, *n.* surriscaldamento.

superhet /'su:pəhet, sj-/, *n. abbr. fam.* di **superheterodyne receiver**.

superheterodyne /su:pə'hetərədaɪn, sj-/, *n.* (*elettron.*) supereterodina. ● (*radio*) **s. receiver**, ricevitore a supereterodina.

superhigh /'su:pəhaɪ, 'sj-/, *a.* (*tecn.*) superalto: (*elettron.*) **s. frequency**, altezza superalta; banda 10.

superhighway /'su:pəhaɪweɪ, 'sj-/, *n.* (*costr. stradali*) ***1*** superstrada ***2*** (*USA*) autostrada.

superhuman /su:pə'hju:mən, sj-/, *a.* sovrumano. || **-ly,** *avv.*

to **superimpose** /su:pərɪm'pəʊz, sj-/, *v. t.* sovrapporre; sovrimporre. ● **to s. st. on sb.**, imporre (*con la forza*) q.c. a q.

superimposed /su:pərɪm'pəʊzd, sj-/, *a.* sovrapposto; sovraimposto; sovrimposto. ● (*geol.*) **s. glacier**, ghiacciaio sovrapposto.

superimposition /su:pərɪmpə'zɪʃn, sj-/, *n.* sovrapposizione.

superincumbent /su:pərɪn'kʌmbənt, sj-/, *a.* sovrastante; incombente.

to **superinduce** /su:pərɪn'dju:s, sj-, *USA* -'du:s/, *v. t.* aggiungere, introdurre (*un elemento, un fattore nuovo, ecc.*).

superinducement /su:pərɪn'dju:smənt, sj-, *USA* -'du:s-/, **superinduction** /su:pərɪn'dʌkʃn, sj-/, *n.* aggiunta; introduzione (*V. sopra*).

superinfection /su:pərɪn'fekʃn, sj-/, *n.* (*med.*) superinfezione.

superintelligent /su:pərɪn'telɪdʒənt, sj-/, *a.* superintelligente; ultraintelligente.

to **superintend** /su:pərɪn'tend, sj-/, *v. t.* e *i.* soprintendere (a); dirigere; sorvegliare; controllare: **to s. the works**, dirigere i lavori.

superintendence /su:prɪn'tendəns, sj-/, *n.* soprintendenza, sovrintendenza; direzione; sorveglianza.

superintendency /su:prɪn'tendənsɪ, sj-/, *n.* sovrintendenza (*specialm. l'ufficio*).

superintendent /su:pərɪn'tendənt, sj-/, *n.* ***1*** soprintendente, sovrintendente; direttore; supervisore; sorvegliante ***2*** (*nella polizia*) sovrintendente (*in G.B.*; *cfr. ital. «commissario»*) ***3*** (*USA*: *nella polizia*) sovrintendente (*cfr. ital. «questore»*) ***4*** (*specialm. USA*; = **building s.**) custode (*di un palazzo*).

superior /su:'pɪərɪə(r), sj-, su-/, **A** *a.* ***1*** superiore: **s. rank**, grado superiore; (*mil.*) **s. officers**, ufficiali superiori; **animals belonging to a s. order**, animali che appartengono a un ordine superiore; (*zool.*) **the s. wings of an insect**, le ali superiori di un insetto ***2*** (*anche market.*) di qualità superiore; eccellente; ottimo; di prima qualità: **These are s. goods**, questa merce è di prima qualità; **a class of s. pupils**, una classe di scolari eccellenti ***3*** (che si dà arie) di superiorità; altezzoso; borioso; sprezzante: **a s. smile**, un sorrisetto di superiorità ***4*** (*fig.*) superiore; che è al di sopra: **He is s. to bribery**, è superiore a ogni tentativo di corruzione; è incorruttibile ***5*** (*bot.*) supero (*detto di ovario*). **B** *n.* ***1*** superiore: **He is deferential to his superiors**, è rispettoso con i superiori ***2*** (*relig.*) superiore (*di convento*): **the Father S.**, il padre superiore. ● (*leg.*) **s. court**, tribunale di seconda istanza □ (*leg., in G.B.*) **the s. courts**, l'Alta Corte, la Corte d'Appello e la Camera dei Lord □ (*tipogr.*) **s. figures [letters]**, cifre [lettere] stampate sopra la riga □ (*ottica*) **s. mirage**, miraggio superiore □ (*mil.*) **s. numbers**, superiorità numerica; forze preponderanti □ **s. persons**, persone colte; uomini superiori; (*iron.*) saccenti, sapientoni; gente che si dà arie di superiorità □ (*astron.*) **s. planet**, pianeta superiore □ **s. to**, superiore a, migliore di: **My motorbike is s. to yours**, la mia motocicletta è migliore della tua □ **by s. wisdom**, con grande saggezza □ (*relig.*) **Mother S.**, madre superiora; superiora (*di convento*); (madre) badessa □ (*fig.*) **to rise s. to**, essere (mostrarsi) superiore a; non dar peso a □ **with a s. air**, con aria di superiorità □ **You are my s. in ability**, sei più bravo di me □ **This car is s. in speed to any other**, quest'automobile supera qualsiasi altra in velocità □ **He has no s. in courage**, quanto a coraggio, nessuno lo supera.

superiority /su:pɪərɪ'ɒrətɪ, sj-, *USA* -'ɔ:r-/, *n.* superiorità. ● (*psic.*) **s. complex**, complesso di superiorità.

superiorly /su:'pɪərɪəlɪ, sj-/, *avv.* ***1*** superiormente; a un grado (*o* a un livello) più alto ***2*** di più ***3*** meglio ***4*** con aria di superiorità.

superjacent /su:pə'dʒeɪsnt, sj-/, *a.* sovrastante; incombente.

superjet /'su:pədʒet, sj-/, *n.* (*aeron.*) aereo supersonico.

superlative /su:'pɜ:lətɪv, sj-/, **A** *a.* superlativo; eccellente; sommo: (*gramm.*) **s. degree**, grado superlativo; **s. beauty**, bellezza superlativa; **s. goodness**, somma bontà. **B** *n.* (*gramm.*) superlativo. ● **to speak in superlatives**, fare largo uso di superlativi nel parlare. || **-ly,** *avv.*

superlativeness /su:'pɜ:lətɪvnəs, sj-/, *n.* l'essere superlativo; eccellenza; massimo grado; perfezione.

superliner /su:pə'laɪnə(r), sj-/, *n.* (*naut.*) supertransatlantico.

superlunar /su:pə'lu:nə(r), -'lj-, sj-/, **superlunary** /su:pə'lu:nərɪ, -'lj-, sj-/, *a.* ***1*** situato al di là della luna; translunare ***2*** celeste; celestiale.

superluxurious /su:pəlʌg'ʒʊərɪəs, sj-/, *a.* lussuosissimo; di superlusso.

superman /'su:pəmæn, 'sj-/, *n.* (*pl.* **supermen**) superuomo (*anche filos.*).

supermarket /'su:pəmɑ:kɪt, 'sj-/, *n.* supermercato; grande emporio; grande magazzino.

supermundane /su:pə'mʌndeɪn, sj-/, *a.* ultramondano; ultraterreno.

supernal /su:'pɜ:nl, sj-/, *a.* (*lett.*) superno; celeste; etereo; divino.

supernatant /su:pə'neɪtənt, sj-/, *a.* galleggiante; che sta alla superficie dell'acqua. ● (*chim., ind.*) **s. liquor**, supernatante.

supernational /su:pə'næʃnəl, sj-/, *V.* **supranational**.

supernatural /su:pə'nætʃrəl, sj-/, *a.* soprannaturale: **a s. being**, un essere soprannaturale. ● **the s.**, il soprannaturale □ **s. strength**, forza sovrumana. || **-ly,** *avv.* || **-ness,** *sost.*

supernaturalism /su:pə'nætʃrəlɪzəm, sj-/, *n.* (*filos., relig.*) soprannaturalismo; fede nel soprannaturale.

supernaturalist /su:pə'nætʃrəlɪst, sj-/, *n.* (*filos., relig.*) chi crede nel soprannaturale.

supernormal /su:pə'nɔ:ml, sj-/, *a.* superiore alla norma; più che normale.

supernova /su:pə'nəʊvə, sj-/, *n.* (*pl.* **supernovas, supernovae**) (*astron.*) supernova.

supernumerary /su:pə'nju:mrərɪ, sj-, *USA* -'nu:mərerɪ/, **A** *a.* ***1*** soprannumerario; in eccesso ***2*** aggiuntivo; extra. **B** *n.* ***1*** impiegato soprannumerario; soprannumerario ***2*** cosa superflua ***3*** (*teatr.*) comparsa.

supernutrition /su:pənju:'trɪʃn, sj-/, *n.* supernutrizione; ipernutrizione.

superorder /'su:pərɔ:də(r), 'sj-/, *n.* (*biol.*) superordine.

superphosphate /su:pə'fɒsfeɪt, sj-/, *n.* (*chim.*) perfosfato; superfosfato.

superport /'su:pəpɔ:t, 'sj-/, *n.* (*naut.*) superporto.

superposable /su:pə'pəʊzəbl, sj-/, *a.* sovrapponibile.

to **superpose** /su:pə'pəʊz, sj-/, *v. t.* (*specialm. geom.*) sovrapporre.

superposed /su:pə'pəʊzd, sj-/, *a.* (*geom., bot.*) sovrapposto. ● (*radio, TV*) **s. circuit**, circuito supplementare.

superposition /su:pəpə'zɪʃn, sj-/, *n.* sovrapposizione.

superpower /'su:pəpaʊə(r), 'sj-/, *n.* (*polit.*) superpotenza.

superprofit /'su:pəprɒfɪt, sj-/, *n.* (*fin., fisc.*) superprofitto; soprapprofitto.

to **supersaturate** /su:pə'sætʃəreɪt, sj-/, *v. t.* (*fis., chim.*) soprassaturare, sovrassaturare.

supersaturated /su:pə'sætʃəreɪtɪd, sj-/, *a.* (*fis., chim.*) soprassaturo, sovrassaturo.

supersaturation /su:pəsætʃə'reɪʃn, sj-/, *n.* (*fis., chim.*) soprassaturazione, sovrassaturazione.

to **superscribe** /su:pə'skraɪb, sj-/, *v. t.* ***1*** scrivere (*o* incidere) in cima a (*o* sopra) ***2*** scrivere l'indirizzo su (*una busta, un pacco*).

superscript /'su:pəskrɪpt, 'sj-/, **A** *a.* soprascritto; scritto in alto. **B** *n.* (*scient., tecn.*) esponente; apice.

superscription /su:pə'skrɪpʃn, sj-/, *n.* ***1*** soprascritta; iscrizione ***2*** (*di busta o lettera*) indirizzo; intestazione.

to **supersede** /su:pə'si:d, sj-/, *v. t.* ***1*** soppiantare; prendere il posto di; rimpiazzare: **Maybe aeroplanes will s. trains**, forse gli aeroplani soppianteranno i treni ***2*** scartare; sostituire (*macchinari antiquati, ecc.*). ● **to be superseded**, essere antiquato; essere passato di moda.

supersensible /su:pə'sensəbl, sj-/, *a.* soprasensibile; non percepibile dai sensi.

supersensitive /su:pə'sensətɪv, sj-/, *a.* ipersensibile. ● (*elettr.*) **s. relay**, relè galvanometrico. || **-ness,** *sost.*

supersensual /su:pə'senʃʊəl/, *a.* ***1*** soprasensibile ***2*** molto sensuale ***3*** spirituale.

supersession /su:pə'seʃn, sj-/, *n.* sostituzione; rimpiazzo.

supersonic /su:pə'sɒnɪk, sj-/, **A** *a.* ***1*** (*fis.*) supersonico; ultrasonoro: **s. speed**, velocità supersonica ***2*** (*aeron.*) supersonico; ultrasonico: **a s. plane**, un aereo supersonico. **B** *n.* (*fis.*) ultrasuono. || **-ally,** *avv.*

supersonics /su:pə'sɒnɪks, sj-/, *n. pl.* (*col verbo al sing.*) ***1*** (*fis.*) studio degli ultrasuoni ***2*** (*aeron.*) scienza del volo supersonico.

superspace /'su:pəspeɪs, sj-/, *n.* (*fis.*) superspazio.

superstar /'su:pəstɑ:(r), 'sj-/, *n.* ***1*** (*astron., fis.*) superstella ***2*** (*fig.*) persona senza pari ***3*** (*fig.*) superstar; divo, diva (*fig.*).

superstate /'su:pəsteɪt, 'sj-/, *n.* (*polit.*) superstato.

superstition /su:pə'stɪʃn, sj-/, *n.* ***1*** superstizione ***2*** pregiudizio; preconcetto.

superstitious /su:pə'stɪʃəs, sj-/, *a.* superstizioso. || **-ly,** *avv.* || **-ness,** *sost.*

superstratum /'su:pəstrɑ:təm, 'sj-, -streɪ-, *USA* -streɪ-, -stræ-/, *n.* (*pl.* **superstrata, superstratums**) (*geol.*) strato sovrastante.

superstructural /su:pə'strʌktʃərəl, sj-/, *a.* di sovrastruttura; che forma la sovrastruttura (*di q.c.*).

superstructure /'su:pəstrʌktʃə(r), 'sj-/, *n.* ***1*** (*ind. costr., naut.*) sovrastruttura (*anche fig.*): **the economic s. of a country**, la sovrastruttura economica di un paese ***2*** (*ferr.*) armamento.

supertanker /'su:pətæŋkə(r), 'sj-/, *n.* (*naut.*) superpetroliera.

supertax /'su:pətæks, 'sj-/, *n.* (*fisc.*) sovrimposta; imposta addizionale; addizionale; soprattassa.

superterrene /su:pə'teri:n, sj-/, **superterrestrial** /su:pətə'restrɪəl, sj-/, *a.* ultraterreno.

supertonic /su:pə'tɒnɪk, sj-/, *n.* (*mus.*) sopratonica.

Super-Tuesday /su:pə'tju:zdeɪ, -dɪ, sj-, *USA* 'tu:-/, *n.* (*polit., USA*) martedì in cui si vota (*per le elezioni primarie presidenziali*) in 11 Stati dell'Unione.

to **supervene** /su:pə'vi:n, sj-/, *v. i.* sopravvenire; sopraggiungere.

supervenient /su:pə'vi:nɪənt, sj-/, *a.* che sopravviene; seguente.

supervention /su:pə'venʃn, sj-/, *n.* ***1*** sopravvvenienza; sopravvenuta **2** avvenimento inatteso.

to **supervise** /'su:pəvaɪz, 'sj-/, *v. t.* soprintendere a; dirigere; sorvegliare: **to s. the works**, dirigere i lavori; **to s. workers**, sorvegliare gli operai.

supervision /su:pə'vɪʒn, sj-/, *n.* soprintendenza, sovrintendenza; supervisione; sorveglianza; direzione. ● (*leg.*) **s. order**, ordine di affidamento (*di un delinquente minorile*) alla vigilanza.

supervisor /'su:pəvaɪzə(r), 'sj-/, *n.* **1** soprintendente, sovrintendente; supervisore; direttore; sorvegliante **2** (*elab.*) programma supervisore **3** (*USA*) funzionario direttivo.

supervisory /'su:pəvaɪzərɪ, 'sj-, *USA* su:pə'vaɪzərɪ/, *a.* direttivo; di sorveglianza: **s. personnel**, personale direttivo. ● (*leg., in G.B.*) **s. jurisdiction**, giurisdizione di controllo.

superwoman /'su:pəwʊmən, 'sj-/, *n.* (*pl.* **superwomen**) superdonna (*anche iron.*).

to **supinate** /'su:pɪneɪt, 'sj-/, *v. t.* (*anat.*) rivoltare (*la mano, la palma della mano*) verso l'alto.

supination /su:pɪ'neɪʃn, sj-/, *n.* (*anat.*) supinazione.

supinator /'su:pɪneɪtə(r), sj-/, *n.* (*anat.*) muscolo supinatore.

supine (**1**) /sʊ'paɪn, 'su:paɪn, 'sj-/, *a.* **1** supino; sdraiato **2** (*fig.*) indolente; inerte; passivo; apatico. || **-ly**, *avv.*

supine (**2**) /'su:paɪn, 'sj-/, *n.* (*gramm. lat.*) supino.

supineness /'su:paɪnnəs, 'sj-/, *n.* **1** posizione supina **2** (*fig.*) indolenza; inerzia; passività; apatia.

sup(p)awn /sʌ'pɔ:n/, *n.* (*USA*) polenta molle (*specialm. nel New England*).

supper /'sʌpə(r)/, *n.* cena (*specialm.* leggera): **You haven't eaten much s.**, non hai mangiato molto a cena. ● **to have s.**, cenare □ (*relig., pitt.*) **the Last S.**, l'Ultima Cena □ (*relig.*) **the Lord's S.**, l'Eucarestia.

supperless /'sʌpələs/, *a.* senza cena: **The boy was sent to bed s.**, il ragazzo fu mandato a letto senza cena.

suppertime /'sʌpətaɪm/, *n.* ora di cena.

to **supplant** /sə'plɑ:nt, *USA* -ænt/, *v. t.* soppiantare; prendere il posto di (q.); rimpiazzare; fare lo sgambetto a (q.) (*fig.*).

supplantation /sʌplæn'teɪʃn/, *n.* sostituzione; rimpiazzo.

supplanter /sə'plɑ:ntə(r), *USA* -ænt-/, *n.* soppiantatore, soppiantatrice.

supple /'sʌpl/, *a.* **1** flessibile; pieghevole: **a s. cane**, una canna flessibile **2** agile (*anche fig.*); duttile: **a s. body**, un corpo agile; **He has a s. mind**, ha la mente duttile **3** (*fig.*) arrendevole; cedevole; docile **4** (*fig.*) ossequioso; servile.

to **supple** /'sʌpl/, **A** *v. t.* rendere flessibile (*o* arrendevole, docile). **B** *v. i.* (*arc.*) diventare flessibile (*o* arrendevole, docile). ● **to s. a horse**, rendere un cavallo docile al comando delle redini.

supplejack /'sʌpldʒæk/, *n.* **1** (*bot.*) pianta palustre (*in genere*) **2** (*USA*) bastone da passeggio; canna **3** (*pop. USA*) marionetta; burattino.

supplement /'sʌplɪmənt/, *n.* **1** supplemento; aggiunta; integrazione **2** (*geom.*) supplemento; angolo supplementare **3** supplemento (*di un giornale*) **4** (*d'enciclopedia, ecc.*) volume d'aggiornamento **5** (*ferr.*) supplemento; sovrapprezzo.

to **supplement** /'sʌplɪmənt/, *v. t.* completare; integrare; fare aggiunte a: **to s. one's diet**, integrare la dieta. ● **to s. one's income**, arrotondare lo stipendio (*o* il salario).

supplemental /sʌplɪ'mentl/, *a.* supplementare; integrativo.

supplementary /sʌplɪ'mentrɪ, *USA* -terɪ/, *a.* supplementare; addizionale; integrativo; suppletivo: (*geom.*) **a s. angle**, un angolo supplementare; **a s. calculation**, un calcolo suppletivo; (*leg.*) **s. provisions**, disposizioni integrative. ● (*in G.B., fino al 1988*) **s. benefit**, assegno integrativo (*ai salari più bassi*) □ (*rag.*) **s. budget**, bilancio suppletivo □ **s. pension**, integramento di pensione di reversibilità. || **-ily**, *avv.*

supplementation /sʌplɪmen'teɪʃn/, *n.* completamento; integrazione.

suppleness /'sʌplnəs/, *n.* **1** flessibilità; pieghevolezza **2** agilità (*anche fig.*); duttilità; souplesse (*franc.*) **3** (*fig.*) arrendevolezza; docilità **4** (*fig.*) ossequiosità; servilismo.

suppletion /sə'pli:ʃn/, *n.* (*ling.*) suppletivismo.

suppletive /sə'pli:tɪv/, *a.* (*ling.*) suppletivo.

suppletory /'sʌplɪtərɪ, *USA* -ɔ:rɪ/, *a.* suppletivo; suppletorio; supplementare: (*leg.*) **s. oath**, giuramento suppletorio.

suppliant /'sʌplɪənt/, **A** *a.* supplichevole; supplice: **s. words**, parole supplici. **B** *n.* supplicante; supplice. || **-ly**, *avv.*

supplicant /'sʌplɪkənt/, *n.* supplicante; supplice.

to **supplicate** /'sʌplɪkeɪt/, *v. t.* e *i.* supplicare; scongiurare; implorare.

supplication /sʌplɪ'keɪʃn/, *n.* supplica; implorazione.

supplicatory /'sʌplɪkətrɪ, sʌplɪ'keɪtrɪ, *USA* 'sʌplɪkətɔ:rɪ/, *a.* supplichevole; implorante.

supplier /sə'plaɪə(r)/, *n.* (*comm.*) **1** fornitore; approvvigionatore **2** paese fornitore (*o* produttore). ● (*market.*) **s. concentration**, concentrazione di venditori □ (*econ.*) **s. power**, potere del venditore.

supply /sə'plaɪ/, *n.* **1** approvvigionamento; fornitura; rifornimento; (*della luce, del gas, ecc.*) erogazione: **Some oil-producing countries threatened to stop their supplies**, alcuni paesi produttori di petrolio minacciarono di bloccare le forniture **2** provvista; scorta; riserva: **an inexhaustible s. of coal**, una riserva inesauribile di carbone; **a large s.** (**large supplies**) **of goods**, un'ampia provvista di merci; **Our supplies of fuel are running short**, le nostre scorte di carburante si stanno esaurendo **3** (*econ.*) offerta: **the law of s. and demand**, la legge della domanda e dell'offerta **4** (*spesso al pl.*) (*fin., polit.*) stanziamento **5** (*pl.*) provviste; viveri **6** (*pl.*) (*mil.*) rifornimenti; viveri **7** sostituto; supplente (*specialm. insegnante*) **8** (*elettr.*) alimentazione. ● (*econ.*) **s. conditions**, la situazione dell'offerta □ **s. contract**, contratto di fornitura □ (*econ.*) **s. curve**, curva dell'offerta □ **s. department**, ufficio approvvigionamenti; (*mil.*) sussistenza □ (*mil.*) **s. dump**, deposito □ (*comm.*) **s. on hand**, scorta di magazzino □ **s. price**, (*econ.*) prezzo di offerta; (*market.*) prezzo di fornitura □ (*mil.*) **s. routes**, linee di rifornimento □ **s.-side economics**, economia dell'offerta □ **s. sources**, fonti d'approvvigionamento □ **s. station**, centrale elettrica □ **s. teacher**, (insegnante) supplente □ (*elettr.*) **s. voltage**, tensione d'alimentazione □ **to lay in a s. of**, far provvista di; approvvigionarsi di □ (*bur.: d'impiegato e sim.*) **to be on s.**, supplire □ **water s.**, rifornimento idrico; provvista d'acqua potabile □ (*econ.*) **Raw materials are in short s.**, le materie prime scarseggiano.

to **supply** /sə'plaɪ/, **A** *v. t.* **1** approvvigionare; fornire; provvedere; rifornire: **We can s. you with the goods you require**, possiamo fornirvi la merce che vi occorre; **to s. all the materials needed**, provvedere tutto il materiale necessario **2** provvedere a; soddisfare; compensare: **to s. a need**, soddisfare un bisogno; **to s. a loss**, compensare una perdita **3** completare; colmare; occupare: **to s. a deficiency**, colmare una deficienza; **to s. a vacancy**, occupare un posto vacante **4** erogare: **to s. gas**, erogare il gas. **B** *v. i.* fare da sostituto. ● (*comm.*) **to s. an order**, evadere un ordinativo □ **to s. sb. with funds**, rifornire q. di fondi; finanziare q. □ **to be well supplied with food**, essere ben provvisto di viveri □ **We are supplied with milk every morning**, ci portano il latte (a casa) tutte le mattine.

support /sə'pɔ:t/, *n.* **1** (*anche fig.*) appoggio; sostegno; puntello; aiuto: **He is the sole s. of his family**, è l'unico sostegno della sua famiglia; **moral s.**, sostegno morale **2** sostentamento; mantenimento; nutrimento: **They are without means of s.**, sono privi di mezzi di sostentamento **3** (*mecc.*) supporto **4** (*mat.*) supporto **5** (*polit.*) seguito: **His s. was weaker in the large cities**, il suo seguito (elettorale) era minore nelle grandi città **6** (*mus.*) sottofondo; accompagnamento. ● (*econ.*) **s. arrangements**, meccanismi d'intervento □ (*econ.*) **s. measures**, interventi (*del governo, ecc.*) □ (*agric., econ.*) **s. price**, prezzo di sostegno, prezzo sostenuto (*specialm. dalla C.E.E.*) □ (*econ.*) **s. tariffs**, tariffe di sostegno □ (*mil.*) **s. trench**, seconda trincea □ (*mil.*) **s. weapon**, arma d'appoggio □ **to give s. to sb.**, appoggiare q.; sostenere q. □ (*econ.*) **price supports**, sussidi governativi (*all'agricoltura, ecc.*) □ **to speak in s. of sb.**, prendere le difese di q. □ **to speak in s. of a measure**, caldeggiare un provvedimento □ (*mil.*) **to be stationed in s.**, essere di rincalzo □ **The association gets a lot of s.**, l'associazione ha un largo seguito di sostenitori.

to **support** /sə'pɔ:t/, **A** *v. t.* **1** sostenere; appoggiare; reggere; sorreggere; difendere; patrocinare; essere favorevole a: **The foundations s. the house**, le fondamenta sorreggono la casa; **to s. a cause** [**a candidate**], appoggiare (*o* sostenere) una causa [un candidato]; (*econ.*) **to s. prices**, sostenere i prezzi; **to s. a motion**, appoggiare una mozione; **to s. birth control**, essere favorevole al (*o* un fautore del) controllo delle nascite **2** (*form.*) sopportare; tollerare: **I cannot s. your insolence any longer**, non posso più tollerare la tua insolenza **3** mantenere; sostentare; nutrire; sfamare: **He has a wife and five children to s.**, ha moglie e cinque figli da mantenere **4** sovvenzionare; mantenere; aiutare finanziariamente: **to s. a hospital**, sovvenzionare un ospedale **5** confermare; convalidare; corroborare; rafforzare; suffragare: (*leg.*) **to s. a charge**, convalidare un'accusa; **to s. a theory**, confermare una teoria; **to s. a statement with evidence**, suffragare un'affermazione con prove **6** (*teatr.*) fare da spalla a (*un attore*) **7** essere un sostenitore (*o* un simpatizzante) di: **to s. the labour party**, essere un sostenitore del partito laburista **8** (*sport*) essere un sostenitore di; tifare, fare il tifo per (*una squadra, ecc.*). **B** to **support oneself**, *v. rifl.* sostentarsi; guadagnarsi la vita. ● **to s. an institution**, sottoscrivere a beneficio di un'istituzione □ **to s. a lecturer**, salire sul podio insieme con un oratore; presentarlo al pubblico □ **to s. life**, tenersi in vita; sopportare l'esistenza: **They have too little food to s. life**, non hanno cibo a sufficienza per tenersi in vita; **I cannot s. this life any longer**, non sopporto più quest'esistenza; **Can Mars s. life?**, potrebbe esserci vita su Marte? □ **to s. one's needs**, soddisfare i propri bisogni □ **to s. a resolution**, prendere la parola in favore d'una decisione □ **We had to s. him home**, dovemmo accompagnarlo a casa sorreggendolo.

supportability /səpɔ:tə'bɪlətɪ/, *n.* **1** sostenibilità **2** sopportabilità.

supportable /sə'pɔ:təbl/, *a.* **1** sostenibile; che si può appoggiare **2** sopportabile; tollerabile. || **-bly**, *avv.* || **-ness**, *sost.*

supporter /sə'pɔ:tə(r)/, *n.* **1** sostenitore; difensore; aderente; fautore; patrocinatore: **a s. of Free Trade**, un fautore del liberismo **2** sovvenzionatore; donatore; patrono: **That hospital has several rich supporters**, quell'ospedale ha parecchi ricchi donatori **3** sostentatore; mantenitore **4** (*sport*) sostenitore; tifoso (*fam.*) **5** (*polit.*) fiancheggiatore **6** fascia elastica; giarrettiera **7** (*anche med.*) sospensorio; panciera *8* (*arald.*) sostegno.

supporting /sə'pɔːtɪŋ/, **A** *a.* di appoggio; di sostegno; (*edil.*) portante: **s. beam**, trave portante; **s. wall**, muro di sostegno. **B** *n.* sostegno; rinforzo. ● (*mil.*) **s. artillery**, artiglieria d'appoggio □ (*leg.*) **s. documents**, documenti giustificativi; pezze d'appoggio (*fam.*) □ (*cinem.*) **s. film**, pellicola secondaria, d'appoggio (*fuori programma*) □ (*mil.*) **s. fire**, fuoco d'appoggio □ (*cinem., teatr.*) **s. part** (*o* **role**), particina; parte (*o* ruolo) di secondo piano □ (*edil.*) **s. post** (*o* **tower**), pilone di sostegno □ (*cinem., TV*) **s. programme**, programma di contorno □ (*tecn.*) **s. rib**, nervatura di rinforzo □ (*mil.*) **s. troops**, truppe di rincalzo.

supportive /sə'pɔːtɪv/, *a.* d'appoggio; d'aiuto; di sostegno. ● (*fin.*) **s. efforts**, contributi finanziari (aggiuntivi) □ (*med.*) **s. therapy**, terapia di supporto.

supposable /sə'pəʊzəbl/, *a.* supponibile.

supposably /sə'pəʊzəblɪ/, *avv.* come è facile supporre; come si può supporre; in via d'ipotesi.

supposal /sə'pəʊzl/, *n.* *1* supposizione; il supporre *2* supposizione; ipotesi; congettura.

to **suppose** /sə'pəʊz/, **A** *v. t.* *1* supporre; immaginare; ipotizzare; credere; pensare: (*mat.*) **S. A equals B**, supponiamo che A sia uguale a B; **You won't fail to appear in court, I s.**, immagino che non mancherai di comparire in giudizio; **Let us s. a new war**, ipotizziamo una nuova guerra; **I s. so**, credo di sì (*o* mi pare, direi); **Well, let us s. it was so**, bene, supponiamo che le cose stessero così; **What do you s. he meant?**, che cosa pensi abbia voluto dire? *2* presupporre: **A sound economic policy supposes an efficient taxing system**, una sana politica economica presuppone un efficiente sistema tributario. **B** *v. i.* congetturare; fare supposizioni. ● **to be supposed to**, essere creduto (*o* ritenuto); avere il dovere di, essere tenuto a (*fare q.c.*): **He is supposed to be very rich**, si ritiene che sia ricchissimo; **I am supposed to be at school at half past eight**, sono tenuto a essere a scuola alle otto e mezzo □ **S. I write him first**, e se gli scrivessi io per primo? □ **S. he should come back**, metti caso che lui ritorni □ **S. we change the subject**, e se cambiassimo discorso? □ **Everybody is supposed to comply with the traffic regulations**, si presume che tutti si adeguino alle norme del codice della strada.

supposed /sə'pəʊzd/, *a.* supposto; immaginario; ipotetico; putativo: **his s. wealth**, la sua ipotetica ricchezza; **his s. brother**, suo fratello putativo. ● (*leg.*) **the s. culprit**, il presunto colpevole.

supposedly /sə'pəʊzɪdlɪ/, *avv.* *1* per supposizione; secondo le supposizioni; presumibilmente *2* apparentemente; stando alle apparenze.

supposer /sə'pəʊzə(r)/, *n.* chi suppone; chi fa congetture.

supposing (**that**) /sə'pəʊzɪŋ(ðæt, -ðət)/, *cong.* supponendo che; nel caso che; ammesso che: **S. he doesn't turn up, what shall I do?**, nel caso che non si faccia vivo, che devo fare?

supposition /sʌpə'zɪʃn/, *n.* *1* supposizione; il supporre *2* supposizione; congettura; ipotesi.

suppositional /sʌpə'zɪʃənl/, **suppositious** /sʌpə'zɪʃəs/, *a.* ipotetico; presunto; supposto. || **-ly**, *avv.*

supposititious /səpɒzɪ'tɪʃəs/, *a.* *1* falso; spurio: **s. writings**, opere spurie; (*leg.*) **a s. child**, un figlio spurio *2* ipotetico; presunto; supposto. || **-ly**, *avv.* || **-ness**, *sost.*

suppository /sə'pɒzɪtrɪ, *USA* -tɔːrɪ/, *n.* (*farm.*) supposta; suppositorio.

to **suppress** /sə'prɛs/, *v. t.* *1* sopprimere; abolire; annullare; omettere; nascondere, occultare; tacere: **Trade unions and newspapers were suppressed**, furono soppressi i giornali e i sindacati; **to s. monasteries**, abolire i monasteri; **to s. some details**, omettere (di proposito) alcuni particolari; **to s. the truth**, tenere nascosta (*o* tacere) la verità *2* reprimere; domare; soffocare; trattenere: **to s. a rebellion**, reprimere (*o* domare) una rivolta; (*econ.*) **to s. inflation**, domare l'inflazione; **to s. a smile**, trattenere un sorriso; **to s. freedom**, soffocare la libertà *3* (*med.*) arrestare (*un'emorragia, ecc.*) *4* (*biol.*) inibire *5* (*psic.*) reprimere: **to s. one's impulses**, reprimere i propri impulsi *6* (*elettron.*) sopprimere; eliminare. ● **to s. a book**, proibire la pubblicazione di un libro □ (*med.*) **to s. a severe cough**, sedare una brutta tosse □ (*leg.*) **to s. evidence**, far scomparire le prove □ (*med.*) **to s. a haemorrhage**, arrestare un'emorragia □ **to s. a rumour**, far tacere una diceria.

suppressed /sə'prɛst/, *a.* *1* soppresso; abolito *2* represso; soffocato; trattenuto: **s. anger**, ira repressa; **a s. laugh**, una risata soffocata. ● (*econ.*) **s. inflation**, inflazione tenuta a bada.

suppressible /sə'prɛsəbl/, *a.* *1* sopprimibile *2* reprimibile; (*di rivolta, ecc.*) domabile; soffocabile.

suppression /sə'prɛʃn/, *n.* *1* soppressione; abolizione; omissione: **the s. of a publication**, la soppressione d'una pubblicazione *2* repressione; soffocamento (*di una rivolta, ecc.*) *3* (*psic.*) repressione *4* (*elettron.*) soppressione *5* il mettere a tacere, il soffocare (*uno scandalo, ecc.*).

suppressive /sə'prɛsɪv/, *a.* *1* che tende a sopprimere; soppressivo *2* (*anche polit.*) repressivo. ● (*fam.*) **a s. cough medicine**, un calmante per la tosse.

suppressor /sə'prɛsə(r)/, *n.* *1* (*radio, telef.*) soppressore; filtro antidisturbi *2* repressore *3* (*elettron.*, = **s. grid**) griglia di soppressione; soppressore *4* chi soffoca (*uno scandalo, ecc.*).

to **suppurate** /'sʌpjʊreɪt/, *v. i.* (*med.*) suppurare.

suppuration /sʌpjʊ'reɪʃn/, *n.* (*med.*) suppurazione.

suppurative /'sʌpjʊərətɪv, *USA* -eɪtɪv/, *a.* (*med.*) suppurativo.

supraliminal /suːprə'lɪmɪnl, sj-/, *a.* (*fisiol.*) sopraliminale.

supramaxillary /suːprəmæk'sɪlərɪ, sj-, *USA* -'mæksɪlɛrɪ/, *a.* (*anat.*) sopramascellare.

supranational /suːprə'næʃənl, sj-/, *a.* (*polit.*) supernazionale; soprannazionale.

supraorbital /suːprə'ɔːbɪtl, sj-/, *a.* (*anat.*) sopraorbitale.

supraprotest /suːprə'prəʊtɛst, sj-/, *n.* (*comm.*) accettazione (*o* pagamento) (*di una cambiale*) per intervento.

suprarenal /suːprə'riːnl, sj-/, *a.* (*anat.*) surrenale: **s. glands**, ghiandole surrenali.

suprasegmental /suːprəsɛg'mɛntl, sj-/, *a.* (*scient.*) soprasegmentale.

supremacist /suː'prɛməsɪst, sj-/, *n.* (*polit.*) chi crede nella supremazia (*di q.* o *q.c.*). ● **a white s.**, uno che crede nella supremazia della razza bianca.

supremacy /suː'prɛməsɪ, sj-/, *n.* supremazia; primato. ● (*stor.*) **Act of S.**, Atto di Supremazia (*legge del 1534 che sanciva la supremazia religiosa del sovrano inglese; sotto Enrico VIII*) □ (*stor.*) **oath of S.**, giuramento cui erano tenuti i sudditi inglesi.

supreme /suː'priːm, sj-/, *a.* supremo; altissimo; massimo; sommo: **the s. moment**, il momento supremo; **s. happiness**, felicità suprema; (*relig.*) **the S. Pontiff**, il Sommo Pontefice. ● **the S. Being** (*o* **the S.**), l'Ente Supremo; Dio; l'Altissimo □ (*leg., USA*) **the S. Court**, la Corte Suprema (*degli U.S.A. o di un singolo Stato*) □ (*leg., in Inghil.*) **the S. Court of Judicature**, la Camera dei Lord e l'Alta Corte di Giustizia (*nell'insieme*) □ **a s. fool**, il più grande degli stupidi □ **the s. hour**, l'ora suprema. || **-ly**, *avv.*

supremo /suː'priːməʊ, sj-/, *n.* (*fam. ingl.*) (il) capo supremo; (il) gran capo.

sura /'sʊərə/, *n.* (*anat.*) sura; polpaccio.

sura(h) (**1**) /'sʊərə, 'sjʊ-/, *n.* (*relig.*) «sura» (*capitolo del Corano*).

surah (**2**) /'sʊərə, 'sjʊ-/, *n.* (*ind. tess.*) sura(h); diagonale di seta o rayon.

sural /'sʊərəl, 'sjʊ-/, *a.* (*anat.*) surale; del polpaccio: **s. artery**, arteria surale.

surbase /'sɜːbeɪs/, *n.* (*archit.*) cornice (*o* modanatura) dello zoccolo.

surcharge /'sɜːtʃɑːdʒ/, *n.* *1* sovraccarico; carico eccessivo *2* (*fisc.*) sovrimposta; soprattassa *3* bollo impresso (*su un francobollo: per mutarne il valore*) *4* (*comm.*) soprapprezzo; supplemento; maggiorazione *5* (*ass.*) sovrappremio; addizionale *6* (*dog.*) sopraddazio *7* (*trasp.*) sovraccarico.

to **surcharge** /'sɜːtʃɑːdʒ/, *v. t.* *1* sovraccaricare *2* (*fisc.*) applicare una soprattassa (un sovrappremio, un sopraddazio) a (q., q.c.) *3* far pagare di più; maggiorare il prezzo di (q.c.) *4* (*trasp.*) sovraccaricare.

surcharged /sɜː'tʃɑːdʒd/, *a.* sovraccaricato. ● (*edil.*) **s. wall**, muro sovraccaricato.

surcingle /'sɜːsɪŋgl/, *n.* *1* sopraccinghia (*della sella*) *2* cinghia, cintura (*di veste talare*).

to **surcingle** /'sɜːsɪŋgl/, *v. t.* mettere la sopraccinghia a (*un cavallo*).

surcoat /'sɜːkəʊt/, *n.* (*stor.*) sopravveste.

surd /sɜːd/, **A** *a.* *1* (*mat.*) irrazionale: **a s. number**, un numero irrazionale *2* (*fon.*) sordo: **a s. consonant**, una consonante sorda. **B** *n.* *1* (*mat.*) numero irrazionale *2* (*fon.*) consonante sorda.

sure /ʃʊə(r), ʃɔː(r), *USA* ʃʊə(r), ʃɜː(r)/, **A** *a.* *1* sicuro; certo; fermo; saldo; fidato; fido: **I'm s. he will come**, sono sicuro che verrà; **Don't be too s.**, non essere troppo sicuro!; **You can be s. of an early answer**, puoi star certo che riceverai una sollecita risposta; **a s. footing**, un appoggio sicuro; un saldo appiglio; **Put it in a s. place**, riponilo in un luogo sicuro; **to paint st. with a s. hand**, dipingere q.c. con mano ferma (*o* sicura); **a s. foundation**, una salda base; **a s. friend**, un amico fidato; **with a s. step**, con passo fermo, sicuro *2* abile; esperto; provetto; infallibile: **He is a s. shot**, è un tiratore provetto; **a s. aim**, una mira infallibile *3* destinato: **He's s. to win**, è destinato a vincere. **B** *avv.* (*fam. USA*) certo; senza dubbio; davvero: **It s. was cold**, non c'è dubbio che faceva freddo!; **S. I'll come!**, certo che vengo!; vengo volentieri! **C** *inter.* sicuro!; senza dubbio!; (*anche*) senz'altro!; volentieri! ● **to be s.**, (*avv.*) certo; in verità; (*escl.*) certo che sì!; altro che!; eccome: **He's not rich, to be s., but he's very clever**, certo non è ricco, ma è molto intelligente □ (*fig.*) **a s. card**, una carta sicura □ (*fam.*) **s. enough**, certamente, di sicuro, senza dubbio; infatti: **He will come s. enough**, verrà di sicuro; **I thought he would cheat you, and, s. enough, he did**, pensavo che ti avrebbe imbrogliato, e infatti è andata così □ (*fam.*) **s.-enough** (*agg.*), vero; vero e proprio □ **to be [to feel] s. of oneself**, essere [sentirsi] sicuro di sé □ **s. strokes (of the brush)**, pennellate sicure □ (*fam.*) **s. thing**, cosa certa; cosa dal risultato scontato (*fig.*); cosa su cui si può contare □ (*fam. USA*) **S. thing!**, certamente!; sicuro! □ **as s. as fate**, com'è vero Iddio □ (*fam.*) **as s. as a gun** (*o* **as s. as eggs is eggs**), com'è vero che due e due fanno quattro □ **for s.**, di sicuro; per certo □ **to make s.**, accertarsi, assicurarsi; fare in modo (di), assicurarsi: **There must be a bus at 8.30 but you'd better make s.**, ci dev'essere un autobus alle 8 e 30, ma faresti bene ad accertartene; **I want to make s. of a ticket early**, voglio assicurarmi un biglietto per tempo; **Make s. that you get there in time**, fa' in modo d'arrivarci in tempo utile □ **to make s. of a fact**, assicurarsi di un fatto; appurare un fatto □ **to make s. of the time**, accertarsi della (*o* fare in modo di sapere l') ora esatta (*di una riunione, ecc.*) □ **Well, I'm**

s.! (*o* **Well, to be s.!**), perbacco!; accidenti!; davvero?; però! □ **He is s. to come**, verrà di sicuro □ **It is s. to rain**, pioverà di sicuro □ **Be s. to tell all you know**, bada di dirmi (*o* dimmi) tutto quello che sai □ **Be s. to come**, non mancare (di venire)! □ **Be s. not to tell anybody**, bada bene di non dirlo a nessuno; guai a te se lo dici □ **He is s. to lose**, perderà di sicuro; non può vincere.

surefire /ˈʃʊəfaɪə(r), ˈʃɔː-, *USA* ˈʃʊə-, ˈʃɜː-/, *a. attr.* (*fam.*) ***1*** immancabile: **a s. winner**, un vincitore immancabile ***2*** infallibile: **a s. treatment**, una cura infallibile ***3*** a effetto sicuro: **a s. joke**, una barzelletta a effetto sicuro. ● **a s. gag**, una battuta che funziona sempre.

surefooted /ˈʃʊəfʊtɪd, ˈʃɔː-, *USA* ˈʃʊə, ˈʃɜː-/, *a.* ***1*** che ha il piede fermo; saldo sulle gambe ***2*** (*fig.*) che non fa passi falsi; sicuro. ‖ **-ness**, *sost.*

surely /ˈʃʊəlɪ, ˈʃɔːlɪ, *USA* ˈʃʊəlɪ, ˈʃɜːlɪ/, *avv.* ***1*** certo; di certo; naturalmente; senza dubbio; non è che... (*esprimendo un'opinione, una speranza, ecc.*): **It s. cannot have been Jack**, certo non può essere stato Jack; **He s. doesn't expect me to accept his offer**, di certo non s'aspetterà che accetti la sua offerta; **You know her, s.?**, naturalmente, la conosci, è vero?; **S. we have met before?**, non è che ci siamo già conosciuti? ***2*** (*USA*) certamente; sicuro!; senz'altro!; volentieri! (*cfr. ingl.* **certainly**) ***3*** con sicurezza; in modo sicuro: **The pianist played Chopin skilfully and s.**, la pianista suonò Chopin con grande perizia e sicurezza ***4*** (*raro*) fermamente; saldamente; bene: **The mule planted its feet s. on the ground**, il mulo piantò bene i piedi per terra. ● **S. you won't leave me**, non mi abbandoni mica, è vero? □ **Slowly but s.**, chi va piano va sano e va lontano (*prov.*).

sureness /ˈʃʊənəs, ˈʃɔː-, *USA* ˈʃʊə-, ˈʃɜː-/, *n.* ***1*** sicurezza; certezza; fermezza ***2*** infallibilità: **the s. of his aim**, l'infallibilità della sua mira.

surety /ˈʃʊərətɪ, ˈʃɔː-, *USA* ˈʃʊə-, ˈʃɜː-/, *n.* ***1*** (*arc.*) sicurezza; certezza ***2*** (*leg.*) cauzione; garanzia; malleveria ***3*** (*leg.*) garante; mallevadore; (*pressappoco*) fideiussore: **to stand s. for sb.**, farsi garante per q.; pagare la cauzione per q. ● (*leg.*) **s. bond**, cauzione, garanzia (*scritta*); (*pressappoco*) fideiussione □ (*arc.*) **of a s.**, di sicuro; certamente.

suretyship /ˈʃʊərətɪʃɪp, ˈʃɔː-, *USA* ˈʃʊə-, ˈʃɜː-/, *n.* (*leg.*) l'essere garante; garanzia; malleveria.

surf /sɜːf/, *n.* ***1*** frangente (*del mare*) ***2*** spuma dei frangenti ***3*** (*mus.*) surf (*ballo*). ● (*sport*) **s.-rider**, surfista □ (*sport*) **s.-riding**, surfing.

to **surf** /sɜːf/, *v. i.* (*sport*) praticare il surfing; fare il surfing.

surface /ˈsɜːfɪs/, **A** *n.* ***1*** (*geom.*) superficie; faccia: **The s. of the lake was quite smooth**, la superficie del lago era calmissima; **the six surfaces of a die**, le sei facce di un dado ***2*** (*fig.*) apparenza; aspetto esteriore; esteriorità: **He only looks at the s. of men and things**, si ferma all'aspetto esteriore degli uomini e delle cose ***3*** (*d'acqua*) specchio ***4*** (*di strada*) piano stradale; manto: **wearing s.**, manto d'usura ***5*** (*mecc.*) superficie; piano: **bearing s.**, superficie portante; **sliding s.**, piano di scorrimento ***6*** (*aeron.*) superficie: **lifting s.**, superficie portante. **B** *a. attr.* ***1*** superficiale; di superficie: **a s. wound**, una ferita superficiale; (*mecc. dei fluidi*) **s. tension**, tensione superficiale ***2*** (*fig.*) superficiale; apparente; a fior di pelle (*fig.*): **a s. judgement**, un giudizio superficiale; **s. kindness**, gentilezza a fior di pelle ***3*** (*naut.*) in superficie; in emersione: **s. navigation**, navigazione in emersione ***4*** (*tecn.*) in superficie: **s. temperature**, temperatura in superficie ***5*** (*mecc.*) a superficie: **s. carburettor**, carburatore a superficie ***6*** (*ind. min.*) a cielo aperto: **s. mining**, coltivazione a cielo aperto (*o* a giorno). ● (*chim.*: *di un detergente, ecc.*) **s.-active**, tensioattivo (*agg.*) □ **s.-active agent**, tensioattivo (*sost.*) □ (*meteor.*) **s. chart**, carta al suolo □ (*naut.*) **s. craft**, naviglio di superficie □ (*USA*) **s.-effect ship**, veicolo su cuscino d'aria (*cfr. ingl.* **hovercraft**) □ (*edil.*) **s. finish**, rifinitura di superfici □ (*mecc.*) **s. gauge**, truschino □ (*mecc.*) **s. grinder**, rettificatrice per piani □ **s. mail**, posta normale (*non aerea*) □ **s. man**, (*ferr.*) operaio addetto alla manutenzione della linea; (*ind. min.*) minatore che lavora in superficie □ **s. mine**, miniera a cielo aperto □ (*elettron.*) **s. noise**, rumore di superficie (*o* della puntina) □ (*mecc.*) **s. plate**, piatto (*o* piano) di riscontro □ (*naut.*) **s. speed**, velocità in emersione (*di un sottomarino*) □ (*ling.*) **s. structure**, struttura superficiale □ (*di missile*) **s.-s.**, terra-terra □ (*di missile*) **s.-to-air**, terra-aria □ **s. water**, acqua superficiale; acqua piovana □ (*mil.*) **s. zero**, punto zero (*di un'esplosione atomica*) □ (*fig.*) **below the s.**, al fondo: **One never gets below the s. with him**, non si può mai andare al fondo delle cose con lui □ (*naut.*) **to break s.**, affiorare, venire a galla (*di sommergibile*) □ **on the s.**, in superficie; (*fig.*) in apparenza □ (*specialm. naut.*) **to rise to the s.**, venire a galla; affiorare; emergere.

to **surface** /ˈsɜːfɪs/, **A** *v. t.* ***1*** rifare il manto a (*una strada*); pavimentare ***2*** (*falegn., mecc.*) levigare (*o* lucidare, spianare) la superficie di (q.c.); rifinire; lisciare ***3*** (*naut.*) far emergere (*un sottomarino*). **B** *v. i.* ***1*** (*naut.*) venire a galla; affiorare; emergere ***2*** (*fam. scherz.*) alzarsi da letto; levarsi ***3*** (*fig. fam.*) venire a galla.

surfacing /ˈsɜːfɪsɪŋ/, *n.* ***1*** rifacimento del manto, pavimentazione (*di una strada*) ***2*** (*tecn.*) levigatura; lucidatura ***3*** (*naut.*) emersione.

surfactant /sɜːˈfæktənt/, *n.* (*chim.*) tensioattivo; sostanza tensioattiva; surfattante.

surfboard /ˈsɜːfbɔːd/, *n.* (*sport*) tavola da surf; surf.

surfboat /ˈsɜːfbəʊt/, *n.* (*naut.*) surf-boat.

surfcasting /ˈsɜːfkɑːstɪŋ, *USA* -kæs-/, *n.* (*pesca*) surf-casting.

surfeit /ˈsɜːfɪt/, *n.* (*form.*) ***1*** eccesso (*specialm. nel bere e nel mangiare*); rimpinzamento ***2*** sazietà; indigestione; senso di nausea. ● **to have a s. of**, fare un'indigestione di.

to **surfeit** /ˈsɜːfɪt/, **A** *v. t.* ***1*** rimpinzare; saziare; satollare ***2*** (*fig.*) disgustare; nauseare. **B** *v. i.* (*anche, v. rifl.*, **to surfeit oneself**) rimpinzarsi; satollarsi.

surfer /ˈsɜːfə(r)/, *n.* ***1*** (*sport*) surfista ***2*** (*elab.*) navigatore telematico. ● (*med.*) **s.'s knob** (*o* **knot**), nodulo del surfista.

surfing /ˈsɜːfɪŋ/, *n.* ***1*** (*sport*) surfing; surf. ***2*** (*elab.*) navigazione telematica. ● **to go s.**, fare surf.

to **surf-ride** /ˈsɜːfraɪd/ (*pass.* **surf-rode**, *p. p.* **surf-ridden**), *v. i.* (*sport*) fare il surfing.

surfy /ˈsɜːfɪ/, *a.* ***1*** (*del mare*) pieno di frangenti ***2*** simile a un frangente; spumeggiante.

surge /sɜːdʒ/, *n.* ***1*** (*naut.*) moto ondoso ***2*** (*naut.*) cavallone; maroso ***3*** (*fig.*) impeto; slancio; impulso; ondata: **a s. of wrath**, un impeto d'ira; **a s. of interest**, un'ondata d'interesse ***4*** (*elettr.*) colpo di corrente; sovracorrente (*o* sovratensione) transitoria ***5*** rialzo di livello, rigurgito (*di liquidi*) ***6*** (*naut.*) strappo (*d'un cavo mollato*) ***7*** (*Borsa, fin.*) impennata: **the dollar's s.**, l'impennata del dollaro. ● (*tecn.*) **s. tank**, cassone di ritenuta.

to **surge** /sɜːdʒ/, **A** *v. i.* ***1*** (*delle onde e fig.*) agitarsi; ondeggiare; rifluire; sollevarsi; (*del mare*) gonfiarsi: **A big crowd surged out of the stadium**, una gran folla rifluì dallo stadio ***2*** (*di ruota di veicolo*) girare a vuoto ***3*** (*elettr.*) aumentare improvvisamente d'intensità ***4*** (*naut.*: *di cima o cavo*) allentarsi; allascarsi ***5*** (*Borsa, fin.*) impennarsi. **B** *v. t.* ***1*** far fluttuare; fare ondeggiare ***2*** (*naut.*) allentare; mollare; allascare. ● (*sport*) **to s. to the front of the race**, balzare al comando della corsa.

♦**surge forward**, *v. i.* + *avv.* ***1*** (*dell'acqua*) avanzare a fiotti ***2*** (*fig.*) fare un balzo in avanti.

♦**surge in**, *v. i.* + *avv.* ***1*** (*di un liquido*) entrare a fiotti; irrompere ***2*** (*fig.*) irrompere: **As soon as the gate was opened, the besiegers surged in**, appena la porta della città fu aperta, gli assedianti irruppero.

♦**surge into**, *v. i.* + *prep.* ***1*** (*dell'acqua*) riversarsi, irrompere in ***2*** (*fig.*) riversarsi, affluire in massa, irrompere in: **The rebels surged into the palace**, i rivoltosi irruppero nel palazzo.

♦**surge out**, *v. i.* + *avv.* ***1*** (*di un liquido*) uscire a fiotti; erompere ***2*** (*fig.*) uscire a frotte; accalcarsi all'uscita: **A crowd of workers surged out of the factory**, dalla fabbrica uscì accalcandosi una frotta di operai.

♦**surge past**, **A** *v. i.* + *prep.* (*fig.*) passare a frotte vicino a (q.): **A crowd of protesters surged past me**, una folla di dimostranti mi passò accanto tumultuando. **B** *v. i.* + *avv.* (*del traffico*) passare accanto tumultuoso (*o* intenso).

♦**surge through**, *v. i.* + *prep.* ***1*** irrompere, riversarsi attraverso (*o* da): **The soccer fans surged through the gates**, i tifosi si riversarono nello stadio dai cancelli ***2*** (*fig.*: *di un sentimento*) pervadere.

♦**surge up**, *v. i.* + *avv.* ***1*** (*dell'acqua*) salire a fiotti ***2*** (*del mare*) sollevarsi; gonfiarsi ***3*** (*fig.*) montare; salire: **Incontrollable anger surged up within him**, un'ira incontenibile salì dentro di lui.

surgeon /ˈsɜːdʒən/, *n.* ***1*** (*med.*) chirurgo ***2*** (*naut., mil.*) ufficiale medico. ● (*zool.*) **s.-fish** (*Acanthurus chirurgus*), pesce chirurgo □ **the S. General**, (*in U.S.A.*) il Direttore Generale Federale della Sanità; (*mil.*) il Capo del Servizio Medico di una delle tre Forze Armate □ **dental s.**, medico dentista □ **house s.**, chirurgo interno (*d'ospedale*).

surgery /ˈsɜːdʒərɪ/, *n.* ***1*** chirurgia ***2*** (*USA*) sala operatoria (*d'ospedale*) ***3*** gabinetto medico; ambulatorio; dispensario ***4*** intervento: **He may need s.**, può darsi che occorra un intervento. ● (*di medico*) **s. hours**, orario di visita (*o* di ricevimento).

surgical /ˈsɜːdʒɪkl/, *a.* chirurgico: **a s. operation**, un'operazione chirurgica; **s. instruments**, strumenti chirurgici. ● **s. boot**, scarpa ortopedica □ **s. fever**, febbre postoperatoria □ **s. needle**, ago chirurgico □ **s. spirit**, alcol denaturato □ **s. store**, negozio di strumenti chirurgici □ (*mil., aeron.*) **s. strike**, incursione aerea mirata; attacco su un preciso obiettivo. ‖ **-ly**, *avv.*

surging /ˈsɜːdʒɪŋ/, **A** *a.* ***1*** agitato; ondeggiante; ondoso ***2*** (*fig.*) impetuoso. **B** *n.* (*naut.*) beccheggio

suricate /ˈsʊərɪkeɪt, ˈsjʊ-/, *n.* (*zool.*, *Suricata tetradactyla*) suricata (*piccola mangusta*).

surjection /sɜːˈdʒekʃn/, *n.* (*mat.*) suriezione.

surjective /sɜːˈdʒektɪv/, *a.* (*mat.*) suriettivo: **s. mapping**, applicazione suriettiva.

surly /ˈsɜːlɪ/, *a.* ***1*** arcigno; burbero; scontroso; sgarbato; rozzo ***2*** (*del tempo*) imbronciato; corrucciato. ‖ **-ily**, *avv.* ‖ **-iness**, *sost.*

surmise /səˈmaɪz, ˈsɜːm-/, *n.* (*lett.*) congettura; ipotesi; supposizione.

to **surmise** /səˈmaɪz/, *v. t.* e *i.* congetturare; supporre; presumere.

to **surmount** /səˈmaʊnt/, *v. t.* (*form.*) sormontare; superare; valicare; vincere: **The steeple is surmounted by a spire**, il campanile è sormontato da una guglia; **to s. a difficulty**, superare una difficoltà; **to s. an obstacle**, superare un ostacolo; **to s. a height**, valicare un'altura. ● **peaks surmounted with snow**, vette ricoperte di neve.

surmountable /səˈmaʊntəbl/, *a.* sormontabile; superabile.

surmullet /sɜːˈmʌlət/, *n.* (*pl.* **surmullets**, **surmullet**) (*zool.*, *Mullus*) triglia.

surname /ˈsɜːneɪm/, *n.* ***1*** cognome; nome di famiglia; casato ***2*** (*un tempo*) appellativo; soprannome: **King Richard I had the s. of «Coeur de Lion»**, re Riccardo I ricevette il soprannome di «Cuor di Leone».

to **surname** /ˈsɜːneɪm/, *v. t.* ***1*** soprannominare ***2*** dare il cognome a (q.). ● **My s. is Jones**, (di cognome) mi chiamo Jones.

to **surpass** /səˈpɑːs, *USA* -pæs/, *v. t.* ***1*** sorpassare; superare; far meglio di: **The result surpassed his wildest hopes**, il risultato superò le sue più audaci speranze ***2*** oltrepassare; essere superiore a. ● **to s. belief**, essere incredibile □ **to s. comprehension**, essere incomprensibile □ **to s. sb. in wit**, essere più spiritoso di q.

surpassable /səˈpɑːsəbl, *USA* -ˈpæs-/, *a.* sorpassabile; superabile.

surpassing /səˈpɑːsɪŋ, *USA* -ˈpæs-/, *a.* eccellente; superiore; senza pari; ineguagliato: **s. beauty**, bellezza senza pari. || **-ly**, *avv.*

surplace /ˈsɜːpleɪs/ (*franc.*), *n.* (*ciclismo*) surplace.

surplice /ˈsɜːplɪs/, *n.* (*relig.*) cotta; rocchetto.

surpliced /ˈsɜːplɪst/, *a.* (*di sacerdote*) che indossa la cotta; in cotta.

surplus /ˈsɜːpləs/, **A** *n.* ***1*** soprappiù; eccesso; eccedenza; sovrappiù: **These desk are s. to requirements**, questi banchi sono di soprappiù (*o* sono in più del necessario) ***2*** (*econ.*) surplus; eccedenza; esubero; supero; avanzo: **The U.S.A. has a huge s. of foodstuffs**, gli Stati Uniti d'America hanno un'enorme eccedenza di generi alimentari ***3*** (*econ.*) *V.* **s. value** ***4*** (*fin., rag.*) surplus; eccedenza; avanzo; supero; residuo (*o* saldo) attivo: **s. on visible trade** (*o* **trade s.**), eccedenza della bilancia commerciale; **s. on current account**, saldo attivo della bilancia dei pagamenti; **a s. of assets over liabilities**, un'eccedenza delle attività sulle passività ***5*** (*mil.*, = **s. war material**) residuati bellici. **B** *a. attr.* ***1*** in eccesso; di soprappiù; in più: **I've offered our s. cherries to our next-door neighbours**, ho offerto ai vicini di casa le ciliege che abbiamo in più (*del nostro fabbisogno*) ***2*** (*econ., fin.*) in eccedenza; eccedentario: **s. wheat**, grano in eccedenza; **s. labour**, manodopera eccedentaria; **s. country**, paese eccedentario; (*demogr., stat.*) **p. population**, popolazione eccedentaria; eccesso di popolazione. ● (*rag.*) **p. account**, conto eccedenze □ (*fin.*) **s. budget**, bilancio eccedentario □ (*econ.*) **s. produce**, eccedenze agricole; prodotti agricoli eccedentari □ (*econ.*) **s. products**, prodotti eccedentari dell'industria; eccedenze industriali □ (*fin.*) **s. profit**, superprofitto □ (*rag.*) **s. reserve**, riserva straordinaria □ (*fin.*) **s. revenues**, plusvalenze □ **s. stock**, (*market.*) rimanenze, fondi di magazzino, scampoli; (*metall.*) sovrametallo □ **s. store**, negozio di rimanenze □ (*econ.*) **s. value**, plusvalore, rendita: **consumer's [producer's] s. value**, rendita del consumatore [del produttore].

surplusage /ˈsɜːpləsɪdʒ/, *n.* (*raro*) ***1*** soprappiù; sovrappiù; eccesso; eccedenza ***2*** (*leg.*) argomentazioni irrilevanti.

surprint /ˈsɜːprɪnt/, *n.* (*grafica*) sovrastampa.

to **surprint** /sɜːˈprɪnt/, *v. t.* (*grafica*) sovrastampare.

surprisal /səˈpraɪzl/, *n.* (*raro*) *V.* **surprise**.

surprise /səˈpraɪz/, *n.* sorpresa; meraviglia; stupore: **I have a s. for you**, ho una sorpresa per te; **His visit caused great s.**, la sua visita provocò grande stupore; **He gasped in s.**, restò senza fiato per lo stupore; **They recovered from their s.**, si riebbero dalla sorpresa. ● (*mil.*) **s. attack**, attacco di sorpresa □ **s. packet**, regalo a sorpresa □ **s. party**, festa (*spesso di compleanno*) organizzata all'insaputa del festeggiato □ **a s. visit**, una visita inattesa □ (*mil.*) **to attempt a s.**, tentare un attacco di sorpresa □ **on a s. basis**, di sorpresa; senza preavviso □ **to take sb. by s.**, prendere q. di sorpresa; cogliere q. alla sprovvista □ **to my great s.**, con mia grande sorpresa □ **It's no s. to me**, (la cosa) non mi sorprende affatto.

to **surprise** /səˈpraɪz/, *v. t.* ***1*** sorprendere; meravigliare; stupire: **His generosity surprised me**, la sua generosità mi sorprese ***2*** sorprendere; cogliere alla sprovvista; prendere di sorpresa: **They surprised him in the act**, lo sorpresero sul fatto; lo colsero in flagrante; **The ship was surprised by the enemy**, la nave fu sorpresa dal nemico. ● **to s. an admission from sb.**, strappare un'ammissione a q. (prendendolo alla sprovvista) □ **to s. sb. into doing st.**, strappare (*o* far fare) q.c. a q. prendendolo alla sprovvista □ **to be surprised**, sorprendersi; stupirsi; meravigliarsi: **I am not surprised at it**, non me ne stupisco; **I am surprised at you**, mi meraviglio di te! □ **There's nothing to be surprised at**, non c'è da stupirsi □ **I am surprised to hear you say so**, mi sorprende sentirtelo dire.

surprisedly /səˈpraɪzɪdlɪ/, *avv.* con aria stupita; con (grande) stupore.

surprising /səˈpraɪzɪŋ/, *a.* sorprendente; stupefacente. || **-ly**, *avv.*

surreal /səˈrɪəl/, *a.* ***1*** surreale ***2*** surrealistico.

surrealism /səˈrɪəlɪzəm/, *n.* (*letter., arte*) surrealismo.

surrealist /səˈrɪəlɪst/, *n.* (*letter., arte*) surrealista.

surrealistic /sərɪəˈlɪstɪk/, *a.* surrealistico. || **-ally**, *avv.*

surrebutter /sʌrɪˈbʌtə(r), *USA* sɜːrɪ-/, *n.* (*leg.*) seconda controreplica dell'attore.

surrejoinder /sʌrɪˈdʒɔɪndə(r), *USA* sɜːrɪ-/, *n.* (*leg.*) controreplica dell'attore.

surrender /səˈrɛndə(r)/, *n.* ***1*** resa; capitolazione: **unconditional s.**, resa incondizionata ***2*** (*leg.*) cessione; abbandono: **the s. of an estate**, la cessione d'una proprietà ***3*** (*ass.*) riscatto (*di una polizza*): **the s. value of a policy**, il valore di riscatto di una polizza ***4*** (*sport*: *judo*) resa.

to **surrender** /səˈrɛndə(r)/, **A** *v. t.* ***1*** cedere; consegnare; abbandonare; lasciare; rinunciare a: **They surrendered the city to the enemy**, consegnarono la città al nemico; **We surrendered all hope**, abbandonammo ogni speranza; **to s. an office**, lasciare una carica (*pubblica, ecc.*); **to s. one's freedom**, rinunciare alla libertà ***2*** (*form.*) rendere; restituire; riconsegnare: **you must s. this permit when you leave the country**, quando lasciate il paese, dovete restituire questo permesso ***3*** (*leg.*) cedere, abbandonare (*un diritto, ecc.*) **to s. a privilege**, cedere un privilegio ***4*** (*ass.*) riscattare (*una polizza d'assicurazione*). **B** *v. i.* ***1*** arrendersi; capitolare: **I s.**, mi arrendo ***2*** cedere, abbandonarsi: **to s. to despair**, abbandonarsi alla disperazione. **C** to **surrender oneself**, *v. rifl.* arrendersi; (*fig.*) abbandonarsi, darsi (*al dolore, alla disperazione, ecc.*): **They surrendered themselves to the marshall**, si arresero allo sceriffo. ● (*leg.*) **to s. by bail**, far costituire (*l'imputato*) in tribunale dopo aver ottenuto la libertà provvisoria su cauzione □ (*leg.*) **to s. oneself to justice**, costituirsi (*all'autorità giudiziaria*).

surrenderee /sərɛndəˈriː/, *n.* (*leg.*) cessionario.

surrenderer /səˈrɛndərə(r)/, *n.* chi si arrende; uno che si è arreso.

surrenderor /səˈrɛndərɔː(r)/, *n.* (*leg.*) cedente.

surreptitious /sʌrəpˈtɪʃəs, *USA* sɜːrə-/, *a.* ***1*** clandestino; furtivo; subdolo: **a s. edition**, un'edizione clandestina (*di un libro*) ***2*** (*di uno scritto*) spurio ***3*** (*leg.*) surrettizio. || **-ly**, *avv.*

surrey /ˈsʌrɪ, *USA* ˈsɜːrɪ/, *n.* (*un tempo*) carrozza leggera a quattro ruote e a due posti.

surrogate /ˈsʌrəgeɪt, *USA* ˈsɜːrə-/, *n.* ***1*** sostituto; delegato (*specialm. di un vescovo*) ***2*** (*leg., USA*) magistrato che omologa testamenti.

surrogateship /ˈsʌrəgɪtʃɪp, *USA* ˈsɜːrə-/, *n.* ufficio di sostituto (*o* di delegato).

surround /səˈraʊnd/, *n.* bordo, bordura, orlo (*fra il tappeto e le pareti*).

to **surround** /səˈraʊnd/, *v. t.* circondare; cingere; accerchiare; attorniare: **A wall surrounds the city**, un muro cinge la città; **We were surrounded by the enemy**, eravamo circondati dal nemico; **to s. a fort**, accerchiare (*o* assediare) un forte; **She was surrounded by her grandchildren**, era attorniata dai nipotini.

surrounding /səˈraʊndɪŋ/, *a.* ***1*** circostante; circonvicino: **the s. territory**, il territorio circostante ***2*** che circonda; che cinge.

surroundings /səˈraʊndɪŋz/, *n. pl.* ***1*** dintorni: **picturesque s.**, dintorni pittoreschi ***2*** ambiente: **cultured s.**, un ambiente colto.

surtax /ˈsɜːtæks/, *n.* (*fisc.*) ***1*** sovrimposta; soprattassa; (imposta) addizionale: **a s. on incomes above a certain amount**, un'addizionale sui redditi superiori a una certa cifra ***2*** (*in G.B.*) addizionale sul reddito (*fortemente progressiva*) ***3*** (*in U.S.A.*) imposta aggiuntiva.

to **surtax** /ˈsɜːtæks/, *v. t.* soprattassare; gravare con soprattassa; applicare l'addizionale a (*contribuenti, redditi, ecc.*).

surtout /ˈsɜːtuː, sɜːˈtuː, *USA* səˈtuː(t)/ (*franc.*), *n.* (*un tempo*) soprabito (*da uomo*).

surveillance /sɜːˈveɪləns/, *n.* sorveglianza; vigilanza. ● **under s.**, sotto sorveglianza; (*leg.*) in libertà vigilata.

surveillant /sɜːˈveɪlənt/, *n.* sorvegliante.

to **surveille** /səˈveɪl/, *v. t.* (*USA*) sorvegliare.

survey /ˈsɜːveɪ/, *n.* ***1*** veduta; vista; colpo d'occhio; scorsa; occhiata: **He gave the flat a quick s.**, diede un'occhiata veloce all'appartamento ***2*** esame; indagine; rassegna; studio; compendio: **a s. of American literature**, una rassegna della letteratura americana ***3*** ispezione; verifica; perizia; stima; valutazione ***4*** (*topogr.*) rilevamento; rilievo; prospezione: **geological s.**, rilevamento geologico ***5*** (= **s. map**) mappa catastale; carta topografica ***6*** (*demogr., stat.*) inchiesta; indagine. ● **to make a s. of**, fare la rassegna di; esaminare, studiare; fare la perizia di; (*topogr.*) fare i rilievi di (*un terreno*) □ **the Official S.**, il Catasto.

to **survey** /səˈveɪ/, *v. t.* ***1*** osservare; contemplare; guardare attentamente; esaminare; scrutare; squadrare (*con l'occhio*): **The Foreign Secretary surveyed the problems of international cooperation in a brilliant speech**, il Ministro degli Esteri esaminò in un brillante discorso i problemi della collaborazione internazionale ***2*** ispezionare; studiare; visitare: **I surveyed the Italian schools in England a few years ago**, alcuni anni fa ispezionai (*o* visitai) le scuole italiane in Inghilterra ***3*** (*comm.*) fare la perizia di; periziare; stimare; valutare: **to s. the goods to determine damages**, periziare la merce per stabilire i danni ***4*** (*topogr.*) misurare; rilevare; levare i piani di (*un terreno, ecc.*) ***5*** (*demogr., stat.*) fare un'inchiesta (*o* un'indagine) su: **We are surveying population growth in our city**, stiamo facendo un'indagine sullo sviluppo demografico nella nostra città.

surveying /səˈveɪɪŋ/, *n.* ***1*** agrimensura ***2*** rilevamento topografico ***3*** l'osservare, l'indagare, ecc. (*V.* **to survey**). ● **s. instruments**, strumenti topografici.

surveyor /səˈveɪə(r)/, *n.* ***1*** geometra; agrimensore; topografo ***2*** ispettore; controllore: **a s. of roads**, un ispettore (dell'azienda) delle strade; **a customs s.**, un ispettore doganale; **a s. of weights and measures**, un controllore dei pesi e delle misure ***3*** (*ass.*) perito ***4*** (*USA*) doganiere. ● **s.'s compass**, bussola topografica □ **s.'s level**, livella a cannocchiale □ (*ass., naut.*) **marine s.**, perito marittimo.

surveyorship /sɜːˈveɪəʃɪp/, *n.* ufficio di controllore; ispettorato.

survivability /səvaɪvəˈbɪlətɪ/, *n.* (*specialm. mil.*) capacità di sopravvivenza.

survivable /səˈvaivəbl/, *a.* (*specialm. mil.*) che è in grado (*o* capace) di sopravvivere.

survival /səˈvaɪvl/, *n.* ***1*** sopravvivenza: (*biol.*) **the s. of the fittest**, la sopravvivenza del più adatto; la selezione naturale ***2*** credenza (*o* consuetudine, usanza) d'altri tempi; reliquia; pezzo da museo (*fig.*). ● **s. kit**, corredo di sopravvivenza □ (*ass., stat.*) **s. rate**, tasso di sopravvivenza.

survivalism /sə'vaɪvəlɪzəm/, *n.* survivalismo.

survivalist /sə'vaɪvəlɪst/, **A** *n.* survivalista. **B** *a. attr.* survivalistico.

to **survive** /sə'vaɪv/, **A** *v. i.* (*anche ass.*) sopravvivere; essere ancora in vita. **B** *v. t.* ***1*** sopravvivere a: **to s. one's children**, sopravvivere ai propri figlioli ***2*** scampare a: **I survived the fire of my house**, scampai all'incendio della mia casa; **to s. all perils**, scampare a ogni pericolo.

surviving /sə'vaɪvɪŋ/, *a.* (*anche ass.*) sopravvissuto; superstite.

survivor /sə'vaɪvə(r)/, *n.* (*anche ass.*) sopravvissuto; superstite: **She was the sole s. of the shipwreck**, fu la sola superstite del naufragio. ● (*demogr., stat.*) **s. life curve**, curva di sopravvivenza □ (*ass.*) **s. policy**, polizza di sopravvivenza.

survivorship /sə'vaɪvəʃɪp/, *n.* ***1*** il sopravvivere; l'esser superstite ***2*** (*ass., stat.*) sopravvivenza ***3*** (*leg.*) diritto (*del comproprietario superstite*) alla quota del defunto. ● **s. annuity**, (*ass.*) vitalizio (*al beneficiario*) in caso di morte (*dell'assicurato*); (*anche*) pensione di reversibilità □ (*stat.*) **presumption of s.**, probabilità di sopravvivenza.

sus /sʌs/, *n.* (*leg., abbr. fam. di* **suspect**) sospetto. ● (*pop. ingl.*) **the sus law**, la legge che consente l'arresto delle persone sospette (*vagabondi e sim.*; *revocata nel 1981*) □ **to arrest sb. on sus**, arrestare q. in base alla **sus law** (*q.V.*).

Susan /'su:zn/, **Susanna(h)** /su:'zænə/, *n.* Susanna.

susceptance /sə'sɛptəns/, *n.* (*fis.*) suscettanza.

susceptibility /səsɛptə'bɪlətɪ/, *n.* ***1*** suscettibilità ***2*** ombrosità; permalosità; suscettibilità ***3*** sensibilità; impressionabilità; emotività ***4*** (*med.*) predisposizione (*a una malattia*) ***5*** (*pl.*) suscettibilità; emozioni; sentimenti: **to offend sb.'s susceptibilities**, offendere la suscettibilità di q. ***6*** (*mil.*) vulnerabilità (*di armamento, ecc.*) ***7*** (*fis.*) suscettività.

susceptible /sə'sɛptəbl/, *a.* ***1*** suscettibile: **s. of improvement**, suscettibile di miglioramento ***2*** ombroso; permaloso; suscettibile: **a s. girl**, una ragazza permalosa ***3*** sensibile; impressionabile; emotivo: **He is very s. to praise**, è molto sensibile agli elogi; **He is s. to female charms**, è sensibile al fascino femminile ***4*** (*med.*) predisposto; soggetto: **to be s. to the flu**, andare soggetto all'influenza ***5*** (*mil.*) vulnerabile. ● **to be s. of change**, essere soggetto a mutamento (*o* a variazione) □ (*letter.*) **The passage is s. of another interpretation**, il passo ammette un'altra interpretazione. || **-bly**, *avv.*

susceptive /sə'sɛptɪv/, *a.* ***1*** suscettivo; suscettibile ***2*** (*filos., psic.*) ricettivo: **the s. faculties**, le facoltà ricettive. || **-ness**, *sost.*

susceptivity /səsɛp'tɪvətɪ/, *n.* ***1*** suscettività ***2*** (*psic.*) ricettività.

suspect /'sʌspɛkt/, **A** *n.* persona sospetta; sospetto; indiziato: **The police arrested all the suspects**, la polizia arrestò tutte le persone sospette. **B** *a. pred.* sospetto; che dà motivo di sospettare; che desta diffidenza: **The burglar's statement is s.**, la dichiarazione dello scassinatore è sospetta. ● **a political s.**, una persona politicamente sospetta.

to **suspect** /sə'spɛkt/, *v. t.* e *i.* ***1*** sospettare; nutrire sospetti (su); essere sospettoso; diffidare (di); subodorare: **I s. him of stealing** (*o* **of the theft of**) **the silverware**, lo sospetto d'aver rubato l' (*o* del furto dell') argenteria; **I s. danger**, subodoro un pericolo; **to s. a plot**, sospettare che si stia macchinando qualcosa; **He is suspected of murder**, lo sospettano d'aver commesso un assassinio; **The ignorant s. everybody**, gli ignoranti diffidano di tutti ***2*** credere; immaginare; congetturare; presumere; supporre; reputare; avere il sospetto che: **I s. him to be** (*o* **that he is**) **a traitor**, credo che sia un traditore; **I s. him to be the man we are looking for**, ho il sospetto che sia lui l'uomo che cerchiamo. ● **to s. the solution of a detective story**, avere un'idea della soluzione di un giallo □ (*leg.*) **a suspected criminal**, una persona sospetta; un sospetto; un indiziato □ **You, I s., don't care at all**, ho il dubbio che non te ne importi nulla.

suspectable /sə'spɛktəbl/, *a.* sospettabile.

to **suspend** /sə'spɛnd/, *v. t.* ***1*** sospendere; attaccare; appendere: **to s. a chandelier from the ceiling**, sospendere (appendere) un lampadario al soffitto; **to s. a ham by a wire**, attaccare un prosciutto con un filo di ferro ***2*** sospendere; differire, interrompere, tenere in sospeso: **The bus service has been suspended**, il servizio degli autobus è stato sospeso; (*comm., banca*) **to s. payment**, sospendere i pagamenti; **to s. judgement**, sospendere il giudizio ***3*** (*leg.*) sospendere (*la pena*) ***4*** sospendere, allontanare (*dal lavoro, ecc.*): **to s. sb. from office [school]**, sospendere q. dall'ufficio [dalle lezioni] ***5*** (*Borsa*) sospendere: **to s. the list**, sospendere le quotazioni ***6*** (*chim.*) tenere (*una sostanza*) in sospensione. ● **to s. one's indignation**, trattenere la propria indignazione □ (*leg.*) **to s. punishment**, sospendere la pena □ (*leg.*) **Sentence to be suspended** (*formula*), con il beneficio della sospensione condizionale.

suspended /sə'spɛndɪd/, *a.* sospeso (*anche dal lavoro*); differito, interrotto: **to be s. in the air [in a liquid]**, essere sospeso in aria [in un liquido]. ● (*med.*) **s. animation**, stato comatoso □ (*edil.*) **s. ceiling**, controsoffitto □ (*ind. costr.*) **s. span**, campata sospesa (*di un ponte*).

suspender /sə'spɛndə(r)/, *n.* ***1*** giarrettiera ***2*** (*pl.*) (*USA*) bretelle. ● **s. belt**, reggicalze.

suspense /sə'spɛns/, *n.* sospensione d'animo; ansia; apprensione; suspense; incertezza; indecisione: **There was great s. for the outcome of the fight**, c'era grande ansia per il risultato del combattimento. ● (*comm.*) **s. account**, conto delle partite in sospeso; conto d'ordine □ (*leg.* e *fig.*) **s. of judgement**, sospensione di giudizio □ **to hold a decision in s.**, tenere una decisione in sospeso □ **to keep sb. in s.**, tenere q. in suspense; tenere q. sulla corda, sulle spine (*fig.*) □ (*di una questione*) **to remain in s.**, restare in sospeso.

suspenseful /sə'spɛnsfl/, *a.* pieno di suspense (*q.V.*).

suspensibility /səspɛnsə'bɪlətɪ/, *n.* possibilità di sospendere (*o* di tenere in sospeso).

suspensible /sə'spɛnsəbl/, *a.* che si può lasciare in sospeso.

suspension /sə'spɛnʃn/, *n.* ***1*** sospensione (*anche dal lavoro*); dilazione; differimento; interruzione: (*comm.*) **the s. of payments**, la sospensione dei pagamenti; (*leg.*) **s. of punishment**, sospensione della pena ***2*** (*chim., fis.*) sospensione ***3*** (*tecn.*) sospensione: **cardanic s.**, sospensione cardanica; (*mecc.*) **rigid s.**, sospensione rigida; (*autom.*) **fourwheel s.**, sospensione sulle quattro ruote ***4*** (*ind. min.*) ancoraggio. ● **s. bridge**, ponte sospeso □ (*leg.*) **s. of decision**, aggiornamento della decisione (*o* della sentenza) □ (*mil.*) **s. of hostilities**, sospensione delle ostilità □ **s. of the driving licence**, sospensione (*o* ritiro) della patente □ **s. points**, puntini di sospensione □ (*ferr.*) **s. railway**, ferrovia sospesa (*o* pensile) □ (*edil.*) **s. roof**, tetto sospeso.

suspensive /sə'spɛnsɪv/, *a.* ***1*** sospensivo; dilatorio: **a s. sentence**, un decreto sospensivo ***2*** ansioso; apprensivo; esitante ***3*** pieno di suspense. || **-ly**, *avv.* || **-ness**, *sost.*

suspensoid /sə'spɛnsɔɪd/, *n.* (*chim., fis.*) sospensoide.

suspensor /sə'spɛnsə(r)/, *V.* **suspensory, B.**

suspensorial /səspɛn'sɔ:rɪəl/, *a.* (*anat.*) sospensorio.

suspensory /sə'spɛnsərɪ/, **A** *a.* (*anat.*) sospensorio: **a s. muscle**, un muscolo sospensorio. **B** *n.* ***1*** (*med.*, = **s. bandage**) sospensorio ***2*** (*sport, USA*) sospensorio.

suspicion /sə'spɪʃn/, *n.* ***1*** sospetto: **Our treasurer is above s.**, il nostro cassiere è al di sopra di ogni sospetto; **to have suspicions**, nutrire sospetti ***2*** traccia; punta; pizzico; (un) po'; (un) tantino: **There was a s. of rust on the tableware**, c'era una lieve traccia di ruggine sulle posate ***3*** (*leg.*) suspicione. ● (*leg.*) **imprisonment on s.**, detenzione cautelare □ **to be under s. of murder**, essere sospettato di omicidio.

suspicionless /sə'spɪʃənləs/, *a.* senza sospetto.

suspicious /sə'spɪʃəs/, *a.* ***1*** sospettoso; diffidente: **a s. look**, uno sguardo sospettoso; **I am s. of strangers**, sono diffidente con gli sconosciuti; **The ignorant are s.**, gli ignoranti sono diffidenti ***2*** sospetto; ambiguo; losco: **a s. caller**, un visitatore sospetto (*prima di un furto in una casa, ecc.*); un tipo losco; **a s. noise**, un rumore sospetto; **under s. circumstances**, in circostanze sospette; **If you see anything s., dial 999**, se vedete qualcosa di sospetto, chiamate il 999 (*in G.B.*) ***3*** (*di persona*) sospettabile. ● **a s. character**, un losco figuro □ **to become s.**, insospettirsi □ **to look s.**, avere un aspetto poco rassicurante. || **-ly**, *avv.* || **-ness**, *sost.*

suspiration /sʌspɪ'reɪʃn/, *n.* (*poet.*) sospiro.

to **suspire** /sə'spaɪə(r)/, *v. i.* (*poet.*) sospirare.

suss /sʌs/, *n.* (*pop. ingl.*) intuizione; astuzia.

to **suss** /sʌs/, *v. t.* (*pop. ingl.*) sospettare; accorgersi di; intuire; mangiare la foglia (*pop.*). ● **to s. out**, accertarsi di; scoprire: **to s. out things for oneself**, scoprire tutto da solo.

to **sustain** /sə'steɪn/, *v. t.* ***1*** sostenere; reggere; sopportare; subire: **They sustained the shock of the cavalry**, sostennero l'urto della cavalleria; **The roof is sustained by four pillars**, il tetto è retto (*o* sostenuto) da quattro pilastri; **Your horse will not s. comparison with mine**, il tuo cavallo non regge il confronto col mio; **to s. a heavy loss**, subire una grave perdita; **to s. a defeat**, subire una sconfitta; **to s. a debate**, sostenere un dibattito; (*teatr.*) **to s. a part** (*o* **a role**), sostenere una parte ***2*** sostenere; sostentare; mantenere: **Food sustains life**, il cibo sostiene il corpo (*o* ci mantiene in vita) ***3*** (*leg.*) appoggiare; approvare; accogliere; pronunciarsi in favore di: **to s. a claim**, appoggiare una rivendicazione; accogliere un ricorso; **to s. an objection**, accogliere un'eccezione: **The judge sustained the plaintiff**, il giudice si pronunciò in favore dell'attore ***4*** confermare; convalidare; rafforzare; corroborare: **to s. a charge**, confermare un'accusa; **to s. a statement**, convalidare un'asserzione; **to s. a theory**, corroborare una teoria ***5*** sostenere; sorreggere: **She was sustained by her faith in God**, era sorretta dalla fede in Dio ***6*** (*fis.*) sostentare (*nell'aria, nell'acqua, nello spazio*) ***7*** (*mus.*) sostenere; tenere a lungo; filare: **to s. a note**, tenere a lungo (*o* filare) una nota. ● (*leg.: in un processo*) **Objection sustained!**, obiezione (*o* eccezione) accolta!

sustainable /sə'steɪnəbl/, *a.* sostenibile.

sustained /sə'steɪnd/, *a.* sostenuto; prolungato: **a s. effort**, uno sforzo prolungato (*o* intenso).

sustainer /sə'steɪnə(r)/, *n.* ***1*** sostenitore, sostenitrice ***2*** (*miss.*) sustainer (*razzo che si accende dopo il distacco dei booster*).

sustaining /sə'steɪnɪŋ/, *a.* che sostiene; di sostegno. ● **s. food**, cibo nutriente □ (*di un'accademia e sim.*) **s. member**, socio sostenitore □ (*mus.*) **s. pedal**, pedale di prolungamento del suono.

sustainment /sə'steɪnmənt/, *n.* (*raro*) sostegno; appoggio; mantenimento.

sustenance /'sʌstɪnəns/, *n.* ***1*** sostentamento; nutrimento; cibo ***2*** sostanza (nutritiva):

There is no s. in this food, questo cibo non ha sostanza.

sustentation /sʌstɛn'teɪʃn/, *n.* (*raro*) sostentazione; nutrimento; sostentamento.

sustentative /sə'stɛntətɪv/, *a.* di sostegno; che sostiene.

susurration /su:sə'reɪʃn, sj-/, *n.* (*raro*) sussurro; mormorio; fruscio.

susurrous /sə'sʌrəs/, *a.* (*raro*) sussurrante; mormorante.

sutler /'sʌtlə(r)/, *n.* (*un tempo*) vivandiere (*al seguito di un esercito*).

sutlery /'sʌtlərɪ/, *n.* (*un tempo*) **1** lavoro di vivandiere **2** spaccio; bettolino.

suttee /sʌ'ti:, 'sʌtɪ/, *n.* (*in India, un tempo*) **1** sacrificio volontario d'una vedova alla morte del marito (*sul rogo funebre*) **2** vedova che si sacrificava sul rogo.

sutteeism /'sʌti:ɪzəm/, *n.* (*stor.*) costume indiano del **suttee** (*q.V.*).

sutural /'su:tʃərəl/, *a.* (*anat., med.*) di sutura; suturale.

suture /'su:tʃə(r)/, *n.* **1** (*anat.*) sutura **2** (*med.*) sutura (*anche il suturare*) **3** (*zool., bot.*) sutura **4** (*med.*) materiale per suturare. ● **s. needle**, ago per suture.

to **suture** /'su:tʃə(r)/, *n.* (*med.*) suturare.

suzerain /'su:zərən/, *n.* **1** (*stor.*) signore feudale; grande feudatario **2** (*polit.*) stato che ha diritti di sovranità su un altro.

suzerainty /'su:zəreɪntɪ/, *n.* **1** (*stor.*) signoria; potere di signore feudale **2** (*polit.*) sovranità.

svelte /svɛlt/ (*franc.*), *a.* **1** (*specialm. di figura femminile*) svelto; snello; slanciato: **She has a fine, s. figure**, ha una bella figura svelta **2** elegante; sofisticato; chic.

swab /swɒb/, *n.* **1** strofinaccio, straccio (*per pulire pavimenti, ecc.*); (*naut.*) radazza **2** (*med.*) tampone (*per prelievi*); materiale prelevato con un tampone **3** (*ind. min., mil.*) scovolo **4** (*pop.*) individuo goffo (*o* rozzo, maldestro) **5** (*gergo mil., naut.*) spallina da ufficiale; ufficiale.

to **swab** /swɒb/, *v. t.* **1** pulire (*pavimenti, ecc.*) con lo straccio; strofinare **2** (*naut., spesso* **to s. down**) radazzare: **to s. down the deck**, radazzare il ponte **3** (*med.*) medicare (*o* prelevare) con un tampone **4** (*tecn.*) pulire (*un foro o un tubo*). ● **to s. out**, pulire a fondo (*una stanza, una ferita, ecc.*) □ **to s. up**, raccogliere (*un liquido*) con uno straccio; tirare su (*fam.*): **to s. up the spilt milk**, tirare su il latte versato.

swabber /'swɒbə(r)/, *n.* **1** chi pulisce (chi asciuga, ecc.) con uno straccio **2** (*pop.*) individuo goffo (*o* rozzo, maldestro) **3** (*naut.*) mozzo.

Swabia /'sweɪbɪə/, *n.* (*stor.*) Svevia.

Swabian /'sweɪbɪən/, *a.* e *n.* (*stor.*) svevo: **the S. emperors**, gli imperatori svevi (*o* della Casa di Svevia).

swacked /swækt/, *a.* (*pop.*) ubriaco; sbronzo (*pop.*).

to **swaddle** /'swɒdl/, *v. t.* (*un tempo*) avvolgere in fasce; fasciare (*un neonato*). ● (*un tempo*) **swaddling clothes** (*o* **swaddling bands**), fasce (*per neonati*) □ (*fig.*) **Anatomy was still in its swaddling clothes**, l'anatomia era ancora in fasce.

swag /swæg/, *n.* (*pop.*) **1** bottino; refurtiva; malloppo (*gergo*) **2** (*in Austr.*) fagotto, fardello (*di vagabondo, minatore, ecc.*) **3** ondeggiamento.

swage /sweɪdʒ/, *n.* (*metall.*) stampo; forma. ● **s. block**, chiodaia; tasso; tassello a fori □ (*mecc.*) **s. bolt**, bullone a zanche.

to **swage** /sweɪdʒ/, *v. t.* (*metall.*) stampare a caldo; foggiare nello stampo.

swagger (**1**) /'swægə(r)/, *n.* **1** andatura sussiegosa (*o* spavalda); il pavoneggiarsi **2** vanteria; boria; spavalderia; millanteria; sbruffonata (*fam.*). ● **s. cane** (*o* **s. stick**), bastoncino (*o* frustino) da ufficiale.

swagger (**2**) /'swægə(r)/, *a. attr.* (*arc.* o *USA*) **1** vistoso; chiassoso; sgargiante **2** elegante; alla moda: **s. clothes**, abiti eleganti.

to **swagger** /'swægə(r)/, *v. i.* **1** camminare con aria sussiegosa; pavoneggiarsi **2** gloriarsi; vantarsi; fare lo spaccone; millantarsi; fare lo sbruffone (*fam.*). ● **to s. along**, camminare pavoneggiandosi □ **to s. sb. into doing st.**, far fare q.c. a q. dandosi arie da padrone.

swaggerer /'swægərə(r)/, *n.* fanfarone; spaccone; smargiasso; sbruffone (*fam.*).

swagman /'swægmæn/, *n.* (*pl.* **swagmen**) (*Austr.* e *N.Z.*) **1** operaio stagionale; lavoratore itinerante **2** vagabondo.

swain /sweɪn/, *n.* (*arc. o scherz.*) **1** contadinello; pastorello **2** corteggiatore; innamorato.

swale /sweɪl/, *n.* (*specialm. USA*) **1** buca; depressione (*specialm. in terreno paludoso*) **2** letto asciutto (*di un torrente*).

swallow (**1**) /'swɒləʊ/, *n.* **1** inghiottimento; deglutizione **2** boccone (*di cibo*); sorso, sorsata (*d'acqua, ecc.*) **3** gola; esofago e faringe **4** (*fig.*) appetito; voracità **5** (*naut.*) scanalatura **6** (*pop. USA*) boccata, tirata (*di sigaretta*). ● (*geol.*) **s. hole**, inghiottitoio.

swallow (**2**) /'swɒləʊ/, *n.* (*zool., Hirundo*) rondine. ● (*sport*) **s. dive**, tuffo ad angelo □ (*zool.*) **s.-fish** (*Trigla hirundo*), cappone imperiale; pesce gallinella □ **s.-tail**, coda forcuta; marsina, frac □ (*zool.*) **s.-tail** (**butterfly**) (*Papilio machaon*), macaone □ **s.-tailed**, a coda di rondine: **a s.-tailed coat**, una giacca a coda di rondine; una marsina; un frac □ (*bot.*) **s.-wort**, (*Vincetoxicum officinale*) vincetossico; (*Chelidonium majus*) celidonia □ (*prov.*) **One s. does not make a summer**, una rondine non fa primavera.

to **swallow** /'swɒləʊ/, *v. t.* e *i.* **1** inghiottire (*anche fig.*); deglutire; ingoiare (*anche fig.*); trangugiare; mandar giù; ingollare (*pop.*): **to s. one's breakfast**, trangugiare la colazione; **to s. an insult**, ingoiare un insulto **2** frenare; tenere a freno; trattenere; reprimere: **to s. one's anger**, trattenere l'ira; **S. your pride**, frena il tuo orgoglio! **3** (*fig.*) ringoiare; rimangiare; ritirare: **to s. one's tears**, ringoiarsi le lacrime; **to s. one's promise**, rimangiarsi una promessa **4** (*fam.*) credere; bere (*fam.*): **He'll s. anything you tell him**, crede qualsiasi cosa gli si dica; beve qualsiasi fandonia. ● **to s. again**, ringoiare (*la medicina, ecc.*) □ (*gergo naut.*) **to s. the anchor**, lasciare il mare; sbarcare □ (*anche fig.*) **to s. the bait**, abboccare all'amo □ **to s. down**, trangugiare; ingozzare; mandar giù (*anche fig.*): **to s. down a pill**, mandare giù una pillola □ **to s. down one's pride**, rinunciare al proprio orgoglio □ (*anche fig.*) **to s. up**, inghiottire; assorbire (*entrate, guadagni, ecc.*): **He was swallowed up by the waves**, fu inghiottito dalle onde; **His vices s. up half his salary**, i vizi gli inghiottono metà dello stipendio □ (*del terreno*) **to s. up the rain**, assorbire la pioggia □ (*pop. USA*) (*di donna*) **to s. a watermelon seed**, restare incinta □ **to s. one's words**, rimangiarsi quel che s'è detto; ritrattare.

swallowable /'swɒləʊəbl/, *a.* che si può inghiottire.

swallower /'swɒləʊə(r)/, *n.* **1** chi inghiotte **2** (*raro*) credulone, credulona.

swallowing /'swɒləʊɪŋ/, *n.* inghiottimento; deglutizione: (*fisiol.*) **s. reflex**, riflesso della deglutizione.

swam /swæm/, *pass.* di **to swim**.

swamp /swɒmp, *USA* swɔ:mp/, **A** *n.* palude; pantano; acquitrino. **B** *a. attr.* di palude; palustre. ● **s. boat**, idroscivolante □ (*med.*) **s. fever**, febbre malarica; malaria □ **marine s.**, maremma.

to **swamp** /swɒmp, *USA* swɔ:-/, **A** *v. t.* **1** (*anche fig.*) sommergere; inondare; allagare; travolgere: **to be swamped with orders** [**with letters**], essere sommerso dalle ordinazioni [dalla corrispondenza]; **The water swamped the house**, l'acqua inondò la casa; **The lifeboat was swamped by the waves as soon as it was lowered**, la lancia di salvataggio fu sommersa dalle onde non appena fu calata; **They were swamped by debts**, furono travolti dai debiti **2** affondare, colare a picco (*una barca, lasciando entrare l'acqua*). **B** *v. i.* **1** affondare; sprofondare; impantanarsi **2** (*di battello*) imbarcare acqua. ● **to be swamped with** (**telephone**) **calls**, essere tempestati di telefonate.

swampy /'swɒmpɪ, *USA* 'swɔ:-/, *a.* **1** paludoso; pantanoso; acquitrinoso **2** (*del terreno, ecc.*) bagnato e molle; soffice.

swan /swɒn/, *n.* (*pl.* **swans, swan**) (*zool., Cygnus*) cigno; (*fig.*) poeta, cantore: **the S. of Avon**, il Cigno di Avon; Shakespeare. ● (*sport, USA*) **s. dive,** *V.* **swallow dive,** *sotto* **swallow** (**2**) □ **s.'s down**, piume di cigno (*per piumini da cipria*); (*ind. tess.*) vigogna, mollettone □ **s. mark**, marchio impresso sulla pelle o sul becco dei cigni □ **s. neck**, collo di cigno; (*mecc.*) collo d'oca □ (*fig.*) **s. song**, canto del cigno □ (*in G.B.*) **s.-upping**, raccolta annuale dei cigni del Tamigi (*presso Windsor*) e apposizione del contrassegno (*piccoli tagli sul becco*: *cinque ai cigni della Corona*) □ **a black s.**, un cigno nero; (*fig.*) una mosca bianca.

to **swan** /swɒn/, *v. i.* (*fam.*) gironzolare; girellare; vagare qua e là. ● **to s. off**, andare via; andarsene; tagliare la corda (*fig.*).

swank /swæŋk/, **A** *n.* **1** (*fam.*) boria; vanagloria; vanteria; ostentazione; esibizione sfacciata **2** (*fam. specialm. USA*) eleganza (*specialm.* vistosa) **3** *V.* **swanker**. **B** *a.* (*specialm. USA*) *V.* **swanky**.

to **swank** /swæŋk/, *v. i.* (*fam.*) gloriarsi; vantarsi; darsi delle arie; pavoneggiarsi; fare lo spaccone.

swanker /'swæŋkə(r)/, *n.* (*fam.*) **1** borioso; spaccone; chi si dà delle arie **2** elegantone.

swanky /'swæŋkɪ/, *a.* (*fam.*) **1** borioso; pieno di arie **2** elegante; vistoso; sgargiante; chic **3** alla moda; in grande stile; sciccoso; in grande (*fam.*): **a s. party**, un ricevimento in grande. || **-ily**, *avv.* || **-iness**, *sost.*

swanlike /'swɒnlaɪk/, *a.* **1** di (*o* da) cigno; simile a un cigno **2** aggraziato (*o* bianco) come un cigno **3** che ha un collo di cigno.

swannery /'swɒnərɪ/, *n.* allevamento di cigni.

swansdown /'swɒnzdaʊn/, *V.* **swan's down**.

swap /swɒp, *USA* swɔ:p/, *n.* **1** (*fam.*) cambio; scambio; baratto **2** (*fam.*) oggetto barattato (*o* scambiato) **3** (*econ.*) baratto **4** (*fin.*) swap; riporto in cambio (*o* su divise); riporto cambiario (*o* valutario): **mirror s.**, swap speculare **5** (*fin.*) linea reciproca di crediti (tra banche centrali) **6** (*med.*) trapianto: **a heart s.**, un trapianto di cuore. ● (*fin.*) **s. agreements**, accordi di swap □ (*a Londra*) **swaps market**, mercato degli swap (*dal 1982*) □ (*fin.*) **s. rates**, saggi di riporto valutario.

to **swap** /swɒp, *USA* swɔ:p/, (*fam.*) **A** *v. t.* barattare; scambiare; dare in cambio. **B** *v. i.* **1** far scambi (*o* baratti) **2** (*pop.*) fare lo scambio dei partner. ● **to s. yarns**, raccontarsi storielle a vicenda □ (*prov.*) **Never s. horses when crossing a stream**, mai fare mutamenti in un momento critico; (*letteralm.*) non si fa il cambio dei cavalli in mezzo a un guado.

♦ **swap around**, *V.* **swap round**.

♦ **swap for**, *v. t.* + *prep.* barattare, scambiare con: **Will you s. your ball for my knife?**, vuoi barattare la tua palla con il mio temperino?; **They swapped the hostage for the policeman**, scambiarono l'ostaggio col poliziotto.

♦ **swap over**, *V.* **swap round**.

♦ **swap round**, *v. i.* + *avv.* scambiare il posto; fare uno scambio di posto.

♦ **swap with**, *v. t.* + *prep.* **1** scambiare (q. *o* q.c.) con **2** fare a cambio con (q.): **Will you s. with me?**, vuoi fare a cambio con me? □ **to s. places with sb.**, scambiare il posto con q.

swapping /'swɒpɪŋ, *USA* 'swɔ:p-/, *n.* **1** (*fam.*) il fare cambio; baratto **2** (*elab.*) trasferimento d'informazioni (*dalla memoria cen-*

trale).

swaraj /swə'rɑːdʒ/, *n.* (*stor., in India*) autogoverno; indipendenza politica.

swarajist /swə'rɑːdʒɪst/, *n.* (*stor., in India*) fautore dell'indipendenza; nazionalista; patriota.

sward /swɔːd/, *n.* (*arc.* o *lett.*) *1* distesa erbosa; erba; tappeto verde (*fig.*) *2* zolla erbosa; piota (*lett.*).

sware /sweə(r)/, *pass. arc.* di **to swear**.

swarf /swɔːf/, *n.* (*metall.*) sfrido.

swarm /swɔːm/, *n.* sciame; (*fig.*) folla, frotta, moltitudine: **a s. of bees**, uno sciame d'api; **a s. of children**, una frotta di bambini. ● (*biol.*) **s. cell** (*o* **s. spore**), zoospora.

to **swarm (1)** /swɔːm/, *v. i.* *1* (*delle api* e *fig.*) sciamare *2* (*fig.*) affollarsi; accalcarsi *3* (*fig.*) brulicare; pullulare; essere numerosi (*o* fitti): **Insects s. in that house**, gli insetti brulicano in quella casa. ● **to s. out**, uscire a frotte; sciamare: **The crowd swarmed out of the theatre**, la folla sciamò dal teatro □ **to s. over** (*o* **through**), sciamare per (*i campi, le strade, ecc.*) □ **to s. round sb.**, affollarsi (*o* stringersi) intorno a q. □ **to s. with**, formicolare (*o* pullulare) di: **The place was swarming with soldiers**, il luogo formicolava di soldati.

to **swarm (2)** /swɔːm/, *v. i.* e *t.* arrampicarsi (*con le mani e le gambe*): **The boy swarmed (up) the tree**, il ragazzo si arrampicò sull'albero.

swart /swɔːt/, **swarth** /swɔːθ/, *a.* (*arc. o dial.*) bruno; scuro di carnagione.

swarthiness /'swɔːðɪnəs/, *n.* tinta bruna; carnagione scura.

swarthy /'swɔːðɪ/, *a.* bruno; scuro di carnagione. || **-ily**, *avv.*

swash /swɒʃ, *USA* swɔːʃ/, *n.* *1* sciabordio: **the s. of the waves**, lo sciabordio delle onde *2* (*oceanografia*) flutto montante; getto di riva *3* (*geogr.*) secca semisommersa *4* (*arc.*) vanteria; boria; millanteria *5* (*arc.*) V. **swashbuckler**. ● (*geol.*) **s. mark**, impronta di battigia □ (*naut.*) **s. plate**, lamiera di rollio (*o* di beccheggio).

to **swash** /swɒʃ, *USA* swɔːʃ/, **A** *v. i.* *1* (*dell'acqua*) sciabordare; sciaguattare *2* (*di una persona*) sguazzare *3* agitare la spada *4* (*arc.*) vantarsi; fare lo spaccone; millantarsi. **B** *v. t.* *1* agitare (*un liquido in un recipiente*); sciabordare *2* schizzare *3* (*arc.*) colpire con violenza. ● **to s. against**, (*delle onde*) infrangersi contro; (*della pioggia*) battere, scrosciare contro (*le finestre, ecc.*) □ (*arc.*) **a swashing blow**, un forte colpo; uno schiaffo sonoro.

swashbuckler /'swɒʃbʌklə(r), *USA* 'swɔːʃ-/, *n.* bravaccio; fanfarone; gradasso; smargiasso.

swashbuckling /'swɒʃbʌklɪŋ, *USA* 'swɔːʃ-/, **A** *a.* borioso; prepotente; da smargiasso; da spaccone. **B** *n.* fanfaronata; bravata; smargiassata. ● **s. films [novels]**, film [romanzi] di cappa e spada.

swastika /'swɒstɪkə/, *n.* svastica; croce uncinata.

swat /swɒt/, *n.* (*fam.*) *1* colpo secco; schiaffo; pacca (*fam.*) *2* schiacciamosche.

to **swat** /swɒt/, *v. t.* (*fam.*) colpire (*di piatto*); schiacciare: **to s. a fly**, schiacciare una mosca.

swatch /swɒtʃ/, *n.* (*comm.*) campione, campionario (*specialm. di stoffe*).

swath /swɒθ, swɔːθ/, *n.* (*agric.*) *1* falciata *2* fila di spighe di grano falciate *3* vuoto lasciato dal grano (*o altro cereale*) falciato *4* (*fig.*) zona; area. ● (*fig.*) **to cut a s. in**, aprire un varco in, fare il vuoto in (*le file del nemico, ecc.*).

swathe /sweɪð, *USA* sweɪð, swɒθ/, *n.* (*raro*) fascia; benda.

to **swathe** /sweɪð, *USA* sweɪð, swɒθ/, *v. t.* avvolgere; fasciare; avviluppare; coprire. ● **to be swathed in furs**, essere tutto impellicciato.

swatter /'swɒtə(r)/, *n.* (= **fly-s.**) schiacciamosche.

sway /sweɪ/, *n.* *1* oscillazione; ondeggiamento; dondolio; fluttuazione *2* inclinazione; pendenza *3* (*arc. o lett.*) dominio; potere; governo: **The country is under the s. of a dictator**, il paese è sotto il dominio di un dittatore *4* influsso; influenza: **to be under the s. of sb.**, essere sotto l'influenza di q. *5* impeto; forza: **He was moved by the s. of passion**, era mosso dall'impeto delle passioni *6* (*naut.*) oscillazione laterale (*del baricentro*). ● **to hold s. over sb.**, tenere q. sotto il proprio dominio; dominare q.

to **sway** /sweɪ/, **A** *v. i.* *1* ondeggiare; oscillare; dondolare; fluttuare: **The tallest buildings swayed in the earthquake**, gli edifici più alti oscillarono al terremoto *2* pendere; pencolare; inclinarsi. **B** *v. t.* *1* agitare; far oscillare; far ondeggiare; dondolare; sballottare: **The wind is swaying the trees**, il vento fa ondeggiare gli alberi *2* (*arc. o lett.*) dominare; governare; dirigere; reggere: **He is swayed by ambition**, è dominato dall'ambizione; **England swayed one fifth of mankind**, l'Inghilterra dominava un quinto del mondo *3* influenzare; esercitare il proprio influsso su; spostare a proprio favore: **to be swayed by false prospects**, farsi influenzare da false prospettive; **His excellent door-to-door canvassing swayed thousands of votes**, la sua eccellente propaganda capillare causò lo spostamento di migliaia di voti *4* far recedere da un proposito; smuovere: **His threats will not s. us**, le sue minacce non ci smuoveranno. ● **to s. one's hips**, ancheggiare □ (*lett.*) **to s. the sceptre**, reggere lo scettro □ (*lett.*) **to s. the sword**, brandire (*o* impugnare) la spada □ (*naut.*) **to s. up**, issare, ghindare (*un albero, ecc.*).

swayback /'sweɪbæk/, *n.* *1* (*med.*) lordosi *2* (*vet.*) «swayback» (*dei cavalli*); insellatura.

swaybacked /'sweɪbækt/, *a.* (*vet.: di cavallo*) dalla schiena troppo insellata.

swaying /'sweɪɪŋ/, *n.* oscillazione; ondeggiamento; dondolio; fluttuazione.

swear /sweə(r)/, *n.* (*fam.*) imprecazione; bestemmia.

to **swear** /sweə(r)/ (*pass.* **swore**, *arc.* **sware**, *p. p.* **sworn**), *v. t.* e *i.* *1* giurare; prestare giuramento: **He swore he would never do it again**, giurò che non l'avrebbe fatto mai più; **Would you s. it on the Bible?**, lo giureresti sulla Bibbia?; **He swore eternal fidelity**, giurò eterna fedeltà *2* (*fam.*) assicurare; proclamare; asserire; sostenere: **I s. it was too bad of him**, t'assicuro che non poteva comportarsi peggio; **I s. the man's a fool!**, sostengo che è un imbecille! *3* far giurare; sottoporre a giuramento: (*leg.*) **The witnessess were sworn (in)**, i testimoni furono fatti giurare (*o* prestarono giuramento); **to s. sb. to secrecy** (*o* **to silence**), far giurare a q. di mantenere un segreto *4* imprecare; bestemmiare: **He went on swearing at me**, continuò a imprecare contro di me; **He swore like a trooper**, bestemmiava come un turco. ● (*leg.*) **to s. an affidavit**, fare una dichiarazione giurata □ **to s. allegiance**, giurare fedeltà (*alla patria, ecc.*) □ (*leg.*) **to s. a charge against sb.**, muovere un'accusa formale (*o* sotto giuramento) contro q. □ **to s. falsely**, spergiurare; giurare il falso □ **to s. an oath**, fare (*o* prestare) giuramento, giurare; (*anche*) lanciare un'imprecazione, dire una bestemmia.

♦**swear at**, *v. i.* + *prep.* *1* imprecare, bestemmiare contro (q.) *2* imprecare, bestemmiare per: **He started swearing at missing the train**, si mise a imprecare per aver perso il treno.

♦**swear by**, *v. i.* + *prep.* *1* giurare su (*o* in nome di): **to s. by (the name of) God**, giurare su Dio *2* (*fig.*) aver cieca fiducia in; credere ciecamente in (*o* nella bontà di): **He swears by these pills**, ha cieca fiducia in queste pillole; **He swears by brandy**, crede ciecamente nelle virtù terapeutiche del brandy.

♦**swear for**, *v. i.* + *prep.* (*USA*) *1* giurare sulla bontà (la validità, ecc.) di (*un metodo, ecc.*) *2* promettere, assicurare, garantire (che): **I'll s. for his meeting his obligations**, sono sicuro che farà fronte ai suoi impegni.

♦**swear in**, *v. t.* + *avv.* insediare (q.) facendogli prestare giuramento; far giurare: **to s. in a jury**, insediare una giuria (*previo giuramento*); **The President has been sworn in**, il Presidente ha giurato assumendo il suo alto ufficio.

♦**swear off**, *v. t.* + *avv.* giurare di smettere di; rinunciare solennemente a: **He swore off drink and tobacco**, giurò di smettere di bere e di fumare; **to s. off drugs**, rinunciare solennemente a drogarsi.

♦**swear out**, *v. t.* + *avv.* (*leg., USA*) ottenere (*un mandato d'arresto*) giurando sulla colpevolezza dell'indiziato: **How many warrants of arrest have been sworn out?**, quanti mandati di cattura sono stati emessi su giuramento?

♦**swear to**, **A** *v. i.* + *prep.* *1* giurare di (*aver fatto, detto, ecc. q.c.*): **I'd s. to have given you back your lighter**, giurerei di averti ridato l'accendino *2* giurare su: **I s. to God I'm innocent**, giuro su Dio d'essere innocente; **to s. to the truth of one's report**, giurare sulla veridicità del proprio rapporto. **B** *v. t.* + *prep.* far giurare (q.) di fare (q.c.): **to s. sb. to secrecy**, far giurare a q. di mantenere il segreto □ **I couldn't s. to it**, non potrei giurarlo □ **I could have sworn it**, l'avrei giurato; me lo sentivo; lo sapevo.

swearer /'sweərə(r)/, *n.* *1* chi impreca; bestemmiatore *2* (*anche leg.*) chi presta giuramento. ● **false s.**, spergiuro.

swearing /'sweərɪŋ/, *n.* *1* il giurare; giuramento *2* l'imprecare; il bestemmiare. ● (*polit., USA*) **s.-in**, il giuramento (*del Presidente neoletto*): **the s.-in ceremony**, la cerimonia del giuramento □ **«S. forbidden»** (*cartello*), «è vietato bestemmiare».

swearword /'sweəwɜːd/, *n.* imprecazione; parolaccia.

sweat /swet/, *n.* *1* sudore; traspirazione: **He was wet** (*o* **dripping, running**) **with s.**, era bagnato (*o* grondante) di sudore *2* sudata; sudatina: **A s. will do him good**, una sudatina gli farà bene; **to have a good s.**, fare una bella sudata *3* (*fig. fam.*) sudata; sfaticata; fatica; lavoro duro *4* (*chim.*) trasudamento *5* (*metall.*) essudazione *6* (*tecn.*) condensazione *7* (*sport, USA*) sgambata (*di cavallo da corsa*). ● (*anat.*) **s. glands**, ghiandole sudoripare □ **s. room**, stanza per sudare; bagno turco (*il locale*) □ (*metall.*) **s. soldering**, brasatura dolce a strofinamento □ (*sport*) **s. suit**, felpa in due pezzi □ (*med.*) **bloody s.**, essudato □ (*fig.*) **by the s. of one's brow**, col sudore della (propria) fronte □ **to be in a s.** (*o* **all of a s.**), essere in un bagno di sudore; (*fig.*) sudar freddo □ **to be in a cold s.**, sudar freddo □ (*pop. specialm. USA*) **No s!**, roba da ridere!; bazzecole!; non c'è problema! □ (*fam.*) **an old s.**, un veterano; (*anche*) uno vecchio del mestiere.

to **sweat** /swet/, **A** *v. i.* *1* sudare; traspirare; trasudare: **He was sweating with excitement**, sudava per l'emozione; **The outside of the wall sweats**, l'esterno della parete trasuda; **A ripening cheese sweats**, un formaggio in maturazione trasuda *2* (*fig.*) sudare; penare; soffrire; essere in ansia; stare sulle spine: **to be really sweating while waiting to know the results of the exam**, essere molto in ansia nell'attesa di conoscere i risultati dell'esame; **Let him s. a bit before telling him**, fallo stare un po' sulle spine prima di dirglielo!; **We made them s. for the victory**, la vittoria glielʼabbiamo fatta sudare *3* (*fig.*) affaticarsi; sfacchinare; sgobbare *4* (*del tabacco, delle pelli*) fermentare. **B** *v. t.* *1* trasudare; sudare: **to s. blood**, sudar sangue; **The walls are sweating damp**, i muri trasudano umidità *2* (*anche med.*) far sudare (*un paziente*); far fare una sudata a (q.) *3* bagnare, inzuppare di sudore: **a sweated shirt**, una camicia bagnata di sudore *4* (*fig.*) sfruttare (*i dipendenti, le maestran-*

ze) *5* (*tecn.*) far fermentare (*foglie di tabacco, ecc.*) *6* (*metall.*) far colare (*metallo fuso*) tra due pezzi (*per saldarli*); saldare con brasatura dolce a strofinamento *7* (*metall.*) estrarre mediante riscaldamento (*del minerale*) *8* (*pop.*) pelare, tosare, salassare (*fig.*) *9* (*fam. USA*) fare di tutto per ottenere (q.c.) *10* (*pop. USA*) sottoporre (q.) a un interrogatorio di terzo grado; strappare una confessione a (q.). ● (*pop. USA*) **to s. bullets**, stare in ansia; stare sulle spine (*fig.*) □ (*stor., leg.*) **to s. coins**, tosare monete □ **to s. a horse**, (*sport, specialm. USA*) far fare una sgambata a un cavallo; (*anche*) asciugare (*o* strigliare) un cavallo □ **sweated goods**, merce prodotta da maestranze sfruttate □ **sweated labour**, manodopera sfruttata □ **sweated workers**, operai sfruttati.

♦ **sweat off**, *v. t. + avv.* perdere (*peso*) sudando: **He sweated off two pounds in an hour**, ha perso quasi un chilo in un'ora.

♦ **sweat out**, **A** *v. t. + avv.* farsi passare (*un malanno*) con una sudata; curare sudando: **to s. out a bad cold**, farsi passare un brutto raffreddore con una bella sudata. **B** *v. i. + avv.* (*metall.*) trasudare □ (*fam.*) **to s. one's guts out**, darci della pelle, darci dentro (*fig.*); sgobbare duro □ (*fam.*) **to s. it out**, resistere, tenere duro; tener botta (*fam.*).

sweatband /ˈswɛtbænd/, *n.* *1* nastro interno (*di cappello*); inceratino *2* (*sport, ecc.*) fascia elastica (*sulla fronte, ecc.*).

sweater /ˈswɛtə(r)/, *n.* *1* chi suda *2* sfruttatore; padrone esoso *3* sweater; maglione sportivo; maglietta (*specialm. di lana*) *4* (*farm.*) sudorifero; diaforetico. ● (*fam. raro*) **s. girl**, ragazza procace (*che indossa magliette attillate*).

sweatiness /ˈswɛtɪnəs/, *n.* l'essere sudato.

sweating /ˈswɛtɪŋ/, *n.* *1* il sudare; sudore; traspirazione *2* (*fig. fam.*) l'affaticarsi, fatica *3* (*chim., metall.*) essudazione; trasudamento *4* (*fig.*) sfruttamento (*degli operai*). ● **s. bath**, bagno a vapore; bagno turco □ **s. iron**, striglia □ (*med.*) **s. sickness**, febbre miliaria.

sweatless /ˈswɛtləs/, *a.* senza sudore; (*fig.*) senza fatica.

sweatshirt /ˈswɛtʃɜːt/, *n.* (*moda*) camicia sportiva; felpa.

sweatshop /ˈswɛtʃɒp/, *n.* azienda che sfrutta i dipendenti.

sweaty /ˈswɛtɪ/, *a.* *1* sudato; coperto di sudore *2* che puzza di sudore; sudaticcio *3* che fa sudare; (*fig.*) faticoso, duro: **a s. piece of work**, un lavoro faticoso. || **-ily**, *avv.*

swede /swiːd/, *n.* (*bot., Brassica napobrassica*) navone.

Swede /swiːd/, *n.* svedese.

Sweden /ˈswiːdn/, *n.* (*geogr.*) Svezia.

Swedish /ˈswiːdɪʃ/, **A** *a.* svedese. **B** *n.* svedese (*la lingua*). ● (*collett.*) **the S.**, gli Svedesi □ (*bot.*) **S. turnip**, *V.* **swede**.

sweeny /ˈswiːnɪ/, *n.* (*vet.*) atrofia del muscolo della spalla (*del cavallo*).

sweep /swiːp/, *n.* *1* (= **s.-up, s.-out**) spazzata; scopata: **Give the house a thorough s.**, da' una bella spazzata alla casa! *2* ampio gesto; movimento rapido; colpo: **with a s. of his arm**, con un ampio gesto del braccio; **with a s. of the oars**, con un colpo di remi; con una remata; **at one s.**, con un sol colpo *3* flusso; il fluire; lo scorrere: **the s. of the tide**, il flusso della marea *4* (*fig.*) campo; ambito; portata: **They came within the s. of our guns**, vennero a portata di tiro; **The star was beyond the s. of my telescope**, la stella non era alla portata del mio telescopio; **His works are not within the s. of average human intelligence**, le sue opere non sono alla portata della comune intelligenza umana *5* distesa; tratto: **a long s. of meadows**, una lunga distesa di prati; **a s. of mountain country**, un tratto di terreno montagnoso *6* ampia curva; viale d'accesso che fa un'ampia curva: **The house is approached by a fine s.** (*o* **carriage s.**), un bel viale ad ampie curve dà accesso alla casa; **The river makes a great s. to the right**, il fiume descrive un'ampia curva a destra *7* pala, vela (*di mulino a vento*) *8* (*naut.*) dragaggio (*di mine*); cavo di dragaggio; (*anche*) remo sensile *9* (*aeron.*) angolo di freccia (*delle ali*) *10* mazzacavallo (*di pozzo*) *11* strascico (*d'abito*) *12* (= **chimneysweep**) spazzacamino: **as black as a s.**, nero come uno spazzacamino *13* perlustrazione; ricerca (*di dispersi, ecc.*) *14* (*mil., aeron.*) penetrazione (*in territorio nemico*); operazione su vasta scala; rastrellamento; bombardamento a tappeto *15* (*elettron.*) deflessione; deviazione; scansione (*della TV*): **horizontal s.**, scansione orizzontale *16* (*metall.*) sagoma *17* (*fam.*) vittoria completa; grande successo *18* (*fam.*) *V.* **sweepstake.** ● **s. of one's eyes**, occhiata (*o* sguardo) intorno; colpo d'occhio □ **the s. of a scythe**, un colpo di falce; una falciata □ **s.-out** (*o* **s.-up**), *V. sopra*, **sweep,** *def. 1* □ (*aeron.*) **blade s.**, passo angolare (*dell'elica*) □ (*fam.*) **the Irish s.**, grande lotteria irlandese abbinata alle corse dei cavalli in Inghilterra (*specialm. al «Derby»*) □ **to make a clean s.**, far piazza pulita; fare un repulisti (*fam.*).

to **sweep** /swiːp/ (*pass. e p. p.* **swept**), **A** *v. t.* *1* spazzare (*anche fig.*); scopare; spazzar via, portar via; eliminare; distruggere; liberare; fare piazza pulita (*fam.*): **to s. the floor**, spazzare il pavimento; **to s. a room**, spazzare una stanza; **The upper deck was swept by a billow**, il ponte superiore fu spazzato da un maroso; **The machine-guns swept the ground before the trenches**, le mitragliatrici spazzavano il terreno davanti alle trincee; **Dust storms swept the barren plain**, tempeste di sabbia spazzavano l'arido piano; **to s. the seas of pirates**, liberare il mare dai pirati; **The Great Fire swept the City**, il Grande Incendio distrusse la City *2* scorrere (su); percorrere; scorrere (*lett.*); sfiorare; toccare leggermente; strisciare su: **She swept her hand through her hair**, si passò la mano fra i capelli; **His fingers swept the keyboard of the organ**, le sue dita scorrevano sulla tastiera dell'organo; **to s. the strings of a guitar**, sfiorare le corde d'una chitarra; **Armed bands swept the countryside**, bande armate scorrevano la campagna; **Her skirt swept the floor**, la sottana le strisciava sul pavimento *3* (*fig.*) diffondersi, dilagare in: **The new craze soon swept the country**, ben presto la nuova moda dilagò nel paese *4* sospingere; sballottare; trascinare: **We were swept by the huge crowd**, fummo sospinti dalla enorme folla; **They were swept by the rioters**, furono sballottati dai rivoltosi *5* spaziare su; scorrere con lo sguardo; scrutare: **His eyes swept the whole valley**, il suo sguardo spaziava su tutta la valle; **to s. the horizon**, scrutare l'orizzonte *6* trascinare; portare via: **The stream swept him out of the river mouth into the sea**, la corrente lo trascinò fuori della foce in mare aperto *7* (*mil.*) battere, spazzare (*col tiro*) *8* (*anche naut.*) scandagliare; dragare: **They swept the river bottom**, dragarono il letto del fiume *9* (*fam.*) vincere facilmente; stravincere: **The Democrats swept the election**, i Democratici vinsero le elezioni con un largo margine di voti. **B** *v. i.* *1* stendersi; estendersi; allargarsi: **The shore sweeps to the south in a wide arc**, la spiaggia descrive un ampio arco verso il sud; **The plain sweeps away to the sea**, la pianura si stende verso il mare *2* incedere (*o* camminare) maestosamente; entrare (uscire, ecc.) con passo altero (*o* maestoso): **The leading lady swept onto the stage**, la primadonna entrò in scena con passo maestoso. ● (*fig.*) **to s. all before one**, conseguire un successo travolgente □ (*fig.*) **to s. the board**, vincere tutte le poste (*del gioco*), far saltare il banco; (*fig.*) avere un grande successo, vincere tutti i premi □ **to s. sb. a bow**, fare un inchino (*o* una riverenza) a q. □ **to s. the chimneys**, sbrattare (*o* pulire) i camini □ (*polit.*) **to s. a constituency**, conquistare un collegio elettorale con largo margine di voti □ (*polit.*: *di un partito*) **to s. the country**, vincere le elezioni politiche □ **to s. everything into one's net**, fare piazza pulita; arraffare tutto □ **to s. one's hand over sb.'s hair**, passare la mano sui capelli di q. □ **to s. a path**, aprire un sentiero □ (*naut., mil.*) **to s. the seas**, battere i mari □ **to s. a space**, fare spazio; sgombrare □ (*di appartamento, ecc.*) **swept and garnished**, rinnovato; rimodernato; tirato a lucido □ **to be swept off one's feet**, andare a gambe all'aria; (*fig.*) essere sopraffatto dall'emozione; essere trasportato dall'entusiasmo □ (*naut.*) **swept way**, rotta di sicurezza □ **The road sweeps up the hill**, la strada sale a larghe curve sino alla cima del colle □ (*prov.*) **A new broom sweeps clean**, scopa nuova spazza bene.

♦ **sweep across**, *v. t. + avv.* spazzare (*fig.*): **The waves swept across the deck**, le onda spazzavano il ponte della nave.

♦ **sweep along**, **A** *v. i. + avv.* (*di un veicolo, una barca, ecc.*) essere trascinato (*dal vento, ecc.*); procedere; navigare. **B** *v. t. + avv.* *1* sospingere; trascinare: **The wind swept us along to the island**, il vento ci sospingeva verso l'isola *2* (*fig.*) trascinare: **The speaker swept the audience along with him**, l'oratore riuscì a trascinare l'uditorio.

♦ **sweep aside**, *v. t. + avv.* *1* spingere da parte: **to s. aside papers lying on one's desk [people standing before one]**, spingere da parte documenti che stanno sulla scrivania [gente che ci sta davanti] *2* tirare: **to s. aside the curtains**, tirare le tende *3* (*fig.*) mettere da parte; rimuovere; non tener conto di: **to s. aside all doubts**, rimuovere ogni dubbio; **to s. aside all difficulties**, non tener conto di nessuna difficoltà.

♦ **sweep away**, *v. t. + avv.* *1* spazzare via; togliere: **to s. away the dirt [the snow]**, togliere lo sporco [spazzare via la neve] *2* (*fig.*) spazzare via; trascinare via; portare via; eliminare; distruggere: **The wind has swept the clouds away**, il vento ha spazzato via le nuvole; **He was swept away by the strong current**, fu trascinato via dalla forte corrente; **to s. away slavery**, eliminare la schiavitù; **The old bridge was swept away by the flood**, il vecchio ponte fu distrutto dall'inondazione.

♦ **sweep back**, **A** *v. t. + avv.* *1* spingere indietro, tirare indietro (*i capelli, ecc.*); ravviarsi *2* (*aeron.*) dare freccia positiva a (*un'ala*). **B** *v. i. + avv.* (*aeron.*: *di un'ala*) avere freccia positiva.

♦ **sweep in**, **A** *v. t. + avv.* *1* (*del vento*) trascinare dentro; portare dentro (*foglie, ecc.*) *2* (*polit.*) riportare al potere, rieleggere (*un candidato, un partito*) *3* (*fam.*) accumulare, ammassare (*soldi vinti al gioco*). **B** *v. i. + avv.* *1* (*di foglie, ecc.*) entrare portato dal vento (dall'acqua, ecc.) *2* (*della polizia e sim.*) irrompere; fare irruzione *3* (*polit.*) tornare al potere; essere rieletto: **The Labour party swept in on the tide of universal discontent**, i laburisti tornarono al potere sull'onda dello scontento generale *4* (*fig.*: *di un illustre personaggio, ecc.*) entrare maestosamente □ (*di un sentimento*) **to s. in on sb.**, saltare addosso, venire a: **Terror swept in on me**, mi venne un gran spavento.

♦ **sweep into**, **A** *v. t. + prep.* *1* spazzare in; accumulare in: **to s. the dirt into a corner**, accumulare il sudiciume in un angolo (*spazzando*) *2* (*della polizia e sim.*) irrompere in (*una casa, ecc.*) *3* (*polit.*) rieleggere, far tornare a: **to s. a party into power**, far tornare al potere un partito. **B** *v. i. + prep.* *1* (*polit.*) essere rieletto in (*una carica*) *2* (*fig.*) entrare maestosamente in (*un luogo*).

♦ **sweep off**, **A** *v. t. + avv.* *1* spazzare via (*anche fig.*): **We were swept off by a high wind**, fummo spazzati via dal forte vento *2* (*fig.*) portarsi via; uccidere: **The plague swept off**

thousands, la peste si portò via migliaia di persone. **B** *v. t. + prep.* spazzare via da (*anche fig.*): **Two cars were swept off the bridge**, due auto furono spazzate via dal ponte; **The sailor was swept off the lower deck**, il marinaio fu spazzato via dal ponte inferiore □ **to s. sb. off his feet**, mandava q. a gambe levate; (*fig.*) fare una grande impressione a q.; conquistare q.; suscitare l'ammirazione sconfinata di q.; travolgere q. (*di passione, ecc.*).

♦**sweep out**, **A** *v. t. + avv.* ***1*** spazzare, scopare (bene): **to s. out the house**, spazzare (a fondo) la casa ***2*** spazzare via; eliminare (*lo sporco, ecc.*). **B** *v. i. + avv.* (*fig.*) uscire maestosamente: **The queen swept out of the hall**, la regina uscì maestosamente dalla sala.

♦**sweep over**, *v. t. + prep.* ***1*** (*di un uragano, ecc.*) devastare ***2*** (*fig.*) travolgere: **to s. over the enemy defences**, travolgere le difese del nemico ***3*** (*fig.*) travolgere; sopraffare: **Despair swept over them**, la disperazione li sopraffece; furono travolti dalla disperazione.

♦**sweep under**, *v. t. + prep.* spazzare sotto: **to s. under the furniture**, spazzare sotto i mobili □ (*fig.*) **to s. st. under the carpet** (*o, USA,* **the rug**), nascondere, celare q.c.

♦**sweep up**, *v. t. e v. i. + avv.* ***1*** spazzare, scopare (bene): **The kitchen needs sweeping up every day**, bisogna spazzare la cucina tutti i giorni ***2*** raccogliere, tirare su (*vetri rotti, ecc.*) spazzando.

sweepback /'swi:pbæk/, *n.* (*aeron.*) angolo di freccia positivo.

sweeper /'swi:pə(r)/, *n.* ***1*** spazzino; netturbino ***2*** spazzatrice (*macchina*) ***3*** (*naut.*) dragamine ***4*** (*sport*) libero (*nel calcio*). ● **carpet-s.**, battitappeto; aspirapolvere per tappeti □ **a street-s.**, uno spazzino; (*anche*) una spazzatrice stradale.

sweepforward /'swi:pfɔ:wəd/, *n.* (*aeron.*) angolo di freccia negativo.

sweeping (**1**) /'swi:pɪŋ/, *n.* ***1*** spazzatura; scopatura ***2*** (*anche naut.*) scandagliatura; dragaggio ***3*** (*pl.*) spazzatura; rifiuti.

sweeping (**2**) /'swi:pɪŋ/, *a.* ***1*** ampio; vasto: **a s. plain**, un'ampia pianura; **s. plans**, ampi progetti ***2*** assoluto; completo; pieno; radicale; schiacciante; travolgente: **a s. victory**, una vittoria schiacciante, travolgente; **s. reforms**, riforme radicali ***3*** di carattere generale; generico: **a s. remark**, un'osservazione generica ***4*** impetuoso; irresistibile. || **-ly**, *avv.* || **-ness**, *sost.*

sweepstake /'swi:psteɪk/, *n.* (*ippica*) ***1*** corsa in cui il cavallo che arriva primo (e talora il secondo) riceve un premio in denaro dal monte premi dei biglietti d'ingresso, delle quote dei cavalli ritirati, ecc. ***2*** corsa con biglietti che portano il nome dei cavalli ***3*** corsa di cavalli (*in genere*).

sweepstakes /'swi:psteɪks/, *n.* (*invar. al pl.*) *V.* **sweepstake**.

sweet (**1**) /swi:t/, *a.* ***1*** dolce; amabile; piacevole; caro; gradito; gentile; mite; soave; melodioso; zuccherino: **s. wine**, vino dolce; **s. pears**, pere zuccherine; **to taste s.**, saper di dolce; avere un dolce sapore; **I like my coffee s.**, il caffè mi piace dolce; **s. temper**, carattere dolce, mite; **a s. girl**, una cara ragazza; una ragazza dolce, gentile; **s. praise**, elogi graditi; **a s. smell**, un dolce (*o* soave) profumo; **in a thin, s. voice**, con una vocina dolce; **s. water**, acqua dolce (*o* potabile); **s. love**, dolce amore; **a s. song**, una dolce canzone ***2*** fragrante; profumato; odoroso: **The air was s. with magnolia**, l'aria era profumata di magnolia; **s. violet**, violetta odorosa ***3*** fresco; (*di cibo*) buono, non andato a male: **s. milk**, latte fresco; **s. breath**, alito fresco; **Is the meat still s.?**, è ancora buona la carne? ***4*** (*fam.*) bello; attraente; grazioso: **What a s. blouse!**, che bella camicetta!; **What a s. kitten!**, che grazioso gattino! ***5*** (*spreg.*) (troppo) dolce; sdolcinato: **s. words**, parole (troppo) dolci; **s. music**, musica sdolcinata ***6*** (*USA*) maneggevole; scorrevole: **a s. boat**, una barca maneggevole ***7*** (*fam. USA*) abile; capace (*rif. a persona*). ● **s. air**, aria pura □ (*cucina*) **s.-and--sour**, agrodolce □ **s.-and-sour pork**, carne di maiale in agrodolce □ (*bot.*) **s. bay**, alloro; (*Magnolia glauca*) varietà di magnolia americana (*a fiori bianchi*) □ (*bot.*) **s. cicely**, finocchiella □ **s. cider**, sidro dolce (*non fermentato*) □ (*bot.*) **s. clover** (*Melilotus officinalis*) meliloto; erba da cavalli □ (*cucina*) **s. corn**, granturco (commestibile) □ **s. herbs**, erbe aromatiche □ **s. idleness**, il dolce far niente □ (*bot.*) **s. marjoram**, *V.* **marjoram** □ (*fam.*) **s. nothings**, paroline dolci □ **s. oil**, olio d'oliva □ (*fam.*) **to be s. on sb.**, essere innamorato di q.; essere cotto di q. □ (*al vocat.*) **s. one**, dolce amore; tesoro □ (*bot.*) **s. pea** (*Lathyrus odoratus*), pisello odoroso □ (*cucina*) **s. pepper**, peperone dolce (*o* verde) □ (*cucina*) **s. pickle**, sottaceti dolci □ **s. potato**, (*bot., Ipomoea batatas*) patata americana, batata; (*fam., mus.*) ocarina □ (*bot.*) **s.-root** (*Glycyrrhiza glabra*), liquirizia □ (*bot.*) **s. rush** (*Acorus calamus*), calamo aromatico □ **s.-scented**, fragrante; profumato; odoroso □ **s. sleep**, sonno tranquillo, riposante □ **s.-smelling**, *V.* **s.-scented** □ **s. stuff**, roba dolce; dolci; dolciumi □ (*fam.*) **s. talk**, moine; lusinghe; belle parole □ **s.--tempered**, dal carattere dolce (*o* mite) □ **s.--tongued**, amabile; gentile □ **s. tooth**, (un) debole per i dolci □ **s.-toothed**, che ha un debole per i dolci □ (*bot.*) **s.-water**, uva bianca dolce □ (*bot.*) **s. william** (*Dianthus barbatus*), garofano a mazzetti (*o* dei poeti) □ **at one's own s. will**, con comodo; a piacer proprio; tranquillamente □ (*fam.*) **to go one's s. way**, fare a modo proprio; seguire la propria strada □ **to be** (*o* **to have**) **a s. tooth**, essere goloso, ghiotto (*di dolci*): **Mum is a s. tooth**, mamma è golosa di dolci □ (*di cibo*) **to keep s.**, conservarsi bene □ (*fam.*) **to keep sb. s.**, tenersi buono q. □ **to smell s.**, avere un buon profumo □ **to sound s.**, avere un dolce suono □ **That's very s. of her**, è molto gentile (*o* carino) da parte sua.

sweet (**2**) /swi:t/, *n.* ***1*** (*specialm. ingl.*) caramella; confetto; zuccherino; cioccolatino; chicca (*fam.*) (*cfr. USA* **candy**) ***2*** dolce; dessert ***3*** (*spesso al pl.*) (il) dolce; dolcezza; (*fig.*) gioia, piacere, soddisfazione: **You must take the s. and the bitter of life**, devi prendere il dolce e l'agro della vita; devi accettare le gioie così come i dolori; **to taste the sweets of life**, gustare i piaceri della vita; **the sweets of office**, le soddisfazioni derivanti dall'esercizio del potere ***4*** (*di solito al pl.*) (*arc.*) fragranza; profumo: **flowers diffusing their sweets on the air**, fiori che riempiono l'aria di profumo ***5*** (*specialm. al vocat.*) cara, caro; tesoro ***6*** (*fam. USA*) patata americana; batata. ● **s. shop**, negozio di dolciumi.

sweetbread /'swi:tbred/, *n.* animella (*di bestia macellata*). ● **belly s.** (*o* **stomach s.**), pancreas □ **neck s.** (*o* **throat s.**), timo.

sweetbrier /'swi:tbraɪə(r)/, *V.* **eglantine**.

to **sweeten** /'swi:tn/, **A** *v. t.* ***1*** addolcire (*anche fig.*); dolcificare; zuccherare, inzuccherare; (*fig.*) ingentilire, mitigare ***2*** depurare, purificare, rendere potabile (*l'acqua*) ***3*** dissalare; desalificare (*l'acqua marina*) ***4*** (*fin.*) aumentare il numero dei titoli a garanzia di (*un prestito*); migliorare le condizioni di emissione di (*titoli*) ***5*** (*fam.*) rabbonire, tenersi buono (*con promesse, ecc.*) ***6*** (*pop.*) aumentare, rilanciare, rialzare (*giocando a carte*). **B** *v. i.* addolcirsi; ingentilirsi; mitigarsi.

sweetener /'swi:tnə(r), -tən-/, *n.* ***1*** (*ind.*) dolcificante; edulcorante ***2*** (*fam.*) cosa (*oggetto, promessa, ecc.*) che serve a rabbonire ***3*** (*pop.*) contentino; tangente; pizzo; bustarella.

sweetening /'swi:tnɪŋ, -tən-/, *n.* ***1*** addolcimento; dolcificazione ***2*** dolcificante; edulcorante (*sostanza*) ***3*** depurazione, purificazione (*dell'acqua, ecc.*) ***4*** dissalazione (*dell'acqua marina*).

sweetheart /'swi:thɑ:t/, *n.* ***1*** innamorato, innamorata; amoroso, amorosa; amichetto, amichetta ***2*** (*al vocat.*) caro, cara; tesoro. ● (*econ.*) **s. agreement**, accordo di lavoro stipulato in sede locale □ (*moda*) **s. neckline**, scollatura a forma di cuore.

sweetie /'swi:tɪ/, *n.* (*fam.*) ***1*** *V.* **sweetheart** ***2*** persona dolce, mite; tipo che fa tenerezza ***3*** caramella; dolce.

sweetie-pie /'swi:tɪpaɪ/, *n.* (*fam.*) tesoro; caro, cara.

sweeting /'swi:tɪŋ/, *n.* varietà di mela dolce.

sweetish /'swi:tɪʃ/, *a.* dolcigno; dolciastro.

sweetly /'swi:tlɪ/, *avv.* ***1*** dolcemente; amabilmente; piacevolmente; soavemente ***2*** (*mecc.*) in modo regolare; liscio (*fam.*): **The engine of my car runs s.**, il motore della mia macchina funziona in modo regolare (*o* va liscio).

sweetmeat /'swi:tmi:t/, *n.* ***1*** dolce; torta; caramella; confetto ***2*** frutta candita ***3*** (*pl.*) dolciumi.

sweetness /'swi:tnəs/, *n.* ***1*** dolcezza; amabilità; gentilezza; grazia; mitezza; soavità ***2*** sapore dolce ***3*** fragranza; aroma; profumo.

to **sweet-talk** /'swi:ttɔ:k/, *v. t. e i.* (*fam.*) adulare; lusingare; sviolinare (*fam.*); fare moine; fare fichi (*a q.*) (*tosc.*).

sweety /'swi:tɪ/, *V.* **sweetie**.

swell (**1**) /swel/, *n.* ***1*** (il) gonfio; (il) rigonfio; (il) grosso; protuberanza: **the s. of the forearm**, il grosso dell'avambraccio ***2*** (*solo al sing.*) moto ondoso (*del mare*); (*poet.*) flutti: **out of the s. of the sea**, lontano dai flutti del mare ***3*** (*naut.*) onda morta; mare lungo ***4*** (*geol.*) rigonfiamento ***5*** (*anche fig.*) aumento; crescita; ingrossamento: (*stat.*) **a s. in population**, un aumento della popolazione ***6*** (*mus.*) crescendo (*seguito da diminuendo*): **the s. of the organ**, il crescendo dell'organo ***7*** (*fam. arc.*) elegantone; damerino ***8*** (*fam. USA*) tipo in gamba; pezzo grosso: **He was a s. in politics**, era un pezzo grosso della politica. ● (*fam., sport*) **a s. at cricket**, un gran giocatore di cricket □ (*mus.*) **s.-box**, cassa (*d'organo*) □ (*naut.*) **s. direction**, direzione delle onde □ **a s. of the ground**, un'altura □ (*mus.*) **s. pedal**, pedale (*dell'organo*) per aumentare il volume del suono □ (*fam.*) **What a s. you are!**, come sei elegante!

swell (**2**) /swel/, *a.* ***1*** (*fam.*) eccellente; ottimo; grande; meraviglioso; straordinario: **a s. soccer player**, un grande calciatore; **I'm sure you'll make a s. wife**, sono sicuro che sarai una moglie meravigliosa ***2*** (*fam.*) elegante; alla moda. ● **a really s. girl**, una gran bella ragazza □ **s. restaurants**, ristoranti particolarmente eleganti □ **the s. society**, la società elegante; il bel mondo.

to **swell** /swel/ (*pass.* **swelled**, *p. p.* **swollen**, *raro* **swelled**), **A** *v. i.* ***1*** (*spesso* **to s. out**) gonfiarsi; dilatarsi; enfiarsi; inturgidire; tumefarsi: **The sails swelled out**, le vele si gonfiarono; **Cardboard swells in water**, il cartone si dilata nell'acqua; **His hand began to s. out**, gli si cominciò a enfiare la mano ***2*** (*fig.*) (*spesso* **to s. up**) essere gonfio; andar tronfio; gonfiarsi; insuperbirsi; inorgoglirsi: **He is swollen with pride**, è gonfio d'orgoglio; **to s. like a turkey-cock**, andar tronfio (*o* gonfiarsi) come un tacchino ***3*** (*anche fig.*) aumentare; crescere; ingrossare; montare; salire: **The population is gradually swelling**, la popolazione sta gradualmente aumentando; **The murmur swelled into a roar**, il mormorio crebbe fino a diventare un frastuono; **Anger swelled in him**, la collera gli salì dentro; (*naut.*) **the swelling tide**, la marea che sale ***4*** (*di prezzi*) gonfiarsi; lievitare ***5*** (*di un suono*) crescere di volume; farsi più forte ***6*** (*med.*) tumefarsi. **B** *v. t.* ***1*** (*spesso* **to s. up**) gonfiare; dilatare; enfiare; tumefare: **The recent rains have swollen the river**, le piogge recenti hanno gonfiato il fiume ***2*** ingrossare; aumentare; accrescere; far salire: **to s. the ranks of the jobless**, ingrossare le file dei disoccupati; **Unemployment has swollen the number of**

the discontented and restless, la disoccupazione ha ingrossato il numero di coloro che sono scontenti e si agitano; **Their screams swelled the noise**, le loro urla accrescevano il rumore. ● (*del mare*) **to s. into an estuary**, gonfiare un estuario; entrare impetuoso in un estuario □ (*fam.*) **to s. one's pockets**, riempirsi le tasche (di denaro); fare (un po' di) soldi □ (*del vento*) **to s. the sails**, gonfiare le vele □ **The ground swells into a hillock**, il terreno si gonfia sino a formare una collinetta □ (*lett.*) **My heart swelled**, avevo il cuore gonfio.

swelled /swɛld/, *a.* (*raro*) gonfio. ● (*geol.*) **s. ground**, terreno rigonfiato □ (*fam.*) **s. head**, boria; presunzione □ **to get a s. head**, montarsi la testa.

swellfish /ˈswɛlfɪʃ/, *n.* (*zool.*) pesce palla (*in genere*).

swellhead /ˈswɛlhɛd/, *n.* (*fam.*) pallone gonfio (*fig.*); persona tronfia.

swelling /ˈswɛlɪŋ/, **A** *n.* **1** gonfiore; enfiagione; rigonfiamento; protuberanza: **a s. on the face**, un gonfiore al viso **2** aumento; ingrossamento **3** (*med.*) tumefazione. **B** *a.* **1** gonfio; rigonfio: **with a s. heart**, col cuore gonfio; (*naut.*) **with s. sails**, a gonfie vele **2** curvo; ricurvo **3** (*del terreno*) ondulato. ● (*edil.*) **s. clay**, argilla rigonfiante □ **s. oratory**, oratoria reboante.

swelter /ˈswɛltə(r)/, *n.* caldo soffocante; afa: **in the s. of the tropical night**, nell'afa della notte tropicale.

to **swelter** /ˈswɛltə(r)/, *v. i.* **1** essere oppresso dal caldo; soffocare (dal caldo): **The city sweltered in the large plain**, la città era oppressa dal caldo nella grande pianura **2** sudare abbondantemente. ● **sweltering horses**, cavalli madidi di sudore □ **under a sweltering sky**, sotto un cielo infuocato.

sweltry /ˈswɛltrɪ/, *a.* **1** soffocante; afoso; opprimente **2** oppresso dal caldo; soffocato dall'afa.

swept /swɛpt/, *pass.* e *p. p.* di **to sweep**. ● (*aeron.*) **s. wing**, *V.* **swept-back wing** □ (*autom., mecc.*) **total s. area**, area (complessiva) d'attrito (*dei freni*).

swept-back /ˈswɛptˈbæk/, *a.* **1** (*di capelli*) raccolti sulla nuca **2** (*aeron.*: *d'ala*) a freccia positiva: **s. wing**, ala a freccia positiva.

swept-forward /ˈswɛptˈfɔːwəd/, *a.* (*aeron.*: *d'ala*) a freccia negativa.

swerve /swɜːv/, *n.* deviazione; scarto; (*autom.*) sterzata.

to **swerve** /swɜːv/, **A** *v. i.* **1** deviare; piegare; sterzare; svoltare: **I swerved to avoid a collision**, deviai per evitare uno scontro; **The car swerved from the main road**, l'automobile svoltò abbandonando la strada maestra **2** (*di un cavallo*) fare uno scarto **3** (*fig.*) allontanarsi dalla retta via; traviarsi; sviarsi; tralignare: **He never swerves an inch from his duty**, non traligna mai nemmeno tanto così dalla via del dovere. **B** *v. t.* deviare; far deviare; sviare; stornare: (*sport*) **to s. a ball**, far deviare una palla. ● (*autom.*) **to s. from one's course**, fare una deviazione improvvisa; fare uno scarto; sterzare improvvisamente.

swift (**1**) /swɪft/, **A** *a.* **1** celere; rapido; veloce; lesto: **a s. runner**, un veloce corridore; **a s. movement**, un rapido movimento; **with a s. glance**, con una rapida occhiata **2** agile; svelto: **s. feet**, piedi agili, svelti **3** (*lett.*) pronto; immediato; repentino: **a s. revenge**, una vendetta immediata; **He is s. to anger**, è pronto all'ira. **B** *avv.* (= **swiftly**) **1** celermente; rapidamente; velocemente **2** prontamente; subito: **He answered s.**, rispose prontamente. ● **s.-footed**, dal piede veloce □ **s.-handed**, svelto di mano □ **s. passing**, che passa in fretta; fugace □ **to be s. to take offence**, offendersi subito; essere permaloso □ **s.-tongued**, dalla risposta pronta □ **s.-winged**, dal volo veloce.

swift (**2**) /swɪft/, *n.* **1** (*zool., Apus apus*) rondone **2** (*zool., Sceloporus*) sceloporo **3** (*zool., Triturus*) tritone **4** (*zool., Triturus cristatus*) salamandra acquaiola **5** (*ind. tess.*) tamburo (*di cardatrice*) **6** (*ind. tess.*) aspo; arcolaio.

swifter /ˈswɪftə(r)/, *n.* (*naut.*) **1** sartia bastarda **2** cavo di ritenuta delle aspe; passerino **3** cintura (*d'imbarcazione*).

swiftie /ˈswɪftɪ/, *n.* (*pop. specialm. Austr.*) fregatura; imbroglio; inganno; truffa.

swiftly /ˈswɪftlɪ/, *avv. V.* **swift (1), B**.

swiftness /ˈswɪftnəs/, *n.* **1** celerità; rapidità; velocità **2** agilità; sveltezza; prontezza.

swig /swɪɡ/, *n.* (*fam.*) gran sorso; sorsata: **He took a s. of brandy**, bevve un gran sorso di brandy.

to **swig** /swɪɡ/, (*fam.*) **A** *v. i.* bere a gran sorsi. **B** *v. t.* **1** trincare; sbevazzare: **to s. beer**, trincare birra **2** (*di solito,* **to s. down, to s. off**) tracannare; bere tutto d'un fiato.

swill /swɪl/, *n.* **1** lavata; risciacquata: **Give it a s. (out)**, dagli una risciacquata **2** lavatura di piatti; risciacquatura; broda per maiali **3** (*spreg.*) broda; brodaglia **4** (*fam.*) abbondante bevuta; trincata (*fam.*).

to **swill** /swɪl/, **A** *v. t.* **1** lavare; risciacquare: **to s. a pail**, lavare un secchio **2** (*fam.*) bere avidamente; tracannare. **B** *v. i.* (*fam.*) bere smodatamente; sbevazzare; attaccarsi alla bottiglia (*fam.*). ● **to s. down**, lavare (*la strada, il garage, ecc.*); trincare, tracannare (*birra, vino, ecc.*) □ **to s. out**, lavare a fondo (*un locale*); sciacquare bene (*una bottiglia, ecc.*).

swiller /ˈswɪlə(r)/, *n.* (*fam.*) beone, beona; chi sbevazza.

swilling /ˈswɪlɪŋ/, *n.* **1** lavaggio **2** risciacquatura **3** (*pl.*) acque di rifiuto; acque reflue. ● **s. tank**, vasca di lavaggio.

swim /swɪm/, *n.* **1** nuoto; il nuotare **2** nuotata; nuotatina: **Let's go for a s.**, andiamo a fare una nuotata! **3** zona (*o* buca) (*in un fiume*) ricca di pesce **4** giramento di testa; capogiro. ● (*zool.*) **s. bladder**, vescica natatoria □ **s. fin**, pinna da sommozzatore □ (*fig. fam.*) **to be in the s.**, essere nel giro (*fam.*); essere sulla cresta dell'onda (*fig.*); essere aggiornato, essere al corrente □ (*fig. fam.*) **to be out of the s.**, essere fuori del giro (*fam.*); non essere al corrente □ **My head was in a s.**, mi girava la testa.

to **swim** /swɪm/ (*pass.* **swam**, *p. p.* **swum**), **A** *v. i.* **1** nuotare (*anche fig.*); fare il bagno (*in mare, nel lago, ecc.*); (*di cose*; *specialm. cucina*) galleggiare: **I cannot s.**, non so nuotare; **Shall we go swimming?**, andiamo a nuotare (*o* a fare il bagno)?; **potatoes swimming in oil**, patate che galleggiano (*o* nuotano) nell'olio; **to s. on one's back**, nuotare sul dorso; (*fig.*) **to s. in riches**, nuotare nella ricchezza **2** (*fig.*) muoversi silenziosamente; scivolare: **She swam into the room**, scivolò dentro la stanza **3** essere bagnato (*o* coperto, soffuso, inondato): **Her eyes were swimming with tears**, aveva gli occhi inondati di lacrime; **The floor was swimming in blood**, il pavimento era coperto di sangue **4** girare; roteare: **The empty square began to s. around me** (*o* **before my eyes**), la piazza vuota cominciò a girare intorno a me (*o* a girarmi davanti agli occhi); **My head is swimming**, mi gira la testa. **B** *v. t.* **1** attraversare (*o* percorrere, fare) a nuoto: **to s. a river**, attraversare a nuoto un fiume; **to s. the English Channel**, fare la traversata della Manica a nuoto **2** far nuotare; fare attraversare a nuoto: **to s. one's cattle across a river**, far passare a nuoto un fiume al proprio bestiame **3** (*sport*) nuotare; fare: **to s. backstroke**, nuotare sul dorso; **to s. crawl**, fare il crawl. ● **to s. against the tide** (*o* **the stream**), nuotare contro corrente; (*fig.*) andare controcorrente □ (*fam.*) **to s. for it**, salvarsi a nuoto □ (*scherz.*) **to s. like a brick**, nuotare come un mattone, come il piombo □ **to s. like a fish**, nuotare come un pesce □ (*scherz.*) **to s. like a stone** (*o* **like a tailor's goose**), nuotare come un mattone, come il piombo □ (*sport*) **to s. a race**, partecipare a una gara di nuoto □ (*scherz.*) **to s. to the bottom**, andare a fondo; non saper nuotare □ **to s. with the tide** (*o* **with the stream**), andare con la corrente (*anche fig.*); far quel che fan tutti □ **I cannot s. a stroke**, non so dare neanche una bracciata; non so nuotare affatto □ **My heart swam with joy**, il cuore mi traboccava di gioia □ (*prov.*) **Sink or s.**, o bere o affogare.

♦ **swim across**, *v. i.* + *prep.* attraversare, traversare a nuoto: **to s. across the Channel**, attraversare la Manica a nuoto.

♦ **swim back**, **A** *v. i.* + *avv.* tornare a nuoto. **B** *v. t.* + *avv.* far tornare a nuoto: **S. back your dog!**, fa' tornare il cane a nuoto!

♦ **swim in**, *v. i.* + *prep.* (*fig.*) crogiolarsi in: **The old man seems to like swimming in his pains**, sembra che al vecchio piaccia crogiolarsi nei suoi dolori.

♦ **swim into**, *v. i.* + *prep.* **1** entrare in (a nuoto): **The dolphins swam into the bay**, i delfini entrarono nella baia **2** (*fig.*) venire in (*mente*); affiorare a (*la coscienza*): **A good idea swam into my mind**, mi venne (in mente) una buona idea.

♦ **swim out**, *v. i.* + *avv.* uscire (a nuoto): **The whales swam out of the bay**, le balene uscirono dalla baia □ **to s. out to sea**, andare a nuoto al largo; nuotare al largo.

♦ **swim round**, *v. i.* + *avv.* (*o prep.*) **1** nuotare in tondo (*o* intorno a): **The sharks were swimming round their prey**, gli squali nuotavano intorno alla preda **2** (*fig.*) girare: **My head was swimming round**, mi girava la testa.

swimmer /ˈswɪmə(r)/, *n.* **1** nuotatore, nuotatrice **2** (*zool.*) uccello acquatico (*in genere*) **3** *V.* **swimmeret**. ● (*med.*) **s.'s ear**, orecchio del nuotatore.

swimmeret /ˈswɪmərɛt/, *n.* (*zool.*) arto addominale; pleopodio (*dei crostacei*).

swimming /ˈswɪmɪŋ/, **A** *n.* nuoto. **B** *a. attr.* **1** che nuota **2** (*sport*) da nuoto; da bagno **3** (*dell'occhio*) lacrimoso. ● (*sport*) **s. bath**, piscina pubblica (coperta) □ (*zool.*) **s. bell**, ombrello (*di meduse, ecc.*) □ **s. belt**, cintura di salvataggio; salvagente a cintura □ (*zool.*) **s. bladder**, vescica natatoria □ **s. cap**, cuffia (da bagno) □ **s. costume**, costume da bagno (*da donna*) □ **s. eyes**, occhi umidi, bagnati di pianto □ **s. goggles**, occhiali da sub □ **s. in the head**, giramento di testa; capogiro; vertigine □ (*sport*) **s. pool**, piscina (all'aperto) □ (*miner.*) **s. stone**, quarzo poroso e spugnoso □ **s. trunks**, costume da bagno (*da uomo*); mutandine da bagno □ **a s. bird**, un uccello nuotatore □ **a s. brain**, la testa che gira □ **eyes s. with tears**, occhi pieni di lacrime; occhi lacrimosi.

swimmingly /ˈswɪmɪŋlɪ/, *avv.* benissimo; a meraviglia; a gonfie vele (*fig.*): **The party went on s.**, il trattenimento procedeva a meraviglia; **to go on s.**, andare a gonfie vele (*fig.*).

swimsuit /ˈswɪmsuːt, -sjuːt/, *n.* costume da bagno (*da donna*); costume a un pezzo.

swimwear /ˈswɪmwɛə(r)/, *n.* (*collett.*) indumenti da bagno; articoli da spiaggia (*costumi da bagno, ecc.*).

swindle /ˈswɪndl/, *n.* **1** frode; imbroglio; raggiro; truffa: **a big tax s.**, una grossa frode fiscale **2** (*fam.*) fregatura; bidone (*fig.*): **This gadget is a real s.**, questo aggeggio è una vera fregatura; **What a s.!**, che bidone! ● (*pop.*) **s. sheet**, nota spese.

to **swindle** /ˈswɪndl/, **A** *v. t.* frodare; imbrogliare; raggirare; truffare; turlupinare. **B** *v. i.* usare la frode (*o* l'inganno); essere un truffatore. ● **to s. money out of sb.**, estorcere denaro a q. con l'inganno; fregare soldi a q. (*fam.*).

swindler /ˈswɪndlə(r)/, *n.* imbroglione; truffatore; turlupinatore.

swine /swaɪn/, *n.* **1** (*invar. al pl.*; *di solito collett.*) porco; maiale; suino **2** (*fig. spreg.*) porco; maiale. ● **s.-backed**, a dorso di porco; arcuato □ (*bot.*) **s. bread**, (*Bunium bulbocastanum*) castagna di terra; (*Tuber*) tartufo □ (*zool.*) **s.-fish**, *V.* **sea-wolf** □ (*vet.*) **s. plague**

(*o* **s. fever**) peste suina □ (*bot.*) **s.'s snout** (*Taraxacum officinale*), dente di leone; soffione; tarassaco.

swineherd /'swaɪnhɜːd/, *n.* porcaro; guardiano di porci.

swinery /'swaɪnərɪ/, *n.* ***1*** porcile ***2*** (*collett.*) porci ***3*** (*fig.*) porcheria; sozzura.

swing /swɪŋ/, *n.* ***1*** oscillazione; dondolio; dondolamento; fluttuazione; ancheggiamento: **the s. of the pendulum**, l'oscillazione del pendolo (*anche fig.*); **the s. of prices**, la fluttuazione dei prezzi; **to give a rope a s.**, far dondolare una corda; **to walk with a s.**, camminare dondolandosi (*o* ancheggiando) ***2*** (*solo al sing.*) movimento rotatorio del braccio; (*sport*) modo di battere, battuta: **to take a s. at a tree with an axe**, ruotare il braccio per assestare un colpo di scure a un albero; **That golfer's s. is too short**, la battuta di quel giocatore di golf è troppo corta ***3*** (= **swinging gait**) andatura spedita (*o* sciolta); buon passo ***4*** (*mus., poesia*) ritmo sostenuto; ritmo: **Popular songs always go with a s.**, le canzoni popolari hanno sempre un ritmo sostenuto; **the s. of his lines**, il ritmo dei suoi versi ***5*** (*mus.,* = **s. music**) swing (*varietà di jazz*) ***6*** altalena (*del tipo sospeso tra due alberi o simili*): **to go on a s.**, andare in altalena ***7*** (*fig.*) mutamento, spostamento (*dell'opinione pubblica, ecc.*) ***8*** (*mecc.*) brandeggio ***9*** (*elettr.*) escursione ***10*** (*boxe*) swing; sventola ***11*** (*golf*) swing ***12*** (*fig.*) corso; svolgimento: **The party is in full s.**, la festa è in pieno svolgimento ***13*** (*fig.*) andamento; ordine: **to get in the s. of things**, capire come vanno le cose; entrare nell'ordine di idee ***14*** (*econ.*) fluttuazione periodica ***15*** (*fam. USA*) intervallo (*tra due turni normali di lavoro*): **s. swift**, turno pendolare; turno dalle 16 alle 24 (*in una fabbrica che lavora 24 ore su 24*). ● (*fam. ingl.*) **swings and roundabouts**, pro e contro: **a swings and roundabouts situation**, una situazione che ha i suoi pro e i suoi contro □ **s.-arm clamp light**, lampada a braccio regolabile, con base a pinza □ (*ind. costr.*) **s. bridge**, ponte girevole □ **s. door**, porta oscillante (*con ritorno automatico dei battenti*); porta a vento □ **the s. of the sea**, il moto altalenante del mare □ (*polit.*) **s.-over**, svolta □ (*mecc.*) **s. pipe**, tubo snodato □ (*agr.*) **s. plough**, aratro senza ruote □ (*fig.*) **a s. round the circle**, un giro di propaganda politica □ (*ind., USA*) **s. shifter**, operaio che fa il turno dalle 16 alle 24 □ (*polit.*) **a s. to the extreme right**, una svolta autoritaria □ (*polit.*) **s. vote**, voto incerto (*degli elettori indecisi*); voti che si spostano □ (*mecc.*) **s. wheel**, bilanciere □ (*aeron.*) **s. wing**, (aereo ad) ala, a freccia (*o* a geometria) variabile □ (*raro*) **to give sb. full s. in the matter**, dare a q. piena libertà d'azione; dare a q. carta bianca □ **to go with a s.**, (*di musica*) avere un ritmo sostenuto; (*fig.*) andare a gonfie vele, avere successo □ **to have a s.**, fare (un po') l'altalena: **Let's have a s.**, facciamo un po' l'altalena! □ **in full s.**, in piena attività; in pieno fervore: **Work is in full s.**, il lavoro è in pieno fervore □ **lawn s.**, dondolo (*da giardino*) □ (*fig.*) **Let it have its s.**, lascia che la cosa abbia (*o* faccia) il suo corso!

to **swing** /swɪŋ/ (*pass.* e *p. p.* **swung**), **A** *v. i.* ***1*** dondolare; oscillare; altalenare; dondolarsi; far l'altalena; penzolare; star penzoloni; ciondolare: **A sword swung from his waist**, una spada gli pendeva (*o* dondolava) dalla cintura; **The pendulum is swinging**, il pendolo oscilla; **Swinging on a gate can be very dangerous**, può essere molto pericoloso dondolarsi su un cancello ***2*** girare (*su cardini, ecc.*); ruotare: **The boat swung round**, la barca girò su se stessa; **The road swings around an Alpine lake**, la strada gira intorno a un laghetto alpino; (*naut.*) **The ship swings at anchor**, la nave gira sull'ancora ***3*** buttarsi; gettarsi: **She swung (herself) down from the top of the tower**, si buttò giù dalla vetta della torre ***4*** andar spedito; camminar di buon passo (*o* con passo sciolto): **We watched the regiment s. down the road**, stemmo a guardare il reggimento che marciava spedito lungo la strada ***5*** passare rapidamente: **to s. from laughter to tears**, passare rapidamente dal riso alle lacrime ***6*** (*mil.*) fare una conversione: **The soldiers swung into line**, i soldati fecero una conversione e si misero in riga ***7*** (*fig.*) convergere (*con q.*); spostarsi (*dalla parte di*); andare (*verso*): **With the Lib-Lab pact of 1977, the Liberals swung towards the Labour party**, col patto «Lib-Lab» del 1977, i liberali si spostarono dalla parte dei laburisti ***8*** camminare dondolandosi (*o* ancheggiando) ***9*** (*mus.*) suonare lo swing; ballare al ritmo dello swing ***10*** (*fam.*) suonare con un ritmo veloce (*o* sincopato); (*della musica*) avere un ritmo veloce ***11*** (*fig. fam.: di una festa, ecc.*) animarsi; andare su di giri (*fig.*) ***12*** (*pop.*) essere «in» (*o* alla moda) ***13*** (*pop.*) darsi da fare (*con le donne, ecc.*) (*pop.*); correre la cavallina ***14*** (*pop. USA*) spassarsela; fare baldoria ***15*** (*pop. arc.*) essere (*o* morire) impiccato; finire sulla forca: **He shall s. for it**, finirà impiccato per quel che ha fatto. **B** *v. t.* ***1*** dondolare; far oscillare; ciondolare: **He sat on the table swinging his legs**, stava seduto sulla tavola dondolando le gambe (*o* con le gambe dondoloni) ***2*** agitare; brandire; maneggiare; roteare: **to s. a bell**, agitare un campanello; **to s. a weapon**, brandire un'arma; **to s. a tool**, maneggiare uno strumento; **to s. an axe**, roteare un'ascia ***3*** sollevare; gettare (*con un movimento di rotazione*): **He swung the bag onto his back**, si gettò il sacco (*o* lo zaino) in spalla; **The crane swings the goods onto the ship**, la gru solleva la merce a bordo della nave ***4*** appendere; sospendere: **I swung the hammock between two trees**, appesi l'amaca fra due alberi ***5*** (*mil.*) far fare una conversione a: **The officer swung his company into line**, l'ufficiale fece fare una conversione alla sua compagnia e la mise in riga ***6*** (*mecc.*) brandeggiare ***7*** (*aeron.*) far girare, avviare (*un'elica*) ***8*** (*fig.*) tirare (q.) dalla propria parte; portare (q.) sulle proprie posizioni ***9*** (*fam.*) riuscire a concludere: **to s. a deal**, riuscire a concludere un affare; **to s. it**, sistemare le cose ***10*** (*pop. arc.*) impiccare. ● **to s. aboard a bus [a train]**, saltare su un autobus [un treno] in corsa; prenderlo al volo □ **to s. a door to**, chiudere una porta □ **to s. into action**, entrare rapidamente (*o* risolutamente) in azione □ (*fam.*) **to s. the lead**, marcar visita; fare il lavativo □ (*di una porta*) **to s. open**, spalancarsi □ (*di una porta*) **to s. shut**, chiudersi: **The door has swung shut**, la porta s'è chiusa (*girando sui cardini*) □ (*polit.*) **to s. votes**, manovrare (*o* disporre di) voti □ (*fig.*) **to s. weight**, esercitare un influsso; aver peso (*fig.*): **He swings a lot of weight in local politics**, esercita un peso considerevole sulla politica locale □ **He swung the door open**, spalancò la porta □ (*fig.*) **There is no room to s. a cat in**, non c'è spazio per rigirarsi; si sta pigiati come acciughe □ **He swung out of the room**, uscì d'impeto dalla stanza.

♦**swing across**, *v. i. + prep.* (*di un veicolo*) mettersi di traverso a (q.c.), facendo una brusca sterzata; tagliare (*la strada a q.*) sterzando: **A big lorry suddenly swung across the road**, un grosso camion ci tagliò la strada con una sterzata improvvisa.

♦**swing around**, *V.* **swing round, A.**

♦**swing at**, *v. i. + prep.* fare l'atto di colpire (*con un movimento rotatorio del braccio*): **to s. at the ball**, fare l'atto di colpire la palla (*con un bastone da golf, ecc.*).

♦**swing in**, *v. i. + avv.* (*autom.*) immettersi, entrare (*da una via laterale*).

♦**swing into**, *v. i. + prep.* entrare in, facendo una brusca sterzata; immettersi in; infilare: **The robbers' car swung into a blind alley**, con una brusca sterzata, l'auto dei rapinatori infilò un vicolo cieco □ (*autom.* e *fig.*) **to s. into reverse**, far fare retromarcia (*o* marcia indietro) a (*un automezzo*).

♦**swing round**, **A** *v. i. + avv.* ***1*** girare (*su cardini*) ***2*** girare (su se stesso); girare (*o* voltarsi) di scatto: **The wind is swinging round**, sta girando il vento; **The mongoose swung round**, la mangusta si voltò di scatto ***3*** (*di un veicolo*) curvare, sterzare all'improvviso ***4*** (*fig.*) cambiare idea; fare una giravolta (*fig.*). **B** *v. t. + avv.* ***1*** far voltare (q.) di scatto ***2*** (*autom.*) far curvare, sterzare (*un veicolo*) all'improvviso: **to s. one's car into a side road**, svoltare in una laterale (*in automobile*) ***3*** (*fig.*) far cambiare idea a (q.); tirare, portare (q.) dalla propria parte (*o* sulle proprie posizioni) □ (*fig.*) **to s. round the circle**, fare un giro di propaganda politica nel distretto □ (*autom.*) **to s. round the corner**, prendere bruscamente la curva.

♦**swing through**, **A** *v. i. + prep.* entrare violentemente, irrompere attraverso (*o* da): **The crowd swung through the gates**, la folla irruppe dai cancelli. **B** *v. t. + prep.* lanciare (*un veicolo*) attraverso; sfondare con: **I swung the car through the door**, sfondai la porta con la macchina.

♦**swing to**, *v. i. + avv.* (*di una porta, ecc.*) chiudersi; rinchiudersi.

♦**swing up**, *v. i. + avv.* balzare (*o* saltare) su □ **to s. up into the saddle**, balzare in sella.

swingboat /'swɪŋbəʊt/, *n.* barchetta (*su una giostra*).

to **swinge** /swɪndʒ/, *v. t.* (*arc.*) frustare; battere; percuotere.

swingeing /'swɪndʒɪŋ/, *a.* ***1*** duro; forte; violento; drastico; severo: **a s. blow**, un colpo violento; una forte percossa; **s. cuts in public spending**, drastici tagli alla spesa pubblica ***2*** (*fam.*) stragrande; enorme: **s. majority**, stragrande maggioranza; maggioranza schiacciante; **s. damages**, danni enormi.

swinger /'swɪŋə(r)/, *n.* (*pop.*) ***1*** persona che tiene il passo con i tempi; chi è alla moda ***2*** chi si dà da fare (*in amore*); chi corre la cavallina.

swinging /'swɪŋɪŋ/, **A** *n.* ***1*** oscillazione; dondolio; dondolamento; fluttuazione ***2*** (*radio*) fluttuazione (*della frequenza*); evanescenza; affievolimento ***3*** (*fam.*) (il) darsi da fare (*in amore*). **B** *a.* ***1*** oscillante; fluttuante; girevole ***2*** rapido; spedito; veloce; (*di ritmo*) sostenuto: **s. gait**, passo spedito; buona andatura ***3*** (*mus.*) cadenzato; ritmico: **a s. chorus**, un coro cadenzato ***4*** (*fam.*) animato; brioso; vivace: **a s. party**, una festa animata ***5*** (*fam.*) pieno di vita; brillante: **s. London**, la Londra piena di vita (*degli anni '60*). ● (*naut.*) **s. boom**, asta di posta □ (*ind. min.*) **s. a claim**, rettifica dei confini (*di una concessione*) □ **s. door,** *V.* **swing door** □ (*mil.*) **s. target**, bersaglio ruotante □ (*di cavallo*) **s. trot**, trotto serrato.

swingle /'swɪŋgl/, *n.* ***1*** (*ind. tess.*) maciulla; stigliatrice; gramola; scotola ***2*** (*agric., stor.*) parte mobile del correggiato.

to **swingle** /'swɪŋgl/, *v. t.* (*ind. tess.*) scotolare, stigliare (*il lino, la canapa*). ● **swingling machine**, stigliatrice □ **swingling tow**, tiglio del lino.

swinglebar /'swɪŋglbɑː(r)/, **swingletree** /'swɪŋgltriː/, *n.* bilancino (*di carrozza*).

swingling /'swɪŋglɪŋ, -gəl-/, *n.* (*ind. tess.*) scotolatura, stigliatura (*del lino, della canapa*). ● **s. tow**, stoppa.

swingometer /swɪŋ'ɒmɪtə(r)/, *n.* (*polit., TV*) misuratore degli spostamenti dei voti.

swinish /'swaɪnɪʃ/, *a.* (*spreg.*) maialesco; da maiale; bestiale; brutale; disgustoso; sozzo. || **-ly**, *avv.* || **-ness**, *sost.*

swipe /swaɪp/, *n.* ***1*** forte colpo; botta ***2*** (*fig.*) attacco (verbale); aspra critica.

to **swipe** /swaɪp/, **A** *v. t.* ***1*** (*fam.*) battere con forza; colpire forte; dare un forte colpo a (*una palla, ecc.*); scagliare ***2*** (*pop.*) fregare; rubare; arraffare; grattare (*pop.*): **Who's swiped**

my lighter?, chi m'ha fregato l'accendino? **B** *v. i.* (*fam.*) picchiar forte; menar botte da orbi. ● **to s. at**, cercare di colpire (*una persona, una palla, ecc.*).

swiper /ˈswaɪpə(r)/, *n.* ***1*** (*fam.*) chi batte con forza (*specialm. a golf e cricket*) ***2*** (*pop.*) ladro; ladruncolo.

swipes /ˈswaɪps/, *n. pl.* (*pop. arc.*) birra scadente.

swirl /swɜːl/, *n.* ***1*** turbine; vortice; mulinello: **a s. of dust**, un mulinello di polvere ***2*** voluta; riccio; spirale: **swirls of smoke**, volute di fumo ***3*** (*mecc.*) turbolenza (*di un motore*): **s. chamber**, camera di turbolenza ***4*** (*fig.*) turbolenza; confusione; tumulto.

to **swirl** /swɜːl/, **A** *v. i.* ***1*** turbinare; girare vorticosamente; mulinare: **The snowflakes swirled in the air**, i fiocchi di neve turbinavano nell'aria ***2*** (*del fumo, ecc.*) avvolgersi a spirale; arricciarsi ***3*** (*fig.*: *della testa*) girare. **B** *v. t.* ***1*** far girare; far turbinare ***2*** trasportare con moto vorticoso.

♦ **swirl about**, *v. i.* + *avv.* ***1*** (*della polvere, ecc.*) mulinare; turbinare ***2*** (*fig.*: *di una folla, ecc.*) sciamare.

♦ **swirl around**, **A** *v. i.* + *avv.* ***1*** (*dell'acqua*) fare un mulinello (*o* un gorgo) ***2*** (*della polvere*) mulinare; turbinare ***3*** (*fig.*) andare qua e là senza meta; sciamare. **B** *v. t.* + *avv.* (*fig.*) travolgere: **The corruption scandal swirled around the government**, lo scandalo della corruzione travolse il governo.

swirly /ˈswɜːlɪ/, *a.* turbinoso; vorticoso.

swish (**1**) /swɪʃ/, *n.* ***1*** fruscio; sibilo; fischio: **I heard the s. of the waves [of the whip]**, sentii il fruscio delle onde [il sibilo della frusta] ***2*** canna; sferza; verga ***3*** sferzata; scudisciata ***4*** colpo (*di coda, ecc.*): **a s. of one's tail at a gadfly**, un colpo di coda per scacciare un tafano ***5*** (*pop. USA*) frocio (*spreg.*); omosessuale.

swish (**2**) /swɪʃ/, *a. attr.* (*fam.*) ***1*** elegante; alla moda ***2*** (*USA*) effeminato; omosessuale.

to **swish** /swɪʃ/, **A** *v. t.* ***1*** far sibilare; far frusciare; far vibrare: **to s. a cane**, far sibilare una canna; far vibrare una canna (*agitandola*) ***2*** agitare; scuotere (*agitando*): **The cow swished its tail**, la mucca agitò la coda ***3*** sferzare; fustigare; frustare. **B** *v. i.* (*di canna, ecc.*) frusciare; vibrare; sibilare; fischiare (*nell'aria*). ● **to s. off**, tagliare recidere (*con un colpo di bacchetta e sim.*): **to s. off the flower heads**, decapitare i fiori.

swishing /ˈswɪʃɪŋ/, *a.* frusciante.

Swiss /swɪs/, *a.* e *n.* (*invar. al pl.*) svizzero: (*collett.*) **the S.**, gli svizzeri; **a S. watch**, un orologio svizzero. ● (*cucina*) **S. chard**, bietola □ **S. cheese**, formaggio svizzero; emmenthal □ **S. guards**, guardie svizzere; soldati del papa (*fam.*) □ (*cucina*) **S. roll**, rotolo di pan di Spagna farcito di panna e marmellata.

switch /swɪtʃ/, *n.* ***1*** bacchetta; verga; verghetta (*specialm. usata per frustare*); frustino, frusta ***2*** bacchettata; vergata; frustata ***3*** treccia di capelli posticci; posticcio; parrucchino ***4*** (*elettr., radio*) interruttore; chiavetta; commutatore: **lever s.**, interruttore a leva; **band s.** (*o* **wave-change s.**), commutatore d'onda ***5*** (*elettron.*) commutatore ***6*** (*elab.*) commutatore; deviatore ***7*** (*elab.*) istruzione di salto ***8*** (*fin.*) scambio di titoli; transazione triangolare ***9*** (*ferr., USA*) scambio; deviatoio: **interlocked s.**, scambio a blocco di sicurezza ***10*** cambiamento; mutamento (*d'orario, ecc.*). ● (*market.*) **s. selling**, vendite effettuate facendo uso di articoli civetta (*illegale in G.B.*) □ (*ferr., USA*) **s. signal**, segnale dello scambio □ (*ferr., USA*) **s. tongue**, ago dello scambio □ (*autom.*) **ignition s.**, blocchetto d'accensione □ **press s.**, interruttore a pulsante □ (*elettr.*) **reversing s.**, invertitore.

to **switch** /swɪtʃ/, **A** *v. t.* ***1*** battere con una verga; sferzare; frustare (*il cavallo, ecc.*) ***2*** agitare; dimenare; scuotere; sferzare l'aria con: **The cat switched its tail in anger**, il gatto dimenava stizzosamente la coda ***3*** girare l'interruttore di (*un circuito elettrico, ecc.*) ***4*** (*ferr., USA*) smistare, instradare (*un treno*) ***5*** cambiare; spostare; volgere (*il pensiero, ecc.*) in un'altra direzione: **We switched the conversation**, cambiammo discorso ***6*** afferrare; agguantare; strappare: **I switched the revolver out of his hand**, gli strappai la rivoltella di mano ***7*** scambiare; fare cambio di: **We switched places**, ci scambiammo i posti. **B** *v. i.* ***1*** (*ferr., USA*: *di treno*) cambiar binario; essere smistato (*o* instradato) ***2*** spostarsi; passare: **They switched from one subject to another**, passarono da un argomento a un altro ***3*** (*bridge*) dichiarare un colore diverso da quello dichiarato precedentemente. ● **to s. one's allegiance**, cambiare partito; passare al nemico □ **to s. positions**, scambiarsi posto; prendere l'uno il posto dell'altro.

♦ **switch around**, *V.* **switch round**.

♦ **switch away**, *v. t.* + *avv.* tirare via (*o* indietro); ritirare: **to s. away one's hand**, ritirare la mano.

♦ **switch back to**, *v. i.* + *avv.* + *prep.* (*fam.*) tornare a (*cambiando*); riprendere: **to s. back to one's previous plan**, tornare al (*o* riprendere il) progetto precedente.

♦ **switch from**, *v. i.* + *prep.* allontanarsi da, abbandonare (*un progetto, i vecchi amici, ecc.*: *per q. o q.c. di nuovo*).

♦ **switch off**, **A** *v. i.* + *avv.* ***1*** spegnere (*la luce, ecc.*); disinserire il contatto; staccare ***2*** (*telef.*) interrompere la comunicazione; mettere giù (*fam.*) ***3*** (*fig. fam.*) smettere di parlare (*o* di ascoltare); fermarsi; chiudersi le orecchie; staccare (*fam.*). **B** *v. t.* + *avv.* ***1*** (*elettr.*) disinserire (*un contatto*); interrompere (*un circuito*); staccare (*fam.*): **S. off the electric power!**, stacca la corrente!; togli la luce! ***2*** spegnere (*la luce, il televisore, la radio, ecc.*) ***3*** disinserire, staccare (*un allarme, ecc.*) ***4*** (*fig. fam.*) far perdere interesse a (q.); rendere (q.) esausto; stancare, stufare (*fig.*): **If you go on like this, you'll s. off your students**, se vai avanti così, stancherai (*o* stuferai) i tuoi studenti □ **to s. off by itself**, spegnersi da solo.

♦ **switch on**, **A** *v. i.* + *avv.* ***1*** accendere (*la luce, ecc.*); inserire il contatto ***2*** (*fig. fam.*) acquistare interesse; svegliarsi (*fig.*); eccitarsi: **to use drugs to s. on**, usare la droga per eccitarsi ***3*** (*fam. USA*) farsi vivo; (*anche*) aggiornarsi, svegliarsi (*fig.*); mettersi al passo con i tempi. **B** *v. t.* + *avv.* ***1*** (*elettr.*) inserire (*un contatto*); chiudere (*un circuito*); attaccare (*fam.*): **S. on the electric power!**, attacca la corrente!; dai la luce! ***2*** accendere (*la luce, il televisore, la radio, ecc.*) ***3*** inserire, attaccare (*un allarme, ecc.*) ***4*** (*fig. fam.*) interessare; eccitare; stimolare: **to s. one's students on**, interessare i propri studenti □ (*di un forno elettrico, ecc.*) **to s. on by itself**, accendersi da solo □ (*autom.*) **to s. on the ignition**, inserire l'accensione; mettere in moto □ (*telef.*) **to s. sb. on to sb. else**, mettere q. in comunicazione con q. altro.

♦ **switch out**, *v. t.* + *avv.* spegnere (*la luce elettrica, il gas, e sim.*); staccare (*la corrente*).

♦ **switch over**, **A** *v. t.* + *avv.* ***1*** (*elettr.*) commutare ***2*** invertire l'ordine di (*parole, ecc.*) ***3*** trasformare; convertire: **We are going to s. our factory over to the production of household appliances**, convertiremo la nostra fabbrica in uno stabilimento per la produzione di elettrodomestici ***4*** scambiare: **to s. over seats**, scambiarsi di posto. **B** *v. i.* + *avv.* ***1*** (*del vento*) girare ***2*** (*radio*) cambiare stazione ***3*** (*TV*) cambiare canale ***4*** cambiare posto (*o* lavoro, ecc.): **I'd like to s. over**, vorrei cambiare posto (*o* lavoro) ***5*** passare (*cambiando*); cominciare a (*fare q.c.*): **He switched over to teaching**, passò all'insegnamento; **to s. over to a shorter working week**, passare alla (*o* adottare la) settimana corta.

♦ **switch round**, **A** *v. i.* + *avv.* cambiare posto. **B** *v. t.* + *avv.* ***1*** cambiare (q.) di posto (*anche di lavoro*); spostare; trasferire: **to s. an employee round to another office**, spostare un dipendente in un altro ufficio ***2*** spostare, cambiar posto a (*mobili e sim.*) ***3*** invertire l'ordine di (*parole, ecc.*) □ **to s. one's head round**, voltare di scatto la testa.

♦ **switch to**, *v. i.* + *prep.* passare a (*un altro argomento, la produzione di beni diversi, ecc.*) □ (*del semaforo*) **to s. to green**, diventare verde.

switchback /ˈswɪtʃbæk/, **A** *n.* ***1*** strada (*o* ferrovia) a rampe (*o* a stretti tornanti, a zigzag) ***2*** (*divertimento*) montagne russe. **B** *a. attr.* a rampe; a stretti tornanti; a zigzag.

switchblade /ˈswɪtʃbleɪd/, *n.* (*USA*, = **s. knife**) coltello a serramanico.

switchboard /ˈswɪtʃbɔːd/, *n.* ***1*** (*elettr.*) quadro di comando (*o* di distribuzione) ***2*** (*telef.*) centralino manuale (*d'albergo, ecc.*). ● **s. operator**, centralinista.

switched-off /ˈswɪtʃtɒf, *USA* -ɔːf/, *a.* ***1*** (*elettr.*) disinserito; scollegato ***2*** (*di un televisore, un allarme, un forno elettrico, ecc.*) staccato; spento ***3*** (*telef., ecc.*) interrotto ***4*** (*pop. USA*) fuori moda; non al corrente; non aggiornato; tradizionale; all'antica.

switched-on /ˈswɪtʃtɒn, *USA* -ɔːn/, *a.* ***1*** (*elettr.*) inserito; collegato ***2*** (*di un televisore, un allarme, un forno elettrico, ecc.*) attaccato; acceso ***3*** (*fam.*) alla moda; al corrente; aggiornato; al passo con i tempi ***4*** (*fam.*) sveglio (*fig.*); in gamba ***5*** (*pop. USA*) sotto l'effetto della droga (*o* dell'alcol); drogato; sbronzo.

switchgear /ˈswɪtʃgɪə(r)/, *n.* (*elettr.*) interruttori elettrici (*collett.*); apparecchiatura di manovra.

switching /ˈswɪtʃɪŋ/, *n.* ***1*** (*elettr., elettron.*) commutazione ***2*** (*ferr., USA*) manovra; smistamento ***3*** (*sport*) cambio ***4*** (*Borsa, fin.*) cambiamento degli investimenti; variazione di portafoglio. ● (*elettron.*) **s. gate**, porta logica □ (*telef.*) **s. substation**, sottostazione di smistamento.

switchman /ˈswɪtʃmən/, *n.* (*pl.* **switchmen**) (*ferr., USA*) deviatore; scambista.

switchover /ˈswɪtʃəʊvə(r)/, *n.* ***1*** (*elettr.*) commutazione ***2*** (*radio, TV*) cambio (*di stazione o di canale*) ***3*** (*fig.*) svolta; passaggio (*a un altro partito*).

switchyard /ˈswɪtʃjɑːd/, *n.* (*ferr., USA*) piazzale di manovra (*o* di smistamento).

Switzer /ˈswɪtsə(r)/, *n.* ***1*** (*arc.*) svizzero ***2*** (*stor.*) mercenario svizzero ***3*** guardia svizzera; soldato del papa.

Switzerland /ˈswɪtsələnd/, *n.* (*geogr.*) Svizzera.

swivel /ˈswɪvl/, *n.* (*mecc.*) ***1*** parte girevole (*in genere*); perno ***2*** (*di catena*) anello girevole; anello imperniato ***3*** piattaforma girevole (*di un cannone, ecc.*) ***4*** (*ind. petrolifera*) testa d'iniezione (*o* di adduzione). ● (*naut.*) **s. block**, bozzello a mulinello □ (*ind. costr.*) **s. bridge**, ponte girevole □ **s. chair**, sedia girevole □ (*mil.*) **s. gun**, cannone girevole (*su affusto a piedistallo*) □ (*mecc.*) **s. hook**, gancio a mulinello □ (*med.*) **s. stirrup**, staffa di trazione □ **s. stool**, sgabello girevole.

to **swivel** /ˈswɪvl/, **A** *v. i.* ***1*** far perno; girare su (*un perno*) ***2*** (*di un perno*) ruotare ***3*** (*fig.*) girarsi, voltarsi: **He swivelled in wonder**, si girò stupito. **B** *v. t.* ***1*** (*mecc.*) imperniare ***2*** (far) ruotare; (far) girare. ● **to s. round**, rigirarsi più volte; girare e rigirare (*una manopola, ecc.*).

swiz /swɪz/, **swizz** /swɪz/, *n.* (*fam.*) ***1*** delusione; disappunto ***2*** imbroglio; raggiro; fregatura, fregata (*pop.*).

swizzle /ˈswɪzl/, *n.* (*fam.*) cocktail con ghiaccio. ● **s. stick**, bastoncino per mescolare cocktail.

to **swob** /swɒb/, *V.* (**to**) **swab**.

swobber /ˈswɒbə(r)/, *V.* **swabber**.

swollen /ˈswəʊlən/, **A** *p. p.* di **to swell**. **B** *a.* ***1*** gonfio: **a s. ankle**, una caviglia gonfia; **a river s. with rain**, un fiume gonfio per la pioggia ***2*** (*fig.*) enfatico; reboante ***3*** (*med.*) tumefatto.

● (*fin.*) **s. estimates**, preventivi esagerati (*o* gonfiati ad arte, a bella posta) □ (*fig.*) **s. head**, boria; presunzione □ **s.-headed**, borioso; presuntuoso □ (*fig.*) **to get a s. head**, montarsi la testa □ **to have a s. opinion of oneself**, presumere di sé.

swoon /swuːn/, *n.* ***1*** (*raro*) svenimento; deliquio ***2*** (*fam.*) estasi; rapimento.

to **swoon** /swuːn/, *v. i.* ***1*** (*raro lett.*) svenire; venir meno; perdere i sensi: **I swooned with pain**, svenni per il dolore ***2*** (*fig.*: *di musica, ecc.*) smorzarsi pian piano; svanire ***3*** (*fam.*) andare in estasi (*fam.*: in brodo di giuggiole); delirare (*per q.*). ● **to s. for joy**, sentirsi venir meno dalla gioia.

swoop /swuːp/, *n.* ***1*** attacco (*d'uccello rapace*); calata a precipizio; balzo; slancio ***2*** incursione, raid (*della polizia, ecc.*): **a s. at night**, un raid notturno. ● **at one (fell) s.**, di punto in bianco; d'un sol colpo; d'un balzo.

to **swoop** /swuːp/, *v. i.* ***1*** (*di rapace, ecc.*) piombare; precipitarsi; avventarsi; slanciarsi: **The hawk swooped down on the rabbit**, il falco piombò sul coniglio; **The police swooped on the gang**, la polizia piombò sulla banda ***2*** (*fam.*) gettarsi, buttarsi (*sul cibo, ecc.*). ● (*fig.*) **to s. on**, attaccare; fare un'incursione, piombare su (*il nemico, ecc.*) □ (*fam.*) **to s. up**, afferrare (al volo); arraffare.

swop, to **swop** /swɒp/, *V.* **swap, to swap.**

sword /sɔːd/, *n.* ***1*** spada; ferro (*poet.*): **to wear a s.**, portare la spada ***2*** – (*fig.*) **the s.**, le armi; la forza militare; la guerra. ● (*mil.*) **s.-bayonet**, spada baionetta □ **s.-bearer**, portatore di spada (*ufficiale che porta la spada innanzi al sovrano, ecc.*) □ (*mil.*) **s. belt**, cinturone □ (*zool.*) **s.-bill** (*Ensifera ensifera*), colibrì dal becco a spada □ **s. blade**, lama (*della spada*) □ **s.-cane,** *V.* **s.-stick** □ **s. cut**, ferita di spada □ (*in Scozia*) **the s. dance**, la danza delle spade □ **s. dancer**, chi fa la danza delle spade □ (*bot.*) **s.-grass**, (*Gladiolus*) gladiolo; (*Phalaris arundinacea*) falaride a foglie maculate (*e altre piante le cui foglie hanno forma di spada*) □ **s. guard**, guardia della spada □ **s. hilt**, elsa (*della spada*) □ (*mil.*) **s.-knot**, dragona □ (*bot.*) **s.-lily** (*Gladiolus*), gladiolo □ (*anche fig.*) **the S. of Damocles**, la spada di Damocle □ (*fig.*) **the s. of justice**, la spada della giustizia □ **the s. of State**, la spada delle cerimonie (*portata innanzi al sovrano*) □ **s. swallower**, mangiatore di spade □ **s.-stick**, bastone da stocco; bastone animato □ **to be at the point of the s.**, essere con la spada alla gola □ (*di due armati*) **to be at swords' points**, stare per battersi; essere ai ferri corti □ (*mil.*) **cavalry s.**, sciabola □ **court s.** (*o* **dress s.**), spadino da cortigiano □ **to cross swords with sb.**, (*stor.*) incrociare la spada con q.; battersi con q.; (*fig.*) discutere accanitamente con q. □ **double-edged s.**, sciabola a doppio taglio; spada □ **to draw one's s.**, sguainare la spada; (*fig.*) dare inizio alle ostilità, far guerra □ (*fig.*) **fire and s.**, ferro e fuoco; distruzione totale □ **to put sb. to the s.**, passare q. a fil di spada; trucidare q. □ **to sheathe the s.**, rinfoderare (*o* ringuainare) la spada; (*fig.*) por termine alle ostilità, far pace □ **small s.**, fioretto □ **two-handed s.**, spadone (da brandire) a due mani.

swordfish /ˈsɔːdfɪʃ/, *n.* (*zool., Xiphias gladius*) pesce spada.

swordless /ˈsɔːdləs/, *a.* (che è) senza spada.

swordplay /ˈsɔːdpleɪ/, *n.* ***1*** scherma ***2*** abilità di schermitore ***3*** (*fig.*) schermaglia (*verbale*).

swordsman /ˈsɔːdzmən/, *n.* (*pl.* **swordsmen**) spadaccino; schermitore.

swordsmanship /ˈsɔːdzmənʃɪp/, *n.* arte della scherma; maestria di spadaccino.

swore /swɔː(r)/, *pass.* di **to swear.**

sworn /swɔːn/, **A** *p. p.* di **to swear. B** *a.* ***1*** giurato; irriducibile: **They are s. enemies**, sono nemici giurati ***2*** (*leg.*) giurato; sotto giuramento: **s. statement**, dichiarazione giurata (*o* sotto giuramento). ● (*leg.*) **s. evidence**, testimonianza giurata □ **s. friends**, amici per la pelle □ (*relig.*) **to be s. to God**, aver fatto voto di sé a Dio.

swot /swɒt/, *n.* (*fam.*) ***1*** sgobbata; studio intenso: **What a s.!**, che sgobbata! ***2*** sgobbone. ● **That's too much s.**, c'è da sgobbare troppo.

to **swot** /swɒt/, *v. i.* (*fam.*) sgobbare; studiare molto: **to s. for an examination**, sgobbare per un esame. ● **to s. up a subject**, sgobbare su una materia □ **to s. up some dates for the history class**, imparare a fatica delle date per la lezione di storia.

swotter /ˈswɒtə(r)/, *n.* (*fam.*) sgobbone; secchione (*fam.*).

swum /swʌm/, *p. p.* di **to swim.**

swung /swʌŋ/, *pass.* e *p. p.* di **to swing.**

Sybaris /ˈsɪbərɪs/, *n.* (*stor., geogr.*) Sibari.

Sybarite /ˈsɪbəraɪt/, *n.* (*stor.*) sibarita (*anche fig.*).

sybaritic(al) /sɪbəˈrɪtɪk(l)/, *a.* sibaritico. || **-ally,** *avv.*

sybaritism /ˈsɪbərɪtɪzəm/, *n.* vita da sibarita; lusso sfrenato.

Sybil /ˈsɪbɪl/, *n.* Sibilla.

sycamine /ˈsɪkəmaɪn/, *n.* (*Bibbia; bot., Morus nigra*) gelso nero.

sycamore /ˈsɪkəmɔː(r)/, *n.* (*bot.*) ***1*** (*in Oriente*: *Ficus sycomorus*) sicomoro ***2*** (*in Europa*: *Acer pseudoplatanus*) acero fico ***3*** (*in America*: *Platanus occidentalis*) platano d'America. ● **s. fig** (*o* **Egyptian, oriental s.**), sicomoro.

syce /saɪs/, *V.* **sice (2).**

syconium /saɪˈkəʊnɪəm/, *n.* (*pl.* **syconia**) (*bot.*) siconio.

sycophancy /ˈsɪkəfənsɪ/, *n.* ***1*** (*stor.*) sicofantia ***2*** adulazione; parassitismo; servilismo.

sycophant /ˈsɪkəfænt/, *n.* ***1*** (*stor.*) sicofante ***2*** adulatore; parassita; individuo servile.

sycophantic /sɪkəˈfæntɪk/, *a.* ***1*** (*stor.*) di (*o* da) sicofante ***2*** adulatorio; servile.

sycosis /saɪˈkəʊsɪs/, *n.* (*pl.* **sycoses**) (*med.*) sicosi.

syenite /ˈsaɪɪnaɪt/, *n.* (*geol.*) sienite.

syenitic /saɪɪˈnɪtɪk/, *a.* (*geol.*) sienitico.

syllabary /ˈsɪləbərɪ, *USA* -berɪ/, *n.* ***1*** sillabario ***2*** tavola di simboli sillabici.

syllabeme /ˈsɪləbiːm/, *n.* (*ling.*) sillabema.

syllabic /sɪˈlæbɪk/, *a.* ***1*** sillabico ***2*** diviso in sillabe; sillabato.

syllabically /sɪˈlæbɪklɪ/, *avv.* sillaba per sillaba; in sillabe.

to **syllabicate** /sɪˈlæbɪkeɪt/, *V.* **to syllabify.**

syllabication /sɪlæbɪˈkeɪʃn/, **syllabification** /sɪlæbɪfɪˈkeɪʃn/, *n.* (*ling.*) sillabazione; divisione in sillabe.

to **syllabify** /sɪˈlæbɪfaɪ/, to **syllabize** /ˈsɪləbaɪz/, *v. t.* sillabare; dividere in sillabe.

syllable /ˈsɪləbl/, *n.* sillaba. ● (*ling.*) **s. boundary**, frontiera sillabica □ **Not a s.!**, non una sillaba!; non una parola!; taci!

to **syllable** /ˈsɪləbl/, *v. t.* ***1*** sillabare ***2*** (*poet.*) pronunciare; dire.

syllabled /ˈsɪləbld/, *a.* (*nei composti, per es.*:) **a four-s. word**, una parola quadrisillaba; un quadrisillabo.

syllabub /ˈsɪləbʌb/, *n.* ***1*** latte caldo, con vino o liquori e spezie ***2*** (*ingl.*) dessert freddo di latte o panna, con vino, zucchero e limone.

syllabus /ˈsɪləbəs/, *n.* (*pl.* **syllabi, syllabuses**) ***1*** catalogo; compendio; sommario ***2*** programma di un corso di studi ***3*** (*relig.*) sillabo. ● **s. design**, preparazione dei programmi di studio.

syllepsis /sɪˈlɛpsɪs/, *n.* (*pl.* **syllepses**) (*ling.*) sillessi.

sylleptic /sɪˈlɛptɪk/, *a.* (*ling.*) di sillessi.

syllogism /ˈsɪlədʒɪzəm/, *n.* ***1*** (*filos., mat.*) sillogismo ***2*** ragionamento deduttivo ***3*** (*per estens.*) ragionamento sottile; sofisma.

syllogistic(al) /sɪləˈdʒɪstɪk(l)/, *a.* (*filos.*) sillogistico. || **-ally,** *avv.*

syllogistics /sɪləˈdʒɪstɪks/, *n. pl.* (*col verbo al sing.*) (*filos.*) sillogistica.

to **syllogize** /ˈsɪlədʒaɪz/, *v. i.* e *t.* (*filos.*) sillogizzare.

sylph /sɪlf/, *n.* ***1*** (*mitol.*) silfide (*anche fig.*) ***2*** (*mitol.*) silfo ***3*** (*fig.*) silfide ***4*** (*zool., Aglaiocercus knigi*) trochilo coda verde.

sylphid /ˈsɪlfɪd/, *n.* (*mitol.*) silfide.

sylphlike /ˈsɪlflaɪk/, *a.* di (*o* da) silfide; grazioso e snello.

sylvan /ˈsɪlvən/, **A** *a.* (*lett.*) silvano; silvestre. **B** *n.* ***1*** (*lett.*) abitante dei boschi ***2*** (*mitol.*) divinità silvana.

Sylvester /sɪlˈvɛstə(r)/, *n.* Silvestro.

Sylvia /ˈsɪlvɪə/, *n.* Silvia.

sylviculture /ˈsɪlvɪkʌltʃə(r)/, *n.* selvicoltura, silvicoltura.

sylviculturist /sɪlvɪˈkʌltʃərɪst/, *n.* selvicoltore, silvicoltore.

sylvite /ˈsɪlvaɪt/, *n.* (*miner.*) silvite.

symbiont /ˈsɪmbɪɒnt/, *n.* (*biol.*) simbionte.

symbiosis /sɪmbaɪˈəʊsɪs, sɪmbɪ-/, *n.* (*pl.* **symbioses**) (*biol.*) simbiosi (*anche fig.*).

symbiotic(al) /sɪmbɪˈɒtɪk(l)/, *a.* (*biol.*) simbiotico (*anche fig.*). || **-ally,** *avv.*

symbol /ˈsɪmbl/, *n.* ***1*** simbolo; emblema: **The dove is a s. of peace**, la colomba è il simbolo della pace ***2*** (*mat., chim., pubbl., ecc.*) simbolo: **s. usage**, l'uso di simboli.

symbolic /sɪmˈbɒlɪk/, *a.* simbolico: (*mat.*) **s. logic**, logica simbolica. || **-ally,** *avv.*

symbolical /sɪmˈbɒlɪkl/, *V.* **symbolic.**

symbolics /sɪmˈbɒlɪks/, *n. pl.* (*col verbo al sing.*) simbolica; simbologia.

symbolism /ˈsɪmbəlɪzəm/, *n.* ***1*** (*letter., arte*) simbolismo ***2*** (*tecn.*) sistema (*o* complesso) di simboli.

symbolist /ˈsɪmbəlɪst/, *n.* ***1*** (*letter., arte*) simbolista ***2*** studioso di simbologia. ● (*letter.*) **s. movement**, movimento simbolista.

symbolistic /sɪmbəˈlɪstɪk/, *a.* (*letter., arte*) simbolistico.

symbolization /sɪmbəlaɪˈzeɪʃn, *USA* -lɪˈz-/, *n.* simbolizzazione; simboleggiamento.

to **symbolize** /ˈsɪmbəlaɪz/, *v. t.* ***1*** simboleggiare ***2*** dare un carattere simbolico a (q.c.); interpretare simbolicamente.

symbology /sɪmˈbɒlədʒɪ/, *n.* simbologia.

symmetallism /sɪmˈmɛtəlɪzəm/, *n.* (*econ., fin.*) simmetallismo.

symmetric(al) /sɪˈmɛtrɪk(l)/, *a.* simmetrico: (*stat.*) **s. distribution**, distribuzione simmetrica. || **-ally,** *avv.*

symmetrization /sɪmətraɪˈzeɪʃn, *USA* -rɪˈz-/, *n.* il rendere simmetrico.

to **symmetrize** /ˈsɪmətraɪz/, *v. t.* simmetrizzare; rendere simmetrico.

symmetry /ˈsɪmətrɪ/, *n.* ***1*** (*anche mat.*) simmetria ***2*** armonia di proporzioni.

sympathetic /sɪmpəˈθɛtɪk/, **A** *a.* ***1*** che prova simpatia; comprensivo; amichevole; affettuoso; cordiale; sensibile; tenero: **A good teacher is always s.**, un buon insegnante è sempre comprensivo; **a s. gesture**, un gesto amichevole; **s. expressions**, espressioni affettuose; **a s. heart**, un cuore sensibile (*o* tenero) ***2*** che va a genio; congeniale; armonioso; gradevole; piacevole: **a s. atmosphere**, un'atmosfera congeniale; **a s. landscape**, un paesaggio armonioso, piacevole ***3*** favorevole; bendisposto: **He was quite s. to my proposal**, era del tutto bendisposto verso la mia proposta ***4*** (*anat.*) simpatico: **s. nervous system**, sistema nervoso simpatico. **B** *n.* (*anat.*) gran simpatico. ● **a s. face**, un viso cordiale, pieno di simpatia per il prossimo □ **s. ink**, inchiostro simpatico □ (*anat.*) **s. nerve**, nervo simpatico □ **s. pain**, dolore per i mali altrui; (*med.*) dolore riflesso □ (*econ.*) **a s. strike**, uno sciopero di solidarietà □ (*fam.*) **to be s. to**, provare simpatia per (q.); approvare, favorire, essere d'accordo con (q.c.): **They were s. to our plan**, erano d'accordo col nostro progetto □ **to find a s. ear**, trovare q. che è (*o* che sia) disposto ad ascoltarci.

sympathetically /sɪmpəˈθɛtɪklɪ/, *avv.* ***1*** con grande comprensione; con molta simpatia; cordialmente ***2*** favorevolmente.

to **sympathize** /'sɪmpəθaɪz/, *v. i.* **1** andare d'accordo; essere in armonia; intendersi bene; essere in comunione d'idee (*o* di sentimenti) **2** – **to s. with**, apprezzare; comprendere; (*specialm.*) condolersi con, commiserare, compatire; aver compassione (*o* provar pietà) per: **I quite s. with your motives**, apprezzo pienamente i tuoi motivi; **I s. with him in his sorrow**, mi condolgo con lui; sono partecipe del suo dolore; **It isn't enough to s. with poor people**, non basta provare pietà per i poveri **3** – **to s. with**, approvare; esser d'accordo con; veder di buon occhio: **His wife doesn't s. with his plan to set up in business on his own**, sua moglie non vede di buon occhio il suo progetto di mettersi in affari per conto suo. ● **to s. with sb. in his feelings**, provare gli stessi sentimenti di q.; partecipare alle gioie e ai dolori di q. □ **to s. with sb.'s point of view**, condividere il punto di vista di q.

sympathizer /'sɪmpəθaɪzə(r)/, *n.* **1** persona comprensiva; chi partecipa dei sentimenti di q. **2** (*specialm. polit.*) sostenitore; fautore; simpatizzante.

sympathy /'sɪmpəθɪ/, *n.* **1** comunione d'idee, di sentimenti; accordo **2** comprensione; partecipazione (*ai sentimenti del prossimo*); solidarietà; sensibilità: **He has no s. for my problems**, non ha comprensione per i miei problemi; **He fully deserves our s.**, merita a buon diritto la nostra solidarietà **3** compassione; commiserazione: **He has no s. with** (*o* **for**) **beggars**, i mendicanti non gli fanno compassione **4** (*talora pl.*) condoglianze; cordoglio: **a letter of s.**, una lettera di condoglianze; **to send one's sympathies**, fare (*o* mandare) le proprie condoglianze **5** (*spesso pl.*) simpatia; affinità ideale: **My sympathies lie with the Labour Party**, le mie simpatie vanno al Partito Laburista **6** (*med.*) simpatia. ● (*econ.*) **s. strike**, sciopero di solidarietà □ (*di operai, ecc.*) **to come out in s.**, fare uno sciopero di solidarietà □ **in s.**, per simpatia; con un gesto di tenerezza; (*anche*) per solidarietà: **We'll go on strike in s. with the dockers**, sciopereremo per solidarietà con i portuali □ **to be in s. with sb.**, essere d'accordo (*o* in perfetta armonia) con q.; solidarizzare con q.

sympetalous /sɪm'pɛtələs/, *a.* (*bot.*) simpetalo.

symphonic /sɪm'fɒnɪk/, *a.* (*mus.*) sinfonico. || **-ally**, *avv.*

symphonist /'sɪmfənɪst/, *n.* (*mus.*) sinfonista.

symphony /'sɪmfənɪ/, *n.* **1** (*mus.*) sinfonia **2** (*fig.*) sinfonia; armonia. ● **a s. orchestra**, un'orchestra sinfonica.

symphysis /'sɪmfɪsɪs/, *n.* (*pl.* **symphyses**) (*anat.*) sinfisi.

sympodium /sɪm'pəʊdɪəm/, *n.* (*pl.* **sympodia**) (*bot.*) simpodio.

symposiac /sɪm'pəʊziæk/, *a.* (*lett.*) simposiaco; conviviale.

symposiarch /sɪm'pəʊzɪɑːk/, *n.* (*lett.*) simposiarca; capo del banchetto.

symposium /sɪm'pəʊzɪəm/, *n.* (*lett.*) (*pl.* **symposia, symposiums**) **1** simposio; convito **2** (*fig.*) convegno; simposio **3** raccolta di saggi su un argomento; rassegna di critiche.

symptom /'sɪmptəm/, *n.* (*med.*) sintomo; (*fig.*) indizio, segno: **I recognized several symptoms**, mi accorsi di parecchi sintomi.

symptomatic(al) /sɪmptə'mætɪk(l)/, *a.* (*med.*) sintomatico; (*fig.*) indicativo (*di q.c.*). || **-ally**, *avv.*

symptomatology /sɪmptəmə'tɒlədʒɪ/, *n.* (*med.*) **1** sintomatologia **2** semeiotica.

synaeresis /sɪ'nɪərəsɪs/, *n.* (*pl.* **synaereses**) (*gramm.* e *chim.*) sineresi.

syn(a)esthesia /sɪnɪs'θiːzɪə, -iːʒə/, *n.* **1** (*ling.*) sinestesia **2** (*psic.*) sinestesia; sinestesi.

synagogical /sɪnə'gɒdʒɪkl/, *a.* di (*o* da) sinagoga; sinagogale.

synagogue /'sɪnəgɒg, *USA* -ɔːg/, *n.* (*relig.*) sinagoga.

synallagmatic /sɪnəlæg'mætɪk/, *a.* (*leg.*) sinallagmatico; bilaterale: **a s. contract**, un contratto sinallagmatico.

synal(o)epha /sɪnə'liːfə/, *n.* (*ling.*) sinalefe.

synapse /'saɪnæps, *USA* 'sɪn-, sɪ'n/, *n.* (*anat.*) sinapsi; giunzione sinaptica.

synapsis /saɪ'næpsɪs, *USA* sɪ'n-/, *n.* (*pl.* **synapses**) **1** (*biol.*) sinapsi **2** (*anat.*) *V.* **synapse**.

synaptic /saɪ'næptɪk, *USA* sɪ'n-/, *a.* (*biol.*, *anat.*) sinaptico: **s. cleft**, fessura sinaptica.

sync, synch /sɪŋk/, *n.* (*abbr. fam. di* **synchronization**) sincronizzazione. ● **s. signal**, segnale di sincronizzazione □ **in s.**, in sincronia □ **out of s.**, non in sincronia; non sincronizzato.

to **sync** /sɪŋk/, to **synch** /sɪŋk/, *v. t.* (*abbr. fam. di* **to synchronize**) sincronizzare.

syncarp /'sɪnkɑːp/, *n.* (*bot.*) sincarpio.

syncarpous /sɪn'kɑːpəs/, *a.* (*bot.*) sincarpo.

synchro /'sɪŋkrəʊ/, *n.* (*elettr.*) synchro; trasduttore angolare.

synchrocyclotron /sɪŋkrəʊ'saɪklətrɒn/, *n.* (*fis. nucl.*) sincrociclotrone.

synchroflash /'sɪŋkrəʊflæʃ/, *n.* (*fotogr.*) sincrolampo; fotolampo sincronizzato.

synchromesh /'sɪŋkrəʊmɛʃ/, (*autom.*) **A** *n.* cambio sincronizzato. **B** *a. attr.* (*di cambio, ecc.*) sincronizzato.

synchronal /'sɪŋkrənl/, *V.* **synchronous**.

synchronic(al) /sɪŋ'krɒnɪk(l)/, *n.* **1** sincrono **2** (*ling.*) sincronico. || **-ally**, *avv.*

synchronism /'sɪŋkrənɪzəm/, *n.* (*scient.*, *tecn.*) sincronismo.

synchronistic /sɪŋkrə'nɪstɪk/, *a.* sincronistico. || **-ally**, *avv.*

synchronization /sɪŋkrənaɪ'zeɪʃn, *USA* -nɪ-'z-/, *n.* sincronizzazione.

to **synchronize** /'sɪŋkrənaɪz/, **A** *v. t.* sincronizzare: **Let's s. watches**, sincronizziamo gli orologi! **B** *v. i.* essere sincrono, simultaneo; essere in sincronia (*anche fig.*).

synchronized /'sɪŋkrənaɪzd/, *a.* sincronizzato: (*autom.*) **s. shifting**, cambio sincronizzato. ● (*sport*) **s. swimming**, nuoto sincronizzato (*spettacolo*).

synchronizer /'sɪŋkrənaɪzə(r)/, *n.* (*elab.*, *cinem.*, *aeron.*) sincronizzatore.

synchronous /'sɪŋkrənəs/, *a.* **1** (*scient.*, *tecn.*) sincrono: (*elettr.*) **s. alternator**, alternatore sincrono; (*elab.*) **s. transmission**, trasmissione sincrona (*di dati*) **2** (*miss.*) sincrono; geostazionario: **s. satellite**, satellite sincrono **3** sincrono (*lett.*); contemporaneo: **s. events**, eventi sincroni. ● (*elab.*) **s. computer**, elaboratore a funzionamento sincrono □ **s. speed**, velocità di sincronismo. || **-ly**, *avv.* || **-ness**, *sost.*

synchrony /'sɪŋkrənɪ/, *n.* sincronismo; sincronia.

synchrotron /'sɪŋkrəʊtrɒn/, *n.* (*fis. nucl.*) sincrotrone.

synchysis /'sɪŋkɪsɪs/, *n.* (*ling.*, *med.*) sinchisi.

synclinal /sɪŋ'klaɪnl/, *a.* (*geol.*) di sinclinale.

syncline /'sɪŋklaɪn/, *n.* (*geol.*) sinclinale.

syncopal /'sɪŋkəpl/, *a.* (*med.*) sincopale.

to **syncopate** /'sɪŋkəpeɪt/, *v. t.* (*gramm.*, *mus.*) sincopare.

syncopated /'sɪŋkəpeɪtɪd/, *a.* (*gramm.*, *mus.*) sincopato.

syncopation /sɪŋkə'peɪʃn/, *n.* (*gramm.*, *mus.*) il sincopare; sincopatura.

syncope /'sɪŋkəpɪ/, *n.* (*gramm.*, *mus.*, *med.*) sincope.

syncopic /sɪŋ'kɒpɪk/, *a.* (*med.*) di sincope; sincopale.

syncresis /'sɪŋkrəsɪs/, *n.* (*ling.*) sincrasi.

syncretic /sɪŋ'krɛtɪk, -'kriː-/, *a.* sincretico.

syncretism /'sɪŋkrətɪzəm/, *n.* (*filos.*, *ling.*) sincretismo.

syncretist /'sɪŋkrətɪst/, *n.* sincretista.

syncretistic /sɪŋkrə'tɪstɪk/, *a.* sincretistico.

to **syncretize** /'sɪŋkrətaɪz/, *v. t.* e *i.* fondere insieme (*dottrine o religioni diverse*).

syndesis /sɪn'diːsɪs/, *n.* (*ling.*) sindesi.

syndetic /sɪn'dɛtɪk/, *a.* (*ling.*) sindetico.

syndic /'sɪndɪk/, *n.* **1** curatore d'interessi **2** direttore amministrativo (*d'università*) **3** sindaco (*non in G.B. o USA*) **4** (*leg.*) amministratore fiduciario **5** (*nello Stato della Louisiana*) curatore fallimentare.

syndicalism /'sɪndɪkəlɪzəm/, *n.* (*polit.*) sindacalismo rivoluzionario.

syndicalist /'sɪndɪkəlɪst/, *n.* (*polit.*) fautore del sindacalismo rivoluzionario.

syndicalistic /sɪndɪkə'lɪstɪk/, *a.* (*polit.*) relativo al sindacalismo rivoluzionario.

syndicate /'sɪndɪkət/, *n.* **1** (*fin.*) sindacato finanziario; associazione di banchieri, finanzieri, ecc. **2** (*econ.*, *fin.*) sindacato industriale; gruppo monopolistico; cartello **3** (*giorn.*) agenzia di stampa **4** catena di giornali **5** (*stor.*: *nell'Italia fascista*) sindacato corporativo.

to **syndicate** /'sɪndɪkeɪt/, **A** *v. t.* **1** (*fin.*) associare in sindacato (*V.* **syndicate**) **2** vendere (*articoli, notizie, foto*) tramite un'agenzia di stampa **3** (*econ.*) controllare (*un certo numero di giornali*). **B** *v. i.* (*fin.*) costituirsi in sindacato (*V.* **syndicate**).

syndication /sɪndɪ'keɪʃn/, *n.* costituzione in sindacato finanziario o industriale (*V.* **syndicate**).

syndrome /'sɪndrəʊm/, *n.* **1** (*med.*) sindrome **2** (*fig.*) comportamento sintomatico.

syne /saɪn/, *avv.* (*scozz.*) **1** *V.* **since 2** *V.* **ago.**

synecdoche /sɪ'nɛkdəkɪ/, *n.* (*retor.*) sineddoche.

synecology /sɪnɪ'kɒlədʒɪ/, *n.* (*scient.*) sinecologia.

syneresis /sɪ'nɪərəsɪs/, *V.* **synaeresis**.

synergetic /sɪnə'dʒɛtɪk/, *a.* (*med.*) sinergico. || **-ally**, *avv.*

synergism /'sɪnədʒɪzəm/, *n.* (*scient.*) sinergismo.

synergist /'sɪnədʒɪst/, *n.* **1** (*anat.*) sinergista; muscolo sinergista **2** (*med.*) farmaco sinergico.

synergistic /sɪnə'dʒɪstɪk/, *a.* (*med.*) sinergico.

synergy /'sɪnədʒɪ/, *n.* (*med.*) sinergia.

syngenesis /sɪn'dʒɛnəsɪs/, *n.* (*scient.*) singenesi.

syngenetic /sɪndʒə'nɛtɪk/, *a.* (*scient.*) singenetico.

synizesis /sɪnɪ'ziːsɪs/, *n.* (*pl.* **synizeses**) (*ling.*) sineresi; sinizesi.

synkinesis /sɪnkɪ'niːsɪs, -kaɪ-/, *n.* (*med.*) sincinesia.

synkinetic /sɪnkɪ'nɛtɪk, -kaɪ-/, *a.* (*med.*) sincinetico.

synod /'sɪnəd/, *n.* **1** (*relig.*) sinodo **2** (*fig.*) convegno; riunione.

synodal /'sɪnədl/, *a.* (*relig.*) sinodale.

synodic(al) /sɪ'nɒdɪk(l)/, *a.* **1** (*relig.*) sinodale **2** (*astron.*) sinodico: **s. month**, mese sinodico. || **-ally**, *avv.*

synonym /'sɪnənɪm/, *n.* (*ling.*) sinonimo.

synonymic(al) /sɪnə'nɪmɪk(l)/, *a.* (*ling.*) sinonimico.

synonymity /sɪnə'nɪmətɪ/, *n.* (*ling.*) sinonimia.

synonymous /sɪ'nɒnɪməs/, *a.* (*ling.*) sinonimo. ● (*fig.*) **to be s. with**, equivalere a; essere la stessa cosa di. || **-ly**, *avv.* || **-ness**, *sost.*

synonymy /sɪ'nɒnəmɪ/, *n.* **1** (*ling.*) sinonimia **2** studio dei sinonimi **3** (*raro*) raccolta di sinonimi.

synopsis /sɪ'nɒpsɪs/, *n.* (*pl.* **synopses**) sinossi; sommario; compendio; sunto; specchietto.

synoptic(al) /sɪ'nɒptɪk(l)/, *a.* sinottico. ● (*meteor.*) **s. chart**, carta sinottica □ (*relig.*) **the s. Gospels**, i Vangeli sinottici; i sinottici. || **-ally**, *avv.*

synoptist /sɪ'nɒptɪst/, *n.* (*relig.*) autore di un Vangelo sinottico.

synovia /saɪ'nəʊvɪə/, *n.* (*anat.*) sinovia.

synovial /saɪ'nəʊvɪəl/, *a.* (*anat.*) sinoviale: **s. liquid**, liquido sinoviale.
synovitis /saɪnə'vaɪtɪs, *USA* sɪ-/, *n.* (*med.*) sinovite.
syntactic(al) /sɪn'tæktɪk(l)/, *a.* (*ling.*) sintattico. || **-ally**, *avv.*
syntagm /'sɪntægəm/, *V.* **syntagma**.
syntagma /sɪn'tægmə/, *n.* (*pl.* **syntagmas, syntagmata**) (*ling.*) sintagma.
syntagmatic /sɪntæg'mætɪk/, *a.* (*ling.*) sintagmatico.
syntax /'sɪntæks/, *n.* (*ling.*) sintassi.
syntheme /'sɪnθiːm/, *n.* (*ling.*) sintema.
synthesis /'sɪnθəsɪs/, *n.* (*pl.* **syntheses**) sintesi.
to **synthesize** /'sɪnθəsaɪz/, *v. t.* sintetizzare (*anche chim.*); riunire in sintesi.
synthesizer /'sɪnθəsaɪzə(r)/, *n.* ***1*** sintetizzatore; chi sintetizza ***2*** (*acustica, elettron., ling., ecc.*) sintetizzatore.
synthetic(al) /sɪn'θetɪk(l)/, **A** *a.* ***1*** sintetico: **s. method**, metodo sintetico ***2*** (*chim.*) sintetico: **s. resin**, resina sintetica; **s. rubber**, gomma sintetica; **s. wool**, lana sintetica ***3*** (*ling.*) sintetico ***4*** (*spreg.*) artificiale; privo di originalità (*o* di schiettezza): **s. enthusiasm**, entusiasmo artificiale; **s. style**, stile privo di originalità. **B** *n.* (*ind.*) prodotto sintetico. || **-ally**, *avv.*
syntheticity /sɪnθə'tɪsətɪ/, *n.* sinteticità.
to **synthetize** /'sɪnθətaɪz/, *V.* **to synthesize**.
syntonic /sɪn'tɒnɪk/, *a.* (*scient.*) sintonico.
syntonization /sɪntənaɪ'zeɪʃn, *USA* -nɪ'z-/, *n.* (*radio*) sintonizzazione.
to **syntonize** /'sɪntənaɪz/, *v. t.* (*radio*) sintonizzare.
syntony /'sɪntənɪ/, *n.* (*scient.*) sintonia.
syphilis /'sɪfɪlɪs/, *n.* (*med.*) sifilide; lue.
syphilitic /sɪfɪ'lɪtɪk/, *a.* e *n.* (*med.*) sifilitico; luetico.
syphon /'saɪfn/, *V.* **siphon**.
Syracusan /saɪərə'kjuːzn/, *a.* e *n.* siracusano.
Syracuse /'saɪərəkjuːz/, *USA* /'sɪrəkjuːs/, *n.* (*geogr.*) Siracusa.
syren /'saɪərən/, *V.* **siren**.
Syria /'sɪrɪə/, *n.* (*geogr.*) Siria.
Syriac /'sɪrɪæk/, *a.* e *n.* (*stor.*) siriaco.
Syrian /'sɪrɪən/, *a.* e *n.* siriano.
syringa /sɪ'rɪŋgə/, *n.* (*bot.*) ***1*** (*Syringa*) siringa; lillà; serenella ***2*** (*Philadelphus*) filadelfo.
syringe /sɪ'rɪndʒ/, *n.* ***1*** (*specialm. med.*) siringa: **hypodermic s.**, siringa per iniezioni ipodermiche ***2*** (*tecn.*) schizzetto; siringa; spruzzatore.
to **syringe** /sɪ'rɪndʒ/, *v. t.* ***1*** (*med.*) siringare; fare un'iniezione a (q.) ***2*** (*med.*) iniettare con una siringa ***3*** spruzzare; irrorare.
syringeal /sɪ'rɪŋdʒɪəl/, *a.* (*zool.*) della siringe.
syringotomy /sɪrɪŋ'gɒtəmɪ/, *n.* (*med.*) siringotomia.
syrinx /'sɪrɪŋks/, *n.* (*pl.* **syringes, syrinxes**) ***1*** (*zool.*) siringe ***2*** (*mus.*) siringa (*antico strumento pastorale*) ***3*** (*med.*) fistola ***4*** (*anat.*) tuba uditiva, tromba d'Eustachio ***5*** (*archeol.*) stretta galleria (*di tomba egizia*).
syrtic /'sɜːtɪk/, *a.* (*geogr.*) sirtico.
syrup /'sɪrəp, *USA* 'sɜːrəp/, *n.* (*anche farm.*) sciroppo. ● **golden s.**, melassa.
syrupy /'sɪrəpɪ, *USA* 'sɜː-/, *a.* (*anche fig.*) sciropposo.
systaltic /sɪ'stæltɪk, *USA* -tɔːl-/, *a.* (*med.*) sistaltico; pulsante.
system /'sɪstəm/, *n.* ***1*** sistema; metodo; ordine: **a good s. for winning at the football pools**, un buon sistema per vincere al totocalcio; (*mecc.*) **a s. of pulleys**, un sistema di carrucole; **a philosophic s.**, un sistema filosofico; (*astron.*) **the solar s.**, il sistema solare; (*fisiol.*) **the nervous s.**, il sistema nervoso; (*polit.*) **a s. of government**, un sistema di governo; **to lack s.**, mancare di metodo; **What s. do you go on?**, che metodo segui? ***2*** (*geogr., ferr., telef., telegr.*) rete: **the railway s.**, la rete ferroviaria; **a river s.**, una rete fluviale; **telephone s.**, rete telefonica ***3*** (*elettr., mecc.*) impianto: **the electrical s. of a car**, l'impianto elettrico di un'automobile; **heating s.**, impianto di riscaldamento ***4*** (*anat.*) apparato: **reproductive s.**, apparato riproduttore ***5*** (*fam.*) (il) corpo umano; (l') organismo: **Tobacco is bad for the s.**, il tabacco fa male all'organismo; **to get it out of one's s.**, togliersi un peso di dosso; sfogarsi ***6*** (*mat., elab.*) sistema ***7*** (*mus.*) i righi della partitura (*collett.*) ***8*** – (*polit.*) **the s.**, il sistema: **to be against the s.**, essere contro il sistema. ● (*elab., org. az.*) **systems analysis**, analisi dei sistemi (*aziendale, amministrativo, ecc.*) □ **systems analyst**, specialista dell'analisi dei sistemi; sistemista □ (*elab.*) **systems design**, progettazione di sistemi □ **systems designer**, progettista di sistemi □ **systems ecology**, ecologia di sistemi □ **systems engineering**, ingegneria dei sistemi □ (*elab.*) **s. flowchart**, diagramma di flusso □ **s. software**, software di base □ (*mat.*) **decimal s.**, sistema decimale □ (*mat.*) **number s.**, sistema numerico □ **social s.**, ordinamento sociale □ (*mecc.*) **the timing s.**, la distribuzione.
systematic(al) /sɪstə'mætɪk(l)/, *a.* ***1*** sistematico; metodico; ordinato; regolare: **s. opposition**, opposizione sistematica; **a s. worker**, un lavoratore metodico, regolare ***2*** (*biol.*) sistematico; tassonomico. ● **s. insolence**, insolenza intenzionale e ripetuta (*o* sistematica) □ **a s. liar**, uno che mente di continuo (*o* per sistema) □ (*stat.*) **s. sampling**, campionatura sistematica. || **-ally**, *avv.*
systematicity /sɪstəmə'tɪsətɪ/, *n.* sistematicità.
systematics /sɪstə'mætɪks/, *n. pl.* (*col verbo al sing.*) ***1*** sistematica ***2*** (*biol.*) tassonomia; sistematica.
systematism /'sɪstəmətɪzəm/, *n.* il seguire un sistema.
systematist /'sɪstəmətɪst/, *n.* ***1*** chi segue un sistema ***2*** (*biol.*) tassonomista; sistematico ***3*** chi costruisce sistemi.
systematization /sɪstəmətaɪ'zeɪʃn, *USA* -tɪ-'z-/, *n.* sistematizzazione; riduzione a sistema; ordinamento secondo un sistema.
to **systematize** /'sɪstəmətaɪz/, *v. t.* sistematizzare; rendere sistematico; ridurre a sistema; ordinare secondo un sistema.
systemic /sɪ'stemɪk/, *a.* ***1*** sistematico; ordinato ***2*** (*fisiol., ling.*) sistemico: **s. circulation**, circolazione sistemica (*o* generale); **s. linguistics**, linguistica sistemica. ● (*agric.*) **s. insecticides**, insetticidi ad azione diffusa.
systemless /'sɪstəmləs/, *a.* ***1*** privo di sistema ***2*** (*biol.*) privo di struttura organica.
systole /'sɪstəlɪ/, *n.* (*fisiol.*) sistole.
systolic /sɪ'stɒlɪk/, *a.* (*fisiol.*) di sistole; sistolico.
systyle /'sɪstaɪl/, *a.* e *n.* (*archit.*) (tempio) sistilo.
syzygial /sɪ'zɪdʒɪəl/, *a.* (*astron.*) siziziale.
syzygy /'sɪzədʒɪ/, *n.* (*astron.*) sizigia.

t, T

T, t /tiː/, *n.* ***1*** (*pl.* **T's, t's**; **Ts, ts**) T, t (*ventesima lettera dell'alfabeto ingl.*) ***2*** oggetto a forma di T. ● **a T-bar**, un profilato a (forma di) T □ (*sport*) **T-bar lift** (*o* **tow**), sciovia ad àncora □ (*cucina*) **T-bone** (**steak**), bistecca con l'osso (e col filetto); fiorentina □ (*telef.*) **t for Tommy** (*USA*: **t for Tare**), t come Torino □ **T-junction**, (*elettron., mecc.*) giunzione a T; (*autom.*) incrocio a T □ **a T-pipe**, un tubo a T □ (*moda*) **a T-shirt**, una T-shirt; una maglietta a girocollo □ **T-shirt printer**, stampatore di T-shirt □ **a T-square**, una squadra a T □ (*fig.*) **to cross one's t's**, essere minuzioso, pedante, pignolo; mettere i punti sulle i □ (*cucina: dell'arrosto, ecc.*) **done to a T**, cotto a puntino □ **to hit it off to a t**, coglier nel segno; azzeccarla; (*fig.*) far centro □ **It suits me to a t**, mi va a pennello; mi sta alla perfezione.

ta /tɑː/, *inter.* (*infant. o scherz.*) grazie: **Ta so ever**, mille grazie!

tab (**1**) /tæb/, *n.* ***1*** striscetta, etichetta (*di carta, di stoffa, di cuoio, ecc.*); cartellino ***2*** aletta (*di berretto, ecc.*) ***3*** linguetta (*di scarpa, d'oggetto metallico, ecc.*) ***4*** aghetto, punta (*di laccio da scarpe*) ***5*** segnalibro ***6*** (*mil.*) mostrina (*d'ufficiale di stato maggiore*) ***7*** (*aeron.*) aletta di compensazione; compensatore: **trim tab**, correttore di assetto ***8*** (*fam.*) conto (*specialm. di ristorante*) ***9*** (*fam.*) prezzo; costo: **The tab for motorways will be very high**, il costo delle autostrade sarà altissimo. ● (*fam.*) **to keep tabs** (*o* **a tab**) **on**, registrare, segnare (q.c.); sorvegliare, tener d'occhio, controllare (q.) □ (*fam.*) **to pick up the tab**, pagare il conto; offrire (*da bere, da mangiare, ecc.*) □ (*gergo mil.*) **red tab**, ufficiale di stato maggiore.

tab (**2**) /tæb/, *n.* ***1*** (*fam.*) *V.* **tabulator** ***2*** (*fam.*) *V.* **tablet** ***3*** (*elab.*) tabulato. ● **tab card**, scheda perforata □ **tab forms**, stampati meccanografici □ **tab man**, operatore di centro meccanografico.

to **tab** (**1**) /tæb/, *v. t.* ***1*** fornire di etichetta, linguetta, ecc. ***2*** mettere il cartellino a ***3*** (*fig.*) etichettare; selezionare ***4*** (*fam. USA*) identificare, riconoscere (q.).

to **tab** (**2**) /tæb/, *v. t.* (*elab.*) tabulare; incolonnare.

tabacosis /tæbəˈkəʊsɪs/, *n.* (*med.*) tabacosi.

tabagism /ˈtæbədʒɪzəm/, *n.* (*med.*) tabagismo.

tabard /ˈtæbəd/, *n.* (*stor.*) ***1*** tabarro ***2*** cotta d'arme.

tabaret /ˈtæbərət/, *n.* tessuto a righe alterne di seta marezzata e raso (*per tappezzerie*).

tabby /ˈtæbɪ/, **A** *n.* ***1*** (*stor.*) tabì (*tessuto di seta marezzata*) ***2*** (= **t. cat**) gatto soriano; gatto tigrato ***3*** vecchia zitella ***4*** donna ciarlona; pettegola. **B** *a.* ***1*** a strisce; tigrato ***2*** (*di tessuto*) marezzato.

to **tabby** /ˈtæbɪ/, *v. t.* (*ind. tess.*) marezzare.

tabernacle /ˈtæbənækl/, *n.* ***1*** (*relig.*) tabernacolo (*anche fig.*) ***2*** (*archit.*) cappelletta; nicchia; ciborio ***3*** (*fig.*) corpo umano (*in quanto alberga l'anima*) ***4*** (*naut.*) supporto scatolato (*di un albero*). ● (*relig. ebraica*) **the Feast of the Tabernacles**, la Festa dei Tabernacoli (o delle Capanne).

to **tabernacle** /ˈtæbənækl/, **A** *v. t.* mettere in un tabernacolo. **B** *v. i.* (*raro*) abitare, dimorare, risiedere temporaneamente.

tabernacular /tæbəˈnækjʊlə(r)/, *a.* di (*o* simile a) tabernacolo.

tabes /ˈteɪbiːz/, *n.* (*invar. al pl.*) (*med.*) tabe: **dorsal t.**, tabe dorsale.

tabescence /təˈbɛsns/, *n.* (*med.*) consunzione; marasma.

tabescent /təˈbɛsnt/, *a.* (*med.*) tabetico; affetto da tabe.

tabetic /təˈbɛtɪk/, *a.* e *n.* (*med.*) tabetico; tabico; affetto da tabe.

tablature /ˈtæblətʃə(r)/, *n.* ***1*** (*stor., mus.*) intavolatura ***2*** (*raro*) tavola; lapide.

table /ˈteɪbl/, **A** *n.* ***1*** tavola; tavolo; tavolino: **kitchen t.**, tavolo da cucina; **dining t.**, tavolo da pranzo; tavola; **card t.**, tavolo da gioco; **drawing t.**, tavolo da disegno; (*med.*) **operating t.**, tavolo operatorio; **tea-t.**, tavolino da tè; **dressing t.**, tavolino da toeletta; **to be at t.**, essere a tavola; **to sit down to t.**, sedersi a tavola ***2*** tavola; tavoletta; lastra (*di pietra, bronzo, ecc.*); tabella; tabellina: (*stor. romana*) **the twelve tables**, le dodici tavole; **the Knights of the Round T.**, i cavalieri della Tavola Rotonda; **a t. of weights and measures**, una tabella dei pesi e delle misure; (*relig.*) **the tables of the Law**, le tavole della legge mosaica; i dieci Comandamenti; **multiplication tables**, tavole pitagoriche; (*fam.*) **the tables**, le tabelline (*fam.*) ***3*** tavola; elenco; prospetto ***4*** (*pitt.*) tavola; quadro ***5*** (*geogr.*, = **tableland**) tavolato; plateau ***6*** (*di legno*) asse; tavola ***7*** (*di pietra*) lastra; lastrone: **The Ten Commandments were given to Moses on tables of stone**, i dieci Comandamenti furono dati a Mosè su lastre di pietra ***8*** (*fig.*) i commensali; tavolata: **The girl kept the t. merry**, la ragazza tenne allegra la tavolata ***9*** (*fig.*) tavolo: **a t. of bridge**, un tavolo di bridge; **a poker t.**, un tavolo di poker; **at the peace t.**, al tavolo della pace ***10*** (*anat.*) tavola; lamina (*o* piastra) ossea ***11*** (*mecc.*) tavola portapezzi (*di macchina utensile*) ***12*** (*oreficeria*) (faccia superiore di) gemma tagliata in quadrato ***13*** (*pl.*) tavola reale; tric-trac. **B** *a. attr.* ***1*** da tavolo: **a t. lamp**, una lampada da tavolo ***2*** da tavola: **t. wine**, vino da tavola (*o* da pasto) ***3*** (*elab., ecc.*) tabellare: **t. look-up**, ricerca tabellare. ● **t. board**, pensione con il solo vitto □ **t. clamp**, morsetto; attacco a morsetto; molletta; pinzetta (*per la tovaglia*), fermatovaglia □ **t. companion**, commensale □ **t. cover**, copritavolo □ **t. flap**, ribalta (*di tavolo*) □ **t. fork**, forchetta da tavola □ **t. knife**, coltello da tavola □ **t. leaf**, prolunga (*di tavolo*) □ **t.-lifting**, il sollevamento del tavolino (*spiritismo*) □ **t. linen**, biancheria da tavola; tovagliato □ **t. manners**, buone maniere a tavola: **to have no t. manners**, non saper stare a tavola □ (*mil.*) **t. money** indennità di mensa □ **t. napkin**, tovagliolo □ **t. of contents**, indice (*del contenuto di un libro*) □ (*org. az.*) **t. of organization**, organigramma □ **t.-rapping**, il battere del tavolino (*spiritismo*) □ **t. salt**, sale da tavola; sale fino □ **t. talk**, conversazione familiare a tavola □ **t. tennis**, tennistavolo; tennis da tavolo; ping-pong □ **t.-tennis player**, giocatore di ping-pong; pongista □ **t. top**, piano di un tavolo (*talora di vetro*) □ **t.-turning**, il ballare del tavolino (*spiritismo*) □ **t. water**, acqua minerale □ **to clear the t.**, sparecchiare (la tavola) □ (*al ristorante*) **the cold t.**, la tavola dei piatti freddi (*antipasti, ecc.*) □ **draw** (*o* **extension**) **t.**, tavolo allungabile □ (*med.*) **examination t.**, lettino per visite □ **to keep a bad t.**, mangiar male; dar da mangiare male □ **to keep a good t.**, mangiar bene; dar da mangiare bene □ **to lay the t.**, apparecchiare (la tavola) □ (*fig.*) **to lay a measure [a report] on the t.**, mettere un provvedimento [un rapporto] in discussione; (*USA*) rinviare un provvedimento [un rapporto] a tempo indeterminato □ (*di legge, progetto, ecc.*) **to lie on the t.**, essere in discussione; (*USA*) essere rinviato a tempo indeterminato □ (*fig.*) **to put one's cards on the t.**, mettere le carte in tavola; giocare a carte scoperte □ **to turn the t.**, far ballare il tavolino (*spiritismo*) □ (*fig.*) **to turn the tables** (**on sb.**), rovesciare la situazione (a danno di q.) □ **under the t.**, sotto la tavola, ubriaco (*dopo un pranzo*); (*anche, fig.*) (*avv.*) sottobanco; (*agg.*) illecito; illegale: **to sell goods under the t.**, vendere merce sottobanco; **under-the-t. procedures**, procedure illegali.

to **table** /ˈteɪbl/, *v. t.* ***1*** mettere su un tavolo; mettere in tavola ***2*** ordinare (*dati, ecc.*) su una tabella; elencare; classificare ***3*** (*spesso polit., specialm. USA*) rinviare (*una mozione, un disegno di legge, ecc.*) a tempo indeterminato ***4*** (*polit.*) presentare, proporre (*una mozione, ecc.*) ***5*** giocare, buttare (*una carta*) in tavola ***6*** (*falegn., arc.*) incastrare; congiungere a incastro.

tableau /ˈtæbləʊ, *USA* tæˈbləʊ/ (*franc.*), *n.* (*pl.* **tableaux, tableaus**) ***1*** (= **t. vivant**) quadro plastico; tableau ***2*** (*fig.*) scena (*o* situazione) drammatica; incidente. ● (*teatr.*) **t. curtains**, sipario a tende laterali.

tablecloth /ˈteɪblklɒθ, *USA* -ɔːθ/, *n.* tovaglia.

table d'hôte /ˈtɑːblˈdəʊt, *USA* ˈtæ-/ (*franc.*), *n.* (*pl.* **table d'hôtes**) (*negli alberghi e ristoranti*); menu (*o* pasto) alla carta. ● **a table d'hôte dinner**, un pranzo a prezzo fisso.

tableful /ˈteɪblfʊl/, *n.* tavolata.

to **table-hop** /ˈteɪblhɒp/, *v. i.* (*fam. USA*) girare fra i tavoli (*per chiacchierare: al ristorante*).

tableland /ˈteɪbllænd/, *n.* (*geogr.*) tavolato; altopiano; plateau (*franc.*).

tablemat /ˈteɪblmæt/, *n.* sottopiatto.

tablespoon /ˈteɪblspuːn/, *n.* ***1*** cucchiaio da tavola ***2*** cucchiaiata; cucchiaio: **a t. of flour**, un cucchiaio di farina.

tablespoonful /ˈteɪblspuːnfʊl/, *n.* cucchiaiata.

tablet /ˈtæblət/, *n.* ***1*** tavoletta; tavola ***2*** targa: **a votive t.**, una targa votiva ***3*** blocchetto di carta da scrivere ***4*** (*med.*) compressa; pasticca; pastiglia ***5*** (*archit.*) cornicione. ● **a soap t.**, una saponetta.

tableting /ˈtæblətɪŋ/, *n.* (*ind., farm.*) pastigliatura.

tableware /ˈteɪblweə(r)/, *n.* (*collett.*) stoviglie da tavola; vasellame.

tabling /ˈteɪblɪŋ/, *n.* (*falegn.*) congiunzione a incastro.

tabloid /ˈtæblɔɪd/, **A** *n.* ***1*** (*med.*) compressa; pasticca ***2*** giornale in formato ridotto; tabloid ***3*** (*spreg.*) giornale popolare, di tipo scandalistico (*con molte fotografie e poche notizie condensate*). **B** *a. attr.* condensato; succinto; per sommi capi. ● (*spreg.*) **t. journalism**, giornalismo popolare; giornalismo scandalistico.

taboo /tə'buː/, **A** *n.* (*pl.* **taboos**) tabù; cosa proibita (*o* vietata); proibizione, interdizione (*in genere*). **B** *a. pred.* ***1*** interdetto; proibito; vietato ***2*** (*relig.*) sacro; intoccabile. ● **to be under** (**a**) **t.**, essere tabù; essere proibito (*o* vietato).

to **taboo** /tə'buː/, *v. t.* interdire; proibire; vietare: **That subject was tabooed**, quell'argomento era proibito (*o* non si poteva toccare).

tabor /'teɪbə(r)/, *n.* (*stor., mus.*) piccolo tamburo; tamburello.

tabouret /'tæbərət, *USA* tæbə'ret, -'reɪ/, *n.* ***1*** sgabello ***2*** piccolo telaio per ricamo; tamburello ***3*** (*mus.*) tamburello.

tabu /tə'buː/, *V.* **taboo**.

tabular /'tæbjʊlə(r)/, *a.* ***1*** tabellare; tabulare; di tabella; calcolato secondo tavole: (*mat.*) **t. difference**, differenza tabulare; **t. values**, valori desunti dalle tabelle; **t. computations**, calcoli basati su tabelle ***2*** classificato in tavole; disposto in tabelle ***3*** (*bot., geol., miner.*) tabulare: **a t. rock**, una roccia tabulare. ● **a t. statement**, un prospetto sinottico □ **t. surface**, superficie piatta.

tabulate /'tæbjʊlət/, *a.* disposto in tabelle; tabellare.

to **tabulate** /'tæbjʊleɪt/, *v. t.* ***1*** disporre in tavole; disporre (*o* ordinare) (*cifre, ecc.*) in tabelle; catalogare; classificare ***2*** (*mat., stat.*) tabulare ***3*** levigare; spianare. ● (*elab.*) **tabulating department**, centro meccanografico □ (*elab.*) **tabulating machine**, tabulatrice.

tabulation /tæbjʊ'leɪʃn/, *n.* ***1*** disposizione in tavole sinottiche; classificazione ***2*** (*mat., stat.*) tabulazione ***3*** tabulato.

tabulator /'tæbjʊleɪtə(r)/, *n.* ***1*** tabulatrice (*per dati, cifre, ecc.*) ***2*** tabulatore (*di macchina da scrivere*) ***3*** (*elab.*) tabulatore. ● **t. key**, tasto incolonnatore.

tacheometer /tækɪ'ɒmɪtə(r)/, *n.* (*topogr.*) tacheometro.

tacheometry /tækɪ'ɒmətrɪ/, *n.* (*topogr.*) tacheometria.

tachograph /'tækəgrɑːf, *USA* -æf/, *n.* (*autom.*) tachigrafo (*specialm. per i T.I.R.*).

tachometer /tæ'kɒmɪtə(r)/, *n.* (*mecc., autom.*) ***1*** contagiri ***2*** tachimetro.

tachometry /tæ'kɒmətrɪ/, *n.* (*fis., mecc.*) tachimetria.

tachycardia /tækɪ'kɑːdɪə/, *n.* (*med.*) tachicardia.

tachycardiac /tækɪ'kɑːdɪæk/, *a.* (*med.*) tachicardico.

tachygrapher /tæ'kɪgrəfə(r)/, *n.* (*un tempo*) tachigrafo; stenografo.

tachygraphic(**al**) /tækɪ'græfɪk(l)/, *a.* (*un tempo*) tachigrafico; stenografico.

tachygraphy /tæ'kɪgrəfɪ/, *n.* (*un tempo*) tachigrafia; stenografia.

tachymeter /tæ'kɪmɪtə(r)/, *n.* ***1*** (*topogr.*) tacheometro ***2*** (*mecc.*) tachimetro.

tachymetry /tæ'kɪmətrɪ/, *n.* (*topogr.*) tacheometria.

tachyon /'tækɪɒn/, *n.* (*fis.*) tachione.

tachyphagia /tækɪ'feɪdʒə/, *n.* (*med.*) tachifagia.

tacit /'tæsɪt/, *a.* tacito; implicito; sottinteso: **t. consent**, tacito consenso; **t. agreement**, tacito accordo. ● **a t. spectator**, uno spettatore che non interviene. || **-ly**, *avv.*

taciturn /'tæsɪtɜːn/, *a.* taciturno; di poche parole. || **-ly**, *avv.*

taciturnity /tæsɪ'tɜːnətɪ/, *n.* taciturnità.

tack /tæk/, *n.* ***1*** bulletta; chiodino; puntina (*da disegno, ecc.*) ***2*** (*nel cucito*) punto lungo: **to take out the tacks**, togliere i punti lunghi; togliere l'imbastitura ***3*** (*naut.*) mura (*cavo per orientare la vela*) ***4*** (*naut.*) bordata; virata ***5*** movimento a zigzag (*sulla terra*) ***6*** (*fig.*) linea di condotta; strada; via; rotta, direzione; pista (*fig.*): (*fig.*) **to be on the right** [**wrong**] **t.**, essere sulla strada buona [aver sbagliato strada]; (*fig.*) essere sulla pista giusta [sbagliata]; **We must change our t.**, dobbiamo mutar rotta ***7*** adesività, viscosità (*d'una vernice rappresa*) ***8*** (*fam.*) alimenti; cibo ***9*** (*polit.*) codicillo, articolo aggiunto (*V.* **tacking**, *def. 5*). ● **t. claw**, estrattore di bullette □ (*mecc.*) **t.-driver**, macchina per piantare bullette; bullettatrice □ **t.-hammer**, martelletto da tappezziere □ (*metall.*) **t. weld**, saldatura a punti; puntatura □ **brass tacks**, chiodini d'ottone □ (*fig.*) **to come down to brass tacks**, venire al sodo □ **hard t.**, biscotto; galletta □ (*naut.*) **on the opposite t.**, di controbordo □ (*naut.*) **to be on the port t.**, essere con le mure a sinistra □ (*naut.*) **to be on the starboard t.**, essere con le mure a dritta □ (*naut.*) **to steer on the starboard t.** [**on the port t.**], virare a dritta [a sinistra] □ (*USA*) **thumb t.**, puntina da disegno (*cfr. ingl.* **drawing pin**) □ **tin t.**, chiodino di ferro stagnato.

to **tack** /tæk/, **A** *v. t.* ***1*** (*anche* **to t. down, up**) fissare con bullette (*o* con chiodini); imbullettare: **to t. a stairway carpet down**, fissare a terra una guida con bullette; **to t.** (**up**) **a notice**, attaccare un avviso (con le puntine) ***2*** imbastire; attaccare (*un nastro, ecc.*) con punti lunghi ***3*** (*polit.*) aggiungere: **to t. an amendment to a financial bill**, aggiungere un emendamento a un disegno di legge finanziaria ***4*** (*naut.*) far virare di bordo (in prua), far bordeggiare (*una nave*). **B** *v. i.* ***1*** (*anche* **to t. about**) (*naut.*) virare di bordo (in prua); bordeggiare ***2*** (*in genere*) procedere a zigzag ***3*** (*fig.*) cambiar condotta all'improvviso; mutar tattica. ● **to t. on**, aggiungere; attaccare; (*sartoria*) attaccare, imbastire: **to t. the collar on to a jacket**, imbastire il colletto su una giacca; **to t. on a joke to one's speech**, finire un discorso attaccandoci una barzelletta.

tacker /'tækə(r)/, *n.* ***1*** imbullettatore ***2*** chi imbastisce; imbastitore ***3*** imbullettatrice; bullettatrice (*macchina*) ***4*** (*polit.*) chi aggiunge un articolo (*a un disegno di legge*) per farlo approvare.

tackiness /'tækɪnəs/, *n.* ***1*** adesività; viscosità ***2*** (*pop. USA*) l'essere malandato ***3*** (*pop. USA*) volgarità, cattivo gusto (*V.* **tacky**).

tacking /'tækɪŋ/, *n.* ***1*** l'imbullettare ***2*** (*nel cucito*) imbastitura ***3*** (*naut.*) bordeggio; virata ***4*** (*leg.*) priorità (*di una terza ipoteca quando la seconda non è stata notificata*) ***5*** (*polit.*) aggiunta di una clausola a un disegno di legge finanziaria (*per ottenere l'approvazione della Camera dei Lord*) ***6*** (*metall.*) puntatura. ● **t. stitch**, punto d'imbastitura.

tackle /'tækl/, *n.* ***1*** (*specialm. naut.*) paranco ***2*** attrezzatura; equipaggiamento; arnesi; attrezzi: **fishing t.**, attrezzatura da pesca ***3*** (*sport*) carica, contrasto; intervento; tackle: **to have a strong t.**, avere un buon tackle; **sliding t.**, tackle scivolato ***4*** (*rugby*) placcaggio ***5*** (*mecc.*) taglia. ● (*naut.*) **t. block**, bozzello; puleggia □ (*naut.*) **t. fall**, cavo dei bozzelli □ **double t.**, (*naut.*) paranco doppio; (*mecc.*) taglia doppia.

to **tackle** /'tækl/, *v. t.* e *i.* ***1*** afferrare; abbrancare: **The policeman tackled the thief**, il poliziotto afferrò il ladro ***2*** affrontare; fronteggiare; venire alle prese con (*una difficoltà, un problema, ecc.*); rispondere a: **I'll try to t. questions on the subject that you'll want answered**, cercherò di rispondere alle domande sull'argomento alle quali vorrete avere una risposta ***3*** intraprendere (*un lavoro, ecc.*) ***4*** (*naut.*) fissare a un paranco; parancare ***5*** (*naut.*) fornire (*una nave*) di paranchi ***6*** (*sport: calcio*) contrare; contrastare; intervenire su (*un avversario*); taklare ***7*** (*rugby*) placcare. ● **to t. sb. over** (*o* **about**) **a matter**, confrontarsi con q. su un argomento □ (*fam.*) **to t. to**, mettersi all'opera di buona lena □ **I think I can t. it**, credo di farcela.

tackler /'tæklə(r)/, *n.* (*sport*) ***1*** (*calcio*) incontrista; taklatore ***2*** (*rugby*) placcatore.

tackling /'tæklɪŋ/, *n.* ***1*** attrezzatura; equipaggiamento; attrezzi ***2*** (*sport: calcio*) contrasto ***3*** (*rugby*) placcaggio.

tacky /'tækɪ/, *a.* ***1*** adesivo; colloso; appiccicaticcio; viscoso ***2*** (*pop. USA*) malandato; trasandato; male in arnese ***3*** (*pop. USA*) vistoso; volgare; di cattivo gusto.

taco /'tɑːkəʊ, 'tæ-/ (*spagn.*), *n.* ***1*** (*cucina*) sfoglia di farina gialla arrotolata, imbottita di carne, formaggio, ecc. e fritta (*piatto messicano*) ***2*** (*pop. USA*) messicano.

tact /tækt/, *n.* tatto (*fig.*); accortezza; avvedutezza; riguardo; garbo.

tactful /'tæktfl/, *a.* pieno di tatto; accorto; avveduto; premuroso, riguardoso. || **-ly**, *avv.* || **-ness**, *sost.*

tactic /'tæktɪk/, **A** *n.* ***1*** (mossa) tattica; espediente; stratagemma ***2*** *V.* **tactics**. **B** *a.* (*mil.*) tattico. ● (*chim.*) **t. polymer**, polimero tattico.

tactical /'tæktɪkl/, *a.* ***1*** (*mil.*) tattico: **t. bombing**, bombardamento tattico; **t. missile**, missile tattico; **t. withdrawl**, ritirata tattica ***2*** (*fig.*) tattico: **t. error**, errore tattico.

tactician /tæk'tɪʃn/, *n.* ***1*** (*mil.*) tattico ***2*** (*fig.*) persona abile, scaltra.

tactics /'tæktɪks/, *n. pl.* (*col verbo al pl. o al sing.*) (*mil.*) tattica (*anche fig.*): **surprise t.**, la tattica della sorpresa; **I cannot approve these t.**, non posso approvare questa tattica (*o* questi stratagemmi).

tactile /'tæktaɪl, *USA* -tl/, *a.* (*scient.*) ***1*** tattile; del tatto: **t. organ**, organo tattile ***2*** dotato di tatto ***3*** tangibile.

tactility /tæk'tɪlətɪ/, *n.* (*scient.*) ***1*** tattilità ***2*** tangibilità.

tactless /'tæktləs/, *a.* privo di tatto; indiscreto; importuno: **a t. remark**, un'osservazione indiscreta; **a t. person**, una persona importuna. || **-ly**, *avv.* || **-ness**, *sost.*

tactual /'tæktʃʊəl/, *a.* (*scient.*) tattile.

tad /tæd/, *n.* (*fam. USA*) ***1*** pezzetto; pezzettino; (un) po': **Give me a tad more**, dammene un altro po' ***2*** ragazzino; topolino (*fig. fam.*).

tadpole /'tædpəʊl/, *n.* (*zool.*) girino.

ta'en /teɪn/, *contraz. poet. di* **taken**.

taenia /'tiːnɪə/, *n.* ***1*** (*zool., Taenia: pl.* **taenias**) tenia; (*Taenia solium*) verme solitario ***2*** (*anat.: pl.* **taeniae, taenias**) verme (*del cervelletto*) ***3*** (*archit.: pl.* **taeniae, taenias**) tenia; fascia di architrave dorico.

taffeta /'tæfɪtə/, *n.* (*ind. tess.*) taffettà, taffetà.

taffrail /'tæfreɪl/, *n.* (*naut.*) ***1*** coronamento ***2*** ringhiera del coronamento.

taffy /'tæfɪ/, (*USA*) *V.* **toffee**.

Taffy /'tæfɪ/, *n.* (*fam.*) gallese; abitante del Galles.

tafia /'tæfɪə/, *n.* rum scadente (*ricavato da melassa di scarto*).

tag (**1**) /tæg/, *n.* ***1*** puntale, aghetto (*di un cordoncino, un laccio da scarpe, ecc.*) ***2*** cartellino; segnaprezzo; etichetta mobile (*per valige, bottigliette, ecc.*); fustella (*su un medicinale*): **price tag**, cartellino del prezzo; segnaprezzo ***3*** (*di scarpone o stivale*) tirante ***4*** targhetta (*applicata a selvatici*); piastrina; medaglietta (*per un cane, ecc.*): **dog tag**, medaglietta del cane; (*gergo mil. USA*) piastrina (*di riconoscimento*) ***5*** punta della coda (*di un animale*) ***6*** (*fig.*) appendice; aggiunta; discorsetto di chiusura (*rivolto al pubblico*); pistolotto finale ***7*** (*fig.*) citazione: **a Latin tag**, una citazione in latino ***8*** (*spreg.*) frase fatta; luogo comune ***9*** (*fig.*) etichetta (*fig.*); nomignolo (*appiccicato a q.*); soprannome; epiteto ***10*** (*mus.*) ritornello (*di canzonetta*) ***11*** (*gramm. ingl.; di solito* **question tag**) breve domanda in coda alla frase principale (*V. sotto* **question**) ***12*** (*USA*) targa (*di automobile, ecc.*) ***13*** (*USA*) multa ***14*** (*elab.*) nome convenzionale; indicatore di rimando; identificatore ***15*** (*biol., med.*) isotopo radioattivo; tracciante; marcatore (*per seguire il percorso di una sostanza nel corpo umano*) ***16*** (*leg.*) rivelatore (*applicato a una persona sospetta per seguir-*

ne gli spostamenti) **17** (*anat.*) lembo; piccola appendice **18** (*pop. USA*) nome **19** (*pop. USA*) forte colpo; pugno **20** (*di una pecora*) fiocco di lana sporca. ● (*USA*) **tag day**, giorno di colletta (*o* di pubblica sottoscrizione) □ **tag end**, parte finale; rimanente; resto: **the tag end of the month**, il resto (*o* la fine) del mese □ **tag label**, etichetta mobile (*per valige, ecc.*) □ (*pubbl.*) **tag line**, motto pubblicitario; slogan □ **electronic tag**, *V. sopra, def. 14* □ (*autom.*) **licence tag**, bollo di circolazione □ **This painting has an obvious cash tag**, questo dipinto ha un evidente valore pecuniario (*fam.*: vale dei soldi).

tag (**2**) /tæg/, *n.* chiapparello; il giocare a rincorrersi.

tag (**3**) /tæg/, *n.* (*zootecnia*) pecora di due anni.

to **tag** (**1**) /tæg/, *v. t.* **1** mettere il puntale a (*una corda, un laccio da scarpe, ecc.*) **2** applicare un cartellino (un segnaprezzo, un contrassegno) a; mettere un'etichetta mobile a (*una valigia, ecc.*); fustellare (*un medicinale*) **3** (*comm.*) fissare il prezzo di (*un articolo*); prezzare **4** (*fig.*) etichettare (*fig.*); dare a (q.) il soprannome (*o* il nomignolo) di: **They immediately tagged him «Lefty»**, gli misero subito il soprannome di «Lefty» («il Mancino») **5** (*autom., USA*) multare; mettere un avviso di multa su (*un veicolo*) **6** (*biol., med.*) marcare (*una sostanza*) con un isotopo radioattivo **7** (*fig.*) concludere, chiudere (*un discorso, ecc.*) con un pistolotto finale; concludere (*un racconto*) con (*una morale*) **8** (*letter.*) mettere in rima (*un brano di prosa*); trasformare (*versi sciolti*) in rime **9** tagliare i fiocchi sporchi a (*pecore*) **10** (*pop. USA*) colpire (q.) con un pugno **11** (*pop. USA*) incriminare; incastrare (*fig.*): **The police tagged him**, la polizia l'incastrò. ● (*chim.*) **tagged compounds**, composti marcati con un isotopo.

♦**tag along**, *v. i. + avv.* (*fam.*) **1** seguire passo a passo; andare dietro (*a q.*); seguire da vicino: **The little girl was tagging along behind her mother**, la bimbetta seguiva la madre passo a passo **2** aggregarsi (*a un gruppo*); accodarsi.

♦**tag on**, **A** *v. t. + avv.* (*fam.*) aggiungere, inserire: **to tag on an extra clause**, inserire una clausola aggiuntiva. **B** *v. i. + avv.* (*fam.*) aggregarsi; accodarsi.

♦**tag out**, *v. t. + avv.* (*USA*) (*baseball*) mettere (*un giocatore*) fuori campo.

♦**tag together**, *v. t. + avv.* **1** mettere (*o* attaccare) insieme; appiccicare **2** (*spreg.*) raffazzonare.

to **tag** (**2**) /tæg/, *v. t.* toccare (*un compagno di gioco*) rincorrendosi (*o* a chiapparello).

Tagalog /tə'gɑːlɒg, *USA* -ɔːg/, *n.* **1** Tagalog (*popolo delle Filippine*) **2** tagal (*la lingua*).

tagger /'tægə(r)/, *n.* **1** chi fissa un puntale, chi attacca un'etichetta, ecc. (*V.* **to tag** (**1**)) **2** (*nel gioco del chiapparello*) chi insegue (*detto anche* **«it»**) **3** (*fam.*) chi imbratta muri (monumenti, ecc.) di scritte (*con bombolette, ecc.*) **4** (*pl.*) (*metall.*) fogli di lamiera sottile.

tagging /'tægɪŋ/, *n.* **1** applicazione di cartellini (*o* segnaprezzi, ecc.); etichettatura (*anche fig.*); fustellatura **2** (*comm.*) prezzatura **3** (*biol., med., leg.*) marcatura con un tracciante **4** (*USA*) applicazione di un avviso di multa; il multare **5** (*fam.*) l'imbrattare i muri con scritte (disegni, ecc.).

tagmeme /'tægmiːm/, *n.* (*ling.*) tagmema.

Tagus /'teɪgəs/, *n.* (*geogr.*) Tago.

Tahitian /tə'hiːʃn/, *a.* e *n.* tahitiano (*anche la lingua*).

taiga /'taɪgə/, *n.* (*geogr.*) taiga.

tail (**1**) /teɪl/, *n.* **1** coda (*anche fig.*); estremità, fine; (*d'abito*) falda: **the peacock's t.**, la coda del pavone; **the t. of a kite** [**of a comet**], la coda d'un aquilone [d'una cometa]; **the t. of a shirt**, l'estremità inferiore d'una camicia; **the t. of a car**, l'estremità posteriore di un'auto; **the t. of a funeral**, la coda di un funerale; **He watched me out of the t. of his eye**, mi guardò con la coda dell'occhio **2** codazzo; seguito: **The President was followed by a t. of attendants**, il Presidente era seguito da un codazzo di persone del seguito **3** (*di moneta, spesso al pl.*) rovescio; croce: **Head or tails?**, testa o croce?; **Tails I win**, per me, croce! **4** (*pl.*) (= **tailcoat**) abito a coda di rondine; marsina; frac **5** (*zool.*) pinna caudale **6** (*tipogr.*) piede (*della pagina*) **7** codino, treccia (*di capelli*) **8** (*fam.*) pedinatore **9** (*fam.*) pedinamento **10** (*pop. USA*) deretano; sedere; chiappe **11** (*volg.*) coda; pene **12** (*volg.*) scopata **13** (*volg.*) pezzo di fica (*volg.*). ● (*aeron.*) **t. assembly**, piani di coda; impennaggio verticale □ **t.-braid**, rinforzo dell'orlo (*della camicia*) □ **t. end**, fine, coda (*fig.*); (*fam.*) sedere, deretano: **the t. end of a procession of demonstrators**, la coda d'un corteo di dimostranti □ **the t. end of a speech**, la chiusa di un discorso □ (*sport* e *fig.*) **t.-ender**, fanalino di coda (*fig.*) □ **t. fin**, (*zool.*) pinna caudale; (*aeron.*) deriva di coda □ **t. gate**, cateratta inferiore (*di una chiusa*) □ (*aeron.*) **t.-heavy**, appoppato □ (*sport*) **the t. of the eleven**, gli elementi più deboli di una squadra di calcio □ **the t. of an «f»** [**a «g»**], la gamba di una «f» [di una «g»] □ (*meteor.*) **the t. of a gale**, la coda di una burrasca □ (*in un fiume*) **the t. of a stream**, l'acqua cheta al termine d'una rapida □ (*aeron.*) **t. rotor**, rotore di coda (*di elicottero*) □ (*aeron.*) **t. slide**, scivolata di coda □ (*aeron.*) **t. surface**, impennaggio □ (*fig.*: *di persona*) **tails up**, di buon umore; su di morale □ (*aeron.*) **t. wheel**, ruota di coda; ruotino □ **to have one's t. down**, avere la coda bassa; (*fam.*) essere più di giri □ **to have one's t. up**, avere la coda dritta; (*fam.*) essere su di giri (*o* di morale) □ **pony t.**, (pettinatura a) coda di cavallo □ (*anche fig.*) **to put one's t. between one's legs**, mettere la coda fra le gambe □ (*fam.*: *della polizia, ecc.*) **to put a t. on sb.**, far pedinare q. □ (*pop. USA*) **to sit on one's t.**, stare seduto sulle chiappe □ (*autom., fam.*) **to sit on sb.'s t.**, tallonare q. dappresso □ **to turn t.**, darsela a gambe; voltar le spalle al pericolo □ (*fig.*) **to twist sb.'s t.**, pestare i piedi a q.; infastidire q.; molestare q. □ (*fig.*) **to twist the lion's t.**, pestare la coda al leone; tirar la coda al diavolo □ (*del cane*) **to wag one's t.**, scodinzolare □ **to be with one's t. up**, (*d'animale*) avere la coda dritta; (*fig.*) essere euforico (*fam.*: pimpante) □ **I can't make head or t. of it**, non ci trovo né capo né coda; non riesco a venirne a capo.

tail (**2**) /teɪl/, *n.* (*leg.*) proprietà limitata a una persona e ai suoi eredi in linea diretta. ● **estate t.** (*o* **estate in t.**), beni soggetti a proprietà limitata.

to **tail** /teɪl/, *v. t.* **1** munire (*un aquilone, ecc.*) di coda **2** (*fam.*) staccare il gambo a (*frutta*); pulire (*fragole, ecc.*) **3** essere in coda a (*un corteo, una processione, ecc.*) **4** (*fam., anche* **to t. after**) seguire dappresso; stare alle calcagna di; pedinare: **The thief was being tailed by a policeman**, il ladro aveva un poliziotto alle calcagna **5** congiungere, attaccare, unire (*una cosa a un'altra, per le estremità*) **6** collegare, connettere (*mattoni, pietre*) nel muro **7** mozzar la coda a (*un cane, un agnello, ecc.*).

♦**tail after**, *v. t. + prep.* seguire dappresso; stare alle calcagna di (q.); pedinare.

♦**tail away**, *V.* **tail off**.

♦**tail back**, *v. i. + avv.* (*autom.*: *del traffico, di veicoli*) formare una coda; incolonnarsi: **Traffic tailed back for ten miles**, si formò una coda di 16 kilometri.

♦**tail in**, *v. t. + avv.* fissare (q.c.) per un'estremità: **to t. in a timber**, fissare una trave (*al muro*) per un'estremità.

♦**tail off**, *v. i. + avv.* **1** diminuire; calare; scemare a poco a poco: **Sales have tailed off**, le vendite sono calate a poco a poco; **Membership has tailed off**, sono diminuite le iscrizioni **2** (*di un suono*) affievolirsi, smorzarsi a poco a poco: **His voice tailed off**, la sua voce si affievolì pian piano **3** (*elettr.*) disperdersi.

♦**tail up**, *v. i. + avv.* (*USA*) mettersi in coda; fare la fila.

tailback /'teɪlbæk/, *n.* (*autom.*) lunga coda (*di veicoli*); incolonnamento; fila.

tailboard /'teɪlbɔːd/, *n.* **1** (*autom.*) sponda posteriore ribaltabile (*di camion*) **2** (*autom.*) portellone posteriore a ribalta (*che si tira giù*: *di una familiare*) **3** (*ferr.*) sponda posteriore (*di pianale*).

tailcoat /'teɪlkəʊt/, *n.* (*moda*) frac; marsina.

tailed /teɪld/, *a.* (*specialm. nei composti*) fornito di coda; caudato. ● (*di animale*) **bob-t.**, dalla coda mozza □ **a short-t. dog**, un cane dalla coda corta.

tailgate /'teɪlgeɪt/, *n.* (*USA*) *V.* **tailboard**. ● (*fam.*) **t. party**, pasto consumato usando il portellone posteriore (*di una familiare*) come tavolo; pasto alla buona (*spesso consumato in un parcheggio*).

to **tailgate** /'teɪlgeɪt/, **A** *v. t.* (*autom., fam. USA*) tallonare, andare troppo sotto a (*un altro veicolo*); stare incollato a (q.). **B** *v. i.* (*fam. USA*) fare un «tailgate party» (q.V.).

tailing /'teɪlɪŋ/, *n.* **1** l'accordarsi; il mettersi in coda **2** (*edil.*) parte incastrata di un mattone (*o* di una pietra, una trave, ecc.) in aggetto **3** (*fam.*) pedinamento **4** residuo; scampolo; parte finale **5** (*pl.*) (*ind. min.*) sterile di laveria **6** (*pl.*) (*ind.*) residui di scarto.

tailless /'teɪlləs/, *a.* senza coda: **a t. cat**, un gatto senza coda. ● (*aeron.*) **t. aeroplane**, (aereo) tuttala.

tailleur /tɑː'jɜː(r)/ (*franc.*), *n.* (*moda*) tailleur; completo (*da donna*).

taillight /'teɪllaɪt/, *n.* **1** (*autom.*) luce posteriore **2** (*aeron.*) fanalino di coda **3** (*ferr.*) fanale di coda **4** (*naut.*) fanale di coronamento.

tailor /'teɪlə(r)/, *n.* sarto. ● (*zool.*) **t.-bird** (*Orthotomus sutorius*), uccello sarto □ **t.'s chair**, sgabello da sarto □ **t.'s chalk**, pietra da sarto; gesso (*fam.*) □ **t.-made**, (*d'abito*) confezionato (*o* fatto) su misura; (*d'articolo*) fatto su ordinazione; (*fig.*) fatto su misura, personalizzato, adattato, speciale □ **t.'s shop**, sartoria □ **t.'s twist**, cordoncino per occhielli □ **lady's t.**, sarto da donna □ (*prov.*) **The t. makes the man**, l'eleganza nel vestire è cosa di grande peso.

to **tailor** /'teɪlə(r)/, **A** *v. i.* fare il sarto. **B** *v. t.* **1** confezionare; fare (*un abito*) su misura **2** provvedere (q.) di vestiti (fatti su misura) **3** (*fig.*) adattare; aggiustare; fare su misura (*anche fig.*); personalizzare: **His novels are tailored to popular taste**, i suoi romanzi sono fatti su misura per soddisfare i gusti del grosso pubblico; **We can t. the decoration to meet your tastes**, possiamo personalizzare la decorazione per soddisfare i vostri gusti. ● (*moda*) **tailored costume**, tailleur; completo (*da donna*) □ **a well-tailored suit**, un abito elegante, di buon taglio □ **We provide a service tailored to your specific requirements**, offriamo un servizio che risponde alle vostre specifiche esigenze.

tailoress /'teɪlərɪs/, *n.* sarta da uomo.

tailoring /'teɪlərɪŋ/, *n.* **1** sartoria; lavoro di sarto **2** abilità di sarto.

tailpiece /'teɪlpiːs/, *n.* **1** appendice; poscritto **2** (*tipogr.*) finalino; vignetta **3** (*mus.*) cordiera **4** (*fig.*) conclusione; pezzo aggiunto; coda (*fig.*).

tailpipe /'teɪlpaɪp/, *n.* **1** (*mecc.*) tubo di aspirazione (*di pompa*) **2** (*fis.*) tubo barometrico **3** (*aeron.*) ugello di uscita (*di un motore*) **4** (*autom., USA*) tubo di scappamento.

tailplane /'teɪlpleɪn/, *n.* (*aeron.*) stabilizzatore orizzontale.

tailrace /'teɪlreɪs/, *n.* canale di scarico (*di una turbina, di un mulino, ecc.*).

tailshaft /'teɪlʃɑːft, *USA* -æft/, *n.* **1** (*naut.*)

estremità poppiera dell'albero portaelica ***2*** (*aeron.*) codolo (*dell'albero motore*).

tailskid /ˈteɪlskɪd/, *n.* (*aeron.*) pattino di coda.

tailspin /ˈteɪlspɪn/, *n.* ***1*** (*aeron.*) avvitamento; vite: **to go into a t.**, entrare in vite; avvitarsi ***2*** (*fig. fam.*) confusione; crollo; collasso; tilt: **At last the poor man went into a t.**, il poveretto alla fine andò in tilt.

tailstock /ˈteɪlstɒk/, *n.* (*mecc.*) contropunta (*di un tornio*).

tailwind /ˈteɪlwɪnd/, *n.* ***1*** (*naut.*) vento a favore; vento di poppa ***2*** (*autom.*) vento in coda.

tain /teɪn/, *n.* ***1*** sottile lamiera zincata ***2*** stagnola per specchi.

taint /teɪnt/, *n.* ***1*** macchia (*fig.*); ombra, ramo, traccia; corruzione, contaminazione: **There was a t. of madness in the royal family**, c'era un ramo di pazzia nella famiglia reale; **moral t.**, corruzione morale; **a reputation without t.**, una reputazione senza macchia ***2*** (*med.*) infezione ***3*** (*med.*) tara ereditaria.

to **taint** /teɪnt/, **A** *v. t.* ***1*** contaminare; corrompere; guastare, infettare; lordare, macchiare: **He taints all he touches**, contamina (sporca) tutto ciò che tocca ***2*** (*ecol.*) inquinare. **B** *v. i.* corrompersi; guastarsi; infettarsi: **Meat taints easily in hot weather**, la carne col caldo si guasta facilmente.

tainted /ˈteɪntɪd/, *a.* ***1*** contaminato; corrotto; guasto; infetto: **t. meat**, carne guasta ***2*** (*ecol.*) inquinato.

taintless /ˈteɪntləs/, *a.* incontaminato; senza macchia; puro; immacolato. || **-ly**, *avv.*

taipan /ˈtaɪpæn/, *n.* (*zool.*, *Oxyuranus scutellatus*) taipan (*il serpente più velenoso dell'Australia*).

take /teɪk/, *n.* ***1*** il prendere; presa ***2*** quantità di selvaggina (di pesce, ecc.) presa; carniere (*fig.*): **It was an eccellent t.**, tornammo (tornarono, ecc.) col carniere pieno ***3*** incasso, introito (*di cinema, teatro, ecc.*) ***4*** (*cinem., TV*) ripresa ***5*** (*fam.*) guadagno; profitto; ricavo ***6*** (*fisc.*) gettito: **the tax t.**, il gettito delle imposte ***7*** (*fam.*) bottino; parte (*del bottino, del malloppo*) ***8*** (*fam.*) bustarella; pizzo; tangente. ● **the day's t. of game**, la selvaggina presa in una giornata di caccia □ **a great t. of fish**, una pesca eccezionale □ (*fam.*) **to be on the t.**, prendere la bustarella (*o* il pizzo); farsi corrompere.

to **take** /teɪk/ (*pass.* **took**, *p. p.* **taken**), **A** *v. t.* ***1*** prendere; pigliare; afferrare; cogliere, sorprendere; conquistare, impadronirsi di; guadagnare; ricevere; comprare; sottrarre; togliere; rubare: **Will you t. a glass of wine?**, prendi (*o* vuoi) un bicchiere di vino?; **to t. st. (up) with one's hands**, prendere q.c. con le mani; **to t. sb.'s hand**, prendere (*o* afferrare) la mano a q.; **to be taken in a snare**, esser preso in trappola; **Let me t. your coat!**, posso prenderti il cappotto?; dammi il cappotto! (*lo metto a posto io, ecc.*); **I took the flat for a year**, presi l'appartamento (in affitto) per un anno; **Take what you like**, piglia quello che vuoi!; **He was taken in the act**, fu colto (*o* preso) in flagrante; **The fortress was taken by the enemy**, la fortezza fu conquistata (*o* presa) dal nemico; **He takes three hundred pounds a month**, guadagna (*o* prende) trecento sterline al mese; **The thief took all the silver**, il ladro rubò tutta l'argenteria; **The shopkeeper took 10 p from the price**, il bottegaio tolse dieci penny dal prezzo; **We t. two newspapers daily**, compriamo due giornali tutti i giorni; **He took her smile for a yes**, prese il sorriso di lei per un sì; **What do you t. me for?**, per chi mi prendi? ***2*** prendere con sé; portar via; portare; condurre; accompagnare: **T. your umbrella with you**, prenditi l'ombrello!; **T. this box away**, porta via questa cassa!; **T. these parcels to the post office, will you?**, mi porti questi pacchi alla posta?; **This path will t. you to the river**, questo sentiero ti porterà al fiume; **I took my guest home**, accompagnai a casa l'ospite; **T. the children for a walk**, conduci i bambini a fare una passeggiata! ***3*** prendere; accettare; assumere; accollarsi: **to t. holy orders**, prendere gli ordini sacri; **to t. one's degree**, prendere la laurea; **They won't t. our advice**, non accettano i nostri consigli; **He took the job**, accettò il posto; **to t. the chair**, assumere la presidenza (*di un'assemblea*); **to t. the responsibility on oneself**, accollarsi la responsabilità; **to t. the blame**, prendere la colpa ***4*** prendere; assumere; ingerire: **to t. a medicine**, prendere una medicina; **to t. one's meals at a restaurant**, prendere i pasti (*o* mangiare) al ristorante; **to t. drugs**, prendere la droga; drogarsi ***5*** prendere; prendere in esame; considerare; giudicare; ritenere; reputare; valutare; supporre: **to t. sb. at his word**, prendere q. in parola; **to t. st. as done**, considerare q.c. come già fatto; **to t. sb. as a swindler**, prendere q. per un imbroglione; **Let's t. John, for instance**, prendiamo John, per esempio; **to t. sb. at his face value**, valutare q. per quello che sembra; **You're a policeman, I t. it**, sei un poliziotto, suppongo ***6*** comprendere, intendere: **Do you t. my meaning?**, intendi quel che voglio dire? ***7*** portare: **T. him another glass of wine**, portagli un altro bicchiere di vino! ***8*** fare: **to t. breakfast [a walk, a bath]**, far colazione [una passeggiata, un bagno]; **to t. a nap**, fare un sonnellino; **to t. a picture [a photograph]**, fare un ritratto [una fotografia]; **to t. an exam**, fare (*o* dare, sostenere) un esame; (*stat.*) **to t. a census**, fare un censimento; **The horse took the jump**, il cavallo fece il salto (*non rifiutò l'ostacolo*) ***9*** attirare; attrarre; trasportare (*fig.*); incantare; cattivarsi; affascinare: **I was not much taken by** (*o* **with**) **his behaviour**, fui tutt'altro che attratto dal suo comportamento; **This author takes his readers with him**, quest'autore affascina (*o* trasporta) i lettori ***10*** (*spesso impers.*) impiegare; metterci; volerci; richiedere; occorrere: **I took three days to finish my work**, impiegai tre giorni per finire il mio lavoro; **How long did it t. you to go there?**, quanto tempo ci hai messo per andare là?; **It takes money to make money**, per far quattrini ci vogliono quattrini; **These things t. time**, ci vuol tempo per queste cose; **It takes a lot of patience**, ci vuole molta pazienza ***11*** resistere a; reggere (a); sostenere; sopportare: **to t. a stress**, resistere a uno sforzo; **to t. a thrust**, reggere una spinta ***12*** (*cinem., TV*) riprendere; girare: **to t. a scene**, riprendere una scena ***13*** prendere; possedere (*una donna*) ***14*** (*comm., leg.*) prendere; accettare (*in pagamento*) ***15*** (*gramm.*) reggere; prendere: **Transitive verbs t. a direct object**, i verbi transitivi reggono il complemento oggetto ***16*** provare; sentire: **to t. pleasure in st. [in doing st.]**, provare piacere in q.c. [a fare q.c.] ***17*** misurare; rilevare; prendere: **to t. sb.'s temperature**, misurare la temperatura (*fam.*: la febbre) a q. ***18*** afferrare; cogliere: **to t. an opportunity**, cogliere un'occasione ***19*** (*di un recipiente, un locale, un veicolo*) contenere; portare: **This bottle only takes half a liter**, questa bottiglia contiene solo mezzo litro; **The hall can t. 200 people**, la sala può contenere 200 persone; **The coach takes (up) 50 passengers**, il pullman porta 50 passeggeri ***20*** tirare, sferrare; dare: **to t. a shot at a bird**, tirare un colpo (*o* sparare) a un uccello; **to t. a punch at sb.**, tirare (*o* sferrare) un pugno a q.; **to t. a push at one's car**, dare una spinta all'automobile ***21*** portare (*una misura d'indumento*): **What size do you t., madam?**, che misura porta, signora? ***22*** (*sport*) fare; effettuare: (*calcio*) **to t. a goal kick**, effettuare una rimessa dal fondo; (*lotta*) **to t. a hold**, effettuare una presa ***23*** (*a dama, a scacchi*) mangiare (*una pedina, un pezzo*) ***24*** (*fam.*) darle (*o* suonarle) a (q.); battere (q.) (*a pugni, o in una gara*): **I know for sure I can t. you!**, sono sicuro di dartele!; **The campion took the challenger in the first round**, il detentore del titolo batté lo sfidante nel primo round ***25*** (*fam.*) imbrogliare; truffare; fregare (*fam.*): **The salesman tried to t. me**, il commesso ha cercato di fregarmi ***26*** (*fam.*) defraudare; derubare: **The old lady was taken for all her money**, la vecchia signora fu derubata di tutti i soldi. **B** *v. i.* ***1*** (*anche mecc.*) prendere; far presa; attaccare: **This gear won't t.**, quest'ingranaggio non prende (*o* non fa presa); **The fire took rapidly**, il fuoco prese subito; **This paint takes well**, questa vernice attacca bene ***2*** aver successo; attecchire: **The play did not t.**, il dramma non ebbe successo; **I don't think it will t.**, non credo che attecchirà ***3*** agire; funzionare; avere effetto: **The vaccine did not t.**, il vaccino non ha agito ***4*** (*fam.*) essere fotogenico; venire bene: **She does not t. well**, non è fotogenica; non viene bene (*in fotogr.*) ***5*** (*di pesce*) abboccare (*all'amo*). ● **to t. advantage of**, approfittare di; sfruttare □ (*mil.*) **to t. aim**, prendere la mira; mirare; puntare □ **to t. the air**, prendere aria □ **to t. all the fun out of st.**, guastare la festa; sciupar tutto □ **to t. sb.'s arm**, prendere il braccio di q.; prender q. sottobraccio □ **to t. st. as read**, dare q.c. per letto: **to t. the minutes as read**, dare per letti i verbali □ (*fig.*) **to t. a back seat**, occupare un posto di scarsa importanza; essere l'ultima ruota del carro □ (*leg.*) **to t. bankruptcy**, accettare di essere messo in fallimento □ **to t. bets**, accettare scommesse □ (*fig.*) **to t. the bit between one's teeth**, stringere i denti (*fig.*) □ **to t. breath**, prendere (*o* ripigliare) fiato □ **to t. by surprise**, cogliere di sorpresa; prendere (*o* conquistare) di sorpresa □ **to t. care**, stare attento; fare attenzione; badare; guardarsi: **T. care what you say**, fa' attenzione a quel che dici!; **T. care not to break it**, bada di non romperlo! □ **to t. care of**, stare attento a; fare attenzione, badare a; prendersi cura di, aver cura di; (*fam. eufem.*) sistemare, eliminare, uccidere: **Who will t. care of the baby?**, chi si prenderà cura del bambino?; **T. care of yourself!** abbi cura di te!; abbiti riguardo!; riguardati! □ (*fig.*) **to t. the chair**, assumere la presidenza; presiedere una seduta □ **to t. a chair**, prendere posto; accomodarsi; sedersi □ **to t. a chance**, correre un rischio; tentare la sorte □ **to t. one's chances**, correre il rischio; arrischiare, azzardare; tentare la sorte; stare al gioco (*fig.*) □ **to t. charge of st.**, prendere in consegna q.c.; occuparsi di q.c.; assumere il comando (la direzione) di q.c.: **The new commander took charge of the garrison**, il nuovo comandante assunse (*o* prese) il comando della guarnigione □ **to t. cold**, prendere freddo □ **to t. command**, prendere il comando □ (*relig.*) **to t. communion**, fare la comunione □ **to t. courage**, farsi coraggio; farsi animo □ **to t. a deep breath**, tirare un lungo respiro □ **to t. a different view**, essere di tutt'altro avviso; essere di parere contrario □ (*della volpe, ecc.*) **to t. earth**, rintanarsi □ **to t. effect**, avere (*o* fare) effetto; (*di una legge e sim.*) entrare in vigore; essere attuato; andare in porto (*fig.*): **We are willing to wait for reforms to t. effect**, siamo disposti ad attendere che le riforme vadano in porto □ **to t. a fever**, prender la febbre □ **to t. fright**, prendersi paura; spaventarsi □ **to t. God's name in vain**, nominare il nome di Dio invano □ **to t. hold of sb.**, impadronirsi di q.: **A great tenderness took hold of him**, una grande tenerezza s'impadronì di lui □ **to t. hold of st.**, afferrare q.c.: **He took hold of the bar**, afferrò la sbarra □ **to t. a holiday**, far vacanza; andare in vacanza; prendersi una giornata di libertà □ **to t. sb. in hand**, far rigar dritto q.; trattare severamente q.: **This boy wants taking in hand**, questo ragazzo va fatto rigar dritto □ **to t. st. in hand**, prendere in mano q.c. (*fig.*); intraprendere q.c. □ **to t. an interest in st.**, interessarsi a q.c. □ **to t. into account**, tener presente; tener conto di; prendere in considerazione: **We must t. into account his youth**, dobbiamo tener conto della sua giovinezza □ **to t. sb. into one's confidence**, concedere a q. la propria fiducia; mettere q. a parte dei propri segreti □ (*fam.*) **to t. it**, tener duro; non batter ciglio; sopportare stoicamente una punizione (*o* un colpo della sorte) □ **to t. it easy**, *V.* **to t. things easy** □ **to t. it into one's head** (*o* **mind**), mettersi in testa, figgersi in capo (*un'idea, ecc.*) □ **to t. a joke in earnest**, prender sul serio uno scherzo □ **to t. a leap** (*o* **a jump**), fare un salto □ **to t. leave of sb.**, prendere congedo (*o* commiato) da q.; accomiatarsi da q. □ **to t. leave of one's senses**, impazzire □ (*leg.*) **to t. legal action**, adire le vie legali □ **to t. legal advice**, consultare un avvocato; rivolgersi a un legale per un parere □ **to t. a letter**, (*anche*) battere una lettera sotto dettatura □ **to t. sb.'s life**, toglier la vita a q.; uccidere q. □ (*fam.*) **to t. one's life in one's hands**, rischiare la vita □ **to t. a look at st.**, dare un'occhiata a q.c. □ **to t. a look round**, dare un'occhiata in giro; guardarsi attorno (*o* intorno) □ **to t. medical advice**, chiedere il parere di un medico; farsi visitare □ (*fam.*) **to t. the mickey out of sb.**, prendere in giro q.; sfottere q. (*fam.*) □ **to t. minutes**, mettere a verbale; verbalizzare □ **to t. the nonsense out of sb.**, togliere i grilli dalla testa a q. □ **to t. notes**, prendere appunti □ **to t. notice of st.**, fare attenzione a q.c.; occuparsi (*o* interessarsi) di q.c.; rendersi conto di q.c. □ **to t. an oath**, fare (*o* prestare) un giuramento □ **to t. offence**, offendersi □ **to t. other people's ideas**, appropriarsi delle idee altrui □ **to t. pains**, darsi (*o* prendersi) pena (*di fare q.c.*); sforzarsi; darsi da fare: **to t. pains to do a job well**, sforzarsi di fare bene un lavoro; **The result will justify the pains you are taking**, il risultato giustificherà il gran daffare che ti dai □ **to t. part in st.**, prendere parte, partecipare a q.c. □ **to t. one's partners**, scegliere i compagni (*o* i soci) □ **to t. place**, aver luogo; accadere; avvenire; verificarsi □ (*polit.*) **to t. power**, salire al potere; andare al governo □ **to t. pride in st.**, andare orgoglioso di q.c. □ (*mil.*) **to t. sb. prisoner**, far prigioniero q. □ **to t. refuge**, trovar rifugio; rifugiarsi; riparare □ **to t. a seat**, prendere posto; mettersi a sedere; accomodarsi □ **to t. seats at the theatre**, prenotare posti a teatro □ **to t. sides with sb.**, parteggiare per q.; schierarsi con q. □ **to t. stock**, (*comm.*) fare l'inventario; (*fig.*) valutare la situazione (*e sim.*) □ **to t. things as they are**, prendere il mondo come viene □ **to t. things coolly**, conservare il sangue freddo; mantenere la calma; non agitarsi □ **to t. things easy**, prender le cose alla leggera; tirare a campare; fare il proprio comodo; prendersela comoda □ **to t. things gravely**, prender le cose sul serio □ **to t. one's time**, prendersela comoda; andare adagio: **He took his time over the job**, se la prese comoda col lavoro □ **to t. the train**, prendere il treno; servirsi del treno (*e non dell'autobus, ecc.*) □ **to t. the trouble to do st.**, prendersi il disturbo di fare q.c.; darsi la pena di fare q.c. □ **to t. turns**, fare a turno, alternarsi: (*autom.*) **to t. turns at the wheel**, alternarsi al volante □ **to t. a vow**, fare un voto □ **to t. a wife**, prender moglie □ **to be taken ill**, ammalarsi; sentirsi male □ **It took a lot of doing**, ci volle del bello e del buono □ **T. your seats!**, a posto!; (*anche, ferr.*) in carrozza! □ **How old do you t. me to be?**, quanti anni mi dai? □ **I'd t. it kindly of you if you would...**, vi sarei molto obbligato se voleste... □ **You'll t. little by this move**, questa mossa non ti farà guadagnare niente □ (*fam.*) **I am not taking any**, grazie, no!; (*anche*) non ci sto!; non accetto!

♦**take aback**, *v. t. + avv.* cogliere (q.) di sorpresa; prendere alla sprovvista; sconcertare: **His defection from the party took us aback**, il suo abbandono del partito ci prese alla sprovvista.

♦**take aboard**, *v. t. + avv.* (*o prep.*) (*naut., aeron.*) ***1*** prendere a bordo; far salire (a bordo); imbarcare: **We were taken aboard at Milan**, ci fecero salire in aereo a Milano ***2*** portare a bordo: **Firearms cannot be taken aboard (the plane)**, non si possono portare a bordo (dell'aereo) le armi da fuoco.

♦**take about**, **A** *v. t. + avv.* portare (q.) in giro (*o* qua e là); accompagnare: **to t. sb. about seeing the sights**, accompagnare (*o* portare) q. a visitare una città; portare q. in un giro turistico. **B** *v. t. + prep.* (*in varie locuz.*; *per es.*:) **to t. action about st.**, prendere provvedimenti per (*o* intervenire su) q.c. □ **to t. one's time about it**, prendersela comoda □ **to t. umbrage about st.**, adombrarsi per q.c.

♦**take across**, *v. t. + avv.* (*o prep.*) portare (*o* trasportare) di là; far attraversare: **The hovercraft takes you across (the Channel) in forty minutes**, l'hovercraft ti trasporta di là (della Manica) in quaranta minuti; **He took the blind man across the road**, fece attraversare la strada al cieco.

♦**take after**, *v. i. + prep.* ***1*** darsi all'inseguimento di (q.) ***2*** prendere da; somigliare a: **The girl takes after her father**, la ragazza è tutta suo padre.

♦**take against**, *v. i. + prep.* prendersela con; prendere in antipatia: **I don't know why he's taken against me from the start**, non so perché mi abbia preso in antipatia fin dall'inizio.

♦**take along**, *v. t. + avv.* portare (con sé); prendere: **Why don't you t. along your guitar (with you)?**, perché non porti (*o* prendi) la chitarra?; **T. your wife along**, porta anche tua moglie!

♦**take amiss**, *v. t. + avv.* prendere (q.c.) in mala parte; aversene a male di (q.c.).

♦**take apart**, **A** *v. t. + avv.* ***1*** prendere (q.) in disparte (*o* da parte) ***2*** fare a pezzi; smontare: **The boy took the electric train apart to see how it worked**, il ragazzo smontò il trenino per vedere come funzionava ***3*** (*fig.*) fare a pezzi; criticare aspramente: **His novel was taken apart by the critics**, la critica ha fatto a pezzi il suo romanzo ***4*** (*fam.*) battere duramente; infliggere una severa punizione a: **Our team will t. them apart quite easily**, la nostra squadra non avrà difficoltà a infliggere agli avversari una severa punizione. **B** *v. i. + avv.* (*di un oggetto*) smontarsi; essere smontabile.

♦**take around**, *V.* **take round**.

♦**take ashore**, *v. t. + avv.* (*naut.*) portare a riva; sbarcare; far sbarcare.

♦**take aside**, *v. t.+ avv.* prendere (q.) in disparte (*o* da parte).

♦**take away**, *v. t. + avv.* ***1*** portare via; togliere; levare; strappare (*di mano, ecc.*); sparecchiare: **to t. the dirty dishes away**, portare via (*o* sparecchiare) i piatti sporchi; **to t. away one's hand**, levare la mano; **I was struggling to t. his knife away**, lottavo per strappargli il coltello ***2*** eliminare, far passare (*un dolore e sim.*) ***3*** distogliere (*l'attenzione e sim.*) ***4*** portare via, asportare (*cibo cotto*) ***5*** (*fig.*) levare; sopprimere (*un diritto*); abolire (*la libertà, ecc.*) ***6*** (*mat.*) sottrarre: **to t. away 5 from 20**, sottrarre 5 da 20; **20 t. away 5 leaves 15**, 20 meno 5 fa 15 □ (*fam.*) **to t. sb.'s breath away**, far restare q. senza fiato (*o* di stucco) □ **to t. st. away from sb.**, portare via q.c. a q.; privare q. di q.c. □ (*fig.*) **not to t. away from st.**, non diminuire il valore di q.c.

♦**take back**, *v. t. + avv.* ***1*** prendere indietro; ripigliare; riprendere; ritirare (*anche fig.*): **to t. back defective goods**, prendere indietro la merce difettosa; **Stock not bought in the market is taken back by the Bank of England**, i titoli di stato invenduti in borsa sono ritirati dalla Banca d'Inghilterra ***2*** portare indietro; riportare; restituire: **to t. goods back to a shop**, riportare merce a un negozio; **T. it back where you found it!**, riportalo dove l'hai trovato!; **T. it back to its owner!**, restituiscilo al proprietario! ***3*** riportare; riaccompagnare: **This bus will t. you back to the town centre**, quest'autobus ti riporta in centro; **T. Mary back (home), will you?**, riaccompagna a casa Mary, per favore! ***4*** (*fig.*) ritirare; ritrattare; rimangiarsi (*fam.*): **I'll t. back what I said**, ritiro quel che ho detto; **to t. back one's promise**, rimangiarsi la promessa ***5*** (*fig.*) riportare (q.) al passato; far ritornare (*all'infanzia, ecc.*); (far) ricordare il passato: **This time really takes me back**, questo motivo mi ricorda proprio il passato ***6*** *V.* **take aback** ***7*** (*USA*) accettare (*un'ipoteca*: *per un mutuo*).

♦**take before**, *v. t. + prep.* ***1*** portare (q.) davanti a (*un superiore, un giudice, ecc.*) ***2*** presentare (*una proposta e sim.*) a (*una commissione, ecc.*).

♦**take below**, *v. t. + avv.* ***1*** accompagnare (q.) di sotto ***2*** (*naut.*) accompagnare (q.) sotto coperta; portare (q.) in cabina.

♦**take down**, **A** *v. t. + avv.* ***1*** calare dall'alto; tirare giù; prendere giù (*fam.*): **to t. a book down from the shelf**, tirare giù un libro dallo scaffale; **She took down the curtains to wash them**, prese giù le tende per lavarle ***2*** abbassare, calare; ammainare (*una bandiera e sim.*): **to t. down one's trousers**, calarsi i pantaloni ***3*** portare giù (*o* da basso): **Please, t. down these papers to the assistant manager**, La prego di portare giù questi documenti al vicedirettore ***4*** prendere giù; smontare; smantellare: **to t. down the scaffolding**, prendere giù l'impalcatura; **to t. down a machine**, smontare una macchina ***5*** abbattere; demolire: **to t. down an old house [a tottering bridge]**, abbattere una vecchia casa [demolire un ponte traballante] ***6*** prendere giù (*fam.*); annotare; trascrivere: **The constable took down my name and address**, il poliziotto prese giù il mio nome e l'indirizzo; **to t. down an interview in shorthand**, fare la trascrizione stenografica di un'intervista ***7*** (*fig. fam.*) ridimensionare (q.); umiliare; far abbassare la cresta a (q.): **He is too conceited and needs taking down a bit** (*o* **a peg or two**), è troppo presuntuoso: bisogna fargli abbassare un po' la cresta. **B** *v. i. + avv.* (*di un oggetto*) smontarsi; essere smontabile □ (*leg.*) **to t. down a statement**, verbalizzare una dichiarazione.

♦**take for**, *v. t. + prep.* ***1*** prendere, scambiare (q.) per: **What do you t. me for?**, per chi mi prendi?; **Do you t. me for a fool?**, mi prendi per fesso?; **She enjoys being taken for her daughter**, le fa piacere che la gente la prenda per sua figlia; **I took the house for an inn**, ho scambiato la casa per una locanda ***2*** (*di un supposto venditore*) voler prendere (*un certo prezzo*) di; volere di (*fam.*): **How much will you t. for this old car?**, quanto vuoi (prendere) di questa macchina vecchia? □ **to t. st. for granted**, dare q.c. per scontato; prestare fiducia assoluta a q.c.

♦**take from**, **A** *v. t. + prep.* ***1*** prendere (q.c.) da; tirar fuori, staccare, estrarre da: **a quotation taken from Homer**, una citazione presa da Omero; **He took the rifle from the rack**, staccò il fucile dalla rastrelliera; **to t. a record from its sleeve**, estrarre un disco dalla copertina ***2*** portare via, prendere, strappare (q.c.) a: **T. the knife from the child!**, porta via il coltello al bambino!; **I fought the robber, trying to t. the gun from his hand**, lottai con il rapinatore, tentando di strappargli la pistola di mano ***3*** (*fig.*) togliere (q.c.) a (q.); privare (q.) di (q.c.): **He took their rights from the workers**, privò gli operai dei loro diritti ***4*** riprendere (*una lezione, una poesia, ecc.*) da (*l'inizio, un certo punto, ecc.*) ***5*** accettare, sopportare (*insulti, maltrattamenti e sim.*) da (q.) ***6*** (*mat.*) sottrarre (*un numero*) da (*un altro*). **B** *v. i. + prep.* ***1*** far diminuire, ridurre, indebolire (*un effetto, un'impressione, una qualità*): **An excessive use of irony seems to t. from the sublimity of his poetry**, sembra che l'abuso dell'ironia indebolisca la sublimità della sua poesia ***2*** (*specialm. in frasi neg.*) andare a discapito di; costituire un demerito per: **His present-day defection doesn't t. from his merits as one of the founders of the party**, la sua defezione d'oggigiorno non va a scapito dei (*o* nulla toglie ai) suoi meriti come uno dei fondatori del partito □ **to t. heart from**, farsi coraggio, farsi animo per (q.c.) □ **to t. it from**, capire, intuire da; apprendere, sentire da: **I took it from her blushes that she was taken aback**, dal suo rossore capii che era sconcertata; **I t. it from the headmaster that you're leaving the school**, sento dal preside che vuoi lasciare la scuola □ **T. it from me!**, credimi!; da' retta! □ **You can t. it from here**, puoi andare avanti (*con il lavoro, lo studio, ecc.*) da questo punto.

♦**take home**, *v. t. + avv.* ***1*** accompagnare, portare (q.) a casa ***2*** portare (q.c.) a casa (propria) □ (*fig. fam.*) **T. it home (and think about it)!**, prendi su e porta a casa (e pensaci su)!

♦**take ill**, **A** *v. t. + avv.* prendere (q.c.) male; prendere (q.c.) in mala parte; aversene a male di (q.c.). **B** *v. i. + avv.* (*fam.*) ammalarsi □ **to be taken ill**, ammalarsi.

♦**take in**, *v. t. + avv.* ***1*** portare (*o* mettere) dentro; accompagnare dentro; fare entrare in casa; arrestare: **We'd better t. the hay in**, sarebbe bene portare dentro il fieno; **T. the lady in**, accompagna la signora dentro!; **T. the children in**, fa' entrare in casa i bambini!; **The marshal took him in**, lo sceriffo lo mise dentro ***2*** accogliere; prendere in casa; ospitare; prendere (q.) a pensione: **to t. in an orphan**, prendere in casa un orfano; **to t. in paying guests**, prendere dei pensionanti; **to t. in travellers**, ospitare viandanti ***3*** prendere (*lavoro*) a domicilio: **to t. in sewing**, prendere lavoro di cucito da fare a casa ***4*** assumere, prendere (*fam.*) (*dipendenti e sim.*) ***5*** (*fin., fisc.*) incassare, introitare (*denaro*); riscuotere, esigere (*imposte*): **This shop is taking in a lot of money**, questo negozio introita forti somme di denaro ***6*** comprendere; includere; ricoprire (*fig.*): **The Roman Empire once took in most of the known world**, un tempo l'impero romano comprendeva la maggior parte del mondo allora conosciuto; **This tour takes in a visit to the Vatican Museums**, questo tour include una visita ai Musei Vaticani ***7*** osservare; esaminare; guardare con attenzione; studiare (*fig.*): **The boy took in the scene with great interest**, il ragazzo osservò la scena con grande interesse ***8*** assimilare; assorbire (*fig.*); bere (*fam.*): **to t. in new ideas**, assimilare idee nuove; **to t. in sb.'s lies**, bere le fandonie dette da q. ***9*** comprendere; intendere; capire; afferrare: **I cannot t. in what he is saying**, non afferro (*o* non riesco a capire) quello che sta dicendo ***10*** stringere; restringere (*un indumento*): **This skirt needs taking in at the waist**, questa gonna va ristretta in vita ***11*** ricevere regolarmente (*una pubblicazione*); essere abbonato a: **We t. in «The Times»**, siamo abbonati al «Times» ***12*** imbrogliare; ingannare; fregare (*fam.*): **The old lady was taken in by the two humbugs**, la vecchia signora fu ingannata dai due imbroglioni ***13*** (*naut.*) ammainare (*le vele*); ridurre (*la velatura*) ***14*** (*fam. USA*) visitare, vedere (*una mostra e sim.*) □ (*naut.*) **to t. in ballast**, imbarcare zavorra; zavorrare □ **to t. in a breath of fresh air**, respirare un po' d'aria fresca □ **to t. in a false statement**, prestar fede a una dichiarazione falsa □ **to t. in a play**, vedere una commedia; andare a teatro □ (*naut.*) **to t. in a reef**, prendere un terzarolo □ (*naut.*) **to t. in stores**, rifornirsi di provviste; imbarcare viveri □ (*naut.*) **to t. in water**, imbarcare acqua □ (*comm.*) **«all taken in»**, «tutto compreso».

♦**take off**, **A** *v. t. + avv.* ***1*** togliere, cavare, levare (*indumenti*): **T. your raincoat off!**, togliti l'impermeabile!; **T. off your hat!**, cavati il cappello!; giù il cappello!; **He took off his clothes**, si levò i vestiti; si spogliò ***2*** togliere; cavare; levare; portare via (*fam.*); staccare: **T. the lid off!**, leva il coperchio!; **T. off your dirty linen!**, porta via la biancheria sporca!; **T. off the rust!**, cava (*o* stacca) la ruggine!; **to t. off the receiver**, staccare (*o* alzare) il ricevitore (*del telefono*) ***3*** cavare (*fam.*); tagliare; amputare: **They had to t. his arm off**, dovettero amputargli il braccio ***4*** portare (via); accompagnare (fuori); condurre via: **The injured passengers were taken off immediately**, i passeggeri feriti furono portati via subito; **We took him off to the station**, lo portammo alla stazione; **to t. sb. off to jail**, portare q. in prigione; **He's taken the visitors off**, ha accompagnato fuori i visitatori ***5*** (*trasp.*) trasbordare: **The stranded passengers were taken off by helicopter**, i passeggeri rimasti a piedi furono trasbordati in elicottero ***6*** togliere; eliminare; abolire; cancellare; sopprimere: **Two morning trains have been taken off**, sono stati soppressi due treni del mattino; **to t. off a tax**, eliminare un'imposta; abolire una tassa ***7*** togliere (*uno spettacolo*) dal cartellone; ritirare (*un film, ecc.*) ***8*** togliere (*un piatto*) dal menu; sopprimere ***9*** perdere (*peso*): **You should t. off all that weight**, dovresti perdere tutti quei chili che hai di troppo ***10*** (*market.*) detrarre; scontare: **All these articles have 20% taken off**, tutti questi articoli hanno uno sconto del 20% ***11*** prendere (*giorni, ecc.*) di vacanza: **I'll probably t. off several days, not in a row**, forse mi prenderò diversi giorni di vacanza, ma non di seguito; **I'll t. Monday off**, lunedì faccio festa ***12*** (*fam.*) tirare (*copie da un originale*); riprodurre (*documenti*) ***13*** (*fam.*) parodiare; imitare; rifare; fare il verso a (q.): **He's very good at taking off people**, è molto bravo a rifare la gente ***14*** (*fam. USA*) portare via (*fig.*); uccidere: **He was taken off by AIDS**, l'AIDS se l'è portato via ***15*** (*fam. USA*) derubare; svaligiare ***16*** (*sport*) togliere (*un giocatore*) dal campo. **B** *v. i. + avv.* ***1*** (*aeron.*) decollare (*anche fig.*): **Our plane took off from Heathrow**, il nostro aereo decollò da Heathrow; **Their company took off when it won that big contract**, la loro società decollò quando ottenne quel grosso appalto; **My plan hasn't taken off yet**, il mio progetto non è ancora decollato ***2*** (*di un uccello*) spiccare il volo; (*specialm. di un selvatico*) fare un balzo; (*di un atleta*) spiccare un salto, portarsi in elevazione ***3*** andarsene; andare via; scappare via; tagliare la corda (*fig.*): **They took off in a hurry**, se ne andarono in fretta; **He took off without saying a word**, ha tagliato al corda senza dir parola ***4*** (*di un coperchio, una maniglia, ecc.*) staccarsi ***5*** (*fam.*) cominciare a interessarsi; svegliarsi (*fig.*). **C** *v. t. + prep.* ***1*** togliere, cavare, levare, staccare da: **T. your hand off my knees**, toglimi la mano dalle ginocchia!; **T. your books off my desk!**, cava i tuoi libri dal mio tavolo!; **He took the straw off my hair**, mi levò la pagliuzza dai capelli; **to t. one's boots off one's feet**, cavarsi le scarpe (*dai piedi*); **to t. a photo off the wall**, staccare una foto dalla parete ***2*** cavare, levare, togliere a: **T. the lid off the pot!**, togli il coperchio alla pentola!; **I took the coat off my little girl**, levai il cappotto alla mia bimbetta ***3*** portare via (*o* trasbordare) da: **The wounded soldiers were taken off the trench**, i soldati feriti furono portati via dalla trincea; **First the women and children were taken off the sinking ship**, donne e bambini furono trasbordati per primi dalla nave che affondava ***4*** togliere, eliminare, abolire, cancellare (q.c.) da: **to t. a bus off a route**, togliere un autobus da una linea; sopprimere una corsa; **to t. a dish off the menu**, eliminare un piatto dal menu; **to t. sb.'s name off a list**, cancellare il nome di q. da un elenco ***5*** (*market.*) detrarre, defalcare, scontare da (*o* su): **How much can you take off the price?**, che sconto mi può fare sul prezzo?; **We're taking 20% off all the TV sets**, pratichiamo uno sconto del 20% su tutti i televisori ***6*** togliere da (*un posto, un incarico, ecc.*); togliere (*un caso*) a (q.); spostare, trasferire (*un dipendente*): **to t. a detective off a case**, togliere un caso a un poliziotto; **I was taken off night duty**, mi hanno tolto dal servizio notturno (o dal turno di notte) ***7*** far perdere (*peso*) a (q.) ***8*** togliere (*tempo*) di dosso a (q.): **Losing weight will t. years off you**, se perdi peso, ti toglierai anni di dosso (*o* ti sentirai più giovane) □ **to t. off oneself**, togliersi dai piedi; andarsene; battersela; svignarsela □ **to t. one's eyes off sb.**, togliere gli occhi di dosso a q. □ **to t. off one's hat to sb.**, togliersi (*o* levarsi, cavarsi) il cappello davanti a q.; (*fig.*) fare tanto di cappello a q. □ (*fig.*) **to t. a load** (*o* **a weight**) **off sb.'s mind** [**shoulders**], togliere un peso dall'animo [dalle spalle] di q. □ **to t. time off**, assentarsi dal lavoro (dall'ufficio, ecc.) □ **to t. off a total**, fare un totale; calcolare una somma.

♦**take on**, **A** *v. t. + avv.* ***1*** (*trasp.*) prendere a bordo; far salire; caricare; prendere su (*fam.*); (*naut., aeron.*) imbarcare: **We cannot t. on more passengers**, non possiamo far salire altri passeggeri ***2*** (*trasp.*) prendere con sé; portare a bordo (*bagagli, ecc.*) ***3*** (*trasp.*) caricare; fare rifornimento di; fare: **to t. on fuel**, fare rifornimento (di combustibile); (*ferr.*) **to t. on water**, fare acqua ***4*** (*trasp.*) portare; far proseguire il viaggio a: **Another bus will t. you on**, potrai proseguire con un altro autobus ***5*** prendere (in affitto); affittare: **to t. on a cottage for the holidays**, prendere una villetta per le vacanze ***6*** prendere; assumere (*dipendenti, responsabilità, un aspetto, un atteggiamento, ecc.*); adottare (*costumi, una linea di condotta, ecc.*); addossarsi, accollarsi (*un impegno, ecc.*); intraprendere (*un lavoro*): **to be taken on on trial**, essere assunto in prova; **You've taken on too much work**, hai preso troppo lavoro; **He took on the extra work without complaining**, si addossò il lavoro in più senza lagnarsi; **to t. on a new job**, intraprendere un lavoro nuovo; **The disease took on an epidemic character**, la malattia assunse un carattere epidemico; **The barbarians took on our religion**, i barbari adottarono la nostra religione ***7*** affrontare; tener testa a (q.); sfidare, incontrarsi con, battersi con: **to t. on a bigger man**, affrontare uno più grosso; **I took him on at golf**, lo sfidai a una partita di golf; (*polit.*) **to t. on the unions**, affrontare i sindacati; (*sport*) **to t. on the reigning champion** [**the title holder**], battersi con il campione in carica [il detentore del titolo]. **B** *v. i. + avv.* ***1*** (*di una moda e sim.*) attecchire; prendere piede ***2*** (*fam.*) prendersela; agitarsi; arrabbiarsi; addolorarsi: **Don't t. on so!**, non prendertela tanto! **C** *v. t. + prep.* ***1*** prendere (q. o q.c.) su: **to t. the load on one's shoulders**, prendere il peso sulle spalle ***2*** (*trasp.*) portare in (*o* su); prendere (con sé) a bordo di: **to t. the family on a holiday**, portare in vacanza la famiglia; **to t. sb. home on a bus**, portare q. a casa in autobus; **Travel light: don't t. two much luggage on the boat**, viaggia leggero: non portare troppo bagaglio sul battello! ***3*** prendere, colpire su: **The snowball took me on the nose**, la palla di neve mi prese sul naso □ **to t. action on it**, intervenire; prendere provvedimenti □ **to t. a (firm) grip on oneself**, controllarsi; darsi una regolata (*fam.*) □ **to t.**

it upon oneself to do st., assumersi il compito (*o* prendersi l'impegno) di fare q.c. □ **to t. pity on sb.**, avere pietà di q. □ **to t. trust on sb.**, avere fiducia di q.

♦**take out**, *v. t. + avv.* ***1*** tirare fuori; cavare (di tasca, ecc.); estrarre: **I took my purse out**, tirai fuori il borsellino; **The robber took out a gun**, il rapinatore tirò fuori una pistola; **to t. out a nail**, estrarre un chiodo; **to t. out a decayed tooth**, estrarre un dente guasto ***2*** togliere; cavare; eliminare; rimuovere; portare via; ritirare: **to t. out a stain**, togliere una macchia; **to t. out a machine-gun nest**, eliminare (*o* distruggere) un nido di mitragliatrici; **to t. coins out of circulation**, ritirare monete dalla circolazione; **to t. money out** (**of one's bank account**), ritirare denaro (dal proprio conto in banca) ***3*** prendere: **to t. a book out** (**of the library**), prendere (in prestito) un libro (dalla biblioteca); (*autom.*) **to t. out a driving licence**, prendere la patente (di guida); **to t. out a patent**, prendere un brevetto ***4*** ottenere; conseguire; prendere: **to t. out a diploma**, ottenere un diploma; **to t. out the British citizenship**, prendere la cittadinanza britannica ***5*** sottoscrivere; fare: **to t. out an insurance policy**, sottoscrivere una polizza; fare un'assicurazione; **to t. out a subscription**, fare un abbonamento (*a un giornale, ecc.*) ***6*** (*fin.*) accendere, contrarre (*un mutuo, un'ipoteca*); fare: **to t. out loans**, fare mutui; esporsi finanziariamente ***7*** (*leg.*) emettere (*un mandato di comparizione, ecc.*); sporgere, fare, presentare (*una denuncia contro q.*) ***8*** portare (fuori); portare (*a cena, ecc.*); accompagnare: **T. the dog out for a run!**, porta fuori il cane a fare una corsa!; **I'm taking Jill out to the disco tonight**, stasera porto Jill in discoteca; **I'll t. you out for a ride tomorrow**, domani ti porto a fare un giro in macchina ***9*** portare via (*o* a casa); asportare (*cibi cotti*) ***10*** (*fam., sport e nei giochi di carte*) neutralizzare (*un avversario*) □ (*fig.*) **to t. the easy way out**, adottare la soluzione più facile, prendere la strada più comoda; (*anche*) farla finita, suicidarsi □ **to t. it out in**, rifarsi, farsi a pari con; ripagare con: **If you cannot pay for your meals, I'll let you t. it out in paintings**, se non puoi pagare i tuoi pasti, ci rifaremo a forza di quadri □ (*fam.*) **to t. it out of**, sfiancare, spossare; ridurre (q.) uno straccio, spompare (*fam.*): **Swotting for this exam really takes it out of me**, sgobbare per questo esame mi riduce uno straccio □ (*fam.*) **to t. it out of oneself**, distrarsi, svagarsi.

♦**take out on**, *v. t. + avv. + prep.* far ricadere su; sfogare la rabbia su (q.); prendersela con (q.): **Why should you t. it out on your children when you're fed up with your work?**, perché te la devi prendere con i figli quando sei stufo del tuo lavoro?

♦**take over**, **A** *v. t. + avv.* (*o prep.*) ***1*** portare, accompagnare (*di là della strada, ecc.*), trasportare a (*o* da): **T. the children over to their grandmother!**, porta i bambini dalla nonna!; **T. the old lady over the road!**, aiuta la vecchia signora ad attraversare la strada!; **He took me over to the offshore platform**, mi trasportò alla piattaforma di trivellazione ***2*** (*naut.*) traghettare: **The hovercraft takes you over** (**the Channel**) **in forty minutes**, l'hovercraft ti traghetta (di là della Manica) in quaranta minuti ***3*** prendere (*il comando, la responsabilità, ecc.*): **to t. over the leadership**, prendere (*o* assumere) il comando; (*aeron.*) **to t. over the controls**, prendere i comandi; sedersi ai comandi; **to t. over the country**, impadronirsi del paese; prendere il potere ***4*** assumere (*un aspetto, un carattere*) ***5*** (*mil.*) conquistare, occupare (*posizioni e sim.*) ***6*** adottare, ereditare (*fig.*); fare proprio (*un uso, una lingua, ecc.*): **The Romans took over the literature of vanquished Greece**, i romani fecero propria la letteratura della Grecia da essi sconfitta ***7*** prendere su di sé; occuparsi di (*subentrando ad altri*): **I'm looking forward to my son taking over some of my work**, non vedo l'ora che mio figlio si occupi di (*o* prenda in mano) parte del mio lavoro ***8*** comprare in aggiunta; rilevare: **You can t. over the furniture**, puoi rilevare i mobili ***9*** (*fin.*) assorbire; rilevare; acquisire il controllo di: **We'll t. over all the smaller firms**, rileveremo tutte le aziende minori; **He wants to t. over another TV station**, vuole acquisire il controllo di un'altra emittente televisiva ***10*** metterci, impiegare (*tempo*) per; dedicare (*tempo*) a fare (q.c.): **I've already taken four years over this dictionary**, ho già dedicato quattro anni alla compilazione di questo dizionario ***11*** far ripassare (*una lezione, una parte, ecc.*) a (q.); esercitare (q.) in (q.c.) ***12*** (*leg.*) accollarsi: **to t. over sb.'s debts**, accollarsi i debiti di q. **B** *v. i. + avv.* ***1*** subentrare: **When will the new manager t. over?**, quando subentrerà il nuovo direttore?; **His government will stay on until a new cabinet will t. over**, il suo governo resterà in carica finché non ne subentrerà uno nuovo ***2*** prendere il comando; prendere i comandi: **The second pilot had to t. over**, il secondo pilota dovette prendere i comandi ***3*** (*polit.*) andare al potere: **I think the Labour party will t. over**, credo che i laburisti andranno al potere ***4*** montare in servizio; (*mil.*) montare di guardia: **What time does the sentry t. over?**, a che ora monta di guardia la sentinella?; a che ora c'è il cambio di guardia? □ (*naut., mil.*) **to t. over escort**, prendere un convoglio sotto scorta □ (*fig.*) **to t. precedence over**, avere la precedenza (*o* la priorità) su □ **to t. one's time over dinner**, pranzare con comodo; prendersela comoda con il pranzo □ **to t. one's time over it**, impegnarsi a fondo, mettercela tutta; (*anche*) prendersela comoda □ **to t. trouble over st.** [**over doing st.**], darsi da fare per q.c. [darsi da fare per fare q.c.].

♦**take round**, *v. t. + avv.* (*o prep.*) ***1*** portare (q.) in giro; accompagnare (q.) in visita; far vedere: **He took us round the factory**, ci fece vedere la fabbrica ***2*** portare (q.c.: *a breve distanza*): **T. these papers round to the manager, will you?**, per favore, porta questi documenti al direttore! ***3*** prendere (q.) con sé; prendersi dietro: **He always takes his dog round** (**with him**), si prende dietro sempre il cane ***4*** trasportare; portare: **The public bus service takes you round** (**the city**) **everywhere**, il servizio pubblico (degli autobus) ti porta dappertutto (in città) ***5*** (*fam.*) uscire, fare l'amore con (*una ragazza, un ragazzo*) □ (*fam.*) **to t. the hat round**, fare una colletta.

♦**take through**, **A** *v. t. + avv.* ***1*** portare (*un veicolo*) oltre (*o* al di là) ***2*** portare (q.c.) a compimento. **B** *v. t. + prep.* ***1*** portare (q. *o* q.c.) al di là di; far passare attraverso; accompagnare (q.) attraverso: **to t. the horses through the gateway**, far passare i cavalli dal cancello ***2*** far ripetere, far ripassare (*una lezione, una parte, ecc.*) a (q.); aiutare (q.) a studiare (leggere, tradurre, ecc.: *un autore*), o a risolvere (*un problema*), a rispondere a (*domande d'esame*) ***3*** (*polit.*) far approvare (*un disegno di legge*); far passare (*un provvedimento*).

♦**take to**, *v. i. + prep.* ***1*** portare (*o* accompagnare) a (*o* in, da): **I took the cheque to the bank**, portai in banca l'assegno; **I'll t. you to the book show**, ti accompagno alla fiera del libro; **I'll t. the boy to school**, accompagno a scuola il ragazzo; **T. me to your boss!**, portami dal tuo capo! ***2*** fuggire verso; ritirarsi in; darsi a: **to t. to the mountains**, fuggire verso i monti; ritirarsi sulle montagne; **to t. to the bush**, darsi alla macchia ***3*** (*fig.*) darsi a; mettersi a; prendere a; cominciare a (*fare q.c.*): **to t. to drink** (*o* **to drinking**), darsi al bere (*o* all'alcol); **He's taken to reading detective stories**, s'è messo a leggere gialli ***4*** applicare, usare (*uno strumento*: *per fare q.c.*): **You must t. a screwdriver to it**, qui ti ci vuole un cacciavite! ***5*** affezionarsi a (q.); prendere (q.) in: **to t. a liking** [**a dislike**] **to sb.**, prendere q. in simpatia [in antipatia] □ **to t. sb. to one's arms**, prendere q. tra le braccia □ **to t. to one's bed**, mettersi a letto (*per riposarsi o per malattia*) □ **to t. st. to bits** (*o* **to pieces**), fare a pezzi q.c. □ (*naut.*) **to t. to the boats**, salire sulle lance di salvataggio □ **to t. to boats** (*o* **to water**), correre alle barche (*o* alle navi); imbarcarsi □ **to t. sb. to one's breast** (*o* **bosom**), stringere al petto q. □ (*leg.*) **to t. sb. to court**, portare q. in tribunale; citare q. in giudizio □ **to t. st. to heart**, prendere a cuore q.c. □ **to t. to one's heels**, darsela a gambe; scappare □ **to t. sb. to one side**, prendere q. in disparte (*o* da parte) □ **to t. to the road**, darsi al vagabondaggio; (*teatr.*: *di una compagnia*) fare una tournée in provincia □ **to t. sb. to task**, rimproverare q. □ (*arc.*) **to t. to wife**, prendere in moglie; sposare.

♦**take unawares**, *v. t. + avv.* prendere (q.) alla sprovvista.

♦**take under**, *v. t. + prep.* prendere (q.) sotto (q.c.): (*fig.*) **to t. sb. under one's wings**, prendere q. sotto le proprie ali; proteggere, consigliare q.

♦**take up**, **A** *v. t. + avv.* ***1*** alzare; sollevare; prendere su; tirare su; raccogliere; raccattare: **He took up the chalk and began to write on the blackboard**, prese (su) il gesso e cominciò a scrivere sulla lavagna; **T. up the mat!**, solleva lo stuoino!; **The little girl has fallen: t. her up!**, la bimbetta è caduta: tirala (*o* prendila) su!; (*fig.*) **to t. up a challenge**, raccogliere una sfida; **T. it up with the tongs!**, raccattalo con le molle! ***2*** portare (q.c.) su (*o* di sopra): **I'll have the early morning coffee taken up**, mi farò portare su (*o* in camera) il caffè del primo mattino ***3*** (*trasp.*) prendere su (*fam.*); far salire (*passeggeri*) ***4*** tirare su (*fam.*); assorbire (*liquidi*): **A sponge takes up water**, la spugna assorbe l'acqua ***5*** (*moda*) tirare su (*fam.*); alzare, accorciare (*indumenti*) ***6*** (*cucito*) riprendere, ripigliare (*un punto*) ***7*** riprendere, continuare (*un racconto, ecc.*): **to t. up one's story**, riprendere il racconto; **taking up where the first volume leaves off**, riprendendo da dove finisce il primo volume ***8*** prendere, richiedere, volerci (*tempo, sforzo, attenzione, ecc.*); occupare (*spazio*): **This work takes up too much time**, questo lavoro richiede troppo tempo; **It can t. up a whole afternoon to do my homework**, può volerci un intero pomeriggio per fare il compito a casa; **The piano takes up a lot of room**, il pianoforte prende molto spazio ***9*** prendere, assumere (*servizio e sim.*); entrare in (*carica*) ***10*** dedicarsi, darsi a (*un lavoro, un'attività, un hobby*); intraprendere; occuparsi di; cominciare a, mettersi a: **to t. up music** [**stamp collecting**]; dedicarsi alla musica [a fare collezione di francobolli]; **to t. up a profession**, intraprendere una professione; **to t. up gardening**, darsi al giardinaggio; **to t. up Russian**, mettersi a studiare il russo; prendere il russo (*come materia di studio*); **to t. up smoking**, mettersi a fumare; **to t. up one's new duties**, cominciare il lavoro nuovo ***11*** appoggiare, aiutare, interessarsi a (q.); prendere (q.) sotto la propria protezione; (*teatr.*) curare gli interessi di (*un attore*) ***12*** (*fig.*) sollevare, prendere in considerazione (*un caso, una questione e sim.*) ***13*** accettare (*un'offerta*) ***14*** (*fig.*) pagare (*un conto*); ritirare (*azioni, titoli*): **to t. up a bill of exchange**, ritirare una cambiale ***15*** (*econ., market.*) accaparrare; fare incetta di (*prodotti*) ***16*** rimbeccare; interrompere; rimproverare: **One in the audience took me up on that point**, uno del pubblico mi rimbeccò su quel punto; **The teacher took me up short**, l'insegnante mi interruppe di botto ***17*** fissare bene; tendere (*una fune, ecc.*); stringere. **B** *v. i. + avv.* (*naut.*: *del fasciame*) stringersi; serrarsi □ **to t. up arms**, prendere le armi; dare inizio alle ostilità □ **to t. up a cause**, aderire a una causa □ **to t. up one's domicile** (*o* **residence**), prendere il domicilio (*o* la residenza) □ (*fin.*) **to t. up an option**, esercitare un diritto d'opzione □ **to t. up the thread of the story**, riprendere il filo del racconto.

♦**take up on**, *v. t. + avv. + prep.* ***1*** prendere (q.) in parola; accettare (*un invito, un'offerta, ecc.*) ***2*** trovare a ridire con (q.) su (*un punto, ecc.*): **He took me up on my last remark**, trovò a ridire sulla mia ultima osservazione.

♦**take up with**, *v. t. + avv. + prep.* ***1*** sollevare (*una questione, un caso*) con (q.); esporre (*un caso, ecc.*) a (q.): **I advise you to t. up your case with a good solicitor**, ti consiglio di esporre il tuo caso a un buon avvocato ***2*** (*fam.*) fare amicizia, farsela, mettersi con (q.); mettersi a far l'amore con (q.): **My son has taken up with some skinheads**, mio figlio se la fa con degli skinhead.

♦**take upon**, *V.* **take on, C**.

takeable /ˈteɪkəbl/, *a.* prendibile; che si può prendere.

take-along /ˈteɪkəlɒŋ, *USA* -ɔːŋ/, *a.* portatile: **t. instant bed**, lettino pieghevole e portatile.

takeaway /ˈteɪkəweɪ/, **A** *a.* ***1*** (*di cibo, ecc.*) da asporto; da portar via ***2*** (*comm.*) di rosticceria: **t. counter**, banco di rosticceria. **B** *n.* ***1*** rosticceria ***2*** (*pl.*) cibi cotti da asporto. ● **t. food shop**, rosticceria □ **«Takeaways always available»** (*cartello*), «servizio di rosticceria».

take-down /ˈteɪkdaʊn/, *n.* ***1*** (*mecc.*) smontaggio ***2*** (*elab.*) rimozione ***3*** (*fam.*) umiliazione; ridimensionamento (*fig.*).

take-home /ˈteɪkhəʊm/, *a. attr.* ***1*** che si porta a casa ***2*** che si può portare via; che si può prendere: **free t. copy**, copia gratuita (*di un catalogo, ecc.*) che si può portare via. ● (*econ.*) **t. pay**, retribuzione netta □ (*USA*) **t. pay packet**, busta paga netta.

take-in /ˈteɪkɪn/, *n.* (*fam.*) inganno; imbroglio; frode; truffa.

taken /ˈteɪkən/, *p. p.* di **to take**.

takeoff /ˈteɪkɒf, *USA* -ɔːf/, *n.* ***1*** (*aeron.*) decollo: **to have a smooth t.**, fare un buon decollo; **t. power**, potenza di decollo ***2*** (*miss.*) partenza (*di un razzo*) ***3*** (*fig., econ.*) decollo ***4*** (*sport*) stacco (*di saltatore*) ***5*** (*atletica*) pedana (*per i salti*) ***6*** (*sci*) dente del trampolino ***7*** (*tecn.*) presa (*di energia*); attacco ***8*** (*fam.*) parodia; imitazione; caricatura. ● (*cinem., elab.*) **t. reel**, bobina svolgitrice □ (*aeron.*) **t. strip**, pista di decollo □ (*aeron.*) **vertical t. and landing** (*abbr.* **VTOL**), decollo e atterraggio verticali.

takeout /ˈteɪkaʊt/, (*USA*) *V.* **takeaway**.

takeover /ˈteɪkəʊvə(r)/, *n.* ***1*** (il) subentrare; assunzione (*di un ufficio, ecc.*) ***2*** (*fin.*) rilevamento, acquisizione di controllo (*di un'azienda*): **hostile t.**, acquisizione ostile ***3*** (*atletica*) cambio (*nelle corse a staffetta*): **t. point**, zona di cambio. ● (*fin.*) **t. bid**, offerta pubblica di acquisto (*abbr.* OPA) □ (*fin.*) **t. deal**, accordo di fusione (*di due società*) □ **t. group**, gruppo finanziario che promuove un'acquisizione.

taker /ˈteɪkə(r)/, *n.* ***1*** chi prende; chi riceve (*V.* **to take**) ***2*** chi accetta (*offerte, scommesse, ecc.*) ***3*** (*fin., leg.*) prenditore; beneficiario; acquirente ***4*** (*Borsa*) riportante; riportatore; chi fa un riporto ***5*** (*tecn.*) dispositivo di presa d'energia (*o* d'attacco) ***6*** (*pop.*) chi prende il pizzo; chi si fa corrompere. ● **t.-in**, truffatore, imbroglione; (*Borsa*) *V. sopra, def. 4* □ (*Borsa*) **t. of option money**, venditore a premio.

take(-)up /ˈteɪkʌp/, *n.* ***1*** accettazione (*di un sussidio statale e sim.*) ***2*** (*fin.*) sottoscrizione (*di azioni*) ***3*** (*cinem., elab.*) avvolgimento; avvolgitore ***4*** (*mecc.*) tenditore ***5*** (*econ.*) accaparramento; incetta. ● **t. reel**, bobina avvolgitrice.

taking (**1**) /ˈteɪkɪŋ/, *n.* ***1*** presa; il prendere: **t. on charge**, presa in consegna (*o* in carico) ***2*** cattura (*di selvaggina*); pesca ***3*** (*leg.*) acquisizione: **t. of evidence**, acquisizione di prove ***4*** (*pl.*) (*comm.*) introiti; incassi, incasso; profitti.

taking (**2**) /ˈteɪkɪŋ/, *a.* (*fam.*) attraente; piacente; affascinante; seducente.

takingly /ˈteɪkɪŋlɪ/, *avv.* in modo seducente, attraente.

takingness /ˈteɪkɪŋnəs/, *n.* (*fam.*) attrattiva; fascino.

taking-off /ˈteɪkɪŋɒf, *USA* -ɔːf/, *n.* ***1*** (*aeron.*) decollo ***2*** (*miss.*: *di razzo*) partenza ***3*** (*fam.*) caricatura; imitazione; parodia.

taking-over /ˈteɪkɪŋəʊvə(r)/, *n.* ***1*** il subentrare; subentro (*bur.*); insediamento ***2*** (*fin.*) rilevamento, acquisizione di controllo (*di un'azienda*).

talapoin /ˈtæləpɔɪn/, *n.* ***1*** (*zool., Cercopithecus talapoin*) cercopiteco nano ***2*** (*monaco buddista*) talapoino.

talaria /təˈlɛərɪə/ (*lat.*), *n. pl.* talari (*calzari alati di Mercurio*).

talc /tælk/, *n.* ***1*** (*miner.*) talco ***2*** (*polvere usata in cosmesi*) talco. ● **t. schist**, talcoscisto.

to **talc** /tælk/, *v. t.* trattare con talco.

talcky /ˈtælkɪ/, **talcose** /ˈtælkəʊs/, **talcous** /ˈtælkəs/, *a.* (*miner.*) talcoso; del talco; di talco; simile al talco.

talcum /ˈtælkəm/, *n.* ***1*** (*miner.*) talco ***2*** (= **t. powder**) talco in polvere.

tale /teɪl/, *n.* ***1*** storia; racconto; narrazione; storiella; novella: **fairy tales**, storie di fate; fiabe; **tales of adventure**, racconti di avventure; (*letter.*) **Tales from Shakespeare**, racconti desunti dai drammi di Shakespeare; **a true t. of the Crusades**, una narrazione veridica delle Crociate ***2*** resoconto; relazione; (*specialm.*) chiacchiera, diceria, maldicenza: **All sorts of tales will get about**, si diffondono le dicerie più strane; se ne sentono di tutti i colori ***3*** (= **silly t.**) fandonia; bugia; frottola ***4*** (*poet. o arc. per* **toll**) conto; ammontare; numero: **the flood's t. of dead**, il numero dei morti nell'inondazione. ● (*arc.*) **t.-bearer**, maldicente, malalingua, linguaccia; spia, delatore □ (*arc.*) **t.-bearing**, maldicenza; il raccontare i fatti degli altri □ **if all tales be true**, se è vero quel che si dice in giro □ **an old wives' t.**, una sciocca leggenda; un racconto fantastico □ **to tell tales** (**out of school**), fare la spia; riportare; sparlare □ (*comm.*) **to reckon by the t.**, calcolare a numero (*non a peso*); contare (*bestiame*) per capi □ (*fig.*) **I prefer to tell my own t.**, preferisco dare la mia versione dei fatti □ (*prov.*) **Dead men tell no tales**, i morti non parlano.

talent /ˈtælənt/, *n.* ***1*** talento; ingegno; attitudine; disposizione naturale: **He is a pianist of rare t.**, è un pianista di raro talento; **The boy has t.**, il ragazzo ha ingegno; **She has a t. for painting**, ha attitudine per la pittura; **You have a t. for languages**, hai disposizione per le lingue ***2*** (*collett.*) (*fig.*) persone d'ingegno; giovani dotati: **He was looking out for local t.**, cercava giovani d'ingegno che fossero del luogo ***3*** (*pop.*) bella donna; ragazza affascinante (*o* eccitante); bel ragazzo; fusto (*fam.*). ● (*mus., cinem., ecc.*) **t. scout**, talent scout; scopritore di talenti □ (*stor.*) **an Attic t.**, un talento attico (*moneta*).

talented /ˈtæləntɪd/, *a.* d'ingegno; (dotato) di talento; abile; capace: **a t. young man**, un giovane di talento.

taler /ˈtɑːlə(r)/, *n.* (*stor.*) tallero (*moneta d'argento tedesca*).

tales /ˈteɪliːz/ (*lat.*), *n. pl.* (*leg.*) ***1*** giurati supplenti ***2*** (*col verbo al sing.*) mandato di convocazione dei giurati supplenti.

talesman /ˈteɪliːzmən/, *n.* (*pl.* **talesmen**) (*leg.*) giurato supplente.

talion /ˈtælɪən/, *n.* (*stor.*) taglione; legge (*o* pena) del taglione.

talipes /ˈtælɪpiːz/, *n.* (*med.*) piede talo.

talipot /ˈtælɪpɒt/, **taliput** /ˈtælɪpʌt/, *n.* (*bot., Corypha umbraculifera*) corifa.

talisman /ˈtælɪzmən, -sm-/, *n.* talismano; amuleto.

talismanic(**al**) /tælɪzˈmænɪk(l), -sˈm-/, *a.* di talismano; talismanico.

talk /tɔːk/, *n.* ***1*** discorso; conversazione; colloquio; abboccamento: **I had an interesting t. with him**, ebbi con lui una conversazione interessante ***2*** discorso; conversazione; conferenza: **to give a t. on Russian poetry**, fare una conferenza sulla poesia russa ***3*** (= **small t.**) chiacchiere; ciarle; cicaleccio; vane parole; vaniloquio ***4*** (*pl.*) colloqui; negoziati; trattative: **peace talks**, negoziati di pace ***5*** diceria; voce; pettegolezzo: **There is t. of a wonderful new invention**, corre voce che sia stata fatta una nuova meravigliosa invenzione ***6*** (*fam.*) parlata; linguaggio: **baby t.**, parlata infantile; **sales t.**, linguaggio da venditore. ● (*elettr.*) **t.-listen switch**, interruttore del citofono □ (*TV, radio*) **t. show**, talk show; programma con interviste di ospiti celebri □ **to be the t. of the town**, essere la favola della città; essere sulla bocca di tutti □ **It will end in t.**, finirà in chiacchiere; non se ne farà nulla □ **He's all t.**, parla e parla, ma non conclude nulla; non è che un chiacchierone □ **Let's have a t.**, facciamo quattro chiacchiere!; parliamo un po'!

to **talk** /tɔːk/, **A** *v. i.* ***1*** parlare; discorrere; conversare; ragionare; chiacchierare; ciarlare; fare della maldicenza: **This baby cannot t. yet**, questo bambino non sa ancora parlare; **We talked until very late**, conversammo fino a molto tardi; **She is always talking**, non fa che ciarlare; **People will t.**, la gente parla (*o* mormora) ***2*** esprimersi; comunicare: **They t. by signs**, s'esprimono a gesti ***3*** (*nelle voci della forma in* **-ing**) parlarsi (*v. recipr.*): **Henry and Jane are not talking**, Henry e Jane non si parlano (non si rivolgono la parola). **B** *v. t.* ***1*** parlare: **to t. French fluently**, parlare francese correntemente; **to t. slang**, parlare il gergo ***2*** parlare di; discutere di; trattare (*un argomento*): **to t. business**, parlare d'affari; **to t. politics**, discutere di politica; **to t. books** [**movies**], parlare (*o* discutere) di libri [di film] ***3*** dire; esprimere: **to t. nonsense**, dire sciocchezze; **to t. sense**, dire cose sensate. ● (*fam.*) **to t. big**, spararle grosse; vantarsi □ (*fam. USA*) **to t.** (**cold**) **turkey**, parlar chiaro; dire pane al pane; non aver peli sulla lingua □ (*fam.*) **to t. sb.'s head off**, stordire q. a furia di chiacchiere; fare una testa così a q. □ (*fam.*) **to t. to hear one's own voice**, parlarsi addosso □ **to t. oneself hoarse**, diventar rauco a forza di parlare; sfiatarsi, spolmonarsi □ (*fam. USA*) **to t. one's leg off**, parlare a ruota libera □ (*fam. USA*) **to t. a poor mouth**, piangere miseria □ **T. sense!**, non dire fesserie! (*fam.*) □ **He would t. a horse's hind leg off**, quando si mette a parlare, non la fa più finita □ **Now you're talking!**, adesso sì (che) parli bene; questo sì che si chiama parlare! □ (*fam. iron.*) **You can t.**, puoi parlare tu! □ (*fam.*) **You can't t.!**, tu non hai il diritto di parlare!; faresti meglio a tacere, tu! □ (*fam.*) **Look who's talking!**, senti chi parla!

♦**talk about**, *v. i. + prep.* ***1*** parlare di; discutere di: **What did you t. about?**, di che cosa avete parlato?; **to t. about the weather**, parlare del tempo che fa ***2*** sparlare, dire male di; fare della maldicenza su: **I don't want to be talked about**, non voglio che si sparli di me ***3*** parlare di; dire di volere (*fare q.c.*); manifestare l'intenzione di: **He's always talking about going to Australia**, parla sempre di andare in Australia □ (*fam.*) **talk about**, parlando di, a proposito di; e poi si dice che...; alla faccia di (*fam.*): **T. about rising taxation, have you seen the latest rates?**, a proposito di aumenti delle tasse, hai visto le ultime aliquote?; **T.**

about his flair for business! he's gone bankrupt!, alla faccia del suo fiuto in affari! è fallito!

♦**talk around**, *V.* **talk round**.

♦**talk at**, *v. i. + prep.* parlare a (q.) con sussiego, con supponenza; far cadere le parole dall'alto con (q.): **Try to t. to your students, instead of just talking at them**, cerca di comunicare con i tuoi studenti, anziché trattarli dall'alto in basso.

♦**talk away**, **A** *v. i. + avv.* continuare a parlare; parlare di continuo. **B** *v. t. + avv.* **1** passare (*il giorno, la notte, ecc.*) a parlare (*o* in chiacchiere) **2** far passare (*timori, ecc.*) parlando (*o* parlandone, a furia di parole).

♦**talk back**, *v. i. + avv.* replicare; ribattere; rimbeccare; rispondere (*fam.*): **Don't t. back to your mother!**, non rispondere alla mamma!

♦**talk down**, **A** *v. t. + avv.* **1** ridurre al silenzio, mettere (q.) fuori combattimento (*in una discussione, un dibattito, ecc.*) **2** fare smettere (q.) con argomentazioni; convincere (q.) a smettere (*q.c. di dannoso o nocivo*) **3** (*aeron.*) portare a terra (*un pilota*) dandogli istruzioni via radio. **B** *v. i. + avv.* parlare con sussiego, con arroganza (*o* dall'alto al basso): **Don't t. down to your soldiers!**, non rivolgerti ai soldati in modo arrogante! □ **Nobody likes being talked down to**, a nessuno piace essere trattato in malo modo.

♦**talk into**, **A** *v. t. + prep.* convincere, persuadere (q.) parlando a (*fare q.c.*): **He talked me into lending him some money**, a furia di parlare, mi convinse a prestargli un po' di soldi. **B** *v. i. + prep.* parlare in (*o* dentro): **T. into the loudspeaker!**, parla dentro il megafono!

♦**talk of**, *v. i. + prep.* **1** parlare di; riferirsi a: **to t. of oneself**, parlare di sé **2** parlare di (*fare q.c.*); manifestare l'intenzione di □ **talking of**, parlando di; a proposito di □ (*fam.*) **T. of the devil!**, lupus in fabula (*lat.*): **T. of the devil! here he is!**, lupus in fabula! eccolo!

♦**talk on**, **A** *v. i. + avv.* continuare a parlare. **B** *v. i. + prep.* parlare di (*o* su); trattare (*un argomento*): **I've been asked to t. on the importance of prevention**, sono stato invitato a parlare dell'importanza della prevenzione.

♦**talk out**, *v. t. + avv.* **1** discutere a fondo, sviscerare (*una questione e sim.*) **2** (*polit., in G.B.*) bloccare (*un disegno di legge*) con l'ostruzionismo degli interventi a catena **3** (*fig.*) appianare, comporre (*una vertenza e sim.*) discutendo.

♦**talk out of**, *v. t. + avv. + prep.* dissuadere (q.) parlando dal (*fare q.c.*); convincere (q.) a non (*fare q.c.*): **We talked father out of selling his Jag**, convincemmo papà a non vendere la sua Jaguar; **to t. sb. out of a foolish plan**, dissuadere q. dal mettere in atto un progetto avventato.

♦**talk over**, *v. t. + avv.* **1** discutere a fondo di (q.c.); esaminare bene: **I'll t. your proposal over with my assistant**, esaminerò bene la tua proposta parlandone col mio assistente; **Let's t. it over!**, discutiamone; parliamone a fondo! **2** convincere, persuadere (*q.; facendogli mutar parere*) □ **to t. over sb.'s head**, parlare in modo troppo difficile per q.; parlare senza farsi capire.

♦**talk round**, **A** *v. i. + prep.* girare intorno a (*un argomento e sim.*). **B** *v. t. + prep.* convincere, persuadere (q.; *facendogli cambiar parere*).

♦**talk through**, *v. t. + avv.* **1** trattare (a voce) (*una questione, ecc.*) in modo esauriente; esaurire (*un argomento*) **2** (*cinem., teatr., ecc.: di un regista*) dirigere a viva voce (*un attore sul set*) □ (*fam.*) **to t. through one's hat**, parlare a vanvera; dire delle sciocchezze (*o* delle fesserie); spararle (*o* sballarle) grosse (*fam.*).

♦**talk to**, *v. i. + prep.* **1** parlare a (*o* con) (q.); comunicare con (q.): **Don't t. to that chap!**, non parlare con quel tipo! **2** (*fam.*) parlare con; lagnarsi con; fare rimostranze a (q.): **I'll t. to the manager about it**, ne parlerò col direttore **3** (*fam.*) rimproverare, sgridare: **That boy needs to be talked to**, quel ragazzo ha bisogno di una (bella) sgridata □ **to t. to oneself**, parlare tra sé.

♦**talk up**, **A** *v. i. + avv.* **1** alzare la voce; parlare più forte **2** far sentire la propria voce (*fig.*); farsi sentire (*fig.*); dire chiaro quello che si pensa. **B** *v. t. + avv.* (*specialm. USA*) elogiare, esaltare (*un'opera, un libro, un quadro, ecc.*); lanciare (*un'idea*); promuovere (*un'impresa, ecc.*) □ (*fam. USA*) **to t. up a storm**, parlare in toni entusiastici; parlare a ruota libera □ **to t. up a subject**, fare un gran cancan su un argomento.

♦**talk upon**, *V.* **talk on, B**.

♦**talk with**, *v. i. + prep.* **1** parlare con (q.) **2** (*fam.*) rimproverare, sgridare (q.).

talkative /ˈtɔːkətɪv/, *a.* ciarliero; loquace; chiacchierino: **a gay, t. girl**, una ragazza allegra e chiacchierina. ‖ **-ly**, *avv.* ‖ **-ness**, *sost.*

talkdown /ˈtɔːkdaʊn/, *n.* (*aeron.*) atterraggio guidato via radio (*dalla torre di controllo*).

talkee-talkee /ˈtɔːkiːˈtɔːkiː/, *n.* **1** chiacchiericcio; cicaleccio **2** (*spreg.*) lingua storpiata (*parlata da stranieri incolti*).

talker /ˈtɔːkə(r)/, *n.* **1** parlatore; conversatore: **He's a good t.**, è un buon parlatore **2** chiacchierone; ciarlone. ● **big t.**, sbruffone; fanfarone.

talkie /ˈtɔːkɪ/, *n.* (*fam., ma piuttosto antiquato*) film sonoro; pellicola sonora. ● **the talkies**, il cinema (sonoro).

talk-in /ˈtɔːkɪn/, *n.* **1** comizio di protesta **2** chiacchierata; discorso informale **3** colloquio; conversazione.

talking /ˈtɔːkɪŋ/, **A** *a.* **1** che parla; parlante: **a t. parrot**, un pappagallo parlante **2** (*fig.*) espressivo; eloquente: **t. eyes**, occhi espressivi. **B** *n.* discussione; discorsi. ● (*elettron.*) **t. chip**, chip per macchina parlante □ (*fam., TV*) **t. head**, mezzobusto (televisivo) □ **t. machine**, (*elettron.*) macchina che parla (*con voce di timbro umano*); (*arc.*) fonografo □ **t. picture** (*o* **t. film**), film sonoro □ **t. point**, argomento da discutere; questione d'attualità □ (*elettron.*) **t. toy**, giocattolo (*bambola, ecc.*) parlante.

talking-to /ˈtɔːkɪŋtuː/, *n.* (*fam.*) rimprovero; sgridata; ramanzina.

talky /ˈtɔːkɪ/, *a.* **1** *V.* **talkative** **2** che contiene troppi dialoghi: **a t. novel**, un romanzo che contiene troppi dialoghi.

tall /tɔːl/, *a.* **1** alto; grande (*fam.*); elevato: **a t. man**, un uomo alto; **t. trees [steeples, masts]**, alberi [campanili, alberi di nave] alti; **Jack is five foot t.**, Jack è alto cinque piedi (*m 1,53 circa*) **2** (*fam.*) assurdo; esagerato; incredibile; inverosimile: **a t. tale** (*o* **story**), un racconto assurdo; una frottola; una panzana **3** (*fam.: di prezzo*) alto; esorbitante; esagerato. ● (*fam.*) **a t. drink**, una bevanda servita in un bicchiere alto e stretto □ **a t. hat**, un cappello a cilindro; una tuba □ (*ind.*) **t. oil**, tallolio; olio di sego □ **a t. order**, (*comm.*) un grosso ordinativo; (*fig.*) una richiesta impossibile, una pretesa assurda □ **a rather t. price**, un prezzo piuttosto salato □ (*fam.*) **t. talk**, millanteria; spacconata □ (*fam.*) **to talk t.**, sparare (*o* sballarle) grosse; millantarsi; vantarsi.

tallage /ˈtælɪdʒ/, *n.* (*stor.*) taglia (*imposta, tributo*).

tallboy /ˈtɔːlbɔɪ/, *n.* canterano; cassettone alto.

tallish /ˈtɔːlɪʃ/, *a.* piuttosto alto (*V.* **tall**).

tallith /ˈtælɪθ/, *n.* (*relig.*) talled, taled (*scialle ebraico*).

tallness /ˈtɔːlnəs/, *n.* altezza; statura.

tallol /ˈtælɒl/, *V.* **tall oil**.

tallow /ˈtæləʊ/, **A** *n.* sego. **B** *a. attr.* di sego; segoso (*raro*): **t. candles**, candele di sego. ● **t. chandler**, fabbricante (*o* venditore) di candele di sego □ (*fig.*) **t.-faced**, pallido; terreo.

to **tallow** /ˈtæləʊ/, *v. t.* **1** ungere (*o* ingrassare) col sego **2** ingrassare (*pecore, ecc.*).

tallowish /ˈtæləʊɪʃ/, **tallowy** /ˈtæləʊɪ/, *a.* **1** di sego; segoso (*raro*) **2** color del sego; giallognolo.

tally /ˈtælɪ/, *n.* **1** (*un tempo*) taglia (*legnetto su cui si facevano le tacche di contrassegno*) **2** conto; conteggio; computo **3** (*comm.*) registrazione; riscontro **4** (*comm.*) tagliando di riscontro (*«madre» o «figlia»*) **5** contrassegno; cartellino; etichetta; piastrina; targhetta: **horticultural tallies**, cartellini di riconoscimento delle piante **6** (*fig.*) parte corrispondente; equivalente; controparte **7** (*sport*) punteggio. ● **t. clerk**, controllore (*alla consegna di merce*); spuntatore □ **t. sheet**, foglio di riscontro □ **t. system** (*o* **t. trade**), vendita a credito a breve scadenza (*fatta da un negoziante segnando i crediti su un libretto*).

to **tally** /ˈtælɪ/, **A** *v. t.* **1** registrare; annotare (*crediti, ecc.*) **2** (*spesso* **to t. up**) contare; riscontrare; calcolare; registrare (*fig.*): **to t. the expenses for the day**, calcolare le spese della giornata; **to t. a deficit of**, registrare un disavanzo di. **B** *v. i.* corrispondere; coincidere; concordare; essere in accordo (*o* in armonia): **The reports of the two informers don't t.**, i rapporti dei due informatori non concordano; **The goods don't t. with the invoice**, la merce non corrisponde alle indicazioni della fattura. ● (*naut.*) **to t. a load**, controllare un carico (*facendo la spunta*).

tallyho /tælɪˈhəʊ/, *inter.* e *n.* dàlli dàlle! (*grido per incitare i cani, specialm. avvistando la volpe*)

to **tallyho** /tælɪˈhəʊ/, (*nella caccia alla volpe*) **A** *v. i.* gridare «dàlli dàlle». **B** *v. t.* incitare (*i cani*) col grido di «dàlli dàlle».

tallyman /ˈtælɪmən/, *n.* (*pl.* **tallymen**) **1** chi vende a rate; negoziante che vende a credito (*segnando le somme sul libretto*) **2** (*nei giochi*) chi segna i punti; segnapunti **3** (*specialm. naut.*) controllore (*del carico*); spuntatore **4** (*market.*) chi vende porta a porta.

Talmud /ˈtælmʊd, *USA* ˈtɑːl-/, *n.* (*relig. ebraica*) talmud.

Talmudic(al) /tælˈmʊdɪk(l), *USA* -ˈmuːd-/, *a.* talmudico.

Talmudist /ˈtælmədɪst/, *n.* talmudista.

Talmudistic /tælməˈdɪstɪk/, *a.* talmudistico.

talon /ˈtælən/, *n.* **1** artiglio (*specialm. d'uccello rapace; anche fig.*) **2** (*mecc.*) dente (*di stanghetta di serratura*) **3** (*archit.*) modanatura a «S» **4** (*a carte*) mazzo (*la parte che resta dopo aver distribuito le carte*) **5** (*comm.*) talloncino; matrice **6** (*fin.*) cedola di affogliamento (*di titolo al portatore*).

taloned /ˈtælənd/, *a.* (*zool.*) artigliato; munito d'artigli: **a t. bird of prey**, un rapace artigliato.

talus (1) /ˈteɪləs/, *n.* (*pl.* **tali**) **1** (*anat.*) astragalo **2** (*med.*) *V.* **talipes**.

talus (2) /ˈteɪləs/, *n.* **1** pendio; scarpata **2** (*geol.*) detriti di falda; falda detritica.

tamability /teɪməˈbɪlətɪ/, *n.* docilità; addomestichevolezza; l'essere domabile.

tamable /ˈteɪməbl/, *a.* addomesticabile; domabile.

tamableness /ˈteɪməblnəs/, *V.* **tamability**.

tamarack /ˈtæməræk/, *n.* (*bot., Larix laricina*) larice americano.

tamarind /ˈtæmərɪnd/, *n.* (*bot., Tamarindus indica*) tamarindo.

tamarisk /ˈtæmərɪsk/, *n.* (*bot., Tamarix*) tamerice; tamarisco.

tambour /ˈtæmbʊə(r)/, *n.* **1** (*mus., archit.*) tamburo **2** telaio da ricamo (*tondo*); tamburo **3** (*di scrittoio*) avvolgibile **4** (*zool.,* = **tambor**) pesce palla (*pesce dei Plectognati; in genere*).

to **tambour** /ˈtæmbʊə(r)/, *v. t.* e *i.* ricamare (*stoffa*) al telaio.

tambourine /tæmbəˈriːn/, *n.* (*mus.*) tamburello. ● (*pop. USA*) **t. man**, spacciatore di droga.

tame /teɪm/, *a.* **1** domestico; addomesticato: a

t. mongoose, una mangusta addomesticata; **t. animals**, animali domestici *2* docile; mansueto: **Cows are very t. animals**, le mucche sono bestie assai mansuete *3* servile; sottomesso; umile: **t. acquiescence**, servile acquiescenza *4* sbiadito; insipido; insulso; noioso; privo d'interesse: **a t. description**, una descrizione sbiadita; **t. talk**, discorsi insulsi; **a t. football match**, una partita di calcio priva d'interesse *5* (*di terreno*) coltivato. ● (*fig.*) **a t. cat**, un tipo servizievole □ **a t. little man**, un ometto docile, arrendevole. || **-ly**, *avv.* || **-ness**, *sost.*

to **tame** /teɪm/, *v. t.* *1* addomesticare; domare (*anche fig.*); ammansire; rendere docile; sottomettere: **to t. tigers**, ammansire tigri; **to t. horses**, domare cavalli; (*econ.*) **to t. inflation**, domare l'inflazione *2* coltivare (*un terreno*). ● **to t. sb.'s courage**, scoraggiare q. □ **to t. a haughty person**, umiliare una persona altezzosa □ **to t. sb.'s spirit**, deprimere q.

tameable /'teɪməbl/, *V.* **tamable**.

tameless /'teɪmləs/, *a.* (*poet.*) indomito; indomabile.

tamer /'teɪmə(r)/, *n.* domatore; domatrice: **a lion t.**, un domatore di leoni.

Tamerlane /'tæməleɪn/, *n.* (*stor.*) Tamerlano.

Tamil /'tæmɪl/, *n.* (*pl.* **Tamil, Tamils**) tamil (*anche la lingua*).

Tamilian /tə'mɪlɪən/, *a.* tamilico.

taming /'teɪmɪŋ/, *n.* addomesticamento; ammansimento. ● **The T. of the Shrew**, «La bisbetica domata» (*commedia di Shakespeare*).

Tammany /'tæmənɪ/, **A** *n.* (*polit., USA*) *1* «Tammany Hall» (*sede del Partito Democratico a New York*) *2* (*per estens.,* = **Tammanyism**) corruzione politica. **B** *a. attr.* (*spreg. USA*) poco chiaro; disonesto; corrotto. ● (*stor. USA*) **T. Society**, l'organizzazione del Partito Democratico a New York.

tammy (1) /'tæmɪ/, *n.* *1* (*ind. tess.*) stamigna *2* straccetto da cucina; spugnetta.

tammy (2) /'tæmɪ/, *V.* **tam-o'-shanter**.

tam-o'-shanter /tæmə'ʃæntə(r)/, *n.* (*moda*) berretto scozzese tondo di lana, con un pompon in cima.

to **tamp** /tæmp/, *v. t.* *1* pestare; pigiare; comprimere: **to t. (down) tobacco in one's pipe**, pigiare il tabacco dentro la pipa *2* tappare; turare; intasare: **to t. a blast-hole**, intasare il fornello d'una carica d'esplosivo *3* (*edil.*) compattare; costipare: **to t. the earth**, compattare il terreno.

tamper /'tæmpə(r)/, *n.* *1* chi pesta, chi pigia, ecc. (*V.* **to tamp**) *2* (*edil.*) pestello; mazzeranga *3* (*mil., stor.*) borraggio.

to **tamper** /'tæmpə(r)/, *v. i.* *1* frammettersi; immischiarsi; interferire; intromettersi *2* – **to t. with**, adulterare; falsificare; manomettere: **to t. with foodstuffs**, adulterare generi alimentari; **to t. with a document**, falsificare un documento; **to t. with the ignition switch of a car**, manomettere l'interruttore dell'accensione di un'automobile *3* – **to t. with**, tentare di corrompere; subornare: **to t. with a dishonest official**, tentare di corrompere un funzionario disonesto; (*leg.*) **to t. with a witness**, subornare un teste *4* – (*leg.*) **to t. with**, manomettere: **The evidence [the corpus delicti] has been tampered with**, hanno manomesso le prove [il corpo del reato]. ● (*ippica*) **to t. with a horse**, drogare un cavallo.

tamperer /'tæmpərə(r)/, *n.* *1* intrigante; chi interferisce, ficcanaso *2* adulteratore; falsificatore *3* corruttore; subornatore *4* (*leg.*) chi manomette prove.

tampering /'tæmpərɪŋ/, *n.* *1* intrigo; macchinazione; mena *2* manomissione; falsificazione *3* corruzione; subornazione. ● (*Borsa*) **t. with the market**, manipolazione del mercato mobiliare.

tamping /'tæmpɪŋ/, *n.* *1* pestatura; pigiatura *2* intasamento; il turare *3* (*edil.*) costipamento. ● (*tecn.*) **t. bar**, calcatoio □ **t. roller**, rullo costipatore.

tampion /'tæmpɪən/, *n.* (*mil., stor.: di cannone*) tappo di volata.

tampon /'tæmpɒn/, *n.* *1* (*med.*) tampone; stuello; zaffo *2* (*igiene*) tampone; assorbente interno.

to **tampon** /'tæmpɒn/, *v. t.* (*med.*) tamponare, stuellare, zaffare (*una ferita*).

tamponade /tæmpə'neɪd/, **tamponage** /'tæmpənɪdʒ/, *n.* (*med.*) tamponamento; tamponatura; zaffatura.

tam(-)tam /'tæmtæm/, *n.* tam-tam (*tamburo africano e gong cinese*).

tan (1) /tæn/, **A** *n.* *1* corteccia di quercia; concia (*per le pelli*) *2* (*chim.*) tannino *3* color marrone rossiccio; tanè *4* abbronzatura; tinta abbronzata; tintarella (*fam.*): **You've got a nice tan**, hai una bella tintarella. **B** *a. attr.* marrone chiaro: **tan shoes**, scarpe marrone chiaro. ● **tan liquor** (*o* **tan ooze, tan pickle**), liquido per la concia □ **tan-yard**, conceria.

tan (2) /tæn/, *n.* (*geom., abbr. di* **tangent**) tangente.

to **tan** /tæn/, **A** *v. t.* *1* conciare (*pelli*) *2* abbronzare; dare (*o* far venire) la tintarella a (q.) *3* (*fam.*) frustare; battere; percuotere; suonarle a (q.). **B** *v. i.* *1* (*di pelli*) subire la concia *2* abbronzarsi; prendere la tintarella (*fam.*). ● (*fam.*) **to tan sb.'s hide** (*o* **to tan the hide off sb.**), conciare q. per le feste; dargliele, suonargliele (*fam.*).

Tanagra /'tænəgrə/, *n.* *1* (*stor.*) Tanagra (*città della Beozia*) *2* (= **T. figurine, T. statuette**) statuetta di Tanagra; tanagra.

tanbark /'tænbɑːk/, *n.* *1* corteccia di quercia *2* concia (*per le pelli*). ● (*bot.*) **t. oak** (*Lithocarpus densiflora*), litocarpo.

Tancred /'tæŋkrɛd, -rɪd/, *n.* (*stor.*) Tancredi.

tandem /'tændəm/, **A** *n.* *1* (*un tempo*) tandem (*carrozza a due cavalli messi in fila*) *2* (= **t. bicycle**) tandem. **B** *a.* e *avv.* *1* uno dietro l'altro; in tandem; in fila: (*autom.*) **to drive t.**, guidare in tandem *2* (*elettr.*) in serie; in tandem; in cascata *3* (*aeron.*) in tandem; coassiale: **t. propellers**, eliche coassiali. ● **t. increase**, aumento abbinato (*di personale*) □ (*mecc.*) **t. roller**, compressore stradale a due rulli; tandem □ (*di cavalli*) **to pull a cart in t.**, tirare un carretto in tandem □ **to work in t.**, lavorare in tandem.

tang (1) /tæŋ/, *n.* *1* codolo; parte (*d'un coltello, scalpello, ecc.*) che entra nel manico *2* (*mecc.*) linguetta *3* sapore piccante; forte odore *4* pizzico (*di q.c.*); punta (*fig.*); traccia: **with a t. of humour**, con un pizzico (*o* una punta) d'umorismo. ● **t. of the sea**, odore di salsedine; sapore di mare □ **There's a t. in the air today**, oggi l'aria è pungente.

tang (2) /tæŋ/, *n.* *1* suono metallico; forte rumore *2* (*mus.*) vibrazione (*delle corde di una chitarra, ecc.*).

tang (3) /tæŋ/, *n.* (*bot., Fucus*) fuco.

to **tang** (1) /tæŋ/, *v. t.* munire (*un coltello, ecc.*) di codolo.

to **tang** (2) /tæŋ/, **A** *v. i.* *1* suonar forte; risuonare *2* (*mus.*) vibrare. **B** *v. t.* *1* far risuonare *2* far vibrare (*la corda di uno strumento, ecc.*). ● **to t. bees**, impedire che le api sciamino facendo frastuono (*quando sono in volo, o presso l'arnia*).

tanga /'tæŋgə/, *n.* (*archeol. e moda*) tanga.

tangelo /'tændʒələʊ/, *n.* (*bot., contraz. di* **tangerine** e **pomelo**) tangelo; ibrido di mandarino e pompelmo.

tangency /'tændʒənsɪ/, *n.* (*geom.*) tangenza.

tangent /'tændʒənt/, *a.* e *n.* (*geom.*) tangente. ● (*mecc.*) **t. screw**, vite senza fine □ (*mecc.*) **t. wheel**, ruota elicoidale □ (*fig.*) **to go** (*o* **to fly**) **off at a t.**, fare un mutamento improvviso; partire per la tangente (*fig.*).

tangential /tæn'dʒɛnʃl/, *a.* *1* (*geom., mecc., ecc.*) tangenziale: **t. acceleration**, accelerazione tangenziale *2* di divagazione; digressivo *3* incidentale: **an occasional t. comment**, un commento incidentale fatto di quando in quando. ● (*mecc.*) **t. screw**, vite senza fine.

tangerine /tændʒə'riːn, *USA* 't-/, *n.* *1* (*bot., Citrus reticulata*) tangerino *2* (*bot., Citrus nobilis*) mandarino *3* color mandarino.

Tangerine /tændʒə'riːn, *USA* 't-/, *a.* e *n.* (abitante o nativo) di Tangeri.

tangibility /tændʒə'bɪlətɪ/, *n.* tangibilità.

tangible /'tændʒəbl/, *a.* *1* tangibile (*anche fig.*): (*fin.*) **t. assets**, attività tangibili, attività materiali (*di un'azienda*); **a t. proof**, una prova tangibile *2* (*fig.*) sensibile; concreto; reale; sicuro: **t. advantages**, vantaggi sicuri; **a t. gain**, un guadagno sicuro. ● (*fin.*) **t. net worth**, patrimonio fisico □ (*leg.*) **t. property** (*o* **assets**), beni materiali. || **-bly**, *avv.*

tangibleness /'tændʒəblnəs/, *n.* *1* tangibilità *2* (*fig.*) concretezza.

Tangier /tæn'dʒɪə/, *n.* (*geogr.*) Tangeri.

tangle /'tæŋgl/, *n.* *1* groviglio; viluppo; garbuglio; imbroglio; intrico; arruffio *2* (*fig.*) impiccio; pasticcio: **to be in a t.**, essere nei pasticci. ● **The skein is in a t.**, la matassa è arruffata □ **The matter is in a t.**, la faccenda è confusa, intricata.

to **tangle** /'tæŋgl/, **A** *v. t.* *1* aggrovigliare; arruffare; avviluppare; imbrogliare; ingarbugliare; intricare; confondere: **to t. a string**, aggrovigliare un cordone; **to t. a thread**, ingarbugliare un filo *2* (*fig.*) complicare (*una faccenda e sim.*) *3* intrappolare (*anche fig.*); prendere (*uccelli, ecc.*) con la rete. **B** *v. i.* *1* aggrovigliarsi; avvilupparsi; imbrogliarsi; ingarbugliarsi *2* (*fig.*) complicarsi. ● **to t. up**, aggrovigliare; arruffare (*i capelli, ecc.*) □ (*fam.*) **to t. with sb.**, bisticciare (*o* litigare, battersi) con q.

tangled /'tæŋgld/, *a.* *1* aggrovigliato: **a t. skein**, una matassa aggrovigliata *2* (*anche di capelli*) arruffato *3* (*fig.*) intricato; ingarbugliato *4* (*fig.*) confuso; complicato: **t. ideas**, idee confuse. ● **to get t. up**, aggrovigliarsi; (*dei capelli*) arruffarsi.

tanglefoot /'tæŋglfʊt/, *n.* (*pl.* **tanglefoots**) (*pop. USA*) liquore forte (*whisky, rum, ecc.*); whisky scadente.

tangly /'tæŋglɪ/, *a.* ingarbugliato; aggrovigliato; arruffato; intricato; confuso; imbrogliato.

tango /'tæŋgəʊ/, *n.* (*pl.* **tangos**) (*mus.*) tango.

to **tango** /'tæŋgəʊ/, *v. i.* ballare il tango.

tangram /'tæŋgræm/, *n.* rompicapo cinese (*quadrato tagliato in sette figure geometriche con cui comporre figure e disegni*).

tangy /'tæŋɪ/, *a.* *1* (*di odore*) penetrante; pungente *2* (*di sapore*) piccante *3* (*fig.*) caratteristico; tipico.

tank /tæŋk/, *n.* *1* serbatoio; tanica; vasca, cisterna; (*naut.*) tanca: (*autom.*) **petrol t.** (*USA* **gasoline t.**), serbatoio della benzina *2* (*mil.*) carro armato; tank *3* (*fotogr.*) tank *4* (*pop. USA*) cella (*di carcere*); guardina *5* (*in India*) serbatoio d'acqua. ● (*naut.*) **t. barge**, bettolina; cisterna □ (*gergo aeron.*) **t. buster**, aereo munito di cannoncino anticarro □ (*ferr., USA*) **t. car**, carro (*o* vagone) cisterna □ (*mil.*) **t. destroyer**, pezzo semovente anticarro □ (*mil.*) **t. dozer**, carro apripista □ (*ferr.*) **t. engine** (*o* **t. locomotive**), (locomotiva) tender □ **t. farming**, idroponica □ (*naut.*) **t. steamer**, nave cisterna □ (*moda*) **t. top**, canotta □ (*USA*) **t. town**, cittadina poco importante (*dove i treni fermano solo per fare acqua*) □ (*trasp.*) **t. trailer**, rimorchio d'autobotte □ (*mil.*) **t. trap**, trappola anticarro □ (*trasp.*) **t. truck**, autocisterna; autobotte □ (*ferr.*) **t. wagon**, *V.* **t. car** □ (*aeron.*) **drop t.**, serbatoio (*supplementare*) sganciabile □ **fish t.**, pesciera.

tankage /'tæŋkɪdʒ/, *n.* *1* capacità di un serbatoio *2* riempimento dei serbatoi *3* (costo del) noleggio di serbatoi *4* (*agric.*) farina di carne e d'ossa (*fertilizzante*).

tankard /'tæŋkəd/, *n.* boccale (*spesso col coperchio*): **a t. of ale**, un boccale di birra.

tanked /'tæŋkt/, *a.* (*pop.,* = **t. up**) che ha fatto

il pieno (*di alcolici*); sbronzo.
tanker /ˈtæŋkə(r)/, *n.* **1** (*naut.*) nave cisterna; (*specialm.*) petroliera **2** autobotte; autocisterna **3** (*aeron.*) aerocisterna **4** (*ferr.*) carro cisterna **5** (*mil.*) carrista. ● **t. driver**, autocisternista; cisternista.
tanking /ˈtæŋkɪŋ/, *n.* (*edil.*) impermeabilizzazione. ● **cellar t.**, risanamento delle cantine.
tankman /ˈtæŋkmən/, *n.* (*pl.* **tankmen**) (*mil.*) carrista.
to **tank up** /ˈtæŋkˈʌp/, *v. i.* **1** (*autom.*) fare il pieno **2** (*fig. pop.*) sbronzarsi; sborniarsi.
tannable /ˈtænəbl/, *a.* conciabile.
tannage /ˈtænɪdʒ/, *n.* **1** concia (*il processo*); conciatura **2** (*collett.*) pelli conciate.
tannate /ˈtæneɪt/, *n.* (*chim.*) tannato.
tanned /tænd/, *a.* **1** (*di cuoio*) conciato **2** (= **suntanned**) abbronzato.
tanner (**1**) /ˈtænə(r)/, *n.* conciatore; conciapelli.
tanner (**2**) /ˈtænə(r)/, *n.* (*pop., stor.*) moneta da sei penny; mezzo scellino (*prima del 1971*).
tannery /ˈtænərɪ/, *n.* (*ind.*) conceria; concia (*stabilimento*).
tannic /ˈtænɪk/, *a.* (*chim.*) tannico: **t. acid**, acido tannico.
tannin /ˈtænɪn/, *n.* (*chim.*) tannino.
tanning /ˈtænɪŋ/, *n.* **1** (*ind.*) concia (*il processo*); conciatura: **chrome t.**, concia al cromo **2** abbronzatura **3** (*fam.*) botte; busse; frustate. ● (*ind.*) **t. agent**, conciante □ **oil t.**, scamosciatura.
Tannoy /ˈtænɔɪ/, *n.* (*marchio*) amplificatore (*di musica*).
tanrec /ˈtænrek/, *n.* (*zool., Tenrec ecaudatus*) tenrec.
tansy /ˈtænzɪ/, *n.* (*bot., Tanacetum vulgare*) tanaceto.
tantalic /tænˈtælɪk/, *a.* (*chim.*) tantalico: **t. acid**, acido tantalico.
tantalite /ˈtæntəlaɪt/, *n.* (*miner.*) tantalite.
tantalization /tæntəlaɪˈzeɪʃn, *USA* -lɪˈz-/, *n.* supplizio di Tantalo (*fig.*); serie di delusioni; tormento.
to **tantalize** /ˈtæntəlaɪz/, *v. t.* illudere; tenere sulla corda (*fig.*); stuzzicare; tormentare.
tantalizing /ˈtæntəlaɪzɪŋ/, *a.* allettante; seducente; stuzzicante; provocante.
tantalum /ˈtæntələm/, *n.* (*chim.*) tantalio.
tantalus /ˈtæntələs/, *n.* mobile portabottiglie (*in cui le bottiglie si vedono, ma sono chiuse con un lucchetto*).
Tantalus /ˈtæntələs/, *n.* (*mitol.*) Tantalo.
tantamount /ˈtæntəmaʊnt/, *a. pred.* equivalente; uguale. ● **His demand was t. to an order**, la sua richiesta equivaleva a un ordine □ **That is t. to saying that...**, è quanto dire che...; è come dire che...
tantara /ˈtæntərə/, *n.* suono di tromba (*o* di corno).
Tantra /ˈtæntrə, ˈtʌn-, *USA* ˈtɑːn-/, *n.* (*relig.*) Tantra.
tantric /ˈtæntrɪk, ˈtʌn-, *USA* ˈtɑːn-/, *a.* (*relig.*) tantrico.
tantrism /ˈtæntrɪzəm, ˈtʌn-, *USA* ˈtɑːn-/, *n.* (*relig.*) tantrismo.
tantrum /ˈtæntrəm/, *n.* (*fam.*) collera; bizze; stizza; nervi (*fam.*): **to fly into a t.**, fare le bizze; **to go into a t.**, andare in collera; infuriarsi; **to be in one of one's tantrums**, avere la stizza.
Taoism /ˈtaʊɪzəm/, *n.* (*relig.*) taoismo.
Taoist /ˈtaʊɪst/, *n.* e *a.* (*relig.*) taoista.
tap (**1**) /tæp/, *n.* **1** rubinetto (*anche del gas*): **Turn the tap on!**, apri il rubinetto!; **The hot-water tap is dripping**, il rubinetto dell'acqua calda perde **2** zaffo; zipolo; spina; tappo **3** liquore; vino; birra (di una certa qualità): **an excellent tap**, un liquore (*o* un vino, una birra) eccellente **4** *V.* **taproom** **5** (*mecc.*) maschio (*per filettare viti*) **6** (*telef.*) intercettazione; controllo **7** (*elettr.*: *di corrente*) presa intermedia **8** (*metall.*) colata; spillatura **9** (*med.*) paracentesi; centesi **10** (*fin.*) «rubinetto»: **the tap system**, il sistema del rubinetto (*la Banca centrale ritira i titoli invenduti e li rimette sul mercato a poco a poco quando c'è richiesta*). ● (*mecc.*) **tap bolt**, vite mordente □ **tap-borer**, trivella (*per forare botti*) □ (*metall.*) **tap-hole**, foro di colata □ **tap water**, acqua di rubinetto □ **on tap**, (*di vino, birra*) alla spina; (*fig. fam.*) pronto, a portata di mano, a disposizione; (*fin.*: *di un'emissione*) a getto continuo.
tap (**2**) /tæp/, *n.* **1** picchio; colpetto; colpettino: **a tap at** (*o* **on**) **the door** [**on the shoulder**], un colpetto all'uscio [sulla spalla] **2** rinforzo di cuoio (*per suola o tacco di scarpa*) **3** (*pl.*) (*mil.*) il silenzio: **to sound taps**, suonare il silenzio. ● **tap dancer**, ballerino di tip tap □ **tap dance**, tip tap (*ballo*) □ **tap dancing**, il ballare il tip tap □ **tap shoe**, scarpetta (*da balletto*).
to **tap** (**1**) /tæp/, **A** *v. t.* **1** fornire (*botte, barile*) di zaffo (*o* di zipolo) **2** spillare (*una botte, birra, ecc.*) **3** incidere: **The natives tapped the rubber trees**, gli indigeni incidevano gli alberi della gomma **4** (*ind.*) estrarre (*lattice per la gomma, zucchero dall'acero, ecc.*) **5** (*econ.*) sfruttare; utilizzare **6** (*fam.*) cavare; ottenere; spillare (*fig.*): **Charles always taps me for small sums of money**, Charles mi spilla di continuo piccole somme di denaro **7** (*med.*) incidere; cavare (*liquido*) dal corpo; fare la paracentesi a (q.): **to tap an abscess**, incidere un ascesso **8** (*tecn.*) collegare; fare una presa in: **They tapped the water main to supply the new house**, fecero una presa nella conduttura principale per dare l'acqua alla nuova casa **9** (*mecc.*) filettare; maschiare **10** (*econ.*) aprire ai traffici (*una regione*); iniziare rapporti commerciali con (*un paese*) **11** intercettare, mettere sotto controllo (*q., una telefonata, ecc.*) **12** (*metall.*) spillare. **B** *v. i.* fare intercettazioni (*telefoniche*). ● (*elettr.*) **to tap a circuit**, inserire un circuito su un altro (*per intercettare corrente*) □ (*fig.*) **to tap into**, attingere, fare ricorso a (*risorse, riserve, ecc.*) □ **to tap off**, spillare (*liquidi*) □ **to tap the telephone wires**, intercettare le telefonate.
to **tap** (**2**) /tæp/, *v. t.* e *i.* **1** battere; picchiare; bussare; picchiettare; dare un colpetto a: **to tap at** (*o* **on**) **the door**, bussare alla porta; **The rain was tapping on the window panes**, la pioggia picchiettava sui vetri; **I tapped him on the shoulder**, gli diedi un colpetto sulla spalla **2** mettere un rinforzo alla suola (*o* al tacco) di (*un paio di scarpe*) **3** (*fig.*) scegliere; nominare. ● **to tap one's forehead remembering st.**, battersi la fronte ricordandosi di q.c. □ **to tap a typewriter**, battere sui tasti di una macchina da scrivere.
♦**tap at**, *v. i.* + *prep.* picchiare, dare colpetti a; bussare leggermente a: **There's a stranger tapping at the window**, c'è uno sconosciuto che bussa leggermente alla finestra.
♦**tap down**, *v. t.* + *avv.* fissare (*un coperchio, ecc.*) con leggeri colpi (*di martello, ecc.*).
♦**tap in**, *v. t.* + *avv.* conficcare (*un chiodo, ecc.*) con colpettini (*di martello*).
♦**tap off**, *v. t.* + *avv.* (*telegr.*) trasmettere (*un messaggio*) in alfabeto Morse.
♦**tap on**, *v. i.* + *prep.* **1** dare un colpetto a (q.: *sulla spalla, ecc.*); toccare leggermente (q.) su **2** bussare lievemente a (*una porta, ecc.*).
♦**tap out**, *v. t.* **1** (*telegr.*) trasmettere **2** comporre; digitare: **Now you must tap out your personal identification number on the numbered buttons**, ora devi digitare il tuo numero d'identificazione personale sui pulsanti numerati **3** vuotare, svuotare (*la pipa*) battendola □ (*fam.*) **to be tapped out**, essere in bolletta; essere al verde.
to **tap-dance** /ˈtæpdɑːns, *USA* -æns/, *v. i.* ballare il tip tap.
tape /teɪp/, *n.* **1** nastro (*di stoffa, di carta, ecc.*); fettuccia; spighetta; nastrino; (= **adhesive t.**), nastro adesivo: **friction t.**, nastro isolante; **Buy a yard of t.**, compra una iarda di fettuccia! **2** *V.* **t. measure** **3** *V.* **tapeworm** **4** (*telegr.*) nastro **5** (*mus., elab., ecc.*) nastro (*magnetico*) **6** (*sport*) nastro (*del traguardo*): **to breast the t.**, tagliare il traguardo. ● **t. cartridge**, cassetta; caricatore; cartuccia (*di nastro magnetico*) □ **t. deck**, piastra (di registrazione); deck □ (*bot.*) **t. grass** (*Vallisneria*), vallisneria □ **t. library**, nastroteca □ (*Borsa*) **t. machine**, teleborsa □ **t. measure** (*o* **t. line**), metro a nastro; rotella metrica □ **t. player**, riproduttore di nastri; giranastri, mangianastri □ **t. recorder**, «tape recorder»; registratore a nastro □ **t. recording**, registrazione su nastro □ **t. reel**, bobina di nastro □ (*elab.*) **t. out device**, dispositivo di fine nastro □ **magnetic t.** (*o* **recording t.**), nastro magnetico □ (*fig.*) **red t.**, burocrazia; lungaggini burocratiche; eccessivo formalismo □ **ticker t.**, nastro di carta (*del telegrafo, di telescrivente*).
to **tape** /teɪp/, *v. t.* **1** legare con un nastro; provvedere di nastro **2** misurare col metro (*o* con la rotella metrica) **3** (*elettr.*) fasciare con nastro isolante **4** registrare (su nastro magnetico): **to t. a TV programme**, registrare un programma televisivo **5** (*legatoria*) cucire su nastro **6** (*fig. fam.*) farsi un'idea chiara di; inquadrare (*fig.*): **to have sb.** [**st.**] **taped**, farsi un'idea chiara di q. [q.c.]; **I've got him taped at last**, finalmente sono riuscito a inquadrarlo.
taper /ˈteɪpə(r)/, **A** *n.* **1** cero; candela sottile; moccolo **2** accenditoio **3** (*geom., aeron.*) rastremazione: **the t. of a pyramid**, la rastremazione d'una piramide **4** (*mecc.*) conicità. **B** *a.* **1** (*poet.*) affusolato: **t. fingers**, dita affusolate **2** (*geom.*) rastremato **3** (*mecc.*) conico: **t. pin**, spina conica. ● (*mecc.*) **t. check**, controllo della conicità □ **rate of t.**, conicità.
to **taper** /ˈteɪpə(r)/, **A** *v. t.* **1** affusolare; assottigliare all'estremità **2** (*mecc., archit.*) rastremare. **B** *v. i.* (*spesso* **to t. off**) **1** affusolarsi; assottigliarsi (*all'estremità*); rastremarsi **2** (*fig.*) diminuire a poco a poco; ridursi.
to **tape-record** /ˈteɪprɪˈkɔːd, -ɪk-/, *v. t.* registrare su nastro.
tapering /ˈteɪpərɪŋ/, **A** *a.* **1** affusolato; conico; a punta; **t. fingers**, dita affusolate **2** (*archit.*) rastremato **3** (*mecc.*) conico. **B** *n.* **1** assottigliamento **2** (*archit.*) rastremazione **3** (*mecc.*) conicità.
tapestried /ˈtæpəstrɪd/, *a.* **1** ornato di arazzi; addobbato **2** ricamato ad arazzo.
tapestry /ˈtæpəstrɪ/, *n.* tappezzeria; arazzo; drappo; paramento.
to **tapestry** /ˈtæpəstrɪ/, *v. t.* **1** addobbare; coprire (*o* ornare) d'arazzi **2** ricamare ad arazzo.
tapeworm /ˈteɪpwɜːm/, *n.* (*zool., Taenia solium*) tenia; verme solitario (*fam.*).
taphonomy /təˈfɒnəmɪ/, *n.* (*biol.*) tafonomia.
tap-in /ˈtæpɪn/, *n.* (*pallacanestro*) tap-in.
tapioca /tæpɪˈəʊkə/, *n.* tapioca (*fecola alimentare*).
tapir /ˈteɪpə(r)/, *n.* (*pl.* **tapir, tapirs**) (*zool., Tapirus*) tapiro.
tapis /ˈtæpiː, -ɪ, -ɪs, *USA* tæˈpiː/ (*franc.*), *n.* (*pl.* **tapises**) tappeto. ● (*d'una questione*) **to come on the t.**, venire sul tappeto □ **to be on the t.**, essere in discussione.
tapper /ˈtæpə(r)/, *n.* **1** chi batte, chi picchia, ecc. (*V.* **to tap** (**2**)) **2** tasto (*del telegrafo*).
tappet /ˈtæpɪt/, *n.* (*mecc.*) punteria (*del motore*): **t. adjustment**, registrazione delle punterie. ● **t. rod**, asta di rinvio.
tapping (**1**) /ˈtæpɪŋ/, *n.* **1** spillatura (*di una botte*) **2** incisione (*della corteccia di un albero di gomma, ecc.*) **3** (*med.*) paracentesi **4** (*elettr.*) presa **5** (*mecc.*) filettatura; maschiatura **6** intercettazione (*delle telef.*) **7** (*metall.*) spillatura.
tapping (**2**) /ˈtæpɪŋ/, *n.* **1** (serie di) colpetti **2** bussatina.
taproom /ˈtæpruːm, -rʊm/, *n.* bar (*d'albergo, ecc.*); mescita d'alcolici.

taproot /ˈtæpruːt, *USA* -uːt, -ʊt/, *n.* (*bot.*) fittone; radice principale (*anche fig.*).

tapster /ˈtæpstə(r)/, *n.* (*raro*) garzone di mescita; barista; chi mesce alcolici.

tar (**1**) /tɑː(r)/, *n.* catrame. ● (*chim.*) **tar acid**, acido fenico □ **tar board**, cartone catramato □ **tar-brush**, spazzolone per catramare □ (*ind. costr.*) **tar macadam**, macadam al catrame □ **tar paper**, carta catramata □ **tar spraying**, incatramatura (*di una strada*) □ **coal tar**, catrame di carbone □ (*di sigaretta*) **low-** [**high-**, **middle-**] **tar**, a basso [ad alto, a medio] contenuto di catrame □ (*fig. spreg.*) **a touch of the tar-brush**, un po' di sangue negro nelle vene.

tar (**2**) /tɑː(r)/, *n.* (*abbr. fam. di* **tarpaulin**; = **Jack tar**) marinaio.

to **tar** /tɑː(r)/, *v. t.* incatramare; catramare; asfaltare: **to tar a road**, asfaltare una strada. ● (*un tempo*) **to tar and feather sb.**, impeciare e ricoprire di penne q. (*come affronto, per punizione*) □ (*fig.*) **tarred with the same brush**, della stessa razza; che ha gli stessi difetti.

taradiddle /ˈtærədɪdl/, *n.* (*fam. arc.*) bugia; fandonia; frottola.

tarantella /tærənˈtelə/, *n.* (*mus.*) tarantella.

tarantism /ˈtærəntɪzəm/, *n.* (*stor., med.*) tarantolismo; tarantismo.

tarantula /təˈræntjʊlə, *USA* -tʃʊlə/, *n.* (*pl.* **tarantulas, tarantulae**) (*zool., Lycosa tarantula*) tarantola.

taratantara /tɑːrəˈtæntərə/, *n.* (*lett.*) suono di tromba; taratantara (*raro, lett.*).

taraxacum /təˈræksəkəm/, *n.* (*bot., Taraxacum officinale*) tarassaco; soffione; dente di leone.

tarboosh /tɑːˈbuːʃ/, *n.* «tarbush»; sorta di fez arabo.

tardigrade /ˈtɑːdɪgreɪd/, *a.* e *n.* (*zool.*) tardigrado.

tardigrades /ˈtɑːdɪgreɪdz/, *n. pl.* (*zool., Tardigrada*) tardigradi.

tardiness /ˈtɑːdɪnəs/, *n.* **1** lentezza **2** indugio; ritardo **3** malavoglia; riluttanza.

tardy /ˈtɑːdɪ/, *a.* **1** tardo; lento; pigro **2** in ritardo; tardivo; fatto troppo tardi: **t. retribution**, castigo tardivo; **a t. reform**, una riforma fatta troppo tardi **3** (*di persona*) riluttante **4** (*USA*: *di persona*) in ritardo. ● (*comm., leg.*) **a t. debtor**, un debitore moroso.

tare (**1**) /teə(r)/, *n.* (*bot.*) **1** erbaccia (*in genere*); (*Bibbia*) zizzania **2** (*Lolium temulentum*) loglio **3** (*Vicia sativa*) veccia.

tare (**2**) /teə(r)/, *n.* (*comm.*) tara: **actual t.**, tara reale; **average t.**, tara media; **customary t.**, tara d'uso. ● **t. allowance**, abbuono per tara □ **t. and tret**, regola aritmetica per fare la tara.

to **tare** /teə(r)/, *v. t.* fare la tara a; tarare (*merce*).

target /ˈtɑːgɪt/, *n.* **1** bersaglio; segno; (*mil.*) obiettivo: **to miss the t.**, sbagliare il bersaglio **2** (*ferr.*) semaforo; disco **3** (*stor.*) rotella (*scudo piccolo e rotondo*) **4** (*fig.*) obiettivo; scopo; meta; traguardo (*fig.*): **export t.**, obiettivo da raggiungere come volume delle esportazioni; **fuel t.**, obiettivo prefisso nella produzione dei combustibili; **This is the main t. of our trade union**, questo è il traguardo principale che si prefigge il nostro sindacato **5** (*fis.*) bersaglio; anticatodo **6** (*elab.*) destinatario; ricettore **7** (*cucina*) spalla di agnello **8** (*fig.*) oggetto; bersaglio: **He is a t. for scorn**, è oggetto di scherno. ● (*mil.*) **t. area**, zona da bombardare; obiettivo □ (*sport*) **t. card**, carta su cui segnare i punti fatti nel tiro con l'arco □ (*aeron., mil.*) **t. drone**, aereo bersaglio □ **t. language**, (*elab.*) linguaggio d'arrivo (*o* del ricettore); (*ling.*) lingua d'arrivo, seconda lingua □ (*mil.* e *sport*) **t. practice**, esercitazioni di tiro al bersaglio □ **t. price**, (*econ., comm.*) prezzo indicativo (*dei prodotti agricoli della CEE*); prezzo base (*di appalti*) □ (*mil.*) **t. seeker**, missile (*o* congegno) autocercante □ (*mil.*: *di missile*) **t.-seeking**, autocercante □ **to be off t.**, mancare il bersaglio; (*fig.*) mancare l'obiettivo □ (*fig.*) **to be on t.**, essere sulla pista giusta; (*anche*) rispettare le scadenze prefissate.

to **target** /ˈtɑːgɪt/, *v. t.* **1** designare come bersaglio **2** (*fig.*) stabilire (q.c.) come traguardo; porre (q.c.) come obiettivo.

targetable /ˈtɑːgɪtəbl/, *a.* (*mil., miss.*: *di testata, ecc.*) indirizzabile a bersaglio.

tariff /ˈtærɪf/, **A** *n.* **1** (*comm. est., dog., econ.*) tariffa: **customs t.**, tariffa doganale; **t. reform**, riforma delle tariffe doganali; **retaliatory tariffs**, tariffe (*o* dazi) di ritorsione **2** (*ass., trasp., tur., ecc.*) tariffa: **flat-rate t.**, tariffa forfettaria (*di una fornitura, ecc.*); **hotel tariffs**, tariffe alberghiere. **B** *a. attr.* tariffario: **t. agreements** (*o* **arrangements**), accordi tariffari; **t. cut**, riduzione tariffaria; **t. quotas**, contingenti tariffari (*o* doganali); **t. wall**, barriera tariffaria; **t. war**, guerra tariffaria.

to **tariff** /ˈtærɪf/, *v. t.* (*comm. est., econ.*) tariffare; sottoporre (*merci, servizi, ecc.*) a tariffa.

tariffless /ˈtærɪfləs/, *a.* non soggetto a tariffe; liberalizzato.

tarlatan /ˈtɑːlətn/, *n.* (*ind. tess.*) tarlatana; mussolina apprettata.

Tarmac /ˈtɑːmæk/, *n.* **1** (strada in) macadam al catrame **2** (*aeron., fam.*) pista (*d'aeroporto*).

to **tarmac** /ˈtɑːmæk/ (*pass.* e *p. p.* **tarmacked**), *v. t.* (*costr. stradali*) rivestire (*una strada*) di macadam al catrame.

Tarmacadam /tɑːməˈkædəm/, *n.* (*marchio*) *V.* **Tarmac**.

tarn /tɑːn/, *n.* (*geogr.*) laghetto montano.

tarnal /ˈtɑːnl/, *a.* (*dial. USA*) dannato; maledetto: **He's a t. liar**, è un maledetto bugiardo.

tarnation /tɑːˈneɪʃn/, *n.* e *inter.* (*dial. USA*) dannazione; maledizione. ● **what** [**where**] **in t. ...**, che [dove] diavolo...

tarnish /ˈtɑːnɪʃ/, *n.* **1** perdita della lucentezza; opacità; offuscamento; appannamento; ossidazione (*di una superficie metallica*) **2** (*fig.*) macchia; onta.

to **tarnish** /ˈtɑːnɪʃ/, **A** *v. t.* **1** annerire; appannare; offuscare; ossidare (*una superficie metallica*): **Dust and the damp air have tarnished the tableware**, la polvere e l'umidità dell'aria hanno annerito il servizio da tavola **2** (*fig.*) macchiare; sporcare; infangare (*l'onore, ecc.*): **The scandal has tarnished the good name of several politicians**, lo scandalo ha macchiato la reputazione di vari uomini politici. **B** *v. i.* **1** annerire; appannarsi; offuscarsi; ossidarsi: **Silver tarnishes easily**, l'argento annerisce facilmente **2** (*fig.*: *dell'onore, ecc.*) macchiarsi; sporcarsi.

tarnishable /ˈtɑːnɪʃəbl/, *a.* **1** che si può annerire; ossidabile **2** (*fig.*) macchiabile; infangabile.

taro /ˈtɑːrəʊ, *USA* ˈtæ-, ˈte-/, *n.* (*pl.* **taros**) (*bot., Colocasia antiquorum*) taro.

tarok /təˈrɒk/, *n.* tarocchi (*il gioco*).

tarot /ˈtærəʊ/, *n.* **1** tarocco (*una delle 22 carte figurate del mazzo*) **2** (*pl.*) tarocchi (*il gioco*).

tarpaulin /tɑːˈpɔːlɪn/, *n.* **1** telone (*impermeabile*); tela cerata; incerata **2** (*naut.*) mantello (*o* cappello) d'incerata **3** (*fig. arc.*) marinaio.

Tarpeian /tɑːˈpiːən/, *a.* (*stor.*) tarpeo: **the T. Rock**, la Rupe Tarpea.

tarpon /ˈtɑːpən/, *n.* (*pl.* **tarpon, tarpons**) (*zool., Megalops atlanticus*) tarpone atlantico; pesce d'argento.

Tarquin /ˈtɑːkwɪn/, *n.* (*stor.*) Tarquinio.

tarradiddle /ˈtærədɪdl/, *V.* **taradiddle**.

tarragon /ˈtærəgən, -ɒn/, *n.* (*bot., Artemisia dracunculus*) estragone; dragoncello. ● **t. vinegar**, aceto aromatizzato all'estragone.

tarred /tɑːd/, *a.* catramato; incatramato.

tarriness /ˈtɑːrɪnəs/, *n.* catramosità.

tarring /ˈtɑːrɪŋ/, *n.* (*costr. stradali*) catramatura; incatramatura.

tarrock /ˈtærək/, *n.* (*zool.*) **1** (*Rissa*) gabbiano **2** (*Uria aalge*) uria.

tarry (**1**) /ˈtɑːrɪ/, *a.* **1** catramoso **2** catramato; incatramato.

tarry (**2**) /ˈtɑːrɪ/, *n.* (*lett.*) sosta.

to **tarry** /ˈtærɪ/, *v. i.* (*lett.*) **1** rimanere; restare; trattenersi; sostare **2** indugiare; tardare; essere in ritardo. ● **to t. for sb.**, aspettare q.

tarsal /ˈtɑːsl/, *a.* (*anat.*) tarsale.

tarsia /ˈtɑːsɪə/, *n.* (*arte*) tarsia.

tarsier /ˈtɑːsɪə(r)/, *n.* (*zool., Tarsius*) tarsio.

tarsus /ˈtɑːsəs/, *n.* (*pl.* **tarsi**) (*anat.*) tarso.

tart (**1**) /tɑːt/, *n.* **1** torta (di frutta): **apple t.**, torta di mele **2** (*USA*) pasta (*ripiena di marmellata, ecc.*). ● **jam t.**, crostata.

tart (**2**) /tɑːt/, *n.* (*fam.*) prostituta; sgualdrina; donnaccia.

tart (**3**) /tɑːt/, *a.* **1** acido; agro; acerbo; brusco (*fam.*) **2** (*fig.*) aspro; mordace; pungente; sarcastico: **a t. answer**, una risposta pungente.

tartan (**1**) /ˈtɑːtn/, *n.* **1** tartan; tessuto di lana scozzese a riquadri formati da righe di vari colori **2** disegno a riquadri di tale stoffa, che identifica un clan particolare **3** (*fig.*) clan scozzese; reparto di truppe scozzesi.

tartan (**2**) /ˈtɑːtn/, *n.* (*naut.*) tartana.

tartar /ˈtɑːtə(r)/, *n.* (*chim.*) tartaro (*anche quello delle botti e dei denti*). ● (*chim.*) **t. emetic**, tartaro emetico □ (*chim.*) **cream of t.**, cremore di tartaro.

Tartar /ˈtɑːtə(r)/, **A** *n.* **1** (*stor.*) tartaro **2** (*fig.*) individuo irascibile e violento. **B** *a.* (*stor.*) tartaro. ● (*cucina*) **t. sauce** (*o* **tartare sauce**), salsa tartara □ (*fig.*) **to catch a T.**, trovare (*in q.*) pane per i propri denti; avere a che fare con un osso duro.

Tartarean /tɑːˈteərɪən/, *a.* (*mitol.*) tartareo; infernale.

Tartarian /tɑːˈteərɪən/, *a.* (*stor.*) tartaresco; tartaro.

tartaric /tɑːˈtærɪk/, *a.* (*chim.*) tartarico: **t. acid**, acido tartarico.

tartarization /tɑːtəraɪˈzeɪʃn, *USA* -rɪˈz-/, *n.* (*chim.*) tartarizzazione.

to **tartarize** /ˈtɑːtəraɪz/, *v. t.* (*chim.*) tartarizzare.

tartarous /ˈtɑːtərəs/, *a.* (*chim.*) tartaroso.

Tartarus /ˈtɑːtərəs/, *n.* (*mitol. greca*) Tartaro.

tartlet /ˈtɑːtlət/, *n.* tortina; pasticcino.

tartly /ˈtɑːtlɪ/, *avv.* **1** acidamente; acerbamente **2** (*fig.*) in modo pungente; sarcasticamente.

tartness /ˈtɑːtnəs/, *n.* **1** acidità; agro; acerbità **2** (*fig.*) asprezza; mordacità; acredine.

tartrate /ˈtɑːtreɪt/, *n.* (*chim.*) tartrato.

Tartuf(f)e /tɑːˈtʊf, -uːf/, *n.* tartufo (*fig.*); ipocrita; bacchettone.

Tartuf(f)ism /tɑːˈtʊfɪzəm, -uːf-/, *n.* ipocrisia; bacchettoneria.

to **tart up** /ˈtɑːtˈʌp/, *v. t.* (*pop. ingl.*) **1** agghindare; tirare a lucido (*fig. pop.*); vestire (q.) in modo pacchiano; truccare (*una donna*) pesantemente **2** riarredare, abbellire, dare una ripassata a (*una casa*: *prima di venderla o affittarla*). ● **to be all tarted up**, essere tirato a lucido.

task /tɑːsk, *USA* tæsk/, *n.* **1** compito; lavoro; incarico; dovere; mansione: **The teacher has given us an easy t.**, l'insegnante ci ha dato un compito facile; **an arduous t.**, un compito arduo; un incarico difficile; **to set a t.**, assegnare un compito (*o* un incarico); **He has the t. of keeping the correspondence**, ha la mansione di tenere la corrispondenza **2** (*elab.*) task; compito **3** (*org. az.*) compiti; funzioni: **t. setting**, distribuzione dei compiti. ● **t. bond**, indennità per prestazioni speciali □ (*mil., naut.*) **t. fleet**, flotta d'impiego □ **t. force**, (*mil.*) task force; unità operativa; (*in G.B.*) squadra speciale (*della polizia*) □ **t. management**, (*elab.*) gestione dei compiti; (*org. az.*) direzione per funzioni □ **t. wage**, salario a cottimo □ **t. work**, lavoro a cottimo □ **to take sb. to t.**, rimproverare q.; richiamare (all'ordine) q.

to **task** /tɑːsk, *USA* tæsk/, *v. t.* **1** assegnare un compito a (q.) **2** affaticare, mettere a dura prova; rendere esausto: **Maths tasks my son's mind**, la matematica affatica la mente di mio figlio *3* (*tecn.*) collaudare la solidità di (*parti di una nave, ecc.*); collaudare la portata di (*un veicolo*).

taskmaster /ˈtɑːskmɑːstə(r), *USA* ˈtæskmæs-/, *n.* *1* chi assegna compiti *2* (*specialm.*) chi grava altri di lavoro; sorvegliante (*o* datore di lavoro, insegnante) severo; negriero (*fig.* e *fam.*).

taskmistress /ˈtɑːskmɪstrɪs, *USA* ˈtæs-/, *n.* sorvegliante (*o* datrice di lavoro, docente, ecc.) severa.

Tasmanian /tæzˈmeɪnɪən/, *a.* e *n.* (abitante) della Tasmania; tasmaniano. ● (*zool.*) **T. devil** (*Sarcophilus harrisii*), diavolo della Tasmania □ **T. wolf**, *V.* **thylacine**.

tass /tæs/, *n.* (*scozz.*) *1* tazza; coppa *2* sorso (*di liquore*).

tassel /ˈtæsl/, *n.* *1* fiocco; nappa; fiocchetto; nappina *2* (*bot.*) pennacchio; infiorescenza staminifera; barba (*del granoturco*) *3* segnalibro (*a forma di fiocco*).

to **tassel** /ˈtæsl/, **A** *v. t.* *1* ornare con fiocchi; infiocchettare; guarnire di nappe *2* (*agric.*) cimare (*piante di granoturco*). **B** *v. i.* (*del granoturco, spesso* **to t. out**) fiorire.

tastable /ˈteɪstəbl/, *a.* gustabile; degustabile.

taste /teɪst/, *n.* *1* gusto; sapore; buongusto; predilezione; propensione; preferenza: **This wine is sweet to the t.**, questo vino è dolce al gusto; **My t. has gone**, ho perso il (senso del) gusto; **It has no t.**, non ha sapore; è insapore; **She has a t. for music**, ha gusto per la musica; **a man of t.**, un uomo di buongusto; **Your remark was in bad t.**, la tua osservazione è stata di cattivo gusto; **the bitter t. of defeat**, il sapore amaro della sconfitta; **They have a t. for English literature**, hanno una propensione per la letteratura inglese; **I've no t. for discussions**, le discussioni non sono di mio gusto *2* attitudine; disposizione; inclinazione: **He has no t. for business**, non ha attitudine agli affari *3* bocconcino; tantino; po' (*di q.c.*); assaggio (*di cibo*): **Will you have a t. of my ice cream?**, vuoi un po' del mio gelato? *4* (*cucina*) assaggio; degustazione *5* (*fig.*) saggio; campione: **In his writings he gives us a t. of his learning**, nei suoi scritti egli ci dà un saggio della sua erudizione. ● (*anat.*) **t. bud**, papilla gustativa □ **a t. for red ties**, una preferenza per le cravatte rosse □ **to develop a t. for cider**, acquisire il gusto del sidro; fare la bocca al sidro □ (*anche fig.*) **to leave a bad t. in the mouth**, lasciare la bocca amara □ **a woman of t.**, una donna fine, raffinata □ **Is it to your t.?**, è di tuo gusto? □ (*nelle ricette*) **Add salt to t.**, aggiungete sale a piacere (*o* quanto basta) □ (*prov.*) **Tastes differ** (*o* **There is no accounting for tastes**), tutti i gusti son gusti; dei gusti non si discute.

to **taste** /teɪst/, **A** *v. t.* *1* gustare; assaporare (*anche fig.*); assaggiare; degustare: **I haven't tasted food for two days**, non assaggio cibo da due giorni; (*fig.*) **to t. success [freedom]**, assaporare il successo [la libertà]; **Will you t. this Sardinian wine?**, vuoi degustare questo vino sardo? *2* (*anche fig.*) sentire; sentire il sapore di; provare: **I fancy I taste onions**, mi pare di sentire il sapore della cipolla; **to t. the joys of freedom**, provare le gioie della libertà *3* fare l'assaggiatore di: **Mr Smith tastes tea**, Mr Smith fa l'assaggiatore di tè. **B** *v. i.* (*anche fig.*) sapere di; sentire di; aver (*buon, cattivo, ecc.*) sapore: **This cake tastes good** (*o* **nice**), questa torta ha un buon sapore; **This tea tastes bitter**, questo tè sa d'amaro. ● **to t. like sugar**, sapere di zucchero □ **What does it t. like?**, che sapore ha? □ **to t. of**, saper di; sentire di; (*fig. lett.*) provare, assaporare: **This cake tastes of almonds**, questa torta sa di mandorle; **He has never tasted of success**, non ha mai assaporato il successo □ (*di cibo*) **not to t. of anything**, non sapere di nulla; non avere alcun sapore.

tasteful /ˈteɪstfl/, *a.* di gusto; di buongusto; fine; raffinato: **t. furniture**, mobili di buongusto. || **-ly**, *avv.* || **-ness**, *sost.*

tasteless /ˈteɪstləs/, *a.* *1* insaporo; insipido; scipito *2* privo di gusto; di cattivo gusto: **t. decorations**, decorazioni di cattivo gusto *3* (*raro*) privo del gusto. || **-ly**, *avv.* || **-ness**, *sost.*

taster /ˈteɪstə(r)/, *n.* *1* assaggiatore; degustatore: **wine [tea] t.**, assaggiatore di vino [di tè] *2* tastevin (*franc.*); provino; tazza per assaggiare vini *3* (*stor.*) assaggiatore del cibo (*per un re, ecc.*).

tasting /ˈteɪstɪŋ/, *n.* degustazione; assaggio (*di vini, ecc.*).

tasty /ˈteɪstɪ/, *a.* *1* gustoso; saporoso; saporito *2* (*pop.*) attraente; appetibile; (*di donna*) bona (*romanesco*) *3* (*di notizia, ecc.*) interessante; succoso. ● (*cucina*) **a t. dish**, un manicaretto; una squisitezza.

tat (**1**) /tæt/, *n.* – **tit for tat**, *V.* **tit** (**2**).

tat (**2**) /tæt/, *n.* (*fam.*) *1* ciarpame; robaccia; abiti (mobili, ecc.) da quattro soldi *2* massa ingarbugliata; groviglio.

to **tat** /tæt/, **A** *v. i.* fare il merletto; fare il chiacchierino. **B** *v. t.* fare (*un lavoro*) a merletti.

ta-ta /təˈtɑː/, *inter.* (*fam.*) arrivederci; ciao.

tatter /ˈtætə(r)/, *n.* (*di solito al pl.*) cencio; straccio; brandello: **dressed in tatters**, vestito di stracci; cencioso; **in tatters**, a brandelli; sbrindellato. ● **That girl's reputation is in tatters**, quella ragazza ha perso la reputazione.

to **tatter** /ˈtætə(r)/, **A** *v. t.* fare a brandelli; sbrindellare; stracciare. **B** *v. i.* ridursi in brandelli; sbrindellarsi; stracciarsi.

tatterdemalion /tætədəˈmeɪlɪən/, *n.* (*raro*) straccione.

tattered /ˈtætəd/, **tattery** /ˈtætərɪ/, *a.* stracciato; cencioso; lacero; a brandelli; sbrindellato. ● **to have a t. reputation**, avere un pessima fama.

tattiness /ˈtætɪnəs/, *n.* (*fam.*) *1* disordine; cattivo stato *2* cenciosità; trasandatezza.

tatting /ˈtætɪŋ/, *n.* (*moda*) merletto elaborato; chiacchierino; «frivolité».

tattle /ˈtætl/, *n.* chiacchiere; ciarle; ciance; discorso a vanvera.

to **tattle** /ˈtætl/, **A** *v. i.* chiacchierare; ciarlare; cianciare; spettegolare. **B** *v. t.* *1* dire (*parole*) a vanvera *2* divulgare scioccamente, spifferare (*un segreto*).

tattler /ˈtætlə(r)/, *n.* chiacchierone; ciarlone; pettegolo.

tattletale /ˈtætlteɪl/, *n.* (*specialm. USA*) persona maldicente; linguaccia (*fig.*).

tattoo (**1**) /tæˈtuː, tə-/, *n.* (*pl.* **tattoos**) *1* (*solo al sing.*) (*mil., stor.*) ritirata (*segnale serale*): **to beat** (*o* **to sound**) **the t.**, suonare la ritirata *2* tamburellamento (*con le dita, ecc.*) *3* carosello militare, parata (*spettacolo*) *4* rullio (*di tamburi*). ● **to beat the devil's t.**, tamburellare con le dita (*in segno d'impazienza o soprappensiero*).

tattoo (**2**) /tæˈtuː, tə-/, *n.* (*pl.* **tattoos**) tatuaggio.

to **tattoo** (**1**) /tæˈtuː, tə-/, **A** *v. i.* *1* tamburellare con le dita *2* (*fig.*) dare colpi; battere, bussare: **Someone was tattooing on the door**, qualcuno bussava alla porta. **B** *v. t.* battere su (*un tamburo, il pavimento, ecc.*).

to **tattoo** (**2**) /tæˈtuː, tə-/, *v. t.* tatuare.

tattooed /tæˈtuːd, tə-/, *a.* tatuato.

tattooing /tæˈtuːɪŋ, tə-/, *n.* tatuaggio.

tattooist /tæˈtuːɪst, tə-/, *n.* chi fa tatuaggi (*di mestiere*); specialista in tatuaggi.

tatty /ˈtætɪ/, *a.* (*fam.*) *1* in disordine; malandato; malridotto; scalcagnato; scalcinato *2* (*d'abito*) cencioso; trasandato; sbrindellato *3* ingarbugliato; arruffato.

tau /taʊ/, *n.* tau (*diciannovesima lettera dell'alfabeto greco*). ● **tau cross**, croce a tau □ (*fis. nucl.*) **tau meson**, mesone tau.

taught /tɔːt/, *pass.* e *p. p.* di **to teach**.

taunt (**1**) /tɔːnt, *USA* tɒnt/, *n.* aspro rimprovero; osservazione sarcastica; scherno; sarcasmo; dileggio: **He couldn't stand their taunts any longer**, non poteva più sopportare i loro scherni.

taunt (**2**) /tɔːnt, *USA* tɒnt/, *a.* (*naut.*: *d'albero*) molto alto.

to **taunt** /tɔːnt, *USA* tɒnt/, *v. t.* *1* rimproverare aspramente; criticare con sarcasmo; rinfacciare: **He taunted me with having lost my money**, mi rimproverò aspramente perché avevo perso il denaro *2* beffare; farsi beffe di; dileggiare; irridere a; deridere; schernire: **As a boy, I was taunted for being shy**, da bambino, mi schernivano perché ero timido *3* provocare; stuzzicare; tormentare.

taunter /ˈtɔːntə(r), *USA* ˈtɒn-/, *n.* *1* dileggiatore; schernitore; chi critica con sarcasmo *2* chi provoca; tormentatore.

tauntingly /ˈtɔːntɪŋlɪ, *USA* ˈtɒn-/, *avv.* *1* aspramente; ingiuriosamente; in tono di rimprovero *2* sarcasticamente; per scherno.

Taurean /ˈtɔːrɪən/, (*astrol.*) **A** *n.* persona nata sotto il segno del Toro; (un) toro. **B** *a.* del Toro.

tauriform /ˈtɔːrɪfɔːm/, *a.* (*lett.*) tauriforme.

taurine /ˈtɔːriːn, -raɪn/, *a.* *1* taurino *2* (*astrol.*) del Toro.

tauromachy /tɔːˈrɒməkɪ/, *n.* tauromachia.

Taurus /ˈtɔːrəs/, **A** *n.* *1* (*astron., astrol.*) Toro (*costellazione e II segno dello zodiaco*) *2* (*astrol.*) (un) toro; individuo nato sotto il segno del Toro. **B** *a.* (*astrol.*) del Toro.

taut /tɔːt/, *a.* *1* teso; tirato; rigido: **a t. rope**, una corda tesa; **t. nerves**, nervi tesi *2* (*fig.*) tirato; stiracchiato: **a t. expression (on one's face)**, un'espressione tirata; il viso tirato; **a t. smile**, un sorriso stiracchiato *3* (*naut.*) teso; tesato: **T. ropes!**, manovre tesate! *4* (*specialm. di nave*) in buone condizioni; in ordine *5* (*fig.*) pulito; lindo. || **-ly**, *avv.* || **-ness**, *sost.*

to **tauten** /ˈtɔːtn/, **A** *v. t.* tendere; tirare; irrigidire. **B** *v. i.* tendersi; irrigidirsi.

tautological /tɔːtəˈlɒdʒɪkl/, *a.* tautologico. || **-ly**, *avv.*

tautologist /tɔːˈtɒlədʒɪst/, *n.* chi fa uso di tautologie.

to **tautologize** /tɔːˈtɒlədʒaɪz/, *v. i.* fare uso di tautologie; tautologizzare (*raro*).

tautology /tɔːˈtɒlədʒɪ/, *n.* tautologia.

tautomer /ˈtɔːtəmə(r)/, *n.* (*chim.*) tautomero.

tautomeric /tɔːtəˈmerɪk/, *a.* (*chim.*) tautomero.

tautomerism /tɔːˈtɒmərɪzəm/, *n.* (*chim.*) tautomeria.

tavern /ˈtævən/, *n.* (*arc. o USA*) taverna; osteria; bettola. ● **t. keeper**, taverniere; oste.

taw /tɔː/, *n.* *1* gioco delle palline *2* pallina; biglia *3* linea da cui lanciare le palline. ● (*fam. Austr.*) **to go back to taws**, ricominciare da zero.

to **taw** /tɔː/, *v. t.* (*ind.*) conciare (*pelli*) con l'allume; allumare.

tawdriness /ˈtɔːdrɪnəs/, *n.* vistosità; cattivo gusto; pacchianeria.

tawdry /ˈtɔːdrɪ/, *a.* vistoso; sgargiante; di cattivo gusto; pacchiano; di scarso valore: da due soldi (*fig.*): **a t. necklace**, una collana da due soldi.

tawer /ˈtɔːə(r)/, *n.* conciatore di pelli (*con l'allume*).

tawery /ˈtɔːərɪ/, *n.* conceria di pelli (*mediante l'allume*).

tawing /ˈtɔːɪŋ/, *n.* (*ind.*) concia (*di pelli*) con l'allume; allumatura.

tawniness /ˈtɔːnɪnəs/, *n.* color bruno fulvo.

tawny /ˈtɔːnɪ/, *a.* bruno fulvo; bronzeo; tané. ● (*zool.*) **t. owl** (*Strix aluco*), allocco.

tawse /tɔːz/, *n.* (*scozz.*) *1* cinghia *2* – (*fig.*) **the t.**, la cinghia; le cinghiate.

tax /tæks/, **A** *n.* (*fisc.*) *1* imposta, tassa (*in ingl. non si fa distinzione fra i due termini*; *cfr. però* **rate**, «tributo locale»); tributo; gravame: **to pay one's taxes**, pagare le tasse; **income tax**, imposta sul reddito; **land tax**, imposta fondiaria; **value-added tax** (*abbr.* **VAT**), imposta sul valore aggiunto (*abbr.* I.V.A.); **local taxes**, tributi locali; **a new tax on petrol**, una nuova imposta (*o* tassa) sulla benzina ***2*** (*solo al sing.*) (*fig.*) carico; gravame; onere; dispendio (*fig.*); sforzo: **a tax on sb.'s strength** [**energies**], una cosa che richiede un dispendio di forze [d'energie] per q.; **a tax on sb.'s patience**, una cosa che mette a dura prova la pazienza di q. **B** *a. attr.* (*fisc.*) del fisco; fiscale; tributario; d'imposta; delle imposte (*o* delle tasse): **tax abatement**, riduzione d'imposta; **tax advantage**, vantaggio fiscale; **tax allowance**, detrazione fiscale; sgravio d'imposta; **tax assessment**, accertamento tributario; valutazione dell'imponibile; (*USA*) **tax assessor**, *V.* **tax inspector**; **tax avoidance**, elusione fiscale; **tax burden**, carico (*o* onere) fiscale; **tax collection**, esazione (*o* riscossione) delle imposte (*o* dei tributi); **tax collector**, esattore delle imposte; **tax consultant**, consulente fiscale; fiscalista; tributarista; **tax deduction**, detrazione d'imposta; **tax equalization**, perequazione fiscale; **tax equity**, equità (*o* giustizia) fiscale; **tax evader**, evasore fiscale; **tax evasion**, evasione fiscale; **tax facilities**, agevolazioni fiscali; (*leg.*) **tax fraud**, frode fiscale; **tax incentive**, incentivo fiscale; **tax inspector**, ispettore del fisco (*fam.*: delle tasse); (*leg.*) **tax law**, diritto tributario; **tax loophole**, scappatoia fiscale; (*leg.*) **tax offence**, reato fiscale; **tax office**, ufficio (delle) imposte; **tax rate**, aliquota d'imposta □ (*fin.*) **tax receipts**, introiti fiscali □ **tax reform**, riforma fiscale; **tax register**, anagrafe tributaria; **tax relief**, sgravio fiscale; esenzione fiscale; (*fin.*) **tax revenue**, gettito fiscale (*o* di un'imposta); **tax treatment**, regime fiscale (*o* tributario); **tax yield**, gettito fiscale (*o* di un'imposta). ● **tax at source**, imposta alla fonte □ **tax base**, (base) imponibile □ **tax bill**, imposte da pagare; la cartella (*fam.*) □ **tax-deductible**, detraibile □ (*autom.*) **tax disc**, bollo di circolazione □ (*fam.*) **tax dodger**, evasore (*o* elusore) fiscale □ (*fam.*) **tax dodging**, evasione (*o* elusione) fiscale □ (*USA*) **tax-exempt**, *V.* **tax-free** □ **tax exile** (*o* **expatriate**), esule (*o* espatriato) per motivi fiscali □ **tax farming**, appalto dell'esazione delle imposte □ **tax-free**, esentasse; esente da imposta □ (*banca*) **tax-free interest**, interesse in esenzione fiscale □ **tax haven**, rifugio (*o* paradiso) fiscale □ **tax holiday**, (periodo di) esenzione fiscale temporanea (*a imprese nuove, ecc.*) □ (*econ., fin.*) **tax impact**, percussione di un'imposta □ **tax levy**, gettito di un'imposta; (*anche*) cartella d'imposta □ **taxes on consumer goods**, imposte di consumo □ (*fin.*) **tax on dividend warrants**, (imposta) cedolare □ **tax on income**, imposta sul reddito □ **tax on revenue from buildings**, imposta sul reddito dei fabbricati □ **taxes paid**, imposte pagate; (*anche*) onere tributario □ **tax-paying group**, gruppo di contribuenti □ (*econ., fin.*) **tax-raiser**, fautore di un aggravio della imposizione fiscale □ **tax return**, denuncia delle imposte (*fam.*: delle tasse); dichiarazione dei redditi □ **tax return form**, modulo della dichiarazione dei redditi; (*fam., in Italia*) il 740 □ **tax revolt**, rivolta contro il fisco; obiezione fiscale □ **tax roll**, ruolo delle imposte (*o* dei contribuenti) □ (*in G.B.*) **tax schedule**, categoria d'imposta (*ce ne sono solo 6, numerate dalla A alla F*) □ (*fin.*) **tax sheeter** (*o* **shield**), riparo fiscale; fattore di riduzione delle imposte sui profitti correnti □ (*econ., fin.*) **tax shifting**, traslazione d'imposta □ **tax table**, tabella delle aliquote d'imposta □ (*autom.*) **tax token**, *V.* **tax disc** □ (*fam. USA*) **tax write-off**, voce (*del reddito*) deducibile □ **tax year**, anno fiscale; (*contabilità di stato*) anno finanziario □ (*fin.*) **after tax**, al netto d'imposta □ (*fin.*) **after-tax value**, valore (*di un bene*) dopo il pagamento delle imposte □ (*fin.*) **withholding tax**, cedolare d'acconto.

to **tax** /tæks/, *v. t.* (*fisc.*) ***1*** tassare; decretare imposte su (q.c.); imporre tributi a (q.); gravare con tributi: **to tax luxury goods**, decretare un'imposta sugli articoli di lusso; **to tax the rich heavily**, imporre pesanti tributi ai ricchi ***2*** affaticare; gravare; sforzare; mettere a dura prova: **That job taxed his strength**, quel lavoro lo affaticò molto; **to tax sb.'s patience**, mettere a dura prova la pazienza di q. ***3*** accusare; tacciare: **I was taxed with negligence**, fui tacciato di negligenza.

taxability /tæksə'bɪlətɪ/, *n.* (*fisc.*) imponibilità; tassabilità.

taxable /'tæksəbl/, **A** *a.* (*fisc.*) imponibile; soggetto a imposta; tassabile; soggetto a tassazione: **t. income**, reddito imponibile; **t. value**, valore imponibile; imponibile. **B** *n.* (*fisc.*) ***1*** soggetto tassabile ***2*** bene soggetto a imposta. ● **t. capacity** (*o* **ability**), capacità contributiva □ **t. year**, anno fiscale.

taxation /tæk'seɪʃn/, *n.* (*fisc.*) ***1*** tassazione ***2*** regime fiscale: **the t. in agriculture**, il regime fiscale in agricoltura ***3*** (*collett.*) imposte; tasse. ● **t. at source**, tassazione alla fonte □ **t. consultant**, fiscalista; tributarista □ (*leg.*) **t. law**, diritto tributario □ **t. policy**, politica fiscale □ **the t. system**, il sistema fiscale (*o* tributario).

taxeme /'tæksi:m/, *n.* (*ling.*) tassema.

taxi /'tæksɪ/, *n.* (*pl.* **taxis, taxies**) taxi, tassì; automobile pubblica. ● (*ingl.*) **t. dancer** (*o* **t. girl**), taxi girl; entraîneuse (*franc.*) □ **t. driver**, tassista; conducente d'auto pubblica □ **t. rank** (*o* **t. stand**), posteggio di taxi □ **air t.**, aereo da noleggio; aerotaxi.

to **taxi** /'tæksɪ/, **A** *v. i.* ***1*** andare in taxi ***2*** (*d'aereo*) rullare (*sulla pista*) ***3*** (*d'idrovolante*) flottare. **B** *v. t.* trasportare in taxi.

taxicab /'tæksɪkæb/, *V.* **taxi**.

taxidermal /tæksɪ'dɜ:ml/, **taxidermic** /tæksɪ'dɜ:mɪk/, *a.* tassidermico.

taxidermist /'tæksɪdɜ:mɪst/, *n.* tassidermista.

taxidermy /'tæksɪdɜ:mɪ/, *n.* tassidermia.

taximeter /'tæksɪmi:tə(r)/, *n.* tassametro.

taxiplane /'tæksɪpleɪn/, *n.* (*USA*) aereo da noleggio; aerotaxi.

taxis /'tæksɪs/, *n.* (*pl.* **taxes**) ***1*** (*fisiol.*) tassia; tattismo ***2*** (*med.*) taxis; tassi; (*specialm.*) riduzione (*di un'ernia*).

taxi strip /'tæksɪstrɪp/, *V.* **taxiway**.

taxiway /'tæksɪweɪ/, *n.* (*aeron.*) pista di rullaggio.

taxonomic(al) /tæksə'nɒmɪk(l)/, *a.* tassonomico.

taxonomist /tæk'sɒnəmɪst/, *n.* tassonomo.

taxonomy /tæk'sɒnəmɪ/, *n.* (*biol., ling.*) tassonomia.

taxpayer /'tækspeɪə(r)/, *n.* (*fisc.*) contribuente. ● **t.'s identification number**, codice fiscale (*per le aziende*; *i privati si servono dello stesso numero della tessera dei servizi sociali*).

Taylorism /'teɪlərɪzəm/, *n.* (*econ.*) taylorismo.

tea /ti:/, *n.* ***1*** (*bot., Thea sinensis*) tè ***2*** (*le foglie, l'infuso, ecc.*) tè: **Buy three quarter-pound packets of tea**, compra tre pacchetti da un quarto di libbra di tè; **a cup of tea**, una tazza di tè; **Will you make (the) tea, please?**, vuoi fare il tè, per favore?; **We have tea at five o'clock**, prendiamo il tè alle cinque. ● **tea ball**, uovo da tè (*di metallo, bucherellato, per l'infusione*) □ **tea break**, intervallo (*o* sosta) per il tè □ **tea caddy**, barattolo per il tè □ (*USA*) **tea cart**, carrello da tè □ (*comm.*) **tea chest**, cassa da tè □ **tea-cloth**, tovaglia da tè □ **tea cosy**, copriteiera □ **tea dance**, tè danzante □ **tea garden**, piantagione di tè; giardino dove si serve il tè; (*in G.B.*) posto di ristoro all'aperto □ (*un tempo*) **tea gown**, vestito da pomeriggio (*da donna*) □ **tea lady**, donna che fa il tè delle undici (*in fabbrica, in ufficio, ecc.*) □ **tea kettle**, bricco per il tè; bollitore da tè □ **tea-maker**, cucchiaio perforato per infondere il tè in una tazza □ **tea party**, tè (*trattenimento*) □ **tea plantation**, piantagione di tè □ **tea planter**, piantatore di tè □ (*bot.*) **tea rose**, rosa tea □ **tea service** (*o* **tea set**), servizio da tè □ **tea strainer**, colino per il tè □ **tea table**, tavolino da tè □ **tea-table conversation**, conversazione spicciola, leggera, frivola □ **tea things**, servizio da tè □ **tea time**, l'ora del tè □ **tea towel**, straccio da cucina; strofinaccio □ **tea tray**, vassoio da tè □ **tea trolley**, carrello da tè □ **tea urn**, grande bollitore da tè; samovar □ (*USA*) **tea wagon**, *V.* **tea trolley** □ **afternoon tea**, tè con torte, pasticcini o sandwich □ **camomile tea**, infuso di camomilla □ **five-o'-clock tea**, il tè delle cinque □ **high tea**, tè completo, con una pietanza cotta; pasto pomeridiano (*in luogo della cena*), in cui si beve tè □ **plain tea**, merenda □ **Russian tea**, tè col limone.

to **tea** /ti:/, (*raro*) **A** *v. i.* prendere il tè: **We tea at half past four**, prendiamo il tè alle quattro e mezzo. **B** *v. t.* offrire il tè a (q.).

teabag /'ti:bæg/, *n.* bustina di tè.

teacake /'ti:keɪk/, *n.* pasticcino per il tè (*focaccina che si taglia in due, si tosta e si imburra*).

to **teach** /ti:tʃ/ (*pass.* e *p. p.* **taught**), *v. t.* e *i.* insegnare; istruire; ammaestrare; fare l'insegnante; fare lezioni: **I'll t. you (how) to play cricket**, t'insegno io a giocare a cricket; **John teaches maths**, John insegna matematica; **to t. young people**, istruire i giovani; **I was never taught this**, nessuno me l'ha mai insegnato; (*fam.*) **I'll t. him to meddle in my affairs**, glielo insegno io a immischiarsi nei fatti miei! ● **to t. for a living**, guadagnarsi la vita insegnando □ (*fig.*) **to t. sb. a lesson**, dare una lezione a q. □ (*fam. USA*) **to t. school**, fare l'insegnante □ **That will t. you a lesson**, ciò ti servirà di lezione □ **That will t. him**, così imparerà □ (*prov.*) **to t. one's grandmother to suck eggs**, voler insegnare ai gatti ad arrampicarsi.

teachability /ti:tʃə'bɪlətɪ/, *n.* ***1*** disposizione a imparare; capacità d'apprendimento; ricettività ***2*** comprensibilità; accessibilità.

teachable /'ti:tʃəbl/, *a.* ***1*** (*di persona*) disposto a imparare; ricettivo; (*di animale*) ammaestrabile ***2*** (*di cosa*) comprensibile; accessibile. ‖ **-ness**, *sost.*

teacher /'ti:tʃə(r)/, *n.* insegnante; docente; professore, professoressa; maestro, maestra: **the Latin t.**, l'insegnante di latino; **the t. of the subject**, l'insegnante della materia. ● **t.'s post**, posto d'insegnante; cattedra □ **t. trainer**, addestratore (*a scuola*) □ **t. training college**, college per l'abilitazione all'insegnamento □ **driving t.**, istruttore (*di scuola guida*).

teachership /'ti:tʃəʃɪp/, *n.* professione d'insegnante; insegnamento.

teach-in /'ti:tʃɪn/, *n.* ***1*** teach-in; dibattito; discussione informale; tavola rotonda ***2*** (*polit.*) manifestazione di protesta con discorsi, dibattiti, ecc. (*spesso all'università*).

teaching /'ti:tʃɪŋ/, *n.* ***1*** insegnamento; istruzione: **He took up history t.**, si diede all'insegnamento della storia ***2*** (*pl.*) insegnamenti; dottrina: **the teachings of the Church**, gli insegnamenti (*o* la dottrina) della Chiesa. ● **t. aids**, sussidi didattici □ **t. hospital**, ospedale dove fanno pratica studenti di medicina □ **t. machines**, macchine per l'insegnamento (*per l'istruzione programmata*) □ **t. obligations**, obbligo d'insegnamento □ **t. position** (*o* **post**), posto d'insegnante; cattedra □ **t. practice**, tirocinio come insegnante □ **t. staff**, corpo docente.

teacup /'ti:kʌp/, *n.* tazza da tè. ● **a storm in a t.**, una tempesta in un bicchier d'acqua; molto rumore per nulla.

teacupful /'ti:kʌpfʊl/, *n.* (*pl.* **teacupfuls, teacupsful**) (quanto sta in una) tazza da tè.

teahouse /ˈtiːhaʊs/, *n.* casa da tè.

teak /tiːk/, *n.* (*bot., Tectona grandis*) tek (*l'albero e il legno*).

teal /tiːl/, *n.* (*pl.* **teal, teals**) (*zool., Anas crecca*) alzavola.

tealeaf /ˈtiːliːf/, *n.* (*pl.* **tealeaves**) ***1*** foglia di tè ***2*** (*pop. scherz.*) ladro.

team /tiːm/, **A** *n.* ***1*** squadra (*di lavoratori, giocatori, ecc.*); gruppo (*di lavoro*); (*sport*) compagine; team: **a football t.**, una squadra di calcio; **a t. of scientists**, un gruppo di scienziati che lavorano insieme ***2*** (*d'animali*) attacco, tiro, pariglia (*di cavalli*): **a t. of four horses**, un tiro a quattro. **B** *a.* (*anche sport*) a squadre: **t. foil**, fioretto a squadre. ● **t. spirit**, spirito di corpo.

to **team** /tiːm/, *v. t.* ***1*** attaccare (*cavalli*); aggiogare (*buoi*) ***2*** trasportare con un tiro (*di cavalli*) ***3*** assortire, combinare (*colori, tinte*). ● (*fam.*) **to t. up**, (*d'oggetto*) andare d'accordo, stare bene, combinarsi (*con un altro*) □ (*fam.: di persona*) **to t. up with sb.**, collaborare con q.; lavorare in squadra con q.

teammate /ˈtiːmmeɪt/, *n.* (*sport*) compagno di squadra.

teamster /ˈtiːmstə(r)/, *n.* ***1*** chi guida un tiro (*di cavalli*); carrettiere; birrocciaio ***2*** (*USA*) camionista; autotrasportatore. ● (*USA*) **t.-owner**, trasportatore indipendente (*che lavora in proprio*); padroncino (*fam.*).

teamwork /ˈtiːmwɜːk/, *n.* ***1*** lavoro di gruppo (*o* di squadra, d'équipe); collaborazione ***2*** (*fig.*) spirito di collaborazione; affiatamento.

teapot /ˈtiːpɒt/, *n.* teiera.

tear (1) /tɛə(r)/, *n.* ***1*** lacerazione; rottura; squarcio; strappo ***2*** (*med.*) ferita lacera ***3*** (*fam.*) scatto; spunto; corsa a precipizio. ● (*fam.*) **to go full t.**, andare a spron battuto; andare a razzo (*fam.*).

tear (2) /tɪə(r)/, *n.* ***1*** lacrima, lagrima: **The girl broke** (*o* **burst**) **into tears**, la ragazza scoppiò in lacrime; **to shed tears**, versare (*o* stillare) lacrime; **to weep bitter tears**, piangere lacrime amare ***2*** goccia gommosa (*o* resinosa). ● (*mil.*) **t. bomb** (*o* **t. shell**), bomba lacrimogena □ (*archeol.*) **t. bottle**, vaso lacrimale □ (*mil.*) **t. gas**, gas lacrimogeno □ **a t.-stained face**, un viso rigato di lacrime □ **big tears**, grosse lacrime; lucciconi □ **to find sb. in tears**, trovar q. con le lacrime agli occhi (*o* in lacrime) □ **in tears**, in lacrime; piangente; piangendo □ (*lett.*) **to move sb. to tears**, muovere q. al pianto □ **to reduce sb. to tears**, ridurre q. in lacrime; fare piangere q.

to **tear** /tɛə(r)/ (*pass.* **tore**, *p. p.* **torn**), **A** *v. t.* ***1*** lacerare; stracciare; squarciare; rompere; strappare: **to t. a piece of cloth in two**, strappare in due un pezzo di stoffa; **to t. a letter up** (*o* **to pieces**), stracciare una lettera; **She tore her skirt on a thorn**, uno spino le fece uno strappo nella sottana; **to t. one's skin**, lacerarsi la pelle; **to t. two pages out of an exercise-book**, strappare due pagine da un quaderno ***2*** logorare; consumare: **an old torn jacket**, una giacca vecchia e logora ***3*** (*anche fig.*) dilaniare; straziare: **He was torn to pieces by a lion**, fu dilaniato (*o* fatto a pezzi) da un leone; **a party torn by factions**, un partito dilaniato dalle correnti (*o* dalle fazioni); **He was torn by jealousy**, era straziato (*o* tormentato) dalla gelosia. **B** *v. i.* ***1*** lacerarsi; stracciarsi; squarciarsi; rompersi; strapparsi: **This cloth tears easily**, questa stoffa si straccia facilmente ***2*** (*fam.*) andare a tutta velocità; correre velocemente; precipitarsi: **He tore into the room**, si precipitò nella stanza. ● **to t. a hole**, fare un buco: **The nail tore a hole in her dress**, il chiodo le fece un buco nel vestito □ (*pop.*) **to t. it**, guastar tutto; sciupar tutto □ **to t. st. in four [in half, in two]**, strappare qc. in quattro [a metà, in due] □ **to t. open**, aprire (*una lettera, un pacco, ecc.: strappando la busta o l'involucro*) □ **to t. to shreds**, sminuzzare □ (*fam.*) **That's torn it!**, è finita!; siamo nei guai!

♦**tear about**, *v. i. + avv.* correre all'impazzata; scorrazzare: **to t. about on a motorbike**, scorrazzare in motocicletta.

♦**tear across**, **A** *v. t. + avv.* lacerare; strappare; fare in due pezzi: **to t. across a letter**, strappare una lettera. **B** *v. i. + prep.* attraversare di corsa, a tutta velocità (*una strada, ecc.*).

♦**tear along**, *v. i. + avv.* (*o prep.*) andare (procedere, navigare, ecc.) a tutta velocità; (*di un veicolo*) filare, saettare: **to t. along a dangerous road**, andare a tutta birra in una strada pericolosa.

♦**tear apart**, *v. t. + avv.* ***1*** aprire, scostare violentemente (*tende e sim.*) ***2*** fare a pezzi, smontare (*una macchina e sim.*) ***3*** buttare (*o* cacciare) all'aria, mettere sottosopra (*una casa, una stanza, ecc.*) ***4*** (*fig.*) fare a pezzi; demolire, stroncare (*fig.*); criticare aspramente ***5*** (*fig.*) dilaniare; lacerare: **Northern Ireland is torn apart by the question of independence**, l'Irlanda del Nord è dilaniata dal problema dell'indipendenza ***6*** (*fam.*) rimproverare; sgridare.

♦**tear around**, *V.* **tear about**.

♦**tear at**, *v. i. + prep.* fare l'atto di strappare (q.c.) a viva forza (*dalle mani di q., ecc.*); tirare (q.c.) a più non posso: **Stop tearing at my umbrella!**, smettila di tirare il mio ombrello! □ (*fig.*) **to t. at sb.'s heart**, fare male al cuore di q.

♦**tear away**, **A** *v. t. + avv.* ***1*** strappare; lacerare: **to t. the wrapping away**, strappare l'involucro ***2*** strappare, staccare, portare via (*anche fig.*): **The high wind has torn away all the petals from the flowers**, il forte vento ha staccato tutti i petali dei fiori; **I couldn't t. myself away from the spot of the accident**, non riuscivo a staccarmi dal luogo dell'incidente ***3*** (*fig.*) svelare; smascherare. **B** *v. i. + avv.* ***1*** lacerarsi; strapparsi; venir via (*fam.*): **The cover has torn away**, s'è strappata la copertina ***2*** (*fam.*) andarsene a gambe levate; scappare in tutta fretta.

♦**to be torn between**, *v. passivo + prep.* (*fig.*) essere diviso, combattuto (*dentro di sé*) tra (*due cose*); essere incerto (*o* dubbioso): **to be torn between personal ambition and loyalty to one's party**, essere diviso tra l'ambizione personale e la fedeltà al proprio partito □ (*di una donna*) **to be torn between two men**, non sapersi decidere a scegliere tra due uomini.

♦**tear down**, **A** *v. t. + avv.* ***1*** strappare, staccare (*un manifesto e sim.*) ***2*** distruggere, demolire, abbattere, buttare giù (*anche fig.*): **to t. down an old house**, demolire una vecchia casa; **They want to t. down the establishment**, vogliono abbattere il sistema (*politico*) ***3*** fare a pezzi, smontare (*una macchina e sim.*). **B** *v. i. + prep.* (*fam.*) scendere (*o* percorrere) a precipizio; precipitarsi giù per: **I tore down the stairs**, scesi le scale a precipizio; mi precipitai da basso; **The motorbike was tearing down the street**, la motocicletta percorreva la strada a tutta velocità.

♦**tear into**, *v. i. + prep.* ***1*** (*di un coltello e sim.*) tagliare male, strappare (*la carne, ecc.*) ***2*** (*di un animale selvatico*) lacerare, strappare a morsi, azzannare (*la preda*) ***3*** (*di un arnese*) tagliare, penetrare in ***4*** (*fig. fam.*) attaccare violentemente; criticare a fondo; demolire, stroncare (*fig.*) ***5*** (*fam.*) buttarsi su (*cibo*); mangiare di buona voglia; papparsi (*fam.*) ***6*** (*fam.*) rimproverare; sgridare.

♦**tear off**, **A** *v. t. + avv.* ***1*** lacerare; strappare: **to t. the wrapping off**, strappare l'involucro ***2*** distruggere; demolire: **The car bomb tore off the front of the house**, l'autobomba distrusse la facciata della casa ***3*** buttare giù (*uno scritto*); scrivere in fretta (*un articolo, ecc.*) ***4*** (*fig.*) svelare; smascherare. **B** *v. t. + prep.* togliere strappando da (q.c.); staccare da: **to t. the wrapping off a parcel**, strappare l'involucro di un pacco. **C** *v. i. + avv.* (*fam.*) andarsene a gambe levate; scappare in tutta fretta □ (*fam.*) **to t. a strip off sb.**, dare una grande lavata di capo a q.; sgridare q. aspramente.

♦**tear out**, **A** *v. t. + avv.* ***1*** lacerare; strappare: **to t. out the telephone wires**, strappare i fili del telefono ***2*** staccare strappando: **to t. an article out of a newspaper**, staccare un articolo dal giornale. **B** *v. i. + avv.* (*fam.*) uscire di corsa; balzare fuori; scappare fuori in tutta fretta □ (*fig.*) **to t. one's hair out**, strapparsi i capelli □ (*fig.*) **to t. sb.'s heart out**, straziare il cuore a q.

♦**tear up**, **A** *v. t. + avv.* ***1*** stracciare; fare a pezzi; lacerare: **He threatens to t. up his membership card**, minaccia di stracciare la tessera (*d'iscrizione*); **Don't t. up the newspaper!**, non fare a pezzi il giornale! ***2*** rompere, spaccare (*la strada, ecc.: per il passaggio di veicoli pesanti, o per lavori stradali*) ***3*** svellere; tirare su (*fam.*); estirpare: **to t. up weeds**, estirpare le erbacce; **to t. up a tree by its roots**, sradicare un albero ***4*** (*fig.*) stracciare (*un patto*); rompere, non rispettare (*un contratto*). **B** *v. i. + prep.* (*fam.*) percorrere a tutta velocità; fare di corsa: **He tore up the stairs**, fece le scale di corsa.

tearaway /ˈtɛərəweɪ/, (*fam.*) **A** *a.* avventato; impetuoso; violento. **B** *n.* ***1*** persona impetuosa ***2*** (*spreg.*) giovinastro; bullo; giovane teppista.

teardrop /ˈtɪədrɒp/, *n.* lacrima.

tearer /ˈtɛərə(r)/, *n.* chi lacera, strappa, ecc. (*V.* **to tear**).

tearful /ˈtɪəfl/, *a.* ***1*** piangente; in lacrime; lacrimoso ***2*** lacrimevole, lagrimevole; doloroso; triste: **a t. event**, un avvenimento doloroso; **t. news**, notizie tristi. ● **to feel t.**, aver voglia di piangere. ‖ **-ly**, *avv.* ‖ **-ness**, *sost.*

tearing /ˈtɛərɪŋ/, **A** *a.* avventato; impetuoso; violento: **t. rage**, ira violenta. **B** *n.* lacerazione; strappo: (*med.*) **t. of a muscle**, strappo muscolare. ● **at a t. pace**, di corsa; a precipizio; a rotta di collo □ **to be in a t. hurry**, avere una fretta terribile.

tearjerker /ˈtɪədʒɜːkə(r)/, *n.* (*fam.*) romanzo (film, ecc.) strappalacrime.

tearjerking /ˈtɪədʒɜːkɪŋ/, *a.* (*fam.*) strappalacrime.

tearless /ˈtɪələs/, *a.* ***1*** senza lacrime; senza pianto: **t. sorrow**, dolore senza lacrime ***2*** incapace di piangere.

tear-off /ˈtɛərɒf, *USA* -ɔːf/, *a.* e *n.* (lembo, parte, ecc.) da staccare.

tearoom /ˈtiːruːm, -rʊm/, *n.* sala da tè; tea-room.

tease /tiːz/, *n.* (*fam.*) ***1*** chi stuzzica, chi molesta, ecc.; persona importuna; seccatore, seccatrice; rompiscatole (*fam.*) ***2*** chi eccita q. sessualmente (*lasciandolo a bocca asciutta*).

to **tease** /tiːz/, *v. t.* ***1*** stuzzicare; importunare; indispettire; irritare; infastidire; molestare; seccare; tormentare; assillare; tampinare (*dial.*); (*anche*) prendere in giro, canzonare: **Don't t. your younger brother**, non indispettire (molestare, ecc.) il tuo fratellino!; **He always teased his father for money** (*o* **to give him money**), assillava di continuo suo padre per farsi dare denaro; **Come on, I'm just teasing!**, dai, non dico sul serio! ***2*** (*ind. tess.*) cardare; pettinare; garzare: **to t. (out) flax**, cardare il lino ***3*** (*USA*) pettinare (*i capelli*) all'indietro. ● **to t. out**, sbrogliare (*una matassa, ecc.*); (*fig.*) sbrogliare, distinguere, separare (*fatti, ecc.*).

teasel /ˈtiːzl/, *n.* ***1*** (*bot., Dipsacus*) cardo dei lanaioli ***2*** (*ind. tess.*) cardo; garzo. ● (*bot.*) **fuller's t.** (*Dipsacus fullonum*), cardo dei lanaioli.

to **teasel** /ˈtiːzl/, *v. t.* (*ind. tess.*) cardare; pettinare; garzare. ● **teaselling machine**, carda; garzatrice.

teaser /ˈtiːzə(r)/, *n.* ***1*** *V.* **tease** ***2*** (*fam.*) domanda imbarazzante; problema difficile; rompicapo ***3*** (*ind. tess.*) carda; garzatrice (*mac-

china) **4** (*ind. tess.*) cardatore, cardatrice; garzatore, garzatrice (*operai*) **5** (*pop. USA*) provino (*di spettacolo*); (*pl.*) (*di film*) prossimamente.

teashop /'tiːʃɒp/, *n.* **1** negozio che vende tè **2** piccolo ristorante (*spesso antico*) per cenette e prime colazioni.

teasing /'tiːzɪŋ/, **A** *a.* dispettoso; fastidioso; irritante; molesto. **B** *n.* **1** il fare dispetti; l'irritare; molestia **2** (*ind. tess.*) cardatura. ● **t. machine**, cardatrice.

teasingly /'tiːzɪŋlɪ/, *avv.* in modo importuno, fastidioso.

teaspoon /'tiːspuːn/, *n.* cucchiaino da tè.

teaspoonful /'tiːspuːnfʊl/, *n.* (*pl.* **teaspoonfuls, teaspoonful**) (quanto contiene un) cucchiaino da tè.

teat /tiːt/, *n.* **1** (*anat.*) capezzolo **2** tettarella; ciuccio (*fam.*) **3** (*di una mucca, ecc.*) mammella.

teatime /'tiːtaɪm/, *n.* (l')ora del tè.

teazel, teazle, to **teazel,** to **teazle** /'tiːzl/, *V.* **teasel, to teasel.**

tec /tɛk/, *n.* (*abbr. pop. di* **detective**) investigatore privato; detective.

tech /tɛk/, *n.* **1** (*abbr. fam. di* **technical college**) istituto superiore di tecnologia **2** (*abbr. di* **technology**) tecnologia.

techie /'tɛkɪ/, *n.* (*pop. USA*) **1** tecnico; competente; esperto **2** studente di un «technical college» (*q.V.*) **3** appassionato di tecnologia; fanatico dei computer. ● **t. jargon**, gergo tecnico.

techily /'tɛtʃəlɪ/, *V.* **tetchily**.

techiness /'tɛtʃɪnəs/, *V.* **tetchiness**.

technetium /tɛk'niːʃəm, -sɪəm/, *n.* (*chim.*) tecnezio.

technic /'tɛknɪk/, **A** *a.* (*raro*) *V.* **technical**. **B** *n.* **1** *V.* **technique 2** (*spesso pl.*) termine tecnico **3** (*pl., ma a volte col verbo al sing.*) tecnica; tecnologia.

technical /'tɛknɪkl/, *a.* tecnico: (*econ.*) **t. aid**, assistenza tecnica; **t. assistance**, assistenza tecnica (*ai clienti*); **t. education**, istruzione tecnica; **t. schools**, scuole tecniche (*secondarie*; *frequentate soltanto dall'1% degli studenti ingl.*); **t. terms**, voci tecniche. ● **t. college**, istituto superiore di tecnologia □ (*boxe*) **t. knockout**, knockout (*o* K.O.) tecnico. || **-ly**, *avv.*

technicality /tɛknɪ'kælətɪ/, **technicalness** /'tɛknɪklnəs/, *n.* **1** tecnicità **2** tecnicismo; carattere (particolare, termine, ecc.) tecnico **3** dettaglio tecnico (*basato su stretta interpretazione di regole, ecc.*): **The case was dismissed on a t.**, la causa fu respinta per un dettaglio tecnico.

technician /tɛk'nɪʃn/, **technicist** /'tɛknɪsɪst/, *n.* tecnico; perito. ● **dental t.**, odontotecnico (*sost.*).

Technicolor /'tɛknɪkʌlə(r)/, *n.* (*marchio*: *cinem.*) technicolor.

technique /tɛk'niːk/, *n.* tecnica; metodo; metodica; abilità, arte (*nel fare q.c.*): **That pianist has a poor t.**, la tecnica di quel pianista è scadente.

technocracy /tɛk'nɒkrəsɪ/, *n.* (*econ.*) tecnocrazia.

technocrat /'tɛknəkræt/, *n.* **1** (*econ.*) tecnocrate **2** (*polit.*) ministro tecnico: **a Cabinet of technocrats** (*o* **a t. Cabinet**), un governo di ministri tecnici.

technocratic /tɛknə'krætɪk/, *a.* (*econ.*) tecnocratico.

techno-hip /'tɛknəʊhɪp/, *a.* (*pop. USA*) al corrente delle ultime scoperte tecnologiche; a proprio agio con il linguaggio della tecnologia (dell'informatica, ecc.).

technologic(al) /tɛknə'lɒdʒɪk(l)/, *a.* tecnologico: **t. gap**, divario tecnologico. || **-ally**, *avv.*

technologist /tɛk'nɒlədʒɪst/, *n.* tecnologo.

to **technologize** /tɛk'nɒlədʒaɪz/, *v. t.* tecnologizzare.

technology /tɛk'nɒlədʒɪ/, *n.* tecnologia.

technomusic /'tɛknəʊmjuːzɪk/, *n.* (*mus.*) technomusic.

technostress /'tɛknəʊstrɛs/, *n.* (*psic.*) stress da eccesso di tecnologia.

technostructure /'tɛknəʊstrʌktʃə(r)/, *n.* (*econ.*) tecnostruttura.

techy /'tɛtʃɪ/, *V.* **tetchy**.

tectogenesis /tɛktə'dʒɛnəsɪs/, *n.* (*geol.*) tettogenesi.

tectonic /tɛk'tɒnɪk/, *a.* **1** (*geol.*) tettonico **2** (*archit.*) architettonico; strutturale.

tectonics /tɛk'tɒnɪks/, *n. pl.* (*col verbo al sing.*) **1** (*geol.*) tettonica **2** scienza delle costruzioni.

tectorial /tɛk'tɔːrɪəl/, *a.* (*scient.*) tettorio; tegumentale: (*anat.*) **t. membrane**, membrana tettoria (*dell'orecchio*).

tectrix /'tɛktrɪks/, *n.* (*pl.* **tectrices**) (*zool.*) penna copritrice (*degli uccelli*).

ted /tɛd/, (*pop.*) *V.* **teddy boy**.

to **ted** /tɛd/, *v. t.* (*agric.*) stendere, rivoltare, voltare (*il fieno*).

tedder /'tɛdə(r)/, *n.* (*agric.*) **1** chi stende (*o* rivolta) il fieno **2** voltafieno (*macchina*).

Teddy /'tɛdɪ/, *n. dim.* di **Edmund, Edward, Theodore**.

teddy bear /'tɛdɪbɛə(r)/, *locuz. n.* orsacchiotto di pezza (*giocattolo*).

teddy boy /'tɛdɪbɔɪ/, *locuz. n.* teddy boy; giovane teppista.

Te Deum /tiː'diːəm, teɪ'deɪ-, -ʊm/ (*lat.*), *n.* (*pl.* **Te Deums**) (*relig.*) Te Deum: (*anche fig.*) **to sing Te Deum**, cantare il Te Deum.

tedious /'tiːdɪəs/, *a.* tedioso; noioso; fastidioso; seccante; uggioso: **a t. ceremony**, una cerimonia noiosa. || **-ly**, *avv.*

tediousness /'tiːdɪəsnəs/, **tedium** /'tiːdɪəm/, *n.* noia; fastidio; tedio; uggia.

tee, te (**1**) /tiː/, *n.* **1** ti; lettera t **2** oggetto a forma di T. ● **tee shirt**, T-shirt; maglietta a girocollo □ (*tecn.*) **tee square**, squadra a T □ (*fig.*) **to a tee**, con grande esattezza; a puntino; a pennello.

tee (**2**) /tiː/, *n.* **1** (*golf*) tee (*mucchietto di sabbia da cui si batte la palla all'inizio del gioco*) **2** (*nei giochi delle piastre, delle bocce, ecc.*) bersaglio.

to **tee** /tiː/, (*golf*) **A** *v. t.* collocare (*la palla*) sul tee (*V.* **tee** (**2**)). **B** *v. i.* collocare la palla sul tee. ● **to tee off**, cominciare la partita, dare la mazzata iniziale; (*fig.*) cominciare, iniziare; (*pop. USA*) lanciarsi in una tirata su (*o* contro); far arrabbiare (q.) □ (*fig. fam.*) **to tee up**, preparare; approntare; organizzare □ (*golf*) **teeing ground**, piazzola di partenza.

(to) **tee-hee** /tiː'hiː/, *V.* (**to**) **te-hee**.

to **teem** /tiːm/, *v. i.* abbondare; brulicare; formicolare; pullulare; esser pieno zeppo: **Forests teem with snakes here**, qui le foreste brulicano di serpenti; **Trout t. in this lake**, le trote pullulano in questo lago; **His books t. with blunders**, i suoi libri sono zeppi d'errori.

to **teem down** /'tiːm'daʊn/, *v. i.* (*della pioggia*) cadere a dirotto. ● **It's teeming down**, sta diluviando.

teeming (**1**) /'tiːmɪŋ/, *a.* **1** brulicante; formicolante; pullulante **2** fecondo; fertile: **the t. earth**, la feconda terra. ● **t. with**, pieno di; zeppo di.

teeming (**2**) /'tiːmɪŋ/, *n.* (*metall.*) colata.

teenage /'tiːneɪdʒ/, *a. attr.* di (*o* da, *o* per) adolescente; giovanile: **t. fashions**, articoli di moda per adolescenti □ **t. wear**, abbigliamento e calzature per adolescenti.

teenaged /'tiːneɪdʒd/, *V.* **teenage**.

teenager /'tiːneɪdʒə(r)/, *n.* **1** teen-ager; adolescente (*fra i 13 e i 19 anni d'età*) **2** (*per estens.*) giovane (*fino ai 21 anni e oltre*).

teens /tiːnz/, *n. pl.* l'età fra i 13 e i 19 anni (*nella vita dell'uomo*); adolescenza (**teen** *è il suffisso dei numeri cardinali da 13,* **thirteen,** *a 19,* **nineteen**). ● **a girl in her t.**, una giovinetta; un'adolescente □ **to be in one's t.**, essere un adolescente.

teeny (**1**) /'tiːnɪ/, *n.* (*fam.*) teen-ager; adolescente.

teeny (**2**) /'tiːnɪ/, *a.* (*fam.*) molto piccolo; piccino. ● (*infant.*) **t. weeny**, piccolissimo; piccino picciò.

teenybopper /'tiːnɪbɒpə(r)/, *n.* (*pop.*) preadolescente (*specialm.* ragazzina) musicomane; fanatica per la musica pop.

teepee /'tiːpiː/, *V.* **tepee**.

to **teeter** /'tiːtə(r)/, *v. i.* **1** camminare con passo malfermo **2** (*anche fig.*) traballare; pencolare; vacillare: **The coalition government teeters and is on the brink of defeat**, il governo di coalizione vacilla e sta per essere sfiduciato.

teeter-totter /'tiːtətɒtə(r)/, *n.* (*fam. USA*) altalena (*cfr. ingl.* **seesaw**).

teeth /tiːθ/, **A** *pl.* di **tooth**. **B** *n. pl.* (*fig.*) forza; potere; strumenti (*fig.*): **to have the necessary t. to deal with terrorism**, avere gli strumenti necessari per affrontare il terrorismo. ● (*meteor., naut.*) **t. of the gale**, direzione da cui viene il vento.

to **teethe** /tiːð/, *v. i.* (*di bambino*) mettere i (primi) denti.

teether /'tiːðə(r)/, *n.* dentaruolo.

teething /'tiːðɪŋ/, *n.* (*fisiol.*) dentizione. ● **t. ring**, dentaruolo □ **t. troubles**, (*med.*) disturbi della dentizione (*nei bimbi*); (*fig.*) difficoltà (*o* problemi) iniziali.

teetotal /tiː'təʊtl, *USA* 'tiːtəʊtl/, *a.* **1** astemio (*per principio*) **2** antialcolico; contrario all'uso degli alcolici: **a t. league**, una lega antialcolica. ● **a t. meeting**, una riunione contro l'uso degli alcolici □ **t. pledge**, impegno di rinunciare all'alcol.

teetotaler /tiː'təʊtlə(r), *USA* 'tiːt-/, *V.* **teetotaller**.

teetotalism /tiː'təʊtəlɪzəm, *USA* 'tiːt-/, *n.* **1** astinenza dalle bevande alcoliche **2** antialcolismo.

teetotalist /tiː'təʊtəlɪst, *USA* 'tiːt-/, *n.* antialcolista.

teetotaller /tiː'təʊtələ(r), *USA* 'tiːt-/, *n.* astemio, astemia (*per principio*).

teetotum /tiː'təʊtəm, 'tiːtəʊtʌm/, *n.* (*arc.*) trottolino (*giocattolo da girare con le dita*; *con la parte superiore divisa in quattro facce segnate con lettere*; *trottola per giochi d'azzardo*).

Teflon /'tɛflɒn/, *n.* (*marchio*) teflon. ● **to coat with T.**, teflonare.

teg /tɛg/, *n.* pecora (*o* montone) di due anni.

tegular /'tɛgjʊlə(r)/, *a.* **1** di (*o* simile a) tegola **2** ordinato a mo' di tegole; embricato.

tegument /'tɛgjʊmənt/, *n.* (*scient.*) tegumento.

tegumental /tɛgjʊ'mɛntl/, **tegumentary** /tɛgjʊ'mɛntərɪ, *USA* tɛgjʊmɛn'tɛrɪ/, *a.* (*scient.*) tegumentale; tegumentario.

te-hee /tiː'hiː/, *n.* risata sommessa; risatina.

to **te-hee** /tiː'hiː/, *v. i.* ridere sommessamente; ridacchiare.

teil /tiːl/, *n.* (*bot., Tilia europaea*; = **t. tree**) tiglio.

telaesthesia /tɛləs'θiːzɪə/, *n.* (*scient.*) telestesia.

telamon /'tɛləmən/, *n.* (*pl.* **telamones**) (*archit.*) telamone; atlante.

telangiectasia /tɪlændʒɪɛk'teɪzɪə, *USA* tɛl-, -ʒə/, **telangiectasis** /tɪlændʒɪ'ɛktəsɪs, *USA* tɛl-/, *n.* (*med.*) telangectasia.

telautogram /tɛ'lɔːtəgræm/, *n.* messaggio di teleautografo.

Telautograph /tɛ'lɔːtəgrɑːf, *USA* -æf/, *n.* (*marchio*) teleautografo.

tele /'tɛlɪ/, *n.* (*abbr. fam. USA di* **television**) televisione; tivù.

telebridge /'tɛlɪbrɪdʒ/, *n.* (*TV*) ponte televisivo; (*specialm.*) collegamento via satellite.

telecamera /'tɛlɪkæmərə/, *n.* telecamera.

telecast /'tɛlɪkɑːst, *USA* -kæst/, *n.* trasmissione televisiva; teletrasmissione.

to **telecast** /'tɛlɪkɑːst, *USA* -kæst/ (*pass.* e *p. p.* **telecast**), *v. t.* trasmettere per televisione; te-

letrasmettere; telediffondere. ● **telecast news**, telegiornale □ **telecast novel**, teleromanzo.
telecaster /ˈtɛlɪkɑːstə(r), *USA* -æs-/, *n.* emittente televisiva.
telecommunication /tɛlɪkəmjuːnɪˈkeɪʃn/, *n.* telecomunicazione. ● **telecommunications satellite**, satellite per telecomunicazioni □ **t. services**, servizi telematici.
telecommuter /tɛlɪkəˈmjuːtə(r)/, *n.* chi lavora a domicilio stando collegato con l'ufficio per mezzo di un computer.
telecomputing /tɛlɪkəmˈpjuːtɪŋ/, *n.* (*elab.*) elaborazione a distanza; teleelaborazione.
Telecom Tower (**the**) /ˈtɛlɪkɒm ˈtaʊə(r)/, *locuz. n.* la Torre delle Telecomunicazioni (*a Londra*; *è alta 176 m*).
teleconference /ˈtɛlɪkɒnfərəns/, *n.* (*elab.*) videoconferenza.
telecontrol /tɛlɪkənˈtrəʊl/, *n.* telecomando.
to **telecontrol** /tɛlɪkənˈtrəʊl/, *v. t.* telecomandare.
telecopier /ˈtɛlɪkɒpɪə(r)/, *n.* telecopiatrice.
telediagnosis /tɛlɪdaɪəgˈnəʊsɪs/, *n.* (*pl.* **telediagnoses**) (*med.*) diagnosi a distanza.
teledu /ˈtɛlɪduː/, *n.* (*zool.*, *Mydaus meliceps*) teledù; tasso fetente.
telefilm /ˈtɛlɪfɪlm/, *n.* telefilm.
telegenic /tɛlɪˈdʒɛnɪk/, *a.* telegenico.
telegram /ˈtɛlɪgræm/, *n.* telegramma: **code t.**, telegramma cifrato. ● **prepaid t.**, telegramma con risposta pagata.
telegraph /ˈtɛlɪgrɑːf, *USA* -græf/, *n.* **1** telegrafo: **t. office**, ufficio del telegrafo **2** apparecchio da segnalazioni (*telegrafo ottico, ecc.*) **3** (*USA*) telegramma. ● (*ippica*) **t. board**, tabellone (*coi numeri dei cavalli in corsa*) □ **t. boy**, fattorino del telegrafo □ **t. cable**, cavo telegrafico □ **t. form**, modulo telegrafico □ **t. key**, tasto del telegrafo □ **t. line**, linea telegrafica □ **t. operator**, telegrafista □ **t. pole** (*o* **t. post**), palo del telegrafo □ **t. wire**, cavo del telegrafo.
to **telegraph** /ˈtɛlɪgrɑːf, *USA* -græf/, *v. t. e i.* **1** telegrafare; trasmettere per mezzo del telegrafo: **to t. a message**, trasmettere un messaggio per telegrafo **2** telegrafare (a); mandare un telegramma (a): **I telegraphed Rome**, telegrafai a Roma; **I telegraphed my friend** (**in Rome**), telegrafai al mio amico (a Roma) **3** (*fam., boxe*) telegrafare (*un colpo*) **4** (*fam.*) far capire (q.c.) a cenni **5** (*fam.*) rivelare (*una mossa, ecc.*) involontariamente.
telegrapher /təˈlɛgrəfə(r)/, *n.* **1** chi fa un telegramma **2** (*specialm. USA*) telegrafista.
telegraphese /tɛlɪgrəˈfiːz/, *n.* linguaggio (*o* stile) telegrafico.
telegraphic /tɛlɪˈgræfɪk/, *a.* (*anche fig.*) telegrafico: **t. message**, dispaccio telegrafico; **t. address**, indirizzo telegrafico; **t. money order**, vaglia telegrafico; (*fig.*) **t. style**, stile telegrafico.
telegraphically /tɛlɪˈgræfɪklɪ/, *avv.* **1** telegraficamente **2** in stile telegrafico.
telegraphist /təˈlɛgrəfɪst/, *n.* telegrafista.
telegraphy /təˈlɛgrəfɪ/, *n.* telegrafia. ● **wireless t.**, telegrafia senza fili; radiotelegrafia.
telekinesis /tɛlɪkaɪˈniːsɪs, -kɪˈn-/, *n.* (*parapsicologia*) telecinesi.
telekinetic /tɛlɪkaɪˈnɛtɪk, -kɪˈn-/, *a.* telecinetico.
Telemachus /təˈlɛməkəs/, *n.* (*letter.*) Telemaco.
telemark /ˈtɛlɪmɑːk/, *n.* (*sci*) telemark (*sorta di curva*).
telemarketing /ˈtɛlɪmɑːkɪtɪŋ/, *n.* (*comm.*) **1** telemarketing; indagini di marketing fatte per telefono **2** vendite fatte per telefono.
telematics /tɛlɪˈmætɪks/, *n. pl.* (*col verbo al sing.*) telematica.
telemechanics /tɛlɪmɪˈkænɪks/, *n. pl.* (*col verbo al sing.*) telemeccanica.
telemedicine /tɛlɪˈmɛdsn, *USA* -dɪsn/, *n.* telemedicina.
telemessage /ˈtɛlɪmɛsɪdʒ/, *n.* (*in G.B.*) messaggio postale trasmesso per telex o per telefono (*è più rapido di un telegramma*).
telemeter /ˈtɛlɪmiːtə(r), təˈlɛmɪtə(r)/, *n.* (*tecn.*) **1** telemetro **2** strumento per telemisura.
telemetering /ˈtɛlɪmiːtərɪŋ/, *n.* (*tecn.*) telemisura; telemisurazione.
telemetric /tɛlɪˈmɛtrɪk/, *a.* (*scient.*) telemetrico.
telemetry /təˈlɛmətrɪ/, *n.* telemetria.
telencephalon /tɛlɛnˈsɛfəlɒn/, *n.* (*pl.* **telencephala**) (*anat.*) telencefalo.
teleobjective /tɛlɪɒbˈdʒɛktɪv/, *n.* (*raro, fotogr.*) teleobiettivo.
teleologic(**al**) /tɛlɪəʊˈlɒdʒɪk(l)/, *a.* (*filos.*) teleologico. ‖ **-ally**, *avv.*
teleologist /tɛlɪˈɒlədʒɪst/, *n.* (*filos.*) teleologo.
teleology /tɛlɪˈɒlədʒɪ/, *n.* (*filos.*) teleologia.
teleoperator /tɛlɪˈɒpəreɪtə(r)/, *n.* (*tecn.*) operatore a distanza.
teleostean /tɛlɪˈɒstɪən/, *a.* (*zool.*) dei (*o* relativo ai) teleostei.
teleosts /ˈtɛlɪɒsts/, *n. pl.* (*zool.*, *Teleostei*) teleostei.
telepathic /tɛlɪˈpæθɪk/, *a.* telepatico.
telepathically /tɛlɪˈpæθɪklɪ/, *avv.* telepaticamente; per telepatia.
to **telepathise** /təˈlɛpəθaɪz, ˈtɛlɪp-/, to **telepathize** /təˈlɛpəθaɪz, ˈtɛlɪp-/, *v. i.* praticare la telepatia.
telepathist /təˈlɛpəθɪst/, *n.* **1** chi s'occupa di telepatia **2** persona dotata di poteri telepatici.
telepathy /təˈlɛpəθɪ/, *n.* telepatia.
telephone /ˈtɛlɪfəʊn/, *n.* telefono: **You are wanted on the t.**, sei desiderato al telefono. ● **t.-answering system**, segreteria telefonica □ **t. bill**, bolletta del telefono □ (*USA*) **t. book**, *V.* **t. directory** □ **t. booth** (*o* **t. box**), cabina telefonica □ **t. call**, chiamata telefonica; telefonata □ **t. directory**, elenco telefonico (*o* degli abbonati) □ **t. exchange**, centralino telefonico □ **t. kiosk**, cabina telefonica □ **t. operator**, telefonista; centralinista □ **t. receiver**, ricevitore telefonico □ **t. responder**, segreteria telefonica che risponde anche alle chiamate □ **t. ringer**, suoneria telefonica □ (*market.*) **t. selling**, vendite per telefono □ **t. stand**, portatelefono □ **t. system**, telefono integrato □ **t. tapping**, intercettazione delle telefonate □ **by t.**, per telefono; telefonicamente □ **to be on the t.**, essere al telefono; (*anche*) essere sull'elenco, avere il telefono □ **over the t.**, al telefono; (*anche*) per (mezzo del) telefono: **speaking over the t.**, parlando al telefono; **to receive orders over the t.**, ricevere (accettare) ordinazioni per telefono □ **to send a message by t.**, inviare un messaggio per telefono □ **to speak through the t.**, parlare per telefono □ **«T.!»**, «al telefono!».
to **telephone** /ˈtɛlɪfəʊn/, *v. i. e t.* **1** telefonare; trasmettere per telefono **2** telefonare (a); fare una telefonata (a): **Lots of people telephoned the editor**, molte persone telefonarono al direttore del giornale.
telephonic /tɛlɪˈfɒnɪk/, *a.* telefonico: **t. connection**, collegamento telefonico.
telephonically /tɛlɪˈfɒnɪklɪ/, *avv.* telefonicamente; per telefono.
telephonist /təˈlɛfənɪst/, *n.* telefonista; centralinista.
telephony /təˈlɛfənɪ/, *n.* telefonia. ● **wireless t.**, telefonia senza fili; radiotelefonia.
telephoto /tɛlɪˈfəʊtəʊ/, **A** *n.* **1** telefotografia; telefoto **2** teleobiettivo. **B** *a. attr.* telefotografico. ● **t. lens**, teleobiettivo.
telephotograph /tɛlɪˈfəʊtəgrɑːf, *USA* -æf/, *n.* telefotografia; telefoto.
to **telephotograph** /tɛlɪˈfəʊtəgrɑːf, *USA* -æf/, *v. t.* **1** fotografare a distanza, col teleobiettivo **2** trasmettere (*una fotogr.*) per mezzo della telefotografia; trasmettere (*un'immagine*) come telefoto.
telephotographic /tɛlɪfəʊtəˈgræfɪk/, *a.* telefotografico.
telephotography /tɛlɪfəˈtɒgrəfɪ/, *n.* telefotografia (*il fotografare col teleobiettivo*; *il trasmettere telefoto*).
teleplay /ˈtɛlɪpleɪ/, *n.* sceneggiato televisivo.
teleprinter /ˈtɛlɪprɪntə(r)/, *n.* telescrivente; telestampante.
teleprocessing /tɛlɪˈprəʊsesɪŋ/, *n.* (*elab.*) elaborazione a distanza (*dei dati*); teleprocessing; teleelaborazione.
Teleprompter /ˈtɛlɪprɒmptə(r)/, *n.* (*marchio*: *TV*) «telesuggeritore»; teleprompter; gobbo (*fam.*).
Teleran /ˈtɛləræn/, *n.* (*marchio*: *aeron.*) Teleran (*sistema di navigazione mediante radar e televisione*).
telerecording /ˈtɛlɪrɪkɔːdɪŋ/, *n.* registrazione televisiva.
telesales /ˈtɛlɪseɪlz/, *n. pl.* (*market.*) vendite fatte per telefono.
telescope /ˈtɛlɪskəʊp/, *n.* **1** (*astron.*) telescopio **2** (*naut.*) cannocchiale da marina (*allungabile*). ● (*mecc.*) **t. joint**, giunto a telescopio □ **range-finder t.**, cannocchiale telemetrico.
to **telescope** /ˈtɛlɪskəʊp/, **A** *v. t.* **1** incastrare, infilare, inserire (*un oggetto dentro un altro, a mo' di cannocchiale*) **2** (*autom., ferr., ecc.*) far rientrare, schiacciare, deformare (*per l'urto*): **The back of my car was telescoped by the impact**, l'urto fece rientrare la parte posteriore della mia auto **3** (*fig.*) compendiare; ridurre; restringere: **to t. a series of articles into a book**, compendiare una serie di articoli ricavandone un libro. **B** *v. i.* **1** incastrarsi; infilarsi; rientrare (*come le parti di un cannocchiale*) **2** (*di treno, automobile, ecc.*) andare a incastrarsi (*in un altro veicolo*): **The front and end cars telescoped into each other**, le carrozze di testa (*di un treno*) e quelle di coda (*dell'altro*) s'incastrarono l'una nell'altra **3** (*fig.*) compendiarsi; ridursi; restringersi. ● (*autom.*: *di due mezzi*) **to t. together**, incastrarsi l'uno nell'altro; tamponarsi violentemente.
telescopic /tɛlɪˈskɒpɪk/, *a.* **1** telescopico: **t. stars**, stelle telescopiche **2** (= **telescoping**) telescopico; a cannocchiale; a telescopio; che rientra in se stesso: (*mecc.*) **a t. toolholder**, un portautensili a telescopio; **a t. glass**, un bicchiere che rientra in se stesso (*da campeggio, ecc.*); **a t. aerial**, un'antenna telescopica. ● (*fotogr.*) **t. finder**, mirino telescopico □ (*ottica, fotogr.*) **t. lens**, teleobiettivo □ (*mil.*) **t. sight**, cannocchiale di mira.
telescopically /tɛlɪˈskɒpɪklɪ/, *avv.* per mezzo del telescopio.
telescopy /təˈlɛskəpɪ/, *n.* telescopia.
telescreen /ˈtɛlɪskriːn/, *n.* schermo televisivo; teleschermo; video.
telescript /ˈtɛlɪskrɪpt/, *n.* script (*o* sceneggiato) televisivo; soggetto per la televisione.
teleselling /ˈtɛlɪselɪŋ/, *V.* **telesales**.
telesthesia /tɛləsˈθiːzɪə, -ʒə/, *n.* telestesia.
teletex /ˈtɛlɪtɛkst/, *n.* (*elab.*) teletex (*sistema telematico*).
Teletext /ˈtɛlɪtɛkst/, *n.* (*marchio*: *TV*) Teletext (*sistema telematico*).
teletube /ˈtɛlɪtjuːb, *USA* -tuːb/, (*fam.*) *V.* **television tube**.
Teletype /ˈtɛlɪtaɪp/, *n.* **1** (*marchio*) telescrivente **2** rete di telescriventi **3** (*raro*) telemessaggio. ● **t. machine**, telescrivente.
to **teletype** /ˈtɛlɪtaɪp/, *v. t.* trasmettere (*un messaggio*) per telescrivente; telescrivere.
Teletypesetter /tɛlɪˈtaɪpsɛtə(r)/, *n.* (*tipogr., marchio*) «teletypesetter»; telecompositrice.
teletypewriter /tɛlɪˈtaɪpraɪtə(r)/, (*USA*) *V.* **teleprinter**.
teletypist /ˈtɛlɪtaɪpɪst/, *n.* telescriventista.
to **teleview** /ˈtɛlɪvjuː/, *v. t. e i.* (*raro*) guardare (una trasmissione televisiva).
televiewer /ˈtɛlɪvjuːə(r)/, *n.* telespettatore.
to **televise** /ˈtɛlɪvaɪz/, **A** *v. t.* trasmettere per televisione; teletrasmettere. **B** *v. i.* essere tra-

smesso (*o* dato) in televisione. ● (*di un soggetto*) **to t. well**, essere adatto alla televisione □ **televised speech**, telemessaggio.

television /ˈtɛlɪvɪʒn, tɛlɪˈv-/, *n.* ***1*** televisione: **Who [what] is on t. tonight?**, chi [che cosa] c'è alla televisione stasera? ***2*** (*fam.*) televisore. ● **t. broadcaster**, emittente televisiva □ **t. camera**, telecamera □ **t. commentator**, telecronista □ (*in G.B.*) **t. licence**, abbonamento alla televisione (*non esiste in U.S.A.*) □ **t. network**, rete televisiva □ **t. news**, telegiornale □ **t. relay**, ripetitore televisivo □ **t. screen**, schermo televisivo □ **t. set** (*abbr.* **T.V. set**), televisore □ **t. shot**, teleripresa □ **t. studio**, studio televisivo □ **t. tube**, tubo di riproduzione; cinescopio □ **t. viewer**, telespettatore □ **t. transmitter**, trasmettitore televisivo, teletrasmettitore □ **t. tube**, cinescopio □ **to work in t.**, lavorare alla televisione.

televisual /tɛlɪˈvɪʒʊəl/, *a.* televisivo; della (*o* per la) televisione; adatto alla televisione. || **-ly**, *avv.*

teleworking /ˈtɛlɪwɜːkɪŋ/, *n.* lavoro fatto a casa propria, con un computer; telelavoro.

telewriter /ˈtɛlɪraɪtə(r)/, *n.* telescrivente.

telewriting /ˈtɛlɪraɪtɪŋ/, *n.* telescrittura.

telex /ˈtɛlɛks/, *n.* telex. ● **t. machine**, (apparecchio di) telex.

to **telex** /ˈtɛlɛks/, *v. t.* trasmettere a mezzo telex.

telfer /ˈtɛlfə(r)/, *V.* **telpher**.

to **tell** /tɛl/ (*pass.* e *p. p.* **told**), **A** *v. t.* ***1*** dire; narrare; raccontare; assicurare; confessare; esporre; rivelare; svelare: **I told him to go away**, gli dissi d'andarsene; **to t. a story**, narrare una storia; **I told you so**, te l'avevo detto!; **You must do as you are told**, devi fare quel che ti si dice; **He has told everything**, ha confessato tutto; **I can t. you, it's not so easy**, te lo posso assicurare, non è tanto facile; **His face told his joy**, il suo viso rivelava la gioia che provava; **I'll t. you a secret**, ti svelerò un segreto; **to t. the facts**, esporre i fatti ***2*** distinguere; riconoscere; vedere; giudicare; valutare: **I can t. him by his voice**, lo riconosco dalla voce; **I can't t. him from his twin**, non riesco a distinguerlo da suo fratello gemello; **How do you t. which lever to pull?**, come fai a riconoscere la leva che si deve tirare?; **It's difficult to t. what it is at this distance**, è difficile distinguere (*o* vedere) cos'è a questa distanza ***3*** capire; intuire: **I could t. by his face that he was angry**, dalla faccia che aveva si capiva che era arrabbiato ***4*** (*arc.*) fare la conta di; contare: **He told me the money**, mi contò il denaro (*pagandomi*); (*polit.*) **to t. the votes**, fare la conta (*o* lo scrutinio) dei voti (*specialm. ai Comuni*). **B** *v. i.* avere effetto; essere efficace; farsi sentire: **The new measures are beginning to t.**, i nuovi provvedimenti cominciano a dimostrarsi efficaci; **The strain began to t. on me** (*o* **on my nerves**), lo sforzo cominciava a farsi sentire; cominciavo a tradire lo sforzo. ● (*relig.*) **to t. one's beads**, dire il rosario □ (*USA*) **to t. sb. goodbye**, dire addio a q. □ (*pop.*) **to t. the tale**, raccontare una frottola (per commuovere) □ **to t. the time**, dire l'ora (*guardando l'orologio*), leggere le ore; (*d'orologio*) segnare le ore: **The child hasn't learnt to t. the time yet**, il bambino non ha ancora imparato a leggere le ore; **My watch tells the time more accurately than the tower clock**, il mio orologio segna le ore con maggiore precisione di quello della torre □ **to t. the time by the clock**, conoscere (*o* saper leggere) l'orologio □ **to t. the truth [a lie]**, dire la verità [una bugia] □ (*pop.*) **to t. the world**, dire ai quattro venti; sbandierare (*una notizia, una decisione, ecc.*) □ **all told**, nel complesso; nell'insieme; in tutto: **There are five hospitals all told**, in tutto ci sono cinque ospedali □ **I'll t. you what!**, sta' a sentire; ho un'idea □ **You never can t.**, non si sa mai! □ **He promised not to t.**, promise di non parlare □ **I am told that...**, mi si dice che... □ **So I have been told**, così mi è stato riferito □ (*fam.*) **Do t.!**, ma va!: **So, you're a doctor. Do t.!**, allora, sei (*o* saresti) un medico. Ma va! □ **Don't t. me!**, non me ne parlare!; non venire a dirlo a me! □ **That tells a tale**, questo è significativo!; la cosa si commenta da sé! □ **T. me another!**, trovane un'altra; questa sì che è bella! □ (*fig.*) **T. that to the (horse-)marines**, raccontalo a qualcun altro!; dalla da bere a un altro! □ (*pop.*) **You're telling me!**, lo dici a me?; a chi lo dici! □ **There's no telling what may happen**, non si sa (*o* non si può dire) che cosa può succedere □ (*fam.*) **Told you so!**, te l'avevo detto, io!

♦**tell about**, *v. t.* + *prep.* ***1*** dire di; raccontare: **T. me all about it!**, raccontami tutto! ***2*** (*fam.*) fare la spia a; andare a dire, rivelare, svelare (q.c.): **Don't t. about my pinching the cake!**, non andare a dire che mi sono fregato la torta!

♦**tell against**, *v. i.* + *prep.* andare a discapito, essere a sfavore di (q.); deporre male di (q.): **His lack of interest in his work tells against him**, la mancanza d'interesse per il suo lavoro depone male di lui.

♦**tell apart**, *v. t.* + *avv.* distinguere; riconoscere uno dall'altro: **I cannot t. the twins apart**, non riesco a riconoscere un gemello dall'altro.

♦**tell of**, *v. i.* + *prep.* ***1*** (*lett.*) dire, parlare di; narrare; raccontare: **The old man told of bygone days**, il vecchio parlava del tempo andato ***2*** (*fam.*) *V.* **tell on**, *def. 2*.

♦**tell off**, *v. t.* + *avv.* ***1*** (*fam.*) sgridare; rimproverare; dare una lavata di capo (*o* un cicchetto) a (q.): **The teacher told him off for being late**, l'insegnante lo rimproverò perché era in ritardo ***2*** (*specialm. mil.*) assegnare; destinare; distaccare: **We were told off to dig trenches**, ci misero a scavare trincee ***3*** (*arc.*) *V.* **to tell, A**, *def. 4*.

♦**tell on**, *v. i.* + *prep.* ***1*** avere un (brutto) effetto su; farsi sentire (*V.* **to tell, B**) ***2*** (*fam.*) fare la spia sul conto di (q.): **Peter told on me as soon as mother came back**, appena tornò la mamma, Peter le fece la spia (sul mio conto).

♦**tell over**, *v. t.* + *avv.* ***1*** raccontare, narrare di nuovo; rinarrare ***2*** contare: **Mr Scrooge sat at his desk, telling over his money**, Mr Scrooge era seduto al banco, e contava i suoi soldi.

tellable /ˈtɛləbl/, *a.* che si può dire; narrabile; raccontabile.

teller /ˈtɛlə(r)/, *n.* ***1*** narratore; raccontatore ***2*** (*alle elezioni, ecc.*) scrutatore; scrutinatore ***3*** (*banca*) impiegato di sportello; sportellista; cassiere. ● **t. in**, cassiere allo sportello dei versamenti □ **t. out**, cassiere allo sportello dei pagamenti □ **automated t.** (*o* **automatic t. machine**), sportello automatico.

tellership /ˈtɛləʃɪp/, *n.* mansioni di scrutatore (*o* di cassiere).

tellin /ˈtɛlɪn/, *n.* (*zool., Tellina*) tellina.

telling /ˈtɛlɪŋ/, *a.* efficace; energico; espressivo; significativo; vivace; che fa colpo: **a t. blow**, un colpo efficace; un forte colpo; **a t. glance**, un'occhiata espressiva; **a t. description**, una descrizione vivace. || **-ly**, *avv.*

telling-off /tɛlɪŋˈɒf, *USA* -ɔːf/, *n.* (*fam.*) sgridata; ramanzina; lavata di capo (*fig.*).

telltale /ˈtɛlteɪl/, **A** *n.* ***1*** chiacchierone; malalingua; pettegolo; chi spiattella (*o* spiffera) tutto ***2*** (*gergo studentesco*) spia; spione ***3*** segno rivelatore; indizio ***4*** (*ind.*) orologio di controllo; segnatempo (*negli uffici, ecc.*) ***5*** (*mecc., ferr.*) segnale di pericolo ***6*** (*naut.*, = **t. of the rudder**) assiometro; indicatore di posizione del timone ***7*** (*naut.*, = **t. compass**) bussola di controllo (*o* di cabina). **B** *a. attr.* rivelatore; significativo; eloquente (*tecn.*): **a t. sign**, un segno rivelatore; **a t. gesture**, un gesto significativo; **a t. look**, uno sguardo eloquente. ● (*tecn.*) **t. float**, indicatore di livello a galleggiante □ (*elettr.*) **t. light**, lampada spia; spia luminosa.

tellurian /tɛˈlʊərɪən, -ˈljʊə-/, **A** *a.* terrestre. **B** *n.* (*fantascienza*) terrestre; abitante della terra.

telluric /tɛˈlʊərɪk, -ˈljʊə-/, *a.* (*chim., geol.*) tellurico.

tellurium /tɛˈlʊərɪəm, -ˈljʊə-/, *n.* (*chim.*) tellurio.

to **tellurize** /ˈtɛləraɪz/, *v. t.* (*chim.*) trattare (*o* combinare) con tellurio.

tellurous /tɛˈlʊərəs, -ˈljʊə-/, *a.* (*chim.*) telluroso.

telly /ˈtɛlɪ/, *n.* (*specialm. ingl.*; *abbr. fam. di* **television**) ***1*** televisione; tivù: **What's on the t.?**, cosa c'è in tivù? ***2*** (*fam.*) televisore: **Turn the t. out**, spegni il televisore!

telpher /ˈtɛlfə(r)/, **A** *n.* telfer; carrello di teleferica; cabina di funivia. **B** *a. attr.* teleferico. ● **a t. line**, una teleferica; una funivia.

to **telpher** /ˈtɛlfə(r)/, *v. t.* trasportare mediante teleferica.

telpherage /ˈtɛlfərɪdʒ/, *n.* trasporto per mezzo di teleferica.

telson /ˈtɛlsn/, *n.* (*zool.*) telson.

Telstar /ˈtɛlstɑː(r)/, *n.* (*miss., stor.*) Telstar.

temerarious /tɛməˈrɛərɪəs/, *a.* (*lett.*) temerario. || **-ly**, *avv.*

temerity /təˈmɛrətɪ/, *n.* temerarietà.

temp /tɛmp/, *n.* (*abbr. fam. di* **temporary**) supplente; diurnista; precario; avventizio.

to **temp** /tɛmp/, *v. i.* (*fam.*) lavorare come diurnista (*o* saltuariamente).

Tempean /ˈtɛmpiːən/, *a.* (*lett.*) di Tempe; della Valle di Tempe.

temper /ˈtɛmpə(r)/, *n.* ***1*** (*ind.*) tempra, tempera; (*metall.*) rinvenimento: **the t. of glass**, la tempera del vetro; **steel of the finest t.**, acciaio della miglior tempra; **t. time**, tempo di rinvenimento ***2*** (*anche edil.*) miscela (legante); mescolanza: **the t. of mortar**, la miscela della malta ***3*** (*metall.*) durezza e resistenza; (*anche*) percentuale di carbonio (*dell'acciaio*) ***4*** temperamento; carattere; indole; disposizione (*d'animo*); umore: **He has a fiery t.**, ha un temperamento focoso; **She has a sweet t.**, ha un'indole dolce; **I found him in a good t.**, lo trovai di buonumore; **He was in a bad t.**, era di malumore ***5*** (*fam.*) collera; ira; malumore; stizza: **a fit of t.**, un accesso d'ira; **What t. he is in today!**, che razza d'umore ha oggi! ● (*metall.*) **t. brittleness**, fragilità al rinvenimento □ **to get** (*o* **to fly**) **into a t.**, andare su tutte le furie; montare in collera; adirarsi □ **to get sb.'s t. up**, mandare in collera q.; fare saltare i nervi a q. □ **to have a quick t.**, scaldarsi per un nonnulla; pigliar fuoco come un fiammifero □ **to keep one's t.**, mantenere la calma; mantenersi calmo □ **to lose one's t.**, perder le staffe; andare in collera; uscire dai gangheri (*fam.*) □ **to be out of t.**, essere di malumore; essere adirato, stizzito; essere in collera □ **to try sb.'s t.**, mettere a dura prova la pazienza di q. □ **He has a t.**, ha un caratterino!

to **temper** /ˈtɛmpə(r)/, **A** *v. t.* ***1*** (*ind., metall.*) temprare; rinvenire: **to t. steel [glass]**, temprare l'acciaio [il vetro] ***2*** mescolare; stemperare: **to t. clay**, mescolare l'argilla; **Some paints are tempered with oil**, alcune vernici si stemperano con l'olio ***3*** (*fig. form.*) temperare; attenuare; moderare; mitigare: **to t. justice with mercy**, temperare la giustizia con la misericordia; **to t. unemployment**, attenuare la disoccupazione ***4*** (*mus.*) temperare, modulare (*una nota*); accordare (*uno strumento*). **B** *v. i.* (*metall.*) temprarsi; prender la tempra; rinvenire. ● (*prov.*) **God tempers the wind to the shorn lamb**, Dio manda il freddo secondo i panni.

tempera /ˈtɛmpərə/ (*ital.*), *n.* (*arte*) ***1*** tempera ***2*** guazzo (*per cartelloni*) ***3*** (= **t. painting**) pittura a tempera.

temperability /tɛmpərəˈbɪlətɪ/, *n.* l'essere temprabile.

temperable /ˈtɛmpərəbl/, *a.* che si può temprare; temprabile.

temperament /ˈtɛmprəmənt/, *n.* ***1*** temperamento; carattere; indole: **a sanguine t.**, un temperamento sanguigno; **an artistic t.**, un temperamento artistico ***2*** carattere impulsivo, emotivo, capriccioso; emotività; eccitabilità: **Many artists have t.**, molti artisti hanno un carattere impulsivo ***3*** (*mus.*) temperamento.

temperamental /tɛmprəˈmɛntl/, *a.* ***1*** caratteriale; congenito; connaturato; innato: **He has a t. dislike for hard work**, ha un'antipatia congenita per il duro lavoro ***2*** (*di persona*) capriccioso; emotivo; instabile ***3*** (*di una macchina e sim.*) inaffidabile; che fa i capricci (*fam.*).

temperamentally /tɛmprəˈmɛntəlɪ/, *avv.* per temperamento; per costituzione; d'indole naturale.

temperance /ˈtɛmpərəns/, *n.* ***1*** (*form.*) temperanza; moderazione; sobrietà ***2*** astinenza dall'alcol. ● **a t. hotel**, un albergo dove non si vendono alcolici □ **t. society**, lega antialcolica.

temperate /ˈtɛmpərət/, *a.* ***1*** moderato; parco; sobrio; temperato: **t. language**, linguaggio moderato ***2*** (*di clima, ecc.*) temperato: **t. zone**, zona temperata ***3*** (*di persona*) astemio. || **-ly**, *avv.* || **-ness**, *sost.*

temperature /ˈtɛmprətʃə(r)/, *USA* -tʃʊə(r)/, *n.* ***1*** temperatura: **high** [**low**] **t.**, temperatura alta [bassa]; **room t.**, temperatura ambiente ***2*** (*fam.*) temperatura febbrile; febbre: **to have** (*o* **to run**) **a t.**, avere la febbre; essere febbricitante; **The doctor said I'd got a t.**, il dottore disse che avevo la febbre. ● (*meteor.*) **t. gradient**, gradiente termico □ (*fis.*) **boiling t.**, temperatura d'ebollizione □ **to take sb.'s t.**, misurare la febbre a q.

tempered /ˈtɛmpəd/, *a.* ***1*** (*metall.*) temprato; rinvenuto: **t. steel**, acciaio temprato ***2*** (*fig.*) moderato; mitigato; temperato: **t. boldness**, audacia mitigata ***3*** (*nei composti*) che ha un certo carattere (*o* un'indole): **bad-t.**, che ha un brutto carattere; irascibile; **good-t.**, d'indole buona; di buona pasta; bonario; **even-t.**, di carattere mite; tranquillo.

temperer /ˈtɛmpərə(r)/, *n.* chi tempera, chi tempra (*V.* **to temper**).

tempering /ˈtɛmpərɪŋ/, *n.* ***1*** (*tecn.*) (operazione di) tempra ***2*** (*metall.*) tempra; rinvenimento ***3*** (*fig.*) temperamento; attenuazione; mitigamento. ● (*metall.*) **t. oil**, olio per tempra.

tempest /ˈtɛmpɪst/, *n.* tempesta (*anche fig.*); bufera (*di pioggia, di neve, ecc.*); burrasca; procella (*lett.*): **a t. of protests**, una tempesta di proteste. ● **a t. of applause**, uno scroscio d'applausi □ **t.-tossed**, (*del mare*) sconvolto dalla tempesta; (*di bastimento*) sbattuto dai marosi.

tempestuous /tɛmˈpɛstʃʊəs/, *a.* tempestoso; burrascoso; procelloso (*lett.*); (*fig.*) agitato, violento, turbolento. || **-ly**, *avv.* || **-ness**, *sost.*

temping /ˈtɛmpɪŋ/, *n.* (*fam.*) lavoro saltuario (*o* precario). ● **t. agency**, agenzia che procura avventizi.

templar /ˈtɛmplə(r)/, *n.* avvocato (*o* studente in legge) del «Temple» di Londra (*V.* **the Temple,** *sotto* **temple (1)**).

Templar /ˈtɛmplə(r)/, *n.* (*stor.*) templare. ● **Knights T.** (*o* **Knights of the Temple**), Templari.

template /ˈtɛmpleɪt/, *n.* ***1*** (*archit.*) architrave ***2*** (*tecn.*) dima; sagoma; calibro sagomato ***3*** (*ind. costr.*) cuscino d'appoggio ***4*** (*biochim.*) stampo.

temple (**1**) /ˈtɛmpl/, *n.* (*relig.*) tempio (*anche fig.*); chiesa: **a t. of art**, un tempio dell'arte. ● (*a Londra*) **the T.**, il «Tempio» (*sede, in passato, dei Templari e ora di associazioni di avvocati -* **solicitors-**, *le quali hanno il diritto esclusivo d'ammettere gli aspiranti all'esercizio della professione*).

temple (**2**) /ˈtɛmpl/, *n.* ***1*** (*anat.*) tempia ***2*** (*USA*) stanghetta (*di occhiali*). ● **t. bone**, osso temporale.

temple (**3**) /ˈtɛmpl/, *n.* (*ind. tess.*) tempiale (*di telaio*).

templet /ˈtɛmplət/, *V.* **template**.

tempo /ˈtɛmpəʊ/ (*ital.*), *n.* (*pl.* **tempi, tempos**) ***1*** (*mus.*) tempo ***2*** (*fig.*) ritmo: **the frantic t. of modern living**, il ritmo frenetico della vita moderna.

temporal (**1**) /ˈtɛmpərəl/, *a.* ***1*** temporale; terreno; mondano: **the t. power of the Church**, il potere temporale della Chiesa; **t. interests**, interessi terreni ***2*** (*gramm.*) temporale; di tempo: **t. adverbs**, avverbi temporali. || **-ly**, *avv.* || **-ness**, *sost.*

temporal (**2**) /ˈtɛmpərəl/, (*anat.*) **A** *a.* temporale: **t. artery**, arteria temporale. **B** *n.* (osso) temporale.

temporality /tɛmpəˈrælətɪ/, *n.* ***1*** (*specialm. relig.*) temporalità ***2*** (*pl.*) beni temporali.

temporalty /ˈtɛmpərəltɪ/, *n.* – (*collett.*) **the t.**, i laici.

temporarily /ˈtɛmprərəlɪ/, *avv.* temporaneamente.

temporariness /ˈtɛmpərərɪnəs/, *n.* temporaneità; transitorietà.

temporary /ˈtɛmprərɪ, *USA* -pərerɪ/, **A** *a.* ***1*** temporaneo; passeggero; provvisorio; transitorio: **a t. success**, un successo passeggero; **a t. solution**, una soluzione provvisoria ***2*** avventizio; interinale, interino. **B** *n.* ***1*** avventizio; supplente; diurnista; precario ***2*** (*elab.*) temporaneo; di transito: **t. storage**, memoria temporanea (*o* di transito). ● (*dog.*) **t. admission**, importazione temporanea □ (*rag.*) **t. balance sheet**, bilancio provvisorio □ (*comm. est.*) **t. exports**, merci esportate temporaneamente □ (*fin.*) **t. investment**, investimento temporaneo □ (*leg.*) **t. laws**, norme transitorie □ **t. office**, interinato □ (*ass.*) **t. policy**, polizza temporanea □ (*a scuola*) **t. post**, posto di supplente; supplenza □ **t. substitution**, supplenza (*il supplire*) □ (*dog.*) **t. warehousing**, custodia temporanea.

temporization /tɛmpəraɪˈzeɪʃn, *USA* -rɪˈz-/, *n.* ***1*** temporeggiamento ***2*** l'adattarsi alla situazione (*o* alle necessità del momento).

to **temporize** /ˈtɛmpəraɪz/, *v. i.* ***1*** temporeggiare; guadagnar tempo ***2*** adeguarsi alla situazione; adattarsi alle necessità del momento.

temporizer /ˈtɛmpəraɪzə(r)/, *n.* ***1*** temporeggiatore, temporeggiatrice ***2*** chi si adatta alla situazione.

temporizingly /ˈtɛmpəraɪzɪŋlɪ/, *avv.* temporeggiando.

to **tempt** /tɛmpt/, *v. t.* ***1*** tentare; indurre in tentazione; istigare (al male): **They tempted him to steal with promises of impunity**, lo istigarono a rubare con promesse d'impunità ***2*** allettare; tentare; attrarre; indurre; persuadere: **That meat pie tempts me**, quel pasticcio di carne mi alletta; **I tempted him to do some more work**, lo persuasi a fare un altro po' di lavoro ***3*** (*Bibbia*) mettere alla prova; provare: **God tempted Abraham**, Dio mise Abramo alla prova ***4*** provocare; sfidare: **Do not t. the Lord**, non provocare il Dio tuo. ● **to t. the appetite**, stuzzicare l'appetito □ **to t. Providence**, tentare la sorte; correre un grosso rischio □ **to be tempted**, essere tentato; essere incline (*o* propenso): **I'm tempted to accept**, sono tentato di accettare; **I was tempted to deny it**, fui tentato di negarlo.

temptable /ˈtɛmptəbl/, *a.* facile alla tentazione; che si lascia tentare.

temptation /tɛmpˈteɪʃn/, *n.* ***1*** tentazione: **to fall into t.**, cadere in tentazione; (*relig.*) **Lead us not into t.**, non c'indurre in tentazione ***2*** allettamento; incentivo; attrazione; lusinga: **the temptations of the metropolis**, gli allettamenti della metropoli.

tempter /ˈtɛmptə(r)/, *n.* tentatore. ● (*relig.*) **the T.**, il Tentatore; il Demonio.

tempting /ˈtɛmptɪŋ/, *a.* allettante; attraente; seducente: **a t. offer**, un'offerta allettante. ● **t. food**, cibo appetitoso. || **-ly**, *avv.*

temptress /ˈtɛmptrɪs/, *n.* ***1*** tentatrice ***2*** (*specialm.*) seduttrice.

ten /tɛn/, **A** *a.* e *n.* dieci. **B** *n.* ***1*** (*fam.*) biglietto da dieci sterline ***2*** (*fam. USA*) biglietto da dieci dollari. ● (*fam. USA*) **ten-cent**, dozzinale; meschino □ (*USA*) **ten-cent store**, grande magazzino popolare □ (*elab.*) **ten keyboard**, tastiera decimale (*o* ridotta) □ (*fam.*) **ten a penny**, dozzinale; comune □ (*pop. USA*) **ten percenter**, chi prende il 10% di provvigione □ **ten-pounder**, (*fam.*) che vale 10 sterline (*o* che pesa 10 libbre); (*stor.*) persona avente diritto al voto in quanto detentore di una proprietà del valore locativo di dieci sterline □ (*atletica*) **the 10,000 metre run**, i diecimila □ **ten times as easy**, dieci volte più facile □ **ten times better**, dieci volte migliore (*o* meglio) □ **in tens**, a gruppi di dieci; dieci alla volta: **to arrange in tens**, sistemare a gruppi di dieci □ **one in ten**, uno su dieci □ (*fig.*) **the upper ten** (**thousand**), l'aristocrazia □ **Ten to one he forgets it**, scommetto dieci contro uno che se ne dimentica □ **It is ten to one that...**, ci sono nove probabilità su dieci che...

tenability /tɛnəˈbɪlətɪ/, **tenableness** /ˈtɛnəblnəs/, *n.* ***1*** sostenibilità ***2*** (*mil.*) difendibilità.

tenable /ˈtɛnəbl/, *a.* ***1*** sostenibile: **a t. theory**, una storia sostenibile ***2*** (*d'ufficio, carica, ecc.*) occupabile ***3*** (*mil.*) difendibile: **a t. fortress**, una fortezza difendibile. ● **How long is the office t.?**, qual è la durata in carica?

tenace /ˈtɛnəs/, *n.* (*a bridge*) (l'avere in mano) una coppia d'asso e regina (*o* di re e fante) dello stesso seme.

tenacious /tɪˈneɪʃəs/, *a.* ***1*** tenace (*anche fig.*); fermo; perseverante; ostinato: **a t. memory**, una memoria tenace (*o* di ferro); **t. courage**, tenace coraggio ***2*** compatto; tenace; coesivo: **t. glue**, colla tenace; **t. wood**, legno compatto. || **-ly**, *avv.* || **-ness**, *sost.*

tenacity /tɪˈnæsətɪ/, *n.* ***1*** tenacia; fermezza; perseveranza; ostinazione ***2*** compattezza; tenacia; coesione ***3*** (*ind. tess.*) resistenza a rottura.

tenaculum /tɪˈnækjʊləm/, *n.* (*pl.* **tenacula, tenaculums**) (*med.*) (pinza a) uncino.

tenancy /ˈtɛnənsɪ/, *n.* (*leg.*) ***1*** «tenancy» (*nella «common law» ingl., che ignora il concetto romanistico di «dominium», indica il possesso di un bene immobile per una durata che va da pochi mesi a 999 anni*; *in teoria, la proprietà assoluta è solo del sovrano*) ***2*** (*pressappoco*) affittanza, locazione ***3*** bene immobile dato in locazione (*o* in affitto) ***4*** (*pressappoco*) usufrutto. ● **t. at will**, affitto a tempo indeterminato □ **t. for life** (*o* **life t.**), locazione a vita; (*pressappoco*) usufrutto (perpetuo) □ **t. for years**, locazione a tempo determinato □ **t. in common**, (*pressappoco*) comunione «pro indiviso» □ **t. in fee simple**, proprietà assoluta (*di un immobile*: *diventa sempre più frequente*).

tenant /ˈtɛnənt/, *n.* (*leg.*) ***1*** «tenant» (*V. sopra*); (*pressappoco*) proprietario (*con diritto di proprietà superficiaria*) ***2*** affittuario, locatario, conduttore, inquilino ***3*** (*stor.*) vassallo (*di un feudatario*). ● (*in G.B.*) **tenants association**, associazione degli inquilini □ **t. at will**, locatario a tempo indeterminato □ (*in G.B.*) **tenants' charter**, statuto dei diritti degli inquilini di case popolari, comunali, ecc. (*di subaffitto, riscatto, ecc.*) □ (*agric.*) **t. farmer**, affittuario; conduttore; fittavolo □ **t. for life** (*o* **life t.**), locatario a vita; (*pressappoco*) usufruttuario □ **t. from year to year**, locatario con contratto annuale □ **t. in fee simple**, proprietario assoluto (*di un immobile*) □ **t. right**, diritto del conduttore a un indennizzo per le migliorie fatte (*al termine dell'affittanza*).

to **tenant** /ˈtɛnənt/, *v. t.* (*leg.*) ***1*** essere proprietario di (*un immobile*; *V.* **tenancy**) ***2*** occupare come locatario; tenere in affitto.

tenantable /ˈtɛnəntəbl/, *a.* (*leg.*) affittabile;

che può esser dato in locazione. ● **t. repair**, manutenzione ordinaria.

tenantless /ˈtɛnəntləs/, *a.* (*di casa, di podere*) non occupato da affittuario; libero; sfitto; vuoto.

tenantry /ˈtɛnəntrɪ/, *n.* ***1*** (*collett.*) fittavoli, fittaioli (*di una proprietà terriera*); inquilini (*d'una casa*) ***2*** affittanza; locazione; inquilinato ***3*** durata della locazione; periodo d'affitto.

tench /tɛntʃ/, *n.* (*pl.* **tench, tenches**) (*zool., Tinca tinca*) tinca.

to **tend** (**1**) /tɛnd/, **A** *v. t.* attendere a; badare a; custodire; sorvegliare: **Andrew tends the family shop**, Andrew bada al negozio della famiglia (serve i clienti); **to t. fire**, badare al fuoco (*in cucina, ecc.*); **A bartender tends a bar**, il barista si occupa del bar. **B** *v. i.* (*fam. specialm. USA*) fare attenzione; badare. ● **to t. to**, prendersi cura di; curare: **to t. to sb.'s wounds**, curare le ferite di q.

to **tend** (**2**) /tɛnd/, *v. i.* ***1*** tendere; inclinare; piegare; volgere: **John tends to exaggerate**, John tende all'esagerazione; (*econ.*) **Business conditions t. to weaken during inflationary periods**, la congiuntura tende a un indebolimento durante periodi di alta inflazione; **The road tends north**, la strada piega a settentrione ***2*** tendere; essere incline (*o* propenso): **I t. to think he is wrong**, tendo a credere che abbia torto ***3*** – **to t. to**, portare a; favorire: **Education tends to a stronger democracy**, l'istruzione favorisce una democrazia più forte. ● **yellow tending to green**, giallo che tende al verde.

tendencious /tɛnˈdɛnʃəs/, *V.* **tendentious**.

tendency /ˈtɛndənsɪ/, *n.* ***1*** tendenza; disposizione; inclinazione; propensione ***2*** (*econ., fin.*) tendenza; andamento; evoluzione: **the t. of the money market**, l'andamento del mercato monetario.

tendentious /tɛnˈdɛnʃəs/, *a.* tendenzioso. || **-ly**, *avv.* || **-ness**, *sost.*

tender (**1**) /ˈtɛndə(r)/, *n.* ***1*** chi bada; chi ha cura (*di q.*); guardiano; sorvegliante: **A shepherd is a t. of sheep**, il pastore è un guardiano di pecore ***2*** (*ferr.*) tender; carro di scorta ***3*** (*naut.*) nave appoggio; nave ausiliaria: **a submarine t.**, una nave appoggio per sommergibili.

tender (**2**) /ˈtɛndə(r)/, *n.* ***1*** (*comm., leg.*) offerta (*di un debito, ecc.*) in moneta; offerta reale ***2*** (*leg.*) offerta d'appalto (*o* di fornitura: *di servizi, ecc.*); offerta in gara d'appalto; licitazione: **to submit a t.**, presentare un'offerta d'appalto; **sealed t.**, offerta sigillata ***3*** (*leg.; per estens.*) appalto; gara d'appalto: **We've been allotted a t.**, abbiamo ottenuto un appalto; **to win a t.**, vincere una gara d'appalto ***4*** (*fin., leg.*) moneta; valuta: **legal t.**, valuta legale ***5*** (*fin., in G.B.*) offerta (in gara), gara (*di titoli di stato*): **Tenders are more flexible than auctions of gilts**, le offerte in gara sono più flessibili delle aste di titoli di stato; **The Bank of England invites tenders from the discount houses for the Treasury Bills**, la Banca d'Inghilterra invita gli istituti di sconto a fare offerte per i buoni del Tesoro ***6*** (*fin., USA*) *V.* **t. offer**. ● (*fin.*) **t. issue**, emissione (*di titoli di stato*) con invito a presentare offerte d'acquisto (*V. sopra, def. 5*) □ (*leg.*) **t. of amends**, offerta di risarcimento danni □ (*fin.*) **t. offer**, offerta pubblica d'acquisto (*di titoli di stato*); (*USA*) offerta pubblica di acquisizione di controllo (*di una società*; *cfr. ingl.* **takeover bid**) □ (*di una moneta*) **to be legal t.**, avere corso legale.

tender (**3**) /ˈtɛndə(r)/, *a.* ***1*** tenero; affettuoso; amorevole; dolce; sensibile: **t. meat**, carne tenera; **t. buds**, teneri germogli; **a t. plant**, una tenera pianticella, una pianta delicata; **t. care**, cure amorevoli; **to have a t. heart**, avere il cuor tenero, sensibile; **a t. look**, uno sguardo amorevole; **a t. mother**, una madre affettuosa, dolce ***2*** delicato (*anche fig.*); fragile; debole: **t. colours**, tinte delicate; **a t. question**, una questione delicata; **t. porcelain**, porcellana fragile. ● **t.-eyed**, dallo sguardo dolce □ **t.--hearted**, dal cuore tenero; sensibile □ **t.--heartedness**, sensibilità; dolcezza □ (*fig.*) **t. spot**, punto debole □ **to be t. of other people's feelings**, aver riguardo per i sentimenti altrui □ **to be t. of one's honour**, essere sollecito (*o* geloso) del proprio onore □ (*raro*) **to be t. of one's praise**, esser parco di elogi □ **a t. subject**, un argomento scabroso □ **a t. touch**, un tocco leggero □ **a t. wound**, una ferita che duole ancora (*anche fig.*) □ **a child in t. years**, un fanciullo in tenera età □ **of t. age** (*o* **years**), di tenera età; in ancor tenera età □ (*fig.*) **to touch sb. on a t. spot**, toccare q. sul vivo.

to **tender** /ˈtɛndə(r)/, **A** *v. t.* ***1*** (*comm., leg.*) offrire (*denaro*) in pagamento; pagare con: **Don't t. £ 20 notes for bus fares**, non pagate il biglietto dell'autobus con banconote da 20 sterline! ***2*** offrire: **I wish to t. my services as an agent of your firm**, mi pregio offrire i miei servigi come rappresentante della vostra ditta ***3*** presentare; porgere: **He tendered his resignation**, presentò le dimissioni ***4*** (*fin., in G.B.*) offrire (*titoli di stato*) in gara pubblica. **B** *v. i.* fare un'offerta (*o* offerte); concorrere a un appalto; partecipare a una gara d'appalto: **to t. for a contract**, fare un'offerta per un appalto □ **to t. the exact fare**, avere i soldi contati per il biglietto (*della corsa in autobus*).

tenderer /ˈtɛndərə(r)/, *n.* (*comm., leg.*) offerente (*V.* **tender** (**2**)).

tenderfoot /ˈtɛndəfʊt/, *n.* (*fam.*; *pl.* **tenderfeet, tenderfoots**) ***1*** nuovo venuto; novellino; novizio; pivello ***2*** (*stor. USA*) pioniere da poco nel Far West ***3*** «piede tenero», lupetto (*primo grado dei boy-scout*).

tendering /ˈtɛndərɪŋ/, *n.* (*leg.*) offerte d'appalto; licitazione.

to **tenderize** /ˈtɛndəraɪz/, *v. t.* (*tecn.*) intenerire, rendere tenero (*cibo, carne, ecc.*).

tenderizer /ˈtɛndəraɪzə(r)/, *n.* (*cucina*) arnese (*o* preparato) che rende tenera la carne (*o* il pesce).

tenderloin /ˈtɛndəlɔɪn/, *n.* ***1*** (*cucina*) filetto di manzo ***2*** – **T.**, quartiere malfamato (*in origine, di New York*).

tenderly /ˈtɛndəlɪ/, *avv.* teneramente; affettuosamente; dolcemente.

tenderness /ˈtɛndənəs/, *n.* ***1*** tenerezza; affettuosità; amorevolezza; dolcezza; sensibilità ***2*** delicatezza; fragilità; debolezza.

tending /ˈtɛndɪŋ/, *n.* ***1*** il badare (*a q.*); sorveglianza; custodia ***2*** il curarsi (*di q.*); cure (*pl.*).

tendinitis /tɛndɪˈnaɪtɪs/, *n.* (*med.*) tendinite.

tendinous /ˈtɛndɪnəs/, *n.* (*anat.*) di tendine; tendineo.

tendon /ˈtɛndən/, *n.* (*anat.*) tendine. ● **t. reflex**, riflesso tendineo □ **t. sheath**, guaina tendinea □ (*mitol.* e *fig.*) **the t. of Achilles**, il tallone d'Achille.

tendonitis /tɛndəˈnaɪtɪs/, *V.* **tendinitis**.

tendril /ˈtɛndrəl/, *n.* (*bot.*) viticcio. ● (*fig.*) **a t. of hair**, una ciocca di capelli ricci.

tendrilled /ˈtɛndrɪld/, *a.* (*bot.*) provvisto di viticci.

Tenebrae /ˈtɛnəbriː, -eɪ/ (*lat.*), *n. pl.* (*relig., stor.*) ufficio delle tenebre (*soppresso nel 1955*).

tenebrosity /tɛnəˈbrɒsətɪ/, *n.* (*lett.*) tenebrosità.

tenebrous /ˈtɛnəbrəs/, *a.* (*lett.*) tenebroso; oscuro; cupo; tetro.

tenement /ˈtɛnəmənt/, *n.* ***1*** (*leg.*) bene immobile ***2*** casa in affitto; appartamento d'affitto ***3*** (= **t. house**) casa divisa in appartamenti; (*spesso*) casa popolare; casamento; casegiato.

tenemental /tɛnəˈmɛntl/, **tenementary** /tɛnəˈmɛntərɪ, *USA* ˈtɛnəmɛnterɪ/, *a.* d'affitto (*V.* **tenement**). ● (*stor.*) **t. land**, terre assegnate (*da un feudatario*) ai vassalli.

tenesmic /tɪˈnɛzmɪk/, *a.* (*med.*) tenesmico.

tenesmus /tɪˈnɛzməs/, *n.* (*pl.* **tenesmuses**) (*med.*) tenesmo.

tenet /ˈtɛnɪt/, *n.* dogma; canone; principio; dottrina.

tenfold /ˈtɛnfəʊld/, **A** *a.* decuplo. **B** *avv.* dieci volte (tanto).

tenia /ˈtiːnɪə/, *n.* ***1*** *V.* **taenia** ***2*** (*anat.*) tenia; benderella; formazione a nastro.

tenner /ˈtɛnə(r)/, *n.* (*fam.*) ***1*** biglietto da dieci sterline ***2*** (*USA*) biglietto da dieci dollari.

tennis /ˈtɛnɪs/, *n.* (*sport*) tennis. ● **t. ball**, palla da tennis □ **t. court**, campo da tennis □ (*med.*) **t. elbow**, gomito del tennista; epicondilalgia □ **t. player**, giocatore di tennis; tennista □ **t. shoes**, scarpe da tennis □ **lawn t.**, tennis su campo erboso.

tenon /ˈtɛnən/, *n.* ***1*** (*falegn.*) tenone; maschio dell'incastro ***2*** (*naut.*) maschio; miccia: **heel t.**, miccia d'albero. ● **t. saw**, sega per tenoni.

to **tenon** /ˈtɛnən/, *v. t.* ***1*** fare un tenone in (*un'asse*) ***2*** congiungere mediante tenone.

tenoner /ˈtɛnənə(r)/, *n.* (*falegn.*) tenonatrice (*macchina*).

tenoplasty /ˈtɛnəplæstɪ/, *n.* (*med.*) tenoplastica.

tenor /ˈtɛnə(r)/, *n.* ***1*** tenore; andamento, corso; procedimento: **the t. of one's life**, il proprio tenore di vita; **the t. of his speech**, il tenore del suo discorso ***2*** (*mus.*) tenore ***3*** (*mus.*, = **t. voice**) voce di tenore; voce tenorile. ● (*mus.*) **t. clef**, chiave di tenore □ (*mus.*) **t. viola**, viola tenore.

tenosynovitis /tɛnəsaɪnəˈvaɪtɪs, *USA* -sɪnə-/, *n.* (*med.*) tenosinovite.

tenotomy /təˈnɒtəmɪ/, *n.* (*med.*) tenotomia.

tenpin /ˈtɛnpɪn/, *n.* birillo. ● **t. bowling**, bowling con dieci birilli.

tenpins /ˈtɛnpɪnz/, *n. pl.* ***1*** birilli ***2*** (*col verbo al sing.*; *USA*) bowling con dieci birilli.

tense (**1**) /tɛns/, *a.* ***1*** teso (*anche fig.*); tirato; contratto; ansioso: **a t. wire**, un filo metallico teso; **t. muscles**, muscoli tesi; **faces t. with emotion**, facce contratte per l'emozione ***2*** (*fig.*) sotto tensione: **Mogadishu was a t. capital**, Mogadiscio era una capitale sotto tensione. ● **a t. day**, una giornata di tensione □ **The atmosphere was t.**, c'era un'aria di tensione.

tense (**2**) /tɛns/, *n.* (*gramm.*) tempo: **the past t.**, il (tempo) passato.

to **tense** /tɛns/, **A** *v. t.* tendere (*i muscoli, ecc.*). **B** *v. i.* (*anche* **to t. up**) tendersi; diventar teso; irrigidirsi.

tensed up /ˈtɛnstˈʌp/, *a.* teso (*fig.*); nervoso; in ansia.

tenseness /ˈtɛnsnəs/, *n.* tensione; rigidità.

tensibility /tɛnsəˈbɪlətɪ/, *n.* l'essere assoggettabile a tensione; elasticità; duttilità.

tensible /ˈtɛnsəbl/, *a.* assoggettabile a tensione; elastico; duttile.

tensile /ˈtɛnsaɪl, *USA* -sl/, *a.* ***1*** (*fis., mecc.*) di trazione (*o* di tensione); relativo alla tensione (*o* alla trazione): **t. force**, forza di tensione ***2*** *V.* **tensible**. ● **t. strength**, resistenza alla trazione □ (*tecn.*) **t. test**, prova di trazione.

tensility /tɛnˈsɪlətɪ/, *n.* elasticità; duttilità.

tensiometer /tɛnsɪˈɒmɪtə(r)/, *n.* (*scient., tecn.*) tensiometro.

tensiometric /tɛnsɪəʊˈmɛtrɪk/, *a.* (*scient.*) tensiometrico.

tensiometry /tɛnsɪˈɒmətrɪ/, *n.* (*scient.*) tensiometria.

tension /ˈtɛnʃn/, *n.* ***1*** (*fis.* e *fig.*) tensione: **surface t.**, tensione superficiale (*di un liquido*); **racial tensions**, tensioni razziali ***2*** (*elettr.*) tensione; potenziale: **high t.**, alta tensione ***3*** (*mecc.*) tensione ***4*** (*fisiol., med.*) tensione; pressione: **arterial t.**, pressione arteriosa. ● (*edil., mecc.*) **t. bar** (*o* **t. rod**), tirante.

to **tension** /ˈtɛnʃn/, *v. t.* sottoporre a tensione.

tensional /ˈtɛnʃənl/, *a.* ***1*** (*mecc., ecc.*) di (*o* relativo a) tensione ***2*** (*tecn.*) per mezzo di (*o* sotto) tensione: **t. strapping**, legatura sotto tensione (*con moiette, ecc.*: *nell'imballaggio*).

tensity /ˈtɛnsətɪ/, *V.* **tenseness**.

tensor /ˈtɛnsə(r)/, *n.* **1** (*anat.*) (muscolo) tensore **2** (*mat.*) tensore.

tent (1) /tɛnt/, *n.* tenda; padiglione (*di tela*). ● **t. bed**, letto da campo; letto a baldacchino □ **t. city**, tendopoli □ **t. fly**, telo esterno (*di tenda doppia*) □ **t. peg**, picchetto da tenda □ (*cucito*) **t. stitch**, mezzo punto □ **bell t.**, tenda circolare; padiglione □ (*med.*) **oxygen t.**, tenda a ossigeno.

tent (2) /tɛnt/, *n.* (*med.*) stuello; tampone; zaffo.

tent (3) /tɛnt/, *n.* (*arc.*) vino rosso di Spagna.

to **tent** (1) /tɛnt/, **A** *v. i.* **1** vivere sotto la tenda **2** piantare la tenda; accamparsi. **B** *v. t.* **1** sistemare in tende **2** ricoprire con una tenda (*o* a mo' di tenda).

to **tent** (2) /tɛnt/, *v. t.* (*med.*) stuellare, tamponare (*una ferita, ecc.*).

tentacle /ˈtɛntəkl/, *n.* **1** (*anche fig.*) tentacolo **2** (*bot.*) cirro; viticcio.

tentacled /ˈtɛntəkld/, **tentaculated** /tɛnˈtækjuleɪtɪd/, *a.* (*zool.*) tentacolato; munito di tentacoli.

tentacular /tɛnˈtækjʊlə(r)/, *a.* tentacolare.

tentage /ˈtɛntɪdʒ/, *n.* **1** tende (*collett.*); attendamento **2** tende (*collett.*); equipaggiamento di tende.

tentative /ˈtɛntətɪv/, **A** *a.* **1** di prova; provvisorio; sperimentale: **in a t. way**, in via provvisoria; per fare un tentativo; **a t. program**, un programma sperimentale **2** esitante; incerto; titubante: **a t. smile**, un sorriso esitante. **B** *n.* tentativo. ● **a t. effort**, un tentativo □ (*leg.*) **t. specification**, bozza di capitolato.

tenter (1) /ˈtɛntə(r)/, *n.* (*ind. tess.*) stenditoio (*telaio per panni*).

tenter (2) /ˈtɛntə(r)/, *n.* addetto (*a una macchina, ecc.*).

tenterhook /ˈtɛntəhʊk/, *n.* **1** uncino di stenditoio (*V.* **tenter** (1)) **2** (*ind. tess.*) lupo battitore e sfilacciatore. ● (*fig.*) **to be on tenterhooks**, stare sulle spine; essere sui carboni ardenti.

tentering /ˈtɛntərɪŋ/, *n.* (*ind. tess.*) distendimento. ● **t. machine**, distenditrice.

tenth /tɛnθ/, **A** *a.* decimo. **B** *n.* **1** (*mat.*) decimo; decima parte **2** (*relig.*) decima **3** (*mus.*) (intervallo di) decima. ● **(on) the t. of April**, il dieci aprile.

tenthly /ˈtɛnθlɪ/, *avv.* in decimo luogo.

tenuis /ˈtɛnjʊɪs/, *n.* (*pl.* **tenues**) (*fon., gramm. greca*) tenue.

tenuity /tɛˈnjuːətɪ, *USA* -ˈnuː-/, **tenuousness** /ˈtɛnjʊəsnəs/, *n.* **1** tenuità; esilità; sottigliezza **2** (*fig.*) inconsistenza.

tenuous /ˈtɛnjʊəs/, *a.* **1** tenue; esile; sottile: **a t. hope**, una tenue speranza; **a t. distinction**, una distinzione sottile **2** (*fig.*) inconsistente: **a t. plot**, un intreccio inconsistente. ● **The air is t. in the mountains**, l'aria in montagna è rarefatta. || **-ly**, *avv.*

tenure /ˈtɛnjʊə(r), ˈtɛnjə(r)/, *n.* **1** occupazione; possesso: (*stor.*) **feudal t.**, possesso feudale **2** diritto d'occupazione; diritto di possesso **3** durata (*di un possesso*); permanenza (*in carica, ecc.*): **The average t. of office of a U.S. state-court judge is six years**, in media la permanenza in carica di un giudice di tribunale di uno degli stati degli U.S.A. è di sei anni **4** (*stor., leg.*) possesso, godimento e diritti relativi (*di un vassallo*) **5** (*nelle università USA*) ruolo: **to grant t. to a professor**, far entrare in ruolo un professore; **to have t.**, essere ordinario; essere un cattedratico. ● (*stor.*) **military t.**, diritto di occupare terre in cambio di prestazioni militari □ (*USA*) **professor with t.**, professore a vita; cattedratico.

teocalli /tiːəʊˈkælɪ/, *n.* (*archeol.*) teocalli.

tepee /ˈtiːpiː/, *n.* (*in U.S.A.*) tepee; tenda conica dei pellirosse.

tepefaction /tɛpɪˈfækʃn/, *n.* intiepidimento, intepidimento.

to **tepefy** /ˈtɛpɪfaɪ/, **A** *v. t.* intiepidire, intepidire. **B** *v. i.* intiepidirsi, intepidirsi; diventar tiepido.

tephrite /ˈtɛfraɪt/, *n.* (*miner., geol.*) tefrite (*roccia vulcanica*).

tepid /ˈtɛpɪd/, *a.* (*anche fig.*) tiepido, tepido. || **-ly**, *avv.* || **-ness**, *sost.*

tepidarium /tɛpɪˈdɛərɪəm/ (*lat.*), *n.* (*pl.* **tepidaria**) tepidario.

tepidity /tɛˈpɪdətɪ, *USA* təˈp-/, **tepidness** /ˈtɛpɪdnəs/, *n.* (*anche fig.*) tiepidità, tiepidezza.

tequila /təˈkiːlə/, *n.* tequila.

teratism /ˈtɛrətɪzəm/, *V.* **teratosis**.

teratogen /ˈtɛrətədʒən/, *n.* (*biol.*) agente (*o* fattore) teratogeno.

teratogenesis /tɛrətəˈdʒɛnəsɪs/, *n.* (*biol.*) teratogenesi.

teratogenetic /tɛrətədʒəˈnɛtɪk/, **teratogenic** /tɛrətəˈdʒɛnɪk/, *a.* (*biol.*) teratogeno; teratogenico.

teratological /tɛrətəˈlɒdʒɪkl/, *a.* (*biol.*) teratologico.

teratology /tɛrəˈtɒlədʒɪ/, *n.* (*biol.*) teratologia.

teratoma /tɛrəˈtəʊmə/, *n.* (*pl.* **teratomata, teratomas**) (*med.*) teratoma.

teratosis /tɛrəˈtəʊsɪs/, *n.* (*pl.* **teratoses**) (*med.*) teratosi.

terbium /ˈtɜːbɪəm/, *n.* (*chim.*) terbio.

terce /tɜːs/, *V.* **tierce**.

tercel /ˈtɜːsl/, *n.* (*zool.*) **1** terzuolo; astore (*il maschio*) **2** (*un tempo*) falcone maschio (*in falconeria*).

tercentenary /tɜːsɛnˈtiːnərɪ, -ˈtɛn-, *USA* tɜːˈsɛntənerɪ/, **tercentennial** /tɜːsɛnˈtɛnɪəl/, **A** *n.* terzo centenario; tricentenario. **B** *a. attr.* del terzo centenario.

tercet /ˈtɜːsɪt/, *n.* (*poesia*) terzina.

terebene /ˈtɛrəbiːn/, *n.* (*chim.*) terebene.

terebic /təˈrɛbɪk/, *a.* (*chim.*) terebico: **t. acid**, acido terebico.

terebinth /ˈtɛrəbɪnθ/, *n.* (*bot., Pistacia terebinthus*) terebinto.

terebinthine /tɛrəˈbɪnθaɪn/, *a.* **1** (*bot.*) di terebinto **2** (*chim.*) di trementina.

terebra /ˈtɛrəbrə/, *n.* (*pl.* **terebrae, terebras**) (*zool.*) terebra.

teredo /təˈriːdəʊ/, *n.* (*pl.* **teredos, teredines**) (*zool., Teredo*) teredine.

Terence /ˈtɛrəns/, *n.* Terenzio.

to **tergiversate** /ˈtɜːdʒɪvɜːseɪt/, *v. i.* **1** fare un voltafaccia; cambiar casacca (*fig.*); tradire **2** tergiversare.

tergiversation /tɜːdʒɪvɜːˈseɪʃn/, *n.* **1** voltafaccia; tradimento **2** tergiversazione.

tergiversator /ˈtɜːdʒɪvɜːseɪtə(r)/, *n.* **1** voltagabbana; traditore **2** tergiversatore.

term /tɜːm/, *n.* **1** termine; parola, vocabolo: **He always uses the proper t.**, usa sempre la parola giusta; **He used strong terms**, disse delle parole grosse; (*mat.*) **This expression has four terms**, quest'espressione ha quattro termini; **scientific terms**, termini scientifici; **He spoke in the most flattering terms**, s'espresse nei termini più lusinghieri; **in plain terms**, in parole povere **2** (*pl.*) rapporti; relazioni: **to be on bad terms with sb.**, avere rapporti tesi con q.; **I am on good terms with him**, sono in buoni rapporti con lui **3** durata; periodo (*di tempo*); trimestre scolastico; sessione: **the t. of an insurance policy**, la durata d'una polizza assicurativa; **for a t. of ten years**, per un periodo di dieci anni; **the Easter t. at school**, il secondo trimestre scolastico **4** (*polit., ecc.*; = **t. of office**) mandato (*la durata*): **T. Jefferson held service as President of the U.S.A. for two successive terms**, T. Jefferson tenne la carica di Presidente degli U.S.A. per due mandati successivi **5** (*pl.*) condizioni; clausole: **the terms of surrender**, le condizioni di resa; **terms of sale [payment]**, condizioni di vendita [pagamento]; **the terms of a contract**, le condizioni contrattuali; **on the usual terms**, alle solite condizioni; **the terms of a will**, le clausole di un testamento; **under the terms**, secondo le clausole (*del contratto*) **6** (*pl.*) prezzi; tariffe: **The terms at that hotel are rather moderate**, le tariffe di quell'albergo sono piuttosto modeste **7** (*archeol.*) termine; erma. ● (*fin.*) **t. bill**, cambiale a tempo vista □ **t. day**, giorno di scadenza □ (*banca*) **t. deposit**, deposito a termine (*o* vincolato) □ (*ass.*) **t. insurance**, assicurazione temporanea sulla vita □ (*banca*) **t. loan**, mutuo rateizzato □ (*leg.*) **t. of imprisonment**, periodo di detenzione; pena detentiva □ **t. of office**, periodo di permanenza in carica; mandato □ (*Borsa*) **t. settlement**, liquidazione periodica □ (*fisiol.*) **at full t.**, a termine: **She had her baby at full t.**, ha portato la gravidanza a termine □ **to bring sb. to terms**, ridurre q. alla ragione; convincere q. a venire a un accordo □ **to come to terms**, venire a patti; raggiungere un accordo □ (*comm.*) **delivery terms**, condizioni di consegna □ (*comm.*) **easy terms**, condizioni di favore; facilitazioni □ (*comm.*) **inclusive terms**, (prezzo) tutto compreso □ **in economic terms**, in termini economici; dal punto di vista dell'economia □ **in no uncertain terms**, a chiare lettere; chiaro e tondo □ **liberal terms**, condizioni vantaggiose □ (*comm.*) **local terms**, condizioni della piazza □ (*leg.*) **to make terms**, accordarsi □ (*di donna*) **to be near one's t.**, essere prossima al parto □ **not on any t.**, a nessun patto □ **on equal terms**, alla pari; su un piede d'eguaglianza □ **to serve a t. (in prison)**, scontare una condanna (in carcere) □ (*comm., leg.*) **set terms**, termini precisi; condizioni fisse □ **We are just barely on speaking terms**, ci rivolgiamo appena la parola.

to **term** /tɜːm/, *v. t.* chiamare; definire; denominare; designare: **This I t. sheer robbery**, questo io lo chiamo un ladrocinio bell'e buono! ● **He terms himself an artist**, si autoproclama un artista.

termagancy /ˈtɜːməgənsɪ/, *n.* (*raro*) l'essere bisbetico.

termagant /ˈtɜːməgənt/, (*raro*) **A** *n.* donna bisbetica; brontolona; megera; virago. **B** *a.* bisbetico; brontolone; litigioso.

termer /ˈtɜːmə(r)/, *n.* chi sconta una condanna in carcere; (*specialm. nei composti, per es.*:) **a four-year t.**, un condannato a quattro anni di carcere.

terminability /tɜːmɪnəˈbɪlətɪ/, *n.* l'essere terminabile.

terminable /ˈtɜːmɪnəbl/, *a.* **1** terminabile; cui si può porre termine **2** (*leg.*: *di contratto, ecc.*) a termine; soggetto a estinzione; che può essere risolto. || **-ness**, *sost.*

terminal /ˈtɜːmɪnl/, **A** *a.* **1** terminale; finale; estremo: (*bot.*) **t. leaflet**, fogliolina terminale **2** (*med.*) terminale: **t. ileitis**, ileite terminale **3** trimestrale; periodico: (*rag.*) **t. accounts**, rendiconto trimestrale; **t. examinations**, esami trimestrali **4** (*elab.*) di terminale; via terminale **5** (*elettr.*) di morsetto; ai morsetti; di connessione. **B** *n.* **1** (*elettr.*) terminale; morsetto **2** (*elab.*) terminale **3** (*ferr.*, = **t. station**) stazione di testa; capolinea **4** capolinea; (*anche*) città capolinea (*di autobus, ecc.*) **5** (*aeron.*, = **air t.**) aerostazione urbana; terminal **6** (*naut.*) stazione marittima **7** (*archit.*) particolare ornamentale (*di finitura*). ● (*telef.*) **t. block**, morsettiera □ (*elettr.*) **t. board**, morsettiera □ (*bot.*) **t. bud**, gemma apicale □ (*geol.*) **t. moraine**, morena frontale □ (*fis.*) **t. velocity**, velocità limite □ (*elettr.*) **t. voltage**, tensione ai morsetti □ (*d'ospedale*) **t. ward**, reparto incurabili.

terminally /ˈtɜːmɪnəlɪ/, *avv.* **1** alla fine; in fondo; all'estremità **2** (*med.*) in fase terminale. ● (*med.*) **to be t. ill**, essere un malato terminale.

terminate /ˈtɜːmɪnət/, *a.* *1* limitato; che ha un termine *2* (*mat.*) finito: **a t. decimal**, un numero decimale finito (*non periodico*).

to **terminate** /ˈtɜːmɪneɪt/, **A** *v. t.* *1* terminare; porre termine a; concludere; finire: **to t. one's work**, finire il proprio lavoro *2* (*leg.*) rescindere (*un contratto*). **B** *v. i.* *1* terminare; finire: **The show terminated at eleven sharp**, lo spettacolo terminò alle undici in punto; **This train terminates at Dover**, questo treno finisce a Dover *2* (*leg.*) estinguersi; scadere. ● (*med.*) **to t. a pregnancy**, interrompere una gravidanza.

termination /tɜːmɪˈneɪʃn/, *n.* *1* terminazione; conclusione; fine *2* (*gramm.*) desinenza *3* (*leg.*) rescissione (*di un contratto*). ● **t. of employment**, estinzione del rapporto di lavoro; licenziamento □ (*med.*) **t. of pregnancy**, interruzione della gravidanza □ **t. pay**, indennità di licenziamento □ **to bring st. to a t.** (*o* **to put a t. to st.**), porre termine a q.c.; portare q.c. a conclusione.

terminational /tɜːmɪˈneɪʃənl/, *a.* (*gramm.*) di desinenza; finale.

terminative /ˈtɜːmɪnətɪv/, *a.* *1* che pone termine (*a q.c.*); finale; conclusivo *2* (*gramm.*) terminativo.

terminator /ˈtɜːmɪneɪtə(r)/, *n.* *1* chi termina, chi conclude, ecc. *2* (*astron.*) terminatore.

terminism /ˈtɜːmɪnɪzəm/, *n.* *1* (*relig.*) terminismo (*dottrina calvinistica*) *2* (*filos.*) nominalismo.

terminist /ˈtɜːmɪnɪst/, *n.* (*relig.*) terminista.

terminological /tɜːmɪnəˈlɒdʒɪkl/, *a.* terminologico; della terminologia. ● **t. inexactitude**, inesattezza di termini; (*scherz.*) bugia. || **-ly**, *avv.*

terminology /tɜːmɪˈnɒlədʒɪ/, *n.* terminologia.

terminus /ˈtɜːmɪnəs/, *n.* (*pl.* **termini, terminuses**) *1* (*ferr.*) stazione di testa; capolinea *2* città capolinea (*di autobus, ecc.*) *3* (*leg.*) pietra confinaria *4* (*archeol.*) termine; erma.

termitarium /tɜːmɪˈteərɪəm/, *n.* (*pl.* **termitaria**) termitaio.

termitary /ˈtɜːmɪtrɪ, *USA* -erɪ/, *V.* **termitarium**.

termite /ˈtɜːmaɪt/, *n.* (*zool.*) termite; formica bianca. ● (*edil.*) **t. shield**, isolamento protettivo contro le termiti.

termless /ˈtɜːmləs/, *a.* (*poet., retor.*) sconfinato; infinito.

termor /ˈtɜːmə(r)/, *n.* (*leg.*) usufruttuario (*a vita o per un periodo di tempo*).

tern (1) /tɜːn/, *n.* (*zool.*) sterna: **common t.** (*Sterna hirundo*), rondine di mare; sterna (comune).

tern (2) /tɜːn/, **A** *n.* *1* gruppo di tre; terna *2* terno (*al lotto*). **B** *a.* *V.* **ternate**.

ternal /ˈtɜːnl/, *a.* triplice; a gruppi di tre.

ternary /ˈtɜːnərɪ/, *a.* *1* (*mat., chim.*) ternario: **t. compound**, composto ternario *2* triplice.

ternate /ˈtɜːnət, -eɪt/, *a.* *1* (*bot.*) ternato; trifogliato *2* triplice.

terne /tɜːn/, **terneplate** /ˈtɜːnpleɪt/, *n.* (*ind., metall.*) lamiera (*di ferro*) piombata.

terpene /ˈtɜːpiːn/, *n.* (*chim.*) terpene.

terpenic /tɜːˈpiːnɪk/, *a.* (*chim.*) terpenico.

terpin /ˈtɜːpɪn/, *n.* (*chim.*) terpina.

terpineol /tɜːˈpɪnɪɒl, *USA* -ɔːl, -əʊl/, *n.* (*chim.*) terpineolo; terpinolo.

Terpsichore /tɜːpˈsɪkərɪ/, *n.* (*mitol. greca*) Tersicore.

Terpsichorean /tɜːpsɪkəˈriːən/, *a.* tersicoreo; di Tersicore. ● (*fig.*) **the t. art**, l'arte della danza.

terra /ˈterə/ (*lat.*), *n.* terra. ● **t. alba**, caolino □ **t. cariosa**, tripoli □ **t.-cotta**, *V.* **terracotta** □ (*geogr.*) **t. firma**, terraferma □ (*geogr. antica*) **t. incognita**, terra sconosciuta.

terrace /ˈterəs/, *n.* *1* (*agric., geol.*) terrazzo, terrazza; ripiano; gradone *2* (*edil.*) fila di case a schiera; strada, via (*in origine, strada che taglia un pendio*); «terrace» *3* (*edil.*) terrazza; tetto a terrazza; lastrico solare *4* (*sport*) gradinata *5* (*USA*) aiuola alberata (*di viale cittadino*). ● **t. houses**, case a schiera; case operaie; (*anche*) villette a schiera.

to **terrace** /ˈterəs/, *v. t.* *1* costruire a terrazze; dare la forma di terrazza a (q.c.) *2* (*agric.*) terrazzare; sistemare a terrazze (*o* a gradoni): **a terraced olive grove**, un uliveto a terrazze *3* (*edil.*) provvedere di terrazza (*o* terrazzo). ● **terraced houses**, case a schiera □ **terraced roofs**, tetti a terrazza.

terracotta /terəˈkɒtə/, **A** *n.* (*arte*) *1* terracotta *2* figurina (*o* statuetta) di terracotta. **B** *a. attr.* *1* di terracotta: **a t. vase**, un vaso di terracotta *2* color terracotta.

terrain /təˈreɪn, ˈtereɪn/, *n.* *1* (*geogr., mil.*) terreno: **rough t.**, terreno accidentato *2* (*geol.*) terreno roccioso.

terramara /terəˈmɑːrə/ (*ital.*), *n.* (*pl.* **terramare**) (*archeol.*) terramara.

terramycin /terəˈmaɪsɪn, *USA* -sn/, *n.* (*farm.*) terramicina.

terrane /ˈtereɪn/, *n.* (*geol.*) terreno roccioso.

terrapin /ˈterəpɪn/, *n.* (*zool.*) tartaruga d'acqua dolce. ● **salt-marsh t.**, tartaruga palustre.

terraqueous /təˈreɪkwɪəs/, *a.* terraqueo, terracqueo.

terrazzo /teˈrætsəʊ, *USA* təˈræzəʊ/ (*ital.*), *n.* (*edil.*) *1* mosaico alla palladiana; palladiana *2* pavimento alla palladiana (*o* alla veneziana); terrazzo; palladiana. ● **t. layer**, posatore di palladiana □ **t. paving**, pavimentazione alla palladiana.

terrene /teˈriːn, ˈter-/, *a.* terreno; mondano; terrestre.

terreplein /ˈterəpleɪn/, *n.* (*mil.*) terrapieno (*di fortificazione*).

terrestrial /təˈrestrɪəl/, *a.* *1* (*scient., tecn.*) terrestre: **t. magnetism**, magnetismo terrestre; geomagnetismo *2* mondano; terreno *3* (*biol.*) terricolo; terrestre. ● **a t. globe**, un mappamondo. || **-ly**, *avv.*

terret /ˈterət/, *n.* *1* anello metallico (*per passarvi le redini*) *2* collare (*per passarvi il guinzaglio*).

terrible /ˈterəbl/, *a.* *1* terribile; tremendo; spaventoso; orribile; (*fam.*) eccessivo, straordinario: **a t. fire**, un terribile incendio; **a t. bore**, un tremendo seccatore; **a t. cold**, un freddo terribile *2* (*fam.*) pessimo: **t. food**, cibo pessimo.

terribleness /ˈterəblnəs/, *n.* terribilità (*raro*).

terribly /ˈterəblɪ/, *avv.* *1* terribilmente; tremendamente *2* (*fam.*) molto; moltissimo: **It's t. late**, è molto tardi.

terricolous /teˈrɪkələs/, *a.* (*biol.*) terricolo.

terrier (1) /ˈterɪə(r)/, *n.* *1* (*zool.*) terrier *2* – (*fam.*) **T.**, territoriale (*soldato della milizia territoriale*).

terrier (2) /ˈterɪə(r)/, *n.* *1* (*leg., stor.*) catasto fondiario *2* (*stor.*) registro delle terre di una signoria feudale.

terrific /təˈrɪfɪk/, *a.* *1* (*fam.*) tremendo; eccessivo; formidabile; eccezionale; straordinario: **The heat was really t.**, c'era davvero un caldo tremendo *2* (*fam.*) meraviglioso; fantastico; favoloso: **a t. party**, una festa favolosa *3* terribile; spaventoso. ● (*fam.*) **t. speed**, velocità folle.

terrifically /təˈrɪfɪklɪ/, *avv.* *1* (*fam.*) terribilmente; tremendamente *2* (*fam.*) molto, moltissimo.

to **terrify** /ˈterɪfaɪ/, *v. t.* terrorizzare; atterrire; spaventare.

terrifying [ˈtɜrifaɪŋ], *a.* terrificante; tremendo; spaventoso. || **-ly**, *avv.*

terrigenous /teˈrɪdʒənəs/, *a.* terrigeno: (*geol.*) **t. metals**, metalli terrigeni.

territorial /terəˈtɔːrɪəl/, **A** *a.* *1* territoriale: **t. acquisitions**, ingrandimenti territoriali; **t. waters**, acque territoriali *2* territorialistico: **t. aims**, mire territorialistiche *3* terriero: **t. magnates**, grandi proprietari terrieri *4* (*zool.*) che difende il suo territorio. **B** *n.* – **T.**, territoriale (*soldato*). ● **the T. Army** (*o* **the T. Force**), la milizia territoriale. || **-ly**, *avv.*

territorialism /terəˈtɔːrɪəlɪzəm/, *n.* *1* *V.* **landlordism** *2* (*stor.*) principio della «cuius regio, eius religio» (*Germania, pace di Augusta, 1555*) *3* (*zool.*) territorialismo.

territoriality /terətɔːrɪˈælətɪ/, *n.* territorialità.

to **territorialize** /terəˈtɔːrɪəlaɪz/, *v. t.* *1* territorializzare (*raro*); (*stor. USA*) conferire lo status di «territory» a (*una regione*) *2* (*zool.*) fare di (*una zona*) il proprio territorio.

territory /ˈterətrɪ, *USA* -tɔːrɪ/, *n.* *1* territorio; (*polit.*) colonia *2* (*comm.*) distretto; zona *3* (*stor. USA*) territorio. ● (*fisc.*) **t. to which the tax applies**, territorialità dell'imposta.

terror /ˈterə(r)/, *n.* *1* terrore; sgomento; spavento: **to strike t. into sb.**, incutere terrore a q. *2* (*fam.*) seccatore; scocciatore (*fam.*); ragazzo birichino; diavoletto, peste (*fig.*). ● **t.-stricken** (*o* **t.-struck**), atterrito; terrorizzato □ **to be in t. of one's life**, temere molto per la propria vita □ (*Bibbia*) **the King of terrors**, la morte □ (*stor. franc.*) **the Reign of T.** (*o* **the T.**), il Terrore □ (*di un giudice, ecc.*) **He is a t. to evil-doers**, è lo spauracchio dei malfattori.

terrorism /ˈterərɪzəm/, *n.* terrorismo.

terrorist /ˈterərɪst/, **A** *n.* terrorista: **terrorists from the left [from the right]**, terroristi di sinistra [di destra]. **B** *a. attr.* terroristico: **t. activities**, attività terroristiche.

terroristic /terəˈrɪstɪk/, *a.* terroristico.

terrorization /terəraɪˈzeɪʃn, *USA* -rɪˈz-/, *n.* terrorizzazione.

to **terrorize** /ˈterəraɪz/, *v. t.* terrorizzare; atterrire.

terry /ˈterɪ/, *n.* (*ind. tess.*) riccio. ● **t. cloth**, tessuto a riccio (*o* a spugna) □ **t. robe**, accappatoio al ginocchio, con maniche a tre quarti e una tasca.

Terry /ˈterɪ/, *n. dim.* di **Teresa** e di **Terence**.

terse /tɜːs/, *a.* (*di stile, ecc.*) terso; forbito; conciso; succinto. || **-ly**, *avv.* || **-ness**, *sost.*

tertial /ˈtɜːʃl/, *a.* e *n.* (*zool.*) (penna) terziaria.

tertian /ˈtɜːʃn/, *a.* e *n.* (*med.*) (febbre) terzana.

tertiary /ˈtɜːʃərɪ, *USA* -ʃɪerɪ/, **A** *a.* *1* terziario *2* – (*geol.*) **T.**, terziario: **the T. period**, l'era terziaria. **B** *n.* *1* (*relig.*) terziario *2* – (*geol.*) **the T.**, il Terziario. ● (*med.*) **t. burns**, ustioni di terzo grado □ (*in G.B.*) **t. college**, istituto d'istruzione post-secondario (*da 16 anni in su*) □ (*econ.*) **t. industry**, attività terziaria □ (*fin.*) **the t. market**, il mercato terziario □ (*econ.*) **t. sector**, settore terziario; il terziario.

tertius /ˈtɜːʃɪəs/ (*lat.*), *a.* (*nelle scuole ingl.*) terzo (*dello stesso cognome*): **Jones t.**, Jones numero tre. ● (*lat., lett.*) **t. gaudens**, il terzo che gode (*fra due litiganti*).

tervalent /tɜːˈveɪlənt/, *a.* (*chim.*) trivalente.

Terylene /ˈterəliːn/, *n.* (*marchio*) terilene.

tessella /teˈselə/, *n.* (*arte*) *1* tessera musiva *2* tassello (*d'intarsio*).

tessellate /ˈtesəleɪt/, *V.* **tessellated**.

to **tessellate** /ˈtesəleɪt/, *v. t.* (*arte*) *1* decorare a mosaico *2* tassellare.

tessellated /ˈtesəleɪtɪd/, *a.* *1* (*arte*) decorato con mosaico a scacchiera *2* (*arte*) tassellato *3* (*archeol.*) tessellato. ● **t. pavement**, pavimentazione a mosaico; (*stor., archeol.*) litostroto.

tessellation /tesəˈleɪʃn/, *n.* *1* decorazione (pavimentazione, ecc.) con mosaico a scacchiera *2* tassellatura.

tessera /ˈtesərə/ (*lat.*), *n.* (*pl.* **tesserae**) (*arte*) tessera musiva.

tesseral /ˈtesərəl/, *a.* (*arte*) a forma di tessera musiva.

test (1) /test/, *n.* *1* esame; prova; saggio; esperimento; collaudo; test; visita (medica): **to take a t.**, fare un esame (*o* una prova); **The teacher gave us a t. in mathematics**, il professore ci fece un esame di matematica; **The delay was a severe t. of my patience**, il ritardo mise a dura prova la mia pazienza; (*mil.*) **atom bomb tests**, test nucleari; **an objective**

t., un test oggettivo; **an eye t.**, una visita oculistica **2** (*fig.*) pietra di paragone; metro; criterio; norma: **Success is not a fair t.**, non è giusto giudicare (q. *o* q.c.) in base al successo ottenuto **3** (*chim.*) reattivo; reagente **4** (*psic.*) test; reattivo: **aptitude t.**, test attitudinale; **intelligence t.**, test dell'intelligenza; test del quoziente intellettivo **5** (*metall.*) saggio (*di un metallo prezioso*); coppella **6** (*med.*) analisi; esame: **a blood t.**, un esame del sangue **7** (*cinem.*) provino **8** (*market.*) sondaggio **9** (*elab.*) test; collaudo; controllo **10** (*fam.*) *V.* **t. match**. ● (*market.*) **t. area**, area campione □ (*polit.*) **t.-ban treaty**, trattato per la sospensione dei test nucleari □ (*mecc.*) **t. bar**, provetta □ (*elab., mecc.*) **t.-bed**, banco di prova □ (*mecc.*) **t. bench**, banco di prova □ **t. case**, (*elab.*) caso di prova; (*leg.*) caso giuridico che serve a creare un precedente □ (*rag.*) **t. check**, controllo a campione (*di un conto*) □ (*autom.*) **t. driver**, (pilota) collaudatore □ **t. expert**, testista; esperto in test psicologici □ (*elab.*) **t. facility**, dispositivo per effettuare un test □ (*cinem.*) **t. film**, provino □ (*miss.*) **t. firing**, lancio di prova □ (*comm.*) **t. marketing**, marketing di prova □ (*sport*) **t. match**, incontro internazionale (*di cricket, rugby, ecc.*) □ (*elab.*) **t. mode**, diagnostica □ (*autom., in G.B.*) **t. of road worthiness**, revisione obbligatoria (*di un automezzo usato*) □ (*elab.*) **t. pack**, pacco di schede di prova □ **t. paper**, foglio con il testo della prova d'esame; (*leg.*) campione di scrittura per esame grafologico; (*chim.*) carta reattiva, cartina di tornasole □ (*TV*) **t. pattern**, monoscopio (*l'immagine*) □ (*aeron.*) **t. pilot**, pilota collaudatore □ (*edil.*) **t. pit**, scavo di prova □ (*autom.*) **t. run**, corsa di prova □ (*autom.*) **t. track**, pista di prova □ (*chim.*) **t. tube**, provetta □ **t. tube baby**, bambino concepito in provetta □ (*mecc.*) **bench t.**, prova al banco □ (*autom.*) **brake t.**, prova al freno □ (*autom.*) **driving t.**, esame di guida □ **final t.**, esame finale; test decisivo □ **to put sb. [st.] to the t.**, mettere q. [q.c.] alla prova □ **to be put through a t.**, subire una prova; sostenere un esame □ (*autom.*) **road t.**, collaudo su strada □ **to stand the t. of time [of wear]**, reggere alla prova del tempo [dell'usura].

test (**2**) /tɛst/, *n.* (*zool.*) guscio, conchiglia (*di molluschi, ecc.*).

to **test** /tɛst/, *v. t.* **1** provare; saggiare; verificare; esaminare, fare un esame a (q.); sottoporre a un test; testare; mettere alla prova; collaudare: (*med.*) **The doctor tested my hearing**, il medico mi fece un esame audiometrico; **to t. candidates**, esaminare candidati; **The difficult task tested my capacities**, quel difficile compito mise alla prova le mie capacità **2** (*chim.*) analizzare; fare l'analisi di (*un composto*) **3** (*metall.*) sottoporre (*un metallo*) a coppellazione; coppellare **4** (*market.*) sondare **5** (*elab.*) sondare; interrogare; sottoporre a prova. ● **to t. for**, fare un test alla ricerca di (q.c.) □ **to t. (an area) for oil**, fare prospezioni (*o* ricerche, sondaggi) petrolifere (in una zona) □ (*med.*) **to t. blood for signs of the disease**, esaminare il sangue per scoprire una malattia □ **to t. out**, esaminare a fondo; testare bene; verificare (*una teoria e sim.*).

testability /tɛstəˈbɪlətɪ/, *n.* (*leg.*) testabilità (*di un bene*).

testable (**1**) /ˈtɛstəbl/, *a.* saggiabile; collaudabile; verificabile.

testable (**2**) /ˈtɛstəbl/, *a.* (*leg.*) **1** che ha la capacità di testare **2** (*di un bene*) disponibile per testamento; testabile.

testacean /tɛˈsteɪʃn/, *a.* e *n.* (*zool.*) testaceo.

testaceous /tɛˈsteɪʃəs/, *a.* **1** (*zool.*) testaceo **2** rosso mattone.

testacy /ˈtɛstəsɪ/, *n.* (*leg.*) **1** condizione di testatore; l'aver fatto testamento **2** successione testamentaria.

testament /ˈtɛstəmənt/, *n.* **1** (*relig.*) testamento: **the Old [the New] T.**, il Vecchio [il Nuovo] Testamento **2** (*leg., raro, eccetto nella frase* **last will and t.**) testamento.

testamentary /tɛstəˈmɛntrɪ, *USA* ˈtɛstəmɛntɛrɪ/, *a.* (*leg.*) testamentario.

testate /ˈtɛsteɪt/, (*leg.*) **A** *a.* **1** che ha fatto testamento **2** (*di bene, ecc.*) nominato nel testamento. **B** *n.* testatore. ● **t. succession**, successione testamentaria □ **to die t.**, morire lasciando un testamento.

testator /tɛˈsteɪtə(r), *USA* ˈtɛsteɪtə(r)/, *n.* (*leg.*) testatore.

testatrix /tɛˈsteɪtrɪks/, *n.* (*pl.* **testatrices**) (*leg.*) testatrice.

to **test-check** /ˈtɛsttʃɛk/, *v. t.* (*rag.*) controllare (*un conto*) a campione.

to **test-drive** /ˈtɛstdraɪv/, *v. t.* (*autom.*) collaudare, provare (*un automezzo*).

tester (**1**) /ˈtɛstə(r)/, *n.* **1** saggiatore **2** collaudatore **3** (*psic.*) testista **4** (*elettrotecnica*) tester; apparecchio di misura universale.

tester (**2**) /ˈtɛstə(r)/, *n.* baldacchino (*specialm. di letto*).

tester (**3**) /ˈtɛstə(r)/, *V.* **teston**, *def.* **2**.

testicle /ˈtɛstɪkl/, *n.* (*anat.*) testicolo.

testicular /tɛˈstɪkjʊlə(r)/, *a.* (*anat.*) testicolare.

testifiable /ˈtɛstɪfaɪəbl/, *a.* attestabile; testimoniabile.

testification /tɛstɪfɪˈkeɪʃn/, *n.* attestazione; (*anche leg.*) testimonianza.

testifier /ˈtɛstɪfaɪə(r)/, *n.* chi attesta; (*anche leg.*) testimone, teste.

to **testify** /ˈtɛstɪfaɪ/, *v. t.* e *i.* attestare; testimoniare; dimostrare, essere prova di; affermare, dichiarare, esprimere; deporre (*leg.*): **to t. against [on behalf of] sb.**, testimoniare (*o* deporre) contro [a favore di] q.; **His words testified (to) his deep sorrow**, le sue parole erano la prova del suo profondo dolore; **to t. one's regret**, esprimere il proprio rammarico; **to t. to sb.'s honesty**, attestare l'onestà di q.

testily /ˈtɛstəlɪ/, *avv.* irascibilmente; stizzosamente.

testimonial /tɛstɪˈməʊnɪəl/, *n.* **1** attestato di buona condotta; certificato di servizio; benservito; referenza **2** lettera di presentazione (*o* di raccomandazione) **3** dono offerto in forma solenne; testimonianza di gratitudine e stima (*medaglia per servizi resi, ecc.*) **4** (*pubbl.*) dichiarazione a favore di un prodotto (*rilasciata da un personaggio celebre*). ● (*leg.*) **t. evidence**, prova testimoniale.

to **testimonialize** /tɛstɪˈməʊnɪəlaɪz/, *v. t.* **1** rilasciare il benservito a (*un dipendente*) **2** fare un dono a (q.); omaggiare.

testimony /ˈtɛstɪmənɪ, *USA* -məʊnɪ/, *n.* **1** testimonianza; deposizione (*leg.*); attestazione; dichiarazione; prova: **to give t.**, fare una deposizione (rendere una testimonianza); **His works bear t. to his learning**, le sue opere sono la prova della sua erudizione **2** (*relig.*) professione di fede. ● (*Bibbia*) **the T.**, il Decalogo □ **to bear t. to**, attestare, fare testimonianza di; (*leg.*) deporre, testimoniare (*un fatto, ecc.*) □ (*leg.*) **to give false t.**, deporre il falso □ (*leg.*) **in t. whereof**, in fede di ciò □ (*Bibbia*) **the tables of the T.**, le tavole della Legge; i precetti divini.

testiness /ˈtɛstɪnəs/, *n.* irascibilità; irritabilità; permalosità.

testing /ˈtɛstɪŋ/, *n.* **1** prova; saggio; verifica **2** collaudo **3** (*market.*) sondaggio.

testis /ˈtɛstɪs/ (*lat.*), *n.* (*pl.* **testes**) (*anat.*) testicolo.

to **test-market** /tɛstˈmɑːkɪt/, *v. t.* (*market.*) testare (*un prodotto*) su un mercato.

teston /ˈtɛstən/, **testoon** /tɛˈstuːn/, *n.* (*stor.*) **1** testone (*moneta d'argento*) **2** scellino di Enrico VIII.

testosterone /tɛˈstɒstərəʊn/, *n.* (*biochim.*) testosterone.

testudinal /tɛˈstjuːdɪnl, *USA* -tuː-/, **testudinarious** /tɛstjuːdɪˈnɛərɪəs, *USA* -tuː-/, *a.* **1** (*zool.*) di testuggine; testuggineo (*lett., raro*) **2** chiazzato come lo scudo d'una testuggine.

testudinate /tɛˈstjuːdɪnət, *USA* -tuː-/, *a.* **1** (*di tetto*) a testuggine; testugginato (*lett., raro*) **2** (*zool.*) di testuggine; delle testuggini.

testudo /tɛˈstjuːdəʊ, *USA* -tuː-/, *n.* (*pl.* **testudos, testudines**) **1** (*zool.*) testuggine; tartaruga **2** (*stor., mil.*) testuggine.

testy /ˈtɛstɪ/, *a.* **1** irascibile; irritabile; permaloso; stizzoso **2** (*di modo di fare, ecc.*) seccato; scocciato (*pop.*).

tetanic /təˈtænɪk, tɛ-/, *a.* (*med.*) tetanico: **t. contraction**, contrazione tetanica. ● **t. spasm**, tetania.

tetanization /tɛtənaɪˈzeɪʃn, *USA* -nɪˈz-/, *n.* (*med.*) tetanizzazione.

to **tetanize** /ˈtɛtənaɪz/, *v. t.* (*med., raro*) provocare il tetano (*o* una contrazione tetanica) in (q.).

tetanus /ˈtɛtənəs/, *n.* (*med.*) tetano. ● **t. antitoxin**, antitossina tetanica □ (*fam.*) **t. shot**, iniezione antitetanica.

tetany /ˈtɛtənɪ/, *n.* (*med.*) tetania.

tetchily /ˈtɛtʃəlɪ/, *avv.* irascibilmente; stizzosamente.

tetchiness /ˈtɛtʃɪnəs/, *n.* irascibilità; irritabilità; stizza.

tetchy /ˈtɛtʃɪ/, *a.* **1** irascibile; irritabile; stizzoso **2** (*di modo di fare, ecc.*) seccato; scocciato (*pop.*).

tête-à-tête /ˈteɪtəˈteɪt, -tɑːˈt-/ (*franc.*), **A** *avv.* faccia a faccia; in privato; a quattr'occhi; tête-à-tête. **B** *a.* confidenziale; privato; riservato. **C** *n.* **1** colloquio a quattr'occhi; abboccamento tête-à-tête **2** amorino; sofà a due posti.

tether /ˈtɛðə(r)/, *n.* **1** pastoia; catena; cavezza **2** (*fig.*) limite; campo; portata (*fig.*): **That is beyond my t.**, ciò esula dal mio campo. ● (*fig.*) **to be at the end of one's t.**, essere stremato; non poterne più; aver dato fondo alle proprie forze.

to **tether** /ˈtɛðə(r)/, *v. t.* impastoiare; legare; mettere la cavezza a.

tetrabasic /tɛtrəˈbeɪsɪk/, *a.* (*chim.*) tetrabasico.

tetrachloride /tɛtrəˈklɔːraɪd/, *n.* (*chim.*) tetracloruro.

tetrachord /ˈtɛtrəkɔːd/, *n.* (*stor., mus.*) tetracordo.

tetrachordal /tɛtrəˈkɔːdl/, *a.* (*mus.*) a quattro corde.

tetracid /tɛˈtræsɪd/, *n.* (*chim.*) tetracido.

tetracycline /tɛtrəˈsaɪkliːn/, *n.* (*farm.*) tetraciclina.

tetrad /ˈtɛtræd/, *n.* **1** gruppo di quattro cose; tetrade; quaterna **2** (*chim.*) elemento quadrivalente **3** (*citologia*) tetrade.

tetraethyl /tɛtrəˈiːθaɪl, -ˈɛθɪl/, *a.* (*chim.*) tetraetile: **t. lead**, piombo tetraetile.

tetrafluoride /tɛtrəˈflɔːraɪd, -ʊər-/, *n.* (*chim.*) tetrafluoruro.

tetragon /ˈtɛtrəgən, *USA* -gɒn/, *n.* (*geom.*) tetragono; quadrangolo.

tetragonal /tɛˈtrægənl/, *a.* (*geom.*) tetragonale; quadrangolare.

tetragram /ˈtɛtrəgræm/, *n.* tetragramma; parola di quattro lettere.

tetragynia /tɛtrəˈdʒɪnɪə/, *n.* (*bot.*) tetraginia.

tetrahedral /tɛtrəˈhiːdrəl, -ˈhɛd-/, *a.* (*geom.*) tetraedrico.

tetrahedrite /tɛtrəˈhiːdraɪt, -ˈhɛd-/, *n.* (*miner.*) tetraedrite.

tetrahedron /tɛtrəˈhiːdrən, -ˈhɛd-/, *n.* (*pl.* **tetrahedrons, tetrahedra**) (*geom.*) tetraedro.

tetralogy /tɛˈtrælədʒɪ/, *n.* (*letter., mus.*) tetralogia.

tetramer /ˈtɛtrəmə(r)/, *n.* (*chim.*) tetramero.

tetrameter /tɛˈtræmɪtə(r)/, *n.* (*poesia*) tetrametro.

tetrandria /tɛˈtrændrɪə/, *n.* (*bot.*) tetrandria.

tetraplegia /tɛtrəˈpliːdʒə, -dʒɪə/, *n.* (*med.*) tetraplegia.

tetraplegic /tɛtrəˈpliːdʒɪk/, *a.* (*med.*) tetraplegico.

tetrapod /ˈtɛtrəpɒd/, *a.* e *n.* (*zool.*) tetrapode; che ha quattro arti.

tetrapody /tɛˈtræpədɪ/, *n.* (*poesia*) tetrapodia: **iambic t.**, tetrapodia giambica.

tetrarch /ˈtiːtrɑːk/, *n.* (*stor.*) tetrarca.

tetrarchate /ˈtiːtrɑːkeɪt/, *n.* (*stor.*) tetrarcato.

tetrarchical /tiːˈtrɑːkɪkl/, *a.* (*stor.*) tetrarchico.

tetrarchy /ˈtɛtrɑːkɪ/, *n.* (*stor.*) tetrarchia.

tetrastich /ˈtɛtrəstɪk/, *n.* (*poesia*) strofa tetrastica; quartina.

tetrastichic /tɛtrəˈstɪkɪk/, *a.* (*poesia*) tetrastico.

tetrastyle /ˈtɛtrəstaɪl/, *a.* e *n.* (*archit.*) (edificio) tetrastilo.

tetrasyllabic /tɛtrəsɪˈlæbɪk/, *a.* quadrisillabo.

tetrasyllable /ˈtɛtrəsɪləbl, tɛtrəˈsɪ-/, *n.* quadrisillabo.

tetratomic /tɛtrəˈtɒmɪk/, *a.* (*chim.*) tetratomico.

tetravalency /tɛtrəˈveɪlənsɪ/, *n.* (*chim.*) tetravalenza.

tetravalent /tɛtrəˈveɪlənt/, *a.* (*chim.*) tetravalente; quadrivalente. ● (*med.*) **t. vaccine**, tetravaccino.

tetrode /ˈtɛtrəʊd/, *n.* (*elettron.*) tetrodo.

tetroxide /tɛˈtrɒksaɪd/, *n.* (*chim.*) tetrossido.

tetter /ˈtɛtə(r)/, *n.* (*med.*) impetigine; eruzione cutanea (*erpete, eczema, ecc.*).

Teucrian /ˈtjuːkrɪən, *USA* ˈtuː-/, *a.* e *n.* (*stor.*) teucro; troiano.

Teuton /ˈtjuːtn, *USA* ˈtuːtn/, *n.* ***1*** (*stor.*) teutone ***2*** (*per estens.*) tedesco.

Teutonic /tjuːˈtɒnɪk, *USA* tuː-/, *a.* (*stor.* e *fig.*) teutonico.

Teutonicism /tjuːˈtɒnɪsɪzəm, *USA* tuː-/, *n.* germanismo; germanesimo; costume (*o* idiotismo, spirito, ecc.) teutonico.

Teutonism /ˈtjuːtənɪzəm, *USA* ˈtuː-/, *n.* civiltà (*o* cultura) germanica.

Teutonization /tjuːtənaɪˈzeɪʃn, *USA* tuːtənɪ-/, *n.* (*polit.*) germanizzazione.

to **Teutonize** /ˈtjuːtənaɪz, *USA* ˈtuː-/, **A** *v. t.* germanizzare. **B** *v. i.* germanizzarsi.

Texan /ˈtɛksn/, *a.* e *n.* (abitante, nativo) del Texas; texano.

Tex-Mex /ˈtɛksmɛks/, *a.* (*USA*) texano-messicano: **T. cuisine**, cucina texano-messicana.

text /tɛkst/, *n.* ***1*** testo; materiale a stampa: **to restore a t.**, ricostruire un testo; **The t. is hopelessly corrupt**, il testo è così corrotto da risultare incomprensibile ***2*** edizione: **the Caxton t. of Chaucer**, l'edizione di Chaucer curata da Caxton ***3*** (*fig.*) argomento; tema; soggetto: **to stick to one's t.**, restare in argomento; tenersi al tema ***4*** passo biblico, versetto (*spesso come oggetto d'una predica*) ***5*** (*elab.*) testo: **t. processing**, elaborazione automatica dei testi ***6*** *V.* **textbook**.

textbook /ˈtɛkstbʊk/, **A** *n.* libro di testo; manuale. **B** *a. attr.* ***1*** da manuale: **t. style**, stile da manuale ***2*** (*fig.*) perfetto; ideale.

textile /ˈtɛkstaɪl, *USA* -tl/, **A** *a.* (*ind.*) tessile: **t. materials**, fibre tessili; **t. industries**, industrie tessili: **t. worker**, operaio tessile; tessile. **B** *n.* ***1*** fibra (*o* materiale) tessile; tessile ***2*** (*pl.*) (*econ.*) i tessili ***3*** (*pl.*) (*Borsa*) i tessili. ● **the t. art**, l'arte della tessitura □ **t. factory**, stabilimento tessile; tessitura □ **t. machinery**, macchinari tessili □ **t. manufacturer**, industriale tessile □ **t. merchant**, commerciante di tessili □ **t. printing**, stampa dei tessuti.

textual /ˈtɛkstʃʊəl/, *a.* ***1*** testuale; del testo; nel testo; relativo al testo: **t. criticism**, critica testuale; **a t. question**, un problema relativo al testo (*di un'opera letteraria*) ***2*** aderente al testo; testuale; letterale: **t. quotation**, citazione testuale. ‖ **-ly**, *avv.*

textualism /ˈtɛkstʃʊəlɪzəm/, *n.* ***1*** (*letter.*) stretta aderenza al testo ***2*** (*relig.*) buona conoscenza delle Sacre Scritture.

textualist /ˈtɛkstʃʊəlɪst/, *n.* ***1*** (*letter.*) chi sta alla lettera di un testo ***2*** (*relig.*) buon conoscitore delle Sacre Scritture.

textural /ˈtɛkstʃərəl/, *a.* ***1*** pertinente alla disposizione dei fili (*di un tessuto*) ***2*** (*fig.*) strutturale.

texture /ˈtɛkstʃə(r)/, *n.* ***1*** trama (*di un tessuto*): **a loose [close] t.**, una trama rada [fitta] ***2*** (*geol.*) tessitura: **the t. of a rock**, la tessitura di una roccia ***3*** (*fisiol., biol.*) (struttura di un) tessuto ***4*** (*fig.*) struttura: **the t. of a poem**, la struttura di un poema ***5*** (*fig.*) tono; carattere: **the t. of urban life**, il carattere della vita cittadina ***6*** conformazione, struttura (*che si può sentire al tatto*); consistenza: **to have a grainy t.**, avere una struttura granulosa; essere granuloso; **a creamy t.**, una consistenza cremosa ***7*** grana; scabrosità della superficie (*di un corpo*): **Wool has more t. than silk**, la lana ha una grana più grossa della seta.

textured /ˈtɛkstʃəd/, *a.* (*nei composti*) dalla trama: (*di un tessuto*) **close-t.**, a trama fitta.

textureless /ˈtɛkstʃələs/, *a.* senza una struttura ben definita; (*anche fig.*) amorfo.

Thai /taɪ/, *a.* e *n.* thailandese.

Thailand /ˈtaɪlænd/, *n.* (*geogr.*) Thailandia.

thalamus /ˈθæləməs/, *n.* (*pl.* **thalami**) (*anat., bot., archeol.*) talamo.

thalassaemia /θæləˈsiːmɪə/, *n.* (*med.*) talassemia; anemia mediterranea. ● **person affected by t.**, talassemico.

thalassic /θəˈlæsɪk/, *a.* (*geogr.*) talassico.

thalassocracy /θæləˈsɒkrəsɪ/, *n.* talassocrazia.

thalassographic /θəlæsəʊˈgræfɪk/, *a.* (*geogr.*) talassografico.

thalassography /θæləˈsɒgrəfɪ/, *n.* (*geogr.*) talassografia. ● **biological t.**, talassobiologia.

thalassophobia /θəlæsəʊˈfəʊbɪə/, *n.* (*psic.*) talassofobia.

thalassotherapy /θəlæsəʊˈθɛrəpɪ/, *n.* (*med.*) talassoterapia.

thaler /ˈtɑːlə(r)/, *n.* (*invar. al pl.*) (*stor.*) tallero.

Thales /ˈθeɪliːz/, *n.* (*stor., filos.*) Talete.

Thalia /θəˈlaɪə/, *n.* (*mitol.*) Talia.

thalidomide /θəˈlɪdəmaɪd/, *n.* (*farm.*) talidomide. ● **t. baby**, bambino che ha malformazioni dovute al talidomide.

thallic /ˈθælɪk/, *a.* (*chim.*) tallico.

thallium /ˈθælɪəm/, *n.* (*chim.*) tallio.

thallophyte /ˈθæləʊfaɪt/, *n.* (*bot.*) tallofita.

thallous /ˈθæləs/, *a.* (*chim.*) talloso.

thallus /ˈθæləs/, *n.* (*pl.* **thalli, thalluses**) (*bot.*) tallo.

Thames /tɛmz/, *n.* (*geogr.*) Tamigi. ● **the T. Barrier**, la Grande Barriera (*mobile*) sul Tamigi (*previene le inondazioni*) □ (*fig.*) **to set the T. on fire**, fare meraviglie; avere un successo strepitoso.

than /ðæn, ðən, ðn, ən/, **A** *cong.* ***1*** (*comparazione di maggioranza e di minoranza*) che, di; che non; di quello che; di quanto (non): **Better late t. never**, meglio tardi che mai; **I am older t. he (is)**, sono più vecchio di lui; **You understand her better t. I (do)**, tu la capisci meglio di me (*o* di quanto non la capisca io); **You understand her better t. me**, tu capisci lei meglio di me (*o* più che tu non capisca me); **It's later t. I thought**, è più tardi di quel che credevo (*o* che non credessi) ***2*** (*correl. di* **hardly, scarcely**) quando; che: **Hardly had the boy disappeared t.** (*più comune*: **when**) **she ran after him**, il ragazzo era appena scomparso che ella già gli correva dietro. **B** *prep.* (*con valore compar. prima di* **whom** *e* **which**) di; in confronto a: **A man t. whom there is none wiser**, un uomo del quale non c'è al mondo uno più saggio. ● **anywhere else t. home**, in qualsiasi luogo fuorché a casa □ **no other t.**, nient'altro che; non... che: **He's no other t. a liar**, non è che un bugiardo □ **nothing else t.**, nient'altro che □ **otherwise t.**, in modo diverso da; diversamente da □ **She can't do otherwise than love you**, ella non può fare a meno di amarti □ **rather t.** (*o* **sooner t.**), piuttosto che; anziché: **I'd rather stay here t. go away**, preferirei restar qui anziché andarmene.

thanage /ˈθeɪnɪdʒ/, *n.* (*stor.*) condizione (*o* titolo, territorio) di «thane» (*q.V.*).

thanatoid /ˈθænətɔɪd/, *a.* (*med.*) tanatoide.

thanatology /θænəˈtɒlədʒɪ/, *n.* (*med.*) tanatologia.

thanatomania /θænətəˈmeɪnɪə/, *n.* (*psic.*) tanatomania.

thanatophobia /θænətəˈfəʊbɪə/, *n.* (*psic.*) tanatofobia.

thanatosis /θænəˈtəʊsɪs/, *n.* (*zool.*) tanatosi (*di taluni insetti*).

thane /θeɪn/, *n.* (*stor.*) «thane» (*nella società anglosassone, individuo di condizione intermedia tra quella di «uomo libero» e quella di «nobile con titolo ereditario»*); cavaliere.

thanedom /ˈθeɪndəm/, *n.* (*stor.*) territorio (*o* giurisdizione) di un «thane» (*q.V.*).

thanehood /ˈθeɪnhʊd/, **thaneship** /ˈθeɪnʃɪp/, *n.* (*stor.*) dignità (*o* rango) di «thane» (*q.V.*).

to **thank** /θæŋk/, *v. t.* ringraziare; rendere grazie a (q.): **I thanked him for his advice**, lo ringraziai dei suoi consigli; **He can be thanked for our failure**, possiamo ringraziare lui se abbiam fatto fiasco; **to t. one's lucky star**, ringraziare la propria buona stella. ● **T. God!**, grazie a Dio! □ **T. you**, grazie!; (*accettando un invito, un'offerta*) grazie, sì! □ **T. you for coming**, grazie d'essere venuto! □ (*iron.*) **T. you for nothing**, grazie tante! □ **No, t. you**, no, grazie! □ (*iron.*) **You have only yourself to t.**, ben ti sta!; colpa tua!; te lo sei voluto tu! □ (*iron., come rimprovero*) **I'll t. you to shut the door**, ti sarei grato se tu volessi chiudere la porta; fammi il (santo) piacere di chiudere la porta!

thankful /ˈθæŋkfl/, *a.* grato; riconoscente: **I should be very t. if you would help me**, ti sarei molto grato se volessi aiutarmi. ● **a t. act**, un atto di riconoscenza □ **a t. word**, una parola di gratitudine. ‖ **-ly**, *avv.* ‖ **-ness**, *sost.*

thankless /ˈθæŋkləs/, *a.* ***1*** (*di persona*) ingrato; privo di riconoscenza ***2*** (*di lavoro, ecc.*) sgradevole; ingrato: **a t. task**, un compito ingrato. ‖ **-ly**, *avv.* ‖ **-ness**, *sost.*

thank-offering /ˈθæŋkɒfərɪŋ, *USA* -ɔːf-/, *n.* ***1*** offerta per grazia ricevuta; regalo ***2*** (*Bibbia*) sacrificio di ringraziamento.

thanks /θæŋks/, **A** *n. pl.* grazie; ringraziamenti, ringraziamento: **to give t. to God [to heaven]**, render grazie a Dio [al cielo]; **Please accept my best t.**, La prego di gradire i miei migliori ringraziamenti. **B** *inter.* grazie!: **Many t.!**, molte grazie!; **T. a lot!**, tante (*o* mille) grazie!; **T. very much**, mille grazie!; grazie tante! ● **t. to**, grazie a; mercé: **T. to their assistance, everything went swimmingly**, grazie al loro aiuto, tutto andò a gonfie vele □ (*form.*) **to bow one's t.**, ringraziare con un inchino □ **to express one's t.**, esprimere la propria gratitudine; fare i propri ringraziamenti □ **No, t.**, no, grazie! □ **small** (*o* **no**) **t. to**, non certo per merito di: **I'm feeling better today, but small t. to the medicine you gave me**, oggi mi sento meglio, ma non certo per merito della medicina che mi hai dato tu.

thanksgiver /ˈθæŋksgɪvə(r)/, *n.* chi rende grazie.

thanksgiving /ˈθæŋksgɪvɪŋ/, *n.* ***1*** rendimento di grazie; (*relig.*) ringraziamento ***2*** (*Bibbia*) offerta per rendimento di grazie ***3*** (*USA*, = **T. Day**) giorno del Ringraziamento (*festa civile e religiosa istituita dai «Padri Pellegrini» e che ricorre il quarto giovedì di novembre*).

thankyou (**1**) /ˈθæŋkjuː/, *n.* (*fam.*) grazie; ringraziamento: **They left without even a t.**, se ne andarono senza neanche un ringraziamento. ● **a t. card**, un biglietto di ringraziamento.

thankyou (**2**) /ˈθæŋkjuː/, *a. attr.* (*fam.*) di ringraziamento: **a t. letter**, una lettera di ringraziamento.

that (**1**) /ðæt/, *a. e pron. dimostrativo* (*pl.* **those**) ***1*** quello, quella; ciò; codesto, codesta; cotesto, cotesta: **Give me t. book, will you?**, dammi quel libro, per piacere; **Who are those people?**, chi è quella gente?; **I don't want this; I want t.**, non voglio questo; voglio quello; (*spreg.*) **t. George!**, quel George!; **Take off t. hat of yours**, e togliti codesto tuo cappello!; **T. isn't true at all!**, ciò non è affatto vero! ***2*** questo, questa: **To be or not to be; t. is the question**, essere o non essere, questo è il problema; **Has it come to t.?**, siamo giunti a questo (punto)?; siamo dunque a tanto?; **T.'s what he said**, questo è quello che disse ***3*** (*idiom.*) **Is t. you, John?**, sei tu, John?; **Who was t. on the phone?**, chi era al telefono?; **T.'s very like him**, è tipico di lui; (cosa vuoi,) lui è fatto così; che altro ci si può aspettare da lui?; **T.'s how I got it**, ecco come l'ho avuto. ● **T.'s all**, ecco tutto!; tutto qui □ (*fam.*) **T.'s a dear!**, (che) bravo!, (che) brava!; suvvia, da bravo (*o* da brava)! □ (*fam.*) **T.'s a good boy!**, bravo!; che bravo ragazzo!; su, da bravo!: **Come on, t.'s a good boy**, vieni, su, da bravo! □ **t. is**, cioè; vale a dire; ossia □ **t. one**, quello, quella: **I don't like this; I'll take t. one**, questo non mi piace; prendo quello □ **t. one over there**, quello là □ **T.'s right**, giusto!; sta bene!; benissimo!; d'accordo! □ **T.'s it!**, esatto!; giusto!; proprio così!; (*anche*) ecco fatto!; basta! □ **and** (*o* **and so**) **t.'s t.!**, ecco tutto!; tutto qui (*o* lì); (*anche*) e basta, chiuso!: **Then he ran away and t. was t.**, poi è scappato, ecco tutto; **I'm not giving you the money, and t.'st.**, i soldi non te li do, e basta! □ **and all t.**, eccetera eccetera; e così di seguito; e via dicendo □ (*fam.*) **at t.**, a quel punto lì; tutto sommato; per giunta, inoltre: **We left the matter at t.**, lasciammo la faccenda a quel punto; **You could buy it at t.**, tutto sommato, potresti anche comprarlo!; **We had a lot of work, and painful work, at t.**, avevamo un sacco di lavoro, e faticoso, per giunta □ **for all t.**, nonostante tutto ciò; con tutto ciò; ciononostante; nondimeno □ **from t. hour**, da quel momento; da allora in poi □ **like t.**, così; in questo (*o* quel) modo: **Don't roll your eyes like t.**, non roteare gli occhi in quel modo!; **He threw the ball like t.**, lanciò la palla così (*facendo seguire il gesto*) □ **on t.**, con ciò; al che □ **talking of this and t.**, discorrendo del più e del meno □ **those who**, coloro i quali (*o* le quali); quelli (*o* quelle) che □ **What of t.?**, e con ciò?; che importa? □ (*facendo schioccare le dita*) **I wouldn't give t. for it**, non darei un soldo per averlo; non me ne importa un fico (*fam.*) □ (*con rammarico o soddisfazione*) **I knew all t. before**, lo sapevo, io (*che andava a finire così*).

that (**2**) /ðæt, ðət/, *pron. relat.* ***1*** che; il quale, la quale; i quali, le quali: **the film t. we saw**, il film che abbiamo visto; **No one t. I ever heard of could find the difference**, nessuno, ch'io sappia, è mai riuscito a scoprire la differenza; **the dog t. bit me**, il cane che mi morse; **the boy** (**t.**) **we met**, il ragazzo che incontrammo (**t.**, *se non è soggetto, di solito è sottinteso*); **those t. don't believe me**, coloro i quali non mi credono; **I don't believe the news, considering the people** (**t.**) **you got it from**, non credo alla notizia, considerando le persone dalle quali l'hai saputa ***2*** (*in locuzioni temporali*) in cui; che (*fam.*): **the year t. my son was born**, l'anno che nacque mio figlio; **the day** (**t.**) **I saw her**, il giorno che la vidi. ● (*fam.*) **Mrs Black, Ann Smith t. was**, la signora Black, da ragazza Ann Smith.

that (**3**) /ðæt, ðət/, *cong.* ***1*** (*spesso sottinteso*) che: **He promised** (**t.**) **he would go**, promise che ci sarebbe andato; **There's no doubt t. they will come**, non c'è dubbio che verranno; **T. he was ill can be proved**, che fosse ammalato lo si può dimostrare; **He was so tired t. he couldn't sleep**, era così stanco che non riusciva a dormire; **Where is Paul t. you come without him?**, dov'è Paul, che arrivi da solo? ***2*** (*form.*) perché; affinché; poiché: **They gave their lives t. we might live**, diedero la vita affinché noi vivessimo ***3*** che; poiché; per il motivo che: **I'm glad t. you passed your exam**, sono lieto che tu abbia superato l'esame ***4*** (*lett.*) se (*ottativo*): **Oh! t. I knew the truth!**, oh!, se almeno sapessi la verità! ● **but t.**, se non fosse (per il fatto) che □ (*form.*) **in t.**, dacché; poiché □ **now t.**, ora che; dal momento che; poiché □ **so t.**, affinché; perché; poiché, cosicché (*form.*) □ **He lives t. he may eat**, vive solo per mangiare □ **Not t. I have any objection**, non che io ci trovi da ridire.

that (**4**) /ðæt/, *avv.* (*fam.*) così; tanto; (fino) a tal punto: **I can't work t. hard**, non ce la faccio a lavorare così intensamente; **I will go t. far and no further**, arriverò fino a quel punto e non oltre; **He's stingy, but not t. stingy**, è spilorcio, ma non fino a tal punto. ● **t. much**, tanto; così tanto (*pop.*) □ (*fam.*) **I was t. tired I could drop**, ero tanto stanco da non reggermi più in piedi.

thatch /θætʃ/, *n.* ***1*** paglia; cannucce; stoppie; foglie di palma, ecc. (*come copertura di tetti*) ***2*** copertura (*o* tetto) di paglia (*o* di cannucce, ecc.) ***3*** (*fam. scherz.*) capigliatura folta; zazzera.

to **thatch** /θætʃ/, *v. t.* ricoprire (*un tetto*) di paglia (*o* di stoppie, cannucce, ecc.). ● **a thatched house**, una casa dal tetto di paglia.

thatcher /ˈθætʃə(r)/, *n.* chi fa tetti di paglia (*o* di cannucce, ecc.).

Thatcherism /ˈθætʃərɪzəm/, *n.* (*polit., stor.*) Thatcherismo (*dal nome Margaret Thatcher, primo ministro ingl. dal 1979 al 1990*).

thatching /ˈθætʃɪŋ/, *n.* ***1*** copertura di tetti con paglia (*o* stoppie, ecc.) ***2*** paglia, cannucce, stoppie, ecc. (*per coprire tetti*).

thaumaturge /ˈθɔːmətɜːdʒ/, *n.* taumaturgo.

thaumaturgic(**al**) /θɔːməˈtɜːdʒɪk(l)/, *a.* taumaturgico.

thaumaturgist /ˈθɔːmətɜːdʒɪst/, *n.* taumaturgo.

thaumaturgy /ˈθɔːmətɜːdʒɪ/, *n.* taumaturgia.

thaw /θɔː/, *n.* ***1*** disgelo; sgelo: **The t. has set in**, è arrivato il disgelo ***2*** scongelamento (*di vivande*) ***3*** sbrinamento (*del frigo*) ***4*** (*fig., specialm. polit.*) disgelo; il diventare più cordiale.

to **thaw** /θɔː/, *v. i. e t.* ***1*** sgelare, sgelarsi; disgelare, disgelarsi; fondere, fondersi; sciogliere, sciogliersi: **Ice thaws at zero degrees**, il ghiaccio fonde a zero gradi; **It is not yet thawing this year**, quest'anno non sgela ancora ***2*** scongelare, scongelarsi ***3*** sbrinare (*il frigo*); (*del frigo*) sbrinarsi ***4*** (*fig.*) sciogliere, sciogliersi; sgelarsi; rendere (diventare) più cordiale: **After a glass of wine, the stranger thawed**, dopo un bicchiere di vino, lo sconosciuto diventò più cordiale. ● **to t. out**, (*di un fiume, ecc.*) sgelarsi; (*di cibo*) scongelarsi; (*del frigo*) sbrinarsi □ **to t.** (**st., sb.**) **out**, disgelare (*anche fig.*); fondere, sciogliere; sgelare: **to t. out the water pipes**, sgelare le tubazioni dell'acqua; **to t. out a guest**, disgelare (*o* rendere più cordiale) un ospite □ **the thawing season**, la stagione del disgelo.

thawy /θɔːɪ/, *a.* ***1*** del disgelo ***2*** in fase di disgelo.

the (**1**) /ðiː/ (*enfat.*); /ðə/ (*prima di un suono consonantico*); /ðɪ/ (*prima di un suono vocalico*) *art. determ.* ***1*** il, lo; la; i, gli; le: **Shut the door**, chiudi la porta!; **the sun**, il sole; **the earth**, la terra; **the pin I'm looking for**, lo spillo che cerco; **the year of his death**, l'anno della sua morte; **the man you know**, l'uomo che conosci; **The dog is man's companion**, il cane è l'amico dell'uomo; **Take out the children**, porta fuori i bambini!; **the angels**, gli angeli; **the girls of this school**, le ragazze di questa scuola; **the Atlantic**, l'Atlantico; **the Alps**, le Alpi; (*collett.*) **the dead**, i defunti; **the English**, gli Inglesi; (*astratto*) **the beautiful**, il bello; (*distributivo*) **one dollar the dozen**, un dollaro la dozzina ***2*** (*con valore determ. ancora più forte*) questo, questa; quello, quella, ecc.: **We'll go to the seaside in the summer**, andremo al mare quest'estate; **I didn't know at the time**, a quel tempo (*o* allora) non lo sapevo ***3*** (*idiom.*) **to go to the theatre**, andare a teatro; **the Duke and Duchess of Kent**, il duca e la duchessa di Kent; **Henry the Eighth**, Enrico Ottavo; **the games and ceremonies of Christmas**, i giochi e le cerimonie del Natale. ● (*geogr.*) **the Amazon**, il Rio delle Amazzoni □ (*econ.*) **the Common Market**, il Mercato Comune (*Europeo*); il MEC □ **the day**, il giorno; (*scozz.*) oggi □ (*pop.*) **the drink**, il vizio di bere □ **the MacIntyre**, il capo del clan dei MacIntyre □ (*scozz.*) **the morrow**, domani □ (*in G.B.*) **the Queen**, la Regina □ **Queen Elizabeth II**, la Regina Elisabetta II □ (*naut.*) **the 2nd Queen Elizabeth**, la seconda Queen Elizabeth (*sigla navale*: **QE2**; *la prima nave di questo nome andò in disarmo nel 1970*) □ (*fam.*) **the Shaw**, il teatro (intitolato a) G.B. Shaw (*a Londra*) □ **the Smiths**, gli Smith; la famiglia Smith □ **at the**, al, allo, alla; ai, agli, alle □ **in the**, nel, nello, nella; nei, negli, nelle □ **to the**, al, allo, alla; ai, agli, alle: **Go to the bank, will you?**, va' alla banca, per favore! □ (*comm., pubbl.*) **Jones's coffee is the coffee**, il vero (*o* il solo) caffè è quello di Jones; il caffè Jones è il migliore □ **This story doesn't lose in the telling**, questa storia non perde a essere raccontata.

the (**2**) /ðə, ðɪ/, *avv.* (*per lo più ripetuto, come correl. di se stesso, davanti ai compar.*) quanto... tanto: **The sooner the better**, quanto prima, tanto meglio; **The more he earns the more he spends**, (quanto) più guadagna, (tanto) più spende. ● **That will make it all the worse**, questo peggiorerà la situazione □ **I am none the better for seeing you**, il vederti non serve certo a farmi sentir meglio □ **So much the worse for him**, peggio per lui □ (*prov.*) **The fewer the better**, meno siamo, meglio è.

theandric /θiːˈændrɪk/, *a.* (*relig.*) teandrico.

theandry /ˈθiːændrɪ/, *n.* (*relig.*) teandria.

theanthropic(**al**) /θiːənˈθrɒpɪk(l)/, *a.* (*relig.*) ***1*** teantropico (*divino e umano a un tempo*) ***2*** antropomorfico.

theanthropism /θiːˈænθrəpɪzəm/, *n.* (*relig.*) ***1*** teantropia ***2*** antropomorfismo.

thearchy /ˈθiːɑːkɪ, ˈθiːə-/, *n.* ***1*** governo degli dei; teocrazia ***2*** (*collett.*) schiera di dei: **the Olympian t.**, la schiera degli dei dell'Olimpo.

theatre, (*USA*) **theater** /ˈθɪətə(r), ˈθiːə-/, *n.* ***1*** teatro; arte drammatica; opere teatrali: **to go to the t.**, andare a teatro; **open-air t.**, teatro all'aperto; **the English t.**, il teatro inglese ***2*** (*fig.*) teatro; luogo d'azione: **the t. of war**, il teatro della guerra ***3*** aula ad anfiteatro; sala di conferenze ***4*** (*med.*) *V.* **operating t.** ***5*** (*mil.*) teatro delle operazioni (*di guerra*) ***6*** (*specialm. USA e Austr.*) cinema: **first-run t.**, cinema di prima visione. ● **t. bookings**, prenotazioni al teatro □ **t.-in-the-round**, teatro con il palcoscenico al centro; arena □ (*letter.*) **t. of the absurd**, teatro dell'assurdo □ (*mil.*) **t. weapon**, arma di teatro □ (*USA*) **movie t.**, cinematografo □ (*med.*) **operating t.**, sala operatoria □ **The play was good t.**, il dramma aveva eccellenti qualità teatrali.

theatregoer /ˈθɪətəgəʊə(r), ˈθiːə-/, *n.* frequentatore (*o* frequentatrice) di teatro. ● **I'm a keen t.**, sono un appassionato di teatro.

theatrical /θɪˈætrɪkl/, *a.* teatrale (*anche fig.*); scenico; (*fig.*) affettato, melodrammatico, istrionico, artificioso: **t. costumes**, costumi teatrali; **a t. attitude**, un atteggiamento teatrale. ● **t. agent**, agente (*o* impresario) teatrale □ **t. company**, compagnia teatrale □ **t. costumier**, fornitore di costumi da teatro □ **t.**

supplies, forniture per il teatro □ **amateur t. company**, filodrammatica. || **-ly**, *avv.* || **-ness**, *sost.*

theatricalism /θɪˈætrɪkəlɪzəm/, **theatricality** /θɪætrɪˈkæləti/, *n.* teatralità (*anche fig.*).

theatricals /θɪˈætrɪklz/, *n. pl.* rappresentazioni teatrali; recite: **private t.**, recite di dilettanti.

theatrics /θɪˈætrɪks/, *n. pl.* **1** *V.* **theatricals** **2** effetti (azioni, gesti, ecc.) teatrali (*fig.*).

Thebaid /ˈθiːbeɪd/, *n.* (*stor., geogr.*) Tebaide.

thebaine /ˈθiːbəiːn, θɪˈbeɪiːn/, *n.* (*chim.*) tebaina.

Theban /ˈθiːbən/, *a.* e *n.* (*stor.*) tebano.

Thebes /θiːbz/, *n.* (*stor., geogr.*) Tebe.

theca /ˈθiːkə/, *n.* (*pl.* **thecae**) (*bot., anat.*) teca.

thee /ðiː/, *pron. pers. 2ª pers. sing.* (*compl.*) **1** (*arc., poet.*) te; ti (*cfr.* **you**) **2** (*dai quaccheri usato anche in luogo di* **thou**) tu (*ma col verbo alla terza pers. sing.*:) **T. speaks the truth**, tu dici il vero.

theft /θɛft/, *n.* (*leg.*) furto (*reato previsto dal* **T. Act** *del 1968, in sostituzione di «embezzlement», «larceny», ecc.*): **t. by a servant**, furto commesso da un dipendente. ● (*ass.*) **t. insurance**, assicurazione contro il furto □ **t. risk**, rischio di furto.

theftless /ˈθɛftləs/, *a.* senza furti.

theftproof /ˈθɛftpruːf/, *a.* a prova di furto (*o* di scasso): **t. strougbox**, cassaforte a prova di furto; **t. lock**, serratura a prova di scasso.

thegn /θeɪn/, *V.* **thane**.

theine /ˈθiːaɪn/, *n.* (*chim.*) teina.

their /ðɛə(r), ðə(r)/, *a. poss.* **1** il loro, la loro; i loro, le loro: **They have sold t. house**, hanno venduto la (loro) casa **2** (*fam., ma improprio*) il suo; la sua; i suoi; le sue: **Everyone brings their own lunch**, ognuno porta con sé il suo pranzo **3** (*quando è unito alla forma in* **-ing**, *è idiom.*; *per es.*:) **Do you mind t. opening the window?**, ti dispiace se aprono la finestra?; **He left without t. noticing**, partì senza che loro se ne accorgessero. ● **t. own**, loro proprio; di loro proprietà: **They have a farm of t. own**, hanno un podere di loro proprietà □ **They took off t. hats**, si tolsero il cappello □ (*fam.*) **If everybody minded t. own business!**, se ognuno badasse ai fatti suoi!

theirs /ðɛəz/, *pron. poss.* **1** il loro, la loro; i loro, le loro: **This car isn't t.**, quest'automobile non è la loro; **It's a custom of t.**, è una delle loro costumanze **2** (*fam.*) il suo, la sua; i suoi, le sue: **Everyone claims what is t.**, ognuno reclama il suo (*o* il suo avere).

theism /ˈθiːɪzəm/, *n.* (*filos.*) teismo.

theist /ˈθiːɪst/, *n.* (*filos.*) teista.

theistic(al) /θiːˈɪstɪk(l)/, *a.* (*filos.*) teistico.

them /ðɛm, ðəm, ðm, əm/, *pron. pers. 3ª pers. pl.* **1** (*compl.*) loro; li, le: **I won't have anything to do with t.**, non voglio avere a che fare con loro; **I saw t.**, li (*o* le) vidi; **Show t. to me**, mostrameli! **2** (*pred.*) loro; li, le: **Was that t.?**, erano loro?; **It's t.**, sono loro; (*anche*) eccoli!, eccole! **3** (*colloquiale*; *quando è unito alla forma in* **-ing**, *è idiom.*; *per es.*:) **She doesn't like t. staying out all night**, non le piace che stiano fuori tutta la notte; **Do you mind t. using your phone?**, ti dispiace che usino il tuo telefono? **4** (*pop.*) quelli, quelle: **t. apples**, quelle mele. ● **both of t.**, entrambi □ **either of t.**, o l'uno o l'altro □ **neither of t.**, né l'uno né l'altro □ **of t.**, di loro, di questi; di quelli; ne: **I'll send you four of t.**, te ne manderò quattro □ **They took their children with t.**, portarono con sé i figlioli □ **They looked about t.**, si guardarono intorno □ **It was very kind of them**, è stato molto gentile da parte loro.

thematic /θɪˈmætɪk/, *a.* (*gramm., mus.*) tematico: **t. vowel**, vocale tematica.

thematically /θɪˈmætɪklɪ/, *avv.* per argomenti: **a t. arranged index**, un indice analitico ordinato in base agli argomenti trattati.

theme /θiːm/, *n.* **1** tema; argomento; soggetto: **the t. of the speech**, l'argomento del discorso; **the t. of a conference**, il tema di una conferenza **2** (*specialm. USA*) tema, composizione (*a scuola*) **3** (*mus.*) tema; motivo; sigla musicale. ● (*urbanistica*) **t. park**, parco attrezzato per una determinata attività □ (*mus.*) **t. song**, motivo; tema musicale di base; (*radio, TV*) sigla musicale.

Themis /ˈθɛmɪs/, *n.* (*mitol.*) Temi; Temide.

themselves /ðəmˈsɛlvz, ðm-/, **A** *pron. rifl.* **1** se stessi, se stesse; si: **They enjoyed t.**, si divertirono **2** (*fam., ma improprio*) sé; se stesso; se stessa: **Here everyone cares for t.**, qui ognuno fa tutto da sé. **B** *pron. enfat.* essi stessi, esse stesse; essi (*o* esse) in persona; sé: **They went t.**, vi andarono di persona; **They kept all the money for t.**, tennero tutto il denaro per sé. ● **by t.**, da sé; (da) soli, (da) sole; senz'aiuto: **They did it by t.**, lo fecero da sé; **They went there by t.**, ci andarono da soli □ **They keep to t.**, se ne stanno in disparte; non fanno vita di società □ **They soon came to t.**, ben presto si riebbero (*o* tornarono in sé) □ (*prov.*) **God helps those who help t.**, chi s'aiuta il Ciel l'aiuta.

then /ðɛn, ðən/, **A** *avv.* **1** allora; a quel tempo: **I was young t.**, ero giovane allora; **You will have left school before t.**, prima d'allora avrai lasciato la scuola; **Prices were low t.**, a quel tempo i prezzi erano bassi **2** poi; dopo; quindi; inoltre: **T. he began to tell me about it**, poi cominciò a raccontarmi; **I had breakfast and t. went out**, feci colazione e poi uscii; **T. there's his brother**, poi (*o* inoltre) c'è suo fratello. **B** *cong.* e allora; dunque; quindi: **T. why did you do it?**, e allora perché l'hai fatto?; **T. it must be here**, quindi dev'essere qui. **C** *a. attr.* d'allora; di quel tempo; (l') allora: **the t. secretary** il segretario d'allora; l'allora segretario; **the t. rulers**, i governanti d'allora. ● **t. and there**, *V.* **there and t.** □ **between now and t.**, di qui ad allora □ **but t. (again)**, ma allora; ma d'altra parte; tuttavia; comunque □ **by t.**, a quell'ora; a quel tempo; ormai; già: **Come at five o'clock**; **I'll be free by t.**, vieni alle cinque; a quell'ora sarò libero; **By t., they were gone**, ormai se n'erano andati □ **(every) now and t.**, di quando in quando; di tanto in tanto; ogni tanto □ **from t. on** (*o* **onwards**), da allora in poi □ **now t.**, ehi!, orsù!; suvvia!; dunque: **Now t., stop talking and listen to me**, (suv)via, smettete di parlare e ascoltatemi!; **Now t., what are you up to?**, ehi tu, che cosa stai combinando? □ **since t.**, da allora (in poi) □ **there and t.**, lì per lì; là per là; subito; seduta stante; su due piedi □ **till t.** (*o* **until t.**, **up to t.**), fino ad allora □ **well t.**, allora; dunque; be': **Well t., go some other day**, be', vacci un altro giorno! □ **Now he's sad, t. gay**, ora è triste, ora è allegro □ **What t.?**, e allora?; e con ciò?; che importa?

thenar /ˈθiːnə(r)/, *a.* e *n.* (*anat.*) (eminenza) tenar, tenare.

thence /ðɛns/, *avv.* **1** (*arc.*) di là; di lì; da quel luogo **2** (*raro*) da allora **3** (*lett.*) quindi; perciò; pertanto; di conseguenza; per questo motivo: **It t. appears that...**, appare quindi evidente che...

thenceforth /ðɛnsˈfɔːθ/, **thenceforward(s)** /ðɛnsˈfɔːwəd(z)/, *avv.* (*lett.*) da allora; da allora in poi.

Theobald /ˈθiːəbɔːld/, *n.* Teobaldo.

theobromine /θiːəˈbrəumiːn, -mɪn/, *n.* (*chim.*) teobromina.

theocracy /θiːˈɒkrəsɪ/, *n.* (*polit.*) teocrazia.

theocrat /ˈθiːəkræt/, *n.* (*polit.*) teocrate.

theocratic(al) /θiːəˈkrætɪk(l)/, *a.* (*polit.*) teocratico. || **-ally**, *avv.*

Theocritean /θiːɒkrɪˈtiːən/, *a.* (*lett.*) teocriteo.

Theocritus /θiːˈɒkrɪtəs/, *n.* (*stor., letter.*) Teocrito.

theodicy /θiːˈɒdəsɪ/, *n.* (*relig.*) teodicea.

theodolite /θiːˈɒdəlaɪt/, *n.* (*topogr.*) teodolite (*strumento*).

Theodora /θiːəˈdɔːrə/, *n.* Teodora.

Theodore /ˈθiːədɔː(r)/, *n.* Teodoro.

Theodoric /θɪˈɒdərɪk/, *n.* (*stor.*) Teodorico.

Theodosian /θiːəˈdəusɪən/, *USA* -ʃn/, *a.* (*stor.*) teodosiano; di Teodosio: **the T. code**, il codice teodosiano.

Theodosius /θiːəˈdəusɪəs/, *USA* -ʃəs/, *n.* (*stor.*) Teodosio.

theogonic /θiːəˈgɒnɪk/, *a.* teogonico.

theogony /θiːˈɒgənɪ/, *n.* teogonia.

theologian /θiːəˈləudʒɪən/, *n.* teologo.

theological /θiːəˈlɒdʒɪkl/, *a.* **1** teologico **2** teologale: (*relig.*) **the t. virtues**, le virtù teologali. || **-ly**, *avv.*

to **theologize** /θiːˈɒlədʒaɪz/, **A** *v. i.* teologizzare; teologare. **B** *v. t.* rendere teologico.

theology /θiːˈɒlədʒɪ/, *n.* teologia.

theophany /θiːˈɒfənɪ/, *n.* (*relig.*) teofania.

theophylline /θiːəˈfɪliːn, *USA* θiːˈɒfəlɪn/, *n.* (*chim.*) teofillina.

theorbo /θɪˈɔːbəu/, *n.* (*pl.* **theorbos**) (*stor., mus.*) tiorba.

theorem /ˈθɪərəm, *USA* ˈθiːə-/, *n.* (*mat.*) teorema.

theorematic /θɪərəˈmætɪk, *USA* θiːə-/, **theoremic** /θɪəˈrɛmɪk/, *a.* di teorema; teorematico.

theoretic /θɪəˈrɛtɪk/, **theoretical** /θɪəˈrɛtɪkl/, *a.* **1** (*filos.*) teoretico **2** teorico; (*spreg.*) astratto, campato in aria: (*econ.*) **t. model**, modello teorico; **a t. advantage**, un vantaggio teorico. || **-ally**, *avv.*

theoretician /θɪərəˈtɪʃn/, *n.* **1** (*filos.*) teoreta **2** teorico.

theoretics /θɪəˈrɛtɪks/, *n. pl.* (*col verbo al sing.*) **1** (*filos.*) teoretica **2** teoria; parte teorica.

theoric /θɪˈɒrɪk, *USA* θɪˈɔː-/, *a.* (*stor. greca*) pertinente agli spettacoli pubblici. ● (*raro*) **t. fund**, fondo di sovvenzioni per spettacoli pubblici.

theorist /ˈθɪərɪst, *USA* ˈθiːə-/, *n.* teorico. ● **political t.**, politologo.

theorization /θɪəraɪˈzeɪʃn, *USA* θiːərɪˈz-/, *n.* teorizzazione.

to **theorize** /ˈθɪəraɪz, *USA* ˈθiːə-/, *v. i.* formulare una teoria; teorizzare.

theorizer /ˈθɪəraɪzə(r), *USA* ˈθiːə-/, *n.* **1** chi teorizza **2** (*di solito spreg.*) teorico; persona priva di senso pratico.

theory /ˈθɪərɪ, *USA* ˈθiːərɪ/, *n.* **1** teoria: **the t. and practice of navigation**, la teoria e la pratica della navigazione **2** teoria; dottrina; tesi: **the atomic t.**, la teoria atomica; (*biol.*) **the t. of evolution**, la teoria dell'evoluzione; (*econ.*) **the theories of value**, le teorie del valore **3** (*fam.*) idea; opinione: **Have you any t. as to who could have done it?**, hai qualche idea di chi avrebbe potuto farlo?; **It's one of his pet theories**, è una delle sue idee fisse; è uno dei suoi pallini **4** (*mat.*) teoria: **t. of equations**, teoria delle equazioni. ● **t. of signs**, teoria dei segni linguistici; semiologia; semiotica □ **in t.**, in teoria; teoricamente □ (*fis.*) **quantum t.**, teoria dei quanti.

theosoph /ˈθiːəsɒf/, **theosopher** /θiːˈɒsəfə(r)/, *n.* (*filos.*) teosofo.

theosophic(al) /θiːəˈsɒfɪk(l)/, *a.* (*filos.*) teosofico.

theosophism /θiːˈɒsəfɪzəm/, *n.* (*filos.*) teosofismo.

theosophist /θiːˈɒsəfɪst/, *n.* (*filos.*) teosofo.

to **theosophize** /θiːˈɒsəfaɪz/, *v. i.* fare il teosofo.

theosophy /θiːˈɒsəfɪ/, *n.* (*filos.*) teosofia.

therapeutic(al) /θɛrəˈpjuːtɪk(l)/, *a.* (*med.*) terapeutico: **t. abortion**, aborto terapeutico. || **-ally**, *avv.*

therapeutics /θɛrəˈpjuːtɪks/, *n. pl.* (*col verbo al sing.*) (*med.*) terapeutica.

therapist /ˈθɛrəpɪst/, *n.* (*med.*) **1** terapeuta; medico clinico **2** terapista. ● **physical t.**, fisioterapista.

therapy /ˈθɛrəpɪ/, *n.* (*med.*) terapia:

convulsive t., terapia convulsivante.

there /ðɛə(r), ðə(r)/, **A** *avv.* ***1*** là, lì; colà; costà, costì; ivi (*lett.*); ci, vi: **Put it t.**, mettilo là; **He isn't t.**, là non c'è; **I promise, I'll be t.**, prometto, ci sarò; **He will stay t. all winter**, vi rimarrà tutto l'inverno; **T. was nothing to eat**, non c'era niente da mangiare; **T. was no one t.**, là non c'era nessuno ***2*** ecco; ecco là; ecco che: **T. he is!**, eccolo!; eccolo là!; **T. goes the bell**, ecco che suona la campana; **Push the button, and t. you are**, premete il pulsante, ed ecco fatto! ***3*** in questo; su ciò; su questo punto: **T. I disagree with you**, su ciò non sono d'accordo (con te); **T. you are right**, in questo hai ragione ***4*** (*enfat., idiom.*) ecco; guarda (un po'): **T. she goes again!**, eccola daccapo!; **She'd promised to meet me at the station, but t. she goes!**, aveva promesso di venirmi a prendere in stazione, e invece, guarda un po'! ***5*** (*lett., idiom.*; *consente l'inversione fra soggetto e verbo*; *per es.*:) **T. comes a time in man's life when...**, viene il momento, nella vita di un uomo, in cui... **B** *n.* ***1*** quel luogo: **We left t. at eight o'clock**, lasciammo quel luogo (*o* partimmo di là) alle otto ***2*** quel punto: **I'll begin from t.**, comincerò da quel punto (*o* da lì). **C** *inter.* ***1*** là!; finalmente; ecco: **T., that's done!**, là!, ecco fatto!; là! e anche questa è fatta!; **T.! What did I tell you?**, ecco, che cosa t'avevo detto? ***2*** su; orsù; suvvia; via: **T.! t.! Don't cry**, (suv)via, non piangere! ● **t. again**, d'altra parte; peraltro □ **t. and back**, andata e ritorno: **How far is it t. and back?**, quanta strada c'è fra andata e ritorno? □ **t. and then**, lì per lì; là per là: **to decide st. t. and then**, decidere q.c. là per là □ **t. now!**, ecco; eccoti servito; già!: **T. now! You see I was right**, ecco! vedi che avevo ragione?; **T. now, I knew you'd hurt yourself**, già! lo sapevo che ti saresti fatto male □ **t. or thereabout(s)**, *V.* **thereabout(s)** □ **But t.!**, ma poi!; d'altronde! □ **by t.**, di là; lì vicino: **I passed by t. last night**, passai di là iersera □ **down t.**, laggiù □ **to get t.**, arrivarci; (*pop.*) farcela, riuscirci □ **to go t. and back**, andare e tornare □ (*fig.*) **to have sb. t.**, cogliere q. in fallo (mettere q. con le spalle al muro) in una determinata cosa: **You had him t.**, su quel punto, lo mettesti con le spalle al muro □ **here and t.**, qua e là □ **here, t. and everywhere**, (un po') dappertutto; un po' qua e un po' là: **I've looked for it here, t. and everywhere**, l'ho cercato dappertutto; **I've been here, t. and everywhere**, sono stato un po' qua e un po' là □ **in t.**, là dentro; lì dentro □ (*fam.*) **not to be all t.**, non esserci tutto; essere tocco (*o* un po' matto) □ **over t.**, là; colà; laggiù: **Do you see that boy over t.?**, vedi quel ragazzo laggiù? □ **then and t.**, là per là; lì per lì; subito; su due piedi □ **up t.**, lassù □ (*al telefono*) **Are you t.?**, pronto?; sei tu?; sei ancora in linea? □ (*fig. fam.*) **I have been t. before**, questa non mi è nuova; so di che si tratta (e non ci ricasco) □ (*fam.*) **He is not all t.**, gli manca un venerdì □ **T. it is, you see**, questo è il guaio, capisci □ **T.'s a good boy!**, su, da bravo! □ (*fam.*) **Tom t. is a good swimmer**, quel Tom sì che sa nuotare! □ **T. you are, sir**, eccola servito, signore! □ (*fam.*) **T. you go!**, ci risiamo!; siamo alle solite! □ **Who's t.?**, chi è là?

thereabout(s) /ˈðɛərəbaʊts/, *avv.* ***1*** là presso; lì vicino; nei dintorni; nelle vicinanze; da quelle parti ***2*** all'incirca; pressappoco; a un dipresso; giù di lì: **one thousand dollars or t.**, mille dollari o pressappoco; **at twelve o'clock or t.**, alle dodici o giù di lì.

thereafter /ðɛərˈɑːftə(r), *USA* -æf-/, *avv.* ***1*** (*lett.*) da allora in poi; in seguito ***2*** (*arc. o leg.*) di conseguenza; quindi; perciò.

thereat /ðɛərˈæt/, *avv.* (*lett. o leg.*) ***1*** in quel luogo; là; colà ***2*** al che; a ciò ***3*** perciò; quindi; di conseguenza.

thereby /ðɛəˈbaɪ, ˈðɛə-/, *avv.* ***1*** in tal modo; con ciò; così: **t. breaking an old tradition**, rompendo così una lunga tradizione ***2*** (*lett.*) al riguardo; in merito: **T. hangs a tale**, c'è una storia al riguardo; (e) non è finita!; c'è ancora un seguito ***3*** (*arc. o dial.*) là presso; lì vicino; lì accanto.

there'd /ðɛəd, ðɛd, ðəd/, *contraz.* di ***1*** **there had** ***2*** **there would**.

therefor /ðɛəˈfɔː(r)/, *avv.* (*arc. o leg.*) ***1*** per ciò; per questo ***2*** in cambio di ciò; come corrispettivo.

therefore /ˈðɛəfɔː(r)/, *avv.* perciò; dunque; quindi; pertanto: **I didn't like his offer and t. I refused**, la sua offerta non mi andava, e quindi l'ho rifiutata; (*filos.*) **I think, t. I exist**, penso, perciò esisto.

therefrom /ðɛəˈfrɒm, *USA* -ʌm/, *avv.* (*arc.*) da ciò; indi; quindi.

therein /ðɛərˈɪn/, *avv.* ***1*** (*arc.*) (là) dentro; in ciò; ci; vi ***2*** (*leg.*) riguardo a ciò; al riguardo; in merito. ● (*leg.*) **t. enclosed**, ivi allegato.

thereinafter /ðɛərɪnˈɑːftə(r), *USA* -æf-/, *avv.* (*arc. o leg.*) di lì in avanti; più oltre; in seguito.

thereinto /ðɛərˈɪntuː/, *avv.* (*arc. o leg.*) là dentro; entro.

thereof /ðɛərˈɒv, *USA* -ʌv/, *avv.* (*arc. o leg.*) ***1*** di ciò; di questo; al riguardo ***2*** *V.* **therefrom**.

thereon /ðɛərˈɒn, *USA* -ɔːn/, *avv.* (*arc. o leg.*) ***1*** su ciò; su questo (argomento); al riguardo ***2*** al che; a ciò; e allora.

there's /ðɛəz, ðɛz, ðəz/, *contraz.* di **there is**.

Theresa /təˈriːzə/, *n.* Teresa.

thereto /ðɛəˈtuː/, *avv.* (*arc. o leg.*) ***1*** a ciò; ci; vi ***2*** oltre a ciò; per giunta; inoltre. ● (*bur.*) **the form attached t.**, il modulo allegato (alla presente).

thereunder /ðɛərˈʌndə(r)/, *avv.* (*arc. o leg.*) sotto ciò; al di sotto di ciò.

thereunto /ðɛərˈʌntuː/, *V.* **thereto**.

thereupon /ðɛərəˈpɒn, *USA* -ɔːn/, *avv.* (*arc., lett. o leg.*) ***1*** al che; a ciò; e allora ***2*** indi; quindi; perciò ***3*** su di ciò; al riguardo; in merito.

therewith /ðɛəˈwɪð/, *avv.* (*arc., lett. o leg.*) ***1*** con ciò; con questo; insieme ***2*** in aggiunta; inoltre ***3*** al che; a ciò; e allora.

therewithal /ðɛəwɪˈðɔːl/, *avv.* (*arc.*) ***1*** oltre a ciò; per giunta; inoltre ***2*** con ciò; con questo.

theriac /ˈθɪərɪæk, ˈθiːə-/, *n.* (*med., stor.*) triaca; teriaca.

therm /θɜːm/, *n.* (*fis.*) therm.

thermae /ˈθɜːmiː/ (*lat.*), *n. pl.* (*archeol.*) terme.

thermal /ˈθɜːml/, **A** *a.* ***1*** termale: **t. springs**, sorgenti termali ***2*** (*fis.*) termico: **t. (power) station**, centrale termica; **British t. unit** (*abbr.* **B.T.U.**), unità termica britannica. **B** *n.* (*di solito al pl.*) (*meteor., aeron.*) corrente ascendente d'aria calda. ● (*aeron.*) **the t. barrier**, la barriera termica (*o* del calore) □ **t. baths**, terme □ **t. blanket**, termocoperta □ (*fis. nucl.*) **t. breeder (reactor)**, reattore termico autofertilizzante □ **t. bulb**, termometro a bulbo □ (*mecc.*) **t. compressor**, termocompressore □ **t. insulation**, isolamento termico □ **t. pollution**, inquinamento termico □ (*elettr.*) **t. relay**, relè termico (*o* a temperatura) □ (*mecc.*) **t. relief**, valvola di sfogo □ (*fis. nucl., miss.*) **t. shield**, scudo termico □ (*fis.*) **t. value**, potere calorifico.

thermic /ˈθɜːmɪk/, *a.* (*fis.*) termico: **t. rays**, raggi termici; **t. energy**, energia termica. ● (*tecn.*) **t. cutting**, ossitaglio.

thermically /ˈθɜːmɪklɪ/, *avv.* (*fis.*) termicamente.

thermion /θɜːmˈaɪɒn, ˈθɜːmɪən/, *n.* (*fis.*) ione termico; termoione.

thermionic /θɜːmaɪˈɒnɪk/, *a.* (*fis.*) termoionico: **t. current**, corrente termoionica; (*radio*) **t. valve** (*o* **tube**), valvola termoionica.

thermionics /θɜːmaɪˈɒnɪks/, *n. pl.* (*col verbo al sing.*) (*fis.*) termoionica.

thermistor /θɜːˈmɪstə(r)/, *n.* (*fis.*) termistore.

Thermit /ˈθɜːmɪt/, **Thermite** /ˈθɜːmaɪt/, *n.* (*chim., marchio*) termite.

thermobalance /θɜːməʊˈbæləns/, *n.* (*chim., fis.*) termobilancia.

thermobarometer /θɜːməʊbəˈrɒmɪtə(r)/, *n.* (*fis.*) termobarometro.

thermocautery /θɜːməʊˈkɔːtərɪ/, *n.* (*med.*) termocauterio.

thermochemistry /θɜːməʊˈkɛmɪstrɪ/, *n.* termochimica.

thermocouple /ˈθɜːməʊkʌpl/, *n.* (*fis.*) termocoppia.

thermodynamic /θɜːməʊdaɪˈnæmɪk/, *a.* (*fis.*) termodinamico.

thermodynamics /θɜːməʊdaɪˈnæmɪks/, *n. pl.* (*col verbo al sing.*) (*fis.*) termodinamica.

thermoelectric(al) /θɜːməʊɪˈlɛktrɪk(l)/, *a.* (*fis.*) termoelettrico.

thermoelectricity /θɜːməʊɛlɪkˈtrɪsətɪ/, *n.* (*fis.*) termoelettricità.

thermoform /ˈθɜːməʊfɔːm/, *n.* (*tecn.*) termoplastica.

to **thermoform** /ˈθɜːməʊfɔːm/, *v. t.* (*tecn.*) termoformare; formare a contatto termico.

thermoformable /ˈθɜːməʊfɔːməbl/, *a.* (*tecn.*) termoformabile.

thermoforming /ˈθɜːməʊfɔːmɪŋ/, *n.* (*tecn.*) termoformatura.

thermogenesis /θɜːməʊˈdʒɛnəsɪs/, *n.* (*biol.*) termogenesi.

thermogenetic /θɜːməʊdʒəˈnɛtɪk/, *a.* (*biol.*) termogenetico.

thermogenic /θɜːməʊˈdʒɛnɪk/, *a.* (*scient.*) termogeno.

thermograph /ˈθɜːməʊgrɑːf, *USA* -æf/, *n.* (*fis.*) termografo.

thermography /θɜːˈmɒgrəfɪ/, *n.* (*fis.*) termografia.

thermology /θɜːˈmɒlədʒɪ/, *n.* (*fis.*) termologia.

thermoluminescence /θɜːməʊluːmɪˈnɛsns/, *n.* (*fis.*) termoluminescenza.

thermolysis /θɜːˈmɒləsɪs/, *n.* (*chim.*) termolisi.

thermometer /θəˈmɒmɪtə(r)/, *n.* termometro: **centigrade t.**, termometro centigrado; **maximum t.** termometro a massima; (*med.*) **clinical t.** termometro clinico.

thermometric(al) /θɜːməˈmɛtrɪk(l)/, *a.* termometrico.

thermometry /θɜːˈmɒmətrɪ/, *n.* termometria.

thermonuclear /θɜːməʊˈnjuːklɪə(r), *USA* -ˈnuː-/, *a.* (*fis. nucl*) termonucleare: **t. bomb**, bomba termonucleare (*o* all'idrogeno).

thermophile /ˈθɜːməʊfaɪl, *USA* -fɪl/, *n.* (*biol.*) organismo termofilo.

thermopile /ˈθɜːməʊpaɪl/, *n.* (*fis.*) pila termoelettrica.

thermoplastic /θɜːməʊˈplæstɪk/, *a.* e *n.* (*ind.*) (materiale) termoplastico.

Thermopylae /θəˈmɒpəliː/, *n. pl.* (*geogr., stor.*) (le) Termopili.

thermoregulation /θɜːməʊrɛgjʊˈleɪʃn/, *n.* (*biol.*) termoregolazione.

thermoregulator /θɜːməʊrɛgjʊˈleɪtə(r)/, *n.* ***1*** (*biol.*) termoregolatore ***2*** (*med.*) termostato.

thermoregulatory /θɜːməʊrɛgjʊˈleɪtərɪ, *USA* -ˈrɛgjʊlətɔːrɪ/, *a.* (*biol.*) termoregolatore: **t. centres**, centri termoregolatori.

thermoresistant /θɜːməʊrɪˈzɪstənt/, *a.* (*tecn.*) termoresistente.

Thermos /ˈθɜːməs/, *n.* (*marchio*; *di solito* **T. flask**) thermos; termos.

thermoscope /ˈθɜːməʊskəʊp/, *n.* (*fis.*) termoscopio.

thermosetting /θɜːməʊˈsɛtɪŋ/, *a.* (*ind. plastica*) termoindurente: **t. resin**, resina termoindurente.

thermosiphon /θɜːməʊˈsaɪfən/, *n.* (*tecn.*) termosifone (*il sistema di riscaldamento*).

thermosphere /ˈθɜːməʊsfɪə(r)/, *n.* (*meteor.*) termosfera.

thermostat /ˈθɜːməstæt/, *n.* (*tecn.*) termostato; termoregolatore.

thermostatic /θɜːməʊˈstætɪk/, *a.* (*fis.*) termostatico. ● (*elettr.*) **t. switch**, termostato.

thermostatics /θɜːməʊˈstætɪks/, *n. pl.* (*col verbo al sing.*) (*fis.*) termostatica.

thermotherapy /θɜːməʊˈθɛrəpɪ/, *n.* (*med.*) termoterapia.

thesaurus /θɪˈsɔːrəs/, *n.* (*pl.* **thesauri, thesauruses**) *1* dizionario dei sinonimi *2* dizionario specialistico; enciclopedia: **a medical t.**, un dizionario medico *3* (*fig., lett.*) miniera (*fig.*).

these /ðiːz/, *a.* e *pron. dimostrativo* (*pl. di* **this**) questi, queste; codesti, codeste; cotesti, coteste: **T. books are mine**, questi libri sono miei; **T. are his**, questi sono i suoi. ● **I have been here t. two hours**, sono qui da ben due ore.

Theseus /ˈθiːsɪəs, -sjuːs/, *n.* (*mitol.*) Teseo.

thesis /ˈθiːsɪs/, *n.* (*pl.* **theses**) *1* (*filos., mat., mus.*) tesi *2* tesi; dissertazione: **graduation t.**, tesi di laurea *3* (*fig.*) tesi; opinione.

Thespian /ˈθɛspɪən/, **A** *a.* di Tespi; drammatico. **B** *n.* (*lett.*) *1* attore, attrice (*specialm. drammatici*) *2* drammaturgo; tragediografo.

Thespis /ˈθɛspɪs/, *n.* (*stor. letter.*) Tespi.

Thessalian /θɛˈseɪlɪən/, (*geogr., stor.*) **A** *a.* tessalico. **B** *n.* tessalo.

Thessaly /ˈθɛsəlɪ/, *n.* (*geogr., stor.*) Tessaglia.

theta /ˈθiːtə/, *n.* teta (*ottava lettera dell'alfabeto greco*).

theurgic(al) /θiːˈɜːdʒɪk(l)/, *a.* teurgico; magico.

theurgist /ˈθiːədʒɪst/, *n.* teurgo; mago.

theurgy /ˈθiːədʒɪ/, *n.* teurgia; magia.

thewed /θjuːd, *USA* θuːd/, *V.* **thewy**.

thewless /ˈθjuːləs, *USA* ˈθuː-/, *a.* (*lett.*) senza muscoli; debole; smidollato.

thews /θjuːz, *USA* θuːz/, *n. pl.* (*lett.*) *1* muscoli; forza muscolare; nerbo; vigoria *2* (*fig.*) forza morale; vigore mentale.

thewy /ˈθjuːɪ, *USA* ˈθuːɪ/, *a.* (*lett.*) muscoloso; forte; vigoroso.

they /ðeɪ, ðe/, **A** *pron. pers. 3ª pers. pl.* *1* essi, esse; loro (*fam.*): **T. didn't reply to our letter**, (essi) non risposero alla nostra lettera; (*lett.*) **It was t. who said so**, furono loro a dirlo; (*fam.*) **T. did it, not us**, sono stati loro (a farlo), non noi *2* (*fam.*; *rif. a un antecedente sing.*; *è idiom.*; *per es.*:) **If anyone has any objection to my proposal, t. can reject it**, se qualcuno ha obiezioni alla mia proposta, può respingerla *3* (*rif. a un antecedente collett., anche sottinteso*; *è idiom.*; *per es.*:) **I've heard t. are going to raise V.A.T. again**, ho sentito che aumentano di nuovo l'I.V.A. **B** *pron. impers.* la gente; si: **T. say he won't come back**, la gente dice (*o* si dice, dicono) che non tornerà. ● **t. all** (*o* **all of them**), tutti loro; loro □ **t. who**, coloro i quali; quelli (*o* quelle) che (*più spesso,* **those who**) □ **Here t. are**, eccoli (*o* eccole) qua! □ (*prov.*) **T. do least who talk most**, chi più parla meno fa.

they'd /ðeɪd, ðed/, *contraz.* di: *1* **they had** *2* **they would**.

they'll /ðeɪl, ðel/, *contraz.* di: *1* **they will** *2* **they shall**.

they're /ðɛə(r), ðeɪə(r), ðə(r)/, *contraz.* di **they are**.

they've /ðeɪv, ðev/, *contraz.* di **they have**.

thick /θɪk/, **A** *a.* *1* spesso; grosso; solido: **a t. book**, un grosso libro; un librone; **He has a t. neck**, ha il collo grosso; **This board is two inches t.**, quest'asse ha lo spessore di due pollici; **a t. wall**, un muro spesso (*o* grosso) *2* denso; fitto; compatto: **t. soup**, zuppa densa (*o* fitta); **t. oil**, olio denso *3* fitto; folto: **t. fog**, nebbia fitta; **a t. forest**, una foresta folta; **t. hair**, capelli folti *4* torbido; melmoso; fangoso: **t. puddles**, pozzanghere melmose; **t. wine**, vino torbido *5* (*di voce o suono*) rauco; roco; velato: **I've got a cold and my voice is t.**, ho il raffreddore e la voce roca; **to speak in a voice t. with emotion**, parlare con la voce velata dall'emozione *6* forte; intenso: **to speak with a t. cockney accent**, parlare con un forte accento cockney; **a t. smell**, un forte odore *7* (*fam.*) duro di comprendonio; ottuso; tonto; stupido *8* (*fam.*) intontito; annebbiato *9* (*fam.*) in intimità (*con q.*); intimo: **They're very t. (with each other)**, sono amici intimi; **They're as t. as thieves**, sono amici per la pelle; sono culo e camicia (*fam.*) *10* (*fam.*) assurdo: **That's a bit t. of him!**, questa è un po' grossa da parte sua! **B** *n.* *1* (il) fitto; (il) grosso; (il) folto; (il) mezzo: **in the t. of the forest**, nel fitto della foresta; **in the t. of the battle**, nel folto della mischia; **in the t. of it**, nel bel mezzo *2* (*fam.*) persona stupida; zuccone. **C** *avv.* *1* a fette grosse; grosso: **to cut the meat t.**, tagliare la carne a fette grosse *2* densamente; fittamente; fitto fitto: **The snow was falling t. (and fast)**, la neve cadeva fitta fitta. ● **t.-and-thin supporters**, sostenitori fedeli □ (*fam.*) **the t. end of**, quasi la bellezza di: **It cost me the t. end of 5,000 pounds**, m'è costato quasi la bellezza di 5.000 sterline □ **t.-headed** (*o* **t.-skulled, t.-witted**), duro di comprendonio; stupido; tonto □ **t.-lipped**, dalle labbra grosse □ (*fam.*) **to be t. on the ground**, essere abbondante □ **t.-skinned**, dalla pelle spessa; (*fig.*) dalla pelle dura, insensibile □ (*mil.*) **t.-skinned vehicles**, veicoli blindati □ **t. with**, pieno di; saturo di; coperto di: **a plant t. with leaves**, una pianta piena di foglie; **The air was t. with pollen**, l'aria era piena di polline; **The furniture was t. with dust**, i mobili erano coperti di polvere □ (*pop.*) **to be as t. as two short planks**, essere proprio tonto □ (*pop.*) **to give sb. a t. ear**, dare una sberla a q.; fare una faccia così a q. con uno schiaffone □ **to grow thicker**, infittirsi: **The crowd grew thicker**, la folla s'infittì □ **to have a t. head**, avere un cerchio alla testa □ **to have a t. skin**, avere la pelle dura (*anche fig.*) □ (*fam.*) **to lay it on t.**, esagerare; esser troppo prodigo (*specialm. di lodi*); adulare in modo servile □ (*fig.*) **through t. and thin**, nella buona e nella cattiva sorte; in ogni circostanza □ (*pop.*) **It's a bit** (*o* **a little too**) **t.**, questo è troppo!; è un po' troppo!: **Two months away from home is a bit t.**, due mesi di lontananza da casa è un po' troppo! □ **His heart beat t.**, il cuore gli batteva forte □ **Snow lay t. on the ground**, il suolo era coperto da un alto strato di neve □ (*fam.*) **That's too t.!**, questa è grossa!; questa non la bevo!

to **thicken** /ˈθɪkən/, **A** *v. t.* *1* (*anche* **to t. up**) addensare; ispessire; infittire; infoltire; (*cucina*) legare, rassodare: **to t. the sauce with flour**, legare la salsa con la farina *2* ingrossare; far ingrassare; appesantire (q.) *3* arrochire (*la voce*) *4* intorbidire (*un liquido*) *5* rendere incerto, confuso (*il modo di parlare, ecc.*). **B** *v. i.* *1* addensarsi; ispessirsi; infittirsi; infoltirsi; rassodarsi: **The crowd was thickening**, la folla s'addensava; **The fog has thickened up**, la nebbia si è infittita *2* (*del tempo*) rannuvolarsi; offuscarsi; farsi scuro *3* (*della voce*) diventare rauca *4* (*del modo di parlare*) diventare incerto, confuso, biascicato *5* (*fig.*) ingarbugliarsi; complicarsi; imbrogliarsi: **The plot thickens**, la faccenda s'ingarbuglia; le cose si complicano. ● **Your waist is thickening**, ti stai ingrassando in vita.

thickener /ˈθɪkənə(r)/, *n.* (*tecn.*) addensatore; addensante; condensante.

thickening /ˈθɪkənɪŋ/, *n.* *1* condensamento; addensamento; ispessimento; rassodamento *2* (*tecn.*) sostanza per condensare; addensatore, addensante.

thicket /ˈθɪkɪt/, *n.* boschetto; folto d'alberi. ● **thorn t.**, roveto.

thickhead /ˈθɪkhed/, *n.* (*fam.*) testa dura; testone; zuccone.

thickish /ˈθɪkɪʃ/, *a.* piuttosto denso, fitto, folto, ecc. (*V.* **thick**).

thickly /ˈθɪklɪ/, *avv.* *1* densamente; fittamente; foltamente: **The land was t. covered with trees**, il terreno era coperto da una fitta vegetazione *2* con voce velata (*o* incerta, confusa). ● **to speak t.**, parlare biascicando le parole □ **The snow was falling t.**, la neve cadeva a fitte falde.

thickness /ˈθɪknəs/, *n.* *1* grossezza; spessore; strato: **five centimetres in t.**, cinque centimetri di spessore; **two thicknesses of soundproofing material**, due spessori (*o* due strati) di materiale fonoassorbente *2* densità, consistenza (*di un liquido*) *3* l'essere fitto, densità (*della nebbia, ecc.*) *4* foltezza (*dei capelli, della vegetazione, ecc.*) *5* foschia; oscurità *6* (*fam.*) stupidità; ottusità. ● **t. gauge**, spessimetro (*strumento*) □ **The t. of his speech showed that he was drunk**, il suo impaccio nel parlare rivelava ch'era ubriaco.

thickset /ˈθɪkˈsɛt/, *a.* *1* tarchiato; tozzo; atticciato; piccolo ma robusto *2* fitto; folto: **a t. hedge**, una siepe fitta.

thief /θiːf/, *n.* (*pl.* **thieves**) *1* ladro, ladra: **a car t.**, un ladro di automobili *2* (*chim.*, = **t. tube**) sonda per campionatura *3* (*ind. petrolifera*) campionatore per liquidi. ● **thieves' kitchen**, covo di ladri □ **thieves' Latin**, lingua furbesca; gergo della malavita □ **Stop t.!**, al ladro! □ (*prov.*) **Procrastination is the t. of time**, non rimandare a domani quello che puoi fare oggi!

to **thieve** /θiːv/, **A** *v. i.* rubare; fare il ladro. **B** *v. t.* *1* (*dial.*) rubare (q.c.) *2* (*chim.*) prelevare un campione da (*una sostanza*).

thievery /ˈθiːvərɪ/, *n.* ladrocinio; ruberia; furto.

thieving /ˈθiːvɪŋ/, *a.* dedito al furto; che ruba; ladro; disonesto.

thievish /ˈθiːvɪʃ/, *a.* ladro; ladresco. ● (*zool.*) **t. magpil**, gazza ladra. || **-ly**, *avv.*

thievishness /ˈθiːvɪʃnəs/, *n.* tendenza al furto.

thigh /θaɪ/, *n.* (*anat.*) coscia. ● **t.-bone**, femore □ (*stor.*) **t.-piece**, cosciale (*d'armatura*).

thill /θɪl/, *n.* stanga (*di carro*).

thimble /ˈθɪmbl/, *n.* *1* (*cucito*) ditale *2* (*mecc.*) bussola; manicotto *3* (*mecc.*) mandrino conico allargatubi *4* (*naut.*) redancia.

thimbleful /ˈθɪmblfʊl/, *n.* *1* quanto sta in un ditale *2* (*fig.*) goccio; goccino: **just a t. (of wine)**, appena un goccio (di vino).

thimblerig /ˈθɪmblrɪg/, *n.* (*raro*) gioco dei bussolotti (*anche fig.*).

to **thimblerig** /ˈθɪmblrɪg/, *v. i.* (*raro*) fare il gioco dei bussolotti.

thimblerigger /ˈθɪmblrɪgə(r)/, *n.* chi fa il gioco dei bussolotti (*anche fig.*).

thimblerigging /ˈθɪmblrɪgɪŋ/, *V.* **thimblerig**.

thin /θɪn/, **A** *a.* *1* sottile; fino; leggero: **a t. slice of bread**, una sottile fetta di pane; **t. air**, aria fina (*o* rarefatta); **t. clothes**, abiti leggeri; **a t. rope**, una corda sottile; una funicella *2* esile; snello; magro; scarno; smilzo; sparuto: **a very t. girl**, una ragazza molto esile; **The boy is rather t. in the face**, il ragazzo ha il volto piuttosto scarno *3* rado; fluido; acquoso; scarso: **t. mist**, nebbia rada; **t. hair**, capelli radi; **t. oil**, olio fluido; **a t. soup**, una zuppa acquosa (*o* brodosa); **The public was t.**, il pubblico era scarso *4* debole; sbiadito; fievole; tenue: **t. colours**, colori sbiaditi; **a t. photograph**, una fotografia sbiadita; **in a t. voice**, con voce fievole *5* (*fig.*) debole; fiacco; inconsistente: **t. eloquence**, eloquenza fiacca; **a t. argument** [**excuse**], un argomento [una scusa] inconsistente *6* (*fin.*: *del mercato*) debole; fiacco; inerte. **B** *avv.* sottile; a fette sottili: **to cut the meat t.**, tagliare la carne a fette sottili. ● (*geol.*) **t.-bedded**, a strati sottili □ **t. broth**, brodo lungo □ (*teatr.*) **a t. house**, un teatro quasi vuoto □ (*fam.*) **to be t. on the ground**, essere raro, scarso □ (*fam.*: *di persona*) **t. on the top**, un po' pelato □ **t.-skinned**, dalla pelle sottile; (*fig.*) sensibile, suscettibile, permaloso □ (*agric.*) **t. soil**, terreno povero □ **a t. tale**, un racconto privo d'interesse; una storia inverosimile □ **as t. as a lath** (*o* **as a rake**), magro come un chiodo □ **to grow t.**, assottigliarsi; dimagrire □ (*fam.*) **to have a t. time**, passarsela male.

to **thin** /θɪn/, **A** *v. t.* ***1*** assottigliare; affinare; far dimagrire; smagrire ***2*** far diminuire; ridurre: **The Black Death of 1348 thinned (down) the population of England**, la Morte Nera del 1348 ridusse la popolazione dell'Inghilterra ***3*** diradare; sfoltire (*piante, capelli, ecc.*) ***4*** sfrondare; potare: **to t. (out) trees**, sfrondare gli alberi ***5*** diluire (*vernici, ecc.*). **B** *v. i.* ***1*** assottigliarsi; affinarsi; dimagrire; smagrirsi: **You're thinned (down) a lot lately**, di recente sei dimagrito molto ***2*** calare; diminuire; ridursi ***3*** diradarsi; sfoltirsi: **My hair is thinning**, mi si diradano i capelli. ● **to t. down**, diluire (*vernici*); ridurre in numero; fare dimagrire; ridursi, diminuire, assottigliarsi; dimagrire □ **to t. out**, diradare, sfoltire; diradarsi; sfoltirsi; ridursi in numero; dimagrire.

thine /ðaɪn/, *pron. poss.* (*arc., poet.*) (il) tuo, (la) tua; (i) tuoi, (le) tue (*usato anche come agg., in luogo di* **thy**, *davanti a parola che incominci con un suono vocalico*): **t. eyes**, i tuoi occhi; (*relig.*) **Not my will, but t., be done**, sia fatta la tua, non la mia volontà!

thing /θɪŋ/, *n.* ***1*** cosa; affare; oggetto; coso, aggeggio (*fam.*): **What are those things over there?**, che cosa sono quegli oggetti laggiù?; **Get your things and come with me**, prendi le tue cose (*o* la tua roba) e vieni con me!; **spiritual things**, le cose dello spirito; **Things are brightening up slowly**, le cose vanno lentamente migliorando ***2*** (*fam.*) creatura; persona; animale: **a spiteful t.**, una persona dispettosa; **a sweet little t.**, una bambina tanto buona e cara; **poor t.!**, poverino! (poverina!); povera creatura!; povera bestia!; **He is a foolish old t.**, è uno sciocchino; è uno scioccone ***3*** – **the t.**, la cosa da farsi; ciò che sta bene; quel che ci vuole; (*anche*) la cosa alla moda, l'ultimo grido: **A long period of rest is the very t. for him**, un lungo periodo di riposo è proprio quel che ci vuole (*o* quello che fa) per lui ***4*** (*fam.*) attività; lavoro; interesse; mestiere: **What's your t.?**, di che ti occupi (*o* t'interessi)? ***5*** (*fam.*) cosa; capo di vestiario: **I'm looking for a t. to wear**, cerco una cosa da mettermi (addosso); **I haven't got a t. to wear**, non ho niente da mettermi ***6*** (*pl.*) (*fam.*) cose; arnesi; attrezzi: **Don't forget to bring your things!**, non scordarti di portare i tuoi arnesi!; **Don't forget to take your fishing things with you**, non dimenticare di prendere con te gli attrezzi da pesca! ***7*** (*pop. USA*) mania; ossessione; preconcetto ***8*** (*pop. USA*) roba; droga ***9*** (*volg. USA*) cosa; vulva ***10*** (*volg. USA*) coso; pene. ● (*ass.*) **the t. insured**, la cosa assicurata □ (*leg.*) **things personal**, beni mobili (*denaro, titoli, mobilio, ecc.*) □ (*leg.*) **things real**, beni immobili (*poderi, terreni, case, locali per ufficio, ecc.*) □ **«Things to do today»**, «promemoria per la giornata» □ (*fam.*) **and things**, e così via; eccetera eccetera □ **as a general** (*o* **a usual**) **t.**, generalmente; in genere; di solito □ (*form.*) **to do the handsome t. by sb.**, agire lealmente con q.; trattare q. con generosità □ **dumb things**, gli animali; le creature che non hanno la favella □ **for one t.**, tanto per cominciare; per dirne una □ **to get one's things wet**, bagnarsi tutto; bagnarsi l'abito □ (*fam.*) **to have got a t. about st.**, essere ossessionato da q.c.; fare una passione per q.c.; (*anche*) non poter soffrire q.c., avercela con q.c. □ (*fig.*) **to know a t. or two**, saperla lunga □ **the latest t. in furs**, l'ultima moda (*o* l'ultimo grido) in fatto di pellicce □ (*di persona*) **to look** [**to feel**] **quite the t.**, avere un buon aspetto [sentirsi bene]: **He doesn't look quite the t. this morning**, non ha l'aria di star bene questa mattina □ **to make a good t. of st.**, trarre partito da q.c.; avvantaggiarsi di q.c. □ **to make a mess of things**, fare un bel pasticcio; impasticciar tutto □ **to make a t. of st.**, fare di q.c. un affare di stato: **Don't make such a t. of it!**, non farne un affare di stato! □ **a near t.**, scampato pericolo; un guaio evitato per un pelo (*o* per il rotto della cuffia); il farcela (l'arrivare, ecc.) a malapena □ **not a t.**, niente; proprio nulla □ (*fam.*) **to be on to a good t.**, aver trovato l'America (*fig.*) □ **to pack one's things**, fare i bagagli; fare le valigie; far fagotto (*fam.*) □ **to put one's things on**, vestirsi; prepararsi per uscire □ **to say the right t.** [**the wrong t.**], parlare a proposito [a sproposito]; (*anche*) dire le parole opportune [fare una gaffe] □ **He didn't say a t.**, non ha detto una parola □ (*fam.*) **to see** (*o* **to be seeing**) **things**, soffrire d'allucinazioni; avere le traveggole (*fam.*) □ **taking one t. with another**, tutto sommato; visto il pro e il contro □ **to think things over**, pensarci su; riflettere bene (a lungo) □ **It's a very good t. that...**, meno male che... □ **You needn't worry about a t.**, non c'è da preoccuparsi affatto □ **It's an understood t.**, è una cosa implicita; è scontato; è pacifico □ **That's quite another t.**, è un altro paio di maniche! □ **Just the t. I needed!**, proprio quello che mi ci voleva (*o* che fa per me)! □ **Well, of all things!**, chi l'avrebbe mai detto! □ **The t. is, can we afford it?**, il punto è: possiamo permettercelo? □ (*prov.*) **You can have too much of a good t.**, il troppo stroppia □ (*fam.*) **Too much of a good t.!**, troppo bello per essere vero!

thingamabob, thingumabob /ˈθɪŋəməbɒb/, **thingamy, thingummy** /ˈθɪŋəmɪ/, **thingumajig** /ˈθɪŋəmədʒɪg/, *n.* (*fam.*) ***1*** coso; aggeggio; affare; arnese: **The machine has a t. that starts it automatically**, quella macchina ha un aggeggio che la mette in moto automaticamente ***2*** (*rif. a persona*) (un) tizio, (un) tale. ● **Mr T.**, il signor «coso»; il signor «come si chiama»; il signor vattelappesca (*fam.*).

think /θɪŋk/, *n.* (*fam.*) pensiero; idea; pensata: **They both had the same t.**, ebbero tutti e due lo stesso pensiero. ● **to have a t.**, farci un pensierino; rifletterci; pensarci su (*fam.*): **Let me have a t. about it!**, fammici pensare!

to **think** /θɪŋk/ (*pass.* e *p. p.* **thought**), *v. t.* e *i.* ***1*** pensare; meditare; riflettere; considerare; credere; giudicare; opinare; ritenere; stimare; supporre; parere, sembrare (*impers.*): **T. before you act**, rifletti prima di agire!; **He was thinking of his children**, pensava ai suoi figlioli; **Do you t. it's going to snow?**, credi che nevicherà?; **I t. so**, credo di sì; **He thinks to emigrate to Canada**, pensa d'emigrare in Canada; **He thought of emigrating but then gave it up**, pensava d'emigrare ma poi rinunciò; **Do as you t. best**, fa' come (meglio) credi (*o* come ti pare)!; **I thought him an honest man**, lo consideravo (*o* giudicavo, stimavo) una persona onesta; **I t. I'll try**, credo che mi ci proverò; **I t. it a shame not to help them**, mi sembra una cosa vergognosa non aiutarli ***2*** immaginare; capire; concepire; pensare: **I cannot t. where he is**, non so immaginare dove sia andato (a finire); **I can't t. how you do it**, non riesco a capire come tu faccia; **To t. of my not remembering!**, e pensare (*o* e dire) che me ne sono scordato! ***3*** (*fam.*) pensare a; avere in mente: **He only thinks business**, pensa solo agli affari. ● **to t. big**, pensare «in grande»; fare grandi progetti □ **to t. for oneself**, decidere da solo; pensare con la propria testa □ **to t. nothing but**, non pensare che a: **That boy thinks nothing but motorbikes**, quel ragazzo non pensa che ai motori □ **to t. on one's feet**, decidere su due piedi (*fig.*) □ **to t. to oneself**, pensare fra sé (e sé) □ **to t. twice**, pensarci su due volte; rifletterci □ **I thought as much**, me lo aspettavo □ **He was thought to be a multimillionaire**, passava per miliardario.

♦**think about**, *v. i.* + *prep.* ***1*** pensare a; avere in mente; riflettere su: **What are you thinking about?**, a che cosa pensi?; **I'll t. about it**, ci penserò (su); **to t. about one's work**, pensare al lavoro ***2*** pensare a; tenere a mente; badare a: **T. about what you're saying!**, pensa (*o* bada) a quel che dici!; **You should t. about your children's future**, devi pensare al futuro dei tuoi figli ***3*** pensare di; avere un'idea (*o* un'opinione) su: **What do you t. about inflation?**, che cosa ne pensi dell'inflazione?; **What do you t. about the new teacher?**, che idea ti sei fatta del nuovo insegnante? ***4*** pensare di; prendere in considerazione l'idea di; proporsi di: **I'm seriously thinking about selling out and retiring**, penso seriamente di liquidare tutto e di ritirarmi dagli affari; **His proposal is certainly worth thinking about**, di sicuro la sua proposta va presa in considerazione.

♦**think again**, *v. i.* + *avv.* pensarci su; ripensarci.

♦**think ahead**, *v. i.* + *avv.* pensare in anticipo; pensare al futuro; guardare avanti (*fig.*): **Thinking ahead, I strongly advise you not to overstaff your firm**, pensando al futuro, ti consiglio vivamente di non assumere troppo personale nella tua azienda; **If you play chess, you must t. well ahead to your next moves**, se giochi a scacchi, devi pensare alle (*o* prevedere le) mosse successive con un buon anticipo.

♦**think aloud**, *v. i.* + *avv.* pensare a voce alta.

♦**think back**, *v. i.* + *avv.* ripensare; riandare al passato; tornare con la memoria: **to t. back on the last year**, ripensare all'anno scorso; **This song makes me t. back to my youth**, questa canzone mi riporta alla mente la mia giovinezza.

♦**think of**, *v. i.* + *prep.* ***1*** *V.* **think about** ***2*** pensare a; ricordare; ricordarsi di: **I will always t. of you**, ti penserò sempre; **I can't t. of his surname just now**, sul momento non ricordo il suo cognome ***3*** pensare, provvedere a; badare a; occuparsi di: **I'll t. of everything**, penso a tutto io!; **T. of your health!**, pensa alla salute!; **I only thought of assisting my mother**, pensavo solo ad assistere mia madre ***4*** pensare a; escogitare; inventare; trovare: **I'll t. of a way out**, ci penso io a trovare una via d'uscita; **We must t. of a new plan**, dobbiamo escogitare un piano nuovo; **Let's t. of a good idea!**, troviamo una buona idea! ***5*** pensare a; considerare, ritenere (q.) adatto (a): **Have you thought of him for the mayorship?**, hai pensato a lui come sindaco? ***6*** pensare di; prendere in considerazione: **I wouldn't t. of exceeding the speed limit**, non lo penso (*o* non me lo sogno) neanche di superare il limite di velocità ***7*** pensare (*o* avere un'opinione) di (q.) □ **to t. better of**, avere un'opinione migliore di (q.), ricredersi sul conto di (q.); cambiare idea su (q.c.): **I've thought better of it**, ci ho ripensato; ho cambiato parere □ **to t. highly of sb.**, *V.* **to t. well of sb.** □ **to t. little of sb.**, avere poca stima di q.; disistimare q. □ **to t. a lot of sb.**, avere una buona opinione di q.; stimare molto q. □ **to t. nothing of**, non fare caso a (q.c.); considerare (q.c.) una bazzecola; fare (q.c.) come niente fosse: **He thinks nothing of swimming across the lake**, per lui attraversare il lago a nuoto è cosa da nulla; **T. nothing of it!**, non farci caso!; (*anche*) prego!; non c'è di che! □ **to t. well of sb.**, stimare molto q.: **He's well thought of at the office**, in ufficio lo stimano molto □ **That's not to be thought of!**, neanche a pensarci!; neanche per sogno! □ **What do you t. of it?**, che ne pensi?; che te ne pare? □ **I don't t. much of his last novel**, il suo ultimo romanzo non mi pare un gran che.

♦**think out**, *v. t.* + *avv.* ***1*** pensare bene a; riflettere bene su: **Let me t. it out**, fammici pensare bene! ***2*** pensare a; escogitare; trovare: **to t.**

out a new method of solving a problem, escogitare un metodo nuovo di risolvere un problema □ **to t. out loud**, *V.* **think aloud**.

♦**think over**, *v. t.* + *avv.* ***1*** pensare (e ripensare); pensare bene: **I'll t. it over**, ci penserò su ***2*** riflettere su; meditare su: **I've thought your plan over and I've found it too risky**, ho riflettuto sul tuo piano e l'ho trovato troppo rischioso.

♦**think through**, *V.* **think out**.

♦**think up**, *v. t.* + *avv.* escogitare; inventare; trovare; ideare: **He thought up a way of getting into the castle**, escogitò il modo di entrare nel castello; **to t. up a plan**, ideare un piano.

thinkable /ˈθɪŋkəbl/, *a.* pensabile; concepibile; immaginabile.

thinker /ˈθɪŋkə(r)/, *n.* pensatore. ● **free t.**, libero pensatore.

think factory /ˈθɪŋkfæktərɪ/, *V.* **think tank**.

thinking /ˈθɪŋkɪŋ/, **A** *a.* ***1*** pensante; dotato di raziocinio; raziocinante ***2*** ragionevole; riflessivo; assennato: **all t. men**, tutte le persone ragionevoli. **B** *n.* ***1*** (il) pensare; pensiero; raziocinio ***2*** avviso; opinione; parere: **What's the union's t.?**, di che avviso è il sindacato?; che cosa ne pensa il sindacato?; **to my way of t.**, a mio avviso; a mio parere; a mio modo di pensare. ● (*autom.*) **t. distance**, distanza per il tempo di reazione (*per la frenata*) □ (*fam.*) **to put one's t. cap on**, mettersi a pensare (*o* a riflettere) sul serio.

think piece /θɪŋkpiːs/, *locuz. n.* (*giorn.*) articolo basato su materiale di repertorio.

think tank /ˈθɪŋktæŋk/, *locuz. n.* ***1*** centro (*o* gruppo) di ricerca (*spesso interdisciplinare*) ***2*** (*anche polit.*) commissione d'esperti. ● (*stor., in G.B.*) **the T. T.**, il Consiglio ristretto dei principali ministri inglesi dal 1970 al 1983.

think time /ˈθɪŋktaɪm/, *locuz. n.* (*elab.*) tempi di risposta; tempi morti.

thinly /ˈθɪnlɪ/, *avv.* ***1*** sottilmente; finemente; fine; sottile: **t. cut ham**, prosciutto tagliato sottile ***2*** scarsamente; a malapena; appena: **a t. disguised charge**, un'accusa celata a malapena ***3*** in modo rado: **t. planted bushes**, cespugli piantati qua e là. ● **a t. populated area**, una zona poco popolata.

thinner /ˈθɪnə(r)/, *n.* (*ind., pitt.*) diluente; solvente.

thinness /ˈθɪnnəs/, *n.* ***1*** sottigliezza; finezza; leggerezza ***2*** esilità; magrezza ***3*** radezza; rarefazione (*dell'aria*); fluidità; scarsità ***4*** fievolezza; tenuità; debolezza ***5*** (*fig.*) fiacchezza; inconsistenza (*V.* **thin**).

thinnish /ˈθɪnɪʃ/, *a.* alquanto sottile; piuttosto esile (*V.* **thin**).

thioacid /θaɪəʊˈæsɪd/, *n.* (*chim.*) tioacido.

thiobarbiturate /θaɪəʊbɑːˈbɪtʃʊrət, -reɪt/, *n.* (*chim.*) tiobarbiturato.

thiobarbituric /θaɪəʊbɑːbɪˈtjʊərɪk, *USA* -ˈtʊə-/, *a.* (*chim.*) tiobarbiturico.

thiocyanate /θaɪəʊˈsaɪənət/, *n.* (*chim.*) tiocianato; solfocianato.

thiocyanic /θaɪəʊsaɪˈænɪk/, *a.* (*chim.*) tiocianico.

thiofuran /θaɪəʊˈfjʊəræn, -fjʊəˈr-/, *n.* (*chim., med.*) tiofene.

thiol /ˈθaɪɒl, *USA* -ɔːl, -əʊl/, *n.* (*chim.*) tiolo; mercaptano.

thionic /θaɪˈɒnɪk/, *a.* (*chim.*) tionico: **t. acid**, acido tionico.

thionine /ˈθaɪəniːn, -naɪn/, *n.* (*chim.*) tonina.

thiophene /ˈθaɪəfiːn/, *n.* (*chim.*) tiofene.

thiosulphate /θaɪəˈsʌlfeɪt/, *n.* (*chim.*) tiosolfato.

thiosulphuric /θaɪəsʌlˈfjʊərɪk/, *a.* (*chim.*) tiosolforico.

thiourea /θaɪəˈjʊərɪə, -jʊˈriːə/, *n.* (*chim.*) tiourea.

third /θɜːd/, **A** *a.* terzo. **B** *n.* ***1*** (*mat.*) terzo: **one t.**, un terzo ***2*** (*mus.*) terza ***3*** (*autom.*) terza (marcia) ***4*** (*pl.*) (*comm.*) articoli scadenti ***5*** (*pl.*) (*leg.*) terzo vedovile; terza parte del patrimonio del marito defunto (*che va alla vedova*) ***6*** (*fam., un tempo*) terza classe (*in treno*). ● (*demogr.*) **t. age**, terza età □ **t. ager**, persona nella terza età □ (*baseball*) **t. base**, terza base (*la posizione*) □ (*baseball*) **t. baseman**, terza base (*il giocatore*) □ **t.-class**, (*ferr., un tempo*) di terza classe, in terza (classe); (*comm.*) di qualità scadente: **a t.-class carriage**, una carrozza di terza classe; **We travelled to Chester t.-class**, andammo a Chester in terza (classe) □ (*banca*) **t.-class paper**, carta di terza classe □ (*fam.*) **t. degree**, interrogatorio di terzo grado (*della polizia*) □ (*med.*) **t.-degree burn**, ustione di terzo grado □ (*mat.*) **t.-degree equation**, equazione di terzo grado □ (*stor.*) **the t. estate**, il terzo stato □ (*elab.*) **t.-generation computer**, elaboratore della terza generazione □ (*fin.*) **t. market**, mercato terziario (*o* ristretto); terzo mercato □ (*leg.*) **t. mortgage**, ipoteca di terzo grado □ (*fin*) **t. of exchange**, terza di cambio (*cambiale*) □ (*leg.*) **a t. party**, una terza persona; un terzo □ (*ass.*) **t.-party insurance**, assicurazione di responsabilità civile □ (*ass.*) **t.-party risks**, rischi contro terzi □ (*gramm.*) **t. person**, terza persona □ (*ferr., elettr.*) **t. rail**, terza rotaia □ **t.-rate**, di scarso valore; mediocre; scadente; dozzinale □ (*fam.*) **t.-rater**, persona di scarso valore: **That painter is a t.-rater**, quel pittore vale poco □ (*polit.*) **t. reading**, terza lettura (*di un disegno di legge*) □ (*rugby*) **t. row**, terza linea □ **the t. sex**, il terzo sesso □ (*ind.*) **t. shift**, turno di notte □ **the T. World**, il terzo mondo □ **T.-World**, terzomondista; terzomondistico □ **T. Worlder**, abitante (*o* esponente) del terzo mondo; terzomondista □ **T. Worldism**, movimento a favore del terzo mondo; terzomondismo □ **to make a t.**, fare il terzo (*a un gioco di carte, ecc.*) □ (*nelle date*) **on the t. of May**, il tre maggio.

thirdly /ˈθɜːdlɪ/, *avv.* in terzo luogo; terzo.

thirst /θɜːst/, *n.* sete (*anche fig.*): **to have a t.**, avere sete; **to die of t.**, morire di sete; **a t. for knowledge [for pleasure]**, sete di conoscenza [di piacere]. ● **t. after glory**, sete di gloria □ **to give sb. a t.**, far venire sete a q. □ (*fam.*) **to have a t.**, aver desiderio di bere q.c. □ **to quench** (*o* **to satisfy**) **one's t.**, appagare la sete; dissetarsi.

to **thirst** /θɜːst/, *v. i.* (*lett. o arc.*) avere sete; essere assetato (*anche fig.*): **to t. for beer**, aver sete di birra; **to t. for revenge** (*lett.*: **after revenge**), essere assetato di vendetta. ● **to t. for a cool drink**, aver voglia di bere q.c. di fresco.

thirstily /ˈθɜːstəlɪ/, *avv.* avidamente; bramosamente.

thirstiness /ˈθɜːstɪnəs/, *n.* l'esser assetato; sete.

thirsty /ˈθɜːstɪ/, *a.* ***1*** assetato; sitibondo (*lett.*); (*fig.*) avido, bramoso: **I was very t.**, ero molto assetato; avevo una gran sete; **to be t. for knowledge**, essere assetato di sapere ***2*** (*del terreno*) arido; assetato; riarso ***3*** (*fam.*) che fa venir sete: **That is a t. job**, è un lavoro che fa venir sete ***4*** (*fam.*: *di veicolo a motore*) che consuma molto; che beve. ● **to be t.** (*o* **to feel t.**), aver sete □ **to make sb. t.**, far venire sete a q.

thirteen /θɜːˈtiːn/, *a.* e *n.* tredici. ● **t.-year-old**, tredicenne □ (*fam.*) **to talk t. to the dozen**, parlare a vanvera.

thirteenth /θɜːˈtiːnθ/, *a.* e *n.* tredicesimo; decimoterzo (*lett.*): (*mat.*) **one t.**, un tredicesimo (1/13). ● (*nelle date*) **the t. of August**, il tredici agosto.

thirtieth /ˈθɜːtɪəθ/, *a.* e *n.* trentesimo. ● (*nelle date*) **the t. of May**, il 30 maggio.

thirty /ˈθɜːtɪ/, *a.* e *n.* trenta. ● **the thirties**, gli anni trenta; gli anni fra i trenta e i quaranta (*in un secolo o nella vita di un uomo*) □ (*fam.*) **t.-eight**, (pistola) calibro 38 □ **t.-first**, trentunesimo □ **the T.-nine Articles**, la Dottrina della Chiesa Anglicana □ **t.-one**, trentuno □ (*un tempo*) **a t.-three**, un 33 giri (*ora*: un LP) □ (*tipogr.*) **t.-two-mo** (*abbr.* **32mo**), trentaduesimo □ **t.-year-old**, trentenne □ **t. years of service**, un trentennio di servizio □ **about t.**, una trentina □ **to be in one's early [late] thirties**, aver passato da poco la trentina [essere vicino alla quarantina].

thirtyfold /ˈθɜːtɪfəʊld/, *a.* e *n.* trenta volte (tanto).

this (**1**) /ðɪs, *USA* ðɪs, ðəs/, *a.* e *pron. dimostrativo* (*pl.* **these**) ***1*** questo, questa; codesto, codesta; cotesto, cotesta: **t. evening**, questa sera; **t. year**, quest'anno; **T. book is mine**, questo libro è mio; **I'll take t.** (**one**), prenderò questo ***2*** questo, ciò: **I don't like t. at all**, questo (*o* ciò) non mi piace affatto; **There is t. to be said about it**, c'è questo da dire al riguardo ***3*** (*rif. a persona*) questo, questa; costui, costei: **T. is my brother**, questo è mio fratello; **Who's t. Mr Smith?**, chi è questo Mr Smith?; **T. was John**, costui era John. ● **t. day**, oggi □ **t. day week [month]**, oggi a otto [a un mese] □ (*fam. USA*) **t. here**, questo, questa; questo (*o* questa) qui □ **t. minute**, subito; immediatamente: **Come here t. minute!**, vieni subito! □ **t. way**, da questa parte, di qua; in questo modo, così: **Come t. way, please**, da questa parte, prego!; **Do it (in) t. way**, fallo così! □ **t. way and that**, qua e là □ **before t.**, prima d'ora □ **by t. (time)**, ormai; a quest'ora: **They should have arrived by t. time**, a quest'ora dovrebbero essere già arrivati □ **just for t. once**, per questa volta (soltanto) □ **like t.**, in questo modo; così: **Do it like t.**, fallo così! □ **It was like t.: he was very late, and...**, le cose andarono così: lui era in forte ritardo, e... □ **talking of t. and that**, discutendo del più e del meno □ **What's all t.?**, che cos'è?; cosa c'è?; cosa succede? □ (*al telefono*) **«Who's t. speaking?»**, «chi (è che) parla?» **«T. is Mrs Jones speaking»**, «parla Mrs Jones» □ **T. is it!**, questo è il punto (*o* il problema)!; ci siamo!; è il momento cruciale! □ (*fam.*) **T. is it, or else**, o prendere o lasciare: **a t.-or-else choice**, una scelta obbligata □ **With t.** (**At t.**) **she got up and left the room**, e con ciò (al che) ella si alzò e lasciò la stanza □ **T. won't do**, così non va!

this (**2**) /ðɪs/, *avv.* (*fam.*) così; tanto: **It was t. big**, era grosso così; **The bear was t. tall**, l'orso era alto così. ● **t. far**, fin qui; fino a questo punto □ **t. late**, così tardi □ **t. much**, questo; tanto (*lett.*): **T. much is certain: he won't come back today**, questo è certo: non ritornerà oggi.

Thisbe /ˈθɪzbɪ/, *n.* (*mitol.*) Tisbe.

thistle /ˈθɪsl/, *n.* (*bot., Carduus*) cardo (*emblema nazionale della Scozia*). ● (*zool.*) **t. finch**, cardellino □ (*in Scozia*) **the Order of the T.**, l'Ordine del Cardo.

thistledown /ˈθɪsldaʊn/, *n.* lanugine del cardo.

thistly /ˈθɪslɪ/, *a.* ***1*** simile al cardo; pungente, spinoso (*anche fig.*) ***2*** pieno di cardi; coperto di cardi.

thither /ˈðɪðə(r), *USA* ˈθɪð-/, *avv.* (*arc.*) là; colà; ci, vi: **hither and t.**, qua e là.

thitherward(s) /ˈðɪðəwədz, *USA* ˈθɪð-/, *avv.* (*arc.*) là; in quella direzione.

tho, tho' /ðəʊ/, *V.* **though**.

thole /θəʊl/, *n.* (*naut.*, = **tholepin**), scalmo.

Thomas /ˈtɒməs/, *n.* Tommaso. ● (*stor., relig.*) **T. Aquinas**, San Tommaso d'Aquino.

Thomism /ˈtəʊmɪzəm/, *n.* (*filos.*) tomismo.

Thomist /ˈtəʊmɪst/, *n.* (*filos.*) tomista.

Thomistic(al) /təʊˈmɪstɪk(l)/, *a.* (*filos.*) tomistico.

thong /θɒŋ, *USA* θɔːŋ/, *n.* ***1*** cinghia; correggia; striscia di cuoio; cinturino (*di sandalo, ecc.*) ***2*** staffile ***3*** (*di solito al pl.*) (*USA*) (ciabattina) infradito.

to **thong** /θɒŋ, *USA* θɔːŋ/, *v. t.* ***1*** provvedere di cinghia; munire di correggia ***2*** staffilare.

Thor /θɔː(r)/, *n.* (*mitol. germanica*) Thor (*dio del tuono e della guerra*).

thoracentesis /θɔːrəsɛn'tiːsɪs/, *n.* (*pl.* **thoracenteses**) (*med.*) toracentesi.
thoracic /θɔː'ræsɪk/, *a.* (*anat.*) toracico.
thoracocentesis /θɔːrəkəusɛn'tiːsɪs/, *n.* (*pl.* **thoracocenteses**) (*med.*) toracocentesi.
thoracoplasty /'θɔːrəkəuplæstɪ/, *n.* (*med.*) toracoplastica.
thoracoscope /'θɔːrəkəuskəup/, *n.* (*med.*) toracoscopio.
thoracoscopy /θɔːrə'kɒskəpɪ/, *n.* (*med.*) toracoscopia.
thoracotomy /θɔːrə'kɒtəmɪ/, *n.* (*med.*) toracotomia.
thorax /'θɔːræks/, *n.* (*pl.* **thoraxes, thoraces**) (*anat.*) torace.
thoria /'θɔːrɪə/, *n.* (*chim.*) ossido di torio.
thoric /'θɔːrɪk/, *a.* (*chim.*) del torio; che contiene torio.
thorite /'θɔːraɪt/, *n.* (*miner.*) torite.
thorium /'θɔːrɪəm/, *n.* (*chim.*) torio.
thorn /θɔːn/, *n.* *1* spina (*anche fig.*): **a t. in one's side** (*o* **in one's flesh**), una spina nel fianco; un cruccio continuo *2* (*zool.*) aculeo; spina *3* (*bot.*) spino; pianta spinosa *4* (*bot.*, *di solito* **hawthorn**) biancospino. ● (*bot.*) **t. apple** (*Datura stramonium*), stramonio □ **t. bush**, rovo, biancospino; (*anche*) savana spinosa □ **t. forest**, boscaglia spinosa □ **t. hedge**, siepe di biancospino □ (*fig.*) **to be [to sit] on thorns**, essere [stare] sulle spine □ (*prov.*) **There's no rose without a t.**, non c'è rosa senza spine.
thornback /'θɔːnbæk/, *n.* (*zool.*) *1* (*Raja clavata*) razza chiodata *2* (*Maya squinado*) grancevola.
thornbill /'θɔːnbɪl/, *n.* (*zool.*, *Rhamphomicron*) ranfomicro.
thorniness /'θɔːnɪnəs/, *n.* (*anche fig.*) spinosità.
thornless /'θɔːnləs/, *a.* senza spine; privo di spine.
thorn-tree /'θɔːntriː/, *n.* (*bot.*) *1* (*Crataegus oxyacantha*) biancospino *2* (*Gleditsia triacanthos*) spino di Giuda.
thorny /'θɔːnɪ/, *a.* spinoso (*anche fig.*): **a t. problem**, un problema spinoso. ● (*fig.*) **the t. path to peace**, la strada irta di difficoltà che porta alla pace.
thoron /'θɔːrɒn/, *n.* (*fis. nucl.*) toron.
thorough /'θʌrə, *USA* 'θɜːrəʊ, -rə/, **A** *a.* *1* completo; a fondo; approfondito; esauriente; intero; totale; profondo; radicale: **a t. clean**, una pulita a fondo; **a t. investigation**, un'indagine approfondita; **a t. explanation**, una spiegazione esauriente; **a t. change**, un mutamento profondo, radicale *2* accurato; minuzioso; preciso: (*mecc.*) **a t. overhaul**, un'accurata (*o* una bella) ripassata (*al motore*); **a t. person**, una persona minuziosa, precisa *3* bell'e buono; vero e proprio; matricolato; perfetto; assoluto: **a t. gentleman**, un vero gentiluomo; **He's a t. scoundrel**, è un furfante matricolato. **B** *n.* – (*stor.*) **T.**, rigida linea politica (*al tempo di Carlo I*). ● (*mus.*) **t. bass**, basso continuo □ **t. brace**, bandella di carrozza (*fra le balestre*).
thoroughbred /'θʌrəbrɛd, *USA* 'θɜːrə(ʊ)-/, **A** *a.* *1* purosangue; di razza: **a t. horse**, un cavallo di razza *2* (*fig.*) colto; raffinato; di classe; che ha stile *3* (*fig.*) focoso. **B** *n.* *1* purosangue (*specialm. cavallo*) *2* (*fig.*) persona raffinata, che ha stile.
thoroughfare /'θʌrəfɛə(r), *USA* 'θɜːrə(ʊ)-/, *n.* *1* strada di grande traffico; via principale *2* (*autom.*) strada di scorrimento veloce *3* canale navigabile; idrovia. ● (*autom.*) **«No t.»** (*cartello*), «divieto di transito; circolazione vietata».
thoroughgoing /'θʌrəgəuɪŋ, *USA* 'θɜːrə(ʊ)-/, *a.* *1* deciso; inflessibile; risoluto *2* completo; esauriente; intero; totale; profondo *3* bell'e buono; perfetto; assoluto; matricolato: **a t. fool**, un perfetto cretino.
thoroughly /'θʌrəlɪ, *USA* 'θɜːrəlɪ/, *avv.* completamente; esaurientemente; a fondo.
thoroughness /'θʌrənəs, *USA* 'θɜːrə(ʊ)-/, *n.* *1* completezza *2* precisione; accuratezza; minuziosità.
thoroughpaced /'θʌrəpeɪst, *USA* 'θɜːrə(ʊ)-/, *a.* *1* (*di cavallo*) allenato (*o* avvezzo) a tutte le andature *2* (*fig.*) abile; esperto *3* *V.* **thoroughgoing**.
thoroughpin /'θʌrəpɪn, *USA* 'θɜːrə(ʊ)-/, *n.* (*vet.*) vescicone (*gonfiore del garretto del cavallo*).
those /ðəuz/, *a.* e *pron. dimostrativo* (*pl. di* **that**) quelli, quelle; codesti, codeste; cotesti, coteste: **Bring me t. books**, portami codesti libri; **T. aren't mine**, quelli non sono miei. ● **t. who**, coloro i quali (*o* le quali); quelli (*o* quelle) che.
thou (**1**) /ðaʊ/, *pron. pers. 2ª pers. sing.* (*arc.*, *poet.*) tu (*usato ancora nelle preghiere e dai quaccheri, per* **you**).
thou (**2**) /θaʊ/, *n.* (*pl.* **thous, thou**) *1* millesimo di pollice *2* (*fam.*) mille; (*specialm.*) mille sterline; (*USA*) mille dollari.
to **thou** /ðaʊ/, **A** *v. i.* usare il «thou»; dare del tu. **B** *v. t.* dare del tu a (q.).
though /ðəʊ/, **A** *cong.* *1* sebbene; benché; quantunque: **T. it was very late, I went on studying**, sebbene fosse molto tardi, continuai a studiare *2* (= **even t.**) anche se; ancorché: **It is better to ask him, (even) t. he should refuse**, anche se dovesse rifiutare, è meglio chiederglielo. **B** *avv.* (*fam.*) tuttavia; pure; nondimeno: **I wish you had told me, t.**, tuttavia, vorrei tu me l'avessi detto. ● **as t.**, come se; che: **He acts as t. he were mad**, si comporta come se fosse impazzito; **It looks as t. he meant business**, pare che faccia sul serio □ (*lett.*) **What t. we fail?**, che importa se falliremo?
thought (**1**) /θɔːt/, *pass.* e *p. p.* di **to think**. ● **t.-out**, escogitato; studiato a fondo; pensato.
thought (**2**) /θɔːt/, *n.* *1* pensiero; concetto; idea; opinione; meditazione; riflessione; attenzione; considerazione: **That is a noble t.**, questo è un nobile pensiero; **He was absorbed in t.**, era assorto nei suoi pensieri; **to spend one's spare time in t.**, passare il tempo libero in meditazione; **a happy t.**, un'idea felice; **«Why don't we go by bus?» «That's a t.!»**, «perché non ci andiamo in autobus?» «questa sì che è un'idea!»; **Unfortunately, I had to give up all t. of becoming a doctor**, purtroppo, dovetti rinunciare all'idea di fare il medico; **He gave no t. to the matter**, non prese la cosa in considerazione *2* (*fam.*) (un) po'; (un) tantino; (un') ombra: **The colour is a t. too dark**, il colore è un po' troppo scuro; **Be a t. more careful, please**, sta' un po' più attento, per favore! *3* cura; riguardo; attenzione; preoccupazione *4* pensiero; filosofia: **Twentieth century t.**, il pensiero del Novecento. ● **t.-reader**, chi legge nel pensiero □ **t.-reading**, lettura del pensiero □ **t.-transference**, trasmissione del pensiero; telepatia □ **as quick as t.**, rapido come il pensiero □ **to give (some) t. to st.**, fare un pensiero su q.c.: **I promise I'll give it some t.**, prometto di farci un pensiero (*o* di pensarci su) □ **to give up all t. of sb. [of st.]**, non pensare neanche a q. [a q.c.]; rinunciare a q. [a q.c.] □ **to have (some) [no] t.**, avere (una certa) [nessuna] intenzione (*o* idea); pensare [non pensare]: **I had (some) thoughts of resigning**, avevo idea di dare le dimissioni; **I had no t. of meeting you**, non pensavo davvero d'incontrarti □ **modern t. in child education**, la pedagogia moderna □ **on second thoughts**, ripensandoci; pensandoci meglio □ **to take t.**, pensarci su; riflettere: **I must take t. how to do it**, devo riflettere su come farlo □ **to take t. for st.**, preoccuparsi per q.c.; darsi pensiero di q.c. □ **with no t. for one's own safety**, senza curarsi della propria incolumità □ **Don't give it a moment's t.**, non farci caso!; non pensarci neanche! non curartene! □ (*prov.*) **Second thoughts are best**, le decisioni meditate sono le migliori; è sempre meglio riflettere.
thoughtful /'θɔːtfl/, *a.* *1* pensieroso; pensoso; cogitabondo; meditabondo; sovrappensiero; impensierito; preoccupato: **He was t. for a while**, stette un po' sovrappensiero *2* ricco di pensiero; meditato; serio; profondo: **a t. book**, un libro meditato; **with a t. expression**, con la faccia seria *3* attento; premuroso; **a t. writer**, uno scrittore profondo; riguardoso; sollecito; gentile: **a t. husband**, un marito premuroso; **It was t. of you to come**, è stato gentile da parte tua venire. ● **to be t. of others**, essere pieno di riguardi per il prossimo. || **-ly**, *avv.* || **-ness**, *sost.*
thoughtless /'θɔːtləs/, *a.* *1* avventato; leggero; sbadato; sconsiderato; irriflessivo; sventato; trascurato: **a t. boy**, un ragazzo sbadato; **a t. decision**, una decisione avventata; **t. acts**, azioni sconsiderate *2* (*specialm.* **t. of others**) irriguardoso; egoistico; scortese; menefreghista (*fam.*) *3* ottuso; stupido. ● **the t. forces of nature**, le forze irrazionali della natura □ **It was very t. of him**, è stata una grossa scortesia da parte sua. || **-ly**, *avv.* || **-ness**, *sost.*
thousand /'θaʊznd/, **A** *a.* e *n.* mille: **a t. (one t.) soldiers**, mille soldati; **one in a t.**, uno su mille; **It is a t. times easier**, è mille volte più facile. **B** *n.* migliaio: **by thousands**, a migliaia. ● (*fig.*) **(a) t. and one**, innumerevoli □ (*bot.*) **t.-leaf** (*Achillea millefolium*), millefoglie □ (*zool.*, *fam.*) **t.-legs**, millepiedi □ **a t. thanks**, mille grazie! □ **about a t.**, un migliaio □ **five t.**, cinquemila □ **four t.**, quattromila □ **three t.**, tremila □ **two t.**, duemila □ (*fig.*) **He is one in a t.**, è una mosca bianca; è unico nel suo genere.
thousandfold /'θaʊzndfəʊld/, *a.* e *avv.* mille volte (tanto).
thousandth /'θaʊzndθ/, *a.* e *n.* millesimo; (*mat.*) **one t.**, un millesimo (1/1 000). ● (*fig.*) **for the t. time**, per l'ennesima volta.
Thrace /θreɪs/, *n.* (*stor.*, *geogr.*) Tracia.
Thracian /'θreɪʃn/, *a.* e *n.* (*stor.*) trace; tracio.
thraldom /'θrɔːldəm/, *n.* (*stor.*) schiavitù; servitù; (*fig.*) soggezione.
thrall /θrɔːl/, *n.* *1* (*stor.*) schiavo, schiava (*spesso fig.*): **He is a t. to drink**, è schiavo dell'alcol *2* schiavitù; servitù; (*fig.*) soggezione. ● **in t.**, in schiavitù; asservito.
thralldom /'θrɔːldəm/, (*USA*) *V.* **thraldom**.
thrash /θræʃ/, *n.* *1* lo sbattere (*delle onde, della pioggia*); forte rumore *2* (*agric.*) trebbiatura *3* (*nuoto*) battuta delle gambe *4* (*mecc.*) battito; vibrazione.
to **thrash** /θræʃ/, **A** *v. t.* *1* battere; colpire; percuotere; fustigare; sferzare; staffilare *2* (*agric.*, *di solito* **to thresh**) battere (*il grano*); trebbiare *3* (*fam.*, *sport*) battere; sconfiggere; suonarle a (*fam.*). **B** *v. i.* *1* (*naut.*) navigare controvento *2* – **to t. about**, agitarsi; dibattersi; dimenarsi: **The drowning man thrashed about in the dark waters of the lake**, l'uomo sul punto d'affogare si dibatteva nelle cupe acque del lago *3* – **to t. about**, agitarsi (*fig.*); arrovellarsi: **to t. about for an answer**, arrovellarsi in cerca di una risposta *4* (*sport*) battere le gambe (*nel nuoto*) *5* (*mecc.*) battere; vibrare. ● **to t. around**, *V. sopra, B def. 2* e *3* □ **to t. out**, dibattere; discutere; sviscerare: **They thrashed out the question**, sviscerarono la questione □ **to t. out a problem**, chiarire un problema □ **to t. out the truth**, scoprire la verità □ **to t. the truth out of sb.**, costringere q. a confessare a furia di sferzate.
thrasher /'θræʃə(r)/, *n.* *1* chi batte; chi percuote *2* (*zool.*, *Alopias vulpinus*) pesce volpe; pavone di mare *3* *V.* **thresher** (**1**).
thrashing /'θræʃɪŋ/, *n.* *1* bastonatura; botte; percosse; fustigatura; staffilatura *2* (*fam.*, *sport*) sconfitta; batosta *3* *V.* **threshing**.
thrasonical /θrə'sɒnɪkl/, *a.* (*raro, lett.*) borioso; millantatore; vanaglorioso.

thread /θrɛd/, *n.* ***1*** filo (*anche fig.*); refe; spago: **a reel of cotton t.**, un rocchetto di filo di cotone; **sewing t.**, filato cucirino; **gold t.**, filo d'oro; **His life hangs by a t.**, la sua vita è sospesa a un filo; **a t. of light**, un filo di luce; **to lose the t.** (**of one's discourse**), perdere il filo (del discorso); **to resume** (*o* **to pick up**) **the threads of a story**, riprendere il filo di un racconto; **shoe t.**, spago per calzolaio ***2*** (*ind. tess.*) filo; **t. counter**, contafili ***3*** (*fis.*) filetto fluido: **water t.**, filetto fluido dell'acqua ***4*** (*mecc.*: *di vite*) filetto; filettatura; impanatura ***5*** (*geol.*) vena fine; filo ***6*** (*pl.*) (*pop.*) vestiti; stracci (*pop.*). ● (*mecc.*) **t. cutter**, fresa per filettare □ (*ind. tess.*) **t. guide**, guidafilo □ **t.-lace**, merletto di filo □ **t. mark**, filigrana (*dei biglietti di banca*) □ (*mecc.*) **t. miller**, fresatrice per filetti □ (*fig.*) **the t. of life**, la trama della vita □ (*ind. tess.*) **t. waste**, cascame di filatura; filetto □ (*fig.*) **to gather up the threads**, raccogliere (*o* trarre) le fila del discorso; concludere □ **a length of t.**, una gugliata □ (*fig.*) **not to have a dry t. on one**, essere bagnato fradicio □ (*di abito*) **to be worn to a t.**, mostrare la trama; essere logoro.

to **thread** /θrɛd/, **A** *v. t.* ***1*** infilare; infilzare: **to t. a needle**, infilare un ago; **to t. beads**, infilare perline ***2*** fare (q.c.) infilando: **to t. a chain**, fare una catena infilando le maglie una entro l'altra ***3*** (*di solito* **to t. one's way through**) ficcarsi in; infilarsi in; intrufolarsi in; farsi largo fra: **We threaded our way through the crowd**, c'infilammo tra la folla ***4*** striare (*i capelli, ecc.*): **His hair is threaded with white**, i suoi capelli sono striati di bianco (*o* ha dei fili bianchi nei capelli) ***5*** (*fig.*) pervadere: **A note of despair threaded the story**, una nota di disperazione pervadeva il racconto ***6*** (*fotogr., cinem.*) caricare (*una pellicola*) ***7*** (*mecc.*) filettare (*una vite, ecc.*). **B** *v. i.* ***1*** (*di solito* **to t. through**) infilarsi in; farsi strada fra: **to t. through narrow passages**, infilarsi in stretti passaggi ***2*** (*di sciroppo che bolle, ecc.*) fare il filo. ● **to t. a crowded place**, farsi largo fra la folla.

threadbare /ˈθrɛdbɛə(r)/, *a.* ***1*** consunto; consumato; logoro; frusto; liso: **a t. carpet**, un tappeto logoro; **a t. jacket**, una giacca frusta ***2*** (*fig.*) trito; vieto; stantio; fritto e rifritto (*fig.*): **a t. subject**, un argomento trito; **a t. story**, una storiella stantia. || **-ness**, *sost.*

threaded /ˈθrɛdɪd/, *a.* ***1*** infilato; provvisto di filo: **a t. needle**, un ago infilato ***2*** (*mecc.*) filettato.

threader /ˈθrɛdə(r)/, *n.* ***1*** chi infila, chi infilza (*V.* **to thread**) ***2*** infila-ago ***3*** (*mecc.*, = **threading machine**) filettatrice.

threadiness /ˈθrɛdɪnəs/, *n.* ***1*** filamentosità; fibrosità ***2*** (*fig.*) esilità; flebilità; sottigliezza.

threading /ˈθrɛdɪŋ/, *n.* ***1*** infilatura ***2*** (*mecc.*) filettatura. ● (*mecc.*) **t. die**, filiera □ (*mecc.*) **t. machine**, filettatrice.

threadlike /ˈθrɛdlaɪk/, *a.* filiforme; esile; sottile.

threadworm /ˈθrɛdwɜːm/, *n.* (*zool.*) nematodo; filaria.

thready /ˈθrɛdɪ/, *a.* ***1*** filamentoso; fibroso; filaccioso ***2*** (*fig.*) esile; flebile; sottile: **in a t. voice**, con voce flebile. ● (*med.*) **t. pulse**, polso filiforme.

threat /θrɛt/, *n.* minaccia; (*fig.*) sintomo, segno premonitore, pericolo: **the t. of nuclear war**, la minaccia della guerra atomica; **a t. to peace**, una minaccia alla pace; **a t. of snow**, una minaccia di neve; **to carry out a t.**, mettere in atto una minaccia.

to **threaten** /ˈθrɛtn/, **A** *v. t.* minacciare (*anche fig.*): **He threatened to kill me**, minacciò d'uccidermi; **He threatened me with death**, mi minacciò di morte; **The black clouds t. a heavy storm**, le nere nubi minacciano un grosso temporale; **It threatens to snow**, minaccia di nevicare. **B** *v. i.* ***1*** fare minacce ***2*** (*del tempo, ecc.*) essere minaccioso ***3*** (*fig.*) incombere: **When danger threatens, wild animals run away or take shelter**, quando il pericolo incombe, i selvatici scappano o si rintanano. ● **to t. punishment**, minacciare sanzioni disciplinari.

threatener /ˈθrɛtnə(r), -tən-/, *n.* chi minaccia.

threatening /ˈθrɛtnɪŋ, -tən-/, **A** *a.* minaccioso; minatorio: **t. letter**, lettera minatoria. **B** *n.* (*leg.*) minacce; intimidazione. || **-ly**, *avv.*

three /θriː/, **A** *a.* e *n.* tre: **t. books**, tre libri; **the t. of diamonds**, il tre di quadri; (*mat.*) **the rule of t.**, la regola del tre. **B** *n.* (*pattinaggio*) tre; figura del tre. ● **t.-act play**, commedia in tre atti □ (*golf*) **t.-ball match**, partita a tre palle □ **a t.-bottle man**, un gran bevitore □ **the t. C's**, le tre C; automobile, televisore a colori e aria condizionata (*cioè*: **car, colour TV, air conditioning**) □ **the t.-card trick**, il gioco delle tre carte □ (*archit.*) **t.-centred arch**, arco a tre centri □ (*arti grafiche*) **t.-colour process**, tricromia □ **t.-cornered contest** (*o* **fight**), competizione a tre; scontro elettorale fra tre candidati □ **t.-cornerd hat**, tricorno □ (*ippica*) **t.-day event**, gara dei tre giorni (*dressage, campestre e ostacoli*) □ (*econ.*) **t.-day week**, settimana lavorativa di tre giorni □ (*USA*) **t.-day weekend**, fine settimana; lungo ponte (*fig.*) □ **t.-decker**, (*stor.*) nave a tre ponti; (*fam.*) qualsiasi cosa a tre piani (*o* strati); doppio sandwich □ (*scient., tecn.*) **t.-dimensional**, tridimensionale □ **t.-figure number**, numero di tre cifre □ (*di gioco di carte*) **t.-handed**, che si gioca in tre □ (*relig.*) **T. in One**, la Santissima Trinità □ (*autom.*) **a t.-lane highway**, una strada a tre corsie □ **a t.-legged race**, una corsa a tre gambe (*a coppie di corridori, la gamba destra di uno dei quali è legata alla gamba sinistra dell'altro*) □ **a t.-legged table**, un tavolino a tre gambe □ **t.-line whip**, (*polit.*) richiesta (*del questore*) di presenziare a una seduta; (*fig.*) invito pressante □ (*naut.*) **t.-master**, trealberi □ (*psic., USA*) **t. o'clock syndrome**, sindrome delle tre del pomeriggio □ (*poker*) **t. of a kind**, tris □ (*elettr.*) **t.-phase**, trifase □ **t.-piece**, a tre pezzi □ (*elettr.*) **t.-pin plug**, presa tripolare □ **t.-ply**, a tre strati; a tre capi; a tre fili: **t.-ply wood**, compensato a tre strati; **t.-ply wool**, lana a tre capi □ (*aeron.*) **a t.-point landing**, un atterraggio su tre punti; un atterraggio perfetto □ **t.-point turn**, (*autom.*) (test della capacità di) curvare in uno spazio ristretto; (*fig.*) manovra difficile □ (*rugby*) **t.-quarter**, trequarti □ **a t.-quarter bed**, un letto a una piazza e mezzo □ (*moda*) **t.-quarter length coat**, giacca trequarti □ **a t.-quarter portrait**, un ritratto di tre quarti □ **the t. R's**, le tre R; leggere, scrivere e far di conto (*cioè*: **to read, to write, to reckon**) □ **t.-ring circus**, circo equestre con tre arene; (*fig. USA*) posto incasinato, pieno di confusione □ **t.-sided**, trilaterale □ (*mecc.*) **t.-speed gear**, cambio a tre velocità □ **a t.-star hotel**, un albergo a tre stelle □ (*edil.*) **a t.-storeyed building**, un edificio a tre piani □ (*atletica*) **the 3,000-metre steeplechase**, i tremila a ostacoli □ **t. times t.**, (*mat.*) tre per tre; (*anche*) tre salve di applausi di tre evviva ciascuna □ **t.-wheeler**, veicolo a tre ruote; triciclo □ **t.-year-old**, di tre anni; che ha tre anni; (*ippica*) cavallo di tre anni.

three-D /θriːˈdiː/, **A** *a.* (= **3-D**, *per* **three-dimensional**) ***1*** tridimensionale ***2*** (*fig.*) realistico. **B** *n.* effetto (*specialm. di film*) tridimensionale.

threefold /ˈθriːfəʊld/, **A** *a.* triplice; triplo. **B** *avv.* tre volte (tanto).

threepence /ˈθrɛpəns, ˈθrʌp-, ˈθrɪp-, ˈθrʊp-, ˈθriːpɛns/, *n.* (*prima del 1971*) tre pence.

threepenny /ˈθrɛpənɪ, ˈθrʌp-, ˈθrɪp-, ˈθrʊp-, ˈθriːpənɪ/, *a.* ***1*** (*prima del 1971*) che costa (*o* che vale) tre pence; da tre pence: **a t. bit**, una monetina da tre pence; **a t. stamp**, un francobollo da tre pence ***2*** (*fig.*) da due soldi; di poco valore.

threescore /ˈθriːˈskɔː/, *a.* e *n.* (*arc.*) sessanta; sessantina; sessant'anni: **My father has passed t.**, mio padre ha passato la sessantina. ● **t. years and ten**, settant'anni; settantina (*l'età*).

threesome /ˈθriːsəm/, **A** *n.* ***1*** gruppo di tre persone ***2*** (*specialm. golf*) partita a tre. **B** *a.* di tre; triplice.

threnode /ˈθriːnəʊd/, *n.* trenodia.

threnodial /θrɪˈnəʊdɪəl/, **threnodic** /θrɪˈnɒdɪk/, *a.* di trenodia; lamentoso; lugubre.

threnodist /ˈθriːnədɪst/, *n.* autore (*o* cantore) di trenodie.

threnody /ˈθrɛnədɪ/, *n.* trenodia.

to **thresh** /θrɛʃ/, *v. t.* e *i.* (*agric.*) battere (*il grano, ecc.*); trebbiare. ● **to t. out**, *V.* **to thrash out**, *sotto* **to thrash**.

thresher (**1**) /ˈθrɛʃə(r)/, *n.* (*agric.*) ***1*** trebbiatore ***2*** trebbia; trebbiatrice.

thresher (**2**) /ˈθrɛʃə(r)/, *n.* (*zool., Alopias vulpinus*; = **t. shark**) pesce volpe; pavone di mare.

threshing /ˈθrɛʃɪŋ/, *n.* (*agric.*) trebbiatura. ● **t. floor**, aia □ **t. machine**, trebbia; trebbiatrice.

threshold /ˈθrɛʃəʊld, -həʊld/, *n.* ***1*** (*edil.*) soglia (*anche fig.*); limitare: **to cross the t.**, varcare la soglia; (*psic.*) **t. of consciousness**, soglia della coscienza; **on the t. of life**, sulla soglia della vita ***2*** (*elettron., fis., mat.*) soglia. ● (*econ.*) **t. price**, prezzo di soglia; prezzo d'entrata □ (*metall.*) **t. treatment**, trattamento limite □ (*fin.*) **to be below the t. of VAT**, essere esenti dall'I.V.A. □ **on the t. of revolution**, alla vigilia d'una rivoluzione □ **on the t. of war**, sull'orlo della guerra □ (*fisc.*) **tax t.**, livello minimo di tassabilità □ (*econ.*) **wage t.**, soglia salariale.

threw /θruː/, *pass.* di **to throw**.

thrice /θraɪs/, *avv.* (*lett. o raro*) tre volte. ● **t. blessed**, tre volte beato □ **t. favoured**, altamente favorito.

thrift /θrɪft/, *n.* ***1*** economia; frugalità; parsimonia; risparmio ***2*** (*bot., Armeria vulgaris*) armèria. ● (*banca*) **t. account**, conto di deposito a risparmio □ (*USA*) **t. shop**, negozio d'articoli usati (*spesso venduti a scopi di carità*) □ **«T. store»** (*insegna di negozio*), «Al risparmio».

thriftily /ˈθrɪftəlɪ/, *avv.* frugalmente; parsimoniosamente; facendo economia.

thriftiness /ˈθrɪftɪnəs/, *n.* ***1*** economia; frugalità; parsimonia; risparmio ***2*** (*raro*) prosperità; rigoglio.

thriftless /ˈθrɪftləs/, *a.* prodigo; scialacquatore; spendereccio. || **-ly**, *avv.*

thriftlessness /ˈθrɪftləsnəs/, *n.* prodigalità; spreco.

thrifty /ˈθrɪftɪ/, *a.* ***1*** economo; frugale; parco; parsimonioso; risparmiatore: **a t. housewife**, una massaia parsimoniosa ***2*** (*raro*) prospero; rigoglioso; fiorente.

thrill /θrɪl/, *n.* ***1*** brivido; fremito (*anche med.*); palpito; sussulto; tremito: **a t. of fear**, un brivido di paura ***2*** eccitazione; trasalimento ***3*** capacità d'impressionare; elemento (*o* fatto) eccitante; tensione; interesse: **This tragedy lacks t.**, questa tragedia è priva di tensione drammatica ***4*** (*med.*) fremito (*specialm. del cuore*). ● **to give sb. a t.**, far fremere q. di piacere; dare a q. un'emozione piacevole.

to **thrill** /θrɪl/, **A** *v. t.* eccitare; elettrizzare; entusiasmare; far fremere; far rabbrividire; far trasalire: **The football game thrilled the crowd**, la partita di calcio entusiasmò la folla; **His voice thrilled rock fans all over the world**, la sua voce faceva fremere i patiti di rock di tutto il mondo. **B** *v. i.* fremere; palpitare; rabbrividire; trepidare; trasalire; vibrare; emozionarsi: **She thrilled to the sound of my voice**, sentendo la mia voce, si emozionò; **to t. with delight**, fremere di gioia; **to t. with horror**, rabbrividire per l'orrore. ● **to t. at the good news**, essere eccitato per una buona notizia □ (*lett.*) **Fear thrilled through my veins**, un fremito di paura mi corse nelle vene.

thriller /ˈθrɪlə(r)/, *n.* thriller; thrilling; racconto (*o* dramma, film) sensazionale, che dà i brividi; romanzo (*o* film) giallo (*o* poliziesco).

thrilling /ˈθrɪlɪŋ/, *a.* **1** elettrizzante; entusiasmante; eccitante; emozionante: (*sport*) **a t. race**, una gara elettrizzante **2** (*di suono*) acuto; penetrante. || **-ly**, *avv.*

thrippence /ˈθrɪpəns/, *V.* **threepence**.

thrips /θrɪps/, *n.* (*invar. al pl.*) (*zool., Thrips*) tripide.

to **thrive** /θraɪv/ (*pass.* **throve** *o* **thrived**, *p. p.* **thriven** *o* **thrived**), *v. i.* **1** prosperare; fiorire (*fig.*): **The economy of Western Germany is thriving now**, ora prospera l'economia della Germania occidentale **2** crescere rigoglioso, robusto; (*di pianta*) allignare: **Young people thrive on fresh air**, i giovani crescono robusti all'aria aperta; **Cactus t. in the desert**, i cactus allignano nel deserto.

thriving /ˈθraɪvɪŋ/, *a.* **1** prospero; prosperoso; fiorente; florido: **a t. industry**, un'industria fiorente **2** rigoglioso; robusto. || **-ly**, *avv.*

thro, thro' /θruː/, *V.* **through** (**1**) e (**2**).

throat /θrəʊt/, *n.* **1** gola (*anche fig.*); faringe, trachea ed esofago; strozza (*fam.*): **the t. of a chimney**, la gola d'un camino; **I seized him by the t.**, l'afferrai per la gola **2** (*mecc.*) gola; strozzatura: **the t. of a pipe**, la strozzatura di un tubo **3** (*naut.*) gola (*di vela*); collo, diamante (*di ancora*). ● **t.-band**, soggolo; sottogola □ **t. cream**, crema per il collo (*cosmetico*) □ **t.-lash** (*o* **t.-latch**), sottogola (*del cavallo, ecc.*) □ **t. microphone**, laringofono □ **the t. of a furnace**, la bocca d'un forno □ **t.-strap**, *V.* **t.-lash** □ **t. wash**, gargarismo □ **clergyman's** (**sore**) **t.**, mal di gola degli oratori □ **to cut one's own t.**, tagliarsi la gola; (*fig.*) darsi la zappa sui piedi □ **to cut sb.'s t.**, tagliar la gola a q. □ (*fig.*) **to force** (*o* **to ram**) **st. down sb.'s t.**, imporre q.c. a q. con la forza □ (*lett.*) **to give sb. the lie in his t.**, accusare q. di mentire per la gola □ **to have a lump in one's t.**, avere un nodo alla gola □ **to have a sore t.**, aver mal di gola □ **to jump down sb.'s t.**, mangiare la faccia a q. (*fig.*) □ (*lett.*) **to lie in one's t.**, mentire per la gola □ (*di cibo e fig.*) **to stick in one's t.**, restare in gola; non andare giù □ (*fig.*) **to thrust st. down sb.'s t.**, imporre q.c. a q. con la forza □ **The words stuck in his t.**, le parole gli si strozzarono in gola.

to **throat** /θrəʊt/, *v. t.* (*mecc.*) strozzare.

throated /ˈθrəʊtɪd/, *a.* (*nei composti*) dalla gola: **a red-t. bird**, un uccello dalla gola rossa (*o* dal collo rosso). ● **full-t.**, a piena gola.

throatily /ˈθrəʊtəlɪ/, *avv.* gutturalmente.

throatiness /ˈθrəʊtɪnəs/, *n.* l'essere gutturale (*della voce*).

throaty /ˈθrəʊtɪ/, *a.* **1** (*della voce, ecc.*) gutturale; di gola: **a t. laugh**, una risata di gola **2** (*d'animale*) gozzuto **3** (*di persona*) dalla voce rauca; roco.

throb /θrɒb/, *n.* battito; palpito; pulsazione; vibrazione; fremito; sussulto: **heart-throbs**, i battiti del cuore; il batticuore; **a t. of joy**, un palpito di gioia; **a t. of pain**, un sussulto di dolore.

to **throb** /θrɒb/, *v. i.* battere; palpitare; pulsare; (*fig.*) fremere, vibrare: **My heart throbbed in a strange way**, il cuore mi batteva in modo strano; **The machinery was throbbing quietly**, c'era un sommesso vibrare di macchine. ● **My head is throbbing** (**with pain**), ho un terribile mal di capo; sembra che la testa mi si spacchi.

throbbing /ˈθrɒbɪŋ/, *a.* palpitante; pulsante; vibrante; fremente. ● **a t. pain**, un dolore lancinante. || **-ly**, *avv.*

throe /θrəʊ/, *n.* **1** (*lett.*) fitta di dolore; spasimo; spasmo **2** (*pl.*) doglie (*specialm. del parto*) **3** (*pl.*) spasimi (*dell'agonia*). ● (*fig.*) **to be in the throes of change**, essere nel travaglio della trasformazione □ (*fig.*) **in the throes of civil war**, in preda alla guerra civile □ **to be in the throes of death**, essere in agonia.

thrombin /ˈθrɒmbɪn/, *n.* (*biochim.*) trombina.

thrombocyte /ˈθrɒmbəsaɪt/, *n. pl.* (*biol.*) trombocito, trombocita; piastrina.

thromboembolism /θrɒmbəʊˈɛmbəlɪzəm/, *n.* (*med.*) tromboembolismo.

thromboembolus /θrɒmbəʊˈɛmbələs/, *n.* (*med.*) tromboembolo.

thrombophlebitis /θrɒmbəʊflɪˈbaɪtɪs/, *n.* (*med.*) tromboflebite.

thromboplastin /θrɒmbəʊˈplæstɪn/, *n.* (*biochim.*) tromboplastina.

thrombosis /θrɒmˈbəʊsɪs/, *n.* (*pl.* **thromboses**) (*med.*) trombosi.

thrombotic /θrɒmˈbɒtɪk/, *a.* (*med.*) trombotico.

thrombus /ˈθrɒmbəs/, *n.* (*pl.* **thrombi**) (*med.*) trombo.

throne /θrəʊn/, *n.* **1** trono (*anche fig.*): **to ascend the t.** (*o* **to come to the t.**), salire al trono **2** (*di papa, ecc.*) soglio; (*di vescovo*) cattedra **3** – (*relig.*) **the Thrones**, i Troni (*terzo ordine degli angeli*).

throng /θrɒŋ, *USA* θrɔːŋ/, *n.* **1** folla; calca; moltitudine; ressa; turba **2** (*lett.*) gran numero; massa; moltitudine.

to **throng** /θrɒŋ, *USA* θrɔːŋ/, **A** *v. t.* affollare; ingombrare; riempire; stipare: **Shoppers were thronging Oxford Street**, la gente che faceva acquisti affollava Oxford Street. **B** *v. i.* affollarsi; accalcarsi; pigiarsi; far ressa: **People througed to see the Queen**, la gente si accalcava per vedere la Regina.

throstle /ˈθrɒsl/, *n.* **1** (*zool., Turdus musicus*) tordo sassello **2** (*ind. tess.*, = **t. frame**) filatoio.

throttle /ˈθrɒtl/, *n.* **1** (*mecc.*, = **t. valve**) valvola di regolazione (*o* di strozzamento); valvola a farfalla **2** (*fam.*) gola. ● (*aeron.*) **t. lever**, leva (*o* pedale) del gas; acceleratore; manetta (*fam.*) □ (*mecc.*) **to close** [**to open**] **the t.**, chiudere [aprire] la valvola a farfalla; togliere [dare] gas (*fam.*).

to **throttle** /ˈθrɒtl/, *v. t.* **1** strozzare; strangolare; soffocare (*anche fig.*): **The dictator throttled freedom in his country**, il dittatore soffocò la libertà nel suo paese **2** (*mecc.*) regolare (*la pressione del vapore, un motore, ecc.*: *mediante una valvola*). ● (*autom.*) **to t. back** (*o* **down**), rallentare □ (*mecc.*) **to t. down**, rallentare, ridurre (*i giri di un motore*); far rallentare, ridurre la velocità di (*un'automobile, ecc.*); (*fig.*) rallentare (*l'attività, lo sviluppo economico, ecc.*).

throttling /ˈθrɒtlɪŋ/, *n.* **1** (*anche tecn.*) strozzamento **2** (*aeron.*) variazione di spinta. ● (*mil.*) **t. rod**, stantuffo d'efflusso (*di cannone*).

through (**1**) /θruː/, *prep.* **1** (*compl. di moto per luogo*) attraverso; per; entro; fra, tra; da: **The burglar came in t. the dormer window**, il ladro entrò attraverso l'abbaino; **The Tiber flows t. Rome**, il Tevere scorre attraverso (*o* attraversa) Roma; **We toured t. France**, viaggiammo per la Francia; **The news spread t. the town**, la notizia si sparse per la città; **to go t. a tunnel**, passare per una galleria; **The arrow went t. his arm**, la freccia gli passò attraverso (*o* gli trapassò) il braccio; **a road t. the woods**, una strada fra i boschi; **The rain came in t. a hole in the tent**, la pioggia entrava da un buco della tenda **2** (*tempo continuato*) per la durata di; durante; per: **He slept** (**all the way**) **t. the lecture**, dormì durante (tutta) la conferenza; **He sat patiently t. the lecture**, se ne restò pazientemente seduto fino alla fine della conferenza; **She waited t. ten long years**, attese per dieci lunghi anni **3** (*mezzo*) mediante; per mezzo di; per il tramite di: **I sent him the money t. a bank**, gli spedii il denaro per mezzo di una banca; **to speak t. an interpreter**, comunicare per mezzo di un interprete **4** (*causa*) a causa di; per colpa di; per: **It was all t. him that I was punished**, fui punito esclusivamente per colpa sua; **t. no fault of mine**, non per colpa mia; **done t. error**, fatto per errore **5** (*specialm. USA*; *compl. di spazio e tempo*) da... a: **Monday t. Friday**, dal lunedì al venerdì (*compreso*); **Please complete this form, items 1 t. 15**, favorite compilare questo modulo, nei punti da 1 a 15. ● **t. official channels**, per via gerarchica □ **all t. the drawers**, in tutti i cassetti; rovistando in tutti i cassetti □ **all t. the year** (*o* **all the year t.**), per tutto l'anno □ (*autom.*) **to drive t. a red light**, passare col rosso (*al semaforo*) □ **to get t. an exam**, superare un esame □ **to go t.**, esaminare, rivedere, verificare; frequentare sino al termine dei corsi; fare; consumare; spendere, sperperare: **Let's go t. the reports**, esaminiamo le relazioni!; **She went t. college**, fece l'università; **The reckless young man went t. a fortune**, quel giovanotto scapestrato sperperò un patrimonio □ **to see t. a trick**, non lasciarsi ingannare da uno stratagemma; scoprire il trucco.

through (**2**) /θruː/, *avv.* **1** attraverso; da parte a parte; da cima a fondo; dal principio alla fine: **The bullet has passed t.**, la pallottola è passata da parte a parte; **I drove the whole night t.**, guidai (per) tutta la notte; **He saw the show t.**, vide lo spettacolo da cima a fondo **2** completamente; interamente: **to be wet t.**, essere completamente bagnato; essere bagnato fradicio **3** direttamente: **The goods were sent t. to London**, la merce fu spedita direttamente a Londra **4** (*in locuz. col verbo* **to be**, *è idiom.*:) (*fam.*) **to be t.**, essere in comunicazione (telefonica), essere in linea; (*anche*) essere spacciato: (*telef.*) **You're t.**, Lei è in linea, parli pure; **You're t.**, sei spacciato, sei un uomo finito; (*fam.*) **to be t. with**, aver finito (q.c.); non aver più nulla a che fare con (q.): **I am t. with my exams**, ho finito gli esami; **I am t. with that fellow**, non ho più nulla a che fare con quell'individuo; con lui, ho chiuso!; **Jill and I are t.**, fra me e Jill è finita **5** (*nei verbi frasali, è idiom.*; *per es.*:) **to get t.**, attraversare, superare, ecc.; **to fall t.**, andare a monte; fallire; ecc. (*V. sotto* **to get, to fall**, ecc.). ● **t. and t.**, completamente; assolutamente; fino al midollo (*fig.*): **He is an extremist t. and t.**, è un estremista fino al midollo □ **to last all t.**, durare per tutto un certo periodo □ **to look a composition t.**, esaminare attentamente un tema □ **to look sb. t. and t.**, osservare q. attentamente; studiare q. □ **to read a book t. and t.**, leggere e rileggere un libro.

through (**3**) /θruː/, *a. attr.* **1** diretto: **a t. train**, un treno diretto **2** (*di strada*) di transito; di scorrimento. ● (*naut.*) **t. bill of lading**, polizza di carico diretta (*o* cumulativa) □ (*mecc.*) **a t. bolt**, un bullone passante □ (*ferr.*) **t. carriage**, vettura diretta □ (*naut.*) **t. freight**, nolo a forfait □ (*sport*) **t. pass** (*o* **shot**), diagonale □ (*ferr.*) **t. passenger**, viaggiatore di treno diretto □ (*ferr.*) **t. rates**, tariffe per trasporti in servizio cumulativo □ **t. road**, strada transitabile □ (*autom.*) **t. street**, strada con diritto di precedenza □ (*ferr.*) **t. ticket**, biglietto cumulativo □ **«No t. road»** (*cartello*), «strada senza uscita; divieto di transito».

throughout /θruːˈaʊt/, **A** *prep.* in tutto; per tutto; durante tutto: **t. the world**, in tutto il mondo; **t. the XIX century**, durante (*o* per) tutto il secolo XIX. **B** *avv.* in ogni parte; da parte a parte; dappertutto; completamente; interamente; in tutto e per tutto: **The flat is well-furnished t.**, l'appartamento è bene ammobiliato in ogni parte (in ogni stanza); **The pavement was broken t.**, il marciapiede era tutto rotto. ● **t. the war**, per tutta la durata della guerra □ **to travel t. the country**, viaggiare da un capo all'altro del paese.

throughput /ˈθruːpʊt/, *n.* **1** (*ind.*) quantità di materia prima messa in lavorazione **2** (*econ.*) volume della produzione **3** (*elab.*) capacità di trattamento; prestazione; produttività ***4*** (*tecn.*) velocità di trasmissione dei dati. ● (*cronot.*) **t. time**, tempo di lavorazione.

throughway /ˈθruːweɪ/, *n.* (*USA*) autostrada; superstrada.

throve /θrəʊv/, *pass.* di **to thrive**.

throw /θrəʊ/, *n.* ***1*** getto; lancio; tiro: **at a stone's t.**, a un tiro di pietra; **a t. of dice**, un lancio dei dadi; (*sport*) **a t. of the hammer**, un lancio del martello ***2*** (*mil.*) gittata ***3*** (*geol.*) rigetto verticale ***4*** (*mecc.*) gomito; manovella; eccentricità (*d'una camma*) ***5*** (*mecc.*) corsa massima; alzata; raggio ***6*** campata (*di una linea elettrica*) ***7*** (*lotta*) schienata; atterramento ***8*** (*USA*) copripoltrona; copridivano. ● (*rugby*) **t. forward**, spinta in avanti □ (*sport*) **t.-in**, rimessa laterale: **to make the t.-in**, effettuare la rimessa □ **t.-off**, partenza (*in una corsa di cavalli*); inizio (*d'una caccia*); (*mecc.*) dispositivo di arresto □ **t.-out**, scarto (*persona, cosa scartata*); (*comm.*) articolo di scarto; (*mecc.*) (dispositivo di) disinnesto □ (*ai dadi, ecc.*) **It's your t.**, sta a te; tocca a te tirare.

to **throw** /θrəʊ/ (*pass.* **threw**, *p. p.* **thrown**), *v. t.* e *i.* ***1*** buttare; gettare; lanciare; scagliare; fare un lancio: **to t. hand grenades**, gettare bombe a mano; (*sport*) **to t. the discus**, lanciare il disco; **T. me the rope**, buttami la corda!; **Don't t. stones at the birds**, non scagliar sassi agli uccelli!; **He threw himself at the thief**, si gettò sul ladro; **The referee threw the ball up**, l'arbitro gettò in aria la palla; **He can t. well**, fa dei buoni lanci; è un buon lanciatore; **She threw me a kiss**, mi gettò un bacio ***2*** gettare a terra; atterrare; abbattere: (*di un lottatore*) **He threw the other wrestler**, atterrò l'avversario ***3*** disarcionare: **I was thrown by my horse**, fui disarcionato dal cavallo ***4*** (*del cavallo*) perdere: **My horse threw a shoe**, il mio cavallo perse un ferro ***5*** (*di serpente*) mutare ***6*** (*di conigli, ecc.*) figliare; sgravarsi di; partorire ***7*** (*ind. tess.*) torcere, avvolgere (*seta, ecc.*) ***8*** (*ind. ceramica*) formare, modellare (*un vaso, ecc.*) al tornio ***9*** rivolgere; volgere; dare (*uno sguardo*): **He threw his eyes to the ground**, volse lo sguardo a terra; **He threw an angry look at me**, mi diede un'occhiataccia ***10*** (*giocando ai dadi*) fare (*punti*): **I threw two fives**, feci due cinque ***11*** (*fam.*) dare: **to t. a dinner party**, dare un pranzo (*in onore di q.*) ***12*** (*mil.*) mandare (*una pattuglia, ecc.*) in avanscoperta ***13*** sconcertare; rendere perplesso; shockare ***14*** (*sport, fam.*) perdere (*un incontro*) deliberatamente. ● (*fig.*: *di un giudice, un poliziotto*) **to t. the book at sb.**, incriminare q.; mettere q. sotto il torchio (*fig.*) □ **to t. a card**, gettare (*o* giocare) una carta (*al gioco*) □ **to t. a fit**, avere una crisi di nervi □ **to t. good money after bad**, buttar altro denaro per tentare di recuperare quello già perduto □ (*mil.*) **to t. a grenade clear**, lanciare (*o* rilanciare) una bomba a mano prima che scoppi □ **to t. mud at sb.**, gettare fango su q. (*anche fig.*) □ **to t. st. on** (*o* **over**) **one's shoulders**, gettarsi q.c. sulle spalle □ **to t. oneself at sb.**, scagliarsi contro q.; (*anche*) fare una corte spietata a q.; buttare le braccia al collo di q. (*fig.*) □ **to t. oneself under a train**, buttarsi sotto il treno □ **to t. open**, spalancare; aprire (*al pubblico*): **T. open all the windows**, spalanca le finestre!; **The park will be thrown open** (**to the public**) **on Sundays**, il parco sarà aperto al pubblico la domenica □ (*fig.*) **to t. open the door to**, lasciar adito a (*abusi, interferenze, ecc.*) □ (*fig.*) **to t. stones**, scagliare la prima pietra; accusare, muovere accuse.

♦**throw about**, *v. t.* + *avv.* ***1*** gettare, lanciare (*sassi, ecc.*) qua e là (*o* intorno) ***2*** agitare, dimenare, sbattere (*le braccia, le gambe, ecc.*) ***3*** scuotere; sballottare: **We were thrown about in the crowded bus**, eravamo sballottati nell'autobus stracolmo ***4*** (*fig.*) buttar via; sprecare; sperperare: **to t. one's money about**, sperperare il proprio denaro □ **to t. one's weight about** (*o* **around**), darsi del peso (*fig.*); comandare a bacchetta.

♦**throw across**, *v. t.* + *prep.* ***1*** gettare (*o* costruire) su: **to t. a bridge across a river**, gettare un ponte su un fiume ***2*** (*mil.*) gettare, far avanzare (*truppe*) in (*un terreno*).

♦**throw around**, **A** *v. t.* + *avv.* *V.* **throw about**. **B** *v. t.* + *prep.* ***1*** gettare, buttare attorno a: **to t. one's arms around sb.'s neck**, buttare le braccia al collo di q. ***2*** (*fig.*) stendere intorno a: **The police threw a cordon around the hideout**, la polizia stese un cordone intorno al covo dei banditi □ **to t. a shawl around one's shoulders**, gettarsi uno scialle sulle spalle.

♦**throw aside**, *v. t.* + *avv.* ***1*** gettare (*o* mettere) via (*o* da parte): **Throwing aside his umbrella, he went out in the rain**, dopo aver messo via l'ombrello, uscì sotto la pioggia ***2*** (*fig.*) trascurare (*un dovere, ecc.*); abbandonare (*un amico, ecc.*); violare, non rispettare (*una norma, una legge*).

♦**throw away**, *v. t.* + *avv.* ***1*** gettare, buttare via: **The monkey ate a banana and threw the skin away**, la scimmia mangiò una banana e buttò via la buccia ***2*** buttare via, scartare (*abiti vecchi e sim.*) ***3*** (*fig.*) buttar via; sprecare; sciupare; rinunciare a: **to t. a good chance away**, sprecare una buona occasione; **to t. away one's money on a risky enterprise**, buttar via i soldi in un'impresa azzardata; **to t. away one's principles**, rinunciare ai propri princìpi ***4*** dire (pronunciare, recitare, ecc.) con (finta) noncuranza; buttare là: **to t. away a remark**, buttare là un'osservazione □ **to t. away oneself**, buttarsi via (*fig.*): **Don't t. yourself away with that boy!**, non buttarti via mettendoti con quel ragazzo! □ **to t. away one's life**, sprecare la propria vita; (*anche*) perdere la vita.

♦**throw back**, **A** *v. t.* + *avv.* ***1*** buttare indietro; ributtare; rilanciare: **to t. back a ball**, rilanciare una palla ***2*** buttare (*o* tirare) indietro; ripiegare; scostare: **to t. back the bed clothes**, buttare indietro le coperte del letto; **to t. back one's head**, buttare indietro la testa; **to t. back one's shoulders**, tirare indietro le spalle; **to t. back the curtains**, scostare le tendine ***3*** fare indietreggiare; respingere: **to t. back the attackers**, respingere gli attaccanti ***4*** (*fam.*) rinfacciare; gettare in faccia (*fig.*): **His juvenile misdemeanours were thrown back at him**, gli furono rinfacciate le sue colpe giovanili ***5*** far ritardare, rallentare (*la produzione, ecc.*) ***6*** riflettere: **The lake was throwing back the moonlight**, il lago rifletteva il chiaro di luna. **B** *v. i.* + *avv.* ***1*** (*biol.*: *di un organismo*) regredire ***2*** (*di una persona*) prendere da, somigliare a (*un antenato*) □ **to t. sb. back on**, costringere q. a far ricorso (*o* a tornare) a: **During the long war blackout, we were thrown back on candles**, durante la guerra, la lunga mancanza d'energia elettrica ci costrinse a fare uso delle candele; **When he lost his job, he was thrown back on his savings**, quando perse il lavoro, dovette utilizzare i suoi risparmi □ **to t. sb. back to faith**, far ritornare q. alla fede □ **to t. one's mind back to**, riandare con la mente a □ **to t. sb.'s mind back to one's youth**, richiamare alla mente di q. (*o* rammentare a q.) la giovinezza.

♦**throw down**, *v. t.* + *avv.* ***1*** buttare giù; gettare a terra; abbattere, rovesciare (*anche fig.*): **I was thrown down by the explosion**, fui gettato a terra dall'esplosione; **to t. down a tyrant**, abbattere un tiranno; **to t. down the government**, rovesciare il governo ***2*** gettare; posare con forza: **to t. some coins down**, gettare delle monete sul tavolo □ **to t. down one's arms**, gettare le armi; arrendersi □ **to t. down the gauntlet**, gettare il guanto, sfidare a duello; (*fig.*) lanciare una sfida □ (*fig.*) **to t. down one's tools**, incrociare le braccia (*fig.*); scioperare.

♦**throw in**, *v. t.* + *avv.* ***1*** buttare, gettare dentro: **The terrorists have thrown a bomb in**, i terroristi hanno gettato dentro una bomba ***2*** (*fig.*) buttare là, lasciar cadere (*un'osservazione, un commento*); interloquire ***3*** aggiungere; inserire; mettere dentro (*fam.*): **Don't forget to t. in a mention of the last takeover by our firm**, non scordarti di inserire (nel tuo discorso) un accenno all'ultima azienda che abbiamo rilevato! ***4*** (*specialm. comm.*) aggiungere (*come dono*); dare per giunta (*o* per soprammercato): **I bought this picture for a few pounds with the frame thrown in**, ho comprato questo quadro per poche sterline, cornice inclusa ***5*** (*fam.*) rinunciare a, abbandonare, lasciare (*un lavoro, ecc.*): **to t. in one's studies**, abbandonare gli studi ***6*** (*sport*) rimettere in gioco (*la palla*) dalla linea laterale: **to t. the ball in**, effettuare la rimessa laterale ***7*** (*autom.*) mettere (*o* sbattere) dentro; ingranare, innestare (*una marcia*): **T. in the third gear!**, sbatti dentro la terza! □ **to t. in one's cards** (*o* **hand**), (*a poker, ecc.*) gettare le carte, passare, smettere di giocare; (*fig.*) arrendersi, darsi per vinto; lasciare (*fam.*) □ **to t. in one's lot with sb.**, mettersi con q.; fare comunella con q. □ (*boxe* e *fig.*) **to t. in the sponge** (*o* **the towel**), gettare la spugna □ (*fig.*) **to t. st. in sb.'s teeth** (*o* **face**), rinfacciare q.c. a q. □ (*fam. USA*) **to t. in with sb.**, mettersi con q.; fare comunella con q.

♦**throw into**, *v. t.* + *prep.* ***1*** gettare, buttare, lanciare dentro a (*o* in): **I was thrown into the water**, fui gettato in acqua; **T. it into the wastepaper basket, please!**, buttalo nel cestino, per favore!; **He was thrown into prison**, fu gettato in carcere ***2*** (*fig.*) gettare in; mandare su: **to t. sb. into despair**, gettare q. nella disperazione; **to t. sb. into a temper**, mandare q. su tutte le furie ***3*** metterci, impiegare in; fare: **to t. all possible effort in carrying out a difficult task**, fare ogni sforzo per portare a termine un compito difficile ***4*** mettere (*parole, ecc.*) dentro a; inserire in ***5*** (*fam.*) trasformare in; convertire in: **to t. a barn into a cottage**, convertire un fienile in una villetta □ **to t. oneself into**, buttarsi anima e corpo in (*un'impresa*); abbandonarsi, darsi a (*ira, sdegno, ecc.*) □ **to t. st. into the bargain**, dare q.c. per giunta (*o* per soprammercato) □ **to t. into cipher**, mettere in cifra, cifrare (*un messaggio*) □ **to t. into confusion**, gettare nella confusione (*un'assemblea, ecc.*); confondere (*una persona*) □ **to t. st. into relief**, mettere in vista, fare spiccare (*o* stagliare) q.c.: **The rising moon threw a long line of trees into relief against the skyline**, la luna che sorgeva mise in vista una lunga fila d'alberi contro l'orizzonte □ (*fig.*) **to t. a spanner into the works**, mettere il bastone tra le ruote.

♦**throw off**, **A** *v. t.* + *avv.* ***1*** gettare (via); togliere alla svelta (di dosso); levare di scatto; cavare; scrollarsi di dosso: **to t. off one's clothes**, togliersi i vestiti alla svelta; **to t. the water off**, scrollarsi di dosso l'acqua; **He put his hand on my shoulder but I threw it off**, mi mise una mano sulla spalla ma io la levai di scatto; **to t. off one's disguise**, gettare la maschera (*fig.*) ***2*** liberarsi, disfarsi, sbarazzarsi di; abbandonare; seminare (*fam.*): **to t. off a cold**, liberarsi di un raffreddore; **to t. off all sense of fear**, abbandonare ogni timore; **to t. off the police**, seminare la polizia; **to t. off old clothes**, disfarsi di abiti vecchi ***3*** battere, sconfiggere, vincere (*un avversario*) ***4*** emettere (*un odore, calore, ecc.*) ***5*** comporre, scrivere alla svelta; buttare giù: **to t. off a little poem**, buttare giù una poesiola ***6*** dire alla svelta; lasciar cadere (*osservazioni e sim.*) ***7*** (*specialm. USA*) mettere (*q. o un animale*) fuori pista; far sbagliare i conti a (q.). **B** *v. t.* + *prep.* levare, togliere, cavare da (alla svelta); scrollarsi da: **The duck shook itself to t. the**

water off its back, l'anatra si diede una scossa per scrollarsi l'acqua di dosso □ **to t. sb. off his balance**, sbilanciare, far perdere l'equilibrio a q.; (*fig.*) sconcertare, scombussolare q. □ **to t. sb. off guard**, cogliere di sorpresa q.; prendere q. alla sprovvista □ **to t. sb. off the scent** (*o* **the track, the trail**), mettere q. fuori pista (*anche fig.*).

♦**throw on**, *v. t. + avv.* (*o prep.*) ***1*** gettare (in aggiunta); mettere; aggiungere: **T. some more wood on (the fire), will you?**, metti dell'altra legna (sul fuoco), per favore! ***2*** mettersi addosso, infilarsi alla svelta (*indumenti*) ***3*** (*anche fig.*) gettare su; fare (*luce*; *anche fig.*): **The skyscraper throws its shadow on my house**, il grattacielo getta l'ombra sulla mia casa; **to t. light on a strange case**, fare luce su un caso strano; **to t. the blame on sb.**, gettare la colpa su q. □ **to t. cold water on**, gettare dell'acqua fredda su; (*fig. fam.*) scoraggiare □ **to t. doubt on st.**, sollevare dubbi su q.c. □ **to t. oneself on sb.'s mercy**, gettarsi ai piedi di q. (*fig.*); chiedere pietà a q.

♦**throw out**, *v. t. + avv.* ***1*** buttare, gettare, lanciare fuori: **Don't t. cigarette ends out of the window**, non gettare mozziconi accesi dal finestrino! ***2*** buttare via; disfarsi di: **to t. out old books**, buttare via libri vecchi ***3*** buttare fuori; cacciare; estromettere; espellere: **He was thrown out (of the disco)**, fu buttato fuori (dalla discoteca); **The landlord threw me out (of the house)**, il padrone mi cacciò di casa ***4*** (*fig.*) respingere (*una proposta, un suggerimento, una domanda, ecc.*): **The bill was thrown out by the Senate**, il disegno di legge fu respinto al Senato ***5*** (*fig.*) lanciare (*un'idea, una proposta, ecc.*); tirare fuori (*fam.*); buttare là (*un suggerimento*); dire (q.c.) con (finta) noncuranza ***6*** rovinare, guastare (*i progetti di q. e sim.*); mandare all'aria (*o* a monte) (*fig.*) ***7*** mettere (q.) in imbarazzo, a disagio; sconcertare; far sbagliare (*calcoli, ecc.*) ***8*** stendere, allungare (*un braccio, una gamba, ecc.*); mettere fuori, gonfiare (*il petto*) ***9*** stirare (*un muscolo*) ***10*** emettere (*luce, calore, vapore, ecc.*); gettare: **to t. out a dim light**, gettare una luce fioca ***11*** (*mil.*) mettere in campo (*come seconda linea di difesa*); mandare (*truppe*) di rinforzo ***12*** (*edil.*) aggiungere (*un annesso*); costruire (*un'ala nuova*) in aggiunta ***13*** (*cricket*) mettere con un lancio (*un battitore*) fuori gioco □ (*autom.*) **to t. one's car out of gear**, disingranare (*o* disinnestare) la marcia □ **to t. sb. out of work**, gettare (q.) sul lastrico; licenziare q. □ **to be thrown out of work**, restare disoccupato.

♦**throw over**, *v. t. + avv.* ***1*** gettare indietro, rilanciare (*una palla*) ***2*** (*fam.*) abbandonare, lasciare, piantare (*un innamorato, ecc.*) ***3*** (*fam.*) abbandonare, rinunciare a; respingere: **to t. over a plan**, rinunciare a un progetto; **to t. over a treaty**, respingere un trattato.

♦**throw overboard**, *v. t. + avv.* ***1*** gettare (q. *o* q.c.) a mare; gettare fuori bordo ***2*** (*fig.*) buttare a mare (*fig.*); disfarsi, sbarazzarsi di (q. o q.c.); rinunciare a: **to t. one's ideals overboard**, rinunciare ai propri ideali.

♦**throw together**, *v. t. + avv.* ***1*** mettere insieme alla svelta; raccogliere in fretta: **to t. one's clothes together**, raccogliere i vestiti in fretta ***2*** costruire (comporre, scrivere, ecc.) alla meglio; raffazzonare; improvvisare: **to t. together an article**, raffazzonare un articolo; **to t. a meal together**, improvvisare un pasto ***3*** far incontrare (per caso): **Bob and Jill were thrown together by the revolution**, fu la rivoluzione che fece incontrare Bob e Jill.

♦**throw up**, *v. t. + avv.* ***1*** tirare in aria, lanciare in alto (*una palla, ecc.*) ***2*** tirare su; sollevare; alzare; dare (q.c.) su (*fam.*): **He threw up the window**, tirò su la finestra (*a ghigliottina*); **to t. up heaps of mud**, sollevare mucchi di fango; **T. up the hammer, will you?**, dammi su il martello, per piacere!; **He threw up his arms**, alzò le braccia al cielo ***3*** sciupare, sprecare (*un'occasione, ecc.*) ***4*** abbandonare; rinunciare a; smettere di (*fare q.c.*): **He threw up his job**, lasciò il lavoro; smise di lavorare; **to t. up one's studies**, abbandonare gli studi ***5*** far saltare fuori: **I don't want my past thrown up in all the newspapers**, non voglio che il mio passato salti fuori su tutti i giornali ***6*** produrre (*fig.*): **Italy has thrown up quite a number of great painters**, l'Italia ha prodotto un buon numero di grandi pittori ***7*** (*edil.*) costruire in fretta; mettere su (*un riparo, ecc.*) alla svelta ***8*** (*fam.*) vomitare; rigettare: **The baby has thrown up his meal**, il bimbo ha vomitato quello che aveva mangiato □ **to t. one's eyes up**, levare gli occhi al cielo (*per l'orrore, con aria offesa, e sim.*) □ **to t. up one's hands**, alzare le mani (*in segno di resa*); (*fig.*) prenderla persa, arrendersi, rassegnarsi □ **to t. up one's hands in horror**, levare le mani al cielo, inorridito.

♦**throw upon**, *V.* **throw on.**

throwaway /ˈθrəʊəweɪ/, **A** *n.* ***1*** battuta (*o* osservazione) buttata là ***2*** foglietto pubblicitario; volantino. **B** *a.* ***1*** che si getta via; a perdere; usa e getta; monouso: **t. containers**, contenitori a perdere ***2*** (*di battuta, osservazione, ecc.*) lasciato cadere; detto (*o* fatto) con finta noncuranza; buttato là ***3*** pacato; sottotono; disinvolto.

throwback /ˈθrəʊbæk/, *n.* ***1*** (*biol.*) regresso filogenetico ***2*** (*biol.*) organismo (*animale o pianta*) regredito ***3*** (*fig.*) ritorno al passato.

thrower /ˈθrəʊə(r)/, *n.* ***1*** (*atletica*) lanciatore ***2*** (*ind. tess.*) torcitore di seta ***3*** (*ind. ceramica*) tornitore; formatore.

throwing /ˈθrəʊɪŋ/, *n.* ***1*** (*atletica*) i lanci (*di attrezzi*) ***2*** (*lotta*) atterramento. ● (*atletica*) **t. circle**, pedana di lancio □ **t. stick**, bastone da lancio (*arma primitiva*).

thrown /θrəʊn/, **A** *p. p.* di **to throw**. **B** *a.* ***1*** (*di vaso*) modellato ***2*** (*di seta*) ritorta. ● (*ind. tess.*) **t. silk**, organzino.

throwster /ˈθrəʊstə(r)/, *n.* (*ind. tess.*) torcitore di seta.

thru /θruː/, (*fam. USA*) *V.* **through (1)** e **(2)**. ● **Vegas Visitor: july 30 t. August 5, 1993**, il «Vegas Visitor» (*settimanale*): dal 30 luglio al 5 agosto 1993.

thrum (1) /θrʌm/, *n.* ***1*** strimpellamento ***2*** tamburellamento.

thrum (2) /θrʌm/, *n.* (*ind. tess.*) ***1*** sfilaccio; filaccia; frangia di fili (*rimasti sul telaio*) ***2*** filo staccato (*rimasto sul telaio*); cascame ***3*** (*naut.*) baderna; filacce.

to **thrum (1)** /θrʌm/, *v. t.* e *i.* ***1*** strimpellare; suonar male: **to t. (on) a guitar**, strimpellare la chitarra ***2*** tamburellare su: **to t. on the table**, tamburellare con le dita sulla tavola; **The rain was thrumming on the roofs**, la pioggia tamburellava sui tetti ***3*** dire (*o* ripetere) in modo monotono.

to **thrum (2)** /θrʌm/, *v. t.* ***1*** frangiare; rivestire di filacce ***2*** tessere con filacce; fare (*un tessuto*) con cascami ***3*** (*naut.*) stoppare con filacce; proteggere (*le murate*) con baderna.

thrummer /ˈθrʌmə(r)/, *n.* strimpellatore, strimpellatrice.

thrummy /ˈθrʌmɪ/, *a.* ***1*** filaccioso ***2*** irsuto; peloso.

thrush (1) /θrʌʃ/, *n.* (*zool., Turdus*) tordo. ● **song t.** (*Turdus musicus*), tordo sassello.

thrush (2) /θrʌʃ/, *n.* ***1*** (*med.*) mughetto ***2*** (*vet.*) infiammazione del fettone (*del cavallo*).

thrust /θrʌst/, *n.* ***1*** spinta (*anche mecc., archit.*); spintone: **the t. of an arch**, la spinta di un arco; (*aeron.*) **take off t.**, spinta al decollo ***2*** colpo (*di pugnale, spada, ecc.*); botta (*di punta*) ***3*** (*fig.*) puntata; stoccata; frecciatina: **He parried the t.**, parò la stoccata ***4*** (*mil.* e *fig.*) attacco a fondo; incursione: (*econ.*) **a t. into the America market**, un'incursione nel mercato americano ***5*** (*scient.*) pulsione ***6*** (*mecc.*) carico (*sull'utensile*) ***7*** (*geol.*) spinta; pressione laterale ***8*** (*fig.*) arrivismo; ambizione ***9*** (*fig.*) senso, significato (*di un'argomentazione, ecc.*). ● (*mecc.*) **t. bearing**, cuscinetto assiale; reggispinta □ (*fam. USA*) **t. bucket**, (*aeron.*) dispositivo di rovesciamento della spinta (*per frenare dopo l'atterraggio*); (*miss.*) riduzione temporanea della spinta (*di un razzo*) □ (*geol.*) **t. fault**, faglia di compressione; faglia inversa □ (*mecc.*) **t. meter**, pressostato □ (*teatr.*) **t. stage**, palcoscenico che ha una parte in aggetto entro la platea □ **bayonet t.**, baionettata □ **a home t.**, un colpo che va a segno; una botta in pieno □ (*fig.*) **a shrewd t.**, un'abile stoccata; un'osservazione acuta.

to **thrust** /θrʌst/ (*pass.* e *p. p.* **thrust**), **A** *v. t.* ***1*** conficcare; ficcare; cacciare; infilare; piantare; introdurre a forza: **He thrust a knife into his chest**, gli piantò un coltello nel petto ***2*** spingere; cacciare: **The tree thrusts its branches far and wide**, l'albero spinge i rami da ogni parte; **I thrust him out of the room**, lo spinsi fuori (*o* la cacciai) dalla stanza ***3*** spiegare, stendere, aprire (*le ali, ecc.*). **B** *v. i.* ***1*** cacciarsi; ficcarsi; introdursi a forza; infilarsi; spingere: **He thrust through the demonstrators**, si ficcò tra i dimostranti; **Don't t.!**, non spingere! ***2*** assestare colpi (*di pugnale, ecc.*); dare puntate; dare stoccate ***3*** (*mil.*) spingersi; avanzare: **The army was thrusting towards the Rhein**, l'esercito avanzava verso il Reno. **C** to **thrust oneself**, *v. rifl.* cacciarsi, ficcarsi; intromettersi, intrufolarsi: **to t. oneself into other people's business**, intromettersi negli affari degli altri.

♦**thrust aside**, *v. t. + avv.* ***1*** spingere (q.) da parte; scostare; spostare ***2*** (*fig.*) mettere (q.) in disparte; tenere (q.) in sottordine.

♦**thrust at**, **A** *v. i. + prep.* fare l'atto di colpire (*con la spada, ecc.*); dare una stoccata a (q.); attaccare, assalire. **B** *v. t. + prep.* spingere (*un oggetto*) verso (q.).

♦**thrust away**, *v. t. + avv.* ***1*** spingere via, allontanare da sé (*un oggetto*) con forza ***2*** (*fig.*) respingere (q.).

♦**thrust back**, *v. t. + avv.* respingere; ricacciare: **We thrust back the enemy**, respingemmo il nemico.

♦**thrust down**, *v. t. + prep.* spingere giù, infilare a forza in: **She thrust the bank notes down her bra**, s'infilò le banconote nel reggiseno □ (*fig.*) **to t. st. down sb.'s throat**, imporre q.c. con la forza a q.; far ingoiare un rospo a q. (*fam.*).

♦**thrust forward**, **A** *v. i. + avv.* spingersi avanti; (*mil.*) avanzare. **B** *v. t. + avv.* ***1*** spingere avanti ***2*** (*fig.*) portare avanti, mettere in evidenza (*un problema, ecc.*) □ **to t. oneself forward**, farsi avanti; mettersi in mostra (*o* in evidenza) □ **to t. one's way forward**, farsi largo a gomitate (*o* a spintoni).

♦**thrust home**, *v. t. + avv.* ***1*** (*anche mil.*) spingere a fondo (*un attacco*) ***2*** (*fig.*) sfruttare fino in fondo (*un argomento, un vantaggio, ecc.*).

♦**thrust in**, *v. t. + avv.* ***1*** spingere (q.) dentro; cacciare dentro, far entrare (q.c.) a forza, stipare in (*una valigia, ecc.*) ***2*** interporre, inserire, intercalare (*domande, osservazioni, ecc.*).

♦**thrust on**, *v. t. + prep.* dare per forza (q.c.) a (q.); affibbiare, appiccicare, sbolognare (*fam.*): **She thrust her children on her mother to be free on the weekend**, sbolognò i figli a sua madre per essere libera per il week-end □ **to t. oneself on sb.**, imporre la propria presenza (*come ospite, ecc.*) a q.; appiccicarsi a (q.) □ **to t. on one's gloves**, infilarsi i guanti in fretta e furia.

♦**thrust out**, *v. t. + avv.* ***1*** spingere (*o* buttare) fuori; stendere con forza: **to t. out one's hand**, stendere la mano ***2*** spingere in fuori, gonfiare (*il petto, ecc.*) ***3*** (*fam.*) buttare fuori; gettare sul lastrico; licenziare; scaricare (*fig.*).

♦**thrust past**, *v. i.* + *prep.* oltrepassare (q.) scostandolo con uno spintone.
♦**thrust through**, *v. t.* + *avv.* (*o prep.*) trafiggere; trapassare: **The spear thrust him through**, la lancia lo trafisse □ **to t. one's way through (the crowd)**, farsi largo a spintoni tra la folla.
♦**thrust up**, **A** *v. i.* + *avv.* **1** (*di un albero, ecc.*) crescere bene; essere rigoglioso **2** (*lett.*) elevarsi in alto; svettare: **skyscrapers thrusting up into the sky**, grattacieli che svettano alti nel cielo. **B** *v. t.* + *avv.* drizzare, alzare (*strutture, scale, ecc.*); mettere su (*fam.*): **to t. up a ladder**, drizzare una scala a pioli.
♦**thrust upon**, *V.* **thrust on.**

thruster /ˈθrʌstə(r)/, *n.* **1** chi spinge; chi si fa largo a gomitate; (*fig.*) arrivista **2** (*nella caccia alla volpe*) cacciatore che si spinge troppo innanzi **3** (*mecc.*) propulsore: (*naut.*) **bow t.**, propulsore di prua **4** (*miss.*) propulsore di regolazione; razzo direzionale **5** (*fig.*) ficcanaso.

thrustor /ˈθrʌstə(r)/, *n. V.* **thruster,** *def. 3.*

thruway /ˈθruːweɪ/, (*fam. USA*) *V.* **throughway.**

Thucydides /θjuːˈsɪdɪdiːz, *USA* θuː-/, *n.* (*stor., letter.*) Tucidide.

thud /θʌd/, *n.* colpo sordo; rumore sordo; tonfo.

to **thud** /θʌd/, *v. i.* **1** fare un rumore sordo **2** cadere con un tonfo. ● **to t. against,** (andare a) sbattere contro (q.c.).

thug /θʌg/, *n.* **1** (*stor.*) «thug» (*membro d'una setta di fanatici assassini in India*); strangolatore **2** (*per estens.*) criminale; malavitoso; rapinatore; delinquente.

thuggee /θʌˈgiː/, *n.* (*stor.*) metodi e azioni dei «thug» (*q.V.*).

thuggery /ˈθʌgərɪ/, **thuggism** /ˈθʌgɪzəm/, *n.* assassinio; criminalità; delinquenza; azione criminosa (*V.* **thug**).

thuggish /ˈθʌgɪʃ/, *a.* criminoso; delinquenziale.

thuja /ˈθuːdʒə, -jə, ˈθjuː-/, *n.* (*bot., Thuya*) tuia.

Thule /ˈθuːl, -lɪ, ˈθjuː-/, *n.* **1** (*stor., geogr.*) Tule **2** (*fig.*) ultima Tule; terra assai lontana.

thulium /ˈθuːlɪəm, ˈθjuː-/, *n.* (*chim.*) tulio.

thumb /θʌm/, *n.* **1** pollice (*d'una mano o di un guanto*) **2** (*archit.*) ovolo; echino. ● **t. index**, indice a scaletta (*sul margine di un dizionario, una rubrica, ecc.*) □ **t. latch**, saliscendi a linguetta □ **t. mark**, impronta del pollice; ditata □ (*USA*) **t. pin**, puntina da disegno □ (*fam. USA*) **a t. in one's eye**, una spina nel fianco (*fig.*) □ **by rule of t.**, per praticaccia; a lume di naso □ (*fig.*) **to be under sb.'s t.**, essere dominato da q.; essere alla mercé di q. □ (*fam.*) **Thumbs down!**, pollice verso!; abbasso!: (*di un progetto, ecc.*) **to get the thumbs down,** essere bocciato □ (*fam.*) **Thumbs up!**, benissimo!; d'accordo!; evviva!: **to get** (*o* **to be given**) **the thumbs up,** essere approvato □ **I'll keep my thumbs up for you**, in bocca al lupo! □ **His fingers are** (*o* **He is**) **all thumbs**, è assai goffo (*o* maldestro).

to **thumb** /θʌm/, *v. t.* **1** voltare (*le pagine di un libro*) col pollice; sfogliare **2** sciupare; sporcare; lasciare l'impronta del pollice su (q.c.) **3** strimpellare (*uno strumento*). ● (*fam.*) **to t. a lift** (*o* **a ride**), chiedere (*o* ottenere) un passaggio (*alzando il pollice*); fare l'autostop □ (*fam.*) **to t. it**, fare l'autostop □ **to t. one's nose at**, fare marameo a (q.); dileggiare, schernire (q.); mancare di rispetto per, non tenere in nessun conto (*disposizioni, regole, ecc.*) □ **to t. through**, sfogliare, consultare (*un dizionario, ecc.*); attraversare (*un paese, ecc.*) facendo l'autostop.

thumbed /θʌmd/, *a.* **1** (*zool.*) che ha il pollice **2** (*di libro, ecc.*) pieno di ditate; sudicio; sporco.

thumbnail /ˈθʌmneɪl/, **A** *n.* unghia del pollice. **B** *a. attr.* conciso; brevissimo. ● **a t. sketch**, uno schizzo in miniatura; (*fig.*) una descrizione concisa.

thumbnut /ˈθʌmnʌt/, *n.* (*mecc.*) dado ad alette; galletto.

thumbprint /ˈθʌmprɪnt/, *n.* impronta digitale del pollice.

to **thumbprint** /ˈθʌmprɪnt/, *v. t.* prendere l'impronta del pollice a (q.).

thumbscrew /ˈθʌmskruː/, *n.* **1** (*stor.*) strumento di tortura per schiacciare i pollici **2** (*mecc.*) vite a testa zigrinata; vite a galletto.

thumbstall /ˈθʌmstɔːl/, *n.* ditale (*di protezione*) per il pollice.

thumbtack /ˈθʌmtæk/, *n.* (*USA*) puntina da disegno (*cfr. ingl.* **drawing pin**).

thumb-through /ˈθʌmθruː/, *n.* (*fam.*) lo sfogliare (*un libro*); consultazione.

thump /θʌmp/, *n.* **1** botta; colpo; percossa; pugno: **to give sb. a t. in the back**, dare un pugno nella schiena a q. **2** colpo sordo; rumore sordo; tonfo.

to **thump** /θʌmp/, *v. t.* e *i.* **1** battere; colpire; percuotere; picchiare; menar botte; dar pugni: **to t. on the door**, bussare forte alla porta **2** fare un rumore sordo; cadere con un tonfo **3** (*anche* **to t. out**) strimpellare (*uno strumento*); battere su (*un tamburo*). ● (*fig. fam.*) **to t. the big drum**, battersi la grancassa □ **to t. each other**, picchiarsi; darsele di santa ragione □ **His heart thumped in his chest**, il cuore gli batteva forte.

thumper /ˈθʌmpə(r)/, *n.* **1** chi batte, chi colpisce, ecc. (*V.* **to thump**) **2** (*fam.*) forte colpo **3** (*fam.*) grossa bugia; balla (*fam.*).

thumping /ˈθʌmpɪŋ/, *a.* **1** che batte (*o* che colpisce, picchia) **2** (*fam.*) enorme; grande; grosso; eccezionale; madornale. ● **a t. headache**, un tremendo mal di testa □ (*polit.*) **a t. majority**, una maggioranza schiacciante.

thunder /ˈθʌndə(r)/, *n.* tuono; (*fig.*) rombo, fragore, rimbombo, strepito, scroscio: **the t. of the cannon**, il rombo del cannone; **the t. of the waves**, il fragore delle onde; **a t. of applause**, uno scroscio d'applausi. ● **t. shower**, acquazzone (*con lampi e tuoni*) □ **a blood-and-t. novel**, un romanzo sensazionale □ (*fam. arc.*) **By t.!**, per tutti i fulmini!; che diamine! □ **a crash** (*o* **a peal**) **of t.**, un tuono; un rombo di tuono □ **to have a face as black as t.**, essere scuro (*o* cupo) in volto □ (*fig.*) **to steal sb.'s t.**, rubare un'idea (*o* un'invenzione, una notizia) a q.; battere sul tempo q. □ **There's t. in the air**, sta per tuonare.

to **thunder** /ˈθʌndə(r)/, **A** *v. i.* tuonare; (*fig.*) rimbombare; rombare, rumoreggiare, inveire; battere rumorosamente: **It was thundering loudly**, tuonava forte; **The jet thundered past** (*o* **overhead**), il jet passò rombando (sulla mia testa); **His voice thundered in my ears**, la sua voce mi rimbombava negli orecchi; **The speaker thundered against the tyrant**, l'oratore tuonava contro il tiranno. **B** *v. t.* urlare; tuonare: **to t. threats against sb.**, tuonare minacce contro q. ● **to t. at sb.**, tuonare contro q. □ **to t. out**, gridare, lanciare, urlare (*minacce, ecc.*): **The crowd thundered out their approval**, la folla manifestò la sua approvazione rumoreggiando □ **The express thundered through the tunnel**, l'espresso attraversò rombando la galleria □ **The cavalry thundered past**, la cavalleria passò con grande strepito.

thunderbolt /ˈθʌndəbəʊlt/, *n.* fulmine; saetta. ● (*fig.*) **The news was a t.**, la notizia fu un fulmine a ciel sereno.

thunderbox /ˈθʌndəbɒks/, *n.* (*pop.*) gabinetto (*o* cesso) portatile.

thunderclap /ˈθʌndəklæp/, *n.* tuono; rombo di tuono. ● (*fig.*) **The news came on me like a t.**, la notizia mi giunse come un fulmine a ciel sereno.

thundercloud /ˈθʌndəklaʊd/, *n.* **1** nuvolone; nube temporalesca **2** (*fig.*) nube.

thunderer /ˈθʌndərə(r)/, *n.* **1** chi tuona, chi inveisce, ecc. (*V.* **to thunder**) **2** – (*mitol.*) **the T.**, il Tonante, Giove.

thundering /ˈθʌndərɪŋ/, *a.* **1** tonante **2** (*fam.*) enorme; eccezionale; straordinario; terribile; tremendo: **a t. nuisance**, una terribile seccatura; un tremendo seccatore. ● **a t. big fish**, un pesce enorme □ **a t.-lie**, una gran fandonia; una bugia grossa come una casa □ **a t. success**, un successo strepitoso. ‖ **-ly**, *avv.*

thunderous /ˈθʌndərəs/, *a.* **1** fragoroso; rombante; rumoreggiante; strepitoso: **t. applause**, applausi fragorosi **2** (*del tempo*) minaccioso; temporalesco. ● (*fig.*) **t. applause**, scroscianti applausi. ● **a t. voice**, una voce tonante. ‖ **-ly**, *avv.*

thundershower /ˈθʌndəʃaʊə(r)/, *n.* forte scroscio (*di pioggia*).

thunderstorm /ˈθʌndəstɔːm/, *n.* temporale (*con tuoni e lampi*).

thunderstruck /ˈθʌndəstrʌk/, *a.* **1** attonito; sbalordito; sbigottito **2** (*raro*) folgorato; colpito dal fulmine.

thundery /ˈθʌndərɪ/, *a.* (*del tempo*) tempestoso; temporalesco.

thurible /ˈθjʊərəbl, *USA* ˈθʊə-/, *n.* (*relig.*) turibolo; incensiere.

thurifer /ˈθjʊərɪfə(r), *USA* ˈθʊə-/, *n.* (*relig.*) turiferario.

Thuringia /θjʊəˈrɪndʒɪə, *USA* θʊə-/, *n.* (*stor., geogr.*) Turingia.

Thuringian /θjʊəˈrɪndʒɪən, *USA* θʊə-/, **A** *a.* turingiano; della Turingia. **B** *n.* turingiano; abitante (*o* nativo) della Turingia.

Thursday /ˈθɜːzdeɪ, -dɪ/, **A** *n.* giovedì: **He'll come back on T.**, torna giovedì; **I met him on T. evening**, lo incontrai giovedì sera; **Shops are closed on T. afternoons**, i negozi sono chiusi il giovedì pomeriggio; **I go the swimming pool on T.** (*o* **on Thursdays**), vado in piscina al giovedì. **B** *avv.* (*fam. o USA*) giovedì: **He'll be back T.**, torna giovedì. ● (*relig.*) **Maundy T.**, il giovedì santo □ **Christmas is on a T.**, il Natale cade di giovedì □ **when three Thurdays come together**, il giorno (*o* l'anno) del mai; le calende greche.

thus /ðʌs/, *avv.* **1** così; in questo modo: **Do it t.!**, fallo così! **2** così; perciò; quindi; di conseguenza; pertanto: **He has made risky investments, t. endangering the financial standing of the firm**, ha fatto investimenti rischiosi, compromettendo così la posizione finanziaria dell'azienda. ● **t. far**, fin qui; finora □ (*raro*) **t. much**, tanto (così); questo.

thwack /θwæk/, *n.* botta; colpo; percossa; bastonata.

to **thwack** /θwæk/, *v. t.* battere (*specialm. con un oggetto appiattito*); colpire; percuotere; picchiare; bastonare.

thwart /θwɔːt/, **A** *n.* (*naut.*) banco (*di imbarcazione a remi*). **B** *a.* **1** obliquo; trasversale **2** (*fig. arc.*) perverso; ostinato; testardo. **C** *avv.* (*arc.*) di traverso.

to **thwart** /θwɔːt/, *v. t.* **1** contrastare, contrariare; ostacolare; opporsi a (*una persona, un desiderio, ecc.*) **2** frustrare; rendere vano: **to t. the enemy's plans**, frustrare i piani del nemico.

thwartships /ˈθwɔːtʃɪps/, *avv.* (*naut.*) di traverso allo scafo; per madiere.

thy /ðaɪ/, *a. poss.* (*arc., poet. o relig.*) tuo, tua; tuoi, tue: **Hallowed be Thy name**, sia santificato il nome Tuo.

thylacine /ˈθaɪləsaɪn/, *n.* (*zool., Thylacinus cynocephalus*) tilacino; cane marsupiale.

thyme /taɪm, θ-/, *n.* **1** (*bot., Thymus vulgaris*) timo **2** timo; foglie secche di timo: **t. oil**, olio essenziale (*o* essenza) di timo.

thymic (**1**) /ˈtaɪmɪk, ˈθ-/, *a.* (*chim.*) timico; derivante dal timo: **t. acid**, acido timico.

thymic (**2**) /ˈθaɪmɪk/, *a.* (*anat., med.*) timico. ● (*biochim.*) **t. nucleid acid**, acido timonucleico (*o* deossiribonucleico).

thymidine /ˈθaɪmɪdiːn/, *n.* (*biochim.*) timidina.

thymine /ˈθaɪmiːn/, *n.* (*biochim.*) timina.

thymol /ˈθaɪmɒl, *USA* -ɔːl, -əʊl/, *n.* (*chim.*) timolo.
thymus /ˈθaɪməs/, *n.* (*pl.* **thymuses, thymi**) (*anat., di solito* **t. gland**) timo.
thymy /ˈtaɪmɪ, ˈθ-/, *a.* ***1*** (*di terreno*) coperto di timo ***2*** odoroso di timo.
thyratron /ˈθaɪrətrɒn/, *n.* (*elettron.*) thyratron.
thyristor /θaɪˈrɪstə(r)/, *n.* (*elettron.*) tiristore.
thyroid /ˈθaɪrɔɪd/, (*anat.*) **A** *n.* tiroide. **B** *a.* tiroideo: **t. gland**, ghiandola tiroidea, tiroide; **t. cartilage**, cartilagine tiroidea. ● (*med.*) **t. dwarfism**, nanismo ipotiroideo ▫ (*farm.*) **t. extract**, estratto di tiroide; tiroidina.
thyroidectomy /θaɪrɔɪˈdɛktəmɪ/, *n.* (*med.*) tiroidectomia.
thyroidism /ˈθaɪrɔɪdɪzəm/, *n.* (*med.*) tiroidismo.
thyroiditis /θaɪrɔɪˈdaɪtɪs/, *n.* (*med.*) tiroidite.
thyroidotomy /θaɪrɔɪˈdɒtəmɪ/, *n.* (*med.*) tiroidotomia.
thyrosis /θaɪˈrəʊsɪs/, *n.* (*med.*) tireosi; tireopatia.
thyrotropin /θaɪrəˈtrəʊpɪn/, *n.* (*biochim.*) tirotropina; tireotropina.
thyroxine /θaɪˈrɒksiːn, -sɪn/, *n.* (*biochim.*) tirossina, tiroxina (*ormone tiroideo*).
thyrsus /ˈθɜːsəs/, *n.* (*pl.* **thyrsi**) (*mitol., bot.*) tirso.
thyself /ðaɪˈsɛlf/, (*arc., poet. o relig.*) **A** *pron. rifl.* te stesso, te stessa; ti: (*modo prov.*) **Know t.**, conosci te stesso! **B** *pron. enfat.* tu stesso, tu stessa.
ti /tiː/, *n.* (*mus.*) si (*la nota*).
tiara /tɪˈɑːrə, *USA* -ærə/, *n.* ***1*** (*stor.*) tiara ***2*** (*relig.*) tiara, triregno; (*fig.*) dignità papale ***3*** diadema: **a t. of pearls**, un diadema di perle.
Tiber /ˈtaɪbə(r)/, *n.* (*geogr.*) Tevere.
Tiberias /taɪˈbɪərɪəs/, *n.* (*stor., geogr.*) Tiberiade.
Tiberius /taɪˈbɪərɪəs/, *n.* (*stor.*) Tiberio.
Tibet /tɪˈbɛt/, *n.* (*geogr.*) Tibet.
Tibetan /tɪˈbɛtn/, *a.* e *n.* tibetano (*anche la lingua*).
tibia /ˈtɪbɪə/, *n.* (*pl.* **tibiae, tibias**) ***1*** (*anat.*) tibia; stinco (*pop.*) ***2*** (*mus., stor.*) tibia.
tibial /ˈtɪbɪəl/, *a.* (*anat.*) tibiale; della tibia.
Tibullus /tɪˈbʌləs/, *n.* (*stor., letter.*) Tibullo.
tic /tɪk/, *n.* (*med.*) tic: **nervous tic**, tic nervoso. ● **tic douloureux**, nevralgia del trigemino.
tick (1) /tɪk/, *n.* ***1*** tic-tac; ticchettio; battito (*specialm. dell'orologio*); scatto (*del contatore*) ***2*** (*fam.*) attimo; istante; momento: **I'll be back in a t.**, sarò di ritorno fra un attimo ***3*** segno di controllo (*per spuntare una cifra, una voce, ecc.*); spunta. ● **t. mark**, (segno di) spunta ▫ **t.-tack**, tic-tac (*battito dell'orologio o del cuore*) ▫ (*ippica*) **t.-tack man**, allibratore che trasmette a segni informazioni sulla corsa ▫ **t.-tock**, tic-toc; (*voce infant.*) orologio ▫ **on the t.**, puntualmente; puntuale da spaccare il minuto.
tick (2) /tɪk/, *n.* (*zool.*) acaro; zecca: **dog t.** (*Ixodes ricinus*), zecca del cane.
tick (3) /tɪk/, *n.* ***1*** fodera di materasso (*o* di guanciale) ***2*** stoffa da fodera; traliccio.
tick (4) /tɪk/, *n.* (*fam.*) credito: **I bought the goods on t.**, comprai la merce a credito.
to **tick** (1) /tɪk/, **A** *v. i.* (*anche* **to t. away**) fare tic-tac; ticchettare; battere: **The watch was ticking**, l'orologio faceva tic-tac; **What's ticking away under the car?**, cos'è che sta ticchettando sotto l'automobile? **B** *v. t.* ***1*** (*dell'orologio, spesso* **to t. away**) misurare (*o* segnare) facendo tic-tac: **The clock was ticking away the time**, l'orologio segnava col suo tic--tac il passare del tempo ***2*** (*di solito* **to t. off**) fare un segno a fianco di; segnare a margine; spuntare: **Let's t. off the items in the catalogue**, spuntiamo le voci del catalogo! ● (*fam.*) **to t. sb. off**, fare una ramanzina a q., dare una lavata di testa a q.; (*fam. USA*) mandare q. in bestia, fare andare q. su tutte le furie ▫ (*di telegrafo, telescrivente*) **to t. out news**, battere le notizie ▫ **to t. over**, (*mecc.*: *di motore*) andare (*o* girare) al minimo; tenere il minimo; (*fig.*) segnare il passo, ristagnare.
to **tick** (2) /tɪk/, *v. t.* (*fam.*) ***1*** far credito a (q.) ***2*** comprare a credito ***3*** vendere a credito.
ticked off /ˈtɪktˈɒf, *USA* -ɔːf/, *a.* (*fam. USA*) arrabbiato; incavolato (*fam.*).
ticker /ˈtɪkə(r)/, *n.* ***1*** cosa che fa tic-tac ***2*** telescrivente ***3*** (*Borsa, USA*) teleborsa ***4*** (*fam.*) orologio ***5*** (*pop. scherz.*) cuore. ● **t. tape**, nastro di telescrivente; (*anche usato come*) stella filante ▫ (*USA*) **t.-tape parade**, parata in onore di una celebrità (*al cui passaggio si lanciano nastri di telescrivente*) ▫ (*USA*) **to get a t.-tape reception** (*o* **welcome**), essere ricevuti con lanci di nastri di telescrivente.
tickertape /ˈtɪkəteɪp/, *V.* **ticker**.
ticket /ˈtɪkɪt/, *n.* ***1*** biglietto: **a railway t.**, un biglietto ferroviario; **a theatre t.**, un biglietto per il teatro ***2*** biglietto da visita ***3*** cartellino (*specialm. del prezzo*); etichetta; scontrino; tagliando; tessera ***4*** (*naut., aeron.*) brevetto ***5*** (*autom.*) multa: **parking t.**, multa per divieto di sosta ***6*** (*USA*) lista di candidati (*di un partito*); (*fig.*) programma politico: **the Republican t.**, i candidati (*o* il programma) del partito Repubblicano ***7*** (*gergo mil.*) congedo: **to get one's t.**, ottenere il congedo ***8*** (*nel gioco della tombola*) cartella ***9*** (*pop.*) scontrino del monte dei pegni. ● (*teatr., sport*) **t. agency**, biglietteria; botteghino ▫ **t. agent**, gestore di biglietteria ▫ (*ferr.*) **t. collector**, bigliettaio, controllore ▫ (*Borsa*) **t. day**, giorno della consegna fogli ▫ (*ferr.*) **t. inspector**, controllore ▫ (*leg., stor.*) **t. of leave**, (foglio di) libertà vigilata ▫ (*leg., stor.*) **t.-of-leave man**, persona in libertà vigilata ▫ (*ferr.*) **t. office**, biglietteria ▫ **t. porter**, facchino autorizzato (*riconoscibile per lo scontrino numerato*) ▫ **t.-punch**, pinza per forare biglietti ▫ (*sport, teatr.*) **t. tout**, bagarino ▫ **t. window**, sportello (*di biglietteria*) ▫ (*ferr., USA*), **commutation t.**, (tessera d') abbonamento ▫ (*fam.*) **to get one's t.**, ottenere il congedo (militare) ▫ (*ferr.*) **return t.** (*USA*: **round-trip t.**), biglietto d'andata e ritorno ▫ (*ferr.*) **season t.**, (tessera d') abbonamento ▫ (*ferr.*) **season-t. holder**, abbonato ▫ (*ferr.*) **single t.**, biglietto d'andata ▫ (*USA*) **split t.**, voto diviso (*fra i candidati di due o più partiti*) ▫ (*USA*) **straight t.**, voto per i candidati di un solo partito ▫ (*USA*) **to vote the straight t.**, votare per i candidati di un solo partito politico ▫ (*fam.*) **That's (just) the t.**, così va bene; è così che si fa; ecco quel che ci vuole ▫ (*fam.*) **That's not quite the t.**, questo non va, non fa al caso.
to **ticket** /ˈtɪkɪt/, *v. t.* ***1*** apporre il cartellino su (q.c.); mettere lo scontrino (*o* l'etichetta) a (q.c.); etichettare (*anche fig.*) ***2*** fornire di biglietto ***3*** (*autom.*) multare; fare la multa a (q.) ***4*** (*ind.*) marcare; accantonare; destinare (*un articolo, un prodotto, ecc.*).
tickety-boo /tɪkətɪˈbuː/, *a.* (*fam. arc.*) giusto; esatto; corretto; in perfetto ordine; a posto.
ticking /ˈtɪkɪŋ/, *n.* traliccio; stoffa da fodera per materassi.
ticking-off /ˈtɪkɪŋˈɒf, *USA* ˈɔːf/, *n.* (*fam.*) ramanzina; sgridata.
tickle /ˈtɪkl/, *n.* ***1*** solletico; prurito; formicolio; pizzicore ***2*** solleticamento; titillamento; vellicamento.
to **tickle** /ˈtɪkl/, **A** *v. t.* ***1*** solleticare; fare il solletico a; titillare; vellicare; (*fig.*) allettare, lusingare, stimolare, stuzzicare: **Don't t. me**, non farmi il solletico!; **I was tickled by the proposal**, la proposta mi solleticò; **This will t. his palate**, ciò gli stuzzicherà l'appetito ***2*** prendere (*pesci*) con le mani: **We used to t. trout in the brook**, prendevamo le trote con le mani nel ruscello. **B** *v. i.* ***1*** fare solletico; dare prurito; pizzicare: **This vest tickles**, questa maglietta pizzica ***2*** prudere; avere il prurito; formicolare; pizzicare: **My foot tickles**, mi formicola un piede. ● (*scherz.*) **to t. the ivories**, suonare il pianoforte ▫ (*fam.*) **to be tickled to death** (*o* **to be tickled pink**), essere deliziato; andare in solluchero ▫ **The story tickled me**, trovai il racconto assai divertente (*o* eccitante, ecc.).
tickler /ˈtɪklə(r)/, *n.* ***1*** chi fa il solletico; chi solletica ***2*** problema difficile; questione delicata; rompicapo ***3*** (*comm., USA*) scadenzario.
tickling /ˈtɪklɪŋ/, **A** *a.* eccitante; stimolante; stuzzicante. **B** *n.* ***1*** solletico ***2*** eccitazione; allettamenti; lusinghe ***3*** pesca con le mani.
ticklish /ˈtɪklɪʃ/, *a.* ***1*** che soffre il solletico ***2*** (*fig.*: *di persona*) permaloso; suscettibile ***3*** (*fig.*) difficile; delicato; scabroso: **a t. question**, una questione delicata; **a t. subject**, un argomento scabroso ***4*** (*del tempo, ecc.*) instabile; mutevole; incerto. ‖ **-ly**, *avv.* ‖ **-ness**, *sost.*
tick-tack /ˈtɪktæk/, **tick-tock** /ˈtɪktɒk/, *n.* tic--tac.
to **tick-tack** /ˈtɪktæk/, to **tick-tock** /ˈtɪktɒk/, *v. i.* ***1*** fare tic-tac ***2*** (*corse dei cavalli*) trasmettere informazioni mediante segni convenzionali (*detto di allibratori*).
tick-tack-toe /tɪktækˈtəʊ/, *n.* (*USA*) «zeri e ics» (*gioco*; *cfr. ingl.* **noughts and crosses**).
tidal /ˈtaɪdl/, *a.* ***1*** (*geogr., naut.*) di marea; della marea; soggetto alla marea; dovuto alla marea: **t. basin** (*o* **t. dock**), bacino di marea; **a t. river**, un fiume soggetto alle maree ***2*** (*tecn.*) mareomotore: **t. power plant**, centrale elettrico mareomotrice. ● (*med.*) **t. air** (*o* **volume**), volume corrente (*nella respirazione*) ▫ (*naut.*) **t. harbour**, porto accessibile solo con l'alta marea ▫ (*naut.*) **t. stream**, corrente di marea; fiume soggetto alle maree ▫ **t. water**, acqua di marea ▫ **t. wave**, onda di marea; (*per estens.*) ondata di maremoto; (*fig.*) ondata (*d'indignazione, di proteste, ecc.*).
tidbit /ˈtɪdbɪt/, (*USA*) *V.* **titbit**.
tiddler /ˈtɪdlə(r)/, *n.* ***1*** pesciolino; pescetto ***2*** (*fam.*) bambino; marmocchio ***3*** (*fam.*) cosa da niente; nonnulla ***4*** (*pop., stor.*) (monetina da) mezzo penny.
tiddl(e)y /ˈtɪdlɪ/, *a.* (*fam.*) ***1*** piccolo; insignificante ***2*** brillo; alticcio.
tiddly-winks /ˈtɪdlɪwɪŋks/, *n.* gioco delle pulci (*dischetti colorati*).
tide /taɪd/, *n.* ***1*** (*geogr., naut.*) marea; flusso: **at high [low] t.**, con l'alta [con la bassa] marea; **the rising of the t.**, il montare della marea ***2*** (*fig.*) corrente; tendenza; indirizzo; (il) volgere degli eventi; corso: **to go with the t.**, seguire la corrente; **a turn of the t.**, un cambiamento di tendenza; una svolta ***3*** (*arc.*) periodo; stagione; tempo (*ora solo nei composti*; *per es., in* **springtide**, stagione primaverile) ***4*** (*poet.*) fiume; torrente; acqua del mare; mare. ● (*naut.*) **t.-bound**, in attesa della marea (*rif. a una nave in porto*) ▫ **t.-gate [t.--lock]**, saracinesca [conca] per l'alta marea ▫ **t.-gauge**, mareografo ▫ **t. race**, forte corrente di marea ▫ **t. rips**, movimenti di masse d'acqua causati dalla marea ▫ **t. table**, tavola delle maree ▫ **ebb. t.**, marea decrescente ▫ **flood t.**, marea crescente ▫ **neap t.**, marea di quadratura lunare ▫ **spring t.**, marea equinoziale; marea sizigiale ▫ (*fig.*) **to swim** (*o* **to go**) **against the t.**, andare contro corrente ▫ **to work double tides**, lavorare a turno doppio (*giorno e notte*).
to **tide** /taɪd/, *v. i.* ***1*** (*naut.*) navigare (*specialm. entrare in porto o uscirne*) con la marea ***2*** (*fig.*) andare su e giù (*come la marea*). ● (*fig.*) **to t. it over**, farcela; spuntarla ▫ **to t. over**, sormontare, superare (*una difficoltà, un ostacolo*); fare fronte a; aiutare (q.) a superare un periodo di difficoltà (*o* di ristrettezze economiche): **He had to borrow money to t. over his illness**, dovette prendere denaro a prestito per far fronte alle spese della malattia.
tideless /ˈtaɪdləs/, *a.* senza marea.
tidemark /ˈtaɪdmɑːk/, *n.* ***1*** (*naut.*) linea di alta marea ***2*** (*fam.*) segno lasciato dall'acqua sporca (*nella vasca da bagno*) ***3*** (*fam.*) riga di sporco (*sul collo, quando ci si lava somma-

riamente).

tidewaiter /ˈtaɪdweɪtə(r)/, *n.* ***1*** (*dog.*) doganiere portuale (*che sale a bordo*) ***2*** (*fig. raro*) opportunista.

tidewater /ˈtaɪdwɔːtə(r), *USA* -wɒt-/, *n.* (*naut.*) ***1*** acqua di marea ***2*** (*USA*) costa bassa e paludosa. ● (*geogr.*) **t. glacier**, ghiacciaio di tipo artico.

tideway /ˈtaɪdweɪ/, *n.* (*naut.*) ***1*** canale di marea; canale (marittimo) soggetto al flusso della marea ***2*** corrente di marea.

tidily /ˈtaɪdəlɪ/, *avv.* lindamente; pulitamente; ordinatamente.

tidiness /ˈtaɪdɪnəs/, *n.* ordine; accuratezza; lindezza; nettezza; pulizia.

tidings /ˈtaɪdɪŋz/, *n. pl.* (*lett. o arc.*; *talora col verbo al sing.*) notizie.

tidology /taɪˈdɒlədʒɪ/, *n.* (*geogr., naut.*) scienza delle maree.

tidy /ˈtaɪdɪ/, **A** *a.* ***1*** ordinato; accurato; assettato; lindo; netto; pulito; in ordine: **a t. person**, una persona ordinata; **a t. dress**, un abito lindo; **a t. little house**, una casetta tutta in ordine ***2*** (*fam.*) considerevole; ragguardevole; notevole: **a t. price**, un prezzo ragguardevole; **a t. sum [estate]**, una somma [una proprietà] ragguardevole. **B** *n.* ***1*** copertura, fodera per braccioli; poggiacapo; coprischienale (*di poltrona, ecc.*) ***2*** astuccio; busta ***3*** cestino, recipiente (*per la carta straccia, i rifiuti, ecc.*); portaoggetti: **a street t.**, un recipiente per i rifiuti collocato sulla pubblica via.

to **tidy** /ˈtaɪdɪ/, **A** *v. t.* e *i.* (*spesso* **to t. up**) assettare; rassettare; riordinare: **I must t. up my room**, devo rassettare la mia camera. **B** to **tidy oneself**, *v. rifl.* mettersi in ordine; rassettarsi. ● **to t. one's hair**, ravviarsi i capelli.

♦**tidy away**, *v. t.* e *i.* + *avv.* mettere via (oggetti); riporre; mettere in ordine; riordinare.

♦**tidy out**, *v. t.* + *avv.* pulire per bene; riordinare (*una stanza, ecc.*); rassettare.

♦**tidy up**, **A** *v. t.* + *avv.* riordinare, rassettare. **B** *v. i.* + *avv.* rimettere in ordine; riordinare □ **to t. oneself up**, rassettarsi; rimettersi in ordine.

tie /taɪ/, *n.* ***1*** legame; legaccio; legatura; nodo; (*fig.*) vincolo, impaccio, impedimento: **family ties**, legami familiari; **the ties of blood**, i vincoli del sangue; **the strong tie of friendship**, il forte legame dell'amicizia ***2*** (*USA*, = **necktie**) cravatta: **a silk tie**, una cravatta di seta ***3*** (*per scarpe*) stringa; laccetto ***4*** scarpa con laccetti (*o* da allacciare) ***5*** (*edil.*) tirante; asta tesa; catena ***6*** (*mecc.*) tirante ***7*** (*USA*) traversa, traversina (*di binario*; *cfr. ingl.* **railway sleeper**) ***8*** (*sport*) pareggio; partita pari ***9*** (*mus.*) legatura ***10*** (*naut.*) amante ***11*** (*elettr.*) connessione; giunzione. ● **tie bar**, (*mecc.*) tirante; (*ferr.*) biella dello scambio □ (*edil.*) **tie beam**, catena □ **tie-clasp** (*o* **tie-clip**), fermacravatta □ **tie factory**, cravattificio □ **tie-in**, legame, rapporto; (*comm.*) prodotto (*libro, giocattolo, ecc.*) legato a un film (*o* a una serie televisiva); pubblicità di prodotti da vendersi abbinati □ (*tennis*) **tie-in**, spareggio □ (*comm.*) **tie-in sale**, vendita di prodotti abbinati □ **tie manufacturer**, fabbricante di cravatte; cravattaio □ **tie merchant**, venditore di cravatte; cravattaio □ **tie press**, stiracravatte □ **tie rod**, (*edil.*) catena; (*mecc.*) tirante; (*autom.*) barra d'accoppiamento (*dello sterzo*) □ **tie-up**, punto morto, battuta d'arresto; arresto del traffico, ingorgo; cessazione del lavoro (*per sciopero, ecc.*); rapporto, connessione; (*econ.*) fusione (*d'aziende*) □ (*sport*) **cup ties**, spareggi di campionato; partite di coppa □ **the old school tie**, la cravatta della vecchia scuola (*come emblema*); (*scherz.*) il vincolo d'amicizia fra antichi compagni di scuola; (*spreg.*) spirito di classe, snobismo □ (*sport*) **to play off a tie**, giocare una partita di spareggio.

to **tie** /taɪ/, **A** *v. t.* ***1*** legare; allacciare; attaccare; annodare; legare insieme; unire: **to tie up a parcel**, legare un pacco; (*anche fig.*) **to tie sb.'s hands**, legare le mani a q.; **to tie one's bathrobe**, allacciarsi l'accappatoio; **to tie a scarf**, annodare una sciarpa; **to tie a horse to a pole**, attaccare un cavallo a un palo ***2*** (*fig.*) impegnare; vincolare; costringere: **to tie sb. down to a regular job**, impegnare q. in un lavoro regolare; **to tie sb. down to a contract**, impegnare q. con un contratto; **to tie up an estate**, vincolare una proprietà ***3*** (*mus.*) legare (*note*) ***4*** (*sport*) pareggiare (*un incontro*) ***5*** (*sport*) uguagliare (*un primato*). **B** *v. i.* ***1*** legarsi; annodarsi; allacciarsi: **This dress ties at the back**, quest'abito s'allaccia di dietro ***2*** (*sport*) pareggiare; finire alla pari; avere lo stesso punteggio: **They tied for third place**, sono finiti terzi alla pari; **to tie for first place**, essere primi ex aequo. ● **to tie a knot**, fare un nodo □ (*fig.*) **to tie the knot**, sposarsi □ **to tie one's shoes**, allacciarsi le scarpe; (*fig. fam. USA*) darsi una regolata □ (*fig.*) **to tie sb.'s tongue**, chiudere la bocca a q.; far tacere q. □ **to be tied to a woman's apron-strings**, stare attaccato alle sottane d'una donna □ (*pop.*) **fit to be tied**, matto da legare; furioso; furibondo □ **Tie your tie!**, fatti il nodo alla cravatta!

♦**tie back**, *v. t.* + *avv.* ***1*** legare indietro; raccogliere (*i capelli sulla nuca*) ***2*** legare; fermare, fissare (q.c.) nella sua posizione: **to tie back the curtains**, legare le tende (*specialm. a drappeggio*; *lasciando scoperta la finetra*).

♦**tie down**, *v. t.* + *avv.* ***1*** legare, assicurare, fissare giù (*o* in basso): **to tie down a lid**, fissare un coperchio legandolo; **to tie down a tent**, assicurare una tenda (*legandola ai picchetti*) ***2*** (*mil.*) tenere impegnato, bloccare (*il nemico*) ***3*** (*fig.*) impegnare; vincolare (*V.* **to tie, A**, *def.* 2) □ **to tie sb. down to the ground**, legare q. per terra.

♦**tie in**, **A** *v. i.* + *avv.* ***1*** collegarsi; essere collegabile: **These wires tie in according to the different colours**, questi fili (*elettrici*) si collegano secondo i diversi colori ***2*** (*fig.*) combaciare; collimare. **B** *v. t.* + *avv.* ***1*** inserire (*un filo, ecc.*) collegandolo ***2*** (*fig.*) far combaciare; far collimare; condizionare: **The welfare of the country is tied in with the economic recovery**, il benessere della nazione è condizionato dalla ripresa economica.

♦**tie on**, *v. t.* + *avv.* attaccare (q.c.) con lo spago; allacciare: **to tie on a label**, attaccare un'etichetta con lo spago; (*di un oggetto*) **to have the price ticket still tied on**, avere ancora il cartellino del prezzo attaccato □ (*fam. USA*) **to tie one on**, sbronzarsi.

♦**tie up**, **A** *v. t.* + *avv.* ***1*** legare (*un pacco, una persona, ecc.*) ***2*** fasciare, bendare (*un braccio, una ferita, ecc.*) ***3*** annodare: **to tie up one's hair**, annodarsi i capelli ***4*** (*fam.*: *di un lavoro, ecc.*) impegnare; tenere (q.) occupato ***5*** tenere occupato (*il telefono*) ***6*** (*anche leg.*) impegnare, vincolare (*per contratto, ecc.*): **to tie up real property**, vincolare beni immobili ***7*** (*fin.*) impegnare, immobilizzare: **to tie up money in long-term operations**, immobilizzare denaro in operazioni a lungo termine ***8*** (*fig.*) collegare; far combaciare; far collimare. **B** *v. i.* + *avv.* ***1*** (*di aziende e sim.*) collegarsi; fondersi ***2*** combaciare; collimare: **His version of the facts doesn't tie up with what you declared**, la sua versione dei fatti non collima con ciò che avevi dichiarato tu □ (*fig.*) **to tie up the loose ends**, fare gli ultimi ritocchi □ (*fam.*) **to get tied up**, impiccarsi (*fig. pop.*); sposarsi.

tiebreak /ˈtaɪbreɪk/, *n.* ***1*** (*tennis*) tiebreak ***2*** (*per estens.*) incontro risolutivo; spareggio.

tiebreaker /ˈtaɪbreɪkə(r)/, *V.* **tiebreak**.

tied /taɪd/, *a.* ***1*** legato; allacciato; unito: (*fig.*) **My hands are t.**, ho le mani legate ***2*** impegnato; vincolato ***3*** (*anche sport*) pari; in pareggio. ● **t. cottage**, casa concessa in affitto a un dipendente (*per tutta la durata del rapporto di lavoro*) □ **t. house**, locale pubblico (pub, ecc.) vincolato (per contratto) a vendere una sola marca di birra □ (*stat.*) **t. rank**, posto in graduatoria ex aequo □ (*di persona*) **tied up**, indaffarato; occupatissimo.

tie-on /ˈtaɪɒn, *USA* -ɔːn/, *a.* (*di cartellino, etichetta, ecc.*) che si attacca con lo spago; distaccabile.

tiepin /ˈtaɪpɪn/, *n.* spilla per cravatta; fermacravatta.

tier (1) /tɪə(r)/, *n.* ***1*** fila; ordine (*di palchi, ecc.*); gradino (*di gradinata*): **a t. of seats**, una fila di posti a sedere; **a t. of boxes**, un ordine di palchi (*a teatro*) ***2*** (*cucina*) strato, ripiano (*di una torta*) ***3*** (*org. az.*) livello; classe; categoria: **two-t. system**, sistema a due livelli (*della pubblica istruzione, ecc.*) ***4*** (*elab.*) ripiano ***5*** (*naut.*) andana (*fila d'imbarcazioni ormeggiate*). ● **tiers of a cable**, giri di una fune (*in un rotolo*) □ (*fin.*) **a two-t. exchange system**, un doppio regime dei cambi □ (*market.*) **two-t. price**, prezzo a due livelli.

tier (2) /ˈtaɪə(r)/, *n.* ***1*** chi lega, chi allaccia, chi annoda (*V.* **to tie**) ***2*** (*USA*) grembiulino (*per bambini*).

to **tier** /tɪə(r)/, *v. t.* (*spesso* **to t. up**) ***1*** disporre in file sovrapposte ***2*** sistemare a gradini.

tierce /tɪəs, *nelle def. 3 e 4* tɪəs, tɜːs/ *n.* ***1*** (*scherma*) terza ***2*** (*mus.*, = **third**) terza ***3*** (*relig.*, = **terce**) terza ***4*** (*a carte*) sequenza di tre carte dello stesso seme ***5*** barilotto (*misura per il vino, pari a 42 galloni*).

tiercel /ˈtɜːsl/, *V.* **tercel**.

tiercet /ˈtɜːsɪt/, *V.* **tercet**.

tiered /tɪəd/, *a.* ***1*** (*di un'arena, ecc.*) a gradinate ***2*** (*di una torta*) a ripiani: **a three-t. cake**, una torta a tre piani.

tiff /tɪf/, *n.* battibecco; bisticcio; litigio; baruffa.

to **tiff** /tɪf/, *v. i.* avere un battibecco; bisticciare; litigare.

tiffany /ˈtɪfənɪ/, *n.* (*ind. tess.*) mussola di seta.

tiffin /ˈtɪfɪn/, *n.* (*un tempo, in India*) pasto leggero (*specialm. a mezzogiorno*).

tiger /ˈtaɪgə(r)/, *n.* ***1*** (*zool.*, *Panthera tigris*: *pl.* **tiger, tigers**) tigre (*anche fig.*): **Bengal t.**, tigre del Bengala ***2*** (*fam.*) rodomonte; smargiasso; spaccone ***3*** (*fam. USA*) urrah (*dopo una salva di evviva*). ● (*zool.*) **t. beetle**, cicindela □ (*zool.*) **t.-cat**, (*Felis pardalis*) ozelot; gattopardo americano; (*Felis serval*) gattopardo africano; servalo □ **t. cub**, tigrotto □ (*miner.*) **t.('s)-eye**, occhio di tigre □ (*bot.*) **t. lily** (*Lilium tigrinum*), giglio tigrino cinese □ (*zool.*) **t. shark**, (*Galeocerdo cuvieri*), squalo tigre □ **t. wolf**, (*Crocuta crocuta*) iena maculata; (*Thylacinus cynocephalus*) lupo zebra □ **t.-wood**, legno pregiato (*esportato dalla Guyana*) □ (*fig., polit.*) **paper t.**, tigre di carta □ (*fig. fam.*) **to ride the t.**, cavalcare la tigre.

tigerish /ˈtaɪgərɪʃ/, *a.* di (*o* da) tigre, tigresco; (*fig.*) crudele, feroce.

tight (1) /taɪt/, **A** *a.* ***1*** fermo; saldo; solido; duro: **a t. knot**, un saldo nodo; un nodo stretto; **This bolt is so t. that I cannot unscrew it**, questo bullone è così duro che non riesco a svitarlo ***2*** chiuso; serrato; stretto: **a t. screw**, una vite stretta (bene); **to keep one's fists t.**, tenere i pugni serrati; **t. shoes**, scarpe strette ***3*** (*di un indumento*) stretto; attillato; aderente: **a t. dress**, un abito attillato ***4*** teso; tirato: **a t. rope**, una corda tesa ***5*** ermetico; stagno; a perfetta tenuta; (*del terreno*) impermeabile: **Now the boat is t.**, ora la barca è stagna (*o* tiene l'acqua) ***6*** (*fig.*) serrato; conciso; stringato: **t. language**, linguaggio conciso; **a t. style**, uno stile stringato ***7*** (*fig.*) pieno, zeppo (*di q.c.*); fitto: **I've got a very t. schedule this morning**, stamattina ho un'agenda piena d'impegni ***8*** (*fig.*) severo; rigido; rigoroso; duro; stretto (*fig.*): **t. security**, rigide norme di sicurezza; **That boy needs a t. hand**, quel ragazzo va trattato con grande rigore; **They kept him under t. control**, lo tenevano sotto stretto controllo ***9*** (*fig.*) difficile: **a t. situation**, una situazione difficile ***10*** (*di un affare* *e sim.*) poco vantaggioso; mediocre *11* (*econ.*) rigido; (*di un bene*) che scarseggia, per il quale c'è troppa domanda: **t. market**, mercato rigido; **Oil was t. on all markets**, il petrolio era scarso su tutti i mercati *12* (*fin.*) difficile; (*del denaro*) caro: **t. credit**, credito difficile; **Money was tighter than ever**, il denaro era più caro che mai *13* compatto; (*mil.*) a file serrate; ben affiatato: **a t. group of friends**, un compatto gruppo di amici; **in t. formation**, in formazione compatta *14* (*autom., aeron.*) stretto: **a t. turn**, una curva (*o* una virata) stretta *15* (*sport*: *del gioco*) serrato *16* (*sport*: *di un incontro*) equilibrato *17* (*fam.*) avaro; spilorcio; taccagno *18* (*fam.*) teso; tirato: **She had a t. expression**, aveva il viso tirato *19* (*fam.*) ubriaco; sbronzo *20* (*dial.*) bello; aggraziato; benfatto. **B** *avv.* *1* stretto; strettamente; saldamente; fortemente; a fondo: **Hold it t.**, tienlo stretto!; **to screw a nut t.**, avvitare a fondo (*o* stringere) un dado *2* completamente; del tutto; bene: **to pack a rucksack t.**, riempire bene uno zaino; **to blow** (*o* **to pump**) **a football t.**, gonfiare bene un pallone (*da calcio*). **C** *n. pl.* *1* (*moda*) collant (*franc.*) *2* calzamaglia (*anche di acrobati, ballerine, ecc.*) *3* (*fam. USA*) periodo di ristrettezze economiche. ● (*pop. USA*) **t.-ass(ed)**, contegnoso; rigido; puritano; che sta sulle sue □ **a t. bale**, una balla ben pressata □ (*fig.*) **a t. corner** (*o* **spot**), una situazione difficile, pericolosa: **to be in a t. corner**, essere con le spalle al muro (*fig.*) □ **a t. drawer**, un cassetto duro, che non scorre bene □ **t.-fitting**, attillato; aderente: **a t.-fitting jacket**, una giacca attillata □ **t.-knit**, compatto; ben strutturato □ **t.-lipped**, di poche parole; riservato; che non parla, che sa tenere un segreto □ **a t.-lipped smile**, un sorriso a denti stretti □ (*sport*) **a t. race**, una corsa molto combattuta; una corsa tirata (*fam.*) □ (*rugby*) **t. scum**, mischia chiusa (*o* comandata) □ **a t. ship**, una nave stagna; (*fig.*) una nave con l'equipaggio disciplinato; (*fig.*) un'azienda che ha personale disciplinato □ **a t. smile**, un sorriso forzato □ **a t. squeeze**, una forte stretta; un pigia pigia; un serra serra; (*fig.*) un momento difficile; (*fig., econ.*) una stretta □ **a t. weave**, una trama fitta (*di un tessuto*) □ (*fam.*) **to get t.**, sbronzarsi □ **to keep t. control over sb.**, tenere q. sotto stretto controllo; comandare q. a bacchetta □ **to sit t.**, sedere immobile; (*fig.*) essere irremovibile; non cedere d'un millimetro; tenere duro □ **to sleep t.**, dormire bene (*o* sodo, della grossa).

tight (2) /taɪt/, *a.* (*specialm. nei composti*) a tenuta di; a prova di: **gas-t.**, a tenuta di gas; (*USA*) **fire-t.**, a prova di fuoco.

to **tighten** /'taɪtn/, **A** *v. t.* *1* serrare; stringere; (*mecc.*) avvitare, stringere a fondo: **to t. a knot**, stringere un nodo *2* tendere; tirare: **T. the ropes!**, tendete le funi! *3* (*fig.*) inasprire; rafforzare: **to t. economic controls**, rafforzare i controlli dell'economia. **B** *v. i.* *1* serrarsi; stringersi *2* tendersi *3* (*anche fig.*) restringersi: **Credit is tightening**, il credito si va restringendo. ● **to t. one's belt**, tirare la cinghia; non mangiare; (*fig.*) adottare misure di austerità □ **to t. one's grip**, rafforzare la presa; stringere più forte □ **to t. up**, stringere, serrare bene (*o* a fondo); (*di un nodo, ecc.*) stringersi (troppo); (*fig.*) inasprire, inasprirsi: **This nut must be tightened up**, questo dado va stretto a fondo; **to t. up restrictions**, inasprire le restrizioni.

tightener /'taɪtnə(r), -tən-/, *n.* *1* chi stringe; chi tende *2* tenditoio *3* (*anat.*) muscolo estensore *4* (*mecc.*) tenditore; galoppino.

tightfisted /'taɪt'fɪstɪd/, *a.* spilorcio; taccagno; tirchio.

tightly /'taɪtlɪ/, *avv.* *1* strettamente *2* saldamente *3* rigidamente: **t. controlled**, controllato rigidamente. ● **t. knit**, (*di lavoro a maglia*) fitto; (*fig.*) legato, compatto, molto unito: **a t. knit family**, una famiglia molto unita □ **t. packed clothes**, indumenti pigiati (*in uno zaino, ecc.*) □ **t. packed case**, cassa stipata di roba.

tightness /'taɪtnəs/, *n.* *1* compattezza; fermezza; saldezza; solidità *2* ristrettezza (*di spazio*) *3* ermeticità; tenuta stagna; impermeabilità *4* l'essere teso (*o* tirato) *5* (*fam.*) ubriachezza *6* (*fam.*) tirchieria. ● (*med.*) **t. of the chest**, oppressione; difficoltà di respiro □ (*fin.*) **the t. of money**, l'alto costo del denaro.

tightrope /'taɪtrəʊp/, *n.* fune (*di funambolo*). ● **t. walker** (*o* **t. dancer**), funambolo □ **t. walking**, funambolismo.

tightwad /'taɪtwɒd/, *n.* (*fam. USA*) avaro; tirchio; spilorcio.

tigon /'taɪgən/, *n.* (*zool.*) tigone.

tigress /'taɪgrɪs/, *n.* (*zool.*) tigre (*femmina*; *anche fig.*).

tike /taɪk/, *n.* (*dial.*) *1* cane bastardo; cagnaccio *2* (*fig.*) individuo maleducato, rozzo; zoticone.

til /tɪl/, *n.* (*bot., Sesamum indicum*) sesamo. ● **til oil**, olio di sesamo.

tilbury /'tɪlbərɪ, *USA* -erɪ/, *n.* (*un tempo*) calesse leggero; tilbury.

tilde /'tɪldə/, *n.* tilde (*segno ortografico*).

tile /taɪl/, *n.* *1* (*edil.*) tegola; embrice: **plain t.**, tegola piana (comune) *2* (*edil.*) mattonella; piastrella *3* (*edil.*) laterizio forato; forato *4* (*fam.*) cappello a cilindro *5* (*collett.*) laterizi. ● **t. conduit**, tubo di terracotta □ (*edil.*) **t. covering**, copertura con tegole □ **t. factory**, fabbrica di piastrelle; ceramica (*fam.*) □ **t. flooring**, pavimento in piastrelle □ **t. manufacture**, industria ceramica □ **t. manufacturer**, industriale ceramico □ **t. specialist**, piastrellista □ **Dutch t.**, piastrella decorativa (*spesso blu, con scene bibliche*) □ (*fam.*) **to have a t. loose**, essere un po' tocco (*o* svitato) □ (*fam.*) **to be** (**out**) **on the tiles**, far baldoria; far bisboccia; far baracca.

to **tile** /taɪl/, *v. t.* *1* coprire (*un tetto, ecc.*) con tegole *2* coprire (*un pavimento*) con mattonelle; rivestire (*una parete*) di piastrelle; piastrellare *3* (*nella massoneria*) fare la guardia a (*una loggia, una riunione*) *4* (*in genere*) vincolare (q.) al segreto.

tiled /taɪld/, *a.* (*edil.*) *1* piastrellato: **t. wall**, parete piastrellata *2* (*di un tetto*) coperto di tegole.

tilemaking /'taɪlmeɪkɪŋ/, *n.* *1* industria ceramica: **t. machines**, macchinari dell'industria ceramica *2* fabbricazione di tegole (*per l'edilizia*).

tiler /'taɪlə(r)/, *n.* *1* operaio di fornace di laterizi; fornaciaio *2* piastrellista; piastrellaio (*operaio*) *3* (*nella massoneria*) custode d'una loggia.

tilery /'taɪlərɪ/, *n.* fornace (*o* fabbrica) di laterizi.

tiling /'taɪlɪŋ/, *n.* *1* copertura (*di tetti*) con tegole; coperto di tegole; tegolato *2* piastrellatura; rivestimento di piastrelle; pavimento di mattonelle *3* (*collett.*) laterizi. ● (*edil.*) **t. contractor**, piastrellista (*imprenditore*).

till (1) /tɪl, təl, tl/, **A** *prep.* fino a; sino a: **t. tomorrow**, fino a domani; **My grandmother lived t. ninety-eight**, mia nonna visse fino a 98 anni; **t. the end**, sino alla fine. **B** *cong.* fino a che; finché; fintantoché; fino a quando: **Wait t. I come back**, aspetta finché io non torni!; **Ring t. you get an answer**, suona fino a quando ti risponderanno. ● **t. now**, finora □ **from morning t. night**, dal mattino alla sera □ **not t.**, non prima di: **I didn't open the door t. he showed me his card**, non aprii la porta prima che mi mostrasse la tessera □ **I shan't be back t. next week**, non tornerò prima della prossima settimana □ **Goodbye t. tomorrow**, (arrivederci) a domani!

till (2) /tɪl/, *n.* *1* cassetto dei denari (*in un negozio*); cassa *2* contante; denaro contante. ● (*comm.*) **t. money**, denaro in cassa □ (*fam.*) **to be caught with one's fingers in the t.**, essere preso con le mani nel sacco □ (*fam.*) **to have one's fingers in the t.**, avere le mani lunghe; rubare nel negozio dove si lavora.

till (3) /tɪl/, *n.* (*geol.*) deposito glaciale.

to **till** (1) /tɪl/, *v. t.* (*agric.*) coltivare, dissodare, lavorare (*la terra*).

to **till** (2) /tɪl/, *v. t.* *1* mettere (*denaro*) in cassa (*o* nel cassetto) *2* incassare (*denaro*).

tillable /'tɪləbl/, *a.* coltivabile; dissodabile.

tillage /'tɪlɪdʒ/, *n.* (*agric.*) *1* dissodamento; coltura; coltivazione *2* terreno coltivato; terra lavorata *3* raccolto. ● **ground in t.**, terreno coltivato.

tiller (1) /'tɪlə(r)/, *n.* coltivatore; agricoltore.

tiller (2) /'tɪlə(r)/, *n.* (*naut.*) barra (*del timone*).

tiller (3) /'tɪlə(r)/, *n.* (*bot.*) pollone.

to **tiller** /'tɪlə(r)/, *v. i.* (*bot.*) mettere i polloni.

tillerman /'tɪləmən/, *n.* (*pl.* **tillermen**) (*naut.*) timoniere; uomo alla barra.

tilling /'tɪlɪŋ/, *n.* (*agric.*) coltivazione; coltura.

tilt (1) /tɪlt/, *n.* *1* inclinazione; pendenza; piano inclinato *2* (*stor.*) giostra; torneo *3* (= **t.-hammer**) maglio meccanico. ● (*radar*) **t. angle**, angolo d'inclinazione □ **t. cart**, carro ribaltabile □ (*stor.*) **t.-yard**, lizza □ **at a t.**, inclinato; che pende □ (**at**) **full t.**, a briglia sciolta; di gran carriera; con grande impeto □ (*fig.*) **to have a t. at sb.**, spezzare una lancia contro q. □ **to wear one's hat at a t.**, portare il cappello sulle ventitré.

tilt (2) /tɪlt/, *n.* copertone; telone (*specialm. per coprire carri*).

to **tilt** (1) /tɪlt/, **A** *v. i.* *1* pendere; inclinarsi; piegarsi: **The ship tilted (over) and the barrels fell overboard**, la nave s'inclinò e i barili caddero in mare *2* (*naut.*) beccheggiare *3* (*aeron.*) inclinarsi *4* (*stor.*) giostrare; torneare. **B** *v. t.* *1* inclinare; far pendere; piegare: **Don't t. the writing-desk**, non inclinare lo scrittoio! *2* (*di solito* **to t. up**) rovesciare; mettere sottosopra: **You had better t. up the wheelbarrow**, faresti meglio a rovesciare la carriola *3* scaricare, rovesciare (*da un carro, da un camion*) *4* battere (*metallo*) col maglio meccanico. ● **to t. at**, (*stor.*) assalire lancia in resta, attaccare in un torneo; (*fig.*) attaccare, prender di mira, inveire contro □ **to t. at the ring**, correre la giostra dell'anello □ (*fig.*) **to t. at windmills**, combattere contro i mulini a vento □ **to t. back**, far pendere, inclinare (*la sedia, ecc.*) indietro; rovesciare, piegare all'indietro (*la testa, ecc.*).

to **tilt** (2) /tɪlt/, *v. t.* coprire (*carri, ecc.*) con un telone.

tilter /'tɪltə(r)/, *n.* *1* (*stor.*) campione; giostratore *2* (*ind.*) operaio addetto al maglio *3* (*tecn.*) dispositivo di ribaltamento.

tilth /tɪlθ/, *n.* *1* dissodamento; coltivazione *2* terreno dissodato.

tilting /'tɪltɪŋ/, *a.* inclinabile; ribaltabile. ● (*mecc.*) **t. dozer**, tiltdozer (*bulldozer con lama inclinabile a destra e a sinistra*) □ **t. hammer**, maglio meccanico □ (*autom.*) **t. seat**, strapuntino □ **t. stand**, cavalletto girevole □ (*geol.*) **t. strata**, strati inclinati.

timbal /'tɪmbl/, *n.* (*stor., mus.*) timballo; timpano.

timbale /'tɪmbl, tæm'bɑːl/ (*franc.*), *n.* (*cucina*) timballo; sformato.

timber /'tɪmbə(r)/, **A** *n.* *1* legname (*specialm. da costruzione*) *2* alberi da legname *3* (*falegn.*) tavolone; grossa trave *4* (*naut.*) ordinata; costola *5* (*specialm. USA*) bosco; foresta *6* (*raro*) palizzata; steccato *7* (*fig. arc.*) tempra; carattere; stoffa: **a man of his t.**, un uomo della sua tempra. **B** *inter.* caduta (dell'albero)!; fate largo! ● **t. beam**, trave in legno □ **t. frame**, tavolato □ (*naut.*) **t.-head**, testa di scaleno, monachetto; bitta □ **t. merchant**, commerciante di legname □ **t. mill**, segheria □ (*di un muro*) **t. panelled**, rivestito in legno □ **t. preservatives**, conservanti per legname □

(*scherz.*) **t.-toe(s)**, «gamba di legno» (*lo zoppo*) □ (*edil.*) **t. treatment**, trattamento delle travi in legno □ **t.-tree**, albero da legname; albero d'alto fusto □ **t.-work**, costruzione in legno □ **t.-yard**, cantiere; deposito di legname □ **building t.**, legname da costruzione □ (*fam. scherz.*) **Shiver my timbers!**, tuoni e saette!

to **timber** /ˈtɪmbə(r)/, *v. t.* rafforzare (*o* sostenere) con legname.

timbered /ˈtɪmbəd/, *a.* **1** (*edil.*) costruito in legno; rivestito di legno **2** coperto d'alberi; alberato: **a well-t. country**, un territorio bene alberato. ● (*edil.*) **half-t.**, metà in legno e metà in muratura.

timbering /ˈtɪmbərɪŋ/, *n.* **1** costruzione in legno; lavoro in legno **2** legname (*da costruzione*) **3** (*ind. min.*) armatura in legname.

timberline /ˈtɪmbəlaɪn/, *n.* (*geogr.*) limite della vegetazione arborea.

timberman /ˈtɪmbəmən/, *n.* (*pl.* **timbermen**) **1** boscaiolo; tagliaboschi **2** (*edil.*) carpentiere.

timbre /ˈtɪmbə(r), ˈtæmbrə/ (*franc.*), *n.* (*ling., mus.*) timbro (*di voce, di strumento musicale*).

timbrel /ˈtɪmbrəl/, *n.* (*mus.*) tamburello; cembalo.

time /taɪm/, *n.* **1** tempo; epoca; periodo; durata; (*mus.*) tempo, misura; circostanza: **It took me a lot of t. to go there on foot**, mi ci volle un sacco di tempo per andarci a piedi; **in Cromwell's t.**, al tempo di Cromwell; **in the t. of Elizabeth I**, all'epoca di Elisabetta I; **waltz t.**, tempo di valzer; **We must move with the times**, dobbiamo essere sempre all'altezza dei tempi; **modern times**, tempi moderni; (*mus.*) **to beat t.**, battere (*o* marcare) il tempo; **a t. of sorrow**, una circostanza dolorosa; (*sport*) **in record t.**, a tempo di primato **2** ora; momento: **What t. is it?** (*o* **What's the t.?**) che ora è?; che ore sono?; **It's dinner t.**, è l'ora di pranzo; **At what t.?**, a che ora?; **T. is up**, è ora (d'andare, di consegnare il compito, ecc.); **It's t. to go**, è ora d'andare; **The t. had come to set out**, era giunta l'ora della partenza; **Now is the t. to act**, questo è il momento di agire; **There's no t. like the present**, questo è il momento giusto **3** volta: **this t.**, questa volta; **next t.**, la prossima volta; **another t.**, un'altra volta; **the t. before last**, la penultima volta; **three [four, five] times**, tre [quattro, cinque] volte; **many times**, molte volte; spesso **4** (*trasp.*) orario: **the times of the trains to Oxford**, gli orari dei treni per Oxford **5** (*econ.*) paga; retribuzione: **half t.**, mezza paga; **double t.**, paga doppia **6** (*telef.*) numero delle unità (*di conversazione*) **7** (*elab.*) tempo; durata: **t. origin**, tempo di riferimento; **t. slicing**, assegnazione di tempo **8** (*sport*) tempo: **in record t.**, a tempo di record; **to record a good t.**, far registrare un buon tempo. ● (*banca, USA*) **t. account**, conto di deposito □ **t. after t.**, più volte; tante volte; ripetutamente □ **t. and again**, spessissimo; assai di frequente □ **t. and a half**, paga per lavoro straordinario □ (*cronot.*) **t. and motion study**, studio dei tempi e dei movimenti □ (*leg.*) **t. bar**, termine di decadenza (*o* di prescrizione) □ (*Borsa*) **t. bargain**, operazione a termine □ (*leg.*) **t.-barred**, prescritto per decadenza dei termini □ **t. bill**, cambiale a tempo; (*USA*) orario (*ferroviario, ecc.*) □ **t. bomb**, bomba a tempo (*o* a orologeria); (*fig.*) situazione esplosiva □ **t. book**, registro delle presenze (*o* delle ore di lavoro) □ (*pubbl.*) **t. buying**, acquisto di tempo (*alla TV*) □ **t. capsule**, contenitore (*pieno di oggetti, ecc. attuali*) per le generazioni future (*viene sepolto in terra*) □ **t. card**, scheda di presenza □ (*naut.*) **t. charter (party)**, (contratto di) noleggio a tempo □ (*gramm.*) **t. clause**, proposizione temporale □ **t. clerk**, controllore delle ore di lavoro □ **t. clock**, orologio marcatempo; (*anche*) timer □ **t.-consuming**, che prende molto tempo □ (*tecn.*) **t. control**, comando a tempo □ (*banca*) **t. deposit**, deposito a termine (*o* vincolato): **t.-deposit book**, libretto vincolato □ **t. draft**, tratta a tempo □ (*naut.*) **t. freight**, nolo a tempo □ (*fotogr.*) **t. exposure**, posa, tempo di posa □ (*mil.*) **t.-fuse**, spoletta a tempo □ **t.-honoured**, venerato per la sua antichità; venerando □ **t.-lag**, intervallo di tempo; (*fis.*) ritardo; (*econ.*) scarto (*o* sfasamento) temporale □ (*cinem., fotogr.*) **t.-lapse**, al rallentatore (*agg.*) □ (*leg.*) **t. limit**, termine ultimo □ **t. loan**, prestito a tempo □ (*fantascienza*) **t. machine**, macchina del tempo □ **the t. of day**, l'ora (*segnata dall'orologio*); l'ora del giorno □ (*fam.*) **the t. of one's life**, periodo molto bello □ **t. of payment**, termine di pagamento; scadenza (*di una cambiale, ecc.*) □ **t. off**, tempo libero (*o* di vacanza); (giorni, ecc. di) congedo, permesso: **I'll take some t. off**, mi prenderò un po' di congedo □ **t.-out**, (*sport*) time-out, sospensione; (*elab.*) fine del tempo disponibile; (*anche*) supero di tempo; pausa □ **t. payment**, (*econ.*) retribuzione a tempo; (*market.*) pagamento dilazionato (*o* rateale) □ (*ass., naut.*) **t. policy**, polizza a tempo □ (*cronot.*) **t. recorder**, tempista; (*anche*) orologio marcatempo □ (*med.: di farmaco*) **t.-release**, a effetto ritardato □ (*geol.*) **t. scale**, cronologia □ (*demogr., stat.*) **t. series**, serie temporale (*o* storica) □ (*stat.*) **t.-series chart**, istogramma; diagramma a colonne □ **t.-server**, opportunista; conformista □ **t.-serving**, (*agg.*) opportunistico, conformistico; (*sost.*) opportunismo, conformismo □ (*ind.*) **t. sheet**, foglio di presenza □ (*mat.*) **times sign**, segno di moltiplicazione □ (*radio, TV*) **t. signal**, segnale orario □ **t. study**, cronotecnica □ **t.-study engineer**, cronotecnico □ (*tecn.*) **t. switch**, interruttore a tempo □ **t. taker**, *V.* **t. recorder** □ **t. taking**, rilevazione dei tempi □ **t.-tested**, sperimentato; che il tempo ha dimostrato valido □ **t. ticket**, cartellino di presenza □ (*sport*) **t. trial**, prova (*o* corsa) a cronometro □ **t.-wasting**, che fa perdere tempo: **to find st. t.-wasting**, trovare che q.c. è una (gran) perdita di tempo □ **t. wages**, salario a tempo □ **times without number**, innumerevoli volte; spessissimo □ **t.-work**, lavoro retribuito a ore; lavoro in economia □ **t.-worker**, operaio retribuito a ore □ (*geogr.*) **t. zone**, fuso orario □ **against t.**, contro il tempo: (*ciclismo*) **to run against t.**, correre contro il tempo □ **ahead of t.**, anzitempo; prima del tempo; di buonora □ **to be ahead of** (*o* **to be born before**) **one's time(s)**, essere in anticipo sui tempi; essere un precursore □ **all the t.**, per tutto il tempo, sempre, di continuo; (*USA*) esclusivamente: **I've known it all the t.**, l'ho sempre saputo □ (*astron.*) **apparent t.**, ora solare □ **as times go**, dati i tempi; considerando come va il mondo □ **at times**, a volte; talvolta; talora □ **at all times**, sempre; immancabilmente □ **at the t.**, quando: **At the t. they arrived, I was away**, quando arrivarono, io non c'ero □ **at my t. of life**, alla mia età □ **at no t.**, in nessun tempo; in nessuna circostanza; giammai □ **at one t.**, una volta; un tempo: **At one t. I used to swim a lot**, una volta facevo molto nuoto □ **at the present t.**, al presente; ora; adesso □ **at the same t.**, nello stesso tempo; contemporaneamente, insieme; a un tempo, nondimeno, tuttavia: **She was smiling and sobbing at the same t.**, sorrideva e singhiozzava nello stesso tempo □ (*fig.*) **at this t. of day**, a questo punto (*delle trattative, ecc.*); in questo momento (*della storia*); troppo tardi □ (*mus.*) **to beat t.**, battere il tempo □ **behind the times**, antiquato; vecchio □ **behind t.**, tardi; in ritardo: **We are behind t. with our deliveries**, siamo in ritardo con le consegne □ **to bide one's t.**, dar tempo al tempo; portar pazienza; attendere il momento opportuno, l'occasione propizia □ **to die before one's t.**, morire anzitempo; fare una morte prematura □ (*fam.*) **to do t.**, scontare una pena detentiva; essere in galera □ **every t.**, ogni volta; tutte le volte □ (*sport*) **extra t.**, tempo supplementare □ (*mat.*) **five times five**, cinque per cinque (5 × 5) □ **for the t. being**, per il momento □ (*lett.*) **from t. immemorial** (**from t. out of mind**), dal tempo dei tempi; da moltissimo tempo; da secoli □ **from t. to t.**, di quando in quando; ogni tanto □ **from that t. on**, da allora in poi □ **full t.**, tempo pieno; (*sport*) fine della partita; tempo scaduto □ (*econ.*) **a full-t. job**, un lavoro a tempo pieno □ **to gain t.**, guadagnar tempo; (*dell'orologio*) andare avanti □ **to give sb. a pretty hard t.**, far passare un brutto quarto d'ora a q. □ **the good old times**, il buon tempo antico; i bei tempi andati □ **Greenwich mean t.**, ora del meridiano di Greenwich □ **to grow old before one's t.**, invecchiare anzitempo (*o* troppo presto) □ (*sport*) **half t.**, fine del primo tempo □ **half the t.**, molto spesso; quasi sempre; per lo più: **He says he studies hard, but he's dozing half the t.**, dice che studia molto, ma per lo più sonnecchia □ **a half-t. job**, un lavoro che impegna solo per mezza giornata □ **hard times**, anni difficili; tempi duri □ **to have a bad t.**, passarsela male □ (*fam.*) **to have an easy t.**, passarsela bene; star bene economicamente □ **to have a good t.** (*o* **the t. of one's life**), divertirsi un mondo; spassarsela □ **to have no t. for**, non aver tempo per (q.c.); non aver tempo da perdere con (q.) □ **an idea whose t. has passed**, un'idea che ha fatto il suo tempo □ **in t.**, in tempo, in tempo utile; col tempo, con l'andar del tempo, a poco a poco □ (*mus.*) **to be in t.**, andare a tempo □ **in t. to come**, per l'avvenire; in futuro □ **in course of t.**, col tempo; con l'andar del tempo; con il passare degli anni □ **in double-quick t.**, in un baleno; in un batter d'occhio □ **in due t.**, a tempo debito □ **in good t.**, al momento opportuno; in tempo (*per un appuntamento, uno spettacolo e sim.*) □ (*fam.*) **in one's own good t.**, con comodo; prendendosela comoda □ **in its proper t. and place**, a tempo e luogo □ **in a month's t.**, fra un mese □ **in no t.** (**at all**), in un attimo; in un baleno; in un batter d'occhio □ **in one's spare t.**, nelle ore libere; nei ritagli di tempo □ (*mus.*) **to keep t.**, tenere il tempo □ (*d'un orologio*) **to keep good [bad] t.**, segnare l'ora esatta [non andare bene] □ (*sport*) **to keep good t.**, far registrare un tempo buono □ **to kill t.**, ammazzare il tempo □ **to be a long t.**, essere molto tempo; (*anche*) metterci molto tempo (*a fare q.c.*) □ **to lose t.**, perdere tempo; (*dell'orologio*) restare indietro □ **to lose (all) count of t.**, perdere la nozione del tempo □ **to make t.**, recuperare il tempo; (*di treno*) recuperare □ **to make good t.**, tenere una buona andatura; andare di buon passo □ **many times** (*lett.* **many a t.**), molte volte; spesso; più d'una volta □ **to march with the times**, tenersi all'altezza dei tempi □ **medieval times**, i tempi di mezzo (*lett.*); il medioevo □ (*di donna*) **to be near one's t.**, essere prossima al parto □ (**Old**) **Father T.**, il Tempo (*personificato*) □ **on t.**, puntualmente; puntuale; in orario □ **once upon a t.**, una volta; al tempo dei tempi: **Once upon a t. there was a king**, c'era una volta un re □ (*mus.*) **to be out of t.**, non andare a tempo; essere fuori tempo □ (*econ.*) **part-t.**, part time: **to work part-t.**, lavorare (a) part time □ **to pass the t. of day with sb.**, scambiare qualche parola di saluto con q.; intrattenersi (a conversare) con q. □ **to play for t.**, cercare di guadagnare tempo □ (*radio, TV, ecc.*) **to be running out of t.**, essere in ritardo sul programma stabilito □ **to serve one's t.**, (*di condannato*) scontare la pena; (*di apprendista*) prestare servizio □ (*naut.*) **ship's t.**, ora di bordo □ (*ind.*) **short t.**, orario ridotto: **to be on short t.**, lavorare a orario ridotto □ **to be some t.**, essere un po' di tempo; (*anche*) metterci del tempo (*a fare q.c.*) □ **standard t.**, ora solare □ **summer t.** (*o* **daylight-saving t.**), ora legale estiva (*ritarda-*

ta di un'ora sull'ora solare) □ **to take one's t.**, prendersela comoda □ **to take t. off for no reason**, fare delle assenze ingiustificate (*dal lavoro, ecc.*) □ **to tell the t.**, (*dell'orologio*) segnare il tempo; (*di una persona*) dire l'ora, leggere l'orologio □ **this t. last year**, l'anno scorso a questa epoca □ **this t. next week**, oggi a otto □ **till the end of t.**, sino alla fine del tempo; in eterno □ **up to the present t.**, finora □ (*poet., arc.*) **what t.**, quando; mentre □ **to work against t.**, lavorare coi minuti contati, con l'acqua alla gola; combattere contro il tempo □ (*fam.*) **It will take me (you, etc.) all my (your, etc.) t. to do that**, c'è da lavorare ventiquattro ore su ventiquattro per farlo □ **It's (about) t. I was going**, sarebbe ora che me ne andassi □ **My t. is drawing near** (*o* **I am near my t.**; **my t. is almost over**), ormai non mi resta molto da vivere □ (*prov.*) **One thing at a t.**, una cosa alla volta □ (*prov.*) **There's a time for everything**, ogni cosa a suo tempo □ (*prov.*) **T. is money**, il tempo è denaro.

to **time** /taɪm/, *v. t.* e *i.* ***1*** fare (q.c.) al momento buono (*o* a proposito); scegliere (*o* cogliere) il momento opportuno per (q.c.); calcolare, disporre, progettare (*con riguardo al tempo*): **He timed his visit to find me in**, scelse l'ora della sua visita in modo da trovarmi in casa; **We timed our trip to arrive before noon**, predisponemmo (organizzammo) il nostro viaggio in modo d'arrivare prima di mezzogiorno ***2*** fissare l'orario di: **The arrival of the President was timed for 10 o'clock**, l'arrivo del Presidente era fissato per le dieci ***3*** regolare il ritmo (*o* la velocità) di; ritmare; rimettere (*un orologio*); sincronizzare: **She timed her steps to the music**, ella regolava il ritmo del passo sulla musica; **He timed the speed of the two toy trains**, sincronizzò la velocità dei due trenini; **T. your watch with mine**, regola (rimetti) il tuo orologio col mio! ***4*** calcolare, misurare il tempo di; cronometrare: **The winner was timed at 4′ 6″**, il primo arrivato fu cronometrato a quattro minuti e sei secondi ***5*** (*ind.*) determinare i tempi (*di lavorazione*); tempificare ***6*** (*mecc.*) mettere in fase, mettere a punto (*un motore, l'accensione*). ● (*fotogr.*) **to t. the exposure**, regolare l'esposizione □ **to t. one's remarks**, intercalare le proprie osservazioni al momento giusto □ **ill-timed**, inopportuno; intempestivo; a sproposito □ **well-timed**, opportuno; tempestivo; a proposito □ **The bus is timed to arrive at 4 o'clock**, d'orario, l'autobus arriva alle quattro.

timed race /'taɪmd'reɪs/, *locuz. n.* (*ciclismo*) corsa a cronometro. ● **a t. for 24 hours**, una «ventiquattrore».

timekeeper /'taɪmki:pə(r)/, *n.* ***1*** (*ind.*) controllore delle ore di lavoro ***2*** (*mus.*) chi batte il tempo (*per una banda, ecc.*) ***3*** (*sport*) cronometrista ***4*** cronometro; orologio. ● (*mus.*) **a good t.**, un tempista □ **This watch is a good [a bad] t.**, questo orologio va bene [va male].

timekeeping /'taɪmki:pɪŋ/, *n.* ***1*** (*ind.*) rilevamento dei tempi ***2*** (*sport*) cronometraggio.

timeless /'taɪmləs/, *a.* ***1*** (*lett.*) senza tempo; eterno; fuori del tempo; immutabile ***2*** (*ling.*) atemporale.

timelessness /'taɪmləsnəs/, *n.* ***1*** (*lett.*) eternità ***2*** (*ling.*) atemporalità.

timeliness /'taɪmlɪnəs/, *n.* opportunità; tempestività.

timely /'taɪmlɪ/, **A** *a.* opportuno; tempestivo; a proposito: **a t. interruption**, un'interruzione tempestiva. **B** *avv.* al momento giusto; opportunamente.

timepiece /'taɪmpi:s/, *n.* (*tecn. o arc.*) orologio; cronometro.

timer /'taɪmə(r)/, *n.* ***1*** (*sport*) cronometrista ***2*** (*sport*) cronometro; (*anche*) cronometrista ***3*** (*ind., cronot.*) tempista ***4*** (*mecc.*) distributore; ruttore d'accensione ***5*** (*elettron.*: *di forno, ecc.*; = **automatic t.**) timer; temporizzatore ***6*** (*tecn.*) timer; programmatore. ● (*econ.*) **a full-t.**, uno che lavora a tempo pieno.

timesaver /'taɪmseɪvə(r)/, *n.* dispositivo (strumento, arnese, ecc.) che fa risparmiare tempo.

timesaving /'taɪmseɪvɪŋ/, *a.* che fa risparmiare tempo.

timeshare /'taɪmʃɛə(r)/, *n.* (*fin., leg.*) quota in multiproprietà. ● **to sell timeshares**, vendere case (*o* appartamenti) in multiproprietà.

timesharing /'taɪmʃɛərɪŋ/, *n.* ***1*** (*fin., leg.*) multiproprietà ***2*** (*elab.*) partizione del tempo; lavoro in multiprogrammazione.

timeslot /'taɪmslɒt/, *n.* (*radio, TV*) fascia oraria.

timetable /'taɪmteɪbl/, *n.* ***1*** orario (*ferroviario, scolastico, ecc.*) ***2*** (*fig.*) tabella di marcia; programma.

timeworn /'taɪmwɔ:n/, *a.* consunto, logorato dal tempo; logoro (*fig.*) antiquato; trito; vieto.

timid /'tɪmɪd/, *a.* timido; timoroso; esitante: **a t. girl**, una ragazza timida; **a t. look**, uno sguardo timoroso; **a t. reply**, una risposta esitante. || **-ly**, *avv.*

timidity /tɪ'mɪdətɪ/, **timidness** /'tɪmɪdnəs/, *n.* timidezza.

timing /'taɪmɪŋ/, *n.* ***1*** tempestività; tempismo ***2*** distribuzione, collocazione (*di q.c.*) nel tempo: **the t. of a play**, la distribuzione del tempo (la scelta del momento in cui far accadere q.c.) in un dramma ***3*** (*teatr., cinem.*) sincronizzazione ***4*** (*cronot.*) determinazione dei tempi; tempificazione ***5*** (*mecc.*) messa in fase (*di un motore*); fasatura (*della distribuzione*) ***6*** (*elab.*) temporizzazione; durata. ● (*mecc.*) **t. adjustment**, registrazione della fase (della distribuzione) □ (*mecc.*) **t. advance**, anticipo □ (*mecc.*) **t. belt**, cinghia di distribuzione □ (*mecc.*) **t. gears** (*o* **t. system**), (ingranaggi della) distribuzione □ **sense of t.**, tempismo □ **person (player, etc.) with a good sense of t.**, tempista □ (*elettr.*) **t. relay**, relè a tempo.

timocracy /taɪ'mɒkrəsɪ/, *n.* (*polit.*) timocrazia.

timocratic(al) /taɪmə'krætɪk(l)/, *a.* (*polit.*) timocratico.

Timon /'taɪmən/, *n.* (*stor.*) Timone.

timon /'taɪmən/, *n.* (*raro*) misantropo.

timorous /'tɪmərəs/, *a.* timoroso; pauroso; timido. || **-ly**, *avv.* || **-ness**, *sost.*

timothy /'tɪməθɪ/, *n.* (*bot., Phleum pratense*; = **t. grass**) coda di topo.

Timothy /'tɪməθɪ/, *n.* Timoteo.

timpani /'tɪmpənɪ/ (*ital.*), *n. pl.* (*mus.*) timpani.

timpanist /'tɪmpənɪst/, *n.* (*mus.*) timpanista.

tin /tɪn/, *n.* ***1*** (*chim.*) stagno ***2*** (*specialm. ingl.*; *cfr. USA* **can**) barattolo, scatola, scatoletta (*di latta*); lattina: **a tin of prunes**, un barattolo di prugne secche; **a tin of anchovies**, una scatola d'acciughe ***3*** (*cucina*) teglia; stampo: **bread tin**, stampo per il pane ***4*** (*fam.*) pane a cassetta ***5*** latta, bidone (*di benzina, ecc.*) ***6*** lamiera: **tin roof**, tetto di lamiera ***7*** (*pop.*) denaro; quattrini; soldi; grana (*pop.*) ***8*** (*pop. USA*) distintivo (*da poliziotto*). ● **tin can**, lattina; scatoletta □ (*fig. fam. USA*) **tin ear**, orecchio da mercante: **to have developed a tin ear for civil rights talks**, fare orecchi da mercante ai discorsi sui diritti civili □ (*gergo naut.*) **tin fish**, siluro □ (*fig.*) **tin god**, idolo dai piedi d'argilla □ (*gergo mil.*) **tin hat**, elmetto □ (*fam.*) **tin lizzie**, piccola automobile sgangherata; macinino □ **tin mine**, miniera di stagno □ **tin opener**, apriscatole □ (*fam.*) **Tin Pan Alley**, il mondo delle canzonette (*o* della musica leggera) □ (*fig. fam. USA*) **tin parachute**, accordo che garantisce il pieno trattamento economico ai dipendenti (*quando un'azienda passa a nuovi proprietari*) □ **tin sheet**, foglio di latta □ **tin snips**, forbici da lattoniere □ **tin tack**, puntina stagnata □ **to coat with tin**, stagnare □ **drop tin**, stagno granulare □ (*mil.*) **mess tin**, gamella; gavetta.

to **tin** /tɪn/, *v. t.* ***1*** stagnare: **tinned iron**, lamiera stagnata ***2*** (*specialm. ingl.*; *cfr. USA* **to can**) mettere in scatola; inscatolare (*alimenti, ecc.*): **tinned meat [fruit]**, carne [frutta] in scatola. ● (*comm.*) **tinned goods**, scatolame.

tincal /'tɪŋkl/, *n.* (*miner.*) borace grezzo.

tinctorial /tɪŋk'tɔ:rɪəl/, *a.* tintorio; che concerne la tintura.

tincture /'tɪŋktʃə(r)/, *n.* ***1*** (*farm.*) tintura: **t. of iodine**, tintura di iodio ***2*** (*fig.*) traccia; tocco; pizzico; infarinatura ***3*** (*arald.*) smalti.

to **tincture** /'tɪŋktʃə(r)/, *v. t.* ***1*** tingere leggermente; colorare appena ***2*** (*fig.*) tingere; sfumare; permeare.

tinder /'tɪndə(r)/, *n.* esca; stoppaccio infiammabile.

tinderbox /'tɪndəbɒks/, *n.* ***1*** scatola contenente l'esca, l'acciarino e la pietra focaia ***2*** (*fig. raro*) polveriera.

tindery /'tɪndərɪ/, *a.* infiammabile (*come l'esca*).

tine /taɪn/, *n.* ***1*** punta; dente; rebbio: **the tines of a fork**, i denti d'una forchetta; (*agric.*) i rebbi d'un forcone ***2*** (*zool.*) ramificazione (*di corna di cervo*).

tinea /'tɪnɪə/, *n.* (*med.*) tigna.

tinfoil /'tɪnfɔɪl/, *n.* ***1*** lamierino di stagno ***2*** stagnola; carta stagnola.

to **tinfoil** /'tɪnfɔɪl/, *v. t.* ***1*** rivestire di lamierino di stagno ***2*** avvolgere nella stagnola.

ting /tɪŋ/, *n.* tintinnio. ● **t.-a-ling**, din-din, drin-drin (*di campanello*); (*mus.*) suono del triangolo (*in un'orchestra sinfonica*).

to **ting** /tɪŋ/, *v. i.* e *t.* (far) tintinnare.

tinge /tɪndʒ/, *n.* ***1*** lieve tinta; colore leggero; sfumatura; tocco ***2*** (*fig.*) aroma; gusto; sapore leggero ***3*** (*fig.*) tocco; traccia; pizzico; punta: **a t. of envy**, una punta d'invidia; **a t. of absurdity**, un pizzico di assurdo.

to **tinge** /tɪndʒ/, *v. t.* ***1*** tingere, colorare leggermente; sfumare: **clouds tinged with red**, nubi sfumate di rosso ***2*** (*fig.*) mischiare; permeare: **Thomas Hardy's novels are tinged with pessimism**, i romanzi di Thomas Hardy sono permeati di pessimismo.

tingle /'tɪŋgl/, *n.* ***1*** pizzicore; formicolio; bruciore ***2*** fremito; brivido.

to **tingle** /'tɪŋgl/, **A** *v. i.* ***1*** formicolare; prudere; pizzicare; sentire bruciore: **My face tingled from the cold wind**, il vento freddo mi faceva bruciare la faccia ***2*** (*fig.*) fremere; agitarsi: **The crowd tingled with anger**, la folla fremeva di rabbia. **B** *v. t.* ***1*** far formicolare; far prudere ***2*** (*fig.*) far fremere; eccitare.

tinhorn /'tɪnhɔ:n/, *n.* (*pop. USA*) ***1*** individuo rozzo; tipo presuntuoso; bullo ***2*** giocatore (*d'azzardo*) da strapazzo.

tinker /'tɪŋkə(r)/, *n.* ***1*** calderaio (*di solito, ambulante*); stagnaio; stagnino ***2*** rabberciatore; operaio buono a tutto ***3*** abborracciatore; pasticcione ***4*** tentativo di riparazione; aggiustatura alla meglio; rabberciamento; rappezzatura; rattoppo ***5*** (*zool.*) piccolo scombro. ● (*fam.*) **I don't care a t.'s damn** (*o* **cuss**) **about it**, non me ne importa un fico secco (*o* un accidente).

to **tinker** /'tɪŋkə(r)/, **A** *v. i.* ***1*** fare il calderaio (*o* lo stagnino) ***2*** affaccendarsi; arrabattarsi; armeggiare; tentare di riparare: **to t. away at** (*o* **to t. with**) **a tape recorder**, armeggiare intorno a un registratore a nastro. **B** *v. t.* ***1*** stagnare (*vasellame*) ***2*** (*spesso* **to t. up**) aggiustare alla meglio; rabberciare; rattoppare; rappezzare: **to t. up a radio set**, aggiustare alla meglio un apparecchio radio. ● **to t. about** (*o* **around**), fare lavoretti; armeggiare.

tinkle /'tɪŋkl/, *n.* ***1*** tintinnio; squillo; scampanellio ***2*** (*fam.*) pipì ***3*** (*fam.*) telefonata.

to **tinkle** /'tɪŋkl/, **A** *v. i.* ***1*** tintinnare; trillare; scampanellare; squillare ***2*** (*fam.*) fare pipì. **B** *v. t.* far tintinnare; suonare: **The customer tinkled the bell**, il cliente suonò il campanello.

tinkler /'tɪŋklə(r), -kəl-/, *n.* ***1*** chi fa tintinnare ***2*** cosa che tintinna ***3*** campanellino.

tinkling /'tɪŋklɪŋ, -kəl-/, **A** *n.* tintinnio; tintinno; scampanellio. **B** *a.* tintinnante; squillante.

tinkly /'tɪŋklɪ/, *a.* tintinnante.

tinman /ˈtɪnmən/, *n.* (*pl.* **tinmen**) lattoniere; stagnaio; stagnino.

tinner /ˈtɪnə(r)/, *n.* **1** *V.* **tinman** **2** minatore d'una miniera di stagno **3** inscatolatore; operaio (*o* proprietario) di un conservificio. ● (*mecc.*) **t.'s rivet**, ribattino a testa piana.

tinnery /ˈtɪnərɪ/, *n.* miniera di stagno.

tinning /ˈtɪnɪŋ/, *n.* **1** stagnatura **2** inscatolamento (*di cibi*).

tinnitus /tɪˈnaɪtəs/, *n.* (*med.*) tinnito auricolare.

tinny /ˈtɪnɪ/, *a.* **1** di stagno; ricco di stagno **2** (*di suono*) metallico **3** dal suono metallico **4** (*di cibo*) che sa di latta (*o* di scatola).

tinplate /ˈtɪnpleɪt, ˈtɪnˈp-/, *n.* banda stagnata; latta.

to **tinplate** /ˈtɪnpleɪt, ˈtɪnˈp-/, *v. t.* rivestire di uno strato di stagno; stagnare.

tinpot /ˈtɪnpɒt, ˈtɪnˈp-/, *a. attr.* (*fam.*) da due soldi; scadente; mediocre.

tinsel /ˈtɪnsl/, **A** *n.* **1** orpello; (*fig.*) ciarpame; finzione, mostra **2** (*ind. tess.*) lamé; laminato **3** fili d'argento (*per l'albero di Natale*). **B** *a. attr.* **1** d'orpello; artificiale; falso **2** sgargiante; vistoso.

to **tinsel** /ˈtɪnsl/, *v. t.* **1** decorare con orpello; inorpellare **2** decorare (*l'albero di Natale*) con fili d'argento.

tinselly /ˈtɪnsəlɪ, -slɪ/, *a.* vistoso; sgargiante.

Tinseltown /ˈtɪnsltaʊn/, *n.* (*fam. USA*) Hollywood; il mondo del cinema e della televisione.

tinsmith /ˈtɪnsmɪθ/, *n.* lattoniere; stagnaio; stagnino. ● **t.'s snips**, forbici da lattoniere.

tinstone /ˈtɪnstəʊn/, *n.* (*miner.*) cassiterite.

tint /tɪnt/, *n.* **1** tinta pastello; tinta chiara **2** tinta; colore: **a light t.**, una tinta chiara; **the autumn tints**, i colori dell'autunno **3** (*fig.*) sfumatura, tocco, punta: **There's a t. of envy in his voice**, nella sua voce c'è una punta d'invidia **4** (*arte*) ombreggiatura: **t. tool**, bulino per l'ombreggiatura **5** (*tipogr.*) retinatura, retino; riproduzione a retino **6** tinta (*di capelli*).

to **tint** /tɪnt/, *v. t.* **1** tingere (*anche i capelli*); colorire; tinteggiare **2** (*arte*) ombreggiare **3** (*tipogr.*) retinare.

tinted /ˈtɪntɪd/, *a.* tinto; sfumato. ● (*autom.*) **t. screen**, parabrezza di vetro diatermico.

tinter /ˈtɪntə(r)/, *n.* **1** chi colora; chi tinteggia **2** diapositiva a colori (*per proiezioni*) **3** (*USA, raro*) film a colori.

tinting /ˈtɪntɪŋ/, *n.* tintura (*dei capelli, ecc.*).

tintinnabular /tɪntɪˈnæbjʊlə(r)/, **tintinnabulary** /tɪntɪˈnæbjʊlərɪ, *USA* -ɛrɪ/, *a.* di campanello; di sonaglio; tintinnante; squillante.

tintinnabulation /tɪntɪnæbjʊˈleɪʃn/, *n.* tintinnio; scampanellio.

tintinnabulous /tɪntɪˈnæbjʊləs/, *V.* **tintinnabular**.

tintinnabulum /tɪntɪˈnæbjʊləm/, *n.* (*pl.* **tintinnabula**) tintinnabolo; campanello; campanellino; sonaglio.

tintometer /tɪnˈtɒmɪtə(r)/, *n.* (*tecn.*) colorimetro.

tinware /ˈtɪnwɛə(r)/, *n.* oggetti di lamiera stagnata (*tegami, pentole, ecc.*).

tiny /ˈtaɪnɪ/, *a.* molto piccolo; piccino; minuscolo: **a t. little boy**, un bambino piccino piccino. ● **a t. bit**, un pochino □ **a t. girl**, una ragazzina □ **t. paws**, zampine (*di un animaletto*).

tip (**1**) /tɪp/, *n.* **1** punta; apice; estremità: **to walk on the tips of one's toes**, camminare in punta di piedi; **the tip of a cigar**, l'estremità di un sigaro; **I have it on the tip of my tongue**, (*fig.*) ce l'ho sulla punta della lingua **2** puntale; ghiera; (*mecc.*) tagliente riportato; placchetta riportata **3** (*archit.*) cuspide **4** bocchino, filtro (*di sigaretta*) **5** (*elettr.*) punta **6** (*elettron.*) codetta. ● (*di naso*) **tip-tilted**, con la punta volta all'insù □ **cork tip**, filtro di sughero; filtro (*incorporato in una sigaretta*) □ **from tip to toe**, da cima a fondo; dalla testa ai piedi □ **The eagle we caught was six feet from tip to tip**, l'aquila che catturammo aveva un'apertura alare di sei piedi (*m 1,80 circa*).

tip (**2**) /tɪp/, *n.* **1** inclinazione; pendenza **2** rovesciamento; capovolgimento **3** (= **refuse tip**) scarico dell'immondizia; discarica **4** (*fig.*) immondezzaio; luogo lurido; cesso (*fam.*). ● **tip cart**, carro a bilico □ (*autom.*) **tip lorry** (*o* **tip truck**), autocarro a cassone ribaltabile □ (*autom.*) **tip seat**, strapuntino □ (*ferr.*) **tip wagon**, vagonetto a bilico; carrello ribaltabile.

tip (**3**) /tɪp/, *n.* **1** mancia **2** consiglio; suggerimento: **Take my tip**, accetta il mio consiglio! **3** informazione (*o* notizia) riservata; soffiata (*fam.*): **hot tip**, soffiata fresca (*o* recentissima); **a tip on a horse race [to buy shares]** un'informazione riservata sulle corse dei cavalli [sulla convenienza di comperare certe azioni]. ● **«Tips gratefully accepted»** (*cartello*), «Si accettano mance».

tip (**4**) /tɪp/, *n.* colpetto; bottarella; lieve tocco. ● **to miss one's tip**, (*sport*) sbagliare il colpo; (*fig.*) fallire lo scopo.

to **tip** (**1**) /tɪp/, *v. t.* **1** fornire di punta (*o* di puntale): **iron legs tipped with brass**, gambe di ferro col puntale d'ottone **2** spuntare; cimare. ● **to tip strawberries**, pulire le fragole □ **cork-tipped cigarettes**, sigarette col filtro di sughero (*o d'altro materiale*).

to **tip** (**2**) /tɪp/, **A** *v. t.* **1** inclinare; piegare: **Don't tip the tray**, non inclinare il vassoio! **2** (*spesso* **to tip over**) rovesciare; capovolgere: **The rough sea tipped the lifeboat over**, il mare in tempesta rovesciò la lancia di salvataggio **3** scaricare; rovesciare: **I've tipped my tea into the saucer**, ho rovesciato il tè nel piattino; **to tip a cart**, scaricare un carro (a bilico); **Two passengers were tipped into the river**, due passeggeri caddero nel fiume **4** sollevare appena (*il cappello*) in segno di saluto: **I tipped my hat to him**, lo salutai sollevando appena il cappello. **B** *v. i.* **1** inclinarsi; piegarsi **2** (*spesso* **to tip over**) rovesciarsi; capovolgersi. ● (*polit.*) **to tip the balance of power**, spostare l'equilibrio del potere □ **to tip the scale**, dare il tracollo alla bilancia; (*fig.*) essere la goccia che fa traboccare il vaso □ (*d'un oggetto*) **to tip the scales at**, pesare: **The parcel tipped the scales at two pounds**, il pacco pesava due libbre □ **It's tipping down**, vien giù come Dio la manda; piove a dirotto.

♦**tip back**, *v. i.* + *avv.* ribaltarsi all'indietro.

♦**tip in**, *v. t.* + *avv.* **1** infilare dentro; inserire **2** inserire, incollare (*un'illustrazione in un libro, ecc.*) **3** (*sport*) mettere, schiacciare (*la palla*) nel canestro.

♦**tip off**, *v. t.* + *avv.* **1** rovesciare (*un carico sulla strada, ecc.*) **2** gettare a terra, disarcionare (*un cavaliere*).

♦**tip out**, *v. t.* + *avv.* **1** versare, rovesciare (*liquidi*) **2** rovesciare, gettare fuori (*di una barca, di un veicolo, ecc.*): **I was tipped out of the ferry**, caddi in mare dal traghetto.

♦**tip over**, **A** *v. t.* + *avv.* **1** rovesciare (*un liquido, una vernice, ecc.*) **2** rovesciare, ribaltare (*un oggetto*). **B** *v. i.* + *avv.* rovesciarsi; ribaltarsi: **The coach tipped over**, il pullman si ribaltò.

♦**tip up**, **A** *v. t.* + *avv.* **1** ribaltare (*di proposito*) **2** tirare, alzare le ribalte di (*un tavolo*). **B** *v. i.* + *avv.* **1** ribaltarsi; essere ribaltabile: **These seats tip up**, questi posti a sedere sono ribaltabili **2** (*fam. USA*) offrirsi: **He tipped up for the drinks**, si offrì di pagare da bere.

to **tip** (**3**) /tɪp/, *v. t.* **1** dare la mancia a: **Don't forget to tip the waiter**, non dimenticare di dar la mancia al cameriere! **2** (*spesso* **to tip off**) dare un'informazione riservata a (q.); dare un avvertimento a (q.); (*fam.*) fare la spia; soffiare (*fam.*). ● **to tip correctly**, dare la mancia giusta □ **to tip sb. the wink**, fare un cenno (*o* strizzare l'occhio) a q. □ (*sport*) **to tip the winner**, dare il nome del cavallo vincente □ (*pop.*) **Tip us a song**, cantaci una canzone! □ (*pop.*) **Tip us your fin**, qua la zampa!

♦**tip off**, *v. t.* + *avv.* (*fam.*) **1** dare un suggerimento a (q.); dare un'informazione riservata a (q.) **2** fare una soffiata a (*la polizia, ecc.*): **The police had been tipped off by an accomplice**, la polizia aveva ricevuto la soffiata di un complice.

to **tip** (**4**) /tɪp/, *v. t.* colpire leggermente; battere; toccare appena.

tip-and-run /ˈtɪpənˈrʌn/, *n.* (*sport*) cricket giocato dai bambini.

tipcat /ˈtɪpkæt/, *n.* (*un tempo*) gioco della lippa; lippa.

tip-in /ˈtɪpɪn/, *n.* (*arti grafiche*) **1** inserto **2** tavola fuori testo.

tip-off /ˈtɪpɒf, *USA* -ɔːf/, *n.* informazione riservata; suggerimento; dritta (*gergo*); spiata, soffiata (*fam.*).

tippee /tɪˈpiː/, *n.* (*anche leg.*) chi ottiene (*o* ha avuto) un'informazione riservata, una soffiata (*specialm. in Borsa*).

tipper (**1**) /ˈtɪpə(r)/, *n.* **1** (*autom.*, = **t. lorry, t. truck**) autocarro a cassone ribaltabile **2** (*ferr.*) vagonetto a bilico; carrello ribaltabile **3** (*ind. min.*) rovesciatore per vagonetti.

tipper (**2**) /ˈtɪpə(r)/, *n.* chi dà mance (*o* la mancia).

Tipperary /tɪpəˈrɛərɪ/, *n.* **1** (*geogr.*) Tipperary (*contea irlandese*) **2** canzone popolare inglese della prima guerra mondiale.

tippet /ˈtɪpɪt/, *n.* **1** cappa; mantellina corta; pellegrina **2** (*relig.*) stola **3** collare, collarino (*di un animale*).

Tipp-Ex /ˈtɪpɛks/, *n.* (*marchio*; *in G.B.*) bianchetto (*per scolorare*).

to **Tipp-Ex** /ˈtɪpɛks/, *v. t.* (*ingl.*) correggere (*o* cancellare) con il bianchetto.

tipple (**1**) /ˈtɪpl/, *n.* bevanda (*specialm. alcolica*); liquore: **Whisky is his favourite t.**, il whisky è la sua bevanda favorita.

tipple (**2**) /ˈtɪpl/, *n.* **1** impianto di scaricamento **2** punto di scarico **3** vagone ribaltabile.

to **tipple** /ˈtɪpl/, **A** *v. i.* bere smodatamente; alzare il gomito; essere un beone. **B** *v. t.* bere (*alcolici*).

tippler (**1**) /ˈtɪplə(r)/, *n.* forte bevitore; beone.

tippler (**2**) /ˈtɪplə(r)/, *n.* **1** scaricatore di vagonetti ribaltabili **2** impianto di scaricamento.

to **tipsify** /ˈtɪpsɪfaɪ/, *v. t.* (*raro*) ubriacare; inebriare.

tipsiness /ˈtɪpsɪnəs/, *n.* ubriachezza; ebbrezza.

tipstaff /ˈtɪpstɑːf, *USA* -stæf/, *n.* (*pl.* **tipstaves, tipstaffs**) **1** (*stor.*) bastone con puntale metallico (*da ufficiale giudiziario, ecc.*) **2** (*leg.*) ufficiale giudiziario.

tipster /ˈtɪpstə(r)/, *n.* (*fam.*) chi dà consigli, suggerimenti; chi fa soffiate (*alle corse ippiche, alla Borsa, ecc.*); informatore.

tipsy /ˈtɪpsɪ/, *a.* (*fam.*) **1** brillo; alticcio; ubriaco **2** di (*o* da) ubriaco: **a t. laugh**, una risata da ubriaco. ● (*cucina*) **t. cake**, dolce decorato con mandorle e inzuppato nel vino o nello sherry (*V.* **trifle (3)**) □ **to get t.**, ubriacarsi; sbronzarsi (*fam.*).

tiptoe /ˈtɪptəʊ/, **A** *n.* punta di piedi: **to walk on t.**, camminare in punta di piedi. **B** *a. attr.* **1** in punta di piedi **2** (*fig.*) furtivo; guardingo; silenzioso. **C** *avv.* in punta di piedi. ● **to dance on t.**, ballare sulle punte □ **to be on t.**, essere in punta di piedi; (*fig.*) essere ansioso, impaziente; stare sulle spine □ **to stand on t.**, drizzarsi in punta di piedi; (*fig.*) stare in ansia, bruciare dall'impazienza.

to **tiptoe** /ˈtɪptəʊ/, *v. i.* camminare in punta di piedi.

tiptop /ˈtɪptɒp/, **A** *n.* apice; culmine. **B** *a.* (*fam.*) eccellente; ottimo; di prim'ordine: **a t. concert**, un concerto di prim'ordine. **C** *avv.* benissimo; in modo eccellente.

tip-up seat /ˈtɪpʌpˈsiːt/, *locuz. n.* sedile (*o* seggiolino) regolabile in altezza; seggiolino da bar (*o* da ufficio).

tirade /taɪˈreɪd, *USA* ˈtaɪr-/, *n.* **1** tirata; filippica; invettiva **2** (*mus.*) tirata.

tire (**1**) /ˈtaɪə(r)/, (*USA*) *V.* **tyre**.

tire (2) /ˈtaɪə(r)/, *n.* (*arc.*) *V.* **attire**.
to **tire** (1) /ˈtaɪə(r)/, (*USA*) *V.* **to tyre**.
to **tire** (2) /ˈtaɪə(r)/, **A** *v. t.* stancare; affaticare; spossare; annoiare; seccare: **The difficult climb tired us** (**out**), la difficile arrampicata ci spossò; **The overlong sermon tired us**, la lunghissima predica ci annoiò. **B** *v. i.* stancarsi; affaticarsi; annoiarsi; seccarsi: **Have you tired of me?**, ti sei stancato di me? ● **to t. sb. out**, rendere esausto, spossare q. □ **to t. sb.'s patience**, esaurire la pazienza di q.
tired /ˈtaɪəd/, *a.* stanco; affaticato; seccato; stufo: **to feel t.**, sentirsi stanco; **I'm t. of kidney pie**, sono stufo di pasticcio di rognoni; **I am t. of it**, sono stufo; ne ho abbastanza; **I am t. of working from morn to night**, sono stufo di lavorare dalla mattina alla sera. ● **t. by years of hard toil**, esausto per anni di duro lavoro □ **t. jokes**, barzellette vecchie □ **t. out**, esausto; stanco morto □ **a t. subject**, un argomento trito □ **to be t. to death**, essere arcistufo; non poterne più □ **to talk sb. t.**, stordire q. a furia di chiacchiere. ‖ **-ly**, *avv.* ‖ **-ness**, *sost.*
tireless (1) /ˈtaɪələs/, *a.* instancabile; inesauribile: **a t. worker**, un lavoratore instancabile; **with t. energy**, con energia inesauribile. ‖ **-ly**, *avv.* ‖ **-ness**, *sost.*
tireless (2) /ˈtaɪələs/, *a.* (*USA*: *d'automobile*) senza pneumatici.
tiresome /ˈtaɪəsəm/, *a.* *1* noioso; fastidioso; seccante *2* faticoso; affaticante; che stanca. ● **How t.!**, che fastidio!; che seccatura! ‖ **-ly**, *avv.* ‖ **-ness**, *sost.*
tiring /ˈtaɪərɪŋ/, *a.* faticoso; che stanca; affaticante; stressante.
tiro /ˈtaɪərəʊ/, *n.* (*pl.* **tiros**) principiante; tirocinante.
tirocinium /taɪrəʊˈsɪnɪəm/, *n.* (*lett. o arc.*) tirocinio.
Tirol /tɪˈrəʊl/, **Tirolese** /tɪrəʊˈliːz/, *V.* **Tyrol, Tyrolese**.
Tironian /taɪˈrəʊnɪən/, *a.* (*stor. romana*) tironiano; relativo a Tirone: **T. notes**, note tironiane.
'tis /tɪz, təz/, (*arc. o poet.*) *contraz. di* **it is**.
tisane /tɪˈzæn, tiː-, *USA* -ɑːn/ (*franc.*), *n.* tisana; decotto; infuso.
tissue /ˈtɪʃuː/, *n.* *1* tessuto (*anche fig.*); ordito, trama: (*anat.*) **connective t.**, tessuto connettivo; (*biol.*) **t. culture**, coltura dei tessuti; **a t. of lies**, un ordito di menzogne *2* *V.* **t. paper** *3* fazzoletto di carta (*per il naso*) *4* velina da trucco; velina igienica *5* (*ind. tess.*) tessuto leggero *6* (*arc.*) lamé. ● **a t. of crimes**, una serie di crimini □ **t. paper**, carta velina; velina □ **face t.**, velina per il trucco □ **toilet t.**, carta igienica.
to **tissue** /ˈtɪʃuː/, *v. t.* tessere; intessere. ● **to t. up**, avvolgere nella carta velina.
tit (1) /tɪt/, *n.* (*zool., Parus*) cincia (*in genere*).
tit (2) /tɪt/, *n.* – **tit for tat**, colpo per colpo; dente per dente (*fig.*). ● **to give tit for tat**, rendere pan per focaccia.
tit (3) /tɪt/, *n.* *1* (*fam.*) capezzolo *2* (*pop.*) mammella; poppa, tetta (*pop.*) *3* (*pop., al vocat.*) sciocco; stupido; fesso. ● (*pop.*) **to get on sb.'s tits**, stare sulle scatole a q.
Titan /ˈtaɪtn/, **A** *n.* (*mitol.* e *astron.*) Titano (*anche fig.*). **B** *a. attr.* titanico: **t. strength**, forza titanica. ● (*mecc.*) **t. crane**, gru a martello.
titanate /ˈtaɪtəneɪt/, *n.* (*chim.*) titanato.
titania /taɪˈteɪnɪə/, *n.* (*chim.*) biossido di titanio.
Titanic /taɪˈtænɪk/, *a.* (*mitol.* e *fig.*: *nel senso fig., spesso* **t.**) titanico.
titanic /taɪˈtænɪk/, *a.* (*chim.*) di titanio a valenza quattro; titanico: **t. acid**, acido titanico.
titaniferous /taɪtəˈnɪfərəs/, *a.* (*miner.*) titanifero.
Titanism /ˈtaɪtənɪzəm/, *n.* titanismo.
titanium /tɪˈteɪnɪəm/, *n.* (*chim.*) titanio.
Titanomachy /taɪtəˈnɒməkɪ/, *n.* (*mitol., letter.*) titanomachia.
titanous /ˈtaɪtənəs/, *a.* (*chim.*) di titanio a valenza tre; titanoso.
titbit /ˈtɪtbɪt/, *n.* *1* bocconcino ghiotto; boccone prelibato; ghiottoneria; leccornia *2* (*fig.*) notizia piccante (*o* ghiotta); primizia.
titer /ˈtiːtə(r)/, (*USA*) *V.* **titre**.
titfer /ˈtɪtfə(r)/, *n.* (*pop. arc.*) cappello.
tithable /ˈtaɪðəbl/, *a.* (*stor., relig.*) soggetto alle decime; prediale.
tithe /taɪð/, *n.* *1* (*stor., relig.*) decima: **to pay t.**, pagare la decima *2* (*per estens.*) imposta (*specialm.* del dieci per cento) *3* decima parte; (un) decimo *4* (*per estens.*) frazione; pezzetto: **not a t. of**, neanche un pezzetto di. ● (*un tempo*) **t. barn**, granaio dei raccolti della decima □ **t. collector**, esattore delle decime □ **t.-free**, esente da decima.
to **tithe** /taɪð/, *v. t.* (*stor., relig.*) *1* assoggettare (q.) al pagamento della decima *2* imporre la decima su (*un raccolto, ecc.*) *3* pagare la decima su (q.c.) *4* riscuotere la decima su (q.c.).
tithing /ˈtaɪðɪŋ/, *n.* *1* (*stor., relig.*) pagamento (*o* riscossione) delle decime *2* (*stor.*) divisione amministrativa formata da dieci famiglie coloniche.
titian /ˈtɪʃn/, *a. attr.* tizianesco; rosso Tiziano; biondo rame: **t. hair**, capelli tizianeschi.
Titian /ˈtɪʃn/, *n.* *1* (*stor.*) Tiziano *2* (*pitt.*) quadro del Tiziano; (un) tiziano.
Titianesque /tɪʃəˈnɛsk/, *a.* (*pitt.*) tizianesco.
to **titillate** /ˈtɪtɪleɪt/, *v. t.* titillare; solleticare; vellicare.
titillation /tɪtɪˈleɪʃn/, *n.* titillamento; solleticamento.
to **titivate** /ˈtɪtɪveɪt/, (*fam.*) **A** *v. t.* azzimare; agghindare; abbellire. **B** *v. i.* (*anche, v. rifl.*, **to titivate oneself**) attillarsi; agghindarsi; far toeletta; farsi bello.
titivation /tɪtɪˈveɪʃn/, *n.* attillamento; agghindamento.
titlark /ˈtɪtlɑːk/, *n.* (*zool., Anthus pratensis*) pispola.
title /ˈtaɪtl/, **A** *n.* *1* titolo; appellativo; denominazione; intitolazione; nome; (*fig.*) diritto, merito: **to have t. to sb.'s gratitude**, aver titolo alla riconoscenza di q.; **the t. of gold**, il titolo dell'oro (*espresso in carati*) *2* (*leg.*) titolo (*o* diritto) di proprietà *3* (*leg.*, = **t. deed**) documento comprovante un diritto di proprietà; rogito notarile *4* (titolo di) libro; pubblicazione; testata (*di giornale*) *5* (*sport*) titolo: **the world t.**, il titolo di campione mondiale. **B** *a. attr.* (*sport*) per il titolo: **a t. fight**, un combattimento per il titolo. ● **t. page**, frontespizio □ (*teatr.*) **t. role**, parte principale □ (*TV*) **t. shots**, fotogrammi dei titoli di testa □ (*leg.*) **t. to sue**, legittimazione sostanziale attiva.
to **title** /ˈtaɪtl/, *v. t.* *1* intitolare; intestare *2* denominare *3* chiamare (q.) col titolo di *4* conferire a (q.) il titolo di.
titled /ˈtaɪtld/, *a.* titolato; nobile: **a t. lady**, una signora titolata.
titleholder /ˈtaɪtlhəʊldə(r)/, *n.* *1* titolare *2* (*sport*) detentore (*o* detentrice) del titolo; campione, campionessa in carica.
titling (1) /ˈtɪtlɪŋ/, *V.* **titlark**.
titling (2) /ˈtaɪtlɪŋ/, *n.* *1* (*tipogr.*) impressione del titolo sulla costa del libro (*in lettere d'oro, ecc.*) *2* (*cinem.*) titolazione *3* (*cinem.*) titoli (*collett.*).
titmouse /ˈtɪtmaʊs/, *n.* (*pl.* **titmice**) (*zool., Parus*) cincia (*in genere*); cinciallegra.
Titoism /ˈtiːtəʊɪzəm/, *n.* (*polit., stor.*) titoismo.
Titoist /ˈtiːtəʊɪst/, *n.* e *a.* (*polit., stor.*) titoista.
titrant /ˈtaɪtrənt/, *n.* (*chim.*) titolante.
to **titrate** /taɪˈtreɪt, *USA* ˈtaɪtreɪt/, *v. t.* (*chim.*) titolare; determinare il titolo di (*un composto*).
titration /taɪˈtreɪʃn/, *n.* (*chim.*) titolazione.
titre /ˈtaɪtə(r)/, *n.* (*chim.*) titolo.
titter /ˈtɪtə(r)/, *n.* risolino sciocco; riso soffocato.
to **titter** /ˈtɪtə(r)/, *v. i.* ridacchiare; ridere scioccamente.
to **tittivate** /ˈtɪtɪveɪt/, **tittivation** /tɪtɪˈveɪʃn/, *V.* **to titivate, titivation**.
tittle /ˈtɪtl/, *n.* *1* puntino; trattino; segno d'interpunzione *2* (*fig. raro*) pezzetto; pezzettino; briciolo; ette: **not one jot or t.**, non un ette; non uno iota; un bel niente (*fam.*).
tittlebat /ˈtɪtlbæt/, *n.* (*zool., dial.*) *V.* **stickleback**.
tittle-tattle /ˈtɪtltætl/, *n.* chiacchiere; ciarle; pettegolezzi.
to **tittle-tattle** /ˈtɪtltætl/, *v. i.* chiacchierare; ciarlare; pettegolare.
tittle-tattler /ˈtɪtltætlə(r)/, *n.* pettegolo, pettegola.
tittup /ˈtɪtəp/, *n.* balzo; saltello; capriola.
to **tittup** /ˈtɪtəp/, *v. i.* saltellare; ruzzare; scherzare; far capriole.
tittup(p)y /ˈtɪtəpɪ/, *a.* saltellante; vivace; che ruzza.
titty /ˈtɪtɪ/, *V.* **tit** (3).
titubation /tɪtjʊˈbeɪʃn, *USA* -tʃʊ-/, *n.* *1* (*raro*) vacillamento *2* (*med.*) titubazione.
titular /ˈtɪtʃʊlə(r)/, **A** *a.* titolare; che ha titolo; nominale: **t. bishop**, vescovo titolare; **t. sovereignty**, sovranità nominale. **B** *n.* titolare. ● **the t. character of a novel**, il personaggio al cui nome s'intitola un romanzo; il protagonista □ (*comm.*) **t. head**, titolare (*d'una ditta*) □ (*leg.*) **t. possessions**, proprietà possedute in virtù d'un titolo □ (*relig.*) **t. saint**, santo titolare; santo patrono (*d'una chiesa*).
titularly /ˈtɪtʃʊləlɪ/, *avv.* *1* titolarmente *2* (*leg.*) in virtù di un titolo.
Titus /ˈtaɪtəs/, *n.* Tito.
tizzy /ˈtɪzɪ/, *n.* (*fam.*) eccitazione; confusione; nervosismo. ● **to be in a t.**, essere nervoso (*o* agitato).
tmesis /ˈtmiːsɪs, təˈm-, ˈm-/, *n.* (*pl.* **tmeses**) (*ling.*) tmesi.
TNT /tiːɛnˈtiː/, *n.* (*acronimo di* **trinitrotoluene**) trinitrotoluene; tritolo.
to (1) /tuː, tʊ, tə/, *prep.* *1* (*compl. di termine, moto a luogo, direzione, durata, ecc.*) a; verso; per; fino a, sino a: **Give the book to him, not to her**, da' il libro a lui, non a lei!; **He went to Oxford**, andò a Oxford; **Let's go to school**, andiamo a scuola!; **the road to Rome**, la strada per Roma; **The car swerved to the right**, l'auto voltò a destra; **to the south**, verso sud; **a tendency to fat**, una tendenza alla pinguedine; **The arrow fell to earth**, la freccia cadde a terra; **from beginning to end**, dal principio alla fine; **to this day**, fino ad oggi; **to fall to work**, mettersi a lavorare; **obedient to command**, obbediente agli ordini; **unkind to them**, scortese verso di loro; **It's a quarter to ten**, manca un quarto alle dieci; sono le nove e tre quarti; **from four to six** (**o'clock**), dalle quattro alle sei; **tied to a post**, legato a un palo; **wet to the skin**, bagnato fino all'osso *2* (*compl. di tempo*) da... a: **Monday to Friday**, da lunedì a venerdì (*compreso o escluso*) *3* (*compl. di moto a luogo*) in: **They went to France**, andarono in Francia; **to go to church** [**to town**], andare in chiesa [in città] *4* (*per esprimere confronto, relazione, preferenza, ecc.*) a; in confronto a; a paragone di; su; contro: **inferior** [**superior**] **to**, inferiore [superiore] a; (*mat.*) **A is to B as C is to D**, A sta a B come C sta a D; **The chances are ten to one**, le probabilità sono dieci a una; c'è una probabilità su dieci; **to meet face to face**, incontrarsi faccia a faccia; **I prefer these books to those**, preferisco questi libri a quelli; **Two to one is not fair play**, due contro uno non è leale *5* (*per esprimere vantaggio, accordo, gradimento, adattamento, ecc.*) per; di; in; adatto a: **She has been a good mother to them**, è stata una buona madre per loro; **That's not to my liking**, ciò non è di mio gradimento; **words set to music**, parole messe in musica. ● **to and fro**, (*avv.*) avanti e indietro; su e giù □ **to-and-fro**, (*agg.*) (che va) avanti e indietro, (che va) su e giù; (*sost.*) va e vieni, andirivieni; viavai □ **to boot**, per giunta; per soprammercato □ **to the last man**, fino all'ultimo uomo □ (*sui cartelli stradali*) **to London**

[Dover], per Londra [Dover] □ **to measure**, su misura □ **to my cost**, a mie spese □ **to my knowledge**, a quanto ne so io; per quello che mi consta □ **to my mind**, a mio avviso □ **to my surprise**, con mia sorpresa □ **to wit**, cioè; cioè a dire □ **according to**, secondo; in conformità con □ **to come to sb.'s help**, accorrere in aiuto di q. □ **to do one's duty to sb.**, fare il proprio dovere verso q. □ (*fam.*) **a field planted to corn**, un campo piantato a grano □ **from time to time**, di quando in quando □ **to help oneself to st.**, servirsi di q.c. (*cibo o bevanda*) □ **to listen to sb. [st.]**, ascoltare q. [q.c.] □ **not to the point**, non pertinente; a sproposito □ **to be on one's way to the station**, essere diretto alla stazione □ **to point to sb. [st.]**, additare q. [q.c.]; segnare a dito q. [q.c.] □ **to sing to one's guitar**, cantare accompagnandosi con la chitarra □ **I told him to his face**, glielo dissi in faccia □ **What's that to you?**, che te ne importa? □ **That's all there is to it**, questo è tutto (in proposito)! □ **Here's to you!**, salute! (*brindisi*).

to (**2**) /tu:; tʊ, tə/, *particella preposta all'inf. dei verbi* ***1*** (*idiom.*) **to be or not to be**, essere o non essere; **You ought to work harder**, dovresti lavorare di più; **He would like to leave**, gli piacerebbe partire; **I prefer to stay**, preferisco rimanere ***2*** di, da; per; a: **I told them to wait**, dissi loro d'aspettare; **The boy pretended to be asleep**, il ragazzo fingeva d'essere addormentato; **I have lots of things to do**, ho moltissime cose da fare; **He said that to test you**, l'ha detto per metterti alla prova; **There's nothing to see**, non c'è niente da vedere; **It's easy to understand**, è facile da capire (*o* a capirsi); **At last they came to see they were wrong**, alla fine giunsero a capire d'aver torto ***3*** (*idiom., in sostituzione di un inf. sottinteso, per es.:*) **I had no time to**, me ne mancò il tempo (*d'andare, di fare q.c., ecc.*); **But you promised to**, ma avevi promesso!; **Would you like to?**, ti piacerebbe? ● **I don't know how to do it**, non so come farlo □ **I want him to be present**, voglio che ci sia anche lui □ **It's too late for him to come**, è troppo tardi perché possa venire □ **It's impossible for us to help him**, ci è impossibile aiutarlo.

to (**3**) /tu:/, *avv.* (*dopo alcuni verbi, col significato di* a posto, accostato, chiuso, vicino a; in sé, conscio, consapevole; *per es.:*) (*naut.*) **to lie to**, essere alla cappa; **The door snapped to**, la porta si chiuse di colpo; **The door is to**, l'uscio è accostato; **After the fall, it took him some time to come to**, dopo la caduta, gli ci volle del tempo a riprendere i sensi.

toad /təʊd/, *n.* ***1*** (*zool., Bufo*) rospo ***2*** (*fig.*) individuo disgustoso, odioso, spregevole. ● **t.-eater**, adulatore; leccapiedi □ **t.-eating** (*agg.*) adulatorio; servile; (*sost.*) adulazione (servile); servilismo □ (*cucina, specialm. ingl.*) **t.-in-the-hole**, salsiccia cotta nella pastella (*uova, latte, e farina*) □ (*zool.*) **yellow-bellied t.**, *V. sotto* **yellow**.

toadfish /'təʊdfɪʃ/, *n.* ***1*** (*zool.*) rana pescatrice ***2*** (*cucina*) coda di rospo (*fam.*).

toadflax /'təʊdflæks/, *n.* (*bot., Linaria vulgaris*) linaria.

toadish /'təʊdɪʃ/, *a.* di (*o* da) rospo.

toadstone /'təʊdstəʊn/, *n.* (*geol.*) batrachite (*roccia vulcanica*).

toadstool /'təʊdstu:l/, *n.* ***1*** (*bot.*) fungo a ombrello ***2*** (*pop.*) fungo velenoso.

toady /'təʊdɪ/, *n.* (*spreg.*) adulatore; leccapiedi.

to **toady** /'təʊdɪ/, *v. t.* e *i.* adulare servilmente; leccare i piedi a (q.).

toadyish /'təʊdɪɪʃ/, *a.* adulatorio; servile.

toadyism /'təʊdɪɪzəm/, *n.* adulazione (servile); servilismo.

toast (**1**) /təʊst/, *n.* toast; tosto; pane tostato; crostino; pane abbrustolito: **anchovies on t.**, crostini d'acciughe. ● **t. bread**, pane in cassetta □ (*fam.*) **t. rack**, porta-tosti; portacrostini □ **to be as warm as a t.**, avere un gran caldo □ (*cucina*) **French t.**, fetta di pane immersa nella pastella e fritta □ (*pop. raro*) **to have sb. on t.**, avere q. in pugno.

toast (**2**) /təʊst/, *n.* ***1*** brindisi: **to propose a t. to sb.**, fare un brindisi a q. ***2*** – **the t.**, la persona in onore della quale si brinda; il festeggiato. ● **to drink a t. to sb.**, bere alla salute di q. □ **She was the t. of the town in her day**, ai suoi tempi era molto festeggiata (*o* ammirata).

to **toast** (**1**) /təʊst/, **A** *v. t.* ***1*** tostare; torrefare; abbrustolire ***2*** (*fig.*) riscaldare; scaldare: **to t. one's feet by the fire**, scaldarsi i piedi al fuoco. **B** *v. i.* ***1*** tostarsi; abbrustolirsi ***2*** (*fig.*) abbrustolirsi, scaldarsi (*anche, v. rifl.*, **to toast oneself**): **The bathers toasted (themselves) in the sun**, i bagnanti s'abbrustolivano al sole. ● (*cucina*) **toasting fork**, forchettone per abbrustolire il pane.

to **toast** (**2**) /təʊst/, **A** *v. t.* fare un brindisi a (q.); bere alla salute di (q.). **B** *v. i.* fare un brindisi; brindare.

toaster (**1**) /'təʊstə(r)/, *n.* ***1*** chi tosta ***2*** tostapane: **electric t.**, tostapane elettrico.

toaster (**2**) /'təʊstə(r)/, *n.* chi brinda; chi fa un brindisi.

toastmaker /'təʊstmeɪkə(r)/, *n.* fabbricante di toast (*o* di tosti).

toastmaster /'təʊstmɑ:stə(r), *USA* -æs-/, *n.* chi annuncia (*o* chi fa) un brindisi. ● (*in G.B.*) **professional t.**, annunciatore di brindisi (*per mestiere*).

tobacco /tə'bækəʊ/, *n.* (*pl.* **tobaccos, tobaccoes**) ***1*** tabacco: **mild t.**, tabacco dolce ***2*** (*bot., Nicotiana tabacum*) tabacco. ● **t. grower**, tabacchicoltore □ **t. growing**, tabacchicoltura □ (*med.*) **t. heart**, cardioneurosi da nicotinismo □ **t. pipe**, pipa □ **t. pouch**, borsa del tabacco □ **t. stopper**, pressatabacco (*per pipa*).

tobacconist /tə'bækənɪst/, *n.* tabaccaio. ● **t.'s shop**, tabaccheria □ **t.'s supplies**, articoli per fumatori.

to-be /tə'bi:/, **A** *n.* – (*fam.*) **the t.**, il futuro. **B** *a.* (*usato nei composti come suffisso*) futuro: **the bride-t.**, la futura sposa.

Tobiah /tə'baɪə/, **Tobias** /tə'baɪəs/, *n.* Tobia.

toboggan /tə'bɒgən/, *n.* (*sport*) toboga; slitta canadese. ● **t. slide** (*o* **t. shoot**), pista per toboga.

to **toboggan** /tə'bɒgən/, *v. i.* (*sport*) andare in toboga.

tobogganer /tə'bɒgənə(r)/, *n.* (*sport*) chi va in toboga.

tobogganing /tə'bɒgənɪŋ/, *n.* (lo) sport del toboga.

tobogganist /tə'bɒgənɪst/, *V.* **tobogganer**.

toby /'təʊbɪ/, *n.* ***1*** (= **t. jug**) tazza di terracotta a forma di un ometto con un tricorno in testa ***2*** (*pop.*) sigaro lungo, di poco prezzo.

Toby /'təʊbɪ/, *n. dim.* di **Tobiah** *e* di **Tobias**.

toccata /tə'kɑ:tə/ (*ital.*), *n.* (*mus.*) toccata.

tocology /tɒ'kɒlədʒɪ, *USA* təʊ'k-/, *n.* (*med.*) tocologia; ostetricia.

tocopherol /tɒ'kɒfərɒl, *USA* təʊ'kɒfərɔ:l, -əʊl/, *n.* (*biol.*) tocoferolo; vitamina E.

tocsin /'tɒksɪn/, *n.* ***1*** (*un tempo*) campana a martello ***2*** (*in genere*) segnale d'allarme. ● (*di campana*) **to ring the t.**, suonare a martello.

tod /tɒd/, *n.* (*pop., nella locuz.*) – **on one's tod**, da sé; da solo.

today /tə'deɪ/, *avv.* e *n.* oggi; oggidì; oggigiorno: **What day of the week [of the month] is it t.?**, che giorno è [quanti ne abbiamo] oggi?; **T. is Friday**, oggi è venerdì; **English is the universal language of t.**, l'inglese è la lingua universale d'oggigiorno. ● **t.'s newspaper**, il giornale d'oggi □ **t. week**, oggi a otto.

todayish /tə'deɪɪʃ/, *a.* (*fam.*) ***1*** d'oggi; del giorno d'oggi; d'oggigiorno ***2*** corrente; alla moda: **t. articles**, articoli alla moda.

toddle /'tɒdl/, *n.* ***1*** andatura vacillante ***2*** (*fam.*) passeggiatina.

to **toddle** /'tɒdl/, *v. i.* ***1*** (*anche v.t.*, **to t. one's way**) sgambettare; trotterellare; camminare a passi incerti ***2*** (*fam.*) passeggiare; fare una passeggiatina; far due passi. ● **to t. off** (*o* **to t. along, to t. away**), andarsene trotterellando; (*fam.*) andarsene □ (*fam.*) **to t. over to sb.**, andare da (*o* a trovare) q.

toddler /'tɒdlə(r), -dəl-/, *n.* bambino (*o* bambina) ai primi passi.

toddy /'tɒdɪ/, *n.* ***1*** (*anglo-ind.*) toddy; vino di palma ***2*** grog; ponce.

to-do /tə'du:/, *n.* (*pl.* **to-dos**) (*fam.*) confusione; agitazione; baccano; chiasso; rumore; trambusto.

tody /'təʊdɪ/, *n.* (*zool., Todus*) todo.

toe /təʊ/, *n.* ***1*** dito del piede ***2*** (*di scarpa, calza, ecc.*) punta; puntale ***3*** (*di cavallo*) parte anteriore dello zoccolo ***4*** (*mecc.*) perno; pernio ***5*** (*golf*) punta (*della mazza*) ***6*** (*costr. idrauliche*) piede (*di una diga*) ***7*** (*geol.*) piede (*di falda di scorrimento*) ***8*** (*archit.*) imbasamento; zoccolo. ● (*autom., sport*) **toe and heel**, (manovra di) tacco e punta □ (*di scarpa*) **toe cap**, mascherina □ (*di bicicletta*) **toe clip**, fermapiedi □ **toe dance**, ballo sulle punte dei piedi □ (*autom., mecc.*) **toe-in**, convergenza □ (*autom., mecc.*) **toe-out**, divergenza □ **toe piece**, puntale (*dello sci*) □ **big toe** (*o* **great toe**), alluce □ **from top to toe**, da capo a piedi; da cima a fondo □ (*scherz.*) **the light fantastic toe**, la danza (*la frase ricorre nell'«Allegro» di J. Milton*) □ **little toe**, mignolo (*del piede*) □ (*fam.*) **to be on one's toes**, essere pronto a intervenire; essere sveglio; essere in gamba □ (*anche fig.*) **to step** (*o* **to tread**) **on sb.'s toes**, pestare i piedi a q. □ (*pop.*) **to turn up one's toes**, tirare le cuoia; morire.

to **toe** /təʊ/, *v. t.* ***1*** fare la punta a; fornire di punta; rifare la punta di: **She toed the stockings**, rifece le punte delle calze ***2*** toccare (*con la punta dei piedi*): **The runners toed the starting line**, i corridori si disposero lungo la linea di partenza ***3*** (*falegn.*) piantare (*un chiodo*) di traverso ***4*** (*golf*) colpire (*la palla*) con la punta della mazza. ● **to toe in**, stare (*o* camminare) coi piedi volti in dentro □ **to toe the line**, (*di corridori*) disporsi lungo la linea di partenza; (*fig.*) essere ligio, obbediente, sottomesso (*soprattutto agli ordini di un partito politico*); rigare dritto □ **to toe out**, stare (*o* camminare) coi piedi volti in fuori.

toehold /'təʊhəʊld/, *n.* (piccolo) punto d'appoggio (*anche fig.*).

toeless /'təʊləs/, *a.* ***1*** senza dita dei piedi ***2*** (*di calza, ecc.*) privo di punta.

toenail /'təʊneɪl/, *n.* ***1*** unghia del piede ***2*** (*falegn.*) chiodo piantato di traverso.

to-fall /'tu:fɔ:l/, *n.* (*scozz. o poet.*) tramonto; imbrunire.

toff /tɒf, *USA* tɔ:f/, *n.* (*pop.*) ***1*** persona distinta; signore ben vestito; gentiluomo ***2*** damerino; elegantone.

toffee /'tɒfɪ, *USA* 'tɔ:fɪ/, *n.* ***1*** caramella morbida ***2*** (*ingl. sett.*) dolce (*in genere*). ● **t. apple**, mela caramellata, infilzata su un bastoncino □ **almond t.**, croccante □ (*fam.*) **He can't play tennis for t.**, come tennista non vale una cicca.

toffee-nosed /'tɒfɪnəʊzd, *USA* 'tɔ:f-/, *a.* (*fam.*) borioso; che si dà delle arie; che ha la puzza sotto il naso.

toffy /'tɒfɪ, *USA* 'tɔ:fɪ/, *V.* **toffee**.

toftman /'tɒftmən, *USA* 'tɔ:f-/, *n.* (*pl.* **toftmen**) (*stor.*) colono; capofamiglia.

tog /tɒg, *USA* tɔ:g/, *n.* ***1*** (*arc., pop.*) giacca ***2*** (*pl.*) (*fam.*) abiti; vestiti; tenuta: **tennis togs**, tenuta da tennis. ● (*gergo naut.*) **long togs**, abiti borghesi □ **riding togs**, costume da cavallerizzo.

to **tog** /tɒg, *USA* tɔ:g/, (*fam.*) **A** *v. i.* (*spesso, v. rifl.*, **to tog oneself up, out**) vestirsi; abbigliarsi; agghindarsi; mettersi in ghingheri. **B** *v. t.* vestire; abbigliare; agghindare.

toga /'təʊgə/ (*lat.*), *n.* (*pl.* **togae, togas**) (*stor.*) toga.

toga'd, togaed /'təʊgəd/, *a.* (*stor.*) togato;

in toga.

together /tə'gɛðə(r)/, **A** avv. ***1*** insieme; assieme; unitamente: **Let's go for a swim t., shall we?**, andiamo a fare una nuotata insieme, vuoi?; **Sew them t.**, cucili insieme! ***2*** contemporaneamente; a un tempo; insieme: **The two events happened t.**, i due fatti accaddero contemporaneamente ***3*** continuamente; di seguito; senza interruzione: **for weeks t.**, per settimane di seguito ***4*** (*anche leg.*) congiuntamente; solidalmente. **B** a. ***1*** (*fam.*) ben fatto; bene ordinato; bene organizzato; a puntino (*fam.*) ***2*** (*pop.*) calmo; sicuro di sé; deciso. ● **t. with**, insieme con □ **to call t.**, convocare; adunare insieme □ **to gather t.**, raccogliere; radunare □ (*fam.*) **to get things t.**, organizzare tutto □ **to keep the family t.**, tenere unita la famiglia □ **to live t.**, convivere □ **to stand or fall t.**, essere solidali sino in fondo.

togetherness /tə'gɛðənəs/, n. spirito di solidarietà; fratellanza; compattezza; unione.

toggery /'tɒgərɪ/, n. (*fam.*) ***1*** abiti; vestiti; vestiario ***2*** negozio d'abbigliamento.

toggle /'tɒgl/, n. ***1*** bottone di legno a olivetta (*per alamaro*) ***2*** (*mecc.*) ginocchiera: **t. joint**, giunto a ginocchiera; **t. press**, pressa a ginocchiera ***3*** (*naut.*) caviglia; cavigliotto; coccinello ***4*** (*elab.*) tasto bistabile. ● (*mecc.*) **t. bolt**, tassello ad alette a espansione □ **t. iron**, arpione a punta articolata □ (*mecc.*) **t. link**, trasmissione articolata (*o* a ginocchiera) □ **t. switch**, (*elettr.*) interruttore a levetta (*o* a bascula); (*elab.*) tasto bistabile.

toil /tɔɪl/, n. duro lavoro; fatica; sforzo; tribolazione. ● **t.-worn**, logorato dalla fatica; esausto; stanco morto.

to **toil** /tɔɪl/, v. i. affaticarsi; faticare; affannarsi; sudare sette camicie; tribolare; sgobbare; sfacchinare: **to t. at a task**, sudare sette camicie (per assolvere un compito). ● **to t. along**, procedere faticosamente; arrancare □ **to t. one's way**, farsi strada a fatica; camminare a stento.

toile /twɑ:l/ (*franc.*), n. tela trasparente (*di cotone o lino*).

toilet /'tɔɪlət/, n. ***1*** toeletta; toletta: **to make one's t.**, far toeletta; **to spend an hour on one's t.**, impiegare un'ora a far toeletta ***2*** gabinetto (*di decenza*); ritirata: **to go to the t.**, andare al gabinetto ***3*** (*med.*) pulizia e medicazione. ● **t. bag**, astuccio (*o* borsello) da toilette □ **t. case**, nécessaire da toeletta □ (*edil.*) **t. cubicle**, bagnetto incassato (*in una camera*) □ **t. paper**, carta igienica □ **t. powder**, talco □ **t. preparations**, articoli da toeletta □ **t. roll**, rotolo di carta igienica □ **t. seat**, sedile del water □ **t.-set**, servizio da toeletta □ **t. soap**, saponetta □ **t. table**, toeletta, toletta (*il mobile*) □ **t. tissue**, *V.* **t. paper** □ **t. water**, acqua di colonia, di lavanda, ecc.

toiletries /'tɔɪlətrɪz/, n. pl. articoli da toeletta; cosmetici; toiletteria.

to **toilet-train** /'tɔɪləttreɪn/, v. t. insegnare a (*un bambino*) a fare la pipì e la popò al gabinetto (*o* nel vasino).

toilet-training /'tɔɪləttreɪnɪŋ/, n. addestramento (*di un bambino*) all'uso del vasino (*o* del gabinetto).

toilful /'tɔɪlfl/, a. (*raro*) faticoso; laborioso.

toilless /'tɔɪlləs/, a. senza fatica; senza sforzo; agevole; facile.

toilsome /'tɔɪlsəm/, a. faticoso; laborioso; penoso. ‖ **-ly**, avv. ‖ **-ness**, sost.

Tokay /təʊ'keɪ/, n. tocai (*il vino e l'uva*).

toke (**1**) /təʊk/, n. (*pop.*) cibo; (*specialm.*) pane asciutto, secco.

toke (**2**) /təʊk/, n. (*pop. USA*) boccata, tirata (*specialm. di sigaretta alla marijuana*).

token /'təʊkən/, n. ***1*** pegno; segno; simbolo; prova: **He gave her a ring as a t. of his love**, le diede un anello in pegno del suo amore; **a t. of one's grief**, un segno del proprio dolore ***2*** dono; omaggio; ricordo ***3*** contrassegno; contromarca; gettone ***4*** (*market.*) buono d'acquisto ***5*** (*USA*) gettone, biglietto (*della Metropolitana di New York*) ***6*** (*elab.*) token; gettone; simbolo ***7*** (*Bibbia*) segnale; segno convenuto. ● **t. gesture**, gesto simbolico □ (*fin.*) **t. money**, moneta divisionaria (*con valore intrinseco inferiore a quello nominale*) □ **t. payment**, pagamento simbolico □ **t. resistance**, resistenza pro forma (*fatta per salvare la faccia*) □ (*econ.*) **t. strike**, sciopero dimostrativo.

tokenism /'təʊkənɪzəm/, n. (*specialm. leg.*) il fare q.c. a scopo meramente dimostrativo; adesione puramente formale.

tokus /'təʊkəs/, n. (*volg. USA*) culo (*volg.*); deretano; sedere.

tolbooth /'tɒlbu:θ/, *V.* **tollbooth**.

told /təʊld/, pass. e p. p. di **to tell**.

Toledan /tɒ'leɪdən, tə'li:-, *USA* tə(ʊ)-/, a. e n. toledano.

Toledo /tɒ'leɪdəʊ, tə'li:-, *USA* tə(ʊ)-/, n. ***1*** (*geogr.*) Toledo ***2*** – **t.**, lama (*o* spada) di Toledo.

tolerability /tɒlərə'bɪlətɪ/, n. tollerabilità.

tolerable /'tɒlərəbl/, a. ***1*** tollerabile; sopportabile ***2*** passabile; discreto.

tolerableness /'tɒlərəblnəs/, n. ***1*** tollerabilità ***2*** mediocrità.

tolerably /'tɒlərəblɪ/, avv. abbastanza; passabilmente; discretamente: **I'm feeling t. well**, sto abbastanza bene (*o* benino); **They played t. well**, giocarono abbastanza bene.

tolerance /'tɒlərəns/, n. ***1*** tolleranza; indulgenza ***2*** (*mecc., med., ecc.*) tolleranza.

tolerant /'tɒlərənt/, a. tollerante; indulgente. ‖ **-ly**, avv.

to **tolerate** /'tɒləreɪt/, v. t. tollerare; sopportare; indulgere a.

toleration /tɒlə'reɪʃn/, n. tolleranza; indulgenza: **religious t.**, la tolleranza in materia di religione. ● (*stor.*) **the Act of T.**, la Legge sulla Tolleranza (*a favore dei dissenzienti in materia religiosa; in G.B., nel 1689*).

tolerationist /tɒlə'reɪʃənɪst/, n. fautore della tolleranza (*specialm. in materia religiosa*).

tolerator /'tɒləreɪtə(r)/, n. chi tollera; persona tollerante.

toll (**1**) /təʊl/, n. ***1*** pedaggio: **t. road**, strada soggetta a pedaggio ***2*** (*fisc.*) balzello; gabella; dazio; imposta ***3*** (*USA*) tariffa interurbana (*del telefono*) ***4*** (*stor.*) molenda; tributo molitorio ***5*** (*fig.*) costo (*di vite umane, ecc.*); tributo. ● **t. bar**, barriera di pedaggio □ **t. bridge**, ponte (soggetto) a pedaggio □ (*specialm. USA*) **t. call**, telefonata interurbana □ **t. collector**, esattore (*di dazi, imposte, ecc.*) □ (*stor.*) **t. dish**, piatto per misurare la molenda □ **t.-free**, (*autom., trasp.: di un ponte, un'autostrada, un tunnel*) esente da pedaggio; (*fisc.*) esente da dazio; (*elab.*) gratuito; (*USA: di telefonata*) a carico del destinatario □ (*telef.*) **t.-free number**, numero verde □ (*stor.*) **t. gatherer**, gabelliere □ **t.-line**, linea interurbana □ (*fig.*) **t. of the roads**, mortalità per incidenti stradali □ **t. road**, strada a pedaggio □ (*leg.*) **t. through**, pedaggio municipale (*per attraversare un ponte, ecc.*) □ (*leg.*) **t. traverse**, pedaggio per attraversare un terreno (un ponte, ecc.) di proprietà privata □ **t. tunnel**, tunnel a pedaggio □ **to take t. of**, esigere un tributo da; (*fig.*) costare, portar via: **The accident took a heavy t. of lives**, l'incidente costò la vita a molte persone □ **the weekend death t. on the roads**, gl'incidenti mortali del traffico di fine settimana.

toll (**2**) /təʊl/, n. (*solo al sing.*) rintocco (*specialm. di campana che suona a morto*).

to **toll** (**1**) /təʊl/, **A** v. i. esigere un tributo; far pagare un pedaggio. **B** v. t. ***1*** esigere un tributo da (q.); far pagare un pedaggio a (q.) ***2*** riscuotere (q.c.) come tributo (*o* pedaggio).

to **toll** (**2**) /təʊl/, v. t. e i. suonare a rintocchi; suonare a morto; rintoccare: **Ask not for whom the bell tolls**, non chiedere per chi suona la campana. ● **to t. sb.'s death**, annunciare coi rintocchi la morte di q.; suonare a morto per q. □ (*fig.*) **to t. a warning bell**, suonare il campanello d'allarme □ **«The curfew tolls the knell of parting day»**, «la squilla piange il giorno che si muore» (*primo verso della «Elegy Written in a Country Churchyard», di Thomas Gray*).

tollable /'təʊləbl/, a. soggetto a pedaggio, a dazio, a imposta.

tollage /'təʊlɪdʒ/, n. ***1*** pedaggio; balzello; gabella; dazio ***2*** richiesta (*o* pagamento, riscossione) di pedaggio.

tollbooth /'təʊlbu:θ/, n. ***1*** (*scozz., arc.*) prigione; carcere cittadino ***2*** (*un tempo*) casello del dazio ***3*** (*autom., USA*) casello autostradale ***4*** (*in G.B.*) *V.* **tollgate**, *def. 3.*

tollgate /'təʊlgeɪt/, n. ***1*** (*un tempo*) casello del dazio ***2*** (*autom., USA*) casello autostradale ***3*** (*in G.B.*) casello di pagamento del pedaggio (*di una strada, un ponte o un tunnel*).

tolling /'təʊlɪŋ/, n. il suonare a rintocchi.

tollkeeper /'təʊlki:pə(r)/, n. ***1*** (*fisc.*) gabelliere ***2*** (*trasp.*) casellante; esattore di pedaggi.

tollman /'təʊlmən/, n. (*pl.* **tollmen**) ***1*** (*fisc.*) gabelliere ***2*** (*trasp.*) casellante.

tollway /'təʊlweɪ/, n. (*autom., USA*) autostrada a pedaggio.

Toltec /'tɒltɛk, *USA* 'təʊl-/, n. tolteco.

Toltecan /'tɒltɪkən, *USA* 'təʊl-/, a. tolteco.

tolu /tə'lu:, tɒ-, -'lju:/, n. tolù (*essenza estratta da un albero del Sud America*).

toluene /'tɒljʊi:n/, n. (*chim.*) toluene; toluolo.

toluic /tə'lu:ɪk, tɒ-, -'lju:-/, a. (*chim.*) toluico: **t. acid**, acido toluico.

toluidine /tə'lu:ɪdi:n, tɒ-, -'lju:-/, n. (*chim.*) toluidina.

toluol /'tɒljʊɒl, *USA* -ɔ:l, -əʊl/, n. (*chim.*) toluolo; toluene.

Tom /tɒm/, n. ***1*** (*dim. di* **Thomas**) Maso; Masino ***2*** – **tom**, maschio (*di certi animali, specialm. il gatto*) ***3*** – (*spreg. USA*) **tom**, negro che scimmiotta i bianchi per ingraziarseli. ● **Tom, Dick, and Harry**, Tizio, Caio e Sempronio □ **Tom Thumb**, (*nelle favole*) Pollicino; (*per estens.*) nanetto, nanerottolo □ **Tom Tiddler's ground**, terra di nessuno (*dal nome di un gioco di bambini*) □ **a tom turkey**, un tacchino.

tomahawk /'tɒməhɔ:k/, n. tomahawk; ascia di guerra (*dei pellirosse*). ● (*fig.*) **to bury the t.**, seppellire l'ascia di guerra; cessare le ostilità.

to **tomahawk** /'tɒməhɔ:k/, v. t. ***1*** colpire (*o* ferire, uccidere) con il tomahawk ***2*** (*fig.*) criticare aspramente; stroncare.

toman /təʊ'mɑ:n/ (*persiano*), n. (*stor.*) tomanno (*moneta d'oro*).

tomato /tə'mɑ:təʊ, *USA* tə'meɪtəʊ/, n. (*pl.* **tomatoes**) (*bot., Solanum lycopersicum*) pomodoro. ● **t. juice**, succo di pomodoro □ **t. purée**, passato di pomodoro □ (*cucina*) **t. sauce**, salsa di pomodoro □ **tinned tomatoes**, pelati in scatola.

tomb /tu:m/, n. tomba (*anche fig.*); sepolcro: **The sea was his t.**, il mare fu la sua tomba.

tombac, tombak /'tɒmbæk/, n. (*metall.*) tombacco.

tombless /'tu:mləs/, a. senza tomba; insepolto.

tombola /tɒm'bəʊlə/ (*ital.*), n. (*specialm. in G.B.*) tombola.

tomboy /'tɒmbɔɪ/, n. (*di ragazza*) maschiaccio; maschietta.

tombstone /'tu:mstəʊn/, n. ***1*** pietra tombale; lapide (funeraria) ***2*** (*fam., fin.*) annuncio (*sulla stampa*) di una nuova emissione di titoli.

tomcat /'tɒmkæt/, n. gatto (*maschio*); micio; micione.

tome /təʊm/, n. (*form.*) tomo; volume.

tomentose /tə'mɛntəʊs/, a. (*bot.*) tomentoso.

tomentum /tə'mɛntəm/, n. (*pl.* **tomenta**) ***1*** (*anat.*) rete dei piccoli vasi della pia madre ***2*** (*bot.*) tomento.

tomfool /'tɒm'fu:l/, **A** n. babbeo; citrullo; minchione; stupido. **B** a. attr. da babbeo; da citrullo; balordo; stupido: **t. ideas**, idee balorde.

to **tomfool** /ˈtɒmˈfuːl/, *v. i.* fare lo sciocco; comportarsi da minchione.

tomfoolery /ˈtɒmˈfuːlərɪ/, *n.* ***1*** buffonata; baggianata (*fam.*); minchioneria; sciocchezza; scemenza; stupidaggine ***2*** scherzo stupido e da villano.

Tommy /ˈtɒmɪ/, *n.* ***1*** (*dim. di* **Thomas**) Maso; Masino ***2*** (*pop., ormai raro*; = **T. Atkins**) soldato inglese (*nomignolo*) ***3*** (*mecc.*, = **t. bar**) spina ***4*** – **t.**, pagnotta; cibo. ● (*gergo mil.*) **t. gun**, fucile mitragliatore; mitra □ **t. shop**, spaccio di generi alimentari.

tommyrot /ˈtɒmɪrɒt/, *n.* (*fam.*) sciocchezze; scempiaggini; stupidaggini; fesserie (*fam.*).

tomnoddy /ˈtɒmˈnɒdɪ/ (*scozz.*), *n.* babbeo; citrullo; minchione; stupido.

tomography /təˈmɒgrəfɪ/, *n.* (*med.*) tomografia.

tomorrow /təˈmɒrəʊ/, *USA* təˈmɔːrəʊ/, *avv.* e *n.* domani: **I'll go t.**, ci andrò domani; **T. will be Sunday**, domani è domenica. ● **t. morning**, domani mattina; domattina □ **t.'s world**, il mondo di domani; il mondo futuro □ **t.'s papers**, i giornali di domani □ **t. week**, domani a otto □ **the day after t.**, dopodomani; domani l'altro.

tompion /ˈtɒmpɪən/, *V.* **tampion**.

tomtit /ˈtɒmtɪt/, *n.* (*zool.*) ***1*** (*Parus caeruleus*) cinciarella ***2*** (*Parus ater*) cincia mora ***3*** (*Parus atricapillus*) cincia montana.

tom-tom /ˈtɒmtɒm/, *n.* tamtam, tam-tam.

to **tom-tom** /ˈtɒmtɒm/, *v. i.* suonare il tam-tam.

ton /tʌn/, *n.* (*pl.* **tons, ton**) ***1*** tonnellata (**long ton**, *ingl., pari a kg 1016 circa*; **short ton**, *USA, pari a kg 907 circa*) ***2*** (*naut.*, = **register ton**) tonnellata di stazza ***3*** (*spesso pl.*) (*fam.*) gran quantità; sacco; mucchio: **He's got tons of money**, ha un sacco di quattrini ***4*** (*fam.*) (velocità di) cento miglia all'ora: **to do a ton**, fare i centosessanta all'ora. ● (*naut.*) **ton burden**, portata (*di una nave*) in tonnellate □ (*fam.*) **ton-up**, (*agg.*) (*di una moto o un motociclista*) che fa più di 100 miglia all'ora; (*sost.*) motociclista che va a tutta birra (*fam.*) □ (*naut.*) **displacement ton**, tonnellata di dislocamento □ (*naut.*) **freight ton**, tonnellata di noleggio □ **metric ton**, tonnellata metrica (*pari a kg 1.000*) □ (*naut.*) **shipping ton**, tonnellata volume (*o* di noleggio).

tonal /ˈtəʊnl/, *a.* (*ling., mus.*) tonale; di tono; di tonalità.

tonality /təˈnælətɪ/, *n.* (*mus., pitt.*) tonalità.

to-name /ˈtuːneɪm/, *n.* (*scozz.*) soprannome; nomignolo.

tone /təʊn/, *n.* ***1*** (*di suono*) tono; nota: **He answered in a harsh t.**, rispose in tono aspro; **in a t. of deep sympathy**, in tono di accorata partecipazione; **the deep tones of the bells**, le note profonde delle campane; **to speak in a loud t.**, parlare in tono alto, ad alta voce ***2*** (*di colore*) tono; tonalità; gradazione; sfumatura: **The upholstery has two tones of green**, la tappezzeria ha due tonalità di verde ***3*** (*fisiol.*) tono; forze: **muscolar t.**, tono muscolare; **lack of t.**, mancanza di tono; atonia; **The patient has recovered his t.**, il malato ha riacquistato le forze ***4*** (*fon.*) accento tonico ***5*** (*fig.*) carattere; qualità; stile; tono: **His house has a t. of quaint beauty**, la sua casa è in uno stile di una bellezza d'altri tempi; **The t. of the hotel was very high**, era un albergo di tono (elevato) ***6*** (*fotogr.*) colore della positiva; intonazione ***7*** (*econ., fin.*) tono: **the t. of the market**, il tono del mercato ***8*** (*telef.*) segnale ***9*** (*mus.*) intervallo ***10*** (*mus., USA*) nota; tonalità (*cfr. ingl.* **note**). ● (*di giradischi*) **t. arm**, braccio □ (*radio*) **t. control**, comando (*o* regolatore) del tono □ **t. deaf**, affetto da sordità tonale □ (*med.*) **t. deafness**, sordità tonale □ **t. languages**, lingue tonali (*cinese, giapponese, vietnamita, ecc.*) □ (*radio*) **t. modulation**, modulazione ad audiofrequenza fissa □ (*mus.*) **t. poem**, poema sinfonico □ (*fon.*) **t. syllable**, sillaba tonica □ **to give t. to**, dar tono a; tonificare □ (*relig.*) **Gregorian tones**, canti gregoriani □ (*mus.*) **whole-t. scale**, scala diatonica □ **The t. of the nation was very low**, il morale della nazione era assai depresso.

to **tone** /təʊn/, **A** *v. t.* ***1*** dare il tono a (*uno strumento musicale, un dipinto, ecc.*); intonare ***2*** (*fotogr.*) far virare. **B** *v. i.* ***1*** intonarsi; armonizzare: **The curtains t. well with the carpet**, le tende s'intonano bene col tappeto ***2*** (*fotogr.*: *di una positiva*) virare. ● **to t. down**, attenuare, sfumare, smorzare; (*fig.*) calmare, mitigare, raddolcire; attenuarsi, smorzarsi; (*fig.*) calmarsi, raddolcirsi: **to t. down a painting**, smorzare i toni di un quadro; **My apologies toned down his anger**, le mie scuse mitigarono la sua ira □ **to t. down one's language**, moderare i termini (*o* le parole) □ (*specialm. di colori*) **to t. in**, intonarsi (*bene, male, ecc.*) □ **to t. up**, alzare il tono di; rinvigorire, tonificare; crescere di tono; rinvigorirsi, tonificarsi: **Roadwork will t. up your muscles**, il footing tonificherà i tuoi muscoli.

toned /təʊnd/, *a.* (*nei composti*) dal tono; dalla tonalità: **a shrill-t. voice**, una voce dal tono stridulo; **a light-t. picture**, un quadro dalle tonalità chiare.

toneless /ˈtəʊnləs/, *a.* ***1*** senza tono; senza tonalità; monotono; piatto; smorto: **in a t. voice**, con voce monotona ***2*** privo di vigore ***3*** privo di colore. ‖ **-ly**, *avv.* ‖ **-ness**, *sost.*

toneme /ˈtəʊniːm/, *n.* (*ling.*) tonema.

toner /ˈtəʊnə(r)/, *n.* (*cosmesi*) toner.

tong /tɒŋ, *USA* tɔːŋ/, *n.* (*stor.*) «tong» (*setta o società segreta cinese in America*).

tong hold /ˈtɒŋhəʊld, *USA* ˈtɔːŋ-/, *locuz. n.* (*metall.*) codolo.

tongs /tɒŋz, *USA* tɔːŋz/, *n. pl.* ***1*** molle; mollette: **fire t.**, molle (*da cucina, per il fuoco*); **sugar t.**, mollette per lo zucchero ***2*** (*mecc.*) pinze; tenaglie; tenaglia: (*elettr.*) **fuse t.**, pinze per fusibili; **wire t.**, tenaglie per filo metallico; **blacksmith's t.**, tenaglia da fabbro. ● **curling t.**, ferro per arricciare (*i capelli*) □ (*fig.*) **to go at it hammer and t.**, darci sotto; mettercela tutta; battersi furiosamente □ (*fig.*) **I would not touch him (it) with a pair of t.**, non lo toccherei neppure con le molle.

tongue /tʌŋ/, *n.* ***1*** (*anat.* e *fig.*) lingua: **to put out one's t.**, metter fuori la lingua (*per farla vedere al medico o per dileggio*); **to have a furred [dirty] t.**, avere la lingua patinosa [sporca]; **ox-t.**, lingua di bue (*come pietanza*); **He has a ready (*o* fluent) t.**, ha la lingua sciolta; **to have a long [sharp, caustic] t.**, aver la lingua lunga [tagliente, mordace]; **to have a ready t.**, avere la lingua pronta; **the French t.**, la lingua francese; **one's mother t.**, la lingua materna; **tongues of flame**, lingue di fuoco; **a t. of land**, una lingua di terra ***2*** (*anche mecc., falegn.*) linguetta; aletta; flangia: **the t. of a boot**, la linguetta d'una scarpa ***3*** (*mus.*) linguetta; ancia: **the t. of an oboe**, l'ancia di un oboe ***4*** (*di fibbia*) puntale ***5*** (*di campana*) battaglio; batacchio ***6*** (*ferr.*) ago: **switch t.**, ago di scambio ***7*** (*di bilancia*) ago. ● (*falegn.*) **t.-and-groove junction**, giunzione a maschio e femmina □ (*anat.*) **t. bone**, ioide □ (*med.*) **t. depressor**, abbassalingua □ (*zool.*) **t.-fish**, sogliola □ (*agric.*) **t. graft**, innesto a linguetta □ **t.-in-cheek**, ironico; scherzoso □ **t.-lashing**, aspro riprovero; lavata di capo (*fig.*) □ **t.-shaped**, linguiforme □ (*med.*) **t.-tie**, malformazione della lingua; anchiloglossia □ **t.-tied**, (*med.*) affetto da anchiloglossia; (*fig.*) ammmutolito, muto, ridotto (*o* costretto) al silenzio; (*anche*) reticente □ **t.-twister**, scioglilingua □ (*zool.*) **t.-worm** (*Linguatula serrata*), linguatula □ (*fam.*) **to bite one's t. off**, mordersi la lingua (*fig.*) □ (*fig.*) **to find one's t.**, sciogliersi la lingua (*impers.*): **He has found his t.**, gli si è sciolta la lingua □ (*fig.*) **the gift of tongues**, il dono di saper parlare (*o* d'apprendere facilmente) le lingue □ **to give t.**, (*di persona*) gridare, parlare ad alta voce; (*di cane da caccia*) abbaiare, latrare □ **to have a glib t.**, avere lo scilinguagnolo sciolto □ **to have a smooth t.**, avere la parola facile □ **to have (*o* to speak with) one's t. in one's cheek**, fare dell'ironia; assecondare ironicamente l'interlocutore □ (*fig.*) **to have lost one's t.**, aver perso la lingua; ammutolire per la timidezza □ **to hold one's t.**, tener la lingua a freno (*pop.*: in bocca); tacere; star zitto □ **to keep a civil t. (in one's head)**, essere civile (*o* educato) □ (*fig.*) **to be on the tongues of men**, essere sulla bocca di tutti □ **to set tongues wagging**, far parlare di sé □ **slip of the t.**, lapsus linguae □ **to throw t.**, abbaiare; latrare □ **to wag one's t.**, parlare a vanvera; ciarlare; cicalare □ **Hold your t.!**, silenzio!; zitti!

to **tongue** /tʌŋ/, *v. t.* ***1*** toccare con la lingua; leccare; lambire ***2*** (*falegn.*) fare una linguetta in; congiungere con un incastro a linguetta ***3*** (*mus.*) staccare (*le note, suonando uno strumento a fiato*). ● (*di una punta di terra, ecc.*) **to t. out**, protendersi.

tongued /tʌŋd/, *a.* ***1*** (*nei composti*) dalla lingua: **a loose-t. woman**, una donna dalla lingua sciolta ***2*** linguacciuto.

tongueless /ˈtʌŋləs/, *a.* ***1*** senza lingua ***2*** (*fig. raro*) che ha perso la lingua; ammutolito.

tonguelet /ˈtʌŋlət/, *n.* (*bot.*) linguetta; linguettina.

tonguing /ˈtʌŋɪŋ/, *n.* ***1*** (*falegn.*) incastro a linguetta ***2*** (*mus.*) tecnica dell'uso della lingua (*per staccare le note*).

tonic /ˈtɒnɪk/, **A** *a.* ***1*** tonico (*anche fisiol., fon. e med.*); corroborante, stimolante: (*fon.*) **t. accent**, accento tonico; (*med.*) **t. spasm**, spasmo tonico; **the t. air of the mountains**, l'aria corroborante dei monti ***2*** (*mus.*) tonico. **B** *n.* ***1*** (*farm.*) tonico; ricostituente ***2*** (*mus.*) tonica; nota tonica ***3*** (= **t. water**) acqua tonica; acqua brillante. ● (*mus.*) **t. chord**, accordo naturale □ (*mus.*) **t. sol-fa**, solfeggio (tonico).

tonically /ˈtɒnɪklɪ/, *avv.* tonicamente.

tonicity /təʊˈnɪsətɪ/, *n.* tonicità.

tonight /təˈnaɪt/, *avv.* e *n.* ***1*** questa sera, stasera ***2*** questa notte, stanotte.

toning /ˈtəʊnɪŋ/, *n.* (*fotogr.*) viraggio.

tonite (1) /ˈtəʊnaɪt/, *n.* (*mil.*) tonite (*potente esplosivo*).

tonite (2) /ˈtəʊnaɪt/, *avv.* (*fam. USA*) questa sera; stasera.

to **tonk** /tɒŋk/, *v. t.* (*pop.*) battere; colpire duramente; sconfiggere.

tonka bean /ˈtɒŋkəbiːn/, *locuz. n.* (*bot.*, *Dipteryx odorata*) fava tonka.

Tonkin /ˈtɒŋˈkɪn/, *n.* (*geogr.*) Tonchino.

tonnage /ˈtʌnɪdʒ/, *n.* (*naut.*) ***1*** tonnellaggio; stazza; portata ***2*** (= **t. dues, t. duties**) diritti di tonnellaggio (*o* di stazza) ***3*** navi mercantili (*d'una nazione o di un porto, nel complesso*). ● (*naut.*) **t. admeasurement**, stazzatura □ (*naut.*) **t. deck**, ponte di stazza □ **t. measurer**, stazzatore □ (*naut.*) **gross [net] t.**, stazza lorda [netta] □ (*di una nave*) **to have a t. of**, stazzare.

tonne /tʌn/ (*franc.*), *n.* tonnellata metrica.

tonneau /ˈtɒnəʊ, *USA* təˈnəʊ/ (*franc.*), *n.* (*autom.*) parte posteriore della scocca.

tonner /ˈtʌnə(r)/, *n.* ***1*** (*naut.*) nave di un dato tonnellaggio: **a 20,000-tonner (ship)**, una nave di 20.000 tonnellate di stazza ***2*** (*di macchinario*) che pesa un certo numero di tonnellate.

tonometer /təˈnɒmɪtə(r)/, *n.* (*fis., med.*) tonometro.

tonsil /ˈtɒnsl/, *n.* (*anat.*) tonsilla.

tonsillar /ˈtɒnsələ(r)/, **tonsillary** /ˈtɒnsələrɪ, *USA* -lerɪ/, *a.* (*anat.*) tonsillare.

tonsillectome /tɒnsəˈlɛktəʊm/, *n.* (*med.*) tonsillotomo.

tonsillectomy /tɒnsəˈlɛktəmɪ/, *n.* (*med.*) tonsillectomia.

tonsillitic /tɒnsəˈlɪtɪk/, *a.* tonsillare.

tonsillitis /tɒnsəˈlaɪtɪs/, *n.* (*pl.* **tonsillitises**) (*med.*) tonsillite.

tonsillotomy /tɒnsəˈlɒtəmɪ/, *n.* (*med.*) tonsillotomia; asportazione parziale di una tonsilla.

tonsorial /tɒn'sɔːrɪəl/, *a.* (*spesso scherz.*) di (*o* da) barbiere. ● **a t. artist**, un figaro; un barbitonsore.

tonsure /'tɒnʃə(r)/, *n.* (*relig.*) tonsura; chierica.

to **tonsure** /'tɒnʃə(r)/, *v. t.* (*relig.*) tonsurare.

tontine /tɒn'tiːn/, *n.* (*fin.*) tontina, rendita vitalizia (*contratto d'associazione finanziaria escogitato dal banchiere napoletano Lorenzo Tonti nel sec. XVII*).

tonus /'təʊnəs/, (*lat.*), *n.* ***1*** tono muscolare; tonicità ***2*** (*med.*) spasmo tonico.

tony /'təʊnɪ/, *a.* (*USA, scherz.*) di stile; elegante.

Tony /'təʊnɪ/, *n.* (*dim. di* **Anthony** *e di* **Antoniette**) Tonio, Tonino; Tonina.

too /tuː/, **A** *avv.* ***1*** anche; pure; altresì (*lett.*): **I went there, too**, ci andai anch'io; **You too**, tu pure ***2*** inoltre; per giunta: **There was some food, and some wine, too**, c'era roba da mangiare, e del vino, per giunta!; **very nice, too**, assai grazioso, per giunta! ***3*** troppo: **It's too cold to go out**, fa troppo freddo per uscire; **too early**, troppo presto; **too quickly**, troppo in fretta ***4*** (*fam.*) molto; assai; veramente; davvero: **I'll be only too glad to meet him**, sarò molto felice d'incontrarlo (*o* di fare la sua conoscenza) ***5*** eppure; e dire che: **It snowed yesterday, and in April too**, ieri nevicò e dire che siamo in aprile ***6*** (*USA*) altroché; eccome: **«I won't go!» «You will too!»**, «non ci vado» «eccome se ci vai» (*o* «ci vai, eccome!»). **B** *a.* (*lett.*) delizioso; eccellente; magnifico; straordinario: **It's quite too** (*o* **too too**), è magnifico! ● **too clever by half**, troppo furbo per i miei (*o* per i nostri, ecc.) gusti □ **too many**, troppi, troppe □ **too much money** [**patience**], troppo denaro [troppa pazienza] □ (*fam.*) **too-too**, affettato; smanceroso □ **all too**, fin troppo: **The holidays were all too short**, le vacanze sono state fin troppo brevi □ **to carry a joke too far**, spingere uno scherzo oltre il lecito; esagerare □ **to go too far**, andare troppo oltre; esagerare □ **none too**, tutt'altro che; non molto; non troppo: **These glasses are none too clean**, questi bicchieri non sono molto puliti □ **I mean to do it too**, e lo farò (non lo dico soltanto)! □ **That's too bad!**, che disdetta!; che peccato!; che sfortuna! □ **That was too bad of him**, è stato molto scortese (*o* sgarbato, ecc.) da parte sua □ **You've given me two too many**, me ne hai dati due di troppo (*o* in più) □ **too good to be true**, troppo bello per essere vero! □ **That's too much**, è troppo!; è una cosa insopportabile! □ (*prov.*) **Too much of a good thing is good for nothing**, il troppo stroppia.

took /tʊk/, *pass. di* **to take**.

tool /tuːl/, *n.* ***1*** arnese; attrezzo; strumento; utensile: **joiner's tools**, arnesi da falegname; **t. case**, cassetta degli attrezzi; **Books are a scholar's tools**, i libri sono gli strumenti di lavoro dello studioso ***2*** (*mecc.*, = **machine t.**) macchina utensile ***3*** (*pl.*) arnesi, ferri; (*collett.*) utensileria: **the tools of one's trade**, i ferri del mestiere ***4*** (*pl.*) (*mil.*) ordigni bellici; munizioni ***5*** (*fig.*) mezzo; strumento ***6*** (*fig.*) strumento (*del volere altrui*); fantoccio, burattino ***7*** (*tipogr.*) figura (*o* lettera) impressa col bulino (*sulla copertina d'un libro*) ***8*** (*volg.*) arnese (*pop.*); membro virile. ● **t.-bag**, borsa degli attrezzi □ (*tecn.*) **t. bit**, utensile da taglio □ **t.-box**, (cassetta) portautensili; comparto (o vano) per gli attrezzi □ **t. dealer's** (**shop**), utensileria □ (*mecc.*) **t.-dresser**, ravvivatore; ravvivamole □ **t. engineering**, progettazione della produzione industriale □ (*mecc.*) **t. extractor**, pescatore □ (*metall.*) **t. grinding**, rettifica (*o* molatura, smerigliatura) a utensili □ **t. handle**, manico di utensile □ **t. kit**, (cassetta) portautensili; (*autom.*) borsa degli attrezzi □ (*ind.*) **t.-maker**, attrezzista, utensilista; fabbricante di utensili □ **t.-making**, fabbricazione di utensili □ **t. post**, portautensili □ **t. roll**, trousse per attrezzi □ **t.-room**, attrezzeria; utensileria □ **t. shed**, capanno degli attrezzi (*da giardinaggio, ecc.*) □ **t. steel**, acciaio da utensileria □ (*edil.*) **broad t.**, scalpello a punta larga □ (*fig.*) **to down tools**, incrociare le braccia; scioperare □ (*fig.*) **to make a t. of sb.**, servirsi di q. per i propri scopi.

to **tool** /tuːl/, *v. t. e i.* ***1*** formare (*o* lavorare) con un attrezzo ***2*** lavorare (*la pietra*) con lo scalpello; martellinare ***3*** (*anche* **to t. up**) provvedere (*una fabbrica, ecc.*) di attrezzi; attrezzare per la produzione di serie ***4*** (*tipogr.*) decorare (*una rilegatura*) ***5*** (*fam.*) condurre, guidare (*un veicolo*); trasportare, scarrozzare (*persone*) ***6*** (*fam., spesso* **to t. along**) andare in macchina (*o* altro veicolo) (*specialm. per diporto*). ● (*ind.*) **to t. up**, attrezzare una (o la) fabbrica.

tooler /'tuːlə(r)/, *n.* ***1*** chi lavora con un utensile, ecc. (*V.* **to tool**) ***2*** (*tipogr.*) decoratore ***3*** (*edil.*) scalpello a punta larga (*per lavorare la pietra*) ***4*** (*operaio*) martellinatore.

toolhead /'tuːlhɛd/, *n.* (*mecc.*) testa portautensili.

toolholder /'tuːlhəʊldə(r)/, *n.* (*mecc.*) portautensili.

tooling /'tuːlɪŋ/, *n.* ***1*** (*mecc.*) lavorazione con utensili ***2*** (*ind.*) allestimento attrezzistico, attrezzatura (*d'una fabbrica*) ***3*** (*edil.*) martellinatura (*della pietra*) ***4*** (*arte*) intaglio ***5*** (*tipogr.*) decorazione; ornamentazione: **blind t.**, ornamentazione semplice (*non in lettere d'oro*).

toot /tuːt/, *n.* ***1*** suono di corno (*o* di tromba, di clacson, ecc.) ***2*** (*pop.*) droga da sniffare ***3*** (*pop. USA*) serie di bevute; giro dei bar.

to **toot** /tuːt/, **A** *v. t.* suonare (*il corno, la tromba, il clacson, ecc.*). **B** *v. i.* ***1*** suonare il corno (*o* la tromba, il clacson, ecc.) ***2*** (*del corno, ecc.*) suonare. ● (*fam. USA*) **to t. one's horn**, battersi la grancassa da soli (*fig.*).

tooth /tuːθ/, *n.* (*pl.* **teeth**) ***1*** (*anat., mecc., ecc.*) dente: **a decayed t.**, un dente guasto; **false** (*o* **artificial**) **teeth**, denti falsi; **the teeth of a gear wheel** [**of a saw, a rake, a comb**], i denti di una ruota dentata [di una sega, un rastrello, un pettine] ***2*** (*tecn.*) grana (*di carta e sim.*). ● (*fig.*) **t. and nail**, coi denti e con le unghie; accanitamente □ (*d'uccello*) **t.-billed**, dal becco dentellato □ (*edil.*) **t.-chisel**, gradina □ (*med.*) **t. decay**, carie dentaria □ (*mecc.*) **t. point**, tagliente □ **t. powder**, dentifricio (*in polvere*) □ (*zool.*) **t.-shell** (*Dentalium entalis*), dentalio □ **armed to the teeth**, armato fino ai denti □ (*fig.*) **to cast st. into sb.'s teeth**, rinfacciare q.c. a q. □ (*di bambino*) **to cut one's teeth**, mettere i denti □ (*fig.*) **to cut one's eye-teeth**, aprire gli occhi; acquistare esperienza delle cose del mondo □ **to escape by the skin of one's teeth**, farcela a stento, per un pelo; cavarsela per il rotto della cuffia □ **to fight t. and nail**, combattere con le unghie e coi denti, con grande accanimento □ (*mecc.*) **gear teeth**, dentatura □ **to grind one's teeth**, digrignare i denti □ **to have a t. filled**, farsi otturare un dente □ **to have a t.** (**pulled**) **out**, farsi estrarre (*o* cavare) un dente □ **to have a sweet t.**, essere ghiotto di dolciumi □ (*fig.*) **in the teeth of**, a dispetto di, nonostante, in barba a; di fronte a, in faccia a □ (*fam.*) **to lie in one's teeth**, mentire per la gola □ (*di cavallo e fig.*) **to be long in the t.**, essere vecchio □ **to lose a t.**, perdere un dente □ (*anat.*) **set of teeth**, dentatura □ (*med.*) **set of false teeth**, dentiera □ (*anche fig.*) **to set one's teeth**, stringere i denti □ **to set sb.'s teeth on edge**, (*di cibo*) allegare i denti; (*fig.*) dare ai nervi a q. □ (*anche fig.*) **to show one's teeth**, mostrare i denti.

to **tooth** /tuːθ/, **A** *v. t.* ***1*** fornire (*o* provvedere) di denti ***2*** dentellare; seghettare. **B** *v. i.* (*di ruote dentate, ecc.*) ingranare.

toothache /'tuːθeɪk/, *n.* (*med.*) mal di denti; odontalgia.

toothbrush /'tuːθbrʌʃ/, *n.* spazzolino da denti.

toothcomb /'tuːθkʌm/, *n.* pettine a denti fitti; pettinina.

toothed /tuːθt/, *a.* ***1*** dentato; a denti: **a t. wheel**, una ruota dentata ***2*** dentellato; seghettato. ● (*mecc.*) **t. gearing**, trasmissione a ingranaggi □ **sharp-t.**, dai denti aguzzi.

toothful /'tuːθfʊl/, *n.* (*raro*) ***1*** bocconcino (*di cibo*) ***2*** sorso di liquore.

toothing /'tuːθɪŋ/, *n.* ***1*** (*mecc.*) dentatura ***2*** (*edil.*) addentellato di mattoni (*lungo il taglio d'un muro esterno*).

toothless /'tuːθləs/, *a.* ***1*** senza denti; sdentato ***2*** (*fig.*) senza incisività; senza mordente ***3*** (*fig.*) inefficace; inutile; vano.

toothlet /'tuːθlət/, *n.* dentino.

toothpaste /'tuːθpeɪst/, *n.* dentifricio (*in pasta*).

toothpick /'tuːθpɪk/, *n.* stuzzicadenti.

toothsome /'tuːθsəm/, *a.* (*form. o scherz.*) gustoso; appetitoso; saporito.

toothsomeness /'tuːθsəmnəs/, *n.* (*form. o scherz.*) gustosità; gusto gradevole.

toothy /'tuːθɪ/, *a.* (*fam.*) ***1*** che ha grossi denti ***2*** che mostra (tutti) i denti: **a t. smile**, un sorriso che mette in mostra tutti i denti ***3*** *V.* **toothsome**.

tootle /'tuːtl/, *n.* ***1*** (*mus.*) suono di flauto ***2*** (*autom.*) suono (*o* suonatina) di clacson.

to **tootle** /'tuːtl/, *v. i.* ***1*** suonare il flauto ***2*** suonare (piano): **to t. one's horn**, dare una suonatina di clacson ***3*** (*autom.*) andare (a piccola velocità); fare un salto in macchina (*fam.*).

toots /tʊts/, *n.* (*fam.*) amore; tesoro; tesoruccio.

tootsie /'tʊtsɪ/, *V.* **tootsy**(**-wootsy**).

tootsy /'tʊtsɪ/, *V.* **toots**.

tootsy(**-wootsy**) /'tʊtsɪ('wʊtsɪ)/, *n.* (*linguaggio infant.*) piede; piedino.

top (**1**) /tɒp/, **A** *n.* ***1*** cima; vetta; sommità; apice; apogeo; culmine; vertice; capo; cocuzzolo; (*del tetto*) colmo: **on top**, in cima; in vetta; **the top of the volcano**, la sommità del vulcano; **turnip tops**, cime di rapa; **He is at the top of his career**, è all'apice della sua carriera; **from top to toe**, da capo a piedi; da cima a fondo; **the bare top of a mountain**, il nudo cocuzzolo di un monte ***2*** parte superiore; copertura; coperchio; tappo, tappino; cappuccio (*metallico, di plastica, ecc.*): **the top of the cupboard**, la parte superiore (*o* il disopra) della credenza; **a box top**, un coperchio di scatola; **a bottle top**, un tappo (di bottiglia) ***3*** (*autom.*) capote, tetto, tettuccio (*d'automobile*); imperiale (*d'autobus*) ***4*** (*di scarpa*) tomaia ***5*** (*di abito femminile*) top; parte disopra (*di un completo*) ***6*** (*naut.*) coffa ***7*** (*fig.*) personaggio importante, preminente; primo: **Henry came out** (**at the**) **top of the school**, Henry fu il primo della scuola (*negli scrutini, negli esami, ecc.*) ***8*** (il) meglio; parte scelta (*o* migliore): **the top of the crop**, il meglio del raccolto ***9*** principio; inizio: **the top of the year**, il principio dell'anno ***10*** (*pl.*) le due carte più alte di un seme (*nel gioco del bridge, asso e re*) ***11*** (*pl.*) bottoni di metallo, placcati soltanto sul davanti ***12*** (*chim.*) testa (*nella distillazione*) ***13*** (*ind. tess.*) nastro pettinato; pettinato ***14*** (*tennis*) *V.* **topspin**. **B** *a. attr.* ***1*** in cima; in alto; primo; superiore; il più alto, elevato; ultimo (*verso l'alto*): **the top drawer**, il primo cassetto (*dall'alto*); **the top left-hand corner**, l'angolo superiore sinistro; **top executive**, alto dirigente; **top judges**, i giudici di grado più elevato; **top floor**, ultimo piano (*di una casa*) ***2*** principale; massimo; supremo; sommo: **top prices**, prezzi massimi; **top honours**, sommi onori; supreme onoranze ***3*** di prim'ordine; eccellente; ottimo ***4*** (*market.*) di prima scelta; (*anche*) il più venduto: (*in G.B.*) **the top ten**, i dieci dischi più venduti; **top seller**, articolo in testa alle vendite. **C** *avv.* al primo posto; in prima posizione: **I came out top in the exam**, risultai primo agli esami. ● (*teatr.*) **top billing**, posto d'onore sul cartellone □ (*mil.*) **the top brass**, gli alti papaveri; i pezzi grossi □ **top boots**, stivali alla scudiera □ (*metall.*) **top casting**, colata dall'alto □ (*polit.*) **top conference**, conferenza al vertice □ (*pop.*) **top dog**, padrone; capo; boss; caporione □ **top-down**, dall'alto al basso; (*fig.*) verticistico □ (*elab.*) **top-down programming**, programmazione «top-down» □ (*fig. fam.*) **top drawer**, alta società □ (*fam.*) **top-drawer**, dell'alta società □ (*agric.*) **top dressing**, concimazione in superficie; concime da spargere in superficie □ **top-flight**, eccellente; di prima qualità; eccezionale □ (*autom.*) **top gear**, la marcia più alta; (la) quarta; presa diretta; (*fig.*) piena attività, pieno ritmo: **in top gear**, (*autom.*) in presa diretta; in quarta; (*fig.*) in forma perfetta, in gamba □ **top hat**, cappello a cilindro; cilindro; tuba; (*fig. fam.*) alto dirigente: **top-hat scheme**, piano pensionistico per l'alta dirigenza □ **top-heavy**, sbilanciato (*per eccesso di peso nella parte superiore*); (*pop.*) brillo, sbronzo □ (*fam.*) **top-hole**, eccellente; ottimo; di prim'ordine □ **top-level**, ad alto livello; di grande importanza; d'ottima qualità: **top-level decisions**, decisioni ad alto livello □ **top-level management**, alta dirigenza □ (*naut.*) **top light**, fanale di gabbia □ **top-notch**, eccellente; di prima qualità □ **top of a dam**, coronamento di una diga □ **top of the milk**, fior di latte □ (*mus.*) **Top of the Pops**, la hit-parade della BBC (*1° programma*) □ (*fig.*) **the top of the tree** (*o* **of the ladder**), il vertice; l'apice; la posizione più elevata: **He has reached the top of the tree**, è arrivato al vertice della carriera □ **top priority**, precedenza assoluta □ (*banca*) **top rate**, top rate; tasso massimo d'interesse (*applicato ai clienti*) □ **top sawyer**, segatore; segantino; (*fig.*) personaggio importante, pezzo grosso □ **top-secret**, segretissimo; top secret □ (*comm.: di un prodotto*) **top-selling**, che è in testa alle vendite □ **top speed**, velocità massima □ **at top speed**, a tutta velocità; di gran carriera; a più non posso □ **big top**, tendone da circo □ (*fam.*) **to blow one's top**, esplodere (*fig.*) □ (*fig.*) **to come to the top**, far carriera; aver successo; diventare famoso □ **from top to bottom**, da cima a fondo; completamente □ **from top to toe**, dalla testa ai piedi; da capo a piedi □ **to let things get on top of one**, lasciarsi prendere la mano dalla situazione □ (*in una pagina*) **line 10 from the top**, riga 10 dall'alto □ **to move into top gear**, (*autom., anche fig.*) ingranare la quarta; (*fig.*) entrare in piena attività □ **off the top of one's head**, su due piedi (*fig.*); senza pensarci troppo □ **on top of**, in cima a; sopra a; addosso a; (*anche*) in aggiunta a: **The book is on top of the shelf**, il libro è in cima allo scaffale; **He fell on top of me**, mi cadde addosso □ **on the top of one's head**, sul cocuzzolo □ **on top of that** (*o* **on top of everything else**), per giunta; per soprammercato (*per lo più di cose spiacevoli*) □ (*fig.*) **to be on top of one's job**, conoscere a menadito il proprio mestiere □ (*fig.*) **to be on top of the world**, essere al settimo cielo □ (*fig.*) **over the top**, esagerando, passando il segno: **That's going over the top**, così si esagera! □ **to shout at the top of one's voice**, gridare a squarciagola, a perdifiato □ **to sit at the top** (**of the table**), sedere a capotavola □ **to be successful to the top of one's bent**, aver pieno successo; riuscire a realizzare le speranze più audaci □ (*di provvedimento, ecc.*) **taken at the top**, preso in alto loco; verticistico.

top (**2**) /tɒp/, *n.* ***1*** trottola (*giocattolo*) ***2*** (*mecc.*) rotatore. ● **to sleep like a top**, dormire come un ghiro; dormir della grossa.

to **top** /tɒp/, *v. t.* ***1*** fornire di copertura; provvedere di coperchio; mettere il tappo a (*una bottiglia*) ***2*** fare da copertura (*o* da coperchio, da tappo) a (q.c.) ***3*** arrivare all'altezza di; raggiungere la vetta di (*un monte, ecc.*): **At last I topped the hill**, finalmente giunsi in vetta al colle ***4*** superare; sorpassare: **He tops them all at tennis**, li supera tutti a tennis; **The jobless total tops two millions**, il numero complessivo dei disoccupati supera i due milioni di persone ***5*** essere in cima (*o* in vetta) a; sormontare: **A castle tops the mountain**, un castello sta in cima al monte ***6*** cimare; spuntare; svettare: **Those trees should be topped**, bisognerebbe cimare quegli alberi ***7*** coprire (*un colore*) con altra tinta ***8*** (*chim.*) predistillare ***9*** (*fig.*) essere in testa a; avere il primo posto in (*o* su): **His name topped the list**, il suo nome era in testa all'elenco ***10*** (*gergo della malavita*) impiccare. ● **to top and tail**, spuntare, pulire (*i fagiolini*); (*fam.*) lavare solo la faccia e il sederino a (*un bambino*) □ (*teatr.*) **to top the bill**, avere il posto d'onore nel cartellone □ **to top one's part**, recitare la propria parte alla perfezione; superare se stesso □ (*polit.*) **to top the poll**, fare il pieno di voti □ (*fam.*) **He tops six feet**, è alto sei piedi (*m 1,83 circa*).

♦**top off**, **A** *v. t. + avv.* ***1*** ricoprire la cima di: **to top off a cake with almonds**, ricoprire la cima di una torta con mandorle ***2*** (*fam.*) concludere, chiudere, finire; dare l'ultimo tocco a (q.c.): **We topped off the meeting with a toast**, chiudemmo la riunione con un brindisi ***3*** (*USA*) *V.* **top out, A** ***4*** (*USA*) *V.* **top up**, *def. 3* e *4.* **B** *v. i. + avv.* (*di prezzi, ecc.*) raggiungere il livello massimo.

♦**top out**, **A** *v. t. + avv.* inaugurare: **The new skyscraper was topped out yesterday**, il nuovo grattacielo è stato inaugurato ieri. **B** *v. i. + avv.* (*USA*) *V.* **top off, B**, *def. 1.*

♦**top up**, *v. t. + avv.* ***1*** riempire: **May I top up your drink?**, posso riempirti il bicchiere? ***2*** riempire il bicchiere a (q.): **Yes, top me up, please!**, sì, riempimi il bicchiere, per favore! ***3*** rabboccare: **I topped up the water level in the radiator**, rabboccai l'acqua del radiatore ***4*** (*autom.*) fare il pieno (*di benzina*) in (*una macchina*): **My car needs topping up**, devo fare il pieno ***5*** (*fig.*) integrare (*una retribuzione e sim.*): **My salary is topped up by extra incentives**, il mio salario è integrato da incentivi straordinari □ **to top up the engine with oil**, rabboccare l'olio del motore.

topaz /ˈtəʊpæz/, *n.* ***1*** (*miner.*) topazio ***2*** (*zool., Topaza pella*) colibrì topazio.

topazolite /təʊˈpæzəʊlaɪt/, *n.* (*miner.*) topazolite.

topcoat /ˈtɒpkəʊt/, *n.* ***1*** soprabito; cappotto ***2*** ultima mano (*di vernice*).

to **top-dress** /tɒpˈdrɛs, *USA* ˈtɒpdr-/, *v. t.* (*agric.*) concimare (*il terreno*) in superficie.

tope (**1**) /təʊp/, *n.* (*anglo-ind.*) boschetto.

tope (**2**) /təʊp/, *n.* monumento buddista (*sormontato da cupola*); stupa.

tope (**3**) /təʊp/, *n.* (*zool., Galeorhinus galeus*) galeo; canesca; gattuccio.

to **tope** /təʊp/, *v. i.* bere smodatamente; sbevazzare; essere un beone.

topee /ˈtəʊpɪ, *USA* təʊˈpiː/, *n.* (*anglo-ind.*) casco coloniale.

toper /ˈtəʊpə(r)/, *n.* beone; bevitore inveterato; ubriacone.

topgallant /tɒpˈgælənt/, (*naut.*) **A** *a.* ***1*** di velaccio: **t. mast**, albero di velaccio ***2*** (*di ponte, ecc.*) sopra la linea di congiunzione. **B** *n.* ***1*** (*di solito*, **t. sail**) velaccio ***2*** albero (*o* pennone) di velaccio.

tophaceous /təʊˈfeɪʃəs/, *a.* ***1*** (*med.*) tofaceo: **t. gout**, gotta tofacea ***2*** (*geol., arc.*) tufaceo.

Tophet /ˈtəʊfɛt/, *n.* ***1*** (*Bibbia*) Tofet (*località presso Gerusalemme, sede di riti pagani*) ***2*** (*fig.*) (l') inferno.

tophus /ˈtəʊfəs/, *n.* (*pl.* **tophi**) ***1*** (*geol.*) tufo ***2*** (*med.*) tofo.

topiarist /ˈtəʊpɪərɪst/, *n.* giardiniere esperto nell'arte topiaria.

topiary /ˈtəʊpɪərɪ, *USA* -ɪerɪ/, *a.* – **the t. art**, l'arte topiaria; l'arte di potare alberi e arbusti in forme geometriche o bizzarre.

topic /ˈtɒpɪk/, *n.* ***1*** argomento; soggetto; materia ***2*** (*logica, retor.*) topica.

topical /ˈtɒpɪkl/, *a.* ***1*** d'attualità; attuale: **t. issues**, problemi di attualità; **t. articles**, articoli d'attualità ***2*** (*med.*) topico; locale: **t. remedy**, medicamento topico; **t. anaesthetic**, anestetico locale. ● **t. song**, canzone su un fatto d'attualità.

topicality /tɒpɪˈkælətɪ/, *n.* attualità.

topicalization /tɒpɪkəlaɪˈzeɪʃn, *USA* -lɪˈz-/, *n.* (*ling.*) argomentazione.

topinambur /tɒpɪˈnæmbə(r)/, *n.* (*bot., Helianthus tuberosus*) topinambur.

topknot /ˈtɒpnɒt/, *n.* ***1*** ciuffo (*di capelli, di penne*) sulla testa ***2*** nastro; fiocco ***3*** (*scherz.*) testa; zucca.

topless /ˈtɒpləs/, **A** *a.* ***1*** senza cima; privo della parte superiore ***2*** (*di abito, ecc.*) topless; che lascia scoperto il seno ***3*** altissimo; eccelso. **B** *n.* abito (*o* costume) che lascia scoperto il seno; topless. **C** *a. attr.* (*di una donna*) in topless; senza reggiseno: **t. girl** (*o* **t. woman**), ragazza (*o* donna) in topless. ● **a t. garment** (*o* **a t. suit**), un topless.

toplofty /ˈtɒplɒftɪ, *USA* -ɔːf-/, *a.* (*fam.*) altero; altezzoso; pretenzioso; superbo.

topman /ˈtɒpmən/, *n.* (*pl.* **topmen**) ***1*** (*naut.*) gabbiere ***2*** minatore che lavora alla bocca dei pozzi.

topmast /ˈtɒpmɑːst, *USA* -æst/, *n.* (*naut.*) albero di gabbia.

topmost /ˈtɒpməʊst/, *a.* (il) più alto; (il) più elevato; eccelso.

topographer /təˈpɒgrəfə(r)/, *n.* topografo.

topographic(**al**) /tɒpəˈgræfɪk(l)/, *a.* topografico. ‖ **-ally**, *avv.*

topography /təˈpɒgrəfɪ/, *n.* topografia.

topological /tɒpəˈlɒdʒɪkl/, *a.* (*scient.*) topologico.

topology /təˈpɒlədʒɪ/, *n.* (*scient.*) topologia.

toponym /ˈtɒpənɪm/, *n.* toponimo.

toponymic(**al**) /tɒpəˈnɪmɪk(l)/, *a.* toponomastico; toponomico.

toponymy /təˈpɒnəmɪ/, *n.* (*ling.*) toponomastica; toponimia.

topos /ˈtɒpɒs, *USA* ˈtəʊp-/, *n.* (*pl.* **topoi**) ***1*** (*retor., letter.*) topos; tema ricorrente ***2*** (*mat.*) topos.

topped /ˈtɒpt/, *a.* ***1*** ricoperto: **a cake t. with almonds**, una torta ricoperta di mandorle ***2*** (*d'albero*) cimato; svettato. ● **a cake topped with a cherry**, un dolce con sopra una ciliegina.

topper /ˈtɒpə(r)/, *n.* ***1*** chi mette coperture, coperchi, ecc.; chi cima piante, ecc. (*V.* **to top**) ***2*** (*fam.*) cappello a cilindro; tuba ***3*** (*fam.*) bonaccione; tipo cordiale ***4*** (*fam.*) osservazione conclusiva; ultima parola (*fig.*) ***5*** (*gergo comm.*) merce (*frutta, ecc.*) messa in alto, in cima (*in vetrina, per mostra, ecc.*).

topping (**1**) /ˈtɒpɪŋ/, *n.* ***1*** cimatura; svettamento (*di piante*); (*pl.*) fronde tagliate ***2*** (*chim.*) predistillazione; (*ind. petrolifera*) topping; distillazione del petrolio greggio ***3*** (*ind. tess.*) scarti di pettinatura ***4*** (*cucina*) decorazione, rivestimento (*di glassa, ecc.*) ***5*** (*di strada*) manto superficiale. ● **t.-up**, riempimento; rabboccamento; rabbocco (*di un recipiente, una batteria*).

topping (**2**) /ˈtɒpɪŋ/, *a.* (*fam.*) ***1*** eccellente; ottimo; di prim'ordine ***2*** elevato; di alto grado (*o* rango).

to **topple** /ˈtɒpl/, **A** *v. i.* ***1*** pencolare; traballare; vacillare ***2*** (*spesso* **to t. over, to t. down**) rovesciarsi; crollare; ruzzolare; capitombolare: **The sand castle toppled down**, il castello di sabbia crollò ***3*** (*fig.*) cadere, perdere il posto (il potere, ecc.). **B** *v. t.* ***1*** far crollare; rovesciare; far ruzzolare ***2*** (*fig., polit.*) far cadere (*il governo*). ● **to t. down the stairs**, ruzzolare dalle scale.

tops /tɒps/, *a.* – (*fam.*) **It's** (*o* **He's**) **the t.**, è il migliore; è favoloso.

topsail /ˈtɒpseɪl, -sl/, *n.* (*naut.*) ***1*** vela di gabbia; gabbia ***2*** controranda. ● **t. schooner**, goletta a vele quadre.

topside /ˈtɒpsaɪd/, *n.* ***1*** lato (*o* parte) superiore ***2*** (*naut.*) opera morta ***3*** (*cucina*) controgirello.

topsman /ˈtɒpsmən/, (*naut.*) *V.* **topman**.

topsoil /ˈtɒpsɔɪl/, *n.* ***1*** (*geol.*) strato superficiale del suolo ***2*** (*agric.*) soprassuolo; humus; terriccio; strato coltivabile (*del terreno*).

topspin /ˈtɒpspɪn/, *n.* (*tennis, ping-pong, ecc.*) top spin; effetto dato alla palla colpendola dal basso verso l'alto (*con la racchetta inclinata*).

topsy-turvy /ˈtɒpsɪˈtɜːvɪ/, *avv.* e *a.* sottosopra; a catafascio; a soqquadro; in scompiglio: **to turn st. t.**, metter q.c. sottosopra (*o* a soqquadro).

to **topsy-turvy** /ˈtɒpsɪˈtɜːvɪ/, *v. t.* mettere sottosopra (*o* a soqquadro); capovolgere; sconvolgere; scompigliare.

top-up /ˈtɒpʌp/, *n.* ***1*** rabbocco (*d'acqua, benzina, ecc.*) ***2*** aggiunta (*di liquore*: *nel bicchiere, ecc.*).

toque /təʊk/, *n.* ***1*** (*moda*) toque; cappello a tocco (*da signora*) ***2*** (*stor.*) tocco; berretto piumato.

tor /tɔː(r)/, *n.* (*geogr.*) vetta rocciosa; pinnacolo roccioso; torre.

Tora(h) /ˈtɔːrə/, *n.* (*relig. ebraica*) Torà, Torah.

torc /tɔːk/, *V.* **torque**.

torch /tɔːtʃ/, *n.* ***1*** torcia; fiaccola; face (*lett.*): (*fig.*) **the t. of liberty**, la fiaccola della libertà; **to hand down the t. of knowledge**, tramandare (*o* tenere accesa) la fiaccola del sapere; **to hand on the t. of the Olympic Games**, trasmettere la fiaccola olimpica ***2*** torcia elettrica; lampadina (tascabile): **electric t.**, lampadina tascabile ***3*** (= **welding t.**) cannello (ferruminatorio): **plumber's t.**, cannello da idraulico. ● **t. fishing**, pesca con la torcia elettrica □ **t. singer**, chi canta canzoni popolari drammatiche □ **t. songs**, canzoni popolari drammatiche (*di dolore, amore non corrisposto, ecc.*) □ (*fig. fam.*) **to carry a t.** (*o* **the t.**) **for sb.**, essere innamorato (cotto) di q. (*specialm. se l'amore non è corrisposto*).

torchbearer /ˈtɔːtʃbeərə(r)/, *n.* ***1*** tedoforo; chi porta la fiaccola ***2*** (*fig.*) guida; figura preminente; leader.

torchier(e) /ˈtɔːtʃɪə(r)/, *n.* lampada a piede (*o* a stelo).

torchlight /ˈtɔːtʃlaɪt/, *n.* lume di torcia; luce delle fiaccole. ● **t. procession**, fiaccolata (*in corteo*).

tore (1) /tɔː(r)/, *pass.* di **to tear**.

tore (2) /tɔː(r)/, *n.* (*archit., geom.*) toro.

toreador /ˈtɒrɪədɔː(r), *USA* ˈtɔːr-/ (*spagn.*), *n.* toreador; torero.

torero /təˈrɛərəʊ/ (*spagn.*), *n.* (*pl.* **toreros**) torero.

toreutic /təˈruːtɪk/, *a.* (*arte*) relativo alla (*o* della) toreutica.

toreutics /təˈruːtɪks/, *n. pl.* (*col verbo al sing.*) (*arte*) toreutica.

toric /ˈtɒrɪk, *USA* ˈtɔːr-/, *a.* ***1*** (*fis.*) torico: **t. lens**, lente torica ***2*** (*geom.*) toroidale.

torment /ˈtɔːmɛnt/, *n.* tormento; tortura; pena; strazio; supplizio: (*fam.*) **That boy is a positive t.**, quel bambino è un vero tormento. ● (*scherz.*) **the t. of one's life**, la disperazione della propria anima □ **to be in t.**, subire tormenti; essere torturato (*o* tormentato) □ **to suffer torments**, patire le pene dell'inferno.

to **torment** /tɔːˈmɛnt/, *v. t.* tormentare; torturare; far soffrire; infastidire; molestare; vessare: **Don't t. the cat!**, non tormentare il gatto!; **The horses were tormented with gadflies**, i cavalli erano infastiditi dai tafani.

tormentil /ˈtɔːməntɪl/, *n.* (*bot., Potentilla tormentilla*) tormentilla.

tormenting /tɔːˈmɛntɪŋ/, *a.* tormentoso; fastidioso; molesto. || **-ly**, *avv.*

tormentor /tɔːˈmɛntə(r)/, *n.* ***1*** chi tormenta; tormentatore ***2*** (*cinem.*) schermo fonoassorbente.

tormentress /tɔːˈmɛntrɪs/, *n.* tormentatrice.

torn /tɔːn/, *p. p.* di **to tear**.

tornadic /tɔːˈnædɪk/, *a.* ciclonico; di (*o* simile a) un tornado.

tornado /tɔːˈneɪdəʊ/, *n.* (*pl.* **tornadoes, tornados**) tornado; tromba d'aria. ● (*geogr.*) **the t. belt**, la fascia dei tornado (*in U.S.A.*) □ (*fig.*) **a t. of applause**, un uragano di applausi.

toroid /ˈtɔːrɔɪd/, *n.* (*geom.*) toroide.

toroidal /tɔːˈrɔɪdl/, *a.* (*geom.*) toroidale: **t. surface**, superficie toroidale. ● (*elettr.*) **t. winding**, avvolgimento toroidale.

torose /ˈtɔːrəʊz, tɔːˈr-/, **torous** /ˈtɔːrəs/, *a.* (*biol.*) che ha protuberanze.

torpedo /tɔːˈpiːdəʊ/, *n.* (*pl.* **torpedoes**) ***1*** (*zool., Torpedo*) torpedine ***2*** (*tecn.*) mina; torpedine: **magnetic t.**, mina magnetica ***3*** (*mil., naut., aeron.*) siluro: **homing t.**, siluro autoguidato ***4*** (*ferr.*) petardo. ● **t. boat**, torpediniera; silurante □ **t.-boat destroyer**, cacciatorpediniere □ **t.-defence net**, rete antisiluri □ **t.-firing range**, siluripedio □ **t.-man**, silurista □ **t.-mine**, mina subacquea □ **t. net**, *V.* **t.-defence net** □ (*aeron.*) **t. plane**, aerosilurante □ **t. tube**, lanciasiluri □ **aerial t.**, siluro aereo (*sganciato da aerosilurante*).

to **torpedo** /tɔːˈpiːdəʊ/, *v. t.* ***1*** (*naut., aeron.*) attaccare (*o* affondare) con siluri; silurare ***2*** (*fig.*) silurare, far naufragare (*un progetto, ecc.*).

torpid /ˈtɔːpɪd/, *a.* ***1*** torpido; intorpidito ***2*** (*fig.*) pigro; tardo; apatico ***3*** (*di un animale*) in letargo. || **-ly**, *avv.*

torpidity /tɔːˈpɪdətɪ/, **torpidness** /ˈtɔːpɪdnəs/, *n.* ***1*** torpidezza; torpore; intorpidimento ***2*** (*fig.*) apatia; indifferenza; inerzia.

to **torpify** /ˈtɔːpɪfaɪ/, *v. t.* intorpidire.

torpor /ˈtɔːpə(r)/, *n.* ***1*** torpore; letargo ***2*** (*fig.*) apatia; indifferenza; inerzia.

torporific /tɔːpəˈrɪfɪk/, *a.* che causa torpore; soporifico.

torquate /ˈtɔːkweɪt/, *a.* (*zool.*) dal collare; che ha un collare.

torque /tɔːk/, *n.* ***1*** (*stor.*) collana metallica (*degli antichi Galli e Britanni*) ***2*** (*autom., mecc.*) coppia: **t. converter**, convertitore di coppia ***3*** (*fis.*) momento torcente (*di una o più forze*). ● (*scienza delle costruzioni*) **t. stress**, sollecitazione di torsione □ (*tecn.*) **t. wrench**, chiave torsiometrica.

torquemeter /ˈtɔːkmiːtə(r)/, *n.* (*tecn.*) torsiometro; dinamometro di torsione.

torr /tɔː(r)/, *n.* (*mecc.*) torr (*unità di pressione*; *dal nome di Evangelista Torricelli*).

torrefaction /tɒrɪˈfækʃn, *USA* tɔː-/, *n.* torrefazione.

to **torrefy** /ˈtɒrɪfaɪ, *USA* ˈtɔː-/, *v. t.* torrefare.

torrent /ˈtɒrənt, *USA* ˈtɔː-/, *n.* torrente (*anche fig.*); diluvio: **It's raining in torrents**, piove a torrenti; **a t. of tears [of abuse]**, un torrente di lacrime [d'ingiurie]. ● **torrents of rain**, pioggia torrenziale; diluvio (*fig.*).

torrential /təˈrɛnʃl/, *a.* torrenziale: **t. rain**, pioggia torrenziale. ● (*geogr.*) **t. river**, fiume a regime torrentizio. || **-ly**, *avv.*

Torricellian /tɒrɪˈtʃɛlɪən, *USA* tɔː-/, *a.* torricelliano; di Torricelli: **T. vacuum**, vuoto torricelliano; **the T. experiment**, l'esperimento di Torricelli (*l'invenzione del barometro*).

torrid /ˈtɒrɪd, *USA* ˈtɔː-/, *a.* torrido: (*geogr.*) **the T. Zone**, la zona torrida. || **-ly**, *avv.*

torridity /təˈrɪdətɪ/, **torridness** /ˈtɒrɪdnəs, *USA* ˈtɔː-/, *n.* l'esser torrido; calore torrido; caldo soffocante.

torsiometer /tɔːʃɪˈɒmɪtə(r)/, *n.* (*mecc.*) torsiometro.

torsion /ˈtɔːʃn/, *n.* torsione (*anche mecc.*). ● **t. balance**, bilancia di torsione □ (*mecc.*) **t. bar**, barra di torsione □ (*mecc.*) **t. meter**, torsiometro.

torsional /ˈtɔːʃənl/, *a.* di torsione; torsionale: **t. elasticity**, elasticità di torsione; (*mecc.*) **t. rigidity**, rigidità torsionale.

torsk /tɔːsk/, *n.* (*pl.* **torsk, torsks**) (*zool.*) ***1*** (*Gadus morrhua*) merluzzo comune ***2*** (*Gadus macrocephalus*) merluzzo del Pacifico.

torso /ˈtɔːsəʊ/, *n.* (*pl.* **torsos, torsi, torsoes**) torso (*di statua*); tronco (*del corpo umano*).

tort /tɔːt/, *n.* (*leg.*) illecito civile; atto illecito. ● **t. feasor**, chi compie un illecito civile.

torticollis /tɔːtɪˈkɒlɪs/, *n.* (*pl.* **torticollises**) (*med.*) torcicollo.

tortile /ˈtɔːtaɪl, *USA* -tl/, *a.* (*raro*) tortile; ritorto; a spire.

tortility /tɔːˈtɪlətɪ/, *n.* (*raro*) l'esser ritorto.

tortilla /tɔːˈtiːə, -iːjə, -ɪlə/ (*spagn.*), *n.* focaccia sottile di farina di granturco.

tortious /ˈtɔːʃəs/, *a.* (*leg.*) che costituisce illecito civile; dannoso; lesivo. || **-ly**, *avv.*

tortoise /ˈtɔːtəs/, *n.* ***1*** (*zool.*) testuggine; tartaruga (*di terra*) ***2*** (*mil., stor.*) testuggine. ● **t.-shell**, (*sost.*) (guscio di) tartaruga; (*zool.*) gatto color tartaruga; (*agg.*) di tartaruga; (*di gatto*) color tartaruga: **a t.-shell comb**, un pettine di tartaruga □ (*zool.*) **t.-shell butterfly** (*Nymphalis milberti*), farfalla tartaruga □ (*zool.*) **alligator t.** (*Chelydra serpentina*), tartaruga azzannatrice.

tortoiseshell /ˈtɔːtəsʃɛl/, *V.* **tortoise-shell**.

tortrix /ˈtɔːtrɪks/, *n.* (*zool.*) ***1*** tortrice (*insetto dei Tortricidi*; *in genere*) ***2*** (*Tortrix viridiana*) tortrice delle querce.

tortuose /ˈtɔːtʃʊəʊs/, *a.* (*bot.*) ritorto.

tortuosity /tɔːtʃʊˈɒsətɪ/, *n.* tortuosità; (*fig.*) ambiguità.

tortuous /ˈtɔːtʃʊəs/, *a.* tortuoso; (*fig.*) contorto; ambiguo, ingannevole, subdolo: **a t. road**, una strada tortuosa; **a t. policy**, una linea politica contorta; **a t. would-be friend**, un individuo subdolo che si finge amico. || **-ly**, *avv.* || **-ness**, *sost.*

torture /ˈtɔːtʃə(r)/, *n.* tortura; supplizio; tormento; strazio: **to put sb. to t.**, mettere q. alla tortura; **instruments of t.**, strumenti di tortura; (*relig.*) **the tortures of hell**, i tormenti dell'inferno. ● (*fig.*) **a long t.**, un vero calvario.

to **torture** /ˈtɔːtʃə(r)/, *v. t.* ***1*** torturare (*anche fig.*); tormentare; sottoporre alla tortura: **to be tortured with tight shoes**, patire la tortura delle scarpe strette ***2*** (*raro*) distorcere; falsare; svisare; travisare.

tortured /ˈtɔːtʃəd/, *a.* ***1*** torturato; tormentato ***2*** contorto; distorto; (*fig.*) artefatto; artificioso: **t. style**, stile contorto.

torturer /ˈtɔːtʃərə(r)/, *n.* chi tortura; tormentatore; aguzzino.

torturing /ˈtɔːtʃərɪŋ/, *a.* torturante; tormentoso. || **-ly**, *avv.*

torturous /ˈtɔːtʃərəs/, *a.* ***1*** che è una tortura; tormentoso; straziante ***2*** (*variante scorretta di* **tortuous**) tortuoso; contorto.

torus /ˈtɔːrəs/, *n.* (*pl.* **tori**) ***1*** (*archit., geom., bot.*) toro ***2*** (*anat.*) protuberanza; prominenza.

Tory /ˈtɔːrɪ/, **A** *n.* ***1*** (*stor.*; *ora, spreg.*) tory; conservatore reazionario ***2*** (*stor. USA*) lealista; partigiano della Corona britannica (*ai tempi della Rivoluzione*) ***3*** (*fam., polit.*) conservatore (*in G.B.*). **B** *a.* ***1*** (*stor.*) dei (*o* relativo ai) tory ***2*** (*polit., in G.B.*) di (*o* da) conservatore.

Toryism /ˈtɔːrɪɪzəm/, *n.* (*stor.*; *ora, fam. o spreg.*) conservatorismo.

tosh /tɒʃ/, *n.* (*fam.*) sciocchezza; stupidaggine; fesseria.

toss /tɒs, *USA* tɔːs/, *n.* ***1*** getto, lancio (*specialm. di una moneta in aria*) ***2*** scossa; scuotimento; scrollata: **a disdainful t. of the head**, una sprezzante scrollata del capo. ● (*aeron., mil.*) **t. bombing**, bombardamento in cabrata □ **t.-up**, lancio di una moneta in aria, testa o croce; (il) sorteggiare; (*sport*) sorteggio (*del campo, ecc.*); (*fig.*) gara aperta; cosa incerta, assai dubbia; questione di fortuna □ (*fam.*) **to argue the t.**, stare a discutere inutilmente (*su una decisione già presa*) □ **to lose [to win] the t.**, perdere [vincere] a testa o croce; (*sport*) perdere [vincere] il sorteggio □ **pitch and t.**, testa e croce □ **to take a t.**, essere disarcionato dal cavallo; essere gettato a terra;

fare un capitombolo.

to **toss** /tɒs, *USA* tɔːs/, **A** *v. t.* ***1*** gettare; lanciare in aria; buttare; scagliare: **I tossed a bone to the Alsatian**, gettai un osso al pastore tedesco; **The bullfighter was tossed by a big, black bull**, il torero fu scagliato in aria da un grosso toro nero ***2*** agitare; scuotere; scrollare; sballottare: **to t. one's head**, scrollare il capo; **The billows tossed the ship**, i cavalloni sballottavano la nave ***3*** (*di un cavallo*) gettare a terra; disarcionare ***4*** sfidare (q.) a testa o croce: **I'll t. you for the seat** (*o* **for who has the seat**), ti sfido a testa o croce per stabilire chi di noi debba occupare il posto ***5*** (*cucina*) fare (*la sfoglia e sim.*): **Every pizza is hand tossed to order**, tutte le pizze sono fatte a mano su ordinazione ***6*** (*cucina*) far saltare, saltare (*in padella, ecc.*) ***7*** (*fam. USA*) perquisire. **B** *v. i.* ***1*** (*spesso* **to t. about**; *anche, v. rifl.* **to toss oneself**) agitarsi; dimenarsi; dibattersi: **He tossed (himself) about in pain**, si dibatteva per il dolore; **I tossed all night long**, mi sono dimenato (nel letto) tutta la notte ***2*** essere agitato; essere sballottato; piegarsi: **The boat tossed about**, la barca era sballottata dalle onde; **The cypresses were tossing in the storm**, i cipressi si piegavano sotto l'urto del temporale ***3*** (*spesso* **to t. up**) gettare in aria una moneta; fare a testa o croce. ● **to t. sb. in a blanket**, far saltare in aria q., tendendo e rilasciando una coperta □ (*naut.*) **to t. oars**, alzare i remi (*in segno di saluto*) □ **to t. a pancake**, voltare una frittella facendola saltare in aria □ (*fig.*) **to t. a proposal**, discutere (*o* dibattere) una proposta □ (*naut.*) **to pitch and t.**, beccheggiare □ (*naut.*) **T.**, alza remi! (*comando*).

♦**toss about** (*o* **around**), **A** *v. i.* + *avv.* agitarsi; dimenarsi; dibattersi (*V.* **to toss, B**, *def. 1*). **B** *v. t.* + *avv.* ***1*** gettare (*sassi, ecc.*) intorno; buttare qua e là ***2*** sballottare; sbattere; sbatacchiare (*V.* **to toss, A**, *def.* 2) ***3*** (*fig.*) agitare (*una questione, un problema, ecc.*); discutere □ **to toss one's money about**, buttar via (*o* sperperare) i soldi □ **to toss one's weight about**, darsi del peso (*fig.*); comandare a bacchetta.

♦**toss aside**, *v. t.* + *avv.* ***1*** gettare (*o* buttare) da una parte ***2*** (*fig.*) tralasciare; trascurare.

♦**toss away**, *v. t.* + *avv.* ***1*** gettare via; lanciare lontano (*una palla, ecc.*) ***2*** (*fig.*) buttar via; giocarsi (*un vantaggio, ecc.*); lasciarsi sfuggire (*un'occasione*).

♦**toss back**, *v. t.* + *avv.* ***1*** gettare indietro (*la testa, i capelli, ecc.*) ***2*** (*fam.*) buttare giù, ingollare, trangugiare (*vino, liquori, ecc.*).

♦**toss down**, *v. t.* + *avv.* gettare giù; buttare (q.c.) per terra.

♦**toss for**, *v. t.* e *i.* + *prep.* tirare a sorte (lanciando una moneta): (*sport*) **to toss for which team will play first**, tirare a sorte per il calcio (*o* il tiro) d'inizio.

♦**toss in**, *v. t.* + *avv.* ***1*** gettare (*o* lanciare) dentro: **The terrorist tossed in a bomb**, il terrorista lanciò dentro una bomba ***2*** aggiungere, intercalare, inserire (*un accenno, un'osservazione, ecc.*); buttare là (*fam.*) ***3*** (*comm.*) dare (q.c.) per giunta; includere (q.c.) come regalo.

♦**toss off**, **A** *v. t.* + *avv.* ***1*** scuotersi (*o* togliersi) di dosso; togliere, cavare, spostare: **She tossed off my hand from her knee**, tolse la mia mano dal suo ginocchio ***2*** (*fam.*) snocciolare, sparare (*nomi, un elenco, ecc.*) ***3*** (*fam.*) buttare giù; comporre (*o* scrivere, ecc.) in fretta ***4*** (*fam.*) buttare giù; ingollare; trangugiare ***5*** (*volg.*) masturbare. **B** *v. i.* + *avv.* (*volg.*) masturbarsi.

♦**toss out**, *v. t.* + *avv.* ***1*** buttare (*o* lanciare, gettare) fuori (*una palla, ecc.*); cacciare, scacciare; gettare (*un inquilino*) sulla strada ***2*** buttare via (q.c.); disfarsi, sbarazzarsi di ***3*** respingere (*una proposta, un disegno di legge, ecc.*) ***4*** tirar fuori, presentare (*un'idea*); proporre (*un suggerimento*) ***5*** (*fam.*) *V.* **toss off, A**, *def.* 2.

♦**toss together**, *v. t.* + *avv.* ***1*** mettere insieme (*oggetti*); raccogliere, raccattare alla rinfusa ***2*** costruire alla meglio (*un riparo, ecc.*); raffazzonare (*un libro*); improvvisare (*un pasto*).

♦**toss up**, **A** *v. t.* + *avv.* ***1*** gettare (*o* lanciare, buttare) in aria: **to t. up a coin**, gettare in aria una moneta; fare a testa e croce; **to t. up one's hat into the air**, gettare in aria il cappello ***2*** (*fig.*) buttar via, giocarsi (*un vantaggio*); lasciarsi sfuggire (*un'occasione, ecc.*). **B** *v. i.* + *avv.* (*sport*) tirare a sorte (*lanciando una moneta*): **The captains tossed up**, i capitani tirarono a sorte per la scelta del campo (*o* per il calcio d'inizio).

tossing /ˈtɒsɪŋ, *USA* ˈtɔːs-/, *n.* il lanciare, lo scagliare, ecc. (*V.* **to toss**). ● (*sport, in Scozia*) **t. the caber**, il lancio del tronco d'albero □ **t. the pancake**, il lancio della frittella (*V.* **pancake race**).

tot (1) /tɒt/, *n.* ***1*** (*spesso* **tiny tot**) bambino; bimbo; bambinello; frugoletto ***2*** (*fam.*) sorso di liquore; goccio (*fig.*). ● **tot lot**, terreno di gioco (*per bimbi piccoli*).

tot (2) /tɒt/, *n.* (*fam.*) somma; totale.

to **tot** /tɒt/, (*fam., di solito* **to tot up**) **A** *v. t.* addizionare; sommare. **B** *v. i.* – **to tot up to**, ammontare a (*una certa cifra*).

total /ˈtəʊtl/, **A** *a.* ***1*** totale; assoluto; completo; intero; pieno: (*astron.*) **t. eclipse**, eclissi totale; **t. silence**, un silenzio totale; **t. ignorance**, ignoranza assoluta ***2*** complessivo; tutto: **t. number**, numero complessivo; **the t. population**, tutta la popolazione ***3*** (*rag.*) totale: **The t. assets are ninety thousand pounds**, il totale delle attività è di 90.000 sterline. **B** *n.* somma totale; totale. ● **t. abstainer**, chi si astiene da ogni sorta di bevanda alcolica; astemio (*per principio*) □ (*rag.*) **t. account**, conto riassuntivo □ **t. amount**, ammontare complessivo; (il) totale □ **the t. amount of prizes**, il monte premi (*al totocalcio*) □ (*autom.*) **t. car cleaning**, lavaggio completo □ **t. loss**, (*ass.*) perdita totale; (*fig.*) cosa del tutto inutile: **The meeting was a t. loss**, la riunione non approdò a nulla □ **t. sales**, fatturato globale □ (*mil.*) **t. war**, guerra totale.

to **total** /ˈtəʊtl/, **A** *v. t.* ***1*** addizionare; sommare ***2*** ammontare a; raggiungere il numero di: **The casualties totalled 162**, le vittime raggiunsero il numero di 162 ***3*** (*pop. USA*) distruggere completamente; fare fuori (*fam.*); uccidere, massacrare. **B** *v. i.* – **to t. (up) to**, ammontare a (*una certa somma*).

totaled /ˈtəʊtld/, *a.* (*pop. USA*) distrutto; a pezzi; sfasciato: **t. cars**, automobili sfasciate.

totalitarian /təʊtælɪˈteərɪən/, *a.* (*polit.*) totalitario.

totalitarianism /təʊtælɪˈteərɪənɪzəm/, *n.* (*polit.*) totalitarismo.

totality /təʊˈtælətɪ/, *n.* totalità. ● **in t.**, nel complesso; in totale.

totalization /təʊtəlaɪˈzeɪʃn, *USA* -lɪˈz-/, *n.* il totalizzare; totalizzazione (*raro*).

totalizator /ˈtəʊtəlaɪzeɪtə(r), *USA* -lɪz-/, *n.* (*sport*) totalizzatore.

to **totalize** /ˈtəʊtəlaɪz/, *v. t.* totalizzare.

totalizer /ˈtəʊtəlaɪzə(r)/, *n.* ***1*** (*sport*) totalizzatore ***2*** (*USA*) (macchina) addizionatrice.

tote (1) /təʊt/, *n.* (*fam., sport*) totalizzatore.

tote (2) /təʊt/, *n.* (*fam.*) ***1*** carico; peso; fardello ***2*** trasporto. ● (*USA*) **t. bag**, grande borsa (*o* sacca); borsone.

to **tote (1)** /təʊt/, *v. t.* (*fam.*) *V.* **to tot.**

to **tote (2)** /təʊt/, *v. t.* (*fam.*) portare; trasportare (*sulle spalle o sulle braccia*): **to t. a gun**, portare il (*o* essere armato di) fucile; portare la pistola; andare in giro armato.

totem /ˈtəʊtəm/, *n.* totem. ● **t. pole**, totem; palo con figure totemiche.

totemic /təʊˈtemɪk/, **totemistic** /təʊtəˈmɪstɪk/, *a.* totemico.

totemism /ˈtəʊtəmɪzəm/, *n.* totemismo.

t'other, tother /ˈtʌðə(r)/, *pron.* (*dial., scherz., o arc.*; *contraz. di* **the other**) l'altro. ● **I cannot tell t. from which**, non riesco a distinguere l'uno dall'altro.

totipalmate /təʊtɪˈpælmət/, *a.* (*zool.*) steganopodo; totipalmato.

totter /ˈtɒtə(r)/, *n.* barcollamento; traballamento; barcollio; vacillamento.

to **totter** /ˈtɒtə(r)/, *v. i.* barcollare; tentennare; traballare; vacillare; essere malfermo (*o* malsicuro, traballante): **The baby tottered across the room**, il bimbo attraversò la stanza barcollando; **Their political system totters**, il loro sistema politico vacilla. ● **to t. away [in, out]**, andarsene [entrare, uscire] barcollando □ **to t. to one's feet**, rialzarsi vacillando.

totterer /ˈtɒtərə(r)/, *n.* chi barcolla; chi vacilla.

tottering /ˈtɒtərɪŋ/, *a.* barcollante; traballante; vacillante; malfermo; malsicuro: **t. steps**, passi malfermi. || **-ly**, *avv.*

tottery /ˈtɒtərɪ/, *V.* **tottering.**

toucan /ˈtuːkən, -æn, -ɑːn, *USA* tuːˈkɑːn/, *n.* (*zool., Ramphastos*) tucano.

touch /tʌtʃ/, *n.* ***1*** tocco; toccata; leggero colpo; colpetto: **I felt a t. on my shoulder**, mi sentii dare un colpetto sulla spalla; **at the slightest t.**, al più lieve tocco; **He put the finishing touches to the painting**, diede gli ultimi tocchi al quadro; **That painter has a light t.**, quel pittore ha un tocco leggero; **a t. of the sun**, un lieve colpo di sole ***2*** (*fisiol.*) tatto: **the sense of t.**, il senso del tatto; **This cloth is soft to the t.**, questa stoffa è soffice al tatto ***3*** contatto; comunicazione; relazione; rapporto: **to get in t. with sb.**, mettersi in contatto con q.; **I'm no more in t.** (*o* **I'm out of t.**) **with my schoolfellows**, non sono più in relazione con i miei compagni di scuola; **I've lost t. with them**, ho perso i contatti con loro (*o* li ho persi di vista) ***4*** (un) po'; (un) tantino; (un) pizzico: **a t. of humour**, un po' d'umorismo; **a t. of salt in the soup**, un pizzico di sale nella zuppa ***5*** maniera; modo (caratteristico); tono; impronta; stile: **a characteristic t.**, un modo caratteristico d'esprimersi, di parlare; (*pubbl.*) **the personal t. that means so much**, quel tono personale che significa tanto ***6*** (*med.*) palpamento; palpazione ***7*** (*med.*) leggero attacco: **a t. of flu**, un leggero attacco d'influenza ***8*** (*rugby*) uscita laterale; touche: (*della palla*) **to go into t.**, andare in uscita laterale ***9*** (*pop. USA*) richiesta di denaro; stoccata (*fig.*): **I ignored the t.**, feci finta di non aver udito la stoccata. ● **a t.-and-go affair**, un affare incerto, rischioso □ (*elettr.*) **t. control**, comando manuale □ (*bot.*) **t.-me-not**, (*Impatiens nolitangere*) noli me tangere; (*Ecballium elaterium*) cocomero asinino □ (*oreficeria*) **t. needle**, ago d'assaggio □ **t. of nature**, caratteristica peculiare, innata (*di un individuo*) □ **t. system**, dattilografia a tastiera cieca □ (*pitt.*) **t.-up**, ritocco; ritoccatura □ **getting in t. with sb.**, presa di contatto con q. □ **to have a near t.**, cavarsela per il rotto della cuffia; salvarsi a stento; scamparla bella □ **to keep in t. with sb.**, restare in contatto (*o* in relazione) con q. □ **to keep in t. with st.**, tenersi al corrente di q.c. □ **to lose t.**, perdere i contatti □ **to be out of t. with sb.**, non essere più in contatto con q. □ **to be out of t. with st.**, non essere più al corrente di q.c. □ **to put** (*o* **to bring**) **to the t.**, mettere alla prova; saggiare □ **I'll be in t.**, mi faccio vivo io □ **It was t.-and-go whether we would get there**, era assai dubbio che ci saremmo mai arrivati.

to **touch** /tʌtʃ/, *v. t.* e *i.* ***1*** toccare; toccarsi; tastare; arrivare a; concernere, riguardare, avere a che fare con; sfiorare, trattare superficialmente (*un argomento*); commuovere, intenerire, colpire: **Don't t. the paint: it's wet**, non toccare la vernice: è fresca!; **Don't t. the cake!**, non toccare il dolce!; **Don't t. my papers!**, non toccare i miei documenti!; **His fingers touched her face**, le sue dita toccarono il viso di lei; **A smile touched his lips**, un sorriso gli sfiorò le labbra; **The two farms t.**

(**each other**), i due poderi si toccano (*o* sono confinanti); **The submarine touched the bottom of the sea**, il sottomarino toccò il fondo del mare; **I've touched his pride**, ho toccato (*o* ferito) il suo orgoglio; **Can you t. the ceiling?**, riesci a toccare il soffitto?; **I hadn't touched food for three days**, non toccavo cibo da tre giorni; **The sad sight touched my heart**, quella triste vista mi toccò il cuore; **This matter touches you nearly**, questa faccenda ti tocca (*o* ti riguarda) da vicino; **This doesn't t. the point at issue**, ciò non ha niente a che fare col punto in discussione; **I didn't t. (on) that subject**, non toccai (*o* non trattai) quell'argomento; **I never touched it!**, ma se non l'ho neanche toccato! ***2*** far toccare; mettere a contatto; accostare; portare (a contatto): **I just touched the two cups together and they broke**, ho appena accostato le due tazze e si son rotte!; **He touched his hat to the old lady**, portò la mano al cappello (*o* si toccò il cappello) per salutare la vecchia signora ***3*** (*specialm. in frasi neg.*) reggere il confronto con; eguagliare; valere: **Nobody can t. him for purity of style**, nessuno può eguagliarlo per purezza di stile ***4*** avere effetto su: **His sad experiences as a P.O.W. haven't touched him at all**, le sue tristi esperienze di prigionia non hanno avuto alcun effetto su di lui ***5*** rimuovere; togliere: **Water won't t. these spots**, l'acqua non toglie queste macchie ***6*** danneggiare leggermente; nuocere un poco a: **The flowers were touched by the hoarfrost**, i fiori furono leggermente danneggiati dalla brina ***7*** toccare; avere a che fare con; sentir parlare di: **I won't even t. playing cards**, non voglio neanche sentir parlare di carte da gioco. ● (*fam. USA*) **to t. base with sb.**, restare in contatto con q. □ **to t. the bell**, suonare il campanello (*premendo il pulsante*) □ **to t. (the) bottom**, (*in acqua*) toccare il fondo, toccare; (*fig.*) toccare il fondo (*della depravazione, della sfortuna, ecc.*); andare al fondo (*d'una questione*); (*fin.*: *di prezzi, ecc.*) raggiungere il livello minimo: **Can you t. bottom over there?**, si tocca laggiù? □ (*fig.*) **to t. elbows with**, venire a contatto di gomito con □ **to t. glasses**, toccare i bicchieri; (*fig.*) fare un brindisi □ (*sport*) **to t. gloves**, toccare i guantoni (*dell'avversario*) □ (*Borsa, fin.*) **to t. a peak**, raggiungere un massimo □ (*fam.*) **to t. the spot**, toccare il tasto giusto; essere quel che ci vuole □ **to t. sb. to the quick**, pungere q. sul vivo; toccare q. nel suo punto debole □ **to t. wood**, toccare legno (*come scaramanzia*; *cfr. ital. «toccare ferro»*) □ (*fam.*) **No one can t. him in giving lessons**, a dar lezione, è imbattibile □ **I couldn't t. the algebra paper**, l'esercizio d'algebra non sono riuscito neanche a cominciarlo.

♦**touch at**, *v. i.* + *prep.* (*naut.*) fare scalo, approdare a: **Our ship touched at Naples**, la nostra nave fece scalo a Napoli.

♦**touch down**, **A** *v. i.* + *avv.* ***1*** (*aeron.*) atterrare ***2*** (*miss.*) atterrare; ammarare ***3*** (*rugby*) fare una meta. **B** *v. t.* + *avv.* (*rugby*) mandare in meta: **to t. the ball down**, mandare in meta la palla.

♦**touch for**, *v. t.* + *prep.* (*fam.*) chiedere soldi (*in prestito, o in elemosina*) a (q.); farsi dare, spillare soldi a (q.): **I'll try to t. daddy for the ticket money**, cercherò di farmi dare i soldi del biglietto dal babbo.

♦**touch in**, *v. t.* + *avv.* ***1*** (*arte, pitt.*) ritoccare; dare l'ultimo tocco a ***2*** (*fig.*) rifinire (*un lavoro, uno scritto, ecc.*).

♦**touch off**, *v. t.* + *avv.* ***1*** far esplodere (*una mina, ecc.*) ***2*** sparare con (*un'arma da fuoco*); fare partire un colpo da ***3*** (*fig.*) provocare (*una lite, una crisi, ecc.*); far scoppiare, scatenare (*una guerra, ecc.*) ***4*** (*fam. USA*) trattare (*un argomento*) in modo esauriente; sviscerare (*fig.*).

♦**touch on**, **A** *v. t.* + *prep.* ***1*** toccare (q.) su (*un braccio, ecc.*) ***2*** (*fig.*) toccare, sfiorare (*un argomento e sim.*). **B** *v. i.* + *prep.* ***1*** rasentare (*fig.*): **His words touched on the offensive**, le sue parole rasentavano l'offesa (*o* erano quasi ingiuriose) ***2*** essere in relazione, riferirsi a; entrarci (*fam.*): **How does this t. on my case?**, e questo cosa c'entra con il mio caso? □ (*fam.*) **to t. sb. on the raw**, pungere (*o* toccare) q. sul vivo.

♦**touch up**, *v. t.* + *avv.* ***1*** ritoccare, ripassare (*un quadro, una foto, ecc.*) ***2*** rifinire (*uno scritto, ecc.*) ***3*** (*USA*) pungolare, stimolare (*un cavallo* e *fig.*) ***4*** (*pop.*) toccare, palpare (*una ragazza, ecc.*) □ **to t. up sb.'s memory**, rinfrescare la memoria a q.

♦**touch upon**, *V.* **touch on.**

touchable /ˈtʌtʃəbl/, *a.* ***1*** tangibile; toccabile; palpabile ***2*** mangiabile; commestibile.

touchback /ˈtʌtʃbæk/, *n.* (*football americano*) «touchback».

touchdown /ˈtʌtʃdaʊn/, *n.* ***1*** (*aeron.*) impatto sulla pista (*col carrello*) ***2*** (*miss.*) ammaraggio; (*di aereo spaziale*) atterraggio ***3*** (*rugby*) meta ***4*** (*football americano*) «touchdown» (*vale sei punti*).

touché /ˈtuːʃeɪ, *USA* tuːˈʃeɪ/ (*franc.*), *inter.* (*nella scherma* e *fig.*) toccato!; «touché».

touched /tʌtʃt/, *a.* ***1*** (*fam.*) tocco nel cervello; tocco; mezzo matto: **He is slightly t.**, è un po' tocco ***2*** toccato; commosso; intenerito. ● **clouds t. with pink**, nubi tinte di rosa.

toucher /ˈtʌtʃə(r)/, *n.* chi tocca, ecc. (*V.* **to touch**). ● (*pop.*) **to have a near t.**, scamparla bella; cavarsela per il rotto della cuffia.

touchhole /ˈtʌtʃhəʊl/, *n.* (*stor.*) focone (*d'arma da fuoco antiquata*).

touchiness /ˈtʌtʃɪnəs/, *n.* permalosità; suscettibilità.

touching /ˈtʌtʃɪŋ/, **A** *a.* commovente; patetico; toccante: **a t. scene**, una scena patetica. **B** *prep.* (*lett.*, = **as t.**) quanto a; riguardo a. ‖ **-ly**, *avv.* ‖ **-ness**, *sost.*

touchline /ˈtʌtʃlaɪn/, *n.* ***1*** (*sport*) linea laterale ***2*** (*rugby*) linea di touche.

touchpaper /ˈtʌtʃpeɪpə(r)/, *n.* (*stor.*) carta nitrata (*per accendere la polvere da sparo*).

touchstone /ˈtʌtʃstəʊn/, *n.* (*anche fig.*) pietra di paragone.

to **touch-type** /ˈtʌtʃtaɪp/, *v. i.* e *t.* battere a macchina senza guardare la tastiera.

touchwood /ˈtʌtʃwʊd/, *n.* esca (*per accendere il fuoco*).

touchy /ˈtʌtʃɪ/, *a.* ***1*** permaloso; suscettibile ***2*** (*di un punto del corpo*) delicato; sensibile ***3*** precario; pericoloso; rischioso: **a t. situation**, una situazione precaria. ‖ **-ily**, *avv.* ‖ **-iness**, *sost.*

tough /tʌf/, **A** *a.* ***1*** duro; tenace; tiglioso; coriaceo; (*fig.*) difficile, arduo: **as t. as leather**, duro come il cuoio; **t. meat**, carne coriacea, tigliosa; **a t. job [task]**, un lavoro duro [un compito arduo]; **a t. fight**, una dura lotta ***2*** fermo; saldo; resistente; solido; temprato: **t. spirit**, spirito saldo; **a t. partisan**, un partigiano temprato, rotto a ogni fatica ***3*** rigido; duro; severo; inflessibile: **to take a t. line** (*o* **stand**), adottare una linea dura ***4*** (*fam.*) duro; sfortunato; cattivo: **It's t. that it had to happen to me,** è dura che sia successo a me ***5*** (*fam.*) brutale; violento. **B** *n.* (*fam.*) malavitoso; malvivente; teppista. ● (*fam.*) **a t. customer**, un tipo difficile; un osso duro (*fig.*) □ (*fam.*) **t. luck**, disdetta; malasorte; sfortuna; scalogna (*pop.*) □ (*volg. USA*) **t. shit!**, che sfacelo!; che disastro! □ **to be as t. as old boots**, essere forte (*o* resistente, *o* coriaceo); essere insensibile □ (*fam.*: *di persona*) **to get t.**, cominciare a usare la maniera forte □ (*prov.*) **When the going gets t., the t. get going**, quando il gioco si fa duro, i duri scendono in campo.

to **toughen** /ˈtʌfn/, **A** *v. t.* ***1*** indurire; temprare ***2*** (*tecn.*) rinforzare: **toughened glass**, vetro rinforzato. **B** *v. i.* indurirsi; temprarsi; rinvigorirsi. ● (*fig.*) **to t. a law**, rendere più severa una legge □ **to t. up**, irrobustire, irrobustirsi; rafforzare, inasprire (*provvedimenti, la lotta contro q.c., ecc.*).

toughie /ˈtʌfɪ/, *n.* (*fam.*) teppista.

toughish /ˈtʌfɪʃ/, *a.* piuttosto duro, ecc. (*V.* **tough**).

to **tough it out** /ˈtʌfɪtˈaʊt/, *locuz. verb.* (*fam. USA*) resistere alle avversità; tener duro; farsi forza.

toughly /ˈtʌflɪ/, *avv.* ***1*** duramente; tenacemente ***2*** saldamente ***3*** rigidamente; severamente; con durezza ***4*** (*fam.*) brutalmente; violentemente.

toughness /ˈtʌfnəs/, *n.* ***1*** durezza; tenacità; sodezza ***2*** resistenza; fermezza; saldezza; solidità ***3*** rigidezza; severità ***4*** (*fig.*) difficoltà (*di un compito, ecc.*) ***5*** (*mecc.*) tenacità.

toupee /ˈtuːpeɪ, *USA* tuːˈpeɪ/, *n.* toupet; tuppè; posticcio; parrucchino.

tour /tʊə(r), tɔː(r)/, *n.* ***1*** giro; viaggio; gita; escursione: **a t. through France and Spain**, un viaggio attraverso la Francia e la Spagna; **a t. through the town**, un giro per la città ***2*** (*ind., mil.*) turno (*di servizio, di lavoro*) ***3*** (*teatr.*) giro; tournée. ● **t. conductor** (*o* **t. leader**), accompagnatore turistico □ **t. operator**, operatore turistico □ (*stor.*) **the grand t.**, il viaggio in Francia, Italia, ecc., compiuto dai giovani dell'aristocrazia inglese per completare la loro istruzione □ **on t.**, in viaggio; in gita; (*teatr.*) in tournée.

to **tour** /tʊə(r), tɔː(r)/, **A** *v. i.* ***1*** viaggiare (*per diletto e istruzione*); fare una gita, un giro: **They toured (all over) the world**, viaggiarono per tutto il mondo ***2*** (*teatr.*) andare in tournée; fare una tournée. **B** *v. t.* viaggiare in (*un paese*); visitare (*un paese o città*) da turista.

touraco /ˈtʊərəkəʊ/, *n.* (*pl.* **touracos**) (*zool.*, *Turacus*) turaco.

tourer /ˈtʊərə(r), ˈtɔː-/, *n.* (*autom.*) automobile da turismo.

touring /ˈtʊərɪŋ, ˈtɔː-/, **A** *a.* da turismo: **a t. car**, un'automobile da turismo. **B** *n.* turismo: **air t.**, turismo aereo. ● **t. by bicycle**, ciclismo turistico □ **a t. party**, una comitiva di turisti □ (*sport*) **t. team**, squadra in tournée (*o* in visita) □ **to go t.**, viaggiare per turismo.

tourism /ˈtʊərɪzəm, ˈtɔː-/, *n.* turismo. ● (*autom.*) **t. coach**, pullman turistico.

tourist /ˈtʊərɪst, ˈtɔː-/, **A** *n.* turista. **B** *a. attr.* turistico; da turista; di turismo: (*ferr.*) **a t. ticket**, un biglietto turistico; **a t. agency**, un'agenzia turistica. ● (*naut.*) **t. class**, classe turistica (*o* economica) □ **t. court**, motel □ (*econ.*) **the t. industry**, il turismo □ (*fig.*) **t. trap**, «trappola» per turisti □ **t. visa**, visto turistico.

touristy /ˈtʊərɪstɪ, ˈtɔː-/, *a.* (*di solito spreg.*) troppo turistico; pieno di turisti; fatto per turisti.

tourmaline /ˈtʊəməliːn/, *n.* (*miner.*) tormalina.

tournament /ˈtɔːnəmənt, *USA* ˈtɜː-/, *n.* (*stor., sport*) torneo: **a bridge [tennis] t.**, un torneo di bridge [di tennis]; **an inter-club t.**, un torneo fra società (*calcistiche, ecc.*).

tourney /ˈtʊənɪ, ˈtɜː-, ˈtɔː-/, *n.* ***1*** (*stor.*) torneo ***2*** (*retor., sport*) torneo.

to **tourney** /ˈtʊənɪ/, *v. i.* (*stor.*) torneare; giostrare.

tourniquet /ˈtʊənɪkeɪ, ˈtɔː-, ˈtɜː-, *USA* ˈtɜːnɪkət, ˈtʊə-/, *n.* (*med.*) laccio emostatico.

tournois /ˈtʊənwɑː, ˈtɜ-, ˈtɔː-, -ˈnwɑː/ (*franc.*), *n.* (*stor.*) tornese (*moneta d'argento*).

tousle /ˈtaʊzl/, *n.* massa aggrovigliata, arruffata (*specialm. di capelli*).

to **tousle** /ˈtaʊzl/, *v. t.* mettere in disordine, arruffare; scompigliare.

tout /taʊt/, *n.* ***1*** (*comm.*) sollecitatore d'ordinazioni; propagandista; piazzista ***2*** chi dà informazioni riservate sulle corse ippiche ***3*** bagarino. ● **a t. for a hotel**, un procacciatore di clienti per un albergo.

to **tout** /taʊt/, **A** *v. i.* ***1*** (*comm.*) andare in cerca di clienti; sollecitare ordinazioni; fare il propagandista (*o* il piazzista) *2* (*fam.*) andare in cerca di notizie sui cavalli (*prima delle corse*); fare l'informatore *3* fare il bagarino. **B** *v. t.* *1* vendere (*biglietti, ecc.*) sottobanco *2* pubblicizzare; reclamizzare: **This hotel is touted as the best in town**, questo albergo viene reclamizzato come il migliore della città. ● (*comm.*) **to t. for orders**, sollecitare ordinazioni □ (*polit.*) **to t. for votes**, andare in cerca di voti.

to **touzle** /'taʊzl/, *V.* **to tousle**.

tow (**1**) /təʊ/, *n.* *1* (*naut., autom.*) rimorchio; il rimorchiare; l'essere rimorchiato: **to take a ship in tow**, prendere una nave a rimorchio; **to be taken on tow**, essere preso a rimorchio; farsi rimorchiare *2* (*naut.*) rimorchiatore *3* (*trasp.*) alaggio. ● **tow-barge**, chiatta □ **tow-off**, traino (*nel volo a vela*) □ (*autom.*) **tow hook**, gancio per rimorchio □ (*autom., USA*) **tow truck**, carro attrezzi; autogrù (*cfr. ingl.* **breakdown van**) □ (*fam., sport*) **to get a tow**, farsi tirare (*nella scia di un altro*) □ (*fig.*) **to have** [**to take**] **sb. in tow**, avere [prendere] in consegna q.; avere [prendere] q. al proprio seguito.

tow (**2**) /təʊ/, *n.* (*ind. tess.*) *1* stoppa (*di lino o canapa, per far corde*) *2* cavo, nastro (*di rayon, ecc.*). ● **tow-haired** (*o* **tow-headed**), dai capelli di stoppa.

to **tow** /təʊ/, *v. t.* *1* (*naut., autom.*) rimorchiare; trainare: **to tow a ship astern**, rimorchiare una nave di poppa; **to tow a car home**, rimorchiare un'auto fino a destinazione *2* (*naut.*) alare *3* tirarsi dietro; portarsi appresso; trascinare *4* portare a strascico, strascinare (*una rete da pesca*). ● (*autom.*) **to tow away**, rimuovere forzatamente (*veicoli*); portare via (*fam.*) □ (*naut.*) **to tow off**, rimorchiare al largo □ (*mil.*) **towed artillery**, artiglieria trainata.

towage /'təʊɪdʒ/, *n.* *1* (*naut., autom.*) rimorchio *2* (*trasp.*) alaggio *3* (*naut., autom.*) spese di rimorchio.

toward(**s**) /tə'wɔːd(z), tɔːd(z), twɔːd(z)/, *prep.* *1* verso; in direzione di; alla volta di; nei riguardi di; circa: **They moved on t. the North Pole**, avanzarono verso il Polo Nord; **steps t. peace**, progressi verso la pace; **We set out t. the town**, partimmo alla volta della città; **your attitude t. me**, il tuo atteggiamento verso di me (*o* nei miei confronti); **t. the end of the journey**, verso la fine del viaggio; **t. five o'clock**, circa alle cinque; verso le cinque *2* per; in previsione di: **They save money t. their old age**, risparmiano per la vecchiaia. ● **to save t. a new fur coat**, risparmiare per farsi una pelliccia nuova.

towaway /'təʊəweɪ/, *n.* (*autom.*) rimozione forzata (*di automezzi in sosta vietata*). ● **t. zone**, zona di rimozione forzata (*con autogrù, ecc.*).

to **towaway** /'təʊəweɪ/, *v. t.* (*autom.*) rimuovere (*un'automezzo in sosta vietata*) con un'autogrù.

towbar /'təʊbɑː(r)/, *n.* (*autom., trasp.*) barra di rimorchio.

towboat /'təʊbəʊt/, *n.* (*naut.*) rimorchiatore.

towel /'taʊəl/, *n.* asciugamano. ● **t.-horse** (*o* **t.-rack**), portasciugamano (*a trespolo*) □ **t. rail**, portasciugamano (*a muro*) □ **roller t.**, asciugamano girevole (*su cilindro*); bandinella □ **sanitary t.**, assorbente igienico □ (*boxe* e *fig.*) **to throw in the t.**, gettare la spugna.

to **towel** /'taʊəl/, **A** *v. t.* asciugare (*con un asciugamano*). **B** *v. i.* (*anche, v. rifl.*, **to towel oneself**) asciugarsi.

towelette /taʊə'let/, *n.* (*USA*) tovagliolino di carta; salvietta; salviettina.

towelling /'taʊəlɪŋ/, *n.* *1* tela per asciugamani *2* asciugatura; asciugata.

tower (**1**) /'taʊə(r)/, *n.* *1* torre *2* (*fig.*, = **t. of strength**) difensore; protettore; persona forte come una torre *3* (*elettr., radio, TV*) pilone; palo; colonna; torre *4* (*naut.*) torretta (*di sommergibile*): **conning t.**, torretta di comando *5* (*ferr., USA*) cabina degli scambi *6* (*sci*) trampolino. ● (*edil.*) **t. block**, edificio a molti piani; grattacielo □ (*mecc.*) **t. crane**, gru a torre □ (*ferr.*) **t. house**, torre degli scambi □ (*agric.*) **t. silo**, silo verticale □ (*fig.*) **ivory t.**, torre d'avorio □ **leaning t.**, torre pendente □ **water t.**, serbatoio idrico (*a forma di torre*).

tower (**2**) /'təʊə(r)/, *n.* *1* rimorchiatore; chi (*o* cosa che) rimorchia *2* (*naut.*) società di rimorchi marittimi.

to **tower** /'taʊə(r)/, *v. i.* *1* torreggiare; (*fig.*) dominare, sovrastare: **Mount Blanc towers over the other mountains**, il Monte Bianco torreggia sulle (*o* sovrasta le) altre montagne; **Shakespeare towers above all the Elizabethan dramatists**, Shakespeare sovrasta tutti i drammaturghi elisabettiani *2* (*d'uccello*) librarsi.

towered /'taʊəd/, *a.* turrito; coronato (*o* munito) di torri. ● **five-t.**, che ha cinque torri □ **a high-t. castle**, un castello dalle alte torri.

towering /'taʊərɪŋ/, *a.* *1* torreggiante; dominante; eccelso *2* (*fig.*) furioso; violento: **t. wrath**, ira violenta; furore.

towerman /'taʊəmæn/, *n.* (*pl.* **towermen**) (*ferr., USA*) scambiatore; operatore di cabina degli scambi.

towery /'taʊərɪ/, *V.* **towered, towering**.

towhead /'təʊhed/, *n.* (*spesso spreg.*) *1* capelli di stoppa *2* persona dai capelli di stoppa.

towing /'təʊɪŋ/, *n.* *1* rimorchio; il rimorchiare *2* (*aeron.*) traino. ● (*autom., USA*) **t. and auto repair**, soccorso stradale □ **t. bracket**, gancio da rimorchio □ **t. path**, alzaia.

towline /'təʊlaɪn/, *n.* *1* (*naut.*) cavo (*o* gomena) di rimorchio *2* (*autom.*) fune (*o* cavo) di traino.

town /taʊn/, *n.* città; (*talora*) cittadina; (*fig.*) (la) cittadinanza, (i) cittadini; (*in Inghilterra*) Londra: **He's in t. somewhere**, è in città da qualche parte; **I'm going into t.**, vado in città (*o* in centro); **The whole t. went to the main gate**, tutta la città si recò alla porta maggiore; **We went up to t. from Dover**, da Dover ci recammo a Londra; (*specialm. a Oxford e Cambridge*) **t. and gown**, gli abitanti e gli studenti universitari. ● (*banca*) **t. bill**, cambiale su piazza □ **t. clerk**, segretario comunale □ **t. council**, consiglio comunale □ **t. councillor**, consigliere comunale □ **t. crier**, banditore pubblico □ (*fisc.*) **t. duty**, dazio comunale □ **t. gas**, gas di città (*o* di gasometro) □ **t. hall**, palazzo comunale; municipio □ **t. house**, casa di città, residenza cittadina; casa di un certo tono; (*scozz.*) municipio; (*USA*) casa unifamiliare a schiera □ **t. life**, vita di città; vita in città □ (*autom.*) **t. lights**, luci di città (*o* di posizione) □ **t. map**, mappa (*o* cartina) della città □ **t. major**, comandante d'una guarnigione militare; governatore □ **t. mayor**, sindaco □ (*USA*) **t. meeting**, riunione degli abitanti (*o* degli elettori) d'una città □ **t. planner**, urbanista □ **t. planning**, urbanistica □ **t.-planning consultant**, urbanista □ (*comm.*) **t. traveller**, piazzista □ **cities and towns**, città grandi e piccole □ **country t.**, città di provincia; cittadina □ **county t.**, capoluogo di contea □ (*fam.*) **to go to t.**, andare a far baldoria; andare a divertirsi □ **to go to t. on st.**, andarci a nozze con q.c.: **The popular press has gone to t. on Prince Charles' diary**, i giornali popolari ci sono andati a nozze con il diario del Principe Carlo □ **little t.**, cittadina □ **to live in a t.**, abitare in una città □ (*un tempo*) **to live on the t.**, vivere a spese della carità pubblica □ **a man about t.**, un uomo di mondo; chi fa vita di società □ **one's native t.**, la città natale □ (*fam.*) **to be** (**out**) **on the t.**, fare baldoria; fare vita notturna □ (*fam.*) **to paint the t. red**, far baldoria; fare bisboccia; fare baracca (*fam.*) □ **The news was all over the t.**, la notizia era sulla bocca di tutti.

townee /taʊ'niː/, *n.* *1* (*gergo universitario*) abitante d'una città universitaria, «borghese» (*il quale non fa parte dell'università*) *2* (*fam. spreg.*) cittadino; uomo di città.

townet /'təʊnet/, *n.* rete a strascico.

townie /'taʊnɪ/, *n.* (*USA*) *V.* **townee**.

townlet /'taʊnlət/, *n.* cittadina; piccola città.

townscape /'taʊnskeɪp/, *n.* (*arte*) quadro di soggetto cittadino; panorama (*o* veduta) di una città.

townsfolk /'taʊnzfəʊk/, *n. pl.* *1* – (*collett.*) **the t.**, la cittadinanza; i cittadini *2* cittadini; gente di città.

township /'taʊnʃɪp/, *n.* *1* distretto amministrativo; municipalità, comune; cittadina *2* (*USA, Can.*) suddivisione amministrativa d'una contea *3* (*in Sud Africa*) comunità (*o* riserva) di gente di colore *4* (*stor.*) parrocchia (*divisione amministrativa*).

townsman /'taʊnzmən/, *n.* (*pl.* **townsmen**) (*arc. o lett.*) *1* cittadino *2* (*spesso* **fellow t.**) concittadino.

townspeople /'taʊnzpiːpl/, *V.* **townsfolk**.

townward(**s**) /'taʊnwəd(z)/, *avv.* verso la città.

towny /'taʊnɪ/, (*fam.*) **A** *a.* cittadino; da (*o* di) città; urbano. **B** *n.* cittadino; abitante della città.

towpath /'təʊpɑːθ, *USA* -æθ/, *V.* **towing path**.

towrope /'təʊrəʊp/, *V.* **towline**.

to **tow-start** /'təʊstɑːt/, *v. t.* (*autom.*) avviare (*o* mettere in moto) mediante traino.

towy /'təʊɪ/, *a.* stopposo.

toxaemia, toxemia /tɒk'siːmɪə/, *n.* (*med.*) tossiemia.

toxic /'tɒksɪk/, *a.* (*med.*) tossico; velenoso. ● (*leg., USA*) **t. tort**, illecito civile derivante da danni provocati da inquinamento □ (*ecol.*) **t. waste**, rifiuti tossici. || **-ally**, *avv.*

toxicant /'tɒksɪkənt/, (*med.*) **A** *a.* tossico; velenoso. **B** *n.* agente tossico; veleno.

toxicity /tɒk'sɪsətɪ/, *n.* (*med.*) tossicità; velenosità.

toxicological /tɒksɪkə'lɒdʒɪkl/, *a.* (*med.*) tossicologico.

toxicologist /tɒksɪ'kɒlədʒɪst/, *n.* (*med.*) tossicologo.

toxicology /tɒksɪ'kɒlədʒɪ/, *n.* (*med.*) tossicologia.

toxicophobia /tɒksɪkə'fəʊbɪə/, *n.* (*psic.*) tossicofobia.

toxicosis /tɒksɪ'kəʊsɪs/, *n.* (*pl.* **toxicoses**) (*med.*) tossicosi.

toxin /'tɒksɪn/, *n.* (*biochim.*) tossina.

toxinfection /tɒksɪn'fekʃn/, *n.* (*med.*) tossinfezione.

toxophilite /tɒk'sɒfəlaɪt/, *n.* appassionato di tiro con l'arco.

toxoplasmosis /tɒksəplæz'məʊsɪs/, *n.* (*pl.* **toxoplasmoses**) (*med.*) toxoplasmosi.

toy /tɔɪ/, *n.* *1* giocattolo; balocco *2* bazzecola; bagatella; inezia; gioco: **She makes a toy of housekeeping**, per lei le faccende domestiche sono un gioco. ● **toy box**, scatola dei balocchi □ **toy boy**, amante di una donna anziana □ **a toy dog**, un cane di piccola taglia □ (*econ.*) **the toy industry**, l'industria del giocattolo □ **a toy poodle**, un barboncino nano □ **toy shop** (*o* **store**), negozio di giocattoli □ **toy soldier**, soldatino di piombo; (*fig.*) soldato del papa □ **toy train**, trenino (*balocco*) □ **toy yacht**, battellino.

to **toy** /tɔɪ/, *v. i.* *1* giocherellare; baloccarsi; trastullarsi: **He toyed with his plan of going abroad**, si trastullava col progetto d'andare all'estero; **to toy with one's pipe**, giocherellare con la pipa *2* amoreggiare; civettare; flirtare.

trabeate /'treɪbɪeɪt/, **trabeated** /'treɪbɪeɪtɪd/, *a.* (*archit.*) a trabeazione; ad architrave.

trabeation /treɪbɪ'eɪʃn/, *n.* (*archit.*) trabeazione.

trabecula /trə'bekjʊlə/, *n.* (*pl.* **trabeculae, trabeculas**) (*anat.*) trabecola.

trace (**1**) /treɪs/, *n.* *1* traccia; orma; impronta; segno: **the traces of the aborigines**, le tracce (*o* le vestigia) degli aborigeni; **The war has left its traces**, la guerra ha lasciato i segni; **Of the ancient town no t. remains**, della città antica non resta traccia **2** traccia; residuo: **traces of soda**, tracce di soda **3** (un) pochino; (un) tantino; (un) briciolo: **Put a t. of scent on your hair**, metti un po' di profumo sui capelli!; **He didn't show a t. of fear**, non mostrava un briciolo di paura **4** (*elab., tecn.*) traccia **5** tracciato (*di disegno*) **6** (*mat.*) traccia: **t. of a matrix**, traccia di una matrice. ● (*geol., chim.*) **t. element**, elemento in tracce □ (*geol.*) **t. fossil**, traccia fossile □ **to have lost all t. of sb.**, non avere più notizie di q.

trace (2) /treɪs/, *n.* **1** tirella: **to be in the traces**, (*di cavallo*) essere attaccato alle tirelle; (*fig. lett.*) essere bardato **2** (*mecc.*) biella; asta d'accoppiamento. ● (*fig.*) **to kick over the traces**, scuotere il giogo; ribellarsi.

to **trace** /treɪs/, **A** *v. t.* **1** (*spesso* **to t. out**) tracciare (*anche fig.*); abbozzare; disegnare; segnare; vergare: **to t. one's signature**, tracciare la (propria) firma; **He traced (out) a new policy**, egli tracciò una nuova linea politica; **to t. out the cross-section of a hospital**, disegnare lo spaccato di un ospedale; **to t. out a map**, disegnare una mappa; **to t. words with a shaking hand**, vergare parole con mano tremante **2** seguire le tracce di (q.); pedinare; inseguire: **The police are tracing the gangster**, la polizia sta seguendo le tracce del bandito; **to t. a deer**, seguire le orme di un cervo **3** rintracciare; scoprire; trovare: **The missing man was traced at last**, il disperso fu alla fine rintracciato; **I cannot t. the invoice you sent me**, non riesco a trovare la fattura che mi avete mandato; **to t. the origin of st.**, scoprire l'origine di q.c. **4** intravedere; scorgere appena; osservare la traccia di: **At last we could t. the outline of an island**, alla fine riuscimmo a intravedere il profilo di un'isola; **His resentment can be traced in many passages of the book**, in molti passi del libro si può osservare traccia del suo risentimento; il suo risentimento traspare in molti passi del libro **5** seguire; percorrere: **to t. a path**, seguire un sentiero; **to t. a route**, seguire un itinerario. **B** *v. i.* **1** risalire; riandare nel tempo **2** (*arc.*) seguire un percorso; prendere una strada. ● **to t. an ancient road [walls]**, scoprire il tracciato di una strada antica [di mura antiche] □ **to t. back to**, risalire a (*una data, ecc.*); far risalire a, attribuire a; ricondurre a (*fig.*): **He traced his genealogy back to William the Conqueror**, faceva risalire la sua discendenza a Guglielmo il Conquistatore □ **to t. out**, disegnare, tracciare (*sulla sabbia, ecc.*); delineare, abbozzare (*un progetto e sim.*) □ **to t. over**, ricalcare (*un disegno, ecc.*).

traceability /treɪsəˈbɪlətɪ/, *n.* **1** l'essere tracciabile (*o* ricalcabile) **2** l'esser rintracciabile; rintracciabilità **3** l'esser attribuibile.

traceable /ˈtreɪsəbl/, *a.* **1** tracciabile; ricalcabile **2** rintracciabile **3** che può essere fatto risalire (*a una data*); attribuibile **4** (*di genealogia*) ricostruibile.

traceless /ˈtreɪsləs/, *a.* senza traccia; che non lascia tracce.

tracer /ˈtreɪsə(r)/, *n.* **1** chi rintraccia oggetti smarriti **2** arnese per tracciare disegni (*su stoffa, ecc.*) **3** ricalcatore; lucidista **4** (*chim., fis.*) tracciante: **radioactive t.**, tracciante radioattivo **5** (*di filo o cavo elettrico*) tracciatura **6** (*USA*) cartellino d'archivio. ● (*mil.*) **t. bullet** (*o* **t. shell**), proiettile tracciante □ (*fis. nucl., biol.*) **t. element**, tracciatore radioattivo (*isotopo*).

tracery /ˈtreɪsərɪ/, *n.* **1** (*archit.* e *fig.*) intaglio, traforo (*decorazione ornamentale*); disegno (ornamentale): **the t. made by frost on a windowpane**, i disegni fatti dal ghiaccio sul vetro d'una finestra **2** (*per estens.*; *bot., zool.*) nervatura (*di foglie, ali d'insetto, ecc.*).

trachea /trəˈkiːə, *USA* ˈtreɪkɪə/, *n.* (*pl.* **tracheae, tracheas**) (*anat.*) trachea.

tracheal /trəˈkiːəl, *USA* ˈtreɪkɪəl/, *a.* (*anat.*) tracheale.

tracheitis /trækɪˈaɪtɪs, *USA* treɪk-/, *n.* (*pl.* **tracheitises**) (*med.*) tracheite.

trachelitis /trækəˈlaɪtɪs/, *n.* (*med.*) cervicite (*dell'utero*).

tracheobronchial /trækɪəʊˈbrɒŋkɪəl, *USA* treɪ-/, *a.* (*med.*) tracheobronchiale.

tracheography /trækɪˈɒgrəfɪ, *USA* treɪ-/, *n.* (*med.*) tracheografia.

tracheostomy /trækɪˈɒstəmɪ, *USA* treɪ-/, *n.* (*med.*) tracheostomia.

tracheotomy /trækɪˈɒtəmɪ, *USA* treɪ-/, *n.* (*med.*) tracheotomia.

trachoma /trəˈkəʊmə/, *n.* (*med.*) tracoma.

trachomatous /trəˈkəʊmətəs/, *a.* (*med.*) tracomatoso.

trachyte /ˈtreɪkaɪt, *USA* ˈtræ-/, *n.* (*geol.*) trachite.

tracing /ˈtreɪsɪŋ/, *n.* **1** tracciamento; tracciato **2** (*specialm.*) ricalco; ricalcatura; lucido: **to make a t. of a drawing**, fare il lucido di un disegno; ricalcare un disegno. ● **t. cloth**, tela da lucidi □ **t. paper**, carta da ricalco; carta per lucidi.

track /træk/, *n.* **1** traccia; orma; pesta; impronta; (*di nave, ecc.*) scia; solco: **tracks on the sandy beach**, orme sulla spiaggia sabbiosa; **the tracks made by wild animals**, le peste lasciate da animali selvatici; **to cover** (*o* **to hide**) **one's tracks**, coprire (*o* far sparire) le proprie tracce; **to be on sb.'s tracks** (*o* **to be on the t. of sb.**) essere sulle tracce di q.; **car tracks**, impronte (*o* tracce) di gomme d'automobile; **the t. of a torpedo**, la scia di un siluro **2** itinerario; percorso; rotta; strada; traiettoria: **to follow one's t.**, continuare per la propria strada; (*aeron.*) **t. angle**, angolo di rotta; **the t. of a meteor**, la traiettoria d'una meteora; **the t. of a hurricane**, il percorso di un uragano; (*aeron.*) **the t. made good**, la rotta percorsa **3** sentiero; (*anche sport*) pista: **a rough t.**, un sentiero aspro, difficile; **to be on the right t.**, essere sulla pista giusta; **to be on the wrong t.**, essere fuori pista (*anche fig.*); **a cinder t.**, una pista di cenere (*per corse*); (*autom.*) **test t.**, pista di prova **4** (*ferr., tranvia*) binario: **a single-t. [double-t.] railway**, una ferrovia a binario unico [a binario doppio]; **to leave the t.**, uscire dal binario; deragliare **5** (*elab.*) pista (*di nastro magnetico, ecc.*) **6** (*mecc.*) traccia **7** (*tecn.*) pista di taglio; solco **8** (*mecc.*) cingolo (*di carro armato, trattore, ecc.*) **9** (*autom.*) carreggiata (*distanza fra due ruote parallele*) **10** (*fis. nucl.*) traccia **11** (*USA*) indirizzo di studio; corso **12** (*ferr., USA*) binario (*nel senso di «pensilina»*; *cfr. ingl.* **platform**): **«t. two»** (*cartello*), «binario due» (*in stazione*) **13** (*mus.*) brano: **title t.**, brano che dà il titolo (*al disco, ecc.*) **14** (*sport, USA*) (gare d') atletica leggera. ● (*sport*) **t. and field events**, (gare d') atletica leggera □ (*sport*) **t. events**, gare su pista (*corsa piana, ecc.*) □ (*sport, USA*) **t. meet**, riunione d'atletica leggera □ (*atletica*) **t. race**, corsa su pista □ **t. record**, curriculum; curricolo; i precedenti (*di un'azienda*) □ (*atletica*) **t. shoes**, scarpette da corsa (*con chiodi*) □ **t. suit**, tuta sportiva □ (*USA*) **t. system**, sistema didattico di raggruppamento degli studenti secondo le capacità e le attitudini □ **to follow the beaten t.**, seguire la strada battuta; (*fig.*) seguire la corrente □ (*mecc.*) **half-t.**, mezzo (di trasporto) semicingolato □ **to have a one-t. mind**, soffrire di deformazione professionale; avere un'idea fissa □ (*fam.*) **in one's tracks**, su due piedi; lì per lì; seduta stante □ **to keep t. of sb.**, seguire le tracce di q. □ **to keep t. of st.**, tenersi al corrente di q.c. □ **to lose t. of sb.**, perdere le tracce di q. □ **to lose t. of st.**, restare all'oscuro di q.c. □ (*fam.*) **to make tracks**, far fagotto; andarsene; tagliare la corda □ (*fam.*) **to make tracks for home**, andarsene dritto a casa □ (*anche fig.*) **off the t.**, fuori strada; (*fig.*) fuori pista, fuori argomento □ (*fig.*) **on the t.**, sulla giusta strada; (*fig.*) in argomento □ **sheep t.**, tratturo □ (*cinem.*) **sound t.**, colonna sonora □ **to stop in one's tracks**, fermarsi su due piedi (*o* di botto) □ (*fam. USA*) **the wrong side of the tracks**, i quartieri poveri (*di una città*).

to **track** /træk/, **A** *v. t.* **1** seguire le tracce di; inseguire; essere sulle tracce di; pedinare: **to t. game**, inseguire la selvaggina; **to t. a thief**, seguire le tracce di un ladro **2** seguire un pista in: **They tracked the jungle**, seguirono una pista nella giungla **3** (*ferr.*) fornire di binari, posare i binari su (*una linea*) **4** (*ferr., mecc.*) avere lo scartamento di: **A narrow-gauge car tracks less than 56 inches**, un vagone a scartamento ridotto ha uno scartamento inferiore a 56 pollici (*m 1,42 circa*) **5** (*trasp.*) alare, rimorchiare con l'alzana (*una barca*) **6** (*radar, radio, miss.*) inseguire, rilevare la traiettoria di (*un satellite, un'astronave, ecc.*) **7** (*cinem., TV*) seguire (*con la macchina da presa, ecc.*: *una persona o un oggetto in movimento*). **B** *v. i.* **1** (*di veicolo, rimorchio, ecc.*) seguire un percorso **2** (*cinem., TV*) fare una carrellata; carrellare **3** (*naut.*) navigare a inseguimento. ● **to t. down**, scovare, snidare; catturare, rintracciare; scoprire, trovare (*la causa di q.c.*): **to t. down game [a gangster]**, snidare selvaggina [catturare un bandito] □ **to t. down the facts**, ricostruire i fatti □ **to t. in**, portare dentro (*fango*: *con le scarpe*) □ **to t. out**, trovare (q.c.) seguendone le tracce; rintracciare □ (*USA*) **to t. up**, lasciare impronte su, sporcare (*un pavimento e sim.*).

trackage /ˈtrækɪdʒ/, *n.* **1** (*collett., ferr.*) binari; rotaie **2** (*trasp.*) alaggio; rimorchio da riva (*o* con l'alzana) **3** (*trasp.*) spese di alaggio.

tracked /trækt/, *a.* cingolato; munito di cingoli. ● (*ferr.*) **t. air-cushion vehicle**, treno a cuscino d'aria.

tracker /ˈtrækə(r)/, *n.* (*nella caccia grossa*) battitore. ● **t. dog**, cane poliziotto.

tracking /ˈtrækɪŋ/, *n.* **1** inseguimento; lavoro dei battitori (*di selvaggina*) **2** (*aeron., miss.*) puntamento, inseguimento, rilevamento (*col radar, ecc.*) **3** (*cinem., TV,* = **t. shot**) carrellata **4** (*elettr.*) corrente strisciante (*o* superficiale) **5** (*elettron.*) allineamento; inseguimento **6** (*naut.*) navigazione a inseguimento. ● (*autom., elettr.*) **t. check**, controllo delle puntine (platinate) □ (*anche miss.*) **t. station**, stazione d'inseguimento.

tracklayer /ˈtrækleɪə(r)/, *n.* (*ferr., USA*) **1** operaio addetto alla posa di binari **2** macchina per la posa di binari.

tracklaying vehicle /ˈtrækleɪɪŋˈviːəkl, -ˈviːhɪkl/, *locuz. n.* (*mil.*) cingolato (*sost.*).

trackless /ˈtrækləs/, *a.* **1** senza sentieri; impervio: **t. mountains**, impervie montagne **2** (*ferr., trasp.*) che non viaggia su rotaie **3** (*di veicolo*) senza cingoli; non cingolato **4** (*raro*) che non lascia tracce.

tracklessness /ˈtrækləsnəs/, *n.* impraticabilità (*del terreno*).

trackman /ˈtrækmən/, *n.* (*pl.* **trackmen**) (*ferr., USA*; *cfr. ingl.* **platelayer**) **1** operaio addetto alla posa dei binari **2** guardalinee.

trackwalker /ˈtrækwɔːkə(r)/, *n.* (*ferr., USA*) guardalinea.

tract (1) /trækt/, *n.* **1** tratto; distesa; estensione; regione; spazio: **a t. of farmland**, una distesa di terreni coltivati; **pathless tracts**, regioni impervie **2** (*anat.*) apparato; tratto: **the digestive t.**, l'apparato digerente **3** (*anat.*) fascio (*di fibre nervose*) **4** (*arc. o poet.*) spazio, periodo (*di tempo*).

tract (2) /trækt/, *n.* trattatello; libretto; opuscolo.

tractability /træktəˈbɪlətɪ/, *n.* **1** trattabilità; arrendevolezza; docilità **2** (*tecn.*) trattabilità; malleabilità.

tractable /ˈtræktəbl/, *a.* **1** trattabile; arrendevole; docile; maneggevole: **A mule is not very t.**, il mulo non è molto docile **2** (*tecn.*) trattabile; malleabile. || **-bleness**, *sost.* || **-bly**, *avv.*

Tractarian /trækˈtɛərɪən/, **A** *n.* (*stor., relig.*) fautore (*o* seguace) del trattarianesimo. **B** *a.*

del trattarianesimo. (*V.* **Tractarianism**).

Tractarianism /træk'tεərıənızəm/, *n.* (*stor., relig.*) trattarianesimo; movimento (*nella Chiesa anglicana*) tendente al Cattolicesimo (*dai «Tracts for the Times», pubblicati a Oxford nel 1833-41*).

tractate /'trækteıt/, *n.* (*form.*) trattato.

traction /'trækʃn/, *n.* (*fis., mecc.*) *1* trazione: **steam t.**, trazione a vapore; **electric t.**, trazione elettrica *2* aderenza (*di una ruota al terreno, ecc.*) *3* (*med.*) trazione: **My leg was in t.**, avevo la gamba in trazione *4* (*fisiol.*) contrazione (*di muscoli*). ● **t. engine**, trattrice stradale □ (*med.*) **t. of a broken femur**, trazione di un femore fratturato □ (*mecc.*) **t. wheel**, ruota motrice.

tractional /'trækʃənl/, *a.* (*fis., mecc.*) di trazione.

tractive /'træktıv/, *a.* (*fis., mecc.*) di trazione: **t. force**, forza di trazione; **t. power**, sforzo di trazione.

tractor /'træktə(r)/, *n.* *1* (*agric.*) trattore, trattrice: **caterpillar t.**, trattore a cingoli *2* (*autom.*) motrice (*per rimorchio*): **t. (and) trailer**, motrice e rimorchio *3* (*aeron.*) velivolo a elica traente. ● (*mecc.*) **t. loader** (*o* **t. shovel**), pala caricatrice.

tractrix /'træktrıks/, *n.* (*pl.* **tractrices**) (*mat.*) trattrice.

trade /treıd/, **A** *n.* *1* occupazione; lavoro; mestiere: **Bookbinding is not a very old t.**, quello del legatore di libri non è un mestiere antichissimo; **He is a joiner by t.**, di mestiere fa il falegname *2* (*econ.*) attività economica; industria: **the building t.**, l'industria delle costruzioni; **the furniture t.**, l'industria dei mobili; l'ebanisteria *3* azienda; ditta; impresa: **wholesale trades**, ditte all'ingrosso *4* commercio; attività commerciale; scambio (*di merci*); traffico, traffici; affari: **home t.**, commercio interno; **foreign t.**, commercio estero; (*naut.*) grande cabotaggio; **wholesale t.**, commercio all'ingrosso; (*naut.*) **coasting t.**, commercio costiero; cabotaggio; **free t.**, libero scambio; (*econ.*) liberismo; **We're doing a roaring t.**, stiamo facendo affari d'oro; **T. was better last year thanks to the social contract**, i traffici furono più fiorenti l'anno scorso per merito del patto sociale *5* (*market.*) clientela; clienti: **He waits on t. in his father's shop**, serve i clienti nel negozio del padre *6* – (*collett.*) **the t.**, i commercianti; gli esercenti; (*fam.*) i venditori di alcolici *7* – (*pl.*) (*geogr.*) **the Trades**, gli alisei. **B** *a.* *1* commerciale: **a t. dictionary**, un dizionario commerciale *2* di (*o* del) commercio: **t. students**, studenti di commercio *3* di settore; settoriale; di categoria: **a t. journal**, un giornale di categoria. ● **t. advertising**, pubblicità riservata a un solo settore merceologico □ **t. agreement**, accordo commerciale (internazionale) □ **t. allowance**, sconto commerciale (*o* mercantile) □ **t. area**, zona commerciale □ **t. association**, associazione commerciale (*o* industriale) di categoria □ (*econ.*) **t. balance**, bilancia commerciale □ **t. barriers**, barriere al libero scambio □ **t. channels**, canali di distribuzione □ **the t. circles**, gli ambienti commerciali □ **t. credit**, credito commerciale (*o* di fornitura) □ (*econ.*) **t. cycle**, ciclo economico □ (*econ.*) **t. deficit**, deficit (*o* disavanzo) della bilancia commerciale □ (*leg.*) **t. description**, descrizione della merce □ **t. directory**, guida commerciale □ **t. discount**, sconto commerciale □ (*econ.*) **t. dispute**, vertenza sindacale □ **t. fair**, fiera campionaria (*o* commerciale) □ (*leg.*) **t. fraud**, frode in commercio □ (*econ.*) **t. gap**, deficit (*o* disavanzo) della bilancia commerciale: **The surge in imports worsens the t. gap**, l'aumento delle importazioni aggrava il deficit della bilancia commerciale □ **t. label**, etichetta commerciale □ (*leg.*) **t. law**, diritto commerciale □ (*leg.*) **t. libel**, denigrazione dei prodotti altrui □ **t. licence**, licenza di commercio □ (*leg.*) **t.-mark**, *V.* **trademark** □ (*comm. est.*) **t. mission**, missione commerciale □ **t. name**, nome commerciale (*di una ditta*); nome depositato (*di un prodotto*) □ **t. order**, ordinativo di un commerciante (*non di un privato*) □ **t. paper**, giornale di categoria; (*banca*) cambiale commerciale □ (*rag.*) **t. payables**, debiti (verso) fornitori □ (*econ.*) **t. policy**, politica commerciale □ **t. price**, prezzo all'ingrosso; prezzo al rivenditore □ (*rag.*) **t. receivables**, crediti (da) clienti □ **t. report**, bollettino commerciale □ **t. representative**, rappresentante di commercio □ (*ass., leg.*) **t. risk**, rischio professionale □ (*naut.*) **t. route**, rotta commerciale □ **t. sale**, vendita di fornitura □ (*econ.*) **t. sanctions**, sanzioni commerciali □ **t. school**, scuola aziendale □ **t. secret**, segreto di fabbricazione; segreto industriale □ (*in G.B.*) **t. Secretary**, Ministro del Commercio e dell'Industria □ **t. talks**, negoziati commerciali □ **t. terms**, condizioni di vendita all'ingrosso □ (*comm. est.*) **t. treaty**, trattato commerciale □ **t. union** (*o* **trades union**), sindacato □ **t. unionism** (*o* **trades unionism**), sindacalismo □ **t. unionist** (*o* **trades unionist**), sindacalista; iscritto a un sindacato □ (*econ.*) **t. war**, guerra commerciale □ **t. wind**, (vento) aliseo □ **the book t.**, l'editoria □ **the carrying t.**, l'industria dei trasporti □ **to do a good t.**, fare (buoni) affari; vendere molto □ **to be in t.**, essere nel commercio; fare il commerciante □ **to be in the t.**, essere del mestiere □ **a trick of the t.**, un trucco del mestiere.

to **trade** /treıd/, **A** *v. i.* *1* commerciare; fare affari; negoziare; trafficare; trattare: **to t. with African countries**, fare affari con i paesi africani; **to t. in hides and skins**, commerciare in pellami; **to t. with foreign merchants**, trattare con mercanti stranieri *2* (*USA*) fare acquisti; fare spese; essere clienti di: **We t. at** (*o* **with**) **Jones's**, siamo clienti dei Jones. **B** *v. t.* *1* scambiare; barattare: **The Indians traded furs for knives**, gli indiani scambiavano pellicce con coltelli; **The boy traded his penknife for a ball**, il ragazzo barattò il temperino con una palla *2* scambiarsi (*insulti, offese, ecc.*). ● **to t. in**, cedere (*un oggetto usato*) in permuta; dare dentro (*fam.*): **I traded in my old car for a new model**, ho dato dentro la macchina vecchia per prenderne una nuova □ **to t. on** (*o* **upon**), approfittare di; speculare su: **He traded on his father's influence**, approfittò dell'autorità del padre □ (*fam. USA*) **to t. up**, salire nella scala dei valori sociali □ **to t. upon one's record of successes**, vivere di credito (*fig.*).

tradeable /'treıdəbl/, *a.* *1* (*market.*) commerciabile *2* (*Borsa, fin.*) negoziabile.

trade-in /'treıdın/, *n.* *1* permuta *2* bene (*o* oggetto) offerto (*o* dato) in permuta. ● **t. allowance**, abbuono per permuta □ (*fin.*) **t. value**, valore di permuta.

trademark /'treıdmɑːk/, *n.* *1* (= **registered t.**) marchio di fabbrica; marca; marchio (*o* nome) depositato: (*leg.*) **t. infringement**, violazione del marchio di fabbrica *2* (*fig.*) biglietto da visita (*fig.*); segno caratteristico.

to **trademark** /'treıdmɑːk/, *v. t.* *1* depositare il marchio di fabbrica di (*un articolo, ecc.*) *2* apporre un marchio di fabbrica su (*un articolo, ecc.*).

to **trade-name** /'treıdneım/, *v. t.* *1* dare un nome commerciale a (*una ditta*) *2* apporre il marchio a (*un prodotto*).

trade-off /'treıdɒf, *USA* -ɔːf/, *n.* *1* compensazione; equilibrio *2* (*fam.*) concessione reciproca; compromesso; scambio di favori.

trader /'treıdə(r)/, *n.* *1* commerciante *2* (*naut.*) nave mercantile *3* (*Borsa, fin.*) operatore; speculatore.

tradesfolk /'treıdzfəʊk/, *V.* **tradespeople**.

tradesman /'treıdzmən/, *n.* (*pl.* **tradesmen**) *1* negoziante; commerciante; bottegaio; esercente *2* artigiano.

tradespeople /'treıdzpiːpl/, *n. pl.* (*collett.*) *1* commercianti; negozianti; esercenti *2* artigiani.

tradeswoman /'treıdzwʊmən/, *n.* (*pl.* **tradeswomen**) *1* bottegaia; negoziante, esercente (*donna*) *2* artigiana.

trading /'treıdıŋ/, **A** *n.* *1* commercio; compravendita; traffici; scambi *2* (*Borsa, fin.*) operazione di borsa (*o* sui cambi delle valute); speculazione; contrattazioni *3* (*econ.*) attività commerciale (*in genere*). **B** *a.* *1* commerciale; mercantile *2* (*naut.*) mercantile: **a t. vessel**, una nave mercantile; un mercantile. ● (*rag.*) **t. account**, rendiconto dell'esercizio; conto merci vendute □ **t. bank**, istituto di credito commerciale □ (*econ.*) **t. business**, impresa commerciale □ (*fin.*) **t. capital**, capitale d'esercizio □ **a t. centre**, un centro commerciale □ (*market.*) **t. cheque**, buono d'acquisto □ **t. company**, (*stor.*) compagnia commerciale; (*leg.*) società commerciale (*con fini di lucro*) □ (*comm. est.*) **t. currency**, valuta libera (*o* di scambio) □ (*Borsa*) **t. desk**, banco delle contrattazioni □ (*econ.*) **t. estate**, quartiere commerciale (*di una città*) □ (*Borsa, stor.: a Londra*) **t. floor**, sala contrattazioni (*fino al 1986*) □ (*rag.*) **t. loss**, perdita di esercizio (*o* di gestione) □ (*Borsa*) **t. lot**, unità di contrattazione; lotto di titoli □ (*fin.*) **t. on the exchange**, attività (*o* intermediazione) borsistica □ (*Borsa*) **t. on margin**, operazioni a margine □ (*fin.*) **t. partnership**, società commerciale □ **t. profit**, (*fin., rag.*) profitto commerciale, utile mercantile; (*Borsa*) profitto di speculazione, plusvalenza □ (*fin., rag.*) **t. results**, risultati di esercizio □ (*Borsa*) **t. ring**, recinto delle contrattazioni □ (*market.*) **t. stamp**, bollo premio; bollino (*fam.*) □ **t. standards**, livelli (*di bontà*) della commercializzazione □ (*Borsa*) **the t. volume**, il volume degli scambi (*o* delle contrattazioni) □ (*fin., rag.*) **t. year**, anno di gestione (*o* di esercizio); anno commerciale.

tradition /trə'dıʃn/, *n.* *1* tradizione *2* (*leg.*) tradizione; consegna; trasmissione.

traditional /trə'dıʃənl/, *a.* tradizionale. || **-ly**, *avv.*

traditionalism /trə'dıʃənəlızəm/, *n.* tradizionalismo.

traditionalist /trə'dıʃənəlıst/, *n.* tradizionalista.

traditionalistic /trədıʃənə'lıstık/, *a.* tradizionalistico; tradizionalista.

to **traduce** /trə'djuːs, *USA* -'duːs/, *v. t.* (*form.*) calunniare; diffamare.

traducement /trə'djuːsmənt, *USA* -'duː-/, *n.* calunnia; diffamazione.

traducer /trə'djuːsə(r), *USA* -'duː-/, *n.* calunniatore, calunniatrice; diffamatore, diffamatrice.

traducian /trə'djuːʃn, *USA* -'duː-/, *a.* e *n.* (*relig.*) traduciano.

traducianism /trə'djuːʃənızəm, *USA* -'duː-/, *n.* (*relig.*) traducianismo.

traducianist /trə'djuːʃənıst, *USA* -'duː-/, *n.* (*relig.*) traduciano.

traffic /'træfık/, *n.* *1* traffico; movimento; viavai: **There's a lot of t. on that road**, in quella strada c'è molto traffico; **air t.**, traffico aereo; (*ferr.*) **t. manager**, dirigente del movimento *2* traffico; commercio; attività commerciale; scambio: **t. in drugs** (*o* **drug t.**), il traffico della droga *3* (*market.*) volume dei clienti. ● (*USA*) **t. circle**, rondò; rotatoria; aiuola (*o* rotonda) con senso rotatorio obbligato (*cfr. ingl.* **roundabout**) □ **t. control**, controllo del traffico □ (*aeron.*) **t. control tower**, torre di controllo □ (*fam.*) **t. cop**, poliziotto addetto al traffico; vigile □ **t. divider**, spartitraffico; guardrail centrale □ **t. flow**, circolazione (*automobilistica, ecc.*); flusso del traffico □ **t.-free**, pedonalizzato □ (*autom.*) **t. indicator**, *V.* **trafficator** □ **t. island**, spartitraffico □ **t. jam**, ingorgo stradale □ (*autom.*) **t. lane**, corsia: **«T. lanes at junction ahead»** (*cartello*), «mettersi in corsia per l'incrocio» □ **t. lights**, (*USA* **t.**

light), semaforo (stradale) □ (*ferr.*) **t. returns**, cifre del movimento □ **t. signals**, (*USA*) **t. signal**, semaforo (stradale) □ (*in G.B.*) **t. warden**, vigile urbano (*addetto al controllo dei parchimetri, ecc.*) □ **air t. controller**, controllore di volo □ **to prohibit car t. in**, pedonalizzare (*una strada, ecc.*).

to **traffic** /ˈtræfɪk/, (*pass.* e *p. p.* **trafficked**, *p. pres.* **trafficking**) **A** *v. i.* trafficare (*specialm. in senso peggiorativo*); commerciare: **to t. in drugs**, trafficare in stupefacenti; **to t. in old furniture**, commerciare in mobili vecchi (*o* antichi). **B** *v. t.* (*specialm. fig.*) barattare; trafficare.

trafficator /ˈtræfɪkeɪtə(r)/, *n.* (*autom.*) lampeggiatore (direzionale); indicatore di direzione; freccia (*fam.*): **Switch on the t.!**, metti la freccia! ● (*autom.*) **t. arm**, freccia di direzione (*ancora in uso in G.B. su automobili vecchiotte*).

trafficker /ˈtræfɪkə(r)/, *n.* (*di solito spreg.*) trafficante; mercante: **a drug t.**, un trafficante di stupefacenti.

tragacanth /ˈtræɡəkænθ/, *n.* (*farm.*) gomma adragante.

tragedian /trəˈdʒiːdɪən/, *n.* **1** tragediografo; tragico: (*letter.*) **the Greek tragedians**, i tragici greci **2** attore drammatico.

tragedienne /trədʒiːdɪˈɛn/ (*franc.*), *n.* attrice drammatica.

tragedy /ˈtrædʒədɪ/, *n.* tragedia (*anche fig.*): (*teatr.*) **a Greek t.**, una tragedia greca; **The climb ended in t.**, la scalata finì in una tragedia.

tragic(al) /ˈtrædʒɪk(l)/, *a.* tragico (*anche fig.*); di (*o* da) tragedia: **a t. actor**, un attore tragico; **in a t. voice**, con voce da tragedia. ‖ **-ally**, *avv.*

tragicalness /ˈtrædʒɪklnəs/, *n.* tragicità.

tragicomedy /trædʒɪˈkɒmədɪ/, *n.* tragicommedia (*anche fig.*).

tragicomic(al) /trædʒɪˈkɒmɪk(l)/, *a.* tragicomico (*anche fig.*). ‖ **-ally**, *avv.*

tragopan /ˈtræɡəʊpæn/, *n.* (*zool., Tragopan*) fagiano cornuto.

trail /treɪl/, *n.* **1** traccia; segno; striscia; scia: **The murderer left a t. of blood from the bathroom to the stairs**, l'assassino lasciò una traccia di sangue dal bagno alle scale; **a thin t. of smoke**, una sottile striscia di fumo; un pennacchio di fumo; **the slimy t. of a snail**, la traccia viscida di una lumaca **2** strascico; coda (*specialm. d'abito*) **3** sentiero; pista: (*stor. USA*) **the Oregon t.**, la pista dell'Oregon **4** (*astron.*) scia meteorica **5** (*mil.*) coda d'affusto (*di cannone*). ● **t. bike**, motociclo per percorsi fuori strada □ **t. formation**, (*autom.*) colonna (*di veicoli*); (*aeron.*) formazione di volo in fila □ **t. net**, rete a strascico □ (*aeron.*) **t. rope**, cavo guida (*o* moderatore) (*d'aerostato*) □ (*mil.*) **at the t.**, in posizione di bilanciarm: **At the t.!**, bilanciarm! □ **to blaze the t.**, aprire una nuova pista; (*fig.*) essere un pioniere, essere all'avanguardia □ **to get off the t.**, perdere la pista, le tracce □ **to get on sb.'s t.**, mettersi sulle tracce di q. □ **to get on the t. again**, rintracciare la pista □ (*fam.*) **to hit the t.**, avviarsi; incamminarsi □ (*fig.*) **to be hot on sb.'s t.**, essere alle calcagna di q.

to **trail** /treɪl/, **A** *v. t.* **1** strascicare; strascinare; trascinare; tirarsi dietro: **to t. one's feet**, strascicare i piedi; **The boy was trailing a toy tank**, il bambino si tirava dietro un piccolo carro armato **2** essere sulle piste (*o* sulle tracce) di; inseguire; seguire le orme di: **to t. a tiger**, seguire le orme di una tigre; **to t. a murderer**, essere sulle tracce di un assassino **3** (*mil.*) mettere, portare (*un fucile, ecc.*) a bilanciarm **4** aprire un sentiero (*o* una pista) in: **The patrol had to t. the jungle**, la pattuglia dovette aprirsi un sentiero nella giungla **5** seguire (q.) a una certa distanza; seguire in classifica; essere più indietro di: **Our soccer team is trailing Rome by two points**, la nostra squadra di calcio è più indietro della Roma di due punti. **B** *v. i.* **1** strisciare; essere strascicato: **Her skirt trailed on the ground**, la sottana le strisciava per terra **2** pendere; penzolare **3** trascinarsi; camminare faticosamente; procedere a stento: **The few survivers trailed back to the trenches**, i pochi superstiti si trascinarono a stento fino alle loro trincee **4** essere indietro; rimanere in coda. ● (*mil.*) **to t. arms**, bilanciare i fucili □ **to t. a way**, farsi strada.

♦**trail away**, *V.* **trail off**.

♦**trail behind**, **A** *v. i.* + *avv.* (*o prep.*) rimanere indietro (a): **Oil output is trailing behind last year's production**, la produzione di petrolio non arriva a quella dell'anno scorso. **B** *v. t.* + *avv.* (*o prep.*) stare alle calcagna (di); seguire (q.): **Wherever granny went, she always had a crowd of little children trailing behind (her)**, dovunque andasse, la nonna aveva sempre dietro di sé un codazzo di bambini □ **to t. along behind sb.**, arrancare alle spalle di q.

♦**trail off**, *v. i.* + *avv.* **1** (*di una folla e sim.*) disperdersi; allontanarsi, andarsene alla spicciolata **2** (*della voce, di un suono, ecc.*) affievolirsi; svanire.

♦**trail on**, *v. i.* + *avv.* (continuare ad) avanzare a fatica; procedere lentamente: **The long line of mules trailed on up the mountain**, la lunga linea di muli saliva lentamente sulla montagna.

♦**trail over**, **A** *v. i.* + *prep.* **1** (*di piante*) arrampicarsi su; crescere sopra; ricoprire: **The ivy trailed over the walls of the cottage**, l'edera ricopriva i muri della villetta **2** (*di capelli, ecc.*) ricadere, scendere: **Her golden hair trailed over her shoulders**, i capelli d'oro le scendevano sulle spalle. **B** *v. t.* + *prep.* lasciare una traccia di (q.c.) su: **The children are trailing mud over the kitchen floor**, i bambini stanno sporcando di fango il pavimento della cucina.

trailblazer /ˈtreɪlbleɪzə(r)/, *n.* battistrada; pioniere (*anche fig.*).

trailblazing /ˈtreɪlbleɪzɪŋ/, **A** *n.* **1** l'aprire una pista **2** (*fig.*) l'aprire la strada ad altri. **B** *a.* **1** che apre la strada **2** (*fig.*) pionieristico; d'avanguardia.

trailer /ˈtreɪlə(r)/, *n.* **1** chi tira, trascina, ecc. (*V.* **to trail**) **2** (*autom.*) rimorchio; (*anche*) carrello da rimorchio **3** (*tur., USA*; *cfr. ingl.* **caravan**) roulotte **4** cacciatore; inseguitore **5** (*bot.*) pianta rampicante **6** (*cinem.*) spezzone pubblicitario (*di un film*); trailer **7** (*pl.*) (*cinem.*) trailers; «prossimamente» (*fam.*). ● (*autom., USA*) **t. park** (*o* **t. court**), camping per roulotte □ (*elab.*) **t. record**, record di coda; registrazione di fine □ (*autom.*) **t. service**, servizio di traino.

trailing /ˈtreɪlɪŋ/, *a.* **1** (*di pianta*) rampicante; strisciante **2** (*ferr.*) posteriore: **t. truck**, carrello posteriore; **t. wheel**, ruota posteriore (*di locomotore*) **3** (*mat., elab.*) finale: **t. zeros**, zeri finali. ● (*aeron.*) **t. edge**, bordo di uscita (*di un'ala*).

train /treɪn/, *n.* **1** (*ferr.*) treno; convoglio (ferroviario): **We went there by t.**, ci andammo in treno; **to get into the t.**, salire in treno; **to get off** (*o* **out of**) **the t.**, scendere dal treno; **to miss the t.**, perdere il treno **2** seguito; corteo; codazzo: **They formed part of the queen's t.**, facevano parte del seguito della regina; **a t. of admirers**, un codazzo d'ammiratori **3** fila; convoglio; colonna: **a long t. of mules**, una lunga fila di muli **4** strascico (*di vestito*) **5** coda (*di certi uccelli, di comete, ecc.*): **the t. of a peacock**, la coda di un pavone **6** fila; serie; sequela; successione: **a long t. of sightseers**, una lunga fila di turisti; **a sad t. of accidents**, una triste serie di incidenti **7** striscia di polvere pirica; miccia **8** (*mecc.*) sistema d'ingranaggi; treno: (*metall.*) **t. of rolls**, treno di laminazione. ● (*ferr., naut.*) **t. ferry**, nave traghetto □ (*USA*) **t. jumper**, viaggiatore (ferroviario) clandestino □ **one's t. of thought**, il corso (*o* il filo) dei propri pensieri □ **t. oil**, olio di balena □ **t. shed**, deposito (*o* rimessa); (*di stazione*) pensilina □ **t. spotter**, chi conta i treni che passano (*per hobby*); (*fig.*) individuo noioso, pignolo, barboso □ **t. set**, treno con rotaie, ecc. (*giocattolo*) □ (*mil.*) **armoured t.**, treno blindato □ **boat t.**, treno diretto a un porto della Manica (*da Londra*) □ **to dispatch the t.**, dare la partenza al treno □ **down t.**, treno diretto in provincia (*specialm. in partenza da Londra*) □ **express t.** (*o* **fast t.**), treno espresso □ (*mecc.*) **gear t.**, ingranaggio □ (*volg. USA*) **to get on the t.**, salire in camera (*in una casa di tolleranza*) □ **goods t.** (*o* **freight t.**), treno merci □ (*fig.*) **in t.**, pronto □ **the in t.**, il treno in arrivo □ **in one's t.**, come strascico, come conseguenza: **The plague brought famine in its t.**, la peste portò come conseguenza la carestia □ **non-stop t.** (*o* **through t.**), treno diretto □ **passenger t.**, treno viaggiatori □ **slow t.** (*o* **stopping t.**), treno accelerato □ (*mil.*) **troop t.**, tradotta □ **up t.**, treno diretto a una città (*specialm. a Londra*) □ **«Beware of trains»**, «attenti al treno» (*a un passaggio a livello incustodito*) □ **«To all trains»** (*cartello*), «ai treni».

to **train** /treɪn/, **A** *v. t.* **1** addestrare; allenare; educare; istruire; esercitare; ammaestrare; preparare: **Medical students are trained at this hospital**, in questo ospedale vengono addestrati gli studenti di medicina; **to t. athletes for a race**, allenare atleti per una corsa; **We t. our children to be honest** (*o* **to honesty**), noi educhiamo i nostri figli all'onestà; **to t. a dog for a circus**, ammaestrare un cane per il circo equestre; **to t. soldiers**, addestrare truppe **2** (*bot., agric.*) far crescere (*piante in un certo modo*): **to t. vines on a trellis**, far crescere le viti a tendone **3** (*mil.*) puntare (*armi, ma anche un binocolo, ecc.*); orientare: **Our guns were trained on the enemy tanks**, i nostri cannoni erano puntati sui carri armati nemici; **I trained my field glasses on the bear**, puntai il binocolo sull'orso. **B** *v. i.* **1** addestrarsi; allenarsi; prepararsi: **The recruits were training in the barracks**, le reclute si addestravano in caserma; **He is training for the next match**, si sta allenando per il prossimo incontro **2** fare pratica; fare tirocinio: **to t. as a teacher**, fare tirocinio come insegnante **3** (*fam.*) andare in treno; servirsi del treno. ● (*sport*) **to t. fine**, mettere in forma; entrare in forma (*con l'allenamento*) □ **to t. horses**, scozzonare cavalli □ **to t. sb. to obedience** (**to obey**), abituare q. all'obbedienza.

♦**train down**, *v. i.* + *avv.* (*sport*) perdere peso con l'allenamento.

♦**train for**, **A** *v. t.* + *prep.* **1** addestrare; preparare: **to t. workers for new jobs**, addestrare operai per nuovi lavori **2** (*sport*) allenare (*atleti*) per (*una gara, ecc.*). **B** *v. i.* + *avv.* **1** addestrarsi per **2** (*sport*) allenarsi per (*una gara, ecc.*).

♦**train off**, **A** *v. i.* + *avv.* **1** (*sport*) andare giù di allenamento **2** (*di un proiettile, ecc.*) deviare. **B** *v. t.* + *avv.* (*sport*) perdere (*peso*) allenandosi.

♦**train up**, *v. t.* + *avv.* **1** addestrare; preparare; educare **2** far crescere (*una pianta*) □ **to t. sb. up to a certain standard**, portare q. a un dato livello di addestramento.

♦**train with**, *v. i.* + *prep.* (*fam. USA*) fare comunella con (q.); essere in combutta con (q.).

trainable /ˈtreɪnəbl/, *a.* addestrabile; allenabile; ammaestrabile.

trainbearer /ˈtreɪnbɛərə(r)/, *n.* paggio, paggetto (*che sostiene lo strascico*).

trainee /treɪˈniː/, *n.* **1** persona sottoposta ad addestramento; tirocinante; apprendista **2** (*istruzione*) corsista **3** (*mil., USA*) recluta **4** animale che viene ammaestrato. ● **t. journalist**, giornalista che fa pratica; praticante.

traineeship /treɪˈniːʃɪp/, *n.* addestramento; tirocinio (*specialm. di un medico*).

trainer /ˈtreɪnə(r)/, *n.* *1* (*specialm. sport*) allenatore; istruttore; trainer; panchina (*fig.*) *2* ammaestratore; domatore *3* (*istruzione*) aggiornatore; formatore *4* (*naut., mil.*) puntatore *5* (*aeron.*, = **training aircraft**) apparecchio scuola *6* (*elab.*) addestratore.

training /ˈtreɪnɪŋ/, **A** *n.* *1* addestramento; allenamento; educazione; istruzione; formazione; preparazione: **the t. of troops**, l'addestramento delle truppe; **the t. of athletes**, l'allenamento degli atleti *2* ammaestramento: **the t. of dogs**, l'ammaestramento dei cani *3* esercizio; pratica; tirocinio: **t. college** (*o* **t. school**), scuola di tirocinio (*per insegnanti, ecc.*) *4* (*psic.*) training. **B** *a.* che fa pratica; tirocinante. ● **t. aid**, sussidio didattico □ **t. course**, corso di formazione professionale □ (*naut.*) **t. ship**, nave scuola □ (*sport*) **to go into t.**, entrare in allenamento □ (*sport*: *d'atleta*) **in t.**, bene allenato; in forma □ (*sport*: *d'atleta*) **out of t.**, fuori allenamento; fuori forma □ **period of t.**, periodo d'addestramento (*o* di tirocinio); (*per universitari*) stage (*franc.*) □ (*ind.*) **vocational t.**, formazione professionale.

trainman /ˈtreɪnmən/, *n.* (*pl.* **trainmen**) (*ferr.*, *USA*) *1* ferroviere (*del personale viaggiante*) *2* (*specialm.*) frenatore.

traipse /treɪps/, *n.* lunga camminata; scarpinata (*fam.*).

to **traipse** /treɪps/, *v. i.* *1* gironzolare; girovagare *2* scarpinare (*fam.*); camminare a lungo.

trait /treɪ, *USA* treɪt/, *n.* *1* tratto del volto; lineamento; fattezza *2* caratteristica; aspetto saliente; peculiarità: **the chief traits in his character**, gli aspetti salienti del suo carattere. ● **t. of humour**, uscita (*o* battuta) spiritosa; motto arguto.

traitor /ˈtreɪtə(r)/, *n.* traditore: **t. to one's country**, traditore della patria. ● **t. to oneself**, chi tradisce se stesso; rinnegato; apostata.

traitorous /ˈtreɪtərəs/, *a.* traditore; da traditore; proditorio. ‖ **-ly**, *avv.* ‖ **-ness**, *sost.*

traitress /ˈtreɪtrɪs/, *n.* traditrice.

Trajan /ˈtreɪdʒən/, *n.* (*stor. romana*) Traiano.

trajectory /trəˈdʒɛktərɪ, ˈtrædʒəktrɪ, *USA* trəˈdʒɛ-, ˈtrædʒəkt(ɔː)rɪ/, *n.* (*geom., mil.*) traiettoria.

tram (1) /træm/, *n.* *1* tram; vettura tranviaria; tranvai (*pop.*): **t. stop**, fermata del tram *2* (*ind. min.*) carrello; vagoncino; vagonetto. ● **t. conductor**, tranviere (*bigliettaio*) □ **t. driver**, tranviere (*conducente*); manovratore □ **t. service**, servizio tranviario.

tram (2) /træm/, *n.* (*ind. tess.*) filato ritorto di seta (*per la trama*).

to **tram** /træm/, **A** *v. t.* *1* trasportare in tram *2* (*ind. min.*) trasportare con un carrello. **B** *v. i.* andare in tram; servirsi del tram.

tramcar /ˈtræmkɑː(r)/, *n.* tram; tranvai (*pop.*).

tramline /ˈtræmlaɪn/, *n.* *1* linea tranviaria *2* (*pl.*) rotaie del tram *3* (*pl.*) (*tennis*) linee laterali del doppio.

trammel /ˈtræml/, *n.* *1* (= **t. net**) tramaglio (*rete da pesca a tre teli*) *2* (*USA*: *di cavallo*) pastoia *3* (*pl.*) (*fig.*) pastoie; impedimenti; ostacoli: **the trammels of custom**, le pastoie della consuetudine; **the trammels of official procedure**, gli impedimenti della procedura burocratica *4* (*della catena del camino*) gancio; uncino *5* (*geom.*) elissografo *6* (*mecc.*) attrezzo per allineamento *7* compasso a verga (*strumento*).

to **trammel** /ˈtræml/, *v. t.* *1* inceppare; impastoiare; ostacolare *2* irretire.

trammelled /ˈtræmld/, *a.* *1* inceppato; impastoiato (*anche fig.*) *2* irretito.

tramming /ˈtræmɪŋ/, *n.* (*ind. min.*) vagonaggio; carreggio.

tramontane /trəˈmɒnteɪn/, **A** *a.* *1* oltramontano; oltremontano *2* (*del vento*) di tramontana *3* (*fig.*) straniero; barbaro. **B** *n.* *1* chi vive al di là delle montagne *2* tramontana (*vento*) *3* (*fig. raro*) straniero; forestiero.

tramp /træmp/, *n.* *1* vagabondo; girovago; barbone *2* camminata; lunga passeggiata; scarpinata (*fam.*) *3* (*naut.*, = **t. steamer**) nave da carico non di linea; rinfusiera; tramp; carretta *4* calpestio; passo pesante (*o* cadenzato) *5* (*fam. specialm. USA*: *di donna*) sgualdrina. ● **to be on the t.**, fare la vita del vagabondo.

to **tramp** /træmp/, **A** *v. i.* *1* camminare con passo pesante *2* camminare (a lungo); errare; vagabondare; viaggiare a piedi: **We tramped through the Highlands of Scotland**, vagabondammo a piedi per le Highlands scozzesi. **B** *v. t.* *1* percorrere (*o* fare) a piedi; far lunghe camminate in: **I like tramping the woods**, mi piace fare lunghe camminate nei boschi *2* percorrere con passo pesante. ● **to t. on sb.'s toes**, pestare i piedi a q. □ **to t. the streets**, essere sulla strada, senza lavoro □ **I had to t. it**, mi toccò fare la strada a piedi.

trample /ˈtræmpl/, *n.* *1* il calpestare; pestata *2* calpestio.

to **trample** /ˈtræmpl/, **A** *v. i.* camminare a passi pesanti. **B** *v. t.* calpestare; pestare: **Don't t. (down) the grass!**, non calpestare l'erba! ● **He was trampled to death by a wounded elephant**, morì calpestato da un elefante ferito.

♦**trample down**, *v. t.* + *avv.* calpestare, pestare, schiacciare con i piedi (*l'erba, il grano, ecc.*).

♦**trample on**, *v. i.* + *prep.* *1* mettersi (q.) sotto i piedi; calpestare: **He was trampled on in the crowd**, fu calpestato dalla folla *2* (*fig.*) offendere (*sentimenti, ecc.*); urtare (*suscettibilità*) *3* (*fig.*) calpestare, violare (*norme, ecc.*).

♦**trample out**, *v. t.* + *avv.* *1* spegnere (*un fuoco*) con i piedi *2* pestare, pigiare (*l'uva*): **to t. out the grapes for the wine**, pigiare l'uva per fare il vino *3* aprire (*un varco, un sentiero*) pestando i piedi.

♦**trample under foot**, *v. t.* + *prep.* + *sost.* *1* calpestare; pestare; schiacciare *2* mettersi sotto i piedi (*fig.*); tenere (q.) con il pugno di ferro.

♦**trample upon**, *V.* **trample on**.

trampler /ˈtræmplə(r)/, *n.* chi calpesta.

trampoline /ˈtræmpəlɪn, -liːn/, *n.* pedana elastica, tappeto elastico (*per acrobati e ginnasti*). ● **t. champ**, campione (*o* campionessa) di pedana elastica.

trampoliner /ˈtræmpəlɪnə(r), -liːn-/, *n.* *V.* **trampolinist**.

trampolinist /ˈtræmpəlɪnɪst, -liːn-/, *n.* chi fa esercizi sulla pedana elastica.

tramroad /ˈtræmrəʊd/, *n.* (*USA*) *1* linea tranviaria *2* (*ind. min.*) ferrovia di vagoncini.

tramway /ˈtræmweɪ/, *n.* *1* tranvia; linea tranviaria *2* azienda tranviaria *3* (*mecc.*) rotaia sospesa (*o* portante) *4* (*ind. min.*) ferrovia di vagoncini.

trance /trɑːns, *USA* træns/, *n.* *1* (*med.*) trance; stato ipnotico; catalessi *2* (*fig.*) estasi; rapimento; trance.

to **trance** /trɑːns, *USA* træns/, *v. t.* (*raro*) estasiare; rapire (*fig.*).

tranche /trɑːnʃ, -ɒnʃ, -ænʃ/, *n.* *1* quota; rata (*di pagamento*); tranche *2* (*banca, fin.*) tranche: **credit t.**, tranche di un credito.

trannie, tranny /ˈtrænɪ/, *n.* (*fam.*) radio a transistor; radiolina (*fam.*).

tranquil /ˈtræŋkwɪl, -əl/, *a.* tranquillo; cheto; quieto; calmo; pacifico: **t. water**, acque chete; **a t. man**, un uomo pacifico. ● **a t. scene**, una scena idillica □ **to preserve a t. mind**, conservare la calma (dello spirito); tenere i nervi a posto (*o* la mente lucida). ‖ **-ly**, *avv.* ‖ **-ness**, *sost.*

tranquillity /træŋˈkwɪlətɪ/, *n.* tranquillità; calma; quiete.

tranquillization /træŋkwəlaɪˈzeɪʃn, *USA* -lɪˈz-/, *n.* il tranquillizzare.

to **tranquillize** /ˈtræŋkwəlaɪz/, *v. t.* tranquillizzare; calmare; rasserenare.

tranquillizer /ˈtræŋkwəlaɪzə(r)/, *n.* *1* chi calma; chi rasserena *2* (*farm.*) tranquillante; calmante; sedativo.

tranquillizing /ˈtræŋkwəlaɪzɪŋ/, *a.* *1* tranquillizzante; che calma *2* (*med.*) tranquillante; sedativo; ansiolitico.

to **transact** /trænˈzækt/, *v. t.* *1* fare; sbrigare; trattare: **to t. business**, trattare affari; **to t. a bargain**, sbrigare un affare *2* (*leg.*) transigere (*una vertenza*).

transaction /trænˈzækʃn/, *n.* *1* (*comm.*) disbrigo, trattazione (*degli affari*): **the t. of the matter**, il disbrigo della faccenda *2* (*comm.*) operazione; affare: **shady transactions**, affari loschi; operazioni poco chiare *3* (*leg.*) transazione; compromesso; composizione contrattuale *4* (*pl.*) atti, verbali (*di società filosofiche, scientifiche, ecc.*) *5* (*elab.*) transazione. ● (*elab.*) **t. file**, file di movimento □ (*Borsa*) **t. for the account**, operazione a termine □ **a t. for cash**, un'operazione per contanti □ **a t. on credit**, un'operazione a credito □ (*fin.*) **t. processing**, gestione aziendale computerizzata data in appalto □ (*banca*) **borrowing transactions**, operazioni passive □ (*banca*) **lending transactions**, operazioni attive □ **loan t.**, operazione di prestito.

transactor /trænˈzæktə(r)/, *n.* (*comm.*) *1* negoziatore *2* operatore (*o* agente) economico *3* (*leg.*) chi fa una transazione.

transalpine /trænzˈælpaɪn/, **A** *a.* transalpino. **B** *n.* abitante di un paese transalpino.

transaminase /trænzˈæmɪneɪz, -s/, *n.* (*biochim.*) transaminasi.

transatlantic /trænzətˈlæntɪk/, *a.* transatlantico. ● (*naut.*) **a t. liner**, un transatlantico □ **a t. voyage**, un viaggio di là dell'Atlantico.

transceiver /trænˈsiːvə(r)/, *n.* (*radio*) *1* ricetrasmettitore *2* stazione ripetitrice.

to **transcend** /trænˈsɛnd/, *v. t.* *1* (*filos.*) trascendere *2* (*per estens.*) oltrepassare; superare; sorpassare.

transcendence /trænˈsɛndəns/, **transcendency** /trænˈsɛndənsɪ/, *n.* (*filos.*) trascendenza.

transcendent /trænˈsɛndənt/, *a.* *1* (*filos.*) trascendente *2* (*per estens.*) eccellente; eccelso; straordinario; trascendentale.

transcendental /trænsɛnˈdɛntl/, *a.* *1* (*filos.*) trascendentale *2* eccelso; straordinario *3* astruso; oscuro; vago *4* (*mat.*) trascendente: **t. number**, numero trascendente. ‖ **-ly**, *avv.*

transcendentalism /trænsɛnˈdɛntəlɪzəm/, *n.* (*filos.*) trascendentalismo.

transcendentalist /trænsɛnˈdɛntəlɪst/, *n.* (*filos.*) trascendentalista.

to **transcode** /trænsˈkəʊd/, *v. t.* (*elab.*) transcodificare.

transcoding /trænsˈkəʊdɪŋ/, *n.* (*elab.*) transcodificazione.

transcontainer /ˈtrænskənteɪnə(r)/, *n.* (*trasp.*) transcontainer.

transcontinental /trænskɒntɪˈnɛntl/, *a.* transcontinentale.

to **transcribe** /trænˈskraɪb/, *v. t.* *1* trascrivere; copiare *2* (*elab., radio, TV*) registrare (*un programma, ecc.*) *3* (*elab.*) trascrivere *4* (*mus.*) trascrivere. ● **transcribing machine**, fonoriproduttore.

transcriber /trænˈskraɪbə(r)/, *n.* *1* trascrittore; copista *2* (*elab.*) trascrittore.

transcript /ˈtrænskrɪpt/, *n.* *1* trascrizione *2* (*leg.*) copia (*a verbale di causa*) *3* (*istruzione, specialm. USA*) curriculum; pagella; libretto (*universitario*).

transcription /trænˈskrɪpʃn/, *n.* *1* trascrizione; copia *2* (*radio, TV*) registrazione; programma registrato *3* (*leg.*) copia (*a verbale di causa*) *4* (*mus.*) trascrizione.

transcriptional /trænˈskrɪpʃənl/, **transcriptive** /trænˈskrɪptɪv/, *a.* di trascrizione.

transducer /trænsˈdjuːsə(r), *USA* -ˈduː-/, *n.* (*elettron., tecn.*) trasduttore.

transearth /trænzˈɜːθ/, *a.* (*miss.*) verso la terra; (che va) in direzione della terra.

transept /ˈtrænsɛpt/, *n.* (*archit.*) transetto.

transeptal /trænˈsɛptl/, *a.* (*archit.*) di un transetto.

transfer /ˈtrænsfɜː(r)/, *n.* *1* (*anche leg.*,

comm.) trasferimento; cessione; passaggio di proprietà; trasmissione; trapasso **2** (*banca, fin.*) bonifico; giroconto; rimessa **3** (*fin.*) storno (*di fondi*) **4** (*arte*) decalcomania **5** (= **t. ticket**) biglietto cumulativo (*di treno, tram, ecc.*) **6** (*mil.*) soldato trasferito da un reggimento a un altro; rimpiazzo **7** (*ferr.*) stazione di trasbordo **8** (*naut.*) nave traghetto **9** (*leg.*) traduzione (*bur.*); trasporto di detenuti (*da un carcere all'altro*) **10** (*psic., ecc.*) transfert **11** (*tur.*) transfer; trasferimento **12** (*sport*) trasferimento **13** (*trasp.*) trasbordo. ● (*banca*) **t. account**, giroconto □ (*fin.*) **t. book**, registro delle cessioni (*di azioni*); registro dei soci □ (*Borsa*) **t. days**, giorni per la registrazione di azioni (*nominative*) □ **t. deed**, (*leg.*) atto di cessione; (*Borsa*) contratto di trasferimento (*di azioni*) □ **t. fee**, (*Borsa*) diritto di cessione; (*sport*) prezzo del trasferimento □ (*ferr.*) **t. house**, stazione di trasbordo □ (*fin., rag.*) **t. incomes**, *V.* **t. payments** □ (*sport*) **t. list**, lista dei trasferimenti □ (*rag.*) **the t. of an entry**, lo storno di una scrittura □ (*fin.*) **t. of funds**, trasferimento di fondi □ (*leg.*) **t. of property**, passaggio di proprietà □ (*tipogr.*) **t. paper**, carta da trasporto □ (*aeron.*) **t. passenger**, passeggero che cambia aereo □ (*fin., rag.*) **t. payments**, trasferimenti (*pensioni, sussidi di disoccupazione, ecc.*) □ (*fin.*) **t. price**, prezzo di trasferimento (*tra la casa madre e una filiale*) □ (*elab.*) **t. speed**, velocità di trasferimento □ (*fisc.*) **t. tax**, imposta sul trasferimento di azioni; (*USA*) imposta di successione □ **t. ticket**, (*trasp.*) biglietto cumulativo; (*banca*) assegno di compensazione (*o* a conguaglio) □ **cable** (*o* **wire**) **t.**, rimessa telegrafica □ (*banca*) **credit t.**, bonifico.

to **transfer** /træns'fɜː(r), 'trænsfɜː(r)/, **A** *v. t.* **1** trasferire; spostare; traslocare: **to t. an office**, trasferire un ufficio **2** (*leg.*) trasmettere; cedere; alienare; trasferire (*titoli, beni, ecc.*): **to t. a property**, cedere una proprietà **3** (*fin.*) stornare; destinare (*fondi*) ad altro scopo **4** (*arte*) riportare il calco di (*un disegno*); decalcare **5** (*leg.*) tradurre (*un detenuto*) **6** (*sport*) trasferire (*un giocatore*). **B** *v. i.* **1** trasferirsi; passare: **He transferred from the navy to the air force**, è passato dalla marina all'aviazione **2** (*aeron., naut., ferr., ecc.*) trasbordare; fare un trasbordo **3** (*sport*) trasferirsi.

transferability /trænsfɜːrə'bɪlətɪ/, *n.* (*specialm. comm., leg.*) trasferibilità.

transferable /træns'fɜːrəbl/, *a.* (*specialm. comm., leg.*) trasferibile; cedibile; trasmissibile: **a t. instrument of credit**, un documento (*o* titolo) di credito trasferibile; **a t. right**, un diritto cedibile (*o* trasmissibile). ● (*fin.*) **t. stock**, titoli al portatore; azioni trasferibili □ (*polit.*) **t. vote**, voto trasferibile a un secondo candidato (*indicato sulla scheda*).

transferase /'trænsfəreɪz, -s/, *n.* (*biochim.*) transferasi.

transferee /trænsfɜː'riː/, *n.* (*leg., comm.*) cessionario.

transference /'trænsfərəns, *USA* træns'fɜːrəns/, *n.* **1** (*specialm. leg., comm.*) trasferimento **2** (*arte*) riporto mediante calco; trasporto **3** (*aeron., naut., ferr.*) trasbordo **4** (*psic.*) transfert.

transferor /træns'fɜːrə(r)/, *n.* (*leg., comm.*) cedente; alienante.

transfiguration /trænsfɪgə'reɪʃn, *USA* -gjə'r-/, *n.* trasfigurazione.

to **transfigure** /træns'fɪgə(r), *USA* -gjə(r)/, *v. t.* trasfigurare.

to **transfix** /træns'fɪks/, *v. t.* **1** trafiggere; trapassare: **to t. sb. with a spear**, trafiggere q. con la lancia **2** (*fig. lett.*) pietrificare; paralizzare; far restare di sasso.

transfixion /træns'fɪkʃn/, *n.* **1** trafittura; trafiggimento **2** (*med.*) trasfissione.

transform /træns'fɔːm/, *n.* (*mat.*) **1** trasformato (*valore di una trasformazione*) **2** trasformata (*espressione*) **3** coniugato (*di un gruppo*).

to **transform** /træns'fɔːm/, *v. t.* trasformare; cambiare; mutare radicalmente: **to t. heat into energy**, trasformare calore in energia. ● **to t. sb. beyond recognition**, rendere q. irriconoscibile □ **to be transformed**, essere trasformato; trasformarsi.

transformable /træns'fɔːməbl/, *a.* trasformabile. ● (*fam. USA*) **t. plush**, bambola di peluche che si può plasmare a piacere.

transformation /trænsfə'meɪʃn/, *n.* trasformazione (*anche mat.* e *med.*); mutamento radicale; metamorfosi. ● (*teatr.*) **t. scene**, graduale cambiamento di scena a sipario aperto.

transformational /trænsfə'meɪʃənl/, *a.* (*ling.*) trasformazionale: **t. grammar**, grammatica trasformazionale.

transformationalism /trænsfə'meɪʃnəlɪzəm/, *n.* linguistica trasformazionale.

transformationalist /trænsfə'meɪʃnəlɪst/, *n.* (*ling.*) trasformazionalista.

transformative /træns'fɔːmətɪv/, *a.* che trasforma; trasformativo (*raro*).

transformer /træns'fɔːmə(r)/, *n.* (*anche elettr.*) trasformatore.

transformism /træns'fɔːmɪzəm/, *n.* (*biol.*) evoluzionismo; trasformismo.

transformist /træns'fɔːmɪst/, *n.* (*biol.*) evoluzionista.

to **transfuse** /træns'fjuːz/, *v. t.* **1** (*med.*) trasfondere; fare una trasfusione a (q.) **2** (*fig.*) infondere; trasmettere; instillare **3** (*fig.*) permeare; pervadere.

transfusible /træns'fjuːzəbl/, *a.* trasfondibile.

transfusion /træns'fjuːʒn/, *n.* (*med.*) trasfusione: **blood t.**, trasfusione di sangue.

transfusional /træns'fjuːʒənl/, *a.* (*med.*) trasfusionale.

transfusive /træns'fjuːzɪv/, *a.* di trasfusione; che serve a trasfondere.

to **transgress** /trænz'gres/, **A** *v. t.* **1** (*leg.*) trasgredire (a); contravvenire a; violare: **to t. the law**, trasgredire la (*o* alla) legge; **to t. a treaty**, violare un trattato **2** oltrepassare; superare: **This film transgresses all moral boundaries**, questo film oltrepassa ogni limite della moralità. **B** *v. i.* trasgredire a un comando (*o* a una legge); essere in colpa; peccare.

transgression /trænz'greʃn/, *n.* **1** (*leg.*) trasgressione; infrazione; violazione **2** colpa; peccato.

transgressor /trænz'gresə(r)/, *n.* **1** (*leg.*) trasgressore; violatore; contravventore **2** peccatore.

to **tranship** /træn'ʃɪp/, *v. t.* e *i.* (*naut.*) trasbordare.

transhipment /træn'ʃɪpmənt/, *n.* (*naut.*) trasbordo.

transhumance /træns'hjuːməns, *USA* -s'hj-, -s'j-/, *n.* transumanza.

transhumanization /trænshjuːmənaɪ'zeɪʃn, *USA* -s'hj-, -s'j-, -nɪ'z-/, *n.* (*lett.*) trasumanazione.

to **transhumanize** /træns'hjuːmənaɪz, *USA* -s'hj-, -s'j-/, *v. t.* far trasumanare. ● **to be transhumanized**, trasumanare; trasumanarsi.

transhumant /træns'hjuːmənt, *USA* -s'hj-, -s'j-/, *a.* transumante.

transience /'trænzɪəns/, **transiency** /'trænzɪənsɪ/, *n.* transitorietà; fugacità; caducità; temporaneità.

transient /'trænzɪənt, *USA* 'trænʃnt/, **A** *a.* **1** transitorio; fugace; caduco; effimero; passeggero: **a t. glance**, uno sguardo fugace; **a t. victory**, una vittoria effimera; **t. tears**, lacrime passeggere **2** (*elettr., fis., elab.*) transitorio: **t. condition**, stato transitorio. **B** *n.* (*USA*) **1** cliente di passaggio (*in un albergo, ecc.*) **2** vagabondo. ● (*USA*) **t. hostel**, ostello per clienti di passaggio. || **-ly**, *avv.* || **-ness**, *sost.*

transilience /træn'sɪlɪəns/, *n.* (*raro*) improvviso mutamento di forma (*o* di stato).

transilient /træn'sɪlɪənt/, *a.* (*raro*) che cambia repentinamente forma (*o* stato).

transire /træn'saɪərɪ, trɑːn-/, *n.* (*dog., naut.*) lasciapassare doganale.

transistor /træn'zɪstə(r), -n's-, trɑːn-/, *n.* **1** (*elettron.*) transistor; transistore **2** (*fam.*, = **t. radio, t. set**) radio a transistor; transistor, radiolina (*fam.*).

transistorization /træn'zɪstəraɪ'zeɪʃn, -n's-, trɑːn-, *USA* -rɪ'z-/, *n.* (*tecn.*) transistorizzazione.

to **transistorize** /træn'zɪstəraɪz, -n's-, trɑːn-/, *v. t.* (*tecn.*) transistorizzare.

transit /'trænsɪt, -zɪt, 'trɑːn-/, *n.* **1** (*anche astron.*) transito; passaggio: **goods in t.**, merci di transito; **the t. time of a star**, il tempo di passaggio di un astro; **The t. of the lake took us four hours**, il passaggio del lago richiese quattro ore **2** (*topogr.*, = **t. compass**) tacheometro **3** trasporto; (*specialm.*) trasporto con mezzi pubblici (*in una città, ecc.*) **4** (*astron.*, = **t. instrument**) equatoriale; telescopio girevole sull'asse orizzontale. ● (*anche mil.*) **t. camp**, campo di transito □ (*astron.*) **t. circle**, cerchio meridiano □ (*astron.*) **t. declinometer**, bussola di declinazione; bussola topografica □ (*comm.*) **t. duty**, dazio doganale di transito □ **t. lounge**, sala transiti (*d'aeroporto*) □ (*USA*) **t. police**, polizia della (ferrovia) Metropolitana di New York □ (*ferr.*) **t. station**, stazione di transito □ (*dog.*) **t. visa**, visto di transito □ **in t.**, durante il viaggio; in viaggio.

to **transit** /'trænsɪt, -zɪt, 'trɑːn-/, **A** *v. i.* (*anche astron.*) transitare; passare. **B** *v. t.* **1** lasciar transitare; far passare: **This canal can t. a total of 70 ships a day**, questo canale può far passare 70 navi al giorno **2** (*astron.*) attraversare il disco di (*un astro*).

transition /træn'zɪʃn, -n's-, trɑːn-/, *n.* transizione; passaggio; mutamento: **a period of t.**, un periodo di transizione. ● **t. age**, età di transizione □ (*fis.*) **t. point**, punto (*o* temperatura) di transizione.

transitional /træn'zɪʃənl, -n's-, trɑːn-/, **transitionary** /træn'zɪʃənrɪ, -n's-, trɑːn-, *USA* -erɪ/, *a.* di transizione; transitorio: **a t. government**, un governo di transizione.

transitive /'trænsətɪv, -z-, 'trɑːn-/, **A** *a.* (*mat., gramm.*) transitivo. **B** *n.* (*gramm.*) verbo transitivo. || **-ly**, *avv.* || **-ness**, *sost.*

transitivity /trænsə'tɪvətɪ, -z-, trɑːn-/, *n.* (*mat., gramm.*) transitività.

transitorily /'trænsɪtrəlɪ, -z-, 'trɑːn-, *USA* -tɔːrə-/, *avv.* transitoriamente.

transitoriness /'trænsɪtrɪnəs, -z-, 'trɑːn-, *USA* -tɔːrɪ-/, *n.* transitorietà; temporaneità.

transitory /'trænsɪtrɪ, -z-, 'trɑːn-, *USA* -tɔːrɪ/, *a.* transitorio; temporaneo; passeggero. ● (*fisc.*) **t. income**, reddito transitorio.

transitron /'trænsɪtrɒn, -z-, 'trɑːn-/, *n.* (*elettron.*) transitron.

Trans-Jordan /trænz'dʒɔːdn, -s-/, *n.* (*geogr.*) Transgiordania.

translatable /træns'leɪtəbl, -z-, trɑːn-/, *a.* traducibile.

to **translate** /træns'leɪt, 'tr-, -z-, -ɑːn-/, **A** *v. t.* **1** tradurre; volgere: **He translated Virgil into English**, tradusse Virgilio in inglese **2** trasformare; convertire: (*fin.*) **to t. assets into national currency**, convertire attività in valuta nazionale **3** trasferire: **to t. a bishop**, trasferire un vescovo **4** traslare: **to t. a saint's body**, traslare il corpo di un santo **5** (*mat.*) traslare **6** interpretare; spiegare: **I translated his act as a protest**, interpretai il suo come un atto di protesta **7** (*telef.*) ritrasmettere (*un messaggio*) **8** (*elab.*) tradurre; convertire. **B** *v. i.* **1** tradursi: **This passage translates well**, questo passo si traduce bene **2** (*mecc.*) traslare. ● **to t. an idea into action**, mettere in atto un'idea □ **to t. word for word**, tradurre alla lettera □ (*relig.*) **to be translated into heaven**, essere assunto in Cielo (*col corpo*) □ (*elettron.*) **translating machine**, macchina per tradurre; traduttore elettronico.

translation /træns'leɪʃn, -z-, trɑːn-/, *n.* **1** traduzione; versione **2** (*relig.*) trasferimento: **the t. of a bishop**, il trasferimento di un vescovo *3* traslazione (*di reliquie, ecc.*) *4* (*fin.*) conversione *5* (*ling.*) traslazione *6* (*mat., mecc., astron.*) traslazione: **motion of t.**, moto di traslazione *7* (*telef.*) ritrasmissione (*d'un messaggio*).

translational /træns'leɪʃənl, -z-, trɑːn-/, *a.* *1* (*mecc., astron.*) traslatorio; di traslazione: **t. motion**, moto traslatorio *2* (*raro*) della traduzione; traduttivo. ● (*geol.*) **t. fault**, faglia armonica □ (*geol.*) **t. movement**, movimento traslativo.

translative /træns'leɪtɪv, -z-, 'tr-, -ɑːn-/, *a.* (*ling.*) traslativo.

translator /træns'leɪtə(r), -z-, trɑːn-/, *n.* *1* traduttore, traduttrice; interprete *2* (*telef.*) traslatore *3* (*elab.*) traduttore; programma di traduzione *4* (*elettron.*) ripetitore televisivo.

to **transliterate** /trænsˈlɪtəreɪt, -z-, trɑːn-/, *v. t.* traslitterare; trascrivere.

transliteration /trænslɪtə'reɪʃn, -z-, trɑːn-/, *n.* traslitterazione; trascrizione.

translucence /trænz'luːsns/, **translucency** /trænz'luːsnsɪ/, *n.* *1* traslucidità *2* luminosità.

translucent /trænz'luːsnt/, **translucid** /trænz'luːsɪd/, *a.* *1* traslucido; semitrasparente *2* luminoso.

translunar /trænz'luːnə(r)/, *a.* *1* (*astron., miss.*) translunare *2* (*fig.*; = **translunary**) utopistico.

transmarine /trænzmə'riːn/, *a.* oltremarino; d'oltremare.

transmigrant /trænz'maɪgrənt/, **A** *a.* trasmigrante. **B** *n.* emigrante in transito.

to **transmigrate** /trænzmaɪ'greɪt/, *v. i.* (*anche relig.*) trasmigrare.

transmigration /trænzmaɪ'greɪʃn/, *n.* trasmigrazione: **the t. of souls**, la trasmigrazione delle anime; la metempsicosi.

transmigrator /'trænzmaɪgreɪtə(r)/, *n.* chi trasmigra.

transmigratory /trænz'maɪgrətrɪ, *USA* -ɔːrɪ/, *a.* della trasmigrazione.

transmissibility /trænzmɪsə'bɪlətɪ/, *n.* trasmissibilità.

transmissible /trænz'mɪsəbl/, *a.* trasmissibile.

transmission /trænz'mɪʃn/, *n.* *1* trasmissione; (*anche, autom.*) cambio: (*autom., mecc.*) **automatic t.**, cambio automatico *2* (*radio, TV*) trasmissione *3* (*leg.*) trasmissione; devoluzione (*di beni*) *4* (*med.*) trasmissione (*di malattie*). ● (*mecc.*) **t. belt**, cinghia di trasmissione □ (*mecc.*) **t. case**, scatola del cambio □ (*autom.*) **t. hump**, tunnel della trasmissione □ (*mecc.*) **t. oil**, olio per trasmissioni □ (*elettr.*) **t. tower**, pilone per linea di trasmissione.

transmissive /trænz'mɪsɪv/, *a.* *1* che trasmette; trasmittente; trasmettitore *2* trasmissibile.

to **transmit** /trænz'mɪt/, *v. t.* *1* trasmettere; comunicare; mandare: **to t. a message by radio**, trasmettere un messaggio per radio *2* (*fis.*) trasmettere; condurre: **Water will t. sound**, l'acqua trasmette i suoni *3* (*leg.*) trasmettere; devolvere *4* (*med.*) trasmettere.

transmittable /trænz'mɪtəbl/, *a.* trasmissibile.

transmittal /trænz'mɪtl/, *n.* trasmissione.

transmittance /trænz'mɪtns/, *n.* (*fis.*) trasmittanza.

transmitter /trænz'mɪtə(r)/, *n.* *1* trasmettitore; (*radio*) apparecchio trasmittente; radiotrasmettitore; (stazione) trasmittente *2* (*telef.*) microfono; capsula microfonica. ● **telegraph t.**, trasmettitore telegrafico; manipolatore.

transmogrification /trænzmɒgrɪfɪ'keɪʃn/, *n.* (*scherz.*) trasformazione magica.

to **transmogrify** /trænz'mɒgrɪfaɪ/, *v. t.* (*scherz.*) trasformare d'incanto.

transmontane /trænzmɒn'teɪn, *USA* -'mɒnt-/, *V.* **tramontane**.

transmutability /trænzmjuːtə'bɪlətɪ/, *n.* trasformabilità; trasmutabilità (*raro*).

transmutable /trænz'mjuːtəbl/, *a.* trasformabile; tramutabile; trasmutabile (*lett.*).

transmutation /trænzmjuː'teɪʃn/, *n.* *1* tramutazione; trasformazione *2* (*fis. nucl.*) trasmutazione.

transmutative /trænz'mjuːtətɪv/, *a.* di tramutazione.

to **transmute** /trænz'mjuːt/, *v. t.* tramutare; trasformare; mutare; convertire.

transnational /trænz'næʃənl/, *a.* transnazionale: (*fin.*) **t. company**, società transnazionale.

transoceanic /trænsəʊʃɪ'ænɪk, -nz-/, *a.* transoceanico.

transom /'trænsəm/, *n.* *1* (*archit.*) architrave; piattabanda *2* (*archit.*) traversa (*di finestra*) *3* (*naut.*) arcaccia; quadro (*o* specchio) di poppa *4* (*archit.*; = **t. window**), sopraffinestra a vasistas; (*USA*) lunetta a ventaglio.

transonic /træn'sɒnɪk/, *a.* (*fis., aeron.*) transonico: **t. flight**, volo transonico; **t. speed**, velocità transonica.

transpadane /'trænspədeɪn/, *a.* (*geogr.*) transpadano.

transparence /træn'spærəns, -pɛə-/, *n.* trasparenza.

transparency /træn'spærənsɪ, -pɛə-/, *n.* *1* trasparenza *2* (*fig.*) evidenza; chiarezza; limpidità *3* (*cinem.*) trasparente *4* (*fotogr.*) diapositiva.

transparent /træn'spærənt, -pɛə-/, *a.* *1* trasparente: **t. glass**, vetro trasparente; **a t. blouse**, una camicetta trasparente *2* (*fig.*) evidente; chiaro; limpido; trasparente: **t. fear**, paura evidente; **a t. allusion**, una chiara allusione; **t. prose**, prosa limpida. ● **a t. lie**, una bugia dalle gambe corte. ‖ **-ly**, *avv.* ‖ **-ness**, *sost.*

to **transpierce** /træn'spɪəs/, *v. t.* (*raro*) trafiggere; trapassare.

transpirable /træn'spaɪrəbl/, *a.* traspirabile.

transpiration /trænspə'reɪʃn/, *n.* traspirazione.

transpiratory /træn'spaɪrətrɪ, *USA* -ətɔːrɪ/, *a.* traspiratorio.

to **transpire** /træn'spaɪə(r)/, **A** *v. i.* *1* traspirare; sudare *2* (*fig.*) trapelare; manifestarsi; venir fuori: **It transpired that...**, trapelò la notizia che... *3* (*fam.*) accadere; succedere; avvenire. **B** *v. t.* trasudare; esalare; emanare.

transplacental /trænsplə'sentl/, *a.* (*med.*) transplacentare.

transplant /træn'splɑːnt, *USA* -'plænt/, *n.* *1* (*med.*) trapianto: **a heart t.**, un trapianto cardiaco *2* (*med.*) organo (*o* tessuto) trapiantato *3* (*agric.*) pianta trapiantata *4* (*fig.*) trapianto; introduzione (*di usanze, mode, ecc.*) *5* (*fig.*) usanza trapiantata *6* (*fig.*) persona trasferitasi.

to **transplant** /træn'splɑːnt, *USA* -'plænt/, *v. t.* *1* (*agric., med.*) trapiantare (*anche fig.*) *2* (*fig.*) trasferire; traslocare.

transplantable /træn'splɑːntəbl, *USA* -ænt-/, *a.* trapiantabile.

transplantate /træn'splɑːnteɪt, *USA* -ænt-/, *n.* (*med.*) organo (*o* tessuto) trapiantato.

transplantation /trænsplɑːn'teɪʃn, *USA* -plæn't-/, *n.* (*agric., med.*) trapianto (*anche fig.*).

transplanter /træn'splɑːntə(r), *USA* -ænt-/, *n.* (*agric.*) *1* chi trapianta *2* trapiantatoio (*arnese*) *3* trapiantatrice (*macchina*).

transpolar /træn'spəʊlə(r)/, *a.* (*geogr., aeron.*) transpolare.

transponder /træn'spɒndə(r)/, *n.* (*radar*) radarfaro; trasponditore; transponder.

transpontine /træn'spɒntaɪn/, *a.* *1* (*arc.*) d'oltreponte (*specialm. della zona di Londra a sud del Tamigi*) *2* (*fig.*) melodrammatico, sentimentale (*come le rappresentazioni nei teatri dei quartieri meridionali di Londra nell'800*).

transport /træn'spɔːt/, *n.* *1* trasporto; (i) trasporti: **t. by rail**, trasporto su rotaia (*o* per ferrovia); **t. by road**, trasporto su strada (*o* su gomma) *2* (*fig.*) impeto; moto; slancio; trasporto: **in a t. of rage**, in un impeto d'ira; **transports of delight**, slanci di gioia *3* mezzo di trasporto *4* (*naut., mil.*; *spesso* **troop t.**) nave trasporto (*per truppe*) *5* (*aeron.*) aereo da trasporto *6* (*stor.*) deportato. ● **t. agent**, spedizioniere □ (*autom.*) **t. café**, posto di ristoro; autogrill □ **t. charges**, spese di trasporto □ **t. company**, società di trasporti; messaggerie □ (*econ.*) **the t. industry**, il settore dei trasporti □ **t. rates**, tariffe dei trasporti □ **motor** (*o* **road**) **t.**, autotrasporto (*specialm. di persone*) □ (*fam.*) **I've no t.**, sono senza un mezzo di trasporto; non ho la macchina □ (*lett.*) **to be thrown into transports**, essere fuori di sé (*per la gioia, l'entusiasmo, ecc.*).

to **transport** /træn'spɔːt/, *v. t.* *1* (*anche fig.*) trasportare *2* (*lett.*) rapire (*fig.*); estasiare *3* (*stor.*) deportare. ● (*fig.*) **to be transported**, lasciarsi trasportare: **They were transported with anger**, si lasciarono trasportare dall'ira.

transportability /trænspɔːtə'bɪlətɪ/, *n.* *1* l'essere trasportabile *2* (*elab.*) trasferibilità (*di programmi*).

transportable /træn'spɔːtəbl/, *a.* *1* trasportabile *2* (*stor., leg.*) punibile con la deportazione.

transportation /trænspɔː'teɪʃn/, *n.* *1* (*specialm. USA*) trasporto *2* (i) trasporti *3* mezzo di trasporto *4* (*stor.*) deportazione (*abolita in Inghil. nel 1883*): **t. for life**, deportazione a vita. ● **t. advertising**, pubblicità fatta sui mezzi di trasporto □ **t. by air**, i trasporti aerei.

transportational /trænspɔː'teɪʃənl/, *a.* dei (*o* relativo ai) trasporti.

transporter /træn'spɔːtə(r)/, *n.* *1* trasportatore; vettore *2* corriere *3* (*autom.*) cicogna (*autotreno*). ● (*mecc.*) **t. bridge**, ponte trasportatore □ (*mecc.*) **t. crane**, gru a cavalletto (*o* a portale).

transporting /træn'spɔːtɪŋ/, **A** *n.* *1* il trasportare; trasporto *2* (*stor.*) deportazione. **B** *a.* (*lett.*) entusiasmante; affascinante; incantevole; estasiante.

transposable /træn'spəʊzəbl/, *a.* (*anche mus.*) che può essere trasposto.

transposal /træn'spəʊzl/, *n.* (*anche mus.*) trasposizione.

to **transpose** /træn'spəʊz/, *v. t.* *1* (*anche gramm., mat., med.*) trasporre; spostare *2* (*mus.*) trasporre; trasportare.

transposition /trænspə'zɪʃn/, *n.* *1* (*anche gramm., mat.*) trasposizione; spostamento *2* (*elettr.*) permutazione *3* (*chim.*) trasposizione; trasmutazione: **t. reaction**, reazione di trasmutazione *4* (*mus.*) trasposizione; trasporto di tono *5* (*med.*) trasposizione; inversione: **t. of the viscera**, trasposizione dei visceri.

transpositive /træn'spɒzətɪv/, *a.* *1* (*gramm., mat.*) traspositivo *2* (*elettr.*) permutativo *3* (*chim.*) di trasposizione; trasmutativo.

transputer /træn'spjuːtə(r), -z'pjuːtə(r)/, *n.* (*elab.*) microchip di grande potenza.

transracial /trænz'reɪʃl/, *a.* transrazziale.

transsexual /trænz'sekʃʊəl/, *n.* e *a.* transessuale.

transsexualism /trænz'sekʃʊəlɪzəm/, *n.* transessualità.

to **transship** /træn'ʃɪp/, *v. t.* e *i.* (*naut.*) trasbordare.

transshipment /træn'ʃɪpmənt/, *n.* (*naut.*) trasbordo.

Trans-Siberian /træn(s)saɪ'bɪərɪən/, *a.* (*geogr.*) transiberiano. ● (*ferr.*) **the T. Railway**, la Transiberiana.

trans-sonic /træn'sɒnɪk/, *V.* **transonic**.

to **transubstantiate** /trænsəb'stænʃɪeɪt/, *v. t.* e *i.* *1* (*relig.*) transustanziare, transustanziarsi *2* trasformare, trasformarsi.

transubstantiation /trænsəbstænʃɪ'eɪʃn/, *n.* *1* (*relig.*) transustanziazione *2* trasformazione.

transudate /'trænsuːdeɪt, -sjuː-/, *n.* (*med.*) trasudato.

transudation /trænsuː'deɪʃn, -sjuː-/, *n.* *1* (*med.*) trasudazione *2* trasudato.

to **transude** /træn'suːd, -'sjuː-/, *v. i.* (*med.*) trasudare.

transuranic /trænsʊə'rænɪk, -sjʊə-/, *a.* (*chim.*) transuranico.

transversal /trænz'vɜːsl/, **A** *a.* trasversale (*anche geom.*). **B** *n.* ***1*** (*geom.*) (la) trasversale ***2*** (*geom.*) linea ortogonale ***3*** (*mat.*) insieme trasversale. || **-ly,** *avv.*

transverse /'trænzvɜːs/, **A** *a.* traverso; obliquo; trasversale. **B** *n.* ***1*** (*anat.*) muscolo trasverso ***2*** (*edil.*) traversa (*trave*). || **-ly,** *avv.*

transvestism /trænz'vɛstɪzəm/, *n.* (*psic.*) travestitismo.

transvestist /trænz'vɛstɪst/, *n.* *V.* **transvestite.**

transvestite /trænz'vɛstaɪt/, **A** *n.* (*psic.*) travestito. **B** *a.* di (*o* da) travestito.

transvestitism /trænz'vɛstaɪtɪzəm/, *n.* (*psic.*) travestitismo.

Transylvania /trænsɪl'veɪnɪə/, *n.* (*geogr.*) Transilvania.

trap (1) /træp/, *n.* ***1*** trappola; (*fig.*) inganno, insidia, tranello: **a rat t.**, una trappola per topi; **The fox was caught in the t.**, la volpe rimase presa nella trappola ***2*** (*di fogna, ecc.*) chiusino; pozzetto; sifone intercettatore ***3*** (*sport*) lanciapiattello (*macchina*) ***4*** carrozzella; calesse ***5*** (= **t.-door**) botola; trabocchetto ***6*** (*elab.*) trap; trappola ***7*** (*corse dei cani*) gabbia di partenza ***8*** (*golf, USA*) bunker ***9*** (*pop.*) bocca; becco (*fam.*): **Shut your t.!**, chiudi il becco! ● (*teatr.*) **t. cellar**, spazio sotto il palcoscenico □ (*fig.*) **t.-door**, strappo a «L» (*in un vestito*) □ (*sport*) **t.-shooting**, tiro al piattello □ (*anche fig.*) **to fall into a t.**, cadere in trappola (*o* in un tranello) □ **fly-t.**, acchiappamosche; (*bot., Dionaea muscipula*) dionea □ (*anche fig.*) **to set a t.**, preparare (*o* tendere) una trappola: **The police set a t. to catch the blackmailer**, la polizia tese una trappola al ricattatore.

trap (2) /træp/, *n.* (*geol.*) ***1*** trappo (*roccia vulcanica*) ***2*** trappola (*di petrolio o gas naturale*).

to **trap** (1) /træp/, **A** *v. t.* ***1*** prendere in trappola; intrappolare; accalappiare; ingannare; raggirare ***2*** mettere trappole (*o* tendere lacci) in (*un bosco, ecc.*) ***3*** munire (*una fogna, ecc.*) di sifone intercettatore ***4*** trattenere, bloccare (*un fluido, un gas, cattivo odore*) ***5*** (*tecn.*) catturare: **to t. the sunlight**, catturare la luce del sole ***6*** (*elab.*) inserire trappole in (*un programma*). **B** *v. i.* mettere trappole. ● **to be trapped**, essere in trappola (*anche fig.*); non avere scelta, essere costretto (*a fare q.c., ecc.*); rimanere bloccato: (*autom.*) **to be trapped in one's car all night**, rimanere bloccato (*dalla neve, ecc.*) nella propria auto per una notte intera □ **to feel trapped**, sentirsi in trappola.

♦**trap in**, *v. t.* + *avv.* ***1*** prendere (*un selvatico*) in trappola ***2*** (*fig.*) intrappolare: **The coal-miners were trapped in by the explosion**, i minatori di carbone furono intrappolati dall'esplosione.

♦**trap into**, *v. t.* + *prep.* convincere (q.) con inganni (*o* con sotterfugi) a (*fare q.c.*): **He was trapped into marrying that beautiful girl**, si lasciò accalappiare e sposò quella bella ragazza.

♦**trap with**, *v. t.* + *prep.* ***1*** intrappolare con ***2*** provvedere (*un locale*) di sistemi antifurto: **He trapped the whole house with burglar alarms**, riempì tutta la casa di antifurto.

to **trap** (2) /træp/, *v. t.* ***1*** bardare (*un cavallo*) ***2*** adornare; ornare.

trapan, to **trapan** /trə'pæn/, *V.* **trepan, to trepan.**

to **trapes** /treɪps/, *V.* **to traipse.**

trapeze /trə'piːz/, *n.* trapezio (*per acrobati e ginnasti*).

trapezial /trə'piːzɪəl/, *a.* ***1*** (*geom.*) di trapezio ***2*** (*anat.*) del trapezio.

trapeziform /trə'piːzɪfɔːm/, *a.* (*geom.*) trapezoidale; trapezoide; trapeziforme.

trapezium /trə'piːzɪəm/, *n.* (*pl.* **trapezia, trapeziums**) (*geom.*) ***1*** trapezio ***2*** (*USA e Can.*) trapezoide.

trapezius /trə'piːzɪəs/, *n.* (*anat.*) trapezio (*muscolo*).

trapezoid /'træpɪzɔɪd/, (*geom.*) **A** *n.* ***1*** trapezoide ***2*** (*USA e Can.*) trapezio. **B** *a.* *V.* **trapezoidal.**

trapezoidal /'træpɪzɔɪdl/, *a.* (*geom.*) trapezoidale; trapezoide.

trapper /'træpə(r)/, *n.* chi tende trappole; (*specialm.*) cacciatore di pelli (che usa trappole).

trappings /'træpɪŋz/, *n. pl.* ***1*** (*di cavallo*) bardatura ***2*** ornamenti; guarnizioni; insegne: **the t. of royalty**, le insegne della regalità ***3*** (il) cerimoniale. ● **the t. of success**, i simboli del successo.

Trappist /'træpɪst/, *n.* (*relig.*) trappista.

Trappistine /'træpɪstɪn/, *n.* ***1*** (*relig.*) trappistina (*monaca*) ***2*** – **t.**, liquore dei trappisti.

trappy /'træpɪ/, *a.* (*fam.*) ingannevole; insidioso; pieno di trappole.

traps /træps/, *n. pl.* (*fam.*) bagagli; oggetti d'uso personale.

to **trapse** /treɪps/, *V.* **to traipse.**

trapshooting /'træpʃuːtɪŋ/, *n.* (*sport*) tiro al piattello.

trash (1) /træʃ/, *n.* ***1*** ciarpame; robaccia; paccottiglia; cianfrusaglie ***2*** (*specialm. USA*) immondizie; pattume; rifiuti ***3*** (*fig. fam.*) sciocchezze; stupidaggini; insulsaggini ***4*** (*fig.*) robaccia; porcheria, schifezza (*pop.*): **This novel is mere t.**, questo romanzo è una porcheria ***5*** (*specialm. USA*) ciurmaglia; feccia (*fig.*); persone che non contano niente ***6*** ramaglia; sterpi. ● (*USA*) **t. can**, bidone dell'immondizia, pattumiera (*cfr. ingl.* **dustbin**) □ (*USA*) **t. compactor**, compattatore dell'immondizia □ **cane t.**, residui di canne da zucchero (*usati come combustibile*) □ (*collett., USA*) **poor white t.**, bianchi di bassa condizione (*specialm. nel Sud*).

trash (2) /træʃ/, *n.* (*pop.*) atto vandalico (*o* di vandalismo).

to **trash** (1) /træʃ/, *v. t.* ***1*** sfrondare, sfoltire (*alberi, canne da zucchero*) ***2*** sfogliare; scartocciare.

to **trash** (2) /træʃ/, (*pop.*) **A** *v. i.* compiere atti vandalici. **B** *v. t.* ***1*** devastare; saccheggiare ***2*** distruggere; fracassare; spaccare ***3*** deturpare; guastare; rovinare; sciupare ***4*** stroncare, demolire (*con critiche, ecc.*) ***5*** buttare via; scartare.

trashery /'træʃərɪ/, *V.* **trash (1),** *def. 1.*

trashman /'træʃmæn/, *n.* (*pl.* **trashmen**) netturbino; spazzino.

trashy /'træʃɪ/, *a.* di nessun valore; meschino; scadente; da due soldi: **a t. play**, un dramma da due soldi. ● **a t. film**, un film spazzatura. || **-ily,** *avv.* || **-iness,** *sost.*

trass /træs/, *n.* (*geol.*) trass.

trauma /'trɔːmə, *USA* 'traʊ-/, *n.* (*pl.* **traumata, traumas**) (*med., psic.*) trauma.

traumatic /trɔː'mætɪk, *USA* traʊ-/, *a.* traumatico.

traumatism /'trɔːmətɪzəm, *USA* 'traʊ-/, *n.* (*med.*) traumatismo.

traumatization /trɔːmətaɪ'zeɪʃn, *USA* traʊmətɪ'z-/, *n.* traumatizzazione.

to **traumatize** /'trɔːmətaɪz, *USA* 'traʊ-/, *v. t.* traumatizzare.

traumatized /'trɔːmətaɪzd, *USA* 'traʊ-/, *a.* (*med.*) traumatizzato. ● **a t. person**, un traumatizzato.

traumatological /trɔːmətə'lɒdʒɪkl, *USA* traʊ-/, *a.* (*med.*) traumatologico.

traumatologist /trɔːmə'tɒlədʒɪst, *USA* traʊ-/, *n.* (*med.*) traumatologo.

traumatology /trɔːmə'tɒlədʒɪ, *USA* traʊ-/, *n.* (*med.*) traumatologia.

travail /'træveɪl, *USA* trə'veɪl/, *n.* (*lett.*) ***1*** travaglio; lavoro duro; sforzo penoso ***2*** travaglio di parto; doglie (*del parto*): **a woman in t.**, una donna in travaglio di parto.

to **travail** /'træveɪl, *USA* trə'veɪl/, *v. i.* (*lett.*) ***1*** travagliarsi; affaticarsi; fare uno sforzo penoso; darsi pena ***2*** (*di donna*) avere le doglie (*del parto*).

travel /'trævl/, *n.* ***1*** (il) viaggiare; (i) viaggi: **T. was slow in ancient times**, nei tempi antichi i viaggi erano lenti (*o* si viaggiava lentamente); **educational t.**, viaggio d'istruzione ***2*** (*pl.*) viaggi: **He isn't back from his travels yet**, non è ancora tornato dai suoi viaggi ***3*** (*mecc.*) corsa; escursione ***4*** (*mecc.*) gioco (*in questo senso,* = **free t.**): **I have improved the t. of the valves**, ho corretto il gioco delle valvole. ● **t. agency**, agenzia di viaggi □ **t. agent**, titolare d'agenzia di viaggi □ **t. consultant**, consulente turistico □ **t. goods**, articoli da viaggio □ **t. insurance**, assicurazione per i viaggi □ **t. iron**, ferro da stiro da viaggio □ **t. literature**, letteratura turistica; dépliants turistici □ **t.-sick**, che soffre il mal d'auto □ **t.-sickness**, mal d'auto; mal di mare; (*med.*) cinetosi □ (*cinem.*) **t.-shot**, carrellata □ (*USA*) **t. trailer**, roulotte (*usabile anche durante il viaggio*) □ **books of t.** (*o* **of travels**), libri di viaggi □ **to publish one's travels**, pubblicare libri sui propri viaggi.

to **travel** /'trævl/, **A** *v. i.* ***1*** viaggiare; fare un viaggio: **He has travelled a lot**, ha viaggiato molto; (*fam.*) **to t. light**, viaggiare leggero (*o* con poco bagaglio) ***2*** andare; circolare; diffondersi, propagarsi; viaggiare: **Trains t. along rails**, i treni vanno sulle rotaie; **Light travels at velocity of 300,000 kilometres per second**; la luce viaggia alla velocità di 300.000 kilometri al secondo; **Sound travels much faster in the water than in the air**, il suono si propaga assai più rapidamente nell'acqua che nell'aria ***3*** (*comm.*) fare il commesso viaggiatore (*o* il rappresentante): **He travels for Messrs Smith and Co.**, fa il commesso viaggiatore per la ditta Smith e Co.; **to t. in carpets**, fare il rappresentante di tappeti ***4*** (*mecc.*) compiere la corsa ***5*** (*d'animali selvatici*) spostarsi (*in cerca di pascolo*) ***6*** (*fam., specialm. autom.*) andare forte (*fam.*); superare il limite (*di velocità*) ***7*** (*fam.*) fare comunella (*con q.*). **B** *v. t.* ***1*** viaggiare in; percorrere: **He has travelled the whole world**, ha viaggiato per tutto il mondo; **to t. Italy from end to end**, percorrere l'Italia dalle Alpi alla Sicilia ***2*** viaggiare alla velocità di; fare (*fam.*): **Our train was travelling seventy miles an hour**, il nostro treno faceva settanta miglia all'ora.

♦**travel back**, *v. i.* + *avv.* ***1*** tornare indietro; fare il viaggio di ritorno ***2*** (*fig.*: *della mente, ecc.*) riandare: **My mind travelled back to my childhood**, riandai con la mente alla mia infanzia.

♦**travel by**, *v. i.* + *prep.* viaggiare per mezzo di (o *in*): **to t. by bus [train, car]**, viaggiare in autobus [treno, auto]; **to t. by air** (*o* **by plane**), viaggiare in aereo.

♦**travel on**, *v. i.* + *prep.* viaggiare per mezzo di (*o* a): **to t. on foot**, viaggiare a piedi; **to t. on horseback**, viaggiare a cavallo.

♦**travel over**, **A** *v. i.* + *prep.* ***1*** viaggiare per (*o* attraverso): **to t. over land and water**, viaggiare per mare e per monti ***2*** (*fig.*: *degli occhi, dello sguardo*) passare, scorrere su: **His eyes travelled over the scene of the accident**, scorse con lo sguardo la scena dell'incidente ***3*** (*fig.*: *della mente*) riandare a, rivedere (*il passato*). **B** *v. t.* + *avv.* percorrere; viaggiare in (*o* per): **to t. the whole world over**, viaggiare per tutto il mondo.

travelcard /'trævlkɑːd/, *n.* (*ferr., in G.B.*) biglietto di andata e ritorno giornaliero.

travel(l)ator /'trævəleɪtə(r)/, *n.* (*raro*) tappeto mobile; tapis roulant (*franc.*).

travelled /'trævld/, *a.* ***1*** (*di persona*) che ha viaggiato: **a much-t. man**, un uomo che ha viaggiato molto; un gran viaggiatore ***2*** (*di strada*) di (gran) traffico.

traveller /'trævələ(r), -vl-/, *n.* ***1*** viaggiatore, viaggiatrice ***2*** (*spesso* **commercial t.**) viaggiatore (di commercio); commesso viaggiatore *3* (*mecc.*) parte mobile (*di una macchina*); cursore *4* (*naut.*) canestrello (*di scotta o randa*). ● **t.'s cheque** (*o* **travellers' cheque**), assegno turistico □ (*bot.*) **t.'s-joy** (*Clematis vitalba*), vitalba □ **t.'s letter of credit**, lettera credenziale (*per turisti*) □ **fellow-t.**, compagno di viaggio; (*polit., fig.*) compagno di strada.

travelling /ˈtrævəlɪŋ, -vl-/, **A** *n.* *1* il viaggiare; i viaggi *2* (*mecc.*) movimento (*di un pezzo*) *3* (*pallacanestro*) passi (*infrazione*). **B** *a. attr.* *1* di (*o* da) viaggio: **a t. bag**, una borsa da viaggio; **t. expenses**, spese di viaggio; indennità di trasferta *2* (*mecc.*) mobile: **t. crane**, gru mobile. ● **t. exhibit**, mostra itinerante □ **t. fellowship**, borsa di viaggio d'istruzione □ **t. indemnity**, indennità di missione □ **t. salesman**, commesso viaggiatore □ **Have you done much t.?**, hai viaggiato molto?

travelogue /ˈtrævəlɒg, *USA* -ɔːg/, (*USA*) **travelog** /ˈtrævəlɒg, *USA* -ɔːg/, *n.* conferenza su un viaggio (*o* una spedizione, ecc.) corredata da proiezioni; documentario turistico.

traversable /trəˈvɜːsəbl/, *a.* *1* (*di strada, ecc.*) attraversabile *2* (*leg.*) contestabile; negabile.

traverse /trəˈvɜːs/, **A** *n.* *1* traversa; (*geom.*) linea trasversale *2* (*mecc.*) spostamento laterale; traslazione trasversale *3* (*mil.*) riparo trasversale (*di trincea*) *4* (*mil, tecn.*: *di cannone, d'antenna di radar, ecc.*) brandeggio; spostamento di direzione *5* (*meteor.*) traverso (*vento*) *6* (*naut.*) navigazione a bordate (*o* a zigzag) *7* (*leg.*) contestazione; diniego *8* (*geol.*) trasversale (*linea*) *9* (*topogr.*) (una) poligonale *10* (*alpinismo*) passaggio trasversale. **B** *a.* trasversale. ● (*edil.*) **a t. beam**, una traversa □ (*naut., stor.*) **t. board**, rosa dei piloti □ **t. table**, (*ferr.*) piattaforma girevole; (*naut.*) tavola per fare il punto □ (*naut.*) **to work** (*o* **to solve**) **a t.**, calcolare la distanza percorsa bordeggiando.

to **traverse** /trəˈvɜːs/, *v. t.* e *i.* *1* traversare; attraversare: **A motorway traverses the district**, un'autostrada attraversa la regione *2* spostarsi lateralmente; muoversi di traverso *3* girare; spostare; brandeggiare (*un cannone*) *4* (*naut.*) mettere (*la nave*) per chiglia (*o* per lungo) *5* contrastare; opporsi a; impedire *6* (*leg.*) contestare; negare: **to t. the opponent's arguments**, contestare le argomentazioni della controparte *7* (*form.*) esaminare a fondo; considerare attentamente; discutere a fondo; sviscerare: **to t. a subject in a lecture**, sviscerare un argomento in una conferenza *8* (*del cavallo*) andare di sghembo *9* (*alpinismo*) fare un passaggio trasversale. ● (*mil.*: *di cannone*) **traversing gears**, ingranaggi di brandeggio.

traverser /trəˈvɜːsə(r)/, *n.* *1* (*ferr.*) traversatore; piattaforma girevole *2* (*ind.*) carrello trasbordatore.

travertine /ˈtrævətɪn, -tiːn/, *n.* (*geol.*) travertino.

travesty /ˈtrævəstɪ/, *n.* *1* travestimento burlesco; parodia; imitazione mimica: **Their government is a t. of democracy**, il loro governo è una parodia della democrazia; **to give a t. of sb.**, fare un'imitazione mimica di q. *2* (*fig.*) svisamento; travisamento.

to **travesty** /ˈtrævəstɪ/, *v. t.* *1* parodiare; travestire (*fig.*); imitare: **to t. sb.'s style**, parodiare lo stile di q. *2* (*arte, letter.*) essere una ridicola imitazione di (*un'altra opera, ecc.*) *3* (*fig.*) svisare; travisare.

trawl /trɔːl/, *n.* (*naut.*) *1* (= **t.-net**) rete a strascico; sciabica; paranza *2* (*USA*, = **t.-line**) palamito, palamite. ● **t. anchor**, ancorotto per palamito □ **t. boat**, battello da pesca (*con sciabica o paranza*).

to **trawl** /trɔːl/, *v. t.* e *i.* (*naut.*) *1* pescare con la rete a strascico; sciabicare *2* (*USA*) pescare alla traina. ● **to t. a net**, trascinare una rete.

trawler /ˈtrɔːlə(r)/, *n.* *1* chi pesca con rete a strascico (*o* con la sciabica) *2* (*naut.*) motopeschereccio (con reti) a strascico.

trawling /ˈtrɔːlɪŋ/, *n.* (*naut.*) *1* pesca con la sciabica (*o* con la paranza) *2* (*USA*) pesca alla traina.

tray /treɪ/, *n.* *1* vassoio: **a tea t.**, un vassoio per il tè *2* (*anche fotogr.*) bacinella; vaschetta *3* (*di baule*) compartimento; ripiano. ● **t. cloth**, tovagliolino □ (*in un ufficio*) **in-t.**, cassetta della corrispondenza in arrivo □ **out-t.**, cassetta della corrispondenza in partenza.

trayful /ˈtreɪfl/, *n.* vassoiata; quanto sta in un vassoio.

treacherous /ˈtretʃərəs/, *a.* *1* infido; sleale; proditorio; traditore; ingannevole; perfido: **a t. partner**, un socio infido; **a t. action**, un atto proditorio; **a t. smile**, un sorriso traditore; **t. weather**, tempo traditore *2* insidioso; pericoloso: **a t., slippery road**, una strada pericolosa, sdrucciolevole. || **-ly**, *avv.* || **-ness**, *sost.*

treachery /ˈtretʃərɪ/, *n.* *1* slealtà; perfidia *2* tradimento.

treacle /ˈtriːkl/, *n.* *1* melassa; sciroppo di zucchero *2* (*fig.*) panacea; rimedio per tutti i mali.

treacly /ˈtriːklɪ/, *a.* *1* di (*o* simile a) melassa *2* sciropposo; appiccicoso; (*fig.*) sdolcinato. ● **a t. voice**, una voce melata.

tread /tred/, *n.* *1* andatura; passo: **He has a heavy t.**, ha il passo pesante *2* (*edil.*, = **t.-board**) pedata; superficie di scalino; gradino *3* (*autom.*: *di pneumatico*) battistrada: **t. bar**, rilievo del battistrada; **t. design**, scolpitura del battistrada *4* (*di ruota di carro, ecc.*) cerchione *5* (*ferr.*) superficie di contatto (*di rotaia*) *6* (*autom.*) interasse; carreggiata *7* salto, accoppiamento (*del gallo*).

to **tread** /tred/ (*pass.* **trod**, *p. p.* **trodden, trod**), **A** *v. i.* *1* andare (*a piedi*); camminare; procedere: **She trod cautiously not to break the glasses**, camminava guardinga per non rompere i bicchieri *2* – **to t. on**, mettere il piede su; calpestare; pestare; pigiare (su): **Don't t. on the grass**, non calpestare l'erba!; **I trod on a sharp stone**, posai il piede su un sasso aguzzo; (*autom.*) **to t. on the accelerator**, pigiare sull'acceleratore *3* (*del piede*) posarsi: **where no foot may t.**, dove non può posarsi piede umano *4* (*del gallo, ecc.*) accoppiarsi. **B** *v. t.* *1* calcare; calpestare; pestare; pigiare: **to t. grapes**, pigiar l'uva (*per fare il vino*) *2* percorrere; seguire: **He trod the corridor from end to end**, percorse il corridoio da un capo all'altro; (*anche fig.*) **to t. a dangerous path**, seguire una strada pericolosa *3* tracciare, fare (*pestando o pigiando*): **The wild animals had trodden a track to the river**, gli animali selvatici avevano tracciato un sentiero sino al fiume *4* fare (*passi, specialm. di danza*); eseguire (*una danza*): **to t. a minuet**, eseguire un minuetto *5* (*del gallo, ecc.*) accoppiarsi con (*una gallina, ecc.*). ● (*fig.*) **to t. the boards** (*o* **the stage**), calcare le scene □ (*fig.*) **to t. in sb.'s footsteps**, seguire le orme di q. □ **to t. lightly**, camminare con passo leggero; (*fig.*) andare con i piedi di piombo □ (*fig. pop.*) **to t. on air**, toccare il cielo con un dito; essere al settimo cielo □ (*fig.*) **to t. (as) on eggs**, camminare sulle uova, andare con i piedi di piombo (*fig.*) □ **to t. on sb.'s heels**, stare alle calcagna di q.; tallonare q. □ (*anche fig.*) **to t. on sb.'s neck**, mettere il piede sul collo a q.; tenere q. in completa soggezione □ (*anche fig.*) **to t. on sb.'s toes**, pestare i piedi a q. □ **to t. sb. under foot**, schiacciare q., mettersi sotto i piedi q.; (*fig.*) distruggere q.: **The angel trod Satan under his feet**, l'angelo schiacciò Satana sotto i piedi □ **to t. water**, tenersi a galla in posizione verticale (*agitando le gambe*).

♦**tread down**, *v. t. + avv.* *1* calpestare; comprimere; schiacciare; pestare: **Here the grass has been trodden down by elephants**, qui l'erba è stata pestata dagli elefanti *2* (*fig.*) calpestare; opprimere: **The people was trodden down by a tyrant**, il popolo era oppresso da un tiranno.

♦**tread in**, *v. t. + avv.* calcare (q.c.) dentro; far entrare (q.c.) pigiando.

♦**tread into**, *v. t. + prep.* *1* far entrare (q.c.) dentro (*pigiando, o con i piedi*) *2* incorporare (*sporcizia, fango, ecc.*) in (*un tappeto e sim.*).

♦**tread out**, *v. t. + avv.* *1* spegnere (*un fuoco*) con i piedi *2* (*fig.*) reprimere (*una rivolta*) *3* pigiare (*l'uva*) con i piedi *4* aprire, tracciare (*un sentiero*) col passaggio: **The wild animals had trodden out a path in the jungle**, gli animali selvatici avevano tracciato un sentiero nella giungla.

treadle /ˈtredl/, *n.* (*mecc.*) pedale (*di macchina da cucire, ecc.*). ● **t. lathe**, tornio a pedale □ (*tipogr.*) **t. machine** (*o* **t. press**), macchina da stampa a pedale; pedalina.

to **treadle** /ˈtredl/, *v. i.* azionare il (*o* un) pedale.

treadmill /ˈtredmɪl/, *n.* *1* (*stor.*) mulino azionato (*dall'uomo o da una bestia*) mediante una grande ruota a gradini (*sui quali camminare*) *2* (*stor.*) mola da tortura (*dei carcerati*) *3* (*fig.*) lavoro gravoso, ingrato, opprimente, noioso.

treason /ˈtriːzn/, *n.* *1* (*anche leg.*) tradimento: **The rioters were hanged for t.**, i rivoltosi furono impiccati per tradimento *2* (= **high t.**) alto tradimento.

treasonable /ˈtriːznəbl, -zən-/, **treasonous** /ˈtriːznəs, -zən-/, *a.* di tradimento; sedizioso; proditorio: **a t. speech**, un discorso sedizioso.

treasure /ˈtreʒə(r)/, *n.* *1* tesoro (*anche fig.*): **a buried t.**, un tesoro sepolto; **art treasures**, tesori d'arte; **That girl is a real t.**, quella ragazza è proprio un tesoro *2* denaro; ricchezze: **The country poured out blood and t. in the war**, la nazione prodigò sangue e ricchezze nella guerra. ● **t. chest**, forziere □ **t. house**, stanza del tesoro; (*fig.*) luogo in cui si serbano tesori d'arte, ecc. □ **t. hunt**, caccia al tesoro (*gioco*) □ (*leg.*) **t. trove**, tesoro trovato (*va denunciato, ed è di proprietà dello Stato*).

to **treasure** /ˈtreʒə(r)/, *v. t.* *1* (*spesso* **to t. up**) tesoreggiare; tesaurizzare: **to t. up silver coins**, tesaurizzare monete d'argento *2* far tesoro di; aver molto caro; apprezzare molto: **to t. memories of one's childhood**, far tesoro dei ricordi d'infanzia.

treasurer /ˈtreʒərə(r)/, *n.* tesoriere; cassiere: **the t. of a club**, il cassiere di un circolo. ● (*stor.*) **the Lord High T.**, il Gran Tesoriere.

treasurership /ˈtreʒərəʃɪp/, *n.* ufficio (*o* carica) di tesoriere.

treasuring /ˈtreʒərɪŋ/, *n.* *1* tesoreggiamento; tesaurizzazione *2* (l') aver molto caro; grande apprezzamento.

treasury /ˈtreʒərɪ/, *n.* *1* tesoreria; cassa *2* – **the T.**, il Tesoro; il Ministero del Tesoro *3* – **the T.**, l'Erario *4* (*fig.*) tesoro: **a t. of information**, un tesoro d'informazioni *5* (*fig.*) collezione, raccolta (*di oggetti d'arte, versi, ecc.*). ● (*fin.*) **T. auction**, asta del Tesoro □ **the T. Bench**, il banco del governo (*alla Camera dei Comuni*) □ (*fin.*) **T. bill**, buono del Tesoro (*a breve termine*; *infruttifero, ma emesso sotto la pari*: *in G.B. e in USA*) □ (*in G.B.*) **the T. Board**, il Comitato del Tesoro □ (*fin., USA*) **t. bond**, buono del Tesoro (*a lungo termine, fruttifero*) □ (*fin., USA*) **t. certificate**, certificato del Tesoro (*a breve termine, fruttifero*) □ (*fin., USA*) **t. note**, buono del Tesoro (*a medio termine, fruttifero*) □ (*fig.*) **a t. of verse**, un'antologia di poeti □ (*fin.*) **T. shares** (*o* **stock**), titoli di stato □ **T. warrant**, mandato di pagamento del Tesoro □ (*polit., in G.B.*) **the First Lord of the T.**, il Primo Lord del Tesoro (*il Primo Ministro*).

treat /triːt/, **A** *n.* *1* festa; trattenimento; banchetto; bevuta: **a children's t.**, una festa per i bambini *2* festa; gran piacere; gioia; godimento: **The concert was a real t.**, il concerto fu un vero godimento; **What a t. it is to go to the seaside for a weekend**, che gioia passare il fine settimana al mare! *3* (*fam.*) bellezza (*fig.*); splendore: **That girl looks a real**

t., quella ragazza è uno splendore. **B** *avv.* (*fam.*) – **a t.**, alla perfezione; a meraviglia; benissimo. ● **school t.**, trattenimento per bambini (*specialm. quelli che vanno a dottrina*) □ **That's my t.**, tocca a me pagare; sta a me offrire □ (*fam.*) **I'll stand t.**, offro io; pago io!

to **treat** /triːt/, *v. t.* e *i.* *1* trattare; considerare; discutere; negoziare: **He treats his children like dogs**, tratta i figli da cani (*male*); **You ought to t. it as a piece of advice**, dovresti considerarlo un consiglio; **to t. a subject**, trattare un argomento, un tema; **This book treats of our political situation**, questo libro tratta della nostra situazione politica; **This computer should be treated with great care**, questo computer va trattato con tutti i riguardi *2* (*med.*) curare; trattare; medicare: **to t. a wound**, curare una ferita; **to t. sb. for a disease**, curare q. di una malattia *3* offrire; pagare: **to t. one's friends to a good dinner**, offrire un buon pranzo agli amici; **I'll t. myself to a long trip abroad**, mi offrirò (*o* mi concederò) un lungo viaggio all'estero; **Whose turn is it to t. next?**, a chi tocca pagare ora?; **to t. sb. to a drink**, offrire una bibita (*o* pagare da bere) a q. *4* (*tecn.*) trattare; sottoporre (q.c.) a trattamento: (*chim.*) **to t. a substance with an acid**, trattare una sostanza con un acido; **to t. a car against rust**, sottoporre un'automobile a trattamento antiruggine. ● **to t. st. as a joke**, non prendere q.c. sul serio □ (*polit.*) **to t. one's electors**, offrire banchetti (*o* altro) ai propri elettori (*per averne il voto*) □ **to t. for peace**, trattare la pace □ **I will t. you all**, pago da bere a tutti!; offro io!

treatability /triːtəˈbɪlətɪ/, *n.* *1* trattabilità *2* (*med.*) curabilità.

treatable /ˈtriːtəbl/, *a.* *1* trattabile *2* (*med.*) curabile.

treater /ˈtriːtə(r)/, *n.* *1* chi tratta *2* (*med.*) chi cura *3* chi offre; chi paga (*V.* **to treat**).

treating /ˈtriːtɪŋ/, *n.* (*anche chim., ind.*) trattamento.

treatise /ˈtriːtɪs, -ɪz/, *n.* trattato; dissertazione; saggio.

treatment /ˈtriːtmənt/, *n.* *1* trattamento: **preferential t.**, trattamento preferenziale *2* (*chim., fis., metall.*) trattamento: **heat t.**, trattamento termico *3* (*med.*) trattamento; terapia; cura; cure: **a new t. for duodenal ulcer**, una nuova cura dell'ulcera duodenale *4* trattazione: **the t. of a subject**, la trattazione di un argomento *5* (*arte, mus.*) esecuzione *6* (*cinem., TV*) scaletta. ● (*med.*) **to have** (*o* **to receive**) **t.**, farsi curare; farsi medicare; fare una cura.

treaty /ˈtriːtɪ/, *n.* *1* trattato; patto: **a peace t.**, un trattato di pace; **a trade t.**, un trattato commerciale *2* trattativa; negoziato. ● (*naut.*) **t. port**, porto franco □ (*polit.*) **t. powers**, potenze beneficiarie di trattati □ **by private t.**, mediante trattative private □ **to be in t. with sb. for st.**, essere in trattative con q. per q.c.; trattare con q. per l'acquisto (*o* la vendita) di q.c.

treble /ˈtrɛbl/, **A** *a.* *1* triplo; triplice: **a t. amount**, un ammontare triplo *2* (*mus.*) di soprano: **t. clef**, chiave di soprano; **to sing in a t. voice**, cantare con voce di soprano *3* (*per estens.*; *di suono*) acuto. **B** *n.* *1* triplo *2* (*mus.*) voce (*o* parte) di soprano; soprano. **C** *avv.* *1* tre volte tanto (*o* tanti): **He sold the house for t. its price**, vendette la casa per il triplo del suo prezzo *2* con voce di soprano: **to sing t.**, cantare con voce di soprano. ● (*in G.B.*) **the t. chance**, tentativo d'indovinare i pareggi e le vittorie sia in casa che in trasferta (*al totocalcio*).

to **treble** /ˈtrɛbl/, **A** *v. t.* triplicare: **We've trebled our proceeds**, abbiamo triplicato il fatturato. **B** *v. i.* triplicarsi: **The world population will t. in a few decades**, la popolazione mondiale si triplicherà in pochi decenni.

trebling /ˈtrɛblɪŋ, -bəl-/, *n.* triplicazione; moltiplicazione per tre.

trebly /ˈtrɛblɪ/, *avv.* tre volte tanto; in modo triplice.

trebuchet /ˈtrɛbəʃət/, **trebucket** /ˈtriːbʌkɪt/, *n.* *1* (*stor.*) trabocco (*macchina bellica*) *2* bilancino (di precisione).

trecentist /treɪˈtʃɛntɪst/, *n.* (*arte, letter.*) trecentista.

tree /triː/, *n.* (*bot.*) *1* albero *2* arbusto: **a rose t.**, un arbusto di rose; un rosaio *3* (*anche ling.*) albero; diagramma *4* (*archit.*) trave. ● (*di libro*) **t. calf**, legatura di vitello, con disegni ramiformi □ (*zool.*) **t. creeper** (*Certhia*), rampichino (*uccello*) □ **t. fern**, felce gigante □ (*zool.*) **t. frog** (*Hyla arborea*), raganella □ (*zool.*) **t. goose**, oca selvatica (*dei paesi nordici*) □ **t. house**, piccola capanna sui rami di un albero □ (*geogr.*) **t.-line**, limite della vegetazione arborea □ **t.-lined**, alberato; fiancheggiato da alberi □ (*agric.*) **t. nursery**, vivaio □ (*bot.*) **t. of heaven** (*Ailanthus altissima*), ailanto □ (*stor.*) **the t. of liberty**, l'albero della libertà □ (*zool.*) **t. toad**, *V.* **t. frog** □ **t. work**, sistemazione e cura delle piante (*da giardino*) □ (*fig.*) **to be at the top of the t.**, essere all'apice della carriera □ **Christmas t.**, albero di Natale □ **family t.**, albero genealogico □ (*fig. fam. USA*) **up a t.**, con le spalle al muro; in imbarazzo; in una situazione difficile.

to **tree** /triː/, **A** *v. t.* *1* costringere a rifugiarsi su un albero: **The lion treed the hunter**, il leone costrinse il cacciatore a rifugiarsi su un albero *2* mettere (*una scarpa, uno stivale*) in forma *3* (*fig. fam. USA*) mettere in imbarazzo; mettere con le spalle al muro. **B** *v. i.* rifugiarsi su un albero.

treeless /ˈtriːləs/, *a.* senz'alberi; brullo: **a t. mountain**, una montagna brulla.

treenail /ˈtriːneɪl/, *n.* (*naut.*) caviglia di legno.

treetop /ˈtriːtɒp/, *n.* cima (*o* vetta) d'albero.

trefoil /ˈtrɛfɔɪl/, *n.* *1* (*bot., Trifolium*) trifoglio *2* (*archit.*) ornamentazione trilobata.

trek /trɛk/, *n.* *1* viaggio su carro trainato da buoi; migrazione *2* tappa di un tale viaggio *3* (*per estens.*) viaggio lento e faticoso. ● (*fam.*) **a real t.**, una lunga camminata; una bella sgambata (*fam.*).

to **trek** /trɛk/, **A** *v. t.* (*di buoi*) tirare (*un carro*). **B** *v. i.* *1* viaggiare su un carro trainato da buoi; migrare sui carri (*in Sud Africa*) *2* (*per estens.*) viaggiare a piedi; fare del trekking.

trekker /ˈtrɛkə(r)/, *n.* *1* chi viaggia su un carro trainato da buoi *2* migrante (*in Sud Africa*).

trekking /ˈtrɛkɪŋ/, *n.* (*sport*) trekking.

trellis /ˈtrɛlɪs/, *n.* *1* graticcio; graticolato; graticciata *2* pergolato (*di graticcio*) *3* (*falegn.*; = **trelliswork**) graticcio.

to **trellis** /ˈtrɛlɪs/, *v. t.* *1* ingraticciare *2* far crescere (*piante*) su un graticcio; sostenere (*viti, ecc.*) mediante una pergola. ● **trellised roses**, rose a spalliera.

tremble /ˈtrɛmbl/, *n.* *1* tremito; tremore; fremito; trepidazione *2* (*pl.*) (*vet.*) tremori (*degli erbivori*) da tossicosi esogena. ● (*fam.*) **to be all of a t.**, tremar tutto; tremare come una foglia.

to **tremble** /ˈtrɛmbl/, *v. i.* tremare; fremere; trepidare; palpitare: **His hands trembled with excitement**, le mani gli tremavano per l'agitazione; **to t. with rage**, fremere d'ira; **I t. for my old mother**, trepido per la mia vecchia madre; **I t. to think what might have happened**, tremo al pensiero di quel che avrebbe potuto succedere. ● **to t. in every limb**, tremare come una foglia (*o* come una canna) □ (*fig.*) **His life trembles in the balance**, la sua vita è sospesa a un filo.

trembler /ˈtrɛmblə(r)/, *n.* *1* chi trema (*V.* **to tremble**) *2* (*mecc.*) vibratore *3* (*elettr.*) ruttore.

trembling /ˈtrɛmblɪŋ/, **A** *n.* tremito; tremore; fremito; trepidazione. **B** *a.* tremante; tremulo; fremente. ● (*bot.*) **t. poplar** (*Populus tremula*), pioppo tremulo □ **in fear and t.**, tremante di paura. || **-ly**, *avv.*

trembly /ˈtrɛmblɪ/, *a.* (*fam.*) tremante; tremulo; fremente.

tremendous /trəˈmɛndəs/, *a.* *1* tremendo; terribile; spaventoso: **a t. crash**, un incidente tremendo; **at a t. velocity**, a una velocità spaventosa *2* enorme; straordinario: **a t. wave**, un'onda enorme *3* (*fam.*) favoloso; fantastico: **a t. party**, una festa favolosa. ● **a t. talker**, un gran chiacchierone; uno che non sta mai zitto. || **-ly**, *avv.* || **-ness**, *sost.*

tremolant /ˈtrɛmələnt/, *n.* (*mus.*) tremulo (*dell'organo*).

tremolo /ˈtrɛmələʊ/ (*ital.*), *n.* (*pl.* **tremolos**) (*mus.*) tremulo, tremolo.

tremor /ˈtrɛmə(r)/, *n.* *1* tremore; tremito; fremito: **a t. of delight**, un fremito di gioia *2* (*geol.*) tremore, piccola scossa: **earthquake tremors**, piccole scosse di terremoto *3* (*med.*) tremore: **t. capitis**, tremore del capo.

tremulant /ˈtrɛmjʊlənt/, *n.* (*mus.*) tremulo (*dell'organo*).

tremulous /ˈtrɛmjʊləs/, *a.* *1* tremulo; tremante; fremente; tremolante; vacillante: **in a t. tone**, in tono tremulo; **t. hand**, mano tremante *2* (*fig.*) timido; pauroso; timoroso: **a t. smile**, un timido sorriso. || **-ly**, *avv.* || **-ness**, *sost.*

trenail /ˈtriːneɪl, ˈtrɛnl/, *V.* **treenail**.

trench /trɛntʃ/, *n.* *1* fossa; fosso *2* (*geol.*) fossa (*sottomarina*) *3* (*ind. min.*) scavo *4* (*mil.*) trincea. ● **t. cart**, carretto (*per il trasporto di munizioni nelle trincee*) □ **t. coat**, trench; impermeabile (*di foggia militare*) □ (*mil.*) **t. communication**, camminamento □ **t. digger**, scavatore; (*mecc.*) scavatrice □ (*mecc.*) **t. excavator**, scavafossi □ (*med.*) **t. fever**, febbre quintana □ (*mil.*) **t. gun** (*o* **t. mortar**), lanciabombe; mortaio □ **t. knife**, pugnale □ (*med.*) **t. mouth**, gengivite ulcerativa □ (*agric.*) **t. plough**, aratro assolcatore □ **t. warfare**, guerra di trincea □ **to open the trenches**, cominciare a scavare le trincee.

to **trench** /trɛntʃ/, **A** *v. t.* *1* scavare fosse in; solcare: **to t. land**, scavare fosse nel terreno *2* (*mil.*) trincerare *3* incidere (*legno, ecc.*). **B** *v. i.* scavare fosse. ● (*form.*) **to t. on** (*o* **upon**), invadere, usurpare; esser vicino a, rasentare: **to t. on sb.'s land**, invadere il terreno di q.; **to t. upon sb.'s rights**, usurpare i diritti di q.; **His behaviour trenches upon vulgarity**, la sua condotta rasenta la volgarità.

trenchancy /ˈtrɛntʃənsɪ/, *n.* *1* acutezza; incisività; modo perentorio; tono tagliente *2* nettezza; precisione.

trenchant /ˈtrɛntʃənt/, *a.* *1* tagliente (*specialm. fig.*); acuto; incisivo; penetrante; vigoroso: **t. words**, parole taglienti *2* netto; preciso: **t. distinctions**, distinzioni nette. || **-ly**, *avv.*

trencher (1) /ˈtrɛntʃə(r)/, *n.* *1* scavatore; chi scava fosse (*o* trincee) *2* (*mecc.*) *V.* **trench excavator**.

trencher (2) /ˈtrɛntʃə(r)/, *n.* (*cucina*) tagliere.

trencher-cap /ˈtrɛntʃəkæp/, *n.* tocco accademico (*di foggia quadrata*).

trencherman /ˈtrɛntʃəmən/, *n.* (*pl.* **trenchermen**) mangiatore; mangione: **a good t.**, un gran mangiatore; una buona forchetta. ● **a poor t.**, uno che mangia poco (*o* come un passerotto).

trend /trɛnd/, *n.* *1* direzione; tendenza; orientamento; andamento; corso: **the trends of modern philosophy**, le tendenze della filosofia moderna; **The t. of the strata is from north to south**, la direzione degli strati è da nord a sud; **the t. of events**, il corso degli eventi *2* (*econ., fin.*) andamento; tendenza; evoluzione; trend; dinamica (*fig.*): **a definite upward t. of the cost of living**, una decisa tendenza all'aumento del costo della vita; **the t. of the stock market**, l'andamento del mercato azionario; **the trends which determine price increases**, le tendenze che determinano la dinamica dei prezzi; **long-term t.**, tendenza di lungo periodo *3* (*stat.*) tendenza (di fondo); variazione secolare; trend: **t. curve**, curva del trend *4* moda; voga: **to set the t.**, dettare (*o* fare) la moda. ● (*econ.*) **the t. of economic activity**, il trend dell'attività economica; l'evoluzione congiunturale □ (*econ., fin.*) **concerning** (*o* **showing**) **a t.**, tendenziale.

to **trend** /trɛnd/, *v. i.* **1** tendere; dirigersi; volgere: **The river trends southwards**, il corso del fiume volge a sud **2** curvare, piegare (*verso una direzione*) **3** tendere; avere una (certa) tendenza: **to t. towards socialism**, tendere verso il socialismo. ● **to t. away from st.**, tendere ad allontanarsi da q.c.

trendily /ˈtrɛndəlɪ/, *avv.* alla moda.

trendiness /ˈtrɛndɪnəs/, *n.* l'essere alla moda.

trendsetter /ˈtrɛndsɛtə(r)/, *n.* chi lancia una moda; chi detta la moda.

trendsetting /ˈtrɛndsɛtɪŋ/, *a.* che fa (o impone) una moda.

trendy /ˈtrɛndɪ/, (*fam., spesso spreg.*) **A** *a.* alla moda; (troppo) moderno; ultramoderno. **B** *n.* persona alla moda; (*spreg.*) modernista, liberaloide.

Trent /trɛnt/, *n.* (*geogr.*) **1** Trento: (*stor.*) **The Council of T.**, il Concilio di Trento **2** Trent (*fiume inglese*).

trental /ˈtrɛntl/, *n.* (*relig.*) serie di trenta messe (*per i defunti*).

trepan /trɪˈpæn/, *n.* **1** (*med.*) trapano **2** (*ind. min.*) trivella **3** (*mecc.*) utensile tubolare; utensile a taglio anulare **4** (*mecc.*) taglio anulare.

to **trepan** /trɪˈpæn/, *v. t.* **1** (*med.*) trapanare (*specialm. il cranio*) **2** (*ind. min.*) trivellare **3** (*mecc.*) tagliare con un utensile tubolare.

trepanation /trɛpəˈneɪʃn/, *n.* (*med.*) trapanazione.

trepang /trɪˈpæŋ/, *n.* (*zool., Holothuria*) oloturia; cetriolo di mare.

trepanning /trɪˈpænɪŋ/, *n.* **1** (*med.*) trapanazione **2** (*mecc.*) taglio con utensile tubolare.

trephination /trɛfɪˈneɪʃn/, *n.* (*med.*) trapanazione.

trephine /trɪˈfiːn, *USA* -ˈfaɪn/, *n.* (*med.*) trapano.

to **trephine** /trɪˈfiːn, *USA* -ˈfaɪn/, *v. t.* (*med.*) trapanare (*specialm. il cranio*).

trepidation /trɛpɪˈdeɪʃn/, *n.* **1** trepidazione; ansia **2** (*med.*) tremito.

trespass /ˈtrɛspəs/, *n.* **1** trasgressione; contravvenzione; infrazione **2** (*leg.*) violazione di proprietà; intrusione; sconfinamento **3** (*leg.*) abuso; prevaricazione; usurpazione; violazione **4** (*relig.*) peccato; colpa. ● (*relig.*) **t. offering**, sacrificio espiatorio □ **t. to chattels** (*o* **to goods**), illecita turbativa del possesso di cose □ **t. to the person**, illecito contro la persona.

to **trespass** /ˈtrɛspəs/, *v. i.* **1** (*arc. o biblico*) trasgredire; andare oltre i limiti del lecito; contravvenire (*a un divieto, ecc.*); (*lett.*) offendere, peccare, far torto: **to t. against a moral principle**, trasgredire a un principio morale; **«Forgive them that t. against us»**, «perdona coloro che ci offendono!» **2** (*leg.*) oltrepassare un confine; introdursi abusivamente; sconfinare, invadere: **to t. on a private beach**, introdursi abusivamente in una spiaggia privata **3** (*form.*) – **to t. on**, abusare di; approfittare di; usurpare; violare: **I shall not t. on your hospitality**, non abuserò della vostra ospitalità; (*leg.*) **to t. upon sb.'s rights**, violare i diritti di q. ● **to t. upon sb.'s time**, far perdere del tempo a q. □ **«No trespassing!»** (*cartello*), «proprietà privata».

trespasser /ˈtrɛspəsə(r)/, *n.* **1** trasgressore; contravventore; intruso; violatore di confini: **«Trespassers will be prosecuted»**, «i trasgressori saranno puniti a termini di legge» **2** (*relig.*) peccatore.

tress /trɛs/, *n.* (*lett.*) **1** treccia (*di capelli*) **2** ciocca; ricciolo.

tressed /trɛst/, *a.* **1** (*di capelli*) acconciati in trecce; a trecce **2** (*di persona, specialm. nei composti*) con le trecce; dalle trecce: **a long-tressed girl**, una ragazza dalle trecce lunghe.

trestle /ˈtrɛsl/, *n.* **1** cavalletto; trespolo; capra; transenna: **a t. table**, un tavolo (*da disegno, ecc.*) poggiato su cavalletti **2** (= **trestlework**) traliccio; intelaiatura (a travatura) **3** (*ind. costr.*, = **t. bridge**) ponte a traliccio **4** (*naut.*, = **testletree**) barra costiera. ● **to block up a street with trestles**, transennare una strada.

trestletree /ˈtrɛsltriː/, *V.* **trestle**, *def. 4.*

trestlework /ˈtrɛslwɜːk/, *V.* **trestle**, *def. 2.*

tret /trɛt/, *n.* (*comm., stor.*) abbuono per calo della merce.

trevet /ˈtrɛvɪt/, *V.* **trivet**.

trews /truːz/, *n. pl.* (*raro*) calzoni corti e attillati (*alla scozzese*).

trey /treɪ/, *n.* tre (*carta da gioco o faccia di dado*).

triable /ˈtraɪəbl/, *a.* (*leg.*) processabile; perseguibile.

triad /ˈtraɪæd/, *n.* **1** (*elab., elettron.*) triade **2** (*filos., mus.*) triade **3** (*chim.*) elemento trivalente.

Triad /ˈtraɪæd/, *n.* (la) mafia cinese.

triadic /traɪˈædɪk/, *a.* triadico; di triade.

trial (1) /ˈtraɪəl/, *n.* **1** prova; esperimento; collaudo; saggio; tentativo: **to make trials**, compiere tentativi; **a t. of strength**, una prova di forza; **endurance t.**, prova di resistenza; (*sport*) **long-distance trial**, prova di durata; **When will you make the t.?**, quando farete l'esperimento? **2** tribolo; tribolazione; croce (*fig.*); fastidio; seccatura: **That boy is a real t. to his mother**, quel ragazzo è la croce di sua madre; **The piano next door is a great t.**, il pianoforte dei vicini è una gran seccatura **3** (*leg.*) processo; dibattimento; giudizio: **t. by jury**, processo con la partecipazione della giuria; **t. based on circumstantial evidence**, processo indiziario; **to be on t.** (*o* **to stand t.**, **to undergo t.**) **for embezzlement**, subire un processo (*o* essere processato) per appropriazione indebita. ● (*mat.*) **t.-and-error method**, metodo per tentativi □ (*rag.*) **t. balance**, bilancio di verifica □ **t. balloon**, pallone sonda; (*fig. USA*) iniziativa attuata (*o* dichiarazione resa) allo scopo di sondare la reazione pubblica □ (*leg.*) **t. court**, tribunale di prima istanza □ (*aeron.*) **t. flight**, volo di prova (*o* di collaudo) □ **t. judge**, giudice del dibattimento □ **t. marriage**, matrimonio di prova □ (*sport*) **t. match**, incontro di selezione; eliminatoria □ (*comm.*) **t. order**, ordinazione di prova □ **t. run**, prova; (*autom.*) prova su strada; (*aeron.*) volo di collaudo □ (*market.*) **t. sample**, campione di prova (*o* di saggio) □ (*naut.*) **t. trip**, viaggio di prova □ (*autom., sport*) **t. over rough ground**, gara di fuoristrada □ **acceptance t.**, prova di collaudo □ **to give sb. a t.**, mettere alla prova q. □ **on t.**, (*specialm. comm.*) in prova; alla prova; (*leg.*) sotto processo: **to be on t.**, subire un processo; essere sotto processo (*fam.*) □ **to stand the t.**, reggere alla prova.

trial (2) /ˈtraɪəl/, *n.* (*ling.*) triale.

triangle /ˈtraɪæŋgl/, *n.* **1** (*geom., mus.*) triangolo: **a right-angled t.**, un triangolo rettangolo; (*geom.*) **spherical t.**, triangolo sferico **2** (*USA*) squadra (*fissa: da disegno*). ● (*fig.*) **the eternal t.**, l'eterno triangolo (*marito, moglie e amante*).

triangular /traɪˈæŋgjʊlə(r)/, *a.* **1** (*geom.*) triangolare: **t. pyramid**, piramide triangolare **2** (*fig.*) triangolare; triplice; tripartito: **a t. treaty**, un patto triangolare; **t. trade**, scambio triangolare. ● **t. compasses**, compasso a tre aste □ (*sport*) **t. competition**, triangolare □ (*mecc.*) **t. file**, lima a sezione triangolare □ (*naut., mil.*) **t. flag**, guidone.

triangularity /traɪæŋgjʊˈlærətɪ/, *n.* forma triangolare; triangolarità (*raro*).

triangulate /traɪˈæŋgjʊlət/, *a.* **1** triangolato; a triangoli **2** triangolare.

to **triangulate** /traɪˈæŋgjʊleɪt/, *v. t.* **1** dividere (*una superficie*) in triangoli **2** (*topogr.*) triangolare; fare la triangolazione di.

triangulation /traɪæŋgjʊˈleɪʃn/, *n.* (*topogr.*) triangolazione.

triarch /ˈtraɪɑːk/, *n.* triarca.

triarchy /ˈtraɪɑːkɪ/, *n.* triarchia; triumvirato.

Trias /ˈtraɪæs/, *n.* (*geol.*) Trias; il Triassico.

Triassic /traɪˈæsɪk/, (*geol.*) **A** *a.* triassico. **B** *n.* Trias; Triassico.

triathlete /traɪˈæθliːt/, *n.* (*sport*) triatleta.

triathlon /traɪˈæθlən, -ɒn/, *n.* (*sport*) triathlon.

triatomic /traɪəˈtɒmɪk/, *a.* (*chim.*) triatomico.

triazine /ˈtraɪəziːn, -zɪn, traɪˈæz-/, *n.* (*chim.*) triazina.

triazole /ˈtraɪəzɒl, -zəʊl, traɪˈæz-, *USA* -zəʊl/, *n.* (*chim.*) triazolo.

tribade /ˈtrɪbəd/, *n.* (*psic.*) tribade.

tribadism /ˈtrɪbədɪzəm/, *n.* (*psic.*) tribadismo; lesbismo.

tribal /ˈtraɪbl/, *a.* tribale; di tribù. || **-ly**, *avv.*

tribalism /ˈtraɪbəlɪzəm/, *n.* tribalismo.

tribasic /traɪˈbeɪsɪk/, *a.* (*chim.*) tribasico.

tribe /traɪb/, *n.* **1** (*anche zool., bot., fig.*) tribù **2** (*spesso spreg.*) razza; classe; genia.

tribesman /ˈtraɪbzmən/, *n.* (*pl.* **tribesmen**) membro d'una tribù.

triblet /ˈtrɪblət/, *n.* (*mecc.*) mandrino per tubi.

triboelectricity /trɪbəʊɪlɛkˈtrɪsətɪ, traɪ-/, *n.* (*fis.*) triboelettricità.

tribology /traɪˈbɒlədʒɪ/, *n.* (*fis.*) tribologia.

triboluminescence /trɪbəʊluːmɪˈnɛsns, traɪ-/, *n.* (*fis. nucl.*) triboluminescenza.

tribrach /ˈtrɪbræk/, *n.* (*poesia*) tribrachio; tribraco.

tribrachic /trɪˈbrækɪk/, *a.* (*poesia*) tribraco.

tribulation /trɪbjʊˈleɪʃn/, *n.* tribolazione; patimento; sofferenza.

tribunal /traɪˈbjuːnl/, *n.* **1** tribunale (*specialm. fig.*): **the t. of conscience**, il tribunale della coscienza **2** (*leg., USA*) tribunale: **The Supreme Court is the highest t. of the U.S.**, la Corte Suprema è il più alto tribunale degli U.S.A.

tribunate /ˈtrɪbjʊnɪt/, *n.* (*stor.*) tribunato.

tribune (1) /ˈtrɪbjuːn, *USA* trɪˈbjuːn/, *n.* (*stor.*) tribuno (*anche fig.*).

tribune (2) /ˈtrɪbjuːn, *USA* trɪˈbjuːn/, *n.* (*archit.*) **1** tribuna; palco (*per oratori, ecc.*) **2** (*relig.*) trono di vescovo **3** abside con trono episcopale.

tribuneship /ˈtrɪbjuːnʃɪp, *USA* trɪˈbjuːn-/, *n.* (*stor.*) tribunato.

tribunicial /trɪbjʊˈnɪʃl/, **tribunician** /trɪbjʊˈnɪʃn/, **tribunitial** /trɪbjʊˈnɪʃl/, *a.* (*stor.*) tribunizio; (*spreg.*) tribunesco.

tributary /ˈtrɪbjʊtrɪ, *USA* -terɪ/, **A** *a.* (*di uno stato, ecc.*) tributario. **B** *n.* **1** (*stor.*) popolo (*o* stato) tributario **2** (*geogr.*) tributario.

tribute /ˈtrɪbjuːt, *USA* -jət/, *n.* **1** tributo (*anche fig.*); omaggio: **tributes of tears [praise]**, tributi di lacrime [di lodi]; **floral tributes**, omaggi floreali; **to pay (a) t. to sb.**, pagare un tributo a q.; (*fig.*) rendere omaggio a q. **2** (*ind. min.*) parte del minerale estratto (*o* equivalente in denaro) corrisposto a un minatore. ● **t. money**, tributo in denaro □ **to lay a nation under t.**, assoggettare un popolo al pagamento di tributi.

tricar /ˈtraɪkɑː(r)/, *n.* **1** motocarrozzetta; motocarro **2** (*autom.*) autoveicolo a tre ruote.

trice /traɪs/, *n.* – **in a t.**, in un batter d'occhio; in un baleno.

to **trice** /traɪs/, *v. t.* (*naut., di solito* **to t. up**) issare e legare: **to t. (up) a sail**, issare e legare una vela.

tricentenary /traɪsɛnˈtiːnərɪ, -ˈtɛn-, *USA* traɪˈsɛntənɛrɪ/, **tricentennial** /traɪsɛnˈtiːnɪəl/, *a.* e *n.* (del) terzo centenario; trecentenario.

triceps /ˈtraɪseps/, *n.* (*pl.* **triceps, tricepses**) (*anat.*) tricipite.

trichiasis /trɪˈkaɪəsɪs/, *n.* (*med.*) trichiasi.

trichina /trɪˈkaɪnə/, *n.* (*pl.* **trichinae, trichinas**) (*zool., Trichinella spiralis*) trichina.

trichiniasis /trɪkɪˈnaɪəsɪs/, (*pl.* **trichiniases**) *V.* **trichinosis**.

trichinosis /trɪkɪˈnəʊsɪs/, *n.* (*pl.* **trichinoses**) (*med.*) trichinosi.

trichloride /traɪˈklɔːraɪd/, *n.* (*chim.*) tricloruro.

trichloroethane /traɪklɔːrəʊ'ɛθeɪn, -'iːθ-/, *n.* (*chim.*) tricloroetano.

trichloroethylene /traɪklɔːrəʊ'ɛθɪliːn/, *n.* (*chim.*) tricloroetilene.

trichlorophenol /traɪklɔːrəʊ'fiːnɒl, *USA* -əʊl, -ɔːl/, *n.* (*chim.*) triclorofenolo.

trichological /trɪkə'lɒdʒɪkl/, *a.* (*med.*) tricologico.

trichologist /trɪ'kɒlədʒɪst/, *n.* (*med.*) tricologo.

trichology /trɪ'kɒlədʒɪ/, *n.* (*med.*) tricologia.

trichoma /trɪ'kəʊmə/, *n.* (*med.*) tricoma.

trichomatosis /trɪkəmə'təʊsɪs/, *n.* (*med.*) tricomatosi.

trichome /'traɪkəʊm, *USA* 'trɪ-/, *n.* (*bot.*) tricoma.

trichomoniasis /trɪkəməʊ'naɪəsɪs/, *n.* (*med.*) tricomoniasi.

trichomycin /trɪkə'maɪsɪn, *USA* -sn/, *n.* (*farm.*) tricomicina.

trichord /'traɪkɔːd/, *a.* (*mus.*) tricorde, tricordo.

trichosis /traɪ'kəʊsɪs/, *n.* (*pl.* **trichoses**) (*med.*) tricosi.

trichotomy /traɪ'kɒtəmɪ/, *n.* tricotomia.

trichromatic /traɪkrəʊ'mætɪk/, *a.* (*fotogr., tipogr.*) tricromico; in tricromia.

trichromatism /traɪ'krəʊmətɪzəm/, *n.* (*fotogr., tipogr.*) tricromia.

trick /trɪk/, **A** *n.* ***1*** trucco; artificio; stratagemma; tiro; frode; inganno: **conjurer's tricks**, trucchi da prestigiatore; **a clever t.**, un abile stratagemma; **The children are always up to some t. or other**, i bambini combinano sempre qualche tiro; **I suspect some t.**, subodoro un qualche inganno; **an unfair t.**, un tiro sleale ***2*** abitudine; vezzo; affettazione; (*pl.*) manierismo: **He has a t. of scratching his head when he is embarassed**, ha il vezzo di grattarsi la testa quando è imbarazzato; **the t. of archaism**, l'affettazione dell'arcaicità; **His style is disfigured by tricks**, il suo stile è guastato dal manierismo ***3*** (*a carte*) mano; presa: **to take** (*o* **to win**) **the t.**, vincere la mano ***4*** turno (di lavoro) ***5*** (*lotta*) colpo ***6*** (*naut.*) turno al timone ***7*** (*pop. USA*) cliente (*di prostituta*): **to turn a t.**, tirare su un cliente; fare una marchetta (*pop.*). **B** *a. attr.* (*fam.*) ***1*** tranello; difficilissimo: **a t. question**, una domanda tranello ***2*** (*anche sport*) truccato; che fa ricorso a trucchi ***3*** (*pop. USA*) di prima qualità: **t. acid**, LSD di prima qualità. ● **a t. cyclist**, un ciclista acrobata; (*pop. scherz.*) uno psichiatra □ (*pop. USA*) **t. book**, taccuino con i nomi dei clienti (*di prostituta*) □ **the tricks of the trade**, i trucchi del mestiere □ **t. photograph**, fotografia truccata □ (*fam.*) **a t. worth two of that**, un trucco assai più abile (*o* ingegnoso) □ **a dirty t.** (*o* **a shabby t.**, **a dog's t.**), un tiro birbone; un brutto scherzo; uno scherzo di cattivo gusto □ (*fam.*) **to do the t.**, farcela; riuscirci; (*di medicina, ecc.*) essere efficace; funzionare (*fam.*) □ **to get the t. of it**, mangiare la foglia (*fig.*) □ (*fig.*) **to know a t. or two**, saperla lunga; essere un furbo di tre cotte □ **I know a t. worth two of that**, io ne so una migliore; te l'insegno io come devi fare □ **He shall not play that t. on me** (*o* **he shall not serve me that t.**) **twice**, non me la farà una seconda volta; non ci ricasco.

to **trick** /trɪk/, *v. t.* e *i.* imbrogliare; ingannare; fare un tiro a (q.); raggirare; turlupinare. ● **to t. sb. into doing st.**, convincere q. a fare q.c. con l'inganno (*o* con raggiri) □ (*fam.*) **to t. out** (*o* **to t. up**), adornare; decorare; agghindare; coprire di fronzoli □ **to t. sb. out of st.**, rubare (fregare, ecc.) q.c. a q. con l'inganno; scroccare q.c. a q.

tricker /'trɪkə(r)/, *V.* **trickster**.

trickery /'trɪkərɪ/, *n.* ***1*** astuzia; frode; inganno ***2*** birbonata; bricconata; tiro mancino.

trickiness /'trɪkɪnəs/, *n.* ***1*** astuzia; furberia; malizia ***2*** complessità; ingegnosità; difficoltà.

trickle /'trɪkl/, *n.* ***1*** gocciolamento; gocciolio ***2*** filo (*d'acqua, di sangue, ecc.*); rivolo; rivoletto ***3*** (*elettr.*, = **t. charge**) carica di mantenimento. ● (*autom.*) **t. charger**, caricabatterie.

to **trickle** /'trɪkl/, **A** *v. i.* gocciolare; colare; stillare: **Sweat was trickling from his forehead**, il sudore gli gocciolava dalla fronte. **B** *v. t.* far colare; far gocciolare. ● **to t. away**, (*di liquido*) colare, uscire a gocce; (*fig.*) andarsene alla spicciolata: **The crowd** [**the audience**] **began to t. away**, la folla cominciò ad andarsene alla spicciolata [l'uditorio cominciò a sfollare] □ **to t. in** (*di liquido*) entrare a gocce, a stille; (*fig.*) arrivare alla spicciolata □ **to t. ink into a fountain-pen**, riempire (d'inchiostro) una stilografica goccia a goccia □ (*di folla, ecc.*) **to t. into**, entrare a poco a poco (*o* pochi alla volta) □ **to t. out**, (*di liquido*) colare, stillare, uscire a gocce; (*fig.*: *di folla, ecc.*) uscire a poco a poco; (*di notizie*) trapelare.

tricklet /'trɪklət/, *n.* filo d'acqua; rivolo; rivoletto.

trickly /'trɪklɪ/, *a.* gocciolante.

trick or treat /'trɪkɔː'triːt/, *locuz. v.* (*fam. USA*) «o ci date un regalino, o vi facciamo qualche tiro birbone» (*detto da bambini che bussano alle case per la festa di Hallowe'en*).

trickster /'trɪkstə(r)/, *n.* ***1*** imbroglione; farabutto; truffatore ***2*** (*mitol.*) essere immaginario (*spesso,* animale) che gioca burle colossali.

tricksy /'trɪksɪ/, *a.* birichino; giocoso; scherzoso; vivace: **a t. boy**, un (ragazzo) birichino. || **-iness**, *sost.*

trick(-)track /'trɪktræk/, *n.* (*gioco di carte*) tric-trac; tavola reale.

tricky /'trɪkɪ/, *a.* ***1*** astuto; ingannevole; infido; scaltro; traditore: **t. diplomats**, scaltri diplomatici ***2*** (*di problema, meccanismo, ecc.*) complesso; complicato; difficile ***3*** (*di una situazione*) difficile; scabrosa. || **-ily**, *avv.*

triclinic /traɪ'klɪnɪk/, *a.* (*miner.*) triclino: **the t. system**, il sistema triclino (*dei cristalli*).

triclinium /traɪ'klɪnɪəm/, *n.* (*pl.* **triclinia**) (*stor. romana*) triclinio.

tricolour, (*USA*) **tricolor** /'trɪkələ(r), *USA* 'traɪkʌ-/, **A** *a.* tricolore. **B** *n.* (il) tricolore (*specialm. la bandiera francese*).

tricoloured /'trɪkələd, *USA* 'traɪkʌ-/, *a.* tricolore; a tre colori.

tricorn /'traɪkɔːn/, **A** *a.* tricorne. **B** *n.* tricorno (*cappello a tre punte*).

tricot /'triːkəʊ, 'trɪ-/ (*franc.*), *n.* (*ind. tess.*) tessuto a maglia.

tricuspid /traɪ'kʌspɪd/, *a.* (*anat.*) tricuspide: **t. tooth**, dente tricuspide; **t. valve**, valvola tricuspide (*del cuore*).

tricuspidate /traɪ'kʌspɪdeɪt/, *a.* tricuspidato; tricuspidale.

tricycle /'traɪsɪkl/, *n.* triciclo (*a pedali o a motore*). ● (*aeron.*) **t. landing gear**, carrello d'atterraggio triciclo (*a tre ruote*).

to **tricycle** /'traɪsɪkl/, *v. i.* andare in triciclo.

tricyclist /'traɪsɪklɪst/, *n.* chi va in triciclo.

trident /'traɪdnt/, *n.* tridente.

tridental /traɪ'dentl/, **tridentate** /traɪ'denteɪt/, *a.* (*bot.*) tridentato.

Tridentine /traɪ'dentaɪn/, **A** *a.* ***1*** (*geogr.*) trentino; di Trento ***2*** (*relig.*) tridentino; del Concilio di Trento. **B** *n.* (*relig.*) cattolico.

tridimensional /traɪdaɪ'menʃənl, -dɪ-/, *a.* (*geom., fis.*) tridimensionale; a tre dimensioni. || **-ly**, *avv.*

triduo /'trɪdjʊəʊ, *USA* -dʒʊ-/, *n.* (*pl.* **triduos**) *V.* **triduum**.

triduum /'trɪdjʊəm, *USA* -dʒʊəm/, *n.* (*relig. cattolica*) triduo.

tried /traɪd/, *a.* ***1*** provato; sperimentato; fido; fidato; sicuro: **a t. friend**, un amico provato (*o* sicuro) ***2*** messo a dura prova.

triennial /traɪ'enɪəl/, **A** *a.* triennale. **B** *n.* ***1*** triennale; evento che ricorre ogni tre anni ***2*** terzo anniversario. || **-ly**, *avv.*

triennium /traɪ'enɪəm/, *n.* (*pl.* **triennia, trienniums**) triennio.

trier /'traɪə(r)/, *n.* ***1*** sperimentatore; saggiatore ***2*** chi prova di continuo; chi ci riprova; persona di buona volontà ***3*** (*leg.*) chi giudica; giudice.

trierarch /'traɪərɑːk/, *n.* (*stor. greca*) trierarca.

trierarchy /'traɪərɑːkɪ/, *n.* (*stor. greca*) trierarchia.

Triestine /triː'estɪn, -stiːn/, *a.* e *n.* triestino.

trifid /'traɪfɪd/, *a.* (*bot., zool.*) trifido.

trifle /'traɪfl/, *n.* ***1*** bazzecola; bagatella; inezia; nonnulla; quisquilia; sciocchezza; sciocchezzuola: **Don't waste your time on trifles**, non sciupare il tempo in bazzecole! ***2*** piccola somma di denaro; (un) po' di spiccioli; (una) sciocchezza (*fam.*): **Spare a t. for the porter**, serba un po' di spiccioli per il facchino! ***3*** (*cucina*) dolce di marzapane ricoperto di marmellata, con uno strato di crema e di panna (*spesso guarnito di frutta*: *noci, ecc.*) ***4*** (*metall.*) peltro scadente ***5*** (*mus.*) bagatella; opera leggera ***6*** (*pl.*) utensili di peltro. ● **a t. angry**, piuttosto adirato; un po' arrabbiato □ **This bag is a t.** (**too**) **heavy**, questa borsa è un po' troppo pesante □ **He does not stick at trifles**, non si fa tanti scrupoli.

to **trifle** /'traɪfl/, *v. i.* baloccarsi; gingillarsi; giocherellare; perdersi in frivolezze; scherzare: **Don't t. with your work**, non gingillarti col lavoro!; **to t. with a cigarette**, giocherellare con una sigaretta. ● **to t. away one's money**, buttare il proprio denaro □ **to t. away one's time**, sprecare il tempo □ **to t. with sb.'s plans**, non prendere sul serio i progetti di q. □ **The boss is not a man to be trifled with**, il capo non è tipo da prendere sottogamba.

trifler /'traɪflə(r)/, *n.* persona frivola; perdigiorno; sfaccendato.

trifling /'traɪflɪŋ/, *a.* ***1*** insignificante; lieve; da nulla; futile; trascurabile: **a t. matter**, una cosa da nulla; una faccenda trascurabile; **a t. mistake**, un errore insignificante; **a t. ailment**, una lieve indisposizione ***2*** frivolo; fatuo; incostante. || **-ly**, *avv.* || **-iness**, *sost.*

trifoliate /traɪ'fəʊlɪət/, **trifoliated** /traɪ'fəʊlɪeɪtɪd/, *a.* (*bot.*) trifogliato; che ha tre foglie.

trifolium /traɪ'fəʊlɪəm/, *n.* (*bot.*) trifoglio.

triforium /traɪ'fɔːrɪəm/, *n.* (*pl.* **triforia**) (*archit.*) triforio.

trifurcate /'traɪfɜːkɪt, -eɪt/, **trifurcated** /'traɪfɜːkeɪtɪd/, *a.* triforcuto.

trig (1) /trɪg/, *a.* (*fam.*) attillato; elegante; lindo; azzimato.

trig (2) /trɪg/, *n.* bietta, zeppa, calzatoia (*per fermare la ruota d'un carro, ecc.*).

trig (3) /trɪg/, *n.* (*abbr. fam. di* **trigonometry**) trigonometria.

to **trig (1)** /trɪg/, *v. t.* (*fam.*) attillare; azzimare.

to **trig (2)** /trɪg/, *v. t.* bloccare (*una ruota*) con una bietta (*o* con una zeppa). ● **to t. up**, puntellare; sostenere.

trigamist /'trɪgəmɪst/, *n.* trigamo.

trigamous /'trɪgəməs/, *a.* trigamo.

trigamy /'trɪgəmɪ/, *n.* trigamia.

trigeminal /traɪ'dʒemɪnl/, (*anat.*) **A** *n.* (nervo) trigemino. **B** *a.* trigeminale; del trigemino.

trigeminus /traɪ'dʒemɪnəs/, *n.* (*pl.* **trigemini**) (*anat.*) trigemino.

trigger /'trɪgə(r)/, *n.* ***1*** (*d'arma da fuoco*) grilletto: **to pull the t.**, premere il grilletto ***2*** (*mecc., in genere*) levetta di scatto; scatto ***3*** (*elettron.*) impulso di comando (*o* d'azionamento) ***4*** (*fis., chim.*) innesco (*anche fig.*) ***5*** (*anche med.*) stimolo: **physiological t.**, stimolo fisiologico. ● (*med.*) **t. action**, azione scatenante □ (*elettr., autom.*) **t. box**, centralina elettronica □ (*farm.*) **t. drug**, stimolante □ **t. finger**, indice della mano destra □ (*fam.*) **t.-happy**, dal grilletto facile; (*fig., polit.*) aggressivo; (*fig.*: *di metodo, ecc.*) drastico □ (*fam.*) **to be quick on the t.**, essere svelto a sparare; avere il grilletto facile □ (*di macchina* *fotografica*) **release t.**, scatto.

to **trigger** /ˈtrɪgə(r)/, *v. t.* ***1*** premere il grilletto di (*un'arma da fuoco*) ***2*** (*elab.*) iniziare (*un programma*) ***3*** (*fis., elettron.*) innescare ***4*** (*fig., spesso* **to t. off**) provocare; dare l'avvio a; scatenare: **The unpopular measures triggered off a revolt**, i provvedimenti impopolari diedero l'avvio a una rivolta.

triglyceride /traɪˈglɪsəraɪd/, *n.* (*biochim.*) trigliceride.

triglyph /ˈtraɪglɪf/, *n.* (*archit.*) triglifo.

triglyphic(al) /traɪˈglɪfɪk(l)/, *a.* (*archit.*) di triglifo.

trigon /ˈtraɪgən/, *n.* ***1*** (*astron., mus., ecc.*) trigono ***2*** (*geom., arc.*) triangolo.

trigonal /ˈtrɪgənl/, *a.* ***1*** trigonale; di trigono ***2*** (*geom.*) triangolare. ● (*miner.*) **t. system**, sistema trigonale (*dei cristalli*).

trigone /ˈtraɪgəʊn, trɪˈg-/, *n.* (*anat.*) trigono; trigone.

trigonometric(al) /trɪgənəˈmɛtrɪk(l)/, *a.* (*mat.*) trigonometrico. || **-ally**, *avv.*

trigonometry /trɪgəˈnɒmətrɪ/, *n.* (*mat.*) trigonometria.

trihedral /traɪˈhiːdrəl, -ˈhɛd-/, *a.* (*geom.*) triedrico.

trihedron /traɪˈhiːdrən, -ˈhɛd-/, *n.* (*pl.* **trihedrons, trihedra**) (*geom.*) triedro.

trijet /ˈtraɪdʒɛt/, (*aeron.*) **A** *a.* a tre reattori. **B** *n.* jet a tre reattori; trireattore.

trike /traɪk/, *n.* (*fam.*) triciclo.

trilabiate /traɪˈleɪbɪeɪt/, *a.* (*scient.*) trilabiato.

trilateral /traɪˈlætərəl/, **A** *a.* ***1*** trilaterale ***2*** (*fig.*) trilaterale; tripartito: **t. dealings**, trattative tripartite; **t. trade**, commercio trilaterale. **B** *n.* (*geom.*) trilatero.

trilby /ˈtrɪlbɪ/, *n.* (= **t. hat**) cappello floscio, di feltro.

trilinear /traɪˈlɪnɪə(r)/, *a.* (*mat.*) trilineare.

trilingual /traɪˈlɪŋgwəl/, *a.* trilingue.

trilingualism /traɪˈlɪŋgwəlɪzəm/, *n.* trilinguismo.

trill /trɪl/, *n.* ***1*** (*specialm. mus.*) trillo ***2*** (*fon.*) consonante (*specialm. la «r»*) vibrata. ● **t. r**, erre rotata.

to **trill** /trɪl/, *v. i.* ***1*** (*specialm. mus.*) trillare ***2*** (*scherz.*) canticchiare; canterellare: **Most men t. while shaving**, i più canticchiano mentre si fanno la barba. ● (*fon.*) **to t. one's «r's»**, far vibrare la erre; arrotare la erre.

trilling /ˈtrɪlɪŋ/, *n.* (*miner.*) cristallo composto di tre elementi.

trillion /ˈtrɪljən/, *a.* e *n.* ***1*** (*in G.B.*) (un) miliardo di miliardi, quintilione (*un 1 seguito da 18 zeri*) ***2*** (*in U.S.A.*) trilione; mille miliardi (*un 1 seguito da 12 zeri*).

trillionth /ˈtrɪljənθ/, *a.* e *n.* ***1*** (*in G.B.*) (un) quintilionesimo ***2*** (*in U.S.A.*) (un) trilionesimo (*V.* **trillion**).

trilobate /ˈtraɪləbeɪt/, **trilobated** /ˈtraɪləbeɪtɪd/, **trilobed** /ˈtraɪləʊbd/, *a.* (*bot.*) trilobato.

trilobite /ˈtraɪləbaɪt/, *n.* (*paleont.*) trilobite.

trilogy /ˈtrɪlədʒɪ/, *n.* (*letter., mus.*) trilogia.

trim /trɪm/, **A** *n.* ***1*** assetto; ordine; disposizione; condizione; stato: (*di nave, ecc.*) **in fighting t.**, in assetto di guerra; **All my papers are in good** (*o* **proper**) **t.**, tutti i miei documenti sono in perfetto ordine; (*sport*) **Our team is in good t.**, la condizione della nostra squadra è buona; la nostra squadra è in forma ***2*** finitura; rifinitura; arredamento; (*autom.*) interno (*della carrozzeria*): **What colour is the t. of the car?**, di che colore è l'interno dell'auto? ***3*** spuntata, spuntatina (*di capelli, baffi, ecc.*) ***4*** (*archit.*) finiture interne (*di una casa*) ***5*** (*autom.*) materiali per l'arredamento (*della carrozzeria*); selleria ***6*** (*cinem.*) taglio; parte tagliata (*della pellicola*) ***7*** (*aeron.*) assetto di volo ***8*** (*naut.*) assetto; differenza d'immersione (*in senso longitudinale: da prua a poppa*) ***9*** (*naut.*) orientamento (delle vele) ***10*** (*elab.*) compensazione. **B** *a.* ***1*** attillato; azzimato; lindo; pulito; grazioso; curato: **a t. little room**, una graziosa cameretta ***2*** ben tenuto; bene attrezzato; bene equipaggiato; in perfetto ordine: **a t. garden**, un giardino tenuto bene; (*naut.*) **a t. ship**, una nave in perfetto ordine ***3*** snello; svelto. ● (*legatoria*) **t. size**, formato del libro (*o* del foglio) rifilato □ (*naut.*) **t. by the head**, appruamento □ (*naut.*) **t. by the stern**, appoppamento □ **to get into t.**, mettersi in ordine; prepararsi □ **to be in t.**, essere in ordine; essere in assetto; (*sport*) essere in forma □ **to be out of t.**, non essere in ordine; (*di nave, d'aereo, ecc.*) essere fuori assetto; (*sport*) non essere in forma.

to **trim** /trɪm/, **A** *v. t.* ***1*** ordinare; assettare; rassettare; mettere in ordine; ripulire; rifinire; regolare: (*naut.*) **to t. a ship [a boat]**, assettare una nave [una barca] (*bilanciandone il carico, la zavorra, ecc.*); **to t. lumber**, ripulire il legname (*piallando, ecc.*) ***2*** tagliare; potare; cimare; spuntare; ritagliare: **to t. a hedge**, cimare (*o* potare) una siepe; **to have one's hair [beard, moustache] trimmed**, farsi spuntare i capelli [la barba, i baffi]; (*fig.*) **to t. one's costs**, tagliare (*o* ridurre) i costi ***3*** (*fam.*) adornare; decorare; ornare; guarnire: **The children trimmed the Christmas tree**, i bambini decorarono l'albero di Natale; **to t. a collar with fur**, guarnire di pelliccia un bavero ***4*** (*metall.*) rifilare; sbavare ***5*** (*fam.*) rimproverare; sgridare; fare una ramanzina a (q.) ***6*** (*fam.*) battere; bastonare; percuotere; picchiare; dare una strigliata a (q.) ***7*** (*fam.*) aver la meglio su (q.); (*sport*) battere (*un avversario*); stracciare (*pop.*) ***8*** (*naut.*) livellare, spianare (*un carico alla rinfusa*) ***9*** (*naut.*) orientare (*le vele*) ***10*** (*aeron.*) rimettere (*un aereo*) in assetto di volo ***11*** (*legatoria*) rifilare; smarginare. **B** *v. i.* ***1*** barcamenarsi; tergiversare; essere un opportunista; tirare a campare ***2*** (*di nave*) essere bilanciata; essere in equilibrio. ● (*econ., fin.*) **to t. the budget**, apportare tagli al bilancio □ (*naut.*) **to t. the hold**, sistemare (*o* livellare, assettare) la stiva □ (*fam.*) **to t. sb.'s jacket**, picchiare (*o* bastonare) q. □ (*di pesci*) **to t. the shore**, nuotare lungo la riva □ **to t. the wick of a candle**, smoccolare una candela.

♦**trim away**, *V.* **trim off**.

♦**trim down**, *v. t.* + *avv.* ***1*** assottigliare; snellire: **This diet will t. down your waistline**, questa dieta ti snellirà in vita ***2*** (*fig.*) calare, diminuire, tagliare (*spese e sim.*).

♦**trim off**, *v. t.* + *avv.* ***1*** tagliare via; staccare; eliminare (q.c.) con un taglio ***2*** (*fig.*) diminuire, tagliare (*spese e sim.*).

trimaran /traɪməˈræn, ˈtraɪmər-/, *n.* (*naut.*) trimarano.

trimester /traɪˈmɛstə(r)/, *n.* ***1*** trimestre ***2*** (*USA*) trimestre (*scolastico*; *cfr. ingl.* **term**).

trimestral /traɪˈmɛstrəl/, **trimestrial** /traɪˈmɛstrɪəl/, *a.* trimestrale.

trimeter /ˈtrɪmɪtə(r)/, *n.* (*poesia*) trimetro.

trimmed /trɪmd/, *a.* ***1*** potato; cimato ***2*** (*di capello, barba, baffo*) spuntato; curato ***3*** adorno; decorato.

trimmer /ˈtrɪmə(r)/, *n.* ***1*** chi mette in ordine; rifinitore (*operaio*) ***2*** (*naut.*) stivatore ***3*** guarnitore, guarnitrice; decoratore, decoratrice: **a hat t.**, una guarnitrice di cappellini ***4*** cimatore; potatore (*di siepi, ecc.*) ***5*** (*agric.*) forbici da potatore; svettatoio (a pertica) ***6*** (*metall.*) attrezzo per sbavare ***7*** (*edil.*) *V.* **t. joist** ***8*** (*ind., autom.*) tappezziere di reparto carrozzeria ***9*** (*legatoria*) rifilatrice ***10*** (*fotogr.*) taglierina ***11*** (*radio*) compensatore ***12*** opportunista; girella; voltagabbana; banderuola (*fig.*). ● (*edil.*) **t. joist**, trave di raccordo □ (*elettr.*) **t. potentiometer**, potenziometro di compensazione.

trimming /ˈtrɪmɪŋ/, *n.* ***1*** rassettamento; ripulitura; rifinitura; finitura ***2*** decorazione; ornamento; guarnizione; passamaneria ***3*** (*autom.*) selleria; materiale di rivestimento ***4*** (*metall.*) rifilatura; sbavatura ***5*** (*legatoria*) rifilatura; smarginatura ***6*** cimatura, potatura (*di alberi, siepi, ecc.*) ***7*** (*naut*) assetto, livellamento (*del carico*); stivaggio ***8*** (*pl.*) ritagli; raffilatura ***9*** (*pl.*) fronzoli; aggiunte ***10*** (*pl.*) cucina: contorno; guarnizione: **roast duck with trimmings**, anatra arrosto con contorno ***11*** (*fam.*) rimprovero; sgridata ***12*** (*fam.*) bastonatura; botte; busse: **to give sb. a sound t.**, dare a q. un fracco di botte ***13*** (*fig.*) il barcamenarsi; opportunismo.

trimness /ˈtrɪmnəs/, *n.* attillatura; accuratezza; lindura; eleganza.

trimonthly /traɪˈmʌnθlɪ/, **A** *a.* trimestrale. **B** *avv.* trimestralmente.

trimorphism /traɪˈmɔːfɪzəm/, *n.* (*biol.*) trimorfismo.

trimorphous /traɪˈmɔːfəs/, *a.* (*biol.*) trimorfo.

Trinacrian /traɪˈnækrɪən/, *a.* (*lett.*) trinacrio.

trinal /ˈtraɪnl/, *a.* trino; triplice.

trinary /ˈtraɪnərɪ/, *a.* ternario; triplice.

trine /traɪn/, **A** *a.* trino; triplice. **B** *n.* triade.

tringle /ˈtrɪŋgl/, *n.* ***1*** bacchetta di ferro (*per tendaggi*) ***2*** (*archit.*) listello.

Trinitarian /trɪnɪˈtɛərɪən/, *a.* e *n.* (*relig.*) trinitario.

Trinitarianism /trɪnɪˈtɛərɪənɪzəm/, *n.* (*relig.*) trinitarismo; dottrina della Trinità; fede nella Trinità.

trinitrobenzene /traɪnaɪtrəʊˈbɛnziːn/, *n.* (*chim.*) trinitrobenzene.

trinitroglycerin /traɪnaɪtrəʊˈglɪsərɪn/, *n.* (*chim.*) trinitroglicerina; nitroglicerina.

trinitrophenol /traɪnaɪtrəʊˈfiːnɒl, *USA* -əʊl, -ɔːl/, *n.* (*chim.*) trinitrofenolo.

trinitrotoluene /traɪnaɪtrəʊˈtɒljʊiːn/, **trinitrotoluol** /traɪnaɪtrəʊˈtɒljʊɒl, *USA* -əʊl, -ɔːl/, *n.* (*chim.*) trinitrotoluene; tritolo (*esplosivo*).

trinity /ˈtrɪnətɪ/, *n.* ***1*** l'esser trino; triplicità ***2*** triade. ● (*relig.*) **the T.**, la Trinità □ **T. House**, ente pubblico per la concessione di brevetti di pilota marittimo, di permessi per la costruzione di fari, ecc. (*in G.B.*) □ **T. Sunday**, la domenica dopo Pentecoste.

trinket /ˈtrɪŋkɪt/, *n.* ***1*** ciondolo; fronzolo; gingillo; ninnolo; gioiello di poco valore ***2*** bagatella; inezia.

trinketry /ˈtrɪŋkɪtrɪ/, *n.* (*collett.*) ciondoli; gingilli; ninnoli.

trinomial /traɪˈnəʊmɪəl/, *n.* e *a.* (*mat.*) trinomio. ● (*stat.*) **t. distribution**, distribuzione trinomia.

trio /ˈtriːəʊ/, *n.* (*pl.* **trios**) ***1*** (*mus.*) trio ***2*** trio; triade; terzetto ***3*** (*a carte*) tris.

triode /ˈtraɪəʊd/, *n.* (*elettron., radio*) triodo.

triolet /ˈtriːələt/, *n.* (*letter.*) strofe (*o* poesia) di otto versi.

triones /traɪˈəʊniːz/, *n. pl.* (*astron.*) trioni.

triose /ˈtraɪəʊs, -z/, *n.* (*biochim.*) triosio.

trioxide /traɪˈɒksaɪd/, *n.* (*chim.*) triossido.

trip /trɪp/, *n.* ***1*** escursione; gita; viaggio; viaggetto; salto (*fam.*): **a day t.**, una gita di un giorno; **a t. to France**, un viaggetto in Francia; **a t. by air**, un viaggio in aereo; **a t. to the doctor**, un salto dal medico; **Have a nice t.!**, buon viaggio! ***2*** sgambetto ***3*** passo agile e leggero ***4*** passo falso (*anche fig.*); l'inciampare; errore; sbaglio ***5*** (*mecc.*) scatto; autoscatto; disinnesto a scatto; dente d'arresto ***6*** (*mil.*: *d'arma da fuoco*) scatto ***7*** (*pop.*) esperienza psichedelica; viaggio, trip (*gergo dei drogati*) ***8*** (*pop.*) esperienza emozionante. ● (*mecc.*) **t. hammer**, maglio a caduta libera a leva □ (*autom.*) **t. mileage counter**, contamiglia parziale □ **round t.**, viaggio d'andata e ritorno.

to **trip** /trɪp/, **A** *v. i.* ***1*** saltellare; incedere (*o* danzare) con passo veloce: **The little girl came tripping down the staircase**, la bambina scese le scale saltellando ***2*** (*spesso* **to t. up**) incespicare; inciampare; mettere un piede in fallo; impappinarsi, intoppare (*nel parlare, ecc.*): **I tripped on a stone**, inciampai in un sasso ***3*** (*fig.*) sbagliare; errare; fare un passo falso (*fig.*): **I've often caught him tripping**, l'ho colto in fallo più d'una volta ***4*** (*fam.*) drogarsi; fare un viaggio (*di drogato*). **B** *v. t.* ***1*** far cadere; far inciampare; fare lo sgambetto a; rovesciare a terra: **It is against the rules to t. a player at football**, nel gioco del calcio è proibito fare lo sgambetto a un giocatore; **The judoist tripped (up) the hooligan**, il judoka rovesciò a terra il teppista *2* (*fig.*) V. **trip up, B** *3* (*mecc.*) liberare; far scattare: **to t. the wire of an alarm system**, far scattare un sistema d'allarme toccando un filo elettrico *4* (*sport*) sgambettare (*fallo*) *5* (*naut.*) spedare: **to t. the anchor**, spedar l'ancora. ● (*lett.*) **to t. a measure**, ballare agilmente una danza □ (*elettr.*) **to t. a switch**, staccare la corrente.

♦**trip along**, *v. i.* + *avv.* procedere (*o* avanzare) saltellando.

♦**trip out**, *v. i.* + *avv.* (*fam.*) *1* fare un viaggio (*gergo dei drogati*); prendere una droga psichedelica; drogarsi *2* smettere di drogarsi.

♦**trip over**, *v. i.* + *prep.* *1* inciampare su (q.c.) *2* (*fig.*) sbagliarsi in (q.c.).

♦**trip up**, **A** *v. i.* + *avv.* *1* inciampare; incespicare *2* impappinarsi (*nel parlare*). **B** *v. t.* + *avv.* (*fig.*) cogliere (q.) in fallo; prendere (q.) in castagna (*fam.*): **He tried in vain to t. up the witness**, cercò invano di cogliere in fallo il testimone.

tripartite /traɪˈpɑːtaɪt/, *a.* *1* tripartito: **a t. agreement**, un accordo tripartito *2* (*di documento*) in tre copie.

tripartition /traɪpɑːˈtɪʃn/, *n.* tripartizione.

tripartitism /traɪˈpɑːtaɪtɪzəm/, *n.* (*polit.*) sistema tripartitico.

tripe /traɪp/, *n.* *1* (*cucina*) trippa: **I will stand anything but t.**, mangio di tutto fuor che la trippa *2* (*fam.*) sciocchezze; stupidaggini; fesserie (*pop.*).

tripery /ˈtraɪpərɪ/, *n.* tripperia.

tripetalous /traɪˈpɛtələs/, *a.* (*bot.*) tripetalo.

triphthong /ˈtrɪfθɒŋ, *USA* -ɔːŋ/, *n.* (*fon.*) trittongo.

triplane /ˈtraɪpleɪn/, *n.* (*aeron.*) triplano.

triple /ˈtrɪpl/, **A** *a.* triplo; triplice: (*Borsa*) **t. option**, opzione tripla; (*mus.*) **t. time**, tempo triplo; (*stor.*) **the T. Alliance**, la Triplice Alleanza; (*mecc.*) **t.-action press**, pressa a triplice effetto. **B** *n.* (*mat.*) *1* triplo *2* terna: **Pythagorean t.**, terna pitagorica *3* (*fam. USA*) whisky triplo. ● (*ippica*) **t. bars**, triplice (*ostacolo*) □ (*relig.*) **t. crown**, triregno □ **t.-digit**, a tre cifre: (*econ.*) **t.-digit inflation**, inflazione a tre cifre □ (*arald., mitol.*) **t.-headed**, tricipite □ (*sport*) **t. jump**, salto triplo □ (*fis.*) **t.-pole**, tripolare □ (*tur.*) **t. room**, camera a tre letti □ (*astron.*) **t. star**, stella tripla.

to **triple** /ˈtrɪpl/, *v. t.* e *i.* triplicare, triplicarsi.

triplet /ˈtrɪplət/, *n.* *1* gruppo di tre oggetti; tripletta *2* (*poesia*) terzina *3* (*mus.*) terzina *4* nato da un parto trigemino; bambino trigemino *5* (*pl.*) parto trigemino *6* (*pl.*) (*poker*) tris *7* (*fis.*) tripletto.

triplex /ˈtrɪplɛks/, **A** *a.* triplice. **B** *n.* (*mus.*) *1* tempo triplo *2* composizione in tre parti *3* (*marchio: autom., ind.*) V. **t. glass** *4* (*fam. USA*) casa per tre famiglie; (*anche*) appartamento su tre piani. ● (*ind.*) **t. glass**, vetro di sicurezza (a tre strati) □ (*telef.*) **t. system**, sistema triplex □ (*elettr.*) **t. winding**, avvolgimento a tre circuiti.

triplicate /ˈtrɪplɪkət/, **A** *a.* *1* triplice; triplicato *2* in triplice copia: **a t. certificate**, un certificato in triplice copia *3* (*di copia o facsimile*) terzo. **B** *n.* *1* triplice copia: **to draw up a document in t.**, redigere un documento in triplice copia *2* terza copia.

to **triplicate** /ˈtrɪplɪkeɪt/, *v. t.* *1* triplicare *2* redigere (*un documento*) in triplice copia.

triplication /trɪplɪˈkeɪʃn/, *n.* il triplicare; triplicazione.

triplicity /trɪˈplɪsətɪ/, *n.* *1* l'esser triplice *2* trio; gruppo di tre oggetti.

triply /ˈtrɪplɪ/, *avv.* triplicemente.

tripod /ˈtraɪpɒd/, *n.* *1* treppiede *2* sgabello (*o* tavolo) a tre gambe; tripode *3* cavalletto *4* (*archeol.*) tripode.

tripodal /ˈtrɪpədl/, *a.* (*di sgabello, ecc.*) che ha tre piedi (*o* tre gambe).

tripody /ˈtrɪpədɪ/, *n.* (*poesia*) tripodia: **an iambic t.**, una tripodia giambica.

tripolar /traɪˈpəʊlə(r)/, *a.* (*anche fig., polit.*) tripolare.

tripoli /ˈtrɪpəlɪ/, *n.* (*pl.* **tripolis**) (*geol.*) tripoli; farina fossile.

Tripolitan /trɪˈpɒlɪtn/, *a.* e *n.* tripolitano.

tripos /ˈtraɪpɒs/, *n.* (*nell'università di Cambridge*) esame finale sostenuto da un candidato che aspira all'«honours degree» (*q.V.*).

tripper /ˈtrɪpə(r)/, *n.* *1* escursionista; gitante; vacanziere: **day t.**, gitante della domenica *2* (*anche ferr.*) autoscatto *3* (*mecc.*) scaricatore (*di nastro trasportatore*) *4* (*pop.*) drogato che è «partito per un viaggio».

tripping /ˈtrɪpɪŋ/, **A** *a.* *1* saltellante; che si muove (*o* balla) agilmente *2* agile; leggero; lesto; rapido; veloce: **a t. rhythm**, un ritmo agile; **a t. step**, un passo leggero. **B** *n.* *1* saltellio *2* lo sgambettare. ● (*sport*) **t. an opponent**, sgambetto, sgambetti (*fallo*) □ (*elettr.*) **t. device**, dispositivo di scatto automatico.

triptych /ˈtrɪptɪk/, *n.* (*arte*) trittico.

triptyque /trɪpˈtiːk/ (*franc.*), *n.* (*dog., autom.*) trittico.

tripwire /ˈtrɪpwaɪə(r)/, *n.* filo che fa scattare un allarme (esplodere una bomba, ecc.).

trireme /ˈtraɪriːm/, *n.* (*stor., naut.*) trireme.

trisaccharide /traɪˈsækəraɪd/, *n.* (*chim.*) trisaccaride.

to **trisect** /traɪˈsɛkt/, *v. t.* *1* tripartire *2* (*geom.*) trisecare (*un angolo, ecc.*).

trisection /traɪˈsɛkʃn/, *n.* *1* tripartizione *2* (*geom.*) trisezione.

trisector /traɪˈsɛktə(r)/, *n.* trisettore.

trisectrix /traɪˈsɛktrɪks/, *n.* (*pl.* **trisectrices**) (*geom.*) trisettrice.

trismus /ˈtrɪzməs/, *n.* (*med.*) trisma.

trisomic /traɪˈsəʊmɪk/, *a.* (*biol.*) trisomico.

trisomy /ˈtraɪsəʊmɪ/, *n.* (*biol.*) trisomia. ● (*med.*) **t. 21 syndrome**, sindrome della trisomia 21 (*o* di Down).

Tristam /ˈtrɪstəm/, **Tristan** /ˈtrɪstən/, *n.* Tristano.

trisyllabic /traɪsɪˈlæbɪk/, *a.* trisillabo; trisillabico. || **-ally**, *avv.*

trisyllable /traɪˈsɪləbl/, *n.* trisillabo.

trite /traɪt/, *a.* trito; stantio; banale; risaputo; comune: **a t. expression**, un'espressione trita. || **-ly**, *avv.* || **-ness**, *sost.*

tritheism /ˈtraɪθiɪzəm/, *n.* (*relig.*) triteismo (*eresia*).

tritheist /ˈtraɪθiɪst/, *n.* (*relig.*) triteista.

tritiated /ˈtrɪtɪeɪtɪd/, *a.* (*chim.*) triziato.

tritium /ˈtrɪtɪəm/, *n.* (*chim.*) trizio, tritio.

triton /ˈtraɪtn/, *n.* (*zool., Triturus*) tritone.

Triton /ˈtraɪtn/, *n.* (*mitol.*) Tritone.

tritone /ˈtraɪtəʊn/, *n.* (*mus.*) tritono.

triturable /ˈtrɪtjʊrəbl, *USA* -tʃʊ-/, *a.* triturabile.

to **triturate** /ˈtrɪtjʊreɪt, *USA* -tʃʊ-/, *v. t.* triturare; tritare.

trituration /trɪtjʊˈreɪʃn, *USA* -tʃʊ-/, *n.* triturazione; trituramento.

triturator /ˈtrɪtjʊreɪtə(r), *USA* -tʃʊ-/, *n.* chi tritura; chi trita; tritatore.

triumph /ˈtraɪʌmf/, *n.* *1* trionfo (*anche stor.*); (piena) vittoria: **Caesar entered Rome in t.**, Cesare entrò a Roma in trionfo; **the triumphs of science**, le vittorie della scienza; **a shout of t.**, un grido di trionfo *2* esultanza; tripudio; (aria di) trionfo: **Great was his t. on hearing the news**, grande fu la sua esultanza nell'apprendere la notizia; **There was no t. in his eyes**, non c'era aria di trionfo nei suoi occhi *3* (*arc.*) trionfo; briscola.

to **triumph** /ˈtraɪʌmf/, *v. i.* *1* trionfare (*anche stor.*); vincere: **Love triumphs over enmity**, l'amore trionfa sull'inimicizia *2* (*fig.*) esultare; trionfare: **You should not t. over a fallen foe**, non dovresti esultare sul nemico sconfitto.

triumphal /traɪˈʌmfl/, *a.* trionfale; del trionfo: **t. car**, carro trionfale; **t. arch**, arco trionfale; **the t. crown**, la corona del trionfo.

triumphalism /traɪˈʌmfəlɪzəm/, *n.* (*specialm. polit.*) trionfalismo.

triumphalist /traɪˈʌmfəlɪst/, **A** *n.* trionfalista. **B** *a.* trionfalistico.

triumphant /traɪˈʌmfnt/, *a.* trionfante; vittorioso; esultante: **in a t. voice**, con voce trionfante. || **-ly**, *avv.*

triumpher /ˈtraɪəmfə(r)/, *n.* trionfatore, trionfatrice.

triumvir /traɪˈʌmvə(r), trɪ-, ˈtraɪə-/ (*lat.*), *n.* (*pl.* **triumviri, triumvirs**) (*stor.*) triumviro.

triumviral /traɪˈʌmvərəl, trɪ-/, *a.* (*stor.*) triumvirale.

triumvirate /traɪˈʌmvərət, trɪ-/, *n.* *1* (*stor.*) triumvirato *2* (*raro*) triade; terzetto.

triune /ˈtraɪjuːn/, *a.* (*relig.*) uno e trino; tre in uno: **t. Godhead**, Dio uno e trino.

trivalence /traɪˈveɪləns, ˈtrɪvələns/, **trivalency** /traɪˈveɪlənsɪ, ˈtrɪvə-/, *n.* (*chim.*) trivalenza.

trivalent /traɪˈveɪlənt, ˈtrɪvə-/, *a.* (*chim.*) trivalente.

trivalve /ˈtraɪvælv/, **trivalvular** /traɪˈvælvjulə(r)/, *a.* (*zool.*) trivalve.

trivet /ˈtrɪvɪt/, *n.* treppiedi (*arnese da cucina*). ● **t. table**, tavolino a tre gambe □ (*fam., raro*) **to be as right as a t.**, stare benissimo; essere in ottime condizioni di salute.

trivia /ˈtrɪvɪə/, *n. pl.* frivolezze; banalità.

trivial /ˈtrɪvɪəl/, *a.* *1* frivolo; futile; insignificante; irrilevante; banale; vacuo; superficiale: **a t. remark**, un'osservazione insignificante *2* (*di una persona*) leggero; superficiale. ● **t. matters**, cose da nulla; bazzecole; inezie □ **t. name**, (*bot., zool.*) nome volgare; (*chim.*) nome non ufficiale □ **the t. round**, il solito tran tran; la solita routine. || **-ly**, *avv.* || **-ness**, *sost.*

triviality /trɪvɪˈælətɪ/, *n.* *1* frivolezza; futilità; banalità; vacuità *2* leggerezza; superficialità.

to **trivialize** /ˈtrɪvɪəlaɪz/, *v. t.* rendere (*o* far sembrare) insignificante.

trivium /ˈtrɪvɪəm/, *n.* (*pl.* **trivia**) (*nelle scuole medievali*) trivio.

triweekly /traɪˈwiːklɪ/, **A** *a.* *1* trisettimanale; che avviene tre volte la settimana *2* che avviene ogni tre settimane. **B** *n.* pubblicazione (*o* rivista) trisettimanale.

trizonal /ˈtraɪˈzəʊnl/, *a.* diviso in tre zone.

troat /trəʊt/, *n.* bramito (*del cervo*).

to **troat** /trəʊt/, *v. i.* (*del cervo*) bramire.

trocar /ˈtrəʊkɑː(r)/, *n.* (*med.*) trequarti.

trochaic /trəʊˈkeɪɪk/, *a.* (*poesia*) trocaico.

trochal /ˈtrəʊkl/, *a.* (*zool.*) a forma di ruota; trocheiforme.

trochanter /trəʊˈkæntə(r)/, *n.* (*anat.*) trocantere.

troche /trəʊʃ/, *n.* (*farm.*) pastiglia; compressa.

trochee /ˈtrəʊkiː, -kɪ/, *n.* (*poesia*) trocheo.

trochilus /ˈtrɒkɪləs/, *n.* *1* (*zool.*) colibrì (*in genere*) *2* (*zool., Pluvianus aegyptius*) guardiano dei coccodrilli *3* (*archit.*) trochilo; scozia.

trochlea /ˈtrɒklɪə/, *n.* (*pl.* **trochleae**) (*anat.*) troclea.

trochlear /ˈtrɒklɪə(r)/, *a.* (*anat.*) trocleare.

trochoid /ˈtrəʊkɔɪd/, *n.* (*geom.*) trocoide.

trod /trɒd/, *pass.* di **to tread**.

trodden /ˈtrɒdn/, *p. p.* di **to tread**.

troglodyte /ˈtrɒglədaɪt/, *n.* troglodita; (*fig.*) chi vive in solitudine.

troglodytic(al) /trɒgləʊˈdɪtɪk(l)/, *a.* troglodítico.

troglodytism /ˈtrɒglədaɪtɪzəm/, *n.* troglodítismo.

troika /ˈtrɔɪkə/ (*russo*), *n.* troika, troica (*anche fig., polit.*).

Troilus /ˈtrəʊɪləs/, *n.* (*letter.*) Troilo.

Trojan /ˈtrəʊdʒən/, **A** *a.* (*stor.*) troiano; di Troia: **the T. War**, la guerra di Troia. **B** *n.* *1* (*stor.*) troiano *2* (*fig.*) persona determinata, decisa, energica. ● **T. horse**, cavallo di Troia (*anche fig.*) □ **to work like a T.**, lavorare come un negro; sgobbare.

troll (1) /trəʊl/, *n.* *1* canzone, canto (*cantato a voci alternate*); stornello *2* pesca a traina *3* (*pesca*) mulinello (*della lenza*) **4** (*pesca*) cucchiaino.

troll (**2**) /trəʊl/, *n.* **1** (*mitol. nordica*) troll **2** (*pop. USA*) studente sgobbone.

to **troll** /trəʊl/, *v. t.* e *i.* **1** cantare allegramente, a gran voce; cantare alternatamente; stornellare **2** pescare con la lenza (*trascinandola dietro la barca*); pescare a traina: **to t. a lake** [**a river**], pescare a traina in un lago [in un fiume]. ● (*sport*) **trolling spoon**, cucchiaino (*per la pesca*).

trolley /ˈtrɒlɪ/, *n.* **1** carretto (*specialm. ribaltabile*); carrettino a mano; carrello (*da supermercato, aeroporto, ecc.*): **shopping t.**, carrello per la spesa; **tea t.**, carrello per il tè **2** vagoncino (*da miniera*) **3** (*ferr.*) carrello di servizio **4** (*mecc.*) carrello sospeso; cabina sospesa **5** (*di tram, filobus*) rotella di presa; presa ad asta; trolley **6** *V.* **trolleybus** **7** (*USA*, = **t. car**) tram; vettura tranviaria. ● **t. line**, linea filoviaria; filovia; (*USA, anche*) linea tranviaria, tranvia □ **t. pole**, asta di presa (*di corrente*) □ **t. table**, carrello portavivande □ **t. wheel**, rotella di presa □ **t. wire**, linea di contatto aerea.

trolleybus /ˈtrɒlɪbʌs/, *n.* filobus.

trollop /ˈtrɒləp/, *n.* (*arc.*) **1** donna sudicia; sciattona **2** sgualdrina; prostituta; puttana.

trollopy /ˈtrɒləpɪ/, *a.* (*arc.*) **1** sudicio; sciatto **2** (*rif. a donna*) di facili costumi; di malaffare.

trolly /ˈtrɒlɪ/, *V.* **trolley**.

trombone /trɒmˈbəʊn, *USA* ˈtr-/, *n.* (*mus.*) trombone.

trombonist /trɒmˈbəʊnɪst/, *n.* (*mus.*) suonatore di trombone; trombonista.

trommel /ˈtrɒməl/, *n.* (*ind. min.*) vaglio a tamburo; vaglio rotativo.

to **tromp** /trɒmp/, (*fam. USA*) **A** *v. i.* camminare con passo pesante. **B** *v. t.* **1** calpestare **2** (*fig.*) battere; vincere; stracciare (*fig. fam.*).

trompe /trɒmp/, *n.* **1** (*metall.*) tromba ad acqua (*per immettere aria in un altoforno*) **2** (*archit.*) tromba.

troop /truːp/, *n.* **1** truppa; banda; schiera; frotta; gruppo; branco; turba: **a t. of students**, un gruppo di studenti; **a t. of giraffes**, un branco di giraffe; **troops of friends**, turbe d'amici **2** (*mil.*) squadrone (di cavalleria, di artiglieria) (*comandato da un capitano*): **to get one's t.**, ottenere il comando d'uno squadrone **3** (*pl.*) milizie; militari; soldati; truppe **4** compagnia (*o* drappello) di boy-scout **5** (*arc.*) *V.* **troupe**. ● (*mil.*) **t. carrier**, nave (*o* aereo, veicolo) per il trasporto della truppa □ **t. horse**, cavallo di un reparto di cavalleria □ **t. train**, tradotta □ **storm troops**, truppe d'assalto.

to **troop** /truːp/, **A** *v. i.* **1** adunarsi; affollarsi; ammassarsi; raggrupparsi; assembrarsi; schierarsi **2** muoversi in gruppi (*o* a frotte, disordinatamente) **3** camminare; (*specialm.*) sfilare. **B** *v. t.* (*arc.*) adunare; raggruppare; schierare. ● **to t. along**, sfilare □ (*mil.*) **to t. the colour**, sfilare in parata con le bandiere in testa □ **to t. off** (*o* **away**), andarsene in fretta; scappar via □ **to t. out**, uscire a frotte: **The fans trooped out of the stadium**, i tifosi uscirono a frotte dallo stadio □ (*mil.*) **trooping the colour**, sfilata di soldati con le bandiere in testa; rivista militare (*in G.B.*).

trooper /ˈtruːpə(r)/, *n.* **1** soldato di cavalleria; cavalleggero **2** (*USA* e *Austr.*) poliziotto a cavallo **3** cavallo (*d'un reparto di cavalleria*) **4** (*USA*) poliziotto motorizzato (*della polizia di uno Stato*) **5** (*fam.*) *V.* **troopship**. ● **to swear like a t.**, bestemmiare come un turco.

troopship /ˈtruːpʃɪp/, *n.* (*naut., mil.*) nave convoglio per trasporto truppe.

tropaeolum /trəˈpiːələm/, *n.* (*bot., Tropaeolum*) tropeolo; nasturzio; erba cappuccina.

trope /trəʊp/, *n.* (*ling., retor.*) tropo; traslato.

trophic /ˈtrɒfɪk, *USA* ˈtrəʊ-/, *a.* (*med.*) trofico.

trophied /ˈtrəʊfɪd/, *a.* ornato di trofei.

trophism /ˈtrɒfɪzəm, *USA* ˈtrəʊ-/, *n.* (*biol., med.*) trofismo.

trophoblast /ˈtrɒfəblæst, *USA* ˈtrəʊ-/, *n.* (*biol.*) trofoblasto.

trophocyte /ˈtrɒfəsaɪt, *USA* ˈtrəʊ-/, *n.* (*biol.*) trofocito.

trophology /trɒˈfɒlədʒɪ, *USA* trəʊ-/, *n.* (*scient.*) trofologia.

trophoneurosis /trɒfənjʊəˈrəʊsɪs, *USA* trəʊfənʊə-/, *n.* (*med.*) trofoneurosi.

trophotherapy /trɒfəˈθerəpɪ, *USA* trəʊ-/, *n.* (*med.*) trofoterapia.

trophy /ˈtrəʊfɪ/, *n.* trofeo; (*fig.*) premio; (*sport*) coppa.

tropic /ˈtrɒpɪk/, (*geogr.*) **A** *n.* **1** tropico: **the T. of Cancer**, il Tropico del Cancro **2** – **the tropics**, i tropici; la zona dei tropici. **B** *a.* dei tropici; tropicale. ● (*zool.*) **t. bird** (*Phaethon*), fetonte; uccello dei tropici.

tropical /ˈtrɒpɪkl/, *a.* **1** (*geogr.*) tropicale: **t. heat**, caldo tropicale; **t. diseases**, malattie tropicali **2** (*fig.*) torrido; tropicale; caldissimo **3** (*retor., da* **trope**) traslato; metaforico; figurato. ‖ **-ly**, *avv.*

tropine /ˈtrəʊpiːn, -pɪn/, *n.* (*chim.*) tropina.

tropism /ˈtrəʊpɪzəm/, *n.* (*biol.*) tropismo.

tropological /trɒpəˈlɒdʒɪkl, *USA* trəʊ-/, *a.* (*retor.*) tropologico. ‖ **-ly**, *avv.*

tropology /trɒˈpɒlədʒɪ, *USA* trəʊ-/, *n.* (*retor.*) tropologia.

tropopause /ˈtrɒpəpɔːz, *USA* ˈtrəʊ-/, *n.* (*meteor.*) tropopausa.

troposphere /ˈtrɒpəsfɪə(r), *USA* ˈtrəʊ-/, *n.* (*meteor.*) troposfera.

tropospheric /trɒpəˈsferɪk, *USA* trəʊpəˈsfɪər-/, *a.* (*meteor.*) troposferico.

trot /trɒt/, *n.* **1** trotto; (*fig.*) andatura veloce: **to break into a t.**, mettersi al trotto; **to go at a slow t.**, andare al piccolo trotto; **I put my horse to the t.**, misi il mio cavallo al trotto **2** trottata (*anche fig.*): **Let's go for a t.**, andiamo a fare una trottata **3** bambino che trotterella; bambino ai primi passi **4** (*USA*) traduttore; bigino. ● **to go at a gentle t.**, trotterellare □ (*pop.*) **to have the trots**, avere la diarrea □ (*fam.*) **to keep sb. on the t.**, tenere q. occupato, farlo trottare (*fig.*), tenerlo in movimento □ (*fig.*) **to be on the t.**, essere occupato (*o* indaffarato); (*pop.*) avere la diarrea □ (*pop.*) **He drunk four whiskies on the t.**, bevve quattro whisky uno dopo l'altro □ **I've been on the t. all day**, è tutto il giorno che trotto (*fig.*).

to **trot** /trɒt/, **A** *v. i.* trottare; andare al trotto; (*fig.*) trotterellare, camminare a passo svelto, affrettarsi, correre: **It's getting late, so I must t. off** (*o* **along, away**), si fa tardi, devo correre via (*o* scappare); **My dog was trotting after me**, il mio cane mi trotterellava dietro. **B** *v. t.* far trottare; mettere al trotto: **to t. a horse**, far trottare un cavallo. ● **to t. out**, far trottare (*un cavallo, per mostrarne l'andatura*); (*fam.*) tirar fuori, presentare, esibire, mettere in mostra (*un oggetto*); tirare in ballo, snocciolare, fare una noiosa tiritera di (q.c.) □ **to t. sb. round**, portare in giro q. □ **to t. sb. to death** (*o* **off his legs**), stroncare le gambe a q. a forza di farlo camminare □ (*fin.*) **trotting peg**, parità trottante □ (*sport*) **trotting race**, corsa al trotto.

Trot /trɒt/, *a.* e *n.* (*fam.; polit., stor.*) trotzkista; trozkista.

troth /trəʊθ, *USA* trɔːθ/, *n.* (*arc.*) fedeltà; fede; lealtà; verità: **in t.**, in fede mia; in verità. ● **by my t.**, sul mio onore!; parola d'onore! □ **to plight one's t.**, dare la propria parola; (*specialm.*) fidanzarsi.

Trotskyism /ˈtrɒtskɪɪzəm/, *n.* (*polit., stor.*) trotzkismo; trozkismo.

Trotskyist /ˈtrɒtskɪɪst/, *a.* e *n.* (*polit., stor.*) trotzkista; trozkista.

Trotskyite /ˈtrɒtskɪaɪt/, *a.* e *n.* (*polit., stor.*) trotzkista; trozkista.

trotter /ˈtrɒtə(r)/, *n.* **1** trottatore (*cavallo*) **2** (*fig.*) persona attiva, energica **3** (*generalm. al pl.*) piedino, zampetto (*di porco, ecc., come cibo*) **4** (*scherz.*) piede (*dell'uomo*). ● (*cucina*) **stuffed pig t.**, zampone.

troubadour /ˈtruːbədɔː(r), *USA* -dɔː(r), -dʊə(r)/, *n.* (*stor. letter.*) trovatore.

trouble /ˈtrʌbl/, *n.* **1** agitazione; afflizione; ansietà; dolore; preoccupazione; pena: **Life is full of small troubles**, la vita è piena di piccole afflizioni **2** agitazione; tumulto (*popolare*); disordine: **labour troubles**, agitazioni operaie; **There has been a lot of t. in Italy in the last few years**, vi sono stati molti disordini in Italia negli ultimi anni **3** disturbo; fastidio; incomodo; molestia; seccatura: **It will be no t.**, non sarà di nessun fastidio; **I'm afraid that boy is a great t. to you**, temo che quel ragazzo sia una gran seccatura per voi **4** guaio; imbroglio; impiccio; pasticcio (*fig.*): **to be in t.**, essere nei guai (*o* nei pasticci, negli impicci); **I told you you would get into t.**, te l'avevo detto che ti saresti cacciato nei guai; **to get out of t.**, cavarsi da un imbroglio; tirarsi fuori dai guai **5** (*med.*) disturbo; disturbi: **to suffer from liver t.**, soffrire di disturbi di fegato **6** (*mecc., elab.*) inconveniente; guasto: **I've had some sort of t. with the engine of my car**, ho avuto dei guasti (*o* delle noie) al motore dell'automobile. ● (*polit., stor.*) **the Troubles**, i disordini in Irlanda del 1969 (*con oltre 2.000 morti*) □ (*autom., ecc.*) **t. light**, lampada d'emergenza □ (*polit.*) **t. spot**, punto caldo □ (*fam.*) **to ask** (*o* **to look**) **for t.**, andare in cerca di guai □ (*fam.*) **to get a girl into t.**, mettere nei guai una ragazza; metterla incinta □ **to get sb. into t.**, metter q. nei guai; cacciare q. in un imbroglio; inguaiare q. □ **to give oneself t.**, darsi da fare; darsi pena □ **to make t.**, dar fastidio; combinare guai; essere molesto; essere un seccatore (*fam.*: un piantagrane) □ **No t. (at all)**, non è affatto un disturbo! □ **to put sb. to a lot of t.**, procurare molto disturbo a q. □ **to take the t. to do st.**, prendersi il fastidio (*o* darsi la pena) di fare q.c.: **He will never take the t. to write**, non si darà certo la pena di scrivere □ **It isn't worth the t.**, non ne vale la pena □ (*da parte di chi offre, ecc.*) **An omelette is no t. (to make)**, non ci vuol nulla a preparare una frittata.

to **trouble** /ˈtrʌbl/, **A** *v. t.* **1** agitare; turbare; affliggere; preoccupare; tormentare: **I was troubled by the news of his illness**, fui turbato dalla notizia della sua malattia; **He is troubled with** (*o* **by**) **a bad cold**, è tormentato da un brutto raffreddore **2** disturbare; importunare; infastidire; incomodare; seccare: **(I am) sorry to t. you**, mi dispiace di doverti disturbare; **You don't t. me at all**, non mi disturbi affatto; **May I t. you to change seats with me?**, posso darle l'incomodo di cambiar posto con me? **3** (*lett.*) agitare, muovere (*l'acqua, ecc.*). **B** *v. i.* **1** agitarsi; affliggersi; turbarsi; preoccuparsi: **You should not t. about small misfortunes**, non devi affliggerti per ogni piccola disavventura; **Don't t. about it**, non preoccuparti!; non prendertela! **2** (*anche, v. rifl.*, **to trouble oneself**) disturbarsi; incomodarsi; darsi (*o* prendersi) la pena: **Don't t. to see me off at the airport**, non incomodarti ad accompagnarmi all'aeroporto!; **He did not even t. (himself) to thank me**, non si prese neanche la pena di ringraziarmi; **Don't t. about a reply**, non importa che tu risponda. ● **to be troubled about** (*o* **with**) **money matters**, avere delle preoccupazioni finanziarie □ **to be troubled with a bad back**, soffrire di mal di schiena □ **May I t. you for a glass of water?**, mi dà (*o* mi favorisce) un bicchiere d'acqua? □ **May I t. you to shut the door?**, ti dispiace chiudere la porta?; chiudi la porta, per favore! □ **May I t. you for the salt?**, mi passi il sale, per favore?

troubled /ˈtrʌbld/, *a.* agitato; afflitto; ansioso; inquieto; preoccupato; turbato: **t. waters**, acque agitate; **a t. sleep**, un sonno agitato; **a t. glance**, un'occhiata ansiosa; **a t. face**, una faccia turbata. ● **t. times**, tempi difficili □ **to be t. about st.**, essere preoccupato per q.c. □

(*fig.*) **to fish in t. waters**, pescare nel torbido.

troublemaker /ˈtrʌblmeɪkə(r)/, *n.* chi causa guai; agitatore; sobillatore, sobillatrice; piantagrane (*fam.*).

troublemaking /ˈtrʌblmeɪkɪŋ/, **A** *a.* che causa guai; che sobilla. **B** *n.* il causare guai; sobillazione.

troubler /ˈtrʌblə(r), -bəl-/, *n.* disturbatore; tipo importuno; seccatore.

troubleshoot /ˈtrʌblʃuːt/, *n.* (*specialm. USA*) (*ind., elab.*) eliminazione di un guasto.

to **troubleshoot** /ˈtrʌblʃuːt/ (*pass.* e *p. p.* **troubleshot**), *v. i.* **1** (*specialm. USA*) fare opera di mediazione (*nelle vertenze sindacali, ecc.*); appianare le controversie **2** (*ind., elab.*) scoprire e localizzare i guasti (*d'un macchinario, ecc.*).

troubleshooter /ˈtrʌblʃuːtə(r)/, *n.* **1** (*specialm. USA*) mediatore (*in vertenze sindacali, ecc.*) **2** (*ind., elab.*) specialista nella ricerca di guasti **3** (*fig.*) chi risolve guai; chi pone rimedio a inconvenienti.

troubleshooting /ˈtrʌblʃuːtɪŋ/, *n.* **1** (*specialm. USA*) mediazione (*nelle vertenze sindacali, ecc.*) **2** (*ind., elab.*) ricerca ed eliminazione di guasti. ● **t. device**, apparecchio per la localizzazione dei guasti.

troublesome /ˈtrʌblsəm/, *a.* **1** fastidioso; molesto; importuno; noioso; seccante: **a t. cold**, un fastidioso raffreddore; **a t. boy**, un ragazzo molesto, fastidioso; uno scocciatore (*fam.*) **2** turbolento; agitato; difficile **3** (*lett.*) gravoso; faticoso; pesante. || **-ly**, *avv.* || **-ness**, *sost.*

troublous /ˈtrʌbləs, -bəl-/, *a.* (*lett.*) agitato; difficile; inquieto: **t. times**, tempi difficili.

trough /trɒf, *USA* trɔːf/, *n.* **1** trogolo (*per maiali, ecc.*); mangiatoia (*per maiali, ecc.*) **2** (= **kneading t.**) madia **3** (= **washing t.**) mastello; tinozza **4** (*edil.*) doccia (*di grondaia*) **5** (= **wave t.**) cavo, ventre (*dell'onda*) **6** (*meteor.*) saccatura **7** (*econ.*) punto più basso (*di un ciclo economico*); fondo (*di una congiuntura*) **8** (*geol.*) avvallamento; trogolo **9** (*geol.*) fossa oceanica; depressione sottomarina **10** (*mat.*) valore minimo (*di una funzione, ecc.*). ● **drinking t.**, abbeveratoio □ **mercury t.**, vaschetta del mercurio.

to **trounce** /traʊns/, *v. t.* **1** battere; bastonare; percuotere; picchiare; suonarle a (q.) **2** vincere; sconfiggere; sgominare **3** rimproverare, sgridare aspramente; fare una ramanzina a (q.).

trouncing /ˈtraʊnsɪŋ/, *n.* **1** botte; busse **2** batosta; grave sconfitta **3** lavata di capo; ramanzina.

troupe /truːp/, *n.* (*teatr.*) compagnia (*d'attori*).

to **troupe** /truːp/, *v. i.* (*teatr.*) andare in tournée.

trouper /ˈtruːpə(r)/, *n.* (*teatr.*) membro d'una compagnia; attore, attrice, ecc. ● (*fig.*) **to be a good t.**, essere un buon compagno di lavoro.

trouser /ˈtraʊzə(r)/, *a. attr.* dei calzoni; dei pantaloni: **t. pocket**, tasca dei calzoni. ● **t. factory**, pantalonificio □ **t. press** (*o* **t. stretcher**), stiracalzoni □ **t. suit**, tailleur pantalone.

trousered /ˈtraʊzəd/, *a.* che porta i calzoni.

trousering /ˈtraʊzərɪŋ/, *n.* (*ind. tess.*) stoffa per calzoni.

trousers /ˈtraʊzəz/, *n. pl.* **1** calzoni; pantaloni (*anche da donna*): **a pair of t.**, un paio di calzoni **2** (*stor.*) mutande lunghe da donna (*nell'800*). ● (*fig. fam.*) **to wear t.**, portare i pantaloni; comandare (*in casa*).

trousseau /ˈtruːsəʊ, *USA* truːˈsəʊ/ (*franc.*), *n.* (*pl.* **trousseaux, trousseaus**) corredo da sposa.

trout /traʊt/, *n.* **1** (*pl.* **trout, trouts**) (*zool., Salmo*) trota: **to fish for t.**, pescar trote **2** (*fam., spesso* **old t.**) stupida vecchiaccia; racchiona (*fam.*). ● (*di cavallo*) **t.-coloured**, dal mantello trotino □ **t. farm**, allevamento di trote □ **t. fishing**, pesca delle trote □ (*zool.*) **salmon-t.**, trota salmonata.

to **trout** /traʊt/, *v. i.* (*sport*) pescar trote; andare a pesca di trote.

troutlet /ˈtraʊtlət/, **troutling** /ˈtraʊtlɪŋ/, *n.* piccola trota.

trouty /ˈtraʊtɪ/, *a.* (*raro*: *di ruscello, ecc.*) ricco di trote.

trouvère /truːˈvɛə(r)/ (*franc.*), *n.* (*stor., letter.*) troviero.

trove /trəʊv/, *V. sotto* **treasure**.

trover /ˈtrəʊvə(r)/, *n.* (*leg., arc.*) **1** detenzione illecita di beni mobili **2** azione di recupero di proprietà mobiliare (*o* del suo valore).

to **trow** /trəʊ/, *v. t.* e *i.* (*arc. o scherz.*) pensare; credere; supporre.

trowel /ˈtraʊəl/, *n.* **1** (*edil.*) cazzuola; frattazzo; paletta (*da muratore*) **2** (= **garden t.**) paletta da giardiniere; trapiantatoio. ● (*fig.*) **to lay it on with a t.**, adulare sfacciatamente.

to **trowel** /ˈtraʊəl/, *v. t.* (*edil.*) **1** applicare (*l'intonaco*) con la cazzuola **2** intonacare (*un muro*) con la cazzuola **3** lisciare con la cazzuola; frattazzare (*un muro, ecc.*).

troy /trɔɪ/, *n.* (= **t. weight**) «troy» (*sistema di peso per metalli preziosi e per medicinali*). ● **t. ounce**, oncia troy (*pari a 31,1 grammi*).

Troy /trɔɪ/, *n.* (*geogr., stor.*) Troia.

truancy /ˈtruːənsɪ/, *n.* **1** il marinare la scuola **2** assenza ingiustificata (*da scuola*) **3** inadempienza dell'obbligo scolastico **4** (*arc.*) infingardaggine; oziosità; poltroneria; svogliataggine.

truant /ˈtruːənt/, **A** *n.* **1** scolaro che marina la scuola **2** scansafatiche; lavativo (*fam.*). **B** *a.* (*arc.*) infingardo; ozioso; pigro. ● (*di studente*) **to play t.**, marinare la scuola.

to **truant** /ˈtruːənt/, *v. i.* marinare la scuola.

truce /truːs/, *n.* **1** tregua; armistizio **2** (*fig.*) pausa, sosta: **Let there be a t. to that**, prendiamoci un po' di tregua. ● **t.-bearer**, parlamentare, negoziatore □ (*stor.*) **the t. of God**, la tregua di Dio □ **the flag of t.**, la bandiera bianca.

truceless /ˈtruːsləs/, *a.* senza tregua; implacabile.

truck (**1**) /trʌk/, *n.* **1** carro; vagone **2** carrello portabagagli (*da facchino*) **3** (*ferr.*) carrello (*di locomotiva o di carrozza ferroviaria*) **4** (*ferr.*) carro merci aperto; pianale **5** (*specialm. USA*) autocarro; camion (*cfr. ingl.* **lorry**) **6** (*naut.*) pomo d'albero; formaggetta. ● (*mecc.*) **t. crane**, carro gru; autogrù □ (*USA*) **t. driver**, autotrasportatore; camionista □ **t. owner-operator**, padroncino □ (*USA*) **t. stop**, posto di ristoro □ **hand t.**, carrello a mano □ **lift t.**, carrello elevatore.

truck (**2**) /trʌk/, *n.* **1** (*econ.*) baratto; scambio **2** (= **t. system**) sistema di pagare gli operai in natura: (*stor.*) **t. shop**, spaccio aziendale **3** (*fam.*) ciarpame; robaccia **4** (*USA*, = **garden t.**) prodotti ortofrutticoli; ortaggi; verdure. ● (*USA*) **t. farm**, fattoria che coltiva prodotti ortofrutticoli (*per il mercato*; *cfr. ingl.* **market garden**) □ (*USA*) **t. farmer** (*o* **t. gardener**), ortofrutticultore □ (*USA*) **t. farming** (*o* **t. gardening**), ortofrutticultura □ (*fam.*) **to have no t. with sb.**, non aver niente a che fare con q. □ **I will stand no t.**, non tollero sciocchezze.

to **truck** (**1**) /trʌk/, (*specialm. USA*) **A** *v. t.* trasportare su un autocarro (*o* su strada, su gomma). **B** *v. i.* fare il camionista; fare l'autotrasportatore.

to **truck** (**2**) /trʌk/, *v. t.* e *i.* **1** barattare; scambiare; far baratti **2** (*econ.*) pagare in natura.

truckage /ˈtrʌkɪdʒ/, *n.* (*specialm. USA*) **1** trasporto mediante carro (*o* autocarro) **2** spese di trasporto, ecc. **3** (*ferr.*) diritti di vagone.

trucker (**1**) /ˈtrʌkə(r)/, *n.* (*specialm. USA*) autotrasportatore; camionista.

trucker (**2**) /ˈtrʌkə(r)/, *n.* (*USA*) ortofrutticultore.

truckie /ˈtrʌkɪ/, *n.* (*fam. Austr.*) camionista.

trucking /ˈtrʌkɪŋ/, *n.* (*USA*) **1** autotrasporti **2** ortifrutticultura. ● (*USA*) **t. company**, società d'autotrasporti.

truckle /ˈtrʌkl/, *n.* **1** (*mecc.*) rotella (*per mobili, ecc.*) **2** (*di solito* **t. bed**) lettuccio su rotelle (*che s'infila sotto un altro più alto*).

to **truckle** /ˈtrʌkl/, *v. i.* abbassarsi (*fig.*); sottomettersi; strisciare (*fig.*); essere servile.

truckload /ˈtrʌkləʊd/, *n.* carico (*di un camion, ecc.*). ● (*ferr.*) **t. rates**, tariffe per vagoni a pieno carico.

truckway /ˈtrʌkweɪ/, *n.* (*specialm. USA*) (strada) camionabile.

truculence /ˈtrʌkjʊləns/, **truculency** /ˈtrʌkjʊlənsɪ/, *n.* **1** truculenza **2** (*arc.*) ferocia.

truculent /ˈtrʌkjʊlənt/, *a.* **1** truculento; truce; torvo; terribile **2** (*arc.*) feroce; selvaggio. || **-ly**, *avv.*

trudge /trʌdʒ/, *n.* lunga camminata faticosa; scarpinata (*fam.*).

to **trudge** /trʌdʒ/, **A** *v. i.* camminare a fatica (*o* a stento); strascinarsi; arrancare. **B** *v. t.* percorrere (*un tratto*) faticosamente.

true (**1**) /truː/, **A** *a.* **1** vero; effettivo; certo; genuino; schietto; sincero; reale; vero e proprio: **a t. story**, una storia vera, reale; **t. love**, amore vero; **a t. diamond**, un diamante genuino; **a t. friend**, un vero amico; un amico sincero; **the t. faith**, la vera fede; **a t. hospital**, un vero ospedale; **He is a t. scholar**, è un vero studioso; **a t. indication**, un'indicazione certa; **The dolphin is a t. mammal**, il delfino è un mammifero vero e proprio **2** fedele; leale: **They were t. to their leader**, erano fedeli al loro capo **3** accurato; esatto; preciso; conforme (*all'originale*): **a t. compass**, una bussola esatta, precisa; **a t. copy**, una copia conforme **4** allineato; al posto giusto: **The door isn't t.**, la porta non è incardinata bene **5** (*mecc.*) centrato: **The shaft is not t.**, l'asse non è centrato **6** (*della voce, di strumento*) intonato **7** (*fin.*: *d'investimento*) reale (*non speculativo*) **8** (*fin.*: *d'interesse*) netto; puro **9** (*elab., stat.*) reale: **t. complement**, complemento reale. **B** *avv.* **1** (*arc.*) in modo veritiero; sinceramente: **to speak t.**, parlare sinceramente **2** in modo preciso; esattamente. ● (*aeron.*) **t. airspeed**, velocità effettiva □ (*leg., ora solo USA*) **t. bill**, incriminazione □ **t. blue**, (*agg.*) fedele, leale; (*sost.*) fedelissimo, sostenitore leale; (*polit.*) conservatore tutto d'un pezzo □ **t.-born**, di razza pura; autentico; vero; genuino: **a t.-born Englishman**, un inglese di razza pura; un vero inglese □ **a t.-born Roman**, un romano di Roma □ **t.-bred**, di pura razza; di puro sangue □ (*mat.*) **t. discount**, sconto razionale □ (*leg.*) **the t. heir**, l'erede legittimo □ **t.-life**, reale; realistico; basato sui fatti □ **t.-hearted**, leale; sincero; fedele □ **t.-heartedness**, lealtà; sincerità; fedeltà □ **t.-lover's knot**, nodo d'amore □ (*geogr.*) **t. north**, nord geografico □ (*econ.*) **t. rent**, rendita fondiaria (*o* ricardiana) □ (*fin.*) **t. yield**, rendimento reale (*di un titolo*) □ **t. to life**, realistico; basato sui fatti; che riproduce fedelmente la realtà □ **to be t. to oneself**, non tradire se stesso; essere coerente □ **to be t. to type**, essere tipico, caratteristico (*di q.*); essere in carattere □ **to be t. to one's word**, tener fede alla parola data; essere di parola □ **to be as t. as steel**, essere fedelissimo; essere d'una lealtà a tutta prova □ **to come t.**, avverarsi: **I hope your dreams will come t.**, spero che i tuoi sogni si avverino □ **to prove t.**, avverarsi; verificarsi; realizzarsi □ **It's only too t.**, purtroppo è vero □ **His words ring t.**, le sue parole suonano sincere □ **T., it would cost more**, già (*o* è vero), costerebbe di più.

true (**2**) /truː/, *n.* **1** – **the t.**, il vero: **the t. and the false**, il vero e il falso **2** (*mecc.*) allineamento; centratura. ● (*mecc.*) **to be in t.**, essere allineato (*o* centrato, a posto) □ (*mecc.*) **to be out of t.**, essere fuori centro; essere fuori posto (*o* messo male).

to **true** /truː/, *v. t.* **1** (*mecc., spesso* **to t. up**) centrare: **to t.** (**up**) **a wheel**, centrare una ruota **2** (*mecc.*) ravvivare (*una mola*) **3** (*mecc.*) rettificare (*un cilindro*).

truelove /'tru:lʌv/, *n.* (*lett.*) innamorato, innamorata. ● **t.'s knot**, nodo d'amore.

trueness /'tru:nəs/, *n.* (*raro*) *1* verità *2* esattezza; precisione *3* fedeltà; lealtà; sincerità.

truffle /'trʌfl/, *n.* *1* (*bot.*, *Tuber*) tartufo *2* (= **rum t.**) tartufo (*di cioccolato*). ● **t. bed**, tartufaia □ **t. dog**, cane da tartufi.

truffled /'trʌfld/, *a.* (*cucina*) tartufato.

trug /trʌg/, *n.* *1* ciotola di legno (*per il latte*) *2* cestello, canestro (*lungo e basso*: *per fiori, ecc.*).

truing /'tru:ɪŋ/, *n.* *1* (*mecc.*) centratura *2* (*mecc.*) ravvivatura (*di una mola*) *3* (*mecc.*) rettifica (*di un cilindro*).

truism /'tru:ɪzəm/, *n.* verità evidente, lapalissiana; truismo.

truly /'tru:lɪ/, *avv.* *1* veramente; realmente; davvero: **I am t. thankful**, sono davvero riconoscente; **a t. courageous act**, un atto veramente coraggioso *2* veracemente; in modo veritiero; sinceramente: **He answered t.**, rispose sinceramente; disse la verità *3* fedelmente; lealmente: **I have served him t.**, l'ho servito fedelmente *4* esattamente; con precisione. ● (*concludendo una lettera*) **Yours (very) t., Adam Smith**, distinti saluti, Adam Smith.

trump (1) /trʌmp/, *n.* *1* (*a carte*) briscola; atout *2* (*fig.*) asso di briscola; asso nella manica *3* (*fig. fam. raro*) tipo in gamba; brav'uomo; galantuomo. ● **t. card**, briscola; atout; (*fig.*) asso nella manica, carta vincente □ **to come up trumps**, *V.* **to turn up trumps** □ (*fig.*) **to play one's t. card**, giocare la carta buona □ (*fig.*) **to put sb. to his trumps**, ridurre q. a usare le sue ultime risorse; mettere q. con le spalle al muro □ (*fam.*) **to turn up trumps**, rivelarsi la carta vincente; essere colui che riesce a sbloccare la situazione.

trump (2) /trʌmp/, *n.* (*poet.*) tromba: (*relig.*) **the last t.** (*o* **the t. of doom**), la tromba del giudizio universale.

to **trump** /trʌmp/, **A** *v. i.* giocare una briscola. **B** *v. t.* *1* prendere con una briscola: **to t. an ace**, prendere un asso con una briscola *2* (*fig.*) superare; battere; vincere; avere la meglio su. ● **to t. up**, inventare; architettare; escogitare: **to t. up a charge**, architettare (*o* montare) un'accusa; **to t. up an excuse**, inventare una scusa.

trumpery /'trʌmpərɪ/, **A** *n.* *1* ciarpame; robaccia *2* sciocchezze; stupidaggini; fesserie (*pop.*). **B** *a.* (*arc.*) appariscente ma senza valore; scadente: **t. jewels**, gioielli appariscenti ma senza valore.

trumpet /'trʌmpɪt/, *n.* *1* (*mus.*) tromba *2* (*fig.*, *stor.*) tromba; trombettiere; araldo, messaggero (*con la tromba*) *3* oggetto a forma di tromba; (*mecc.*) tubo a tromba (*o* svasato) *4* suono (*o* squillo) di tromba *5* (*di elefante*) barrito *6* *V.* **ear t.** ● **t. call**, squillo (*o* segnale) di tromba; (*fig.*) appello, allarme □ (*bot.*) **t. creeper** (*Campsis radicans*), gelsomino americano □ (*bot.*) **t. flower**, fiore a corolla imbutiforme; campanula □ (*mil.*) **t. major**, primo trombettiere □ **t.-shaped**, a forma di tromba; (*bot.*) campanulato, imbutiforme □ (*fig.*) **to blow one's own t.**, battersi la grancassa; tessere le proprie lodi □ **to blow the trumpets**, dar fiato alle trombe □ **ear t.**, cornetto acustico □ (*teatr.*: *nelle didascalie*) **a flourish of trumpets**, squilli di tromba.

to **trumpet** /'trʌmpɪt/, **A** *v. i.* *1* suonar la tromba; strombettare *2* (*dell'elefante*) barrire. **B** *v. t.* *1* annunciare a suon di tromba *2* (*fig.*) strombazzare: **The radio trumpeted the news of the victory**, la radio strombazzò la notizia della vittoria *3* (*mecc.*) svasare.

trumpeter /'trʌmpɪtə(r)/, *n.* *1* suonatore di tromba *2* (*mil.*) trombettiere (*della cavalleria*) *3* (*zool.*) piccione trombettiere *4* (*zool.*, = **t. swan**, *Olor buccinator*) cigno trombetta. ● (*fig.*) **to be one's own t.**, battersi la grancassa; tessere le proprie lodi.

truncal /'trʌŋkl/, *a.* (*anat.*) del tronco.

truncate /'trʌŋkeɪt/, **truncated** /trʌŋ'keɪtɪd, *USA* 'trʌŋ-/, *a.* troncato; tronco; mozzo. ● (*geom.*) **t. cone**, tronco di cono.

to **truncate** /trʌŋ'keɪt, *USA* 'trʌŋ-/, *v. t.* troncare; mozzare.

truncation /trʌŋ'keɪʃn/, **truncature** /'trʌŋkətʃə(r)/, *n.* (*anche mat.*) troncamento.

truncheon /'trʌntʃən/, *n.* *1* manganello; sfollagente: **English policemen go unarmed, save for a t. they carry in a special pocket**, i poliziotti inglesi vanno in giro disarmati, salvo per uno sfollagente che portano dentro una tasca speciale *2* (*stor.*) mazza: **herald's t.**, mazza da araldo *3* (*arc.*) bastone corto; randello.

to **truncheon** /'trʌntʃən/, *v. t.* manganellare.

trundle /'trʌndl/, *n.* *1* rotella; piccola ruota dentata *2* carretto a ruote basse; carrello *3* (*specialm. USA*, = **t. bed**) lettuccio con rotelle (*che s'infila sotto un altro più alto*; *cfr. ingl.* **truckle bed**).

to **trundle** /'trʌndl/, *v. t. e i.* *1* rotolare; far rotolare; spingere; ruzzolare: **to t. a hoop**, far rotolare un cerchio; **to t. a wheel barrow**, spingere una carriola *2* (*fam.*: *nel cricket*) servire la palla *3* muoversi (avanzare, ecc.) pesantemente: **The tanks trundled along**, i carri armati passarono con grande strepito.

trundler /'trʌndlə(r)/, *n.* *1* chi fa rotolare, ecc. (*V.* **to trundle**) *2* (*fam.*: *nel cricket*) lanciatore *3* (*N. Z.*) girellino; passeggino.

trunk /trʌŋk/, *n.* *1* tronco (*d'albero, del corpo umano, ecc.*); fusto (*d'albero, d'una colonna, ecc.*); torso *2* baule; cassa (*di marinaio, ecc.*) *3* (*d'elefante*) proboscide *4* (*mecc.*, = **t. piston**) pistone tubolare: **t. engine**, motore a pistoni tubolari *5* (*autom. USA*; *cfr. ingl.* **boot (1)**) bagagliaio; vano bagagli *6* (*pl.*) calzoncini (*da atleta, da bagno*) *7* (*pl.*) pantaloncini (*da pugile*) *8* (*tecn.*) tronco principale; collettore (*di fogna e sim.*) *9* (*elab.*) canale (*di trasmissione*). ● (*telef.*) **t. call**, chiamata interurbana □ (*telef.*) **t. circuit**, circuito di collegamento □ **t. drawers**, calzoni corti (*al ginocchio o sopra*) □ (*tel.*) **t. exchange**, centrale interurbana □ (*stor.*) **t. hose**, brache a sbuffo (*in uso nel '500*) □ **t. line**, (*ferr.*) linea principale; (*telef.*) linea interurbana □ **t. maker**, valigiaio □ (*autom.*) **t. motorway**, autostrada principale □ **t. nail**, borchia □ **t. road**, strada nazionale (*o* camionale).

trunkful /'trʌŋkfʊl/, *n.* *1* quanto sta in un baule *2* (*autom.*, *USA*) quanto sta in un vano bagagli.

trunnion /'trʌnjən/, *n.* *1* (*mecc.*) perno d'articolazione *2* (*mecc.*) perno portante; orecchione *3* (*mil.*) orecchione (*di cannone*).

truss /trʌs/, *n.* *1* (*ind. costr.*) travatura reticolare *2* (*edil.*) capriata (*del tetto*) *3* (*archit.*) mensola; modiglione *4* fascio, fastello (*di fieno o di paglia*) *5* (*bot.*) grappolo di fiori (*o di frutti*) *6* (*med.*) cinto erniario *7* (*naut.*) trozza. ● **t. bridge**, ponte a travatura reticolare □ (*ind. costr.*) **t. rod**, catena □ **king-post t.**, capriata semplice □ **queen-post t.**, capriata trapezoidale.

to **truss** /trʌs/, *v. t.* *1* legare (stretto); affastellare: **They trussed up the poor man with ropes**, legarono il pover'uomo con funi *2* reggere, sostenere (*un tetto, un ponte, ecc.*) mediante travatura reticolare *3* (*cucina, anche* **to t. up**) legare stretto (*un pollo, un tacchino, ecc., prima di cuocerlo*). ● (*naut.*) **to t. up a sail**, raccogliere una vela □ (*edil.*) **trussed beam**, trave rinforzata con catena □ (*edil.*) **trussed rafter**, capriata semplice.

trust /trʌst/, *n.* *1* fiducia; fede; confidenza; speranza; responsabilità: **Our t. is in God**, la nostra speranza è riposta in Dio; **I haven't much t. in men**, ho poca fiducia negli uomini; **to repose one's t. in sb.**, riporre la propria fiducia in q.; **He is our sole t.**, egli è la nostra unica speranza; **I fill a post of great t.**, occupo un posto di fiducia (*o* di grande responsabilità) *2* buonafede: **He takes everything on t.**, prende tutto in buonafede *3* (*fin.*, *comm.*) credito: **We supply them with goods on t.**, forniamo loro merce a credito; **to sell on t.**, vendere a credito *4* dovere; obbligo: **We accept it as a sacred t.**, lo accettiamo come nostro sacro dovere; **I have fulfilled my t.**, ho adempiuto al mio obbligo; ho assolto il mio incarico *5* cura; custodia: **She was committed to her aunt's t.**, fu affidata alle cure della zia *6* (*leg.*) «trust»; (*pressappoco*) negozio fiduciario, fedecommesso, fidecommisso; patrimonio fiduciario *7* (*leg.*) amministrazione fiduciaria (*di beni altrui*): **He holds the estate in t. for his nephew**, ha l'amministrazione fiduciaria della proprietà intestata al nipote *8* (*econ.*) trust (*illegale in U.S.A.*); consorzio monopolistico; monopolio: **the copper t.**, il trust del rame; **banking t.**, consorzio di banche; *9* (*leg.*) ente; fondazione: **private t.**, fondazione privata *10* (*fin.*) fondo (comune) d'investimento: **closed-end [open-end] t.**, fondo chiuso [aperto]; **t. without any gearing** (*o, USA,* **leverage**), fondo con sole azioni ordinarie. ● (*leg.*) **t. deed**, atto di negozio fiduciario □ **t. estate** (*o* **property**), proprietà tenuta in amministrazione fiduciaria □ (*fin.*) **t. fund**, fondo fiduciario □ (*banca*) **t. receipt**, ricevuta di negozio fiduciario □ (*polit.*, *stor.*) **t. territory**, territorio soggetto ad amministrazione fiduciaria □ (*fin.*) **t. unit**, quota-parte di un fondo comune d'investimento □ (*leg.*) **breach of t.**, violazione degli obblighi derivanti da un rapporto di fiducia; abuso di fiducia □ **to take st. on t.**, accettare q.c. sulla fiducia (*o* sulla parola).

to **trust** /trʌst/, **A** *v. t.* *1* confidare in; aver fiducia in; fidarsi di; contare su; fare assegnamento (*o* affidamento) su; credere a; far credito a: **I have never trusted him**, non ho mai avuto fiducia in lui; **He isn't the kind of person one can t.**, non è il tipo di persona su cui si può fare assegnamento; **We cannot t. his version**, non possiamo credere alla sua versione (della storia); **Will the innkeeper t. me for a meal?**, credi che il locandiere mi farà credito per un pasto? *2* affidare; consegnare; (fidarsi di) prestare: **I trusted my affairs to a lawyer** (*o* **I trusted a lawyer with my affairs**), affidai i miei affari (*o* la tutela dei miei interessi) a un avvocato; **Don't t. him with your car**, non (fidarti di) prestargli l'automobile; **I t. my children to your care**, ti affido i miei figli *3* (*seguito da una frase oggettiva*) fidarsi di: **Would you t. your little children to go abroad by themselves?**, ti fideresti di lasciar andare all'estero i tuoi bambini da soli?; **He may be trusted to do his duty**, ci si può fidare di lui: farà il suo dovere. **B** *v. i.* *1* confidare; essere fiducioso; nutrire fiducia; sperare: **I t. you will pass your exam**, confido che supererai l'esame; **I trust to be able to join the party**, spero di poter far parte della comitiva; **to t. in God**, confidare in Dio *2* affidarsi; fidarsi; contare; fare assegnamento: **Don't t. to luck**, non affidarti alla sorte!; **I cannot t. to my memory for dates**, non posso fidarmi della mia memoria per le date *3* (*comm.*) far credito; concedere prestiti. ● **to t. too much to one's memory**, fidarsi troppo della memoria □ **to t. sb. with st.**, affidare q.c. a q.; fidarsi di dare q.c. a q.: **I cannot t. him with all that money**, non mi posso fidare di dargli tutti quei soldi (da tenere) □ **to t. sb. with a secret**, confidare un segreto a q. □ **You are not hurt, I t.**, non ti sarai fatto male, spero.

trustbuster /'trʌstbʌstə(r)/, *n.* (*fam. USA*) smantellatore (*o* distruttore) dei monopoli (*per primo, il Presidente Theodore Roosevelt, 1901-1909*).

trustbusting /'trʌstbʌstɪŋ/, *n.* (*fam. USA*) lotta contro i monopoli; smantellamento dei monopoli.

trusted /'trʌstɪd/, *a.* fidato; di fiducia.

trustee /trʌ'sti:/, *n.* (*leg.*) *1* amministratore fiduciario; (*pressappoco*) fidecommissario *2* (*di solito,* **t. in bankruptcy**) curatore fallimentare **3** amministratore, membro del consiglio d'amministrazione (*di un ente pubblico, d'un ospedale, d'una scuola, ecc.*) **4** amministratore giudiziale **5** banca fiduciaria (*di un fondo comune d'investimento*). ● (*in G.B.*) **t. savings bank**, cassa di risparmio (*per piccoli risparmiatori*) □ **board of trustees**, consiglio di amministrazione (*V. sopra, def. 3*).

to **trustee** /trʌ'stiː/, *v. t.* (*leg.*) affidare (*beni*) in amministrazione (*o* gestione) fiduciaria.

trusteeship /trʌ'stiːʃɪp/, *n.* (*leg.*) amministrazione fiduciaria; (*pressappoco*) fedecommesso; curatela: **He accepted the t. of his niece's property**, accettò la curatela dei beni della nipote. ● (*polit., stor.*) **t. territory**, territorio soggetto ad amministrazione fiduciaria.

truster /'trʌstə(r)/, *n.* chi si fida (*di q.*); chi fa credito (*a q.*).

trustful /'trʌstfl/, *a.* fiducioso; confidente; che si fida. || **-ly**, *avv.* || **-ness**, *sost.*

trustification /trʌstɪfɪ'keɪʃn/, *n.* (*econ., fin.*) trasformazione in trust.

to **trustify** /'trʌstɪfaɪ/, *v. t.* (*econ., fin.*) trasformare (*un'industria, ecc.*) in un trust; monopolizzare.

trusting /'trʌstɪŋ/, *V.* **trustful**.

trustingly /'trʌstɪŋlɪ/, *avv.* fiduciosamente; con fiducia.

trustless /'trʌstləs/, *a.* **1** infido; sleale **2** diffidente; sospettoso.

trustworthiness /'trʌstwɜːðɪnəs/, *n.* **1** fidatezza; fedeltà; l'esser degno di fiducia **2** attendibilità.

trustworthy /'trʌstwɜːðɪ/, *a.* **1** fidato; fedele; degno di fiducia; sicuro: **a t. friend**, un amico fidato, sicuro **2** degno di fede; attendibile.

trusty /'trʌstɪ/, **A** *a.* (*arc. o scherz.*) fido; fidato; fedele; sicuro: **his t. steed**, il suo fido destriero; **my t. movie camera**, la mia fedele cinepresa. **B** *n.* (*leg.*) carcerato che tiene buona condotta e gode di certi privilegi. || **-ily**, *avv.* || **-iness**, *sost.*

truth /truːθ/, *n.* **1** verità; (il) vero: **I've told you the t.**, ti ho detto la verità; **There is an element of t. in your story**, c'è del vero nel tuo racconto; **the truths of religion**, le verità della fede; le verità rivelate; **home truths**, verità sgradevoli, la dura verità (*sul proprio conto*) **2** veridicità; l'esser veritiero; sincerità; lealtà: **You may depend on his t.**, potete contare sulla sua sincerità **3** (*mecc.*) posizione giusta; centro: **The wheel is out of t.**, la ruota è fuori centro (*o* è scentrata). ● **t. drug** (*o* **t. serum**), siero della verità □ (*elab.*) **t. table**, tavola di verità □ (*elab.*) **t. value**, valore di verità □ **the honest t.**, la pura verità □ (*lett.*) **in t.**, invero; veramente; infatti □ **to speak** (*o* **to tell**) **the t.**, dire la verità □ **to tell the t.** (*o* **t. to tell**), a dire il vero □ (*fig.*) **That girl is t. itself**, quella ragazza è la bocca della verità □ (*fig.*) **This is Gospel t.**, questo è Vangelo.

truthful /'truːθfl/, *a.* **1** veritiero; veridico; verace; sincero: **a t. child**, un bambino sincero; **a t. tale**, una narrazione veridica **2** (*arte*) fedele; esatto: **a t. reproduction**, una riproduzione fedele. || **-ly**, *avv.* || **-ness**, *sost.*

truthless /'truːθləs/, *a.* falso; mendace; infido; sleale: **a t. statement**, un'affermazione falsa; **a t. man**, un uomo sleale. || **-ly**, *avv.* || **-ness**, *sost.*

try /traɪ/, *n.* **1** (*fam.*) prova; tentativo: **I've had four tries but I missed the target**, ho fatto quattro tentativi, ma ho sbagliato il bersaglio **2** (*rugby*) meta: **converted try**, meta trasformata. ● **try-on**, prova (*di un abito*); (*fam.*) tentativo d'inganno; (il) tentare il colpo □ **try-out**, (*fam.*) esperimento, prova; (*autom., mecc.*) collaudo, verifica; (*teatr.*) rappresentazione di prova: **try-out of the brakes**, verifica dei freni; **He gave the play a try-out at Reading**, mise in scena il dramma a Reading per una rappresentazione di prova (*prima di portarlo a Londra*) □ **try square**, squadra a battente (*strumento per disegno, ecc.*) □ **Have** (*o* **give it**) **a try!**, prova!; provaci! □ **Let me have a try!**, fammi provare!

to **try** /traɪ/, *v. t.* e *i.* **1** provare; tentare; cercare; mettere alla prova; saggiare; sperimentare; fare un esperimento; fare una prova; collaudare: **I promise I'll try**, prometto che proverò; **It's no use trying**, è inutile tentare; **Try to study** (*fam.*: **try and study**) **harder**, cerca di studiare di più!; **My patience was sorely tried**, la mia pazienza fu messa a dura prova; **Each car is tried before it leaves the factory**, ogni automobile è collaudata prima di lasciare la fabbrica **2** assaggiare; sentire: **Try our French wines**, assaggiate i nostri vini francesi! **3** (*leg.*) giudicare; pronunciarsi su; processare: **Judges try cases and, if the jury finds the accused guilty, they pronounce sentence**, i giudici giudicano le cause e, se la giuria dichiara l'imputato colpevole, emettono la sentenza; **No fact tried by a jury can be re-examined in a U.S. law court**, nessun fatto su cui si sia pronunciata una giuria può essere riesaminato in un tribunale statunitense; **He was tried for manslaughter**, fu processato per omicidio **4** affaticare; sforzare, stancare (*gli occhi, la vista, ecc.*): **to try one's eyes**, affaticarsi gli occhi **5** competere; gareggiare: **to try for a prize**, competere per un premio **6** essere in lizza: **to try for the chairmanship**, essere in lizza per la presidenza **7** (*raro*) decidere, risolvere (*una disputa, una questione*): **The knights tried the dispute in a joust**, i cavalieri decisero la contesa con un torneo. ● **to try one's best** [**one's hardest**], fare del proprio meglio [fare ogni sforzo]; mettercela tutta (*fam.*) □ (*leg.*) **to try sb. by summary proceedings**, processare q. per direttissima □ **to try one's fortune**, tentare la sorte; sfidare la fortuna □ **to try one's hand at st.**, tentar di fare (*o* mettere mano a) q.c. □ **to try an impossible feat**, tentar l'impossibile; cimentarsi in un'impresa disperata □ **to try one's strength**, misurare le proprie forze; cimentarsi □ **Try the door**, prova a girare la maniglia!; vedi un po' se la porta si apre!

♦**try again**, *v. i.* + *avv.* provare di nuovo; riprovare.

♦**try on**, *v. t.* + *avv.* **1** provare, misurare (*indumenti, ecc.*): **Have you tried the shoes on?**, ti sei misurato le scarpe? **2** (*fam.*) provarci: **It's no use trying it on with me; I won't put up with your tricks!**, è inutile che tu ci provi; i tuoi trucchi con me non attaccano!

♦**try out**, **A** *v. t.* + *avv.* **1** provare; mettere alla prova; collaudare: **I'll try out my new car tomorrow**, domani provo la nuova auto **2** fare un provino a (*cantanti, ecc.*) **3** (*tecn.*) ricavare, struggere (*olio di balena e sim.*) **4** (*metall.*) purificare (*metalli*) mediante fusione **5** (*teatr.*) recitare, rappresentare (*una commedia*) davanti a un pubblico di amici. **B** *v. i.* + *avv.* candidarsi; accettare d'essere messo alla prova.

♦**try over**, *v. t.* + *avv.* provare (*la voce di un cantante e sim.*).

♦**try up**, *v. t.* + *avv.* (*falegn.*) sgrossare con il piallone.

trying /'traɪɪŋ/, *a.* **1** aspro; difficile; duro; faticoso; fastidioso; laborioso; noioso; penoso: **a t. experience**, un'esperienza dura, penosa; **a t. day at school**, una giornata faticosa a scuola; **a t. job**, un lavoro fastidioso, ingrato **2** che affatica: **a t. light**, una luce che stanca la vista **3** (*di persona*) insopportabile. ● (*falegn.*) **t. plane**, pialla per rifinire; piallone. || **-ly**, *avv.*

trypanosome /'trɪpənəsəʊm/, *n.* (*zool., Trypanosoma*) tripanosoma.

trypanosomiasis /trɪpənəʊsəʊ'maɪəsɪs/, *n.* (*med.*) tripanosomiasi.

trypsin /'trɪpsɪn/, *n.* (*biochim.*) tripsina.

tryptophan /'trɪptəfæn/, *n.* (*chim.*) triptofano.

trysail /'traɪseɪl, -sl/, *n.* (*naut.*) trysail; vela aurica.

tryst /trɪst, traɪst/, *n.* (*arc.*) **1** appuntamento; convegno: **to break t.**, mancare all'appuntamento; **to keep t. with sb.**, andare a un appuntamento con q. **2** (= **trysting place**) luogo di appuntamento.

to **tryst** /trɪst, traɪst/, (*arc.*) *v. t.* e *i.* fissare un appuntamento (a).

try-your-strength machine /'traɪjə'streŋθməʃiːn/, *locuz. n.* (*nelle fiere*) macchina per misurare la forza.

tsar /zɑː(r), ts-/, *n.* (*stor.*) zar.

tsarevitch /'zɑːrəvɪtʃ, 'ts-/, *n.* (*stor.*) zarevic (*primogenito dello zar*).

tsarina /zɑː'riːnə, ts-/, *n.* (*stor.*) zarina.

tsarism /'zɑːrɪzəm, 'ts-/, *n.* (*stor.*) zarismo.

tsarist /'zɑːrɪst, 'ts-/, *n.* e *a.* (*stor.*) zarista.

tsetse /'tsetsɪ, 'tetsɪ, -iːtsɪ/, *n.* (*zool., Glossina palpalis*; = **t. fly**) mosca tse-tse.

tsunami /tsuː'nɑːmɪ, -'næ-/ (*giapponese*), *n.* (*geogr., naut.*) tsunami; onda di maremoto.

tub /tʌb/, *n.* **1** tinozza; tino; mastello; vasca (*per lavare*): **a tub of water**, una tinozza d'acqua **2** (*fam.*, = **bathtub**) vasca da bagno **3** (*fam.*) bagno (*nella vasca*): **A full tub would do him good**, un buon bagno gli farebbe bene **4** (*ind. min.*) cassone; secchione; vagonetto **5** (*sport*) barca per l'allenamento alla voga **6** (*naut., scherz.*) vecchia barca; bagnarola (*fig.*) **7** (*pop.*) grassone; ciccione. ● **tub chair**, poltrona con schienale avvolgente □ (*pop.*) **tub of lard**, palla di sego; ciccione, cicciona □ **tub-thumper**, oratore da strapazzo □ (*d'oratore, predicatore*) **tub-thumping**, da strapazzo □ (*mecc.*) **tub-wheel**, ruota idraulica cava; cilindro rotante (*per lavare pelli*).

to **tub** /tʌb/, **A** *v. t.* **1** (*fam.*) lavare (q.c.) nella tinozza **2** mettere in un tino (*o in un mastello*) **3** (*ind. min.*) rivestire (*un pozzo*) di legno (*o di travi metalliche*) **4** (*sport*) allenare (*rematori*) alla voga. **B** *v. i.* **1** (*fam.*) fare il bagno nella tinozza **2** (*sport*) allenarsi alla voga.

tuba /'tjuːbə, *USA* 'tuː-/, *n.* **1** (*mus.*) tuba **2** (*meteor.*) nube a proboscide.

tubal /'tjuːbl, *USA* 'tuː-/, *a.* (*anat.*) tubarico. ● (*zool.*) **t. bladder**, vescica urinaria (*dei pesci*) □ (*med.*) **t. occlusion**, occlusione tubarica.

tubate /'tjuːbeɪt, *USA* 'tuː-/, *a.* tubiforme; tubolare.

tubbing /'tʌbɪŋ/, *n.* (*ind. min.*) rivestimento (*di un pozzo*) con travi.

tubbish /'tʌbɪʃ/, *a.* grassoccio; grassottello.

tubby /'tʌbɪ/, *a.* **1** a forma di tino **2** (*fam.*) obeso; corpulento; tozzo **3** (*di strumento musicale*) sordo; privo di risonanza.

tube /tjuːb, *USA* tuːb/, *n.* **1** tubo: **smoke t.**, tubo da stufa; **welded t.**, tubo saldato; (*mil., naut.*) **torpedo t.**, tubo lanciasiluri **2** tubetto: **a toothpaste t.**, un tubetto di dentifricio; **t. colours**, colori in tubetto **3** (*anat.*) canale; tuba; tromba; salpinge: **bronchial t.**, canale bronchiale; **the Fallopian tubes**, le trombe di Falloppio **4** (*med.*) cannula; sonda: **stomach t.**, sonda gastrica **5** (*fam.*) ferrovia sotterranea, metropolitana (*specialm. di Londra*); treno della metropolitana: **to travel by t.**, viaggiare in metropolitana **6** (= **inner t.**) camera d'aria (*di pneumatico*) **7** (*chim., spesso* **test t.**) fiala; provetta: **glass t.**, fiala di vetro; **graduated t.**, provetta graduata **8** (*elettron., radio, TV*) tubo; valvola: **a thermionic t.**, una valvola termoionica; **t. socket**, supporto della valvola **9** (*mil.*) tubo-anima (*di cannone*; *cfr.* **barrel** *per fucili e pistole*) **10** – (*fam. USA*) **the t.**, la televisione; il televisore **11** (*pop. USA* e *Austr.*) lattina (*o* bottiglia) di birra **12** (*pop. USA*) sigaretta. ● (*mecc.*) **t.-bending machine**, piegatubi (*macchina*) □ (*mecc.*) **t. mill**, mulino a tubo □ **t. socks**, tubolari (*calze unisex*) □ **t. well**, pozzo di perforazione (*o* artesiano) □ **pneumatic t.**, tubo per la posta pneumatica.

to **tube** /tjuːb, *USA* tuːb/, **A** *v. t.* **1** fornire di tubi **2** chiudere in un tubo **3** (*med.*) drenare (*una ferita*) con una cannula. **B** *v. i.* (*fam.*) viaggiare in metropolitana (*a Londra*).

tubectomy /tjuː'bektəmɪ, *USA* tuː-/, *n.*

(*med.*) salpingectomia.

tubeless /'tju:bləs, *USA* 'tu:b-/, *a.* (*autom.*) senza camera d'aria; tubeless: **a t. tyre**, un pneumatico senza camera d'aria; un tubeless.

tuber /'tju:bə(r), *USA* 'tu:-/, *n.* **1** (*bot.*) tubero: **A potato is a t.**, la patata è un tubero **2** (*med.*) nodo; tumefazione.

tubercle /'tju:bəkl, *USA* 'tu:-/, *n.* **1** (*anat., bot.*) tubercolo **2** (*med.*) tubercolo; lesione tubercolotica. ● **t. bacillus**, bacillo della tubercolosi.

tubercular /tju:'bɜ:kjʊlə(r), *USA* tu:-/, **A** *a.* (*med.*) **1** tubercolare **2** (*improprio*) tubercoloso. **B** *n.* (*med.*) tubercolotico, tubercoloso.

to **tubercularize** /tju:'bɜ:kjʊləraɪz, *USA* tu:-/, *V.* **to tuberculize**.

tuberculate(d) /tju:'bɜ:kjʊlɪt(ɪd), *USA* tu:-/, *a.* **1** (*biol.*) tubercolato; coperto di tubercoli **2** (*med.*) tubercolare.

tuberculation /tju:bɜ:kjʊ'leɪʃn, *USA* tu:-/, *n.* formazione di tubercoli.

tuberculin /tju:'bɜ:kjʊlɪn, *USA* tu:-/, *n.* (*biol., med.*) tubercolina.

to **tuberculize** /tju:'bɜ:kjʊlaɪz, *USA* tu:-/, *v. t.* (*med.*) contagiare di tubercolosi.

tuberculoid /tju:'bɜ:kjʊlɔɪd, *USA* tu:-/, *a.* tubercoloide; simile a un tubercolo.

tuberculose(d) /tju:'bɜ:kjʊləʊs(t), *USA* tu:-/, *a.* (*med.*) tubercoloso.

tuberculosis /tju:bɜ:kjʊ'ləʊsɪs, *USA* tu:-/, *n.* (*pl.* **tuberculosises**) (*med.*) tubercolosi: **pulmonary t.**, tubercolosi polmonare.

tuberculous /tju:'bɜ:kjʊləs, *USA* tu:-/, *a.* (*med.*) tubercolare.

tuberculum /tju:'bɜ:kjʊləm, *USA* tu:-/, *n.* (*pl.* **tubercula**) (*anat., bot., med.*) tubercolo.

tuberose (1) /'tju:bərəʊz, *USA* 'tu:-/, *n.* (*bot., Polianthes tuberosa*) tuberosa.

tuberose (2) /'tju:bərəʊs, *USA* 'tu:-/, *a.* **1** (*bot.*) tuberoso **2** (*anat.*) nodulare; tuberoso; coperto di tubercoli.

tuberosity /tju:bə'rɒsətɪ, *USA* tu:-/, *n.* (*anat., bot.*) tuberosità.

tuberous /'tju:bərəs, *USA* 'tu:-/, *a.* **1** (*anat.*) coperto di tubercoli; nodulare; tuberoso **2** (*bot.*) tuberoso: **t. root**, radice tuberosa. ● (*med.*) **t. sclerosis**, sclerosi tuberosa.

tubful /'tʌbfʊl/, *n.* quanto sta in un tino (*o* una tinozza).

tubiform /'tju:bɪfɔ:m, *USA* 'tu:-/, *a.* tubiforme.

tubing /'tju:bɪŋ, *USA* 'tu:-/, *n.* **1** tubazione; tubatura **2** tubo: **a yard of rubber t.**, una iarda (*91 cm circa*) di tubo di gomma **3** (*ind. petrolifera*) tubing; tubaggio: **t. head**, testa del tubaggio.

tubular /'tju:bjʊlə(r), *USA* 'tu:-/, *a.* **1** tubolare; tubiforme: (*ind. costr.*) **a t. bridge**, un ponte tubolare **2** a tubi; tubolare; tubolato: **a t. boiler**, una caldaia tubolata.

tubule /'tju:bju:l, *USA* 'tu:-/, *n.* **1** tubetto; cannula **2** (*anat.*) tubulo.

tubulose /'tju:bjʊləʊs, *USA* 'tu:-/, **tubulous** /'tju:bjʊləs, *USA* 'tu:-/, *a.* **1** tubolare **2** a tubi; tubolare **3** (*bot.*) tuboloso, tubuloso.

tuck /tʌk/, *n.* **1** piega; basta; pince (*franc.*): **to make [to let out] a t. in a sleeve**, fare [allentare] una basta in una manica (*di camicia, ecc.*) **2** (*naut.*) parte inferiore della poppa; (*gergo naut.*) chiappe (*della nave*) **3** (*pop.*) cibo; roba da mangiare; (*specialm.*) dolci, dolciumi, pasticcini: **a t. box**, una scatola di dolci. ● (*pop.*) **a t.-in**, una scorpacciata; una mangiata □ (*pesca*) **t. net** (*o* **t. seine**), bertovello □ (*pop.*) **t. shop**, spaccio che vende dolciumi, roba da mangiare (*specialm. a scuola o in un collegio*).

to **tuck** /tʌk/, **A** *v. t.* **1** piegare; ripiegare; far baste (*o* pieghe) in (*abiti, stoffa, ecc.*) **2** (*a volte* **to t. up**) rimboccare; rincalzare: **to t. up one's sleeves**, rimboccarsi le maniche; **The mother tucked the baby into bed**, la mamma rincalzò il letto (*o* rimboccò le coperte) al bimbo **3** mettere dentro; far entrare; infilare; stipare; cacciare; nascondere: **I succeeded in tucking my shoes in the suitcase**, riuscii a fare entrare le scarpe nella valigia; **T. your shirt in**, infilati la camicia dentro i calzoni!; **The cove lies tucked between high cliffs**, l'insenatura è nascosta da alte scogliere; **I tucked the letter into my pocket**, mi cacciai la lettera in tasca **4** (*sport*) vuotare (*una rete da pesca*) col bertovello **5** ripiegare (*una parte del corpo*): **The pigeon tucked its head under its wing**, il piccione ripiegò il capo sotto l'ala. **B** *v. i.* far pieghe; far baste.

♦**tuck away**, *v. t. + avv.* **1** mettere via; mettere al sicuro; riporre; mettere da parte: **to t. away important documents [money]**, mettere via documenti importanti (denaro) **2** nascondere; tenere (q.) nascosto: **The cottage is tucked away behind a tall hedge**, la villetta è nascosta dietro un'alta siepe **3** (*fam.*) papparsi; sbafare.

♦**tuck down**, *v. t. + avv.* (*o prep.*) **1** infilare giù (*o* dentro a) **2** rincalzare (*coperte, lenzuola, ecc.*).

♦**tuck in**, **A** *v. t. + avv.* **1** mettere dentro, infilare (*V.* **to tuck, A**, *def.* 2 e 3) **2** tirare indentro (*lo stomaco, ecc.*). **B** *v. i. + avv.* (*fam.*) mettersi a mangiare (*di gusto*); gettarsi sul cibo □ **to t. in one's napkin**, mettersi il tovagliolo al collo.

♦**tuck into**, **A** *v. i. + prep.* (*fam.*) gettarsi su (*il cibo*); fare una scorpacciata di. **B** *v. t. + prep.* **1** mettere, infilare in: **to t. one's handkerchief into one's pocket**, infilarsi in tasca il fazzoletto **2** mettere (*q. a letto*) rincalzandogli le coperte: **to t. one's little child into bed**, rincalzare le coperte al figlio mettendolo a letto.

♦**tuck up**, *v. t. + avv.* **1** tirare su, alzare (*la sottana, ecc.*) **2** rimboccare: **to t. up one's sleeves**, rimboccarsi le maniche **3** rimboccare le coperte a (*un bambino, un malato, ecc.*) **4** ripiegare (*sotto di sé*): **She sat in the armchair, with her legs tucked up under herself**, stava seduta in poltrona, con le gambe ripiegate sotto di sé (*o* tutta rannicchiata).

tucker /'tʌkə(r)/, *n.* **1** chi fa baste, rimbocca, rincalza, ecc. (*V.* **to tuck**) **2** (*stor.*) fisciù, scialletto (*indossato dalle donne inglesi nel '600 e nel '700*) **3** (*di macchina da cucire*) piedino per fare pieghe **4** (*pop. Austr.*) cibo. ● (*scherz.*) **one's best bib and t.**, l'abito da festa; il vestito buono.

to **tucker** /tʌkə(r)/, *v. t.* (*fam. USA, spesso* **to t. out**) affaticare; stancare; sfinire. ● **tuckered out**, sfiancato; stanco morto.

Tudor /'tju:də(r), *USA* 'tu:-/, **A** *n.* (*stor.*) **1** Tudor (*dinastia di sovrani inglesi, sul trono dal 1485 al 1603*) **2** sovrano dei Tudor: **Elizabeth I was the last T.**, Elisabetta I fu l'ultima dei sovrani Tudor. **B** *a.* (*stor., archit., letter.*) Tudor; dei Tudor: **T. architecture**, architettura Tudor; **the T. rose**, la rosa dei Tudor.

Tuesday /'tju:zdeɪ, -dɪ, *USA* 'tu:-/, *n.* martedì. ● (*USA*) **Tuesdays**, *V.* **on Tuesdays** □ **on T.**, il martedì; martedì; al martedì □ **on a T.**, un martedì □ **on Tuesdays**, tutti i martedì; di martedì □ (*relig.*) **Shrove T.**, martedì grasso □ **See you (on) T.**, arrivederci a martedì.

tufa /'tju:fə, *USA* 'tu:-/, *n.* (*geol.*) travertino; calcare continentale.

tufaceous /tju:'feɪʃəs, *USA* tu:-/, *a.* (*miner.*) di (*o* simile a) travertino.

tuff /tʌf/, *n.* (*geol.*) tufo.

tuffaceous /tʌ'feɪʃəs/, *a.* (*geol.*) di tufo; tufaceo.

tuft /tʌft/, *n.* **1** ciuffo (*di penne, ecc.*); ciocca (*di capelli*) **2** (*ind. tess.*) fiocco; nappa **3** pizzo; barbetta **4** (*stor.*) studente universitario di famiglia nobile.

to **tuft** /tʌft/, **A** *v. t.* **1** ornare di ciuffi; infiocchettare; impennacchiare **2** trapuntare (*un materasso, ecc.*). **B** *v. i.* (*di erba*) crescere a ciuffi.

tufted /'tʌftɪd/, **tufty** /'tʌftɪ/, *a.* **1** ornato di ciuffi; infiocchettato; impennacchiato **2** che cresce a ciuffi; a forma di ciuffo.

tug /tʌg/, *n.* **1** tirata (*specialm. di capelli*); strattone; stratta; strappo: **He gave a tug at the bell**, diede uno strattone al campanello **2** (*naut.*) rimorchiatore **3** (*di bardatura*) tirella. ● (*fam.*) **tug-of-love**, dissidio fra genitori in lite per l'affidamento dei figli □ **tug-of-war**, tiro alla fune; (*anche*) braccio di ferro □ **tug spring**, molla della tirella □ (*fig.*) **We had a great tug to convince him**, ci volle del bello e del buono per convincerlo.

to **tug** /tʌg/, **A** *v. t.* **1** trascinare; tirarsi dietro; strascinare: **She tugged the child along the street**, si trascinava dietro il bambino per la strada **2** (*naut.*) rimorchiare. **B** *v. i.* **1** tirare; strattonare (*fam.*); dare una stratta (*o* uno strattone): **The watchdog was tugging at the chain**, il cane da guardia dava strattoni alla catena **2** (*raro*) darsi da fare; faticare; penare. ● **to tug at**, tirare, strappare: **Stop tugging at your mother's skirt**, smettila di tirare la sottana alla mamma! □ (*fam.*) **to tug at sb.'s heartstrings**, fare tenerezza a q. □ (*fig.*) **to tug a subject in**, tirare in ballo un argomento.

tugboat /'tʌgbəʊt/, *n.* (*naut.*) rimorchiatore.

tuition /tju:'ɪʃn, *USA* tu:-/, *n.* **1** istruzione; insegnamento **2** (= **t. fee**) tassa scolastica. ● **private t. in Greek**, lezioni private di greco.

tuitional /tju:'ɪʃənl, *USA* tu:-/, **tuitionary** /tju:'ɪʃənrɪ, *USA* tu:'ɪʃənerɪ/, *a.* pertinente all'istruzione, all'insegnamento; didattico; educativo.

tulip /'tju:lɪp, *USA* 'tu:-/, *n.* (*bot., Tulipa*) tulipano (*in genere*). ● (*bot.*) **t. tree** (*Liriodendron tulipifera*), liriodendro; tulipifera.

tulle /tju:l, *USA* tu:l/ (*franc.*), *n.* (*ind. tess.*) tulle.

tum /tʌm/, *n.* (*infant.*) pancia; pancino.

tumble /'tʌmbl/, *n.* **1** caduta; capitombolo; ruzzolone: **I had a nasty t.**, feci una brutta caduta **2** capriola; salto mortale **3** confusione; disordine; scompiglio **4** (*Borsa, fin.*) crollo caduta, ruzzolone (*dei prezzi, dei corsi, ecc.*). ● (*metall.*) **t.-plating process**, zincatura per barilatura.

to **tumble** /'tʌmbl/, **A** *v. i.* **1** cadere; capitombolare; fare un capitombolo; ruzzolare; precipitare: **to t. off a ladder**, cadere da una scala a pioli; **to t. down the stairs**, ruzzolare giù dalle scale; **to t. out of a window**, precipitare da una finestra; **Do you think the government is going to t.?**, credi che il governo cadrà? **2** agitarsi; dimenarsi; ruzzolarsi: **The patient tumbled in his sleep**, il paziente si agitava nel sonno; **The little boy was tumbling about on the floor**, il bambino si ruzzolava sul pavimento **3** fare acrobazie; fare salti mortali **4** (*Borsa, fin.*) precipitare; crollare: **Stock prices tumbled**, i prezzi dei titoli crollarono **5** fare capriole; fare acrobazie. **B** *v. t.* **1** far cadere; far ruzzolare; gettare a gambe all'aria; mandar sottosopra; rovesciare: **The crash tumbled some passengers out of the train**, lo scontro fece cadere (*o* scaraventò) alcuni viaggiatori fuori dal treno **2** arruffare; disordinare; scompigliare; mettere sottsopra (*o* in disordine): **to t. sb.'s hair (clothes)**, arruffare i capelli (scompigliare le vesti) di q.; **to t. one's bed**, mettere sottosopra il letto **3** abbattere (*un uccello*) al volo; colpire (*una lepre, ecc.*) col fucile **4** (*mecc.*) barilare (*pezzi metallici*). ● **to t. downstairs**, scendere le scale a precipizio □ **to toss and t. in bed**, rigirarsi nel letto (*senza poter dormire*).

♦**tumble down**, **A** *v. i. + avv.* **1** (*di un edificio*) andare in rovina; essere cadente; essere fatiscente: **The old castle is tumbling down**, il vecchio castello sta andando in rovina **2** (*fig.: di un progetto, ecc.*) andare all'aria (*o* a monte); (*di una persona*) fallire; fare fiasco; cadere (*in un esame*) **3** (*Borsa, fin.: di titoli*) precipitare. **B** *v. t. + avv.* tirare giù, abbattere (*sparando*).

♦**tumble for**, *v. i. + prep.* **1** (*fam.*) innamorarsi, invaghirsi di (q.); prendere la cotta per (q.) **2** (*fam.*) lasciarsi infinocchiare da (q.c.).

♦**tumble into**, *v. i.* + *prep.* **1** cadere, precipitare in: **The boy tumbled into the river**, il ragazzo cadde nel fiume **2** lasciarsi cadere, buttarsi in: **I just tumbled into bed**, mi buttai sul letto.

♦**tumble off**, *v. i.* + *avv.* (*o prep.*) **1** cadere (da): **to t. off one's bike**, cadere dalla bicicletta **2** scendere in fretta (*da un veicolo*).

♦**tumble on**, *v. i.* + *prep.* (*fam.*) scoprire (*o* trovare) per caso; imbattersi in.

♦**tumble out**, *v. i.* + *avv.* cadere; precipitare, precipitarsi □ **to t. out of bed half awake**, buttarsi giù dal letto mezzo addormentato □ **The boys were tumbling out of the school**, gli studenti uscivano tumultuosamente dalla scuola.

♦**tumble over**, *v. i.* + *avv.* **1** crollare; rovesciarsi: **The heap of books tumbled over**, il mucchio di libri si rovesciò **2** cadere di schianto; fare un ruzzolone.

♦**tumble to**, *v. i.* + *prep.* (*fam.*) capire all'improvviso; rendersi conto di; scoprire (*un piano e sim.*); arrivarci (*fam.*): **Don't you t. to it yet?**, non ci sei ancora arrivato?

♦**tumble upon**, *V.* **tumble on**.

tumblebug /ˈtʌmblbʌɡ/, *n.* (*zool.*) scarabeo stercorario.

tumbledown /ˈtʌmbldaʊn/, *a.* cadente; fatiscente; diroccato; in rovina.

tumble-drier /ˈtʌmblˈdraɪə(r)/, *V.* **tumble-dryer**.

to **tumble-dry** /ˈtʌmblˈdraɪ/, *v. t.* centrifugare (*il bucato*).

tumble-dryer /ˈtʌmblˈdraɪə(r)/, *n.* (*mecc.*) centrifuga a tamburo; asciugabiancheria.

tumbler /ˈtʌmblə(r)/, *n.* **1** acrobata; saltimbanco **2** bicchiere da bibita; tumbler **3** (*zool.*) piccione tomboliere **4** (*di serratura*) cilindro **5** (*mecc.*) *V.* **tumbling barrel** **6** misirizzi (*balocco*). ● (*mecc.*) **t. gear** (*o* **gears**), invertitore; gruppo (*o* ingranaggio) inversore □ **t. switch**, interruttore (a levetta).

tumblerful /ˈtʌmbləfʊl/, *n.* bicchiere; quanto sta in un bicchiere da bibita.

tumbleweed /ˈtʌmblwiːd/, *n.* (*bot., specialm. Amaranthus*) erba mobile (*spostata dal vento, nelle zone desertiche degli U.S.A.*).

tumbling /ˈtʌmblɪŋ/, *n.* **1** capitombolo; caduta; ruzzolone **2** (*mecc.*) pulitura al tamburo; barilatura **3** (*sport*) acrobatica (sul tappeto). ● (*mecc.*) **t. barrel** (*o* **t. box**), barilatrice; tamburo □ (*mecc.*) **t. shaft**, albero a camme.

tumbrel /ˈtʌmbrəl/, **tumbril** /ˈtʌmbrəl, -rɪl/, *n.* **1** (*stor.*) carretta per il trasporto dei condannati (*durante la Rivoluzione francese*) **2** carro agricolo (*specialm. ribaltabile*) **3** (*stor., mil.*) carro per munizioni **4** carro per il trasporto del letame.

tumefacient /tjuːmɪˈfeɪʃnt, *USA* tuː-/, *a.* (*med.*) tumefacente; che produce tumefazione.

tumefaction /tjuːmɪˈfækʃn, *USA* tuː-/, *n.* tumefazione; gonfiore.

to **tumefy** /ˈtjuːmɪfaɪ, *USA* ˈtuː-/, *v. t.* e *i.* tumefare, tumefarsi; gonfiare, gonfiarsi.

tumescence /tjuːˈmesns, *USA* tuː-/, *n.* tumescenza; enfiagione.

tumescent /tjuːˈmesnt, *USA* tuː-/, *a.* **1** tumescente; che tende a tumefarsi **2** (*fig.*) gonfio; ampolloso.

tumid /ˈtjuːmɪd, *USA* ˈtuː-/, *a.* **1** tumido; gonfio; enfiato **2** (*fig.*) gonfio; ampolloso; enfatico; pomposo: **a t. style**, uno stile enfatico. || **-ly**, *avv.*

tumidity /tjuːˈmɪdətɪ, *USA* tuː-/, **tumidness** /ˈtjuːmɪdnəs, *USA* ˈtuː-/, *n.* **1** tumidezza; gonfiore **2** (*fig.*) ampollosità; enfaticità.

tummy /ˈtʌmɪ/, *n.* (*fam.*) pancia; pancino; stomaco. ● (*infant.*) **t. ache**, mal di stomaco; mal di pancia.

tumor /ˈtjuːmə(r), *USA* ˈtuː-/, (*USA*) *V.* **tumour**.

tumoral /ˈtjuːmərəl, *USA* ˈtuː-/, *a.* (*med.*) tumorale.

tumorigenic /tjuːmərɪˈdʒenɪk, *USA* tuː-/, *a.* cancerogeno; oncogeno.

tumorigenicity /tjuːmərɪdʒəˈnɪsətɪ, *USA* tuː-/, *n.* diatesi cancerogena.

tumorous /ˈtjuːmərəs, *USA* ˈtuː-/, *a.* (*med.*) **1** tumorale **2** affetto da tumore.

tumour /ˈtjuːmə(r), *USA* ˈtuː-/, *n.* (*med.*) tumore: **malignant t.**, tumore maligno.

tum-tum /ˈtʌmtʌm/, *n.* (*infant.*) pancia; pancino.

tumular /ˈtjuːmjʊlə(r), *USA* ˈtuː-/, **tumulary** /ˈtjuːmjʊlərɪ, *USA* ˈtuːmjʊlerɪ/, *a.* tumulare.

tumult /ˈtjuːmʌlt, *USA* ˈtuː-/, *n.* tumulto; agitazione; sollevazione; sommossa; scompiglio: **His mind is in (a) t.**, ha l'animo in tumulto.

tumultuary /tjʊˈmʌltjʊərɪ, *USA* tʊˈmʌltʃʊerɪ/, *a.* tumultuante; disordinato; riottoso; turbolento. || **-ily**, *avv.* || **-iness**, *sost.*

tumultuous /tjʊˈmʌltjʊəs, *USA* tʊ-/, *a.* tumultuoso; agitato; turbolento. || **-ly**, *avv.* || **-ness**, *sost.*

tumulus /ˈtjuːmjʊləs, *USA* ˈtuː-/, *n.* (*pl.* **tumuli, tumuluses**) tumulo.

tun /tʌn/, *n.* **1** botte (*un tempo, anche come misura di capacità, pari a 252 galloni o a l 954 circa*) **2** tino (*specialm. per la fermentazione della birra*). ● (*arc.: di persona*) **tun-bellied**, corpulento; panciuto.

to **tun** /tʌn/, *v. t.* mettere in botti; imbottare.

tuna /ˈtjuːnə, *USA* ˈtuː-/, *n.* (*pl.* **tuna, tunas**) **1** (*zool., Thunnus thynnus*) tonno **2** (= **t. fish**) tonno (*come alimento*). ● **t. clipper**, motonave tonniera.

tunable /ˈtjuːnəbl, *USA* ˈtuː-/, *a.* **1** (*mus., elettron.*) accordabile **2** armonioso; musicale. || **-bly**, *avv.*

tunableness /ˈtjuːnəblnəs, *USA* ˈtuː-/, *n.* **1** (*mus., elettron.*) l'esser accordabile **2** armoniosità; musicalità.

tundra /ˈtʌndrə/, *n.* (*geogr.*) tundra. ● **t. climate**, clima da tundra.

tune /tjuːn, *USA* tuːn/, *n.* **1** (*mus.*) melodia; aria; motivo; motivetto: **old tunes**, vecchie melodie; **to hum a popular t.**, canticchiare un motivetto popolare **2** (*mus.*) armonia (*anche fig.*); accordo: **The curtains are not in t. with the wallpaper**, le tende non sono in armonia con la carta da parati; **to be in t. [out of t.] with one's colleagues**, andare d'accordo [essere in disaccordo] coi propri colleghi **3** (*mus.*) tono: **She is singing out of t.**, sta cantando fuori tono; **to sing in t.**, cantare in tono **4** (*radio, TV*) sintonia **5** (*pop. USA*) disco (*di musica*). ● (*mecc.*) **t.-up**, messa a punto (*di un motore*) □ (*fig.*) **to change one's t.** (*o* **to sing another t.**), cambiar tono; cambiare registro □ **to get out of t.**, uscir di tono; stonare □ **in t.**, intonato; armonico; (*radio, TV*) sintonizzato □ (*fig.*) **to be in t. with**, intonarsi, accordarsi con (*l'ambiente, il periodo storico, ecc.*) □ **out of t.**, stonato; scordato; (*radio, TV*) non sintonizzato: **The organ is out of t.**, l'organo è scordato □ (*fig.*) **to be out of t. with**, non intonarsi, stonare con □ (*rif. a danze in locale da ballo*) **to the tunes of**, (con l') orchestra di (*segue il nome*) □ (*fam.*) **to the t. of**, per la bella cifra di: **I bought it to the t. of ten thousand pounds**, l'ho comprato per la bellezza di diecimila sterline □ **Give us a t.!**, cantaci qualcosa!

to **tune** /tjuːn, *USA* tuːn/, **A** *v. t.* **1** (*mus.*) accordare: **to t. a piano**, accordare un pianoforte **2** (*fig.*) mettere in armonia (*o* in accordo); adattare; aggiustare; regolare **3** (*radio, TV*) sintonizzare (*un apparecchio*) **4** (*elettron.*) accordare; sintonizzare **5** (*mecc., spesso* **to t. up**) mettere a punto (*un motore*); regolare, registrare: **to t. up a car correctly**, regolare bene il motore di un'auto. **B** *v. i.* **1** essere in armonia; armonizzare **2** (*radio, TV*) sintonizzarsi **3** (*fig.*) essere in armonia. ● **to t. in**, intonare (*un canto, ecc.*) □ **to t. in (to)**, (*radio*) sintonizzare l'apparecchio (su: *una stazione, un programma*); (*fig.*) sintonizzarsi (con: *un modo di pensare, ecc.*) □ **to t. out**, spegnere (*la radio*); (*fig. fam.*) ignorare; non tenere conto di □ **to t. up**, (*dell'orchestra*) mettersi in tono, accordare gli strumenti; cominciare a suonare (*o* a cantare); (*scherz.: di un bambino*) mettersi a frignare; (*mecc.*) mettere a punto, regolare, registrare (*un motore, ecc.*) □ (*radio, TV*) **«Stay tuned!»**, «restate in onda!»; «restate con noi!».

tuneful /ˈtjuːnfl, *USA* ˈtuː-/, *a.* armonioso; melodioso; musicale. || **-ly**, *avv.* || **-ness**, *sost.*

tuneless /ˈtjuːnləs, *USA* ˈtuː-/, *a.* (*mus.*) **1** (*di strumento*) scordato **2** (*di suono*) disarmonico; discordante **3** (*di strumento*) muto. || **-ly**, *avv.* || **-ness**, *sost.*

tuner /ˈtjuːnə(r), *USA* ˈtuː-/, *n.* **1** (*mus.*) accordatore: **a piano t.**, un accordatore di pianoforti **2** (*elettron., TV, radio*) sintonizzatore **3** aggiustatore meccanico. ● **a t. of old cars**, chi registra motori di macchine usate.

tung oil /ˈtʌŋɔɪl/, *locuz. n.* (*pitt.*) olio di legno della Cina; olio di tung.

tungstate /ˈtʌŋstət/, *n.* (*chim.*) tungstato; wolframato.

tungsten /ˈtʌŋstən/, *n.* (*chim.*) tungsteno; wolframio. ● **t. lamp**, lampada al tungsteno □ (*metall.*) **t. steel**, acciaio al tungsteno.

tung tree /ˈtʌŋtriː/, *locuz. n.* (*bot., Aleurites fordii*) albero del tung.

Tungus /ˈtʊŋɡʊs, *USA* tʊŋˈɡuːz/, *n.* tunguso.

Tungusian /tʊŋˈɡʊsɪən, *USA* -ˈɡuːz-/, *a.* tunguso.

Tungusic /tʊŋˈɡʊsɪk, *USA* -ˈɡuːzɪk/, **A** *a.* tunguso. **B** *n.* tunguso (*la lingua*).

tunic /ˈtjuːnɪk, *USA* ˈtuː-/, *n.* **1** (*stor., scient.*) tunica **2** (*mil.*) giubba militare (*o* da poliziotto) **3** tunica (*da donna*); casacca.

tunicate /ˈtjuːnɪkeɪt, *USA* ˈtuː-/, *a.* e *n.* (*bot., zool.*) tunicato.

tunicle /ˈtjuːnɪkl, *USA* ˈtuː-/, *n.* **1** (*relig.*) tunicella; dalmatica **2** (*scient.*) tunichetta; membrana.

tuning /ˈtjuːnɪŋ, *USA* ˈtuː-/, *n.* **1** (*mus.*) accordatura **2** (*radio, TV*; = **t.-in**) sintonia; sintonizzazione **3** (*elettron.*) accordo; sintonia **4** (*mecc.*; = **t.-up**) messa a punto (*di un motore*). ● (*radio*) **t. band**, banda di sintonia □ (*radio*) **t. dial**, scala parlante □ (*elettron.*) **t. eye**, occhio magico □ (*mus.*) **t. fork**, diapason □ (*mus.*) **t. hammer**, chiave da accordatore □ (*elettron.*) **t. indicator**, indicatore di sintonia □ (*mus.*) **t. peg** (*o* **t. pin**), pirolo; bischero.

Tunis /ˈtjuːnɪs, *USA* ˈtuː-/, *n.* (*geogr.*) Tunisi.

Tunisian /tjuːˈnɪzɪən, *USA* tuː-/, *a.* e *n.* tunisino.

tunnage /ˈtʌnɪdʒ/, *V.* **tonnage**.

tunnel /ˈtʌnl/, *n.* **1** galleria; traforo; tunnel (*anche fig.*): **a railway t.**, una galleria ferroviaria; **t. mouth** (*o* **opening**), sbocco di galleria **2** tana sotterranea; cunicolo (*di conigli, ecc.*) **3** (*econ.*) tunnel: **the monetary t.**, il tunnel monetario. ● (*mecc.*) **t. borer**, fresa a piena sezione, «tunneler» (*per scavare gallerie*) □ (*mecc.*) **t. carriage**, jumbo per gallerie □ (*fis.*) **t. effect**, effetto tunnel □ (*ind. costr.*) **t. liner**, rivestimento di galleria □ (*archit.*) **t. vault**, volta a botte □ **t. vision**, (*med.*) visione tubulare; (*fig.*) miopia (*fig.*); (il) non vedere oltre la punta del proprio naso □ (*aeron.*) **wind t.**, galleria del vento.

to **tunnel** /ˈtʌnl/, **A** *v. t.* **1** aprire (*un passaggio*) a forma di galleria **2** traforare: **to t. Mount Blanc**, traforare il Monte Bianco **3** aprire (*un varco*) scavando una galleria. **B** *v. i.* scavare una galleria: **to t. through** (*o* **into**) **solid rock**, scavare una galleria nella solida roccia. ● **to t. under the sea**, scavare un tunnel sottomarino.

tunny /ˈtʌnɪ/, *n.* (*zool., Thunnus thynnus*) tonno.

tup /tʌp/, *n.* **1** (*zool.*) ariete; montone **2** (*mecc.*) mazza battente.

to **tup** /tʌp/, *v. t.* **1** (*di montone*) coprire; montare **2** (*mecc.*) battere con la mazza battente.

Tupamaro /tjuːpəˈmɑːrəʊ, *USA* tuː-/, *n.* (*pl.* **Tupamaros**) (*stor.*) tupamaro.

tuppence /ˈtʌpəns/, *n.* (*fam.*) due penny (*il valore*).

tuppenny /'tʌpnɪ/, *a.* (*fam.*) da due penny. ● (*fam.*) **I don't care a t. damn**, non me ne importa un accidente.

turban /'tɜːbən/, *n.* turbante. ● (*zool.*) **t.-shell** (*Turbo*), mollusco dei Turbinidi.

turbaned /'tɜːbənd/, *a.* col turbante (*in testa*).

turbary /'tɜːbərɪ/, *n.* **1** (*ind. min.*) torbiera **2** diritto d'estrazione della torba.

turbid /'tɜːbɪd/, *a.* **1** torbido (*anche fig.*): **a t. river**, un fiume torbido; **a t. imagination**, una fantasia torbida **2** (*fig.*) confuso; turbato; agitato. || **-ly**, *avv.*

turbidity /tɜː'bɪdətɪ/, **turbidness** /'tɜːbɪdnəs/, *n.* **1** (*anche fig.*) torbidezza **2** (*tecn.*) torbidità **3** (*fig.*) confusione; agitazione.

turbinate /'tɜːbɪnət/, **A** *a.* (*scient.*) turbinato; a forma di trottola. **B** *n.* (*anat.*) turbinato; conca nasale.

turbine /'tɜːbaɪn/, *n.* (*mecc.*) turbina: **a steam t.**, una turbina a vapore; **a water t.**, una turbina idraulica. ● (*mecc.*) **t. blade**, paletta di turbina □ (*naut.*) **t. boat**, turbonave □ **t. engine**, motore a turbina; turbopropulsore □ **t. propulsion**, propulsione a turbina □ (*naut.*) **t. tanker**, turbocisterna.

turbit /'tɜːbɪt/, *n.* (*zool.*) piccione dal becco corto.

turboalternator /tɜːbəʊ'ɔːltəneɪtə(r)/, *n.* (*elettr.*) turboalternatore.

turboblower /'tɜːbəʊbləʊə(r)/, *n.* (*mecc.*) turbocompressore.

to **turbocharge** /'tɜːbəʊtʃɑːdʒ/, *v. t.* (*mecc.*) sovralimentare con un turbocompressore.

turbocharged /'tɜːbəʊtʃɑːdʒd/, *a.* (*mecc.*) (*di motore*) turbocompresso.

turbocharger /'tɜːbəʊtʃɑːdʒə(r)/, *n.* (*autom., mecc.*) turbocompressore; turbo (*fam.*).

turbodynamo /tɜːbəʊ'daɪnəməʊ/, *n.* (*elettr.*) turbodinamo.

turbo-electric /tɜːbəʊɪ'lɛktrɪk/, *a.* (*mecc.*) turboelettrico: **t. drive**, trazione turboelettrica.

turbofan /'tɜːbəʊfæn/, *n.* **1** (*mecc.*) turboventilatore **2** (*aeron.*) turbogetto a soffiante (*o* a doppio flusso).

turbogenerator /tɜːbəʊ'dʒɛnəreɪtə(r)/, *n.* (*elettr.*) turbogeneratore.

turbojet /'tɜːbəʊdʒɛt/, *n.* **1** (*aeron.*) aereo a turbogetto; turboreattore; turbogetto **2** (*mecc.*, = **t. engine**) motore a turbogetto; turboreattore; turbogetto.

turboliner /'tɜːbəʊlaɪnə(r)/, *n.* (*ferr.*) treno passeggeri a turbina; turbotreno.

turboprop /'tɜːbəʊprɒp/, *n.* **1** (*aeron.*) aereo a turboelica; turboelica **2** *V.* **turbopropeller engine**.

turbopropeller engine /tɜːbəʊprə'pɛlər-'ɛndʒɪn/, *locuz. n.* (*mecc.*) motore a turboelica; turboelica.

turbopump /'tɜːbəʊpʌmp/, *n.* (*mecc.*) turbopompa; pompa centrifuga.

turboship /'tɜːbəʊʃɪp/, *n.* (*naut.*) turbonave.

turbosupercharger /tɜːbəʊ'suːpətʃɑːdʒə(r), -sjuː-/, *n.* (*aeron., mecc.*) turbocompressore d'alimentazione.

turbot /'tɜːbət/, *n.* (*pl.* **turbot, turbots**) (*zool.*) **1** (*Rhombus maximus*) rombo maggiore; rombo **2** (*Hippoglossus hippoglossus*) ippoglosso.

turbulence /'tɜːbjʊləns/, *n.* **1** turbolenza; agitazione; disordine: **the t. of the stock market**, la turbolenza del mercato azionario **2** (*meteor.*) turbolenza **3** (*mecc. dei fluidi*) *V.* **turbulent flow**.

turbulent /'tɜːbjʊlənt/, *a.* turbolento; agitato; tumultuoso. ● (*mecc. dei fluidi*) **t. flow**, corrente turbolenta. || **-ly**, *avv.*

turd /tɜːd/, *n.* (*volg.*, *anche fig.*) stronzo (*volg, anche fig.*); stronzata (*volg.*).

turdiform /'tɜːdɪfɔːm/, *a.* (*zool.*) simile al tordo.

turdine /'tɜːd(a)ɪn/, *a.* (*zool.*) della famiglia del tordo.

tureen /tə'riːn/, *n.* (= **soup t.**) zuppiera.

turf /tɜːf/, *n.* (*pl.* **turfs, turves**) **1** tappeto erboso; terreno erboso **2** zolla erbosa; piota **3** (*in Irlanda*) torba **4** – (*sport*) **the t.**, l'ippodromo; le corse ippiche; il mondo delle corse **5** (*pop. USA*) il proprio quartiere; (*anche*) quartiere controllato da una banda di teppisti. ● (*form.*) **t. accountant**, allibratore; bookmaker □ **t. commission agent**, allibratore □ **t. spade**, tagliazolle □ (*pop. USA*) **to be on the t.**, battere il marciapiede.

to **turf** /tɜːf/, *v. t.* coprire di zolle erbose; piotare. ● (*pop.*) **to t. out**, buttar fuori; estromettere (*da un circolo, da una società*); dare lo sfratto a, escomiare (*un inquilino*).

turfing /'tɜːfɪŋ/, *n.* (*giardinaggio*) sistemazione delle zolle erbose.

turfy /'tɜːfɪ/, *a.* **1** coperto di zolle erbose; erboso **2** ricco di torba; torboso **3** (*fig.*) connesso con le corse ippiche.

turgescence /tɜː'dʒɛsns/, *n.* **1** turgidezza; gonfiore; (*med.*) turgescenza **2** (*fig.*) ampollosità; enfasi (*di stile, ecc.*).

turgescent /tɜː'dʒɛsnt/, *a.* **1** turgido; gonfio; (*med.*) turgescente **2** (*fig.*) ampolloso; pomposo; enfatico.

turgid /'tɜːdʒɪd/, *a.* **1** turgido; gonfio **2** (*fig.*) ampolloso, pomposo, magniloquente: **t. style**, stile turgido, ampolloso **3** (*med.*) turgido; congesto; rigonfio. ● **the t. narrative of his travels**, la fiorita narrazione dei suoi viaggi. || **-ly**, *avv.* || **-ness**, *sost.*

turgidity /tɜː'dʒɪdətɪ/, *n.* **1** turgidezza ; turgidità; turgore **2** (*fig.*) ampollosità, magniloquenza, pomposità.

turgor /'tɜːgə(r)/, *n.* **1** turgore; turgidità **2** (*med.*) turgore.

Turin /tjʊə'rɪn, 'tjʊər-, *USA* (')tʊə-/, *n.* (*geogr.*) Torino.

Turinese /tjʊərɪ'niːz, *USA* tʊə-/, *a.* e *n.* torinese.

turion /'tjʊərɪən, *USA* 'tʊə-/, *n.* (*bot.*) turione.

Turk /tɜːk/, *n.* **1** turco **2** cavallo turco. ● (*bot.*) **T.'s-cap lily** (*Lilium martagon*), giglio martagone; turbante di turco □ **T.'s head**, (*nelle giostre*) testa di turco; (*anche*) nodo a turbante; (*naut.*) turbante.

turkey /'tɜːkɪ/, *n.* **1** (*zool.*, *Meleagris gallopavo*) tacchino **2** (*pop. USA*) fiasco; insuccesso; spettacolo scadente (*a teatro*) **3** (*pop. USA*) pollo (*fig.*); babbeo; minchione. ● (*zool.*) **t. buzzard** (*o* **t. vulture**) (*Cathartes aura*), avvoltoio dal collo rosso □ **t. cock**, tacchino (*maschio*); (*fig.*) individuo che si pavoneggia; presuntuoso, arrogante; gradasso □ **t. hen**, tacchina □ **t. poult**, tacchinotto □ (*stor., mus.*) **t.-trot**, ballo «del tacchino» □ (*pop.*) **cold t.**, astinenza immediata e assoluta dalla droga: **to go cold t.**, smettere di colpo di drogarsi □ (*pop. USA*) **to talk t.**, parlare chiaro (*o* apertamente); dire le cose come stanno; parlare d'affari (*o* di cose serie) □ **to turn as red as a t. cock**, diventar rosso come un tacchino.

Turkey /'tɜːkɪ/, *n.* (*geogr.*) Turchia. ● **T. carpet**, tappeto turco □ **T. red**, rosso turco; rosso di robbia □ **T. stone**, (*miner.*) turchese; (*mecc.*) pietra per affilare.

Turkish /'tɜːkɪʃ/, **A** *a.* turco: **the T. pound**, la lira turca; **T. bath**, bagno turco; **T. carpet**, tappeto turco. **B** *n.* turco (*la lingua*). ● **T. delight**, lokum (*gelatina aromatizzata, tagliata in cubetti rivestiti di un velo di zucchero*) □ **T. paste** *V.* **T. delight** □ **T. slipper**, babbuccia □ **T. towel**, asciugamano ruvido di spugna.

Turkman /'tɜːkmən/, **Turkoman** /'tɜːkəʊmən/, *n.* turcomanno.

turmalin(e) /'tɜːməlɪn/, *n.* (*miner.*) tormalina.

turmeric /'tɜːmərɪk/, *n.* **1** (*bot.*, *Curcuma longa*) curcuma **2** (*chim.*; = **t. yellow**) curcumina (*colorante*). ● (*chim.*) **t. paper**, carta alla curcuma.

turmoil /'tɜːmɔɪl/, *n.* tumulto; agitazione; disordine; scompiglio.

turn /tɜːn/, *n.* **1** giro; rotazione; torsione: **a few turns of the crank**, qualche giro di manovella; **to give the handle a t.**, girare la maniglia; **to give the key a t.**, dare un giro di chiave; **with a neat t. of the wrist**, con una perfetta torsione del polso **2** turno; volta: **«Whose t. is it?» «It's my t.»**, «a chi tocca?» «tocca a me» («è il mio turno»); **Wait your t.**, aspetta il tuo turno!; **My t. will come**, verrà il mio turno; (*oppure*) verrà la volta buona anche per me!; **a t. of work**, un turno di lavoro **3** curva; svolta (*anche fig.*); voltata; (*di fiume*) ansa: **a sharp t.**, una curva stretta; **a t. to the right**, una svolta a destra; **The car took a sudden t. to the left**, l'automobile fece un'improvvisa voltata a sinistra; **at the t. of the century**, alla svolta (*o* alla fine, all'inizio) del secolo **4** (*naut., aeron.*) accostata; virata **5** giro, volta (*di una fune*); spira (*di una molla*); (*elettr.*) spira **6** corso; cambiamento; direzione; piega (*fig.*): **the t. of events**, il corso degli avvenimenti; **His illness took a t. for the worse**, l'andamento della sua malattia prese una brutta piega **7** (*teatr.*) numero; attrattiva; attrazione **8** azione; servizio; tiro (*fig.*): **He has done me many a good t.**, m'ha reso più di un servizio; **Let's hope he won't do me a bad t.**, speriamo che non mi giochi un brutto tiro **9** (*arc.*) giretto; passeggiatina: **to take a t. in the park**, fare un giretto nel parco **10** (*arc.*) vena; attitudine; disposizione tendenza: **t. of mind**, disposizione d'animo; **He was in a humorous t.**, era in vena d'allegria; **a student with a philosophical t.**, uno studente che ha attitudine per la filosofia **11** fine; proposito; scopo: **No doubt this tool will serve your t.**, senz'altro questo attrezzo risponderà al tuo scopo (*o* ti potrà tornare utile); **This serves my t. precisely**, questo fa proprio al mio caso **12** giro; modo d'essere (*o* di esprimersi); forma: **a nice t. of phrase**, un bel giro di frase; **the t. of an ankle**, la forma d'una caviglia **13** (*fam.*) colpo; brutto colpo; scossa: **It gave him a t. to hear her voice**, sentire la sua voce fu per lui un colpo **14** (*fam.*) attacco; crisi: **He's had one of his turns again**, non è che uno dei suoi soliti attacchi **15** (*mecc.*) tornio (*da orologiaio*) **16** (*tipogr.*) carattere capovolto **17** (*mus.*) esse coricato; gruppetto (*segno*) **18** (*comm.*) commissione, provvigione (*di intermediario*) **19** (*econ., fin.*) tendenza; corso; inversione di tendenza **20** (*Borsa, fin.*) operazione in titoli **21** (*Borsa, fin.*) differenza tra il prezzo di acquisto e quello di vendita; guadagno dell'operatore; plusvalenza professionale **22** (*nuoto*) virata: **flip t.**, virata a capriola. ● (*aeron.*) **t. and bank indicator**, indicatore di virata e sbandamento □ **t. and t. about**, a turno; uno dopo l'altro; in successione; di seguito □ **t. bench**, tornio (*da orologiaio*) □ **t. bridge**, ponte girevole □ (*anche fig.*) **a t. of the screw**, un giro di vite □ **the t. of the sentence**, il giro dato alla frase □ (*naut.*) **the t. of the tide**, il cambiamento della marea □ **at every t.**, a ogni svolta; (*fig.*) a ogni piè sospinto; tutti i momenti □ **by turns**, a turni; uno alla volta; in rotazione □ (*di cibo*) **cooked** (*o* **done**) **to a t.**, cotto a puntino □ **in t.**, a turno; uno alla volta; a vicenda; a rotazione; a sua volta: **I told Sam in** (**my**) **t.**, a mia volta, l'ho detto a Sam; **I asked each student in t.**, ho fatto la domanda agli studenti uno alla volta □ (*autom.*) **number of turns lock-to-lock**, numero dei giri del volante per sterzata totale □ **to owe sb. a good t.**, essere indebitato verso q. (*fig.*) □ (*teatr.*) **short turns**, numeri di varietà □ **to take turns** (*o* **it in turns**), fare a turno □ **to take a t. at the oars** [**at the wheel**], mettersi ai remi [al volante]; dare il cambio alla voga [alla guida] □ **to be on the t.**, (stare per) cambiare; (*di cibo*) guastarsi; (*del latte*) stare per inacidire: **Public opinion seems to be on the t.**, pare che la pubblica opinione stia cambiando; **The tide is on the t.**, la marea sta cambiando; **The wine is on the t.**, il vino si sta guastando (*o, tosc.*, incomincia a girare) □ **out of t.**, a sproposito; fuori luogo; al momento sbagliato: **to speak out of t.**, parlare a sproposito □ **T. for t.!**, a buon rendere! □ **The boat has a good t. of speed**, il battello può navigare a una bella velocità □ (*prov.*) **One good t. deserves another**, chi fa del bene riceve del bene; chi semina raccoglie.

to **turn** /tɜːn/, **A** *v. t.* ***1*** girare; far girare; voltare: **to t. the corner**, girare l'angolo; (*d'automobile*) fare la curva; (*d'automobilista*) prendere la curva; (*fig.*) superare il momento critico; **T. the key**, gira la chiave!; **T. the knob towards the right**, gira a destra il pomello!; (*mecc.*) **to t. a crank [a shaft, a wheel]**, far girare una manovella [un albero, una ruota]; (*anche fig.*) **to t. one's back on sb.**, voltare (*o* volgere) le spalle a q.; **T. your face this way**, volta la faccia da questa parte!; **She was turning the pages of the album**, voltava le pagine dell'album ***2*** rivoltare; rovesciare; far rivoltare; invertire: **I think I'll have this jacket turned**, penso che farò rivoltare questa giacca; (*mecc.*) **to t. the edge of a plate**, rivoltare l'orlo d'una lamiera; **to t. the spade**, rivoltare la vanga; **to t. a collar**, rovesciare un colletto; **to t. sb.'s stomach**, far rivoltare lo stomaco a q. ***3*** rovesciare; vuotare: **She turned the soup into the tureen**, rovesciò la minestra nella zuppiera ***4*** dirigere; volgere; rivolgere: **to t. one's eyes**, volgere lo sguardo; **to t. one's attention to a problem**, rivolgere la propria attenzione a un problema; **The bird turned its flight southwards**, l'uccello diresse il volo verso sud ***5*** distogliere; sviare; (far) deviare: **In spite of her entreaties, she didn't succeed in turning me from my purpose**, benché mi supplicasse, ella non riuscì a distogliermi dal mio proposito; **I turned the blow**, deviai il colpo; **Luckily the helmet turned the bullet**, per fortuna l'elmetto sviò il proiettile; **to t. the course of history**, deviare il corso della storia ***6*** (*anche mil.*) aggirare: **The enemy cavalry turned the left flank of the Roman army**, la cavalleria nemica aggirò il fianco sinistro dell'esercito romano ***7*** smussare; ottundere: **to t. the edge of a knife**, smussare il filo di un coltello ***8*** cambiare; convertire; mutare; trasformare; far diventare: **Christ turned the water into wine**, Cristo mutò l'acqua in vino; **I turned him to more liberal views**, lo convertii a idee più liberali; **The cold weather has turned the leaves red**, il freddo ha fatto diventar rosse le foglie; **This machine turns cream into butter**, questa macchina trasforma la panna in burro ***9*** volgere; tradurre: **to t. prose into verse**, volgere prosa in versi; **T. this passage into French**, traducete questo passo in francese! ***10*** (*falegn., mecc.*) lavorare (*un pezzo*) al tornio; tornire (*anche fig.*): **to t. wood [brass, ivory]**, tornire il legno [l'ottone, l'avorio]; **a well-turned phrase**, un'espressione ben tornita ***11*** storcersi; slogarsi: **to t. one's foot**, storcersi un piede ***12*** far inacidire; far andare a male (*alimenti*): **The heat has turned the milk**, il caldo ha fatto inacidire il latte. **B** *v. i.* ***1*** girare (*anche fig.*); girarsi; volgersi; voltare; voltarsi; svoltare: **Several artificial satellites are now turning round the earth**, diversi satelliti artificiali girano ora intorno alla terra; **My head is turning**, mi gira la testa; **The key won't t.**, la chiave non gira (nella toppa); **The road turns to the left**, la strada svolta a sinistra; **to t. down a street**, svoltare in una strada; **Let's t. now and go back**, adesso voltiamo e torniamo indietro! ***2*** dirigersi; rivolgersi; fare ricorso a (q.): **She turned to God in her sorrow**, nel suo dolore, si rivolse a Dio; **I scarcely knew which way to t.**, quasi non sapevo da che parte dirigermi (*fig.*: a che santo votarmi); **to t. to one's notes**, fare ricorso ai propri appunti ***3*** girarsi, rivoltarsi (*nel letto, ecc.*); (*dello stomaco*) rivoltarsi: **I was so upset that I tossed and turned all night**, ero così turbato che mi agitai e rivoltai tutta la notte; **My stomach turns at the smell of cucumbers**, mi si rivolta lo stomaco all'odore dei cetrioli ***4*** mutarsi; trasformarsi; diventare; farsi; (*del tempo*) cambiare: **The rain turned to sleet**, la pioggia si mutò in nevischio; **The wine turned to vinegar**, il vino è diventato aceto; **He has turned explorer**, è diventato un esploratore; **Joy has turned to sorrow**, la gioia s'è trasformata in dolore; **He turned Mohammedan**, si fece maomettano; **She turned pale**, si fece pallida; impallidì; **when the weather turns**, quando cambia il vento ***5*** (*naut., aeron.*) invertire la rotta (*anche fig.*); virare: **The ship turned round**, la nave virò di bordo; **Suddenly the stock market turned**, all'improvviso il mercato azionario invertì la rotta ***6*** (*di cibo o bevanda*) inacidire; andare a male; guastarsi: **The milk has turned**, il latte s'è inacidito ***7*** mutar colore: **Now the leaves are turning (yellow)**, ora le foglie mutano colore (*o* ingialliscono) ***8*** (*naut.*: *della marea*) cambiare: **The tide is turning**, la marea sta cambiando ***9*** (*comm., USA*) andare; vendersi: **Unisex garments are turning well this year**, quest'anno i capi di vestiario unisex vanno bene (*fam.*: forte) ***10*** (*pop. USA*) fare la spia (*alla polizia*); tradire ***11*** (*pop. USA*) diventare omosessuale; passare al nemico (*scherz.*). ● **to t. one's back to one's problems**, mettere da parte i (*o* non pensare ai) propri problemi □ **to t. belly up**, finire a pancia all'aria; (*di un pesce* e *fig.*) morire, tirare le cuoia; (*fig.*) guastarsi, andare in tilt □ **to t. sb.'s brain**, far dar di volta il cervello a q.; far ammattire q. □ (*fig.*) **to t. one's coat**, voltar casacca, voltar gabbana; cambiare partito □ **to t. a deaf ear**, far orecchi da mercante; non voler sentire □ (*autom.*) **«T. left [right]»** (*cartello*), «svolta a sinistra [a destra]» □ **to t. sb.'s head**, far girare la testa (montare la testa) a q.: **Success has turned his head**, il successo gli ha montato la testa (*o* gli ha dato alla testa) □ (*fam.*) **to t. an honest penny**, fare un onesto guadagno □ **to t. loose**, lasciar libero (*un animale domestico*); dare la massima libertà a (q.); (*mil., USA*) impiegare, aprire il fuoco con (*cannoni, ecc.*) □ **to t. low**, abbassare, diminuire (*il gas, la luce, ecc.*) □ (*sport*) **to t. professional** (*fam.*: **pro**), diventare professionista; passare al professionismo □ (*comm., fin.*) **to t. a profit**, ricavare un utile □ **to t. red**, arrossire; far arrossire □ **to t. the scales**, far traboccare la bilancia; (*fig.*) essere decisivo □ **to t. a somersault**, fare una capriola; fare un salto mortale □ (*del latte*) **to t. sour**, inacidire; cagliare □ **to t. tail**, fuggire, darsela a gambe □ (*volg. USA*) **to t. a trick**, fare una marchetta □ (*di nave, ecc.*) **to t. turtle**, capovolgersi, rovesciarsi; ribaltarsi □ (*tipogr.*) **turned comma**, virgoletta □ (*fig.*) **not to t. a hair**, non batter ciglio □ (*mecc.*) **This material turns well [easily]**, questo materiale si lavora bene [facilmente] al tornio □ **It has just turned half past seven**, sono le sette e mezzo passate da poco □ **He has just turned twenty**, ha appena compiuto vent'anni □ **He has not yet turned forty**, non ha ancora passato la quarantina □ (*autom.*) **«Lorries turning»** (*cartello*), «autocarri in manovra».

♦**turn about**, **A** *v. i.* + *avv.* ***1*** girarsi; voltarsi ***2*** (*autom.*) invertire la marcia ***3*** (*mil.*) fare dietro front: **About t.!**, dietro front! ***4*** (*naut., aeron.* e *fig.*) invertire la rotta ***5*** (*fig.*) cambiare idea (*o* parere) ***6*** (*pop. USA*) prendere una buona piega (*fig.*); mettersi bene. **B** *v. t.* ***1*** (*mil.*) far fare dietro front a (*un reparto*) ***2*** (*autom.*) girare, voltare; far invertire la marcia a: **to t. a car about**, girare la macchina; fare un'inversione (di marcia) ***3*** (*naut., aeron.*) far invertire la rotta a (*una nave, un aereo*).

♦**turn adrift**, *v. t.* + *avv.* ***1*** (*naut.*: *di ammutinati e sim.*) mandare (q.) alla deriva; mettere (q.) in balia del mare ***2*** (*per estens.*) mandare via; cacciare di casa; allontanare.

♦**turn again**, *v. t.* e *i.* + *avv.* girare (*o* girarsi, voltarsi) di nuovo; rigirare; rigirarsi.

♦**turn against**, **A** *v. i.* + *prep.* rivoltarsi (*o* ribellarsi, sollevarsi) contro (q.): **The Britons turned against the Romans**, i Britanni si sollevarono contro i Romani. **B** *v. t.* + *prep.* far rivoltare, sollevare contro (q.); mettere contro (*fam.*): **She's turned the children against me**, mi ha messo contro i bambini.

♦**turn around**, **A** *v. i.* + *avv.* ***1*** girarsi; voltarsi: **I turned around to see who was following me**, mi voltai per vedere chi mi seguiva ***2*** girare la testa (*per non vedere q.*) ***3*** (*autom.*) girare; voltare ***4*** (*naut., aeron.*) invertire la rotta ***5*** (*fig.*) cambiare idea (*o* parere); mutare politica ***6*** (*comm., fin.*) superare il momento critico; (*di vendite, ecc.*) migliorare. **B** *v. t.* + *avv.* ***1*** (far) girare; far voltare: **T. your chair around!**, gira la sedia! ***2*** spostare, cambiar posto a (*mobili, ecc.*) ***3*** (*autom.*) girare, voltare (*la macchina, ecc.*) ***4*** (*naut., aeron.*) far invertire la rotta a; (*anche*) girare (*un aereo a terra*) ***5*** (*fig.*) rigirare: **to t. a question [an issue] around**, rigirare una domanda [un argomento di discussione].

♦**turn aside**, **A** *v. i.* + *avv.* ***1*** girare la testa; volgere il capo; voltarsi da una parte ***2*** (*fig.*) rifiutarsi di vedere; distogliere lo sguardo: **to t. aside from the sufferings of the people in Rwanda**, distogliere lo sguardo dalle sofferenze della popolazione nel Ruanda. **B** *v. t.* + *avv.* ***1*** deviare, sviare (*un colpo, ecc.*) ***2*** (*fig.*) evitare, scansare (*domande, ecc.*) ***3*** neutralizzare (*oppositori e sim.*).

♦**turn away**, **A** *v. i.* + *avv.* ***1*** *V.* **turn aside, A *2*** allontanarsi; andare via; scostarsi: **He turned away in anger**, si scostò tutto arrabbiato. **B** *v. t.* + *avv.* ***1*** *V.* **turn aside, B *2*** mandare via; allontanare; respingere: **A lot of fans were turned away for lack of room**, molti tifosi furono mandati via per mancanza di posti ***3*** respingere, rifiutare (*domande, richieste, ecc.*).

♦**turn back**, **A** *v. i.* + *avv.* ***1*** tornare indietro; tornare sui propri passi: **The storm forced us to t. back**, il temporale ci costrinse a tornare indietro ***2*** piegarsi all'indietro; ripiegarsi; **The lid turns back to show the contents of the box**, il coperchio si piega all'indietro per rendere visibile il contenuto della scatola ***3*** tornare, riandare a (*un certo punto*: *voltando pagina, ecc.*) ***4*** (*fig.*) tirarsi indietro (*fig.*); pentirsi (*fam.*); recedere; mutare avviso. **B** *v. t.* + *avv.* ***1*** piegare, ripiegare, fare la piega a (*lenzuola, coperte, ecc.*); piegare, fare un'orecchia a (*una pagina di libro, ecc.*); alzare (*una coperta*) piegando un lembo ***2*** mandare indietro; rimandare; respingere: **The poor Mexican workers were turned back at the border**, i poveri lavoratori messicani furono respinti al confine □ (*fig.*) **to t. the clock back**, rimettere indietro l'orologio; andare contro il progresso □ **to t. back to one's work**, rimettersi al lavoro.

♦**turn down**, **A** *v. t.* + *avv.* ***1*** abbassare, calare, mettere (*carte da gioco, ecc.*) a faccia in giù ***2*** abbassare; tirare giù; ripiegare: **to t. down one's collar**, tirarsi giù il colletto (*o* il bavero); **to t. down the brim of one's hat**, abbassare la tesa del cappello ***3*** piegare (*l'orlo di una pagina*); fare la piega a (*lenzuola, ecc.*) ***4*** abbassare, ridurre, diminuire (*la fiamma, la luce, il gas, ecc.*): **T. down your radio, please**, abbassa la tua radio, per favore! ***5*** respingere; rifiutare; non accettare; scartare; bocciare, cestinare (*un articolo e sim.*): **I turned down his offer**, rifiutai la sua offerta; **to t. down a job**, non accettare un lavoro; **to be turned down for a job**, essere scartato per un lavoro. **B** *v. i.* + *avv.* (*comm., fin.*: *di titoli*) subire una flessione; essere in calo; essere in ribasso □ **to t. down the bed**, preparare il letto per la notte.

♦**turn from**, **A** *v. i.* + *prep.* ***1*** allontanarsi, scostarsi da (q. *o* q.c.) ***2*** abbandonare, lasciare (*un'abitudine, un modo di pensare, ecc.*) ***3*** cambiare (*argomento*). **B** *v. t.* + *prep.* ***1*** girare, voltare da: **Don't t. your head from me when I'm talking to you**, non voltare la testa quando ti parlo! ***2*** (*fig.*) distogliere (*da un proposito e sim.*).

♦**turn in**, **A** *v. t. + avv.* ***1*** piegare in dentro; ripiegare: **You should t. in the edge of your skirt to make it shorter**, devi ripiegare l'orlo della sottana per accorciarla ***2*** piegare, inclinare (*i piedi, ecc.*) verso l'interno ***3*** restituire; rendere; dare indietro (*fam.*); consegnare: **You must t. in your badge**, devi restituire il distintivo; **He turned in his revolver to the police**, consegnò la rivoltella alla polizia ***4*** presentare, consegnare (*un compito, un rapporto, ecc.*) ***5*** (*fin.*: *di un conto*) dare (*un certo saldo*); far registrare: **Our balance of payments will t. in a surplus next year**, la nostra bilancia dei pagamenti farà registrare un saldo attivo l'anno prossimo ***6*** (*naut.*) avvolgere, legare (*una gomena, un cavo, ecc.*) ***7*** (*naut.*) issare (*una lancia*) a bordo. **B** *v. i. + avv.* ***1*** piegarsi verso l'interno: **My toes t. in**, ho i piedi in dentro; ho il piede varo ***2*** (*autom.*) curvare; voltare; fare una curva ***3*** (*fam.*) rincasare; andare a letto □ **to t. oneself in**, consegnarsi alla polizia; costituirsi □ **to t. in on oneself**, rinchiudersi in se stesso □ (*fig.*) **to t. in one's grave**, rivoltarsi nella tomba.

♦**turn inside out**, **A** *v. t. + avv.* ***1*** rivoltare, rovesciare (*con il didentro in fuori*): **to t. one's pockets inside out**, rovesciarsi le tasche ***2*** rovistare in, mettere a soqquadro (*una casa, ecc.*) ***3*** (*fig.*) ribaltare, far cambiare radicalmente (*un'idea, un'opinione, ecc.*). **B** *v. i. + avv.* (*di stoffa, indumento, ecc.*) essere rovesciabile; essere double-face.

♦**turn into**, **A** *v. t. + prep.* ***1*** trasformare in: **Circe turned men into pigs**, Circe trasformava gli uomini in porci; **to t. a partnership into a company**, trasformare una società in nome collettivo in una società per azioni ***2*** tradurre in (*un'altra lingua*) ***3*** (*fin.*) convertire (*titoli, ecc.*) in (*contante*). **B** *v. i. + prep.* ***1*** diventare ***2*** (*autom.*) voltare in (*una strada, ecc.*).

♦**turn off**, **A** *v. t. + avv.* ***1*** chiudere (*un rubinetto, il gas*); girare (*un interruttore*); spegnere (*la luce, la radio, la tivù, ecc.*): **T. off the tap!**, chiudi il rubinetto!; **T. off the radio, please!**, spegni la radio, per favore! ***2*** (*fig.*) cancellare, smettere di avere (*un'espressione, un sorriso sul volto*) ***3*** (*elab.*) mettere fuori servizio; spegnere ***4*** comporre (*una poesia, ecc.*); produrre; fare: **He's turned off a fine piece of work**, ha fatto un bel lavoro ***5*** (*ingl.*) mandare via (*un dipendente*); licenziare ***6*** (*fam.*) indisporre; distogliere; stufare (*fam.*); far perdere interesse a: **This music turns me off**, questa musica m'indispone. **B** *v. i. + avv.* ***1*** (*di un rubinetto, ecc.*) chiudersi; (*del gas, ecc.*) spegnersi ***2*** (*di una strada*) girare; voltare; svoltare; diramarsi: **Here the road turns off to London**, qui si dirama la strada per Londra ***3*** (*autom.*) voltare; girare; svoltare (*cambiando strada*); deviare: **That's where we t. off to Oxford**, ecco dove dobbiamo girare per Oxford ***4*** (*fam.*) perdere interesse; disinteressarsi; stufarsi (*fam.*) ***5*** (*di cibo o bevanda*) andare a male; guastarsi; (*del vino*) girare (*tosc.*) ***6*** (*del tempo*) farsi (*caldo, fresco, ecc.*). **C** *v. i. + prep.* ***1*** (*autom.*) deviare da; abbandonare: **We turned off the main road**, abbandonammo la strada maestra ***2*** (*di una strada*) diramarsi da (*un'altra*) ***3*** prendere a malvolere, cominciare a detestare (q.c.); non sopportare più, stufarsi di (q.) □ (*fin.*) **to t. off the money-supply taps**, bloccare i crediti; stringere i cordoni della borsa (*fam.*).

♦**turn on**, **A** *v. t. + avv.* ***1*** aprire (*un rubinetto, il gas, ecc.*); girare (*un interruttore*); accendere (*la luce, la radio, la tivù, ecc.*); far correre (*l'acqua*): **T. on the tap!**, apri il rubinetto; **T. on the radio, please!**, accendi la radio, per favore! ***2*** (*fig.*) assumere (*un'espressione sul volto*); mettere su (*fam.*); fare (*un sorriso, ecc.*) ***3*** (*elab.*) mettere sotto tensione; accendere ***4*** (*fam.*) interessare; motivare (*studenti*) attirare l'attenzione di; entusiasmare ***5*** (*fam.*) avviare; iniziare: **to t. sb. on to drugs**, iniziare q. alla droga ***6*** (*fam.*) eccitare; far perdere la testa a (q.): **Jane really turned him on**, Jane gli faceva proprio perdere la testa. **B** *v. i. + avv.* ***1*** (*di un rubinetto, ecc.*) aprirsi; (*della luce, ecc.*) accendersi ***2*** (*fam.*) prendere interesse; essere motivato; entusiasmarsi ***3*** (*fam.*) eccitarsi; perdere la testa: **Too many young people are using drugs to t. on**, troppi giovani prendono la droga per eccitarsi. **C** *v. t. + prep.* ***1*** gettare (*un fascio di luce, ecc.*) su (q.); illuminare ***2*** gettare (rovesciare, ecc.) su (q.); dirigere (*un getto d'acqua, ecc.*) su (q.). **D** *v. i. + prep.* ***1*** rivoltarsi contro (q.); attaccare; assalire: **The burglar turned on me and stabbed me**, il ladro mi si rivoltò contro e mi diede una coltellata ***2*** prendersela con (q.): **He always turns on his wife**, se la prende sempre con la moglie ***3*** incentrarsi in: **The debate will t. on the economic outlook**, il dibattito si incentrerà sulle prospettive dell'economia ***4*** dipendere da: **Everything turns on his answer**, tutto dipende dalla sua risposta □ **to t. one's back on**, voltare le spalle a (*anche fig.*) □ (*mil.*) **to t. on the guard**, chiamare la guardia □ **to t. on one's heels**, girare su (*o* alzare) i tacchi; tagliare la corda (*fig.*) □ **to t. the key on sb.**, chiudere q. fuori di casa □ (*fin.*) **to t. on the money-supply taps**, aprire le fonti di credito; allargare i cordoni della borsa (*fam.*) □ (*fig. fam.*) **to t. on the waterworks**, dare la stura alle lacrime; mettersi a piangere a dirotto.

♦**turn out**, **A** *v. t. + avv.* ***1*** spegnere (*la luce, la radio, la tivù, il frigo, ecc.*); chiudere (*il gas*) ***2*** vuotare (*una stanza, ecc.*: *per pulirla*); svuotare (*un contenitore*): **to t. out a drawer**, vuotare un cassetto ***3*** rovesciare, vuotare: **to t. out one's pockets**, vuotarsi le tasche ***4*** gettare (*o* buttare) via; disfarsi di (*oggetti vecchi, ecc.*) ***5*** buttare fuori (q.); mettere (q.) alla porta; scacciare; espellere (*il socio di un club, ecc.*); sfrattare, escomiare (*un inquilino*); gettare sul lastrico, licenziare (*un dipendente*): **He was turned out of the pub**, lo buttarono fuori dal pub ***6*** (*polit.*) rovesciare (*il governo, ecc.*) ***7*** (*econ., org. az.*) produrre (*anche fig.*): **We t. out up to 1,000 cars a day**, produciamo fino a 1.000 automobili al giorno; **to t. out a genius**, produrre un genio ***8*** (*editoria*) pubblicare (*copie di un libro, ecc.*) ***9*** fornire (q.) di guardaroba; abbigliare: **That girl isn't pretty but she's splendidly turned out**, quella ragazza non è carina ma ha un magnifico guardaroba ***10*** far scendere in piazza (*una folla, ecc.*); richiamare (*un grosso pubblico, ecc.*). **B** *v. i. + avv.* ***1*** (*della gente*) affluire; accorrere; essere presente: **How many people turned out for the meeting?**, quanta gente c'era al comizio? ***2*** andare (a finire); avere un certo esito: **Things turned out all right**, tutto andò per il meglio; **Let's see how things t. out**, stiamo a vedere come va a finire! ***3*** risultare; venire (*o* saltare) fuori: **He turned out to be a humbug**, risultò che era un impostore ***4*** (*del tempo*) farsi (*bello, brutto, ecc.*): **It's turned out nice again**, s'è rifatto bello (*o* bel tempo); **The weather turned out fine**, il tempo si mise al bello ***5*** piegarsi (*o* inclinarsi) verso l'esterno: **His toes t. out**, ha i piedi in fuori; ha il piede valgo □ (*mil.*) **to t. out the guard**, fare uscire (*o* mettere in allarme) la guardia □ **to t. out to sb.'s advantage**, tornare a vantaggio di q. □ **as it turned out**, a conti fatti; alla fin dei conti □ **It's turned out sunny again**, è tornato il sole.

♦**turn over**, **A** *v. i. + avv.* ***1*** girarsi; voltarsi; rivoltarsi: **I turned over in my sleep**, mi rivoltai nel sonno ***2*** rovesciarsi; ribaltarsi; capovolgersi: **The locomotive turned over**, il locomotore si rovesciò ***3*** (*autom., aeron.*) capottare ***3*** (*fig.*) cambiare partito ***4*** (*mecc.*) girare (*al minimo*): **The engine turns over but the car won't start**, il motore gira ma la macchina non parte ***5*** (*fig.*: *di un'attività, un lavoro*) procedere normalmente; andare di passo regolare ***6*** (*econ.*: *di un'azienda e sim.*) diversificarsi; passare (*a una produzione diversa, ecc.*) ***7*** (*dello stomaco*) venir su ***8*** (*del cuore*) stringersi ***9*** (*pop. USA*) smettere di drogarsi. **B** *v. t. + avv.* ***1*** girare; voltare; rivoltare: **I turned the wounded man over**, rivoltai (sulla schiena) il ferito; **to t. over the pages of a book**, voltare le pagine di un libro ***2*** rovesciare; rivoltare (*un bavero, carte da gioco, ecc.*): **You've turned a chair over**, hai rovesciato una sedia ***3*** mettere sottosopra, rovistare in (*una biblioteca, ecc.*) ***4*** (*mecc.*) avviare, far partire (*un motore*) ***5*** considerare attentamente; meditare, riflettere su: **to t. an idea over for a whole month**, riflettere su un'idea per un mese intero ***6*** (*anche leg.*) consegnare; cedere; trasferire (*beni, ecc.*): **to t. sb. over to the police**, consegnare q. alla polizia ***7*** affidare: **He'll t. over the business to his nephew**, affiderà l'azienda al nipote ***8*** (*fin.*) avere un giro (*o* un volume) d'affari di: **Our firm turns over one million pounds a year**, la nostra ditta ha un giro d'affari di un milione di sterline l'anno ***9*** (*fin.*) far girare (*il denaro*); impiegare (*capitali*) in modo proficuo ***10*** (*org. az.*) fare la rotazione di (*scorte di magazzino*) ***11*** (*fam.*) far rivoltare lo stomaco a (q.) □ (*fig.*) **to t. over a new leaf**, voltare pagina (*fig.*); cambiare vita.

♦**turn round**, **A** *v. t. e i. + avv. V.* **turn around**. **B** *v. t. + avv.* ***1*** (*aeron., naut.*) far scendere a terra e far salire a bordo (*passeggeri*); caricare e scaricare (*merci*) ***2*** (*econ., org. az.*) rimettere in sesto, riorganizzare (*un'azienda*). **C** *v. i. + avv.* saltare su; venire a dire: **One in the audience turned round and shouted he was against the proposal**, uno del pubblico saltò su gridando che era contrario alla proposta □ **to t. round and round**, girare in tondo; rigirarsi di continuo □ **to t. round on sb.**, attaccare q. di sorpresa; assalire q. improvvisamente.

♦**turn to**, **A** *v. i. + prep.* ***1*** girarsi (*o* volgersi, voltarsi) verso: **He turned to me in surprise**, si volse sorpreso verso di me ***2*** voltare; andare; passare a: **T. to page 55**, andate a pagina 55!; **turning to the next painting**, passando (oltre) al quadro successivo ***3*** rivolgersi, ricorrere a: **The student turned to his teacher for advice**, lo studente si rivolse all'insegnante per averne consigli ***4*** mettersi, applicarsi a, darsi a: **He turned to his work**, si mise al lavoro; **to t. to shoplifting**, mettersi a rubare nei negozi; **to t. to music**, darsi alla musica ***5*** volgere, passare a: **The conversation turned to politics**, il discorso passò alla politica. **B** *v. t. + prep.* ***1*** volgere; mettere; tramutare: **to t. st. to account**, volgere q.c. a proprio vantaggio; **He turned his knowledge to good account**, mise a buon profitto la sua cultura; **to t. one's words to a joke**, tramutare in scherzo le proprie parole ***2*** rivolgere (*l'attenzione*) a (q.c.) ***3*** indirizzare, dirigere, dedicare a: **to t. one's skill to the service of the needy**, dedicare le proprie capacità al servizio degli indigenti □ **to t. a blind eye to**, fingere di non vedere, chiudere un occhio su (q.c.) □ **to t. a cold shoulder to sb.**, trattare q. con grande freddezza; essere scortese con q. □ **to t. a deaf ear to**, non prestare ascolto a (q. o q.c.) □ **to t. one's hand to**, mettere mano a, intraprendere (*un lavoro*); mettersi a (*fare q.c.*).

♦**turn under**, *v. t. + avv.* ***1*** piegare in giù; ripiegare ***2*** rincalzare (*un lenzuolo e sim.*) ***3*** (*agric.*) rivoltare (*il terreno*: *con la vanga, ecc.*).

♦**turn up**, **A** *v. t. + avv.* ***1*** voltare in su; arricciare: **She turned up her nose at my proposal**, alla mia proposta, lei arricciò il naso ***2*** piegare in su; tirare su; alzare; rialzare: **to t. up the collar of one's fur coat**, alzare il bavero della pelliccia ***3*** (*sartoria*) fare il risvolto in: **to t. up trouser legs**, fare il risvolto nei pantaloni ***4*** accorciare (*un vestito, una sottana, ecc.*) ***5*** tirare su; rimboccare: **I turned up the ends of my trousers**, mi rimboccai i calzoni ***6*** (*agric.*) rivoltare (*il terreno*: *con la vanga, ecc.*) ***7*** portare alla luce (*o* in superficie); scoprire, trovare (*anche fig.*): **The diggers turned up a skeleton**, gli scavatori portarono alla luce uno scheletro; **to t. up the proof**, scoprire le prove ***8*** rovesciare, scoprire (*una carta da gioco*) ***9*** alzare (il volume di): **T. up the radio, please**, alza il volume della radio, per favore! ***10*** alzare, aumentare (*la fiamma del gas, ecc.*): **T. up the gas, will you?**, alza il gas, per favore! ***11*** (*fam.*) dare il voltastomaco, far venire la nausea a (q.) ***12*** (*pop.*) smetterla, piantarla: **T. it up!**, piantala! ***13*** (*pop. USA*) denunciare (q.) alla polizia; vendere (*fig.*). **B** *v. i. + avv.* ***1*** comparire; riapparire; farsi vivo: **He wired he'd arrive today but hasn't turned up yet**, telegrafò che sarebbe arrivato oggi ma non s'è ancora fatto vivo; **The missing soldier turned up after a long time**, il soldato disperso riapparve dopo molto tempo ***2*** (*di persone*) saltare fuori (*fig.*); capitare: **to t. up at a meeting**, capitare a una riunione ***3*** (*di un oggetto smarrito, ecc.*) saltare fuori; ricomparire: **Be sure your ring will t. up**, sta certo che il tuo anello salterà fuori ***4*** capitare; succedere; accadere: **Something is bound to t. up**, qualcosa deve pur succedere! ***5*** (*fin.*) tendere al rialzo; aumentare; migliorare; crescere: **The dollar seems to be turning up**, sembra che il dollaro tenda al rialzo; **Trade is turning up**, gli scambi migliorano □ **to t. up trumps**, *V. sotto* **trump** □ **a fine turned-up nose**, un nasino all'insù.

♦**turn upon**, *V.* **turn on, C** e **D**.

♦**turn upside down**, *v. t. + avv.* ***1*** rivoltare (*con il disotto disopra*); capovolgere; rovesciare: **T. the box upside down**, rivolta la scatola! ***2*** mettere a soqquadro (*o* sottosopra); rovistare in (*una stanza, ecc.*) ***3*** (*fig.*) creare un gran scompiglio in, scompigliare (*progetti, ecc.*).

turnabout /ˈtɜːnəbaʊt/, *n.* ***1*** inversione di marcia; giravolta; dietrofront ***2*** (*fig.*) voltafaccia; cambiamento repentino (*d'opinione*) ***3*** (*naut.*) inversione di rotta ***4*** (*econ., fin., Borsa*) svolta (*fig.*); inversioni di tendenza ***5*** (*raro*) banderuola (*fig.*); voltagabbana.

turnaround /ˈtɜːnəraʊnd/, *n.* ***1*** (*specialm. USA*) *V.* **turnabout** ***2*** (*autom., USA*) piazzuola per la svolta ***3*** (*miss.*) preparazione della rampa (*per un nuovo lancio*) ***4*** (*trasp., USA*) *V.* **turnround** ***5*** (*fin.*) aggiustamento: **The capital movements are responsible for the t. in our balance of payments**, l'aggiustamento dei nostri conti con l'estero è dovuto ai movimenti di capitali. ● (*elab.*) **t. documents**, documenti a ciclo chiuso □ (*elab.*) **t. time**, tempo di risposta.

turnbuckle /ˈtɜːnbʌkl/, *n.* ***1*** (*mecc.*) tenditore a doppia vite ***2*** (*naut.*) tendisartie.

turncoat /ˈtɜːnkəʊt/, *n.* voltacasacca; voltagabbana; banderuola (*fig.*); opportunista.

turncock /ˈtɜːnkɒk/, *n.* ***1*** (*idraul.*) valvola di regolazione (*della portata*) ***2*** fontaniere; addetto al servizio idrico.

turndown /ˈtɜːndaʊn/, **A** *n.* ***1*** rifiuto: **the t. of an offer**, il rifiuto di un'offerta ***2*** (*econ., fin.*) flessione; calo; ribasso. **B** *a.* (*moda*) rovesciato; rovesciabile: **a t. collar**, un bavero rovesciabile.

turned /tɜːnd/, *a.* (*mecc.*) lavorato al tornio: **t. part**, pezzo lavorato al tornio.

turner /ˈtɜːnə(r)/, *n.* ***1*** (*ind.*) tornitore ***2*** (*zool.*) piccione tomboliere ***3*** (*USA*) ginnasta.

turnery /ˈtɜːnərɪ/, *n.* (*mecc.*) ***1*** tornitura ***2*** torneria; officina di tornitore.

turning /ˈtɜːnɪŋ/, *n.* ***1*** deviazione; svolta; voltata; cantonata: **Take the next t. to the left**, prendi la prima svolta a sinistra; **Stop at the next t.**, fermati alla prima cantonata ***2*** giro, rotazione (*della terra, ecc.*) ***3*** (*mecc.*) tornitura: **t. tool**, utensile per tornire ***4*** (*autom.*) sterzata ***5*** (*pl.*) trucioli di tornitura. ● (*falegn.*) **t. chisel**, scalpello da tornitore □ (*autom., mecc.*) **t. circle**, diametro minimo di sterzata □ (*mecc.*) **t. lathe**, tornio □ (*mil.*) **t. movement**, manovra di avvolgimento □ **t. point**, punto in cui si volta (*o* si deve voltare); (*topogr.*) punto di riferimento, vertice; (*fig.*) svolta (*di un ciclo economico*); (*fig.*) svolta decisiva, momento critico: **That was the t. point in my life**, fu quella la svolta decisiva della mia vita □ (*autom.*) **t. radius**, raggio di sterzata □ (*ind. della plastica*) **t. table**, tavola rotante □ (*nuoto*) **t. wall**, parete di virata.

turnip /ˈtɜːnɪp/, *n.* ***1*** (*bot., Brassica rapa*) rapa ***2*** (*fam. arc.*) grosso orologio da tasca; cipolla (*scherz.*). ● **t. cabbage**, cavolo rapa □ (*zool.*) **t. moth**, agrotide □ (*cucina*) **t. tops**, cime di rapa.

turnkey /ˈtɜːnkiː/, **A** *n.* (*arc.*) carceriere; secondino; chi custodisce le chiavi (*di una prigione*). **B** *a. attr.* ***1*** (*leg.*: *rif. a un contratto, un appalto*) chiavi in mano ***2*** (*elab.*) chiavi in mano: **t. system**, sistema chiavi in mano.

turnoff /ˈtɜːnɒf/, *USA* -ɔːf/, *n.* ***1*** (*autom.*) strada secondaria; via laterale ***2*** (*autom.*) uscita (*dall'autostrada*) ***3*** spegnimento; (*mecc., elab.*) disinnesco: **t. time**, tempo di disinnesco ***4*** (*fam.*) cosa che fa cascare le braccia (*fam.*) cosa (*o* persona) che fa perdere l'interesse; disincentivo; cosa (*o* persona) repellente: **The film was a t.**, il film faceva cascare le braccia ***5*** (*fam.*) cosa che fa ammosciare.

turn-on /ˈtɜːnɒn/, *USA* -ɔːn/, *n.* ***1*** accensione; (*mecc., elab.*) innesco ***2*** (*fam.*) cosa (*o* persona) che suscita interesse; situazione emozionante ***3*** (*fam.*) cosa che eccita; persona che fa girare la testa, che eccita sessualmente.

turnout /ˈtɜːnaʊt/, *n.* ***1*** affluenza, partecipazione (*di pubblico*); assembramento: **There was an extraordinary t.**, ci fu un grande assembramento di folla ***2*** (*polit.*) affluenza alle urne: **a high t.**, una forte affluenza alle urne ***3*** svuotata (*di cassetti e sim.*); ripulita ***4*** equipaggio (*carrozza e cavalli*) ***5*** abbigliamento; tenuta: **a picturesque t.**, un abbigliamento pittoresco ***6*** (*ferr.*) scambio; binario di raccordo ***7*** (*econ., org. az.*) produzione; volume di prodotti ***8*** (*USA*) piazzuola (*per veicoli in manovra*); spiazzo ***9*** (*econ., arc.*) sciopero ***10*** (*econ., arc.*) scioperante.

turnover /ˈtɜːnəʊvə(r)/, **A** *n.* ***1*** capovolgimento; rovesciamento; ribaltamento ***2*** (*fig.*) cambiamento repentino (*d'opinione*); voltafaccia ***3*** (*market.*) volume delle vendite; fatturato ***4*** (*econ., fin.*) turnover; giro (*o* volume) d'affari: **Our firm has a t. of £ 100,000 a month**, la nostra ditta ha un giro d'affari di 100.000 sterline il mese ***5*** (*Borsa*) volume delle operazioni (*di una giornata*) ***6*** (*banca*) movimento (*di un conto corrente*); volume dei prestiti concessi ***7*** (*org. az.*) turnover (*del personale*); avvicendamento; ricambio, rimpiazzo (*mediante nuove assunzioni*) ***8*** (*USA*) riassetto (*di un'azienda, ecc.*); rimpasto ***9*** (*org. az.*) rotazione, ricambio (*delle scorte, delle giacenze*): **stock t.**, rotazione delle scorte ***10*** (*giorn.*) articolo che continua alla pagina seguente ***11*** (*sport*) cambio (*per es., a pallacanestro*) ***12*** (*cucina*) tortina, pasticcino (*ripieni di marmellata o di frutta, ecc.*). **B** *a. attr.* (*di un bavero, ecc.*) rovesciabile. ● (*Borsa*) **t. level**, livello degli scambi □ (*org. az.*) **t. rate**, indice di rotazione delle scorte □ (*fin.*) **t. ratio**, indice di rotazione delle attività fisse □ (*fisc.*) **t. tax**, imposta sulla cifra d'affari (*o* sugli affari).

turnpike /ˈtɜːnpaɪk/, *n.* ***1*** (*stor.*) barriera, cancello, sbarra (*di strada a pedaggio*) ***2*** (= **t. road**) strada a pedaggio ***3*** (*USA*) autostrada a pedaggio (*in G.B. le autostrade sono gratuite*).

turnplate /ˈtɜːnpleɪt/, *V.* **turntable**.

turnround /ˈtɜːnraʊnd/, *n.* ***1*** giravolta; inversione di marcia ***2*** (*fig.*) svolta (*di solito positiva*); miglioramento ***3*** (*econ., fin.*) inversione di tendenza; recupero ***4*** (*fig.*) cambiamento repentino (*d'opinione*); voltafaccia ***5*** (*naut., aeron.*) operazioni di carico e scarico; tempo richiesto da queste operazioni.

turnscrew /ˈtɜːnskruː/, *n.* giraviti; cacciavite.

turnsole /ˈtɜːnsəʊl/, *n.* (*bot.*) ***1*** (*Helianthus annus*) girasole ***2*** (*Heliotropium*) eliotropio ***3*** (*Valeriana officinalis*) valeriana.

turnspit /ˈtɜːnspɪt/, *n.* ***1*** girarrosto ***2*** chi fa girare lo spiedo ***3*** (*stor.*) cane usato per far girare lo spiedo (*mediante un tamburo rotante*).

turnstile /ˈtɜːnstaɪl/, *n.* cancelletto ruotante; tornello, tornella (*all'ingresso di campi sportivi, ecc.*: *per far passare una persona alla volta*). ● (*radio, TV*) **t. antenna**, antenna a campo rotante.

turnstone /ˈtɜːnstəʊn/, *n.* (*zool., Arenaria interpres*) voltapietre.

turntable /ˈtɜːnteɪbl/, *n.* ***1*** piatto (*di giradischi*) ***2*** (*ferr.*) piattaforma girevole (*per locomotive*).

turn-up /ˈtɜːnʌp/, *n.* ***1*** risvolto (*dei pantaloni*) ***2*** (*fam.*, = **t. for the book**) avvenimento imprevisto; colpo di scena.

turpentine /ˈtɜːpəntaɪn/, *n.* ***1*** trementina (*resina*) ***2*** (= **t. oil**; *fam.* **turps**) essenza di trementina; acquaragia. ● (*bot.*) **t. tree** (*Pistacia terebinthus*), terebinto.

to **turpentine** /ˈtɜːpəntaɪn/, *v. t.* trattare con la trementina.

turpitude /ˈtɜːpɪtjuːd, *USA* -tuːd/, *n.* turpitudine; depravazione.

turps /tɜːps/, (*fam.*) *V.* **turpentine,** *def. 2.*

turquoise /ˈtɜːkwɔɪz, *USA* -kɔɪz/, **A** *n.* (*miner.*) turchese. **B** *a.* (color) turchese. ● **t. green**, verde turchese.

turret /ˈtʌrət, *USA* ˈtɜːrət/, *n.* ***1*** (*archit., mil., naut., aeron.*) torretta; torre (corazzata): **revolving t.**, torretta girevole ***2*** (*mecc.*) torretta portautensili ***3*** (*fotogr.*) torretta portaobiettivi. ● (*aeron.*) **t. gun**, mitragliatrice installata in torretta □ (*mecc.*) **t. lathe**, tornio a revolver.

turreted /ˈtʌrətɪd, *USA* ˈtɜːr-/, *a.* (*archit.*) turrito; munito di torrette.

turriculate /təˈrɪkjʊlət/, **turriculated** /təˈrɪkjʊleɪtɪd/, *a.* ***1*** (*archit.*) turrito ***2*** (*zool.*: *di conchiglia*) turricolato.

turtle (1) /ˈtɜːtl/, *n.* (*arc.*) tortora.

turtle (2) /ˈtɜːtl/, *n.* (*zool.*: *pl.* **turtles, turtle**) ***1*** tartaruga (*di mare*) ***2*** (*USA*) tartaruga (*anche di terra, d'acqua dolce*). ● **t.-shell**, guscio di tartaruga □ **t. soup**, zuppa di tartaruga □ **green t.**, tartaruga marina (*assai usata come cibo*) □ (*cucina*) **mock t. soup**, zuppa di testina di vitello □ **to turn t.**, (*specialm. di nave*) ribaltarsi; capovolgersi; (*di auto*) capottare.

to **turtle** /ˈtɜːtl/, *v. i.* andare a caccia di tartarughe.

turtleback /ˈtɜːtlbæk/, *n.* (*naut.*) ponte arcuato.

turtledove /ˈtɜːtldʌv/, *n.* (*zool., Streptopelia turtur*) tortora.

turtleneck /ˈtɜːtlnɛk/, *n.* (*moda*) pullover a collo alto.

turtler /ˈtɜːtlə(r)/, *n.* cacciatore di tartarughe.

turves /tɜːvz/, *pl.* di **turf**.

Tuscan /ˈtʌskən/, *a.* e *n.* toscano: **a T. capital**, un capitello toscano. ● **T. straw**, paglia di Firenze (*per cappelli*).

Tuscany /ˈtʌskənɪ/, *n.* (*geogr.*) Toscana.

tush (1) /tʌʃ/, *inter.* (*arc.*) ***1*** bah!; puah!; via! ***2*** zitto!; pst!

tush (2) /tʌʃ/, *n.* ***1*** dente canino (*specialm. del cavallo*) ***2*** (*raro*, = **tusk**) zanna.

tush (3) /tʌʃ/, *n.* (*volg. USA*) culo; sedere. ● **t. 'n' bush**, film porno.

tusk /tʌsk/, *n.* ***1*** (*zool.*) zanna (*d'elefante, ecc.*) ***2*** (*fig.*) dente, punta (*di una serratura, ecc.*).

to **tusk** /tʌsk/, *v. t.* azzannare; ferire (*o* uccidere) con le zanne.

tusked /tʌskt/, *a.* zannuto.

tusker /ˈtʌskə(r)/, *n.* (*fam.*) elefante (*o* cinghiale) dalle grosse zanne.

tusky /ˈtʌskɪ/, *a.* (*d'animale*) zannuto.

tussah /ˈtʌsə/, *n.* tussah; filo di seta di bachi selvatici.

tussive /ˈtʌsɪv/, *a.* (*med.*) della tosse; causato dalla tosse.

tussle /ˈtʌsl/, *n.* (*fam.*) ***1*** baruffa; lotta; lite; rissa; zuffa ***2*** (*fig.*) lotta (*sportiva, ecc.*); battaglia; contesa.

to **tussle** /ˈtʌsl/, *v. i.* (*fam.*) ***1*** azzuffarsi; lottare; litigare; rissare ***2*** (*fig.*) lottare; battersi; darsi battaglia.

tussock /ˈtʌsək/, *n.* ciuffo d'erba; cespuglio.

tussocky /ˈtʌsəkɪ/, *a.* simile a un ciuffo d'erba; cespuglioso.

tussor /ˈtʌsə(r)/, **tussore** /ˈtʌsɔː(r)/, *n.* ***1*** (*zool., Antheraea*) tussorina ***2*** (= **t. silk**) tussor; seta morbida e leggera.

tut (1) /tʌt/, *inter.* bah!; puah!; pst!; via!; suvvia!

tut (2) /tʌt/, *n.* (*ind. min.*) cottimo. ● **tut work**, lavoro a cottimo.

to **tut** (1) /tʌt/, *v. i.* esprimere impazienza (*o* sdegno, disgusto, ecc.).

to **tut** (2) /tʌt/, *v. i.* (*ind. min.*) lavorare a cottimo.

tutelage /ˈtjuːtɪlɪdʒ, *USA* ˈtuː-/, *n.* (*leg.*) ***1*** tutela ***2*** periodo in cui si è sotto tutela ***3*** insegnamento; istruzione.

tutelar /ˈtjuːtɪlə(r), *USA* ˈtuː-/, **tutelary** /ˈtjuːtɪlərɪ, *USA* ˈtuːtɪlerɪ/, *a.* (*leg.*) tutelare; tutorio: **t. authority**, autorità tutoria.

tutor /ˈtjuːtə(r), *USA* ˈtuː-/, *n.* ***1*** istitutore; precettore; ripetitore; insegnante privato ***2*** (*nelle università inglesi*) «tutor»; docente incaricato di assistere un ristretto gruppo di studenti ***3*** (*nelle università americane*) assistente (*con incarico d'insegnamento*) ***4*** (*leg., in Scozia*) tutore.

to **tutor** /ˈtjuːtə(r), *USA* ˈtuː-/, **A** *v. t.* ***1*** ammaestrare; istruire; insegnare a; guidare (*studenti universitari*) nei loro studi ***2*** (*fig. raro*) dominare; tenere a freno (*q., le proprie passioni, ecc.*) ***3*** (*leg., in Scozia*) fare da tutore a (q.) ***4*** addestrare, addomesticare (*un cavallo, ecc.*). **B** *v. i.* ***1*** fare il «tutor» (*V.* **tutor**) ***2*** andare a ripetizione; prendere lezioni private.

tutorage /ˈtjuːtərɪdʒ, *USA* ˈtuː-/, *V.* **tutorship**.

tutoress /ˈtjuːtərɪs, *USA* ˈtuː-/, *n.* ***1*** istitutrice; precettrice; insegnante privata ***2*** (*leg., in Scozia*) tutrice.

tutorial /tjuːˈtɔːrɪəl, *USA* tuː-/, **A** *a.* tutoriale; d'istitutore; di precettore. **B** *n.* ***1*** corso (*o* periodo) di studio sotto la guida di un «tutor» ***2*** periodo d'insegnamento tutoriale. ● (*nelle università*) **the t. system**, il sistema tutoriale (*basato sui «tutor»*).

tutoring /ˈtjuːtərɪŋ, *USA* ˈtuː-/, *n.* insegnamento; istruzione (*V.* **to tutor**).

tutorship /ˈtjuːtəʃɪp, *USA* ˈtuː-/, *n.* ***1*** mansione (*o* incarico, ufficio) di «tutor» (*V.* **tutor**) ***2*** (*leg., in Scozia*) tutela.

tutsan /ˈtʌtsən/, *n.* (*bot., Hypericum androsaemum*) tuttasana.

tutti-frutti /ˈtuːtɪˈfruːtɪ, ˈtʊ-/, *n.* gelato con pezzetti di frutta.

tut-tut, to **tut-tut** /tʌtˈtʌt/, *V.* **tut (1), to tut (1)**.

tutty /ˈtʌtiː/, *n.* (*chim.*) tuzia.

tutu /ˈtuːtuː/, *n.* tutù.

tu-whit /tʊˈwɪt, *USA* -hw-/, **tu-whoo** /tʊˈwuː, *USA* -hw-/, *n.* grido (*o* canto, verso) del chiurlo (*o* dell'assiolo); chiù.

to **tu-whoo** /tʊˈwuː, *USA* -hw-/, *v. i.* (*di un uccello notturno*) fare chiù; cantare.

tux /tʌks/, (*fam. USA*) *V.* **tuxedo**.

tuxedo /tʌkˈsiːdəʊ/, *n.* (*pl.* **tuxedos, tuxedoes**) (*USA*) abito da sera; smoking (*a doppio petto*).

tuyère /ˈtwiːə(r), *USA* twiːˈjɛə(r), tuː-/ (*franc.*), *n.* (*ind. metallurgica*) ugello; tubiera.

TV /tiːˈviː/, *n.* tivù; televisione. ● **TV aerial**, antenna televisiva □ **TV aerial contractor** (*o* **installer**), antennista □ **TV listings**, programmi televisivi (*sui giornali*) □ **TV set**, televisore.

twaddle /ˈtwɒdl/, *n. collett.* chiacchiere; ciarle; frottole; fanfaluche; sciocchezze; stupidaggini; fesserie (*fam.*).

to **twaddle** /ˈtwɒdl/, *v. i.* ciarlare; raccontar frottole; parlare a vanvera; dire (*o* scrivere) sciocchezze (*o* stupidaggini, fesserie).

twaddler /ˈtwɒdlə(r)/, *n.* chi parla a vanvera; chiacchierone, chiacchierona; ciarlone, ciarlona.

twaddly /ˈtwɒdlɪ/, *a.* ciarliero; incoerente; sciocco.

twain /tweɪn/, *a.* e *n.* (*lett. o arc.*) due: **to cut in t.**, tagliare in due.

twang /twæŋ/, *n.* ***1*** suono metallico; vibrazione (*come di corda di strumento musicale pizzicata*) ***2*** (*mus.*) pizzicata ***3*** suono nasale; tono (*o* pronuncia) nasale: **a preacher's t.**, il tono nasale proprio dei predicatori; **to speak with a (nasal) t.**, parlare con pronuncia nasale (*o* con timbro nasale); parlare col naso (*fam.*).

to **twang** /twæŋ/, **A** *v. i.* ***1*** dare un suono metallico; vibrare (emettendo un ronzio): **The bow twanged and the arrow shot away**, l'arco vibrò e la freccia saettò via ***2*** parlare con timbro nasale; avere una pronuncia nasale ***3*** (*di violino, ecc.*) stridere. **B** *v. t.* ***1*** pizzicare le corde di (*uno strumento musicale*); strimpellare: **He twanged (on) a fiddle**, strimpellava un violino ***2*** dire (*o* pronunciare) con voce nasale.

twangy /ˈtwæŋɪ/, *a.* ***1*** (*mus.*) vibrato; pizzicato ***2*** (*di pronuncia, di voce*) nasale.

'twas /twɒz, twəz/, *contraz.* di **it was**.

twat /twɒt/, *n.* (*volg.*) ***1*** (*USA o arc.*) fica ***2*** (*USA*) puttana ***3*** coglione (*fig. volg.*); fesso; fetente (*fig. pop.*).

tweak /twiːk/, *n.* pizzicotto; pizzicatina; tirata di naso.

to **tweak** /twiːk/, *v. t.* pizzicare; pizzicottare; tirare; storcere: **to t. sb.'s nose**, tirare il naso a q. (*prendendolo fra due dita*).

tweaker /ˈtwiːkə(r)/, *n.* (*fam.*) fionda (*da ragazzi*).

twee /twiː/, *a.* (*fam.*) troppo fine; troppo delicato; stucchevole; lezioso; affettato.

tweed /twiːd/, *n.* ***1*** (*ind. tess.*) tweed ***2*** (*pl.*) abiti di tweed.

tweedle /ˈtwiːdl/, *n.* suono di violino (*o* d'altro strumento a corda); suono di cornamuse; strimpellio.

Tweedledum and Tweedledee /twiːdlˈdʌməntwiːdlˈdiː/, *n.* (*scherz. o spreg.*) persone (*o* cose) quasi uguali (*cfr. ital.* «Se non è zuppa è pan bagnato»).

tweedy /ˈtwiːdɪ/, *a.* ***1*** che indossa indumenti di tweed ***2*** di (*o* simile a) tweed ***3*** vestito come un signore di campagna (*o* in modo sportivo) ***4*** (*fig.*) rustico; sportivo.

'tween /twiːn/, *avv.* e *prep.* (*poet. o arc.*; *contraz. di* **between**) fra, tra. ● (*naut.*) **t.-decks**, interponte; corridoio.

tween-brain /ˈtwiːnbreɪn/, *n.* (*anat.*) diencefalo.

'tweener /ˈtwiːnə(r)/, *n.* (*pop. USA*) ***1*** (*sport*) giocatore che non trova un ruolo adatto (*alla sua statura, ecc.*) ***2*** yuppie che non ha tagliato i ponti con l'ambiente d'origine.

tweeny /ˈtwiːnɪ/, *n.* (*fam.*) servetta; sguattera.

tweet /twiːt/, *n.* cinguettio.

to **tweet** /twiːt/, *v. i.* cinguettare.

tweeter /ˈtwiːtə(r)/, *n.* (*tecn.*) tweeter; altoparlante per alte frequenze sonore.

to **tweezer** /ˈtwiːzə(r)/, **A** *v. t.* cavare, estrarre (*un pelo, uno spino, ecc.*) con le pinzette. **B** *v. i.* usare le pinzette.

tweezers /ˈtwiːzəz/, *n. pl.* (= **pair of t.**) pinzette, pinzettine.

twelfth /twɛlfθ/, *a.* e *n.* dodicesimo. ● (*relig.*) **the T. Day**, il giorno dell'Epifania □ (*sport: cricket*) **t. man**, giocatore di riserva □ (*relig.*) **the T. Night**, la notte dell'Epifania □ **(on) the t. of April**, il dodici aprile.

twelve /twɛlv/, *a.* e *n.* dodici. ● (*relig.*) **the T.**, i Dodici (Apostoli) □ (*d'arma da fuoco*) **t.-gauge**, di calibro dodici □ **t. o'clock at night**, le ventiquattro; mezzanotte □ (*mus.*) **t.-tone**, dodecafonico □ (*di bambino*) **t.-year-old**, dodicenne □ (*tipogr.*) **in twelves**, in dodicesimo.

twelvefold /ˈtwɛlvfəʊld/, **A** *a.* ***1*** diviso in dodici parti ***2*** dodici volte più grande. **B** *avv.* dodici volte (tanto).

twelvemo /ˈtwɛlvməʊ/, *n.* (*tipogr.*) (formato in) dodicesimo.

twelvemonth /ˈtwɛlvmʌnθ/, *n.* (*arc. o dial.*) anno: **this day t.**, fra un anno; (*anche*) un anno fa.

twentieth /ˈtwɛntɪəθ/, *a.* e *n.* ventesimo. ● (*nelle date*) **the t. of June**, il 20 giugno.

twenty /ˈtwɛntɪ/, *a.* e *n.* venti. ● **the twenties**, gli anni venti (*'20-'29*); gli anni fra i 20 e i 30 (*nella vita di un uomo*): **to be in one's twenties**, essere sulla ventina □ **t.-first**, ventunesimo □ (*sport*) **t.-four-hour race**, ventiquattrore □ **t.-one**, ventuno; (*USA*) gioco di carte □ (*med.*) **t.-t. vision**, vista perfetta; dieci decimi □ **I have told you t. times**, te l'ho detto mille volte (*enfat.*; *letteralm.*: venti volte).

twentyfold /ˈtwɛntɪfəʊld/, **A** *a.* ***1*** diviso in venti parti ***2*** venti volte più grande. **B** *avv.* venti volte (tanto).

twentyfourmo /twɛntɪˈfɔːməʊ/, *n.* (*pl.* **twentyfourmos**) (*tipogr.*) (formato in) ventiquattresimo.

'twere /twɜː(r), twə(r)/, *contraz.* di **it were**.

twerp /twɜːp/, *V.* **twirp**.

twibill /ˈtwaɪbɪl/, *n.* ***1*** (*arc.*) ascia da battaglia a doppio taglio ***2*** (*agric.*) zappa a doppio taglio.

twice /twaɪs/, *avv.* due volte: **t. as strong**, due volte più forte; (*fam.*) **He did it in t**, lo fece in due volte (*o* in due riprese). ● **t. as much**, due volte tanto; il doppio □ **t. the money**, il doppio (di denaro): **I gave him t. the money**, gli detti il doppio □ **a t.-told tale**, un racconto detto e ripetuto; una storia vecchia; una cosa trita □ **once or t.**, una volta o due; poche volte □ **to think t. about doing st.**, pensarci su due volte prima di fare q.c. □ (*mat.*) **T. five is ten**, cinque per due fa dieci □ **After being operated on he's been t. the man he was**, dopo l'operazione, si sente molto meglio.

twiddle /ˈtwɪdl/, *n.* lieve rotazione; il rigirare; il far girare i pollici.

to **twiddle** /ˈtwɪdl/, **A** *v. t.* ***1*** far girare; spostare: **to t. the dial of the radio**, far girare l'indicatore della radio ***2*** giocherellare con (q.c.); rigirare fra le dita. **B** *v. i.* ***1*** giocherellare (*con un oggetto*); trastullarsi; baloccarsi; gingillarsi ***2*** (*d'oggetto*) girare; frullare. ● **to t. one's thumbs**, far girare i pollici; (*fig.*) stare con le mani in mano.

twig /twɪg/, *n.* ***1*** ramoscello; rametto; virgulto ***2*** verghetta ***3*** bacchetta da rabdomante ***4*** (*anat.*) ramo terminale (*di un nervo, ecc.*). ● (*fam. raro*) **to hop the t.**, morire; tirare le cuoia.

to **twig** /twɪg/, *v. t.* e *i.* (*fam.*) ***1*** capire; comprendere; afferrare l'idea ***2*** notare; osservare; accorgersi (di q.c.).

twiggy /ˈtwɪgɪ/, *a.* ***1*** simile a un virgulto; sottile; esile ***2*** pieno di virgulti; coperto di ramoscelli.

twilight /ˈtwaɪlaɪt/, **A** *n.* ***1*** crepuscolo (*anche fig.*); luce crepuscolare: **the t. of the gods**, il crepuscolo degli dei ***2*** luce fioca; penombra ***3*** (*fig.*) tramonto; fine: **the t. of the Roman Empire**, il tramonto dell'impero romano. **B** *a. attr.* ***1*** crepuscolare (*anche fig.*); vago; incerto: (*astron., radio*) **t. zone**, zona crepuscolare ***2*** (*fig.*) oscuro; confuso: **a t. age in history**, un'epoca storica oscura. ● (*med.*) **t. sleep**, sonno crepuscolare □ (*urbanistica*) **t. zone**, zona degradata.

twill /twɪl/, *n.* (*ind. tess.*) diagonale; twill. ● **cross t.**, (tessuto) spigato □ **reversed t.**, saia alla rovescia.

to **twill** /twɪl/, *v. t.* (*ind. tess.*) tessere (*un panno*) in diagonale.

'twill /twɪl, twəl, təl/, *contraz.* di **it will**.

twilled /twɪld/, *a.* (*di tessuto*) diagonale. ● **cross-t.**, spigato.

twin /twɪn/, **A** *a.* *1* gemello: **t. brothers**, fratelli gemelli; **t. children**, (bambini) gemelli *2* (*di cristallo*) geminato. **B** *n.* *1* gemello, gemella; (*fig.*) cosa identica a un'altra: **His Chinese vase is the t. of mine**, il suo vaso cinese è il gemello del mio *2* – (*pl.*) (*astron., astrol.*) **the Twins**, i Gemelli (*costellazione e III segno dello zodiaco*). ● **t. beds**, letti gemelli □ **a t.-bedded room**, una camera a due letti; una doppia (*fam.*) □ (*mitol.*) **the T. Brothers**, Castore e Polluce □ (*telef.*) **t. cable**, linea bifilare □ (*mecc.*: *di un motore*) **t.-cam**, a doppie camme □ (*miner.*) **t. crystal**, geminato □ (*mecc.*) **t.-cylinder engine**, motore a due cilindri accoppiati □ (*mecc.*) **t.-engine** (*o* **t.-engined**), bicilindrico; (*anche*) a due file di cilindri □ (*aeron.*) **t.-engine** (*o* **t.-engined**) **plane**, bimotore □ (*aeron.*) **t. jet**, bireattore □ **t. room**, camera doppia (*o* a due letti) □ (*aeron.*) **t.-rotor**, a due rotori; birotore □ (*naut.*) **t.-screw**, bielica; a due eliche □ **t. towns**, città gemelle (*o* gemellate) □ **Siamese twins**, fratelli siamesi.

to **twin** /twɪn/, **A** *v. i.* *1* accoppiarsi; appaiarsi *2* (*di città*) gemellarsi *3* (*di cristalli*) formare geminati. **B** *v. t.* *1* accoppiare; appaiare *2* gemellare (*città*).

twine /twaɪn/, *n.* *1* cordicella; funicella; spago *2* avvolgimento; spira: **snaky twines**, spire serpentine *3* groviglio; garbuglio; viluppo.

to **twine** /twaɪn/, **A** *v. t.* *1* attorcigliare; torcere; ritorcere *2* intrecciare; intessere: **to t. flowers into a garland**, intrecciare fiori facendone una ghirlanda; **to t. one's fingers**, intrecciare le dita *3* avvolgere; avviluppare; cingere; mettere (*q.c. intorno a q.c. altro*): **The child twined his arms round his mother**, il bambino cinse la mamma con le braccia. **B** *v. i.* *1* (*anche, v. rifl.*, **to twine oneself**) attorcigliarsi; avvolgersi; avvilupparsi: **The ivy twines round the trunk of the oak**, l'edera si attorciglia intorno al tronco della quercia *2* (*di corso d'acqua*) serpeggiare; formare meandri.

twiner /ˈtwaɪnə(r)/, *n.* (*bot.*) fusto volubile.

twinflower /ˈtwɪnflaʊə(r)/, *n.* (*bot., Linnaea borealis*) linnea.

twinge /twɪndʒ/, *n.* *1* dolore lancinante; fitta: **a t. of headache**, un dolore lancinante alla testa *2* (*fig.*, = **t. of conscience**) rimorso. ● **a t. of fear**, una sensazione dolorosa di paura.

twining /ˈtwaɪnɪŋ/, *a.* *1* (*di fiume, ecc.*) serpeggiante; sinuoso *2* (*bot.*: *di pianta*) rampicante. || **-ly**, *avv.*

twink /twɪŋk/, (*fam.*) *V.* **twinkling,** *def. 2.*

twinkie /ˈtwɪŋkɪ/, *n.* (*pop. USA*) ragazzina attraente; ninfetta.

twinkle /ˈtwɪŋkl/, *n.* *1* scintillio; sfavillio; balenio; luccichio *2* ammicco; strizzatina d'occhio *3* batter di ciglia *4* rapido movimento (*dei piedi nella danza, ecc.*). ● (*fam.*) **in a t.**, in un batter d'occhio; in un baleno.

to **twinkle** /ˈtwɪŋkl/, **A** *v. i.* *1* brillare; scintillare; sfavillare; balenare; luccicare: **His eyes twinkled**, gli brillavano gli occhi *2* ammiccare; strizzare l'occhio; far l'occhiolino *3* (*delle palpebre, di ciglia*) battere *4* muoversi rapidamente; girare vorticosamente: **The dancer's feet twinkled**, i piedi della ballerina giravano vorticosamente. **B** *v. t.* *1* emettere (*luce*) a intervalli; far balenare *2* strizzare: **to t. one's eyes**, strizzar l'occhio.

twinkling /ˈtwɪŋklɪŋ, -kəl-/, *n.* *1* scintillio; sfavillio; balenio; luccichio *2* batter d'occhio; attimo; istante: **in a t.** (*o* **in the t. of an eye**; *fam.* **in a twink**), in un batter d'occhio; in un attimo.

twinning /ˈtwɪnɪŋ/, *n.* *1* appaiamento *2* gemellaggio (*l'azione*) *3* (*di cristalli*) geminazione *4* (*med.*) gravidanza gemellare *5* (*org. az.*) l'alternarsi (*di due dipendenti*) al posto di lavoro.

twinset /ˈtwɪnset/, *n.* (*moda*) twin-set (*da donna*: *due golf*).

twinship /ˈtwɪnʃɪp/, *n.* *1* l'esser gemelli; gemellanza *2* (*fig.*) gemellaggio (*la condizione*).

twirl /twɜːl/, *n.* *1* giro vorticoso; mulinello; rotazione *2* piroetta *3* volta, giro (*di fune attorta*); spira *4* svolazzo; ghirigoro.

to **twirl** /twɜːl/, **A** *v. t.* *1* far girare; mulinare; roteare: **to t. one's thumbs**, far girare i pollici; (*fig.*) star con le mani in mano *2* arricciare; torcere: **He twirled his moustache**, si arricciò i baffi. **B** *v. i.* *1* girare; roteare *2* piroettare.

twirler /ˈtwɜːlə(r)/, *n.* *1* chi rotea *2* (*USA*, = **baton t.**) majorette che fa roteare il bastone.

twirp /twɜːp/, *n.* (*pop.*) *1* (*un tempo*) canaglia; furfante *2* (*ora*) stupido; babbeo; sciocco; fesso (*pop.*).

twist /twɪst/, *n.* *1* contorsione; torcimento; storta; strizzatina; giro: **He gave my arm a t.**, mi diede una storta al braccio (mi storse il braccio) *2* avvitata: **Give the nut another t.**, dà un'altra avvitata al dado! *3* curva; svolta; voltata; ansa (*di fiume*): **a t. in the road**, una curva nella strada; **a t. in a river**, un'ansa di fiume *4* piega; volta, giro (*di fune*); spira; voluta: **a t. of smoke**, una voluta di fumo *5* corda; filo (*o* spago) ritorto *6* (*di pane*) treccia; filoncino *7* (*di tabacco*) rotolo *8* (*ind. tess.*) torcitura: **soft t.**, torcitura soffice *9* (*med.*) distorsione; storta (*fam.*): **This is a nasty t.**, questa è una brutta storta *10* (*biliardo, baseball, ecc.*) effetto *11* (*fig.*) inclinazione; tendenza: **There were eccentrics of every t.**, c'erano eccentrici d'ogni tendenza *12* miscela di liquori; cocktail: **a gin t.**, un cocktail al gin *13* twist (*ballo*) *14* (*fig.*) travisamento (*del significato di q.c., ecc.*); forzatura; senso forzato (*dato alle parole di q., ecc.*) *15* (*fig.*) sviluppo imprevisto; svolta sorprendente (*nell'intreccio di un romanzo, ecc.*) *16* (*mecc.*) torsione; avvitamento su se stesso *17* (*aeron.*) svergolamento: **wing t.**, svergolamento alare *18* (*fam.*) appetito. ● **t. bar**, sbarra pieghevole (*attrezzo ginnico*) □ (*mecc.*) **t. drill**, trapano a punta elicoidale □ (*mecc.*) **t. grip**, manopola (*della frizione o dell'acceleratore*: *in una moto, ecc.*) □ (*mil.*) **t. of rifling**, passo della rigatura □ (*fam.*) **to be round the t.**, essere matto da legare □ **That novelist often gives his stories a humorous t.**, spesso quel romanziere dà alle sue storie un piglio umoristico.

to **twist** /twɪst/, **A** *v. t.* *1* torcere; attorcere; ritorcere; storcere; attorcigliare; intrecciare; avvolgere: **to t. a wet sponge**, torcere (*o* strizzare) una spugna bagnata; **to t. the strands of a rope**, attorcigliare i trefoli d'una fune; **twisted thread**, filo ritorto; **to t. sb.'s arm**, torcere il braccio a q.; (*fig.*) costringere q. a fare q.c.; **to t. one's ankle**, storcersi la caviglia; **I have twisted the key**, ho storto la chiave; **I twisted the rope around the pole**, attorcigliai la fune attorno al palo; **He fell on his face and twisted his wrist**, cadde bocconi e si storse il polso; **to t. flowers into a garland**, intrecciare fiori facendone una ghirlanda; **to t. a garland**, intrecciare una ghirlanda; **to t. a thread** [**a rope**], intrecciare un filo [una fune]; **to t. a ribbon round a hat**, avvolgere (*o* mettere) un nastro a un cappellino *2* (*fig.*) storcere; distorcere; svisare; travisare: **He has twisted my words**, ha distorto (*o* travisato) le mie parole *3* (*mecc.*) sottoporre a torsione *4* far girare a forza; far ruotare; dare un giro a (q.c.): **He twisted the door handle**, fece girare a forza la maniglia della porta *5* (*aeron.*) svergolare *6* (*fig. raro*) abbindolare; ingannare *7* (*biliardo*) lanciare (*una palla*) con l'effetto; dare l'effetto a (*una palla*) *8* (*stor.*) torturare; torcere (*membra*) nella tortura. **B** *v. i.* *1* torcersi; attorcersi; contorcersi; storcersi; attorcigliarsi; avvolgersi: **This wire twists easily**, questo filo metallico si torce facilmente; **The wounded snake twisted about**, il serpente ferito si contorceva; **My ankle twisted**, mi si torse la caviglia; **The fishing line twisted around the branch**, la lenza si attorcigliò intorno al ramo *2* curvare; piegare; (*spesso* **to t. and turn**) serpeggiare: **The road twists to the left there**, la strada in quel punto piega a sinistra; **The river twists and turns down the valley**, il fiume scende serpeggiando per la vallata *3* (*fig. raro*) imbrogliare; truffare; essere disonesto *4* roteare; ruotare *5* (*biliardo*: *della palla*) avere l'effetto *6* ballare il twist *7* (*mecc.*) avvitarsi su se stesso *8* (*aeron.*) svergolarsi. ● **to t. sb.'s arm**, torcere un braccio a q.; (*fig.*) fare pressioni su q. (*perché faccia q.c.*) □ **to t. flowers into a wreath**, intrecciare fiori facendone una ghirlanda □ **to t.** (**one's way**) **through a threatening mob**, infilarsi (*o* insinuarsi) fra una marmaglia minacciosa □ (*fam.*) **If you t. my arm, I'll have an ice-cream**, se proprio insisti, prenderò un gelato.

♦**twist around**, **A** *v. t.* + *avv.* *1* avvolgere, legare (*i capi di una fune, ecc.*) *2* (*fig.*) travisare, svisare (*le parole di q., ecc.*). **B** *v. i.* + *avv.* contorcersi. **C** *v. t.* + *prep.* avvolgere, legare (q.c.) intorno a □ (*fig. fam.*) **to t. sb. around one's little finger**, mettersi in tasca q. (*fig.*); far fare a q. quello che si vuole.

♦**twist off**, **A** *v. t.* + *avv.* *1* svitare: **T. off the cap instead of pulling it**, svita il cappuccio, invece di tirarlo! *2* togliere (q.c.) con uno strappo; strappare: **Don't t. off the flowers!**, non strappare i fiori! *3* spezzare (q.c.) torcendolo: **to t. off a piece of wire**, spezzare un pezzo di fil di ferro torcendolo. **B** *v. i.* + *avv.* *1* svitarsi; (*di un coperchio, ecc.*) venir via essendo svitato *2* (*di una ruota e sim.*) venir via; scappare: **One of his rear wheels has twisted off**, ha perso una ruota posteriore.

♦**twist out of**, *v. i.* + *avv.* + *prep.* svincolarsi, sgusciare da (*una stretta, ecc.*).

♦**twist round**, *V.* **twist around**.

♦**twist up**, **A** *v. t.* + *avv.* *1* attorcigliare (q.c.) a spirale; appallottolare; accartocciare: **He twisted up her letter and threw it into the wastepaper basket**, appallottolò la lettera di lei e la buttò nel cestino *2* (*fig.*) tormentare; torturare: **He was twisted up inside with boundless ambition**, l'ambizione sfrenata lo tormentava nell'animo. **B** *v. i.* + *avv.* *1* (*di una strada e sim.*) salire a curve strette (*o* a tornanti) *2* (*fig.*) torcersi; contorcersi; distorcersi: **His face twisted up with pain**, il viso gli si distorse per il dolore; fece una smorfia di dolore.

twistable /ˈtwɪstəbl/, *a.* *1* che si può torcere *2* attorcigliabile; intrecciabile *3* che si può distorcere (*o* svisare, travisare).

twisted /ˈtwɪstɪd/, *a.* *1* torto; ritorto; contorto; storto: **t. thread**, filo ritorto; **a face t. with horror**, una faccia distorta dall'orrore; **a t. bar**, una sbarra storta *2* a spirale; a torciglione: **a t. column**, una colonna a spirale; **t. moustache**, baffi a torciglione. ● (*di persona*) **to be t.**, essere storto; (*fig.*) essere confuso (*o* perplesso) □ **a t. mind**, una mente malata (*o* perversa).

twister /ˈtwɪstə(r)/, *n.* *1* torcitore, torcitrice *2* (*ind. tess.*) ritorcitoio (*macchina*) *3* (*biliardo*) palla con effetto *4* (*USA*) tornado; tromba d'aria *5* rompicapo; grave problema; compito difficile *6* (*fam.*) imbroglione; truffatore *7* (*mus.*) ballerino di twist.

twisting /ˈtwɪstɪŋ/, *n.* *1* torsione; torcitura *2* contorsione; contorcimento *3* (*ind. tess.*) ritorcitura *4* (*mecc.*) l'avvitarsi su se stesso *5* (*aeron.*) svergolamento *6* (*ass.*) insistente proposta di aggiornamento di polizza. ● (*ind. tess.*) **t. frame**, ritorcitoio.

twisty /ˈtwɪstɪ/, *a.* *1* pieno di curve (*o* di svolte); pieno di anse (*o* di meandri); serpeggiante; tortuoso: **a t. river**, un fiume serpeggiante; **a t. road**, una strada tortuosa *2* (*fam.*) disonesto; corrotto: **a t. diplomat**, un diplomatico disonesto *3* (*pop. USA*) eccitante (*sessualmente*); sexy.

twit /twɪt/, *n.* *1* (*fam.*) rimprovero; sgridata *2* (*fam.*) presa in giro; canzonatura; sfottimento

3 (*pop.*) stupido; cretino *4* (*USA*) agitazione; nervosismo.

to **twit** /twɪt/, *v. t.* (*fam.*) *1* rimproverare; sgridare: **to t. sb. with** (*o* **about**) **st.**, rimproverare q. di q.c. (*o* q.c. a q.) *2* stuzzicare; prendere in giro; sfottere.

twitch (1) /twɪtʃ/, *n.* *1* contrazione convulsa; spasmo muscolare; tic *2* stratta; strattone; strappo; tirata *3* (*vet.*) stringinaso.

twitch (2) /twɪtʃ/, *n.* (*bot., Agropyron repens*; = **t. grass**) gramigna dei medici; dente canino.

to **twitch** /twɪtʃ/, **A** *v. i.* *1* contorcersi; contrarsi; torcersi spasmodicamente: **His face twitched with pain**, gli si contrasse il viso per il dolore *2* muoversi a scatti; battere (*fam.*): **My eye is twitching**, mi batte un occhio *3* (*della coscienza*) rimordere. **B** *v. t.* *1* dare uno strattone a; tirare; strappare: **to t. sb.'s sleeve**, tirare q. per la manica; **The gale twitched the umbrella out of his hand**, il forte vento gli strappò di mano l'ombrello *2* contrarre, muovere a scatti (*una parte del corpo*): **The cat twitched its ears**, il gatto mosse le orecchie. ● **to t. at sb.'s jacket**, tirare q. per la giacca.

twitching /ˈtwɪtʃɪŋ/, **A** *n.* *1* contrazione convulsa; spasmo muscolare; tic nervoso *2* strattone; strappo; tirata. **B** *a.* fremente; palpitante.

twitchy /ˈtwɪtʃɪ/, *a.* (*fam.*) nervoso; irrequieto; inquieto; ansioso.

twite /twaɪt/, *n.* (*zool., Carduelis flavirostris*) fanello nordico.

twitter /ˈtwɪtə(r)/, *n.* *1* cinguettio; pigolio *2* (*fig.*) ciance; ciarle; chiacchierio *3* (*fig.*) risatina sciocca *4* (*fam.*) agitazione; eccitazione; ansia: **to be in a t.**, essere in ansia (*o* eccitato).

to **twitter** /ˈtwɪtə(r)/, **A** *v. i.* *1* (*d'uccelli*) cinguettare; pigolare *2* (*fig.*) cianciare; parlare in fretta, animatamente *3* (*fig.*) ridacchiare. **B** *v. t.* dire (q.c.) animatamente, in fretta; cinguettare di (q.c.).

'twixt /twɪkst/, *prep.* (*lett., poet.*; *contraz. di* **betwixt**) fra, tra. ● (*prov.*) **There's many a slip 't. cup and lip**, fra il dire e il fare c'è di mezzo il mare.

two /tuː/, *a.* e *n.* due: **one or two books**, un libro o due; qualche libro; **It's half past two**, sono le due e mezzo. ● (*elab.*) **two-address code**, codice a due indirizzi □ **two-beaked anvil**, bicornia (*incudine*) □ (*fam. USA*) **two bits**, venticinque centesimi di dollaro □ (*fam. USA*) **two-bit**, da due (*o* da quattro) soldi; senza valore □ **two-by-four**, (*di tubo, ecc.*) due (pollici) per quattro (*di sezione*); (*fig. USA*) piccolo, limitato, insignificante □ **two by two**, a due a due; (*mat.*) due per due □ (*bot.*) **two-cleft**, bifido □ **two-colour**, bicolore □ (*tecn.*) **two-control**, a doppio comando: **a two-control aeroplane**, un aereo a doppio comando □ (*mecc., USA*: *di motore*) **two-cycle**, a due tempi (*cfr. ingl.* **two-stroke**) □ **two-decker**, (*naut.*) nave a due ponti; (*trasp.*) autobus (*o* tram) a due piani □ (*tecn., scient.*) **two-dimensional**, bidimensionale □ **two-edged**, a due tagli, a doppia lama; a doppio taglio (*anche fig.*); ambiguo: **a two-edged argument**, un'argomentazione a doppio taglio; **a two-edged compliment**, un complimento ambiguo □ **two-faced**, a due facce; (*fig.*) falso, insincero, doppio, ipocrita □ **two-fisted**, ambidestro (*specialm. di pugile*) □ **two-handed**, che ha due mani; ambidestro; che richiede l'uso di due mani (*o* di due persone); a due: **a two-handed saw**, una sega a due mani; **a two-handed game**, una partita a due (*o* in due) □ **two-headed**, bicipite; a due teste □ (*atletica*) **the two-hundred meter dash**, i duecento (piani) □ (*zool.*) **two-legged**, bipede □ (*naut.*) **two-master**, nave a due alberi; due alberi □ **the two-minute silence**, i due minuti di raccoglimento (*per i caduti in guerra*) □ **two-part**, in due parti; (*mus.*) per due voci; (*econ.*) a due scaglioni: **two-part tariff**, tariffa a due scaglioni □ (*polit.*) **two-party government**, governo bicolore □ (*polit.*) **two-party system**, sistema bipartitico; bipartitismo □ (*elettr.*) **two-phase**, bifase □ (*moda*) **two-piece**, (*agg.*) in (*o* a) due pezzi: **a two-piece bathing suit**, un costume da bagno a due pezzi; (*sost.*) due pezzi □ **a two-piece dress**, un tailleur □ **a two-piece suit**, uno spezzato □ (*elettr.*) **two-pin plug**, presa bipolare □ **two-ply**, (*di compensato, ecc.*) a due strati; (*di filo, fune*) a due capi; (*di tessuto*) doppio □ **two-seater**, (*autom.*) vettura a due posti; (*aeron.*) biposto □ **two-sided**, che ha due lati, bilaterale; (*fig.*) che ha due aspetti; ambivalente; ambiguo; controvertibile: **a two-sided question**, un problema che ha due aspetti □ (*rag.*) **a two-sided account**, un conto a due sezioni (*o* colonne) □ (*mecc.*) **two-speed**, a due velocità: **a two-speed gear**, un cambio a due velocità □ **a two-star hotel**, un albergo a due stelle □ (*mus.*) **two-step**, passo doppio (*musica e ballo*) □ (*mecc.*: *di motore*) **two-stroke**, a due tempi □ **two-tier**, doppio; duplice: (*econ.*) **two-tier market**, doppio mercato (valutario) □ **two-tongued**, doppio; falso; ipocrita □ **two-tone**, a due colori, bicolore; (*acustica*) bitonale, a due frequenze: **a two-tone hooter**, un clacson (*o* una sirena) bitonale; **two-tone modulation**, modulazione a due frequenze □ (*econ.*) **two-wage-earner family**, famiglia con due percettori di reddito da lavoro; famiglia con due salari □ **two-way**, (*di strada o traffico*) a doppio senso; (*mecc.*) a due vie; (*elettr.*) bipolare; (*radio*) ricetrasmittente; (*elab.*) a due vie, bidirezionale, alternato; (*stat.*) a doppia entrata; (*fig.*) a due vie, bilaterale, reciproco: **a two-way street**, una strada a doppio senso; (*fig. USA*) una situazione da affrontare in due; **a two-way cock**, un rubinetto a due vie; **a two-way switch**, un interruttore bipolare; **a two-way radio set**, una (radio) ricetrasmittente; **a two-way connection**, un collegamento a due vie; (*org. az.*) **two-way communications**, comunicazione a due vie □ **two-wheeled**, a due ruote □ (*elettr.*) **two-wire circuit**, circuito bifilare □ **by twos**, a due a due □ **to cut st. in two**, tagliare q.c. in due (parti); dividere q.c. a metà □ (*fig.*) **in two twos**, in un batter d'occhio; in quattro e quattr'otto □ **one or two**, uno o due; due o tre; pochi □ (*fig.*) **to put two and two together**, constatare che due e due fan quattro; tirare le conclusioni; tirar le somme □ **to walk in twos**, camminare a due a due (*o* per due) □ **Two can play at that game**, è una partita che si gioca in due; (*fig.*) posso farlo anch'io!; posso fare altrettanto!

twofer /ˈtuːfə(r)/, *n.* (*pop. USA*) *1* oggetto che si vende dandone due al prezzo di uno *2* (*fig.*) merce (*o* roba) scadente *3* (*teatr.*) due biglietti al prezzo di uno.

twofold /ˈtuːfəʊld/, **A** *a.* *1* duplice: **for a t. motive**, per un duplice motivo *2* doppio. **B** *avv.* due volte (tanto); doppiamente.

twoness /ˈtuːnəs/, *n.* (*raro*) dualità; duplicità.

twopence /ˈtʌpəns, ˈtuːpens/, *n.* *1* due penny (*la somma o il valore*) *2* (*in G.B.*) monetina da due penny *3* (*stor.*) monetina d'argento (*da due penny*). ● (*fam.*) **I don't care t.**, non me ne importa un fico (*o* un soldo bucato).

twopenny /ˈtʌpnɪ, ˈtuːpenɪ/, *a.* *1* da due penny *2* (*fig.*) da quattro soldi; di poco valore; dozzinale; misero. ● **t.-halfpenny**, da due penny e mezzo; (*fig.*) dozzinale, insignificante, meschino, da due soldi: **a t.-halfpenny stamp**, un francobollo da due penny e mezzo.

twosome /ˈtuːsəm/, **A** *a.* (*di ballo, gioco, ecc.*) a due; per due persone; in coppia. **B** *n.* *1* gruppo di due; duo; coppia (*di giocatori, ecc.*); paio: (*fam*) **a nice t.**, una bella coppia *2* ballo (gioco, ecc.) a coppie.

to **two-time** /ˈtuːtaɪm/, (*fam.*) **A** *v. t* ingannare; tradire; essere infedele a (q.). **B** *v. i.* essere infedele.

two-timer /ˈtuːtaɪmə(r)/, *n.* (*fam.*) traditore, traditrice; infedele (*all'innamorato*).

'twould /twʊd, twəd/, *contraz.* (*arc., poet. o dial.*) di **it would**.

twyer /ˈtwaɪə(r)/, *V.* **tuyère**.

Tyburn /ˈtaɪbɜːn/, *n.* (*stor.*) Tyburn (*località a Londra in cui si eseguivano le condanne a morte*). ● **T. tree**, forca; patibolo.

tycoon /taɪˈkuːn/, *n.* *1* (*stor.*) taicùn (*gran principe*: *in Giappone*; *titolo ereditario*) *2* tycoon; capitano d'industria; magnate: **a press t.**, un magnate della stampa.

tye /taɪ/, *n.* (*naut.*) amante.

tying /ˈtaɪɪŋ/, *part. pres.* di **to tie**. ● (*leg.*) **t. contract**, contratto vincolante □ **tying-up machine**, fascettatrice.

tyke /taɪk/, *V.* **tike**.

tyler /ˈtaɪlə(r)/, *V.* **tiler**.

tyloma /taɪˈləʊmə/, *n.* (*med.*) tiloma; callosità.

tylosis /taɪˈləʊsɪs/, *n.* (*pl.* **tyloses**) (*med.*) tilosi.

tymbal /ˈtɪmbl/, *V.* **timbal**.

tympan /ˈtɪmpən/, *n.* *1* (*arc.*) tamburo; timpano (*lett.*) *2* (*anat., archit.*) timpano *3* (*tipogr.*, = **t. sheet**) (foglio di) maestra *4* (*in genere*) membrana *5* (*telef.*) diaframma.

tympanic /tɪmˈpænɪk/, *a.* (*anat.*) timpanico; del timpano. ● **t. cell**, cellula mastoidea.

tympanism /ˈtɪmpənɪzəm/, *V.* **tympanites**.

tympanist /ˈtɪmpənɪst/, *n.* (*mus.*) timpanista; suonatore di timpano.

tympanites /tɪmpəˈnaɪtiːz/, *n.* (*pl.* **tympaniteses**) (*med.*) timpanismo; meteorismo; distensione addominale.

tympanitis /tɪmpəˈnaɪtɪs/, *n.* (*pl.* **tympanitises**) (*med.*) timpanite (*infiammazione del timpano*); otite media.

tympanum /ˈtɪmpənəm/, *n.* (*pl.* **tympana, tympanums**) (*anat., archit.*) timpano.

tympany /ˈtɪmpənɪ/, *n.* *1* (*med.*) *V.* **tympanites** *2* (*vet.*) meteorismo dei ruminanti.

tyndallization /tɪndəlaɪˈzeɪʃn, *USA* -lɪˈz-/, *n.* (*chim.*) tindalizzazione.

typal /ˈtaɪpl/, *a.* (*raro*) tipico; caratteristico.

type /taɪp/, *n.* *1* tipo; esemplare; modello; emblema; figura; simbolo; qualità; razza; specie; sorta: **I dislike people of that t.**, non mi piace la gente del suo tipo; **a new t. of aeroplane**, un nuovo modello d'aereo; **He is the very t. of an honest leader**, è proprio un esemplare di capopartito onesto; **The paschal lamb is a t. of Christ**, l'agnello pasquale è un simbolo di Cristo; **an animal of the dog t.**, un animale della specie del cane; una specie di cane; **a man of the Nordic t.**, un uomo di razza nordica; **He's a strange type**, è un tipo strano; (*fam.*) **He** (*o* **she**) **isn't my t.**, non è il mio tipo *2* (*tipogr.*) tipo; carattere: **The book is printed in large t.**, il libro è stampato in caratteri grandi *3* (*biol.*) tipo: **the vertebrate t.**, il tipo dei vertebrati *4* conio; impronta (*di moneta o di medaglia*) *5* (*chim.*) composto tipico. ● **t.-bar**, (*tipogr.*) riga di composizione; (*di macchina da scrivere*) martelletto □ (*elab.*) **t. drum**, tamburo di caratteri □ **t. founder**, fonditore di caratteri (*tipografici*) □ **t. foundry**, fonderia di caratteri di stampa □ **t.-gauge**, tipometro □ **t.-holder**, compositoio □ **t. metal**, lega per caratteri da stampa □ (*elab.*) **t. pellet**, testina di stampante □ (*tipogr.*) **t. size**, corpo □ (*biol.*) **to deviate from the t.**, essere aberrante; essere atipico □ (*tipogr.*) **italic t.**, (carattere) corsivo □ **Italian-t. coffee**, caffè all'italiana □ **large-t. Bible**, Bibbia a caratteri grandi □ (*tipogr.*) **to set up in t.**, comporre □ (*di modo di fare, ecc.*) **true to t.**, in carattere; tipico □ (*tipogr.*) **The material is now in t.**, il materiale (*o* il testo) è già stato composto (*o* è già in piombo).

to **type** /taɪp/, **A** *v. t.* *1* scrivere a macchina; dattilografare; battere (*fam.*): **to t.** (**out**) **a list**, scrivere a macchina un elenco; **to t. a circular**, battere una circolare *2* impersonare; raffigurare; rappresentare: **He's always typed as a bad man**, gli fanno sempre fare la parte del cattivo *3* classificare secondo il tipo *4* (*med.*) determinare il gruppo sanguigno di (q.) *5* (*biol., med.*) tipizzare, identificare (*una cultura batterica*). **B** *v. i.* scrivere a macchina.

♦**type in** (**into**), *v. t.* + *avv.* (*prep.*) (*anche elab.*) inserire, aggiungere, introdurre: **Will you please t. in the missing word?**, per favore, aggiunga la parola che manca! (*detto alla dattilografa*); **to t. additional data into the computer**, introdurre altri dati nel computer.

♦**type out**, *v. t.* + *avv.* ***1*** battere (*o* scrivere) a macchina: **to t. out a lot of letters**, battere molte lettere ***2*** (*elab.*) emettere, far uscire (*dati, ecc.: su una stampante*).

♦**type up**, *v. t.* + *avv.* battere (*o* scrivere) a macchina (*nella stesura definitiva*): **You should t. up the play neatly**, dovresti battere il copione in bella copia.

to **typecast** /ˈtaɪpkɑːst, *USA* -æst/, *v. t.* (*pass.* e *p. p.* **typecast**) ***1*** fondere (*carattere tipografici*) ***2*** (*cinem., teatr.*) dare a (*un attore*) un ruolo caratteristico. ● **She is typecast as the dumb blonde**, fa sempre la parte dell'oca giuliva.

typeface /ˈtaɪpfeɪs/, *n.* (*tipogr.*) occhio.

typescript /ˈtaɪpskrɪpt/, *n.* ***1*** dattiloscritto ***2*** (*tipogr.*) materiale per la stampa; testo.

to **typeset** /ˈtaɪpset/, *v. t.* (*pass.* e *p. p.* **typeset**) (*tipogr.*) comporre.

typesetter /ˈtaɪpsetə(r)/, *n.* (*tipogr.*) ***1*** compositore ***2*** compositrice (*macchina*).

typesetting /ˈtaɪpsetɪŋ/, *n.* (*tipogr.*) composizione. ● **t. machine**, compositrice.

typethrough /ˈtaɪpθruː/, *n.* (*elab.*) battitura diretta.

to **typewrite** /ˈtaɪpraɪt/ (*pass.* **typewrote**, *p. p.* **typewritten**), *v. t.* e *i.* (*più com.* **to type**) scrivere a macchina; dattilografare; battere (*fam.*).

typewriter /ˈtaɪpraɪtə(r)/, *n.* macchina da scrivere: **golf-ball t.**, macchina da scrivere a testina rotante. ● **t. desk**, tavolino della macchina da scrivere □ (*elab.*) **t. terminal**, terminale scrivente (*d'immissione dei dati*).

typewriting /ˈtaɪpraɪtɪŋ/, *n.* dattilografia; lo scrivere a macchina. ● **t. ribbon**, nastro dattilografico.

typewritten /ˈtaɪprɪtn/, **A** *p. p.* di **to typewrite**. **B** *a.* scritto a macchina; dattiloscritto.

typewrote /ˈtaɪprəʊt/, *pass.* di **to typewrite**.

typhic /ˈtɪfɪk/, *a.* (*med.*) tifico.

typhlitis /tɪˈflaɪtɪs/, *n.* (*pl.* **typhlitises**) (*med.*) tiflite.

typhoid /ˈtaɪfɔɪd/, (*med.*) **A** *a.* tifoideo; tifoide. **B** *n.* (= **t. fever**) febbre tifoide; tifoidea. ● **t. bacillus**, bacillo del tifo.

typhoidal /taɪˈfɔɪdl/, *a.* (*med.*) tifoideo; della febbre tifoide.

typhonic /taɪˈfɒnɪk/, *a.* di (*o* pertinente a) un tifone.

typhoon /taɪˈfuːn/, *n.* (*meteor.*) tifone.

typhous /ˈtaɪfəs/, *a.* (*med.*) tifoso; del tifo.

typhus /ˈtaɪfəs/, *n.* (*med.*) tifo.

typical /ˈtɪpɪkl/, *a.* tipico; caratteristico; rappresentativo. ● **That's quite t. of him**, è tipico!; è proprio da lui! || **-ly**, *avv.* || **-ness**, *sost.*

typification /tɪpɪfɪˈkeɪʃn/, *n.* ***1*** tipizzazione ***2*** caratterizzazione ***3*** esemplificazione ***4*** incarnazione (*fig.*); raffigurazione; rappresentazione (di q.c.) come tipico.

to **typify** /ˈtɪpɪfaɪ/, *v. t.* ***1*** tipizzare ***2*** caratterizzare ***3*** esemplificare ***4*** impersonare; raffigurare; rappresentare (simbolicamente); simboleggiare.

typing /ˈtaɪpɪŋ/, *n.* dattilografia; lo scrivere a macchina. ● **a t. mistake**, un errore di battitura.

typist /ˈtaɪpɪst/, *n.* dattilografo, dattilografa.

typo /ˈtaɪpəʊ/, *n.* (*pl.* **typos**) (*fam.*) ***1*** tipografo ***2*** refuso (*di stampa*) ***3*** errore di battuta.

typographer /taɪˈpɒgrəfə(r)/, *n.* tipografo; poligrafico (*tecnico*).

typographic(al) /taɪpəˈgræfɪk(l)/, *a.* tipografico. ● **a t. error**, un errore di stampa; un refuso. || **-ally**, *avv.*

typography /taɪˈpɒgrəfɪ/, *n.* tipografia.

typolithographic /taɪpəlɪtəˈgræfɪk/, *a.* tipolitografico.

typolithography /taɪpəlɪˈtɒgrəfɪ/, *n.* tipolitografia.

typological /taɪpəˈlɒdʒɪkl/, *a.* tipologico.

typology /taɪˈpɒlədʒɪ/, *n.* (*scient.*) tipologia.

typometer /taɪˈpɒmɪtə(r)/, *n.* (*tipogr.*) tipometro.

tyramine /ˈtaɪrəmiːn/, *n.* (*biochim.*) tiramina.

tyrannical /tɪˈrænɪkl/, *a.* tirannico. || **-ly**, *avv.*

tyrannicalness /tɪˈrænɪklnəs/, *n.* l'essere tirannico; tirannia.

tyrannicidal /tɪrænɪˈsaɪdl/, *a.* tirannicida.

tyrannicide /tɪˈrænɪsaɪd/, *n.* ***1*** tirannicida ***2*** tirannicidio.

to **tyrannize** /ˈtɪrənaɪz/, **A** *v. i.* esser tirannico; tiranneggiare: **to t. over sb.**, tiranneggiare q. **B** *v. t.* tiranneggiare.

tyrannosaur /tɪˈrænəsɔː(r)/, **tyrannosaurus** /tɪrænəˈsɔːrəs/, *n.* (*paleont.*) tirannosauro.

tyrannous /ˈtɪrənəs/, *a.* ***1*** tirannico; tirannesco (*raro*) ***2*** crudele; inesorabile: **t. hate**, odio inesorabile. || **-ly**, *avv.*

tyranny /ˈtɪrənɪ/, *n.* ***1*** (*stor., polit.*) tirannia; tirannide ***2*** (*stor. greca*) tirannide ***3*** (*fig.*) tirannia; dispotismo. ● **It's the t. of the clock**, è l'orologio che è tiranno.

tyrant /ˈtaɪərənt/, *n.* ***1*** tiranno; despota ***2*** (*stor. greca*) tiranno. ● (*zool.*) **t.-bird** (*o* **t. flycatcher**) (*Tyrannus*), tiranno □ **petty t.**, tirannello.

tyre /ˈtaɪə(r)/, *n.* ***1*** (*autom.*) pneumatico; gomma; copertone ***2*** cerchione (*di ruota di carro*). ● **t. chains**, catene da neve □ **t. dealer**, gommista (*rivenditore*) □ **t. gauge**, manometro (*per pneumatici*) □ (*autom.*) **t. iron**, leva per lo smontaggio dei pneumatici □ **t. repair**, riparazione (delle) gomme □ **t. repairer**, gommista (*riparatore*) □ **t. retreading**, ricostruzione delle gomme □ **t. rim**, cerchione (*per pneumatico*) □ **t. tread**, battistrada □ (*autom.*) **to change a t.**, cambiare una gomma □ **to get a flat t.**, bucare una gomma; forare □ **You've got a flat t.**, hai una gomma a terra □ **These tyres are below the legal standards**, il battistrada di questi pneumatici è inferiore al minimo consentito dalla legge.

to **tyre** /ˈtaɪə(r)/, *v. t.* (*autom.*) applicare un pneumatico (*o* più pneumatici) a (*un autoveicolo*); gommare (*fam.*).

Tyre /ˈtaɪə(r)/, *n.* (*geogr., stor.*) Tiro.

tyreman /ˈtaɪəmən/, *n.* (*pl.* **tyremen**) gommista.

tyro /ˈtaɪərəʊ/, *n.* (*pl.* **tyros**) *V.* **tiro**.

Tyrol /tɪˈrəʊl/, *n.* (*geogr.*) Tirolo.

Tyrolean /tɪrəˈliːən/, *V.* **Tyrolese**.

Tyrolese /tɪrəˈliːz/, *a.* e *n.* tirolese.

Tyrolienne /tɪrəʊlɪˈen/ (*franc.*), *n.* (*mus.*) tirolese.

tyrosinase /taɪˈrəʊsɪneɪz, -s, *USA* təˈrɒs-/, *n.* (*biochim.*) tirosinasi.

tyrosin(e) /ˈtaɪərəsiːn, -sɪn/, *n.* (*chim.*) tirosina.

Tyrrhene /ˈtɪriːn, tɪˈr-/, *V.* **Tyrrhenian**.

Tyrrhenian /tɪˈriːnɪən/, *a.* e *n.* (*geogr.*) tirreno; tirrenico: **the T. Sea**, il Mar Tirreno.

tzar /tsɑː(r), ˈz-/, e *deriv. V.* **tsar**, e *deriv.*

tzetze /ˈtsetsɪ, ˈtetsɪ, -iːtsɪ/, *V.* **tsetse**.

Tzigane /tsiːˈgɑːn, z-/, *a.* e *n.* zingaro; (*specialm.*) zigano, zingaro ungherese.

u,U

U (1), **u** /juː/, **A** *n.* (*pl.* **U's, u's**; **Us, us**) ***1*** U, u (*ventunesima lettera dell'alfabeto ingl.*) ***2*** (*cinem.*) film visibile a tutti. **B** *a.* ***1*** a forma di U ***2*** (*di film*) visibile a tutti. ● (*naut., mil.*) **U-boat**, sottomarino tedesco; (*in genere*) sommergibile □ **U-bolt**, staffa (filettata) a U □ (*in G.B.*) **a U-certificate film**, un film visibile a tutti (*U = «universal»*) □ (*fam. USA*) **U-drive-it car**, autovettura da noleggio (*senza conducente*) □ (*telef.*) **u for Uncle**, u come Udine □ (*fam. USA*) **U-haul truck**, autocarro (*o* furgone) per traslochi, noleggiato e condotto da colui che si trasferisce □ **U-tube**, tubo a forma di U □ (*autom.*) **U-turn**, inversione a U, conversione a U, inversione di marcia (*con un veicolo*); (*fig.*) svolta radicale, dietrofront (*fig.*).

U (2) /juː/, *a.* (*fam. scherz.*) molto fine (*o* raffinato); di buongusto; che fa fino (*all'altezza della «upper class»*).

UB 40 /juːbiː'fɔːtɪ/, *n.* (*acronimo di* **Unemployment Benefit 40**) ***1*** modulo (per il sussidio) di disoccupazione ***2*** (*mus.*) gruppo di suonatori di reggae (*q.V.*).

ubiety /juː'baɪətɪ/, *n.* (*form.*) ubicazione; collocazione; posizione.

ubiquist /'juːbɪkwɪst/, *n.* (*ecol.*) organismo (*insetto, pianta, ecc.*) ubiquista.

Ubiquitarian /juːbɪkwɪ'teərɪən/, *a.* e *n.* (*relig.*) ubiquista; ubiquitario.

Ubiquitarianism /juːbɪkwɪ'teərɪənɪzəm/, *n.* (*relig.*) eresia ubiquitaria; dottrina degli ubiquisti.

ubiquitous /juː'bɪkwɪtəs/, *a.* onnipresente; che ha il dono dell'ubiquità. ‖ **-ly**, *avv.*

ubiquitousness /juː'bɪkwɪtəsnəs/, **ubiquity** /juː'bɪkwətɪ/, *n.* ubiquità; onnipresenza.

udal /'juːdl/, (*stor., leg.*) **A** *n.* allodio (*ancora in uso nelle Isole Orkney e nelle Shetland*). **B** *a. attr.* allodiale: **u. tenure**, possesso di beni allodiali.

udaller /'juːdələ(r)/, *V.* **udalman**.

udalman /'juːdəlmən/, *n.* (*pl.* **udalmen**) (*stor.*) proprietario di beni allodiali.

udder /'ʌdə(r)/, *n.* (*zool.*) mammella, poppa (*di femmina d'animale*).

udderless /'ʌdələs/, *a.* privo di mammelle.

udometer /juː'dɒmɪtə(r)/, *n.* (*tecn.*) pluviometro; udometro.

udometric /juːdəʊ'metrɪk/, *a.* (*scient.*) pluviometrico; udometrico.

UFO /'juːfəʊ, juːef'əʊ/, *n.* (*pl.* **UFO's**) (*acronimo di* **unidentified flying object**) ufo; disco volante: **Ufo sightings**, avvistamenti di UFO.

ufological /juːfə'lɒdʒɪkl/, *a.* di (*o* relativo a) ufo; ufologico.

ufologist /juː'fɒlədʒɪst/, *n.* ufologo.

ufology /juː'fɒlədʒɪ/, *n.* ufologia.

ugh /ʌx, ʊx, ʌg, ʊh, ʌh, ʌ, uː/, *inter.* (*di disgusto, d'orrore*) uh!; puh!; puah!

uglification /ʌglɪfɪ'keɪʃn/, *n.* imbruttimento; deturpamento.

to **uglify** /'ʌglɪfaɪ/, *v. t.* imbruttire; deturpare; sfigurare.

ugliness /'ʌglɪnəs/, *n.* ***1*** bruttezza sgraziata ***2*** abiezione; bassezza; turpitudine.

ugly /'ʌglɪ/, *a.* ***1*** brutto; sgradevole; (*fig.*) abietto, ripugnante, turpe: **an u. beast**, una brutta bestia; **an u. scar**, una brutta cicatrice; **an u. man**, un uomo sgraziato; **an u. job**, un brutto lavoro; un lavoro sgradevole; **an u. vice**, un vizio turpe; **u. news**, brutte notizie ***2*** (*del tempo e sim.*) brutto; minaccioso; pericoloso: **u. weather**, brutto tempo; **Things are taking an u.**, le cose prendono una brutta piega ***3*** (*fam.*) irritabile; litigioso. ● (*fam.*) **an u. customer**, un individuo pericoloso; un brutto tipo (*fam.*) □ (*anche fig.*) **u. duckling**, brutto anatroccolo (*dalla novella del cigno tra gli anatroccoli di C. Andersen*) □ **as u. as sin**, brutto come il peccato; bruttissimo □ **to make u. faces**, fare le boccacce.

Ugrian /'uːgrɪən/, **Ugric** /'uːgrɪk/, *a.* ugrico.

Ugro-Finnic /juːgrəʊ'fɪnɪk, uː-/, *a.* ugro-finnico: **U. languages**, lingue ugro-finniche.

UHF /juːeɪtʃ'ef/, *n.* (*acronimo di* **ultrahigh frequency**) (*elettron.*) UHF; frequenza ultra-alta. ● **UHF tuner**, sintonizzatore UHF.

uhlan /'uːlɑːn, 'juː-, -'lɑːn, -lən/, *n.* (*stor.*) ulano.

ukase /juː'keɪz, -s, *USA* juː-, 'juː-/, *n.* ***1*** (*stor.*) ukase (*decreto dello zar*) ***2*** (*per estens.*) ordine perentorio; disposizione tassativa.

Ukraine /juː'kreɪn, *USA* -eɪn, -aɪn, 'juːkreɪn/, *n.* (*geogr.*) Ucraina.

Ukrainian /juː'kreɪnɪən, *USA* -eɪ-, -aɪ-/, *a.* e *n.* ucraino.

ukulele /juːkə'leɪlɪ, *USA* juː-, uː-/, *n.* (*mus.*) ukulele.

ulcer /'ʌlsə(r)/, *n.* ***1*** (*med.*) ulcera: **a stomach u.**, un'ulcera allo stomaco ***2*** (*fig.*) piaga morale; fonte di corruzione.

to **ulcerate** /'ʌlsəreɪt/, *v. t.* e *i.* (*med.*) ulcerare, ulcerarsi.

ulceration /ʌlsə'reɪʃn/, *n.* (*med.*) ulcerazione.

ulcerative /'ʌlsərətɪv, *USA* -eɪtɪv/, *a.* (*med.*) ulcerativo.

ulcered /'ʌlsəd/, *a.* (*med.*) ulcerato.

ulcerogenic /ʌlsərə'dʒenɪk/, *a.* (*med.*) ulcerogeno.

ulcerous /'ʌlsərəs/, *a.* (*med.*) ulceroso.

ulcerousness /'ʌlsərəsnəs/, *n.* (*med.*) stato ulceroso.

ulema /'uːlɪmə/, *n.* (*pl.* **ulema, ulemas**) (*relig. musulmana*) ulema.

uliginous /juː'lɪdʒɪnəs/, *a.* (*bot.*) uliginoso.

ullage /'ʌlɪdʒ/, *n.* (*comm.*) ***1*** calo; colaggio; quantità mancante in barili, botti, ecc. ***2*** abbuono per calo ***3*** (*dog.*) contenuto effettivo (*di contenitori per liquidi*). ● (*miss.*) **u. rocket**, razzo di colaggio.

ulmaceous /ʌl'meɪʃəs/, *a.* (*bot.*) delle (*o* relativo alle) olmacee.

ulmin /'ʌlmɪn/, *n.* (*chim.*) acido ulmico.

ulna /'ʌlnə/, *n.* (*pl.* **ulnae, ulnas**) (*anat.*) ulna.

ulnar /'ʌlnə(r)/, *a.* (*anat.*) ulnare; dell'ulna.

ulster /'ʌlstə(r)/, *n.* (*moda*) ulster; cappotto da uomo, ampio e lungo.

ulterior /ʌl'tɪərɪə(r)/, *a.* ***1*** ulteriore; che è più oltre; più remoto ***2*** celato; nascosto; secondo: **to do st. with an u. motive**, fare q.c. con un secondo fine.

ultimate /'ʌltɪmət/, **A** *a.* ***1*** ultimo; definitivo; finale: **the u. goal**, l'ultima meta; **u. results**, risultati finali ***2*** basilare; fondamentale; primo: **u. principles**, principi basilari; **u. truths**, verità fondamentali; **u. cause**, causa prima ***3*** (*fam.*) estremo; massimo; il più grande. **B** *n.* – **the u.**, il massimo; il non plus ultra. ● (*chim.*) **u. analysis**, analisi elementare □ (*econ.*) **the u. consumer**, il consumatore finale □ (*fam.*) **the u. silliness**, la peggiore delle sciocchezze □ (*econ.*) **the u. user**, l'utilizzatore finale.

ultimately /'ʌltɪmətlɪ/, *avv.* ***1*** in fine; finalmente; in definitiva ***2*** fondamentalmente.

ultimatum /ʌltɪ'meɪtəm/, *n.* (*pl.* **ultimatums, ultimata**) ultimatum (*anche fig.*).

ultimo /'ʌltɪməʊ/, (*abbr.* **ult**) *a.* e *avv.* (*comm., bur.*) (ultimo) scorso; del mese passato: **your letter of the 12th ult**, la Vostra lettera del 12 (ultimo) scorso.

ultra /'ʌltrə/, **A** *n.* estremista; oltranzista; fanatico sostenitore (*di un'idea*); ultrà. **B** *a.* estremo; accanito: **an u. pacifist**, un pacifista accanito; un ultrapacifista. ● (*tipogr.*) **u. boldface**, (carattere) nerissimo.

ultracentrifugation /ʌltrəsentrɪfjʊ'geɪʃn/, *n.* (*fis.*) ultracentrifugazione.

ultracentrifuge /ʌltrə'sentrɪfjuːdʒ/, *n.* (*fis.*) ultracentrifuga.

to **ultracentrifuge** /ʌltrə'sentrɪfjuːdʒ/, *v. t.* (*fis.*) ultracentrifugare.

ultraconservative /ʌltrəkən'sɜːvətɪv/, *a.* e *n.* ultraconservatore.

ultracritical /ʌltrə'krɪtɪkl/, *a.* ipercritico.

ultrafashionable /ʌltrə'fæʃnəbl/, *a.* di gran moda; all'ultima moda.

ultrafilter /ʌltrə'fɪltə(r)/, *n.* (*tecn., scient.*) ultrafiltro.

ultrahigh /ʌltrə'haɪ/, *a.* (*elettron.*) ultra-alto: **u. frequency**, frequenza ultra-alta. ● (*fis.*) **u. vacuum**, ultravuoto.

ultraism /'ʌltrəɪzəm/, *n.* oltranzismo; estremismo; radicalismo.

ultraist /'ʌltrəɪst/, *n.* oltranzista; estremista; radicale; ultrà.

ultraistic /ʌltrə'ɪstɪk/, *a.* estremistico; ultrà.

ultraleft /ʌltrə'left/, (*polit.*) **A** *a.* ultrà; dell'ultrasinistra. **B** *n.* – **the u.**, l'ultrasinistra; l'estrema sinistra.

ultraleftist /ʌltrə'leftɪst/, *n.* (*polit.*) estremista di sinistra; ultrà.

ultramarine /ʌltrəmə'riːn/, **A** *a.* ***1*** oltremarino; d'oltremare ***2*** azzurro oltremare. **B** *n.* colore azzurro oltremare. ● (*chim.*) **u. blue**, blu oltremare.

ultramicrometer /ʌltrəmaɪ'krɒmɪtə(r)/, *n.* (*scient.*) ultramicrometro.

ultramicroscope /ʌltrə'maɪkrəskəʊp/, *n.* (*scient.*) ultramicroscopio; supermicroscopio.

ultramicroscopic(al) /ʌltrəmaɪkrə'skɒpɪk(l)/, *a.* (*scient.*) ultramicroscopico.

ultramicroscopy /ʌltrəmaɪ'krɒskəpɪ/, *n.* (*scient.*) ultramicroscopia.

ultramicrotome /ʌltrə'maɪkrətəʊm/, *n.* (*scient.*) ultramicrotomo.

ultraminiature /ʌltrə'mɪnətʃə(r), *USA* 'mɪnɪə-, -tʃʊə(r)/, *a. attr.* estremamente piccolo; (*tecn.*) subminiaturizzato.

ultraminiaturization /ʌltrəmɪnətʃəraɪ'zeɪʃn, *USA* -nɪətʃərɪ'z-, -tʃʊə-/, *n.* (*tecn.*) subminiaturizzazione.

ultramodern /ʌltrə'mɒdən, -dn/, *a.* modernissimo; ultramoderno.

ultramontane /ʌltrə'mɒnteɪn/, **A** *a.* ***1*** (*geogr.*) oltramontano, ultramontano; (*per gli europei del nord*) italiano; (*per gli italiani*) subalpino ***2*** (*relig.*) ultramontano; del partito «italiano» (*nella Chiesa cattolica*). **B** *n.* ***1*** (*geogr.*) oltramontano; chi abita oltre le montagne; (*specialm.*) chi abita a sud delle Alpi, italiano ***2*** (*relig.*) ultramontano; fautore del partito «italiano» (*nella Chiesa cattolica*).

ultramontanism /ʌltrə'mɒntənɪzəm/, *n.* (*relig.*) ultramontanismo; partito «italiano»

(*nella Chiesa cattolica*).
ultramontanist /ʌltrəˈmɒntənɪst/, (*relig.*) *V.* **ultramontane, B**, *def. 2*.
ultramundane /ʌltrəˈmʌndeɪn/, *a.* ***1*** oltremondano ***2*** (*astron.*) esterno al sistema solare.
ultrapure /ʌltrəˈpjʊə(r), -ˈpjɔː(r), *USA* -ˈpjʊə(r), ˈpjɜː(r)/, *a.* (*scient.*) puro al 100 per 100.
ultrared /ʌltrəˈrɛd/, *a.* (*fis., arc.*) infrarosso (*più com.* **infrared**).
ultraright /ʌltrəˈraɪt/, (*polit.*) **A** *a.* ultrà; dell'estrema destra. **B** *n.* – **the u.**, l'estrema destra.
ultrarightist /ʌltrəˈraɪtɪst/, *n.* (*polit.*) estremista di destra; ultrà.
ultrashort /ʌltrəˈʃɔːt/, *a.* (*radio*) ultracorto: **u. waves**, onde ultracorte.
ultrasonic /ʌltrəˈsɒnɪk/, *a.* (*fis.*) ***1*** ultracustico; ultrasonoro; a ultrasuoni; ultrasonico ***2*** ultrasonico; supersonico. ● (*tecn., elab.*) **u. cleaning**, lavaggio con ultrasuoni □ (*mecc.*) **u. drill**, trapano a ultrasuoni □ (*metall.*) **u. welding**, saldatura a ultrasuoni.
ultrasonics /ʌltrəˈsɒnɪks/, *n. pl.* (*col verbo al sing.*) ultracustica.
ultrasonography /ʌltrəsəʊˈnɒgrəfɪ/, *n.* (*med.*) ecografia; ultrasonografia.
ultrasonoscope /ʌltrəˈsəʊnəskəʊp/, *n.* (*med.*) escopio; ultrasuonoscopio.
ultrasound /ˈʌltrəsaʊnd/, *n.* ultrasuono.
ultrastructural /ʌltrəˈstrʌktʃərəl/, *a.* (*biol.*) ultrastrutturale.
ultrastructure /ˈʌltrəstrʌktʃə(r)/, *n.* (*biol.*) ultrastruttura.
ultraswanky /ʌltrəˈswæŋkɪ/, *a.* (*pop. USA*) in grande stile; favoloso.
ultraviolet /ʌltrəˈvaɪələt/, *a.* (*fis.*) ultravioletto: **u. rays**, raggi ultravioletti. ● (*elettron.*) **u. lamp**, lampada a radiazione ultravioletta.
ultra vires /ʌltrəˈvaɪəriːz, ʊltrɑːˈviːreɪz/ (*lat.*), **A** *a.* ***1*** (*raro*) superiore alle (*o* oltre le) proprie forze ***2*** (*leg.*) arbitrario; in eccesso del potere legale (*specialm. di un'azienda*). **B** *avv.* (*leg.*) arbitrariamente.
ultravirus /ʌltrəˈvaɪərəs/, *n.* (*biol.*) ultravirus; virus filtrante.
ululant /ˈjuːljʊlənt, ˈʌljʊ-/, *a.* (*zool.*) ululante; che ulula.
to **ululate** /ˈjuːljʊleɪt, ˈʌljʊ-/, *v. i.* ululare.
ululation /juːljʊˈleɪʃn, ʌljʊ-/, *n.* ululato.
Ulyssean /jʊˈlɪsɪən, juːˈl-/, *a.* di (*o* simile a) Ulisse. ● **a U. man**, un ulisside.
Ulysses /jʊˈlɪsiːz, juːˈl-, ˈjuːl-/, *n.* (*letter.*) Ulisse.
'um /əm/, *inter.* uhm (*esitando nel parlare*).
umbel /ˈʌmbl/, *n.* (*bot.*) ombrella; umbella.
umbellar /ˈʌmbələ(r)/, **umbellate** /ˈʌmbələt, -eɪt, ʌmˈbɛlət/, *a.* (*bot.*) a forma di ombrella; umbellato.
umbellet /ˈʌmbələt/, *n.* (*bot.*) ombrella secondaria.
umbelliferous /ʌmbəˈlɪfərəs/, *a.* (*bot.*) ombrellifero; umbellifero.
umbelliform /ʌmˈbɛlɪfɔːm/, *a.* (*bot.*) ombrelliforme.
umbellule /ʌmˈbɛljuːl/, *V.* **umbellet**.
umber (1) /ˈʌmbə(r)/, **A** *n.* ***1*** (*chim., pitt.*) terra d'ombra: **burnt u.**, terra d'ombra bruciata; **raw u.**, terra d'ombra naturale ***2*** (color) marrone scuro. **B** *a.* color terra d'ombra; marrone scuro.
umber (2) /ˈʌmbə(r)/, *n.* (*zool., Thymallus thymallus*) temolo. ● (*zool.*) **u.-bird** (*Scopus umbretta*), umbretta; uccello martello □ (*zool.*) **black u.** (*Corvina nigra*), corvina (*pesce degli Scienidi*).
to **umber** /ˈʌmbə(r)/, *v. t.* (*pitt.*) colorare con terra d'ombra.
umbilical /ʌmˈbɪlɪkl, ʌmbɪˈlaɪkl/, **A** *a.* ***1*** (*anat., ecc.*) ombelicale: **u. cord**, cordone ombelicale; (*med.*) **u. hernia**, ernia ombelicale ***2*** (*miss.*) ombelicale: **u. hose**, cordone ombelicale ***3*** (*fig. raro*) da parte di madre; in linea materna. **B** *n.* (*miss., anat.*) cordone ombelicale.
umbilicate /ʌmˈbɪlɪkət/, *a.* ombelicato; a forma d'ombelico.
umbilication /ʌmbɪlɪˈkeɪʃn/, *n.* (*anat., biol.*) ombelicatura.
umbilicus /ʌmˈbɪlɪkəs, ʌmbɪˈlaɪkəs/, *n.* (*pl.* **umbilici, umbilicuses**) (*anat.*) ombelico.
umbiliform /ʌmˈbɪlɪfɔːm/, *a.* a forma d'ombelico.
umbles /ˈʌmblz/, *n. pl.* interiora d'animale (*specialm. di cervo*).
umbo /ˈʌmbəʊ/, *n.* (*pl.* **umbones, umbos**) (*stor., scient.*) umbone.
umbonate /ˈʌmbəʊnət/, *a.* umbonato; munito d'umbone.
umbra /ˈʌmbrə/, *n.* (*pl.* **umbras, umbrae**) (*scient.*) ***1*** ombra ***2*** (= **u. shadow**) cono d'ombra (*in un'eclissi*) ***3*** centro di macchia solare.
umbrage /ˈʌmbrɪdʒ/, *n.* ***1*** ombra (*fig.*); offesa; risentimento ***2*** (*poet., raro*) ombra. ● **to give u. to sb.**, dar ombra a q.; offendere q. □ **to take u. at st.**, adombrarsi (*o* impermalirsi) per q.c.
umbrageous /ʌmˈbreɪdʒəs/, *a.* ***1*** (*poet.*) ombroso ***2*** (*fig.*) permaloso; ombroso.
umbrella /ʌmˈbrɛlə/, **A** *n.* ***1*** ombrello; parapioggia ***2*** (*zool.*) ombrello (*di medusa*) ***3*** (*aeron. mil.*) ombrello aereo ***4*** (*mil.*) sbarramento protettivo antiaereo ***5*** (*fig.*) protezione; difesa. **B** *a. attr.* generale; vasto; che abbraccia un vasto campo. ● (*zool.*) **u.-bird** (*Cephalopterus ornatus*), uccello parasole □ **u. case**, fodera dell'ombrello □ **u. factory**, ombrellificio □ (*fin.*) **u. fund**, fondo comune che investe all'estero (*o* nelle Isole Normanne) □ **u. ring**, ghiera dell'ombrello □ **u. stand**, portaombrelli □ (*bot., in U.S.A.*) **u. tree** (*Magnolia tripetala*), magnolia tripetala.
umbrella'd /ʌmˈbrɛləd/, *a.* munito d'ombrello.
umbrette /ʌmˈbrɛt/, *n.* (*zool., Scopus umbretta*) umbretta; uccello martello.
Umbrian /ˈʌmbrɪən/, *a.* e *n.* umbro (*anche la lingua*). ● (*pitt.*) **the U. school**, la scuola umbra.
umbriferous /ʌmˈbrɪfərəs/, *a.* ombroso; che dà ombra.
umlaut /ˈʊmlaʊt/ (*ted.*), *n.* ***1*** (*ling.*) metafonia ***2*** (*il segno*) umlaut.
ump /ʌmp/, *n.* (*abbr. fam. di* **umpire**) arbitro.
umpirage /ˈʌmpaɪrɪdʒ/, *n.* (*leg., sport*) arbitraggio; arbitrato; decisione arbitrale.
umpire /ˈʌmpaɪə(r)/, *n.* (*leg., sport*) arbitro.
to **umpire** /ˈʌmpaɪə(r)/, *v. t.* e *i.* (*leg., sport*) arbitrare; fare da arbitro.
umpireship /ˈʌmpaɪəʃɪp/, *n.* (*leg., sport*) arbitrato; funzioni di arbitro; arbitraggio.
umpiring /ˈʌmpaɪərɪŋ/, *n.* ***1*** (*leg.*) arbitrato ***2*** (*sport*) arbitraggio.
umpsteen /ˈʌmpstiːn/, (*fam. USA*) *V.* **umpteen**.
umpteen /ʌmpˈtiːn/, *a.* (*fam.*) molti; parecchi; un mucchio di.
umpteenth /ʌmpˈtiːnθ/, *a.* (*fam.*) ennesimo.
'un /ən, wən/, *pron.* (*pop. per* **one**) uno; tipo; individuo: **He's a tough 'un**, è un duro; **He's a nice 'un**, è un tipo simpatico. ● **He's a bad 'un**, è un tipaccio; è un poco di buono □ **That's a good 'un**, questa è buona!
un- /ʌn/, *prefisso con valore negativo o privativo*: **un-American**, non americano; antiamericano (*N.B. Vengono elencati qui di seguito i composti principali; il significato degli altri si può ricavare deducendolo da quello del vocabolo corrispondente privo di questo prefisso*).
unabashed /ʌnəˈbæʃt/, *a.* imperturbato; impassibile.
unabated /ʌnəˈbeɪtɪd/, *a.* ***1*** non diminuito; non mitigato; non scemato; sostenuto ***2*** infaticabile; inesausto ***3*** implacabile; implacato; inesorabile: **with u. fury**, con furia implacabile.
unable /ʌnˈeɪbl/, *a.* incapace; inabile: **u. to work**, inabile al lavoro. ● **to be u. (to do st.)**, non potere, non essere capace di, non essere in grado di (fare q.c.) □ **being u. to come**, non potendo venire.
unabridged /ʌnəˈbrɪdʒd/, *a.* non abbreviato; completo; intero; integrale: **u. edition**, edizione integrale.
unabrogated /ʌnˈæbrəʊgeɪtɪd/, *a.* (*leg.*) non abrogato; in vigore.
unacademic /ʌnækəˈdɛmɪk/, *a.* non accademico.
unaccented /ʌnækˈsɛntɪd, ʌnˈæksɛ-/, *a.* (*fon.*) non accentato; atono: **u. syllable**, sillaba atona.
unacceptable /ʌnəkˈsɛptəbl/, *a.* inaccettabile. ‖ **-ness**, *sost.*
unacceptance /ʌnəkˈsɛptəns/, *n.* (*comm.*) mancanza d'accettazione.
unaccepted /ʌnəkˈsɛptɪd/, *a.* (*comm.*) non accettato: **u. bills**, cambiali non accettate.
unaccommodated /ʌnəˈkɒmədeɪtɪd/, *a.* ***1*** non accomodato; male adattato ***2*** (*di persona*) sprovvisto d'alloggio.
unaccommodating /ʌnəˈkɒmədeɪtɪŋ/, *a.* poco accomodante; non condiscendente; scortese.
unaccompanied /ʌnəˈkʌmpənɪd/, *a.* ***1*** non accompagnato; senza compagnia; solo, da solo ***2*** (*mus.*) senza accompagnamento. ● **sonata for u. violin**, sonata per violino solo.
unaccomplished /ʌnəˈkʌmplɪʃt/, *a.* ***1*** incompleto; incompiuto ***2*** (*di persona*) senza educazione; ineducato.
unaccountability /ʌnəkaʊntəˈbɪlətɪ/, *n.* ***1*** inesplicabilità; bizzarria; stranezza ***2*** irresponsabilità.
unaccountable /ʌnəˈkaʊntəbl/, *a.* ***1*** inesplicabile; bizzarro; strano ***2*** irresponsabile; non responsabile. ‖ **-ness**, *sost.* ‖ **-bly**, *avv.*
unaccounted-for /ʌnəˈkaʊntɪdfɔː(r)/, *a.* inspiegato; misterioso.
unaccredited /ʌnəˈkrɛdɪtɪd/, *a.* non accreditato; non autorizzato.
unaccrued /ʌnəˈkruːd/, *a.* (*fin.*: *d'interesse, ecc.*) non maturato.
unaccustomed /ʌnəˈkʌstəmd/, *a.* ***1*** non abituato; non assuefatto; non avvezzo: **I was u. to such kindness**, non ero abituato a tanta gentilezza ***2*** inconsueto; insolito; inusitato: **his u. silence**, la sua insolita taciturnità.
unachievable /ʌnəˈtʃiːvəbl/, *a.* irraggiungibile; irrealizzabile.
unachieved /ʌnəˈtʃiːvd/, *a.* non raggiunto; irrealizzato.
unacknowledged /ʌnəkˈnɒlɪdʒd/, *a.* ***1*** non riconosciuto; misconosciuto: **Poets are the u. legislators of the world**, i poeti sono i misconosciuti legislatori del mondo ***2*** non ammesso; inconfessato: **u. sins**, peccati inconfessati ***3*** (*di lettera, ecc.*) senza risposta; inevaso (*bur.*).
unacquainted /ʌnəˈkweɪntɪd/, *a.* ***1*** ignaro, poco pratico (*di q.c.*); non abituato (*a q.c.*) ***2*** poco familiare; sconosciuto; strano. ● **to be u. with sb.**, non conoscere q. ‖ **-ness**, *sost.*
unacquired /ʌnəˈkwaɪəd/, *a.* non acquisito; congenito; innato.
unacquitted /ʌnəˈkwɪtɪd/, *a.* (*leg.*) non prosciolto (*da un'accusa*); non assolto.
unacted /ʌnˈæktɪd/, *a.* ***1*** non eseguito; non fatto ***2*** (*di dramma, ecc.*) non rappresentato.
unadaptable /ʌnəˈdæptəbl/, *a.* inadattabile.
unadapted /ʌnəˈdæptɪd/, *a.* ***1*** non adattato ***2*** non adatto; inadatto.
unaddicted /ʌnəˈdɪktɪd/, *a.* non dedito (*al bere, ecc.*).
unaddressed /ʌnəˈdrɛst/, *a.* (*di lettera, ecc.*) senza indirizzo.
unadjusted /ʌnəˈdʒʌstɪd/, *n.* ***1*** non assestato; non sistemato ***2*** (*di questione, problema, ecc.*) non appianato; non definito ***3*** (*psic.*) spostato.
unadmitted /ʌnədˈmɪtɪd/, *a.* non ammesso; non confessato.
unadopted /ʌnəˈdɒptɪd/, *a.* ***1*** non adottato ***2*** (*di strada, viale, ecc.*) privato (*per il quale il comune non assume gli oneri della manuten-*

zione).

unadorned /ʌnə'dɔːnd/, *a.* disadorno.

unadulterated /ʌnə'dʌltəreɪtɪd/, *a.* ***1*** non adulterato; non sofisticato; genuino; puro; schietto ***2*** (*fam.*) totale; assoluto; bell'e buono: **u. nonsense**, sciocchezze bell'e buone.

unadvertised /ʌn'ædvətaɪzd/, *a.* (*di un prodotto, ecc.*) non pubblicizzato; non reclamizzato.

unadvisable /ʌnəd'vaɪzəbl/, *a.* sconsigliabile; imprudente.

unadvised /ʌnəd'vaɪzd/, *a.* ***1*** senz'essere consigliato; di testa propria ***2*** inconsulto; avventato; imprudente; sconsiderato. || **-ly**, *avv.* || **-ness**, *sost.*

unaesthetic /ʌniːs'θetɪk/, *a.* antiestetico.

unaffected /ʌnə'fektɪd/, *a.* ***1*** non affettato; senza affettazione; semplice; spontaneo ***2*** non soggetto (a influssi); immutato; inalterato ***3*** impassibile; insensibile ***4*** non soggetto (*a malattie*). || **-ly**, *avv.* || **-ness**, *sost.*

unafraid /ʌnə'freɪd/, *a.* senza paura; impavido; intrepido.

unaided /ʌn'eɪdɪd/, *a.* senz'aiuto; da solo; da sé.

unaired /ʌn'ɛəd/, *a.* non aerato; non ventilato.

unalarmed /ʌnə'lɑːmd/, *a.* non allarmato; imperturbato; tranquillo.

unalienable /ʌn'eɪlɪənəbl/, *a.* (*leg.*) inalienabile. || **-bly**, *avv.*

unalienated /ʌn'eɪlɪəneɪtɪd/, *a.* (*leg.*) inalienato.

unallayed /ʌnə'leɪd/, *a.* non alleviato; implacato; non diminuito; immutato: **the u. fury of the wind**, l'immutata furia del vento.

unallocated /ʌn'æləkeɪtɪd/, *a.* ***1*** (*fin.*) (*di fondo*) non allocato; non stanziato ***2*** (*elab.*: *di dispositivo*) non impegnato; disponibile.

unallotted /ʌnə'lɒtɪd/, *a.* ***1*** non ripartito ***2*** non assegnato ***3*** (*fin.*: *di stanziamento*) non impegnato.

unallowable /ʌnə'laʊəbl/, *a.* inammissibile; intollerabile.

unalloyed /ʌnə'lɔɪd/, *a.* ***1*** (*di metallo, ecc.*) non legato; puro ***2*** (*fig. lett.*) puro; genuino; schietto.

unalterability /ʌnɔːltərə'bɪlətɪ/, *n.* inalterabilità; immutabilità.

unalterable /ʌn'ɔːltərəbl/, *a.* inalterabile; immutabile. || **-bly**, *avv.*

unalterableness /ʌn'ɔːltərəblnəs/, *V.* **unalterability**.

unaltered /ʌn'ɔːltəd/, *a.* inalterato; immutato; costante.

unamazed /ʌnə'meɪzd/, *a.* non stupito; indifferente; imperturbabile.

unambiguous /ʌnæm'bɪgjʊəs/, *a.* non ambiguo; inequivocabile; chiaro; esplicito. || **-ly**, *avv.* || **-ness**, *sost.*

unambitious /ʌnæm'bɪʃəs/, *a.* privo d'ambizioni; senza ambizioni; modesto. || **-ly**, *avv.* || **-ness**, *sost.*

unamenable /ʌnə'miːnəbl/, *a.* ***1*** (*anche leg.*) non responsabile; irresponsabile ***2*** indocile; intrattabile; ribelle. ● **u. to reason**, irragionevole.

unamendable /ʌnə'mendəbl/, *a.* non emendabile; incorreggibile.

unamended /ʌnə'mendɪd/, *a.* ***1*** non emendato; non corretto ***2*** (*polit.*) senza emendamenti.

un-American /ʌnə'merɪkən/, *a.* ***1*** non americano ***2*** (*polit.*) antiamericano: (*USA*) **u. activities**, attività antiamericane.

unamiability /ʌneɪmɪə'bɪlətɪ/, *n.* mancanza di amabilità; scontrosità.

unamiable /ʌn'eɪmɪəbl/, *a.* poco amabile; burbero; scontroso. || **-bly**, *avv.*

unamiableness /ʌn'eɪmɪəblnəs/, *V.* **unamiability**.

unamusing /ʌnə'mjuːzɪŋ/, *a.* non divertente; noioso.

unanalysable /ʌn'ænəlaɪzəbl/, *a.* che non si può analizzare.

to **unanchor** /ʌn'æŋkə(r)/, (*naut.*) **A** *v. t.* disancorare. **B** *v. i.* levare l'ancora.

unanimated /ʌn'ænɪmeɪtɪd/, *a.* ***1*** inanimato; senza vita ***2*** non ispirato; noioso; monotono.

unanimity /juːnə'nɪmətɪ/, *n.* unanimità.

unanimous /juː'nænɪməs/, *a.* unanime; concorde; corale (*fig.*). || **-ly**, *avv.* || **-ness**, *sost.*

unannounced /ʌnə'naʊnst/, *a.* non annunciato; senza preavviso; imprevisto; improvviso.

unanswerability /ʌnɑːnsərə'bɪlətɪ/, *USA* ʌnæn-/, *n.* ***1*** incontestabilità; innegabilità; irrefutabilità ***2*** (*anche leg.*) irresponsabilità.

unanswerable /ʌn'ɑːnsərəbl/, *USA* ʌn'æn-/, *a.* ***1*** incontestabile; innegabile; irrefutabile: **an u. charge**, un'accusa irrefutabile ***2*** (*di domanda*) cui non si può rispondere ***3*** (*anche leg.*) irresponsabile. || **-bly**, *avv.*

unanswerableness /ʌn'ɑːnsərəblnəs/, *USA* ʌn'æn-/, *V.* **unanswerability**.

unanswered /ʌn'ɑːnsəd/, *USA* ʌn'æn-/, *a.* ***1*** senza risposta; inevaso (*bur.*): **an u. letter**, una lettera inevasa ***2*** non corrisposto.

unappalled /ʌnə'pɔːld/, *a.* non intimidito; impavido; intrepido.

unapparelled /ʌnə'pærəld/, *a.* non abbigliato; svestito.

unappealable /ʌnə'piːləbl/, *a.* (*leg.*) inappellabile. || **-bly**, *avv.*

unappeasable /ʌnə'piːzəbl/, *a.* implacabile.

unappeased /ʌnə'piːzd/, *a.* non placato; insoddisfatto.

unappetizing /ʌn'æpɪtaɪzɪŋ/, *a.* poco appetitoso.

unapplied /ʌnə'plaɪd/, *a.* non applicato; inapplicato.

unappreciated /ʌnə'priːʃɪeɪtɪd/, *a.* non apprezzato; incompreso.

unappreciative /ʌnə'priːʃətɪv/, *USA* -ʃɪeɪtɪv/, *a.* che non apprezza; che sottovaluta; indifferente.

unapprehended /ʌnæprɪ'hendɪd/, *a.* ***1*** non arrestato; libero ***2*** non compreso; non capito; incompreso.

unapprehensive /ʌnæprɪ'hensɪv/, *a.* ***1*** non apprensivo; calmo; tranquillo ***2*** poco intelligente; ottuso (*fig.*). || **-ness**, *sost.*

unapproachable /ʌnə'prəʊtʃəbl/, *a.* ***1*** inaccessibile; inaccostabile; inavvicinabile ***2*** impareggiabile; ineguagliabile. || **-ness**, *sost.* || **-bly**, *avv.*

unappropriated /ʌnə'prəʊprɪeɪtɪd/, *a.* (*fin.*: *di fondo, ecc.*) non assegnato; non stanziato. ● **u. profits**, utili non distribuiti.

unapproved /ʌnə'pruːvd/, *a.* non approvato.

unapt /ʌn'æpt/, *a.* ***1*** non adatto; inopportuno; inadeguato; improprio ***2*** inetto; incapace. || **-ly**, *avv.* || **-ness**, *sost.*

unaptly /ʌn'æptlɪ/, *avv.* inopportunamente; a sproposito.

unaptness /ʌn'æptnəs/, *n.* ***1*** l'essere inopportuno; inadeguatezza; improprietà ***2*** inettitudine; incapacità.

unargued /ʌn'ɑːgjuːd/, *a.* indiscusso.

to **unarm** /ʌn'ɑːm/, *v. t.* disarmare.

unarmed /ʌn'ɑːmd/, *a.* disarmato; inerme. ● **u. combat**, lotta senza armi (*coi pugni, ecc.*).

unarmoured /ʌn'ɑːməd/, *a.* (*mil.*) non corazzato; senza corazza.

unarranged /ʌnə'reɪndʒd/, *a.* ***1*** in disordine ***2*** non preordinato; casuale.

unarrayed /ʌnə'reɪd/, *a.* ***1*** non disposto in ordine; non schierato ***2*** privo di ornamenti; disadorno.

unarrested /ʌnə'restɪd/, *a.* ***1*** non arrestato; libero ***2*** continuo; incessante; ininterrotto.

unarticulated /ʌnɑː'tɪkjʊleɪtɪd/, *a.* ***1*** (*di discorso, ecc.*) inarticolato; indistinto ***2*** disarticolato.

unartistic /ʌnɑː'tɪstɪk/, *a.* non artistico; che non ha pretese artistiche.

unary /'juːnərɪ/, *a.* (*elab., mat., ling.*) unario: **u. operation**, operazione unaria.

unascertainable /ʌnæsə'teɪnəbl/, *a.* inaccertabile; non appurabile.

unascertained /ʌnæsə'teɪnd/, *a.* non accertato; non appurato.

unashamed /ʌnə'ʃeɪmd/, *a.* svergognato; spudorato. || **-ly**, *avv.* || **-ness**, *sost.*

unasked /ʌn'ɑːskt, -st, *USA* -'æs-/, *a.* ***1*** (= **u. for**) non richiesto; non sollecitato; spontaneo ***2*** non invitato; senza invito; non sollecitato.

unaspiring /ʌnə'spaɪərɪŋ/, *a.* poco ambizioso; modesto.

unassailable /ʌnə'seɪləbl/, *a.* ***1*** (*mil.*) inattaccabile ***2*** incontestabile; inoppugnabile. ● **to be in an u. position**, essere in una botte di ferro (*fig.*). || **-ness**, *sost.* || **-bly**, *avv.*

unassayed /ʌnə'seɪd/, *a.* ***1*** (*di metallo, ecc.*) non saggiato ***2*** non tentato; non provato; intentato.

unassessed /ʌnə'sest/, *a.* ***1*** non valutato ***2*** (*fisc.*) di cui non è stato calcolato l'imponibile.

unassignable /ʌnə'saɪnəbl/, *a.* ***1*** non assegnabile ***2*** (*leg.*) non trasferibile.

unassimilated /ʌnə'sɪməleɪtɪd/, *a.* non assimilato.

unassisted /ʌnə'sɪstɪd/, *n.* non assistito; senza aiuto; da solo.

unassuming /ʌnə'suːmɪŋ, -'sjuː-/, *a.* ***1*** che se ne sta in disparte; che non si mette in vista ***2*** senza pretese; modesto; alla buona.

unassured /ʌnə'ʃʊəd, -'ʃɔːd, *USA* -'ʃʊəd, -'ʃɜːd/, *a.* ***1*** malsicuro; dubbioso; diffidente ***2*** incerto; dubbio ***3*** (*ass.*) non assicurato.

unatoned /ʌnə'təʊnd/, *a.* inespiato.

unattached /ʌnə'tætʃt/, *a.* ***1*** slegato; sciolto; indipendente; libero ***2*** (*mil.*) non assegnato a un reggimento; a disposizione ***3*** (*di studente*) che non appartiene a un «college» universitario ***4*** celibe; scapolo ***5*** (*leg.*) non sequestrato.

unattainable /ʌnə'teɪnəbl/, *a.* irraggiungibile; inaccessibile. || **-ness**, *sost.*

unattempted /ʌnə'temptɪd/, *a.* intentato; non provato.

unattended /ʌnə'tendɪd/, *a.* ***1*** solo; senza seguito; senza seguaci; senza uditorio ***2*** incustodito; senza sorveglianza: **Don't leave your car u.**, non lasciar incustodita l'automobile! ***3*** non curato; trascurato ***4*** (*mecc.*: *di macchina*) che funziona da sola; senza l'intervento dell'uomo. ● **u. car park**, parcheggio incustodito □ (*elab.*) **u. operation**, operazione automatica □ **to leave st. u. to**, trascurare (di fare) q.c.

unattested /ʌnə'testɪd/, *a.* (*di un vocabolo, ecc.*) non attestato; non comprovato.

unattired /ʌnə'taɪəd/, *a.* non abbigliato; svestito; privo di ornamenti.

unattractive /ʌnə'træktɪv/, *a.* poco attraente; privo d'attrattiva. || **-ly**, *avv.*

unattractiveness /ʌnə'træktɪvnəs/, *n.* mancanza di attrattiva.

unau /'juːnɔː/, *n.* (*zool.*, *Choloepus didactylus*) bradipo didattilo.

unaudited /ʌn'ɔːdɪtɪd/, *a.* (*fin.*: *di un bilancio, ecc.*) non certificato; non verificato.

unauthentic /ʌnɔː'θentɪk/, *a.* non autentico; falso; spurio.

unauthenticated /ʌnɔː'θentɪkeɪtɪd/, *a.* (*anche leg.*) non autenticato.

unauthoritative /ʌnɔː'θɒrɪtətɪv, -eɪtɪv, *USA* -'θɔːrɪteɪtɪv/, *a.* privo di autorità; senza autorevolezza.

unauthorized /ʌn'ɔːθəraɪzd/, *a.* non autorizzato; arbitrario; abusivo; illecito.

unavailable /ʌnə'veɪləbl/, *a.* ***1*** non disponibile; indisponibile; impegnato; occupato ***2*** (*market.*: *di un articolo*) non disponibile; esaurito ***3*** (*lett.*) inefficace; inutile.

unavailing /ʌnə'veɪlɪŋ/, *a.* inefficace; inutile; vano. || **-ly**, *avv.*

unavenged /ʌnə'vendʒd/, *a.* invendicato.

unavoidable /ʌnə'vɔɪdəbl/, *a.* inevitabile. ● (*econ.*) **u. costs**, costi rigidi. || **-ness**, *sost.* || **-bly**, *avv.*

unavowed /ʌnə'vaʊd/, *a.* inconfessato; non ammesso.

unaware /ʌnə'weə(r)/, *a. pred.* inconsapevole; inconscio; ignaro: **to be u. of st.**, essere ignaro di q.c.; ignorare q.c. || **-ly**, *avv.* || **-ness**, *sost.*

unawares /ʌnə'weəz/, *avv.* ***1*** inavvertitamente; involontariamente; senza volerlo ***2*** inaspettatamente; di sorpresa; alla sprovvista: **We took him u.**, lo cogliemmo alla sprovvista.

unbacked /ʌn'bækt/, *a.* ***1*** senza appoggi; senza sostenitori; abbandonato ***2*** (*di cavallo*) non avvezzo a essere cavalcato; indomito; non ancora montato ***3*** (*ippica*) senza scommettitori; su cui nessuno punta: **an u. horse**, un cavallo su cui nessuno punta.

unbaked /ʌn'beɪkt/, *a.* ***1*** non cotto (*al forno*) ***2*** (*arc.*) immaturo.

unbalance /ʌn'bæləns/, *n.* ***1*** mancanza d'equilibrio ***2*** (*tecn.*) squilibrio; sbilancio; scompenso.

to **unbalance** /ʌn'bæləns/, *v. t.* ***1*** far perdere l'equilibrio (*anche psichico*) a (q.) ***2*** (*tecn.* e *fig.*) sbilanciare; squilibrare; scompensare.

unbalanced /ʌn'bælənst/, *a.* ***1*** non equilibrato; sbilanciato; squilibrato (*anche psichicamente*); scompensato: (*rag.*) **an u. account**, un conto scompensato ***2*** (*fin.*) non in pareggio, in disavanzo: **an u. budget**, un bilancio previsionale non in pareggio.

to **unbale** /ʌn'beɪl/, *v. t.* sballare (*merce*).

to **unballast** /ʌn'bæləst/, (*naut.*) **A** *v. t.* alleggerire della zavorra. **B** *v. i.* scaricare la zavorra.

to **unbandage** /ʌn'bændɪdʒ/, *v. t.* sbendare.

unbankable /ʌn'bæŋkəbl/, *a.* (*comm.*) non bancabile: **u. papers**, effetti non bancabili.

unbanked /ʌn'bæŋkt/, *a.* ***1*** (*comm.*) non depositato in banca ***2*** (*fam.*) che non ha un conto in banca.

unbaptized /ʌnbæp'taɪzd, *USA* -'bæp-/, *a.* non battezzato.

to **unbar** /ʌn'bɑː(r)/, *v. t.* togliere il catenaccio (*o* le sbarre) a; disserrare; aprire, dischiudere (*anche fig.*): **to u. the way to peace**, aprire la strada alla pace.

to **unbaste** /ʌn'beɪst/, *v. t.* sbastire.

unbated /ʌn'beɪtɪd/, *V.* **unabated**.

unbathed /ʌn'beɪðd/, *a.* non bagnato; asciutto.

unbearable /ʌn'beərəbl/, *a.* insopportabile; intollerabile. || **-bly**, *avv.* || **-ness**, *sost.*

unbeatable /ʌn'biːtəbl/, *a.* imbattibile; insuperabile: (*pubbl.*) **u. service**, servizio imbattibile; **u. low prices**, prezzi bassi insuperabili.

unbeaten /ʌn'biːtn/, *a.* ***1*** non battuto; imbattuto; invitto: **an u. army**, un esercito imbattuto; **an u. captain**, un invitto capitano; (*sport*) **an u. record**, un primato imbattuto ***2*** non battuto; non frequentato; inesplorato: **an u. path**, un sentiero non battuto.

unbecoming /ʌnbɪ'kʌmɪŋ/, *a.* ***1*** sconveniente; indecoroso; disdicevole: **u. behaviour**, condotta indecorosa ***2*** (*arc.*) disadatto; che non dona; che non sta bene: **an u. blouse**, una camicetta che non sta bene. || **-ly**, *avv.* || **-ness**, *sost.*

unbefitting /ʌnbɪ'fɪtɪŋ/, *a.* (*form.*) *V.* **unbecoming**.

unbefriended /ʌnbɪ'frendɪd/, *a.* senza amici.

unbegotten /ʌnbɪ'gɒtn/, *a.* (*relig.*) ***1*** non concepito; non generato ***2*** (*raro*) sempiterno.

unbeknown(st) /ʌnbɪ'nəʊn(st)/, *a. pred.* (*fam.*) ignorato; sconosciuto. ● **u. to sb.**, all'insaputa di q.

unbelief /ʌnbɪ'liːf/, *n.* incredulità; scetticismo; miscredenza.

unbelievable /ʌnbɪ'liːvəbl/, *a.* incredibile. || **-ness**, *sost.* || **-bly**, *avv.*

unbeliever /ʌnbɪ'liːvə(r)/, *n.* incredulo; scettico; miscredente.

unbelieving /ʌnbɪ'liːvɪŋ/, *a.* incredulo; miscredente; scettico. || **-ly**, *avv.*

unbeloved /ʌnbɪ'lʌvɪd, -'lʌvd/, *a.* non amato.

to **unbelt** /ʌn'belt/, *v. t.* allentare la cintura di; togliere la cinghia a. ● **to u. one's sword**, togliersi la spada (*sfibbiando il cinturone*).

to **unbend** /ʌn'bend/ (*pass.* e *p. p.* **unbent**), **A** *v. t.* ***1*** raddrizzare; stendere; tendere ***2*** distendere (*fig.*); rilassare: **to u. one's mind by listening to music**, rilassare la mente ascoltando la musica ***3*** (*naut.*) allentare, sciogliere (*una vela*); slegare (*una cima, ecc.*). **B** *v. i.* ***1*** raddrizzarsi; stendersi ***2*** (*fig.*) rilassarsi; distendersi ***3*** (*fig.*) aprirsi (*al contatto con gli altri*); lasciarsi andare. ● **to u. one's brow**, spianare la fronte; rasserenarsi.

unbending /ʌn'bendɪŋ/, *a.* ***1*** non pieghevole; rigido ***2*** inflessibile; austero; rigido ***3*** deciso; fermo; saldo; risoluto. || **-ly**, *avv.*

unbeneficed /ʌn'benɪfɪst/, *a.* (*relig.*) senza benefici ecclesiastici.

unbeneficial /ʌnbenɪ'fɪʃl/, *a.* ***1*** che non fa bene: **u. to one's health**, che non fa bene alla salute ***2*** inefficace.

unbent /ʌn'bent/, *pass.* e *p. p.* di **to unbend**.

unbeseeming /ʌnbɪ'siːmɪŋ/, *a.* (*arc.*) disdicevole; sconveniente.

unbesought /ʌnbɪ'sɔːt/, *a.* (*arc.*) non richiesto; non sollecitato.

unbia(s)sed /ʌn'baɪəst/, *a.* ***1*** imparziale; obiettivo; equanime ***2*** (*stat.*) non distorto: **u. estimate**, stima non distorta.

unbidden /ʌn'bɪdn/, *a.* (*lett.*) ***1*** non richiesto; spontaneo ***2*** non invitato.

to **unbind** /ʌn'baɪnd/ (*pass.* e *p. p.* **unbound**), *v. t.* ***1*** slegare; sciogliere ***2*** sfasciare (*una ferita, ecc.*).

unbinding /ʌn'baɪndɪŋ/, *a.* (*anche leg.*) non vincolante; non impegnativo; non obbligatorio: **an u. offer**, un'offerta non vincolante.

unblamable /ʌn'bleɪməbl/, *a.* irreprensibile; ineccepibile. || **-ness**, *sost.* || **-bly**, *avv.*

unbleached /ʌn'bliːtʃt/, *a.* ***1*** non candeggiato ***2*** (*di capello*) non ossigenato; al naturale.

unblemished /ʌn'blemɪʃt/, *a.* senza macchia (*fig.*); puro; incontaminato; irreprensibile.

unblessed, unblest /ʌn'blest/, *a.* ***1*** non benedetto; senza benedizione ***2*** maledetto; malvagio ***3*** infelice; sfortunato.

unblinking /ʌn'blɪŋkɪŋ/, *a.* che non batte ciglio; (*fig.*) imperturbabile, impassibile.

unblinkingly /ʌn'blɪŋkɪŋlɪ/, *avv.* senza battere ciglio.

to **unblock** /ʌn'blɒk/, **A** *v. t.* ***1*** slegare; sbloccare ***2*** (*a carte*) liberare (*la sequenza del compagno*) giocando una carta alta dello stesso seme ***3*** (*elab.*) decomprimere. **B** *v. i.* liberare il gioco.

unblooded /ʌn'blʌdɪd/, *a.* (*di cavallo*) non di razza; che non è un purosangue.

unbloody /ʌn'blʌdɪ/, *a.* ***1*** incruento ***2*** non sanguinario.

unblotted /ʌn'blɒtɪd/, *a.* ***1*** immacolato; incontaminato; puro ***2*** (*raro*) non cancellato.

unblushing /ʌn'blʌʃɪŋ/, *a.* sfacciato; spudorato; svergognato: **u. lies**, menzogne spudorate. ● **to be quite u. about st.**, non vergognarsi affatto di q.c. || **-ly**, *avv.* || **-ness**, *sost.*

to **unbolt** /ʌn'bəʊlt/, *v. t.* e *i.* ***1*** levare il catenaccio (a); disserrare; aprire ***2*** (*mecc.*) sbullonare.

unbolted (1) /ʌn'bəʊltɪd/, *a.* ***1*** senza catenaccio; disserrato ***2*** (*mecc.*) senza bulloni; sbullonato.

unbolted (2) /ʌn'bəʊltɪd/, *a.* non stacciato; non abburattato.

unboned /ʌn'bəʊnd/, *a.* ***1*** (*zool.*) senz'ossa; invertebrato ***2*** (*cucina*) con le ossa; non disossato: **an u. fowl**, un pollo non disossato ***3*** (*cucina: di pesce*) non spinato.

to **unbonnet** /ʌn'bɒnɪt/, **A** *v. t.* ***1*** levare il cappello a (q.); scoprire ***2*** (*autom.*) aprire il cofano di. **B** *v. i.* (*arc.*) levarsi il cappello; scoprirsi; scappellarsi.

unbonneted /ʌn'bɒnɪtɪd/, *a.* senza cappello; a capo scoperto.

unbooked /ʌn'bʊkt/, *a.* ***1*** non registrato ***2*** (*tur., teatr.*) non prenotato.

to **unboot** /ʌn'buːt/, *v. t.* levar le scarpe (*o* gli stivali) a (q.).

unbooted /ʌn'buːtɪd/, *a.* senza stivali; senza scarpe; scalzo.

unborn /ʌn'bɔːn/, *a.* ***1*** non ancora nato; prima della nascita ***2*** (*fig.*) inesistente; di là da venire; futuro: **u. generations**, le generazioni future. ● **to be as innocent as a baby u.**, essere innocente come un bambino non ancor nato.

to **unbosom** /ʌn'bʊzəm/, **A** *v. t.* confidare; rivelare; svelare; sfogare: **to u. one's secrets**, confidare i propri segreti; **to u. one's feelings**, svelare i propri sentimenti. **B** *v. i.* (*spesso, v. rifl.*, **to unbosom oneself**) confidarsi; aprirsi; aprire il proprio animo; sfogarsi.

unbought /ʌn'bɔːt/, *a.* ***1*** non comprato; invenduto ***2*** gratuito.

unbound /ʌn'baʊnd/, **A** *pass.* e *p. p.* di **to unbind**. **B** *a.* ***1*** slegato; sciolto: **u. hair**, capelli sciolti ***2*** (*di libro*) non rilegato ***3*** (*chim.*) non combinato; libero.

unbounded /ʌn'baʊndɪd/, *a.* ***1*** sconfinato; illimitato; infinito; smisurato: **the u. ocean**, l'oceano smisurato ***2*** incontenibile; sfrenato: **u. joy**, incontenibile gioia. || **-ly**, *avv.* || **-ness**, *sost.*

unbowed /ʌn'baʊd/, *a.* ***1*** non curvo; non piegato; dritto ***2*** (*fig.*) non domo; indomito; invitto.

to **unbox** /ʌn'bɒks/, *v. t.* cavare (q.c.) da una scatola.

to **unbrace** /ʌn'breɪs/, *v. t.* ***1*** allentare, sciogliere; slacciare ***2*** (*fig.*) rilassare; distendere ***3*** (*fig. raro*) indebolire; infiacchire.

to **unbraid** /ʌn'breɪd/, *v. t.* ***1*** separare i capi di (*una fune, ecc.*) ***2*** districare; sciogliere (*trecce, ecc.*).

unbreakable /ʌn'breɪkəbl/, *a.* infrangibile: **u. glass**, vetro infrangibile.

unbreathable /ʌn'briːðəbl/, *a.* irrespirabile.

unbred /ʌn'bred/, *a.* ***1*** (*raro*) ineducato; inesperto; poco abile ***2*** (*raro*) maleducato ***3*** (*arc.*) non nato.

to **unbreech** /ʌn'briːtʃ/, *v. t.* ***1*** levare i calzoni a (q.) ***2*** (*stor., mil.*) togliere la culatta a (*un cannone*).

unbreeched /ʌn'briːtʃt/, *a.* ***1*** senza calzoni ***2*** (*mil.*) senza culatta.

unbribable /ʌn'braɪbəbl/, *a.* incorruttibile.

to **unbridle** /ʌn'braɪdl/, *v. t.* ***1*** togliere le briglie a (*un cavallo*) ***2*** (*fig.*) sbrigliare; sciogliere (*la lingua*): **to u. one's tongue**, sfogarsi ***3*** (*fig.*) liberare (q.).

unbridled /ʌn'braɪdld/, *a.* ***1*** (*di cavallo*) senza briglia ***2*** (*fig.*) sbrigliato; scatenato, sfrenato, senza freno (*specialm. fig.*): **u. rage**, ira sfrenata.

unbroken /ʌn'brəʊkən/, *a.* ***1*** non rotto; intatto ***2*** ininterrotto; continuo: **u. sleep**, sonno ininterrotto ***3*** (*di cavallo*) non domato; indomito ***4*** (*di un primato*) imbattuto; insuperato ***5*** (*leg.: di contratto*) non rotto, rispettato; (*di regolamento, giuramento, ecc.*) non violato, osservato, rispettato ***6*** (*di cavallo*) non domato; selvaggio ***7*** (*fig.*) indomito.

unbrotherly /ʌn'brʌðəlɪ/, *a.* non fraterno; indegno d'un fratello.

to **unbuckle** /ʌn'bʌkl/, *v. t.* sfibbiare; slacciare.

to **unbuild** /ʌn'bɪld/ (*pass.* e *p. p.* **unbuilt**), *v. t.* demolire; radere al suolo.

unbuilt /ʌn'bɪlt/, **A** *pass.* e *p. p.* di **to unbuild**. **B** *a.* non ancora costruito. ● (*edil.*) **u. area**, area edificabile.

to **unbundle** /ʌn'bʌndl/, *v. t.* (*comm.*) ***1*** ripartire; frazionare ***2*** vendere (*o* fatturare) separatamente.

unbundling /ʌn'bʌndlɪŋ, -dəl-/, *n.* ***1*** (*comm.*) ripartizione; frazionamento; vendita separata ***2*** (*fin.*) frazionamento del rischio ***3*** (*elab.*) «unbundling» (*vendita separata di software, hardware, assistenza, ecc.*).

to **unburden** /ʌn'bɜːdn/, **A** *v. t.* ***1*** alleggerire; sgravare; scaricare: **to u. one's conscience**, alleggerirsi la coscienza (*delle colpe, ecc.*) ***2*** levare il carico (il basto, ecc.) a: **to u. a mule**, togliere il carico a un mulo. **B** to **unburden oneself**, *v. rifl.* confidarsi; sfogarsi; aprire l'animo: **to u. oneself to sb.**, confidarsi con q. ● **to u. oneself of a secret**, alleggerirsi di un segreto □ (*relig.*) **to u. one's soul to a priest**, sgravarsi l'anima confessandosi a un prete.

unburied /ʌn'berɪd/, *a.* insepolto; senza sepoltura.

unburnt /ʌn'bɜːnt/, *a.* ***1*** incombusto ***2*** (*edil., ind.*) crudo: **u. bricks**, mattoni crudi.

to **unbury** /ʌn'berɪ/, *v. t.* disseppellire; esumare.

unbusinesslike /ʌn'bɪznɪslaɪk/, *a.* *1* inadatto al commercio; non conforme agli usi commerciali *2* privo di metodo; poco pratico. ● **to handle st. in an u. way**, trattare q.c. in modo poco professionale.

to **unbutton** /ʌn'bʌtn/, **A** *v. t.* sbottonare. **B** to **unbutton oneself**, *v. rifl.* *1* sbottonarsi *2* (*fig. fam.*) sbottonarsi (*fig.*); rilassarsi; lasciarsi andare (*fig.*).

unbuttoned /ʌn'bʌtnd/, *a.* *1* sbottonato *2* (*fig. fam.*) rilassato; a proprio agio.

to **uncage** /ʌn'keɪdʒ/, *v. t.* *1* togliere dalla gabbia; mettere in libertà *2* (*tecn.*) sbloccare (*un giroscopio, ecc.*).

uncalled /ʌn'kɔːld/, *a.* non chiamato; non invitato. ● (*fin.*) **u. capital**, capitale non richiamato □ **u.-for**, non necessario; fuori luogo; gratuito (*fig.*); (*di lettera*) giacente alla Posta: **an u.-for remark**, un'osservazione fuori luogo.

uncanniness /ʌn'kænɪnəs/, *n.* misteriosità; l'essere arcano (*o* soprannaturale).

uncanny /ʌn'kænɪ/, *a.* *1* misterioso; arcano; magico; soprannaturale *2* inusitato; straordinario; fuori del comune. || **-ily**, *avv.*

uncanonical /ʌnkə'nɒnɪkl/, *a.* (*relig.*) non canonico; non conforme ai canoni. || **-ly**, *avv.* || **-ness**, *sost.*

uncanonized /ʌn'kænənaɪzd/, *a.* (*relig.*) non canonizzato.

to **uncap** /ʌn'kæp/, **A** *v. t.* *1* togliere il berretto a (q.) *2* togliere il cappuccio a (*una stilografica, ecc.*) *3* stappare (*una bottiglia con tappo metallico*) *4* (*tecn.*) scapsulare *5* (*fig.*) rivelare; svelare. **B** *v. i.* (*raro*) levarsi il berretto; scappellarsi.

uncared-for /ʌn'keədfɔː(r)/, *a.* negletto; trascurato; abbandonato (*fig.*); in abbandono.

uncarpeted /ʌn'kɑːpɪtɪd/, *a.* (*di stanza, ecc.*) senza tappeti; senza moquette.

to **uncase** /ʌn'keɪs/, *v. t.* *1* togliere dall'astuccio (*o* dal fodero); estrarre *2* (*fig.*) esporre; scoprire: **to u. a flag**, esporre (*o* spiegare) una bandiera.

uncased /ʌn'keɪst/, *a.* *1* senza astuccio; senza scatola *2* (*di merce*) non nella cassa (*o* nelle casse); sciolto.

uncashable /ʌn'kæʃəbl/, *a.* (*comm.*) non riscuotibile.

uncashed /ʌn'kæʃt/, *a.* (*comm.*) non incassato; non riscosso.

uncate /'ʌŋkeɪt/, *V.* **uncinate**.

uncaused /ʌn'kɔːzd/, *a.* *1* che non ha causa; immotivato *2* (*filos.*) senza causa prima; esistente di per sé; increato.

unceasing /ʌn'siːsɪŋ/, *a.* incessante; continuo; ininterrotto. || **-ly**, *avv.*

uncelebrated /ʌn'seləbreɪtɪd/, *a.* non celebrato; non famoso.

uncensured /ʌn'senʃəd/, *a.* incensurato.

unceremonious /ʌnserə'məʊnɪəs/, *a.* *1* senza cerimonie; alla buona; semplice *2* poco cerimonioso; sbrigativo; spicciativo. || **-ly**, *avv.* || **-ness**, *sost.*

uncertain /ʌn'sɜːtn/, *a.* incerto; malsicuro; dubbio; dubbioso; irresoluto; indeciso: **u. weather**, tempo incerto; **an u. temper**, un carattere irresoluto; **I am u. whether to go or not**, sono indeciso se andare o no. ● **to be u. in one's aim**, essere volubile; non saper bene quel che si vuole □ **to be u. of**, non esser sicuro di; non sapere: **I am u. which of the boys he means**, non so a quale dei ragazzi si riferisca □ (*di donna*) **of u. age**, di una certa età; non più giovane. || **-ly**, *avv.*

uncertainty /ʌn'sɜːtntɪ/, *n.* incertezza; dubbio; indecisione; irresolutezza. ● **to prefer certainty to u.**, preferire il certo all'incerto □ **These are the uncertainties of life**, sono cose che capitano (ai vivi)!

to **unchain** /ʌn'tʃeɪn/, *v. t.* sciogliere dalle catene; liberare.

unchallengeable /ʌn'tʃælɪndʒəbl/, *a.* *1* inattaccabile *2* imbattibile *3* incontestabile; indiscutibile.

unchallenged /ʌn'tʃælɪndʒd/, *a.* *1* non sfidato *2* incontestato; indiscusso.

unchancy /ʌn'tʃɑːnsɪ, *USA* ʌn'tʃæn-/, *a.* (*scozz.*) *1* disgraziato; sfortunato *2* inopportuno; intempestivo.

unchangeable /ʌn'tʃeɪndʒəbl/, *a.* immutabile; inalterabile. || **-ness**, *sost.* || **-bly**, *avv.*

unchanged /ʌn'tʃeɪndʒd/, *a.* immutato; inalterato; invariato.

unchanging /ʌn'tʃeɪndʒɪŋ/, *a.* immutabile; invariabile; costante.

uncharacteristic /ʌnkærəktə'rɪstɪk/, *a.* non caratteristico; atipico; insolito.

uncharged /ʌn'tʃɑːdʒd/, *a.* *1* (*elettr.*) scarico; che non è stato caricato: **an u. battery**, una batteria scarica *2* (*leg.*: *di terreno, ecc.*) esente da gravami (*o* da imposte) *3* (*arc.*: *di fucile, ecc.*) scarico.

uncharged-for /ʌn'tʃɑːdʒdfɔː(r)/, *a.* (*specialm. comm.*) gratuito; gratis; esente da spese; franco.

uncharitable /ʌn'tʃærɪtəbl/, *a.* non caritatevole; aspro; duro; severo; spietato. || **-ness**, *sost.* || **-bly**, *avv.*

uncharted /ʌn'tʃɑːtɪd/, *a.* *1* non segnato sulle carte geografiche *2* (*fig.*) non esplorato; sconosciuto *3* (*naut.*) non registrato sulle carte marittime.

unchartered /ʌn'tʃɑːtəd/, *a.* *1* (*leg.*) non autorizzato; privo di privilegi speciali *2* (*di nave, aereo, ecc.*) non noleggiato.

unchaste /ʌn'tʃeɪst/, *a.* impudico; lascivo; licenzioso. || **-ly**, *avv.*

unchastity /ʌn'tʃæstətɪ/, *n.* impudicizia; lascivia.

unchecked /ʌn'tʃekt/, *a.* *1* sbrigliato; sfrenato; indisciplinato; incontrollato: **u. anger**, ira sfrenata *2* (*specialm. comm.*) non verificato; non controllato.

unchivalrous /ʌn'ʃɪvlrəs/, *a.* *1* (*stor.*) indegno di un cavaliere; non cavalleresco *2* (*fig.*) poco cavalleresco; scortese; sgarbato.

unchristened /ʌn'krɪsnd/, *a.* *1* non battezzato *2* privo di nome.

unchristian /ʌn'krɪstʃən/, *a.* *1* non cristiano; pagano *2* non da cristiano; poco cristiano; non caritatevole *3* (*fam.*) incivile; barbaro; sgarbato; rude: **an u. remark**, un'osservazione incivile. || **-ly**, *avv.*

to **unchurch** /ʌn'tʃɜːtʃ/, *v. t.* (*relig.*) *1* scomunicare (q.) *2* sconsacrare (*un luogo sacro*).

uncia /'ʌnsɪə/, *n.* (*pl.* **unciae**) (*stor. romana*) oncia.

uncial /'ʌnsɪəl, -ʃl/, **A** *a.* (*stor.*) onciale; unciale. **B** *n.* (*di scrittura*) carattere onciale.

unciform /'ʌnsɪfɔːm/, **uncinal** /'ʌnsɪnl/, *V.* **uncinate**.

uncinate /'ʌnsɪnət/, *a.* uncinato; a forma d'uncino.

uncircumcised /ʌn'sɜːkəmsaɪzd/, *a.* *1* (*relig. ebraica*) incirconciso *2* (*fig.*) pagano; barbaro.

uncircumcision /ʌnsɜːkəm'sɪʒn/, *n.* *1* (*relig. ebraica*) il non essere circonciso *2* (*fig., collett.*: *nella Bibbia*) i pagani; i Gentili.

uncircumscribed /ʌn'sɜːkəmskraɪbd/, *a.* (*specialm. relig.*) incircoscritto.

uncircumspect /ʌn'sɜːkəmspekt/, *a.* incauto; imprudente. || **-ly**, *avv.*

uncircumstantial /ʌnsɜːkəm'stænʃl/, *a.* non circostanziato; non particolareggiato; sommario.

uncivil /ʌn'sɪvl/, *a.* *1* incivile; barbaro; selvaggio *2* maleducato; scortese; sgarbato *3* indecoroso; indecente. || **-ly**, *avv.*

uncivilized /ʌn'sɪvəlaɪzd/, *a.* *1* incivile; barbaro; selvaggio *2* rozzo; incolto; incivile.

unclad /ʌn'klæd/, *a.* (*lett.*) spogliato; svestito; nudo.

unclaimed /ʌn'kleɪmd/, *a.* *1* non reclamato; non richiesto; non ritirato; (*di lettera, pacco, ecc.*) giacente: **u. luggage**, bagaglio non ritirato *2* (*leg.*) non rivendicato: **u. right**, diritto non rivendicato *3* (*banca, comm.*) non riscosso: **an u. cheque**, un assegno non riscosso. ● (*fin.*) **u. dividend**, dividendo prescritto.

unclarified /ʌn'klærəfaɪd/, *a.* *1* (*di liquido*) non chiarificato; torbido *2* (*fig.*) non chiarito; oscuro.

to **unclasp** /ʌn'klɑːsp, *USA* -æsp/, **A** *v. t.* *1* sfibbiare; slacciare *2* mollare; lasciar andare. **B** *v. i.* lasciare la presa; lasciar andare.

unclassable /ʌn'klɑːsəbl, *USA* -æs-/, **unclassifiable** /ʌn'klæsɪfaɪəbl/, *a.* inclassificabile.

unclassified /ʌn'klæsɪfaɪd/, *a.* *1* non classificato *2* (*d'informazioni e sim.*) non riservato; disponibile al pubblico.

uncle /'ʌŋkl/, *n.* *1* zio *2* (*fam.*) annunciatore della radio o della televisione *3* (*scherz.*) prestatore di denaro su pegno *4* (*pop. USA*) ricettatore. ● **U. Sam**, lo zio Sam (*il governo degli U.S.A.*; *il popolo americano*) □ (*spreg. USA*) **U. Tom**, negro assai deferente verso i bianchi □ (*fam. USA*) **to say u.**, darsi per vinto; arrendersi □ **to talk to sb. like a Dutch u.**, parlare a q. con bonaria severità; rimproverare q. con dolcezza □ **He's u. to all the children of the neighbourhood**, tutti i bambini del vicinato lo considerano il loro zietto.

unclean /ʌn'kliːn/, *a.* *1* sporco; sudicio: (*naut.*) **u. bill of lading**, polizza di carico sporca *2* immondo; impuro.

uncleanliness /ʌn'klenlɪnəs/, *V.* **uncleanness**.

uncleanly /ʌn'klenlɪ/, *V.* **unclean**.

uncleanness /ʌn'kliːnnəs/, *n.* *1* sporcizia; sudiciume *2* impurità.

uncleansed /ʌn'klenzd/, *a.* *1* (*relig.*) non purificato *2* non pulito; sporco.

unclear /ʌn'klɪə(r)/, *a.* *1* poco chiaro; oscuro; indistinto; indefinito; ambiguo *2* insicuro, incerto (*su che fare, ecc.*). || **-ly**, *avv.* || **-ness**, *sost.*

uncleared /ʌn'klɪəd/, *a.* *1* non chiarito *2* (*di terreno*) non disboscato *3* (*leg.*) non discolpato *4* (*dog.*) non sdoganato: **u. goods**, merce non sdoganata.

to **unclench** /ʌn'klentʃ/, to **unclinch** /ʌn'klɪntʃ/, **A** *v. t.* disserrare, aprire, schiudere (*il pugno, ecc.*). **B** *v. i.* disserrarsi; aprirsi; schiudersi.

unclipped /ʌn'klɪpt/, *a.* *1* non tosato *2* (*di biglietto d'autobus, ecc.*) non forato; non obliterato.

to **uncloak** /ʌn'kləʊk/, *v. t.* *1* togliere il mantello a; levare il manto a *2* (*fig.*) scoprire; smascherare; svelare.

to **unclog** /ʌn'klɒg, *USA* -ɔːg/, *v. t.* liberare da pastoie; disincagliare.

to **unclose** /ʌn'kləʊz/, *v. t.* *1* schiudere; aprire *2* (*fig.*) rivelare; svelare.

to **unclothe** /ʌn'kləʊð/, *v. t.* *1* spogliare; svestire *2* (*fig.*) scoprire; svelare.

unclouded /ʌn'klaʊdɪd/, *a.* *1* senza nubi; sereno *2* non offuscato; sereno: **u. joy**, gioia non offuscata *3* (*di liquido*) limpido.

unco /'ʌŋkəʊ/ (*scozz.*), **A** *a.* *1* strano; insolito; inconsueto *2* misterioso; soprannaturale *3* straordinario; considerevole; notevole. **B** *n.* (*pl.* **uncos**) *1* (*arc.*) straniero; sconosciuto *2* (*pl.*) notizie strane. **C** *avv.* assai; molto; straordinariamente: **u. elegant**, assai elegante; elegantissimo.

to **uncock** /ʌn'kɒk/, *v. t.* disarmare, abbassare il cane di (*un'arma da fuoco*).

uncocked /ʌn'kɒkt/, *a.* (*di arma da fuoco*) col cane abbassato; in posizione di sicurezza.

uncodified /ʌn'kɒdɪfaɪd/, *a.* non codificato.

to **uncoil** /ʌn'kɔɪl/, **A** *v. t.* svolgere (*bobine, ecc.*); snodare; spiegare; srotolare. **B** *v. i.* svolgersi; snodarsi; spiegarsi; srotolarsi.

uncoined /ʌn'kɔɪnd/, *a.* (*di metallo*) non coniato.

uncollectable /ʌnkə'lektəbl/, *V.* **uncollectible**.

uncollected /ʌnkə'lektɪd/, *a.* *1* non raccolto; sparso: **u. verse**, poesie sparse *2* (*comm.*) non

riscosso; non incassato; inesatto: (*fisc.*) **an u. tax**, un tributo inesatto ***3*** (*fig.*) agitato; distratto; svagato.
uncollectible /ʌnkəˈlɛktəbl/, (*comm.*) **A** *a.* non incassabile; non riscuotibile; inesigibile: **u. credit** (*o* **debt**), credito inesigibile. **B** *n.* credito inesigibile.
uncolonized /ʌnˈkɒlənaɪzd/, *a.* non colonizzato.
uncoloured /ʌnˈkʌləd/, *a.* incolore (*anche fig.*): **an u. version of the facts**, una versione incolore dei fatti.
uncombed /ʌnˈkəʊmd/, *a.* non pettinato; spettinato; arruffato.
uncombined /ʌnkəmˈbaɪnd/, *a.* ***1*** (*chim.*) non combinato; libero ***2*** disunito; separato.
uncome-at-able /ʌnkʌmˈætəbl/, *a.* (*fam.*) inaccessibile; irraggiungibile.
uncomeliness /ʌnˈkʌmlɪnəs/, *n.* ***1*** bruttezza; mancanza di grazia ***2*** sconvenienza; indecorosità.
uncomely /ʌnˈkʌmlɪ/, *a.* ***1*** brutto; sgraziato ***2*** sconveniente; disdicevole; indecoroso.
uncomfortable /ʌnˈkʌmfətəbl, -mft-/, *a.* ***1*** incomodo; scomodo; disagevole: **an u. bed**, un letto scomodo ***2*** a disagio; inquieto ***3*** sgradevole; spiacevole: **an u. sensation**, una sensazione sgradevole. ● **an u. feeling**, un senso di disagio □ **to be u.**, essere scomodo (*o* a disagio) □ **to be u. about st.**, essere preoccupato per q.c. □ **to feel u.**, sentirsi a disagio □ **to make sb. u.**, mettere q. a disagio □ **to make things u. for sb.**, procurare fastidi a q.; dare delle noie a q. || **-ness**, *sost.* || **-bly**, *avv.*
uncomforted /ʌnˈkʌmfətɪd/, *a.* non confortato; sconsolato.
uncommendable /ʌnkəˈmɛndəbl/, *a.* ***1*** non raccomandabile ***2*** disdicevole; indecoroso.
uncommercial /ʌnkəˈmɜːʃl/, *a.* ***1*** non commerciale; non conforme agli usi (*o* alle regole) del commercio ***2*** che non si occupa di commercio.
uncommitted /ʌnkəˈmɪtɪd/, *a.* ***1*** (*di delitto, ecc.*) non commesso; non compiuto ***2*** non vincolato; non impegnato; libero; indipendente. ● (*polit.*) **the u. countries**, i paesi non allineati.
uncommon /ʌnˈkɒmən/, **A** *a.* non comune; insolito; raro; fuori del comune; straordinario; singolare. **B** *avv.* (*fam.*, = **uncommonly**) straordinariamente. ● **an u. fine girl**, una ragazza di straordinaria bellezza. || **-ly**, *avv.* || **-ness**, *sost.*
uncommunicable /ʌnkəˈmjuːnɪkəbl/, *a.* incomunicabile.
uncommunicative /ʌnkəˈmjuːnɪkətɪv, *USA* -eɪtɪv/, *a.* chiuso (*fig.*); riservato; silenzioso; taciturno. || **-ly**, *avv.* || **-ness**, *sost.*
uncompanionable /ʌnkəmˈpænjənəbl/, *a.* insocievole; poco socievole.
uncompelled /ʌnkəmˈpɛld/, *a.* non costretto; volontario; spontaneo.
uncompensated /ʌnˈkɒmpənseɪtɪd/, *a.* ***1*** (*anche leg., ass.: di danno, ecc.*) non compensato; non risarcito ***2*** (*mecc.*) non compensato; non controbilanciato.
uncompetitive /ʌnkəmˈpɛtətɪv/, *a.* (*comm., econ.*) non competitivo; non concorrenziale.
uncomplaining /ʌnkəmˈpleɪnɪŋ/, *a.* che non si lamenta; paziente; rassegnato; stoico. || **-ly**, *avv.* || **-ness**, *sost.*
uncomplaisant /ʌnkəmˈpleɪznt, *USA* -snt/, *a.* (*raro*) scompiacente; scortese.
uncompleted /ʌnkəmˈpliːtɪd/, *a.* incompleto; non condotto a termine; incompiuto; imperfetto.
uncompliant /ʌnkəmˈplaɪənt/, *a.* poco accomodante; inflessibile; intransigente.
uncomplicated /ʌnˈkɒmplɪkeɪtɪd/, *a.* non complicato; senza complicazioni; semplice.
uncomplimentary /ʌnkɒmplɪˈmɛntrɪ/, *a.* ***1*** poco complimentoso; scortese ***2*** senza complimenti; poco lusinghiero.
uncompounded /ʌnkəmˈpaʊndɪd/, *a.* ***1*** non composto; semplice ***2*** non complicato; senza complicazioni.
uncomprehended /ʌnkɒmprɪˈhɛndɪd/, *a.* incompreso.
uncomprehensible /ʌnkɒmprɪˈhɛnsəbl/, *a.* incomprensibile.
uncompressed /ʌnkəmˈprɛst/, *a.* non compresso.
uncompressible /ʌnkəmˈprɛsəbl/, *a.* incomprimibile.
uncompromising /ʌnˈkɒmprəmaɪzɪŋ/, *a.* intransigente; inflessibile; irriducibile. ● **u. sincerity**, sincerità assoluta. || **-ly**, *avv.*
unconcealable /ʌnkənˈsiːləbl/, *a.* non celabile; che non si può nascondere.
unconcealed /ʌnkənˈsiːld/, *a.* non celato; aperto; manifesto.
unconceivable /ʌnkənˈsiːvəbl/, *a.* inconcepibile. || **-ness**, *sost.* || **-bly**, *avv.*
unconcern /ʌnkənˈsɜːn/, *n.* ***1*** indifferenza; noncuranza ***2*** mancanza di preoccupazioni; serenità.
unconcerned /ʌnkənˈsɜːnd/, *a.* ***1*** indifferente; noncurante ***2*** senza preoccupazioni; sereno ***3*** estraneo; distaccato (*fig.*); neutrale. ● **to be u. with**, non occuparsi, non preoccuparsi di (q.c.). || **-ly**, *avv.*
unconcerted /ʌnkənˈsɜːtɪd/, *a.* non concertato; su cui non ci si è messi d'accordo prima.
unconcluded /ʌnkənˈkluːdɪd/, *a.* inconcluso.
uncondemned /ʌnkənˈdɛmd/, *a.* non condannato.
uncondensed /ʌnkənˈdɛnst/, *a.* non condensato.
unconditional /ʌnkənˈdɪʃənl/, *a.* ***1*** incondizionato; senza condizioni; senza riserve; assoluto; pieno; netto: **u. surrender**, resa incondizionata; **u. support**, pieno appoggio; **u. refusal**, netto rifiuto; (*leg.*) **u. offer**, offerta incondizionata ***2*** (*elab.*) incondizionato; sistematico: **u. branch**, salto incondizionato. || **-ly**, *avv.*
unconditioned /ʌnkənˈdɪʃnd/, *a.* (*filos., scient.*) incondizionato; spontaneo: **u. reflexes**, riflessi incondizionati.
unconfessed /ʌnkənˈfɛst/, *a.* ***1*** inconfessato ***2*** (*leg.*) (*di crimine*) non confessato.
unconfident /ʌnˈkɒnfɪdənt/, *a.* sfiduciato.
unconfined /ʌnkənˈfaɪnd/, *a.* sconfinato.
unconfirmed /ʌnkənˈfɜːmd/, *a.* ***1*** non confermato: **u. rumours**, voci non confermate ***2*** (*relig.*) non cresimato.
unconformable /ʌnkənˈfɔːməbl/, *a.* ***1*** non conforme (a); contrario (a) ***2*** incompatibile (con) ***3*** (*geol.: di strato*) discordante ***4*** (*relig.*) non conformista. || **-ness**, *sost.* || **-bly**, *avv.*
unconformity /ʌnkənˈfɔːmətɪ/, *n.* ***1*** mancanza di conformità; incongruenza ***2*** incompatibilità ***3*** (*geol.*) discordanza.
unconfutable /ʌnkənˈfjuːtəbl/, *a.* inconfutabile.
unconfuted /ʌnkənˈfjuːtɪd/, *a.* inconfutato.
uncongealable /ʌnkənˈdʒiːləbl/, *a.* ***1*** incongelabile ***2*** incoagulabile.
uncongenial /ʌnkənˈdʒiːnɪəl/, *a.* ***1*** non congeniale; antipatico; che non va a genio; ostile; sgradevole; noioso; spiacevole ***2*** (*di clima*) sfavorevole. ● **an u. job**, un lavoro ingrato. || **-ly**, *avv.*
unconnected /ʌnkəˈnɛktɪd/, *a.* ***1*** non collegato; distaccato; separato; a sé (stante) ***2*** sconnesso; slegato (*fig.*); sconclusionato: **an u. tale**, un racconto sconclusionato ***3*** non imparentato; senza legami di parentela ***4*** senza legami; privo di relazioni importanti; che non conosce nessuno (*fam.*). || **-ly**, *avv.*
unconquerable /ʌnˈkɒŋkərəbl/, *a.* indomabile; invincibile; irresistibile. || **-bly**, *avv.*
unconquered /ʌnˈkɒŋkəd/, *a.* indomito; invitto.
unconscientious /ʌnkɒnʃɪˈɛnʃəs/, *a.* poco coscienzioso; privo di scrupoli. || **-ly**, *avv.* || **-ness**, *sost.*
unconscionability /ʌnkɒnʃnəˈbɪlətɪ/, *n.* (*leg.*) iniquità; vessazione.
unconscionable /ʌnˈkɒnʃnəbl/, *a.* ***1*** senza coscienza; privo di scrupoli ***2*** eccessivo; esorbitante; enorme; irragionevole ***3*** (*leg.*) vessatorio; (*di contratto*) a condizioni inique. ● **He has taken an u. time off**, s'è preso un congedo di una lunghezza eccessiva. || **-ness**, *sost.* || **-bly**, *avv.*
unconscious /ʌnˈkɒnʃəs/, **A** *a.* ***1*** inconscio; inconsapevole; ignaro: **u. humour**, umorismo inconscio ***2*** (*med.*) incosciente; privo di sensi; svenuto: **She lay u. for ten minutes**, rimase svenuta per dieci minuti ***3*** (*psic.*) inconscio; latente. **B** *n.* – (*psic.*) **the u.**, l'inconscio. ● **to be u. of**, ignorare; non essere consapevole di; non accorgersi di □ (*med.*) **to become u.**, perdere conoscenza; venir meno; svenire. || **-ly**, *avv.*
unconsciousness /ʌnˈkɒnʃəsnəs/, *n.* ***1*** inconsapevolezza; ignoranza ***2*** (*med.*) stato d'incoscienza; insensibilità.
unconsecrated /ʌnˈkɒnsɪkreɪtɪd/, *a.* non consacrato; non sacro.
unconsenting /ʌnkənˈsɛntɪŋ/, *a.* non consenziente.
unconsidered /ʌnkənˈsɪdəd/, *a.* ***1*** non considerato; non preso in considerazione; ignorato; trascurato ***2*** sconsiderato; avventato; imprudente; inconsiderato.
unconsolable /ʌnkənˈsəʊləbl/, *a.* inconsolabile.
unconsoled /ʌnkənˈsəʊld/, *a.* non consolato; sconsolato.
unconstitutional /ʌnkɒnstɪˈtjuːʃənl, *USA* -ˈtuː-/, *a.* (*leg.*) incostituzionale. || **-ly**, *avv.*
unconstitutionality /ʌnkɒnstɪtjuːʃəˈnælətɪ, *USA* -tuː-/, *n.* (*leg.*) incostituzionalità.
unconstrained /ʌnkənˈstreɪnd/, *a.* ***1*** non costretto; libero ***2*** disinvolto; naturale; spontaneo: **u. manner**, modo di fare disinvolto ***3*** non trattenuto; libero; aperto: **u. laughter**, risata aperta. ● **u. freedom**, assoluta libertà. || **-ly**, *avv.*
unconstraint /ʌnkənˈstreɪnt/, *n.* ***1*** assenza di costrizione; libertà ***2*** disinvoltura; naturalezza; spontaneità.
unconsumed /ʌnkənˈsuːmd, -ˈsjuːmd/, *a.* non consumato; intatto.
unconsummated /ʌnˈkɒnsəmeɪtɪd/, *a.* (*leg., relig.: di matrimonio*) non consumato.
uncontainable /ʌnkənˈteɪnd/, *a.* incontenibile; irrefrenabile.
uncontaminated /ʌnkənˈtæmɪneɪtɪd/, *a.* incontaminato.
uncontemplated /ʌnˈkɒntəmpleɪtɪd/, *a.* imprevisto; inaspettato.
uncontestable /ʌnkənˈtɛstəbl/, *a.* incontestabile.
uncontested /ʌnkənˈtɛstɪd/, *a.* incontestato; incontrastato. ● (*leg.*) **u. evidence**, prova non contestata dalla difesa.
uncontradicted /ʌnkɒntrəˈdɪktɪd/, *a.* non contraddetto; non smentito.
uncontrollable /ʌnkənˈtrəʊləbl/, *a.* ***1*** incontrollabile ***2*** irrefrenabile; incontenibile ***3*** indomabile; irriducibile ***4*** (*di potere*) assoluto. || **-ness**, *sost.* || **-bly**, *avv.*
uncontrolled /ʌnkənˈtrəʊld/, *a.* ***1*** incontrollato; senza controllo ***2*** sfrenato; senza freno; senza ritegno. || **-ly**, *avv.*
uncontroverted /ʌnˈkɒntrəvɜːtɪd/, *a.* non controverso; incontestato; indiscusso.
uncontrovertible /ʌnkɒntrəˈvɜːtəbl/, *a.* incontrovertibile. || **-bly**, *avv.*
unconventional /ʌnkənˈvɛnʃənl/, *a.* ***1*** non convenzionale; anticonvenzionale; anticonformista; disinvolto; di modi liberi ***2*** (*mil.: di armi*) non convenzionale. ● (*mil.*) **u. warfare**, guerra clandestina; guerriglia. || **-ly**, *avv.*
unconventionality /ʌnkənvɛnʃəˈnælətɪ/, *n.* anticonvenzionalismo; anticonformismo; disinvoltura; modi liberi.
unconversant /ʌnkənˈvɜːsnt/, *a.* (*form.*) poco pratico; poco versato.
unconverted /ʌnkənˈvɜːtɪd/, *a.* (*anche*

relig.) non convertito. ● (*rugby*) **u. try**, meta non trasformata.

unconvertible /ʌnkən'vɜːtəbl/, *a.* (*fin.*) inconvertibile; non convertibile: **u. securities**, titoli inconvertibili.

unconvicted /ʌnkən'vɪktɪd/, *a.* (*leg.*) non dichiarato colpevole; non condannato; assolto.

unconvinced /ʌnkən'vɪnst/, *a.* non convinto; non persuaso; scettico.

unconvincing /ʌnkən'vɪnsɪŋ/, *a.* poco convincente; non persuasivo.

uncooked /ʌn'kʊkt/, *a.* non cucinato; crudo.

uncooperative /ʌnkəʊ'ɒprətɪv, *USA* -pəreɪtɪv/, *a.* che non collabora; che non vuole collaborare; che non si presta. ● **an u. chap**, uno scansafatiche.

to **uncord** /ʌn'kɔːd/, *v. t.* (*form.*) slegare; sciogliere.

to **uncork** /ʌn'kɔːk/, *v. t.* ***1*** stappare; sturare ***2*** (*fig.*) sfogare, dare sfogo a (*un sentimento*).

uncorrectable /ʌnkə'rektəbl/, *a.* irrimediabile; irreparabile.

uncorrected /ʌnkə'rektɪd/, *a.* non corretto; non riveduto.

uncorroborated /ʌnkə'rɒbəreɪtɪd/, *a.* non comprovato; non convalidato; non avvalorato da prove.

uncorrupted /ʌnkə'rʌptɪd/, *a.* incorrotto; incontaminato.

uncorruptible /ʌnkə'rʌptəbl/, *a.* incorruttibile.

uncountable /ʌn'kaʊntəbl/, **A** *a.* ***1*** innumerevole; innumerabile; incalcolabile ***2*** che non si può contare; non numerabile. **B** *n.* (*gramm. ingl.*) sostantivo non numerabile.

uncounted /ʌn'kaʊntɪd/, *a.* ***1*** non contato ***2*** (*raro*) innumerevole.

to **uncouple** /ʌn'kʌpl/, *v. t.* ***1*** sciogliere; slegare (*cani al guinzaglio, ecc.*); sguinzagliare ***2*** disgiungere; staccare ***3*** (*ferr.*) sganciare: **to u. a railway car**, sganciare una vettura ferroviaria ***4*** (*tecn.*) disaccoppiare; staccare.

uncoupling /ʌn'kʌplɪŋ, -pəl-/, *n.* ***1*** lo sciogliere; il distaccare ***2*** (*ferr., miss.*) sganciamento ***3*** (*tecn.*) disaccoppiamento.

uncourtly /ʌn'kɔːtlɪ/, *a.* scortese; sgarbato; rozzo; villano.

uncouth /ʌn'kuːθ/, *a.* ***1*** goffo; impacciato; sgraziato ***2*** grossolano; maleducato; incivile; rozzo ***3*** (*lett.*) desolato; selvaggio; solitario. || **-ly**, *avv.* || **-ness**, *sost.*

uncovenanted /ʌn'kʌvənəntɪd/, *a.* (*leg.*) non convenuto; non pattuito; senza contratto. ● (*fig., relig.*) **the u. mercy of God**, la misericordia divina benignamente concessa all'uomo.

to **uncover** /ʌn'kʌvə(r)/, **A** *v. t.* ***1*** scoprire; spogliare, svestire; mettere a nudo; scoperchiare: **to u. a wound**, mettere a nudo una ferita ***2*** (*fig.*) svelare; scoprire; rivelare: **to u. a plot**, scoprire una congiura ***3*** (*mil.*) mettere (*truppe*) allo scoperto. **B** *v. i.* ***1*** scoprirsi; restare scoperto ***2*** scappellarsi.

uncovered /ʌn'kʌvəd/, *a.* ***1*** scoperto; scoperchiato; esposto ***2*** spogliato; svestito ***3*** a capo scoperto; senza cappello ***4*** (*ass.: di rischio*) non coperto; scoperto ***5*** (*comm., fin.*) senza copertura; (allo) scoperto: **u. cheque**, assegno scoperto. ● (*Borsa*) **u. bear**, scopertista □ **u. position**, posizione scoperta; scoperto.

uncreated /ʌnkrɪ'eɪtɪd/, *a.* increato; non creato.

uncredited /ʌn'kredɪtɪd/, *a.* che gode di scarso credito; poco stimato.

uncritical /ʌn'krɪtɪkl/, *a.* ***1*** privo di senso critico; acritico; poco esigente: **an u. reader**, un lettore poco esigente ***2*** non conforme alle regole della critica.

uncropped /ʌn'krɒpt/, *a.* ***1*** (*di grano, ecc.*) non raccolto; non falciato; non mietuto ***2*** (*del terreno*) incolto ***3*** non tosato.

to **uncross** /ʌn'krɒs, *USA* -ɔːs/, *v. t.* ***1*** disincrociare (*le braccia, ecc.*) ***2*** tirare giù, distendere (*una gamba accavallata*).

uncrossed /ʌn'krɒst, *USA* -ɔːst/, *a.* ***1*** non contrariato; non avversato ***2*** non attraversato ***3*** non cancellato ***4*** non accavallato; non incrociato ***5*** (*comm., fin: d'assegno*) non sbarrato. ● **Leave the two words u.**, non cancellare quelle due parole.

to **uncrown** /ʌn'kraʊn/, *v. t.* privare (*un re*) della corona; detronizzare.

uncrowned /ʌn'kraʊnd/, *a.* ***1*** (*di sovrano*) non ancora incoronato; senza corona ***2*** (*fig.*) di fatto: **an u. king**, un re di fatto (*anche se non di nome*). ● (*fig.*) **the u. queen of the Italian stage**, la regina del teatro di prosa italiano.

uncrushable /ʌn'krʌʃəbl/, *a.* ***1*** (*di tessuto*) ingualcibile ***2*** infrangibile; che non si spezza ***3*** (*lett.*) irreprimibile; irriducibile; indomito.

unction /'ʌŋkʃn/, *n.* ***1*** (*relig.*) unzione: **Extreme U.**, l'Estrema Unzione ***2*** (*fig.*) unzione; ipocrisia; falso compiacimento; untuosità; mellifluità ***3*** (*med.*) pomata; unguento ***4*** (*fig.*) balsamo.

unctuosity /ʌŋktʃʊ'ɒsətɪ/, *n.* ***1*** untuosità (*anche fig.*) ***2*** (*fig.*) ipocrisia; mellifluità.

unctuous /'ʌŋktʃʊəs/, *a.* ***1*** untuoso (*anche fig.*) ***2*** (*fig.*) ipocrita; mellifluo. || **-ly**, *avv.* || **-ness**, *sost.*

uncultivable /ʌn'kʌltɪvəbl/, *a.* incoltivabile.

uncultivated /ʌn'kʌltɪveɪtɪd/, *a.* (*di terreno e fig.*) incolto.

uncultured /ʌn'kʌltʃəd/, *a.* (*di persona*) incolto; senza cultura.

uncurbed /ʌn'kɜːbd/, *a.* indomito; sfrenato; sregolato.

uncured /ʌn'kjʊəd, 'kjɔːd/, *a.* ***1*** (*di persona*) non guarito ***2*** (*di una sostanza*) non trattato con procedimenti conservativi. ● **u. hide**, pelle non conciata □ **u. meat**, carne non essiccata (*o* non affumicata, ecc.) □ **u. tobacco**, tabacco non conciato.

to **uncurl** /ʌn'kɜːl/, **A** *v. t.* ***1*** disfare i ricci a (q.); togliere i ricci ai (*capelli*) ***2*** disfare; svolgere; srotolare. **B** *v. i.* ***1*** perdere i ricci ***2*** (*di capello, ecc.*) raddrizzarsi; diventare liscio.

uncurtailed /ʌnkɜː'teɪld/, *a.* ***1*** non accorciato; non diminuito; integro; integrale; per esteso ***2*** libero; senza restrizioni.

uncustomary /ʌn'kʌstəmrɪ, *USA* -merɪ/, *a.* inconsueto; insolito.

uncustomed /ʌn'kʌstəmd/, *a.* (*dog.*) ***1*** esente da dazio (*o* da dogana) ***2*** non sdaziato; non sdoganato.

uncut /ʌn'kʌt/, *a.* ***1*** (*specialm. di diamante*) non tagliato; intero; grezzo ***2*** (*di libro*) intonso ***3*** (*di film, romanzo, ecc.*) in edizione integrale.

undamaged /ʌn'dæmɪdʒd/, *a.* indenne; intatto; non avariato; in buone condizioni: **u. goods**, merci non avariate; **u. reputation**, reputazione intatta.

undamped /ʌn'dæmpt/, *a.* ***1*** non umido ***2*** (*anche fis.*) non diminuito; non smorzato; persistente: **u. wave**, onda non smorzata ***3*** (*fig.*) non scoraggiato; per nulla abbattuto; tetragono.

undated /ʌn'deɪtɪd/, *a.* non datato; senza data: **an u. letter**, una lettera senza data; (*fin.*) **u. securities**, titoli non datati.

undaunted /ʌn'dɔːntɪd/, *a.* intrepido; imperterrito; impavido. || **-ly**, *avv.* || **-ness**, *sost.*

undé /'ʌndeɪ/, *a.* (*arald.*) ondulato.

undebased /ʌndɪ'beɪst/, *a.* ***1*** non degradato; non svilito; integro ***2*** (*di metallo o moneta*) di buona lega; non svilito; solido.

undebated /ʌndɪ'beɪtɪd/, *a.* (*di un problema, ecc.*) non ancora discusso; da dibattere.

undebugged /ʌndiː'bʌgd/, *a.* ***1*** (*di un locale, ecc.*) non ancora liberato (*o* bonificato) dalle spie elettroniche ***2*** (*elab.: di programma*) non ancora corretto; non ancora messo a punto.

undecagon /ʌn'dekəgən, *USA* -gɒn/, *n.* (*geom.*) endecagono.

undecane /ʌn'dekeɪn, 'ʌnd-/, *n.* (*chim.*) undecano.

undeceivable /ʌndɪ'siːvəbl/, *a.* ***1*** non ingannabile ***2*** (*arc.*) che non può trarre in inganno.

to **undeceive** /ʌndɪ'siːv/, **A** *v. t.* disingannare; disincantare; disilludere; aprire gli occhi a (q.) (*fig.*). **B** to **undeceive oneself**, *v. rifl.* disilludersi; aprire gli occhi (*fig.*).

undeceived /ʌndɪ'siːvd/, *a.* disingannato; disincantato; che ha aperto gli occhi (*fig.*).

undecided /ʌndɪ'saɪdɪd/, *a.* ***1*** indeciso; incerto; irresoluto ***2*** non deciso; in sospeso; dal risultato incerto ***3*** (*di colore, di forma, ecc.*) incerto; indefinito. || **-ly**, *avv.*

undecipherable /ʌndɪ'saɪfərəbl/, *a.* indecifrabile.

undecisive /ʌndɪ'saɪsɪv/, *a.* ***1*** non decisivo ***2*** che non sa decidere; irresoluto.

undecked /ʌn'dekt/, *a.* ***1*** scoperto ***2*** sguarnito ***3*** (*naut.*) senza coperta.

undeclared /ʌndɪ'kleəd/, *a.* (*specialm. dog.*) non dichiarato.

undeclinable /ʌndɪ'klaɪnəbl/, *a.* ***1*** (*di un'offerta, ecc.*) che non si può rifiutare ***2*** (*gramm.*) indeclinabile.

undecyl /ʌn'desɪl, 'ʌnd-/, *n.* (*chim.*) undecile.

undedicated /ʌn'dedɪkeɪtɪd/, *a.* ***1*** (*relig.*) non dedicato (*a un santo, ecc.*) ***2*** (*di libro*) privo di dedica; senza dedica.

undée /'ʌndeɪ/, *V.* **undé**.

undefaced /ʌndɪ'feɪst/, *a.* ***1*** non sfigurato (*nel viso, ecc.*) ***2*** (*di un monumento, ecc.*) non mutilato; ben conservato; intatto.

undefeated /ʌndɪ'fiːtɪd/, *a.* imbattuto; invitto.

undefended /ʌndɪ'fendɪd/, *a.* ***1*** indifeso ***2*** senza difesa legale; privo di difesa ***3*** (*leg.*) senza opposizione da parte del convenuto ***4*** (*leg.: di causa*) in assenza del convenuto.

undefiled /ʌndɪ'faɪld/, *a.* incorrotto; incontaminato; puro.

undefinable /ʌndɪ'faɪnəbl/, *a.* indefinibile. || **-ness**, *sost.*

undefined /ʌndɪ'faɪnd/, *a.* indefinito; indeterminato.

undelivered /ʌndɪ'lɪvəd/, *a.* ***1*** non consegnato; non recapitato ***2*** non sgravato; non liberato ***3*** (*di discorso*) non pronunciato ***4*** (*leg.: di verdetto*) non emesso.

undemanding /ʌndɪ'mɑːndɪŋ, *USA* -'mænd-/, *a.* ***1*** poco esigente; accomodante ***2*** (*di un lavoro*) facile; che richiede poca fatica.

undemocratic /ʌndemə'krætɪk/, *a.* antidemocratico.

undemonstrable /ʌndɪ'mɒnstrəbl, 'demən-/, *a.* indimostrabile.

undemonstrative /ʌndɪ'mɒnstrətɪv, *USA* 'demənstreɪtɪv/, *a.* chiuso (*fig.*); non espansivo; riservato.

undeniable /ʌndɪ'naɪəbl/, *a.* innegabile; incontestabile. || **-bly**, *avv.*

undenominational /ʌndɪnɒmɪ'neɪʃənl/, *a.* (*relig.*) aconfessionale; non legato a una particolare confessione religiosa: **u. religious instruction**, istruzione religiosa aconfessionale.

undependable /ʌndɪ'pendəbl/, *a.* inattendibile; incerto; infido.

undepreciated /ʌndɪ'priːʃɪetɪd/, *a.* (*econ., fin.*) non deprezzato; non svalutato.

undepressed /ʌndɪ'prest/, *a.* ***1*** non abbassato; (*fig.*) non depresso ***2*** (*econ.*) fermo; stabile.

under (**1**) /'ʌndə(r)/, *prep.* ***1*** (*compl. di posizione, direzione, condizione, ecc.*) sotto; sotto a, sotto di: **The dog is u. the bed**, il cane è sotto il letto; **I stood u. the high wall**, ero (in piedi) sotto l'alto muro; **The soldiers advanced u. a heavy load**, i soldati avanzavano sotto un pesante fardello; **The Eurotunnel runs u. the Channel**, l'Eurotunnel passa sotto la Manica; **The people groaned u. tyranny**, il popolo gemeva sotto la tirannide; (*stor.*) **u. King John**, sotto re Giovanni (Senzaterra); **forbidden u. pain of death**, proibito sotto pena di morte; **children u. five years of age**, i bambini sotto i cinque anni d'età; **He published the novel u. a pen name**, pubblicò il romanzo sotto pseudonimo; **u. pretence of**

asking for help, sotto pretesto di chiedere aiuto; **u. sb.'s (very) eyes**, (proprio) sotto gli occhi di q. ***2*** in; in corso di: **The new motorway is u. construction**, la nuova autostrada è in costruzione; **The matter is u. discussion**, la faccenda è in discussione; **u. such conditions [circumstances]**, in tali condizioni [circostanze] ***3*** a meno di; per meno di; in meno di: **It cannot be done for u. ten thousand pounds**, non lo si può fare per meno di diecimila sterline; **He walked ten miles in u. two hours**, fece dieci miglia a piedi in meno di due ore ***4*** mediante; con: **u. this system**, con questo sistema ***5*** con; a: **u. these conditions**, a queste condizioni; **It will shrink u. heat**, al calore si restringe. ● (*leg.*) **to be u. age**, essere minorenne □ **to be u. arms**, essere sotto le armi; essere in assetto di battaglia □ (*leg.*) **u. arrest**, in stato di arresto: **to place** (*o* **to put**) **sb. u. arrest**, (far) arrestare q. □ (*fig.*) **to be u. a cloud**, essere in disgrazia (*o* screditato) □ (*di un problema, una questione*) **u. consideration**, in esame □ **u. control**, sotto controllo; (*naut.*) in governo □ (*fam.*) **u.-the--counter**, sottobanco □ **u. cover of**, al riparo di; (*fig.*) con il pretesto di □ **u. cover of night**, col favore delle tenebre □ **to be u. a delusion**, illudersi; avere un'idea sbagliata; ingannarsi □ **to be u. fire**, (*mil.*) essere sotto il fuoco (*del nemico*); (*fig.*) essere molto criticato □ (*leg.*) (*di un atto*) **u. hand**, scritto a mano; olografo □ (*leg.*) **u. the law**, ai sensi della legge □ **u. this law**, secondo questa legge □ **u. lock and key**, sotto chiave; (*fig.*) al sicuro □ (*fam.*) **u. sb.'s nose**, sotto il naso di q. □ **to be u. the impression that...**, avere l'impressione che... □ **to be u. an obligation to sb.**, avere un obbligo con (essere in obbligo verso) q. □ (*di una cambiale*) **u. protest**, sotto protesto □ **u. repair**, in restauro □ (*naut.: di nave*) **to be u. sail**, essere sotto vela; aver issato le vele □ **to be u. sentence of death**, essere stato condannato a morte □ (*comm.*) **u. separate cover**, in plico a parte; sotto fascia □ (*naut.*) **u. ship's derrick** (*o* **u. ship's tackle**), sotto paranco □ **to be u. stress**, essere sotto stress; essere stressato □ (*pop.*) **u. the table**, ubriaco; sbronzo □ **u. the terms of the treaty**, secondo le clausole del trattato □ (*med.*) **to be u. treatment**, essere in cura □ **u. way**, in corso, in svolgimento, in atto; (*naut.*) in moto, in navigazione, (*anche*) disormeggiato: **The changes u. way will affect our policy**, le trasformazioni in atto influiranno sulla nostra linea politica □ (*comm.*) **to sell u. price**, vendere sotto prezzo; svendere □ **to speak u. one's breath**, parlare sottovoce; bisbigliare □ **No one u. a general can command a brigade**, nessun ufficiale di grado inferiore a un generale può comandare una brigata □ **No one u. 18 (is) allowed**, non sono ammessi i minorenni.

under (2) /ˈʌndə(r)/, *avv.* ***1*** sotto; abbasso; disotto: **A paper should be spread u.** (*di solito,* **underneath** *o* **beneath**), bisognerebbe stendervi sotto un giornale ***2*** sott'acqua: **keep your head u.!**, tieni la testa sott'acqua! ***3*** in stato d'incoscienza; (*fam.*) in anestesia ***4*** (*nei verbi frasali, è idiom.; per es.:*) **to come u.**, venire (*o* trovarsi) sotto; essere catalogato sotto; **to go u.**, passare sotto; andare a picco, affondare; (*fig.*) fallire, soccombere; ecc. (*V. sotto* **to come, to go**, *ecc.*).

under- /ˈʌndə(r)/, *pref.* sotto-; inferiore; subalterno; vice: (*anat.*) **the u.-jaw**, la mascella inferiore; la mandibola; **u.-layers**, strati inferiori; **u.-servants**, domestici di rango inferiore.

to **underachieve** /ʌndərəˈtʃiːv/, *v. i.* (*eufem.*) ***1*** non rendere (*nel lavoro*) ***2*** (*a scuola*) non fare bene come si potrebbe.

underachiever /ʌndərəˈtʃiːvə(r)/, *n.* lavoratore (*o* studente) che non rende (*o* che potrebbe fare di più).

to **underact** /ʌndərˈækt/, *v. t.* e *i.* (*teatr.*) recitare (una parte) con scarsa enfasi; recitare (una parte) sotto il rigo (*fig.*).

underage /ʌndərˈeɪdʒ/, *a.* (*leg.*) minorenne; che non ha l'età (*per fare q.c.*).

underagent /ʌndərˈeɪdʒənt/, *n.* (*comm.*) subagente.

underarm /ˈʌndərɑːm/, **A** *a.* e *avv.* ***1*** sotto il braccio; sotto l'ascella ***2*** ascellare; per le ascelle ***3*** (*tennis, ecc.*) dato facendo ruotare il braccio sotto la spalla; dal basso (verso l'alto): **an u. stroke**, un colpo dal basso. **B** *n.* (*anat.*) ascella.

underarmed /ˈʌndərɑːmd/, *a.* insufficientemente armato.

underbelly /ˈʌndəbelɪ/, *n.* ***1*** (*zool.*) parte soffice del ventre ***2*** (*fig.*) ventre molle: **Italy is sometimes called the u. of Europe**, l'Italia talora è detta il ventre molle dell'Europa.

underbid /ˈʌndəbɪd/, *n.* (*comm.*) ***1*** offerta inferiore (*a quella di un altro*) ***2*** offerta troppo bassa (*o* insufficiente).

to **underbid** /ʌndəˈbɪd/ (*pass.* e *p. p.* **underbid**), *v. t.* (*comm.*) ***1*** fare un'offerta inferiore a quella di (*un concorrente a un'asta, a una gara d'appalto*) ***2*** offrire merce (*o* un servizio) a un prezzo inferiore a quello di (*un concorrente*). ● (*nel bridge*) **to u. one's hand**, fare una dichiarazione troppo bassa rispetto alle carte che si hanno in mano.

underbidder /ˈʌndəbɪdə(r)/, *n.* (*comm.*) chi fa un'offerta sotto un certo livello (*V.* **to underbid**).

underbody /ˈʌndəbɒdɪ/, *n.* (*autom.*) sottoscocca.

underbreath /ʌndəˈbreθ/, *n.* sussurro; bisbiglio.

underbred /ʌndəˈbred/, *a.* ***1*** (*raro*) maleducato; screanzato; volgare ***2*** (*di cavallo, ecc.*) non di razza; bastardo.

underbrush /ˈʌndəbrʌʃ/, *n.* (*specialm. USA* e *Can.*) sottobosco; boscaglia.

to **underbuy** /ʌndəˈbaɪ/ (*pass.* e *p. p.* **underbought**), *v. t.* (*comm.*) ***1*** acquistare (*merce*) sotto prezzo ***2*** comprare a un prezzo inferiore a quello di (*un concorrente*).

undercapitalization /ʌndəkæpɪtəlaɪˈzeɪʃn, *USA* -lɪˈz-/, *n.* (*fin.*) sottocapitalizzazione.

undercapitalized /ʌndəˈkæpɪtəlaɪzd/, *a.* (*fin.*) sottocapitalizzato.

undercarriage /ˈʌndəkærɪdʒ/, *n.* ***1*** (*autom.*) telaio ***2*** (*aeron.*) carrello (d'atterraggio) ***3*** (*mil., stor.*) paiolo, piattaforma (*di cannone*).

undercart /ˈʌndəkɜːt/, (*fam. ingl.*) *V.* **undercarriage,** *def. 2.*

undercharge /ʌndəˈtʃɑːdʒ/, *n.* ***1*** il far pagare meno del solito (*o* del giusto) ***2*** (*mil.*) caricamento (*o* carica) insufficiente.

to **undercharge** /ʌndəˈtʃɑːdʒ/, *v. t.* ***1*** far pagare meno del solito (*o* del giusto); addebitare (q.c.) in meno: **The grocer has undercharged us for the tea**, il droghiere ci ha fatto pagare il tè meno del solito (*o* meno del giusto) ***2*** (*mil.*) caricare (*un'arma da fuoco*) in modo insufficiente.

underclass /ʌndəˈklɑːs, *USA* -ˈklæs/, *n.* (*polit.*) classe inferiore; sottoproletariato.

underclay /ˈʌndəkleɪ/, *n.* (*geol.*) argilla sotto strati di carbone.

underclerk /ʌndəˈklɑːk, *USA* -ɜːk/, *n.* impiegato in sottordine; subordinato.

underclothes /ˈʌndəkləʊðz, -əʊz/, *n. pl.* biancheria intima.

underclothing /ˈʌndəkləʊðɪŋ/, (*collett.*) *V.* **underclothes.**

undercoat /ˈʌndəkəʊt/, *n.* ***1*** (*raro*) giacca indossata sotto un'altra più ampia ***2*** (*di vernice, pittura*) mano di fondo ***3*** (*di animali*) peluria ***4*** (*di uccelli*) piumino.

undercoater /ˈʌndəkəʊtə(r)/, *n.* vernice per mano di fondo. ● **red lead u.**, minio.

underconsumption /ʌndəkənˈsʌmpʃn/, *n.* (*econ.*) sottoconsumo.

to **undercook** /ʌndəˈkʊk/, *v. t.* cuocere troppo poco.

to **undercool** /ʌndəˈkuːl/, *v. t.* (*chim., fis.*) sottoraffreddare; soprafondere.

undercooling /ʌndəˈkuːlɪŋ/, *n.* (*chim., fis.*) sottoraffreddamento; soprafusione.

undercount /ˈʌndəkaʊnt/, *n.* (*demogr., stat.*) lacuna (*nel registrare dati*).

undercover /ʌndəˈkʌvə(r), ˈʌndəkʌvə(r)/, *a.* ***1*** segreto; nascosto; travestito: **an u. agent**, un poliziotto travestito (*che si fa passare per un malvivente*); un infiltrato ***2*** fatto di nascosto; sottobanco: **an u. payment**, un pagamento sottobanco.

undercroft /ˈʌndəkrɒft, *USA* -ɔːft/, *n.* (*archit.*) stanza sotterranea; cripta.

undercurrent /ˈʌndəkʌrənt, *USA* -kɜː-/, *n.* ***1*** (*geogr., naut.*) corrente sottomarina; sottocorrente (*di un fiume*) ***2*** (*fig.*) corrente secondaria; tendenza occulta; influsso segreto ***3*** (*elettr.*) corrente più debole (*di quella normale*).

undercut /ʌndəˈkʌt, ˈʌndək-/, *n.* ***1*** taglio più basso (*su un tronco da abbattere*) ***2*** rientranza; sottosquadro ***3*** (*cucina*) filetto (*di manzo*) ***4*** (*mecc.*) scarico (*di una vite*) ***5*** (*metall.*) taglio laterale; controsformo ***6*** (*sport*) colpo dal basso; effetto (*dato alla palla*) ***7*** (*boxe*) undercut.

to **undercut** /ʌndəˈkʌt/ (*pass.* e *p. p.* **undercut**), *v. t.* ***1*** tagliare sotto (*o* di sotto) ***2*** (*sport*) colpire dal basso; tagliare (*la palla*) ***3*** (*comm.*) vendere a un prezzo inferiore a quello di (*un concorrente*) ***4*** (*ind. min.*) sottoscavare; intagliare alla base. ● **to u. the competition**, battere la concorrenza □ **to u. a competitor's prices**, battere un concorrente sul prezzo.

undercutting /ʌndəˈkʌtɪŋ, ˈʌndək-/, *n.* (*market.*) vendite a prezzi stracciati (*o* sottocosto).

underdeck /ˈʌndədek/, *n.* (*naut.*) ponte inferiore; sottocoperta. ● (*naut.*) **u. tonnage**, stazza sotto il ponte.

to **underdevelop** /ʌndədɪˈveləp/, *v. t.* (*econ., fotogr.*) sviluppare in modo insufficiente; sottosviluppare.

underdeveloped /ʌndədɪˈveləpt/, *a.* ***1*** (*econ.*) sottosviluppato; depresso: **u. areas**, zone depresse ***2*** (*fotogr.*) sottosviluppato.

underdevelopment /ʌndədɪˈveləpmənt/, *n.* (*econ., fotogr.*) sottosviluppo; sviluppo insufficiente.

to **underdo** /ʌndəˈduː/ (*pass.* **underdid,** *p. p.* **underdone**), **A** *v. t.* ***1*** (*raro*) fare (q.c.) meno bene del necessario ***2*** cuocere poco; non cuocere abbastanza. **B** *v. i.* (*raro*) fare meno del necessario; agire in modo inadeguato.

underdog /ˈʌndədɒg, *USA* -dɔːg/, *n.* (*fig. fam.*) ***1*** chi ha la peggio; perdente ***2*** derelitto; diseredato; misero.

underdone /ʌndəˈdʌn/, **A** *p. p.* di **to underdo**. **B** *a.* (*di carne, ecc.*) poco cotto; al sangue: **I like my beefsteak u.**, la bistecca mi piace al sangue.

underdose /ˈʌndədəʊs/, *n.* dose scarsa; dose insufficiente.

underdrain /ʌndəˈdreɪn/, *n.* (*ind. costr.*) galleria filtrante; canale sotterraneo di scolo.

to **underdrain** /ʌndəˈdreɪn/, *v. t.* prosciugare (*un terreno*) con canali sotterranei; drenare in profondità.

to **underdraw** /ʌndəˈdrɔː/ (*pass.* **underdrew,** *p. p.* **underdrawn**), *v. t.* ***1*** disegnare a grandi linee ***2*** (*fig.*) descrivere, rappresentare (q.c.) in modo inadeguato ***3*** (*banca*) prelevare denaro da (*un conto*) senza eccedere la somma depositata.

underdrawing /ʌndəˈdrɔːɪŋ/, *n.* (*arte*) disegno preparatorio.

underdressed /ʌndəˈdrest/, *a.* ***1*** vestito in modo inadeguato ***2*** (*cucina*) poco condito: **This salad is u.**, questa salada è poco condita.

underemployed /ʌndərɪmˈplɔɪd/, *a.* (*econ.*) sottoccupato; non occupato a tempo pieno.

underemployment /ʌndərɪmˈplɔɪmənt/, *n.* (*econ.*) sottoccupazione.

underestimate /ʌndərˈestɪmət/, *n.* ***1*** valutazione inadeguata; sottovalutazione *2* (*comm.*) preventivo troppo basso.

to **underestimate** /ʌndər'ɛstɪmeɪt/, *v. t.* *1* sottovalutare; sminuire: **to u. an opponent** [**a competitor**], sottovalutare un avversario [un concorrente] *2* (*comm.*) fare un preventivo troppo basso per (*un lavoro*) *3* (*stat.*) sottostimare.

underestimation /ʌndərestɪ'meɪʃn/, *n.* *1* sottovalutazione *2* (*stat.*) sottostima.

to **underexpose** /ʌndərɪk'spəʊz/, *v. t.* (*fotogr.*) sottoesporre.

underexposure /ʌndərɪk'spəʊʒə(r)/, *n.* (*fotogr.*) sottoesposizione.

underfed /ʌndə'fɛd/, **A** *pass.* e *p. p.* di **to underfeed**. **B** *a.* denutrito.

to **underfeed** /ʌndə'fi:d/ (*pass.* e *p. p.* **underfed**), *v. t.* *1* non nutrire a sufficienza; sottoalimentare *2* (*metall.*) alimentare (*un forno*) dal di sotto.

underfelt /'ʌndəfɛlt/, *n.* strato di feltro (*posto sotto una moquette, ecc.*); sottotappeto.

underfinanced /ʌndə'faɪnænst/, *a.* (*fin.*) sottofinanziato.

underfired /ʌndə'faɪəd/, *a.* (*di vaso di ceramica, ecc.*) poco cotto; non cotto abbastanza.

underfloor /'ʌndəflɔ:(r)/, *a. attr.* (*edil.*) sottopavimento: **u. heating**, riscaldamento (con i tubi) sottopavimento.

underflow /'ʌndəfləʊ/, *n.* (*elab.*) «underflow»; superamento del limite inferiore.

underfoot /ʌndə'fʊt/, *avv.* *1* sotto i piedi (*anche fig.*): **After a frost it's hard u.**, dopo una gelata il terreno è duro sotto i piedi; **to tread sb. u.**, mettersi q. sotto i piedi *2* fra i piedi; d'impaccio.

underframe /'ʌndəfreɪm/, *n.* (*ferr.*) telaio (*di carrozza ferroviaria*).

underfunded /ʌndə'fʌndɪd/, *a.* (*fin.*) che ha fondi insufficienti.

undergarment /'ʌndəgɑ:mənt/, *n.* (*form.*) sottoveste; indumento intimo.

to **undergo** /ʌndə'gəʊ/ (*pass.* **underwent**, *p. p.* **undergone**), *v. t.* *1* subire; sostenere; passare attraverso; sottoporsi a: **to u. a radical change**, subire un mutamento radicale; **It has undergone many tests**, è stato sottoposto a molte prove; **to u. an examination**, subire un interrogatorio; sostenere un esame; sottoporsi a un esame medico *2* soffrire; patire; sopportare: **The shipwrecked sailors underwent numberless hardships**, i naufraghi soffrirono innumerevoli privazioni. ● **to u. repairs**, (*mecc.*) andare in riparazione; (*naut.*) andare ai lavori (di raddobbo).

undergown /'ʌndəgaʊn/, *n.* (*arc.*) sottoveste.

undergrad /'ʌndəgræd/, (*fam.*) *V.* **undergraduate**.

undergraduate /ʌndə'grædʒʊət/, **A** *n.* studente universitario (*che non ha ancora conseguito la laurea di 1° grado*; *cfr.* **postgraduate**). **B** *a. attr.* *1* studentesco; universitario: **u. studies**, studi universitari *2* di (*o* da) studente (universitario): **u. jokes**, barzellette da studente.

underground **A** *avv.* /'ʌndə'graʊnd/ *1* sottoterra, sotterra; nel sottosuolo: **Miners work u.**, i minatori lavorano nel sottosuolo *2* (*ind. min.*) in sotterraneo *3* segretamente; di nascosto; nella clandestinità; clandestinamente: **Extremists work u.**, gli estremisti operano nella clandestinità. **B** *a. attr.* /'ʌndəgraʊnd/ *1* sotterraneo: (*geol.*) **u. stream**, corso d'acqua sotterraneo; (*autom.*) **u. car park**, parcheggio sotterraneo; (*ferr.*) **u. railway**, ferrovia sotterranea; (*mil.*) **u. shelter**, ricovero sotterraneo *2* segreto; clandestino; underground: (*stor.*) **the u. movement in Italy**, il movimento clandestino in Italia; **u. music** [**press**], musica [stampa] underground. **C** *n.* /'ʌndəgraʊnd/ *1* ferrovia sotterranea; metropolitana (*in G.B.*; *cfr. USA* **subway**) *2* movimento clandestino (*anche polit.*); underground *3* (*edil.*) sottosuolo; sotterraneo. ● (*econ.*) **u. economy**, economia sommersa □ **u. pipes**, tubazioni interrate □ (*bot.*) **u. stem**, rizoma □ (*edil.*) **u. utilities**, sotterranei; cantine □ (*polit.*) **to go u.**, entrare nella clandestinità.

undergrounder /ʌndə'graʊndə(r)/, *n.* *1* (*ferr.*) chi si serve della metropolitana (*specialm. a Londra*) *2* appartenente a un movimento underground.

undergrove /'ʌndəgrəʊv/, *n.* sottobosco.

undergrown /ʌndə'grəʊn/, *a.* *1* cresciuto male *2* (*di persona*) di bassa statura; mingherlino; gracile *3* (*d'albero*) stentato.

undergrowth /'ʌndəgrəʊθ/, *n.* *1* sottobosco; boscaglia; arbusti *2* l'essere cresciuto male; stentatezza.

underhand, **A** *a.* /'ʌndəhænd/ *1* clandestino; nascosto; segreto; subdolo: **u. dealings**, mene segrete *2* (*sport*) dal basso in alto: **u. bowling**, modo di lanciare la palla al cricket dal basso in alto. **B** *avv.* /'ʌndəhænd/ *1* di nascosto; di soppiatto; sottomano *2* (*sport*) dal basso verso l'alto: **to bowl u.**, lanciare la palla dal basso verso l'alto. ● **u. methods**, vie traverse (*fig.*) □ (*ind. min.*) **u. stoping**, coltivazione discendente.

underhanded /ʌndə'hændɪd/, *a.* *1* disonesto; nascosto; segreto; subdolo *2* (*di fabbrica, squadra di calcio, ecc.*) con gli effettivi ridotti; con pochi operai (*o* giocatori). ‖ **-ly**, *avv.* ‖ **-ness**, *sost.*

underhung /ʌndə'hʌŋ/, *a.* *1* (*della mandibola*) sporgente *2* (*di persona*) dalla mandibola sporgente. ● (*mecc.*) **u. crane**, gru (a ponte) a vie di corsa superiori.

underinsurance /ʌndərɪn'ʃʊərəns, -'ʃɔ:-/, *n.* (*ass.*) sottoassicurazione; assicurazione per un valore insufficiente.

to **underinsure** /ʌndərɪn'ʃʊə(r), -'ʃɔ:(r)/, *v. t.* (*ass.*) sottoassicurare.

underived /ʌndɪ'raɪvd/, *a.* non derivato; originale.

underkeeper /'ʌndəki:pə(r)/, *n.* vice guardiano. ● **u. of a game forest**, aiutante di guardacaccia.

underlaid /ʌndə'leɪd/, *pass.* e *p. p.* di **to underlay**.

underlay /'ʌndəleɪ/, *n.* *1* carta (*o* tela) impermeabile (*da porre sotto un tappeto, ecc.*) *2* (*tipogr.*) alzo; tacco *3* (*geol.*) inclinazione (*di una vena di minerale*) *4* (*ind. min.*) pozzo inclinato.

to **underlay** /ʌndə'leɪ/ (*pass.* e *p. p.* **underlaid**), **A** *v. t.* *1* ricoprire il fondo di *2* collocare, infilare, porre (q.c.) sotto *3* (*tipogr.*) mettere un rialzo sotto (*i caratteri*); taccheggiare. **B** *v. i.* (*geol.*: *di una vena di minerale*) essere inclinato.

underlease /'ʌndəli:s/, *n.* subaffitto; sublocazione.

to **underlend** /ʌndə'lɛnd/ (*pass.* e *p. p.* **underlent**), *v. t.* prestare meno di quanto si potrebbe. ● (*di banca*) **to be underlent**, avere un impiego insufficiente dei depositi.

underlessee /ʌndəlɛ'si:/, *n.* subaffittuario; sublocatario.

underlessor /ʌndəlɛ'sɔ:(r)/, *n.* sublocatore.

to **underlet** /ʌndə'lɛt/ (*pass.* e *p. p.* **underlet**), *v. t.* *1* subaffittare; sublocare *2* affittare a un prezzo inferiore al giusto.

underletting /ʌndə'lɛtɪŋ/, *n.* subaffitto; sublocazione.

under-librarian /ʌndəlaɪ'brɛərɪən/, *n.* vicebibliotecario.

to **underlie** /ʌndə'laɪ/ (*pass.* **underlay**, *p. p.* **underlain**), **A** *v. t.* *1* (*di uno strato, ecc.*) essere posto sotto a (*un altro*); sottostare a *2* (*fig.*) essere alla base di; costituire il fondamento di: **These principles u. a democratic system of government**, questi principi stanno alla base di un sistema democratico di governo *3* (*fig.*) essere alla radice di; essere la causa (profonda) di (q.c.) *4* (*leg., fin.*: *di un'ipoteca, ecc.*) avere la priorità su. **B** *v. i.* stare sotto; essere sottostante.

underline /'ʌndəlaɪn/, *n.* *1* sottolineatura (*la linea*) *2* (*teatr.*) annuncio di una prossima rappresentazione (*in calce a un cartellone*).

to **underline** /ʌndə'laɪn/, *v. t.* sottolineare (*anche fig.*); mettere in evidenza (*o* in risalto); evidenziare.

underlinen /'ʌndəlɪnɪn/, *n.* biancheria personale (*o* intima).

underlines /'ʌndəlaɪnz/, *n. pl.* didascalia (*sotto un'illustrazione*).

underling /'ʌndəlɪŋ/, *n.* subalterno; sottopancia (*fig. spreg.*); tirapiedi (*spreg.*).

underlining (**1**) /ʌndə'laɪnɪŋ/, *n.* *1* sottolineatura (*l'azione*) *2* (*fig.*) messa in evidenza (*o* in risalto).

underlining (**2**) /ʌndə'laɪnɪŋ/, *n.* (*sartoria*) sottofodera.

underlip /'ʌndəlɪp/, *n.* (*anat.*) labbro inferiore.

underlying /'ʌndəlaɪɪŋ/, *a.* *1* posto sotto; sottostante *2* (*fig.*) che sta alla base di; basilare; fondamentale *3* (*fig.*) implicito; sottinteso *4* (*ling.*) soggiacente.

to **underman** /ʌndə'mæn/, *v. t.* equipaggiare in modo insufficiente; fornire di personale troppo scarso (*o* di manodopera troppo scarsa, di un numero insufficiente di marinai).

undermanager /ʌndə'mænɪdʒə(r)/, *n.* vicedirettore (*di un'azienda e sim.*).

undermanned /ʌndə'mænd/, *a.* che ha un equipaggio insufficiente; a corto di personale (*o* di manodopera).

undermanning /ʌndə'mænɪŋ/, *n.* *1* manodopera insufficiente *2* (*mil.*) effettivi troppo ridotti *3* (*naut.*) impiego di un equipaggio insufficiente.

undermasted /ʌndə'mɑ:stɪd, *USA* -'mæst-/, *a.* (*naut.*) che ha un'alberatura inadeguata.

undermentioned /ʌndə'mɛnʃnd/, *a.* sottomenzionato; sottoindicato.

to **undermine** /ʌndə'maɪn/, *v. t.* *1* minare (*anche fig.*); scavare dal disotto; scalzare; scardinare; indebolire: **Floodwater is undermining the banks of the river**, l'acqua della piena scalza le sponde del fiume; **Drugs are undermining his health**, la droga gli sta minando la salute; **to u. sb.'s authority**, indebolire (*o* scalzare) l'autorità di q. *2* (*ind. min.*) sottoscavare; sgrottare.

undermost /'ʌndəməʊst/, *a.* infimo; (il) più basso.

underneath /ʌndə'ni:θ/, **A** *avv.* *1* sotto; disotto; abbasso: **I don't want that book; I want the one u.**, non voglio quel libro; voglio quello sotto: **She wore a red dress with nothing u.**, aveva indosso un abito rosso, e sotto niente *2* (*fig.*) sotto sotto; in fondo: **u., he's much better than he looks**, sotto sotto, è assai migliore di quello che sembra. **B** *prep.* sotto; sotto a; sotto di: **u. the trees**, sotto gli alberi. **C** *a. pred.* disotto; inferiore: **the part u.**, la parte disotto; **the u. layer of the cake**, il ripiano inferiore della torta. **D** *n.* (il) disotto; il fondo: **the u. of the table**, il disotto della tavola.

undernote /'ʌndənəʊt/, *n.* (*mus.*) nota bassa.

undernourished /ʌndə'nʌrɪʃt, *USA* -3:r-/, *a.* denutrito.

undernutrition /ʌndənju:'trɪʃn, *USA* -nu:-/, *n.* (*med.*) sottonutrizione; alimentazione insufficiente.

underoccupied /ʌndər'ɒkjʊpaɪd/, *a.* *1* non occupato interamente; che ha posto (libero); non pieno *2* (*econ.*: *rif. a persone*) sottoccupato.

underpaid /ʌndə'peɪd/, **A** *pass.* e *p. p.* di **to underpay**. **B** *a.* mal pagato; mal retribuito; sottopagato.

underpainting /'ʌndəpeɪntɪŋ/, *n.* (*pittura*) mano di fondo.

underpants /'ʌndəpænts/, *n. pl.* (*specialm. USA*) mutande; mutandine (*da uomo*).

underpass /'ʌndəpɑ:s, *USA* -pæs/, *n.* *1* sottopassaggio pedonale *2* (*autom.*) sottovia; sottopassaggio.

to **underpay** /ʌndə'peɪ/ (*pass.* e *p. p.* **underpaid**), *v. t.* pagare poco; retribuire in modo insufficiente; sottopagare.

underpayment /ʌndə'peɪmənt/, *n.* retribuzione insufficiente.

to **underpin** /ʌndə'pɪn/, *v. t.* (*edil.*) ***1*** puntellare (*un muro, ecc.*) ***2*** sottomurare.

underpinning /ʌndə'pɪnɪŋ/, *n.* ***1*** (*edil.*) sottomurazione ***2*** (*edil., ind. min.*) puntellatura ***3*** (*fig.*) appoggio; sostegno ***4*** (*pl.*) (*fam. USA*) (le) gambe.

underplay /'ʌndəpleɪ/, *n.* (*a carte*) il giocare una carta bassa (*avendone una superiore in mano*).

to **underplay** /ʌndə'pleɪ/, **A** *v. t.* ***1*** (*teatr.*) recitare (*una parte*) con scarsa enfasi (*o* smorzando i toni) ***2*** (*fig.*) sottovalutare, minimizzare, sminuire (*l'importanza di q.c.*). **B** *v. i.* (= **to u. one's hand**) ***1*** (*a carte*) giocare una carta bassa, non sfruttando appieno le carte che si hanno in mano ***2*** (*fig.*) procedere con cautela; agire con grande circospezione.

underplot /'ʌndəplɒt/, *n.* ***1*** intreccio secondario (*di romanzo, dramma, ecc.*) ***2*** (*raro*) complotto; manovra.

underpopulated /ʌndə'pɒpjʊleɪtɪd/, *a.* (*demogr., econ.*) sottopopolato; scarsamente popolato.

underpopulation /ʌndəpɒpjʊ'leɪʃn/, *n.* (*demogr.*) ***1*** sottopopolamento ***2*** sottopopolazione.

to **underprice** /ʌndə'praɪs/, *v. t.* (*comm.*) ***1*** porre un prezzo troppo basso a (*un articolo, ecc.*) ***2*** porre un prezzo a (*un articolo, ecc.*) più basso di quello corrente ***3*** battere (*un concorrente*) nei prezzi.

underpricing /ʌndə'praɪsɪŋ/, *n.* (*market.*) vendita sottoprezzo.

underprivileged /ʌndə'prɪvəlɪdʒd/, *a.* bisognoso; derelitto; misero; diseredato. ● (*collett.*) **the u.**, i deseredati.

to **underproduce** /ʌndəprə'djuːs, *USA* -'duːs/, *v. t.* (*econ.*) produrre (*beni*) meno del necessario (*o* in quantità insufficiente).

underproduction /ʌndəprə'dʌkʃn/, *n.* (*econ.*) produzione insufficiente; sottoproduzione.

underproductivity /ʌndəprɒdʌk'tɪvətɪ/, *n.* (*econ.*) produttività scarsa (*o* insufficiente).

underproof /'ʌndə'pruːf/, *a.* (*di bevanda alcolica*) sotto titolo; di gradazione inferiore (*a quella stabilita per legge*).

to **underprop** /ʌndə'prɒp/, *v. t.* puntellare; sostenere dal disotto.

to **underquote** /ʌndə'kwəʊt/, *v. t.* (*comm.*) ***1*** offrire (*merce, servizi, ecc.*) a un prezzo inferiore ***2*** fare (*o* praticare) prezzi inferiori a quelli di (*un concorrente*); battere (q.) nelle quotazioni.

to **underrate** /ʌndə'reɪt/, *v. t.* sottovalutare; sminuire; svalutare.

to **underreact** /ʌndərɪ'ækt/, *v. i.* reagire in modo blando; avere una reazione moderata.

underreaction /ʌndərɪ'ækʃn/, *n.* reazione moderata.

to **under-reckon** /ʌndə'rekən/, *v. t.* calcolare per difetto.

under-ripe /'ʌndəraɪp/, *a.* non abbastanza maturo; immaturo.

to **underrun** /ʌndə'rʌn/ (*pass.* **underran**, *p. p.* **underrun**), **A** *v. i.* correre sotto; passare sotto. **B** *v. t.* ***1*** far scorrere (*o* far passare) sotto ***2*** (*tecn.*) ispezionare (q.c.) dal disotto.

to **underscore** /ʌndə'skɔː(r)/, *v. t.* sottolineare (*anche fig.*).

underscoring /ʌndə'skɔːrɪŋ/, *n.* ***1*** sottolineatura ***2*** (*fig.*) evidenziazione.

undersea /'ʌndəsiː/, **A** *a. attr.* sottomarino: (*ind. min.*) **u. mining**, coltivazione sottomarina. **B** *avv.* sotto la superficie del mare; in fondo al mare.

underseas /ʌndə'siːz/, *avv.* sotto la superficie del mare.

underseat /ʌndə'siːt/, *a.* che sta sotto il sedile: **u. garment bag**, valigetta per indumenti che sta sotto il sedile (*dell'aereo, ecc.*).

undersecretary /ʌndə'sekrətrɪ, *USA* -terɪ/, *n.* ***1*** (*polit.*, = **Parliamentary U.**) sottosegretario ***2*** vicesegretario. ● (*in G.B.*) **Permanent U.**, «Sottosegretario di carriera» (*non uomo politico, ma il più alto funzionario di un ministero*).

undersecretaryship /ʌndə'sekrətrɪʃɪp, *USA* -terɪ-/, *n.* (*polit.*) sottosegretariato.

to **undersell** /ʌndə'sel/ (*pass.* e *p. p.* **undersold**), *v. t.* (*comm.*) ***1*** vendere (*merce*) sottocosto; svendere ***2*** vendere a un prezzo inferiore a quello di (*un concorrente*); battere (q.) nel prezzo ***3*** (*fig.*) sminuire; svalutare; buttare giù (*fam.*): **Never u. yourself!**, non buttarti mai giù!

underseller /ʌndə'selə(r)/, *n.* (*comm.*) chi vende merce sottocosto.

underselling /ʌndə'selɪŋ/, *n.* (*market.*) vendita sottocosto; svendita.

underset /'ʌndəset/, *n.* ***1*** corrente sottomarina ***2*** risacca.

to **underset** /ʌndə'set/ (*pass.* e *p. p.* **underset**), *v. t.* ***1*** (*ind. costr.*) puntellare ***2*** (*fig.*) sostenere.

undersexed /ʌndə'sekst/, *a.* (*biol.*) che ha scarsi stimoli sessuali; poco dotato sessualmente.

undersheriff /ʌndə'ʃerɪf/, *n.* vice sceriffo.

undershirt /'ʌndəʃɜːt/, *n.* (*USA*; *cfr. ingl.* **vest,** *def. 2*) camiciola; maglietta; maglia sulla pelle; maglia della salute (*fam.*).

to **undershoot** /ʌndə'ʃuːt/ (*pass.* e *p. p.* **undershot**), **A** *v. t.* ***1*** (*sparando, tirando con l'arco, ecc.*) non raggiungere, mancare (*il bersaglio*) ***2*** (*aeron.*: *di pilota*) far fare un atterraggio corto a (*un aereo*). **B** *v. i.* ***1*** fare un tiro corto ***2*** (*aeron.*) atterrare corto. ● (*di un aereo*) **to u. the runway**, fare un atterraggio corto.

undershot /ʌndə'ʃɒt/, *a.* ***1*** (*di ruota idraulica*) per disotto: **u. wheel**, ruota per disotto (*mossa dall'acqua che la colpisce in basso*); ruota a stramazzo ***2*** *V.* **underhung**.

undershrub /'ʌndəʃrʌb/, *n.* (*bot.*) arbusto basso.

underside /'ʌndəsaɪd/, *n.* parte inferiore; (il) disotto.

to **undersign** /ʌndə'saɪn/, *v. t.* sottoscrivere; firmare in calce (*un documento, una lettera, ecc.*).

undersigned /ʌndə'saɪnd/, *a.* sottoscritto; firmato in calce. ● **the u.**, il sottoscritto ◻ **I the u.**, io sottoscritto ◻ **we the u.**, i sottoscritti.

undersize /ʌndə'saɪz/, *V.* **undersized**.

undersized /ʌndə'saɪzd/, *a.* ***1*** di misura inferiore al normale ***2*** mingherlino; piccolo; stentato.

underskirt /'ʌndəskɜːt/, *n.* sottogonna.

undersleeve /'ʌndəsliːv/, *n.* sottomanica.

underslung /'ʌndəslʌŋ/, *a.* ***1*** sostenuto dal di sopra ***2*** (*autom.*: *di telaio*) collegato agli assi dal di sotto.

undersoil /'ʌndəsɔɪl/, *n.* (*agric., geol.*) sottosuolo; suolo inerte.

undersold /ʌndə'səʊld/, *pass.* e *p. p.* di **to undersell**.

understaffed /ʌndə'stɑːft, *USA* -æft/, *a.* ***1*** (*org. az.*: *di ufficio, ecc.*) che non ha personale sufficiente; a corto di personale ***2*** (*mil.*) con gli effettivi ridotti ***3*** (*di scuola*) che ha pochi insegnanti; a corto di docenti.

understaffing /ʌndə'stɑːfɪŋ, *USA* -æf-/, *n.* (*org. az.*) impiego di personale insufficiente.

to **understand** /ʌndə'stænd/ (*pass.* e *p. p.* **understood**), *v. t.* e *i.* ***1*** capire; comprendere; intendere; aver comprensione per; rendersi conto di: **to u. English [mathematics, a question]**, capire l'inglese [la matematica, una domanda]; **I don't u. you [what you say]**, non ti capisco [non comprendo quel che dici]; **What did you u. him to say?**, che cosa hai inteso che volesse dire?; **I quite u. your difficulty**, mi rendo perfettamente conto delle tue difficoltà; **Not that I agree, (you) u.**, non che io sia d'accordo, intendiamoci! ***2*** apprendere; venire a sapere; sentir dire, sentire: **We u. that the firm has stopped payment**, apprendiamo che la ditta ha sospeso i pagamenti; **I u. that John is going to marry Edith**, sento che (*o* mi dicono che) John sta per sposare Edith ***3*** sottintendere: **It's understood that her brother will come too**, è sottinteso che verrà anche suo fratello; (*gramm.*) **In some cases, the verb may be understood**, in taluni casi si può sottintendere il verbo ***4*** (*come parentetico*) credere; pensare; ritenere: **He is, I u., no longer here**, credo che sia già partito; **Their offer is, I u., still open**, a quanto capisco, la loro offerta è ancora valida ***5*** intendere, interpretare (*un personaggio, ecc.*) ***6*** dedurre; supporre; capire: **Am I to u.** (*o* **Do I u.**) **that you won't come?**, devo supporre (*o* vuoi forse dire) che non verrai? ● **to u. each other** (*o* **one another**), comprendersi; capirsi ◻ **to give sb. to u.**, lasciar intendere a q.; far capire: **He gave me to u. that Brown would help me**, mi fece capire che Brown mi avrebbe aiutato ◻ **(Now) u. me!**, stammi a sentire!; ascolta bene! ◻ **I cannot u. his behaviour**, non riesco a spiegarmi la sua condotta ◻ **I don't u. anything about it**, non ci capisco nulla; non mi ci raccapezzo ◻ **You don't u.**, tu non capisci; tu non ti rendi conto.

understandability /ʌndəstændə'bɪlətɪ/, *n.* (*anche elab.*) comprensibilità.

understandable /ʌndə'stændəbl/, *a.* comprensibile; intelligibile.

understandably /ʌndə'stændəblɪ/, *avv.* in modo comprensibile.

understanding (1) /ʌndə'stændɪŋ/, *n.* ***1*** intelligenza; intelletto; giudizio; discernimento; comprendonio (*fam.*): **He has an excellent u.**, ha un'intelligenza eccezionale; **a man without u.**, un uomo privo di discernimento; **«An Essay Concerning Human U.»**, «Saggio sull'intelletto umano» (*di J. Locke*) ***2*** comprensione; conoscenza; visione (*fig.*): **He has a good u. of economics**, ha una buona conoscenza dell'economia; **He has a clear u. of the financial situation**, ha una chiara visione della situazione finanziaria ***3*** patto; accordo; intesa: **to reach** (*o* **to come to**) **an u.**, raggiungere un accordo ***4*** comprensione; indulgenza. ● **to have much u. of a question**, essere al corrente di un problema ◻ **on the u. that...**, a condizione che...; a patto che... ◻ **on this u.**, a questa condizione; a questi patti ◻ **This is my u. of the matter**, questo è il mio modo di vedere la cosa.

understanding (2) /ʌndə'stændɪŋ/, *a.* ***1*** intelligente; dotato d'intuito ***2*** comprensivo; dotato di comprensione; indulgente: **an u. father**, un padre comprensivo, indulgente.

to **understate** /ʌndə'steɪt/, **A** *v. t.* ***1*** attenuare; minimizzare: **The bulletin understated our losses**, il bollettino attenuava l'entità delle nostre perdite ***2*** (*rag.*) sottostimare (*attività o passività*). **B** *v. i.* dir meno del vero; essere reticente. ● (*fisc.*) **to u. one's taxable income**, dichiarare un imponibile troppo basso.

understatement /ʌndə'steɪtmənt, 'ʌn-/, *n.* dichiarazione attenuata (*o* incompleta); affermazione troppo modesta; understatement. ● **To call him generous is the u. of the year**, dire che è generoso è troppo poco!

understeer /'ʌndəstɪə(r)/, *n.* (*autom.*) ***1*** sottosterzo ***2*** sottosterzata.

to **understeer** /ʌndə'stɪə(r)/, *v. i.* (*autom.*) sottosterzare; essere sottosterzante.

understock /'ʌndəstɒk/, *n.* ***1*** (*comm.*) approvvigionamento insufficiente ***2*** (*agric.*) ceppo d'innesto.

to **understock** /ʌndə'stɒk/, *v. t.* (*comm.*) approvvigionare, rifornire (*un negozio*) di una quantità insufficiente di merce; sottostoccare (*una fabbrica*).

understocking /ʌndə'stɒkɪŋ/, *n.* (*org. az.*) sottostoccaggio.

understood /ʌndə'stʊd/, **A** *pass.* e *p. p.* di **to understand**. **B** *a.* ***1*** capito; compreso; inteso ***2*** (*anche gramm.*) sottinteso: **The object is u.**, il complemento oggetto è sottinteso; **This**

condition is u., questa condizione è sottintesa ***3*** inteso; convenuto; stabilito: **It's u. that the goods shall be up to sample**, resta inteso che la merce dev'essere conforme al campione. ● **to make oneself u.**, farsi capire □ **That's u.!**, è chiaro; va da sé! □ **Is that u.?**, d'accordo?

understrapper /ˈʌndəstræpə(r)/, *n.* (*raro*) subalterno; sottopancia (*fig. spreg.*); tirapiedi (*spreg.*).

understratum /ʌndəˈstrɑːtəm, -eɪtəm, *USA* -eɪtəm, -ætəm/, *n.* (*pl.* **understrata, understratums**) (*scient.*) substrato; sostrato.

understructure /ʌndəˈstrʌktʃə(r)/, *n.* sottostruttura.

understudy /ˈʌndəstʌdɪ/, *n.* ***1*** (*teatr.*) sostituto; attore (*o* attrice) supplente ***2*** (*cinem.*) controfigura.

to **understudy** /ˈʌndəstʌdɪ/, (*teatr.*) **A** *v. t.* ***1*** studiare (*una parte*) come sostituto: **He is understudying Othello**, studia la parte di Otello (*per poter sostituire il protagonista, se necessario*) ***2*** sostituire (*un attore, un'attrice*). **B** *v. i.* fare da sostituto.

undertakable /ʌndəˈteɪkəbl/, *a.* che si può intraprendere.

to **undertake** /ʌndəˈteɪk/ (*pass.* **undertook**, *p. p.* **undertaken**), **A** *v. t.* ***1*** intraprendere; assumere, assumersi: **to u. a task [a journey]**, intraprendere un compito [un viaggio]; **to u. a piece of work**, assumere un lavoro (*appaltarlo, ecc.*); **to u. full responsibility for st.**, assumersi la piena responsabilità di q.c. ***2*** assumersi l'impegno di; accettare; impegnarsi a; incaricarsi di: **He undertook to be our guide**, assunse l'impegno di farci da guida; (*polit.*) **to u. the premiership**, accettare la carica di Primo Ministro; **I can't u. to do that**, non posso impegnarmi a fare ciò. **B** *v. i.* ***1*** assicurare; garantire: **I can't u. you will be well again in a week**, non posso assicurare che starai di nuovo bene in una settimana ***2*** (*fam.*) fare l'impresario di pompe funebri. ● (*leg.*) **to u. legal proceedings against sb.**, procedere per vie legali contro q. □ (*leg.*) **to u. an obligation**, assumere un'obbligazione □ (*leg.*) **to u. on contract**, prendere in appalto; appaltare □ **I u. that he hasn't heard a word**, t'assicuro che non ha sentito una sola parola □ **I will u. to say**, oserei dire.

undertaker /ˈʌndəteɪkə(r)/, *n.* ***1*** impresario di pompe funebri ***2*** chi intraprende (q.c.) ***3*** (*econ.*) imprenditore (*più com.* **entrepreneur**) ***4*** (*econ.*) impresa di pubblici servizi. ● **u.'s works**, lavori pubblici in appalto.

undertaking /ʌndəˈteɪkɪŋ, *nel sign. A, def. 4* ˈʌndəteɪkɪŋ/ **A** *n.* ***1*** impresa; compito: **a risky u.**, un'impresa rischiosa ***2*** (*econ.*) impresa; azienda ***3*** (*leg.*) assunzione (*di un obbligo*); impegno; promessa: **to give a written u.**, rilasciare un impegno scritto; **to give sb. an u. to do** (*o* **not to do**) **st.**, assumere con q. l'impegno di fare (*o* di non fare) q.c. ***4*** impresa di pompe funebri. **B** *a.* intraprendente. ● (*leg.*) **u. to appear**, impegno (*o* obbligo) di costituirsi in giudizio.

to **undertax** /ʌndəˈtæks/, (*fisc.*) **A** *v. t.* tassare insufficientemente; non tassare abbastanza. **B** *v. i.* imporre tasse insufficienti.

undertaxation /ʌndətækˈseɪʃn/, *n.* (*fisc.*) tassazione insufficiente (*o* inadeguata).

undertenancy /ʌndəˈtɛnənsɪ/, *n.* subaffitto.

undertenant /ʌndəˈtɛnənt/, *n.* subaffittuario.

underthings /ˈʌndəθɪŋz/, *n. pl.* biancheria intima (*da donna*).

to **undertime** /ʌndəˈtaɪm/, *V.* **to underexpose.**

undertint /ˈʌndətɪnt/, *n.* colore smorzato; tinta tenue.

to **undertip** /ʌndəˈtɪp/, *v. t.* dare una mancia troppo piccola a (q.).

undertipping /ʌndəˈtɪpɪŋ/, *n.* (*tur.*) il dare mance troppe piccole.

undertone /ˈʌndətəʊn/, *n.* ***1*** tono basso; tono sommesso; bisbiglio ***2*** colore smorzato; tinta tenue ***3*** (*fig.*) sottofondo; senso occulto: **an u. of horror**, un senso occulto di orrore ***4*** (*fin.*) tendenza di base (*d'un mercato, ecc.*): **Our securities are displaying a strong u. today**, oggi i nostri titoli rivelano una tendenza di base sostenuta. ● **to talk in undertones**, parlare sottovoce.

undertook /ʌndəˈtʊk/, *pass.* di **to undertake**.

undertow /ˈʌndətəʊ/, *n.* (*naut.*) ***1*** moto di masse d'acqua sul fondo (*del mare*); flutto di fondo ***2*** risacca.

undertreasurer /ˈʌndətrɛʒərə(r)/, *n.* vicetesoriere.

underused /ʌndəˈjuːzd/, *a.* sottoutilizzato.

underutilization /ʌndəjuːtəlaɪˈzeɪʃn, *USA* -lɪˈz-/, *n.* (*org. az.*) sottoutilizzazione (*di un impianto, ecc.*).

undervaluation /ʌndəvæljʊˈeɪʃn/, *n.* (*fin.*) sottovalutazione; svalutazione; deprezzamento.

to **undervalue** /ʌndəˈvæljuː/, *v. t.* (*fin.*) sottovalutare; svalutare; deprezzare.

undervalued /ʌndəˈvæljuːd/, *a.* (*fin.*) sottovalutato: **The Italian Lira was u.**, la lira italiana era sottovalutata.

undervest /ˈʌndəvɛst/, *n.* camiciola; maglietta; maglia sulla pelle; maglia della salute (*fam.*).

underwater /ʌndəˈwɔːtə(r), *USA* -ˈwɒt-/, **A** *avv.* sott'acqua: **Let's swim u.**, andiamo sott'acqua! **B** *a.* ***1*** (*anche sport*) sott'acqua; subacqueo: **u. swimming**, il nuoto sott'acqua; **an u. swimmer**, un nuotatore subacqueo ***2*** (*naut.*) subacqueo; sottomarino: **u. navigation**, navigazione sottomarina (*di un sommergibile*) ***3*** (*mil., naut.*) immerso; sommerso; subacqueo: **an u. mine**, una mina subacquea. ● **u. camera**, macchina fotografica subacquea □ **u. TV camera**, telecamera subacquea.

underwear /ˈʌndəwɛə(r)/, *n.* biancheria intima.

underweight /ˈʌndəweɪt/, **A** *n.* peso inferiore al normale; peso scarso. **B** *a.* di peso inferiore al normale; troppo leggero. ● (*rif. a persone*) **to be ten pounds u.**, essere dieci libbre (*quasi cinque kili*) sotto il peso forma.

underwent /ʌndəˈwɛnt/, *pass.* di **to undergo**.

to **underwhelm** /ʌndəˈwɛlm, *USA* -hw-/, *v. t.* (*scherz.*; *sul modello di* **to overwhelm**) lasciar freddo (*fig.*); non entusiasmare.

underwing /ˈʌndəwɪŋ/, *n.* (*zool.*) ***1*** ala posteriore (*d'insetto*) ***2*** (*Catocala*) catocala.

underwood /ˈʌndəwʊd/, *n.* ***1*** sottobosco; sterpaglia ***2*** bosco ceduo.

to **underwork** /ʌndəˈwɜːk/, **A** *v. i.* ***1*** lavorare troppo poco ***2*** lavorare per una retribuzione inadeguata (*fam.*: per troppo poco). **B** *v. t.* ***1*** dedicare troppo poco lavoro a (q.c.) ***2*** esigere troppo poco lavoro da (q.) ***3*** lavorare per meno di (q.).

underworld /ˈʌndəwɜːld/, *n.* ***1*** oltretomba; inferi; inferno; Ade ***2*** (*geogr.*) antipodi ***3*** – (*collett.*) **the u.**, il mondo del crimine; la malavita.

to **underwrite** /ʌndəˈraɪt/ (*pass.* **underwrote**, *p. p.* **underwritten**), **A** *v. t.* ***1*** sottoscrivere (*anche fig.*); firmare ***2*** (*ass.*) emettere (*una polizza, specialm. d'assicurazione marittima*); assicurare (*specialm. una nave*); coprire (*un certo rischio*) ***3*** (*fin.*) sottoscrivere (*azioni, ecc.*) ***4*** (*fin.*) finanziare, sostenere finanziariamente (*un'impresa, ecc.*): **to u. the production of an electric car**, finanziare la produzione di un'automobile elettrica. **B** *v. i.* fare l'assicuratore (*specialm. marittimo*). ● (*fin.*) **to u. stock**, sottoscrivere capitale azionario.

underwriter /ˈʌndəraɪtə(r)/, *n.* ***1*** (*ass.*) assicuratore (*specialm. marittimo*) ***2*** (*fin.*) sottoscrittore (*di titoli*) ***3*** (*fin.*) finanziatore ***4*** (*fin.*) società che gestisce fondi d'investimento.

underwriting /ˈʌndəraɪtɪŋ/, *n.* ***1*** (*ass.*) assicurazione (*specialm. marittima*) ***2*** (*fin.*) sottoscrizione (*di titoli*) ***3*** (*fin.*) conferimento di capitali; finanziamento. ● **u. commission** (*o* **fee**), commissione di sottoscrizione □ **u. syndicate**, consorzio di garanzia e collocamento titoli.

underwritten /ʌndəˈrɪtn/, *p. p.* di **to underwrite**.

underwrote /ʌndəˈrəʊt/, *pass.* di **to underwrite**.

undescribable /ʌndɪˈskraɪbəbl/, *a.* indescrivibile.

undeserved /ʌndɪˈzɜːvd/, *a.* immeritato; ingiusto. || **-ly,** *avv.* || **-ness,** *sost.*

undeserving /ʌndɪˈzɜːvɪŋ/, *a.* immeritevole; indegno.

undesigned /ʌndɪˈzaɪnd/, *a.* non meditato; involontario.

undesigning /ʌndɪˈzaɪnɪŋ/, *a.* franco; leale; onesto; schietto.

undesirability /ʌndɪzaɪərəˈbɪlətɪ/, *n.* indesiderabilità; l'essere sgradito.

undesirable /ʌndɪˈzaɪərəbl/, **A** *a.* indesiderabile; non desiderabile; sgradito: **an u. person**, una persona sgradita. **B** *n.* persona sgradita. || **-bly,** *avv.*

undesirableness /ʌndɪˈzaɪərəblnəs/, *V.* **undesirability**.

undesired /ʌndɪˈzaɪəd/, *a.* indesiderato; non desiderato; non sollecitato.

undestroyable /ʌndɪˈstrɔɪəbl/, *a.* indistruttibile.

undestroyed /ʌndɪˈstrɔɪd/, *a.* non distrutto; integro; intatto.

undetected /ʌndɪˈtɛktɪd/, *a.* ***1*** non scoperto; non individuato ***2*** (*di errore*) non rilevato.

undeterminable /ʌndɪˈtɜːmɪnəbl/, *a.* indeterminabile.

undetermined /ʌndɪˈtɜːmɪnd/, *a.* ***1*** indeterminato; indefinito ***2*** indeciso; incerto; irresoluto: **He was u. whether to accept the offer**, era indeciso se accettare l'offerta ***3*** indeciso; irrisolto: **an u. question**, una questione irrisolta.

undeterred /ʌndɪˈtɜːd/, *a.* non scoraggiato; imperterrito; imperturbato; impavido.

undeveloped /ʌndɪˈvɛləpt/, *a.* ***1*** (*anche econ.*) non sviluppato; (*di paese*) (allo stato) primitivo ***2*** (*di terreno*) non edificato.

undeviating /ʌnˈdiːvɪeɪtɪŋ/, *a.* ***1*** diretto; che non devia ***2*** (*fig.*) costante; fermo; saldo; rigoroso. || **-ly,** *avv.*

undid /ʌnˈdɪd/, *pass.* di **to undo**.

undies /ˈʌndɪz/, *n. pl.* (*fam.*) biancheria intima (*da donna o da bambino*).

undifferentiated /ʌndɪfəˈrɛnʃɪeɪtɪd/, *a.* indifferenziato; indiscriminato.

undigested /ʌndaɪˈdʒɛstɪd, ʌndɪ-/, *a.* ***1*** non digerito ***2*** (*fig.*) non assimilato; nudo e crudo: **u. facts**, fatti nudi e crudi.

undigestible /ʌndaɪˈdʒɛstəbl, ʌndɪ-/, *a.* ***1*** non digeribile; indigesto ***2*** (*fig.*) non assimilabile.

undignified /ʌnˈdɪgnɪfaɪd/, *a.* non dignitoso; senza dignità.

undiluted /ʌndaɪˈluːtɪd, -ˈljuː-/, *a.* non diluito; puro; schietto.

undiminished /ʌndɪˈmɪnɪʃt/, *a.* non diminuito; integro; intatto.

undimmed /ʌnˈdɪmd/, *a.* non offuscato; chiaro; limpido.

undine /ˈʌndiːn/, *n.* (*mitol.*) ondina.

undiplomatic /ʌndɪpləˈmætɪk/, *a.* non diplomatico; privo di diplomazia; privo di tatto.

undipped /ʌnˈdɪpt/, *a.* ***1*** non immerso (*nell'acqua, ecc.*) ***2*** (*relig.*) non battezzato ***3*** (*di un fanale, ecc.*) non abbassato. ● (*autom.*) **u. headlights**, (luci) abbaglianti.

undirected /ʌndaɪˈrɛktɪd, -ɪˈr-/, *a.* ***1*** senza direzione; senza direttive; senza guida ***2*** (*di lettera, ecc.*) senza indirizzo.

undiscerned /ʌndɪˈsɜːnd/, *a.* non scorto; inosservato.

undiscernible /ʌndɪˈsɜːnəbl/, *a.* indiscernibile; impercettibile. || **-ness,** *sost.* || **-bly,** *avv.*

undiscerning /ʌndɪˈsɜːnɪŋ/, *a.* privo di discernimento.

undischarged /ʌndɪˈstʃɑːdʒd/, *a.* ***1*** (*di bastimento, fucile, ecc.*) non scaricato; ancora carico *2* (*di lavoro o compito*) non compiuto; incompiuto *3* (*mil.*) non congedato *4* (*comm.*: *di debito, ecc.*) non saldato; insoluto *5* (*fin., leg.*: *di fallito*) non riabilitato.

undisciplinable /ʌn'dɪsəplɪnəbl/, *a.* indisciplinabile.

undisciplined /ʌn'dɪsəplɪnd/, *a.* indisciplinato.

undisclosed /ʌndɪ'skləʊzd/, *a.* non svelato; nascosto; segreto.

undiscouraged /ʌndɪs'kʌrɪdʒd, *USA* -'kɜːr-/, *a.* non scoraggiato; risoluto.

undiscoverable /ʌndɪ'skʌvərəbl/, *a.* introvabile; irreperibile.

undiscovered /ʌndɪ'skʌvəd/, *a.* *1* non scoperto; inesplorato *2* non scoperto; sconosciuto.

undiscriminating /ʌndɪ'skrɪmɪneɪtɪŋ/, *a.* che non discrimina; che non distingue; che fa di ogni erba un fascio.

undiscussed /ʌndɪ'skʌst/, *a.* indiscusso.

undisguisable /ʌndɪs'gaɪzəbl/, *a.* *1* non mascherabile; che non si può alterare (*o* celare, ecc.) *2* manifesto; chiaro; lampante.

undisguised /ʌndɪs'gaɪzd/, *a.* *1* non mascherato; non travestito *2* (*fig.*) aperto; evidente; chiaro; manifesto.

undismayed /ʌndɪs'meɪd/, *a.* senza paura; impavido; imperterrito.

undispersed /ʌndɪ'spɜːst/, *a.* non disperso.

undisposed /ʌndɪ'spəʊzd/, *a.* *1* non disposto; restio: **He was u. to help me**, era restio ad aiutarmi *2* (*leg.*) non assegnato; non attribuito; non ceduto *3* (*comm.*) invenduto *4* (*di rifiuti, ecc.*) non portato via; non smaltito.

undisputed /ʌndɪ'spjuːtɪd/, *a.* incontrastato; incontestato; indiscusso: **the u. leader of the party**, il capo indiscusso del partito. || **-ly**, *avv.*

undissembled /ʌndɪ'sɛmbld/, *a.* *1* non dissimulato; manifesto; palese: **u. joy**, gioia palese *2* genuino; schietto; sincero.

undissociated /ʌndɪ'səʊʃɪeɪtɪd/, *a.* (*chim.*) indissociato.

undissolvable /ʌndɪ'zɒlvəbl/, *a.* indissolubile.

undissolved /ʌndɪ'zɒlvd/, *a.* non sciolto; non disciolto.

undistilled /ʌndɪ'stɪld/, *a.* non distillato.

undistinguishable /ʌndɪ'stɪŋgwɪʃəbl/, *a.* indistinguibile. || **-bly**, *avv.*

undistinguished /ʌndɪ'stɪŋgwɪʃt/, *a.* *1* non distinto; indistinto *2* senza distinzione; che non si distingue (dagli altri); comune; mediocre *3* non individuato; non scoperto; inosservato.

undistinguishing /ʌndɪ'stɪŋgwɪʃɪŋ/, *a.* che non fa distinzioni.

undistorted /ʌndɪ'stɔːtɪd/, *a.* *1* senza distorsione; non distorto *2* (*fig.*) vero; veritiero.

undistracted /ʌndɪ'stræktɪd/, *a.* non distratto.

undistributed /ʌndɪ'strɪbjuːtɪd/, *a.* non distribuito: (*fin.*) **u. profits**, utili non distribuiti.

undisturbed /ʌndɪ'stɜːbd/, *a.* *1* indisturbato *2* imperturbato; calmo; tranquillo.

undiversified /ʌndaɪ'vɜːsɪfaɪd/, *a.* non variato; indifferenziato.

undiverted /ʌndaɪ'vɜːtɪd, ʌndɪ-/, *a.* *1* (*di liquido, di corso d'acqua*) non deviato *2* (*anche fin.*) non stornato *3* (*di persona*) non distratto.

undividable /ʌndɪ'vaɪdəbl/, *a.* indivisibile.

undivided /ʌndɪ'vaɪdɪd/, *a.* indiviso; intero.

undivorced /ʌndɪ'vɔːst/, *a.* non divorziato.

undivulged /ʌndaɪ'vʌldʒd/, *a.* non divulgato; segreto.

to **undo** /ʌn'duː/ (*pass.* **undid**, *p. p.* **undone**), *v. t.* *1* disfare; sfare; distruggere; annullare *2* disfare; sciogliere; slacciare; slegare: **to u. a knot**, sciogliere un nodo; **to u. a string**, slegare un laccio *3* mandare in rovina; rovinare: **Drink has undone him**, l'alcol l'ha rovinato. ● **to come undone**, sciogliersi; slacciarsi; slegarsi □ **to leave nothing undone**, non lasciar nulla d'intentato □ **to leave st. undone**, tralasciare di fare q.c. □ (*prov.*) **What is done cannot be undone**, cosa fatta capo ha.

to **undock** /ʌn'dɒk/, **A** *v. t.* *1* (*naut.*) far uscire (*una nave*) dal bacino *2* (*miss.*) distaccare, staccare (*un modulo da un altro, ecc.*). **B** *v. i.* (*di nave*) uscire dal bacino.

undocking /ʌn'dɒkɪŋ/, *n.* *1* (*naut.*) uscita dal bacino *2* (*miss.*) distacco, sganciamento (*di un modulo, ecc.*).

undoer /ʌn'duːə(r)/, *n.* chi disfa; distruttore; demolitore.

undogmatic /ʌndɒg'mætɪk, *USA* -ɔːg-/, *a.* non dogmatico.

undoing /ʌn'duːɪŋ/, *n.* *1* il disfare; annullamento *2* rovina; sfacelo: **Gambling was his u.**, il gioco d'azzardo fu la sua rovina.

undomestic /ʌndə'mɛstɪk/, *a.* *1* non domestico *2* per nulla casalingo; poco amante della casa.

undomesticated /ʌndə'mɛstɪkeɪtɪd/, *a.* *1* non addomesticato; selvaggio *2* (*di persona*) per nulla casalingo; (*di un uomo*) incapace di cuocere due uova al tegame (*fig.*).

undone /ʌn'dʌn/, **A** *p. p.* di **to undo**. **B** *a.* *1* incompiuto; non fatto *2* (*di nodo*) disfatto; (*di indumento, ecc.*) slacciato; slegato *3* rovinato; distrutto: **I'm u.!**, sono rovinato!

to **undouble** /ʌn'dʌbl/, *v. t.* sdoppiare.

undoubtable /ʌn'daʊtəbl/, *a.* indubitabile.

undoubted /ʌn'daʊtɪd/, *a.* indubbio; sicuro; certo; indubitato. || **-ly**, *avv.*

undoubting /ʌn'daʊtɪŋ/, *a.* non dubbioso; convinto; sicuro; fiducioso; senza sospetto. || **-ly**, *avv.*

undrained /ʌn'dreɪnd/, *a.* non drenato; non prosciugato.

undramatic /ʌndrə'mætɪk/, *a.* privo di qualità drammatiche; poco adatto al teatro.

undraped /ʌn'dreɪpt/, *a.* *1* non drappeggiato *2* (*fig.*) senza veli; scoperto.

to **undraw** /ʌn'drɔː/ (*pass.* **undrew**, *p. p.* **undrawn**) *v. t.* tirare di lato, aprire: **to u. the curtains**, tirare (*o* aprire) le tende.

undreamed-of /ʌn'driːmdɒv, *USA* -ʌv/, **undreamt-of** /ʌn'drɛmtɒv, *USA* -ʌv/, *a.* incredibile; impensato; insperato; inaudito. ● **Television was u. a hundred years ago**, cent'anni fa la televisione non era nemmeno nel regno dei sogni.

undress /ʌn'drɛs/, *n.* *1* (*mil.*) bassa uniforme; bassa tenuta *2* (*arc.*) veste da camera. ● (*fam.*) **to be in a state of u.**, essere svestito (*o* nudo).

to **undress** /ʌn'drɛs/, **A** *v. t.* *1* spogliare; svestire *2* sfasciare (*una ferita*). **B** *v. i.* spogliarsi; svestirsi.

undressed /ʌn'drɛst/, *a.* *1* svestito; nudo *2* (*di pelle, cuoio, ecc.*) non conciato; greggio; grezzo *3* (*di ferita*) non fasciato *4* (*di cibo*) non condito: **u. salad**, insalata scondita *5* in disordine; spettinato; malmesso. ● **to get u.**, svestirsi; spogliarsi.

undrew /ʌn'druː/, *pass.* di **to undraw**.

undriable /ʌn'draɪəbl/, *a.* inessiccabile.

undried /ʌn'draɪd/, *a.* *1* non essiccato *2* (*di un torrente, ecc.*) non prosciugato.

undrilled /ʌn'drɪld/, *a.* *1* non esercitato; inesperto *2* (*mil.*) non addestrato *3* (*mecc.*) non forato; non trapanato.

undrinkable /ʌn'drɪŋkəbl/, *a.* imbevibile; non potabile.

undue /ʌn'djuː, *USA* -'duː/, *a.* *1* indebito; illecito *2* inopportuno; sconveniente *3* eccessivo; smoderato: **He spoke with u. warmth**, si espresse con eccessivo calore *4* (*comm.*: *di un debito e sim.*) non dovuto; non ancora scaduto. ● (*leg.*) **u. influence**, captazione; violenza morale; ingerenza illecita; indebita pressione □ (*leg.*) **u. preference**, indebito pagamento preferenziale (*da parte di un fallito*) □ **to exert u. influence on sb.**, plagiare q.

undulant /'ʌndjʊlənt, *USA* -dʒʊ-/, *a.* ondeggiante; ondulante: (*med.*) **u. fever**, febbre ondulante (*o* maltese).

undulate /'ʌndjʊleɪt, *USA* -dʒʊ-/, **undulated** /'ʌndjʊleɪtɪd, *USA* -dʒʊ-/, *a.* ondulato.

to **undulate** /'ʌndjʊleɪt, *USA* -dʒʊ-/, *v. i.* *1* ondulare; ondeggiare *2* essere ondulato.

undulating /'ʌndjʊleɪtɪŋ, *USA* -dʒʊ-/, *a.* *1* ondeggiante; ondulante *2* ondulato: (*geogr.*) **u. land**, terreno ondulato.

undulation /ʌndjʊ'leɪʃn, *USA* -dʒʊ-/, *n.* *1* ondulazione; ondeggiamento; (*fis.*) movimento ondulatorio *2* curva (*o* linea) ondulata (*del terreno, ecc.*).

undulatory /'ʌndjʊlətrɪ, -leɪ-, *USA* 'ʌndʒʊlətɔːrɪ/, *a.* *1* (*anche scient.*) ondulatorio *2* ondeggiante *3* ondulato.

unduly /ʌn'djuːlɪ, *USA* -'duːlɪ/, *avv.* *1* indebitamente; illecitamente *2* in modo inopportuno *3* eccessivamente; troppo: **He's u. strict with his students**, è troppo severo con i suoi studenti. ● **I am not u. worried**, mi preoccupo a ragion veduta.

undurable /ʌn'djʊərəbl, *USA* -'dʊə-/, *a.* non duraturo; caduco.

unduteous /ʌn'djuːtɪəs, *USA* -'duː-/, *V.* **undutiful**.

undutiful /ʌn'djuːtɪfl, *USA* -'duː-/, *a.* *1* che manca ai propri doveri; disobbediente *2* irrispettoso; irriverente. || **-ly**, *avv.* || **-ness**, *sost.*

undying /ʌn'daɪɪŋ/, *a.* imperituro; eterno; immortale. || **-ly**, *avv.*

unearned /ʌn'ɜːnd/, *a.* *1* non guadagnato *2* immeritato: **u. praise**, elogi immeritati. ● (*econ.*) **u. income**, reddito non di lavoro; rendita □ (*econ.*) **u. increment**, plusvalenza (*di beni immobili*) □ **u. revenue**, (*econ., fin.*) reddito di capitale (*o* da investimenti); (*rag.*) risconto passivo.

to **unearth** /ʌn'ɜːθ/, *v. t.* *1* dissotterrare *2* stanare (*una volpe, ecc.*) *3* (*fig.*) portare alla luce; scoprire; trovare.

unearthliness /ʌn'ɜːθlɪnəs/, *n.* l'essere soprannaturale, ecc. (*V.* **unearthly**).

unearthly /ʌn'ɜːθlɪ/, *a.* *1* non terreno; ultraterreno; soprannaturale *2* spettrale; misterioso; strano; sinistro; lugubre: **u. pallor**, pallore spettrale *3* (*fam.*) assurdo; irragionevole; impossibile: **to call sb. at an u. hour**, chiamare (*o* svegliare, ecc.) q. a un'ora impossibile.

unease /ʌn'iːz/, *n.* disagio; inquietudine; ansia; turbamento.

uneasily /ʌn'iːzəlɪ/, *avv.* *1* a disagio; scomodamente *2* ansiosamente; inquietamente *3* precariamente; in modo instabile.

uneasiness /ʌn'iːzɪnəs/, *n.* *1* (*raro*) scomodità; disagevolezza; disagio *2* ansia; inquietudine; agitazione; irrequietezza; turbamento *3* precarietà; instabilità.

uneasy /ʌn'iːzɪ/, *a.* *1* (*raro*) scomodo; disagevole; molesto; penoso *2* ansioso; inquieto; agitato; irrequieto; turbato: **u. sleep**, sonno agitato *3* che fa stare a disagio; che turba; inquietante: **an u. silence**, un silenzio inquietante *4* precario; instabile; debole: **an u. coalition government**, un debole governo di coalizione; **u. peace**, pace precaria (*o* instabile).

uneatable /ʌn'iːtəbl/, *a.* immangiabile.

uneaten /ʌn'iːtn/, *a.* non mangiato; (*di cibo*) intatto.

uneconomic(al) /ʌniːkə'nɒmɪk(l), ʌnɛk-/, *a.* *1* non economico; costoso; dispendioso *2* che non fa economie *3* (*econ.*) antieconomico; improduttivo; (*di prezzo*) non remunerativo; troppo basso. || **-ally**, *avv.*

to **unedge** /ʌn'ɛdʒ/, *v. t.* smussare; spuntare; ottundere.

unedible /ʌn'ɛdəbl/, *a.* incommestibile.

unedifying /ʌn'ɛdɪfaɪɪŋ/, *a.* non edificante; poco edificante.

unedited /ʌn'ɛdɪtɪd/, *a.* *1* (*di manoscritto*) non revisionato; non riveduto *2* non ancora pubblicato; inedito *3* (*di film*) non ancora montato.

uneducated /ʌn'ɛdʒʊkeɪtɪd/, *a.* senza istruzione; incolto.

uneffected /ʌnɪ'fɛktɪd/, *a.* non effettuato; incompiuto.

unelastic /ʌnɪ'læstɪk/, *a.* (*fis.*) anelastico.

unelectable /ʌnɪ'lɛktəbl/, *a.* ineleggibile.

unelected /ʌnɪˈlɛktɪd/, *a.* non eletto; non rieletto.
unemancipated /ʌnɪˈmænsɪpeɪtɪd/, *a.* non emancipato.
unembarassed /ʌnɪmˈbærəst/, *a.* ***1*** non imbarazzato; disinvolto ***2*** (*comm.*) senza debiti.
unemotional /ʌnɪˈməʊʃənl/, *a.* ***1*** impassibile; freddo (*fig.*); non emotivo ***2*** non emozionante. || **-ly**, *avv.*
unemphatic /ʌnɪmˈfætɪk/, *a.* non enfatico; senza enfasi. || **-ally**, *avv.*
unemployable /ʌnɪmˈplɔɪəbl/, *a.* ***1*** che non si può usare; inutilizzabile ***2*** (*econ.*) inadatto al lavoro.
unemployed /ʌnɪmˈplɔɪd/, *a.* ***1*** non usato; inutilizzato: (*fin.*) **u. capital**, capitale inutilizzato (*o* inattivo) ***2*** (*econ.*) disoccupato. ● (*collett.*) **the u.**, i disoccupati.
unemployment /ʌnɪmˈplɔɪmənt/, *n.* (*econ.*) disoccupazione: **the u. level**, il livello della disoccupazione; **disguised u.**, disoccupazione mascherata. ● **u. benefit** (*USA*: **u. compensation**), sussidio di disoccupazione □ **u. benefits**, cassa integrazione (guadagni) □ **u. benefit attendance card**, tessera per il sussidio di disoccupazione □ **u. insurance**, assicurazione contro la disoccupazione □ (*econ., stat.*) **u. rate**, tasso di disoccupazione □ **u. register**, liste di disoccupazione.
unempowered /ʌnɪmˈpaʊəd/, *a.* (*leg.*) non autorizzato.
unemptied /ʌnˈɛm(p)tɪd/, *a.* non vuotato. ● **to leave one's glass u.**, non scolare il bicchiere.
unenclosed /ʌnɪnˈkləʊzd/, *a.* non circondato; non cintato; aperto.
unencumbered /ʌnɪnˈkʌmbəd/, *a.* ***1*** non ingombro; libero; sgombro ***2*** (*di persona*) non impegnato; libero ***3*** (*leg.*) non gravato da ipoteche: **an u. estate**, una proprietà non gravata da ipoteche.
unended /ʌnˈɛndɪd/, *a.* incompiuto; non finito.
unending /ʌnˈɛndɪŋ/, *a.* senza fine; eterno; interminabile. || **-ly**, *avv.*
unendorsed /ʌnɪnˈdɔːst/, *a.* ***1*** non sottoscritto; non approvato ***2*** (*polit.*) senza l'appoggio (*o* il sostegno: *di un partito, ecc.*) ***3*** (*comm., fin.*) non girato; senza girata: **an u. cheque**, un assegno non girato. ● (*autom.*) **an u. licence**, una patente di guida «pulita» (*senza annotazioni d'infrazioni al codice della strada*).
unendowed /ʌnɪnˈdaʊd/, *a.* ***1*** (*leg., arc.*) non dotato; senza dote ***2*** (*fig.*) senza doti; sprovvisto (*di q.c.*).
unendurable /ʌnɪnˈdjʊərəbl, *USA* -ˈdʊə-/, *a.* insopportabile; intollerabile. || **-ness**, *sost.* || **-bly**, *avv.*
unenforceable /ʌnɪnˈfɔːsəbl/, *a.* (*leg.*) non suscettibile di tutela giudiziaria; non tutelabile in giudizio; non azionabile: **an u. right**, un diritto non azionabile; **u. contract**, contratto non tutelabile in giudizio.
unengaged /ʌnɪnˈgeɪdʒd/, *a.* ***1*** non impegnato; non occupato; libero ***2*** non fidanzato; libero.
unengaging /ʌnɪnˈgeɪdʒɪŋ/, *a.* non attraente; poco simpatico; antipatico: **an u. manner**, un modo di fare antipatico.
un-English /ʌnˈɪŋglɪʃ/, *a.* non inglese; non conforme al carattere (*o* alla tradizione) inglese.
unenjoyable /ʌnɪnˈdʒɔɪəbl/, *a.* spiacevole; per nulla divertente.
unenlightened /ʌnɪnˈlaɪtnd/, *a.* ***1*** non illuminato (*fig.*); ottenebrato ***2*** non istruito; incolto; ignorante ***3*** superstizioso.
to **unentangle** /ʌnɪnˈtæŋgl/, *v. t.* districare; sbrogliare.
unentered /ʌnˈɛntəd/, *a.* ***1*** impenetrato ***2*** non iscritto (*a una competizione, ecc.*) ***3*** (*rag.*) non registrato.
unenterprising /ʌnˈɛntəpraɪzɪŋ/, *a.* non intraprendente; senza iniziativa.
unentertaining /ʌnɛntəˈteɪnɪŋ/, *a.* non divertente; noioso.
unenthusiastic /ʌnɪnθuːzɪˈæstɪk, -θjuːz-/, *a.* privo d'entusiasmo.
unenviable /ʌnˈɛnvɪəbl/, *a.* non invidiabile; da non invidiarsi.
unenvied /ʌnˈɛnvɪd/, *a.* non invidiato.
unenvious /ʌnˈɛnvɪəs/, *a.* non invidioso.
unequable /ʌnˈɛkwəbl/, *a.* disuguale; irregolare; non uniforme.
unequal /ʌnˈiːkwəl/, *a.* ***1*** disuguale; ineguale; irregolare; difforme: **an u. pattern**, un disegno irregolare ***2*** impari: **an u. fight**, una lotta impari ***3*** incapace; inadatto; non all'altezza: **He proved u. to the job**, dimostrò di non essere all'altezza del lavoro ***4*** iniquo; ingiusto. ● **amounts u. to each other**, somme disuguali (*o* diverse).
unequalled /ʌnˈiːkwəld/, *a.* ineguagliato; senza pari, senza l'uguale; incomparabile: **u. patience**, una pazienza senza l'uguale.
unequipped /ʌnɪˈkwɪpt/, *a.* ***1*** non equipaggiato ***2*** non in grado (*di fare q.c.*): **She was u. to deal with the situation in her home**, ella non era in grado di far fronte alla sua situazione domestica.
unequitable /ʌnˈɛkwɪtəbl/, *a.* non equanime; parziale; ingiusto.
unequivocal /ʌnɪˈkwɪvəkl/, *a.* inequivocabile; chiaro; esplicito. || **-ly**, *avv.* || **-ness**, *sost.*
uneradicable /ʌnɪˈrædɪkəbl/, *a.* inestirpabile (*anche fig.*).
unerased /ʌnɪˈreɪzd, *USA* -st/, *a.* non cancellato.
unerring /ʌnˈɜːrɪŋ/, *a.* infallibile; accurato; preciso; sicuro: **u. precision**, precisione infallibile; **u. judgement**, giudizio infallibile.
unescapable /ʌnɪˈskeɪpəbl/, *a.* inevitabile; ineluttabile: **an u. conclusion**, una conclusione inevitabile.
unessential /ʌnɪˈsɛnʃl/, *a.* non essenziale; poco importante.
unethical /ʌnˈɛθɪkl/, *a.* non etico; immorale.
unevadable /ʌnɪˈveɪdəbl/, *a.* inevitabile; cui non ci si può sottrarre.
unevangelical /ʌniːvænˈdʒɛlɪkl/, *a.* (*relig.*) non evangelico: **u. rites**, riti non evangelici.
uneven /ʌnˈiːvn/, *a.* ***1*** disuguale; ineguale; discontinuo; irregolare; scabroso: **u. ground**, terreno ineguale; **u. earnings**, guadagni irregolari ***2*** (*mat.*) dispari: **u. numbers**, numeri dispari. ● (*autom.*) **«U. road»** (*cartello*), «strada dissestata» □ **an u. temper**, un carattere variabile (*o* incostante, volubile). || **-ly**, *avv.* || **-ness**, *sost.*
uneventful /ʌnɪˈvɛntfl/, *a.* senza incidenti; non movimentato; monotono; calmo; tranquillo. || **-ly**, *avv.* || **-ness**, *sost.*
unevolved /ʌnɪˈvɒlvd, *USA* -ɒl-, -ɔːl-/, *a.* non evoluto.
unexaminable /ʌnɪgˈzæmɪnəbl/, *a.* non esaminabile; non controllabile.
unexamined /ʌnɪgˈzæmɪnd/, *a.* non esaminato; non controllato.
unexampled /ʌnɪgˈzɑːmpld, *USA* -ˈzæm-/, *a.* inaudito; singolare; straordinario; senza precedenti: **u. daring**, audacia inaudita.
unexcelled /ʌnɪkˈsɛld/, *a.* insuperato; non sorpassato.
unexceptionable /ʌnɪkˈsɛpʃənəbl/, *a.* ineccepibile; irreprensibile.
unexceptional /ʌnɪkˈsɛpʃənl/, *a.* ***1*** non eccezionale; comune; ordinario ***2*** che non ammette eccezioni ***3*** (*raro*) ineccepibile; irreprensibile. || **-ly**, *avv.*
unexcised /ʌnɪkˈsaɪzd/, *a.* (*comm.*) non soggetto a dazio.
unexcited /ʌnɪkˈsaɪtɪd/, *a.* non eccitato; calmo; indifferente; tranquillo.
unexciting /ʌnɪkˈsaɪtɪŋ/, *a.* non eccitante; non emozionante.
unexcused /ʌnɪkˈskjuːzd/, *a.* non scusato; ingiustificato: **u. absences**, assenze ingiustificate.
unexecuted /ʌnˈɛksɪkjuːtɪd/, *a.* ***1*** non eseguito; non fatto; incompiuto ***2*** (*leg.*) non (ancora) giustiziato ***3*** (*comm.*: *di un ordinativo*) inevaso.
unexemplified /ʌnɪgˈzɛmplɪfaɪd/, *a.* senza esempi; non esemplificato.
unexercised /ʌnˈɛksəsaɪzd/, *a.* non esercitato; non addestrato.
unexerted /ʌnɪgˈzɜːtɪd/, *a.* non esercitato; non impiegato; non usato; non messo in atto.
unexhausted /ʌnɪgˈzɔːstɪd/, *a.* non esaurito; inesausto.
unexpected /ʌnɪkˈspɛktɪd/, *a.* inaspettato; inatteso; impensato; imprevisto; insperato; inopinato. ● **an u. event**, un imprevisto. || **-ly**, *avv.* || **-ness**, *sost.*
unexpended /ʌnɪkˈspɛndɪd/, *a.* ***1*** non consumato: **u. provisions**, provviste non consumate ***2*** (*fin.*) non speso; non impegnato: **u. funds**, fondi non impegnati.
unexpensive /ʌnɪkˈspɛnsɪv/, *a.* (*più com.* **inexpensive**) non dispendioso; a buon mercato; poco costoso.
unexperienced /ʌnɪkˈspɪərɪənst/, *a.* ***1*** non provato; non sperimentato ***2*** (*più com.* **inexperienced**) inesperto.
unexpired /ʌnɪkˈspaɪəd/, *a.* (*leg.*) non (ancora) scaduto.
unexplainable /ʌnɪkˈspleɪnəbl/, *a.* inspiegabile; inesplicabile. || **-ness**, *sost.* || **-bly**, *avv.*
unexplained /ʌnɪkˈspleɪnd/, *a.* inspiegato; inesplicato.
unexploded /ʌnɪkˈspləʊdɪd/, *a.* (*mil.*) inesploso.
unexplored /ʌnɪkˈsplɔːd/, *a.* inesplorato.
unexposed /ʌnɪkˈspəʊzd/, *a.* ***1*** non esposto; protetto; riparato ***2*** (*fotogr.*) non esposto ***3*** (*fig.*) tenuto celato.
unexpressed /ʌnɪkˈsprɛst/, *a.* ***1*** non espresso; inespresso ***2*** (*ling.*) sottinteso.
unexpressive /ʌnɪkˈsprɛsɪv/, *a.* ***1*** inespressivo: **an u. face**, un viso inespressivo ***2*** (*arc.*) inesprimibile; indicibile.
unexpurgated /ʌnˈɛkspəgeɪtɪd/, *a.* non espurgato; integrale; integro: **u. edition**, edizione integrale.
unextended /ʌnɪkˈstɛndɪd/, *a.* ***1*** non esteso ***2*** non steso; non teso: **with u. arms**, senza tendere le braccia ***3*** senza dimensioni; che non prende posto; che non ingombra ***4*** (*sport*: *di atleta*) non sotto tensione; in scioltezza.
unextinguishable /ʌnɪˈstɪŋgwɪʃəbl/, *a.* inestinguibile; (*fig.*) perenne, perpetuo: **u. fire**, incendio inestinguibile. ● **u. laughter**, riso irrefrenabile. || **-bly**, *avv.*
unextinguished /ʌnɪkˈstɪŋgwɪʃt/, *a.* non estinto; inestinto.
unextirpated /ʌnˈɛkstəpeɪtɪd/, *a.* non estirpato.
unfadable /ʌnˈfeɪdəbl/, *a.* ***1*** (*di fiore*) che non appassisce ***2*** (*di colore*) che non sbiadisce; solido ***3*** (*fig.*: *di ricordo*) indelebile.
unfaded /ʌnˈfeɪdɪd/, *a.* ***1*** (*di fiore*) non appassito; fresco ***2*** (*di colore*) non sbiadito; vivo ***3*** (*fig.*) vivo; immutato; perenne.
unfading /ʌnˈfeɪdɪŋ/, *a.* ***1*** che non appassisce; inalterabile; immutabile ***2*** (*di colore, di tinta*) che non sbiadisce; solido ***3*** (*fig.*) imperituro; immortale: **u. fame**, fama immortale.
unfailing /ʌnˈfeɪlɪŋ/, *a.* ***1*** infallibile; sicuro; che non sbaglia ***2*** immancabile: **u. reaction**, reazione immancabile ***3*** inesauribile: **an u. supply**, una scorta inesauribile ***4*** fido; sicuro; saldo: **an u. supporter**, un fido sostenitore; **an u. friendship**, una salda amicizia. || **-ly**, *avv.* || **-ness**, *sost.*
unfair /ʌnˈfɛə(r)/, *a.* ***1*** ingiusto; iniquo; disonesto; sleale: **an u. advantage**, un ingiusto vantaggio; **an u. judgment**, una sentenza iniqua; **u. means**, mezzi sleali; (*leg., comm.*) **u. competition** (*o* **u. practice**), concorrenza sleale ***2*** (*del vento*) sfavorevole; contrario. ● **u. dismissal**, licenziamento senza giusta causa □ (*USA*) **u. labor practice**, pratica discriminatoria nei confronti degli iscritti a un sindacato □ (*USA*) **u. list**, lista dei datori di lavoro

colpevoli di pratiche discriminatorie □ **u. play**, disonestà; slealtà.

unfairly /ʌn'fɛəlɪ/, avv. *1* ingiustamente; slealmente; iniquamente *2* male: **Life has treated him u.**, la vita l'ha trattato male.

unfairness /ʌn'fɛənəs/, n. ingiustizia; iniquità; disonestà; slealtà.

unfaith /ʌn'feɪθ/, n. (*raro*) mancanza di fede (*o* di fiducia).

unfaithful /ʌn'feɪθfl/, a. *1* infedele: **an u. husband**, un marito infedele *2* (*raro*) sleale *3* (*raro*) inesatto; impreciso; infedele: **an u. copy of a document**, una copia infedele di un documento *4* (*relig., arc.*) infedele. || **-ly**, avv. || **-ness**, sost.

unfaltering /ʌn'fɔːltərɪŋ/, a. deciso; fermo; costante; risoluto. || **-ly**, avv.

unfamiliar /ʌnfə'mɪlɪə(r)/, a. *1* poco familiare; estraneo; sconosciuto; strano: **u. faces**, facce sconosciute *2* (*pred.*) poco pratico; inesperto: **He was u. with those tools**, era inesperto di quegli arnesi. || **-ly**, avv.

unfamiliarity /ʌnfəmɪlɪ'ærətɪ/, n. mancanza di familiarità; stranezza.

unfashionable /ʌn'fæʃnəbl/, a. fuori moda; non alla moda. || **-ness**, sost. || **-bly**, avv.

unfashioned /ʌn'fæʃnd/, a. non foggiato; informe.

to **unfasten** /ʌn'fɑːsn, *USA* -æsn/, **A** v. t. slegare; slacciare; sciogliere; disfare. **B** v. i. slegarsi; slacciarsi; sciogliersi.

unfathered /ʌn'fɑːðəd/, a. *1* (*poet.*) senza padre; illegittimo; orfano *2* (*fig.*) non riconosciuto, ripudiato (*dall'autore*): **an u. theory**, una teoria ripudiata (*da chi l'aveva per primo esposta*).

unfatherly /ʌn'fɑːðəlɪ/, a. non paterno; indegno di un padre.

unfathomable /ʌn'fæðəməbl/, a. *1* che non si può scandagliare; insondabile *2* (*fig.*) insondabile; impenetrabile; imperscrutabile: **an u. mistery**, un mistero insondabile. || **-bly**, avv.

unfathomed /ʌn'fæðəmd/, a. *1* non scandagliato; insondato *2* (*fig.*) impenetrato; non compreso a fondo; misterioso.

unfavourable /ʌn'feɪvərəbl/, a. *1* sfavorevole; non propizio; svantaggioso: (*econ.*) **an u. economic trend**, una congiuntura sfavorevole; (*fin.*) **u. rate of exchange**, cambio sfavorevole *2* contrario; negativo: **an u. answer**, una risposta negativa. ● (*econ.*) **u. balance of trade**, bilancia commerciale passiva □ (*fig.*) **in an u. light**, in cattiva luce. || **-ness**, sost. || **-bly**, avv.

unfazed /ʌn'feɪzd/, a. (*fam.*) imperturbato.

unfeared /ʌn'fɪəd/, a. non temuto.

unfearing /ʌn'fɪərɪŋ/, a. che non ha paura; impavido. || **-ly**, avv.

unfeasible /ʌn'fiːzəbl/, a. inattuabile; non fattibile.

to **unfeather** /ʌn'feðə(r)/, v. t. toglier le penne a; spennare.

unfeathered /ʌn'feðəd/, a. *1* senza penne; spennato *2* senza penne; implume.

unfed /ʌn'fed/, a. non nutrito; non alimentato; senza cibo.

unfeeling /ʌn'fiːlɪŋ/, a. insensibile; crudele; duro; arido; spietato. || **-ly**, avv. || **-ness**, sost.

unfeigned /ʌn'feɪnd/, a. non finto; non simulato; genuino; sincero. || **-ly**, avv. || **-ness**, sost.

unfelt /ʌn'felt/, a. non sentito; insincero; simulato.

unfeminine /ʌn'femənɪn/, a. non femminile; che non si addice a una donna.

unfenced /ʌn'fenst/, a. non cintato; aperto; senza steccato.

unfermented /ʌnfɜː'mentɪd/, a. non fermentato.

unfertile /ʌn'fɜːtaɪl, *USA* -tl/, a. non fertile; infruttifero; sterile.

unfertilized /ʌn'fɜːtəlaɪzd/, a. non fertilizzato.

to **unfetter** /ʌn'fetə(r)/, v. t. *1* liberare dai ceppi (*o* dalle catene) *2* (*fig.*) liberare; affrancare.

unfettered /ʌn'fetəd/, a. *1* senza ceppi *2* (*fig.*) senza impacci; senza impedimenti; libero; spedito.

unfiled /ʌn'faɪld/, a. non registrato; non schedato; non archiviato.

unfilial /ʌn'fɪlɪəl/, a. non filiale; indegno di un figlio. || **-ly**, avv.

unfilled /ʌn'fɪld/, a. *1* non riempito; vuoto *2* (*di posto, ecc.*) non occupato; libero; vacante. ● **u. spaces**, spazi in bianco (*d'un modulo, ecc.*). ● **u. vacancy**, offerta di lavoro non soddisfatta.

unfiltered /ʌn'fɪltəd/, a. non filtrato.

unfinished /ʌn'fɪnɪʃt/, a. *1* non finito; incompiuto; incompleto *2* (*ind.*) semilavorato: **u. products**, (prodotti) semilavorati.

unfit /ʌn'fɪt/, a. *1* disadatto; inadatto; non idoneo; inabile: **u. for service**, inabile al servizio *2* in cattiva condizione fisica; malandato; indisposto *3* sconveniente; che non si addice; indegno: **He's u. to hold public office**, è indegno di ricoprire un incarico pubblico. ● **u. to eat**, immangiabile; non commestibile □ **u. to print**, non pubblicabile □ **u. to wear**, che non si può indossare □ **He was declared u. for army service**, fu riformato alla visita di leva. || **-ly**, avv.

to **unfit** /ʌn'fɪt/, v. t. (*raro*) rendere inabile; inabilitare: **to u. sb. for st.**, rendere q. inabile a q.c.

unfitness /ʌn'fɪtnəs/, n. *1* l'essere disadatto; inabilità *2* cattiva condizione fisica *3* sconvenienza; indegnità.

unfitted /ʌn'fɪtɪd/, a. inadatto; non idoneo.

unfitting /ʌn'fɪtɪŋ/, a. *1* che non s'adatta; inadatto *2* sconveniente; che non si addice. || **-ly**, avv.

to **unfix** /ʌn'fɪks/, v. t. *1* staccare; slacciare; togliere *2* (*fig.*) scombinare; guastare; sconvolgere. ● (*mil.*) **to u. bayonets**, disinastare le baionette.

unfixed /ʌn'fɪkst/, a. *1* non fissato; staccato; mobile; sciolto *2* non fisso; non stabilito; incerto; variabile. ● **to come u.**, staccarsi; distaccarsi; sciogliersi; slacciarsi.

unflagging /ʌn'flægɪŋ/, a. indefesso; infaticabile; instancabile.

unflappability /ʌnflæpə'bɪlətɪ/, n. (*fam.*) calma; compostezza; impassibilità; sangue freddo (*fig.*).

unflappable /ʌn'flæpəbl/, a. (*fam.*) calmo; tranquillo; che non si scompone, composto; freddo (*fig.*); impassibile.

unflattering /ʌn'flætərɪŋ/, a. *1* non adulatorio; poco lusinghiero *2* senza fronzoli; realistico. || **-ly**, avv.

unflawed /ʌn'flɔːd/, a. privo di difetti; immacolato; perfetto.

unfledged /ʌn'fledʒd/, a. *1* (*zool.*) senza penne; implume *2* (*fig.*) immaturo; inesperto; in erba (*fig.*).

unfleshed /ʌn'fleʃt/, a. *1* (*di un osso, ecc.*) non scarnito *2* (*di cane da caccia, ecc.*) non abituato al sangue *3* (*fig.*) inesperto.

unfleshly /ʌn'fleʃlɪ/, a. non carnale; spirituale.

unflinching /ʌn'flɪntʃɪŋ/, a. inflessibile; irremovibile; risoluto. || **-ly**, avv. || **-ness**, sost.

to **unfold** /ʌn'fəʊld/, **A** v. t. *1* spiegare; stendere; distendere; allargare: **to u. a map**, spiegare una mappa; **to u. a tablecloth**, stendere una tovaglia *2* scartocciare; aprire (*un pacco, ecc.*) *3* spalancare (*un portone, ecc.*) *4* svolgere, sviluppare (*un racconto*) *5* (*fig.*) dischiudere; svelare; rivelare; scoprire: **to u. one's intentions**, scoprire le proprie intenzioni. **B** v. i. *1* spiegarsi; stendersi; allargarsi: **The valley unfolded before us**, la valle si stendeva davanti a noi *2* schiudersi; dischiudersi: **Buds u. in the spring**, le gemme si schiudono in primavera *3* (*di un racconto, ecc.*) svolgersi.

unfolded (1) /ʌn'fəʊldɪd/, a. *1* aperto; spiegato; dischiuso; disteso: **with u. wings**, ad ali spiegate *2* (*fig.*) rivelato; svelato; scoperto.

unfolded (2) /ʌn'fəʊldɪd/, a. (*di pecora*) tenuta all'aperto (*fuori dell'ovile*).

unforbidden /ʌnfə'bɪdn/, a. non vietato; lecito; consentito.

unforced /ʌn'fɔːst/, a. non forzato; spontaneo; naturale: **u. obedience**, obbedienza non forzata; **u. attention**, attenzione spontanea.

unfordable /ʌn'fɔːdəbl/, a. inguadabile; non guadabile.

unforeseeable /ʌnfɔː'siːəbl/, a. imprevedibile.

unforeseeing /ʌnfɔː'siːɪŋ/, a. imprevidente.

unforeseen /ʌnfɔː'siːn/, a. imprevisto; inaspettato; inatteso.

unforetold /ʌnfɔː'təʊld/, a. non predetto.

unforfeited /ʌn'fɔːfɪtɪd/, a. non confiscato.

unforgetful /ʌnfə'getfl/, a. non immemore.

unforgettable /ʌnfə'getəbl/, a. indimenticabile.

unforgivable /ʌnfə'gɪvəbl/, a. imperdonabile.

unforgiven /ʌnfə'gɪvn/, a. non perdonato; imperdonato (*raro*).

unforgiving /ʌnfə'gɪvɪŋ/, a. che non perdona; implacabile; inesorabile.

unforgotten /ʌnfə'gɒtn/, a. non dimenticato; inobliato (*lett.*).

unformed /ʌn'fɔːmd/, a. *1* informe; amorfo *2* non ancora formato; immaturo (*anche fig.*).

unforthcoming /ʌnfɔːθ'kʌmɪŋ/, a. *1* indisponibile; poco servizievole *2* scortese; scostante.

unfortified /ʌn'fɔːtɪfaɪd/, a. non fortificato; indifeso; aperto.

unfortunate /ʌn'fɔːtʃənət/, **A** a. *1* sfortunato; sventurato; disgraziato *2* poco propizio; sfavorevole *3* inopportuno; fuori luogo; infelice: **an u. phrase**, un'espressione infelice. **B** n. *1* persona sfortunata; sventurato; (un) infelice *2* derelitto; poveraccio.

unfortunately /ʌn'fɔːtʃənətlɪ/, avv. sfortunatamente; per disgrazia; malauguratamente; purtroppo.

unfounded /ʌn'faʊndɪd/, a. infondato; senza base; senza fondamento; ingiustificato: **an u. suspicion**, un sospetto infondato.

to **unframe** /ʌn'freɪm/, v. t. scorniciare (*un quadro*).

unframed /ʌn'freɪmd/, a. (*di quadro, ecc.*) senza cornice.

unframing /ʌn'freɪmɪŋ/, n. scorniciatura.

unfranked /ʌn'fræŋkt/, a. (*fisc.*) senza franchigia fiscale.

to **unfreeze** /ʌn'friːz/ (*pass.* **unfroze**, *p. p.* **unfrozen**), **A** v. t. *1* disgelare; sgelare; scongelare *2* (*econ., fin.*) scongelare; liberalizzare (*prezzi*); sbloccare (*fondi, prezzi, ecc.*): **to u. a credit**, sbloccare un credito; **to u. wages**, sbloccare i salari *3* (*fin.*) smobilizzare (*capitali*). **B** v. i. disgelarsi; sgelarsi.

unfreezing /ʌn'friːzɪŋ/, n. *1* disgelo; scongelamento *2* (*econ., fin.*) scongelamento, liberalizzazione, sblocco (*di fondi, prezzi, ecc.*) *3* (*fin.*) smobilizzo (*di capitali*).

unfrequented /ʌnfrɪ'kwentɪd/, a. non frequentato; poco battuto; solitario.

unfriended /ʌn'frendɪd/, a. (*arc. o raro*) senza amici.

unfriendliness /ʌn'frendlɪnəs/, n. ostilità; inimicizia; scortesia.

unfriendly /ʌn'frendlɪ/, a. ostile; freddo; contrario; scortese.

to **unfrock** /ʌn'frɒk/, v. t. *1* (*in origine*) svestire; spogliare *2* (*ora*) spretare; sospendere (q.) dall'ufficio sacerdotale.

unfroze /ʌn'frəʊz/, *pass.* di **to unfreeze**.

unfrozen /ʌn'frəʊzn/, **A** *p. p.* di **to unfreeze**. **B** a. *1* non gelato: **u. ground**, terreno non gelato *2* (*di cibo*) non congelato; scongelato *3* (*econ., fin.*) scongelato; sbloccato: **u. wages**, salari scongelati.

unfruitful /ʌn'fruːtfl/, a. infruttifero; infruttuoso; infecondo. || **-ly**, avv. || **-ness**, sost.

unfulfilled /ʌnfʊl'fɪld/, a. *1* inadempiuto; incompiuto *2* inesaudito; insoddisfatto; inappagato *3* (*comm.: di ordinativo*) inevaso.

unfunded /ʌn'fʌndɪd/, a. (*fin.*) non consolidato; fluttuante: **u. debt**, debito (pubblico) fluttuante.

to **unfurl** /ʌn'fɜːl/, **A** *v. t.* spiegare; aprire; distendere: **to u. the sails**, spiegare le vele. **B** *v. i.* (*di vela o bandiera*) spiegarsi.

unfurnished /ʌn'fɜːnɪʃt/, *a.* **1** non ammobiliato; senza mobili: **u. dwelling**, alloggio non ammobiliato **2** – **u. with**, sfornito, privo, sprovvisto di (q.c.).

unfused /ʌn'fjuːzd/, *a.* (*metall.*) non fuso.

to **ungag** /ʌn'gæg/, *v. t.* **1** togliere il bavaglio a (q.); sbavagliare **2** (*fig.*) togliere il bavaglio a (*la stampa, ecc.*); dare piena libertà di parola a (q.).

ungainliness /ʌn'geɪnlɪnəs/, *n.* mancanza di grazia; goffaggine.

ungainly /ʌn'geɪnlɪ/, *a.* **1** privo di grazia; goffo; sgraziato **2** (*d'abito, modo di fare, ecc.*) grossolano; rozzo.

ungallant /ʌn'gælənt/, *a.* non galante; non cavalleresco.

ungarbled /ʌn'gɑːbld/, *a.* **1** (*di un testo*) non mutilo; integro **2** inalterato; chiaro; schietto; fedele: **an u. account**, un resoconto fedele.

ungarnished /ʌn'gɑːnɪʃt/, *a.* sguarnito; disadorno; senza fronzoli. ● **the u. truth**, la pura verità.

ungarrisoned /ʌn'gærɪsnd/, *a.* senza guarnigione militare; non presidiato.

ungated /ʌn'geɪtɪd/, *a.* **1** senza cancello **2** (*ferr.*: *di passaggio a livello*) incustodito.

to **ungear** /ʌn'gɪə(r)/, *v. t.* **1** (*mecc.*) disinnestare; disingranare **2** (*autom.*) mettere in folle.

ungenerous /ʌn'dʒɛnərəs/, *a.* **1** ingeneroso; illiberale; meschino **2** (*del terreno*) improduttivo; sterile. || **-ly**, *avv.*

ungenial /ʌn'dʒiːnɪəl/, *a.* **1** antipatico; sgradevole; spiacevole **2** poco propizio; sfavorevole **3** (*del tempo*) inclemente; freddo; rigido.

ungenteel /ʌndʒɛn'tiːl/, *a.* plebeo; rozzo; volgare.

ungentle /ʌn'dʒɛntl/, *a.* scortese; sgarbato; maleducato; aspro; rude. || **-ness**, *sost.*

ungentlemanlike /ʌn'dʒɛntlmənlaɪk/, *a.* (*arc.*) *V.* **ungentlemanly**.

ungentlemanly /ʌn'dʒɛntlmənlɪ/, *a.* **1** grossolano; maleducato; sgarbato; scortese **2** non raffinato; indegno di un gentiluomo; ignobile: **u. behaviour**, comportamento ignobile.

ungetatable /ʌngɛt'ætəbl/, *a.* (*fam.*) inaccessibile; inconseguibile; irraggiungibile.

ungifted /ʌn'gɪftɪd/, *a.* senza ingegno; non dotato.

ungilded /ʌn'gɪldɪd/, **ungilt** /ʌn'gɪlt/, *a.* non dorato; senza doratura.

to **ungird** /ʌn'gɜːd/, *v. t.* (*raro*) togliere la cintura a (q.).

to **ungirth** /ʌn'gɜːθ/, *v. t.* (*arc.*) togliere le cinghie a; slacciare: **to u. the saddle**, slacciare la sella.

unglazed /ʌn'gleɪzd/, *a.* **1** (*di finestra, ecc.*) senza vetri; non invetriato **2** non lucido; opaco.

to **unglove** /ʌn'glʌv/, *v. t.* togliere i guanti a (q.).

to **unglue** /ʌn'gluː/, *v. t.* scollare.

unglued /ʌn'gluːd/, *a.* **1** scollato; staccato **2** (*fam.*) sconcertato; sconvolto; (quasi) pazzo. ● **to come u.**, scollarsi, staccarsi; (*fig. fam.*) perdere il controllo di sé; lasciarsi prendere dal panico.

ungodliness /ʌn'gɒdlɪnəs/, *n.* irreligiosità; empietà.

ungodly /ʌn'gɒdlɪ/, *a.* **1** irreligioso; empio **2** (*fam.*) assurdo; irragionevole; impossibile: **an u. hour to wake sb. up**, un'ora impossibile per svegliare q.

ungovernable /ʌn'gʌvənəbl/, *a.* **1** ingovernabile; indisciplinato; indocile; riottoso; ribelle: **an u. temper**, un carattere indocile **2** (*d'odio, ecc.*) sfrenato; violento. || **-bly**, *avv.*

ungoverned /ʌn'gʌvənd/, *a.* **1** (*polit.*) senza governo **2** (*fig.*) incontrollato; sfrenato; violento.

ungraceful /ʌn'greɪsfl/, *a.* sgraziato; goffo. || **-ly**, *avv.*

ungracefulness /ʌn'greɪsflnəs/, *n.* mancanza di grazia; goffaggine.

ungracious /ʌn'greɪʃəs/, *a.* **1** scortese; sgarbato; incivile; villano: **an u. reply**, una risposta sgarbata **2** sgradevole; sgradito; ingrato: **an u. task**, un compito ingrato **3** *V.* **ungraceful.** || **-ly**, *avv.* || **-ness**, *sost.*

ungrammatical /ʌngrə'mætɪkl/, *a.* sgrammaticato; scorretto. || **-ly**, *avv.*

ungrateful /ʌn'greɪtfl/, *a.* **1** ingrato; non riconoscente **2** (*di compito, ecc.*) ingrato; sgradevole; spiacevole: **an u. task**, un compito ingrato. || **-ly**, *avv.* || **-ness**, *sost.*

ungratified /ʌn'grætɪfaɪd/, *a.* inappagato; insoddisfatto.

ungrounded /ʌn'graʊndɪd/, *a.* **1** infondato; senza fondamento: **an u. statement**, un'asserzione infondata **2** incolto; ignorante **3** (*elettr.*) non collegato a terra; non (messo) a massa.

ungrown /ʌn'grəʊn/, *a.* **1** non cresciuto **2** (*fig.*) immaturo.

ungrudging /ʌn'grʌdʒɪŋ/, *a.* generoso; liberale; munifico; di buon cuore: **u. efforts**, sforzi generosi. || **-ly**, *avv.*

ungual /'ʌŋgwəl/, *a.* **1** dell'unghia; ungueale: (*anat.*) **u. phalanx**, falange ungueale **2** simile a un'unghia.

unguarded /ʌn'gɑːdɪd/, *a.* **1** indifeso; incustodito **2** avventato; incauto; imprudente; indiscreto: **an u. admission**, un'ammissione incauta. ● **in an u. moment**, in un momento di minor attenzione (*o* di debolezza).

unguent /'ʌŋgwənt/, *n.* unguento.

unguessable /ʌn'gɛsəbl/, *a.* non indovinabile.

unguessed /ʌn'gɛst/, *a.* **1** non indovinato **2** inimmaginabile; impensabile **3** imprevisto.

unguiculate /ʌŋ'gwɪkjʊlət/, *a.* (*zool.*) unguicolato.

unguided /ʌn'gaɪdɪd/, *a.* non guidato; senza guida.

unguiform /'ʌŋgwɪfɔːm/, *a.* (*zool.*) a forma di unghia.

ungula /'ʌŋgjʊlə/, *n.* (*pl.* **ungulae**) (*zool.*) ungula; zoccolo.

ungular /'ʌŋgjʊlə(r)/, *a.* (*zool.*) ungulare; dell'unghia.

ungulate /'ʌŋgjʊleɪt/, *a.* e *n.* (*zool.*) ungulato.

unhackneyed /ʌn'hæknɪd/, *a.* non comune; non trito; originale.

to **unhair** /ʌn'hɛə(r)/, *v. t.* (*tecn.*) depilare (*pelli, ecc.*).

to **unhallow** /ʌn'hæləʊ/, *v. t.* (*arc.*) profanare; sconsacrare.

unhallowed /ʌn'hæləʊd/, *a.* **1** profanato; sconsacrato: (*relig.*) **u. ground**, terreno sconsacrato **2** (*lett.*) profano; sacrilego; empio; scellerato.

unhampered /ʌn'hæmpəd/, *a.* non impedito; non ostacolato; non vincolato (*da regolamenti, ecc.*).

to **unhand** /ʌn'hænd/, *v. t.* (*arc. o scherz.*) togliere le mani di dosso a (q.); lasciar andare; liberare.

unhandiness /ʌn'hændɪnəs/, *n.* **1** scarsa maneggevolezza; scomodità **2** scarsa destrezza; goffaggine.

unhandsome /ʌn'hænsəm/, *a.* **1** brutto; sgraziato **2** scortese; sgarbato **3** meschino; gretto. || **-ly**, *avv.* || **-ness**, *sost.*

unhandy /ʌn'hændɪ/, *a.* **1** poco maneggevole; ingombrante; scomodo **2** maldestro; goffo; impacciato. || **-ily**, *avv.* || **-iness**, *sost.*

to **unhang** /ʌn'hæŋ/ (*pass.* e *p. p.* **unhung**), *v. t.* staccare; tirare giù; togliere: **to u. a picture**, staccare un quadro (*dalla parete*).

unhanged /ʌn'hæŋd/, *a.* non impiccato; sfuggito alla forca.

unhappily /ʌn'hæpəlɪ/, *avv.* **1** infelicemente; nell'infelicità: **They live u. together**, vivono insieme, nell'infelicità **2** disgraziatamente; malauguratamente; purtroppo: **U., her husband died in Vietnam**, purtroppo, il marito le morì nel Vietnam **3** in modo infelice; male: **a remark u. made**, un'osservazione fatta in modo infelice.

unhappiness /ʌn'hæpɪnəs/, *n.* infelicità; sventura; tristezza.

unhappy /ʌn'hæpɪ/, *a.* **1** infelice; sventurato; dolente; triste: **an u. childhood**, un'infanzia infelice; **the u. orphans**, gli sventurati orfani **2** disgraziato; sfortunato **3** inopportuno; fuori luogo; infelice: **an u. remark**, un'osservazione infelice. ● **to look u.**, avere un'aria infelice.

unhardened /ʌn'hɑːdnd/, *a.* **1** non indurito **2** (*di metallo*) non temprato.

unhardy /ʌn'hɑːdɪ/, *a.* **1** debole; fiacco **2** indeciso; irresoluto.

unharmed /ʌn'hɑːmd/, *a.* incolume; illeso; sano e salvo.

unharmful /ʌn'hɑːmfl/, *a.* (*raro*) innocuo.

to **unharness** /ʌn'hɑːnəs/, *v. t.* **1** togliere la bardatura (*o* i finimenti) a (*un cavallo*) **2** (*stor.*) togliere l'armatura a (*un guerriero*).

unharvested /ʌn'hɑːvɪstɪd/, *a.* (*agric.*) **1** non raccolto; non falciato **2** (*di campo*) non mietuto; intatto.

unhatched /ʌn'hætʃt/, *a.* **1** (*di uovo*) non covato **2** (*di uovo*) non schiuso.

unhealable /ʌn'hiːləbl/, *a.* inguaribile.

unhealthful /ʌn'hɛlθfl/, *a.* insalubre; malsano.

unhealthfulness /ʌn'hɛlθflnəs/, *n.* insalubrità.

unhealthiness /ʌn'hɛlθɪnəs/, *n.* **1** cattiva salute; infermità **2** insalubrità **3** immoralità; morbosità.

unhealthy /ʌn'hɛlθɪ/, *a.* **1** poco sano; malaticcio; infermo: **an u. woman**, una donna malaticcia **2** insalubre; malsano: **an u. climate**, un clima malsano **3** immorale; morboso **4** (*fam.*) pericoloso. || **-ily**, *avv.*

unheard /ʌn'hɜːd/, *a.* **1** non udito; non sentito: **The cry went u.**, il grido non fu udito **2** inascoltato; senza essere stato sentito (*o* interrogato): **He was condemned u.**, lo condannarono senza averlo interrogato **3** inesaudito: **an u. entreaty**, una richiesta inesaudita **4** (*arc.*) non menzionato; ignorato; sconosciuto. ● **u.-of**, inaudito; incredibile; senza precedenti: **u.-of atrocities**, atrocità inaudite.

unheated /ʌn'hiːtɪd/, *a.* non riscaldato.

unheeded /ʌn'hiːdɪd/, *a.* **1** inosservato; non visto: **He went by u.**, passò inosservato **2** negletto; trascurato: **an u. warning**, un avvertimento trascurato **3** inascoltato; ignorato: **an u. piece of advice**, un consiglio inascoltato. || **-ly**, *avv.*

unheedful /ʌn'hiːdfl/, **unheeding** /ʌn'hiːdɪŋ/, *a.* **1** disattento; distratto **2** negligente; sbadato; trascurato.

to **unhelm** /ʌn'hɛlm/, *v. t.* (*stor.*) togliere l'elmo a (q.).

unhelped /ʌn'hɛlpt/, *a.* non aiutato; senza aiuto; da solo.

unhelpful /ʌn'hɛlpfl/, *a.* inutile; di nessun aiuto; non giovevole; vano. || **-ly**, *avv.*

unheroic /ʌnhɪ'rəʊɪk/, *a.* non eroico.

unhesitating /ʌn'hɛzɪteɪtɪŋ/, *a.* deciso; fermo; pronto; risoluto. || **-ly**, *avv.*

unhewn /ʌn'hjuːn/, *a.* **1** (*di tronco*) non squadrato **2** (*di legno, pietra e fig.*) greggio; grezzo; rozzo: **an u. style**, uno stile grezzo.

unhidden /ʌn'hɪdn/, *a.* non celato; manifesto; palese.

unhindered /ʌn'hɪndəd/, *a.* non impedito; non ostacolato; libero.

to **unhinge** /ʌn'hɪndʒ/, *v. t.* **1** scardinare; sgangherare: **to u. a door**, scardinare una porta **2** (*fig.*) sconvolgere; (*specialm.*) far impazzire: **Fear unhinged his mind** (*o* **unhinged him**), la paura lo fece impazzire.

unhinged /ʌn'hɪndʒd/, *a.* sconnesso; sconvolto; non a posto (*fam.*): **His brain is u.**, non ha il cervello a posto; è fuori di sé.

unhired /ʌn'haɪəd/, *a.* **1** non noleggiato; non dato (*o* preso) a nolo **2** (*di persona*) non assunto; non impiegato.

unhistoric(al) /ʌnhɪ'stɒrɪk(l), *USA* -ɔːr-/, *a.*

non storico; leggendario.

to **unhitch** /ʌn'hɪtʃ/, *v. t.* sganciare; staccare; scollegare. ● (*fam. USA*) **to get unhitched**, divorziare.

unholiness /ʌn'həʊlɪnəs/, *n.* empietà; scelleratagggine; scelleratezza.

unholy /ʌn'həʊlɪ/, *a.* ***1*** empio; profano; sacrilego; scellerato ***2*** (*fam.*) tremendo; terribile: **an u. mess**, un tremendo disordine.

to **unhook** /ʌn'hʊk/, **A** *v. t.* ***1*** sganciare; staccare ***2*** sfibbiare; slacciare: **She unhooked her dress**, si slacciò l'abito. **B** *v. i.* ***1*** sganciarsi; staccarsi ***2*** sfibbiarsi; slacciarsi.

unhoped-for /ʌn'həʊptfɔː(r)/, *a.* insperato; inaspettato.

unhopeful /ʌn'həʊpfl/, *a.* (*raro*) che non spera; sfiduciato.

to **unhorse** /ʌn'hɔːs/, *v. t.* ***1*** disarcionare; far cadere (q.) da cavallo ***2*** (*fig.*) provocare la caduta di (*un uomo politico, ecc.*); buttare giù (*fam.*).

unhounoured, (*USA*) **unhonored** /ʌn-'ɒnəd/, *a.* non onorato; senza onore.

unhoused /ʌn'haʊzd/, *a.* sloggiato; scacciato di casa.

unhuman /ʌn'hjuːmən/, *a.* ***1*** non umano ***2*** disumano; inumano.

unhung /ʌn'hʌŋ/, **A** *pass.* e *p. p.* di **to unhang**. **B** *a.* ***1*** (*di quadri, ecc.*) non appeso; non esposto ***2*** non impiccato.

unhurried /ʌn'hʌrɪd, *USA* -ɜːrɪd/, *a.* senza fretta; calmo; comodo. ‖ **-ly**, *avv.* ‖ **-ness**, *sost.*

unhurt /ʌn'hɜːt/, *a.* incolume; illeso; sano e salvo.

unhusbanded /ʌn'hʌzbəndɪd/, *a.* ***1*** (*di terreno*) non coltivato; (lasciato) incolto ***2*** (*raro*) senza marito.

unhusked /ʌn'hʌskt/, *a.* non sgusciato; col baccello.

unhygienic /ʌnhaɪ'dʒiːnɪk/, *a.* antigienico.

Uniat /'juːnɪæt/, **Uniate** /'juːnɪət, -nɪeɪt/, *a.* e *n.* (*relig.*) uniate.

Uniatism /'juːnɪətɪzəm/, *n.* (*relig.*) uniatismo.

uniaxial /juːnɪ'æksɪəl/, *a.* (*scient.*) monoassiale; uniassico; uniasse: **u. crystals**, cristalli uniassici.

unicameral /juːnɪ'kæmərəl/, *a.* (*polit.*) unicamerale.

unicellular /juːnɪ'seljʊlə(r)/, *a.* (*biol.*) unicellulare. ● (*zool.*) **u. animal**, protozoo.

unicity /juː'nɪsətɪ/, *n.* unicità.

unicoloured /juːnɪ'kʌləd/, *a.* monocolore; monocromo.

unicorn /'juːnɪkɔːn/, *n.* ***1*** (*mitol.*) unicorno; liocorno ***2*** (*zool., Monodon monoceros*; = **u. fish, u. whale, sea u.**) narvalo.

unideal /ʌnaɪ'dɪəl/, *a.* ***1*** tutt'altro che ideale; reale ***2*** materialista; prosaico.

unidentifiable /ʌnaɪ'dentɪfaɪəbl/, *a.* non identificabile.

unidentified /ʌnaɪ'dentɪfaɪd/, *a.* non identificato: **an u. body**, un cadavere non identificato. ● **u. flying object**, oggetto volante non identificato; disco volante; ufo.

unidiomatic /ʌnɪdɪə'mætɪk/, *a.* (*ling.*) non idiomatico. ‖ **-ally**, *avv.*

unidirectional /juːnɪdaɪ'rekʃənl, -dɪ-/, *a.* (*scient., tecn.*) unidirezionale: **u. antenna**, antenna unidirezionale.

unifiable /'juːnɪfaɪəbl/, *a.* unificabile.

unification /juːnɪfɪ'keɪʃn/, *n.* unificazione.

unified /'juːnɪfaɪd/, *a.* ***1*** unificato; reso uniforme ***2*** (*fin.*) consolidato: **u. debt**, debito consolidato. ● (*econ.*) **a u. currency**, una moneta comune.

unifier /'juːnɪfaɪə(r)/, *a.* unificatore, unificatrice.

unifilar /juːnɪ'faɪlə(r)/, *a.* (*tecn.*) unifilare.

unifoliate /juːnɪ'fəʊlɪət/, *a.* (*bot.*) unifogliato.

uniform (1) /'juːnɪfɔːm/, *a.* uniforme; invariabile; costante: **a u. surface**, una superficie uniforme; (*fis.*) **u. motion**, moto uniforme; **u. temperature**, temperatura costante.

uniform (2) /'juːnɪfɔːm/, *n.* uniforme; divisa; tenuta: **in u.**, in divisa; **in full u.**, in alta uniforme; (*mil.*) **undress u.**, divisa ordinaria; bassa tenuta. ‖ **-ly**, *avv.*

to **uniform** /'juːnɪfɔːm/, *v. t.* ***1*** uniformare; rendere uniforme ***2*** mettere in divisa; fare indossare l'uniforme a (q.).

uniformed /'juːnɪfɔːmd/, *a.* in uniforme; in divisa: **u. policemen**, poliziotti in divisa.

uniformitarianism /juːnɪfɔːmɪ'teərɪənɪzəm/, *n.* (*geol.*) uniformitarianismo; attualismo.

uniformity /juːnɪ'fɔːmətɪ/, *n.* ***1*** uniformità ***2*** – (*relig.*) **U.**, conformismo. ● (*stor. ingl.*) **the Act of U.**, la Legge per l'uniformità dei riti religiosi (*specialm. quella del 1662*).

to **unify** /'juːnɪfaɪ/, *v. t.* ***1*** unificare; rendere uniforme; riunire ***2*** (*fin.*) consolidare.

unilabiate /juːnɪ'leɪbɪeɪt/, *a.* (*bot.*) unilabiato.

unilateral /juːnɪ'lætərəl/, *a.* ***1*** unilaterale (*anche leg.*): (*bot.*) **u. leaves**, foglie unilaterali; **a u. contract**, un contratto unilaterale ***2*** (*geom.*) unilatero. ● (*autom.*) **u. car-parking**, parcheggio su un solo lato della strada □ (*polit.*) **u. disarmament**, disarmo unilaterale. ‖ **-ly**, *avv.*

unilateralism /juːnɪ'lætərəlɪzəm/, *n.* unilateralità.

unilaterality /juːnɪlætə'rælətɪ/, *a.* (*anche leg.*) unilateralità.

unilingual /juːnɪ'lɪŋgwl/, *a.* (*ling.*) unilingue; (*di dizionario, ecc.*) monolingue.

unilluminated /ʌnɪ'luːmɪneɪtɪd, -'lj-/, *a.* ***1*** non illuminato; buio; oscuro: **the u. side of the moon**, il lato oscuro della luna ***2*** (*fig.*) poco illuminato; poco intelligente ***3*** (*di un codice antico*) non miniato.

unilluminng /ʌnɪ'luːmɪnɪŋ, -'lj-/, *a.* che non illumina (*anche fig.*).

unillustrated /ʌn'ɪləstreɪtɪd, *USA* ɪ'lʌstr-/, *a.* ***1*** privo d'illustrazioni ***2*** privo di esempi.

unimaginable /ʌnɪ'mædʒɪnəbl/, *a.* inimmaginabile; inconcepibile; impensabile. ‖ **-ness**, *sost.* ‖ **-bly**, *avv.*

unimaginative /ʌnɪ'mædʒɪnətɪv, *USA* -eɪtɪv/, *a.* senza fantasia; dotato di scarsa fantasia; prosaico. ‖ **-ly**, *avv.* ‖ **-ness**, *sost.*

unimagined /ʌnɪ'mædʒɪnd/, *a.* inimmaginato.

unimodal /juːnɪ'məʊdl/, *a.* (*stat.*) unimodale: **u. curve**, curva unimodale.

unimpaired /ʌnɪm'peəd/, *a.* non danneggiato; indenne; inalterato; intatto. ● **with u. prestige**, senza aver perso il proprio prestigio □ **His mind is u.**, la sua mente è ancora lucida.

unimpassioned /ʌnɪm'pæʃnd/, *a.* spassionato; calmo; freddo; distaccato.

unimpeachability /ʌnɪmpiːtʃə'bɪlətɪ/, *n.* ***1*** incensurabilità; irreprensibilità ***2*** (*anche leg.*) incontestabilità; inoppugnabilità.

unimpeachable /ʌnɪm'piːtʃəbl/, *a.* ***1*** incensurabile; irreprensibile; inattaccabile ***2*** (*anche leg.*) incontestabile; inoppugnabile; indiscutibile: **u. honesty**, onestà indiscutibile. ‖ **-ness**, *sost.* ‖ **-bly**, *avv.*

unimpeded /ʌnɪm'piːdɪd/, *a.* non impedito; non impacciato; senza ostacoli.

unimportance /ʌnɪm'pɔːtns/, *n.* irrilevanza; l'esser privo d'importanza.

unimportant /ʌnɪm'pɔːtnt/, *a.* senza importanza; insignificante; irrilevante; trascurabile; senza valore.

unimposed /ʌnɪm'pəʊzd/, *a.* (*di compito, lavoro, ecc.*) non imposto; spontaneo; volontario.

unimposing /ʌnɪm'pəʊzɪŋ/, *a.* non imponente; meschino (*all'aspetto*); insignificante.

unimpressed /ʌnɪm'prest/, *a.* ***1*** non impresso ***2*** non impressionato; non colpito (*fig.*).

unimpressionable /ʌnɪm'preʃnəbl/, *a.* non impressionabile; calmo; freddo (*fig.*); poco emotivo.

unimpressive /ʌnɪm'presɪv/, *a.* ***1*** che non impressiona; che non fa colpo; modesto (*all'aspetto*) ***2*** che non commuove; che lascia indifferente. ‖ **-ly**, *avv.*

unimprovable /ʌnɪm'pruːvəbl/, *a.* ***1*** non migliorabile; non correggibile ***2*** che non richiede d'essere migliorato; perfetto.

unimproved /ʌnɪm'pruːvd/, *a.* ***1*** non migliorato; non corretto ***2*** (*di terreno*) che non ha avuto migliorie.

unincorporated /ʌnɪn'kɔːpəreɪtɪd/, *a.* (*leg., fin.*) non registrato; privo di personalità giuridica: **u. association**, associazione priva di personalità giuridica.

unindebted /ʌnɪn'detɪd/, *a.* non indebitato; senza debiti.

unindemnified /ʌnɪn'demnɪfaɪd/, *a.* (*leg., ass.*) non indennizzato.

unindorsed /ʌnɪn'dɔːst/, *a.* (*di assegno bancario, ecc.*) non girato; senza girata.

uninfected /ʌnɪn'fektɪd/, *a.* non infetto; non contagiato.

uninfections /ʌnɪn'fekʃnz/, *a.* non infettivo; non contagioso.

uninfested /ʌnɪn'festɪd/, *a.* non infestato.

uninflammable /ʌnɪn'flæməbl/, *a.* incombustibile; non infiammabile.

uninfluenced /ʌn'ɪnflʊənst/, *a.* non soggetto a influssi; non influenzato; che la pensa a modo suo.

uninfluential /ʌnɪnflʊ'enʃl/, *a.* senza autorità; senza influenza; ininfluente.

uninformed /ʌnɪn'fɔːmd/, *a.* ***1*** non informato; ignaro ***2*** (*specialm.*) incolto; ignorante.

uninhabitable /ʌnɪn'hæbɪtəbl/, *a.* inabitabile. ‖ **-ness**, *sost.*

uninhabited /ʌnɪn'hæbɪtɪd/, *a.* inabitato; disabitato.

uninhibited /ʌnɪn'hɪbɪtɪd/, *a.* (*anche psic.*) disinibito. ‖ **-ly**, *avv.* ‖ **-ness**, *sost.*

uninitiated /ʌnɪ'nɪʃɪeɪtɪd/, *a.* non iniziato; non introdotto; profano.

uninjured /ʌn'ɪndʒəd/, *a.* incolume; illeso; indenne.

uninominal /juːnɪ'nɒmɪnl/, *a.* uninominale: (*polit.*) **a u. electoral system**, un sistema elettorale uninominale.

uninquisitive /ʌnɪn'kwɪzətɪv/, *a.* che non indaga; non curioso; riservato.

uninspired /ʌnɪn'spaɪəd/, *a.* ***1*** non ispirato; senza ispirazione ***2*** prosaico; banale; mediocre: **an u. book**, un libro banale.

uninstructed /ʌnɪn'strʌktɪd/, *a.* ***1*** non istruito; incolto; ignorante ***2*** che non ha ricevuto istruzioni.

uninstructive /ʌnɪn'strʌktɪv/, *a.* poco istruttivo; che non insegna niente.

uninsurable /ʌnɪn'ʃʊərəbl, -'ʃɔːr-/, *a.* (*ass.*) non assicurabile.

uninsured /ʌnɪn'ʃʊəd, -'ʃɔːd/, *a.* (*ass.*) non assicurato.

unintellectual /ʌnɪntə'lektʃʊəl/, *a.* non intellettuale.

unintelligent /ʌnɪn'telɪdʒənt/, *a.* privo d'intelligenza; ottuso (*fig.*). ‖ **-ly**, *avv.*

unintelligibility /ʌnɪntelɪdʒə'bɪlətɪ/, *n.* inintelligibilità; incomprensibilità.

unintelligible /ʌnɪn'telɪdʒəbl/, *a.* inintelligibile; incomprensibile. ‖ **-bly**, *avv.*

unintended /ʌnɪn'tendɪd/, *a.* non intenzionale; involontario; non voluto; non preordinato. ‖ **-ly**, *avv.*

unintentional /ʌnɪn'tenʃənl/, *a.* ***1*** non intenzionale; involontario ***2*** (*leg.*) preterintenzionale. ‖ **-ly**, *avv.*

unintentionality /ʌnɪntenʃə'nælətɪ/, *n.* ***1*** mancanza d'intenzionalità ***2*** (*leg.*) preterintenzionalità.

uninterested /ʌn'ɪntrəstɪd, *USA* -res-/, *a.* non interessato; incurante; indifferente. ‖ **-ly**, *avv.*

uninteresting /ʌn'ɪntrəstɪŋ, *USA* -res-/, *a.* non interessante; privo d'interesse. ‖ **-ly**, *avv.*

unintermitting /ʌnɪntə'mɪtɪŋ/, *a.* non intermittente; incessante; ininterrotto; continuo. ‖ **-ly**, *avv.*

uninterrupted /ʌnɪntə'rʌptɪd/, *a.* ininterrotto; incessante. ‖ **-ly**, *avv.*

uninuclear /juːnɪ'njuːklɪə(r), *USA* -'nuːk-/, **uninucleate** /juːnɪ'njuːklɪət, *USA* -'nuːk-/, *a.* (*biol.*) uninucleare.

uninventive /ʌnɪnˈvɛntɪd/, *a.* privo d'inventiva; senza immaginazione.
uninvested /ʌnɪnˈvɛstɪd/, *a.* ***1*** (*fin.*) giacente; non investito ***2*** (*mil.*) non investito; non assalito.
uninvited /ʌnɪnˈvaɪtɪd/, *a.* non invitato; senza invito.
uninviting /ʌnɪnˈvaɪtɪŋ/, *a.* ***1*** non invitante; non attraente; non allettante ***2*** (*di cibo*) poco appetitoso.
uninvolved /ʌnɪnˈvɒlvd/, *a.* ***1*** non coinvolto; non implicato ***2*** non involuto; semplice.
union /ˈjuːnɪən/, *n.* ***1*** unione; alleanza; confederazione; associazione; matrimonio: **a happy u.**, un'unione (*o* un matrimonio) felice; **the U. of South Africa**, l'Unione sudafricana ***2*** armonia; concordia; accordo: **They lived together in perfect u.**, vivevano insieme d'amore e d'accordo ***3*** (*mecc.*) giunto; raccordo: **pipe u.**, raccordo per tubazioni; **u. sleeve**, manicotto di raccordo ***4*** (*ind. tess.*) tessuto misto (*di lino e cotone*) ***5*** (= **trade u., labour u.**) sindacato (*di lavoratori*) ***6*** (*stor.*, = **u. workhouse**) casa di lavoro per poveri; ricovero di mendicità ***7*** quarto superiore (*di una bandiera*) vicino all'asta. ● **the U.**, (*stor. ingl.*) l'unione dell'Inghilterra e della Scozia (1707); (*anche*) gli Stati Uniti d'America; (*stor. USA*) gli Stati del Nord (*durante la guerra di secessione*: *1861-65*) ◻ **unions' actions**, manifestazioni sindacali ◻ **u. agreements**, accordi sindacali ◻ **u. bargaining**, contrattazione sindacale ◻ **u. card**, tessera del sindacato ◻ **the U. Jack**, la bandiera nazionale britannica ◻ **u. militancy**, attivismo sindacale ◻ **u. militant**, attivista sindacale ◻ **u. negotiation**, trattativa sindacale ◻ **u. official** (*o* **u. representative**), sindacalista ◻ **u. shop**, fabbrica i cui operai sono tenuti a iscriversi a un dato sindacato ◻ **u. steward**, fiduciario sindacale; delegato di fabbrica ◻ (*USA*) **u. suit**, costume di lana (*maglia e mutande insieme*) da uomo (*cfr. ingl.* **combinations**) ◻ **postal u.**, unione postale ◻ (*prov.*) **U. is strength**, l'unione fa la forza.
unionism /ˈjuːnɪənɪzəm/, *n.* ***1*** (*polit.*) unionismo ***2*** (= **trade u., labour u.**) sindacalismo ***3*** – (*stor., in G.B.*) **U.**, movimento favorevole all'unione fra l'Irlanda del Nord e la Gran Bretagna ***4*** – (*stor. USA*) **U.**, fedeltà all'Unione; antisecessionismo.
unionist /ˈjuːnɪənɪst/, *n.* ***1*** (*polit.*) unionista ***2*** membro di un sindacato; sindacalista ***3*** – (*stor., in G.B.*) **U.**, unionista; fautore dell'unione fra l'Irlanda del Nord e la Gran Bretagna; conservatore ***4*** – (*stor. USA*) **U.**, unionista; sostenitore dell'Unione; antisecessionista.
unionistic /juːnɪəˈnɪstɪk/, *a.* ***1*** di (*o* da) unionista; relativo all'unionismo ***2*** di (*o* da) sindacalista; sindacalistico.
unionization /juːnɪənaɪˈzeɪʃn, *USA* -nɪˈz-/, *n.* organizzazione in un sindacato; sindacalizzazione.
to **unionize** /ˈjuːnɪənaɪz/, *v. t.* ***1*** riunire in un'associazione ***2*** organizzare (*o* raccogliere) in un sindacato; sindacalizzare: **to u. shop assistants**, organizzare in sindacato i commessi di negozio.
unionized /ˈjuːnɪənaɪzd/, *a.* iscritto a un sindacato; sindacalizzato. ● **non-u.**, non iscritto ad alcun sindacato.
uniovular /juːnɪˈɒvjʊlə(r)/, **uniovulate** /juːnɪˈɒvjʊlət/, *a.* (*biol.*) uniovulare.
uniparous /juːˈnɪpərəs/, *a.* (*biol.*) uniparo.
unipersonal /juːnɪˈpɜːsnl/, *a.* ***1*** (*relig.*: *di divinità*) che esiste in una sola persona ***2*** (*gramm.*: *di verbo*) che si coniuga in una sola persona; (*specialm.*) impersonale.
unipolar /juːnɪˈpəʊlə(r)/, *a.* ***1*** (*elettr., elettron.*) unipolare ***2*** (*fisiol.*) unipolare.
unique /juːˈniːk/, **A** *a.* ***1*** unico; solo: **This vase is u. of its kind**, questo vaso è unico nel suo genere ***2*** (*fam.*) eccezionale; notevole; singolare; straordinario. **B** *n.* cosa unica; pezzo unico. ‖ **-ly**, *avv.* ‖ **-ness**, *sost.*
unironed /ʌnˈaɪənd, *USA* ʌnˈaɪə[r]nd/, *a.* non stirato.
unisepalous /juːnɪˈsɛpələs/, *a.* (*bot.*) monosepalo.
unisex /ˈjuːnɪsɛks/, *a.* e *n.* unisex: **u. clothes**, abiti unisex; **u. look**, aspetto unisex. ● **u. shop**, negozio di capi di vestiario unisex.
unisexual /juːnɪˈsɛkʃʊəl/, *a.* ***1*** (*biol.*) unisessuale ***2*** *V.* **unisex**.
unisexuality /juːnɪsɛkʃʊˈælətɪ/, *n.* (*biol.*) unisessualità.
unison /ˈjuːnɪsn/, (*mus.*) **A** *n.* (*mus.*) unisono; (*fig.*) accordo, armonia: **to sing in u.**, cantare all'unisono; **They answered in perfect u.**, risposero in perfetto accordo. **B** *a. attr.* unisono: **u. string**, corda unisona.
unisonal /juːˈnɪsənl/, **unisonant** /juːˈnɪsənənt/, *a.* (*mus.*) unisono.
unisonance /juːˈnɪsənəns/, *n.* (*mus.*) unisonanza.
unisonous /juːˈnɪsənəs/, *a.* ***1*** (*mus.*) unisono ***2*** (*fig.*) unisono; concorde; in armonia: **u. answers**, risposte unisone.
unissued /ʌnˈɪʃuːd, -ˈɪsjuːd/, *a.* (*fin.*) non emesso: **u. stock**, capitale non emesso.
unit /ˈjuːnɪt/, **A** *n.* ***1*** (*mat., med., mil., elab., ecc.*) unità: **monetary u.**, unità monetaria; **u. of length [of weight]**, unità di lunghezza [di peso]; (*econ., fin.*) **u. of account**, unità di conto; (*mil.*) **a small armoured u.**, una piccola unità corazzata; **teaching u.**, unità didattica ***2*** (*econ.*) unità produttiva; azienda ***3*** elemento (*componibile*); mobile componibile. **B** *a.* unitario; singolo: (*econ., mat.*) **u. increment**, incremento unitario; (*mat.*) **u. circle**, cerchio unitario. ● **u. bank**, banca a sportello unico ◻ (*fis.*) **u. cell**, cella unitaria ◻ (*comm., ind.*) **u. cost**, costo unitario ◻ **u. furniture**, mobili componibili ◻ **u. kitchen**, cucina componibile ◻ (*econ., comm.*) **u. price**, prezzo unitario ◻ (*market.*) **u. pricing**, indicazione del prezzo unitario (*su un prodotto confezionato*) ◻ (*ferr.*) **u. train**, treno merci non scomponibile ◻ (*fin.*) **u. trust**, fondo comune d'investimento aperto.
Unitarian /juːnɪˈtɛərɪən/, *n.* e *a.* (*relig.*) Unitario; Unitariano: **U. Church**, Chiesa Unitaria (*che non accetta il dogma della Trinità*).
Unitarianism /juːnɪˈtɛərɪənɪzəm/, *n.* (*relig.*) Unitarismo; Unitarianismo.
unitary /ˈjuːnɪtrɪ, *USA* -terɪ/, *a.* unitario (*anche mat.*); di un'unità.
to **unite** /juːˈnaɪt/, **A** *v. t.* unire; congiungere; connettere; accoppiare; riunire; unire in matrimonio. **B** *v. i.* unirsi; allearsi; congiungersi; riunirsi; mescolarsi: **Let's u. against the common foe**, uniamoci contro il comune nemico; **Oil won't u. with water**, l'olio non si mescola con l'acqua.
united /juːˈnaɪtɪd/, *a.* unito; congiunto; riunito: **our u. efforts**, i nostri sforzi congiunti; **the U. Kingdom**, il Regno Unito; **the U. States**, gli Stati Uniti; **the U. Nations**, le Nazioni Unite. ● (*relig.*) **the U. Brethren**, i Confratelli Ussiti (*setta protestante*) ◻ (*stor., polit.*) **the U. Nations Charter**, la Carta delle Nazioni Unite ◻ (*prov.*) **U. we stand, divided we fall**, l'unione fa la forza. ‖ **-ly**, *avv.* ‖ **-ness**, *sost.*
unitholder /juːnɪtˈhəʊldə(r)/, *n.* (*fin.*) detentore di quote-parti di un fondo comune d'investimento aperto.
unitive /ˈjuːnɪtɪv/, *a.* ***1*** unitario ***2*** unitivo; che tende a unire.
to **unitize** /ˈjuːnɪtaɪz/, *v. t.* ***1*** ridurre all'unità; unificare ***2*** trattare come un'unità; considerare unitario ***3*** (*ind.*) unificare ***4*** (*fin.*) trasformare (*un fondo d'investimento*) in fondo aperto. ● (*autom.*) **unitized body**, scocca portante; carrozzeria portante.
unity /ˈjuːnətɪ/, *n.* ***1*** (*arte, polit., mat., ecc.*) unità: **national u.**, l'unità nazionale; **His painting lacks u.**, la sua pittura manca di unità ***2*** armonia; concordia; accordo: **They live in u. with their neighbours**, vivono in buona armonia con i loro vicini. ● **to be at u. with**, essere in armonia (*o* andare d'accordo) con ◻ (*letter., teatr.*) **the dramatic unities (of action, time and space)**, le unità drammatiche (d'azione, di tempo, di luogo) ◻ (*prov.*) **U. is strength**, l'unione fa la forza.
univalence /juːnɪˈveɪləns/, **univalency** /juːnɪˈveɪlənsɪ/, *n.* (*chim.*) monovalenza.
univalent /juːnɪˈveɪlənt/, *a.* (*chim.*) monovalente.
univalve /ˈjuːnɪvælv/, (*zool.*) **A** *a.* univalve. **B** *n.* mollusco univalve.
universal /juːnɪˈvɜːsl/, **A** *a.* universale; generale; invalso; per tutti: **u. applause**, plauso universale; **u. suffrage**, suffragio universale; **a u. rule**, una regola universale; **The terror was u.**, il terrore era generale; **a u. practice**, una pratica invalsa; un'usanza generale; **u. entertainment**, divertimento per tutti. **B** *n.* (*filos.*) (l') universale. ● (*comm., leg.*) **u. agent**, agente universale; mandatario generale ◻ (*leg.*) **u. heir**, erede universale ◻ (*mecc.*) **u. coupling** (*o* **u. joint**), giunto universale; giunto cardanico ◻ (*comm.*) **u. provider**, negoziante di generi vari ◻ **u. time**, ora di Greenwich ◻ (*mecc.*) **u. vise**, morsa universale (*o* orientabile).
universalism /juːnɪˈvɜːsəlɪzəm/, *n.* (*relig.*) universalismo.
universalist /juːnɪˈvɜːsəlɪst/, *n.* (*relig.*) universalista.
universality /juːnɪvɜːˈsælətɪ/, *n.* universalità.
universalization /ˈjuːnɪvɜːsəlaɪˈzeɪʃn, *USA* -lɪˈz-/, *n.* universalizzazione.
to **universalize** /juːnɪˈvɜːsəlaɪz/, *v. t.* rendere universale; universalizzare.
universally /juːnɪˈvɜːsəlɪ/, *avv.* universalmente.
universe /ˈjuːnɪvɜːs/, *n.* ***1*** (*astron.*) universo; mondo ***2*** (*mat., stat.*) universo ***3*** (*demogr.*) popolazione ***4*** (*fig.*) sistema: **a u. of thought**, un sistema filosofico.
university /juːnɪˈvɜːsətɪ/, **A** *n.* università (*degli studi*): **There is a famous u. at Oxford**, vi è una famosa università a Oxford. **B** *a. attr.* universitario: **a u. student**, uno studente universitario. ● (*collett.*) **the u.**, il corpo accademico; (*anche*) gli studenti ◻ **u. chair**, cattedra universitaria ◻ **u. degree**, (diploma di) laurea ◻ **u. education**, istruzione universitaria (*o* superiore) ◻ **u. town**, città universitaria ◻ **to go to u.** (*USA*: **to the u.**), andare all'università.
univocal /juːnɪˈvəʊkl/, **A** *a.* univoco; cha ha un solo significato. **B** *n.* parola univoca. ‖ **-ly**, *avv.*
to **unjoint** /ʌnˈdʒɔɪnt/, *v. t.* ***1*** staccare (*un giunto*) ***2*** disarticolare; smontare (*una canna da pesca, ecc.*).
unjointed /ʌnˈdʒɔɪntɪd/, *a.* ***1*** disgiunto; privo di giunture; tutto di un pezzo ***2*** (*fig.*) sconnesso; incoerente.
unjust /ʌnˈdʒʌst/, *a.* ingiusto; iniquo. ● (*leg.*) **u. enrichment**, indebito arricchimento. ‖ **-ly**, *avv.* ‖ **-ness**, *sost.*
unjustifiable /ʌnˈdʒʌstɪfaɪəbl/, *a.* ingiustificabile. ‖ **-ness**, *sost.* ‖ **-bly**, *avv.*
unjustified /ʌnˈdʒʌstɪfaɪd/, *a.* ingiustificato.
unkempt /ʌnˈkɛmpt/, *a.* ***1*** arruffato; scarmigliato; spettinato ***2*** (*fig.*) disordinato; trascurato; sciatto: **u. style**, stile sciatto. ● **u. beard**, barba incolta.
to **unkennel** /ʌnˈkɛnl/, *v. t.* ***1*** far uscire (*cani*) dal canile ***2*** (*fig.*) scoprire, stanare (*traditori, ecc.*).
unkind /ʌnˈkaɪnd/, *a.* ***1*** scortese; sgarbato; non gentile ***2*** aspro; cattivo; crudele; duro: **He is u. to animals**, è crudele con gli animali; maltratta le bestie ***3*** (*di clima*) rigido; inclemente ***4*** (*del terreno*) difficile da coltivare; ingrato. ‖ **-ness**, *sost.*
unkindly /ʌnˈkaɪndlɪ/, **A** *a.* *V.* **unkind**. **B** *avv.* ***1*** scortesemente; sgarbatamente; in malo modo ***2*** aspramente; crudelmente; duramente. ● **Don't take it u.**, non prendertela; non avertene a male.
unkingly /ʌnˈkɪŋlɪ/, *a.* non regale; indegno di

un re.

unknightly /ʌn'naɪtlɪ/, *a.* non cavalleresco; indegno d'un cavaliere.

to **unknit** /ʌn'nɪt/, **A** *v. t.* ***1*** disfare; districare; sciogliere; slegare ***2*** spianare (*la fronte e sim.*). **B** *v. i.* (*di un nodo, ecc.*) disfarsi; slegarsi; sciogliersi. ● **to u. one's brows**, rasserenarsi in viso.

to **unknot** /ʌn'nɒt/, *v. t.* slegare; slacciare; snodare (*una fune, ecc.*).

unknowability /ʌnnəʊə'bɪlətɪ/, *n.* inconoscibilità.

unknowable /ʌn'nəʊəbl/, **A** *a.* inconoscibile. **B** *n.* (*filos.*) (l') inconoscibile. || **-ness**, *sost.* || **-bly**, *avv.*

unknowing /ʌn'nəʊɪŋ/, *a.* inconsapevole; ignaro.

unknowingly /ʌn'nəʊɪŋlɪ/, *avv.* senza saperlo; essendo all'oscuro.

unknown /ʌn'nəʊn/, **A** *a.* ignoto; sconosciuto; incognito: **the U. Warrior**, il Milite Ignoto; **The region is u. to me**, la regione mi è sconosciuta. **B** *n.* ***1*** (l') ignoto: **We all dread the u.**, tutti temiamo l'ignoto ***2*** (*mat.*) incognita: **an equation of two unknowns**, un'equazione a due incognite ***3*** (*fam.*) persona (*o* cosa) sconosciuta. ● **an u. person**, uno sconosciuto; (*leg.*) un ignoto □ **an u. quantity**, (*mat.*) un'incognita; (*fig.*) un illustre sconosciuto, un carneade, uno «zero» □ **u. to me**, a mia insaputa.

unlabelled /ʌn'leɪbld/, *a.* ***1*** senza etichetta ***2*** (*comm.: di un prodotto*) senza cartellino.

unlaboured /ʌn'leɪbəd/, *a.* ***1*** (*di stile, ecc.*) non elaborato; naturale; spontaneo; scorrevole; sciolto ***2*** fatto senza sforzo (*o* fatica) ***3*** (*di terreno*) non coltivato; incolto.

to **unlace** /ʌn'leɪs/, *v. t.* slacciare; sciogliere.

to **unlade** /ʌn'leɪd/ (*pass.* **unladed**, *p. p.* **unladen**), *v. t.* scaricare: **to u. a ship [a cargo]**, scaricare una nave [un carico].

unladen /ʌn'leɪdn/, **A** *p. p.* di **to unlade**. **B** *a.* (*di un veicolo*) a vuoto; scarico: (*autom.*) **The weight refers to an u. car**, il peso s'intende a veicolo scarico.

unladylike /ʌn'leɪdɪlaɪk/, *a.* indegno d'una signora.

unlaid /ʌn'leɪd/, *pass.* e *p. p.* di **to unlay**.

unlamented /ʌnlə'mentɪd/, *a.* non compianto; illacrimato (*lett.*).

to **unlash** /ʌn'læʃ/, *v. t.* (*specialm. naut.*) sciogliere; slegare; allentare; mollare (*le rizze, ecc.*).

to **unlatch** /ʌn'lætʃ/, *v. t.* togliere il chiavistello a (*una porta*); aprire; disserrare; schiudere.

unlawful /ʌn'lɔːfl/, *a.* (*leg.*) illegale; illecito; illegittimo: **u. arrest**, arresto illegale; **u. son**, figlio illegittimo (*o* naturale). || **-ly**, *avv.* || **-ness**, *sost.*

to **unlax** /ʌn'læks/, *v. i.* (*fam. USA*) rilassarsi; distendersi (*fig.*); lasciarsi andare.

to **unlay** /ʌn'leɪ/ (*pass.* e *p. p.* **unlaid**), *v. t.* (*specialm. naut.*) disfare; separare i capi di (*una cima*); discommettere.

to **unlead** /ʌn'led/, *v. t.* ***1*** (*tipogr.*) sterlineare ***2*** togliere il piombo a.

unleaded /ʌn'ledɪd/, *a.* ***1*** (*tipogr.*) sterlineato ***2*** (*chim., autom.*) senza piombo: **u. petrol**, benzina senza piombo.

to **unlearn** /ʌn'lɜːn/ (*pass.* e *p. p.* **unlearnt** e **unlearned**), *v. t.* disimparare; dimenticare.

unlearned (*def.* 1 /ʌn'lɜːnɪd/, *def.* 2 /ʌn'lɜːnd/), *a.* ***1*** ignorante; illetterato; incolto ***2*** non appreso con lo studio; naturale; spontaneo. || **-ly**, *avv.* || **-ness**, *sost.*

unlearnt /ʌn'lɜːnt/, *a.* *V.* **unlearned**, *def.* 2.

to **unleash** /ʌn'liːʃ/, *v. t.* ***1*** sguinzagliare; slegare, sciogliere (*cani, ecc.*) ***2*** (*fig.*) liberare; dar libero sfogo a (q.c.); scatenare.

unleavened /ʌn'levnd/, *a.* senza lievito; azzimo; non lievitato: **u. bread**, pane azzimo.

unless /ən'les/, *cong.* a meno che; salvo che, eccetto che; se non: **I shall do it u. I'm too busy**, lo farò, a meno che non sia troppo occupato; **U. it rains, I'll go there tomorrow**, ci andrò domani, se non piove; **I'll stay at home u. they ask me to dinner**, se non m'invitano a pranzo, me ne starò a casa. ● **u. and until**, a meno che; finché.

unlet /ʌn'let/, *a.* (*d'immobile*) spigionato; sfitto.

unlettered /ʌn'letəd/, *a.* ***1*** illetterato; incolto ***2*** (*specialm.*) che non sa leggere; analfabeta ***3*** non espresso in lettere ***4*** (*di una lapide*) senza iscrizione.

unlevelled /ʌn'levld/, *a.* ***1*** non livellato; non spianato ***2*** pieno di dislivelli; accidentato.

unlicensed /ʌn'laɪsnst/, *a.* ***1*** senza licenza; senza patente ***2*** (*di locale*) non autorizzato allo spaccio di alcolici.

unlicked /ʌn'lɪkt/, *a.* ***1*** (*fig.*) grossolano; rozzo ***2*** (*pop., anche sport*) imbattuto.

unlike /ʌn'laɪk/, **A** *a. pred.* ***1*** dissimile; differente; diverso: **He is quite u. his father**, è del tutto diverso da suo padre ***2*** non somigliante: **The portrait is utterly u.**, il ritratto non è affatto somigliante. **B** *prep.* a differenza di; diversamente da; in modo diverso da: **He plays quite u. you**, gioca in modo del tutto diverso da te. ● (*mat.*) **u. signs**, segni diversi, contrari (+ *e* −) □ **It's u. him to be late**, non è da lui arrivare in ritardo □ **The two are quite u.**, quei due non si somigliano affatto.

unlikelihood /ʌn'laɪklɪhʊd/, **unlikeliness** /ʌn'laɪklɪnəs/, *n.* improbabilità; inverosimiglianza.

unlikely /ʌn'laɪklɪ/, **A** *a.* ***1*** improbabile; inverosimile: **an u. tale**, un racconto inverosimile; **They are u. to come**, è improbabile che vengano ***2*** (*fam.*) poco promettente; insoddisfacente. **B** *avv.* (*raro*) improbabilmente (*raro*); senza alcuna probabilità.

unlikeness /ʌn'laɪknəs/, *n.* dissomiglianza; differenza; diversità.

to **unlimber** /ʌn'lɪmbə(r)/, *v. t.* ***1*** (*mil.*) staccare l'avantreno di (*un cannone*); mettere in postazione ***2*** (*fig.*) approntare; preparare.

unlimited /ʌn'lɪmɪtɪd/, *a.* illimitato; immenso; sconfinato: **u. powers**, poteri illimitati. ● (*fin., in G.B.*) **u. company**, società a responsabilità illimitata (*specialm. di operatori di borsa*) □ **u. credit**, credito illimitato □ (*fin.*) **u. partner**, socio accomandatario □ (*ass.*) **u. policy**, polizza che copre tutti i rischi □ **He drinks u. coffee**, non fa che bere caffè. || **-ly**, *avv.* || **-ness**, *sost.*

to **unline** /ʌn'laɪn/, *v. t.* levar la fodera a; sfoderare.

unlined (1) /ʌn'laɪnd/, *a.* non foderato; sfoderato: **an u. jacket**, una giacca sfoderata.

unlined (2) /ʌn'laɪnd/, *a.* ***1*** (*di carta*) senza righe ***2*** (*di viso*) senza rughe; liscio.

to **unlink** /ʌn'lɪŋk/, *v. t.* separare gli anelli di (*una catena*); disgiungere; staccare; scollegare.

unlinked /ʌn'lɪŋkt/, *a.* disgiunto; staccato; scollegato.

unliquidated /ʌn'lɪkwɪdeɪtɪd/, *a.* (*ass., leg.*) ***1*** non accertato ***2*** non liquidato. ● **u. damage**, danno non accertato (*o* non liquidato).

unlisted /ʌn'lɪstɪd/, *a.* ***1*** che non figura in un elenco; che non è in lista ***2*** (*USA*) non sull'elenco telefonico; segreto (*cfr. ingl.* **ex-directory**) ***3*** (*fin.*) non quotato (*in borsa*): **u. company**, società non quotata in borsa. ● (*fin.*) **u. market**, mercato ristretto; terzo mercato.

unlit /ʌn'lɪt/, *a.* non acceso; non illuminato.

unload /ʌn'ləʊd/, *n.* (*specialm. naut.*) merce scaricata.

to **unload** /ʌn'ləʊd/, **A** *v. t.* ***1*** scaricare (*un carico, una nave, un fucile, ecc.*) ***2*** (*fig.*) sgravare; sollevare ***3*** (*fin., comm.*) disfarsi di; sbarazzarsi di; vendere: **I advise you to u. your coal shares**, ti consiglio di disfarti delle azioni carbonifere; **Canada is trying to u. surplus cereals abroad**, il Canada sta cercando di vendere all'estero i cereali che produce in eccesso ***4*** scaricare, togliere il rullino a (*una macchina fotografica*) ***5*** (*elab.*) scaricare; svuotare: **to u. the tape**, scaricare il nastro ***6*** (*fam.*) scaricare (q.); liberarsi di (*q.*). **B** *v. i.* (*specialm. naut.*) scaricare: **The cargo was unloading**, la nave da carico stava scaricando.

unloaded /ʌn'ləʊdɪd/, *a.* scaricato; scarico.

unloader /ʌn'ləʊdə(r)/, *n.* ***1*** scaricatore ***2*** (*mecc.*) scaricatore di materiali.

unloading /ʌn'ləʊdɪŋ/, *n.* ***1*** scaricamento; scarico ***2*** (*naut.*) discarica; sbarco ***3*** (*chim., ind.*) scaricamento. ● (*elab.*) **u. circuit**, circuito di scarico.

unlocated /ʌnləʊ'keɪtɪd/, *a.* non definito come ubicazione; non localizzato; non individuato.

to **unlock** /ʌn'lɒk/, *v. t.* ***1*** aprire (*specialm. con una chiave*); disserrare; schiudere ***2*** (*fig.*) rivelare, svelare (*un segreto, ecc.*) ***3*** (*mecc.*) sbloccare.

unlocked /ʌn'lɒkt/, *a.* non chiuso a chiave. ● **Leave the door u.!**, non chiudere a chiave la porta.

unlooked-for /ʌn'lʊktfɔː(r)/, *a.* inatteso; impensato; imprevisto.

to **unloose** /ʌn'luːs/, to **unloosen** /ʌn'luːsn/, *v. t.* ***1*** allentare; sciogliere: **to u. a screw**, allentare una vite; **to u. one's belt**, allentarsi la cinghia (*dei pantaloni*) ***2*** (*fig.*) liberare.

unlovable /ʌn'lʌvəbl/, *a.* non amabile; antipatico; sgradevole.

unloved /ʌn'lʌvd/, *a.* non amato.

unloveliness /ʌn'lʌvlɪnəs/, *n.* mancanza di grazia; bruttezza.

unlovely /ʌn'lʌvlɪ/, *a.* ***1*** non attraente; brutto; sgraziato ***2*** antipatico; sgradevole.

unloving /ʌn'lʌvɪŋ/, *a.* non affettuoso; freddo (*fig.*); insensibile.

unluckily /ʌn'lʌkəlɪ/, *avv.* sfortunatamente; disgraziatamente.

unluckiness /ʌn'lʌkɪnəs/, *n.* sfortuna; disgrazia.

unlucky /ʌn'lʌkɪ/, *a.* ***1*** sfortunato; disgraziato; sventurato: **I am always u. at cards**, sono sempre sfortunato a carte ***2*** che porta sfortuna; malaugurato; nefasto; infelice: **an u. expedient**, un malaugurato espediente; **in an u. hour**, in un momento infelice.

unmade /ʌn'meɪd/, **A** *pass.* e *p. p.* di **to unmake**. **B** *a.* ***1*** non fatto; disfatto ***2*** (*del letto*) sfatto; disfatto ***3*** (*filos., relig.*) increato.

unmaidenly /ʌn'meɪdnlɪ/, *a.* (*arc.*) che non si addice a una fanciulla.

unmailable /ʌn'meɪləbl/, *a.* che non si può spedire per posta.

to **unmake** /ʌn'meɪk/ (*pass.* e *p. p.* **unmade**), *v. t.* ***1*** disfare; distruggere; abbattere; rovinare ***2*** deporre; licenziare; revocare (*da un ufficio, ecc.*).

unmalleability /ʌnmælɪə'bɪlətɪ/, *n.* mancanza di malleabilità.

unmalleable /ʌn'mælɪəbl/, *a.* non malleabile.

to **unman** /ʌn'mæn/, *v. t.* ***1*** abbattere; accasciare; indebolire; snervare ***2*** evirare ***3*** (*org. az., naut., mil.*) privare del personale (*o* dell'equipaggio); (*naut.*) disarmare: **to u. a ship**, privare una nave dell'equipaggio.

unmanageable /ʌn'mænɪdʒəbl/, *a.* ***1*** ingovernabile; indisciplinato; ribelle; intrattabile; riottoso; scontroso ***2*** (*di materiale*) difficile a lavorarsi; poco maneggevole. ● **an u. child**, un bambino difficile □ **an u. situation**, una situazione difficile.

unmanlike /ʌn'mænlaɪk/, *V.* **unmanly**.

unmanliness /ʌn'mænlɪnəs/, *n.* ***1*** debolezza; effeminatezza ***2*** pusillanimità; viltà.

unmanly /ʌn'mænlɪ/, *a.* ***1*** poco virile; indegno di un uomo; debole; effeminato ***2*** pusillanime; vile.

unmanned /ʌn'mænd/, *a.* ***1*** debole; effeminato; snervato ***2*** evirato ***3*** (che è) senza personale (*o* equipaggio) ***4*** (*di luogo*) spopolato; deserto.

unmannered /ʌn'mænəd/, *a.* (*raro*) maleducato; sgarbato; rozzo.

unmannerliness /ʌn'mænəlɪnəs/, *n.* grossolanità; volgarità; rozzezza; scortesia; sgarbatezza.

unmannerly /ʌn'mænəlı/, *a.* grossolano; volgare; rozzo; scortese; sgarbato.

unmanufactured /ʌnmænjʊ'fæktʃəd/, *n.* (*comm.*: *di prodotto*) non lavorato; greggio; grezzo.

unmarked /ʌn'mɑːkt/, *a.* ***1*** non marcato; non contrassegnato; non stampigliato ***2*** inosservato; non visto ***3*** (*di compiti, elaborati, ecc.*) non ancora corretto; senza voto. ● **an u. police car**, un'auto civetta della polizia.

unmarketable /ʌn'mɑːkıtəbl/, *a.* (*comm.*) non commerciabile; invendibile.

unmarred /ʌn'mɑːd/, *a.* non danneggiato; non sciupato; indenne.

unmarriageable /ʌn'mærıdʒəbl/, *a.* non adatto al matrimonio.

unmarried /ʌn'mærıd/, *a.* non sposato; (*d'uomo*) celibe; (*di donna*) nubile. ● **u. couples**, coppie di conviventi □ **an u. man**, uno scapolo □ **an u. mother**, una ragazza madre □ **an u. woman**, una zitella.

to **unmarry** /ʌn'mærı/, *v. t.* sciogliere il matrimonio di (q.).

to **unmask** /ʌn'mɑːsk, *USA* -æsk/, **A** *v. t.* smascherare (*anche fig.*): **to u. a spy**, smascherare una spia. **B** *v. i.* ***1*** smascherarsi ***2*** (*fig.*) gettare la maschera.

unmasked /ʌn'mɑːskt, *USA* -æskt/, *a.* ***1*** senza maschera ***2*** (*fig.*) smascherato.

unmastered /ʌn'mɑːstəd, *USA* -æst-/, *a.* ***1*** (*di un sentimento*) non dominato; non domato; incontrollato ***2*** (*di problema, ecc.*) non risolto; non superato.

unmatchable /ʌn'mætʃəbl/, *a.* incomparabile; impareggiabile.

unmatched /ʌn'mætʃt/, *a.* ***1*** (*di un oggetto*) scompagnato; spaiato; senza il compagno ***2*** ineguagliato; senza pari; che non ha l'uguale.

unmated /ʌn'meıtıd/, *a.* non accoppiato; non appaiato; senza compagno.

unmaterial /ʌnmə'tıərıəl/, *a.* (*raro*) immateriale; spirituale; etereo.

unmeaning /ʌn'miːnıŋ/, *a.* ***1*** insignificante; senza senso; senza significato: **an u. face**, un viso insignificante ***2*** senza espressione; vacuo: **an u. look**, uno sguardo vacuo.

unmeant /ʌn'mɛnt/, *a.* non intenzionale; involontario.

unmeasurable /ʌn'mɛʒərəbl/, *a.* (*raro*) incommensurabile; smisurato. || **-ness**, *sost.* || **-bly**, *avv.*

unmeasured /ʌn'mɛʒəd/, *a.* ***1*** non misurato ***2*** smisurato; sconfinato; illimitato; enorme: **u. pride**, orgoglio smisurato ***3*** (*form.*: *di linguaggio*) non misurato; incontrollato.

unmedicated /ʌn'mɛdıkeıtıd/, *a.* non medicato.

unmeditated /ʌn'mɛdıteıtıd/, *a.* ***1*** non meditato; non ponderato ***2*** non premeditato; involontario.

unmeet /ʌn'miːt/, *a.* (*arc., lett.*) ***1*** disadatto; inadatto ***2*** indegno; sconveniente. || **-ly**, *avv.* || **-ness**, *sost.*

unmelodious /ʌnmə'ləʊdıəs/, *a.* senza melodia; disarmonico.

unmelted /ʌn'mɛltıd/, *a.* ***1*** non fuso; non sciolto ***2*** (*fig.*) duro; rigido.

unmendable /ʌn'mɛndəbl/, *a.* ***1*** non emendabile; incorreggibile ***2*** irreparabile; non aggiustabile.

unmended /ʌn'mɛndıd/, *a.* ***1*** non riparato; non aggiustato ***2*** non rammendato.

unmentionable /ʌn'mɛnʃənəbl/, *a.* da non menzionarsi; innominabile. ● (*arc., scherz.*: *di indumenti*) **the unmentionables**, gli innominabili; (*specialm.*) i pantaloni; la biancheria intima.

unmentioned /ʌn'mɛnʃnd/, *a.* non menzionato; passato sotto silenzio. ● **to leave st. u.**, non far parola di q.c.

unmerchantable /ʌn'mɜːtʃəntəbl/, *a.* (*comm.*) non commerciabile; invendibile.

unmerciful /ʌn'mɜːsıfl/, *a.* senza pietà; crudele; implacabile; spietato. || **-ly**, *avv.* || **-ness**, *sost.*

unmerited /ʌn'mɛrıtıd/, *a.* immeritato.

unmeriting /ʌn'mɛrıtıŋ/, *a.* immeritevole.

unmet /ʌn'mɛt/, *a.* (*econ.*: *di un bisogno*) insoddisfatto.

unmetalled /ʌn'mɛtld/, *a.* (*di strada*) senza massicciata; in terra battuta.

unmethodical /ʌnmə'θɒdıkl/, *a.* non metodico; senza metodo. || **-ly**, *avv.*

unmindful /ʌn'maındfl/, *a.* ***1*** immemore; dimentico ***2*** disattento; distratto; sbadato ***3*** incurante; negligente: **u. of one's obligations**, incurante dei propri obblighi. || **-ly**, *avv.* || **-ness**, *sost.*

unmingled /ʌn'mıŋgld/, *a.* non mescolato; puro.

unmissable /ʌn'mısəbl/, *a.* (*di un film, ecc.*) da non mancare; da non perdere.

unmissed /ʌn'mıst/, *a.* di cui non si sente la mancanza.

unmistakable /ʌnmı'steıkəbl/, *a.* chiaro; evidente; indubbio; inconfondibile; lampante. || **-ness**, *sost.* || **-bly**, *avv.*

unmitigated /ʌn'mıtıgeıtıd/, *a.* ***1*** non mitigato; non alleviato; grave; forte: **u. pain**, forte dolore ***2*** assoluto; totale; completo: **u. contempt**, assoluto disprezzo ***3*** (*fam.*) bell'e buono; matricolato; solenne: **an u. lie**, una bugia bell'e buona; **an u. blackguard**, un furfante matricolato; **an u. fool**, un solenne imbecille.

unmixed /ʌn'mıkst/, *a.* non mescolato; puro.

unmodifiable /ʌn'mɒdıfaıəbl/, *a.* non modificabile.

unmodified /ʌn'mɒdıfaıd/, *a.* non modificato; tale e quale.

unmolested /ʌnmə'lɛstıd/, *a.* non molestato; indisturbato.

to **unmoor** /ʌn'mʊə(r)/, (*naut.*) **A** *v. t.* disormeggiare. **B** *v. i.* togliere gli ormeggi.

unmooring /ʌn'mʊərıŋ/, *n.* (*naut.*) disormeggio.

unmoral /ʌn'mɒrəl, *USA* -ɔːr-/, *a.* amorale.

unmorality /ʌnmə'rælətı/, *n.* amoralità.

unmortgaged /ʌn'mɔːgıdʒd/, *a.* (*comm., leg.*) non ipotecato; libero da ipoteche.

unmotherly /ʌn'mʌðəlı/, *a.* non materno; indegno di una madre.

unmoulded /ʌn'məʊldıd/, *a.* ***1*** non modellato; non formato ***2*** informe; senza forma.

to **unmount** /ʌn'maʊnt/, **A** *v. t.* smontare (cannoni, fotografie, ecc.). **B** *v. i.* smontare (*da cavallo, ecc.*).

unmounted /ʌn'maʊntıd/, *a.* ***1*** non a cavallo; a piedi; appiedato: **u. police**, polizia appiedata ***2*** (*di foto, ecc.*) non montato ***3*** (*di gemma, diamante, ecc.*) non incastonato.

unmourned /ʌn'mɔːnd/, *a.* non compianto; illacrimato (*lett.*).

unmov(e)able /ʌn'muːvəbl/, *a.* ***1*** inamovibile; fisso; saldo ***2*** irremovibile; che non si commuove. || **-bly**, *avv.*

unmoved /ʌn'muːvd/, *a.* ***1*** immobile; fisso; saldo ***2*** (*fig.*) non commosso; calmo; freddo (*fig.*); impassibile.

unmoving /ʌn'muːvıŋ/, *a.* ***1*** immobile; fisso ***2*** che non commuove; non commovente.

unmown /ʌn'məʊn/, *a.* (*agric.*) non falciato; non mietuto.

to **unmuffle** /ʌn'mʌfl/, *v. t.* togliere il velo a; scoprire.

unmurmuring /ʌn'mɜːmərıŋ/, *a.* ***1*** che non mormora ***2*** che non si lamenta; rassegnato; sottomesso.

unmusical /ʌn'mjuːzıkl/, *a.* ***1*** non musicale; discordante; disarmonico; scordato ***2*** poco amante della musica; stonato. || **-ly**, *avv.*

to **unmuzzle** /ʌn'mʌzl/, *v. t.* ***1*** togliere la museruola a (*un cane*) ***2*** (*fig.*) liberare (*la stampa, ecc.*) dalla censura.

unmuzzled /ʌn'mʌzld/, *a.* ***1*** (*di un cane*) senza museruola ***2*** (*fig.*: *di un giornale, ecc.*) libero di parlare; senza censura.

to **unnail** /ʌn'neıl/, *v. t.* schiodare; sbullettare.

unnam(e)able /ʌn'neıməbl/, *a.* innominabile.

unnamed /ʌn'neımd/, *a.* ***1*** innominato; non nominato ***2*** senza nome; anonimo.

unnatural /ʌn'nætʃrəl/, *a.* ***1*** innaturale; artificioso; affettato: **u. laughter**, riso affettato ***2*** anormale; contro natura ***3*** snaturato; inumano; crudele: **an u. mother**, una madre snaturata; **u. crimes**, crudeli delitti ***4*** insolito; raro: **a diamond of u. beauty**, un diamante di insolita bellezza. || **-ly**, *avv.* || **-ness**, *sost.*

unnavigable /ʌn'nævıgəbl/, *a.* non navigabile; innavigabile.

unnecessaries /ʌn'nɛsəsrız, *USA* -serız/, *n. pl.* cose inutili; il superfluo.

unnecessarily /ʌn'nɛsəsrəlı, ʌnnɛsə'serəlı/, *avv.* senza necessità; inutilmente.

unnecessariness /ʌn'nɛsəsrəlınəs, -esə-'serə-/, *n.* mancanza di necessità; inutilità.

unnecessary /ʌn'nɛsəsrı, *USA* -serı/, *a.* non necessario; inutile; non richiesto; superfluo: **with u. care**, con cura superflua; con troppa attenzione.

unneeded /ʌn'niːdıd/, **unneedful** /ʌn'niːdfl/, *a.* non necessario; che non occorre; inutile.

unnegotiable /ʌnnı'gəʊʃəbl/, *a.* (*comm., leg.*) non negoziabile.

unneighbourly /ʌn'neıbəlı/, *a.* poco amichevole; non da buon vicino (di casa); poco socievole; scortese.

to **unnerve** /ʌn'nɜːv/, *v. t.* ***1*** indebolire; infiacchire; accasciare; snervare ***2*** dare sui nervi a (q.); intimidire; far tremare; spaventare: **The scream unnerved her**, l'urlo la spaventò.

unnoted /ʌn'nəʊtıd/, *a.* inosservato; non notato.

unnoticeable /ʌn'nəʊtısəbl/, *a.* che passa inosservato; impercettibile; insignificante.

unnoticed /ʌn'nəʊtıst/, *a.* inosservato; inavvertito; non notato: **He passed u.**, passò inosservato. ● **to leave st. u.**, passar q.c. sotto silenzio □ **to let st. pass u.**, non far caso a q.c.

unnumbered /ʌn'nʌmbəd/, *a.* ***1*** non numerato; senza numero ***2*** innumerevole; innumerabile.

unobjectionable /ʌnəb'dʒɛkʃənəbl/, *a.* ineccepibile; irreprensibile. || **-ness**, *sost.* || **-bly**, *avv.*

unobliging /ʌnə'blaıdʒıŋ/, *a.* non compiacente; scortese.

unobscured /ʌnəb'skjʊəd/, *a.* non oscurato; chiaro.

unobservable /ʌnəb'zɜːvəbl/, *a.* inosservabile; impercettibile.

unobservant /ʌnəb'zɜːvənt/, *a.* ***1*** che non osserva; distratto; disattento ***2*** (*raro*) inosservante.

unobserved /ʌnəb'zɜːvd/, *a.* inosservato; non notato.

unobserving /ʌnəb'zɜːvıŋ/, *a.* (*raro*) distratto; disattento.

unobstructed /ʌnəb'strʌktıd/, *a.* non ostruito; libero; sgombro.

unobtainable /ʌnəb'teınəbl/, *a.* non ottenibile; inconseguibile; irraggiungibile.

unobtrusive /ʌnəb'truːsıv/, *a.* ***1*** che non dà nell'occhio; che non si nota; non appariscente ***2*** discreto; riservato. ● **an u. remark**, un'osservazione innocua □ **to make oneself u.**, non dare nell'occhio; farsi piccolo (*fig.*). || **-ly**, *avv.*

unobtrusiveness /ʌnəb'truːsıvnəs/, *n.* ***1*** il non dare nell'occhio; scarsa evidenza ***2*** discrezione; riservatezza; riserbo.

unoccupied /ʌn'ɒkjʊpaıd/, *a.* ***1*** non occupato; disponibile; vacante; libero; senza impegni ***2*** (*di un edificio*) vuoto; senza inquilini ***3*** (*econ.*) senza occupazione; inattivo: **u. population**, popolazione inattiva ***4*** (*mil.*) non (ancora) occupato.

unoffending /ʌnə'fɛndıŋ/, *a.* inoffensivo; innocuo.

unoffensive /ʌnə'fɛnsıv/, *a.* inoffensivo. || **-ly**, *avv.*

unofficial /ʌnə'fıʃl/, *a.* non ufficiale; ufficioso: **an u. estimate**, una stima non ufficiale. ● (*fin.*) **u. rate of exchange**, cambio libero (*o*

parallelo) □ (*econ.*) **u. stoppage** (*o* **u. strike**), sciopero non dichiarato. || **-ly**, *avv.*
unopened /ʌn'əʊpənd/, *a.* non aperto; non dissigillato; chiuso.
unoperated /ʌn'ɒpəreɪtɪd/, *a.* (*med.*) non operato; che non è stato operato.
unopposed /ʌnə'pəʊzd/, *a.* *1* incontestato; indiscusso *2* incontrastato; senza trovar resistenza.
unordained /ʌnɔː'deɪnd/, *a.* (*relig.*) non ordinato.
unordered /ʌn'ɔːdəd/, *a.* *1* non ordinato; non comandato *2* in disordine; disordinato *3* (*comm.*: *di un articolo*) non ordinato.
unorganized /ʌn'ɔːgənaɪzd/, *a.* *1* non organizzato; disorganizzato *2* (*di lavoratore, ecc.*) non organizzato (*in sindacato*) *3* (*scient.*) inorganico; non vivente.
unoriginal /ʌnə'rɪdʒənl/, *a.* non originale; privo d'originalità.
unornamental /ʌnɔːnə'mentl/, *a.* non decorativo; tutt'altro che ornamentale; brutto.
unornamented /ʌn'ɔːnəmentɪd/, *a.* senza ornamenti; disadorno.
unorthodox /ʌn'ɔːθədɒks/, *a.* non ortodosso; eterodosso. ● (*sport*) **an u. swimmer**, uno che nuota in modo poco ortodosso.
unorthodoxy /ʌn'ɔːθədɒksɪ/, *n.* eterodossia.
unostentatious /ʌnɒsten'teɪʃəs/, *a.* senza ostentazione; modesto; semplice. || **-ly**, *avv.* || **-ness**, *sost.*
unowned /ʌn'əʊnd/, *a.* *1* (*anche leg.*) senza proprietario; di nessuno *2* non ammesso; inconfessato *3* sconfessato; misconosciuto.
unpacified /ʌn'pæsɪfaɪd/, *a.* non pacificato; implacato.
to **unpack** /ʌn'pæk/, **A** *v. t.* *1* disimballare; disfare; spacchettare; (*comm.*) sballare *2* cavare (q.c.) da un baule (*o* da una valigia) *3* scaricare (*un carro, ecc.*) *4* (*elab.*) disimpaccare. **B** *v. i.* disfare le valigie.
unpacked /ʌn'pækt/, *a.* *1* sballato; disimballato *2* (*comm.*) non imballato; non impacchettato; non confezionato; sciolto.
unpacking /ʌn'pækɪŋ/, *n.* *1* (*comm.*) il disimballare; spacchettamento *2* il disfare le valigie.
unpaid /ʌn'peɪd/, *a.* *1* non pagato; non retribuito; non remunerato: **an u. position**, un impiego non retribuito *2* non saldato; insoluto: **an u. debt**, un debito non saldato; **an u. invoice**, una fattura insoluta. ● **u. family worker**, coadiuvante domestico non retribuito □ (*comm.*) **carriage u.**, porto assegnato.
unpaired /ʌn'peəd/, *a.* spaiato.
unpalatable /ʌn'pælətəbl/, *a.* sgradevole (*anche fig.*); di gusto sgradevole.
unparalleled /ʌn'pærəleld/, *a.* senza pari; impareggiabile; ineguagliato; senza precedenti: **u. generosity**, generosità senza pari.
unpardonable /ʌn'pɑːdənəbl/, *a.* imperdonabile. || **-ness**, *sost.* || **-bly**, *avv.*
unparliamentary /ʌnpɑːlə'mentərɪ/, *a.* *1* contrario alle leggi (*o* alle consuetudini) parlamentari *2* (*fig.*) incivile; scortese; sgarbato; volgare. ● **u. language**, parolacce; imprecazioni; insulti; offese.
unpassioned /ʌn'pæʃnd/, *a.* spassionato; imparziale.
unpatented /ʌn'peɪtəntɪd, ʌn'pæt-/, *a.* (*leg.*) non brevettato.
unpatriotic /ʌnpætrɪ'ɒtɪk, *USA* ʌnpeɪt-/, *a.* non patriottico; antipatriottico. || **-ally**, *avv.*
unpatronized /ʌn'pætrənaɪzd/, *a.* (*comm.*: *di negozio, ecc.*) che ha pochi clienti; con scarsa clientela.
unpaved /ʌn'peɪvd/, *a.* non lastricato; senza selciato.
unpaying /ʌn'peɪɪŋ/, *a.* che non paga: **u. customers**, clienti che non pagano.
unpeaceful /ʌn'piːsfl/, *a.* non pacifico; inquieto; agitato; che non ha pace.
unpeeled /ʌn'piːld/, *a.* non sbucciato; non pelato: **u. tomatoes**, pomodori non pelati.
to **unpeg** /ʌn'peg/, *v. t.* *1* togliere un piolo (*o* i pioli) a; staccare *2* (*econ., fin.*) liberalizzare, sbloccare (*prezzi, salari, ecc.*).
to **unpen** /ʌn'pen/, *v. t.* far uscire (*animali*) dal chiuso; liberare.
unpensioned /ʌn'penʃnd/, *a.* senza pensione.
to **unpeople** /ʌn'piːpl/, *v. t.* spopolare.
unpeopled /ʌn'piːpld/, *a.* spopolato.
unperceivable /ʌnpə'siːvəbl/, *a.* impercettibile.
unperceived /ʌnpə'siːvd/, *a.* non percepito; inavvertito; inosservato.
unperfected /ʌn'pɜːfɪktɪd/, *a.* non perfezionato; lasciato a metà.
unperforated /ʌn'pɜːfəreɪtɪd/, *a.* (*di francobollo*) senza perforazione.
unperformed /ʌnpə'fɔːmd/, *a.* *1* ineseguito; non eseguito; non fatto *2* (*teatr.*) non rappresentato.
unperishable /ʌn'perɪʃəbl/, *V.* **imperishable**.
unperishing /ʌn'perɪʃɪŋ/, *a.* imperituro; immortale.
unpermitted /ʌnpə'mɪtɪd/, *a.* non permesso; proibito; vietato.
unperplexed /ʌnpə'plekst/, *a.* non perplesso; imperturbato; impassibile.
unperson /'ʌn'pɜːsn, 'ʌnp-/, *n.* (*fam.*) persona che non esiste ufficialmente; persona la cui esistenza è ignorata (*o* smentita) dalle autorità.
unpersuadable /ʌnpə'sweɪdəbl/, *a.* inconvincibile; che non si lascia persuadere.
unpersuaded /ʌnpə'sweɪdɪd/, *a.* non convinto; non persuaso.
unpersuasive /ʌnpə'sweɪsɪv/, *a.* non persuasivo; non convincente.
unperturbed /ʌnpə'tɜːbd/, *a.* imperturbato; calmo; sereno. || **-ly**, *avv.* || **-ness**, *sost.*
unphilosophical /ʌnfɪlə'sɒfɪkl/, *a.* *1* non filosofico *2* dotato di scarsa filosofia. || **-ly**, *avv.*
unphilosophicalness /ʌnfɪlə'sɒfɪklnəs/, *n.* *1* il non essere filosofico *2* mancanza di filosofia.
to **unpick** /ʌn'pɪk/, *v. t.* *1* scucire; sfilare; disfare (*un abito, un'impuntura*) *2* (*arc.*) scassinare (*una porta, una serratura*).
unpickable /ʌn'pɪkəbl/, *a.* (*di serratura*) antiscasso; di sicurezza.
unpicked /ʌn'pɪkt/, *a.* *1* non scelto; non selezionato; comune, ordinario *2* (*di fiori, ecc.*) non colto; non raccolto.
unpicturesque /ʌnpɪktʃə'resk/, *a.* (*raro*) non pittoresco.
unpierceable /ʌn'pɪəsəbl/, *a.* imperforabile.
unpierced /ʌn'pɪəst/, *a.* non perforato; non bucato.
unpiloted /ʌn'paɪlətɪd/, *a.* (*aeron., ecc.*) senza pilota; teleguidato: **u. missiles**, missili teleguidati.
to **unpin** /ʌn'pɪn/, *v. t.* *1* togliere gli spilli a; disfare *2* staccare (*q.c. attaccato con spilli*); liberare (q.c.) dagli spilli.
unpitied /ʌn'pɪtɪd/, *a.* non compatito; non compianto.
unpitying /ʌn'pɪtɪɪŋ/, *a.* impietoso; spietato; senza pietà. || **-ly**, *avv.*
unplaced /ʌn'pleɪst/, *a.* *1* fuori posto (*specialm. in un elenco*) *2* (*ippica*) non piazzato.
to **unplait** /ʌn'plæt/, *v. t.* disfare le trecce a; sciogliere (*i capelli*).
unplanned /ʌn'plænd/, *a.* *1* non pianificato; non progettato *2* imprevisto; non previsto; casuale; fortuito.
unplanted /ʌn'plɑːntɪd, *USA* -æntɪd/, *a.* (*agric.*) non piantato; non coltivato.
unplausible /ʌn'plɔːzəbl/, *a.* non plausibile; inverosimile.
unplayable /ʌn'pleɪəbl/, *a.* *1* (*mus., teatr.*) ineseguibile *2* (*sport*: *di terreno*) impraticabile *3* (*sport*: *di una palla o di una partita*) che non si può giocare.
unpleadable /ʌn'pliːdəbl/, *a.* *1* (*leg.*) che non può essere sostenuto in giudizio *2* (*per estens.*) insostenibile.
unpleasant /ʌn'pleznt/, *a.* *1* sgradevole; spiacevole; antipatico *2* scortese; sgarbato; villano. ● **u. weather**, brutto tempo □ **to be u. with sb.**, trattare q. in modo sgarbato; essere villano con q. || **-ly**, *avv.*
unpleasantness /ʌn'plezntnəs/, *n.* *1* sgradevolezza; spiacevolezza *2* scortesia; sgarbatezza; villania *3* sgarbo; litigio; lite; malinteso *4* disaccordo; dissenso.
unpleased /ʌn'pliːzd/, *a.* insoddisfatto; scontento.
unpleasing /ʌn'pliːzɪŋ/, *a.* spiacevole; sgradevole; antipatico.
unpledged /ʌn'pledʒd/, *a.* non impegnato; libero. ● **to be u. to any party**, non aderire a nessun partito; essere apartitico.
unpliable /ʌn'plaɪəbl/, **unpliant** /ʌn'plaɪənt/, *a.* inflessibile; non flessibile; poco arrendevole; rigido.
unploughed /ʌn'plaʊd/, *a.* (*agric.*) non arato; incolto.
unplucked /ʌn'plʌkt/, *a.* *1* (*di fiore, ecc.*) non colto; non raccolto *2* (*di pollo*) non spennato.
to **unplug** /ʌn'plʌg/, *v. t.* *1* stappare (*un lavandino, ecc.*) *2* stasare (*un tubo, ecc.*) *3* togliere la spina a; staccare (*una lampada, un apparecchio elettrico*).
unplumbed /ʌn'plʌmd/, *a.* *1* (*naut.*) non scandagliato *2* (*fig.*) insondato; inesplorato *3* (*fig.*) impenetrato; non compreso a fondo; misterioso *4* (*edil.*) senza l'impianto idraulico.
unpoetical /ʌnpəʊ'etɪkl/, *a.* non poetico; impoetico. || **-ly**, *avv.* || **-ness**, *sost.*
unpointed /ʌn'pɔɪntɪd/, *a.* *1* senza punta; spuntato *2* senza punteggiatura; non punteggiato *3* (*filol.*) senza segni diacritici.
unpolarized /ʌn'pəʊləraɪzd/, *a.* (*fis.*) non polarizzato.
unpolished /ʌn'pɒlɪʃt/, *a.* *1* non pulito; non lucidato; sporco: **u. shoes**, scarpe sporche *2* (*fig.*) non raffinato; rozzo; grossolano. **u. style**, stile grossolano.
unpolite /ʌnpə'laɪt/, *V.* **impolite**.
unpolitic /ʌn'pɒlɪtɪk/, *a.* *V.* **unpolitical**.
unpolitical /ʌnpə'lɪtɪkl/, *a.* apolitico; non politico; impolitico.
unpolled /ʌn'pəʊld/, *a.* (*polit.*) *1* (*di elettore*) che non ha votato *2* (*di voto*) non assegnato; non scrutinato *3* (*USA*) non registrato come elettore *4* non incluso in un sondaggio d'opinione.
unpolluted /ʌnpə'luːtɪd, -'ljuː-/, *a.* *1* (*ecol.*) non inquinato; puro; incontaminato *2* (*fig.*) incontaminato; puro; immacolato.
unpopular /ʌn'pɒpjʊlə(r)/, *a.* impopolare. || **-ly**, *avv.*
unpopularity /ʌnpɒpjʊ'lærətɪ/, *n.* impopolarità.
unpossessed /ʌnpə'zest/, *a.* *1* non posseduto *2* non invasato (*dal demonio*); non indemoniato. ● **u. of st.**, che non possiede (*o* che non ha) q.c.
unposted /ʌn'pəʊstɪd/, *a.* *1* (*di lettera, ecc.*) non impostato *2* (*di persona*) non informato; non aggiornato.
unpractical /ʌn'præktɪkl/, *a.* *1* non pratico; poco pratico *2* (*di progetto, ecc.*) inattuabile; irrealizzabile. || **-ly**, *avv.*
unpracticality /ʌnpræktɪ'kælətɪ/, *n.* *1* scarsa praticità; mancanza di praticità *2* inattuabilità; l'essere irrealizzabile.
unpractised /ʌn'præktɪst/, *a.* *1* poco pratico; inesperto *2* non provato; non messo in pratica.
unpreceded /ʌnprɪ'siːdɪd/, *a.* non preceduto.
unprecedented /ʌn'presɪdentɪd/, *a.* senza precedenti; inaudito; **an u. crime**, un delitto che non ha precedenti.
unprecedentedly /ʌn'presɪdentɪdlɪ/, *avv.* senza precedenti.
unpredictable /ʌnprɪ'dɪktəbl/, *a.* imprevedibile.
unprejudiced /ʌn'predʒʊdɪst/, *a.* senza pregiudizi; imparziale.
unpremeditated /ʌnpriː'medɪteɪtɪd/, *a.* non premeditato; impensato; involontario; sponta-

neo. || **-ly,** *avv.* || **-ness,** *sost.*
unprepared /ʌnprɪˈpɛəd/, *a.* *1* non preparato; improvvisato: **an u. speech**, un discorso improvvisato *2* impreparato; non pronto; alla sprovvista: **I was taken u.**, fui colto alla sprovvista; **I found everything u.**, trovai che nulla era pronto. ● **I was u. for this objection**, questa obiezione non me l'aspettavo.
unpreparedness /ʌnprɪˈpɛədnəs/, *n.* impreparazione.
unprepossessed /ʌnpriːpəˈzɛst/, *a.* non prevenuto; non influenzato; senza prevenzioni.
unprepossessing /ʌnpriːpəˈzɛsɪŋ/, *a.* poco attraente; antipatico.
unprescribed /ʌnprɪˈskraɪbd/, *a.* non prescritto.
unpresentable /ʌnprɪˈzɛntəbl/, *a.* impresentabile; indecoroso.
unpresuming /ʌnprɪˈzuːmɪŋ, -ˈzjuː-/, **unpresumptuous** /ʌnprɪˈzʌmptʃʊəs/, *a.* modesto; senza presunzione; senza pretese.
unpretending /ʌnprɪˈtɛndɪŋ/, *a.* modesto; naturale; schietto; senza pretese. || **-ly,** *avv.*
unpretentious /ʌnprɪˈtɛnʃəs/, *a.* senza pretese; per nulla pretenzioso; modesto: **an u. flat**, un appartamento senza pretese. || **-ly,** *avv.* || **-ness,** *sost.*
unpreventable /ʌnprɪˈvɛntəbl/, *a.* inevitabile; ineluttabile.
unprevented /ʌnprɪˈvɛntɪd/, *a.* non impedito; non evitato.
unpriced /ʌnˈpraɪst/, *a.* *1* il cui prezzo non è stato fissato; senza prezzo *2* senza indicazione dei prezzi: **an u. catalogue**, un catalogo senza i prezzi.
to **unpriest** /ʌnˈpriːst/, *v. t.* sospendere a divinis; spretare.
unpriestly /ʌnˈpriːstlɪ/, *a.* indegno di un sacerdote.
unprincely /ʌnˈprɪnslɪ/, *a.* indegno di un principe.
unprincipled /ʌnˈprɪnsəpld/, *a.* senza principi; senza scrupoli. || **-ness,** *sost.*
unprintable /ʌnˈprɪntəbl/, *a.* impubblicabile; non stampabile; (*specialm.*) offensivo, osceno, scandaloso. || **-ness,** *sost.*
unprinted /ʌnˈprɪntɪd/, *a.* non stampato; non pubblicato; inedito; che esiste allo stato di manoscritto: **u. memoirs**, memorie inedite.
unprivileged /ʌnˈprɪvəlɪdʒd/, *a.* non privilegiato; senza privilegi.
unprocessed /ʌnˈprəʊsɛst, *USA* -ˈprɒs-/, *a.* *1* (*ind.*) che non ha subito un processo; non lavorato *2* (*elab.*) non elaborato.
unproclaimed /ʌnprəˈkleɪmd/, *a.* non proclamato.
unprocurable /ʌnprəˈkjʊərəbl/, *a.* che non ci si può procurare; introvabile.
unproductive /ʌnprəˈdʌktɪv/, *a.* (*specialm. agric., econ.*) improduttivo; infecondo; sterile: **i. industries**, industrie improduttive; **u. capital**, capitali improduttivi. || **-ly,** *avv.* || **-ness,** *sost.*
unprofessional /ʌnprəˈfɛʃənl/, *a.* *1* che non appartiene a una professione; non professionale *2* non professionale; dilettantesco; dilettantistico *3* contrario alle regole (di una professione); scorretto. ● **u. conduct**, condotta professionale scorretta; (*leg.*) violazione della deontologia professionale.
unprofitable /ʌnˈprɒfɪtəbl/, *a.* *1* (*econ., fin.*) che non dà profitto; che non rende; non remunerativo *2* (*fig.*) infruttuoso; inutile; senza profitto. || **-ness,** *sost.* || **-bly,** *avv.*
unprogrammed /ʌnˈprəʊgræmd/, *a.* (*tecn.*) non programmato.
unprogressive /ʌnprəˈgrɛsɪv/, *a.* non progressista; arretrato; conservatore; retrivo. || **-ness,** *sost.*
unprohibited /ʌnprəˈhɪbɪtɪd/, *a.* (*raro*) non proibito; lecito.
unprolific /ʌnprəˈlɪfɪk/, *a.* non prolifico; infecondo; sterile.
unpromised /ʌnˈprɒmɪst/, *a.* non promesso.
unpromising /ʌnˈprɒmɪsɪŋ/, *a.* poco promettente; tutt'altro che promettente; che non promette niente di buono.
unprompted /ʌnˈprɒmptɪd/, *a.* *1* non suggerito *2* non richiesto; non sollecitato; spontaneo; volontario.
unpronounceable /ʌnprəˈnaʊnsəbl/, *a.* impronunciabile.
unpronounced /ʌnprəˈnaʊnst/, *a.* (*fon.*) non pronunciato; muto.
to **unprop** /ʌnˈprɒp/, *v. t.* togliere i puntelli a.
unprophetic /ʌnprəˈfɛtɪk/, *a.* non profetico.
unpropitious /ʌnprəˈpɪʃəs/, *a.* non propizio; infausto; sfavorevole; avverso. || **-ly,** *avv.* || **-ness,** *sost.*
unproportionate /ʌnprəˈpɔːʃnət/, *a.* sproporzionato.
unproportioned /ʌnprəˈpɔːʃnd/, *a.* sproporzionato; fuori misura.
unproposed /ʌnprəˈpəʊzd/, *a.* non proposto.
unprosperous /ʌnˈprɒspərəs/, *a.* non prospero; poco fiorente: **u. trade**, traffici poco fiorenti; affari che vanno male. || **-ly,** *avv.* || **-ness,** *sost.*
unprotected /ʌnprəˈtɛktɪd/, *a.* indifeso; senza protezione.
unprovable /ʌnˈpruːvəbl/, *a.* indimostrabile; non provabile.
unproved /ʌnˈpruːvd/, *a.* indimostrato; non provato.
unprovided /ʌnprəˈvaɪdɪd/, *a.* *1* sfornito; sprovveduto; sprovvisto (*di mezzi, ecc.*) *2* impreparato; non preparato *3* (*di solito,* **u. for**) senza mezzi; senza risorse.
unprovoked /ʌnprəˈvəʊkt/, *a.* non provocato; senza provocazione; immeritato; ingiusto: **an u. insult**, un insulto immeritato.
unpruned /ʌnˈpruːnd/, *a.* (*di un albero*) non potato.
unpublished /ʌnˈpʌblɪʃt/, *a.* *1* non pubblicato; inedito; non dato alle stampe *2* non reso di pubblica ragione.
unpunctual /ʌnˈpʌŋktʃʊəl/, *a.* non puntuale.
unpunctuality /ʌnpʌŋktʃʊˈælətɪ/, *n.* mancanza di puntualità.
unpunctually /ʌnˈpʌŋktʃʊəlɪ/, *avv.* in ritardo.
unpunctuated /ʌnˈpʌŋktʃʊeɪtɪd/, *a.* non punteggiato; senza punteggiatura.
unpunishable /ʌnˈpʌnɪʃəbl/, *a.* non punibile; impunibile.
unpunished /ʌnˈpʌnɪʃt/, *a.* impunito. ● **The boy went u.**, il ragazzo non fu punito.
unpurchased /ʌnˈpɜːtʃəst/, *a.* (*comm.*) non acquistato; invenduto.
unpure /ʌnˈpjʊə(r), -ˈpjɔː(r)/, *V.* **impure**.
unpurged /ʌnˈpɜːdʒd/, *a.* non purgato (*fig.*); inespurgato: **u. edition**, edizione inespurgata.
unpurified /ʌnˈpjʊərɪfaɪd, -ˈpjɔː-/, *a.* (*anche chim.*) non purificato.
unpursued /ʌnpəˈsjuːd, -ˈsuːd/, *a.* *1* non inseguito; lasciato andare *2* (*leg.*) non perseguito.
unputdownable /ʌnpʊtˈdaʊnəbl/, *a.* (*fam.*: *di un romanzo, ecc.*) che non si riesce a mettere via; che si deve leggere tutto di un fiato.
unputrefied /ʌnˈpjuːtrɪfaɪd/, *a.* non putrefatto; ancora fresco: **u. meat**, carne ancora fresca.
unqualified /ʌnˈkwɒlɪfaɪd/, *a.* *1* privo dei requisiti necessari; senza titoli; non qualificato *2* assoluto; incondizionato; pieno; senza riserve: **u. success**, pieno successo; (*comm.*) **u. endorsement**, girata incondizionata *3* (*fam.*) vero e proprio; perfetto; bell'e buono: **an u. scoundrel**, un perfetto farabutto. ● **u. praise**, elogi senza riserve □ **an u. refusal**, un rifiuto categorico □ **to be quite u. to do st.**, non avere alcuna competenza (*o* essere del tutto incompetente) a fare q.c.; non avere le carte in regola per fare q.c.
unquantifiable /ʌnˈkwɒntɪfaɪəbl/, *a.* non quantificabile.
unquenchable /ʌnˈkwɛntʃəbl/, *a.* inestinguibile; insaziabile.
unquenched /ʌnˈkwɛntʃt/, *a.* insaziato; non estinto. ● **My thirst was still u.**, la mia sete non s'era ancora calmata.
unquestionable /ʌnˈkwɛstʃənəbl/, *a.* incontestabile; indiscutibile: (*leg.*) **u. evidence**, prove incontestabili. || **-ness,** *sost.* || **-bly,** *avv.*
unquestioned /ʌnˈkwɛstʃənd/, *a.* *1* incontestato; indiscusso *2* non interrogato *3* (*raro*) non esaminato; non vagliato.
unquestioning /ʌnˈkwɛstʃənɪŋ/, *a.* *1* che non fa domande; che non discute *2* assoluto; pronto; senza discussione: **u. obedience**, obbedienza assoluta (*o* cieca, pronta).
unquestioningly /ʌnˈkwɛstʃənɪŋlɪ/, *avv.* senza fare domande; senza stare a discutere.
unquiet /ʌnˈkwaɪət/, *a.* inquieto; agitato; irrequieto; turbato: **u. spirit**, spirito turbato. ● **u. times**, tempi difficili. || **-ly,** *avv.* || **-ness,** *sost.*
unquotable /ʌnˈkwəʊtəbl/, *a.* *1* non citabile *2* (*fin.*) non quotabile (*in Borsa*).
to **unquote** /ʌnˈkwəʊt/, *v. i.* chiudere le virgolette (*di citazione*). ● (*dettando*) **U.!**, chiuse le virgolette!
unquoted /ʌnˈkwəʊtɪd/, *a.* *1* non citato *2* (*fin.*) non quotato (*in Borsa*): **u. securities**, titoli non quotati.
unraised /ʌnˈreɪzd/, *a.* *1* non alzato *2* (*fig.*) non elevato *3* (*di un problema, ecc.*) non sollevato.
unransomed /ʌnˈrænsəmd/, *a.* non riscattato.
to **unravel** /ʌnˈrævl/, **A** *v. t.* *1* districare; sbrogliare; disfare; dipanare: **to u. a skein**, dipanare una matassa; **to u. a stocking**, disfare una calza *2* (*fig.*) chiarire; sciogliere (*un enigma*); districare; svelare (*un mistero, ecc.*) *3* (*fig.*) disfare: **On taking power, a party often unravels the other party's policies**, quando va al governo, un partito spesso disfa quello che ha fatto il partito che l'ha preceduto. **B** *v. i.* *1* districarsi; sbrogliarsi *2* (*fig.*) chiarirsi; (*di un enigma*) risolversi.
unravelling /ʌnˈrævlɪŋ, -vəl-/, *a.* *1* districamento; dipanamento *2* (*fig.*) scioglimento (*di un enigma*); rivelazione.
unravished /ʌnˈrævɪʃt/, *a.* (*lett.*) inviolato; casto; puro.
unrazored /ʌnˈreɪzəd/, *a.* non sbarbato; non raso; intonso: **u. beard**, barba intonsa.
unreachable /ʌnˈriːtʃəbl/, *a.* irraggiungibile; inaccessibile.
unreached /ʌnˈriːtʃt/, *a.* non raggiunto.
unread /ʌnˈrɛd/, *a.* *1* non letto; senza leggerlo: **I returned the novel u.**, restituii il romanzo senza averlo letto *2* (*pred.*) incolto; ignorante: **I am u. in this field**, sono ignorante in questo campo.
unreadability /ʌnriːdəˈbɪlətɪ/, *n.* illeggibilità.
unreadable /ʌnˈriːdəbl/, *a.* *1* illeggibile; indecifrabile *2* (*di un libro, ecc.*) illeggibile; di difficile lettura; noioso; che non si legge facilmente.
unreadily /ʌnˈrɛdəlɪ/, *avv.* senza prontezza; lentamente.
unreadiness /ʌnˈrɛdɪnəs/, *n.* *1* impreparazione *2* esitazione; riluttanza *3* lentezza.
unready /ʌnˈrɛdɪ/, *a.* *1* impreparato; non pronto: **to be u. for the test**, non essere pronto per il test *2* esitante; riluttante; restio: **to be u. to do st.**, essere restio a fare q.c. *3* lento, tardo (*ad agire, ecc.*). ● **to have an u. tongue**, non avere la risposta pronta.
unreal /ʌnˈrɪəl, ʌnˈriːl/, *a.* *1* irreale; fantastico; illusorio; immaginario *2* (*fam.*) innaturale; artificiale *3* (*fam. USA*) incredibile; inverosimile; pazzesco.
unrealistic /ʌnrɪəˈlɪstɪk/, *a.* non realistico; campato in aria: **an u. plan**, un progetto campato in aria. || **-ally,** *avv.*
unreality /ʌnrɪˈælətɪ/, *n.* *1* irrealtà; incorporeità *2* cosa irreale; chimera; fantasia.
unrealizable /ʌnˈrɪəlaɪzəbl, -ˈriːl-/, *a.* *1* irrealizzabile; inattuabile *2* inconcepibile *3* (*fin.*) di difficile realizzo.
unrealized /ʌnˈrɪəlaɪzd, -ˈriːl-/, *a.* *1* non realizzato *2* di cui non ci si rende conto; non compreso; non capito; incompreso.
unreaped /ʌnˈriːpt/, *a.* (*agric.*) non falciato;

non mietuto: **u. wheat**, grano non mietuto.

unreason /ʌn'ri:zn/, *n.* irragionevolezza; irrazionalità; assurdità.

unreasonable /ʌn'ri:znəbl/, *a.* ***1*** irragionevole; assurdo; stravagante; cervellotico: **u. demands**, richieste irragionevoli: **u. conduct**, condotta stravagante ***2*** irragionevole; che non vuole ragionare ***3*** (*fig.*) eccessivo; esorbitante; esoso: **u. prices**, prezzi esosi. ● (*leg.*) **u. behaviour**, «comportamento irragionevole» (*una delle cause di divorzio in G.B.*). ‖ **-ness**, *sost.* ‖ **-bly**, *avv.*

unreasoned /ʌn'ri:znd/, *a.* non ragionato; non meditato.

unreasoning /ʌn'ri:zənɪŋ/, *a.* irragionevole; che non ragiona.

unrebuked /ʌnrɪ'bju:kt/, *a.* non biasimato; senza rimproveri.

unrecallable /ʌnrɪ'kɔ:ləbl/, *a.* irrevocabile.

unrecalled /ʌnrɪ'kɔ:ld/, *a.* ***1*** non richiamato; irrevocato ***2*** non ricordato; dimenticato; scordato.

unreceipted /ʌnrɪ'si:tɪd/, *a.* senza ricevuta; (*comm.*) non quietanzato.

unreceived /ʌnrɪ'si:vd/, *a.* ***1*** non ricevuto ***2*** non accettato; non ammesso.

unreceptive /ʌnrɪ'sɛptɪv/, *a.* non ricettivo.

unreciprocated /ʌnrɪ'sɪprəkeɪtɪd/, *a.* non contraccambiato.

unreckoned /ʌn'rɛkənd/, *a.* ***1*** non calcolato; non computato ***2*** non conteggiato.

unreclaimed /ʌnrɪ'kleɪmd/, *a.* ***1*** non reclamato; non rivendicato ***2*** irredento; non civilizzato ***3*** (*di terreno*) non bonificato ***4*** (*di bagaglio*) non ritirato.

unrecognizable /ʌn'rɛkəgnaɪzəbl/, *a.* irriconoscibile.

unrecognized /ʌn'rɛkəgnaɪzd/, *a.* non riconosciuto; misconosciuto.

unrecommended /ʌnrɛkə'mɛndɪd/, *a.* non raccomandato; senza raccomandazioni.

unrecompensed /ʌn'rɛkəmpɛnst/, *a.* non ricompensato; senza compenso; irremunerato.

unreconcilable /ʌn'rɛkənsaɪləbl, ʌnrɛkən'-s-/, *a.* irreconciliabile.

unreconciled /ʌn'rɛkənsaɪld/, *a.* irriconciliato. ● **to remain u. to one's fate**, non rassegnarsi al proprio destino.

unreconstructed /ʌnri:kən'strʌktɪd/, *a.* ***1*** non ricostruito ***2*** (*stor. USA*) che rifiutava la cosiddetta ricostruzione degli Stati sudisti ***3*** (*fig.*) all'antica; di tipo tradizionale: **an u. landowner**, un possidente terriero all'antica.

unrecorded /ʌnrɪ'kɔ:dɪd/, *a.* ***1*** non registrato (*anche mus.*); di cui non si ha memoria ***2*** non verbalizzato ***3*** (*leg.*: *di un atto*) non registrato.

unrecoverable /ʌnrɪ'kʌvərəbl/, *a.* ***1*** irrecuperabile; irrimediabile ***2*** (*med.*) inguaribile ***3*** (*di un credito*) irrecuperabile.

unrecovered /ʌnrɪ'kʌvəd/, *a.* ***1*** non guarito; ancora malato ***2*** non recuperato: **an u. debt** (*o* **credit**), un credito non recuperato.

unrectified /ʌn'rɛktɪfaɪd/, *a.* ***1*** non rettificato; non corretto ***2*** (*elettr., radio*) non raddrizzato.

unredeemable /ʌnrɪ'di:məbl/, *a.* irredimibile; non riscattabile: (*fin.*) **u. loan**, prestito irredimibile.

unredeemed /ʌnrɪ'di:md/, *a.* ***1*** irredento; non riscattato ***2*** (*comm.*) non ritirato; non ammortizzato; non estinto: **an u. bill**, una cambiale non ritirata. ● **u. faults**, difetti cui non fa da contrappeso alcuna buona qualità □ **an u. promise**, una promessa inadempiuta.

unredressed /ʌnrɪ'drɛst/, *a.* non riparato: **an u. wrong**, un torto non riparato.

unreduced /ʌnrɪ'dju:st, *USA* -'du:-/, *a.* non ridotto; integrale; intero; pieno: **u. prices**, prezzi pieni.

unreducible /ʌnrɪ'dju:səbl, *USA* -'du:-/, *V.* **irreducible**.

to **unreel** /ʌn'ri:l/, **A** *v. t.* sgomitolare; srotolare. **B** *v. i.* sgomitolarsi; srotolarsi.

unrefined /ʌnrɪ'faɪnd/, *a.* ***1*** non raffinato; greggio; grezzo: **u. sugar**, zucchero non raffinato ***2*** (*fig.*) grossolano; rozzo; scortese; sgarbato: **u. manners**, maniere grossolane.

unreflected /ʌnrɪ'flɛktɪd/, *a.* (*fis., ottica*) non riflesso.

unreflecting /ʌnrɪ'flɛktɪŋ/, *a.* irriflessivo; sventato.

unreformable /ʌnri:'fɔ:məbl/, *a.* ***1*** non riformabile; immutabile ***2*** (*di persona*) incorreggibile.

unreformed /ʌnrɪ'fɔ:md/, *a.* non riformato; non corretto.

unrefracted /ʌnrɪ'fræktɪd/, *a.* (*ottica*) non rifratto.

unrefreshed /ʌnrɪ'frɛʃt/, *a.* ***1*** non rinfrescato ***2*** non riposato; che non ha avuto ristoro.

unrefuted /ʌnrɪ'fju:tɪd/, *a.* irrefutato; inconfutato.

unregal /ʌn'ri:gl/, *a.* non regale; indegno d'un re.

unregarded /ʌnrɪ'gɑ:dɪd/, *a.* negletto; trascurato.

unregenerate /ʌnrɪ'dʒɛnərət, -əreɪt/, *a.* (*di persona*) ***1*** non rigenerato; incallito; impenitente ***2*** ostinato; pervicace ***3*** (*relig.*) non redento.

unregistered /ʌn'rɛdʒɪstəd/, *a.* ***1*** (*leg.*) non registrato; non iscritto: **u. trademark**, marchio (di fabbrica) non registrato ***2*** (*di lettera, ecc.*) non raccomandato ***3*** (*fin.*: *di titolo*) non nominativo; al portatore.

unregretful /ʌnrɪ'grɛtfl/, *a.* che non rimpiange nulla; senza rimpianti.

unregretted /ʌnrɪ'grɛtɪd/, *a.* non compianto; non rimpianto.

unregulated /ʌn'rɛgjʊleɪtɪd/, *a.* non regolato; sregolato; disordinato.

unrehearsed /ʌnrɪ'hɜ:st/, *a.* ***1*** (*teatr.*) rappresentato senza far prove ***2*** (*per estens.*) improvvisato; imprevisto; inaspettato; inatteso. ● **an u. speech**, un discorso a braccio.

to **unrein** /ʌn'reɪn/, *v. t.* togliere le redini a; sbrigliare (*spesso fig.*).

unreined /ʌn'reɪnd/, *a.* sfrenato; sbrigliato: **u. ambition**, sfrenata ambizione.

unrelatable /ʌnrɪ'leɪtəbl/, *a.* inenarrabile; irriferibile.

unrelated /ʌnrɪ'leɪtɪd/, *a.* ***1*** non correlato; senza rapporto (*con q.c.*) ***2*** non imparentato (*con q.*) ***3*** non raccontato; non riferito ***4*** (*stat., USA*) che vive da solo; senza famiglia.

unrelaxed /ʌnrɪ'lækst/, *a.* ***1*** non rilassato; teso ***2*** non rallentato; non diminuito: **u. strain**, tensione non diminuita.

unrelenting /ʌnrɪ'lɛntɪŋ/, *a.* ***1*** inesorabile; inflessibile; implacabile ***2*** incessante; ostinato: **u. rain**, pioggia ostinata. ‖ **-ly**, *avv.* ‖ **-ness**, *sost.*

unreliability /ʌnrɪlaɪə'bɪlətɪ/, *n.* inaffidabilità; inattendibilità; incertezza; instabilità (*del tempo e sim.*).

unreliable /ʌnrɪ'laɪəbl/, *a.* inaffidabile; inattendibile; infido; malfido; incerto; instabile: **u. news**, notizie inattendibili; **an u. man**, un uomo infido; **u. weather**, tempo instabile. ‖ **-ness**, *sost.* ‖ **-bly**, *avv.*

unrelieved /ʌnrɪ'li:vd/, *a.* ***1*** non alleviato; non sollevato (*da un peso, da un compito*) ***2*** non aiutato; privo di soccorso ***3*** assoluto; completo: **u. darkness**, completa oscurità ***4*** monotono; noioso.

unreligious /ʌnrɪ'lɪdʒəs/, *a.* irreligioso; che non ha interesse per la religione; agnostico.

unremarkable /ʌnrɪ'mɑ:kəbl/, *a.* poco notevole; irrilevante.

unremedied /ʌn'rɛmədɪd/, *a.* non rimediato; (*di un torto*) non riparato.

unremembered /ʌnrɪ'mɛmbəd/, *a.* dimenticato; obliato (*lett.*).

unremitted /ʌnrɪ'mɪtɪd/, *a.* ***1*** (*di un peccato, ecc.*) non rimesso; imperdonato ***2*** *V.* **unremitting**.

unremitting /ʌnrɪ'mɪtɪŋ/, *a.* incessante; continuo; assiduo; persistente: **u. pain**, dolore incessante; **u. attention**, continua attenzione. ‖ **-ly**, *avv.*

unremunerative /ʌnrɪ'mju:nrətɪv, *USA* -nəreɪtɪv/, *a.* non remunerativo; tutt'altro che lucrativo; infruttifero; che rende poco.

unrenewed /ʌnrɪ'nju:d, *USA* -'nu:d/, *a.* non rinnovato.

unrepaid /ʌnrɪ'peɪd/, *a.* non ripagato; non ricompensato.

unrepair /ʌnrɪ'pɛə(r)/, *n.* l'essere guasto; bisogno di riparazioni (*più comune* **disrepair**).

unrepaired /ʌnrɪ'pɛəd/, *a.* non riparato (*anche fig.*).

unrepealed /ʌnrɪ'pi:ld/, *a.* (*leg.*) non abrogato; non revocato.

unrepeatable /ʌnrɪ'pi:təbl/, *a.* irripetibile.

unrepeated /ʌnrɪ'pi:tɪd/, *a.* non ripetuto.

unrepentant /ʌnrɪ'pɛntənt/, *a.* impenitente; incallito; incorreggibile.

unreplenished /ʌnrɪ'plɛnɪʃt/, *a.* (*raro*) non riempito.

unreported /ʌnrɪ'pɔ:tɪd/, *a.* ***1*** non riferito; non comunicato ***2*** non segnalato; (*di un reato, ecc.*) non denunciato (*alla polizia, ecc.*).

unrepresentative /ʌnrɛprɪ'zɛntətɪv/, *a.* non rappresentativo.

unrepresented /ʌnrɛprɪ'zɛntɪd/, *a.* non rappresentato.

unrepressed /ʌnrɪ'prɛst/, *a.* non represso.

unreprieved /ʌnrɪ'pri:vd/, *a.* ***1*** (*leg.*) che non ha ottenuto la sospensione (*o* la commutazione) della sentenza ***2*** (*di pena, dolore, ecc.*) senza sollievo.

unreproached /ʌnrɪ'prəʊtʃt/, *a.* non rimproverato.

unreprovable /ʌnrɪ'pru:vd/, *a.* irriprovevole; irreprensibile.

unreproved /ʌnrɪ'pru:vd/, *a.* non biasimato; senza riprovazione.

unrequested /ʌnrɪ'kwɛstɪd/, *a.* ***1*** non richiesto; spontaneo ***2*** non sollecitato; non invitato. ● **to speack u.**, parlare senza essere stato invitato a farlo.

unrequired /ʌnrɪ'kwaɪəd/, *a.* non richiesto; non necessario; facoltativo.

unrequited /ʌnrɪ'kwaɪtɪd/, *a.* ***1*** non corrisposto; non ricambiato: **u. love**, amore non corrisposto ***2*** non ripagato; irremunerato ***3*** (*di oltraggio, ecc.*) invendicato.

unrescued /ʌn'rɛskju:d/, *a.* non salvato; non tratto in salvo; non liberato.

unresented /ʌnrɪ'zɛntɪd/, *a.* di cui non ci si è offesi (*o* risentiti); accettato di buon grado: **u. remarks**, osservazioni accettate di buon grado.

unresenting /ʌnrɪ'zɛntɪŋ/, *a.* senza risentimento.

unreserve /ʌnrɪ'zɜ:v/, *n.* espansività; franchezza; schiettezza.

unreserved /ʌnrɪ'zɜ:vd/, *a.* ***1*** non riservato; non prenotato: **u. seats**, posti non riservati ***2*** espansivo; non riservato; franco; schietto: **an u. man**, un uomo espansivo ***3*** senza riserve; illimitato; incondizionato: **u. compliance**, adesione incondizionata. ‖ **-ly**, *avv.* ‖ **-ness**, *sost.*

unresigned /ʌnrɪ'zaɪnd/, *a.* non rassegnato.

unresisted /ʌnrɪ'zɪstɪd/, *a.* incontrastato; senza resistenza.

unresisting /ʌnrɪ'zɪstɪŋ/, *a.* che non oppone resistenza; remissivo; sottomesso. ‖ **-ly**, *avv.*

unresolvable /ʌnrɪ'zɒlvəbl, *USA* -ɒl-, -ɔ:l-/, *a.* irresolubile; insolubile.

unresolved /ʌnrɪ'zɒlvd, *USA* -ɒl-, -ɔ:l-/, *a.* ***1*** irresoluto; indeciso; esitante ***2*** insoluto: **an u. problem**, un problema insoluto ***3*** non scomposto (*nei suoi componenti*).

unrespected /ʌnrɪ'spɛktɪd/, *a.* non rispettato.

unrespirable /ʌn'rɛspɪrəbl/, *a.* irrespirabile.

unresponsive /ʌnrɪ'spɒnsɪv/, *a.* ***1*** apatico; insensibile; inerte ***2*** che non reagisce; che non ci sente (*fig.*) ***3*** (*med.*) che non risponde (*a una cura, ecc.*). ‖ **-ly**, *avv.* ‖ **-ness**, *sost.*

unrest /ʌn'rɛst/, *n.* ***1*** agitazione; inquietudine; irrequietezza; sommossa; tumulto: **labour u.**, agitazioni operaie ***2*** (*polit., sindacalismo*) conflittualità: **continual u.**, conflittualità permanente.

unrestful /ʌn'restfl/, *a.* agitato; inquieto; irrequieto. || **-ly**, *avv.* || **-ness**, *sost.*
unresting /ʌn'restɪŋ/, *a.* ***1*** che non riposa mai; assiduo; infaticabile; instancabile ***2*** che non ha mai posa; continuo; incessante; ininterrotto. || **-ly**, *avv.*
unrestored /ʌnrɪ'stɔ:d/, *a.* ***1*** non restaurato; non ripristinato ***2*** non (ancora) rimesso (*in salute*) ***3*** non reintegrato (*nelle proprie funzioni*).
unrestrainable /ʌnrɪ'streɪnəbl/, *a.* irrefrenabile; non reprimibile.
unrestrained /ʌnrɪ'streɪnd/, *a.* non represso; senza freno; senza ritegno; senza restrizioni; libero; sfrenato. || **-ly**, *avv.*
unrestricted /ʌnrɪ'strɪktɪd/, *a.* senza restrizioni; senza limitazioni.
unretarded /ʌnrɪ'tɑ:dɪd/, *a.* non ritardato; senza rallentamenti.
unretentive /ʌnrɪ'tentɪv/, *a.* che non ritiene; labile: **u. memory**, memoria labile.
unreturnable /ʌnrɪ'tɜ:nəbl/, *a.* (*di contenitori e sim.*) da non restituire; a perdere.
unreturned /ʌnrɪ'tɜ:nd/, *a.* ***1*** non restituito ***2*** (*di affetto, ecc.*) non ricambiato; non contraccambiato.
unrevealed /ʌnrɪ'vi:ld/, *a.* non rivelato; non scoperto; segreto.
unrevenged /ʌnrɪ'vendʒd/, *a.* invendicato.
unreversed /ʌnrɪ'vɜ:st/, *a.* (*anche leg.*) non revocato; non annullato.
unrevised /ʌnrɪ'vaɪzd/, *a.* non riveduto; non corretto.
unrevoked /ʌnrɪ'vəʊkt/, *a.* (*anche leg.*) non revocato; non abrogato.
unrewarded /ʌnrɪ'wɔ:dɪd/, *a.* ***1*** non retribuito; senza ricompensa ***2*** (*fig.*) infruttuoso; inutile.
unrewarding /ʌnrɪ'wɔ:dɪŋ/, *a.* che non ripaga; non gratificante; ingrato: **an u. job**, un lavoro non gratificante.
unrhymed /ʌn'raɪmd/, *a.* (*di verso*) non rimato; sciolto.
unrhythmical /ʌn'rɪðmɪkl/, *a.* privo di ritmo; non ritmico.
unridable /ʌn'raɪdəbl/, *a.* (*di cavallo*) non cavalcabile; che non si può montare.
to **unriddle** /ʌn'rɪdl/, *v. t.* risolvere (*un mistero, un indovinello*).
unrifled /ʌn'raɪfld/, *a.* (*d'arma da fuoco*) a canna liscia.
to **unrig** /ʌn'rɪg/, *v. t.* (*naut.*) disattrezzare; disarmare (*una nave*).
unrighteous /ʌn'raɪtʃəs/, *a.* ***1*** ingiusto; iniquo ***2*** cattivo; malvagio; peccaminoso. || **-ly**, *avv.* || **-ness**, *sost.*
unrightful /ʌn'raɪtfl/, *a.* ***1*** sbagliato; scorretto ***2*** ingiusto; iniquo. || **-ly**, *avv.* || **-ness**, *sost.*
to **unrip** /ʌn'rɪp/, *v. t.* ***1*** aprire; squarciare ***2*** strappare, tirare via (*una cucitura, ecc.*).
unripe /ʌn'raɪp/, **unriped** /ʌn'raɪpt/, *a.* (*anche fig.*) immaturo; acerbo.
unripeness /ʌn'raɪpnəs/, *n.* (*anche fig.*) immaturità.
unrivalled /ʌn'raɪvld/, *a.* ineguagliato; che non ha l'uguale; senza pari; incomparabile.
to **unrivet** /ʌn'rɪvɪt/, *v. t.* ***1*** schiodare ***2*** (*fig.*) distogliere (*lo sguardo*); staccare (*gli occhi*).
to **unrobe** /ʌn'rəʊb/, (*form.*) **A** *v. t.* spogliare; svestire. **B** *v. i.* spogliarsi; svestirsi.
to **unrod** /ʌn'rɒd/, *v. t.* (*pop. USA*) disarmare (*un bandito, ecc.*).
to **unroll** /ʌn'rəʊl/, **A** *v. t.* spiegare; svolgere; srotolare: **to u. a piece of cloth**, svolgere una pezza di stoffa arrotolata. **B** *v. i.* spiegarsi; svolgersi; srotolarsi.
unromantic /ʌnrə'mæntɪk/, *a.* non romantico; poco romantico. || **-ally**, *avv.*
to **unroof** /ʌn'ru:f, -'rʊf/, *v. t.* levare il tetto a, scoperchiare (*una casa*).
to **unroot** /ʌn'ru:t/, *v. t.* (*specialm. USA*) sradicare; svellere.
unroyal /ʌn'rɔɪəl/, *a.* poco regale; indegno di un re. || **-ly**, *avv.*
unruffled /ʌn'rʌfld/, *a.* ***1*** non arruffato; non increspato; liscio: **the u. surface of the lake**, la liscia superficie del lago ***2*** calmo; sereno; tranquillo.
unruled /ʌn'ru:ld/, *a.* ***1*** non rigato; senza righe: **u. paper**, carta non rigata ***2*** (*polit.*) senza governo.
unruliness /ʌn'ru:lɪnəs/, *n.* indisciplina; insubordinazione; sregolatezza; riottosità.
unruly /ʌn'ru:lɪ/, *a.* ***1*** indisciplinato; insubordinato; sregolato; riottoso; turbolento: **an u. son**, un figlio indisciplinato ***2*** (*fig.*) ribelle; che non sta a posto: **u. hair**, capelli ribelli.
to **unsaddle** /ʌn'sædl/, *v. t.* ***1*** dissellare; levare la sella a (*un cavallo*) ***2*** disarcionare (*una persona*).
unsaddled /ʌn'sædld/, *a.* ***1*** (*di cavallo*) dissellato; senza sella ***2*** (*di cavaliere*) disarcionato.
unsafe /ʌn'seɪf/, *a.* pericoloso; rischioso; malsicuro. ● **u. sex**, sesso a rischio. || **-ly**, *avv.* || **-ness**, *sost.*
unsaid /ʌn'sed/, **A** *pass.* e *p. p.* di **to unsay**. **B** *a.* non detto; taciuto; inespresso. ● **to leave st. u.**, passar q.c. sotto silenzio.
unsalability /ʌnseɪlə'bɪlətɪ/, *n.* (*comm.*) invendibilità.
unsalable /ʌn'seɪləbl/, *a.* (*comm.*) invendibile.
unsalaried /ʌn'sælərɪd/, *a.* senza stipendio; non retribuito.
unsaleability /ʌnseɪlə'bɪlətɪ/, **unsaleable** /ʌn'seɪləbl/, *V.* **unsalability, unsalable.**
unsalted /ʌn'sɔ:ltɪd/, *a.* non salato; scipito; insipido.
unsanctified /ʌn'sæŋktɪfaɪd/, *a.* non santificato; profano.
unsanctioned /ʌn'sæŋkʃnd/, *a.* non sanzionato; non sancito.
unsanitary /ʌn'sænɪtrɪ, *USA* -terɪ/, *a.* antigienico; malsano.
unsated /ʌn'seɪtɪd/, *a.* ***1*** insaziato ***2*** insoddisfatto.
unsatiable /ʌn'seɪʃɪəbl/, *a.* insaziabile.
unsatisfactoriness /ʌnsætɪs'fæktərɪnəs/, *n.* l'esser poco soddisfacente; l'essere difettoso; insufficienza; manchevolezza.
unsatisfactory /ʌnsætɪs'fæktərɪ/, *a.* insoddisfacente; difettoso; malfatto; insufficiente; manchevole. || **-ily**, *avv.*
unsatisfied /ʌn'sætɪsfaɪd/, *a.* ***1*** insoddisfatto; scontento ***2*** non persuaso ***3*** (*di debito*) insoluto; non pagato. ● (*econ.*) **u. demand**, domanda insoddisfatta.
unsatisfying /ʌn'sætɪsfaɪɪŋ/, *a.* ***1*** insoddisfacente ***2*** non convincente.
unsaturated /ʌn'sætʃəreɪtɪd/, *a.* (*chim.*) insaturo; non saturo.
unsaturation /ʌnsætʃə'reɪʃn/, *n.* (*chim.*) insaturazione.
unsaved /ʌn'seɪvd/, *a.* ***1*** non salvato (*anche relig.*) ***2*** (*econ., fin.*) non risparmiato.
unsavouriness /ʌn'seɪvərɪnəs/, *n.* ***1*** insipidezza; insipidità ***2*** l'essere disgustoso (*o* nauseabondo) ***3*** sgradevolezza (*del carattere, ecc.*).
unsavoury /ʌn'seɪvərɪ/, *a.* ***1*** insipido; senza sapore ***2*** disgustoso; nauseabondo: **an u. book**, un libro disgustoso; **an u. smell**, un odore nauseabondo ***3*** (*fig.*) sgradevole; brutto: **an u. character**, un brutto carattere. || **-ily**, *avv.*
to **unsay** /ʌn'seɪ/ (*pass.* e *p. p.* **unsaid**), *v. t.* ritrattare; negare; ritirare (*cose dette*); rimangiarsi (*fig. fam.*).
unscalable /ʌn'skeɪləbl/, *a.* non scalabile; inaccessibile; invalicabile.
unscannable /ʌn'skænəbl/, *a.* (*poesia*) che non si può scandire.
unscared /ʌn'skeəd/, *a.* imperterrito; intrepido; impavido.
unscarred /ʌn'skɑ:d/, *a.* non sfregiato; senza cicatrici; illeso (*anche fig.*).
unscathed /ʌn'skeɪðd/, *a.* illeso; incolume; sano e salvo.
unscented /ʌn'sentɪd/, *a.* inodoro; non profumato.
unscheduled /ʌn'ʃedju:ld, *USA* ʌn'skedʒʊld/, *a.* ***1*** non messo in lista; fuori programma ***2*** (*di treno, ecc.*) straordinario.
unscholarly /ʌn'skɒləlɪ/, *a.* non (da) dotto; non erudito.
unschooled /ʌn'sku:ld/, *a.* ***1*** senza istruzione; illetterato; ignorante ***2*** (*pred.*) inesperto (*di q.c.*); non addestrato (*in q.c.*) ***3*** spontaneo; naturale: **u. talent**, talento naturale.
unscientific /ʌnsaɪən'tɪfɪk/, *a.* poco scientifico; non scientifico. || **-ally**, *avv.*
unscoured /ʌn'skaʊəd/, *a.* ***1*** (*di un tegame e sim.*) non lavato; non sgrassato; non sfregato; sporco ***2*** (*di un cavallo e sim.*) non strigliato.
to **unscramble** /ʌn'skræmbl/, *v. t.* ***1*** decodificare; decifrare ***2*** (*fig.*) chiarire; districare; sbrogliare; dipanare.
unscratched /ʌn'skrætʃt/, *a.* incolume; indenne; senza farsi un graffio.
unscreened /ʌn'skri:nd/, *a.* ***1*** non coperto; non protetto; non riparato; esposto (*al vento, ecc.*) ***2*** senza schermo ***3*** (*specialm. del carbone*) non vagliato ***4*** (*di film*) non ancora proiettato; non ancora distribuito ***5*** (*di persona*) che non ha subito il controllo dei servizi di sicurezza.
to **unscrew** /ʌn'skru:/, *v. t.* e *i.* svitare, svitarsi.
unscripted /ʌn'skrɪptɪd/, *a.* (*radio, TV, ecc.*) estemporaneo; improvvisato; senza copione.
unscriptural /ʌn'skrɪptʃərəl/, *a.* (*relig.*) non scritturale; non conforme alle Sacre Scritture: **u. interpretation**, interpretazione non scritturale.
unscrupulous /ʌn'skru:pjʊləs/, *a.* privo di scrupoli.
unscrupulously /ʌn'skru:pjʊləslɪ/, *avv.* senza scrupoli.
unscrupulousness /ʌn'skru:pjʊləsnəs/, *n.* mancanza di scrupoli.
to **unseal** /ʌn'si:l/, *v. t.* dissigillare; togliere i sigilli a. ● (*fig.*) **to u. one's lips**, parlare; rivelare un segreto.
unsealed /ʌn'si:ld/, *a.* senza sigillo; dissigillato.
to **unseam** /ʌn'si:m/, *v. t.* scucire.
unsearchable /ʌn'sɜ:tʃəbl/, *a.* inesplorabile; impenetrabile; imperscrutabile; misterioso. || **-ness**, *sost.* || **-bly**, *avv.*
unsearched /ʌn'sɜ:tʃt/, *a.* ***1*** inesplorato ***2*** non perquisito.
unseasonable /ʌn'si:znəbl/, *a.* ***1*** fuori stagione: **u. heat**, caldo fuori stagione ***2*** (*fig.*) inopportuno; intempestivo; a sproposito. || **-ness**, *sost.* || **-bly**, *avv.*
unseasoned /ʌn'si:znd/, *a.* ***1*** non stagionato: **u. wood**, legno non stagionato ***2*** (*fig.*) non abituato; inesperto; immaturo ***3*** (*di cibo*) non condito; scondito.
to **unseat** /ʌn'si:t/, *v. t.* ***1*** privare (q.) del posto a sedere; togliere la sedia a (q.) ***2*** disarcionare: **to u. a rider**, disarcionare un cavaliere ***3*** dimettere (q.) da una carica ***4*** (*polit.*) far perdere il seggio a (*un deputato*); trombare (*fam.*): **He was unseated in the last election**, perse il seggio (in Parlamento) nelle ultime elezioni. ● **un u. M.P.**, un deputato non rieletto (*fam.*: trombato).
unseaworthiness /ʌn'si:wɜ:ðɪnəs/, *n.* (*naut.*) inidoneità alla navigazione.
unseaworthy /ʌn'si:wɜ:ðɪ/, *a.* (*naut.*) non idoneo alla navigazione.
unseconded /ʌn'sekəndɪd/, *a.* non assecondato; non appoggiato.
unsectarian /ʌnsek'teərɪən/, *a.* non settario.
unsecured /ʌnsɪ'kjʊəd, -'kjɔ:d/, *a.* ***1*** non assicurato; non fissato; non chiuso; non serrato ***2*** (*di un luogo*) malsicuro; insicuro ***3*** (*fin.*) non garantito; senza garanzia; allo scoperto: **u. loan**, prestito non garantito. ● (*leg., fin.*) **u. credit**, credito chirografario.
unseeded /ʌn'si:dɪd/, *a.* ***1*** (*agric.*) non selezionato come semente ***2*** (*tennis*) non selezionato.
unseeing /ʌn'si:ɪŋ/, *a.* ***1*** (*lett.*) cieco; che

non vede; non vedente *2* senza vedere: **She looked, u., at him**, lo guardò, senza vederlo. ● **to look at sb. [st.] with u. eyes**, dare uno sguardo assente a q. [q.c.].

unseemliness /ʌn'siːmlɪnəs/, *n.* indecenza; sconvenienza.

unseemly /ʌn'siːmlɪ/, *a.* indecente; indecoroso; sconveniente.

unseen /ʌn'siːn/, **A** *a.* *1* non visto; inosservato *2* invisibile; occulto: **u. ideal**, ideale invisibile. **B** *n.* *1* – **the u.**, il mondo invisibile; il mondo degli spiriti *2* (= **u. translation**) brano (*o* passo) per traduzione estemporanea; versione all'impronta.

unseizable /ʌn'siːzəbl/, *a.* *1* inafferrabile *2* (*leg.*) non confiscabile *3* (*di un pesce*) che non si può pescare (*perché troppo piccolo*).

unseized /ʌn'siːzd/, *a.* *1* non afferrato *2* (*fig.*) mancato: **an u. opportunity**, un'occasione mancata *3* (*leg.*) non confiscato.

unselfish /ʌn'sɛlfɪʃ/, *a.* disinteressato; altruista; generoso. || **-ly**, *avv.* || **-ness**, *sost.*

unsensational /ʌnsɛn'seɪʃənl/, *a.* non sensazionale.

unsent /ʌn'sɛnt/, *a.* non mandato; non spedito. ● **They came u. for**, vennero senza essere stati chiamati (*o* convocati).

unsentimental /ʌnsɛntɪ'mɛntl/, *a.* non sentimentale.

unserviceable /ʌn'sɜːvɪsəbl/, *a.* *1* inservibile; inutilizzabile; fuori uso; guasto *2* non servizievole; di nessun aiuto; inutile *3* (*di un indumento*) di scarsa praticità *4* (*mil.*) inabile. || **-ness**, *sost.*

unset /ʌn'sɛt/, *a.* *1* non collocato; non messo a posto; non tornato a posto: **The trap is u.**, la trappola non è stata messa a posto (*caricata*) *2* non rappreso; non solidificato *3* (*di gemma*) non incastonato. ● **The broken leg is still u.**, la frattura alla gamba non è ancora stata ridotta.

to **unsettle** /ʌn'sɛtl/, **A** *v. t.* *1* mettere fuori posto; spostare; scombinare *2* (*fig.*) mettere in disordine (*lo stomaco, ecc.*) *3* (*fig.*) sconvolgere; agitare; turbare. **B** *v. i.* agitarsi; turbarsi.

unsettled /ʌn'sɛtld/, *a.* *1* sconvolto; agitato; disordinato; turbato; scompigliato: **His mind is still u.**, ha la mente ancora sconvolta; il suo animo è ancora turbato; **The market is still u.**, il mercato è ancora sconvolto *2* indeciso; incerto; non definito; non stabilito: **The issue is still u.**, la questione è ancora indecisa *3* (*del tempo*) variabile; instabile; mutevole: **u. weather**, tempo instabile *4* (*comm.*) non pagato; non saldato; insoluto: **The account is still u.**, il conto è ancora insoluto *5* (*di territorio*) disabitato; non popolato *6* (*di popolo*) nomade.

unsevered /ʌn'sɛvəd/, *a.* non separato; indiviso; unito.

to **unsew** /ʌn'səʊ/ (*pass.* **unsewed**, *p. p.* **unsewn**), *v. t.* scucire.

to **unsex** /ʌn'sɛks/, *v. t.* *1* (*lett.*) privare (q.) delle caratteristiche del suo sesso *2* (*specialm.*) rendere (*una donna*) virile; mascolinizzare *3* (*meno comune*) rendere (*un uomo*) effeminato.

unsexed /ʌn'sɛkst/, *a.* (*zootecnia*: *di pulcini*) non ancora sessato; non separato per sesso.

to **unshackle** /ʌn'ʃækl/, *v. t.* *1* disinceppare; liberare *2* (*naut.*) smanigliare.

unshaded /ʌn'ʃeɪdɪd/, *a.* *1* non ombreggiato; senz'ombra *2* (*di disegno*) senza ombreggiatura.

unshadowed /ʌn'ʃædəʊd/, *a.* *1* non ombreggiato; senz'ombra *2* (*fig.*) non offuscato; non rattristato.

unshak(e)kable /ʌn'ʃeɪkəbl/, *a.* incrollabile; irremovibile; fermo, saldo. || **-ness**, *sost.* || **-ably**, *avv.*

unshaken /ʌn'ʃeɪkən/, *a.* non scosso; fermo; saldo; risoluto.

unshaped /ʌn'ʃeɪpt/, *a.* informe; senza forma.

unshapely /ʌn'ʃeɪplɪ/, *a.* deforme; malfatto; sgraziato.

unshapen /ʌn'ʃeɪpən/, *1* *V.* **unshaped** *2* *V.* **unshapely**.

unshared /ʌn'ʃɛəd/, *a.* non condiviso; tutto intero; tutto per sé.

unshattered /ʌn'ʃætəd/, *a.* non scosso; saldo; fermo: **u. nerves**, nervi saldi.

unshaved /ʌn'ʃeɪvd/, **unshaven** /ʌn'ʃeɪvn/, *a.* non rasato; non sbarbato.

to **unsheathe** /ʌn'ʃiːð/, *v. t.* sguainare; sfoderare (*la spada, ecc.*).

unshelled /ʌn'ʃɛld/, *a.* non sgusciato; non sgranato.

unsheltered /ʌn'ʃɛltəd/, *a.* senza riparo; esposto; non protetto.

to **unship** /ʌn'ʃɪp/, **A** *v. t.* (*naut.*) *1* scaricare, sbarcare (*passeggeri, merci*) *2* smontare (*un'elica, ecc.*) *3* disarmare (*i remi, ecc.*). **B** *v. i.* (*naut.*) sbarcare.

unshocked /ʌn'ʃɒkt/, *a.* non scosso; imperturbato; impassibile.

unshod /ʌn'ʃɒd/, **A** *pass.* e *p. p.* di **to unshoe**. **B** *a.* *1* (*raro*) non calzato; senza scarpe; scalzo *2* (*di cavallo*) non ferrato.

to **unshoe** /ʌn'ʃuː/ (*pass.* e *p. p.* **unshod**), *v. t.* *1* (*raro*) levar le scarpe a (q.) *2* togliere i ferri a (*un cavallo*).

unshorn /ʌn'ʃɔːn/, *a.* (*d'animale*) non tosato; intonso.

unshortened /ʌn'ʃɔːtnd/, *a.* non abbreviato; integrale; non ridotto.

unshot /ʌn'ʃɒt/, *a.* *1* (*di persona*) non colpito (*da arma da fuoco*); incolume *2* (*di fucile, ecc.*) non scaricato; che non ha sparato.

unshrinkable /ʌn'ʃrɪŋkəbl/, *a.* (*di tessuto, di capo di vestiario*) irrestringibile: **u. flannel**, flanella irrestringibile.

unshrinking /ʌn'ʃrɪŋkɪŋ/, *a.* *1* irrestringibile *2* che non arretra; che non si tira indietro; impavido; intrepido. || **-ly**, *avv.*

unshut /ʌn'ʃʌt/, *a.* non chiuso; aperto.

unshuttered /ʌn'ʃʌtəd/, *a.* (*edil.*: *di finestra*) senza persiane; senza imposte; senza scuri.

unsifted /ʌn'sɪftɪd/, *a.* non setacciato; non vagliato (*anche fig.*).

unsighted /ʌn'saɪtɪd/, *a.* *1* non scorto; non in vista: **The ship is still u.**, la nave non è ancora in vista *2* senza mirino: **an u. gun**, un fucile senza mirino *3* fuori visuale; coperto; in condizione di non poter vedere: **The umpire was u. when Smith was kicked**, l'arbitro era coperto quando Smith fu colpito da un calcio.

unsightliness /ʌn'saɪtlɪnəs/, *n.* bruttezza; mancanza di grazia.

unsightly /ʌn'saɪtlɪ/, *a.* brutto; sgradevole; sgraziato.

unsigned /ʌn'saɪnd/, *a.* non firmato; senza firma.

unsinkable /ʌn'sɪŋkəbl/, *a.* *1* (*naut.*) inaffondabile; insommergibile *2* (*fig. fam.*) che non si deprime; che non si avvilisce.

unsisterly /ʌn'sɪstəlɪ/, *a.* indegno di una sorella; non da sorella.

unsized (1) /ʌn'saɪzd/, *a.* *1* (*di vernice*) senza colla *2* (*di carta o tessuto*) non imbozzimato; senza appretto.

unsized (2) /ʌn'saɪzd/, *a.* non classificato (*o* non fatto) secondo la misura.

unskilful /ʌn'skɪlfl/, *a.* inabile; inesperto; malaccorto; maldestro. || **-ly**, *avv.* || **-ness**, *sost.*

unskilled /ʌn'skɪld/, *a.* *1* inabile; inesperto *2* (*ind.*) non qualificato; non specializzato: **u. labour**, manodopera non specializzata; manovalanza; **u. worker**, operaio non specializzato; manovale. ● (*econ.*) **u. occupation**, occupazione che non richiede specializzazione □ **to be quite u. at fencing**, non sapere affatto tirare di scherma.

unskimmed /ʌn'skɪmd/, *a.* (*del latte*) non scremato.

unslaked /ʌn'sleɪkt/, *a.* *1* non smorzato; non spento *2* (*della sete, dell'ambizione, ecc.*) non appagato; insaziato. ● **u. lime**, calce viva.

unsleeping /ʌn'sliːpɪŋ/, *a.* *1* che non dorme; desto; sveglio *2* (*fig.*) vigile; vigilante; guardingo.

to **unsling** /ʌn'slɪŋ/ (*pass.* e *p. p.* **unslung**), *v. t.* *1* togliersi (*un fucile, ecc.*) di tracolla *2* (*naut.*) sbracare, togliere l'imbracatura a (*pennoni, ecc.*).

unsmoked /ʌn'sməʊkt/, *a.* *1* non fumato *2* non affumicato.

to **unsnap** /ʌn'snæp/, *v. t.* sganciare; liberare (q.c.) facendo scattare un arresto.

unsober /ʌn'səʊbə(r)/, *a.* *1* dedito al bere *2* ubriaco *3* (*form.*) intemperante.

unsociability /ʌnsəʊʃə'bɪlətɪ/, *n.* mancanza di socievolezza; scontrosità.

unsociable /ʌn'səʊʃəbl/, *a.* non socievole; insocievole; scontroso. || **-ness**, *sost.* || **-bly**, *avv.*

unsocial /ʌn'səʊʃl/, *a.* *1* insociale; asociale *2* non socievole; insocievole; scontroso: **an u. neighbour**, un vicino non socievole. ● **to work u. hours**, lavorare in orari impossibili (*o* scomodissimi).

unsoiled /ʌn'sɔɪld/, *a.* *1* non sporcato; pulito *2* (*fig.*) non contaminato; incontaminato; immacolato.

unsold /ʌn'səʊld/, *a.* (*comm.*) invenduto. ● **u. goods** (*o* **unsolds**), le giacenze di magazzino; l'invenduto.

to **unsolder** /ʌn'səʊldə(r), -'sɒl-, *USA* -'sɒdə(r)/, *v. t.* (*mecc.*) dissaldare.

unsoldierlike /ʌn'səʊldʒəlaɪk/, **unsoldierly** /ʌn'səʊldʒəlɪ/, *a.* non da militare; non soldatesco; indegno d'un soldato.

unsolicited /ʌnsə'lɪsɪtɪd/, *a.* non richiesto; non sollecitato; spontaneo.

unsolicitous /ʌnsə'lɪsɪtəs/, *a.* non sollecito; incurante; non preoccupato; non premuroso.

unsolvable /ʌn'sɒlvəbl/, *a.* insolubile; non risolvibile.

unsolved /ʌn'sɒlvd, *USA* -'sɒl-, -'sɔːl-/, *a.* insoluto; non risolto.

unsophisticated /ʌnsə'fɪstɪkeɪtɪd/, *a.* *1* non sofisticato; non adulterato; genuino *2* non sofisticato; semplice; schietto.

unsophistication /ʌnsəfɪstɪ'keɪʃn/, *n.* semplicità; schiettezza; naturalezza.

unsorted /ʌn'sɔːtɪd/, *a.* *1* (*specialm. comm.*) non scelto; non selezionato *2* non classificato.

unsought /ʌn'sɔːt/, *a.* non ricercato; non richiesto; spontaneo.

unsound /ʌn'saʊnd/, *a.* *1* difettoso; imperfetto; guasto; avariato: **u. timber**, legname difettoso; **u. fruit**, frutta guasta (*o* marcia) *2* infermo; malato; malsano: **u. lungs**, polmoni malati *3* errato; erroneo; fallace; falso; sbagliato: **an u. doctrine**, una dottrina fallace; **an u. policy**, una politica sbagliata *4* malsicuro; incerto; instabile: **an u. position**, una posizione instabile *5* (*fig.*) corrotto; vizioso. ● **u. reasoning**, ragionamenti che non reggono □ **u. sleep**, sonno agitato □ **economically u.**, antieconomico □ (*leg.*) **of u. mind**, non sano di mente; demente; pazzo.

unsounded (1) /ʌn'saʊndɪd/, *a.* *1* (*naut.*) non scandagliato; insondato *2* (*fig.*) inesplorato; sconosciuto.

unsounded (2) /ʌn'saʊndɪd/, *a.* (*fon.*) non pronunciato; muto.

unsoundly /ʌn'saʊndlɪ/, *avv.* *1* in modo difettoso; imperfettamente *2* erroneamente; in modo sbagliato.

unsoundness /ʌn'saʊndnəs/, *n.* *1* difettosità; imperfezione; l'esser guasto *2* infermità; cattiva salute; cagionevolezza *3* erroneità; fallacia; falsità *4* incertezza; instabilità.

unsoured /ʌn'saʊəd/, *a.* *1* (*di latte, ecc.*) non inacidito; non cagliato *2* (*fig.*: *del carattere, ecc.*) non inacidito; non inasprito.

unsown /ʌn'səʊn/, *a.* (*agric.*) non seminato.

unsparing /ʌn'spɛərɪŋ/, *a.* *1* generoso; liberale; prodigo *2* crudele; inesorabile; spietato *3* che non si risparmia; laborioso; zelante. ● **to give with an u. hand**, dare a mani piene (*o* con grande generosità) □ **to work with u. energy**, lavorare senza risparmio di energie. || **-ly**, *avv.* || **-ness**, *sost.*

to **unspeak** /ʌn'spi:k/ (*pass.* **unspoke**, *p. p.* **unspoken**), *v. t.* ritrattare; disdire; negare.

unspeakable /ʌn'spi:kəbl/, *a.* **1** indicibile; inesprimibile; ineffabile; indescrivibile: **u. delight**, gioia ineffabile; **u. pain**, dolore indicibile **2** che è bene tacere; da non dirsi **3** inqualificabile; odioso; pessimo. ● (*fam.*) **an u. bore**, un tremendo seccatore. || **-bly**, *avv.*

unspecified /ʌn'spesɪfaɪd/, *a.* non specificato.

unspent /ʌn'spent/, *a.* **1** non speso; intatto **2** inconsumato; non consumato **3** (*di vigore e sim.*) inesausto; non esaurito. ● (*di somme di denaro stanziate*) **to go u.**, non essere speso; rimanere sulla carta (*fig.*).

unspilt /ʌn'spɪlt/, *a.* (*di liquido*) non versato; non rovesciato.

unspiritual /ʌn'spɪrɪtʃuəl/, *a.* non spirituale; materiale.

unspoiled /ʌn'spɔɪld/, **unspoilt** /ʌn'spɔɪlt/, *a.* **1** non guasto; non sciupato; intatto: **u. landscape**, paesaggio intatto (*non sciupato dall'uomo*) **2** (*di bambino, ecc.*) non guastato; non viziato.

unspoke /ʌn'spəʊk/, *pass.* di **to unspeak**.

unspoken /ʌn'spəʊkən/, **A** *p. p.* di **to unspeak**. **B** *a.* non detto; inespresso; taciuto. ● **an u. agreement**, un tacito accordo.

unsporting /ʌn'spɔ:tɪŋ/, **unsportsmanlike** /ʌn'spɔ:tsmənlaɪk/, *a.* **1** indegno d'uno sportivo; non (da) sportivo **2** (*fig.*) sleale; gretto; ingeneroso; meschino; vile.

unspotted /ʌn'spɒtɪd/, *a.* **1** non macchiato; senza macchie **2** (*fig.*) senza macchia; immacolato; incontaminato; puro **3** (*zool.*) non maculato; non pezzato; non screziato.

unsprung /ʌn'sprʌŋ/, *a.* **1** (*di poltrone, veicoli, ecc.*) non provvisto di molle; non molleggiato **2** (*mecc.*: *di peso*) non sospeso elasticamente **3** (*mecc.*) rigido: (*autom.*) **u. axle**, assale rigido; ponte (posteriore) rigido.

unstable /ʌn'steɪbl/, *a.* instabile (*anche fis.*); incerto; malfermo; incostante; volubile: (*chim.*) **u. compounds**, composti instabili; **an u. temper**, un carattere volubile. ● (*fis. nucl.*) **u. particle**, particella instabile. || **-ness**, *sost.* || **-bly**, *avv.*

unstained /ʌn'steɪnd/, *a.* **1** non macchiato; non tinto **2** (*specialm. fig.*) immacolato; incontaminato; puro.

unstamped /ʌn'stæmpt/, *a.* **1** (*di documento*) senza bollo **2** (*di lettera*) senza francobollo; non affrancato. ● **u. paper**, carta libera ◻ (*fin.*) **u. shares**, azioni non stampigliate.

unstarched /ʌn'stɑ:tʃt/, *a.* **1** non inamidato; senz'amido; (*di un colletto*) floscio **2** (*fig.*) che non sta sulle sue; cordiale.

unstated /ʌn'steɪtɪd/, *a.* non dichiarato; taciuto.

unstatesmanlike /ʌn'steɪtsmənlaɪk/, *a.* indegno d'uno statista.

unstatutable /ʌn'stætʃʊtəbl/, *a.* (*leg.*) non statutario: **u. procedure**, procedura non statutaria.

unsteadfast /ʌn'stedfəst/, *a.* instabile; malfermo; incostante; volubile. || **-ly**, *avv.* || **-ness**, *sost.*

unsteadiness /ʌn'stedɪnəs/, *n.* **1** instabilità; l'essere malfermo; scarsa solidità **2** (*fig.*) incostanza; irresolutezza; titubanza; volubilità **3** instabilità; irregolarità; variabilità.

unsteady /ʌn'stedɪ/, *a.* **1** instabile; malfermo; poco solido; barcollante; traballante: **with an u. hand**, con mano malferma; **The old table is u.**, la vecchia tavola è traballante **2** (*fig.*) incostante; irresoluto; titubante; volubile: **Don't be u.**, non essere incostante (*o* irresoluto)! **3** instabile; irregolare; variabile: **u. prices**, prezzi instabili; **u. winds**, venti variabili. || **-ily**, *avv.*

to **unsteel** /ʌn'sti:l/, *v. t.* (*fig.*) addolcire (*i sentimenti, ecc.*); rendere tenero; intenerire (*il cuore di q.*).

to **unstick** /ʌn'stɪk/ (*pass.* e *p. p.* **unstuck**), *v. t.* scollare; staccare.

unstinted /ʌn'stɪntɪd/, *a.* **1** abbondante; copioso; illimitato **2** generoso; munifico; prodigo.

unstinting /ʌn'stɪntɪŋ/, *a.* **1** *V.* **unstinted** **2** dato liberalmente; di tutto cuore; senza riserve.

unstirred /ʌn'stɜ:d/, *a.* **1** non agitato; calmo; sereno; tranquillo **2** (*di un oggetto*) non spostato; lasciato al suo posto.

to **unstitch** /ʌn'stɪtʃ/, *v. t.* scucire; disfare.

to **unstop** /ʌn'stɒp/, *v. t.* **1** stappare (*una bottiglia, ecc.*) **2** sturare; aprire, stasare (*un tubo, ecc.*).

unstoppable /ʌn'stɒpəbl/, *a.* inarrestabile.

to **unstopper** /ʌn'stɒpə(r)/, *v. t.* **1** cavare il tappo (*o* lo zipolo) a; stappare; sturare **2** (*fig.*) dare la stura a; dare libero sfogo a; liberalizzare (*l'economia, ecc.*).

unstored /ʌn'stɔ:d/, *a.* **1** non messo in serbo; non immagazzinato **2** sprovvisto (*di merci, ecc.*) **3** (*elab.*) non memorizzato.

to **unstow** /ʌn'stəʊ/, *v. t.* (*naut.*) distivare; scaricare.

unstrained /ʌn'streɪnd/, *a.* **1** non filtrato; non passato al filtro **2** non sforzato; non sottoposto a sforzo **3** (*fig.*) non forzato; spontaneo; naturale.

to **unstrap** /ʌn'stræp/, *v. t.* **1** liberarsi di (*un carico, uno zaino, ecc.*) assicurato con cinghie **2** slacciare (*una cintura, ecc.*).

unstratified /ʌn'strætɪfaɪd/, *a.* (*geol.*) non stratificato.

unstressed /ʌn'strest/, *a.* **1** (*fon.*) atono; non accentato **2** non evidenziato; non messo in risalto; non sottolineato (*fig.*).

unstrikable /ʌn'straɪkəbl/, *a.* (*econ., leg.*: *rif. a servizi essenziali*) non soggetto a sciopero.

to **unstring** /ʌn'strɪŋ/ (*pass.* e *p. p.* **unstrung**), *v. t.* **1** togliere le corde a (*uno strumento musicale, ecc.*); togliere la corda a (*un arco*) **2** sfilare (*perle, i grani di un rosario, ecc.*) **3** allentare; rilasciare; sciogliere **4** (*fig.*) sconvolgere; snervare; turbare.

unstrung /ʌn'strʌŋ/, **A** *pass.* e *p. p.* di **to unstring**. **B** *a.* **1** (*d'arco*) senza corda; (*di strumento musicale, ecc.*) senza le corde, con le corde allentate **2** (*fig.*: *di persona*) sconvolto; snervato; turbato.

unstuck /ʌn'stʌk/, **A** *pass.* e *p. p.* di **to unstick**. **B** *a.* scollato; staccato. ● **to come u.**, scollarsi; staccarsi; (*mecc.*) disinnestarsi, liberarsi; (*fig.*: *di una persona, di un piano, ecc.*) andar male, andare a rotoli, fallire.

unstudied /ʌn'stʌdɪd/, *a.* **1** non studiato (*a scuola, ecc.*) **2** facile; naturale; spontaneo: **u. eloquence**, eloquenza facile; **u. grace**, grazia spontanea.

unstuffed /ʌn'stʌft/, *a.* **1** non impagliato **2** non imbottito.

unstylish /ʌn'staɪlɪʃ/, *a.* non alla moda; non elegante.

unsubdued /ʌnsəb'dju:d, *USA* -'du:d/, *a.* **1** (*di cavallo, ecc.*) non domato **2** indomito; invitto.

unsubmissive /ʌnsəb'mɪsɪv/, *a.* ribelle; restio; riottoso.

unsubsidized /ʌn'sʌbsɪdaɪzd/, *a.* (*econ.*) non sovvenzionato.

unsubstantial /ʌnsəb'stænʃl/, *a.* **1** incorporeo; chimerico; fantastico; immateriale: **u. visions**, visioni fantastiche **2** inconsistente; leggero: **an u. argument**, un argomento inconsistente; (*poet.*) **u. air**, l'aere leggero **3** poco sostanzioso; leggero: **an u. meal**, un pasto leggero **4** poco solido; malfermo; instabile: **an u. building**, un edificio poco solido.

unsubstantiality /ʌnsəbstænʃɪ'ælətɪ/, *n.* **1** incorporeità; immaterialità **2** inconsistenza; leggerezza **3** mancanza di solidità; scarsa solidità; instabilità.

unsubstantiated /ʌnsəb'stænʃɪeɪtɪd/, *a.* non confermato; non comprovato; campato in aria.

unsuccess /ʌnsək'ses/, *n.* insuccesso.

unsuccessful /ʌnsək'sesfl/, *a.* **1** che non ha (avuto) successo; sfortunato **2** non riuscito; infruttuoso; inutile; vano. ● (*di persone*) **to be u.**, non riuscire; fallire; far fiasco ◻ (*leg.*) **the u. party**, la parte soccombente (*in giudizio*) ◻ **Your application has been u.**, la tua domanda non è stata accettata. || **-ly**, *avv.* || **-ness**, *sost.*

unsuitability /ʌnsu:tə'bɪlətɪ/, *n.* **1** l'essere disadatto; inadeguatezza **2** sconvenienza; inopportunità.

unsuitable /ʌn'su:təbl/, *a.* **1** disadatto; inadatto; inadeguato; inidoneo: **u. to work**, inidoneo al lavoro **2** sconveniente; inopportuno. || **-ness**, *sost.* || **-bly**, *avv.*

unsuited /ʌn'su:tɪd/, *a.* **1** disadatto; inadatto; inadeguato; inidoneo **2** non appropriato; inopportuno; sconveniente. ● **They are u. to each other**, non sono fatti l'uno per l'altro.

unsullied /ʌn'sʌlɪd/, *a.* **1** non macchiato; senza macchie **2** (*fig. lett.*) senza macchia; immacolato; puro.

unsung /ʌn'sʌŋ/, *a.* **1** non cantato **2** (*poet.*) non cantato, non celebrato (*dai poeti*): **u. daring deeds**, audaci imprese che nessun poeta ha cantato.

unsupplied /ʌnsə'plaɪd/, *a.* **1** sfornito; sprovvisto: **to be u. with st.**, essere sprovvisto di q.c. **2** (*comm.*) non consegnato; non fornito; non spedito **3** (*econ.*: *della domanda*) non soddisfatta.

unsupportable /ʌnsə'pɔ:təbl/, *a.* **1** insopportabile; intollerabile **2** insostenibile; non comprovabile; indifendibile: **u. reasons**, ragioni indifendibili.

unsupported /ʌnsə'pɔ:tɪd/, *a.* **1** non sostenuto; non appoggiato; senza aiuto; privo di sostegno finanziario, indifeso: **u. orphans**, orfani indifesi **2** non comprovato; non confermato **3** (*archit.*) senza sostegno; senza pilastri.

unsure /ʌn'ʃʊə(r), -'ʃɔ:(r)/, *a.* **1** incerto; non sicuro; insicuro; dubbioso: **I'm u. of my engagement**, sono incerto sul mio impegno **2** (*di un fatto*) incerto; indeciso **3** precario; malsicuro; poco solido: **u. job**, lavoro precario.

unsurmountable /ʌnsə'maʊntəbl/, *a.* insormontabile.

unsurmounted /ʌnsə'maʊntɪd/, *a.* non sormontato; insuperato.

unsurpassable /ʌnsə'pɑ:səbl, *USA* -'pæs-/, *a.* insorpassabile; insuperabile.

unsurpassed /ʌnsə'pɑ:st, *USA* -'pæs-/, *a.* insuperato; insorpassato.

unsurrendered /ʌnsə'rendəd/, *a.* **1** non consegnato; non restituito **2** (*mil.*) che non è stato ceduto (*al nemico*); che non si è arreso.

unsurveyed /ʌnsə'veɪd/, *a.* **1** non indagato; non esaminato; non ispezionato **2** non periziato **3** (*di terreno*) non ancora cartografato.

unsusceptible /ʌnsə'septəbl/, *a.* non suscettibile (di); non soggetto (a): **u. to disease**, non soggetto a malattie.

unsuspected /ʌnsə'spektɪd/, *a.* **1** insospettato; non sospettato **2** imprevisto; inatteso; inaspettato.

unsuspecting /ʌnsə'spektɪŋ/, *a.* non sospettoso; senza sospetto; fiducioso; che non diffida. || **-ly**, *avv.*

unsuspicious /ʌnsə'spɪʃəs/, *a.* **1** che non desta sospetto **2** privo di sospetti; non sospettoso; senza diffidenza. || **-ly**, *avv.* || **-ness**, *sost.*

unsustainable /ʌnsə'steɪnəbl/, *a.* insostenibile.

unsustained /ʌnsə'steɪnd/, *a.* non sostenuto.

to **unswathe** /ʌn'sweɪð/, *v. t.* sbendare; sfasciare.

unswayed /ʌn'sweɪd/, *a.* non mosso (*fig.*); non influenzato; non soggetto a influssi: **u. by personal motives**, non mosso da motivi personali.

to **unswear** /ʌn'sweə(r)/ (*pass.* **unswore**, *p. p.* **unsworn**), *v. t.* e *i.* abiurare; rinnegare (*un giuramento*).

unsweetened /ʌn'swi:tnd/, *a.* non addolcito; non zuccherato.

unswept /ʌn'swept/, *a.* non spazzato; non scopato.

unswerving /ʌn'swɜːvɪŋ/, *a.* **1** fermo; saldo; (*fig.*) irremovibile, fedele: **an u. supporter**, un fedele sostenitore **2** diritto; che tira diritto; che non devia. || **-ly**, *avv.*
unsworn /ʌn'swɔːn/, **A** *p. p.* di **to unswear**. **B** *a.* **1** (*di giuramento*) non prestato **2** (*leg.*: *di testimone, ecc.*) che non ha prestato giuramento; (*di testimonianza*) non suffragata da giuramento.
unsymbolic(al) /ʌnsɪm'bɒlɪk(l)/, *a.* non simbolico. || **-ally**, *avv.*
unsymmetric(al) /ʌnsɪ'metrɪk(l)/, *a.* asimmetrico. || **-ally**, *avv.*
unsymmetry /ʌn'sɪmətrɪ/, *n.* asimmetria.
unsympathetic /ʌnsɪmpə'θetɪk/, *a.* non comprensivo; freddo; indifferente; poco cordiale. || **-ally**, *avv.*
unsympathizing /ʌn'sɪmpəθaɪzɪŋ/, *a.* che non mostra comprensione; poco cordiale; freddo; indifferente.
unsystematic /ʌnsɪstə'mætɪk/, *a.* non sistematico; senza metodo. || **-ally**, *avv.*
to **untack** /ʌn'tæk/, *v. t.* **1** disgiungere; separare; staccare **2** sbullettare **3** (*sartoria*) sbastire.
untainted /ʌn'teɪntɪd/, *a.* **1** incorrotto; non guasto **2** (*fig.*) incontaminato; immacolato; puro.
untaken /ʌn'teɪkən/, *a.* **1** non preso **2** (*di posto*) non occupato; libero.
untalented /ʌn'tæləntɪd/, *a.* non dotato; senza disposizione (*per un'arte, una scienza, ecc.*); di scarso ingegno.
untamable /ʌn'teɪməbl/, *a.* indomabile; non addomesticabile. || **-ness**, *sost.*
untamed /ʌn'teɪmd/, *a.* indomito; non addomesticato.
to **untangle** /ʌn'tæŋgl/, *v. t.* districare; sbrogliare; dipanare (*una matassa, una faccenda, ecc.*).
untanned /ʌn'tænd/, *a.* **1** non conciato; greggio; grezzo: **u. hides**, pelli gregge **2** non abbronzato (dal sole).
untapped /ʌn'tæpt/, *a.* **1** (*di liquido*) non spillato **2** (*fig.*: *di fondi, risorse, ecc.*) inutilizzato; disponibile; a disposizione; non sfruttato.
untarnished /ʌn'tɑːnɪʃt/, *a.* **1** non macchiato; senza macchie **2** (*fig.*) senza macchia; immacolato; puro: **an u. reputation**, una reputazione senza macchia.
untasted /ʌn'teɪstɪd/, *a.* **1** non assaggiato; non gustato; (*fig.*) non apprezzato **2** (*di cibo*) non toccato; intatto.
untaught /ʌn'tɔːt/, *a.* **1** privo di istruzione; ignorante; incolto **2** non studiato; innato; naturale; spontaneo.
to **untax** /ʌn'tæks/, *v. t.* (*fisc.*) esentare (q., q.c.) dalle imposte; detassare.
untaxed /ʌn'tækst/, *a.* (*fisc.*) **1** esente da imposte **2** (*di conto spese, ecc.*) non tassato; detraibile (*dalle imposte*); esentasse (*bur.*).
unteachable /ʌn'tiːtʃəbl/, *a.* **1** che non apprende facilmente; non educabile; poco ricettivo **2** assai difficile da insegnare.
untearable /ʌn'teərəbl/, *a.* non lacerabile.
untempered /ʌn'tempəd/, *a.* **1** (*di vetro*) non temprato **2** (*metall.*) non temprato; non rinvenuto: **u. steel**, acciaio non temprato **3** (*fig.*) non temperato; non mitigato; estremo: **u. severity**, estrema severità.
untempted /ʌn'temptɪd/, *a.* non sottoposto a tentazioni; non allettato.
untempting /ʌn'temptɪŋ/, *a.* **1** poco allettante; non attraente; che non ispira (*fam.*) **2** (*di cibo*) poco appetitoso.
untenability /ʌntenə'bɪlətɪ/, *n.* l'essere indifendibile (*anche mil.*); insostenibilità (*di una tesi, ecc.*).
untenable /ʌn'tenəbl/, *a.* **1** (*mil.*) indifendibile; insostenibile: **an u. position**, una posizione insostenibile **2** (*fig.*: *di una tesi, ecc.*) insostenibile.
untenantable /ʌn'tenəntəbl/, *a.* (*leg.*) non concedibile in affitto; non locabile.
untenanted /ʌn'tenəntɪd/, *a.* non affittato; sfitto: **an u. flat**, un appartamento sfitto.
untended /ʌn'tendɪd/, *a.* non curato; non sorvegliato; incustodito.
untested /ʌn'testɪd/, *a.* non provato; non collaudato; non sperimentato.
to **untether** /ʌn'teðə(r)/, *v. t.* slegare; liberare dalle pastoie.
unthanked /ʌn'θæŋkt/, *a.* non ringraziato.
unthankful /ʌn'θæŋkfl/, *a.* **1** ingrato; sgradevole; spiacevole **2** senza riconoscenza; non riconoscente; ingrato. || **-ly**, *avv.* || **-ness**, *sost.*
unthawed /ʌn'θɔːd/, *a.* **1** non sgelato; non fuso; non sciolto: **u. rivers**, fiumi non sgelati **2** (*fig.*) che sta ancora sulle sue.
unthinkable /ʌn'θɪŋkəbl/, *a.* **1** impensabile; inimmaginabile **2** (*fam.*) improbabile; inverosimile; impossibile. || **-ness**, *sost.* || **-bly**, *avv.*
unthinking /ʌn'θɪŋkɪŋ/, *a.* **1** irriflessivo; leggero (*fig.*); sbadato; spensierato; sventato **2** irragionevole; che non ragiona. ● **u. obedience**, obbedienza cieca. || **-ly**, *avv.*
unthought /ʌn'θɔːt/, *a.* **1** non pensato; non premeditato; spontaneo **2** impensato; imprevisto; inatteso.
unthoughtful /ʌn'θɔːtfl/, *a.* **1** spensierato; sbadato; sventato **2** senza riguardi; irriguardoso; privo di attenzioni; che non pensa agli altri.
unthought-of /ʌn'θɔːtɒv, *USA* -ʌv/, *a.* **1** impensato; inaspettato; imprevisto **2** impensabile; inimmaginabile.
to **unthread** /ʌn'θred/, *v. t.* **1** sfilare (*un ago, perline, ecc.*) **2** (*fig.*) districare; sciogliere: **to u. a mystery**, sciogliere un mistero **3** trovare la via di uscita da (*un labirinto* e *fig.*).
unthrift /ʌn'θrɪft/, *n.* **1** mancanza di parsimonia; spreco **2** (*arc.*) sprecone.
unthrifty /ʌn'θrɪftɪ/, *a.* **1** non parsimonioso; prodigo; scialacquatore **2** (*di albero o animale*) che cresce male; stentato.
to **unthrone** /ʌn'θrəʊn/, *v. t.* detronizzare; deporre (*un re*).
untidiness /ʌn'taɪdɪnəs/, *n.* disordine; confusione; sciatteria; trascuratezza; trasandatezza.
untidy /ʌn'taɪdɪ/, *a.* disordinato; sciatto; trascurato; trasandato. ● **u. hair**, capelli arruffati. || **-ily**, *avv.*
to **untie** /ʌn'taɪ/, **A** *v. t.* **1** slegare; slacciare; disfare (*un nodo, ecc.*) **2** sciogliere; liberare (*anche fig.*). **B** *v. i.* sciogliersi; slegarsi.
until /ʌn'tɪl, ən-/, **A** *prep.* fino a; sino a; fino al momento di; prima di: **u. their departure**, fino alla loro partenza; **The show doesn't begin u. half past nine**, lo spettacolo non comincia prima delle nove e mezza. **B** *cong.* finché (non); fino a quando; fino al momento che: **He waited u. the rain stopped**, aspettò finché smise di piovere; **U. you told me, I was quite unaware**, finché non me lo dicesti tu, ero all'oscuro di tutto. ● **unless and u.**, finché; a meno che.
to **untile** /ʌn'taɪl/, *v. t.* rimuovere le tegole di (*un tetto*); scoperchiare.
untiled /ʌn'taɪld/, *a.* **1** (*di tetto, ecc.*) senza tegole; privo di coppi **2** (*edil.*) non piastrellato.
untillable /ʌn'tɪləbl/, *a.* (*di terreno*) non coltivabile.
untilled /ʌn'tɪld/, *a.* (*di terreno*) incolto; non coltivato.
untimeliness /ʌn'taɪmlɪnəs/, *n.* **1** inopportunità; intempestività **2** prematurità.
untimely /ʌn'taɪmlɪ/, *a.* **1** inopportuno; intempestivo: **an u. visit**, una visita inopportuna; **an u. question**, una domanda intempestiva **2** prematuro: **His was an u. end**, fece una fine prematura.
untinged /ʌn'tɪndʒd/, *a.* **1** non tinto; non colorato **2** (*fig.*) senza tracce (*di q.c.*); esente, immune (da). ● **not u. with**, non esente da; non privo di.
untirable /ʌn'taɪərəbl/, *a.* instancabile; infaticabile.
untired /ʌn'taɪəd/, *a.* non stanco; inesausto; indefesso.
untiring /ʌn'taɪərɪŋ/, *a.* instancabile; infaticabile. || **-ly**, *avv.*
untitled /ʌn'taɪtld/, *a.* **1** senza titolo: **an u. book**, un libro senza titolo **2** (*leg.*) che non ha titolo (*o* diritto): **an u. tyrant**, un tiranno usurpatore **3** che non ha titoli onorifici.
unto /'ʌntuː, -tʊ, -tə/, (*arc., lett.*) *V.* **to** (*in ogni senso, salvo come prefisso dei verbi all'infinito*).
untogether /ʌntə'geðə(r)/, *a.* (*pop. USA*) **1** fuori di sé; suonato (*pop.*); imbranato (*fam.*) **2** (*della situazione, ecc.*) confuso; incasinato (*pop.*); impasticciato.
untold /ʌn'təʊld/, *a.* **1** non detto; non raccontato; taciuto; inespresso **2** non contato; non numerato **3** (*lett.*) innumerevole; incalcolabile; enorme; inaudito. ● **u. gold**, oro a mucchi.
to **untomb** /ʌn'tuːm/, *v. t.* **1** togliere dalla tomba; disotterrare; esumare **2** (*fig.*) risuscitare; richiamare in vita.
untoothed /ʌn'tuːθt/, *a.* senza denti; sdentato.
untorn /ʌn'tɔːn/, *a.* non lacerato; non lacero; intatto; integro.
untouchability /ʌntʌtʃə'bɪlətɪ/, *n.* l'essere intoccabile (*specialm., in India, di una paria e della sua casta*).
untouchable /ʌn'tʌtʃəbl/, **A** *a.* **1** intoccabile (*anche fig.*); intangibile **2** (*fig.*) inaccessibile; irraggiungibile; fuori portata. **B** *n.* (*in India*) intoccabile; paria.
untouched /ʌn'tʌtʃt/, *a.* **1** non toccato; intatto **2** (*fig.*) non commosso; imperturbato; indifferente **3** (*fig.*) indenne; immune: **u. by scandal**, immune dagli scandali **4** (*raro*) senza pari; ineguagliato. ● **to leave one's dinner u.**, non toccar cibo; lasciare il pranzo intatto □ **to leave a subject u.**, non far menzione di (*o* non sfiorare nemmeno) un argomento.
untoward /ʌntə'wɔːd, -'tɔːd, -'twɔːd/, *a.* (*form.*) **1** sfortunato; infelice; infausto; sfavorevole; avverso: **an u. accident**, uno sfortunato incidente **2** (*di un oggetto*) poco maneggevole; scomodo **3** (*di persona*) intrattabile; ribelle; riottoso; recalcitrante: **an u. generation**, una generazione ribelle **4** disdicevole; sconveniente. || **-ly**, *avv.* || **-ness**, *sost.*
untraceable /ʌn'treɪsəbl/, *a.* **1** non tracciabile **2** non rintracciabile; introvabile; irreperibile.
untraced /ʌn'treɪst/, *a.* non rintracciato; di cui si sono perse le tracce.
untracked /ʌn'trækt/, *a.* **1** non seguito; non pedinato; non inseguito **2** (*di sentiero*) non segnato da orme; poco battuto.
untractable /ʌn'træktəbl/, *a.* (*raro*) intrattabile.
untrained /ʌn'treɪnd/, *a.* **1** non esercitato; inesperto **2** (*di un animale*) non ammaestrato **3** (*di un ragazzo*) non disciplinato **4** (*sport*) non allenato.
untrammelled /ʌn'træmәld/, *a.* senza impacci; non inceppato; non impastoiato; libero.
untransferable /ʌntræns'fɜːrəbl/, *a.* (*specialm. leg., comm.*) non trasferibile; non cedibile; inalienabile: **an u. right**, un diritto inalienabile; **an u. cheque**, un assegno non trasferibile.
untranslatability /ʌntrænsleɪtə'bɪlətɪ/, *n.* intraducibilità.
untranslatable /ʌntræns'leɪtəbl/, *a.* intraducibile. || **-ness**, *sost.* || **-bly**, *avv.*
untranslated /ʌntræns'leɪtɪd/, *a.* non tradotto.
untravelled /ʌn'trævld/, *a.* **1** che ha viaggiato poco **2** (*di strada, ecc.*) poco battuto; di scarso traffico **3** (*di un paese*) inesplorato.
untraversable /ʌntrə'vɜːsəbl/, *a.* (*di una regione*) non attraversabile.
untraversed /ʌntrə'vɜːst/, *a.* (*di un luogo*) non attraversato; selvaggio.
untried /ʌn'traɪd/, *a.* **1** inesperto; poco esperto: **to be u. in teaching**, non avere esperienza come insegnante **2** non provato; non sperimentato; intentato **3** (*leg.*) non sottoposto a processo; non processato.
untrimmed /ʌn'trɪmd/, *a.* **1** non ornato; senza ornamenti; sguarnito **2** (*d'albero, siepe, ecc.*)

non tagliato; non spuntato; non potato.

untrodden /ʌn'trɒdn/, *a.* ***1*** non calpestato; intatto: **u. snow**, neve intatta ***2*** non frequentato; poco battuto; solitario: **u. ways**, strade poco battute; (*fig.*) vie intentate, vie nuove.

untroubled /ʌn'trʌbld/, *a.* ***1*** imperturbato; calmo; sereno; tranquillo ***2*** (*di liquido*) non turbato; limpido.

untrue /ʌn'tru:/, *a.* ***1*** falso; bugiardo; menzognero; non vero ***2*** (*lett.*) disonesto; infedele; perfido; sleale ***3*** (*mecc.*) non centrato. || **-ness**, *sost.*

untruly /ʌn'tru:lɪ/, *avv.* ***1*** falsamente; in modo menzognero ***2*** erroneamente ***3*** (*lett.*) infedelmente; perfidamente.

to **untruss** /ʌn'trʌs/, *v. t.* ***1*** slegare; disfare ***2*** (*arc.*) spogliare; svestire.

untrussed /ʌn'trʌst/, *a.* (*di pollo*) non preparato per lo spiedo; non legato (*prima di cuocerlo*).

untrustworthiness /ʌn'trʌstwɜ:ðɪnəs/, *n.* ***1*** falsità; mendacia; menzogna ***2*** disonestà; perfidia; slealtà.

untrustworthy /ʌn'trʌstwɜ:ðɪ/, *a.* ***1*** indegno di fede; falso; mendace; menzognero ***2*** indegno di fiducia; infido; disonesto; perfido; sleale. ● **u. memory**, memoria labile. || **-ily**, *avv.*

untruth /ʌn'tru:θ/, *n.* falsità; menzogna; bugia.

untruthful /ʌn'tru:θfl/, *a.* falso; bugiardo; menzognero. || **-ly**, *avv.*

untruthfulness /ʌn'tru:θflnəs/, *n.* falsità; mendacia.

to **untuck** /ʌn'tʌk/, *v. t.* ***1*** disfare (*una piega*); sciogliere; spiegare; tirar giù (*una manica rimboccata, le coperte, ecc.*) ***2*** (*fam.*) stendere, allungare (*le gambe*).

to **untune** /ʌn'tju:n, *USA* -'tu:n/, *v. t.* ***1*** scordare (*uno strumento musicale*) ***2*** (*radio, TV*) disintonizzare.

untuned /ʌn'tju:nd, *USA* -'tu:nd/, *a.* ***1*** (*mus.*) scordato; stonato ***2*** (*radio, TV*) non sintonizzato ***3*** (*elettr.*) non risonante.

unturned /ʌn'tɜ:nd/, *a.* non rivoltato; non rovesciato; non smosso. ● (*fig.*) **to leave no stone u.**, fare ogni sforzo; non lasciar nulla d'intentato; fare l'impossibile.

untutored /ʌn'tju:təd, *USA* -'tu:-/, *a.* ***1*** ignorante; incolto; non istruito ***2*** non affettato; naturale; semplice; spontaneo.

to **untwine** /ʌn'twaɪn/, to **untwist** /ʌn'twɪst/, **A** *v. t.* disfare; districare; sciogliere; sbrogliare. **B** *v. i.* sciogliersi; districarsi.

unurged /ʌn'ɜ:dʒd/, *a.* non sollecitato; non richiesto; spontaneo.

unusable /ʌn'ju:zəbl/, *a.* inutile; inservibile; inutilizzabile.

unused /ʌn'ju:zd/, *nel sign. 3* /ʌn'ju:st/ *a.* ***1*** non usato; non adoperato; disusato; in disuso ***2*** non ancora usato; inutilizzato; nuovo: (*fin.*) **u. funds**, stanziamenti inutilizzati ***3*** (*pred.*) non abituato; non avvezzo; poco pratico: **He was u. to their ways**, era poco pratico dei loro costumi. ● **to be u. to doing st.**, non essere avvezzo a (*o* non avere l'abitudine di) fare q.c.

unusual /ʌn'ju:ʒl/, *a.* ***1*** insolito; inusitato; inconsueto ***2*** straordinario; eccezionale; raro; singolare: **a writer of u. talent**, uno scrittore di eccezionale talento. ● **u. shop**, negozio caratteristico. || **-ly**, *avv.* || **-ness**, *sost.*

unutilizable /ʌn'ju:təlaɪzəbl/, *a.* inutilizzabile; inservibile.

unutilized /ʌn'ju:təlaɪzd/, *a.* inutilizzato.

unutterable /ʌn'ʌtərəbl/, *a.* ***1*** non pronunciabile; impronunciabile ***2*** inesprimibile; ineffabile; indicibile: **u. joy**, gioia ineffabile ***3*** completo; perfetto: **an u. idiot**, un perfetto idiota. || **-ness**, *sost.* || **-bly**, *avv.*

unuttered /ʌn'ʌtəd/, *a.* ***1*** non pronunciato ***2*** non proferito; inespresso; taciuto.

unvalued /ʌn'vælju:d/, *a.* non valutato; non stimato: (*ass.*) **u. policy**, polizza non valutata.

unvanquished /ʌn'væŋkwɪʃt/, *a.* invitto; indomito.

unvaried /ʌn'vɛərɪd/, *a.* invariato; non variato; uniforme; uguale; monotono: **u. diet**, dieta invariata; **an u. landscape**, un paesaggio monotono.

unvarnished /ʌn'vɑ:nɪʃt/, *a.* ***1*** non verniciato: **an u. surface**, una superficie non verniciata ***2*** (*fig.*) non abbellito; puro e semplice; senza fronzoli; nudo e crudo: **the u. truth**, la verità nuda e cruda.

unvarying /ʌn'vɛərɪɪŋ/, *a.* invariabile; costante; uniforme. || **-ly**, *avv.*

to **unveil** /ʌn'veɪl/, **A** *v. t.* svelare; scoprire; palesare; rivelare. **B** *v. i.* ***1*** togliersi il velo ***2*** (*fig.*) svelarsi; scoprirsi. ● **to u. a monument [a statue]**, inaugurare un monumento [scoprire una statua].

unveiling /ʌn'veɪlɪŋ/, *n.* ***1*** scoprimento (*di un busto, ecc.*) ***2*** (*fig.*) cerimonia inaugurale; (prima) presentazione.

unvenomous /ʌn'vɛnəməs/, *a.* non velenoso; (*di un serpente*) innocuo.

unventilated /ʌn'vɛntɪleɪtɪd/, *a.* ***1*** non ventilato; non aerato ***2*** (*fig.*) non ventilato; non messo in discussione.

unverifiable /ʌn'vɛrɪfaɪəbl/, *a.* non verificabile; incontrollabile.

unverified /ʌn'vɛrɪfaɪd/, *a.* non verificato; incontrollato.

unversed /ʌn'vɜ:st/, *a.* non versato (*in una scienza, un'arte, ecc.*) inesperto; poco competente; incompetente.

unvindicated /ʌn'vɪndɪkeɪtɪd/, *a.* ***1*** invendicato ***2*** (*leg.*) non rivendicato.

unviolated /ʌn'vaɪəleɪtɪd/, *a.* inviolato.

unvisited /ʌn'vɪzɪtɪd/, *a.* non visitato; non frequentato.

unvoiced /ʌn'vɔɪst/, *a.* ***1*** non detto; inespresso ***2*** (*fon.*) sordo.

to **unvote** /ʌn'vəʊt/, *v. t.* (*leg., polit.*) abrogare, revocare (*una legge, ecc.*) con una votazione.

unvouched /ʌn'vaʊtʃt/, *a.* (*di solito* **u. for**) non attestato; non confermato; non documentato.

unwaged /ʌn'weɪdʒd/, *a.* (*econ.*) non retribuito; privo di salario; senza lavoro.

unwanted /ʌn'wɒntɪd, *USA* -'wɔ:n-/, *a.* non desiderato; non richiesto; non voluto.

unwariness /ʌn'wɛərɪnəs/, *n.* avventatezza; sconsideratezza.

unwarlike /ʌn'wɔ:laɪk/, *a.* (*raro*) non bellicoso; pacifico.

unwarned /ʌn'wɔ:nd/, *a.* non avvertito; non avvisato; non ammonito; non messo in guardia.

unwarped /ʌn'wɔ:pt/, *a.* ***1*** (*tecn.*) non incurvato; non deformato; (*di legno*) non imbarcato ***2*** (*fig.*) non deformato; privo di pregiudizi; imparziale.

unwarrantable /ʌn'wɒrəntəbl, *USA* -'wɔ:r-/, *a.* ***1*** ingiustificabile; inescusabile; inqualificabile ***2*** (*leg.*) che non può essere garantito. || **-ness**, *sost.* || **-bly**, *avv.*

unwarranted /ʌn'wɒrəntɪd, *USA* -'wɔ:r-/, *a.* ***1*** ingiustificato; arbitrario; infondato ***2*** (*leg.*) non garantito; senza garanzia ***3*** (*leg.*) non autorizzato.

unwary /ʌn'weərɪ/, *a.* ***1*** avventato; incauto; sconsiderato ***2*** poco accorto; sprovveduto. || **-ily**, *avv.* || **-ness**, *sost.*

unwashed /ʌn'wɒʃt, *USA* -wɔ:ʃt/, *a.* non lavato; sporco; sudicio.

unwatched /ʌn'wɒtʃt, *USA* -wɔ:tʃt/, *a.* ***1*** non sorvegliato; incustodito; non vigilato ***2*** (*di faro, ecc.*) incustodito; senza guardiano.

unwatchful /ʌn'wɒtʃfl, *USA* -wɔ:tʃ-/, *a.* non vigile; disattento; sbadato. || **-ly**, *avv.* || **-ness**, *sost.*

to **unwater** /ʌn'wɔ:tə(r), *USA* -wɒt-/, *v. t.* (*tecn.*) drenare; prosciugare.

unwatered /ʌn'wɔ:təd, *USA* -wɒt-/, *a.* ***1*** non innaffiato; arido; secco: **an u. lawn**, un prato non innaffiato ***2*** non annacquato; non diluito con acqua; senz'acqua; puro; schietto: **u. milk**, latte senz'acqua; puro latte ***3*** (*di bestiame*) non abbeverato: **an u. horse**, un cavallo non abbeverato ***4*** non fornito d'acqua; senz'acqua: **an u. town**, una città senz'acqua ***5*** (*fin.*: *di capitale*) non annacquato.

unwavering /ʌn'weɪvərɪŋ/, *a.* non vacillante; deciso; fermo; risoluto; incrollabile; irremovibile. || **-ly**, *avv.*

unweaned /ʌn'wi:nd/, *a.* non divezzato; non svezzato.

unwearable /ʌn'wɛərəbl/, *a.* (*d'abito, ecc.*) che non si può indossare; non indossabile.

unwearied /ʌn'wɪərɪd/, *a.* ***1*** inesausto; infaticato; non stanco ***2*** infaticabile; instancabile. || **-ly**, *avv.* || **-ness**, *sost.*

unweary /ʌn'wɪərɪ/, *V.* **unwearying**.

unwearying /ʌn'wɪərɪɪŋ/, *a.* instancabile; insistente; persistente; tenace: **u. efforts**, tenaci sforzi.

to **unweave** /ʌn'wi:v/ (*pass.* **unwove**, *p. p.* **unwoven**), *v. t.* stessere, disfare (*il tessuto, la tela*).

unwebbed /ʌn'wɛbd/, *a.* (*zool.*) non provvisto di membrana.

unwed /ʌn'wɛd/, **unwedded** /ʌn'wɛdɪd/, *a.* (*raro*) non sposato; (*d'uomo*) celibe; (*di donna*) nubile.

unweighed /ʌn'weɪd/, *a.* ***1*** non pesato ***2*** (*fig.*) non soppesato; non vagliato.

unweighted /ʌn'weɪtɪd/, *a.* (*stat.*) non ponderato.

unwelcome /ʌn'wɛlkəm/, *a.* ***1*** malaccolto; malaccetto; importuno ***2*** (*di cose*) sgradito; spiacevole.

unwelcomed /ʌn'welkəmd/, *V.* **unwelcome**.

unwell /ʌn'wɛl/, *a. pred.* ***1*** indisposto; ammalato: **I'm u. today**, sono indisposto oggi; oggi sto poco bene ***2*** (*fam.*: *di donna*) mestruata.

unwept /ʌn'wɛpt/, *a.* (*retor., poet.*) illacrimato; non compianto.

unwhipped /ʌn'wɪpt, *USA* -hw-/, *a.* ***1*** non frustato; non punito ***2*** (*fig.*: *di delitto, ecc.*) impunito ***3*** (*di panna, uovo, ecc.*) non sbattuto; non montato.

unwhitened /ʌn'waɪtnd, *USA* -hw-/, *a.* non imbiancato.

unwholesome /ʌn'həʊlsəm/, *a.* ***1*** insalubre; malsano; nocivo ***2*** (*fig.*) corrotto; immorale; morboso. || **-ly**, *avv.* || **-ness**, *sost.*

unwieldiness /ʌn'wi:ldɪnəs/, *n.* ***1*** l'essere ingombrante; scarsa maneggevolezza; pesantezza ***2*** lentezza; goffaggine.

unwieldy /ʌn'wi:ldɪ/, *a.* ***1*** ingombrante; poco maneggevole; pesante ***2*** lento; goffo; tardo; impacciato. ● **an u. method for mining gold**, un metodo poco pratico d'estrarre l'oro.

unwilling /ʌn'wɪlɪŋ/, *a.* ***1*** che non vuole; non disposto; avverso; contrario; restio; riluttante ***2*** (*di azione, atto, ecc.*) (fatto) di malavoglia; (*di parola, discorso, ecc.*) detto con riluttanza. ● **to be u. to do st.**, non voler fare q.c. || **-ly**, *avv.* || **-ness**, *sost.*

to **unwind** /ʌn'waɪnd/ (*pass. e p. p.* **unwound**), **A** *v. t.* ***1*** sdipanare; svolgere; sgomitolare; srotolare: **to u. a ball of wool**, sdipanare un gomitolo di lana ***2*** districare; sbrogliare ***3*** (*fig.*) far rilassare (q.). **B** *v. i.* ***1*** (*anche fig.*) sdipanarsi; sgomitolarsi; svolgersi; snodarsi: **The jungle track unwound before us**, il sentiero della giungla si snodava davanti a noi; **The crime story will u. at the end**, il giallo si sdipanerà alla fine ***2*** districarsi; sbrogliarsi ***3*** (*fig.*) rilassarsi; distendersi. ● (*naut.*) **to u. a rope**, mollare un cavo.

unwinged /ʌn'wɪŋd/, *a.* (*zool.*: *d'insetto, ecc.*) privo d'ali; senza ali.

unwinking /ʌn'wɪŋkɪŋ/, *a.* ***1*** che non batte ciglio; (*dell'occhio*) fisso ***2*** (*fig.*) attento; vigile; all'erta.

unwiped /ʌn'waɪpt/, *a.* (*di stoviglie, piatti, ecc.*) non asciugato.

unwisdom /ʌn'wɪzdəm/, *n.* mancanza di saggezza; imprudenza; insensatezza; stoltezza.

unwise /ʌn'waɪz/, *a.* poco saggio; incauto; imprudente; insensato. || **-ly**, *avv.*

unwished-for /ʌn'wɪʃtfɔ:(r)/, *a.* non desiderato; indesiderato.

unwithered /ʌn'wɪðəd/, *a.* non appassito; non avvizzito; ancora fresco.

unwithering /ʌn'wɪðərɪŋ/, *a.* che non appassisce; che non avvizzisce.

unwitnessed /ʌn'wɪtnɪst/, *a.* (*anche leg.*) senza testimoni.

unwitting /ʌn'wɪtɪŋ/, *a.* ***1*** inconsapevole; inconscio ***2*** involontario; non voluto; non intenzionale.

unwittingly /ʌn'wɪtɪŋlɪ/, *avv.* senza volerlo; per caso; non apposta.

unwitty /ʌn'wɪtɪ/, *a.* privo di spirito; non spiritoso; sciocco. || **-ily,** *avv.*

unwomanly /ʌn'wʊmənlɪ/, *a.* poco femminile; indegno d'una donna.

unwonted /ʌn'wəʊntɪd/, *a.* ***1*** insolito; inconsueto; inusitato ***2*** (*arc.*) non abituato; non avvezzo: **He was u. to that kind of life**, non era avvezzo a quel genere di vita. || **-ly,** *avv.* || **-ness,** *sost.*

unwooded /ʌn'wʊdɪd/, *a.* ***1*** senza boschi; spoglio; brullo ***2*** disboscato, diboscato.

unwooed /ʌn'wu:d/, *a.* non corteggiato.

unworkable /ʌn'wɜ:kəbl/, *a.* ***1*** non lavorabile; intrattabile: **u. clay**, argilla intrattabile ***2*** ineseguibile; impraticabile ***3*** che non serve; che non funziona; inservibile; fuori uso ***4*** (*di progetto, ecc.*) che non può funzionare; impraticabile; che non va (*fam.*). ● (*ind. min.*) **an u. mine**, una miniera non coltivabile.

unworkmanlike /ʌn'wɜ:kmənlaɪk/, *a.* ***1*** incapace; inetto; inesperto; incompetente ***2*** malfatto; abborracciato; tirato via.

unworldliness /ʌn'wɜ:dlɪnəs/, *n.* ***1*** l'essere ultraterreno ***2*** distacco dalle cose terrene; spiritualità ***3*** semplicità; schiettezza; spontaneità.

unworldly /ʌn'wɜ:ldlɪ/, *a.* ***1*** non di questo mondo; ultraterreno ***2*** non mondano; spirituale ***3*** non sofisticato; semplice; schietto; ingenuo; spontaneo.

unworn /ʌn'wɔ:n/, *a.* (*d'abito* e *sim.*) ***1*** mai indossato; nuovo ***2*** non frusto; non logoro; in buone condizioni; come nuovo.

unworried /ʌn'wʌrɪd, *USA* -wɜ:-/, *a.* ***1*** indisturbato ***2*** imperturbato; sereno.

unworthily /ʌn'wɜ:ðəlɪ/, *avv.* indegnamente; in modo vile (*o* meschino).

unworthiness /ʌn'wɜ:ðɪnəs/, *n.* indegnità; bassezza; viltà.

unworthy /ʌn'wɜ:ðɪ/, *a.* ***1*** indegno; basso; meschino; vile ***2*** (*di trattamento, ecc.*) immeritato ***3*** senza merito; privo di valore. ● **to be u. of st.**, non meritare q.c. □ **u. of consideration**, che non mette conto d'essere preso in considerazione □ **u. of praise**, da non elogiare; non commendevole (*lett.*).

unwound /ʌn'waʊnd/, **A** *pass.* e *p. p.* di **to unwind**. **B** *a.* (*di un orologio e sim.*) non caricato; scarico.

unwounded /ʌn'wu:ndɪd/, *a.* non ferito; illeso; incolume.

unwove /ʌn'wəʊv/, *pass.* di **to unweave**.

unwoven /ʌn'wəʊvən/, *p. p.* di **to unweave**.

to **unwrap** /ʌn'ræp/, *v. t.* scartocciare; scartare, disfare, aprire, svolgere (*un pacco, ecc.*).

to **unwrinkle** /ʌn'rɪŋkl/, *v. t.* lisciare; spianare (*la fronte, ecc.*); togliere le rughe a.

unwrinkled /ʌn'rɪŋkld/, *a.* senza rughe; liscio; spianato.

unwritable /ʌn'raɪtəbl/, *a.* che non si può scrivere.

unwritten /ʌn'rɪtn/, *a.* ***1*** non scritto; orale; tradizionale: **u. songs**, canzoni non scritte; canzoni popolari; **an u. law**, una legge non scritta ***2*** su cui non si è scritto; (in) bianco: **an u. sheet of paper**, un foglio bianco. ● **the u. law**, la legge non scritta; (*leg.*) il diritto consuetudinario; (*anche*) il codice d'onore, la legge dell'onore (*quello che prevedeva il cosiddetto «delitto d'onore»*).

unwrought /ʌn'rɔ:t/, *a.* non lavorato; greggio; grezzo; allo stato naturale.

unwrung /ʌn'rʌŋ/, *a.* ***1*** non torto; non stretto; non strizzato ***2*** (*fig.*) imperturbato; impassibile.

unyielding /ʌn'ji:ldɪŋ/, *a.* ***1*** rigido; non flessibile ***2*** (*fig.*) che non cede; inflessibile; inesorabile; ostinato; rigido. || **-ly,** *avv.* || **-ness,** *sost.*

to **unyoke** /ʌn'jəʊk/, **A** *v. t.* ***1*** staccare dal giogo (*buoi, ecc.*) ***2*** (*fig.*) liberare dal giogo, liberare ***3*** (*fig.*) staccare; separare; disgiungere. **B** *v. i.* ***1*** liberarsi dal giogo (*anche fig.*) ***2*** (*arc.*) staccare, smontare (*dal lavoro*).

unzealous /ʌn'zɛləs/, *a.* non zelante; che manca di zelo.

to **unzip** /ʌn'zɪp/, **A** *v. t.* ***1*** aprire la chiusura lampo di (*un indumento*) ***2*** aprire (*una borsa, una valigia, ecc.*): **to u. a zipper**, aprire una chiusura lampo ***3*** (*fig. fam. USA*) risolvere (*una questione, ecc.*). **B** *v. i.* (*d'abito, ecc.*) aprirsi per mezzo di una lampo: **Her bag unzipped**, le si aprì la borsa.

up (**1**) /ʌp/, **A** *avv.* ***1*** su; di sopra; in alto; in su: **Pick up the coins!**, prendi su le monetine!; **I hung the picture up on the wall**, attaccai il quadro in alto sulla parete; **a few inches further up**, alcuni centimetri più in su; **The lift is going up**, l'ascensore sta andando su; **Prices are going up**, i prezzi stanno andando su (*o* stanno salendo); **When the doctor arrives, send him up**, quando arriva il medico, mandamelo di sopra; **The water supply was lost from the fourth floor up**, venne a mancare l'acqua dal quarto piano in su; **Children of 16 and up can see this film**, i giovani da 16 anni in su possono vedere questo film ***2*** su; in piedi; ritto; alzato: **Stand up!**, tirati su!; alzati!; alzatevi!; in piedi!; **I was up all night with a terrible headache**, sono rimasto alzato (*o* in piedi) tutta la notte con un tremendo mal di testa; **The Foreign Secretary is up**, il Ministro degli Esteri si è alzato per parlare (*o* sta per prendere la parola: *in parlamento*) ***3*** avanti; vicino; dappresso: **Up came a policeman and moved us on**, si fece avanti (*o* si avvicinò) un poliziotto e ci disse di circolare; **There's a good restaurant further up**, più avanti c'è un buon ristorante; **There are road works up ahead**, più avanti ci sono lavori in corso ***4*** (*enfat.*) completamente; interamente; del tutto; fino in fondo: **In the fire the hotel was burnt up**, nell'incendio l'albergo andò completamente distrutto; **The sand has clogged up the canal**, la sabbia ha ostruito il canale da cima a fondo; **Our food is all used up**, abbiamo consumato tutti i viveri; i viveri sono esauriti; **to buy up food**, comprare tutto il cibo disponibile; accaparrare generi alimentari ***5*** (*indica direzione verso il nord, verso chi parla o verso un luogo più importante*: *città, sede di studi, ecc.*; *è idiom.*; *per es.*:) **to go up to London** [**to Scotland**], andare a Londra (*dalla provincia*) [andare in Scozia (*dall'Inghilterra*)]; **I'm going up to town**, vado in città; **Come up and see me sometime**, vienimi a trovare una volta o l'altra!; **My father is up from the country**, è arrivato mio padre dalla campagna ***6*** – **to be up** (*impers.*), accadere; succedere; capitare; stare per succedere, bollire in pentola (*fig.*): **What's up?**, che succede?; che c'è?; **What's up with you?**, che cosa ti succede?; che ti prende? che c'è (che non va)?; **I realized at once that something was up**, capii subito che qualcosa bolliva in pentola ***7*** – **to be up**, scadere; essere finito, terminato: **Time is up**, l'ora (*di consegna del compito, ecc.*) è scaduta; (*anche*) è giunta l'ora (*di agire, ecc.*); (*a scuola*) **Time up!**, consegnare!; **The President's term of office will be up next year**, l'anno prossimo scadrà il mandato del Presidente; **Parliament is up**, le sedute del parlamento sono finite; il parlamento è in vacanza; **The game is up**, il gioco è finito; (*fig.*) il piano (il trucco, ecc.) è stato scoperto; siamo fritti! (*fam.*) ***8*** – **to be up**, presentarsi, apparire; essere presentato, essere messo in discussione; (*leg.*) comparire in giudizio; (*polit.*) presentarsi come candidato, candidarsi: **The issue will be up for discussion at the next meeting**, il problema sarà messo in discussione (*o* affrontato) nella prossima assemblea; **He was up before the magistrate** (*o* **in court**) **for exceeding the speed limit**, dovette comparire in giudizio per aver superato il limite di velocità; **Mr Jones will be up for re-election next year**, Mr Jones si ripresenterà alle elezioni politiche dell'anno prossimo; **to be up for an office**, essere candidato a una carica ***9*** – **to be up against**, essere (*o* trovarsi) di fronte a; essere alle prese con; dover affrontare: **We were up against serious difficulties**, eravamo alle prese con serie difficoltà; **You'll be up against it**, avrai una bella gatta da pelare (*fig.*) ***10*** – **to be up for**, essere in corso di; essere soggetto (*o* sottoposto) a; essere in: **The question is up for consideration**, la questione è in corso d'esame; **The town plan will be up for revision next month**, il piano regolatore sarà sottoposto a revisione il mese prossimo; **The house is up for sale**, la casa è in vendita ***11*** – **to be up to**, essere immerso in (*o* intento a); stare facendo (*o* combinando), (*impers.*) spettare, toccare a; essere conforme a; valere; essere all'altezza di; sentirsela di; essere consapevole di, essersi accorto di: **What are the children up to?**, che cosa stanno combinando i bambini?; **The dog is up to no good**, il cane sta combinando un guaio (*o* ne sta facendo una delle sue); **It's up to him to decide**, tocca a lui decidere; **That's up to you!**, sta a te decidere (*o* intervenire, agire, ecc.); è affar tuo!; **The goods must be up to sample**, la merce dev'essere conforme al campione; **This novel isn't up to much**, questo romanzo vale poco; **He isn't up to his job**, non è all'altezza del suo lavoro; **I'm staying at home**; **I don't feel up to such a long trip**, resto a casa, non me la sento di fare un viaggio così lungo; **You won't cheat me**; **I'm up to your tricks**, non me la fai; me ne sono accorto del tranello che mi stai tendendo ***12*** (*nei verbi frasali, è idiom.*; *per es.*:) **to break up**, rompere, spezzare, fare a pezzi; distruggere; ecc.; **to buy up**, accaparrare; **to come up**, venire (*o* trovarsi) sotto; essere catalogato; dipendere da; ecc. (*V. sotto* **to break, to buy, to come**; ecc.). **B** *inter.* ***1*** su!; in piedi!: **Up with it!**, su!; issa!; **Up with you!**, alzati!; dritto!; in piedi! ***2*** evviva!; viva!: **Up with the Socialists!**, evviva i socialisti!; **Up with people!**, viva la gente! ● **up against**, contro: **The crowd was crushed up against the police cordon**, la folla era schiacciata contro i cordoni della polizia □ **to be up and about**, essere di nuovo in piedi (*dopo una malattia*) □ **up-and-coming**, attivo; intraprendente; promettente; (*di un luogo*) in via di sviluppo: **an up-and-coming actor**, un attore promettente □ **up and down**, su e giù; avanti e indietro; dappertutto: **The cork bobbed up and down on the water**, il sughero ballonzolava su e giù sull'acqua; **We walked up and down**, passeggiammo avanti e indietro; **I've looked for it up and down**, l'ho cercato dappertutto □ **up-and-down**, (*di moto, ecc.*) di su e giù; (*USA*) ripidissimo, verticale; (*fig.*) avanti e indietro, oscillante, variabile □ **to be up and going**, essere attivo; darsi da fare □ **an up-and-over door**, una porta basculante (*di garage, ecc.*) □ **up here**, quassù □ **up there**, lassù □ **up to**, fino a: **to count from one up to one hundred**, contare da uno fino a cento; **up to 1995**, fino al 1995; **up to one thousand people**, fino a mille persone; ben mille persone; **We'll grant you up to 20% off the price list**, vi faremo fino al 20% di sconto sul prezzo di listino; **I'm up to my ears** (*o* **eyes,** *o* **neck**) **in debt**, sono indebitato fino al collo; **to be up to one's knees in mud**, essere immerso nel fango fino ai ginocchi □ (*comm.*: *di un estratto conto*) **up to date**, compilato a tutt'oggi □ **up-to-date**, aggiornato, al corrente; alla moda, moderno: **up-**

-to-date office equipment, moderne attrezzature per ufficio; **an up-to-date organization**, un'organizzazione moderna, efficiente □ **up--to-the-minute**, modernissimo; attualissimo □ **up to now**, finora □ (*geogr.*) **as far up as Edinburgh**, fino all'altezza di Edimburgo (*andando da sud a nord*) □ **to bring st. up to date**, aggiornare, rammodernare q.c. □ **from one's childhood up**, sin dall'infanzia □ **to have ten pounds up on a horse**, aver puntato dieci sterline su un cavallo □ **to be well up in Greek**, essere ben preparato in greco; essere bravo in greco □ (*naut.*) **Up periscope!**, fuori il periscopio! □ **Hands up!**, mani in alto! □ (*su un pacco*) **«This side up»**, «alto» □ **Let's be up and doing!**, diamoci da fare!; **when his blood is up**, quando gli va il sangue alla testa; quando si arrabbia □ (*autom.*) **«Road up»** (*cartello*), «lavori in corso».

up (2) /ʌp/, *prep.* ***1*** su; su per: **The boy climbed up the ladder**, il ragazzo s'arrampicò sulla scala; **Carry the trunk up the stairs!**, portate il baule su per le scale! ***2*** più avanti in; verso il fondo di; verso la cima, la sorgente di (*un fiume, ecc.*): **There's a post office up the road**, più avanti (*nella strada*) c'è un ufficio postale; **The paddle steamer sailed up the river**, il battello a ruote risalì il corso del fiume. ● **up-country**, *V.* **upcountry** □ **up--front**, *V.* **upfront** □ **up hill and down dale**, per mari e per monti; da tutte le parti; a casaccio, senza meta □ **up** (**the**) **river**, a monte; verso la sorgente del fiume □ **up-stream**, *V.* **upstream** □ (*fam.*) **up top**, in testa; dentro la testa; in mente: **to have st. up top**, avere q.c. in mente □ (*volg.*) **Up yours!**, vaffanculo (*volg.*); va al diavolo!; (*anche*) col cavolo!; non rompere! (*volg.*) □ **to walk up a hill**, salire un colle □ **to walk up a street**, camminare lungo una strada (*specialm. in salita o verso il centro della città*) □ **to walk up and down the street**, andare su e giù per la strada.

up (3) /ʌp/, **A** *a. pred.* ***1*** alzato; in piedi; tirato su: **The flag is up**, la bandiera è alzata; **The car windows were up**, i finestrini della macchina erano alzati; **The children aren't up yet**, i bambini non si sono ancora alzati; **His trouser legs were up**, s'era tirato su i calzoni; **My daughter wears her hair up**, mia figlia porta i capelli tirati su ***2*** alzato; alto; in cielo: **A high wind is up**, s'è alzato un forte vento; **The moon is up**, s'è alzata la luna; la luna è alta in cielo; **The sun isn't up yet**, il sole non s'è ancora alzato ***3*** messo su; esposto: **The notice «wanted» had been up for a week**, il cartello «ricercato» era esposto da una settimana ***4*** edificato; costruito: **The Post Office Tower wasn't up yet**, il grattacielo delle Poste non era ancora stato costruito ***5*** (*fig.*) alto; elevato: **The temperature is up again**, la temperatura (*o* la febbre) è di nuovo alta; **Rents are up**, gli affitti sono alti (*o* cari); **Quotations are up this week**, questa settimana le quotazioni (di borsa) sono alte ***6*** (*econ., Borsa*) al rialzo; in aumento; in ripresa; in risalita: **an up market**, un mercato al rialzo; **Foreign demand is up**, la domanda estera è in ripresa; **Bank loans are up again**, i mutui sono di nuovo in risalita ***7*** (*fam.*) preparato; pronto: **Tea's up**, il tè è pronto ***8*** finito; chiuso; terminato. **B** *a. attr.* ***1*** che va in su; in salita ***2*** in posizione elevata ***3*** (*trasp.*) verso la città; verso la capitale; (*specialm.*) verso Londra: **I took the first up train in the morning**, la mattina presi il primo treno per Londra; (*ferr.*) **the up line**, la linea per Londra; (*ferr.*) **the up platform**, la pensilina del treno che va a Londra ***4*** (*fam., fin.*) favorevole; positivo: **an up year**, un'annata assai favorevole. **C** *n. pl.* – **the ups**, gli alti: **the ups and downs of life**, gli alti e bassi (*o* le alterne vicende) della vita. ● **the ups and downs of the country**, le ondulazioni del terreno □ (*fam.*) **to be on the up-and-up**, (*ingl.*) andare a gonfie vele (*fig.*); fare (grandi) progressi; (*fin.*) essere in continua ascesa; (*USA*) essere onesto, sincero □ (*fam. USA*) **up-and-up**, onesto; affidabile; di (tutta) fiducia.

to **up** /ʌp/ (*pass.* **upped,** *o spesso* **up**), **A** *v. i.* ***1*** – (*fam.*) **to up and...**, fare (q.c.) all'improvviso; saltare su (*a fare, a dire q.c.*); prendere (e...): **He upped and threw a stone at me**, all'improvviso mi scagliò una pietra; **One day Tom just upped and went to Australia**, Tom un bel giorno prese e se ne andò in Australia ***2*** (*fam. raro*) alzarsi; alzarsi in piedi ***3*** – (*fam.*) **to up with**, alzare (*la mano, un'arma*); brandire: **He upped with his stick**, brandì il bastone. **B** *v. t.* (*fam.*) ***1*** alzare; sollevare; tirar su ***2*** alzare; aumentare; far salire: **to up prices**, alzare (*o* aumentare) i prezzi ***3*** promuovere: **He has been upped to sales manager**, è stato promosso direttore alle vendite.

to **up-anchor** /ʌp'æŋkə(r)/, *v. i.* (*naut.*) levare l'ancora.

upas /'ju:pəs/, *n.* ***1*** (*bot., Antiaris toxicaria*; = **u. tree**) upas ***2*** upas (*sostanza velenosa*).

to **upbear** /ʌp'bɛə(r)/ (*pass.* **upbore,** *p. p.* **upborne**), *v. t.* (*raro*) sorreggere; sostenere; tenere sollevato.

upbeat /'ʌpbi:t/, **A** *n.* ***1*** (*mus.*) battuta in levare ***2*** (*fig.*) ascesa; progresso. **B** *a. attr.* (*fam.*) allegro; positivo; ottimistico; lieto: **an u. ending**, un lieto fine (*di un libro, ecc.*). ● **Our firm is on the u.**, la nostra azienda è in ripresa.

upborne /ʌp'bɔ:n/, **A** *p. p.* di **to upbear**. **B** *a.* sostenuto; sorretto; sollevato; tenuto (in) alto.

to **upbraid** /ʌp'breɪd/, *v. t.* (*form.*) rimproverare; riprendere; sgridare.

upbraiding /ʌp'breɪdɪŋ/, *n.* (*form.*) rimprovero; sgridata; rabbuffo; rimbrotto.

upbringing /'ʌpbrɪŋɪŋ/, *n.* educazione; allevamento (*di un bambino*).

to **upbuild** /ʌp'bɪld/ (*pass.* e *p. p.* **upbuilt**), *v. t.* accrescere; ingrandire.

upburst /'ʌpbɜ:st/, *n.* esplosione, scoppio (*anche fig.*).

upcast /'ʌpkɑ:st, *USA* -æst/, **A** *n.* ***1*** lancio in alto; l'essere lanciato in alto ***2*** getto; spruzzo; zampillo ***3*** (*ind. min.*) pozzo (*o* corrente) di ventilazione; (*anche*) materiale escavato ***4*** (*geol.*) sollevamento. **B** *a.* lanciato in alto (*o* verso l'alto).

to **upcast** /ʌp'kɑ:st, *USA* -æst/ (*pass.* e *p. p.* **upcast**), *v. t.* gettare in alto; lanciare in aria.

to **upchuck** /'ʌptʃʌk/, *v. t.* (*pop. USA*) vomitare, rigettare.

upcoming /ʌp'kʌmɪŋ/, *a.* imminente; prossimo; vicino.

upcountry /ʌp'kʌntrɪ/, **A** *a.* ***1*** (*geogr.*) dell'interno; nell'entroterra; lontano dalla costa: **an u. town**, una cittadina dell'interno ***2*** (*fig.*) rustico; grossolano; rozzo. **B** *avv.* verso l'interno: **The explorers travelled u.**, gli esploratori viaggiarono verso l'interno (*o* si addentrarono nel paese). **C** *n.* (*geogr.*) entroterra; (l') interno.

update /'ʌpdeɪt/, *n.* ***1*** dati più recenti; ultimissime informazioni ***2*** ammodernamento; aggiornamento.

to **update** /ʌp'deɪt/, *v. t.* aggiornare; rinnovare; ammodernare.

updater /ʌp'deɪtə(r)/, *n.* aggiornatore; ammodernatore.

updating /ʌp'deɪtɪŋ/, *n.* aggiornamento; rinnovamento; ammodernamento. ● (*org. az.*) **the u. of managers**, l'adeguamento dei quadri direttivi.

updraft /'ʌpdrɑ:ft, *USA* -æft/, (*USA*) *V.* **updraught**.

updraught /'ʌpdrɑ:ft, *USA* -æft/, *n.* (*meteor., aeron.*) corrente ascensionale.

to **upend** /ʌp'ɛnd/, (*fam.*) **A** *v. t.* ***1*** mettere dritto; raddrizzare ***2*** rovesciare; gettare (*un avversario*) a terra ***3*** (*fig.*) sconvolgere; buttare all'aria. **B** *v. i.* ***1*** star ritto; stare in piedi ***2*** alzarsi (in piedi).

up front /ʌp'frʌnt, 'ʌpfr-/, **A** *a.* ***1*** franco; schietto; sincero; esplicito ***2*** leale; onesto ***3*** (*comm., fin.*) versato in anticipo; anticipato ***4*** (*fam.*: *di prezzo, ecc.*) esoso. **B** *avv.* ***1*** (*comm., fin.*) in anticipo ***2*** (*fig.*) fin dall'inizio; (da) prima: **I knew it u.**, lo sapevo prima ***3*** (*mil., USA*) al fronte. **C** *n.* – (*fam. USA*) **the u.**, i quadri dirigenti (*di un'azienda*); la direzione.

upgrade /'ʌpgreɪd/, *n.* ***1*** salita; pendenza; inclinazione ***2*** (*elab.*) potenziamento. ● **to be on the u.**, essere in salita, in pendenza; (*fig.*) essere in ascesa, in miglioramento.

to **upgrade** /ʌp'greɪd/, *v. t.* ***1*** promuovere (*un impiegato, ecc.*) ***2*** migliorare la qualità di (*un prodotto, ecc.*) ***3*** (*comm.*) sostituire (*un prodotto*) con un prodotto migliore ***4*** (*zootecnia*) migliorare (*una razza d'animali*) mediante incroci ***5*** (*ind. min.*) arricchire (*un minerale*) ***6*** (*elab.*) potenziare (*un computer, ecc.*) ***7*** (*aeron., USA*) mettere, passare (*un viaggiatore*) nella classe superiore.

upgrowth /'ʌpgrəʊθ/, *n.* crescita; sviluppo.

upheaval /ʌp'hi:vl/, *n.* ***1*** (*geol.*) sollevamento (*della crosta terrestre*); sisma ***2*** (*fig.*) sovvertimento; sconvolgimento; cambiamento radicale; scombussolamento; scompiglio ***3*** (*fig.*) sollevamento; tumulto; rivolta.

to **upheave** /ʌp'hi:v/ (*pass.* e *p. p.* **upheaved, uphove**), **A** *v. t.* sollevare; alzare dal disotto. **B** *v. i.* sollevarsi; essere spinto dal basso.

upheld /ʌp'hɛld/, *pass.* e *p. p.* di **to uphold**.

uphill /'ʌp'hɪl/, **A** *a.* ***1*** in salita; in ascesa: **an u. road**, una strada in salita ***2*** (*fig.*) arduo; difficile; duro, faticoso: **an u. task**, un compito arduo. **B** *avv.* in salita; all'insù; verso la vetta. **C** *n.* salita; erta; rampa. ● **an u. climb**, un'arrampicata □ (*di persona*) **to go** (*o* **to walk**) **u.**, andare in salita; salire □ (*di strada*) **to run u.**, essere in salita; salire.

to **uphold** /ʌp'həʊld/ (*pass.* e *p. p.* **upheld**), *v. t.* ***1*** alzare; sollevare ***2*** sorreggere; sostenere; tener dritto ***3*** (*fig.*) appoggiare; incoraggiare; approvare: **I cannot u. your behaviour**, non posso approvare il tuo modo di comportarti ***4*** (*leg.*) confermare: **The jury's verdict was upheld**, il verdetto della giuria fu confermato ***5*** (*ingl. sett. e scozz.*) sostenere; affermare; asserire.

upholder /ʌp'həʊldə(r)/, *n.* ***1*** sostenitore; fautore; propugnatore ***2*** sostegno; appoggio.

to **upholster** /ʌp'həʊlstə(r)/, *v. t.* ***1*** tappezzare (*una stanza, ecc.*) ***2*** ricoprire, imbottire (*divani, ecc.*). ● (*fam. scherz.*: *di persona*) **to be well upholstered**, essere in carne; essere grassottello (*o* grassoccio).

upholsterer /ʌp'həʊlstərə(r)/, *n.* tappezziere. ● (*zool.*) **u. bee** (*Megachile*), megachile; ape tappezziera.

upholstering /ʌp'həʊlstərɪŋ/, *n.* ***1*** (il) tappezzare; (il) rivestire ***2*** (*autom., ferr.*) selleria: (*ind.*) **u. shop**, reparto selleria ***3*** *V.* **upholstery**.

upholstery /ʌp'həʊlstərɪ/, *n.* ***1*** tappezzeria (*specialm. di divani, sedie, ecc.*); imbottitura; rivestimento ***2*** arte del tappezziere. ● **u. soil extractor**, lavatappezzerie.

upkeep /'ʌpki:p/, *n.* ***1*** mantenimento (*di una casa*); manutenzione (*di una macchina, ecc.*) ***2*** spese di manutenzione: **This car costs five hundred pounds a year in u.**, le spese di manutenzione di questa automobile sono di cinquecento sterline l'anno.

upland /'ʌplənd/, (*geogr.*) **A** *n.* (*geogr.*) regione montuosa; territorio montano. **B** *a. attr.* montano; alpino; montuoso: **an u. district**, una regione montuosa. ● **u. plain**, altopiano.

uplander /'ʌpləndə(r)/, *n.* abitante delle regioni montuose, montanaro.

uplift /'ʌplɪft/, *n.* ***1*** sollevamento ***2*** (*fig.*) elevazione; edificazione; influsso benefico ***3*** sostegno morale; incoraggiamento. ● **an u. bra**, un reggiseno a balconcino.

to **uplift** /ʌp'lɪft/, *v. t.* ***1*** sollevare; alzare ***2*** (*fig.*) elevare; innalzare. ● **He was uplifted by the music**, era rapito dalla musica □ **uplifting thoughts**, pensieri edificanti.

upmanship /'ʌpmənʃɪp/, *n.* (*più comune*

one-upmanship) (l') arte (*o* l'abilità) di essere sempre un passo avanti agli altri.

upmarket /ʌp'mɑːkɪt/, *a.* (*comm.*) ***1*** (*di un prodotto*) di élite; esclusivo; rivolto a una fascia alta di clienti ***2*** (*di negozio*) di qualità; selettivo.

upmost /'ʌpməʊst/, *V.* **uppermost**.

upon /ə'pɒn, *USA* ə'pɔːn, ə'pʌn/, *prep.* ***1*** su; sopra (*V.* **on**) ***2*** addosso: **Examinations were u. us again**, ci stavano piombando addosso di nuovo gli esami. ● **u. collection**, al momento della raccolta (*o* riscossione) □ **u. his father's death**, alla morte di suo padre □ **u. request**, su richiesta □ **u. his return**, al suo ritorno □ **to have no evidence to go u.**, non aver prove su cui basarsi □ **U. my word!**, perbacco!; caspita!; ma dico io!

upper /'ʌpə(r)/, **A** *a.* superiore; più alto; più elevato (*in grado, ecc.*): **the u. lip**, il labbro superiore; **the u. branches of a tree**, i rami più alti di un albero; **the u. classes**, le classi elevate (*o* alte); l'aristocrazia. **B** *n.* ***1*** tomaia ***2*** dente superiore ***3*** (*moda*) corpetto (*d'abito*); giacca (*del pigiama*) ***4*** (*fam.*) (farmaco) eccitante, stimolante; (*specialm.*) anfetamina. ● **u.-bracket**, del settore più elevato: (*fisc.*) **u.-bracket taxpayers**, i contribuenti che pagano più tasse □ (*tipogr.*) **u. case**, alta cassa; maiuscolo, maiuscole □ (*tipogr.*) **an u.-case letter**, una lettera maiuscola □ (*teatr.*) **u. circle**, balconata; seconda galleria □ **u.-class**, dell'alta borghesia; aristocratico □ **the U. Chamber**, *V.* **the U. House** □ (*fam.*) **the u. crust**, l'aristocrazia; la nobiltà; la crema □ (*naut.*) **u. deck**, ponte di coperta □ **the U. House**, la Camera Alta; la Camera dei Lord (*in G.B.*); il Senato (*in USA*) □ **the u. middle class**, l'alta borghesia; i professionisti; gli alti funzionari dello stato □ **u. school**, corso superiore (*di scuola secondaria*) □ **the u. storey**, (*edil.*) il piano di sopra; (*fig. fam.*) il cervello □ (*fig.*) **the u. ten** (**thousand**), le famiglie più ricche; l'aristocrazia; il gran mondo □ **to have** [**to get**] **the u. hand of sb.**, avere [prendere] il sopravvento su q. □ (*fam.*) **to have st. wrong in one's u. storey**, essere un po' tocco; essere matto □ (*fam.*) **to be** (**down**) **on one's uppers**, essere in bolletta; essere al verde □ **one of the u. rooms**, una camera dei piani superiori.

to **upper-case** /'ʌpə'keɪs/, *v. t.* (*tipogr.*) stampare maiuscolo.

uppercut /'ʌpəkʌt/, *n.* (*boxe*) montante; uppercut.

to **uppercut** /'ʌpəkʌt/, *v. t.* (*boxe*) colpire con un montante.

uppermost /'ʌpəməʊst/, **A** *a.* ***1*** (il) più alto; (il) più elevato ***2*** (il) più importante; primo; dominante; supremo: **That thought was u. in my mind**, quello era per me il pensiero dominante. **B** *avv.* ***1*** nel posto più elevato; più in alto di tutti; in posizione dominante ***2*** per primo; per prima cosa. ● **to say whatever comes u.**, dire quello che viene in mente.

upperworks /'ʌpəwɜːks/, *n. pl.* (*naut.*) opera morta (*sopra la linea massima d'immersione*).

uppish /'ʌpɪʃ/, *a.* (*fam. spreg.*) altezzoso; arrogante; borioso. || **-ly**, *avv.* || **-ness**, *sost.*

uppity /'ʌpətɪ/, *a.* (*fam. spreg.*) ***1*** ostinato; testardo; cocciuto ***2*** *V.* **uppish.** || **-ily**, *avv.* || **-iness**, *sost.*

to **upraise** /ʌp'reɪz/, *v. t.* alzare; innalzare; elevare; sollevare.

to **uprate** /ʌp'reɪt/, *v. t.* potenziare, migliorare (*macchine, ecc.*).

to **uprear** /ʌp'rɪə(r)/, *v. t.* ***1*** alzare; sollevare ***2*** allevare ***3*** (*fig. raro*) esaltare; magnificare; portare alle stelle.

upright /'ʌpraɪt/, **A** *a.* ***1*** diritto; ritto; eretto; perpendicolare; verticale: **u. posture**, posizione eretta; **an u. post**, un palo verticale ***2*** (*fig.*) retto; integro; onesto: **an u. man**, un uomo retto. **B** *n.* ***1*** asta perpendicolare; palo verticale ***2*** (*falegn., mecc., edil.*) montante ***3*** *V.* **u. piano** ***4*** (*pl.*) (*gioco del calcio*) pali (*della porta*). **C** *avv.* in piedi; verticalmente; per il ritto. ● (*mus.*) **u. piano**, pianoforte verticale □ **to set st. u.**, metter q.c. per il ritto; piantare q.c. verticalmente □ **to stand u.**, stare ritto; stare in posizione eretta. || **-ly**, *avv.*

uprightness /'ʌpraɪtnəs/, *n.* ***1*** posizione verticale; perpendicolarità ***2*** rettitudine; integrità; onestà.

to **uprise** /ʌp'raɪz/ (*pass.* **uprose**, *p. p.* **uprisen**), *v. i.* (*lett.*) ***1*** alzarsi; levarsi; sorgere ***2*** salire; essere in pendenza ***3*** (*del suono, ecc.*) aumentare; crescere ***4*** sollevarsi; insorgere.

uprising /'ʌpraɪzɪŋ/, *n.* ***1*** sollevazione; ribellione; sommossa ***2*** (*arc.*) il sorgere; ascesa.

upriver /'ʌp'rɪvə(r)/, **A** *avv.* a monte; verso la sorgente. **B** *a.* ***1*** situato a monte: **an u. village**, un villaggio a monte ***2*** verso la sorgente; su per il fiume: **an u. voyage**, un viaggio su per il fiume. **C** *n.* bacino alto (*di un fiume*).

uproar /'ʌprɔː(r)/, *n.* baccano; baraonda; chiasso; frastuono; parapiglia; tumulto; trambusto.

uproarious /ʌp'rɔːrɪəs/, *a.* ***1*** chiassoso; fragoroso; rumoroso; tumultuoso: **u. laughter**, risate fragorose; **an u. meeting**, una riunione tumultuosa ***2*** da fare sbellicare dalle risa; buffissimo; divertentissimo. ● **u. cough**, tosse accanita. || **-ly**, *avv.* || **-ness**, *sost.*

to **uproot** /ʌp'ruːt/, **A** *v. t.* sradicare; estirpare (*anche fig.*): **We must u. poverty**, dobbiamo estirpare la miseria. **B to uproot oneself**, *v. rifl.* (*fig.*) sradicarsi (*emigrando, ecc.*).

uprooting /ʌp'ruːtɪŋ/, *n.* sradicamento, estirpazione (*anche fig.*).

uprush /'ʌprʌʃ/, *n.* ***1*** (*meteor.*) flusso ascensionale ***2*** impeto; impulso.

upsadaisy /'ʌpsədeɪzɪ/, *inter. V.* **upsy-daisy**.

upscale /'ʌpskeɪl/, *a.* (*fam.*) ***1*** *V.* **upmarket** ***2*** dell'alta società; aristocratico; raffinato.

upset (**1**) /ʌp'sɛt/, *n.* ***1*** capovolgimento; rovesciamento; ribaltamento ***2*** sconvolgimento; scompiglio: **the u. of my plans**, lo sconvolgimento dei miei progetti ***3*** (*fam.*) lite; litigio ***4*** rovescio; sconfitta (*specialm. imprevista*) ***5*** (*sport*) esito inaspettato; risultato a sorpresa ***6*** (*metall.*) stampo per ricalcare; (*anche*) pezzo ricalcato. ● **I had a stomach u.**, avevo lo stomaco sottosopra.

upset (**2**) /ʌp'sɛt/, *a.* ***1*** capovolto; rovesciato; ribaltato ***2*** agitato; turbato; sconvolto ***3*** che non sta bene (*specialm. di stomaco*); indisposto. ● (*comm.*) **u. price**, prezzo minimo d'apertura (*in una vendita all'asta*).

to **upset** /ʌp'sɛt/ (*pass.* e *p. p.* **upset**), **A** *v. t.* ***1*** capovolgere; rovesciare; ribaltare: **to u. the table**, ribaltare la tavola; **The wind upset the canoe**, il vento capovolse la canoa; (*polit.*) **to u. the government**, rovesciare il governo ***2*** sconvolgere, turbare (*anche fig.*); disturbare; addolorare; scompigliare: **The news upset him**, la notizia lo sconvolse; **to u. sb.'s plans**, sconvolgere i piani di q.; **The sight of blood upsets me**, la vista del sangue mi turba; **His death upset all of us**, la sua morte ci addolorò profondamente ***3*** (*di cibo*) disturbare (*lo stomaco*) ***4*** (*metall.*) ricalcare. **B** *v. i.* ***1*** capovolgersi; rovesciarsi; ribaltarsi ***2*** (*di un proiettile*) deformarsi (*all'urto*). ● (*fig.*) **to u. sb.'s applecart**, rompere le uova nel paniere a q. □ **to u. a plot**, sventare una congiura □ **to u. one's stomach**, guastarsi lo stomaco □ **He ate something that upset him**, mangiò qualcosa che gli guastò lo stomaco □ **The motion of the boat upsets me**, il movimento della barca mi fa star male □ **That boy upsets me**, quel ragazzo mi dà ai (*o* sui) nervi.

upsetting /ʌp'sɛtɪŋ/, **A** *n.* ***1*** capovolgimento; rovesciamento ***2*** sconvolgimento; scompiglio ***3*** (*metall.*) ricalcatura. **B** *a.* che turba; sconvolgente: **u. news**, notizie sconvolgenti.

upshot /'ʌpʃɒt/, *n.* (*al sing. con l'art. def.*) conclusione; esito; risultato finale. ● **on the u.**, in conclusione; in fin dei conti.

upside /'ʌpsaɪd/, *n.* ***1*** parte superiore; (il) di sopra ***2*** (*Borsa, fin.*) tendenza al rialzo. ● **u. down**, a rovescio, alla rovescia; sottosopra, a soqquadro, in disordine, sossopra: **Don't stack the boxes u. down**, non accatastare le casse alla rovescia!; **The burglars turned my flat u. down**, i ladri misero sossopra il mio appartamento □ **u.-down**, capovolto, rovesciato; in disordine, a soqquadro □ (*fig.*) **an u.-down argument**, un ragionamento a rovescio.

upsides /'ʌpsaɪdz/, *avv.* (*fam.*) pari; in pari. ● **to get u. with sb.**, farsi pari con q.; vendicarsi di q.

upsilon /juːp'saɪlən, *USA* 'juːpsɪlɒn/, *n.* ipsilon (*ventesima lettera dell'alfabeto greco*).

to **upspring** /ʌp'sprɪŋ/, (*pass.* **upsprang**, *p. p.* **upsprung**), *v. i.* (*arc.* o *lett.*) ***1*** balzare in piedi; saltare su ***2*** (*di piante*) venir su; crescere ***3*** (*fig.*) nascere.

upstage /ʌp'steɪdʒ/, **A** *avv.* (*teatr.*) verso il fondo (*del palcoscenico*). **B** *a.* ***1*** che è in fondo al palcoscenico ***2*** (*fam.*) altezzoso; altero; superbo; scostante. ● (*fam.*) **to be u. and county**, essere uno snob.

to **upstage** /ʌp'steɪdʒ/, *v. t.* (*fam.*) ***1*** mettere in ombra (*o* in secondo piano); eclissare (q.) ***2*** trattare (q.) dall'alto in basso.

upstairs /ʌp'stɛəz/, **A** *avv.* disopra; al piano di sopra: **to go u.**, andare disopra. **B** *a. attr.* di sopra; del piano superiore: **an u. room**, una stanza del piano superiore. ● (*fam.*) **the u.**, il piano di sopra (*di una casa*); (*un tempo*) i padroni (*di una casa, distinti dai domestici che vivevano nel seminterrato*) □ **the people u.**, quelli di sopra; gli inquilini del piano di sopra □ (*fig. fam.*) **to kick sb. u.**, promuovere q. per sbarazzarsene.

upstanding /ʌp'stændɪŋ/, *a.* ***1*** dritto; eretto ***2*** (*fig.*) forte e sano; robusto ***3*** (*fig.*) leale; onesto; schietto ***4*** (*di stipendio*) fisso. ● (*leg.*) **Be u.!**, in piedi!; entra (*o* esce) la corte!

upstart /'ʌpstɑːt/, **A** *n.* (*spreg.*) individuo arricchito da poco; nuovo ricco; parvenu (*franc.*); villano rifatto. **B** *a. attr.* fattosi dal nulla; venuto dalla gavetta.

upstate /'ʌpsteɪt/, (*USA*) **A** *a.* dell'interno; della parte settentrionale (*di uno degli Stati*): **an u. town**, una cittadina dell'interno. **B** *avv.* verso l'interno, verso nord (*specialm. nello Stato di New York*). **C** *n.* parte interna (*o* settentrionale) di uno Stato.

upstater /ʌp'steɪtə(r)/, *n.* (*USA*) abitante (*o* nativo) della parte interna (*o* settentrionale) di uno Stato (*V.* **upstate**).

upstream /ʌp'striːm/, **A** *avv.* ***1*** a monte, verso la sorgente (*di un fiume*) ***2*** contro corrente. **B** *a. attr.* ***1*** situato a monte ***2*** (che va) contro la corrente.

upstroke /'ʌpstrəʊk/, *n.* ***1*** tratto ascendente, asta (*della scrittura*) ***2*** (*pitt.*) pennellata verso l'alto ***3*** (*mecc.*) corsa ascendente (*del pistone*).

upsurge /'ʌpsɜːdʒ/, *n.* ***1*** (*lett.*) sollevamento ***2*** aumento; crescita; incremento ***3*** (*econ., fin., comm.*) rialzo improvviso, impennata (*dei prezzi, ecc.*): **an u. of inflation**, un'impennata inflazionistica. ● **an u. of activity**, un risveglio dell'attività economica.

to **upsurge** /ʌp'sɜːdʒ/, *v. i.* ***1*** (*lett.*) sollevarsi; alzarsi ***2*** aumentare; crescere; salire ***3*** (*fin., comm.*: *delle quotazioni, dei prezzi*) impennarsi.

upsweep /'ʌpswiːp/, *n.* ***1*** curva all'insù ***2*** piega all'insù ***3*** (*USA* e *Can.*) acconciatura all'insù (*dei capelli*).

upswept /'ʌpswɛpt/, *a.* ***1*** curvato (*o* piegato) all'insù: **u. eyelashes**, ciglia voltate all'insù ***2*** (*di capelli*) tirato su; spazzolato all'insù. ● **u. hairstyle**, pettinatura all'insù.

upswing /'ʌpswɪŋ/, *n.* ***1*** ondata (*fig.*); crescendo (*fig.*) ***2*** (*econ.*) ripresa; boom; (tendenza all') espansione ***3*** (*fin., comm.*: *di prezzi, ecc.*) impennata ***4*** (*Borsa*) ripresa. ● (*polit.*) **an u. in votes**, un forte aumento di voti.

upsy-daisy /'ʌpsɪ'deɪsɪ/, *inter.* op là!

(*specialm. usato per un bambino*).

uptake /ˈʌpteɪk/, *n.* *1* tiraggio (*di ventilazione, ecc.*) *2* capacità di capire; comprendonio (*fam.*): **to be quick [slow] in the u.**, esser pronto [lento, duro] di comprendonio *3* (*raro*) sollevamento *4* (capacità di) assorbimento (*di una spugna, ecc.*).

upthrow /ˈʌpˈθrəʊ/, *n.* *1* lancio verso l'alto *2* (*geol.*) rigetto verticale (*o* parte sopraelevata) di faglia.

upthrust /ˈʌpθrʌst/, *n.* *1* spinta verso l'alto; (*fis.*) pressione idrostatica *2* (*geol.*) sollevamento (*della crosta terrestre*).

uptick /ˈʌptɪk/, *n.* (*USA*) *V.* **upswing**.

uptight /ʌpˈtaɪt/, *a.* (*fam.*) *1* ansioso; apprensivo; teso *2* arrabbiato; incavolato (*pop.*) *3* rigoroso; formale; rigido *4* (*fin.*) in difficoltà finanziarie.

uptime /ˈʌptaɪm/, *n.* (*elab.*) «uptime»; tempo di disponibilità al servizio.

uptown /ʌpˈtaʊn/, (*specialm. USA*) **A** *a.* della parte alta della città; dei quartieri alti (*o* residenziali). **B** *avv.* nei (*o* verso) i quartieri alti. **C** *n.* *1* quartieri alti (*o* residenziali, eleganti) *2* (*pop. USA*) cocaina. ● **u. New York**, i quartieri eleganti di New York.

uptowner /ʌpˈtaʊnə(r)/, *n.* (*specialm. USA*) abitante dei quartieri alti (*o* residenziali, eleganti).

uptrend /ˈʌptrend/, *n.* (*fin., Borsa*) fase di rialzo; tendenza al rialzo.

upturn /ˈʌptɜːn/, *n.* *1* curva verso l'alto; piega verso l'alto *2* (*fin.*) rialzo; tendenza al rialzo *3* (*specialm. econ.*) mutamento in meglio; svolta favorevole; miglioramento; (tendenza all') espansione: **an u. in the standard of living**, un miglioramento del tenore di vita; **Italy needs a general u. in the economy**, l'Italia ha bisogno di un'espansione generale dell'attività economica *4* sommossa; sollevamento; rivolta; ribellione: **social u.**, rivolta sociale. ● (*econ.*) **a sudden u. of strikes**, un'improvvisa ondata di scioperi.

to **upturn** /ʌpˈtɜːn/, **A** *v. t.* *1* alzare; volgere in su: **They stood with upturned faces**, stavano tutti con la faccia volta in su *2* rovesciare (*un oggetto*) *3* (*agric.*) rivoltare (*la terra, arando*). **B** *v. i.* *1* volgersi verso l'alto *2* alzarsi. ● **an upturned nose**, un naso all'insù.

upvaluation /ˈʌpvæljʊˈeɪʃn/, *n.* (*fin.*) sopravvalutazione.

to **upvalue** /ʌpˈvæljuː/, *v. t.* (*fin.*) sopravvalutare.

upward /ˈʌpwəd/, *a.* *1* diretto verso l'alto; in alto; in salita: **an u. look**, uno sguardo in alto; **an u. track**, una pista in salita *2* ascensionale: **u. movement**, movimento ascensionale. ● (*econ., fin.*) **u. drift**, tendenza al rialzo □ **u. gradient**, salita; pendenza; rampa □ **u. mobile**, che tende a elevarsi socialmente; rampante (*fam.*) □ **u. mobility**, tendenza a elevarsi socialmente o economicamente; mobilità (sociale) verso l'alto □ (*Borsa*) **u. move**, mossa al rialzo □ **u. movement**, movimento verso l'alto, ascesa; (*econ.*) (tendenza al) rialzo □ (*econ.*) **u. phase**, fase d'espansione □ **u. trend** (*o* **u. tendency**), tendenza al rialzo (*dei prezzi, ecc.*); (*econ.*) movimento d'accelerazione; (*stat.*) tendenza ascendente: **the u. trend of wages**, la tendenza ad aumenti salariali.

upwardly /ˈʌpwədlɪ/, *avv.* all'insù; verso l'alto. ● **u.-mobile**, che tende a migliorare al propria condizione sociale; rampante (*fam.*).

upward(s) /ˈʌpwəd(z)/, *avv.* *1* all'insù; verso l'alto; in alto; in su: **to move u.**, spostarsi verso l'alto, salire; (*fig.*) far progressi; **to look u.**, guardare in su; guardare in alto *2* (*di strada*) in salita *3* in aggiunta; oltre. ● **u. of**, più di: **u. of thirty men**, più di trenta uomini □ **and u.**, e più; e oltre: **boys of six years and u.**, ragazzi di sei anni e più (*o* dai sei anni in su) □ **bottom u.**, sottosopra; capovolto, rovesciato □ (*fig.*) **to climb u.**, progredire; far carriera.

upwelling /ʌpˈwelɪŋ/, *n.* (*di pesci, cetacei, ecc.*) «upwelling»; risalita dalle acque profonde degli oceani.

upwind /ˈʌpˈwɪnd/, **A** *avv.* *1* sopravvento *2* (*anche sport*) controvento: **to pedal u.**, pedalare controvento. **B** *a.* *1* sopravvento: **the u. side**, il lato sopravvento *2* (*anche sport*) controvento.

up-you-sign /ˈʌpjʊsaɪn, -juː-/, *V.* **V-sign**.

uracil /ˈjʊərəsɪl/, *n.* (*chim.*) uracile.

uraemia /jʊəˈriːmɪə/, *n.* (*med.*) uremia.

uraemic /jʊəˈriːmɪk/, *a.* (*med.*) uremico.

uraeus /jʊəˈriːəs/, *n.* (*pl.* **uraei, uraeuses**) (*archeol.*) ureo (*aspide sacro del copricapo dei re egiziani*).

Ural-Altaic /ˈjʊərəlælˈteɪɪk, ˈjɔː-/, *a.* (*ling.*) uralo-altaico.

Uralian /jʊəˈreɪlɪən/, *a.* *1* uralico; degli Urali *2* (*di lingua*) uralico.

uralic /jʊəˈrælɪk/, **A** *a.* (*della lingua*) uralico. **B** *n.* uralico (*la lingua*).

Urals /ˈjʊərəlz/, *n. pl.* (*geogr.*) (gli) Urali.

uranate /ˈjʊərəneɪt/, *n.* (*chim.*) uranato.

urania /jʊəˈreɪnɪə/, *n.* (*chim.*) biossido di uranio.

Uranian /jʊəˈreɪnɪən/, *a.* e *n.* (*astron., astrol., ecc.*) uraniano.

uranic /jʊəˈrænɪk/, *a.* (*chim.*) uranico.

uranide /ˈjʊərənaɪd/, *n.*(*chim.*) uranide.

uranine /ˈjʊərəniːn, -nɪn/, *n.* (*chim.*) uranina.

uraninite /jʊˈrænɪnaɪt, jʊəˈr-, *USA* -ˈreɪn-/, *n.* (*miner.*) uraninite, pechblenda.

uranism /ˈjʊərənɪzəm/, *n.* uranismo.

uranium /jʊˈreɪnɪəm, jʊəˈr-/, *n.* (*chim.*) uranio.

uranographer /jʊərəˈnɒgrəfə(r)/, *n.* (*astron.*) uranografo.

uranographic(al) /jʊərənəˈgræfɪk(l)/, *a.* (*astron.*) uranografico.

uranographist /jʊərəˈnəgrəfɪst/, *n.* (*astron.*) uranografo.

uranography /jʊərəˈnɒgrəfɪ/, *n.* (*astron.*) uranografia.

uranometry /jʊərəˈnɒmətrɪ/, *n.* (*astron.*) uranometria.

uranophane /ˈjʊərənəfeɪn/, *n.* (*miner.*) uranofane.

uranoscopy /jʊərəˈnɒskəpɪ/, *n.* (*astron.*) uranoscopia.

uranotil(e) /ˈjʊərənətɪl/, *V.* **uranophane**.

uranous /ˈjʊərənəs/, *a.* (*chim.*) uranoso.

Uranus /ˈjʊərənəs, jʊˈreɪn-/, *n.* (*mitol., astron., astrol.*) Urano.

uranyl /ˈjʊərənɪl, jʊˈreɪn-/, *n.* (*chim.*) uranile.

urate /ˈjʊəreɪt/, *n.* (*chim.*) urato.

urban /ˈɜːbən/, *a.* urbano; cittadino: **u. district**, distretto urbano; comunità urbana. ● **u. area**, centro urbano □ **u. guerrilla**, guerriglia urbana; (*anche*) terrorista che opera nei centri urbani □ **u. planning**, urbanistica □ **u. renewal**, risanamento edilizio □ **u. sprawl**, espansione urbana incontrollata.

Urban /ˈɜːbən/, *n.* (*stor.*) Urbano.

urbane /ɜːˈbeɪn/, *a.* urbano; civile; cortese; educato; gentile. ‖ **-ly**, *avv.*

urbanism /ˈɜːbənɪzəm/, *n.* *1* vita di città *2* urbanistica.

urbanist /ˈɜːbənɪst/, *n.* urbanista.

urbanistic /ɜːbəˈnɪstɪk/, *a.* urbanistico.

urbanity /ɜːˈbænətɪ/, *n.* *1* urbanità; cortesia; gentilezza *2* (*pl.*) modi urbani; buone maniere.

urbanization /ɜːbənaɪˈzeɪʃn, *USA* -nɪˈz-/, *n.* urbanizzazione.

to **urbanize** /ˈɜːbənaɪz/, *v. t.* urbanizzare.

urbanologist /ɜːbəˈnɒlədʒɪst/, *n.* urbanista.

urbanology /ɜːbəˈnɒlədʒɪ/, *n.* urbanistica.

urchin /ˈɜːtʃɪn/, *n.* *1* birichino; bricconcello; monello *2* (*zool., Erinaceus europaeus*) riccio; porcospino (*fam.*) *3* (*zool., Echinus*; *di solito* **sea u.**) riccio di mare. ● **street u.**, monello; ragazzo di strada; ragazzaccio.

Urdu /ˈʊəduː, ˈɜːduː/, *n.* urdu (*la lingua del Pakistan occidentale*).

urea /ˈjʊərɪə, jʊˈriːə/, *n.* (*chim.*) urea. ● (*ind.*) **u. resins**, resine ureiche.

urease /ˈjʊərɪeɪz, -s/, *n.* (*biochim.*) ureasi.

ureic /jʊəˈriːɪk/, *a.* (*chim.*) ureico.

ureter /ˈjʊərɪtə(r), jʊəˈriːt-/, *n.* (*anat.*) uretere.

ureteral /jʊəˈriːtərəl/, *a.* (*anat.*) ureterale: (*med.*) **u. obstruction**, ostruzione ureterale.

ureteric /jʊərəˈterɪk/, *a.* (*anat.*) ureterico.

ureteritis /jʊərətəˈraɪtɪs/, *n.* (*med.*) ureterite.

urethane /ˈjʊərəθeɪn/, *n.* (*chim.*) uretano.

urethra /jʊəˈriːθrə/, *n.* (*pl.* **urethras, urethrae**) (*anat.*) uretra.

urethral /jʊəˈriːθrəl/, *a.* (*anat.*) uretrale.

urethritis /jʊərəˈθraɪtɪs/, *n.* (*pl.* **urethritides**) (*med.*) uretrite.

urethroscope /jʊəˈriːθrəskəʊp/, *n.* (*med.*) uretroscopio.

urethroscopy /jʊərəˈθrɒskəpɪ/, *n.* (*med.*) uretroscopia.

urethrotomy /jʊərəˈθrɒtəmɪ/, *n.* (*med.*) uretrotomia.

uretic /jʊəˈretɪk/, *a.* *1* (*fisiol.*) urinario *2* (*med.*) diuretico.

urge /ɜːdʒ/, *n.* *1* spinta; incitamento; esortazione; stimolo; sollecitazione: **sexual u.**, stimolo sessuale *2* forte desiderio; passione: **She has an u. to become an actress**, ha la passione di far l'attrice.

to **urge** /ɜːdʒ/, *v. t.* *1* incalzare; spingere; urgere (*lett., poet.*): **to u. one's opponent**, incalzare il proprio avversario; **They urged me on**, mi spinsero avanti *2* incitare; esortare; stimolare; sollecitare; pungolare: **I urged him to action**, lo incitai ad agire; **He urged me to buy the goods**, mi esortò ad acquistare la merce; (*comm.*) **to u. payments**, sollecitare i pagamenti *3* accampare; addurre; mettere in evidenza; insistere su: **to u. one's inexperience**, accampare (come giustificazione) la propria inesperienza; **to u. an argument**, addurre un argomento; **The Premier urged (on the nation) the need for economy**, il Primo Ministro insistette sulla necessità (nel far presente alla nazione la necessità) di fare economia *4* far valere: **to u. one's point of view**, far valere il proprio punto di vista. ● **to u. along** (*o* **forward, on**), spingere avanti; sospingere □ **to u. st. on sb.**, far capire a q. l'importanza di q.c.

urgency /ˈɜːdʒənsɪ/, *n.* *1* urgenza; premura; sollecitazione: **the u. of the need**, l'urgenza del bisogno *2* insistenza; importunità: **the u. of his pleading**, l'insistenza delle sue suppliche *3* necessità urgente; bisogno pressante *4* (*polit.*) richiesta di procedura d'urgenza (*presentata dai due terzi dei parlamentari*) *5* (*med.*) tenesmo vescicale. ● **the u. of poverty**, il peso della povertà □ **a matter of the utmost u.**, una faccenda urgentissima.

urgent /ˈɜːdʒənt/, *a.* *1* urgente; pressante: **an u. message**, un messaggio urgente; **to be in u. need of st.**, avere urgente bisogno di q.c. *2* insistente; importuno: **an u. creditor**, un creditore insistente. ● (*telegr.*) **u. rate**, tariffa per telegrammi urgenti □ **to be u. with sb. for st.**, chiedere insistentemente q.c. a q. ‖ **-ly**, *avv.*

uric /ˈjʊərɪk, ˈjɔː-/, *a.* (*chim.*) urico: **u. acid**, acido urico.

uricaemia /jʊərɪˈsiːmɪə/, *n.* (*med.*) uricemia.

uricaemic /jʊərɪˈsiːmɪk/, *a.* (*med.*) uricemico.

uricase /ˈjʊərɪkeɪz, -s/, *n.* (*biochim.*) uricasi.

uridine /ˈjʊərɪdiːn/, *n.* (*biochim.*) uridina.

urinal /jʊəˈraɪnl, ˈjʊərɪnl/, *n.* *1* orinale; (*negli ospedali*) pappagallo *2* orinatoio; vespasiano.

urinalysis /jʊərɪˈnæləsɪs/, *n.* (*med.*) esame dell'urina.

urinary /ˈjʊərɪnrɪ, *USA* -nerɪ/, **A** *a.* (*fisiol.*) urinario; dell'urina: (*anat.*) **u. system**, apparato urinario. **B** *n.* (*raro*) orinatoio.

to **urinate** /ˈjʊərɪneɪt/, *v. i.* urinare, orinare.

urination /jʊərɪˈneɪʃn/, *n.* urinazione, orinazione; minzione.

urine /ˈjʊərɪn, -aɪn, ˈjɔːrɪn/, *n.* (*fisiol.*) urina, orina. ● (*med.*) **u. analysis**, analisi dell'urina □ **u. culture**, urinocoltura.

uriniferous /jʊərɪˈnɪfərəs/, *a.* (*fisiol.*) urinifero. ● (*anat.*) **u. tubule**, tubulo renale.

urinogenital /jʊərɪnəʊ'dʒenɪtl/, *V.* **urogenital.**

urinometer /jʊərɪ'nɒmɪtə(r)/, *n.* (*med.*) urinometro; urometro.

urinous /'jʊərɪnəs/, *a.* urinoso.

urn /ɜːn/, *n.* ***1*** urna; vaso; (*specialm.*) urna funeraria ***2*** recipiente per bevande. ● **coffee urn**, caffettiera □ **tea urn**, samovar.

urobilin /jʊərəʊ'baɪlɪn/, *n.* (*chim., biol.*) urobilina.

urobilinuria /jʊərəʊbaɪlɪn'jʊərɪə, -jʊə'riːə/, *n.* (*med.*) urobilinuria.

Urochordata /jʊərəʊkɔː'dɑːtə, -'deɪ-/, *n. pl.* (*zool.*) Urocordati.

urochrome /'jʊərəʊkrəʊm/, *n.* (*fisiol.*) urocromo.

urodelan /jʊərəʊ'diːlən/, **urodele** /'jʊərəʊdiːl/, *a.* e *n.* (*zool.*) urodele.

urogenital /jʊərəʊ'dʒenɪtl/, *a.* (*fisiol.*) urogenitale.

urogram /'jʊərəʊgræm/, *n.* (*med.*) urogramma.

urography /jʊə'rɒgrəfɪ/, *n.* (*med.*) urografia.

urokinase /jʊərəʊ'kaɪneɪz, -s/, *n.* (*biochim.*) urochinasi.

urolite /'jʊərəʊlaɪt/, *V.* **urolith.**

urolith /'jʊərəʊlɪθ/, *n.* (*med.*) urolito.

urolithiasis /jʊərəʊlɪ'θaɪəsɪs/, *n.* (*med.*) urolitiasi.

urologic(al) /jʊərəʊ'lɒdʒɪk(l)/, *a.* (*med.*) urologico.

urologist /jʊə'rɒlədʒɪst/, *n.* (*med.*) urologo.

urology /jʊə'rɒlədʒɪ/, *n.* (*med.*) urologia.

uropoiesis /jʊərəʊpɔɪ'iːsɪs/, *n.* (*fisiol.*) uropoiesi.

uropoietic /jʊərəʊpɔɪ'etɪk/, *a.* (*fisiol.*) uropoietico.

uropygium /jʊərəʊ'pɪdʒɪəm/, *n.* (*zool.*) uropigio.

uroscopy /jʊə'rɒskəpɪ/, *n.* (*med.*) uroscopia.

urotropin /jʊərəʊ'trəʊpɪn/, *n.* (*chim., farm.*) urotropina.

Ursa /'ɜːsə/, *n.* (*astron.*) Orsa: **U. Major**, Orsa maggiore.

ursine /'ɜːsaɪn/, *a.* orsino; di (*o* da) orso; simile a un orso.

urson /'ɜːsn/, *n.* (*zool., Erethizon dorsatum*) ursone; porcospino americano.

Ursula /'ɜːsjʊlə, -ʃə-, sə-/, *n.* Orsola; Ursula.

Ursuline /'ɜːsjʊlaɪn, -ʃə-, -sə-/, (*relig.*) **A** *n.* Orsolina. **B** *a.* delle Orsoline: **an U. convent**, un convento di Orsoline.

urticaceous /ɜːtɪ'keɪʃəs/, *a.* (*bot.*) orticaceo, urticaceo.

urticaria /ɜːtɪ'keərɪə/, *n.* (*med.*) orticaria.

urticarial /ɜːtɪ'keərɪəl/, *a.* (*med.*) urticante.

to **urticate** /'ɜːtɪkeɪt/, **A** *v. t.* ***1*** pungere (*come l'ortica*) ***2*** (*un tempo*) flagellare con ortiche (*una parte paralizzata del corpo*). **B** *v. i.* (*med.*) produrre urticazione.

urtication /ɜːtɪ'keɪʃn/, *n.*(*med.*) urticazione.

Uruguayan /jʊərə'gwaɪən/, *a.* e *n.* uruguaiano, uruguayano.

urus /'jʊərəs, 'jɔːr-/, *n.* (*paleont., Bos primigenius*) uro.

us /ʌs, əs/, *pron. pers. 1ª pers. pl.* ***1*** (*compl.*) noi; ci; ce: **They saw us**, ci videro; **They stole two from us**, ce ne rubarono due ***2*** (*pred.*) noi: **«Who's that?» «It's us»**, «chi è?» «siamo noi» ***3*** (*colloquiale; unito alla forma in* **-ing**, *è idiom.*) **Please forgive us answering only now**, vogliate scusarci se rispondiamo soltanto ora; **Do you mind us moving your car?**, ti dispiace se spostiamo la tua macchina? ***4*** (*fam.*) me; a me; mi: **Give us your hand!**, dammi la mano; qua la mano! ***5*** (*arc.* o *dial.*) noi; a noi; ci (= **ourselves**): **We should get us a key**, dovremmo procurarci una chiave. ● **Let's** (*contraz. di* **let us**) **go**, andiamo!; andiamocene □ **We looked about us**, ci guardammo intorno □ **Ann said it was very kind of us**, Ann disse che era molto gentile da parte nostra.

usability /juːzə'bɪlətɪ/, *n.* l'essere usabile; utilizzabilità.

usable /'juːzəbl/, *a.* usabile; adoperabile; utilizzabile; servibile.

usage /'juːsɪdʒ, -zɪdʒ/, *n.* ***1*** uso; costume; usanza; consuetudine; abitudine: **u. and abusage**, uso e abuso; **sanctified by u.**, consacrato dall'uso; **an ancient u.**, un'antica usanza; **social usages**, costumi sociali; **u. of trade**, uso di commercio; consuetudine commerciale ***2*** uso; modo d'usare (q.c.); impiego (*di q.c.*); utilizzazione; utilizzo: **the u. of solar energy**, l'utilizzo dell'energia solare. ● (*di macchina, ecc.*) **to get good [rough] u.**, essere usato bene [male]; essere trattato con riguardo [senza riguardo] □ **ill-u.** (*o* **harsh u.**, **rough u.**), cattivo uso; maltrattamento □ (*di persona*) **to meet with harsh u.**, essere trattato male; essere maltrattato.

usance /'juːzns/, *n.* ***1*** (*comm., leg.*) tempo concesso per il pagamento delle cambiali estere (*secondo la consuetudine del luogo*); scadenza: **The u. on bills in their country is four months**, la scadenza per le cambiali emesse nel loro paese è a quattro mesi ***2*** (*leg.*) usanza; costumanza; consuetudine ***3*** (*arc.*) interesse finanziario (*in genere, usurario*); usura.

use /juːs/, *n.* ***1*** uso; impiego: **ready for use**, pronto per l'uso; **the use of oil for heating**, l'uso del petrolio per riscaldamento; **an implement with several uses**, un arnese che ha più usi; **a book for the use of children**, un libro a uso dei bambini; **He lost the use of his legs**, perse l'uso delle gambe; **He taught me the use of this tool**, m'insegnò l'impiego di questo arnese (*o* come usare questo arnese) ***2*** usanza; uso; consuetudine; abitudine; pratica: (*leg.*) **use and wont**, uso e costume; **Long use has reconciled me to this custom**, la lunga pratica mi ha fatto accettare questa usanza ***3*** utilità; profitto; vantaggio; pro: **Is this tool of any use to you?**, ti è di qualche utilità questo arnese?; **What's the use?**, a che pro? ***4*** permesso d'usare: **He granted me the use of his name**, mi concesse (il permesso) d'usare il suo nome ***5*** (*leg.*) uso; godimento; (*di un servizio*) utenza ***6*** (*relig.*) liturgia; rito. ● **a book in use**, un libro usato come testo (*in una scuola, ecc.*); un libro (dato) in lettura (*da una biblioteca*) □ **to come into use**, venire in uso; entrare nell'uso □ (*farm.*) **for external use only**, soltanto per uso esterno □ **to go [to fall] out of use**, andare [cadere] in disuso □ **to have no use for**, non aver bisogno di: **I have no further use for his services**, non ho più bisogno dei suoi servizi □ **in use**, in uso; usato □ (*di una parola*) **in everyday use**, dell'uso corrente □ **to make use of**, far uso di; impiegare; servirsi di: **Please make use of my telephone**, serviti pure del mio telefono! □ **to be of use**, essere utile □ **out of use**, fuori uso; in disuso; disusato; desueto; (*mecc.*) guasto, fuori servizio, fuori uso □ **to put st. to good [bad] use**, far buono [cattivo] uso di q.c. □ **with use**, con l'uso; con la pratica: **The control of this machine will become easier with use**, con la pratica sarà più facile far funzionare questa macchina □ **I have no use for it**, non mi serve (a nulla); non so che farmene □ **This gadget has its uses**, in certi casi questo aggeggio è utile □ **Talking is no use**, le chiacchiere non servono a niente; è inutile parlarne □ **Can I be of use to you?**, posso esserti utile? □ (*prov.*) **It's no use crying over spilt milk**, non serve piangere sul latte versato.

to **use**, **A** *v. t.* /juːz/ ***1*** usare; adoperare; utilizzare; impiegare; far uso di; valersi di; servirsi di: **Use a pen**, usa la penna!; **We shall use every means**, adopreremo ogni mezzo; **to use the sun as a source of energy**, utilizzare il sole come fonte di energia; **This medicine must be used by the end of the year**, questa medicina è da usarsi entro la fine dell'anno; **You should use more care**, dovresti impiegare maggior cura; **to use force**, usare la forza; **He used his friends to advance himself to a higher position**, si servì degli amici per far carriera; **to use one's brains**, usare il cervello; ragionare; **to use one's legs**, usare le gambe; camminare ***2*** trattare; comportarsi (*in un certo modo*) con (q.): **He has used me like a dog**, mi ha trattato da cane; **How did he use you?**, come si comportò con te?; **to use one's servants well [ill]**, trattar bene [male] i domestici ***3*** (*spesso* **to use up**) consumare; esaurire; logorare; usare: **How much fuel did we use in the old house?**, quanto combustibile consumavamo nella casa vecchia?; **He had used up all his ammunition**, aveva esaurito le munizioni. **B** *v. modale* /juːs/ (*usato solo al passato*) usare; solere; essere solito (*o* abituato, avvezzo) (*o, idiom., equivale all'imperfetto indic. ital.*): **He used to study hard**, era solito studiare molto; **They used to visit us once a week**, solevano farci visita una volta alla settimana; **I don't smoke any more, but I used to**, non fumo più, ma una volta fumavo; **He didn't use** (*o* **he usedn't**) **to drink such a lot before his wife's death**, prima della morte della moglie, non beveva tanto; **There used to be a theatre in this street**, una volta c'era un teatro in questa strada. ● **to be used for**, servire a: **What is this tool used for?**, a che serve questo arnese? □ **to be used to**, essere abituato (*o* avvezzo, assuefatto) a (*q.c., fare q.c.*): **Soldiers are used to danger**, i soldati sono abituati al pericolo; **I am not used to being called a liar**, non sono avvezzo a sentirmi dare del bugiardo; **He's not used to working hard**, non è abituato a lavorare sodo; **Well, I'm not used to it**, beh, non ci sono avvezzo □ **to get** (*o* **to become**) **used to**, abituarsi, fare l'abitudine, assuefarsi, avvezzarsi a: **You will soon get used to our ways**, ti abituerai presto al nostro modo di fare; **It's easy once you get u. to it**, è facile una volta che ci hai fatto l'abitudine.

useable /'juːzəbl/, *V.* **usable.**

used /juːst/, *a.* ***1*** usato; smesso: **u. clothing**, vestiti smessi; **u. cars**, automobili usate (*o* di seconda mano); **u. goods**, roba usata ***2*** annullato, usato (*rif. a francobollo*). ● **u. up**, consumato; finito; esaurito; (*d'indumento*) logoro; (*fig.: di persona*) esausto, stanco, estenuato □ **to be** (*o* **to get**) **u. to**, *V. sotto* **to use** □ **not u.**, non usato; (*anche*) inusitato, insolito.

useful /'juːsfl/, *a.* ***1*** utile; giovevole; proficuo; vantaggioso: **a very u. implement**, un arnese assai utile; **Doctors are u. to the community**, i medici sono utili alla comunità; **a u. hint**, un utile suggerimento ***2*** (*fam.*) capace; efficiente: **He is a u. footballer**, è un efficiente giocatore di calcio ***3*** (*fam.*) notevole; ragguardevole: **at a pretty u. speed**, a una notevole velocità. ● **to be u.**, essere utile; giovare □ (*fam.*) **to be pretty u. with one's fists**, sapere usare i pugni □ (*ind.*) **u. life**, durata (*o* vita) utile (*di un macchinario, ecc.*) □ **to make oneself u.**, rendersi utile.

usefully /'juːsfəlɪ/, *avv.* utilmente; proficuamente; con profitto; vantaggiosamente.

usefulness /'juːsflnəs/, *n.* utilità; vantaggiosità.

useless /'juːsləs/, *a.* ***1*** inutile; disutile; inservibile; vano: **a u. attempt**, un inutile tentativo; **u. efforts**, vani sforzi ***2*** (*fam.*) disutile; incapace; inetto ***3*** (*fam.*) abbattuto; depresso; giù di corda: **I am feeling u. today**, mi sento giù di corda oggi.

uselessly /'juːsləslɪ/, *avv.* inutilmente; invano; disutilmente.

uselessness /'juːsləsnəs/, *n.* inutilità; vanità; disutilità.

user (**1**) /'juːzə(r)/, *n.* ***1*** chi usa; utente; fruitore ***2*** (*econ., comm.*) utilizzatore; consumatore: **a big u. of oil**, un gran consumatore di petrolio; **end-u.**, utilizzatore finale ***3*** (*di un servizio*) utente: **telephone users**, utenti telefonici; abbonati al telefono. ● (*elab.*) **u. base**, utenza □ **u.-friendly**, (*di un libro di testo*) facile, accessibile; (*elab.*) facile da usare, accessibile; (*market.*: *di un prodotto*) di facile impiego, gradevole □ **u.'s guide**, manuale d'istruzioni □ (*elab.*) **u.-oriented**, *V.* **u.-friendly** □ (*telef.*) **extensive users**, «grandi parlatori».

user (**2**) /ˈjuːzə(r)/, *n.* (*leg.*) godimento (*o* esercizio) di un diritto d'uso. ● **right of u.**, diritto d'uso; servitù (*più com.* «easement»).

usher /ˈʌʃə(r)/, *n.* **1** usciere **2** messo di tribunale **3** (*cinem., teatr.*) maschera **4** (*un tempo*) cerimoniere: **U. of the Black Rod**, cerimoniere della Verga Nera (*funzionario della Camera dei Lord*) **5** (*arc. o scherz.*) assistente (*di un professore*); ripetitore.

to **usher** /ˈʌʃə(r)/, *v. t.* accompagnare; introdurre; far entrare: **The butler ushered us into the winter garden**, il maggiordomo c'introdusse nel giardino d'inverno. ● **to u. in**, introdurre, far entrare; (*fig.*) portare, inaugurare, annunciare: **The advent of peace ushered in a new population boom**, l'avvento della pace portò una nuova esplosione demografica; **The stars ushered in the night**, le stelle annunciarono la venuta della notte □ **to u. sb. out**, accompagnare q. alla porta (*o* all'uscita).

usherette /ʌʃəˈret/, *n.* (*cinem., teatr.*) mascherina; maschera.

usual /ˈjuːʒl/, **A** *a.* **1** solito; usuale; consueto; abituale; comune: **He asked me the u. questions**, mi fece le solite domande; **with his u. impudence**, con la sua consueta impudenza; **the kindness u. with him**, la sua abituale cortesia **2** usuale; ordinario; comune; banale. **B** *n.* – (*fam.*) **the u.**, il solito (*quello che si prende abitualmente*; *ordinando al bar, al ristorante, ecc.*). ● (*comm.*) **u. tare**, tara d'uso □ **as u.**, al solito; come al solito; come di consueto □ **later than u.**, più tardi del solito □ **more than u.**, più del solito □ **It's u. to tip the waiter**, è d'uso dare la mancia al cameriere.

usually /ˈjuːʒəlɪ/, *avv.* di solito; generalmente; abitualmente; solitamente.

usualness /ˈjuːʒlnəs/, *n.* **1** consuetudine; l'essere abituale (*o* consueto) **2** l'essere comune, ordinario; ordinarietà; banalità.

to **usucapt** /ˈjuːsjuːkæpt, -suː-, *USA* ˈjuːzə-/, *v. t.* (*leg.*: *in Scozia, Francia, ecc.*) usucapire.

usucaption /juːsjuːˈkæpʃn, -suː-, *USA* juːzə-/, *n.* (*leg.*: *in Scozia, ecc.*) usucapione.

usufruct /ˈjuːsjuːfrʌkt, -suː-, *USA* ˈjuːzə-/, *n.* (*leg.*: *in Scozia, Francia, ecc.*) usufrutto.

usufructuary /juːsjuːˈfrʌktjʊərɪ, -suː-, *USA* juːzəˈfrʌktʃʊerɪ/, (*leg.*: *in Scozia, ecc.*) **A** *a.* di (*o* relativo a) usufrutto. **B** *n.* usufruttuario.

usurer /ˈjuːʒərə(r)/, *n.* (*leg.*) usuraio, usuraia; strozzino, strozzina.

usurious /juːˈʒʊərɪəs/, *a.* (*leg.*) usurario; usuraio; d'usura; da usuraio: **u. interest**, interessi usurari; **an u. transaction**, un patto usurario. || **-ly**, *avv.* || **-ness**, *sost.*

to **usurp** /juːˈzɜːp/, *v. t.* usurpare: **John Lackland usurped the throne of England**, Giovanni Senzaterra usurpò il trono inglese.

usurpation /juːzəˈpeɪʃn/, *n.* usurpazione.

usurpative /juːˈzɜːpətɪv/, **usurpatory** /juːˈzɜːpətrɪ, *USA* -ɔːrɪ/, *a.* usurpativo; usurpatorio.

usurper /juːˈzɜːpə(r)/, *n.* usurpatore, usurpatrice.

usurpingly /juːˈzɜːpɪŋlɪ/, *avv.* usurpativamente; da usurpatore.

usury /ˈjuːʒərɪ/, *n.* (*leg.*) usura (*anche fig.*); strozzinaggio. ● (*fig.*) **with u.**, a usura: **The service was repaid with u.**, il servizio reso fu ripagato a usura.

ut /ʌt/, *n.* (*stor., mus.*) ut (*nota corrispondente al do*).

utensil /juːˈtensl/, *n.* **1** utensile; arnese: **kitchen utensils**, utensili da cucina **2** articolo; attrezzo: **smoking utensils**, articoli per fumatori; **gardening utensils**, attrezzi per il giardinaggio. ● **writing utensils**, (articoli da) cancelleria.

uterine /ˈjuːtəraɪn/, *a.* **1** (*anat.*) uterino **2** (*leg.*) uterino: **u. brother**, fratello uterino. ● (*med.*) **u. sound**, sonda uterina; isterometro.

uterus /ˈjuːtərəs/, *n.* (*pl.* **uteri, uteruses**) (*anat.*) utero.

utilitarian /juːtɪlɪˈteərɪən/, **A** *a.* **1** utilitario; pratico; funzionale **2** (*anche filos.*) utilitarista; utilitaristico. **B** *n.* (*anche filos.*) utilitarista.

utilitarianism /juːtɪlɪˈteərɪənɪzəm/, *n.* (*filos.*) utilitarismo.

utility /juːˈtɪlətɪ/, *n.* **1** utilità; profitto; vantaggio **2** cosa utile **3** (*fin.*) servizio pubblico; azienda di servizio pubblico (*del gas, dell'elettricità, dei trasporti, ecc.*) **4** (*econ.*) utilità: **the u. theory of value**, la teoria utilitaristica del valore **5** (*pl.*) (*pubbl.*) comodità, comfort (*di una casa, ecc.*) **6** (*pl.*) (*elab.*) programmi di servizio **7** (*pl.*) (*fin. USA*) titoli d'aziende di servizio pubblico. ● **u. blade**, lama (*o* temperino) pluriuso □ (*autom.*) **u. car**, utilitaria □ **u. coach**, autofurgone □ **u. companies**, società di servizi pubblici (*gas, trasporti, ecc.*) □ **u. man**, factotum, operaio generico; (*teatr.*) generico; comparsa □ (*sport*) **u. player**, giocatore capace di sostenere più ruoli □ **u. room**, ripostiglio □ (*USA*) **u. pole**, palo della luce (*o* del telefono) □ (*Austr.* e *N.Z.*) **u. truck**, camioncino □ **u. van**, furgoncino □ (*econ.*) **marginal u.**, utilità marginale.

utilizable /ˈjuːtəlaɪzəbl/, *a.* utilizzabile.

utilization /juːtəlaɪˈzeɪʃn, *USA* -lɪˈz-/, *n.* utilizzazione; utilizzo; sfruttamento: **the u. of plant facilities**, lo sfruttamento degli impianti (*di una fabbrica*).

to **utilize** /ˈjuːtəlaɪz/, *v. t.* utilizzare.

utilizer /ˈjuːtəlaɪzə(r)/, *n.* utilizzatore, utilizzatrice.

utmost /ˈʌtməʊst/, **A** *a. attr.* **1** (il) più remoto; ultimo; estremo: **the u. ends of the earth**, gli estremi confini della terra **2** estremo; grandissimo; massimo; sommo: **He showed the u. reluctance**, mostrò la massima riluttanza; **in the u. danger**, in grandissimo pericolo; (*leg.*) **u. good faith**, massima buona fede. **B** *n.* **1** (l') estremo; (il) massimo; (l') ultimo: **to the u.**, fino all'estremo; fino all'ultimo; **This armchair is the u. in comfort**, questa poltrona è il massimo (*o* il non plus ultra) in fatto di comodità **2** (il) proprio meglio; (l') impossibile: **He tried his u.**, fece del suo meglio (*o* l'impossibile). ● **at the u.**, al più; tutt'al più □ **to do one's u.**, fare tutto il possibile □ **to the u. of one's power**, fino all'estremo limite delle forze □ **to trust sb. to the u.** avere la massima fiducia in q.

Utopia /juːˈtəʊpɪə/, *n.* **1** utopia **2** (*letter.*) Utopia.

Utopian /juːˈtəʊpɪən/, **A** *a.* utopistico: **a u. plan**, un progetto utopistico. **B** *n.* **1** utopista **2** (*letter.*) cittadino di Utopia. ● (*polit., stor.*) **u. socialism**, socialismo utopistico.

utopianism /juːˈtəʊpɪənɪzəm/, *n.* (*filos.*) utopismo; idealismo utopistico.

utopist /juːˈtəʊpɪst/, *n.* utopista.

utricle /ˈjuːtrɪkl/, *n.* (*anat., bot.*) otricolo, utricolo.

utricular /juːˈtrɪkjʊlə(r)/, *a.* (*scient.*) otricolare.

utriculitis /juːtrɪkjʊˈlaɪtɪs/, *n.* (*med.*) utricolite.

utriculus /juːˈtrɪkjʊləs/, *n.* (*pl.* **utriculi**) (*anat., bot.*) otricolo, utricolo.

utter /ˈʌtə(r)/, *a.* assoluto; completo; intero; totale; bell'e buono: **u. absurdity**, assoluta assurdità; **He's an u. rascal**, è un furfante bell'e buono. ● **u. darkness**, buio pesto □ **an u. denial**, un secco diniego □ **an u. stranger**, un perfetto sconosciuto; uno che non si conosce affatto □ **to my u. amazement**, con mio enorme stupore.

to **utter** /ˈʌtə(r)/, *v. t.* **1** (*lett. o form.*) emettere; lanciare: **He uttered a sigh of relief**, emise un sospiro di sollievo; **to u. a cry of pain**, lanciare un grido di dolore **2** dire; proferire; pronunciare; esprimere; manifestare: **The wounded soldier uttered only a few words and died**, il soldato ferito non pronunciò che poche parole e poi morì; **to u. the truth**, dire la verità; **to u. one's sentiments**, esprimere (*o* manifestare) i propri sentimenti **3** (*arc.*) divulgare; diffondere (*calunnie, dicerie, ecc.*) **4** (*ling., pubbl.*) enunciare **5** (*leg.*) mettere in circolazione; spacciare: **to u. false coins**, spacciare monete false.

utterable /ˈʌtərəbl/, *a.* **1** esprimibile; manifestabile; pronunciabile **2** (*ling.*) enunciabile.

utterance (**1**) /ˈʌtərəns/, *n.* **1** articolazione; pronuncia; modo di parlare: **a defective u.**, una pronuncia difettosa; **a clear u.**, una articolazione chiara **2** espressione; manifestazione; sfogo **3** discorso; parola; cosa detta **4** (*ling., pubbl.*) enunciato. ● **to give u. to one's feelings**, dar sfogo (*o* dar voce) ai propri sentimenti □ **to give u. to one's rage**, sfogare l'ira (a parole); inveire □ (*di un ministro del culto*) **his pulpit utterances**, le sue prediche; i suoi sermoni.

utterance (**2**) /ˈʌtərəns/, *n.* (*arc., lett.*) estremo; punto estremo; (*fig.*) morte: **to fight to the u.**, combattere fino all'estremo (*o* fino all'ultimo sangue).

utterer /ˈʌtərə(r)/, *n.* **1** chi esprime (*o* manifesta, pronuncia) **2** (*ling.*) enunciatore, enunciatrice **3** (*leg.*) spacciatore (*di monete false, ecc.*).

uttering /ˈʌtərɪŋ/, *n.* **1** espressione; manifestazione; pronuncia **2** (*ling.*) enunciazione **3** (*leg.*) spaccio illegale (*di monete, ecc.*).

utterly /ˈʌtəlɪ/, *avv.* completamente; del tutto; totalmente; proprio: **u. mad**, completamente pazzo; **I'm u. miserable**, mi sento proprio infelice.

uttermost /ˈʌtəməʊst/, *V.* **utmost**.

U-turn /ˈjuːtɜːn/, *n.* **1** (*autom.*) (manovra di) conversione a U; inversione di marcia **2** (*fig. fam.*) svolta radicale; rovesciamento di fronte (*fig.*); dietrofront (*fig.*). ● **«No U-t.»** (*cartello*), «divieto di conversione a U; vietato invertire la marcia».

uvala /ˈuːvələ/ (*serbo-croato*), *n.* (*geol.*) uvala.

uvanite /ˈjuːvənaɪt/, *n.* (*miner.*) uvanite.

uvarovite /uːˈvɑːrəvaɪt, juː, -ˈvær-/, *n.* (*miner.*) uvarovite.

uvea /ˈjuːvɪə/, *n.* (*anat.*) uvea.

uveitis /juːvɪˈaɪtɪs/, *n.* (*med.*) uveite.

uvula /ˈjuːvjʊlə/, *n.* (*pl.* **uvulae, uvulas**) (*anat.*) ugola.

uvular /ˈjuːvjʊlə(r)/, *a.* **1** (*anat.*) uvulare; dell'ugola **2** (*fon.*) pronunciato con vibrazione dell'ugola; uvulare (*come la «r» francese*).

uwarowite /uːˈvɑːrəvaɪt, juː, -ˈvær-/, *V.* **uvarovite**.

uxorial /ʌkˈsɔːrɪəl/, *a.* della moglie; (*leg.*) uxorio: **u. rights**, diritti uxori.

uxoricide /ʌkˈsɔːrɪsaɪd/, *n.* (*leg.*) **1** uxoricidio **2** uxoricida.

uxorious /ʌkˈsɔːrɪəs/, *a.* (*lett.*) **1** troppo legato alla moglie **2** dominato dalla moglie. ● **Henry VIII, of u. fame**, Enrico VIII, famoso per il numero delle mogli (*ne ebbe sei*).

uxoriousness /ʌkˈsɔːrɪəsnəs/, *n.* (*lett.*) **1** eccessivo attaccamento alla moglie **2** l'esser dominato dalla moglie.

v,V

V, v /viː/, *n.* (*pl.* **V's, v's**; **Vs, vs**) ***1*** V, v (*ventiduesima lettera dell'alfabeto ingl.*) ***2*** V (*num. romano*) ***3*** oggetto a forma di V. ● (*mil.*) **V-1**, V1 (*bomba volante usata dai tedeschi verso la fine della seconda guerra mondiale*) □ (*mil.*) **V-2**, V2 (*bomba simile alla V1*) □ **V-Day**, il giorno della vittoria (*nella seconda guerra mondiale*) □ (*autom., mecc.*) **V--engine**, motore a V □ (*telef.*) **v for Victor**, v come Verona □ (*d'indumento*) **V-neck** (*o* **V.--necked**), con scollatura (*o* scollato) a V □ **V--shaped**, a forma di V □ **the V-sign**, il segno di V (*sta per* **victory**; *fatto con l'indice e il medio*; *introdotto da Churchill*); (*anche*: *lo stesso segno, ma col dorso della mano in avanti e il braccio spinto in alto*; *gesto di sfida*; *volg.*) le corna (*volg.*) □ (*autom., mecc.*) **V-type engine**, *V.* **V-engine**.

vac /væk/, *n.* ***1*** (*abbr. fam. di* **vacation**) vacanza (*specialm. all'università*) ***2*** (*abbr. fam. di* **vacuum cleaner**) aspirapolvere.

vacancy /ˈveɪkənsɪ/, *n.* ***1*** vuoto; spazio vuoto; lacuna: **I looked over the wall into v.**, mi sporsi dal muro per guardare nel vuoto ***2*** (*fig.*) vacuità (mentale); ottusità; disinteresse; distrazione ***3*** ozio; oziosità; indolenza ***4*** (*anche leg.*) vacanza; posto vacante: **We must fill the v.**, dobbiamo coprire il posto vacante. ● **«Vacancies»** (*cartello*), «camere libere» □ (*tur.*) **v. rate**, indice della disponibilità ricettiva.

vacant /ˈveɪkənt/, *a.* ***1*** vuoto; vacuo; vacante (*anche leg.*); libero; non occupato; sfitto; (*leg.*) privo di proprietario (*detto di terreno*): **a v. stare**, uno sguardo vuoto, senz'espressione; **a v. post**, un posto vacante; **a v. seat**, un posto (a sedere) non occupato; **a v. house**, una casa sfitta; **Have you a room v.?**, avete una camera libera?; **v. time**, tempo libero; **a v. mind**, una mente vuota, vacua ***2*** distratto; assente: **a v. air**, un'aria assente, distratta. ● (*leg.*) **v. possession**, possesso di un immobile non occupato □ **«V. possession»** (*cartello*), «libero» (*rif. a un immobile in vendita*) □ (*leg.*) **v. succession**, eredità vacante.

vacantly /ˈveɪkəntlɪ/, *avv.* vacuamente; senza espressione; con aria assente.

to **vacate** /vəˈkeɪt, *USA* ˈveɪkeɪt/, **A** *v. t.* ***1*** lasciar vuoto; lasciar libero; liberare; sgombrare; (*mil.*) evacuare: **They had to v. the flat**, dovettero sgombrare l'appartamento ***2*** dimettersi da; rinunciare a; dare le dimissioni da: **to v. a professorship**, dare le dimissioni da professore; dimettersi da una cattedra universitaria ***3*** (*leg.*) annullare, cassare (*un contratto, ecc.*). **B** *v. i.* dimettersi; dare le dimissioni.

vacation /vəˈkeɪʃn, *USA* veɪ-/, *n.* ***1*** sgombero (*da una casa a un'altra*) ***2*** dimissione; rinuncia: **His v. of his high office was foolish**, la sua rinuncia all'alta carica tenuta fu una sciocchezza ***3*** vacanza; ferie; vacanze: **the Christmas v.**, le vacanze di Natale; **the long** (*o* **summer**) **v.**, le vacanze estive ***4*** (*pl.*) (*leg.*) ferie giudiziarie ***5*** (*pop. USA*) periodo passato in galera. ● (*USA*) **v. home**, casa di villeggiatura □ **v. job**, lavoro per le vacanze (*di uno studente*) □ **v. pay**, retribuzione nel periodo delle ferie; (*anche*) retribuzione aggiuntiva per ferie non godute □ **to be on v.**, essere in ferie.

to **vacation** /vəˈkeɪʃn, *USA* veɪ-/, *v. i.* (*USA*) ***1*** far vacanza; andare in ferie ***2*** passare le vacanze: **He vacationed in Switzerland last winter**, passò le vacanze in Svizzera l'inverno scorso.

vacationer /vəˈkeɪʃnə(r), *USA* veɪ-/, **vacationist** /vəˈkeɪʃnɪst, *USA* veɪ-/, *n.* (*USA*) chi è in vacanza; villeggiante; vacanziere (*cfr. ingl.* **holiday-maker**).

vacationland /vəˈkeɪʃnlænd, *USA* veɪ-/, *n.* (*USA*) zona di villeggiatura.

vaccinable /ˈvæksɪnəbl/, *a.* (*med.*) vaccinabile.

vaccinal /ˈvæksɪnl/, *a.* (*med.*) vaccinico.

to **vaccinate** /ˈvæksɪneɪt/, *v. t.* (*med.*) vaccinare. ● **to be vaccinated**, farsi vaccinare.

vaccination /væksɪˈneɪʃn/, *n.* (*med.*) vaccinazione.

vaccinationist /væksɪˈneɪʃənɪst/, *n.* fautore della vaccinazione.

vaccinator /ˈvæksɪneɪtə(r)/, *n.* ***1*** vaccinatore ***2*** (*med.*) vaccinostilo; lancetta per vaccinazione.

vaccine /ˈvæksiːn, *USA* vækˈsiːn/, **A** *n.* (*med.*) vaccino; siero vaccinico: **polio v.**, vaccino antipolio. **B** *a.* ***1*** vaccino; di vacca ***2*** (*med.*) vaccinico. ● (*med.*) **v. point**, lancetta per vaccinazione; vaccinostilo □ **v. therapy**, vaccino terapia.

vaccinee /væksəˈniː/, *n.* (*med.*) persona vaccinata; vaccinato.

vaccinia /vækˈsɪnɪə/, *n.* (*vet.*) vaiolo vaccino; vaiolo dei bovini.

to **vacillate** /ˈvæsəleɪt/, *v. i.* vacillare (*specialm. fig.*); ondeggiare; barcollare; esitare; tentennare; essere irresoluto: **to v. on one's feet**, barcollare sulle gambe; **to v. between faith and skepticism**, esitare fra la fede e lo scetticismo.

vacillating /ˈvæsəleɪtɪŋ/, *a.* ***1*** vacillante ***2*** esitante; titubante. || **-ly**, *avv.*

vacillation /væsəˈleɪʃn/, *n.* ***1*** vacillamento; barcollamento ***2*** (*fig.*) esitazione; tentennamento; irresolutezza.

vacillatory /ˈvæsəleɪtrɪ, *USA* -lətɔːrɪ/, *a.* (*raro*) vacillante (*anche fig.*).

vacuity /vəˈkjuːətɪ/, *n.* ***1*** (*raro*) vuoto; spazio vuoto; lacuna ***2*** (*fig.*) vacuità mentale; ottusità; stupidità.

vacuolar /ˈvækjʊələ(r), vækjuˈəʊlə(r)/, *a.* (*biol.*) vacuolare: **v. system**, sistema vacuolare; vacuoma.

vacuolate(**d**) /ˈvækjʊəleɪt(ɪd)/, *a.* (*biol.*) vacuolato; vacuoloso.

vacuole /ˈvækjʊəʊl/, *n.* (*biol.*) vacuolo.

vacuolization /vækjʊəlaɪˈzeɪʃn, *USA* -lɪˈz-/, *n.* (*biol., bot.*) vacuolizzazione.

vacuome /ˈvækjʊəʊm/, *n.* (*biol.*) vacuoma.

vacuous /ˈvækjʊəs/, *a.* ***1*** (*raro*) vuoto; vacuo ***2*** (*fig.*) vacuo; vuoto; privo d'espressione; insignificante; sciocco; stupido: **a v. mind**, una mente vacua, assente; **a v. life**, una vita vuota, oziosa; **a v. stare**, uno sguardo vuoto, privo d'espressione; **a v. question**, una domanda insignificante, sciocca. || **-ly**, *avv.* || **-ness**, *sost.*

vacuum /ˈvækjʊəm, *USA* -juːm/, *n.* (*pl.* **vacuums**, *fis. anche* **vacua**) ***1*** (*fis.*) vuoto: **absolute v.**, vuoto assoluto; **Nature abhors a v.**, la natura aborre il vuoto ***2*** (*fig.*) (un) vuoto: **His wife's death left a v. in his life**, la morte della moglie lasciò un vuoto nella sua vita ***3*** (*fam.*) aspirapolvere. ● **v. bottle**, thermos □ **v. brake**, (*ferr.*) freno a depressione; (*mecc.*) freno pneumatico a vuoto □ **v. cleaner**, aspirapolvere □ (*chim.*) **v. distillation**, distillazione nel vuoto □ **v. flask**, thermos □ (*fis.*) **v. gauge**, vacuometro □ (*mecc.*) **v.--operated**, a depressione □ **v.-packed**, confezionato sotto vuoto □ **v. pump**, (*mecc.*) pompa da vuoto; (*aeron.*) depressore □ (*elettron.*) **v. tube**, tubo a vuoto; valvola termoionica □ **v. valve**, valvola termoionica.

to **vacuum** /ˈvækjʊəm, *USA* -juːm/, (*fam.*) **A** *v. t.* pulire con l'aspirapolvere. **B** *v. i.* usare l'aspirapolvere.

to **vacuum-clean** /ˈvækjʊəmkliːn, *USA* -juːm-/, *V.* **to vacuum**.

to **vacuum-seal** /ˈvækjʊəmsiːl, *USA* -juːm-/, *v. t.* sigillare (*o* chiudere) sotto vuoto.

vademecum /ˈvɑːdɪˈmeɪkəm, *USA* ˈveɪdɪˈmiː-/, *n.* vademecum; prontuario; taccuino.

vadose /ˈveɪdəʊs/, *a.* (*geol.*) vadoso: **v. water**, acqua vadosa.

vag /væg/, **A** *n.* (*abbr. fam. USA di* **vagrant**) individuo senza fissa dimora; vagabondo; accattone. **B** *a. attr.* di (*o* da) vagabondo; di vagabondaggio; d'accattonaggio: **He was arrested on a vag charge**, fu arrestato sotto accusa di vagabondaggio.

vagabond /ˈvægəbɒnd/, (*lett.*) **A** *a. attr.* vagabondo; errante; vagante; errabondo; nomade; randagio: **v. hunters**, cacciatori nomadi; **v. life**, vita randagia. **B** *n.* ***1*** vagabondo; nomade; girovago ***2*** briccone; accattone; ladro.

to **vagabond** /ˈvægəbɒnd/, *v. i.* vagabondare; errare; vagare.

vagabondage /ˈvægəbɒndɪdʒ/, **vagabondism** /ˈvægəbɒndɪzəm/, *n.* vagabondaggio.

vagal /ˈveɪgl/, *a.* (*anat.*) vagale; del nervo vago. ● (*med.*) **v. arrhythmia**, aritmia vagale.

vagarious /vəˈgɛərɪəs/, *a.* (*raro*) ***1*** vagante; errante ***2*** volubile; capriccioso. || **-ly**, *avv.*

vagary /ˈveɪgərɪ, ˈvæg-, vəˈgɛərɪ/, *n.* ***1*** idea strana (*o* bislacca); capriccio; ghiribizzo; stravaganza: **the vagaries of English weather**, i capricci del tempo in Inghilterra ***2*** divagazione; disgressione. ● **vagaries of the mind**, fantasticherie.

vagina /vəˈdʒaɪnə/, *n.* (*pl.* **vaginae, vaginas**) ***1*** (*anat.*) vagina ***2*** (*bot.*) guaina.

vaginal /vəˈdʒaɪnl, *USA* ˈvædʒɪnl/, *a.* (*anat.*) vaginale. ● (*med.*) **v. hernia**, ernia vaginale; colpocele.

vaginate /ˈvædʒɪnət/, **vaginated** /ˈvædʒɪneɪtɪd/, *a.* ***1*** (*anat.*) invaginato ***2*** (*bot.*) guainato: **a v. leaf**, una foglia guainata.

vaginectomy /vædʒɪˈnektəmɪ/, *n.* (*med.*) vaginectomia.

vaginismus /vædʒɪˈnɪzməs/, *n.* (*med.*) vaginismo.

vaginitis /vædʒɪˈnaɪtɪs/, *n.* (*med.*) vaginite.

vaginoscope /vəˈdʒaɪnəskəʊp/, *n.* (*med.*) colposcopio.

vagotomized /veɪˈgɒtəmaɪzd, væ-/, *a.* (*med.*) vagotomizzato.

vagotomy /veɪˈgɒtəmɪ, væ-/, *n.* (*med.*) vagotomia.

vagrancy /ˈveɪgrənsɪ/, *n.* ***1*** (*leg.*) vagabondaggio; accattonaggio ***2*** (*collett.*) (i) vagabondi; (gli) accattoni.

vagrant /ˈveɪgrənt/, **A** *a. attr.* ***1*** vagabondo; ambulante; errante; nomade; randagio: **a v. minstrel**, un menestrello ambulante; **v. peoples**, popoli nomadi ***2*** errabondo; vagante: **v. winds**, venti errabondi ***3*** incostante; instabile: **v. impulses**, impulsi incostanti. **B** *n.* ***1*** vagabondo; girovago; nomade *2* (*leg.*) accattone; mendicante *3* (*leg.*) vagabondo; individuo senza fissa dimora. ● **v. speculations**, fantasticherie; pensieri oziosi. || **-ly**, *avv.* || **-ness**, *sost.*

vague /veɪg/, *a.* *1* vago; incerto; indistinto; indeterminato; impreciso: **a v. accusation**, una vaga accusa; **a v. answer**, una risposta vaga, imprecisa; **a v. shape in the mist**, una sagoma indistinta nella nebbia; **I haven't got the vaguest idea of what he means**, non ho la più vaga (*o* la più pallida) idea di quel che vuol dire *2* (*di persona*) incerto; indeciso; irresoluto. || **-ly**, *avv.* || **-ness**, *sost.*

vagus /'veɪgəs/, *n.* (*pl.* **vagi**) (*anat.*) (nervo) vago.

to **vail** /veɪl/, (*arc. o poet.*) **A** *v. t.* *1* abbassare (*l'orgoglio, la cresta, ecc.*) *2* togliersi (*il cappello, in segno di sottomissione*). **B** *v. i.* *1* scappellarsi; inchinarsi *2* (*fig.*) sottomettersi; umiliarsi.

vain /veɪn/, *a.* *1* vano; inconsistente; inutile; infruttuoso: **v. hope**, vana speranza; **v. pomp**, vana pompa; **It is v. to resist**, ogni resistenza è inutile; **v. studies**, studi inconsistenti; **a v. attempt**, un tentativo infruttuoso *2* vano; vanitoso; vanaglorioso: **a v. girl**, una ragazza vanitosa. ● **in v.**, invano, inutilmente; vano, inutile: **I tried in v.**, tentai invano; **All my efforts were in v.**, tutti i miei sforzi furono inutili □ **to take sb.'s name in v.**, sparlare di q.; mancare di rispetto a q. □ (*relig.*) **to take the name of God in v.**, nominare il nome di Dio invano. || **-ly**, *avv.* || **-ness**, *sost.*

vainglorious /veɪn'glɔːrɪəs/, *a.* (*lett.*) *1* vanaglorioso *2* vanitoso.

vaingloriousness /veɪn'glɔːrɪəsnəs/, **vainglory** /veɪn'glɔːrɪ/, *n.* (*lett.*) *1* vanagloria *2* vanità; l'esser vanitoso.

vair /veə(r)/, *n.* (*arald.*) vaio.

valance /'væləns/, *n.* *1* balza; drappeggio; falpalà *2* (*USA*) mantovana (*di finestra*) *3* tenda, cortina (*di un letto*).

valanced /'vælənst/, *a.* *1* munito di balza; ornato di falpalà *2* (*USA*: *di finestra*) provvista di mantovana.

vale (1) /veɪl/, *n.* (*specialm. poet.*) valle. ● (*fig.*) **this v. of tears** (*o* **of woe**), questa valle di lacrime.

vale (2) /'vɑːleɪ, 'væ-, 'veɪ-, -lɪ/ (*lat.*), *inter.* e *n.* (*raro*) addio.

valediction /vælɪ'dɪkʃn/, *n.* (*form.*) addio; commiato; parole d'addio.

valedictorian /vælɪdɪk'tɔːrɪən/, *n.* (*USA*) studente che tiene il discorso di commiato nel giorno delle lauree (*o* dei diplomi).

valedictory /vælɪ'dɪktərɪ/, **A** *a.* (*form.*) d'addio; di commiato: **a v. speech**, un discorso d'addio. **B** *n.* (*USA*) discorso di commiato (*al termine dell'anno scolastico, ecc.*).

valence /'veɪləns/, *n.* (*chim.*) valenza: **v. bond**, legame di valenza.

Valencia /və'lensɪə/, *n.* (*geogr.*) Valenza.

Valenciennes /vælənsɪ'en/, *n.* pizzo Valenciennes.

valency /'veɪlənsɪ/, *n.* (*chim.*) valenza.

valentine /'væləntaɪn/, *n.* *1* innamorato, innamorata (*specialm. se scelto il giorno di S. Valentino, 14 febbraio*) *2* biglietto amoroso, lettera d'amore, dono (*inviati il 14 febbraio*).

Valentine /'væləntaɪn/, *n.* Valentino.

valerate /'vælərət/, *n.* (*chim.*) valerianato.

valerian /və'lɪərɪən/, *n.* (*bot., Valeriana officinalis*) valeriana (*anche farm.*).

valerianic /vəlɪərɪ'ænɪk/, **valeric** /və'lɪərɪk/, *a.* (*chim.*) valerianico: **v. acid**, acido valerianico.

valet /'vælət, -leɪ, *USA* væ'leɪ/, *n.* valletto; cameriere (personale); guardarobiere. ● **v. parking**, parcheggio dell'auto (*del cliente*) a cura dell'albergo.

to **valet** /'vælət, -leɪ, *USA* 'væ-, væ'leɪ/, *v. t.* far da valletto (*o* da cameriere) a (q.).

valeting /'vælətɪŋ, -leɪɪŋ, *USA* 'væ-, væ'leɪ-/, *n.* (*autom.*) lavaggio e pulitura dell'interno (*dell'automobile*).

valetudinarian /vælɪtjuːdɪ'neərɪən, *USA* -tuː-/, **A** *a.* *1* valetudinario (*lett.*); malaticcio; cagionevole *2* che si preoccupa troppo della propria salute; ipocondriaco. **B** *n.* (*arc.*) *1* persona di salute cagionevole *2* persona che si preoccupa troppo della propria salute.

valetudinarianism /vælɪtjuːdɪ'neərɪənɪzəm, *USA* -tuː-/, *n.* *1* salute cagionevole; salute malferma *2* ipocondria.

valetudinary /vælɪ'tjuːdɪnərɪ, *USA* -'tuːdɪnerɪ/, *V.* **valetudinarian**.

valgus /'vælgəs/, (*med.*) **A** *a.* (*di piede*) valgo. **B** *n.* valgismo.

Valhalla /væl'hælə/, *n.* *1* (*mitol. germanica*) Walhalla, Valalla *2* (*fig.*) mausoleo; pantheon.

valiance /'vælɪəns/, **valiancy** /'vælɪənsɪ/, *n.* coraggio; valore.

valiant /'vælɪənt/, *a.* coraggioso; valoroso; prode. || **-ly**, *avv.*

valid /'vælɪd/, *a.* (*anche leg.*) valido; (*fig.*) solido, fondato: **a v. contract [marriage]**, un contratto [un matrimonio] valido; **a v. claim**, una richiesta valida; una pretesa fondata; **v. arguments**, argomenti validi; solide ragioni. ● (*leg.*) **a v. title**, un titolo di proprietà legittimo. || **-ly**, *avv.* || **-ness**, *sost.*

to **validate** /'vælɪdeɪt/, *v. t.* (*leg.*) *1* rendere valido; convalidare; riconoscere la validità di *2* omologare: **to v. a treaty**, omologare un trattato *3* proclamare (q.) eletto. ● **to v. an agreement**, convalidare un accordo.

validation /vælɪ'deɪʃn/, *n.* (*leg.*) *1* convalidazione; convalida *2* omologazione *3* proclamazione (*degli eletti*) *4* (*elab.*) validazione; convalida.

validity /və'lɪdətɪ/, *n.* (*anche leg.*) validità; (*fig.*) solidità; fondatezza: **the v. of a ticket**, la validità di un biglietto; **the v. of an argument**, la fondatezza di un argomento.

valine /'veɪliːn, *USA* 'væl-/, *n.* (*biochim.*) valina.

valise /və'liːz, *USA* -s/, *n.* valigia; valigetta; ventiquattrore.

Valium /'vælɪəm/, *n.* (*marchio*: *farm.*) valium.

Valkyr /'vælkɪə(r)/, **Valkyria** /væl'kɪərɪə/, **Valkyrie** /væl'kɪərɪ, 'vælkərɪ/, *n.* (*mitol.*) valchiria.

vallate /'væleɪt/, *a.* (*anat.*) vallato: **v. papilla**, papilla vallata.

vallecula /væ'lekjʊlə/, *n.* (*pl.* **valleculae**) (*anat., bot.*) vallecola.

valley /'vælɪ/, *n.* *1* (*geogr., geol.*) valle; vallata: **the Po V.**, la Valle del Po; (*fig.*) **the v. of the shadow of death**, la valle dell'ombra della morte; **river v.**, valle fluviale *2* (*edil.*) compluvio. ● (*geol.*) **v. flat** (*o* **floor**), fondovalle □ (*edil.*) **v. rafter**, sottoconversa.

vallum /'væləm/, *n.* (*pl.* **valla, vallums**) (*stor. romana*) vallo.

valonia /və'ləʊnɪə/, *n.* (*bot.*) vallonea (*la ghianda*). ● (*bot.*) **v. oak** (*Quercus aegilops*), vallonea (*la quercia*).

valorization /vælərаɪ'zeɪʃn, *USA* -rɪ'z-/, *n.* (*econ.*) *1* valorizzazione (*di un prodotto*) *2* determinazione del prezzo (*con provvedimenti protezionistici*).

to **valorize** /'væləraɪz/, *v. t.* (*econ.*) *1* valorizzare (*un prodotto*) *2* determinare, stabilire il prezzo di (*un prodotto, con provvedimenti protezionistici*).

valorous /'vælərəs/, *a.* valoroso; coraggioso; prode. || **-ly**, *avv.*

valour /'vælə(r)/, *n.* valore; coraggio; prodezza.

valse /vɑːls, væls, vɔːls/ (*franc.*), *n.* (*mus.*) valzer.

to **valse** /vɑːls, væls, vɔːls/, *v. i.* (*raro*) ballare il valzer.

valuable /'væljʊəbl/, **A** *a.* *1* prezioso; di gran valore; costoso: **v. furniture**, mobili costosi; **v. information**, informazioni preziose; **v. land**, terreni di gran valore *2* valutabile. **B** *n. pl.* *1* oggetti di valore; valori *2* preziosi; merci preziose. ● (*leg.*) **v. consideration**, controprestazione; corrispettivo (in denaro) □ **v. goods**, valori; preziosi □ (*leg.*) **for a v. consideration**, a titolo oneroso.

valuation /væljʊ'eɪʃn/, *n.* *1* valutazione; il valutare; apprezzamento; (*comm.*) perizia, stima: **the v. of land**, la valutazione dei terreni; (*ass.*) **the v. of a risk**, la valutazione di un rischio; **the v. of an estate**, la stima di una proprietà *2* prezzo (*secondo la stima di mercato*): **The goods were disposed of at a low v.**, la merce fu venduta a basso prezzo *3* (*ass.*) determinazione del valore attuale (*di una polizza vita*) *4* (*per estens.*) valore: **He sets too high a v. on his abilities**, attribuisce un valore eccessivo alle sue capacità. ● (*dog.*) **the v. for customs purposes**, la fissazione del valore (*della merce*) in dogana.

valuator /'væljʊeɪtə(r)/, *n.* stimatore; perito.

value /'væljuː/, *n.* *1* valore; pregio; importanza; significato; utilità: **I set a high v. upon your advice**, attribuisco un gran valore ai tuoi consigli; **the v. of accuracy**, il pregio dell'accuratezza; **ethical values**, valori morali; **the v. of a friend**, l'importanza d'avere un amico; **the precise v. of a word**, il significato preciso d'una parola; **This dictionary may be of some v. to Italian students of English**, questo dizionario sarà forse di qualche utilità agli italiani che studiano l'inglese *2* (*econ.*) valore: **Our properties are increasing in v.**, le nostre proprietà stanno aumentando di valore; **What's the nominal v. of these shares?**, qual è il valore nominale di queste azioni?; **the v. of the dollar**, il valore del dollaro; **v. in exchange**, valore di scambio; **v. in use**, valore d'uso; **v. theory**, teoria del valore; (*ass.*) **the v. declared**, il valore dichiarato; **v. added**, valore aggiunto *3* (*econ.*) prezzo: **market values**, prezzi di mercato; **at v.**, al prezzo corrente di mercato; **This car is good [bad] v.**, questa automobile vale [non vale] il suo prezzo *4* (*banca, fin.*) valore; valuta: **v. in** (*o* **on**) **account**, valuta in conto; **v. date**, data di valuta; valuta al: **The v. date is April 1 st**, valuta (*del versamento*) al 1° aprile; (*su una cambiale*) **«v. received»**, «per valore ricevuto» *5* (*mat.*) valore: **As the v. of x increases, y decreases**, all'aumento del valore di x, si ha la diminuzione di y *6* (*tecn., scient.*) valore; potere: **calorific v.**, potere calorifico *7* (*chim.*) indice; numero: **acid v.**, numero di acidità *8* (*mus.*) valore, durata, lunghezza, quantità (*di una nota*) *9* (*pl.*) valori, princìpi (*morali, ecc.*) *10* (*pl.*) (*pitt.*) valori (*luministici, tonali, ecc.*). ● (*fisc.*) **v.-added statement**, dichiarazione dell'IVA □ (*fisc.*) **v.-added tax** (*abbr.* **VAT**), imposta sul valore aggiunto (*abbr.* IVA) □ **VAT-free**, esente da IVA □ **VAT-inclusive price**, prezzo IVA inclusa □ (*econ.*) **v. analysis**, analisi del valore (*o* valutativa) □ **v. analyst**, analista del valore □ **v. goods**, merci preziose; preziosi; valori □ (*fin.*) **v. index**, indice di valore □ **v. judgment**, giudizio soggettivo □ **v. parcel**, pacco (di) valori; pacco assicurato □ (*fin.*) **break-up v.**, valore di realizzo (*di un'azienda*) □ (*fin.*) **face v.**, valore nominale (di un titolo) □ (*leg.*) **for v.**, a titolo oneroso □ **to get v. for money**, spendere bene il proprio denaro □ **to lose** (*o* **to fall in**) **v.**, deprezzarsi; svalutarsi □ (*di un dipinto*) **out of v.**, non equilibrato nei valori tonali □ **to place** (*o* **to set**) **a high [a low] v. on st.**, attribuire grande [scarso] valore a q.c. □ (*fisc.*) **rateable v.**, valore imponibile □ **saleable** (*o* **selling**) **v.**, valore venale □ (*econ.*) **surplus v.**, plusvalore □ (*pubbl.*) **We offer the best v. in Florence**, pratichiamo i prezzi migliori a Firenze □ **Poor v. for money!**, soldi spesi male!

to **value** /'væljuː/, *v. t.* *1* (*econ., fin., rag.*) valutare; apprezzare; stimare: **The house was valued at one million pounds**, la casa fu valutata un milione di sterline; **to v. a loss**, valutare una perdita; **to v. a property**, stimare una proprietà **2** valutare; apprezzare; tenere in gran conto: **I v. sincerity above all things**, apprezzo la sincerità più d'ogni altra cosa. ● **to v. at cost**, valutare al costo □ **to v. at market price**, valutare al prezzo di mercato □ (*comm., leg.*) **to v. on sb.**, rivalersi su q. (*spiccando una tratta*) □ **to v. oneself on st.**, andare orgoglioso di q.c.

valued /ˈvæljuːd/, a. **1** valutato; del prezzo di; che costa: **a hat v. at two hundred dollars**, un cappello del prezzo di duecento dollari **2** apprezzato; stimato; pregiato; di gran valore; prezioso: **a v. possession**, un possedimento di gran valore; **a v. friend**, un amico prezioso. ● (*ass.*) **v. policy**, polizza con valore dichiarato; polizza valutata.

valueless /ˈvæljuːləs/, a. senza valore; privo di valore. ‖ **-ness**, sost.

valuer /ˈvæljuə(r)/, n. **1** (*comm.*) stimatore; perito; valutatore **2** estimatore; chi apprezza (q. *o* q.c.).

valvar /ˈvælvə(r)/, a. (*scient.*) valvolare.

valvate /ˈvælvət/, a. **1** (*bot., zool.*) valvato, valvare; munito di valva (*o* di valve) **2** (*anat.*) provvisto di valvola (*o* di valvole).

valve /vælv/, n. **1** (*anat., mecc., radio*) valvola: **the valves of the heart**, le valvole del cuore; **the v. of a tyre**, la valvola d'un pneumatico; **air v.**, valvola di sfiato; **check v.**, valvola di ritegno **2** (*bot., zool.*) valva; opercolo **3** (*fig.*) valvola **4** (*di porta*) battente; valva (*arc.*). ● **v. cock**, rubinetto a valvola □ (*mecc.*) **v. core**, spillo della valvola □ (*USA*) **v. follower**, *V.* **v. tappet** □ (*autom., mecc.*) **v. gear**, (meccanismo della) distribuzione: **v. gear timing**, fasatura della distribuzione □ (*di motore*) **v.-in-head**, a valvole in testa □ (*autom., mecc.*) **v. lifter**, alzavalvole □ (*mecc.*) **v. seat**, sede della valvola □ (*radio*) **v. set**, apparecchio a valvole □ **v. sluice**, chiusa; paratoia □ (*mecc.*) **v. tappet**, punteria □ (*mecc.*) **exhaust v.**, valvola di scarico □ (*mecc.*) **intake v.**, valvola di aspirazione □ **magnetic v.**, valvola elettromagnetica □ (*mecc.*) **safety v.**, valvola di sicurezza (*anche fig.*) □ **sliding v.**, valvola a saracinesca □ (*mecc.*) **throttle v.**, valvola a farfalla; farfalla.

to **valve** /vælv/, v. t. (*mecc.*) **1** munire di valvole **2** regolare (*l'efflusso, ecc.*) mediante valvole.

valved (1) /vælvd/, a. (*bot., zool.*) munito di valva (*o* di valve).

valved (2) /vælvd/, a. (*mecc.*) munito di valvola (*o* di valvole). ● (*di cilindro*) **four-v.**, a quattro valvole.

valveless /ˈvælvləs/, a. (*mecc.*) senza valvole.

valvelet /ˈvælvlət/, n. **1** (*mecc.*) valvolina **2** *V.* **valvule.**

valvular /ˈvælvjulə(r)/, a. (*scient.*) valvolare.

valvule /ˈvælvjuːl/, n. **1** (*anat.*) piccola valvola **2** (*bot., zool.*) piccola valva.

valvulitis /vælvjuˈlaɪtɪs/, n. (*med.*) valvulite.

valvuloplasty /ˈvælvjuləplæstɪ/, n. (*med.*) valvuloplastica.

to **vamoose** /vəˈmuːs/, to **vamose** /vəˈməus/, (*fam. USA*) **A** v. i. andarsene; sloggiare; tagliar la corda: **V.!**, vattene!; andatevene!; fila (*o* filate) via!; smamma!; smammate! **B** v. t. sloggiare da; abbandonare, lasciare (*un luogo*).

vamp (1) /væmp/, n. **1** tomaia **2** rappezzamento; rattoppo; toppa **3** (*fig.*) abborracciamento; raffazzonamento; (*letter.*) opera raffazzonata **4** (*mus.*) improvvisazione.

vamp (2) /væmp/, n. (*fam.*; *negli anni '20 e '30*) vamp; donna fatale; fatalona (*fam.*).

to **vamp (1)** /væmp/, **A** v. t. **1** mettere la tomaia a (*una scarpa*) **2** (*spesso* **to v. up**) rappezzare; rattoppare; rabberciare **3** (*fig., spesso* **to v. up**) abborracciare; raffazzonare: **He vamped out a literary article**, raffazzonò un articolo di critica letteraria **4** (*mus.*) improvvisare (*un accompagnamento, ecc.*). **B** v. i. (*mus.*) improvvisare (*al pianoforte, ecc.*). ● (*fam.*) **to v. up an excuse**, trovare una scusa qualsiasi.

to **vamp (2)** /væmp/, (*fam.*) **A** v. t. adescare; sedurre. **B** v. i. atteggiarsi a vamp; fare la donna fatale.

vamper /ˈvæmpə(r)/, n. **1** rappezzatore; rabberciatore **2** (*mus.*) improvvisatore.

vampire /ˈvæmpaɪə(r)/, n. **1** (*mitol.*) vampiro; (*fig.*) sanguisuga, usuraio, strozzino, sfruttatore **2** (*zool.*, = **v. bat**) vampiro **3** (*teatr.*) trabocchetto; botola a molla.

vampiric /væmˈpɪrɪk/, a. di (*o* da) vampiro; vampiresco.

vampirism /ˈvæmpaɪərɪzəm/, n. **1** vampirismo; credenza nei vampiri **2** (*psic.*) vampirismo (*forma di necrofilia*) **3** (*fig.*) usura; strozzinaggio.

van (1) /væn/, n. **1** furgone; autofurgone **2** (*ferr.*, = **luggage van, guard's van**) bagagliaio **3** (*ferr.*) carro merci **4** (= **police van**) furgone della polizia; cellulare **5** carrozzone (*degli zingari*) **6** (*naut.*; = **lift van**) container: **van ship**, nave portacontainer. ● **van driver**, furgonista □ **small van**, furgoncino.

van (2) /væn/, n. **1** vaglio (*per il grano*) **2** vela, pala (*di mulino a vento*) **3** (*ind. min.*) pala per il lavaggio di minerali **4** (*ind. min.*) prova di lavaggio sulla pala **5** (*arc., poet.*) ala; vanno (*arc.*).

van (3) /væn/, n. (*mil.*) avanguardia (*anche fig.*). ● **to be in the van of progress**, essere all'avanguardia del progresso.

to **van (1)** /væn/, v. t. trasportare (*merci*) con un furgone.

to **van (2)** /væn/, v. t. (*ind. min.*) sottoporre (*un minerale*) alla prova di lavaggio sulla pala; separare (*un minerale dalla vena*) mediante lavaggio.

vanadate /ˈvænədət/, n. (*miner.*) vanadato.

vanadic /vəˈnædɪk/, a. (*chim.*) vanadico: **v. acid**, acido vanadico.

vanadium /vəˈneɪdɪəm/, n. (*chim.*) vanadio.

vanadous /vəˈneɪdəs/, a. (*chim.*) vanadoso.

Vandal /ˈvændl/, **A** n. **1** (*stor.*) vandalo **2** – (*fig.*) **v.**, vandalo; barbaro distruttore; teppista. **B** a. attr. da vandalo; vandalico.

Vandalic /vænˈdælɪk/, a. (*stor.*) vandalico (*anche fig.*).

vandalism /ˈvændəlɪzəm/, n. vandalismo.

to **vandalize** /ˈvændəlaɪz/, v. t. danneggiare; distruggere; sfregiare.

Vandyke /vænˈdaɪk/, n. **1** (*stor.*) Van Dyck (*pittore fiammingo*) **2** quadro di Van Dyck **3** smerlatura (*di colletto*); punta (*di pizzo*) **4** (= **V. collar**) colletto alla Van Dyck **5** (= **V. beard**) pizzo alla Van Dyck. ● **V. brown**, marrone scuro.

vane /veɪn/, n. **1** (*anche naut.*) mostravento; banderuola **2** (*mecc.*) pala, paletta (*d'elica, di mulino a vento, di turbina, ecc.*): **v. pump**, pompa a palette; **v. wheel**, ruota a palette **3** (*topogr.*) mirino; traguardo **4** (*aeron.*) rivelatore di raffica **5** (*mil., aeron.*) governale (*di bomba*) **6** (*naut.*) pinnula; traguardo.

vaned /veɪnd/, a. munito di banderuola, ecc. (*V.* **vane**).

vanessa /vəˈnɛsə/, n. (*zool., Vanessa*) vanessa.

vang /væŋ/, n. (*naut.*) ostino.

vanguard /ˈvæŋgɑːd/, n. (*mil.*) avanguardia (*anche fig.*): **The U.S.A. is in the v. of scientific progress**, gli U.S.A. sono all'avanguardia del progresso scientifico. ● **to lead the v.**, essere in testa (*anche fig.*).

vanilla /vəˈnɪlə/, n. **1** (*bot., Vanilla planifolia*) vaniglia: **v. bean**, baccello di vaniglia **2** (*cucina*, = **v. extract**) (estratto di) vaniglia **3** (*gergo dei neri USA*) bianco; viso pallido: **That v. looks like a cop**, quel bianco ha l'aria d'essere un poliziotto. ● **v. ice cream**, gelato alla vaniglia.

vanillic /vəˈnɪlɪk/, a. della vaniglia; vanillico: (*chim.*) **v. acid**, acido vanillico.

vanillin /vəˈnɪlɪn, USA ˈvæn-/, n. (*chim.*) vanillina, vaniglina.

vanish /ˈvænɪʃ/, n. (*fon.*) vocale attenuata (*la seconda, in alcuni dittonghi*).

to **vanish** /ˈvænɪʃ/, v. i. **1** svanire; dileguarsi; scomparire; sparire: **My hopes have vanished**, le mie speranze sono svanite; **The stain has vanished**, la macchia è scomparsa **2** (*mat.*) annullarsi; diventar zero. ● (*cosmesi*) **vanishing cream**, crema evanescente □ (*disegno*) **vanishing point**, punto di fuga (*della prospettiva*) □ (*fam.*) **My funds have reached (the) vanishing point**, i miei fondi stanno per esaurirsi.

vanity /ˈvænətɪ/, n. **1** vanità; vanagloria: **the v. of glory**, la vanità della gloria; **All is v.**, tutto è vanità; **the vanities of this world**, le vanità di questo mondo **2** (*Bibbia*) idolo; divinità pagana. ● **v. bag** (*o* **v. case**), borsetta da donna per il trucco; necessaire (*franc.*) □ (*autom.*) **v. mirror**, specchietto di cortesia □ (*autom.*) **v. plate**, targa per bellezza (*scelta, e spesso pagata a un altro automobilista inglese, per avere lettere e numeri di proprio gradimento*) □ (*fam.*) **v. surgery**, chirurgia estetica □ **v. top**, piano (*in marmo, ecc.*) di toilette; (*edil.*) lavandino incassato □ **v. unit**, mobiletto (*di formica, ecc.*) con lavandino incorporato.

vanner /ˈvænə(r)/, n. **1** (*ind. min.*) piatto meccanico per lavaggio **2** (*USA*) furgonista; camionista.

vanning /ˈvænɪŋ/, n. (*ind. min.*) lavaggio sulla pala (*V.* **to van (2)**). ● **v. machine**, *V.* **vanner**.

to **vanquish** /ˈvæŋkwɪʃ/, v. t. vincere (*anche fig.*); conquistare; sconfiggere; sgominare: **Her curiosity vanquished fear**, la curiosità vinse in lei il timore. ● **the vanquished**, i vinti.

vanquishable /ˈvæŋkwɪʃəbl/, a. vincibile; conquistabile.

vanquisher /ˈvæŋkwɪʃə(r)/, n. vincitore; conquistatore.

vanquishment /ˈvæŋkwɪʃmənt/, n. (*lett.*) conquista; vittoria.

vantage /ˈvɑːntɪdʒ, USA ˈvæn-/, n. **1** (*sport*) vantaggio (*al tennis*): **v. in**, vantaggio alla battuta; **v. out**, vantaggio alla rimessa **2** (*arc.*) vantaggio; profitto. ● (*mil* e *fig.*) **v. ground**, terreno favorevole □ **v. point**, punto di vista; (*anche* **point** *o* **coign**) **of v.**, posizione vantaggiosa; posizione di forza.

vapid /ˈvæpɪd/, a. insipido; insulso; scipito; svaporato; svanito: **v. food**, cibo insipido; **v. talk**, discorsi insulsi; **v. beer**, birra svaporata. ‖ **-ly**, avv. ‖ **-ness**, sost.

vapidity /væˈpɪdətɪ/, n. insipidità; insulsaggine; scipitezza.

vapor, to **vapor** /ˈveɪpə(r)/, (*USA*) *V.* **vapour, to vapour**.

vaporability /veɪpərəˈbɪlətɪ/, n. **1** (*fis.*) evaporabilità **2** l'essere vaporizzabile.

vaporable /ˈveɪpərəbl/, a. **1** (*fis.*) evaporabile **2** vaporizzabile.

vaporiferous /veɪpəˈrɪfərəs/, a. (*raro*) apportatore di vapori.

vaporific /veɪpəˈrɪfɪk/, a. che produce vapore.

vaporimeter /veɪpəˈrɪmɪtə(r)/, n. vaporimetro (*strumento*).

vaporizable /ˈveɪpəraɪzəbl/, a. evaporabile; vaporizzabile.

vaporization /veɪpəraɪˈzeɪʃn, USA -rɪˈz-/, n. **1** vaporizzazione (*anche med.*) **2** (*raro*) evaporazione.

to **vaporize** /ˈveɪpəraɪz/, (*fis.*) **A** v. t. **1** vaporizzare (*anche med.*) **2** far evaporare. **B** v. i. **1** evaporare; svaporare (*anche fig.*) **2** vaporizzarsi.

vaporizer /ˈveɪpəraɪzə(r)/, n. **1** spruzzatore; vaporizzatore; nebulizzatore **2** (*mecc.*) iniettore (*di carburatore*).

vaporose /ˈveɪpərəus/, *V.* **vaporous.**

vaporosity /veɪpəˈrɒsətɪ/, n. (*raro*) vaporosità.

vaporous /ˈveɪpərəs/, a. **1** di vapore: **v. clonds**, nubi di vapore **2** vaporoso; (*fig.*) indeterminato, vago, fantastico. ‖ **-ly**, avv. ‖

-ness, *sost.*

vaporware /ˈveɪpəwɛə(r)/, *n. collett.* (*fam., elab.*) software che non è mai stato commercializzato.

vapour /ˈveɪpə(r)/, *n.* **1** (*fis.*) vapore: **gasoline vapours**, vapori di benzina **2** (*fig. raro*) fantasticheria; stravaganza; visione; chimera: **the vapours of an insane mind**, le chimere di una mente malata **3** (*pl.*) (*arc.*) depressione; ipocondria; malinconia **4** (*pl.*) (*arc.* o *scherz.*) vapori (*arc.*); vampe di calore alla testa. ● **v. bath**, bagno di vapore □ (*metall.*) **v. blasting**, idrofinitura □ **v. pressure** (*o* **v. tension**), pressione (*o* tensione) del vapore □ (*aeron.*) **v. trail**, scia di condensazione □ **water v.**, umidità atmosferica; vapore acqueo.

to **vapour** /ˈveɪpə(r)/, *v. i.* **1** emettere vapore; emanare vapori **2** evaporare; trasformarsi in vapore **3** (*arc.*) vantarsi; millantarsi.

vapourer /ˈveɪpərə(r)/, *n.* (*arc.*) millantatore; fanfarone.

vapouring /ˈveɪpərɪŋ/, *n.* (*spesso al pl., arc.*) millanteria; fanfaronata.

vapourish /ˈveɪpərɪʃ/, *a.* **1** simile a vapore; vaporoso **2** annebbiato; indistinto **3** (*arc.*) depresso; abbattuto; ipocondriaco.

vapourishness /ˈveɪpərɪʃnəs/, *n.* **1** vaporosità **2** l'essere annebbiato (*o* indistinto) **3** (*arc.*) depressione; ipocondria.

varactor /ˈvɛəræktə(r)/, *n.* (*elettron.*) (diodo) varactor.

varan /vəˈræn/, *n.* (*zool., Varanus*) varano.

varec /ˈværɛk/, *n.* varec(h), vareck, varecchi (*ceneri di alghe marine*).

variability /vɛərɪəˈbɪlətɪ/, *n.* variabilità; incostanza: **the v. of prices**, la variabilità dei prezzi; **v. of temper**, incostanza (del carattere).

variable /ˈvɛərɪəbl/, **A** *a.* **1** variabile; incostante; mutevole: **v. winds**, venti variabili; **v. weather**, tempo variabile; **v. fortune**, fortuna mutevole; (*astron.*) **v. star**, stella variabile **2** (*mat., stat.*) variabile: **v. quantity**, quantità variabile **3** (*fin.*) variabile: **v. budget**, budget variabile **4** (*elab.*) variabile; modificabile. **B** *n.* **1** entità (*o* fattore) variabile **2** (*mat., stat.*) variabile; grandezza (*o* quantità) variabile **3** (*naut.*) vento variabile **4** (*astron.*) stella variabile. ● (*fin.*) **v. annuity**, rendita variabile □ (*elab.*) **v. block**, blocco (*di memoria*) a lunghezza variabile □ (*rag.*) **v. costs**, costi variabili □ (*aeron.*) **v.-geometry aircraft**, aereo a geometria variabile □ (*fin.*) **v. levy**, dazio d'importazione variabile □ (*ass.*) **v. life insurance**, assicurazione sulla vita a capitale variabile □ (*aeron.*) **v. pitch propeller**, elica a passo variabile □ (*fin.*) **v.-rate mortgage**, mutuo ipotecario a tasso variabile □ (*aeron.*) **v.-sweep wing**, ala a freccia variabile □ (*fin.*) **v.-yield securities**, titoli a reddito variabile □ (*stat.*) **dummy v.**, variabile di comodo □ (*stat.*) **random v.**, variabile casuale; variabile aleatoria □ (*econ.*) **target v.**, variabile obiettivo. || **-ness**, *sost.* || **-bly**, *avv.*

variance /ˈvɛərɪəns/, *n.* **1** (*raro*) variazione: **variances in temperature**, variazioni di temperatura **2** differenza, divergenza (d'opinione); discrepanza; disaccordo: (*leg.*) **a v. in sb.'s testimony**, una discrepanza nella testimonianza resa da q. **3** (*mat.*) deviazione; scostamento **4** (*fin., rag.*) scostamento: **budget v.**, scostamento delle previsioni di spesa **5** (*fis., elab., stat.*) varianza: **v. analysis**, analisi della varianza. ● **to be at v.**, essere in disaccordo; non andare d'accordo; non accordarsi: **Husband and wife have been at v. for a long time**, è un pezzo che marito e moglie non vanno d'accordo.

variant /ˈvɛərɪənt/, **A** *a.* variante; vario; diverso; differente: **a v. reading in a manuscript**, una (lezione) variante in un manoscritto; **v. tipes**, tipi diversi. **B** *n.* **1** (*ling.*) variante: **«Tire» is a v. of «tyre»**, «tire» è una variante di «tyre» **2** (*stat.*) *V.* **variate**.

variate /ˈvɛərɪət/, *n.* (*stat.*) variabile aleatoria; variabile.

variation /vɛərɪˈeɪʃn/, *n.* **1** (*biol., mat., stat., mus.*) variazione: **v. of species**, variazione della specie; (*econ.*) **a v. in supply**, una variazione dell'offerta; **v. of the data**, variazione dei dati **2** variazione; cambiamento; modifica; mutamento: **a v. of temperature**, una variazione di temperatura; **great variations**, grandi mutamenti **3** (*astron., geogr.*) declinazione magnetica: **v. compass**, bussola di declinazione; declinometro **4** variante: **The scazon is a v. of** (*o* **on**) **the ordinary iambic trimeter**, lo scazonte è una variante del comune trimetro giambico.

variational /vɛərɪˈeɪʃənl/, *a.* **1** di variazione; che è segno di variazione **2** che implica una variazione **3** (*mat., mecc.*) variazionale.

varicella /værɪˈsɛlə/, *n.* (*med.*) varicella.

varicocele /ˈværɪkəʊsiːl/, *n.* (*med.*) varicocele.

varicoloured /ˈvɛərɪkʌləd/, *a.* variopinto; multicolore.

varicose /ˈværɪkəʊs/, *a.* (*med.*) varicoso: **v. veins**, vene varicose.

varicosed /ˈværɪkəʊst/, *a.* (*med.*) affetto da varici.

varicosity /værɪˈkɒsətɪ/, *n.* (*med.*) **1** varicosità **2** vena varicosa.

varied /ˈvɛərɪd/, *a.* **1** vario; diverso; differente; svariato: **v. interests**, svariati interessi **2** vario; pieno di varietà; variato; mutevole; movimentato: **to lead a v. life**, fare una vita varia; **v. scenary**, paesaggio mutevole **3** di vari colori; variegato.

to **variegate** /ˈvɛərɪgeɪt/, *v. t.* **1** rendere variegato; variegare; screziare **2** rendere vario; diversificare.

variegated /ˈvɛərɪgeɪtɪd/, *a.* **1** variegato; screziato: **v. geranium**, geranio screziato **2** (*fig.*) pieno di varietà; variato; mutevole; movimentato: **a v. career**, una carriera movimentata.

variegation /vɛərɪˈgeɪʃn/, *n.* screziatura; aspetto variegato; varietà di colori.

varietal /vəˈraɪətl/, *a.* (*bot., zool.*) varietale; di una distinta (*o* particolare) varietà.

variety /vəˈraɪətɪ/, *n.* **1** varietà; molteplicità; diversità: **the v. of animal and vegetable life**, la varietà della vita animale e vegetale; **the v. of the scene**, la varietà della scena; **a new v. of cherries**, una nuova varietà di ciliege **2** (*spettacolo*) varietà. ● **v. artist**, attore (*o* attrice) di varietà; artista di caffè concerto □ (*comm., USA*) **v. chain**, catena di negozi d'articoli vari □ (*fam. USA*) **v. meat**, carne lavorata; salumi; frattaglie; rigaglie □ **a v. of causes**, una molteplicità di cause □ **v. show** (*o* **v. entertainment**), spettacolo di varietà □ (*comm., USA*) **v. shop**, negozio di articoli vari; grande magazzino □ **v. theatre**, teatro di varietà; caffè concerto □ **for a v. of reasons**, per molte (*o* diverse) ragioni.

variform /ˈvɛərɪfɔːm/, *a.* (*raro*) multiforme.

variola /vəˈraɪələ/, *n.* (*med.*) vaiolo.

variolar /vəˈraɪələ(r)/, *V.* **variolous**.

to **variolate** /ˈvɛərɪəleɪt/, *v. t.* (*med.*) inoculare il vaiolo a (q.).

variolate(d) /ˈvɛərɪəleɪt(ɪd)/, *a.* pustoloso; butterato.

variolation /vɛərɪəˈleɪʃn/, *n.* (*med.*) inoculazione del vaiolo.

variole /ˈvɛərɪəʊl/, *n.* **1** (*med.*) pustola (*del vaiolo*); buttero **2** (*bot., zool.*) pustola; ticchio **3** (*geol.*) variola.

variolite /ˈvɛərɪəlaɪt/, *n.* (*geol.*) variolite.

varioloid /ˈvɛərɪəlɔɪd/, (*med.*) **A** *a.* vaioloso; tipico del vaiolo. **B** *n.* vaioloide; vaiolo attenuato.

variolous /ˈvɛərɪələs/, *a.* (*med.*) vaioloso.

variometer /vɛərɪˈɒmɪtə(r)/, *n.* (*elettr.*) variometro (*strumento*).

variorum /vɛərɪˈɔːrəm/ (*lat.*), *n.* (*tipogr.*, = **v. edition**) edizione (*di un libro*) annotata da vari commentatori.

various /ˈvɛərɪəs/, *a.* vario; diverso; differente; parecchio; molto: **for v. reasons**, per varie ragioni; **v. types**, tipi diversi; **to read v. books**, leggere parecchi libri; **v. people**, molta gente. || **-ly**, *avv.*

varistor /væˈrɪstə(r)/, *n.* (*elettron.*) varistore.

varix /ˈvɛərɪks/, *n.* (*pl.* **varices**) (*med.*) varice.

varlet /ˈvɑːlət/, *n.* **1** (*stor.*) paggio; valletto **2** (*arc. o scherz.*) furfante; canaglia; manigoldo.

varletry /ˈvɑːlətrɪ/, *n.* **1** (*collett.*) (*arc.*) paggi; valletti **2** (*spreg.*) (il) servitorame; (la) servitù.

varmint /ˈvɑːmɪnt/, *n.* **1** (*arc.* o *dial.*) animale (*o* insetto) nocivo; parassita **2** (*pop. o scherz.*) briccone; furfante.

varnish /ˈvɑːnɪʃ/, *n.* **1** vernice: **oil v.**, vernice a olio; **spirit v.**, vernice a spirito **2** (*fig.*) vernice (*fig.*); apparenza; esteriorità **3** – **the v.**, il lustro; il lucido (*di una superficie, di un mobile, ecc.*). ● **v. remover**, sverniciatore □ **v. thinner**, diluente per vernici □ (*bot.*) **v. tree** (*Rhus vernicifera*), albero della lacca □ **copal v.**, coppale.

to **varnish** /ˈvɑːnɪʃ/, *v. t.* **1** verniciare; inverniciare **2** (*fig.*) lustrare; mascherare (*fig.*); far apparire migliore: **to v. sb.'s reputation**, fare apparire la reputazione di q. migliore di quanto non sia.

varnisher /ˈvɑːnɪʃə(r)/, *n.* verniciatore.

varnishing /ˈvɑːnɪʃɪŋ/, *n.* verniciatura. ● (*arte*) **v. day**, vernice; vernissage (*franc.*).

varsity /ˈvɑːsətɪ/, (*fam., quasi arc.*) **A** *n.* (*contraz. fam. di* **university**) università. **B** *a. attr.* dell'università; universitario. ● (*in G.B.*) **the V. match**, l'incontro (*o* la gara) fra Oxford e Cambridge □ (*sport, USA*) **the v. basketball team**, la squadra di basket dell'università.

varus /ˈvɛərəs/, *n.* (*med.*) **1** (*di piede*) varo **2** varismo.

to **vary** /ˈvɛərɪ/, **A** *v. t.* variare; cambiare; diversificare; modificare; mutare: **to v. one's diet [the treatment]**, variare la dieta [la cura]; **to v. one's route**, cambiare itinerario; **He never varies his style**, non muta mai stile; **You must v. your conduct**, devi modificare la tua condotta. **B** *v. i.* **1** variare; cambiare; diversificarsi; modificarsi; mutare: **His mood varies from day to day**, il suo umore varia da un giorno all'altro; (*mat.*) **to v. inversely**, mutare in ragione inversa; variare inversamente **2** esser diverso; differire: **The second edition varies very little from the first**, la seconda edizione differisce di poco dalla prima. ● (*leg.*) **to v. from the law**, deviare dalla norma; trasgredire alla legge □ (*stat., mat.*) **to v. from the mean**, scostarsi dalla media □ **to v. one's habits**, cambiare abitudini.

varying /ˈvɛərɪɪŋ/, *a.* che varia; che cambia; che muta; mutevole. || **-ly**, *avv.*

vas /væs/ (*lat.*), *n.* (*pl.* **vasa** /ˈveɪsə, *USA* -zə/) (*anat.*) vaso: **vas afferens**, vaso afferente.

vasal /ˈveɪsl, *USA* -zl/, *a.* (*anat., bot.*) vasale.

vascular /ˈvæskjʊlə(r)/, *a.* (*anat., bot., med.*) vascolare: **v. tissue**, tessuto vascolare; **v. system**, sistema vascolare. ● **v. epithelium**, endotelio.

vascularity /væskjʊˈlærətɪ/, *n.* (*anat., bot.*) vascolarità.

vascularization /væskjʊləraɪˈzeɪʃn, *USA* -rɪˈz-/, *n.* (*med.*) vascolarizzazione.

to **vascularize** /ˈvæskjʊləraɪz/, *v. t.* (*med.*) vascolarizzare.

vasculature /ˈvæskjʊlətʃə(r), *USA* -tʃ(ʊ)ə(r)/, *n.* (*anat.*) vascolarizzazione.

vasculose /ˈvæskjʊləʊs/, (*bot.*) **A** *a.* vascoloso. **B** *n.* tessuto vascoloso.

vasculum /ˈvæskjʊləm/, *n.* (*pl.* **vascula**) **1** (*bot.*) vascolo **2** (*anat.*) piccolo vaso.

vase /vɑːz, *USA* veɪs, veɪz/, *n.* vaso (*artistico o da fiori*). ● **v. painting**, decorazione pittorica dei vasi □ **flower v.**, vaso da fiori.

to **vasectomize** /vəˈsɛktəmaɪz/, *v. t.* (*med.*) vasectomizzare.

vasectomized /vəˈsɛktəmaɪzd/, *a.* (*med.*) vasectomizzato.

vasectomy /vəˈsɛktəmɪ/, *n.* (*med.*) vasectomia.
vaseline /ˈvæsəliːn/, *n.* (*marchio*) vaselina, vasellina.
vasoactive /veɪzəʊˈæktɪv, *USA* væsəʊ-/, *a.* (*med.*) vasoattivo.
vasoconstriction /veɪzəʊkənˈstrɪkʃn, *USA* væsəʊ-/, *n.* (*med.*) vasocostrizione.
vasoconstrictive /veɪzəʊkənˈstrɪktɪv, *USA* væsəʊ-/, *a.* (*med.*) vasocostrittore.
vasoconstrictor /veɪzəʊkənˈstrɪktə(r), *USA* væsəʊ-/, *a.* e *n.* (*med.*) vasocostrittore.
vasocutaneous /veɪzəʊkjuːˈteɪnɪəs, *USA* væsəʊ-/, *a.* (*med.*) vasocutaneo.
vasodepressor /veɪzəʊdɪˈprɛsə(r), *USA* væsəʊ-/, *a.* e *n.* (*med.*) vasodepressore.
vasodilatation /veɪzəʊdaɪləˈteɪʃn, -dɪ-, *USA* væsəʊ-/, **vasodilation** /veɪzəʊdaɪˈleɪʃn, -dɪ-, *USA* væsəʊ-/, *n.* (*med.*) vasodilatazione.
vasodilative /veɪzəʊdaɪˈleɪtɪv, -dɪ-, *USA* væsəʊ-/, *V.* **vasodilatory**.
vasodilator /veɪzəʊdaɪˈleɪtə(r), *USA* væsəʊˈdaɪleɪtə(r)/, *a.* e *n.* (*med.*) vasodilatatore.
vasodilatory /veɪzəʊˈdaɪlətrɪ, -ˈdɪ-, *USA* væsəʊˈdaɪlətɔːrɪ, -ˈdɪ-/, *a.* (*med.*) vasodilatatorio; vasodilatatore.
vasomotion /veɪzəʊˈməʊʃn, *USA* væsəʊ-/, *n.* (*anat.*) vasomotilità.
vasomotor /ˈveɪzəʊməʊtə(r), *USA* væsəʊ-/, *a.* (*med.*) vasomotore; vasomotorio. ● (*fisiol.*) **v. centre**, centro vasomotore.
vasopressin /veɪzəʊˈprɛsɪn, *USA* væsəʊˈprɛsn/, *n.* (*biochim.*) vasopressina.
vasopressor /veɪzəʊˈprɛsə(r), *USA* væsəʊ-/, *n.* (*med.*) vasopressore; vasopressorio.
vasospasm /ˈveɪzəʊspæzəm, *USA* væsəʊ-/, *n.* (*med.*) vasospasmo.
vasostimulant /veɪzəʊˈstɪmjʊlənt, *USA* væsəʊ-/, *a.* e *n.* (*med.*) vasostimolante.
vasotomy /veɪˈsɒtəmɪ, *USA* væˈs-/, *n.* (*med.*) vasotomia.
vasotonic /veɪzəʊˈtɒnɪk, *USA* væsəʊ-/, *a.* e *n.* (*med.*) vasotonico.
vasotonin /ˈveɪzəʊtəʊnɪn, *USA* ˈvæsəʊ-/, *n.* (*biochim.*) vasotonina.
vassal /ˈvæsl/, **A** *n.* **1** (*stor.*) vassallo **2** (*per estens.*) dipendente; servo; suddito. **B** *a. attr.* vassallo: (*polit.*) **a v. state**, uno Stato vassallo. ● (*stor.*) **great v.**, vassallo diretto □ (*stor.*) **rear v.**, valvassore.
vassalage /ˈvæsəlɪdʒ/, *n.* **1** (*stor.*) vassallaggio **2** (*per estens.*) stretta dipendenza; servaggio; sudditanza.
vassalry /ˈvæslrɪ/, *n.* (*stor.*) (i) vassalli (*collett.*).
vast /vɑːst, *USA* væst/, **A** *a.* vasto; ampio; esteso; enorme; grande; immenso: **v. plains**, vaste pianure; **v. knowledge**, una vasta cultura; **a v. multitude**, una grande multitudine; una folla enorme; (*fam.*) **v. satisfaction**, ampia soddisfazione. **B** *n.* (*poet.*) vasto spazio; ampia distesa; (la) vastità: **the v. of the ocean**, l'ampia distesa dell'oceano; **the v. of heaven**, la vastità dei cieli.
vastitude /ˈvɑːstɪtjuːd, *USA* ˈvæstɪtuːd/, *n.* (*form.*) **1** vastità; immensità **2** (*pl.*) vastitudini; spazi immensi; distese.
vastity /ˈvɑːstətɪ, *USA* ˈvæst-/, *n.* (*raro*) vastità.
vastly /ˈvɑːstlɪ, *USA* ˈvæstlɪ/, *avv.* ampiamente; molto; di gran lunga: **v. different**, molto differente.
vastness /ˈvɑːstnəs, *USA* ˈvæs-/, *n.* vastità; enormità; immensità.
vasty /ˈvɑːstɪ, *USA* ˈvæ-/, *a.* (*poet.*) vasto; immenso; sconfinato.
vat /væt/, *n.* (*ind.*) ampio recipiente; tino; tinozza; vasca: **fermenting vat**, tino per fermentazione; **bleaching vat**, vasca per il candeggio. ● **vat dye**, colorante al tino □ **vat dyeing**, tintura al tino (*di tessuti*).
to **vat** /væt/, *v. t.* (*ind.*) mettere nel tino (*o* nella tinozza, ecc.).
VAT /viːeɪˈtiː, væt/, *n.* (*acronimo di* **value-added tax**) (*fisc.*) IVA (*imposta sul valore aggiunto*): **VAT office**, ufficio IVA.
vataway /ˈvætəweɪ/, *a.* (*fam.*, *fisc.*) esente dall'IVA. ● **to go v.**, essere esentato dall'IVA.
Vatican /ˈvætɪkən/, *n.* (*geogr.*) Vaticano (*anche fig.*). ● **the V. City**, la Città del Vaticano □ (*stor.*) **the V. State**, lo Stato Pontificio.
Vaticanism /ˈvætɪkənɪzəm/, *n.* (*relig.*) vaticanismo; dottrina dell'infallibilità del Papa.
Vaticanist /ˈvætɪkənɪst/, *n.* (*relig.*) vaticanista.
to **vaticinate** /væˈtɪsɪneɪt/, *v. t.* e *i.* vaticinare; profetare; predire.
vaticination /vætɪsɪˈneɪʃn/, *n.* vaticinio; vaticinazione (*lett.*); predizione; profezia.
vaticinator /væˈtɪsɪneɪtə(r)/, *n.* vaticinatore; profeta.
vatman /ˈvætmæn/, *n.* (*pl.* **vatmen**) (*fam.*, *fisc.*) funzionario addetto all'IVA.
vaudeville /ˈvɔːdəvɪl, ˈvəʊ-/ (*franc.*), *n.* **1** (*in G.B.*) commedia musicale **2** (*in U.S.A.*) spettacolo di varietà (*dei primi decenni del Novecento*).
Vaudois /ˈvəʊdwɑː/, **A** *a.* valdese. **B** *n.* (*invar. al pl.*) valdese (*anche la lingua*). ● **the V.**, i Valdesi (*anche la setta religiosa*).
vault (**1**) /vɔːlt/, *n.* **1** (*archit.*) volta (*anche fig.*): **the v. of heaven**, la volta del cielo **2** sotterraneo (*a volta*); cantina: **wine v.**, cantina **3** (*di cimitero*) tomba; cripta: **family v.**, tomba di famiglia **4** (*di banca*) camera blindata (*o* di sicurezza); caveau (*franc.*) **5** (*anat.*) volta: **v. of the skull**, volta cranica. ● **circular v.**, volta a tutto centro.
vault (**2**) /vɔːlt/, *n.* **1** volteggio **2** (*atletica*) salto: **pole v.**, salto con l'asta.
to **vault** (**1**) /vɔːlt/, **A** *v. t.* (*archit.*) **1** costruire a volta **2** coprire con una volta. **B** *v. i.* curvarsi a volta.
to **vault** (**2**) /vɔːlt/, **A** *v. i.* **1** volteggiare **2** balzare, saltare (*specialm. con un volteggio*): **He vaulted into the saddle**, balzò in sella (con un volteggio); **The robber vaulted over the bank counter**, il rapinatore saltò di là dal bancone della banca. **B** *v. t.* saltar sopra, saltare (*specialm. appoggiando le mani o con l'aiuto d'una pertica*).
vaulted /ˈvɔːltɪd/, *a.* (*archit.*) **1** a volta **2** coperto da una volta.
vaulter /ˈvɔːltə(r)/, *n.* **1** volteggiatore, volteggiatrice; saltatore, saltatrice **2** (*atletica*) astista; saltatore con l'asta.
vaulting (**1**) /ˈvɔːltɪŋ/, *n.* (*archit.*) **1** costruzione a volta; volta: **cross v.**, volta a crociera; **fan v.**, volta a ventaglio **2** costruzione di volte.
vaulting (**2**) /ˈvɔːltɪŋ/, **A** *n.* (*anche sport*) volteggio. **B** *a. attr.* (*lett.*) che non conosce ostacoli; illimitato; sfrenato: **v. ambition**, ambizione sfrenata. ● (*ginnastica*) **v. horse**, cavallo □ (*atletica*) **v. pole**, asta (*per i salti*).
vaunt /vɔːnt, *USA* vɒnt/, *n.* (*lett.*) vanto; vanteria.
to **vaunt** /vɔːnt, *USA* vɒnt/, (*lett.*) **A** *v. i.* vantarsi; gloriarsi. **B** *v. t.* vantare; lodare.
vaunt-courier /ˈvɔːntkʊərɪə(r), *USA* ˈvɒnt-/, *n.* (*arc. o poet.*) precursore.
vaunter /ˈvɔːntə(r), *USA* ˈvɒnt-/, *n.* (*lett.*) chi si vanta; millantatore, millantatrice.
vaunting /ˈvɔːntɪŋ, *USA* ˈvɒnt-/, (*lett.*) **A** *a.* vanaglorioso; vanitoso. **B** *n.* vanto; vanteria.
vavasory /ˈvævəsərɪ, *USA* -ɔːrɪ/, *n.* (*stor.*) feudo di un valvassore.
vavasour /ˈvævəsɔː(r), -sʊə(r)/, *n.* (*stor.*) valvassore.
've /v, əv/, *contraz.* di **have** (*per es., in* **I've** *per* **I have**).
veal /viːl/, *n.* (*cucina, macelleria*) (carne di) vitello: **a v. cutlet**, una costoletta di vitello.
vealy /ˈviːlɪ/, *a.* (*raro*) **1** simile a carne di vitello; che pare vitello **2** (*fam. USA*) immaturo; inesperto.
vector /ˈvɛktə(r)/, *n.* **1** (*mat., astron., biol.*) vettore: **radius v.**, raggio vettore **2** (*biol., med.*) portatore; vettore **3** (*aeron.*) rotta. ● (*elab.*) **v. generator**, generatore di vettori □ (*mat.*) **V. product**, prodotto vettoriale □ (*aeron., miss.*) **v. steering**, guida vettoriale.
to **vector** /ˈvɛktə(r)/, *v. t.* **1** dirigere; indirizzare **2** (*aeron., miss.*) teleguidare.
vectored /ˈvɛktəd/, *a.* (*elab.*) organizzato mediante vettori.
vectorial /vɛkˈtɔːrɪəl/, *a.* (*scient.*) vettoriale.
Veda /ˈveɪdə/, *n.* (*relig.*) Veda.
Vedaism /ˈveɪdəɪzəm/, *n.* (*relig.*) dottrina dei Veda.
Vedanta /vɛˈdɑːntə, -ˈdæn-/, *n.* (*relig.*) Vedanta; filosofia indù basata sui Veda.
Vedantist /vɛˈdɑːntɪst, -ˈdæn-/, *n.* (*relig.*) seguace del Vedanta.
vedette /vɪˈdɛt/, *n.* (*mil., teatr.*) vedetta. ● (*naut.*) **v. boat**, (nave) vedetta.
Vedic /ˈveɪdɪk/, *a.* (*relig.*) vedico: **V. hymns**, inni vedici.
vee, ve /viː/, *n.* **1** vu; lettera v **2** oggetto a V. ● (*autom., mecc.*) **a vee-engine**, un motore a V □ (*moda*) **vee-neck**, collo a V (*d'una maglietta*).
veep /viːp/, *n.* (*fam. USA per* **Vice President**) Vicepresidente (*specialm. degli Stati Uniti*).
veer /vɪə(r)/, *n.* **1** cambiamento di direzione (*o* di rotta) **2** (*naut. e fig.*) virata.
to **veer** /vɪə(r)/, **A** *v. i.* **1** cambiar direzione; girare: **The road veered to the left**, la strada girava a sinistra **2** (*meteor.*: *del vento*) girare **3** (*naut.*) cambiar rotta; virare di bordo **4** (*fig.*) cambiare idea; mutar parere. **B** *v. t.* **1** far girare; cambiare il corso di **2** (*naut.*) far mutar rotta a (*una nave*); far virare di bordo **3** (*naut.*) filare, mollare (*la catena dell'ancora, ecc.*). ● **to v. and haul**, (*naut.*) tesare e filare; (*del vento*) girare di continuo; (*fig.*) esitare, titubare, fare a tira e molla □ (*naut.*) **to v. away** (*o* **out**) **a cable**, filare un cavo □ (*aeron.*) **to v. off**, staccarsi (*dalla formazione*) virando □ **to v. round**, (*del vento*) girare in senso orario; (*naut.*) virare (*o* far virare) di bordo.
veering /ˈvɪərɪŋ/, **A** *n.* **1** cambiamento di direzione (*o* di rotta), ecc. (*V.* **to veer**) **2** (*meteor.*) rotazione del vento. **B** *a.* (*del vento*) che cambia; mutevole; variabile (*anche fig.*).
veeringly /ˈvɪərɪŋlɪ/, *avv.* **1** cambiando direzione **2** (*fig.*) mutando parere; seguendo un altro corso d'azione.
veg /vɛdʒ/, *n.* (*pl.* **veg**) (*abbr. fam. ingl. di* **vegetable**) verdura: **a steak and two veg**, una bistecca e due verdure.
to **veg** (**out**) /ˈvɛdʒ(ˈaʊt)/, *v. i.* (*fam. USA*) vegetare; riposarsi; prendersela comoda.
Vega /ˈviːgə/, *n.* (*astron.*) Vega.
vegan /ˈviːgən/, *n.* (*contraz. fam. di* **vegetarian**) vegetaliano; vegetariano integrale (*che si astiene anche dalle uova e dal latte*).
veganism /ˈviːgənɪzəm/, *n.* (*fam.*) vegetalismo; vegetarianismo integrale.
vegetable /ˈvɛdʒtəbl/, **A** *a.* vegetale: **the v. kingdom**, il regno vegetale; **v. oils**, oli vegetali; **v. horsehair**, crine vegetale. **B** *n.* **1** vegetale; pianta **2** (*pl.*) verdure; ortaggi **3** (*fig.*) persona che vegeta; persona inattiva; persona ridotta allo stato vegetativo. ● **v. diet**, dieta vegetale □ **v. garden**, orto □ **v. marrow**, zucchino □ **v. shredder** (*o* **slicer**), tritaverdura □ **v. silk**, seta vegetale □ (*cucina*) **v. soup**, zuppa di verdura.
vegetal /ˈvɛdʒɪtl/, *a.* **1** (*bot.*) vegetale **2** (*fisiol.*) vegetativo: **the v. functions**, le funzioni vegetative.
vegetarian /vɛdʒəˈtɛərɪən/, *n.* e *a. attr.* vegetariano.
vegetarianism /vɛdʒəˈtɛərɪənɪzəm/, *n.* vegetarianismo.
to **vegetate** /ˈvɛdʒəteɪt/, *v. i.* (*anche fig.*) vegetare.
vegetation /vɛdʒəˈteɪʃn/, *n.* **1** (*bot.*) vegetazione: **luxuriant v.**, vegetazione lussureggiante **2** (*fig.*) il vegetare **3** (*biol., med.*) vegetazione.
vegetative /ˈvɛdʒətətɪv, *USA* -eɪtɪv/, *a.* (*biol.*) vegetativo (*anche fig.*): **v. existence**, vita vegetativa. ● (*fisiol.*) **v. nervous system**,

sistema neurovegetativo. || **-ly**, *avv.* || **-ness**, *sost.*

veggy /ˈvɛdʒɪ/, *n.* (*fam. USA*) ***1*** vegetariano ***2*** (*pl.*) verdure; ortaggi.

vehemence /ˈviːəməns/, *n.* veemenza; impetuosità; violenza.

vehement /ˈviːəmənt/, *a.* veemente; impetuoso; violento; sfrenato: **the v. onset of the enemy**, l'urto veemente del nemico; **a v. speaker**, un oratore veemente; **a v. snowstorm**, una violenta tempesta di neve; **v. protest**, violenta protesta; **v. passions**, passioni sfrenate. || **-ly**, *avv.*

vehicle /ˈviːəkl, ˈviːhɪkl/, **A** *n.* ***1*** veicolo; vettura; mezzo di trasporto: **space v.**, veicolo spaziale ***2*** (*chim.*) veicolo; solvente ***3*** (*farm., med.*) eccipiente ***4*** (*med.*) veicolo d'infezione ***5*** (*fig.*) veicolo (*d'informazione, ecc.*); mezzo di trasmissione (*d'idee, ecc.*); mezzo di propagazione, strumento, tramite: **Literature may be used as a v. for** (*o* **of**) **obscenity**, la letteratura può essere usata come veicolo d'oscenità; **He uses the press as a v. for his political opinions**, si serve della stampa come di un mezzo per propagandare le sue idee politiche ***6*** (*tecn.*) eccipiente; solvente. **B** *a. attr.* veicolare: **v. traffic**, traffico veicolare. ● (*autom.*) **v. builder**, fabbricante di automezzi □ **v. dismantler**, demolitore d'autoveicoli; sfasciacarrozze (*fam.*) □ **v. ferry**, traghetto per automezzi □ **motor v.**, motoveicolo (*automobile, autocarro, ecc.*) □ **street-watering v.**, innaffiatrice stradale.

vehicular /vɪˈhɪkjʊlə(r), viː-/, *a.* ***1*** dei (*o* per i) veicoli; veicolare; stradale: **v. traffic**, circolazione dei veicoli; **a v. tunnel**, una galleria stradale (*per gli automezzi*) ***2*** (*anche ling.*) veicolare.

veil /veɪl/, *n.* ***1*** velo; veletta; (*fig.*) apparenza, pretesto, travestimento: **The lady put up her v.**, la signora alzò la veletta; **Let us draw a v. over it**, stendiamoci un velo sopra; **under the v. of religion [pity]**, sotto il pretesto della religione [della pietà] ***2*** (*meteor.*) velo: **a v. of mist**, un velo di nebbia ***3*** (*fotogr.*) velo ***4*** (*anat., biol.*) velo; membrana (*fetale, ecc.*) ***5*** raucedine. ● (*fig.*) **beyond the v.**, dopo la morte; nell'aldilà □ **bridal v.**, velo nuziale □ (*relig.*) **to take the v.**, prendere il velo; farsi monaca.

to **veil** /veɪl/, *v. t.* velare; coprire (*come con un velo*); (*fig.*) celare, nascondere: **Mohammedan women v. their faces**, le donne musulmane si velano la faccia; **She veiled her face with her hand**, si coprì il volto con la mano; **I could not v. my disgust**, non potei celare il mio disgusto.

veiled /veɪld/, *a.* ***1*** velato; (*fig.*) celato, nascosto: **a v. threat**, una velata minaccia; **v. resentment**, velato risentimento ***2*** (*di voce, suono*) velato; indistinto.

veiling /ˈveɪlɪŋ/, *n.* ***1*** il velare; velatura ***2*** velo (*tessuto*); stoffa per veli ***3*** (*fig. raro*) velo; cortina, schermo (*fig.*).

vein /veɪn/, *n.* ***1*** vena (*anche anat., geol., ind. min., miner.*); venatura; (*fig.*) disposizione, umore, stato d'animo: **pulmonary veins**, vene polmonari; **the veins of marble**, le venature del marmo; **a v. of gold**, una vena d'oro; **a v. of humour**, una vena d'umorismo; **I'm not in v. for jokes**, non sono in vena di scherzare; **poetical v.**, vena poetica ***2*** (*di foglia, ecc.*) nervatura; venatura. ● (*med.*) **v. retractor**, divaricatore per vene □ (*med.*) **v. stripper**, tiravena □ **to be of an imaginative v.**, avere un'indole fantasiosa □ **other remarks of the same v.**, altre osservazioni dello stesso tenore □ **to speak in a serious v.**, parlare seriamente; dire sul serio □ **Today I'm not in the (right) v. for it**, oggi non mi sento in vena; non ne ho voglia.

to **vein** /veɪn/, *v. t.* venare; coprire di venature.

veined /veɪnd/, *a.* ***1*** (*anche geol.*) a vene; venato; marezzato: **v. marble**, marmo marezzato ***2*** (*bot., zool.*) che ha venature (*o* nervature).

veining /ˈveɪnɪŋ/, *n.* ***1*** venatura; marezzatura ***2*** (*metall.*) venatura.

veinlet /ˈveɪnlət/, *n.* ***1*** (*anat.*) venuzza; piccola vena; venula ***2*** (*geol.*) piccola vena (*di minerale*).

veinlike /ˈveɪnlaɪk/, *a.* ***1*** simile a una vena ***2*** simile a una venatura (*o* a una nervatura).

veinous /ˈveɪnəs/, *V.* **venous**.

veinstone /ˈveɪnstəʊn/, *n.* (*ind. min.*) ganga.

veiny /ˈveɪnɪ/, *a.* ***1*** (*anat.*) ricco di vene; coperto di vene ***2*** coperto di venature, marezzato; venato: **v. marble**, marmo venato.

velar /ˈviːlə(r)/, *a.* (*fon.*) velare: **v. consonants**, consonanti velari.

velarization /viːlərаɪˈzeɪʃn, *USA* -rɪˈz-/, *n.* (*fon.*) velarizzazione.

to **velarize** /ˈviːləraɪz/, (*fon.*) **A** *v. t.* velarizzare. **B** *v. i.* velarizzarsi.

velcro /ˈvɛlkrəʊ/, *n.* (*marchio*) velcro.

veld /vɛlt/, **veldt** /vɛlt/, *n.* (*nel Sud Africa*) veld; prateria.

velite /ˈviːlɪt/, *n.* (*stor. romana*) velite.

velleity /vəˈliːətɪ/, *n.* velleità.

to **vellicate** /ˈvɛlɪkeɪt/, (*raro*) **A** *v. t.* ***1*** vellicare ***2*** pizzicare. **B** *v. i.* (*dei muscoli*) contrarsi spasmodicamente.

vellication /vɛlɪˈkeɪʃn/, *n.* (*raro*) ***1*** vellicazione ***2*** vellichio; pizzicore ***3*** (*med.*) contrazione spasmodica (*dei muscoli*).

vellum /ˈvɛləm/, *n.* ***1*** pergamena; cartapecora ***2*** documento su cartapecora; pergamena. ● **v. paper**, carta pergamenata.

velocimeter /vɛləˈsɪmɪtə(r)/, *n.* (*raro*) tachimetro.

velocipede /vəˈlɒsɪpiːd/, *n.* ***1*** (*un tempo*) velocipede ***2*** (*arc. o scherz.*) velocipede; bicicletta ***3*** (*USA*) triciclo (*per bambini*) ***4*** (*ferr., USA; di solito* **v. car**) carrello di servizio (*a tre ruote*).

velocipedist /vəˈlɒsɪpiːdɪst/, *n.* (*raro o scherz.*) velocipedista.

velocity /vəˈlɒsətɪ/, *n.* velocità; rapidità: (*mecc.*) **uniform v.**, velocità uniforme; **the v. of sound**, la velocità del suono; (*miss.*) **v. of escape**, velocità di fuga; (*fin.*) **v. of circulation**, velocità di circolazione (*della moneta*). ● (*elettron.*) **v. filter**, filtro di velocità □ (*mecc. fluidi*) **v. head**, altezza cinetica □ (*mil.: di un proiettile*) **muzzle v.**, velocità di partenza.

velodrome /ˈvɛlədrəʊm/, *n.* (*ciclismo*) velodromo.

velour(s) /vəˈlʊə(r)/, *n.* velour(s); feltro-velluto, felpa (*per cappelli, ecc.*); tessuto a pelo corto. ● **v. paper**, carta vellutata.

velum /ˈviːləm/, *n.* (*pl.* **vela**) ***1*** (*anat.*) velo (*specialm. quello del palato*) ***2*** (*bot., zool.*) velo; membrana.

velure /vəˈlʊə(r), -ˈlj-/, *n.* ***1*** *V.* **velour(s)** ***2*** cuscinetto di velluto (*per spazzolare cappelli a cilindro*).

to **velure** /vəˈlʊə(r), -ˈlj-/, *v. t.* lisciare, spazzolare (*cappelli*).

velutinous /vəˈluːtɪnəs, -ˈlj-/, *a.* (*bot., zool.*) vellutato; coperto di peluria.

velveret /vɛlvəˈrɛt/, *n.* velluto di cotone stampato.

velvet /ˈvɛlvɪt/, **A** *n.* ***1*** velluto: **silk v.**, velluto di seta; **pile v.**, velluto a riccio ***2*** (*fam. USA*) guadagno inatteso; vincita. **B** *a. attr.* ***1*** di velluto: **v. curtains**, tende di velluto ***2*** (*fig.*) vellutato: **v. moss**, muschio vellutato; **with a v. tread**, con passo vellutato (*o* felpato). ● **v. paw**, zampa vellutata (*del gatto*); (*fig.*) gentilezza apparente, affabilità superficiale □ (*fig.*) **an iron hand in a v. glove**, pugno di ferro in guanto di velluto □ (*fig. fam.*) **to be on v.**, dormire fra due guanciali; stare bene a soldi □ **to stand on v.**, (*fig. fam.*) riposare sul velluto; (*USA*) essere sicuro di vincere alle corse dei cavalli □ (*fam. USA*) **to have got oneself wrapped up in some v.**, aver fatto una vincita insperata.

velveteen /vɛlvəˈtiːn/, *n.* ***1*** velluto di cotone; velluto a coste ***2*** (*pl.*) calzoni di velluto di cotone.

velveteened /vɛlvəˈtiːnd/, *a.* di velluto di cotone; di velluto a coste.

velvety /ˈvɛlvətɪ/, *a.* ***1*** (*anche fig.*) vellutato: **a v. touch**, un tocco vellutato ***2*** (*di vino, ecc.*) vellutato: **v. port**, porto vellutato.

venal /ˈviːnl/, *a.* venale; corrotto; disonesto: **a v. officer**, un funzionario venale; **a v. bargain**, un affare disonesto. || **-ly**, *avv.*

venality /viːˈnælətɪ/, *n.* venalità.

venatic(al) /viːˈnætɪk(l)/, *a.* (*raro*) venatorio.

venation /viːˈneɪʃn, *USA* vɛ-/, *n.* ***1*** (*bot., zool.*) nervatura ***2*** (*anat.*) venatura.

to **vend** /vɛnd/, (*comm., leg.*) **A** *v. t.* vendere. **B** *v. i.* vendersi: **These products should v. well**, questi prodotti dovrebbero vendersi bene.

Vendean /vɛnˈdiːən/, *a.* e *n.* (*stor.*) Vandeano.

vendee /vɛnˈdiː/, *n.* (*leg.*) compratore, compratrice; acquirente.

vender /ˈvɛndə(r)/, *n.* (*specialm. leg.*) venditore; venditrice.

vendetta /vɛnˈdɛtə/ (*ital.*), *n.* ***1*** vendetta (*violenza privata*); faida (*anche fig.*) ***2*** (*fig.*) lotta a coltello; persecuzione.

vendibility /vɛndəˈbɪlətɪ/, *n.* vendibilità.

vendible /ˈvɛndəbl/, *a.* vendibile; venale.

vending machine /ˈvɛndɪŋməʃiːn/, *locuz. n.* distributore automatico (*a moneta*).

vendor /ˈvɛndə(r)/, *n.* ***1*** venditore, venditrice (*anche leg.*) ***2*** (venditore) ambulante: **a fruit v.**, un venditore ambulante di frutta ***3*** distributore automatico (*a moneta*): (*USA*) **can v.**, distributore di bibite in lattine.

vendue /vɛnˈdjuː, *USA* -ˈduː/, *n.* (*USA*) asta pubblica. ● **v. crier** (*o* **v. master**), banditore (*d'asta*).

veneer /vəˈnɪə(r)/, *n.* ***1*** (*falegn.*) piallaccio; impiallacciatura ***2*** (*edil.*) rivestimento esterno ***3*** (*fig.*) vernice; verniciatura; apparenza: **a v. of culture**, una vernice di cultura; **a v. of courtesy towards strangers**, una verniciatura di cortesia con gli estranei.

to **veneer** /vəˈnɪə(r)/, *v. t.* ***1*** (*falegn.*) impiallacciare ***2*** (*fig.*) nascondere (*un difetto, ecc.*) sotto una vernice. ● **v.-cutting machine**, pialatrice da impiallacciatura.

veneered /vəˈnɪəd/, *a.* impiallacciato: **v. panel**, pannello impiallacciato.

veneering /vəˈnɪərɪŋ/, *n.* ***1*** (*falegn.*) impiallacciatura ***2*** (*fig.*) vernice; verniciatura; maschera (*fig.*): **beneath a v. of respectability**, sotto la maschera della rispettabilità.

venerability /vɛnərəˈbɪlətɪ/, *n.* venerabilità.

venerable /ˈvɛnərəbl/, *a.* venerabile; venerando: **a v. monument**, un monumento venerabile; **a v. old man**, un vecchio venerando. || **-ness**, *sost.* || **-bly**, *avv.*

to **venerate** /ˈvɛnəreɪt/, *v. t.* venerare; adorare; onorare.

veneration /vɛnəˈreɪʃn/, *n.* venerazione.

venerator /ˈvɛnəreɪtə(r)/, *n.* veneratore.

venereal /vəˈnɪərɪəl/, *a.* (*med.*) venereo: **v. disease**, malattia venerea. ● **v. sore**, sifiloma primario □ **v. wart**, condiloma acuminato □ (*stat.*) **a high v. rate**, un alto tasso di malattie veneree.

venereologist /vənɪərɪˈɒlədʒɪst/, *n.* (*med.*) venereologo.

venereology /vənɪərɪˈɒlədʒɪ/, *n.* (*med.*) venereologia.

venesection /vɛnɪˈsɛkʃn/, *n.* (*med.*) flebotomia.

Venetia /vəˈniːʃə/, *n.* (*geogr.*) (il) Veneto.

Venetian /vəˈniːʃn/, **A** *a.* ***1*** veneziano: (*pitt.*) **V. school**, scuola veneziana ***2*** veneto: **the V. plain**, la pianura veneta. **B** *n.* ***1*** veneziano ***2*** (*fam.*, = **V. blind**) persiana alla veneziana; veneziana. ● **V. glass**, vetro di Murano □ **V. lace**, merletto di Burano □ **V. red**, rosso di Venezia □ (*archit.*) **V. window**, finestra neoclassica (*o* palladiana).

Venezuelan /vɛnəˈzweɪlən/, *a.* e *n.* venezuelano.

vengeance /'vɛndʒəns/, *n.* vendetta. ● **to take v. on sb. for st.**, vendicarsi con q. di q.c. □ **to take v. upon sb.**, vendicarsi di q. □ (*fam.*) **with a v.**, a tutta forza, furiosamente; estremamente; straordinariamente: **The wind is blowing with a v.**, il vento tira a più non posso.

vengeful /'vɛndʒfl/, *a.* vendicativo. ‖ **-ly**, *avv.* ‖ **-ness**, *sost.*

venial /'vi:nɪəl/, *a.* veniale; perdonabile; scusabile: **a v. sin**, un peccato veniale. ‖ **-ly**, *avv.*

veniality /vi:nɪ'ælətɪ/, *n.* venialità.

Venice /'vɛnɪs/, *n.* (*geogr.*) Venezia. ● **V. glass**, vetro di Murano □ **the Lagoon of V.**, la Laguna.

venison /'vɛnɪsn, -zn/, *n.* (*pl.* **venisons, venison**) *1* (*arc.*) cacciagione *2* (*cucina*) carne di cervo (*o* di daino).

venom /'vɛnəm/, *n.* *1* veleno (*d'insetti, serpenti, ecc.*) *2* (*fig.*) acredine; malignità; cattiveria; astio.

venomed /'vɛnəmd/, *a.* (*anche fig.*) velenoso. ● **a v. shaft**, una freccia avvelenata; (*fig.*) una malignità, una cattiveria.

venomous /'vɛnəməs/, *a.* *1* velenoso; (*fig.*) astioso, malevolo, maligno: **v. snakes**, serpenti velenosi; **a v. look**, uno sguardo astioso *2* (*fam.*) orribile; pessimo: **a v. meal**, un pasto pessimo. ‖ **-ly**, *avv.* ‖ **-ness**, *sost.*

venosclerosis /vi:nəʊsklə'rəʊsɪs/, *n.* (*med.*) flebosclerosi.

venose /'vi:nəʊs/, *a.* coperto di venature (*o* di nervature).

venosity /vɪ'nɒsətɪ/, *n.* (*fisiol.*) venosità.

venous /'vi:nəs/, *a.* *1* (*fisiol.*) venoso: **v. blood**, sangue venoso *2* (*bot.*) venato; pieno di nervature; nervato. ● (*med.*) **v. pressure**, pressione venosa.

vent /vɛnt/, *n.* *1* foro; orifizio; apertura; buco; spiraglio; (*autom.*) bocchetta di ventilazione *2* (*del camino*) canna *3* (*d'arma da fuoco antica*) focone *4* (*di fortezza*) feritoia *5* (*sartoria: sul dietro d'un cappotto, ecc.*) spacco; spacchetto *6* (*tecn.*) apertura di sfogo; sfiatatoio; foro di passaggio *7* (*geol.*) bocca; orifizio; camino (*di vulcano*) *8* (*metall.*) respiro; tirata d'aria *9* (*zool.*) ano (*di pesci, uccelli, ecc.*) *10* (*fig.*) sfogo; via libera: **He gave v. to his indignation**, diede sfogo alla sua indignazione; **My impatience found a v.**, la mia impazienza trovò uno sfogo *11* (*zool.*) salita in superficie (*di foca, castoro, ecc.*) per respirare. ● **v. faucet**, succhiello per botti □ **v. hole**, foro; spiraglio; sfiatatoio □ **v. peg**, zipolo (*di botte*) □ **v. pipe**, tubo di sfiato □ **v. plug**, tappo per focone □ (*edil.*) **v. stack**, terminale di colonna di ventilazione □ (*autom.*) **v. wing**, deflettore □ **air v.**, cunicolo di ventilazione □ (*tecn.*) **bleeder v.**, foro di spurgo dell'aria.

to **vent** /vɛnt/, **A** *v. t.* *1* fare un buco, aprire un foro in: **to v. a cask**, aprire un foro in una botte *2* (*fig.*) dar sfogo a; sfogare: **He vented his anger on me**, sfogò su di me la sua rabbia *3* (*fig.*) esprimere; manifestare; palesare (*opinioni, ecc.*). **B** *v. i.* *1* (*di camino*) tirare *2* (*di foca, castoro, ecc.*) venire a galla (*per respirare*).

ventage /'vɛntɪdʒ/, *n.* foro; apertura (*specialm. di strumento a fiato*).

venter /'vɛntə(r)/, *n.* *1* (*anat.*) ventre; addome *2* (*leg.*) utero; grembo materno. ● (*leg.*) **one's children by first v.**, i figli di primo letto □ (*leg.*) **son by** (*o* **of**) **another v.**, figliastro; figlio di un'altra madre.

ventiduct /'vɛntɪdʌkt/, *n.* (*edil.*) condotto dell'aria; sfiatatoio.

ventil /'vɛntɪl/, *n.* (*mus.*) ventilabro (*valvola dell'organo*).

ventilable /'vɛntɪləbl/, *a.* ventilabile.

to **ventilate** /'vɛntɪleɪt/, *v. t.* *1* ventilare; arieggiare; (*fig.*) discutere, esaminare, far conoscere (*una questione, ecc.*): **to v. a room**, ventilare una stanza *2* (*fisiol.*) ossigenare (*il sangue*).

ventilation /vɛntɪ'leɪʃn/, *n.* *1* ventilazione; aerazione *2* (*fig.*) discussione; esame (*d'una questione, ecc.*) *3* (*fisiol.*) ossigenazione (*del sangue*). ● (*ind. min.*) **v. shaft**, pozzo di ventilazione.

ventilative /'vɛntɪlətɪv, *USA* -eɪtɪv/, *a.* di ventilazione.

ventilator /'vɛntɪleɪtə(r)/, *n.* *1* ventilatore *2* sfiatatoio.

ventilometer /vɛntɪ'lɒmɪtə(r)/, *n.* (*med.*) spirometro.

ventilometry /vɛntɪ'lɒmətrɪ/, *n.* (*med.*) spirometria.

ventral /'vɛntrəl/, *a.* (*anat.*) ventrale: (*zool.*) **v. fin**, pinna ventrale.

ventricle /'vɛntrɪkl/, *n.* *1* (*anat.*) ventricolo: **the ventricles of the heart**, i ventricoli del cuore *2* (*zool.*) ventriglio (*d'uccello*).

ventricose /'vɛntrɪkəʊs/, *a.* *1* (*biol.*) ventricoso *2* corpulento; panciuto.

ventricular /vɛn'trɪkjʊlə(r)/, *a.* (*anat.*) ventricolare: (*med.*) **v. block**, blocco ventricolare.

ventriculus /vɛn'trɪkjʊləs/, *n.* (*pl.* **ventriculi**) *1* (*anat.*) ventricolo; piccola cavità *2* (*zool.*) stomaco *3* (*zool.*) ventriglio; cavità con funzioni digestive.

ventriloquial /vɛntrɪ'ləʊkwɪəl/, *a.* ventriloquo. ‖ **-ly**, *avv.*

ventriloquism /vɛn'trɪləkwɪzəm/, *n.* ventriloquio.

ventriloquist /vɛn'trɪləkwɪst/, *n.* ventriloquo, ventriloqua.

ventriloquistic /vɛntrɪlə'kwɪstɪk/, *a.* ventriloquistico.

to **ventriloquize** /vɛn'trɪləkwaɪz/, *v. i.* essere ventriloquo.

ventriloquous /vɛn'trɪləkwəs/, *a.* ventriloquo.

ventriloquy /vɛn'trɪləkwɪ/, *n.* ventriloquio.

venture /'vɛntʃə(r)/, *n.* *1* azzardo; pericolo; rischio: **He was ready for any v.**, era pronto a correre ogni rischio *2* impresa rischiosa; (*fin.*) speculazione: **One lucky v. made his fortune**, fece fortuna con una sola speculazione riuscita *3* (*econ.*) iniziativa imprenditoriale. ● (*fin.*) **v. capital**, capitale di rischio □ **at a v.**, a caso; a casaccio: **I shot at a v.**, sparai a casaccio.

to **venture** /'vɛntʃə(r)/, **A** *v. t.* *1* arrischiare; avventurare; azzardare; rischiare; mettere a repentaglio: **to v. one's life**, rischiare (*o* mettere a repentaglio) la vita; **to v. one's capital**, mettere a repentaglio il proprio capitale; **to v. a guess**, azzardare una congettura; **May I v. an opinion?**, posso azzardare un'opinione?; **to v. a dive into shallow water**, arrischiare un tuffo in acque basse *2* osare; ardire: **I didn't v. to stop him**, non osai fermarlo *3* puntare, scommettere (*grosse somme alle corse, ecc.*). **B** *v. i.* arrischiarsi; avventurarsi; azzardarsi: **to v. on a motor raid across equatorial Africa**, avventurarsi in un raid automobilistico attraverso l'Africa equatoriale; **I didn't v. to contradict him**, non m'arrischiai di contraddirlo. ● **to v. on a mild protest**, azzardare una timida protesta □ **to v. out**, azzardarsi a uscire (*col cattivo tempo, ecc.*) □ **I v. to differ from you**, mi permetto di dissentire (da te) □ (*prov.*) **Nothing v., nothing have** (*o* **Nothing ventured, nothing gained**), chi non risica non rosica.

venturer /'vɛntʃərə(r)/, *n.* *1* avventuriero *2* (*fin., stor.*) chi rischia denaro; speculatore. ● (*stor.*) **Merchant Venturers**, mercanti medievali (*che trafficavano con paesi lontani*).

venturesome /'vɛntʃəsəm/, *a.* *1* avventuroso; temerario; audace; ardito: **a v. test pilot**, un temerario pilota collaudatore *2* rischioso; azzardoso; pericoloso: **a v. enterprise**, un'impresa rischiosa. ‖ **-ly**, *avv.* ‖ **-ness**, *sost.*

venturous /'vɛntʃərəs/, *V.* **venturesome**.

venue /'vɛnju:/, *n.* *1* (*leg.*) luogo ove avviene il fatto che determina la competenza territoriale; sede (*di un processo*) *2* (*fam.*) luogo di convegno; luogo di ritrovo *3* (*sport*) località designata per un incontro *4* (*USA*) punto di vista; opinione, posizione (*in una discussione*). ● (*leg.*) **change of v.**, cambiamento della sede del processo (*per legittima suspicione o altro*).

venule /'vɛnju:l/, *n.* (*anat.*) venula.

Venus /'vi:nəs/, *n.* (*mitol., astron.*) Venere; (*fig.*) donna molto bella. ● (*bot.*) **V.'s comb** (*Scandix pecten-Veneris*), pettine di Venere □ (*bot.*) **V.'s fly-trap** (*Dionaea muscipula*), pigliamosche; dionea □ (*zool.*) **V.'s girdle** (*Cestus veneris*), cinto di Venere □ (*bot.*) **V.'s-hair (fern)** (*Adiantum capillus Veneris*), capelvenere □ (*miss.*) **V. probe**, sonda verso Venere.

Venusian /və'nju:zɪən, *USA* -'nu:ʒn/, **A** *a.* (*astron.*) venusiano. **B** *n.* (*fantascienza*) venusiano.

veracious /və'reɪʃəs/, *a.* *1* verace; veridico; veritiero; vero *2* accurato; esatto; preciso. ‖ **-ly**, *avv.* ‖ **-ness**, *sost.*

veracity /və'ræsətɪ/, *n.* *1* veracità; veridicità; verità *2* accuratezza; esattezza; precisione.

veranda(h) /və'rændə/, *n.* (*edil.*) veranda; portico (*di casa*).

veratrine /'vɛrətri:n/, *n.* (*chim.*) veratrina.

verb /vɜ:b/, *n.* (*gramm.*) verbo. ● **a v. phrase**, una locuzione verbale.

verbal /'vɜ:bl/, **A** *a.* *1* verbale; orale: **v. subtleties**, sottigliezze verbali; **a v. contract**, un contratto verbale; **v. evidence**, testimonianza (*o* prova) orale; **v. behaviour**, comportamento verbale *2* letterale; alla lettera; parola per parola: **a v. translation**, una traduzione letterale *3* (*gramm.*) verbale: **v. endings**, desinenze verbali. **B** *n.* *1* (*gramm.*, = **v. noun**) deverbale; sostantivo verbale *2* (*pl.*) (*pop.*) verbale della polizia.

verbalism /'vɜ:bəlɪzəm/, *n.* *1* espressione verbale; frase *2* verbalismo; verbosità *3* frasi fatte; parole vuote.

verbalist /'vɜ:bəlɪst/, *n.* *1* chi sceglie bene le parole; buon parlatore; stilista *2* oratore (*o* scrittore) troppo ricercato.

verbalization /vɜ:bəlaɪ'zeɪʃn, *USA* -lɪ'z-/, *n.* (*gramm.*) trasformazione (*di un nome*) in verbo.

to **verbalize** /'vɜ:bəlaɪz/, **A** *v. t.* *1* (*gramm.*) trasformare (*un nome*) in verbo *2* esprimere (*con parole*); formulare: **to v. one's feelings**, esprimere i propri sentimenti. **B** *v. i.* essere verboso.

verbally /'vɜ:bəlɪ/, *avv.* *1* verbalmente; oralmente *2* letteralmente; parola per parola; alla lettera.

verbatim /vɜ:'beɪtɪm/ (*lat.*), **A** *avv.* *1* parola per parola; alla lettera; letteralmente *2* (*mus.*) nota per nota. **B** *a.* *1* riferito parola per parola; testuale *2* tradotto alla lettera; letterale.

verbena /vɜ:'bi:nə/, *n.* (*bot.*, *Verbena officinalis*) verbena.

verbiage /'vɜ:bɪɪdʒ/, *n.* *1* verbosità; prolissità *2* (*raro*) dizione; modo d'esprimersi; frasario.

verbose /vɜ:'bəʊs/, *a.* verboso; prolisso. ‖ **-ly**, *avv.*

verboseness /vɜ:'bəʊsnəs/, **verbosity** /vɜ:'bɒsətɪ/, *n.* verbosità; prolissità.

verdancy /'vɜ:dənsɪ/, *n.* (*lett.*) *1* l'essere verde; il verdeggiare *2* (*fig.*) immaturità; inesperienza; ingenuità.

verdant /'vɜ:dnt/, *a.* (*lett.*) *1* verde; verdeggiante: **the v. grass**, l'erba verde; **v. fields**, campi verdeggianti *2* (*fig.*) immaturo; inesperto; ingenuo: **a v. youth**, un giovane inesperto.

verd antique /'vɜ:dæn'ti:k/, *locuz. n.* *1* verde antico (*qualità di marmo*) *2* (patina di) verderame.

verderer, verderor /'vɜ:dərə(r)/, *n.* (*stor.*) guardaboschi reale.

verdict /'vɜ:dɪkt/, *n.* *1* (*leg.*) verdetto (*della giuria*) *2* (*fig.*) verdetto; giudizio. ● **v. for the plaintiff**, verdetto di condanna (*in favore dell'attore*) □ **v. of guilty**, verdetto di colpevolezza □ **v. of not guilty**, verdetto d'assoluzione □ **to bring in** (*o* **to return**) **a v.**, emettere un verdetto □ (*fig.*) **the popular v.**, l'opinione popolare.

verdigris /ˈvɜːdɪgrɪs, -griːs/, *n.* (*chim.*) *1* verderame *2* verderame cristallizzato; acetato rameico (*usato in medicina e come colorante*).

verditer /ˈvɜːdɪtə(r)/, *n.* (*chim.*) verdeterra; carbonato basico di rame. ● (*miner.*) **blue v.**, azzurrite □ (*miner.*) **green v.**, malachite.

verdure /ˈvɜːdʒə(r)/, *n.* *1* (*poet.*) verdura; verzura; (il) verde *2* (*fig.*) freschezza; giovinezza; rigoglio.

verdured /ˈvɜːdʒəd/, *a.* pieno di verzura; verdeggiante.

verdurous /ˈvɜːdʒərəs/, *a.* *1* verdeggiante; ricco di verde *2* (*di vegetazione*) verde; rigoglioso.

verge /vɜːdʒ/, *n.* *1* limite; limitare (*fig.*); orlo; margine; estremità; soglia (*fig.*); punto: **on the v. of the cliff**, sull'orlo del precipizio; **My father is on the v. of sixty**, mio padre è sul limitare (*o* sulla soglia) dei sessant'anni; **He's on the v. of a crisis**, è sull'orlo di una crisi; **I was on the v. of accepting**, ero sul punto d'accettare; **on the v. of the horizon**, all'estremo limite dell'orizzonte *2* bordo; ciglio erboso (*di una strada*): **the v. of the flowerbed**, il bordo dell'aiuola *3* verga, mazza (*come simboli d'autorità*) *4* (*un tempo*) asse del bilanciere (*di un orologio*) *5* (*archit.*) fusto; stele (*di colonna*) *6* (*edil.*) parte (del tetto) che sporge sul frontone. ● **beyond the v. of possibility**, di là da ogni possibilità; assolutamente impossibile □ **on the v. of despair**, sull'orlo della disperazione □ **on the v. of tears**, sul punto di scoppiare in lacrime.

to **verge** (1) /vɜːdʒ/, **A** *v. i.* *1* essere adiacente (*o* contiguo); confinare (*con q.c.*) *2* (*fig.*) avvicinarsi (a); sconfinare (in); rasentare; sfiorare: **He already verges on old age**, si avvicina già alla vecchiaia; **a sorrow verging on despair**, un dolore che rasenta la disperazione; **His patriotism verges on chauvinism**, il suo patriottismo sfiora lo sciovinismo. **B** *v. t.* fare da confine (*o* da limite, da bordo) a; fiancheggiare: **tall trees verging the road**, alti alberi che fiancheggiano la strada. ● **to v. on bankruptcy**, essere sull'orlo del fallimento.

to **verge** (2) /vɜːdʒ/, *v. i.* *1* tendere; volgere; piegare: **The mountains v. to the south**, i monti piegano verso sud *2* (*del sole*) declinare: **The sun was already verging towards the horizon**, il sole declinava già verso l'orizzonte *3* (*fig.*) avvicinarsi (a): **The Roman Empire was verging to its fall**, l'impero romano si avvicinava alla caduta. ● **to v. into** (*o* **on**), sfumare in; diventare, farsi; (*di colore*) tirare a: **The last light of the sun was verging into darkness**, l'ultima luce del sole sfumava nell'oscurità; **a hue verging on green**, una tinta che tira al verde.

vergeboard /ˈvɜːdʒbɔːd/, *n.* (*edil.*) asse di finitura che sporge dal frontone (*V.* **verge**, *def.* 6).

vergence /ˈvɜːdʒəns/, *n.* *1* (*geol.*) vergenza *2* (*med.*) deviazione oculare.

verger /ˈvɜːdʒə(r)/, *n.* *1* mazziere (*di vescovo o diacono anglicano*) *2* fabbriciere; sagrestano.

Vergil /ˈvɜːdʒɪl/, *n.* (*stor.*) Virgilio.

Vergilian /vɜːˈdʒɪlɪən/, *a.* (*letter.*) virgiliano.

verglas /vɜːˈglɑː/, *n.* (*pl.* **verglases**) (*alpinismo, autom.*) vetrato; vetrone.

veridical /vɛˈrɪdɪkl/, *a.* veridico; veritiero.

veridicality /verɪdɪˈkælətɪ/, *n.* veridicità.

veridically /vɛˈrɪdɪklɪ/, *avv.* con grande veridicità.

verifiability /verɪfaɪəˈbɪlətɪ/, *n.* verificabilità.

verifiable /ˈverɪfaɪəbl/, *a.* verificabile; controllabile. || **-ness**, *sost.* || **-bly**, *avv.*

verification /verɪfɪˈkeɪʃn/, *n.* *1* verificazione; verifica; accertamento; controllo *2* conferma; dimostrazione; prova *3* (*leg.*) conferma ottenuta mediante prova *4* (*leg.*) ratifica; sanzione *5* (*elab.*) verifica. ● **v. of assets**, verifica delle attività (*nella revisione dei conti*).

verifier /ˈverɪfaɪə(r)/, *n.* *1* verificatore; controllore *2* (*elab.*) verificatore.

to **verify** /ˈverɪfaɪ/, *v. t.* *1* verificare; controllare; accertare; appurare: **to v. the accounts**, verificare i conti; **to v. a quotation**, controllare una citazione *2* confermare; dimostrare; provare; suffragare con prove: **to v. a statement**, suffragare un'asserzione con prove *3* (*leg.*) ratificare; sanzionare *4* (*elab.*) verificare.

verily /ˈverəlɪ/, *avv.* (*arc. o lett.*) veramente; in verità: «**V., V., I say unto you...**», «in verità, in verità, vi dico...».

verisimilar /verɪˈsɪmɪlə(r)/, *a.* verosimile; verisimigliante (*lett.*). || **-ly**, *avv.*

verisimilitude /verɪsɪˈmɪlɪtjuːd, *USA* -tuːd/, *n.* *1* verosimiglianza *2* cosa verosimile.

verism /ˈvɪərɪzəm/, *n.* (*arte, letter.*) verismo.

verist /ˈvɪərɪst/, *n.* (*arte, letter.*) verista.

veritable /ˈverɪtəbl/, *a.* vero; vero e proprio; autentico; genuino; reale: **a v. boon**, una vera manna; un autentico dono del Cielo; **a v. tyrant**, un autentico tiranno. || **-ness**, *sost.* || **-bly**, *avv.*

verity /ˈverətɪ/, *n.* (*form. o lett.*) verità: **the eternal verities**, le verità eterne.

verjuice /ˈvɜːdʒuːs/, *n.* agresto; succo di frutta acerba.

vermeil /ˈvɜːmeɪl/, *n.* *1* argento dorato; rame dorato; vermeil *2* (*poet.*) (color) vermiglio; cinabro.

vermian /ˈvɜːmɪən/, *a.* *1* che concerne i vermi *2* simile a un verme; vermicolare.

vermicelli /vɜːmɪˈselɪ, -ˈtʃelɪ/, *n. pl.* (*cucina*) vermicelli. ● **v. soup**, vermicelli in brodo.

vermicidal /vɜːmɪˈsaɪdl/, *a.* (*farm.*) vermicida; vermifugo.

vermicide /ˈvɜːmɪsaɪd/, *n.* (*farm.*) vermicida; vermifugo.

vermicular /vɜːˈmɪkjʊlə(r)/, *a.* *1* (*scient.*) vermicolare: (*anat.*) **v. appendix**, appendice vermicolare (*o* ileocecale) *2* *V.* **vermiculate**.

vermiculate /vɜːˈmɪkjʊlət/, *a.* *1* vermicolare; sinuoso *2* tortuoso *3* roso dai vermi; bacato; tarlato *4* (*med.*) vermicolato. ● (*archit.*) **v. work**, bugnato piatto (*con tracce vermicolari*).

vermiculation /vɜːmɪkjʊˈleɪʃn/, *n.* *1* disegno vermicolato *2* (*med.*) infestazione da vermi *3* (*fisiol.*) contrazione vermicolare; peristalsi (*dell'intestino*) *4* (*med., vet.*) infestazione da vermi.

vermicule /ˈvɜːmɪkjuːl/, *a.* vermiciattolo; vermicello.

vermiculite /vɜːˈmɪkjʊlaɪt/, *n.* (*miner.*) vermiculite.

vermiform /ˈvɜːmɪfɔːm/, *a.* vermiforme: (*anat.*) **v. appendix**, appendice vermiforme (*o* ileocecale).

vermifugal /vɜːmɪˈfjuːgl/, *a.* (*farm.*) vermifugo.

vermifuge /ˈvɜːmɪfjuːdʒ/, *n.* (*farm.*) vermifugo.

vermilion /vəˈmɪljən/, **A** *n.* *1* (color) vermiglio *2* vermiglione; cinabro. **B** *a.* vermiglio.

vermin /ˈvɜːmɪn/, *n.* (*di solito col verbo al pl.*) *1* animali nocivi; insetti parassiti *2* (*fig.*) criminali; delinquenti; parassiti. ● **v. control**, disinfestazione.

to **verminate** /ˈvɜːmɪneɪt/, *v. i.* essere infestato da vermi (*o* da insetti parassiti).

vermination /vɜːmɪˈneɪʃn/, *n.* (*med., vet.*) verminazione.

verminous /ˈvɜːmɪnəs/, *a.* *1* infestato da (*o* pieno di) parassiti *2* (*fig.*) basso; degradante; offensivo; vile *3* (*spreg.*: *di persona*) sgradevole; disgustoso *4* (*raro, med.*) verminoso; provocato da vermi. ● **v. dogs**, cani pieni di pulci, di parassiti, ecc.

vermis /ˈvɜːmɪs/, *n.* (*pl.* **vermes**) (*anat.*) verme (*del cervelletto*).

vermivorous /vɜːˈmɪvərəs/, *a.* (*zool.*) che si nutre di vermi; vermivoro.

verm(o)uth /ˈvɜːməθ, *USA* vəˈmuːθ/, *n.* vermut.

vernacular /vəˈnækjʊlə(r)/, **A** *a.* *1* vernacolo; vernacolare; dialettale: **v. poetry**, poesia vernacola; **a v. poet**, un poeta dialettale *2* indigeno; locale; paesano: **the v. arts of Brittany**, le arti indigene della Bretagna *3* (*raro, med.*) endemico: **a v. disease**, una malattia endemica. **B** *n.* *1* vernacolo; dialetto; lingua volgare: **Latin gave place to the v.**, il latino cedette alla lingua volgare *2* gergo: **the v. of the stage**, il gergo del teatro *3* espressione vernacolare; parola dialettale. ● (*di emigrato, ecc.*) **to lapse into the v. again**, rimettersi a parlare la lingua madre. || **-ly**, *avv.*

vernacularism /vəˈnækjʊlərɪzəm/, *n.* *1* (*ling.*) idiotismo; espressione vernacolare; parola dialettale *2* uso del vernacolo; uso dialettale.

vernacularity /vənækjʊˈlærətɪ/, *n.* l'essere vernacolo, dialettale, ecc. (*V.* **vernacular**).

vernacularization /vənækjʊləraɪˈzeɪʃn, *USA* -rɪˈz-/, *n.* traduzione in vernacolo.

to **vernacularize** /vəˈnækjʊləraɪz/, *v. t.* *1* dire in dialetto; esprimere in vernacolo *2* tradurre in vernacolo.

vernal /ˈvɜːnl/, *a.* (*lett. o tecn.*) primaverile; di primavera: **v. breezes**, brezze primaverili; (*astron.*) **v. equinox**, equinozio di primavera.

vernation /vəˈneɪʃn/, *n.* (*bot.*) vernazione; prefogliazione.

vernicle /ˈvɜːnɪkl/, *n.* (*relig.*) veronica.

vernier /ˈvɜːnɪə(r)/, *n.* (*tecn.*) verniero; nonio. ● **v. caliper**, calibro a corsoio □ **v. scale**, scala del nonio □ (*naut.*) **v. sextant**, sestante a nonio.

Veronal /ˈverənl/, *n.* (*marchio*: *farm.*) veronal (*barbiturico sedativo*).

Veronese /verəˈniːz/, *a.* e *n.* (*invar. al pl.*) veronese.

veronica /vəˈrɒnɪkə/, *n.* *1* (*bot., Veronica*) veronica *2* (*relig.*) veronica.

verruca /vəˈruːkə/, *n.* (*pl.* **verrucae, verrucas**) (*med.*) verruca.

verrucoid /ˈverəkɔɪd/, *a.* (*med.*) verrucoide.

verrucose /vəˈruːkəʊs/, **verrucous** /vəˈruːkəs/, *a.* (*med.*) verrucoso.

versant /ˈvɜːsnt/, *n.* (*geogr.*) versante.

versatile /ˈvɜːsətaɪl, *USA* -tl/, *a.* *1* versatile; eclettico; multiforme: **a v. genius**, un genio versatile *2* che si presta a molti usi *3* (*raro*) incostante; mutevole; variabile: **v. loyalty**, attaccamento incostante *4* (*tecn.*) girevole: **a v. spindle**, un fuso girevole *5* (*zool.*) mobile: **v. antennae**, antenne mobili (*di un insetto*). || **-ly**, *avv.*

versatility /vɜːsəˈtɪlətɪ/, *n.* *1* versatilità; ecletticità *2* varietà d'uso (*o* d'impiego) *3* (*raro*) incostanza; mutevolezza; variabilità *4* (*zool.*) mobilità.

verse /vɜːs/, *n.* *1* verso: **blank v.**, verso sciolto *2* (*della Bibbia*) versetto *3* strofa; stanza; (*di una canzone*) strofetta *4* (*collett.*) versi; poesia; componimento poetico: **free v.**, versi liberi; **prose and v.**, prosa e poesia. ● **to give chapter and v.** (**for st.**), citare il capitolo e il versetto (*della Bibbia*); (*fig.*) citare (q.c.) esattamente, dare un riferimento accurato (*di q.c.*).

versed (1) /vɜːst/, *a.* versato; esperto; pratico; valente: **He is well v. in the Holy Scriptures**, è molto versato nelle Sacre Scritture.

versed (2) /vɜːst/, *a.* (*mat.*) verso. ● (*mat.*) **v. sine**, senoverso.

verselet /ˈvɜːslət/, *n.* *1* versetto; versicolo *2* breve poesia.

versemonger /ˈvɜːsmʌŋgə(r), *USA* -mɒ-/, *n.* poetastro.

verset /ˈvɜːset/, *n.* *1* (*Bibbia*) versetto *2* (*mus.*) breve preludio (*o* interludio) per organo.

versicle /ˈvɜːsɪkl/, *n.* *1* versetto; versicolo *2* (*relig.*) versetto.

versicolour /ˈvɜːsɪkʌlə(r)/, **versicoloured** /ˈvɜːsɪkʌləd/, *a.* versicolore (*lett.*); cangiante; iridescente.

versicular /vɜːˈsɪkjʊlə(r)/, *a.* (*raro*) di (*o* in) versi; di (*o* in) strofe: **v. division**, divisione in versi (*o* in strofe).

versification /vɜːsɪfɪˈkeɪʃn/, *n.* ***1*** versificazione; verseggiatura ***2*** riduzione in versi ***3*** forma metrica; metrica.

versifier /ˈvɜːsɪfaɪə(r)/, *n.* ***1*** versificatore; verseggiatore; poeta ***2*** (*spreg.*) poetastro.

to **versify** /ˈvɜːsɪfaɪ/, *v. t.* e *i.* versificare; verseggiare; mettere in versi: **to v. an old tale**, verseggiare una vecchia novella.

version /ˈvɜːʃn, *USA* -ʒn/, *n.* ***1*** versione (*anche fig.*); traduzione: **the first Italian v. of Shakespeare**, la prima traduzione italiana delle opere di Shakespeare; **I'd like to have his own v. of the affair**, mi piacerebbe conoscere la sua versione della faccenda ***2*** (*ind., comm.*) versione: (*autom.*) **basic v.**, versione base ***3*** (*med.*) versione, modificazione manuale (*del feto*) ***4*** (*med.*) cambiamento della posizione (*di un organo*). ● (*relig.*) **the Authorized V. of the Bible**, la Versione Autorizzata della Bibbia (*1604-1611*).

versional /ˈvɜːʃənl, *USA* -ʒənl/, *a.* di una versione; di versioni (*specialm. della Bibbia*).

vers libre /vɛəˈliːbrə/ (*franc.*), *locuz. n.* (*poesia*) verso libero (*o* sciolto).

verslibrist /vɛəˈliːbrɪst/, *n.* (*poesia*) autore di versi liberi; versisciolttaio (*spreg.*).

verso /ˈvɜːsəʊ/, *n.* (*pl.* **versos**) ***1*** (*tipogr.*) verso; pagina a sinistra, pagina pari (*di un libro*) ***2*** verso; rovescio (*d'una moneta, di una medaglia*).

versor /ˈvɜːsə(r)/, *n.* (*mat., fis.*) versore.

verst /vɜːst/, *n.* versta (*misura russa di lunghezza, pari a m 1067*).

versus /ˈvɜːsəs/ (*lat.*), *prep.* (*leg., sport*) contro (*abbr.* **v.**): **Smith v. Brown**, (causa giudiziaria) Smith contro Brown; **Arsenal v. Manchester City**, (partita di calcio) Arsenal contro Manchester City.

vert (1) /vɜːt/, *n.* ***1*** (*stor., leg.*) vegetazione; verdura; verde ***2*** (*stor., leg.*) diritto di far legna verde (*in una foresta*); legnatico ***3*** (*araldica*) verde; color verde.

vert (2) /vɜːt/, *n.* (*fam.*) convertito; neofita.

to **vert** /vɜːt/, *v. i.* (*fam.*) convertirsi; abbandonare la propria fede per un'altra.

vertebra /ˈvɜːtɪbrə/, *n.* (*pl.* **vertebrae, vertebras**) (*anat.*) vertebra. ● **the vertebrae**, la colonna vertebrale.

vertebral /ˈvɜːtɪbrəl/, *a.* (*anat.*) vertebrale: **v. artery**, arteria vertebrale; **v. column**, colonna vertebrale.

vertebrate /ˈvɜːtɪbreɪt/, *a.* e *n.* (*zool.*) vertebrato. ● **v. zoology**, zoologia dei vertebrati.

vertebrated /ˈvɜːtɪbreɪtɪd/, *a.* (*zool.*) vertebrato.

vertebration /vɜːtɪˈbreɪʃn/, *n.* ***1*** (*scient.*) formazione delle vertebre ***2*** (*zool.*) divisione in vertebre.

vertebrectomy /vɜːtɪˈbrɛktəmɪ/, *n.* (*med.*) spondilectomia.

vertex /ˈvɜːtɛks/, *n.* (*pl.* **vertices, vertexes**) ***1*** (*geom.*) vertice: **the v. of an angle**, il vertice di un angolo ***2*** (*anat.*) sommità (*del cranio*); vertice ***3*** (*astron.*) culmine; zenit ***4*** (*archit.*) chiave (*di un arco*).

vertical /ˈvɜːtɪkl/, **A** *a.* (*geom., astron., mecc., ecc.*) verticale; al vertice; perpendicolare: **v. line**, linea verticale; **v. angles**, angoli al vertice; **v. plane**, piano verticale; **a v. wall in the Alps**, una parete perpendicolare nelle Alpi; **v. engine**, motore verticale. **B** *n.* (*geom.*) linea (*o* piano) verticale; verticale. ● (*econ.*) **a v. business organization**, un'organizzazione commerciale (a struttura) verticale □ (*astron.*) **v. circle**, circolo verticale □ (*econ.*) **v. combination**, concentrazione verticale □ (*econ.*) **v. combine**, gruppo economico verticale □ **v. fin**, (*zool.*) pinna verticale; (*aeron.*) piano fisso verticale □ (*econ.*) **v. merger**, fusione verticale □ (*aeron.*) **v. rudder**, timone di direzione □ (*aeron.*) **v. takeoff**, decollo verticale □ (*econ.*) **v. trust**, monopolio verticale □ (*mecc.*) **v. turret lathe**, tornio verticale □ **out of the v.**, giù di squadra.

verticalism /ˈvɜːtɪkəlɪzəm/, *n.* (*archit.*) verticalismo.

verticality /vɜːtɪˈkælətɪ/, *n.* verticalità; perpendicolarità.

vertically /ˈvɜːtɪklɪ/, *avv.* verticalmente; perpendicolarmente.

vertices /ˈvɜːtɪsiːz/, *pl.* di **vertex**.

verticil /ˈvɜːtɪsɪl/, *n.* (*bot.*) verticillo.

verticillate /vɜːˈtɪsɪlət/, **verticillated** /vɜːˈtɪsəleɪtɪd/, *a.* (*bot.*) verticillato.

vertiginous /vɜːˈtɪdʒɪnəs/, *a.* ***1*** vertiginoso (*anche fig.*): **v. heights**, altezze vertiginose ***2*** vorticoso ***3*** preso da vertigini; stordito ***4*** instabile; incostante. || **-ly**, *avv.* || **-ness**, *sost.*

vertigo /ˈvɜːtɪgəʊ/, *n.* (*pl.* **vertigoes, vertigines**) (*med.*) vertigine; capogiro.

vertu /vɜːˈtuː/, *V.* **virtu**.

vervain /ˈvɜːveɪn/, *n.* (*bot., Verbena officinalis*) verbena.

verve /vɜːv/, *n.* brio; calore; energia; vivacità; verve (*franc.*).

vervet /ˈvɜːvɪt/, *n.* (*zool., Cercopithecus pygerythrus*) cercopiteco verde.

very /ˈverɪ/, **A** *a.* ***1*** assoluto; completo; esatto; perfetto; puro; solo; vero (e proprio); bell'e buono; proprio: **He proved a v. rogue**, si rivelò un perfetto mascalzone; **for v. shame**, per pura vergogna; **the v. truth**, la pura verità; **The v. thought of meeting him frightens me**, il solo pensiero d'incontrarlo m'atterrisce; **the v. heart of the matter**, il vero nocciolo della questione; **the v. reverse of the truth**, proprio il contrario della verità; **He did it under your v. eyes**, te l'ha fatta proprio sotto gli occhi ***2*** stesso; medesimo; perfino; persino; proprio: **That is the v. hat I lost**, è proprio il cappello che ho smarrito; **speaking in this v. room**, parlando in questa stessa stanza; **The v. rafters shook**, le travi stesse tremavano; **His v. servants bully him**, persino i suoi servitori lo tiranneggiano ***3*** (*arc. o form.*) vero; autentico: **the v. living God**, il vero Iddio vivente. **B** *avv.* assai; molto; oltremodo (*lett.*); -issimo, -errimo: **v. difficult**, assai difficile; **v. late**, molto tardi; **v. funny**, assai buffo; **v. interesting**, molto interessante; **I was very pleased [surprised]**, fui molto compiaciuto [assai sorpreso]; **v. fine**, bellissimo; **a v. celebrated writer**, uno scrittore celeberrimo. ● **a v. bad idea**, una pessima idea □ **the v. first to arrive**, il primo ad arrivare □ **v. good**, (*agg.*) molto buono, ottimo; (*inter.*) benissimo, d'accordo, sì □ (*radio, TV*) **v. high frequency**, altissima frequenza □ (*market.*) **the v. last things**, le ultimissime novità □ **the v. latest news**, ultimissime notizie □ **a v. little more**, un pochino di più; ancora un pizzico □ **the v. lowest price**, prezzo ridottissimo □ **v. many**, moltissimi □ **v. much**, moltissimo □ **the v. same man**, proprio lo stesso uomo □ **a v. surprised look**, uno sguardo oltremodo stupito □ **the v. thing**, la stessa cosa, proprio quella cosa; la cosa desiderata; (proprio) quel che ci vuole □ **v. well**, (*avv.*) molto bene, benissimo; (*inter.*) va bene, bravo!; d'accordo, sì □ **to be caught in the v. act**, essere colto in flagrante (*fam.*: con le mani nel sacco) □ **to do the v. best one can**, fare del proprio meglio; fare tutto il possibile; mettercela tutta □ **to give sb. st. for his v. own**, far dono di q.c. a q. □ (*lett.*) **in v. deed**, veramente; davvero; proprio; sul serio □ **in v. truth**, in verità; davvero □ **not v. well**, piuttosto male; maluccio; (*anche*) indisposto: **She doesn't sing v. well**, canta maluccio; **I'm not v. well today**, oggi sono indisposto (*o* non sto tanto bene) □ **on the v. next page**, proprio alla pagina seguente □ **The v. idea!**, questa è bella!; questa è grossa!; pensa un po'!; questa poi!; ma no! □ **Is it really my v. own?**, è proprio mio?; me lo dai davvero?; posso proprio tenerlo? □ **You can have it for your v. own**, è tuo (per sempre); puoi tenerlo □ **That's the v. best we have**, è il meglio che abbiamo □ **It's the v. last thing I expected**, questa non me l'aspettavo davvero!

Very light /ˈverɪlaɪt/, *locuz. n.* fuoco Very (*razzo da segnalazioni*).

Very pistol /ˈverɪpɪstl/, *locuz. n.* pistola Very (*da segnalazioni, inventata da S.W. Very*).

Very signal /ˈverɪsɪgnəl/, *V.* **Very light**.

vesica /ˈvɛsɪkə/, *n.* (*pl.* **vesicae**) ***1*** (*anat.*) vescica (*specialm. urinaria*) ***2*** (*bot.*) vescica ***3*** (*arte, relig.*, = **v. piscis**) mandorla mistica.

vesical /ˈvɛsɪkl/, *a.* (*anat., bot.*) vescicale; della vescica.

vesicant /ˈvɛsɪkənt/, *a.* e *n.* (*farm.*) vescicante; vescicatorio.

to **vesicate** /ˈvɛsɪkeɪt/, **A** *v. i.* ***1*** produrre vescicole ***2*** coprirsi di vescichette. **B** *v. t.* produrre vesciche (*o* vescicole) su (q., q.c.).

vesication /vɛsɪˈkeɪʃn/, *n.* (*med.*) ***1*** vescicazione (*formazione di vesciche*) ***2*** vescicola.

vesicatory /ˈvɛsɪkeɪtrɪ, *USA* -kətɔːrɪ/, *V.* **vesicant**.

vesicle /ˈvɛsɪkl/, *n.* (*scient.*) vescicola; vescichetta.

vesicular /vəˈsɪkjʊlə(r)/, *a.* (*scient.*) vescicolare.

vesiculate(d) /vəˈsɪkjʊleɪt(ɪd)/, *a.* ***1*** (*scient.*) a forma di vescicola ***2*** (*med.*) coperto di vescicole.

vesiculation /vəsɪkjʊˈleɪʃn/, *n.* (*med.*) vescicolazione; formazione di vescicole.

Vespasian /vɛˈspeɪʒn/, *n.* (*stor. romana*) Vespasiano.

vesper /ˈvɛspə(r)/, *n.* ***1*** vespero; (*poet.*) sera ***2*** – (*astron.*) **V.**, vespero ***3*** (*pl.*) (*relig.*) vespri: **the vespers bell**, la campana dei vespri. ● (*stor.*) **the Sicilian Vespers**, i Vespri Siciliani.

vesperal /ˈvɛspərəl/, **A** *n.*(*relig.*) vesperale; libro dei vespri. **B** *a.* (*lett.*) vesperale; vespertino.

vespertilio /vɛspəˈtɪlɪəʊ/, *n.* (*zool.*, *Vespertilio*) vespertilione.

vespertine /ˈvɛspətaɪn/, *a.* ***1*** (*lett.*) vespertino: **the v. star**, la stella vespertina; Venere ***2*** (*zool.*) vespertino; attivo di sera ***3*** (*bot.*) notturno.

vespiary /ˈvɛspɪərɪ, *USA* -ɪerɪ/, *n.* vespaio; nido di vespe.

vespine /ˈvɛspaɪn/, *a.* di vespa; simile a vespa.

vessel /ˈvɛsl/, *n.* ***1*** (*form.*) vaso; recipiente: **a glass v.**, un vaso di vetro ***2*** (*naut.*) vascello; bastimento; nave: **v. in ballast**, nave in zavorra ***3*** (*anat.*) vaso: **blood v.**, vaso sanguigno. ● (*naut.*) **v. at fault**, nave responsabile di una collisione □ (*naut.*) **v. ton**, tonnellata di registro □ (*fig., Bibbia*) **chosen v.**, vaso d'elezione □ (*naut.*) **coasting v.**, nave di cabotaggio □ (*naut.*) **light v.**, faro galleggiante; nave faro □ (*naut.*) **patrol v.**, vedetta □ (*naut.*) **sailing v.**, veliero □ (*ind.*) **storage v.**, serbatoio □ (*fig., Bibbia*) **the weaker v.**, la donna.

vest /vɛst/, *n.* ***1*** (*Austr., USA*; *cfr. ingl.* **waistcoat**) panciotto ***2*** (*ingl.*) canottiera; maglietta; maglia della salute ***3*** (*di donna*) davantino; pettorina ***4*** (*un tempo*: *di bambino*) camicina ***5*** (*tecn.*) giubbotto: **bullet-proof v.**, giubbotto antiproiettile. ● (*d'orologio, ecc.*) **v.-pocket**, da taschino; (*fig.*) tascabile: **a v.-pocket dictionary**, un dizionarietto tascabile.

to **vest** /vɛst/, **A** *v. t.* ***1*** (*poet. o relig.*) abbigliare; vestire ***2*** (*leg.*) investire (*di un diritto*); attribuire, assegnare, conferire a (q.): **to v. sb. with vast powers**, investire q. d'ampi poteri; conferire a q. ampi poteri; **The estate was vested in his sons**, la proprietà fu assegnata ai suoi figli maschi. **B** *v. i.* ***1*** (*relig.*; *anche, v. rifl.* **to vest oneself**) vestire i paramenti sacri ***2*** (*leg.*: *di proprietà, diritto, ecc.*) essere conferito (a); essere attribuito (a); andare (a): **The right vested in him**, il diritto fu conferito a lui; **The property vested in me**, la proprietà venne (*o* passò in eredità, ecc.) a me.

vesta /ˈvɛstə/, *n.* ***1*** fiammifero di legno ***2*** (= **wax v.**) cerino ***3*** fiammifero (*in genere*).

Vesta /ˈvɛstə/, *n.* (*mitol., astron.*) Vesta.

vestal /ˈvɛstl/, **A** *a.* ***1*** (*mitol.*) vestale; di Vesta *2* (*stor. romana*) di vestale *3* (*fig.*) casto; puro. **B** *n.* *1* (*relig., stor.*) vestale *2* (*fig.*) donna casta, pura; (*specialm.*) monaca. ● **v. virgin**, vestale.

vested /ˈvɛstɪd/, *a.* *1* (*relig.*) vestito dei paramenti sacri *2* (*leg.*) acquisito; fissato; legittimo; assegnato legalmente: **v. rights**, diritti acquisiti. ● **a v. estate**, una proprietà legittima □ **v. interests**, (*leg.*) interessi acquisiti; (*polit.*) interessi costituiti; (*fig. spreg.*) interessi in gioco, persone potenti interessate (*in q.c.*).

vestibular /vɛˈstɪbjʊlə(r)/, *a.* *1* di (*o* del) vestibolo; che fa da vestibolo *2* (*anat.*) vestibolare: **v. system**, apparato vestibolare.

vestibule /ˈvɛstɪbjuːl/, *n.* *1* (*archit., anat.*) vestibolo: **the v. of the ear**, il vestibolo dell'orecchio *2* (*ferr., USA*) mantice (*o* soffietto) fra due carrozze *3* (*mecc.*) precamera (*di combustione*). ● (*ferr., USA*) **v. train**, treno composto da carrozze intercomunicanti.

vestige /ˈvɛstɪdʒ/, *n.* *1* vestigio; orma; traccia: **vestiges of an earlier civilization**, vestigia d'una civiltà più antica *2* (*fig.*) traccia; ombra: **There was not a v. of truth in his statement**, non c'era traccia di verità nella sua affermazione *3* (*biol.*) rudimento, vestigio (*di organo scomparso*). ● **without a v. of clothing**, senza un filo (*o* un cencio, uno straccio) addosso.

vestigial /vɛˈstɪdʒɪəl/, *a.* *1* di vestigio; d'orma *2* (*biol.*) vestigiale: **v. muscle**, muscolo vestigiale.

vesting /ˈvɛstɪŋ/, *n.* (*leg.*) *1* assegnazione, conferimento, cessione (*di un bene, un diritto, ecc.*) *2* attribuzione (*di poteri, ecc.*). ● **v. order**, decreto di assegnazione di una proprietà.

vestiture /ˈvɛstɪtʃə(r)/, *n.* (*zool.*) rivestimento (*pelo, squame, ecc.*).

vestment /ˈvɛstmənt/, *n.* *1* vestimento, abito (*da cerimonia, ecc.*) *2* (*relig.*) paramento sacro *3* (*relig.*) tovaglia d'altare.

vestry /ˈvɛstrɪ/, *n.* (*relig.*) *1* sagrestia *2* (*nelle Chiese non-conformiste*) sala per preghiere collettive o per riunioni *3* (*nella Chiesa anglicana*) fabbriceria; consiglio d'amministrazione (*d'una parrocchia*); assemblea parrocchiale. ● **v. clerk**, segretario della fabbriceria.

vestryman /ˈvɛstrɪmən/, *n.* (*pl.* **vestrymen**) (*relig.*) fabbriciere; membro dell'assemblea parrocchiale.

vesture /ˈvɛstʃə(r)/, *n.* (*poet., retor.*) abbigliamento; vestimento; veste. ● (*leg., stor.*) **v. of land**, ciò che ricopre il suolo (*alberi esclusi*).

vesturer /ˈvɛstʃərə(r)/, *n.* (*relig.*) custode dei paramenti sacri.

Vesuvian /vəˈsuːvɪən/, **A** *a.* *1* vesuviano; del Vesuvio *2* – (*fig.*) **v.**, vulcanico. **B** *n.* *1* – (*miner.*) **v.**, vesuviana, vesuvianite *2* – (*arc.*) **v.**, tipo di zolfanello.

vesuvianite /vəˈsuːvɪənaɪt/, *n.* (*miner.*) vesuvianite.

Vesuvius /vəˈsuːvɪəs/, *n.* (*geogr.*) Vesuvio.

vet (1) /vɛt/, *n.* (*abbr. fam. di* **veterinary surgeon**) veterinario.

vet (2) /vɛt/, *n.* (*fam. USA, abbr. di* **veteran**) veterano; reduce.

to **vet** /vɛt/, *v. t.* (*fam.*) *1* visitare, curare, medicare (*un animale o, scherz., un uomo*) *2* (*fig.*) esaminare; controllare; correggere; rivedere *3* (*fig.*) sottoporre (q.) a controllo; passare al vaglio (*fig.*); setacciare (*fig.*).

vetch /vɛtʃ/, *n.* (*bot., Vicia sativa*) veccia.

vetchling /ˈvɛtʃlɪŋ/, *n.* (*bot., Lathyrus pratensis*) erba galletta.

vetchy /ˈvɛtʃɪ/, *a.* *1* veccioso *2* vecciato.

veteran /ˈvɛtərən/, **A** *n.* *1* veterano (*anche fig.*): **He's a v. at his trade**, è un veterano del mestiere *2* (*USA*) veterano; reduce; ex combattente. **B** *a. attr.* *1* veterano; esperto; sperimentato: **a v. golfer**, un esperto giocatore di golf *2* (*mil.*) di veterani: **a v. army**, un esercito di veterani. ● **v. car**, auto d'epoca □ (*in U.S.A. e Can.*) **Veterans Day**, la Giornata dei Reduci (*l'11 novembre*).

to **veteranize** /ˈvɛtərənaɪz/, (*USA*) **A** *v. t.* *1* fare di (*un soldato*) un veterano *2* (*fig.*) temprare (*fig.*). **B** *v. i.* riarruolarsi; raffermarsi.

veterinarian /vɛtərɪˈnɛərɪən/, *n.* (*USA* e *Can.*) veterinario.

veterinary /ˈvɛtrənrɪ, *USA* ˈvɛt(ə)rənerɪ/, **A** *a.* *1* veterinario: **v. surgeon**, (medico) veterinario *2* per veterinari. **B** *n.* (medico) veterinario. ● **a v. college**, una facoltà di veterinaria □ **v. science**, (la) veterinaria.

veto /ˈviːtəʊ/, *n.* (*pl.* **vetoes**) *1* veto; opposizione, proibizione (*in genere*): **to interpose** [**to put**] **one's v. on a proposal**, opporre [mettere] il proprio veto a una proposta *2* (= **v. power**) diritto di veto: **The Lords exercised their v.**, la Camera dei Lord esercitò il suo diritto di veto. ● **v. message**, comunicazione del veto (*per es., del Presidente degli U.S.A.*).

to **veto** /ˈviːtəʊ/, *v. t.* mettere (*o* porre) il veto a (*un disegno di legge, ecc.*); (*per estens.*) proibire, vietare: **The President of the U.S.A. has the power to v. a bill**, il presidente degli U.S.A. ha il potere di mettere il veto a un disegno di legge; **The headmaster vetoed the students' meeting**, il preside proibì (che si tenesse) l'assemblea degli studenti.

vetoer /ˈviːtəʊə(r)/, *n.* chi esercita il diritto di veto.

to **vex** /vɛks/, *v. t.* *1* (*form.*) irritare; contrariare; infastidire; seccare: **This continuous chatter vexes me**, questo continuo chiacchierio m'infastidisce *2* (*poet.*) sommuovere, agitare (*le onde, il mare, ecc.*).

vexation /vɛkˈseɪʃn/, *n.* (*form.*) *1* irritazione; malumore; nervosismo *2* contrarietà; fastidio; seccatura: **the vexations of life**, le contrarietà della vita *3* (*leg.*) vessazione.

vexatious /vɛkˈseɪʃəs/, *a.* *1* fastidioso; irritante; molesto: **v. regulations**, regolamenti fastidiosi *2* (*leg.*) vessatorio: **a v. suit at law**, un'azione legale vessatoria. ‖ **-ly**, *avv.* ‖ **-ness**, *sost.*

vexed /vɛkst/, *a.* *1* irritato; contrariato; infastidito; seccato *2* (*poet.*) agitato: **a sea v. by storms**, un mare agitato da tempeste. ● **v. question**, vexata questio (*lat.*); questione dibattuta.

vexil /ˈvɛksɪl/, *n.* (*bot.*) vessillo; stendardo.

vexillary (1) /ˈvɛksɪlərɪ, *USA* -ɛrɪ/, *a.* *1* (*stor. romana*) di un vessillo *2* (*bot.*) vessillare: **v. function**, funzione vessillare.

vexillary (2) /ˈvɛksɪlərɪ, *USA* -ɛrɪ/, *n.* (*stor. romana*) vessillario; vessillifero.

vexillate /ˈvɛksɪlət/, *a.* (*bot.*) vessillato; che ha un vessillo.

vexillum /vɛkˈsɪləm/, *n.* (*pl.* **vexilla**) *1* (*stor., bot., relig.*) vessillo; stendardo *2* (*zool.*) vessillo (*di penna d'uccello*).

vexing /ˈvɛksɪŋ/, *a.* fastidioso; molesto; seccante. ‖ **-ly**, *avv.*

VHF /viːeɪtʃˈɛf/, **A** *n.* (*acronimo di* **very high frequency**) (*elettron., radio*) VHF; iperfrequenza; banda 8. **B** *a. attr.* VHF: **a VHF radio**, una radio VHF.

via /ˈvaɪə, ˈviːə/ (*lat.*), **A** *n.* (*pl.* **vias, viae**) via: (*astron.*) **Via Lactea**, la Via Lattea. **B** *prep.* via; per la via di; per: **to go to Torquay via Exeter**, andare a Torquay via Exeter; (*naut.*) **via the Suez Canal**, via Suez. ● (*fig.*) **via media**, via di mezzo; aurea mediocritas.

viability /vaɪəˈbɪlətɪ/, *n.* *1* vitalità (*di un feto, ecc.*) *2* (*per estens.*) effettuabilità; attuabilità *3* (*econ.*) autosufficienza (*d'uno Stato, ecc.*) *4* (*fin.*) solvibilità; capacità di far fronte agli impegni internazionali.

viable /ˈvaɪəbl/, *a.* *1* vitale: **v. seeds**, semi vitali *2* (*per estens.*) fattibile; effettuabile; attuabile *3* (*econ.: d'uno Stato, ecc.*) autosufficiente *4* (*fin.*) solvibile. ● (*med.*) **v. fetus**, feto vitale □ **a v. hypothesis**, un'ipotesi valida □ **a v. solution**, una soluzione possibile.

viaduct /ˈvaɪədʌkt/, *n.* viadotto.

vial /ˈvaɪəl/, *n.* (*chim., med.*) fiala; boccetta.

viand /ˈvaɪənd/, *n.* *1* (*arc.*) vivanda (prelibata) *2* (*pl.*) (*raro*) vivande; alimenti.

viaticum /vaɪˈætɪkəm/, *n.* (*pl.* **viaticums, viatica**) (*stor. romana, relig.*) viatico.

vibes /vaɪbz/, **A** *n.* (*invar. al pl.*) (*fam.*) vibrafono. **B** *n. pl.* (*fam.*) *1* emozioni; sensazioni; carica emotiva (*di un oggetto o di un luogo*) *2* atmosfera; stato d'animo. ● **This place has bad v.**, questo posto mi mette a disagio.

vibraculum /vaɪˈbrækjʊləm/, *n.* (*pl.* **vibracula**) (*zool.*) vibracularia.

vibrancy /ˈvaɪbrənsɪ/, *n.* (*raro*) *1* vibrazione *2* (*fig.*) esuberanza; l'essere pieno di vita.

vibrant /ˈvaɪbrənt/, *a.* *1* vibrante; tremante *2* risonante; sonoro: **the v. tones of a harp**, i toni sonori di un'arpa *3* (*fig.*) stimolante; eccitante; esuberante; pieno di vita *4* (*ling.*) vibrante *5* (*di colore*) vivace. ● **v. streets**, strade piene di vita □ **v. with health**, pieno (*o* che scoppia) di salute □ **a v. woman**, una donna energica.

vibraphone /ˈvaɪbrəfəʊn/, *n.* (*mus.*) vibrafono.

vibraphonist /ˈvaɪbrəfəʊnɪst/, *n.* vibrafonista.

to **vibrate** /vaɪˈbreɪt, *USA* ˈvaɪbreɪt/, **A** *v. i.* *1* vibrare; oscillare; tremare *2* (*fig.*) vibrare; fremere: **to v. with anger** [**joy**], fremere d'ira [di gioia] *3* risuonare. **B** *v. t.* *1* far vibrare; far oscillare *2* (*del pendolo*) battere, misurare (*i secondi, ecc.*) oscillando.

vibratile /ˈvaɪbrətaɪl, *USA* -tl/, *a.* vibratile.

vibratility /vaɪbrəˈtɪlətɪ/, *n.* vibratilità; l'essere vibratile.

vibrating /vaɪˈbreɪtɪŋ/, *a.* vibrante (*anche fig.*). ● (*mecc.*) **v. screen**, vibrovaglio.

vibration /vaɪˈbreɪʃn/, *n.* *1* vibrazione (*anche fis., mecc.*); oscillazione: **ten vibrations per second**, dieci vibrazioni al secondo; **the v. of the pendulum**, l'oscillazione del pendolo *2* (*fig.*) fremito; tremolio *3* (*edil.*) vibratura *4* (*pl.*) (*fam.*) *V.* **vibes, B.**

vibrational /vaɪˈbreɪʃənl/, *a.* (*fis.*) di vibrazione; vibrazionale.

vibrative /vaɪˈbreɪtɪv/, *V.* **vibratory**.

vibrato /vɪˈbrɑːtəʊ, vaɪ-/, *n.* (*pl.* **vibratos**) (*acustica, mus.*) vibrato.

vibrator /vaɪˈbreɪtə(r)/, *n.* *1* (*elettr., mecc.*) vibratore (*strumento*) *2* (*edil.*) vibratore (*macchina*).

vibratory /vaɪˈbreɪtrɪ, ˈvaɪbrə-, *USA* ˈvaɪbrətɔːrɪ/, *a.* *1* vibratorio; vibrante *2* oscillatorio. ● (*edil.*) **v. finishing machine**, vibrofinitrice.

vibrio /ˈvɪbrɪəʊ/, *n.* (*biol.*) vibrione.

vibriosis /vɪbrɪˈəʊsɪs/, *n.* (*vet.*) vibriosi.

vibrissa /vaɪˈbrɪsə/, *n.* (*pl.* **vibrissae**) (*anat., zool.*) vibrissa.

vibrocultivator /vaɪbrəʊˈkʌltɪveɪtə(r)/, *n.* (*agric.*) vibrocoltivatore.

vibrograph /ˈvaɪbrəʊgrɑːf, *USA* -æf/, *n.* (*fis.*) vibrografo (*strumento*).

vibromassage /vaɪbrəʊˈmæsɑːʒ, -dʒ, *USA* -məˈsɑːʒ, -dʒ/, *n.* (*med., sport*) vibromassaggio.

vibromasseur /vaɪbrəʊmæˈsɜː(r), mə-, *USA* -ˈsɜː(r), -ˈsʊə(r)/, *n.* (*med., sport*) vibromassaggiatore.

vibroscope /ˈvaɪbrəskəʊp/, *n.* vibroscopio (*strumento*).

vibrotamper /vaɪbrəʊˈtæmpə(r)/, *n.* (*edil.*) vibrocostipatore.

viburnum /vaɪˈbɜːnəm/, *n.* (*bot., Viburnum*) viburno; lantana; pallone di maggio.

vic /vɪk/, *n.* *1* (*fam. ingl.*) formazione a V (*d'aerei in volo*) *2* (*pop. USA*) carcerato; detenuto *3* (*pop. USA*) vittima predestinata; pollo (*fig.*); gonzo.

vicar /ˈvɪkə(r)/, *n.* *1* (*relig. cattolica*) vicario: **the V. of** (**Jesus**) **Christ**, il Vicario di Cristo; il Papa; **V.-General**, Vicario Generale; **Cardinal V.**, Cardinal Vicario *2* (*relig. anglicana*) parroco (*in origine di una parrocchia senza decime*) *3* (*per estens.*) vicario; interino; sostituto. ● **v. apostolic**, vicario apostolico □ **v. forane**, vicario foraneo.

vicarage /'vɪkərɪdʒ/, *n.* (*relig. anglicana*) **1** beneficio di parroco; parrocchia (*senza decime*) **2** casa parrocchiale; canonica.

vicaress /'vɪkərɪs/, *n.* **1** (*relig.*) madre vicaria (*suora*) **2** (*relig. anglicana*) moglie del parroco **3** (*per estens.*) vicaria; sostituta.

vicarial /vɪ'kɛərɪəl, *USA* vaɪ-/, *a.* **1** (*relig. cattolica*) vicariale **2** (*relig. anglicana*) parrocchiale; di parroco **3** *V.* **vicarious**, *def. 2.*

vicariate /vɪ'kɛərɪət, *USA* vaɪ-/, *n.* **1** (*relig. cattolica*) vicariato **2** (*relig. anglicana*) ufficio di parroco; parrocchia (*in origine senza decime*).

vicarious /vɪ'kɛərɪəs, *USA* vaɪ-/, *a.* **1** che fa le veci (*di un altro*); sostituto; vicario **2** delegato: **v. authority**, autorità delegata **3** (*fig.*) immaginario; indiretto; di seconda mano (*fig.*) **4** (*med.*) vicariante: **v. menstruation**, mestruazione vicariante. ● **v. punishment**, punizione subita al posto di un altro □ (*leg.*) **v. responsibility**, responsabilità vicaria (*o* indiretta) □ **a v. ruler**, un reggente □ (*relig.*) **the v. sacrifice**, il sacrificio di Gesù Cristo □ **v. work**, lavoro fatto per un altro.

vicariously /vɪ'kɛərɪəslɪ, *USA* vaɪ-/, *avv.* **1** per delega; per conto altrui **2** in vece d'altri; in sostituzione **3** (*fig.*) con la fantasia; indirettamente; di seconda mano (*fig.*).

vicariousness /vɪ'kɛərɪəsnəs, *USA* vaɪ-/, *n.* l'essere vicario (*V.* **vicarious**).

vicarship /'vɪkəʃɪp/, *V.* **vicariate**.

vice (**1**) /vaɪs/, *n.* **1** vizio; difetto; imperfezione: **the v. of lust**, il vizio della lussuria; **vices of style**, difetti di stile **2** (*fam.*) vizio; vizietto; debolezza: **Coffee is one of my vices**, ho una debolezza per il caffè **3** vizio; malvezzo (*di un animale*) **4** (*leg.*) vizio; difetto. ● **the v. ring**, l'ambiente del vizio (*la prostituzione, ecc.*) □ (*polizia*) **the v. squad**, la squadra del buoncostume □ **free from v.**, senza difetti; esente da imperfezioni □ **He has no redeeming v.**, non ha un solo vizio; quello è un santo!; è fin troppo virtuoso!

vice (**2**) /vaɪs/, *n.* morsa; morsetto: **bench v.**, morsa da banco; **hand v.**, morsetto a mano. ● **v. cheek** (*o* **v. jaw**), ganascia di morsa □ (*fig.*) **as firm as a v.**, saldo come una torre.

vice (**3**) /vaɪs/, *n.* (*fam.*) vice (*abbr. di vicepresidente, ecc.*).

vice (**4**) /vaɪs/ (*lat.*), *prep.* in vece di; in luogo di; al posto di.

to **vice** /vaɪs/, *v. t.* serrare in una morsa (*anche fig.*).

vice-admiral /'vaɪs'ædmərəl/, *n.* (*naut., mil.*) viceammiraglio.

vice-captain /'vaɪs'kæptɪn, -ən/, *n.* (*sport*) vicecapitano (*di una squadra*).

vice-chairman /'vaɪs'tʃɛəmən/, *n.* vicepresidente.

vice-chancellor /'vaɪs'tʃɑːnsələ(r), *USA* -æn-/, *n.* **1** (*nelle università*) vicerettore **2** (*nelle università*) vicedirettore amministrativo.

vice-consul /'vaɪs'kɒnsl/, *n.* viceconsole.

vice-consulate /'vaɪs'kɒnsjʊlət, *USA* -sələt/, *n.* viceconsolato.

vicegerency /vaɪs'dʒɛrənsɪ/, *n.* carica (*o* ufficio) di vicegerente.

vicegerent /vaɪs'dʒɛrənt/, *n.* **1** vigerente; vicario **2** (*relig. cattolica*) vicario di Cristo.

vice-governor /'vaɪs'gʌvənə(r)/, *n.* vicegovernatore.

vice-king /'vaɪs'kɪŋ/, *V.* **viceroy**.

vicelike /'vaɪslaɪk/, *a.* simile a una morsa; come in una morsa. ● **a v. grip**, una stretta d'acciaio: **The opponent held him in a v. grip**, l'avversario lo teneva in una morsa d'acciaio.

vicennial /vaɪ'sɛnɪəl/, *a.* ventennale; vicennale (*lett.*).

vice-presidency /'vaɪs'prɛzɪdənsɪ/, *n.* vicepresidenza.

vice-president /'vaɪs'prɛzɪdənt/, *n.* vicepresidente.

viceregal /'vaɪs'riːgl/, *a.* di viceré; di viceregina.

vice-regent /'vaɪs'riːdʒənt/, *n.* vicereggente.

vicereine /'vaɪs'reɪn/, *n.* viceregina.

viceroy /'vaɪsrɔɪ/, *n.* viceré.

viceroyal /'vaɪsrɔɪəl/, *V.* **viceregal**.

viceroyalty /'vaɪsrɔɪəltɪ/, **viceroyship** /'vaɪsrɔɪʃɪp/, *n.* **1** vicereame **2** carica di viceré.

vicesheriff /'vaɪs'ʃɛrɪf/, *n.* vicesceriffo.

vice-treasurer /'vaɪs'trɛʒərə(r)/, *n.* vicetesoriere.

vice versa /'vaɪsɪ'vɜːsə/ (*lat.*), *avv.* viceversa.

Vichy (**water**) /'viːʃɪwɔːtə(r), 'vɪ-, *USA* -wɒt-/, *locuz. n.* acqua di Vichy (*acqua minerale*).

vicinage /'vɪsɪnɪdʒ/, *n.* **1** vicinato; vicinanza **2** (*raro*) (i) dintorni.

vicinal /'vɪsɪnl/, *a.* vicinale: **a v. road**, una strada vicinale.

vicinity /vɪ'sɪnətɪ/, *n.* **1** (*form.*) vicinanza **2** vicinanze; dintorni; vicinato: **There is no hotel in the v.**, non c'è nessun albergo nelle vicinanze; **Los Angeles and v.**, Los Angeles e dintorni. ● **The two theatres are in close v.**, i due teatri sono vicinissimi.

vicious /'vɪʃəs/, *a.* **1** vizioso; immorale; perverso; dissoluto; depravato: **v. companions**, compagni perversi; **v. life**, vita viziosa **2** cattivo; dispettoso; malvagio; maligno; rabbioso: **a v. glance**, uno sguardo cattivo; **a v. temper**, un carattere dispettoso, malvagio; **a v. punch**, un pugno rabbioso; **a v. remark**, un'osservazione maligna, malevola **3** (*di cavallo*) ombroso **4** (*raro*) difettoso; sbagliato; scorretto: **a v. style**, uno stile difettoso; **a v. manuscript**, un manoscritto scorretto. ● **v. circle**, circolo vizioso □ **a v. dog**, un cane mordace □ (*di persona o animale*) **in a v. mood**, in uno stato d'irritazione; irritato; nervoso. || **-ly**, *avv.* || **-ness**, *sost.*

vicissitude /vɪ'sɪsɪtjuːd, *USA* -tuːd/, *n.* **1** (*di solito al pl.*) vicissitudine; vicenda; traversia: **the vicissitudes of life**, le traversie della vita **2** (*poet.*) avvicendamento; alternanza.

vicissitudinary /vɪsɪsɪ'tjuːdɪnərɪ, *USA* -'tuːdɪnɛrɪ/, **vicissitudinous** /vɪsɪsɪ'tjuːdɪnəs, *USA* -'tuː-/, *a.* pieno di vicissitudini; mutevole; tempestoso (*fig.*).

victim /'vɪktɪm/, *n.* **1** vittima (*anche fig.*); preda: **the victims of war**, le vittime della guerra; **He fell a v. to his own avarice**, fu vittima della sua stessa cupidigia; **the v. of a trick**, la vittima di un imbroglio **2** (*leg., ass.*) vittima. ● (*ass.*) **v. of an accident**, sinistrato, sinistrata.

victimization /vɪktɪmaɪ'zeɪʃn, *USA* -mɪ'z-/, *n.* **1** sacrificio; immolazione; uccisione (*d'una vittima*) **2** vittimizzazione **3** vittimismo.

to **victimize** /'vɪktɪmaɪz/, *v. t.* **1** sacrificare; immolare (*come vittima*) **2** vittimizzare; fare di (q.) una vittima.

victimless /'vɪktɪmləs/, *a.* senza vittime.

victor /'vɪktə(r)/, **A** *n.* (*lett.*) vincitore. **B** *a. attr.* vincitore; vittorioso: **the v. army**, l'esercito vincitore.

Victor /'vɪktə(r)/, *n.* Vittorio.

victoria /vɪk'tɔːrɪə/, *n.* **1** (*stor.*) vittoria (*carrozza signorile a quattro ruote*) **2** (*bot., Victoria regia*) victoria regia.

Victoria (**1**) /vɪk'tɔːrɪə/, *n.* **1** Vittoria **2** (*stor.*) la Regina Vittoria (1837-1901). ● **the V. Cross**, la Croce della Regina Vittoria (*la più alta onorificenza militare in G.B.*); (*fig.*) soldato (ufficiale, ecc.) decorato con la Victoria Cross.

Victoria (**2**) /vɪk'tɔːrɪə/, *n.* **1** (*geogr.*) Victoria (*Stato dell'Australia*) **2** (*ferr.*) Victoria Station (*a Londra*).

Victorian (**1**) /vɪk'tɔːrɪən/, **A** *a.* **1** (*stor., arte, letter., ecc.*) vittoriano: **V. furniture**, mobili vittoriani; **the V. age**, l'età vittoriana (*della Regina Vittoria*) **2** (*spreg.*) vittoriano: **V. hypocrisy**, ipocrisia vittoriana. **B** *n.* (*stor., letter.*) vittoriano: **great Victorians**, grandi vittoriani.

Victorian (**2**) /vɪk'tɔːrɪən/, *a.* e *n.* (abitante, nativo) dello Stato di Victoria (*in Australia*).

Victoriana /vɪktɔːrɪ'ɑːnə, *USA* -ænə/, *n. pl.* (*antiquariato*) oggetti d'arte (mobili, ecc.) dell'età vittoriana.

Victorianism /vɪk'tɔːrɪənɪzəm/, *n.* (*stor., letter., ecc.*) «vittorianesimo»; carattere (*o* gusto, ecc.) vittoriano.

victorious /vɪk'tɔːrɪəs/, *a.* vittorioso; trionfante. ● **a v. day**, un giorno di vittoria. || **-ly**, *avv.* || **-ness**, *sost.*

victory /'vɪktərɪ/, *n.* vittoria (*anche fig.*): **to win a great v. over the invaders**, riportare una grande vittoria sugli invasori; **moral v.**, vittoria morale; **a v. over one's passions**, una vittoria sulle proprie passioni; (*fig.*) **a Pyrrhic** (*o* **a Cadmean**) **v.**, una vittoria di Pirro.

victress /'vɪktrɪs/, *n.* (*raro*) vincitrice.

victual /'vɪtl/, *n.* (*di solito al pl.*) vitto; viveri; vettovaglie.

to **victual** /'vɪtl/, **A** *v. t.* approvvigionare; vettovagliare; rifornire di viveri (*un esercito, una nave, ecc.*). **B** *v. i.* approvvigionarsi; rifornirsi di viveri: **The Transatlantic liner victualled at Genoa**, il transatlantico si rifornì di viveri a Genova.

victualler /'vɪtələ(r)/, *n.* **1** approvvigionatore; fornitore (*di viveri*) **2** (*naut.*) nave (di) rifornimento **3** (*specialm.* **licensed v.**) gestore di locale pubblico (*con licenza per gli alcolici*).

victualling /'vɪtlɪŋ, -təl-/, *n.* approvvigionamento; vettovagliamento. ● (*dog.*) **v. bill**, permesso di provvigioni a bordo □ (*naut.*) **v. office**, ufficio di vettovagliamento □ (*naut.*) **v. ship**, nave (di) rifornimento □ (*naut.*) **v. yard**, magazzino viveri (*per navi*).

vicugna, vicuña /vɪ'kjuːnə, -'kuːnjə/, *n.* **1** (*zool., Lama vicugna*) vigogna **2** (= **v. cloth**) (tessuto di) vigogna. ● **a v. overcoat**, un cappotto di vigogna.

vidaholic /vɪdə'hɒlɪk, *USA* -'hɔːl-/, *a.* (*fam. USA*) videodipendente.

vide /'vɪdeɪ, 'vaɪdiː/ (*lat.*), *voce verb.* vedi; vedasi (*nei rimandi*): **v. supra**, vedi sopra.

videlicet /vɪ'diːlɪsɛt, *USA* -'dɛl-/ (*lat.*), *avv.* (*di solito abbr. in* **viz.**) cioè; vale a dire; e precisamente.

video /'vɪdɪəʊ/, **A** *n.* (*pl.* **videos**) (*TV*) **1** video (*anche nel senso di «qualità dell'immagine»*) **2** telefilm; film registrato su video **3** videocassetta **4** videonastro **5** videoregistratore **6** (*fam. USA*) televisione. **B** *a. attr.* **1** video; video- (*pref.*): **v. amplifier**, amplificatore video **2** della televisione; televisivo. ● **v. camera**, telecamera; videocamera □ **v. cassette**, videocassetta □ **v. cassette recorder**, videoregistratore □ (*mus.*) **v. clip**, videoclip; video (*fam.*) □ **v. conferencing**, videoconferenze (*collett.*) □ **v. control**, videocontrollo □ **v. deck**, piastra di videoregistrazione □ **v. display terminal** (*o* **unit**), videoterminale; terminale provvisto di schermo di visualizzazione □ (*in una casa, ecc.*) **v. entry**, videocitofono □ **v. entry system**, discesa (dell'antenna) per il televisore □ **v. filming**, riprese televisive (*collett.*) □ **v. frequency**, videofrequenza □ **v. game**, videogame; videogioco □ **v. jockey**, jockey della televisione □ **v. juke box**, cinebox □ **v. library**, videoteca □ **v. movie**, film per videoriproduzione □ **v. music**, videomusic; videomusica □ (*fam.*) **v. nasty**, film violento e alquanto porno (*per la televisione*) □ **v. player**, videoriproduttore □ **v. playing**, videoriproduzione □ (*elab.*) **v. processing**, videoscrittura □ **v. projector**, videoproiettore □ **v. recorder**, videoregistratore □ **v. shot**, videoripresa; ripresa televisiva □ **v. signal**, videosegnale; segnale d'immagine □ **v. surveillance**, controllo video (*in una banca, un negozio, ecc.*) □ **v. system**, videosistema □ **v. tape**, videotape; videonastro □ **v. tape recorder**, videoregistratore □ (*fam. USA*) **v. visit**, videocassetta (*con i famigliari, gli amici, ecc.*) inviata a un anziano (*ospite di una casa di ri-*

poso) □ **to play on a v.**, videoriprodurre.
to **video** /ˈvɪdɪəʊ/, *v. t.* (*fam.*) videoregistrare.
videodisc /ˈvɪdɪəʊdɪsk/, *n.* videodisco. ● **v. player**, lettore di videodisco.
videodisk /ˈvɪdɪəʊdɪsk/, *n.* *V.* **videodisc**.
videographic /vɪdɪəʊˈgræfɪk/, *a.* videografico.
videomagnetic /vɪdɪəʊmægˈnetɪk/, *a.* videomagnetico.
videophone /ˈvɪdɪəʊfəʊn/, **A** *n.* videotelefono. **B** *a. attr.* videotelefonico.
videotape /ˈvɪdɪəʊteɪp/, *n.* videotape; videonastro.
to **videotape** /ˈvɪdɪəʊteɪp/, *v. t.* videoregistrare.
Videotex /ˈvɪdɪəʊteks/, *n.* (*marchio*) (*elab.*) Videotex; teletex.
videotext /ˈvɪdɪəʊtekst/, *n.* (*elab.*) testo per video; testo (*d'informazioni varie*) da trasmettere per televisione.
videoware /ˈvɪdɪəʊweə(r)/, *n. collett.* (*elab.*) software per video.
vidicon /ˈvɪdɪkɒn/, *n.* (*elettron.*) vidiconoscopio; vidicon.
vidiot /ˈvɪdɪət/, *n.* (*pop. spreg. USA*) campione di videogiochi.
to **vie** /vaɪ/, *v. i.* gareggiare; competere; rivaleggiare: **to vie with the best pilots in Europe**, gareggiare con i migliori piloti d'Europa; **to vie in getting first**, competere per il primo posto.
Viennese /viːəˈniːz/, **A** *a.* viennese. **B** *n.* (*invar. al pl.*) Viennese.
Viet /vɪˈet/, *a. e n.* (*abbr. fam. USA*) vietnamita.
Vietnamese /vɪetnəˈmiːz/, **A** *a.* vietnamita. **B** *n.* (*invar. al pl.*) vietnamita.
Vietnamization /vɪetnəmaɪˈzeɪʃn, *USA* -mɪˈz-/, *n.* (*mil.*) vietnamizzazione.
to **Vietnamize** /vɪˈetnəmaɪz/, *v. t.* (*mil.*) vietnamizzare.
Vietnik /vɪˈetnɪk/, *n.* (*fam., stor. USA*) attivista del movimento ostile alla guerra nel Vietnam.
view /vjuː/, *n.* ***1*** vista; veduta; visione; mostra; paesaggio; panorama; prospettiva: **There was not a person in v.**, non c'era nessuno in vista; **a fine v. over the lake**, una bella vista sul lago; **He's a man of broad views**, è un uomo di larghe vedute; **The mist spoilt the view**, la nebbia sciupava il paesaggio; **The latest models of cars are in v. at the Turin Motor Show**, al salone automobilistico di Torino sono in mostra gli ultimi modelli di auto; **We had no v. of success**, non avevamo alcuna prospettiva di successo ***2*** fine; intento; mira; progetto; scopo: **to have views on an heiress**, avere mire su un'ereditiera; **I had other views for my son**, avevo altri progetti (*fam.*: altre cose in vista) per mio figlio ***3*** punto di vista; idea; opinione; giudizio; parere: **I want to form an exhaustive v. of the political situation**, voglio farmi un'idea esauriente della situazione politica; **May I have your views on the matter?**, vuoi dirmi il tuo punto di vista sulla faccenda?; **He holds extreme views**, è d'idee estremiste ***4*** disegno; fotografia; schizzo (*specialm. di paesaggio*): **an album of views**, un album di disegni (*o* di fotografie) ***5*** rassegna; sommario: **a brief v. of a book**, una breve rassegna di un libro ***6*** (*anche leg.*) sopralluogo; ispezione; esame. ● □ (*caccia alla volpe*) **v.-haloo**, dalli!; eccola! □ **at first v.**, a prima vista □ **bird's-eye v.**, veduta a volo d'uccello, panoramica dall'alto; (*fig.*) ampia visione □ **to come in** (*o* **into**) **v.**, offrirsi (*o* presentarsi) alla vista; apparire: **The car came in v. too late for us to stop**, l'automobile apparve troppo tardi perché ci potessimo fermare □ **to come in v. of**, giungere in vista di; arrivare vicino a: **We came in v. of the enemy**, giungemmo in vista del nemico □ (*ottica, fisiol.*) **field of v.**, campo visivo □ **to have st. in v.**, avere q.c. in vista □ **in v. of**, in vista di; in considerazione di □ **in full v.**, in bella vista; ben visibile □ **in full v. of sb.**, sotto gli occhi di q. □ **to keep sb. [st.] in v.**, tenere q. [q.c.] in considerazione (*per il futuro, per un lavoro, ecc.*) □ (*market.*) **to be on v.**, essere in mostra; essere esposto □ **to be out of v.**, essere fuori vista; essere scomparso □ **to pass from sb.'s v.**, uscir di vista: **The ship passed from my v.**, persi di vista la nave □ **point of v.**, punto di vista □ **private v.**, anteprima (*di un film, di una mostra*) □ **to take a correct v. of the situation**, avere idee chiare sulla situazione; valutare la situazione con realismo □ **to take a dim** (*o* **poor**) **v. of st.**, disapprovare q.c. □ (*fig.*) **to take the long v.**, guardare lontano; essere lungimirante □ (*disegno*) **top v.**, vista dall'alto □ **with a v. to**, con lo scopo di; con la speranza di □ (*anche econ.*) **with a v. to profit**, a scopo di lucro □ **within v.**, in vista: **I was within v. of the town**, ero in vista della città □ **a worm's-eye v.**, una vista dal basso.
to **view** /vjuː/, *v. t.* ***1*** guardare; osservare; scrutare; contemplare: **to v. a beautiful landscape**, contemplare un bel panorama ***2*** (*anche leg.*) esaminare; ispezionare; visionare: **The medical examiner viewed the body**, il medico legale esaminò il cadavere (*durante il sopralluogo*); **to v. the premises**, ispezionare i locali ***3*** (*specialm. cinem.*) visionare ***4*** considerare; giudicare; valutare: **We can v. the problem from different angles**, possiamo considerare il problema sotto diverse angolazioni; **Your proposal is viewed unfavourably**, la tua proposta è giudicata in modo sfavorevole ***5*** (*elab.*) visualizzare (*dati*) sullo schermo ***6*** (*med.*) esaminare (*una ferita, ecc.*). ● **order to v.**, permesso di visitare una casa (*per trattarne l'acquisto*).
viewable /ˈvjuːəbl/, *a.* ***1*** guardabile; osservabile ***2*** esaminabile; ispezionabile. ● **a v. film**, un film da vedere.
Viewdata /ˈvjuːdeɪtə/, *n.* (*marchio, in G.B.*) dati visualizzati sullo schermo. ● **V. service**, servizio interattivo di dati richiesti (*da un privato*) per telefono e che appaiono sullo schermo del televisore domestico (*cfr. ital.* Videotel).
viewer /ˈvjuːə(r)/, *n.* ***1*** osservatore; spettatore; scrutatore: **some v. of the skies**, qualche osservatore del cielo (*studioso d'astronomia*) ***2*** (*anche leg.*) esaminatore; ispettore; incaricato di una ricognizione (*o* di un sopralluogo) ***3*** (= **televiewer**) telespettatore ***4*** visore (*per filmine e diapositive*).
viewership /ˈvjuːəʃɪp/, *n.* (*TV*) audience televisiva.
viewfinder /ˈvjuːfaɪndə(r)/, *n.* (*fotogr., elettron.*) mirino.
viewing /ˈvjuːɪŋ/, *n.* ***1*** osservazione; contemplazione ***2*** esame; ispezione ***3*** il guardare la televisione. ● (*TV*) **v. figures**, indice di gradimento □ (*TV*) **v. guide**, guida (*di giornale, ecc.*) agli spettacoli televisivi.
viewless /ˈvjuːləs/, *a.* ***1*** (*poet.*) invisibile ***2*** senza vista; senza panorama ***3*** che non ha idee; che non esprime opinioni; che non si pronuncia.
viewphone /ˈvjuːfəʊn/, *n.* videofono.
viewpoint /ˈvjuːpɔɪnt/, *n.* ***1*** punto d'osservazione; belvedere ***2*** (*fig.*) punto di vista; opinione, parere, avviso.
viewy /ˈvjuːɪ/, *a.* (*fam.*) ***1*** appariscente; vistoso ***2*** visionario; fantasioso.
vigesimal /vaɪˈdʒesɪml/, *a.* ventesimo; vigesimo (*lett.*).
vigil /ˈvɪdʒɪl, -əl/, *n.* ***1*** veglia; vigilia (*lett.*) ***2*** (*relig.*) vigilia; giorno di vigilia ***3*** (*pl.*) (*relig.*) preghiere notturne. ● **to keep v.**, vegliare.
vigilance /ˈvɪdʒələns/, *n.* ***1*** vigilanza; sorveglianza ***2*** (*med.*) insonnia. ● (*in U.S.A.*) **v. committee**, gruppo volontario di cittadini organizzatisi per mantenere l'ordine pubblico in assenza o insufficienza delle forze di polizia regolari □ **to exercise v.**, vigilare; essere guardingo.
vigilant /ˈvɪdʒələnt/, *a.* vigilante; vigile; guardingo; attento. ● **to keep v. guard over sb.**, vigilare attentamente q. || **-ly**, *avv.*
vigilante /vɪdʒɪˈlæntɪ/, *n.* (*USA*) (*talora spreg.*) appartenente a un «vigilance committee» (*q.V.*).
vignette /vɪnˈjet/ (*franc.*), *n.* ***1*** (*tipogr.*) piccola illustrazione all'inizio di un libro o capitolo; vignetta; fregio ***2*** vignetta; fotografia (*o* ritratto) con lo sfondo sfumato ***3*** (*fig.*) descrizione; schizzo ***4*** (*archit.*) fregio.
to **vignette** /vɪnˈjet/, *v. t.* ***1*** (*tipogr.*) fare vignette (*o* fregi) a (*un libro*) ***2*** (*arti grafiche*) fare la vignettatura di (*una foto, un'illustrazione*) ***3*** (*fig.*) descrivere in uno schizzo ***4*** (*fig.*) fare la vignetta a (q.).
vignetter /vɪnˈjetə(r)/, **vignettist** /vɪnˈjetɪst/, *n.* ***1*** chi disegna vignette, fregi, piccole illustrazioni ***2*** autore di vignette; vignettista.
vignetting /vɪnˈjetɪŋ/, *n.* (*ottica, fotogr.*) vignettatura.
vigorous /ˈvɪgərəs/, *a.* vigoroso; energico; forte; robusto. || **-ly**, *avv.* || **-ness**, *sost.*
vigour /ˈvɪgə(r)/, *n.* vigore; energia; forza; robustezza.
Viking /ˈvaɪkɪŋ/, (*stor.*) **A** *n.* vichingo. **B** *a. attr.* vichingo: **a V. ship**, una nave vichinga.
vile /vaɪl/, *a.* ***1*** abietto; abominevole; basso; ignobile; volgare; vile (*fig.*): **the v. trade of an informer**, l'abietto mestiere della spia; **v. language**, linguaggio volgare; **the vilest of mankind**, il più abominevole degli uomini ***2*** (*fam.*) pessimo; orribile: **v. weather**, tempo orribile ***3*** (*arc., lett.*) vile; di scarso valore. ● **a v. smell**, un odore disgustoso □ **v. tasks**, umili incombenze □ **v. temper**, carattere impossibile. || **-ly**, *avv.* || **-ness**, *sost.*
vilification /vɪlɪfɪˈkeɪʃn/, *n.* ***1*** diffamazione; denigrazione ***2*** (*raro*) avvilimento; degradazione.
vilifier /ˈvɪlɪfaɪə(r)/, *n.* diffamatore, diffamatrice; denigratore, denigratrice.
to **vilify** /ˈvɪlɪfaɪ/, *v. t.* ***1*** diffamare; denigrare; calunniare; sparlare di (q.) ***2*** (*raro*) avvilire; degradare.
to **vilipend** /ˈvɪlɪpend/, *v. t.* (*lett.*) disprezzare; vilipendere.
villa /ˈvɪlə/ (*ital.*), *n.* ***1*** villa; grande villa ***2*** (*ingl.*) villetta; casa unifamiliare.
village /ˈvɪlɪdʒ/, *n.* villaggio; paese; borgata. ● **the v. doctor**, il medico del paese □ **v. hall**, centro socioricreativo di paese □ (*fam.*) **the v. idiot**, lo scemo del villaggio □ **v. green**, prato pubblico; terreno per feste, ecc.
villager /ˈvɪlɪdʒə(r)/, *n.* abitante di un villaggio; paesano.
villain /ˈvɪlən/, *n.* ***1*** briccone; canaglia; farabutto; furfante; mascalzone; ribaldo; scellerato ***2*** (*scherz., specialm.* **little v.**) birichino; bricconcello ***3*** (*teatr., cinem., ecc.*) personaggio malvagio; (il) «cattivo» ***4*** *V.* **villein**. ● (*fam., spesso scherz.*) **the v. of the piece**, il «cattivo».
villainage /ˈvɪlənɪdʒ/, *V.* **villeinage**.
villainous /ˈvɪlənəs/, *a.* ***1*** (*lett.*) infame; malvagio; scellerato; canagliesco; furfantesco ***2*** (*fam. arc.*) pessimo; orribile: **a v. handwriting**, una grafia orribile. ● **a v. hotel**, un albergo d'infimo ordine. || **-ly**, *avv.* || **-ness**, *sost.*
villainy /ˈvɪlənɪ/, *n.* (*lett.*) infamia; malvagità; scelleratezza; furfanteria.
villanelle /vɪləˈnel/, *n.* (*poesia*) villanella.
villein /ˈvɪleɪn/, *n.* (*stor.*) villano; servo della gleba.
villeinage /ˈvɪlɪnɪdʒ/, *n.* (*stor.*) servitù della gleba.
villiform /ˈvɪlɪfɔːm/, *a.* (*scient.*) villiforme.
villose /ˈvɪləʊs/, **villous** /ˈvɪləs/, *a.* (*scient.*) villoso: **v. leaves**, foglie villose.
villosity /vɪˈlɒsɪtɪ/, *n.* (*scient.*) villosità.
villus /ˈvɪləs/, *n.* (*pl.* **villi**) (*anat., bot.*) villo.
vim /vɪm/, *n.* (*fam. arc.*) energia; forza; vigore.
vimen /ˈvɪmɪn/, *n.* (*pl.* **vimina**) (*bot.*) vimine.
viminal /ˈvɪmɪnl/, *a.* (*bot.*) di vimini; vimineo (*lett.*).

Viminal /ˈvɪmɪnl/, *n.* (*geogr., stor.*) Viminale (*uno dei sette colli di Roma*).

vimineous /ˈvɪmɪnəs/, *a.* (*bot.*) vimineo.

vina /ˈviːnə/, *n.* (*mus.*) vina; liuto indiano.

vinaceous /vaɪˈneɪʃəs/, *a.* ***1*** vinoso; del vino ***2*** rosso-vino; del colore del vino rosso.

vinaigrette /vɪnɪˈgret/ (*franc.*), *n.* ***1*** (*un tempo*) boccetta dei sali ***2*** (*cucina*; = **v. sauce**) vinaigrette; salsa di olio, aceto, ecc. (*per condire l'insalata, ecc.*).

Vincent /ˈvɪnsənt/, *n.* Vincenzo.

vincible /ˈvɪnsəbl/, *a.* (*raro*) vincibile. ‖ **-ness,** *sost.*

vinculum /ˈvɪŋkjʊləm/, *n.* (*pl.* **vincula**) ***1*** (*anat.*) ligamento; frenulo ***2*** (*raro*) vincolo; legame.

vindicability /vɪndɪkəˈbɪlətɪ/, *n.* ***1*** (*leg.*) l'essere rivendicabile ***2*** l'essere difendibile (*o* giustificabile).

vindicable /ˈvɪndɪkəbl/, *a.* ***1*** (*leg.*) rivendicabile ***2*** difendibile; giustificabile; sostenibile.

to **vindicate** /ˈvɪndɪkeɪt/, *v. t.* ***1*** (*leg.*) rivendicare: **to v. a claim**, rivendicare un diritto ***2*** difendere; giustificare; sostenere: **to v. one's acts**, giustificare le proprie azioni; **to v. an assertion**, sostenere un'asserzione; **His success vindicated our belief in him**, il suo successo giustificò la fiducia che avevamo riposto in lui ***3*** (*leg.*) convalidare; provare; sanzionare ***4*** (*leg.*) scagionare (*da un'accusa, un sospetto*); discolpare.

vindication /vɪndɪˈkeɪʃn/, *n.* ***1*** rivendicazione (*di un diritto, ecc.*) ***2*** giustificazione; difesa (*della propria reputazione*) ***3*** (*leg.*) convalida; prova ***4*** (*leg.*) lo scagionare (*da un'accusa, ecc.*); discolpa.

vindicative /vɪnˈdɪkətɪv, ˈvɪndɪ-, *USA* ˈvɪndɪkeɪtɪv/, *a.* ***1*** rivendicatore: **a v. policy**, una politica rivendicatrice ***2*** (*leg.*) di discolpa.

vindicator /ˈvɪndɪkeɪtə(r)/, *n.* ***1*** rivendicatore ***2*** assertore; difensore; chi discolpa (*se stesso o altri*).

vindicatory /ˈvɪndɪkeɪtrɪ, *USA* -kətɔːrɪ/, *a.* ***1*** V. **vindicative** ***2*** (*di legge, provvedimento, ecc.*) punitivo; repressivo.

vindicatress /ˈvɪndɪkeɪtrɪs/, *n.* ***1*** rivendicatrice ***2*** assertrice.

vindictive /vɪnˈdɪktɪv/, *a.* ***1*** vendicativo ***2*** astioso; maligno; dispettoso. ● (*leg.*) **v. damages**, V. **exemplary damages** □ **v. feelings**, sentimenti di vendetta □ **a v. punishment**, una punizione a carattere vendicativo. ‖ **-ly,** *avv.* ‖ **-ness,** *sost.*

vine /vaɪn/, *n.* ***1*** (*bot., Vitis vinifera*; = **grapevine**) vite ***2*** pianta rampicante ***3*** (*agric.*) pianta (*del luppolo e sim.*) ***4*** (*pl.*) (*gergo dei neri USA*) abiti; vestiti. ● **v. borer**, fillossera (*l'insetto*) □ **v.-branch**, tralcio; sarmento □ **v.-clad**, coperto di viti □ **v. disease**, fillossera (*la malattia*) □ **v. grower**, viticoltore □ **v. growing**, viticoltura □ **v. leaf**, pampino □ **v. louse** (*o* **v. pest**), fillossera (*l'insetto*) □ **v. shoot**, sarmento; tralcio.

vinedresser /ˈvaɪndresə(r)/, *n.* vignaiolo; viticoltore.

vinegar /ˈvɪnɪgə(r)/, *n.* ***1*** aceto: **aromatic v.**, aceto aromatico ***2*** (*fig.*) asprezza; acidità; acredine (*del carattere, ecc.*) ***3*** (*fam. USA*) energia; vigore; spirito. ● (*fig.*) **a v. countenance**, un aspetto inacidito □ (*zool.*) **v. fly**, moscerino dell'aceto; drosofila □ **v. plant**, fungo della fermentazione acetica.

to **vinegar** /ˈvɪnɪgə(r)/, *v. t.* ***1*** trattare con aceto ***2*** (*un tempo*) dare l'aceto aromatico a (q.).

vinegarish /ˈvɪnɪgərɪʃ/, **vinegary** /ˈvɪnɪgərɪ/, *a.* ***1*** acetoso; acidulo; che sa d'aceto ***2*** (*fig.*) acido; acre; aspro. ● **to have a v. tongue**, avere una lingua che taglia e che cuce.

vinery /ˈvaɪnərɪ/, *n.* ***1*** serra di viti (*nei paesi settentrionali*) ***2*** vigneto; vigna.

vineyard /ˈvɪnjəd/, *n.* vigneto; vigna.

vineyardist /ˈvɪnjədɪst/, *n.* vignaiolo.

vinicultural /vɪnɪˈkʌltʃərəl/, *a.* vinicolo.

viniculture /ˈvɪnɪkʌltʃə(r)/, *n.* viticoltura; industria vinicola; vinicoltura.

viniculturist /vɪnɪˈkʌltʃərɪst/, *n.* vinificatore; vinicoltore; viticoltore.

viniferous /vɪˈnɪfərəs/, *a.* vinifero; che produce vino.

vinification /vɪnɪfɪˈkeɪʃn/, *n.* vinificazione.

to **vinify** /ˈvɪnɪfaɪ/, *v. i.* vinificare.

vinometer /vaɪˈnɒmɪtə(r)/, *n.* alcolometro, alcolimetro (*strumento*).

vinosity /vaɪˈnɒsətɪ/, *n.* l'essere vinoso; vinosità.

vinous /ˈvaɪnəs/, *a.* ***1*** vinoso; di vino: **v. fermentation**, fermentazione vinosa (*o* alcolica); **a v. flavour**, un sapore di vino ***2*** del colore del vino ***3*** dedito al vino. ● **v. eloquence**, eloquenza dovuta al vino bevuto □ **to be in a v. state**, essere avvinazzato.

vintage /ˈvɪntɪdʒ/, **A** *n.* ***1*** vendemmia ***2*** annata; vino di una particolare annata ***3*** (*poet., retor.*) vino (*in genere*) ***4*** (*fig.*) annata; «leva»: **Those graduates are of the 1970 v.**, quei laureati sono della «leva» del 1970. **B** *a. attr.* ***1*** d'annata; (*di vino*) pregiato: **v. wine**, vino pregiato; vino d'annata ***2*** (*d'anno, d'annata*) buono; felice: **a v. year**, una buona annata (*vinicola*) ***3*** (*d'automobile*) d'epoca (*costruita fra il 1919 e il 1930*) ***4*** (*fig.*) eccellente; di prim'ordine; di prima qualità; **This music is v. Mozart**, questo è Mozart al suo meglio ***5*** (*fig.*) memorabile: **a v. year for English soccer**, un'annata memorabile per il calcio inglese.

to **vintage** /ˈvɪntɪdʒ/, *v. t.* e *i.* vendemmiare.

vintager /ˈvɪntɪdʒə(r)/, *n.* vendemmiatore, vendemmiatrice.

vintner /ˈvɪntnə(r)/, *n.* ***1*** commerciante di vini; vinaio ***2*** vinificatore.

viny /ˈvaɪnɪ/, *a.* che abbonda di viti; coperto di viti.

vinyl /ˈvaɪnl/, *n.* (*chim.*) vinile: **v. acetate**, acetato di vinile. ● **v. chloride**, vinilcloruro □ **v. imitation leather**, vinilpelle □ **v. resin**, resina vinilica.

vinylacetylene /vaɪnələˈsetɪliːn, *USA* -tələn/, *n.* (*chim.*) vinilacetilene.

vinylidene /vaɪˈnɪlɪdiːn/, *n.* (*chim.*) vinilidene. ● **v. resin**, resina vinilidenica.

Vinylite /ˈvaɪnəlaɪt/, *n.* (*marchio*: *chim.*) vinilite.

viol /ˈvaɪəl/, *n.* (*stor., mus.*) viola (*strumento musicale medievale, di solito a sei corde*). ● **bass v.**, violoncello.

viola (1) /vɪˈəʊlə, vaɪ-, ˈviːə-/, *n.* (*mus.*) ***1*** viola ***2*** (*stor.*) V. **viol**.

viola (2) /ˈvaɪələ, ˈviːə-, vɪˈəʊlə, vaɪ-/, *n.* (*bot., Viola*) viola.

violable /ˈvaɪələbl/, *a.* violabile.

violaceous /vaɪəʊˈleɪʃəs/, *a.* ***1*** violaceo ***2*** (*bot.*) delle Violacee.

to **violate** /ˈvaɪəleɪt/, *v. t.* ***1*** violare; contravvenire a, trasgredire a: **to v. a law [an oath]**, violare una legge [un giuramento] ***2*** disturbare; turbare; violare: **to v. sb.'s calm**, turbare la tranquillità di q.; **to v. sb.'s privacy**, violare l'intimità di q. ***3*** offendere; ferire: **His language violated my sense of decency**, le sue parole offesero il mio pudore ***4*** (*form.*) violare; profanare: **to v. a sanctuary**, violare un santuario ***5*** (*leg.*) violentare; stuprare.

violation /vaɪəˈleɪʃn/, *n.* ***1*** violazione; contravvenzione; trasgressione: **the v. of a promise**, la violazione di una promessa ***2*** disturbo; turbamento: (*leg.*) **v. of the peace**, turbamento dell'ordine pubblico ***3*** (*form.*) violazione; profanazione; oltraggio ***4*** (*leg.*) violenza carnale; stupro.

violator /ˈvaɪəleɪtə(r)/, *n.* ***1*** violatore; contravventore; trasgressore ***2*** violatore; profanatore ***3*** (*leg.*) violentatore; stupratore.

violence /ˈvaɪələns/, *n.* ***1*** violenza; oltraggio: **to use v.**, usare violenza; **to do v. to sb.'s feelings**, far violenza ai sentimenti di q.; **the v. of the storm [of one's passions]**, la violenza della tempesta [delle proprie passioni] ***2*** (*leg.*) violenza; uso della forza. ● **to do v. to a text**, svisare il significato di un testo.

violent /ˈvaɪələnt/, *a.* violento (*anche fig.*); forte; impetuoso: **a v. storm**, una violenta tempesta; **a v. blow**, un forte colpo; **to meet a v. death**, morire di morte violenta; **a v. temper**, un'indole violenta; **a v. headache**, un forte mal di testa; **v. language**, parole violente; **a v. dislike**, una forte antipatia. ● (*sport*) **v. charging**, carica non ammessa (*fallo*) □ **a v. construction of a text**, lo svisamento di un testo □ (*leg., USA*) **v. presumption**, forte presunzione □ (*meteor., naut.*) **v. storm**, violenta tempesta; vento (*o* mare) a forza 11 □ **to lay v. hands on sb.**, usare violenza a q. ‖ **-ly,** *avv.*

violet /ˈvaɪələt/, **A** *n.* ***1*** (*bot., Viola odorata*) violetta; viola mammola ***2*** viola; color viola. **B** *a.* violetto; color viola. ● (*fam. scherz.*: *di persona*) **modest v.** (*o* **shrinking v.**), mammola (*fig.*); modestino (*fam.*).

Violet /ˈvaɪələt/, *n.* Violetta.

violin /vaɪəˈlɪn/, *n.* (*mus.*) violino. ● (*nell'orchestra*) **first [second] v.**, primo [secondo] violino □ (*anche fig.*) **to play first v.**, fare il violino di spalla.

violinist /vaɪəˈlɪnɪst/, *n.* (*mus.*) violinista.

violist /ˈvaɪəlɪst/, *n.* (*mus.*) violista; suonatore di viola.

violoncellist /vaɪələnˈtʃelɪst/, *n.* (*mus.*) violoncellista.

violoncello /vaɪələnˈtʃeləʊ/, *n.* (*pl.* **violoncellos**) (*mus.*) violoncello.

viomycin /vaɪəˈmaɪsɪn, *USA* -sn/, *n.* (*biochim.*) viomicina.

VIP /vɪp/, *n.* (*acronimo di* **very important person**) vip; personaggio importante; pezzo grosso (*fig.*). ● **VIP lounge**, sala di transito per personaggi illustri (*in un aeroporto*).

viper /ˈvaɪpə(r)/, *n.* (*zool.*) ***1*** (*Vipera*) vipera (*anche fig.*): **That woman is a v.**, quella donna è una vipera ***2*** (*Vipera berus*) marasso. ● **horned v.** (*Cerastes cornutus*), vipera cornuta.

viperine /ˈvaɪpəraɪn/, *a.* viperino (*anche fig.*).

viperish /ˈvaɪpərɪʃ/, *a.* viperino (*fig.*); velenoso; maligno: **v. tongue**, lingua viperina.

viperous /ˈvaɪpərəs/, *a.* viperino (*anche fig.*); velenoso; maligno. ‖ **-ly,** *avv.*

virago /vɪˈrɑːgəʊ, *USA* -ˈreɪ-/, *n.* ***1*** megera; strega (*fig.*) ***2*** (*arc.*) virago.

viral /ˈvaɪərəl/, *a.* (*med.*) virale: **v. hepatitis**, epatite virale.

virelay /ˈvɪrəleɪ/, *n.* (*poesia, stor.*) virelai.

virement /ˈvɪəmɒŋ, *USA* vɪəˈmɒn/ (*franc.*), *n.* (*contabilità di stato*) storno.

viremia /vaɪˈriːmɪə/, *n.* (*med.*) viremia.

virescence /vɪˈresns/, *n.* (*bot.*) virescenza.

virescent /vɪˈresnt/, *a.* (*bot.*) virescente.

virgate (1) /ˈvɜːgət/, *a.* (*bot.*) a forma di verga; dritto e sottile.

virgate (2) /ˈvɜːgət/, *n.* (*stor.*) «virgate» (*misura ingl. di superficie, pari a 30 acri*).

Virgil /ˈvɜːdʒɪl/, *n.* Virgilio.

Virgilian /vɜːˈdʒɪlɪən/, *a.* (*letter.*) virgiliano.

virgin /ˈvɜːdʒɪn/, **A** *n.* ***1*** vergine ***2*** – (*astron., astrol.*) **the V.**, la Vergine (*costellazione e VI segno dello zodiaco*) ***3*** (*fam. scherz.*) persona ingenua: **We're no virgins!**, non siamo mica nati ieri! **B** *a.* ***1*** vergine: **a v. forest**, una foresta vergine; **v. soil**, terreno vergine (*anche fig.*); **v. wool**, lana vergine; **v. snow**, neve vergine ***2*** di (*o* da) vergine; verginale: **v. modesty**, pudore (*o* riserbo) verginale. ● (*relig.*) **the V. Birth**, l'Immacolata Concezione □ (*bot.*) **v.'s bower** (*Clematis vitalba*), vitalba □ (*stor.*) **the V. Queen**, la Regina Vergine (*Elisabetta I d'Inghilterra*) □ (*bot.*) **v.-tree** (*Sassafras albidum*), sassofrasso orientale □ (*relig.*) **the (Blessed) V.**, la (Beata) Vergine.

virginal /ˈvɜːdʒɪnl/, **A** *a.* verginale; virgineo (*poet.*); casto; puro. **B** *n.* (*mus.*, = **virginals, a pair of virginals**) virginale.

virginhood /ˈvɜːdʒɪnhʊd/, *n.* verginità.

Virginia /vəˈdʒɪnɪə/, *n.* ***1*** (*geogr.*) Virginia ***2*** tabacco Virginia. ● **a V. cigarette**, una Virginia □ (*bot.*) **V. creeper** (*Parthenocissus quin-*

quefolia), vite del Canada.
Virginian /və'dʒɪnɪən/, *a.* e *n.* (*in U.S.A.*) virginiano; (abitante) della Virginia.
virginity /və'dʒɪnətɪ/, *n.* verginità.
Virgo /'vɜːgəʊ/, **A** *n.* ***1*** (*astron., astrol.*) Vergine (*costellazione e VI segno dello zodiaco*) ***2*** (*astrol.*: *pl.* **Virgos**) (un) vergine; individuo nato sotto il segno della Vergine. **B** *a.* (*astrol.*) della Vergine.
Virgoan /vɜː'gəʊən/, (*astrol.*) **A** *n.* persona nata sotto il segno della Vergine. **B** *a.* della Vergine.
virgule /'vɜːgjuːl/, *n.* ***1*** (*tipogr.*) barretta; barra (*segno* /) ***2*** (*di orologio*) virgola: **v. escapement**, scappamento a virgola.
viridescence /vɪrɪ'desns/, *n.* tendenza al verde; l'essere verdeggiante.
viridescent /vɪrɪ'desnt/, *a.* verdeggiante; che tende al verde.
viridian /və'rɪdɪən/, *n.* (*pitt.*) verde veronese.
viridity /və'rɪdətɪ/, *n.* ***1*** l'esser verde ***2*** (*fig.*) freschezza; giovinezza.
virile /'vɪraɪl, *USA* 'vɪrəl/, *a.* virile; mascolino; maschio; (*fig.*) animoso; vigoroso, forte: **v. mind**, animo virile; **a v. prose**, una prosa vigorosa.
virilism /'vɪrɪlɪzəm/, *n.* (*psic.*) ***1*** virilismo ***2*** mascolinità.
virility /və'rɪlətɪ/, *n.* virilità (*anche fig.*); mascolinità.
virion /'vaɪrɪən, *USA* -ɒn/, *n.* (*biol.*) virione.
viroid /'vaɪrɔɪd/, *n.* (*biol.*) viroide.
virological /vaɪrə'lɒdʒɪkl/, *a.* (*med.*) virologico.
virologist /vaɪə'rɒlədʒɪst/, *n.* virologo.
virology /vaɪə'rɒlədʒɪ/, *n.* virologia.
virose /'vaɪrəʊs/, *a.* ***1*** fetido; puzzolente ***2*** velenoso.
virosis /vaɪə'rəʊsɪs/, *n.* (*pl.* **viroses**) (*med., bot., zool.*) virosi; malattia da virus.
virous /'vaɪrəs/, *a.* (*med.*) virale.
virtu /vɜː'tuː/, *n.* ***1*** amore per l'arte; gusto artistico ***2*** carattere artistico (*d'un oggetto*); bellezza; rarità. ● **articles of v.**, oggetti d'arte; antichità; rarità.
virtual /'vɜːtʃʊəl/, *a.* ***1*** effettivo; di fatto; in pratica; vero e proprio: **He is the v. manager of the firm**, di fatto è il direttore dell'azienda; **Take this as a v. promise**, considerala una promessa vera e propria; **He is a v. stranger, though we have met before**, sebbene ci si sia incontrati, in pratica per me è uno sconosciuto ***2*** (*anche scient.*) virtuale: (*ottica*) **v. image**, immagine virtuale; (*fis., mecc.*) **v. inertia**, inerzia virtuale; (*elab.*) **v. memory** (*o* **v. storage**), memoria virtuale.
virtuality /vɜːtʃʊ'ælətɪ/, *n.* (*form.*) virtualità; potenzialità.
virtually /'vɜːtʃʊəlɪ/, *avv.* ***1*** di fatto; in pratica; effettivamente ***2*** virtualmente.
virtue /'vɜːtʃuː/, *n.* ***1*** virtù: **Temperance is a v.**, la temperanza è una virtù; **That girl has every v.**, quella ragazza ha tutte le virtù; **I have no faith in the v. of this medicine**, non credo nelle virtù di questa medicina ***2*** vantaggio; merito (*fig.*): **the virtues of education**, i meriti dell'istruzione; **Your plan has the v. of being very easy to carry out**, il tuo piano ha il vantaggio di potersi eseguire facilmente ***3*** (*relig.*) virtù: **the cardinal virtues**, le virtù cardinali. ● **by** (*o* **in**) **v. of**, in virtù di; a causa di □ **to follow v.**, esercitare la virtù; condurre una vita virtuosa □ **to make a v. of necessity**, far di necessità virtù □ **a woman of easy v.**, una donna di facili costumi □ **a woman of v.**, una donna virtuosa □ **There is some v. in what you say**, c'è del buono in quello che dici □ (*prov.*) **V. is its own reward**, la virtù è premio a se stessa.
virtuosity /vɜːtʃʊ'ɒsətɪ/, *n.* ***1*** virtuosità; virtuosismo ***2*** amore per l'arte; passione per gli oggetti d'arte.
virtuoso /vɜːtʃʊ'əʊsəʊ, -zəʊ/, *n.* (*pl.* **virtuosos, virtuosi**) ***1*** (*specialm. mus.*) virtuoso; esecutore eccellente ***2*** amatore (*o* conoscitore, intenditore) d'oggetti d'arte.
virtuous /'vɜːtʃʊəs/, *a.* ***1*** virtuoso; onesto; retto; morale: **v. life**, vita virtuosa ***2*** casto; virtuoso: **a v. woman**, una donna virtuosa (*o* casta) ***3*** (*spreg.*) che ostenta la propria virtù; moralistico. || **-ly**, *avv.* || **-ness**, *sost.*
virulence /'vɪrələns, -rjʊl-/, **virulency** /'vɪrələnsɪ, -rjʊl-/, *n.* virulenza (*anche fig.*): **the v. of his criticism**, la virulenza della sua critica.
virulent /'vɪrələnt, -rjʊl-/, *a.* virulento (*anche fig.*): **a v. infection**, un'infezione virulenta; **v. satire**, satira virulenta. || **-ly**, *avv.*
virus /'vaɪərəs/, **A** *n.* ***1*** (*biol.*) virus: **the v. of smallpox**, il virus del vaiolo; **filterable v.**, virus filtrabile ***2*** (*fig.*) veleno: **the v. of jingoism**, il veleno dello sciovinismo. **B** *a. attr.* virale: (*med.*) **v. infections**, infezioni virali. ● **v. reproduction**, virogenesi.
visa /'viːzə/, *n.* visto (*di passaporto, ecc.*): **v. service**, servizio per la concessione dei visti.
to **visa** /'viːzə/ (*pass.* e *p. p.* **visaed**), *v. t.* ***1*** mettere il visto su, apporre il visto a (*un passaporto, ecc.*); vidimare, vistare: **to v. a bill of health**, vistare un certificato sanitario (*di una nave*) ***2*** concedere il visto (*o* il passaporto) a (q.).
visage /'vɪzɪdʒ/, *n.* (*lett.*) ***1*** viso; volto; faccia ***2*** (*fig.*) aspetto; sembiante.
visaged /'vɪzɪdʒd/, *a.* (*nei composti, per es.:*) **round-v.**, dal viso rotondo; **sad-v.**, dall'aspetto triste.
visagiste /'vɪzədʒɪst, viːzɑː'ʒiːst/ (*franc.*), *n.* visagista.
visard /'vɪzɑːd/, *V.* **visor**.
vis-à-vis /viːzə'viː, -zɑː-/ (*franc.*), **A** *avv.* vis-à-vis; faccia a faccia; di fronte; di faccia. **B** *prep.* (*anche fig.*) di fronte a; rispetto a. **C** *n.* (*invar. al pl.*) ***1*** persona che sta di fronte; dirimpettaio ***2*** vis-à-vis; carrozza a sedili opposti ***3*** vis-à-vis; divano a forma di S; amorino.
viscacha /vɪ'skɑːtʃə, -kæ-/, (*spagn.*) *n.* (*zool., Lagostomus maximus*) viscaccia.
viscera /'vɪsərə/ (*lat.*), *n. pl.* (*anat.*) visceri.
visceral /'vɪsərəl/, *a.* (*anat., med.*) viscerale (*anche fig.*).
to **viscerate** /'vɪsəreɪt/, *v. t.* sviscerare; sventrare; sbudellare.
viscid /'vɪsɪd/, *a.* viscido.
viscidity /vɪ'sɪdətɪ/, *n.* viscidità.
viscometer /vɪ'skɒmɪtə(r)/, *n.* viscosimetro (*strumento*).
viscose /'vɪskəʊz, -s/, **A** *a.* viscoso. **B** *n.* (*ind. chim.*) viscosa: **v. process**, processo alla viscosa. ● **v. rayon**, rayon viscosa.
viscosimeter /vɪskəʊ'sɪmɪtə(r)/, *n.* viscosimetro (*strumento*).
viscosity /vɪ'skɒsətɪ/, *n.* (*mecc. dei fluidi*) viscosità.
viscount /'vaɪkaʊnt/, *n.* visconte.
viscountcy /'vaɪkaʊntsɪ/, *n.* viscontado; grado e titolo di visconte.
viscountess /'vaɪkaʊntɪs, -'tes/, *n.* viscontessa.
viscountship /'vaɪkaʊntʃɪp/, **viscounty** /'vaɪkaʊntɪ/, *n.* ***1*** *V.* **viscountcy** ***2*** viscontea.
viscous /'vɪskəs/, *a.* viscoso: **v. oil**, olio viscoso. || **-ly**, *avv.* || **-ness**, *sost.*
viscus /'vɪskəs/ (*lat.*), *n.* (*sing. di* **viscera**) (*anat.*) viscere.
vise /vaɪs/, (*USA*) *V.* **vice (2)**.
to **vise** /vaɪs/, *V.* **to vice**.
visé, to **visé** /'viːzeɪ/, *V.* **visa, to visa**.
Vishnu /'vɪʃnuː/, *n.* (*relig.*) Visnù.
visibility /vɪzə'bɪlətɪ/, *n.* ***1*** visibilità: **poor v.**, scarsa visibilità ***2*** evidenza.
visible /'vɪzəbl/, **A** *a.* ***1*** visibile ***2*** evidente; manifesto: **v. signs of economic recovery**, segni evidenti di ripresa economica ***3*** (*econ.*) disponibile: **v. supply**, scorte disponibili. **B** *n. pl.* (*comm. est.*) partite visibili. ● (*bur.*) **v. distinguishing marks**, segni particolari (*scritto su un passaporto, ecc.*) □ **v. exports**, esportazioni visibili □ (*fin.*) **v. reserve**, riserva palese □ **v. signal**, segnale ottico □ **without v. means of support**, senza mezzi apparenti di sostentamento □ **Is the manager v.?**, il direttore riceve? □ **Mr B. is a highly v. politician**, Mr B. è un politico che è sempre sui media. || **-ness**, *sost.* || **-bly**, *avv.*
Visigoth /'vɪzɪgɒθ/, *n.* (*stor.*) visigoto.
Visigothic /vɪzɪ'gɒθɪk/, *a.* (*stor.*) visigotico; visigoto.
vision /'vɪʒn/, *n.* ***1*** visione; veduta; vista; apparizione: **visions of power**, visioni di gloria; **The sea was a beautiful v.**, il mare offriva una veduta magnifica; **He has impaired his v.**, gli si è indebolita la vista; **the v. of a saint**, la visione di un santo ***2*** intuito; intuizione; sagacia (*specialm. politica*): **a statesman of great v.**, uno statista di grande sagacia ***3*** immaginazione; fantasia; potenza evocativa; capacità fantastica: **a dramatist of great v.**, un drammaturgo di grande potenza evocativa ***4*** (*psic.*) visione; allucinazione ***5*** (*fig. fam.*) (una) visione; donna stupenda ***6*** (*TV*) (il) video: **There is an interference in v.**, c'è un'interferenza sul video. ● **beyond our v.**, fuori vista □ **the field of v.**, il campo visivo □ **to see visions**, avere visioni.
to **vision** /'vɪʒn/, *v. t.* vedere; avere una visione di (q., q.c.).
visional /'vɪʒənl/, *a.* di visione; simile a una visione; irreale. || **-ly**, *avv.*
visionary /'vɪʒənrɪ, *USA* -nerɪ/, **A** *a.* ***1*** visionario; sognatore; utopico: **a v. policy**, una politica visionaria ***2*** immaginario; irreale; infondato; campato in aria: **v. objects**, oggetti immaginari; **v. plans**, progetti campati in aria; **v. ideas**, idee infondate. **B** *n.* ***1*** visionario, visionaria; sognatore, sognatrice; utopista ***2*** (*relig.*) chi ha visioni mistiche. || **-iness**, *sost.*
visit /'vɪzɪt/, *n.* ***1*** visita: **to pay a v. to sb.**, far visita a q.; **a v. to a patient**, una visita a un ammalato; **to be on a v. to sb.**, essere in visita da q.; **courtesy v.**, visita di cortesia; **State v.**, visita di Stato ***2*** gita; viaggio: **a v. to the Lake District**, una gita alla Regione dei Laghi; **during my second v. to the Far East**, durante il mio secondo viaggio nell'Estremo Oriente ***3*** (*naut.*) permanenza (*di una nave in un porto*) ***4*** (*specialm. naut.*) ispezione; visita (dog.): **right of v.**, diritto d'ispezione (*delle navi neutrali*) ***5*** (*fam. USA*) chiacchierata; conversazione amichevole. ● **a flying v.**, una visita di sfuggita □ **a round of visits**, un giro di visite.
to **visit** /'vɪzɪt/, **A** *v. t.* ***1*** visitare (*un luogo, una persona*); far visita a; andare a vedere; andare a trovare: **We hope to be able to v. Paris**, speriamo di poter visitare Parigi; **He's never visited us**, non ci ha mai fatto visita; **I had no time to v. the museum**, non ebbi il tempo di visitare il museo ***2*** frequentare: **The old sailor used to v. public houses**, il vecchio marinaio frequentava le osterie ***3*** andare da, consultare (*un dottore, un avvocato, ecc.*) ***4*** (*anche leg.*) ispezionare; esaminare (*ufficialmente*); sottoporre (*una nave*) a visita doganale: **Schools are being visited by inspectors**, ci sono degli ispettori in visita alle scuole; **to v. the scene of a crime**, fare un sopralluogo sulla scena di un delitto ***5*** (*Bibbia*) castigare, punire (*una persona, un peccato*) ***6*** (*retor.*) colpire, cogliere (*fig.*): **A drought visited the district**, la regione fu colpita dalla siccità; **He is often visited by fits of gloom**, spesso è colto da crisi d'ipocondria ***7*** (*spesso* **to v. on, upon**) far subire; infliggere: **God has visited his anger on us**, l'ira divina si è abbattuta su di noi ***8*** essere ospite di: **He's visiting relatives**, è ospite di parenti. **B** *v. i.* fare una visita; far visita. ● (*USA*) **to v. in**, fermarsi, soggiornare a; visitare: **He is visiting in Rome**, sta visitando Roma □ (*di un medico*) **to v. one's patients**, visitare i propri malati; fare il giro delle visite □ (*Bibbia*) **to v. the sins of the fathers upon the children**, punire i figli per le colpe dei padri □ (*USA*) **to v. with sb.**, andare a trovare q.; (andare a) fare quattro chiacchiere con q.; conversare con q. □ (*Bibbia*) **to v. sb. with salvation**, annunciare a q. la salvezza dell'a-

nima □ **to be visited by a strange dream**, fare un sogno strano.

visitable /ˈvɪzɪtəbl/, *a.* **1** visitabile; che si può visitare **2** da visitarsi; degno d'essere visto **3** (*specialm. naut.*) soggetto a ispezione.

visitant /ˈvɪzɪtənt/, **A** *n.* **1** (*poet.*) visitatore, visitatrice **2** (*zool.*) uccello di passo; uccello migratore **3** apparizione soprannaturale **4** (*relig.*) V., visitandina; suora della Visitazione. **B** *a.* (*poet.*) che visita; visitante.

visitation /vɪzɪˈteɪʃn/, *n.* **1** visita (*specialm. ufficiale*); visitazione: **a v. of the sick**, una visita ai malati (*da parte di un sacerdote*) **2** (*dog., naut.*) ispezione; visita: **right of v.**, diritto di visita **3** afflizione, castigo, punizione, calamità, piaga (*mandati da Dio*); (*meno com.*) dono divino, benedizione del cielo: **a v. of Providence**, un castigo divino; **Some people believe that AIDS is a v. of God**, taluni credono che l'Aids sia una punizione divina **4** (*fam.*) visita troppo lunga **5** (*zool.*) migrazione eccezionale (*d'uccelli, ecc.*). ● (*relig.*) **the V.**, la Visitazione (*di Maria Vergine a Elisabetta*); la festa della Visitazione (*31 maggio*); l'Ordine della Visitazione □ (*relig.*) **nuns of the V.**, suore della Visitazione; visitandine.

visitatorial /vɪzɪtəˈtɔːrɪəl/, *a.* di visita ufficiale; d'ispezione; ispettivo: **v. board**, comitato ispettivo.

visiting /ˈvɪzɪtɪŋ/, **A** *n.* il far visite; il visitare. **B** *a.* **1** che visita: **v. nurse**, infermiera (*o* infermiere) che visita i malati (*a domicilio*) **2** di (*o* da) visita: **v. card**, biglietto da visita. ● **v. aliens**, stranieri di passaggio □ **v. book**, taccuino con l'elenco delle visite ricevute o da fare □ **v. hours**, orario d'apertura (*di un museo, ecc.*); orario delle visite (*in un ospedale, ecc.*) □ (*nelle università*) **v. professor**, visiting professor □ **to be on v. terms with sb.**, essere in rapporti di buona conoscenza con q.; scambiar visite con q. □ **prison v.**, visite ai carcerati □ (*fam.*) **He is not on my v. list**, lo conosco appena; non c'è dimestichezza fra noi.

visitor /ˈvɪzɪtə(r)/, *n.* **1** visitatore; visitatrice; ospite; cliente; turista; villeggiante: **to take in visitors**, accogliere ospiti; accettare clienti (pensionanti, ecc.); **summer visitors**, visitatori (turisti) estivi **2** ispettore (*di scuole, ecc.*); censore (*di collegi*) **3** (*zool.*) uccello di passo. ● (*sport*) **«Visitors»**, «ospiti» (*sul tabellone segnapunti*) □ (*negli alberghi, musei e anche in case private*) **visitors' book**, registro degli ospiti; registro (delle firme) dei visitatori □ **«No visitors to the rooms»**, «Vietato ricevere (visite) in camera» (*cartello appeso in alberghi d'infimo ordine*).

visitorial /vɪzɪˈtɔːrɪəl/, *V.* **visitatorial**.

visor /ˈvaɪzə(r)/, *n.* **1** (*stor.*) visiera (*d'elmo*) **2** visiera; tesa anteriore (*di berretto*) **3** aletta parasole (*d'automobile*) **4** (*arc. o lett.*) maschera.

visored /ˈvaɪzəd/, *a.* **1** (*stor.*: *di cavaliere*) con la visiera abbassata **2** (*di berretto*) fornito di visiera **3** (*raro*) mascherato; travestito.

vista /ˈvɪstə/, *n.* **1** vista; veduta; prospettiva (*anche fig.*): **a v. of the steeple from between the old houses**, una veduta del campanile di tra le vecchie case; **Your offer opens new vistas to his ambition**, la tua offerta apre nuove prospettive alla sua ambizione **2** fila d'alberi (*o* di case, ecc.) (*che crea una prospettiva*); viale **3** serie di avvenimenti; memorie; ricordi: **the dim vistas of one's childhood**, i vaghi ricordi dell'infanzia. ● (*ferr., USA*) **v. dome car**, vettura panoramica.

Vistula /ˈvɪstjʊlə, *USA* -stʃʊ-/, *n.* (*geogr.*) Vistola.

visual /ˈvɪʒʊəl/, *a.* **1** visuale; visivo: (*fis.*) **v. angle**, angolo visuale; (*anat.*) **v. organ**, organo visivo; **a v. image**, un'immagine visiva **2** (*raro*) visibile; concreto; reale **3** (*anat.*) ottico; retinico: **v. nerve**, nervo ottico; **v. cell**, cellula retinica. ● **v. aids**, (*didattica*) sussidi visivi; (*aeron.*) mezzi visivi d'assistenza aeroportuale □ (*mil.*) **v. bombing**, bombardamento a vista □ (*pubbl., TV*) **v. code**, codice visivo □ (*elab.*) **v. display**, visualizzazione □ (*elab.*) **v. display unit**, unità video □ (*elab.*) **v. fatigue**, affaticamento della vista □ **v. field**, campo visivo; visuale □ (*med.*) **v. purple**, porpora retinica; rodopsina □ (*elettron.*) **v. scanner**, lettore ottico a scansione □ **v. signalling**, telegrafo ottico □ (*radio*) **v. tuning indicator**, indicatore ottico di sintonia; occhio magico (*fam.*).

visuality /vɪʒʊˈælətɪ/, *n.* **1** visibilità **2** visuale; veduta.

visualization /vɪʒʊəlaɪˈzeɪʃn, *USA* -lɪˈz-/, *n.* **1** immaginazione; il vedere con l'occhio della mente; quadro mentale **2** visualizzazione; rappresentazione concreta.

to **visualize** /ˈvɪʒʊəlaɪz/, *v. t.* **1** immaginare; vedere con l'occhio della mente; raffigurarsi **2** visualizzare; dare forma visibile a (*un'immagine*); rappresentare concretamente (*un'idea*) **3** (*med.*) visualizzare.

visualizer /ˈvɪʒʊəlaɪzə(r)/, *n.* (*tecn.*) visualizzatore; visualizer.

visually /ˈvɪʒʊəlɪ/, *avv.* **1** visivamente **2** all'apparenza; a quanto pare; evidentemente **3** (*didattica*) mediante sussidi visivi. ● (*med.*) **v. handicapped** (*o* **impaired**), che ha un difetto alla vista.

vital /ˈvaɪtl/, **A** *a.* **1** vitale: (*fisiol.*) **a v. organ** (*o* **part**), una parte vitale; **the v. force** [**principle**], la forza vitale [il principio vitale] **2** di vitale importanza; di vitale interesse; essenziale; indispensabile; fondamentale: **a v. question**, una questione di vitale interesse; **Secrecy is v. to success**, la segretezza è essenziale per la riuscita **3** (*fig.*) vitale; pieno di vita; energico: **a v. person**, una persona piena di vita; **his v. manner**, il suo modo di fare energico. **B** *n. pl.* **1** (*spesso scherz.*) organi vitali; parti vitali **2** (gli) organi genitali; (i) genitali **3** (*fig.*) parte essenziale, centro, nocciolo (*d'una questione, ecc.*). ● (*fisiol.*) **v. capacity**, capacità vitale (*o* respiratoria) □ (*biol.*) **v. dye**, colorante vitale □ (*raro*) **a v. error**, un errore fatale □ **v. statistics**, (*stat.*) statistiche demografiche (*o* dello stato civile: *natalità, mortalità, ecc.*); (*fam.*: *di una donna*) misure anatomiche (*seno, vita, fianchi*) □ (*raro*) **a v. wound**, una ferita mortale.

vitalism /ˈvaɪtəlɪzəm/, *n.* (*filos., biol.*) vitalismo.

vitalist /ˈvaɪtəlɪst/, *n.* (*filos., biol.*) vitalista.

vitalistic /vaɪtəˈlɪstɪk/, *a.* (*filos., biol.*) vitalistico.

vitality /vaɪˈtælətɪ/, *n.* **1** vitalità (*anche fig.*): **Robots have no real v.**, i robot non hanno vera vitalità **2** (*specialm. arte, letter.*) energia; vivacità; brio; animazione.

to **vitalize** /ˈvaɪtəlaɪz/, *v. t.* **1** dar vita a; rendere vitale; vitalizzare **2** (*fig.*) vivificare; infondere vivezza in (q.c.); rendere vivace: **to v. a rather dull report**, rendere vivace una relazione piuttosto monotona **3** (*anche econ.*) rivitalizzare (*un'industria, ecc.*).

vitally /ˈvaɪtəlɪ/, *avv.* **1** vitalmente; in modo vitale **2** estremamente; assai; oltremodo: **to be v. interested in st.**, essere oltremodo interessato a q.c.

vitamin /ˈvɪtəmɪn, *USA* ˈvaɪt-/, *n.* (*biochim.*) vitamina.

vitaminic /vɪtəˈmɪnɪk, *USA* vaɪtəˈmɪnɪk/, *a.* (*biochim.*) vitaminico.

vitaminization /vɪtəmɪnaɪˈzeɪʃn, *USA* vaɪtəmɪnɪ-/, *n.* (*biol., med.*) vitaminizzazione.

to **vitaminize** /ˈvɪtəmɪnaɪz, *USA* ˈvaɪt-/, *v. t.* (*biol., med.*) vitaminizzare.

vitellin /vɪˈtɛlɪn, *USA* vaɪ-/, *n.* (*biochim.*) vitellina (*proteina del tuorlo dell'uovo*).

vitelline /vɪˈtɛlaɪn, *USA* vaɪˈtɛlɪn/, *a.* **1** (*biochim.*) vitellino: **v. membrane**, membrana vitellina **2** (*raro*) del colore del tuorlo d'uovo.

vitellus /vɪˈtɛləs, *USA* vaɪ-/, *n.* (*pl.* **vitelli, vitelluses**) (*biol.*) vitello; tuorlo (*parte dell'uovo da cui si sviluppa l'embrione*).

to **vitiate** /ˈvɪʃɪeɪt/, *v. t.* **1** (*form.*) viziare; corrompere; guastare **2** (*leg.*) invalidare; viziare: **This clause may v. the contract**, questa clausola può invalidare (*o* viziare) il contratto. ● **vitiated air**, aria viziata □ **a vitiated mind**, un animo corrotto.

vitiation /vɪʃɪˈeɪʃn/, *n.* **1** (*form.*) il viziare; corruzione; guasto **2** (*leg.*) invalidazione (*di un contratto, ecc.*).

vitiator /ˈvɪʃɪeɪtə(r)/, *n.* (*form.*) chi vizia; corruttore.

viticultural /vɪtɪˈkʌltʃərəl/, *a.* viticolo.

viticulture /ˈvɪtɪkʌltʃə(r)/, *n.* viticoltura.

viticulturist /vɪtɪˈkʌltʃərɪst/, *n.* viticoltore.

vitiligo /vɪtɪˈlaɪgəʊ/, *n.* (*med.*) vitiligine.

vitrain /ˈvɪtreɪn/, *n.* (*geol.*) vitrite.

vitreosity /vɪtrɪˈɒsətɪ/, *n.* aspetto vitreo (*o* vetroso); vetrosità.

vitreous /ˈvɪtrɪəs/, **A** *a.* (*scient.*) vitreo; vetroso: **v. enamel**, smalto vetroso; (*anat.*) **v. humour**, umor vitreo (*dell'occhio*); (*fis.*) **v. electricity**, elettricità vitrea (*o* positiva). **B** *n.* (*anat.*, = **v. body**) (corpo) vitreo.

vitreousness /ˈvɪtrɪəsnəs/, *V.* **vitreosity**.

vitrescence /vɪˈtrɛsns/, *n.* (*scient.*) vitrescenza.

vitrescent /vɪˈtrɛsnt/, *a.* (*scient.*) vitrescente.

vitrifaction /vɪtrɪˈfækʃn/, *n.* vetrificazione.

vitrifiability /vɪtrɪfaɪəˈbɪlətɪ/, *n.* l'essere vetrificabile.

vitrifiable /ˈvɪtrɪfaɪəbl/, *a.* vetrificabile.

vitrification /vɪtrɪfɪˈkeɪʃn/, *n.* (*anche geol.*) vetrificazione.

vitrified /ˈvɪtrɪfaɪd/, *a.* vetrificato.

vitriform /ˈvɪtrɪfɔːm/, *a.* simile al vetro; vitreo.

to **vitrify** /ˈvɪtrɪfaɪ/, *v. t.* e *i.* vetrificare, vetrificarsi.

vitriol /ˈvɪtrɪəl/, *n.* **1** (*chim.*) vetriolo **2** (*fig. lett.*) discorso (*o* scritto) caustico; parole mordaci; critica corrosiva. ● **v. throwing**, lancio di vetriolo; il vetrioleggiare □ **blue v.** (*o* **copper v.**), vetriolo azzurro; solfato di rame □ **green v.**, vetriolo verde; solfato ferroso □ **oil of v.**, olio di vetriolo; acido solforico □ **white v.**, vetriolo bianco; solfato di zinco.

to **vitriol** /ˈvɪtrɪəl/, *v. t.* (*chim.*) trattare con vetriolo.

vitriolic /vɪtrɪˈɒlɪk/, *a.* **1** (*chim.*) vetriolico; di vetriolo **2** (*fig.*) caustico; mordace; corrosivo: **a v. talk**, un discorso caustico.

vitriolization /vɪtrɪəlaɪˈzeɪʃn, *USA* -lɪˈz-/, *n.* **1** (*chim.*) il trattare con vetriolo **2** il deturpare con vetriolo.

to **vitriolize** /ˈvɪtrɪəlaɪz/, *v. t.* **1** (*chim.*) trattare con vetriolo **2** vetrioleggiare.

vitrite /ˈvɪtraɪt/, *n.* (*geol.*) vitrite.

Vitruvian /vɪˈtruːvɪən/, *a.* (*archit., stor.*) vitruviano; di Vitruvio. ● (*archit.*) **V. scroll**, cartoccio.

vitta /ˈvɪtə/, *n.* (*pl.* **vittae, vittas**) **1** (*stor. romana*) vitta; benda; fascia (*specialm. sacerdotale*) **2** (*bot.*) vitta; canale secretore **3** (*zool.*) striscia (*di colore*).

vittate /ˈvɪteɪt/, *a.* **1** (*bot.*: *di frutto*) solcato da vitte **2** (*zool.*) striato.

vituline /ˈvɪtjʊlaɪn, *USA* -tʃʊ-/, *a.* di (*o* simile a) vitello.

to **vituperate** /vɪˈtjuːpəreɪt, *USA* vaɪˈtuː-/, *v. t.* **1** vituperare; ingiuriare; insultare **2** biasimare; riprovare.

vituperation /vɪtjuːpəˈreɪʃn, *USA* vaɪtuː-/, *n.* **1** il vituperare **2** ingiurie; insulti: **a speech full of v.**, un discorso pieno di insulti **3** biasimo; riprovazione.

vituperative /vɪˈtjuːpərətɪv, *USA* vaɪˈtuː-pəreɪtɪv/, *a.* ingiurioso; vituperoso.

vituperator /vɪˈtjuːpəreɪtə(r), *USA* -ˈtuː-/, *n.* **1** vituperatore **2** biasimatore.

viva (1) /ˈviːvə/, **A** *inter.* evviva!; viva! **B** *n.* evviva; acclamazione.

viva (2), to **viva** /ˈvaɪvə/, (*fam.*) *V.* **viva voce, to viva-voce**.

vivace /vɪˈvɑːtʃɪ, *USA* -tʃeɪ/ (*ital.*), *a.* e *avv.*

(*mus.*) vivace.

vivacious /vɪ'veɪʃəs/, *a.* vivace; animato; brioso; vivo. || **-ly,** *avv.* || **-ness,** *sost.*

vivacity /vɪ'væsətɪ/, *n.* vivacità; animazione; brio; vita.

vivarium /vaɪ'vɛərɪəm, vɪ-/ (*lat.*), *n.* (*pl.* **vivaria, vivariums**) ***1*** (*ecol.*) giardino zoologico di tipo «aperto» (*con gli animali in relativa libertà*); zoosafari ***2*** (*arc.*) vivaio di pesci; peschiera.

viva voce /'vaɪvə'vəʊsɪ, 'vi:və'vəʊtʃɪ/, **A** *avv.* a viva voce; oralmente. **B** *a.* orale: **a viva voce examination**, un esame orale. **C** *n.* (*fam.*) esame orale (*all'università*).

to **viva-voce** /'vaɪvə'vəʊsɪ, 'vi:və'vəʊtʃɪ/, *v. t.* esaminare oralmente.

Vivian /'vɪvɪən/, *n.* ***1*** Viviana ***2*** Viviano.

vivid /'vɪvɪd/, *a.* vivido; vivo; vivace: **v. imagination**, immaginazione vivida; **v. colours**, colori vivaci. || **-ly,** *avv.* || **-ness,** *sost.*

Vivien /'vɪvɪən/, *n.* Viviana.

vivification /vɪvɪfɪ'keɪʃn/, *n.* vivificazione.

to **vivify** /'vɪvɪfaɪ/, *v. t.* vivificare; animare.

viviparity /vɪvɪ'pærətɪ, *USA* vaɪ-/, *n.* (*biol.*) viviparità; l'esser viviparo.

viviparous /vɪ'vɪpərəs, *USA* vaɪ-/, *a.* (*biol.*) viviparo.

viviparousness /vɪ'vɪpərəsnəs, *USA* vaɪ-/, *V.* **viviparity**.

to **vivisect** /'vɪvɪsɛkt, vɪvɪ'sɛkt/, *v. t.* vivisezionare.

vivisection /vɪvɪ'sɛkʃn/, *n.* vivisezione.

vivisectional /vɪvɪ'sɛkʃənl/, *a.* vivisettorio.

vivisectionist /vɪvɪ'sɛkʃənɪst/, **vivisector** /'vɪvɪsɛktə(r)/, *n.* vivisettore; chi pratica la vivisezione.

vixen /'vɪksn/, *n.* ***1*** (*zool.*) volpe femmina ***2*** (*fig. spreg.*) bisbetica; donna litigiosa; megera.

vixenish /'vɪksnɪʃ/, *a.* ***1*** (*zool.*) volpino ***2*** (*fig. spreg.*) di (*o* da) megera; bisbetico; litigioso.

viz. /vɪz/, *avv.* (*abbr. di* **videlicet**) cioè; ossia; vale a dire.

vizard /'vɪzəd/, *V.* **visor**.

vizier /vɪ'zɪə(r), 'vɪz-/, *n.* visir.

vizierate /vɪ'zɪərət/, *n.* visirato.

vizor /'vaɪzə(r)/, *V.* **visor**.

Vlach /vlɑ:k, *USA* -ɑ:k, -æk/, *a.* e *n.* valacco.

V-neck /'vi:nɛk/, **V-necked** /'vi:nɛkt/, *V. sotto* **V**.

vocab /'vəʊkæb/, *n.* (*abbr. fam. di* **vocabulary**) vocabolario; dizionario.

vocable /'vəʊkəbl/, *n.* ***1*** (*raro*) vocabolo ***2*** vocale.

vocabulary /və'kæbjʊlərɪ, *USA* -lɛrɪ/, *n.* ***1*** vocabolario; lessico: (*ling.*) **active v.**, vocabolario attivo ***2*** elenco di termini; glossario; dizionarietto (*in calce a un libro*) ***3*** (*elab.*) vocabolario: **data v.**, vocabolario di dati.

vocal /'vəʊkl/, **A** *a.* ***1*** vocale: **the v. cords**, le corde vocali; (*anat.*) **v. tract**, canale vocale; **v. music**, musica vocale ***2*** orale: **a v. communication**, una comunicazione orale ***3*** (*poet.*) dotato di voce; parlante ***4*** (*fon.*) sonoro ***5*** (*fon.*) vocalico ***6*** (*fig. fam.*) rumoroso; vociferante; che protesta; che si fa sentire (*fig.*): **a v. minority**, una minoranza che si fa sentire. **B** *n.* ***1*** (*fon.*) suono vocalico ***2*** (*mus.*) (canto, musica vocale di un) brano di jazz (*o* pop). ● (*mus.*) **backing vocals**, accompagnamento vocale.

vocalic /və'kælɪk/, *a.* (*fon.*) vocalico.

vocalise /vəʊkə'li:z, 'vəʊkəl-/, *n.* (*mus.*) vocalizzo; vocalizzazione; gorgheggio.

vocalism /'vəʊkəlɪzəm/, *n.* ***1*** (*mus.*) vocalizzo; vocalizzazione ***2*** (*ling.*) vocalismo; sistema vocalico.

vocalist /'vəʊkəlɪst/, *n.* (*mus.*) cantante (*specialm. di jazz e pop*); vocalista; vocalist.

vocality /vəʊ'kælətɪ/, *n.* ***1*** (*fon.*: *di un suono*) l'essere vocalico ***2*** (*mus.*) vocalità.

vocalization /vəʊkəlaɪ'zeɪʃn, *USA* -lɪ'z-/, *n.* ***1*** (*ling.*) vocalizzazione ***2*** (*mus.*) vocalizzo; vocalizzazione; gorgheggio.

to **vocalize** /'vəʊkəlaɪz/, **A** *v. t.* ***1*** (*ling.*) vocalizzare; trasformare (*una consonante*) in vocale ***2*** (*fon.*) pronunciare (*una consonante*) come sonora ***3*** (*mus.*) eseguire (*un brano*) vocalmente; cantare ***4*** articolare (*o* esprimere) con suoni. **B** *v. i.* ***1*** (*di un animale*) emettere suoni articolati ***2*** (*mus.*) vocalizzare; fare vocalizzi; gorgheggiare. ● (*ling.*) **to become vocalized**, vocalizzarsi.

vocally /'vəʊkəlɪ/, *avv.* ***1*** vocalmente: **v. pleasing**, piacevole vocalmente ***2*** rumorosamente; vociferando: **He protested v.**, protestò vociferando.

vocation /vəʊ'keɪʃn/, *n.* ***1*** (*solo al sing.*) vocazione; attitudine; disposizione; inclinazione: **He feels no v. for teaching**, non sente vocazione all'insegnamento ***2*** professione; mestiere; impiego; lavoro; occupazione ***3*** (*relig.*) vocazione: **The parson has lost his v.**, il parroco ha perso la vocazione. ● **to mistake one's v.**, sbagliar mestiere.

vocational /vəʊ'keɪʃənl/, *a.* ***1*** di vocazione; vocazionale; attitudinale: **v. test**, esame attitudinale ***2*** professionale; di mestiere: **v. guidance**, orientamento professionale; **a v. school**, una scuola professionale. ● (*ind.*) **v. adviser**, psicotecnico □ **v. training**, formazione professionale. || **-ly,** *avv.*

vocative /'vɒkətɪv/, *a.* e *n.* (*gramm.*) vocativo.

vociferant /və'sɪfərənt/, **A** *a.* vociferante. **B** *n.* vociferatore.

to **vociferate** /və'sɪfəreɪt/, *v. t.* e *i.* vociferare; vociare; gridare.

vociferation /vəsɪfə'reɪʃn/, *n.* vociferazione; clamore; grida.

vociferator /və'sɪfəreɪtə(r)/, *n.* vociferatore.

vociferous /və'sɪfərəs/, *a.* ***1*** clamoroso; rumoroso; rumoreggiante: **a v. crowd**, una folla rumoreggiante ***2*** (*di richiesta, ecc.*) clamoroso; a gran voce. || **-ly,** *avv.* || **-ness,** *sost.*

vodka /'vɒdkə/, *n.* vodka.

vogue /vəʊg/, *n.* voga; moda: **in v.**, in voga; **Furs are no more the v. nowadays**, le pellicce non sono più di moda oggigiorno. ● **to be all the v.**, essere di gran moda; essere molto popolare □ **to come into v.**, acquistar voga; diventare di moda □ **to have a great v.**, essere molto in voga; essere di gran moda.

voice /vɔɪs/, *n.* ***1*** voce (*anche fig.*): **I have lost my v.**, ho perduto la voce; **He spoke in a loud v.**, parlava a voce alta; **the v. of reason**, la voce della ragione ***2*** (*gramm.*) voce: **a verb in the passive v.**, un verbo nella voce passiva (*o* al passivo) ***3*** (*fon.*) suono sonoro. ● (*fam.*) **v. box**, laringe □ (*fam. USA*) **v. lineup**, confronto all'americana delle voci registrate di persone sospette □ (*elab.*) **v. mail system**, sistema di posta elettronica in grado di riconoscere input vocali; sistema di audiomessaggeria □ (*USA*) **v. mailbox**, audiomessaggeria (*lo strumento*) □ **the v. of the cuckoo**, il verso del cuculo □ (*elettron.*) **v.-operated device**, dispositivo a comando vocale □ (*elab.*) **v. output**, risposta audio □ (*cinem., TV*) **v.-over**, voce fuori campo □ (*polit.*) **v. vote**, votazione per appello nominale (*o* per chiamata) □ **to drop one's v.**, abbassare la voce □ **to give v. to**, esprimere; sfogare: **The peasants gave v. to their discontent**, i contadini espressero la loro insoddisfazione □ (*di un cantante, ecc.*) **to have a good v.**, avere una bella voce □ **to have a v. in one's government**, aver diritto di voto in libere elezioni politiche □ **to have lost one's v.**, aver perso la voce; essere senza voce □ **to have no v. in the matter**, non aver voce in capitolo □ (*di un cantante, ecc.*) **to be in good v.**, essere in voce □ **to lift up one's v.**, alzare la voce; parlare; farsi sentire; □ **not to be in good v.**, essere giù di voce □ (*anche fig.*) **to raise one's v.**, alzare la voce □ **to raise a v. against st.**, prendere la parola contro q.c. □ **to shout at the top of one's v.**, urlare a squarciagola □ **a song for three voices**, una canzone a tre voci □ **with one v.**, a una voce; all'unanimità □ **The dog gave v. to his joy**, il cane abbaiò di gioia □ **I have no v.**, non ho voce; non so cantare □ (*di un ragazzo*) **His v. is breaking**, sta cambiando voce; fa la voce da uomo □ (*prov.*) **The v. of the people is the v. of God**, vox populi, vox Dei (*lat.*); voce di popolo, voce di Dio.

to **voice** /vɔɪs/, *v. t.* ***1*** dar voce a; esprimere; farsi portavoce di: **to v. the feelings of the people**, esprimere i sentimenti del popolo; **I was chosen to v. their grievances**, fui scelto come portavoce delle loro lagnanze ***2*** (*mus.*) accordare, intonare (*le canne di un organo, ecc.*) ***3*** (*fon.*) pronunciare (*una consonante*) come sonora.

voiced /vɔɪst/, *a.* ***1*** (*nei composti*) che ha voce; dalla voce: **deep-v.**, dalla voce profonda; **soft-v.**, dalla voce bassa ***2*** (*fon.*) sonoro: **«B» is a v. consonant**, la «b» è una consonante sonora.

voiceful /'vɔɪsfl/, *a.* (*poet.*) risonante.

voicegram /'vɔɪsgræm/, *n.* (*elab.*) messaggio vocale; il parlato.

voiceless /'vɔɪsləs/, *a.* ***1*** senza voce; muto; ammutolito; silenzioso ***2*** (*fig.*) che non ha voce in capitolo; che non si pronuncia ***3*** non espresso; tacito ***4*** (*fon.*) sordo: **«P» is a v. consonant**, la «p» è una consonante sorda. || **-ly,** *avv.*

voicelessness /'vɔɪsləsnəs/, *n.* ***1*** mancanza di voce; silenziosità ***2*** (*fig.*) il non aver voce in capitolo; il non volersi pronunciare ***3*** (*fon.*) l'essere sordo (*di un suono*).

voicing /'vɔɪsɪŋ/, *n.* (*fon.*) sonorizzazione.

void /vɔɪd/, **A** *a.* ***1*** vuoto; disabitato: **v. space**, spazio vuoto; **a v. house**, una casa disabitata ***2*** vacante; non occupato: **The bishopric fell v.**, l'episcopato si rese vacante ***3*** privo: **He is v. of common sense**, è privo di buonsenso ***4*** (*leg.*) non valido; nullo; inefficace: **a v. ballot**, una votazione nulla; **This contract is (null and) v.**, questo contratto è nullo ***5*** (*poet.*) inutile; vano. **B** *n.* vuoto; lacuna: **the painful v. made by his death**, il vuoto doloroso lasciato dalla sua morte; **to fill a v.**, colmare una lacuna. ● **to vanish into the v.**, svanire nel nulla.

to **void** /vɔɪd/, *v. t.* ***1*** evacuare; sgombrare; vuotare: **to v. the bowels**, evacuare l'intestino ***2*** espellere, scaricare (*escrementi*) ***3*** (*leg.*) rendere nullo; annullare; invalidare: **to v. a contract [a deed, a form]**, annullare un contratto [un atto, un modulo].

voidable /'vɔɪdəbl/, *a.* (*leg.*) annullabile; invalidabile.

voidance /'vɔɪdəns/, *n.* ***1*** (*leg.*) annullamento; invalidazione ***2*** vacanza (*di un beneficio ecclesiastico*) ***3*** disponibilità (*di un posto*).

voidness /'vɔɪdnəs/, *n.* ***1*** l'essere vuoto; vuotezza ***2*** (*leg.*) nullità; inefficacia.

voile /vɔɪl/ (*franc.*), *n.* (*ind. tess.*) velo; voile.

voir dire /'vwɑ:'dɪə(r)/ (*franc.*), *locuz. n.* (*leg.*) esame preliminare (*di un testimone o di un giurato*).

vol /vɒl/, *n.* (*abbr. fam. di* **volume**) volume: **Milton's works in ten vols**, le opere di Milton in dieci volumi.

volant /'vəʊlənt/, *a.* ***1*** (*zool.*) che vola; capace di volare; atto al volo ***2*** (*arald.*) volante; in volo; ad ali spiegate ***3*** (*poet.*) agile; rapido; veloce.

volar /'vəʊlə(r)/, *a.* (*anat.*) ***1*** palmare; del palmo (*della mano*) ***2*** plantare; della pianta (*del piede*).

volary /'vəʊlərɪ/, *n.* (*raro*) voliera.

volatile /'vɒlətaɪl, *USA* -tl/, **A** *a.* ***1*** (*chim.*) volatile: **v. salts**, sali volatili ***2*** (*elab.*) volatile: **v. storage**, memoria volatile ***3*** (*fig.*) mutevole; incostante, volubile; capriccioso: **a v. disposition**, un temperamento mutevole ***4*** (*econ., fin.*) variabile; fluido; volatile: **v. prices**, prezzi volatili; **a v. market**, un mercato soggetto a forti oscillazioni. **B** *n.* ***1*** (*chim.*) sostanza volatile ***2*** (*raro, zool.*) volatile. ● (*chim.*) **v. oils**, oli essenziali; (*anche*) idrocarburi volatili.

volatileness /ˈvɒlətaɪlnəs, *USA* -tl-/, **volatility** /vɒləˈtɪlətɪ/, *n.* ***1*** (*chim.*) volatilità ***2*** (*fig.*) mutevolezza; volubilità; incostanza.

volatilizable /vəlætɪˈlaɪzəbl, ˈvɒlətɪl-; *USA* vɒlətəˈlaɪ-, ˈvɒlətəlaɪ-/, *a.* (*chim.*) volatilizzabile.

volatilization /vəlætɪlaɪˈzeɪʃn, *USA* vɒlətəlɪˈz-/, *n.* (*chim.*) volatilizzazione.

to **volatilize** /vəˈlætɪlaɪz, *USA* ˈvɒlətəl-/, **A** *v. t.* (*chim.*) volatilizzare. **B** *v. i.* (*chim.*) volatilizzare, volatilizzarsi.

vol-au-vent /ˈvɒləvɒn, *USA* vɔːləˈvɒn/ (*franc.*), *n.* (*cucina*) vol-au-vent.

volcanic /vɒlˈkænɪk/, *a.* (*geol.*) vulcanico (*anche fig.*): **v. rocks**, rocce vulcaniche; **v. pile**, edificio vulcanico; **a v. temper**, un temperamento vulcanico. ● **v. centre**, centro d'eruzione □ **v. glass**, ossidiana.

volcanicity /vɒlkəˈnɪsətɪ/, *n.* ***1*** carattere vulcanico; natura vulcanica ***2*** (*geol.*) *V.* **vulcanism.**

volcanics /vɒlˈkænɪks/, *n. pl.* (*geol.*) rocce vulcaniche.

volcanism /ˈvɒlkənɪzəm/, *n.* (*geol.*) vulcanismo.

volcanist /ˈvɒlkənɪst/, *n.* (*scient.*) vulcanologo.

volcanite /ˈvɒlkənaɪt/, *n.* (*geol.*) vulcanite.

volcano /vɒlˈkeɪnəʊ/, *n.* (*pl.* **volcanoes, volcanos**) (*geol.*) vulcano: **active v.**, vulcano attivo; **dormant v.**, vulcano inattivo. ● **mud v.**, vulcanetto di fango; salsa.

volcanogenic /vɒlkeɪnəʊˈdʒenɪk/, *a.* (*geol.*) creato da un vulcano.

volcanological /vɒlkənəˈlɒdʒɪkl/, *a.* (*geol.*) vulcanologico. || **-ly**, *avv.*

volcanologist /vɒlkəˈnɒlədʒɪst/, *n.* vulcanologo.

volcanology /vɒlkəˈnɒlədʒɪ/, *n.* (*geol.*) vulcanologia.

vole (**1**) /vəʊl/, *n.* (*zool., Microtus*) arvicola; topo campagnolo. ● **field v.** (*Microtus arvalis*), topo campagnolo comune □ **water v.** (*Arvicola amphibius*), topo d'acqua.

vole (**2**) /vəʊl/, *n.* (*in certi giochi di carte*) cappotto. ● (*fig. fam. USA*) **to go the v.**, rischiare il tutto per tutto.

to **vole** /vəʊl/, *v. i.* (*in certi giochi di carte*) far cappotto.

volet /ˈvɒleɪ/ (*franc.*), *n.* (*arte*) pannello (*di un trittico*).

volitant /ˈvɒlɪtənt/, *a.* ***1*** (*raro*) volitante; svolazzante ***2*** (*zool.*) che vola; capace di volare; atto al volo.

volition /vəˈlɪʃn/, *n.* volizione; atto del volere; atto di volontà. ● **He did it of his own v.**, lo fece di propria spontanea volontà.

volitional /vəˈlɪʃənl/, *a.* della volizione; volitivo. ● (*fisiol.*) **v. movements**, movimenti volontari.

volitive /ˈvɒlətɪv/, **A** *a.* volitivo (*anche gramm.*). **B** *n.* (*gramm.*) forma volitiva (*di un verbo*).

volley /ˈvɒlɪ/, *n.* ***1*** scarica; raffica; salva; gragnuola: **a v. of stones**, una scarica di pietre; **a v. of blows**, una gragnola di colpi; **a v. of bullets**, una raffica di pallottole ***2*** (*ind. min.*) volata (*di mine*) ***3*** (*fig.*) profluvio; torrente; sfilza: **a v. of oaths**, una sfilza di bestemmie ***4*** (*tennis*) volée; volata ***5*** (*med.*) scarica d'impulsi. ● (*mil.*) **v. fire**, fuoco a volontà □ (*sport*) **on the v.**, al volo.

to **volley** /ˈvɒlɪ/, **A** *v. t.* ***1*** (*mil.*) scaricare; sparare ***2*** (*fig.*) lanciare (*insulti, ecc.*) ***3*** (*sport*) colpire (*la palla*) al volo ***4*** (*tennis*) fare una volée contro un (*avversario*) ***5*** (*pallavolo*) battere (*la palla*). **B** *v. i.* ***1*** (*mil.*) sparare una raffica (*o* a raffiche) ***2*** (*sport*) colpire la palla al volo ***3*** (*tennis*) fare una volée.

volleyball /ˈvɒlɪbɔːl/, *n.* (*sport*) ***1*** pallavolo ***2*** palla per pallavolo. ● **v. player**, pallavolista.

volplane /ˈvɒlpleɪn/, *n.* (*aeron.*) volo librato; volo planato.

to **volplane** /ˈvɒlpleɪn/, *v. i.* (*aeron.*) planare.

volt (**1**), to **volt** /vəʊlt/, *V.* **volte, to volte.**

volt (**2**) /vəʊlt/, *n.* (*elettr.*) volt.

voltage /ˈvəʊltɪdʒ/, *n.* (*elettr.*) tensione; potenziale; voltaggio: **high v.**, alta tensione; **terminal v.**, tensione ai morsetti. ● **v. drop**, caduta di tensione □ (*elettron.*) **v. regulator**, stabilizzatore di tensione.

voltaic /vɒlˈteɪɪk/, *a.* (*elettr.*) voltaico: **v. pile**, pila voltaica; pila di Volta. ● **v. cell**, elemento di pila.

voltameter /vɒlˈtæmɪtə(r)/, *n.* (*elettr.*) voltametro.

voltammeter /vəʊltˈæmmiːtə(r)/, *n.* (*elettr.*) voltamperometro.

volte /vəʊlt/, *n.* ***1*** (*ippica*) volta; volteggio ***2*** (*scherma*) volta.

to **volte** /vəʊlt/, *v. i.* ***1*** (*ippica*) volteggiare ***2*** (*scherma*) far la volta.

volte-face /vɒltˈfɑːs, -æs, *USA* vɔːltˈfɑːs, vəʊlt-/ (*franc.*), *n.* voltafaccia (*anche fig.*).

voltmeter /ˈvəʊltmiːtə(r)/, *n.* (*elettr.*) voltmetro.

volubility /vɒljʊˈbɪlətɪ/, *n.* ***1*** speditezza di eloquio; garrulità; loquacità ***2*** prolissità.

voluble /ˈvɒljʊbl/, *a.* ***1*** garrulo; loquace ***2*** (*di eloquio*) spedito, veloce ***3*** prolisso; tirato per le lunghe: **a v. explanation**, una spiegazione prolissa ***4*** (*bot., raro*) volubile. || **-ness**, *sost.* || **-bly**, *avv.*

volume /ˈvɒljuːm, -jʊm, -jəm/, *n.* ***1*** volume (*anche geom.* e *scient.*); (*per estens.*) capacità, mole, massa, quantità: **the v. of the sphere [of the earth]**, il volume della sfera [della terra]; **v. of water**, volume d'acqua; (*econ.*) **v. of business**, volume d'affari; (*market.*) **v. of sales** (*o* **sales v.**), volume delle vendite; (*trasp.*) **the v. of air passenger travel**, il volume del traffico aereo passeggeri; **the v. of a container**, la capacità di un contenitore; (*comm. est.*) **the v. of exports**, il volume delle esportazioni; **the v. of popular protest**, la mole della protesta popolare ***2*** (*acustica, radio, TV*) volume (*del suono*): **a great v. of voice**, un gran volume di voce; **Turn down the v., will you?**, abbassa il volume, per favore! ***3*** volume; libro (*anche fig.*); tomo: **an odd v.**, un volume scompagnato; **a library of 30,000 volumes**, una biblioteca di 30.000 volumi; **the v. of nature**, il libro della natura; **v. 10 of the encyclopaedia**, il decimo tomo dell'enciclopedia ***4*** (*stor.*) volume; papiro; documento ***5*** (*elab.*) volume (*unità fisiche di memoria*) ***6*** (*raro*) voluta (*di fumo*) ***7*** (*pop. USA*) valium (*marchio*); tranquillante. ● (*econ., comm.*) **v. business**, attività all'ingrosso □ (*econ.*) **v. index**, indice di volume □ (*demogr.*) **v. of migration**, volume migratorio □ **volumes of sound**, rimbombi □ (*econ.*) **v. production**, produzione in massa □ (*elab.*) **v. test**, test con dati reali □ **cubic v.**, cubatura □ (*comm.*) **to sell v.**, vendere in grandi quantitativi □ **to speak volumes**, essere significativo (*o* eloquente); stare a dimostrare; valere più di qualsiasi lungo discorso: **The glance she gave him spoke volumes**, ella gli diede un'occhiata assai eloquente; **His gift speaks volumes for his munificence**, il suo dono sta a dimostrare la sua munificienza come meglio non si potrebbe.

to **volume** /ˈvɒljuːm, -jʊm, -jəm/, **A** *v. t.* (*raro*) raccogliere in volume. **B** *v. i.* (*raro*) diventare voluminoso; fare massa.

volumed /ˈvɒljuːmd, -jʊmd, -jəmd/, *a.* ***1*** (*nei composti*) in volumi: **a four-v. history of English literature**, una storia della letteratura inglese in quattro volumi ***2*** (*raro*) voluminoso ***3*** (*poet.*) tondo; rotondeggiante.

volumenometer /vɒljʊmɪˈnɒmɪtə(r)/, *n.* (*fis.*) volumenometro.

volumeter /vəˈluːmɪtə(r), -ˈljuː-/, *n.* (*fis.*) idrometro; densimetro.

volumetric(**al**) /vɒljʊˈmetrɪk(l)/, *a.* (*scient.*) volumetrico: (*chim.*) **v. analysis**, analisi volumetrica. || **-ally**, *avv.*

voluminosity /vəluːmɪˈnɒsətɪ, -ljuː-/, *n.* voluminosità.

voluminous /vəˈluːmɪnəs, -ˈljuː-/, *a.* ***1*** voluminoso; capiente; assai capace: **a v. trunk**, un baule assai capace; **v. correspondence**, corrispondenza voluminosa ***2*** (*di uno scrittore*) fecondo; prolifico ***3*** (*di un oratore*) facondo ***4*** prolisso; troppo ampio: **a v. account**, un resoconto prolisso ***5*** da riempire interi volumi; abbondante; ricco ***6*** (*raro*: *di un'opera, ecc.*) in più volumi ***7*** (*arc.*) a volute; a spirale. ● **a v. skirt**, una gonna ampia. || **-ly**, *avv.* || **-ness**, *sost.*

voluntarily /ˈvɒləntrəlɪ, *USA* -terəlɪ/, *avv.* volontariamente; spontaneamente; intenzionalmente.

voluntariness /ˈvɒləntərɪnəs, *USA* -terɪ-/, *n.* volontarietà; spontaneità.

voluntarism /ˈvɒləntərɪzəm/, *n.* (*filos.*) volontarismo.

voluntarist /ˈvɒləntərɪst/, *n.* (*filos.*) seguace del volontarismo.

voluntary /ˈvɒləntrɪ, *USA* -terɪ/, **A** *a.* volontario; spontaneo; intenzionale: **v. service**, servizio volontario; **a v. confession**, una confessione spontanea; (*fisiol.*) **v. muscles**, muscoli volontari. **B** *n.* ***1*** (*relig., mus.*) assolo d'organo ***2*** *V.* **voluntarist.** ● (*leg.*) **v. conveyance**, cessione a titolo gratuito □ (*leg.*) **v. partition**, divisione consensuale (*del patrimonio*) □ (*econ.*) **v. saring**, risparmio volontario □ (*leg.*) **v. settlement**, donazione □ **v. school**, scuola fondata da gruppi di privati, ma finanziata dallo stato □ (*leg.*) **v. waste**, danni prodotti volutamente (*specialm. da parte di un inquilino*) □ (*leg., fin.*) **v. winding-up**, liquidazione volontaria (*di una società*) □ **Man is a v. agent**, l'uomo è un essere dotato di volontà.

voluntaryism /ˈvɒləntərɪɪzəm, *USA* -erɪ-/, *n.* (*polit.*) laicismo; teoria per cui la Chiesa e le scuole non debbono essere sovvenzionate dallo Stato.

voluntaryist /ˈvɒləntərɪɪst, *USA* -erɪ-/, *n.* (*polit.*) fautore del **voluntaryism** (*q.V.*).

volunteer /vɒlənˈtɪə(r)/, **A** *n.* ***1*** (*specialm. mil.*) volontario ***2*** (*leg.*) cessionario a titolo gratuito; donatario ***3*** (*bot.*) pianta spontanea. **B** *a. attr.* ***1*** (*bot.*) spontaneo: **v. vegetation**, vegetazione spontanea ***2*** (*mil.*) di volontari: **a v. camp**, un campo di volontari; **a v. army**, un esercito di volontari.

to **volunteer** /vɒlənˈtɪə(r)/, **A** *v. i.* ***1*** (*mil.*) andar volontario; arruolarsi volontario ***2*** offrirsi spontaneamente: **to v. to do st.**, offrirsi spontaneamente di fare q.c. **B** *v. t.* offrire spontaneamente; dare volontariamente: **to v. one's services**, offrire spontaneamente i propri servigi. ● **to v. an explanation**, dare una spiegazione non richiesta.

voluptuary /vəˈlʌptʃʊərɪ, *USA* -ʊerɪ/, **A** *n.* (*lett.*) epicureo, epicurea; libertino; gaudente. **B** *a.* (*lett.*) ***1*** voluttuario; di lusso ***2*** sensuale; voluttuoso.

voluptuous /vəˈlʌptʃʊəs/, *a.* ***1*** voluttuoso; sensuale ***2*** (*di donna*) conturbante; sexy. || **-ly**, *avv.* || **-ness**, *sost.*

volute /vəˈluːt, -ˈljuːt/, *n.* ***1*** (*archit., zool.*) voluta ***2*** (*mecc.*) chiocciola; cassone a spirale. ● (*mecc.*) **v. spring**, molla a spirale conica.

voluted /vəˈluːtɪd, -ˈljuː-/, *a.* ***1*** a voluta; a spirale ***2*** (*archit.*) ornato di volute ***3*** (*zool.*) avvolto a spirale.

volution /vəˈluːʃn, -ˈljuː-/, *n.* ***1*** avvolgimento a spirale; spirale ***2*** (*anat.*) circonvoluzione ***3*** (*zool.*) spira (*di conchiglia*).

volvulus /ˈvɒlvjʊləs/, *n.* (*pl.* **volvuluses**) (*med.*) volvolo.

vomer /ˈvəʊmə(r)/, *n.* (*anat.*) vomere (*osso del setto nasale*).

vomit /ˈvɒmɪt/, *n.* ***1*** vomito; cibo vomitato ***2*** (*farm.*) emetico. ● **v. nut**, noce vomica.

to **vomit** /ˈvɒmɪt/, *v. t.* e *i.* vomitare (*anche fig.*); eruttare. ● (*mil.*) **vomiting gas**, aggressivo chimico starnutatorio.

vomiting /ˈvɒmɪtɪŋ/, *n.* atto di vomitare; vomito.

vomitive /ˈvɒmɪtɪv/, *a.* (*farm.*) vomitivo;

emetico.

vomitory /ˈvɒmɪtrɪ, *USA* -tɔːrɪ/, **A** *a.* (*farm.*) vomitivo; emetico. **B** *n.* ***1*** (*farm.*) emetico ***2*** (*stor. romana*) vomitorio (*di un circo*).

vomiturition /vɒmɪtʃəˈrɪʃn/, *n.* (*med.*) ***1*** conato di vomito ***2*** vomito continuo.

vomitus /ˈvɒmɪtəs/ (*lat.*), *n.* (*med.*) vomito.

voodoo /ˈvuːduː/, *n.* (*pl.* **voodoos**) ***1*** vudù, vodù; vuduismo, voduismo ***2*** (= **v. doctor, v. priest**) seguace del vudù; stregone; mago; fattucchiere.

to **voodoo** /ˈvuːduː/, *v. t.* stregare; fare il malocchio a (q.).

voodooism /ˈvuːduːɪzəm/, *n.* vudù, vodù; vuduismo, voduismo; stregoneria; pratiche superstiziose (*dei negri d'America e delle Indie Occidentali*).

voodooist /ˈvuːduːɪst/, *n.* vuduista, voduista.

Vopo /ˈvəʊpəʊ/, (*ted.*), *n.* (*acronimo di* **Volkspolizei**) (*invar. al pl.*) (*stor.*) vopo. ● **V. policeman**, vopo.

voracious /vəˈreɪʃəs/, *a.* vorace; insaziabile: **a v. wolf**, un lupo vorace; **a v. appetite**, un forte appetito. ● (*fig.*) **a v. reader**, un divoratore di libri. || **-ly**, *avv.*

voraciousness /vəˈreɪʃəsnəs/, **voracity** /vəˈræsətɪ/, *n.* voracità; insaziabilità.

vortex /ˈvɔːtɛks/, *n.* (*pl.* **vortices, vortexes**) ***1*** (*mecc. dei fluidi*) vortice (*anche fig.*); gorgo, turbine: **the v. of war**, il vortice della guerra ***2*** (*anat.*) vortice: **v. of the heart**, vortice cardiaco. ● (*tecn.*) **v. cage meter**, contatore a turbina ◻ **v. line**, linea vorticosa ◻ **v. ring**, spira (*di un fluido*) ◻ **v. sheet**, strato vorticoso ◻ **v. street**, coppia di piani vorticosi (*sulle ali di un aereo*).

vortical /ˈvɔːtɪkl/, *a.* vorticoso. || **-ly**, *avv.*

vorticella /vɔːtɪˈsɛlə/, *n.* (*pl.* **vorticellae, vorticellas**) (*zool., Vorticella*) vorticella.

vorticism /ˈvɔːtɪsɪzəm/, *n.* (*arte*) vorticismo.

vorticist /ˈvɔːtɪsɪst/, *n.* (*arte*) seguace del vorticismo.

vorticity /vɔːˈtɪsətɪ/, *n.* (*mecc. dei fluidi*) vorticità.

vorticose /ˈvɔːtɪkəʊs/, **vortiginous** /vɔːˈtɪdʒɪnəs/, *a.* vorticoso.

votable /ˈvəʊtəbl/, *a.* votabile; che si può votare.

votaress /ˈvəʊtərɪs/, *n.* ***1*** (*un tempo*) donna legata da un voto religioso ***2*** (*lett.*) devota; ammiratrice; seguace. ● (*fig. lett.*) **a v. of Diana**, una sacerdotessa di Diana.

votary /ˈvəʊtərɪ/, *n.* ***1*** (*un tempo*) uomo legato da un voto religioso ***2*** (*lett.*) devoto; ammiratore; seguace; fautore: **a v. of peace**, un fautore della pace ***3*** appassionato, fanatico, fan (*di uno sport*). ● (*fig. lett.*) **a v. of science**, una persona votata alla scienza.

vote /vəʊt/, *n.* ***1*** (*polit.*) voto; votazione; suffragio; numero dei voti: **a v. of confidence**, un voto di fiducia; **a v. of no confidence**, un voto di sfiducia; **a v. of censure**, un voto di censura; **to count the votes**, contare i voti; **The v. was light**, la votazione fu scarsa ***2*** scheda (*o* pallina) di votazione ***3*** gruppo di elettori; (i) voti: **the minority v.**, i voti delle minoranze etniche ***4*** (*leg.*) diritto di voto: **Some racial minorities have not yet the v.**, talune minoranze etniche non hanno ancora il diritto di voto. ● **v. by ballot**, voto a scrutinio segreto ◻ **v. by proxy**, voto per delega ◻ **v. by roll call**, voto per appello nominale ◻ **v. by show of hands**, votazione per alzata di mano ◻ **v.-catcher**, espediente per prendere più voti ◻ (*polit.*) **v.-getter**, chi ottiene (molti) voti: **He was the biggest v.-getter in the election**, nelle elezioni ha ottenuto il maggior numero di voti ◻ **v.-rigging**, broglio elettorale ◻ (*polit.*) **v.-winner**, chi fa prendere molti voti al suo partito ◻ (*fin.*) **the Army v.**, gli stanziamenti votati per l'esercito ◻ **to carry a v.**, approvare una mozione ◻ **to cast one's v.**, dare il proprio voto; votare ◻ **the floating v.**, i voti fluttuanti ◻ **to propose a v. of thanks**, proporre di rendere pubblici ringraziamenti ◻ **to put st. to the v.**, mettere q.c. ai voti ◻ **to take the v.**, procedere allo scrutinio.

to **vote** /vəʊt/, *v. t.* e *i.* ***1*** votare; dare il voto: **He voted for the Labour candidate**, votò per il candidato laburista ***2*** decidere; deliberare (stabilire, assegnare, ecc.) mediante votazione: **to v. a sum for travelling expenses**, votare lo stanziamento d'una somma per spese di viaggio ***3*** (*fam.*) dichiarare unanimemente; riconoscere concordemente: **The comedian was voted a bore**, tutti furono concordi nel dichiarare che il comico era noioso ***4*** (*fam.*) proporre; suggerire: **I v. that we leave him alone**, propongo di lasciarlo in pace.

♦**vote against**, *v. i.* + *prep.* votare contro (q. *o* q.c.).

♦**vote down**, *v. t.* + *avv.* ***1*** respingere, bocciare (*votando*): **to v. down a measure [a proposal]**, bocciare un provvedimento [una proposta] ***2*** sconfiggere (q.) in una votazione.

♦**vote in**, *v. t.* + *avv.* ***1*** eleggere (*con una votazione*): **to v. a candidate in**, eleggere un candidato ***2*** mandare al governo (*un partito, ecc.*).

♦**vote into**, *v. t.* + *prep.* (*polit.*) ***1*** trasformare (*votando*): **to v. a bill into law**, trasformare in legge un disegno di legge ***2*** mandare (*con una votazione*) a: **to v. a party into power**, mandare al potere un partito.

♦**vote onto**, *v. t.* + *prep.* eleggere (q.) in: **to v. sb. onto a committee**, eleggere q. in una commissione.

♦**vote out**, *v. t.* + *avv.* destituire, bocciare (q.) con una votazione: **The chairman was voted out**, il presidente fu destituito ai voti; **to v. a candidate out**, bocciare (*fam.*: trombare) un candidato alle elezioni ◻ **to v. the government out of office** (*o* **of power**), buttare giù il governo (*col voto*).

♦**vote through**, *v. t.* + *avv.* far passare, approvare (*mediante votazione*): **to v. through a bill [a proposal]**, far passare un disegno di legge [approvare una proposta].

♦**vote with**, *v. i.* + *prep.* (*polit.*) votare come: **I always v. with my husband**, voto sempre come vota mio marito ◻ (*fig.*) **to v. with one's feet**, astenersi dalle votazioni; disertare le urne.

voteless /ˈvəʊtləs/, *a.* senza voto; senza diritto di voto. ● (*fin.*) **v. shares**, azioni senza diritto di voto.

voter /ˈvəʊtə(r)/, *n.* votante; elettore, elettrice.

voting /ˈvəʊtɪŋ/, *n.* votazione; scrutinio. ● **v. machine**, macchina (*automatica*) per le votazioni ◻ **v. paper**, scheda di votazione ◻ **v. right**, diritto di voto ◻ **v. station**, seggio elettorale ◻ **v. system**, sistema elettorale ◻ (*fin.*) **v. trust**, sindacato azionario ◻ (*polit.*) **v. turnout**, affluenza alle urne.

votive /ˈvəʊtɪv/, *a.* votivo: **a v. picture**, un quadretto votivo.

votress /ˈvəʊtrɪs/, *V.* **votaress**.

to **vouch** /vaʊtʃ/, *v. t.* e *i.* ***1*** attestare; comprovare; provare: **to v. a statement**, provare un'asserzione ***2*** (*anche leg.*) garantire; essere mallevadore; rispondere (*di q., q.c.*): **I am quite willing to v. for his honesty**, sono dispostissimo a farmi garante della sua onestà. ● **His references v. for his ability**, le sue referenze parlano a favore delle sue capacità.

vouchee /vaʊˈtʃiː/, *n.* (*leg.*) ***1*** persona chiamata in giudizio in garanzia di un diritto ***2*** chi gode dell'altrui malleveria.

voucher /ˈvaʊtʃə(r)/, *n.* ***1*** (*anche leg.*) garante; mallevadore ***2*** (*leg., comm.*) documento giustificativo; pezza d'appoggio ***3*** buono; scontrino; coupon: **a gift v.**, un buono regalo ***4*** (*leg., comm.*) ricevuta; quietanza ***5*** (*tur.*) voucher; buono. ● **a luncheon v.**, un buono pasto ◻ **a travel v.**, un buono viaggio.

to **vouchsafe** /vaʊtʃˈseɪf/, *v. t.* (*form.*) ***1*** accondiscendere a; degnarsi di dare (*o* di fare q.c.): **He didn't v. me an answer**, non si degnò di darmi una risposta ***2*** promettere (*di fare q.c.*) ***3*** (*arc.*) accordare; concedere: **to v. mercies upon sb.**, concedere doni a q.

voussoir /vuːˈswɑː(r)/, *n.* (*archit.*) concio rastremato (*per archi*).

vow /vaʊ/, *n.* voto; promessa solenne; giuramento: **vow of chastity**, voto di castità; **I'm under a vow to drink no wine**, ho fatto voto di non bere vino; **lover's vows**, giuramenti d'innamorati. ● **to break a vow**, infrangere un voto ◻ **to fulfil [to perform] a vow**, adempiere [sciogliere] un voto ◻ **marriage vows**, promesse di matrimonio ◻ (*relig.*) **to take the vows**, pronunciare i voti ◻ **to be under a vow of chastity**, aver fatto voto di castità.

to **vow** /vaʊ/, **A** *v. t.* ***1*** votare; consacrare; offrire (*in voto*): **They vowed a temple to Apollo**, consacrarono un tempio ad Apollo ***2*** far voto di; giurare; promettere solennemente: **to v. vengeance against sb.**, giurare vendetta su q.; **I have vowed I will lend him no more money**, ho promesso solennemente di non prestargli più denaro. **B** *v. i.* far voto; pronunciare un voto; fare una promessa solenne. ● **to vow and declare**, dichiarare solennemente; giurare; promettere ◻ **to vow one's life to the service of God**, dedicare la vita al servizio di Dio.

vowel /ˈvaʊəl/, (*fon.*) **A** *n.* vocale. **B** *a. attr.* di vocale; vocalico. ● **v. gradation**, apofonia ◻ **v. mutation**, metafonia; metafonesi ◻ **neutral v.**, vocale neutra (*simbolo fonetico /ə/*).

to **vowelize** /ˈvaʊəlaɪz/, *v. t.* mettere i segni delle vocali in (*un testo arabo o ebraico*).

vox /vɒks/ (*lat.*), *n.* vox; voce. ● **vox populi**, vox populi; la pubblica opinione.

vox pop /ˈvɒksˈpɒp/, *locuz. n.* (*fam. ingl.*) sondaggio d'opinione; indagine demoscopica; inchiesta.

voyage /ˈvɔɪɪdʒ/, *n.* ***1*** viaggio (*di mare, fluviale, o aereo*); traversata; passaggio: **to make a v.**, fare un viaggio; **to go for a v.**, intraprendere un viaggio (di mare); **a v. to the Far East**, un viaggio in Estremo Oriente ***2*** viaggio interplanetario: **a v. to Venus**, un viaggio a Venere. ● (*naut.*) **v. charter**, noleggio a viaggio ◻ (*naut.*) **v. repairs**, riparazioni in navigazione ◻ **broken v.**, viaggio interrotto; spedizione (*di caccia alla balena, ecc.*) infruttuosa ◻ **homeward v.**, viaggio di ritorno ◻ **on the v. home**, nel viaggio di ritorno ◻ **on the v. out**, nel viaggio d'andata ◻ **outward v.**, viaggio d'andata.

to **voyage** /ˈvɔɪɪdʒ/, **A** *v. i.* ***1*** viaggiare, fare un viaggio (*per via d'acqua o aerea*); fare una traversata ***2*** viaggiare nello spazio. **B** *v. t.* percorrere, attraversare, navigare (*oceani, laghi, ecc.*).

voyageable /ˈvɔɪɪdʒəbl/, *a.* navigabile.

voyager /ˈvɔɪɪdʒə(r)/, *n.* ***1*** viaggiatore; passeggero (*di nave o aereo*) ***2*** navigatore ***3*** (*pop. USA*) tossicomane che fa un «viaggio».

voyageur /vwɑːjɑːˈʒɜː(r), vɔɪəˈʒɜː(r)/, *n.* (*in Can.*) ***1*** chiattaiolo; barcaiolo ***2*** (*stor.*) esploratore dei boschi.

voyeur /vwɑːˈjɜː(r), vɔɪˈɜː(r)/ (*franc.*), *n.* (*psic.*) guardone; voyeur.

voyeurism /vwɑːˈjɜːrɪzəm, vɔɪˈɜː-/, *n.* (*psic.*) voyeurismo.

voyeuristic /vwɑːjɜːˈrɪstɪk, vɔɪɜː-/, *a.* (*psic.*) voyeuristico.

to **vroom** /vruːm, vrʊm/, *v. i.* (*pop. USA*) andare a tutta birra (*in auto, in moto, ecc.*).

VTOL /ˈviːtɒl, viːtiːəʊˈel, *USA* -ɔːl/, **A** *n.* (*acronimo di* **vertical take-off and landing**) (*aeron.*) decollo e atterraggio verticali. **B** *a. attr.* (*di un aereo*) a decollo e atterraggio verticali.

Vulcan /ˈvʌlkən/, *n.* (*mitol.*) Vulcano.

Vulcanian /vʌlˈkeɪnɪən/, *a.* (*geol.*) vulcaniano; vesuviano.

vulcanic /vʌlˈkænɪk/, e *deriv. V.* **volcanic** e *deriv.*

vulcanist /ˈvʌlkənɪst/, *n.* (*astron.*) vulcanista.

vulcanite /ˈvʌlkənaɪt/, *n.* ebanite.

vulcanizable /ˈvʌlkənaɪzəbl/, *a.* (*ind.*) vulcanizzabile.

vulcanization /vʌlkənaɪ'zeɪʃn, *USA* -nɪ'z-/, *n.* (*ind.*) vulcanizzazione: **steam v.**, vulcanizzazione a vapore.

to **vulcanize** /'vʌlkənaɪz/, *v. t.* (*ind.*) vulcanizzare: **vulcanized fibres**, fibre vulcanizzate.

vulcanizer /'vʌlkənaɪzə(r)/, *n.* (*ind.*) vulcanizzatore (*apparecchio*).

vulgar /'vʌlgə(r)/, *a.* **1** volgare; plebeo; grossolano; rozzo; triviale: **v. language**, linguaggio volgare; **v. life**, vita plebea; **v. tastes**, gusti grossolani **2** (*lett.*) del volgo: **v. opinion**, l'opinione del volgo. ● (*arc.*) **the v.**, il volgo; la plebe □ **the v. era**, l'era volgare □ (*mat.*) **v. fraction**, frazione ordinaria □ **the v. herd**, il volgo; la plebe □ (*ling.*) **V. Latin**, il latino volgare □ **the v. tongue**, la lingua volgare; il volgare. || **-ly**, *avv.*

vulgarian /vʌl'geərɪən/, *n.* (*raro*) individuo volgare; persona di gusti volgari.

vulgarism /'vʌlgərɪzəm/, *n.* **1** volgarismo; espressione volgare **2** comportamento volgare; volgarità.

vulgarity /vʌl'gærətɪ/, *n.* volgarità; grossolanità; rozzezza; cattivo gusto.

vulgarization /vʌlgəraɪ'zeɪʃn, *USA* -rɪ'z-/, *n.* **1** il rendere volgare; svilimento **2** volgarizzazione; divulgazione.

to **vulgarize** /'vʌlgəraɪz/, *v. t.* **1** rendere volgare; svilire; degradare **2** volgarizzare; divulgare.

Vulgate /'vʌlgət/, *n.* (*relig.*) Volgata, Vulgata.

vulgus /'vʌlgəs/ (*lat.*), *n.* (*lett. o raro*) **1** volgo; popolo; popolino **2** (*gergo studentesco*) esercizio di versificazione latina (*nelle «public schools»*).

vulnerability /vʌlnərə'bɪlətɪ/, *n.* vulnerabilità (*anche fig.*).

vulnerable /'vʌlnərəbl/, *a.* vulnerabile (*anche fig.*). || **-ness**, *sost.* || **-bly**, *avv.*

vulnerary /'vʌlnərərɪ, *USA* -erɪ/, (*farm., med.*) **A** *a.* vulnerario: **v. unguent**, balsamo vulnerario. **B** *n.* **1** medicamento vulnerario **2** (*bot.*) vulneraria.

vulpine /'vʌlpaɪn/, *a.* volpino; di (*o* da) volpe; (*fig.*) astuto, scaltro.

vulture /'vʌltʃə(r)/, *n.* **1** (*zool., Aegypius monachus*) avvoltoio **2** (*zool.*) accipitride (*in genere*) **3** (*fig.*) avvoltoio; individuo rapace: **the vultures of our society**, gli avvoltoi della nostra società. ● (*fin., fam. USA*) **v. capitalist**, finanziere avido, che pratica tassi elevatissimi □ (*fin.*) **v. fund**, fondo «sciacallo».

vulturine /'vʌltʃəraɪn/, **vulturous** /'vʌltʃərəs/, *a.* (*zool.*) di (*o* da) avvoltoio; rapace (*anche fig.*).

vulva /'vʌlvə/, *n.* (*pl.* **vulvae, vulvas**) (*anat.*) vulva.

vulval /'vʌlvl/, **vulvar** /'vʌlvə(r)/, *a.* (*anat.*) vulvare.

vulvitis /vʌl'vaɪtɪs/, *n.* (*med.*) vulvite.

vulvovaginal /vʌlvəʊvə'dʒaɪnl, *USA* -'vædʒɪnl/, *a.* (*med.*) vulvovaginale.

vulvovaginitis /vʌlvəʊvædʒɪ'naɪtɪs/, *n.* (*med.*) vulvovaginite.

vying /'vaɪɪŋ/, **A** *p. pr. di* **to vie**. **B** *a.* che compete; che gareggia.

w, W

W, w /ˈdʌblju:, -jʊ, -bəl-, ˈdʌbjə/, *n.* (*pl.* **W's, w's**; **Ws, ws**) W, w (*ventitreesima lettera dell'alfabeto ingl.*). ● (*telef.*) **w. for William**, w come Washington.

Waac /wæk/, *n.* (*fam.*) ausiliaria dell'esercito inglese (*V.* **WAAC** *nell'elenco delle sigle inglesi*).

Waaf /wæf/, *n.* (*fam.*) ausiliaria dell'aviazione inglese (*V.* **WAAF** *nell'elenco delle sigle inglesi*).

wabble, to **wabble** /ˈwæbl/, *V.* **wobble, to wobble**.

WAC /wæk/, *n.* (*acronimo di* **Women's Army Corps**) (*mil., USA*) ausiliaria dell'esercito americano.

wack /wæk/, *n.* (*pop. ingl. sett.*) amico; amicone; compagno.

wacke /ˈwækə/, *n.* (*geol.*) grovacca.

wacky /ˈwækɪ/, *a.* (*pop. specialm. USA*) strambo; stravagante; eccentrico. || **-ily**, *avv.* || **-iness**, *sost.*

wad /wɒd, *USA* wɔ:d/, *n.* **1** batuffolo; tampone: **wads of cotton wool**, batuffoli d'ovatta **2** (*mil., un tempo*) stoppaccio; borra **3** (*fam.*) pacchetto, rotolo (*di biglietti di banca*); fascio (*di documenti*) **4** (*pop. USA*) (un) mucchio; (un) sacco (*fig.*); gruzzolo; quattrini, soldi: **a wad of letters**, un mucchio di lettere; **I've lost my wad on that horse**, ho perso i miei soldi puntando su quel cavallo.

to **wad** /wɒd, *USA* wɔ:d/, *v. t.* **1** fare un batuffolo di (*cotone, ecc.*) **2** imbottire (*coperte, indumenti, ecc.*) **3** tamponare; turare; tappare **4** (*un tempo*) mettere lo stoppaccio in (*una canna di fucile*). ● **to wad a newspaper**, piegare un giornale facendone una specie di tampone □ (*fig.*) **well wadded with conceit**, (ben) imbottito di presunzione.

wadable /ˈweɪdəbl/, *a.* guadabile.

wadding /ˈwɒdɪŋ, *USA* ˈwɔ:d-/, *n.* **1** bambagia; borra; ovatta **2** (*sartoria*) ovattina; cotone da imbottitura **3** (*mil., un tempo*) stoppaccio; borra.

waddle /ˈwɒdl, *USA* ˈwɔ:dl/, *n.* andatura dondolante; camminata a papera. ● **to walk with a w.**, camminare a papera.

to **waddle** /ˈwɒdl, *USA* ˈwɔ:dl/, *v. i.* camminare dondolandosi sulle anche (*o* a papera).

waddler /ˈwɒdlə(r), *USA* ˈwɔ:d-/, *n.* chi cammina dondolandosi sulle anche.

waddling /ˈwɒdlɪŋ, *USA* ˈwɔ:d-/, *a.* che cammina a papera.

waddly /ˈwɒdlɪ, *USA* ˈwɔ:dlɪ/, *a.* dondolante; a papera: **with his funny w. walk**, con la sua buffa andatura a papera.

waddy /ˈwɒdɪ, *USA* ˈwɔ:dɪ/, *n.* giavellotto per la caccia e da combattimento (*degli indigeni d'Australia*).

wade /weɪd/, *n.* **1** attraversamento a guado **2** guado.

to **wade** /weɪd/, **A** *v. i.* **1** passare a guado **2** camminare a stento (*sul fango, fra l'erba alta, ecc.*); diguazzare; sguazzare **3** (*fig.*) aprirsi un varco (*fra mille difficoltà*); farsi strada a stento. **B** *v. t.* guadare: **We waded the river**, guadammo il fiume. ● **to w. in**, (*di guerriero*) gettarsi nella mischia; (*fig. fam.*) mettercisi (*al lavoro, ecc.*) di buona lena (*fam.*: di buzzo buono) □ (*fam.*) **to w. into sb.**, attaccare (*o* aggredire) q. con grande foga; (*sport*) entrare decisamente su q. □ (*fam.*) **to w. into st.**, mettersi di buona lena a fare q.c. □ (*fam.*) **to w. into food**, buttarsi sul cibo □ **to w. through blood** (*o* **slaughter**), farsi largo seminando strage □ **to w. through mud**, avanzare faticosamente nel fango □ (*fig.*) **to w. through urgent correspondence**, sbrigare a fatica delle lettere urgenti.

wader /ˈweɪdə(r)/, *n.* **1** chi passa a guado **2** (*zool.*) trampoliere **3** (*spesso* **a pair of waders**) salopette da pescatore.

wadge /wɒdʒ/, *n.* (*fam.*) mucchio; fastello.

wadi, wady /ˈwɒdɪ/, *n.* (*pl.* **wadis**) (*geogr.*) uadi.

wading /ˈwɒdɪŋ/, **A** *a.* che guada. **B** *n.* **1** il guadare **2** il diguazzare (*nell'acqua*). ● (*zool.*) **w. bird**, trampoliere (*in genere*) □ (*USA*) **w. place**, guado □ (*USA*) **w. pool**, piscina per bambini.

wafer /ˈweɪfə(r)/, *n.* **1** wafer; biscotto sottile e friabile; cialda **2** (*relig.*) ostia **3** cialda per sigillare (*documenti, ecc.*); dischetto adesivo; (*med.*) cialda **4** (*tecn.*) elemento piatto **5** (*elettron.*) wafer; fetta di silicio. ● **as thin as a w.**, sottile come un'ostia; sottilissimo.

to **wafer** /ˈweɪfə(r)/, *v. t.* sigillare con una cialda.

wafery /ˈweɪfərɪ/, *a.* sottile come un'ostia; sottilissimo.

waffle (**1**) /ˈwɒfl, *USA* ˈwɔ:fl/, *n.* cialda dentellata; focaccina dolce. ● **w. iron**, griglia doppia per focaccine.

waffle (**2**) /ˈwɒfl, *USA* ˈwɔ:fl/, *n.* (*fam.*) scritto (*o* discorso) prolisso e sconclusionato; ciarle; ciance; fesserie (*pop.*).

to **waffle** /ˈwɒfl, *USA* ˈwɔ:fl/, *v. i.* (*fam.*) scrivere (*o* dire) fesserie; sbrodolare (*fig.*); cianciare; blaterare.

waffler /ˈwɒflə(r), *USA* ˈwɔ:f-/, *n.* (*cucina*) stampo per focaccine dolci.

waft /wɒft, *USA* wæft/, *n.* **1** bava di vento; soffio **2** effluvio; zaffata; (*fig.*) sensazione fuggevole: **a w. of joy**, una fuggevole sensazione di gioia **3** battito d'ala; lieve movimento **4** (*naut.*, = **weft**) mostravento; fiamma **5** (*naut.*) segnale in derno (*per chiedere soccorso*).

to **waft** /wɑ:ft, wɒft, wɔ:ft, *USA* wæft/, **A** *v. t.* (*del vento*) portare in volo; diffondere; spandere: **The wind wafted the clouds over the mountains**, il vento portò le nuvole oltre i monti; **The smell of soup was wafted in from the kitchen**, l'odore della zuppa si spandeva dalla cucina. **B** *v. i.* **1** (*del vento*) soffiare lievemente **2** essere portato dal vento **3** (*fig.*) diffondersi; spandersi. ● **to w. a kiss to sb.**, mandare un bacio a q. (*sulla punta delle dita*).

wafter /ˈwɑ:ftə(r), ˈwɒft-, ˈwɔ:ft-, *USA* ˈwæft-/, *n.* (*mecc.*) ventola.

wag (**1**) /wæg/, *n.* scuotimento; scrollata. ● **a wag of one's head**, un tentennamento (*o* una scrollata) del capo; un cenno del capo □ **a wag of the tail**, una scodinzolata.

wag (**2**) /wæg/, *n.* uomo faceto; burlone; tipo ameno; allegrone; buontempone.

to **wag** /wæg/, **A** *v. t.* agitare; dimenare; muovere (*la coda, ecc.*); scrollare; scuotere: **My dog wags his tail when he sees me**, il mio cane dimena la coda quando mi vede; **to wag one's finger at sb.**, agitare il dito contro q. in segno di rimprovero; **to wag one's head**, scrollare il capo. **B** *v. i.* **1** agitarsi; scuotersi **2** agitare la coda; scodinzolare. ● **to set tongues** (*o, meno com.,* **beards, chins**) **wagging**, far parlare di sé; dare scandalo.

wage /weɪdʒ/, *n.* (*di solito al pl.*) (*econ.*) salario; paga; retribuzione: **a fair w.**, un salario equo; **good wages**, una buona paga; **a living w.**, un salario che basta per le necessità della vita. ● **w. advances**, aumenti salariali □ **wages and salaries**, retribuzioni □ **w. awards**, aumenti salariali □ **w. bargaining**, contrattazione salariale □ **wages book**, libro paga □ **w. ceiling**, tetto salariale □ **w. cheque**, assegno (della) paga □ **w. claims**, rivendicazioni salariali □ **wages clerk**, chi fa le paghe; addetto alle paghe □ **w. control**, controllo dei salari □ **w.-cost spiral**, spirale costi-salari □ **w. costs**, costi salariali □ **w. differential**, differenziale salariale □ **w. dispute**, controversia salariale □ **w. drift**, slittamento salariale □ **w.-earner**, salariato, salariata □ (*collett.*) **the w.-earners**, il salariato; i salariati □ **w. escalation**, aumento dei salari indicizzati □ **wages floor**, minimo salariale □ **w. freeze**, congelamento (*o* blocco) dei salari □ **w. incentives**, incentivi salariali □ (*stat.*) **w. index**, indice delle retribuzioni □ **w. indexation**, indicizzazione dei salari □ **w. inflation**, inflazione da salari □ **w. level**, livello salariale □ **w. negotiation**, trattativa salariale □ **w. packet**, busta paga □ **w. pause**, tregua salariale □ **wages policy**, politica salariale □ **w.-price spiral**, spirale prezzi-salari □ **w.-push inflation**, inflazione da spinte salariali □ **w. rate**, saggio del salario; tasso salariale □ **w. restraint**, tregua salariale □ **w. rise**, aumento salariale □ **w. scale**, scala retributiva; tabella base dei salari □ (*spreg. o scherz.*) **w. slave**, schiavo del lavoro salariato □ **w. sheet**, foglio paga □ **wages spiral**, spirale salariale □ **w. squeeze**, stretta salariale □ **w. surrender**, cedimento alle rivendicazioni salariali □ **wages talk**, discussione per ottenere aumenti di salario □ (*econ.*) **wages theory**, teoria dei salari □ **the w.-w. spiral**, la rincorsa dei salari □ **average w.**, salario medio □ **basic w.**, paga base □ **index-linked w.**, salario indicizzato □ **minimum w.**, salario minimo.

to **wage** /weɪdʒ/, *v. t.* intraprendere; iniziare; condurre; fare: **to w. a campaign**, intraprendere una campagna militare; **to w. war**, far guerra; guerreggiare; muover guerra.

wager /ˈweɪdʒə(r)/, *n.* **1** scommessa **2** posta, puntata (*di una scommessa*): **to place** (*o* **to have**) **a small w. on a horse**, fare una puntatina su un cavallo **3** (*sport, stor.*) gara d'imbarcazioni. ● (*stor.*) **w. of battle**, singolar tenzone (*come giudizio di Dio*) □ **to lay a w.**, fare una scommessa.

to **wager** /ˈweɪdʒə(r)/, *v. t. e i.* **1** scommettere; fare una scommessa **2** scommettere con (q.): **He wagered me 10 pounds that I wouldn't win the race**, ha scommesso con me 10 sterline che non avrei vinto la corsa.

wagerer /ˈweɪdʒərə(r)/, *n.* scommettitore, scommettitrice.

wagering /ˈweɪdʒərɪŋ/, *n.* scommessa; gioco. ● (*ass.*) **w. policy**, polizza scommessa (*illegale in G.B. dal 1909*) □ (*leg.*) **w. contract**, contratto aleatorio.

wageworker /ˈweɪdʒwɜ:kə(r)/, *n.* (*USA*) salariato, salariata.

waggery /ˈwægərɪ/, *n.* (*arc.*) **1** amenità; giocosità; scherzosità **2** burla; facezia; scherzo.

wagging /ˈwægɪŋ/, *n.* **1** dimenio; scuotimento **2** (= **w. of the tail**) scodinzolio.

waggish /ˈwægɪʃ/, *a.* (*arc.*) ameno; giocoso; faceto; scherzoso. || **-ly,** *avv.* || **-ness,** *sost.*

waggle /ˈwægl/, *n.* (*fam.*) scuotimento; scrollata. ● **w. of the tail,** scodinzolio.

to **waggle** /ˈwægl/, (*fam.*) **A** *v. t.* agitare; dimenare; scrollare; scuotere: **The dog was waggling its tail,** il cane agitava la coda (*o* scodinzolava). **B** *v. i.* **1** (*della coda e sim.*) muoversi; dimenarsi **2** dondolare; tentennare; traballare. ● **to w. one's forefinger in the air,** agitare l'indice in aria (*per ammonire, ecc.*).

waggly /ˈwæglɪ/, *a.* dondolante; tentennante; traballante.

wag(g)on /ˈwægən/, *n.* **1** carro; barroccio **2** (*ferr.*) vagone; carro merci **3** (*USA*) (furgone) cellulare **4** (*USA*) carretto; carrettino: **ice cream w.,** carrettino del gelataio **5** – (*astron.*) **the W.,** il Gran Carro (*pop.*); l'Orsa Maggiore **6** (*stor. USA*) carro coperto (*dei pionieri*): **w. train,** carovana di pionieri (*nel Far West*). ● (*archit.*) **w.-headed,** a bótte; a volta semicilindrica □ **w. tilt,** copertone del carro □ (*fam. USA*) **to fall off the w.,** rimettersi a bere; darsi di nuovo all'alcol □ (*fam. USA*) **to go on the w.,** smettere di bere; rinunciare all'alcol □ (*fig.*) **to hitch one's w. to a star,** mirare in alto; essere molto (*o* troppo) ambizioso □ (*fam. USA*) **to be on the (water) w.,** essere astemio □ (*mil., stor.*) **baggage w.,** carriaggio □ (*autom.*) **station w.,** station wagon; familiare.

to **wag(g)on** /ˈwægən/, **A** *v. t.* trasportare (*merci, ecc.*) con un carro. **B** *v. i.* viaggiare su un carro.

wag(g)onage /ˈwægənɪdʒ/, *n.* **1** trasporto su carri **2** (*comm.*) spese di trasporto su carri.

wag(g)oner /ˈwægənə(r)/, *n.* **1** carrettiere; barrocciaio **2** – (*astron.*) **the W.,** l'Auriga (*costellazione*).

wag(g)onette /wægəˈnɛt/, *n.* carrozza aperta a quattro ruote (*con sedili laterali a panchetta*).

wag(g)onload /ˈwægənləʊd/, *n.* carrettata; barrocciata; quanto sta in un carro (*o* in un barroccio).

wag(g)onwright /ˈwægənraɪt/, *n.* costruttore di carri; carradore.

Wagnerian /vɑːgˈnɪərɪən/, *a.* e *n.* (*mus.*) wagneriano.

wagon-lit /ˈvægɒnˈliː, *USA* ˈvɑːgəunˈliː/ (*franc.*), *n.* (*pl.* **wagons-lits, wagon-lits**) (*ferr.*) vagone letto.

wagtail /ˈwægteɪl/, *n.* (*zool., Motacilla flava*) ballerina; cutrettola.

Wahabi /wəˈhɑːbɪ/, *n.* (*relig. musulmana*) wahabita.

Wahabism /wəˈhɑːbɪzəm/, *n.* (*relig. musulmana*) wahabismo.

waif /weɪf/, *n.* (*lett.*) **1** oggetto smarrito **2** animale randagio **3** fanciullo abbandonato; derelitto. ● (*collett.*) **waifs and strays,** oggetti smarriti; (*anche*) infanzia abbandonata.

wail /weɪl/, *n.* **1** gemito; lamento; pianto **2** (*di neonato*) vagito.

to **wail** /weɪl/, **A** *v. i.* **1** gemere; lamentarsi; emettere alti lamenti; dolersi: **The wind was wailing among the trees,** il vento gemeva fra gli alberi; **The little girl was wailing for her mother,** la bambina si lamentava perché voleva la mamma **2** (*di neonato*) vagire **3** (*gergo dei neri USA*) suonare (*o* cantare) jazz in modo appassionato. **B** *v. t.* piangere; lamentare: **They wailed their son's death,** piangevano la morte del figlio. ● (*a Gerusalemme*) **the Wailing Wall,** il muro del pianto.

wailer /ˈweɪlə(r)/, *n.* chi si lamenta.

wailful /ˈweɪlfl/, *a.* (*poet.*) lamentoso; dolente. || **-ly,** *avv.*

wailing /ˈweɪlɪŋ/, *n.* lamento; lamentazione.

wain /weɪn/, *n.* (*arc., poet.*) carro. ● (*astron.,* = **the W., Charles's W.**), il Gran Carro; l'Orsa Maggiore.

wainscot /ˈweɪnskət/, *n.* (*edil.*) **1** rivestimento a pannelli di legno (*di parete*) **2** battiscopa; zoccolo di legno.

to **wainscot** /ˈweɪnskət/, *v. t.* (*edil.*) **1** rivestire (*pareti, ecc.*) con pannelli di legno **2** provvedere di battiscopa.

wainscoting /ˈweɪnskətɪŋ/, *n.* (*edil.*) **1** rivestimento (*di pareti, ecc.*) in legno **2** legno per rivestimenti.

waist /weɪst/, *n.* **1** (*anat., sartoria*) cintola; vita; cintura: **That woman has a large [a small] w.,** quella donna ha la vita grossa [snella]; **naked to the w.,** nudo fino alla cintola; **long w.,** vita alta; **short w.,** vita bassa **2** (*moda, USA*) corpetto; camicetta **3** parte centrale (*d'una nave, ecc.*); parte mediana (*d'una scarpa, ecc.*) **4** strozzatura (*d'un violino, di una clessidra, ecc.*). ● **w.-belt,** cintura; fascia □ **w.-deep,** (fino) alla cintola: **We advanced inch by inch w.-deep in the snow,** avanzammo centimetro per centimetro con la neve alla cintola □ **w.-high,** che arriva alla cintola; (fino) alla cintola: **The grass was w.-high,** l'erba arrivava alla cintola □ (*moda: d'abito*) **w.-tight,** sciancrato □ (*d'abito*) **fitted at the w.,** sciancrato □ (*moda*) **fitting at the w.,** sciancratura □ (*di persona grassa*) **to have no w.,** essere senza vita; essere una botte (*o* un vagone) □ **up to the w.,** fino alla cintola.

waistband /ˈweɪstbænd/, *n.* (*sartoria*) cintura (*la striscia di stoffa*); fascia.

waistcloth /ˈweɪstklɒθ, *USA* -ɔːθ/, *n.* (*arc.*) perizoma (*più com.* **loincloth**).

waistcoat /ˈweɪskəʊt/, *n.* (*moda*) panciotto; gilè.

waisted /ˈweɪstɪd/, *a.* (*specialm. nei composti*) che ha la vita; dalla vita: **wasp-w.,** dalla vita di vespa; che ha un vitino di vespa; **high-w. trousers,** calzoni (troppo) alti in vita.

waistline /ˈweɪstlaɪn/, *n.* (*anat., sartoria*) vita; linea della cintura; giro di vita: **natural w.,** vita normale; **high [low] w.,** vita alta [bassa] (*di un abito*). ● **to watch one's w.,** stare attento alla linea (*a non ingrassare*).

wait /weɪt/, *n.* **1** attesa; indugio: **I'm fed up with these long waits,** sono arcistufo di queste lunghe attese **2** agguato; imboscata: **to lie in w.,** stare in agguato; **to lie in w. for sb.,** tendere un'imboscata a q. **3** (*di solito al pl.*) comitiva di cantanti e suonatori che vanno di casa in casa la notte di Natale (*in G.B.*).. ● **w.-and-see policy,** politica temporeggiatrice; attendismo □ (*elab.*) **w. condition** (*o* **state**), stato d'attesa □ **w. list,** lista d'attesa.

to **wait** /weɪt/, *v. i.* e *t.* **1** aspettare; attendere; indugiare; essere in attesa; restare in attesa: **W. for us,** aspettateci; **Please w. till I come back,** per favore, attendi ch'io torni!; **I always wait for the green light before crossing,** aspetto sempre che venga il verde prima d'attraversare; **I'm waiting for Ann to come,** aspetto che venga Ann; **to w. one's chance,** aspettare l'occasione propizia; **to w. one's turn,** aspettare il proprio turno **2** (*di solito* **to w. at table**) servire a tavola; fare il cameriere (*o* la cameriera): **Are you accustomed to waiting?,** Lei è abituata a servire a tavola? **3** (*di una faccenda*) restare in sospeso **4** (*fam.*) ritardare; rinviare: **I'm not going to w. breakfast for you,** non intendo ritardare la colazione per te. ● **to w. and see,** stare a vedere; attendere il corso degli eventi □ (*fig.*) **to w. in the wings,** aspettare dietro le quinte □ **to keep sb. waiting,** far aspettare q.; tenere q. in attesa □ **Lunch is waiting for us,** il pranzo è in tavola (*o* è servito) □ **He always has to be waited for,** si fa sempre aspettare □ **I didn't w. to be told twice,** non me lo feci dire due volte □ **W. for it!,** fermi!; (*anche*) sentite questa!, adesso viene il bello!

♦**wait about** (*o* **around**), *v. i.* + *avv.* **1** (restare ad) aspettare; stare in attesa: **I've been waiting around for you for an hour,** è un'ora che ti aspetto **2** stare con le mani in mano; oziare.

♦**wait behind,** *v. i.* + *avv.* restare in un posto (*dopo che gli altri se ne sono andati*); fermarsi: **Will you please w. behind after class?,** fermati dopo la lezione, per favore!

♦**wait in,** *v. i.* + *avv.* restare in casa ad aspettare.

♦**wait on, A** *v. i.* + *avv.* continuare ad aspettare. **B** *v. i.* + *prep.* **1** servire; essere al servizio di: **Don't forget to w. on the customers!,** non dimenticare di servire i clienti!; **to w. on sb. hand and foot,** servire q. di tutto punto; **The ladies waited on the queen,** le gentildonne erano al servizio della regina **2** (*form.*) essere in attesa di (*una risposta, ecc.*) **3** (*arc.*) fare visita a (q.) **4** (*fig.*) dipendere da: **His career waits on the result of this test,** la sua carriera dipende dal risultato di questo test □ (*USA*) **to w. on table,** servire a tavola.

♦**wait out,** *v. t.* + *avv.* **1** aspettare che (q.c.) passi: **Let's w. out the storm!,** aspettiamo che passi il temporale! **2** aspettare pazientemente (*il nemico, ecc.*) □ (*Borsa*) **to w. out the stock market,** aspettare che le quotazioni risalgano.

♦**wait up,** *v. i.* + *avv.* **1** rallentare: **Let's w. up for the rest of the company!,** rallentiamo per aspettare gli altri **2** restare alzato (*in attesa di q.*): **She always waited up for her husband,** restava sempre alzata in attesa del marito.

♦**wait upon,** *V.* **wait on, B.**

waiter /ˈweɪtə(r)/, *n.* **1** chi aspetta, attende, ecc. (*V.* **to wait**) **2** (*specialm.*) cameriere (*d'albergo o di ristorante*) **3** funzionario doganale **4** (*fin.*) commesso (*della Borsa di Londra*) **5** vassoio.

waitering /ˈweɪtərɪŋ/, *n.* (*raro*) lavoro di cameriere.

waiting /ˈweɪtɪŋ/, *n.* attesa. ● **w. game,** gioco d'attesa; temporeggiamento □ (*ric. op.*) **w.-line theory,** teoria delle code □ **w. list,** lista d'attesa □ **w. maid,** cameriera personale □ (*ass.*) **w. period,** periodo d'aspettativa (*prima del pagamento d'un indennizzo*) □ (*elab.*) **w. queue,** coda d'attesa □ **w. room,** sala d'aspetto (*o* d'attesa) □ **lady-in-w.,** dama d'onore (*della regina*) □ **lord-in-w.,** gentiluomo della Casa reale □ (*fig.*) **to play a w. game,** tirare a guadagnare tempo □ (*autom.*) **«No w.»** (*cartello*), «Sosta vietata»; «Divieto di sosta».

waitress /ˈweɪtrɪs/, *n.* cameriera (*d'albergo o di ristorante*).

to **waive** /weɪv/, *v. t.* **1** (*leg.*) rinunciare a (*un diritto*); abbandonare (*una pretesa, ecc.*): **to w. collateral,** rinunciare a garanzie reali; **to w. a right,** rinunciare a un diritto **2** (*raro*) lasciar perdere (*un'occasione*).

waiver /ˈweɪvə(r)/, *n.* (*leg.*) rinuncia (*a un diritto*); abbandono (*di una pretesa*): **w. of protest,** rinuncia al protesto. ● **w. clause,** clausola di esonero.

wake (**1**) /weɪk/, *n.* **1** (*specialm. irl.*) veglia funebre **2** (*pl.*) (*nell'Inghilterra sett.*) festa annuale (*specialm. celebrata dagli operai*): **wakes week,** vacanza di una o due settimane **3** (*stor., relig.*) festa per la consacrazione di una chiesa parrocchiale.

wake (**2**) /weɪk/, *n.* (*naut., astron.*) scia (*anche fig.*): **in the w. of,** nella scia di; (*fig.*) sulle orme di, al seguito di, in seguito a: **Plunderers came in the w. of the victorious army,** sulle orme dell'esercito vincitore vennero i saccheggiatori. ● (*fig.*) **to follow in the w. of,** essere la conseguenza di (q.c.).

to **wake** /weɪk/ (*pass.* **woke, waked,** *p. p.* **waked, woken, woke**), **A** *v. i.* **1** destarsi; svegliarsi; risvegliarsi; (*anche fig.*) aprire gli occhi; (*fig.*) scuotersi: **I woke (up) late and had to leave without any breakfast,** mi svegliai tardi e dovetti uscire senza fare colazione; **W. up there!,** su, scuotetevi! **2** (*fig.*) risvegliarsi; animarsi **3** fare una veglia funebre. **B** *v. t.* **1** destare; svegliare; (*fig.*) scuotere: **What time do you want to be waked?,** a che ora vuoi essere svegliato?; **Is there anything on earth that can w. him up?,** ma c'è qualcosa al mondo che possa scuoterlo? **2** (*specialm. irl.*) vegliare (*un morto*) **3** (*fig.*) rievocare; suscitare: **to w. sad memories,** rievocare tristi memorie; **to w. passions,** suscitare passioni. ● **to w. an echo**, suscitare un'eco □ **to w. a place**, turbare la quiete di un luogo □ **to w. silence**, rompere (*o* turbare) il silenzio □ (*fam.*) **W. up!**, sveglia!; (*fam.*) attenzione!; non dormiamo (*fig.*)!

♦**wake from**, *v. t.* e *i.* + *prep.* svegliare, svegliarsi da: **I woke from a long dream**, mi svegliai da un lungo sogno.

♦**wake to**, **A** *v. i.* + *prep.* ***1*** svegliarsi a (*o* per): **He woke to the sound of a record player**, si svegliò al suono di un giradischi; **to w. to the daylight**, svegliarsi per la luce del giorno ***2*** (*fig.*) svegliarsi a, diventare consapevole di (q.c.). **B** *v. t.* + *prep.* richiamare l'attenzione di (q.) su (q.c.): **He woke his partners to the risk of being declared bankrupt**, richiamò l'attenzione dei suoi soci sul rischio d'essere dichiarati falliti.

♦**wake up**, **A** *v. i.* + *avv.* ***1*** svegliarsi, destarsi (*V.* **to wake, A**, *def. 1*) ***2*** (*fig.*) diventare consapevole: **to w. up to the dangers of the situation**, diventare consapevole dei pericoli della situazione. **B** *v. t.* + *avv.* ***1*** svegliare, destare (*V.* **to wake, B**, *def. 1*) ***2*** (*fig.*) far aprire gli occhi a (*q.*: *su q.c.*) □ **to w. up to the truth**, rendersi conto della verità.

wakeful /ˈweɪkfl/, *a.* ***1*** insonne; sveglio; senza sonno: **a w. night**, una notte insonne ***2*** vigile; vigilante; all'erta. || **-ly**, *avv.* || **-ness**, *sost.*

wakeless /ˈweɪkləs/, *a.* (*del sonno*) ininterrotto; profondo.

to **waken** /ˈweɪkən/, (*form.*) **A** *v. t.* destare; svegliare; risvegliare; (*fig.*) scuotere. **B** *v. i.* destarsi; svegliarsi; risvegliarsi; (*fig.*) scuotersi.

wakening /ˈweɪkənɪŋ/, *n.* (*form.*) risveglio.

waker /ˈweɪkə(r)/, *n.* ***1*** chi sveglia ***2*** chi si sveglia: **to be an early w.**, svegliarsi presto la mattina.

wakey wakey /ˈweɪkɪweɪkɪ/, *inter.* (*fam.*) sveglia!; scuotiti!

waking /ˈweɪkɪŋ/, **A** *a.* ***1*** che si desta; (*fig.*) che si scuote ***2*** sveglio; che veglia. **B** *n.* lo svegliarsi; risveglio. ● **w. dream**, sogno a occhi aperti; fantasticheria □ **w. hours**, ore di veglia.

Walach /ˈwɒlək/, *n.* valacco.

Walachia /wɒˈleɪkɪə/, *n.* (*geogr.*) Valacchia.

Walachian /wɒˈleɪkɪən/, *a.* e *n.* valacco.

Waldenses /wɒlˈdensiːz, *USA* wɔːl-/, *n. pl.* (*stor., relig.*) valdesi.

Waldensian /wɒlˈdensɪən, *USA* wɔːl-/, *a.* e *n.* (*stor., relig.*) valdese.

wale /weɪl/, *n.* ***1*** segno di frustata (*sulla pelle*); livido ***2*** rigo in rilievo; costa (*su stoffa*) ***3*** (*edil.*) trave orizzontale in legno ***4*** (*pl.*) (*naut.*) cinte. ● **w. knot**, nodo a piede di pollo.

to **wale** /weɪl/, *v. t.* ***1*** segnare (*la pelle*) a scudisciate ***2*** (*edil.*) rinforzare con travi orizzontali in legno.

Wales /weɪlz/, *n.* (*geogr.*) Galles. ● **the Prince of W.**, il Principe di Galles (*titolo dell'erede al trono inglese*).

Walhalla /vælˈhælə/, *V.* **Valhalla**.

walings /ˈweɪlɪŋz/, *n. pl.* (*edil.*) travi orizzontali in legno.

walk /wɔːk/, *n.* ***1*** camminata; passeggiata: **Let's go for a w.**, andiamo a fare una passeggiata! ***2*** cammino; percorso: **The town is an hour's w. from our house**, la città è a un'ora di cammino dalla nostra casa ***3*** andatura; passo: **He has the typical w. of a waiter**, ha la caratteristica andatura del cameriere; **to drop into a w.**, mettersi al passo ***4*** sentiero; viale; vialetto ***5*** zona delle consegne (*di postino*); giro (*di venditore ambulante*) ***6*** (*sport*) marcia. ● **w. clerk**, commesso (*di banca*) □ (*pop.*) **w.-in victory**, *V.* **walkaway** □ **w. of life**, professione, occupazione, mestiere; condizione sociale, ceto: **people of all walks of life**, gente d'ogni ceto □ (*di cavallo*) **to go at a w.**, andare al passo □ **a good w.**, una lunga camminata; una bella passeggiata □ **to know sb. by his w.**, riconoscere q. dal modo di camminare □ (*miss.*) **space w.**, passeggiata spaziale □ (*pop. USA*) **Take a w.!**, fila!; smamma!; sparisci! □ **The school is only a short w. from my house**, la scuola è a due passi da casa mia.

to **walk** /wɔːk/, **A** *v. i.* ***1*** camminare; passeggiare; andare a piedi: **The baby is learning to w.**, il bambino sta imparando a camminare; **to w. on all fours**, camminare carponi; **He was walking to and fro [backwards, sideways]**, camminava su e giù [all'indietro, di fianco]; **Shall we w. or get a taxi?**, andiamo a piedi o prendiamo un taxi? ***2*** (*di cavalli, ecc.*) andare al passo ***3*** (*di spettro, fantasma*) apparire. **B** *v. t.* ***1*** camminare su (*o* attraverso, per); calpestare; percorrere: **I have walked the county from end to end**, ho percorso (a piedi) la contea da un capo all'altro; **The captain was walking the deck**, il capitano camminava sopra coperta ***2*** far passeggiare; far camminare; far andare al passo: **to w. a mule up a steep path**, far andare al passo un mulo su per un ripido sentiero; **to w. a dog on his lead**, portare a spasso un cane al guinzaglio (*per tenerlo in esercizio*) ***3*** accompagnare (*a piedi*): **I'll w. you to the corner**, t'accompagno fino all'angolo ***4*** spingere (*q., facendolo camminare*); costringere (q.) a camminare ***5*** spingere a mano (*una bicicletta, ecc.*). ● **to w. the boards**, calcare le scene; fare l'attore □ **to w. the chalk line**, dimostrare (*alla polizia*) che non si è ubriachi (*camminando su una riga tracciata col gesso*); (*fig.*) rigare diritto □ (*pop. USA*) **to w. heavy**, darsi arie d'importanza □ **to w. the hospitals** (*o* **the wards**), far pratica in ospedale; essere studente di medicina □ **to w. the plank**, (*stor.*) essere gettato a mare (*dai pirati*) □ **to w. in one's sleep**, essere sonnambulo □ (*pop. USA*) **to w. soft**, tenersi in disparte, non dare nell'occhio □ **to w. the streets**, andare per le strade; (*di una donna*) battere il marciapiede □ (*fam. ingl.*) **to w. tall**, avere fiducia in se stesso; essere fiero di sé □ **He's walking the dog**, è fuori con il cane □ (*a un semaforo pedonale*) **«W.»**, «Avanti»! □ **«Don't w.»**, «stop»! (*in U.S.A.*).

♦**walk about**, **A** *v. i.* + *avv.* ***1*** gironzolare; girellare; andare a spasso ***2*** andare in giro: **It isn't safe for you to w. about unescorted**, non è prudente che tu vada in giro senza scorta. **B** *v. t.* + *avv.* ***1*** far passeggiare (*un bambino, un cane, ecc.*) ***2*** far sgambare (*un cavallo da corsa*).

♦**walk abroad**, *v. i.* + *avv.* (*lett.*) ***1*** camminare all'aperto ***2*** (*fig.*: *della peste, della violenza, ecc.*) diffondersi; imperversare ***3*** (*di un fantasma*) apparire.

♦**walk around**, *V.* **walk about**.

♦**walk away**, *v. i.* + *avv.* ***1*** andare via; allontanarsi: **He walked away from me in horror**, si allontanò da me inorridito ***2*** uscire (incolume), cavarsela: **He walked away from the car crash unhurt**, uscì dall'incidente automobilistico senza un graffio ***3*** (*sport*) staccarsi: **My horse walked away from all the others quite easily**, il mio cavallo si staccò da (*o* distanziò) tutti gli altri con la massima facilità.

♦**walk away with**, *v. i.* + *avv.* + *prep.* ***1*** andarsene con (q.) ***2*** (*fam.*) portare via, rubare (q.c.) ***3*** (*fam.*) vincere con grande facilità (*fam.*: alla grande): **to w. away with first prize [the election]**, vincere facilmente il primo premio [le elezioni] ***4*** (*fam.*) uscirne, guadagnare (*una certa somma*) □ (*spettacolo*) **to w. away with the show**, avere un successone.

♦**walk back**, **A** *v. i.* + *avv.* tornare a piedi. **B** *v. t.* + *avv.* accompagnare (q.) a piedi.

♦**walk down**, *v. i.* + *avv.* scendere; discendere (*a piedi*).

♦**walk in**, *v. i.* + *avv.* ***1*** entrare (*a piedi*) ***2*** entrare (di sotterfugio); infilarsi dentro (*una casa, un negozio, ecc.*) ***3*** (*fam. USA*) farsi assumere; trovare lavoro □ **«W. in!»**, «entrino, signori, entrino!» (*a una fiera, ecc.*) □ **«Please w. in»** (*scritto su una porta*), «entrare».

♦**walk into**, *v. i.* + *prep.* ***1*** entrare in: **to w. into a room [a shop]**, entrare in una stanza [in un negozio] ***2*** (*di un ladro, ecc.*) infilarsi in (*una casa, ecc.*) ***3*** andare a sbattere contro (*una porta a vetri, ecc.*) ***4*** (*fam.*) attaccare coraggiosamente (*banditi, ecc.*) ***5*** (*fam.*) criticare, sgridare (q.) aspramente ***6*** (*fam.*) trovare facilmente (*un lavoro*); occupare (*una posizione importante*) ***7*** (*fam.*) buttarsi su (*cibo e sim.*) □ **to w. into a punch**, prendere un pugno per caso □ **to w. into a trap**, cadere in trappola.

♦**walk off**, **A** *v. i.* + *avv.* andarsene (*a piedi*); allontanarsi. **B** *v. t.* + *avv.* farsi passare (*un dolore, la sbornia, ecc.*); smaltire, digerire camminando: **to w. off one's anger [the effect of wine]**, smaltire la collera [gli effetti del vino] camminando. **C** *v. t.* + *prep.* stancare (q.) facendolo camminare: **He walked me off my feet**, mi stancò a morte a furia di farmi camminare □ **to w. off one's dinner**, camminare per digerire.

♦**walk off with**, *V.* **walk away with**.

♦**walk on**, **A** *v. i.* + *avv.* ***1*** continuare a camminare; andare avanti ***2*** (*teatr.*) fare una breve apparizione; fare una particina: **I just w. on in the third act**, faccio soltanto una breve apparizione nel terzo atto. **B** *v. i.* + *prep.* ***1*** camminare su (*l'erba, il pavimento, ecc.*) ***2*** (*fig.*) calpestare (*un sentimento e sim.*); mettersi (q.) sotto i piedi □ (*fig.*) **to w. on air**, essere al settimo cielo (*o* al colmo della felicità) □ (*fig. fam.*) **to w. on eggshells**, camminare sulle uova; procedere con grande cautela.

♦**walk out**, *v. i.* + *avv.* ***1*** uscire (*a piedi*): **He walked out of the room**, uscì dalla stanza ***2*** uscire per protesta: **The UN delegates have walked out (of the meeting)**, i delegati dell'ONU hanno abbandonato la riunione ***3*** (*econ.*) scendere in sciopero; scioperare ***4*** (*arc.*) uscire insieme; fare l'amore: **to w. out with sb.**, fare l'amore con q.

♦**walk out on**, *v. i.* + *avv.* + *prep.* ***1*** (*fam.*) lasciare, abbandonare, piantare (in asso): **He's walked out on his wife**, ha piantato la moglie ***2*** (*fam.*) rompere, non rispettare (*un contratto*) ***3*** non mantenere (*una promessa e sim.*).

♦**walk over** **A** *v. i.* + *avv.* ***1*** andare (a piedi): **to w. over to the door**, andare alla porta; **It's quite near; we can easily w. over**, è vicinissimo; possiamo anche andarci a piedi ***2*** (*sport*) vincere facilmente; stravincere. **B** *v. t.* + *avv.* ***1*** accompagnare (q.) a piedi ***2*** portare (q.c.) a piedi ***3*** (*sport*) sconfiggere; sbaragliare. **C** *v. t.* + *prep.* mettersi (q.) sotto i piedi: **That poor woman lets her children w. over her**, quella povera donna si fa mettere sotto i piedi dai figli □ (*sport*) **to w. over the course**, vincere una corsa con estrema facilità; fare una «passeggiata».

♦**walk round**, **A** *v. i.* + *avv.* andare (a piedi): **Let's w. round to grandfather's!**, andiamo a trovare il nonno! **B** *v. t.* + *avv.* far fare un giretto a (*un bambino, un cane, ecc.*).

♦**walk through**, **A** *v. i.* + *prep.* ***1*** camminare attraverso (*o* in, su): **to w. through the woods**, camminare nei boschi; **to w. through the snow**, camminare sulla neve ***2*** visitare a piedi (*un palazzo, sale di museo, ecc.*) ***3*** (*fam.*) superare facilmente (*un esame e sim.*) ***4*** (*teatr.*) provare i passi da fare in (*una scena, un atto, ecc.*). **B** *v. t.* + *prep.* (*teatr.*: *del regista*) mostrare a (*un attore*) come muoversi in (*una scena, ecc.*).

♦**walk up**, *v. i.* + *avv.* salire (a piedi): **I'd rather w. up**, preferisco salire a piedi □ **to w. up a street**, camminare per una strada □ **to w. up to sb.**, accostarsi, avvicinarsi a q. □ **«W. up!»** (*a una fiera, un circo, ecc.*), «Entrino, signori, entrino!».

♦**walk with**, *v. i.* + *avv.* accompagnare (q.) a piedi.

walkable /ˈwɔːkəbl/, *a.* (*di sentiero, ecc.*) praticabile; su cui si può camminare. ● **a w. distance**, una distanza percorribile a piedi.

walkabout /ˈwɔːkəbaʊt/, *n.* ***1*** (*Austr.*) breve ritorno (*di un aborigeno*) alla vita nomade ***2***

giro turistico a piedi *3* (*fam.*) visita (*di un personaggio celebre*) con incontri informali con il pubblico. ● **He went w.**, passò un breve periodo di ferie nel bush (australiano).

walkaway /ˈwɔːkəweɪ/, *n.* (*fam., specialm. USA*) *1* «passeggiata»; vittoria facile: **The return match was just a w.**, la partita di ritorno fu una passeggiata *2* evaso (*a piedi*); fuggiasco.

walkboy /ˈwɔːkbɔɪ/, *n.* (*pop. USA*) compagnone; buon amico.

walker /ˈwɔːkə(r)/, *n.* *1* camminatore, camminatrice; pedone *2* (*sport*) marciatore *3* (*fam. USA*) scarpa da passeggio. ● (*teatr.*) **w.-on**, comparsa; figurante □ **tightrope w.**, funambolo.

walkie-lookie /ˈwɔːkɪˈlʊkɪ/, *n.* (*fam.*) telecamera portatile.

walkies /ˈwɔːkɪz/, *n. pl.* (*fam.*) passeggiatina, giretto (*che si fa fare al cane*): **Let's go w., Nero!**, andiamo a fare un giretto, Nerone!

walkie-talkie /ˈwɔːkɪˈtɔːkɪ/, *n.* (*fam.*) radiotelefono (*o* ricetrasmittente) portatile; walkie-talkie.

walk-in /ˈwɔːkɪn/, *a.* (*specialm. USA*) *1* in cui si può entrare; accessibile: **a w. closet**, un gabinetto accessibile *2* (*fig., sport*) facilissimo: **a w. victory**, una vittoria facilissima; una «passeggiata».

walking /ˈwɔːkɪŋ/, **A** *n.* il camminare; il passeggiare: **Are you fond of w.?**, ti piace camminare? **B** *a.* *1* (*di cosa*) da (*o* per) camminare; da passeggio: **w. shoes**, scarpe da passeggio *2* (*agric.*) a trazione animale: **a w. plough**, un aratro a trazione animale *3* (*mecc.*) mobile; oscillante: **a w. dragline**, una scavatrice mobile *4* (*scherz.*) ambulante: **He's a w. encyclopaedia**, è un'enciclopedia ambulante. ● (*mecc.*) **w. beam**, bilanciere □ (*zool.*) **w. bird**, colombiforme □ **w. boss**, caposquadra; capo d'operai □ **w. delegate**, sindacalista viaggiante (*con funzioni di controllo*) □ **w. distance**, distanza a piedi: **The hotel is within a few minutes' w. distance of the town centre**, l'albergo è a pochi minuti di strada, a piedi, dal centro della città □ (*teatr.*) **w. gentleman** (**w. lady**), comparsa; figurante □ (*zool.*) **w.-leaf** (*Phyllium*), fillio □ (*mecc.*) **w. machine**, veicolo che cammina (*su gambe meccaniche*) □ (*fam. USA*) **w. papers** (*o* **w. ticket**), notifica di licenziamento □ (*sport*) **w. race**, marcia (*la gara*) □ **w. sleep**, sonnambulismo □ **w. stick**, bastone da passeggio □ **w. tour**, giro turistico a piedi □ **w. way**, *V.* **walkway** □ **at a w. pace**, a passo d'uomo.

walkman /ˈwɔːkmən/, *n.* (*marchio*) walkman; riproduttore stereofonico a cuffia.

walk-on /ˈwɔːkɒn, *USA* -ɔːn/, *n.* (*cinem., teatr., TV*) comparsa; figurante. ● **a w. part**, una parte da figurante; una particina.

walk-out /ˈwɔːkaʊt/, *n.* *1* abbandono (*di una riunione, ecc.*) per protesta *2* (*econ.*) sciopero.

walk-over /ˈwɔːkəʊvə(r)/, *n.* (*fam.*) *1* (*sport*) vittoria a tavolino *2* (*fig.*) vittoria facile; «passeggiata».

walk-up /ˈwɔːkʌp/, **A** *a.* (*fam. USA*) *1* senza ascensore: **a w. flat**, un appartamento (*in uno stabile alto*) senza ascensore *2* sulla strada; esterno: **a w. bank counter**, uno sportello di banca esterno. **B** *n.* (*fam. USA*) edificio alto (appartamento, ufficio, ecc.) senza ascensore.

walkway /ˈwɔːkweɪ/, *n.* *1* passaggio (*o* accesso) pedonale: **a covered w. to the air terminal**, un passaggio coperto fino al terminal dell'aeroporto *2* vialetto (*di giardino, ecc.*).

Walkyrie /wælˈkɪərɪ, ˈwælkɪrɪ/, *n.* (*mitol.*) Valchiria.

walky-talky /ˈwɔːkɪˈtɔːkɪ/, *V.* **walkie-talkie**.

wall /wɔːl/, *n.* *1* muro; muraglia; muraglione; parete: (*edil.*) **bearing w.**, muro portante; **boundary w.**, muro di cinta; **main w.**, muro maestro; **a w. of fire**, una muraglia di fiamme; **the w. of the park**, il muraglione del parco; **the town walls**, le mura della città; le mura cittadine; **She covered the walls with very nice paper**, ricoprì le pareti di carta bellissima *2* (*ind. min.*) parete; (*anche*) fronte di coltivazione *3* (*anat.*) parete: **the walls of the heart**, le pareti del cuore *4* (*corse automobilistiche, ecc.*) muretto *5* (= **rubber w.**) fianco (*di pneumatico*) *6* – (*polit., stor.*) **the Wall**, il muro di Berlino. ● (*edil.*) **w. anchor**, grappa □ (*ginnastica*) **w. bars**, spalliera svedese □ **w. bed**, letto a scomparsa nella parete □ **w. bracket** mensola a muro □ **w. clock**, orologio da muro □ **w.-eye(d)**, *V.* **walleye, walleyed** □ **w. fruit**, frutto di spalliera □ (*bot.*) **w. germander** (*Teucrium chamaedrys*), camedrio; (erba) querciola □ **w. knot**, nodo a piede di pollo □ (*edil.*) **w. light point**, punto luce per applique □ (*edil.*) **w. lining**, rivestimento dei muri □ (*zool.*) **w. lizard** (*Lacerta muralis*), lucertola comune □ (*edil.*) **w.-mounted**, a muro: **a w.-mounted telephone**, un telefono a muro □ **w. newspaper**, giornale murale □ (*elettr., edil.*) **w. outlet**, presa a muro □ (*arte*) **w. painting**, pittura murale □ (*sport: calcio*) **w. pass**, passaggio con scatto in avanti □ (*bot.*) **w.-pepper** (*Sedum acre*), erba pignola; borraccina □ **w.-plate**, (*edil.*) banchina, piano di posa; (*elettr.*) mostrina (*per presa da incasso*); (*mecc.*) piastra a muro da fissaggio □ (*geol.*) **w. rock**, roccia incassante □ (*bot.*) **w.-rue** (*Asplenium rutamuraria*), ruta muraria □ **w. safe**, cassaforte a muro □ (*geol.*) **w.-sided glacier**, ghiacciaio vallivo □ (*elettr., edil.*) **w. socket**, presa a muro □ (*edil.*) **w. tie**, ferro d'ancoraggio; catena (*fam.*) □ (*edil.*) **w. tile**, piastrella per rivestimenti □ (*edil.*) **w. tiling**, piastrellatura delle pareti □ (*di tappeto*) **w.-to-w.**, che va da un'estremità all'altra (*della stanza, ecc.*) □ **w.-to-w. carpeting**, moquette □ **w. tree**, albero di spalliera □ **w. unit**, pensile (*mobiletto da cucina*) □ **antifire w.**, muro tagliafuoco □ **blank w.**, muro cieco (*senza finestre né porte*) □ (*fig.*) **to drive** (*o* **to push**) **sb. to the w.**, mettere q. con le spalle al muro □ (*fig. pop.*) **to drive sb. up the w.**, fare ammattire (*o* arrabbiare) q. □ **dry-stone w.**, muro a secco □ (*stor.*) **to give sb. the w.**, cedere il passo a q. (*per strada*) □ (*fig.*) **to go to the w.**, avere la peggio; fallire; far fiasco □ (*fig. pop.*) **to go up the w.**, andare su tutte le furie □ (*geogr.*) **the Great W. of China**, la Grande Muraglia Cinese □ (*geol.*) **hanging w.**, muro di faglia □ (*edil.*) **party** (*o* **partition**) **w.**, muro divisorio; parete divisoria □ (*edil.*) **retaining w.**, muro maestro; muro di sostegno □ (*fig.*) **to run** (*o* **to bang**) **one's head against a** (**brick**) **w.**, battere il capo nel muro; dar la testa contro il muro □ **sea w.**, diga foranea; frangiflutti □ (*fig.*) **to see through a brick w.**, essere assai perspicace □ (*stor.*) **to take the w. of sb.**, non cedere il passo a q. (*per strada*) □ (*fam.*) **to be up the w.**, essere furibondo; essere fuori dei gangheri (*fam.*) □ (*fig.*) **to be with one's back to the w.**, essere con le spalle al muro; essere alle strette □ **Be careful, walls have ears**, sta' attento, i muri hanno orecchi.

to **wall** /wɔːl/, *v. t.* murare; cingere di mura; proteggere con mura: **The old town was first walled in Roman times**, la città vecchia fu cinta di mura per la prima volta al tempo dei romani.

♦**wall in**, *v. t.* + *avv.* *1* cingere (*un giardino, ecc.*) di mura *2* rinchiudere (*animali, prigionieri, ecc.*) entro mura *3* (*fig.*) rinserrare, attanagliare: **His mind was walled in by terror**, aveva la mente attanagliata dal terrore.

♦**wall off**, *v. t.* + *avv.* separare (q.c.) con un muro (*o* con una parete); dividere con una parete: **to w. off the drawing room**, dividere il salotto con una parete.

♦**wall round**, *v. t.* + *avv.* circondare (attorniare, ecc.) con mura; fare una cinta di mura attorno a.

♦**wall up**, *v. t.* + *avv.* *1* (*edil.*) murare: **to w. up a fireplace** [**a door**], murare un camino [una porta] *2* rinchiudere entro mura *3* (*un tempo*) murare (q.) vivo (*come pena*).

walla /ˈwɒlə, ˈwɑːlə/, *V.* **wallah**.

wallaby /ˈwɒləbɪ/, *n.* (*pl.* **wallabies, wallaby**) *1* (*zool., Macropus*) piccolo canguro *2* (*pl.*) (*fam.*) **the Wallabies**, gli australiani. ● (*fig.*) **to be on the w.** (**track**), essere in cerca di lavoro.

Wallach /ˈwɒlək/, e *deriv.* *V.* **Walach**, e *deriv.*

wallah /ˈwɒlə, ˈwɑːlə/, *n.* (*anglo-ind.*) *1* impiegato; lavorante; operaio; domestico *2* (*fam.*) individuo; tizio.

wallaroo /ˈwɒləruː/, *n.* (*pl.* **wallaroos, wallaroo**) (*zool., Macropus robustus*) canguro delle rocce; wallaroo.

wallboard /ˈwɔːlbɔːd/, *n.* (*edil.*) pannello di rivestimento.

wallchart /ˈwɔːltʃɑːt/, *n.* tabellone (*specialm. a scuola*); cartellone.

wallet /ˈwɒlət, *USA* ˈwɔːl-/, *n.* *1* portafogli; portafoglio *2* borsetta degli accessori (*d'una bicicletta, ecc.*) *3* (*USA*) borsa, borsetta (*da donna*) *4* (*arc.*) bisaccia; sacco da viaggio. ● (*banca*) **protective w.**, portalibretto.

walleye /ˈwɔːlaɪ/, *n.* (*med.*) *1* glaucoma corneale; leucoma della cornea *2* exotropia; strabismo divergente.

walleyed /ˈwɔːlaɪd/, *a.* (*med.*) *1* affetto da glaucoma corneale *2* strabico (*con occhi divergenti*) *3* (*pop. USA*) sbronzo; ubriaco.

wallflower /ˈwɔːlflaʊə(r)/, *n.* *1* (*bot., Cheiranthus cheiri*) violaciocca gialla *2* (*fam.*) chi fa tappezzeria (*a un ballo*); persona timida (*a una festa, ecc.*). ● (*fig. fam.*) **to be a w.**, fare da tappezzeria (*detto di ragazza che nessuno invita a ballare*).

Walloon /wɒˈluːn/, *n.* e *a.* vallone (*anche la lingua*).

wallop /ˈwɒləp/, *n.* *1* (*fam.*) bastonata; botta; percossa *2* (*fam., boxe*) castagna (*fig.*); capacità di picchiatore *3* (*fam.*) colpo (*fig.*); impressione *4* (*pop.*) birra.

to **wallop** /ˈwɒləp/, *v. t.* *1* (*fam.*) bastonare; battere; percuotere; picchiare *2* (*fam., specialm. sport*) battere; sconfiggere; vincere.

walloper /ˈwɒləpə(r)/, *n.* *1* (*fam., specialm. boxe*) picchiatore *2* (*pop. Austr.*) poliziotto.

walloping /ˈwɒləpɪŋ/, (*fam.*) **A** *n.* *1* bastonatura; botte; busse; percosse *2* (*fig.*) grave sconfitta; disfatta; batosta. **B** *a. attr.* enorme; madornale; straordinario. ● **a w. big man**, un omaccione.

wallow /ˈwɒləʊ/, *n.* *1* il diguazzare, lo sguazzare nel fango *2* pantano; brago (*lett.*).

to **wallow** /ˈwɒləʊ/, *v. i.* diguazzare; sguazzare; avvoltolarsi; voltolarsi: **The fighting boys were wallowing in the mud**, i ragazzi che si azzuffavano si voltolavano nel fango. ● (*fig.*) **to w. in the mud**, trascinarsi nel fango (*fig.*); fare una vita dissoluta □ (*fig.*) **to be wallowing in money** (*o* **in riches**), nuotare nell'oro; essere ricco sfondato.

wallpaper /ˈwɔːlpeɪpə(r)/, *n.* carta da parati. ● **w. music**, musica di sottofondo; sottofondo musicale.

to **wallpaper** /ˈwɔːlpeɪpə(r)/, *v. t.* tappezzare: **to w. a room**, tappezzare una stanza. ● (*fig.*) **to w. over a financial scandal**, cercare di mettere a tacere uno scandalo finanziario.

Wall Street /ˈwɔːlstriːt/, *n.* *1* Wall Street (*strada di New York*) *2* (*fig. USA*) Wall Street; il mercato finanziario americano: **W. S. raiders**, i finanzieri d'assalto di Wall Street.

Wall Streeter /ˈwɔːlstriːtə(r)/, *n.* (*fin.*) esperto finanziario di Wall Street.

wally /ˈwɒlɪ/, *n.* (*pop.*) tonto; scemo; stupido; cretino.

walnut /ˈwɔːlnʌt, -ət/, *n.* (*bot., Juglans regia*) noce (*l'albero, il frutto, il legno*). ● **w. husk**, mallo □ **w. shell**, guscio di noce □ **w. tree**, noce (*l'albero*) □ **w. wood**, noce (*il legno*).

Walpurgis Night /vælˈpʊəgɪsˈnaɪt, *USA* vɑːl-/, *locuz. n.* (*mitol.*) notte di Valpurga.

walrus /ˈwɔːlrəs/, *n.* (*pl.* **walrus, walruses**) (*zool., Odobenus rosmarus*) tricheco; cavallo marino. ● **to wear a w. moustache**, avere i baffi spioventi (*o* da tricheco).

Walter /ˈwɔːltə(r)/, *n.* Gualtiero; Walter; Valter.

waltz /wɔːls, wɒl-, -ts/, *n.* ***1*** (*mus.*) valzer ***2*** (*pop. USA*) cosa facilissima; «passeggiata».

to **waltz** /wɔːls, wɒl-, -ts/, **A** *v. i.* ***1*** ballare il valzer: **She can w. very well**, balla benissimo il valzer ***2*** (*fig.*) muoversi con leggerezza ***3*** (*fam.*) procedere senza intoppi; andare sul liscio (*fam.*). **B** *v. t.* far ballare il valzer a (q.): **He waltzed the girl into the garden**, a passo di valzer condusse la ragazza in giardino.

♦**waltz around**, **A** *v. i.* (*fam. USA*) girellare; gironzolare qua e là; ficcanasare. **B** *v. t.* + *avv.* (*fam. USA*) menare (q.) per il naso.

♦**waltz in**, *v. i.* + *avv.* ***1*** entrare ballando il valzer ***2*** (*fig.*) entrare con passo leggero.

♦**waltz off**, *v. i.* + *avv.* ***1*** andarsene con passo leggero ***2*** andarsene furtivamente (*o* alla chetichella); scappare: **to w. off with the jewels** [**one's friend's wife**], scappare con i gioielli [con la moglie del proprio amico] □ **to w. off with the first prize**, vincere facilmente il primo premio.

♦**waltz out**, *v. i.* + *avv.* ***1*** uscire ballando il valzer ***2*** (*fig.*) uscire con passo leggero.

♦**waltz round**, **A** *v. i.* + *avv.* (*o prep.*) ballare il valzer in tondo (*o* in): **They were waltzing round the room**, la coppia ballava il valzer volteggiando nella stanza. **B** *v. t.* + *avv.* (*o prep.*) portare, trascinare (q.) in un giro di valzer (in: *una sala da ballo, ecc.*).

♦**waltz through**, *v. i.* + *prep.* superare (*un esame, un test, ecc.*) senza difficoltà (*o* come niente fosse).

waltzer /ˈwɔːlsə(r), ˈwɒl-, -ts/, *n.* chi balla il valzer; ballerino (*o* ballerina) di valzer.

wampum /ˈwɒmpəm, *USA* ˈwɔːm-/, *n.* ***1*** wampum; conchiglie da infilare in filze (*portate come ornamento, o usate come moneta, dai pellirosse*) ***2*** (*pop. USA*) quattrini; grana (*pop.*).

wan /wɒn/, *a.* (*lett.*) pallido; sbiancato; esangue: **wan complexion**, carnagione pallida; **a wan girl**, una ragazza esangue. ● **a wan smile**, un debole sorriso □ **to grow wan**, impallidire; sbiancarsi in volto.

wand /wɒnd/, *n.* ***1*** bacchetta (*di direttore d'orchestra, di prestigiatore, ecc.*) ***2*** (*spesso* **magic w.**) bacchetta magica ***3*** bastone (*come simbolo d'autorità*); mazza (*di usciere*) ***4*** (*elab.*, = **scanner w.**) matita di lettura; penna ottica. ● (*mitol.*) **Mercury's w.**, il caduceo.

to **wander** /ˈwɒndə(r)/, **A** *v. i.* ***1*** vagare; errare; peregrinare; girovagare; vagabondare; andare ramingo: **to w. through the woods**, vagare per i boschi; **He was wandering aimlessly**, girovagava senza meta ***2*** (*di fiume o strada*) serpeggiare ***3*** deviare; scostarsi; allontanarsi dalla retta via (*anche fig.*) ***4*** delirare; farneticare; vaneggiare: **Ophelia's mind began to w.**, la mente di Ofelia cominciò a vaneggiare. **B** *v. t.* (*poet.*) vagare, girovagare, errare, peregrinare per (*o* attraverso): **to w. the streets at night**, vagare per le strade di notte. ● (*fig.*) **to w. back to one's childhood**, riandare con la mente alla propria infanzia.

♦**wander about** (*o* **around**), *v. i.* + *avv.* (*o prep.*) girovagare, girellare, girare qua e là (in); andare alla ventura; peregrinare (per): **to w. around the house**, girare qua e là per casa; **to w. about the world**, peregrinare per il mondo.

♦**wander away**, *v. i.* + *avv.* ***1*** allontanarsi; smarrirsi ***2*** (*fig.*) allontanarsi dall'argomento; uscire dal seminato (*fig.*).

♦**wander from**, *v. i.* + *prep.* ***1*** allontanarsi da: **Our dog never wanders from home**, il nostro cane non si allontana mai da casa ***2*** (*fig.*) allontanarsi, staccarsi da: **to w. from the main subject**, allontanarsi dall'argomento principale; fare una digressione □ (*fig.*) **to w. from the path of virtue**, abbandonare la via della virtù.

♦**wander in**, *v. i.* + *avv.* fare una visitina (*casualmente*); fare una capatina: **Jack wandered in yesterday**, Jack fece una capatina da noi ieri.

♦**wander off**, **A** *v. i.* + *avv.* allontanarsi (*o* andarsene) da casa; andare in giro: **The old woman often wandered off aimlessly**, spesso la vecchia si allontanava da casa senza una meta. **B** *v. t.* + *prep.* (*fig.*) allontanarsi, staccarsi da: **to w. off the point**, uscire di argomento; sviare il discorso.

wanderer /ˈwɒndərə(r)/, *n.* vagabondo; giramondo; girovago; girandolone, girandolona.

wandering /ˈwɒndərɪŋ/, **A** *n.* (*di solito al pl.*) ***1*** vagabondaggio; peregrinazione ***2*** delirio; farneticamento; vaneggiamento ***3*** (*fig.*) smarrimento; distrazione. **B** *a.* ***1*** errante; errabondo; nomade; vagante; ramingo: **w. tribes**, tribù nomadi ***2*** (*di fiume o strada*) sinuoso; serpeggiante; tortuoso ***3*** farneticante; delirante ***4*** (*med.*) migrante; aberrante; mobile: **w. kidney**, rene mobile. ● (*geogr.*) **w. dune**, duna mobile □ (*scherz.*) **w. eye** occhio ballerino (*di chi guarda le donne*) □ (*mitol., relig.*) **the W. Jew**, l'Ebreo errante □ (*astron.*) **w. star**, pianeta.

wanderlust /ˈwɒndəlʌst/ (*ted.*), *n.* vivo desiderio di viaggiare; spirito vagabondo.

wanderoo /wɒndəˈruː/, *n.* (*pl.* **wanderoos**) (*zool., Macaca silenus, Macaca albibarbata*) vanderù; sileno dalla barba bianca.

wane /weɪn/, *n.* decadimento; declino: **The prosperity of the people was on the w.**, la prosperità del popolo era in declino. ● (*della luna*) **to be on the w.**, essere in fase decrescente; stare calando.

to **wane** /weɪn/, *v. i.* calare; declinare; decrescere; diminuire; scemare: **waning moon**, luna calante; **The day wanes**, il giorno declina; **Inflation is waning**, l'inflazione sta calando; **His fame waned rapidly**, la sua fama diminuì rapidamente. ● **My strength is waning**, sto perdendo le forze.

wang /wæŋ, *USA* wɒŋ, wɔːŋ/, *n.* (*volg. USA*) cazzo (*volg.*).

to **wang** /wæŋ, *USA* wɒŋ, wɔːŋ/, *v. t.* e *i.* (*volg. USA*) chiavare, fottere, scopare (*volg.*).

wangle /ˈwæŋgl/, *n.* (*fam.*) imbroglio; intrigo; raggiro; maneggio; traffico (*fig.*).

to **wangle** /ˈwæŋgl/, **A** *v. t.* (*fam.*) ***1*** procacciarsi, procurarsi, ottenere (q.c.) con l'inganno (*o* l'astuzia, ecc.); rimediare (*fam.*): **I have suceeded in wangling two free tickets for the show**, sono riuscito a rimediare due biglietti omaggio per lo spettacolo ***2*** falsificare; imbrogliare; alterare; presentare (*fatti, ecc.*) sotto falsa luce. **B** to **wangle oneself**, *v. rifl.* cavarsi, trarsi, togliersi (*d'impaccio*). ● **to w. sb. into doing st.**, far fare q.c. a q. con l'astuzia (*o* con l'inganno) □ **to w. st. out of sb.**, strappare q.c. a q. con l'inganno; scroccare (*soldi, un invito, ecc.*) a (q.).

wank /wæŋk/, *n.* (*volg.*) masturbazione; pugnetta, sega (*volg.*).

to **wank** /wæŋk/, *v. i.* (*volg.*) masturbarsi.

wanker /ˈwæŋkə(r)/, *n.* ***1*** (*volg.*) chi si masturba ***2*** (*fig. pop.*) individuo da poco; sega, mezza sega (*volg.*).

wanna /ˈwɒnə, *USA* ˈwɔːnə, ˈwʌnə/, *voce verb.* (*pop. per*) ***1*** **want to**: **I w. go home**, voglio andare a casa ***2*** **want a**: **I w. glass of beer**, voglio un bicchiere di birra.

wanness /ˈwɒnnəs, *USA* ˈwɔː-/, *n.* (*lett.*) pallore.

want /wɒnt, *USA* wɔːnt/, *n.* ***1*** mancanza; deficienza; scarsità: **w. of sense**, mancanza di buonsenso; **w. of raw materials**, scarsità di materie prime ***2*** bisogno; necessità; esigenza; desiderio: (*econ.*) **the satisfaction of human wants**, il soddisfacimento dei bisogni dell'uomo; **freedom from w.**, la libertà dal bisogno ***3*** indigenza; miseria; ristrettezze: **They live in the direst w.**, vivono nella più squallida miseria. ● (*pubbl.*) **w. ad**, annuncio economico (*offerta o richiesta di lavoro, ecc.*) □ **w. ads**, piccola pubblicità □ (*leg.*) **w. of evidence**, mancanza di prove □ (*leg.*) **w. of jurisdiction**, difetto di giurisdizione □ **to be in w. of**, aver bisogno di; necessitare di: **Are you in w. of anything?**, hai bisogno di qualcosa?; ti manca qualcosa? □ **to meet a long-felt w.**, colmare una grave lacuna □ (*prov.*) **W. is a severe but efficient teacher**, il bisogno è il miglior maestro; la necessità aguzza l'ingegno.

to **want** /wɒnt, *USA* wɔːnt/, **A** *v. t.* ***1*** aver bisogno di; abbisognare di: **We don't w. a fire on such a warm day**, non abbiamo bisogno di fuoco in una giornata così calda; **What do you w.?**, di che cosa hai bisogno?; che cosa ti serve?; **These clothes w. washing**, questi panni hanno bisogno d'esser lavati; **You're wanted in the kitchen**, c'è bisogno di te in cucina; **You won't be wanted tonight**, non avremo bisogno di te stasera ***2*** volere; desiderare molto: **I w. my dinner**, voglio pranzare; **He wants to stay**, vuole rimanere; **I don't w. him to come with us**, non voglio che venga con noi; **He wants me to stay here with him**, vuole che io resti qui con lui; **I w. it done at once**, voglio che lo si faccia immediatamente; **If you w. anything done, ask him**, se vuoi che qualcosa si faccia, chiedilo a lui; **He wants some coffee**, desidera del caffè ***3*** (*fam.*) dovere (*specialm. al condiz.*); bisognare, occorrere (*impers.*): **You w. to be more careful**, dovresti stare più attento; **You don't w. to work too hard**, non devi lavorare (*o* non importa che tu lavori) come un negro; **It wants to be done with the utmost care**, bisogna farlo con la massima cura ***4*** (*della polizia, ecc.*) ricercare: **He is wanted for questioning**, lo ricercano per interrogarlo. **B** *v. i.* ***1*** mancare; volerci: **It wants ten minutes to midnight**, mancano dieci minuti a mezzanotte ***2*** (*form.*) mancare del necessario; vivere in miseria (*o* nell'indigenza): **You must not let your parents w.**, non devi lasciare che i tuoi genitori vivano nell'indigenza. ● (*fam.*) **to w. some doing**, volerci del bello e del buono; richiedere che uno ce la metta tutta □ **The statue wants the head**, la statua è senza testa; alla statua manca la testa □ **«Your country wants you»** (*manifesto*), «la patria ti chiama».

♦**want back**, *v. t.* + *avv.* volere indietro; rivolere: **I w. my lighter back**, rivoglio il mio accendino; **I don't w. you back**, non ti rivoglio; non ti riprendo con me.

♦**want for**, *v. t.* + *prep.* ***1*** volere per (*o* come): **He wants her for his wife**, la vuole (prendere) in moglie ***2*** volerci, esserci bisogno di (q.) per (q.c.): **Three men are wanted for patrol service**, ci vogliono tre uomini che vadano in pattuglia ***3*** (*form.*) mancare di; essere privo di: **We shall not w. for money**, il denaro non ci mancherà □ **to w. for nothing**, non aver bisogno (*o* non mancare) di nulla; avere tutto quel che si desidera.

♦**want in**, **A** *v. i.* + *avv.* (*fam. USA e scozz.*) ***1*** voler entrare: **The dog wants in**, il cane vuole entrare ***2*** (*fig.*) voler essere della partita. **B** *v. t.* + *avv.* voler chiamare, voler far venire (*il medico, ecc.*). **C** *v. i.* + *prep.* mancare di; essere privo di: **The film is wanting in action**, il film manca di azione.

♦**want off**, *v. i.* + *avv.* (*USA*) voler scendere (*da un veicolo*): **I w. off at the next stop**, voglio scendere alla prossima.

♦**want out**, *v. i.* + *avv.* (*fam. USA e scozz.*) ***1*** voler uscire ***2*** (*fig.*) volersi tirare fuori (*da q.c.*); non volerne più sapere; non starci più; volerla fare finita: **I'm fed up**: **I w. out!**, sono arcistufo; voglio uscirne; **This relationship is unbearable**: **I w. out**, questa relazione è insopportabile; voglio farla finita.

♦**want up**, *v. i.* + *avv.* (*fam. USA*) volersi alzare (da letto); voler stare su.

wanta /ˈwɒntə, *USA* ˈwɔːntə, ˈwʌntə/, *voce verb.* (*pop. o dial. per* **want to**) volere (*più inf., o con inf. sottinteso*): **I didn't w.**, non volevo (farlo); non l'ho fatto apposta.

wantable /ˈwɒntəbl, *USA* ˈwɔː-/, *a.* desiderabile; attraente.

wantage /'wɒntɪdʒ, *USA* 'wɔ:-/, *n.* (*comm., pop. USA*) mancanza; ammanco (*di merce*: *in un recipiente, ecc.*).

wanted /'wɒntɪd, *USA* 'wɔ:-/, *a.* ***1*** che occorre; che serve; cercato; richiesto: **Call me if I am w.**, chiamami se mi cercano (se c'è bisogno di me) ***2*** (*leg.*) ricercato: **He is w. for murder**, è ricercato (dalla polizia) per assassinio ***3*** (*negli annunci pubblicitari*) cercasi: **W.: a shorthand typist**, cercasi stenodattilografa. ● (*USA*) **w. ad**, *V.* **want ad** □ **a w. man**, un ricercato (*dalla polizia*) □ (*TV, in U.S.A.*) **America's most w.**, chi l'ha visto? (*rubrica televisiva*).

wanting /'wɒntɪŋ, *USA* 'wɔ:-/, **A** *a.* ***1*** che manca; mancante; assente: **a shirt with some buttons w.**, una camicia a cui mancano alcuni bottoni ***2*** – **w. in**, privo di; deficiente in; scarso di: **He is w. in common sense**, è privo di buonsenso ***3*** non all'altezza; insufficiente; scarso ***4*** (*eufem.*) debole di comprendonio; un po' deficiente; con poco sale in zucca. **B** *prep.* ***1*** in mancanza di; senza: **A car w. an engine is useless**, un'auto senza motore è inservibile ***2*** (*arc.*) meno; eccetto; salvo. ● **to be w.**, mancare; non esserci; difettare: **A few documents were w.**, mancavano alcuni documenti □ **a letter w. a stamp**, una lettera non affrancata.

wanton /'wɒntən, *USA* 'wɔ:n-/, **A** *a.* ***1*** (*lett.*) capriccioso; scherzevole (*lett.*); sbrigliato; gaio; giocoso: **a w. child**, un bambino sbrigliato, un monello; **a w. breeze**, un venticello capriccioso ***2*** (*form.*) sfrenato; disordinato; sregolato; lussureggiante: **w. vegetation**, vegetazione lussureggiante ***3*** deliberato; arbitrario; gratuito; senza motivo; immotivato: **a w. insult**, un insulto deliberato; un'offesa gratuita; **w. distruction**, vandalismo immotivato ***4*** (*form.*) licenzioso; impudico; lascivo; scostumato: **a w. woman**, una donna scostumata; **w. thoughts**, pensieri impudichi. **B** *n.* ***1*** (*raro*) persona frivola; libertino ***2*** (*specialm., lett.*) donna scostumata; sgualdrina. ● **w. cruelty**, crudeltà perversa □ **w. destruction**, vandalismo □ **w. expenses**, spese eccessive □ (*lett.*) **to be in a w. mood**, aver voglia di scherzare; esser d'umore faceto. || **-ly**, *avv.*

to **wanton** /'wɒntən, *USA* 'wɔ:-/, *v. i.* (*lett.*) ***1*** giocare; giocherellare; scherzare ***2*** essere lascivo (*o* impudico). ● **to w. away one's money**, sperperare il proprio denaro in follie.

wantonness /'wɒntənnəs, *USA* 'wɔ:-/, *n.* ***1*** (*lett.*) giocosità; gaiezza; capricciosità ***2*** (*form.*) sfrenatezza; sregolatezza; licenza ***3*** (*form.*) licenziosità; libertinaggio; impudicizia; lascivia ***4*** (*form.*) rigoglio (*di piante, ecc.*).

to **wap** /wɒp/, *V.* **to whop.**

wapiti /'wɒpətɪ/, *n.* (*zool., Cervus canadensis*) wapiti.

war /wɔ:(r)/, **A** *n.* guerra (*anche fig.*); lotta: **civil war**, guerra civile; (*fig.*) **cold war**, guerra fredda; **the war against famine**, la guerra contro le carestie; **class war**, lotta di classe; **holy war**, guerra santa; crociata; **declaration of war**, dichiarazione di guerra. **B** *a. attr.* bellico: **war effort**, sforzo bellico; **war material**, materiale bellico. ● **war baby**, figlio di guerra □ **war bride**, sposa di guerra □ (*fig.*) **war clouds**, nubi di guerra; situazione minacciosa (*nella politica internazionale*) □ (*giorn.*) **war correspondent**, inviato di guerra □ **war crimes**, crimini di guerra □ **war cry**, grido di guerra; (*fig.*) slogan □ **war damages**, danni di guerra □ **war dance**, danza di guerra □ **war debt**, debito di guerra □ **war game**, (*mil.* e *gioco*) simulazione di uno scontro militare; war game □ (*mil.*) **war gas**, aggressivo chimico □ (*mitol.*) **war god**, dio della guerra □ **war loan**, prestito di guerra □ **the war machine**, la macchina bellica □ **war memorial**, monumento ai caduti in guerra □ (*polit.*) **the war of nerves**, la guerra dei nervi □ (*stor., in G.B.*) **the War Office**, il Ministero della Guerra □ **war paint**, pittura di guerra (*usata dai selvaggi*); (*fig.*) cosmetico, trucco: **to put on the war paint**, truccarsi □ **war pension**, pensione di guerra □ (*aeron.*) **war plane**, aereo militare □ **war potential**, potenziale bellico □ **war song**, canto di guerra □ **war weary**, stanco della guerra □ **war whoop**, grido di guerra (*specialm. dei pellirosse*) □ **war widow**, vedova di guerra □ **war worn**, logorato dalla guerra □ (*leg.*) **articles of war**, codice militare □ **to be at war**, essere in guerra (*anche fig.*): **Husband and wife are at war again**, marito e moglie sono di nuovo in guerra (tra loro) □ **to declare war upon a country**, dichiarare guerra a una nazione □ **to go to war**, (*di nazione*) entrare in guerra; (*di uomo*) andare alla guerra □ **to have been in the war**, essere stato in guerra; aver fatto la guerra □ **to have been in the wars**, essere un veterano di tutte le guerre; (*fig. scherz.*) essere ridotto a malpartito, essere conciato male □ **to have had a good war**, essersi comportato bene in guerra □ **to make** (*o* **to wage**) **war upon sb.**, far guerra a q. □ (*mil.*) **to be on a war footing**, essere sul piede di guerra □ **private war**, guerra di famiglie; faida □ (*sport*) **tug of war**, tiro alla fune.

to **war** /wɔ:(r)/, *v. i.* guerreggiare; far guerra: **to war with** (*o* **against**) **a neighbouring country**, far guerra a un paese vicino. ● **to war sb. down**, abbattere (*o* rovesciare) q. facendogli guerra.

warble (**1**) /'wɔ:bl/, *n.* ***1*** gorgheggio; trillo ***2*** canto degli uccelli ***3*** mormorio (*di acque, ecc.*). ● **to speak in a w.**, parlare gorgheggiando.

warble (**2**) /'wɔ:bl/, *n.* (*vet.*) ***1*** callo sul dorso del cavallo (*prodotto dalla sella*) ***2*** tumore provocato dalla larva del tafano. ● (*zool.*) **w. fly** (*Tabanus*), tafano.

to **warble** /'wɔ:bl/, **A** *v. i.* ***1*** gorgheggiare; trillare; cantare (*a mo' di un uccello*) ***2*** (*di acque, ecc.*) mormorare. **B** *v. t.* cantare (q.c.) gorgheggiando.

warbler /'wɔ:blə(r)/, *n.* uccello canoro (*usignolo, capinera, ecc.*).

ward /wɔ:d/, *n.* ***1*** (*leg.*) custodia, tutela (*di minorenne, ecc.*): **a young girl in w.**, una bambina sotto tutela ***2*** (*leg.*) pupillo, pupilla; minore ***3*** (*di città*) quartiere; rione; circoscrizione ***4*** (*d'ospedale*) corsia; padiglione; reparto: **isolation w.**, reparto d'isolamento ***5*** (*di carcere*) reparto; ala; celle: **condemned w.**, reparto dei condannati ***6*** (*polit.*) sezione elettorale ***7*** (*pl.*) (*mecc.*) seghettatura, scontro (*di una serratura*) ***8*** (*arc.*) guardia; difesa. ● (*polit., USA*) **w. heeler**, galoppino elettorale; portaborse □ **to keep watch and w.**, stare in guardia; vigilare □ **to walk the wards**, fare il giro delle visite nelle corsie (*di un ospedale*); (*di studente in medicina*) far pratica in ospedale.

to **ward** /wɔ:d/, *v. t.* (*arc.*) difendere; custodire; proteggere. ● **to w. off**, parare; respingere; schivare (*un colpo*); scansare (*un pericolo*); tener lontano; allontanare: **to w. off an attack**, respingere un attacco □ **to w. off death**, allontanare la morte □ **to w. off poverty**, tener lontano la miseria □ (*mecc.*) **warded lock**, serratura seghettata (*o* con risalti circolari).

warden (**1**) /'wɔ:dn/, *n.* ***1*** custode; direttore (*di un ospizio, ecc.*) ***2*** «warden»; governatore; direttore (*di un college universitario*) ***3*** (*USA*) direttore di carcere ***4*** *V.* **church-warden** ***5*** *V.* **traffic warden**. ● **air-raid w.**, capo-fabbricato (*membro della protezione antiaerea*) □ **game w.**, guardacaccia.

warden (**2**) /'wɔ:dn/, *n.* (varietà di) pera da cuocere.

wardenship /'wɔ:dnʃɪp/, *n.* carica (*o* ufficio, giurisdizione) di un guardiano, ecc. (*V.* **warden** (**1**)).

warder /'wɔ:də(r)/, *n.* ***1*** carceriere; guardia carceraria; secondino ***2*** guardiano; custode ***3*** (*arc.*) guardia; sentinella.

Wardour Street /'wɔ:dəstri:t/, *locuz. n.* ***1*** Wardour Street (*strada londinese con negozi di antiquariato e sedi di case cinematografiche*) ***2*** (*fig.*) (l')industria cinematografica inglese. ● **W. English**, inglese affettatamente arcaico.

wardress /'wɔ:drɪs/, *n.* carceriera; guardia carceraria (*donna*).

wardrobe /'wɔ:drəʊb/, *n.* ***1*** guardaroba; armadio ***2*** guardaroba; vestiario; corredo: **I must get a new w. for the winter**, devo farmi un corredo nuovo per l'inverno ***3*** (*teatr.*) guardaroba; costumi; abiti di scena. ● **w. dealer**, rigattiere □ (*teatr.*) **w. keeper** (*o* **w. mistress**), guardarobiera; costumista □ **w. trunk**, baule armadio.

wardroom /'wɔ:dru:m, -rʊm/, *n.* (*naut., mil.*) quadrato degli ufficiali.

wardship /'wɔ:dʃɪp/, *n.* (*leg.*) custodia, tutela (*di minorenne, ecc.*): **to be under w.**, essere sotto tutela.

ware (**1**) /weə(r)/, *n.* ***1*** merce; articoli; oggetti (*di solito nei nomi composti*; *per es.*:) **silverware**, argenteria; **earthenware**, terraglie; **hardware**, ferramenta; ecc.: **The peddler unpacked his w.**, l'ambulante aprì il fagotto della sua merce ***2*** (*pl.*) (*lett.*) merci; mercanzia; articoli; oggetti: **household wares**, articoli casalinghi. ● **small wares**, articoli di merceria □ **Wedgwood w.**, ceramiche; porcellane; terraglie.

ware (**2**) /weə(r)/, *a.* (*poet.*) ***1*** consapevole, conscio (*di q.c.*) ***2*** attento; cauto; all'erta.

to **ware** /weə(r)/, *v. t.* (*raro, lett.*) stare attento; stare all'erta; stare in guardia (*usato all'imper., specialm. nella caccia alla volpe*): **w. hounds [traps]!**, attenti ai cani [alle trappole]!

warehouse /'weəhaʊs/, *n.* (*comm.*) ***1*** magazzino; deposito ***2*** negozio all'ingrosso; emporio ***3*** (*dog.*) *V.* **bonded w.** ● (*org. az.*) **w. bond**, buono di carico □ (*dog.*) **w. certificate**, fede di deposito □ **w. charges** (*o* **dues**), spese di magazzinaggio □ **w.-keeper**, magazziniere; (*dog.*) gestore di deposito doganale □ (*market.*) **w. price**, prezzo franco magazzino □ (*dog.*) **w. receipt** (*o* **w. warrant**), fede di deposito; nota di pegno □ **bonded w.**, magazzino doganale; deposito franco □ (*market., trasp.*) **ex w.**, franco magazzino.

to **warehouse** /'weəhaʊs/, *v. t.* (*comm.*) immagazzinare; mettere (*merci*) in magazzino (*specialm. dog.*).

warehouseman /'weəhaʊsmən/, *n.* (*pl.* **warehousemen**) (*comm.*) ***1*** magazziniere ***2*** commerciante all'ingrosso; grossista.

warehouser /'weəhaʊzə(r)/, *n.* (*comm.*) magazziniere.

warehousing /'weəhaʊzɪŋ/, *n.* ***1*** (*comm.*) immagazzinamento; magazzinaggio; deposito (*di merci*) ***2*** (*org. az.*) costituzione delle scorte ***3*** (*dog.*) deposito (*di merci*) in magazzino doganale ***4*** (*Borsa*) acquisizione strisciante (*di una società*). ● (*dog.*) **w. entry**, dichiarazione di deposito in magazzino doganale.

wareroom /'weəru:m, -rʊm/, *n.* (*comm.*) ***1*** negozio; emporio ***2*** sala di esposizione (*della merce*).

warfare /'wɔ:feə(r)/, *n.* guerra; il guerreggiare: **electronic w.**, guerra elettronica; **biological w.**, la guerra biologica; **chemical w.**, guerra chimica; **economic w.**, guerra economica; **the science of w.**, l'arte della guerra.

to **war-game** /'wɔ:geɪm/, *v. t.* (*mil.*) esaminare (*un piano, una strategia, ecc.*) simulando uno scontro militare.

warhead /'wɔ:hed/, *n.* (*mil.*) testata: **a nuclear w.**, una testata nucleare.

warhorse /'wɔ:hɔ:s/, *n.* ***1*** (*un tempo*) cavallo di battaglia; destriero ***2*** (*fig., spesso spreg.*) cavallo di battaglia (*fig.*) ***3*** (*fig. fam.*) veterano; vecchio soldato.

warily /'weərəlɪ/, *avv.* cautamente.

wariness /'weərɪnəs/, *n.* cautela; circospezione; diffidenza.

warlike /ˈwɔːlaɪk/, *a.* ***1*** bellicoso; guerresco: **w. tribes**, tribù bellicose ***2*** militare; bellico: **w. display of forces**, esibizione del proprio apparato bellico; spiegamento di forze armate (sul piede di guerra). ● **to be in a w. mood**, essere battagliero; aver voglia di litigare.

warlock /ˈwɔːlɒk/, *n.* (*arc. e nelle fiabe*) stregone.

warlord /ˈwɔːlɔːd/, *n.* ***1*** (*stor.*) signore della guerra (*in Cina e Giappone*) ***2*** (*fig. spreg.*) dittatore militare; generalissimo.

warm /wɔːm/, **A** *a.* ***1*** caldo (*anche fig.*); caloroso; appassionato; ardente; cordiale; focoso; che tiene caldo: **Are you w.?**, stai caldo?; **It's pleasantly w. in here**, qua dentro fa un bel caldo (*o* un bel calduccio); **w. water**, acqua calda; **w. shades**, tinte calde (*il rosso, il giallo, ecc.*); (*meteor.*) **w. front**, fronte caldo; **a w. welcome**, un cordiale benvenuto; **w. thanks**, calorosi ringraziamenti; **a w. partisan**, un ardente sostenitore; **w. clothing**, stoffa calda (*o* che tiene caldi); **a w. heart**, un cuore ardente; **a w. temperament**, un temperamento appassionato ***2*** (*dell'odore della selvaggina*) forte; fresco; recente: **w. scent** (*o* **trail**), traccia fresca ***3*** (*fam.*) benestante; ricco. **B** *n.* ***1*** (il) caldo: **Come into the w.!**, vieni al caldo! ***2*** (*fam.*) scaldata; scaldatina: **Give your hands a nice w.**, datti una bella scaldatina alle mani! ● **w.-air heating**, riscaldamento ad aria □ (*pop. USA*) **w. body**, scaldapanche, scaldasedie (*fig.*) □ **w.-blooded**, (*d'animale*) a sangue caldo; (*di persona*) che ha il sangue caldo, impulsivo □ (*fig.*) **a w. corner**, un luogo pericoloso; una posizione rischiosa □ **w. descriptions**, descrizioni eccitanti (*o* impudiche) □ **w. -hearted**, di buon cuore; affettuoso; cordiale □ **w.-heartedness**, buon cuore; cordialità; affettuosità □ (*elab., mecc.*) **w. start**, partenza a caldo □ **w. work**, lavoro che fa sudare, occupazione faticosa; (*fig.*) lavoro pericoloso □ **to get w.**, scaldarsi; riscaldarsi; (*di una discussione, ecc.*) accalorarsi, animarsi □ **to grow w.**, farsi caldo; accalorarsi, riscaldarsi (*fig. fam.*): **The disputants grew w.**, i litiganti si accalorarono □ **in w. blood**, a sangue caldo □ **to make it** (*o* **things**) **w. for sb.**, rendere la vita difficile a q.; attaccare q.; molestare q. □ (*giocando alla ricerca di oggetti nascosti*) **You are getting w.**, «fuoco!, fuoco»! || **-ly**, *avv.* || **-ness**, *sost.*

to **warm** /wɔːm/, **A** *v. t.* scaldare; riscaldare; (*fig.*) dar calore a, accendere, animare, eccitare: **to w. one's feet in front of the fire**, scaldarsi i piedi davanti al fuoco; **to w. (up) the soup**, riscaldare la zuppa; **His words warmed my heart**, le sue parole mi scaldarono il cuore. **B** *v. i.* scaldarsi; riscaldarsi; (*fig.*) accalorarsi, accendersi, infervorarsi: **The soup is warming (up)**, la zuppa si sta scaldando; **The preacher warmed up as he went on with his sermon**, continuando la predica, il predicatore s'infervorò. **C** to **warm oneself**, *v. rifl.* scaldarsi; riscaldarsi. ● (*fig. fam.*) **to w. sb.** (*o* **sb.'s jacket**), bastonare q.; dare un fracco di legnate a q.

♦**warm over**, *v. t. + avv.* (*specialm. USA*) ***1*** riscaldare (*cibo*) ***2*** (*fig.*) rifriggere, riciclare: **to w. over old ideas**, rifriggere vecchie idee.

♦**warm to** (*o* **towards**), *v. i. + prep.* ***1*** infervorarsi in; appassionarsi, prendere gusto a: **to w. to one's subject**, infervorarsi nel proprio argomento; **to w. to one's work**, prendere gusto al proprio lavoro ***2*** prendere (q.) in simpatia.

♦**warm up**, **A** *v. i. + avv.* ***1*** scaldarsi; diventare più caldo (*anche di un atleta, di un motore, ecc.*): **The days are beginning to w. up**, le giornate cominciano a farsi più calde; **The soccer players are warming up**, i calciatori si stanno scaldando ***2*** (*fig.*) riscaldarsi; animarsi; accalorarsi; eccitarsi: **The party began to w. up**, la festa cominciò ad animarsi. **B** *v. t. + avv.* ***1*** scaldare, riscaldare (*anche fig.*): **A glass of whisky will w. you up**, un bicchiere di whisky ti scalderà ***2*** (*fig.*) animare; eccitare; mandare su di giri (*fig.*): **to w. up the audience**, mandare su di giri gli spettatori ***3*** (*mecc.*) scaldare (*il motore, l'auto, ecc.*) ***4*** *V.* **to warm over**.

warmer /ˈwɔːmə(r)/, *n.* (*specialm. nei composti*) arnese per riscaldare; scaldino. ● (*pop. USA*) **w.-upper**, indumento che tiene caldo; bevanda che riscalda □ **dish w.**, scaldapiatti □ (*un tempo*) **foot w.**, scaldino per i piedi; (*anche*) borsa dell'acqua calda.

warming /ˈwɔːmɪŋ/, *n.* ***1*** riscaldamento; lo scaldare; lo scaldarsi ***2*** (*fig. pop.*) bastonatura; busse; legnate. ● **w. pad**, termoforo elettrico □ (*un tempo*) **w. pan**, scaldaletto; scaldino □ **w.-up**, *V.* **warm-up**.

warmish /ˈwɔːmɪʃ/, *a.* alquanto caldo; tiepido (*V.* **warm**).

warmonger /ˈwɔːmʌŋgə(r), *USA* -mɒ-/, *n.* guerrafondaio.

warmongering /ˈwɔːmʌŋgərɪŋ, *USA* -mɒ-/, *n.* l'essere un guerrafondaio; propaganda bellica.

warmth /wɔːmθ/, *n.* ***1*** calore; (*fig.*) calorosità, ardore, entusiasmo, cordialità: **the w. of sunshine**, il calore del sole; **the w. of a friendly reception**, la cordialità di un'accoglienza amichevole; **to speak with some w.**, parlare con un certo calore ***2*** (*arte*) intensità (*del colore*).

warm-up /ˈwɔːmʌp/, *n.* ***1*** fase iniziale; preparazione (*di un dibattito, ecc.*) ***2*** (*ginnastica, sport*) riscaldamento.

to **warn** /wɔːn/, *v. t.* ***1*** avvertire; avvisare; mettere in guardia; ammonire: **They warned me against speculators**, mi misero in guardia contro gli speculatori; **I'd warned you not to trust him**, t'avevo avvertito di non fidarti di lui; (*sport*) **to w. a player**, ammonire un giocatore ***2*** (*leg.*) diffidare. ● **to w. sb. off** (*o* **out**), intimare a q. di tenersi lontano (*o* di allontanarsi) da un luogo.

warning /ˈwɔːnɪŋ/, **A** *n.* ***1*** avvertimento; ammonimento; avviso; preavviso; allarme: **Let this be a w. to trespassers**, questo serva d'ammonimento ai trasgressori; **In 1941 Japan attacked the U.S.A. without w.**, nel 1941 il Giappone attaccò gli Stati Uniti senza preavviso ***2*** (*leg.*) diffida ***3*** preavviso di licenziamento; (gli) otto giorni: **The cook has given us w.**, la cuoca s'è presa gli otto giorni; **I've given the maid a month's w.**, ho dato un mese di preavviso alla cameriera ***4*** preavviso di disdetta (*a un inquilino*) ***5*** (*sport*) ammonizione. **B** *a.* d'avvertimento; d'ammonimento; ammonitore: **a w. look**, uno sguardo d'avvertimento. ● **w. letter**, ammonizione scritta □ (*autom., elettr.*) **w. light**, spia luminosa: **low-fuel w. light**, spia della riserva (*del carburante*) □ (*mil.*) **w. net**, rete d'avvistamento □ (*autom.*) **w. signs**, segnali (*o* cartelli) di pericolo (*per lo più triangolari*) □ **w. siren**, sirena di allarme □ (*naut.*) **w. to shipping**, avviso ai naviganti □ **air-raid w.**, allarme aereo □ (*naut.*) **gale w.**, avviso di burrasca □ **to give w.**, avvertire, avvisare; licenziare, licenziarsi, dare gli otto giorni (*rif. a domestico, ecc.*) □ **to point a w. finger to sb.**, ammonire q. agitando l'indice; (*fig.*) mettere in guardia q. □ **to take w. from st.**, trarre ammonimento da q.c.

warp /wɔːp/, *n.* ***1*** (*ind. tess.*) ordito ***2*** curvatura; deformazione (*del legname, ecc.*); inarcamento; distorsione ***3*** (*fig.*) deviazione dalla normalità; inclinazione al vizio; pervertimento ***4*** (*naut.*) (cavo da) tonneggio ***5*** (*geol.*) deformazione ***6*** (*geol.*) sedimento alluvionale. ● (*ind. tess.*) **w. beam**, subbio dell'ordito □ (*tecn.*) **w. knitting**, maglieria catena (*processo*).

to **warp** /wɔːp/, **A** *v. t.* ***1*** curvare; storcere; distorcere; deformare: **to w. wood with steam**, curvare legno col vapore; **The excessive heat had warped the planks**, il caldo eccessivo aveva distorto le assi ***2*** (*fig.*) pervertire; guastare: **His character was warped by hardships**, il suo carattere fu guastato dalle avversità ***3*** (*naut.*) tonneggiare (*una nave, un battello*) ***4*** (*ind. tess.*) ordire ***5*** fertilizzare (*un terreno*) con sedimenti alluvionali ***6*** (*aeron.*) svergolare. **B** *v. i.* ***1*** curvarsi; inarcarsi; storcersi; distorcersi; deformarsi: **Seasoned timber won't w.**, il legname stagionato non si deforma ***2*** (*fig.: dell'animo, della mente*) alterarsi; guastarsi ***3*** (*aeron.*) svergolarsi. ● (*naut.*) **to w. a ship astern**, tonneggiarsi di poppa □ **a warped account**, un resoconto distorto; un travisamento dei fatti □ **a judgement warped by self-interest**, un giudizio viziato dall'interesse personale.

warpage /ˈwɔːpɪdʒ/, *n.* ***1*** (*mecc.*) distorsione; deformazione ***2*** (*aeron.*) svergolamento.

warpath /ˈwɔːpɑːθ/, *n.* (*stor.: dei pellirosse*) sentiero di guerra: (*anche fig.*) **to be on the w.**, essere sul sentiero di guerra; (*fig. fam.*) essere arrabbiatissimo.

warper /ˈwɔːpə(r)/, *n.* (*ind. tess.*) ***1*** orditore, orditrice ***2*** orditoio (*macchina*).

warping /ˈwɔːpɪŋ/, *n.* ***1*** (*ind. tess.*) orditura ***2*** curvatura (*del legno*); inarcamento; distorsione, deformazione ***3*** (*fig.*) deviazione dalla normalità; pervertimento ***4*** (*naut.*) tonneggio ***5*** (*aeron.*) svergolamento. ● (*naut.*) **w. line** (*o* **w. rope**), cavo di tonneggio □ (*ind. tess.*) **w. machine**, orditoio.

warplane /ˈwɔːpleɪn/, *n.* (*aeron., mil.*) aereo da combattimento.

warrant /ˈwɒrənt, *USA* ˈwɔː-/, *n.* ***1*** autorità; autorizzazione: **He had no w. for impeaching the judge**, non aveva autorità per mettere il giudice in stato d'accusa ***2*** giustificazione; diritto; valido motivo: **You had no w. to control my activity**, non avevi il diritto di controllare la mia attività ***3*** (*raro*) garanzia: **His promise is a w. of his sincerity**, la sua promessa è garanzia della sua sincerità ***4*** (*leg.*) mandato; ordine; ordinanza: **w. of arrest**, mandato di cattura; **search w.**, mandato di perquisizione; **w. of attorney**, mandato (*alle liti*); (atto di) procura (*a un legale*); **w. for payment**, mandato di pagamento ***5*** (*comm.*) fede di deposito; nota di pegno ***6*** (*fin.*) warrant; certificato di diritto d'opzione (*o* di sottoscrizione) ***7*** (*mil.*) brevetto di sottufficiale. ● (*USA*) **w. check**, mandato di pagamento □ (*comm.*) **w. for delivery**, buono di consegna □ (*mil.*) **w. officer**, sottufficiale (*sergente maggiore, nostromo, ecc.*) □ (*leg.*) **distress w.**, ordine di sequestro □ (*fin.*) **share w.**, certificato azionario al portatore.

to **warrant** /ˈwɒrənt, *USA* ˈwɔː-/, *v. t.* ***1*** garantire; assicurare; attestare: **This material is warranted (to be) waterproof**, questa stoffa è garantita (come) impermeabile all'acqua; **I'll w. him a reliable person**, sono pronto ad attestare la sua affidabilità ***2*** giustificare; essere motivo sufficiente per: **I don't think the international situation can w. the production of the N bomb**, non credo che la situazione internazionale possa giustificare la produzione della bomba N ***3*** (*leg.*) autorizzare; dare autorità a (q.): **The law doesn't w. such measures**, la legge non autorizza tali misure. ● (*fam.*) **I'll w. (you)**, t'assicuro; sta' certo che...; stanne certo.

warrantable /ˈwɒrəntəbl, *USA* ˈwɔː-/, *a.* ***1*** giustificabile ***2*** (*leg.*) legittimo ***3*** (*di cervo*) che può essere cacciato (*avendo 5 o 6 anni d'età*). || **-ness**, *sost.* || **-bly**, *avv.*

warranted /ˈwɒrəntɪd, *USA* ˈwɔː-/, *a.* ***1*** garantito: **w. 18 carat gold**, garantito oro a 18 carati ***2*** (*leg.*) autorizzato.

warrantee /wɒrənˈtiː, *USA* wɔː-/, *n.* (*leg.*) chi riceve una garanzia.

warranter /ˈwɒrəntɔː(r), *USA* ˈwɔː-/, *V.* **warrantor**.

warrantor /ˈwɒrəntɔː(r), *USA* ˈwɔː-/, *n.* (*leg.*) garante; mallevadore.

warranty /ˈwɒrəntɪ, *USA* ˈwɔː-/, *n.* ***1*** (*form.*) autorizzazione ***2*** (*raro*) giustificazione ***3***

(*leg., comm.*) garanzia: **w. of quality**, garanzia di qualità. ● (*leg.*) **w. deed**, garanzia (*il documento*).

warren /ˈwɒrən, *USA* ˈwɔːrən/, *n.* ***1*** garenna; conigliera all'aperto ***2*** terreno infestato dai conigli ***3*** (*fig.*) luogo sovraffollato.

warring /ˈwɔːrɪŋ/, *a.* ***1*** in stato di guerra; belligerante: **w. countries**, paesi belligeranti ***2*** guerriero: **w. tribes**, tribù guerriere ***3*** (*fig.*) contrastante; in stridente contrasto: **w. creeds**, fedi religiose contrastanti; **w. interests**, interessi in stridente contrasto.

warrior /ˈwɒrɪə(r), *USA* ˈwɔː-/, *n.* guerriero. ● (*zool.*) **w. ant**, formica soldato □ (*fam. USA*) **cold w.**, fautore della guerra fredda □ **the Unknown W.**, il Milite Ignoto.

Warsaw /ˈwɔːsɔː/, *n.* (*geogr.*) Varsavia.

warship /ˈwɔːʃɪp/, *n.* (*naut.*) nave da guerra.

wart /wɔːt/, *n.* ***1*** (*med.*) verruca; porro; bitorzolo; escrescenza ***2*** protuberanza (*di un tronco d'albero*) ***3*** (*fig.*) magagna; pecca; imperfezione; neo: **This is the story of his life, warts and all**, questa è la storia della sua vita, nel bene e nel male. ● (*bot.*) **w. grass** (*o* **w.-weed**), (*Euphorbia helioscopia*) calenzuola; (*Chelidonium majus*) celidonia □ (*zool.*) **w.-hog** (*Phacochoerus aethiopicus*), facocero □ (*fig.*) **to paint sb. with his warts**, dipingere q. senza abbellirlo (*o* così come è).

wartime /ˈwɔːtaɪm/, *n.* tempo di guerra.

warty /ˈwɔːtɪ/, *a.* ***1*** (*med.*) pieno di porri; verrucoso; bitorzoluto ***2*** simile a una verruca.

wary /ˈwɛərɪ/, *a.* accorto; cauto; circospetto; guardingo; diffidente. ● **to be w. of sb.**, diffidare di q.; essere sospettoso di q. □ **to be w. of doing st.**, stare attento a non fare q.c.; guardarsi dal fare q.c.: **He is w. of breaking the rules of the road**, si guarda (bene) dal violare il codice della strada. || **-ily**, *avv.*

was /wɒz, wəz, *USA* wʌz, wɔːz, wəz/, *1ª e 3ª pers. sing. pass.* di **to be**.

wash (1) /wɒʃ, *USA* wɔːʃ/, *n.* ***1*** lavata; lavatina; abluzione; (*di automobile, ecc.*) lavaggio: **Go and have a w.**, va' a darti una lavatina!; **Give the car a good w.**, fa un bel lavaggio alla macchina! ***2*** biancheria (*da lavare o lavata*); bucato: **to send the w. to the laundry**, mandare la biancheria alla lavanderia; **to hang out the w.**, stendere il bucato; **Your socks are in the w.**, i tuoi calzini sono nel bucato (*o* sono a lavare) ***3*** (*autom.*) lavaggio: **car w.**, lavaggio macchine; autolavaggio ***4*** (*med.*) medicamento liquido; lozione; lavanda: **stomach w.**, lavanda gastrica ***5*** (*nei composti*) liquido cosmetico; lozione: **hair w.**, lozione per capelli ***6*** (*tecn.*) strato di metallo; metallizzazione ***7*** (*edil.*) (mano di) tinta (*per pareti*) ***8*** (*pitt.*, = **w. drawing**) acquerello; guazzo ***9*** risciacquatura di piatti; brodaglia; broda (*per maiali*) ***10*** sciacquio, sciabordio (*delle onde*) ***11*** (*naut.*) scia laterale, remora (*di nave*) ***12*** (*geol.*) dilavamento; erosione dell'acqua; (*anche*) alluvione recente ***13*** (*geogr., naut.*) barra di marea ***14*** (*geogr.*) area soggetta a inondazioni; terreno golenale; zona paludosa: (*in G.B.*) **the W.**, il Wash (*baia situata tra il Norfolk e il Lincolnshire*) ***15*** (*geogr., USA*; = **dry w.**) corso d'acqua a regime torrentizio; torrente in secca ***16*** (*fin., fisc.*; = **w. sale**) vendita fittizia (*è illegale*) ***17*** (*pop. USA*) birra (*o* altro) da bere dopo un liquore forte ***18*** (*pop. USA*) copertura (*fig.*); giustificazione poco plausibile; scusa inverosimile. ● **w.-and-wear**, (*di tessuto*) wash-and-wear; «lava e indossa»; «non stiro» □ **w. boiler**, caldaia del bucato □ (*chim.*) **w.-bottle**, spruzzetta □ (*arte*) **w. drawing**, pittura a tempera; acquerello; guazzo □ **w.-house**, lavanderia □ **w.-leather**, pelle scamosciata lavabile □ **car-w. attendant**, lavaggista □ (*di panno, ecc.*) **to be in the w.**, essere a mollo □ (*ind.*) **sand w.**, lavaggio di sabbia.

wash (2) /wɒʃ, *USA* wɔːʃ/, *a.* (*fam. USA*) lavabile: **w. silk**, seta lavabile.

to **wash** /wɒʃ, *USA* wɔːʃ/, **A** *v. t.* ***1*** lavare: **to w. one's hands [one's face]**, lavarsi le mani [la faccia]; **This soap will w. silks**, questo sapone è adatto per lavare la seta ***2*** (*delle onde, del mare, ecc.*) bagnare: **The Atlantic Ocean washes the northern coasts of Cornwall**, l'Oceano Atlantico bagna le coste settentrionali della Cornovaglia ***3*** (*del mare, ecc.*) gettare, buttare (*V.* **wash ashore, overboard, up**) ***4*** (*lett.*) bagnare; inumidire: **roses washed with dew**, rose bagnate dalla rugiada ***5*** (*dell'acqua, della pioggia*) scavare: **The rain has washed gullies in the bank**, l'acqua ha scavato solchi sulla sponda ***6*** (*edil.*) tinteggiare (*pareti*) ***7*** (*pitt.*) ricoprire di un lieve strato di colore (*specialm. d'acquerello*) ***8*** (*tecn.*) metallizzare in bagno galvanico; ricoprire di un leggero strato di metallo. **B** *v. i.* ***1*** lavarsi (*il viso, le mani, ecc.*): **I must w. before going out**, devo lavarmi prima di uscire ***2*** lavarsi; essere lavabile: **This material doesn't w. well**, questa stoffa non si lava bene; **Will this material w.?**, è lavabile questa stoffa? ***3*** lavare; fare il bucato; fare la lavandaia: **She washes for a living**, fa la lavandaia per vivere (*di mestiere*) ***4*** (*di un gatto, ecc.*) fare le pulizie; leccarsi ***5*** (*delle onde, ecc.*) battere; infrangersi; urtare: **The long waves of the Pacific washed at the base of the coral reef**, le lunghe onde del Pacifico si frangevano ai piedi della scogliera corallina ***6*** (*fam.*) reggere; essere credibile: **This explanation won't w.**, questa spiegazione non regge. **C** to **wash oneself**, *v. rifl.* lavarsi. ● **to w. st. clean**, pulire q.c. lavando; pulire a fondo q.c.; (*fig.*) pulire, riciclare: **The Mafia's black money is washed clean in secret bank accounts abroad**, il denaro sporco della Mafia viene «pulito» in conti bancari segreti all'estero □ (*USA*) **to w. the dishes**, lavare i piatti; rigovernare □ (*fig.*) **I w. my hands of it**, me ne lavo le mani.

♦**wash ashore**, *v. t. + avv.* (*del mare*) gettare (q. *o* q.c.) a riva.

♦**wash away**, *v. t. + avv.* ***1*** lavare via; togliere (q.c.) lavando ***2*** (*delle acque, ecc.*) portare (*o* trascinare, spazzare) via; dilavare; distruggere: **The flood has washed away the bridge**, l'inondazione ha spazzato via il ponte □ (*fig.*) **to w. away sb.'s sins**, cancellare i peccati di q.

♦**wash down**, *v. t. + avv.* ***1*** lavare (*con un getto d'acqua*); lavare a fondo: **to w. one's car down**, lavare l'automobile ***2*** (*delle acque, ecc.*) dilavare, portare via (*terreno, ecc.*) ***3*** buttar giù; trangugiare; inghiottire; innaffiare (*fig.*): **to w. down a medicine**, buttar giù una medicina; **I washed down my scanty meal with a glass of wine**, innaffiai il magro pasto con un bicchiere di vino.

♦**wash off**, *v. t. + avv.* eliminare, togliere, rimuovere (*macchie e sim.*) lavando.

♦**wash out**, **A** *v. t. + avv.* ***1*** eliminare, togliere (*macchie, ecc.*) ***2*** (*delle acque, ecc.*) portare (*o* spazzare) via, distruggere (*ponti, strade, ecc.*) ***3*** lavare bene, risciacquare (*un contenitore*) ***4*** (*della pioggia, ecc.*) impedire, far cancellare, far annullare (*uno spettacolo all'aperto, una gara sportiva, ecc.*) ***5*** (*USA*) bocciare (*candidati*). **B** *v. i. + avv.* ***1*** (*di una macchia*) andare via (*con il lavaggio*): **This stain won't w. out**, questa macchia non va via ***2*** (*di un colore*) sbiadirsi ***3*** (*del terreno*) dilavarsi ***4*** (*USA*) essere bocciato; essere respinto (*o* scartato) ***5*** (*pop.*: *di un drogato*) aspirare il sangue nella siringa (*mentre si buca*) □ (*fam.*) **to be [to feel, to look] washed out**, essere [sentirsi, apparire] sfinito (*o* esausto, stremato, giù di corda).

♦**wash over**, *v. i. + prep.* ***1*** (*delle onde, del mare, ecc.*) superare, scavalcare, sormontare (*una diga, un frangiflutto, ecc.*) ***2*** (*fig.*: *di un pensiero, ecc.*) irrompere nella mente di (q.).

♦**wash overboard**, *v. t. + avv.* (*delle onde, ecc.*) gettare a mare (*un marinaio, un passeggero, ecc.*): **The sailor was washed overboard by a billow**, un cavallone spazzò via il marinaio dal ponte.

♦**wash up**, **A** *v. i. + avv.* ***1*** lavare i piatti; rigovernare ***2*** (*USA*) lavarsi (*la faccia, le mani, ecc.*). **B** *v. t. + avv.* (*del mare, ecc.*) gettare a riva; portare sulla spiaggia: **The wreck was washed up by the waves**, le onde gettarono a riva il relitto □ (*fam.*) **to be [to feel, to look] washed up**, *V.* **washed out**, *sotto* **wash out**.

washability /wɒʃəˈbɪlətɪ, *USA* wɔː-/, *n.* lavabilità.

washable /ˈwɒʃəbl, *USA* ˈwɔː-/, *a.* lavabile.

washbasin /ˈwɒʃbeɪsn, *USA* ˈwɔː-/, *n.* lavandino, lavabo.

washboard /ˈwɒʃbɔːd, *USA* ˈwɔː-/, *n.* ***1*** asse per lavare ***2*** (*mus.*) wash-board.

washbowl /ˈwɒʃbəʊl, *USA* ˈwɔː-/, *V.* **washbasin**.

washcloth /ˈwɒʃklɒθ, *USA* ˈwɔːʃklɔːθ/, *n.* ***1*** strofinaccio da cucina ***2*** (*USA*) pezzuola per il viso.

washday /ˈwɒʃdeɪ, *USA* ˈwɔː-/, *n.* giorno di bucato.

washed /wɒʃt, *USA* wɔːʃt/, *a.* lavato. ● **w.-out**, sbiadito, slavato, scolorito, stinto; (*fam.*) sfinito, stremato, esausto; (*geol.*) dilavato □ (*fam.*) **w.-up**, finito, rovinato, squalificato (*fig.*) □ **sea-w. cliffs**, scogliere spazzate dalle onde.

washer /ˈwɒʃə(r), *USA* ˈwɔːʃə(r)/, *n.* ***1*** chi lava; lavatore, lavatrice ***2*** (*USA*) lavatrice (*macchina*); lavabiancheria ***3*** (*mecc.*) rondella; rosetta: **round w.**, rondella circolare; **plain w.**, rosetta ***4*** (*chim.*) gorgogliatore di lavaggio (*per gas*) ***5*** (*fotogr.*) vaschetta di lavaggio. ● **air w.**, depuratore d'aria □ **dish w.**, lavastoviglie □ **gold w.**, chi lava sabbie aurifere.

washerman /ˈwɒʃəmən, *USA* ˈwɔː-/, *n.* (*pl.* **washermen**) lavandaio.

washerwoman /ˈwɒʃəwʊmən, *USA* ˈwɔː-/, *n.* (*pl.* **washerwomen**) lavandaia.

washeteria /wɒʃɪˈtɪərɪə, *USA* wɔː-/, *n.* ***1*** lavanderia self-service ***2*** impianto self-service per il lavaggio delle automobili.

washfountain /ˈwɒʃfaʊntɪn, *USA* ˈwɔːʃfaʊntn/, *n.* lavabo multiplo (*di forma circolare*: *per campeggi, ostelli, ecc.*).

wash-in /ˈwɒʃɪn, *USA* ˈwɔː-/, *n.* (*aeron.*) svergolamento positivo.

washiness /ˈwɒʃɪnəs, *USA* ˈwɔː-/, *n.* acquosità; (*fig.*) debolezza, fiacchezza.

washing /ˈwɒʃɪŋ, *USA* ˈwɔː-/, *n.* ***1*** lavatura; lavaggio; lavata ***2*** biancheria (*da lavare o lavata*); bucato: **to hang the w. out**, stendere il bucato ***3*** (*ind. min.*) lavaggio ***4*** (*tecn.*) depurazione. ● **w. board**, asse per lavare □ **w. day**, giorno di bucato □ (*chim.*) **w. flask**, spruzzetta □ **w. machine**, lavatrice; lavabiancheria □ (*ind. min.*) **w. plant**, impianto di lavaggio □ **w. powder**, detersivo in polvere □ **w. soda**, soda decaidratata; soda per lavare (*o* da bucato) □ (*un tempo*) **w. stand**, lavabo; portacatino □ (*fam. ingl.*) **w.-up**, lavatura dei piatti; rigovernatura □ **w.-up liquid**, detersivo liquido per stoviglie □ **w. water**, acqua di lavaggio.

washout /ˈwɒʃaʊt, *USA* ˈwɔː-/, *n.* ***1*** (*geol.*) erosione prodotta dall'acqua ***2*** (*di strada o ferrovia*) interruzione (*o* crollo) per erosione dell'acqua ***3*** (*fam.*) fiasco; fallimento; bocciatura (*di un candidato*); fallito, bocciato; (*specialm., USA*) allievo pilota bocciato ***4*** (*tecn.*) cancellazione (*di registrazione magnetica*) ***5*** (*aeron.*) svergolamento negativo.

washover /ˈwɒʃəʊvə(r), *USA* ˈwɔː-/, *n.* (*geogr.*) deposito di burrasca (*piccolo delta*).

washroom /ˈwɒʃruːm, -rʊm, *USA* ˈwɔː-/, *n.* (*USA*) ***1*** lavanderia ***2*** (*eufem.*) gabinetto; bagno (*eufem.*); toilette.

washstand /ˈwɒʃstænd, *USA* ˈwɔː-/, *n.* (*un tempo*) lavabo; lavandino (*mobiletto*); portacatino.

washtub /ˈwɒʃtʌb, *USA* ˈwɔː-/, *n.* tinozza per il bucato; mastello.

wash-up /ˈwɒʃʌp, *USA* ˈwɔː-/, *n.* lavaggio.

washwoman /ˈwɒʃwʊmən, *USA* ˈwɔː-/, *n.* (*pl.* **washwomen**) lavandaia.

washy /ˈwɒʃɪ, *USA* ˈwɔːʃɪ/, *a.* ***1*** acquoso; diluito; (*fig.*) debole; fiacco, scialbo: **w. soup**, zuppa acquosa; **a w. sentiment**, un sentimento debole; **a w. style**, uno stile scialbo ***2*** (*di colore*) debole; pallido; smorto. || **-ily**, *avv.* || **-iness**, *sost.*

wasn't /ˈwɒznt, -zn, *USA* ˈwʌznt, ˈwɔːz-, -zn/, *contraz.* di **was not**.

wasp /wɒsp, *USA* wɔːsp/, *n.* (*zool., Vespula vulgaris*) vespa: **Wasps sting**, le vespe pungono. ● **w. waist**, vitino di vespa □ **w.-waisted**, dal vitino di vespa □ **a nest of wasps**, un nido di vespe; un vespaio.

Wasp /wɒsp, *USA* wɔːsp/, *n.* (*USA, spesso spreg.; acronimo di* **White Anglo-Saxon Protestant**) protestante di origine anglosassone e di razza bianca.

waspish /ˈwɒspɪʃ, *USA* ˈwɔː-/, *a.* ***1*** di (*o* simile a) vespa ***2*** (*fig.*) bisbetico; irascibile; irritabile; stizzoso. || **-ly**, *avv.* || **-ness**, *sost.*

Waspish /ˈwɒspɪʃ, *USA* ˈwɔː-/, *a.* (*fam. USA*) di (*o* da) Wasp (*q.V.*).

Waspishness /ˈwɒspɪʃnəs, *USA* ˈwɔː-/, *n.* (*fam. USA*) (l') essere un Wasp (*q.V.*); appartenenza alla razza bianca dominante americana.

Waspy /ˈwɒspɪ, *USA* ˈwɔː-/, *a.* (*fam. USA*) di (*o* da) Wasp (*q.V.*).

wassail /ˈwɒseɪl, *USA* -sl/, **A** *n.* ***1*** bevuta; baldoria; festa ***2*** birra (*o* vino) aromatizzati con spezie (*che si beveva per le Feste*) ***3*** (*arc.*) brindisi (*o* canto, canzone) per le Feste. **B** *inter.* (*arc.*) salute!; alla salute!

to **wassail** /ˈwɒseɪl, *USA* -sl/, *v. i.* far baldoria; fare festa; sbevazzare. ● **to go wassailing**, andare in gruppo, di casa in casa, cantando canzoni natalizie.

wassailer /ˈwɒseɪlə(r), *USA* -səl-/, *n.* ***1*** chi fa baldoria; chi fa festa ***2*** chi va di casa in casa cantando canzoni natalizie.

wast /wɒst, wəst/, (*arc. o poet.*) 2ª *pers. sing. pass.* di **to be**: **Thou w.**, tu eri; tu fosti.

wastage /ˈweɪstɪdʒ/, *n.* ***1*** sciupio; spreco: **w. of energy**, spreco di energia ***2*** (*comm.*) calo, perdita (*della merce*) ***3*** (*econ.*) perdita, riduzione, diminuzione (*di manodopera*) ***4*** (*collett., ind.*) cascami; rifiuti; scarti.

waste (**1**) /weɪst/, *a.* ***1*** deserto; desolato; incolto; improduttivo; squallido; sterile: **w. land**, terreno incolto; terra deserta ***2*** di scarto; di rifiuto: **w. products**, prodotti di scarto; **w. materials**, materiali di rifiuto; cascami ***3*** superfluo; sprecato; inutilizzato: **w. energy**, energia sprecata; **w. steam**, vapore inutilizzato. ● **w. matter**, roba di rifiuto □ **w. paper**, carta straccia □ **w. silk**, cascami di seta □ **to lay w.**, devastare; guastare; distruggere □ (*agric.*) **to lie w.**, restare incoltivato; essere improduttivo.

waste (**2**) /weɪst/, *n.* ***1*** sciupio; spreco; sperpero; perdita: **There is an incredible amount of w. in our public spending**, c'è una quantità incredibile di spreco nella nostra spesa pubblica; **a w. of time**, una perdita di tempo ***2*** cascame, cascami; rifiuti; scarto: **wool w.**, cascami di lana ***3*** (*geogr.*) terreno incolto; deserto, distesa desolata: **the wastes of central Asia**, i deserti dell'Asia centrale; **a w. of water and mud**, una distesa desolata d'acqua e di fango ***4*** (*leg.*) danneggiamento, deperimento (*di un immobile*) ***5*** immondizia; rifiuti; spazzatura ***6*** acque reflue; effluenti (*pl.*) ***7*** (*edil.*) sterro eccedente ***8*** (*ind. min.*) sterile; roccia sterile; scarto; sfrido (*del carbone*) ***9*** scorie: **radioactive w.**, scorie radioattive. ● (*rag.*) **w.-book**, brogliaccio □ (*ind.*) **w. control**, riduzione degli sprechi □ **w. disposal**, smaltimento dei rifiuti □ **w. disposal unit**, tritarifiuti elettrico (*per un lavello*) □ (*ind. min.*) **w. filling**, ripiena □ **w. merchant**, rottamaio; straccivendolo □ **w. pipe**, tubazione di scarico: (*edil.*) **the w. pipes of the house**, gli scarichi della casa □ (*ind.*) **w. processing**, trattamento dei rifiuti □ **w. water**, liquame; acqua di scolo; (*ecol.*) effluenti urbani (*o* dell'industria) □ **to go** (*o* **to run**) **to w.**, (*agric.*: *di un terreno*) rinselvatichire; (*econ.*: *di una risorsa*) andare sprecato: **Before the pipeline was built, natural gases were running to w.**, prima della costruzione del metanodotto, i gas naturali andavano sprecati □ **It is a w. of time to argue further with him**, continuare a discutere con lui è tempo perso.

to **waste** /weɪst/, **A** *v. t.* ***1*** sciupare; sprecare; dissipare; sperperare: **to w. one's time** [**money**], sciupare il tempo [il denaro]; **Don't w. your energies**, non sprecare le tue energie!; **to w. one's substance**, dissipare le proprie sostanze; (*fam.*) **to w. one's breath**, sprecare il fiato ***2*** deteriorare; sciupare; logorare ***3*** far deperire; consumare: **a wasting disease**, una malattia che consuma ***4*** (*leg.*) lasciar andare in rovina (*un immobile, ecc.*); trascurare (*una proprietà, ecc.*) ***5*** (*lett.*) devastare; mettere a ferro e fuoco ***6*** (*pop. USA*) ammazzare; uccidere ***7*** (*pop. USA*) ferire gravemente; ridurre a malpartito. **B** *v. i.* ***1*** sprecarsi; andare sprecato; restare inutilizzato: **Turn the water off; don't let it w.**, chiudi il rubinetto; non lasciar che l'acqua vada sprecata! ***2*** (*di solito* **to w. away**) consumarsi; logorarsi; deperire: **Too many people are wasting away for lack of food**, troppa gente deperisce per mancanza di cibo. ● (*fig.*) **to w. one's powder and shot**, sprecare il tempo e la fatica □ **to w. one's words** (*o* **one's breath**), sprecare il fiato; predicare al vento □ **The joke was wasted on Bill**, Bill non ha capito lo scherzo □ (*lett.*) **The day wastes**, il giorno declina; la giornata volge al termine □ (*prov.*) **W. not, want not**, il risparmio è il miglior guadagno.

wasteater /ˈweɪstiːtə(r)/, *n.* (*fam.*) grosso autocarro per il trasporto di rifiuti e macerie.

wastebasket /ˈweɪstbɑːskɪt, *USA* -bæs-/, *n.* (*specialm. USA e Can.*) cestino della carta straccia; cestino (*fam.*).

to **wastebasket** /ˈweɪstbɑːskɪt, *USA* -bæs-/, *v. t.* cestinare; gettare (q.c.) nel cestino della carta straccia.

wastebin /ˈweɪstbɪn/, *n.* (*USA*) bidone dell'immondizia; cestino per rifiuti.

wasted /ˈweɪstɪd/, *a.* ***1*** sciupato; sprecato ***2*** sciupato; deperito; smunto ***3*** (*pop. USA*) a secco (*fig.*); al verde, in bolletta ***4*** (*pop. USA*) drogato; fatto (*pop.*).

wasteful /ˈweɪstfl/, *a.* ***1*** che implica spreco; dispendioso; rovinoso: **a w. process**, un procedimento dispendioso ***2*** prodigo; spendereccio; sciupone: **a w. man**, uno spendaccione ***3*** (*di spesa, ecc.*) superfluo. || **-ly**, *avv.*

wastefulness /ˈweɪstflnəs/, *n.* ***1*** sciupio; spreco ***2*** dissipazione; prodigalità; sperpero.

wasteland /ˈweɪstlænd, -lənd/, *n.* ***1*** (*geogr.*) terra desolata; zona desertica ***2*** (*econ.*) area (industriale) abbandonata; zona depressa ***3*** (*fig.*) deserto; squallore: **cultural w.**, squallore culturale.

wasteless /ˈweɪstləs/, *a.* inesauribile; che non finisce mai.

wastepaper /ˈweɪstpeɪpə(r)/, *n.* carta straccia. ● **w. basket**, cestino della carta straccia.

waster /ˈweɪstə(r) [illegible] ...ssipatore; sciupone; sperperone; sp[illegible]
buono a nulla ***3*** [illegible]
dotto malriusci[illegible]
(*lett.*) distruttor[illegible]
tico. ● **a rea**[illegible]
tempo.

wasting /ˈwe[illegible]
suma; assilla[illegible]
sillanti ***2*** [illegible]
fortune, u[illegible]
mo ***3*** (*m*[illegible]
gressivo: [illegible]
siva ***4*** [illegible]
spreco; [illegible]
sunzio[illegible]
assets[illegible]
w. w[illegible]

wastrel /ˈweɪstrəl/, *V.* **waster**, *def. 1* e *2*.

watch (**1**) /wɒtʃ, *USA* wɔːtʃ/, *n.* ***1*** custodia; guardia; sorveglianza: (*mil.*) **w. duty**, servizio di guardia ***2*** (*naut.*) turno di guardia: **morning w.**, diana (*turno di guardia del mattino, dalle 4 alle 8*); **afternoon w.**, guardia del pomeriggio (*dalle 12 alle 16*); **forenoon w.**, guardia del mattino (*dalle 8 alle 12*) ***3*** (*naut.*) guardia: **port w.**, guardia di sinistra; **starboard, w.**, guardia di dritta ***4*** (*naut., radio*) veglia; ascolto ***5*** (*un tempo*) ronda (*che pattugliava la città di notte*) ***6*** (*arc.*) veglia: **in the watches of the night**, durante le veglie notturne. ● (*collett., naut.*) **w. aboard**, marinai di comandata □ (*naut.*) **w. ashore**, guardia franca a terra □ (*anche mil.*) **w. box**, garitta □ **w. fire**, fuoco di guardia (*nei campi o campeggi*) □ (*mil.*) **w. post**, posto di guardia □ (*relig.*) **w. night service**, servizio divino della notte di Natale (*cfr. ital. «messa di mezzanotte»*) □ **w.-tower**, torre d'osservazione; torre di controllo □ (*naut.*) **anchor w.**, guardia di porto □ (*naut.*) **dog w.**, gaettone (*turno di due ore*) □ (*naut.*) **first w.**, prima comandata (*turno di guardia dalle 8 di sera a mezzanotte*) □ **to keep w.**, montare la guardia; essere di guardia □ **to keep w. for sb.**, stare attento a q. (*che deve arrivare*) □ **to keep w. over sb.**, sorvegliare q. □ **to leave the w.**, smontare di guardia □ (*naut.*) **night w.**, guardia notturna □ **to be on the w.**, stare in guardia; stare all'erta □ **to be on the w. for pickpockets**, guardarsi dai borsaioli; stare attento ai borseggiatori.

watch (**2**) /wɒtʃ, *USA* wɔːtʃ/, *n.* ***1*** orologio (*da tasca o da polso*) ***2*** cronometro. ● **w. chain**, catena dell'orologio □ **w. glass**, vetro da orologio; vetro dell'orologio □ **w. pocket**, taschino dell'orologio.

to **watch** /wɒtʃ, *USA* wɔːtʃ/, **A** *v. t.* ***1*** guardare; osservare: **to w. TV**, guardare la tivù; **I like to w. animal life**, mi piace osservare gli animali nel loro ambiente; **I sat watching the crowd**, me ne stavo seduto a guardare la folla ***2*** tener d'occhio; sorvegliare: **I'll have him watched by a private detective**, lo farò tener d'occhio da un investigatore privato; **to w. the market trend**, tener d'occhio l'andamento del mercato ***3*** custodire; badare; sorvegliare; far la guardia a; vigilare: **to w. a flock**, custodire un gregge; **Will you w. (over) my suitcase while I'm away?**, vuoi badarmi la valigia mentre sono via? ***4*** controllare; stare attento a: **to w. the colesterol level in the blood**, controllare il livello di colesterolo nel sangue. **B** *v. i.* ***1*** stare a guardare; osservare: **I'm fed up with only watching**, sono stufo di stare soltanto a guardare ***2*** stare in guardia; stare all'erta; vigilare: **There is a private detective watching outside the bank**, c'è una guardia giurata che vigila fuori della banca ***3*** (*arc.*) vegliare; stare sveglio. ● **to w. for an opportunity**, tener gli occhi aperti in attesa di una buona occasione; aspettare l'occasione propizia □ **to w. out**, stare attento (*o* in guardia); stare in campana (*fam.*): **W. out!**, attento!; in guardia!; bada! □ **to w. out for**, badare a, stare attento a; guardarsi da: **I told him to w. out for vipers**, gli dissi di stare attento alle vipere □ **to w. over**, custodire (*preziosi, ecc.*); bada-
[illegible] (*persone*); assistere, vegliare
[illegible] aspettare il mo-
[illegible]

di sorveglianza). ● **w. committee**, commissione di sorveglianza.

watcher /ˈwɒtʃə(r), *USA* ˈwɔː-/, *n.* **1** osservatore, osservatrice; spettatore, spettatrice **2** sorvegliante; chi è di guardia; guardiano. ● (*polit.*) **Britain watchers**, gli osservatori della Gran Bretagna.

watchful /ˈwɒtʃfl, *USA* ˈwɔː-/, *a.* **1** attento; vigilante; vigile: **under the w. eye of her mother**, sotto il vigile occhio della madre **2** guardingo; cauto; circospetto. ‖ **-ly**, *avv.* ‖ **-ness**, *sost.*

watching /ˈwɒtʃɪŋ, *USA* ˈwɔː-/, *n.* **1** l'osservare; osservazione: **bird w.**, l'osservazione degli uccelli (*comune in G.B.*) **2** vigilanza; sorveglianza **3** veglia.

watchless /ˈwɒtʃləs, *USA* ˈwɔː-/, *a.* **1** non vigile; non vigilante **2** non vigilato; non sorvegliato; incustodito.

watchmaker /ˈwɒtʃmeɪkə(r), *USA* ˈwɔː-/, *n.* orologiaio.

watchmaking /ˈwɒtʃmeɪkɪŋ, *USA* ˈwɔː-/, *n.* orologeria; arte dell'orologiaio.

watchman /ˈwɒtʃmən, *USA* ˈwɔː-/, *n.* (*pl.* **watchmen**) **1** sorvegliante; guardiano; guardia giurata **2** sentinella **3** (*un tempo*) membro della ronda. ● **night w.**, guardia notturna; metronotte.

watchstrap /ˈwɒtʃstræp, *USA* ˈwɔː-/, *n.* cinturino da orologio.

watchword /ˈwɒtʃwɜːd, *USA* ˈwɔː-/, *n.* parola d'ordine; motto; slogan.

water /ˈwɔːtə(r), *USA* ˈwɒ-/, *n.* **1** acqua: **fresh w.**, acqua dolce; **salt w.**, acqua salata; **He fell into the w.**, cadde in acqua; **drinking w.**, acqua potabile; **stagnant w.**, acqua morta; acqua stagnante **2** (*pl.*) acque; distesa d'acqua; acque (termali): **the waters of the Dead Sea**, le acque del Mar Morto; **to take the waters at Bath**, fare la cura delle acque a Bath; (*naut.*) **The fishing boat was sailing in Tunisian waters**, il peschereccio navigava in acque (territoriali) tunisine **3** (*farm.*) acqua aromatica **4** (*fisiol., med.*) liquido corporeo; umore **5** (*pl.*) (*fisiol.*) acque; liquido amniotico **6** (*naut.*) marea: **high** [**low**] **w.**, alta [bassa] marea; **high** [**low**] **w. mark**, limite dell'alta [della bassa] marea **7** (*di pietra preziosa*) acqua; trasparenza. ● **w. bag**, otre □ **w. bailiff**, funzionario di dogana (*in un porto*); (*stor.*) guardiano della pesca □ (*fisiol.*) **w. balance**, bilancio idrico □ (*tecn.*) **w.-base painting**, pittura ad acqua; idropittura □ (*pitt.*) **w.-based paint**, vernice a tempera □ **w. bath**, bagnomaria □ **w. bearer**, portatore d'acqua □ (*astron., astrol.*) **the W. Bearer**, l'Acquario (*costellazione e XI segno dello zodiaco*) □ (*geol.*) **w.-bearing stratum**, strato acquifero □ **w. bed**, (*geol.*) falda freatica; (*anche*) letto idrostatico, letto con materasso ad acqua □ (*zool.*) **w. bird**, uccello acquatico □ **w. biscuit**, galletta; cracker □ **w. blister**, vescica acquosa (*sulla pelle*) □ (*zool.*) **w. boa**, anaconda □ (*zool.*) **w. boatman**, notonetta; idrometra □ (*naut.*) **w. boat**, nave cisterna □ (*fis. nucl.*) **w.-boiler reactor**, reattore ad acqua □ **w. bottle**, bottiglia dell'acqua; (*anche mil.*) borraccia; (*anche*) borsa dell'acqua calda □ (*tecn.*) **w. brake**, freno dinamometrico id... lico □ (*med.*) **w. brash**, ... ciore di stomaco ...

gabinetto con sciacquone □ (*tecn.*) **w.-cooled**, raffreddato ad acqua □ **w. cooler**, (*tecn.*) raffreddatore d'acqua; (*anche*) *V.* **w. chiller** □ (*tecn.*) **w. cooling**, raffreddamento ad acqua □ **w. company**, azienda (di erogazione) dell'acqua □ (*dial.*) **w. crake**, *V.* **w. rail** □ (*mecc.*) **w. crane**, gru idraulica □ (*med.*) **w. cure**, idroterapia □ **w. diviner**, rabdomante □ (*caccia*) **w. dog**, cane da palude; (*fig.*) amante dei bagni □ **w. drinker**, bevitore d'acque termali; astemio □ **w. engineer**, tecnico dell'acqua □ **w. filter**, filtro dell'acqua □ **w. finder**, rabdomante □ (*zool.*) **w. flea** (*Daphnia pulex*), pulce d'acqua □ (*zool.*) **w.-fly**, insetto acquatico □ **w. garden**, giardino con vasche e fontane □ **w. gate**, cateratta, saracinesca (*di chiusa*) □ **w. gauge**, indicatore di livello dell'acqua □ **w. glass**, contenitore di vetro (*per bulbi*); tubo di livello (*per caldaia*); soluzione di silicato di sodio (*per affreschi o per conservare uova*) □ (*cucina*) **w. gruel**, farina d'orzo bollita nell'acqua □ **w. guard**, guardia di finanza portuale □ (*USA*) **w. gun**, pistola ad acqua □ (*idraul.*) **w. hammer**, colpo d'ariete (*dell'acqua*) □ (*sport: golf*) **w. hazard**, fossatello (*ostacolo*) □ (*USA*) **w. heater**, scaldaacqua; scaldabagno (*cfr. ingl.* **geyser**) □ (*edil., elettr.*) **w. heating system**, scaldaacqua (*elettrico*) □ (*zool.*) **w. hen** (*Gallinula chloropus*), gallinella d'acqua □ **w. hole**, buca (*in un fiume*); polla (*o* pozza) d'acqua □ **w. ice**, sorbetto □ **w. ice lolly**, ghiacciolo (*da succhiare*) □ **w. intake**, presa d'acqua (*di centrale idroelettrica*) □ (*mecc.*) **w. jacket**, camicia d'acqua (*di un motore, ecc.*) □ **w. jug**, brocca □ (*ippica*) **w. jump**, riviera; (salto del) fossato □ **w. level**, livello dell'acqua, livello piezometrico; (*naut.*) livello del mare; (*anche*) piano d'acqua (*nei porti*); (*geol.*) livello freatico □ (*bot.*) **w. lily** (*Nymphaea*), ninfea □ **w. main**, conduttura principale (*d'impianto idrico*) □ (*agric.*) **w. meadow**, marcita □ **w. meter**, contatore dell'acqua □ (*bot.*) **w. mint** (*Mentha aquatica*), menta acquatica □ (*zool.*) **w. moccasin** (*Agkistrodon piscivorus*), mocassino acquatico (*serpente velenoso nel sud degli U.S.A.*) □ **w. monkey**, giara dal collo sottile (*per mantenere fresca l'acqua*) □ (*mitol.*) **w. nymph**, ninfa delle fonti; naiade □ (*fig.*) **the waters of forgetfulness**, il fiume dell'oblio; il Lete □ (*Bibbia*) **w. of life**, fonte di vita spirituale □ (*med.*) **w. on the brain**, idrocefalo □ (*med.*) **w. on the knee**, sinovite □ (*tecn.*) **w. paint**, pittura ad acqua; idropittura □ **w. pick** (*o* **w. toothpick**), «water pik» (*marchio: macchinetta che pulisce i denti con getti d'acqua*) □ **w. pipe**, conduttura dell'acqua □ **w. pistol**, pistola ad acqua □ **w. plane**, (*naut.*) piano di galleggiamento; (*aeron.*) idrovolante □ (*bot.*) **w. plant**, pianta acquatica; idrofita □ (*ecol.*) **w. pollution**, inquinamento delle acque (*o* idrico) □ (*sport*) **w. polo**, pallanuoto □ **w.-polo player**, pallanuotista □ (*med.*) **w. pox**, varicella □ (*edil.*) **w. proofing**, imperm... lizzazione □ **w. pump**, pompa ... (*autom., mecc.*) pompa dell'ac... **fication**, depurazione ...

tica), argironeta (*ragno*) □ **w. splash**, ruscelletto che attraversa (*o* pozzanghera che sommerge parte di) una strada □ **w.-spout**, tubo di scarico (*di grondaia, ecc.*), cannella; (*naut.*) tromba marina □ **w.-stained**, macchiato dall'umidità; (*arte*) tinteggiato a tempera □ **w. supply**, rifornimento (*o* approvvigionamento) idrico □ **w. system**, impianto idrico; (*geogr.*) sistema idrografico □ **w. table**, (*archit.*) (cornicione) marcapiano; (*geol.*) superficie freatica □ **w. tank**, cisterna □ (*med.*) **w. test**, prova dell'acqua □ **w. tower**, serbatoio (*idrico*) soprelevato □ **w. transport**, trasporto per via d'acqua (*o* su idrovie) □ **w. trap**, sifone; pozzetto □ **w. tunnel**, (*costr.*) galleria adduttrice (*di acquedotto*); (*tecn.*) galleria idrodinamica □ (*mecc.*) **w. turbine**, turbina idraulica □ (*fis.*) **w. vapour**, vapore acqueo □ (*zool.*) **w. vole**, *V.* **w. rat** □ **w. vendor**, venditore d'acqua; acquaiolo □ **w. wagon**, carro per il rifornimento dell'acqua □ **w. waving**, (*ind. tess.*) marezzatura; (*dei capelli*) ondulazione □ **w. well**, pozzo idrico □ (*mecc.*) **w. wheel**, ruota idraulica; noria □ **w. witch**, rabdomante □ **w. witching**, rabdomanzia □ **above w.**, sopra il livello dell'acqua; a galla (*anche fig.*) □ (*naut.*) **to back w.**, remare all'indietro; frenare coi remi □ (*fig.*) **a blunder of the first w.**, un errore madornale □ **to bring the w. to sb.'s mouth**, far venire l'acquolina in bocca a q. □ **by w.**, per via d'acqua; per mare, via mare; per via fluviale (*o* lacustre) □ (*fig.*) **to cast** (*o* **to throw**) **one's bread upon the waters**, far un'opera buona senza speranza di ricompensa □ **to drink** (*o* **to take**) **the waters**, fare la cura delle acque termali; bere le acque □ **first w.**, (*di pietra preziosa*) acqua purissima; (*fig.*) (la) più bell'acqua: **He's a knave of the first w.**, è un furfante della più bell'acqua □ (*fig.*) **to go through fire and w.**, affrontare i più gravi pericoli; passarne di cotte e di crude □ (*fig.: di una teoria, ecc.*) **to hold w.**, reggere; sostenersi; essere valido □ (*relig.*) **holy w.**, acqua santa □ **to be in deep w.** (*o* **waters**), essere in acque profonde; (*fig.*) trovarsi in difficoltà, essere nei guai □ (*fig.*) **to be in** [**to get into**] **hot w.**, essere [cacciarsi] nei guai (*o* nei pasticci) □ **to be in low w.**, essere in secca; (*fig.*) essere a corto di quattrini, essere al verde □ (*fig. fam.*) **to be in smooth w.** (*o* **waters**), navigare in acque tranquille; aver superato la tempesta (la crisi, le difficoltà, ecc.) □ **to keep one's head above w.**, tener la testa sopra il pelo dell'acqua; tenersi a galla; (*fig.*) evitare la rovina, il fallimento □ **to be like a fish out of w.**, essere come un pesce fuor d'... qua □ (*fam.*) **to make** (*o* **to pass**) **w.** ... qua; orinare □ **on the w.**, in mare ... viaggio (*via mare*): **Your** ... **the w.**, la vostra ... (*fig. fam.*) **to** ... mio ...

... e □ ... acqua di ... *fama, ecc.*) ... qua; presto di... **Still waters run** ... rovinano i ponti.

... , *USA* ˈwɒ-/, **A** *v. t.* **1** innaffiare; (*agric.*) irrigare: **to w. the** ... **the streets**], innaffiare il giardino [le ...] **2** (*spesso* **to w. down**) annacquare; ... uire; (*fig.*) mitigare, attenuare: **to w. wine**, annacquare il vino; **to w. down a statement**, attenuare un'affermazione ***3*** abbeverare; dar da bere a (*animali*): **to w. horses**, abbeverare cavalli ***4*** (*di fiumi, ecc.*) bagnare: **Ten States are watered by the Mississippi River**, dieci Stati (*degli U.S.A.*) sono bagnati dal fiume Mississippi ***5*** (*fin.*) gonfiare artificiosamente (*il capitale nominale d'una società*); «annacquare» (*capitale azionario*) ***6*** (*ind. tess.*) marezzare: **watered silk**, seta marezzata. **B** *v. i.* ***1*** (*d'animali*) abbeverarsi ***2*** (*di locomotive, navi, ecc.*) fare acqua; rifornirsi d'acqua ***3*** (*degli occhi*) lacrimare; velarsi di lacrime: **My right eye is watering**, mi lacrima l'occhio destro. ● **to w. down**, diluire, allungare, annacquare (*vino, ecc.*); (*fig.*) attenuare, mitigare (*un'affermazione, ecc.*; *V. sopra*, **A**, *def.* 2) □ (*chim.*) **to w. a solution**, diluire una soluzione □ **to make sb.'s eyes w.**, far venire le lacrime agli occhi a q.; far piangere q. □ **to make sb.'s mouth w.**, far venire l'acquolina in bocca a q.

waterage /ˈwɔːtərɪdʒ, *USA* ˈwɒ-/, *n.* (*comm.*) ***1*** trasporto per via d'acqua ***2*** spese di trasporto per via d'acqua.

waterborne /ˈwɔːtəbɔːn, *USA* ˈwɒ-/, *a.* ***1*** trasportato dall'acqua (*o* per via d'acqua) ***2*** (*med.*) trasmesso (*o* propagato) con l'acqua. ● (*comm.*) **w. traffic**, traffico (trasporto, ecc.) per via d'acqua (*o* mediante idrovie).

waterbuck /ˈwɔːtəbʌk, *USA* ˈwɒ-/, *n.* (*zool.*, *Kobus*) antilope d'acqua; cobo.

watercolour /ˈwɔːtəkʌlə(r), *USA* ˈwɒ-/, *n.* (*pitt.*) acquerello. ● **w. pigment**, pigmento per acquerello.

watercolourist /ˈwɔːtəkʌlərɪst, *USA* ˈwɒ-/, *n.* (*pitt.*) acquerellista.

watercourse /ˈwɔːtəkɔːs, *USA* ˈwɒ-/, *n.* ***1*** (*geogr.*) corso d'acqua ***2*** canale ***3*** (*naut.*) ombrinale.

watercraft /ˈwɔːtəkrɑːft, *USA* ˈwɒtəkræft/, *n.* ***1*** abilità negli sport acquatici ***2*** (*naut.*) imbarcazione ***3*** (*collett.*) imbarcazioni.

watercress /ˈwɔːtəkres, *USA* ˈwɒ-/, *n.* (*bot.*, *Nasturtium officinale*) crescione d'acqua.

watered-down /ˈwɔːtədˈdaʊn, *USA* ˈwɒ-/, *a.* ***1*** (*di vino, latte, ecc.*) diluito; allungato; annacquato ***2*** (*fig.*) annacquato; indebolito; impoverito: **This is a w. version of the novel**, questa è una versione annacquata del romanzo.

waterer /ˈwɔːtərə(r), *USA* ˈwɒ-/, *n.* ***1*** innaffiatore, innaffiatrice ***2*** innaffiatoio, annaffiatoio ***3*** chi abbevera il bestiame.

waterfall /ˈwɔːtəfɔːl, *USA* ˈwɒ-/, *n.* (*geogr.*) cascata; cateratta.

waterflood /ˈwɔːtəflʌd, *USA* ˈwɒ-/, *n.* ***1*** inondazione ***2*** (*ind. petrolifera*) allagamento volontario (*di un pozzo*).

waterfowl /ˈwɔːtəfaʊl, *USA* ˈwɒ-/, *n.* (*invar. al pl.*) (*zool.*) ***1*** uccello acquatico (*degli Anseriformi*) ***2*** (*collett.*) uccelli acquatici.

waterfowler /ˈwɔːtəfaʊlə(r), *USA* ˈwɒ-/, *n.* cacciatore di uccelli acquatici (*o* di palude).

waterfowling /ˈwɔːtəfaʊlɪŋ, *USA* ˈwɒ-/, *n.* caccia agli uccelli acquatici (*o* in palude).

waterfront /ˈwɔːtəfrʌnt, *USA* ˈwɒ-/, *n.* ***1*** (*geogr.*) area adiacente all'acqua; litorale ***2*** fronte del porto; lungomare; lungolago; lungofiume ***3*** (*fig.*) porto: **to buy fish on the w.**, comprare pesce al porto (*o* al molo).

waterhole /ˈwɔːtəhəʊl, *USA* ˈwɒ-/, *n.* ***1*** stagno di abbeveraggio (*di selvatici*); pozza ***2*** buco nel ghiaccio (*di foca, ecc.*). *V.* **waterhole**; (*scherz.*) bar (*o* pub) dove si va a bere □ **w. place**, abbeveratoio, abbeverata; (*tur.*) stazione balneare, stabilimento termale □ **w. trough**, abbeveratoio.

wateriness /ˈwɔːtərɪnəs, *USA* ˈwɒ-/, *n.* ***1*** acquosità ***2*** (*fig.*) insipidità.

watering /ˈwɔːtərɪŋ, *USA* ˈwɒ-/, *n.* ***1*** innaffiamento, annaffiamento; (*agric.*) irrigazione ***2*** (= **w. down**) annacquamento; diluizione; (*fig.*) attenuazione; mitigazione ***3*** abbeveramento ***4*** (*naut.*, *ferr.*) approvvigionamento d'acqua ***5*** (*ind. tess.*) marezzatura (*della seta*) ***6*** (*fisiol.*) secrezione (*di lacrime, saliva, ecc.*); lacrimazione; salivazione. ● **w. can** (*o* **w. pot**), innaffiatoio, annaffiatoio □ **w. cart**, carro per innaffiare; annaffiatrice □ **w. hole**,

waterless /ˈwɔːtələs, *USA* ˈwɒ-/, *a.* privo d'acqua; senz'acqua; arido.

waterline /ˈwɔːtəlaɪn, *USA* ˈwɒ-/, *n.* ***1*** livello dell'acqua; livello (*in una caldaia, ecc.*) ***2*** (*naut.*) linea di galleggiamento (*o* d'immersione) ***3*** linea di filigrana (*su carta*).

to **waterlog** /ˈwɔːtəlɒg, *USA* ˈwɒtəlɔːg/, *v. t.* ***1*** saturare (*il terreno*) d'acqua ***2*** imbevere, impregnare (*legno, ecc.*) d'acqua ***3*** infradiciare ***4*** (*naut.*) rendere (*un'imbarcazione*) ingovernabile per l'acqua imbarcata.

waterlogged /ˈwɔːtəlɒgd, *USA* ˈwɒtəlɔːgd/, *a.* ***1*** (*del legno*) impregnato d'acqua; fradicio ***2*** (*del terreno*) saturo d'acqua; acquitrinoso ***3*** (*naut.*: *di battello*) che ha imbarcato acqua; ingovernabile.

Waterloo /wɔːtəˈluː, *USA* wɒ-/, *n.* (*geogr.*, *stor.*) Waterloo. ● (*fig.*) **to meet one's W.**, subire una sconfitta definitiva.

waterman /ˈwɔːtəmən, *USA* ˈwɒ-/, *n.* (*pl.* **watermen**) ***1*** barcaiolo; battelliere; traghettatore ***2*** chi sa andare in barca; rematore: **He is a good w.**, è un buon rematore ***3*** acquaiolo.

watermanship /ˈwɔːtəmənʃɪp, *USA* ˈwɒ-/, *n.* ***1*** abilità di barcaiolo ***2*** abilità nel remare.

watermark /ˈwɔːtəmɑːk, *USA* ˈwɒ-/, *n.* ***1*** livello dell'acqua (*del mare o di un fiume*) ***2*** indicatore di livello (*dell'acqua*) ***3*** (*sulla carta*) filigrana.

to **watermark** /ˈwɔːtəmɑːk, *USA* ˈwɒ-/, *v. t.* filigranare; imprimere la filigrana su (*carta*).

watermelon /ˈwɔːtəmelən, *USA* ˈwɒ-/, *n.* (*bot.*, *Citrullus vulgaris*) cocomero; anguria.

watermill /ˈwɔːtəmɪl, *USA* ˈwɒ-/, *n.* mulino ad acqua; mulino.

waterpocket /ˈwɔːtəpɒkɪt, *USA* ˈwɒ-/, *n.* sacca d'acqua.

waterpower /ˈwɔːtəpaʊə(r), *USA* ˈwɒ-/, *n.* (*anche econ.*) ***1*** energia idrica ***2*** energia idroelettrica; carbone bianco (*fig.*). ● **w. plant**, centrale idroelettrica.

waterproof /ˈwɔːtəpruːf, *USA* ˈwɒ-/, **A** *a.* ***1*** a tenuta d'acqua; impermeabile: **w. material**, stoffa impermeabile ***2*** idrofugo: **w. grease**, grasso idrofugo. **B** *n.* (*fam.*, = **w. coat**) impermeabile.

to **waterproof** /ˈwɔːtəpruːf, *USA* ˈwɒ-/, *v. t.* impermeabilizzare.

waterproofing /ˈwɔːtəpruːfɪŋ, *USA* ˈwɒ-/, **A** *n.* impermeabilizzazione. **B** *a.* impermeabilizzante. ● (*tecn.*) **w. agent**, impermeabilizzante (*sostanza*).

waterquake /ˈwɔːtəkweɪk, *USA* ˈwɒ-/, *n.* (*arc.*) acquemoto (*raro*); maremoto (*più com.* **seaquake**).

waterscape /ˈwɔːtəskeɪp, *USA* ˈwɒ-/, *n.* (*pitt.*) marina; paesaggio marino.

watershed /ˈwɔːtəʃed, *USA* ˈwɒ-/, *n.* ***1*** (*geogr.*) spartiacque; linea di displuvio ***2*** (*geogr.*, *USA*) bacino idrografico ***3*** (*fig.*) fattore decisivo (*d'innovazione, ecc.*); linea di demarcazione, spartiacque (*fig.*).

waterside /ˈwɔːtəsaɪd, *USA* ˈwɒ-/, **A** *n.* sponda; riva (*di fiume, lago o mare*); litorale. **B** *a. attr.* rivierasco; litoraneo: **w. towns**, città rivierasche.

to **water-ski** /ˈwɔːtəskiː/, *v. i.* (*sport*) fare lo sci acquatico (*o* nautico); fare dell'idroscì.

watertight /ˈwɔːtətaɪt, *USA* ˈwɒ-/, *a.* ***1*** a tenuta d'acqua; stagno: **w. compartments**, compartimenti stagni (*di nave o fig.*) ***2*** (*fig.*) ineccepibile; perfetto; inconfutabile; che non fa una grinza: **a w. argument**, un ragionamento che non fa una grinza; **a w. plan**, un piano perfetto (*o* a prova di bomba).

watertightness /ˈwɔːtətaɪtnəs, *USA* ˈwɒ-/, *n.* tenuta stagna.

waterway /ˈwɔːtəweɪ, *USA* ˈwɒ-/, **A** *n.* ***1*** corso d'acqua (*o* canale) navigabile; via di navigazione; idrovia: **inland waterways**, vie di navigazione interna ***2*** (*naut.*) trincarino. **B** *a. attr.* idroviario. ● **a net of waterways**, una rete idroviaria.

waterwings /ˈwɔːtəwɪŋz, *USA* ˈwɒ-/, *n. pl.* salvagenti sotto le ascelle (*per bambini*).

waterworks /ˈwɔːtəwɜːks, *USA* ˈwɒ-/, **A** *n. pl.* ***1*** (*spesso col verbo al sing.*) impianto idrico; acquedotto ***2*** grande fontana ornamentale; giochi d'acqua ***3*** (*fam.*) apparato urinario. **B** *a. attr.* (*fam.*) urologico: **w. trouble**, disturbi urologici. ● (*fam.*) **to turn on the w.**, mettersi a piangere come una fontana.

waterworn /ˈwɔːtəwɔːn, *USA* ˈwɒ-/, *a.* consunto (*o* logorato, eroso) dall'acqua: **w. rocks**, rocce corrose dall'acqua.

watery /ˈwɔːtərɪ, *USA* ˈwɒ-/, *a.* ***1*** acquoso; brodoso; lungo: **w. tea**, tè acquoso; **w. soup**, zuppa brodosa (*o* lunga) ***2*** (*di colore*) sbiadito; slavato; stinto; pallido ***3*** (*fig.*) insipido; scipito: **w. talk**, discorsi insipidi; banalità; ciarle ***4*** (*della luna, del cielo, ecc.*) che promette pioggia; offuscato: **w. sun**, sole offuscato ***5*** (*della bocca, degli occhi*) bavoso; lacrimoso; bagnato; umido ***6*** (*del terreno*) ricco d'acqua; acquitrinoso; umido. ● (*lett.*, *poet.*) **the w. plains**, le distese marine; i mari □ **w. potatoes**, patate che non sanno di niente □ (*lett.*) **to have a w. grave**, avere una tomba d'acqua; essere sepolto in mare.

watt /wɒt/, *n.* (*elettr.*) watt (*unità di potenza elettrica*). ● (*elettr.*) **w.-hour**, wattora □ (*tecn.*) **w.-hour meter**, wattorametro; contatore elettrico.

wattage /ˈwɒtɪdʒ/, *n.* (*elettr.*) wattaggio. ● **w. rating**, potenza nominale.

wattle (1) /ˈwɒtl/, *n.* ***1*** canniccio; cannicciata; graticcio; intreccio di canne (*o* vimini) ***2*** canne; vimini ***3*** (*bot.*) acacia australiana. ● **w. and daub**, canniccio ricoperto di argilla e fango.

wattle (2) /ˈwɒtl/, *n.* (*zool.*) ***1*** (*d'uccello*) bargiglio ***2*** (*di pesce*) barbiglio.

to **wattle** /ˈwɒtl/, *v. t.* ***1*** fare (*uno steccato, ecc.*) di canniccio ***2*** cingere (*un luogo*) con un graticcio; ingraticciare ***3*** intrecciare (*canne o vimini*).

wattled (1) /ˈwɒtld/, *a.* ingraticciato; (fatto) di canniccio.

wattled (2) /ˈwɒtld/, *a.* (*zool.*) provvisto di bargigli (*o* di barbigli).

wattmeter /ˈwɒtmiːtə(r)/, *n.* (*elettr.*) wattometro; wattmetro.

to **waul** /wɔːl/, *v. i.* (*raro*) ***1*** gridare; strillare ***2*** gnaulare; miagolare.

wave /weɪv/, *n.* ***1*** onda (*anche fig.*); ondata; flutto; maroso: **the waves**, le onde, i flutti; (*poet.*) il mare; (*mil.*) **successive waves of tanks**, ondate successive di carri armati; (*fig.*) **a w. of enthusiasm**, un'ondata di entusiasmo; (*meteor.*) **a heat w.**, un'ondata di caldo; **a w. of falling prices**, un'ondata di ribassi ***2*** cenno; gesto; segno: **a w. of the hand**, un cenno della mano ***3*** (*dei capelli*) ondulazione; onde: **permanent w.**, (ondulazione) permanente; **natural w.**, ondulazione naturale ***4*** (*fis.*, *radio*) onda: **short waves**, onde corte; **w. function**, funzione d'onda; **w. train**, treno d'onde. ● (*fis.*) **w. acoustics**, acustica ondulatoria □ (*radio*) **w. band**, gamma di lunghezze d'onda □ **w. breaker**, frangiflutti; frangionde □ (*radio*) **w. changer** (*o* **w.-change switch**), commutatore di frequenza (*o* di gamma) □ (*fis.*) **w. motion**, moto ondoso □ (*fis.*) **w. theory**, teoria ondulatoria (*della trasmissione della luce*) □ (*radio*) **radio w.**, radioonda □ **tidal w.**, (*geogr.*, *naut.*) onda di marea; (*fam.*) tsunami, onda di maremoto; (*fig.*) onda, ondata (*di protesta, ecc.*).

to **wave** /weɪv/, **A** *v. i.* ***1*** ondeggiare; fluttuare; sventolare: **The cypresses were waving in the gale**, i cipressi ondeggiavano al forte vento; **The flag is waving in the wind**, la bandiera sventola al vento ***2*** far un cenno con la mano; fare un segno (*agitando q.c.*) ***3*** (*dei capelli*) avere le onde: **My hair w. naturally**, ho i capelli ondulati di natura ***4*** (*di una linea*, *ecc.*) essere ondulato; essere sinuoso **5** (*di una folla*) ondeggiare; agitarsi **6** (*di fazzoletto e sim.*) essere agitato (*o* sventolato). **B** *v. t.* **1** agitare; brandire; sventolare: **to w. one's hand**, agitare la mano (*in segno di saluto, ecc.*); **to w. a sword**, brandire una spada; **to w. a flag**, sventolare una bandiera **2** far segno di (*agitando q.c.*): **He waved us on**, ci fece segno d'avanzare; **He waved us away**, ci fece segno d'allontanarci **3** ondulare; fare l'ondulazione a: **She has had her hair waved**, s'è fatta fare l'ondulazione (ai capelli). ● **to w. goodbye to sb.**, salutare q. agitando la mano (*o* un fazzoletto, ecc.) □ **to w. goodbye to st.**, dire addio a q.c. (*speranze di successo, ecc.*) □ **to w. a line**, tracciare una linea ondulata □ **to w. sb. nearer**, far cenno a q. d'avvicinarsi.

♦**wave aside**, *v. t.* + *avv.* **1** fare a (q.) il gesto di scostarsi; allontanare (*o* scostare, ecc.) con un cenno: **The teacher waved the boy aside**, l'insegnante fece cenno al ragazzo di spostarsi **2** respingere; rifiutare; scartare: **to w. a proposal aside**, respingere una proposta; **to w. an offer aside**, rifiutare un'offerta □ **to w. sb.'s protests aside**, non tener conto delle proteste di q.

♦**wave at**, *v. i.* + *prep.* salutare (q.) con un gesto della mano.

♦**wave away**, *v. t.* + *avv.* **1** respingere (q. *o* q.c.) con un gesto della mano; allontanare (q.c.) da sé **2** salutare (*q. che parte*) con gesti della mano.

♦**wave down**, *v. t.* + *avv.* (*autom.*: *di un poliziotto e sim.*) fare cenno a (q.) di fermarsi; fermare (*un'auto*) facendo segnali.

♦**wave off**, *V.* **wave away**.

♦**wave on**, *v. t.* + *avv.* (*autom.*: *di un poliziotto e sim.*) fare cenno a (q.) di proseguire; far avanzare: **to w. the traffic on**, fare avanzare il traffico.

waveform /ˈweɪvfɔːm/, *n.* (*fis.*) forma d'onda.

wavefront /ˈweɪvfrʌnt/, *n.* (*fis.*) fronte d'onda.

waveguide /ˈweɪvgaɪd/, *n.* (*elettron.*) guida d'onda.

wavelength /ˈweɪvlɛŋθ/, *n.* (*radio*) lunghezza d'onda. ● (*fig.*) **to be on the same w. as sb.**, essere in sintonia con q.

waveless /ˈweɪvləs/, *a.* senza onde; calmo; immobile; liscio.

wavelet /ˈweɪvlət/, *n.* ondina; ondicina; increspatura (*dell'acqua*).

wavemeter /ˈweɪvmiːtə(r)/, *n.* (*fis.*) ondametro.

to **waver** /ˈweɪvə(r)/, *v. i.* **1** oscillare; vacillare; guizzare: **wavering lights**, luci tremule (*o* vacillanti); **a wavering flame**, una fiamma guizzante **2** esitare; tentennare; titubare; vacillare; tremare: **At last the dark column of the attackers began to w.**, alla fine la scura colonna degli attaccanti cominciò a vacillare; **to w. between two courses**, esitare di fronte a un dilemma; **My voice wavered with repressed emotion**, la voce mi tremava per l'emozione repressa. ● **to w. between two parties**, essere incerto tra due partiti □ **to w. between the play and the film**, essere incerto se andare al cinema o al teatro.

waverer /ˈweɪvərə(r)/, *n.* persona irresoluta; tentenna (*scherz.*).

wavering /ˈweɪvərɪŋ/, **A** *a.* **1** oscillante; vacillante **2** esitante; irresoluto; tentennante; titubante. **B** *n.* **1** oscillazione; guizzo **2** esitazione; titubanza. || **-ly**, *avv.*

wavey /ˈweɪvɪ/, *V.* **wavy (2)**.

waviness /ˈweɪvɪnəs/, *n.* **1** ondosità **2** ondulazione; sinuosità.

waving /ˈweɪvɪŋ/, **A** *a.* **1** fluttuante; ondeggiante: **w. flags**, bandiere ondeggianti **2** che si agita; che fa cenni con la mano. **B** *n.* **1** ondeggiamento; sventolio (*di fazzoletti, ecc.*) **2** ondulazione (*di capelli*): **w. iron**, ferro per ondulare i capelli.

wavy (1) /ˈweɪvɪ/, *a.* **1** ondeggiante; fluttuante **2** ondulato; sinuoso: **w. hair**, capelli ondulati; **a w. line**, una linea ondulata **3** ondoso: **the w. sea**, il mare ondoso **4** (*fig.*) esitante; tentennante; vacillante **5** (*arald.*) a onde. || **-ily**, *avv.*

wavy (2) /ˈweɪvɪ/, *n.* (*zool., Chen hyperboreus*) oca delle nevi.

to **wawl** /wɔːl/, *V.* **to waul**.

wax (1) /wæks/, *n.* **1** cera: **bee's wax**, cera d'api; **a wax candle**, una candela di cera **2** (= **ear-wax**) cerume **3** (= **cobblers' wax**) pece (*da calzolaio*) **4** (= **sealing wax**) ceralacca **5** ceretta depilatoria **6** prima registrazione (*su disco*). ● **wax chandler**, fabbricante (*o* venditore) di candele di cera □ (*arti grafiche*) **wax-coating machine**, macchina paraffinatrice □ **wax doll**, bambola di cera; (*fig.*) bambola, donna che ha un viso bello ma inespressivo □ **wax light**, candela (*di cera*); cera; lumino □ **wax match**, cerino □ (*mus.*) **wax original**, disco di cera □ (*bot.*) **wax palm**, (*Ceroxylon andicola*) palma delle Ande; (*Copernicia cerifera*) palma da cera □ **wax paper**, carta paraffinata □ **finishing wax**, cera per lucidare □ **to be like wax in sb.'s hands**, essere come cera nelle mani di q. □ **mineral wax**, cera minerale; (*specialm.*) ozocerite □ **to mould sb. like wax**, plasmare q. come fosse cera □ (*sport*) **ski wax**, sciolina □ **vegetable wax**, cera vegetale.

wax (2) /wæks/, *n.* (*pop. arc.*) accesso d'ira; stizza. ● **to get into a wax**, stizzirsi □ **to be in a wax**, essere in collera; essere stizzito.

to **wax (1)** /wæks/, *v. t.* **1** incerare; dare la cera a (*pavimenti, ecc.*) **2** lucidare (*mobili, ecc.*) con la cera **3** fare la prima registrazione di (*un testo, ecc.*) su disco. ● **waxed end**, spago impeciato (*da calzolaio*) □ **waxed paper**, carta paraffinata.

to **wax (2)** /wæks/, *v. i.* **1** (*specialm. della luna*) crescere **2** (*lett.*) diventare; farsi: **to wax sad**, diventare triste. ● **to wax angry**, adirarsi □ **to wax fat**, ingrassare □ **to wax old**, invecchiare.

waxbill /ˈwæksbɪl/, *n.* (*zool.*) uccello della famiglia dei Ploceidi (*in genere*). ● **common w.** (*Estrilda troglodytes*), becco di corallo.

waxcloth /ˈwæksklɒθ, *USA* -ɔːθ/, *n.* **1** tela cerata **2** linoleum.

waxen /ˈwæksn/, *a.* **1** cereo; (fatto) di cera: **a w. image**, un'immagine di cera **2** bianco come la cera; cereo: **a w. complexion**, una carnagione cerea **3** (*fig.*) malleabile; plasmabile.

waxer /ˈwæksə(r)/, *n.* chi dà la cera (*a mobili, pavimenti, ecc.*).

waxiness /ˈwæksɪnəs/, *n.* aspetto cereo; l'esser come cera.

waxing (1) /ˈwæksɪŋ/, *n.* inceratura; lucidatura a cera.

waxing (2) /ˈwæksɪŋ/, *n.* il crescere; crescita; l'ingrandirsi (*V.* **to wax (2)**).

waxwing /ˈwækswɪŋ/, *n.* (*zool., Bombycilla garrulus*) beccofrusone.

waxwork /ˈwækswɜːk/, *n.* **1** (*arte*) modellatura in cera **2** modello (*o* statua) di cera **3** (*pl.*) museo delle cere.

wax worker /ˈwækswɜːkə(r)/, *n.* (*arte*) chi fa statue (*o* modelli) di cera.

waxy (1) /ˈwæksɪ/, *a.* **1** cereo; di cera; come la cera **2** coperto di cera; incerato **3** (*fig.*) plasmabile; malleabile.

waxy (2) /ˈwæksɪ/, *a.* (*pop. arc.*) adirato; stizzito.

way (1) /weɪ/, *n.* **1** via; strada; sentiero; passaggio; varco; pista; percorso; cammino; viaggio: **the Appian way**, la via Appia; **a way through the forest**, un sentiero attraverso la foresta; **a covered way**, un passaggio coperto; **a cycle way**, una pista per biciclette; **He lives over the way**, abita dall'altra parte della strada; **Which is the shortest way to the station?**, qual è la via più breve per andare alla stazione?; **We were on the way to town**, eravamo in cammino verso la città; **The explorers cut their way through the jungle**, gli esploratori si aprirono un varco nella giungla; **They are on the way**, (essi) sono in viaggio (*o* per strada) **2** via (*fig.*); modo; mezzo; maniera: **This is the best way of doing it**, questa è la maniera migliore di farlo; **There's no way out of this awful mess**, non c'è via d'uscita da questo maledetto pasticcio; **I don't like the way he laughs**, non mi piace il suo modo di ridere; **the American way of living**, il modo di vivere degli americani; **The film is very interesting in its way**, a modo suo, il film è molto interessante **3** (*solo al sing.*) distanza: **The town is a long way from here [a long way off]**, la città è a una grande distanza [è assai lontana] da qui **4** (*fam., solo al sing.*) dintorni; paraggi; parti: **He lives somewhere London way**, abita in qualche posto nei dintorni di Londra **5** direzione; parte: **They went that way**, sono andati in quella direzione (*o* da quella parte); **Which way are you looking?**, da che parte stai guardando? **6** abitudine; costume; pratica; usanza; modo di fare: **the good old ways**, le belle usanze antiche; **It's not his way to be rude**, non è sua abitudine essere sgarbato **7** aspetto; punto di vista; riguardo: **He's a good husband in a** (*o* **in one**) **way**, è un buon marito, sotto un certo aspetto; **It's an interesting film in many ways**, per molti riguardi è un film interessante **8** (*fam.*) condizione; piega; stato: **Business is in a bad way**, gli affari hanno preso una brutta piega; **The patient was in a terrible way**, il malato era in uno stato da far pietà **9** (*pl.*) (*mecc.*) guide (*di scorrimento*) **10** (*pl.*) (*costr. navali*) vasi, invasatura (*per il varo*); scalo di costruzione **11** (*autom.*) precedenza: **«Give way!»** (*cartello*), «dare la precedenza!» **12** (*leg.*, = **right of way**) diritto di passaggio **13** (*tecn.*) via (*specialm. nei composti*): **a two-way switch**, un interruttore a due vie. ● **ways and means**, modi e mezzi; metodi (*specialm. di reperire fondi*) □ (*fin., in G.B.*) **ways-and-means advances**, anticipazioni di Tesoreria (*della Banca d'Inghilterra al governo*) □ (*naut.*) **ways-end**, avanscalo; antiscalo □ (*ferr., USA*) **way freight**, treno merci locale □ (*nelle stazioni, ecc.*) **way in**, entrata □ (*relig.*) **the Way of the Cross**, la Via Crucis □ (*nelle stazioni, ecc.*) **way out**, uscita; sbocco (*anche fig.*) □ (*fam.*) **way-out**, bizzarro; stravagante, strambo, eccentrico; modernissimo; originale; eccellente, straordinario □ (*fig.*) **a way round**, il modo di aggirare: **Enterprising crooks will always find a way round new methods of crime prevention**, i truffatori intraprendenti troveranno sempre il modo di aggirare nuovi metodi di prevenzione del crimine □ (*ferr., USA*) **way station**, stazione secondaria □ (*ferr., USA*) **way train**, treno locale □ **all the way**, per tutto il tragitto (*o* il viaggio, ecc.); dal principio alla fine; sino in fondo (*anche fig.*); sempre; completamente; interamente; (*market.*) l'intera gamma: **I'll love you all the way**, ti amerò sempre; **We keep these articles all the way**, abbiamo l'intera gamma di questi articoli □ **to ask the way** (*o* **one's way**), chiedere la via; farsi indicare la strada □ (*pop. USA*) **to beat one's way**, viaggiare a scrocco □ **by the way**, per strada, lungo il cammino, durante il viaggio; (*fig.*) incidentalmente, a proposito: **By the way, have you seen him?**, a proposito, l'hai visto? □ **by way of**, (*autom., ecc.*) via, attraverso, passando per; (*fig.*) in via di, a mo' di: **We went to Rome by way of Florence**, andammo a Roma passando per Firenze; **by way of an example**, in via d'esempio; **by way of exception**, in via del tutto eccezionale; **by way of recommendation**, a mo' di raccomandazione □ (*comm.*) **by way of trial**, a titolo di prova; in saggio □ **to clear the way**, sgombrare la strada; far largo; (*fig.*) sgombrare il campo (*dalle difficoltà, ecc.*) □ **to come sb.'s way**, offrirsi (*o* presentarsi) agli occhi di q.; capitare a tiro a q. □ **to do st. one's way**, fare q.c. a modo proprio (*o* di testa propria) □ **to do st. in the way of business**, fare q.c. in via d'ordinaria amministrazione □ **the easy way**, (nel) modo più facile; (nel) modo più indolore (*fig.*) □ **to gather** [**to lose**] **way**, acquistare [perdere] velocità; guadagnare (perdere) terreno □ **to get in the way**, cacciarsi fra i piedi; intralciare; intromettersi □ **to get in each other's way**, intralciarsi a vicenda □ **to get st. out of the way**, togliere q.c. di mezzo; riporre, sistemare q.c. □ **to get under way**, mettersi in cammino; (*di nave*) far rotta, navigare □ **to give way**, cedere, ritirarsi, arrendersi; (*autom.*) dare la precedenza; (*di rematori*) remare con foga □ **to go one's way**, mettersi in via, incamminarsi, partire; andarsene per i fatti propri □ **to go the way of all flesh** (*o* **of all the earth**), andare al Creatore; andare fra i più; morire □ **to go a long way**, andare lontano; (*di q.c.*) durare a lungo; (*fig.*) avere successo □ **to go** (*o* **to take**) **one's own way**, andare per la propria strada; fare a modo proprio □ **to go out of one's way**, cambiare direzione; fare una deviazione □ (*fig.*) **to go out of the way** (*o* **out of one's way**) **to do st.**, farsi in quattro per fare q.c. (*un favore, ecc.*) □ **the hard way**, (nel) modo più difficile; a proprie spese: **to learn st. the hard way**, imparare q.c. a proprie spese □ **to have a way with sb.**, saper trattare q. □ **to have** (*o* **to get**) **one's own way**, fare a modo proprio; ottenere quel che si vuole; averla vinta: **if I could have my way...**, se potessi fare a modo mio... □ **in the way**, (*avv.*) in mezzo, fra i piedi; (*agg.*) ingombrante; fra i piedi; fastidioso □ **to be in sb.'s way**, essere d'impaccio (*o* d'ostacolo, d'intralcio) a q.; essere fra i piedi di q. □ **in a big way**, dispendiosamente; in grande, su grande scala □ (*fam.*: *di donna*) **to be in the family way**, essere incinta □ (*fam.*) **to be in a great way**, essere agitato (*o* inquieto) □ **to be in the grocery way**, fare il droghiere □ **in a small way**, modestamente, senza pretese; in piccolo, su piccola scala: **to live in a small way**, condurre una vita senza pretese; **to be a publisher in a small way**, fare l'editore in piccolo □ **to lead the way**, aprire la marcia; fare strada; precedere □ **a long way off**, molto lontano; assai remoto: **Japan is a long way off**, il Giappone è molto lontano □ **to lose one's way** (*o* **the way**), smarrire la strada; smarrirsi □ **to make way**, dare la strada, fare largo; fare strada, avanzare; far progressi □ **to make the best of one's way**, procedere nel modo più spedito possibile □ **to make one's way forward** [**back**], avanzare [indietreggiare] □ **to make one's way in life** (*o* **a way for oneself**), farsi strada nella vita; fare carriera □ (*astron.*) **the Milky Way**, la via Lattea □ (*pop.*) **No way!**, no!; neanche per sogno! □ **on my way home**, andando a casa: **I'll post the letters on my way home**, imposterò le lettere andando a casa □ (*fig.*) **to be on the way out**, essere in declino; essere superato (*o* fuori moda) □ (*autom.*) **«One way»** (*segnale*), «senso unico» □ **one-way street**, strada a senso unico □ (*di persona*) **to be out of the way**, essere lontano; non esserci □ **out-of-the-way**, (*agg.*) lontano; remoto: **in an out-of-the-way corner**, in un angolo remoto □ **out of the way**, (*avv.*) lontano; (*agg.*) insolito; eccezionale; straordinario: **He hasn't said anything out of the way yet**, per ora, non ha detto niente di straordinario □ (*fam.*) **out our way**, dalle nostre parti □ **the parting of the ways**, il bivio (*anche fig.*); (*fig.*) il punto cruciale, il momento decisivo □ (*fig.*) **to pave the way for**, preparare la strada (*o* il terreno) per (*mutamenti, riforme, ecc.*); preparare l'avvento di (q. *o* q.c.) □ (*ferr.*) **permanent way**, armamento e inghiaiata □ **to put sb. in the way of doing st.** [**of a good bargain**], dare a q. l'occasione di fare q.c. [di concludere un buon affare] □ (*fig.*) **to put oneself out of the way**, darsi pena, disturbarsi, farsi in quattro (*per q.*) □ **to put sb. out of the way**, togliere di mezzo q.; sbarazzarsi di q. (*imprigionandolo o uccidendolo*) □ **to put st. out of harm's way**, mettere q.c. al sicuro, al riparo □ (*autom.*) **right of way**, diritto di precedenza; precedenza □ **to be set in one's ways**, avere delle abitudini precise; essere abitudinario □ (*ferr.*) **the six-foot way**, la distanza regolamentare fra due binari (*m 1,80 circa*) □ **to stand in sb.'s way**, *V.* **to be in sb.'s way** □ **to take one's way to** (*o* **towards**), dirigersi verso; prendere la strada di □ (*fam.*) **through sb.'s way**, dalle parti di q.: **I don't know when I'm coming through your way**, non so quando mi troverò a passare dalle tue parti □ **to my way of thinking**, a mio modo di vedere; secondo me □ **to be under way**, essere in cammino, essere per strada; (*di nave*) far rotta, navigare; (*fig.*) essere ben avviato □ **to want to have it both ways**, volerla prima cotta e poi cruda; voler fare i propri comodi □ (*USA*) **the whole way**, *V.* **all the way** □ **the wrong way**, la strada (*o* la direzione) sbagliata; (nel) modo sbagliato: **to do st. the wrong way**, fare q.c. nel modo sbagliato (*o* male): **You've got your hat on the wrong way round**, ti sei messo il cappello a rovescio (*col davanti di dietro*) □ **Get out of my way!**, togliti di mezzo!; levati dai piedi! □ (*polit., in G.B.*) **«Give me way!»**, «chiedo la parola!» □ **Hunting is not** (*o* **does not lie, does not fall**) **in my way**, la caccia non mi attira (*o* non m'interessa) □ (*fam.*) **The business is in a fair way**, l'azienda è in buone condizioni; gli affari vanno bene □ **There are no two ways about it**, c'è poco da discutere (*o* da scegliere, ecc.) □ **This is the way to do it**, così si fa! □ **Fly the British way**, volate all'inglese! (*cioè con la British Airways*: *pubblicità*) □ (*prov.*) **Where there's a will there's a way**, volere è potere □ (*prov.*) **The furthest way about is the nearest way home**, la strada più lunga è la più spedita.

way (**2**) /weɪ/, *avv.* (*fam. per* **away**; *idiom., per es.*:) **way down**, giù; laggiù; **way up**, sù; lassù; **friends from way back**, amici d'antica data; **a good-for-nothing from way back**, un incallito buono a nulla; **It was way back in 1848**, accadde nel lontano 1848. ● **way ahead of the times**, (*avv.*) (del tutto) d'avanguardia; (*agg.*) assai avanzato (*o* progredito), d'avanguardia: **technologies way ahead of the times**, tecnologie d'avanguardia.

waybill /ˈweɪbɪl/, *n.* **1** (*trasp.*) lista dei passeggeri **2** (*trasp., ferr.*) lettera di vettura; bolletta di spedizione.

to **waybill** /ˈweɪbɪl/, *v. t.* (*comm.*) spedire (*merci*) con lettera di vettura.

wayfarer /ˈweɪfɛərə(r)/, *n.* (*lett.*) viandante; pellegrino.

wayfaring /ˈweɪfɛərɪŋ/, *a.* (*lett.*) viaggiante (*specialm. a piedi*). ● **a w. man**, un viaggiatore; un viandante □ (*bot.*) **w. tree** (*Viburnum lantana*), viburno; lantana.

to **waylay** /weɪˈleɪ, *USA* ˈweɪleɪ/ (*pass.* e *p. p.* **waylaid**), *v. t.* **1** tendere un'imboscata, tendere un agguato a (q.) **2** attendere (q.) al passaggio (*o* al varco); abbordare (q.) **3** intercettare; sequestrare.

wayleave /ˈweɪliːv/, *n.* (*leg.*) **1** servitù (*o* diritto) di passaggio **2** servitù mineraria **3** (= **w. rent**) prezzo pagato per ottenere un diritto di passaggio.

ways /weɪz/, *avv.* (*fam. USA*) *V.* **way** (**2**).

wayside /ˈweɪsaɪd/, **A** *n.* margine, ciglio, sponda (*della strada, di un sentiero*). **B** *a. attr.* della sponda; lungo la strada: **a w. inn**, una locanda lungo la strada. ● (*fig.*) **to fall by the w.**, fare fiasco; fallire; arrendersi; (*sport*) ritirarsi.

wayward /ˈweɪwəd/, *a.* **1** caparbio; ostinato; testardo **2** indocile; riottoso: **a w. boy**, un ragazzo riottoso **3** capriccioso; imprevedibile; irregolare. || **-ly**, *avv.* || **-ness**, *sost.*

wayworn /ˈweɪwɔːn/, *a.* (*lett., raro*) esausto per il lungo cammino.

we /wiː, wɪ/, *pron. pers. 1ª pers. pl.* **1** noi (*spesso sottinteso*): **We don't mind it**, (noialtri) non ci facciamo caso (*o* a noi non importa, ecc.); **we, the people of the United States**, noi, popolo degli Stati Uniti; (*fam.*: *a un malato*) **How are we feeling today?**, e oggi, come stiamo? **2** (*con valore indef.*) si: **We don't read many books in Italy**, non si legge molto in Italia. ● **the royal we**, il plurale maiestatis □ **we all** (*o* **all of us**), noi tutti; tutti noi □ **Here we are!**, eccoci!

weak /wiːk/, *a.* **1** debole (*anche fig.*); fiacco; fievole; poco resistente: **He is too w. to get up**, è troppo debole per alzarsi; **a w. resistance**, una debole resistenza; **a w. nation**, una nazione debole; **a w. rope**, una corda poco resistente; **a w. argument**, un'argomentazione debole; (*fin.*) **w. currency**, valuta debole; (*comm.*) **The market was w.**, il mercato era fiacco; **a w. voice**, una voce fievole; **My son is w. in** (*o* **at**) **maths**, mio figlio è debole in matematica **2** allungato; diluito; leggero: **w. coffee** [**tea**], caffè [tè] leggero **3** (*di colore, ecc.*) debole; fioco; tenue **4** (*ling.*) debole: **w. verbs**, verbi deboli **5** (*chim.*: *di un acido o una base*) debole **6** (*fig.*: *di un provvedimento, ecc.*) inefficace. ● **a w. crew**, un equipaggio insufficiente □ (*sport*) **a w. eleven**, una squadra di cricket (*o* di calcio) che vale poco □ (*poesia*) **w. ending**, terminazione debole (*con parola proclitica o comunque non accentata*: *in un pentametro giambico*) □ (*med.*: *di persona*) **w.-eyed**, dalla vista debole □ (*a carte*) **a w. hand**, una mano poco buona □ **w.-handed**, che non ha forza nelle mani; (*fig.*) scoraggiato □ **w.-headed**, che non regge l'alcol; *V.* **w.-minded** □ **w. health**, salute cagionevole □ **w. heart**, (*med.*) cuore debole; (*fig.*) pusillanimità, viltà □ **w.-hearted**, vile; pusillanime □ (*fig.*) **w.-kneed**, debole di carattere; fiacco; smidollato □ **w.-minded**, debole di mente; poco intelligente; piuttosto stupido □ (*autom.*) **w. mixture**, miscela povera □ **w.-sighted**, *V.* **w.-eyed** □ **w.-spirited**, codardo; vile □ **w.-willed**, che ha poca forza di volontà; debole □ **the weaker sex**, il sesso debole □ **as w. as a kitten**, debolissimo □ **to grow w.**, indebolirsi □ **That's my w. side** (*o* **point**), ecco il mio punto debole (*o* il mio lato debole, il mio debole).

to **weaken** /ˈwiːkən/, **A** *v. t.* [illegible]debolire (*anche fig.*); infiacchire; affievo[illegible]flation is weakening the purchasing p[illegible]the lira**, l'inflazione sta indebolendo i[illegible]cquisto della lira italiana **2** allung[illegible]*una bevanda*) **3** attenuare (*un co*[illegible]. **1** indebolirsi **2** calare; scem[illegible] **Demand has weakened a l**[illegible] calata di molto **3** cedere, ar[illegible] *stenti richieste, ecc.*).

weakening /ˈwiːkənɪŋ/, *n.* **1** [illegible] debolimento; infiacchimento [illegible]limento.

weakish /ˈwiːkɪʃ/, *a.* alquan[illegible]luccio.

weakling /ˈwiːklɪŋ/, *n.* **1** ban[illegible]cile; individuo malaticcio **2** persona [illegible]arattere debole; smidollato.

weakly /ˈwiːklɪ/, **A** *a.* debole; malaticcio; gracile. **B** *avv.* debolmente.

weakness /ˈwiːknəs/, *n.* **1** debolezza; fiacchezza; fievolezza: **the w. of old age**, la debolezza della vecchiaia; **w. of mind**, debolezza d'animo, di mente; infermità mentale; (*fin.*) **the w. of the dollar**, la debolezza del dollaro **2** (punto) debole; debolezza: **I have a w. for detective stories**, ho un debole per i romanzi gialli; **Roast chicken is a w. of mine**, ho un debole per il pollo arrosto.

weal (**1**) /wiːl/, *n.* (*arc. o lett.*) benessere; bene; prosperità: **for the w. of the people** (*o* **for the common w.**), per il benessere pubblico. ● **in w. and woe**, nella buona e nella cattiva sorte.

weal (**2**) /wiːl/, *n.* segno di frustata (*sulla pelle*); livido; piaga.

weald /wiːld/, *n.* (*poet.*) ***1*** bosco; foresta; regione boscosa ***2*** aperta campagna. ● (*geogr.*) **the W.**, regione dell'Inghilterra meridionale (*ora agricola, un tempo boscosa*).

wealth /wɛlθ/, *n.* ***1*** ricchezza; opulenza; (*fig.*) profusione; abbondanza: **the w. of the nation**, la ricchezza della nazione; **a dictionary with a w. of examples**, un dizionario con grande ricchezza di esempi; **w. of fruit**, abbondanza di frutti ***2*** (*leg., fin.*) patrimonio; sostanze; proprietà. ● (*fisc.*) **w. tax**, imposta patrimoniale □ **a man of w.**, un uomo ricco; un possidente.

wealthily /ˈwɛlθəlɪ/, *avv.* riccamente; (*fig.*) profusamente.

wealthiness /ˈwɛlθɪnəs/, *n.* ricchezza; opulenza.

wealthy /ˈwɛlθɪ/, *a.* ricco; danaroso; agiato; opulento; abbondante: **a w. country**, una nazione ricca; **a language w. in nuances**, una lingua ricca di sfumature.

wean /wiːn/, *n.* (*scozz.*) bambino; fanciullo (*da* **wee ane**, *che corrisponde all'ingl.* **little one**, piccolino).

to **wean** /wiːn/, *v. t.* ***1*** svezzare; divezzare; slattare; spoppare: **to w. a baby from the breast**, svezzare un bambino ***2*** (*fig.*) divezzare; svezzare; distogliere; disabituare: **to w. sb. (away) from his bad companions**, distogliere q. dalle cattive compagnie. ● **to w. sb. from a bad habit**, far perdere una cattiva abitudine a q. □ (*fig.*) **to w. sb. on**, far crescere q. con; nutrire con: **Young people have been weaned on TV**, i giovani sono cresciuti sotto l'influsso della televisione.

weaning /ˈwiːnɪŋ/, *n.* svezzamento; divezzamento; slattamento; spoppamento. ● **w. feeding**, dieta svezzante.

weanling /ˈwiːnlɪŋ/, *n.* bimbo (*o* animale) appena svezzato. ● (*med.*) **w. brash**, diarrea da divezzamento.

weapon /ˈwɛpən/, *n.* arma (*anche fig.*): **nuclear weapons**, armi nucleari; **We shall have to use the w. of a general strike**, dovremo far ricorso all'arma dello sciopero generale. ● (*mil.*) **w. delivery**, tiro □ (*mil.*) **w. pit**, postazione.

weaponless /ˈwɛpənləs/, *a.* che non ha armi; disarmato; inerme.

weaponry /ˈwɛpənrɪ/, *n. collett.* (*mil.*) armi; armamento.

wear (1) /wɛə(r)/, *n.* ***1*** il portare (*indumenti*); uso: **clothes for everyday w.**, abiti per uso giornaliero; vestiti da tutti i giorni ***2*** consumo; logoramento; usura; logorio: (*mecc.*) **w. resistance**, resistenza all'usura ***3*** durata; resistenza (*all'uso*): **There's good w. in these trousers**, questi pantaloni hanno una lunga durata ***4*** abiti; vestiti; vestiario; abbigliamento: **men's w.**, abiti per uomini. ● **w. and tear**, logorio; logoramento; deterioramento □ (*org. az., rag.*) **w.-out**, deprezzamento (*d'un macchinario, ecc.*) dovuto all'uso □ **for Sunday w.**, da portare la domenica □ (*d'abiti, ecc.*) **to be in general w.**, essere portato da tutti; essere di moda □ **ladies' and men's w.**, abbigliamento uomo-donna □ **seaside w.**, indumenti da spiaggia □ **to show w.**, dare segni di usura: **The parquet flooring is showing w.** (*o* **the signs of w.**), il parquet è logoro (*o* mostra i segni dell'uso) □ **spring [summer, winter, autumn] w.**, abiti primaverili [da estate, da inverno, autunnali] □ **the suit I have in w.**, l'abito che porto tutti i giorni □ (*d'abito, ecc.*) **to be the worse for w.**, essere sgualcito, logoro, sciupato (*per l'uso*); □ **There isn't much w. left in my jacket**, questa giacca mi durerà ancora per poco.

wear (2) /wɛə(r)/, *V.* **weir**.

to **wear** (1) /wɛə(r)/ (*pass.* **wore**, *p. p.* **worn**), **A** *v. t.* ***1*** portare; indossare; avere addosso (*al collo, al polso, ecc.*): **Does he w. glasses?**, porta gli occhiali?; **to w. a hat**, portare il cappello; **She was wearing a new dress**, portava un abito nuovo; **to w. one's hair long**, portare i capelli lunghi; **She wore a necklace of pearls**, aveva al collo una collana di perle; **not to w. shoes**, non aver scarpe ai piedi; andare scalzo ***2*** avere; mostrare: **His office wore a shabby look**, il suo ufficio aveva un aspetto trasandato; **to w. a face of joy**, mostrare un viso gioioso ***3*** consumare; logorare: **The sleeves are worn at the elbows**, le maniche sono consumate ai gomiti; **worn clothes**, abiti logori; **She was worn by anxiety**, era logorata dall'ansia ***4*** fare, aprire, tracciare (*con l'uso*): **to w. a hole in one's socks**, farsi un buco nei calzini; **In time the cattle wore a path across the wood**, col tempo il bestiame tracciò un sentiero attraverso il bosco ***5*** (*fam.*) prendere per buona (*una spiegazione, una scusa*). **B** *v. i.* ***1*** consumarsi; logorarsi: **I'm afraid this cloth will w. quickly**, temo che questa stoffa si logori presto ***2*** durare; resistere all'uso: **These shoes will w. for years**, queste scarpe dureranno degli anni; **This suit has worn well [badly]**, questo vestito è durato molto [poco]; questo vestito ha resistito bene [male] all'uso. ● **to w. the breeches**, portare i pantaloni; (*fig.*) dominare il marito □ **to w. the crown**, portare la corona; essere re (*o* regina); (*anche*) essere un martire □ **to w. the gown**, indossare la toga; essere avvocato □ **to w. a sad look**, avere un'aria triste □ **to w. one's head high**, tenere la testa alta; andare a testa alta □ (*di un indumento*) **to w. to sb.'s shape**, tornare a misura di q.; adattarsi alle forme di q., con l'uso; stare meglio (*a forza d'esser portato*) □ **to w. one's shoes into holes**, ridurre le scarpe tutte un buco (*a furia di portarle*) □ **to w. a suit to rags**, portare un abito fino a ridurlo uno straccio □ **to w. the sword**, portare la spada; (*fig.*) fare il soldato □ **to w. thin**, rendere (*un indumento*) liso (*con l'uso*); diventare liso; (*fig.*: *del coraggio*) venir meno; (*di una scusa*) mostrare la corda □ **to w. well**, (*d'abito*) durare; (*di persona*) portarsi bene di salute: **My grandfather is wearing well**, mio nonno si porta bene di salute (*o* porta bene i suoi anni) □ (*di persona*) **to have worn well**, essersi conservato (*o* mantenuto) bene; essere giovanile □ **a worn joke**, una barzelletta stantia □ **to be worn to a shadow with care**, ridursi al lumicino per gli affanni □ **Her features wore a sad smile**, c'era un triste sorriso sul suo viso.

♦**wear away**, **A** *v. i.* + *avv.* ***1*** consumarsi; logorarsi; cancellarsi: **The letters have worm away**, le lettere (*dell'iscrizione, ecc.*) si sono cancellate ***2*** (*fig.*) esaurirsi; finire: **At last his patience wore away**, alla fine la sua pazienza si esaurì ***3*** (*fig.*) passare lentamente; (*del tempo*) trascinarsi: **The long winter was wearing away**, il lungo inverno passava lentamente ***4*** (*di un malato*) deperire. **B** *v. t.* + *avv.* ***1*** consumare; logorare; cancellare: **The pilgrims' feet had worn away the steps**, i piedi dei pellegrini avevano logorato i gradini ***2*** (*del vento, ecc.*) erodere ***3*** (*fig.*) sciupare; sprecare: **to w. away one's time in trifles**, sciupare il tempo in sciocchezze; **to w. away one's youth in prison**, sprecare la giovinezza in prigione.

♦**wear down**, **A** *v. i.* + *avv.* ***1*** consumarsi; logorarsi: **The tyres of my car are wearing down unevenly**, i pneumatici della mia auto si consumano in modo disuguale ***2*** ridursi, assottigliarsi: **The stick wore down to a stump**, il bastone si ridusse a un mozzicone (*a furia di tagliarlo, ecc.*) ***3*** (*fig.*) fiaccarsi; indebolirsi; venir meno: **All resistance wore down**, venne meno ogni resistenza. **B** *v. t.* + *avv.* ***1*** consumare; logorare: **Your tyres are worn down**, hai le gomme consumate; (*mil.*) **to w. the enemy down**, logorare il nemico ***2*** (*fig.*) fiaccare; stancare; stressare: **The police wore down his resistance**, la polizia ha fiaccato la sua resistenza.

♦**wear off**, **A** *v. i.* + *avv.* ***1*** consumarsi; logorarsi; cancellarsi: **The tread of my tyres has worn off**, il battistrada delle mie gomme si è logorato; **The inscription has worn off**, l'iscrizione si è cancellata ***2*** (*fig.*) dissiparsi; esaurirsi; svanire; (*di un dolore, ecc.*) passare: **The smell of petrol has worn off**, l'odore di benzina è svanito; **The effect of the pill will soon w. off**, l'effetto della pillola si esaurirà presto; **The impression slowly wore off**, l'impressione si dissipò lentamente. **B** *v. t.* + *avv.* consumare; logorare; togliere (*vernice, ecc.*) con l'uso.

♦**wear on**, **A** *v. t.* + *prep.* portare, indossare, avere (q.c.) a (*o* in, su): **to w. a ring on one's finger**, portare un anello al dito; **to w. a hat on one's head**, avere il cappello in testa. **B** *v. i.* + *avv.* ***1*** (*del tempo*) passare lentamente ***2*** (*di una riunione*) trascinarsi stancamente ***3*** (*fam., di solito,* **to w. on sb.'s nerves** *o* **patience**) infastidire; stancare; scocciare (*fam.*) □ (*fig.*) **to w. one's heart on one's sleeve**, avere il cuore sulle labbra; palesare i propri sentimenti; parlare con il cuore in mano.

♦**wear out**, **A** *v. i.* + *avv.* ***1*** consumarsi; logorarsi: **This material wears out easily**, questa stoffa si consuma facilmente ***2*** passare con l'uso; (*di una piega, ecc.*) stirarsi (da sola) quando si porta l'indumento ***3*** (*fig.*: *della pazienza, di risorse, ecc.*) esaurirsi; venir meno ***4*** (*del tempo, ecc.*) passare lentamente; trascinarsi. **B** *v. t.* + *avv.* ***1*** consumare; logorare; rendere inutilizzabile (*con l'uso*): **You've worn out another pair of shoes**, hai consumato un altro paio di scarpe; **The machine is worn out**, la macchina è ormai inutilizzabile ***2*** (*fig.*) esaurire (*fondi, risorse, ecc.*) ***3*** (*fig.*) stancare; stufare; seccare; scocciare (*fam.*); rendere (q.) esausto: **to feel worn out**, sentirsi esausto; essere a pezzi ***4*** (*USA*) portare (*un indumento, ecc.*) finché non ne può più ***5*** (*fam. USA*) picchiare, menare, bastonare (q.) □ **to w. oneself out**, logorarsi, stancarsi, affaticarsi a morte (*per gli altri, ecc.*) □ (*naut.*) **to w. out a storm**, superare una tempesta □ **to w. out one's welcome**, abusare dell'ospitalità altrui; non essere più gradito come ospite □ **My patience is worn out**, la mia pazienza è giunta al limite; non ne posso più.

♦**wear through**, *v. i.* + *avv.* (*o prep.*) ***1*** consumarsi, logorarsi; farsi un buco in (*un gomito, ecc.*) ***2*** sfondarsi (*con l'uso*): **The bottom of the boat has worn through**, la barca s'è sfondata.

♦**wear up**, *v. t.* + *avv.* ***1*** portare (*indumenti, scarpe, ecc.*) finché non ne possono più ***2*** portare (*i capelli*) tirati su: **to w. one's hair up**, avere lo chignon.

to **wear** (2) /wɛə(r)/ (*pass.* e *p. p.* **wore**), (*naut.*) **A** *v. i.* virare in poppa; virare poggia alla banda. **B** *v. t.* far virare (*una nave*) in poppa.

wearable /ˈwɛərəbl/, **A** *a.* portabile; che si può indossare. **B** *n. pl.* indumenti; abiti; vestiti; vestiario.

wearer /ˈwɛərə(r)/, *n.* chi porta, chi indossa (*un indumento*).

wearied /ˈwɪərɪd/, *a.* affaticato; stanco.

wearies (**the**) /ˈwɪərɪz/, *n. pl.* (*fam. USA*) stanchezza; malinconia; depressione; paturnie (*fam.*).

weariless /ˈwɪərɪləs/, *a.* instancabile; inesausto.

wearily /ˈwɪərəlɪ/, *avv.* stancamente.

weariness /ˈwɪərɪnəs/, *n.* ***1*** stanchezza; fatica ***2*** tediosità; noia.

wearing (1) /ˈwɛərɪŋ/, **A** *n.* ***1*** logoramento; usura ***2*** il portare (*indumenti*); uso. **B** *a.* ***1*** da portare; da indossare ***2*** faticoso; logorante; stressante: **a w. journey**, un viaggio faticoso ***3*** (*di persona*) noioso; fastidioso; pesante (*fig.*). ● **w. apparel**, indumenti; abiti; vestiario □ (*di strada*) **w. course**, manto superficiale □ **w. plate**, lastra di protezione. ‖ **-ly**, *avv.*

wearing (2) /ˈwɛərɪŋ/, *n.* (*naut.*) virata in poppa.

wearisome /ˈwɪərɪsəm/, *a.* ***1*** faticoso; duro;

pesante (*fig.*) ***2*** tedioso; noioso; uggioso. || **-ly,** *avv.* || **-ness,** *sost.*

wearproof /ˈwɛəpruːf/, *a.* resistente all'uso; che non si logora; robustissimo.

weary /ˈwɪərɪ/, *a.* ***1*** stanco; affaticato; esausto; stufo (*fam.*): **I am w.**, sono stanco; **I am w. of singing**, sono stufo di cantare; **to be w. of life**, essere stanco della vita ***2*** faticoso: **a w. walk**, una camminata faticosa ***3*** noioso; tedioso; uggioso: **a w. wait**, una noiosa attesa. ● **a w. sigh**, un sospiro di noia □ (*fam.*) **w. Willie**, scansafatiche; sfaticato; fannullone.

to **weary** /ˈwɪərɪ/, **A** *v. t.* ***1*** stancare; affaticare ***2*** annoiare; seccare; stuccare; stufare (*fam.*). **B** *v. i.* stancarsi; seccarsi; stufarsi (*fam.*): **At last I wearied of her continuous complaints**, alla fine mi seccai delle sue continue lagnanze.

wearying /ˈwɪərɪɪŋ/, *a.* ***1*** stancante; faticoso; pesante (*fig.*) ***2*** monotono; noioso; tedioso. || **-ly,** *avv.*

weasand /ˈwiːzənd/, *n.* ***1*** (*arc.*) trachea ***2*** (*dial.*) gola: **to slit** (*o* **to slash**) **sb.'s w.**, tagliar la gola a q.

weasel /ˈwiːzl/, *n.* (*pl.* **weasels, weasel**) ***1*** (*zool.*) mustelide (*in genere*) ***2*** (*zool., Mustela nivalis*) donnola ***3*** (*fig.*) individuo subdolo; spione ***4*** (*USA*) gatto delle nevi (*veicolo*). ● **w.-faced**, dalla faccia di faina; dal viso affilato e astuto □ (*fam. USA*) **w. words**, linguaggio ambiguo; parole ambigue; trabocchetti (*in un contratto*) □ (*fig. arc.*) **to catch a w. asleep**, farla in barba a un furbo di tre cotte.

to **weasel** /ˈwiːzl/, *v. i.* (*fam. USA*) essere evasivo; parlare in modo ambiguo. ● **to w. out of**, schivare, evitare, scansare, sottrarsi a (*un impegno, una responsabilità, ecc.*).

weather /ˈwɛðə(r)/, **A** *n.* ***1*** (*meteor.*) tempo (*atmosferico*): **What was the w. like?**, com'era il tempo?; **a change in the w.**, un cambiamento del tempo; **fine w.**, bel tempo; **bad w.**, cattivo tempo; maltempo; **wet w.**, tempo piovoso; stagione umida ***2*** intemperie; maltempo: **for protection against the w.**, per protezione contro le intemperie; **The journey was stopped by the w.**, il viaggio fu interrotto per il maltempo; (*naut.*) **heavy w.**, mare grosso. **B** *a. attr.* ***1*** del tempo; meteorologico ***2*** (*naut.*) (di) sopravvento; (esposto) al vento: **w. side**, lato di sopravvento. ● **w.-beaten**, che porta i segni delle intemperie; segnato dal sole, dal vento, dalla pioggia: **w.-beaten features**, fattezze segnate dalle intemperie □ **w.-bound**, (*naut.*) trattenuto (*in porto, ecc.*) dal maltempo; (*di persona*) bloccato dal cattivo tempo □ **w. box**, scatola (*o* casetta) igrometrica (*con due figurine, una delle quali uscendo annuncia la pioggia e l'altra il bel tempo*) □ **w. bureau**, ufficio meteorologico □ **w. cast,** *V.* **w. forecast** □ **w. central**, centro meteorologico □ **w. chart**, carta meteorologica; tempogramma □ **w. conditions**, condizioni atmosferiche (*o* meteorologiche) □ (*naut.*) **w. deck**, ponte scoperto; ponte di coperta □ **w. forecast**, previsioni del tempo; bollettino meteorologico □ (*naut.*) **w.-gauge**, vantaggio del vento; sopravvento: **to have the w.-gauge**, trovarsi sopravvento; **to keep** [**to lose**] **the w.-gauge**, conservare [perdere] il vantaggio del vento □ (*raro*) **w.-glass**, barometro □ **w. house,** *V.* **w. box** □ **w. map**, carta del tempo □ (*edil.*) **w. moulding**, gronda; gocciolatoio; cornicione □ **w. permitting**, tempo permettendo □ **w. report**, bollettino meteorologico □ **w. satellite**, satellite meteorologico □ (*naut.*) **w. sheet**, scotta di sopravvento □ (*naut.*) **w. ship**, nave del servizio meteorologico □ **w. stain**, macchia dovuta all'umidità, ecc. □ **w. station**, stazione meteorologica □ **w. strip**, guarnizione di tenuta; fettuccia di vigogna (*o d'altro, per tappare fessure nelle finestre o nelle porte*) □ (*edil.*) **w. tiles**, tegole sovrapposte a spiovente □ **w. vane,** *V.* **weathercock** □ (*naut.*) **w. warning**, avviso di cattivo tempo □ **w.-wise**, capace di prevedere il tempo □ **w.-worn**, logorato (*o* sciupato) dalle intemperie □ **April w.**, tempo d'aprile, tempo variabile (*sereno e acquazzoni*); (*fig.*) sorrisi e lacrime □ **to feel the w.**, sentire il tempo; essere meteoropatico □ **in all weathers**, in ogni condizione di tempo □ **information on the w.**, informazioni meteorologiche □ (*fam.*) **to keep one's w. eye open**, stare in guardia; tenere gli occhi aperti □ (*naut.*) **to make good** [**bad**] **w.**, incontrare buon tempo [cattivo tempo] □ (*fig.*) **to make heavy w. of st.**, aver difficoltà (*o* durare eccessiva fatica) a fare q.c. □ (*fam.*) **under the w.**, indisposto, malaticcio; in difficoltà; alticcio, brillo □ **under stress of w.**, per il maltempo; a causa delle intemperie.

to **weather** /ˈwɛðə(r)/, **A** *v. t.* ***1*** (*anche geol.*) consumare; logorare; disgregare: **cliffs weathered by wind and waves**, scogliere disgregate dal vento e dalle onde ***2*** esporre all'aria (*o* alle intemperie); essiccare; stagionare: **weathered wood**, legno stagionato ***3*** (*fig.*) resistere a; superare: **to w. a storm** [**a crisis**], superare una tempesta [una crisi]; **The US economy weathered the scare of the Black Monday crash in 1987**, l'economia americana superò lo spavento del crollo del lunedì nero del 1987 ***4*** (*naut.*) passare sopravvento; sopravventare; doppiare: **The ship weathered the Cape of Good Hope**, la nave sopravventò il Capo di Buona Speranza ***5*** (*edil.*) inclinare, disporre (*tegole, ecc.*) a spiovente: **weathered tiles**, tegole a spiovente. **B** *v. i.* ***1*** (*anche geol.*) essere sottoposto all'azione degli agenti atmosferici ***2*** assumere la patina del tempo ***3*** resistere alle intemperie: **This paint will w. well**, questa vernice resisterà bene alle intemperie. ● **to w. through**, cavarsela, scapolarsela; superare facilmente (*difficoltà, ecc.*).

weatherboard /ˈwɛðəbɔːd/, *n.* ***1*** (*edil.*) asse a sgrondo (*per proteggere dalla pioggia*) ***2*** (*edil.*) asse per rivestimento esterno (*di muri*) ***3*** (*naut.*) paraonde; tettoia dei portelli ***4*** (*naut.*) lato di sopravvento.

to **weatherboard** /ˈwɛðəbɔːd/, *v. t.* (*edil.*) rivestire (*un muro esterno*) di tavole o assi (*sovrapposte a spiovente*).

weatherboarding /ˈwɛðəbɔːdɪŋ/, *n.* ***1*** (*edil.*) rivestimento esterno con assi ***2*** assi da rivestimento (*collett.*).

weathercock /ˈwɛðəkɒk/, *n.* banderuola; segnavento; ventaruola; (*fig.*) persona incostante.

weathered /ˈwɛðəd/, *a.* ***1*** eroso (dagli agenti atmosferici) ***2*** (*di legno, ecc.*) stagionato ***3*** (*di tegole o assi*) a spiovente.

weathering /ˈwɛðərɪŋ/, *n.* ***1*** (*edil.*) pendenza a sgrondo; spiovenza ***2*** (*anche geol.*) azione degli agenti atmosferici; erosione; degradazione.

weatherliness /ˈwɛðəlɪnəs/, *n.* (*naut.*) capacità di navigare bene di bolina.

weatherly /ˈwɛðəlɪ/, *a.* (*naut.*: *di bastimento*) boliniero; che bolina bene.

weatherman /ˈwɛðəmæn/, *n.* (*pl.* **weathermen**) (*specialm. TV*) addetto al servizio delle previsioni meteorologiche.

weathermost /ˈwɛðəməʊst/, *a.* (*naut.*) (il) più esposto al vento; (il) più sopravvento.

weatherproof /ˈwɛðəpruːf/, *a.* ***1*** resistente alle intemperie ***2*** (*d'abito, ecc.*) impermeabile.

to **weatherproof** /ˈwɛðəpruːf/, *v. t.* rendere resistente alle intemperie; impermeabilizzare (*un capo di vestiario*).

weathertight /ˈwɛðətaɪt/, *a.* resistente agli agenti atmosferici.

weave /wiːv/, *n.* (*ind. tess.*) ***1*** tessitura: **cloth of English w.**, stoffa di tessitura inglese ***2*** armatura: **plain w.**, armatura semplice ***3*** (*di stoffa*) disegno; trama: **herringbone w.**, disegno a spina di pesce.

to **weave** /wiːv/ (*pass.* **wove**, *p. p.* **woven**), *v. t.* e *i.* ***1*** tessere (*anche fig.*); intessere; intrecciare; ordire (*fig.*): **to w. cotton** [**silk, wool**], tessere cotone [seta, lana]; **The girl was weaving at her loom**, la ragazza tesseva al suo telaio; **to w. baskets out of reeds**, intrecciare canestri di cannucce; **She wove a romance around that brief encounter**, intessé un romanzo intorno a quel breve incontro; **to w. a plan**, ordire un piano ***2*** (*del ragno*) fare la ragnatela ***3*** inserire (*anche fig.*): **to w. invented facts into the account of the battle**, inserire fatti inventati nel racconto della battaglia ***4*** inserirsi, insinuarsi: **to w. through the traffic**, insinuarsi nel traffico ***5*** serpeggiare: **The road weaves through the valley**, la strada serpeggia nella valle ***6*** (*boxe*) schivare (*con uno spostamento del corpo*). ● **to w. details into a story**, introdurre particolari in una storia □ **to w. flowers into a garland**, fare una ghirlanda intrecciando fiori □ **to w. in and out between the cars**, procedere incuneandosi tra le auto □ **to w. the plot of a novel**, costruire l'intreccio di un romanzo □ **to w. one's way**, andare a zigzag, serpeggiare, sgusciare (*attraverso la folla, ecc.*) □ (*del ragno*) **to w. a web**, fare la ragnatela □ **woven fabric**, tessuto □ (*fam.*) **Get weaving!**, datti da fare!; muoviti!

weave-on /ˈwiːvɒn, *USA* -ɔːn/, *n.* ondulazione (*dei capelli*).

weaver /ˈwiːvə(r)/, *n.* ***1*** tessitore, tessitrice ***2*** (*zool.*, = **weaverbird**) uccello della famiglia dei Ploceidi; uccello tessitore.

weaving /ˈwiːvɪŋ/, *n.* (*ind. tess.*) tessitura. ● **the w. trade**, l'industria tessile □ **power-loom w.**, tessitura meccanica □ **wool w.**, tessitura della lana.

weazen /ˈwiːzn/, *V.* **wizen**.

web /wɛb/, *n.* ***1*** tessuto (*anche fig.*); tela; trama; rete: **cotton web**, tessuto di cotone; **a web of lies**, un tessuto di menzogne; **a web of intrigue**, una rete d'intrighi ***2*** (= **cobweb, spider's web**) ragnatela ***3*** (*fig.*) tranello; trappola ***4*** (*zool.*) membrana interdigitale (*dei palmipedi, ecc.*) ***5*** (*mecc.*) corpo, nocciolo (*di trapano, ecc.*); disco (*di ruota*); braccio, spalla (*di manovella*); ingegno (*di chiave*) ***6*** (*ferr.*) anima, gambo (*di rotaia*) ***7*** (*archit.*) zona compresa fra due nervature; unghia, spicchio, vela ***8*** (*tipogr.*) rotolo di carta (*per stampare giornali*); bobina: **web press**, macchina da stampa a bobina continua ***9*** (*naut.*) braccio (*di remo*); anima (*del madiere*) ***10*** (*arti grafiche*) nastro ***11*** (*metall.*) fondello di fucinatura. ● **web-fingered**, (*zool.*) che ha le dita unite da una membrana; (*med.*) affetto da sindattilia della mano □ (*zool.*) **web-foot**, (animale dal) piede palmato □ (*zool.*) **web--footed**, palmipede; dal piede palmato □ (*costr. navali*) **web frame**, costa composta (*o* rinforzata) □ **web-toed**, (*zool.*) *V.* **web--footed**; (*med.*) affetto da sindattilia del piede □ (*mecc.*) **web wheel**, ruota a disco (*non a raggiera*).

webbed /wɛbd/, *a.* (*zool.*) ***1*** connesso da una membrana: **w. toes**, dita (dei piedi) connesse da una membrana ***2*** palmato: **w. feet**, piedi palmati. ● (*med.*) **w. fingers** [**toes**], sindattilia della mano [del piede].

webbing /ˈwɛbɪŋ/, *n.* ***1*** tessitura ***2*** tela da cinghie; tessuto (*o* nastro) robusto per letti, tappezzeria, ecc. ***3*** (*anat.*) membrana interdigitale.

we'd /wiːd, wɪd/, *contraz.* di ***1*** **we had** ***2*** **we should** ***3*** **we would**.

wed /wɛd/, *n.* (*fam.*) sposo: **newly weds**, sposi novelli; sposini.

to **wed** /wɛd/ (*pass.* e *p. p.* **wedded, wed**), **A** *v. t.* ***1*** (*retor.*) sposare; unire in matrimonio; dare in sposa ***2*** (*fig.*) combinare; unire; accoppiare: **to wed efficiency to** (*o* **with**) **economy**, combinare l'efficienza con l'economia. **B** *v. i.* (*raro, di solito* **to be wedded**) sposarsi; ammogliarsi; maritarsi.

wedded /ˈwɛdɪd/, *a.* ***1*** (*form.*) sposato; coniugato ***2*** coniugale; matrimoniale: **w. life**, vita matrimoniale ***3*** (*fig.*) unito; legato: **They are w. by common interests**, sono legati da interessi comuni ***4*** (*fig.*) affezionato; devoto; attaccato: **He's w. to his work**, è attaccato al suo lavoro. • **a w. pair**, una coppia di sposi □ **one's w. wife**, la propria legittima sposa.

wedding /ˈwɛdɪŋ/, *n.* matrimonio (*la cerimonia*); nozze; sposalizio; cerimonia nuziale: **silver [golden, diamond] w.**, nozze d'argento [d'oro, di diamante]; **w. day**, giorno del matrimonio. • (*form.*) **w. band**, fede nuziale; vera □ **w. breakfast**, rinfresco nuziale □ **w. cake**, torta nuziale □ **w. card**, partecipazione di nozze □ **w. dress**, vestito da sposa □ **w. guest**, invitato alle nozze □ **w. list**, lista di nozze □ **w. march**, marcia nuziale □ **w. ring**, anello nuziale; fede.

wedge /wɛdʒ/, *n.* **1** cuneo (*anche fig.*); bietta; zeppa: **The captain drew up his men in a w.**, il capitano dispose i suoi uomini a cuneo; **a wooden w.**, una bietta; un cuneo di legno **2** (*TV*) cuneo di risoluzione **3** (*fig.*) dissapore; dissidio; screzio: **to drive a w. between husband and wife**, causare uno screzio fra marito e moglie. • (*mecc.*) **w. buckle**, controchiavetta □ **w. formation**, formazione a cuneo (*di oche in volo, ecc.*) □ (*mecc.*) **w. gear**, ruota di frizione (*con gola a cuneo*) □ **w. heel**, tacco a zeppa □ **a w. of cake**, uno spicchio di torta □ **w.-shaped**, a forma di cuneo; cuneiforme; a forma di V □ (*d'uccello*) **w.-tailed**, con la coda a forma di cuneo □ (*fig.*) **the thin end of the w.**, atto (*o* evento) di scarsa importanza che apre la strada a seri sviluppi futuri; primo passo (*fig.*).

to **wedge** /wɛdʒ/, *v. t.* **1** incuneare; imbiettare; rincalzare (*con una zeppa*): **to w. (up) a wardrobe**, rincalzare un armadio **2** conficcare; incastrare; infilare: **to w. cotton wool into a wound**, infilare cotone idrofilo in una ferita. • **to w. away** (*o* **off**), spingere fuori; far uscire a forza □ **to w. sb. into a corner**, incastrare q. in un angolo □ **to w. oneself into the crowd**, incunearsi tra la folla □ **to w. the gate open**, tenere aperto il cancello con una bietta.

wedged /wɛdʒd/, *a.* **1** incuneato **2** (*fig.*) incastrato; bloccato; incapace di muoversi.

wedgewise /ˈwɛdʒwaɪz/, *avv.* a mo' di cuneo.

wedging /ˈwɛdʒɪŋ/, *n.* **1** (*mecc.*) incuneamento; fissaggio mediante cunei **2** (*collett.*) cunei; zeppe.

Wedgwood /ˈwɛdʒwʊd/, *n.* (= **W. ware**) «Wedgwood» (*ceramica semivetrificata con decorazioni in rilievo*).

wedlock /ˈwɛdlɒk/, *n.* (*arc. o leg.*) vincolo coniugale; matrimonio; stato coniugale. • **a child born in lawful w. [out of w.]**, un figlio legittimo [illegittimo].

Wednesday /ˈwɛnzdeɪ, -dɪ/, *n.* mercoledì: **on W.**, mercoledì; **next W.**, mercoledì prossimo. • (*relig.*) **Ash W.**, il mercoledì delle Ceneri; le Ceneri □ **on a W.**, di mercoledì; il mercoledì □ **on the W.**, quel mercoledì; il mercoledì □ **on Wednesdays** (*USA*: **Wednesdays**), di mercoledì; il mercoledì; ogni mercoledì.

wee (1) /wiː/, *a.* molto piccolo; piccolino; piccino; minuscolo. • **a wee bit**, un po'; un pochino; un tantino □ (*stor., relig.*) **the Wee Frees**, la frazione indipendente della Chiesa scozzese (*che rifiutò l'unione nel 1900*) □ **He's a wee bit drunk**, è alticcio; è brillo.

wee (2) /wiː/, *n.* (*fam.*, = **wee-wee**) pipì.

to **wee** /wiː/, *v. i.* (*fam.*, = **to wee-wee**) fare pipì.

weed (1) /wiːd/, *n.* **1** erba infestante; erbaccia; malerba (*anche bot.*): **The garden has run to weeds**, il giardino s'è ricoperto d'erbacce **2** (*fam.*) spilungone; individuo allampanato, sparuto; (*anche*) ammosciato, mollaccione **3** (*fam.*) ronzino **4** (*fam.*) tabacco; sigaro; sigaretta **5** (*pop.*) marijuana; erba (*pop.*). • **w.-grown**, coperto d'erbacce □ (*prov.*) **Ill weeds grow apace**, l'erba cattiva cresce in fretta.

weed (2) /wiːd/, *n.* **1** (*arc.*) abito; indumento; vestito **2** nastro nero (*in segno di lutto*) **3** (*pl.*) vestito da lutto; gramaglie. • **widow's weeds**, gramaglie vedovili.

to **weed** /wiːd/, *v. t.* e *i.* (*agric.*) sarchiare; ripulire dalle erbacce; strappare le erbacce: **to w. the field**, sarchiare il campo. • **to w. out**, estirpare, sradicare; (*fig.*) eliminare, epurare: **to w. out lazy pupils from a class**, eliminare gli scolari svogliati da una classe.

weeder /ˈwiːdə(r)/, *n.* (*agric.*) **1** sarchiatore, sarchiatrice **2** sarchio, sarchiello (*arnese*) **3** sarchiatrice (*macchina*).

weediness /ˈwiːdɪnəs/, *n.* **1** abbondanza d'erbacce **2** l'essere allampanato (*V.* **weedy**).

weeding /ˈwiːdɪŋ/, *n.* (*agric.*) sarchiatura. • **w. hook**, sarchio; sarchiello □ **w. machine**, sarchiatrice.

weedkiller /ˈwiːdkɪlə(r)/, *n.* diserbante; erbicida.

weedless /ˈwiːdləs/, *a.* privo d'erbacce.

weedy /ˈwiːdɪ/, *a.* **1** coperto d'erbacce; pieno di malerbe; infestato d'erbacce **2** allampanato; gramo; magro; sparuto: **a w. boy**, un ragazzo allampanato **3** (*di cavallo*) bolso. ‖ **-iness**, *sost.*

week /wiːk/, *n.* settimana: **last [next] w.**, la settimana scorsa [prossima]; **a five-day working w.**, una settimana lavorativa di cinque giorni; una settimana corta; **a four weeks' holiday**, quattro settimane di vacanza. • **w. after w.**, una settimana dopo l'altra □ **a w. ago**, una settimana fa □ **w. by w.**, ogni settimana □ **w. in, w. out**, una settimana dopo l'altra; tutte le settimane □ (*arc.*) **a w. of Sundays**, un'eternità □ (*di paga*) **by the w.**, a settimana; settimanalmente: **We're paid by the w.**, siamo pagati a settimana □ (*relig.*) **the Holy W.**, la Settimana Santa □ (*fam.*) **to knock sb. into the middle of next w.**, far vedere i sorci verdi a q.; dare una lezione coi fiocchi a q. □ **to be paid by the w.**, essere pagato a settimana □ **today (this day) w.**, oggi a otto □ **tomorrow w.**, domani a otto □ **to work a forty-hour w.**, fare una settimana lavorativa di quaranta ore □ **yesterday w.**, otto giorni ieri.

weekday /ˈwiːkdeɪ/, *n.* giorno feriale; giornata lavorativa.

weekend /ˈwiːkˈɛnd, *USA* ˈwiːkɛnd/, *n.* week-end; (vacanza di) fine settimana. • **w. break**, week-end offerto dall'azienda □ **w. cottage**, villetta per i week-end □ (*ferr.*) **w. return**, biglietto festivo d'andata e ritorno □ (*ferr.*) **w. ticket**, biglietto festivo.

to **weekend** /ˈwiːkˈɛnd, *USA* ˈwiːkɛnd/, *v. i.* passare il week-end (*o* la vacanza di fine settimana): **We're weekending on the mountains**, andiamo in montagna per il week-end.

weekender /ˈwiːkˈɛndə(r), *USA* ˈwiːkɛn-/, *n.* gitante (*o* vacanziere) del fine settimana; turista del week-end.

weekly /ˈwiːklɪ/, **A** *a.* settimanale: **the w. wage packet**, la busta paga settimanale; **a w. magazine**, una rivista settimanale. **B** *avv.* settimanalmente; ogni settimana; una volta la settimana. **C** *n.* rivista (*o* pubblicazione) settimanale; (un) settimanale; (un) ebdomadario.

weeknight /ˈwiːknaɪt/, *n.* sera di un giorno feriale.

to **ween** /wiːn/, *v. t.* e *i.* (*poet.*) opinare; credere; pensare; supporre.

weenie /ˈwiːnɪ/, *n.* (*pop. USA*) **1** salsicciotto; würstel **2** cretinotto; fessacchiotto **3** (*a scuola*) sgobbone; secchione **4** (*volg.*) pistolino, pisellino (*fam.*) **5** tranello.

weeny /ˈwiːnɪ/, *a.* (*fam.*, *spesso* **teeny-w.**) piccolo piccolo; piccolissimo. • **w.-bopper**, ragazzetta (*di 8-12 anni*) fanatica della musica bop.

weep /wiːp/, *n.* (*lett.*) pianto; sfogo di pianto. • **to have a good w.**, piangere a calde lacrime; farsi un bel pianto □ **to have a little w.**, versare qualche lacrimuccia.

to **weep** /wiːp/ (*pass.* e *p. p.* **wept**), **A** *v. i.* **1** piangere; lacrimare: **to w. for joy [with pain]**, piangere di gioia [per il dolore]; **to w. for a dead son**, piangere un figlio morto; **to w. over one's sad fate**, piangere sul proprio triste destino; **What's the baby weeping about?**, per che cosa piange il bimbo? **2** colare; trasudare; stillare: **Cold pipes w. in hot weather**, le tubazioni fredde trasudano quando fa caldo **3** (*med., biol.*) essudare: **My wound was still weeping**, la mia ferita essudava ancora. **B** *v. t.* **1** piangere; versare: **to w. tears of blood**, piangere (*o* versare) lacrime di sangue **2** trasudare; stillare. • **to w. away**, continuare a piangere; passare (*il tempo, ecc.*) a piangere □ **to w. oneself out**, piangere a più non posso; piangere come una vite tagliata □ **to w. oneself to sleep**, piangere fino ad addormentarsi □ **to w. out an excuse**, mormorare una scusa piangendo □ **She has wept herself out**, ella non ha più lacrime (da piangere) □ **That's nothing to w. over**, non è cosa da piangerci su; c'è poco da piangere.

weeper /ˈwiːpə(r)/, *n.* **1** chi piange; (*specialm.*) chi piange spesso; piagnone, piagnona **2** prefica **3** (*un tempo*) velo di crespo nero (*delle vedove*) **4** (*un tempo*) nastro di crespo nero (*sul cappello degli uomini*) **5** (*fam. USA*: *di film, ecc.*) spettacolo strappalacrime.

weepie /ˈwiːpɪ/, *n.* (*fam. USA*) *V.* **weeper**, *def. 5.*

weeping /ˈwiːpɪŋ/, **A** *n.* pianto; lacrime: **a fit of weeping**, una crisi di pianto. **B** *a.* **1** piangente (*anche bot.*) **2** trasudante; stillante **3** (*med., biol.*) essudante: (*med.*) **w. eczema**, eczema essudante. • (*stor.*) **W. Cross**, croce penitenziale (*posta ai crocicchi*) □ (*poet.*) **w. skies**, cieli che stillano pioggia □ (*bot.*) **w. willow** (*Salix babylonica*), salice piangente □ (*fig. arc.*) **to come home by the W. Cross**, piangere lacrime di contrizione; provare una delusione.

weepy /ˈwiːpɪ/, *a.* (*fam.*) **1** che ha voglia di piangere **2** che ha il pianto facile **3** (*di film, racconto, ecc.*) strappalacrime; che fa piangere. • **to feel w.**, avere voglia di piangere.

weever /ˈwiːvə(r)/, *n.* (*zool.*) **1** (*Trachinus draco*) trachino; pesce ragno **2** (*Trachinus vipera*) trachino vipera.

weevil /ˈwiːvɪl/, *n.* (*zool.*) punteruolo; tonchio; curculione.

weevilled /ˈwiːvɪld/, **weevily** /ˈwiːvəlɪ/, *a.* (*del grano, ecc.*) infestato (*da insetti nocivi*); tonchiato (*raro*).

wee-wee, to **wee-wee** /ˈwiːwiː/, *V.* **wee (2)**, **to wee**.

weft (1) /wɛft/, *n.* (*ind. tess.*) **1** trama: **w. and warp**, trama e ordito **2** (*per estens.*) tessuto. • **w. feed**, alimentazione della trama □ **w. knitting**, maglieria di trama (*processo*) □ **w. stop**, rompitrama □ **w. winder** (*o* **w.-winding machine**), incannatoio; spolettiera.

weft (2) /wɛft/, *n.* (*naut.*) mostravento; fiamma; bandierina.

weigh (1) /weɪ/, *n.* pesatura; pesata. • (*sport*) **w.-in [w.-out]**, peso prima della [dopo la] gara □ (*USA*) **w. scale**, bilancia (*per cucina*).

weigh (2) /weɪ/, *n.* – (*pop., variante di* **way**) **under w.**, per via; in cammino.

to **weigh** /weɪ/, **A** *v. t.* **1** pesare; soppesare; (*fig.*) considerare bene, valutare, ponderare: **to w. a baby**, pesare un bambino; **to w. one's words**, pesare le parole; **to w. the pros and cons**, soppesare il pro e il contro; **I weighed the parcel before taking it to the post office**, pesai il pacco prima di portarlo alla posta; **to w. the merits of two rival candidates**, valutare i meriti di due concorrenti **2** (*naut.*) levare, salpare (*l'ancora*). **B** *v. i.* **1** pesare; esser pesante; avere il peso di; (*fig.*) aver peso, contare, valere: **The box weighs ten pounds**, la scatola pesa dieci libbre (*kg 4,450*); **His words don't w. at all with me**, le sue parole non contano nulla per me; non do nessun peso alle sue parole **2** – **to w. on** (*o* **upon**), pesare a (q.); essere di peso a (q.); gravare; opprimere: **The secret weighed heavily on him**, il segreto gli pesava enormemente; **The theft weighs on his conscience**, il furto (che ha commesso) gli pesa sulla coscienza **3** (*naut.*) levare (*o* salpare) l'ancora. **C** to **weigh**

oneself, *v. rifl.* pesarsi. ● (*fig.*) **to w. anchor**, andarsene □ **to w. in sb.'s favour**, essere valutato (*o* contato) a favore di q. □ (*fig.*) **to be weighed in the balance**, essere giudicato.

♦**weigh against**, **A** *v. t. + prep.* mettere (q.c.) sulla bilancia rispetto a; tener debito conto di: **You should w. the quality of our articles against their price**, dovete tener conto della qualità dei nostri articoli rispetto al loro prezzo. **B** *v. i. + prep.* pesare negativamente su; propendere (*o* andare) a sfavore di: **Your testimony will w. (heavily) against the accused man**, la tua testimonianza avrà un grosso peso a sfavore dell'imputato.

♦**weigh down**, *v. t. + avv.* ***1*** spostare il peso su; appesantire: **The boat must be weighed down on the right side**, bisogna appesantire la barca sul fianco destro ***2*** incurvare; piegare: **The snow had weighed down the branches**, la neve aveva incurvato i rami; **The apple-trees were weighed down with fruits**, i meli si piegavano sotto il peso dei frutti ***3*** (*fig.*) pesare su; opprimere: **I was weighed down with remorse**, ero oppresso dal rimorso.

♦**weigh in**, **A** *v. i. + avv.* ***1*** (*sport*: *di pugili o fantini*) andare al peso; pesarsi ***2*** (*fig.*) esercitare la propria influenza, il proprio peso; intervenire autorevolmente: **He weighed in to save the coalition government**, esercitò la sua influenza per salvare il governo di coalizione; **to w. in with a convincing argument**, intervenire autorevolmente con un'argomentazione convincente. **B** *v. t. + avv.* ***1*** (*trasp.*) pesare (*bagaglio*) ***2*** (*sport*) pesare (*concorrenti*).

♦**weigh out**, **A** *v. t. + avv.* ***1*** pesare; dosare: **to w. out sugar for a cake**, pesare lo zucchero per fare una torta ***2*** distribuire (q.c.) pesando: **to w. out portions of bacon**, distribuire porzioni di bacon pesandole ***3*** (*sport*) pesare (*un concorrente*) dopo una corsa (*o* un incontro di boxe). **B** *v. i. + avv.* (*sport*) pesare alla fine dell'incontro (*o* della corsa): **The challenger weighed out at three pounds**, nell'incontro lo sfidante aveva perso tre libbre.

♦**weigh up**, *v. t. + avv.* ***1*** soppesare (*fig.*); considerare bene; valutare; ponderare: **to w. up the pros and cons of a decision**, soppesare il pro e il contro di una decisione; **to w. up the chances of success**, valutare le probabilità di riuscita ***2*** (*fam.*) farsi un'idea di; prendere le misure a (*fig.*): **I cannot w. up the new boss yet**, non riesco ancora a farmi un'idea del nuovo capo.

weighable /ˈweɪəbl/, *a.* pesabile; che si può pesare.

weighage /ˈweɪɪdʒ/, *n.* (*comm., ingl.*) tassa di pesatura (*di merci*).

weighbar /ˈweɪbɑː(r)/, *n.* (*mecc.*, = **w. shaft**) albero oscillante.

weighbeam /ˈweɪbiːm/, *n.* stadera.

weighbridge /ˈweɪbrɪdʒ/, *n.* pesatrice a ponte; ponte a basculla; pesa: **a public w.**, una pesa pubblica.

weigher /ˈweɪə(r)/, *n.* ***1*** pesatore ***2*** pesatore pubblico; impiegato di pesa pubblica.

weighhouse /ˈweɪhaʊs/, *n.* pesa pubblica.

weighing /ˈweɪɪŋ/, *n.* pesatura; pesata; pesa (*atto di pesare*). ● (*chim.*) **w. bottle**, pesafiltro □ (*sport*) **w. enclosure**, recinto del peso □ (*sport*) **w.-in**, peso; operazioni di peso □ **w. machine**, pesatrice; pesa; bilancia.

weighmaster /ˈweɪmɑːstə(r), *USA* -mæs-/, *n.* addetto a una pesa pubblica.

weight /weɪt/, *n.* ***1*** peso (*anche fig.*); carico, gravame, onere; pesantezza; aggravio, affanno, molestia; fardello, responsabilità; influenza, importanza: **What's your w.?**, qual è il tuo peso?; **to sell goods by w.**, vendere merce a peso; **gross w.**, peso lordo; **net w.**, peso netto; **That's a great w. off my mind**, mi sono liberato di (*o* mi hai tolto, ecc.) un gran peso dall'animo; (*leg.*) **the w. of evidence**, il peso (schiacciante) delle prove; **matters of great w.**, faccende che hanno gran peso; **I feel the w. of my position**, sento la responsabilità della mia posizione; **I don't attach any w. to his decision**, non do nessuna importanza alla sua decisione ***2*** (= **paperweight**) fermacarte ***3*** (*tipogr.*) forza (*del carattere*) ***4*** (*stat.*) fattore ponderale; peso ***5*** (*atletica*) peso: **to lift weights**, sollevare pesi ***6*** (*boxe*) peso. ● (*fis.*) **w. density**, peso specifico □ (*comm.*) **w. draft**, abbuono per il peso □ (*atletica*) **w. lifter**, pesista □ (*atletica*) **w. lifting** (*o* **w. training**), il sollevamento pesi; la pesistica □ **w.-watcher**, chi sta attento al proprio peso; persona che segue una dieta dimagrante □ (*mecc.*) **balance w.**, contrappeso □ **to carry w.**, essere importante; essere autorevole; valere □ **dead w.**, peso morto; (*naut.*) peso proprio (*della nave*); (*fig.*) peso enorme, fardello □ **empty w.**, peso a vuoto (*di un'automobile, ecc.*) □ (*fig.*) **to hang a w. round one's neck**, darsi la zappa sui piedi □ **men of w.**, persone autorevoli; personaggi importanti; pezzi grossi (*fam.*) □ **a man of no w.**, un uomo senza importanza (*o* che non conta nulla) □ **over w.**, di peso eccessivo; (*di persona*) di peso superiore alla norma, sovrappeso □ (*fig.*) **to pull one's w.**, fare la propria parte; mettercela tutta □ (*atletica*) **to put the w.**, lanciare il peso □ **to put on w.**, ingrassare; metter su pancia □ (*fam.*) **to throw one's w. about**, darsi importanza; farla da padrone □ **under w.**, (*di merce*) di peso scarso; (*di persona*) di peso inferiore alla norma, sottopeso □ (*fig.*) **to be worth one's w. in gold**, valere tanto oro quanto si pesa □ **He is twice your w.**, pesa il doppio di te.

to **weight** /weɪt/, *v. t.* ***1*** appesantire (*anche fig.*); gravare; rendere più pesante: **to w. a golf club with lead**, rendere un bastone da golf più pesante con l'aggiunta di piombo; **My eyelids were weighted with sleep**, avevo le palpebre appesantite dal sonno ***2*** (*ind. tess.*) caricare ***3*** (*stat.*) ponderare. ● **to w. against**, calcare su (*un fatto, un argomento*) contro (q.) □ **to w. down**, appesantire; gravare su (q.).

weighted /ˈweɪtɪd/, *a.* ***1*** appesantito; gravato ***2*** (*ind. tess.*) caricato ***3*** (*stat.*) ponderato: **w. mean** (*o* **w. average**), media ponderata ***4*** (*sport*) gravato di handicap. ● (*stat.*) **w. factor**, coefficiente di ponderazione.

weightiness /ˈweɪtɪnəs/, *n.* ***1*** pesantezza ***2*** (*fig.*) gravità; importanza; serietà ***3*** (*fig.*) autorevolezza; autorità; influenza.

weighting /ˈweɪtɪŋ/, *n.* ***1*** appesantimento ***2*** (*ind. tess.*) carica ***3*** (*stat.*) ponderazione ***4*** (*econ.*) indennità speciale (*per grande sede, ecc.*).

weightless /ˈweɪtləs/, *a.* ***1*** senza peso ***2*** (*fig.*) senza importanza. ● (*miss.*) **w. condition**, assenza di peso. || **-ly**, *avv.*

weightlessness /ˈweɪtləsnəs/, *n.* (*mecc., miss.*) (stato di) assenza di gravità; assenza di peso.

weighty /ˈweɪtɪ/, *a.* ***1*** pesante; gravoso; (*fig.*) grave, importante, serio: **w. problems**, problemi gravi; **a w. matter**, una faccenda importante; **a w. load**, un pesante carico; (*fig.*) un grave peso ***2*** (*fig.*) autorevole; influente: **a w. personage**, un personaggio influente.

weir /wɪə(r)/, *n.* ***1*** chiusa; diga; stramazzo (*di corso d'acqua*) ***2*** palizzata, sbarramento di rami (*di pescaia*).

weird (**1**) /wɪəd/, *n.* (*arc. o scozz.*) ***1*** fato; destino ***2*** incantesimo; malia ***3*** profezia.

weird (**2**) /wɪəd/, *a.* ***1*** soprannaturale; magico; misterioso ***2*** (*fam.*) bizzarro; strano; strambo; originale: **a w. character**, un personaggio bizzarro, originale ***3*** (*arc.*) fatidico. ● (*mitol., letter.*) **the W. Sisters**, le Parche; (*anche*) le Norne. || **-ly**, *avv.*

weirdie /ˈwɪədɪ/, *n.* (*fam.*) persona stramba (*o* bizzarra); tipo originale; individuo pittoresco.

weirdness /ˈwɪədnəs/, *n.* ***1*** carattere soprannaturale; aspetto misterioso ***2*** (*fam.*) bizzarria; stranezza.

weirdo /ˈwɪədəʊ/, *n.* (*pl.* **weirdos**) (*pop.*) *V.* **weirdie**.

Welch /welʃ/, *a.* gallese; del Galles (*di solito nei nomi dei reggimenti*): **the Royal W. Fusiliers**, i Fucilieri Reali del Galles.

to **welch** /welʃ/, *V.* **to welsh**.

welcher /ˈwelʃə(r)/, *V.* **welsher**.

welcome /ˈwelkəm/, **A** *a.* benvenuto; bene accetto; gradito: che riempie di gioia: **a w. guest**, un ospite bene accetto; **a w. gift**, un dono gradito; **a w. sight**, una vista che riempie di gioia. **B** *n.* benvenuto; accoglienza: **We met with a cold w.**, trovammo una fredda accoglienza; fummo accolti freddamente; **an enthusiastic w.**, un'accoglienza entusiastica. **C** *inter.* benvenuto!; benvenuti!: **W. to Scotland!**, benvenuti in Scozia! ● **w. back!** (*o* **w. home!**), bentornato! □ **w. news**, buone notizie □ **to be w. to**, esser libero di; potere; fare cosa grata a: **You are w. to (use) my car**, puoi usare (*o* mi farai cosa grata se userai) la mia automobile; **You are w. to do what you like**, sei libero di fare ciò che vuoi □ **as w. as flowers in May**, molto gradito □ **as w. as snow on the harvest**, gradito come il fumo negli occhi □ **to give sb. a warm w.**, accogliere q. calorosamente, cordialmente; (*fig.*) accogliere (*un avversario*) come si merita □ **to make sb. w.**, far sentire a q. che è il benvenuto; far festa a q. □ **to outstay** (*o* **to wear out**) **one's w.**, *V. sotto* **to wear out** □ (*specialm. USA*) **You're w.!**, prego!; non c'è di che! □ **Questions are w.**, i presenti sono invitati a fare domande □ **You are w. to any service I can do**, sarò lieto di poterti essere utile in qualsiasi cosa.

to **welcome** /ˈwelkəm/, *v. t.* ***1*** dare il benvenuto a; accogliere cordialmente: **to w. a visitor**, dare il benvenuto a un visitatore ***2*** accogliere volentieri; accettare di buon grado; gradire; vedere (q.c.) con favore: **to w. a suggestion**, accogliere volentieri un suggerimento; **to w. criticism**, accettare di buon grado le critiche. ● **to w. sb. home**, dare il bentornato a q. □ **to w. sb. in**, fare entrare q. dandogli il benvenuto □ **to w. an opportunity**, esser felice che si presenti un'occasione.

welcomeness /ˈwelkəmnəs/, *n.* (*raro*) ***1*** l'essere il benvenuto ***2*** l'essere gradito.

welcomer /ˈwelkəmə(r)/, *n.* (*raro*) chi dà il benvenuto.

weld (**1**) /weld/, *n.* (*metall.*) saldatura; giunto saldato; punto saldato: **The bar broke at the w.**, la barra si ruppe nel punto saldato; **a T w.**, un giunto saldato a T. ● **w. bead**, cordone di saldatura □ **w. metal**, metallo fuso; materiale d'apporto □ **w. time**, tempo di saldatura □ **arc w.**, saldatura ad arco.

weld (**2**) /weld/, *n.* (*bot., Reseda luteola*) guaderella; erba guada.

to **weld** /weld/, (*metall.*) **A** *v. t.* saldare (*anche fig.*). **B** *v. i.* saldarsi (*anche fig.*): **This alloy welds easily**, questa lega si salda facilmente. ● **to w. together**, saldare insieme; saldarsi; (*fig.*) formare tutt'uno □ (*geol.*) **welded tuff**, tufo cementato.

weldability /weldəˈbɪlətɪ/, *n.* (*metall.*) saldabilità.

weldable /ˈweldəbl/, *a.* (*metall.*) saldabile.

welder /ˈweldə(r)/, *n.* (*metall.*) ***1*** saldatore: **electric w.**, saldatore elettrico ***2*** saldatrice (*macchina*): **electric w.**, saldatrice elettrica; **spot w.**, saldatrice a punti.

welding /ˈweldɪŋ/, *n.* ***1*** (*metall.*) saldatura (*l'azione*) ***2*** (*geol.*) saldatura. ● **w. blowpipe**, cannello per saldatura autogena □ **w. machine**, saldatrice □ **w. rod**, bacchetta per saldatura; filo di apporto □ **w. tip**, ugello di cannello; (*anche*) elettrodo di saldatrice □ **w. torch**, cannello per saldatura autogena □ **electric-arc w.**, saldatura ad arco.

weldless /ˈweldləs/, *a.* (*metall.*) senza saldature; non saldato.

welfare /ˈwelfeə(r)/, *n.* benessere; prosperità; bene: **the general w.**, il benessere generale;

the w. of one's country, la prosperità del proprio paese. ● w. and family matters, servizi sociali e di questioni familiari □ w. contributions, oneri previdenziali □ (*econ.*) w. economics, economia del benessere □ w. officer, assistente sociale □ (*econ.*) the W. State, lo stato sociale; lo stato assistenziale □ w. work, servizio di assistenza sociale; servizio sociale □ w. worker, assistente sociale □ (*in U.S.A.*) to be on w., essere assistito dallo Stato in attesa di trovare lavoro: those on w., gli assistiti □ public w., bene comune; salute pubblica.

welfarism /ˈwɛlfɛərɪzəm/, *n.* (*econ.*) welfarismo; teoria dello stato sociale (*o* assistenziale).

welfarist /ˈwɛlfɛərɪst/, *n.* sostenitore (*o* fautore) della politica dello stato assistenziale.

welkin /ˈwɛlkɪn/, *n.* (*poet.*) cielo; volta celeste. ● **to make the w. ring**, far risuonare la volta celeste; mandare alte grida al cielo.

well (1) /wɛl/, *n.* ***1*** pozzo: **artesian w.**, pozzo artesiano; **oil wells**, pozzi petroliferi ***2*** fonte, fontana, sorgente (*fig. e nei toponimi*): **the w. of knowledge**, la fonte del sapere ***3*** (*edil.*) tromba (*o* pozzo) delle scale; vano dell'ascensore ***4*** (*di penna stilografica*) serbatoio ***5*** (*naut.*) pozzo delle pompe ***6*** (*naut.*) vivaio (*di un peschereccio*) ***7*** (*leg.*: *nei tribunali ingl.*) spazio riservato ai difensori. ● (*naut.*) **w. boat**, (barca) vivaio □ **w. borer**, scavatore di pozzi; (*ind. min.*) sonda-trivella □ (*ind. min.*) **w. core**, carota □ **w.-curb**, vera (di pozzo) □ (*naut.*) **w. deck**, ponte a pozzo (*per es., di aliscafo*) □ (*ind. min.*) **w. drilling**, trivellazione; sondaggio □ **w.-hole**, pozzo; (*edil.*) tromba (*o* pozzo) delle scale □ (*metall.*) **the w. of a blast furnace**, il crogiolo di un altoforno □ **w. sinker**, scavatore di pozzi □ **w. water**, acqua di pozzo □ **w. sweep**, pertica del pozzo; shaduf, sciaduf □ **to bore** (*o* **to sink**) **a w.**, scavare un pozzo □ (*naut.*) **periscope w.**, tubo del periscopio □ (*naut.*) **propeller w.**, pozzetto (*o* gabbia) dell'elica.

well (2) /wɛl/, *avv.* (*compar.* **better**, *superl.* **best**) ***1*** bene; attentamente; diligentemente; rettamente; con cura; a fondo; completamente: **to read [to sing, to sleep] w.**, leggere [cantare, dormire] bene; **to speak w. of a person**, parlar bene di una persona; **Stir it w. before you drink it**, rimescolalo bene prima di berlo; **Green and yellow go w. together**, il verde e il giallo stanno bene insieme; **to treat sb. w.**, trattar bene q.; **The work is w. done**, il lavoro è fatto bene; **to know sb. w.**, conoscer bene q.; conoscere a fondo q. ***2*** bene; a ragione: **You may w. say so**, puoi ben dirlo; **You did w. to stay at home**, facesti bene a restare a casa; **You can't very w. refuse to marry her**, non puoi a ragione rifiutarti di sposarla. ● (*fam.*) **w. and truly**, del tutto; completamente □ (*fam.*) **w. and truly drunk**, ubriaco fradicio □ **w. away**, avanti (*nel fare q.c.*); a buon punto; (*pop.*) avanti (*nel bere*), quasi brillo; un pezzo in là (*pop.*) □ **to be w. on in life**, essere avanti con gli anni □ **It's w. on midday**, è quasi mezzogiorno □ **to be w. out of it**, essersela cavata a buon mercato; esserne fuori □ **to be w. past forty [fifty, sixty]**, aver passato la quarantina [la cinquantina, la sessantina] da un pezzo □ **to be w. up in st.**, essere al corrente di q.c.; conoscere bene q.c. □ **as w.**, anche; pure: **I shall come as w.**, verrò io pure; **We may as w. leave immediately**, possiamo anche (*o* tanto vale) partire subito □ **as w. as**, così come; tanto quanto; non solo ma anche; come pure: **He gave me shelter as w. as food**, mi diede non solo asilo, ma anche da sfamarmi □ **to come off w.**, (*di persona*) cavarsela, uscirne bene; (*di cosa*) riuscir bene; (*fam.*) fare una bella figura □ **to do well**, fare bene (*nella vita, ecc.*): **Your son will do w.**, tuo figlio farà bene (*o* si farà strada) □ **to do oneself w.**, trattarsi bene; non farsi mancar nulla □ **to do w. out of the sale of one's car**, vendere bene la propria automobile □ **to examine st. w.**, esaminare q.c. a fondo □ **just as w.**, meno male!; poco male!; pazienza!; altro male non sia! (*fam.*) □ **to live w.**, vivere nell'agiatezza; passarsela bene □ **to look w.**, guardar bene; cercare attentamente; (*anche*: *di persona*) stare bene, fare figura; (*di cosa*) stare bene: **Jane looks w. in her green dress**, Jane fa figura vestita di verde; **Does this tie look w. on me?**, mi sta bene questa cravatta? □ **perfectly w.**, alla perfezione; perfettamente □ **pretty w. finished**, quasi finito □ **to receive sb. w.**, fare buona accoglienza a q. □ (*impers.*) **to speak w. for sb.**, far onore a q.: **It speaks w. for him that he refused**, gli fa onore l'aver rifiutato □ **to stand w. with sb.**, essere in buoni rapporti con q.; essere nelle buone grazie di q. □ **very w.**, benissimo: **You've done your homework very w.**, hai fatto benissimo il compito a casa □ **W. done!**, bravo!; ben fatto! □ **W. met!**, proprio te!; che piacere incontrarti! □ **W. run!** hai fatto un'ottima corsa!; bravo! □ **That boy will do w. (in life)**, quel ragazzo si farà strada (nella vita) □ **Look w. to yourself**, bada a te!; sta' bene attento! □ **You might (just) as w. throw your money away**, tanto varrebbe che i tuoi soldi li buttassi via □ **He ought to be w. beaten**, meriterebbe un fracco di legnate □ **That's just as w.**, va bene!; pazienza!; tanto fa!; fa lo stesso! □ **You might as w. tell me a story**, potresti anche raccontarmi una favola □ (*prov.*) **W. begun is half done**, chi ben comincia è a metà dell'opera □ (*prov.*) **Let w. (enough) alone**, il meglio è nemico del bene.

well (3) /wɛl/, **A** *a. pred.* (*compar.* **better**, *superl.* **best**) ***1*** bene; in buona salute; in buone condizioni: **Is he w. or ill?**, sta bene o è malato?; **I am feeling w. today**, oggi mi sento bene; **I am perfectly w.**, sto benissimo ***2*** bene; opportuno; consigliabile; utile; giusto; bello: **It would be w. to inquire**, sarebbe bene indagare; **It would be w. to tell him at once**, sarebbe giusto dirglielo subito. **B** *a. attr.* (*specialm. USA*) che sta bene; che è in buona salute; sano: **He's not a w. man**, non sta bene di salute. ● **w. and good!**, d'accordo; sta bene!; alla buon'ora! □ **w. enough**, abbastanza bene; benino; discretamente: **I am w. enough**, sto abbastanza bene □ **to be w. off**, passarsela bene; essere in buone condizioni finanziarie □ **to be w. up in Latin**, essere forte in latino □ **to get w. (again)**, guarire; ristabilirsi □ **to look w.** (*o* **to be looking w.**), avere una bella cera (*o* un bell'aspetto) □ (*iron.*) **It's all very w. ... but**, sta bene... ma □ **All's w.**, tutto a posto!; tutto bene! □ (*prov.*) **All's w. that ends w.**, tutto è bene quel che finisce bene.

well (4) /wɛl/, *n.* (il) bene: **to wish sb. w.**, augurare (ogni) bene a q. ● **It was w. for her that you were present**, fu una fortuna (*fam.*: un bene) per lei che tu fossi presente.

well (5) /wɛl/, *inter.* beh; ebbene; dunque; allora: **W., what shall we do now?**, beh, e ora che facciamo?; **W., what about it?**, ebbene, che ne dici?; **W., as I was saying...**, dunque, come stavo dicendo...; **W. then?**, e allora?, e poi?; e con ciò? ● **w., but**, sì ma: **W., but what about the others?**, sì, ma gli altri? □ **Very w.!**, benissimo!; benone!; d'accordo!; (*anche*) fa pure!; accomodati!; staremo a vedere! □ **W., I see**, bene, bene; capisco □ **W., to be sure!**, ma certo!; questa sì che è bella!; (*con incredulità*) ma no!; davvero? □ **W., I never!**, chi l'avrebbe mai detto?; ma no!; impossibile!

well (6) /wɛl/, *pref.* (*in numerosi composti, quali*:) **w.-adjusted**, ben inserito (*nel lavoro, nella società*) □ **w.-advised**, saggio; prudente: **a w.-advised decision**, una decisione saggia □ **w.-appointed**, bene attrezzato; bene arredato; ben equipaggiato: **a w.-appointed office**, un ufficio bene arredato □ **w.-balanced**, ben proporzionato; bilanciato; equilibrato: (*med.*) **a w.-balanced diet**, una dieta bilanciata □ **a w.-balanced mind**, una mente equilibrata □ **w.-behaved**, educato, beneducato □ **w.-beloved**, beneamato; amatissimo □ **w.-born**, bennato, di buona famiglia □ **w.-bred**, (*di persona*) educato, beneducato; (*di cavallo, ecc.*) di razza □ (*di un uomo*) **w.-built**, ben piantato; ben messo □ **w.-chosen**, scelto bene, appropriato □ **w.-conditioned**, onesto, retto; (*di animale*) sano □ **w.-conducted**, bene costumato, che si comporta bene, disciplinato; (*di azienda, ecc.*) gestito bene, bene organizzato □ **w.-connected**, di buon parentado; che ha buone relazioni sociali (*o* commerciali) □ **w.-defined**, ben definito; (*di concetto*) chiaro, esplicito □ **w.-deserved**, meritato □ **w.-disposed**, bendisposto, benevolo, favorevole □ **w.-doer**, chi fa del bene; persona virtuosa □ **w.-doing**, l'agir bene; la virtù □ **w.-done**, ben fatto; (*di cibo*) ben cotto □ **w.-dressed**, ben vestito □ **w.-earned**, meritato □ **w.-endowed**, ben dotato (*fisicamente*); superdotato □ **w. established**, (*di organo, potere, ecc.*) solido, saldo; (*di costume*) inveterato, radicato; (*di professionista*) affermato □ (*arc.*) **w.-favoured**, bello, di bell'aspetto □ **w.-fed**, ben nutrito □ **w.-found**, bene attrezzato, ben equipaggiato □ **w.-founded**, fondato: **w.-founded charges**, accuse fondate □ (*arc.*) **w.-graced**, aggraziato; attraente □ **w.-groomed**, attillato, azzimato □ **w.-grounded**, fondato; bene informato, competente, esperto □ (*fig. fam.*) **w.-heeled**, ricco, facoltoso, agiato; (*anche*) bene organizzato, ben strutturato □ (*fam.*) **w.-hung**, (*d'abito*) che cade bene, che sta bene; (*d'uomo*) ben messo (*fisicamente*); ben piantato; (*di donna*) prosperosa, popputa (*pop.*) □ **w.-informed**, bene informato; al corrente □ **w.-intentioned**, ben intenzionato; (fatto) a fin di bene □ **w.-judged**, pieno di discernimento, assennato, saggio □ **w.-kept**, ben tenuto; tenuto bene □ **w.-knit**, (*di persona*) forte, robusto, ben piantato; (*di ragionamento, ecc.*) coerente; (*di edificio, ecc.*) solido □ **w.-known**, notorio, noto; rinomato □ **w.-knowness**, notorietà □ **w.-liked**, popolare, amato □ **w.-lined**, (*dello stomaco*) pieno; (*del portafogli*) gonfio □ **w.-made**, ben fatto; di belle fattezze □ (*fin.*) **w.-managed**, gestito bene; condotto bene □ **w.-mannered**, educato, cortese, beneducato □ **w.-marked**, chiaro, distinto, evidente □ **w.-matched**, bene assortito; bene accoppiato □ **w.-meaning**, ben intenzionato □ **w.-meant**, fatto (*o* detto) a fin di bene □ (*form.*) **w.-nigh**, quasi, pressoché □ **w.-off**, agiato, benestante, ricco; messo bene (*in fatto di attrezzature, servizi, ecc.*); (*fam.*) fortunato: **w.-off people**, i ricchi □ **w.-oiled**, bene oliato; (*fig.*) complimentoso, untuoso; (*pop.*) sbronzo □ **w.-ordered**, bene ordinato □ **w.-organised**, ben organizzato □ **w.-pleasing**, molto piacevole □ **w.-preserved**, conservato bene, in buono stato; (*di persona*) che si conserva bene, benportante □ **w.-proportioned**, ben proporzionato □ **w.-read**, che ha letto molto, colto, istruito □ **w.-regulated**, bene ordinato, disciplinato □ **w.-reputed**, stimato, che gode di buona fama □ **w.-rounded**, (ben) finito; completo; ben tornito; (*fig.*) eclettico □ **w.-seasoned**, (*di legno, ecc.*) ben stagionato; (*di cibo*) ben condito; (*fig.*: *di persona*) di grande esperienza □ **w.-set**, compatto, saldo, solido; (*di persona*) ben piantato, robusto □ **w.-set-up**, ben fatto, ben piantato, robusto; agiato, facoltoso, ricco □ **w.-spoken**, facondo, eloquente, raffinato nel parlare; detto (*o* pronunciato) bene; che parla bene; (*pop.*: *di donna*) **w.-stacked**, ben messa □ (*org. az.*) **w.-staffed**, bene fornito di personale □ **w.-thought-of**, che gode della considerazione generale; stimato (*o* benvoluto) da tutti □ **w.-thought-out**, (*di una decisione, di un passo*) ponderato, ben meditato; (*di un progetto*) pensato bene, ben progettato □ (*di un libro*) **w.-thumbed**, pieno di ditate; (*fig.*) molto compulsato □ **w.-timed**, tempestivo, opportuno □ **w.-to-do**, agiato, benestante, ricco □ **w.-**

-tried, provato, sperimentato, sicuro: **w.-tried remedies**, rimedi sicuri □ **w.-trodden**, assai frequentato □ (*di frase, ecc.*) **w.-turned**, ben tornito □ **w.-watered**, (*di un giardino, ecc.*) ben annaffiato; (*agric.*) ben irrigato □ **w.-wisher**, persona che vuol bene (*o* che è affezionata); fautore, sostenitore □ **w.-wishing**, benaugurante □ **w.-worn**, consunto, logoro, liso, frusto, sdrucito; (*fig.*) comune, trito, banale, vieto: **a w.-worn joke**, una storiella trita.

to **well** /wɛl/, *v. i.* (*di solito* **to w. up, out, forth**) scaturire; sgorgare; pullulare; zampillare: **Bitter tears welled from her eyes** (*o* **up in her eyes**), amare lacrime le sgorgarono dagli occhi; **Suddenly water welled up**, d'improvviso zampillò l'acqua.

♦**well out**, *v. i. + avv.* (*dell'acqua, del sangue, ecc.*) sgorgare; zampillare.

♦**well over**, *v. i. + avv.* (*di un liquido e fig.*) traboccare: **The milk welled over**, il latte traboccò; **My heart welled over with joy**, il mio cuore traboccava di gioia.

♦**well up**, *v. i. + avv.* **1** (*di un liquido*) sgorgare a fiotti **2** (*fig.*: *di un sentimento*) salire in petto: **Pity welled up in my heart**, il cuore mi si gonfiò di pietà.

we'll /wiːl, wɪl/, *contraz.* di: **1** we shall **2** we will.

welladay /ˈwɛləˈdeɪ/, **wellaway** /ˈwɛləˈweɪ/, *inter.* (*arc.*) ahimé; ohimé!

wellbeing /ˈwɛlˈbiːɪŋ/, *n.* benessere; prosperità.

wellhead /wɛl/, *n.* **1** sommità del pozzo **2** *V.* **wellspring**.

wellies /ˈwɛliːz/, *n. pl.* (*abbr. fam. di* **Wellingtons**) stivali (*o* stivaloni) di gomma.

Wellingtons /ˈwɛlɪŋtənz/, *n. pl.* (= **Wellington boots**) **1** stivali (*o* stivaloni) di gomma; stivali alti fino al ginocchio (*o* al polpaccio) **2** (*mil.*) stivali alla scudiera.

wellpoint /ˈwɛlpɔɪnt/, *n.* (*costr. idriche*) pozzo filtrante.

wellspring /ˈwɛlsprɪŋ/, *n.* **1** (*idrologia*) punto di risorgenza **2** (*fig.*) fonte; sorgente; origine **3** (*lett., fig.*) pozzo di San Patrizio (*fig.*).

welly /ˈwɛlɪ/, *n.* (*fam.*) stivalone di gomma.

Welsh /wɛlʃ/, **A** *a.* gallese; del Galles. **B** *n.* gallese (*la lingua*). ● (*collett.*) **the W.**, i Gallesi □ **W. rabbit** (*o* **W. rarebit**), toast caldo, ricoperto di formaggio fuso.

to **welsh** /wɛlʃ/, *v. i.* **1** (*specialm. ippica*) scappare senza pagare le scommesse (ai vincitori) **2** (*fig.*) mangiarsi la parola; mancare a una promessa.

welsher /ˈwɛlʃə(r)/, *n.* **1** (*specialm. ippica*) allibratore che scappa senza pagare le scommesse **2** (*fig.*) chi non mantiene gli impegni; truffatore.

Welshman /ˈwɛlʃmən/, *n.* (*pl.* **Welshmen**) gallese (*uomo*).

Welshwoman /ˈwɛlʃwʊmən/, *n.* (*pl.* **Welshwomen**) gallese (*donna*).

welt /wɛlt/, *n.* **1** (*di scarpe*) guardolo; tramezzo (*fra la tomaia e la suola*) **2** (*di stoffa*) rigo in rilievo; costa **3** (*di calza*) rinforzo **4** cordone (*di tappezzeria*); orlo (*di stoffa*) **5** segno di frustata (*sulla pelle*); livido; piaga **6** (*tecn.*) coprigiunto **7** (*pop.*) colpo; botta; frustata; sferzata; staffilata.

to **welt** /wɛlt/, *v. t.* **1** mettere il guardolo a (*una scarpa*); mettere il rinforzo a (*una calza*) **2** colpire; frustare; sferzare; staffilare; picchiare.

welter (1) /ˈwɛltə(r)/, *n.* **1** sballottamento; tumulto (*delle onde, ecc.*): **the w. of the waves**, il tumulto dei flutti **2** (*fig.*) confusione; guazzabuglio.

welter (2) /ˈwɛltə(r)/, *n.* (*sport*) pugile (*o* fantino) di peso welter. ● (*ippica*) **w. race**, corsa per fantini di peso welter.

to **welter** /ˈwɛltə(r)/, *v. i.* **1** avvoltolarsi; voltolarsi; diguazzare; essere immerso; sguazzare (*anche fig.*): **to w. in a pool of mud**, voltolarsi in una pozza di fango; **They weltered in their blood**, erano immersi nel loro sangue **2** (*del mare, ecc.*) accavallarsi; tumultuare. ● (*poet.*) **the weltering seas**, le onde tumultuose.

welterweight /ˈwɛltəweɪt/, *n.* (*sport*) peso welter; welter: **light w.**, welter leggero.

wen /wɛn/, *n.* (*med.*) **1** porro **2** cisti sebacea (*sul cuoio capelluto*).

wench /wɛntʃ/, *n.* **1** (*arc., scherz. o dial.*) ragazza; giovanetta; donzella; (*specialm.*) contadinotta, servotta **2** (*arc.*) sgualdrina.

to **wench** /wɛntʃ/, *v. i.* (*arc. o scherz.*) frequentare sgualdrine.

Wend /wɛnd/, *n.* abitante della Sassonia orientale (*di razza slava*).

to **wend** /wɛnd/, *v. i.* (*arc.*) andare; viaggiare. ● (*poet.*) **to w. home**, dirigersi verso casa; prendere la via del ritorno □ (*poet.*) **to w. one's way**, proseguire (*o* andare) per la propria strada.

Wendy house /ˈwɛndɪhaʊs/, *n.* (*marchio*) tenda a forma di casetta (*in cui giocano i bambini*).

went /wɛnt/, *pass.* di **to go**.

wept /wɛpt/, *pass.* e *p. p.* di **to weep**.

were /wɜː(r), wə(r)/, *pass.* di **to be** (2^a *pers. sing.*; 1^a, 2^a e 3^a *pers. pl.*).

we're /wɪə(r), wiːə(r), wɛə(r), wə(r)/, *contraz.* di **we are**.

weren't /wɜːnt, *USA* wɜːnt, ˈwɜːrənt/, *contraz.* di **were not**.

werewolf /ˈwɪəwʊlf/, *n.* (*pl.* **werewolves**) (*mitol.*) lupo mannaro; licantropo.

wert /wɜːt/, (*arc. o poet.*) 2^a *pers. sing. pass.* di **to be**: **thou w.**, eri; fosti.

Wertherism /ˈwɜːtərɪzəm/, *n.* (*letter.*) wertherismo; romanticismo esagerato (*alla Werther*).

Wesleyan /ˈwɛzlɪən/, *a.* e *n.* (*relig.*) wesleyano; metodista.

Wesleyanism /ˈwɛzlɪənɪzəm/, *n.* (*relig.*) dottrina religiosa di John Wesley (1703-1791); metodismo.

west /wɛst/, **A** *n.* **1** ovest; occidente; ponente; parte occidentale: **Bordeaux is in the w. of France**, Bordeaux è nella parte occidentale della Francia; **Spain lies to the w. of France**, la Spagna è a ovest della Francia **2** (*geogr.*) – **the W.**, (*in G.B., in Irlanda, ecc.*) l'Ovest; (*USA*) l'Ovest, il West (*i territori a ovest del Mississippi*); (*in genere, anche polit.*) l'Occidente, i paesi occidentali, il mondo occidentale. **B** *a.* **1** dell'ovest; di ponente; occidentale: **a w. wind**, un vento di (*o* da) ponente; **on the w. coast**, sulla costa occidentale; **W. Africa**, l'Africa Occidentale; (*ling.*) **W. Germanic**, germanico occidentale **2** (situato a) ovest: **the w. entrance**, l'entrata ovest; **the w. side of the house**, il lato ovest della casa **3** (*esposto, rivolto, che guarda*) a ovest (*o* a ponente): **a w. window**, una finestra a ponente. **C** *avv.* a (*o* verso) ovest; a (*o* verso) occidente: **The house faces w.**, la casa è esposta a ovest; **to sail w.**, navigare verso occidente. ● (*in Inghil.*) **the W. Country**, l'Ovest (*la Cornovaglia, il Devon e il Somerset*) □ **the W. End**, il West End (*quartiere elegante di Londra*) □ (*stor.*) **W. Germany**, la Germania dell'Ovest; la Germania Occidentale □ **W. Indian**, (abitante, nativo) delle Indie Occidentali □ **the W. Indies**, le Indie Occidentali □ (*in U.S.A.*) **W. Point**, l'Accademia Militare degli Stati Uniti d'America □ **W. Side**, i quartieri occidentali di New York □ (*stor.*) **the Empire of the W.**, l'Impero d'Occidente □ (*in U.S.A.*) **the Far W.**, il Far West (*la regione a ovest delle Montagne Rocciose*) □ **to go w.**, andare all'ovest; (*fam.*) crepare, morire; andare in rovina (*o* alla malora) □ (*in U.S.A.*) **the Middle W.**, la regione tra i monti Allegheny e le Montagne Rocciose □ (*stor. USA*) **the Wild W.**, il selvaggio West.

westbound /ˈwɛstbaʊnd/, *a.* diretto a ovest; che va verso ovest.

wester /ˈwɛstə(r)/, *n.* **1** forte vento da ovest **2** (*naut.*) burrasca da ovest.

to **wester** /ˈwɛstə(r)/, *v. i.* **1** (*astron.*: *di astro, pianeta, satellite*) muoversi (*apparentemente*) verso ovest **2** (*meteor.*: *del vento*) girare a ovest (*o* a ponente).

westering /ˈwɛstərɪŋ/, **A** *a.* **1** che va verso ovest **2** (*del sole*) che volge al tramonto. **B** *n.* (*naut.*) rotta verso ovest.

westerly /ˈwɛstəlɪ/, **A** *a.* dell'ovest; dell'occidente; occidentale; di ponente: **a w. wind**, un vento dell'ovest (*o* di, da ponente); (*in Italia*) **w. breeze**, ponentino. **B** *avv.* **1** verso ovest; verso occidente (*o* ponente) **2** (*del vento*) da ovest; da ponente: **The wind blew w.**, il vento soffiava da ponente. **C** *n. pl.* – **westerlies**, (*meteor., naut.*) venti (*o* correnti) occidentali. ● **to sail in a w. direction**, navigare verso ovest.

western /ˈwɛstən/, **A** *a.* **1** occidentale; dell'occidente; dell'ovest; di ponente: **the w. hemisphere**, l'emisfero occidentale; **a w. city**, una città dell'ovest; **w. civilization**, la civiltà occidentale (*d'Europa e dell'America*) **2** esposto (*o* rivolto, che guarda) a ovest (*o* a ponente): **a w. window**, una finestra a ponente. **B** *n.* film (*o* racconto, ecc.) ambientato nel Far West; western. ● (*relig.*) **the W. Church**, la Chiesa Romana □ (*stor.*) **the W. Empire**, l'Impero d'Occidente.

westerner /ˈwɛstənə(r)/, *n.* occidentale; abitante (*o* nativo) dell'ovest (*di un paese e specialm. degli U.S.A.*).

to **westernize** /ˈwɛstənaɪz/, **A** *v. t.* rendere occidentale; dare un carattere occidentale a (*un paese*); occidentalizzare. **B** *v. i.* occidentalizzarsi.

westernmost /ˈwɛstənməʊst/, *a.* (il) più occidentale; situato all'estremo occidente (*o* all'estremo ovest).

westing /ˈwɛstɪŋ/, *n.* (*naut.*) **1** spostamento (*dalla rotta*) verso ovest **2** distanza coperta navigando verso ovest. ● **to make w.**, fare rotta verso ovest.

Westminster /ˈwɛstmɪnstə(r)/, *n.* **1** (*geogr.*) Westminster (*distretto di Londra con status di city*) **2** (il) Parlamento britannico; (*fig.*) (la) vita parlamentare inglese. ● **W. Abbey**, l'Abbazia di Westminster (*anglicana*) □ **W. Cathedral**, la Cattedrale di Westminster (*cattolica*).

Westphalia /wɛstˈfeɪlɪə/, *n.* (*geogr.*) Vestfalia.

Westpolitik /ˈvɛstpɒlɪtiːk, vɛstpɒlɪˈt-/ (*ted.*), *n.* (*stor.*) politica (*specialm. di un paese comunista*) di apertura verso l'Occidente.

westward /ˈwɛstwəd/, **A** *a.* volto a occidente; verso ovest. **B** *avv. V.* **westwards**. ● **in a w. direction**, in direzione ovest; verso ponente □ (*geogr.*) **to lie to the w.**, essere situato a ovest.

westwardly /ˈwɛstwədlɪ/, *a.* e *avv.* verso ovest; verso l'occidente. ● **a w. wind**, un vento di ponente; un vento da ovest.

westwards /ˈwɛstwədz/, *avv.* in direzione ovest; verso occidente, verso ponente: **Columbus sailed w. for seventy days**, Colombo navigò verso ponente per settanta giorni.

wet /wɛt/, **A** *a.* **1** bagnato; umido: **wet hands**, mani bagnate; **wet socks**, calzini bagnati; **wet clothes**, vestiti umidi **2** (*di tempo, ecc.*) piovoso; umido: **wet weather**, tempo piovoso; tempo umido; **a wet day**, una giornata piovosa; **The moisture meter shows «wet»**, il misuratore dell'umidità segna «umido» **3** non asciutto; fresco: **wet paint**, vernice fresca **4** (*stor. USA*) antiproibizionista: **a wet State**, uno Stato antiproibizionista **5** (*fam.*: *di persona*) fiacco; debole di carattere. **B** *n.* **1** (il) bagnato; (l') umido; terreno bagnato **2** tempo piovoso; pioggia: **Don't go out in the wet!**, non uscire con la pioggia! **3** stagione delle piogge **4** (*stor., in G.B.*) conservatore moderato; oppositore accanito della politica di Mrs Thatcher (*negli anni '80*) **5** (*stor. USA*) antiproibizionista **6** (*fam.*) persona fiacca (*o* debole); smidollato. ● **a wet bargain**, un affare di cui si festeggia la stipulazione con una bevuta □ (*naut.*) **w. basin**, darsena □ (*fig.*) **to be wet behind the ears**, essere un novellino □ (*fig.*) **a wet blanket**, un guastafeste □ (*elettr.*) **wet cell**, pila a liquido □ (*naut.*) **wet dock**, darsena idrostatica; bacino a livello d'acqua costante □ **wet dream**, polluzione notturna □ (*stor., fam. USA*) **the wet-dry fuss**, le diatribe (*fam.*: il gran chiasso) fra antiproibizionisti e fautori del proibizionismo □ (*mecc.*) **wet engine**, motore in ordine di marcia □ **wet lab**, laboratorio sottomarino □ (*tecn.*) **wet look**, finitura a lucido (*di stoffa o cuoio*): **a wet-look leather coat**, un giaccone di cuoio lucido □ **wet nurse**, balia (*che allatta*) □ (*fotogr.*) **wet plate**, lastra al collodio umido □ **wet rot**, carie del legno dovuta a funghi □ (*autom.*) **wet sanding**, pomiciatura a umido □ (*sport*) **wet suit**, tuta da subacqueo; muta □ **wet to the skin** (*o* **wet through**), bagnato fradicio; zuppo; bagnato fino alle ossa □ **wet vacuum cleaner**, aspiraliquidi □ **as wet as a drowned rat**, bagnato come un pulcino □ **eyes wet with tears**, occhi bagnati di lacrime □ **to get wet**, bagnarsi; prendere la pioggia □ **to get one's feet wet**, bagnarsi i piedi (*con la pioggia, ecc.*); (*fam.*) dare inizio a qualcosa, cominciare un lavoro □ (*pop.*) **to have a wet**, bagnarsi il becco (*fig.*).

to **wet** /wɛt/, *v. t.* (*ingl.*: *pass.* e *p. p. reg., salvo nella locuz.* **to wet the bed**; *USA*: *pass.* e *p. p.* **wet** *o reg.*) ***1*** bagnare; inumidire; inzuppare: **Don't wet your feet!**, non bagnarti i piedi!; **to wet a sponge**, inzuppare una spugna ***2*** (*fam.*) bagnare; celebrare con una bevuta (*un affare, ecc.*). ● (*di bambino*) **to wet oneself**, bagnarsi □ **to wet the bed**, bagnare il letto; fare la pipì nel letto: **The little girl has wet the bed again**, la bambina ha rifatto la pipì nel letto □ (*specialm. USA*) **to wet one's pants**, farsi la pipì addosso; (*fig.*) farsela addosso (*per la paura, ecc.*) □ (*fam.*) **to wet one's whistle** (*o* **one's tonsils**), bagnarsi il becco (*o* l'ugola); fare una bevutina.

wetback /ˈwɛtbæk/, *n.* (*fam.*) immigrante clandestino che entra dal Messico in U.S.A.

to **wetback** /ˈwɛtbæk/, *v. i.* (*fam. USA*) entrare clandestinamente dal Messico.

wether /ˈwɛðə(r)/, *n.* (*zool.*) montone castrato; castrato.

wetness /ˈwɛtnəs/, *n.* ***1*** umidità ***2*** (*del tempo*) piovosità.

to **wet-nurse** /ˈwɛtnɜːs/, *v. t.* ***1*** fare da balia a (q.) ***2*** (*fig. spreg.*) coccolare, viziare (*un bambino, ecc.*).

wettability /wɛtəˈbɪlətɪ/, *n.* (*tecn.*) bagnabilità.

wettable /ˈwɛtəbl/, *a.* (*tecn.*) bagnabile.

wetting /ˈwɛtɪŋ/, *n.* ***1*** bagnatura; bagnata: **to get a good w.**, prendersi una bella bagnata ***2*** (*elettron.*) bagnatura ***3*** (*metall.*) applicazione del fondente. ● (*tecn.*) **w. agent**, agente imbibente (*o* umettante).

wettish /ˈwɛtɪʃ/, *a.* piuttosto bagnato; alquanto umido; umidiccio.

we've /wiːv, wɪv/, *contraz.* di **we have**.

wey /weɪ/, *n.* wey (*unità di peso variabile da 100 a 150 kg*).

whack /wæk, *USA* hw-/, *n.* ***1*** bastonatura; percossa; randellata; forte colpo ***2*** (*fam.*) parte; porzione. ● (*fam.*) **to have a w. at st.**, provare a (*o* tentare di) fare q.c.: **Let me have a w. at it!**, fammici provare! □ (*fam.*) **out of w.**, guasto; che non funziona.

to **whack** /wæk, *USA* hw-/, *v. t.* ***1*** bastonare; battere; percuotere; picchiare; randellare ***2*** (*fam., spesso* **to w. up**) dividere; spartire. ● (*volg.*) **to w. off**, masturbarsi □ (*pop. USA*) **to w. out**, far fuori; uccidere.

whacked /wækt, *USA* hw-/, *a.* (= **w. out**) (*fam.*) sfinito; stremato; stanco morto.

whacker /ˈwækə(r), *USA* ˈhw-/, *n.* (*fam.*) ***1*** persona (*o* cosa) grande e grossa ***2*** (*specialm.*) grossa bugia; frottola ***3*** (*USA*) bovaro; mulattiere.

whacking /ˈwækɪŋ, *USA* ˈhw-/, **A** *n.* bastonatura; busse; botte; percosse. **B** *a.* (*fam.*) colossale; enorme; grossissimo: **a w. lie**, una bugia enorme. **C** *avv.* (*fam.*) molto; moltissimo: **a w. great melon**, un melone enorme.

whacky /ˈwækɪ, *USA* ˈhw-/, *a.* (*pop. USA*) *V.* **wacky**.

whale /weɪl, *USA* hw-/, *n.* (*pl.* **whales, whale**) ***1*** (*zool.*) balena; cetaceo (*in genere*) ***2*** (*fig. spreg.*) balena (*specialm. di donna*). ● (*fam.*) **to be a w. at** (*o* **on, for**) **st.**, essere un'aquila (*o* un cannone) in q.c. □ **w.-boat**, baleniera □ **w. calf**, balenotto; balenottero □ **w. fishing**, caccia alla balena □ **w.-line**, sagola di arpione □ (*fam.*) **a w. of a book**, un libro coi fiocchi; (*anche*) un libro lunghissimo □ **w. oil**, olio di balena □ **bull w.**, balena maschio □ **cow w.**, balena femmina □ (*fam.*) **to have a w. of a time**, spassarsela un mondo; divertirsi un sacco.

to **whale** /weɪl, *USA* hw-/, *v. i.* cacciar balene. ● (*pop. USA*) **to w. into sb.**, attaccare, aggredire q. □ (*pop. USA*) **to w. into st.**, gettarsi (a corpo morto) su q.c., tuffarsi in (*un lavoro*) □ **to go whaling**, andare a caccia di balene.

whalebone /ˈweɪlbəʊn, *USA* ˈhw-/, *n.* ***1*** (*zool.*) fanone ***2*** stecca di balena.

whaleman /ˈweɪlmən, *USA* ˈhw-/, *n.* (*pl.* **whalemen**) ***1*** baleniere ***2*** baleniera (*nave*).

whaler /ˈweɪlə(r), *USA* ˈhw-/, *n.* ***1*** baleniere ***2*** baleniera (*nave*).

whaling /ˈweɪlɪŋ, *USA* ˈhw-/, *n.* caccia alla balena. ● **w. gun**, cannoncino lanciarpioni (*per la caccia alla balena*) □ **w. master**, capitano di baleniera □ **w. ship**, baleniera (*nave*).

wham /wæm, *USA* hw-/, *V.* **whang**, *def. 1.*

to **wham** /wæm, *USA* hw-/, *V.* **to whang**, **A** e **B**, *def. 1.*

wham-bang /ˈwæmbæŋ, *USA* ˈhw-/, *a.* ***1*** (*pop. USA*) chiassoso; assordante ***2*** enorme; imponente ***3*** divertentissimo.

whammy /ˈwæmɪ, *USA* ˈhw-/, *n.* ***1*** (*fam.*) malocchio; fattura ***2*** (*pop. ingl.*) stangata (*fig.*); progetto di aumenti di tasse e prezzi.

whang /wæŋ, *USA* hwæŋ/, *n.* (*fam.*) ***1*** rumore secco; forte colpo; scoppio ***2*** rimbombo.

to **whang** /wæŋ, *USA* hw-/, (*fam.*) **A** *v. t.* colpire con forza. **B** *v. i.* ***1*** fare un rumore secco (*o* uno scoppio) ***2*** rimbombare.

whangee /wæŋˈiː, -ŋˈgiː, *USA* hw-/, *n.* bastone (da passeggio) di bambù.

to **whap** /wɒp, *USA* hw-/, (*fam.*) *V.* **to whop**.

whapper /ˈwɒpə(r), *USA* ˈhw-/, (*fam.*) *V.* **whopper**.

wharf /wɔːf, *USA* hw-/, *n.* (*pl.* **wharves, wharfs**) (*naut.*) banchina; calata; molo interno; scalo; pontile: **loading w.**, banchina di carico; **unloading w.**, banchina di scarico. ● **w. dues**, diritti di sbarco (*o* di banchina) □ **w. rat**, (*zool.*) topo dei moli; (*fig. spreg.*) frequentatore dei moli, individuo losco □ (*comm.*) **free on w.**, franco banchina.

to **wharf** /wɔːf, *USA* hw-/, *v. t.* ***1*** (*naut.*) attraccare (*o* ormeggiare) alla banchina ***2*** scaricare (*merce*) a un molo ***3*** provvedere (*uno scalo*) di moli o banchine.

wharfage /ˈwɔːfɪdʒ, *USA* ˈhw-/, *n.* (*naut.*) ***1*** spazio (*o* posto) d'ormeggio a banchina ***2*** (= **w. charges**) diritti di banchina (*o* di calata) ***3*** (*collett.*) banchine (*portuali*); calate.

wharfinger /ˈwɔːfɪndʒə(r), *USA* ˈhw-/, *n.* (*naut.*) ***1*** proprietario di banchina (*o* di molo interno) ***2*** custode di banchina (*o* di calata).

wharfman /ˈwɔːfmən, *USA* ˈhw-/, *n.* (*pl.* **wharfmen**) (*naut.*) portuale addetto a una banchina.

wharves /wɔːvz, *USA* hwɔːvz/, *pl.* di **wharf**.

what /wɒt, wət, *USA* hwɒt, -ʌt, -ət/, **A** *pron. interr.* che cosa; che; cosa: **W. did you say?**, che cosa hai detto?; **W. can I do for you?**, che cosa posso fare per te?; in che posso servirLa?; mi dica!; **W. happened then?**, che cosa accadde dopo?; **W.'s wrong (with you)?**, cosa c'è che non va?; **W. is your father?**, che cosa fa (*o* che mestiere fa) tuo padre?; **Tell me w. you need**, dimmi cosa ti occorre; **I don't know w. to do**, non so che fare. **B** *a. interr.* quale, quali; che: **W. films have you seen lately?**, quali film hai visto di recente?; **By w. train are you leaving?**, con che treno parti?; **W. news?**, che novità?; che notizie ci sono?; **W. manner of man is he?**, che tipo di uomo è? **C** *pron. escl.* quanto; come: **W. he has suffered!**, quanto ha sofferto!; **W. he smokes!**, come fuma! **D** *a. escl.* quale; che; come: **W. nonsense!**, che sciocchezze!; **W. a man**, che uomo!; **W. a fool you are!**, che stupido sei!; come sei stupido!; **W. an idea!**, che idea!; **W. mind he has!**, che mente!; **W. impudence!**, che sfacciataggine! **E** *pron. relat.* ciò che; quello che; tutto quello che: **I heard w. he said**, sentii quello che disse; **Tell me w. he said**, dimmi che cosa ha detto; **Do w. you will**, fa' ciò che vuoi; **W. he likes is music**, quel che ama è la musica; **W. is done cannot be undone**, ciò che è fatto è fatto. **F** *a. relat.* quello che; quelli che; il (la, gli, le)... che: **Give me w. money you have**, dammi il denaro che hai (*poco o molto che sia*); **I will give w. help I can**, darò quel po' d'aiuto che potrò; farò per te quel che posso; **Wear w. shoes you like best**, metti pure le scarpe che preferisci. **G** *inter.* come?; che cosa?; ma come!: **W.! no dinner?**, come? niente pranzo?; **W., here already?**, ma come! (siete) già qui? ● **w. about** (*o* **w. of**), che ne è (che ne è stato) di; che ne dici (diresti) di: **W. about the others?**, che ne è degli altri?; **W. about a nice trip?**, che ne diresti di (fare) una bella gita? □ **«And your friend?» «W. about him?»**, «E il tuo amico?» «Cosa c'entra lui?» □ **w.-d'you-call--him (-her, -it, etc.)**, (*rif. a cosa*) affare, aggeggio, coso; (*rif. a persona*) coso (cosa), tizio, vattelapesca: **Pass me the w.-d'you-call--it**, passami quell'aggeggio! □ **w. else**, che altro; che cos'altro: **W. else did he want?**, che altro voleva? □ **w. ever**, che cosa mai; che diamine: **W. can he ever mean by that?**, che diamine vuol mai dire con ciò? □ **w. for**, a che cosa; a che: **W. is that used for?**, a che serve (questo aggeggio)?; **W.'s this button for?**, a che serve questo pulsante? □ (*fam.*) **w.-for**, punizione; castigo; bòtte; legnate: **I'll give him w.-for**, gli darò io quel che si merita! □ **w. for?**, perché mai?; per che fare?; a che pro? □ (*fam.*) **w. have you**, eccetera; e simili; e cose del genere: **He's got his screwdriver, hammer, wrench and w. have you**, ha il suo cacciavite, il martello, la chiave inglese e cose del genere □ **w. if**, che importa se; e se; e anche se: **W. if they don't come?**, e se non vengono?; **W. if it's true?**, e anche se è vero? □ **w. ... like**, come; che tipo: **W. was the weather like?**, com'era il tempo?; **W. is he like?**, che tipo d'uomo è?; com'è? □ **w.'s more**, quel che più conta; per di più; inoltre □ (*arc.*) **w. though**, che importa se; e se: **W. though I am alone?**, e se sono solo, che importa? □ **w. with... and (w. with)**, un po' per... un po' per; tra... e: **W. with hunger and (w. with) tiredness, he could hardly walk along**, un po' per la fame e un po' per la stanchezza, non riusciva quasi più a camminare □ **and w. not**, eccetera eccetera; e altro ancora □ (*lett.*) **but w.**, che non: **There wasn't a day but w. it rained**, non c'era giorno che non piovesse □ **come w. may**, qualunque cosa accada; comunque vada a finire □ **to know w.'s w.**, saperla lunga □ **W.?**, che cosa?; come?; che hai detto? □ **W. good** (*o* **W. use**) **is it?**, a che serve?; a che pro? □ **W. ho!**, ehi!; salve! □ **W.'s the matter?**, che c'è (che non va)? □ **W. next?**, e poi?; e adesso che succederà?; (*anche*) che c'è ancora? □ **W. of it?**, e allora?; e con ciò? □ **I know w.**, ho un'idea; so io che cosa fare □ **I'll tell you w.**, te lo dico io (che cosa fare); stammi a sentire □ (*fam.*) **Tell you w.**, e allora: **Tell you w.: let's go to the disco!**, e allora, andiamo in discoteca! □ (*fam.*) **So w.?**, e allora; e con ciò? □ **Well, w. of it?**, be', e con ciò? □ **to tell sb. w.'s w.**, dirne quattro a q.; fare una scenata a q. □ (*fam.*) **I don't know w.'s w.**, non ho le idee chiare (in materia); non mi ci raccapezzo □ **The central government is losing power: who's doing w.?**, il governo centrale sta perdendo potere: chi si preoccupa di porvi rimedio?

whate'er /wɒt'ɛə(r), *USA* hwɒ-, hwʌ-/, (*poet.*) *V.* **whatever**.

whatever /wɒt'ɛvə(r), *USA* hwɒ-, hwʌ-/, **A** *pron. indef.* qualunque cosa; qualsiasi cosa: **W. happens, don't be late**, qualunque cosa accada, non arrivare in ritardo!; **W. you may say, it will make no difference to him**, qualsiasi cosa tu possa dire, per lui sarà lo stesso (*o* lo lascerà del tutto indifferente); **W. I do, I'll do it my way**, qualunque cosa io faccia, la farò a modo mio. **B** *a. indef.* qualunque; qualsiasi; quale che sia: **I'll never give in, w. results may follow**, non cederò, quali che siano le conseguenze; **W. books he reads, he always forgets everything about them**, qualunque libro legga, dimentica sempre quel che ha letto. **C** *pron. relat.* (*enfat.*) ciò che; quello che; tutto quello che; qualunque cosa: **W. he does doesn't matter**, qualunque cosa faccia non ha importanza; **You can take w. you want**, puoi prendere (tutto) quello che vuoi; **W. I have is yours**, tutto quel che possiedo è tuo. **D** *a. indef.* (*enfat., in frasi neg.*) alcuno; di (alcuna) sorta; affatto; assolutamente: **There is no doubt w.**, non c'è dubbio alcuno; **I have no plans w.**, non ho progetti di sorta; **We could see nothing w.**, non si vedeva assolutamente nulla. **E** *pron. interr.* (*fam.*, = **what ever**) che cosa mai; che diamine: **W. does he want?**, che diamine vuole? ● **w. man** (= **whoever**), chiunque: **W. man told you that, it isn't true**, chiunque te l'abbia detto, non è vero! □ **or w. it is [it was]**, o quel che è [che era]; o qualsiasi cosa: **Take your bag or parcel, or w. it is**, prendi il tuo sacco o pacco, o quel che è!; **I'll take twenty or thirty pounds, or w. it is!**, accetterò venti o trenta sterline o qualsiasi somma □ **Is there any chance w.?**, ma c'è davvero una qualche probabilità? □ (*fam.*) **No one w. would accept**, nessuno al mondo accetterebbe.

whatnot /'wɒtnɒt, *USA* 'hwɒ-, 'hwʌ-/, *n.* ***1*** (*raro*) scaffaletto; scansia ***2*** (*fam.*) inezia; nonnulla ***3*** (*fam.*) tutto il resto; cose simili; similia (*lat.*); cose del genere: **He carried his tools and w.**, portò con sé i suoi attrezzi «et similia» ***4*** (*fam.*) affare, coso ***5*** (*fam.*: *di persona*) tizio, tizia; coso, cosa.

what's /wɒts, *USA* hwɒts, hwʌts/, *contraz.* di **what is**. ● **what's his [her] name**, come si chiama; coso [cosa]: **I came across what's his name yesterday**, ieri ho incontrato coso.

whatsit /'wɒtsɪt, *USA* 'hwɒtsɪt, 'hwʌ-, -ət/, *n.* (*fam.*) affare; aggeggio; coso.

whatsoe'er /wɒtsəʊ'ɛə(r), *USA* hwɒ-, hwʌ-/, (*poet.*) *V.* **whatever**.

whatsoever /wɒtsəʊ'ɛvə(r), *USA* hwɒ-, hwʌ-/, (*enfat.*) *V.* **whatever**.

whaup /wɔːp, *USA* hw-/, *n.* (*pop. specialm. scozz.*; *zool.*, *Numenius arquata*) chiurlo.

wheat /wiːt, *USA* hwiːt/, *n.* (*bot.*, *Triticum vulgare*) grano; frumento: **the w. harvest**, il raccolto del grano. ● **w. germ**, germe di grano □ **w. grass** (*Triticum repens*), gramigna dei medici □ **w. mildew**, ruggine del grano.

wheatear /'wiːtɪə(r), *USA* 'hw-/, *n.* (*zool.*, *Oenanthe oenanthe*) culbianco.

wheaten /'wiːtn, *USA* 'hw-/, *a.* di grano; di frumento: **w. flour**, farina di grano; **w. bread**, pane di frumento.

to **wheedle** /'wiːdl, *USA* 'hw-/, **A** *v. t.* ***1*** adulare; allettare; blandire; lusingare ***2*** ottenere con lusinghe; procurarsi con moine: **I wheedled ten pounds from my friend**, con le lusinghe, riuscii a farmi dare dieci sterline dal mio amico. **B** *v. i.* fare moine. ● **to w. sb. into doing st.**, indurre q. a far q.c. con lusinghe (*o* moine) □ **to w. sb. into a good temper**, mettere q. di buon umore facendogli moine □ **to w. st. out of sb.**, scroccare (*o* strappare) q.c. a q. con blandizie: **to w. a secret out of a judge**, strappare un segreto a un giudice usando blandizie.

wheedler /'wiːdlə(r), *USA* 'hw-/, *n.* adulatore, adulatrice; chi sa blandire.

wheedling /'wiːdlɪŋ, *USA* 'hw-/, **A** *a.* carezzevole; lusinghiero: **in a w. voice**, con voce carezzevole. **B** *n.* (*collett.*) blandizie; lusinghe; moine; adulazioni. || **-ly**, *avv.*

wheel /wiːl, *USA* hwiːl/, *n.* ***1*** (*anche fig.*) ruota: **A bicycle has two wheels**, la bicicletta ha due ruote; **Fortune's w.**, la ruota della fortuna ***2*** (*mecc.*) ruota dentata; ingranaggio ***3*** (*autom.*, = **steering w.**) volante: **Don't speak to the man at the w.**, non parlate all'uomo al volante (*o* al conducente)! ***4*** (*naut.*, = **steering w.**) ruota del timone; timone ***5*** (*stor.*) ruota (*della tortura*): **to break sb. on the w.**, infliggere a q. il supplizio della ruota ***6*** (*ind. tess.*, = **spinning w.**) filatoio ***7*** (*mecc.*, = **grinding w.**) mola ***8*** (*fam.*) bicicletta; (*più raro*) triciclo ***9*** moto rotatorio; evoluzione; cerchio (*fig.*); (*mil.*) conversione: **the wheels of the swallows in the air**, i cerchi delle rondini nell'aria; **a left [a right] w.**, una conversione a sinistra [a destra] ***10*** (*arc.*) ritornello (*di canzone*) ***11*** (*pop. specialm. USA*, = **big w.**) persona influente; pezzo grosso ***12*** (*pl.*) rotelle (*fig.*); meccanismi; ingranaggi: **the wheels of power**, gli ingranaggi del potere ***13*** (*pl.*) (*pop.*) automobile; macinino, trabiccolo (*pop.*) ***14*** (*pl.*) (*pop. USA*) ruote (*pop.*); gambe. ● (*autom.*) **w. alignment**, allineamento delle ruote □ **w. and axle**, carrucola □ (*autom., mecc.*) **w. balancing**, bilanciatura (*o* equilibratura) delle ruote □ (*autom., mecc.*) **w. base**, *V.* **wheelbase** □ (*autom.*) **w. box**, vano passaruota □ (*mecc.*) **w. case**, scatola degli ingranaggi □ (*autom.*) **w. change**, sostituzione di una ruota □ **w. clamps**, ganasce, ceppi (*applicati alle ruote di veicoli in divieto di sosta*) □ (*autom.*) **w. cover**, copriruota □ **w. horse**, cavallo del timone (*in un tiro a quattro o a due*) □ (*naut.*) **w.-house**, timoniera □ (*stor.*) **w. lock**, ruota del meccanismo di sparo (*in fucili antiquati*) □ (*disegno*) **w. pen**, tiralinee □ (*archit.*) **w. window**, rosone □ (*autom.*) **w. wobble**, sfarfallamento delle ruote (anteriori) □ **to be at the w.**, essere al volante (*o* al timone); (*fig.*) avere il comando □ (*autom.*) **front wheels**, ruote anteriori; ruote davanti □ (*mecc.*) **hand w.**, volantino □ **meals on wheels**, pasti a domicilio (*per infermi*) □ (*aeron.*) **nose w.**, ruota anteriore □ (*fig.*) **to oil the wheels**, ungere le ruote □ (*naut.*) **paddle w.**, ruota a pale □ **potter's w.**, ruota del vasaio; tornio da vasaio □ (*fig.*) **to put one's shoulder to the w.**, dare il proprio contributo a un'impresa; aiutare la baracca (*fam.*) □ (*autom.*) **spare w.**, ruota di scorta; ruota di ricambio □ **to take the w.**, (*autom.*) andare al volante, prendere il volante (*o* la guida); (*naut.*) prendere il timone: (*autom.*) **Will you take the w.?**, vuoi (prendere) il volante?; vuoi guidare tu? □ **turn of the w.**, giro della ruota; (*fig.*) mutamento della fortuna, volger della sorte: **We may be rich at the next turn of the w.**, possiamo diventar ricchi al primo volger della sorte □ (*mecc.*) **to turn the wheels**, far girare le ruote □ **to turn wheels**, fare evoluzioni (*o* giravolte, capriole) □ (*mecc.*) **water w.**, ruota idraulica □ (*fam.*) **There are wheels within wheels**, è un affare assai complicato; è una faccenda molto ingarbugliata; è tutto un pasticcio.

to **wheel** /wiːl, *USA* hwiːl/, **A** *v. t.* ***1*** far girare; roteare; far ruotare ***2*** spingere, muovere (*un veicolo a ruote*): **to w. a barrow**, spingere una carriola ***3*** portare, spingere, trasportare (*su un veicolo a ruote*) ***4*** fornire (*un veicolo*) di ruote. **B** *v. i.* ***1*** girare; ruotare; roteare; turbinare; volteggiare: **The helicopter was wheeling in the air above the motorway**, l'elicottero volteggiava in aria sopra l'autostrada ***2*** (*mil.*) fare una conversione ***3*** (*fam.*) andare in bicicletta; pedalare. ● (*fam. specialm. USA*) **to w. and deal**, agire liberamente, senza restrizioni; (*specialm.*) fare l'affarista (*o* il maneggione) □ (*mil.*) **Right [left] w.!**, conversione a dest'! [a sinist'!].

♦**wheel about** (*o* **around**), **A** *v. i.* + *avv.* ***1*** fare una giravolta; girarsi: **He wheeled around when I called him**, quando lo chiamai, si girò ***2*** (*fig.*) fare un voltafaccia; mutar parere. **B** *v. t.* + *avv.* trasportare (q.) su una sedia a rotelle.

♦**wheel away**, *v. t.* + *avv.* ***1*** portare via (q.) su una sedia a rotelle ***2*** (*fam.*) rubare (*un veicolo*).

♦**wheel in** (**into**), *v. t.* + *avv.* (*prep.*) ***1*** spingere (*una bicicletta, ecc.*) a mano dentro (*un luogo*) ***2*** spingere dentro; far entrare (*un carrello*) spingendo ***3*** portare dentro, far entrare (*un invalido*) su una sedia a rotelle: **The nurse wheeled him into the sitting room**, l'infermiera lo portò in salotto (*sulla sedia a rotelle*) ***4*** (*fam.*) spingere dentro, far entrare (*q. in genere*); **W. in the next applicant!**, fate entrare il prossimo candidato!

♦**wheel out**, *v. t.* + *avv.* ***1*** far uscire, portare fuori (*un invalido, un bimbo in carrozzella, ecc.*) ***2*** (*fig.*) tirar fuori (*una storiella*); inventare (*una scusa*).

♦**wheel round**, *V.* **wheel about**.

wheelbarrow /'wiːlbærəʊ, *USA* 'hw-/, *n.* carriola.

to **wheelbarrow** /'wiːlbærəʊ, *USA* 'hw-/, *v. t.* trasportare in carriola; scarriolare (*pop.*).

wheelbase /'wiːlbeɪs, *USA* 'hw-/, *n.* (*autom., mecc.*) interasse; passo.

wheelchair /'wiːltʃɛə(r), *USA* 'hw-/, *n.* sedia a rotelle; carrozzella (*d'invalido*).

wheeled /wiːld, *USA* hw-/, *a.* (*specialm. nei composti*) a ruote; con ruote: **w. plough**, aratro a ruote. ● (*mecc.*) **w. crane**, gru semovente gommata □ **a three-w. car**, un'automobile a tre ruote.

wheeler /'wiːlə(r), *USA* 'hw-/, *n.* ***1*** cavallo del timone (*in un tiro a quattro o a due*) ***2*** carrettiere; barrocciaio ***3*** carraio; carradore ***4*** (*autom., mecc.*) automobile con un certo numero di ruote motrici: **a four-w.**, un'auto con (tutte) le quattro ruote motrici; una «quattro per quattro». ● (*fam.*) **w.-dealer**, affarista; (*spreg.*) maneggione; drittone (*pop.*) □ **a four-w.**, un veicolo a quattro ruote □ **a two-w.**, un veicolo a due ruote.

wheelie /'wiːlɪ, *USA* 'hw-/, *n.* (*fam.*) ***1*** impennata (*con la moto o la bicicletta*) ***2*** cassonetto mobile (*con rotelle*: *per rifiuti, ecc.*).

wheeling /'wiːlɪŋ, *USA* 'hw-/, *n.* ***1*** (*sport*) acrobazia motociclistica ***2*** (*fam.*) l'andare in bicicletta. ● (*fam.*) **w. and dealing**, manovre (*anche*: poco pulite); maneggi; affarismo; (l') arraffare.

wheelman /'wiːlmən, *USA* 'hw-/, *n.* (*pl.* **wheelmen**) ***1*** conducente; autista ***2*** (*naut.*, *USA*) timoniere ***3*** (*fam. arc.*) ciclista.

wheelsman /'wiːlzmən, *USA* 'hw-/, *n.* (*pl.* **wheelsmen**) (*naut.*) timoniere.

wheelwork /'wiːlwɜːk, *USA* 'hw-/, *n.* (*mecc.*) rotismo.

wheelwright /'wiːlraɪt, *USA* 'hw-/, *n.* carraio; carradore.

wheeze /wiːz, *USA* hwiːz/, *n.* ***1*** respiro affannoso; l'ansare; l'ansimare; sibilo ***2*** (*gergo teatr.*) barzelletta; battuta comica; gag ***3*** aneddoto risaputo; detto trito e ritrito ***4*** (*fam.*) scherzo; trucco; tiro.

to **wheeze** /wiːz, *USA* hwiːz/, **A** *v. i.* ***1*** ansare; ansimare; respirare affannosamente ***2*** (*di un motore, ecc.*) soffiare; sibilare; rumoreggiare. **B** *v. t.* dire ansimando: **He managed to w. out his name and address**, riuscì a dire ansimando il suo nome e l'indirizzo.

wheeziness /'wiːzɪnəs, *USA* 'hw-/, *n.* (l') ansimare; respiro affannoso.

wheezing /'wiːzɪŋ, *USA* 'hw-/, *n.* (*med.*) dispnea.

wheezy /ˈwiːzɪ, *USA* ˈhw-/, *a.* ansante; ansimante; che respira a fatica; asmatico (*anche fig.*): **a w. old horse**, un vecchio cavallo che respira a fatica; **a w. old organ**, un vecchio organo asmatico.

whelk (1) /welk, *USA* hw-/, *n.* (*zool.*) mollusco gasteropode dei Buccinidi (*in genere*). ● (*zool.*) **common w.** (*Buccinum undatum*), buccino □ **w. shell**, buccina (*la conchiglia ritorta*).

whelk (2) /welk, *USA* hw-/, *n.* (*med.*) acne rosacea; foruncolo; pustola.

whelked /welkt, *USA* hw-/, *a.* (*med.*) foruncoloso; pustoloso.

to **whelm** /welm, *USA* hw-/, *v. t.* (*poet., retor.*) *1* sommergere; inghiottire *2* travolgere; distruggere; sgominare.

whelp /welp, *USA* hw-/, *n.* *1* cucciolo (*di cane o di mammifero selvatico*) *2* (*fig.*) ragazzaccio; marmocchio; moccioso *3* (*mecc.*) dente (*di ruota*).

to **whelp** /welp, *USA* hwelp/, *v. t.* e *i.* *1* (*d'animali*) figliare *2* (*spreg.*: *di donna*) partorire; generare; mettere al mondo: **She has whelped thieves**, ha messo al mondo dei ladri *3* (*fig. spreg.*) produrre; essere l'autore di: **to w. an evil scheme**, essere l'autore di un progetto malvagio.

when /wen, wən, *USA* hwen, -ən/, **A** *avv.* e *cong. interr.* quando: **W. will he arrive?**, quando arriverà?; **I wonder w. that happened**, vorrei sapere quando accadde; mi chiedo quando sia accaduto; **Until w. can you wait?**, fino a quando puoi aspettare? **B** *avv.* e *cong. relat.* *1* quando; nel momento in cui; mentre: **W. I come back, I shall meet him**, lo vedrò quando torno; **W. I saw him, he was reading a letter**, quando lo vidi, stava leggendo una lettera; **W. completed, the new motorway will take us to London in an hour**, quando sarà finita, la nuova autostrada ci porterà a Londra in un'ora; **That was just w. I was going out**, accadde proprio mentre stavo uscendo; **I'll go w. I have had lunch**, andrò quando (*o* dopo che) avrò fatto colazione *2* in cui; nel quale (nei quali, ecc.); il momento in cui; il giorno in cui: **You always come on those days when I'm busy**, vieni sempre nei giorni in cui ho da fare; **That's (the time) w. he gets angry**, quello è il momento in cui s'arrabbia; **Sunday is w. we go to church**, la domenica è il giorno in cui (*pop.*: che) andiamo in chiesa *3* quando; anche se; mentre (invece): **He kept insisting w. he must have known he wouldn't be accepted**, continuava a insistere quando invece doveva saper bene che non sarebbe stato accettato; **The king implores w. he might command**, il re implora mentre potrebbe comandare. **C** *n.* (il) quando: **Tell me the w. and where**, dimmi dove e quando. ● **w. ever**, quando mai: **W. ever did I say so?**, e quando mai l'ho detto? □ (*lett.*) **before w.**, prima della quale data; prima d'allora: **He joined the army a month ago, before w. he had had no training**, si arruolò un mese fa; prima d'allora, non aveva ricevuto alcun addestramento □ **since w.**, e da allora: **He came home a week ago, since w. he has done nothing at all**, è venuto a casa una settimana fa e da allora non ha fatto assolutamente nulla □ **Since w. has he been ill?**, da quanto tempo è ammalato?; quant'è che è malato? **From w. does the old castle date?**, a quanto tempo fa risale il vecchio castello? □ **I know the w. and where of his arrest**, conosco il giorno (l'ora, ecc.) e il luogo del suo arresto □ **I want to know the w. and how of it**, voglio sapere tutto per filo e per segno □ **w. all's said and done**, in fin dei conti; dopotutto; tutto considerato.

whenas /wenˈæz, *USA* hw-/, *cong.* (*arc.*) *1* quando *2* in quanto che *3* mentre; laddove.

whence /wens, *USA* hwens/, *avv.* e *cong.* *1* (*arc.*) donde; da dove; da che cosa; da che: **W. are we and why are we?**, donde veniamo e perché esistiamo?; **Nobody knows w. he comes**, nessuno sa da dove venga; **W. all this confusion?**, da che (deriva) tutta questa confusione? *2* da cui; dal quale: **I know the source w. these evils spring**, conosco la fonte da cui provengono questi mali *3* (*raro*) al luogo da cui: **Tell him to go back w. he came**, digli di tornare al luogo da cui è venuto! ● **We know neither our w. nor our whither**, non sappiamo né donde veniamo né dove siamo diretti.

whencesoever /wensəʊˈevə(r), *USA* hw-/, *avv.* e *cong.* (*enfat.*) *1* da qualunque luogo; da qualsiasi parte *2* da qualunque fonte; da qualsiasi causa.

whene'er /wenˈeə(r), *USA* hw-/, (*poet.*) *V.* **whenever**.

whenever /wenˈevə(r), *USA* hw-/, *avv.* e *cong.* *1* ogniqualvolta; ogni volta che; tutte le volte che; quando: **W. I do that, I get into trouble**, tutte le volte che lo faccio, mi metto nei guai; **W. I meet her, she smiles at me**, ogni volta che l'incontro, mi sorride; **Visit us w. you can**, vieni a trovarci ogniqualvolta puoi (*o* quando puoi)! *2* quando che (*lett.*); in qualsiasi momento: **He will come back when he has made his fortune – w. that may be**, tornerà quando avrà fatto fortuna – quando che sia *3* (*fam.* = **when ever**) quando mai: **W. will you learn?**, quando mai (*o* ma quando) imparerai?

whensoever /wensəʊˈevə(r), *USA* hw-/, (*enfat.*) *V.* **whenever**.

where /weə(r), *USA* hweə(r)/, **A** *avv.* e *cong. interr.* dove: **W. are they?**, dove sono?; **W. have they gone?**, dove sono andati?; **W. did you read that?**, dove l'hai letto?; **W. shall we start from?**, da dove dobbiamo cominciare?; **Up to w. had we got?**, (fin) dove eravamo arrivati? **B** *avv.* e *cong. relat.* *1* dove; nel quale; in cui; il (*o* nel) luogo in cui: **Go w. you like**, va' dove ti pare!; **Sit w. you like!**, siediti dove vuoi!; **in places w. they dance**, nei luoghi dove si balla; nei posti in cui ballano; **That's the point w. we stopped**, ecco il punto in cui (*o* dove) ci fermammo; **I live just ten miles from w. I was born**, abito ad appena dieci miglia dal luogo in cui sono nato; **I never go w. I'm not wanted**, non vado mai nei posti dove sono indesiderato; **That is w. you are mistaken**, questo è il punto in cui sbagli *2* (*raro*) il quale; la quale: **That is the old house in front of w. there was a big tree**, quella è la vecchia casa di fronte alla quale c'era un grande albero. **C** *n.* (il) dove: **Tell me the w. and when**, dimmi dove e quando. ● **a w.-are-you-now chart**, una mappa (*murale*: *di una città*) con l'indicazione del punto in cui si trova chi la guarda □ **w. ever**, dove mai; dove diamine: **W. ever did you hear that?**, dove diamine l'hai sentito (dire)? □ **w. possible**, quand'è possibile; quando si può □ **I don't know the when and w. of his arrest**, non so quando fu arrestato, né dove □ **W. is the harm in trying?**, che male c'è a provare? □ **W. shall we be if stock prices crash?**, dove andremo a finire se i prezzi delle azioni avranno un tracollo? □ (*fam.*) **That's w. it is**, ecco come stanno le cose; questo è il vero motivo; questo è il punto □ **I don't know w. to have him**, non so da che parte prenderlo (*o* come giudicarlo) □ **W. is the sense of it?**, che senso c'è? □ **I am w. I should be**, io sono al mio posto!

whereabout /ˈweərəbaʊt, *USA* ˈhw-/, (*raro*) *V.* **whereabouts**.

whereabouts /ˈweərəbaʊts, *USA* ˈhw-/, **A** *avv.* dove (*a un dipresso*); da che parte; in che posto: **W. did you put it?**, (sai, su per giù) dove l'hai messo?; **I don't know even w. to look**, non so neanche da che parte cercare. **B** *n.* (*sing. o pl.*) luogo; paraggi; posizione; zona: **The kidnapped boy's w. is (*o* are) still unknown**, non si sa ancora in che luogo si trovi il ragazzo rapito.

whereas /weərˈæz, *USA* hw-/, *cong.* *1* mentre; laddove; e invece: **Some people like heat, w. others prefer cold weather**, certuni amano il caldo, mentre altri preferiscono il freddo; **You said that boy was short, w. he is tall**, avevi detto che quel ragazzo era basso e invece è alto *2* (*leg.*) premesso che; considerato che (*formula introduttiva di un contratto e sim.*).

whereat /weərˈæt, *USA* hw-/, (*lett.*) **A** *avv.* per che cosa; perché; di che: **W. was he offended?**, di che si è offeso? **B** *cong.* al che; e allora: **I turned to go, w. he called me**, mi voltai per andarmene, e allora lui mi chiamò.

whereby /weəˈbaɪ, *USA* hw-/, *avv.* *1* (*interr.*; *lett.*) da che cosa; per mezzo di che cosa; come: **W. shall we know him?**, da che cosa (*o* come) lo riconosceremo? *2* (*relat.*) per mezzo del quale; con cui: **He wanted to take over a racket w. to make money quickly**, voleva rilevare un racket con cui far quattrini alla svelta.

where'er /weərˈeə(r), *USA* hw-/, (*poet.*) *V.* **wherever**.

wherefore /ˈweəfɔː(r), *USA* ˈhw-/, **A** *avv.* (*arc.*) *1* (*interr.*) per quale ragione; per qual motivo; perché: **W. did you come late?**, perché sei venuto in ritardo?; **Tell me w. you did that**, dimmi perché l'hai fatto *2* (*relat.*) per il quale; per cui: **That's the reason w. we have met**, ecco il motivo per cui ci siamo adunati. **B** *cong.* (*lett.*) e perciò; quindi: **We ran out of ammunition, w. we surrendered**, ci vennero meno le munizioni, e perciò ci arrendemmo. **C** *n. pl.* (i) percome (*fam.*); (i) motivi: **I want to know the whys and wherefores**, voglio sapere i perché e i percome.

wherefrom /weəˈfrɒm, *USA* hw-, -ʌm/, *avv.* (*lett.*) *1* (*interr.*) da dove; da che cosa *2* (*relat.*) dal quale; da cui.

wherein /weərˈɪn, *USA* hw-/, *avv.* (*lett.*) *1* (*interr.*) in che cosa; dove: **W. am I wrong?** in che cosa ho torto?; dov'è che ho torto? *2* (*relat.*) nel quale; in cui: **the room w. they slept**, la camera in cui dormirono.

whereinto /weərˈɪntuː, *USA* hw-/, *avv.* (*lett.*) entro il quale; entro cui.

whereof /weərˈɒv, *USA* hweərˈʌv/, *avv.* (*lett.*) *1* (*interr.*) di che cosa; di che *2* (*relat.*) del quale; di cui: **sheep, w. we had plenty**, pecore, di cui avevamo abbondanza.

whereon /weərˈɒn, *USA* hweərˈɔːn/, *avv.* (*lett.*) *1* (*interr.*) su che cosa; su che: **W. do you rely?**, su che cosa fai affidamento? *2* (*relat.*) sul quale; su cui: **the hill w. we stood**, il colle su cui ci trovavamo.

wheresoe'er /weəsəʊˈeə(r), *USA* hw-/, (*poet.*) *V.* **wheresoever**.

wheresoever /weəsəʊˈevə(r), *USA* hw-/, (*enfat.*) *V.* **wherever**.

wherethrough /weəˈθruː, *USA* hw-/, *avv.* (*lett.*, = **through which**) mediante il quale (la quale, ecc.); con cui; a causa di cui.

whereto /weəˈtuː, *USA* hw-/, *avv.* (*lett.*) *1* (*interr.*) verso dove; in quale direzione *2* (*interr.*) a che scopo; a qual fine; a che cosa; a che: **W. serves mercy?**, a che serve la clemenza? *3* (*relat.*) al quale; cui: **There was a special meeting w. all members came**, ci fu un'assemblea straordinaria cui parteciparono tutti i soci.

whereunder /weərˈʌndə(r), *USA* hw-/, *avv.* (*lett.*) sotto il quale; sotto cui.

whereunto /weərʌnˈtuː, *USA* hw-/, (*arc.*) *V.* **whereto**.

whereupon /weərəˈpɒn, *USA* hweərəˈpɔːn/, (*lett.*) **A** *avv.* *V.* **whereon**. **B** *cong.* al che; e allora; dopo di che: **I greeted him, w. he was startled**, lo salutai, e allora si scosse.

wherever /weərˈevə(r), *USA* hw-/, *avv.* e *cong.* *1* dovunque; in qualunque luogo; da qualsiasi parte: **You must find him, w. he is**, dovete trovarlo, dovunque sia; **W. you go, I'll follow you**, dovunque tu vada, ti seguirò *2* dovunque; dove; nel luogo in cui: **You can go w. you like**, puoi andare dove vuoi (*lett.*: dovunque tu voglia) *3* (*fam.* = **where ever**) dove mai;

dove diamine: **W. has that boy gone?**, dove diamine s'è cacciato quel ragazzo? *4* (*trasp.*) per qualsiasi destinazione: **The airline gives its stewards free tickets to Rome, Rio or w.**, la compagnia aerea dà gratis agli assistenti di volo biglietti per Roma, Rio, o per qualsiasi altra destinazione. ● **w. possible**, quando è possibile; quando si può.

wherewith /wɛəˈwɪð, *USA* hw-, -θ/, *avv.* e *cong.* *1* (*arc.*) con che cosa; con che: **W. shall I feed my children?**, con che cosa nutrirò i miei figli? *2* con il quale; con cui: **I haven't got the money w. to pay him**, non ho il denaro con cui pagarlo; non ho di che pagarlo.

wherewithal /ˈwɛəwɪðɔːl, *USA* ˈhw-, -θɔːl/, **A** *n.* (*talora scherz.*) (l') occorrente; (il) necessario; (i) mezzi, (il) denaro; (i) conquibus (*fam.*): **I lack the w. to continue my education**, non ho i mezzi per continuare ad andare a scuola. **B** *avv.* e *cong.* (*arc., raro*) *V.* **wherewith.**

wherry /ˈwɛrɪ, *USA* ˈhw-/, *n.* (*naut.*) *1* barchetta; barchino *2* chiatta; barca per traghetto.

whet /wɛt, *USA* hwɛt/, *n.* *1* l'affilare; affilamento *2* (*fig.*) allettamento; incitamento *3* (*fig. raro*) aperitivo; stimolante. ● **w. leather**, coramella.

to **whet** /wɛt, *USA* hwɛt/, *v. t.* *1* affilare; arrotare: **to w. a knife**, affilare un coltello *2* (*fig.*) aguzzare; stimolare; acuire; eccitare: **This sherry will w. your appetite**, questo sherry ti stimolerà l'appetito.

whether /ˈwɛðə(r), *USA* ˈhw-/, *cong.* *1* se (*dubit.*); se... o no: **Please ask him w. he can come**, chiedigli se può venire; **Go and see w. he's free**, va' a vedere se è libero; **I wonder w. I'm right to do this**, chissà (*o* mi domando) se faccio bene a far questo; **Write and tell me w. I am to come (or not)**, scrivimi se debbo venire (o no) *2* (*idiom., correl. di* **or**): **W. you like it or not, you'll have to do it**, ti piaccia o no, dovrai farlo; **W. rich or poor, all have to die**, ricchi o poveri, tutti devono morire. ● **w... or**, sia... sia; sia... o; sia che... sia che: **W. I accept his offer or not, I'll get into trouble**, sia che io accetti la sua offerta o no, mi metterò nei guai; **W. you stay or you go, I don't care**, sia che tu resti, sia che te ne vada, non me ne importa nulla □ **w. or no** (*o* **w. or not**), in ambo i casi; in ogni caso: **Well, I'll go there, w. or no**, ebbene, io ci andrò, in ogni caso! □ **It's doubtful w. he will come**, è dubbio ch'egli venga.

whetstone /ˈwɛtstəʊn, *USA* ˈhw-/, *n.* *1* pietra per affilare (*a umido*); cote *2* (*fig. lett.*) stimolo; stimolante.

whew /fjuː/, *inter.* (*di costernazione, disgusto, sorpresa, ecc.*) toh!; ohi!; puah!; acciderba!; accidenti!

whey /weɪ, *USA* hweɪ/, *n.* siero (*del latte*). ● **w.-faced**, pallido; sbiancato in volto (*per la paura, ecc.*).

wheyey /ˈweɪɪ/, *a.* sieroso; che contiene siero (*di latte*).

which /wɪtʃ, *USA* hwɪtʃ/, **A** *pron. interr.* chi; quale, quali; che cosa (*fra due o fra un numero ristretto*): **W. of you will go with me?**, chi di voi verrà con me?; **W. of the men survived?**, quali degli uomini sopravvissero?; **W. do you want**, quale vuoi?; **I asked him w. was right**, gli chiesi quale (dei due) fosse esatto (*o* giusto); **W. will you have, tea or coffee?**, che cosa prendi (*o* vuoi), tè o caffè? **B** *a. interr.* quale, quali; che (*fra due o fra un numero ristretto*): **W. book shall I read?**, che libro debbo leggere?; **I don't know w. one you mean**, non so quale tu intenda; **W. Miss Jones did you see, the younger or the older?**, quale signorina Jones vedesti, la giovane o l'anziana? **C** *pron. relat.* *1* il quale; la quale; i quali, le quali; che (*rif. a cose o a fatti*; *arc. rif. a persone*): **The house in w. he lives is very large**, la casa nella quale (*o* in cui) abita è assai grande; **My native town, w. you visited last year, is getting larger and larger**, la mia cittadina natale, che tu visitasti l'anno scorso, sta crescendo a vista d'occhio; **This is the record w.** (*meglio*: **that**) **I told you about**, questo è il disco di cui ti ho parlato; (*arc.*) **Our Father, w. art in heaven**, Padre nostro che sei nei cieli *2* il che; la qual cosa: **He wants to play and study at the same time, w. is impossible**, vuol giocare e studiare nello stesso tempo, il che è impossibile. **D** *a. relat.* *1* che; quelli che, quelle che; il (la, gli, le)... che: **Say w. chapter you prefer**, recita il capitolo che preferisci; **Try w. methods you please, you cannot succeed**, prova pure tutti i metodi che vuoi, tanto non puoi riuscire *2* il quale, la quale; i quali, le quali; che: **I stayed there a week, during w. time it hardly rained at all**, mi trattenni là una settimana, durante la quale non piovve quasi mai; **He is very old, w. fact is important**, è molto vecchio, fatto (questo) che ha la sua importanza. ● **w. one**, quale: **W. one do you want?**, quale vuoi?; **Here's a list of the candidates: w. one are you going to vote for?**, ecco la lista dei candidati: per quale (*o* chi) di loro voterai? □ **w. way**, in quale direzione; da che parte; in che modo, come: **W. way did the robbers speed off?**, da che parte sono scappati i rapinatori?; **I don't know w. way to do it**, non so come farlo □ **They are so alike I can never tell w. is w.**, sono così simili che non riesco mai a distinguerli □ **I don't mind w.**, l'uno o l'altro, per me fa lo stesso □ **W. is w.?**, qual è quello buono?; (*anche*) quale dei due?; qual è quello che cerco?

whichever /wɪtʃˈɛvə(r), *USA* hw-/, **A** *pron. indef.* chiunque; qualunque; qualsiasi; qualsiasi cosa (*fra due o fra un numero ristretto*): **W. of them comes will be welcome**, chiunque di loro venga, sarà il benvenuto; **W. you take, make sure it's a good one**, qualunque tu prenda, assicurati che sia buono; **W. you choose, there won't be any difference**, qualsiasi cosa tu scelga, non farà differenza alcuna. **B** *a. indef.* qualunque; qualsiasi (*fra due o fra un numero ristretto*): **W. present you choose, she won't be pleased**, qualsiasi dono tu scelga, non ne sarà contenta. **C** *pron.* e *a. relat.* (*enfat.*) qualunque cosa; ciò che; quello che; il (la, gli, le) che: **Take w. comes first**, prendi quel che ti capita (*lett.*: qualunque cosa ti capiti) sottomano!; **W. horse comes in first wins**, il cavallo che arriva primo vince.

whichsoever /wɪtʃsəʊˈɛvə(r), *USA* hw-/, (*enfat.*) *V.* **whichever.**

whicker /ˈwɪkə(r), *USA* ˈhw-/, *n.* nitrito (*di cavallo*).

to **whicker** /ˈwɪkə(r), *USA* ˈhw-/, *v. i.* nitrire.

whidah /ˈwɪdə, *USA* ˈhw-/, *n.* (*zool., Vidua*; = **w. bird**) vedova.

whiff (**1**) /wɪf, *USA* hw-/, *n.* *1* alito; soffio; folata; buffata; buffo; sbuffo: **a w. of wind**, un alito di vento; **a w. of fresh air**, un soffio (*o* una boccata) di aria fresca *2* odore; zaffata: **to smell the w. of a good cigar**, annusare l'odore di un buon sigaro *3* tirata (*di sigaretta*); pipata; fumatina *4* (*fam.*) piccolo sigaro; sigaretto *5* (*fig.*) (un) pizzico; (un') ombra: **a w. of scandal**, un pizzico di scandalo *6* (*naut.*) imbarcazione leggera.

whiff (**2**) /wɪf, *USA* hw-/, *n.* (*zool.*) pesce piatto; pleuronettide (*in genere*).

to **whiff** (**1**) /wɪf, *USA* hw-/, **A** *v. t.* *1* soffiare su; spegnere soffiando *2* emettere, mandar fuori (*specialm. sbuffi di fumo*) *3* fumare (*la pipa, ecc.*) *4* inalare (*fumo, aria, ecc.*) *5* annusare; fiutare. **B** *v. i.* *1* soffiare a folate (*o* a buffi): **The wind whiffed through the trees**, il vento soffiava a buffi tra gli alberi *2* mandare sbuffi di fumo (*fumando la pipa, ecc.*) *3* mandare zaffate (*d'odore*).

to **whiff** (**2**) /wɪf, *USA* hw-/, *v. i.* pescare con la lenza, tenendo l'esca a fior d'acqua.

whiffet /ˈwɪfɪt, *USA* ˈhw-/, *n.* *1* piccolo sbuffo *2* (*raro*) cagnolino *3* (*fam. USA*) individuo insignificante.

whiffle /ˈwɪfl, *USA* ˈhw-/, *n.* *1* alito, buffo, folata (*di vento*) *2* fischio; sibilo.

to **whiffle** /ˈwɪfl, *USA* ˈhw-/, **A** *v. i.* *1* (*del vento*) soffiare a buffi (*o* a folate) *2* fischiare; sibilare *3* (*anche fig.*) ondeggiare; oscillare; vacillare *4* svolazzare; sventolare. **B** *v. t.* *1* (*specialm. del vento e sim.*) soffiare via, disperdere (*le nubi, ecc.*) *2* sballottare; trascinare.

whiffler /ˈwɪflə(r), *USA* ˈhw-/, *n.* *1* persona incostante (*o* irresoluta); tentenna *2* (*stor.*) battistrada (*nei cortei*).

whiffy /ˈwɪfɪ, *USA* ˈhw-/, *a.* (*fam.*) che puzza; maleodorante.

Whig /wɪg, *USA* hwɪg/, *n.* e *a.* *1* (*stor.*) Whig; liberale (*in Inghilterra, nei secoli XVII e XVIII*): **the W. government**, il governo Whig *2* (*stor. USA*) fautore dell'indipendenza delle colonie americane; indipendentista; (*nel periodo 1834-55*) conservatore *3* (*econ.*) liberista.

Whiggery /ˈwɪgərɪ, *USA* ˈhw-/, *n.* (*stor.*) liberalismo.

Whiggish /ˈwɪgɪʃ, *USA* ˈhw-/, *a.* (*stor.*) dei Whig; liberale.

Whiggism /ˈwɪgɪzəm, *USA* ˈhw-/, *V.* **Whiggery.**

while (**1**) /waɪl, *USA* hwaɪl/, *cong.* *1* mentre; nel tempo che; intanto che; finché: **W. (I was) reading I fell asleep**, mentre stavo leggendo m'addormentai; **W. I was coming here, John had an accident**, intanto che venivo qua, John ha avuto un incidente; **The walls are yellow, w. the ceiling is white**, le pareti sono gialle mentre il soffitto è bianco; **W. in London, you should call on him**, finché sei a Londra, dovresti fargli visita *2* sebbene; pure; quantunque: **W. I admit his good points, I am fully aware of his bad ones**, pur riconoscendo i suoi lati buoni, non mi sfuggono affatto quelli cattivi. ● (*comm.*) **w.-you--wait service**, servizio immediato □ (*prov.*) **W. there's life there's hope**, finché c'è vita c'è speranza.

while (**2**) /waɪl, *USA* hwaɪl/, *n.* momento; tempo: **in a little w.**, in breve tempo; tra un momento; fra poco; **a long w. ago**, molto tempo fa; **What have you been doing all this w.?**, che cosa hai fatto tutto questo tempo?; **That is enough for a little w.**, questo basterà per un po' di tempo. ● **the w.**, nel frattempo; e intanto □ **between whiles**, di quando in quando; ogni tanto; negli intervalli □ **for a long w.**, per molto tempo; per un (bel) pezzo (*fam.*) □ **once in a w.**, una volta ogni tanto; occasionalmente; di quando in quando □ **It is not worth w.**, non ne vale la pena □ **Please do it; I will make it worth your w.**, ti prego di farlo; saprò ricompensarti.

to **while away** /waɪl əˈweɪ, *USA* hwaɪl/, *v. t.* + *avv.* passare, far passare (*il tempo*): **to w. away the time**, passare il tempo piacevolmente (*o* nell'ozio); ammazzare il tempo (*fam.*); **We whiled away the evening**, passammo piacevolmente la serata.

whiles /waɪlz, *USA* hw-/, (*arc.*) *V.* **while** (**1**).

whilom /ˈwaɪləm, *USA* ˈhw-/, (*arc.*) **A** *avv.* una volta; un tempo; in passato. **B** *a. attr.* antico; d'un tempo: **his w. friend**, il suo amico d'un tempo.

whilst /waɪlst, *USA* hw-/, *V.* **while** (**1**).

whim /wɪm, *USA* hwɪm/, *n.* *1* capriccio; ghiribizzo; fantasia: **to do st. on a w.**, fare q.c. per capriccio *2* (*mecc.*) argano (*specialm. usato nelle miniere*).

whimbrel /ˈwɪmbrəl, *USA* ˈhw-/, *n.* (*zool., Numenius phaeopus*) chiurlo piccolo.

whimper /ˈwɪmpə(r), *USA* ˈhw-/, *n.* *1* piagnucolio; frignio *2* (*di cane*) uggiolio *3* (*d'uccello*) pigolio.

to **whimper** /ˈwɪmpə(r), *USA* ˈhw-/, **A** *v. i.* *1* frignare; piagnucolare: **The baby is whimpering**, il bambino sta frignando *2* (*di cane*) uggiolare *3* (*d'uccello*) pigolare. **B** *v. t.* dire (q.c.) piagnucolando.

whimperer /ˈwɪmpərə(r), *USA* ˈhw-/, *n.* piagnucolone, piagnucolona; frignone, frignona.

whimperingly /ˈwɪmpərɪŋlɪ, *USA* ˈhw-/, *avv.* piagnucolando; frignando.

whimsical /ˈwɪmzɪkl, *USA* ˈhw-/, *a.* capriccioso; bizzarro; eccentrico; stravagante; che ha strane idee. || **-ly,** *avv.* || **-ness,** *sost.*

whimsicality /wɪmzɪˈkælətɪ, *USA* ˈhw-/, *n.* capricciosità; capriccio; bizzarria; eccentricità; stravaganza.

whimsy /ˈwɪmzɪ, *USA* ˈhw-/, *n.* capriccio; ghiribizzo; fantasia. ● **poems full of w.**, poesie piene di umore stravagante.

whin (1) /wɪn, *USA* hwɪn/, *n.* (*bot., Ulex europaeus*) ginestrone.

whin (2) /wɪn, *USA* hwɪn/, *n.* (*geol.*) roccia scura e resistente; (*specialm.*) basalto, roccia basaltica.

whinchat /ˈwɪntʃæt, *USA* ˈhw-/, *n.* (*zool., Saxicola rubetra*) stiaccino.

whine /waɪn, *USA* hwaɪn/, *n.* ***1*** (*di cane*) uggiolio ***2*** gemito; lamento (*anche del vento*) ***3*** piagnucolio; frignio; lagna ***4*** (*fig.*) sibilo; fischio (*del vento, di un motore d'aereo, ecc.*).

to **whine** /waɪn, *USA* hwaɪn/, **A** *v. i.* ***1*** (*di cani*) uggiolare ***2*** gemere; lagnarsi; lamentarsi: **He's always whining about something or other**, ha sempre qualcosa di cui lamentarsi ***3*** piagnucolare; frignare ***4*** (*fig.*) fischiare; sibilare. **B** *v. t.* (*spesso* **to w. out**) dire piagnucolando (*o* in tono lamentoso).

whiner /ˈwaɪnə(r), *USA* ˈhw-/, *n.* piagnucolone, piagnucolona; frignone, frignona; lagnone, lagnona.

whinge /wɪndʒ, *USA* hw-/, *n.* (*fam.*) ***1*** lagna; lamento ***2*** piagnucolio.

to **whinge** /wɪndʒ, *USA* hw-/, *v. i.* (*fam.*) ***1*** lagnarsi; lamentarsi; brontolare ***2*** piagnucolare; frignare.

whinger /ˈwɪŋə(r), *USA* ˈhw-/, *n.* (*arc.*) daga; coltellaccio; pugnale.

whining /ˈwaɪnɪŋ, *USA* ˈhw-/, *a.* ***1*** (*di un cane*) che uggiola ***2*** piagnucolante; frignante ***3*** (*fig.*) che sibila; che fischia. || **-ly,** *avv.*

whinny /ˈwɪnɪ, *USA* ˈhw-/, *n.* (*di cavallo*) nitrito; lieve nitrito.

to **whinny** /ˈwɪnɪ, *USA* ˈhw-/, *v. i.* nitrire.

whinstone /ˈwɪnstəʊn, *USA* ˈhw-/, *n.* (*geol.*) basalto; roccia basaltica.

whiny /ˈwaɪnɪ, *USA* ˈhw-/, *a.* piagnucoloso; che frigna: **a w. child**, un bambino piagnucoloso; un frignone (*fam.*).

whip /wɪp, *USA* hwɪp/, *n.* ***1*** frusta; sferza; scudiscio; staffile ***2*** (*fam.*) cocchiere: **He's a good [a poor] w.**, è un bravo [un cattivo] cocchiere ***3*** (*caccia alla volpe*; = **whipper-in**) bracchiere ***4*** (*polit., nel Parlamento ingl.*; = **party w.**) deputato che sovrintende alla disciplina dei colleghi di partito; capogruppo parlamentare ***5*** (*polit.*) convocazione a una seduta parlamentare: **a three-line w.**, una convocazione urgentissima (*letteralm.* sottolineata tre volte) ***6*** (*naut.*, = **w.-and-derry**) ghia ***7*** (*cucina*) frusta, frullino (*per montare la panna, ecc.*) ***8*** (*cucina*) dolce a base di uova (*o* panna, ecc.) montate e pezzi di frutta ***9*** (*fig.*) flessibilità; elasticità. ● **w. and spur**, a spron battuto (*anche fig.*) □ (*elettr.*) **w. antenna**, antenna a stilo □ (*agric.*) **w. grafting**, innesto a lingua □ **w. hand**, mano che regge la frusta; (*fig.*) posizione di vantaggio □ **w. handle** (*o* **w.-stock**), manico della frusta □ (*zool.*) **w. ray** (*Dasyatis, Gymmura, ecc.*), razza aculeata □ (*zool.*) **w. snake** (*Coluber flagellum*), serpente frusta □ **w.-stitch**, (*cucito*) sopraggitto; (*fig. fam.*) sarto, sarta; (*pop. USA*) istante, attimo □ (*fig.*) **to have the w. hand over sb.**, tenere q. in propria balia; avere il coltello dalla parte del manico (*con q.*).

to **whip** /wɪp, *USA* hwɪp/, **A** *v. t.* ***1*** frustare; sferzare; flagellare; fustigare; (*fig.*) battere, colpire: **to w. (up) a horse**, frustare un cavallo; **to w. a naughty boy**, fustigare un ragazzo indisciplinato; **The rain whipped my face**, la pioggia mi sferzava il viso; (*un tempo*) **to w. the wheat**, battere il grano (*con il correggiato*) ***2*** (*fig.*) attaccare; criticare aspramente ***3*** (*cucina*) frullare; montare; sbattere: **to w. cream**, montare la panna; **to w. eggs**, sbattere le uova ***4*** avvolgere strettamente (*un bastone, la cima di un cavo*) con corda (*o* spago) ***5*** cucire a sopraggitto ***6*** (*fam.*) sconfiggere; sgominare; battere; suonarle a (q.): **to w. a rival**, battere un rivale; **We've whipped Manchester United**, le abbiamo suonate al Manchester United ***7*** (*naut.*) issare; legare ***8*** far girare (*la trottola*). **B** *v. i.* ***1*** correre; precipitarsi; saettare: **The boy whipped under the table**, il ragazzo si precipitò sotto la tavola; **The burglar whipped downstairs**, il ladro scese le scale a precipizio; **The car whipped round the corner**, l'automobile girò l'angolo a tutta velocità ***2*** (*di bandiera, ecc.*) sbattere (*al vento*); sventolare. ● (*fam.*) **to w. the cat**, (*raro*) fare economia, essere assai parsimonioso; (*un tempo*) lavorare a giornata (*come sarto o falegname*) □ (*fam.*) **to w. the devil round the post**, farla in barba a un furbo di tre cotte; farcela o di riffa o di raffa □ (*fig.*) **to w. one's followers together**, radunare (*o* raccogliere) i propri seguaci.

♦**whip away**, **A** *v. t. + avv.* ***1*** tirar via bruscamente, strappare: **He whipped away my plate while I was still eating**, mi strappò il piatto mentre stavo ancora mangiando ***2*** tirare indietro, ritirare (*la mano, ecc.*) in tutta fretta ***3*** portare via (*q. che vorrebbe restare*). **B** *v. i. + avv.* andarsene precipitosamente; scappare via.

♦**whip back**, *v. i. + avv.* tornare indietro all'improvviso (*o* in tutta fretta).

♦**whip in**, **A** *v. t. + avv.* ***1*** radunare (*i cani da caccia*) usando la frusta ***2*** (*polit.*) radunare (*i deputati del proprio partito per una votazione*). **B** *v. i. + avv.* ***1*** precipitarsi dentro ***2*** (*ferr.*) salire su un treno in corsa (*o* che sta per partire).

♦**whip into**, *v. t. + prep.* ***1*** (*cucina*) frullare, montare, sbattere (*uova, ecc.*) fino a farne (*crema, ecc.*): **to w. the eggs, milk and sugar into cream**, fare la crema sbattendo uova, latte e zucchero ***2*** (*fig.*) eccitare, montare la testa a (q.) fino a farlo (*arrabbiare, ecc.*): **Anthony slowly whipped the Romans into a rage**, a poco a poco Antonio riuscì a montare la testa ai romani facendoli inferocire □ **to w. sb. into shape**, mettere q. (*giocatori, atleti, ecc.*) in forma (*allenandoli, ecc.*) □ **to w. st. into shape**, dare compattezza (struttura organica, ordine, ecc.) a q.c.

♦**whip off**, **A** *v. t. + avv.* ***1*** portare via, strappare, tirare via bruscamente: **The tornado has whipped off the roof of my house**, il tornado ha portato via il tetto della mia casa ***2*** togliersi (*o* cavarsi) in fretta: **to w. off one's hat**, togliersi in fretta il cappello ***3*** portare via (*q. che non vuole andare*) ***4*** (*pop. USA*) spazzare via, fare piazza pulita di (*cibo e sim.*). **B** *v. i. + avv.* andarsene precipitosamente; scappare via. **C** *v. t. + prep.* portare via, strappare da: **The storm whipped a lot of tiles off my roof**, il temporale ha strappato molte tegole dal mio tetto.

♦**whip on**, *v. t. + avv.* ***1*** incitare (*cavalli, ecc.*) con la frusta ***2*** (*fig.*) pungolare, stimolare (q.).

♦**whip out**, **A** *v. t. + avv.* cavar fuori; tirar fuori (*anche fig.*): **to w. out one's gun**, tirar fuori la pistola; **The hooligan whipped out a cosh**, il teppista cavò fuori un manganello; **to w. out an answer**, tirar fuori una risposta. **B** *v. i. + avv.* uscire a precipizio; scappare fuori □ (*fam.*) **to w. out one's hand**, stendere la mano (*per salutare, ecc.*) □ **to w. out an oath**, lanciare un'imprecazione □ **to w. out the sword**, sguainare la spada.

♦**whip over**, *v. i. + prep.* andare a tutta velocità in; divorare (*fig.*): **The TGV whipped over the Lyon-Paris stretch**, il TGV divorò la tratta Lione-Parigi.

♦**whip round**, *v. i. + avv.* ***1*** girarsi (*o* voltarsi) di scatto: **He whipped round and fired at me**, si girò di scatto e mi sparò ***2*** (*fam.*) fare un salto (*da q.*); fare una visitina; fare un salutino (*fam.*) ***3*** (*fam.*) fare una colletta.

♦**whip through**, *v. i. + prep.* finire in fretta (*un lavoro, ecc.*).

♦**whip up**, *v. t. + avv.* ***1*** (*cucina*) montare, sbattere (*uova, ecc.*) ***2*** incitare (*un cavallo, ecc.*) con la frusta ***3*** afferrare; sollevare; prendere su (q. *o* q.c.) in tutta fretta (*fam.*): **He whipped up a knife**, afferrò un coltello; **She whipped up her baby and ran away**, prese su il bambino e scappò via ***4*** (*fig.*) eccitare, montare la testa a (*una folla, ecc.*) ***5*** (*fam.*) stimolare, suscitare (*interesse in q.c., ecc.*) ***6*** (*fam.*) improvvisare (*un piano, un pasto, ecc.*); organizzare, mettere insieme alla svelta (*una festa, uno spettacolo, ecc.*) □ **to w. up subscriptions**, raccogliere sottoscrizioni (*o* offerte).

whipcord /ˈwɪpkɔːd, *USA* ˈhw-/, **A** *n.* ***1*** corda per fruste ***2*** (*ind. tess.*) saia a diagonali marcate. **B** *a. attr.* teso; tirato: **w. muscles**, muscoli tesi.

whiplash /ˈwɪplæʃ, *USA* ˈhw-/, *n.* ***1*** frusta (*senza il manico*) ***2*** frustata (*anche fig.*) ***3*** (*med., fam.*; *anche* **w. injury**) colpo di frusta.

whipper /ˈwɪpə(r), *USA* ˈhw-/, *n.* frustatore, frustatrice; fustigatore, fustigatrice. ● **w.-in**, (*nella caccia alla volpe*) bracchiere; (*polit.*) *V.* **whip,** *def. 4.*

whippersnapper /ˈwɪpəsnæpə(r), *USA* ˈhw-/, *n.* (*fam. arc.*) giovincello presuntuoso; ragazzotto sfacciato.

whippet /ˈwɪpɪt, *USA* ˈhw-/, *n.* ***1*** whippet; cane da corsa (*incrocio tra un levriero e uno spaniel o un terrier*) ***2*** (*mil., stor.*) carro armato leggero.

whippiness /ˈwɪpɪnəs, *USA* ˈhw-/, *n.* flessibilità; elasticità.

whipping /ˈwɪpɪŋ, *USA* ˈhw-/, *n.* ***1*** frustate; sferzate ***2*** (*cucina*) il frullare, lo sbattere; montatura (*di uova, ecc.*) ***3*** (*fig.*) batosta; sconfitta ***4*** (*un tempo*) fustigazione (*pena*). ● **w. boy**, (*stor.*) fanciullo allevato con un principino (*o* col figlio di un nobile) e castigato in sua vece; (*fig.*) capro espiatorio □ (*stor.*) **w. post**, palo della fustigazione □ **w. top**, trottola; paleo.

whipple-tree /ˈwɪpltriː, *USA* ˈhw-/, *n.* bilancino (*di carro o carrozza*)

whippoorwill /ˈwɪpʊəwɪl, *USA* ˈhw-/, *n.* (*zool., Caprimulgus vociferus*) caprimulgo; succiacapre.

whippy /ˈwɪpɪ, *USA* ˈhw-/, *a.* flessibile; elastico.

whip-round /ˈwɪpraʊnd, *USA* ˈhw-/, *n.* (*fam.*) sottoscrizione (*di denaro*); colletta.

whipsaw /ˈwɪpsɔː, *USA* ˈhw-/, *n.* segone a mano (*per tronchi*).

to **whipsaw** /ˈwɪpsɔː, *USA* ˈhw-/, *v. t.* ***1*** segare (*tronchi*) col segone ***2*** (*fam. USA*) sconfiggere doppiamente.

whipster /ˈwɪpstə(r), *USA* ˈhw-/, *V.* **whippersnapper.**

to **whip-stitch** /ˈwɪpstɪtʃ, *USA* ˈhw-/, *v. t.* cucire a sopraggitto.

whipstock /ˈwɪpstɒk, *USA* ˈhw-/, *n.* manico della frusta.

whir /wɜː(r), *USA* hw-/, *n.* (*solo al sing.*) ronzio; frullo, frullio (*d'ali*): **the w. of machinery**, il ronzio delle macchine.

to **whir** /wɜː(r), *USA* hw-/, *v. i.* ronzare; frullare. ● (*di un uccello, una freccia, ecc.*) **to w. past**, passare a volo (*o* saettar via) con un frullo.

whirl /wɜːl, *USA* hw-/, *n.* (*solo al sing.*) ***1*** rotazione rapida; mulinello; turbine; vortice: **a w. of dust**, un turbine di polvere; **the whirls of a river**, i vortici di un fiume ***2*** (*fig.*) attività frenetica; turbinio: **the w. of traffic in a big city**, il turbinio del traffico in una grande città ***3*** (*fig.*) confusione; smarrimento: **His head was in a w.**, aveva una gran confusione in testa. ● (*fam.*) **Give it a w.!**, provaci!; fai un tentativo!

to **whirl** /ˈwɜːl, *USA* hw-/, **A** *v. i.* ***1*** girare; roteare; piroettare; frullare (*anche fig.*); vorticare; turbinare: **The roulette wheel whirled incessantly**, la ruota della roulette girava di continuo; **The Carnival confetti whirled in the air**, i coriandoli del carnevale turbinavano nell'aria; **the thoughts that w. in my head**, i pensieri che mi frullano per il capo ***2*** girare: **My head is whirling**, mi gira la testa ***3*** girarsi; voltarsi: **The boar whirled to face the hounds**, il cinghiale si girò per far fronte ai cani ***4*** (*di un veicolo*; *di solito* **to w. away, to w. out**) allontanarsi rapidamente; correre via: **The carriage whirled away**, la carrozza s'allontanò rapidamente; **The taxi whirled out of sight**, in un batter d'occhio il taxi scomparve alla vista. **B** *v. t.* ***1*** far girare; far turbinare; roteare; far volteggiare: **The wind whirled the rubbish along the alley**, il vento faceva turbinare i rifiuti giù per il vicolo ***2*** girare (*o* voltare) di scatto: **She whirled her head**, ella girò di scatto la testa ***3*** (*di solito* **to w. away**) portar via in tutta fretta; trascinare via (alla svelta): **The children were whirled away by his divorced wife**, i bambini furono portati via in tutta fretta dalla moglie da cui aveva divorziato. ● **to w. round**, girare (*o* far girare) in tondo; girarsi di scatto; ruotare; (*di ballerini*) piroettare.

whirlabout /ˈwɜːləbaʊt, *USA* ˈhw-/, *n.* il roteare; turbinio.

whirlblast /ˈwɜːlblɑːst, *USA* ˈhwɜːlblæst/, *n.* vortice di vento; turbine.

whirligig /ˈwɜːlɪɡɪɡ, *USA* ˈhw-/, *n.* ***1*** trottola; paleo ***2*** giostra (*per bambini*) ***3*** mulinello; girandola (*giocattolo*) ***4*** (*fig.*) alterne vicende: **the w. of time**, le alterne vicende della sorte (*o* della vita) ***5*** (*zool., Gyrinus natator*) girino.

whirling /ˈwɜːlɪŋ, *USA* ˈhw-/, *a.* vorticoso; turbinoso.

whirlpool /ˈwɜːlpuːl, *USA* ˈhw-/, *n.* vortice; mulinello; gorgo (*anche fig.*).

whirlwind /ˈwɜːlwɪnd/, **A** *n.* ***1*** turbine (*di vento*); mulinello ***2*** (*meteor.*) tromba d'aria ***3*** (*fig.*) terremoto (*fig.*); individuo impetuoso. **B** *a. attr.* travolgente: **w. passion**, passione travolgente. ● (*prov.*) **He that sows the wind will reap the w.**, chi semina vento, raccoglie tempesta.

whirly /ˈwɜːlɪ, *USA* ˈhw-/, *n.* (*meteor.*) turbine di neve.

whirlybird /ˈwɜːlɪbɜːd, *USA* ˈhw-/, *n.* (*fam. USA*) elicottero.

whirr, to **whirr** /wɜː(r), *USA* hw-/, *V.* **whir, to whir**.

whish /wɪʃ, *USA* hwɪʃ/, *n.* fruscio; sibilo.

to **whish** /wɪʃ, *USA* hwɪʃ/, *v. i.* frusciare; sibilare.

whisht /wɪst, *USA* hw-/, *V.* **whist (2)**.

whisk /wɪsk, *USA* hwɪsk/, *n.* ***1*** piumino per la polvere ***2*** scacciamosche ***3*** (*cucina*) frullino, frusta (*per montare la panna, ecc.*) ***4*** colpo (*o* movimento) rapido: **The mule brushed off the flies with a w. of its tail**, il mulo scacciò le mosche con un rapido colpo della coda. ● **w. broom**, scopetta; piccola scopa (*senza manico*) □ **a fly w.**, uno scacciamosche.

to **whisk** /wɪsk, *USA* hwɪsk/, **A** *v. t.* ***1*** cacciare, scacciare (*le mosche*); scuotere (*la polvere*); spazzare; spolverare: **to w. flies away**, scacciare le mosche; **to w. off the crumbs**, spazzar via le briciole ***2*** agitare; scuotere: **The horses were whisking their tails**, i cavalli agitavano la coda ***3*** (*cucina*) frullare; montare (*panna*); sbattere (*uova*) ***4*** portar via in tutta fretta; spedire (*fig.*): **They whisked him off to London by the first plane**, lo spedirono a Londra col primo aereo. **B** *v. i.* guizzar via; sgattaiolare: **The boy whisked around the corner**, il ragazzo sgattaiolò via girando l'angolo.

whisker /ˈwɪskə(r), *USA* ˈhw-/, *n.* ***1*** (*di gatto, ecc.*) baffo ***2*** (*pl.*) basettoni; fedine; favoriti ***3*** (*pl.*) (*tecn.*) whiskers, baffi ***4*** (*pl.*) (*naut.*, = **w. booms**) aste (*o* picchi) di civada. ● (*fig. fam.*) **by a w.**, per un pelo.

whiskered /ˈwɪskəd, *USA* ˈhw-/, *a.* ***1*** (*d'uomo*) che ha i basettoni ***2*** (*d'animale*) baffuto; coi baffi.

whiskey /ˈwɪskɪ, *USA* ˈhw-/, *n.* whisky (*fatto in U.S.A. o in Irlanda*). ● **w. sour**, whisky e succo di limone o di limetta acida.

whiskified /ˈwɪskɪfaɪd, *USA* ˈhw-/, *a.* (*scherz., raro*) intossicato dall'alcol; ubriaco di whisky.

whisky (1) /ˈwɪskɪ, *USA* ˈhw-/, *n.* whisky. ● **w. blender**, miscelatore di whisky □ (*ingl.*) **w. mac**, whisky con zenzero fermentato □ (*econ.*) **the w. industry**, l'industria del whisky (*in G.B., ecc.*).

whisky (2) /ˈwɪskɪ, *USA* ˈhw-/, *n.* (*raro*) barroccino; calesse.

whisper /ˈwɪspə(r), *USA* ˈhw-/, *n.* ***1*** bisbiglio; sussurro: **in a w.**, in un sussurro; a bassa voce ***2*** (lo) stormire; fruscio: **the w. of the wind in the branches**, lo stormire del vento fra i rami ***3*** (*fam.*) diceria; insinuazione; mormorazione; voce. ● **a w. of the scandal**, un eco dello scandalo □ **to talk in a w.** (*o* **in whispers**), parlare sottovoce; bisbigliare.

to **whisper** /ˈwɪspə(r), *USA* ˈhw-/, *v. i. e t.* ***1*** bisbigliare; sussurrare; parlare (*o* dire) a bassa voce ***2*** mormorare; fare della maldicenza; sparlare; riferire, raccontare (*q.c. di scandaloso*): **to w. a story**, riferire una diceria; **It is whispered that...**, si mormora che... ***3*** (*delle fronde*) stormire; frusciare.

whisperer /ˈwɪspərə(r), *USA* ˈhw-/, *n.* ***1*** chi sussurra; chi bisbiglia ***2*** (*fam.*) maldicente; pettegolo ***3*** (*raro*) spia; informatore.

whispering /ˈwɪspərɪŋ, *USA* ˈhw-/, **A** *a.* ***1*** sussurrante; che bisbiglia ***2*** maldicente. **B** *n.* ***1*** sussurrio; mormorio ***2*** (*fam.*) mormorazione; maldicenza. ● (*polit.*) **w. campaign**, campagna diffamatoria □ **w. gallery**, galleria acustica.

whist (1) /wɪst, *USA* hwɪst/, *n.* whist (*gioco di carte*). ● **a w. drive**, un torneo di whist.

whist (2) /wɪst, *USA* hwɪst/, (*arc. o dial.*) **A** *inter.* zitto!; zitti!; silenzio! **B** *a.* silenzioso; zitto.

whistle /ˈwɪsl, *USA* ˈhw-/, *n.* ***1*** fischio; sibilo: **the w. of the train**, il fischio del treno ***2*** fischietto; fischio; zufolo. ● (*fam. USA*) **w.-blower**, spione; soffiatore (*pop.*) □ (*fam. USA*) **w.-blowing**, spiata; soffiata □ (*naut.*) **w. buoy**, boa a fischio □ (*USA*) **w. stop**, (*ferr.*) stazioncina; cittadina (*di poca importanza*); (*polit.*) breve visita (*di un candidato*) □ (*fam. USA*) **w.-stop**, breve, di poche ore: (*specialm. polit.*) **a w.-stop tour**, un giro con visite di poche ore □ **to blow a** (*o* **the**) **w.**, dare un colpo di fischietto □ (*fam. USA*) **to blow the w. on sb.**, fare la spia a q. □ (*sport*: *dell'arbitro*) **to blow the w. on a game**, dare il fischio di chiusura □ (*fam.*) **to wet one's w.**, bagnarsi il becco; fare una bevutina.

to **whistle** /ˈwɪsl, *USA* ˈhw-/, *v. i. e t.* ***1*** fischiare; fischiettare; zufolare: **The boy was whistling a tune**, il ragazzo fischiettava un motivetto; **I whistled to my dog**, fischiai (*o* feci un fischio) al cane; **The steam engine whistled before entering the tunnel**, la locomotiva a vapore fischiò prima di entrare nella galleria; **The bullet whistled over my head**, la pallottola mi fischiò sopra la testa ***2*** chiamare con un fischio: **to w. for a taxi**, chiamare un taxi con un fischio. ● **to w. appreciation**, esprimere la propria ammirazione con un fischio □ **to w. sb. back**, richiamare q. con un fischio □ (*fig.*) **to w. down the wind**, darsi per vinto; lasciar perdere; rinunciare; abbandonare la partita □ (*sport*) **to w. the end of the game**, fischiare la fine della partita; dare il fischio di chiusura □ (*fig.*) **to w. for**, desiderare invano; aspettare invano: **You may w. for your money**, li aspetterai un bel pezzo i tuoi soldi □ **to w. in the dark**, fischiettare al buio (*per farsi coraggio*); (*fig.*) far finta di non aver paura, mostrare sicurezza □ **to w. up**, chiamare (*il cane, ecc.*) con un fischio; (*fig.*) inventarsi, evocare con la fantasia: **He whistled up a road accident to justify his absence**, s'inventò un incidente stradale per giustificare l'assenza □ **You can w. for it!**, campa cavallo (che l'erba cresce)!; puoi metterti il cuore in pace!

whistled /ˈwɪsld, *USA* ˈhw-/, *a.* (*fon.*) sibilato.

whistler /ˈwɪslə(r), *USA* ˈhw-/, *n.* ***1*** fischiatore; chi fischia ***2*** (*zool., Marmota caligata*) marmotta caligata ***3*** (*zool.*) uccello fischiatore ***4*** cavallo bolso.

to **whistle-stop** /ˈwɪslstɒp, *USA* ˈhw-/, *v. i.* (*fam. USA, polit.*) fare una campagna elettorale (*o* un giro propagandistico) con soste di poche ore.

whistling /ˈwɪslɪŋ, *USA* ˈhw-/, *n.* il fischiare; fischio.

whit /wɪt, *USA* hwɪt/, *n.* (*form.*) particella infinitesimale; briciolo; pizzico (*fig.*). ● **every w.**, (*avv.*) completamente; da cima a fondo □ **I don't care a w.**, non me ne importa nulla.

Whit /wɪt, *USA* hwɪt/, *a.* (*relig.*) di Pentecoste: **W. Sunday**, la domenica di Pentecoste; **W. Monday**, il lunedì di Pentecoste; **W. week**, la settimana di Pentecoste.

white /waɪt, *USA* hwaɪt/, **A** *a.* ***1*** bianco; candido; pallido; smorto; di pelle chiara, di razza bianca: **He had w. hair** (*o* **His hair was w.**), aveva i capelli bianchi; **Bursil washes whiter**, il Bursil lava più bianco; **w. paint**, vernice bianca; **as w. as snow**, bianco come la neve; **a w. horse**, un cavallo bianco; **w. flag**, bandiera bianca; **w. cedar**, cedro bianco; **She was w. with fear**, era pallida per la paura; **w. bread**, pane bianco; **w. wine**, vino bianco ***2*** (*fig.*) innocente; puro; onesto: **a w. man**, un uomo onesto; un uomo di cui ci si può fidare ***3*** (*pop. USA*) scadente: **w. lightning**, liquore scadente. **B** *n.* ***1*** bianco; color bianco: **She was dressed in w.**, era vestita di bianco ***2*** uomo di razza bianca; bianco: **Black and W., Unite and Fight**, Bianchi e Neri, Unitevi e Combattete insieme! (*cartello antirazziale*) ***3*** bianco (*dell'uovo*); albume: **the whites of five eggs**, cinque bianchi d'uovo ***4*** (*anat.*) bianco (*dell'occhio*); sclerotica; sclera: **to turn up the w. of one's eyes**, mostrare il bianco dell'occhio ***5*** (*zool.*) farfalla bianca (*appartenente al genere Pieris*) ***6*** (*pl.*) (*med.*) leucorrea; perdite bianche ***7*** (*pl.*) (*sport*) pantaloni bianchi. ● (*metall.*) **w. alloy**, lega bianca (che imita l'argento) □ (*zool.*) **w. ant**, formica bianca; termite □ (*polit., USA*) **w. backlash**, rigurgito razzista; reazione avversa dei bianchi (*alle rivendicazioni dei negri*) □ (*zool.*) **w.-beaked**, dal becco bianco □ (*zool.*) **w. bear** (*Ursus maritimus*), orso bianco □ **w.-bearded**, dalla barba bianca □ (*biol.*) **w. blood cell**, globulo bianco; leucocita □ **w. bread**, pane bianco; pane in cassetta □ (*fam. USA*) **w.-bread**, conformistico; convenzionale □ (*bot.*) **w. cedar** (*Chamaecyparis thyoides*), cedro bianco, cipresso di Lawson; (*Thuja occidentalis*) tuia, albero della vita □ **a w. Christmas**, un Natale bianco (*con la neve*) □ **w. civilization**, la civiltà dei bianchi □ (*econ.*) **w. coal**, carbone bianco; energia idroelettrica □ (*edil.*) **w. coat**, stabilitura □ **w. coffee**, caffellatte; cappuccino □ (*fig.*) **w.-collar**, impiegatizio; del ceto impiegatizio: **w.-collar mentality**, mentalità impiegatizia □ **w.-collar worker**, chi lavora in ufficio; impiegato; funzionario; colletto bianco (*fig.*) □ (*biol.*) **w. corpuscles**, globuli bianchi □ **w.-crested**, dalla cresta bianca □ (*astron.*) **w. dwarf**, stella nana bianca □ **w. elephant**, elefante bianco; (*fig.*) oggetto inutile e dispendioso, capriccio costoso □ (*in G.B.*) **the W. Ensign**, la Bandiera della Marina Militare □ **w.-faced**, dal viso pallido; (*di cavallo*) con una stella (*o* rosetta) bianca sulla fronte □ (*zool.*) **w. fox**, volpe bianca; volpe artica □ (*relig.*) **W. Friars**, frati carmelitani □ **w. frost**, brina; brinata □ (*gioielleria*) **w. gold**, oro bianco □ (*econ.*) **w. goods**, beni di consumo durevoli; elettrodomestici; (*anche*) biancheria per la casa, tovagliato □ **w.-haired**, dai capelli bianchi; canuto □ **w.-handed**, che ha le mani bianche; (*fig.*) che ha le mani pulite (*non macchiate di colpa*) □ **w.-headed**, dal capo bianco □ (*metall.*) **w. heat**, calor bianco; incandescenza □ (*fam.*) **w. hope**, grande speranza; (*sport*) uomo di punta □ **w. horses**, onde dalla cresta spumeggiante □ **w.-hot**, (*metall.*) al calor bianco; incandescente (*anche fig.*): **w.-hot passion**, passione incandescente □ (*in U.S.A.*) **the W. House**, la Casa Bianca (*residenza ufficiale del Presidente*) □ (*metall.*) **w. iron**, ghisa bianca □ **w. iron bath**, vasca da bagno di ferro smaltato (*bianca*) □ (*econ., fin.*) **w. knight**, società alleata di un'azienda che resiste a un tentativo di acquisizione □ (*chim.*) **w. lead**, biacca di piombo □ **a w. lie**, una bugia innocente (*o* pietosa) □ (*fis.*) **w. light**, luce bianca □ (*bot.*) **w. lily**, giglio bianco □ **w. line**, linea (*o* striscia) bianca; (*autom.*) linea spartitraffico; (*tipogr.*) riga bianca □ **w.-lipped**, dalle labbra esangui □ **w.-livered**, codardo; vile □ **w. magic**, magia bianca □ **w. man**, uomo bianco, di razza bianca; (*fam.*) uomo integro, onesto □ (*bot.*) **w. maple** (*Acer saccharinum*), acero bianco □ (*econ.*) **w. market**, mercato legale □ (*cucina*) **w. meat**, carne bianca □ **w. metal**, metallo bianco □ **w. night**, notte bianca (*o* insonne) □ (*fis.*) **w. noise**, rumore bianco □ (*polit.*) **w. paper**, libro bianco; rapporto ufficiale del parlamento □ (*bot.*) **w. pine** (*Pinus strobus*), pino strobo □ (*med., fam.*) **w. plague** (*o* **w. scourge**), tubercolosi polmonare □ (*comm.*) **w. sale**, fiera del bianco; vendita di biancheria □ (*miner.*) **w. sapphire**, corindone incolore □ (*cucina*) **w. sauce**, besciamella □ **w. sheet**, (*un tempo*) lenzuolo penitenziale: (*fig.*) **to stand in a w. sheet**, cospargersi il capo di cenere; fare pubblica confessione delle proprie colpe □ **a w. slave**, una schiava bianca □ **w. slavery** (*o* **the w.-slave traffic**), la tratta delle bianche □ **w. spirit**, acquaragia minerale □ **w. squall**, tempesta bianca; improvvisa tempesta (*nei mari dei tropici*) □ (*polit.*) **w. supremacy**, la supremazia dei bianchi □ (*moda*) **w. tie**, cravatta bianca; (*fig.*) abito da sera: (*su un invito*) **«w. tie»**, «è gradito l'abito da sera» □ **a w.-tie party**, un ricevimento formale □ (*spreg. USA*) **w. trash**, «spazzatura bianca»; i bianchi (*per i neri*) □ **w. war**, guerra economica; sanzioni economiche □ **w. water**, acque agitate (*del mare*); rapide (*di un fiume*) □ **a w. wedding**, nozze in bianco: **I want a w. wedding**, voglio sposarmi in bianco □ **w. whale**, (*zool., Delphinapterus leucas*), delfino bianco, beluga; (*mitol., letter.*) balena bianca (*come «Moby-Dick» di H. Melville*; *la «balena bianca» non esiste in natura*) □ **w. witch**, strega che pratica la magia bianca □ **to be as w. as a sheet**, essere bianco come un lenzuolo (*o* come un panno lavato) □ (*fig.*) **to bleed sb. w.**, dissanguare q.; ridurre q. in miseria □ **to call w. black**, far del bianco nero; cambiar le carte in tavola □ **to go w.**, sbiancarsi (*in volto*), impallidire □ **to go w. about the gills**, *V. sotto* **gill (1)** □ (*fig.*) **to show the w. feather**, mostrarsi vile; dare prova di viltà □ **to turn w.**, diventare bianco; sbiancarsi (*in volto*), impallidire; (*dei capelli*) incanutire.

to **white** /waɪt, *USA* hwaɪt/, *v. t.* ***1*** (*raro*) imbiancare ***2*** (*USA, spesso* **to w. out**) correggere (*o* cancellare) con il bianchetto.

whitebait /ˈwaɪtbeɪt, *USA* ˈhw-/, *n.* frittura minuta; pesciolini; bianchetti.

whitebeard /ˈwaɪtbɪəd, *USA* ˈhw-/, *n.* vecchio dalla barba bianca.

whiteboard /ˈwaɪtbɔːd, *USA* ˈhw-/, *n.* lavagna bianca.

whitecap /ˈwaɪtkæp, *USA* ˈhw-/, *n.* ***1*** cavallone; onda spumeggiante ***2*** (*zool.*) uccello dal capino bianco (*in genere*).

Whitechapel /ˈwaɪttʃæpl, *USA* ˈhw-/, **A** *n.* Whitechapel (*quartiere orientale di Londra*). **B** *a. attr.* ***1*** di Whitechapel ***2*** (*fig.*) basso; volgare. ● **W. cart**, carretto a due ruote; furgoncino (*di bottegaio*).

whited /ˈwaɪtɪd, *USA* ˈhw-/, *a.* – (*fig.*) **a w. sepulchre**, un sepolcro imbiancato; un ipocrita.

whitefish /ˈwaɪtfɪʃ, *USA* ˈhw-/, *n.* (*zool.*) coregóne; corègono.

Whitehall /ˈwaɪthɔːl, *USA* ˈhw-/, *n.* ***1*** Whitehall (*strada londinese in cui hanno sede i principali uffici governativi*) ***2*** (*per estens.*) il governo britannico; la politica inglese.

to **whiten** /ˈwaɪtn, *USA* ˈhw-/, **A** *v. t.* ***1*** imbiancare; sbiancare ***2*** (*fig.*) riabilitare, fare apparire (q.) senza colpa. **B** *v. i.* ***1*** imbiancarsi ***2*** sbiancarsi; impallidire.

whitener /ˈwaɪtnə(r), -tən-, *USA* ˈhw-/, *n.* sbiancante; candeggiante.

whiteness /ˈwaɪtnəs, *USA* ˈhw-/, *n.* ***1*** bianchezza; candore ***2*** (*fig.*) purezza; innocenza ***3*** pallore.

whitening /ˈwaɪtnɪŋ, -tən-, *USA* ˈhw-/, *n.* ***1*** imbiancamento; candeggiamento ***2*** il diventar bianco; lo sbiancarsi; l'impallidire ***3*** (*fotogr.*) sbiancamento ***4*** bianco (di Spagna); gesso in polvere (*per imbiancare*).

whiteprint /ˈwaɪtprɪnt, *USA* ˈhw-/, *n.* (*grafica*) riproduzione cianografica.

whitesmith /ˈwaɪtsmɪθ, *USA* ˈhw-/, *n.* ***1*** lattoniere; stagnaio ***2*** rifinitore (*o* lucidatore) di metalli placcati.

whitethorn /ˈwaɪtθɔːn, *USA* ˈhw-/, *n.* (*bot., Crataegus oxyacantha*) biancospino.

whitethroat /ˈwaɪtθrəʊt, *USA* ˈhw-/, *n.* (*zool.*) ***1*** (*Sylvia communis*) sterpazzola comune ***2*** (= **lesser w.**; *Sylvia curruca*) bigiarella ***3*** (*Zonotrichia albicollis*) zonotrichia collobianco.

whitewash /ˈwaɪtwɒʃ, *USA* ˈhwaɪtwɔːʃ/, *n.* ***1*** bianco; bianco di calce; calce da imbiancare ***2*** (*fig.*) dissimulazione; copertura; vernice (*fig.*) ***3*** (*fam. raro*) bicchiere di sherry (*a fine pasto*) ***4*** (*sport, fam.*) sconfitta secca; vittoria schiacciante; cappotto ***5*** (*fam.*) insabbiamento; mascheratura.

to **whitewash** /ˈwaɪtwɒʃ, *USA* ˈhwaɪtwɔːʃ/, *v. t.* ***1*** dare il bianco a; imbiancare a calce: **to w. the walls [the ceiling]**, dare il bianco alle pareti [al soffitto] ***2*** (*fig.*) coprire (*fig.*); nascondere i difetti di (q.); riabilitare: **to w. a scandal**, coprire uno scandalo; **to w. a corrupt politician**, riabilitare un politico corrotto ***3*** (*sport., fam.*) dare cappotto a (*un avversario*).

whitewasher /ˈwaɪtwɒʃə(r), *USA* ˈhwaɪtwɔːʃ-/, *n.* (*edil.*) imbianchino.

whitewashing /ˈwaɪtwɒʃɪŋ, *USA* ˈhwaɪtwɔːʃ-/, *n.* (*edil.*) imbiancatura.

whit(e)y /ˈwaɪtɪ, *USA* ˈhwaɪtɪ/, *n.* (*spreg. USA*) bianco, bianca; uomo (*o* donna) di pelle bianca (*detto da gente di colore*).

whither /ˈwɪðə(r), *USA* ˈhwɪðə(r)/, *avv. interr. e relat.* (*arc.*) dove; verso che luogo: **W. goest thou?**, dove vai?; **I see w. your question tends**, capisco dove miri con la tua domanda. ● **no w.**, in nessun luogo.

whithersoever /wɪðəsəʊˈɛvə(r), *USA* hw-/, (*arc.*) *V.* **wherever**.

whitherward(s) /ˈwɪðəwəd(z), *USA* hw-/, *avv.* (*arc.*) verso quale direzione.

whiting (1) /ˈwaɪtɪŋ, *USA* ˈhw-/, *n.* bianco (di Spagna); gesso in polvere.

whiting (2) /ˈwaɪtɪŋ, *USA* ˈhw-/, *n.* (*pl.* **whiting, whitings**) (*zool.*) ***1*** (*Gadus merlangus*) merlango, merlano ***2*** *Merluccius bilinearis* ***3*** *Menticirrhus*. ● **w.-pout** (*Gadus luscus*), gado barbato.

whitish /ˈwaɪtɪʃ, *USA* ˈhw-/, *a.* biancastro; bianchiccio.

whitlow /ˈwɪtləʊ, *USA* ˈhw-/, *n.* (*med.*) patereccio.

Whitsun /ˈwɪtsn, *USA* ˈhw-/, *V.* **Whit**.

Whitsunday /ˈwɪtˈsʌndɪ, ˈwɪtsəndeɪ, *USA* ˈhw-/, *n.* (*relig.*) Pentecoste; domenica di Pentecoste.

Whitsuntide /ˈwɪtsəntaɪd, *USA* ˈhw-/, *n.* (*relig.*) settimana di Pentecoste.

to **whittle** /ˈwɪtl, *USA* ˈhw-/, *v. t. e i.* ***1*** tagliuzzare, pareggiare (*legno*): **The convict spent most of his time whittling pieces of wood**, il galeotto passava la maggior parte del tempo a tagliuzzare pezzi di legno ***2*** fare (q.c.) tagliuzzando; intagliare: **I whittled a small cat for my little son**, intagliai un gattino per il mio figlioletto ***3*** (*fig., di solito* **to w. down, to w. away**) diminuire; scemare; ridurre: **to w. down costs [salaries]**, ridurre i costi [diminuire gli stipendi]; **to w. down the list of applicants to four**, ridurre a quattro la lista dei candidati papabili.

whity /ˈwaɪtɪ, *USA* ˈhw-/, *a.* biancastro; bianchiccio.

Whity /ˈwaɪtɪ, *USA* ˈhw-/, *n.* (*soprannome*) Biondino.

to **whiz,** to **whizz** /wɪz, *USA* hw-/, **A** *v. i.* ***1*** sibilare; fischiare: **The bullet whizzed past me**, la pallottola mi fischiò accanto ***2*** andare (*o* passare) velocemente; sfrecciare; andare come il fulmine. **B** *v. t.* ***1*** far sibilare; far fischiare ***2*** asciugare (*panni*) con la centrifuga.

whiz-kid /ˈwɪzkɪd, *USA* ˈhw-/, *n.* (*fam.*) giovane brillante che si afferma rapidamente; fenomeno (*specialm. in affari*).

whiz(z) /wɪz, *USA* hwɪz/, *n.* ***1*** sibilo; fischio ***2*** (*fam.*) mago; genio; tipo bravissimo: **He's a computer w.**, è un mago dell'informatica; **He's a w. at chess**, a scacchi è bravissimo ***3*** (*pop. USA*) affare; accordo ***4*** (*pop. USA*) energia; vigore; spinta.

whizz-bang /ˈwɪzbæŋ, *USA* ˈhw-/, **A** *n.* ***1*** (*gergo mil., stor.*) proiettile di cannone a tiro rapido ***2*** (*pop. USA*) miscela di droghe. **B** *a.* (*fam.*) eccellente; ottimo; fantastico, favoloso (*fam.*): **a w. job**, un lavoro fatto benissimo.

whizzer /ˈwɪzə(r), *USA* ˈhw-/, *n.* asciugabiancheria; asciugatrice; centrifuga.

whizzing /ˈwɪzɪŋ, *USA* ˈhw-/, *n.* fischio; il fischiare; sibilo.

whizz-kid /ˈwɪzkɪd, *USA* ˈhw-/, *V.* **whiz-kid**.

who /huː, uː, hʊ, ʊ/, *pron. interr. e relat. sogg.* (*e, fam., compl.*) (*compl. ogg. e indir.* **whom**; *genitivo poss.* **whose**) ***1*** chi: **Who is that girl?**, chi è quella ragazza?; **Who gave you that?**, chi te l'ha dato?; **Tell me whom** (*fam.* **who**) **you met**, dimmi chi incontrasti; **I couldn't find anyone who could help me**, non riuscii a trovare nessuno che potesse aiutarmi; **Bring who you want**, porta con te chi vuoi!; **Whom** (*fam.* **Who**) **were you speaking of?**, di chi stavate parlando?; **Whom** (*fam.* **Who**) **do you mean?**, a chi ti riferisci?; a chi alludi?; **Who is it?**, chi è? (*per es., quando bussano alla porta*); (*mil.*) **Who goes there?**, chi va là? ***2*** (*rif. a persone*) il quale, la quale, i quali, le quali; che: **That is the man who came to dinner**, quello è l'uomo che venne a pranzo; **This is the boy (whom) we saw yesterday**, questo è il ragazzo che vedemmo ieri; (*form.*) **Is that the girl to whom you spoke** (*comunemente*: **the girl you spoke to**)?, è quella la ragazza alla quale parlasti? ● **Who's Who**, il «Chi è?»; annuario delle personalità viventi (*con cenni biografici*) □ **who ever**, chi mai; chi diamine: **Who ever told you that?**, chi mai te l'ha detto? □ **anybody who** (*o* **anyone**) **who**, chiunque; chi: **Anybody who says that is mistaken**, chiunque lo dica, sbaglia □ **he who** (*o* **the boy, the man who**), colui che; chi: **He who breaks pays**, chi rompe paga □ **to know who's who**, conoscere tutti (*in un luogo*); saper vita, morte e miracoli di tutti: **The old lady knows who's who in the village**, la vecchia signora conosce vita e miracoli di tutti in paese □ **she who** (*o* **the girl who, the woman who**), colei che; chi □ **those who**, coloro i quali, coloro le quali; quelli che, quelle che: (*prov.*) **Those whom the gods love die young**, coloro che gli dei amano muoiono giovani; muor giovane chi al Cielo è caro □ **Who**

knows!, chissà!

whoa /wəʊ/, *inter.* oh! (*per fermare cavalli*).

who'd /hu:d, u:d, hʊd, ʊd/, *contraz.* di: *1* **who had** *2* **who would**.

whodun(n)it /hu:ˈdʌnɪt/, *n.* (*fam.*; *forma corrotta di* **who done it?**, «chi è stato?») (libro) giallo; romanzo poliziesco.

whoe'er /hu:ˈɛə(r)/, (*poet.*) *V.* **whoever**.

whoever /hu:ˈɛvə(r)/, **A** *pron. indef. e relat. sogg.* (*e, fam., compl.*) (*nei compl.* **whomever,** *generalm.* **whomsoever**; *genitivo poss.* **whosever,** *o* **whosesoever**) *1* chiunque; chi: **W. does it, it will be done badly**, chiunque lo faccia, sarà fatto male; **W. did it shall be punished**, chiunque l'abbia fatto sarà punito; **W. she chooses for a husband is a lucky man**, chiunque ella scelga per marito è un uomo fortunato; **Give it to whomsoever** (*fam.*: **whoever**) **you like**, dallo a chi ti pare *2* (*fam.*) uno qualunque; chicchessia: **Let her marry Jack, or Tom, or w.**, sposi pure Jack, o Tom, o chicchessia! **B** *pron. interr.* (*fam. per* **who ever**) chi mai; chi diamine: **W. told you that?**, chi diamine te l'ha detto?

whole /həʊl/, **A** *a.* *1* tutto; intero; completo: **Tell me the w. truth about it**, dimmi tutta la verità al riguardo; **The whole town was destroyed by fire**, l'intera città fu distrutta dal fuoco; (*mat.*) **w. numbers**, numeri interi; **It kept snowing for a w. week**, continuò a nevicare per una settimana intera; **He has eaten a w. turkey**, s'è mangiato un tacchino intero; **a w. set of Dickens**, un'edizione completa dei romanzi di Dickens *2* integro; intatto; sano: **There is not a vase left w.**, non è rimasto intatto un solo vaso *3* (*arc.*) sano; in buona salute: **as w. as a fish**, sano come un pesce *4* (*scherz.*) tutto d'un pezzo; sano e salvo; incolume: **I hope you'll come back w.**, spero che ritornerai tutto d'un pezzo (*o* che porterai a casa la pelle) *5* integrale: **bread made of w. meal**, pane (di farina) integrale. **B** *n.* – **the w.**, l'intero; il complesso; il tutto; l'insieme; il totale: **The w. is equal to the sum of its parts**, l'intero è uguale alla somma delle parti; **They form a harmonic w.**, formano un complesso armonico. ● (*di volume*) **w.-bound**, rilegato in tutta pelle □ **w. coffee**, caffè in grani □ **w.-coloured**, a tinta unita □ (*meteor.*) **w. gale**, burrasca □ **w.-hearted**, generoso; cordiale; espansivo; (*di un atto, ecc.*) sentito, di tutto cuore □ **w.-heartedness**, generosità; cordialità; espansività □ (*fam.*) **w.-hogger**, chi va fino in fondo (*a una faccenda*); persona risoluta; (*polit.*) sostenitore fanatico □ (*pitt.*) **a w.-length portrait**, un ritratto a tutta figura □ **w. milk**, latte intero □ (*mus., USA*) **w. note**, semibreve □ **the w. of**, tutto, tutta (*quando l'espressione che segue rifiuta l'articolo*): **the w. of my fortune**, tutto il mio patrimonio; **the w. of my life**, tutta la (mia) vita; **the w. of France**, tutta la Francia □ **«w. pounds only»** (*scritto su un modulo*), «arrotondare alla sterlina» □ (*econ.*) **w.-time job**, lavoro a tempo pieno □ **as a w.**, nell'insieme; come un tutto unico: **We must consider these matters as a w., not one by one**, dobbiamo considerare queste faccende nell'insieme e non una alla volta □ **brothers of w. blood**, fratelli germani □ (*polit.*) **Committee of the W. House**, Camera Bassa (*o* Alta) costituita in commissione (*per esaminare un disegno di legge*; *in G.B.*) □ **to do st. with one's w. heart**, fare q.c. di tutto cuore □ **to get off with a w. skin**, salvare la pelle; tornare sano e salvo □ (*fam.*) **to go the w. hog**, andare fino in fondo; impegnarsi a fondo □ **on** (*o* **upon**) **the w.**, nel complesso; complessivamente; tutto sommato □ (*fig.*) **to swallow st. whole**, bersi q.c. senza fiatare (*fig.*); bersela □ **He has eaten the w. lot**, s'è mangiato tutto (*fam.* tutto quanto) □ **He talked a w. lot of nonsense**, diceva un sacco di sciocchezze.

wholefood /ˈhəʊlfu:d/, *n.* alimento integrale (*o* naturale).

wholemeal /ˈhəʊlmi:l/, *a.* integrale: **w. bread**, pane integrale.

wholeness /ˈhəʊlnəs/, *n.* *1* interezza; totalità *2* integrità (*in senso proprio*).

wholesale /ˈhəʊlseɪl/, **A** *n.* (*comm.*) vendita all'ingrosso. **B** *a. attr.* *1* (*comm.*) all'ingrosso: **w. prices**, prezzi all'ingrosso; **w. market**, mercato all'ingrosso; **w. manufacture**, fabbricazione all'ingrosso *2* (*fig.*) su larga scala; esteso; ampio. **C** *avv.* *1* (*comm.*) all'ingrosso: **We only sell w.**, vendiamo soltanto all'ingrosso *2* (*fig.*) in gran quantità; in massa. ● **a w. dealer**, un grossista □ **w. destruction of peoples**, distruzione in massa di popoli; genocidio □ **w. price index**, indice dei prezzi all'ingrosso □ **by w.**, (*comm.*) all'ingrosso; (*fig.*) in massa, in blocco: **to sell by w.** (*USA* **at w.**), vendere all'ingrosso.

to **wholesale** /ˈhəʊlseɪl/, (*comm.*) **A** *v. t.* vendere (q.c.) all'ingrosso. **B** *v. i.* *1* vendere all'ingrosso; fare il grossista *2* (*d'articolo*) vendersi all'ingrosso (*bene, male, ecc.*).

wholesaler /ˈhəʊlseɪlə(r)/, *n.* (*comm.*) grossista; commerciante all'ingrosso.

wholesome /ˈhəʊlsəm/, *a.* *1* salubre; salutare; sano: **a w. climate**, un clima salubre; **a w. suggestion**, un suggerimento salutare; **a w. diet**, una dieta sana; **a w. girl**, una ragazza sana *2* (*fig.*) morale; sano: **w. readings**, letture morali. ‖ **-ly**, *avv.* ‖ **-ness**, *sost.*

wholewheat /ˈhəʊlwi:t, *USA* -hw-/, *a.* (*specialm. USA*) *V.* **wholemeal**.

who'll /hu:l, u:l, hʊl, ʊl/, *contraz.* di: *1* **who shall** *2* **who will**.

wholly /ˈhəʊ(l)lɪ/, *avv.* completamente; interamente; totalmente; del tutto: **I don't w. agree**, non sono del tutto d'accordo; **w. bad**, totalmente cattivo; pessimo.

whom /hu:m, u:m, hʊm, ʊm/, (*form.*) *V.* **who**.

whomever /hu:mˈɛvə(r)/, (*form.*) *V.* **whoever**.

to **whomp up** /ˈwɒmpˈʌp, *USA* ˈhwɔ:mp-/, *v. t. e avv.* (*fam. USA*) *1* incitare, stimolare (*la folla, ecc.*) *2* preparare alla svelta, improvvisare (*un pasto, ecc.*).

whomsoever /hu:msəʊˈɛvə(r)/, (*enfat.*) *V.* **whoever**.

whoop /hu:p, wu:p, *USA* hwu:p/, *n.* *1* grido; urlo: **whoops of excitement**, grida d'entusiasmo *2* grido di guerra (*per es., dei pellirosse*) *3* (*med.*) urlo della pertosse. ● (*fam. USA*) **not to be worth a w.**, non valere un soldo bucato.

to **whoop** /hu:p, wu:p, *USA* hwu:p/, **A** *v. i.* *1* gridare; urlare; schiamazzare *2* (*med.*) fare l'urlo della pertosse; tossire. **B** *v. t.* *1* gridare (q.c.) forte *2* incalzare (q.) con grida. ● (*pop.*) **to w. it up**, fare baldoria □ (*med.*) **whooping cough**, pertosse □ (*zool.*) **whooping crane** (*Grus americana*), gru del Nordamerica.

whoopee /ˈwʊpi:, *USA* ˈhwʊ-/, *inter.* (*fam.*) evviva!; urrah! ● (*pop.*) **to make w.**, darsi alla pazza gioia, far baldoria; (*anche*) fare l'amore.

whoops /wʊps, *USA* hwʊps/, *inter.* *1* oplà; ohibò *2* ostrega (*dial.*); perdono!

whoosh /wʊʃ, *USA* hwʊʃ/, *n.* sibilo.

to **whoosh** /wʊʃ, *USA* hwʊʃ/, *v. i.* sibilare. ● (*di un veicolo, ecc.*) **to w. by** (*o* **past**), sfrecciare sibilando.

whop /wɒp, *USA* hwɒp/, *n.* (*fam.*) *1* colpo; botta; percossa *2* rumore sordo; tonfo.

to **whop** /wɒp, *USA* hwɒp/, *v. t.* (*fam.*) *1* bastonare; picchiare; frustare; fustigare *2* (*fig.*) battere; sconfiggere; dare una batosta a (q.).

whopper /ˈwɒpə(r), *USA* ˈhw-/, *n.* (*fam.*) *1* chi picchia; chi bastona *2* oggetto (*o* pesce, ecc.) enorme; enormità *3* grossa bugia; fandonia.

whopping /ˈwɒpɪŋ, *USA* ˈhw-/, (*fam.*) **A** *n.* bastonatura; botte; busse; percosse; frustate. **B** *a.* colossale; enorme: **a w. mistake**, uno sbaglio enorme. **C** *avv.* molto; enormemente: **a w. big bear**, un orso grossissimo. ● **a w. lie**, una bugia grande come una casa.

who're /ˈhu:ə(r), u:-, hʊ-, ʊ-/, *contraz.* di **who are**.

whore /hɔ:(r)/, *n.* (*spreg.*) puttana (*volg.*); prostituta; sgualdrina.

to **whore** /hɔ:(r)/, *v. i.* *1* fare la prostituta *2* (*anche* **to w. around**) andare a puttane. ● (*fam. specialm. USA*) **to w. after**, correre dietro a (*q.c. di disdicevole*).

whoredom /ˈhɔ:dəm/, *n.* *1* prostituzione; meretricio *2* (*nella Bibbia*) idolatria.

whorehouse /ˈhɔ:haʊs/, *n.* (*arc. o spreg.*) casa di tolleranza; bordello; casino.

whoremaster /ˈhɔ:mɑ:stə(r), *USA* -mæs-/, *n.* (*arc.*) lenone; ruffiano; magnaccia (*pop.*).

whoremonger /ˈhɔ:mʌŋgə(r), *USA* -mɒ-/, *n.* (*spreg.*) puttaniere.

whoreson /ˈhɔ:sn/, *n.* (*arc.*) *1* illegittimo; bastardo *2* (*come insulto*) bastardo; figlio di puttana (*volg.*).

whorish /ˈhɔ:rɪʃ/, *a.* (*spreg.*) puttanesco (*volg.*); di (*o* da) prostituta.

whorl /wɜ:l, *USA* hw-/, *n.* *1* spira; giro di spirale *2* (*bot.*) verticillo *3* (*ind. tess.*) fusaiolo; fusarolo *4* (*anat.*) spirale, bidelta concentrica (*d'impronta digitale*).

whorled /wɜ:ld/, *a.* *1* disposto a spirale *2* (*bot.*) verticillato.

whortleberry /ˈwɜ:tlbrɪ, -berɪ, *USA* ˈhwɜ:rtlberɪ/, *n.* (*bot.*, *Vaccinium myrtillus*) mirtillo.

who's /hu:z, u:z, hʊz, ʊz/, *contraz.* di: *1* **who is** *2* **who has**.

whose /hu:z, u:z, hʊz, ʊz/, *pron.* (*genitivo poss. di* **who**) *1* *interr.* di chi: **W. book is this?**, di chi è questo libro?; **W. is this bike?**, di chi è questa bici?; **W. fault is it?**, di chi è la colpa?; **I'd like to know w. (gloves) are these**, vorrei sapere di chi sono questi (guanti) *2* *relat.* (*rif. a persone e a cose*) di cui; del quale, della quale, dei quali, delle quali; il cui, la cui, i cui, le cui: **That's the boy w. moped was stolen yesterday**, ecco il ragazzo il cui motorino è stato rubato ieri; **That's the old lady w. son was killed in war**, quella è la vecchia signora il cui figlio morì in guerra; **the Ferrari Testarossa, a car w. top speed is 190 mph**, la Ferrari Testarossa, un'auto la cui velocità di punta raggiunge le 190 miglia all'ora; **a house w. windows are all broken**, una casa le cui finestre sono tutte rotte (*più com.*: dalle finestre rotte).

whoseever /hu:zˈɛvə(r)/, *pron. relat.* (*genitivo poss. di* **whoever**) di chiunque: **Well, w. it is, I mean to have it!**, ebbene, di chiunque sia, lo voglio io! ● **W. horse comes in first wins**, il cavallo che arriva primo vince, chiunque sia il padrone.

whoso /ˈhu:səʊ/, (*arc.*) *V.* **whoever**.

whosoe'er /hu:səʊˈɛvə(r)/, (*poet.*) *V.* **whosoever**.

whosoever /hu:səʊˈɛvə(r)/, (*enfat.*) *V.* **whoever**.

who've /hu:v, u:v, hʊv, ʊv/, *contraz.* di **who have**.

why (1) /waɪ, *USA* hwaɪ/, **A** *avv. interr.* perché; per quale ragione; per quale motivo: **Why did you go there?**, perché ci sei andato?; **You are late again**; **why?**, sei di nuovo in ritardo; perché?; **Why not?**, perché no?; che male c'è?; **but why?**, ma perché? **B** *avv. relat.* perché; per cui; per il quale: **This is (the reason) why I came back at once**, ecco perché sono tornato subito indietro; **He doesn't want to tell me the reason why he did it**, non vuole dirmi il motivo per cui l'ha fatto. **C** *cong.* per quale ragione (*o* motivo); perché: **I don't know why he hasn't come**; non so perché non sia venuto; **Tell me w. it's wrong**, dimmi perché è sbagliato. **D** *n.* (il) perché: **I can't see why**, non capisco il perché; **the whys and wherefores**, il perché e il percome. ● **Why leave?**, e perché (dovrei) partire? □ **Why risk all by**

sacking the manager?, perché mettere tutto a repentaglio licenziando il direttore? □ **why so?**, perché mai? □ **I see no reason why not**, non vedo proprio perché no; e perché no?

why (**2**) /waɪ, *USA* hwaɪ/, *inter.* (*di sorpresa, protesta, impazienza, sdegno, ecc.*) ma come; ma sì; beh; che diamine!; ma via!: **Why, it's quite cheap!**, ma come, è proprio a buon mercato!; **Why, what is wrong with it?**, beh, che c'è che non va?

wick (**1**) /wɪk/, *n.* stoppino; lucignolo. ● (*fam.*) **to get on sb.'s w.**, stare sulle scatole a q.

wick (**2**) /wɪk/, *n.* paese; villaggio (*raro, eccetto nei toponimi; per es., in* **Warwick**).

wicked /ˈwɪkɪd/, *a.* ***1*** cattivo; malvagio; perfido; maligno: **a w. man**, un uomo malvagio; **a w. act**, un'azione perfida; **a w. remark**, un'osservazione piena di cattiveria ***2*** depravato; immorale; peccaminoso; perverso; vizioso ***3*** (*fam.*) cattivello; birichino; malizioso ***4*** (*pop. USA*) ottimo; eccellente; favoloso: **Man, this whisky is w.!**, accidenti, questo whisky è una cannonata! ● **a w. blow on the head**, un brutto colpo alla testa. ‖ **-ly**, *avv.* ‖ **-ness**, *sost.*

wicker /ˈwɪkə(r)/, **A** *n.* vimine. **B** *a. attr.* di vimini: **a w. chair**, una sedia di vimini; **w. furniture**, mobili di vimini.

wickered /ˈwɪkəd/, *a.* di vimini; fatto di vimini.

wickerwork /ˈwɪkəwɜːk/, **A** *n.* ***1*** lavoro in vimini ***2*** oggetti di vimini. **B** *a. attr.* di vimini.

wicket /ˈwɪkɪt/, *n.* ***1*** (= **w. gate, w. door**) cancelletto; portello; porta pedonale ***2*** sportello (*di un ufficio, ecc.*) ***3*** (*cricket*) wicket; porta (*di tre aste verticali collegate da traverse*) ***4*** (*cricket*) turno in difesa della porta. ● (*cricket*) **w.-keeper**, difensore del wicket □ (*fig.*) **to be on a good w. [on a sticky w.]**, essere in condizione di vantaggio [di svantaggio].

widdershins /ˈwɪdəʃɪnz/ (*scozz.*), *V.* **withershins.**

wide /waɪd/, **A** *a.* ***1*** ampio; largo; esteso; immenso; vasto; spazioso: **a w. road [door]**, una strada [una porta] larga; **It is fifty feet w.**, è largo cinquanta piedi (*19 m circa*); **the w. ocean**, l'immenso oceano; **a w. area**, un'ampia zona; un'estesa superficie; **the w. world**, il vasto mondo; **a w. margin**, un ampio margine (*anche fig.*); **at w. intervals**, a larghi intervalli; **He has wide interests**, ha vasti interessi (culturali); **w. readings**, ampie letture ***2*** (*di stoffa, tessuto*) alto: **w. cloth**, stoffa alta ***3*** spalancato; aperto: **He stared with w. eyes**, guardava fisso ad occhi spalancati (*o* con tanto d'occhi); **to welcome sb. with arms w.**, ricevere q. a braccia aperte ***4*** lontano; fuori luogo; fuori segno: (*cricket*) **a w. ball**, una palla lanciata troppo lontano dal wicket; **He gave an answer quite w. of the mark**, diede una risposta del tutto sbagliata (*o* fuori luogo, niente affatto azzeccata) ***5*** (*fin.*: *di fluttuazione di prezzi*) notevole; considerevole: **a w. drop in cotton prices**, un notevole calo nei prezzi del cotone ***6*** (*pop.*) astuto; scaltro; furbo; sveglio (*fig.*); dritto (*pop.*). **B** *avv.* ***1*** in largo; su una vasta superficie; dappertutto: **to search far and w.**, cercare in lungo e in largo; cercare dappertutto; **He has travelled far and w.**, ha viaggiato in lungo e in largo (*o* per mari e per monti) ***2*** completamente; del tutto: **to be w. awake**, essere completamente sveglio; **Open the door w.**, apri la porta completamente! ***3*** (*specialm. sport*) fuori segno; a vuoto: **The blow went w.**, il colpo non andò a segno; **to shoot w. (of the mark)**, sparare a vuoto; non colpire il bersaglio ***4*** (*arc.*) fuori luogo; a sproposito. **C** *n.* ***1*** (*raro, poet.*) ampia distesa ***2*** (*cricket*) palla lanciata troppo lontano dal wicket. ● (*fotogr.*) **w.-angle lens**, obiettivo grandangolare □ **w.-awake**, perfettamente sveglio; vigile, all'erta; furbo, sveglio, con gli occhi bene aperti □ **w.-awake (hat)**, cappello floscio a larghe tese □ (*elettron.*) **w.-band**, a larga banda □ (*naut.*) **w. berth**, distanza di ampia sicurezza □ (*fam. spreg.*) **w. boy**, affarista disonesto □ **w.-eyed**, con gli occhi spalancati; attonito, stupefatto; (*fig.*) ingenuo, candido □ **w. fame**, vasta fama □ **w. open**, spalancato □ (*stor. USA*) **a w.-open city**, una città incurante delle leggi proibizionistiche; una città corrotta □ (*fin.*) **w.-range investments**, investimenti a largo raggio □ (*cinem.*) **w. screen**, schermo panoramico □ (*autom.*) **w.-track tyre**, pneumatico largo (*o* ribassato) □ **a w. variety**, una grande varietà □ **to bowl w.**, lanciar male la palla; non metterla a segno (*a bocce*) □ **to fall w.**, non andare a segno; fallire il bersaglio: **The shell fell w. (of the target)**, la granata fallì il bersaglio □ **to give a w. berth to sb.**, stare alla larga da q.; evitare q. □ **to grow w.**, allargarsi; spalancarsi: **His eyes grew w. with terror**, gli si spalancarono gli occhi per il terrore □ **to hazard a w. guess**, azzardare una congettura alla lontana □ **to open st. w.**, spalancare q.c. (*una porta, uno sportello, ecc.*) □ **a shot w. of the mark**, un colpo non andato a segno; un colpo a vuoto □ **to take a w. view**, essere d'idee larghe; essere comprensivo (*o* indulgente, tollerante) □ **to yawn w.**, fare un grande sbadiglio □ **His mouth was w. open**, se ne stava a bocca spalancata.

widely /ˈwaɪdlɪ/, *avv.* ***1*** in lungo e in largo; estesamente: **He has travelled w.**, ha viaggiato in lungo e in largo ***2*** assai; molto; largamente: **w. different**, assai diverso; **a w. known subject**, un argomento largamente conosciuto. ● **It is w. known that...**, è risaputo (*o* arcinoto) che...

to **widen** /ˈwaɪdn/, **A** *v. t.* allargare; ampliare (*anche fig.*). **B** *v. i.* allargarsi; ampliarsi (*anche fig.*). ● **to w. out**, estendersi, allargarsi; allargare, ampliare (*anche fig.*): **The river widens out here**, in questo punto il fiume si allarga; **to w. out one's cultural interests**, ampliare i propri interessi culturali.

wideness /ˈwaɪdnəs/, *n.* (*anche fig.*) ampiezza; larghezza.

widening /ˈwaɪdnɪŋ, -dən-/, *n.* allargamento; ampliamento; slargo.

widespread /ˈwaɪdsprɛd/, *a.* molto esteso; assai diffuso: **a w. belief**, una credenza assai diffusa.

widgeon /ˈwɪdʒən/, *n.* (*pl.* **widgeon, widgeons**) (*zool., Anas penelope*) fischione.

widget /ˈwɪdʒɪt/, *n.* (*fam.*) aggeggio; arnese; coso.

widow /ˈwɪdəʊ/, *n.* ***1*** vedova ***2*** (*zool., Vidua*; = **w.-bird**) vedova. ● (*Bibbia*) **w.'s cruse**, provvista inesauribile □ **w.'s pension**, pensione di reversibilità □ **w.'s weeds**, gramaglie vedovili □ (*fig.*) **grass w.**, vedova bianca □ (*fam.*) **a soccer w.**, una donna lasciata sola dal marito che va alla partita (*di calcio*).

to **widow** /ˈwɪdəʊ/, *v. t.* ***1*** rendere vedova (*o* vedovo); privare del compagno (*o* della compagna) ***2*** (*poet.*) privare (*di un amico, di un parente*: *per morte*). ● **She was widowed by the war**, perse il marito in guerra.

widower /ˈwɪdəʊə(r)/, *n.* vedovo.

widowhood /ˈwɪdəʊhʊd/, *n.* vedovanza; stato vedovile (*di donna*).

width /wɪdθ, wɪtθ/, *n.* ***1*** larghezza; ampiezza (*anche fig.*): **It's twenty feet in w.**, ha una larghezza di venti piedi (*meno di 7 m*); **w. of mind [of views]**, larghezza di mente [di vedute]; **w. of wings**, ampiezza d'ala ***2*** (*di stoffa*) altezza (*della pezza*); pezza (*di una certa altezza*) ***3*** (*TV*) larghezza: **w. control**, comando di larghezza.

to **wield** /wiːld/, *v. t.* (*form.*) ***1*** maneggiare; brandire; tenere (*in mano*); reggere: **to w. the sickle**, maneggiare la falce; **to w. the sword**, brandire la spada; **to w. the sceptre**, reggere lo scettro ***2*** (*fig.*) esercitare: **to w. power [influence]**, esercitare il potere [l'autorità]. ● (*lett.*) **to w. the pen**, maneggiare la penna; (saper) scrivere.

wieldy /ˈwiːldɪ/, *a.* maneggevole; manovrabile.

wife /waɪf/, *n.* (*pl.* **wives**) ***1*** moglie; sposa: **my w.**, mia moglie; **lawful w.** (*o* **wedded w.**), sposa legittima; **to take a w.**, prendere moglie ***2*** (*arc.*) comare. ● (*fisc.*) **w.'s earned income allowance**, detrazione sul reddito da lavoro della moglie (*in G.B.*) □ **w. swapping**, scambio di mogli (*a scopi sessuali*) □ **old wives' tale**, racconto di vecchie comari; superstizione.

wifehood /ˈwaɪfhʊd/, *n.* condizione di moglie.

wifeless /ˈwaɪfləs/, *a.* senza moglie; celibe; vedovo.

wifelike /ˈwaɪflaɪk/, **wifely** /ˈwaɪflɪ/, *a.* di (*o* da) moglie; che s'addice a una moglie; proprio (*o* tipico) di una buona moglie.

wifie /ˈwaɪfɪ/, *n.* (*fam.*) mogliettina.

wig /wɪg/, *n.* ***1*** parrucca: **wig dealer**, venditore di parrucche ***2*** (*scherz.*) capigliatura; capelli ***3*** (*fam. ingl.*) sgridata ***4*** (*pop. USA*) testa; cervello ***5*** (*pop. USA*) eccentrico; pazzoide ***6*** (*arc.*) dignitario. ● **wig maker**, parruccaio; chi fabbrica parrucche.

to **wig** /wɪg/, *v. t.* ***1*** fornire di parrucca; imparruccare ***2*** (*fam. ingl.*) rimproverare; sgridare ***3*** (*pop. USA*) rompere le scatole.

wigan /ˈwɪgən/, *n.* (*ind. tess.*) tela da fusto.

wigeon /ˈwɪdʒən/, *V.* **widgeon.**

wigged /wɪgd/, *a.* imparruccato. ● (*pop. USA*) **w.-out**, illuso; stordito; drogato.

wigging /ˈwɪgɪŋ/, *n.* (*fam. ingl.*) sgridata; lavata di capo (*fig.*).

wiggle /ˈwɪgl/, *n.* dimenio; rapido movimento. ● (*fam.*) **to get a w. on**, affrettarsi; spicciarsi; darsi una mossa (*fam.*) □ **to walk with a w.**, sculettare.

to **wiggle** /ˈwɪgl/, (*fam.*) **A** *v. t.* dimenare; muovere; agitare: **to w. one's hips**, dimenare le anche; **to w. one's toes**, muovere le dita dei piedi. **B** *v. i.* ***1*** dimenarsi; muoversi; agitarsi: **Keep still! don't w.!**, sta' fermo! non dimenarti! ***2*** oscillare; ballare (*fam.*): **The compass neddle is wiggling**, l'ago della bussola oscilla; (*TV*) **The image wiggles**, l'immagine balla (*sullo schermo*). ● **to w. one's hips**, ancheggiare □ **to w. out of sb.'s grasp**, divincolarsi dalla stretta di q. □ **to w. through a crowd**, fendere una folla dimenandosi.

wiggly /ˈwɪglɪ/, *a.* ***1*** che si dimena; ancheggiante ***2*** serpeggiante; sinuoso.

wight (**1**) /waɪt/, *n.* (*arc. o scherz.*) persona; essere; individuo: **a luckless w.**, un essere sfortunato.

wight (**2**) /waɪt/, *a.* (*arc.*) coraggioso; forte; valoroso.

wiglet /ˈwɪglət/, *n.* toupet; posticcio; parrucchino (*fam.*).

wigwag /ˈwɪgwæg/, *n.* (*mil.*) ***1*** segnalazioni con bandierine ***2*** messaggio trasmesso con bandierine.

to **wigwag** /ˈwɪgwæg/, *v. t. e i.* (*mil.*) segnalare, fare segnalazioni con bandierine (*usando un codice*).

wigwam /ˈwɪgwæm, *USA* -wɑːm, -wɔːm/, *n.* wigwam (*tenda o capanna dei pellirosse*).

wilco /ˈwɪlkəʊ/, *inter.* (*contraz. di* **I will comply**) (*radio., telef., ecc.*) sta bene! (*cioè, provvedo a farlo*); ricevuto! (*cfr.* **roger**).

wild /waɪld/, **A** *a.* ***1*** selvatico; selvaggio; (*di terreno*) desertico; incolto; barbaro; primitivo; feroce: **w. plants**, piante selvatiche; **w. country**, territorio incolto; paese selvaggio; **w. tribes**, tribù selvagge (*o* primitive); **w. horses**, cavalli selvatici; **w. beasts**, bestie feroci; **w. animals**, animali selvatici ***2*** disordinato; scompigliato; in disordine: **w. hair**, capelli scompigliati (*o* arruffati); **w. dress**, vesti in disordine ***3*** sfrenato; sregolato; ribelle; dissoluto; turbolento: **a w. fellow**, un individuo sfrenato, dissoluto; **a w. young man**, un giovanotto turbolento ***4*** agitato; tempestoso; burrascoso; di tempesta: **the w. seas around the Hebrides**, i mari agitati (*o* tempestosi) intorno alle isole Ebridi; **We live in w. times**, viviamo in un'età agitata (*o* in tempi difficili); **a w. night**, una notte di tempesta ***5*** molto eccitato; fuori di sé; furibondo; stravolto; folle; pazzo, matto (*anche fig.*): **He was w. to try**, era assai eccitato all'idea (*o* aveva una voglia matta) di provare; **I was w. with grief**, ero fuori di me per il dolore; **My girlfriend is w. about pop groups**, la mia ragazza va matta per i complessi pop; **The man had a w. look**, l'uomo aveva uno sguardo folle; **The stranger had a w. appearance**, lo sconosciuto aveva l'aspetto stravolto ***6*** (*d'animale domestico*) ombroso; pauroso: **This horse is rather w.**, questo cavallo è alquanto ombroso ***7*** avventato; azzardato; imprudente; incoerente; fatto a caso (*o* a casaccio): **w. plans**, progetti avventati; piani cervellotici; **w. guesses**, congetture azzardate; **w. talk**, parole avventate, un discorso imprudente; **w. words**, parole incoerenti (*o* dette a vanvera); (*anche*) parole avventate (*o* pericolose, imprudenti); **w. shooting**, lo sparare a casaccio ***8*** (*fam.*) eccellente; eccezionale; strepitoso; favoloso: **a w. success**, un successo strepitoso; **a w. party**, un party favoloso; (*anche*) un'orgia. **B** *avv.* avventatamente; a casaccio; all'impazzata: **He fired w.**, sparò un colpo a casaccio; **to shoot w.**, sparare all'impazzata. **C** *n.* ***1*** (*generalm. al pl.*) regione selvaggia; terreno incolto; zona disabitata: **the wilds of the Amazon valley**, le regioni selvagge dell'Amazzonia ***2*** vita allo stato brado; la foresta (*fig.*): **the call of the w.**, il richiamo della foresta. ● (*fam.*) **to be w. about st.**, andare matto per q.c. □ (*fam.*) **w. and woolly**, selvatico; scontroso; ispido □ (*zool.*) **w. ass** (*Equus onager*), onagro □ (*volg. USA*) **w.-assed**, pazzoide; matto; squilibrato □ (*zool.*) **w. boar** (*Sus scrofa*), cinghiale □ (*bot.*) **w. brier** (*Rosa canina*), rosa canina; rosa di macchia □ **a w. delight**, una folle gioia □ (*zool.*) **w. dog**, (*Canis dingo*) dingo; (*Cuon dukhunensis*) buansu □ (*zool.*) **w. duck** (*Anas platyrhynchus*), anatra selvatica; germano reale □ **w.-eyed**, dallo sguardo allucinato; con gli occhi stralunati; (*di un progetto*) mal congegnato, insensato □ **w. flower**, fiore di campo □ (*zool.*) **w. goose** (*Anser anser*), oca selvatica □ (*fig.*) **w.-goose chase**, impresa inutile; tentativo assurdo; cosa impossibile: **to lead sb. a w.-goose chase**, menare q. per il naso □ (*bot.*) **w. hyacinth** (*Camassia esculenta*), giacinto selvatico □ **a w. man**, un uomo violento; un selvaggio; (*polit.*) un estremista □ (*polit.*) **the w. men**, gli estremisti di un partito; gli ultrà □ (*bot.*) **w. oat** (*Avena fatua*), avena matta □ (*pop.*) **w. oats**, la cavallina; la vita allegra □ (*bot.*) **w. olive**, (*Olea europaea oleaster*) oleastro; (*Elaeagnus angustifolia*) eleagno; olivagno □ **w. rose,** *V.* **w. brier** □ **a w. seacoast**, una costa battuta dalle tempeste □ (*mil.*) **w. shot**, colpo fuori rosata (*d'artiglieria*) □ (*Borsa, fin.*) **a w. swing**, una oscillazione fortissima □ **a w. venture**, un'impresa rischiosa □ (*stor. USA*) **the W. West**, il selvaggio West; il Far West □ (*USA*) **W. West show**, spettacolo del Far West □ **a w. wind**, un vento violento □ **a w. wood**, una foresta impenetrabile □ (*stor.*) **to be drawn by w. horses**, essere trascinato da cavalli selvaggi (*supplizio*) □ **to feel w.**, essere furibondo; andare su tutte le furie □ (*fig.*) **to go w.**, impazzire (*per q.* o *q.c.*) □ **to be in w. spirits**, essere eccitato al massimo □ **to make** (*o* **to drive**) **sb. w.**, fare andare q. su tutte le furie; fare uscire q. dai gangheri (*fig.*) □ **to make a w. guess**, tirare a indovinare □ **to run w.**, (*di pianta*) inselvatichire; (*di persona*) crescere senza controllo (*o* freno), diventare sfrenato □ (*fig. pop.*) **to sow one's w. oats**, correre la cavallina.

wildcat /ˈwaɪldkæt/, **A** *n.* ***1*** (*zool., Felis sylvestris*) gatto selvatico ***2*** (*USA*; *zool., Lynx*) lince ***3*** (*fig. USA*) persona aggressiva (*o* impulsiva, irritabile) ***4*** (*comm., USA*) impresa azzardata; affare rischioso ***5*** (*ind. min.*) pozzo esplorativo; sondaggio in zona inesplorata ***6*** (*costr. navali*) ruota a impronte. **B** *a. attr.* ***1*** (*comm.*) azzardato; rischioso; avventato: **w. plans**, progetti avventati; **a w. venture**, un'impresa rischiosa ***2*** (*leg., fin.*) illegale; illecito: **a w. speculation**, una speculazione illegale. ● (*fin., stor. USA*) **a w. bank**, una banca insolvibile □ (*econ.*) **w. strike**, sciopero selvaggio □ **w. work stoppage**, interruzione del lavoro senza il consenso dei sindacati.

to **wildcat** /ˈwaɪldkæt/, **A** *v. t.* (*ind. min.*) trivellare pozzi esplorativi in (*una regione*); fare sondaggi in (*un luogo inesplorato*). **B** *v. i.* ***1*** (*ind. min.*) trivellare pozzi esplorativi; fare sondaggi ***2*** (*fin., leg.*) fare speculazioni illegali.

wildcatter /ˈwaɪldkætə(r)/, *n.* ***1*** (*fin.*) chi promuove imprese illegali; speculatore senza scrupoli ***2*** (*ind. min.*) chi fa prospezioni in zone prive di giacimenti consistenti.

wildebeest /ˈwɪldɪbiːst/, *n.* (*pl.* **wildebeest, wildebeests**) (*zool., Connochaetes gnu*) gnu.

wilderness /ˈwɪldənəs/, *n.* ***1*** regione selvaggia; territorio incolto; deserto ***2*** distesa desolata; landa: **a w. of ice**, una desolata distesa di ghiaccio ***3*** (*ecol.*) area di natura incontaminata; riserva naturale. ● (*fam.*) **a w. of**, una quantità di, un mucchio di (*cose o persone*) □ **a voice** (**crying**) **in the w.**, (*nella Bibbia*) «vox clamans in deserto»; (*fig.*) un riformatore non ascoltato, uno che parla al vento □ **to spend years in the political w.**, restare per anni lontano dal potere.

wildfire /ˈwaɪldfaɪə(r)/, *n.* ***1*** (*stor.*) fuoco greco ***2*** baleno, lampo (*senza tuono*) ***3*** incendio inestinguibile ***4*** fuoco fatuo ***5*** (*agric.*) fuoco selvaggio (*malattia del tabacco*). ● (*di una notizia, ecc.*) **to spread like w.**, diffondersi in un lampo (*o* in un baleno).

wildfowl /ˈwaɪldfaʊl/, *n.* (*collett.*) ***1*** uccelli selvatici ***2*** (*specialm.*) anatre (*o* oche) selvatiche.

wildfowling /ˈwaɪldfaʊlɪŋ/, *n.* caccia agli uccelli di palude (*anatre, oche, ecc.*; *cfr.* **game shooting**).

wilding /ˈwaɪldɪŋ/, *n.* ***1*** pianta selvatica; frutto selvatico ***2*** (*specialm.*) melo selvatico; mela selvatica.

wildish /ˈwaɪldɪʃ/, *a.* ***1*** alquanto selvatico; piuttosto selvaggio ***2*** piuttosto sfrenato; alquanto turbolento.

wildlife /ˈwaɪldlaɪf/, *n.* animali e piante selvatiche; fauna (*o* flora) protetta: **w. sanctuary**, riserva di fauna (*o* di flora) protetta. ● **w. park**, riserva naturale □ **World W. Fund**, Fondo Mondiale per la Protezione della Natura; «vu-vu-effe» (*fam.*).

wildlifer /ˈwaɪldlaɪfə(r)/, *n.* sostenitore della protezione della natura.

wildly /ˈwaɪldlɪ/, *avv.* ***1*** selvaggiamente ***2*** (*di piante o animali*) allo stato selvatico ***3*** ferocemente; violentemente: **to swear w.**, bestemmiare violentemente ***4*** (*fam.*) esageratamente ***5*** (*fam.*) completamente; del tutto. ● **to be w. in love with sb.**, essere (innamorato) pazzo di q.; amare q. alla follia.

wildness /ˈwaɪldnəs/, *n.* ***1*** selvatichezza; stato selvatico; stato brado ***2*** barbarie; primitività ***3*** sfrenatezza; dissolutezza; sregolatezza; disordine ***4*** furore; impetuosità; ferocia; turbolenza.

wile /waɪl/, *n.* (*di solito al pl.*) astuzia; inganno; artificio; stratagemma.

to **wile** /waɪl/, *v. t.* allettare; adescare; ingannare. ● **to w. away the time**, far passare il tempo; ammazzare il tempo (*abbastanza comune, per confusione di* **to w.** *con* **to while**) □ **to w. sb. into a snare**, attirare q. in un tranello.

Wilfred, Wilfrid /ˈwɪlfrɪd/, *n.* Vilfredo.

wilful /ˈwɪlfl/, *a.* ***1*** caparbio; cocciuto; ostinato; testardo: **a w. boy**, un ragazzo cocciuto ***2*** (*leg.*) intenzionale; premeditato; doloso; voluto; volontario: **w. murder**, omicidio premeditato. ● (*leg.*) **w. and malicious offence**, reato doloso □ (*leg.*) **w. damage**, danneggiamento doloso. || **-ly**, *avv.*

wilfulness /ˈwɪlflnəs/, *n.* ***1*** caparbietà; cocciutaggine, ostinazione; testardaggine ***2*** (*leg.*) intenzionalità; premeditazione; dolosità.

wiliness /ˈwaɪlɪnəs/, *n.* astuzia; furberia; scaltrezza.

will (**1**) /wɪl, wəl, əl, l/ (*pass.* **would**), *v. modale* ***1*** (*ausiliare per la formazione del futuro semplice*; *spesso abbr. in* **'ll**, *e nelle frasi neg. in* **won't**; *è idiom.*:) **He w.** (*o* **he'll**) **arrive** (*o* **be arriving**) **tomorrow**, arriverà domani; **It w. rain in the afternoon**, pioverà nel pomeriggio; **It will be raining soon**, presto pioverà; **Who do you think w. win the race?**, chi credi che vincerà la corsa?; **W. you come home late?**, rincaserai (*o* rincasi) tardi?; **They won't accept our offer, I'm afraid**, temo che non accetteranno la nostra offerta; **I don't think he w. marry her**, non credo che la sposerà; **W. it be ready tonight?**, sarà pronto stasera?; **I w. have finished my housework by ten o' clock**, entro le dieci avrò finito di fare le faccende di casa; **I expect we'll meet again sooner or later**, penso che c'incontreremo di nuovo presto o tardi; **W. I need the car today, you ask me?**, mi chiedi se avrò bisogno della macchina oggi?; **The dentist w. see you in a minute**, il dentista la visiterà tra un attimo; **You'll do it later**, lo farai dopo; **Shall I do it or w. you?**, vuoi che lo faccia io o ci pensi tu?; **We'll see you next week**, ci rivediamo la settimana prossima; ti aspettiamo per la prossima settimana; **«W. you do it?» «All right, I w.»**, «lo farai?» «va bene, lo farò»; **«I want someone to do the job for me» «W. I do?»**, «ho bisogno di qualcuno che mi faccia il lavoro» «andrò (*o* vado) bene io?»; **You'll be sorry for it**, te ne pentirai ***2*** (*ausiliare per la 1ª pers. sing. e pl. nel futuro volitivo*; *è idiom.*:) **I w. do it at any cost**, lo farò a tutti i costi; **I w. speak out**, voglio dire la mia!; parlerò apertamente; ho deciso di parlare; **I won't do it any more, I promise you**, ti prometto che non lo faccio più; **We w. struggle on to the bitter end**, ci batteremo fino alla fine ***3*** (*facendo un'ipotesi o una supposizione*; *è idiom.*:) **You'll have been there before, I suppose**, suppongo che ci sarai già stato un'altra volta; **That'll be the milkman at the gate now**, quello che è al cancello sarà il lattaio; **That'll be my wife on the phone**, quella che mi chiama al telefono sarà mia moglie ***4*** (*con il significato di «volere», nel senso più lato, nelle 2ª e 3ª pers.*): **Do as you w.**, fa' come vuoi!; fa' pure!; **I cannot find anyone who w. help me**, non trovo nessuno che voglia aiutarmi; **W. you shut the door, please?**, vuoi chiudere la porta, per favore?; chiudi la porta, per favore!; **Please, w. you follow me?**, vuole seguirmi, per favore?; mi segua, per favore!; **I keep telling him to listen to me, but he just won't**, gli dico di continuo di darmi ascolto, ma lui si rifiuta; **The old door w. stay ajar**, la vecchia porta vuole restare socchiusa (*o* non si chiude); **This drawer won't open**, questo cassetto non si vuole aprire (*o* non si apre); **The engine won't start**, il motore non vuole partire (*o* non parte); **This glue won't stick**, questa colla non attacca; (*form.*) **It shall be as you w.**, sarà fatto come vuoi tu; ti assicuro che farò a modo tuo; **Say what you w., she'll never believe you**, puoi dire quello che vuoi, ma lei non ti crederà mai; quaunque cosa tu dica, da lei non sarà mai creduta ***5*** (*idiom., sta a indicare abitudine, consuetudine, inevitabilità, pervicacia, ecc.*:) **He w. stare at the wall without saying a word for hours**, se ne sta a fissare il muro, senza dire una parola, per ore e ore; **Boys w. be boys**, i ragazzi sono (*o* non possono comportarsi che da) ragazzi; **This**

trick w. be successful once in ten times, questo trucco riesce una volta su dieci; **I keep telling him not to, but he w. do it**, gli dico di continuo di smetterla, ma lui s'ostina a farlo; **Accidents w. happen**, gli incidenti sono inevitabili (*o* possono sempre succedere) ***6*** (*nelle domande e risposte brevi, è idiom.*:) **Shut the door, w. you?**, chiudi la porta, per favore!; **I'll see you tomorrow, won't I?**, domani ci vediamo, vero?; **You'll come with us, won't you?**, vieni con noi, è vero?; **«I'll stay at home» «So w. I»**, «io resto a casa» «anch'io»; **«I won't take the exam today» «Neither w. I»**, «oggi non do l'esame» «neanch'io»; **«Give it to me» «I won't»**, «dammelo!» «no» ***7*** (*form.*: *per esprimere un fermo invito*:) **You w. please leave the classroom at once**, mi farai la cortesia di uscire dall'aula subito; **You w. report to the headmaster immediately**, presèntati subito al preside! ● **w. have**, volere: **W. you have some more tea?**, vuoi dell'altro tè?; **I won't have you behave like that**, non voglio che ti comporti così! □ **I will!**, sì (*detto dallo sposo e dalla sposa alle nozze*) □ **W. I go there, you ask**, e tu mi chiedi se ci andrò? □ **These things w. happen**, sono cose che succedono □ **He w. have it that my theory is wrong**, insiste nell'affermare che la mia teoria è errata □ (*form.*) **I w. not have it said**, non permetto che lo si dica! □ (*prov.*) **Murder w. out**, tutti i nodi vengono al pettine □ (*prov.*) **He that w. not when he may, when he w. he shall have nay**, ogni occasione lasciata è perduta.

will (**2**) /wɪl/, *n.* ***1*** volontà; volere; voglia: **He has a strong w.**, ha una forte volontà; è un uomo di carattere fermo; **He has a weak w.**, ha una volontà debole; è un uomo senza carattere; **God's w. be done**, sia fatta la volontà di Dio; **He signed the contract against the w. of his partner**, firmò il contratto contro il volere del socio; **I did it of my own (free) w.**, lo feci di mia spontanea volontà; **I did it against my w.**, lo feci controvoglia ***2*** (*leg.*) testamento; ultime volontà: **He hasn't made his w. yet**, non ha ancora fatto testamento. ● **at w.**, a volontà; a piacere; a piacimento: (*mil.*) **Fire at w.!**, fuoco a volontà!; **My daughter comes and goes at w.**, mia figlia va e viene a piacimento □ (*leg.*) **by w.**, per testamento □ **to do the w. of sb.**, fare il volere di q.; esaudire i desideri di q.; obbedire a q. □ **free w.**, (*relig., filos.*) libero arbitrio; (*anche*) spontanea volontà □ **to have one's w.**, fare quel che si vuole; fare a modo proprio □ **ill w.**, malvolere; malanimo; astio; rancore: **I bear her no ill w.**, non le serbo rancore □ (*fig.*) **iron w.**, volontà di ferro □ (*leg.*) **last w. and testament**, ultime volontà; testamento □ (*leg.*) **tenant at w.**, affittuario a tempo indeterminato (*con diritto di disdetta da parte del locatore*) □ (*relig.*) **«Peace on earth and good w. towards men»**, «pace in terra agli uomini di buona volontà» □ (*form.*) **What is your w.?**, qual è il tuo volere?; che vuoi che si faccia? □ **with a w.**, di buona lena: **to set to work with a w.**, mettersi al lavoro di buona lena (*o* di buzzo buono) □ **You must take the w. for the deed**, devi accontentarti della buona intenzione □ (*relig.*) **«Thy w. be done»**, «sia fatta la tua volontà» □ (*prov.*) **Where there's a w. there's a way**, volere è potere.

to **will** /wɪl/, *v. t.* e *i.* ***1*** volere (fortemente); sancire; disporre: **God wills it**, Dio lo vuole; **If you w. success, you are likely to achieve it**, se fortemente vuoi il successo, è probabile che tu lo consegua; **Our constitution has willed that we should be free**, la nostra costituzione ha sancito che dobbiamo essere liberi ***2*** decidere fermamente; essere fermamente deciso a: **They willed to survive**, erano fermamente decisi a sopravvivere ***3*** (*leg.*) lasciare (*per testamento*): **He willed his estate to his only nephew**, lasciò (in eredità) la sua proprietà all'unico nipote. ● **to w. away**, disporre per testamento di (*beni*); lasciare in eredità; (*fig.*) far passare (*dolori*) con la volontà □ (*form.*) **to w. sb.'s death**, volere la morte di q. □ (*raro*) **to w. oneself to sleep**, imporsi di dormire □ (*prov.*) **Willing and wishing are not the same**, la volontà è una cosa, il desiderio un'altra.

Will /wɪl/, *n. dim.* di **William**.

will do /wɪl'duː, wəl-/, *locuz. v.* (*pop. USA*) d'accordo!; benissimo!; lo faccio subito!

willed /wɪld/, *a.* che ha (*molta, poca, ecc.*) volontà (*specialm. nei composti, per es.*:) **strong-w.**, che ha forte volontà; di carattere fermo; volitivo; **weak-w.**, senza forza di volontà; senza carattere.

willet /'wɪlət/, *n.* (*invar. al pl.*) (*zool.*, *Catoptrophorus semipalmatus*) sinfemia.

willful /'wɪlfl/, e *deriv.* (*USA*) *V.* **wilful**, e *deriv.*

William /'wɪljəm/, *n.* Guglielmo.

Willie /'wɪlɪ/, *n. dim.* di **William**.

willie /'wɪlɪ/, *n.* (*pop. USA*) pisellino (*fam.*); pene.

willies /'wɪlɪz/, *n. pl.* (*fam.*) brividi; pelle d'oca; nervosismo (*per paura*); tremarella: **He always gets the w. before an exam**, ha sempre la tremarella prima degli esami. ● **The way he drives gives me the w.**, il suo modo di guidare mi fa accapponare la pelle.

willing /'wɪlɪŋ/, *a.* ***1*** volonteroso; compiacente; di buon cuore: **a w. assistant**, un assistente volenteroso ***2*** volontario; spontaneo; fatto (*o* dato, ecc.) di cuore: **w. obedience**, obbedienza spontanea; **w. help**, aiuto dato di cuore. ● **a w. horse**, un cavallo generoso □ **w. or not**, volente o nolente □ **to be w. to do st.**, essere disposto a fare q.c.: **We are quite w. to accept your bill of exchange**, siamo ben disposti ad accettare la vostra cambiale. ● **God w.**, a Dio piacendo.

willingly /'wɪlɪŋlɪ/, *avv.* volentieri; spontaneamente; di buon grado.

willingness /'wɪlɪŋnəs/, *n.* ***1*** compiacenza; buona volontà; disponibilità ***2*** prontezza (*ad agire*); propensione (*a fare q.c.*).

will-less /'wɪlləs/, *a.* privo di volontà. ● **to make sb. w.**, svuotare q. di ogni forza di volontà.

will-o'-the-wisp /'wɪləðə'wɪsp/, *n.* ***1*** fuoco fatuo ***2*** (*fig.*) persona (*o* cosa) inafferrabile; chimera, sogno, illusione.

willow /'wɪləʊ/, *n.* ***1*** (*bot.*, *Salix*; = **w. tree**) salice: **weeping w.** (*Salix babylonica*), salice piangente ***2*** (*ind. tess.*) battitoio; lupo: **carding w.**, battitoio cardatore ***3*** (*cricket*) mazza (*del battitore*). ● (*arte*) **w. pattern**, disegno del salice stilizzato (*in azzurro, su porcellana bianca*) □ **w. plantation**, salceto, saliceto □ **w.-ware**, porcellana di tipo cinese (*con disegni stilizzati di salici*) □ (*cricket*) **to handle the w.**, battere; fare il battitore □ (*fig. arc.*) **to wear the w.**, piangere l'assenza (*o* la perdita) di una persona cara.

to **willow** /'wɪləʊ/, *v. t.* (*ind. tess.*) battere (*cotone, lana, ecc.*) col battitoio. ● **willowing machine**, battitoio; lupo.

willowy /'wɪləʊɪ/, *a.* ***1*** piantato a salici; fiancheggiato da salici ***2*** (*fig.*) sottile; esile; flessuoso; aggraziato. ● **a girl with a w. figure**, una ragazza sottile come un giunco.

willpower /'wɪlpaʊə(r)/, *n.* forza di volontà.

willy /wɪlɪ/, *n.* ***1*** (*ind. tess.*) battitoio; lupo ***2*** (*dial.*) cestino di vimini ***3*** (*pop. USA*) *V.* **willie**.

Willy /'wɪlɪ/, *n. dim.* di **William**.

willy-nilly (**1**) /'wɪlɪ'nɪlɪ/, **A** *avv.* volente o nolente; per amore o per forza. **B** *a.* ***1*** inevitabile; forzato; che succede che uno voglia o no ***2*** esitante; incerto; irresoluto.

willy-nilly (**2**) /'wɪlɪ'nɪlɪ/, *n.* (*fam. Austr.*) ciclone; uragano.

wilt /wɪlt/, *voce verb.* (*2ª pers. sing. pres. arc. di*) **will**.

to **wilt** /wɪlt/, **A** *v. i.* appassire; avvizzire (*anche fig.*): **These flowers will soon w.**, questi fiori appassiranno in breve tempo. **B** *v. t.* far appassire; far avvizzire.

wilting /'wɪltɪŋ/, *n.* appassimento; avvizzimento (*anche fig.*).

wily /'waɪlɪ/, *a.* astuto; furbo; scaltro. ● (*fig.*) **a w. old fox**, una vecchia volpe; un furbo di tre cotte.

wimble /'wɪmbl/, *n.* ***1*** (*ind. min.*) trivella ***2*** succhiello; trapano a mano; girabecchino.

to **wimble** /'wɪmbl/, *v. t.* ***1*** (*ind. min.*) trivellare ***2*** forare con un succhiello; succhiellare; trapanare.

wimp /wɪmp/, *n.* (*fam.*) (tipo) buono a nulla; imbranato (*pop.*).

wimpish /'wɪmpɪʃ/, *V.* **wimpy**.

wimple /'wɪmpl/, *n.* ***1*** (*stor. o relig.*) soggolo ***2*** increspatura; crespa; piega; arricciatura ***3*** (*scozz.*: *di fiume*) meandro.

to **wimple** /'wɪmpl/, **A** *v. t.* ***1*** (*stor. o relig.*) coprire con un soggolo ***2*** increspare; pieghettare. **B** *v. i.* ***1*** incresparsi ***2*** cadere in pieghe ***3*** (*scozz.*: *di fiume*) serpeggiare; formare meandri.

wimpled /'wɪmpld/, *a.* ***1*** (*arc.*: *di velo, ecc.*) pieghettato; arricciato ***2*** (*di una suora e sim.*) con il soggolo; con il velo ***3*** (*fig. lett.*) intricato.

wimpy /'wɪmpɪ/, *a.* (*fam.*) buono a nulla; imbranato.

Wimpy /'wɪmpɪ/, *n.* (*marchio*) Wimpy (*tipo di hamburger*).

win /wɪn/, *n.* (*fam.*) ***1*** vittoria; successo: (*boxe*) **a win on points**, una vittoria ai punti ***2*** vincita; somma vinta. ● (*sport*) **win or even match**, vittoria o pareggio; partita utile □ **away win**, vittoria fuori casa (*o* in trasferta) □ **home win**, vittoria in casa.

to **win** /wɪn/ (*pass.* e *p. p.* **won**), *v. t.* e *i.* ***1*** vincere; essere vittorioso; conquistare: **to win a battle [a game]**, vincere una battaglia [una partita]; (*leg.*) **to win a case**, vincere una causa; **to win a bet**, vincere una scommessa; **to win at cards**, vincere alle carte; **to win a fortress [fame]**, conquistare una fortezza [la fama]; **I've won twenty pounds from him at poker**, gli ho vinto venti sterline a poker ***2*** (*lett.*) guadagnare; ottenere; procurarsi; raggiungere (con sforzo): **to win one's bread**, guadagnarsi il pane; (*lett.*) **to win a lady's hand**, ottenere la mano di una donna; **to win a prize [an award]**, ottenere un premio [una ricompensa]; **to win the summit [the shore]**, guadagnare (*o* raggiungere) la cima [la riva] ***3*** convincere; persuadere; ottenere il favore di; accattivarsi: **She won him to marry her**, lo persuase a sposarla; (*form.*) **to win all hearts**, ottenere il favore di tutti; accattivarsi la simpatia di tutti ***4*** (*ind. min.*) estrarre (*minerali*) ***5*** (*sport*: *calcio*) guadagnare (*una rimessa laterale, ecc.*); subire (*un fallo*): **«Fouls won»**, «falli subiti». ● **to win a contract**, vincere una gara d'appalto; ottenere un appalto (*o* un contratto) □ (*lett.*) **to win the day** (*o* **the field**), riportare una vittoria campale; riuscire vittorioso □ **to win free**, averla vinta; spuntarla □ **to win a friend [an ally, a supporter]**, farsi un amico [un alleato, un sostenitore] □ (*fam.*) **to win hands down**, vincere senza fatica □ **to win a point**, segnare un punto a proprio vantaggio □ (*polit.*) **to win power**, andare al potere; conquistare la maggioranza □ **to win one's spurs**, (*stor.*) guadagnarsi gli speroni, esser fatto cavaliere; (*fig.*) ottenere il riconoscimento dei propri meriti □ **to win the toss**, (*sport*) vincere il sorteggio; (*fig.*) avere la prima mossa □ (*prov.*) **Let those laugh who win**, ride bene chi ride ultimo.

♦ **win away**, *v. t.* + *avv.* (*specialm. polit.*) portare via: **to win away a lot of members from the conservative party**, portare via molti iscritti al partito conservatore.

♦**win back**, *v. t.* + *avv.* **1** rivincere (*denaro perso al gioco*) **2** riconquistare (*anche mil. e fig.*): **to win back the trenches from the enemy**, riconquistare le trincee al nemico; **The knight won back the fair maid**, il cavaliere riconquistò la bella fanciulla.

♦**win out**, *v. i.* + *avv.* (*fam.*) vincere alla fine; uscire vittorioso (*da una lotta, una gara, ecc.*); averla vinta; spuntarla: **You'll win out in spite of all the difficulties**, la spunterai nonostante ogni difficoltà □ (*fam. USA*) **to win out over one's competitors**, (*comm.*) battere la concorrenza; (*sport*) battere gli avversari.

♦**win over**, *v. t.* + *avv.* **1** tirare (q.) dalla propria parte (*fig.*); accaparrarsi l'appoggio di (q.) **2** convincere; persuadere: **We won him over to our cause**, lo persuademmo ad aderire alla nostra causa.

♦**win through**, **A** *v. i.* + *avv.* farcela; spuntarla; riuscire. **B** *v. t.* + *prep.* superare: **to win through all difficulties**, superare ogni difficoltà.

♦**win to**, *v. t.* + *prep.* tirare dalla parte di, attirare a: **He succeeded in winning a lot of young people to his party**, riuscì ad attirare molti giovani al suo partito □ **to win sb. to one's ideas**, convincere q. della bontà delle proprie idee.

wince (**1**) /wɪns/, *n.* **1** fremito; sobbalzo; sussulto **2** l'indietreggiare; il tirarsi indietro.

wince (**2**) /wɪns/, *n.* (*mecc.*) verricello.

to **wince** /wɪns/, *v. i.* **1** fremere; sobbalzare; sussultare; trasalire: **He winced at the sight of his wife**, trasalì alla vista della moglie **2** indietreggiare; tirarsi indietro; barcollare: **I winced under the snowstorm**, barcollavo sotto la tempesta di neve.

wincey /ˈwɪnsɪ/, *n.* (*ind. tess.*) flanella di lana (*o* di lana e cotone).

winceyette /wɪnsɪˈɛt/, *n.* (*ind. tess.*) flanella leggera, con la nappa.

winch /wɪntʃ/, *n.* (*mecc., naut.*) **1** argano; verricello **2** (*raro*) manovella.

to **winch** /wɪntʃ/, *v. t.* muovere (*o* sollevare) con un argano.

Winchester (**1**) /ˈwɪntʃɪstə(r), *USA* -ɛs-/, *n.* (*marchio*: *mil. stor.*; = **W. rifle**) Winchester (*tipo di carabina*).

Winchester (**2**) /ˈwɪntʃɪstə(r), *USA* -ɛs-/, *n.* (= **W. quart**) mezzo gallone (*misura per liquidi*).

wind (**1**) /wɪnd/, *n.* **1** vento: **fair w.**, vento favorevole; **contrary w.**, vento contrario; **north w.**, vento del nord; tramontana; **southwest w.**, vento di sud-ovest; **a gust of w.**, una raffica di vento; **There's a high w. today**, oggi il vento tira forte; **The w. was blowing from the west**, il vento soffiava da occidente; (*astron.*) **solar w.**, vento solare **2** fiato; respiro; respirazione: **Let me recover my w.**, lasciami riprender fiato; (*boxe, ecc.*) **to have one's w. taken**, perdere il fiato (*per un colpo al plesso solare*); **That runner's w. is weak**, quel corridore ha poco fiato **3** odore (*portato dal vento*); sentore (*anche fig.*): **The dogs are keeping the w.**, i cani seguono l'odore della selvaggina; **The tyrant got w. of the plot**, il tiranno ebbe sentore della congiura **4** (*med., fam.*) flato; rutto; ruttino; (*anche*) meteorismo, flatulenza: **My little boy is troubled with w.**, il mio bambino soffre di flatulenza; **to bring up w.**, fare il ruttino **5** (*fig. fam.*) parole vuote; parole senza senso; vaniloquio: **His speeches are mere w.**, i suoi discorsi sono puro vaniloquio **6** (*pl. collett.*) (*mus.*) fiati; strumenti a fiato: **The strings were downed by the winds**, gli strumenti a corda erano soffocati (*o* coperti) da quelli a fiato. ● (*naut., aeron.*) **w. ahead**, vento in prua □ (*naut.*) **w. astern**, vento in poppa □ (*gergo comm., scozz.*) **w. bill**, cambiale di comodo □ (*naut.*) **w.-bound**, trattenuto in porto dal vento contrario □ (*fam. USA*) **w. box**, fisarmonica □ (*ind. costr.*) **w.-brace**, controvento □ (*di cavallo*) **w.-broken**, bolso □ **w. chart**, carta dei venti □ (*meteor.*) **w. chill**, raffreddamento da vento □ (*med.*) **w. colic**, meteorismo □ (*aeron., meteor.*) **w. cone**, manica a vento □ (*naut., aeron.*) **w. down**, vento in senso longitudinale □ **w.-egg**, uovo imperfetto □ (*geol.*) **w. erosion**, erosione eolica □ **w. farm**, centrale eolica per energia elettrica □ (*poet.*) **w.-flower**, anemone □ (*vet.*) **w.-gall**, vescicone (*nelle giunture del garretto del cavallo*) □ **w. gauge**, anemometro □ (*naut.*) **w. hose**, manica a vento □ (*naut.*) **w. indicator**, segnavento □ (*mus.*) **w. instruments**, strumenti a fiato □ (*acustica*) **w. noise**, rumore eolico □ **w. power**, energia del vento; carbone azzurro □ (*ind.*) **w.-power plant**, centrale eolica □ (*meteor.*) **w. rose**, rosa dei venti □ (*meteor.*) **w. sleeve**, manica a vento □ **w. spout**, turbine di vento □ (*raro*) **w.-sucker**, cavallo che respira rumorosamente □ (*sport*) **w. surf**, windsurf □ **w.-swept**, battuto dai venti; spazzato dal vento □ (*aeron.*) **w. tee**, T d'atterraggio □ **w.-tight**, impenetrabile al vento □ (*tecn.*) **w. tunnel**, galleria del vento; galleria aerodinamica □ **w. vane**, banderuola □ (*naut.*) **aft wind**, vento in poppa (*o* in fil di ruota: *del timone*) □ (*naut.*) **before** (*o* **down**) **the w.**, col vento in poppa □ **to break w.**, fare un vento (*eufem.*); fare un peto □ (*fig.*) **to cast** (*o* **to fling**) **prudence to the winds**, abbandonare la prudenza □ (*naut.*) **to come to the w.**, orzare □ (*naut.*) **dead w.**, vento di prua □ (*caccia*) **to be down the w. of a wild animal**, tenersi sottovento a un selvatico □ (*fig.*) **to find out how the w. blows** (*o* **lies**), sentire da che parte tira il vento; sentire che aria tira □ (*anche fig.*) **to get w. of**, aver sentore di; fiutare: **The fox got w. of the hunters**, la volpe fiutò i cacciatori □ (*pop.*) **to get** (*o* **to have**) **the w. up**, prendersi paura; aver fifa □ **to get one's second w.**, riprendere fiato; (*fig.*) provare di nuovo □ (*fam.*) **to hit sb. in the w.**, colpire q. alla bocca dello stomaco (*o* al plesso solare); far perdere il fiato a q. □ (*naut.*) **in the w.'s eye**, controvento □ (*naut.*) **to keep away from the w.**, poggiare □ (*naut.*) **off the w.**, col vento in poppa □ (*naut.*) **on the w.**, col vento in prua (*o* in faccia) □ (*naut.*) **prevailing w.**, vento dominante □ (*pop.*) **to put the w. up sb.**, spaventare q. □ (*fig. fam.*) **to raise the w.**, procurarsi di riffa o di raffa il denaro occorrente □ **to sail** (*o* **to be**) **close to the w.** (*o* **near the w.**), (*naut.*) stringere il vento, andare all'orza; (*fig.*) camminare sul filo del rasoio □ (*naut.*) **to sail in the eye** (*o* **in the teeth**) **of the w.**, navigare nel letto (*o* nel filo) del vento □ (*form.*) **sound in w. and limb**, sano come un pesce; in ottime condizioni fisiche □ (*fig.*) **to take the w. out of sb.'s sails**, prevenire q.; battere q. sul tempo; prendere q. in contropiede □ (*fig.*) **to throw prudence to the winds**, abbandonare la prudenza □ (*caccia*) **to be up the w. of a wild animal**, trovarsi sopravvento a un selvatico □ (*anche fig.*) **to waste w.**, sprecare il fiato □ (*naut.*) **with the w. on the beam**, col vento al traverso (*o* a mezza nave) □ (*fig.*) **There is st. in the w.**, c'è qualcosa nell'aria; sta per accadere qualcosa.

wind (**2**) /waɪnd/, *n.* **1** (*anche elettron.*) avvolgimento **2** giro (*di manovella o di carica*) **3** curva; svolta; voltata. ● (*polit., mil.*) **w.-down**, diminuzione, riduzione (*della tensione, ecc.*) □ **w.-up**, conclusione; fine; chiusura, epilogo; (*di un meccanismo, orologio, ecc.*) a carica □ (*comm.*) **w.-up sale**, svendita.

to **wind** (**1**) /wɪnd/, *v. t.* **1** dare aria a; esporre al vento; arieggiare; aerare **2** fiutare: **The hounds winded the boar**, i cani fiutarono il cinghiale **3** far restare (*o* lasciare) senza fiato; sfiatare: **I was quite winded by the run**, la corsa mi lasciò senza fiato **4** far riprendere fiato a: **We stopped to w. the hounds**, ci fermammo per far riprendere fiato ai cani.

to **wind** (**2**) /waɪnd/ (*pass.* e *p. p.* **winded**, *o* **wound**, *per confusione con* **to wind** (**3**)), *v. t.* (*poet., raro*) suonare (*uno strumento a fiato, un segnale*): **The knight winded his horn**, il cavaliere suonò il corno; (*mil.*) **to w. the call**, suonare l'adunata.

to **wind** (**3**) /waɪnd/ (*pass.* e *p. p.* **wound**), **A** *v. i.* **1** serpeggiare; girare; formare anse; fare delle svolte; snodarsi; procedere a zigzag: **The river winds in and out**, il fiume forma continue anse; **The road winds round the lake**, la strada gira attorno al lago; **The long line of soldiers wound down the valley**, la lunga fila di soldati si snodava lungo la valle **2** avvolgersi; attorcigliarsi: **The creeper winds round the oak**, il rampicante s'attorciglia intorno alla quercia **3** (*fig.*) prenderla alla larga (*parlando*); agire in modo tortuoso; insinuarsi **4** (*del legno*) incurvarsi; imbarcarsi **5** (*di un orologio*) caricarsi (*a mano o con la chiavetta*): **This clock winds easily**, quest'orologio si carica facilmente. **B** *v. t.* **1** far girare: **to w. a crank**, far girare una manovella **2** avvolgere; attorcigliare: **to w. tape on a reel**, avvolgere del nastro su una bobina; **to w. a scarf round one's neck**, avvolgersi (*o* mettersi) una sciarpa intorno al collo; **The snake winds itself round its prey**, il serpente s'attorciglia intorno alla preda **3** (*mecc.*) sollevare con l'argano: **to w. up ore from a mine**, sollevare con l'argano minerale da una miniera **4** (*fig.*) insinuare; introdurre di soppiatto: **The girl wound herself** (*o* **wound her way**) **into his affections**, la ragazza s'insinuò nel suo cuore; **to w. one's criticism into an argument**, introdurre le proprie critiche in un'argomentazione **5** cingere: **I wound her in my arms**, la cinsi con le braccia; la serrai fra le braccia.

♦**wind around**, *V.* **wind round**.

♦**wind back**, *v. t.* + *avv.* riavvolgere (*un nastro magnetico, una pellicola, ecc.*).

♦**wind down**, **A** *v. t.* + *avv.* **1** abbassare, tirare giù (*girando una manovella*): **to w. down the car windows**, abbassare i finestrini dell'automobile **2** (*fig.*) diminuire, ridurre (*la pressione, la tensione, ecc.*) **3** (*fin.*) ridurre, rallentare: **to w. down one's business in Asia**, rallentare il proprio giro di affari in Asia. **B** *v. i.* + *avv.* **1** (*di una molla, un orologio, ecc.*) perdere la carica; scaricarsi **2** (*della tensione, ecc.*) allentarsi; esaurirsi; afflosciarsi **3** (*fig.*) rilassarsi; calmarsi.

♦**wind in**, *v. t.* + *avv.* **1** riavvolgere (*una lenza, ecc.*) sul mulinello **2** tirare su (*un pesce*) riavvolgendo la lenza sul mulinello.

♦**wind into**, *v. t.* + *prep.* arrotolare, avvolgere (q.c.) fino a farne (*un gomitolo, ecc.*): **to w. wool into a ball**, aggomitolare la lana.

♦**wind off**, **A** *v. t.* + *avv.* svolgere; dipanare. **B** *v. i.* + *avv.* svolgersi; dipanarsi.

♦**wind on**, *v. t.* + *avv.* **1** avvolgere, arrotolare (*su un gancio, su una pertica, ecc.*) **2** far scorrere, mandare avanti (*la pellicola in una macchina fotografica, ecc.*).

♦**wind round**, **A** *v. t.* + *prep.* avvolgere, attorcigliare intorno a: **I wound the rope round my arm**, mi avvolsi la fune intorno al braccio. **B** *v. i.* + *prep.* avvolgersi, attorcigliarsi intorno a: **The ivy had wound** (**itself**) **round the three trunk**, l'edera s'era attorcigliata intorno al tronco dell'albero.

♦**wind through**, **A** *v. i.* + *prep.* **1** serpeggiare in; attraversare serpeggiando: **The river winds through the valley**, il fiume serpeggia nella valle; **A path winds through the jungle**, un sentiero tortuoso attraversa la giungla **2** (*fig.*: *di un sentimento, ecc.*) serpeggiare, circolare, essere diffuso in (*un'opera, ecc.*). **B** *v. t.* + *prep.* (*fig.*) impregnare (q.c.) di (*sentimenti, ecc.*); cospargere di, diffondere (*idee, ecc.*) in (*scritti, discorsi, ecc.*).

♦**wind up**, **A** *v. t.* + *avv.* **1** avvolgere, aggomitolare, arrotolare (*una fune, un cavo, ecc.*) **2** tirare su (*girando una manovella*); alzare (*un finestrino, un avvolgibile, ecc.*): **W. up the window, will you?**, tira su il finestrino, per favore! ***3*** dare la carica a (*una molla*); caricare (*un orologio, un giocattolo, ecc.*) ***4*** portare a (buon) termine; chiudere, concludere; finire, sciogliere: **to w. up a debate**, chiudere un dibattito; **to w. up a meeting**, sciogliere una riunione; **He wound up his speech with a good joke**, concluse il suo discorso con una buona battuta ***5*** (*fin., in G.B.*) liquidare, mettere in liquidazione: **to w. up one's business affairs**, liquidare i propri affari; cessare l'attività; **to w. up one's business** (*o* **one's firm**), mettere in liquidazione (*o* chiudere) la propria azienda; chiudere bottega (*fig.*) ***6*** (*fig.*) (*specialm. al passivo*) coinvolgere; prendere (*fig.*); emozionare; eccitare; rendere nervoso: **to be wound up in a scandal**, essere coinvolto in uno scandalo; **He got so wound up in the concert that he hardly spoke a word**, fu così preso dal concerto che non disse quasi parola; **He was all wound up before the exam**, era tutto emozionato prima dell'esame ***7*** (*fam.*) stuzzicare; punzecchiare; prendere in giro (*o* per i fondelli). **B** *v. i. + avv.* ***1*** concludere (*parlando o scrivendo*): **He wound up by stating flatly that he would never accept my offer**, concluse dicendo chiaro e tondo che non avrebbe mai accettato la mia offerta ***2*** (*di una riunione, ecc.*) cessare; finire; terminare ***3*** (*fin., in G.B.*) essere messo in liquidazione: **Our company wound up last year**, la nostra società fu messa in liquidazione l'anno scorso ***4*** (*fam.*) andare a finire; finire per; diventare alla fine: **If you go on like that, you'll w. up penniless**, se vai avanti così, finirai senza un soldo; **He wound up as a general**, alla fine diventò generale; **The ball wound up on the roof**, la palla andò (a finire) sul tetto □ **to w. up with a contract**, riuscire a fare un contratto □ **to w. up with first prize**, finire col vincere il primo premio □ (*fam.*) **to w. up nowhere**, non concludere niente di buono; non approdare a nulla.

windage /ˈwɪndɪdʒ/, *n.* ***1*** (*arc., mil.*) vento (*differenza fra il diametro di un proiettile e il diametro interno della canna*) ***2*** (*mil.*) (grado dello) spostamento laterale causato dal vento (*nella traiettoria di un proiettile*) ***3*** (*naut.*) superficie (*di una nave*) esposta al vento.

windbag /ˈwɪndbæg/, *n.* ***1*** (*mus.*) otre (*di cornamusa*) ***2*** (*fam.*) parolaio; trombone (*fam.*).

windblast /ˈwɪndblɑːst, *USA* -æst/, *n.* ***1*** raffica (di vento) ***2*** (*aeron.*) impatto del vento (*su un pilota che si catapulta*).

windblown /ˈwɪndbləʊn/, *a.* ***1*** (*di un luogo*) battuto dal vento ***2*** (*di un albero*) piegato dal vento ***3*** (*di capelli*) scompigliati dal vento.

windborne /ˈwɪndbɔːn/, *a.* portato dal vento: **w. seeds**, semi portati dal vento.

windbreak /ˈwɪndbreɪk/, *n.* (*agric.*) frangivento.

Windbreaker /ˈwɪndbreɪkə(r)/, *n.* (*marchio, USA*) giacca a vento.

windburn /ˈwɪndbɜːn/, *n.* ***1*** (*med.*) bruciatura da vento ***2*** (*bot.*) danno provocato dal vento.

windcheater /ˈwɪndtʃiːtə(r)/, *n.* (*ingl.*) giacca a vento.

winded /ˈwɪndɪd/, *a.* senza fiato; sfiatato. ● (*nei composti*) **long-w.**, dal fiato lungo; (*fig.*) verboso □ **short-w.**, dal fiato corto; bolso; (*fig.*) conciso.

winder /ˈwaɪndə(r)/, *n.* ***1*** (*ind. tess.*) incannatoio; rocchettiera ***2*** (*ind. min.*) argano; verricello ***3*** manovella ***4*** chiave di carica (*di meccanismo a molla*) ***5*** (*edil.*) gradino di scala a chiocciola ***6*** (*cinem.*) bobinatrice ***7*** (*bot.*) pianta volubile. ● (*elettr.*) **coil w.**, bobinatrice.

winder-upper /ˈwaɪndərˈʌpə(r)/, *n.* (*fam. USA*) numero (canzone, ecc.) che conclude uno spettacolo.

windfall /ˈwɪndfɔːl/, *n.* ***1*** frutto abbattuto dal vento ***2*** (*fig.*) colpo di fortuna; guadagno inatteso; manna (*fig.*). ● (*fin.*) **w. gain**, sopravvenienza attiva □ (*fin.*) **w. loss**, sopravvenienza passiva.

windglider /ˈwɪndglaɪdə(r)/, *n.* (*sport*) windsurf; tavola a vela.

windhover /ˈwɪndhɒvə(r)/, *n.* (*dial.*; *zool.*, *Falco tinnunculus*) gheppio (*più comune* **kestrel**).

windiness /ˈwɪndɪnəs/, *n.* ***1*** ventosità ***2*** (*fig. fam.*) verbosità; vacuità ***3*** (*med.*) flatulenza; meteorismo.

winding /ˈwaɪndɪŋ/, **A** *n.* ***1*** serpeggiamento; sinuosità; tortuosità (*anche fig.*) ***2*** avvolgimento; spira: (*elettr.*) **shunt w.**, avvolgimento in parallelo ***3*** (*ind. tess.*) avvolgimento; incannatura; ritorcitura; bobinatura; matassa ***4*** (*d'orologio, ecc.*) caricamento ***5*** (*di fiume*) meandro ***6*** (*di strada*) curva; svolta; tornante; rampa ***7*** (*di legno, di un'asse, ecc.*) incurvamento; imbarcamento. **B** *a.* ***1*** (*di strada o fiume, anche fig.*) serpeggiante; sinuoso; tortuoso: **a w. road**, una strada tortuosa ***2*** (*di scala*) a chiocciola. ● (*mecc.*) **w. drum**, tamburo di avvolgimento □ **w. machine**, (*ind. tess.*) incannatoio, bobinatrice; (*elettr.*) bobinatrice □ **w. sheet**, sudario □ **w.-up**, conclusione; riepilogo; (*fin.*) liquidazione (*di una società*; *in G.B., dove il fallimento s'applica alle persone fisiche*) □ (*fin., leg.*) **compulsory w.-up**, liquidazione forzata (*o* coatta) (*disposta dall'autorità giudiziaria*) □ (*fin.*) **voluntary w.-up**, liquidazione volontaria.

windjammer /ˈwɪnddʒæmə(r)/, *n.* ***1*** (*ingl.*) *V.* **windcheater** ***2*** (*naut., USA*) grande veliero.

windlass /ˈwɪndləs/, *n.* (*mecc., naut.*) argano; verricello.

to **windlass** /ˈwɪndləs/, *v. t.* (*mecc., naut.*) sollevare con un argano; issare con un verricello.

windless /ˈwɪndləs/, *a.* senza vento: **a w. day**, una giornata senza vento.

windlestraw /ˈwɪndlstrɔː(r)/, *n.* (*dial. ingl.* e *irl.*) ***1*** stelo disseccato (*di certe piante, usato per intrecciar corde, ecc.*) ***2*** (*fig.*) persona debole (*o* malaticcia); impiastro (*fig. fam.*).

windmill /ˈwɪndmɪl/, *n.* ***1*** mulino a vento ***2*** (*mecc.*) motore a vento (*o* eolico); aeromotore ***3*** (*mecc.*) mulinello a palette ***4*** mulinello; girandola (*giocattoli*) ***5*** (*fam.*) elicottero ***6*** (*fam.*) elica ***7*** (*gergo comm.*) cambiale di comodo. ● (*fig.*) **to fight** (*o* **to tilt at**) **windmills**, combattere contro i mulini a vento.

window /ˈwɪndəʊ/, *n.* ***1*** finestra: **The girl was leaning out of the w.**, la ragazza si sporgeva dalla finestra; **blank** (*o* **blind, false**) **w.**, finestra cieca; falsa finestra ***2*** (*autom, ferr.*) finestrino: **rear w.**, finestrino posteriore; **side w.**, finestrino laterale ***3*** sportello (*di banca, di totalizzatore, ecc.*): (*USA*) **mutuel windows**, sportelli del totalizzatore (*per scommesse sui cavalli*) ***4*** (*di solito* **shop w.**) vetrina (*di negozio*) ***5*** (*di solito* **w. pane**) vetro della finestra: **The boy broke the w.**, il ragazzo ruppe il vetro della finestra ***6*** (*naut.*) occhio; oblò ***7*** (*miss.*) finestra, tempo utile (*per un lancio*) ***8*** (*geol., elettron., fis. nucl.*) finestra ***9*** finestra (*di una busta per lettera*) ***10*** rettangolino (*sul quadrante di un orologio*): **The date is shown in the w.**, la data si legge nel rettangolino. ● **w. blind**, tenda (*pesante*) per finestra □ **w. box**, cassetta per i fiori (*da tenere sul davanzale*) □ (*comm.*) **w. card**, cartellino (*pubblicitario*) da vetrina □ **w. cleaner**, puliscivetri □ **w. cleaning**, pulizia delle finestre □ **w. cleaners**, impresa di pulizia di vetri □ **w. display**, esposizione (*di merce*) in vetrina □ **w. dresser**, vetrinista □ **w. dressing**, allestimento (*o* addobbo) delle vetrine; vetrinistica; arte del vetrinista; (*fig.*) il presentare (*i fatti, le proprie qualità, ecc.*) in modo da fare buona impressione; (*fin.*) cosmesi del bilancio, presentazione di una situazione finanziaria come favorevole □ **w. envelope**, busta a finestra □ **w. frame**, telaio di finestra □ (*autom.*) **w. mirror**, specchietto laterale □ (*edil.*) **w. post**, montante di finestra □ **w. seat**, sedile vicino al finestrino □ (*USA*) **w. shade**, veneziana; avvolgibile □ **w.-shopper**, chi guarda le vetrine □ **w.-shopping**, il far compere con gli occhi (*guardando le vetrine dei negozi*) □ **w.-shutter**, persiana; imposta □ (*stor., fisc.*) **w. tax**, imposta basata sul numero delle finestre (*di casa*) □ (*archit.*) **w. tracery**, traforo di finestra □ (*autom.*) **w.-winder**, alzacristalli, manovella alzacristalli: **electrically-operated w.-winder**, alzacristalli elettrico □ **French w.**, portafinestra □ (*fig.*) **to have all one's goods in the w.**, avere tutte le merci in mostra; essere superficiale.

to **window-dress** /ˈwɪndəʊdrɛs/, **A** *v. i.* fare il vetrinista. **B** *v. t.* (*fig.*) ***1*** far apparire (q.c.) più attraente (*o* conveniente) di quello che è: **to w. a bond issue**, rendere allettante un'emissione di obbligazioni ***2*** (*fin., rag.*) fare la cosmesi a (*un bilancio*).

windowman /ˈwɪndəʊmən/, *n.* (*pl.* **windowmen**) sportellista (*in una banca*).

windowpane /ˈwɪndəʊpeɪn/, *n.* vetro di finestra; vetro.

to **window-shop** /ˈwɪndəʊʃɒp/, *v. i.* guardare le vetrine (*dei negozi*: *per diletto*).

windowsill /ˈwɪndəʊsɪl/, *n.* davanzale.

windpipe /ˈwɪndpaɪp/, *n.* (*anat.*) trachea.

windscreen /ˈwɪndskriːn/, *n.* (*autom., ingl.*) parabrezza. ● **w. washer**, lavacristallo □ **w. washer and wiper**, lavatergicristallo □ **w. wiper**, tergicristallo □ **bowed w.**, parabrezza avvolgente □ **shatterproof w.**, parabrezza infrangibile.

windshield /ˈwɪndʃiːld/, *n.* ***1*** (*di motocicletta, di scooter, e sim.*) parabrezza; schermo di plastica ***2*** (*autom., USA*) *V.* **windscreen.** ● (*fam. USA*) **w. appraisal**, occhiata sommaria, frettolosa (*data all'immobile di chi chiede un mutuo*).

windsock /ˈwɪndsɒk/, *n.* (*meteor.*) manica a vento.

Windsor /ˈwɪnzə(r)/, *n.* (*geogr.*) Windsor (*cittadina presso Londra*). ● **W. Castle**, il castello di Windsor (*famoso castello reale in G.B.*) □ **W. chair**, sedia di legno con schienale ricurvo e braccioli □ (*stor.*) **the House of W.**, la dinastia dei Windsor.

windstorm /ˈwɪndstɔːm/, *n.* (*meteor.*) tempesta di vento.

windsurf /ˈwɪndsɜːf/, *n.* (*sport*) windsurf.

to **windsurf** /ˈwɪndsɜːf/, *v. i.* (*sport*) praticare il windsurf.

windsurfer /ˈwɪndsɜːfə(r)/, *n.* ***1*** windsurf; tavola da windsurf ***2*** windsurfista.

windsurfing /ˈwɪndsɜːfɪŋ/, *n.* (*sport*) windsurf (*l'azione*).

windswept /ˈwɪndswept/, *a.* ***1*** (*di un luogo*) spazzato dal vento; esposto al vento ***2*** (*di capelli*) scompigliati dal vento.

windward /ˈwɪndwəd/, (*naut.*) **A** *n.* lato esposto al vento; (il) sopravvento. **B** *a.* ***1*** (di) sopravvento: **the w. side**, il lato sopravvento ***2*** al (*o* in direzione del) vento; dalla parte del vento. **C** *avv.* sopravvento. ● (*geogr.*) **the W. Islands**, le Isole Sopravvento □ (*naut.*) **to beat to w.**, bordeggiare □ (*fig.*) **to be [to get] to w. of sb.**, essere [mettersi] in posizione di vantaggio rispetto a q.

windy /ˈwɪndɪ/, *a.* ***1*** ventoso; esposto al vento; battuto dal vento: **w. weather**, tempo ventoso; **a w. day**, una giornata ventosa; **w. plains**, pianure ventose ***2*** (*fig.*) verboso; vacuo; vuoto: **a w. lecturer**, un conferenziere verboso; **a w. talk**, discorsi vacui ***3*** (*pop. arc.*) impaurito; spaventato; pieno di fifa ***4*** (*med., fam.*) flatulento; che causa flatulenza. ● **It's very w. today**, oggi tira molto vento.

wine /waɪn/, *n.* ***1*** vino: **Italian wines**, vini italiani; **sparkling w.**, vino spumante; **still w.**, vino «fermo» (*non spumante*); **table w.**, vino da pasto **2** succo fermentato (*d'altri frutti*): **currant w.**, succo fermentato di ribes **3** festa universitaria in cui si beve vino (*dopo un pranzo*) **4** colore del vino rosso; colore rosso scuro. ● **w. bar**, enoteca □ (*al ristorante*) **w. card**, lista dei vini □ **w. cellar**, cantina □ **w. cooler**, secchiello del ghiaccio (*per tener fresco il vino*); (*USA*) bevanda di vino e succo di frutta □ **w. country**, distretto vitivinicolo □ **w. lees**, feccia □ **w.-making**, vinificazione □ **w.-making equipment**, attrezzi per la vinificazione □ **w. merchant**, vinaio □ (*bot.*) **w. palm**, palma da vino □ **w. stone**, deposito di tartaro nelle botti □ **w. taster**, degustatore di vini; tastevin (*franc.*) □ **w. vault**, cantina □ **w. waiter**, sommelier (*franc.*) □ **w. whey**, bevanda di vino e latte cagliato □ **to make w.**, vinificare □ **new w. in old bottles**, vino nuovo in bottiglie vecchie; (*fig.*) fermento di idee e cose nuove, che le vecchie istituzioni non riescono a contenere.

to **wine** /waɪn/, **A** *v. t.* offrire vino a (*ospiti*). **B** *v. i.* bere vino (*specialm. a una festa*). ● **to w. and dine**, bere e mangiare a volontà; dare da bere e da mangiare a (q.); intrattenere ospiti in un buon ristorante.

winebag /ˈwaɪnbæg/, *n.* **1** otre da vino **2** (*fig.*) beone; ubriacone.

winebibber /ˈwaɪnbɪbə(r)/, *n.* gran bevitore di vino; beone.

winebibbing /ˈwaɪnbɪbɪŋ/, **A** *a.* che beve molto vino; amante del vino. **B** *n.* il bere molto vino; l'essere un gran beone.

winebin /ˈwaɪnbɪn/, *n.* ripostiglio per bottiglie di vino (*in una casa*).

winebottle /ˈwaɪnbɒtl/, *n.* bottiglia da vino.

winebowl /ˈwaɪnbəʊl/, *n.* **1** coppa; nappo (*raro, lett.*) **2** (*fig. raro*) beone; ubriacone.

wineglass /ˈwaɪnglɑːs, *USA* -æs/, *n.* bicchiere da vino.

wineglassful /ˈwaɪnglɑːsfʊl, *USA* -æs-/, *n.* quanto sta in un bicchiere da vino.

winegrower /ˈwaɪngrəʊə(r)/, *n.* viticoltore; viniviticoltore.

winegrowing /ˈwaɪngrəʊɪŋ/, *n.* viticoltura; viniviticoltura.

winemaker /ˈwaɪnmeɪkə(r)/, *n.* vinificatore.

winemaking /ˈwaɪnmeɪkɪŋ/, *V.* **wine-making**, *sotto* **wine**.

winepress /ˈwaɪnpres/, *n.* torchio da vino.

winery /ˈwaɪnərɪ/, *n.* (*specialm. USA*) **1** stabilimento per la lavorazione del vino; cantina (sociale) **2** azienda vinicola (*o* vitivinicola).

winesap /ˈwaɪnsæp/, *n.* (*USA*) mela invernale, di colore rosso scuro.

wineskin /ˈwaɪnskɪn/, *n.* otre da vino.

wing /wɪŋ/, *n.* **1** ala (*anche archit., mil., polit., sport*): **the wings of a bird [of an aeroplane, of an army]**, le ali di un uccello [di un aereo, di un esercito schierato]; **the east w. of the hospital**, l'ala orientale dell'ospedale; **the left w. of the party**, l'ala sinistra del partito; **Cavalry were massed on the left w.**, la cavalleria era ammassata all'ala sinistra; **the right w. of a soccer team**, l'ala destra di una squadra di calcio **2** (*fig.*) volo **3** (*aeron., mil.*) stormo: **w. commander**, comandante di stormo (*tenente colonnello d'aviazione*) **4** (*pl.*) (*aeron., mil.*) distintivo (*o* grado) di pilota **5** (*pl.*) (*teatr.*) quinte: **to be in the wings**, essere dietro le quinte; (*fig.*) stare dietro le quinte, stare pronto (*a intervenire*) **6** (*di porta*) battente **7** (*autom.*) parafango **8** (*mil.*) impennaggio (*di missile*). ● **w. beat** (*o* **w. stroke**), battito d'ala □ (*zool.*) **w.-case** (*o* **w.-sheath**), elitra □ (*aeron.*) **w. flap**, ipersostentatore □ (*poet.*) **w.-footed**, con le ali ai piedi; piè veloce □ (*calcio*) **w.-half**, mezzala □ (*autom.*) **w. mirror**, specchietto laterale (*o* retrovisore esterno) □ (*mecc.*) **w. nut**, dado ad alette; galletto □ (*aeron.*) **w. rib**, centina alare □ (*caccia*) **w. shot**, tiro (*o* sparo) al volo; (*fig.*) buon tiratore al volo □ (*sport*) **w. shooting**, tiro a volo □ **w. tip**, (*aeron.*) punta dell'ala, estremità alare; (*di tomaia di scarpa*) mascherina allungata □ (*fig.*) **to clip sb.'s wings**, tarpare le ali a q. □ (*fig.*) **to get one's wings**, ottenere il brevetto di pilota □ **to lend** (*o* **to add**) **wings to sb.**, mettere le ali ai piedi di q.: **Haste lent me wings**, la fretta mi mise le ali ai piedi □ **on the w.**, (*d'uccello*) in volo, librato; (*di persona*) in partenza, in viaggio □ **to take w.**, (*d'uccello, ecc.*) prendere il volo; levarsi in volo; (*fig.*) andarsene alla svelta; (*anche*) andare su di giri (*fam.*), rallegrarsi □ **to take wings**, metter le ali (*fig.*), volare (via): **Time takes wings here**, qui il tempo vola □ (*fig.*) **to take sb. under one's w.**, prendere q. sotto la propria protezione.

to **wing** /wɪŋ/, *v. t. e i.* **1** provvedere di ali; (*fig.*) dare (*o* mettere) ali a: **Fear winged his feet**, la paura gli mise le ali ai piedi **2** (*poet.*) percorrere volando **3** volare: **The Boeing winged (its way) out to China**, il Boeing volò fino alla Cina; **The bird wings to its nest**, l'uccello vola verso il suo nido **4** ferire (*un uccello*) a un'ala **5** (*fam.*) colpire, ferire (*una persona*) a un braccio; (*per estens.*) ferire leggermente. ● (*pop. USA*) **to w. it**, andarsene alla svelta; (*anche*) improvvisare.

winged /wɪŋd/, *a.* **1** alato (*anche fig.*): **w. Victory**, la Vittoria alata (*la statua*); **w. words**, parole alate **2** (*fam.*) ferito a un braccio; ferito leggermente. ● (*mitol.*) **the w. god**, Mercurio □ (*geogr.*) **w. headland**, promontorio a due punte □ (*mitol.*) **the w. horse**, Pegaso □ (*mil.*) **w. missile**, missile a impennaggi.

winger /ˈwɪŋə(r)/, *n.* (*sport*) ala (*giocatore*).

wingless /ˈwɪŋləs/, *a.* **1** (*zool.*) aptero; senz'ali **2** (*ind. costr.*) senza ali: **w. abutment**, spalla senza ali.

winglet /ˈwɪŋlət/, *n.* aletta; aluccia.

wingover /ˈwɪŋəʊvə(r)/, *n.* (*aeron.*) virata sghemba.

wingspan /ˈwɪŋspæn/, *n.* (*zool., aeron.*) apertura alare.

wingspred /ˈwɪŋspred/, *V.* **wingspan**.

wink /wɪŋk/, *n.* **1** lo sbattere delle palpebre; ammicco; ammiccamento; strizzatina d'occhio: **a conspiratorial w.**, un ammicco d'intesa **2** (*fig.*) attimo; istante; batter d'occhio: **in a w.**, in un attimo. ● (*fam.*) **forty winks**, un sonnellino □ **not to get a w. of sleep** (*o* **not to sleep a w.**), non chiudere occhio (*tutta notte, ecc.*) □ (*fam.*) **to tip sb. the w.**, dare l'imbeccata a q.; avvisare q.; mettere in guardia q. □ **without a w. of the eyelid**, senza batter ciglio □ (*prov.*) **A nod is as good as a w.** (**to a blind man**), a buon intenditor poche parole; «intelligenti pauca» (*lat.*).

to **wink** /wɪŋk/, **A** *v. i.* **1** sbattere le palpebre; ammiccare; strizzare l'occhio **2** (*di stelle, ecc.*) brillare; scintillare **3** (*di luce intermittente*) lampeggiare. **B** *v. t.* **1** strizzare (*un occhio, gli occhi*) **2** sbattere (*le palpebre*) **3** (*autom.*) azionare (*i lampeggiatori*). ● **to w. at**, ammiccare, strizzare l'occhio a; chiudere un occhio su, fingere di non vedere, passar sopra a: **He winked at her knowingly**, le strizzò l'occhio in segno d'intesa; **to w. at a transgression [an error]**, chiudere un occhio su una trasgressione [passar sopra a un errore] □ **to w. away**, sbattere le palpebre di continuo □ **to w. back one's tears** (*o* **to w. tears away**), sbattere le palpebre per frenare le lacrime □ (*autom.*) **to w. one's lights**, lampeggiare (*per svoltare, ecc.*) □ (*autom.*) **winking lights**, lampeggiatori; luci intermittenti.

winker /ˈwɪŋkə(r)/, *n.* **1** persona che ammicca **2** (*pl.*) (*fam.*) lampeggiatori, luci intermittenti, indicatori di direzione (*di autoveicolo*) **3** (*di cavallo*) paraocchi **4** (*pop. USA, dial. ingl.*) occhio.

winking /ˈwɪŋkɪŋ/, *n.* **1** il battere le palpebre; l'ammiccare; lo strizzar l'occhio **2** (*delle stelle, ecc.*) il brillare; scintillio **3** (*di luce intermittente*) lampeggiamento. ● (*fam.*) **like w.**, in un attimo; in un baleno; in un batter d'occhio. || **-ly**, *avv.*

winkle /ˈwɪŋkl/, *n.* (*zool., Littorina littorea*) littorina; chiocciola di mare.

to **winkle out** /ˈwɪŋklˈaʊt/, *v. t.* e *avv.* (*fam.*) estrarre; snidare; cavar fuori (*come una chiocciola dal guscio*).

winnable /ˈwɪnəbl/, *a.* vincibile; (*di scommessa, ecc.*) che si può vincere.

winner /ˈwɪnə(r)/, *n.* **1** vincitore, vincitrice **2** (*fam.*) persona (*o* cosa) di sicuro successo. ● **This new product is a w.**, questo nuovo prodotto avrà un successo enorme.

winning /ˈwɪnɪŋ/, **A** *a.* **1** vincente; vincitore: **the w. greyhound**, il levriero vincente **2** della vittoria; che fa vincere: **the w. hit**, il punto della vittoria; **the w. card**, la carta che fa vincere (la partita) **3** affascinante; attraente; avvincente; seducente; accattivante: **a w. smile**, un sorriso accattivante; **a w. personality**, una personalità attraente; **w. manners**, maniere seducenti. **B** *n.* **1** vittoria; vincita **2** (*ind. min.*) coltivazione di un giacimento; (*anche*) nuova area di estrazione **3** (*pl.*) vincita (*specialm. al gioco*). ● **the w. game**, la partita decisiva; la bella □ (*sport*) **w. post**, traguardo. || **-ly**, *avv.*

winnow /ˈwɪnəʊ/, **1** *V.* **winnowing 2** *V.* **winnowing machine**..

to **winnow** /ˈwɪnəʊ/, **A** *v. t.* **1** vagliare (*anche fig.*); ventilare, spulare (*grano, ecc.*); separare, togliere (*la pula*) dal grano **2** (*fig.*) cernere, separare: **to w. truth from falsehood**, separare il vero dal falso **3** (*del vento*) spargere; sparpagliare: **The wind winnowed the leaves**, il vento sparpagliava le foglie **4** (*poet.*) battere (*l'aria*) con le ali. **B** *v. i.* vagliare (*o* spulare) il grano. ● (*ind. min.*) **to w. gold**, cernere l'oro col metodo della separazione a vento.

winnower /ˈwɪnəʊə(r)/, *n.* **1** chi vaglia il grano; vagliatore; spulatore **2** (*agric.*) spulatrice; vagliatrice (*macchina*).

winnowing /ˈwɪnəʊɪŋ/, *n.* **1** vagliatura; spulatura **2** (*fig.*) cernita; scelta. ● (*agric.*) **w. fan** (*o* **w. machine**), spulatrice; macchina vagliatrice.

wino /ˈwaɪnəʊ/, *n.* (*pl.* **winos**) (*pop.*) ubriacone; beone.

winsome /ˈwɪnsəm/, *a.* (*arc.*) affascinante; attraente; avvincente; seducente: **a w. maid**, una fanciulla affascinante; **w. manners**, maniere seducenti. || **-ly**, *avv.* || **-ness**, *sost.*

winter /ˈwɪntə(r)/, **A** *n.* **1** inverno: **a mild w.**, un inverno mite; **a hard w.**, un inverno rigido **2** (*poet.*) anno (*d'età*): **a man of sixty winters**, un uomo di sessant'anni **3** (*fig.*) periodo d'avversità; momento triste (*nella vita*). **B** *a. attr.* d'inverno; invernale: (*astron.*) **w. solstice**, solstizio d'inverno. ● **w. apples**, mele invernali □ (*bot.*) **w. cherry** (*Physalis alkekengi*), alchechengi □ **w. clothes**, abiti invernali; vestiti pesanti □ **w. garden**, giardino d'inverno □ **w. quarters**, (*mil.*) quartieri d'inverno; (*per estens.*) residenza invernale □ (*zool.*) **w. sleep**, ibernazione □ **w. sports**, sport invernali □ (*agric.*) **w. wheat**, grano seminato nel tardo autunno.

to **winter** /ˈwɪntə(r)/, **A** *v. i.* svernare; passare l'inverno: **They w. in Florida**, passano l'inverno in Florida. **B** *v. t.* conservare (*piante*), nutrire (*animali*) durante l'inverno.

winterbourne /ˈwɪntəbɔːn/, *n.* corso d'acqua a regime torrentizio.

wintergreen /ˈwɪntəgriːn/, *n.* (*bot.*) **1** (*Gaultheria procumbens*) gaultheria **2** (*Pyrola minor*, = **common w.**) piroletta soldanina.

winterless /ˈwɪntələs/, *a.* senza inverno.

winterly /ˈwɪntəlɪ/, *a.* invernale.

wintertide /ˈwɪntətaɪd/, *n.* (*poet.*) inverno.

wintertime /ˈwɪntətaɪm/, *n.* inverno; stagione invernale.

wintery /ˈwɪntərɪ/, *V.* **wintry**.

wintriness /ˈwɪntrɪnəs/, *n.* **1** rigore invernale; freddo invernale **2** aspetto invernale **3** (*fig.*) freddezza; gelo.

wintry /ˈwɪntrɪ/, *a.* **1** invernale; freddo; rigido: **a w. sky**, un cielo invernale; **w. weather**, tempo freddo, rigido *2* (*fig.*) freddo; gelido; senza calore: **a w. smile**, un sorriso freddo, forzato; **a w. reception**, un'accoglienza fredda, senza calore.

winy /'waɪnɪ/, *a.* vinoso; simile al vino (*per colore, gusto, ecc.*). ● **w. breath**, alito che puzza di vino □ **a w. nose**, un naso da ubriacone.

winze /wɪnz/, *n.* (*ind. min.*) discenderia; galleria inclinata.

wipe /waɪp/, *n.* *1* asciugata; strofinata; pulitina: **Give this jug a w.**, da' una pulitina a questa brocca! *2* (*raro*) botta; colpo; fendente: **I fetched** (*o* **took**) **a w. at him**, gli assestai un colpo *3* (*pop. arc.*) fazzoletto. ● **w.-out**, (lo) spazzare via (*fig.*); distruzione; annientamento.

to **wipe** /waɪp/, *v. t.* *1* asciugare; pulire; strofinare: **to w. the dishes**, asciugare i piatti; **to w. one's face**, asciugarsi la faccia; **to w. one's mouth with a napkin**, pulirsi la bocca con un tovagliolo *2* applicare (q.c.) strofinando: **W. the oil into the surface**, applica l'olio sulla superficie! *3* pulirsi, soffiarsi (*il naso*) *4* cancellare (*un nastro magnetico, una registrazione*) *5* (*fig.*) cancellare (*un ricordo, ecc.*). ● **to w. dry**, asciugare strofinando □ (*pop. arc.*) **to w. sb.'s eyes**, dare una (bella) strigliata a q.; suonarle a q. □ (*fig. fam.*) **to w. the floor with sb.**, dare una severa lezione a q.; mettere a terra q. (*pop. fig.*); mettere in ginocchio q. (*fig.*).

♦**wipe away**, *v. t. + avv.* *1* asciugare (q.c.) strofinando; asciugare: **to w. away one's tears**, asciugarsi le lacrime *2* eliminare, cancellare (*tracce e sim.*).

♦**wipe down**, *v. t. + avv.* pulire (q.c.) a fondo, strofinando.

♦**wipe off**, **A** *v. t. + avv.* *1* asciugare: **to w. one's tears off**, asciugarsi le lacrime *2* pulire strofinando; togliere: **to w. off the mud with a brush**, togliere il fango con una spazzola *3* (*USA*) pulire con uno strofinaccio; strofinare (*il lavandino, ecc.*) *4* pulire (*la lavagna*) con il cancellino *5* cancellare (*da un nastro magnetico*): **to w. off a song**, cancellare una canzone *6* (*fin.*) cancellare, estinguere, liquidare (*un debito*). **B** *v. t. + prep.* *1* cancellare da: **to w. a sentence off the blackboard**, cancellare una frase dalla lavagna *2* eliminare, togliere da: **Wipe that silly smile off your face!**, togliti quel sorrisetto idiota dalla faccia!; smettila di sorridere scioccamente! □ **to w. sb. [st.] off the face of the earth**, eliminare q. [q.c.] dalla faccia della terra □ (*fig.*) **to w. st. off the map**, distruggere totalmente q.c. (*una città, ecc.*) □ **to w. off old scores with sb.**, fare i conti con q.; sistemare una vecchia partita con q.

♦**wipe out**, *v. t. + avv.* *1* pulire (*un recipiente, ecc.*) strofinando: **to w. out wine bottles**, pulire bottiglie da vino; **to w. out the sink**, pulire il lavandino *2* (*fig.*) spazzare via; annientare; distruggere; far fuori (*fam.*): **The village was wiped out by the earthquake**, il paese fu spazzato via dal terremoto *3* (*fig.*) annullare, vanificare (*un beneficio, un vantaggio, ecc.*) *4* (*med.*) debellare (*una malattia*) *5* (*fig.*) eliminare, cancellare (*un'ingiustizia e sim.*) *6* (*fin.*) cancellare, estinguere, liquidare (*un debito*) □ (*mil.*) **to w. out an army**, annientare un esercito □ **to w. out old scores**, *V. sotto* **wipe off** □ (*fam.*) **to be wiped out**, essere sbronzo; (*anche*) essere stanco morto.

♦**wipe over**, *v. t. + avv.* pulire la superficie di (q.c.); dare una passata di straccio a (*una tavola, un mobile, ecc.*).

♦**wipe up**, **A** *v. t. + avv.* *1* asciugare con uno straccio: **to w. up the spilt milk**, asciugare il latte versato per terra *2* raccogliere con uno straccio: **to w. up the crumbs**, raccogliere le briciole con uno straccio *3* (*ingl.*) asciugare (*stoviglie*) *4* (*fig.*) eliminare, annientare (*un reparto nemico, ecc.*). **B** *v. i. + avv.* (*ingl.*) asciugare i piatti: **I'll w. up, if you wash up**, se tu lavi i piatti, io li asciugo.

wiper /'waɪpə(r)/, *n.* *1* chi asciuga; chi strofina; addetto alle pulizie *2* strofinaccio *3* (*pop. arc.*) fazzoletto *4* (*mecc.*) eccentrico *5* (*mil. arc.*) scovolo *6* (*elettr.*) spazzola *7* (*autom.*, = **windscreen w.**) tergicristallo.

wiping /'waɪpɪŋ/, *n.* *1* pulita; strofinata *2* (*naut.*) smagnetizzazione. ● (*mil.*) **w. rod**, scovolo.

wire /'waɪə(r)/, *n.* *1* filo (metallico): **telephone wires**, i fili del telefono; **copper w.**, filo di rame; **barbed w.**, filo spinato *2* (*elettr.*) filo elettrico; cavetto; conduttore *3* (*ottica*) filamento *4* (*fam., arc. o USA*) telegramma: **He sent me a w.**, mi mandò un telegramma. ● **w. agency**, *V.* **w. service** □ **w. bridge**, ponte sospeso □ (*radio*) **w. broadcasting**, filodiffusione □ **w. brush**, spazzola metallica □ **w. cloth**, rete metallica □ **w.-cutter**, pinza tagliafili □ **w. fence**, rete (*o* siepe) metallica □ **w. gauze**, reticella metallica □ (*sport*) **w. guard**, maschera di fil di ferro □ (*di cane*) **w.-haired**, dal pelo irsuto; a pelo ruvido □ (*metall.*) **w. mill**, trafileria □ **w. netting**, rete metallica □ (*fam.*) **w.-puller**, burattinaio; (*fig. fam.*) maneggione; intrigante □ (*fam.*) **w.-pulling**, maneggi; intrallazzi; manovre segrete □ **w. radio**, filodiffusione □ **w. recorder**, magnetofono a filo □ **w. recording**, registrazione su filo □ **w. rope**, cavo metallico; fune metallica □ **w. service**, agenzia giornalistica d'informazioni telegrafiche □ (*elettr.*) **w. stripper**, pinza spelafili □ **w.-tapping**, intercettazione di messaggi telegrafici (*o* telefonici) □ (*tecn.*) **w. train**, macchina a trafila □ **w. weaver**, fabbricante di cavi metallici □ (*mecc.*) **w. wheel**, spazzola metallica circolare □ **w. wool**, paglia di ferro; paglietta □ (*di carta*) **w.-wove**, di qualità superiore □ (*scherma*) **body w.**, filo metallico □ (*fam. specialm. USA*) **down to the w.**, fino all'ultimo momento □ **live w.**, (*elettr.*) filo sotto tensione, filo caldo; (*fig.*) persona attiva, energica, vigorosa □ (*edil.*) **plumb w.**, filo a piombo □ **to pull the wires**, (*di un burattinaio*) manovrare, tirare i fili; (*fig.*) tenere le fila (*di una situazione*), manovrare da dietro le quinte, brigare □ **to send one's congratulations by w.**, inviare le proprie congratulazioni per telegrafo □ (*fam. USA*) **under the w.**, all'ultimo momento; proprio alla scadenza; appena in tempo.

to **wire** /'waɪə(r)/, *v. t.* e *i.* *1* assicurare, fissare, collegare (q.c.) con filo metallico: **I wired the handle of the whip**, assicurai il manico della frusta con un pezzo di fil di ferro; **to w. the stakes of a fence**, collegare con filo metallico i paletti di un recinto *2* infilzare (*grani, perline*) in un filo metallico *3* (*elettr.*) cablare; installare fili (*o* l'impianto elettrico): **to w. a house for electricity**, installare i fili dell'elettricità in una casa *4* (*raro*) accalappiare, prendere al laccio (*animali selvatici, uccelli*) *5* (*fam.*) telegrafare: **Don't forget to w. me the results**, non dimenticare di telegrafarmi i risultati. ● **to w. a room for sound**, curare l'impianto acustico di una sala □ (*TV*) **to w. sb. for sound**, mettere un microfono addosso a q. □ **to w. in**, (*elettr.*) collegare alla rete; (*pop. arc.*) darci sotto; mettercela tutta □ **to w. off**, spedire un telegramma, telegrafare; spedire (*denaro, ecc.*) per telegrafo □ **to w. off a racecourse**, cingere di rete metallica un campo di corse □ (*fam.*) **He was wired for**, lo fecero chiamare (*o* lo convocarono) con un telegramma.

wired /'waɪəd/, *a.* *1* a rete metallica; recintato con filo metallico (*o* con la rete) *2* rinforzato con filo metallico; armato: **w. hose**, tubo flessibile armato (*dei pompieri*) *3* (*elettr.*) cablato; provvisto d'impianto elettrico *4* (*pop. USA*) drogato; fatto (*pop.*). ● **w. glass**, vetro retinato □ **w. radio**, filodiffusione.

to **wiredraw** /'waɪədrɔː/ (*pass.* **wiredrew**, *p. p.* **wiredrawn**), *v. t.* *1* (*metall.*) trafilare in fili *2* (*fig.*) tirare in lungo (*o* per le lunghe); stiracchiare. ● (*fig.*) **a wiredrawn lecture**, una conferenza interminabile.

wiredrawer /'waɪədrɔːə(r)/, *n.* (*metall.*) *1* trafilatore *2* trafila (*macchina*).

wiredrawing /'waɪədrɔːɪŋ/, *n.* (*metall.*) trafilatura (di filo).

wireless /'waɪələs/, **A** *a.* senza fili: **w. telegraphy**, telegrafia senza fili; radiotelegrafia. **B** *n.* (*arc.*) *1* radiotelegrafia; radio: **I heard it on the w.**, l'ho sentito alla radio *2* (apparecchio) radio *3* marconigramma. ● **w. control**, radiocomando □ **w. message**, radiogramma; radiotelegramma □ **w. operator**, radiotelegrafista; marconista □ **w. telephony**, radiotelefonia □ **on** (*o* **over**) **the w.**, per radio; alla radio □ **to send a message by w.**, inviare un messaggio per radio.

to **wireless** /'waɪələs/, *v. t.* e *i.* (*arc.*) radiotelegrafare; trasmettere per radio.

wireman /'waɪəmən/, *n.* (*pl.* **wiremen**) (*specialm. USA*) *1* guardalinee (*telegrafiche, telefoniche, ecc.*) *2* stendifili (*operaio, tecnico*).

wiretap /'waɪətæp/, *n.* (*anche leg.*) intercettazione telefonica (*o* telegrafica). ● **w. evidence**, prove ottenute con intercettazione.

to **wiretap** /'waɪətæp/, *v. t.* intercettare (*una conversazione*) al telefono.

wirewalker /'waɪəwɔːkə(r)/, *n.* (*specialm. USA*) funambolo.

wirework /'waɪəwɜːk/, *n.* *1* rete metallica *2* (*ind., collett.*) trafilati metallici.

wireworker /'waɪəwɜːkə(r)/, *n.* *1* (*metall.*) trafilatore *2* commerciante di trafilati metallici.

wireworks /'waɪəwɜːks/, *n. pl.* (*metall.*; *spesso col verbo al sing.*) trafileria.

wireworm /'waɪəwɜːm/, *n.* (*zool.*) larva di elateride (*in genere*); millepiedi.

wirily /'waɪərəlɪ/, *avv.* *1* duramente; ispidamente *2* tenacemente; senza stancarsi mai.

wiriness /'waɪərɪnəs/, *n.* *1* durezza; rigidità; ispidezza (*di capelli, ecc.*) *2* (*di persona*) forza; instancabilità; muscolosità; resistenza.

wiring /'waɪərɪŋ/, *n.* *1* (*elettr., elab., telef., ecc.*) complesso dei fili; insieme delle connessioni; cablaggio *2* (*edil.*) impianto elettrico (*in una casa, ecc.*) *3* (*pop.*) il drogarsi. ● (*elettr.*) **w. diagram**, schema elettrico.

wiry /'waɪərɪ/, *a.* *1* di filo metallico *2* simile a filo metallico; duro; rigido: **w. hair**, capelli rigidi, ispidi *3* (*di persona*) forte; instancabile; nerboruto; resistente. ● **w. muscles**, muscoli sodi.

wisdom /'wɪzdəm/, *n.* *1* saggezza; giudizio; discernimento; senno; buon senso: **the w. of Salomon**, la saggezza di Salomone *2* (*arc.*) erudizione; scienza; sapienza. ● **w. tooth**, dente del giudizio □ **to cut one's w. teeth**, mettere i denti del giudizio; (*fig.*) metter giudizio □ **The better part of w. would be to say nothing**, sarebbe più saggio tacere.

wise (1) /waɪz/, *a.* *1* saggio; savio; assennato; avveduto; prudente: **a w. man**, un uomo saggio; un saggio; **Is it w. to go there alone?**, è prudente andarci da solo?; **a w. action**, un'azione assennata; **You were w. to refuse**, fosti avveduto a rifiutare *2* (*USA*) ben informato; astuto; furbo *3* (*arc.*) sapiente; erudito *4* (*arc.*) abile; esperto *5* (*arc.*) sano di mente. ● (*fam.*) **w. guy**, drittone (*iron.*); sapientone, saccentone; chi crede di saperla lunga □ (*arc.*) **w. man**, mago; stregone □ (*pop.*) **to be w. to st.**, essere al corrente di q.c. □ (*arc.*) **w. woman**, indovina, strega; (*scozz.*) levatrice □ (*pop.*) **to get w.**, mangiare la foglia; capire come stanno le cose □ (*fam.*) **to get w. to st.**, aprire gli occhi su q.c.; vedere chiaro in q.c. □ **to get w. to sb.**, imparare a conoscere q.; imparare i trucchi di q. □ **to be none the wiser**, non saperne più di prima: **I was none the**

wiser for his long explanation, dopo la sua lunga spiegazione, non ne seppi più di prima □ (*fam.*) **to put sb. w. to st.**, mettere q. al corrente di q.c.; informare q. di q.c.; aprire gli occhi a q. su q.c. □ (*relig.*) **the Three W. Men**, i tre Re Magi □ **You were w. not to go**, hai fatto bene a non andare □ (*prov.*) **Everybody is w. after the event**, del senno di poi son piene le fosse.

wise (**2**) /waɪz/, *n.* (*arc., lett.*) modo; maniera; guisa (*lett.*): **in no w.**, in nessun modo; **in some w.**, in qualche maniera; **in** (*o* **on**) **this w.**, in questa maniera.

wiseacre /ˈwaɪzeɪkə(r)/, *n.* sapientone; persona saccente; saccentone.

wisecrack /ˈwaɪzkræk/, *n.* (*fam.*) detto arguto; battuta di spirito; spiritosaggine.

to **wisecrack** /ˈwaɪzkræk/, (*fam.*) **A** *v. i.* dire spiritosaggini; fare dello spirito; avere la battuta pronta. **B** *v. t.* dire (q.c.) come spiritosaggine.

to **wise up** /ˈwaɪzˈʌp/, (*pop. specialm. USA*) **A** *v. t.* + *avv.* aprire gli occhi a (*q. su q.c.*); mettere al corrente; avvertire; far sapere a. **B** *v. i.* + *avv.* aprire gli occhi; mangiare la foglia. ● (*pop. USA*) **to get wised up**, ottenere le informazioni giuste.

wish /wɪʃ/, *n.* **1** desiderio; voglia; quel che si desidera; richiesta: (*form.*) **in obedience to your wishes**, in ottemperanza ai tuoi desideri; **He has a great w. to visit London**, ha un gran desiderio di visitare Londra; **He has no w. to be a soldier**, non ha nessuna voglia di fare il soldato; **He got his w.**, ottenne quel che desiderava; **Unfortunately I cannot grant your w.**, purtroppo non posso soddisfare il tuo desiderio; non posso accogliere la tua richiesta **2** augurio; voto (augurale): **with best wishes for a merry Christmas and a happy New Year**, con i migliori auguri di Buon Natale e Felice Anno Nuovo **3** (*pl.*) saluti. ● (*psic.*) **w. fulfilment**, soddisfazione dei desideri □ **to make a w.**, fare (*o* esprimere dentro di sé) un desiderio □ (*prov.*) **If wishes were horses, beggars might ride**, i desideri non riempiono il sacco □ (*prov.*) **The w. is father to the thought**, il desiderio guida i pensieri; si crede facilmente a quello che fa piacere.

to **wish** /wɪʃ/, *v. t.* e *i.* **1** desiderare; volere: **Do you w. to leave at once?**, desideri partire subito?; **What do you w. me to do?**, che cosa vuoi che (io) faccia?; **When do you w. it (to be) finished?**, quando vuoi che sia finito?; per quando dev'essere finito?; **You may have whatever you w. (for)**, puoi avere tutto quello che vuoi; **He cannot w. for anything better**, non può desiderare niente di meglio; **I w. for nothing more**, non desidero altro **2** augurare: **to w. sb. good luck [a pleasant trip, happiness]**, augurare a q. buona fortuna [buon viaggio, ogni felicità]; **I w. you may succeed**, ti auguro di riuscire **3** augurarsi; sperare: **It's to be wished that he won't be late**, c'è da augurarsi che non sia in ritardo; **I w. the news may not prove true**, spero che la notizia non sia vera **4** – **I w. [I wished]** (+ *congiunt.*), vorrei [avrei voluto]; se almeno...; magari: **I w. I were a poet**, vorrei esser un poeta; **I wished I were dead**, avrei voluto essere morto; **I w. you had told me in time**, se almeno tu me l'avessi detto per tempo!; **I w. you would be quiet**, vorrei che ve ne steste quieti (state quieti, per favore!); **I w. I could go**, vorrei poter andare; **I w. you were back again**, vorrei che tu fossi già di ritorno; **I w. I were a multimillionaire**, (magari) fossi miliardario! ● **to w. away**, continuare a esprimere desideri □ **to w. sb. away**, desiderare che q. se ne vada □ (*infant.*) **to w. the pain away**, far passare la bua (*a un bambino*: *con un bacio, ecc.*) □ (*lett.*) **to w. sb. further**, augurarsi che q. se ne vada; mandare q. a farsi benedire □ **to w. sb. goodbye**, salutare q. (*alla partenza*); dire addio a q. □ **to w. sb. good morning**, dare il buongiorno a q. □ **to w. sb. good night**, augurare la buona notte a q. □ (*fam.*) **to w. on sb.**, augurare (q.c.) a q.; (*fam.*) rifilare (*o* appioppare) a q.: **I wouldn't w. that on my worst enemy**, non lo augurerei al mio peggior nemico; **They tried to w. the old uncle on me for the holidays**, cercarono di rifilarmi il vecchio zio per le vacanze □ **to w. on a star**, esprimere un desiderio guardando una stella □ **to w. sb. well [ill]**, augurare a q. ogni bene [del male] □ **I w. myself dead**, vorrei essere morto □ **I w. myself home**, vorrei essere a casa (*o* in patria) □ **I wished myself miles away**, avrei voluto essere lontano mille miglia □ **He wishes nobody ill**, non vuol male a nessuno; non ha rancore verso nessuno □ (*iron.*) **I w. you joy of it**, buon pro ti faccia!

wishbone /ˈwɪʃbəʊn/, *n.* furcula, forchetta (*del petto di volatile*).

wisher /ˈwɪʃə(r)/, *n.* **1** chi desidera; chi vuole **2** chi augura. ● **ill-w.**, persona malevola; chi vuol male al prossimo □ **well-w.**, persona benevola; buon amico.

wishful /ˈwɪʃfl/, *a.* desideroso; bramoso; (pieno) di desiderio: **a w. look**, un'occhiata di desiderio; uno sguardo bramoso. ● **w. thinking**, il credere ciò che si desidera; illusione; pio desiderio. || **-ly**, *avv.* || **-ness**, *sost.*

wishing /ˈwɪʃɪŋ/, **A** *n.* il desiderare. **B** *a.* desideroso; bramoso. ● **w. bone**, *V.* **wishbone** □ (*nelle favole*) **w. cap**, berretto magico.

wish-wash /ˈwɪʃwɒʃ, *USA* -wɔːʃ/, *n.* **1** brodaglia; broda; bevanda insipida **2** (*fig.*) discorso insulso e prolisso.

wishy-washy /ˈwɪʃɪwɒʃɪ, *USA* -wɔːʃ-/, *a.* **1** (*di zuppa, tè, ecc.*) acquoso; brodoso; insipido **2** di poco spirito; insulso (*fam.*): **a w.-w. girl**, una ragazza di poco spirito (*o* insulsa) **3** dalle idee confuse.

wisp /wɪsp/, *n.* **1** ciuffo; ciocca: **a w. of hair**, un ciuffo di capelli **2** piccolo fascio; manciata: **a w. of straw**, una manciata di paglia **3** stormo (*di beccaccini, ecc.*). ● **a w. of smoke**, un filo di fumo.

to **wisp** /wɪsp/, *v. t.* **1** (*dial.*) legare in piccoli fasci; attorcigliare; affastellare **2** strigliare (*un cavallo*) con frasche.

wispy /ˈwɪspɪ/, *a.* **1** a ciuffi; a ciocche **2** simile a un ciuffo; esile; sottile.

wist /wɪst/, *pass.* e *p. p.* di **to wit** (*arc.*): **He wist not**, egli non sapeva.

wistaria /wɪˈsteərɪə/, **wisteria** /wɪˈstɪərɪə/, *n.* (*bot., Wistaria sinensis*) glicine.

wistful /ˈwɪstfl/, *a.* **1** ansioso; desideroso (*di sapere, di capire, ecc.*); malinconico; insoddisfatto: **a w. look**, uno sguardo malinconico; **in a w. voice**, con voce ansiosa **2** assorto; pensoso; meditabondo: **He suddenly grew w.**, si fece improvvisamente pensoso **3** nostalgico: **w. memories**, ricordi nostalgici. || **-ly**, *avv.* || **-ness**, *sost.*

wit /wɪt/, *n.* **1** (*spesso al pl.*) intelligenza; intelletto; ingegno; intuito; buonsenso: **the wit of man**, l'intelletto umano; **to have quick wits**, essere d'ingegno vivace; **He hasn't wit enough to keep his place**, non ha il buonsenso di (*o* abbastanza cervello per) stare al suo posto **2** spirito; arguzia; senso umoristico; sale (*fig.*): **His conversation is full of wit**, la sua conversazione è piena di spirito; **a man of wit**, un uomo di spirito **3** bello spirito; persona arguta; tipo spiritoso. ● **to be at one's wits' end**, non sapere che pesci pigliare; essere perplesso; avere esaurito tutte le proprie risorse □ **to have** (*o* **to keep**) **one's wits about one**, aver prontezza di spirito; stare all'erta; sapere quel che si fa □ **to live by one's wits**, vivere di espedienti □ (*fam.*) **to be out of one's wits**, essere uscito di senno; essere giù di testa; (*anche*) essere sconvolto, fuori di sé □ (*stor., lett.*) **the university wits**, i begli ingegni universitari (*al tempo di Elisabetta I*).

to **wit** /wɪt/ (*pass.* e *p. p.* **wist**), *v. t.* e *i.* (*arc.*) sapere; saper bene. ● (*leg.*) **to wit**, vale a dire; cioè.

witch /wɪtʃ/, *n.* **1** strega; fattucchiera; maga **2** (*fig.*) strega; megera **3** (*fig. fam.*) donna affascinante; maliarda. ● (*bot.*) **witches'-broom**, scopazzo (*malattia delle piante*) □ **w.-hazel**, (*bot., Hamamelis virginiana*) amamelide; (*farm.*) amamelina □ (*fig., polit.*) **w.-hunt**, caccia alle streghe □ **w.-hunter**, (*stor.*) cacciatore di streghe; (*fig., polit.*) chi muove accuse a presunti sovversivi □ **witches' Sabbath**, la notte di Valpurga □ **white w.**, maga buona; maga benefica.

to **witch** /wɪtʃ/, *v. t.* **1** stregare **2** (*fig.*) affascinare; ammaliare.

witchcraft /ˈwɪtʃkrɑːft, *USA* -æft/, *n.* **1** stregoneria; arti magiche **2** incantesimo; malia.

witchdoctor /ˈwɪtʃdɒktə(r)/, *n.* stregone.

witch-elm /ˈwɪtʃɛlm/, *n.* (*bot., Ulmus montana*) olmo montano.

witchery /ˈwɪtʃərɪ/, *n.* **1** stregoneria; arti magiche **2** incantesimo; malia **3** (*fig.*) fascino; incanto.

witching /ˈwɪtʃɪŋ/, *a.* **1** delle streghe: **the w. hour**, l'ora delle streghe; mezzanotte; (*fig.*) l'ora x, l'ora fatale (*o* decisiva) **2** (*fig.*) affascinante; incantevole; malioso. || **-ly**, *avv.*

witenagemot /ˈwɪtɪnəgɪməʊt/, *n.* (*stor.*) assemblea generale del popolo anglosassone.

with /wɪð, *USA* wɪð, wɪθ/, *prep.* **1** (*compl. di compagnia o unione*) con; insieme con; insieme a: **Come w. me!**, vieni con me!; **She lives w. her parents**, vive con i genitori; **to mix flour with milk**, mescolare la farina con il latte; **If you go on strike, all of us will be w. you**, se scendi in sciopero, saremo tutti con te; **w. a tip**, con la mancia **2** (*contemporaneità*) con: **He used to get up w. the sun**, era solito levarsi col sole; **Wine improves w. age**, il vino migliora con gli anni **3** (*affidamento, dipendenza*) con; a; da; presso: **I've been w. this firm for years**, sono anni che lavoro con (*o* presso) questa ditta; **My daughter has left her cats w. me**, mia figlia mi ha lasciato (*o* ha lasciato da me) i suoi gatti; **Leave the papers w. the secretary!**, lascia i documenti alla segretaria! **4** (*vicinanza*) accanto a; vicino a: **to sit w. strangers**, essere seduto (*a una riunione, ecc.*) accanto a persone che non si conoscono **5** (*mezzo*) con; per mezzo di; mediante; da: **Cut it w. a knife!**, taglialo col coltello!; **He was shot in the leg w. a rifle**, fu ferito alla gamba da una fucilata; **He was killed by a blow to the head w. a sabre**, fu ucciso da una sciabolata alla testa **6** (*causa*) a causa di; con; di; da; per: **to die w. hunger**, morire di fame; **He was tired w. all his work**, era stanco a causa di (*o* per) tutto il lavoro che aveva fatto; **He was shaking w. a high fever**, tremava per la febbre alta; **He was trembling w. fear**, tremava di (*o* dalla) paura; **He is down w. fever**, è a letto con la febbre; **a man bent w. age**, un uomo curvo per gli anni **7** (*modo, qualità*) con; di; per; da; a: **to listen w. interest**, ascoltare con interesse; **w. all one's heart**, di tutto cuore; **The grass was wet w. rain**, l'erba era bagnata per la pioggia (*o* di pioggia); **a jacket with four pockets**, una giacca con quattro tasche; **a man with a long beard**, un uomo dalla barba lunga; **to cross a stream w. dry feet**, attraversare un ruscello a piedi asciutti; **a word ending w. a consonant**, una parola che finisce per consonante **8** (*materia*) con; di: **Fill the stove w. wood!**, riempi la stufa di legna!; **The hills are covered w. woods**, le colline sono coperte di boschi; **His neck was wet w. sweat**, aveva il collo bagnato di sudore; **The ball is filled w. air**, la palla è riempita con aria (*o* piena d'aria) **9** (*opposizione, contrasto*) con; contro: **to quarrel w. sb.**, litigare con q.; **to fight w. sb.**, battersi contro q.; **to compete w. foreign firms**, essere in concorrenza con ditte estere **10** per; a favore di: **I voted w. the Democrats**, ho votato per il partito democratico *11* col favore di: **to sail w. the wind**, navigare col favore del vento *12* (*separazione*) da; di: **to part with a friend**, separarsi da un amico; **to part with the loot**, disfarsi del bottino; **a break w. tradition**, un abbandono della tradizione *13* (*concessivo*) con; malgrado; nonostante: **W. all her faults, I still love her**, con tutti i suoi difetti, le voglio ancora bene *14* (*confronto*) con; di: **to compare sb. [st.] w. sb. [st.] else**, confrontare q. [q.c.] con q. [q.c.] altro; **The door is level w. the street**, la porta è allo stesso livello della strada *15* (*relazione*) nel caso di; riguardo a; per: **W. him, pleasure is more important than work**, per lui, il piacere è più importante del lavoro; **It's all the same w. me**, per me fa lo stesso! *16* (*nei verbi frasali, è idiom.*; *per es.*:) **to break w.**, rompere con (q.); liberarsi, disfarsi di (q.c.); **to do** (*o* **to make**) **away w.**, abolire, sopprimere; ecc. (*V.* **to break, to do, to make**, ecc.). ● (*sui pacchi*) **«Handle w. care»**, «fragile» □ **to be w. child**, essere incinta □ (*fin.*: *di un titolo*) **w. coupon** (*o* **w. dividend**), con la cedola; con il dividendo □ **w. an eye to**, tenendo d'occhio; non trascurando; senza dimenticare □ **w. an eye to the future**, in previsione del futuro □ **to be w. God**, essere con Dio; essere in paradiso; esser morto □ (*fam.*) **w.-it**, alla moda; aggiornato; à la page □ **w. no**, senza: **He went out w. no hat on**, uscì senza cappello □ (*leg.*) **w. prejudice**, con riserve □ **w. respect** (*o* **regard, relation**) **to what you said yesterday**, quanto a (a proposito di) ciò che dicesti ieri □ (*fin.*: *di titolo*) **w. rights**, coi diritti □ **w. that**, con ciò; al che; e allora □ **w. this**, al che; con ciò; e allora □ (*d'animale*) **to be w. young**, essere gravida (*o* pregna) □ **along w.**, con; insieme con: **He works along w. his colleagues**, lavora con (*o* in collaborazione con) i suoi colleghi □ **as is usual w. him**, com'è sua abitudine; al suo solito □ **to begin w.**, per cominciare; per dirne una: **We have no money, to begin w.**, (tanto) per cominciare, non abbiamo soldi □ **to have it out with sb.**, fare (*o* saldare) i conti con q. (*fig.*); risolvere una lite □ (*fam.*) **to be in w. sb.**, essere in società con q.; essere alleato di q.; essere intimo di q.; essere in combutta con q. □ **to be in love w. sb.**, essere innamorato di q. □ **together w.**, insieme con; con: **I bought the chairs together w. the table**, comprai le sedie insieme con la tavola □ (*arc.*) **Away w. him!**, portatelo via!; (*fig.*) levatelo di mezzo!; □ **Down w. the tyrant!**, abbasso il tiranno! □ **Off w. your clothes!**, spogliati! □ **What's the matter w. you?**, che cos'hai?; che c'è che non va? □ **I've done w. you**, non voglio più avere a che fare con te □ **Have done w. it!**, falla finita!; smettila! □ **Off w. his head!**, tagliategli la testa! □ **Down w. traitors**, abbasso i traditori! □ (*fam.*) **Be off w. you!**, vattene! □ (*fam.*) **Get along w. you!**, avanti, muoviti! □ **That's always the way w. you**, fai sempre così!; lo vedi come sei? □ **I have done w. it**, non voglio più sentirne parlare □ **Are you still w. me?**, mi segui? (*discorrendo*) □ **I'm not w. you**, non ti seguo □ **I am w. you there**, su questo punto sono d'accordo; ne convengo.

withal /wɪ'ðɔːl, *USA* -ð-, -θ-/, **A** *avv.* (*arc.*) *1* inoltre; per giunta *2* a un tempo; al tempo stesso; nondimeno *3* al che; e allora. **B** *prep.* (*in fine di frase*) con: **He had a staff to support himself w.**, aveva un bastone con cui sostenersi (*o* su cui appoggiarsi).

to **withdraw** /wɪð'drɔː, wɪθ'd-/ (*pass.* **withdrew**, *p. p.* **withdrawn**), **A** *v. t.* *1* ritirare; tirare indietro; scostare; allontanare; levare: **to w. a curtain**, scostare una tendina; **to w. one's support**, ritirare il proprio appoggio; **to w. one's army from an occupied territory**, ritirare il proprio esercito da un territorio occupato; (*leg.*) **to w. a charge**, ritirare un'accusa; (*anche comm.*) **to w. an offer**, ritirare un'offerta *2* (*anche leg.*) ritrattare: **to w. a statement**, ritrattare una dichiarazione *3* prelevare (*fondi*: *da una banca*); ritirare (*denaro*) *4* (*fin.*) ritirare (*monete*) dalla circolazione. **B** *v. i.* *1* ritirarsi; tirarsi indietro; allontanarsi: **After the battle the first line withdrew and fell back on a safer position**, dopo la battaglia la prima linea si ritirò ripiegando su posizioni più sicure *2* ritrattare; fare una ritrattazione: **He refused to w.**, rifiutò di ritrattare *3* (*polit.*) ritirare una mozione. ● (*mecc.*) **to w. the clutch**, disinnestare la frizione □ (*sport*) **to w. from a contest [a race]**, ritirarsi da una gara [da una corsa] □ (*comm.*) **to w. an order**, annullare un ordinativo □ **cries of «w.»**, grida di «ritratta!»; richieste di ritrattazione.

withdrawal /wɪð'drɔːəl, wɪθ'd-/, *n.* *1* ritiro; ritirata; arretramento (*anche mil.*): **the w. of one's support**, il ritiro del proprio appoggio (*politico, finanziario, ecc.*); **the w. of our troops**, l'arretramento (*o* il ritiro) delle nostre truppe *2* (*banca*) prelevamento; prelievo (*di fondi*): **w. slip**, modulo di prelievo *3* (*leg.*) recesso; ritiro *4* (*leg.*) ritrattazione *5* (*med.*) sospensione (*di una cura*) *6* (*psic.*) ritiro psichico. ● (*banca*) **w. notice**, preavviso di prelievo □ (*leg.*) **w. of an action**, remissione di querela □ (*leg.*) **w. of appeal**, rinuncia all'appello □ (*med.*) **w. symptoms**, sintomi da astinenza □ **w. warrant**, (*banca*) benestare per il prelievo (*di fondi*); (*dog.*) benestare di prelevamento (*di merce*).

withdrawn /wɪð'drɔːn, wɪθ'd-/, *p. p.* di **to withdraw**.

withdrew /wɪð'druː, wɪθ'd-/, *pass.* di **to withdraw**.

withe /wɪθ/, *n.* *1* (*bot.*) vimine; vinco *2* (*edil.*) parete divisoria; muro in foglio *3* (*di utensile*) protezione (*per le mani*).

to **wither** /'wɪðə(r)/, **A** *v. i.* *1* appassire; avvizzire; seccarsi: **These roses will w. soon**, queste rose appassiranno presto; **apples withering on the bough**, mele che avvizziscono sul ramo *2* deperire; languire; inaridirsi; sfiorire: **Her affections withered**, i suoi sentimenti inaridirono; **Her beauty has withered**, la sua bellezza è sfiorita. **B** *v. t.* *1* disseccare; far appassire; far avvizzire: **The excessive heat has withered (up) all my flowers**, il caldo eccessivo ha fatto appassire tutti i miei fiori *2* inaridire; far sfiorire: **Age has withered (away) her beauty**, l'età ha fatto sfiorire la sua bellezza *3* (*lett.*) fulminare; raggelare: **The teacher withered the pupils with a severe glance**, l'insegnante fulminò gli alunni con un'occhiata severa. ● **It withered my heart**, mi si stringeva il cuore.

withered /'wɪðəd/, *a.* appassito, avvizzito, sfiorito, inaridito (*anche fig.*); disseccato: **w. flowers**, fiori appassiti; **w. hopes**, speranze sfiorite.

withering /'wɪðərɪŋ/, *a.* *1* che inaridisce; che fa appassire *2* che avvizzisce; che languisce *3* (*lett.*) fulminante; raggelante: **a w. look**, un'occhiata fulminante; **w. scorn**, disprezzo raggelante. || **-ly**, *avv.*

withers /'wɪðəz/, *n. pl.* garrese (*del cavallo o d'altro quadrupede*). ● (*fig. lett.*) **My w. are unwrung**, l'accusa non mi tocca.

withershins /'wɪðəʃɪnz/, *avv.* (*scozz.*) da destra a sinistra; in senso antiorario.

to **withhold** /wɪð'həʊld, *USA* -ð-, -θ-/ (*pass.* e *p. p.* **withheld**), *v. t.* *1* trattenere, rifiutare (*di dare*); negare: **to w. one's consent**, negare il proprio consenso; **to w. one's support**, rifiutare il proprio aiuto *2* celare; nascondere: **to w. the truth from sb.**, nascondere la verità a q. *3* (*fisc.*) trattenere alla fonte. ● (*comm.*) **to w. payment**, rifiutarsi di pagare.

withholding /wɪð'həʊldɪŋ, *USA* -ð-, -θ-/, *n.* *1* il trattenere; il tenere per sé; rifiuto (*di dare informazioni, ecc.*) *2* (*fisc.*) trattenuta alla fonte (*l'azione*). ● (*leg.*) **w. of evidence**, soppressione (*o* inquinamento) delle prove □ (*fisc.*) **w. tax**, trattenuta fiscale; ritenuta alla fonte; ritenuta d'acconto; (*anche*) cedolare d'acconto.

within /wɪ'ðɪn, *USA* -ð-, -θ-/, **A** *avv.* *1* (*piuttosto arc.*) all'interno; dentro: **He whitewashed his cottage w. and without**, imbiancò la sua casetta all'interno e all'esterno *2* (*piuttosto arc.*) in casa; dentro: **Is Mr Jones w.?**, è in casa Mr Jones?; **to stay w.**, rimanere in casa *3* (*teatr.*) dietro le quinte *4* (*fig.*) dentro; nel cuore; nell'anima; in spirito: (*relig.*) **«Make me pure w.»**, «rendimi puro d'anima». **B** *prep.* (*di luogo e di tempo*) dentro; entro; in; fra, tra; in seno a (*fig.*); a: **to be safe w. the walls**, essere al sicuro entro le mura; **There are serious dissensions w. the party**, ci sono forti dissensi in seno al partito; **w. a week**, entro una settimana; **w. a mile**, entro un miglio; nel raggio di un miglio; **w. a few miles from London**, a poche miglia da Londra; **w. a year of his death**, a un anno dalla sua morte. ● **to be w. an ace of destruction**, trovarsi a un pelo dalla rovina □ (*naut.*) **w. board**, a bordo □ **w. call**, a portata di voce □ (*leg., bur.*) **the w. complaint**, l'accluso reclamo □ **w. doors**, in casa □ **w. fire**, a portata (*di fucile, ecc.*); a tiro □ **w. hearing**, a portata di voce □ **w. the law**, nell'ambito della legge □ (*leg., bur.*) **w. named**, qui menzionato □ **w. reach**, a portata (di mano); raggiungibile □ **w. sight**, in vista; visibile: (*naut.*) **to be w. sight of the port**, essere in vista del porto □ **w. the sound of sb.'s voice**, a portata di voce di q. □ (*comm.*) **delivery [payment] w. a month**, consegna [pagamento] a un mese □ **from w.**, dall'interno, dal di dentro (*anche fig.*): **to reform the party from w.**, riformare il partito dal didentro □ **to keep w. bounds**, restare entro i confini, rimanere entro i limiti; tenere a freno (*o* a bada); circoscrivere □ **to keep w. the law**, mantenersi nella legalità □ **to live w. one's income**, vivere secondo i propri mezzi □ **to think w. oneself**, pensare fra sé □ **It is true w. limits**, entro certi limiti, è vero □ **«Apply w.»** (*cartello*), «rivolgersi all'interno» □ **«Enquire w.»** (*cartello*), «informazioni qui».

without /wɪ'ðaʊt, *USA* -ð-, -θ-/, **A** *prep.* *1* (*piuttosto arc.*) fuori di; al di fuori di: **negotiations w. the House**, negoziati al di fuori del Parlamento; manovre di corridoio *2* senza: **w. delay**, senza indugio; **w. (a) doubt**, senza dubbio; (*lett.*) **w. fail**, senza fallo; certamente; di sicuro; **w. end**, senza fine; infinito; eterno; **w. saying a word**, senza dire una parola; **w. striking a blow**, senza colpo ferire; **I was w. money**, ero senza un soldo. **B** *cong.* (*dial.*) a meno che; se non: **I can't go, w. I get some money**, non posso andare se non mi procuro un po' di denaro. **C** *avv.* (*piuttosto arc.*) fuori; all'esterno; fuori di casa; all'aperto: **It is white within and w.**, è bianco (di) dentro e (di) fuori; **We went w.**, andammo fuori; uscimmo. **D** *cong.* (*dial. USA*) a meno che; se non. ● (*leg.*) **w. date**, senza data □ **w. the knowledge of**, senza che (q.) sappia (*o* sapesse): **The boy left the school w. the knowledge of his teacher**, il ragazzo se ne andò da scuola senza che l'insegnante lo sapesse (*o* all'insaputa dell'insegnante) □ (*lett.*) **w. number**, innumerevole: **worlds w. number**, mondi innumerevoli □ (*leg.*) **w. prejudice**, senza riserve □ (*leg.*: *di una cambiale*) **w. recourse**, senza regresso; senza rivalsa □ **w. so much as apologizing**, senza nemmeno scusarsi □ **to do** (*o* **to go**) **w.**, fare senza, fare a meno di, rinunciare a: **You'll have to do w. your dinner**, dovrai fare a meno del pranzo □ **to go w. food**, restar digiuno; digiunare □ **seen from w.**, visto dal di fuori □ (*lett.*) **times w. number**, infinite volte □ **It goes w. saying**, è ovvio; va da sé □ **She passed along w. my seeing her**, passò senza che io la vedessi.

to **withstand** /wɪð'stænd, -θ's-/ (*pass.* e *p. p.*

withstood), *v. t.* e *i.* resistere (a); opporsi (a); far resistenza, sostenere, sopportare: **to w. hardships**, resistere alle fatiche; sopportare i disagi; (*mil.*) **to w. a siege**, resistere a un assedio. ● (*di un edificio*) **to w. the test of time**, resistere bene al tempo □ **These shoes w. rough treatment**, queste sono scarpe da buon comando.

withstood /wɪð'stʊd, -θ's-/, *pass.* e *p. p.* di **to withstand**.

withy /'wɪðɪ/, *V.* **withe**.

witless /'wɪtləs/, *a.* senza cervello; privo di spirito; sciocco; stupido. || **-ly**, *avv.* || **-ness**, *sost.*

witling /'wɪtlɪŋ/, *n.* (*arc.*) chi si reputa spiritoso; saccentello.

witness /'wɪtnəs/, *n.* ***1*** (*leg.*) testimone; teste; testimonio (*pop.*): **to call sb. to w.**, chiamare q. a testimone; invocare (*leg.*: produrre) la testimonianza di q.; **hostile w.**, teste avverso; **God is my w.**, Dio mi è testimone ***2*** (*anche leg.*) testimonianza; dimostrazione; prova: **to bear w.**, fare (*o* prestare) testimonianza; **His works are a w. to his learning**, le sue opere fanno prova della sua erudizione. ● **w. box**, banco dei testimoni □ **w. for the defence**, teste a discarico; testimone a difesa □ **w. for the prosecution**, teste a carico; testimone d'accusa □ (*USA*) **w. stand**, banco dei testimoni □ (*leg.*) **w. summons**, citazione testimoniale (*nel processo penale*) □ **to be w. to st.**, essere presente a q.c.; vedere q.c. □ **to bear w. to** (*o* **of**) **st.**, testimoniare q.c.; essere la prova di q.c.; stare a dimostrare q.c. □ **to call a w.**, chiamare (*o* citare, produrre) un testimone □ **eye--w.**, testimone oculare □ **to give w. on sb.'s behalf** (*o* **to bear w. for sb.**), testimoniare a favore di q. □ **in w. of**, a testimonianza di; a conferma di □ (*leg.*) **in w. there of**, in fede di ciò □ **to produce witnessess**, produrre testimoni.

to **witness** /'wɪtnəs/, *v. t.* e *i.* ***1*** (*leg.*) testimoniare; fare da testimone; deporre come teste: **to w. against [for] sb.**, testimoniare contro [a favore di] q.; (*arc.*) **He witnessed that his wife had spent the whole afternoon at home**, testimoniò che la moglie aveva passato a casa tutto il pomeriggio ***2*** esser prova (di); dimostrare; mostrare; tradire: **Our economic difficulties w. the international monetary crisis**, le nostre difficoltà economiche sono prova della crisi monetaria internazionale; **Her drawn face witnessed her grief**, il suo viso tirato tradiva la sua pena ***3*** essere presente a; assistere a; vedere: **to w. an accident**, essere presente a un incidente; **This plain has witnessed many battles**, questa pianura ha visto (*o* è stata teatro di) molte battaglie ***4*** (*leg.*) attestare; sottoscrivere (*un documento*) come testimone: **to w. a will**, sottoscrivere un testamento come testimone. ● **to w. to having seen [heard] st.**, testimoniare d'avere visto [udito] q.c. □ (*arc.*) **W. Heaven!**, il Cielo mi sia testimone!

witster /'wɪtstə(r)/, *n.* (*arc.*) persona arguta; bello spirito.

witted /'wɪtɪd/, *a.* (*nei composti*; *per es.*:) **quick-w.**, d'ingegno pronto; **slow-w.**, tardo; lento a capire.

witticism /'wɪtɪsɪzəm/, *n.* arguzia; frizzo; spiritosaggine.

wittily /'wɪtəlɪ/, *avv.* argutamente; in modo spiritoso.

wittiness /'wɪtɪnəs/, *n.* arguzia; spirito.

witting /'wɪtɪŋ/, *a.* (*raro*) ***1*** deliberato; intenzionale; fatto apposta ***2*** consapevole; conscio.

wittol /'wɪtl/, *n.* (*arc.*) marito compiacente; becco e contento.

witty /'wɪtɪ/, *a.* ***1*** spiritoso; arguto; brioso: **a w. man**, un uomo spiritoso; **a w. remark**, un'osservazione arguta ***2*** (*arc. o dial.*) intelligente; abile; astuto.

wivern /'waɪvɜːn/, *n.* (*arald.*) drago alato a due zampe.

wives /waɪvz/, *pl.* di **wife**.

wizard /'wɪzəd/, **A** *n.* mago (*anche fig.*); stregone: (*fam.*) **He is a financial w.**, è un mago della finanza. **B** *a.* ***1*** magico; stregato ***2*** (*pop.*) meraviglioso; straordinario; eccezionale.

wizardry /'wɪzədrɪ/, *n.* ***1*** magia; stregoneria ***2*** (*fig.*) grande abilità; bravura eccezionale.

to **wizen** /'wɪzn/, **A** *v. t.* avvizzire; disseccare; far appassire; raggrinzire. **B** *v. i.* avvizzirsi; disseccarsi; appassire; raggrinzirsi.

wizened /'wɪznd/, *a.* avvizzito; appassito; raggrinzito; rugoso: **a w. old woman**, una vecchia piena di rughe; **w. apples**, mele raggrinzite.

wizier /'wɪzɪə(r)/, *n.* visir (*ministro di un sovrano musulmano*).

wo (**1**) /wəʊ/, *V.* **woe**.

wo (**2**), **woa** /wəʊ/, *inter.* oh! (*per fermare cavalli*). ● **wo-back!**, indietro!

woad /wəʊd/, *n.* (*bot.*, *Isatis tinctoria*) guado (*anche la tintura*).

to **woad** /wəʊd/, *v. t.* tingere col guado.

wobble /'wɒbl/, *n.* ***1*** barcollamento; dondolio; traballamento; oscillazione; tremolio; vacillamento ***2*** (*fig.*) esitazione; tentennamento; irresolutezza; incostanza ***3*** (*mecc.*) rotazione fuori piano ***4*** (*autom.*: *di una ruota anteriore*) sfarfallamento.

to **wobble** /'wɒbl/, **A** *v. i.* ***1*** barcollare; dondolare; traballare; oscillare; tremolare; vacillare: **Jelly wobbles**, la gelatina tremola; **His voice wobbled**, gli tremolava la voce ***2*** (*fig.*) esitare; tentennare; titubare; essere incostante: **to w. between curiosity and fear**, esitare fra la curiosità e il timore ***3*** (*mecc.*) girare fuori piano ***4*** (*autom.*: *di una ruota anteriore*) sfarfallare. **B** *v. t.* (*fam.*) far barcollare; far traballare; fare oscillare: **to w. the table**, far traballare la tavola.

wobbler /'wɒblə(r)/, *n.* ***1*** chi barcolla; chi traballa ***2*** (*fig.*) chi esita; chi tentenna ***3*** (*pesca*) cucchiaino.

wobbly /'wɒblɪ/, *a.* ***1*** barcollante; traballante; vacillante; malfermo ***2*** (*fig.*) esitante; irresoluto; incerto; incostante.

Wodan, Woden /'wəʊdn/, *n.* (*mitol.*) Odino.

woe /wəʊ/, (*poet.*; *a volte scherz.*) **A** *n.* ***1*** dolore; affanno; pena; afflizione ***2*** (*di solito al pl.*) calamità; disgrazia; malanno; sventura: **in weal and woe**, nella prosperità e nella sventura; nella buona e nella cattiva sorte. **B** *inter.* ohimè!; ahimè!; me misero! ● **a tale of woe**, un racconto doloroso; una triste storia □ **Woe to him!**. maledizione a lui!; sia maledetto! □ (*arc. o scherz.*) **Woe is me!**, ohimè!; ahimè!; me misero!

woebegone /'wəʊbɪɡɒn, *USA* -ɡɔːn/, *a.* (*lett.*) afflitto; addolorato; abbattuto; dolente; desolato; triste: **a w. look**, un'espressione dolente.

woeful /'wəʊfl/, *a.* ***1*** doloroso; dolente; afflitto; triste: **a w. day**, un triste giorno ***2*** disgraziato; meschino; misero; tapino; sventurato ***3*** deprecabile; deplorevole: **w. neglect of one's duty**, deprecabile negligenza nell'esercizio dei propri doveri. || **-ly**, *avv.* || **-ness**, *sost.*

wog /wɒɡ, *USA* wɔːɡ/, *n.* (*pop. spreg.*) individuo di colore; negro; muso nero (*spreg.*).

wogging /'wɒɡɪŋ, *USA* 'wɔː-/, *n.* (*contraz. fam. USA di* **walking** *e* **jogging**) jogging interrotto da camminate veloci.

woke /wəʊk/, *pass.* e *p. p.* di **to wake**.

woken /'wəʊkən/, (*raro*) *p. p.* di **to wake**.

wold /wəʊld/, *n.* brughiera; landa; terreno incolto; regione sterile.

wolf /wʊlf/, *n.* (*pl.* **wolves**) ***1*** (*zool.*, *Canis lupus*) lupo: **a grey w.**, un lupo grigio ***2*** (*fig.*) individuo avido; persona rapace ***3*** (*fam.*) donnaiolo; pappagallo (*fig.*) ***4*** (*mus.*) dissonanza (*di un organo, pianoforte, ecc.*). ● (*bot.*) **w.'s bane**, (*Aconitum*) aconito; (*Aconitum lycoctonum*) luparia □ (*fam.*) **w. call**, *V.* **w. whistle** □ **w. cub**, lupacchiotto, lupetto; giovane boy--scout, lupetto □ (*zool.*) **w. dog**, cane lupo; *V.* **wolfhound** □ (*zool.*) **w.-fish** (*Anarrhichas lupus*), pesce lupo □ (*bot.*) **w.'s foot**, licopodio; coda di topo □ (*fig.*) **a w. in sheep's clothing**, un lupo in veste d'agnello □ (*bot.*) **w.'s milk** (*Euphorbia helioscopia*), calenzola □ **w. shot**, lupara □ (*zool.*) **w. spider**, ragno della famiglia dei licosidi □ (*fam.*) **w. whistle**, fischio d'ammirazione (*rivolto a una bella ragazza*) □ **to be as hungry as a w.**, avere una fame da lupo □ **to cry w.**, gridare al lupo; dare un falso allarme □ **to cry w. too often**, gridare «al lupo» troppo spesso (*e perciò senza essere creduti, come nella favola*) □ (*fig.*) **to have** (*o* **to hold**) **the w. by the ears**, essere in una situazione difficile; non aver via di scampo □ **he--w.**, lupo (*il maschio*) □ (*fig.*) **to keep the w. from the door**, tener lontana la miseria □ **she--w.**, lupa.

to **wolf** /wʊlf/, **A** *v. i.* andare a caccia di lupi; cacciar lupi. **B** *v. t.* (*spesso* **to w. down**) mangiare avidamente; divorare.

wolfer /'wʊlfə(r)/, *n.* cacciatore di lupi.

wolfhound /'wʊlfhaʊnd/, *n.* (*un tempo*) cane (*irlandese*) per la caccia al lupo.

wolfish /'wʊlfɪʃ/, *a.* ***1*** di (*o* da) lupo; simile al lupo; lupesco: **a w. hunger**, una fame da lupo ***2*** (*fig.*) crudele; selvaggio; avido; rapace: **w. cruelty**, selvaggia crudeltà. || **-ly**, *avv.* || **-ness**, *sost.*

wolfling /'wʊlflɪŋ/, *n.* lupetto; lupacchiotto.

wolfram /'wʊlfrəm/, *n.* (*chim.*) wolframio; tungsteno.

wolframite /'wʊlfrəmaɪt/, *n.* (*miner.*) wolframite.

wolfskin /'wʊlfskɪn/, *n.* pelle (*o* pelliccia) di lupo.

wolverene, wolverine /'wʊlvəriːn, *USA* wʊlvə'r-/, *n.* ***1*** (*zool.*, *Gulo luscus*) ghiottone ***2*** (*fam. USA*) abitante (*o* nativo) del Michigan. ● (*USA*) **the W. State**, lo Stato del Michigan.

wolves /wʊlvz/, *pl.* di **wolf**.

woman /'wʊmən/, *n.* (*pl.* **women**) ***1*** donna; femmina: **women and children**, donne e bambini; **W. was believed to be weaker than man**, si credeva che la donna fosse più debole dell'uomo; **a w. of the world**, una donna di mondo; **w.'s rights**, i diritti della donna ***2*** (*fig. spreg.*) femminuccia; donnicciola; uomo debole, fiacco, inetto ***3*** (*fam.*, *ma ritenuto offensivo*) ragazza; fidanzata; moglie ***4*** (*arc.*) dama di compagnia; cameriera. ● (*fam. raro*) **w.-chaser**, chi corre dietro alle sottane; cacciatore di donne □ **w. doctor**, dottoressa □ **w. driver**, guidatrice; conducente (*di un veicolo*) □ **w. friend**, amica; (*anche*) amante □ **w. hater**, misogino □ **w.'s intuition**, intuito femminile □ **a w. journalist**, una giornalista; una cronista □ **Women's Liberation** (*fam*: **Women's Lib**), movimento per la liberazione della donna; movimento femminista □ (*fam.*) **Women's Libber**, femminista □ **Women's Liberationist**, femminista (militante); **the Women's Movement**, il movimento femminista □ (*in G.B.*) **w. police constable**, donna poliziotto; poliziotta □ **w. scientist**, scienziata □ (*polit.*) **women's suffrage**, suffragio femminile; il voto alle donne □ **a w. teacher**, un'insegnante □ **w.'s wit**, intuito femminile □ (*arc. o scherz.*) **a w. with a past**, una donna dal passato burrascoso □ **women workers**, lavoratrici □ **to live on women**, vivere alle spalle delle donne; fare lo sfruttatore (*pop.*: il magnaccia, il pappone) □ (*arc. o scherz.*) **to make an honest w. of**, sposare (*una ragazza sedotta*) □ (*un tempo*) **to make an honest woman of a girl**, riparare con il matrimonio □ (*lett.*) **a man born of woman**, un mortale □ (*fam.*, *ma non gradito*) **my w.**, la mia donna; mia moglie □ **old w.**, vecchia; (*spreg.*) donnicciola, rammollito (*fig.*) □ **to play the w.**, comportarsi come una donnicciola; aver paura; piangere □ **a single w.**, una nubile □ (*fig.*) **to be tied to a w.'s apron-strings**, stare attaccato alle sottane d'una donna □ **There's a w. in it**, c'è sotto (*o* c'è di mezzo) una donna (*cfr. franc. «Cherchez la femme»*).

to **woman** /ˈwʊmən/, *v. t.* **1** (*arc.*) spingere (q.) a comportarsi da donna o da donnicciola **2** (*spreg. raro*) apostrofare (q.) col nome «donna».

womanhood /ˈwʊmənhʊd/, *n.* **1** l'esser donna; femminilità **2** (*fisiol.*) maturità di donna **3** (*collett.*) le donne; il sesso femminile; il gentil sesso (*lezioso*).

womanish /ˈwʊmənɪʃ/, *a.* **1** femminile; da donna; donnesco: **w. clothes**, abiti femminili; vestiti da donna **2** femmineo; (*spreg.*) effeminato: **w. feelings**, sentimenti femminei; **a w. young man**, un giovanetto effeminato. || **-ly**, *avv.* || **-ness**, *sost.*

to **womanize** /ˈwʊmənaɪz/, **A** *v. t.* effeminare; rendere effeminato. **B** *v. i.* (*fam.*) correre dietro le sottane; essere un donnaiolo; andare a donne (*pop.*).

womanizer /ˈwʊmənaɪzə(r)/, *n.* (*fam.*) donnaiolo; chi corre dietro le sottane; chi va a donne (*pop.*).

womankind /ˈwʊmənkaɪnd/, *n.* (*collett.*) le donne; il sesso femminile.

womanlike /ˈwʊmənlaɪk/, *a.* femminile; femmineo; da donna.

womanliness /ˈwʊmənlɪnəs/, *n.* femminilità.

womanly /ˈwʊmənlɪ/, *a.* femminile; di (*o* da) donna; degno di una donna; proprio delle donne: **w. modesty**, pudore femminile; **with w. tact**, col tatto proprio delle donne. ● **a truly w. woman**, una vera donna.

womb /wuːm/, *n.* (*anat.*) utero; grembo; seno; ventre: (*lett.*) **the fruit of the w.**, il frutto del proprio ventre; i figli. ● (*fig.*) **in the w. of time**, sulle ginocchia di Giove; nel futuro.

wombat /ˈwɒmbæt, -bət/, *n.* (*zool., Phascolomys*) vombato.

women /ˈwɪmɪn/, *pl.* di **woman**.

womenfolk /ˈwɪmɪnfəʊk/, *n. pl.* (*collett.*) **1** le donne; il sesso femminile **2** le donne della famiglia (*del gruppo, o della città, ecc.*).

won /wʌn/, *pass.* e *p. p.* di **to win**.

wonder /ˈwʌndə(r)/, **A** *n.* **1** meraviglia; ammirazione; stupore; sorpresa: **I was filled with w.**, ero pieno di meraviglia; ero stupefatto **2** meraviglia; portento; prodigio; miracolo: **the seven wonders of the world**, le sette meraviglie del mondo; **signs and wonders**, segni premonitori e portenti; **to work** (*o* **to do**) **wonders**, far miracoli; fare prodigi **3** (*fam.*) persona capace di fare miracoli (*fig.*); tipo meraviglioso (*fam.*). **B** *a. attr.* meraviglioso; miracoloso: **w. drugs**, medicine miracolose. ● **w. boy**, *V.* **wonderboy** □ **w. child**, bambino prodigio □ **w.-struck** (*o* **w.-stricken**), stupefatto; esterrefatto; trasecolato □ (*arc.*) **w.-worker**, operatore di miracoli; taumaturgo □ **and no w.**, e non c'è da stupirsi; e c'era da aspettarselo: **He refused to help us, and no w.**, rifiutò d'aiutarci, e c'era da aspettarselo □ **for a w.**, incredibile a dirsi: **For a w., he was punctual yesterday**, incredibile a dirsi, ieri fu puntuale □ **in w.**, con stupore, meravigliato, stupito, sorpreso: **She looked at me in w.**, mi guardò stupita □ **little** (*o* **small**) **w. that...**, non c'è da stupirsi che... □ **a look of w.**, uno sguardo di stupore; un'aria stupita □ **much to my w.**, con mia grande meraviglia (*o* sorpresa) □ **a nine days' w.**, un fuoco di paglia (*fig.*) □ (**it is**) **no w. that...**, non fa meraviglia che...; non c'è da meravigliarsi se... □ **That child is a w.**, quel ragazzo è un prodigio! □ **it is a w. that...**, è sorprendente che...; è un miracolo che: **It is a w. that he wasn't killed**, è un miracolo che non sia stato ucciso □ (*modo prov.*) **Wonders will never cease**, non c'è da stupirsi di nulla; ne succedono (proprio) di tutti i colori.

to **wonder** /ˈwʌndə(r)/, *v. i.* e *t.* **1** meravigliarsi; stupirsi; essere sorpreso: **I w. at her saying that**, mi meraviglio che l'abbia detto; **I w. at you**, mi meraviglio di te!; **I wondered to see the whole family sitting on the front pew**, fui sorpreso di vedere tutta la famiglia seduta sulla prima panca (della chiesa) **2** chiedersi; domandarsi; voler sapere; esser curioso di sapere: **I wondered why he had come**, mi chiedevo perché fosse venuto; **I w. who invented the wheel**, vorrei sapere chi ha inventato la ruota. ● **to w. about**, chiedersi quale sarà: **I w. about the future of mankind**, mi chiedo quale sarà il futuro dell'umanità □ **to w. about doing st.**, essere incerto se fare q.c. □ **to w. out loud**, farsi una domanda ad alta voce □ **I w. what the time is**, chissà che ora è □ **Can you w. at it?**, che c'è di strano?; e ti stupisci? □ **I'm** (**just**) **wondering whether you can tell me...**, forse Lei può dirmi se...; per favore, sa dirmi se...?

wonderboy /ˈwʌndəbɔɪ/, *n.* (*fam.*) **1** ragazzo prodigio **2** (*sport*) giocatore prodigio; grande rivelazione (*fig.*).

wonderful /ˈwʌndəfl/, *a.* meraviglioso; portentoso; prodigioso; stupefacente; stupendo; (*fam.*) eccellente, ottimo, splendido: **What a w. machine!**, che macchina meravigliosa!; **w. courage**, coraggio prodigioso; **w. weather**, tempo splendido; **a w. sight**, una vista stupenda. || **-ly**, *avv.* || **-ness**, *sost.*

wonderingly /ˈwʌndərɪŋlɪ/, *avv.* con meraviglia; con stupore; con aria stupita.

wonderland /ˈwʌndəlænd/, *n.* **1** il paese delle meraviglie; il paese delle fate **2** (*fig.*) luogo (*o* paese) bellissimo.

wonderment /ˈwʌndəmənt/, *n.* (*lett.*) **1** meraviglia; stupore **2** cosa meravigliosa; fatto stupefacente; portento; prodigio.

wondrous /ˈwʌndrəs/, **A** *a.* (*poet., retor.*) meraviglioso; mirabile. **B** *avv.* (*lett.*) mirabilmente: **w. gentle**, mirabilmente gentile. || **-ly**, *avv.* || **-ness**, *sost.*

wonk /wɒŋk/, *n.* (*pop. USA*) sgobbone; secchione.

wonky /ˈwɒŋkɪ/, *a.* (*fam.*) **1** barcollante; traballante; instabile; vacillante; malfermo: **a w. chair**, una sedia traballante; **w. legs**, gambe malferme **2** tentennante; incostante **3** (*pop. USA*) che sgobba: **He's the w. type**, è il tipico sgobbone.

won't /wəʊnt/, *contraz.* di **will not**.

wont /wəʊnt, wɒnt, *USA* wɔːnt, wəʊnt/, **A** *a. pred.* (*form.*) abituato; avvezzo; solito: **He was w. to say that all girls are silly**, era solito dire che tutte le ragazze sono sciocche. **B** *n.* (*form.*) abitudine; consuetudine; usanza; costume: **It was his w. to walk ten miles every day**, era sua abitudine fare dieci miglia a piedi ogni giorno. ● **as he was w. to say**, come soleva dire □ **use and w.**, usi e costumi □ **He came home later than was his w.**, tornò a casa più tardi del solito.

wonted /ˈwəʊntəd, wɒ-, *USA* wɔː-, wəʊ-/, *a.* (*raro*) **1** solito; avvezzo; abituato **2** abituale; solito; consueto; usuale: **with his w. courtesy**, con la sua abituale cortesia.

to **woo** /wuː/, **A** *v. t.* **1** (*un tempo*) corteggiare; far la corte a; chiedere la mano di (*una ragazza*) **2** (*fig., lett.*) cercare (*di ottenere q.c.*); andare in cerca di; mirare a; perseguire: **to woo fame** [**success**], andare in cerca della fama [del successo] **3** (*fig.*) fare la corte a; blandire (*i potenti, gli elettori, ecc.*). **B** *v. i.* (*un tempo*) amoreggiare; far l'amore. ● **to woo away**, portare via (*clienti, la moglie, ecc. a q.*).

wood /wʊd/, *n.* **1** (*spesso al pl.*) bosco; foresta; selva: **a clearing in the woods**, una radura nei boschi; **The mountains are covered with thick woods**, le montagne sono coperte da fitte foreste **2** legno; legname; legna: **hard** [**soft**] **w.**, legno duro [dolce]; **a house made of w.**, una casa di legno; **W. is useful**, il legname è utile; **Go and fetch some more w.**, va a prendere dell'altra legna! **3** botte; barile; fusto: **beer** (**drawn**) **from the w.**, birra spillata dalla botte; **whisky aged in the w.**, whisky invecchiato in fusto **4** (*pl.*) (*mus.*) strumenti a fiato in legno; legni **5** manico (*di legno*); impugnatura **6** (*bocce*) boccino **7** (*sport*) legno; bastone da golf **8** (*fig. raro*) stoffa (*fig.*); sostanza: **I don't know what w. he's made of**, non so di che stoffa sia fatto (*o* che tipo d'individuo sia). ● (*chim.*) **w. alcohol**, alcol di legno; alcol metilico; metanolo □ (*bot.*) **w. anemone** (*Anemone nemorosa*), anemone dei boschi □ **w. block**, blocchetto di legno (*per pavimenti, ecc.*); (*tipogr.*) matrice di legno; (*arte*) xilografia di filo □ (*grafica*) **w.-block printing**, xilografia (*il processo*) □ **w.-burning**, a legna: **a w.-burning stove**, una stufa a legna □ **w.-carver**, intagliatore □ **w.-carving**, intaglio (*o* scultura) in legno □ **w. coal**, carbone di legna; (*anche*) lignite □ **w.-engraver**, incisore su legno; xilografo □ **w.-engraving**, incisione su legno; xilografia di testa □ **w. filler**, stucco; turapori □ (*edil.*) **w. flooring**, parquet □ **w. flour**, farina di legno □ **w.-house**, legnaia □ (*zool.*) **w.-lark** (*Lullula arborea*), tottavilla □ (*bot.*) **w.-lily**, (*Convallaria majalis*) mughetto; (*Pyrola minor*) piroletta soldanina □ **w.-notes**, canto di uccelli, note boscherecce; (*fig.*) poesia ingenua, spontanea □ (*mitol.*) **w. nymph**, ninfa dei boschi; driade □ **w. paper**, carta di pasta di legno □ (*zool.*) **w. pigeon**, (*Columba palumbus*) colombaccio; (*Columba oenas*) colombella □ **w. pulp**, pasta di legno; cellulosa □ (*mecc.*) **w. screw**, vite da legno □ (*bot.*) **w.-sorrel** (*Oxalis acetosella*), acetosella; trifoglio acetoso; alleluia; luiula □ **w. spirit**, *V.* **w. alcohol** □ **w. stove**, stufa a legna □ (*chim.*) **w. tar**, catrame vegetale (*o* tratto dal legno) □ **w.-turner**, tornitore di legno □ **w.-turning**, tornitura del legno □ (*chim.*) **w. vinegar**, acido pirolegnoso □ **w. wool**, lana di legno □ (*fig.*) **to be out of the w.**, esser fuori dei guai (*o* fuori pericolo) □ **to take to the woods**, darsi alla macchia □ (*fig.*) **to be unable to see the w. for the trees**, perdersi nei particolari □ (*fam.*) **Touch w.!**, tocca ferro! (*per scaramanzia*) □ (*prov.*) **Don't halloo till you are out of the w.**, non cantar vittoria troppo presto!; non dire gatto finché non è nel sacco!

to **wood** /wʊd/, **A** *v. t.* (*raro*) **1** rimboschire **2** rifornire di legna (*o* di legname). **B** *v. i.* (*raro*) fare legna; rifornirsi di legna.

woodbin /ˈwʊdbɪn/, *n.* recipiente per la legna da ardere.

woodbind /ˈwʊdbaɪnd/, *V.* **woodbine**.

woodbine /ˈwʊdbaɪn/, *n.* (*bot.*) **1** (*Lonicera caprifolium*) caprifoglio; vincibosco; abbracciabosco **2** (*Parthenocissus quinquefolia*) vite del Canada.

woodchuck /ˈwʊdtʃʌk/, *n.* (*zool., Marmota monax*) marmotta americana.

woodcock /ˈwʊdkɒk/, *n.* (*zool., Scolopax rusticola*) beccaccia.

woodcraft /ˈwʊdkrɑːft, *USA* -æft/, *n.* (*specialm. USA*) **1** conoscenza delle foreste (*o* della vita nei boschi) **2** abilità nel lavorare il legno.

woodcraftsman /wʊdˈkrɑːftsmən, *USA* -æf-/, *n.* (*pl.* **woodcraftsmen**) **1** conoscitore dei boschi **2** artigiano del legno.

woodcut /ˈwʊdkʌt/, *n.* **1** incisione su legno; xilografia **2** (*tipogr.*) *V.* **wood block**.

woodcutter /ˈwʊdkʌtə(r)/, *n.* **1** boscaiolo; taglialegna **2** (*arte, grafica*) incisore su legno; xilografo.

wooded /ˈwʊdɪd/, *a.* boscoso; boschivo; coperto d'alberi.

wooden /ˈwʊdn/, *a.* **1** di legno; legnoso; ligneo: **a w. bucket**, un secchio di legno; **w. steps**, gradini di legno; **a w. leg**, una gamba di legno **2** (*fig.*) impacciato; legnoso; inespressivo; rigido; stereotipato: **w. motions**, movimenti rigidi; **w. poses**, pose rigide; **a w. stare**, uno sguardo inespressivo; **a w. smile**, un sorriso stereotipato **3** (*fig.*) insensibile; duro. ● (*fig.*) **w. horse**, cavallo di Troia; (*atletica*) cavallo, cavalletto □ (*fig. fam.*) **the w.**

spoon, il premio per l'ultimo (*in una gara*); la medaglia di cartone (*fig.*); la maglia nera (*nel ciclismo*) □ (*stor., fig.*) **w. walls**, navi da guerra (*quando erano di legno*).

woodenhead /ˈwʊdnhɛd/, *n.* (*spreg.*) testa di legno; zuccone; stupido.

woodenheaded /ˈwʊdnhɛdɪd/, *a.* (*spreg.*) stupido; tonto. ‖ **-ness**, *sost.*

woodenware /ˈwʊdnwɛə(r)/, *n.* (*collett.*) oggetti di legno.

woodiness /ˈwʊdɪnəs/, *n.* **1** boscosità **2** leghosità.

woodland /ˈwʊdlənd/, **A** *n.* terreno boscoso; foreste; boschi. **B** *a. attr.* boschivo; silvestre; silvano: **w. pastures**, pascoli boschivi; **a w. area**, una regione silvestre.

woodlander /ˈwʊdləndə(r)/, *n.* abitante dei boschi.

woodless /ˈwʊdləs/, *a.* senza boschi; brullo.

woodlouse /ˈwʊdlaʊs/, *n.* (*pl.* **woodlice**) (*zool., Porcelio scaber*) onisco delle cantine; porcellino di terra.

woodman /ˈwʊdmən/, *n.* (*pl.* **woodmen**) **1** guardaboschi; guardia forestale **2** boscaiolo; taglialegna **3** abitante dei boschi.

woodpecker /ˈwʊdpɛkə(r)/, *n.* (*zool.*) picchio.

woodpile /ˈwʊdpaɪl/, *n.* catasta di legna.

woodruff /ˈwʊdrʌf/, *n.* (*bot., Asperula odorata*) stellina odorosa.

woodshed /ˈwʊdʃɛd/, *n.* legnaia.

woodsman /ˈwʊdzmən/, *n.* (*pl.* **woodsmen**) **1** abitante dei boschi **2** boscaiolo; taglialegna **3** guardaboschi.

woodsy /ˈwʊdzɪ/, *a.* (*USA*) boschivo; silvestre; silvano.

woodwind /ˈwʊdwɪnd/, *n.* (*mus., collett.*) strumenti a fiato di legno (*flauto, oboe, ecc.*); legni.

woodwork /ˈwʊdwɜːk/, *n.* **1** lavorazione del legno; falegnameria; carpenteria **2** (*arte*) lavoro in legno; oggetti di legno lavorato **3** (*edil.*) parti in legno di una casa (*porta, scale, ecc.*); boiserie (*franc.*).

woodworker /ˈwʊdwɜːkə(r)/, *n.* falegname; carpentiere.

woodworking /ˈwʊdwɜːkɪŋ/, *n.* lavorazione del legno; (lavori di) falegnameria; carpenteria: **w. machinery**, macchine per la lavorazione del legno.

woodworm /ˈwʊdwɜːm/, *n.* (*zool.*) **1** tarlo (*in genere*) **2** (*Anobium punctatum*) tarlo dei mobili. ● (*agric.*) **w. control**, disinfestazione dai tarli □ (*edil.*) **w. preservation**, trattamento antitarlo.

woody /ˈwʊdɪ/, *a.* **1** boscoso; coperto d'alberi: **a w. hill**, un colle boscoso **2** di legno; legnoso; ligneo: (*bot.*) **w. tissue**, tessuto ligneo.

wooer /ˈwuːə(r)/, *n.* (*un tempo*) corteggiatore; pretendente.

woof (**1**) /ˈwuːf, *USA* wʊf/, *n.* (*ind. tess.*) **1** trama **2** (*per estens.*) tessuto; stoffa.

woof (**2**) /wʊf/, *inter.* buf!; bau! (*verso del cane*).

to **woof** /wʊf/, *v. i.* (*del cane*) **1** abbaiare **2** ringhiare **3** (*gergo dei neri USA*) parlare a vanvera; blaterare.

woofer /ˈwʊfə(r)/, *n.* (*tecn.*) woofer; altoparlante per basse frequenze.

wooing /ˈwuːɪŋ/, *n.* (*un tempo*) corteggiamento.

wooingly /ˈwuːɪŋlɪ/, *avv.* (*arc.*) con allettamenti; con moine.

wool /wʊl/, **A** *n.* **1** (*ind. tess.*) lana; vello (*delle pecore, capre, ecc.*): **pure w.**, pura lana; **We get w. from Australia**, importiamo lana dall'Australia; **W. keeps you warmer than cotton**, la lana tiene più caldo del cotone **2** (*scherz.*) capelli crespi; capelli (*in genere*) **3** peluria, pelo, lanugine (*di animale*) **4** (*bot.*) lanugine; lana; pelo. **B** *a. attr.* di lana: **This suit is pure w.**, quest'abito è di pura lana; **a w. scarf**, una sciarpa di lana. ● **w. carder**, cardatrice □ **w. carding**, cardatura della lana □ **w. cloth**, panno di lana □ **w.-combing**, pettinatura della lana □ **w.-dyed**, *V.* **dyed in the w.** □ (*fin.*) **the w. exchange**, la Borsa della lana □ **w. fat**, grasso di lana; lanolina □ (*arc.*) **w. fell**, vello di pecora; pelle di pecora con la lana attaccata □ **w. grease**, *V.* **w. fat** □ **w. hall**, mercato della lana □ **w. merchant**, commerciante di lana □ **w. shop**, negozio della lana □ **w. stapler**, cernitore della lana; (*anche*) chi vende lana grezza □ **the w. trade**, il commercio della lana; l'industria laniera □ **w. waste**, cascami di lana □ (*fig.*) **against the wool**, contropelo □ **carding w.** (*o* **short w.**), lana da carda; lana corta □ **combing w.** (*o* **long w.**), lana da pettine; lana lunga □ **dyed in the w.**, (*di fibre tessili*) tinto prima della filatura; (*fig.*) connaturato, inveterato, radicato; (*di sportivo e sim.*) fanatico, appassionato; (*di politico, ecc.*) dalla testa ai piedi, tutto d'un pezzo; (*di uno scapolo, ecc.*) impenitente □ (*fig.*) **to go for w. and come home shorn**, andare per suonare ed essere suonati; tornare con le pive nel sacco □ (*fam.*) **to keep one's w. on**, restare calmo; non arrabbiarsi □ **knitting w.**, lana per lavori a maglia □ **long-stapled w.**, lana a fibra lunga □ (*fam. arc.*) **to lose one's w.**, andare in collera; arrabbiarsi □ (*fig.*) **much cry and little w.**, molto fumo e poco arrosto □ (*fig.*) **to pull the w. over sb.'s eyes**, gettar fumo negli occhi a q.; ingannare q.

woolen /ˈwʊlən/, (*USA*) *V.* **woollen**.

woolgathering /ˈwʊlgæðərɪŋ/, **A** *a.* distratto; sbadato. **B** *n.* **1** distrazione; sbadataggine **2** sogno a occhi aperti.

woolgrower /ˈwʊlgrəʊə(r)/, *n.* allevatore di pecore.

woolgrowing /ˈwʊlgrəʊɪŋ/, *n.* allevamento delle pecore.

woolies /ˈwʊlɪz/, *n. pl.* (*fam. USA*) biancheria intima (*mutandoni, ecc.*) di lana.

woollen /ˈwʊlən/, *a.* **1** di lana: **a w. rug**, un tappeto di lana; **w. cloth**, stoffa di lana **2** (*econ.*) della lana; laniero: **w. manufacturers**, industriali lanieri.

woollens, (*USA*) **woolens** /ˈwʊlənz/, *n. pl.* articoli (*o* indumenti) di lana; lanerie.

woolliness, (*USA*) **wooliness** /ˈwʊlɪnəs/, *n.* **1** lanosità **2** (*fig.*) confusione mentale.

woolly, (*USA*) **wooly** /ˈwʊlɪ/, **A** *a.* **1** lanoso; di lana; lanuto; lanuginoso: **w. hair**, pelo lanuginoso; capelli lanosi; **a w. puppy**, un cucciolo dal pelo lanuginoso; (*lett.*) **the w. flock**, il lanuto gregge **2** (*fig.*) confuso; annebbiato; indistinto; farraginoso: **a w. mind**, una mente confusa, annebbiata; **a w. voice**, una voce indistinta. **B** *n.* (*fam.*; *di solito pl.*) indumenti di lana. ● (*zool.*) **w. bear**, bruco velloso (*specialm. della famiglia degli Arctidi*) □ **w. clouds**, cielo a pecorelle □ (*fam.*) **w. elephant**, mammut □ **w.-headed**, dai capelli lanosi (*o* crespi); (*fig.*) che ha idee confuse, vaghe; confusionario; svampito □ (*polit., spreg.*) **w. liberal**, sinistroide □ **w.-minded**, svampito confusionario; dalle idee confuse □ (*fam. USA*) **wild and w.**, disordinato; senza legge; violento; (*specialm.*) del (*o* che ricorda il) Far West.

woolman /ˈwʊlmən/, *n.* (*pl.* **woolmen**) commerciante di lana.

woolpack /ˈwʊlpæk/, *n.* **1** balla di lana **2** balla (*o* imballaggio) per la lana.

woolsack /ˈwʊlsæk/, *n.* **1** sacco di lana **2** – (*polit.*) **the W.**, il cuscino (*imbottito di lana*) del seggio del Lord Cancelliere; (*fig.*) carica di Lord Cancelliere. ● (*fig.*) **to reach the W.**, diventare Lord Cancelliere □ (*fig.*) **to take seat on the W.**, aprire la seduta alla Camera dei Lord.

woolshed /ˈwʊlʃɛd/, *n.* (*Austr. e N.Z.*) stazione di tosa (*delle pecore*).

woozy /ˈwuːzɪ/, *a.* (*fam.*) che ha le vertigini; a cui gira la testa (*fam.*); intontito; stordito. ‖ **-ily**, *avv.* ‖ **-iness**, *sost.*

wop (**1**) /wɒp/, *n.* (*pop., spreg.*; *forse da «guappo»*) oriundo italiano (*o* latino); immigrato italiano (*in U.S.A.*); italiano.

wop (**2**), to **wop** /wɒp/, *V.* **whop, to whop**.

word /wɜːd/, *n.* **1** parola; termine; vocabolo: **He is a man of few words**, è un uomo di poche parole; **Don't say a w. about it**, non farne parola a nessuno!; **«Good» is not the w. for him**, «buono» non è il termine esatto per lui; **How many English words do you know?**, quanti vocaboli inglesi conosci?; **He gave his w.**, diede la sua parola (d'onore); **He is a man of his w.**, è un uomo di parola; **good words**, buone parole; parole di consolazione (*o* d'incoraggiamento); **You can take my w. for it**, puoi credermi sulla parola **2** notizia; notizie; informazione; messaggio: **W. came that the enemy was approaching**, giunse notizia che l'esercito nemico si stava avvicinando; **I've had no w. from him yet**, sono ancora senza sue notizie; non ho ricevuto alcun messaggio da lui; **No w. from home**, nessuna notizia da casa **3** (*mil.*) parola d'ordine; (*fig.*) motto; comando; ordine; segnale: **Sharp's the w.**, il nostro motto è «far presto!»; **The captain gave the w. to advance**, il capitano diede l'ordine d'avanzare; **The chief will give the w. to start**, il capo darà il segnale della partenza **4** (*elab.*) parola; codice; voce: **check w.**, parola di controllo **5** – (*relig.*) **the W.**, il Verbo; il Vangelo; la Parola di Dio. ● (*elab.*) **w.-addressable**, con indirizzamento a parole □ (*med.*) **w. blind**, affetto da cecità verbale (*o* da alessia, da dislessia) □ (*med.*) **w. blindness**, cecità verbale; alessia; dislessia □ **w.-bound**, impacciato nel parlare; che non vuol parlare □ (*gramm.*) **w. building** (*o* **w. formation**), formazione delle parole □ (*med.*) **w. deaf**, affetto da afasia acustica (*o* da sordità verbale) □ (*med.*) **w. deafness**, sordità verbale; afasia acuta □ **w. for w.**, parola per parola; alla lettera; letteralmente: **Repeat what he said w. for w.**, ripeti quello che ha detto parola per parola!; **to translate w. for w.**, tradurre alla lettera □ **w. game**, gioco con le parole; gioco di vocabolario □ **a w. in season**, una parola al momento giusto; un consiglio opportuno □ (*mil.*) **w. of command**, comando; ordine □ **w. of honour**, parola d'onore □ (*gramm.*) **w. order**, costruzione della frase □ **a w. out of season**, un consiglio inopportuno; un intervento fuori luogo □ (*fig.*) **a w.-painter**, un narratore pittoresco □ **w.-perfect**, che sa perfettamente a memoria una poesia (*o* una parte teatrale, ecc.); (*di un testo*) perfetto nei minimi particolari □ **w. picture**, descrizione vivida, icastica □ (*elab.*) **w. processing**, word processing; trattamento di testi □ (*elab.*) **w. processor**, word processor □ **w.-splitter**, sofista; pedante; chi spacca un capello in quattro □ **w.-splitting**, (*agg.*) pedantesco; (*sost.*) sofisticheria, pedanteria □ **w. square**, quadrato magico (*nell'enigmistica*) □ (*elab.*) **w. wrapping**, ritorno a capo □ **to be as good as one's w.**, essere un uomo di parola; mantenere le promesse □ **big words**, parole grosse; vanterie; fanfaronate; insulti □ **to break one's w.**, non tener fede alla parola data; non mantenere le promesse □ **by w. of mouth**, oralmente; verbalmente; a viva voce □ **to coin words**, coniare parole nuove □ **to eat one's words**, rimangiarsi le proprie parole; ritrattare; ammettere il proprio torto □ (*fig.*) **from the w. go**, fin dall'inizio □ (*fig.*) **to hang on sb.'s words**, pendere dalle labbra di q.; ascoltare q. con grande attenzione □ **to have** (*o* **to get**) **the last w.**, aver l'ultima parola □ **to have a few words with sb.**, scambiare qualche parola con q. □ **to have words with sb.**, venire a parole (*o* avere un diverbio) con q. □ **to be honest in w. and deed**, essere onesto a parole e nei fatti □ **in a** (*o* **in one**) **w.**, in una parola; in breve □ **in words**, in parole; in lettere: **The amount to be paid must be expressed in words as well as in figures**, la somma da pagare va indicata sia in cifre che in lettere □ **in other words**, in altri termini □ **in so many words**, esattamente; in tutte lettere; esplicitamente: **He didn't say that in so many words, but that's what he meant**, non lo disse esplicitamente, ma questo è ciò che voleva dire □ **to keep one's w.**, mantenere la parola (*o* le promesse) □ (*fig.*) **the last w. in**, l'ultima novità in fatto di: **This is the last w. in television sets**, questa è l'ultima novità in fatto di televisori □ **to leave w.**, lasciar detto (*q.c. a q.*) □ **long words**, polisillabi; parole difficili; paroloni: **He always uses long words**, usa sempre parole difficili □ **a man of few words**, un uomo di poche parole □ **a man of many words**, un uomo loquace □ **on** (*o* **with**) **the w.**, detto fatto; subito; immediatamente □ **a play upon words**, un gioco di parole □ **to proceed from words to blows**, passare (dalle parole) alle vie di fatto □ **to put one's fears into words**, manifestare i propri timori □ **to put one's thoughts into words**, tradurre in parole i propri pensieri □ **to say** (*o* **to put in**) **a good w. for sb.**, dire (*o* mettere) una buona parola in favore di q.; raccomandare q. □ (*fam.*) **to say the w.**, dire la parola decisiva; dare la propria approvazione; dare l'ordine (*di cominciare q.c.*) □ **to send sb. w.**, dare notizia a q.; avvertire q. □ **to take sb. at his w.**, prendere q. in parola □ (*fam.*) **to take sb.'s w. for it**, credere a q. sulla parola □ **to take words for things**, scambiare le parole per fatti □ **to take the words out of sb.'s mouth**, togliere la parola di bocca a q. □ **to tell st. in one's own words**, dire q.c. con parole proprie □ **too beautiful for words**, tanto bello da non potersi descrivere; d'indescrivibile bellezza □ **too good for words**, d'indicibile bontà □ **to waste words on sb.**, sprecare il fiato con q. □ **to weigh one's words**, pesare (*o* misurare) le parole □ **His w. is as good as his bond**, la sua parola è più che sufficiente; la sua parola vale un impegno scritto □ **Upon my w.!**, parola (d'onore)!; sul mio onore! □ **My w.!**, perbacco! □ (*fig.*) **He hasn't a w. to throw at a dog**, non rivolge la parola a nessuno □ **Don't breathe** (*o* **mention, say**) **a w. about it**, non farne parola ad alcuno!; non fiatare! □ (*prov.*) **A w. to the wise is enough**, a buon intenditor poche parole □ (*prov.*) **Good words without deeds are rushes and reeds**, belle parole e cattivi fatti ingannano savi e matti □ (*prov.*) **Kind words go a long way**, le buone parole possono molto; con le buone si fa tutto □ (*prov.*) **Words are but wind**, le parole volano (*cfr. lat. «Verba volant, scripta manent»*).

to **word** /wɜːd/, *v. t.* mettere in parole; esprimere; formulare; redigere; scrivere: **I don't know how to w. my letter**, non so come formulare la lettera; **The report must be worded clearly**, la relazione va redatta in modo chiaro; **It should be worded differently**, bisognerebbe dire la cosa con parole diverse; **a well-worded letter**, una lettera scritta bene (*con precisione di linguaggio*). ● **a telegram worded as follows**, un telegramma così concepito (*o* del seguente tenore).

wordbook /ˈwɜːdbʊk/, *n.* **1** lessico; vocabolario **2** (*mus.*) libretto d'opera.

wordily /ˈwɜːdəlɪ/, *avv.* verbosamente; prolissamente.

wordiness /ˈwɜːdɪnəs/, *n.* verbosità; prolissità.

wording /ˈwɜːdɪŋ/, *n.* **1** enunciazione; espressione; formulazione: **A different w. might be better**, forse una formulazione diversa è da preferirsi; **The meaning is clear, though the w. is involved**, il significato è chiaro anche se l'enunciazione è involuta **2** redazione; stesura **3** dicitura: **What's the w. on this rubber stamp?**, che dicitura porta questo timbro?

wordless /ˈwɜːdləs/, *a.* **1** senza parole; muto (*per lo stupore, ecc.*) **2** inespresso; non detto **3** (*mus.*) muto: **a w. chorus**, un coro muto. ‖ **-ly**, *avv.* ‖ **-ness**, *sost.*

wordplay /ˈwɜːdpleɪ/, *n.* il giocare con le parole; gioco di parole.

wordy /ˈwɜːdɪ/, *a.* verboso; prolisso: **a w. document**, un documento prolisso. ● **a w. man**, un uomo loquace; un parolaio.

wore /wɔː(r)/, *pass.* di **to wear**.

work /wɜːk/, *n.* **1** lavoro (*anche econ.*); occupazione, mestiere; opera; attività; fatica: **He doesn't like w.**, il lavoro non gli piace; **Can you do this w. alone?**, puoi fare questo lavoro da solo?; **a day's w.**, il lavoro d'una giornata; (*relig.*) **This is the w. of the Fiend**, questo è opera del Maligno; **works of mercy**, opere di bene; atti di carità; **Shakespeare's works**, le opere di Shakespeare; **This painting is my own w.**, questo dipinto è opera mia; **a w. of art**, un'opera d'arte; **works of art**, opere d'arte; **to find** (*o* **to get**) **w.**, trovar lavoro; trovare da lavorare; **A teacher does his w. mainly at school**, l'insegnante svolge la sua attività soprattutto a scuola; **to go to w.**, andare al lavoro: **I go to w. by bus**, vado al lavoro in autobus; **My father is at w. now**, mio padre è al lavoro; **It was hard w. climbing the hill**, la scalata del monte fu una dura fatica **2** (*pl.*) (*di solito col verbo al sing.*) fabbrica; officina; opificio; stabilimento: **The works are to open again soon**, la fabbrica sarà presto riaperta; **The biggest works is outside the town**, lo stabilimento più grande è fuori della città; **a gas works**, un'officina del gas **3** (*pl.*) meccanismo; ingranaggio; congegno; movimento: **The works need to be repaired**, bisogna riparare il congegno; **the works of a clock** (**of a watch**), il movimento di un orologio **4** (*pl.*) opere, lavori (d'ingegneria); (*mil.*) fortificazioni: **public works**, opere di pubblica utilità; lavori pubblici; **defensive works**, opere di difesa **5** (*fis.*) lavoro: **to convert energy into w.**, convertire energia in lavoro **6** (*mecc.*, = **workpiece**) pezzo (da lavorare): **to true up the w.**, centrare il pezzo **7** (*pl.*) (*fam.*; = **full works, the whole work**) tutto quanto; armi e bagagli; ogni cosa; (*di cibo*) un po' di tutto; il menù completo. ● **«Works ahead»** (*cartello*), «lavori in corso» □ **w. area**, zona lavoro (*di una cucina*) □ (*econ.*) **w. by the day**, lavoro a giornata; lavoro in economia □ (*org. az.*) **works committee**, commissione mista □ (*econ.*) **w. cost**, costo del lavoro □ (*ind.*) **w. cycle**, ciclo di lavorazione □ **w. group**, gruppo di lavoro □ (*org. az.*) **w. hour**, ora lavorativa □ **w. in hand** (*o* **in progress**), lavoro in corso □ **w. load**, carico (*o* quantità) di lavoro (*per un operaio*) □ (*org. az.*) **w. order**, ordine (*o* buono) di lavorazione; commessa □ (*leg.*) **w. permit**, permesso di lavoro □ (*econ.*) **w. relief**, sostegno all'occupazione □ **w. sheet**, foglio di appunti; (*rag.*) foglio contabile; (*org. az.*) foglio di lavorazione (*o* di lavoro); (*elab.*) foglio di programmazione □ (*cronot.*) **w. standard**, norma □ **w. station**, (*org. az.*) posto di lavoro; (*elab.*) stazione di lavoro □ (*econ.*) **w. stoppage**, interruzione del lavoro □ (*ind.*) **w. study**, studio dell'organizzazione del lavoro □ (*USA*) **w.-study scholarship**, borsa di studio con lavoro part time □ **w. ticket**, *V.* **w. order** □ **all in the day's w.**, tutto regolare; roba d'ordinaria amministrazione □ **to be at w.**, essere al lavoro □ **to be at the works**, essere in fabbrica; essere in officina □ **to be at w. upon st.**, lavorare a q.c.; essere occupato a fare q.c. □ **dirty w.**, lavoro che sporca; lavoro pesante (*o* sgradevole, odioso); (*anche*) lavoro poco pulito (*fig.*); attività illegale, illecita □ **to have a hand in the w.**, avere le mani in pasta □ (*fam.*) **to have one's w. cut out**, avere a mano un lavoro difficile; avere un bel da fare □ (*USA*) **to be in w.**, essere in lavorazione □ **to be in** (**regular**) **w.**, avere un lavoro (fisso); essere occupato; avere un impiego □ (*econ.*) **job w.**, lavoro a cottimo □ **to be looking for w.**, essere in cerca di lavoro □ **a maid of all w.**, una domestica tuttofare □ **to make short** (*o* **quick**) **w. of**, sbrigarsi a; sbarazzarsi di, far piazza pulita di: **You have made short w. of cleaning up the garden**, ti sei sbrigato a pulire il giardino; **I have made short w. of him**, mi sono sbarazzato di lui □ (*econ.*) **to be out of w.**, essere disoccupato □ **a piece of w.**, un lavoro; un oggetto lavorato: **What a wonderful piece of w.!**, che magnifico lavoro! □ (*ind.*) **safety at w.**, sicurezza sul lavoro □ **to set** (*o* **to go**) **about one's w.**, mettersi a lavorare; intraprendere il proprio lavoro □ **to set sb. to w.**, mettere q. al lavoro; far lavorare q. □ **to set** (*o* **to get**) **to w.**, mettersi al lavoro; mettersi all'opera □ **sexual discrimination at w.**, discriminazione sul lavoro in base al sesso; diversità di trattamento fra lavoratori e lavoratrici □ **welfare w.**, servizio di assistenza sociale; servizi sociali □ **I have done a good day's w.**, ho fatto un bel po' di lavoro, oggi □ **My w. is in civil engineering** (*o* **as a civil engineer**) faccio (di professione) l'ingegnere (civile).

to **work** /wɜːk/ (*pass.* e *p. p.* **worked,** *talora* **wrought**), **A** *v. i.* **1** lavorare; operare; fare un lavoro: **I've been working all day**, è tutto il giorno che lavoro; **He isn't working at present**, non sta lavorando ora; (*anche*) al momento è senza lavoro (*o* è disoccupato); **to w. hard**, lavorar sodo; (*econ.*) **to w. full-time**, lavorare a tempo pieno; **The new cook works well**, il nuovo cuoco fa bene il suo lavoro; **He was given the Nobel Prize because he had worked so hard for peace**, ricevette il premio Nobel per aver tanto operato per la pace **2** funzionare; fare effetto; essere efficace; andare: **The fridge isn't working**, il frigo non funziona; **This machine works quite smoothly**, questa macchina funziona benissimo; **I don't think your idea will w.**, non credo che la tua idea funzionerà; **The remedy didn't w.**, il rimedio non fu efficace; **The plan worked very well**, il piano andò alla perfezione **3** penetrare (con difficoltà): **The worm worked** (**its way**) **into the wood**, il tarlo penetrò nel legno **4** lavorarsi, manipolarsi (*bene, male, ecc.*): **This clay works easily**, quest'argilla si manipola bene **5** (*fig.*) maturare; fermentare: **Let the idea w. in your mind**, lascia che l'idea ti fermenti in testa **6** contrarsi; distorcersi: **Mr Hyde's features began to w. in an awful manner**, i lineamenti di Mr Hyde cominciarono a distorcersi in modo orrendo **7** (*naut.*) manovrare a fatica **8** (*mecc., naut.*) allentarsi; allascarsi; avere gioco **9** (*tecn.: del malto, ecc.*) fermentare. **B** *v. t.* **1** lavorare; foggiare; plasmare; manipolare: **to w. the soil**, lavorare la terra; **to w. butter** [**dough**] **well**, lavorar bene il burro [la pasta]; **to w. clay**, manipolare l'argilla; **to w. iron**, foggiare il ferro **2** far lavorare: **They w. us non stop in this farm**, in questa fattoria ci fanno lavorare senza tregua; **He works his men hard**, fa lavorare sodo i suoi uomini **3** far funzionare; azionare; manovrare; condurre: **to w. a machine**, far funzionare una macchina; **This new plant is worked by nuclear power**, questo nuovo impianto è azionato dall'energia nucleare; **to w. a ship**, manovrare una nave; **to w. an engine**, manovrare una locomotiva; **He worked the train from London to Liverpool**, condusse il treno (fece da macchinista sul treno) da Londra a Liverpool **4** (*tecn.*) comandare: **This gadget works the whole burglar-alarm**, questo aggeggio comanda l'intero antifurto **5** operare; causare; produrre; provocare; compiere; esercitare; fare: **Automation has worked** (*o* **wrought**) **many changes in the car industry**, l'automazione ha operato molti cambiamenti nell'industria automobilistica; **The storm worked great ruin**, la tempesta causò gravi danni; **His speech wrought a great impression on the audience**, il suo discorso produsse una grande impressione sull'uditorio; **to w. mischief**, provocare (*o* fare) danni ***6*** (*org. az.*) dirigere; essere a capo di: **to w. a farm**, dirigere una fattoria; **to w. a concern**, essere a capo di un'azienda ***7*** (*tecn.*) dare per fermentazione: **Yeast works beer**, il lievito per fermentazione dà la birra ***8*** (*econ.*) sfruttare, coltivare (*una miniera*): **to w. a coal mine**, sfruttare una miniera di carbone ***9*** operare, ricamare; fare (*cucendo o ricamando*): **to w. one's initials on the linen**, ricamare le proprie iniziali sulla biancheria; **to w. a shawl**, fare uno scialle ***10*** esercitare un influsso su (q.); convincere; indurre; persuadere: **You should w. him to your way of thinking**, dovresti indurlo a condividere il tuo modo di vedere ***11*** (*fam.*) sistemare; arrangiare (*fam.*); fare in modo: **I'll w. it so that you can come as well**, farò in modo che anche tu possa venire; **How did she w. it?**, come c'è riuscita? ***12*** (*USA*) fare (*un'operazione aritmetica*); risolvere (*un problema*); trovare, calcolare (*un risultato*). ● (*di un oratore, ecc.*) **to w. the audience into enthusiasm**, sollevare l'entusiasmo del pubblico □ **to w. clay into a statuette**, modellare una statuetta con l'argilla □ **to w. closely with sb.**, lavorare in stretta collaborazione con q. □ (*comm.*: *di un commesso viaggiatore*) **to w. a district**, lavorare in una zona, fare una zona □ **to w. double tides**, fare in un giorno il lavoro di due □ **to w. free**, (riuscire a) liberare, sciogliere: **to w. one's hands free**, liberarsi le mani □ (*fam.*) **to w. it**, farcela; riuscirci □ (*mecc.*) **to w. loose**, allentare; allentarsi: **The nut of the bolt has worked loose**, s'è allentato il dado del bullone □ **to w. nights**, fare il turno di notte □ (*ind., ecc.*) **to w. overtime**, fare lavoro straordinario; fare lo straordinario □ **to w. part-time**, lavorare a metà tempo □ **to w. one's passage (on a ship)**, pagarsi la traversata (su una nave) lavorando a bordo □ (*leg.*) **to w. a patent**, sfruttare un brevetto □ **to w. a typewriter**, scrivere a macchina; fare il dattilografo □ (*arc.*) **to w. one's will upon sb.**, imporre a q. la propria volontà □ **to w. wonders**, fare miracoli □ (*autom.*) **«Men working»** (*cartello*), «lavori in corso» □ **It worked like a charm**, la cosa (*o* tutto) andò a meraviglia; funzionò come d'incanto □ (*fam.*) **I'll w. it if I can**, farò di tutto per riuscire; cercherò di farcela.

♦**work against**, *v. i. + prep.* ***1*** lavorare contro: **Time is working against us**, il tempo lavora contro di noi ***2*** lavorare (manovrare, darsi da fare) contro (q. *o* q.c.): **to w. against war**, darsi da fare per impedire la guerra.

♦**work around to**, *V.* **work round to**.

♦**work at**, *v. i. + prep.* ***1*** lavorare in (*un luogo*): **to w. at a bank**, lavorare in banca ***2*** lavorare a (q.c.) □ (*fig.*) **I'm still working at it**, mi sto dando ancora da fare.

♦**work away**, *v. i. + avv.* ***1*** continuare a lavorare; darci dentro (*o* sotto; *fam.*) ***2*** (*di una parte del corpo*) muoversi ***3*** (*del viso*) fare piccole smorfie.

♦**work by**, *v. i. + prep.* (*di una macchina, ecc.*) funzionare, andare a: **This car works by electricity**, questa auto è azionata dall'energia elettrica □ (*econ.*) **to w. by the day**, lavorare a giornata.

♦**work down**, **A** *v. t. + avv.* consumare, logorare (*materiali*) con l'uso. **B** *v. i. + avv.* (*di lavoratori*) perdere status professionale; svolgere mansioni inferiori.

♦**work in**, **A** *v. t. + avv.* ***1*** introdurre; inserire; infilare: **to w. in a needle**, infilare un ago (*nella stoffa*); **Can't you w. in a few anecdotes?**, non puoi inserire qualche aneddoto? ***2*** adattare; far combaciare (*a incastro*): **It isn't easy to w. in our timetables with each other**, non è facile far combaciare i nostri orari. **B** *v. i. + avv.* ***1*** (*della polvere, ecc.*) penetrare; farsi strada (*dentro q.c.*) ***2*** (*fig.*) combaciare; accordarsi, adattarsi; essere compatibile: **My plans don't w. in with yours**, i miei progetti non si accordano con i tuoi □ **to w. oneself in**, fare la mano (*fam.*: l'osso) a un lavoro; riuscire a inserirsi.

♦**work off**, **A** *v. t. + avv.* ***1*** liberare, cavare, sganciare, staccare, togliere (*un coperchio, un bullone, e sim.*) ***2*** eliminare, liberarsi di (*col moto, ecc.*): **to w. off the stiffness in one's back by taking a few steps**, eliminare la rigidità della schiena facendo qualche passo ***3*** sbrigare: **to w. off a lot of correspondence**, sbrigare un mucchio di corrispondenza ***4*** sfogare: **He worked off his anger on me**, sfogò la sua rabbia su di me ***5*** (*fin.*) estinguere, pagare (*un debito*) col proprio lavoro ***6*** (*market.*) vendere, svendere, esitare (*merce*) ***7*** (*tipogr.*) stampare, tirare (*copie di un libro, ecc.*). **B** *v. i. + avv.* ***1*** (*di un gancio, un bullone, ecc.*) staccarsi; sganciarsi; togliersi (sfilarsi, ecc.) con l'uso ***2*** (*di un dolore, ecc.*) passare facendo del moto (*o* dei movimenti) □ (*volg. USA*) **to w. one's ass off**, farsi un culo così (*volg.*); darci la pelle (*pop.*) □ (*USA*) **to w. one's butt off**, *V.* **to w. one's tail off** □ (*fam.*) **to w. one's head off**, lavorare come un negro; mettercela tutta □ (*fig.*) **to w. off steam**, sfogarsi; rilassarsi □ (*volg. USA*) **to w. one's tail off**, farsi un culo così (*volg.*); lavorare come un negro; studiare da matti.

♦**work on**, **A** *v. i. + avv.* continuare a lavorare; darci dentro (*o* sotto; *fam.*). **B** *v. i. + prep.* ***1*** lavorare a: **to w. on a dictionary**, lavorare a un dizionario ***2*** lavorare per: **He's working on finding a new method of contraception**, sta lavorando per trovare un nuovo metodo contraccettivo ***3*** avere un effetto (*spesso cattivo*) su (q.); influenzare; rattristare; addolorare ***4*** agire, intervenire su (q. *o* q.c.); influenzare; lavorarsi (*fam.*): (*econ., fin.*) **The banks are working on interest rates**, le banche agiscono sui tassi d'interesse; **I'm trying to w. on the boss**, sto cercando di lavorarmi il capo. **C** *v. t. + prep.* operare; fare (*un disegno*) su; incidere su: **to w. a nice pattern on a carpet**, fare un bel disegno su un tappeto; **to w. a heart on a tree trunk**, incidere un cuore su un tronco d'albero □ (*econ.*) **to w. on contract**, lavorare a contratto □ **to w. on one's own**, lavorare da solo; (*econ.*) lavorare in proprio □ (*fam.*) **I'm still working on it**, mi sto ancora dando da fare.

♦**work out**, **A** *v. t. + avv.* ***1*** cavare, togliere, levar via (q.c.) con sforzo; far uscire (*q.c.*: *da un buco, di tasca, ecc.*) ***2*** calcolare; elaborare; risolvere: **to w. out a problem**, risolvere un problema; **to w. out a scheme**, elaborare un progetto; **to w. out the interest on a loan**, calcolare l'interesse su un mutuo ***3*** decifrare; decodificare: **to w. out a secret message**, decifrare un messaggio segreto ***4*** escogitare; inventare: **to w. out a new way of cutting down expenditure**, escogitare un modo nuovo di ridurre la spesa ***5*** progettare; pianificare: **to w. out one's future**, pianificare il proprio avvenire ***6*** passare (*il tempo*) lavorando ***7*** (*econ.*) esaurire (*una miniera, un pozzo petrolifero, ecc.*) ***8*** (*fam.*) capire, comprendere (*con qualche sforzo*): **to w. out the meaning of a difficult passage**, capire il significato di un brano difficile ***9*** (*USA*) *V.* **work off, A**, *def. 5*. **B** *v. i. + avv.* ***1*** (*di q.c. incastrato*) venir fuori, uscire (*a fatica*): **At last the thorn worked out of my finger**, alla fine la spina mi uscì dal dito ***2*** (*di un conto, una somma, ecc.*) tornare; venire: **My sums won't w. out**, le mie somme non tornano ***3*** (*fam.*) funzionare; andare (*bene, ecc.*); andare a finire: **Did his plan w. out?**, ha funzionato il suo piano?; **His novel is working out well**, il suo romanzo sta andando bene; **Everything will w. out for the best**, tutto andrà a finire nel migliore dei modi ***4*** (*di un cantante, un attore, ecc.*) esercitarsi; fare esercizio ***5*** (*di un atleta, un pugile, ecc.*) allenarsi □ **to w. out one's fate**, essere l'artefice del proprio destino □ (*mat.*) **to w. out a sum**, fare una somma □ **I'll w. things out**, metto a posto le cose io; ci penso io; sistemo tutto io □ **Things are working out well for him**, la faccenda (*o* l'affare) si mette bene per lui.

♦**work out to** (*o* **at**), *v. i. + avv. + prep.* (*mat., rag., ecc.*) ammontare, assommare a; risultare di: **The expected cost will w. out at 50,000 pounds**, il costo previsto ammonterà a 50.000 sterline; **The total area of the building plot works out to 5,000 yards**, la superficie complessiva del lotto risulta di 5.000 iarde.

♦**work over**, *v. t. + avv.* ***1*** (*specialm. USA*) rifare (*un'operazione aritmetica, ecc.*) ***2*** (*specialm. USA*) riscrivere (*una relazione, ecc.*) ***3*** (*fam.*) picchiare, pestare (q.); riempire (q.) di botte.

♦**work round**, *v. i. + avv.* ***1*** (*specialm. del vento*) cambiare direzione; girare ***2*** (*fig.*) cambiare idea; cambiare parere.

♦**work round to**, *v. i. + avv. + prep.* ***1*** avvicinarsi, accostarsi a: **He worked round to our point of view**, si avvicinò al nostro punto di vista; alla fine venne dalla nostra parte (*fig.*) ***2*** accostarsi a, giungere a toccare (*un argomento, ecc.*) ***3*** prepararsi a fare (*un lavoro*); mettersi a poco a poco a (*scrivere q.c., ecc.*).

♦**work through**, **A** *v. i. + prep.* entrare, penetrare (*a fatica*): **The rain is working through the tent**, l'acqua entra nella tenda. **B** *v. t. + prep.* ***1*** infilare, far entrare (*un ago, ecc.*) in ***2*** lavorare per finire, per sbrigare (q.c.): **to w. through arrears of correspondence**, lavorare per sbrigare la corrispondenza arretrata □ **to w. through college**, fare l'università lavorando □ **to w. through a very difficult problem**, riuscire a risolvere un problema assai difficile □ **to w. through a lot of difficulties**, lavorare in mezzo alle difficoltà □ **to w. one's way through university**, fare l'università lavorando.

♦**work to**, *v. i. + prep.* ***1*** lavorare secondo: **to w. to a plan**, lavorare secondo un piano; pianificare il proprio lavoro ***2*** lavorare ascoltando: **to w. to music**, lavorare ascoltando della musica □ **to w. sb. to death**, sfiancare q. dal lavoro □ (*fam.*) **to w. one's fingers to the bone**, ammazzarsi di lavoro □ **to w. an idea to death**, riprendere un'idea troppo sfruttata □ (*econ.*) **to w. to rule**, fare uno sciopero bianco □ (*org. az.*) **to w. to a timetable**, rispettare i tempi (*o* le scadenze).

♦**work up**, **A** *v. t. + avv.* ***1*** far venire su (*un chiodo, una vite, ecc.*) con piccoli movimenti ***2*** costruire faticosamente; creare, fare (*dal nulla o quasi*); sviluppare: **to w. up a big concern**, creare una grande azienda; **to w. up a reputation for one's products**, farsi un buon nome per la bontà dei propri prodotti; **to w. up foreign markets**, sviluppare i mercati esteri ***3*** eccitare (*una folla, ecc.*); suscitare (*sentimenti*); stimolare; fomentare: **Anthony worked up the feelings of the Romans**, Antonio eccitò i sentimenti dei romani; **to w. up a civil war**, fomentare una guerra civile; **to w. up one's anger**, fare ribollire la propria ira; **to w. up a friendy feeling**, suscitare un sentimento di amicizia ***4*** elaborare; sviluppare; organizzare: **to w. up a collection of facts into a magazine article**, organizzare (*o* elaborare) una serie di fatti ricavandone un articolo per una rivista; **to w. up a sketch into a portrait**, sviluppare uno schizzo in un ritratto ***5*** acquisire, assimilare (*conoscenze, nozioni, ecc.*). **B** *v. i. + avv.* ***1*** (*di un chiodo, una vite, ecc.*) venire su; venir fuori; sporgere ***2*** crearsi, farsi, formarsi, svilupparsi (*dal poco*); (*di una ditta, ecc.*) affermarsi: **His medicine practice is working up at last**, come medico, si sta facendo una buona clientela ***3*** (*del vento*) rinforzare ***4*** (*fig.*) farsi strada; fare carriera (*col proprio lavoro*): **I think he's working up to the chair**, credo che si stia facendo strada per la presidenza. **C** *v. rifl. + avv.* **work oneself up**, ***1*** farsi animo; farsi forza: **to w. oneself up to**

sit an exam, farsi forza per sostenere un esame **2** agitarsi; eccitarsi; innervosirsi; turbarsi: **Don't w. yourself up over nothing**, non agitarti per un nonnulla! □ **to w. up an appetite**, farsi venire l'appetito □ (*fig.*) **to w. an appetite for working at a bank**, farsi venire la voglia di lavorare in banca □ (*fig.*) **to w. up steam**, farsi forza; trovare l'energia necessaria (*per fare q.c.*) □ **to w. up to a climax**, raggiungere l'apice; arrivare al culmine □ **to w. one's way up**, fare carriera (*nella professione*); farsi strada.

♦**work upon**, *V.* **work on, B** e **C**.

workability /wɜːkəˈbɪlətɪ/, *n.* **1** (*tecn.*) lavorabilità **2** fattibilità; praticabilità **3** (*edil.*: *del cemento*) facilità di posa in opera.

workable /ˈwɜːkəbl/, *a.* **1** (*tecn.*) lavorabile; coltivabile: **w. soil**, terreno coltivabile **2** (*di miniera, ecc.*) coltivabile; sfruttabile **3** fattibile; attuabile; realizzabile: **a w. scheme**, un progetto realizzabile **4** (*di macchina*) funzionante. ● **w. clay**, argilla plasmabile.

workableness /ˈwɜːkəblnəs/, *V.* **workability**.

workaday /ˈwɜːkədeɪ/, *a.* **1** comune; ordinario; quotidiano; di tutti i giorni: **w. clothes**, abiti ordinari **2** (*fig.*) noioso; prosaico; tedioso: **a w. life**, una vita tediosa.

workaholic /wɜːkəˈhɒlɪk, *USA* -ˈhɔːl-/, *a.* e *n.* (*fam.*) maniaco del lavoro; stacanovista (*fig.*).

workaphile /ˈwɜːkəfaɪl, *USA* -fɪl/, *n.* (*fam. USA*) stacanovista che prova piacere a fare un grosso lavoro.

workbag /ˈwɜːkbæg/, *n.* borsa da lavoro (*o* degli attrezzi).

workbasket /ˈwɜːkbɑːskɪt, *USA* -bæs-/, *n.* cestino da lavoro.

workbench /ˈwɜːkbentʃ/, *n.* (*ind., mecc., ecc.*) banco di lavoro.

workbook /ˈwɜːkbʊk/, *n.* **1** libro di esercizi (*con questionari, spazi da riempire, ecc.*) **2** (*tecn.*) manuale (d'istruzione, ecc.).

workbox /ˈwɜːkbɒks/, *V.* **workbasket**.

workday /ˈwɜːkdeɪ/, *n.* (*USA*) giornata lavorativa; giorno feriale: **a seven-hour w.**, una giornata lavorativa di sette ore.

worked /wɜːkt/, *a.* (*ind.*) lavorato. ● (*di miniera, di giacimento*) **w.-out**, esaurito, sfruttato □ **w.-up**, agitato, eccitato; arrabbiato, risentito □ **to get w.-up**, agitarsi, eccitarsi, prendersela.

worker /ˈwɜːkə(r)/, *n.* lavoratore, lavoratrice; operaio, operaia: **He's a good w.**, è un gran lavoratore; **a factory w.**, un operaio di fabbrica. ● (*zool.*) **w.-bee**, ape operaia □ (*econ.*) **w. effectiveness**, efficienza della manodopera □ (*econ.*) **w.** (*o* **workers'**) **participation**, cogestione aziendale; partecipazione operaia □ **clerical w.**, impiegato □ **fellow-w.**, compagno di lavoro □ **skilled w.**, operaio specializzato □ **unskilled w.**, operaio non specializzato □ **welfare w.**, assistente sociale.

workfare /ˈwɜːkfeə(r)/, *n.* programma di assistenza pubblica che prevede prestazioni di lavoro da parte degli assistiti.

workforce /ˈwɜːkfɔːs/, *n.* (*econ.*) forza lavoro.

workhand /ˈwɜːkhænd/, *n.* dipendente; prestatore d'opera; operaio (*dell'industria o agricolo*).

workhorse /ˈwɜːkhɔːs/, *n.* **1** cavallo da lavoro **2** (*fig.*; *spesso* **willing w.**) gran lavoratore; stacanovista **3** (*fig.*: *di macchina, veicolo, ecc.*) mulo (*fig.*).

workhouse /ˈwɜːkhaʊs/, *n.* **1** (*in G.B., un tempo*) ricovero di mendicità; ospizio (*per vecchi*) **2** (*in U.S.A.*) riformatorio; casa di correzione; casa di lavoro **3** (*arc.*) laboratorio.

work-in /ˈwɜːkɪn/, *n.* (*econ.*) sciopero bianco; assemblea (sindacale) permanente.

working /ˈwɜːkɪŋ/, **A** *a.* **1** che lavora; attivo; laborioso **2** che funziona; funzionante; in funzione: **a w. model of a plane**, un modello d'aereo che funziona; un aeromodello; (*mecc.*) **the w. parts of a machine**, le parti funzionanti (*o* mobili) di una macchina **3** sufficiente; discreto; che basta allo scopo: **a w. knowledge of English**, una conoscenza discreta dell'inglese **4** (*di vestito, ecc.*) da lavoro. **B** *n.* **1** lavorazione; lavoro: **cost of w.**, costo di lavorazione **2** funzionamento: **the w. of an engine**, il funzionamento di un motore. ● (*fin., rag.*) **w. capital**, capitale d'esercizio; capitale circolante netto □ (*fin., rag.*) **w. capital ratio**, rapporto di liquidità (*di un'azienda*) □ (*econ.*) **the w. class**, la classe operaia; il proletariato □ **w.-class family**, famiglia operaia □ **w. conditions**, condizioni di lavoro □ (*rag.*) **w. costs**, spese d'esercizio, spese di gestione □ **a w. day**, una giornata lavorativa; un giorno feriale □ (*archit.*) **a w. drawing**, un disegno costruttivo □ (*rag.*) **w. expenses**, spese d'esercizio □ (*ind. min.*) **w. face**, sezione di scavo □ **w. hours**, ore lavorative; orario di lavoro □ **w. hypothesis**, ipotesi di lavoro □ **the w. life**, la vita (economicamente) attiva □ **a w. man**, un operaio; un lavoratore □ **a w. mother**, una donna con figli che lavora □ **w.-out**, calcolo, risoluzione; elaborazione, sviluppo; esecuzione, attuazione: **the w.-out of a problem**, la soluzione di un problema; **the w.-out of a plan**, l'elaborazione di un progetto □ (*fin.*) **w. partner**, socio attivo □ **w. party**, commissione di studio (*o* d'indagine); squadra di lavoro (*di soldati, prigionieri, detenuti, ecc.*) □ (*stat.*) **w. population**, popolazione attiva □ **w. surface**, *V.* **worktop** □ (*org. az.*) **w. time**, orario di lavoro □ (*econ.*) **w. to rule**, sciopero bianco □ **w. week**, settimana lavorativa: **5-day w. week**, settimana lavorativa di cinque giorni; settimana corta □ **w. woman**, operaia; impiegata; (*in genere*) donna che lavora; (*anche*) moglie di un operaio □ (*mecc.*) **in w. conditions** (*o* **in w. order**), in grado di funzionare; in buono stato.

workings /ˈwɜːkɪŋz/, *n. pl.* **1** (*mecc.*) meccanismi, funzionamento (*di una macchina*) **2** (*fig.*) meccanismo; lavorio: **the w. of one's imagination**, il lavorio della fantasia **3** contrazioni; distorcimento: **the w. of his face**, le contrazioni del suo volto **4** (*di miniera*) spessori (*o* strati) coltivati.

workless /ˈwɜːkləs/, *a.* senza lavoro; disoccupato.

workman /ˈwɜːkmən/, *n.* (*pl.* **workmen**) lavoratore; operaio; salariato. ● **workmen's compensation**, indennità per infortuni sul lavoro e malattie professionali □ **skilled w.**, operaio specializzato □ **He's a careful [quick] w.**, lavora bene [in fretta].

workmanlike /ˈwɜːkmənlaɪk/, *a.* **1** ben fatto; fatto con abilità (tecnica); (*di lavoro*) a regola d'arte **2** (*di persona*) abile; esperto; competente.

workmanship /ˈwɜːkmənʃɪp/, *n.* **1** abilità; abilità tecnica **2** esecuzione; fattura: **a vase of wonderful w.**, un vaso di favolosa fattura. ● **We are God's w.**, siamo opera di Dio □ **These bookcases are my w.**, questi scaffali (per i libri) li ho fatti io con le mie mani.

workmate /ˈwɜːkmeɪt/, *n.* compagno (*o* compagna) di lavoro.

workout /ˈwɜːkaʊt/, *n.* (*sport*) allenamento; esercizio preatletico.

workpeople /ˈwɜːkpiːpl/, *n. pl.* operai.

workpiece /ˈwɜːkpiːs/, *n.* (*ind.*) pezzo (da lavorare).

workplace /ˈwɜːkpleɪs/, *n.* posto di lavoro (*ufficio, fabbrica, ecc.*). ● **w. nursery**, nido d'infanzia della fabbrica.

workquake /ˈwɜːkkweɪk/, *n.* (*fam. USA*) rivoluzione nei sistemi di lavorazione (*in una fabbrica, ecc.*).

workroom /ˈwɜːkruːm, -rʊm/, *n.* stanza di lavoro; laboratorio.

works /wɜːks/, *V.* **work**, *def. 2, 3* e *4*.

workshop /ˈwɜːkʃɒp/, *n.* **1** officina; laboratorio **2** (*arte, letter., scienza*) gruppo di lavoro; seminario; serie d'incontri. ● (*stor., fig.*) **the w. of the world**, l'Inghilterra.

workshy /ˈwɜːkʃaɪ/, *a.* (*fam.*) sfaticato; pigro; senza voglia di lavorare.

worktable /ˈwɜːkteɪbl/, *n.* tavolo (*o* tavolino) da lavoro.

worktop /ˈwɜːktɒp/, *n.* piano di lavoro (*in una cucina*).

work-to-rule /ˈwɜːktəˈruːl/, *n.* (*econ.*) sciopero bianco.

workwear /ˈwɜːkweə(r)/, *n. collett.* (*market.*) indumenti da lavoro (*tute, ecc.*).

workweek /ˈwɜːkwiːk/, *n.* (*USA* e *Can.*) settimana lavorativa.

workwoman /ˈwɜːkwʊmən/, *n.* (*pl.* **workwomen**) lavoratrice; operaia; salariata.

world /wɜːld/, **A** *n.* **1** mondo; universo; pianeta, terra; gente, società; vita mondana: (*tur.*) **a cruise round the w.**, una crociera intorno al mondo; **to go round the w.**, fare il giro del mondo; **the creation of the w.**, la creazione del mondo; **this w.**, questo mondo; la vita terrena; **the next w.** (*o* **the w. to come**), l'altro mondo; l'aldilà; l'oltretomba; (*fig.*) **the w. of business**, il mondo degli affari; **the Old W.**, il Mondo Antico; **the New W.**, il Nuovo Mondo; l'America; **the Greek w.**, il mondo greco antico; **the English-speaking w.**, le genti di lingua inglese; i popoli anglofoni; **He's a man of the w.**, è un uomo di mondo; **He lives out of the w.**, vive fuori del mondo; non fa vita di società; **He knows** (*o* **He has seen**) **the w.**, conosce il mondo; conosce la vita; **He thinks the w. is his oyster**, si sente il padrone del mondo; (*relig.*) **to forsake the w.**, rinunciare (*o* dire addio) al mondo; **to take the w. as it is**, prendere il mondo come viene **2** (*tassonomia*) regno: **the animal w.**, il regno animale **3** (*fam.*) grandissima quantità; (un) mucchio; (un) sacco: **a w. of troubles**, un sacco di guai; **A little rest did me a w. of good** (*o* **worlds of good**), un po' di riposo mi fece un gran bene. **B** *a. attr.* mondiale: **the W. Bank**, la Banca Mondiale; **The US is a w. power**, gli U.S.A. sono una potenza mondiale; (*fin.*) **w. liquidity**, la liquidità mondiale. ● **to be worlds apart**, essere agli antipodi □ (*sport*) **w.-beater**, campione mondiale; fuoriclasse □ (*fam.*) **w.-beating**, grande; vincente; strepitoso □ **w.-class**, di classe (*o* di livello) internazionale (*o* mondiale) □ **a w. language**, una lingua universale □ **the w. of dreams**, il mondo dei sogni □ **the w. of letters**, il mondo delle lettere; i letterati □ **a w. of water**, una vasta distesa d'acqua □ **w.-old**, vecchio come il mondo; antichissimo □ **w. politics**, politica mondiale □ **a w. power**, una potenza mondiale □ (*sport*) **w. ranking**, posizione (occupata) nella classifica del campionato del mondo □ (*sport, USA*) **W. Series**, campionato di baseball □ **a w. too wide**, (di gran lunga) troppo largo, così largo che ci si balla dentro (*per es., di un vestito*) □ (*stor.*) **W. War I**, la prima guerra mondiale □ **w.-weary**, stanco del mondo; stanco della vita; annoiato a morte □ (*filos.*) **w.-view**, visione del mondo □ (*lett.*) **w. without end**, per sempre □ **to be all the w. to sb.**, essere tutto per q.: **My family is all the w. to me**, la mia famiglia è tutto per me □ **all over the w.** (*o* **all the w. over**), in tutto il mondo; dappertutto □ **to be asleep to the w.**, dormire come un ghiro (*o* della grossa) □ **before all the w.**, al cospetto di tutti; sfacciatamente □ **to bring a child into the w.**, mettere al mondo un bambino □ **a citizen of the w.**, un cittadino del mondo; una persona cosmopolita □ **to come into the** (*o* **this**) **w.**, venire al mondo; nascere □ (*econ.*) **the developing w.**, i paesi in via di sviluppo □ **the external w.**, il mondo esterno □ **the fashionable w.**, il bel mondo □ (*fig.*) **to feel on top of the w.**, essere al settimo cielo; non stare in sé dalla gioia □ **for all the w. like**, tale e quale; preciso; identico □ **for the w.**, per tutto l'oro del mondo: **I wouldn't do such a thing for the w.**, non farei una cosa simile per tutto l'oro del mondo □ **to get the best of two worlds**, avere tutti i vantaggi; avere la botte piena e la moglie ubriaca □ (*lett.*) **to give to the w.**, dare alle stampe; pubblicare □ **to go down in the w.**, decadere; impoverirsi □ **to go to the w.'s end**, andare in capo al mondo □ **to go up in the w.**, fare carriera □ **the great w.**, il gran mondo; il bel mondo □ **to let the w. slide**, lasciare che le cose vadano a modo loro; lasciare che il mondo (*o* la gente) parli □ **the lower w.**, (*mitol.*) gli Inferi; (*relig.*) l'inferno □ **to make the best of both worlds**, conciliare i piaceri del mondo con la vita spirituale □ **to make a noise in the w.**, far parlare molto di sé; diventare famoso □ **not for the w.**, per nulla al mondo □ **on a w. scale**, su scala mondiale □ (*fig.*) **to set the w. on fire**, avere un successo enorme; sfondare (*fig.*) □ (*pop.*) **to the w.**, completamente; del tutto: **drunk to the w.**, ubriaco fradicio □ (*fig.*) **to be on top of the w.**, essere al settimo cielo □ (*fam.*) **to be out of this w.**, essere una cosa dell'altro mondo; essere meraviglioso (*o* favoloso, fantastico, eccellente, divino) □ **to think the w. of sb.**, ammirare sconfinatamente q. □ **tired to the w.**, stanco morto □ **All the w. (and his wife) knows it**, lo sanno proprio tutti □ **How goes the w. with you?**, come va la vita? □ **All's right with the w.**, tutto è a posto; tutto va nel migliore dei modi □ (*lett.*) **So wags the w.**, così va il mondo □ (*modo prov.*) **It's the same all over the w.**, tutto il mondo è paese.

worldliness /ˈwɜːdlɪnəs/, *n.* ***1*** mondanità; carattere mondano ***2*** temporalità; condizione terrena.

worldling /ˈwɜːldlɪŋ/, *n.* (*arc.*) persona mondana; persona dedita ai piaceri della vita.

worldly /ˈwɜːldlɪ/, *a.* ***1*** mondano: **w. life**, vita mondana ***2*** terreno; temporale; materiale: **w. goods**, beni terreni; beni materiali. ● **w.-minded**, attaccato alle cose terrene □ **w.-mindedness**, attaccamento alle cose terrene □ **w. people**, gente dedita ai piaceri della vita □ **w. wisdom**, esperienza delle cose del mondo; accortezza □ **w.-wise**, che conosce le cose del mondo; accorto; esperto; navigato □ (*fam.*) **all one's w. goods**, tutta la propria roba; i propri beni.

worldshaking /ˈwɜːldʃeɪkɪŋ/, *a.* che ha risonanza mondiale.

worldwide /ˈwɜːldwaɪd/, **A** *a.* ***1*** mondiale; universale: **to win w. fame**, raggiungere una fama mondiale ***2*** (*fin., market.*) su scala mondiale. **B** *avv.* su scala mondiale; in tutto il mondo. ● **a w. empire**, un impero che copre tutto il mondo.

worm /wɜːm/, *n.* ***1*** (*zool.*) verme (*anche fig.*); baco; bruco; larva; lombrico; tarlo: **Several little birds are fed with worms**, molti piccoli di uccelli vengono nutriti con larve; **That dog has worms**, quel cane ha i vermi; (*fig.*) **to be food for worms**, essere cibo per i vermi; esser morto e sepolto; **He is a w.!**, è un verme!; è un individuo spregevole!; (*fig.*) **the w. of conscience**, il tarlo della coscienza; il rimorso ***2*** (*pl.*) (*med., vet.*) elmintiasi, elmintosi ***3*** (*mecc.*) filetto (*della vite*) ***4*** (*mecc.*, = **w. screw**) vite senza fine; vite perpetua ***5*** (*raro*) serpentina (*di un alambicco*) ***6*** filetto della lingua (*del cane*) ***7*** (*anat.*) *V.* **vermis** ***8*** (*pop. USA*) spaghetti: **worms in blood**, spaghetti al pomodoro. ● **w. cast**, terra evacuata da un lombrico □ (*mecc.*) **w. conveyor**, coclea per trasporto □ **w.-eaten**, roso dai vermi, bacato, tarlato; (*fig.*) antiquato; vecchio, decrepito: **w.-eaten wood**, legno tarlato □ (*scherz.*) **w.'s-eye view**, visione dal basso (*opposto di* **bird's-eye view**) □ **w. fishing**, pesca coi lombrichi □ (*mecc.*) **w. gear**, ingranaggio a vite; ingranaggio elicoidale □ (*mecc.*) **w. gearing**, trasmissione con vite perpetua □ (*mecc.*) **w. hob**, fresa a vite senza fine □ (*fig.*) **a w. in the apple** (*o* **in the bud**), il marcio (*nella mela*; *fig.*); una cosa che rovina tutto; quello che guasta, la mela marcia (*fig.*) □ (*farm.*) **w. powder**, vermifugo □ (*mecc.*) **w. wheel**, ruota elicoidale □ (*prov.*) **Even a w. will turn**, la pazienza ha un limite □ (*fig.*) **The w. is turned**, la situazione è cambiata; la biscia si è rivoltata al ciarlatano (*fig.*).

to **worm** /wɜːm/, **A** *v. i.* ***1*** (*di un uccello, ecc.*) andare a caccia di vermi ***2*** (*di un pescatore, ecc.*) cercare vermi ***3*** muoversi come un verme; strisciare: **The natives wormed through the bushes**, gli indigeni strisciavano tra i cespugli. **B** *v. t.* ***1*** – **to w. one's way**, farsi strada (*o* infiltrarsi) strisciando; avanzare (entrare, ecc.) furtivamente; insinuarsi: **The Redskins wormed their way into the camp**, i pellirosse s'infiltrarono nel campo strisciando sul terreno; **She wormed her way into the king's heart**, riuscì a insinuarsi nel cuore del re ***2*** – **to w. out**, estorcere (*una confessione, ecc.*); carpire (*un segreto*); cavare (*informazioni*); strappare (*una promessa*: *dopo lunghi interrogatori, ecc.*): **The Inquisitor wormed a confession out the poor girl**, l'inquisitore estorse una confessione alla povera ragazza ***3*** (*med., vet.*) dare un vermifugo a; liberare dai vermi; disinfestare; sverminare (*fam.*) ***4*** (*mecc.*) filettare (*una vite*) ***5*** (*naut.*) intregnare (*un cavo*). **C** to **worm oneself**, *v. rifl.* infiltrarsi strisciando; (*fig.*) insinuarsi (*nel cuore di q., ecc.*). ● **to w. on** (*o* **along**), avanzare strisciando □ **to w. out of**, scappare da (*una gabbia, ecc.*) strisciando; (*fig.*) sottrarsi a (*un'accusa*); schivare, scansare (*un lavoro*) □ (*di trave, ceppo, ecc.*) **to be wormed**, essere tarlato; essere roso dai tarli.

wormhole /ˈwɜːmhəʊl/, *n.* foro di tarlo; tarlatura.

wormholed /ˈwɜːmhəʊld/, *a.* tarlato; bacato.

worminess /ˈwɜːmɪnəs/, *n.* verminosità; l'essere tarlato (*o* bacato).

wormseed /ˈwɜːmsiːd/, *n.* ***1*** (*bot.*, *Chenopodium*) chenopodio (*in genere*) ***2*** (*med.*) santonina (*vermifugo*).

wormwood /ˈwɜːmwʊd/, *n.* ***1*** (*bot.*, *Artemisia absinthium*) assenzio ***2*** (*fig.*) amarezza; mortificazione; umiliazione: **Life to him was w.**, la vita era per lui una continua mortificazione.

wormy /ˈwɜːmɪ/, *a.* ***1*** pieno di vermi; bacato; tarlato; verminoso: **a w. apple**, una mela bacata ***2*** simile a un verme; (*fig.*) abietto, spregevole, strisciante, vile.

worn /wɔːn/, *p. p.* di **to wear**. ● **w.-out**, consunto, logoro; (*di persona*) stressato, esausto, sfinito; **w.-out shoes**, scarpe logore.

worried /ˈwʌrɪd, *USA* ˈwɜːr-/, *a.* preoccupato; infastidito; inquieto; turbato; seccato: **I'm w. about the result of the elections**, sono preoccupato per l'esito delle elezioni; **You are looking w. today**, hai l'aria turbata oggi. || **-ly**, *avv.*

worrier /ˈwʌrɪə(r), *USA* ˈwɜːr-/, *n.* ***1*** chi si preoccupa spesso; individuo apprensivo ***2*** (*raro*) chi causa preoccupazioni; chi provoca fastidi ***3*** (*zool.*) animale da preda; predatore.

worriment /ˈwʌrɪmənt, *USA* ˈwɜːr-/, *n.* (*fam. specialm. USA*) preoccupazione; inquietudine; fastidio; turbamento; seccatura; tormento.

worrisome /ˈwʌrɪsəm, *USA* ˈwɜːr-/, *a.* (*fam.*) ***1*** preoccupante; fastidioso; seccante ***2*** che si preoccupa; ansioso; inquieto; irritabile. || **-ly**, *avv.*

worrit, to **worrit** /ˈwʌrɪt, *USA* ˈwɜːr-/, (*dial. arc.*) *V.* **worry, to worry**.

worry /ˈwʌrɪ, *USA* ˈwɜːrɪ/, *n.* ***1*** ansia; inquietudine; preoccupazione: **He began to notice signs of w. on his wife's face**, cominciò a notare segni d'inquietudine sul viso di sua moglie ***2*** (*generalm. al pl.*) affanno; fastidio; guaio; preoccupazione; seccatura: **Thanks God, I'm free from any worries**, grazie a Dio, sono libero da ogni affanno; **little childish worries**, piccole preoccupazioni da bambini; **What a w. that boy is**, che seccatura è quel ragazzo! ***3*** (*fig.*) compito; occupazione; dovere; affare (*fig.*): **It's the salesman's w. to sell goods**, è affare del rappresentante vendere la merce ***4*** (*di cani, gatti, ecc.*) l'azzannar la preda; l'addentare; il dilaniare. ● **w. beads**, (rosario di) grani da fare scorrere fra le dita (*per rilassarsi*) □ **w.-free**, senza preoccupazioni; tranquillo: **A timer with automatic shutoff will allow you w.-free cooking**, il timer con spegnimento automatico (*del forno*) vi consentirà di cucinare in tranquillità □ **Let it be her w.**, lascia che ci pensi (*o* provveda) lei!

to **worry** /ˈwʌrɪ, *USA* ˈwɜːrɪ/, **A** *v. t.* ***1*** infastidire; importunare; seccare; scocciare (*pop.*): **Stop worrying her!**, smettila d'infastidirla; **Don't w. your friends with continuous requests of loans**, non seccare i tuoi amici con continue richieste di prestiti!; **She was always worrying him to buy a new car**, lo importunava di continuo perché comprasse un'automobile nuova ***2*** preoccupare; affliggere; turbare; tormentare: **Is anything worrying you?**, c'è qualcosa che ti preoccupa?; **His old wound worries him**, lo tormenta la sua vecchia ferita ***3*** azzannare; artigliare; dilaniare: **The cat worried the mouse**, il gatto artigliò il topo ***4*** (*di un animale*) dare la caccia a; predare; inseguire (*per sbranare*). **B** *v. i.* ***1*** preoccuparsi; affliggersi; prendersela; essere in ansia; tormentarsi: **Don't w.!**, non preoccuparti!; **She worries about every little thing**, se la prende per ogni inezia ***2*** – **to w. at**, azzannare, dar morsi a, addentare (*un oggetto, la preda*); (*fig.*) importunare; insistere con (*q.*; *perché faccia q.c.*). **C** to **worry oneself**, *v. rifl.* preoccuparsi; tormentarsi: **to w. oneself sick over st.**, fare un malattia per q.c.; tormentarsi per q.c. tanto da ammalarsi. ● (*di un cane*) **to w. at a bone**, azzannare un osso; divertirsi con un osso □ **to w. at a problem**, tentare e ritentare di risolvere un problema □ (*di un cucciolo*) **to w. at a slipper**, mordicchiare (*pop.*: mangiare) una pantofola □ (*fam. iron.*) **I should w.!**, non me ne importa un fico!; me ne frego! (*pop.*).

♦**worry about**, *v. i.* + *prep.* preoccuparsi, tormentarsi, prendersela per (q.c.): **What are you worrying about?**, di che ti preoccupi?

♦**worry along**, *v. i.* + *avv.* (*fam.*) trarsi d'impaccio; sbrigarsela; tirare avanti (alla meglio).

♦**worry out**, *v. t.* + *avv.* ***1*** trovare (a stento); rimediare (*fam.*): **to w. out an answer to one's problems**, trovare una risposta ai propri problemi ***2*** cavare (*fig.*); strappare (*fig.*); ottenere (q.c.) insistendo: **The boy worried out his father's consent**, il ragazzo strappò il consenso del padre.

♦**worry over**, *V.* **worry about**.

♦**worry through**, *V.* **worry along**.

worrying /ˈwʌrɪɪŋ, *USA* ˈwɜːr-/, *a.* ***1*** fastidioso; molesto; tormentoso ***2*** preoccupante; che turba. || **-ly**, *avv.*

worse (1) /wɜːs/, **A** *a.* ***1*** (*compar. di* **bad**) peggiore; peggio: **The play was much** (*o* **far**) **w. than I expected**, la commedia è stata assai peggiore di quel che mi aspettavo; **He's a w. student than his brother**, come studente è peggio di suo fratello; **He's w. than you at soccer**, al calcio gioca peggio di te; **This road is w. than the one we've left**, questa strada è peggio di quella che abbiamo lasciato ***2*** (*compar. di* **ill**) (*solo pred.*) peggio, peggiorato (*di salute*): **He was much w. than he thought**, stava molto peggio di quello che pensava; **I'm feeling w. today**, oggi mi sento peggio. **B** *n.* – **the w.**, il peggio; la cosa peggiore: **W. was yet to follow**, il peggio doveva ancora venire; **Things are going from bad to w.**, le cose stanno andando di male in peggio.

• **to be the w. for wear**, (*di un indumento, ecc.*) essere consunto (*o* logoro, liso, sgualcito, ecc.) per l'uso; (*fig.*) essere malandato, compromesso: **Her reputation is a bit w. for wear**, la sua reputazione è ormai un po' compromessa □ **to be w. off**, essere in peggiori condizioni (finanziarie); essere più povero □ **All the w.**, tanto peggio! □ **to change for the w.**, cambiare in peggio; peggiorare □ **a change for the w.**, un mutamento in peggio □ **to get w.**, peggiorare; stare peggio: **The patient is getting w. and w.**, il malato peggiora di continuo □ **to have the w.**, avere la peggio □ **to have the w. to tell**, non avere ancora detto il peggio □ **w. luck!**, tanto peggio! □ **to make things w.**, peggiorare la situazione □ **to be none the w. for**, non risentire per niente di: **He's none the w. for the car accident**, non ha risentito per niente dell'incidente in macchina □ **to put sb. to the w.**, avere la meglio su q.; battere, sconfiggere q. □ **so much the w.!**, tanto peggio! □ **W. couldn't happen**, di peggio non poteva capitarmi! □ **This old coat is the w. for wear**, questo vecchio cappotto ha ormai fatto le sue battaglie.

worse (2) /wɜːs/, *avv.* (*compar. di* **badly, ill**) peggio; in modo peggiore: **You're playing w. than ever**, stai giocando peggio che mai; **My car is running much w. than before**, la mia automobile va molto peggio di prima. • **for better or w.**, nella buona e nella cattiva sorte; nel bene e nel male □ **none the w.**, ugualmente; lo stesso: **I'll love you none the w. if you speak frankly**, se parli con franchezza, ti vorrò bene lo stesso □ **to think none the w. of sb.**, avere sempre stima di q.; non aver perso la stima di q.

to **worsen** /ˈwɜːsn/, *v. t. e i.* peggiorare; aggravare; aggravarsi: **The situation has worsened**, la situazione s'è aggravata.

worse-off /wɜːsˈɒf, *USA* -ˈɔːf/, *a.* che sta peggio; meno abbiente; più povero.

worship /ˈwɜːʃɪp/, *n.* **1** adorazione; culto; venerazione: **a place of w.**, un luogo dedicato al culto; un luogo sacro; una chiesa; **an object of w.**, un oggetto di venerazione (*o* di culto); **the w. of wealth**, il culto della ricchezza; **He was regarding her with w. in his eyes**, la fissava con uno sguardo d'adorazione **2** (*titolo*) eccellenza; eminenza; signoria: **Your Worships**, le Signorie Vostre; **Your W.**, Vostra Eccellenza **3** (*relig.*) culto; servizio religioso **4** (*arc.*) merito; virtù; fama: **men of w.**, uomini di gran merito; **to win w.**, acquistar vasta fama. • **image w.**, iconolatria □ (*relig.*) **public w.**, culto pubblico; servizio religioso.

to **worship** /ˈwɜːʃɪp/, *v. t. e i.* **1** adorare; venerare; idolatrare: **to w. false gods**, adorare false divinità; **to w. one's mother**, idolatrare la propria madre **2** andare in chiesa; essere praticante: **Where do they w.?**, in quale chiesa vanno?; a quale confessione appartengono? • **to w. the ground sb. walks on**, baciare la terra su cui uno cammina (*fig.*).

worshipful /ˈwɜːʃɪpfl/, *a.* (*specialm. nei titoli*) venerabile; onorevole; eccellente: **the Right W. Lord Mayor of Chester**, il molto onorevole sindaco di Chester. || **-ly**, *avv.* || **-ness**, *sost.*

worshipper, (*USA*) **worshiper** /ˈwɜːʃɪpə(r)/, *n.* adoratore; veneratore. • (*collett., relig.*) **the worshippers**, i fedeli.

worst (1) /wɜːst/, **A** *a.* (*superl. relat. di* **bad, ill**) (il) peggiore: **Which of them do you think is w.?**, quale di loro credi che sia il peggiore?; **That's the w. thing that could have happened**, è la cosa peggiore che potesse capitare; **He's the w. player on the team**, è il peggior giocatore della squadra. **B** *n.* – **the w.**, il peggio; la peggior cosa: **The w. is yet to come**, il peggio deve ancora venire; **The w. of it is that...**, il peggio è che...; **The w. of the epidemic is over**, il peggio dell'epidemia è passato. • **a w.-case situation**, una situazione al limite del disastro □ **at (the) w.**, alla peggio; (per) male che vada □ **to be at one's w.**, essere nelle peggiori condizioni possibili; trovarsi nel momento peggiore: **He was very tired last night, so you saw him at his w.**, era stanchissimo ieri sera, perciò l'hai visto nelle sue condizioni peggiori □ **to do one's w.**, agire (*o* comportarsi) malissimo; (*fam.*) fare di tutto: **He did his w. to spoil the party**, ha fatto di tutto per guastare la festa □ **to get** (*o* **to have**) **the w. of it**, avere la peggio □ **if the w. comes to the w.**, se le cose volgono al peggio; nel peggiore dei casi; se si mette male □ (*fam. USA*) **in the w. way**, moltissimo: **I want an ice cream in the w. way**, desidero moltissimo un gelato; ho una grandissima voglia di mangiare un gelato □ **to put sb. to the w.**, aver la meglio su q.; sconfiggere q. □ **Do your w.**, fa' pure!; imperversa fin che vuoi! □ (*fam.*) **Let him do his w., I'm not afraid of him**, faccia pure, non lo temo!

worst (2) /wɜːst/, *avv.* (*superl. relat. di* **badly**) **1** peggio; nel modo peggiore: **Bill is the one who's played (the) w.**, Bill è quello che ha giocato peggio (di tutti); **Jill was the w.-dressed girl at the ball**, Jill era la ragazza vestita peggio (di tutte) al ballo **2** maggiormente; (di) più: **It's the poor who suffer w.**, sono i poveri quelli che soffrono di più (*o* che stanno peggio); **It was the air raid that frightened us w.**, è stata l'incursione aerea che ci ha spaventati maggiormente.

to **worst** /wɜːst/, *v. t.* avere la meglio su (q.); sconfiggere; sgominare; battere; vincere: **The prime minister worsted his opponents**, il primo ministro ebbe la meglio sui suoi oppositori. • **to be worsted**, avere la peggio; essere sconfitto.

worsted /ˈwʊstɪd/, (*ind. tess.*) *n.* lana pettinata; pettinato di lana; pettinato. • **w. cloth**, pettinato di lana □ **w. socks**, calzini di lana pettinata.

worst-off /wɜːstˈɒf, *USA* -ˈɔːf/, *a.* che sta peggio (*di tutti*); il meno abbiente; il più povero.

wort /wɜːt/, *n.* **1** (*bot.*; *solo nei composti*) pianta; erba **2** mosto di malto (*prima della fermentazione*).

worth (1) /wɜːθ/, **A** *a. pred.* **1** che vale; del valore di; valevole: **a thing that is w. nothing**, una cosa che non vale nulla, di nessun valore **2** degno; meritevole; che vale la pena: **a film w. seeing**, un film che merita d'essere visto; **The novel isn't w. reading**, quel romanzo non vale la pena di leggerlo; **Is it w. all the trouble?**, val la pena darsi tanto da fare? **3** (*di persona*) in possesso di, che ha (*un certo patrimonio*): **He is w. a million pounds**, possiede un milione di sterline; **What's the steel magnate w.?**, qual è il patrimonio del magnate dell'acciaio? **B** *n.* **1** valore; merito; pregio: **a jewel of great w.**, un gioiello di grande valore; **What's the w. of this picture?**, qual è il prezzo di questo quadro?; **the true w. of Shakespeare's plays**, il vero valore dei drammi di Shakespeare; **men of great w.**, uomini di grande merito **2** (*arc. o rag.*) attivo; patrimonio; ricchezze: **net w.**, attivo netto; patrimonio netto. • **to be w.**, valere; costare: **It isn't w. much**, vale poco; **What is the house w.?**, quanto costa la casa? □ **to be w. it**, valere la pena: **It isn't w. it**, non ne vale la pena □ (*fam.*) **for all one is w.**, facendo del proprio meglio; di buona lena; mettendocela tutta: **He worked away for all he was w.**, continuò a lavorare a corpo morto □ **for what it's w.**, per quel che vale; ammesso che ne valga la pena: **For what it's w., I'll stand by you**, per quel che varrà, ti assicuro il mio appoggio □ (*fam.*) **w. one's salt**, degno del nome: **a poet w. one's salt**, un poeta degno del nome, un poeta che si rispetti □ (*fam.*: *di persona*) **not to be w. one's salt**, non meritare (*o* non valere) lo stipendio che si riceve; mangiare il pane a tradimento □ (*fam.*) **I had to work hard, but it has been w. it**, ho dovuto lavorare sodo, ma ne valeva la pena □ **I'll make it w. your while**, ti ricompenserò a dovere (in modo che tu non abbia a pentirti della fatica fatta, del rischio corso, ecc.) □ **That man is w. a lot of money**, quell'uomo è ricco sfondato □ **It isn't w. while going now**, non vale la pena di andare ora □ **I bought ten pounds' w. of stamps**, comprai francobolli per dieci sterline □ (*prov.*) **A bird in the hand is w. two in the bush**, meglio un uovo oggi che una gallina domani.

worth (2) /wɜːθ/, *voce verb.* (*arc.*, *3ª pers. cong. pres.*) accada; venga; sia: **Woe w. the day!**, maledetto sia il giorno!; **Well w. the hour!**, benedetta l'ora!; ben venga l'ora!

worthily /ˈwɜːðəlɪ/, *avv.* degnamente; bene: **a life w. spent**, una vita ben spesa.

worthiness /ˈwɜːðɪnəs/, *n.* **1** dignità; rispettabilità **2** merito; valore.

worthless /ˈwɜːθləs/, *a.* **1** privo di valore; che non vale niente; inutile: **Throw it away, it's quite w.**, buttalo via, non vale niente **2** indegno; immeritevole: **a w. sort of person**, una persona indegna. || **-ly**, *avv.* || **-ness**, *sost.*

worthwhile /wɜːθˈwaɪl/, *a.* che vale la pena; meritevole: **a w. effort**, uno sforzo che merita d'essere fatto. • **a w. experience**, un'esperienza utile □ **a w. job**, un lavoro che dà soddisfazioni (*anche economiche*); (*anche*) un lavoro utile (*per la collettività*).

worthy /ˈwɜːðɪ/, **A** *a.* **1** degno; meritevole: **a candidate w. of support**, un candidato meritevole d'appoggio; **w. of praise [of reward]**, degno di lode [di ricompensa]; (*lett.*) **a w. adversary**, un degno avversario **2** (*scherz. o iron.*) degno; onorevole; rispettabile: **Who is that w. gentleman?**, chi è quel rispettabile signore? **B** *n.* **1** (*arc.*) dignitario; maggiorente; notabile; personalità: **an Elizabethan w.**, una personalità dell'era elisabettiana; **the village worthies**, i notabili del villaggio **2** (*scherz. o iron.*) degno signore; personaggio; tipo. • **w. aims**, scopi onorevoli □ (*spreg.*) **a w. man**, un buon uomo □ **a w. reward**, una degna ricompensa; una ricompensa adeguata.

to **wot** /wɒt/, *v. i.* (*arc.*) – **to wot of**, conoscere; sapere.

wotcher /ˈwɒtʃə(r)/, *inter.* (*pop. raro*) ehi!; ciao!

would /wʊd, wəd, əd, d/, *v. modale* (*pass. di* **will**) **1** (*ausiliare per tutte le pers. del condiz. pres.*; *nel periodo ipotetico, anche del condiz. pass.*; *nell'inglese corrente, spesso sostituito da* **'d**; *è idiom.*:) **I w.** (*o* **I'd**) **do it, if I could**, lo farei (volentieri), se potessi; **They w. have come to the party, if they had been invited**, sarebbero venuti alla festa, se fossero stati invitati; **W. you go, if you were asked to?**, ci andresti, se t'invitassero?; **He w. be killed, if the bomb should go off**, resterebbe ucciso, se la bomba esplodesse; **He w. have been killed, if the bomb had gone off**, sarebbe stato ucciso, se la bomba fosse esplosa; **«W. you like to join us?» «Yes, I'd like to»**, «ti piacerebbe venire con noi?» «sì (mi piacerebbe)»; **W. you mind opening the window [shutting the door]?**, ti dispiacerebbe (*più com.*: ti dispiace) aprire la finestra [chiudere la porta]?; **I wouldn't mind it at all**, non ci farei caso; non mi disturba affatto; **I wouldn't mind a glass of beer**, un bel bicchiere di birra me lo farei volentieri **2** (*ausiliare per la formazione del «future in the past»*; *è idiom.*; *corrisponde al condiz. pass. ital.*:) **He said he w. do it at once**, disse che l'avrebbe fatto subito; **I promised I wouldn't do it any more**, promisi che non l'avrei fatto (*o* di non farlo) più; **W. he come back later, she asked**, lei chiese se sarebbe tornato dopo; **W. it be ready in time, I wondered**, mi chiedevo se sarebbe stato pronto in tempo utile; **They wired they w. arrive on Sunday**, telegrafarono che sarebbero arrivati la domenica **3** (*periodo ipotetico nel discorso indiretto*; *è idiom.*:) **The police say they w. help you if you called them in**, la polizia dice che ti aiuterebbe se tu la chiamassi; **The police said they w. have helped you if you had called them in**, la polizia disse che ti avrebbe aiutato se tu l'avessi chiamata; **They complain saying that they w. have come if they had been invited**, protestano dicendo che sarebbero venuti se li avessimo invitati **4** (*arc., salvo in frasi con implicazioni negative*; *con il significato di «volere», nel senso più lato, all'indic. pass.*:) **I couldn't find anyone who w. help me**, non riuscii a trovare nessuno disposto ad aiutarmi; **I kept telling him to listen to me but he just wouldn't**, gli dicevo di continuo di darmi ascolto, ma lui si rifiutava; **He insisted for hours, but I wouldn't go**, insistette per delle ore, ma io non volli andare; **The old door w. stay ajar**, la vecchia porta voleva restare socchiusa (*o* non voleva chiudersi), **The engine wouldn't start**, il motore non voleva partire (*o* non si metteva in moto); **The safe wouldn't open**, la cassaforte non voleva aprirsi (*o* non si apriva); **He asked me to give the letter to him but I said that I wouldn't**, mi chiese di dargli la lettera ma io gli dissi che non volevo (*o* gli dissi di no) **5** (*con il significato di «volere», al congiunt. imperfetto*:) **I could do it, if I w.**, potrei farlo, se volessi; **If only he w. be more patient**, solo che volesse avere più pazienza!; **W. I go for a swim, he asked**, mi chiese se volessi (*fam.*: se volevo) andare a fare una nuotata **6** (*idiom., ausiliare per la formazione del congiunt. perifrastico*:) **I wish you w. be quiet**, vorrei che tu stessi buono; **I wish you w. shut the door when you go out**, vorrei che tu chiudessi la porta quando esci **7** (*idiom.*: *sta a indicare consuetudine, inevitabilità, pervicacia, ecc.*:) **He w. stand there staring at the wall**, se ne stava là impalato, a fissare il muro; **Sometimes we w. go for long walks in the woods**, talvolta facevamo lunghe passeggiate nei boschi; **The old sailor w. always get drunk on Saturday nights**, il sabato sera, il vecchio marinaio si ubriacava sempre; **That's just what you w. do**, non potevi fare diversamente; c'era da aspettarselo, da te; **Of course, this being my birthday, the weather w. be nasty**, naturalmente, non poteva che fare un tempo orribile, il giorno del mio compleanno; **I kept telling him to stop it, but he w. do it all the same**, gli ripetevo di continuo di smetterla, ma lui s'ostinava a farlo; **«I've broken my camera» «You w.»**, «Ho rotto la macchina fotografica» «C'era da dirlo!». ● **w.-be**, che vorrebbe essere; sedicente; preteso; mancato; in erba: **the w.-be emperor**, il sedicente imperatore; **a w.-be poet**, un poeta mancato; **a w.-be gentleman**, uno che si picca d'essere un gentiluomo (ma non lo è); **w.-be doctors**, medici in erba □ **the would-be thief**, quello che potrebbe essere il «vostro» ladro □ **I [you] w. rather**, preferirei [preferiresti]; preferisco [preferisci]: **I w. rather wait, if you don't mind**, preferisco (*o* preferirei) aspettare, se non ti dispiace; **W. you rather wait or come again later?**, preferisci aspettare o ripassare più tardi? □ (*lett.*) **W. to God I had died**, meglio (sarebbe se) fossi morto!; fossi morto! □ (*arc.*) **W. to God!**, così piacesse a Dio!; piaccia a Dio! □ **W. you pass me the salt?**, mi passi il sale, per favore? □ **(I) w. to heaven (that) I had not gone!**, volesse il Cielo che non ci fossi andato! □ **He w. have none of it**, non volle saperne; non volle neanche sentirne parlare.

wouldn't /'wʊdnt, -dn/, *voce verb.* (*contraz. di*) **would not**.

wouldst /wʊdst, wədst(t)/, *voce verb.* (*2ª pers. sing. pass. arc. di* **would**).

wound (1) /wu:nd/, *n.* **1** ferita; piaga: **a knife w.**, una ferita di taglio; **a mortal w.**, una ferita mortale; **to dress a w.**, medicare una ferita **2** (*fig.*) ingiuria; offesa: **a w. to sb.'s pride [vanity]**, un'offesa all'orgoglio [alla vanità] di q. **3** (*fig.*) ferita; dolore: **to open old wounds**, riaprire vecchie ferite. ● (*med.*) **w. shock**, shock traumatico □ (*fig.*) **to leave a w.**, lasciare il segno (*fig.*).

wound (2) /waʊnd/, *pass.* e *p. p.* di **to wind (3)** *e talora* di **to wind (2)**.

to **wound** /wu:nd/, *v. t.* ferire; (*fig.*) offendere: **They were wounded in a riot**, furono feriti in un tafferuglio; **You've wounded his feelings**, l'hai ferito nei suoi sentimenti. ● **seriously wounded**, gravemente ferito □ (*fig.*) **willing to w.**, malevolo; maligno.

wound-up /'waʊnd'ʌp/, *a.* teso (*fig.*); sotto tensione (*fig.*); agitato.

woundwort /'wu:ndwɜ:t/, *n.* (*bot.*) **1** (*Solidago virga-aurea*) verga d'oro **2** (*Anthyllis vulneraria*) vulneraria.

wourali /wʊ'rɑ:lɪ/, *n.* (*pl.* **wouralis**) curaro (*veleno*).

wove /wəʊv/, *pass.* di **to weave**. ● **w. paper**, carta a mano.

woven /'wəʊvn/, *p. p.* di **to weave**.

wow (1) /waʊ/, *inter.* vow!; oh!; ohibò!; perbacco!

wow (2) /waʊ/, *n.* **1** (*pop. USA*) grande successo, successone (*specialm. teatrale*); fatto clamoroso; persona di successo **2** (*acustica*) wow; miagolio.

to **wow** /waʊ/, *v. t.* (*pop. USA*) fare una grande impressione su (q.); entusiasmare (*il pubblico, ecc.*).

wowser /'waʊzə(r)/, *n.* (*pop. Austr.*) **1** puritano fanatico **2** astemio.

Wrac /ræk/, *n.* (*mil.*) ausiliaria dell'esercito inglese (*dall'acronimo* **WRAC**, *che sta per* **Women's Royal Army Corps**). ● **to join the Wracs**, arruolarsi nel corpo delle ausiliarie dell'esercito.

wrack (1) /ræk/, *n.* **1** distruzione; rovina: **to go to w. and ruin**, andare in malora; andare in completa rovina **2** (*naut., lett. o dial.*) relitto gettato sulla spiaggia; carcassa; nave naufragata **3** (*bot.*) alghe marine (*gettate dalle onde sulla spiaggia*).

wrack (2) /ræk/, *n.* nuvolaglia; nubi sparse.

Wraf /ræf/, *n.* (*mil.*) ausiliaria dell'aeronautica inglese (*dall'acronimo* **WRAF**, *che sta per* **Women's Royal Air Force**).

wraith /reɪθ/, *n.* (*lett.*) fantasma; spettro (*che si credeva apparisse poco prima o subito dopo la morte di q.*).

wraithlike /'reɪθlaɪk/, *a.* simile a uno spettro; magrissimo; emaciato.

wrangle /'ræŋgl/, *n.* alterco; litigio; baruffa; disputa; zuffa.

to **wrangle** /'ræŋgl/, *v. i.* altercare; azzuffarsi; accapigliarsi; litigare: **What are they wrangling about?**, per che cosa stanno litigando?

wrangler /'ræŋglə(r), -gəl-/, *n.* **1** attaccabrighe; individuo rissoso **2** (*università di Cambridge*) studente classificato fra i primi agli esami di matematica **3** (*USA*) cowboy che raduna il bestiame.

wrap /ræp/, *n.* **1** copertura; involucro **2** indumento (*da mettere sopra un altro*); mantello; sciarpa; scialle; (*anche*) coperta da viaggio **3** (*grafica*) incarto **4** bendaggio (*trattamento estetico*). ● **w. robe**, accappatoio (*da donna*) □ **long w. coat**, vestaglia lunga (*da donna*) □ (*fig. fam.*) **under wraps**, nascosto; segreto.

to **wrap** /ræp/, **A** *v. t.* **1** avvolgere (*anche fig.*); coprire; avviluppare; nascondere: **to w. up food in tinfoil**, avvolgere cibo nella stagnola; **W. the kittens in a blanket**, avvolgi i gattini in una coperta!; **The tree tops were wrapped in fog**, le cime degli alberi erano avvolte dalla nebbia; **The housetops were wrapped in smoke**, i comignoli erano nascosti dal fumo; **This story is wrapped in mystery**, questa storia è avvolta nel mistero **2** fare (*un pacco*); incartare; impaccare; involtare (*fam.*): **to w. up a parcel**, fare un pacchetto; **W. it in the newspaper**, incartalo col giornale! **3** (*market.*) confezionare: **to w. a product piece by piece**, confezionare un prodotto pezzo per pezzo **4** (*pop. USA*) concludere; finire. **B** *v. i.* **1** (*anche, v. rifl.*, **to wrap oneself up**) avvolgersi; coprirsi: **She wrapped (herself) up well and went out**, si coprì bene e uscì di casa **2** (*anche* **to w. over**) sovrapporsi; combaciare: **The edges do not w.**, i margini non si sovrappongono **3** essere contenuto; stare; entrare: **The microphone wraps up in a very small packet**, il microfono sta in un pacchetto piccolissimo. ● **to w. around**, avvolgere; (*fig.*) circondare interamente □ **to w. one's arms round sb.**, gettare le braccia al collo di q.; serrare fra le braccia q. □ (*fig. fam.*) **to w. up**, concludere; portare a termine; chiudere; riassumere, fare un sommario di: **The police wrapped up the case in less than a week**, la polizia chiuse il caso in meno di una settimana; **to w. up an agreement**, stringere (*o* concludere) un accordo; (*comm.*) **to w. up a business**, chiudere un'azienda □ (*fig.*) **to be wrapped up in**, essere completamente preso da; essere assorbito, impegnato da; non aver occhi che per (q.): **I'm wrapped up in my business affairs**, sono completamente preso dai miei affari □ (*fam.*) **W. up!**, chiudi il becco! □ (*fam.*) **W. it up!**, silenzio!

wraparound /'ræpəraʊnd/, *n.* **1** (*elab.*) wraparound; indirizzamento ciclico **2** (*USA*) *V.* **wrapround**.

wrappage /'ræpɪdʒ/, *V.* **wrapping**.

wrapper /'ræpə(r)/, *n.* **1** involucro; involto; incarto **2** copertina volante (*di libro*); fascia, fascetta (*di giornale, rivista, ecc.*): **stamped w.**, fascetta affrancata **3** (*market.*) incartatore; imballatore **4** foglia esterna di tabacco (*che avvolge i sigari*) **5** (*raro*) accappatoio; leggera veste da camera. ● **under w.**, sottofascia.

wrapping /'ræpɪŋ/, *n.* **1** (*di solito al pl.*) copertura; involucro; involto; fascia: **the wrappings round a wound**, le fasce intorno a una ferita **2** (*market.*) materiale da imballaggio (*o* da imballo) **3** (= **w.-up**) l'incartare; incartata; avvolgimento. ● **w. paper**, carta da pacchi.

wrapround /'ræpraʊnd/, **A** *a.* **1** che circonda completamente; avvolgente **2** (*d'indumento*) senza abbottonatura; (*di cappotto*) a mantello; (*di gonna*) a portafoglio. **B** *n.* (*di libro e sim.*) fascetta (pubblicitaria).

wrap-up /'ræpʌp/, *n.* (*USA*) **1** riepilogo delle notizie trasmesse (*per radio e TV*) **2** (*comm.*) (*fam. USA*) articolo che si vende bene.

wrasse /ræs/, *n.* (*zool., Labrus*) labro.

wrath /rɒθ, rɔ:θ, *USA* ræθ, rɑ:θ/, *n.* (*lett.*) collera; furore; ira: **the w. of God**, la collera di Dio; **My father is slow to w.**, mio padre non è facile all'ira. ● (*poet. o scherz.*) **children** (*o* **vessels**) **of w.**, persone destinate alla punizione divina.

wrathful /'rɒθfl, 'rɔ:θ-, *USA* 'ræθ-, 'rɑ:θ-/, *a.* (*lett.*) adirato; furibondo; indignato. ‖ **-ly**, *avv.* ‖ **-ness**, *sost.*

wrathy /'rɒθɪ, 'rɔ:θɪ, *USA* 'ræθɪ, 'rɑ:θɪ/, (*fam.*) *V.* **wrathful**.

to **wreak** /ri:k/, *v. t.* **1** dar libero corso a; sfogare: **He wreaked his anger on his children**, sfogò l'ira sui figli **2** compiere; fare: **to w. vengeance upon a foe**, compiere la propria vendetta su un nemico **3** (*arc.*) vendicare. ● **to w. havoc all over the country**, causare distruzioni in tutto il paese.

wreath /ri:θ/, *n.* **1** ghirlanda; corona (*di fiori*); serto: **a laurel w.**, un serto di alloro **2** anello; cerchio; spirale; voluta: **wreaths of smoke**, volute di fumo. ● (*poet.*) **a w. of spectators**, spettatori che fanno corona.

to **wreathe** /ri:ð/, **A** *v. t.* **1** intrecciare (*fiori, ghirlande*); fare (*corone di fiori*) **2** inghirlandare: **to w. sb.'s head in laurel**, inghirlandare d'alloro la fronte di q. ***3*** avvolgere; avviluppare; circondare: **Clouds wreathed the mountains**, le nubi avvolgevano i monti. **B** *v. i.* ***1*** (*di solito, v. rifl.*, **to wreathe oneself**) attorcigliarsi; avvilupparsi: **The boa wreathed itself round its prey**, il boa si attorcigliò intorno alla preda ***2*** (*del fumo, ecc.*) salire in spire (*o* in volute). ● **to w. one's arms round sb.**, stringere q. fra le braccia □ **a face wreathed in wrinkles**, una faccia coperta di rughe □ **His face was wreathed in smiles**, la sua faccia era tutta un sorriso.

wreck /rɛk/, *n.* ***1*** (*naut.*, = **shipwreck**) naufragio (*anche fig.*): **There have been many wrecks lately**, vi sono stati molti naufragi di recente; **the w. of one's hopes**, il naufragio delle proprie speranze ***2*** (*naut.*) relitto; nave che ha fatto naufragio; carcassa: **The shore was strewn with wrecks**, la spiaggia era coperta di relitti ***3*** disastro; scontro; sinistro: **a train w.**, un disastro ferroviario; **an automobile w.**, uno scontro automobilistico ***4*** rottame (*anche fig.*); rudere; macerie; (*fig.*) ombra: **After the collision the train coaches were reduced to wrecks**, dopo lo scontro le carrozze del treno erano ridotte a rottami; **The palace is now a w.**, il palazzo è ridotto a un rudere; **He is but a** (*o* **the**) **w. of his former self**, non è più che l'ombra di se stesso ***5*** (*fig.*) distruzione; rovina; sfacelo: **the w. of one's schemes**, lo sfacelo dei propri progetti ***6*** (*elab.*) grave malfunzionamento; intasamento (*dello schermo*) ***7*** (*fam.*, = **old w.**: *di un'auto*) macinino. ● (*autom.*) **w. car**, carro attrezzi; carro (di) soccorso; carro gru; autogrù □ (*naut.*) **w. chart**, carta costiera dei relitti □ (*naut.*) **w. raising**, recupero di un relitto □ (*ferr.*) **w. train**, treno di soccorso □ (*fig.*: *di persona*) **to be a nervous w.**, avere i nervi a pezzi □ **The w. of the sea belongs to the Crown**, i relitti dei naufragi sono di proprietà della Corona (*in G.B.*).

to **wreck** /rɛk/, **A** *v. t.* ***1*** far naufragare; (*fig.*) distruggere, rovinare, mandare in rovina (*o* in fumo): **The ship was wrecked by the storm**, la tempesta fece naufragare la nave; **He will w. our plans** [**the undertaking**], manderà in fumo i nostri progetti [manderà in rovina la nostra impresa] ***2*** abbattere, demolire, mandare in pezzi, smantellare (*un edificio*) ***3*** (*elab.*) intasare (*lo schermo*). **B** *v. i.* ***1*** naufragare; far naufragio ***2*** (*elab.*: *dello schermo*) intasarsi. ● **to w. one's digestion**, rovinarsi la digestione □ **to be wrecked**, (*di nave, marinai, passeggeri*) far naufragio; (*di treno, automobile*) scontrarsi: **We were wrecked off Cape Horn**, facemmo naufragio al largo di Capo Horn; **The train was wrecked inside the tunnel**, il disastro ferroviario avvenne dentro la galleria □ **wrecked goods**, relitti di un naufragio; merci cadute in (*o* gettate a) mare □ (*fig.*) **a wrecked life**, una vita distrutta □ **wrecked sailors**, marinai che hanno fatto naufragio; naufraghi □ (*polit.*) **wrecking amendment**, emendamento ostruzionistico □ **wrecking crew**, (*naut.*) equipaggio addetto ai recuperi; (*autom.*) squadra di soccorso □ **My nervous system has been completely wrecked**, il mio sistema nervoso è a pezzi.

wreckage /ˈrɛkɪdʒ/, *n.* ***1*** (*arc.*) naufragio (*anche fig.*) **the w. of one's hopes**, il naufragio delle proprie speranze ***2*** (*naut.*) relitto, relitti (*di un naufragio*) ***3*** rottame, rottami (*di un disastro aereo, di un grave incidente stradale, ecc.*) ***4*** macerie (*di un edificio*) ***5*** (*fig.*) rovina; distruzione; sfacelo: **the w. of their marriage**, il loro matrimonio andato in sfacelo.

wrecker /ˈrɛkə(r)/, *n.* ***1*** (*stor.*) chi causava naufragi a scopo di saccheggio (*accendendo fuochi presso coste irte di scogli, ecc.*); saccheggiatore di relitti ***2*** (*fig.*) distruttore; ostruzionista ***3*** (*naut.*) nave per recuperi; nave di soccorso; recuperatore di relitti ***4*** (*autom., ferr., USA*) carro attrezzi; carro (di) soccorso; carro gru; autogrù ***5*** (*USA*) demolitore (*di case vecchie, ecc.*).

wren /rɛn/, *n.* (*zool., Troglodytes troglodytes*) scricciolo.

Wren /rɛn/, *n.* (*mil.*) ausiliaria della marina militare inglese (*dall'acronimo* **WREN**, *che sta per* **Women's Royal English Navy**).

wrench /rɛntʃ/, *n.* ***1*** strappo; tirata; torsione brusca: **I gave a w. at the door-handle**, diedi uno strappo alla maniglia ***2*** (*med.*) strappo muscolare; distorsione; storta: **He gave his ankle a bad w. when he jumped down**, saltando giù si produsse una brutta storta alla caviglia ***3*** (*fig.*) forte dolore; strazio: **the w. of saying goodbye**, il dolore di doversi dire addio ***4*** (*mecc.*) spinta con torsione ***5*** (*mecc.*) chiave fissa; chiave inglese: **double-head w.** (*o* **double-ended w.**), chiave inglese doppia ***6*** (*mecc., USA*) chiave (*in genere*): **Stillson w.**, chiave Stillson; chiave stringitubi. ● (*mecc.*) **monkey w.**, chiave a rullino □ (*mecc.*) **tap w.**, giramaschi.

to **wrench** /rɛntʃ/, *v. t.* ***1*** strappare; tirare; torcere: **He wrenched the revolver away from me**, mi strappò la rivoltella di mano; **to w. a fowl's head off**, tirare il collo a un pollo ***2*** slogare; storcere: **He slipped and wrenched his ankle**, scivolò e si slogò una caviglia ***3*** (*fig.*) distorcere; falsare; alterare; svisare; travisare: **to w. the meaning of a phrase**, distorcere il significato di una locuzione; **You shouldn't w. my statement**, non devi alterare la mia dichiarazione. ● **to w. a door open**, aprire la porta con uno strattone; forzare una porta □ **to w. oneself free**, liberarsi con uno strattone □ **to w. off**, cavare strappando, strappare: **I had to w. the lid off**, ho dovuto strappare il coperchio □ **to w. a door off its hinges**, scardinare una porta.

wrest /rɛst/, *n.* ***1*** strappo; tirata; torsione ***2*** (*mus.*) chiave per accordare strumenti musicali. ● (*mus.*) **w. pin**, bischero; pirolo.

to **wrest** /rɛst/, *v. t.* ***1*** strappare (*anche fig.*); estorcere: **I wrested the whip from the angry master**, strappai la frusta al padrone adirato; **to w. a confession from sb.**, estorcere una confessione a q. ***2*** torcere; distorcere; stiracchiare: **to w. the law to suit oneself**, distorcere la legge a proprio vantaggio ***3*** alterare; falsare; svisare; travisare: **to w. the sense of a passage**, svisare il significato di un passo. ● (*fig.*) **to w. a living**, guadagnarsi a stento da vivere.

wrestle /ˈrɛsl/, *n.* ***1*** (*sport*) incontro di lotta ***2*** (*fig.*) dura lotta; combattimento.

to **wrestle** /ˈrɛsl/, **A** *v. i.* ***1*** lottare; (*sport*) fare la lotta; (*fig.*) combattere; battersi (*con un avversario*): **They were wrestling** (**together**), facevano la lotta; lottavano (l'uno contro l'altro); **to w. with temptations**, combattere le tentazioni ***2*** – **to w. with**, essere alle prese con, affrontare vigorosamente, applicarsi seriamente a (*un compito, un dovere, un problema, ecc.*). **B** *v. t.* lottare contro; (*sport*) fare la lotta con: **I hope you'll w. him for the prize**, spero che accetterai di lottare contro di lui per il premio in palio. ● (*sport*) **to w. down** (*o* **to the ground**), atterrare (*l'avversario*) □ (*raro*) **to w. in prayer** (*o* **to w. with God**), pregare con grande fervore □ **to w. with oneself**, lottare dentro di sé □ **to w. with one's fears**, fare i conti con i propri timori.

wrestler /ˈrɛslə(r)/, *n.* (*sport*) lottatore. ● **Graeco-Roman w.**, grecoromanista.

wrestling /ˈrɛslɪŋ/, *n.* (*sport*) lotta. ● **a w. match** (*o* **contest**), un incontro di lotta □ **freestyle w.**, lotta libera □ **Graeco-Roman w.**, lotta greco-romana.

wretch /rɛtʃ/, *n.* ***1*** disgraziato, disgraziata; infelice; misero, misera; sventurato, sventurata; sciagurato, sciagurata ***2*** individuo spregevole; miserabile; vile ***3*** (*scherz.*) birbantello; mascalzoncello; incosciente. ● **poor w.!**, povero diavolo!

wretched /ˈrɛtʃɪd/, *a.* ***1*** disgraziato; infelice; misero; sventurato; sciagurato: **Toothache makes everybody feel w.**, il mal di denti rende tutti infelici; **a w. house**, una misera casa; un tugurio ***2*** spregevole; miserabile; vile: **a w. fellow**, un individuo spregevole ***3*** brutto; cattivo; orrendo; pessimo; deprimente; squallido: **w. weather**, brutto tempo; **w. health**, salute pessima; **w. food**, cibo pessimo; **What a w. place to live in!**, che posto squallido per viverci! ***4*** (*fam.*) maledetto; stramaledetto (*pop.*); fottuto (*volg.*): **Where are my w. keys? I can't find them**, dove sono le mie maledette chiavi? Non le trovo più. ● **a w. horse**, un ronzino □ **w. ignorance**, crassa ignoranza □ **a w. life**, una vita di stenti □ **a w. poet**, un poetastro □ **The w. man had lost all his relatives**, l'infelice aveva perso tutti i parenti. || **-ly**, *avv.* || **-ness**, *sost.*

wrick /rɪk/, *n.* (*raro*) slogatura; storta; distorsione; lieve strappo.

to **wrick** /rɪk/, *v. t.* (*raro*) slogare; storcere leggermente: **to w. one's ankle**, slogarsi una caviglia.

wriggle /ˈrɪgl/, *n.* contorsione; contorcimento.

to **wriggle** /ˈrɪgl/, **A** *v. i.* ***1*** contorcersi; dimenarsi; dibattersi; agitarsi: **The witness wriggled uneasily in his chair**, il teste si agitò sulla sedia per il disagio ***2*** (*fig.*) essere evasivo; equivocare: **It's no use asking him; you know the way he wriggles**, è inutile chiederlo a lui; sai bene come è evasivo ***3*** (*fig.*) essere a disagio: **My interruptions made the orator w.**, le mie interruzioni mettevano a disagio l'oratore. **B** *v. t.* contorcere; dimenare; agitare; scuotere: **to w. one's tail**, dimenare la coda; **to w. one's hand**, agitare la mano; **to w. one's hips**, dimenare i fianchi. ● **to w. along**, avanzare contorcendosi; strisciare: **The worm wriggled along**, il verme avanzava contorcendosi; **The explorer wriggled along the ground**, l'esploratore strisciava sul terreno □ **to w. oneself free**, liberarsi (*da funi, ecc.*) divincolandosi □ **to w. out**, sgusciare; (*fig.*) sbrogliarsela, trarsi d'impaccio: **The cat wriggled out of the little boy's hands**, il gatto sgusciò di tra le mani del bambino; **Let's try to w. out of this mess**, cerchiamo di sbrogliarci da questo pasticcio! □ **to w. out of a punishment**, scansare (*o* evitare) una punizione □ **to w. out of doing one's homework**, riuscire a non fare il compito a casa □ **to w. one's way out**, riuscire a sgusciar fuori (*a furia di contorcimenti*) □ **to w. one's way up**, salire a forza di contorcimenti.

wriggler /ˈrɪglə(r), -gəl-/, *n.* chi si contorce; chi si dimena.

wright /raɪt/, *n.* (*di solito nei composti*) artigiano; costruttore; operaio.

wring /rɪŋ/, *n.* ***1*** stretta, forte stretta (*di mano*): **He gave my hand a w.**, mi diede una forte stretta di mano ***2*** torsione; strizzata; spremuta: **Give those clothes a w.**, da' una strizzata a quei panni! ***3*** (*fig. raro*) strazio; pena.

to **wring** /rɪŋ/ (*pass.* e *p. p.* **wrung**), **A** *v. t.* ***1*** torcere; tirare (torcendo); strizzare, spremere (torcendo): **to w. (out) wet clothes**, torcere (*o* strizzare) panni bagnati; (*scherz.*) **I'll w. his neck, if I catch him**, se lo prendo, gli torco il collo; **to w. a chicken's neck**, tirare il collo a un pollo; **to w. (out) water**, spremere l'acqua (*farla uscire, torcendo panni o altro*); **to w. one's hands in despair**, torcersi le mani dalla disperazione ***2*** stringere forte: **He wrung my hand**, mi strinse forte la mano ***3*** increspare: **A sad smile wrung her lips**, un triste sorriso le increspò le labbra ***4*** estorcere; strappare: **The secret police wrung a confession from the prisoner**, la polizia segreta strappò una confessione al detenuto ***5*** (*fig.*) stringere; addolorare; straziare: **The poor woman's tale wrung his heart**, il racconto della povera donna gli strinse il cuore ***6*** (*raro*) distorcere; alterare; falsare; svisare; travisare: **Don't w. my words from their true meaning**, non travisare il vero significato delle mie parole. **B** *v. i.* ***1*** torcere; stringere, tirare (torcendo) ***2*** contorcersi: **The wounded soldier was wringing with pain**, il soldato ferito si contorceva per il dolore. ● **to w. st. dry**, asciugare q.c. strizzando (*o* torcendo) □ **to w. out**, torcere, strizzare; spremere, far uscire; (*fig.*) estorcere, strappare: **to w. out the washing**, torcere il bucato; **W. the water out of your drenched vest**, spremi l'acqua dalla maglietta che è bagnata fradicia!; **to w. more information out of sb.**, strappare a q. altre informazioni; **to w. money out of sb.**, estorcere denaro a q.; **to w. out a few tears**, spremere qualche lacrimuccia □ (*lett.*) **My soul was wrung with agony**, avevo l'anima straziata dal dolore.

wringer /ˈrɪŋə(r)/, *n.* asciugatrice meccanica; strizzatoio; torcitoio.

wringing /ˈrɪŋɪŋ/, *n.* torcitura (*dei panni, ecc.*); torsione, strizzatura. ● **w. machine**, asciugatrice meccanica □ (*fam.*) **w. wet**, bagnato fradicio; zuppo.

wrinkle (**1**) /ˈrɪŋkl/, *n.* grinza; ruga; piega; crespa: **the wrinkles on the face of an old man**, le rughe sulla faccia di un vecchio; **the wrinkles of a dress**, le grinze di un vestito.

wrinkle (**2**) /ˈrɪŋkl/, *n.* (*fam.*) espediente; suggerimento; trovata; trucco: **He is full of wrinkles** (*o* **he knows all the wrinkles**), conosce mille espedienti; ne sa una più del diavolo; **He put me up to a w. or two**, m'insegnò un paio di trucchi.

to **wrinkle** /ˈrɪŋkl/, **A** *v. t.* raggrinzare, raggrinzire; corrugare; increspare; spiegazzare: **to w. (up) one's forehead**, corrugare la fronte. **B** *v. i.* raggrinzarsi, raggrinzirsi; corrugarsi; incresparsi. ● **to w. one's nose**, arricciare il naso □ **wrinkled with age**, grinzoso (*o* rugoso) per l'età.

wrinklies /ˈrɪŋklɪz/, *n. pl.* (*pop. spreg.*) i vecchi.

wrinkling /ˈrɪŋklɪŋ/, *n.* corrugamento (*anche metall.*); raggrinzimento.

wrinkly /ˈrɪŋklɪ/, *a.* grinzoso; rugoso; raggrinzito.

wrist /rɪst/, *n.* ***1*** (*anat.*) polso: **He caught me by the w.**, m'afferrò per il polso ***2*** (*mecc., di solito* **w. pin**) spinotto. ● (*med.*) **w. drop**, paralisi dei muscoli estensori del carpo; caduta del polso □ (*anat.*) **w. joint**, articolazione del polso (*o* radiocarpica).

to **wrist** /rɪst/, *v. t.* (*specialm. sport*) lanciare (*o* mandare, muovere) (q.c.) con un movimento del polso.

wristband /ˈrɪstbænd/, *n.* ***1*** polsino (*di camicia*) ***2*** cinturino (*d'orologio*).

wristlet /ˈrɪstlət/, *n.* ***1*** braccialetto ***2*** cinturino (*d'orologio*) ***3*** (*pop. USA*) manetta. ● **w. watch**, orologio da polso.

wristlock /ˈrɪstlɒk/, *n.* (*lotta*) presa che blocca il polso.

wristwatch /ˈrɪstwɒtʃ, *USA* -wɔːtʃ/, *n.* orologio da polso.

wristy /ˈrɪstɪ/, *a.* (*sport*) caratterizzato da un notevole gioco del polso: **a w. style**, uno stile di gioco basato sull'uso del polso.

writ (**1**) /rɪt/, *n.* ***1*** (*arc.*) scritto; documento ***2*** (*leg.*) mandato; decreto; ordine; ordinanza: **w. of subpoena**, mandato di comparizione (*nel processo civile*); **The w. still runs in Scotland**, l'ordinanza è ancora in vigore in Scozia. ● (*leg.*) **w. of attachment**, ordine di sequestro (*o* di arresto) □ (*leg.*) **w. of summons**, citazione a comparire (*nel processo penale*) □ (*arc.*) **the Holy W.**, la Sacra Scrittura □ (*leg.*) **to serve a w. on sb.**, notificare un mandato a q.

writ (**2**) /rɪt/, *pass.* e *p. p.* (*arc.*) di **to write**.

writable /ˈraɪtəbl/, *a.* scrivibile; riducibile in forma di scritto.

write /raɪt/, *n.* ***1*** (*di macchina da scrivere*) scrittura; i caratteri (*fig.*): **clearness of w.**, chiarezza dei caratteri ***2*** (*elab.*) scrittura, registrazione (*di dati*). ● **w. area**, area per la scrittura □ (*elab.*) **w. head**, testina di scrittura □ **w. lock switch**, interruttore di blocco della registrazione □ (*elab.*) **w.-only**, di sola scrittura □ (*elab.*) **w. statement**, enunciato di scrittura.

to **write** /raɪt/ (*pass.* **wrote**, *arc.* **writ**; *p. p.* **written**, *arc.* **writ**), *v. t.* e *i.* ***1*** scrivere; tracciare (*lettere, segni*); comporre; stilare; compilare; fare lo scrittore: **He is learning to w.**, sta imparando a scrivere; **to w. a letter** [**a note, a book**], scrivere una lettera [un appunto, un libro]; **I wrote to him yesterday** (*USA*: **I wrote him yesterday**), gli scrissi ieri; **He ought to be written to**, bisognerebbe scrivergli; **He wrote a few words on a piece of paper**, tracciò poche parole su un pezzo di carta; **He writes well**, scrive bene; è una buona penna; **He writes for a living**, fa lo scrittore per guadagnarsi da vivere; vive della sua penna; **to w. an opera**, comporre un'opera musicale; **I've written three sheets**, ho scritto (*o* riempito) tre fogli ***2*** fare, staccare (*un assegno*): **He wrote to me a cheque for 200 pounds**, mi fece un assegno di 200 sterline ***3*** (*arc.*) designare, qualificare (*per iscritto*): **He writes himself «judge»**, si qualifica come giudice; si firma «giudice» ***4*** (*elab.*) scrivere; stendere; mettere (*informazioni*) in memoria: **to w. a computer program**, stendere un programma per il computer. ● **to w. for the papers**, scrivere sui giornali; fare il giornalista (*o* l'editorialista) □ **to w. in a good hand**, avere una bella grafia (*o* scrittura); scrivere bene □ **to w. in ink**, scrivere a penna □ **to w. in one's own hand**, scrivere di proprio pugno □ **to w. in pencil**, scrivere a matita □ **to w. in shorthand**, stenografare □ **to w. one's name**, scrivere il proprio nome; firmare □ **a page written all over**, una pagina scritta fitta fitta.

♦**write about**, *v. i.* + *prep.* scrivere su (*o* di); descrivere (*per iscritto*): **to w. about one's holidays abroad**, descrivere le proprie vacanze all'estero.

♦**write away**, *v. i.* + *avv.* ***1*** scrivere di continuo; continuare a scrivere ***2*** (*comm.*) mandare un ordinativo per posta; scrivere (*fam.*): **W. away at once!**, scrivetemi subito!

♦**write back**, *v. i.* + *avv.* rispondere (*per lettera*).

♦**write down**, *v. t.* + *avv.* ***1*** prendere nota di (q.c.); annotare; scrivere; segnare; mettere (*o* buttare) giù (*fam.*): **W. the figures down before you forget them**, scriviti le cifre prima che te le scordi; **He wrote down all the names**, si segnò tutti i nomi; **to w. down a few ideas**, buttar giù qualche idea ***2*** scrivere (q.c.) in forma più elementare; semplificare, ridurre (*ad uso dei giovani, ecc.*) ***3*** (*fig.*) annacquare, edulcorare (*un rapporto, una relazione, ecc.*) ***4*** parlar male di, criticare, denigrare (*un dramma, un film, ecc.*) ***5*** (*fin., rag.*) svalutare (*attività, titoli, ecc.*) ***6*** (*market.*) ribassare (*merci*) □ **to w. sb. down as**, considerare, definire, chiamare q.: **I would w. her down as a bluestocking**, la chiamerei un'intellettualoide □ **W. me down as a fool if...**, dammi dello stupido se...

♦**write home**, *v. i.* + *avv.* scrivere a casa (alla famiglia, ecc.) □ (*fig.*) **nothing to w. home about**, niente di speciale: **The film was good, but nothing to w. home about**, il film era buono, ma niente di speciale.

♦**write in**, **A** *v. t.* + *avv.* ***1*** inserire, includere (q.c.) per iscritto ***2*** (*USA*) aggiungere (*il nome di un candidato*) in una lista; votare per (*un candidato*) inserendone il nome in lista. **B** *v. i.* + *avv.* scrivere (*alla radio, alla TV, ecc.*); mandare una lettera, fare un esposto.

♦**write into**, *v. t.* + *prep.* ***1*** inserire; includere; infilare (*fam.*): **to w. a clause into a contract**, inserire una clausola in un contratto; **The editor shouldn't w. his own ideas into my articles**, il direttore non dovrebbe infilare le sue idee dentro i miei articoli ***2*** scrivere a (*la radio, la TV, i giornali, ecc.*) esponendo le proprie idee □ **to w. oneself into fame**, diventare famoso come scrittore.

♦**write of**, *v. i.* + *prep.* scrivere su (*o* di); descrivere (*per iscritto*).

♦**write off**, **A** *v. t.* + *avv.* ***1*** scrivere alla svelta (*o* con grande facilità); buttare giù (*fam.*): **to w. off a little poem**, buttare giù una poesiola ***2*** (*comm.*) cancellare, annullare, abbonare, condonare (*un debito, ecc.*); estinguere, finire di pagare (*rate, ecc.*): **All uncollectibles have been written off**, abbiamo cancellato tutti i crediti inesigibili ***3*** (*fin., rag.*) ammortizzare (*una voce*) per deprezzamento; stornare ***4*** (*fig.*) annullare; radiare; cancellare; scartare; escludere; considerare (q. *o* q.c.) come indisponibile (inservibile, disastroso, ecc.): **to w. off a plan**, annullare un progetto; **to w. off students** [**athletes**], scartare studenti [atleti]; **His name was written off the list**, il suo nome fu radiato dall'elenco; **The missing soldiers were written off as dead**, i dispersi furono considerati morti; **I've written off your idea as impracticable**, ho scartato la tua idea perché impraticabile; **to w. off one's marriage**, considerare fallito il proprio matrimonio ***5*** (*leg.*) redigere, stendere (*un atto, un contratto*). **B** *v. i.* + *avv.* ***1*** scrivere (subito); mandare una lettera (*a q.*): **I'll w. off at once**, gli scrivo subito ***2*** *V.* **write away**, *def. 2*.

♦**write on**, **A** *v. i.* + *avv.* *V.* **write away**, *def. 1*. **B** *v. i.* + *prep.* scrivere su (*un argomento*): **What are you writing on now?**, su che cosa stai scrivendo ora? □ **Deep distaste for the man was written on her face**, le si leggeva in viso una profonda avversione per quell'uomo.

♦**write out**, *v. t.* + *avv.* ***1*** scrivere per esteso (*o* in lettere): **W. it out again!**, riscrivilo per esteso!; **to w. out the small numbers**, scrivere le cifre piccole in lettere (*per es., «dieci» e non «10»*) ***2*** trascrivere; ricopiare: **to w. out the copy of a contract**, trascrivere un contratto ***3*** compilare; redigere: **to w. out a cheque**, compilare (*o* staccare) un assegno (bancario) ***4*** (*teatr., radio, TV*) eliminare, sopprimere (*un personaggio, ecc.*) ***5*** (*leg.*) redigere, rilasciare (*un documento, una ricevuta, una quietanza*) □ (*di un romanziere, un poeta, ecc.*) **to have written oneself out**, aver esaurito la vena; non riuscire più a scrivere; non avere più nulla da dire.

♦**write to**, *v. t.* + *prep.* ***1*** scrivere a (q.) ***2*** scrivere (q.c.) in onore di (q.); scrivere per (q.): **He wrote the short stories to his children**, scrisse i racconti per i suoi figli ***3*** scrivere (q.c.) secondo (*o* seguendo): **He wrote the novel to a careful plan**, scrisse il romanzo seguendo un progetto preciso □ (*leg.*) **to w. to a contract date**, scrivere (*per un editore*) con una precisa data di scadenza contrattuale.

♦**write up**, **A** *v. t.* + *avv.* ***1*** scrivere: **His name was written up on the blackboard**, il suo nome era scritto sulla lavagna ***2*** completare; aggiornare; riordinare: **to w. up one's diary**, aggiornare il proprio diario; **to w. up one's notes**, riordinare i propri appunti ***3*** fare la recensione di (*un libro, un film, ecc.*); recensire: **Everyone likes to be written up**, a tutti piace essere recensito ***4*** arricchire (*un resoconto, ecc.*) di particolari; rendere (*uno scritto*) più interessante ***5*** (*fin., rag.*) aumentare il valore di, rivalutare: **The assets ot the firm have been written up**, l'attivo dell'azienda è stato rivalutato. **B** *v. i.* + *avv.* *V.* **write in, B**.

♦**write upon**, *V.* **write on, B**.

write-back /ˈraɪtbæk/, *n.* (*rag.*) partita reinserita (*nei conti*).

write-down /ˈraɪtdaʊn/, *n.* (*fin., rag.*) svalutazione contabile.

write-in /ˈraɪtɪn/, *n.* (*USA*) voto (*dato a q. per*

iscritto).

write-off /ˈraɪtɒf, *USA* -ɔːf/, *n.* ***1*** (*comm., rag.*) cancellazione (*di un credito*); debito cancellato ***2*** (*fin., rag.*) ammortamento per deprezzamento; storno ***3*** (*fam.*) oggetto (ormai) senza valore; cosa da buttare; ferrovecchio; rottame ***4*** (*fam.*) perdita completa (*di q.c.*). ● **My old car is a real w.**, la mia vecchia auto è ormai buona solo per ló sfasciacarrozze.

writer /ˈraɪtə(r)/, *n.* ***1*** chi scrive; scrivente: **the w. of this report**, chi scrive questa relazione; il relatore ***2*** scrittore, scrittrice; autore, autrice: **She's a very good w.**, è un'ottima scrittrice ***3*** scrivano; copista ***4*** (*elab.*) programma di scrittura ***5*** (*scozz.*) avvocato; notaio (*cfr. ingl.* **solicitor**). ● **w.'s cramp**, crampo dello scrivano □ (*scozz.*) **W. to the Signet**, avvocato patrocinante □ (*leg.*) **the w. of the document**, l'estensore del documento.

write-up /ˈraɪtʌp/, *n.* ***1*** resoconto scritto; servizio ***2*** recensione; critica ***3*** (*fin., rag.*) rivalutazione contabile: **the w. of machinery**, la rivalutazione del macchinario.

writhe /raɪð/, *n.* contorcimento; contorsione; convulsione.

to **writhe** /raɪð/, *v. i.* ***1*** contorcersi; dimenarsi; dibattersi; torcersi: **The snake was writhing in the throes of death**, il serpe si torceva negli spasimi della morte ***2*** (*fig.*) fremere; essere offeso; sentirsi ferito (*fig.*): **to w. with shame**, fremere di vergogna; **He writhed under the insult**, si sentì ferito dall'insulto.

writing /ˈraɪtɪŋ/, *n.* ***1*** scrittura; grafia; lo scrivere: **He's fond of w.**, gli piace scrivere; **His w. is very clear**, la sua scrittura è molto chiara ***2*** scritto; opera letteraria: **I don't know his writings**, non conosco i suoi scritti; **the writings of Milton**, le opere di Milton ***3*** (*elab.*) scrittura; registrazione: **w. head**, testina di scrittura. ● **w. book**, quaderno □ **w. case**, astuccio (*con il necessario per scrivere*) □ **w. desk**, scrivania; scrittoio □ **w. ink**, inchiostro per scrivere (*non tipografico*) □ **w. materials**, l'occorrente per scrivere □ (*fig.*) **the w. on the wall**, presagio infausto (*dalla Bibbia*) □ **w.-off**, (*comm., rag.*) cancellazione (*di un credito*); (*fin., rag.*) ammortamento per deprezzamento; storno □ **w. pad**, bloc-notes; blocchetto di carta □ **w. paper**, carta da lettere; carta da scrivere □ **w. table**, scrivania; scrittoio □ **w. work**, lavoro di tavolino □ (*leg.*) **evidence in w.**, prova scritta □ **a fine piece of w.**, un esempio di bello stile letterario; (*giorn.*) un bel pezzo □ (*comm.*) **an order in w.**, un'ordinazione scritta; un ordinativo scritto □ **to put st. in w.**, mettere q.c. per iscritto □ **Have you done much w. this week?**, hai scritto molto questa settimana?

written /ˈrɪtn/, **A** *p. p.* di **to write**. **B** *a.* ***1*** scritto: **the w. language**, la lingua scritta; **a w. order**, un ordine scritto ***2*** iscritto; scolpito ***3*** (*leg.*) codificato; formulato in un codice. ● (*leg.*) **w. evidence**, prova scritta □ (*fig.*) **w. in the dust** (*o* **on sand, on water**), scritto sulla sabbia; effimero; transeunte □ **w. large**, scritto a caratteri grandi; (*fig.*) evidenziato □ **w. small**, scritto a caratteri piccoli; (*fig.*) in piccolo □ **w. telephone message**, fonogramma □ **badly-w.**, scritto male □ **well-w.**, scritto bene □ **He wants a w. apology**, vuole le scuse per iscritto.

wrong (**1**) /rɒŋ, *USA* rɔːŋ/, *a.* ***1*** disonesto; ingiusto; riprovevole; scorretto: **It was w. of you to do that**, fu disonesto da parte tua fare ciò; **It's w. of him to punish his children in that way**, è ingiusto che punisca (*o* fa male a punire) così i suoi figlioli ***2*** errato; sbagliato; falso; inesatto; scorretto: **It's w. to say that the sun goes round the earth**, è errato dire che il sole gira intorno alla terra; **Your answer is w.**, la tua risposta è sbagliata; **You've got the w. idea**, ti sei fatto un'idea sbagliata; **a w. hypothesis**, un'ipotesi inesatta ***3*** inopportuno; disadatto; sconveniente: **He always says the w. things**, dice sempre cose inopportune; parla sempre a sproposito; **You are wearing the w.** (**sort of**) **clothes for a hot place like this**, indossi abiti disadatti a un posto caldo come questo ***4*** guasto; che non va (*anche fig.*); che va male; in cattive condizioni; che non funziona: **That clock is w.**, quell'orologio è guasto (non va, dà l'ora sbagliata); **something is w. with the TV set**, il televisore è guasto; **The engine won't start; what's w. with it?**, il motore non parte; cosa c'è che non va?; (*fam.*) **What's w. with you?**, cosa c'è che non va?; cos'hai oggi?; **Is anything w.?**, c'è qualcosa che non va? ***5*** che non va; da obiettare; da ridire: **What's w. with him?**, che c'è da ridire sul suo conto? ● **to be w.**, essere in errore, sbagliare, sbagliarsi; aver torto, far male (a): **He was w. when he said I wasn't there**, era in errore quando disse che io non c'ero; **You are w. in thinking that Tom is a liar**, sbagli a credere che Tom sia un bugiardo; **You are quite w.**, hai completamente torto (*fam.*: hai torto marcio); **You are w. in saying that he is a thief**, fai male a dire che è un ladro □ (*d'oggetto, collo, pacco, ecc.*) **w. end up**, capovolto; sottosopra □ (*tipogr.*) **w. fount**, indicazione di refuso (*abbr.* **w. f.**) □ (*telef.*) **w. number**, numero sbagliato; sbaglio: **It was a w. number**, era uno sbaglio; **Sorry, w. number!**, mi dispiace, ha sbagliato (numero)! □ **the w. side**, il lato (*o* il verso) sbagliato; (*di stoffa, ecc.*) il rovescio: (*autom.*) **to drive on the w. side of the road**, guidare sul lato sbagliato della strada (*o* contromano); (*fig.*) **to get on the w. side of sb.**, prendere q. per il verso sbagliato; inimicarsi q.; (*fig.*) **to get out of bed on the w. side**, alzarsi di cattivo umore (*o* con la luna di traverso); (*fig.*) **to be on the w. side of forty**, aver passato la quarantina; (*fig. arc.*) **to have been born on the w. side of the blanket**, essere figlio illegittimo □ (*pop. USA*) **the w. side of the tracks**, i quartieri poveri della città: **I don't mind if I am from the w. side of the track**, me ne frego d'essere nato nei quartieri poveri □ **w. side out**, a rovescio: **I've put on my socks w. side out**, mi sono messo i calzini a rovescio; **You're wearing your pullover w. side out**, hai il pullover a rovescio □ **w. side up**, sottosopra; capovolto; a testa in giù: **In the canal beside the road, w. side up, rested a red car**, nel canale accanto alla strada c'era, capovolta, un'auto rossa □ (*fig.*) **to be caught on the w. foot**, essere preso in contropiede (*fig.*) □ (*fig.*) **to get hold of the w. end of the stick**, prendere un abbaglio; prendere lucciole per lanterne □ **to get into the w. train**, sbagliare treno □ (*fig.*) **to get off on the w. foot**, partire col piede sbagliato □ (*fig. arc.*) **to be in the w. box**, essere svantaggiato; trovarsi in una situazione difficile □ **to take the w. way**, sbagliar strada □ **to take st. the w. way**, fraintendere q.c. □ **That was a w. guess**, hai sbagliato; non hai indovinato □ **You always do the w. thing**, fai sempre quello che non dovresti fare □ **You've got the w. key**, hai sbagliato chiave □ **He came on the w. day**, sbagliò giorno; venne quando non doveva venire □ **That was the w.** (**sort of**) **thing to do**, quella era l'ultima cosa da farsi □ **Something is w. with my liver**, ho disturbi di fegato □ (*fam.*) **He's w. in the head**, gli manca qualche rotella.

wrong (**2**) /rɒŋ, *USA* rɔːŋ/, *avv.* ***1*** erroneamente; in modo inesatto; male: **to answer w.**, rispondere erroneamente; **You've done it w.**, l'hai fatto male; l'hai sbagliato ***2*** in modo inopportuno (*o* sconveniente); impropriamente ***3*** (*leg.*) illecitamente. ● **to aim w.**, sbagliare la mira □ (*fam. USA*) **to get in w. with sb.**, rendersi (*o* riuscire) antipatico a q. □ **to get it w.**, capire male; fraintendere □ **to get st. w.**, sbagliare; capir male, fraintendere: **You've got the answer w.**, hai sbagliato la risposta; **You've got it all w.**, non hai capito niente; hai frainteso ogni cosa □ **to go w.**, sbagliar strada; andare male (*o* a rotoli, di traverso); fallire; (*fig.*) deviare dal retto cammino, prendere una cattiva strada, sgarrare; (*di un orologio, ecc.*) guastarsi; (*di un meccanismo*) incepparsi; (*di una parte del corpo*) cessare di funzionare bene, ammalarsi: **Be careful not to go w.**, bada di non sgarrare!; **Everything went w.**, andò tutto a rotoli □ **to guess w.**, sbagliare; non indovinare □ **to lead sb. w.**, fuorviare q. □ **to tell sb. w.**, dare a q. un'informazione sbagliata: **He told me w. and I got lost in the wood**, mi diede un'indicazione sbagliata e io mi smarrii nel bosco □ **I can prove you w.**, posso dimostrarti che hai torto.

wrong (**3**) /rɒŋ, *USA* rɔːŋ/, *n.* ***1*** male; peccato; azione disonesta; cosa immorale: **He's too young to know right from w.**, è troppo giovane per distinguere il bene dal male; **I hope you will never do w.**, spero che non commetterai mai azioni disoneste ***2*** torto; ingiustizia; ingiuria; offesa: **Who says that I'm in the w.?**, chi lo dice che ho torto?; **You have done me a great w.**, mi hai fatto un grave torto; mi hai offeso gravemente; (*lett.*) **the wrongs of time**, le ingiurie del tempo ***3*** (*leg.*) illecito: **private w.**, illecito civile; **public w.**, illecito penale ***4*** (*leg.*) torto; pregiudizio, danno (*subìto o arrecato a q.*). ● **to be in the w.**, aver torto; essere dalla parte del torto: **They were both in the w.**, avevano torto tutti e due □ **to put sb. in the w.**, mettere q. dalla parte del torto, fare apparire q. colpevole; (*leg.*) dimostrare (*o* provare) la colpevolezza di q. □ (*polit.*) **The King can do no w.**, il re non è politicamente responsabile (*nelle monarchie costituzionali*) □ (*prov.*) **Two wrongs do not make a right**, due neri non fanno un bianco; (*anche*) la miglior vendetta è il perdono.

to **wrong** /rɒŋ, *USA* rɔːŋ/, *v. t.* ***1*** far torto a; trattare ingiustamente; offendere; maltrattare: **I regret having to admit that I've wronged you**, mi duole dover ammettere d'averti fatto torto; **He was wronged by false charges**, gli fecero il torto d'accusarlo ingiustamente ***2*** denigrare; diffamare: **They wronged me with false accusations**, mi diffamarono con false accuse ***3*** (*leg.*) arrecare un danno, nuocere a (q.) ***4*** (*arc.*) sedurre (*una donna*). ● **to w. sb. out of st.**, defraudare q. di q.c.: **The pioneers wronged the redskins out of their lands**, i pionieri defraudarono (*o* con l'inganno spogliarono) i pellirosse delle loro terre.

wrongdoer /ˈrɒŋduə(r), *USA* ˈrɔːŋ-/, *n.* ***1*** chi commette cattive azioni; chi fa del male; peccatore ***2*** chi commette azioni disoneste; malfattore; trasgressore; delinquente ***3*** (*leg.*) chi commette un atto illecito; autore di un illecito.

wrongdoing /ˈrɒŋduːɪŋ, *USA* ˈrɔːŋ-/, *n.* ***1*** male; peccato; offesa ***2*** (*leg.*) trasgressione; infrazione; atto illecito ***3*** (*leg.*) criminosità; delinquenza.

wrongful /ˈrɒŋfl, *USA* ˈrɔːŋ-/, *a.* ***1*** ingiusto; iniquo; sleale ***2*** (*anche leg.*) ingiustificato; senza giusta causa: **w. dismissal** (**from a job**), licenziamento senza giusta causa ***3*** (*leg.*) illegale; illecito; illegittimo; indebito: **a w. act**, un atto illecito (*o* lesivo); **w. arrest**, arresto illegale; **a w. heir**, un erede illegittimo; **w. imprisonment**, reclusione illegale ***4*** (*leg.*) colposo; criminoso. ● (*leg.*) **w. detention**, detenzione illegale; (*anche*) ritenzione illegale (*di beni*); rifiuto illegale di effettuare la consegna (*di cose*). ‖ **-ly**, *avv.* ‖ **-ness**, *sost.*

wrongheaded /ˈrɒŋˈhedɪd, *USA* ˈrɔːŋ/, *a.* ***1*** ostinato nell'errore; pervicace ***2*** errato; sbagliato: **a w. policy**, una linea politica sbagliata. ‖ **-ly**, *avv.* ‖ **-ness**, *sost.*

wrongie /ˈrɒŋɪ, *USA* ˈrɔːŋɪ/, *n.* (*pop. USA*) farabutto; mascalzone; (un) poco di buono.

wrongly /ˈrɒŋlɪ, *USA* ˈrɔːŋ-/, *avv.* ***1*** erroneamente; male: **I was w. informed**, fui male informato; **You've done it w.**, l'hai fatto male; l'hai sbagliato ***2*** a torto; ingiustamente: **He was w. accused of robbing a bank**, fu accusato ingiustamente d'aver rapinato una banca; **rightly or w.**, a torto o a ragione.

wrongo /ˈrɒŋəʊ, *USA* ˈrɔːŋ-/, *n.* (*pop. USA*) ***1*** individuo disonesto, infido, pericoloso; malfattore; malavitoso ***2*** individuo sgradevole; (un) poco di buono ***3*** cosa che puzza (*fig.*): **The whole business is a w.**, l'affare, nel complesso, puzza di bruciato.

wrote /rəʊt/, *pass.* di **to write**.

wroth /rəʊθ, rɒθ, *USA* rɔːθ, rəʊθ/, *a. pred.* (*poet., retor. o scherz.*) adirato; irritato; sdegnato; furente. ● **to wax w.**, adirarsi; irritarsi; sdegnarsi.

wrought /rɔːt/, **A** *pass.* e *p. p.* (*arc.*) di **to work**. **B** *a.* lavorato; battuto: **w. iron**, ferro battuto; (*anche, metall.*) ferro puddellato, ferro saldato. ● (*metall.*) **w. steel**, acciaio saldato □ **w.-up**, agitato; turbato; teso; nervoso □ **w.-up nerves**, nervi a pezzi.

wrung /rʌŋ/, *pass.* e *p. p.* di **to wring**. ● (*fam.*) **w. out**, stanco morto; esausto; stremato; spompato (*pop.*) □ (*fam.*) **w. out with worry**, agitatissimo; preoccupatissimo.

wry /raɪ/, *a.* ***1*** torto; storto; obliquo; (di) sbieco: **to have a wry mouth**, avere la bocca storta; **He has a wry nose**, ha il naso storto ***2*** (*fig.*: *di parole, del pensiero*) contorto; distorto; svisato. ● (*med.*) **wry-head**, plagiocefalia □ **wry-mouthed**, che ha la bocca storta; (*fig.*) ironico; sarcastico; beffardo: **a wry-mouthed smile**, un sorrisetto ironico; **wry-mouthed satire**, satira sarcastica □ **a wry-mouthed compliment**, un complimento a denti stretti □ **wry-necked**, dal collo torto; (*med.*) che ha il torcicollo □ **to make a wry face**, fare una smorfia (*di disappunto, di disgusto, ecc.*) □ **to make a wry mouth**, storcere la bocca. || **-ly**, *avv.*

wrybill /ˈraɪbɪl/, *n.* (*zool., Anarhynchus frontalis*) becco storto.

wryneck /ˈraɪnɛk/, *n.* ***1*** (*med.*) torcicollo ***2*** (*fam.*) chi ha il torcicollo ***3*** (*zool., Jynx torquilla*) torcicollo; collotorto.

wryness /ˈraɪnəs/, *n.* l'essere storto; obliquità; irregolarità; mancanza di simmetria.

wulfenite /ˈwʊlfənaɪt/, *n.* (*miner.*) wulfenite; piombo giallo.

wunderkind /ˈwʌndəkɪnd, ˈvʊn-/ (*ted.*), *n.* (*fam. USA*) bambino prodigio.

wurst /wɜːst/ (*ted.*), *n.* (*cucina*) salsiccia.

wych-elm /ˈwɪtʃɛlm/, *n.* (*bot., Ulmus montana*) olmo montano.

wych-hazel /ˈwɪtʃheɪzl/, *V.* **witch-hazel**.

Wyclif(f)ite /ˈwɪklɪfaɪt/, *n.* (*stor., relig.*) seguace di John Wycliffe (*riformatore religioso inglese del XIV secolo*).

wye /waɪ/, *n.* ***1*** lettera «y»; ipsilon ***2*** oggetto a forma di ipsilon. ● (*elettr.*, = **wye connection**), collegamento a stella.

Wykehamist /ˈwɪkəmɪst/, **A** *a.* del college di Winchester. **B** *n.* studente (*o* ex alunno) del college di Winchester (*dal nome di William of Wykeham, vescovo di Winchester e fondatore del college nel secolo XIV*).

wynd /waɪnd/, *n.* (*scozz.*) viuzza; vicolo.

wyvern /ˈwaɪvn, -vɜːn/, *n.* (*arald.*) drago alato a due zampe.

x, X

X, x /ɛks/, **A** n. (*pl.* **X's, x's**; **Xs, xs**) ***1*** X, x (*ventiquattresima lettera dell'alfabeto ingl.*) ***2*** (*mat.*) x; (*anche fig.*) incognita ***3*** (*in G.B., fino al 1982*) film vietato ai minori di 18 anni. **B** a. attr. ***1*** fatto a X: **x-engine**, motore a X (*di aereo*) ***2*** (*di film*: *fino al 1982*) vietato ai minori di 18 anni ***3*** (*pop. USA*) buco; iniezione di droga. ● (*mat.*) **x axis**, asse delle x □ (*biol.*) **X chromosome**, cromosoma X □ (*pop. USA*) **x-double-minus**, scadente; schifoso; pessimo □ (*fam. USA*) **X flat**, appartamento malandato, degradato □ (*telef.*) **x for X-ray**, x come Xanthia □ **Mr X**, il Signor X (*un anonimo*) □ (*pop. USA*) **x x**, tradimento: **He gave her the x x**, le fece le corna □ (*pop. USA*) **«x marks the spot»**, «proprio qui»: **X marks the spot where the accident happened**, l'incidente è accaduto proprio qui □ (*USA*: *di spettacolo*) **x-rated**, per soli adulti.

xanthate /ˈzænθeɪt/, n. (*chim.*) xantato.

xanthein /ˈzænθɪɪn/, n. (*chim.*) xanteina.

xanthelasma /zænθəˈlæzmə/, n. (*med.*) xantelasma.

xanthene /ˈzænθiːn/, n. (*chim.*) xantene.

xanthic /ˈzænθɪk/, a. (*chim.*) xantico: **x. acid**, acido xantico.

xanthine /ˈzænθiːn, -ɪn, -aɪn/, n. (*chim.*) xantina.

Xanthippe /zænˈθɪpɪ/, n. (*stor.*) Santippe; (*fig.*) moglie bisbetica.

xanthogenate /zænˈθɒdʒənət/, n. (*chim.*) xantogenato.

xanthogenic /zænθəˈdʒɛnɪk/, a. (*chim.*) xantogenico.

xanthoma /zænˈθəʊmə/, n. (*pl.* **xanthomas, xanthomata**) (*med.*) xantoma.

xanthone /ˈzænθəʊn/, n. (*chim.*) xantone.

xanthophyll /ˈzænθəfɪl/, n. (*chim.*) xantofilla.

xanthopsia /zænˈθɒpsɪə/, n. (*med.*) xantopsia.

xanthous /ˈzænθəs/, a. di razza gialla; mongoloide.

Xavier /ˈzeɪvɪə(r), ˈzæ-/, n. Saverio.

xebec /ˈziːbɛk/, n. (*naut.*) sciabecco.

xenarthran /zɛˈnɑːθrən/, a. e n. (*zool.*) xenartro.

xenial /ˈziːnɪəl/, a. dell'ospitalità; ospitale.

xenocryst /ˈzɛnəʊkrɪst/, n. (*geol.*) xenocristallo.

xenocurrency /zɛnəʊˈkʌrənsɪ, *USA* -ˈkɜːr-/, n. (*fin.*) xenovaluta; divisa estera.

xenodochium /zɛnəʊˈdɒkɪəm/, n. (*pl.* **xenodochia**) (*stor.*) xenodochio.

xenoecology /zɛnəʊɪˈkɒlədʒɪ/, n. (*ecol.*) xenoecologia.

xenogamy /zɛˈnɒgəmɪ/, n. (*bot.*) xenogamia.

xenogenesis /zɛnəʊˈdʒɛnəsɪs/, n. (*biol.*) xenogenesi.

xenoglossy /ˈzɛnəʊglɒsɪ, *USA* -ɔːsɪ/, n. xenoglossia.

xenograft /ˈzɛnəʊgrɑːft, *USA* -æft/, n. (*med.*) xenotrapianto; eterotrapianto.

xenolith /ˈzɛnəlɪθ/, n. (*geol.*) xenolite.

xenon /ˈziːnɒn/, n. (*chim.*) xeno.

xenophobe /ˈzɛnəfəʊb/, n. xenofobo, senofobo.

xenophobia /zɛnəˈfəʊbɪə/, n. xenofobia, senofobia.

xenophobic /zɛnəˈfəʊbɪk/, a. xenofobico.

Xenophon /ˈzɛnəfən/, n. (*stor., letter.*) Senofonte.

xenopus /ˈzɛnəpəs/, n. (*zool.*) xenopo.

xeroderma /zɪərəʊˈdɜːmə/, n. (*med.*) xeroderma.

xerogram /ˈzɪərəʊgræm/, n. riproduzione xerografica; xerocopia.

xerographic /zɪərəʊˈgræfɪk/, a. xerografico. ● **x. copier**, xerocopiatrice □ **x. printer**, stampante xerografica.

xerography /zɪəˈrɒgrəfɪ/, n. xerografia.

xeromammogram /zɪərəʊˈmæməgræm/, n. (*med.*) xeromammogramma.

xeromammography /zɪərəʊmæˈmɒgrəfɪ/, n. (*med.*) xeromammografia.

xerophilous /zɪəˈrɒfɪləs/, a. (*biol.*) xerofilo.

xerophthalmia /zɪərɒfˈθælmɪə/, n. (*med.*) xeroftalmia.

xerophthalmic /zɪərɒfˈθælmɪk/, a. (*med.*) xeroftalmico.

xerophyte /ˈzɪərəfaɪt/, n. (*ecol.*) xerofita.

xeroradiografic /zɪərəʊreɪdɪəˈgræfɪk/, a. (*med.*) xeroradiografico.

xeroradiography /zɪərəʊreɪdɪˈɒgrəfɪ/, n. (*med.*) xeroradiografia.

xerosis /zɪəˈrəʊsɪs/, n. (*pl.* **xeroses**) (*med.*) xerosi.

xerosphere /ˈzɪərəʊsfɪə(r)/, n. (*geogr.*) xerosfera.

Xerox /ˈzɪərɒks, ˈzɛr-, *USA* ˈzɪr-, ˈziːr-/, n. (*marchio*) xerocopia.

to **xerox** /ˈzɪərɒks, ˈzɛr-, *USA* ˈzɪr-, ˈziːr-/, v. t. e i. fare xerocopie (di); xerocopiare.

Xerses /ˈzɜːksiːz/, n. (*stor.*) Serse.

xi /gzaɪ/, n. (*pl.* **xis**) csi (*quattordicesima lettera dell'alfabeto greco*).

xiphisternum /zɪfɪˈstɜːnəm, *USA* zaɪf-/, n. (*anat.*) processo xifoideo.

xiphoid /ˈzɪfɔɪd, *USA* ˈzaɪf-/, **A** a. (*anat.*) ***1*** xifoide ***2*** xifoideo. **B** n. V. **xiphisternum**.

Xmas /ˈkrɪsməs, ˈɛksməs/, n. (*abbr. fam. di* **Christmas**) Natale. ● **at X.**, a Natale □ **on X. day**, il giorno di Natale.

to **x out** /ˈɛksˈaʊt/, v. t. e avv. (*pop. USA*) tirare un frego su, cancellare, annullare, radiare (*un nome, una voce in una lista, ecc.*). ● **x'd out**, cancellato, eliminato; (*gergo mil.*) fatto fuori, ucciso.

X-ray /ˈɛksreɪ/, n. ***1*** (*pl.*) (*fis., med.*) raggi X ***2*** (*med.*) radiografia. ● **an X-ray film**, una radiografia; una lastra (*fam.*) □ (*autom., pop. USA*) **x-ray machine**, Autovelox □ **an X-ray photograph**, una radiografia □ **X-ray photography**, radiografia (*la scienza*) □ (*med.*) **X-ray therapy**, röntgenterapia □ (*elettron.*) **X-ray tube**, tubo a raggi X.

to **X-ray** /ˈɛksreɪ/, v. t. (*med.*) ***1*** sottoporre (q.) a esame radiografico; fare una radiografia di; radiografare ***2*** trattare (*o* irradiare) con raggi X.

xylan /ˈzaɪlæn/, n. (*chim.*) xilano.

xylem /ˈzaɪləm/, n. (*bot.*) xilema, silema.

xylene /ˈzaɪliːn/, n. (*chim.*) xilene.

xylograph /ˈzaɪləgrɑːf, *USA* -græf/, n. xilografia, silografia (*incisione su legno*).

xylographer /zaɪˈlɒgrəfə(r)/, n. xilografo, silografo.

xylographic(al) /zaɪləˈgræfɪk(l)/, a. xilografico, silografico.

xylography /zaɪˈlɒgrəfɪ/, n. xilografia, silografia (*arte dell'incidere su legno*).

xylol /ˈzaɪlɒl, *USA* -ɔːl, -əʊl/, n. (*chim.*) xilolo.

xylophagan /zaɪˈlɒfəgən/, a. e n. (*zool.*) xilofago, silofago.

xylophagous /zaɪˈlɒfəgəs/, a. (*zool.*) xilofago, silofago.

xylophone /ˈzaɪləfəʊn/, n. (*mus.*) xilofono, silofono.

xylophonist /zaɪˈlɒfənɪst/, n. (*mus.*) xilofonista, silofonista.

xylose /ˈzaɪləʊs, -z/, n. (*chim.*) xilosio.

xyster /ˈzɪstə(r)/, n. (*med.*) raschietto; raschiatoio; strumento per raschiare le ossa.

y, Y

Y, y /waɪ/, **A** *n.* (*pl.* **Y's, y's**; **Ys, ys**) ***1*** Y, y (*venticinquesima lettera dell'alfabeto ingl.*) ***2*** (*mat.*) y; seconda incognita ***3*** oggetto a forma di ipsilon (*per es., il sostegno biforcuto di un telescopio*). **B** *a. attr.* a forma di Y; a stella: (*elettr.*) **Y-connection**, collegamento a stella; (*relig.*) **Y-cross**, croce a ipsilon (*specialmente sulle pianete*). ● (*mat.*) **y axis**, asse delle y □ (*biol.*) **Y chromosome**, cromosoma Y □ (*telef.*) **y for yellow** (*USA*: **y for Yankee**), y come York □ (*topogr.*) **Y-level**, livella a cavaliere □ **Y-tube**, tubo diramato a Y.

ya (**1**) /jɑː, jʌ, jə/, *pron. pers.* (*pop. per* **you**) ***1*** te; ti ***2*** voi; vi.

ya (**2**) /jɑː, jɛə, jæə/, *V.* **yah**.

yacht /jɒt/, *n.* (*naut.*) panfilo; imbarcazione da diporto (*o* da crociera); yacht. ● **y. club**, circolo nautico.

to **yacht** /jɒt/, *v. i.* ***1*** navigare su un panfilo; fare una crociera su un panfilo ***2*** (*sport*) partecipare a gare di panfili.

yachting /ˈjɒtɪŋ/, *n.* ***1*** il navigare su un panfilo ***2*** (*sport*) il prendere parte a gare di panfili; motonautica d'altura. ● **y. cruise**, crociera su un panfilo □ **to go y.**, fare crociere su un panfilo.

yachtsman /ˈjɒtsmən/, *n.* (*pl.* **yachtsmen**) proprietario (*o* comandante) di panfilo.

yachtsmanship /ˈjɒtsmənʃɪp/, *n.* abilità di condurre uno yacht.

yachtswoman /ˈjɒtswʊmən/, *n.* (*pl.* **yachtswomen**) proprietaria (*o* comandante) di panfilo.

yack, to **yack** /jæk/, *V.* **yak** (**2**), **to yak**.

yaffle, yaffil /ˈjæfl/, *n.* (*zool., Picus viridis*) picchio verde.

yah /jɑː, jɛə, jæə, jʌ/, *inter.* (*di derisione o disgusto*) bah!; puah!

yahoo /jəˈhuː/, *n.* (*pl.* **yahoos**) ***1*** «yahoo» (*parola coniata da J. Swift*: *bruti in forma umana che infestano il Paese dei Cavalli Sapienti, nei «Viaggi di Gulliver»*) ***2*** (*fig.*) bruto; individuo bestiale; ignorantone; zoticone.

Yahve(h), Yahwe(h) /ˈjɑːveɪ/, *n.* (*relig. ebraica*) Geova.

yak (**1**) /jæk/, *n.* (*pl.* **yaks, yak**) (*zool., Bos grunniens*) yak; bue tibetano.

yak (**2**) /jæk/, *n.* (*fam.*) ***1*** ciarlio; chiacchierio ***2*** (*a uno spettacolo*) risata; pausa per la risata.

to **yak** /jæk/, *v. i.* (*fam.*) ciarlare; chiacchierare.

yakkety-yak /ˈjækətɪˈjæk/, *n.* (*pop.*) *V.* **yak** (**2**), *def. 1.*

yam /jæm/, *n.* (*bot.*) ***1*** (*Dioscorea*) igname (*pianta rampicante e la sua radice commestibile*) ***2*** (*USA, Ipomoea batatas*) patata dolce; batata.

to **yammer** /ˈjæmə(r)/, *v. i.* ***1*** lagnarsi (*o* lamentarsi) ad alta voce ***2*** (*fam. USA*) ciarlare; chiacchierare.

yang /jæŋ/ (*cinese*), *n.* ***1*** yang (*il principio o elemento maschile*) ***2*** (*pop. USA*) membro virile.

yank /jæŋk/, *n.* (*fam.*) strappo; strattone; stratta.

to **yank** /jæŋk/, *v. t.* e *i.* ***1*** (*fam.*) strappare; tirare con violenza; dare uno strattone (a) ***2*** (*fam. USA*) tormentare; vittimizzare; scocciare (*pop.*) ***3*** (*fam. USA*) arrestare: **He got yanked for the robbery**, fu arrestato per la rapina.

♦**yank at**, *v. i.* + *prep.* (*fam.*) tirare, strattonare: **Stop yanking at my jacket, will you?**, smettila di tirarmi per la giacca, suvvia!

♦**yank away**, *v. t.* + *avv.* (*fam.*) tirare indietro bruscamente, ritirare (*la mano, ecc.*) in tutta fretta.

♦**yank in**, *v. t.* + *avv.* (*fam.*) ***1*** arrestare, sbattere dentro (q.) ***2*** *V.* **yank away**.

♦**yank off**, *v. t.* + *avv.* (*fam.*) ***1*** strappare, tirare via (*foglie, fogli, ecc.*) ***2*** portare (*o* trascinare) via (q.); rapire.

♦**yank on**, *v. i.* + *prep.* tirare, dare uno strappo a (*una corda, ecc.*).

♦**yank out**, *v. t.* + *avv.* (*fam.*) ***1*** tirare fuori, estrarre (*chiodi, viti, ecc.*) ***2*** cavare, estrarre, togliere (*con uno strappo*): **He yanked out my loose tooth in a whiff**, in un attimo mi cavò il dente che dondolava.

♦**yank up**, *v. t.* + *avv.* tirare su, sollevare (*q.c. di pesante*) con uno strattone.

Yank /jæŋk/, (*pop.*) *V.* **Yankee**.

Yankee /ˈjæŋkɪ/, **A** *n.* ***1*** (*USA*) yankee; nativo della Nuova Inghilterra; (*stor., durante la Guerra di Secessione*) nordista ***2*** (*fam., in Europa*) yankee; americano. **B** *a. attr.* di (*o* da) yankee; (*stor.*) nordista; (*fam.*) americano, statunitense: **the Y. army**, (*stor.*) l'esercito nordista; (*oggi*) l'esercito americano; **Y. idioms**, locuzioni americane. ● **Y. Doodle**, canzone patriottica americana (*dei tempi della Guerra d'Indipendenza*).

Yankeedom /ˈjæŋkɪdəm/, *n.* ***1*** (*collett.*) gli yankee (*collett.*) ***2*** territorio abitato dagli yankee.

Yankeefied /ˈjæŋkɪfaɪd/, *a.* che ha acquisito carattere di yankee; americanizzato.

Yankeeism /ˈjæŋkɪɪzəm/, *n.* carattere (*o* caratteristica) di yankee; americanismo.

Yankeeland /ˈjæŋkɪlænd/, *n.* (*fam.*) gli Stati Uniti; l'America.

yap /jæp/, *n.* ***1*** guaito; uggiolio ***2*** (*fam.*) chiacchiere; ciance; chiacchierata; discorsi a vanvera (*pop. USA*) stupido ***3*** (*pop. USA*) bocca.

to **yap** /jæp/, *v. i.* ***1*** guaire; uggiolare ***2*** (*fam.*) chiacchierare; cianciare; parlare a vanvera ***3*** (*fam.*) dire bruscamente ***4*** (*pop. USA*) vomitare. ● **to yap away**, continuare a guaire (*o* a ciarlare).

yapock /ˈjæpɒk/, *n.* (*zool., Chironectes minimus*) yapó, yapock; opossum acquatico.

yard (**1**) /jɑːd/, *n.* ***1*** iarda (*misura di lunghezza pari a m 0,914*): **a square yard**, una iarda quadrata; **ten yards** (**ten y.-lengths**) **of cloth**, dieci iarde di stoffa ***2*** (*naut.*) pennone: **to man the yards**, far salire (*o* disporre) i marinai sui pennoni (*come forma di saluto*) ***3*** (*pop. USA*) banconota da cento (*o* da mille) dollari. ● (*comm., USA*) **y. goods**, articoli venduti alla iarda (*stoffe, tessuti, ecc.*); telerie □ **y. measure**, misura pari a una iarda □ (*pop.*) **a y. of ale**, un boccale (*alto e stretto*) di birra □ **fore y.**, pennone di trinchetto □ **lateen y.**, pennone latino □ **lower y.**, pennone basso (*o* maggiore) □ **main royal y.**, pennone di controvelaccio □ **main top-gallant y.**, pennone di velaccio □ **main topsail y.**, pennone della gabbia di maestra □ **main y.**, pennone di maestra □ **mizzen y.**, pennone di mezzana.

yard (**2**) /jɑːd/, *n.* ***1*** recinto; cortile; corte ***2*** (*edil.*) cantiere ***3*** (*ferr.*, = **railway y.**) scalo ferroviario; piazzale (*di stazione*); sistema di binari per deposito; stazione di smistamento ***4*** (*costr. navali*) arsenale; cantiere ***5*** (*USA*) prato (*intorno alla casa*). ● **the Y.** (*abbr. fam. di* **Scotland Y.**), Scotland Yard (*sede centrale della polizia londinese*) □ (*ferr.*) **y. locomotive**, locomotiva di manovra □ (*ferr.*) **y. master**, capo di uno scalo □ **y. protector**, dispositivo a ultrasuoni per proteggere giardini e prati (*da animali indesiderati*) □ **building y.**, cantiere edile □ **cattle y.**, recinto per il bestiame □ (*ferr.*) **freight y.**, scalo merci □ (*naut.*) **navy y.**, cantiere navale; (*per navi da guerra*) arsenale □ (*naut.*) **repair y.**, cantiere di raddobbo.

to **yard** /jɑːd/, *v. t.* (*spesso* **to y. up**) mettere (*bestiame*) in un recinto.

yardage (**1**) /ˈjɑːdɪdʒ/, *n.* misurazione (*o* lunghezza) in iarde.

yardage (**2**) /ˈjɑːdɪdʒ/, *n.* ***1*** uso di un recinto (*come deposito, ecc.*) ***2*** prezzo d'affitto di un recinto (*o* di un deposito).

yardarm /ˈjɑːdɑːm/, *n.* (*naut.*) estremità del pennone; varea.

yardbird /ˈjɑːdbɜːd/, *n.* (*pop. USA*) ***1*** carcerato; detenuto ***2*** (*mil.*) recluta.

yardman /ˈjɑːdmən/, *n.* (*pl.* **yardmen**) ***1*** addetto alle pulizie di cortili (*a spazzare la neve, ecc.*) ***2*** (*edil.*) capocantiere ***3*** (*naut.*) marinaio ai pennoni ***4*** (*ferr.*) addetto allo scalo; manovale.

yardstick /ˈjɑːdstɪk/, *n.* ***1*** stecca (*o* verga) di una iarda (*strumento per misurare*) ***2*** (*fig.*) metro (di valutazione); parametro: **a y. of value**, un parametro dei valori. ● (*grafica, disegno*) **y. compass**, compasso a verga.

yardwand /ˈjɑːdwɒnd/, *n.* (*arc.*) *V.* **yardstick**.

yarn /jɑːn/, *n.* ***1*** (*ind. tess.*) filo; filato: **weft y.**, filo della trama; **woollen y.**, filato di lana; **worsted y.**, filato pettinato; **carded y.**, filato cardato; **homespun y.**, filato casalingo ***2*** (*fam.*) storia; storiella; racconto: **In «The Pickwick Papers», Dickens spins long yarns into the main narrative**, nel «Circolo Pickwick» Dickens inserisce lunghe storielle nel racconto principale. ● (*ind. tess.*) **y.-dyed**, tinto in filo □ **y. lever**, leva di alimentazione del filo □ **y. reel**, aspo per filato □ (*fam.*) **to spin yarns**, raccontare storie (*o* frottole).

to **yarn** /jɑːn/, *v. i.* (*fam.*) ***1*** fare un racconto; raccontare storie ***2*** chiacchierare; parlare.

yarrow /ˈjærəʊ/, *n.* (*bot.*, *Achillea millefolium*) millefoglie; millefoglio; achillea.

yashmak /ˈjæʃmæk/, *n.* velo delle donne musulmane.

yataghan /ˈjætəgən/, *n.* yatagan (*sorta di scimitarra*).

yaw /jɔː/, *n.* ***1*** (*naut.*) straorzata ***2*** (*aeron.*) imbardata ***3*** angolo d'imbardata.

to **yaw** /jɔː/, *v. i.* ***1*** (*naut.*) straorzare ***2*** (*aeron.*) imbardare.

yawl /jɔːl/, *n.* (*naut.*) ***1*** iole; iolla; yawl ***2*** barca a remi; lancia.

yawn /jɔːn/, *n.* ***1*** sbadiglio ***2*** (*fig.*) persona (*o* cosa) noiosa; barba, pizza (*fig.*) ***3*** (*raro*) apertura; abisso; voragine.

to **yawn** /jɔːn/, **A** *v. i.* ***1*** sbadigliare: **His story made me y.**, il suo racconto mi fece sbadigliare (*mi annoiò*) ***2*** aprirsi; spalancarsi; essere spalancato: **Hell yawned below the fallen angels**, l'inferno si spalancava ai piedi degli angeli caduti. **B** *v. t.* dire (q.c.) sbadigliando: **«What's the time?» he yawned**, «che ora è?», disse sbadigliando. ● **to y. goodnight**, dare la buona notte sbadigliando □ (*fig.*) **Hell**

yawns for him, l'inferno lo aspetta a fauci spalancate.

yawning /ˈjɔːnɪŋ/, *a.* ***1*** che sbadiglia; sonnolento ***2*** (*poet.*) spalancato: **a y. chasm**, un abisso spalancato.

yawningly /ˈjɔːnɪŋlɪ/, *avv.* con sbadigli; sbadigliando.

yawp /jɔːp/, *n.* (*fam. USA*) ***1*** suono rauco ***2*** sbadiglio rumoroso ***3*** protesta; lagnanza ***4*** blateramento ***5*** (*fig.*) linguaggio duro, forte; stile rozzo.

to **yawp** /jɔːp/, *v. i.* (*fam. USA*) ***1*** emettere un suono rauco ***2*** sbadigliare rumorosamente ***3*** protestare; lagnarsi ***4*** blaterare.

yaws /jɔːz/, *n. pl.* (*med.*) framboesia; yaws.

yclept /ɪˈklɛpt/, *a.* (*arc. o scherz.*) chiamato; detto; di nome: **a giant y. Barbarossa**, un gigante di nome Barbarossa.

ye (**1**) /jiː/, *pron. pers.* (*poet. o scherz.*) voi, ve, vi; tu, te, ti: **I do beseech ye**, io vi supplico; **Ye fools!**, o (voi) stolti!; **I tell ye**, te lo (ve lo) dico io; (*fam.*) **How d'ye do?**, come stai?; come state?; (*fam.*) **Thank ye**, grazie!

ye (**2**) /jiː/, *art. def.* (*arc.*) il, lo; la; i; gli; le (*segno tipografico sostituito dai primi stampatori a una lettera anglosassone come simbolo del suono «th»; ora comune soltanto nelle insegne di locande, pub e botteghe*): **«Ye Boar's Head»**, «La Testa del Cinghiale».

yea /jeɪ/, **A** *avv.* (*arc.*) ***1*** sì: **Yea, verily**, sì, davvero ***2*** anzi; addirittura: **I am ready, yea eager**, sono pronto; anzi, ansioso. **B** *n.* ***1*** sì; affermazione ***2*** voto favorevole: **yeas and nays**, voti favorevoli e voti contrari.

yeah /jɛə, jæə, jɑː, jʌ/, *avv.* (*fam.*, = **yes**) sì. ● **Oh y.?**, ah, sì?; e allora?

to **yean** /jiːn/, **A** *v. i.* (*di pecora, capra*) figliare. **B** *v. t.* partorire (*agnelli o capretti*).

yeanling /ˈjiːnlɪŋ/, *n.* ***1*** agnello; agnellino ***2*** capretto.

year /jɪə(r), jɜː(r)/, *n.* ***1*** anno; annata: **this** [**last, next**] **y.**, quest'anno [l'anno scorso, l'anno prossimo]; **solar y.**, anno solare; **lunar y.**, anno lunare; **a bad y.**, una brutta annata; un'annata cattiva; **a good y. for wine**, un'annata buona per il vino; **in the y. 1861**, nell'anno 1861 ***2*** (*pl.*) anni; età: **He is young for his years**, ha un aspetto giovanile per la sua età; porta bene i suoi anni; **The boy is just three years old** (*o* **three years of age**), il bambino ha appena tre anni ***3*** (*pl.*) anni; lungo tempo: **I haven't seen him for years**, non lo vedo da anni. ● **the y. after next** (*o* **in two years' time**), fra due anni ◻ **the y. before last** (*o* **two years ago**), due anni fa ◻ **y. by y.** (*o* **every y.**), ogni anno ◻ (*fam.*) **the y. dot**, molto tempo: **We've lived here since the y. dot**, viviamo qui da sempre ◻ **y. end**, fine d'anno ◻ (*econ., fin., rag.*) **y.-end**, di fine d'anno; di fine esercizio; di chiusura: **y.-end profit and loss picture**, risultato economico di fine esercizio ◻ **y.-end bonus**, tredicesima ◻ **y. in, y. out** (*o* **y. after y.**), un anno dopo l'altro; tutti gli anni ◻ (*fin.*) **y. in the red**, anno dei numeri rossi ◻ **y.-long**, che dura (da) un anno: **a y.-long quarrel**, una lite che dura da un anno ◻ (*scherz.*) **the y. one**, molto tempo fa; un secolo fa (*scherz.*) ◻ (*bot.*) **y. ring**, anello annuale (*di crescita delle piante*) ◻ **y.-round**, che dura tutto l'anno; per tutto l'anno: **a y.-round show**, una mostra aperta tutto l'anno ◻ **academic y.**, anno accademico ◻ **all the y. round**, per tutto l'anno ◻ **calendary y.** (*o* **civil y.**), anno civile ◻ **financial y.**, anno finanziario ◻ **fiscal y.**, anno fiscale ◻ **from y. to y.**, di anno in anno ◻ (*di persona*) **full of years** (*o* **in years**), pieno d'anni; in età avanzata, anziano ◻ **leap y.**, anno bisestile ◻ **legal y.**, anno legale ◻ **a man of some years**, un uomo di una certa età ◻ **New Y.'s Day**, il primo (giorno) dell'anno; Capodanno ◻ **New Y.'s Eve**, il giorno di San Silvestro ◻ **one y. from today**, oggi a un anno; fra un anno esatto ◻ **school y.**, anno scolastico ◻ **third-y. students**, studenti del terz'anno.

yearbook /ˈjɪəbʊk, ˈjɜː-/, *n.* (*specialm. stat.*) annuario.

yearling /ˈjɪəlɪŋ, ˈjɜː-/, **A** *n.* ***1*** animale di un anno ***2*** (*ippica*) puledro di un anno; yearling. **B** *a.* di un anno; che ha un anno d'età.

yearly /ˈjɪəlɪ, ˈjɜː-/, **A** *a.* annuale; annuo; che accade (*o* ricorre) ogni anno: **our y. holiday**, la nostra vacanza annuale; **a y. event**, un avvenimento che ricorre ogni anno; **y. salary**, stipendio annuo. **B** *avv.* annualmente; ogni anno; tutti gli anni: **We go to that campsite y.**, andiamo in quel campeggio tutti gli anni.

to **yearn** /jɜːn/, *v. i.* agognare; anelare; bramare; desiderare ardentemente; sentire nostalgia; struggersi (per): **to y. for rest** (*o* **after rest**), agognare un po' di riposo; **I yearned to be successful as a short-story writer**, desideravo ardentemente d'avere successo come scrittore di racconti; **to y. for home**, sentire nostalgia del focolare domestico (*o* della patria). ● **to y. for beauty**, aver sete di bellezza; essere assetato di cose belle ◻ **to y. towards** (*o* **to**) **sb.**, sentire affetto (*o* provare tenerezza) per q.

yearning /ˈjɜːnɪŋ/, **A** *n.* desiderio ardente; brama; smania; struggimento: **a y. for change**, un forte desiderio di cambiamento. **B** *a.* bramoso; desideroso. ● **with a y. sigh**, con un sospiro di struggimento. || **-ly**, *avv.*

yeast /jiːst/, *n.* ***1*** fermento; lievito ***2*** schiuma; spuma ***3*** (*fig.*) fermento; impegno; zelo ***4*** (*fig.*) turbamento: **y. of conscience**, turbamento della coscienza. ● **y. powder**, lievito in polvere.

to **yeast** /jiːst/, *v. i.* ***1*** fermentare ***2*** (*fig.*) essere in fermento.

yeastiness /ˈjiːstɪnəs/, *n.* ***1*** schiumosità ***2*** (*fig.*) superficialità; frivolezza ***3*** (*fig.*) fermento; agitazione.

yeasty /ˈjiːstɪ/, *a.* ***1*** simile a lievito; che contiene lievito ***2*** schiumoso; schiumante; spumoso; spumeggiante: **the y. waves**, le onde spumeggianti ***3*** (*fig.*) in fermento; agitato; inquieto; turbato: **a y. conscience**, una coscienza in fermento; una coscienza inquieta ***4*** (*fig.*) superficiale; frivolo: **y. writings**, scritti superficiali; **a y. fellow**, un individuo frivolo, superficiale. ● **y. talk**, chiacchiere; ciance.

yeepy /ˈjiːpɪ/, *n.* (*acronimo di* **youthful energetic elderly person**) (*fam.*) persona anziana ma energica e giovanile.

yegg /jɛg/, *n.* (*pop. USA*) ***1*** malfattore; malvivente; malavitoso ***2*** (*specialm.*) ladro; scassinatore.

yeggman /ˈjɛgmæn/, (*pl.* **yeggmen**) *V.* **yegg.**

yell /jɛl/, *n.* ***1*** grido; strillo; urlo: **a y. of greeting by the crowd**, un urlo di saluto da parte della folla; **the Blackfeet y.**, il grido (di guerra) dei Piedi Neri ***2*** (*USA*) grido d'incitamento (*di studenti o tifosi*).

to **yell** /jɛl/, *v. i. e t.* gridare, strillare; urlare: **to y. with pain** [**with delight**], gridare di dolore [per la gioia]; **to y. with terror**, strillare per lo spavento; lanciare uno strillo di spavento; **to y. for help**, gridare per chiedere aiuto; **He was yelling curses**, urlava maledizioni. ● (*fam.*) **to y. one's head off**, gridare (*o* urlare) a squarciagola ◻ **to y. out an order**, dare un ordine a gran voce (*o* a squarciagola) ◻ **to y. one's team to victory**, incitare con le grida la propria squadra perché vinca.

yella /ˈjɛlə/, *a.* (*pop. per* **yellow**) ***1*** giallo ***2*** (*fig. fam.*) vigliacco; pauroso; fifone (*pop.*).

yellow /ˈjɛləʊ/, **A** *a.* ***1*** giallo: **Lemons are y.**, i limoni sono gialli; **y. leaves**, foglie gialle; **y. skin**, pelle gialla; **the y. race**, la razza gialla; (*polit.*) **the y. peril**, il pericolo giallo ***2*** di pelle gialla; di razza gialla: **y. men**, uomini di razza gialla; i gialli ***3*** (*fig. fam.*) codardo; vile; meschino ***4*** (*fig. raro*) geloso; invidioso. **B** *n.* ***1*** giallo; color giallo ***2*** tuorlo, (il) rosso (*dell'uovo*) ***3*** (*fig. fam.*) vigliaccheria; viltà ***4*** (*pl.*) – **the yellows**, (*med.*) l'itterizia; (*bot.*) il giallume (*del pesco, ecc.*). ● (*mil.*) **y. alert**, preallarme ◻ (*pop.*) **y.-bellied**, pauroso; vigliacco; fifone (*pop.*) ◻ (*zool.*) **y.-bellied toad** (*Bombina variegata*), ululone dal ventre giallo ◻ (*polit.*) **y. book**, pubblicazione ufficiale ◻ (*ind. min.*) **y. cake**, concentrato uranifero ◻ (*calcio*) **y. card**, cartellino giallo (*ammonizione*) ◻ (*miner.*) **y. copper ore**, calcopirite ◻ (*fam.*) **y. dog**, persona spregevole ◻ **y. earth,** *V.* **y. ochre** ◻ (*med.*) **y. fever**, febbre gialla ◻ (*naut.*) **y. flag**, bandiera gialla (*o* di quarantena) ◻ **y.-green**, verdegiallo ◻ (*med.*) **y. gum**, ittero dei neonati ◻ (*zool.*) **y. gurnard** (*o* **y. gurnet**) (*Triglia lucerna*), cappone gallinella ◻ (*zool.*) **y.** (**h**)**ammer** (*Emberiza citrinella*), zigolo giallo ◻ **y. jack**, (*naut.*) bandiera gialla (*o* di quarantena); (*pop.*) febbre gialla ◻ (*zool., USA*) **y. jacket**, vespa; calabrone ◻ (*miner.*) **y. lead ore**, wulfenite; piombo giallo ◻ **y. metal**, (*metall.*) lega di rame (60%) e zinco (40%); (*fig.*) oro ◻ **y. ochre**, ocra gialla ◻ (*telef.*) **the y. pages**, le pagine gialle ◻ **the y. press**, la stampa scandalistica; la stampa sensazionale ◻ (*miner.*) **y. pyrites**, calcopirite ◻ (*geogr.*) **the Y. Sea**, il Mar Giallo ◻ (*med.*) **y. sickness**, itterizia ◻ (*anat.*) **y. spot**, macula lutea (*nella retina*) ◻ **y. wax**, cera gialla; cera d'api ◻ (*fam.*) **to have a y. streak**, essere tendenzialmente un vigliacco ◻ **to turn y.**, ingiallire ◻ (*fam.*) **He has a y. streak in him**, c'è qualcosa di vile in lui.

to **yellow** /ˈjɛləʊ/, *v. t. e i.* ingiallire; rendere giallo; diventar giallo: **an old document with its corners yellowed by time**, un vecchio documento con gli angoli ingialliti dal tempo; **the leaves that y. in autumn**, le foglie che ingialliscono in autunno.

yellowback /ˈjɛləʊbæk/, *n.* (*fam.*) romanzo popolare (francese), dalla copertina gialla.

yellowfish /ˈjɛləʊfɪʃ/, *n.* (*pop. USA*) immigrato clandestino dalla Cina.

yellowish /ˈjɛləʊwɪʃ/, *a.* giallastro; giallognolo; gialligno. || **-ness**, *sost.*

yellowness /ˈjɛləʊnəs/, *n.* ***1*** l'essere giallo; colorito giallo; giallore (*raro*) ***2*** (*fig. fam.*) vigliaccheria; viltà.

yellowy /ˈjɛləʊɪ/, *a.* giallastro; giallognolo; gialligno.

yelp /jɛlp/, *n.* ***1*** guaito; uggiolio ***2*** grido; strillo.

to **yelp** /jɛlp/, *v. i.* ***1*** guaire; uggiolare ***2*** (*per estens.*) gridare, strillare (*per dolore, per sorpresa, ecc.*).

yelper /ˈjɛlpə(r)/, *n.* ***1*** cane che guaisce ***2*** cucciolo ***3*** (*fam. USA*) sirena (*di un'ambulanza, dei pompieri, ecc.*).

yen (**1**) /jɛn/, *n.* (*invar. al pl.*) yen (*unità monetaria giapponese*).

yen (**2**) /jɛn/, *n.* (*fam.*) forte desiderio; gran voglia: **to have a yen for st.**, avere una gran voglia di q.c.; **to have a yen to travel**, avere voglia di viaggiare.

to **yen** /jɛn/, *v. i.* – (*fam.*) **to yen for**, avere una gran voglia di; desiderare ardentemente.

to **yench** /jɛntʃ/, *v. t.* (*pop. USA*) ***1*** imbrogliare; turlupinare; incastrare (*pop.*) ***2*** derubare; rapinare (*una banca, ecc.*).

yenta /ˈjɛntə/, *n.* (*pop. USA*) donna chiacchierona; pettegola.

yeoman /ˈjəʊmən/, *n.* (*pl.* **yeomen**) ***1*** (*stor.*) proprietario di terreni che rendevano almeno 40 scellini l'anno (*aveva il diritto di far parte di giurie, di votare nelle elezioni della contea, ecc.*) ***2*** (*stor., mil.*) membro della guardia nazionale a cavallo (*composta da piccoli proprietari terrieri volontari*) ***3*** (*raro*) piccolo proprietario terriero; coltivatore diretto ***4*** (*naut., USA*) sottufficiale addetto al servizio amministrativo di bordo. ● **Y. of the Guard**, guardia del corpo reale (*fondata nel XV secolo*) ◻ (*naut.*) **y. of signals**, sottufficiale addetto alle segnalazioni ◻ **Y. Warden**, guardiano della Torre di Londra.

yeomanly /ˈjəʊmənlɪ/, *a.* ***1*** di (*o* da) yeoman (*V.* **yeoman**) ***2*** (*fig. arc.*) coraggioso; leale; fedele; forte; vigoroso.

yeomanry /ˈjəʊmənrɪ/, *n.* (*stor.*) ***1*** (*collett.*)

classe dei piccoli proprietari terrieri ***2*** (*stor., mil.*) guardia nazionale a cavallo (*composta da piccoli proprietari terrieri e operai agricoli arruolatisi come volontari*) ***3*** (*mil.*) reparti di carristi e artiglieri (*nella 2ª guerra mondiale*).

yep /jɛp, jʌp/, *avv.* (*fam.*) sì.

yes /jɛs, jɛə, jæə, jɛh/, **A** *avv.* ***1*** (*nelle risposte*) sì; certo: **«Can you swim?» «Yes»** (**«Yes I can»**), «sai nuotare?» «sì» («certo») ***2*** (*nelle risposte*) eccomi!; presente!: **«John!» «Yes!»**, «John!» «Eccomi!» ***3*** anzi; addirittura; per di più: **I am ready, yes eager, to help you**, sono pronto, anzi, ansioso di aiutarti ***4*** (*interrogando*) ah sì?; davvero?; e allora?: **«I've come to you for help» «Yes?»**, «sono venuto per chiederti aiuto» «Ah sì?»; **Yes, what happened next?**, e allora, che accadde poi? **B** *n.* ***1*** risposta positiva; sì: **Confine yourself to yes and no** (*o* **to yeses and noes**), limitati ai sì e ai no! ***2*** chi dice (*o* vota) sì; voto favorevole. ● **yes and no**, sì e no; a malapena □ **Yes indeed!**, eccome!, altroché □ (*fam.*) **yes-man**, individuo servile; tirapiedi □ **to answer yes**, rispondere di sì □ **Yes please!**, sì, grazie! □ **to say yes**, dire di sì.

yester /ˈjɛstə(r)/, *pref.* (*poet.*) di ieri; del passato; passato; scorso: **y.-night**, la notte scorsa; ieri sera.

yesterday /ˈjɛstədeɪ, -dɪ/, *avv.* e *n.* ieri: **He rang me up y.**, mi telefonò ieri; **What was y.?** che giorno era ieri?; **y.'s newspaper**, il giornale di ieri; (*fig.*) **I wasn't born y.**, non sono mica nato ieri! ● **y. afternoon**, ieri pomeriggio □ **y. evening**, ieri sera; iersera □ **y.'s men**, gli uomini di ieri; i superati □ **y. morning**, ieri mattina; iermattina □ **y. week**, ieri a otto □ **after y.**, dopo quel che accadde ieri □ **all our yesterdays**, il nostro passato □ **(the) day before y.**, ieri l'altro; l'altro ieri □ (*fig.*) **an invention of y.**, un'invenzione recentissima □ **up to** (*o* **until**) **y.**, fino a ieri; sino a ieri.

yestereve(ning) /ˈjɛstəˈriːv(nɪŋ)/, *avv.* e *n.* (*arc., lett.*) ieri sera.

yestermorn(ing) /ˈjɛstəˈmɔːn(ɪŋ)/, *avv.* e *n.* (*arc., lett.*) ieri mattina.

yesteryear /ˈjɛstəˈjɪə(r), -ˈjɜː(r)/, *avv.* e *n.* (*arc., lett.*) l'anno scorso.

yestreen /jɛˈstriːn/, *avv.* e *n.* (*scozz. o poet.*) ieri sera; iersera.

yet /jɛt/, **A** *avv.* ***1*** (*in frasi neg.*) ancora; finora; per ora: **He hadn't come yet**, non era ancora arrivato; **It is not yet time**, non è ancora il momento; è troppo presto; **Nothing has yet come**, finora non è arrivato nulla ***2*** (*in frasi afferm., lett. o quasi*) ancora; tuttora; perfino: **He was yet kinder to me**, era ancora più gentile con me; **You must work yet harder**, devi lavorare ancora di più; **There is much yet to do**, ci sono ancora molte cose da fare; **He is yet alive**, è tuttora vivo ***3*** (*in frasi interr.*) fino a questo momento; già: **Has the post arrived yet?**, è già arrivata la posta? **B** *cong.* (*spesso* **and yet, but yet**) pure; eppure; tuttavia; però; ma: **It is hardly credible, yet true**, è quasi incredibile, ma è vero; **I offered him some more, and yet he wasn't satisfied**, gliene offrii ancora e tuttavia non fu soddisfatto; **The weather is fine, yet I don't think I'll go out**, il tempo è bello; tuttavia non credo che uscirò. ● **a yet easier piece of work**, un lavoro ancora più facile □ **yet more**, ancor più; anche più: **a yet more interesting book**, un libro ancor più interessante □ **yet once** (*o* **yet once more**), ancora una volta; un'altra volta □ **as yet**, finora, sinora: **Everything has worked all right as yet**, finora la cosa è andata bene (*o* ha funzionato perfettamente) □ **to have a conscience as yet clear**, avere ancora la coscienza pulita □ **just yet**, proprio ora; subito: **I cannot come just yet**, non posso venire proprio ora □ **nor yet**, e neppure; e nemmeno; e neanche: **He did not come, nor yet write**, non venne e neanche scrisse □ **He will win yet**, fa ancora a tempo a vincere □ **Yet again I repeat that...**, e io ti ripeto che... □ **You will succeed yet**, vedrai che alla fine riuscirai.

yeti /ˈjɛtɪ/, *n.* (*pl.* **yetis**) yeti; abominevole uomo delle nevi.

yew /juː/, *n.* (*bot., Taxus baccata*) tasso (*l'albero e il legno*).

yid /jɪd/, *n.* (*spreg.*) ebreo; giudeo.

Yiddish /ˈjɪdɪʃ/, **A** *n.* yiddish (*lingua e cultura delle comunità ebraiche in Germania, Polonia, ecc.*). **B** *a.* (proprio dello) yiddish; scritto in yiddish: **a Y. newspaper**, un giornale scritto in yiddish.

yield /jiːld/, *n.* ***1*** prodotto; raccolto: **a good y. of barley**, un buon raccolto d'orzo ***2*** (*ind., agric.*) rendimento; resa; produzione: **What is the average y. of the farm?**, qual è la produzione media del podere? ***3*** (*econ., fin.*) rendimento; rendita; reddito; frutto: **A 3% y. makes investment in real estate uneconomical**, il rendimento del 3 per cento scoraggia, perché antieconomici, gli investimenti in beni immobili; **y. on securities**, rendita derivante da obbligazioni ***4*** (*fisc.*: *di imposte o tasse*) gettito ***5*** (*tecn.*) cedevolezza; duttilità: **a cloth with a high y.**, una stoffa assai cedevole ***6*** (*autom., USA*) diritto di precedenza. ● (*Borsa*) **y. gap**, scarto di rendimento (*tra azioni e titoli a reddito fisso*) □ (*fisc.*) **y. of taxation**, gettito fiscale □ (*fin.*) **the y. of investments**, la resa degli investimenti □ (*mecc.*) **y. point**, carico di snervamento □ (*mecc.*) **y. stress**, tensione (*o* limite) di snervamento □ (*fin.*) **y. to maturity**, rendimento alla scadenza □ (*fin.*) **y. to redemption**, rendimento al rimborso □ (*fin.*) **income y.**, rendita.

to **yield** /jiːld/, **A** *v. t.* ***1*** produrre; dare; fruttare; rendere; **Our farm has yielded a good crop this year**, il nostro podere ha dato un buon raccolto quest'anno; **The tin mine has yielded poorly**, la miniera di stagno ha reso poco ***2*** cedere; concedere; dare; abbandonare: (*fig.*) **to y. ground**, cedere terreno; (*mil.*) **to y. a position to the enemy**, abbandonare una posizione al nemico; **to y. a point in a debate**, cedere su un punto in una discussione; concedere un punto in favore dell'avversario; **to y. precedence to one's seniors**, dare la precedenza alle persone più anziane ***3*** dare, abbandonare, consegnare (q.): **oneself prisoner**, darsi prigioniero; **to y. oneself to despair**, abbandonarsi alla disperazione ***4*** (*fin.*) rendere; fruttare; dare: **These stocks now y. 9%**, queste azioni rendono ora il 9 per cento ***5*** (*d'imposta o tassa*) dare un gettito di: **The petrol tax yielded several billion lire last year**, l'imposta sulla benzina ha dato un gettito di vari miliardi di lire l'anno scorso. **B** *v. i.* ***1*** cedere; arrendersi; darsi per vinto; sottomettersi: **We will never y. to blackmail**, non cederemo mai al ricatto; **They were determined never to y.**, erano decisi a non arrendersi mai (*o* a resistere a oltranza); **They had to y. to the conquerors**, dovettero sottomettersi ai conquistatori ***2*** cedere; piegarsi: **The roof of the cottage has yielded under the weight of the snow**, il tetto della casetta ha ceduto sotto il peso della neve ***3*** cedere; lasciare il posto a: **Winter is yielding to spring**, l'inverno sta lasciando il posto alla primavera ***4*** (*fig.*) cedere: **to y. to temptations**, cedere alle tentazioni ***5*** (*autom., USA*) dare la precedenza. ● (*autom.*) **«yield!»** (*cartello stradale in U.S.A.*), «dare la precedenza!» □ (*form.*) **to y. an answer**, dare una risposta □ (*lett.*) **to y. consent**, acconsentire □ (*mil.*) **to y. a fortress**, consegnare una fortezza al nemico □ (*fig.*) **to y. the palm**, cedere la palma; farsi battere □ **to y. place to**, lasciare il posto a, essere seguito da: **Soon the dislike she had taken to him yielded place to admiration**, presto l'antipatia che aveva provato per lui lasciò il posto all'ammirazione □ **to y. one's pride of place**, lasciare ad altri il posto d'onore □ (*autom.*) **to y. right of way**, dare la precedenza □ (*lett.*) **to y. shelter**, offrire riparo; dare rifugio; **to y. to sb.'s requests**, accedere alle richieste di q. □ (*lett.*) **to y. submission**, sottomettersi; fare atto di sottomissione □ **to y. to persuasion**, lasciarsi convincere □ **to y. to a younger man**, cedere davanti a un uomo più giovane; (*anche*) lasciare la carica a uno più giovane □ **Our goods y. to none**, la nostra merce è imbattibile □ **I y. to none!**, non sono secondo a nessuno (*nel mio entusiasmo per la cosa, nell'ammirarlo, ecc.*).

♦**yield up**, *v. t.* + *avv.* ***1*** cedere; consegnare; abbandonare: **The general refused to y. up the fortress**, il generale rifiutò di consegnare la fortezza (al nemico) ***2*** cedere; dare; lasciare: **to y. up one's seat to an elderly person**, cedere il posto (*a sedere*) a una persona anziana ***3*** (*form.*) rivelare; svelare: **The jungle will never y. up all its secrets**, la giungla non rivelerà mai tutti i suoi segreti □ **to y. up the ghost**, rendere l'anima a Dio □ (*form.*) **to y. oneself up to pleasure**, abbandonarsi a una vita dissoluta.

yielder /ˈjiːldə(r)/, *n.* ***1*** chi cede; chi si arrende ***2*** (*econ., fin.*) cosa che produce (*o* che rende); fonte di guadagno; cespite ***3*** (*fisc.*) imposta (*o* tassa) che dà un certo gettito: **Direct taxes are poor yielders in Italy**, in Italia le imposte dirette dànno uno scarso gettito all'erario.

yielding /ˈjiːldɪŋ/, *a.* ***1*** cedevole; flessibile; arrendevole; docile; compiacente; accomodante: **y. clay**, argilla cedevole; **a y. disposition**, un carattere docile ***2*** (*econ., fin.*) produttivo; fruttifero ***3*** (*tecn.*) cedevole; deformabile. ‖ **-ly**, *avv.* ‖ **-ness**, *sost.*

yill /jɪl/, *n.* (*scozz.*) birra.

yin /jɪn/ (*cinese*), *n.* yin (*principio o elemento femminile*).

yip /jɪp/, *n.* (*fam.*) guaito; uggiolio.

to **yip** /jɪp/, *v. i.* (*fam.*) guaire; uggiolare.

yippee /ˈjɪpiː/, *inter.* (*fam.*) urrà!; evviva!

yippie /ˈjɪpiː/, *n.* (*USA*) hippy politicamente impegnato.

yob /jɒb/, *n.* (*spreg. ingl.*) ***1*** fannullone; sfaticato ***2*** ragazzo di vita; teppista.

yobbo /ˈjɒbəʊ/, (*pl.* **yobbos**) *V.* **yob**.

yodel, yodle /ˈjəʊdl/, *n.* (*mus.*) jodel, jodler (*vocalizzo in falsetto*); jodler (*canto modulato dei montanari tirolesi e svizzeri*).

to **yodel**, to **yodle** /ˈjəʊdl/, *v. i.* (*mus.*) cantare alla maniera dei montanari tirolesi; cantare facendo lo jodel.

yodeller /ˈjəʊdlə(r)/, *n.* jodler; chi canta facendo lo jodel.

yoga /ˈjəʊgə/, *n.* (*filos. indiana*) yoga.

yogh /jɒg, jəʊg, -k, -x/, *n.* «yogh» (*lettera dell'alfabeto anglosassone dal suono simile alla «y»*).

yoghurt /ˈjɒgət, *USA* ˈjəʊ-/, *V.* **yogurt**.

yogi /ˈjəʊgɪ/, *n.* (*pl.* **yogis**) maestro di yoga; seguace dello yoga; yog(h)in; yog(h)i.

yogism /ˈjəʊgɪzəm/, *n.* dottrina (*o* pratica) dello yoga.

yogurt /ˈjɒgət, *USA* ˈjəʊgɜːt/, *n.* yogurt.

yo-heave-ho /jəʊhiːvˈhəʊ/, *inter.* (*naut.*) issa! (*grido simultaneo quando si leva l'ancora, ecc.*).

to **yoick** /jɔɪk/, **A** *v. i.* gridare «yoicks» (*nella caccia alla volpe*); aizzare i cani con grida. **B** *v. t.* (*spesso* **to y. on**) aizzare (*i cani*) gridando «yoicks».

yoicks /jɔɪks/, *inter.* «yoicks»! (*V.* **to yoick**).

yoke /jəʊk/, *n.* ***1*** giogo (*anche fig.*); schiavitù, dominio; legame, vincolo (*specialm. matrimoniale*); (*un tempo*) giogo da acquaiolo (*per portar secchi*): (*fig.*) **the y. of convention**, il giogo delle convenzioni sociali; **to throw off the y. of servitude**, scuotersi di dosso il giogo della servitù; **the marriage y.**, il vincolo matrimoniale ***2*** (*invar. al pl.*) (= **y. of oxen**) coppia, paio (*di buoi aggiogati*): **five y. of oxen**, cinque paia di buoi ***3*** (*sartoria*: *d'abito*) sprone ***4*** (*naut.*, = **rudder y.**) barra a bracci, barra a mezzaluna (*del timone*) ***5*** (*elettr.*) giogo magnetico ***6*** (*aeron.*) barra di comando doppio *7* (*archit.*) traversa superiore (*di finestra*) *8* (*mecc.*) brida; morsetto; pattino. ● (*zool.*) **y. bone**, osso zigomatico □ (*naut.*) **y.-ropes**, *V.* **yokelines** □ (*stor. romana*) **to pass** (*o* **to come**) **under the y.**, passare sotto il giogo (*anche fig.*).

to **yoke** /jəʊk/, **A** *v. t.* **1** mettere il giogo a (*buoi, ecc.*); aggiogare **2** (*fig.*) accoppiare; unire (*specialm. in matrimonio*): **I am yoked with a nagging wife**, mi trovo unito con una donna che non fa che brontolare **3** (*fig. arc.*) soggiogare **4** (*pop. USA*) attaccare (*specialm. alle spalle*); aggredire; rapinare. **B** *v. i.* (*raro, anche* **to y. together**) essere accoppiato; appaiarsi; lavorare insieme: **They don't y. well**, non s'appaiano bene; sono male accoppiati.

yokefellow /ˈjəʊkfɛləʊ/, *n.* (*arc.*) **1** collega; compagno; socio **2** coniuge.

yokel /ˈjəʊkl/, *n.* (*spreg.*) contadino; campagnolo; cafone; bifolco; villano.

yokelines /ˈjəʊklaɪnz/, *n. pl.* (*naut.*) tiranti della barra del timone.

yolk /jəʊk/, *n.* **1** tuorlo; rosso d'uovo; vitello **2** (*biol.*) vitello; deutoplasma; tuorlo; lecite **3** (*ind. tess.*) grasso di lana; lanolina. ● (*biol.*) **y. bag** (*o* **y. sac**), sacco vitellino, lecitocele □ (*biol.*) **y. stalk**, dotto vitellino.

yolky /ˈjəʊkɪ/, *a.* **1** simile al rosso d'uovo **2** (*ind. tess.*) contenente grasso di lana; che contiene lanolina **3** (*ind. tess.*) sucido: **y. wool**, lana sucida.

yon /jɒn/, (*poet., raro*) **A** *a.* quello; quello là: **as far as yon tree**, fino a quell'albero. **B** *pron.* quello, quella; quelli, quelle; quella cosa, quelle cose. **C** *avv.* là; laggiù; lassù.

yonder /ˈjɒndə(r)/, (*poet., raro*) **A** *a.* quello; quello là: **on the top of y. mountain**, in cima a quella montagna. **B** *avv.* là. ● **down y.**, laggiù □ **up y.**, lassù □ **way y.**, lontano.

yonks /jɒŋks/, *n. pl.* (*fam.*) secoli (*fig.*); molto tempo: **I haven't seen them for y.**, non li vedo da secoli.

yoo-hoo /ˈjuːhuː/, *inter.* ju-hù!; ehi là!

to **yoo-hoo** /ˈjuːhuː/, *v. i.* (*fam.*) fare «ju-hù»; gridare; chiamare ad alta voce.

yore /jɔː(r)/, *n.* – **of y.** (*lett.*), (d') un tempo; in passato; anticamente.

York /jɔːk/, *n.* (*geogr.*) **1** York (*antica città ingl.*) **2** (*abbr. di* **Yorkshire**) contea di York; Yorkshire. ● **Y. ham**, prosciutto dello Yorkshire □ (*stor.*) **the House of Y.**, la Casa (*o* la dinastia) di York.

york /jɔːk/, *n.* (*pop. USA*) vomito.

to **york** /jɔːk/, *v. i.* (*pop. USA*) vomitare; rigettare.

yorker /ˈjɔːkə(r)/, *n.* (*cricket*) lancio imprendibile.

yorkie /ˈjɔːkɪ/, *n.* (*fam.*) *V.* **yorkshire terrier**.

Yorkist /ˈjɔːkɪst/, (*stor.*) **A** *n.* membro (*o* partigiano) della Casa di York (*al tempo della Guerra delle Due Rose*). **B** *a.* della Casa di York; favorevole alla Casa di York.

Yorkshire /ˈjɔːkʃə(r)/, *n.* (*geogr.*) contea di York; Yorkshire. ● **Y. flannel**, flanella di color naturale (*non tinta*) □ (*cucina*) **Y. pudding**, panino rigonfio, fatto con una pastella di farina, latte e uova (*servito con arrosto di manzo*) □ **Y. terrier**, yorkshire; Yorkshire terrier (*piccolo cane a pelo lungo e liscio*).

you /juː, jʊ, jə, jʌ/, **A** *pron. pers. 2ª pers. pl. e sing.* **1** (*sogg. e compl.*) voi, ve, vi; tu, te, ti; Lei, Ella, Loro (*forme di cortesia di 3ª pers.*): **How are you?**, come stai?; come state?; **You are my love**, il mio amore sei tu; **What do you want?**, che cosa volete (voi)?; che cosa vuoi (tu)?; **The letter is for you**, la lettera è per te; **I want to help you**, voglio aiutarti (*o* aiutarvi); **I'm not going to give it to you**, non ve (*o* te) lo do; **I choose you three**, scelgo voi tre; **You are very kind, Sir**, Lei è molto gentile; signore; **Ladies and Gentlemen, you know me quite well**, Signori e Signore, Loro mi conoscono benissimo; **You, there! What's your name?**, ehi, tu! come ti chiami? **2** (*pred.*) tu; voi: **Was that you?**, eri tu? (*o* eravate voi?) **3** (*idiom., escl.*) **Kiss her, you fool!**, baciala, stupido!; **You foolish boy!**, sciocchino!; **You madman!**, pazzo!; **You darling!**, tesoro!; caro!, cara! **4** (*colloquiale; unito alla forma in* **-ing**, *è idiom.*) **They don't mind you forgetting to call on them**, non ci fan caso se ti sei scordato di passare da loro; **I must insist on you paying your debts**, devo insistere che tu paghi i debiti che hai fatto **5** (*arc.*, = **yourself, yourselves**): **Sit you down!**, siediti!; sedetevi! **B** *pron. impers.* si; sé: **You never can tell!**, non si sa mai!; **You soon get used to it**, ci si abitua presto. ● (*pop. USA*) **you-all**, voi, voialtri (*per distinguere da «you» = «tu, Lei»*) □ (*pop. USA*) **You and who else** (*o* **and what army**)**?**, in quanti siete? (*fatevi sotto, ecc.*) □ **You asked for it!**, te la sei cercata! □ **you bet**, certo; eccome; naturalmente; e ti pareva? □ (*volg. USA*) **You bet your ass!**, ci puoi scommettere il culo (*volg.*) □ (*pop.*) **You bet your boots** (*o* **your sweet life**), puoi scommetterci (*o* metterci) la testa! □ (*pop.*) **You can say that again!**, puoi ben dirlo!; davvero!; altroché! □ (*fam.*) **You got it!**, ci hai preso, hai indovinato; (*anche*) hai ragione; e va bene!, d'accordo! □ (*pop.*) **You hear?**, mi hai sentito?; hai capito?; va bene? □ (*pop. USA*) **You heard the man**, hai sentito (*quello che ha detto*)?; vuoi dunque obbedire? □ (*come intercalare; colloquiale*) vedi; sai; capisci □ (*fam.*) **you-know-what**, sai che cosa; quella cosa; il coso, la cosa (*un oggetto che non si vuole menzionare*); (*eufem.*) rapporto sessuale: **Petting often leads youngsters to you-know-what**, i giovani, a furia di pomiciare, spesso finiscono per fare quella cosa □ (*fam.*) **you-know-where**, sai dove; (*eufem.*) al diavolo, all'inferno: **You can just go you-know-where**, puoi andare all'inferno! □ (*fam.*) **you-know-who**, sai chi: **If there is you-know-who, I won't come**, se c'è sai chi, io non ci vengo! □ **You say so!**, lo dici tu!; l'hai detto tu! □ **You said it!**, l'hai detto!; sono d'accordo!; è proprio vero □ **all of you** (*fam.* **you all**), voi tutti; tutti voi; voialtri; voi (*utile per distinguere* **you**, voi *da* **you**, tu): **You are all welcome**, siete (tutti) i benvenuti; **I don't want all of you to come**, non voglio che veniate tutti; **What do you all want?**, che volete voialtri?; **Sit down, all of you!**, sedetevi! □ **for you**, eccoti servito: **That's a woman for you**, eccoti servito: così si comporta una donna; è proprio tipico di una donna □ **if I were you**, se fossi in te □ **the rest of you**, gli altri: **You may come, Jones, but the rest of you must stay behind**, tu puoi venire, Jones, ma gli altri devono rimanere qui □ **Thank you**, grazie! □ **to you**, a te, a voi; per te, per voi: **You needn't call me Mr Jones; it's Jay, to you**, non occorre che mi chiami Mr Jones; per te, va bene Jay □ **You see, it's like this**, vedi (*o* capisci), le cose stanno così □ **You go away!** (*o* **Go away, you**), vattene! □ (*fam.*) **«You're an ass!» «You're another!»**, «sei un asino!» «asino sarai tu!» □ **(It's) very kind of you!**, (è) molto gentile da parte tua (*o* da parte vostra)!

you'd /juːd, jʊd, jəd/, *contraz. di* **1 you had 2 you would**.

you'll /juːl, jʊl, jəl/, *contraz. di* **1 you will 2 you shall**.

young /jʌŋ/, **A** *a.* **1** giovane (*anche fig.*); piccolo: **a y. man**, un uomo giovane; (*anche*) un giovanotto; **He's too y. to go to school yet**, è troppo piccolo per andare a scuola; **He's y. at heart**, è giovane di spirito; **a y. nation**, una nazione giovane; **a y. economy**, un'economia giovane; **y. plants**, piante giovani **2** giovanile; di (*o* da) ragazzo; di (*o* da) ragazza: **to look y. for one's age**, avere un aspetto giovanile in considerazione dell'età; **y. ambition**, ambizione giovanile; **y. love**, amore da ragazzi **3** (*fig.*) inesperto; alle prime armi: **He is y. in fencing**, è inesperto della scherma **4** (*geol.*) giovane: **y. mountains**, montagne giovani. **B** *n.* (*collett.*) **1** – **the y.**, i giovani; la gioventù: **The y. should respect the old**, i giovani devono rispettare i vecchi **2** (*d'animale*) piccoli; prole; nati: **Among the mammals, it is usually the mother that takes care of the y.**, fra i mammiferi, di solito è la madre che si prende cura dei piccoli. ● **a y. child**, un bambino piccolo; un bimbetto, una bimbetta □ (*fam.*) **y. fog(e)y**, giovane tradizionalista; giovanotto conservatore □ **a y. girl**, una ragazzina □ **to be y. in crime**, non essere ancora un criminale incallito □ (*stor.*) **Y. Italy**, la Giovane Italia □ **y. lady**, signorina; (*arc.*) innamorata □ (*leg.*) **y. offender**, delinquente minorile □ **the y. ones**, i bambini; i piccoli; i bimbi □ **y. people**, i giovani □ **y. person**, (*demogr.*) adolescente; (*leg.*) minore; minorenne □ (*scherz.*) **y. things**, giovanotti; ragazze; i giovani; i bambini □ (*stor. e fig.*) **y. Turks**, giovani turchi □ (*fam.*) **y.'un**, giovanotto; ragazzo (*specialm. al vocat.*) □ **y. vegetables**, verdura fresca □ **in my y. days**, nei miei verdi anni; in gioventù □ (*arc.*) **my y. man**, il mio innamorato; il mio ragazzo □ (*arc.*) **my y. woman**, la mia ragazza; la mia innamorata □ (*d'animale*) **with y.**, gravida; pregna □ **you y. rascal!**, birichino; birboncello! □ **a younger brother [sister]**, un fratello [una sorella] minore □ (*stor.*) **Pitt the Younger**, Pitt il Giovane □ **younger son**, secondogenito □ (*fam.*) **Now, y. man!**, ehi, giovanotto! □ **A y. sheep is called a lamb**, il piccolo della pecora si chiama agnello □ **Do you mean y. Smith or his father?**, vuoi dire Smith figlio o il padre? □ **The night is yet y.**, la notte non è ancora avanzata □ **He is y. for his age**, porta bene i suoi anni; ha ancora un aspetto giovanile □ **Tom has a y. sister**, Tom ha una sorellina □ **He is a year younger than his brother**, ha un anno in meno di suo fratello □ **Ann is the youngest child in the family**, Ann è la più piccola della famiglia; Ann è l'ultimogenita.

youngish /ˈjʌŋɪʃ/, *a.* piuttosto giovane; giovanile all'aspetto.

youngling /ˈjʌŋlɪŋ/, *n.* (*poet.*) **1** giovane; giovanotto; fanciulla **2** bambino, bambina **3** piccolo; l'ultimo nato: **the younglings of the flock**, gli ultimi nati del gregge; gli agnellini.

youngness /ˈjʌŋnəs/, *V.* **youthfulness**.

youngster /ˈjʌŋstə(r)/, *n.* **1** giovincello; ragazzo; ragazzotto **2** (*pl. collett.*) i giovani.

younker /ˈjʌŋkə(r)/, *n.* (*arc. o fam.*) *V.* **youngster**.

your /jɔː(r), jə(r), *USA* jʊə(r), jə(r)/, **A** *a. poss.* **1** vostro, vostra, vostri, vostre; tuo, tua, tuoi, tue; Suo, Sua, Suoi, Sue, Loro (*forme di cortesia di 3ª persona*): **y. father and mother**, tuo padre e tua madre; **y. father and mine**, tuo padre e il mio; **y. fathers and mothers**, i vostri genitori; i vostri babbi e le vostre mamme; **How is y. daughter, Mrs Jones?**, come sta Sua figlia, signora Jones?; **I'll have to see y. parents**, dovrò parlare con i vostri genitori; **y. friends**, i tuoi (*o* i vostri) amici; le tue (*o* le vostre) amiche **2** (*enfat., iron.*) tuo (vostro, ecc.) famoso: **This is y. baseball, isn't it?**, è tutto qui il vostro decantato baseball?; **No one is so fallible as y. experts in handwriting**, nessuno prende tante cantonate come i vostri famosi periti calligrafi! **3** (*quando è unito alla forma in* **-ing**, *è idiom.*) **Y. mother doesn't like y. marrying that man**, a tua madre non va (a genio) che tu sposi quell'uomo; **I don't mind at all y. using my cassette-player**, non ho nulla in contrario a farti usare il mio mangianastri. **B** *a. indef.* proprio, propria, ecc. (*spesso sottinteso in ital.*): **You cannot alter y. nature**, non si può cambiare la propria natura; **You shouldn't change y. mind as often as that**, non si dovrebbe cambiare idea così spesso. ● **y. own**, tuo, proprio tuo; vostro, proprio vostro: **Is this y. own book?**, è proprio tuo questo libro? □ (*volg. USA*) **Y. ass!**, col cavolo! (*pop.*) □ **Your hands are dirty**, hai le mani sporche □ **Y. turn!**, tocca a te; sta a te (*giocare, ecc.*) □ **What's y. name?**, come ti chiami? □ **Show me your book**, mostrami il (tuo) libro!

you're /jɔː(r), jə(r), *USA* jʊə(r), jə(r)/, *contraz.* di **you are**.

yours /jɔːz, *USA* jʊəz/, *pron. poss.* (il) vostro, (la) vostra, (i) vostri, (le) vostre; (il) tuo, (la) tua, (i) tuoi, (le) tue; (il) Suo, (la) Sua, (i) Suoi, (il, la, i, le) Loro (*forme di cortesia di 3ª persona*): **This tape-recorder is y., not mine**, questo registratore è tuo, non mio; **Are these y. or mine?**, questi sono i tuoi (i vostri) o i miei?; **my children and y.**, i miei bambini e i vostri; **Isn't that boy a student of y., Mr Black?**, non è un Suo studente, quel ragazzo, Mr Black?; **Give me some books of y.**, dammi qualche tuo libro; **that pride of y.**, quel tuo benedetto (*o* maledetto) orgoglio. ● (*nella chiusa di una lettera*) **Y.**, cordiali saluti, cordialmente tuo (*fam.*) □ **Y. faithfully**, distinti saluti (*form.*) □ **Y. sincerely** (*o* **Sincerely y.**), cordiali saluti (*fam.*) □ (*comm., specialm. USA*) **Y. truly**, distinti saluti (*form.*) □ (*fam.*) **y. truly**, il sottoscritto; io stesso; me stesso □ (*fam.*) **What's y.?** che cosa prendi?; che cosa bevi? □ **I am no child of y.**, non sono mica Suo figlio! □ **Our best wishes to you and y.**, i nostri migliori auguri a te e ai tuoi cari (*o* a Lei e ai Suoi cari) □ **That's no business of y.!**, non è affar tuo!; non è cosa che ti riguarda!

yourself /jəˈsɛlf, jɔː-, *USA* jə-, jʊə-/, (*pl.* **yourselves**) **A** *pron. rifl.* te stesso, te stessa, ti; voi stessi, voi stesse, vi; Lei stesso, Lei stessa, Si (*forme di cortesia di 3ª persona*): **You're looking very pleased with y.**, sembri molto soddisfatto di te stesso; **Did you defend y.?**, ti sei difeso?; **Why don't you pour y. a drink?**, perché non ti versi da bere?; **Don't tire yourselves too much**, non stancatevi troppo; **Please y., Miss Brown**, S'accomodi (*o* Si serva) pure, Miss Brown. **B** *pron. enfat.* tu stesso, tu stessa; voi stessi, voi stesse; Lei stesso, Lei stessa; proprio tu (voi, Lei): **Do it y.!**, fallo tu stesso (*o* tu stessa)!; **Didn't you say so y., Mr Barrow?**, non l'ha detto Lei stesso, Mr Barrow?; **Please see to it yourselves**, pensateci voi stessi (*o* ci pensino Loro), per favore; **You told me y.**, me l'hai raccontato proprio tu; **You y. went there**, ci andasti tu in persona. ● **by y.**, da te, da Sé; da solo, da sola; senz'aiuto; solo, sola; senza compagnia: **Finish it by y.!**, finiscilo da solo (*o* sola)!; **Did you do it by y., Miss Brown?**, l'ha fatto da Sé, Miss Brown?; **Were you (all) by y.?**, eri solo?; **Why are you sitting by y.?**, perché te ne stai qui seduto da solo (*o* in disparte)? □ **by yourselves**, da soli, da sole; senz'aiuto; soli, sole; senza compagnia: **You cannot do it by yourselves**, non potete farlo da soli (*o* da sole) □ (*fam.*) **Be y.!**, cerca di ricomporti!; tirati su!; (*anche*) Sii te stesso!, comportati con naturalezza! □ (*form.*) **Please y.!**, fa' pure a modo tuo! □ **You are not quite y. tonight**, non sei del solito umore stasera □ (*pop. arc.*) **How's y.?**, come stai?; come va la vita? □ **You don't act like y.**, ti comporti in modo strano □ **Ask y. whether it isn't true**, fa' un esame di coscienza e dimmi se non è vero □ **You don't seem y. today**, non sembri tu, oggi; sei strano; sembri fuori di te (*o* sembri un altro).

youth /juːθ/, *n.* ***1*** gioventù; giovinezza; adolescenza: **the vigour of y.**, il vigore della gioventù; **the places of one's y.**, i luoghi della propria giovinezza; **from y. onwards**, dall'adolescenza in poi; **the y. of a nation**, la giovinezza d'una nazione ***2*** (*collett.*) gioventù; (i) giovani: **the y. of the** (*o* **of our**) **country**, la gioventù del paese, della nazione (*la nostra gioventù*; *i nostri giovani*) ***3*** giovane; giovanetto; adolescente; giovanotto: **a y. of twenty**, un giovane di vent'anni; **as a y.**, da giovane; in gioventù ***4*** (*spreg.*) giovinastro ***5*** (*geol.*) stadio giovanile. ● **y. club**, club della gioventù; circolo giovanile □ **y. culture**, cultura dei giovani □ (*leg.*) **y. custody centre**, centro di rieducazione di delinquenti minorili □ (*econ.*) **y. employment**, occupazione giovanile □ (*in G.B.*) **y. employment officer**, addetto all'occupazione giovanile □ **y. group**, gruppo giovanile □ **y. hostel**, ostello della gioventù □ (*fig.*) **the y. of civilization**, gli albori della civiltà □ (*fig.*) **the y. of the world**, le origini del mondo; le prime ere geologiche; la preistoria □ (*econ.*) **y. unemployment**, disoccupazione giovanile □ **the secret of keeping one's y.**, il segreto di mantenersi giovani.

youthful /ˈjuːθfl/, *a.* ***1*** giovane; nel fiore della giovinezza: **a y. curate**, un giovane cappellano; **a y. bride**, una sposa nel fiore della giovinezza ***2*** giovanile; di (*o* da) giovane: **y. ambitions**, ambizioni giovanili; **a y. appearance**, un aspetto giovanile ***3*** (*geol.*: *di roccia, ecc.*) giovane (*non ancora erosa dagli agenti atmosferici*). || **-ly**, *avv.* || **-ness**, *sost.*

youthquake /ˈjuːθkweɪk/, *n.* protesta giovanile degli anni 1960-70.

you've /juːv, jʊv, jəv/, *contraz.* di **you have**.

yowl /jaʊl/, *n.* ***1*** (*di gatto in amore*) gnaulio ***2*** ululato.

to **yowl** /jaʊl/, *v. i.* ***1*** (*di gatto in amore*) gnaulare ***2*** ululare.

yo-yo /ˈjəʊjəʊ/, **A** *n.* (*pl.* **yo-yos**) ***1*** (*marchio*) yo-yo (*giocattolo*) ***2*** (*pop. USA*) individuo goffo; fesso; tonto; imbranato (*pop.*) ***3*** (*pop. USA*) persona volubile; banderuola (*fig.*). **B** *a.* fluttuante; oscillante.

to **yo-yo** /ˈjəʊjəʊ/, *v. i.* ***1*** fluttuare; oscillare ***2*** (*pop. USA*) esitare; titubare.

yperite /ˈiːpəraɪt/, *n.* (*chim., mil.*) iprite.

ytterbic /ɪˈtɜːbɪk/, *a.* (*chim.*) itterbico.

ytterbium /ɪˈtɜːbɪəm/, *n.* (*chim.*) itterbio.

yttrium /ˈɪtrɪəm/, *n.* (*chim.*) ittrio.

yucca /ˈjʌkə/, *n.* (*bot., Yucca*) yucca, iucca.

yuck /jʌk/, (*pop.*) **A** *n.* ***1*** schifezza; schifo; porcheria ***2*** individuo disgustoso; tipo schifoso. **B** *inter.* puah!; che schifo!

yucky /ˈjʌkɪ/, *a.* schifoso; disgustoso; che fa schifo. ● **This soup tastes y.** questa zuppa è uno schifo!

Yugoslav /ˈjuːgəʊslɑːv, *USA* juːgəʊˈslɑːv, -ˈslæv/, *a.* e *n.* iugoslavo.

Yugoslavia /juːgəʊˈslɑːvɪə/, *n.* (*geogr.*) Iugoslavia, Jugoslavia.

yule /juːl/, *n.* Natale; feste natalizie. ● **the y. log**, il ceppo di Natale.

yuletide /ˈjuːltaɪd/, *n.* (*poet.*) il Natale; le feste natalizie: **Y. greetings**, auguri di Natale.

yum /jʌm/, **yum yum** /ˈjʌmˈjʌm/, *inter.* (*fam. USA*) gnam gnam!; che bontà!; che squisitezza!

yummy /ˈjʌmɪ/, *a.* (*fam. USA*) delizioso; buonissimo; squisito: **y. food**, cibo delizioso (*o* da leccarsi i baffi).

yup /jʌp/, *avv.* (*fam.*) sì.

yuppie /ˈjʌpɪ/, *n.* (*acronimo di* **young urban professional**) giovane, efficiente professionista; yuppie.

yuppy /ˈjʌpɪ/, *n. V.* **yuppie**.

yuppyism /ˈjʌpɪɪzəm/, *n.* yuppismo (*V.* **yuppie**).

z,Z

Z, z /zɛd, *USA* ziː/, **A** *n.* (*pl.* **Z's, z's**; **Zs, zs**) ***1*** Z, z (*ventiseiesima e ultima lettera dell'alfabeto ingl.*) ***2*** (*mat.*) z; terza incognita. ● (*telef.*) **z for Zebra**, z come Zara. **B** *a. attr.* a forma di Z.

Zachariah /zækəˈraɪə/, **Zacharias** /zækəˈraɪəs/, **Zachary** /ˈzækərɪ/, *n.* Zaccaria.

zaffer, zaffre /ˈzæfə(r)/, *n.* (*ind. chim., ceramica, del vetro*) zaffera, zaffara.

zaftig /ˈzæftɪg/, *a.* (*fam. USA*: *di donna*) formosa; tutta curve; rotondetta.

Zagreb /ˈzɑːgrɛb, ˈzæ-, zɑːˈg-/, *n.* (*geogr.*) Zagabria.

zambo /ˈzæmbəʊ/, *n.* (*pl.* **zambos**) zambo (*figlio di un genitore indio e di un genitore negro di origine africana*).

zamia /ˈzeɪmɪə/, *n.* (*bot., Zamia*) zamia.

zander /ˈzændə(r)/, *n.* (*zool., Lucioperca lucioperca*) lucioperca, luccioperca; sandra.

zany /ˈzeɪnɪ/, **A** *n.* ***1*** (*stor., teatr.*) zanni; buffone ***2*** (*fig.*) buffone; sciocco; semplicione; stupidone. **B** *a.* comico; claunesco; buffonesco; buffo; pazzerello: **z. comedy**, commedia buffa.

Zanzibari /zænzɪˈbɑːrɪ/, *n.* e *a.* (nativo) di Zanzibar.

zap /zæp/, **A** *n.* ***1*** (*fam.*) energia; vigore; forza ***2*** (*fam.*) brio; entusiasmo; vivacità ***3*** (*elab.*) cancellazione, modifica (*di un programma*) ***4*** (*TV*) espunzione (*di una parte del programma, di uno spot, ecc.*: *quando si registra*) ***5*** (*pop. USA*) contestazione; attacco. **B** *inter.* zac!; zacchete! ● (*TV*) **zap-proof**, a prova di espunzione; non cancellabile.

to **zap** /zæp/, **A** *v. t.* ***1*** (*fam.*) attaccare; distruggere (*bombardando, ecc.*); colpire (con tutta la forza): **The boy zapped me with a water gun**, il ragazzo mi colpì con una pistola ad acqua ***2*** (*fam.*) eliminare; uccidere; beccare (*fam.*) ***3*** (*fam.*) far colpo su (q.); impressionare ***4*** (*fam.*) lanciare (*automobili, ecc.*) a tutta velocità ***5*** (*elab.*) cancellare, modificare (*programmi*) ***6*** (*TV*) cancellare; espungere ***7*** (*sport*) battere; sconfiggere ***8*** (*pop. USA*) conquistare, sedurre (*una donna*) ***9*** (*pop. USA*) attaccare; contestare. **B** *v. i.* ***1*** (*fam.*) muoversi rapidamente; (*di un veicolo*) sfrecciare; andare a tutta birra (*fam.*) ***2*** (*elab.*) modificare un programma ***3*** (*TV*) cambiare canale di continuo.

♦**zap into**, *v. i.* + *prep.* (*fam.*) fare un salto in (*un luogo*).

♦**zap over**, *v. i.* + *avv.* (*fam.*) fare un salto (*fig.*): **I'll zap over and see if he's ready**, faccio un salto a vedere se è pronto.

♦**zap through**, *v. i.* + *prep.* (*fam.*) ***1*** attraversare in fretta ***2*** (*fig.*) fare (scrivere, leggere, ecc.) in gran fretta (*o* alla svelta): **to zap through one's work**, darci dentro col lavoro; **to zap through a novel**, divorare un romanzo.

♦**zap to**, *v. i.* + *prep.* fare un salto in (*un luogo*): **I'll just zap to the baker's**, faccio un salto al forno (*o* dal fornaio).

zapped /zæpt/, *a.* (*pop. USA*) ***1*** stanco morto; stremato ***2*** sbronzo.

zapping /ˈzæpɪŋ/, *n.* ***1*** (*elab.*) cancellazione, modifica (*di un programma*) ***2*** (*TV*) zapping.

zappy /ˈzæpɪ/, *a.* (*fam.*) ***1*** energico; vigoroso; forte ***2*** brioso; vivace; interessante: **a z. lesson**, una lezione vivace; **a z. poster**, un poster interessante (*o* che colpisce l'immaginazione, che fa colpo).

Zarathustra /zærəˈθuːstrə/, *n.* (*stor., relig.*) Zarathustra, Zaratustra.

Zarathustrian /zærəˈθuːstrɪən/, *V.* **Zoroastrian**.

zeal /ziːl/, *n.* zelo; ardore; fervore; entusiasmo.

zealot /ˈzɛlət/, *n.* ***1*** persona zelante; zelatore (*raro*); partigiano, partigiana; fanatico, fanatica ***2*** – (*stor.*) **Z.**, zelota.

zealotry /ˈzɛlətrɪ/, *n.* zelo eccessivo; fanatismo.

zealous /ˈzɛləs/, *a.* ***1*** zelante; premuroso; sollecito ***2*** infervorato; fanatico. || **-ly**, *avv.* || **-ness**, *sost.*

zebra /ˈzɛbrə, *USA* ˈziː-/, *n.* (*pl.* **zebras, zebra**) ***1*** (*zool., Equus zebra*) zebra ***2*** (*sport, pop. USA*) arbitro (*per la casacca a strisce*). ● **z. crossing**, passaggio pedonale a strisce; passaggio zebrato □ **z. markings**, striature simili a quelle della zebra.

zebrawood /ˈzɛbrəwʊd, *USA* ˈziː-/, *n.* ***1*** (*bot.*) pianta che fornisce legno striato (*in genere*) ***2*** (*ebanisteria*) legno zebra.

zebrine /ˈziːbraɪn, ˈzɛb-/, *a.* ***1*** (*zool.*) di (*o* da) zebra; simile a zebra ***2*** zebrato.

zebu /ˈziːbuː/, *n.* (*zool., Bos indicus*) zebù.

zed /zɛd/, *n.* zeta; lettera z. ● (*metall.*) **zed iron**, ferro a zeta.

zee /ziː/, (*USA*) *V.* **zed**.

to **zee** /ziː/, *v. i.* (*pop. USA*) sonnecchiare; dormicchiare.

Zelda /ˈzɛldə/, *n.* (*pop. USA*) racchia; racchiona; befana (*fig.*).

Zen /zɛn/, *n.* (*relig.*) Zen.

zenana /zɛˈnɑːnə, zə-/, *n.* zenana; gineceo (*in India*).

Zend /zɛnd/, *n.* lingua avestica; zendo (*antica lingua persiana in cui è scritto lo Zend-Avesta*).

Zenism /ˈzɛnɪzəm/, *n.* (*relig.*) zenismo.

Zenist /ˈzɛnɪst/, *n.* (*relig.*) zenista.

zenith /ˈzɛnɪθ, *USA* ˈziː-/, *n.* ***1*** (*astron.*) zenit ***2*** (*fig.*) apice; culmine; vertice: **He was then at the z. of his fortunes**, era allora all'apice della sua fortuna. ● (*aeron., naut.*) **z. distance**, distanza zenitale □ (*fig.*) **You have passed your z.**, ormai sei in declino (*o* avviato al tramonto).

zenithal /ˈzɛnɪθl, *USA* ˈziː-/, *a.* (*astron., naut., aeron.*) zenitale.

zeolite /ˈziːəʊlaɪt/, *n.* (*miner., chim.*) zeolite.

zephyr /ˈzɛfə(r)/, *n.* ***1*** zeffiro; favonio (*lett.*); (*poet.*) brezza soave, venticello ***2*** (*ind. tess.*) zefir (*tessuto o filato leggerissimo di cotone o di lino*) ***3*** (*sport*) maglietta di atleta (*molto leggera*).

Zephyrus /ˈzɛfɪrəs/, *n.* (*mitol.*) Zeffiro.

zero /ˈzɪərəʊ, ˈzɪr-, *USA* ˈzɪr-, ˈziːr-/, **A** *n.* (*pl.* **zeros, zeroes**) ***1*** (*mat., fis.*) zero: **z. of a function**, zero di una funzione; **The temperature fell below z. last night**, la temperatura è andata sotto zero la notte scorsa ***2*** (*elab.*) zero: **z. access storage**, memoria a tempo di accesso zero (*o* ad accesso immediato) ***3*** (*telef., USA*: *dicendo un numero*) zero (*cfr. ingl.* **0**: *pronuncia* /əʊ/) ***4*** (*sport, USA*) zero (*cfr. ingl.* **nil**): **The match ended in a draw 0-0**, la partita finì (in pareggio per) zero a zero ***5*** (*fig. fam.*) (uno) zero; tipo che non conta nulla. **B** *a. attr.* (*scient.*) zero; nullo; (*fig.*) inesistente: (*mat.*) **z. function**, funzione nulla; **z. vector**, vettore nullo; (*fis.*) **z. gravity**, gravità zero; **You can't expect people to lend their money at z. interest**, non ci si può aspettare dalla gente che presti i soldi a interesse zero. ● (*elab.*) **z. adjusting**, messa a zero □ (*econ., demogr.*) **z. growth**, crescita zero □ (*mil.* e *fig.*) **z. hour**, l'ora zero □ (*econ.*) **z. inflation**, inflazione zero □ (*aeron.*) **z. lift**, portanza nulla □ (*elettr.*) **z. potential**, potenziale nullo □ (*econ.*) **z. rate of growth**, tasso di sviluppo nullo □ (*fisc.*) **z.-rated**, ad aliquota zero; esente da IVA □ (*fisc.*) **z.-rating**, esenzione fiscale (*specialm. dall'IVA*) □ (*elab.*) **z. resetting**, azzeramento □ (*elab.*) **z. self-reset**, azzeramento automatico □ (*pop. USA*) **z.-sum**, privo di senso; insensato □ (*elab.*) **z. suppression**, eliminazione degli zeri (*non significativi*) □ (*fis.*) **above z.**, sopra lo zero □ (*fis.*) **absolute z.**, zero assoluto (*– 237 °C*).

to **zero** /ˈzɪərəʊ, ˈzɪr-, *USA* ˈzɪr-, ˈziːr-/, *v. t.* azzerare, rimettere a zero (*uno strumento e sim.*).

♦**zero in**, *v. t.* + *avv.* ***1*** (*mil.*) azzerare il mirino di (*un'arma da fuoco*) ***2*** (*mil.*) puntare: **The destroyer zeroed its guns at the submarine**, il cacciatorpediniere puntò i cannoni sul sottomarino.

♦**zero in on**, *v. t.* + *avv.* + *prep.* ***1*** (*mil.*) puntare (*cannoni, ecc.*) su (q. *o* q.c.) ***2*** (*di un aereo, ecc.*) puntare su (*un bersaglio*) ***3*** (*della polizia, ecc.*) convergere su; concentrarsi in ***4*** (*fig. fam.*) concentrarsi su: **to z. in on a question**, concentrarsi su un problema.

to **zerofill** /ˈzɪərəʊfɪl, ˈzɪr-, *USA* ˈzɪr-, ˈziːr-/, *v. t.* (*elab.*) azzerare (*annullare e sostituire con una sequenza di zeri*).

to **zeroize** /ˈzɪərəʊaɪz, ˈzɪr-, *USA* ˈzɪr-, ˈziːr-/, *v. t.* (*elab., USA*) azzerare; rimettere a zero.

to **zero-rate** /ˈzɪərəʊreɪt, ˈzɪr-, *USA* ˈzɪr-, ˈziːr-/, *v. t.* (*fisc.*) esentare (*un prodotto*) da imposte (*specialm. dall'IVA*).

zest /zɛst/, *n.* ***1*** aroma; gusto; sapore piccante; (*fig.*) nota piccante: **This invention gave** (*o* **added**) **z. to the story**, questa trovata aggiunse una nota piccante alla storia ***2*** entusiasmo; ardore; gusto (*fig.*); godimento; interesse: **youthful z.**, entusiasmo giovanile; **to have a z. for life**, avere il gusto della vita ***3*** (*cucina*) buccia di limone (*per aromatizzare il cibo*).

zeta /ˈziːtə/, *n.* zeta (*sesta lettera dell'alfabeto greco*).

zeugma /ˈzuːgmə, ˈzjuː-/, *n.* (*ling.*) zeugma.

Zeus /zuːs, zjuːs, ˈziːəs/, *n.* (*mitol.*) Zeus.

zibeline, zibelline /ˈzɪbəlaɪn, *USA* -liːn/, **A** *a.* di zibellino. **B** *n.* ***1*** (*zool.*) zibellino ***2*** pelliccia di zibellino.

zibet /ˈzɪbɪt/, *n.* (*zool., Viverra zibetha*) zibetto.

zigger-zagger /ˈzɪgəzægə(r)/, *n.* (*pop. USA*) campanaccio; sonaglio.

zigzag /ˈzɪgzæg/, **A** *n.* ***1*** zigzag; linea (*o* movimento) a zigzag ***2*** (= **z. road**) strada a zigzag: **We went up a long z. before we reached the summit**, salimmo a lungo per una strada a zigzag prima di raggiungere la vetta ***3*** (*mil.*, = **z. trench**) trincea a zigzag ***4*** (*archit.*) fregio a zigzag. **B** *a. attr.* a zigzag: **a z. path**, un sentiero a zigzag; (*elettr.*) **z. connection**, collegamento a zigzag. **C** *avv.* a zigzag. ● **z. rule**, metro pieghevole di legno.

to **zigzag** /ˈzɪgzæg/, **A** *v. i.* andare a zigzag; zigzagare; serpeggiare: **The narrow path zigzagged across the moor**, lo stretto sentiero zigzagava attraverso la brughiera. **B** *v. t.* ***1*** rendere serpeggiante ***2*** percorrere (*un itinerario*) a zigzag.

zigzaggy /ˈzɪgzægɪ/, *a.* serpeggiante; tortuoso; a zigzag.

zilch /zɪltʃ/, *n.* (*fam. USA*) nulla; un bel niente. ● **for z.**, per niente (*fig.*); a buonissimo mercato.

zillion /ˈzɪljən/, *n.* (*fam. USA*) fantastiliardo; fantastilione; numero enorme; quantità inverosimile.

zillionaire /zɪljəˈnɛə(r)/, *n.* (*fam. USA*) arcimiliardario.

zinc /zɪŋk/, *n.* (*chim.*) zinco. ● (*miner.*) **z. blende**, blenda □ (*chim.*) **z. oxide**, ossido di zinco □ **z. plate**, lastra zincata □ **z. sheet**, lamiera di zinco; lamiera zincata □ (*chim.*) **z. white** (*o* **flowers of z.**), bianco di zinco □ **z. worker**, chi lavora lo zinco; zincante.

to **zinc** /zɪŋk/, *v. t.* (*metall.*) rivestire di zinco; zincare.

zincate /ˈzɪŋkeɪt/, *n.* (*chim.*) zincato.

zinced /zɪŋkt/, *a.* (*metall.*) zincato; rivestito di zinco.

zincic /ˈzɪŋkɪk/, *a.* (*chim.*) di zinco; dello zinco.

zincification /zɪŋkɪfɪˈkeɪʃn/, *n.* (*metall.*) zincatura.

to **zincify** /ˈzɪŋkɪfaɪ/, *v. t.* (*metall.*) zincare.

zincing /ˈzɪŋkɪŋ/, *n.* (*metall.*) zincatura; zincaggio.

zincite /ˈzɪŋkaɪt/, *n.* (*miner.*) zincite.

zincky /ˈzɪŋkɪ/, *V.* **zinky**.

zinco /ˈzɪŋkəʊ/, *n.* (*fam. ingl.*) *V.* **zincograph**.

zincograph /ˈzɪŋkəʊgrɑːf, *USA* -æf/, *n.* (*tipogr.*) lastra di zinco; zincografia; zincotipia.

zincographer /zɪŋˈkɒgrəfə(r)/, *n.* (*tipogr.*) zincografo; zincotipista.

zincographic(al) /zɪŋkəʊˈgræfɪk(l)/, *a.* (*tipogr.*) zincografico.

zincography /zɪŋˈkɒgrəfɪ/, *n.* (*tipogr.*) zincografia, zincotipia (*il processo*).

zincoid /ˈzɪŋkɔɪd/, **A** *n.* (*elettr.*) anodo di zinco. **B** *a.* (*chim.*) simile allo zinco; zincoide.

zincotype /ˈzɪŋkəʊtaɪp/, *V.* **zincograph**.

zincotypist /zɪŋkəʊˈtaɪpɪst/, *V.* **zincographer**.

zincous /ˈzɪŋkəs/, *a.* (*chim.*) di zinco; dello zinco.

zing /zɪŋ/, *n.* (*fam.*) ***1*** sibilo; fischio (*di un proiettile, ecc.*) ***2*** dinamismo; energia; brio; vitalità; pepe (*fig.*): **a girl full of z.**, una ragazza tutta pepe.

to **zing** /zɪŋ/, **A** *v. i.* (*fam.*) ***1*** sibilare; fischiare ***2*** muoversi velocemente; saettare; (*di un veicolo, ecc.*) sfrecciare. **B** *v. t.* ***1*** lanciare, tirare (*freccette, palline, ecc.*); sparare (*proiettili*) ***2*** (*USA*) attaccare (*a parole*); criticare aspramente; stroncare.

zinger /ˈzɪŋə(r)/, *n.* (*fam. USA*) ***1*** motto arguto; replica pepata; stangata (*fig.*) ***2*** cannonata, schianto (*fig.*); cosa favolosa, eccellente.

zingy /ˈzɪŋɪ/, *a.* (*fam. USA*) ***1*** brioso; dinamico; energico; pieno di vitalità ***2*** divertente; emozionante ***3*** affascinante; attraente; favoloso (*fam.*).

zinkenite /ˈzɪŋkənaɪt/, *n.* (*miner.*) zinchenite.

zinky /ˈzɪŋkɪ/, *a.* di zinco; contenente zinco.

zinnia /ˈzɪnɪə/, *n.* (*bot., Zinnia*) zinnia.

Zion /ˈzaɪən/, *n.* ***1*** (*geogr., stor.*) Sion ***2*** (*fig.*) teocrazia israelitica ***3*** (*fig.*) il Regno dei Cieli; la Gerusalemme Celeste ***4*** (*fig.*) la Chiesa Cristiana.

Zionism /ˈzaɪənɪzəm/, *n.* (*polit.*) sionismo.

Zionist /ˈzaɪənɪst/, (*polit.*) **A** *n.* sionista. **B** *a.* sionistico.

Zionistic /zaɪəˈnɪstɪk/, *a.* (*polit.*) sionistico.

zip /zɪp/, *n.* ***1*** (*fam.*) fischio (*di un proiettile, ecc.*); sibilo; suono stridulo ***2*** (*fig. fam.*) energia; vigore; spinta, dinamismo ***3*** (*fam.*, = **zip fastener**) chiusura lampo; lampo (*fam.*); zip. ● (*pop. USA*) **zip gun**, pistola rudimentale.

to **zip** /zɪp/, **A** *v. t.* ***1*** aprire (*o* chiudere) con una (chiusura) lampo ***2*** (*fam.*) trasportare (q.) in tutta fretta; portare velocemente. **B** *v. i.* ***1*** (*d'indumento*) chiudersi con una lampo ***2*** (*fam.*) fischiare; sibilare. ● **to zip along**, sfrecciare, passare come il fulmine □ (*pop. USA*) **to zip one's lip**, chiudere il becco (*fig.*) □ **to zip open**, aprire (*un abito, una borsa, ecc.*) □ **to zip shut**, chiudere (*un abito, una valigetta, ecc.*) □ **to zip up**, chiudere (*un abito, ecc.*) con una cerniera lampo.

zip code /ˈzɪpkəʊd/, *locuz. n.* (*USA*) codice d'avviamento postale.

to **zip-code** /ˈzɪpkəʊd/, *v. t.* (*USA*) fornire di codice d'avviamento postale.

zipper /ˈzɪpə(r)/, *n.* (*USA*) chiusura lampo; lampo (*fam.*); zip. ● **z. bag**, borsa con cerniera.

zippered /ˈzɪpəd/, *a.* (*USA*) provvisto di chiusura lampo.

zippy /ˈzɪpɪ/, *a.* (*fam.*) attivo; energico; dinamico; pieno di vita.

zircon /ˈzɜːkɒn/, *n.* (*miner.*) zircone.

zirconate /ˈzɜːkəneɪt/, *n.* (*chim.*) zirconato.

zirconite /ˈzɜːkənaɪt/, *n.* (*miner.*) zircone.

zirconium /zɜːˈkəʊnɪəm, zə-/, *n.* (*chim.*) zirconio.

zit /zɪt/, *n.* ***1*** (*fam. USA*) foruncolo; punto nero ***2*** (*pop. USA*) succhiotto. ● **zit doctor**, dermatologo.

zither /ˈzɪðə(r)/, *n.* (*mus.*) cetra tirolese.

zitherist /ˈzɪθərɪst/, *n.* (*mus.*) suonatore di cetra tirolese.

zittern /ˈzɪtən/, *V.* **zither**.

zizz /zɪz/, *n.* (*fam.*) sonnellino; dormitina; pisolino: **to have** (*o* **to take**) **a z.**, fare un pisolino.

to **zizz** /zɪz/, *v. i.* (*fam.*) fare un sonnellino; schiacciare un pisolino; fare una dormitina.

zizzy /ˈzɪzɪ/, *a.* (*pop. USA*) chiassoso; vistoso; appariscente.

zloty /ˈzlɒtɪ, *USA* -Oːtl/, *n.* zloty (*unità monetaria polacca*).

zod /zɒd, *USA* zOːd/, *n.* (*pop. USA*) persona (*o* cosa) sgradevole.

zodiac /ˈzəʊdɪæk/, *n.* (*astron., astrol.*) zodiaco: **the signs of the z.**, i segni dello zodiaco.

zodiacal /zəʊˈdaɪəkl/, *a.* zodiacale; dello zodiaco.

zoea /zəʊˈiːə/, *n.* (*zool.*) zoea.

zoftig /ˈzɒftɪg, *USA* ˈzOːf-/, *V.* **zaftig**.

zoiatria /zəʊaɪˈætrɪə/, *n.* (*vet.*) zoiatria.

zoiatrics /zəʊaɪˈætrɪks/, *n. pl.* (*col verbo al sing.*) (*vet.*) zoiatria.

zoic /ˈzəʊɪk/, *a.* (*scient.*) ***1*** degli animali ***2*** (*geol.: di roccia*) che conserva tracce di vita animale; che contiene fossili.

zoid /zɔɪd/, *n.* (*pop. USA*) anticonformista.

zoisite /ˈzɔɪsaɪt/, *n.* (*miner.*) zoisite.

zombi, zombie /ˈzɒmbɪ/, *n.* (*pl.* **zombis**) ***1*** (*nel Congo, ecc.*) pitone (*adorato come divinità*) ***2*** (*nelle Indie Occidentali*) zombi; morto risuscitato per magia ***3*** (*fam.*) zombi; automa; tipo indolente, apatico ***4*** (*fam. USA*) bevanda alcolica.

zonal /ˈzəʊnl/, *a.* ***1*** zonale; di zona ***2*** diviso in zone. ● (*biol.*) **z. centrifuge**, centrifuga zonale. ‖ **-ly**, *avv.*

zonary /ˈzəʊnərɪ/, *a.* ***1*** *V.* **zonal** ***2*** (*zool.*) zonale. ● (*zool.*) **z. villi**, villi disposti a fascia anulare.

zonate /ˈzəʊneɪt/, *a.* (*scient.*) zonato; a zone.

zonation /zəʊˈneɪʃn/, *n.* (*scient.*) zonatura; zonazione.

zone /zəʊn/, *n.* ***1*** zona; fascia; striscia; regione: **in the danger z.**, nella zona del pericolo; **the cotton z. in America**, la regione del cotone in America; **the frigid** [**temperate, torrid**] **z.**, la zona glaciale [temperata, torrida] ***2*** (*elab.*) zona ***3*** (*arc.*) cintura: **maiden** (*o* **virgin**) **z.**, cintura verginale. ● (*elab.*) **z. bit**, bit di zona; bit fuori testo □ (*pallacanestro*) **z. defence**, difesa a zona □ (*econ.*) **z. development**, suddivisione (*del territorio*) in zone di sviluppo □ (*mil.*) **z. fire**, fuoco di settore □ (*elab.*) **z. punch**, perforazione di zona □ (*naut.*) **z. time**, ora locale □ **time z.**, fuso orario.

to **zone** /zəʊn/, *v. t.* ***1*** suddividere (*specialm. una città*) in zone; zonizzare ***2*** circondare; fasciare (*fig.*).

♦ **zone for**, *v. t.* + *prep.* (*specialm. USA*) dare la licenza edilizia a (*un'area di terreno*): **This area has been zoned for council houses**, quest'area ha ottenuto la licenza per la costruzione di case popolari.

♦ **zone off**, *v. t.* + *avv.* delimitare, isolare (*edifici, ecc.*): **The whole district has been zoned off**, tutto il quartiere è stato isolato.

♦ **zone out**, **A** *v. t.* + *avv.* (*fam. USA*) rimuovere (q.c.) dalla mente; dimenticare. **B** *v. i.* + *avv.* (*pop. USA*) andare nel pallone (*fig.*); riempirsi di droga (*o* d'alcol) □ (*pop. USA*) **zoned out**, intontito dalla droga; fatto (*pop.*); stordito dall'alcol; sbronzo.

zoning /ˈzəʊnɪŋ/, *n.* (*urbanistica*) suddivisione in zone; zonizzazione. ● **z. legislation**, regolamento urbanistico; piano regolatore.

zonked /zɒŋkt/, *a.* (= **z. out**) (*pop.*) ***1*** intontito; suonato; cotto (*pop.*) ***2*** drogato; sotto l'influsso della droga; fatto (*pop.*) ***3*** stanco morto; stremato.

zoo /zuː/, *n.* (*pl.* **zoos**) (*fam.*) zoo; giardino zoologico.

zooblast /ˈzəʊəblæst, ˈzuːə-/, *n.* (*biol.*) zooblasto; cellula animale.

zoochore /ˈzəʊəkɔː(r), ˈzuːə-/, *n.* (*ecol.*) pianta zoocora.

zoochory /ˈzəʊəkɔːrɪ, ˈzuːə-/, *n.* (*ecol.*) zoocoria; disseminazione zoocora.

zoocoenosis /zəʊəsiːˈnəʊsɪs, zʊə-/, *n.* (*ecol.*) zoocenosi.

zooculture /ˈzəʊəkʌltʃə(r), ˈzuːə-/, *n.* (*econ.*) zoocoltura.

zoogenic /zəʊəˈdʒɛnɪk, zʊə-/, *a.* (*geol.*) zoogenico.

zoogeografic(al) /zəʊədʒɪəˈgræfɪk(l), zʊə-/, *a.* zoogeografico.

zoogeography /zəʊədʒɪˈɒgrəfɪ, zʊə-/, *n.* (*geogr.*) zoogeografia.

zoograft /ˈzəʊəgrɑːft, ˈzuːə-, *USA* -æft/, *n.* (*med.*) innesto (*o* trapianto) di tessuto animale.

zoography /zəʊˈɒgrəfɪ, zʊ-/, *n.* (*scient.*) zoografia (*zoologia descrittiva*).

zooid /ˈzəʊɔɪd/, *n.* (*biol.*) zooide.

zoolatry /zəʊˈɒlətrɪ, zʊ-/, *n.* zoolatria.

zoolite /ˈzəʊəlaɪt, ˈzuːə-/, *n.* (*paleont.*) zoolito.

zoological /zəʊəˈlɒdʒɪkl, zʊə-/, *a.* zoologico: **z. garden**, giardino zoologico; zoo.

zoologist /zəʊˈɒlədʒɪst, zʊ-/, *n.* zoologo.

to **zoologize** /zəʊˈɒlədʒaɪz, zʊ-/, **A** *v. i.* studiare zoologia; fare lo zoologo. **B** *v. t.* studiare dal punto di vista zoologico.

zoology /zəʊˈɒlədʒɪ, zʊ-/, *n.* zoologia.

zoom /zuːm/, *n.* ***1*** rombo ***2*** (*aeron.*) salita in candela ***3*** (*cinem., TV*) zumata ***4*** (*econ., fin.*) balzo, impennata (*dei prezzi, ecc.*). ● (*cinem., TV*) **z. lens**, *V.* **zoomer**.

to **zoom** /zuːm/, *v. i.* ***1*** rombare ***2*** (*d'aereo*) sfrecciare rombando; salire in candela ***3*** (*autom., fam.*) sfrecciare; passare in un baleno ***4*** (*cinem., TV*) zumare ***5*** (*econ., fin.: di prezzi, ecc.*) impennarsi; andare alle stelle ***6*** (*pop. USA*) andare a scrocco; entrare senza pagare; fare il portoghese.

♦ **zoom across** (*o* **along**), *v. i.* + *avv.* (*o prep.*) attraversare (*o* andare, passare) a tutta velocità: **The motorboat zoomed across the lake**, il motoscafo attraversò il lago in un baleno.

♦ **zoom in**, *v. i.* + *avv.* ***1*** (*fotogr., cinem.*) zumare in avanti: **He zoomed in on the steeple top**, zumò in avanti sulla vetta del campanile ***2*** (*fig.*) focalizzarsi, concentrare la propria attenzione: **to z. in on a problem**, focalizzarsi su un problema.

♦ **zoom off**, *v. i.* + *avv.* (*pop. USA*) ***1*** andarsene in tutta fretta; andare via; tagliare la corda (*fig.*) ***2*** drogarsi; farsi (*pop.*); fare un «viaggio» (*fig.*).

♦ **zoom out**, *v. i.* + *avv.* ***1*** (*fotogr., cinem.*) zumare all'indietro: **He zoomed out to get a view**

of the whole group, zumò all'indietro per prendere tutto il gruppo ***2*** (*fig. pop. USA*) farsi prendere dal panico; perdere il controllo; perdere la testa (*fig.*).

♦**zoom over** (*o* **past**), v. i. + avv. (*o* prep.) (*specialm. di un aereo*) passare, saettare rombando: **The jet zoomed over us**, il jet ci passò sopra la testa rombando.

♦**zoom up**, v. i. + avv. ***1*** (*di un veicolo*) arrivare a tutta velocità ***2*** (*di un aereo*) salire, decollare velocemente; salire in candela ***3*** (*econ., fin.: di prezzi, quotazioni, ecc.*) balzare; impennarsi; andare alle stelle: **The price of fuel is zooming up**, il prezzo del carburante sta andando alle stelle.

zoomagnetism /zəʊə'mægnətɪzəm, zʊə-/, n. magnetismo animale.

zooman /'zu:mən/, n. (pl. **zoomen**) inserviente di zoo; addetto agli animali (*in uno zoo*).

zoomer /'zu:mə(r)/, n. (*cinem., TV*) obiettivo a distanza focale variabile; zoom.

zoomorph /'zəʊəmɔ:f, 'zu:ə-/, n. disegno zoomorfo; figura zoomorfa.

zoomorphic /zəʊə'mɔ:fɪk, zʊə-/, a. zoomorfo: **a z. deity**, una divinità zoomorfa.

zoomorphism /zəʊə'mɔ:fɪzəm, zʊə-/, n. (*relig., arte*) zoomorfismo.

zoonosis /zəʊ'ɒnəsɪs, zʊ-/, n. (pl. **zoonoses**) (*med.*) zoonosi.

zoopaleontology /zəʊəpælɪɒn'tɒlədʒɪ, zʊə-, *USA* -peɪl-/, n. zoopaleontologia.

zooparasite /zəʊə'pærəsaɪt, zʊə-/, n. zooparassita.

zoophagous /zəʊ'ɒfəgəs, zʊ-/, a. (*scient.*) zoofago.

zoophagy /zəʊ'ɒfədʒɪ, zʊ-/, n. (*scient.*) zoofagia.

zoophile /'zəʊəfaɪl, 'zu:ə-, *USA* -fɪl/, n. zoofilo.

zoophilia /zəʊə'fɪlɪə, zʊə-/, n. zoofilia.

zoophilic /zəʊə'fɪlɪk, zʊə-/, a. zoofilo.

zoophilism /zəʊ'ɒfɪlɪzəm, zʊ-/, n. zoofilia.

zoophilist /zəʊ'ɒfɪlɪst, zʊ-/, n. zoofilo.

zoophilous /zəʊ'ɒfɪləs, zʊ-/, a. zoofilo.

zoophily /zəʊ'ɒfɪlɪ, zʊ-/, n. zoofilia.

zoophobia /zəʊə'fəʊbɪə, zʊə-/, n. (*psic.*) zoofobia.

zoophobous /zəʊ'ɒfəbəs, zʊ-/, a. (*psic.*) zoofobo.

zoophorus /zəʊ'ɒfərəs, zʊ-/, n. (pl. **zoophori**) (*archit.*) zooforo.

zoophyte /'zəʊəfaɪt, 'zu:ə-/, n. (*scient., stor.*) zoofito.

zooplankton /zəʊə'plæŋktən, zʊə-/, n. (*ecol.*) zooplancton.

zooplanktonic /zəʊəplæŋk'tɒnɪk, zʊə-/, a. (*ecol.*) zooplanctonico.

zooplasty /'zəʊəplæstɪ, 'zu:ə-/, n. (*med.*) zooplastica (*trapianto di tessuto da un animale sull'uomo*).

zoopsia /zəʊ'ɒpsɪə, zʊ-/, n. (*psic.*) zoopsia.

zoosperm /'zəʊəspɜ:m, 'zu:ə-/, n. (*biol.*) ***1*** spermatozoo; zoospermio (*raro*) ***2*** zoospora.

zoosphere /'zəʊəsfɪə(r), 'zu:ə-/, n. (*ecol.*) zoosfera.

zoospore /'zəʊəspɔ:(r), 'zu:ə-/, n. (*biol.*) zoospora.

zoosterol /zəʊ'ɒstərɒl, zʊ-, *USA* -O:l, əʊl/, n. (*chim.*) sterolo animale; zoosterolo.

zootechnical /zəʊə'teknɪkl, zʊə-/, a. zootecnico.

zootechnician /zəʊətek'nɪʃn, zʊə-/, n. zootecnico.

zootechnics /zəʊə'teknɪks, zʊə-/, n. pl. (*col verbo al sing.*) zootecnia.

zootechny /'zəʊəteknɪ, 'zu:ə-/, n. zootecnia.

zootomic(al) /zəʊə'tɒmɪk(l), zʊə-/, a. zootomico (*raro*).

zootomist /zəʊ'ɒtəmɪst, zʊ-/, n. zootomista (*raro*); esperto (*o* studioso) di anatomia animale.

zootomy /zəʊ'ɒtəmɪ, zʊ-/, n. zootomia (*raro*); anatomia animale.

zoot suit /'zu:tsu:t/, locuz. n. (*pop.*) vestito (*da uomo*) con giacca lunga e pantaloni a tubo, a colori vivaci.

zoot suiter /'zu:tsu:tə(r)/, n. (*pop.*) tipo insolente; sfacciato; tipo da «zoot suit».

zoril /'zɒrɪl, *USA* 'zɔ:-/, **zorilla** /zə'rɪlə/, n. (*zool., Zorilla*) zorilla; ittonice.

Zoroaster /zɒrəʊ'æstə(r), *USA* zɔ:-/, n. (*stor., relig.*) Zoroastro.

Zoroastrian /zɒrəʊ'æstrɪən, *USA* zɔ:-/, a. e n. (*stor., relig.*) zoroastriano.

Zoroastrianism /zɒrəʊ'æstrɪənɪzəm, *USA* zɔ:-/, n. (*stor., relig.*) zoroastrismo.

zot(z) /zɒt(s)/, n. (*pop. USA*) zero; nulla; un bel niente.

to **zotz** /zɒts/, v. t. (*pop. USA*) fare fuori (*fig.*); annientare; eliminare; uccidere.

zouave /zu:'ɑ:v, 'zu:ɑ:v, zwɑ:v/, n. ***1*** (*mil.*) zuavo ***2*** (*moda*) giacchetta alla zuava (*da donna*).

zounds /zaʊndz, zu:n-/, inter. (*arc.*) caspita!; perbacco!; perdinci! (*alterazione eufem. di* **God's wounds**).

zucchetto /zu'ketəʊ, tsu:-/ (*ital.*), n. (pl. **zucchettos**) (*relig.*) zucchetto (*del papa, di cardinali, ecc.*).

zucchini /zʊ'ki:nɪ/ (*ital.*), n. (pl. **zucchini, zucchinis**) (*cucina, USA*) zucchina, zucchino (*cfr. ingl.* **courgette**). ● **z. corer**, svuotazucchine.

Zulu /'zu:lu:/, **A** n. (pl. **Zulu, Zulus**) zulu, zulù (*anche la lingua*). **B** a. zulu; degli zulu.

zunked /zʌŋkt/, a. (*pop. USA*) drogato; in preda alla droga.

Zurich /'zʊərɪk, 'zj-/, n. (*geogr.*) Zurigo.

Zwinglian /'zwɪŋglɪən/, a. e n. (*stor., relig.*) zwingliano.

Zwinglianism /'zwɪŋglɪənɪzəm/, n. (*stor., relig.*) zwinglismo.

zwitterion /'zwɪtəraɪən, -ɒn, 'sw-, 'tsv-/, n. (*chim.*) anfoione; ione bipolare.

zygodactyl /zaɪgəʊ'dæktɪl, *USA* -tl/, a. e n. (*zool.*) (uccello) zigodattilo.

zygodactylous /zaɪgəʊ'dæktɪləs/, a. (*zool.*) zigodattilo.

zygoma /zaɪ'gəʊmə/, n. (pl. **zygomata, zygomas**) (*anat.*) zigomo.

zygomatic /zaɪgəʊ'mætɪk/, a. (*anat.*) zigomatico: **z. bone**, osso zigomatico.

zygomorphic /zaɪgəʊ'mɔ:fɪk/, V. **zygomorphous**.

zygomorphous /zaɪgəʊ'mɔ:fəs/, a. (*bot.*) zigomorfo.

zygosis /zaɪ'gəʊsɪs/, n. (pl. **zigoses**) (*biol.*) zigosi.

zygospore /'zaɪgəʊspɔ:(r)/, n. (*biol.*) zigospora.

zygote /'zaɪgəʊt/, n. (*biol.*) zigote.

zymase /'zaɪmeɪz, -s/, n. (*biochim.*) zimasi.

zyme /zaɪm/, n. (*biol.*) enzima; fermento.

zymogen /'zaɪməʊdʒen/, **zymogene** /'zaɪməʊdʒi:n/, n. (*biochim.*) zimogeno; proenzima.

zymogenesis /zaɪmə'dʒenəsɪs/, n. (*biochim.*) zimogenesi.

zymogenic /zaɪmə'dʒenɪk/, **zymogenous** /zaɪ'mɒdʒənəs/, a. (*biochim.*) zimogeno; che causa la fermentazione.

zymology /zaɪ'mɒlədʒɪ/, n. (*scient.*) zimologia.

zymometer /zaɪ'mɒmɪtə(r)/, n. (*scient.*) zimometro (*strumento*).

zymosimeter /zaɪməʊ'sɪmɪtə(r)/, n. (*scient.*) zimosimetro.

zymosis /zaɪ'məʊsɪs/, n. (pl. **zymoses**) ***1*** (*biol.*) zimosi; fermentazione ***2*** (*med., raro*) malattia infettiva.

zymosterol /zaɪ'mɒstərɒl, *USA* -O:l, -əʊl/, n. (*biochim.*) zimosterolo.

zymotherapy /zaɪmə'θerəpɪ/, n. (*med.*) zimoterapia.

zymotic /zaɪ'mɒtɪk/, a. (*biol.*) enzimatico; fermentativo. ● (*med.*) **z. disease**, malattia infettiva (*come il vaiolo, che un tempo si credeva provocato da un fenomeno fermentativo*).

zymurgy /'zaɪmɜ:dʒɪ/, n. (*chim.*) zimurgia; tecnologia delle fermentazioni.

SIGLE, ABBREVIAZIONI, SIMBOLI INGLESI
ENGLISH ACRONYMS, ABBREVIATIONS, SYMBOLS

a. *1* **acres**, acro; **are**, ara. *2* **active**, (*gramm.*) attivo. *3* **afternoon**, pomeriggio. *4* **amateur**, (*sport, ecc.*) dilettante. *5* (*fis.*) **area**, area. *6* **answer**, risposta. *7* **about**, circa.

A. *1* **Academy**, Accademia; **Academician**, Accademico. *2* **Associate**, associato. *3* **American**, americano. *4* **Australian**, australiano. *5* **Alto**, (*mus.*) alto.

A *1* **ampere**, (*fis.*) ampere. *2* **Ace**, asso (nelle carte da gioco). *3* **Advanced (level)**, scuola superiore. *4* **A1, A2, etc.**, numerazione di strada principale.

A1 in first-rate condition, della migliore qualità o condizione.

AA *1* **Anti-aircraft**, Antiaereo. *2* **Automobile Association**, Automobil Club (*GB*; *cfr. ital. ACI*). *3* **Alcoholics Anonymous**, Alcolisti Anonimi (associazione contro l'alcolismo).

AAA *1* **Amateur Athletic Association**, Associazione dell'Atletica Dilettantistica (*GB*). *2* **American Automobile Association**, Automobile Club d'America. *3* **Anti-Aircraft Artillery**, contraerea.

AAAS *1* **American Association for the Advancement of Science**, Associazione Americana per il Progresso delle Scienze. *2* **American Academy of Arts and Sciences**, Accademia Americana delle Arti e delle Scienze.

AAF Army Air Force, Aeronautica militare (*USA*).

AAM Air-to-air missile, missile aria-aria.

a. a/r, AAR against all risks, (*comm.*) contro tutti i rischi (*nelle polizze d'assicurazione*).

AARP American Association of Retired Persons, Associazione Pensionati d'America.

AAT Australian Antarctic Territory, Territorio antartico australiano.

AB *1* **Able-Bodied seaman**, (*mil.*) marinaio. *2* (*lat.*: *Artium Baccalaureus*) **Bachelor of Arts**, laureato in Lettere (*con laurea di 1° grado*; *specialm. USA*).

ABA *1* **Amateur Boxing Association**, Associazione del Pugilato Dilettantistico (*GB*). *2* **American Bar Association**, Associazione Forense Americana (*USA*).

abbr, abbrev. *1* **abbreviated**, abbreviato. *2* **abbreviation**, abbreviazione (abbr.).

ABC *1* **Aerated Bread Company**, Compagnia del panino soffice (catena di ristoranti economici, *GB*). *2* **American Broadcasting Company**, Compagnia Americana di Radiodiffusione. *3* **Australian Broadcasting Commission**, Ente radiotelevisivo australiano. *4* **Atomic Biological Chemical**, atomica biologica chimica (arma).

ab init. (*lat.*: *ab initio*) **from the beginning**, dal principio.

abl. ablative, ablativo (abl.).

ABM antiballistic missile, missile antibalistico.

abr. *1* **abridged**, (*di un libro*) ridotto. *2* **abridgement**, riduzione (*di un libro*).

abs. *1* **absolute**, assoluto. *2* **abstract**, (*leg.*) estratto.

abt. about, circa; all'incirca.

a.c. alternating current, corrente alternata (c.a.).

a/c *1* **account**, (*comm.*) conto (c.to); *account current*, conto corrente (c/c). *2* (*anche* A/c, A/C) **aircraft**, (*mil.*) aeroplano. *3* **aircraftman**, (*mil.*) aviere.

AC *1* **Aero Club**, Aeroclub. *2* **Air Corps**, Forze Aeree (*USA*). *3* **Alpine Club**, Club Alpino. *4* **alternating current**, corrente alternata (c.a.). *5* **Appeal Court**, (*leg.*) Corte d'Appello. *6* **Army Corps**, Corpo d'Armata (C. d'A.). *7* **Athletic Club**, Club Atletico. *8* **Air Conditioning**, aria condizionata.

acc. *1* **acceptance**, (*comm.*) accettazione (*di una cambiale*). *2* **accepted**, (*di una cambiale*) accettata. *3* **according (to)**, secondo; a seconda (di). *4* **account**, (*comm.*) conto. *5* **accusative**, (*gramm.*) accusativo (acc.).

accus. accusative, (*gramm.*) accusativo (acc.).

acpt. acceptance, (*comm.*) accettazione.

act. active, (*gramm.*) attivo (att.).

ACT *1* **Australian Capital Territory**, territorio della capitale dell'Australia (Canberra). *2* **Advance Corporation Tax**, Tassa societaria anticipata (*GB*).

ACTU Australian Council of Trade Unions, Organizzazione Centrale dei sindacati australiani.

ACV Air Cushion Vehicle, veicolo a cuscino d'aria (hovercraft).

ad advertisement, annuncio pubblicitario.

AD (*lat.*: *Anno Domini*) **in the year of the Lord**, Anno Domini (AD); dopo Cristo (d.C.).

ADC *1* (*anche A.-de-C.*) **Aide-de-Camp**, (*mil.*) aiutante di campo. *2* **Analogue-Digital Converter**, convertitore analogico-digitale.

add. *1* **addition**, addizione; **additional**, addizionale. *2* **address**, indirizzo.

ADGB Air Defence of Great Britain, Difesa aerea della Gran Bretagna.

ad int. (*lat.*: *ad interim*) **in the meanwhile**, ad interim.

adj. adjective, aggettivo (agg.).

Adj., Adjt. Adjutant, (*mil.*) Aiutante.

ad lib. (*lat.*: *ad libitum*) **at one's pleasure; as much as you like**, ad libitum; a volontà.

Adm. *1* **Admiral**, Ammiraglio. *2* **Admiralty**, Ammiragliato.

admin. *1* **administration**, amministrazione (amm.ne). *2* **administrative**, amministrativo. *3* **administrator**, amministratore (amm.re).

ADP Automatic Data Processing, elaborazione automatica dei dati.

adv. *1* **advanced**, superiore. *2* **adverb**, avverbio (avv.); **adverbial**, avverbiale. *3* **advocate** (*in Scozia*), avvocato. *4* **advertisement**, inserzione, annuncio pubblicitario.

ad val. (*lat.*: *ad valorem*) **according to the value; in proportion to the estimated value (of the goods)**, (*comm.*) ad valorem; secondo il valore (della merce).

adv. pmt. advance payment, (*comm.*) pagamento anticipato.

advt. advertisement, inserzione, annuncio pubblicitario.

AEA Atomic Energy Authority, Ente per l'Energia Atomica (*GB*).

AEC Atomic Energy Commission, Commissione per l'Energia Atomica (*USA*).

AEU Amalgamated Engineering Union (workers), Sindacato unificato dei lavoratori metalmeccanici (*USA*).

AF *1* **Admiral of the Fleet**, Ammiraglio. *2* **Air Force**, (*mil.*) Aeronautica (militare). *3* **Audio Frequency**, audiofrequenza.

AFB Air Force Base, (*mil.*) base aeronautica (*USA*).

AFCent Allied Forces, Central Europe, Forze Alleate dell'Europa Centrale.

AFHQ Air Force Head Quarters, Quartier Generale dell'Aeronautica.

AFL-CIO American Federation of Labor and Congress of Industrial Organizations, Federazione americana del lavoro e associazione delle organizzazioni industriali.

Afr. Africa, Africa; **African**, Africano.

aft. *1* **after**, dopo. *2* **afternoon**, pomeriggio.

Ag silver, (*chim.*) argento (Ag).

AG *1* **Adjutant-General**, (*mil.*) Aiutante generale. *2* **Agent-General**, (*comm.*) Agente Generale. *3* **Attorney General**, Procuratore Generale (P. G., Proc. Gen.).

Agcy. Agency, Agenzia.

AGM *1* **Annual General Meeting**, incontro annuale generale. *2* **Air-to-Ground Missile**, missile aria-terra.

agr., agric. agriculture, agricultura (agric.).

agt. *1* **Agent**, agente. *2* **Agreement**, accordo.

AI *1* **Amnesty International**, Amnistia Internazionale (*associazione per il rispetto dei diritti dell'uomo*) *2* **Artificial Insemination**, Fecondazione artificiale.

AID Agency for International Development, Agenzia per lo Sviluppo Internazionale.

AIDS, Aids Acquired Immune Deficiency Syndrome, Sindrome da immunodeficienza acquisita.

AIR All India Radio, Radio dell'India.

a.k.a. also known as, anche noto come.

AL *1* **American Legion**, Legione Americana (*associazione di ex-combattenti e reduci*). *2* **Anglo-Latin**, anglolatino.

Ala. Alabama, Alabama.

Alas. Alaska, Alaska.

Alb. *1* **Albania**, Albania. *2* **Alberta**, Alberta.

ALF Animal Liberation Front, Fronte di liberazione degli animali (*GB*).

alg. algebra, algebra (alg.).

ALGOL Algorithmic Oriented Language, (*elab.*) Linguaggio algoritmico di programmazione.

alt. *1* **alternate**, alternato. *2* **alternatively**, alternativamente. *3* **altitude**, altitude (alt.).

a. m. *1* (*lat.*: *ante meridiem*) **before noon**, antimeridiano (a.m., ant.). *2* **above mentioned**, summenzionato; suddetto.

Am. *1* **America**, America. *2* **American**, americano.

AM *1* **Air Mail**, Posta Aerea. *2* **Air Marshal**, Maresciallo dell'Aria. *3* **Air Ministry**, Ministero dell'Aeronautica. *4* (*lat.*: *Artium Magister*) **Master of Arts**, laureato in Lettere (*con laurea di 2° grado*). *5* **Amplitude Modulation**, (*fis.*) Modulazione di Ampiezza (A M). *6* **Associate Member**, socio semplice (di club, istituzioni, ecc.).

AMA American (*or* **Australian**) **Medical Association**, Ordine dei Medici Americani (*o* Australiani).

AMF Australian Military Forces, Forze armate australiane.

AMG Allied Military Government, Governo militare alleato.

amt. amount, (*comm.*) ammontare.

AMTRAK American Track, Binario americano (società ferroviaria).

ANA Article Number Association, Associa-

zione utenti del codice a barre.
ANC African National Congress, (*polit.*) Assemblea nazionale africana (Sud Africa).
Angl. Anglican, anglicano.
Ang.-Sax. Anglo-Saxon, anglosassone.
ann. *1* **annals**, annali. *2* **annual**, annuale. *3* **annuity**, annualità.
anon. anonymous, anonimo.
ANU Australian National University, Università nazionale australiana.
ANSI American National Standards Institutions, Istituto nazionale americano per la normalizzazione.
ANZAC Australian and New Zealand Army Corps, Corpo di spedizione australiano-neozelandese (I Guerra mondiale).
ANZUS (Treaty) Australian, New Zealand and United States Treaty, Trattato di alleanza e collaborazione tra Australia, Nuova Zelanda e Stati Uniti.
A/O, a/o account of, per conto di.
AOB Any Other Business, Varie ed eventuali.
a/or, and/or, e/o.
AP *1* **Associated Press**, Stampa Associata (*agenzia di stampa*; *USA*). *2* **Additional Premium**, (*ass.*) Premio supplementare. *3* **Authority to Pay** *or* **to Purchase**, (*comm.*) Autorizzazione a pagare o acquistare. *4* **Air Police**, Polizia aerea.
APEX Advance-Purchase Excursion, Biglietto di viaggio scontato acquistato in anticipo.
API American Petroleum Institute, Ente americano per il petrolio.
APL Automatic Programming Language, Linguaggio di Programmazione Automatica.
app. *1* **appendix**, appendice (app.). *2* **appointed**, nominato (*a una carica*). *3* **apprentice**, apprendista.
approx. *1* **approximate**, approssimato. *2* **approximately**, approssimativamente. *3* **approximation**, approssimazione.
appx. appendix, appendice (app.).
APR Annual Percentage Rate, tasso d'interesse percentuale annuale.
Apr. April, aprile (apr.).
Apt. apartment, appartamento.
ARAMCO Arabian-American (Oil) Company, Società petrolifera arabo-americana.
ARC *1* **Agricultural Research Council**, Consiglio per le Ricerche nel campo dell'Agricoltura (*GB*). *2* **American Red Cross**, Croce Rossa Americana. *3* **AIDS-Related Complex**, complesso dei sintomi correlati all'AIDS.
arch. *1* **archaic**, arcaico. *2* **archaism**, arcaismo. *3* **architect**, architetto. *4* **architectural**, architettonico.
archaeol. *1* **archaeological**, archeologico. *2* **archaeology**, archeologia (archeol.).
Archbp. Archbishop, Arcivescovo.
Archd. *1* **Archdeacon**, Arcidiacono. *2* **Archduke**, Arciduca.
ARELS Association of Recognised English Language Schools, Associazione delle scuole d'inglese riconosciute.
Ariz. Arizona, Arizona.
Ark. Arkansas, Arkansas.
ARM AntiRadar Missile, Missile antiradar.
arr. *1* **arrival**, arrivo. *2* **arrives**, (*di un treno, ecc.*) arriva; in arrivo. *3* **arranged**, (*mus.*) arrangiato, adattato.
ARSR Air Route Surveillance Radar, Radar di sorveglianza delle rotte aeree.
art. *1* **article**, (*gramm., ecc.*) articolo (art.). *2* **artist**, artista. *3* **artificial**, artificiale.
ARTC Air Route Traffic Control, Controllo del traffico sulle rotte aeree.
As. *1* **Asia**, Asia. *2* **Asian, Asiatic**, asiatico.
a/s *1* **account sales**, (*comm.*) conto vendite. *2* **after sight**, (*comm.*) a vista. *3* **alongside**, (*comm.*) sottobordo: **a/s ship**, sotto paranco.
AS *1* **Academy of Sciences**, Accademia delle Scienze. *2* **Account Sales**, (*comm.*) Conto Vendite. *3* **Anglo-Saxon**, anglosassone. *4* **Assistant Secretary**, vicesegretario. *5* **anti-submarine**, (*mil.*) antisommergibile.
ASA *1* **American Statistical Association**, Associazione Americana di Statistica. *2* **American Standards Association**, Associazione Americana per la Normalizzazione. *4* **Advertising Standards Authority**, Ente per il controllo della pubblicità.
a.s.a.p. as soon as possible, più presto possibile.
ASCII American Standard Code for Information Interchange, (*elab.*) Codice standard americano per scambio di informazioni.
ASE American Stock Exchange, Borsa valori americana.
ASEAN Association of Southeast Asian Nation, Associazione dei Paesi dell'Asia sudorientale.
ASIO Australian Security Intelligence Organization, Servizio segreto per la sicurezza dell'Australia.
a.s.l. above sea level, sul livello del mare (s.l.m.).
ASM Air-to-Surface Missile, Missile aria-terra.
ass. association, associazione.
Assn., Assoc. Association, Associazione.
asst. assistant, assistente.
ASU Arizona State University, Università statale d'Arizona.
ASW Anti Submarine Warfare, Lotta antisommergibili.
at. atomic, atomico.
A-T Anti-Tank, anticarro.
ATB All-Terrain Bike, mountain bike (v. anche ATC).
ATBM Anti-Tactical Ballistic Missile, Sistema antimissile balistico tattico.
AT&T American Telephone and Telegraph, Telefono e telegrafo americano (società).
ATC *1* **Air Traffic Control**, Controllo Traffico Aereo. *2* **All-Terrain Cycle**, v. ATB.
Atl. Atlantic, atlantico.
atm. *1* **atmosphere**, atmosfera (atm). *2* **atmospheric**, atmosferico.
ATM automatic teller machine, (*banca*) cassa automatica per prelievo o versamento.
at.no. atomic number, (*fig.*) numero atomico.
att. attached, allegato.
Att. Attorney, Procuratore Legale.
Att.-Gen. Attorney General, Procuratore Generale; Ministro della Giustizia (*USA*).
attrib. attribute, attributo (attr.).
Atty. Attorney, Procuratore Legale.
ATV All-Terrain Vehicle, Veicolo fuori strada.
at. wt. atomic weight, peso atomico.
Aug. August, agosto (ago.).
Aus., Austral. *1* **Australia**, Australia. *2* **Australian**, australiano.
auth. *1* **authentic**, autentico. *2* **author**, autore (A.). *3* **authorization**, autorizzazione. *4* **authorized**, autorizzato. *5* **authority**, autorità.
auto. automatic, automatico.
aux. auxiliary, (*gramm.*) ausiliare (aus.).
av. *1* **average**, medio; media. *2* **Avenue**, Viale (v.le).
AV *1* **Authorized Version**, Versione Autorizzata (*traduzione ufficiale della Bibbia Anglicana, 1611*). *2* **Audiovisual**, audiovisivo.
avdp. avoirdupois (*sistema inglese di pesi*).
Ave. Avenue, viale (V.le).
avg. average, medio.
AWACS Airborne Warning And Control System, Sistema di allarme e controllo aeroportato.
AWD All-Wheel Drive, Trazione integrale.
AWOL Absent Without Official Leave, assente senza permesso.
AWU Australian Workers' Union, Unione Lavoratori Australiani.
AYH American Youth Hostel, Ostello della gioventù americano.
az. azimuth, azimut.
b. *1* **ball**, palla (*nel cricket*). *2* **book**, libro. *3* **born**, nato (n.). *4* **billion**, miliardo (MLD). *5* **basso** (*mus.*).
B *1* **Bomber**, bombardiere (seguito dal numero di modello). *2* **B1, B2, etc.**, numerazione di strade secondarie.
B. *1* **Baptist**, (*relig.*) Battista. *2* **Baron**, Barone. *3* **Bible**, Bibbia. *4* **British**, Britannico.
BA *1* **Bachelor of Arts**, laureato in Lettere (*laurea di 1° grado*). *2* **British Academy**, Accademia Britannica. *3* **British Association (for the Advancement of Science)**, Associazione Britannica (per il Progresso della Scienza). *4* **British Airways**, Linee aeree inglesi. *5* **Bathroom**, bagno (negli annunci immobiliari).
BAA British Airports Authority, Ente per gli Aeroporti Inglesi.
BAAB British Amateur Athletic Board, Ente inglese degli atleti dilettanti.
BABS Beam (or Blind) Approach Beacon System, Sistema di Avvicinamento con Radar faro.
BAC blood alcohol concentration, concentrazione di alcol nel sangue (negli automobilisti).
BAFTA British Academy of Film and Television Arts, Accademia Britannica delle Arti cinematografiche e televisive.
b. and b., B&B Bed and Breakfast, letto e colazione.
BAOR British Army of the Rhine, Armata Britannica del Reno.
bap, bapt. baptized, battezzato.
Bapt. Baptist, (*relig.*) Battista.
BAR Browning Automatic Rifle, Fucile mitragliatore Browning.
bar. *1* **barometer**, barometro. *2* **barometrical**, barometrico. *3* **barrel**, barile. *4* **barrister**, avvocato.
BARB Broadcasters' Audience Research Board, Ente per la misurazione dell'audience radiotelevisiva (AUDITEL).
BArch Bachelor of Architecture, laureato in Architettura (*laurea di 1° grado*).
barr. barrister, avvocato (avv.).
BASIC Beginner's All Purpose Symbolic Instruction Code, Codifica di Istruzioni Simbolica Universale per Principianti.
BBC British Broadcasting Corporation, Ente Radiofonico Britannico.
BBFC British Board of Film Censors, Ente britannico di censura cinematografica.
bbl(s) barrel(s), barile (-i).
BC *1* **Bachelor of Chemistry**, laureato in Chimica (*laurea di 1° grado*). *2* **Before Christ**, avanti Cristo (a.C.). *3* **Board of Control**, Comitato di Controllo. *4* **British Columbia**, Columbia Britannica.
BCD Binary-Coded Decimal, decimale codificato in binario.
BCF *1* **British Cycling Federation**, Federazione ciclistica britannica. *2* **Brithish Chess Federation**, Federazione scacchistica britannica.
BCh (*lat.*: *Baccalaureus Chirurgiae*) **Bachelor of Surgery**, Laureato in chirurgia (*laurea di 1° grado*).
BCL Bachelor in Civil Law, Laureato in diritto civile (*laurea di 1° grado*).
BCNZ Broadcasting Corporation of New Zealand, Ente radiofonico neozelandese.
BD *1* **Bachelor of Divinity**, laureato in Teologia (*laurea di 1° grado*). *2* **Bomb Disposal**, (*mil.*) il rendere inoffensive le bombe inesplose: **B.D. squad**, squadra di artificieri. *3* **Bedroom**, camera da letto (negli annunci immobiliari).
B/D bank draft, (*comm.*) tratta bancaria; assegno circolare.
b.d.c. bottom dead-centre, punto morto inferiore (nei motori alternativi).
Bde Brigade, brigata.
BE *1* **Bachelor of Education**, laureato in Pedagogia (*laurea di 1° grado*). *2* **Bachelor of Engineering**, laureato in Ingegneria (*laurea*

di 1° grado). **3 Board of Education**, Ministero dell'Istruzione. **4 Bachelor of Economics**, laureato in Economia (*laurea di 1° grado*).
B/E 1 bill of entry, (*comm.*) bolletta d'entrata (*doganale*). **2 bill of exchange**, cambiale.
BEA 1 British East Africa, Africa Orientale Britannica. **2 British European Airways**, Linee Aeree Britanniche per l'Europa.
B.Ed. Bachelor of Education, laureato in Pedagogia (*laurea di 1° grado*).
Beds Bedfordshire, la Contea di Bedford.
BEF British Expeditionary Forces, Corpo di spedizione britannico (in Francia, 1940).
bef. before, prima.
Belg. 1 Belgian, belga. **2 Belgium**, Belgio.
BEM British Empire Medal, Medaglia dell'Impero Britannico.
Berks. Berkshire, la Contea di Berk.
bet. between, fra, tra.
BFI British Film Institute, Istituto britannico per il cinema.
BFPO British Forces Post Office, Posta militare britannica.
b.h.p. brake horse-power, (*mecc.*) potenza al freno.
BI 1 Board of Investigation, Comitato Investigativo. **2 British India**, l'India Britannica.
Bib. 1 Bible, Bibbia. **2 Biblical**, biblico.
bibl. bibliotheca, biblioteca.
bibliog. 1 bibliographer, bibliografo. **2 bibliographical**, bibliografico. **3 bibliography**, bibliografia.
BIF 1 British Industries Federation, Federazione delle Industrie Britanniche. **2 British Industries Fair**, Fiera delle industrie inglesi.
BIM British Institute of Management, Istituto inglese di gestione aziendale.
biol. 1 biological, biologico. **2 biology**, biologia (biol.).
bit binary digit, cifra binaria.
bk 1 bank, banca **2 book**, libro.
bkcy. bankruptcy, bancarotta, fallimento.
bkg banking, attività bancaria.
bkpt. bankrupt, fallito.
B/L, b/l, b.l. bill of lading, polizza di carico.
BL 1 Bachelor of Law, Laureato in legge (*laurea di 1° grado*). **2 Bachelor of Letters**, Laureato in Lettere (*laurea di 1° grado*). **3 Barrister-at-Law**, Patrocinatore legale (a tutti i livelli). **4 British Library**, Biblioteca nazionale inglese. **5 Bodleian Library**, Biblioteca bodleiana (Oxford). **6 British Leyland** (marca d'automobili).
Bl. Blessed, (*relig.*) Beato.
bldg(s). building(s), edificio (-i).
BLT bacon, lettuce and tomato, sandwich con pancetta affumicata, lattuga e pomodoro.
Blvd. Boulevard, boulevard (grande viale alberato).
BM 1 Bachelor of Medicine, dottore in Medicina (*laurea di 1° grado*). **2 British Museum**, Museo Britannico.
BMA 1 British Marine Aircraft, Aereo della Marina Britannica. **2 British Medical Association**, Ordine dei Medici Britannici.
BMJ British Medical Journal, Giornale medico inglese.
BMus Bachelor of Music, Laureato in musica (*laurea di 1° grado*).
BMX Bicycle Motocross, bici da cross.
bn billion, miliardo (MLD).
Bn 1 Baron, Barone. **2 Battalion**, Battaglione.
BN banknote, banconota.
b.o. 1 buyer's option, (*comm.*) opzione del compratore. **2 box office**, botteghino. **3 branch office**, succursale.
BOAC British Overseas Airways Corporation, Società Aerea Britannica per i Paesi d'Oltremare.
BOD Biological Oxygen Demand, Domanda di Ossigeno Biologico.
B. of A. Bank of America, Banca d'America.
B. of E. Bank of England, Banca d'Inghilterra.
B.o.T. Board of Trade, Ministero del Commercio.
bp 1 boiling point, (*fis.*) punto d'ebollizione. **2 bill(s) payable**, cambiale (-i) passiva (-e). **3 blood pressure**, pressione del sangue.
bp. 1 baptized, battezzato. **2 birth place**, luogo di nascita.
Bp. Bishop, Vescovo.
BP 1 British Petroleum co. ltd., Compagnia Britannica del Petrolio. **2 blood pressure**, pressione del sangue.
BPC 1 British Pharmaceutical Codex, Prontuario inglese dei farmaci. **2 British Productivity Council**, Consiglio Britannico per la Produttività.
bpi bits per inch, (*elab.*) bit per pollice.
bps bits per second, (*elab.*) bit al secondo.
BR 1 Bank Rate, (*comm.*) tasso di sconto. **2 Bill of Rights**, (*stor.*) Dichiarazione dei Diritti (del cittadino). **3 British Railways**, Ferrovie Britanniche.
B/R bill receivable, cambiale attiva.
BRCS British Red Cross Society, Croce Rossa Britannica.
Brecon. Brecknockshire, la Contea di Brecknock.
brev. 1 brevet, brevetto (brev.). **2 breveted**, brevettato.
Brig.-Gen. Brigadier General, Generale di Brigata.
Brit. 1 Britain, Gran Bretagna. **2 British**, britannico.
Bros. Brothers, (*comm.*) Fratelli (F.lli).
BRS British Road Services, Servizio Nazionale Britannico dei Trasporti su Strada.
bs 1 balance sheet, (*comm.*) bilancio. **2 Battleship**, (*mil.*) nave da guerra. **3 bill of sale**, (*comm.*) nota di vendita.
BS 1 Bachelor of Science, laureato in Scienze (*laurea di 1° grado*; *specialm. USA*). **2 Boy Scout**, Giovane Esploratore. **3** *V.* **b.s., 1** e **2**. **4 British Standard**, standard inglese.
BSA Boy Scouts of America, Giovane esploratore d'America.
BSC 1 British Steel Corporation, Società inglese dell'acciaio. **2 British Sugar Corporation**, Società inglese dello zucchero.
B. Sc. Bachelor of Science, laureato in Scienze (*laurea di 1° grado*).
B. Sc. (Econ.) Bachelor of Science in the Faculty of Economics, laureato in Scienze Economiche (*laurea di 1° grado*).
B. Sc. (Eng.) Bachelor of Science in the Faculty of Engineering, laureato in Ingegneria (*laurea di 1° grado*).
bsh. bushel, staio.
BSI British Standards Institution, Ente britannico per la normalizzazione.
BST British Summer Time, Ora legale britannica.
BT British Telecom, Telecom inglese.
Bt. Baronet, Baronetto.
btl. bottle, bottiglia.
Btu British thermal unit, (*fis.*) Unità termica britannica.
bu. bushel, staio (*misura per cereali*).
Bucks Buckinghamshire, la Contea di Buckingham.
BUF British Union of Fascists, (*stor.*) Unione inglese dei fascisti.
bul. bulletin, bollettino.
BUP British United Press, Stampa Unita Britannica.
bur. 1 bureau, ufficio. **2 buried**, sepolto.
bus. bushel, staio (*misura per cereali*).
BV Bible Version, la Versione (dei Salmi) della Bibbia.
BVM (*lat.*: *Beata Virgo Maria*) **Blessed Virgin Mary**, la Beata Vergine Maria.
BW 1 Biological Warfare, guerra biologica. **2 Black and White**, bianco e nero (*foto, tv*).
BWB British Waterwarys Board, Ente britannico per le vie d'acqua.
BWI British West Indies, Indie Occidentali Britanniche.
BWR Boiling-Water Reactor, reattore ad acqua bollente.
bx box, scatola, cassetta.
c. 1 cathode, (*fis.*) catodo. **2 cent**, centesimo (*di dollaro, ecc.*) **3** (*lat.*: *circa*) **about**, circa, intorno a. **4 carat**, carato. **5 cubic**, cubo.
C 1 coulomb, (*fis.*) coulomb. **2 Copyright**, diritto di riproduzione riservato. **3 Cargo transport**, aereo da trasporto militare (seguito dal numero di modello) (*USA*). **4 Cold**, Freddo (nei rubinetti dell'acqua).
°C (*fis.*) **degree Celsius**, grado Celsius (°C).
C. 1 Canon, (*relig.*) Canonico. **2 Cape**, Capo. **3 Captain**, Capitano. **4 century**, secolo.
© Copyright, diritto di riproduzione riservato.
ca. 1 cathode, (*fis.*) catodo. **2** (*lat.*: *circa*) **about**, circa, intorno a.
CA 1 California. **2 Consular agent**, agente consolare. **3 Consumers' Association**, Associazione consumatori (*GB*).
C.A. 1 Catholic Association, Associazione Cattolica. **2 Central America**, America Centrale. **3 Chartered Accountant**, Ragioniere iscritto all'Albo; revisore dei conti. **4 Commercial Agent**, Agente di Commercio. **5 Court of Appeal**, Corte d'Appello.
C/A Capital Account, (*comm.*) Conto Capitale.
CAA Civil Aviation Authority, Ente per l'aviazione civile.
CAD Computer Aided Design, Progettazione con l'Ausilio dell'Elaboratore.
CAE 1 Computer Aided Engineering, Ingegneria assistita dall'elaboratore. **2 Computer Aided Education**, Insegnamento assistito dall'elaboratore.
CAI Computer Assisted Instruction, Istruzione Assistita dall'Elaboratore.
cal calorie (small), (*fis.*) (piccola) caloria.
Cal calorie (large), (*fis.*) (grande) caloria.
Calif. 1 California, California. **2 Californian**, californiano.
CAM Computer Aided Manufacturing, Produzione assistita dall'elaboratore.
Cam., Camb. Cambridge.
Cambs. Cambridgeshire, la Contea di Cambridge.
Can. 1 Canada, Canada. **2 Canadian**, canadese.
C and E Customs and Excise, Dogane e imposte.
C and F Cost and Freight, Costo e Trasporto.
C and G City and Guilds, Città e Associazioni.
C and M Cure and Maintenance, (*comm.*) Cura e manutenzione.
C and W Country and Western, Rurale e dell'Ovest (musica, USA).
Cant. Canterbury.
Cantab. (*lat.*: *Cantabrigiensis*) **of Cambridge**, cantabrigiano.
cap. 1 capital, maiuscolo (*di lettera*). **2 captain**, capitano. **3** (*lat.*: *caput*) **chapter**, capitolo (cap.).
CAP Common Agricultural Policy, Politica Agricola Comunitaria (PAC).
Capt. Captain, Capitano (Cap.).
CAR Central Africa Republic, Repubblica Centroafricana.
Card. Cardinal, Cardinale (Card.).
Cards. Cardiganshire, la Contea di Cardigan.
CARE Cooperative for American Relief Everywhere, Cooperativa per aiuti americani ovunque.
Carm., Carmarths. Carmarthenshire, la Contea di Carmarthen.
CAT 1 Computerized Axial Tomography, Tomografia Assiale Computerizzata (TAC). **2 College of Advanced Technology**, Istituto Superiore di Tecnologia (*GB*).
cat 1 catalytic converter, (*autom.*) convertitore catalitico. **2 catalytic**, (*chim.*) catalitico.
cat. 1 catamaran, catamarano. **2 catalogue**, catalogo. **3 catechism**, catechismo.
Cath. 1 Cathedral, cattedrale. **2 Cathode**,

(*fis.*) catodo. *3* **Catholic**, cattolico.
CATS Credit Accumulation Transfer Scheme, (*istruzione*) Schema di trasferimento di credito accumulato.
CATV *1* **Cable Television**, Televisione via Cavo. *2* **Community Antenna Television**, Televisione ad Antenna Centralizzata.
cav. cavalry, cavalleria.
CB Citizens Band, (*radio*) Banda cittadina.
CBC *1* **Canadian Broadcasting Corporation**, Ente Radiofonico Canadese. *2* **County Borough Council**, Consiglio Comunale di un «Borough» di Contea (*GB*).
CBD *1* **Cash Before Delivery**, Pagamento Prima della Consegna. *2* **Central Business District**, Centro degli affari e finanziario (di una città).
CBI Confederation of British Industry, Confederazione dell'Industria Britannica (*cfr. ital. Confindustria*).
CBS Columbia Broadcasting System, Rete Radiotelevisiva di Columbia.
cc. *1* (*lat.*: *capita*) **chapters**, capitoli. *2* **centuries**, secoli.
CC *1* **Conty Council**, Consiglio di Contea. *2* **County Court**, Tribunale di Contea. *3* **Chamber of Commerce**, Camera di commercio.
CCC Central Control Commission, Commissione Centrale di Controllo.
CCP *1* **Chief Commissioner of Police**, Capo della Polizia. *2* **Code of Civil Procedure**, Codice di Procedura Civile.
CCPR Central Council of Physical recreation, (*sport*) Consiglio Centrale per la Ricreazione Fisica (*GB*).
CCR Commission of Civil Rights, Commissione dei diritti civili (*USA*).
C.C.P. Code of Criminal (Law) Procedure, Codice di Procedura Penale (CCP).
CCTV Closed Circuit Television, Televisione a Circuito Chiuso.
CCUS Chamber of Commerce of United States, Camera di Commercio degli Stati Uniti.
ccw. counterclockwise, in senso antiorario.
c.d. cash discount, (*comm.*) sconto cassa.
CD *1* **Civil Defense**, Difesa Civile. *2* **Coast Defense**, Difesa Costiera. *3* **Contagious Disease**, (*med.*) malattia contagiosa. *4* (*franc.*: *Corps Diplomatique*) **Diplomatic Corps**, Corpo Diplomatico (CD). *5* **Civil disobedience**, disobbedienza civile. *6* **Compact Disc**. *7* **Conference on Disarmament**, Conferenza sul disarmo. *8* **Cesarean delivery**, parto cesareo.
CDE Compact Disc Erasable, Compact Disc cancellabile.
Cdr Commander, comandante.
CDR Compact Disc Recordable, Compact Disc registrabile (una sola volta).
Cdre. Commodore, Commodoro.
CD-ROM Compact Disc Read Only Memory, compact disc per sola lettura.
CDV Compact Disc Video, Compact Disc video.
CE *1* **Civil Engineer**, Ingegnere Civile; **Civil Engineers**, Genio Civile. *2* **Counter-espionage**, Controspionaggio. *3* **Church of England**, Chiesa d'Inghilterra. *4* **Council of Europe**, Consiglio d'Europa.
CED Community for European Defense, Comunità Europea di Difesa.
Celt. Celtic, celtico.
cent. *1* **central**, centrale. *2* (*lat.: centum*) **a hundred**, cento. *3* **century**, secolo (sec.).
CENTO Central Treaty Organization, Organizzazione del Trattato Centrale.
CEO Chief Executive Officer, Responsabile al massimo livello (in una società) (*USA*).
cert. certificate, certificato.
CertEd Certificate in Education, certificato scolastico.
CET Central European Time, Tempo dell'Europa Centrale.
cf. *1* **calf**, (*legatoria*) vitello; in vitello. *2* (*lat.*: *confer*) **compare**, confronta (cfr.).
CF *1* **Chaplain to the Forces**, Cappellano Militare. *2* **Corresponding Fellow**, Socio Corrispondente.
CFI, cfi cost, freight, insurance, (*comm.*) costo, assicurazione e nolo.
cg centigram, centigrammo (cg).
CG Coast Guard, (*mil.*) Guardia Costiera.
CGS centimetre-gram-second (unit), (*fis.*) (unità) centimetro- grammo massa -secondo (CGS).
CGT Capital Gains Tax, Tassa sui proventi da capitale.
ch. *1* **chairman**, presidente. *2* **chapter**, capitolo (Cap.). *3* **check**, scacco (*nel gioco*). *4* **chief**, capo. *5* **child**, bambino. *6* **children**, bambini.
Ch. *1* **China**, Cina. *2* **Chinese**, cinese. *3* **Church**, Chiesa. *4* **Channel**, canale (*radio, tv.*).
ChM (*lat. Chirurgiae Magister*) **Master of surgery**, Medico chirurgo.
Chanc. *1* **Chancellor**, Cancelliere. *2* **Chancellery**, Cancelleria; Pretura.
chap. Chapter, capitolo (Cap.).
Chap. Chaplain, Cappellano.
chem. chemical, chimico; **chemistry**, chimica.
Ches., Chesh. Cheshire, la Contea di Chester.
chg. charge, onere.
Chin. Chinese, cinese; **China**, Cina.
chq. cheque, (*comm.*) assegno bancario.
Chr. *1* **Christ**, Cristo. *2* **Christian**, cristiano.
chron. *1* **chronicle**, cronaca. *2* **chronological**, cronologico. *3* **chronology**, cronologia.
c.i. *1* **cast iron**, ghisa, di ghisa. *2* **cost and insurance**, (*comm.*) costo e assicurazione.
CI *1* **Channel Islands**, Isole Normanne. *2* **consular invoice**, (*comm.*) fattura consolare.
CIA Central Intelligence Agency, (*mil.*) Servizio Segreto (*USA*).
CID Criminal Investigation Departement, Dipartimento d'investigazione criminale.
cif, CIF cost, insurance, freight, (*comm.*) costo, assicurazione e nolo.
C-in-C Commander in Chief, Comandante in Capo; Comandante Supremo.
CIO Congress of Industrial Organization, Associazione delle organizzazioni industriali.
cir., circ. *1* **circular**, circolare. *2* **circumference**, circonferenza.
CIS Commonwealth of Independent States, Comunità degli Stati indipendenti.
cit. *1* **citation**, citazione. *2* **cited**, citato. *3* **citizen**, cittadino. *4* **citrate**, (*chim.*) citrato.
CJ Chief Justice, Presidente della Corte di Giustizia.
cl. *1* **class**, classe. *2* **clerk**, impiegato. *3* **clergyman**, sacerdote.
class. *1* **classical**, classico. *2* **classification**, classificazione.
cm centimetre, centimetro (cm).
CM Command Module, Modulo di comando (in veicoli spaziali).
Cmdr. Commander, comandante.
Cmdre. Commodore, Commodoro.
Cmdt. Commandant, comandante.
CMEA Council for Mutual Economic Assistance (vedi Comecon).
c/n cn credit note, nota di credito.
CNN Cable News Network, Rete televisiva di notizie via cavo (*USA*).
c/o *1* **care of**, presso (*negli indirizzi*). *2* **carried over**, (*comm.*) riportato (*nei conti*). *3* **cash order**, tratta a vista.
Co. *1* **Company**, (*comm.*) Compagnia (C.ia); Società (Soc.). *2* **County**, Contea.
CO Colombia (*targa autom.*).
CO *1* **Colonial Office**, Ministero delle Colonie. *2* **Commanding Officer**, Ufficiale in Comando. *3* **Conscientious objector**, obiettore di coscienza.
COBOL Common Business Oriented Language, Linguaggio Orientato alle Proce dure Amministrative Correnti.
cod. *1* **code**, (*leg.*) codice (cod.). *2* **codex** (*filol., ecc.*) codice (cod.).
COD cash on delivery, (*comm.*) pagament alla consegna; contro assegno.
co-ed., co-educational, (*di scuola*) mista.
coeff. coefficient, coefficiente.
C. of C. Chamber of Commerce, Camera d commercio.
C. of E. *1* **Church of England**, Chiesa d'In ghilterra. *2* **Company of Engineers**, (*mil.*) Compagnia del Genio (*in Irlanda*).
C. of I. Church of Ireland, Chiesa d'Irlanda
C. of L. City of London, la City di Londra.
C. of S. *1* **Chief of Staff**, Capo di Stato Mag giore; Capo del personale. *2* **Church of Scot land**, Chiesa di Scozia.
COI Central Office of Information, Ufficic centrale d'informazione.
col. *1* **colonial**, coloniale. *2* **colony**, coloni *3* **column**, colonna.
Col. *1* **Colonel**, Colonnello. *2* **Columbia**.
coll. *1* **colleague**, collega. *2* **collection**, colle zione. *3* **collector**, collezionista. *4* **college** «college». *5* **colloquial**, colloquiale; fami liare.
Colo. Colorado, Colorado.
com. *1* **comedy**, commedia. *2* **common**, co mune. *3* **comic**, comico. *4* **commercial**, com merciale.
COMECON Council for Mutual Economi Assistance, Consiglio di Mutua Assistenz Economica (vedi CMEA) (*URSS*).
comm. *1* **commerce**, commercio. *2* **commis sion**, commissione. *3* **committee**, comitato. **Commonwealth**, Confederazione, Comunità *5* **communication**, comunicazione.
Comm. Commodore, commodoro.
Commdr. Commander, (*mil.*) Comandante
comp. *1* **company**, compagnia. *2* **compara tive**, comparativo (compar.). *3* **compare** confronta (cfr.). *4* **comparison**, confronto. **composer**, compositore. *6* **composition**, com posizione. *7* **compound**, composto.
compar. *1* **comparative**, comparativ (compar.). *2* **comparison**, confronto.
Comr. Commissioner, commissario.
COMSAT Communications Satellite Corpo ration, Società per Comunicazioni via Satel lite.
con. *1* **conclusion**, conclusione. *2* **conversa tion**, conversazione.
Con. Consul, Console.
Cond. Conductor, direttore (d'orchestra).
conf. *1* **conference**, conferenza. *2* **confessor** confessore.
Cong. *1* **Congress**, congresso, assemblea. **Congregation**, Congregazione.
conj. *1* **conjugation**, coniugazione. **conjunction**, congiunzione. *3* **conjunctive** congiuntivo.
Conn. Connecticut.
cons. **consonant**, consonante. *2* **consulting** consulente. *3* **consecrated**, consacrato. **constitutional**, costituzionale. *5* **consoli dated**, consolidato. *6* **consigned**, consegnat
Cons. *1* **Conservative**, (*polit.*) Conservatore *2* *V.* **Consols**. *3* **Constable**, poliziotto. **Constitution**, Costituzione. *5* **Consul**, Con sole.
Consols Consolidated Annuities (*o* **Funds**) Annualità (*o* Fondi) Consolidati (*titoli a Stato*).
const. constant, costante.
constr. construction, costruzione.
cont., contd. continued, (*di un racconto* continua; alla prossima puntata.
cont. *1* **container**. *2* **contents**, contenuto. **continental**, continentale. *4* **contract**, con tratto.
contr. *1* **contracted**, contratto (*agg.*). **contraction**, contrazione.
contrib. contribution, contributor, contribu zione, contributore.

Co-op., coop. *1* **Co-operation**, cooperazione. *2* **co-operative**, cooperativo; cooperativa (coop.).
cor. *1* **corner**, angolo. *2* **coroner**, magistrato per indagini su morte sospetta.
CORE **Congress of Racial Equality**, Associazione per l'eguaglianza razziale (*USA*).
Corn. *1* **Cornish**, abitante (*o* lingua) della Cornovaglia. *2* **Corwall**, Cornovaglia.
corp. *1* **corporal**, (*mil.*) caporale. *2* **corporation**, società; ente.
corr. *1* **correct**, corretto. *2* **correspondence**, corrispondenza. *3* **correspondent**, corrispondente. *4* **corrugated**, (*di lamiera*) ondulata. *5* **corrupt**, (*filol.*) corrotto. *6* **corruption**, (*filol.*) corruzione.
c.o.s. **cash on shipment**, pagamento alla spedizione.
cos **cosine**, (*mat.*) coseno (cos).
Cos. *1* **Companies**, compagnie. *2* **Counties**, contee.
cosec **cosecant**, (*mat.*) cosecante (cosec).
COSPAR **Committee on Space Research**, Commissione per le Ricerche Spaziali.
cot **cotangent**, (*mat.*) cotangente (cot).
cox. **coxswain**, (*naut.*) timoniere.
Coy. **Company** (*mil.*), compagnia.
c.p. *1* **carriage paid**, porto pagato. *2* **constant pressure**, pressione costante.
cp. **compare**, confronta (cfr.).
CP *1* **Cape Province**, Provincia del Capo. *2* **Communist Party**, Partito Comunista.
C/P **Charter Party**, (*comm., naut.*) Contratto di Nolo.
CPA **Certified Public Accountant**, Contabile diplomato (*USA*).
cpl. **corporal**, caporale.
CPI **Consumer price index**, indice dei prezzi al consumo.
CPR **Canadian Pacific Railway**, Ferrovia Canadese del Pacifico.
CPS *1* **Church Patronage Society**, Società del Patronato della Chiesa. *2* (*lat.*: *Custos Privati Sigilli*) **Keeper of the Privy Seal**, Custode del Sigillo Privato.
CPU **Central Processing Unit**, Unità Centrale di Elaboratore.
cr. *1* **created**, nominato. *2* **credit**, credito. *3* **creditor**, creditore. *4* **crown**, corona (*formato di carta da stampa*).
CRC **Civil Rights Commission**, Commissione per i diritti civili (*USA*).
CRE **Commission for Racial Equality**, Commissione per l'eguaglianza razziale (*GB*).
Cres. **Crescent**, falce di luna, mezzaluna.
crim. **criminal**, criminale.
CRO *1* **Commonwealth Relations Office**, Ufficio per le Relazioni coi Paesi del Commonwealth (*GB*). *2* **Cathode-Ray Oscilloscope**, oscilloscopio catodico.
CRT **Cathode Ray Tube**, Tubo a Raggi Catodici.
CS *1* **Chief of Staff**, Capo del Personale; Capo di Stato Maggiore. *2* **Civil Service**, la Burocrazia Statale. *3* **Capital Stock**, capitale azionario. *4* **Chartered Surveyor**, perito, ispettore iscritto all'albo. *5* **Christian Science**, scientismo.
CSA **Confederate States of America**, (*stor.*) Stati Confederati d'America (*al tempo della guerra di secessione, 1861*).
CSC **Civil Service Commission**, Commissione per l'assunzione degli impiegati statali.
esc **cosecant**, cosecante.
CSCE **Conference for Security and Cooperation in Europe**, Conferenza sulla sicurezza e la cooperazione in Europa.
CSE **Certificate of Secondary Education**, Diploma di Scuola Secondaria (*di livello inferiore*: *cfr. G.C.E.*; *GB*).
CSO **Central Statistical Office**, Ufficio centrale di statistica.
CTC **Cyclists' Touring Club**, Club del Turismo Ciclistico (*GB*).
ctl **cental** (*cento libbre*; *misura di peso*).
CTT **Capital transfer tax**, tassa sul trasferimento di capitali.
cu **cubic**, cubico; cubo.
CU **Cambridge University**, Università di Cambridge.
Cumb. **Cumberland**.
CUP **Cambridge University Press**, Edizioni dell'università di Cambridge.
cur. **currency**, (*comm.*) valuta (val.).
CW *1* **chemical warfare**, guerra chimica. *2* **continuous wave**, (*radio*) onda persistente.
cw. **clockwise**, in senso orario.
Cwlth. **Commonwealth**.
c.w.o. **cash with order**, pagamento all'ordine.
CWS **Co-operative Wholesale Society**, Società delle Cooperative di Consumo (*GB*).
cwt **hundredweight**(s) (*in GB*: 112 libbre; *in USA*: 100 libbre).
cy. **currency**, (*comm.*) valuta (val.).
cyl. *1* **cylinder**, cilindro. *2* **cylindrical**, cilindrico.
CZ **Canal Zone**, Zona del Canale (Panama).
d. *1* **date**, data. *2* **daughter**, figlia. *3* **day**, giorno. *4* **dead** (*o* **deceased**), morto. *5* (*lat.*: *dele*) **delete**, (*tipogr.*) cancella, cassa. *6* (*lat.*: *denarius, denarii*) **penny**.
D. *1* **Democrat**, democratico (*sost.*). *2* **Democratic**, democratico (*agg.*). *3* **Dutch**, olandese. *4* **Department**, dipartimento, ministero. *5* **Director**, direttore. *6* **Duke**, Duca.
D/A *1* **Deposit Account**, (*comm.*) conto di deposito; conto vincolato. *2* **documents against acceptance**, (*comm.*) documenti contro accettazione. *3* **documents attached**, (*comm.*) documenti allegati.
D and D **Drunk and Disorderly**, ubriaco e confuso.
DAF **Department of Agriculture and Fisheries**, Dipartimento agricoltura e pesca.
Dak. **Dakota**.
Dan. *1* **Danish**, danese (*agg.*); lingua danese. *2* **Danube**, Danubio.
DAT **Digital Audio Tape**, Nastro audio per registrazione digitale.
dat. **dative**, dativo (dat.).
dau. **daughter**, figlia.
DB **Data Base**, Banca Dati.
d.c. *1* **direct current**, (*fis.*) corrente continua. *2* **double column**, doppia colonna.
DC *1* **Direct Current**, (*fis.*) corrente continua. *2* **District of Columbia**, Distretto Federale della Columbia (*in USA*; *in cui si trova Washington*).
DCC **Digital Compact Cassette**, Cassetta digitale compatta.
DCF **Discounted Cash Flow**, Flusso dei fondi col tasso di sconto già calcolato.
DCJ **District Court Judge**, (*leg.*) Giudice Distrettuale (*USA*).
DCL **Doctor in Civil Law**, Dottore in diritto civile.
dd. **delivered**, (*comm.*) consegnato.
d.d. **days after date**, (*comm.*) giorni data (*nelle cambiali*).
d/d **dated**, datato; in data.
DD *1* **Delayed Delivery**, (*comm.*) consegna ritardata. *2* (*lat.*: *Divinitatis Doctor*) **Doctor of Divinity**, dottore in Teologia.
DDS *1* **Dewey Decimal System**, Classificazione decimale di Dewey (in biblioteconomia). *2* **Digital Data Service**, Servizio trasmissione dati.
DDT **dichloro-diphenyl-trichloroethane**, (*chim.*) diclorodifeniltricloroetano (DDT).
DE **Department of Employment**, Ministero dell'occupazione.
dec. *1* **deceased**, deceduto. *2* **decimal**, decimale. *3* **declaration**, dichiarazione. *4* **declension**, (*gramm.*) declinazione. *5* **decorative**, decorativo. *6* **decrease**, diminuzione.
Dec. **December**, dicembre (dic.).
decl. *1* **declaration**, dichiarazione. *2* **declared**, dichiarato. *3* **declension**, (*gramm.*) declinazione.
def. *1* **defective**, difettivo. *2* **defence**, difesa. *3* **defendant**, (*leg.*) convenuto. *4* **deferred**, rinviato. *5* **definition**, definizione.
deg. **degree**(s), grado(-i).
Del. **Delaware**.
Dem. *1* **Democrat**, democratico (*sost.*). *2* **Democratic**, democratico (*agg.*).
Den. **Denmark**, Danimarca.
dep. *1* **department**, dipartimento; reparto. *2* **departure**, partenza. *3* **deponent**, (*gramm.*) deponente. *4* **deputy**, vice. *5* **depot**, magazzino. *6* **deposit**, deposito. *7* **deputy**, delegato, vice, deputato.
dept. **department**, dipartimento; reparto.
deriv. *1* **derivation**, derivazione. *2* **derived**, derivato.
derv **diesel-engined road vehicle**, gasolio (per motori diesel di veicoli da trasporto su strada).
DES **Department of Education and Science**, Dipartimento dell'istruzione e della scienza.
Devon. **Devonshire**, la Contea di Devon.
DF **Defender of the Faith**, Difensore della fede.
dft. *1* **defendant**, (*leg.*) (il) convenuto. *2* **draft**, (*comm.*) tratta.
DH **Department of Health**, Dipartimento o Ministero della Sanità.
dial. **dialectal**, dialettale.
dict. *1* **dictaphone**, dittafono. *2* **dictation**, dettato. *3* **dictionary**, dizionario.
DJIA **Dow-Jones Industrial Average**, Media dei principali titoli industriali secondo Dow-Jones (*USA*).
dir. **direction**, direzione (Dir.).
Dir. **Director**, Direttore (Dir.).
disct. **discount**, (*comm.*) sconto.
dist. *1* **distance**, distanza. *2* **distant**, distante. *3* **distinguished**, distinto. *4* **district**, distretto.
distr. *1* **distribution**, distribuzione. *2* **distributor**, distributore.
DIY, d.i.y. **do-it-yourself**, fai da te.
DJ, d.j. *1* **disc jockey**. *2* **dinner jacket**, smoking.
dk *1* **dark**, scuro. *2* **deck** (*naut.*) ponte, coperta. *3* **dock**, molo, banchina.
D. Lit., D. Litt. *1* (*lat.*: *Doctor Litterarum*) **Doctor of Letters**, Dottore in Lettere. *2* (*lat.*: *Doctor Literaturae*) **Doctor of Literature**, dottore in Letteratura.
DLP **Democratic Labor Party**, Partito laburista democratico (australiano).
dlvy **delivery**, consegna.
DMA **Direct Memory Access**, (*elab.*) Memoria ad accesso diretto.
DMV **Department of Motor Vehicles**, Dipartimento Motoveicoli (*USA*).
DMZ **Demilitarized zone**, zona smilitarizzata.
DNA **DeoxyriboNucleic Acid**, (*biol.*) acido deossiribonucleico.
do. *1* **ditto**; **the same**, (*comm.*) il suddetto; come sopra. *2* **dollar**, dollaro.
DOB **date of birth**, data di nascita.
doc. **document**, (*leg.*) documento.
DOD **Department of Defense**, Dipartimento della difesa (*USA*).
DOE *1* **Department of Environment**, Dipartimento dell'ambiente (*USA*). *2* **Department of Energy**, Dipartimento dell'Energia (*USA*).
dom. *1* **domestic**, domestico. *2* **domicile**, domicilio. *3* *V.* **Dom.**
Dom. **Dominion** (*geogr., polit.*).
Dors. **Dorsetshire**, la Contea del Dorset.
DOS **Disk Operating System**, Sistema Operativo su Disco.
DOT **Department of Transportation**, Dipartimento dei trasporti (*USA*).
doz. **dozen**, dozzina.
DP *1* **Democratic Party**, Partito Democratico. *2* **Displaced Person**, profugo; rifugiato politico. *3* **Doctor of Pharmacy**, dottore in Farmacia. *4* **Data Processing**, Elaborazione dati.
DPH **Department of Public Health**, Dipartimento di salute pubblica (*USA*).
D. Ph., D. Phil. (*lat.*: *Doctor Philosophiae*) **Doctor of Philosophy**, dottore in Filosofia.

dpi dots per inch, punti per pollice.
dpo. depot, deposito.
dpt. *1* **department**, dipartimento; reparto. *2* **deponent**, (*gramm.*) deponente.
DPW Department of Public Works, Dipartimento dei Lavori pubblici (*USA*).
dr. *1* **drachm**, dracma. *2* **dram** (*misura per peso pari a g 1,77*). *3* **drawer**, (*comm.*) traente (*di cambiale*).
Dr. *1* **Debtor**, debitore. *2* **Doctor**, dottore. *3* **Driver**, autista; conducente.
dram. *1* **dramatic**, drammatico. *2* **dramatist**, drammaturgo.
DS Department of State, Dipartimento di Stato (*USA*).
DSB Double-Side Band, Doppia Banda Laterale.
D. Sc. Doctor of Science, dottore in Scienze.
DSIR Department of Scientific and Industrial Research, Dipartimento della Ricerca Scientifica e Industriale (*GB*).
DSS Department of Social Security, Dipartimento della sicurezza sociale.
DST Daylight-Saving Time, Ora legale (vedi BST).
DTI Department of Trade and Industry, Dipartimento del commercio e dell'industria.
DTP Desk-Top Publishing, (*elab.*) Programma per la preparazione di testi.
Du. *1* **Duke**, Duca. *2* **Dutch**, olandese.
Dup. Duplicate, duplicato, copia.
Dubl. Dublin, Dublino.
Dur., Durh. Durham.
DY dockyard, (*naut.*) cantiere; arsenale.
dz. dozen, dozzina.
E. *1* **Earl**, Conte. *2* **Earth**, (la) Terra. *3* **East**, (l')Oriente. *4* **Eastern**, Orientale. *5* **Engineer**, Ingegnere. *6* **Engineering**, Ingegneria. *7* **English**, (l')inglese. *8* **Excellency**, Eccellenza. *9* **Excellent**, Eccellente. *10* 2° classe (*di navi, nel Registro dei Lloyd*).
E East, Est.
ea. each, ogni; (*comm.*) cadauno.
EB Encyclopaedia Britannica, Enciclopedia Britannica.
EC *1* **East Central**, (*geogr.*) Centro-orientale (*anche come distretto postale, a Londra*). *2* **Episcopal Church**, Chiesa Episcopale. *3* **Established Church**, Chiesa di Stato; religione ufficiale. *4* **European Community**, Comunità Europea.
eccl., eccles. ecclesiastic, ecclesiastical, ecclesiastico.
ECG Electrocardiogram, (*med.*) elettrocardiogramma (ECG).
ECM European Common Market, Mercato Comune Europeo (MEC).
ecol. *1* **ecological**, ecologico. *2* **ecology**, ecologia.
econ. *1* **economical**, economico. *2* **economy**, economia.
ECOWAS Economic Community of West African States, Comunità economica degli Stati dell'Africa Occidentale.
ECSC European Coal and Steel Community, Comunità Europea per il Carbone e per l'Acciaio (CECA).
ECU European Currency Unit, Unità Monetaria Europea.
ed. *1* **edited**, dato alle stampe (da); a cura (di). *2* **edition**, edizione (ed.). *3* **editor**, chi dà alle stampe (q.c.); chi cura un'edizione (ed.). *4 V.* **educ.**
Ecuo. Ecuador.
Ed. *1* **Editor**, Redattore Capo. *2* **Edinburgh**, Edimburgo.
EDC European Defense Community, Comunità Europea di Difesa (C.E.D.).
Edin. Edinburgh, Edimburgo.
edit. *1* **edited**, dato alle stampe (da); a cura (di). *2* **edition**, edizione. *3* **editor**, chi dà alle stampe; chi cura un'edizione.
EDP Electronic Data Processing, Elaborazione Elettronica dei Dati.
educ. *1* **educated**, istruito; educato. *2* **education**, istruzione; educazione. *3* **educational**, che concerne l'istruzione; pedagogico.
EE *1* **Early English**, Antico Inglese. *2* **Electrical Engineer**, Ingegnere Elettrotecnico. *3* **Errors Excepted**, (*comm.*) Salvo Errori.
EEC European Economic Community, Comunità Economica Europea (CEE, UE).
EE&MP Envoy Extrordinary and Minister Plenipotentiary, (*diplomazia*) Inviato straordinario e ministro plenipotenziario.
EEG electroencephalogram, elettroencefalogramma.
EFL English as a Foreign Language, Inglese come lingua straniera.
EFTA European Free Trade Association, Associazione Europea di Libero Scambio.
e.g. (*lat.*: *exempli gratia*) **for example**, per esempio (p. es.).
EHF Extremely High Frequency, (*fis.*) frequenza estremamente elevata.
EI East Indies, (*geogr.*) Indie Orientali.
eld. eldest, (il) maggiore; (il) più anziano (*fra più di due*).
elect. electric, elettrico.
elem. element, elemento.
elev. elevation, elevazione.
ELF Extremely Low Frequency, frequenza estremamente bassa.
ELISA Enzyme-linked immunosorbent assay, Prova di immunoassorbimento legata all'enzima.
ELT English Language Teaching, Insegnamento della lingua inglese.
Emb. *1* **Embankment**, argine (*di fiume*). *2* **Embassy**, Ambasciata.
emf electromotive force, forza elettromotrice.
EMI Electric and Music Industries, Industrie Elettriche e Musicali.
Emp. *1* **Emperor**, Imperatore. *2* **Empire**, Impero. *3* **Empress**, imperatrice.
EMS European Monetary System, Sistema Monetario Europeo (SME).
encl. enclosure, allegato (all.).
ency. encyclopaedia, enciclopedia.
ENE East-NorthEast, Est Nord Est (ENE).
ENEA European Nuclear Energy Agency, Ente europeo per l'energia nucleare.
eng. *1* **engine**, macchina; motore. *2* **engineer**, ingegnere; macchinista. *3* **engineering**, ingegneria. *4* **engraved**, (*arte*) inciso. *5* **engraver**, (*arte*) incisore.
Eng. *1* **England**, Inghilterra. *2* **English**, inglese (ingl.).
engr. *1* **engraver**, incisore. *2* **engraved**, inciso. *3* **engineer**, ingegnere.
enl. *1* **enlarged**, ingrandito. *2* **enlisted**, arruolato.
ENSA Entertainments National Service Association, Associazione nazionale per fornire spettacoli (alle Forze armate).
ENT ear, nose and throat, orecchio, naso, gola.
e.o. (*lat.*: *ex officio*) **by virtue of one's office**, d'ufficio.
EOC Equal Opportunities Commission, Commissione per le pari opportunità.
E&OE errors and omissions excepted, (*comm.*) salvo errori ed omissioni (S.E.&O.).
e.o.m. end of the month, fine del mese.
Ep. Epistle, epistola.
EP Extended-play, esecuzione estesa (nei dischi microsolco).
EPA Environmental Protection Agency, Ente per la protezione dell'ambiente (*USA*).
Episc. Episcopal, (*relig.*) Episcopale.
epit. *1* **epitaph**, epitaffio. *2* **epitome**, epitome.
EPTA Expanded Program for Technical Assistance, Programma Ampliato di Assistenza Tecnica (dell'ONU).
EPU European Payments Union, Unione Europea dei Pagamenti (VEP).
eq. *1* **equal**, uguale. *2 V.* **equiv.**
Eq. *1* **Equator**, Equatore. *2* **Equatorial**, equatoriale.
equiv. equivalent, equivalente.
ERP European Recovery Programme, Programma di Ricostruzione Europa (ERP).
ERW Enhanced Radiation Weapon, Ordigno (Nucleare) a Radiazione Intensificata.
ESA European Space Agency, Ente Spaziale Europeo.
ESE East-SouthEast, Est Sud Est (ESE).
ESL English as a second language, l'inglese come seconda lingua.
ESLAB European Space Research Laboratory, Laboratorio Europeo di Ricerche Spaziali.
ESP *1* **Extra Sensory Perception**, Percezione Extra-Sensoriale. *2* **English for Specific Purposes**, Inglese per usi specifici.
esp., espec. especially, specialmente (spec.).
Esq(re). Esquire, Signor (*titolo di cortesia nell'indirizzo di lettere a professionisti, ecc.*).
ESRO European Space Research Organization, Organizzazione Europea per le Ricerche Spaziali.
ess. essence, essenza.
Ess. Essex.
est. *1* **established**, consolidato. *2* **estate**, proprietà. *3* **estuary**, estuario.
ET *1* **Employment Training**, Formazione all'impiego (*per i disoccupati*). *2* **Extraterrestrial**, extraterrestre.
etc. (*lat.*: *et cetera*) **and so on**, eccetera (ecc.).
etym. etymological, etymology, etimologico, etimologia.
Eur. *1* **Europe**, Europa. *2* **European**, europeo (eur.).
EURATOM European Atomic Energy Community, Comunità Europea dell'Energia Atomica (EURATOM).
Eurovision European Television, Televisione Europea (Eurovisione).
ev., evang. evangelical, evangelico.
EVA Extravehicular activity, (*astronautica*) attività extraveicolare.
ex. *1* **examined**, esaminato. *2* **example**, esempio. *3* **except**, eccetto. *4* **exception**, eccezione. *5* **exchange**, scambio. *6* **executive**, esecutivo. *7* **exempt**, esente. *8* **exercise**, esercizio. *9* **export**, esportazione. *10* **extra.**
Ex. *1* **Exchange**, (*comm.*) Borsa. *2* **Exeter** (*geogr.*). *3* **Exodus**, (*Bibbia*) Esodo.
exc. *1* **excellent**, eccellente. *2* **except**, eccetto. *3* **excepted**, eccettuato. *4* **exception**, eccezione.
Exc. Excellency, Eccellenza (*titolo*).
EXIMBANK Export-Import Bank, Banca per l'Esportazione e l'Importazione.
exp exponential, esponenziale.
exp. *1* **expense**, spesa, costo. *2* **experimental**, sperimentale. *3* **export**, esportazione. *4* **exported**, esportato. *5* **express**, espresso.
f. *1* **farthing** (un quarto di penny). *2* **fathom**, braccio (*misura di profondità*). *3* **feminine**, femminile (femm.). *4* **following**, seguente (seg.). *5* **foot**, piede (*misura*).
F *1* **Figther**, (*aeronautica*) caccia (seguito dal numero di modello). *2* **Full**, pieno. *3* **Friday**, venerdì (ven.). *4* **Function**, (*elab.*) funzione. *5* **Female**, femmina. *6* **Farad** (*fis.*).
°F degree Fahrenheit, grado Fahrenheit (°F).
F. *1* **farad**, (*fis.*) farad. *2* **Father**, (*relig.*) Padre. *3* **Fellow**, Membro; Socio.
f.a. free alongside, (*comm.*) franco sottobordo.
FA *1* **Football Association**, (*sport*) Associazione del Gioco del Calcio (*GB*). *2* **Field Artillery**, artiglieria campale.
FAA *1* **Fleet Air Arm**, aeronautica militare. *2* **Federal Aviation Administration**, ente federale aeronautico.
fac. *1* **facsimile**. *2* **factor**, agente. *3* **factory**, stabilimento.
FAM Free and Accepted Masons, Massoneria.
FAO Food and Agriculture Organization,

Organizzazione (*ONU*) per l'Alimentazione e l'Agricoltura (*Italia*) (FAO).
f.a.q. *1* **fair average quality**, (*comm.*) (di) buona qualità media. *2* **free alongside quay**, (*comm.*) franco banchina.
f.a.s. free alongside ship, (*comm.*) franco sotto paranco.
fax *1* **facsimile transmission**, trasmissione di facsimile. *2* **facsimile** (inviato o ricevuto).
FB *1* **Fire Brigade**, Vigili del Fuoco. *2* **Flying Boat**, (*mil., naut.*) Idrovolante.
FBA Fellow of the British Academy, Membro dell'Accademia Britannica.
FBI *1* **Federal Bureau of Investigation**, Ufficio Federale Investigativo (*USA*). *2* **Federation of British Industries**, Federazione delle Industrie Britanniche.
FC *1* **Free Church (of Scotland)**, Libera Chiesa (Scozzese). *2* **Football Club** (*GB*). *3* **Follow Copy**, segue copia.
FDA Food and Drug Administration, Ente governativo per il controllo di cibi, medicamenti, cosmetici e sim. (*USA*).
FDR Franklin Delano Roosevelt (*32° presidente USA*).
FE Far East, Estremo Oriente.
Feb. February, febbraio (feb.).
Fed Federal Reserve System, Riserva federale (*vedi anche FRS*) (*USA*).
Fed. *1* **Federal**, federale. *2* **Federation**, Federazione. *3* **Federalist**, federalista.
fed federal agent, agente federale (*USA*).
fem. feminine, femminile (femm.).
FET Field Effect Transistor, Transistor a Effetto di Campo.
FF fast forward, avanti veloce (comando di apparecchi).
FI Falkland Islands, Isole Falkland.
fig. figure, figura.
fin. *1* **finance**, finanza. *2* **financial**, finanziario. *3* **finished**, finito.
Fin. *1* **Finland**, Finlandia. *2* **Finnish**, finlandese.
Finn. Finnish, finlandese.
fl. *1* **fluid**, fluido. *2* **floor**, piano (di edificio).
Fla. Florida.
fm. *1* **farm**, fattoria. *2* **fathom**, braccio (*mis. di profondità*). *3* **form**, modulo. *4* **from**, da.
FM *1* **Field-Marshal**, Feldmaresciallo. *2* **Frequency Modulation**, (*radio*) Modulazione di Frequenza (FM).
FNB Federal Narcotics Bureau, Ufficio Federale per i Narconitici.
fo. folio, in folio (in-fol.).
f.o. firm offer, (*comm.*) offerta valida.
FO *1* **Flying Officer**, (*aeron.*) Ufficiale di Volo. *2* **Foreign Office**, Ministero degli Esteri (*GB*). *3* **Field Officer**, ufficiale superiore.
f.o.b. free on board, (*comm.*) franco a bordo.
f.o.c. *1* **free of charge**, (*comm.*) senza spese. *2* **free on car**, (*comm.*) franco ferrovia; franco stazione ferroviaria.
FOE Friends of the Earth, Amici della Terra.
fol. *1* **folio**, in folio (in-fol.). *2* **following**, seguente (seg.).
for. *1* **foreign**, straniero. *2* **forestry**, scienza forestale; silvicoltura.
f.o.r. free on rail, (*comm.*) franco rotaie; franco ferrovia.
FORTRAN Formula Translation, (Linguaggio per la) Traduzione di Formule.
f.o.t. free on truck, (*comm.*) franco vagone di partenza.
4WD four-wheel drive, trazione integrale.
f.p. freezing point, (*fis.*) punto di congelamento.
FP Fire Plug, presa per estintore; bocca da incendio.
f.p.m. feet per minute, piedi al minuto.
f.p.s. feet per second, piedi al secondo.
Fr. *1* **Father**, (*relig.*) Padre. *2* **France**, Francia. *3* **French**, francese. *4* **Friar**, Frate. *5* **Friday**, venerdì (ven.).
FRAM Fellow of the Royal Academy of Music, Membro della Reale Accademia di Musica.
FRB Federal Reserve Board, Comitato della Riserva federale (*USA*).
Fri. Friday, venerdì (ven.).
FRS *1* **Fellow of the Royal Society**, Membro della «Royal Society». *2* **Federal Reserve System**, (*vedi* fed).
ft. fort, forte; fortezza.
ft foot (*pl.* **feet**), piede (*misura di lunghezza*).
FTC Federal Trade Commission, Commissione federale per il Commercio (*USA*).
FTSE (100 Index) Financial Times Stock Exchange (100 Index), indice di borsa (basato su 100 titoli) del Financial Times.
fur. *1* **furlong** (*misura di lunghezza*). *2* **furnished**, ammobigliato.
fut. future, (*gramm.*) futuro (fut.).
fwd. forward, avanti.
FWD *1* **four-wheel drive**, trazione integrale. *2* **front-wheel drive**, trazione anteriore.
FYI for your information, per vostra conoscenza.
g *1* gram, grammo (g). *2* **gallon**, gallone. *3* **acceleration of free fall**, accelerazione in caduta libera (di gravità).
G. *1* **Germanic**, Germanico. *2* **Gulf**, (*geogr.*) Golfo. *3* **gigabyte** (*elab.*). *4* **grand**, 1000 dollari. *5* **General Admission**, di spettacolo visibile a tutti (*USA*).
G3, G5, G7, G10 Group of Three, of Five, of Seven, of Ten, (*polit.*) gruppo dei tre, dei cinque, dei sette, dei dieci.
Ga. Georgia.
GA General Assembly, Assemblea Generale.
Gael. Gaelic, gaelico.
gal gallon, gallone.
GATT General Agreement on Tariffs and Trade, Accordo Generale sulle Tariffe e sul Commercio Estero.
gaz. gazette, gazzetta.
GB Great Britain, Gran Bretagna (*anche targa autom.*).
GBE Grand Cross of the British Empire, Gran croce dell'Impero britannico.
GBH grievous bodily harm, grave danno fisico.
GB£ pound, sterlina (simbolo bancario).
GBS George Bernard Shaw.
GB&I Great Britain and Ireland, Gran Bretagna e Irlanda.
g.c. gun control, controllo del tiro (*di un cannone*).
GCA Ground Controlled Approach, Avvicinamento Controllato da Terra.
g.c.d. greatest common divisor, (*mat.*) massimo comun divisore.
GCE General Certificate of Education, Diploma di Scuola Secondaria (*di livello superiore*: *cfr.* C.S.E.; *GB*).
GCVO (Knight) Grand Cross of the Royal Victorian Order, (Cavaliere della) Gran Croce dell'Ordine della Regina Vittoria.
GD Grand Duchy, Granducato.
GDP gross domestic product, Prodotto interno lordo.
GE General Electric, Società Generale Elettrica (CGE).
gen. *1* **gender**, (*gramm.*) genere. *2* **general**, generale. *3* **generally**, generalmente. *4* **genetics**, genetica. *5* **genitive**, genitivo (gen.). *6* **genus**, (*scient.*) genere.
Gen. *1* **General**, Generale. *2* (*Bibbia*) **Genesis**, Genesi.
gent. gentleman, signore.
geog. geography, geografia.
geol. geology, geologia.
geom. geometry, geometria.
ger. *1* **gerund**, gerundio (ger.). *2* **gerundive**, gerundivo.
Ger. *1* **German**, tedesco. *2* **Germany**, Germania.
GHQ General Headquarters, Quartier Generale (QG).
GI General or Government Issue, (*mil.*) oggetti di ordinanza; per estensione: qualsiasi soldato in uniforme (*USA*).
Gib. Gibraltar, Gibilterra.
Gk. Greek, greco.
Glam(org). Glamorganshire, la Contea di Glamorgan.
Glas. Glasgow.
Glos., Gloucs. Gloucestershire, la Contea di Gloucester.
GM *1* **General Manager**, Direttore Generale. *2* **General Motors** (*fabbrica d'automobili USA*). *3* **Grand Master**, Gran maestro (*in massoneria, ecc.*).
GMT Greenwich Mean Time, Ora di Greenwich.
gn. guinea, ghinea (*moneta*).
GNP Gross National Product, Prodotto Nazionale Lordo (PNL).
GOM Grand Old Man, Vecchio grande uomo (persona rispettabile).
GOP Grand Old Party, Partito repubblicano (*USA*).
GP *1* **Gallup Poll**, Sondaggio Gallup. *2* **General Practitioner**, medico generico.
GPO *1* **General Post Office**, Posta Centrale. *2* **Government Printing Office**, Poligrafici di Stato (*USA*).
gr. *1* **grain**, grano (*misura di peso*). *2* **grammar**, grammatica (gram.). *3* **gram**, grammo (g). *4* **gunner**, cannoniere. *5* **grade**, categoria. *6* **great**, grande. *7* **gross**, lordo.
Gr. *1* **Grecian**, greco. *2* **Greece**, Grecia. *3* **Greek**, greco.
Grad. Graduate, laureato.
gr. wt. gross weight, peso lordo.
GS *1* **General Secretary**, Segretario Generale. *2* **General Staff**, Stato Maggiore Generale (SMG). *3* **Geological Society**, Società Geologica.
GSA Girl Scouts of America, Giovani Esploratrici d'America.
Gt. Br. Great Britain, Gran Bretagna.
gtd. guaranteed, garantito.
Gu. guinea, ghinea (*moneta*).
guar. *1* **guaranteed**, garantito. *2* **guarantor**, garante.
GWR Great Western Railway, Grande Ferrovia dell'Occidente.
GWU George Washington University, Università George Washington.
gym. *1* **gymnasium**, palestra. *2* **gymnastics**, ginnastica: **gym. teacher**, professore di ginnastica.
h. *1* **heat**, calore; caldo. *2* **height**, altezza. *3* **high**, alto. *4* **horse**, cavallo. *5* **hour**, ora (*sessanta minuti*). *6* **hundred**, cento. *7* **husband**, marito. *8* **hydrant**, idrante. *9* **harbour**, porto.
H *1* **henry**, (*fis.*) henry (*unità elettrica*; H). *2* **Hot**, caldo (nei rubinetti dell'acqua).
HA Heavy Artillery, Artiglieria Pesante.
Hants Hampshire.
HBM His (*o* **Her**) **Britannic Majesty**, Sua Maestà Britannica.
HC *1* **Habitual Criminal**, delinquente abituale. *2* **High Church**, Chiesa «Alta». *3* **High Commissioner**, Alto Commissario. *4* **High Court**, (*leg.*) Alta Corte. *5* **Holy Communion**, Santa Comunione. *6* **House of Commons**, Camera dei Comuni.
h.c.f. highest common factor, (*mat.*) massimo comun divisore (MCD).
hep. handicap.
hd. *1* **hand**, mano. *2* **head**, testa.
HDTV high definition television, televisione ad alta definizione.
HE *1* **High Explosive**, Alto Esplosivo. *2* **His Eminence**, Sua Eminenza (S.Em.). *3* **His Excellency**, Sua Eccellenza (SE).
Hebr. *1* **Hebrews**, (*Bibbia*) gli Ebrei. *2* **Hebrides**, le Ebridi.
Heref(s) Herefordshire, la Contea di Hereford.
Herts Hertfordshire, la Contea di Hertford.
hf. half, mezzo; metà.
HF High Frequency, (*fis.*) alta frequenza (HF).

hg *1* **hectogram(me)**, ettogrammo (hg). *2* **heliogram**, eliogramma.

HG *1* **Her** (*o* **His**) **Grace**, Sua Grazia. *2* **High German**, (*linguistica*) Alto Tedesco. *3* **Horse Guards**, Guardie a Cavallo.

HH *1* **His** (*o* **Her**) **Highness**, Sua Altezza. *2* **His Holiness**, (*relig.*) Sua Santità (SS).

HHS **Department of health and Human Services**, Dipartimento per la salute e l'assistenza umana (*USA*).

H.I. **Hawaiian Islands**, Isole Hawaii.

HiFi, hifi **High Fidelity**, alta fedeltà.

HIH **His** (*o* **Her**) **Imperial Highness**, Sua Altezza Imperiale.

HIM **His** (*o* **Her**) **Imperial Majesty**, Sua Maestà Imperiale.

HIV **Human Immunodeficiency virus**, virus dell'immunodeficienza umana.

HL *1* **Honours List**, Elenco delle Onorificenze (*o* delle Lauree con Lode). *2* **House of Lords**, Camera dei Lord.

HM **His** (*o* **Her**) **Majesty**, Sua Maestà (SM).

HMG **Her (or His) Majesty's Government**, Governo di sua maestà.

HMS **Her or His Majesty's Service**, al servizio di Sua Maestà.

HMS **His Majesty's Ship**, Nave di Sua Maestà.

HMSO **His** (*o* **Her**) **Majesty's Stationery Office**, Istituto Poligrafico dello Stato (*GB*).

hon. *1* **honorary**, onorario (*agg.*). *2* **honourable**, onorevole.

hor. **horizontal**, orizzontale.

hosp. **hospital**, ospedale.

HP *1* **Houses of Parliament**, (il) Parlamento; (le) Camere. *2* **Hewlett Packard** (società americana d'informatica).

hp, HP *1* **high pressure**, (*fis.*) alta pressione (A.P.). *2* **hire purchase**, (*comm.*) (sistema degli) acquisti a rate. *3* **horse power**, (*fis.*) cavalli vapore (HP).

hp-hr **horse power-hour**, (*fis.*) cavalli vapore-ora.

HQ **Headquarters**, (*mil.*) Quartier Generale (QG).

hr. **hour**(s), ora(-e).

HR *1* **Home Rule**, Autogoverno (*storia irlandese*). *2* **House of Representatives**, Camera dei Deputati (*USA*).

HRE **Holy Roman Empire**, Sacro Romano Impero.

HRH **His** (**Her**) **Royal Highness**, Sua Altezza Reale.

HS *1* **High School**, Scuola Secondaria. *2* **Home Secretary**, Ministro dell'Interno.

ht., hgt. **height**, altezza (alt.).

h.t. H.T. **high tension**, (*fis.*) (ad) alta tensione (AT).

Hun. *1* **Hungarian**, ungherese. *2* **Hungary**, Ungheria.

hund. **hundred**, cento.

Hunts **Huntingdonshire**, la Contea di Huntingdon.

H.V. **High Voltage**, (*fis.*) Alta Tensione (AT).

HWM **high-water mark**, indicazione del punto aggiunto dalla più forte alta marea.

hwy. **highway**, strada di grande comunicazione.

Hz **hertz**, (*fis.*) hertz (Hz).

i. *1* **intransive**, intransivo (intr.). *2* **interest**, interesse (*banca*).

I. *1* **Ireland**, Irlanda. *2* **Irish**, irlandese. *3* **Island** (*o* **Isle**), Isola. *4* **Italy**, Italia. *5* **Institute**, Istituto.

Ia. **Iowa**.

IAEA **International Atomic Energy Agency**, Agenzia Internazionale per l'Energia Atomica (*Austria*).

IAF **International Astronautical Federation**, Federazione Astronautica Internazionale (*Svizzera*).

IATA **International Air Transport Association**, Associazione Internazionale Trasporti Aerei (*Canada*).

ib., ibid. (*lat.*: **ibidem**) **in the same place**, nello stesso luogo (ibid.).

IBM **International Business Machines**, Macchine Contabili Internazionali (*società USA*).

IBRD **International Bank for Reconstruction and Development**, Banca Internazionale per la Ricostruzione e lo Sviluppo (*USA*).

i/c **in charge of**, sotto la responsabilità di.

IC **integrated circuit**, (*elettron.*) circuito integrato.

ICA *1* **International Co-operative Alliance**, Alleanza Cooperativa Internazionale. *2* **Institute of Contemporary Arts**, Istituto di Arti Contemporanee (*GB*).

ICAO **International Civil Aviation Organization**, Organizzazione Internazionale per l'Aviazione Civile (*Canada*).

ICDP **International Confederation for Disarmament and Peace**, Confederazione Internazionale per il Disarmo e la Pace.

Ice. **Iceland**, Islanda.

ICI **Imperial Chemical Industries**, Imperial Industrie Chimiche (*GB*).

ICJ **International Court of Justice**, Corte internazionale di giustizia.

ICSC **International Committee Satellite Communications**, Comitato Internazionale per le Comunicazioni via Satellite.

ICU **Intensive Care Unit**, Centro (*o* unità) di rianimazione.

id. (*lat.*: *idem*) **the same**, lo stesso; idem (id.).

Id. **Idaho**.

ID *1* **Intelligence Department**, (*mil.*) Centro Informazioni. *2* **Inside Diameter**, diametro interno. *3* **Identification**, identificazione.

Ida. **Idaho**.

IDP **Integrated Data Processing**, Elaborazione Integrata dei Dati.

IDU **injection drug user**, chi assume droga mediante iniezione.

i.e. (*lat.*: *id est*) **that is**, cioè.

IFF **Identification, Friend or Foe**, Identificazione: amico o nemico (*sistema radar di identificazione*).

IFS **Irish Free State**, (*stor.*) Stato Libero d'Irlanda.

Ill. **Illinois**.

ILO **International Labour Organization**, Organizzazione Internazionale del Lavoro (OIL; *Svizzera*).

ILRM **International League for the Rights of Man**, Lega Internazionale dei Diritti dell'Uomo (LIDU).

IMF **International Monetary Fund**, Fondo Monetario Internazionale (FMI; *USA*).

imp. *1* **imperative**, imperativo (imper.). *2* **imperfect**, imperfetto (imperf.). *3* **imperial**, imperiale. *4* **impersonal**, impersonale.

imper. **imperative**, imperativo (imper., imperat.).

imperf. **imperfect**, imperfetto (imperf.).

impt. **important**, importante.

IMU **International Mathematical Union**, Unione Matematica Internazionale.

in **inch**(es), pollice(-i) (*misura di lunghezza*).

In **indium**, (*chim.*) indio (In).

Inc. **Incorporated**, (*comm.*) Associato.

INCB **International Narcotics Control Board**, Ufficio internazionale per il controllo delle droghe (ONU).

incl. *1* **included**, incluso. *2* **including**, compreso (*prep.*). *3* **inclusive**, comprensivo; che include.

incog. (*lat.*: *incognito*) **in secret**, in incognito.

indef. **indefinite**, indefinito.

ind. *1* **index**, indice. *2* **indicated**, indicato. *3* **indication**, indicazione. *4* **indicative**, (*gramm.*) indicativo (indic.). *5* **indirect**, indiretto. *6* **indirectly**, indirettamente. *7* **industrial**, indusriale.

Ind. *1* **Independent**, Indipendente. *2* **India**, India. *3* **Indian**, indiano. *4* **Indiana**. *5* **Industry**, Industria.

indic. **indicative**, (*gramm.*) indicativo.

inf. *1* **infantry**, fanteria. *2* **infinitive**, infinito (inf.). *3* **infirmary**, infermeria. *4* **information**, informazione. *5* **inferior**, inferiore.

infin. **infinitive**, infinito (inf.).

INLA **Irish National Liberation Army**, Armata irlandese di liberazione nazionale.

INS *1* **International News Service**, Agenzia Internazionale di Stampa. *2* **Immigration and Naturalization Service**, Servizio immigrazione e naturalizzazione (*USA*).

insp. *1* **Inspector**, ispettore. *2* **Inspected**, esaminato.

inst. **instant, of the present month**, corrente mese (c.m.).

instr. *1* **instructions**, istruzioni. *2* **instructor**, istruttore. *3* **instrument**, strumento.

int. *1* **interest**, interesse. *2* **interim**, interim. *3* **interior**, interiore. *4* **interjection**, interiezione (inter.). *5* **internal**, interno. *6* **international**, internazionale. *7* **interpreter**, interprete.

INTELSAT **International Telecommunications Satellite Consortium**, Consorzio Internazionale Telecomunicazioni via Satellite.

inter. **intermediate**, intermedio.

interj. **interjection**, (*gramm.*) interiezione (inter.).

INTERPOL (*franc.*: *Organisation Internationale de Police Criminelle*) **International Police**, Organizzazione Internazionale di Polizia Criminale (*Francia*).

interr. **interrogative**, interrogativo (interr.).

intr., intrans. **intransitive**, intransitivo (intr.).

intro(d). *1* **introduced**, introdotto. *2* **introduction**, introduzione. *3* **introductory**, introduttivo.

inv. *1* **invented**, inventato. *2* **inventor**, inventore. *3* **invoice**, (*comm.*) fattura.

I/O **input/output**, immissione/emissione.

I.o.M. **Isle of Man**, Isola di Man.

IOU **I owe you**, (*comm.*) promessa scritta di pagare un debito.

I.o.W. **Isle of Wight**, Isola di Wight.

IPA *1* **International Phonetic Association**, Associazione Fonetica Internazionale. *2* **International Pediatric Association**, Associazione Internazionale di Pediatria.

IPU **Interparliamentary Union**, Unione Interparlamentare.

IQ **Intelligence Quotient**, (*psic.*) quoziente d'intelligenza (QI).

Ir. *1* **Ireland**, Irlanda. *2* **Irish**, irlandese.

IR *1* **Infrared**, infrarosso. *2* **Inland Revenue**, ufficio delle imposte dirette.

IRA **Irish Republican Army**, Esercito repubblicano irlandese.

IRBM **Intermediate Range Ballistic Missile**, Missile Balistico di Media Portata.

IRC **International Red Cross**, Croce Rossa Internazionale.

IRO **International Refugee Organization**, Organizzazione Internazionale per i Rifugiati.

irreg. **irregular**, irregolare.

ISA **International Standard Atmosphere**, Atmosfera internazionale standard.

ISBN **International Standard Book Number**, Codifica standard internazionale per libri.

ISO **International Standards Organization**, Organizzazione Internazionale per la Standardizzazione.

ISSN **International Standard Serial Number**, Numero di serie internazionale codificato (attribuito a pubblicazioni periodiche).

It. *1* **Italian**, italiano (it.). *2* **Italy**, Italia.

IT **Inclusive Tours**, Viaggi «tutto compreso».

ITA **Independent Television Authority**, Autorità della Televisione Indipendente (*GB*).

ITO **International Trade Organization**, Organizzazione Internazionale per il Commercio.

ITS **Industrial Training Service**, Servizio di Addestramento al Lavoro nell'Industria.

ITU *1* **International Telecommunications Union**, Unione Internazionale per le Telecomunicazioni (UIT; *Svizzera*). *2* **Intensive**

Therapy Unit, Unità di terapia intensiva.
ITV Independent Television, Televisione indipendente (*GB*).
I.U. International Unit, Unità internazionale (per le vitamine A, D, E).
IUB International Union of Biochemistry, Unione Internazionale di Biochimica.
IUBS International Union of Biological Sciences, Unione Internazionale delle Scienze Biologiche.
IUC International Union of Cristallography, Unione Internazionale di Cristallografia.
IUD Intrauterine Device, Dispositivo Anticoncezionale Intrauterino.
IUGG International Union of Geodesy and Geophysics, Unione Internazionale di Geodesia e Geofisica.
IUGS International Union of Geological Sciences, Unione Internazionale delle Scienze Geologiche.
IUTAM International Union of Theoretical and Applied Mechanics, Unione Internazionale di Meccanica Teorica e Applicata.
IV Intravenous, endovena.
IWS International Wool Secretariat, Segretariato Internazionale della Lana (*GB*).
IYHF International Youth Hostel Federation, Federazione Internazionale Ostelli della Gioventù (*Danimarca*).
IYRU International Yacht Racing Union, Unione Internazionale delle Gare di Yacht.
J *1* **joule**, (*fis.*) joule (J). *2* **Jack**, Fante (nelle carte da gioco).
J. *1* **Jew**, ebreo (*sost.*). *2* **Jewish**, ebreo (*agg.*). *3* **Journal**, giornale. *4* **Judge**, giudice.
J/A Joint Account, Conto corrente bancario a due o più intestatari.
JAL Japan Air Lines, Linee Aeree Giapponesi.
Jam. Jamaica, Giamaica.
Jan. January, gennaio (genn.).
J.C. *1* **Jesus Christ**, Gesù Cristo (G.C.). *2* **Julius Caesar**, Giulio Cesare.
Jec Jewish Community Center, Centro della comunità ebraica (*USA*).
JCR Junior Common Room, sala comune degli studenti.
JCS Joint Chiefs in Staff, Capi uniti di Stato Maggiore.
JD *1* **Doctor in Law**, dottore in legge. *2* **Jack Daniels** (marca di whisky). *3* **Juvenile delinquent**, delinquente minorile.
JFK *1* **John Fitzgerald Kennedy** (*35° presidente USA*). *2* **J.F. Kennedy International Airport** (*aeroporto internaz. di New York*).
JIT Just-in-time, appena in tempo.
jn. junction, giunto; (*ferr.*) nodo ferroviario.
jnr. junior.
JP Justice of the Peace, Giudice di Pace.
jr. junior.
Jul. July, luglio (lug.).
Jun. June, giugno (giu.).
jurisp. jurisprudence, giurisprudenza.
jus. justice, giustizia.
k knot, (*naut.*) nodo (*misura di velocità*).
K *1* **kelvin** (*fis.*). *2* **King**, re (*nelle carte da gioco e negli scacchi*).
Kan., Kans. Kansas.
KB *1* **King's Bench**, (*leg.*) Corte Suprema del «Common Law» (*GB*). *2* **Knight of the Bath**, Cavaliere dell'Ordine del Bagno.
KBE Knight Commander of the Order of the British Empire, Cavaliere dell'Ordine dell'Impero Britannico.
kc kilocycle, (*fis.*) kilociclo (kc).
KC *1* **King's College** (*a Cambridge o a Londra*). *2* **King's Counsel**, (*leg.*) Patrocinante per la Corona (*alto titolo onorifico concesso ad avvocati*).
Ken. Kentucky.
kg kilogram, kilogrammo (kg).
KG Knight of the Order of the Garter, Cavaliere dell'Ordine della Giarrettiera.
KKK Ku-Klux-Klan (*società segreta USA*).
km kilometre, kilometro (km).
Knt. Knight, Cavaliere.
KO Knock out, (*sport*) fuori combattimento (KO).
K. of C. Knights of Columbus, Cavalieri di Colombo (*USA*).
Kt. *1* **Knight**, cavaliere. *2* **Knot**, (*naut.*) nodo.
KT *1* **Knight of the Order of the Thistle**, Cavaliere dell'Ordine del Cardo. *2* **Knight Templar**, Cavaliere Templare.
Ky. Kentucky.
l litre (*GB*), **liter** (*USA*), litro (l).
L *1* **Large**, grande (misura d'abiti). *2* **Learner driver**, guidatore principiante (*GB*). *3* **Live**, vivo.
l. *1* **left**, sinistra. *2* **law**, legge. *3* **length**, lunghezza. *4* **league**, lega (*misura*). *5* **line**, linea.
L. *1* Liberal, (*polit.*) Liberale. *2* **Lake**, Lago. *3* **Latin**, Latino. *4* **London**, Londra.
La. Louisiana.
LA *1* **Legislative Assembly**, Assemblea Legislativa. *2* **Local Authority**, Autorità Locale. *3* **Los Angeles**.
Lab. *1* **Laboratory**, Laboratorio. *2* **Labour**, Lavoro; Manodopera. *3* **Labrador**.
LAMDA London Academy of Music and Dramatic Art, Accademia londinese di musica e arte drammatica.
LAN Local Area Network, (*elab.*) Rete in area locale.
Lanc. Lancaster.
Lancs. Lancashire, la Contea di Lancaster.
lang. language, lingua; linguaggio.
LASER Light Amplification by Stimulated Emission of Radiation, Amplificazione della luce per mezzo di Emissione Stimolata di Radiazione.
lat latitude, (*geogr.*) latitudine (lat).
Lat. Latin, latino (lat.).
lb pound(s), libbra (-e).
LBJ Lyndon Baines Johnson (*36° presidente USA*).
l.c. *1* **level crossing**, (*ferr.*) passaggio a livello (P/L). *2* (*lat.*: *loco citato*) **in the place named**, luogo citato (loc. cit.). *3* **lower case**, (*tipogr.*) minuscolo.
LC Library of Congress, Biblioteca del Congresso (*USA*).
L/C Letter of Credit, lettera di credito.
LCC *1* **London County Council**, Consiglio della Contea di Londra. *2* **Letter commercial credit**, Lettera Commerciale di Credito.
LCD Liquid Crystal Display, Visualizzatore a Cristalli Liquidi.
l.c.m. least (*o* **lowest**) **common multiple**, (*mat.*) minimo comune multiplo (mcm).
Ld Lord.
LD *1* **Doctor of Letters**, dottore in Lettere (*USA*). *2* **Lethal dosage**, dose letale..
Ldp. *1* **Ladyship**, Signoria (*detto di donna*). *2* **Lordship**, Signoria (*detto d'uomo*); Eccellenza (*detto di vescovo*).
LED Light Emitting Diode, Diodo a Emissione Luminosa.
leg. *1* **legal**, legale (leg.). *2* **legate**, (*leg.*) legato (leg.).
legis(l). *1* **legislative**, legislativo. *2* **legislature**, legislatura.
Leics. Leicestershire, la Contea di Leicester.
LEM Lunar Excursion Module, Modulo per l'Escursione Lunare.
LF low frequency, (*fis.*) bassa frequenza (L.F.).
LG Low German, (*linguistica*) Basso Tedesco.
LH *1* **Lighthouse**, (*naut.*) Faro. *2* **Left hand**, mano sinistra.
LHD (*lat.*: *Litterarum Humanorum Doctor*) **Doctor of Human Letters**, dottore in Lettere.
lh/dr lefthand drive, (*autom.*) guida a sinistra (*cartello*).
L.I. Long Island.
Lib. *1* **Liberal**, Liberale. *2* **Librarian**, Bibliotecario. *3* **Library**, Biblioteca. *4* **Liberia**.
lib liberation, liberazione.
Lieut. Lieutenant, Tenente (Ten.).
LIFFE London International Financial Futures Exchange, Borsa internazionale finanziaria di Londra dei futures.
Lincs. Lincolnshire, la Contea di Lincoln.
liq. liquid, liquido.
lit. *1* **literal**, letterale. *2* **literally**, letteralmente. *3* **literary**, letterario (lett.). *4* **literature**, letteratura (letter.). *5* **litre(s)**, litro(-i).
LJ Lord Justice (*leg.*).
LL *1* **Lending Library**, Biblioteca di Prestito. *2* **Low Latin**, Basso Latino.
LLB (*lat.*: *Legum Baccalaureus*) **Bachelor of Laws**, dottore in Legge (*laurea di 1° grado*).
LLD (*lat.*: *Legum Doctor*) **Doctor of Laws**, dottore in Legge.
LMT local mean time, ora locale.
L/N League of Nations, (*stor.*) Società delle Nazioni (SDN).
LNG Liquefied Natural Gas, Gas Naturale Liquefatto (GNL).
LO Liaison Officer, Ufficiale di Collegamento.
loc. cit. (*lat.*: *loco citato*) **at the place mentioned**, luogo citato (loc. cit.).
log logarithm, (*mat.*) logaritmo (log).
Lon., Lond. London, Londra.
long. longitude, longitudine (long.).
LORAN Long-Range Navigation, sistema di radioassistenza alla navigazione.
LP Long Playing, Lunga Esecuzione, nei dischi microsolco.
L.P. *1* **Labour Party**, Partito Laburista. *2* **Liberal Party**, Partito Liberale. *3* **Low Pressure**, (*fis.*) bassa pressione (BP).
LPG Liquefied Petroleum Gas, Gas di petrolio liquefatto (GPL).
LPO London Philharmonic Orchestra, Orchestra filarmonica di Londra.
LPS Lord Privy Seal, Lord del Sigillo privato.
LPTB London Passenger Transport Board, Azienda Trasporto Passeggeri di Londra.
LR Lloyd's Register, (*comm., naut.*) il Registro dei Lloyd (*di Londra*).
LS Long Shot, (*cinem.*) campo lungo.
LSD Lysergic acid diethylamide, dietilammide dell'acido lisergico.
LSE London School of Economics, Scuola di economia di Londra.
LSI Large Scale Integration, Integrazione su Vasta Scala.
LT *1* **London Transport**, *V.* **L.P.T.B.** *2* **Low Tension**, (*fis.*) bassa tensione (BT). *3* **Lithuania**, Lituania (*targa autom.*).
LTA Lawn Tennis Association, Associazione del Tennis su Prato (*GB*).
Ltd. Limited, (*comm.*) a responsabilità limitata (*detto di una società*).
Luth. Lutheran, luterano.
Lux. Luxembourg, Lussemburgo.
lv. leave, permesso; congedo; licenza.
LV *1* **Low Voltage**, (*fis.*) bassa tensione (BT). *2* **luncheon voucher**, buono pranzo da consumare al ristorante.
LW *1* **low water**, bassa marea. *2* **long wave**, (*radio*) onde lunghe.
LWL Length waterline, (*naut.*) Lunghezza alla linea di galleggiamento.
lyr. lyric (*o* **lyrical**), lirico.
m *1* **manual**, manuale. *2* **mark**, segno; marchio. *3* **married**, sposato. *4* **masculine**, maschile. *5* **mass**, massa. *6* **member**, membro; socio. *7* **meridian**, meridiano. *8* **meridional**, meridionale. *9* **metre** (*GB*); **meter** (*USA*), metro (m). *10* **mile**, miglio. *11* **minor**, minore. *12* **molar**, (dente) molare. *13* **molar**, (*chim.*) molare. *14* **month**, mese. *15* **moon**, luna.
M *1* **motorway**, autostrada: M 1, autostrada n° 1 (*da Londra a Leeds*). *2* **Medium**, medio (*misura d'abiti*). *3* **Male**, maschio. *4* **Megabyte** (*elab.*).
M. *1* **Magistrate**, Magistrato. *2* **Majesty**, Maestà. *3* **Mark**, marco (*moneta tedesca*). *4* **Marquess**, Marchese. *5* **Medical**, Medico (*agg.*). *6* **Member**, Membro, Socio. *7*

Methodist, (*relig.*) Metodista. *8* **Minesweeper**, (*mil.*) Spazzamine. *9* **Moderate**, Moderato. *10* **Monday**, lunedì. *11* **Mother**, Madre. *12* **Mountain**, Monte; Montagna.

MA *1* **Master of Arts**, dottore in Lettere (*laurea di 2° grado*). *2* **Middle Ages**, Medio Evo. *3* **Military Academy**, Accademia Militare. *4* **Mental Age**, età mentale.

M/A my account, (*comm.*) a mio favore; a me medesimo.

M&A Merger and Acquisition, (*comm.*) Fusione e acquisizione.

mach. machine, macchina.

MAD Mutual assured destruction, mutua distruzione assicurata (deterrente nucleare).

MAFF Ministry of Agriculture, Fisheries, and Foods, Ministero dell'Agricoltura, pesca e alimentazione.

mag. *1* **magazine**, rivista illustrata. *2* **magnetic**, magnetico. *3* **magnetism**, magnetismo. *4* **magneto**, calamita.

Maj. Major, Maggiore (Magg.).

mar. *1* **maritime**, marittimo. *2* **married**, sposato; coniugato.

Mar. March, marzo (mar.).

March. Marchioness, Marchesa (M.sa).

Marq. Marques, Marquis, Marchese (M.se).

masc. masculine, maschile.

MASER Microwave Amplification by stimulated Emission of Radiation, Amplificazione di microonde mediante emissione stimolata di radiazione.

MASH Mobile Army Surgical Hospital, Ospedale militare chirurgico mobile.

Mass. Massachusetts.

math. *1* **mathematical**, matematico (*agg.*). *2* **mathematics**, la matematica.

max. maximum, massimo.

MB *1* **Motor Boat**, (*naut.*) Motovedetta, Motoscafo. *2* (*lat.*: *Medicinae* **Baccalaureus**) **Bachelor of Medicine**, diplomato in Medicina. *3* (*elab.*) **Megabyte**.

MBA Master in Business Administration, Dottore in scienze commerciali.

MC *1* **Master of Ceremonies**, Cerimoniere. *2* **Member of Congress**, Membro del Congresso (*USA*). *3* **Military Cross**, Croce di Guerra.

Md. Maryland.

MD *1* **Managing Director**, Consigliere Delegato. *2* **Market Day**, giorno di mercato. *3* (*lat.*: *Medicinae Doctor*) **Doctor of Medicine**, dottore in Medicina. *4* **Mental defective**, minorato psichico.

Mdx. Middlesex.

Me. Maine.

ME *1* **Mechanical Engineer**, Ingegnere Meccanico. *2* **Middle East**, Medio Oriente. *3* **Middle English**, (*linguist.*) l'Inglese di Mezzo. *4* **Mining Engineer**, Ingegnere Minerario.

med. *1* **medical**, medico. *2* **medicine**, medicina.

MEP Member of European Parliament, membro del Parlamento europeo.

Messrs. Messieurs, Signori (*negli indirizzi*).

met. *1* **meteorological**, meteorologico. *2* **meteorology**, meteorologia. *3* **metropolitan**, metropolitano.

Met *1* **The New York Metropolitan Opera House**, Teatro metropolitano dell'opera di NY. *2* **Metropolitan Museum of Art**, Museo d'arte metropolitano (NY).

metal(l). metallurgy, metallurgia (metall.).

Meth. Methodist, metodista.

Mex. *1* **Mexican**, messicano. *2* **Mexico**, Messico.

MF *1* **Master of Forestry**, laureato in Scienze Forestali. *2* **Medium Frequency**, (*fis.*) media frequenza (MF).

mfd. manufactured, fabbricato (*agg.*).

MFH Master of Fox-hounds, (*sport*) Maestro della Caccia alla Volpe (*GB*).

MG Machine Gun, mitragliatrice.

MGM Metro-Goldwyn-Mayer (casa cinematografica americana).

Mgr. *1* **Manager**, Direttore. *2* **Monseigneur**, Monsignore. *3* **Monsignor**, Monsignor (Mons.).

MI Military Intelligence, Servizio segreto o spionaggio militare.

MI5 Military Intelligence, section five, Servizio segreto, sezione cinque (controspionaggio inglese).

MI6 Military Intelligence, section six, Servizio segreto, sezione sei (spionaggio inglese.).

mi mile(s), miglio (-a) (mi).

Mich. Michigan.

MIDAS Missile Defence Alarm System, Sistema d'allarme per la difesa missilistica.

milit. military, militare.

min. *1* **mineralogy**, mineralogia (miner.). *2* **minimum**, minimo (min.). *3* **minute**(s), minuto(-i).

Min. minister, ministro (Min.).

Minn. Minnesota.

MIPS million instructions per second, (*elab.*) milioni d'istruzioni per secondo.

MIRV multiple indipendently targeted re-entry vehicle, (missile balistico) a testate multiple indirizzate su bersagli diversi.

Miss. Mississippi.

MIT Massachusetts Institute of Technology, Istituto di Tecnologia del Massachusetts.

mkt market, mercato.

ml *1* **millilitre**, millilitro. *2* **mile**, miglio.

MM *1* **Mercantile Marine**, Marina Mercantile. *2* **Military Medal**, Medaglia al Valor Militare.

MN Merchant Navy, marina mercantile.

Mo. Missouri.

MO *1* **Medical Officer**, Ufficiale Medico. *2* **Money Order**, (*comm.*) vaglia postale.

mo. month, mese.

MOD Ministry of Defence, Ministero della difesa.

mol. *1* **molecular**, molecolare. *2* **molecule**, molecola.

mon. monetary, monetario.

Mon. *1* **Monday**, lunedì (lun.). *2* **Monmouthshire**.

Mont. Montana.

Montr. Montreal.

mos. months, mesi.

MOS Metal Oxide Semiconductor, Semiconduttore a Ossido Metallico.

MOT Ministry of Trasport, Ministero del trasporto.

mp melting point, (*fis.*) punto di fusione.

MP *1* **Meeting-Point**, (*mil.*) punto d'incontro (*o* di raduno). *2* **Member of Parliament**, Deputato (*GB*). *3* **Metropolitan Police**, la Polizia Metropolitana (*di Londra*). *4* **Military Police**, Polizia Militare. *5* **Minister Plenipotentiary**, Ministro Plenipotenziario.

mpg miles per gallon, miglia per gallone.

mph miles per hour, miglia all'ora.

MR *1* **Ministry of Reconstruction**, Ministero della Ricostruzione. *2* **Municipal Reform**, Riforma Municipale.

Mr, Mr. Mister, Signore (Sig.).

MRBM Medium Range Ballistic Missile, Missile Balistico a Media Gittata.

MRC Medical Research Council, Consiglio per le Ricerche nel Campo della Medicina (*GB*).

MRCA Multi-Role Combat Aircraft, Aereo da Combattimento a Impiego Plurimo.

MRCP Member of the Royal College of Physicians, Membro del Reale Collegio dei Medici.

MRI magnetic resonance imagery, immagini da risonanza magnetica nucleare.

Mrs, Mrs. Mistress, Signora (Sig.ra).

MS *1* **Master of Science**, dottore in Scienze (*laurea di 2° grado*; *specialm. USA*). *2* **Master of Surgery**, dottore in Chirurgia. *3* **Metric System**, Sistema Metrico Decimale. *4* **Ministry of Shipping**, Ministero della Marina Mercantile. *5* **Ministry of Supply**, Ministero dei Rifornimenti. *6* **Mail Steamer**, (*naut.*) Piroscafo Postale.

M/S Motor Ship, (*naut.*) Motonave (M/N).

Ms, Ms. Mistress *o* **Miss**, Signora, Signorina (S.a).

ms manuscript, manoscritto.

M.Sc. Master of Science, dottore in Scienze (*laurea di 2° grado*).

m.s.l. mean sea-level, livello medio del mare.

MSU Michigan State University, Università statale del Michigan.

Mt. Mount, Monte (M.).

MT *1* **Mandated Territory**, (*polit.*) Territorio Mandatario. *2* **Military Training**, Addestramento Militare. *3* **Motor Transport**, Trasporti con veicoli a Motore.

M/T Ministry of Transport, Ministero dei Trasporti.

MTB Motor Torpedo Boat, (*naut.*) Motosilurante; Motoscafo antisommergibili (MAS).

MTM Methods Time Measurement, Misura Metodi e Tempi.

munic. municipal, municipale.

mus. *1* **museum**, museo. *2* **music**, musica (mus.). *3* **musical**, musicale (mus.).

MV *1* **motor vessel**, motonave. *2* **muzzle velocity**, velocità di uscita (di un proiettile dalla canna).

MW Medium wave, (*radio*) onde medie.

Mx. Middlesex.

MY motor yacht, yacht a motore.

MYOB Mind your own business, bada ai fatti tuoi.

myth. *1* **mythological**, mitologico. *2* **mythology**, mitologia.

n. *1* **name**, nome (n.). *2* **neuter**, neutro (n.). *3* **new**, nuovo. *4* **noon**, meriggio. *5* **noun**, sostantivo (sost.). *6* **number**, numero.

N *1* **North**, Nord (N). *2* **Northern**, Settentrionale.

NA *1* **National Academy**, Accademia Nazionale. *2* **Naval Attaché**, Addetto Navale. *3* **North America**, Nord-America. *4* **North Atlantic**, Nord-Atlantico.

NAACP National Association for the Advancement of Colored People, Associazione nazionale per il progresso della gente di colore (*USA*).

NAAFI Navy, Army, and Air Force Institutes, Organizzazione di spacci militari e lo spaccio stesso (*GB*) (Cfr. **PX**, USA).

NAAS National Agricultural Advisory Service, Comitato Nazionale di Consulenza Agricola (*GB*).

NAFTA New Zealand-Australia Free Trade Agreement, Accordo di Libero Scambio fra la Nuova Zelanda e l'Australia.

NASA National Aeronautics and Space Administration, Ente Nazionale Aeronautico e Spaziale (*USA*).

NASDAQ National Association of Securities Dealers Automated Quotations, Quotazioni automatizzate della associazione nazionale degli operatori di titoli.

nat. *1* **national**, nazionale (naz.). *2* **natural**, naturale. *3* **naturalist**, naturalista.

Nat. *1* **National**, Nazionale. *2* **Nationalist**, Nazionalista.

NATO North Atlantic Treaty Organization, Organizzazione del Trattato Nord-Atlantico.

naut. nautical, nautico (naut.).

nav. *1* **naval**, navale (nav.). *2* **navigation**, navigazione. *3* **navigator** (*naut.*), ufficiale di rotta.

navig. *V.* **nav.** 2 e 3.

NB *1* **North Britain**, Gran Bretagna Settentrionale. *2* (*lat.*: *nota bene*) **note well**, nota bene (NB).

NBC *1* **National Broadcasting Corporation**, Ente Radiofonico Nazionale (*USA*). *2* **Nuclear, Biological, and Chemical**, nucleare, biologica, chimica (guerra).

NBS National Bureau of Standards, Ufficio Nazionale per la normalizzazione.

NC *1* **North Carolina**, Carolina del Nord. *2* **No Charge**, senza spese.

NCB National Coal Board, Consiglio Nazio-

nale per il Carbon Fossile (*GB*).
NC 17 no children 17 and under, di spettacolo vietato ai minori di 17 anni (*USA*).
NCC *1* **Nature Conservancy Council**, Consiglio per la tutela della natura. *2* **National Council of Churches**, Consiglio nazionale delle Chiese (*USA*).
NCO Noncommissioned Officer, Sottufficiale.
NCP National Country Party, Partito nazionale (australiano).
ND North Dakota, Dakota del Nord.
N. Dak. North Dakota, Dakota del Nord.
NDP net domestic product, prodotto interno netto (PIN).
NDT nondestructive testing, test non distruttivo.
NE *1* **Naval Engineer**, Ingegnere Navale. *2* **New Edition**, Nuova Edizione. *3* **New England**, Nuova Inghilterra. *4* **North-East**, Nord-Est (NE).
NEB National Enterprise Board, Comitato per l'industria nazionale (*GB*).
Neb(r). Nebraska.
NEDC National Economic Development Council, Consiglio Nazionale per lo Sviluppo Economico (*GB*).
N. Eng. New England, Nuova Inghilterra.
Neth. Netherlands, (i) Paesi Bassi.
neut. *1* **neuter**, neutro. *2* **neutral**, neutrale.
Nev. Nevada.
Newfld. Newfoundland, Terranova.
New M(ex). New Mexico, Nuovo Messico.
NF *1* **Newfoundland**, Terranova. *2* **Norman-French**, Franco-Normanno. *3* **National Front**, Fronte nazionale.
NFU National Farmers' Union, Unione nazionale coltivatori.
NG *1* **National Gallery**, (*arte*) Galleria Nazionale. *2* **National Guard**, (*mil.*) Guardia Nazionale (*USA*). *3* **New Guinea**, Nuova Guinea.
NH *1* **Naval Hospital**, Ospedale Navale. *2* **New Hampshire.**
N. Heb. New Hebrew, (*linguistica*) Nuovo Ebreo.
NHI National Health Insurance, Assicurazione sanitaria nazionale.
NHS National Health Service, Servizio sanitario nazionale (*GB*).
NI National Insurance, Assicurazione nazionale (*GB*).
N. J. New Jersey.
NL Netherlands, Paesi Bassi (*targa autom.*).
N. M., N. Mex. New Mexico, Nuovo Messico.
NMR Nuclear Magnetic Resonance, Risonanza Magnetica Nucleare.
NNE North-North East, Nord-Nord-Est (NNE).
NNP net national product, prodotto nazionale netto.
NNW North-North West, Nord-Nord-Ovest (NNO).
No., no. number, numero (n.).
NO *1* **Naval Officer**, Ufficiale di Marina. *2* **New Orleans.**
nom(in). *1* **nominal**, nominale. *2* **nominative**, (*gramm.*) nominativo (nom.).
Nor. *1* **Norway**, Norvegia. *2* **Norwegian**, norvegese. *3* **Norman**, normanno.
NORAD North American Air Defense Command, Comando per la difesa aerea del Nord America.
Norf. Norfolk.
Northants. Northamptonshire, la Contea di Northampton.
Northumb. Northumberland.
Nos. nos. numbers, numeri.
Notts. Nottinghamshire, la Contea di Nottingham.
Nov. *1* **novel**, romanzo. *2* **novelist**, romanziere. *3* **November**, novembre (nov.).
NOW National Organization for Women, Organizzazione nazionale per le donne.
n.p. *1* **new paragraph**, a capo (*dettando*). *2* **no place**, senza luogo di pubblicazione (*di un libro*).
NP Notary Public, Pubblico Notaio.
NPA Newspaper Publishers' Association, Associazione degli editori di giornali.
NS *1* **National Society**, Società Nazionale. *2* **New Series**, Nuova Serie. *3* **Nova Scotia**, Nuova Scozia. *4* **Numismatic Society**, Società numismatica. *5* **Nuclear Ship**, nave nucleare.
NSB National Savings Bank, Cassa di risparmio nazionale.
NSC National Security Council, Consiglio nazionale di sicurezza.
NSF not sufficient funds, (*banca*) Fondi insufficienti.
NSPCA National Society for the Prevention of Cruelty to Animals, Società Nazionale per la Protezione degli Animali.
NSPCC National Society for the Prevention of Cruelty to Children, Società Nazionale per la Protezione dei Fanciulli.
NSW New South Wales, Nuovo Galles del Sud.
NT *1* **National Trust**, Trust Nazionale. *2* **New Testament**, Nuovo Testamento. *3* **Northern Territory**, Territorio del Nord.
nt wt net weight, peso netto.
NW *1* **North Wales**, Galles del Nord. *2* **North-West**, Nord-Ovest (NO). *3* **North-western**, Nord-occidentale.
NY New York.
NYC New York City, Città di New York (*costituita da cinque distretti amministrativi*: *Manhattan, Bronx, Queens, Brooklin, Richmond più alcune isole*.
NYSE New York Stock Exchange, Borsa di New York.
NYU New York University, Università di New York.
NZEF New Zealand Expeditionary Force, Cropo di spedizione neozelandese (*1° e 2° Guerra mondiale*).
NZR New Zealand Railways, Ferrovie neozelandesi.
o. *1* **old**, vecchio. *2* **only**, soltanto. *3* **overcast**, coperto (*del cielo*). *4* **overseer**, sorvegliante; sovrintendente. *5* **order**, ordine.
O. *1* **Observer**, Osservatore. *2* **Officer**, Ufficiale. *3* **Ohio.** *4* **Ocean**, oceano.
OAEC Oganization of Asian Economic Co-operation, Organizzazione per la Collaborazione Economica Asiatica.
O&M organization and method, (*ind.*) Organizzazione e metodi (OM).
OAP old age pension, pensione di vecchiaia.
OAPEC Organization of Arab Petroleum Exporting Countries, Organizzazione dei Paesi Arabi Esportatori di Petrolio.
OAS Organization of American States, Organizzazione degli Stati Americani (*USA*).
OASDI Old age, survivors, and disability insurance, Assicurazione vecchiaia, superstiti, invalidità.
OBE Officer of the Order of the British Empire, Ufficiale dell'Ordine dell'Impero Britannico.
obj. *1* **object, objective**, oggetto, oggettivo. *2* **objection**, obiezione.
obs. *1* **observation**, osservazione. *2* **observatory**, osservatorio. *3* **observer**, osservatore. *4* **obsolete**, obsoleto.
o.c. (*lat.*: *opere citato*) **in the work quoted**, nell'opera citata (op. cit.).
Oc. Ocean, Oceano.
OCR optical character reader, (*elab.*) lettore ottico di caratteri.
oct. octavo, (*di un libro*) (in) ottavo.
Oct. October, ottobre (ott.).
OD *1* **Officer of the Day**, Ufficiale di picchetto. *2* **On Demand**, su richiesta. *3* **Overdraft**, scoperto bancario. *4* **Over Dose** (*droga*) Dose eccessiva.
OE Old English, (*linguistica*) Antico Inglese.
OECD Organization for Economic Co-operation and Development, Organizzazione per la Cooperazione e lo Sviluppo Economico (OCSE).
o.e. omissions excepted, salvo omissioni.
OED Oxford English Dictionary, Dizionario inglese Oxford.
OEEC Organization for European Economic Co-operation, Organizzazione per la Cooperazione Economica Europea (OECE).
off. *1* **offer**, offerta, proposta. *2* **office**, ufficio. *3* **officer**, ufficiale.
OHBMS On His (*o* **Her**) **Britannic Majesty's Service**, al servizio di Sua Maestà Britannica.
OHMS On His (*o* **Her**) **Majesty's Service**, al servizio di Sua Maestà.
ohv. overhead valve, (*autom.*) valvola in testa.
OJ Orange Juice, succo d'arancia.
OK all correct, tutto bene; benissimo.
Okla. Oklahoma.
o.n.o. or near offer, (*comm.*) o offerta vicina.
Ont. Ontario.
op. *1* **opposite**, di fronte; dirimpetto. *2* **opposed**, opposto. *3* (*lat.*: *opus*) **work**, opera (op.).
o.p. out of print, esaurito (*di un libro*).
OP *1* **Observation Post**, (*mil.*) Osservatorio. *2* **Open Policy**, (*comm.*) polizza aperta.
op. cit. (*lat.*: *opere citato*) **in the work quoted**, nell'opera citata (op. cit.).
OPEC Organization of Petroleum Exporting Countries, Organizzazione dei Paesi Esportatori di Petrolio.
opt. *1* **optical**, ottico. *2* **optimum**. *3* **optional**, opzionale.
o.r. owner's risk, (*comm.*) a rischio e pericolo del destinatario.
Or. Oregon.
ord. *1* **ordained**, (*relig.*) ordinato. *2* **order**, ordine. *3* **ordinal**, (*mat.*) ordinale. *4* **ordinance**, ordinanza. *5* **ordinary**, ordinario.
Ore(g). Oregon.
org. *1* **organ**, organo. *2* **organic**, organico. *3* **organism**, organismo. *4* **organization**, organizzazione. *5* **organized**, organizzato.
o/s out of stock, (*comm.*) esaurito.
OS *1* **Ordinary Seaman**, marinaio semplice. *2* **Operating System**, Sistema Operativo.
o.t. overtime, (lavoro) straordinario.
OT Old Testament, Vecchio Testamento.
OTC over-the-counter, (*Borsa*) fuori da listino (titolo trattato); sopra al banco (di medicinale vendibile senza ricetta medica). *3* **Officers' Training Corps**, Corpo addestramento ufficiali.
OTT over the top, eccessivo, fuori da ogni misura.
OU Oxford University, Università di Oxford.
Oxbridge Oxford and Cambridge Universities, Università di Oxford e Cambridge.
Ox(f). Oxford.
Oxon. *1* (*lat.*: *Oxonia*) **Oxfordshire**, la Contea di Oxford. *2* (*lat.*: *Oxoniensis*) **Oxonian**, oxoniano (*dell'Università di Oxford*).
oz ounce, oncia (*misura di peso*).
p penny o pence. *2* (*mus.*) **piano**. *3* **proton**, protone. *4* **pression**, pressione.
p. *1* **page**, pagina (pag.). *2* **park**, parco. *3* **participle**, participio. *4* **past**, (*gramm.*) passato (pass.). *5* **pint**, pinta (*misura*). *6* **population**, popolazione.
P Parking, Parcheggio, Posteggio (P).
P. *1* **Pope**, Papa. *2* **Port**, Porto. *3* **President**, Presidente. *4* **Prince**, Principe. *5* **Protestant**, Protestante. *6* **Public**, Pubblico. *7* **Priest**, sacerdote.
Pa Pascal, (*fis.*) Pascal (Pa).
Pa. Pennsylvania.
PA *1* **Press Association**, Associazione della Stampa. *2* **Publishers' Association**, Associazione degli Editori. *3* **Personal Assistant**, segretario particolare. *4* **Public-Address (system)**, amplificazione del suono per grandi folle e spazi. *5* **Press-Agent**, Addetto Stampa.
Pac. Pacific, (il) Pacifico.

Pak. Pakistan.
Pal. Palestine, Palestina.
PAL Phase Alternation Line, alternazione di fase da riga a riga.
Pan. Panama.
par. *1* **paragraph**, paragrafo (par.). *2* **parallel**, parallelo. *3* **parish**, parrocchia (parr.).
Parl. Parliament, Parlamento.
part. *1* **participle**, participio (part.). *2* **participial**, participiale. *3* **particular**, particolare. *4* **particularly**, particolarmente.
pass. *1* **passive**, passivo (pass.) *2* **passenger**, passeggero.
pat. *1* **patent**, brevetto (brev.). *2* **patented**, brevettato.
pat. pend. patent pending, brevetto in corso di concessione.
Pat. Off. Patent Office, Ufficio Brevetti.
PAYE *1* **pay-as-you-earn**, paghi quanto guadagni (sistema di ritenuta fiscale alla fonte) (*GB*). *2* **pay as you enter**, si paga all'entrata (non prenotabile).
payt. payment, pagamento; versamento (vers.).
PBX Private Branch Exchange, Centralina Telefonica Privata.
p.c. *1* **postcard**, cartolina postale (c.p.). *2* **per cent**, per cento.
p./c., P./C. *1* **per cent**, per cento. *2* **petty cash**, (*comm.*) (denaro delle) piccole spese e piccole entrate. *3* **price current**, prezzo corrente.
PC *1* **Panama Canal**, Canale di Panama. *2* **Police Constable**, Agente di Polizia. *3* **Privy Council**, Consiglio Privato (*di un Sovrano*). *4* **Personal Computer**, Computer personale. *5* **politically correct**, politicamente corretto. *6* **Prince Consort**, Principe consorte. *7* **Peace Corps**, Corpo dei volontari della pace.
pct per cent, per cento (*USA*).
pd pound, libbra.
pd. paid, pagato.
PD *1* **Personnel Department**, Reparto del Personale. *2* **Port Dues**, (*comm.*) Diritti Portuali. *3* **potential difference**, (*fis.*) differenza di potenziale. *4* **Police Department**, dipartimento di polizia (*USA*).
Penn. Pennsylvania.
perf. *1* **perfect**, perfetto. *2* **performance**, esecuzione; rendimento.
per pro(c.) (*lat.*: *per procurationem*) **by proxy**, per procura (p.p.).
pers. *1* **person**, persona. *2* **personal**, personale. *3* **personally**, personalmente.
PET Positron Emission Tomography, Tomografia a emissione di positroni.
Pg. *1* **Portugal**, Portogallo. *2* **Portuguese**, portoghese.
PG *1* **Paying Guest**, Ospite pagante. *2* **Parental Guidance**, di spettacolo che può essere visto solo in presenza dei genitori.
PG 13 Parental Guidance (for children uder 13), (*cinem.*) di spettacolo che può essere visto, fino a 13 anni, solo in presenza dei genitori (*USA*).
pg. page, pagina.
ph. phase, fase.
pharm. *1* **pharmaceutical**, farmaceutico. *2* **pharmacy**, farmacia.
Ph. B. (*lat.*: *Philosophiae Baccalaureus*) **Bachelor of Philosophy**, dottore in Filosofia (*laurea di 1° grado*).
Ph. D. (*lat.*: *Philosophiae Doctor*) **Doctor of Philosophy**, (*laurea di 3° grado, simile al dottorato di ricerca*).
philol. *1* **philological**, filologico. *2* **philology**, filologia (filol.).
philos. *1* **philosophical**, filosofico. *2* **philosophy**, filosofia (filos.).
phon(et). phonetics, (*gramm.*) fonetica (fon.).
phot(og). *1* **photographic**, fotografico. *2* **photography**, fotografia.
PHS Public Health Service, Servizio sanitario nazionale.
phys. *1* **physical**, fisico. *2* **physician**, medico. *3* **physics**, fisica (fis.). *4* **physiological**, fisiologico. *5* **physiology**, fisiologia.
PIN personal identification number, (*banca*) numero d'identificazione personale.
pk. *1* **park**, parco. *2* **peak**, picco; vetta. *3* **peck** (*misura di capacità*).
pl. *1* **place**, luogo. *2* **plate**, piatto; (*di libro*) tavola fuori testo. *3* **plural**, plurale.
P/L Profit and Loss, Profitti e Perdite.
Pl. place, piazza.
PLA Port of London Autority, Ente per il posto di Londra.
PLC public limited company, società pubblica a responsabilità limitata.
PLO Palestine Liberation Organization, Organizzazione per la liberazione della Palestina (OLP).
p.m. *1* (*lat.*: *post meridiem*) **after noon**, pomeridiano (p.m.). *2* (*lat.*: *post mortem*) **after death, post mortem**, autopsia.
PM *1* **Police Magistrate**, Pretore. *2* **Postmaster**, Ufficiale Postale. *3* **post mortem**, *V.* **p.m., 2**. *4* **Prime Minister**, Primo Ministro. *5* **Phase Modulation**, Modulazione di Fase.
PO *1* **Pilot Officer**, (*aeron.*) Ufficiale Pilota. *2* **Post Office**, Ufficio Postale. *3* **Petty Officer**, sottufficiale di marina. *4* **Postal-Order**, vaglia postale.
pob, POB Post Office Box, Casella postale.
POD, p.o.d. pay on delivery, pagamento alla consegna; contro assegno.
POE Port of Entry, porto di entrata.
poet. *1* **poetic, poetical**, poetico. *2* **poetically**, poeticamente. *3* **poetry**, poesia.
pol. *1* **political**, politico. *2* **politically**, politicamente.
Pol. *1* **Poland**, Polonia. *2* **Polish**, polacco.
polit. *1* **political**, politico. *2* **politics**, politica.
pop. *1* **popular**, popolare. *2* **population**, popolazione (pop.).
Port. *1* **Portugal**, Portogallo. *2* **Portuguese**, portoghese.
POS point of sale, punto di vendita.
POW Prisoner of War, Prigioniero di guerra.
p.p. *1* **parcel post**, pacco postale (p.p.). *2* **past participle**, participio passato. *3* *V.* **per pro(c)**. *4* **post-paid**, (*comm.*) franco posta.
ppd *1* **post-paid**, (*comm.*) franco posta. *2* **prepaid**, prepagato.
PPP purchaising power parity, parità del potere d'acquisto.
pr. *1* **pair**, paio. *2* **present**, presente (pres.). *3* **price**, prezzo.
Pr. *1* **Priest**, Prete. *2* **Prince**, Principe.
PR *1* **Parachute Regiment**, Reggimento di Paracadutisti. *2* **Poste restante**, (*di una lettera*) fermo posta. *3* **Public Relations**, Relazioni Pubbliche. *4* **Puerto Rico**, Portorico.
prec. preceding, precedente.
pred. predicate, predicato (pred.).
pref. *1* **preface**, prefazione. *2* **prefix**, (*gramm.*) prefisso (pref.).
pres. present, presente (pres.).
Pres. *1* **Presidency**, (*polit.*) Presidenza. *2* **President**, (*polit.*) Presidente (Pres.).
pret. preterite, (*gramm.*) preterito.
princ. *1* **principal**, principale. *2* **principally**, principalmente.
PRM Public Relation Man, Addetto alle Pubbliche Relazioni.
proc. *1* **procedure**, procedura. *2* **process**, processo.
prof. profession, professione.
Prof. Professor, Professore (Prof.).
prog. *1* **programme**, programma. *2* **progress**, progresso. *3* **progressivo**, progressivo.
prom. promontory, promontorio.
pron. *1* **pronominal**, pronominale. *2* **pronoun**, (*gramm.*) pronome (pron.). *3* **pronounced**, pronunciato. *4* **pronunciation**, pronuncia.
prop. *1* **proper**, proprio. *2* **property**, proprietà. *3* **proposition**, proposizione. *4* **proprietor**, proprietario.
Prot. *1* **Protestant**, protestante. *2* **Protectorate**, protettorato.
prov. *1* **proverb**, proverbio (prov.). *2* **province**, provincia (prov.). *3* **provincial**, provinciale.
prox. (*lat.*: *proximo mense*) **next month**, nel mese prossimo venturo (p.v.).
prs. pairs, paia.
PRT petroleum revenue tax, imposta sul petrolio.
PS Privy Seal, Sigillo Privato (*di un Sovrano*).
P.S., P/S (*lat.*: *post scriptum*) **postscript**, poscritto (PS).
PSSC Physical Science Study Committee, Comitato per lo Studio della Scienza Fisica.
PSV public service vehicle, veicolo per servizio pubblico.
psych. *1* **psycological**, psicologico. *2* **psycology**, psicologia.
pt. *1* **part**, parte. *2* **pint**, pinta (*misura di capacità*). *3* **point**, punto; (*geogr.*) punta.
Pt. *1* **Point**, (*geogr.*) Punta. *2* **Port**, Porto.
PT *1* **Physical Training**, Educazione Fisica. *2* **Purchase tax**, tasse d'acquisto.
Pte. Private, soldato; soldato semplice.
PTN public telephone network, rete telefonica pubblica.
PTO please turn over, voltare pagina.
PTT Post Telephone and Telegraph Administration, Amministrazione Poste, Telefoni e Telegrafi.
pub. *1* **public**, pubblico. *2* **publication**, pubblicazione. *3* **publicly**, pubblicamente. *4* **published**, pubblicato. *5* **publisher**, editore. *6* **publishing**, editoriale; editrice (*agg.*).
PULSAR Pulsating Star, Stella Pulsante.
pun. puncheon (*misura*).
PVC poly-vinyl-cloride, polivinilcloruro.
P/W Prisoner of War, Prigioniero di guerra.
PWD Public Works Department, Dipartimento Opere Pubbliche.
PX Post Exchange, spaccio militare (*USA*), cfr. NAAFI.
q quintal, quintale (q).
q. *1* **quart**, quarto (*misura di capacità*). *2* **quarterly**, trimestrale. *3* **quarter**, quarto (*misura*). *4* **query**, quesito. *5* **question**, domanda.
Q. *1* **Quebec**. *2* **Queen**, Regina (*anche nelle carte da gioco e negli scacchi*). *3* **Queensland** (*geogr.*).
QANTAS Queensland and Northern Territory Aerial Services, Servizi Aerei del Queensland e del Territorio del Nord.
QB *1* **Quarter Back**, (*sport*) mediano. *2* **Queen's Bench**, Regia Corte di Giustizia.
QC *1* **Queen's Counsel** (*alto titolo onorifico di «patrocinante per la Regina» concesso ad avvocati*). *2* **Queen's College**, College o istituto della Regina.
q.e.d., Q.E.D. (*lat.*: *quod erat demonstrandum*) **which was to be proved**, come dovevasi dimostrare (c.d.d.).
Qld. Queensland.
QM Quartemaster, quartiermastro.
qr. quarter, quarto (*misura*).
q.s. (*lat.*: *quantum sufficit*) **a sufficient quantity**, quanto basta (*nelle ricette*).
qt. *1* **quantity**, quantità. *2* **quart**, quarto (*misura di capacità*).
q.to quarto, (*di un libro*) in quarto.
qu. *1* **query**, quesito. *2* **question**, domanda.
Qu. Queen, Regina.
quad. *1* **quadrangle**, quadrilatero (*specialm.: cortile di un college universitario*). *2* **quadrant**, quadrante. *3* **quadruple**, quadruplo.
quar(t). quarterly, trimestralmente.
QUASAR Quasi Star, (Oggetto) Simile a una Stella.
Que. *1* **Quebec**. *2* **Queensland**.
quot. quotation, citazione; (*comm.*) quotazione (quot.).
q.V. (*lat.*: *quod vide*) **which see**, vedi (*V.*; *nei rimandi*).
q.v. *1* (*lat.*: *quantumvis volueris*) **as much as**

you like, (*med.*) a volontà. *2* (*lat.*: *quod vide*) **which see**, vedi (*V.*; *nei rimandi*).
qy. query, quesito.
® **registered trademark**, marchio registrato.
r. *1* **radius**, (*geom.*) raggio. *2* **rain**, pioggia. *3* **rare**, raro. *4* **recipe**, ricetta. *5* **recto**, (*bibliografia*) recto. *6* **right**, destro, (la) destra. *7* **rod** (*misura di lunghezza*). *8* **rood** (*misura*).
R. *1* (*lat.*: *Regina*) **Queen**, Regina. *2* **Registered**, Registrato (R). *3* **Republican**, Repubblicano. *4* **Reserve**, Riserva. *5* (*lat.*: *Rex*) **King**, Re. *6* **River**, Fiume. *7* **Roman**, Romano. *8* **Rupee**, Rupia. *9* **Restricted (exhibition)**, proiezione limitata (di film vietato ai minori di 17 anni non accompagnati) (*USA*). *10* **Royal**, reale. *11* **Rabbi**, rabbino.
RA *1* **Rear-Admiral**, Contrammiraglio. *2* **Royal Academician**, Accademico Reale. *3* **Royal Academy**, Accademia Reale (RA). *4* **Royal Artillery**, Regia Artiglieria.
RAA Royal Academy of Arts, Accademia Reale delle Arti.
RAC Royal Automobile Club, Reale Automobile Club (*GB*).
rad. *1* **radicale**. *2* **radius**, (*geom.*) raggio.
Rad. Radical, (*polit.*) Radicale.
RADAR Radio Detecting and Ranging, Radio-rivelatore e misuratore di distanza.
RAF Royal Air Force, Regia Aeronautica (*GB*).
RAM *1* **Royal Academy of Music**, Regia Accademia di Musica. *2* **Random Access Memory**, (*elab.*) memoria ad accesso casuale.
RAMC Royal Army Medical Corps, Corpo medico del regio esercito.
RAN Royal Australian Navy, Regia marina australiana.
R&B (*mus.*) **rhythm and blues**.
RBC red blood cell, globulo rosso.
RC *1* **Red Cross**, Croce Rossa. *2* **Reinforced Concrete**, cemento armato. *3* **Roman Catholic**, Cattolico Apostolico Romano.
RCA Radio Corporation of America, Ente Radiofonico Americano.
RCC Roman Catholic Church, Chiesa Cattolica.
rd. road, strada; via.
R&D research and development, ricerca e sviluppo.
RDA Recommended daily allowance, razione giornaliera raccomandata.
R.E. Real Estate, Beni immobili.
rec. receipt, ricevuta (ric.).
recd. received, ricevuto.
Rect. *1* **Rector**, parroco. *2* **Rectory**, canonica.
ref. reference, riferimento (rif.).
Ref. Ch. Reformed Church, Chiesa Riformata.
refl. *1* **reflection**, riflessione; riflesso. *2* **reflective**, riflessivo; riflettente. *3* **reflex**, riflesso. *4* **reflexive**, (*gramm.*) riflessivo (rifl.).
reg. *1* **region**, regione. *2* **register**, registro. *3* **regular**, regolare. *4* **regulation**, regolazione; regolamento. *5* **regiment**, reggimento.
Reg. *1* **registered**, registrato; (*posta*) raccomandato. *2* **Regent**, reggente.
rel. *1* **relating (to)**, concernente; riferentesi (a). *2* **relative**, relativo. *3* **religion**, religione.
rem. remittance, rimessa.
REM *1* **Rapid eye movement**, rapido movimento dell'occhio. *2* **Roentgen equivalent man**, equivalente in Roentgen per l'uomo.
Rep. *1* **Report**, Rapporto, Relazione. *2* **Reporter**, Relatore; Cronista, Reporter. *3* **Representative**, Rappresentante. *4* **Republic**, Repubblica. *5* **Republican**, Repubblicano.
req. *1* **request**, domanda. *2* **required**, necessario, richiesto.
res. *1* **research**, ricerca. *2* **reserve**, riserva. *3* **residence**, residenza.
ret. retired, in pensione.
retd. *1* *V.* **ret.** *2* **returned**, restituito.
rev. *1* **revenue**, (*econ.*) entrata; erario, fisco. *2* **reverse**, contrario, rovescio; (*mecc.*) retromarcia. *3* **revised**, riveduto, corretto. *4* **revision**, revisione. *5* **revolution**, (*mecc.*) giro.
Rev. Reverend, (*relig.*) Reverendo (Rev.).
Rev. Ver. Revised Version, Versione Riveduta (*della Bibbia Anglicana*: *1881-85*).
RF *1* **Radio frequency**, radio frequenza. *2* **Recomaissance fighter**, caccia da ricognizione.
RGS Royal Geographical Society, Regia Società Geografica.
Rgt. *1* **Regiment**, Reggimento. *2* **Regent**, reggente.
RH *1* **Royal Highness**, Altezza Reale (AR). *2* **right hand**, mano destra.
rhd right-hand drive, guida a destra.
RHG Royal Horse Guards, Guardie reali a cavallo.
RHS *1* **Royal Historical Society**, Reale società storica. *2* **Royal Horticultural Society**, Reale società d'orticoltura.
RI *1* **Rhode Island.** *2* **Royal Institution**, Regio Istituto.
RIBA Royal Institute of British Architects, Associazione Nazionale degli Architetti Britannici.
RIC Royal Institute of Chemistry, Reale istituto di chimica.
Rit Rail inclusive tours, itinerari ferroviari «tutto compreso».
RM *1* **Royal Mint**, (la) Regia Zecca (*nella Torre di Londra*). *2* **Royal Mail**, Regie poste.
RMA Royal Military Academy, Real accademia militare.
RMI Radio Magnetic Indicator, Indicatore radiomagnetico.
RN *1* **Registered Nurse**, infermiera(e) diplomata(o). *2* **Royal Navy**, Regia Marina.
RNA ribonucleic acid, acido ribonucleico.
RNIB Royal National Institute for the Blind, Reale istituto nazionale per ciechi.
RNLI Royal National Lifeboat Institution, Reale nazionale organizzazione delle scialuppe di salvataggio.
RO Recruiting Officer, (*mil.*) Ufficiale arruolatore.
Rom. *1* **Roman**, Romano. *2* **Romance**, (*linguistica*) Romanzo.
ROM read only memory, (*elab.*) memoria a sola lettura.
Roum. *1* **Roumania**, Romania. *2* **Roumanian**, rumeno.
RP *1* **Rates of Postage**, Tariffe Postali. *2* **Reply Paid**, risposta pagata. *3* **Rescue Party**, squadra di soccorso.
R/P *1* **Reprint**, Ristampa. *2* **Return of Post** (*comm.*): **by R/P**, a giro di posta.
RPI retail price index, indice dei prezzi al dettaglio.
rpm, r.p.m. revolutions per minute, (*mecc.*) giri al minuto (giri/min).
rps, r.p.s. revolutions per second, (*mecc.*) giri al secondo (giri/s).
rpt. report, rapporto, relazione.
RR *1* **Railroad**, Ferrovia (*USA*). *2* **Right Reverend**, Molto Reverendo (MR). *3* **Rolls Royce**.
RS Royal Society, Regia Società.
RSA *1* **Returned Services Association**, Associazione reduci (neozelandesi). *2* **Republic of South Africa**, Repubblica del SudAfrica. *3* **Royal Society of Arts**, Reale società delle arti.
RSC Royal Shakespeare Company, Reale Compagnia scespiriana.
RSL *1* **Returned Services League**, Lega dei reduci (australiani). *2* **Royal Society of Literature**, Reale società di letteratura.
RSM *1* **Royal Scottish Museum**, Regio Museo Scozzese. *2* **Royal Society of Medicine**, Regia Società di Medicina.
RSPB Royal Society for the Protection of Birds, Reale società per la protezione degli uccelli.
Rt. Hon. Right Honourable, Molto Onorevole.
Rt. Rev. Right Reverend, Reverendissimo (Rev.mo).
RUF Rugby Football Union, Unione del Gioco della Palla Ovale (*GB*).
RUG restricted users group, (*elab.*) gruppo ristretto di utenti.
Rus(s) *1* **Russia**, Russia. *2* **Russian**, russo.
RV Recreational vehicle, veicolo da vacanza (camper, caravan).
RW Right of Way, (*autom.*) diritto di precedenza; (*ferr.*) servitù di passaggio.
ry. railway, ferrovia (ferr.).
s second, (*tempo*) secondo (s).
s. *1* **section**, sezione. *2* **shilling**, scellino. *3* **sign**, segno. *4* **snow**, neve. *5* **son**, figlio.
S *1* **South**, Sud. *2* **Small**, piccolo (*misura d'abiti*).
S. *1* **Sailing ship**, Nave a vela. *2* **Saint**, Santo (S.). *3* **Saturday**, sabato. *4* **School**, Scuola. *5* **Socialist**, Socialista. *6* **Society**, società. *7* **Southern**, Meridionale. *8* **Sun**, Sole. *9* **Sunday**, domenica (dom.). *10* **Fellow**, (*titolo*) membro (di accademia). *11* **Sea**, Mare (M.).
SA *1* **Salvation Army**, Esercito della Salvezza. *2* **Secretary for Air**, Ministro dell'Aeronautica. *3* **Small Arms**, (*mil.*) Armi (da fuoco) portatili. *4* **South Africa**, Sudafrica. *5* **South African**, sudafricano. *6* **South Australia**, Australia del Sud.
SAA South African Airways, Linee Aeree Sudafricane.
SAC Strategic Air Command, Comando Strategico Aereo.
SAF Strategic Air Force, Forza Aerea Strategica.
SALT Strategic Arms Limitation Talks, Trattative per la Limitazione delle Armi Strategiche.
SAM Surface-to-air Missile, missile terra-aria.
san. sanitary, sanitario.
SAR *1* **Sons of the American Revolution**, Figli della Rivoluzione Americana (*USA*). *2* **South African Republic**, Repubblica del Sudafrica.
SAS *1* **Scandinavian Airlines System**, Linee Aeree Scandinave. *2* **Special Air Service**, forza aerea speciale (specializzata in operazioni clandestine) (*GB*).
Sask. Saskatchewan.
Sat. *1* **Saturday**, sabato (sab.). *2* **Saturn**, Saturno.
Sax. Saxon, sassone.
SAYE Save as you earn, risparmia come guadagni.
SB Savings Bank, Cassa di Risparmio.
SBS Special Boat Service, forza speciale di marina (specializzata in ricognizioni e sabotaggi) (*GB*).
Sc scandium, (*chim.*) scandio (Sc).
SC *1* **Sanitary Corps**, (*mil.*) Corpo della Sanità. *2* **South Carolina**, Carolina del Sud. *3* **Supreme Court**, (*leg.*) Corte Suprema (CS).
sc. *1* **scale**, scala. *2* **scene**, scena. *3* **screw**, vite.
sch. *1* **scholar**, erudito, dotto. *2* **scholarship**, borsa di studio. *3* **school**, scuola. *4* **schooner**, (*naut.*) goletta.
Scot. *1* **Scotland**, Scozia. *2* **Scottish**, scozzese.
scr. *1* **screwed**, avvitato. *2* **scruple** (*misura di peso*).
SCR Silicon Controlled Rectifier, Raddrizzatore Controllato al Silicio.
Scrip(t) Scripture, la (Sacra) Scrittura.
SCS *1* **Silicon Controlled Switch**, Interruttore Controllato al Silicio. *2* **senior common room**, sala comune degli «anziani» (nelle università inglesi).
SCUBA self-contained underwater breathing apparatus, Apparato autonomo di respirazione subacquea (ARA).
SD *1* **South Dakota**, Dakota del Sud. *2* **State Department**, Dipartimento di Stato (*USA*). *3* **Supply Depot**, Magazzino Rifornimenti.
S. Dak. South Dakota, Dakota del Sud.
SDI Strategic Defense Initiative, iniziativa di difesa strategica (sistema di satelliti armati di

laser, detto *Star Wars*).
SDR Special Drawing Rights, Diritti Speciali di Prelievo.
SE 1 South-East, Sud-Est (SE). **2 South-Eastern**, Sud-orientale.
S/E Stock Exchange, Borsa Valori.
SEAQ Stock Exchange Automated Quotations, quotazioni computerizzate dei titoli di borsa.
SEATO South-East Asia Treaty Organization, Organizzazione del Trattato dell'Asia Sud-Orientale (*Tailandia*).
sec 1 secant, (*mat.*) secante (sec). **2 second**, secondo. **3 section**, sezione.
Sec. secretary, segretario (segr.).
SEC Securities and Exchange Commission, Commissione titoli e borsa (*USA*).
SEN State Enrolled Nurse, infermiera ufficialmente abilitata.
Sen. 1 Senate, Senato. **2 Senator**, Senatore (Sen.). **3 Senior**.
Sep(t). September, Settembre (sett.).
seq. sequel, seguito, conseguenza.
ser. 1 serial, seriale, periodico, a puntate. **2 series**, serie. **3 sermon**, sermone.
Serg(t). Sergeant, sergente.
SETAF Southern European Task American Force, Unità Operativa Americana del Sud Europa.
SF 1 San Francisco. **2 Sinking Fund**, (*comm.*) Fondo d'ammortamento. **3 science fiction**, fantascienza.
SFO Superannuation Fund Office, Ufficio per i fondi pensionistici.
SG 1 Scots Guards, (*mil.*) Guardie Scozzesi. **2 Solicitor-General** (*leg.*) Vice Procuratore Generale.
Sgt. Sergeant, Sergente.
sh. 1 shilling, scellino. **2 share**, (*borsa*) azione. **3 sheep**, pecora. **4 sheet**, pagina.
SHAPE Supreme Headquarters of the Allied Powers in Europe, Comando Supremo delle Potenze Alleate in Europa.
Shet. Is. Shetland Isles, Isole Shetland.
SHF Super High Frequency, (*fis.*) frequenza superelevata.
shpt. shipment, spedizione.
shr. share, (*borsa*) azione.
Shrops. Shropshire.
SI 1 Shetland Isles, Isole Shetland. **2 Staten Island** (*USA*). **3 Smithsonian Institution** (*USA*).
SIB Securities and investments Board, Comitato titoli e investimenti (nella City di Londra).
sin sine, (*mat.*) seno (sen).
SJ Society of Jesus, Compagnia di Gesù (*i Gesuiti*).
SJC Supreme Judicial Court, Supreme Corte di giustizia (*USA*).
Skr., Skrt. Sanskrit, Sanscrito.
s.l. sea level, livello del mare (l.m.).
SL 1 Searchlight, riflettore. **2 Squadron Leader**, (*aeron. mil.*) Comandante di Squadra. **3 Sub-Lieutenant**, (*naut. mil.*) Sottotenente di Vascello. **4 Solicitor at Law**, procuratore legale.
SLBM submarine-launched ballistic missile, missile balistico lanciato da sottomarino.
SLCM sea-launched cruise missile, missile di crociera (*o* cruise) lanciato dal mare (da nave o sottomarino).
SMK supermarket.
So. 1 South, Sud (S). **2 Southern**, meridionale.
SO 1 Staff Officer, Ufficiale di Stato Maggiore. **2 Stationery Office**, Libreria di Stato.
s.o.b. 1 son of a bitch, figlio di puttana. **2 silly old bastard (or blighter)**, vecchio stupido bastardo (o canaglia).
Soc. 1 Social, Sociale. **2 Socialist**, Socialista. **3 Society**, Società. **4 Socialism**, Socialismo.
Sol. Solicitor, Avvocato.
Sol.-Gen. Solicitor General, (*leg.*) Vice Procuratore Generale.
Som. Somersetshire, la Contea di Somerset.
SONAR Sound Navigation and Ranging, Navigazione e misurazione per mezzo del suono.
SOS (Save Our Souls) request for help, (segnale di) richiesta di soccorso (SOS).
sp. 1 species, specie. **2 specimen**, campione, saggio. **3 speculation**, speculazione.
Sp. 1 Spain, Spagna. **2 Spanish**, spagnolo.
SPCA Society for the Prevention of Cruelty to Animals, Società per la Prevenzione di crudeltà verso gli animali.
SPCC Society for the Prevention of Cruelty to Children, Società per la Prevenzione di crudeltà verso l'Infanzia.
spec. 1 special, speciale. **2 specially**, specialmente. **3 specific**, specifico. **4 specifically**, specificamente. **5 specimen**, campione, esemplare, saggio.
SPR Society for Psichical Research, Società per la ricerca psichica.
SPS Solar Power Satellite, Satellite Solare di Potenza.
Sq. 1 Squadron, (*mil.*) Squadrone; (*aeron.*) Squadra. **2 Square**, Piazza (P.za).
sq m 1 square metre, metro quadrato. **2 square mile**, miglio quadrato.
Sr. 1 Senior. **2 Sister**, Sorella (*infermiera*).
SRC Science Research Council, Consiglio Nazionale per la Ricerca Scientifica (*GB*).
SRI (*lat.*: *Sacrum Romanum Imperium*) **Holy Roman Empire**, (*stor.*) Sacro Romano Impero (SRI).
SRN State Registered Nurse, Infermiera(e) diplomata(e).
SS. 1 Saints, (*relig.*) Santi (SS.). **2** (*lat.*: *Sanctissimus*) **Most Holy**, Santissimo (SS.). **3 Steamship**, (*naut.*) piroscafo.
SS 1 Secondary School, Scuola Secondaria. **2 Secretary of State**, Segretario di Stato. **3 Secret Service**, Servizio Segreto. **4 steamship**, piroscafo. **5 Sunday school**, scuola domenicale (di dottrina religiosa).
S/S 1 Secretary of State, Segretario di Stato. **2 Steamship**, (*naut.*) piroscafo.
SSA Social Security Administration, Amministrazione della sicurezza sociale (*USA*).
SSE South-SouthEast, Sud-Sud-Est (SSE).
SSM surface-to-surface missile, missile terra-terra.
SSP statutory sick pay, retribuzione in malattia fissata per la legge.
SSSI site of special scientific interest, luogo di particolare interesse scientifico.
SSW South-SouthWest, Sud-Sud-Ovest (SSO).
st. stone (*misura di peso*).
St. 1 Saint, Santo, San (S.). **2 Strait**(s), (*geogr.*) Stretto. **3 Street**, Strada.
Staffs. Staffordshire, la Contea di Stafford.
START Strategic Arms Reduction Treaty, Trattato per la riduzione delle armi strategiche.
stat. 1 station, stazione. **2 stationary**, stazionario. **3 statistical**, statistico. **4 statute**, statuto.
std. standard, standard, tipo.
STD 1 Subascriber Trunk Dialling, teleselezione. **2 sexually transmitted disease**, malattia trasmessa sessualmente (MTS).
Stdy. Saturday, sabato (sab.).
STEP Special Temporary Employment Programme, Programma speciale d'impiego temporaneo.
St. Ex. Stock Exchange, Borsa Valori.
stg. sterling.
Sth. South, sud(s).
STOL Short Takeoff and Landing, Decollo e atterraggio corti.
Str. 1 Strait, stretto. **2 Street**, strada. **3 Stroke oar**, capovoga.
STV Scottish Television, Televisione scozzese.
sub. 1 submarine, (*naut.*) sottomarino. **2 substitute**, sostituto. **3 suburb**, sobborgo. **4 subway**, sottopassaggio.
subj. 1 subject, soggetto. **2 subjunctive**, congiuntivo (cong.).
suff. 1 suffix, (*gramm.*) suffisso (suff.). **2 sufficient**, sufficiente (suff.).
Suff. Suffolk.
Sun(d). Sunday, domenica (dom.).
SUNY State University of New York, Università statale di New York.
sup. 1 superior, superiore (sup.). **2 superlative**, (*gramm.*) superlativo (sup.).
super. 1 superficial, superficiale. **2 superior**, superiore. **3 supernumerary**, soprannumerario.
suppl. 1 supplement, supplemento. **2 supplementary**, supplementare.
surg. 1 surgeon, chirurgo. **2 surgery**, chirurgia. **3 surgical**, chirurgico.
surv. 1 surveying, sorveglianza; agrimensura, topografia. **2 surveyor**, sorvegliante; agrimensore, topografo, geometra.
Suss. Sussex.
SV Sailing Vessel, (*naut.*) Nave a vela.
Sw. 1 Sweden, Svezia. **2 Swedish**, svedese. **3 Swiss**, svizzero.
SW 1 Short Wave, (*radio*) onda corta. **2 South Wales** (*geogr.*) Galles del Sud. **3 South-West**, Sud Ovest (SO). **4 South-Western**, Sud-occidentale.
SWALK sealed with a loving kiss, sigillata con bacio d'amore (scritto sul retro di buste).
SWAPO South-West Africa People's Organization, Organizzazione del popolo dell'Africa del Sud-Ovest.
Swit(z). Switzerland, Svizzera.
Sx. Sussex.
Sy. Surrey.
sym. 1 symmetrical, simmetrico. **2 symmetry**, simmetria. **3 symphony**, sinfonia.
t ton(s), tonnellata(-e) (t).
t. 1 tare, (*comm.*) tara. **2 teaspoonful**, cucchiaio da the pieno (inteso come dose). **3 temperature**, temperatura. **4 tempo**, (*mus.*) tempo. **5 tenor**, (*mus.*) tenore. **6 thunder**, tuono. **7 ton**, tonnellata. **8 town**, città. **9 transitive**, transitivo (trans.).
T 1 tesla, (*fis.*) tesla (T). **2 Trainer**, aereo scuola (seguito dal numero di modello).
T. 1 Tablespoonful, cucchiaio da tavola pieno (inteso come dose). **2 Telephone**, Telefono. **3 Temperature**, Temperatura. **4 Tuesday**, martedì (mar., mart.).
TAA Trans-Australia Airline, Linea aerea trans-autraliana.
TAB 1 Technical Assistance Board, Ufficio dell'Assistenza Tecnica (ONU). **2 Typhoid-paratyphoid A and B**, vaccino tifo-paratifo A e B.
TAFE Technical And Further Education, Istruzione tecnica e postscolastica (Aus.).
tan tangent, (*mat.*) tangente (tg).
Tas. Tasmania.
TAVR Territorial and Army Volunteer Reserve, Territoriale e riserva dei volontari dell'esercito.
TB Tuberculosis, (*med.*) tubercolosi (tbc, TBC).
TBD Torpedo-Boat Destroyer, Cacciatorpediniere (Caccia).
TC Training Centre, Centro d'Addestramento.
t.d.c. top dead-centre, punto morto superiore (nei motori alternativi).
TDW Ton Dead Weight, Tonnellata a Portata Lorda.
tech. 1 technical, tecnico. **2 technically**, tecnicamente. **3 technique**, tecnica. **4 technological**, tecnologico. **5 technology**, tecnologia.
TEFL Teacing of English as a Foreign Language, Insegnamento dell'inglese come lingua straniera.
tel. 1 telegram, telegramma. **2 telegraph**, telegrafo. **3 telegraphist**, telegrafista. **4 telephone**, telefono (tel.).
TELEX Telegraph Exchange, Trasmissione per telescrivente.
temp. 1 temporate, temperato. **2 temperature**, temperatura. **3 temporary**, temporaneo, interinale.

ten. **tenor**, (*mus.*) tenore.
Tenn. **Tennessee**.
territ. *1* **territorial**, territoriale. *2* **territory**, territorio.
TES **Times Educational Supplement**, Supplemento didattico del (giornale) Times.
TESL **Teaching of English as a Second Language**, Insegnamento dell'inglese come seconda lingua.
TESOL **Teaching of English to Speakers of Other Languages**, Insegnamento dell'inglese ai parlanti altre lingue.
Test. *1* **Testament**, testamento. *2* **Testator**, testatore.
Teut. *1* **Teuton**, teutone; **Teutonic**, teutonico.
Tex. **Texas**.
t.f. **tax-free**, esentasse.
TF *1* **Task Force**, (*mil.*) Unità Tattica. *2* **Territorial Force**, (*mil.*) Forza Territoriale.
Th. **Thursday**, giovedì (giov.).
theol. *1* **theological**, teologico. *2* **theology**, teologia.
THI **temperature-humidity index**, indice temperatura-umidità.
thro' **through**, attraverso, per.
THES **Times Higher Education Supplement**, Supplemento universitario del (giornale) Times.
Thur(s). **Thursday**, giovedì (giov.).
tit. *1* **title**, titolo. *2* **titular**, titolare.
TLS **Times Literary Supplement**, supplemento letterario del (giornale) Times.
TKO **Technical Knock Out**, (*pugilato*) KO tecnico.
TN **Telephone Number**, numero telefonico.
TNT **TriNitroToluol**, (*chim.*) trinitrotoluolo, tritolo (*esplosivo*) (TNT).
TO *1* **Telegraph Office**, Ufficio del Telegrafo. *2* (*anche* **t.o.**) **turn over**, volta pagina; voltare.
tr. *1* **tragedy**, tragedia. *2* **transaction**, operazione commerciale. *3* **transitive**, transitivo. *4* **translation**, traduzione (trad.). *5* **translated**, tradotto. *6* **transport**, trasporto. *7* **trustee**, fiduciario, amministratore.
trad. *1* **tradition**, tradizione. *2* **traditional**, tradizionale.
trag. *1* **tragedian**, tragediografo. *2* **tragedy**, tragedia. *3* **tragic**, tragico.
trans. *1* **transferred**, (*comm.*) trasferito. *2* **transitivo**, transitivo (trans.). *3* **transitory**, transitorio. *4* **translated**, tradotto. *5* **translation**, traduzione. *6* **transport**, trasporto.
treas. **treasurer**, tesoriere.
Treas. **Treasury**, Tesoro.
3M **Minnesota Mining & Manufacturing Company**, Compagnia del Minnesota di miniere e manifatture.
Trin. Coll. **Trinity College** (*a Oxford, a Cambridge, o a Dublino*).
TS **Training Ship**, (*naut.*) Nave Scuola.
tsp. **teaspoon**, cucchiaio da the.
TT *1* **Teetotaller**, astemio. *2* **Telegraphic Transfer**, versamento telegrafico. *3* **Torpedo Tubes**, (*naut.*) tubi lanciasiluri. *4* **Tourist Trophy** (*sport*).
TTL *1* **Transitor-transistor logic**, (*elettron.*) logica transistor-transistor. *2* **Through the Lens**, (*fotogr.*) attraverso l'obiettivo (reflex monoculare).
TU *1* **Trade Union** (*sindacato dei lavoratori inglesi*). *2* **Trade Unionist**, sindacalista.
Tues. **Tuesday**, martedì (mar., mart.).
TV **television**, televisione (TV).
TVA **Tennessee Valley Authority**, Ente per la Vallata del Tennessee (*USA*).
TWA **Trans World Airlines**, Linee Aeree Intercontinentali.
typ, typog. *1* **typographical**, tipografico (tip., tipogr.). *2* **typography**, tipografia.
TVR **television rating**, indagine sul gradimento di programmi TV.
TVRO **television receive only**, apparato per la sola ricezione televisiva da satellite.
u. **upper**, superiore.
U. *1* **Union**, Unione. *2* **Unionist**, Unionista. *3* **Universal**, di spettacolo visibile per tutti (*GB*). *4* **University**, Università. *5* **Utah**.
UAB **Unemployment Assistance Board**, Comitato di Assistenza ai Disoccupati.
UAE **United Arab Emirates**, Emirati Arabi Uniti.
UAM **underwater-to-air-missile**, missile lanciato sottacqua per bersaglio in aria.
UAR **United Arab Republic**, Repubblica Araba Unita (RAU).
UC **University College**, College Universitario.
u.c. **upper case**, maiuscolo.
UCCA **Universities Central Council on Admission**, Consiglio Centrale per le ammissioni alle Università.
UCLA **University of California at Los Angeles**.
UD *1* **Upper Deck**, (*naut.*) ponte superiore. *2* **Urban District**, Distretto Urbano.
UDC **Universal Decimal Classification**, Classificazione decimale universale.
UEFA **Union of European Football Association**, Unione associazioni europee gioco calcio.
UFO **Unidentified Flying Object**, Oggetto volante non identificato (OVNI).
UHF **ultra high frequency**, (*radio, telev.*) frequenza ultraelevata.
UHT **Ultra High Temperature**, temperatura ultra alta (per sterilizzare).
ULCC **Ultra-Large Crude Carrier**, superpetroliera per trasporto di greggio (più di 400.000 tonnellate).
UK **United Kingdom**, Regno Unito (*di Gran Bretagna e Irlanda Settentrionale*).
UKAEA **United Kingdom Atomic Energy Authority**, Ente Nazionale Britannico per l'Energia Atomica.
ult. (*lat.*: *ultimo mense*) **last month**, ultimo scorso (us).
UMISt **University of Mancheter Institute of Science and Technology**, Istituto di scienza e tecnologia dell'università di Manchester.
UN *1* **United Nations**, Nazioni Unite (NU). *2* **United Artists**, Artisti Uniti (casa cinematografica).
unabr. **unabridged**, (*di un libro*) in edizione integrale.
UNCTAD **United Nations Conference on Trade and Development**, Conferenza delle Nazioni Unite sul commmercio e lo sviluppo.
UNDP **United Nations Development Programme**, Programma delle Nazioni Unite per lo sviluppo.
UNEF **United Nations Emergency Forces**, Forze di Emergenza delle Nazioni Unite.
UNESCO **United Nations Educational, Scientific and Cultural Organization**, Organizzazione delle Nazioni Unite per l'Educazione, la Scienza e la Cultura.
UNHCR **United Nations High Commissioner for Refugees**, Alto Commissario delle Nazioni Unite per i Rifugiati Politici.
UNICEF **United Nations International Children's Emergency Fund**, Fondo Internazionale delle Nazioni Unite per l'Infanzia.
UNIDO **United Nations Industrial Development Organization**, Organizzazione delle Nazioni Unite per lo sviluppo industriale.
UNITAR **United Nations Institute for Training and Research**, Istituto di Formazione e di Ricerca delle Nazioni Unite.
univ. *1* **universal**, universale. *2* **universally**, universalmente.
Univ. *1* **Universalist**, Universalista. *2* **University**, Università.
UNIVAC **Universal Automatic Computer**, Calcolatore universale automatico.
UNO **United Nations Organization**, Organizzazione delle Nazioni Unite (O.N.U.).
UNPROFOR **United Nations Protection Forces**, Forze di protezione delle Nazioni Unite.
UNRRA **United Nations Relief and Rehabilitation Administration**, Amministrazione dei Soccorsi delle Nazioni Unite (*ai Paesi danneggiati dalla Seconda Guerra Mondiale*) (UNRRA).
U. of S. A. **Union of South Africa**, Unione del Sud-Africa.
UP *1* **United Press**, Stampa Associata (*agenzia di stampa USA*). *2* **United Provinces**, Province Riunite.
UPC **Universal Product Code**, Codice universale del prodotto.
UPU **Universal Post Union**, Unione Postale Universale (UPU).
URC **United Reformed Church**, Chiesa Unita e riformata.
US *1* **Under Secretary**, Sottosegretario. *2* **United States**, Stati Uniti (SU); americano, degli Stati Uniti: **the US fleet**. *3* **Unserviceable**, fuori uso, inservibile, guasto.
USA *1* **United States of America**, Stati Uniti d'America (*anche targa autom.*). *2* **United States Army**, Esercito Statunitense.
USAF **United States Air Force**, (*mil.*) Aeronautica Statunitense.
USCG **United States Coast Guard**, Guardia Costiera degli Stati Uniti.
USIS **United States Information Service**, Servizio di Informazioni degli Stati Uniti.
USM **Unlisted securities market**, mercato dei titoli fuori listino.
USMC **United States Marine Corps**, Corpo dei marines degli Stati Uniti.
USN **United States Navy**, Marina Militare Statunitense.
USP **unique selling proposition**, offerta unica di vendita.
USS **United States Ship**, Nave da guerra americana.
USSAF **United States Strategic Air Force**, Aviazione Strategica Statunitense.
USSR **Union of Soviet Socialist Republics**, (*stor.*) Unione delle Repubbliche Socialiste Sovietiche (URRS).
usu. *1* **usual**, usuale, solito. *2* **usually**, usualmente, di solito.
UT **Universal Time**, Tempo universale.
UV **ultraviolet**, (*fis.*) ultravioletto (UV, Uv).
U/W **Underwriter**, (*comm.*) sottoscrittore; (*naut.*) assicuratore marittimo.
v *1* **velocity**, velocità. *2* **volume**, (*mat.*) volume (vol.).
v. *1* **valve**, valvola. *2* **velocity**, velocità. *3* **verb**, verbo. *4* **verse**, (*poesia*) verso, versi. *5* **version**, versione. *6* **versus**, (*leg., sport*) contro. *7* **very**, molto. *8* **vision**, (*med.*) vista, visus. *9* **vocative**, vocativo (voc.). *10* **volume**, (*mat.*) volume.
V *1* **velocity**, (*fis.*) velocità. *2* **volt**, (*fis.*) volt (V). *3* **volume**, (*mat.*) volume (vol.).
V. *1* **Vector**, (*fis.*) Vettore. *2* **Vicar**, Curato; Vicario. *3* **Vice**, (*pref.*) Vice. *4* **Victoria**, (*stor.*) Vittoria. *5* **Victorian**, (*stor.*) vittoriano. *6* **Victory**, Vittoria. *7* **Virgin**, Vergine. *8* **Viscount**, Visconte. *9* **Voltage**, (*fis.*) voltaggio. *10* **Volunteer**, Volontario.
v.a. *1* **verb active**, (*gramm.*) verbo attivo. *2* **verbal adjective**, aggettivo verbale.
Va. **Virginia** (*geogr.*).
VA *1* **Veteran's administration**, amministrazione dei veterani di guerra. *2* **Vicar Apostolic**, Vicario Apostolico. *3* **Royal Order of Victoria and Albert**, Reale Ordine di Vittoria e Alberto.
val. *1* **value**, valore. *2* **valued**, valutato.
var. *1* **variant**, variante. *2* **variation**, (*naut.*) variazione. *3* **variegated**, variegato. *4* **variety**, varietà. *5* **various**, vario.
VAR **visual aural range**, (faro) con portata visibile e udibile.
Vat. **Vatican**, Vaticano (Vat.).
VAT **Value Added Tax**, Imposta sul Valore Aggiunto (IVA).
vb. **verb**, verbo (vb.).
vb.n. **verbal noun**, sostantivo verbale.
VC *1* **Vice-chairman**, Vice Presidente. *2* **Vice-Chancellor**, Vice Cancelliere. *3* **Vice-Consul**, Vice-Console. *4* **Victoria Cross**, Croce della Regina Vittoria. *5* **Vietcong**.

VCR Video Cassette Recorder, Videoregistratore a cassette.
VD venereal diease, malattia venerea.
V-day Victory Day, il Giorno della Vittoria.
VF Video frequency, video frequenza.
vel. velocity, velocità.
Ven. *1* **Venerable**, Venerabile (Ven.). *2* **Venetian**, veneziano.
VG Vicar General, Vicario Generale.
v.g. very good, molto buono.
VHF very high frequency, (*radio telev.*) (ad) altissima frequenza (VHF).
VHS video home system, sistema video per la casa.
v.i. verb intransitive, verbo intransitivo.
Vic. *1* **Vicar**, Vicario; Curato. *2* **Vicarage**, Vicariato. *3* **Victoria**, Vittoria.
Vict. Victoria, Vittoria.
VIP Very Important Person, persona molto importante, vip.
VIR Victoria Imperatrix Regina, Vittoria Imperatrice Regina.
Virg. Virginia (*geogr.*).
vis. visibility, visibilità.
Vis., Visc., Vist. *1* **Viscount**, Visconte. *2* **Viscountess**, Viscontessa.
VISTA Volunteers in Service to America, Volontari in servizio per l'America.
viz. (*lat.*: *videlicet*) **namely**, vale a dire.
VJ video jockey.
VLCC very large crude carrier, super petroliera per trasporto di greggio (200.000-400.000 tonn.).
VLF very low frequency, (*radio, telev.*) (a) bassissima frequenza.
VO *1* **Veterinary Officer**, (*mil.*) Ufficiale Veterinario. *2* **Victorian Order**, Ordine della Regina Vittoria.
VOA Voice of America, La Voce dell'America.
voc. vocative, vocativo (voc.).
vocoder voice coder, codificatore della voce.
vol. *1* **volume**, volume (vol.). *2* **voluntary**, volontario.
Vol. Volunteer, (*mil.*) Volontario.
volc. *1* **volcanic**, vulcanico. *2* **volcano**, vulcano.
VOR Very-high-frequency Omnidirectional Radio Range, Apparecchiatura che capta le emissioni del radiofaro dell'aeroporto.
VP *1* **Variable pitch**, (*di un'elica*) a passo variabile. *2* **Vice-President**, Vice-Presidente.
V.-Pres. Vice-President, Vice-Presidente.
v.r. verb reflexive, verbo riflessivo (v. rifl.).
VR (*lat.*: *Victoria Regina*) **Queen Victoria**, la Regina Vittoria.
vs. versus, (*leg., sport*) contro.
v.s. (*lat.*: *vide supra*) **see above**, vedi sopra (v.s., V.s.).
VS Veterinary Surgeon, Chirurgo Veterinario.
VSO *1* **Very Superior Old**, stravecchio superiore (*detto di Cognac che abbia da 12 a 17 anni di invecchiamento*). *2* **Voluntary Service Overseas**, organizzazione di volontari in paesi oltremare.
VSOP Very Superior Old Pale, stravecchio superiore paglierino (*detto di Cognac che abbia da 18 a 25 anni di invecchiamento*).
v.t. verb transitive, verbo transitivo.
Vt. Vermont.
VTO Vertical Take Off, decollo verticale.
VTOL Vertical Take Off and Landing, decollo e atterraggio verticali.
VTR Video Tape Recorder, Videoregistratore a nastro.
vulg. *1* **vulgar**, volgare. *2* **vulgarly**, volgarmente.
Vul(g). Vulgate, (*relig.*) Vulgata.
vv. *1* **verbs**, (*gramm.*) verbi. *2* **verses**, (*poesia*) versi, strofe. *3* **vice versa**.
VVSOP Very Very Superior Old Pale, super stravecchio superiore paglierino (*detto di Cognac che abbia da 25 a 40 anni di invecchiamento*).
w. *1* **weight**, peso. *2* **water**, acqua. *3* **week**, settimana. *4* **wicket** (*nel gioco del cricket*). *5* **wife**, moglie. *6* **with**, con. *7* **work**, (*fis.*) lavoro. *8* **wrong**, errato, sbagliato.
W. *1* **Washington**. *2* **Wales**. *3* **Wednesday**, mercoledì. *4* **Welsh**, gallese. *5* **West**, Ovest (O). *6* **Western**, Occidentale.
WA *1* **West Africa**, Africa Occidentale. *2* **Western Australia**, Australia Occidentale.
WAAF Women's Auxiliary Air Force, (*mil.*) Corpo Ausiliario Femminile dell'Aeronautica.
WAC Women's Auxiliary Corps, (*mil.*) Corpo delle Ausiliarie dell'Esercito (*USA*).
WAPC Women's Auxiliary Police Corps, Corpo delle Ausiliarie di Polizia.
War., Warw., Wars. Warwickshire, la Contea di Warwick.
Wash. Washington.
WASP White Anglo-Saxon Protestant, Bianco Anglosassone Protestante.
WAVES Women Accepted for Volunteer Emergency Service, donne accettate come volontarie per il servizio d'emergenza (*USA*).
WB Warehouse Book, (*comm.*) Libro Magazzino.
WBA World Boxing Association, Associazione Pugilistica Mondiale.
WBC white blood cell, globulo bianco.
w.c., WC *1* **water closet**, gabinetto (di decenza) (WC). *2* **without charge**, (*comm.*) senza spese, gratis.
WCC World Council of Churches, Consiglio Mondiale delle Chiese (*Svizzera*).
WD War Department, Ministero della Guerra (*USA*).
Wed. Wednesday, mercoledì (merc.).
Westmd. Westmoreland.
Westmr. Westminster.
WEU Western European Union, Unione dell'Europa Occidentale.
WFTU World Federation of Trade Unions, Federazione Sindacale Mondiale.
WG *1* **Welsh Guards**, Guardie Gallesi. *2* **Westminster Gazette**. *3* **West Germanic**, (*linguistica*) Germanico Occidentale. *4* **water gauge**, indicatore livello acqua. *5* **wire gauge**, calibro per fili.
wh. white, bianco.
WHO World Health Organization, Organizzazione Mondiale della Sanità (OMS).
WI *1* **West Indian**, delle Indie Occidentali. *2* **West Indies**, Indie Occidentali. *3* **Wrought Iron**, ferro battuto. *4* **Wisconsin**. *5* **Women's institute**, Istituto femminile (*GB*).
Will. William (Guglielmo).
Wilts. Wiltshire.
WIMP windows, icons, menus, pointers, finestre, icone, menu, puntatore (particolare tipo di schermo di PC).
WIPO World Intellectual Property Organization, Organizzazione Mondiale per la Proprietà Intellettuale.
Wis(c). Wisconsin.
wk *1* **week**, settimana. *2* **work**, lavoro.
WL *1* (*franc.*: *Wagon lit*) **sleeping-car**, (*ferr.*) vagone letto (WL). *2* **War Loan**, Prestito di Guerra. *3* **Water Line**, (*naut.*) linea di galleggiamento.
WLM Women's liberation movement, movimento di liberazione delle donne.
WMO World Meteorological Organization, Organizzazione Meteorologica Mondiale (OMM; *Svizzera*).
WNW West-North-West, Ovest Nord Ovest (ONO).
WO *1* **War Office**, Ministero della Guerra (*GB*). *2* **Wireless Operator**, radiotelegrafista, marconista.
Worc(s). Worcestershire, la Contea di Worcester.
WORM Write Once Read Many (times), (*elab.*) scrive una volta, leggi molte volte (disco ottico non cancellabile).
w.p. weather permitting, tempo permettendo.
WP *1* **Warsaw Pact**, Patto di Varsavia. *2* **Western Province**, Provincia Occidentale. *3* **White Paper**, (*polit.*) Libro Bianco. *4* **Word Processing**, Trattamento della Parola.
WPC Woman police constable, donna poliziotto.
WR Western Region, regione occidentale.
WRAC Women's Royal Army Corps, Corpo delle Ausiliarie dell'Esercito (*GB*).
WRAF Women's Royal Air Force, Corpo delle Ausiliarie dell'Aeronautica (*GB*).
WRNS Women's Royal Naval Service, Corpo delle Ausiliarie della Marina (*GB*).
wrnt. warrant, garanzia.
WRVS Women's Royal Voluntary Service, Reale servizio di ausiliarie volontarie.
WS *1* **Working Storage**, Memoria di lavoro. *2* **Writer to the Signet**, avvocato patrocinante nella Court of Session.
WSW West-South West, Ovest-Sud-Ovest (OSO).
wt. *1* **weight**, peso. *2* **without**, senza.
WT *1* **Watertight**, a tenuta d'acqua. *2* **Wireless Telegraphy**, radiotelegrafia (R.T.).
Wtr. *1* **Waiter**, cameriere. *2* **Winter**, inverno. *3* **Writer**, scrittore; scrivente.
W/V. wind velocity, velocità del vento.
W.Va. West Virginia, Virginia Occidentale.
WVS Women's Voluntary Service, Servizio Volontario Femminile.
WW *1* **Water works**, giochi d'acqua (*di fontane, ecc.*). *2* **World War**, Guerra mondiale.
WWF World Wildlife Fund, Fondo mondiale per la natura.
Wyo. Wyoming.
WYSIWYG what you see is what you get, (*elab.*) ciò che vedi è ciò che ottieni.
X *1* (X.) **Christ**, Cristo (X). *2* **Cross**, Croce. *3* **excluded**, da evitare, di spettacolo solo per adulti o pornografico (*USA*).
XL extra large, molto grande (misura d'abiti).
Xm., Xmas Christmas, Natale.
Xn. Christian, cristiano.
XS extra small, molto piccolo (misura d'abiti).
Xt. Christ, Cristo (X).
Xtian. Christian, cristiano.
Xts. Christ's College (*a Cambridge*).
XXL extra extra large, grandissimo (misura di abiti).
YB Year Book, (*leg.*) Annuario.
YC Yacht Club.
yd yard, iarda (*misura di lunghezza*).
YHA Youth Hostels Association, Associazione degli Ostelli della Gioventù.
Yks. Yorkshire, la Contea di York.
YMCA Young Men's Christian Association, Associazione Cristiana della Gioventù Maschile (*GB*).
YOP Youth Opportunities Programme, Programma per fornire ai giovani opportunità.
Yorks. Yorkshire, la Contea di York.
yr. *1* **year**, anno. *2* **younger**, più giovane, junior. *3* **your**, vostro (vs., Vs.).
YRA Yacht Racing Association, Associazione dello Sport della Vela.
YUP (nell'inglese corrente **yuppie** o **yuppy**) **young urban professional**, giovane professionista della città, *oppure* **young upwardly (mobile) professional**, giovane professionista tendente ad elevarsi socialmente ed economicamente.
YWCA Young Women's Christian Association, Associazione Cristiana della Gioventù Femminile (*GB*).
Z Zambia (*targa autom.*).
Zanz. Zanzibar.
ZC Zionist Congress, Congresso Sionista.
ZG Zoological Gardens, Giardino Zoologico.
zip (code) zone improvement plan, codice di avviamento postale (*USA*).
ZPG zero population growth, popolazione a crescita zero.
zool. *1* **zoological**, zoologico. *2* **zoology**, zoologia.
Z.S. Zoological Society, Società di Zoologia.

ATTORIA
ARMSTEAD

pascolo permanente
permanent pasture
maggese
fallow
foraggio
fodder corn
prato
meadow
recinzione
fence
latteria
dairy
fienile
hayloft
stalla
cowshed
granaio
barn
silo verticale
tower silo
rimessa
machinery shed
silo orizzontale
bunker silo
cortile
farmyard
porcile
pigsty
pollaio
hen house
recinto
enclosure
orto
egetable garden
frutteto
orchard
albero ornamentale
ornamental tree
abitazione
farmhouse
serra
greenhouse
ovile
sheep shelter
albero da frutto
fruit tree
arnia
hive

RATTORE
RACTOR

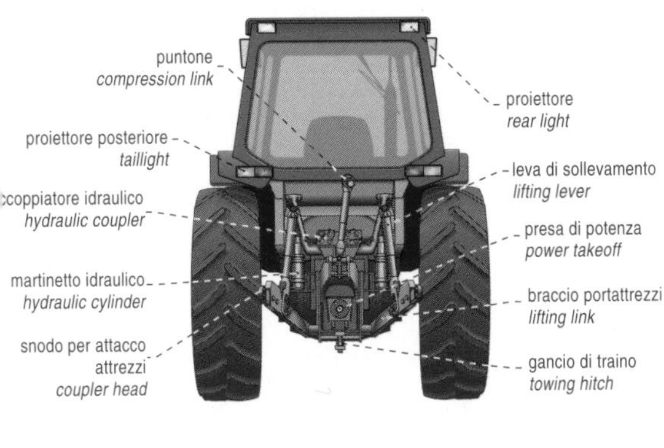

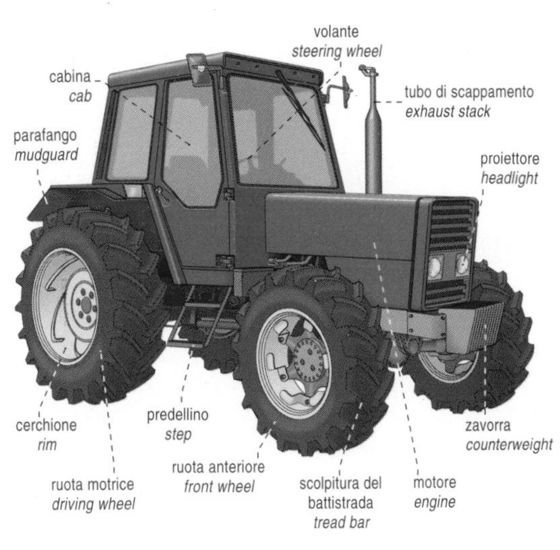

RATRO A VOMERE-VERSOIO
IBBING PLOUGH

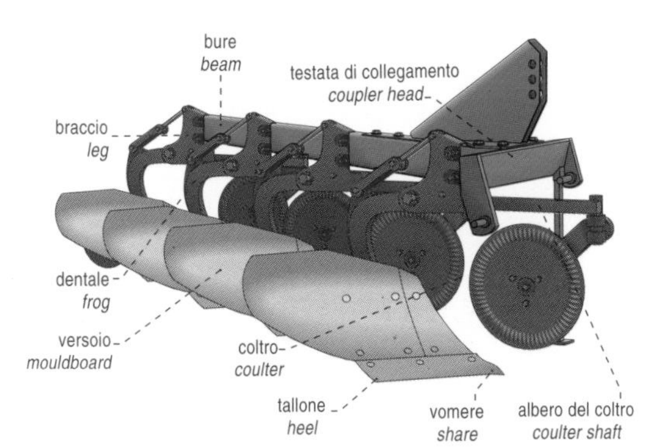

SPANDILETAME
MANURE SPREADER

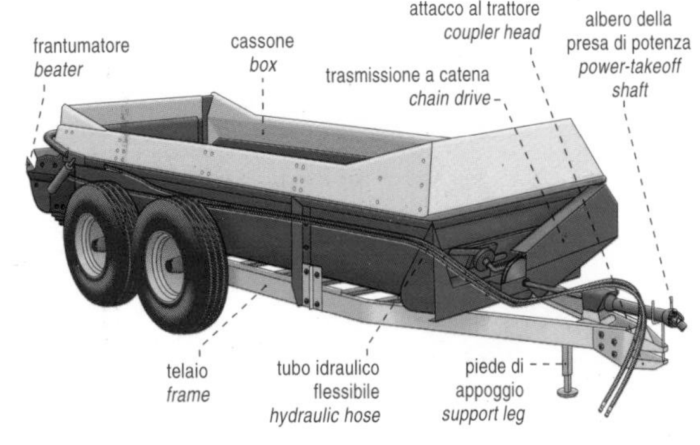

ERPICE DOPPIO A DIS
TANDEM DISC HARRO

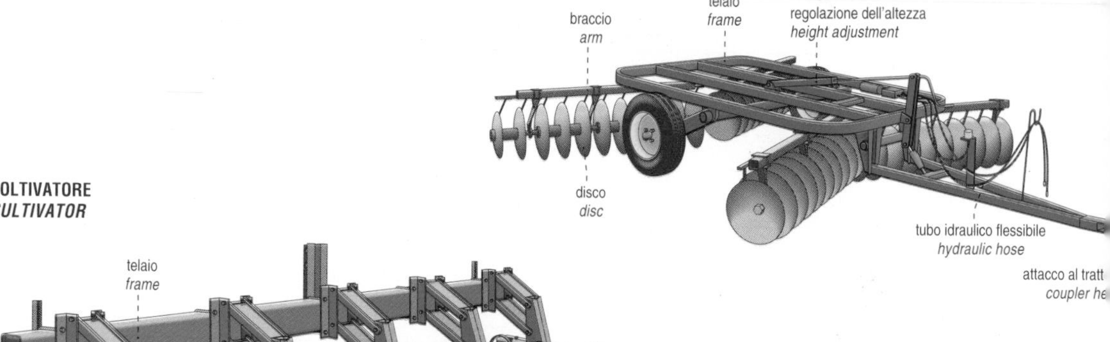

COLTIVATORE
CULTIVATOR

telaio
frame
utensile rotante
rotary hoe
utensile flessibile
tine

SEMINATRI
SEED DRI

tramoggia
hopper
tubo di caduta del se
grain tube
leva spaziatrice dei di
disc spacing lever
catena di trasmissione
chain drive
coltro
coulter
rullo di compressione
press wheel
disco di copertura
covering disc

Falcia-trincia-caricatrice per la raccolta del foraggio.
Forage harvester.

FALCIASCHIACCIATRICE
FLAIL MOWER

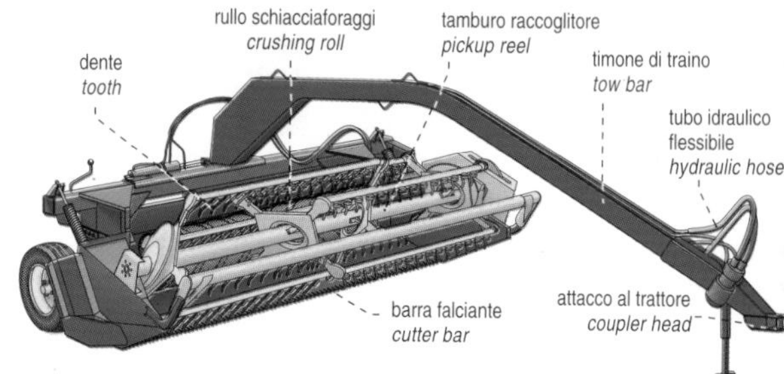

RASTRELLO MECCANICO
RAKE

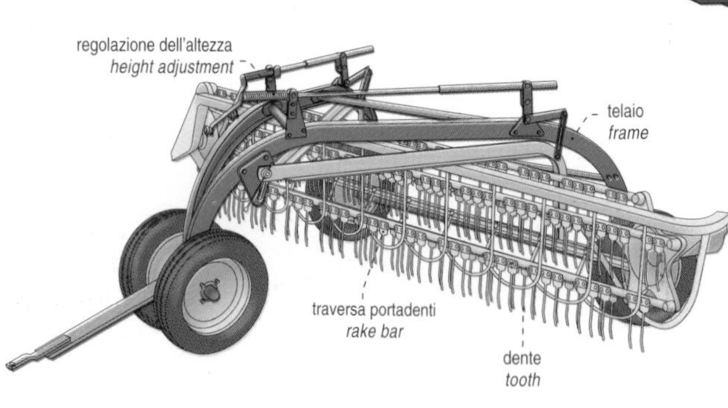

TITREBBIATRICE
MBINE HARVESTER

serbatoio della granella
grain tank
elevatore della granella
grain elevator
motore
engine
scarico
unloading tube
cabina
cab
controbattitore
concave
elica
propeller
rotore
rotor
apparato trebbiatore
threshing area
griglia-deflettore
screen
spargitore di paglia
straw spreader
coclea convogliatrice
rotating auger
crivello
sieve
condotto di alimentazione
feeding tube
coclea di ritorno
tailing auger
trasportatore
crop elevator
coclea della granella
grain auger
scivolo della granella
grain pan
dente
tooth
ventilatore
air fan
pettine
bat
aspo abbattitore
pickup reel
barra falciante
cutter bar
spartitore
divider

BALLATRICE
Y BALER

legatore
binder
camera di compressione
press chamber
carrello stivatore
plungerhead
albero della presa di potenza
power-takeoff shaft
timone di traino
tow bar
tamburo raccoglitore
pickup cylinder
attacco al trattore
coupler head

Rotoimballatrice con sistema di pressatura a cinghie.
Belt-system rotobaler.

CCOGLITRICE DI FORAGGIO
RAGE HARVESTER

carro
wagon
condotto di scarico
spout
coclea convogliatrice
rotating auger
timone di traino
tow bar
albero della presa di potenza
power-takeoff shaft
attacco al trattore
coupler head
tamburo raccoglitore
pickup cylinder
dente
tooth

INSILATRICE
FORAGE BLOWER

condotto di lancio
ensiling tube
condotto del ventilatore
fan tube
ventilatore
fan
barra di manovra
manoeuvring bar
tramoggia
hopper
alimentatore
feed table

SCHELETRO
SKELETON

osso frontale
frontal bone
osso temporale
temporal bone
osso zigomatico
zygomatic bone
mascella
maxilla
clavicola
clavicle
mandibola
mandible
scapola
scapula
costole
ribs
omero
humerus
sterno
sternum
ulna
ulna
costola fluttuante (2)
floating rib (2)
radio
radius
colonna vertebrale
spinal column
carpo
carpus
ileo
ilium
metacarpo
metacarpus
sacro
sacrum
femore
femur
coccige
coccyx
rotula
patella
tibia
tibia
perone
fibula
prima falange
proximal phalanx
tarso
tarsus
seconda falange
middle phalanx
metatarso
metatarsus
terza falange
distal phalanx
osso occipitale
occipital bone
osso parietale
parietal bone
atlante
atlas
epistrofeo
axis
acromion
acromion
vertebra cervicale (7)
cervical vertebra (7)
spina della scapola
spine of scapula
testa dell'omero
head of humerus
scapola
scapula
vertebra toracica (12)
thoracic vertebra (12)
epicondilo
epicondyle
costola falsa (3)
false rib (3)
olecrano
olecranon
vertebra lombare (5)
lumbar vertebra (5)
epitroclea
epitrochlea
sacro
sacrum
grande trocantere
greater trochanter
prima falange
proximal phalanx
collo del femore
neck of femur
seconda falange
middle phalanx
terza falange
distal phalanx
testa del femore
head of femur
condilo laterale del femore
lateral condyle of femur
ischio
ischium
condilo mediale del femore
medial condyle of femur
astragalo
talus
calcagno
calcaneus

MUSCOLI
MUSCLES

frontale
frontal
orbicolare dell'occhio
orbicularis oculi
sternocleidomastoideo
sternomastoid
massetere
masseter
trapezio
trapezius
deltoide
deltoid
grande pettorale
greater pectoral
obliquo esterno dell'addome
external oblique
bicipite brachiale
biceps of arm
retto dell'addome
abdominal rectus
brachiale
brachial
brachioradiale
brachioradialis
pronatore rotondo
round pronator
tensore della fascia lata
tensor of fascia lata
palmare lungo
long palmar
adduttore lungo
long adductor
palmare breve
short palmar
sartorio
sartorius
flessore ulnare del carpo
ulnar flexor of wrist
retto del femore
rectus femoris
vasto laterale
vastus lateralis
vasto mediale
vastus medialis
gastrocnemio
gastrocnemius
peroneo lungo
long peroneal
soleo
soleus
tibiale anteriore
anterior tibial
estensore lungo delle dita
long extensor of toes
estensore breve delle dita
short extensor of toes
interosseo plantare
plantar interosseous
occipitale
occipital
grande complesso
complexus
splenio
splenius muscle of head
trapezio
trapezius
sottospinato
infraspinatus
piccolo rotondo
teres minor
gran dorsale
latissimus dors
grande rotondo
teres major
tricipite brachia
triceps of arm
estensore radiale lungo del carpo
long radial extensor of wrist
brachioradiale
brachioradialis
anconeo
anconeus
estensore radiale breve del carpo
short radial exter of wrist
estensore comune delle dita
common extensor of fingers
flessore ulnar del carpo
ulnar flexor o
estensore ulnare del carpo
ulnar extensor of wrist
grande gluteo
gluteus maxin
obliquo esterno dell'addome
external oblique
semitendinoso
semitendinosus
vasto laterale
vastus lateralis
bicipite femorale
biceps of thigh
grande adduttore
great adductor
semimembranoso
semimembranosus
plantare
plantar
gracile
gracile
peroneo breve
short peroneal
gastrocnemio
gastrocnemius

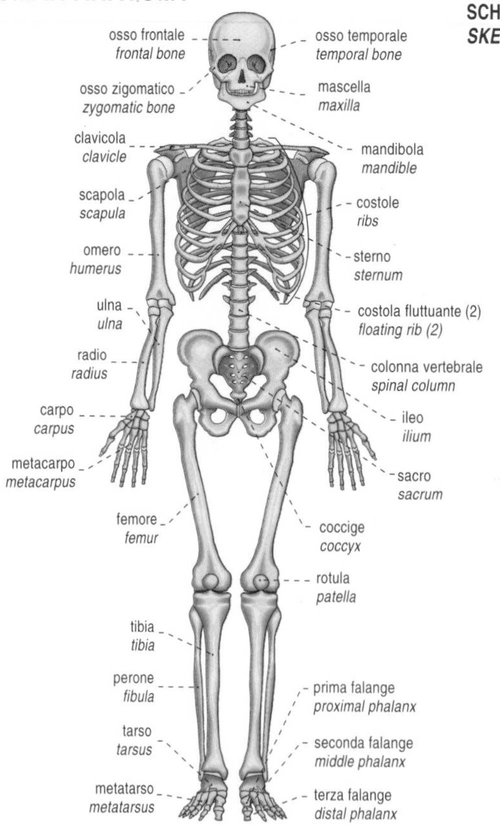

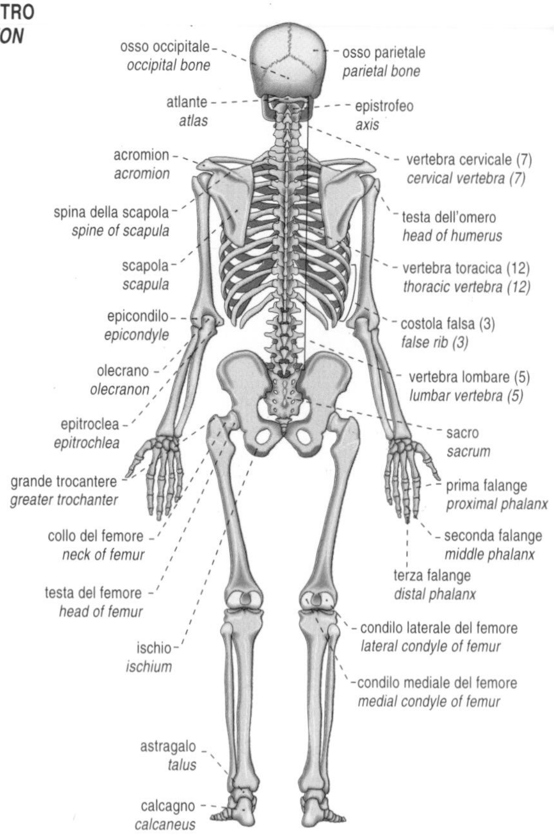

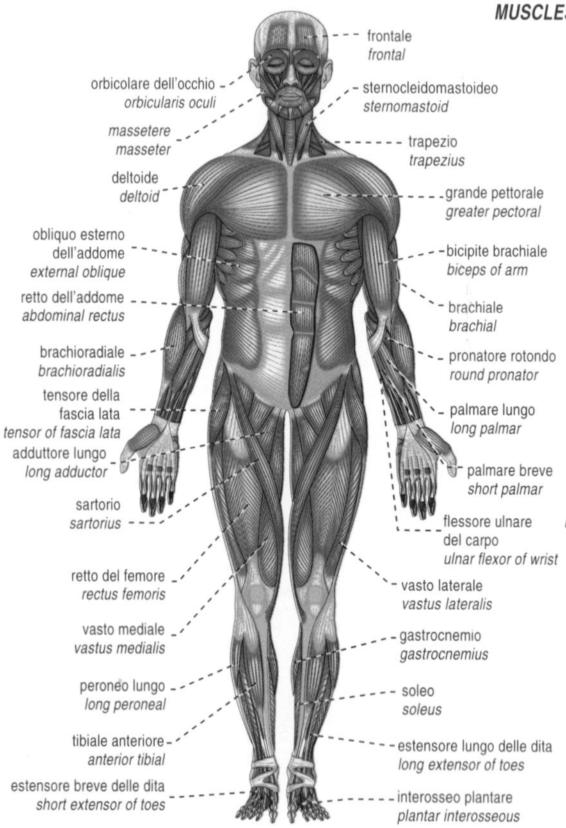

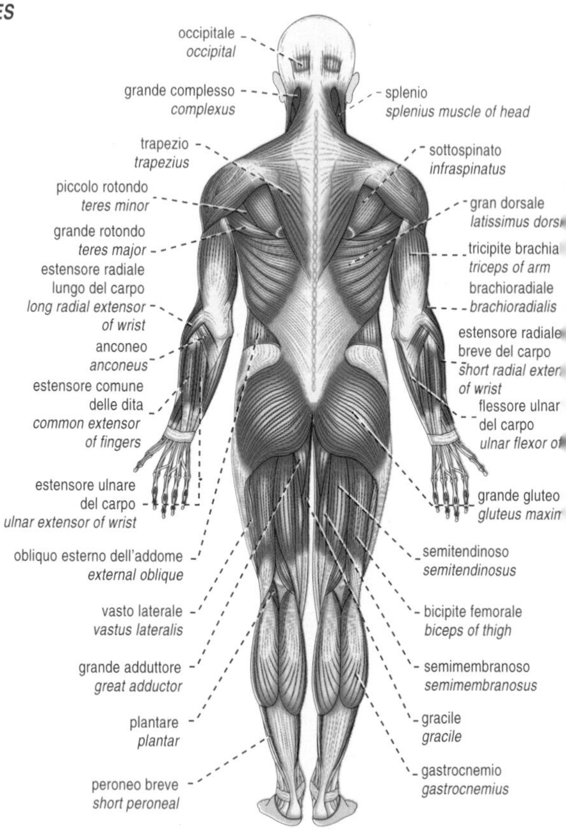

ANATOMIA UMANA
HUMAN ANATOMY

CIRCOLAZIONE DEL SANGUE
BLOOD CIRCULATION

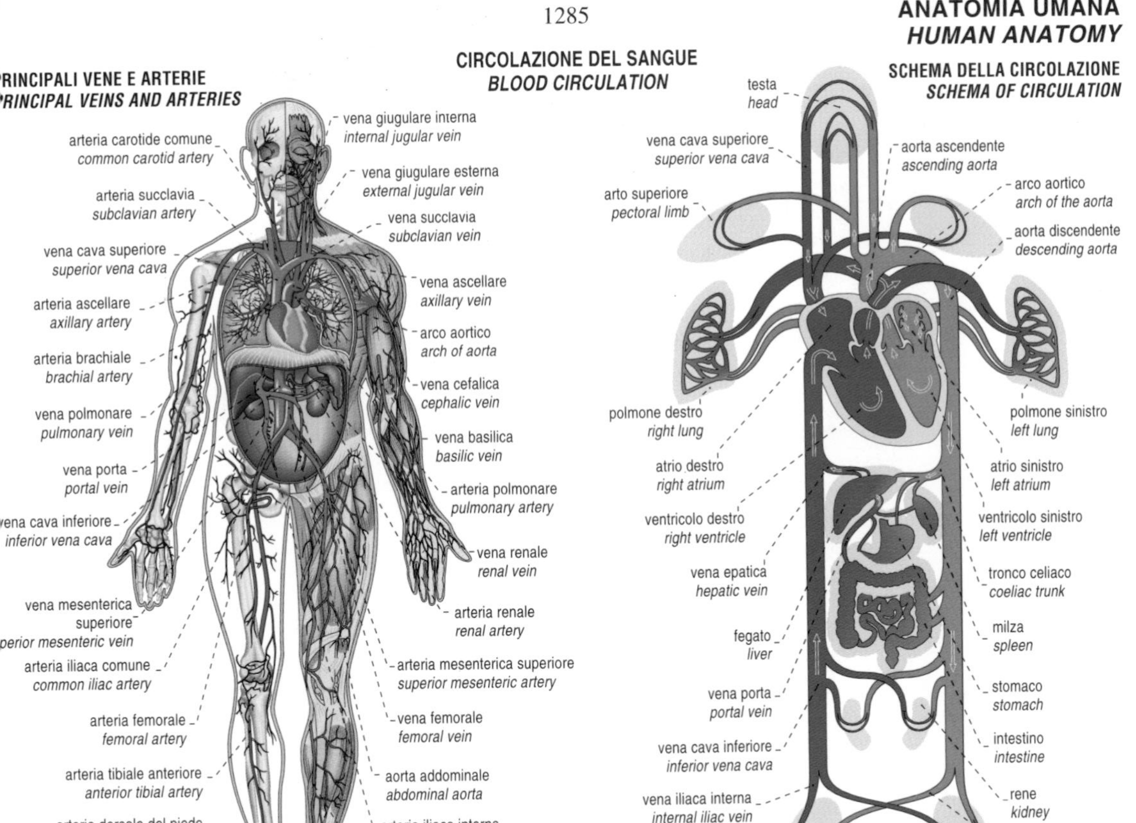

CUORE
HEART

vena cava superiore
superior vena cava
arco aortico
arch of aorta
vena polmonare destra
right pulmonary vein
atrio destro
right atrium
tronco polmonare
pulmonary trunk
valvola polmonare
pulmonary valve
atrio sinistro
left atrium
vena polmonare sinistra
left pulmonary vein
valvola aortica
aortic valve
valvola mitrale
mitral valve
ventricolo sinistro
left ventricle
setto interventricolare
ventricular septum
muscolo papillare
papillary muscle
ventricolo destro
right ventricle
vena cava inferiore
inferior vena cava
valvola tricuspide
tricuspid valve
aorta
aorta

SISTEMA NERVOSO PERIFERICO
PERIPHERAL NERVOUS SYSTEM

plesso brachiale
brachial plexus
nervo mediano
median nerve
nervo ulnare
ulnar nerve
nervo otturatore
obturator nerve
nervo ileoipogastrico
iliohypogastric nerve
nervo ileoinguinale
ilioinguinal nerve
nervo cutaneo laterale della coscia
lateral cutaneous femoral nerve
nervo femorale
femoral nerve
nervo ischiatico
sciatic nerve
nervo safeno
saphenous nerve
nervo peroniero comune
common peroneal nerve
nervo peroniero superficiale
superficial peroneal nerve
nervo peroniero profondo
deep peroneal nerve
nervi cranici
cranial nerves
nervo ascellare
axillary nerve
nervo radiale
radial nerve
nervo intercostale
intercostal nerve
plesso lombare
lumbar plexus
plesso sacrale
sacral plexus
nervo digitale
digital nerve
nervo gluteo
gluteal nerve
nervo cutaneo posteriore della coscia
minor sciatic nerve
nervo tibiale
tibial nerve
nervo surale
sural nerve

CATTEDRALE GOTICA - *GOTHIC CATHEDRAL*

Chartres: transenna del coro della cattedrale.
Chartres: the choir wall in the ambulatory.

VOLTA
VAULT

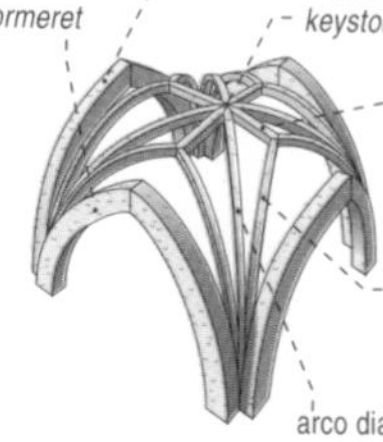

arco trasversale
traverse arch
arco longitudinale
formeret
chiave di volta
keystone
costolone dorsale
lierne
costolone intermedio
tierceron
arco diagonale
diagonal buttress

Il rosone e le ogive no
della cattedrale di
Chartres.
North rose and lancet
windows in Chartres
Cathedral.

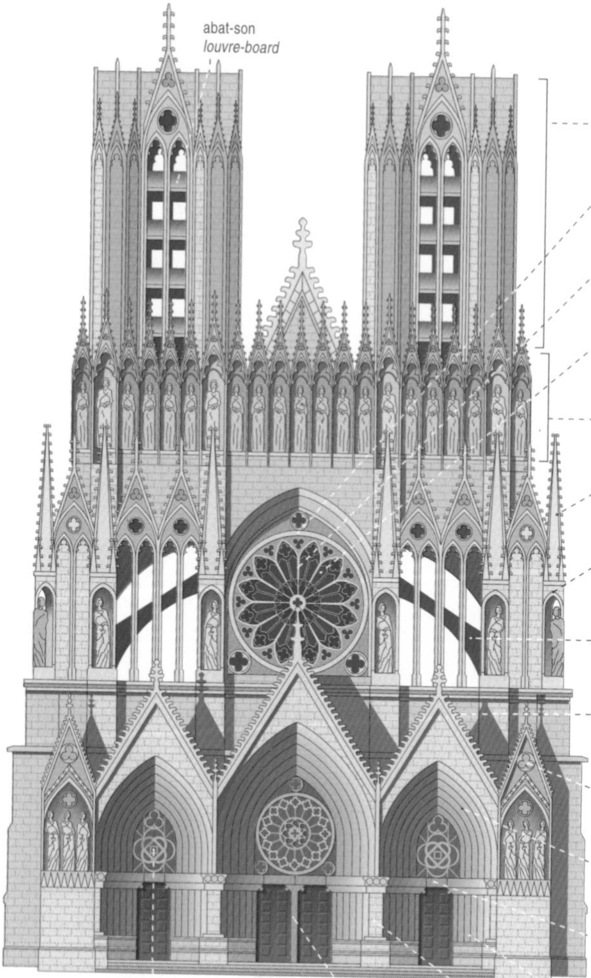

FACCIATA
FAÇADE

abat-son
louvre-board
torre campanaria
bell tower
rosone
rose window
traforo
tracery
vetro colorato
stained glass
galleria
gallery
guglia
spire
torretta
belfry
arco rampante
flying buttress
timpano
gable
decorazione a trifoglio
trefoil
archivolto
order
architrave
lintel
strombatura
splay
lunetta
tympanum
portale
portal
trumeau
pier
piedritto
pier

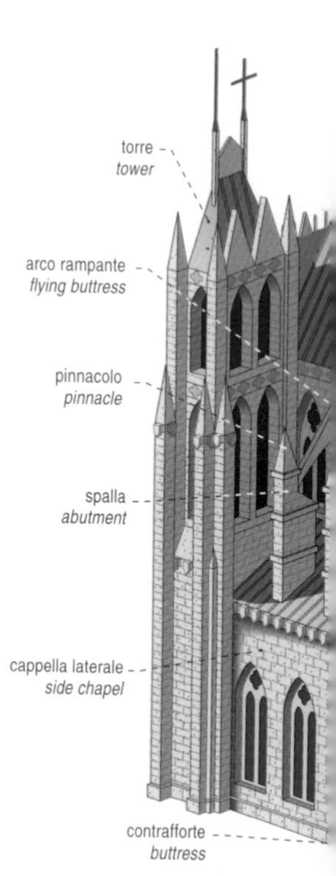

CATTEDRALE
CATHEDRAL

PIANTA
PLAN

cappella assiale
Lady chapel
cappella radiale
apsidiole
capocroce
chevet
deambulatorio
ambulatory
abside
apse
coro
choir
transetto
transept
crociera
crossing
navata laterale
aisle
navata centrale
nave
portico
porch

guglia di transetto
transept spire
torretta
belfry
cappella assiale
Lady chapel
coro
choir
arcata
arcade
pilastro
pillar
cappella radiale
apsidiole

Archi rampanti della cattedrale di Amiens.
Flying buttress in Amiens Cathedral.

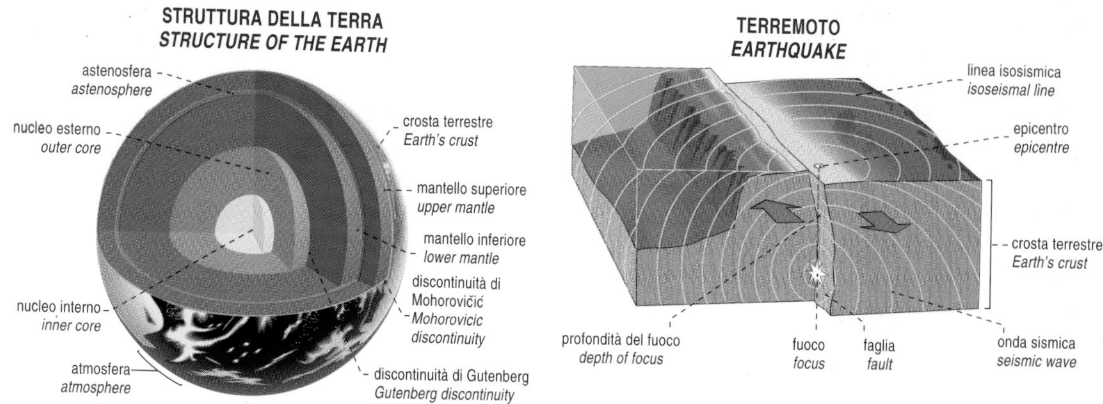

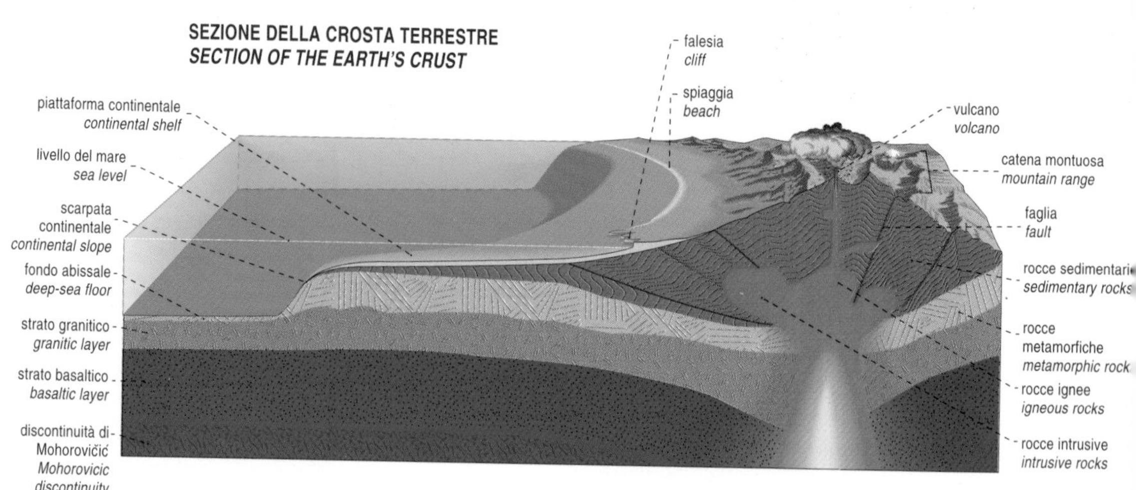

GROTTA
CAVE

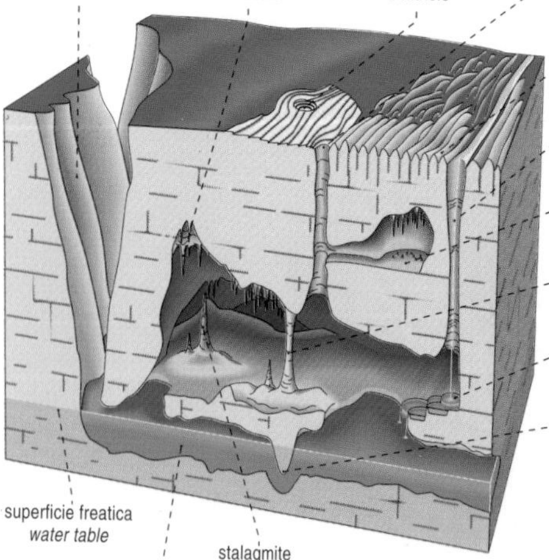

gola *gorge*
stalattite *stalactite*
dolina *sinkhole*
pozzo *pothole*
campi solcati *lapiaz*
inghiottitoio *swallow hole*
galleria secca *dry gallery*
colonna *column*
conca di concrezione *gour*
sifone *siphon*
superficie freatica *water table*
stalagmite *stalagmite*
corso d'acqua sotterraneo *subterranean stream*

MONTAGNA
MOUNTAIN

cima *summit*
passo *pass*
picco *peak*
nevi perenni *perpetual snows*
crinale *ridge*
sperone *spur*
cresta *crest*
versante *mountain slope*
altopiano *plateau*
rupe *cliff*
torrente montano *mountain torrent*
foresta *forest*
cascata *waterfall*
valle *valley*
collina *hill*
lago *lake*

SCIENZE DELLA TERRA ED ENERGIA
EARTH SCIENCES AND ENERGY

VULCANO IN ERUZIONÉ - *VOLCANO DURING ERUPTION*

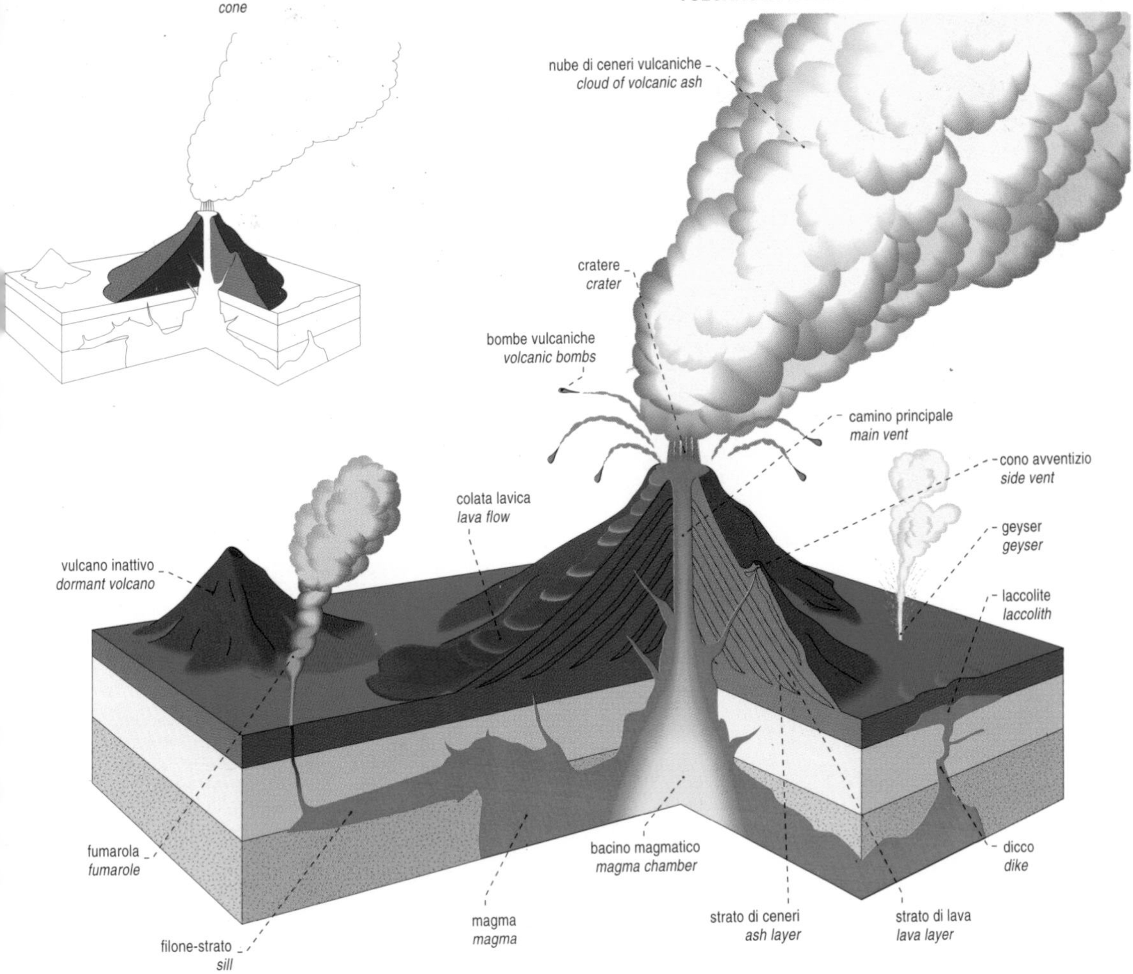

cono vulcanico
cone
nube di ceneri vulcaniche
cloud of volcanic ash
cratere
crater
bombe vulcaniche
volcanic bombs
camino principale
main vent
cono avventizio
side vent
colata lavica
lava flow
geyser
geyser
vulcano inattivo
dormant volcano
laccolite
laccolith
fumarola
fumarole
bacino magmatico
magma chamber
dicco
dike
magma
magma
strato di ceneri
ash layer
strato di lava
lava layer
filone-strato
sill

GHIACCIAIO - *GLACIER*

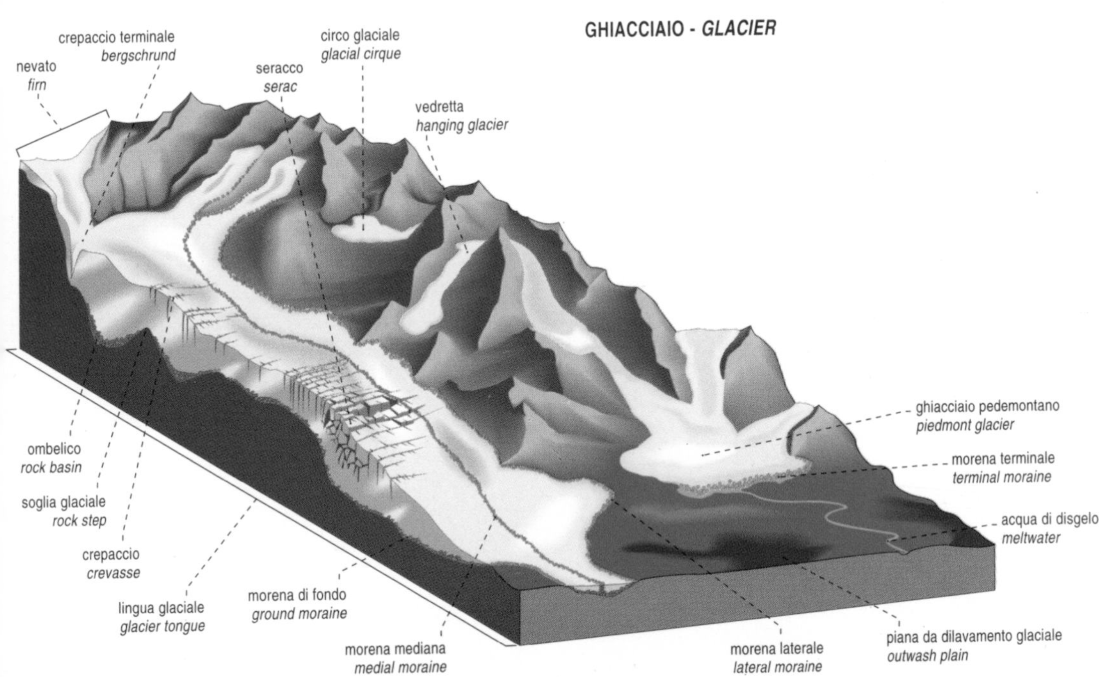

Delta del Mississippi.
The Mississippi delta.

CARATTERISTICHE DELLA COSTA - *COASTAL FEATURES*

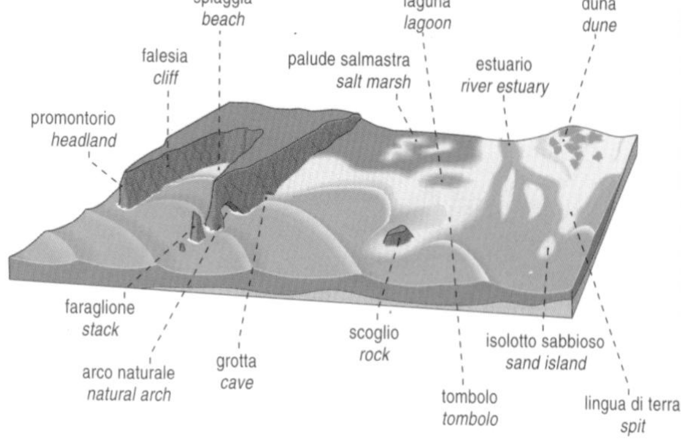

ONDA
WAVE

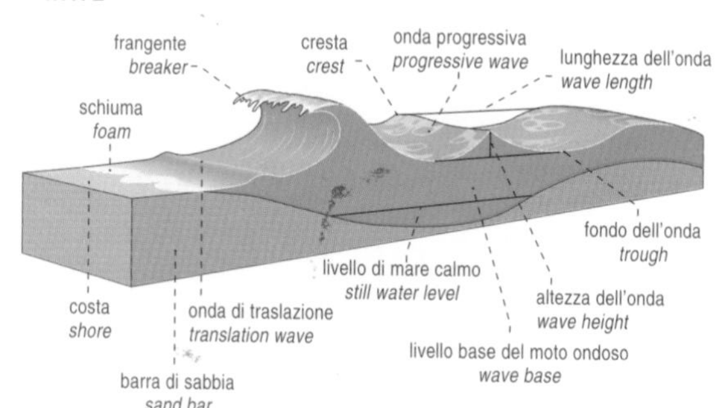

FONDO OCEANICO
OCEAN FLOOR

DORSALE MEDIO-OCEANICA
MID-OCEAN RIDGE

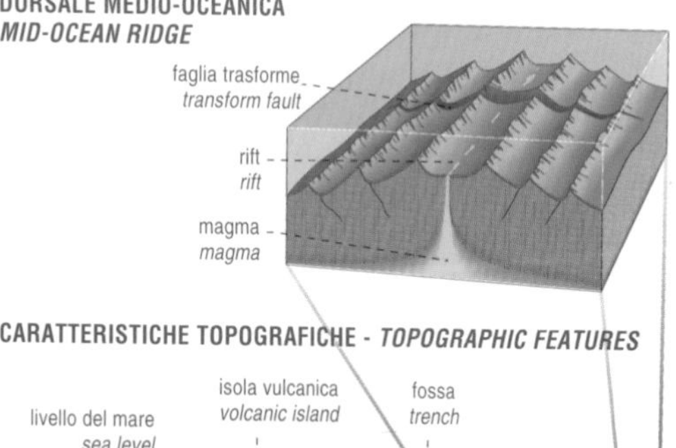

PIANURA ABISSALE
ABYSSAL PLAIN

canyon sottomarino
submarine canyon

montagna sottomarina
seamount

pianura abissale
abyssal plain

collina abissale
abyssal hill

CARATTERISTICHE TOPOGRAFICHE - *TOPOGRAPHIC FEATURES*

livello del mare
sea level

isola vulcanica
volcanic island

fossa
trench

atollo
atoll

guyot
guyot

MARGINE CONTINENTALE
CONTINENTAL MARGIN

scarpata continentale
continental slope

piattaforma continentale
continental shelf

continente
continent

rialzo continentale
continental rise

MINIERA DI CARBONE - *COAL MINE*

MINIERA A CIELO APERTO
OPEN-PIT MINE

fronte di abbattimento
face
gradino
bench
livello del suolo
ground surface
strato sterile
overburden
altezza del gradino
bench height
rampa
ramp
via di carreggio
haulage road
cratere
crater
giacimento minerale
ore

MINIERA COLTIVATA CON SBANCAMENTO - *STRIP MINE*

terreno di scarico
dump
nastro trasportatore
conveyor
pala meccanica
mechanical shovel
escavatrice a ruota di tazze
bucket wheel excavator
elevatore a nastro trasportatore
belt loader
strato sterile
overburden
cielo
roof
scavo
trench
bulldozer
bulldozer
fronte dello scavo
face

MINIERA SOTTERRANEA
UNDERGROUND MINE

castelletto di testa di pozzo
headframe
pozzo verticale
vertical shaft
torre di estrazione
pithead
ascensore
elevator
pozzo di estrazione
winding shaft
pilastro
pillar
camera
room
livello
level
galleria di testa
top road
strato di tetto
deck
benna di caricamento
skip
pozzo del minerale
ore pass
sezione
panel
stazione di caricamento
landing
pozzo di drenaggio
sump
galleria di fondo
bottom road
fornello di getto
chute
discenderia
winze
fornello di accesso
manway
traversa
cross cut
fronte
face
galleria in direzione
drift

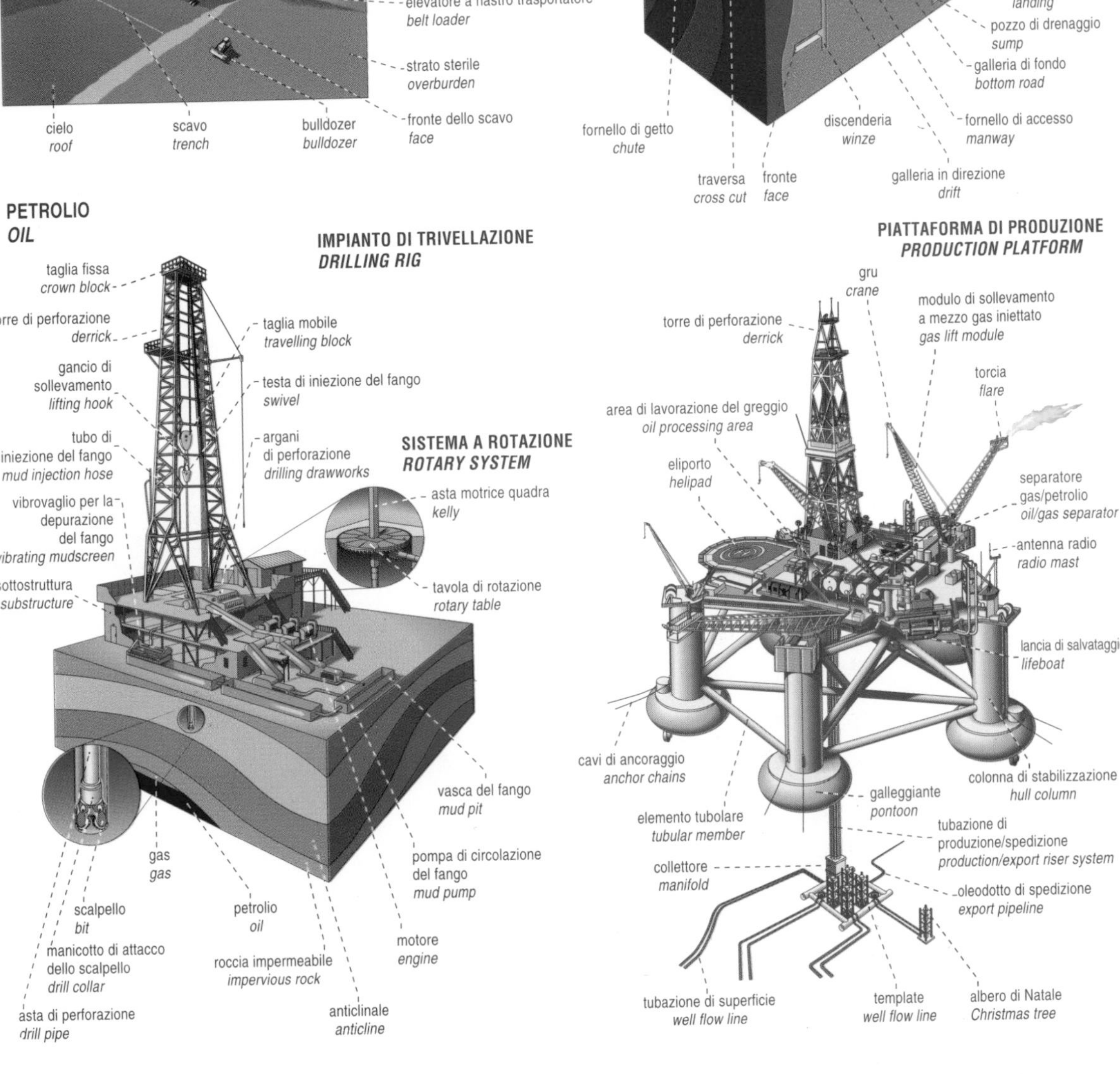

ELETTRICITÀ
ELECTRICITY

IMPIANTO IDROELETTRICO - *HYDROELECTRIC COMPLEX*

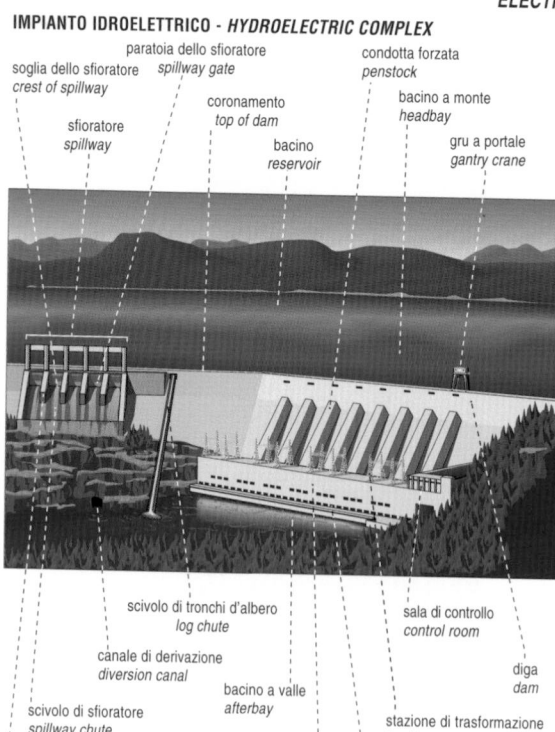

soglia dello sfioratore *crest of spillway*
paratoia dello sfioratore *spillway gate*
sfioratore *spillway*
coronamento *top of dam*
bacino *reservoir*
condotta forzata *penstock*
bacino a monte *headbay*
gru a portale *gantry crane*
scivolo di tronchi d'albero *log chute*
canale di derivazione *diversion canal*
scivolo di sfioratore *spillway chute*
muro di sponda *guiding wall*
bacino a valle *afterbay*
centrale idroelettrica *powerhouse*
sala macchine *machine hall*
stazione di trasformazione *bushing*
sala di controllo *control room*
diga *dam*

SEZIONE TRASVERSALE DI UNA CENTRALE IDROELETTRICA
CROSS SECTION OF A HYDROELECTRIC POWER STATION

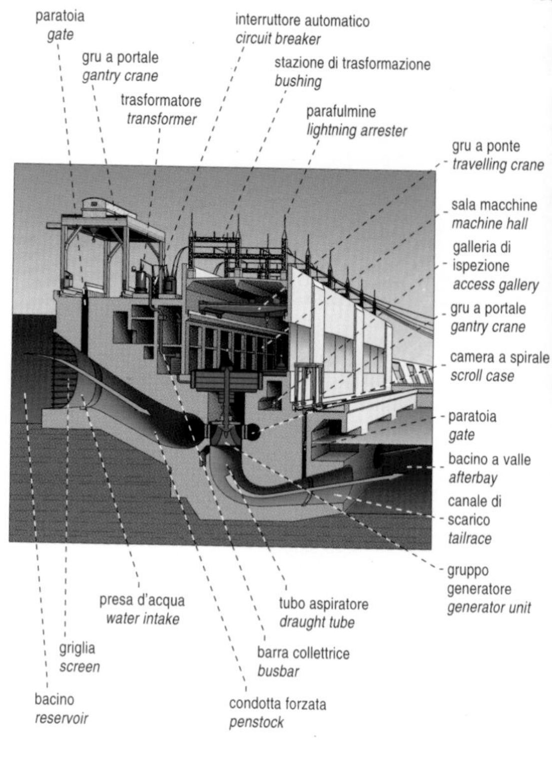

CENTRALE ELETTRICA MAREOMOTRICE
TIDAL POWER PLANT

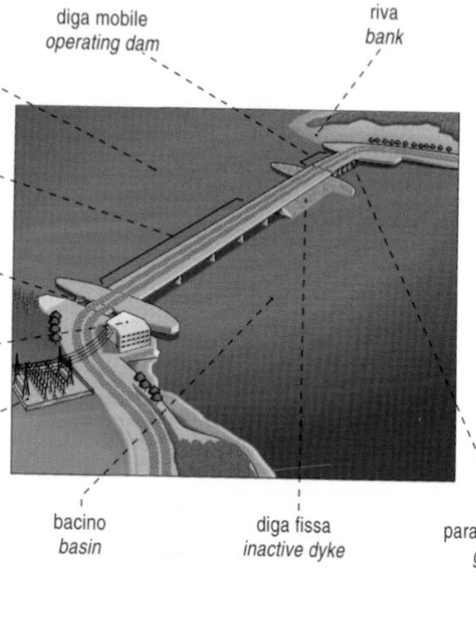

SEZIONE TRASVERSALE
CROSS SECTION OF POWER PLANT

coronamento *top of dam*
piano di servizio *operating floor*
lato mare *sea side*
pozzo d'accesso *access shaft*
bulbo *bulb unit*
pala della girante *runner blade*
girante della turbina *turbine runner*
condotta forzata *penstock*
lato bacino *basin side*

NERGIA SOLARE - *SOLAR ENERGY*

RNO SOLARE - *SOLAR FURNACE*

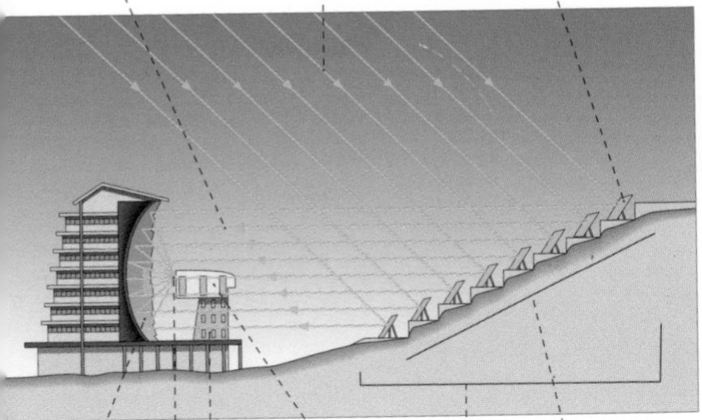

radiazione solare
solar radiation
raggio solare riflesso
solar ray reflected
superficie riflettente
reflecting surface
specchio parabolico
parabolic mirror
forno
furnace
collina
hill
zona focale
target area
batteria di eliostati
bank of heliostats
torre
tower

PRODUZIONE DI ELETTRICITA' DA ENERGIA SOLARE
PRODUCTION OF ELECTRICITY FROM SOLAR ENERGY

raggio solare riflesso
solar ray reflected
fluido refrigerante
coolant
caldaia
boiler
radiazione solare
solar radiation
torre
tower
turboalternatore
turbo-generator
generatore di vapore
steam generator
pompa
pump
batteria di eliostati
bank of heliostats
fluido vettore caldo
hot coolant
condensatore
condenser
fluido vettore freddo
cold coolant
trasformatore
transformer
rete di trasmissione dell'elettricità
electricity transmission network

ELLA SOLARE
SOLAR CELL

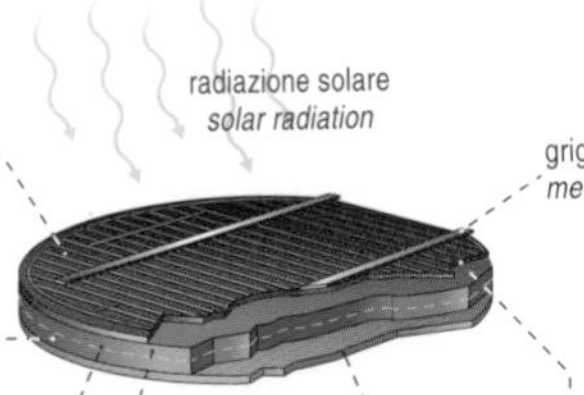

radiazione solare
solar radiation
rivestimento antiriflettente
antireflection coating
griglia di contatto metallica
metallic contact grid
zona positiva
positive region
giunzione positivo-negativa
positive/negative junction
contatto negativo
negative contact
contatto positivo
positive contact
zona negativa
negative region

SISTEMA A CELLE SOLARI
SOLAR-CELL SYSTEM

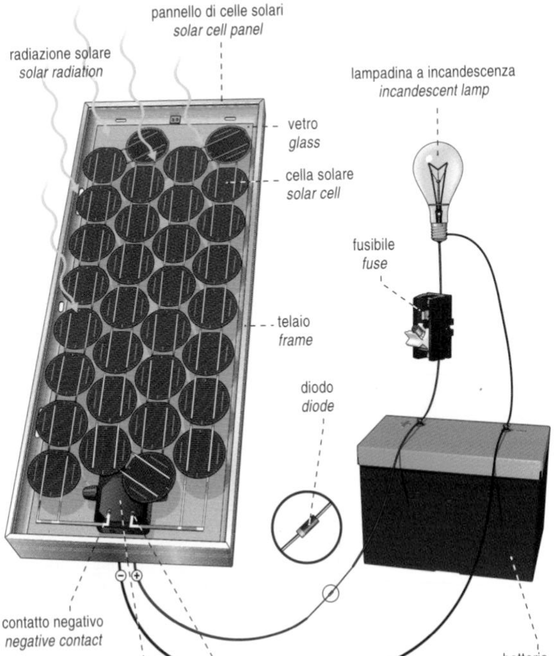

pannello di celle solari
solar cell panel
radiazione solare
solar radiation
lampadina a incandescenza
incandescent lamp
vetro
glass
cella solare
solar cell
fusibile
fuse
telaio
frame
diodo
diode
contatto negativo
negative contact
batteria
battery
morsettiera
terminal box
contatto positivo
positive contact

COLLETTORE SOLARE PIATTO
FLAT-PLATE SOLAR COLLECTOR

radiazione solare
solar radiation
vetro
glass
uscita fluido vettore
coolant outlet
telaio
frame
tubo di circolazione
flow tube
lamina assorbente
absorbing plate
ingresso fluido vettore
coolant inlet
isolante
insulation

PIANETI E SATELLITI
PLANETS AND MOONS

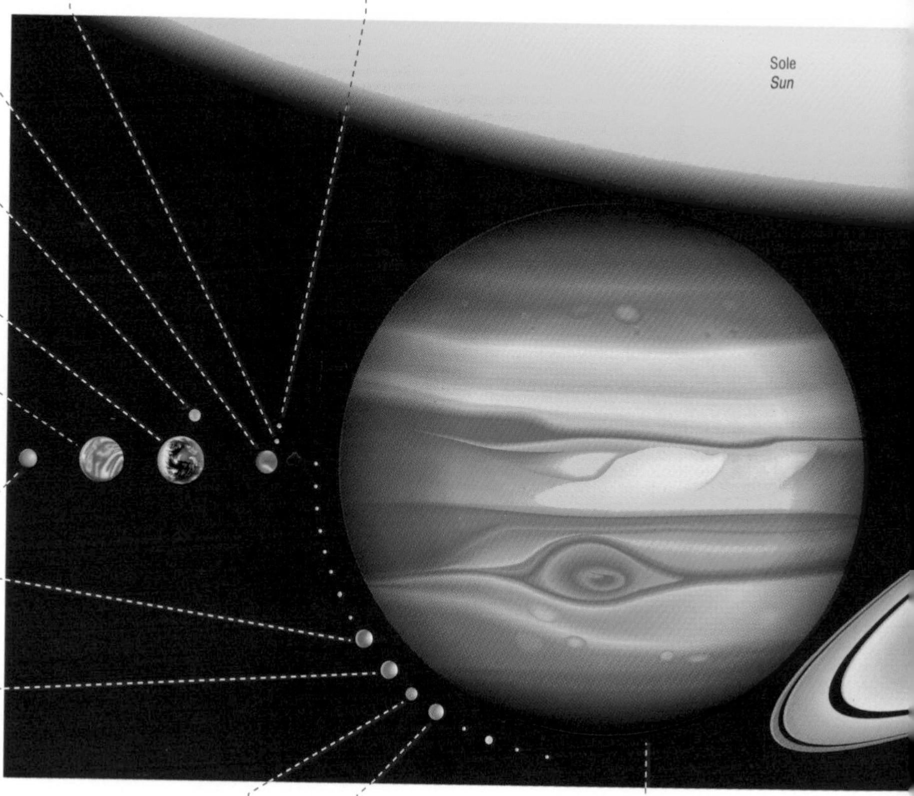

Fobos
Phobos

Deimos
Deimos

Sole
Sun

Marte ♂
Mars

Luna
Moon

Terra ♁
Earth

Venere ♀
Venus

Mercurio ☿
Mercury

Ganimede
Ganymede

Callisto
Callisto

Europa
Europa

Io
Io

♃ Giove
Jupiter

	distanza media dal Sole (in milioni di kilometri) ***mean distance from the Sun*** *(in milion of kilometres)*	raggio equatoriale ***equatorial radius***	massa ***mass***
Mercurio - ***Mercury***	57,9	2439 km	$3{,}29 \cdot 10^{23}$
Venere - ***Venus***	108,2	6052 km	$4{,}87 \cdot 10^{24}$
Terra - ***Earth***	149,6	6378 km	$5{,}97 \cdot 10^{24}$
Marte - ***Mars***	227,9	3397 km	$6{,}4 \cdot 10^{23}$
Giove - ***Jupiter***	778,3	71 400 km	$1{,}9 \cdot 10^{27}$
Saturno - ***Saturn***	1427	60 330 km	$5{,}7 \cdot 10^{26}$
Urano - ***Uranus***	2870	25 800 km	$8{,}68 \cdot 10^{25}$
Nettuno - ***Neptune***	4496,6	24 750 km	$1{,}06 \cdot 10^{26}$
Plutone - ***Pluto***	5900	circa - *ca.* 1500 km	circa - *ca.* $1{,}2 \cdot 10^{22}$

Per i decimali è stato usato il sistema continentale, con la virgola al posto del punto; inoltre nei numeri di 4 cifre il punto è stato omesso.

For decimal figures the continental system has been employed: therefore a comma stands for a point; moreover the point in 4-digit numbers has been omitted.

ORBITE DEI PIANETI
ORBITS OF THE PLANETS

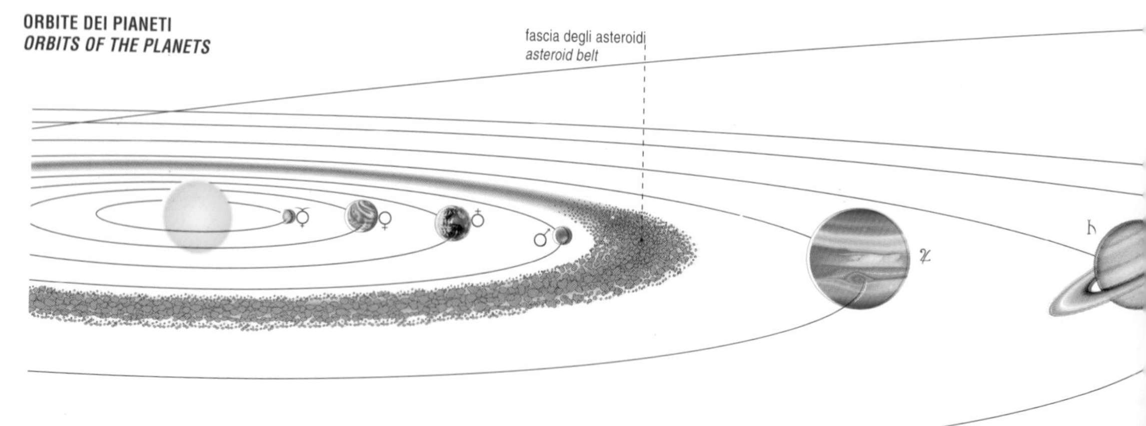

Urano *Uranus* ♅

Plutone *Pluto* ♇

Caronte *Charon*

♄ Saturno *Saturn*

Titano *Titan*

♆ Nettuno *Neptune*

Tritone *Triton*

ccentricità dell'orbita *centricity of the orbit*	periodo di rivoluzione *revolution*	periodo di rotazione *rotation*
0,2056	87,969 giorni - *days*	$58^d\ 15^h\ 38^m$
0,0068	224,701 giorni - *days*	243 giorni - *days* R
0,0167	$365^d\ 6^h\ 9^m\ 9{,}5^s$	$23^h\ 56^m\ 4^s$
0,0934	687 giorni - *days*	$24^h\ 37^m\ 22^s$
0,0483	11,86 anni - *years*	$9^h\ 50^m\ 30^s$
0,0556	29,46 anni - *years*	$10^h\ 14^m$
0,0472	84,01 anni - *years*	$17^h\ 30^m$ R
0,0097	164,79 anni - *years*	$18^h\ 12^m$
0,2482	248,4 anni - *years*	$6^d\ 9^h\ 18^m$ R

d = giorni - *days*
h = ore - *hours*
m = minuti - *minutes*
s = secondi - *seconds*
R = moto retrogrado - *retrograde motion*

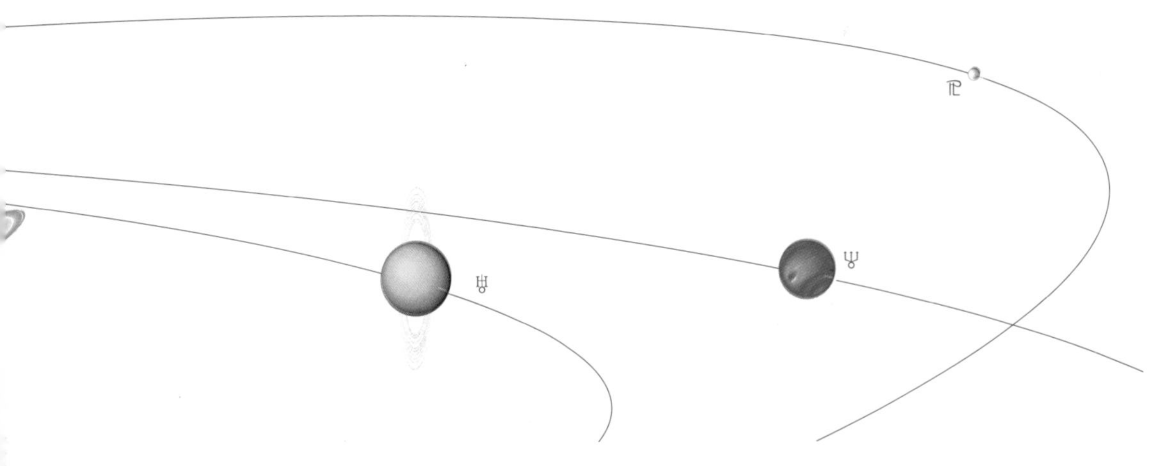

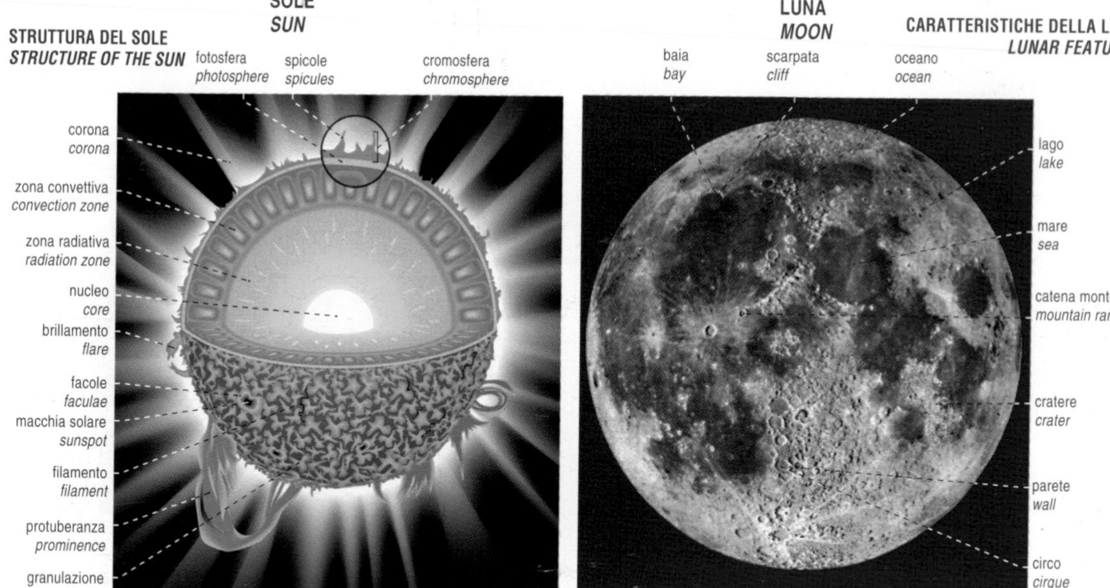

FASI DELLA LUNA
PHASES OF THE MOON

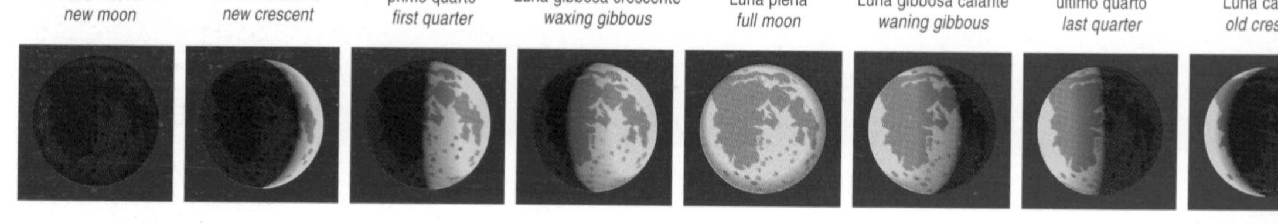

ECLISSI DI SOLE
SOLAR ECLIPSE

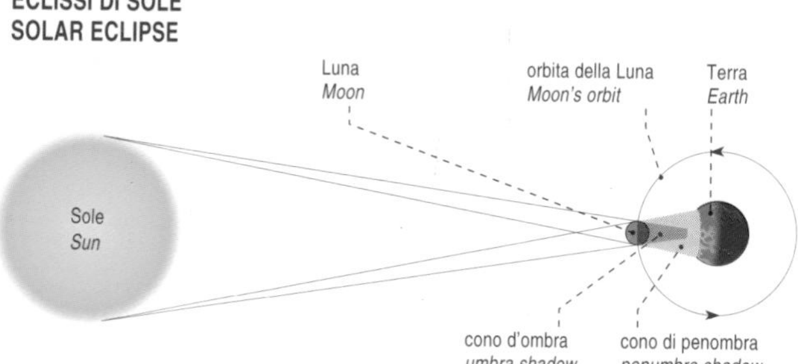

TIPI DI ECLISSI
TYPES OF ECLIPSES

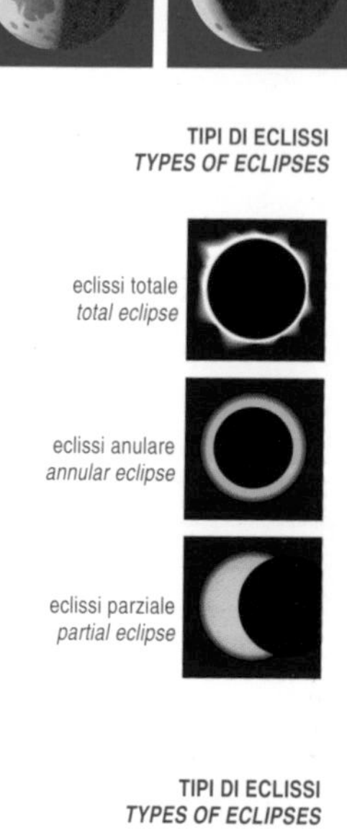

ECLISSI DI LUNA
LUNAR ECLIPSE

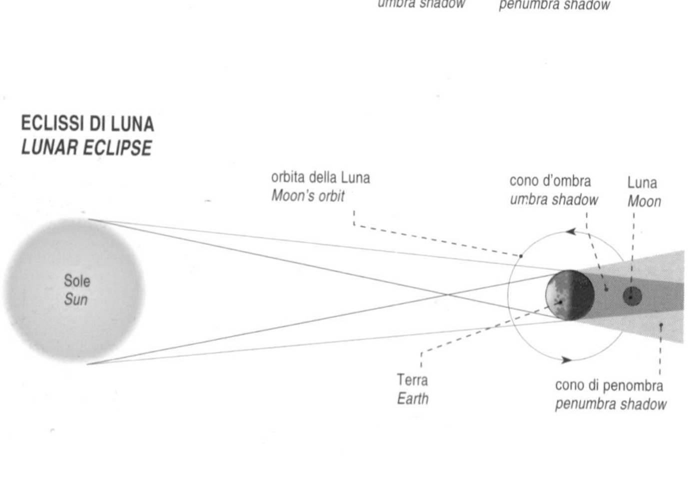

TIPI DI ECLISSI
TYPES OF ECLIPSES

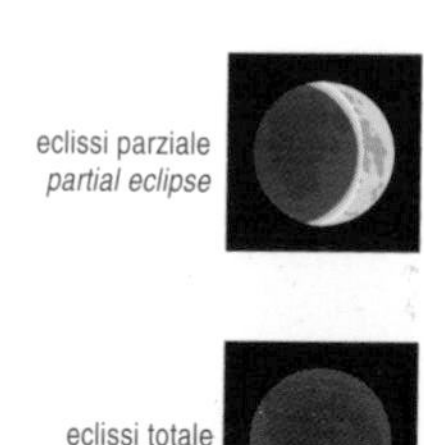

ATLETICA LEGGERA - *TRACK AND FIELD ATHLETICS*

STADIO
ARENA

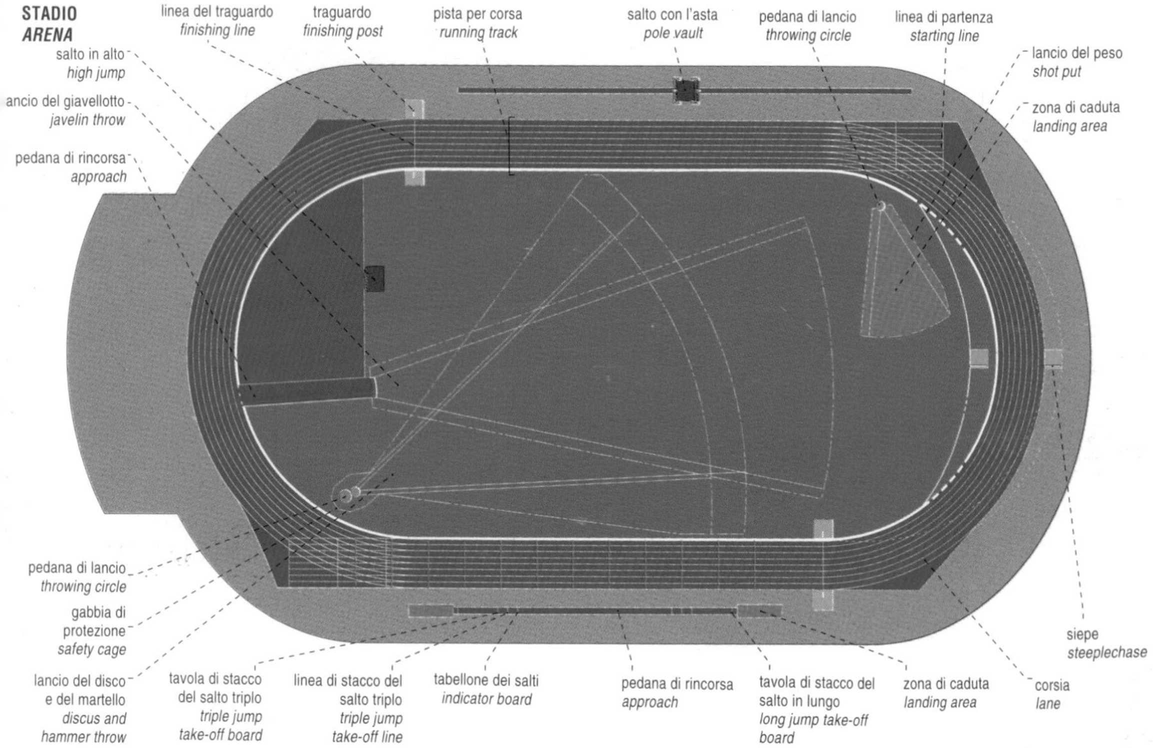

salto in alto
high jump

lancio del giavellotto
javelin throw

pedana di rincorsa
approach

linea del traguardo
finishing line

traguardo
finishing post

pista per corsa
running track

salto con l'asta
pole vault

pedana di lancio
throwing circle

linea di partenza
starting line

lancio del peso
shot put

zona di caduta
landing area

pedana di lancio
throwing circle

gabbia di protezione
safety cage

lancio del disco e del martello
discus and hammer throw

tavola di stacco del salto triplo
triple jump take-off board

linea di stacco del salto triplo
triple jump take-off line

tabellone dei salti
indicator board

pedana di rincorsa
approach

tavola di stacco del salto in lungo
long jump take-off board

zona di caduta
landing area

corsia
lane

siepe
steeplechase

BLOCCO DI PARTENZA
STARTING BLOCK

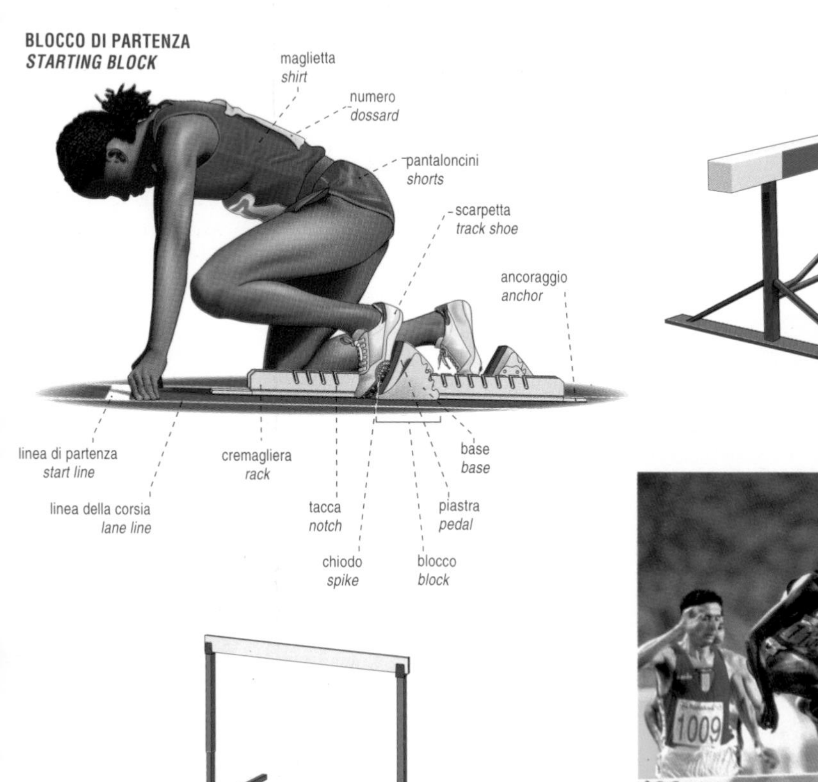

ostacolo
hurdle

ostacolo per corsa siepi
steeplechase hurdle

3000 metri siepi - *3,000-metre steeplechase*

EQUITAZIONE - *RIDING*

CAVALIERE
RIDER

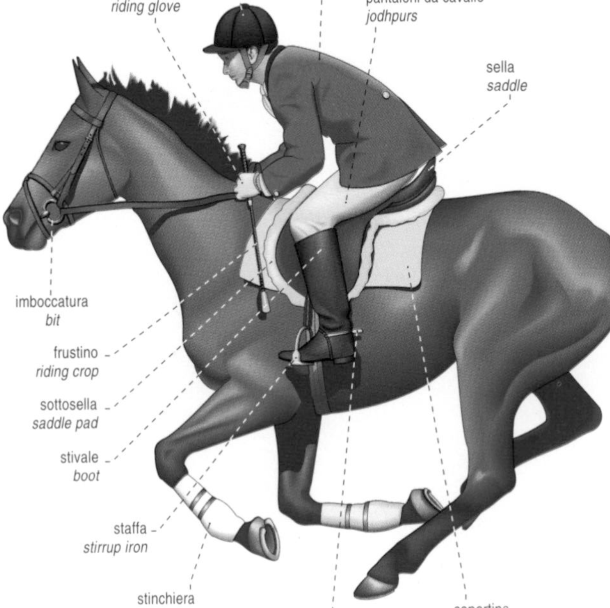

cap
riding cap
giacca da cavallo
riding jacket
guanto
riding glove
pantaloni da cavallo
jodhpurs
sella
saddle
imboccatura
bit
frustino
riding crop
sottosella
saddle pad
stivale
boot
staffa
stirrup iron
stinchiera
shin boot
sperone
spur
copertina
saddlecloth

SELLA
SADDLE

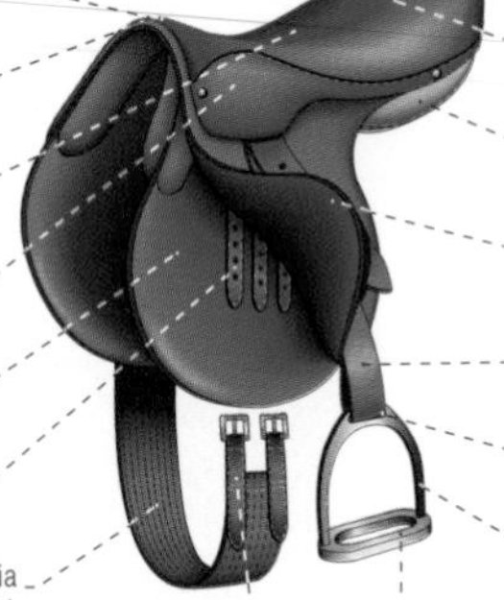

pomo
pommel
arco
tree
seggio
seat
quartierino
skirt
falso quartiere
knee roll
riscontro
tab
sottopancia
girth
fibbia del sottopancia
girth strap
panca
tread
paletta
cantle
cuscino
panel
quartiere
flap
staffile
stirrup leather
occhio
eye
arco
branch

BRIGLIA
BRIDLE

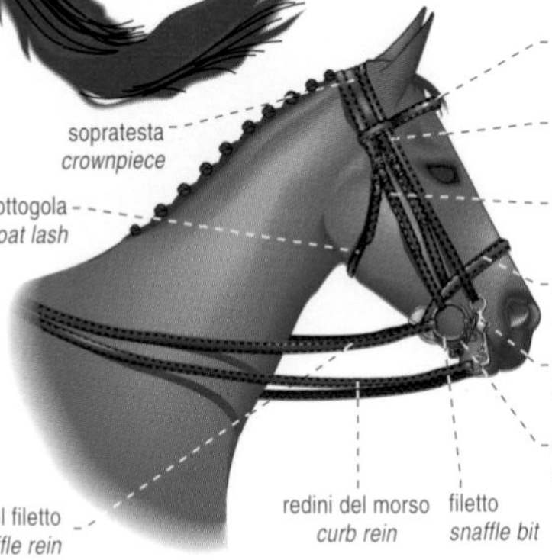

frontale
browband
sopratesta
crownpiece
montante del morso
cheek strap
sottogola
throat lash
montante del filetto
snaffle strap
capezzina
noseband
morso
curb bit
barbozzale
curb chain
redini del filetto
snaffle rein
redini del morso
curb rein
filetto
snaffle bit

CAMPO DI GARA
COMPETITION RING

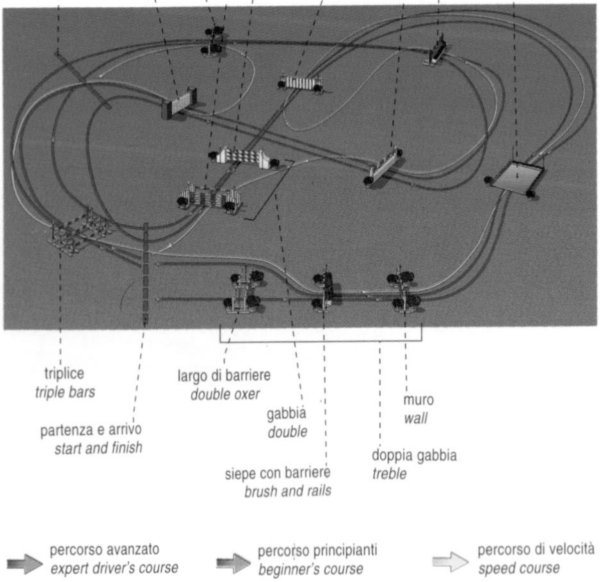

dritto: barriere
straight: post and rail
oxer
oxer
muro con barriere
wall and rails
muro
wall
dritto di tavole
post and plank
siepe con barriere
brush and rails
arrivo
finish
cancello
gate
riviera
water jump
triplice
triple bars
largo di barriere
double oxer
muro
wall
gabbia
double
partenza e arrivo
start and finish
doppia gabbia
treble
siepe con barriere
brush and rails

percorso avanzato
expert driver's course
percorso principianti
beginner's course
percorso di velocità
speed course

OSTACOLI
OBSTACLES

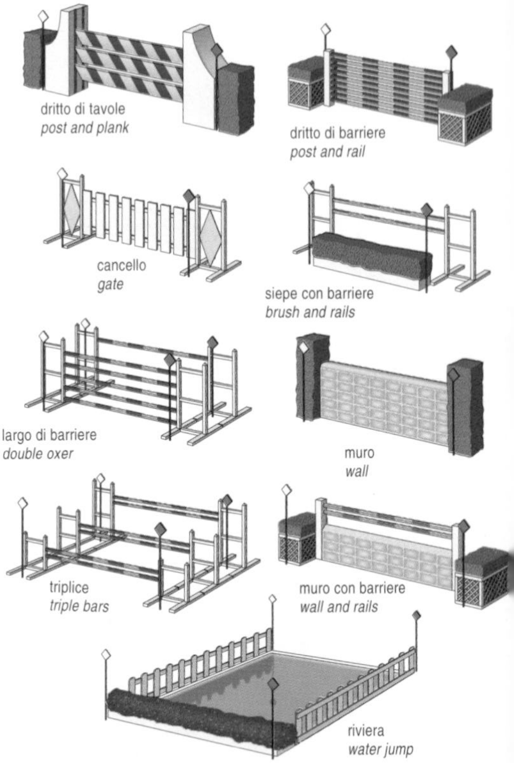

dritto di tavole
post and plank
dritto di barriere
post and rail
cancello
gate
siepe con barriere
brush and rails
largo di barriere
double oxer
muro
wall
triplice
triple bars
muro con barriere
wall and rails
riviera
water jump

ATTREZZI GINNICI
FITNESS EQUIPMENT

ATTREZZO MULTIUSO
WEIGHT STACK EXERCISE UNIT

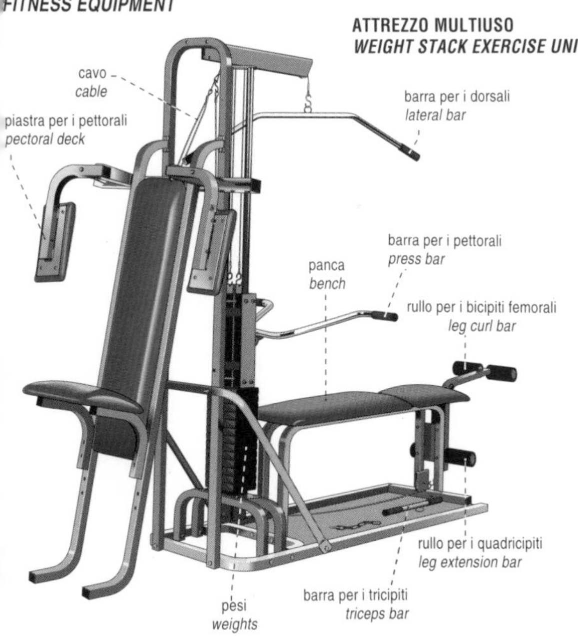

CYCLETTE
EXERCISE BIKE

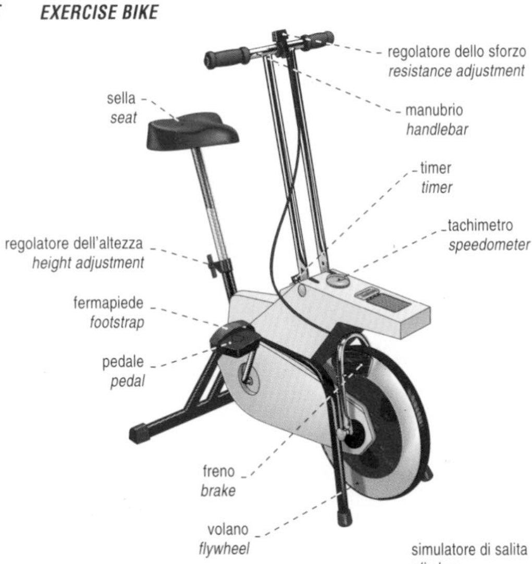

simulatore di salita
climber

VOGATORE
ROWING MACHINE

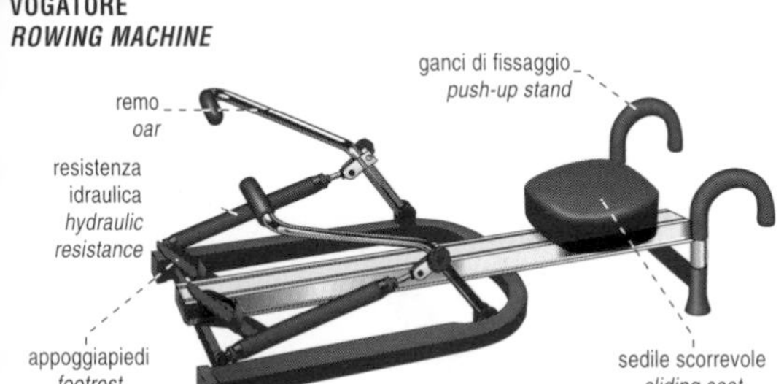

BILANCIERE
BARBELL

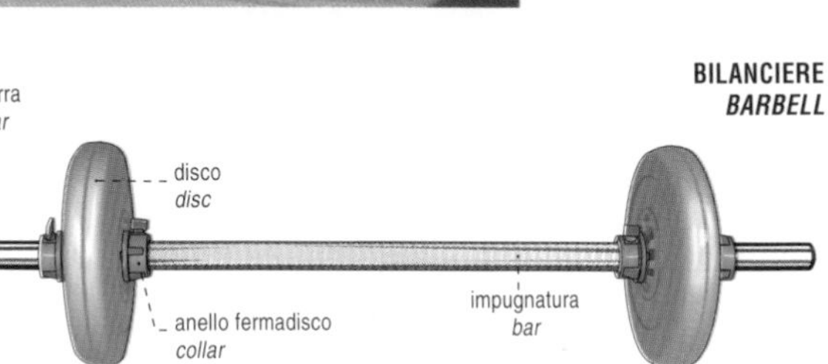

MANUBRIO
DUMBBELL

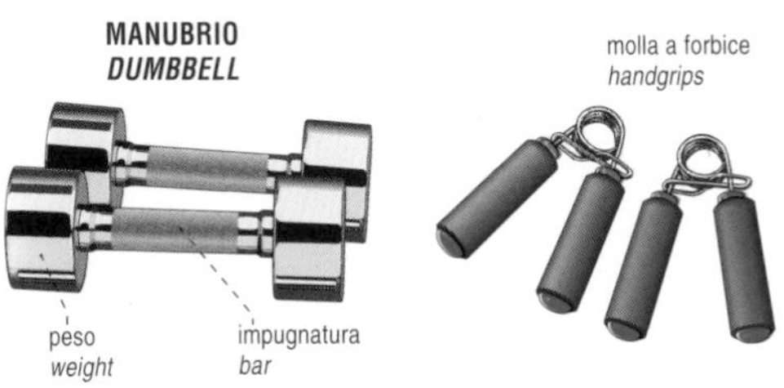

SBARRA PIEGHEVOLE
TWIST BAR

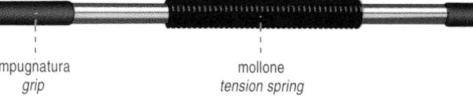

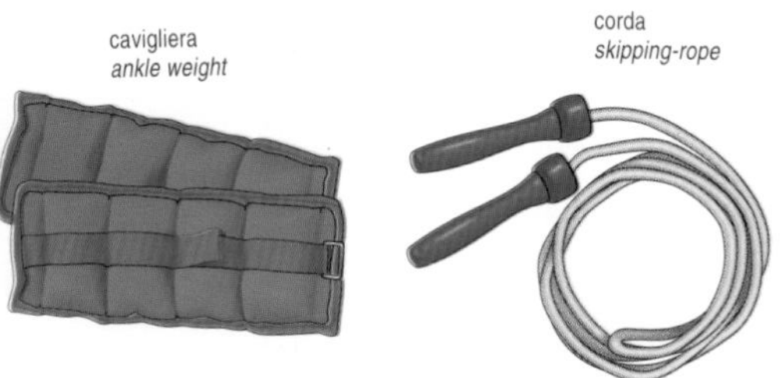

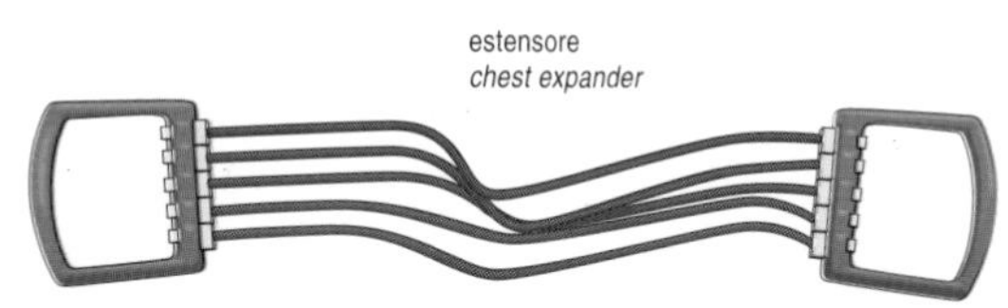

SPORT
SPORT

GOLF - *GOLF*

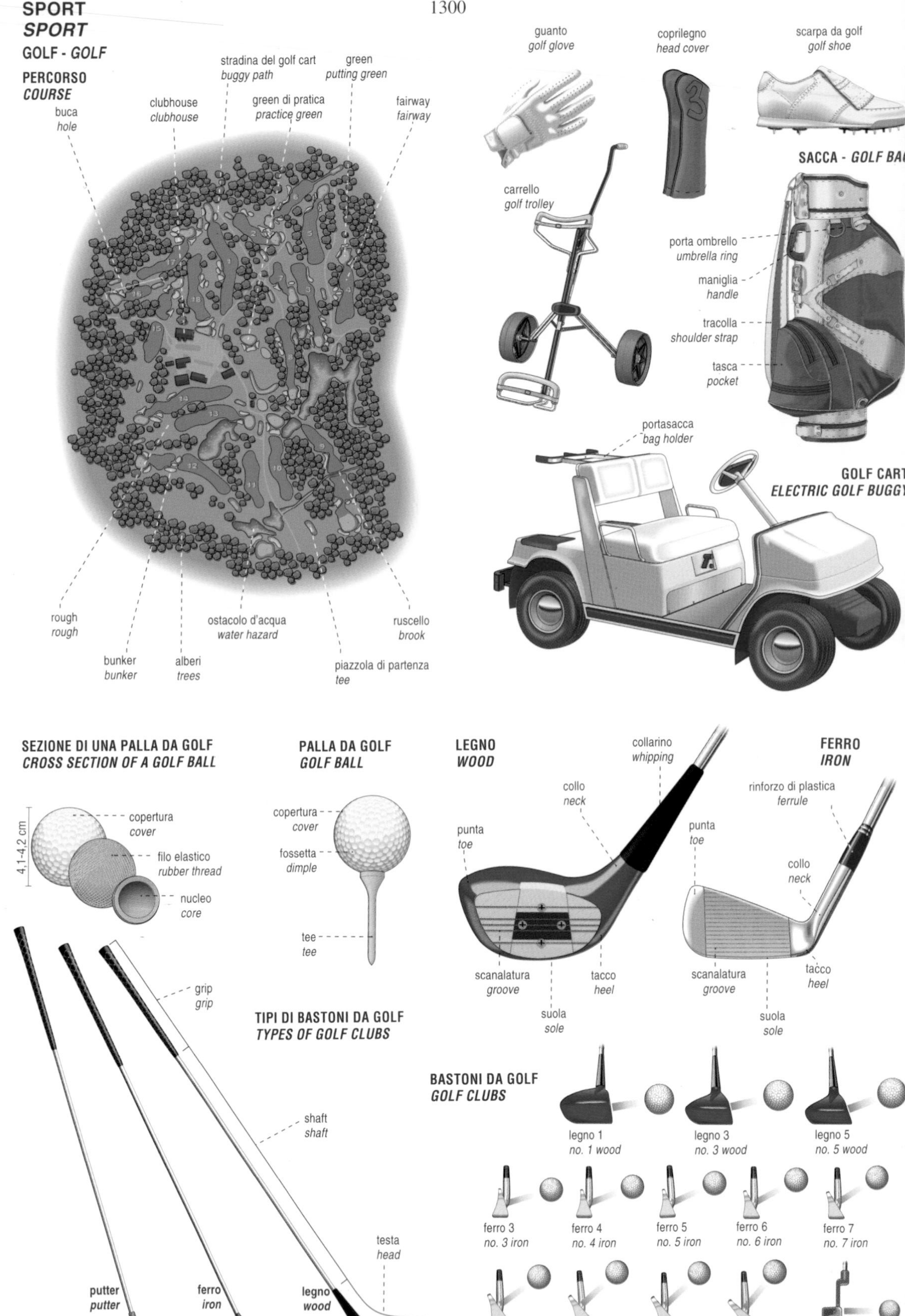

PERCORSO
COURSE
buca
hole
clubhouse
clubhouse
stradina del golf cart
buggy path
green di pratica
practice green
green
putting green
fairway
fairway
rough
rough
bunker
bunker
alberi
trees
ostacolo d'acqua
water hazard
piazzola di partenza
tee
ruscello
brook
guanto
golf glove
coprilegno
head cover
scarpa da golf
golf shoe
carrello
golf trolley
SACCA - GOLF BAG
porta ombrello
umbrella ring
maniglia
handle
tracolla
shoulder strap
tasca
pocket
portasacca
bag holder
GOLF CART
ELECTRIC GOLF BUGGY
SEZIONE DI UNA PALLA DA GOLF
CROSS SECTION OF A GOLF BALL
4,1-4,2 cm
copertura
cover
filo elastico
rubber thread
nucleo
core
PALLA DA GOLF
GOLF BALL
copertura
cover
fossetta
dimple
tee
tee
LEGNO
WOOD
collarino
whipping
collo
neck
punta
toe
scanalatura
groove
suola
sole
tacco
heel
FERRO
IRON
rinforzo di plastica
ferrule
punta
toe
collo
neck
scanalatura
groove
suola
sole
tacco
heel
grip
grip
TIPI DI BASTONI DA GOLF
TYPES OF GOLF CLUBS
shaft
shaft
testa
head
putter
putter
ferro
iron
legno
wood
faccia
face
BASTONI DA GOLF
GOLF CLUBS
legno 1
no. 1 wood
legno 3
no. 3 wood
legno 5
no. 5 wood
ferro 3
no. 3 iron
ferro 4
no. 4 iron
ferro 5
no. 5 iron
ferro 6
no. 6 iron
ferro 7
no. 7 iron
ferro 8
no. 8 iron
ferro 9
no. 9 iron
pitching wedge
pitching wedge
sand wedge
sand wedge
putter
putter

NUOTO
SWIMMING

PISCINA OLIMPICA
COMPETITION POOL

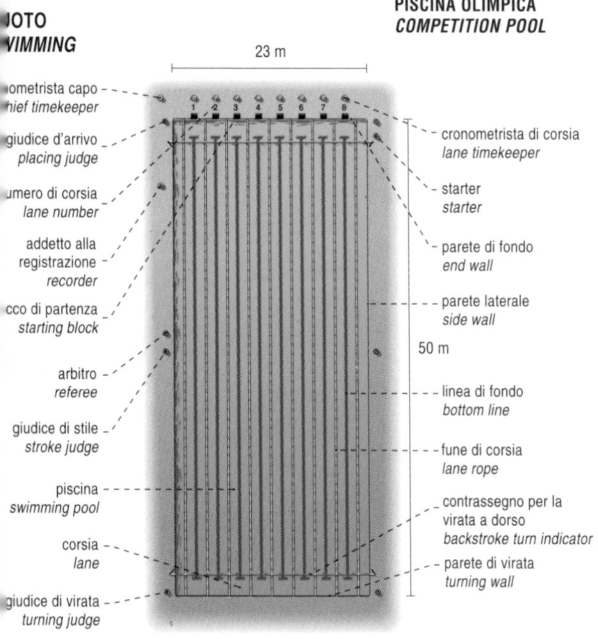

BLOCCO DI PARTENZA
STARTING BLOCK

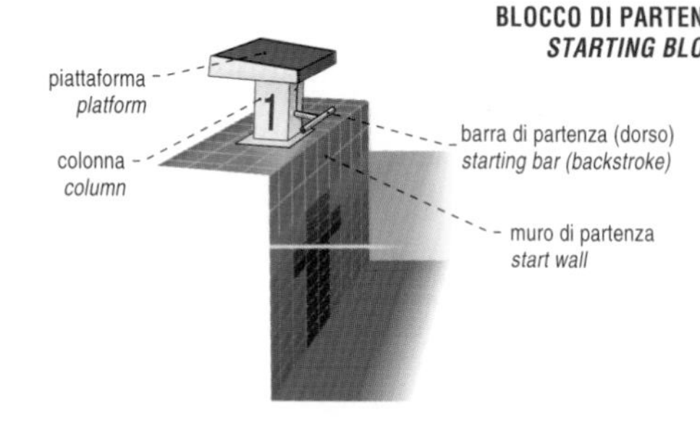

STILI DI NUOTO
TYPES OF STROKES

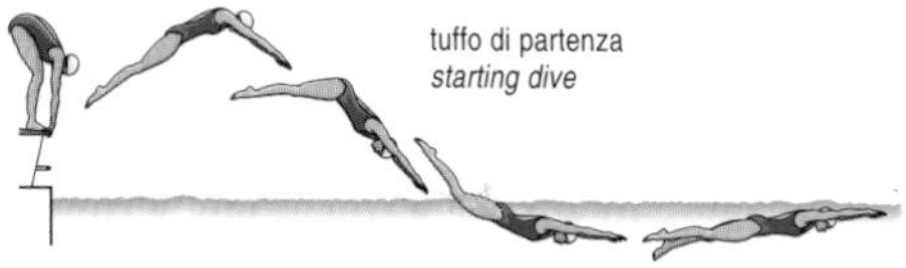

tuffo di partenza
starting dive

STILE LIBERO O CRAWL
FRONT CRAWL STROKE

inspirazione
breathing in

espirazione
breathing out

virata a capriola
flip turn

parete di virata
turning wall

RANA
BREASTSTROKE

virata
breaststroke turn

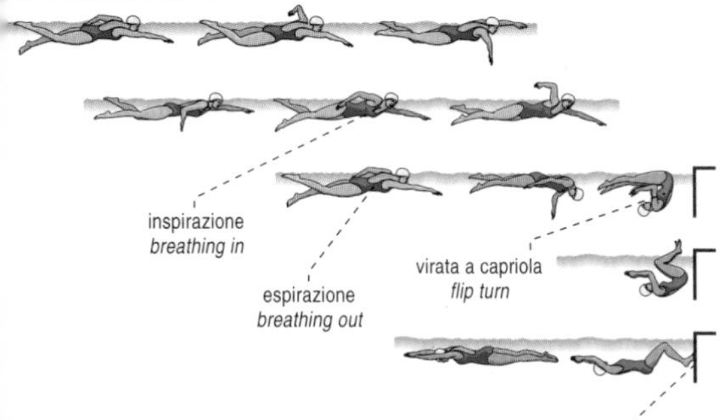

DELFINO
BUTTERFLY STROKE

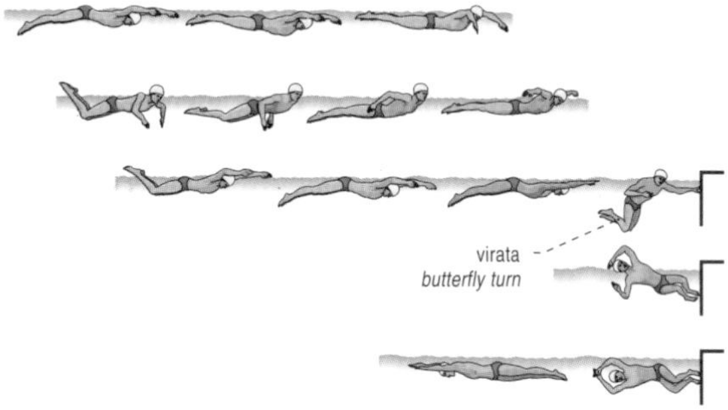

virata
butterfly turn

DORSO
BACKSTROKE

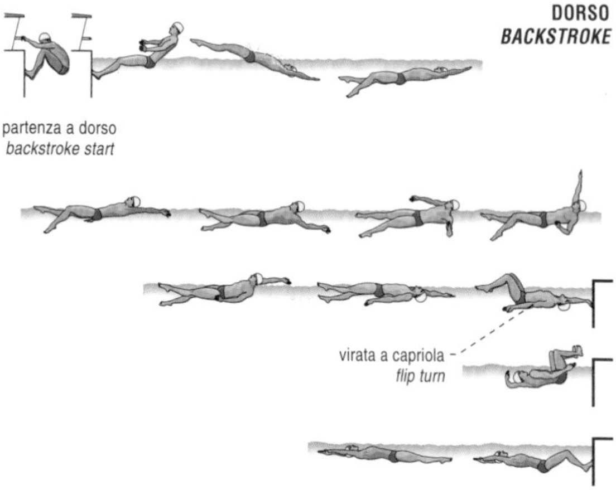

partenza a dorso
backstroke start

virata a capriola
flip turn

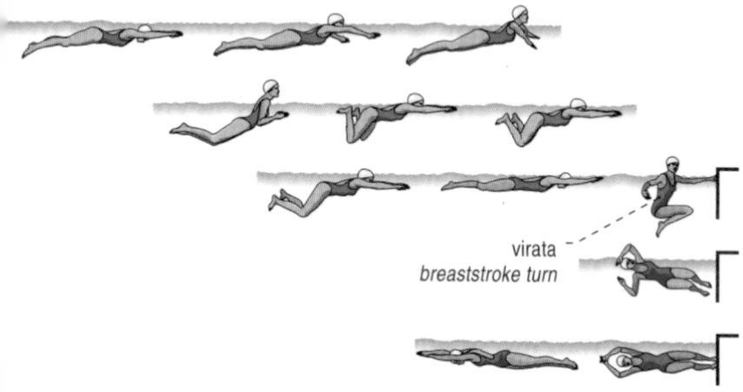

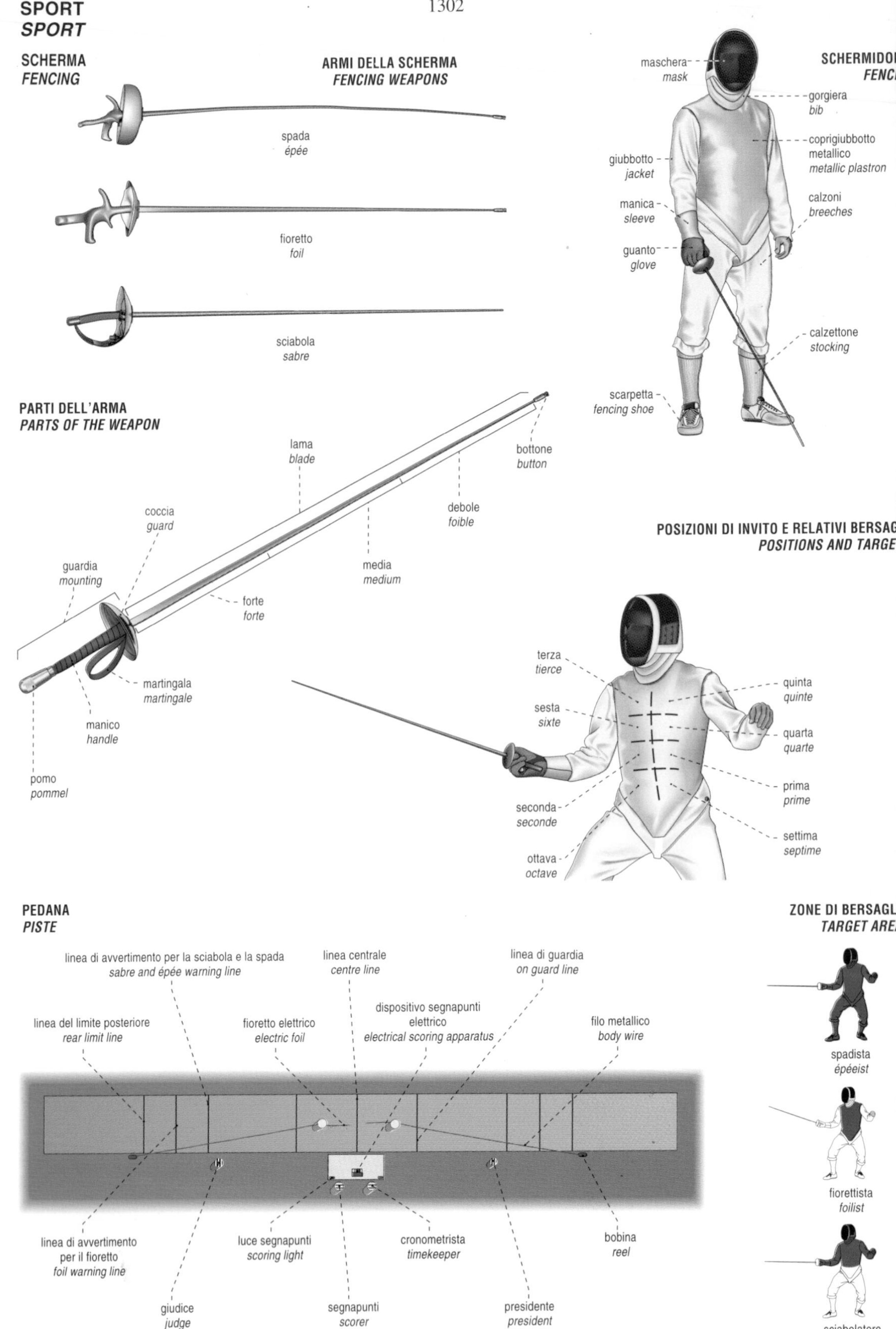
SCHERMA
FENCING
ARMI DELLA SCHERMA
FENCING WEAPONS
spada
épée
fioretto
foil
sciabola
sabre
PARTI DELL'ARMA
PARTS OF THE WEAPON
lama
blade
bottone
button
coccia
guard
debole
foible
guardia
mounting
media
medium
forte
forte
martingala
martingale
manico
handle
pomo
pommel
maschera
mask
gorgiera
bib
giubbotto
jacket
coprigiubbotto metallico
metallic plastron
manica
sleeve
calzoni
breeches
guanto
glove
calzettone
stocking
scarpetta
fencing shoe
terza
tierce
quinta
quinte
sesta
sixte
quarta
quarte
prima
prime
seconda
seconde
settima
septime
ottava
octave
PEDANA
PISTE
linea di avvertimento per la sciabola e la spada
sabre and épée warning line
linea centrale
centre line
linea di guardia
on guard line
dispositivo segnapunti elettrico
electrical scoring apparatus
linea del limite posteriore
rear limit line
fioretto elettrico
electric foil
filo metallico
body wire
linea di avvertimento per il fioretto
foil warning line
luce segnapunti
scoring light
cronometrista
timekeeper
bobina
reel
giudice
judge
segnapunti
scorer
presidente
president
spadista
épéeist
fiorettista
foilist
sciabolatore
sabreur

SCI ALPINO
ALPINE SKIING

SCIATORE
SKIER

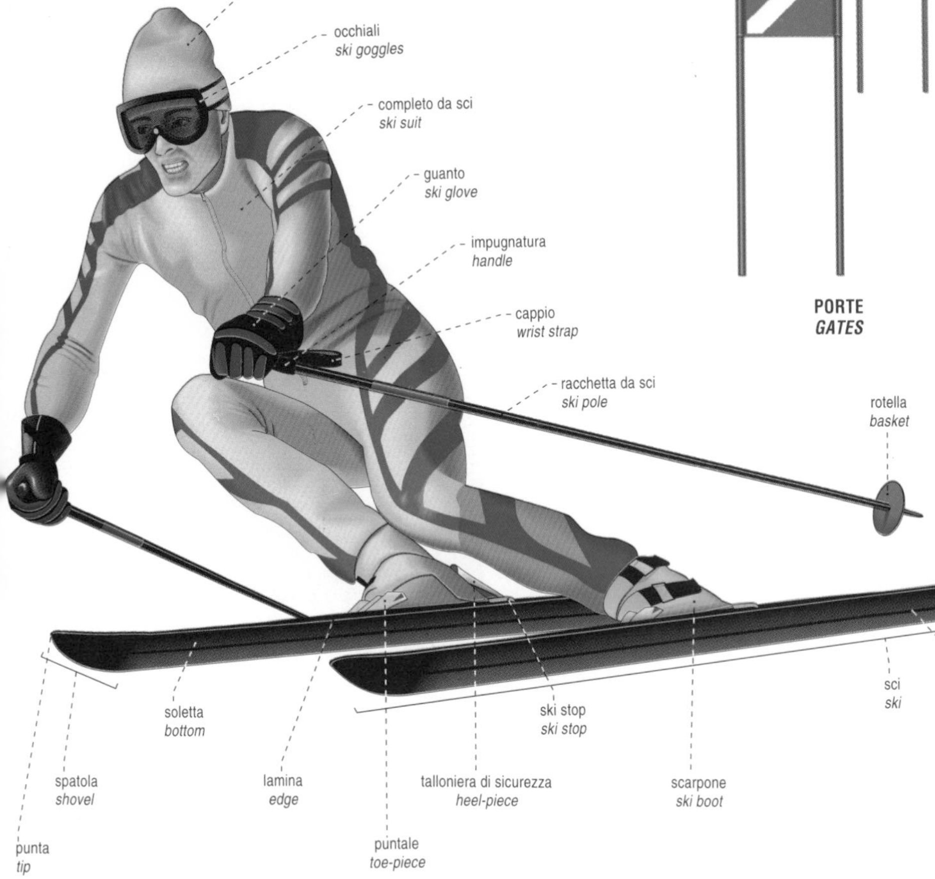

berretto
ski hat

occhiali
ski goggles

completo da sci
ski suit

guanto
ski glove

impugnatura
handle

cappio
wrist strap

racchetta da sci
ski pole

rotella
basket

coda
tail

scanalatura
groove

sci
ski

soletta
bottom

ski stop
ski stop

spatola
shovel

lamina
edge

talloniera di sicurezza
heel-piece

scarpone
ski boot

punta
tip

puntale
toe-piece

PORTE
GATES

PALETTI
POLES

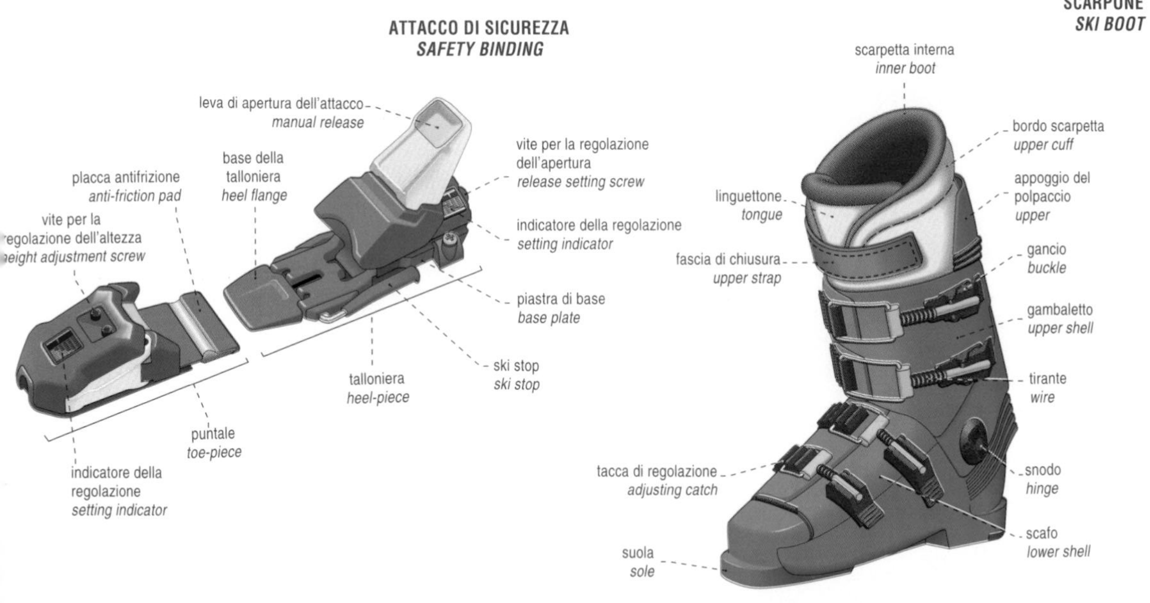

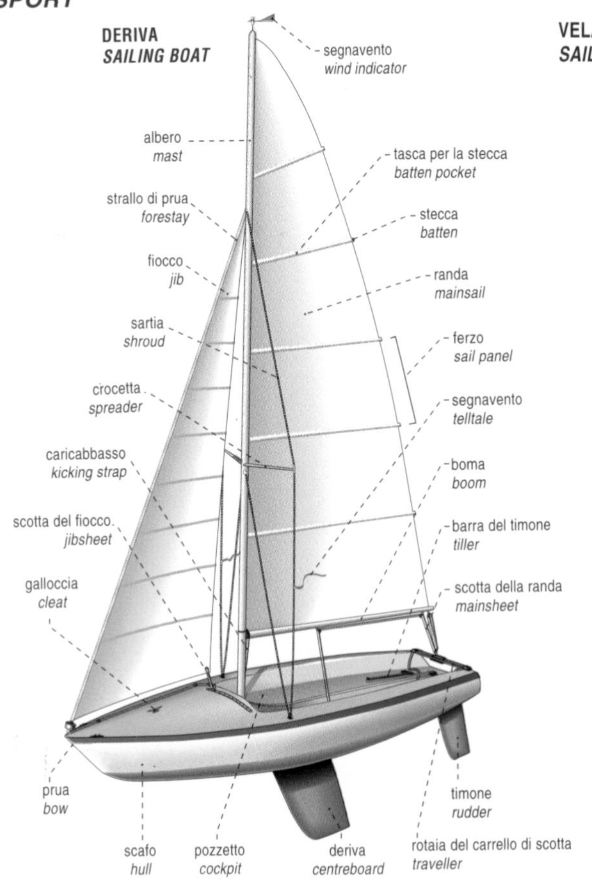
DERIVA
SAILING BOAT
segnavento
wind indicator
albero
mast
tasca per la stecca
batten pocket
strallo di prua
forestay
stecca
batten
fiocco
jib
randa
mainsail
sartia
shroud
ferzo
sail panel
crocetta
spreader
segnavento
telltale
caricabbasso
kicking strap
boma
boom
scotta del fiocco
jibsheet
barra del timone
tiller
galloccia
cleat
scotta della randa
mainsheet
prua
bow
timone
rudder
scafo
hull
pozzetto
cockpit
deriva
centreboard
rotaia del carrello di scotta
traveller

VELA
SAILING

Sfidante della Coppa America.
America's Cup challenger.

ANDATURE DELLE IMBARCAZIONI A VELA
POINTS OF SAILING

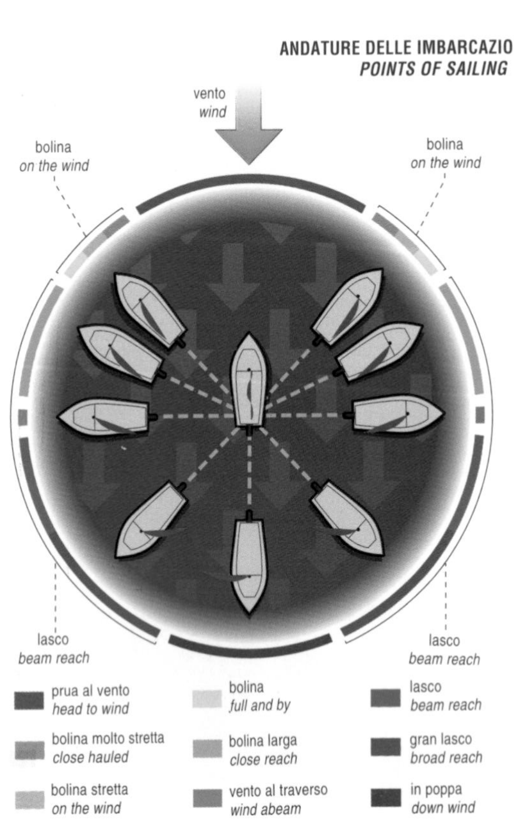
vento
wind
bolina
on the wind
bolina
on the wind
lasco
beam reach
lasco
beam reach
prua al vento
head to wind
bolina
full and by
lasco
beam reach
bolina molto stretta
close hauled
bolina larga
close reach
gran lasco
broad reach
bolina stretta
on the wind
vento al traverso
wind abeam
in poppa
down wind

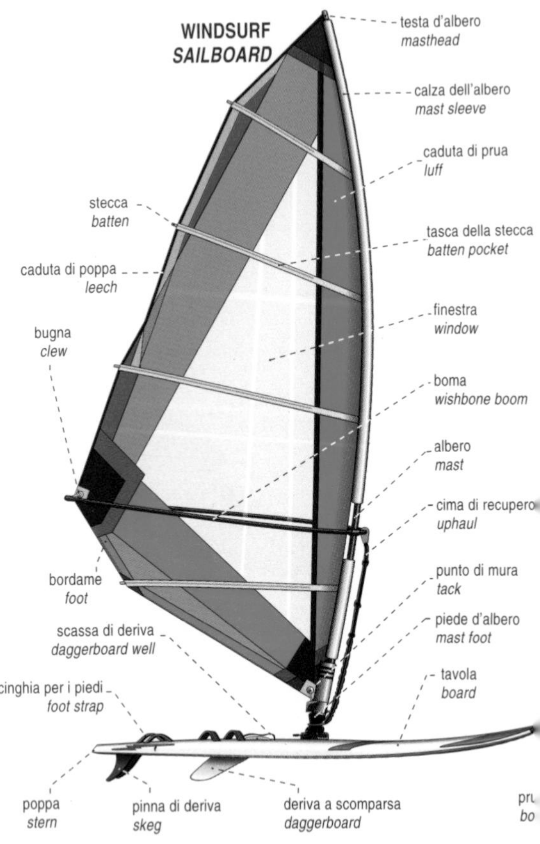
WINDSURF
SAILBOARD
testa d'albero
masthead
calza dell'albero
mast sleeve
caduta di prua
luff
stecca
batten
tasca della stecca
batten pocket
caduta di poppa
leech
finestra
window
bugna
clew
boma
wishbone boom
albero
mast
cima di recupero
uphaul
bordame
foot
punto di mura
tack
piede d'albero
mast foot
scassa di deriva
daggerboard well
tavola
board
cinghia per i piedi
foot strap
poppa
stern
pinna di deriva
skeg
deriva a scomparsa
daggerboard

BICICLETTA
BICYCLE

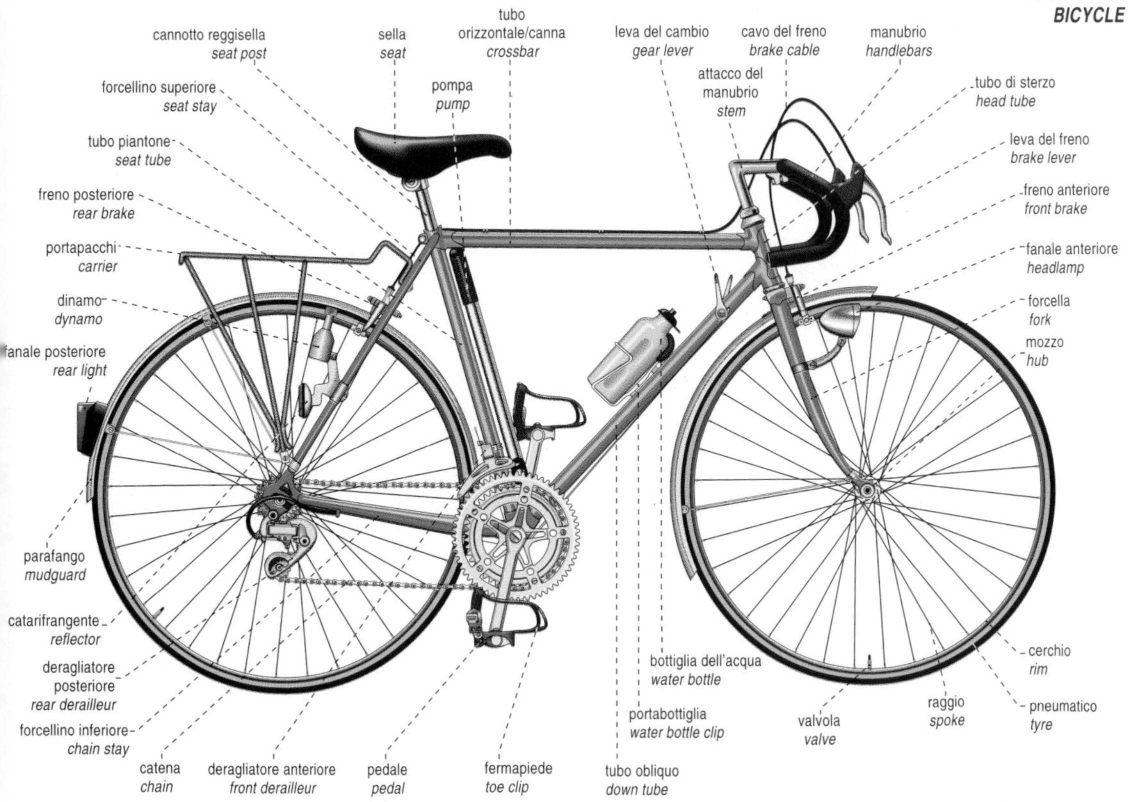

cannotto reggisella
seat post

sella
seat

tubo orizzontale/canna
crossbar

leva del cambio
gear lever

cavo del freno
brake cable

manubrio
handlebars

forcellino superiore
seat stay

pompa
pump

attacco del manubrio
stem

tubo di sterzo
head tube

tubo piantone
seat tube

leva del freno
brake lever

freno posteriore
rear brake

freno anteriore
front brake

portapacchi
carrier

fanale anteriore
headlamp

dinamo
dynamo

forcella
fork

mozzo
hub

fanale posteriore
rear light

parafango
mudguard

catarifrangente
reflector

cerchio
rim

deragliatore posteriore
rear derailleur

bottiglia dell'acqua
water bottle

raggio
spoke

pneumatico
tyre

portabottiglia
water bottle clip

valvola
valve

forcellino inferiore
chain stay

catena
chain

deragliatore anteriore
front derailleur

pedale
pedal

fermapiede
toe clip

tubo obliquo
down tube

ORGANI DI TRASMISSIONE
POWER TRAIN

deragliatore anteriore
front derailleur

leva del cambio
gear lever

fermapiede
toe clip

ruota libera
freewheel

guida della catena
chain guide

catena
chain

cavo del cambio
gear cable

ruota dentata A
chain wheel A

albero delle pedivelle
bottom bracket axle

ruota dentata B
chain wheel B

rullini tenditori
jockey rollers

pedivella
crank

deragliatore posteriore
rear derailleur

pedale
pedal

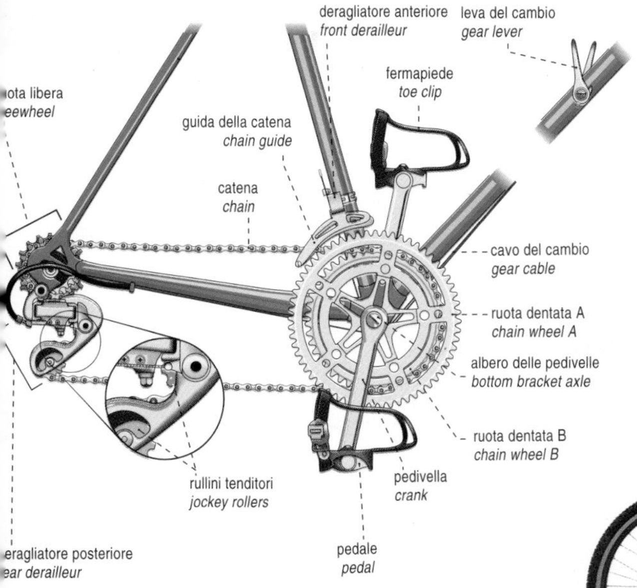

Mountain bike.
Mountain bike.

AUTOMOBILE
CAR

parabrezza
windscreen
specchietto retrovisore interno
rearview mirror
tergicristallo
windscreen wiper
cofano
bonnet
specchietto retrovisore esterno
wing mirror
proiettore abbagliante e anabbagliante
main beam
indicatore di direzione
indicator
mascherina
grille

specchietto retrovisore esterno
wing mirror
parabrezza
windscreen
tergicristallo
windscreen wiper
cofano
bonnet
paraurti
bumper
proiettore
headlight
indicatore di direzione
indicator
parafango
wing

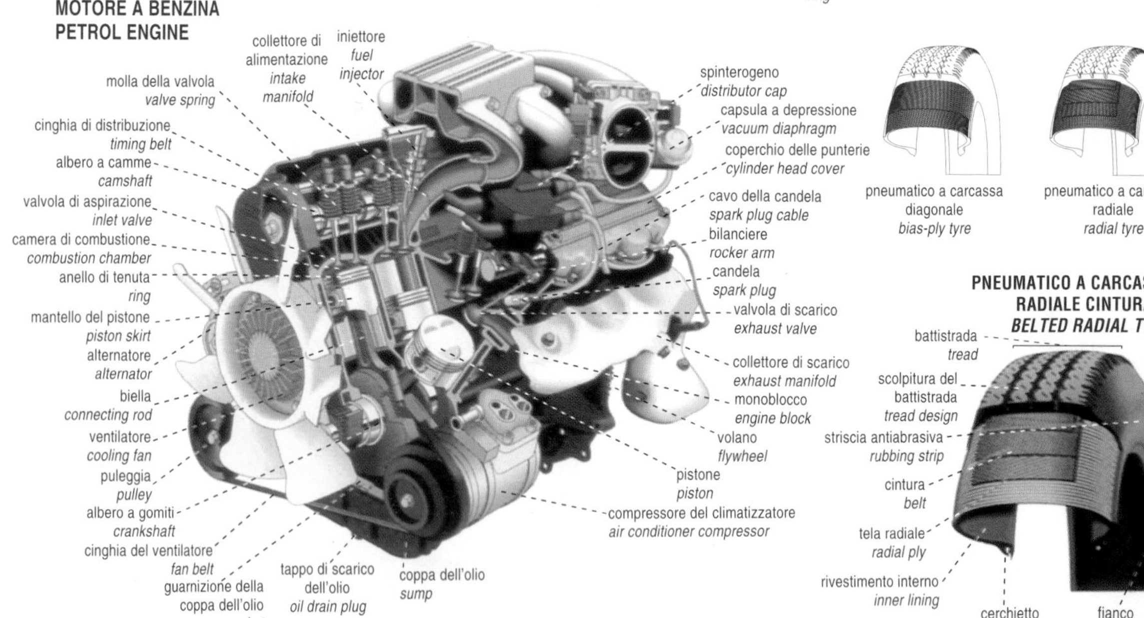

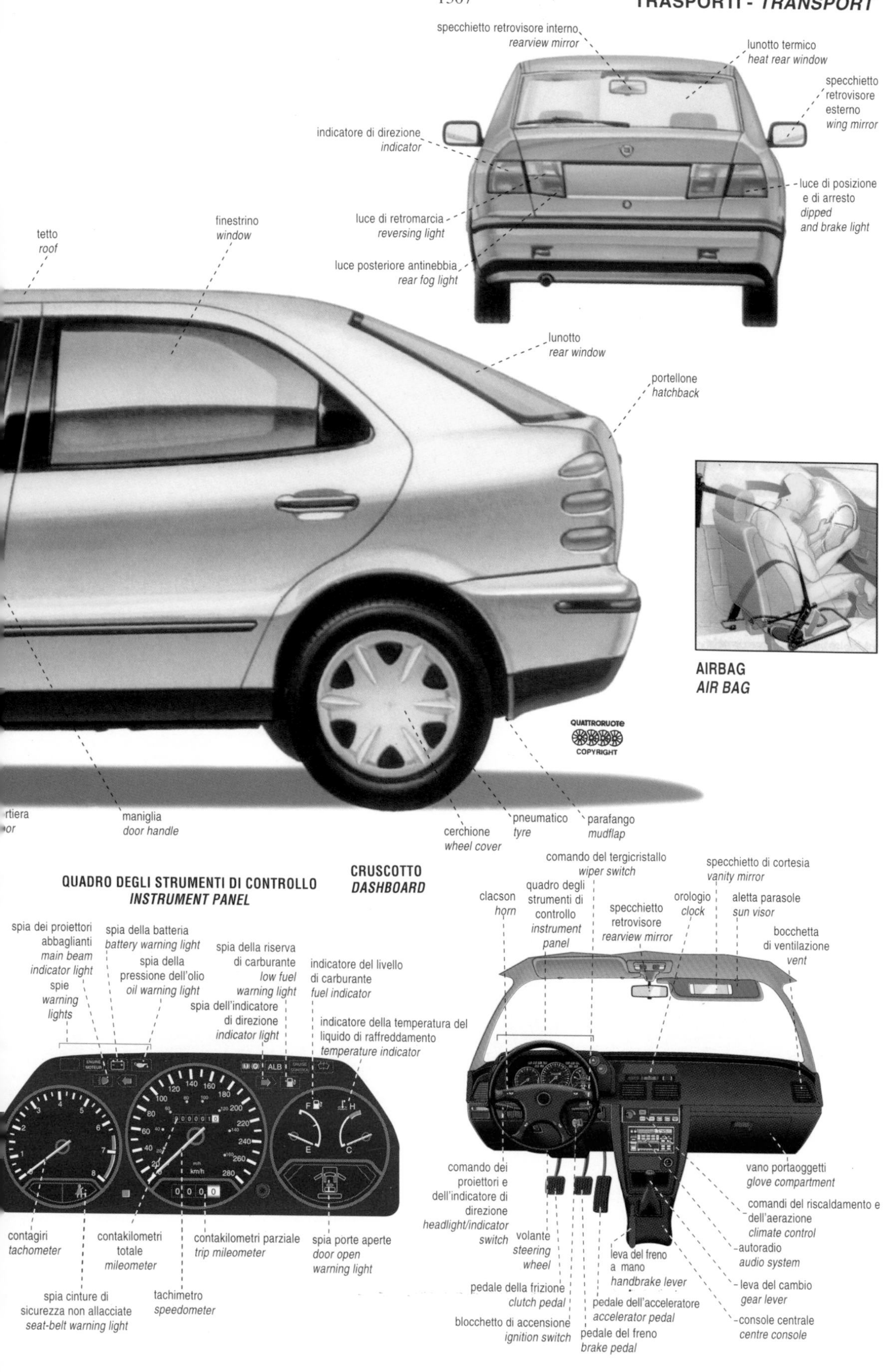

specchietto retrovisore interno
rearview mirror
lunotto termico
heat rear window
specchietto retrovisore esterno
wing mirror
indicatore di direzione
indicator
luce di posizione e di arresto
dipped and brake light
luce di retromarcia
reversing light
luce posteriore antinebbia
rear fog light
tetto
roof
finestrino
window
lunotto
rear window
portellone
hatchback
AIRBAG
AIR BAG
QUATTRORUOTE
COPYRIGHT
rtiera
or
maniglia
door handle
cerchione
wheel cover
pneumatico
tyre
parafango
mudflap
QUADRO DEGLI STRUMENTI DI CONTROLLO
INSTRUMENT PANEL
spia dei proiettori abbaglianti
main beam indicator light
spie
warning lights
spia della batteria
battery warning light
spia della pressione dell'olio
oil warning light
spia della riserva di carburante
low fuel warning light
spia dell'indicatore di direzione
indicator light
indicatore del livello di carburante
fuel indicator
indicatore della temperatura del liquido di raffreddamento
temperature indicator
contagiri
tachometer
contakilometri totale
mileometer
contakilometri parziale
trip mileometer
spia porte aperte
door open warning light
spia cinture di sicurezza non allacciate
seat-belt warning light
tachimetro
speedometer
CRUSCOTTO
DASHBOARD
clacson
horn
quadro degli strumenti di controllo
instrument panel
comando del tergicristallo
wiper switch
specchietto retrovisore
rearview mirror
orologio
clock
specchietto di cortesia
vanity mirror
aletta parasole
sun visor
bocchetta di ventilazione
vent
comando dei proiettori e dell'indicatore di direzione
headlight/indicator switch
volante
steering wheel
pedale della frizione
clutch pedal
blocchetto di accensione
ignition switch
leva del freno a mano
handbrake lever
pedale dell'acceleratore
accelerator pedal
pedale del freno
brake pedal
vano portaoggetti
glove compartment
comandi del riscaldamento e dell'aerazione
climate control
autoradio
audio system
leva del cambio
gear lever
console centrale
centre console

TRENO RAPIDO
HIGH-SPEED TRAIN

linea aerea di alimentazione
catenary
pantografo
pantograph
fanale di testa
headlight
cabina di guida
driver's cab
automotrice
power car
fanale anteriore
headlight
luce di posizior
position light
carrozza viaggiatori
passenger car
scomparto bagagli
luggage compartment
compressore dell'aria
air compression unit
carrello motore
suspension bogie
scomparto strumentazione
equipment compartment
trasformatore principale
main transformer
unità motrice
motor unit
carrello anteriore
motor bogie
cacciapietre
pilot
antenna di captazione
coupling guide device

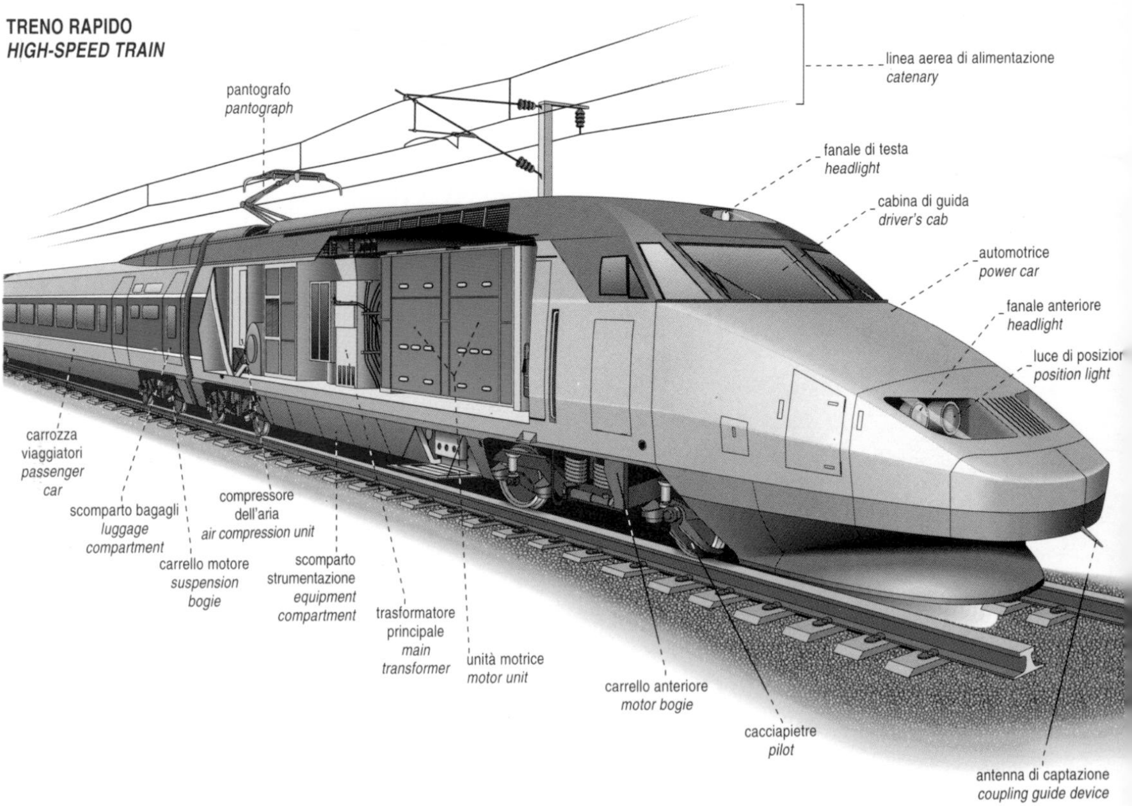

LOCOMOTIVA DIESEL-ELETTRICA
DIESEL-ELECTRIC LOCOMOTIVE

pannello di comando
control stand
ventilatore del motore diesel
diesel engine ventilator
cabina di guida
driver's cab
batteria d'avviamento
battery
avvisatore acustico
horn
freno dinamico
dynamic brake
parapetto
safety rail
compressore d'aria
air compressor
ventola di raffreddamento dei radiatori
ventilating fan
filtro dell'aria
air filter
radiatore
radiator
motore diesel
diesel engine
serbatoio dell'acqua
water tank
faro
headligh
4103
asse
axle
scatola dell'asse
journal box
telaio del carrello
bogie frame
carrello
bogie
alternatore
alternator
serbatoio del carburante
fuel tank
sistema di lubrificazione
lubricating system
serbatoio d'aria compressa
compressed air reservoir
sabbiera
sandbox
scaletta laterale
side footboard
molla di sospensione
spring
cacciapietre
pilot
dispositivo di aggancianment
coupler hea

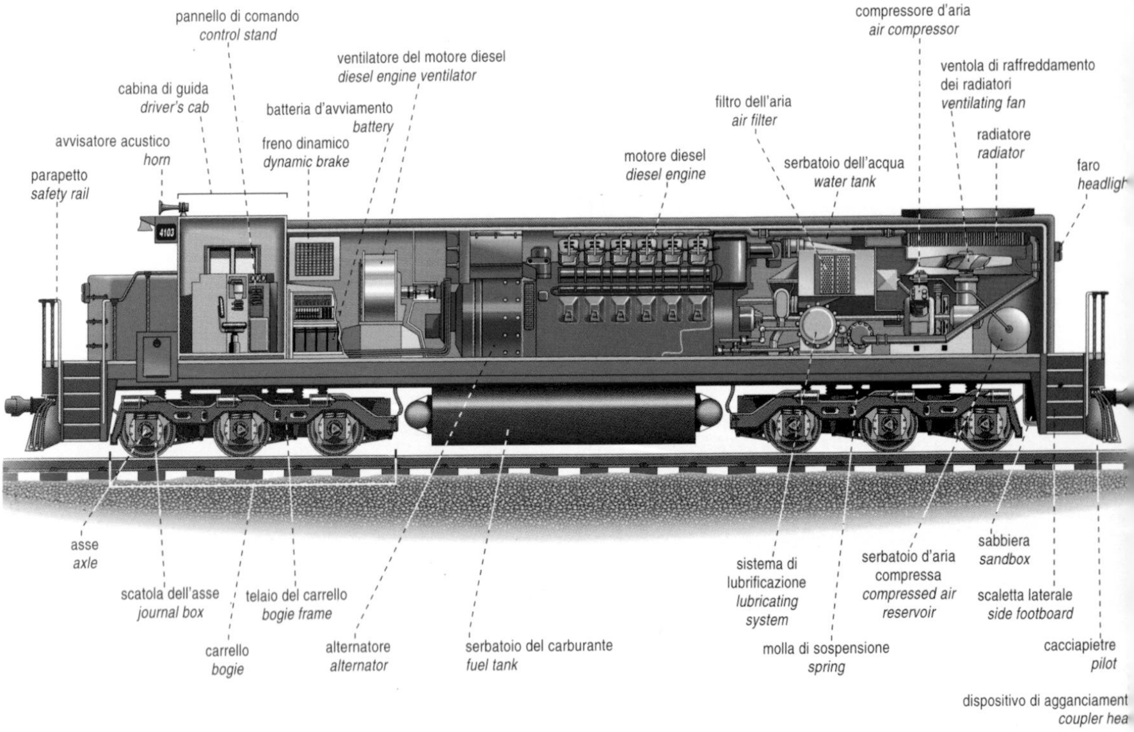

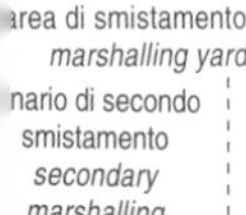

TAZIONE DI SMISTAMENTO
ARD

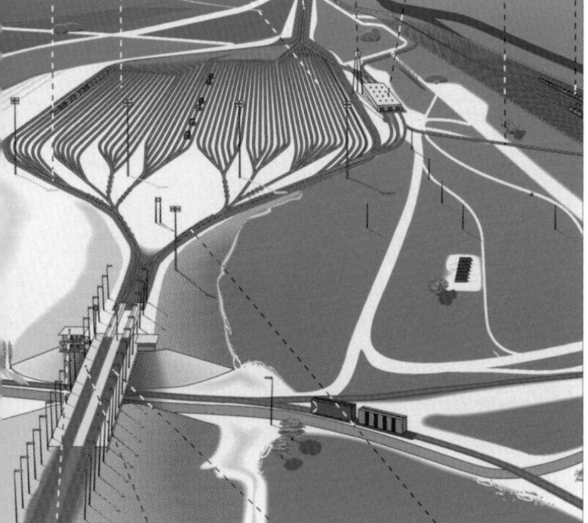

STAZIONE FERROVIARIA
RAILWAY STATION

marciapiede
station platform
ponte pedonale
footbridge
linea ferroviaria principale
main line
stazione
passenger station
treno locale
commuter train
passaggio a livello
level crossing
linea locale
suburban commuter railway
binario morto
subsidiary track
semaforo
semaphore
parcheggio
parking
pensilina
platform shelter
respingente
buffers
cabina di manovra
signal box
sottopassaggio
subway
binario di raccordo
crossover
scambio
points
ponte segnali
signal gantry
carro merci
goods van
pilone
mast
scalo merci
goods station
officina riparazione locomotori diesel
diesel shop

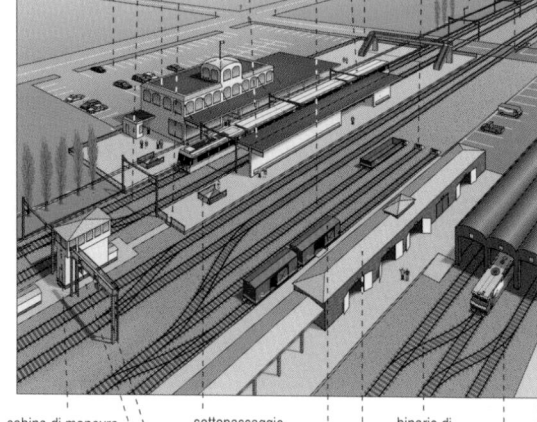

STAZIONE VIAGGIATORI - *PASSENGER STATION*

VELIERO A QUATTRO ALBERI
FOUR-MASTED BARQUE

ALBERATURA
MASTS AND RIGGING

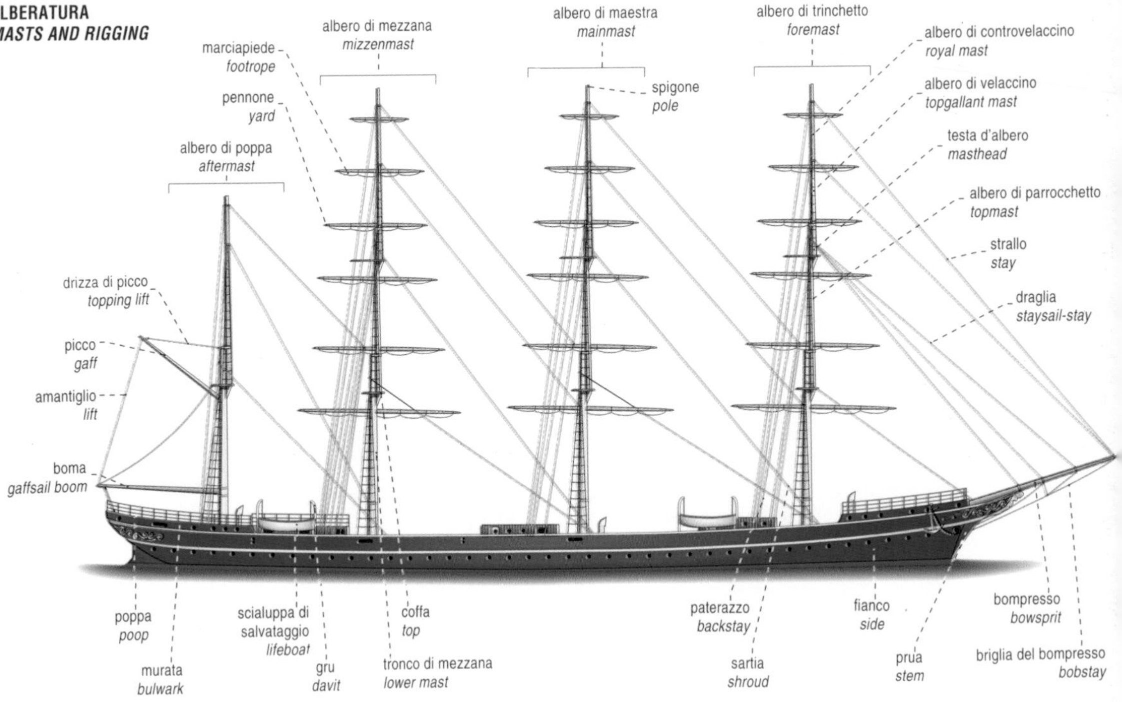

marciapiede
footrope
pennone
yard
albero di poppa
aftermast
albero di mezzana
mizzenmast
albero di maestra
mainmast
spigone
pole
albero di trinchetto
foremast
albero di controvelaccino
royal mast
albero di velaccino
topgallant mast
testa d'albero
masthead
albero di parrocchetto
topmast
strallo
stay
draglia
staysail-stay
drizza di picco
topping lift
picco
gaff
amantiglio
lift
boma
gaffsail boom
poppa
poop
murata
bulwark
scialuppa di salvataggio
lifeboat
gru
davit
coffa
top
tronco di mezzana
lower mast
paterazzo
backstay
sartia
shroud
fianco
side
prua
stem
bompresso
bowsprit
briglia del bompresso
bobstay

VELE
SAILS

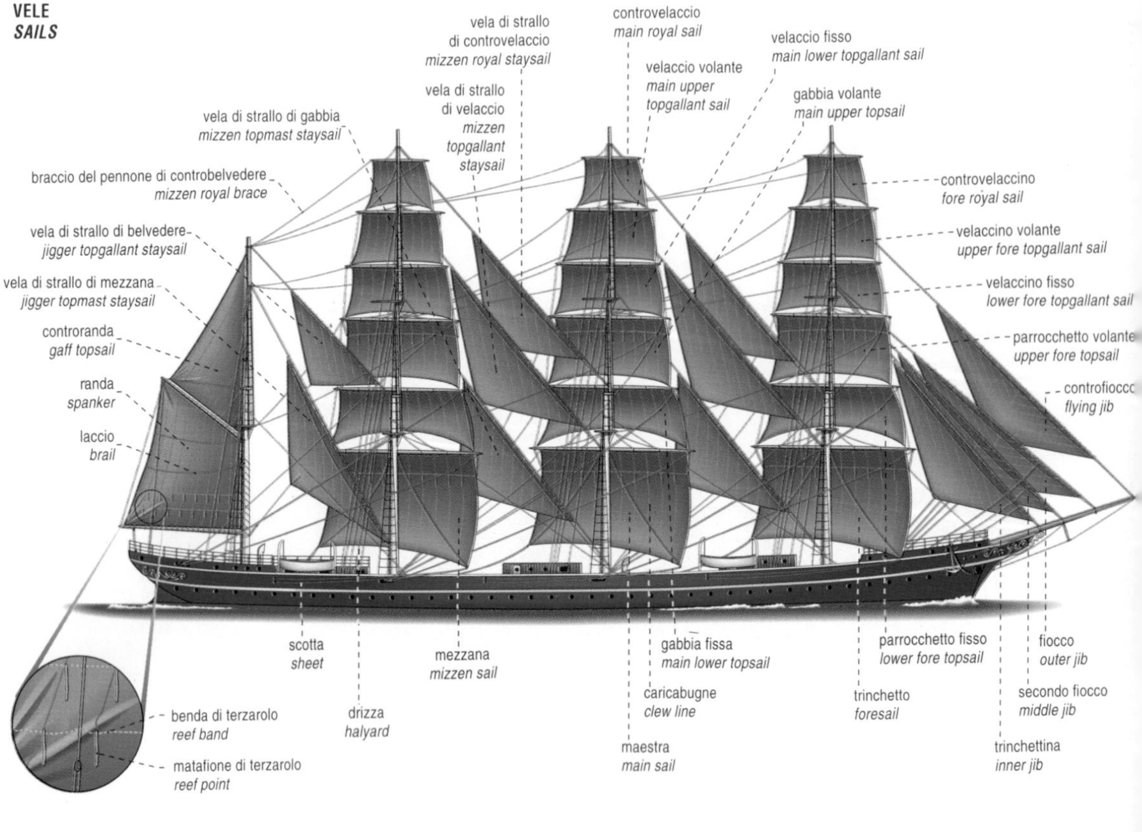

vela di strallo di controvelaccio
mizzen royal staysail
controvelaccio
main royal sail
velaccio fisso
main lower topgallant sail
velaccio volante
main upper topgallant sail
vela di strallo di velaccio
mizzen topgallant staysail
gabbia volante
main upper topsail
vela di strallo di gabbia
mizzen topmast staysail
braccio del pennone di controbelvedere
mizzen royal brace
vela di strallo di belvedere
jigger topgallant staysail
vela di strallo di mezzana
jigger topmast staysail
controranda
gaff topsail
randa
spanker
laccio
brail
controvelaccino
fore royal sail
velaccino volante
upper fore topgallant sail
velaccino fisso
lower fore topgallant sail
parrocchetto volante
upper fore topsail
controfiocco
flying jib
scotta
sheet
mezzana
mizzen sail
drizza
halyard
gabbia fissa
main lower topsail
caricabugne
clew line
maestra
main sail
parrocchetto fisso
lower fore topsail
trinchetto
foresail
fiocco
outer jib
secondo fiocco
middle jib
trinchettina
inner jib
benda di terzarolo
reef band
matafione di terzarolo
reef point

PORTO
HARBOUR

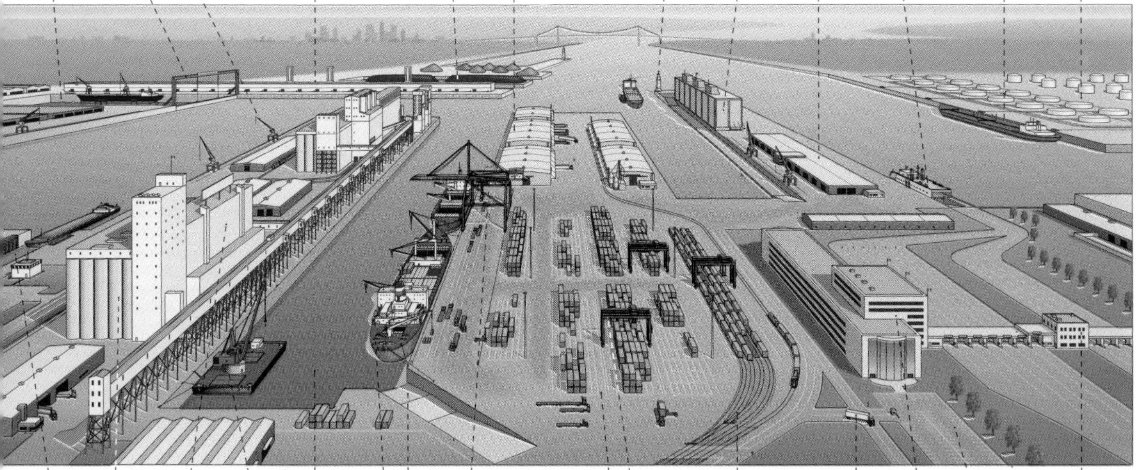

porta del bacino *gate*
gru mobile a braccio *quayside crane*
bacino di carenaggio *dry dock*
banchina *quay*
capannoni merci in transito *transit shed*
terminal rinfuse *bulk terminal*
magazzino frigorifero *cold shed*
faro *lighthouse*
terminal passeggeri *passenger terminal*
traghetto *ferryboat*
petroliera *tanker*
deposito petrolio *oil terminal*
chiusa di un canale *canal lock*
silo *silos*
terminal cereali *grain terminal*
gru su pontone *floating crane*
bacino *dock*
nave portacontainer *container ship*
ponte di caricamento per container *container-loading bridge*
scivolo di banchina *quay ramp*
terminal container *container terminal*
gru a portale *bridge*
scalo ferroviario *quayside railway*
trasporto su strada *road transport*
uffici *office building*
parcheggio *parking lot*
dogana *customs house*

SEGNALI MARITTIMI
MARITIME SIGNALS

LANTERNA DI FARO
LIGHTHOUSE LANTERN

FARO
LIGHTHOUSE

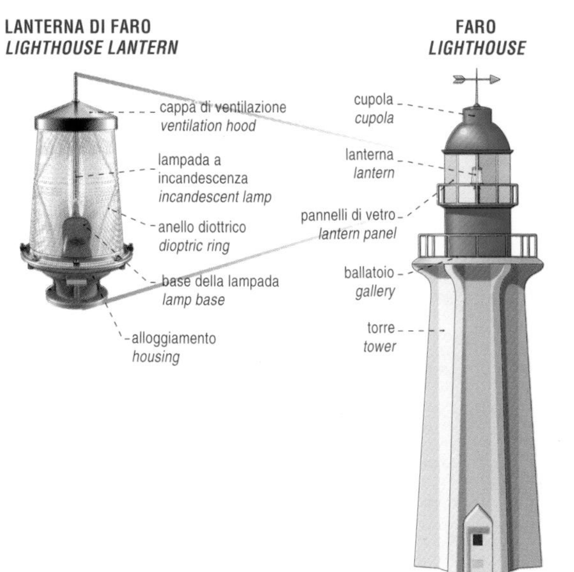

SISTEMA DI SEGNALAZIONE MARITTIMA PER MEZZO DI BOE
MARITIME BUOYAGE SYSTEM

SEGNALAMENTO DEI PUNTI CARDINALI
CARDINAL MARKS

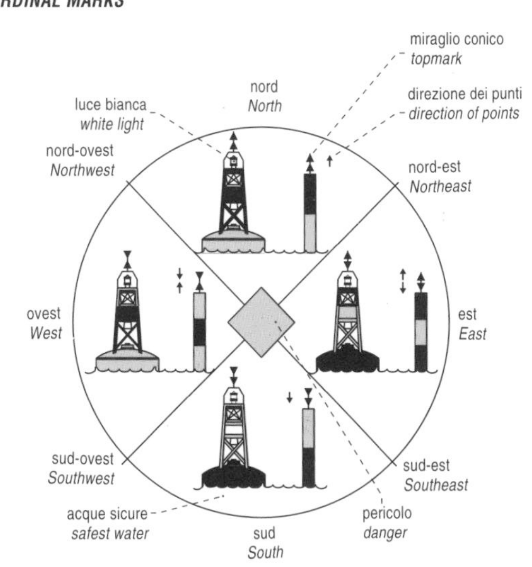

TRANSATLANTICO
CRUISE LINER

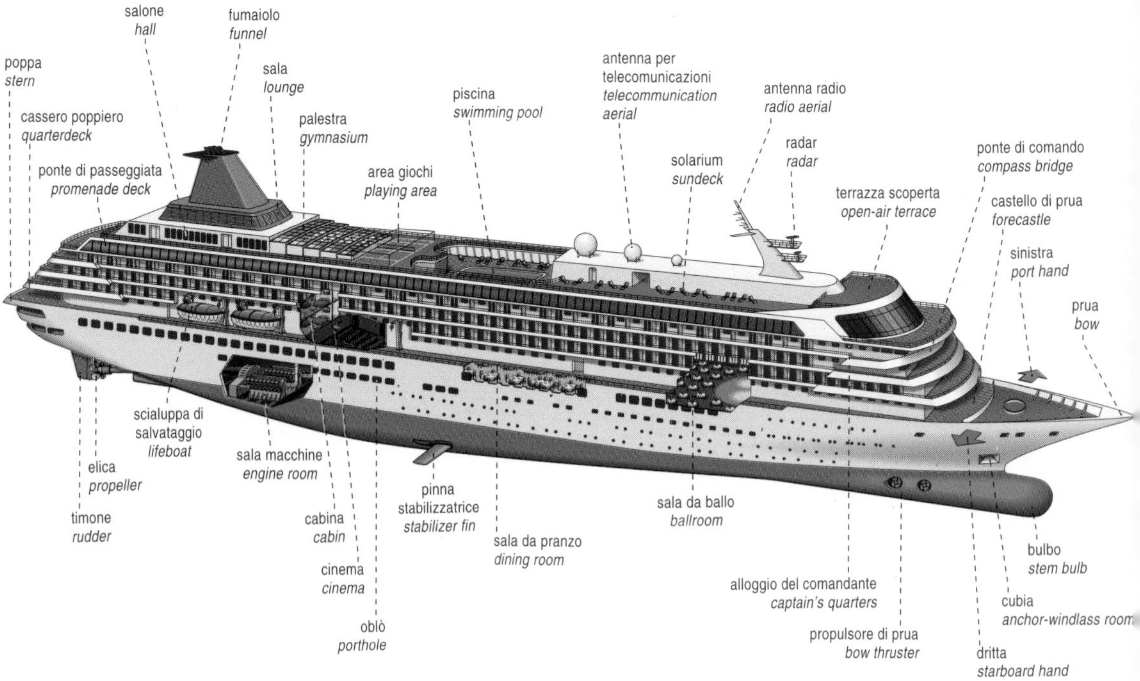

salone *hall*
fumaiolo *funnel*
poppa *stern*
sala *lounge*
cassero poppiero *quarterdeck*
palestra *gymnasium*
piscina *swimming pool*
antenna per telecomunicazioni *telecommunication aerial*
antenna radio *radio aerial*
ponte di passeggiata *promenade deck*
area giochi *playing area*
solarium *sundeck*
radar *radar*
ponte di comando *compass bridge*
terrazza scoperta *open-air terrace*
castello di prua *forecastle*
sinistra *port hand*
prua *bow*
scialuppa di salvataggio *lifeboat*
sala macchine *engine room*
elica *propeller*
pinna stabilizzatrice *stabilizer fin*
sala da ballo *ballroom*
timone *rudder*
cabina *cabin*
sala da pranzo *dining room*
bulbo *stem bulb*
cinema *cinema*
alloggio del comandante *captain's quarters*
cubia *anchor-windlass room*
oblò *porthole*
propulsore di prua *bow thruster*
dritta *starboard hand*

AVIOGETTO A LUNGO RAGGIO
LONG-RANGE JET

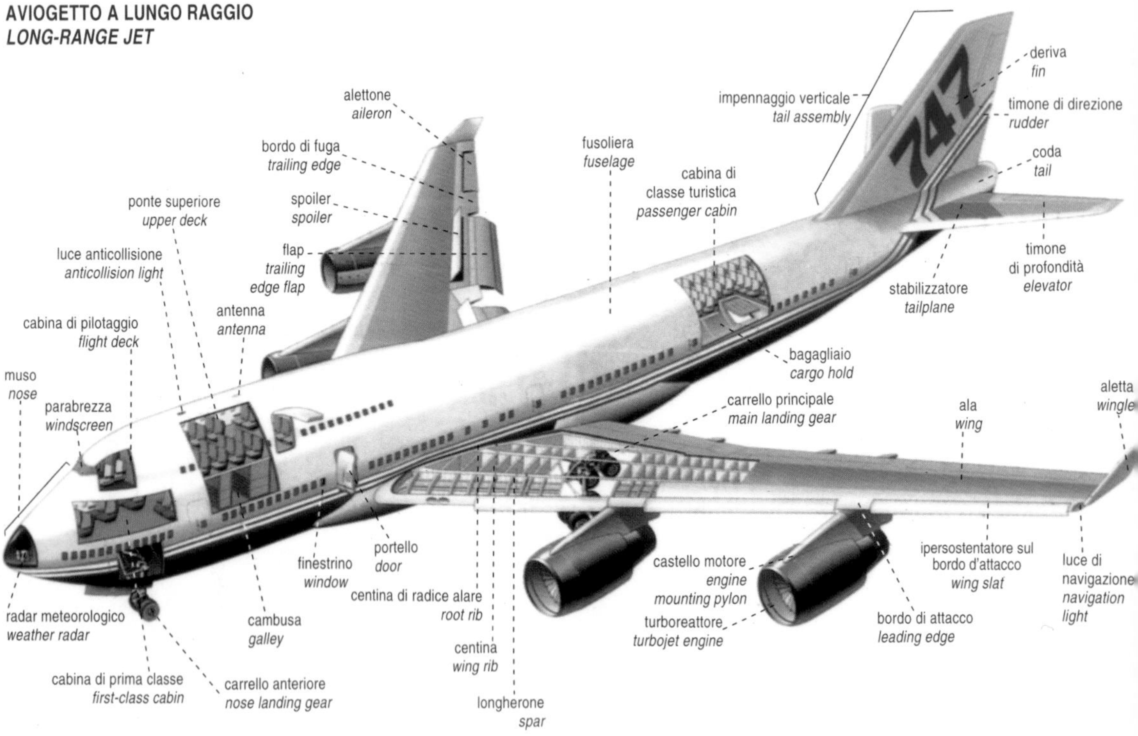

deriva *fin*
alettone *aileron*
impennaggio verticale *tail assembly*
timone di direzione *rudder*
bordo di fuga *trailing edge*
fusoliera *fuselage*
coda *tail*
cabina di classe turistica *passenger cabin*
ponte superiore *upper deck*
spoiler *spoiler*
flap *trailing edge flap*
luce anticollisione *anticollision light*
timone di profondità *elevator*
stabilizzatore *tailplane*
antenna *antenna*
cabina di pilotaggio *flight deck*
bagagliaio *cargo hold*
muso *nose*
aletta *wingle*
carrello principale *main landing gear*
parabrezza *windscreen*
ala *wing*
ipersostentatore sul bordo d'attacco *wing slat*
portello *door*
finestrino *window*
castello motore *engine mounting pylon*
luce di navigazione *navigation light*
centina di radice alare *root rib*
radar meteorologico *weather radar*
cambusa *galley*
turboreattore *turbojet engine*
bordo di attacco *leading edge*
centina *wing rib*
cabina di prima classe *first-class cabin*
carrello anteriore *nose landing gear*
longherone *spar*

PRINCIPALI VERBI IRREGOLARI INGLESI
MAIN IRREGULAR VERBS IN ENGLISH

(La lettera (R), apposta accanto all'infinito, indica che il verbo può essere anche usato come regolare. Il segno † denota una forma arcaica o poetica).

INFINITO	PASSATO	PARTICIPIO PASSATO
abide (R) /ə'baɪd/	**abode** /ə'bəʊd/	**abode** /ə'bəʊd/
arise /ə'raɪz/	**arose** /ə'rəʊz/	**arisen** /ə'rɪzn/
awake (R) /ə'weɪk/	**awoke** /ə'wəʊk/	**awoke** /ə'wəʊk/, **awoken** /ə'wəʊkən/
be /biː, bɪ/	**was** /wɒz, wəz, *USA* wʌz, wɔːz, wəz/, **were** /wɜː(r), wə(r)/	**been** /biːn, bɪn, *USA* bɪn, bɛn/
bear /bɛə(r)/	**bore** /bɔː(r)/	**borne** /bɔːn/, **born** /bɔːn/
beat /biːt/	**beat** /biːt/	**beaten** /'biːtn/, †**beat** /biːt/
become /bɪ'kʌm/	**became** /bɪ'keɪm/	**become** /bɪ'kʌm/
befall /bɪ'fɔːl/	**befell** /bɪ'fɛl/	**befallen** /bɪ'fɔːlən/
beget /bɪ'gɛt/	**begot** /bɪ'gɒt/	**begotten** /bɪ'gɒtn/, **begot** /bɪ'gɒt/
begin /bɪ'gɪn/	**began** /bɪ'gæn/	**begun** /bɪ'gʌn/
behold /bɪ'həʊld/	**beheld** /bɪ'hɛld/	**beheld** /bɪ'hɛld/
bend /bɛnd/	**bent** /bɛnt/	**bent** /bɛnt/
bereave (R) /bɪ'riːv/	**bereft** /bɪ'rɛft/	**bereft** /bɪ'rɛft/
beseech /bɪ'siːtʃ/	**besought** /bɪ'sɔːt/	**besought** /bɪ'sɔːt/ (*USA anche* **beseeched** /bɪ'siːtʃt/)
bet (R) /bɛt/	**bet** /bɛt/	**bet** /bɛt/
bid /bɪd/	**bid** /bɪd/, **bade** /beɪd/	**bid** /bɪd/, **bidden** /'bɪdn/
bind /baɪnd/	**bound** /baʊnd/	**bound** /baʊnd/
bite /baɪt/	**bit** /bɪt/	**bitten** /'bɪtn/, **bit** /bɪt/
bleed /bliːd/	**bled** /blɛd/	**bled** /blɛd/
blend (R) /blɛnd/	**blent** /blɛnt/	**blent** /blɛnt/
bless (R) /blɛs/	**blest** /blɛst/	**blest** /blɛst/
blow /bləʊ/	**blew** /bluː/	**blown** /bləʊn/
break /breɪk/	**broke** /brəʊk/	**broken** /'brəʊkən/
breed /briːd/	**bred** /brɛd/	**bred** /brɛd/
bring /brɪŋ/	**brought** /brɔːt/	**brought** /brɔːt/
broadcast /'brɔːdkɑːst, *USA* -æst/	**broadcast** /'brɔːdkɑːst, *USA* -æst/	**broadcast** /'brɔːdkɑːst, *USA* -æst/
build /bɪld/	**built** /bɪlt/	**built** /bɪlt/
burn (R) /bɜːn/	**burnt** /bɜːnt/	**burnt** /bɜːnt/
burst /bɜːst/	**burst** /bɜːst/	**burst** /bɜːst/
buy /baɪ/	**bought** /bɔːt/	**bought** /bɔːt/
cast /kɑːst, *USA* kæst/	**cast** /kɑːst, *USA* kæst/	**cast** /kɑːst, *USA* kæst/
catch /kætʃ/	**caught** /kɔːt/	**caught** /kɔːt/
chide (R) /tʃaɪd/	**chid** /tʃɪd/	**chidden** /'tʃɪdn/, **chid** /tʃɪd/
choose /tʃuːz/	**chose** /tʃəʊz/	**chosen** /'tʃəʊzn/
cleave (R) /kliːv/	**cleft** /klɛft/, **clove** /'kləʊv/	**cleft** /klɛft/, **cloven** /'kləʊvn/
cling /klɪŋ/	**clung** /klʌŋ/	**clung** /klʌŋ/
clothe (R) /kləʊð/	**clad** /klæd/	**clad** /klæd/
come /kʌm/	**came** /keɪm/	**come** /kʌm/
cost /kɒst, *USA* kɔːst/	**cost** /kɒst, *USA* kɔːst/	**cost** /kɒst, *USA* kɔːst/
creep /kriːp/	**crept** /krɛpt/	**crept** /krɛpt/
crow (R) /krəʊ/	**crew** /kruː/	**crowed** /krəʊd/
cut /kʌt/	**cut** /kʌt/	**cut** /kʌt/
dare (R) /dɛə(r)/	†**durst** /dɜːst/	**dared** /dɛəd/
deal /diːl/	**dealt** /dɛlt/	**dealt** /dɛlt/
dig /dɪg/	**dug** /dʌg/	**dug** /dʌg/
do /duː, dʊ, də, dɪ, d/	**did** /dɪd, dəd, dd, d/	**done** /dʌn/
draw /drɔː/	**drew** /druː/	**drawn** /drɔːn/
dream /driːm/	**dreamt** /drɛmt/	**dreamt** /drɛmt/
drink /drɪŋk/	**drank** /dræŋk/	**drunk** /drʌŋk/
drive /draɪv/	**drove** /drəʊv/	**driven** /'drɪvn/
dwell (R) /dwɛl/	**dwelt** /dwɛlt/	**dwelt** /dwɛlt/
eat /iːt/	**ate** /ɛt, eɪt, *USA* eɪt/	**eaten** /'iːtn/
fall /fɔːl/	**fell** /fɛl/	**fallen** /'fɔːlən/
feed /fiːd/	**fed** /fɛd/	**fed** /fɛd/
feel /fiːl/	**felt** /fɛlt/	**felt** /fɛlt/
fight /faɪt/	**fought** /fɔːt/	**fought** /fɔːt/
find /faɪnd/	**found** /faʊnd/	**found** /faʊnd/
flee /fliː/	**fled** /flɛd/	**fled** /flɛd/
fling /flɪŋ/	**flung** /flʌŋ/	**flung** /flʌŋ/
fly /flaɪ/	**flew** /fluː/	**flown** /fləʊn/
forbear /fɔː'bɛə(r)/	**forbore** /fɔː'bɔː(r)/	**forborne** /fɔː'bɔːn/
forbid /fə'bɪd/	**forbade** /fə'beɪd/, **forbad** /fə'bæd/	**forbidden** /fə'bɪdn/
forecast (R) /'fɔːkɑːst, *USA* -æst/	**forecast** /'fɔːkɑːst, *USA* -æst/	**forecast** /'fɔːkɑːst, *USA* -æst/
forget /fə'gɛt/	**forgot** /fə'gɒt/	**forgotten** /fə'gɒtn/
forgive /fə'gɪv/	**forgave** /fə'geɪv/	**forgiven** /fə'gɪvn/
forsake /fə'seɪk/	**forsook** /fə'sʊk/	**forsaken** /fə'seɪkən/
forswear /fɔː'swɛə(r)/	**forswore** /fɔː'swɔː(r)/	**forsworn** /fɔː'swɔːn/
freeze /friːz/	**froze** /frəʊz/	**frozen** /'frəʊzn/
get /gɛt/	**got** /gɒt/	**got** /gɒt/, *USA* †**gotten** /'gɒtn/
gild (R) /gɪld/	**gilt** /gɪlt/	**gilt** /gɪlt/

gird (R) /gɜːd/	**girt** /gɜːt/	**girt** /gɜːt/
give /gɪv/	**gave** /geɪv/	**given** /ˈgɪvn/
gnaw (R) /nɔː/	**gnawed** /nɔːd/	**gnawn** /nɔːn/
go /gəʊ/	**went** /went/	**gone** /gɒn, *USA* gɔːn/
grave (R) /greɪv/	**graved** /greɪvd/	**graven** /ˈgreɪvn/
grind /graɪnd/	**ground** /graʊnd/	**ground** /graʊnd/
grow /grəʊ/	**grew** /gruː/	**grown** /grəʊn/
hang (R) /hæŋ/	**hung** /hʌŋ/	**hung** /hʌŋ/
have /hæv, həv, əv, v, f/	**had** /hæd, həd, əd, d/	**had** /hæd, həd, əd, d/
hear /hɪə(r)/	**heard** /hɜːd/	**heard** /hɜːd/
heave (R) /hiːv/	**hove** /həʊv/	**hove** /həʊv/
hew (R) /hjuː/	**hewed** /hjuːd/	**hewn** /hjuːn/
hide /haɪd/	**hid** /hɪd/	**hidden** /ˈhɪdn/, **hid** /hɪd/
hit /hɪt/	**hit** /hɪt/	**hit** /hɪt/
hold /həʊld/	**held** /held/	**held** /held/, †**holden** /ˈhəʊldn/
hurt /hɜːt/	**hurt** /hɜːt/	**hurt** /hɜːt/
keep /kiːp/	**kept** /kept/	**kept** /kept/
kneel /niːl/	**knelt** /nelt/	**knelt** /nelt/
knit (R) /nɪt/	**knit** /nɪt/	**knit** /nɪt/
know /nəʊ/	**knew** /njuː, *USA* nuː/	**known** /nəʊn/
lade /leɪd/	**laded** /ˈleɪdɪd/	**laden** /ˈleɪdn/
lay /leɪ/	**laid** /leɪd/	**laid** /leɪd/
lead /liːd/	**led** /led/	**led** /led/
lean (R) /liːn/	**leant** /lent/	**leant** /lent/
leap (R) /liːp/	**leapt** /liːpt/	**leapt** /liːpt/
learn (R) /lɜːn/	**learnt** /lɜːnt/	**learnt** /lɜːnt/
leave /liːv/	**left** /left/	**left** /left/
lend /lend/	**lent** /lent/	**lent** /lent/
let /let/	**let** /let/	**let** /let/
lie /laɪ/	**lay** /leɪ/	**lain** /leɪn/
light (R) /laɪt/	**lit** /lɪt/	**lit** /lɪt/
lose /luːz/	**lost** /lɒst, *USA* lɔːst/	**lost** /lɒst, *USA* lɔːst/
make /meɪk/	**made** /meɪd/	**made** /meɪd/
mean /miːn/	**meant** /ment/	**meant** /ment/
meet /miːt/	**met** /met/	**met** /met/
melt (R) /melt/	**melted** /ˈmeltɪd/	**molten** /ˈməʊltən/
mistake /mɪˈsteɪk/	**mistook** /mɪˈstʊk/	**mistaken** /mɪˈsteɪkən/
misunderstand /mɪsʌndəˈstænd/	**misunderstood** /mɪsʌndəˈstʊd/	**misunderstood** /mɪsʌndəˈstʊd/
mow (R) /məʊ/	**mowed** /məʊd/	**mown** /məʊn/
pay /peɪ/	**paid** /peɪd/	**paid** /peɪd/
prove (R) /pruːv/	**prouved** /pruːvd/	**proven** /ˈpruːvn/
put /pʊt/	**put** /pʊt/	**put** /pʊt/
quit (R) /kwɪt/	**quit** /kwɪt/	**quit** /kwɪt/
read /riːd/	**read** /red/	**read** /red/
reave (R) /riːv/	**reft** /reft/	**reft** /reft/
rend /rend/	**rent** /rent/	**rent** /rent/
rid (R) /rɪd/	**rid** /rɪd/	**rid** /rɪd/
ride /raɪd/	**rode** /rəʊd/	**ridden** /ˈrɪdn/
ring /rɪŋ/	**rang** /ræŋ/	**rung** /rʌŋ/
rise /raɪz/	**rose** /rəʊz/	**risen** /ˈrɪzn/
rive (R) /raɪv/	**rived** /raɪvd/	**riven** /ˈrɪvn/
run /rʌn/	**ran** /ræn/	**run** /rʌn/
saw (R) /sɔː/	**sawed** /sɔːd/	**sawn** /sɔːn/
say /seɪ/	**said** /sed/	**said** /sed/
see /siː/	**saw** /sɔː/	**seen** /siːn/
seek /siːk/	**sought** /sɔːt/	**sought** /sɔːt/
sell /sel/	**sold** /səʊld/	**sold** /səʊld/
send /send/	**sent** /sent/	**sent** /sent/
set /set/	**set** /set/	**set** /set/
sew (R) /səʊ/	**sewed** /səʊd/	**sewn** /səʊn/
shake /ʃeɪk/	**shook** /ʃʊk/	**shaken** /ˈʃeɪkən/
shave (R) /ʃeɪv/	**shaved** /ʃeɪvd/	**shaven** /ˈʃeɪvn/
shear /ʃɪə(r)/	**sheared** /ʃɪəd/	**shorn** /ʃɔːn/
shed /ʃed/	**shed** /ʃed/	**shed** /ʃed/
shine /ʃaɪn/	**shone** /ʃɒn, *USA* ʃəʊn/	**shone** /ʃɒn, *USA* ʃəʊn/
shoe /ʃuː/	**shod** /ʃɒd/	**shod** /ʃɒd/
shoot /ʃuːt/	**shot** /ʃɒt/	**shot** /ʃɒt/
show (R) /ʃəʊ/	**showed** /ʃəʊd/	**shown** /ʃəʊn/
shrink /ʃrɪŋk/	**shrank** /ʃræŋk/	**shrunk** /ʃrʌŋk/
shrive (R) /ʃraɪv/	**shrove** /ʃrəʊv/	**shriven** /ˈʃrɪvn/
shut /ʃʌt/	**shut** /ʃʌt/	**shut** /ʃʌt/
sing /sɪŋ/	**sang** /sæŋ/	**sung** /sʌŋ/
sink /sɪŋk/	**sank** /sæŋk/	**sunk** /sʌŋk/
sit /sɪt/	**sat** /sæt/	**sat** /sæt/
slay /sleɪ/	**slew** /sluː/	**slain** /sleɪn/
sleep /sliːp/	**slept** /slept/	**slept** /slept/
slide /slaɪd/	**slid** /slɪd/	**slid** /slɪd/
sling /slɪŋ/	**slung** /slʌŋ/	**slung** /slʌŋ/
slink /slɪŋk/	**slunk** /slʌŋk/	**slunk** /slʌŋk/
slit /slɪt/	**slit** /slɪt/	**slit** /slɪt/
smell (R) /smel/	**smelt** /smelt/	**smelt** /smelt/
smite /smaɪt/	**smote** /sməʊt/	**smitten** /ˈsmɪtn/
sow (R) /səʊ/	**sowed** /səʊd/	**sown** /səʊn/
speak /spiːk/	**spoke** /spəʊk/	**spoken** /ˈspəʊkən/
speed (R) /spiːd/	**sped** /sped/	**sped** /sped/

spell (R) /spɛl/	**spelt** /spɛlt/	**spelt** /spɛlt/
spend /spɛnd/	**spent** /spɛnt/	**spent** /spɛnt/
spill (R) /spɪl/	**spilt** /spɪlt/	**spilt** /spɪlt/
spin /spɪn/	**spun** /spʌn/, **span** /spæn/	**spun** /spʌn/
spit /spɪt/	**spat** /spæt/, †**spit** /spɪt/	**spat** /spæt/, †**spit** /spɪt/
split /splɪt/	**split** /splɪt/	**split** /splɪt/
spoil (R) /spɔɪl/	**spoilt** /spɔɪlt/	**spoilt** /spɔɪlt/
spread /sprɛd/	**spread** /sprɛd/	**spread** /sprɛd/
spring /sprɪŋ/	**sprang** /spræŋ/	**sprung** /sprʌŋ/
stand /stænd/	**stood** /stʊd/	**stood** /stʊd/
stave /steɪv/	**stove** /stəʊv/	**stove** /stəʊv/
steal /stiːl/	**stole** /stəʊl/	**stolen** /ˈstəʊlən/
stick /stɪk/	**stuck** /stʌk/	**stuck** /stʌk/
sting /stɪŋ/	**stung** /stʌŋ/	**stung** /stʌŋ/
stink /stɪŋk/	**stank** /stæŋk/, **stunk** /stʌŋk/	**stunk** /stʌŋk/
strew (R) /struː/	**strewed** /struːd/	**strewn** /struːn/
stride /straɪd/	**strode** /strəʊd/	**stridden** /ˈstrɪdn/
strike /straɪk/	**struck** /strʌk/	**struck** /strʌk/, **stricken** /ˈstrɪkən/
string /strɪŋ/	**strung** /strʌŋ/	**strung** /strʌŋ/
strive /straɪv/	**strove** /strəʊv/	**striven** /ˈstrɪvn/
swear /swɛə(r)/	**swore** /swɔː(r)/, †**sware** /swɛə(r)/	**sworn** /swɔːn/
sweat (R) /swɛt/	**sweat** /swɛt/	**sweat** /swɛt/
sweep /swiːp/	**swept** /swɛpt/	**swept** /swɛpt/
swell (R) /swɛl/	**swelled** /swɛld/	**swollen** /ˈswəʊlən/
swim /swɪm/	**swam** /swæm/	**swum** /swʌm/
swing /swɪŋ/	**swung** /swʌŋ/	**swung** /swʌŋ/
take /teɪk/	**took** /tʊk/	**taken** /ˈteɪkən/
teach /tiːtʃ/	**taught** /tɔːt/	**taught** /tɔːt/
tear /tɛə(r)/	**tore** /tɔː(r)/	**torn** /tɔːn/
tell /tɛl/	**told** /təʊld/	**told** /təʊld/
think /θɪŋk/	**thought** /θɔːt/	**thought** /θɔːt/
thrive (R) /θraɪv/	**throve** /θrəʊv/	**thriven** /ˈθrɪvn/
throw /θrəʊ/	**threw** /θruː/	**thrown** /θrəʊn/
thrust /θrʌst/	**thrust** /θrʌst/	**thrust** /θrʌst/
tread /trɛd/	**trod** /trɒd/	**trodden** /ˈtrɒdn/, **trod** /trɒd/
understand /ʌndəˈstænd/	**understood** /ʌndəˈstʊd/	**understood** /ʌndəˈstʊd/
wake /weɪk/	**woke** /wəʊk/	**woken** /ˈwəʊkən/, **woke** /wəʊk/
wear /wɛə(r)/	**wore** /wɔː(r)/	**worn** /wɔːn/
weave /wiːv/	**wove** /wəʊv/	**woven** /ˈwəʊvn/
wed (R) /wɛd/	**wed** /wɛd/	**wed** /wɛd/
weep /wiːp/	**wept** /wɛpt/	**wept** /wɛpt/
wet (R) /wɛt/	**wet** /wɛt/	**wet** /wɛt/
win /wɪn/	**won** /wʌn/	**won** /wʌn/
wind /waɪnd/	**wound** /waʊnd/	**wound** /waʊnd/
work (R) /wɜːk/	**wrought** /rɔːt/	**wrought** /rɔːt/
wring /rɪŋ/	**wrung** /rʌŋ/	**wrung** /rʌŋ/
write /raɪt/	**wrote** /rəʊt/, †**writ** /rɪt/	**written** /ˈrɪtn/, †**writ** /rɪt/

PRONUNCIA INGLESE DI NOMI PROPRI
ENGLISH PRONUNCIATION OF FIRST NAMES

Ada /ˈeɪdə/
Adlai /ˈædleɪ, -aɪ/
Adonais /ædəʊˈneɪɪs/
Aelfric /ˈælfrɪk/
Agricola /əˈgrɪkələ/
Agrippa /əˈgrɪpə/
Agrippina /ægrɪˈpiːnə/
Ahab /ˈeɪhæb/
Aileen /ˈeɪliːn/
Alastair /ˈæləstə(r)/
Alastor /əˈlæstɔː(r)/
Aldhelm /ˈɔːldhɛlm, ˈɒl-/
Aldred /ˈɔːldrɪd, ˈɒl-/
Alfric /ˈælfrɪk/
Algernon /ˈældʒənən/
Alice /ˈælɪs/
Alison /ˈælɪsn/
Allan /ˈælən/
Almayer /ælˈmeɪə(r)/
Alonso /əˈlɒnzəʊ/
Amabel /ˈæməbɛl/
Amelia /əˈmiːlɪə/
Amerigo /æməˈriːgəʊ/
Amos /ˈeɪmɒs, *USA* -əs/
Amy /ˈeɪmɪ/
Amyas /ˈeɪmɪəs/
Aneurin /əˈnaɪərɪn/
Angela /ˈændʒələ/
Angus /ˈæŋgəs/
Annabella /ænəˈbɛlə/
Antonia /ænˈtəʊnɪə/
Antonio /ænˈtəʊnɪəʊ/
Aphra /ˈɑːfrə, ˈæ-/
Apollo /əˈpɒləʊ/
Arabella /ærəˈbɛlə/
Arden /ˈɑːdn/
Asa /ˈeɪsə, ˈɑː-/
Ashley /ˈæʃlɪ/
Astarte /æˈstɑːtɪ/
Astraea /æˈstriːə/
Astrophel /ˈæstrəfɛl/
Athelstan /ˈæθəlstən/
Attila /ˈætɪlə/
Aubrey /ˈɔːbrɪ/
Audrey /ˈɔːdrɪ/
Augusta /ɔːˈgʌstə/
Aurora /əˈrɔːrə, ɔː-/
Ava /ˈɑːvə, ˈeɪ-/
Aylwin /ˈeɪlwɪn/
Banquo /ˈbæŋkwəʊ/
Barbara /ˈbɑːbrə, -bərə/
Bassanio /bəˈsɑːnɪəʊ/
Beatrice /ˈbiːətrɪs, ˈbɪə-/
Belinda /bəˈlɪndə/
Bell /bɛl/
Bella /ˈbɛlə/
Beowulf /ˈbeɪəwʊlf/
Berenice /bɛrɪˈnaɪsɪ/
Beryl /ˈbɛrəl, -ɪl/
Beves /ˈbiːvɪs/
Boadicea /bəʊədɪˈsiːə/
Bonamy /ˈbɒnəmɪ/
Boris /ˈbɒrɪs, *USA* ˈbɔː-/
Bottom /ˈbɒtəm/
Boynton /ˈbɔɪntn/
Brabantio /brəˈbæntɪəʊ, -nʃɪəʊ/
Brenda /ˈbrɛndə/
Brett /brɛt/
Brian /ˈbraɪən/
Brinsley /ˈbrɪnzlɪ/
Bruce /bruːs/
Bryan /ˈbraɪən/
Bulwer /ˈbʊlwə(r)/
Burk /bɜːk/
Burt /bɜːt/
Buster /ˈbʌstə(r)/
Butler /ˈbʌtlə(r)/
Bysshe /bɪʃ/
Caedmon /ˈkædmən/
Caleb /ˈkeɪlɛb, *USA* -əb/
Calpurnia /kælˈpɜːnɪə/
Camilla /kəˈmɪlə/
Candida /ˈkændɪdə/
Candy /ˈkændɪ/
Caracalla /kærəˈkælə/
Carson /ˈkɑːsn/
Cary /ˈkeərɪ/
Casca /ˈkæskə/
Cassio /ˈkæsɪəʊ/
Cecilia /sɪˈsiːlɪə, -ˈsɪ-/
Cedric /ˈsiːdrɪk/
Celeste /sɪˈlɛst/
Celia /ˈsiːlɪə/
Charmian /ˈtʃɑːmɪən/
Chimera /kaɪˈmɪərə/
Christabel /ˈkrɪstəbɛl/
Cinna /ˈsɪnə/
Circe /ˈsɜːsɪ/
Clara /ˈkleərə, ˈklɑː-/
Clarence /ˈklærəns/
Clarissa /kləˈrɪsə/
Claudia /ˈklɔːdɪə/
Cleanth /ˈkliːənθ/
Clemence /ˈklɛməns/
Cleopatra /kliːəˈpætrə, -ˈpɑː-/
Clifford /ˈklɪfəd/
Clifton /ˈklɪftn/
Clio /ˈklaɪəʊ/
Clive /klaɪv/
Cnut /kəˈnjuːt, *USA* -ˈnuːt/
Colin /ˈkɒlɪn, -ən/
Colley /ˈkɒlɪ/
Comus /ˈkəʊməs/
Conan /ˈkɒnən, ˈkəʊ-/
Cophetua /kəʊˈfɛtʃʊə/
Cordelia /kɔːˈdiːlɪə/
Cornelia /kɔːˈniːlɪə/
Cotton /ˈkɒtn/
Coventry /ˈkɒvəntrɪ, ˈkʌv-/
Cressida /ˈkrɛsɪdə/
Crichton /ˈkraɪtn/
Cunningham /ˈkʌnɪŋəm/
Cuthbert /ˈkʌθbət/
Cynewulf /ˈkɪnɪwʊlf/
Dana /ˈdeɪnə, ˈdɑː-, ˈdæ-/
Dante /ˈdæntɪ/
Dashiell /dəˈʃiːl/
Deborah /ˈdɛbrə, -ərə/
Deirdre /ˈdɪədrɪ, -ə/
Delbert /ˈdɛlbət/
Delia /ˈdiːlɪə/
Derek /ˈdɛrɪk, -ək/
Derrik /ˈdɛrɪk/
Desdemona /dɛzdɪˈməʊnə/
Desmond /ˈdɛzmənd/
Diana /daɪˈænə/
Diomede /ˈdaɪəmiːd/
Dion /ˈdaɪən/
Dioscuri /daɪəˈskjʊərɪ, -aɪ, daɪˈɒ-/
Donalbain /ˈdɒnlbeɪn/
Donna /ˈdɒnə/
Dorian /ˈdɔːrɪən/
Dorrit /ˈdɒrɪt, *USA* ˈdɔː-/
Dougal /ˈduːgəl/
Douglas /ˈdʌgləs/
Dudley /ˈdʌdlɪ/
Dugald /ˈduːgəld/
Duke /djuːk, *USA* duːk/
Duncan /ˈdʌŋkən/
Duns /dʌnz/
Dunstan /ˈdʌnstən/
Dwight /dwaɪt/
Dylan /ˈdɪlən/
Eamon /ˈeɪmən/
Edgar /ˈɛdgə(r)/
Edith /ˈiːdɪθ, -əθ/
Edna /ˈɛdnə/
Edwin /ˈɛdwɪn/
Edwina /ɛdˈwiːnə/
Eileen /ˈaɪliːn, *USA* aɪˈliːn, eɪ-/
Eirene /aɪˈriːnɪ/
Elaine /ɪˈleɪn/
Eldred /ˈɛldrɪd/
Elfred /ˈɛlfrɪd/
Elfreda /ɛlˈfriːdə/
Elfrida /ɛlˈfriːdə/
Elgar /ˈɛlgə(r)/
Eli /ˈiːlaɪ/
Elia /ˈiːlɪə/
Elias /ɪˈlaɪəs/
Elijah /ɪˈlaɪdʒə/
Ella /ˈɛlə/
Ellen /ˈɛlən, -ɪn/
Ellery /ˈɛlərɪ/
Elmer /ˈɛlmə(r)/
Eloisa /ɛləʊˈiːzə/
Eloise /ɛləʊˈiːz/
Elsa /ˈɛlsə/
Emilia /ɪˈmɪlɪə/
Emlyn /ˈɛmlɪn/
Emma /ˈɛmə/
Enid /ˈiːnɪd/
Enoch /ˈiːnɒk/
Eric /ˈɛrɪk/
Erica /ˈɛrɪkə/
Eroll /ˈɛrəl/
Eros /ˈɪərɒs, ˈɛ-, -əʊz/
Errol(l) /ˈɛrəl/
Erskine /ˈɜːskɪn/
Ervine /ˈɜːvɪn/
Erwin /ˈɜːwɪn/
Esau /ˈiːsɔː/
Esmé /ˈɛzmɪ/
Ethel /ˈɛθl/
Ethelbald /ˈɛθlbɔːld/
Ethelbert /ˈɛθlbɜːt/
Ethelred /ˈɛθlrɛd/
Ethelwulf /ˈɛθlwʊlf/
Eudora /juːˈdɔːrə/
Eugenia /juːˈdʒiːnɪə/
Eulalia /juːˈleɪlɪə/
Eunice /ˈjuːnɪs/
Euphues /ˈjuːfjʊiːz/
Euterpe /juːˈtɜːpɪ/
Eva /ˈiːvə/
Evelina /ɛvɪˈliːnə/
Evelyn /ˈiːvlɪn/
Ewan /ˈjuːən/
Ewen /ˈjuːɪn/
Ezra /ˈɛzrə/
Fabiola /fæbɪˈəʊlə, fɑː-/
Faust /faʊst/
Faustina /fɔːˈstiːnə/
Fay /feɪ/
Felicia /fɪˈlɪʃə, -sɪə, *USA* -ʃə, -ˈliː-/
Fenimore /ˈfɛnɪmɔː(r)/

Fergus /ˈfɜːgəs/
Fidelia /fɪˈdiːlɪə/
Fingal /ˈfɪŋgl/
Finnegan /ˈfɪnɪgən/
Fiona /fɪˈəʊnə/
Flavia /ˈfleɪvɪə/
Fleance /ˈfliːəns/
Floyd /flɔɪd/
Forrest /ˈfɒrɪst, *USA* ˈfɔː-/
Fortinbras /ˈfɔːtɪnbræs/
Fulke /fʊlk/
Fulvia /ˈfʌlvɪə/
Gabriella /gæbrɪˈɛlə, geɪ-/
Galatea /gæləˈtiːə/
Galba /ˈgælbə/
Galt /gɔːlt, gɒlt/
Gavin /ˈgævɪn/
Gawain(e) /ˈgɑːweɪn, ˈgæ-, -wɪn, gəˈweɪn/
Geraint /ˈgeraɪnt, geˈr-/
Gertrude /ˈgɜːtruːd/
Gilda /ˈdʒɪldə/
Giotto /ˈdʒɒtəʊ/
Gladys /ˈglædɪs/
Gloria /ˈglɔːrɪə/
Gloriana /glɔːrɪˈɑːnə/
Godiva /gəˈdaɪvə, gəʊ-/
Godwin /ˈgɒdwɪn/
Gog /gɒg, *USA* gɔːg/
Gonzalo /gɒnˈzɑːləʊ/
Gorboduc /ˈgɔːbədʌk/
Gordon /ˈgɔːdn/
Graham /ˈgreɪəm/
Gratiano /græʃɪˈɑːnəʊ, grɑː-/
Grendel /ˈgrɛndl/
Greta /ˈgriːtə/
Griffith /ˈgrɪfɪθ/
Griselda /grɪˈzɛldə/
Grosvenor /ˈgrəʊvnə(r)/
Guthlac /ˈgʌθlək/
Gwyneth /ˈgwɪnɪθ/
Hakluyt /ˈhækluːt, ˈhæklwɪt/
Hal /hæl/
Hamelin /ˈhæməlɪn/
Hamish /ˈheɪmɪʃ/
Hardicanute /ˈhɑːdɪkənjuːt, *USA* -nuːt/
Harley /ˈhɑːlɪ/
Hartley /ˈhɑːtlɪ/
Harvey /ˈhɑːvɪ/
Hazel /ˈheɪzl/
Hengist /ˈhɛŋgɪst, -ndʒ-/
Hero /ˈhɪərəʊ, ˈhɪr-, *USA* ˈhɪr-, ˈhiːr-/
Hervey /ˈhɑːvɪ, ˈhɜː-/
Hiawatha /haɪəˈwɒθə, *USA* hiːəˈwɔːθə/
Hilda /ˈhɪldə/
Hiram /ˈhaɪərəm/
Hodge /hɒdʒ/
Honor /ˈɒnə(r)/
Horsa /ˈhɔːsə/
Hotspur /ˈhɒtspə(r), -ɜː(r)/
Howard /ˈhaʊəd/
Huckleberry /ˈhʌklbrɪ, *USA* -bɛrɪ/
Hudibras /ˈhjuːdɪbræs/
Humphr(e)y /ˈhʌmfrɪ/
Iachimo /aɪˈækɪməʊ, ɪ-/
Iago /ɪˈɑːgəʊ/
Ianthe /aɪˈænθɪ/
Ida /ˈaɪdə/
Ifor /ˈaɪvə(r), -f-, ˈiːvɔː(r)/
Imogen /ˈɪmədʒɛn, -ən/
Ina /ˈaɪnə/
Inge /ˈɪŋə/
Ingram /ˈɪŋgrəm/
Inigo /ˈɪnɪgəʊ/
Iolanthe /aɪəˈlænθɪ/
Ira /ˈaɪərə/
Irene /aɪˈriːn, -iː/
Iris /ˈaɪərɪs/
Irvine /ˈɜːvɪn/
Irving /ˈɜːvɪŋ/
Isabella /ɪzəˈbɛlə/
Isis /ˈaɪsɪs/
Israel /ˈɪzrɪəl, -eɪl/
Ivanhoe /ˈaɪvənhəʊ/
Ivor /ˈaɪvə(r)/
Ivy /ˈaɪvɪ/
Jabez /ˈdʒeɪbɛz, -ɪz/
Jael /ˈdʒeɪəl, dʒel/
Jago /ˈdʒeɪgəʊ/
Jan /dʒæn/
Jay /dʒeɪ/
Jedediah /dʒɛdɪˈdaɪə/
Jefferson /ˈdʒɛfəsn/
Jemima /dʒɪˈmaɪmə/
Jenner /ˈdʒɛnə(r)/
Jennifer /ˈdʒɛnɪfə(r)/
Jervis /ˈdʒɜːvɪs, ˈdʒɑː-/
Jessica /ˈdʒɛsɪkə/
Jill /dʒɪl/
Joel /ˈdʒəʊəl, -ɛl/
Joyce /dʒɔɪs/
June /dʒuːn/
Kathleen /ˈkæθliːn/
Keith /kiːθ/
Kenneth /ˈkɛnəθ/
Kezia /kɪˈzaɪə/
Kim /kɪm/
King /kɪŋ/
Kirk /kɜːk/
Lacey /ˈleɪsɪ/
Lachlan /ˈlæklən/
Lafcadio /læfˈkɑːdɪəʊ/
Lana /ˈlɑːnə, *USA* ˈlæ-/
Lance /lɑːns, *USA* læns/
Langston /ˈlæŋstən/
Lascelles /ˈlæslz, ləˈsɛlz/
Latona /ləˈtəʊnə/
Launce /lɔːns, lɑːns/
Laura /ˈlɔːrə/
Laurie /ˈlɔːrɪ, ˈlɒ-/
Lavinia /ləˈvɪnɪə/
Layamon /ˈlaɪəmən/
Lear /lɪə(r)/
Leda /ˈliːdə/
Lee /liː/
Leigh /liː/
Leila /ˈliːlə/
Lemuel /ˈlɛmjʊəl/
Lena /ˈliːnə/
Lennox /ˈlɛnəks/
Leo /ˈliːəʊ/
Leonardo /liːəˈnɑːdəʊ/
Leonora /liːəˈnɔːrə/
Leroy /ˈliːrɔɪ/
Leslie /ˈlɛzlɪ/
Levi /ˈliːvaɪ/
Lincoln /ˈlɪŋkən/
Llewellyn /luːˈɛlɪn/
Lloyd /lɔɪd/
Logan /ˈləʊgən/
Lord /lɔːd/
Lorenzo /lɒˈrɛnzəʊ/
Lorna /ˈlɔːnə/
Lucasta /luːˈkæstə/
Lucia /ˈluːsɪə, -ʃə/
Luciana /luːsɪˈɑːnə/
Lucina /luːˈsaɪnə/
Lycidas /ˈlɪsɪdæs/
Lynn /lɪn/
Lytton /ˈlɪtn/
Mabel /ˈmeɪbl/
Macbeth /məkˈbɛθ, mæ-/
Macduff /məkˈdʌf, mæ-/
Maddalo /ˈmædələʊ/
Madoc /ˈmædək/
Magnus /ˈmægnəs/
Magog /ˈmeɪgɒg', *USA* -ɔːg/
Maida /ˈmeɪdə/
Makepeace /ˈmeɪkpiːs/
Malachi /ˈmæləkaɪ/
Malcolm /ˈmælkəm/
Malvolio /mælˈvəʊlɪəʊ/
Manley /ˈmænlɪ/
Marcella /mɑːˈsɛlə/
Maria /məˈraɪə/
Mariana /mɛərɪˈænə/
Marigold /ˈmærɪgəʊld/
Marilyn /ˈmærɪlɪn/
Marina /məˈriːnə/
Marion /ˈmɛərɪən/
Marjory /ˈmɑːdʒərɪ/
Marlene /ˈmɑːliːn/
Marlon /ˈmɑːlən/
Marmaduke /ˈmɑːmədjuːk, *USA* -duːk/
Marmion /ˈmɑːmɪən/
Mather /ˈmeɪðə(r)/
Maud /mɔːd/
Maura /ˈmɔːrə/
Maureen /mɔːˈriːn, ˈm-/
Mavis /ˈmeɪvɪs/
Maxwell /ˈmækswɛl, wl/
May /meɪ/
Medea /mɪˈdiːə/
Medusa /məˈdjuːzə, *USA* -ˈduːsə/
Melpomene /mɛlˈpɒmɪnɪ/
Mercutio /mɜːˈkjuːʃɪəʊ/
Merle /mɜːl/
Merope /ˈmɛrəpɪ/
Mervin /ˈmɜːvɪn/
Messala /mɛˈsɑːlə/
Messalina /mɛsəˈliːnə/
Michelangelo /maɪkəlˈændʒələʊ/
Mildred /ˈmɪldrɪd/
Miles /maɪlz/
Millicent /ˈmɪlɪsnt/
Minerva /mɪˈnɜːvə/
Minnie /ˈmɪnɪ/
Miranda /mɪˈrændə/
Moira /ˈmɔɪərə/
Moloch /ˈməʊlɒk, ˈmɒlək/
Mona /ˈməʊnə/
Montagu(e) /ˈmɒntəgjuː/
Montgomery /mən(t)ˈgʌmərɪ, mɒn-, -ˈgɒ-/
Morag /ˈmɔːræg/
Mordecai /mɔːdɪˈkeɪaɪ/
Moreen /mɔːˈriːn, ˈm-/
Morgan /ˈmɔːgən/
Morgana /mɔːˈgɑːnə/
Mortimer /ˈmɔːtɪmə(r)/
Moss /mɒs, *USA* mɔːs/
Mowgli /ˈmaʊglɪ/
Murdoch /ˈmɜːdɒk, -əx/
Muriel /ˈmjʊərɪəl/
Myrna /ˈmɜːnə/
Myrtle /ˈmɜːtl/
Mysia /ˈmɪsɪə/
Nahum /ˈneɪəm, -həm, -hʌm/
Nausicaa /nɔːˈsɪkɪə, -eɪə/
Nerissa /nɪˈrɪsə/
Nigel /ˈnaɪdʒl/
Nike /ˈnaɪkiː, naɪk, ˈniːkeɪ/
Niobe /ˈnaɪəbɪ, -iː/
Nisbet /ˈnɪzbɪt/
Norman /ˈnɔːmən/
Oberon /ˈəʊbərn/
Odo /ˈəʊdəʊ/
Olaf /ˈəʊləf, ˈɒ-/
Olivia /əˈlɪvɪə, ɒ-, əʊ-/
Oona /ˈuːnə/
Oriana /ɔːrɪˈɑːnə, ɒ-/
Orlando /ɔːˈlændəʊ/
Orsino /ɔːˈsiːnəʊ/
Orson /ˈɔːsn/
Osbert /ˈɒzbət, -ɜːt/
Oscar /ˈɒskə(r)/
Osmund /ˈɒzmənd/
Ouida /ˈwiːdə/
Owen /ˈəʊɪn/
Pamela /ˈpæmələ/
Paula /ˈpɔːlə/
Pearl /pɜːl/
Penelope /pɪˈnɛləpɪ/
Perceval /ˈpɜːsɪvl/
Percival /ˈpɜːsɪvl/
Percy /ˈpɜːsɪ/
Perdita /ˈpɜːdɪtə, pəˈdiː-/
Perry /ˈpɛrɪ/
Petruchio /pɪˈtruːkɪəʊ/
Pettie /ˈpɛtɪ/
Petula /pəˈtjuːlə, *USA* -ˈtuː-/
Phebe /ˈfiːbɪ/
Phinehas /ˈfɪnɪæs/
Phoebe /ˈfiːbɪ/
Phyllis /ˈfɪlɪs/
Pierre /pɪˈɛə(r), ˈpiːɛə(r)/
Pomona /pəˈməʊnə/

Portia /'pɔːʃə, -ɪə/
Primrose /'prɪmrəuz/
Proserpina /prə'sɜːpɪnə/
Prospero /'prɒspərəʊ/
Puck /pʌk/
Queenie /'kwiːnɪ/
Ralph /rælf, reɪf/
Ramona /rə'məʊnə/
Randall /'rændl/
Rasselas /'ræsɪləs/
Rebecca /rɪ'bɛkə/
Regina /rɪ'dʒaɪnə, -'dʒiː-/
Reinhold /'raɪnhəʊld/
Rex /rɛks/
Rhoda /'rəʊdə/
Rhondda /'rɒndə, -nðə/
Rhys /riːs, raɪs/
Ring /rɪŋ/
Rita /'riːtə/
Roberta /rə'bɜːtə, rɒ-, rəʊ-/
Robinson /'rɒbɪnsn/
Rodney /'rɒdnɪ/
Romeo /'rəʊmɪəʊ/
Romola /'rɒmələ/
Ronald /'rɒnld/
Rosina /rəʊ'ziːnə/
Rowena /rəʊ'iːnə/
Roy /rɔɪ/
Ruby /'ruːbɪ/
Rudyard /'rʌdjəd/
Rufus /'ruːfəs/
Runyon /'rʌnjən/
Rupert /'ruːpət/
Ruth /ruːθ/
Ryan /'raɪən/
Sabrina /sə'briːnə, -aɪnə/
Sacheverell /sə'ʃɛvərl/
Salome /sə'ləʊmɪ/
Saul /sɔːl/
Savage /'sævɪdʒ/
Scylla /'sɪlə/
Seamas /'ʃeɪməs/
Seamus /'ʃeɪməs/
Sean /ʃɔːn/
Selena /sɪ'liːnə/
Semele /'sɛməlɪ/
Seneca /'sɛnɪkə/
Seth /sɛθ/
Seymour /'siːmɔː(r)/
Sheila /'ʃiːlə/
Sherlock /'ʃɜːlɒk/
Sherwood /'ʃɜːwʊd/
Shirley /'ʃɜːlɪ/
Shylock /'ʃaɪlɒk/
Silas /'saɪləs/
Silla /'sɪlə/
Silvia /'sɪlvɪə/
Sinclair /'sɪŋklɛə(r), -ŋ'k-/
Siva /'ʃiːvə, 's-, -ɪvə/
Somerset /'sʌməsɛt, -ɪt/
Spencer /'spɛnsə(r)/
Stanley /'stænlɪ/
Stearns /stɜːnz/
Stella /'stɛlə/
Sten /stɛn/
Susanna /suː'zænə/
Sycorax /'sɪkəræks/
Sydney /'sɪdnɪ/
Tabitha /'tæbɪθə/
Talbot /'tɔːlbət, 'tɒ-, 'tæ-/
Teresa /tə'riːzə/
Terry /'tɛrɪ/
Thor /θɔː(r)/
Thornton /'θɔːntən/
Thorold /'θʌrəld, *USA* 'θɜː-/
Titania /tɪ'teɪnɪə, -'tɑː-, taɪ-/
Tracy /'treɪsɪ/
Trevor /'trɛvə(r)/
Trinculo /'trɪŋkjələʊ/
Tyrone /tɪ'rəʊn, 'taɪrəʊn/
Udolpho /uː'dɒlfəʊ, juː-/
Ughtred /'uːtrɪd, -ɛd/
Ulfilas /'ʊlfɪlæs/
Ulick /'juːlɪk/
Una /'juːnə/
Urania /jə'reɪnɪə, jʊə-/
Uriah /jə'raɪə, jʊə-/
Uther /'juːθə(r)/
Vachel(**l**) /'veɪtʃl/
Valeria /və'lɪərɪə/
Vanessa /və'nɛsə/
Varina /və'riːnə/
Vathek /'væθɛk/
Vera /'vɪərə/
Vere /vɪə(r)/
Vernon /'vɜːnən/
Veronica /və'rɒnɪkə/
Vesta /'vɛstə/
Viola /'vaɪələ, 'viːə-, v(a)ɪ'əʊ-/
Virginia /və'dʒɪnɪə, -jə/
Wace /weɪs/
Wadsworth /'wɒdzwəθ, -ɜːθ/
Waldo /'wɔːldəʊ, 'wɒ-/
Wallace /'wɒləs, *USA* 'wɔː-/
Waller /'wɒlə(r), 'wɔː-/
Walt /wɔːlt, wɒlt/
Wamba /'wɒmbə/
Wanda /'wɒndə/
Washington /'wɒʃɪŋtən, *USA* 'wɔː-/
Wendell /'wɛndl/
Wendy /'wɛndɪ/
Wilfred /'wɪlfrɪd/
Wilfrid /'wɪlfrɪd/
Wilkie /'wɪlkɪ/
Willa /'wɪlə/
Willard /'wɪlɑːd, *USA* -əd/
Winifred /'wɪnɪfrɪd/
Winnie /'wɪnɪ/
Winston /'wɪnstən/
Woodrow /'wʊdrəʊ/
Wulfstan /'wʊlfstən/
Wyndham /'wɪndəm/
Wystan /'wɪstən/
Xavier /'zeɪvɪə(r), 'zæ-/
Yehudi /jɪ'huːdɪ/
Yorick /'jɒrɪk, *USA* 'jɔː-/
Yvor /'iːvə(r), 'aɪ-/
Zenobia /zɪ'nəʊbɪə/
Zeus /zjuːs, zuːs, 'ziːəs/
Zoe /'zəʊɪ/

PRONUNCIA INGLESE DI COGNOMI
ENGLISH PRONUNCIATION OF SURNAMES

Abbot /ˈæbət/
A Becket /əˈbekɪt/
Abercrombie /ˈæbəkrɒmbɪ, -ʌm-/
Abergavenny /æbəgəˈvenɪ, æbəˈge-/
Acheson /ˈætʃɪsn/
Acton /ˈæktən/
Adam /ˈædəm/
Adams /ˈædəmz/
Addams /ˈædəmz/
Addington /ˈædɪŋtən/
Addison /ˈædɪsn/
Adrian /ˈeɪdrɪən/
Agnew /ˈægnjuː, *USA* -nuː/
Aiken /ˈeɪkən, -ɪn/
Aikin /ˈeɪkɪn/
Ainsworth /ˈeɪnzwəθ, -ɜːθ/
Akenside /ˈeɪkənsaɪd/
Albemarle /ˈælbəmɑːl/
Alcock /ˈælkɒk, ˈɔːl-, ˈɒl-/
Alcott /ˈɔːlkət, ˈɒl-, ˈæl-, -ɒt/
Aldington /ˈɔːldɪŋtən, ˈɒl-/
Aldrich /ˈɔːldrɪdʒ, ˈɒl-/
Alexander /ælɪgˈzɑːndə(r), *USA* -ˈzæn-/
Allein(e) /ˈælɪn/
Allen /ˈælən/
Allenby /ˈælənbɪ/
Alleyn /æˈliːn/
Allingham /ˈælɪŋəm/
Allsop(p) /ˈɔːlsəp, ˈɒl-/
Allworthy /ˈɔːlwɜːðɪ/
Althorp /ˈɔːlθɔːp, ˈɒl-/
Amery /ˈeɪmərɪ/
Amory /ˈeɪmərɪ/
Amyot /ˈeɪmɪət/
Anderson /ˈændəsn/
Andow /ˈændaʊ/
Andrade /ˈændreɪd/
Andrews /ˈændruːz/
Angell /ˈeɪndʒəl/
Anstey /ˈænstɪ/
Appleby /ˈæplbɪ/
Appleton /ˈæpltn/
Aram /ˈeərəm/
Arbuthnot(t) /ɑːˈbʌθnət, ə-, -ɒt/
Archer /ˈɑːtʃə(r)/
Arkwright /ˈɑːkraɪt/
Armitage /ˈɑːmɪtɪdʒ/
Armstrong /ˈɑːmstrɒŋ, *USA* -ɔːŋ/
Arne /ɑːn/
Arnold /ˈɑːnld/
Arrowsmith /ˈærəʊsmɪθ/
Arthur /ˈɑːθə(r)/
Arundel /ˈærəndl/
Ascham /ˈæskəm/
Ashley /ˈæʃlɪ/
Ashton /ˈæʃtn/
Ashwell /ˈæʃwl/
Ashworth /ˈæʃwəθ, -ɜːθ/
Asquith /ˈæskwɪθ/
Astaire /æˈsteə(r)/
Aston /ˈæstn/
Astor /ˈæstə(r)/
Atkins /ˈætkɪnz/
Atkinson /ˈætkɪnsn/
Attlee /ˈætlɪ/
Auchinleck /ɔːkɪnˈlek, ɔːxɪ-/
Auden /ˈɔːdn/
Austen /ˈɔːstən, ˈɒ-/
Austin /ˈɔːstɪn, ˈɒ-/
Avebury /ˈeɪvbərɪ, *USA* -berɪ/
Aylmer /ˈeɪlmə(r)/
Babbitt /ˈbæbɪt/
Babington /ˈbæbɪŋtən/
Bagehot /ˈbædʒət, -gət/
Bailey /ˈbeɪlɪ/
Baker /ˈbeɪkə(r)/
Bakewell /ˈbeɪkwl/
Balch /bɔːltʃ, bɒ-/
Balchin /ˈbɔːltʃɪn, ˈbɒ-/
Baldwin /ˈbɔːldwɪn, ˈbɒ-/
Bale /beɪl/
Balfour /ˈbælfʊə(r)/
Ball /bɔːl/
Ballantyne /ˈbæləntaɪn/
Bal(l)iol /ˈbeɪlɪəl/
Bancroft /ˈbænkrɒft, *USA* -ɔːft/
Banting /ˈbæntɪŋ/
Barbellion /bɑːˈbeljən/
Barbour /ˈbɑːbə(r)/
Barclay /ˈbɑːklɪ/
Bardeen /bɑːˈdiːn/
Baring /ˈbeərɪŋ/
Barker /ˈbɑːkə(r)/
Barklay /ˈbɑːkleɪ/
Barlow /ˈbɑːləʊ/
Barnes /bɑːnz/
Barnfield /ˈbɑːnfiːld/
Barnum /ˈbɑːnəm/
Barrett /ˈbærət/
Barrie /ˈbærɪ/
Barrow /ˈbærəʊ/
Barry /ˈbærɪ/
Barrymore /ˈbærɪmɔː(r)/
Bartlett /ˈbɑːtlɪt/
Barton /ˈbɑːtn/
Bartram /ˈbɑːtrəm/
Baruch /bəˈruːk/
Basset(t) /ˈbæsɪt/
Bates /beɪts/
Bathurst /ˈbæθɜːst/
Baxter /ˈbækstə(r)/
Beadle /ˈbiːdl/
Beard /bɪəd/
Beardsley /ˈbɪədzlɪ/
Beattie /ˈbiːtɪ/
Beaufort /ˈbəʊfət, -ɔːt, ˈbjuː-/
Beaumont /ˈbəʊmənt, -ɒnt, bəʊˈmɒnt/
Beaverbrook /ˈbiːvəbrʊk/
Beck /bek/
Becker /ˈbekə(r)/
Becket(t) /ˈbekɪt/
Beckford /ˈbekfəd/
Beddoes /ˈbedəʊz/
Beecham /ˈbiːtʃəm/
Beecher /ˈbiːtʃə(r)/
Beer /bɪə(r)/
Beerbohm /ˈbɪəbəʊm/
Beery /ˈbɪərɪ/
Behn /beɪn/
Bell /bel/
Bellamy /ˈbeləmɪ/
Bellenden /ˈbeləndən/
Belloc /ˈbelɒk/
Bellow /ˈbeləʊ/
Benét /beˈneɪ/
Benlowes /ˈbenləʊz/
Bennett /ˈbenɪt/
Benson /ˈbensn/
Bentham /ˈbenθəm, -ntəm/
Bentinck /ˈbentɪŋk/
Bentley /ˈbentlɪ/
Beresford /ˈberɪzfəd/
Berkeley /ˈbɑːklɪ/ *Inghilterra*; /ˈbɜːklɪ/ *USA*
Berners /ˈbɜːnəz/
Berry /ˈberɪ/
Besant /ˈbesənt/
Besier /ˈbezɪə(r)/
Betjeman /ˈbetʃəmən/
Betterton /ˈbetətn/
Bevan /ˈbevn/
Beveridge /ˈbevərɪdʒ/
Beverley /ˈbevəlɪ/
Bevin /ˈbevɪn/
Bickerstaff /ˈbɪkəstɑːf, *USA* -æf/
Biddle /ˈbɪdl/
Bierce /bɪəs/
Bigelow /ˈbɪgələʊ/
Binyon /ˈbɪnjən/
Birkbeck /ˈbɜːbek/
Birrell /ˈbɪrl/
Blackett /ˈblækɪt/
Blackmore /ˈblækmɔː(r)/
Blackmur /ˈblækmʊə(r)/
Blackstone /ˈblækstən/
Blackwell /ˈblækwl/
Blackwood /ˈblækwʊd/
Blaine /bleɪn/
Blair /bleə(r)/
Blake /bleɪk/
Blessington /ˈblesɪŋtən/
Bloomfield /ˈbluːmfiːld/
Blount /blʌnt/
Blunden /ˈblʌndən/
Blunt /blʌnt/
Boas /ˈbəʊæz, -əz/
Bodley /ˈbɒdlɪ/
Bogan /ˈbəʊgən/
Bogart /ˈbəʊgɑːt/
Bolingbroke /ˈbɒlɪŋbrʊk, ˈbʊ-/
Bolinger /ˈbəʊlɪndʒə(r)/
Bollinger /ˈbɒlɪndʒə(r)/
Boone /buːn/
Boots /buːts/
Born /bɔːn/
Borrow /ˈbɒrəʊ, *USA* ˈbɔː-/
Boswell /ˈbɒzwl/
Bothwell /ˈbɒθwl, -ð-/
Bottomley /ˈbɒtəmlɪ/
Bottrall /ˈbɒtrl/
Bourne /bɜːn, bɔːn, bʊən/
Bowden /ˈbəʊdn, ˈbaʊ-/
Bowdler /ˈbaʊdlə(r)/
Bowen /ˈbəʊɪn/
Bowles /bəʊlz/
Bowra /ˈbaʊrə/
Bowring /ˈbaʊrɪŋ/
Boyd /bɔɪd/
Boyle /bɔɪl/
Bradford /ˈbrædfəd/
Bradlaugh /ˈbrædlɔː/
Bradley /ˈbrædlɪ/
Bradshaw /ˈbrædʃɔː/
Bradstreet /ˈbrædstriːt/
Bragg /bræg/
Brando /ˈbrændəʊ/
Brattain /ˈbræteɪn, -tn/
Braun /brɔːn/
Brawne /brɔːn/
Bridges /ˈbrɪdʒɪz/
Bridg(e)water /ˈbrɪdʒwɔːtə(r), *USA* -wɒ-/
Bridgman /ˈbrɪdʒmən/
Bridie /ˈbraɪdɪ/
Briggs /brɪgz/
Brighouse /ˈbrɪghaʊs/
Bright /braɪt/
Brinsley /ˈbrɪnzlɪ/

Brittain /'brɪtən/
Britten /'brɪtən/
Brixton /'brɪkstən/
Brome /bruːm/
Bromfield /'brɒmfiːld/
Brontë /'brɒntɪ, -eɪ/
Brooke /brʊk/
Brooks /brʊks/
Brougham /bruːm/
Broughton /'brɔːtn/
Brown /braʊn/
Browne /braʊn/
Browning /'braʊnɪŋ/
Bruce /bruːs/
Brummel /'brʌml/
Bryan /'braɪən/
Bryant /'braɪənt/
Bryce /braɪs/
Brynner /'brɪnə(r)/
Buchan /'bʌkən, -xən/
Buchanan /bjuː'kænən, bə-/
Buck /bʌk/
Buckle /'bʌkl/
Buckley /'bʌklɪ/
Buell /'bjuːəl/
Buick /'bjuːɪk/
Bullock /'bʊlək, *USA* -ɒk/
Bullough /'bʊləʊ/
Bulwer /'bʊlwə(r)/
Bunche /bʌntʃ/
Bunyan /'bʌnjən/
Burbage /'bɜːbɪdʒ/
Burdett /bɜː'dɛt/
Burgess /'bɜːdʒɪs, -əs/
Burgh /'bʌrə, bɜːg, bɜː(r), *USA* 'bɜːrəʊ, bɜːg, bɜː(r)/
Burghley /'bɜːlɪ/
Burgoyne /'bɜːgɔɪn/
Burke /bɜːk/
Burleigh /'bɜːlɪ/
Burlington /'bɜːlɪŋtən/
Burnaby /'bɜːnəbɪ/
Burne-Jones /'bɜːn'dʒəʊnz/
Burnet /'bɜːnɪt/
Burney /'bɜːnɪ/
Burns /bɜːnz/
Burroughs /'bʌrəz, *USA* 'bɜːrəʊz/
Burton /'bɜːtn/
Bury /'bjʊərɪ/
Bush /bʊʃ/
Bushnell /'bʊʃnel/
Butler /'bʌtlə(r)/
Buxton /'bʌkstn/
Byles /baɪlz/
Byng /bɪŋ/
Byrd /bɜːd/
Byrom /'baɪərəm/
Byron /'baɪərən/
Cabell /'kæbl/
Cable /'keɪbl/
Cabot /'kæbət/
Cadbury /'kædbərɪ, *USA* -berɪ/
Cadillac /'kædɪlæk/
Cagney /'kægnɪ/
Caine /keɪn/
Caird /keəd/
Calamy /'kæləmɪ/
Calder /'kɔːldə(r), 'kɒ-/
Caldwell /'kɔːldwel, 'kɒ-/
Calhoun /kæl'huːn, kə-/
Callaghan /'kæləhən/
Calvin /'kælvɪn/
Camden /'kæmdən/
Campbell /'kæmbl/
Campion /'kæmpɪən/
Cannan /'kænən/
Canning /'kænɪŋ/
Capell /'keɪpl/
Capote /kə'pəʊt/
Capra /'kæprə/
Carew /kə'ruː/
Carl(e)ton /'kɑːltn/
Carlyle /kɑː'laɪl/
Carmichael /kɑː'maɪkl/
Carnegie /'kɑːnəgɪ, kɑː'nɛ-, -'neɪ-, -'niː-/
Carpenter /'kɑːpəntə(r)/
Carr /kɑː(r)/
Carrel /'kærl/
Carroll /'kærl/
Carson /'kɑːsn/
Carter /'kɑːtə(r)/
Carteret /'kɑːtərɛt/
Cartwright /'kɑːtraɪt/
Cary /'keərɪ/
Cassel(l) /'kæsl/
Castlemain /'kɑːslmeɪn, *USA* 'kæs-/
Castlereagh /'kɑːslreɪ, *USA* 'kæs-/
Cather /'kæðə(r)/
Cavendish /'kævəndɪʃ/
Caxton /'kækstn/
Cecil /'sɛsl, 'sɪsl/
Chadwick /'tʃædwɪk/
Chamberlain /'tʃeɪmbəlɪn, -ən, -eɪn/
Chamberlayne /'tʃeɪmbəlɪn, -ən, -eɪn/
Chambers /'tʃeɪmbəz/
Chancellor /'tʃɑːnsələ(r), *USA* -æn-/
Chandler /'tʃɑːndlə(r), *USA* -æn-/
Channing /'tʃænɪŋ/
Chaplin /'tʃæplɪn/
Chapman /'tʃæpmən/
Charrington /'tʃærɪŋtən/
Chase /tʃeɪs/
Chatham /'tʃætəm/
Chatterton /'tʃætətn/
Chatto /'tʃætəʊ/
Chaucer /'tʃɔːsə(r)/
Chester /'tʃɛstə(r)/
Chesterfield /'tʃɛstəfiːld/
Chesterton /'tʃɛstətən/
Chettle /'tʃɛtl/
Cheyne /'tʃeɪn, -ɪ/
Cheyney /'tʃeɪnɪ/
Chippendale /'tʃɪpəndeɪl/
Chivas /'ʃɪvæs, 'ʃiːvəs/
Chivers /'tʃɪvəz/
Christie /'krɪstɪ/
Chrysler /'kraɪzlə(r)/
Church /tʃɜːtʃ/
Churchill /'tʃɜːtʃɪl/
Chuzzlewit /'tʃʌzlwɪt/
Cibber /'sɪbə(r)/
Clanvowe /'klænvaʊ/
Clare /kleə(r)/
Clarendon /'klærəndən/
Claridge /'klærɪdʒ/
Clark(e) /klɑːk/
Clay /kleɪ/
Cleland /'klelənd/
Clemens /'klɛmənz/
Cleveland /'kliːvlənd/
Clifford /'klɪfəd/
Clift /klɪft/
Clinton /'klɪntən/
Clive /klaɪv/
Clough /klʌf/
Cobbet /'kɒbɪt/
Cobden /'kɒbdən/
Cockcroft /'kɒkkrɒft, *USA* -ɔːft/
Codrington /'kɒdrɪŋtən/
Cody /'kəʊdɪ/
Cohen /'kəʊɪn/
Coke /kəʊk/
Cole /kəʊl/
Coleman /'kəʊlmən/
Coleridge /'kəʊlrɪdʒ/
Colet /'kɒlɪt, -ət/
Collier /'kɒlɪə(r)/
Collingwood /'kɒlɪŋwʊd/
Collins /'kɒlɪnz/
Colman /'kəʊlmən/
Colquhoun /kə'huːn/
Colum /'kɒləm/
Combe /kuːm/
Comfort /'kʌmfət/
Commager /'kɒmədʒə(r)/
Compton Burnett /'kɒmptənbɜː'nɛt, -'bɜːnɪt/
Conan Doyle /'kəʊnən'dɔɪl, 'kɒ-/
Conant /'kɒnənt, 'kəʊ-/
Condell /kən'dɛl/
Congreve /'kɒŋgriːv/
Connelly /'kɒnəlɪ/
Connolly /'kɒnəlɪ/
Conrad /'kɒnræd/
Constable /'kʌnstəbl, 'kɒn-/
Conway /'kɒnweɪ/
Cook /kʊk/
Cooke /kʊk/
Coolidge /'kuːlɪdʒ/
Cooper /'kuːpə(r)/
Cornell /kɔː'nɛl/
Cornwallis /kɔːn'wɒlɪs/
Cosgrave /'kɒzgreɪv/
Cotton /'kɒtn/
Cournand /'kʊənənd/
Courtenay /'kɔːtnɪ/
Coverdale /'kʌvədeɪl/
Coward /'kaʊəd/
Cowley /'kaʊlɪ/
Cowper /'kuːpə(r), 'kaʊ-/
Cox /kɒks/
Coz(z)ens /'kʌzənz/
Crabbe /kræb/
Craig /kreɪg/
Crane /kreɪn/
Cranmer /'krænmə(r)/
Crashaw /'kræʃɔː/
Crawford /'krɔːfəd/
Creighton /'kraɪtn/
Cremer /'kriːmə(r)/
Crèvecoeur /'krɛvkɜː(r)/
Crichton /'kraɪtn/
Crick /krɪk/
Crockett /'krɒkɪt/
Crompton /'krʌmptən/
Cromwell /'krɒmwl/
Cronin /'krəʊnɪn/
Crosby /'krɒzbɪ/
Crowfoot-Hodgkin /'krəʊfʊt'hɒdʒkɪn/
Cruickshank /'krʊkʃæŋk/
Crusoe /'kruːsəʊ/
Cudworth /'kʌdwəθ, -ɜːθ/
Cukor /'kjuːkə(r)/
Cullen /'kʌlən/
Cummings /'kʌmɪŋz/
Cuney /'kjuːnɪ/
Curtis /'kɜːtɪs/
Curzon /'kɜːzn/
Custer /'kʌstə(r)/
Daimler /'deɪmlə(r)/
Dale /deɪl/
Dalton /'dɔːltn, 'dɒ-/
Dane /deɪn/
Daniel /'dænjəl/
Darcy, D'Arcy /'dɑːsɪ/
Darnley /'dɑːnlɪ/
Darwin /'dɑːwɪn/
Davenant /'dævɪnənt/
Davenport /'dævnpɔːt/
Davidson /'deɪvɪdsn/
Davies /'deɪvɪs, -iːz/
Davis /'deɪvɪs/
Davisson /'deɪvɪsən/
Dawes /dɔːz/
Day /deɪ/
Dean /diːn/
De Bourgh, De Burgh /də'bɜːg/
Defoe /də'fəʊ/
Dekker /'dɛkə(r)/
Delafield /dɛlə'fiːld/
De la Mare /dɛlə'meə(r)/
Delany /də'leɪnɪ/
Dell /dɛl/
Deloney /də'ləʊnɪ/
De Mille /də'mɪl/
Denham /'dɛnəm/
Dennie /'dɛnɪ/
Dennis /'dɛnɪs/
De Quincey /də'kwɪnsɪ/
Deronda /də'rɒndə/
de Valera /dɛvə'leərə/
De Vere /də'vɪə(r)/
Devereux /'dɛvəruː/
Dewey /'djuːɪ, *USA* 'duːɪ/
Dickens /'dɪkɪnz/

Dickinson /ˈdɪkɪnsn/
Dietrich /ˈdi:trɪk, ˈdɪə-, -ɪx, -ɪʃ/
Digby /ˈdɪgbɪ/
Dillon /ˈdɪlən/
Dirac /dɪˈræk/
Disney /ˈdɪznɪ/
Disraeli /dɪzˈreɪlɪ/
Dixon /ˈdɪksn/
Dmytryk /ˈdmi:trɪk/
Dobbrige /ˈdɒdrɪdʒ/
Dobell /dəʊˈbel, ˈdəʊbl/
Dobson /ˈdɒbsn/
Dodge /dɒdʒ/
Dodgson /ˈdɒdʒsn/
Doisy /ˈdɔɪzɪ/
Dombey /ˈdɒmbɪ/
Donald /ˈdɒnld/
Donaldson /ˈdɒnldsn/
Donne /dʌn, dɒn/
Dooley /ˈdu:lɪ/
Doolittle /ˈdu:lɪtl/
Dos Passos /dɒsˈpæsɒs, *USA* dəʊsˈpæsəʊs, dəs-, -əs/
Douglas /ˈdʌgləs/
Dowden /ˈdaʊdn/
Dowland /ˈdaʊlənd/
Dowson /ˈdaʊsn/
Doyle /dɔɪl/
Drake /dreɪk/
Drayton /ˈdreɪtn/
Dreiser /ˈdraɪzə(r)/
Drew /dru:/
Drinan /ˈdrɪnən/
Drinkwater /ˈdrɪŋkwɔ:tə(r), *USA* -wɒ-/
Drummond /ˈdrʌmənd/
Dryden /ˈdraɪdn/
Dubois /du:ˈbwɑ:, dju:-, -ˈbɔɪs, -ˈbɔɪz/
Duchesne /dju:ˈʃeɪn, du:-/
Duckworth /ˈdʌkwəθ, -ɜ:θ/
Duff /dʌf/
Dulles /ˈdʌlɪs/
Du Maurier /du:ˈmɒrɪeɪ, dju:-, *USA* du:ˈmɔ:-/
Dunbar /dʌnˈbɑ:(r)/
Duncan /ˈdʌŋkən/
Dunning /ˈdʌnɪŋ/
Duns /dʌnz/
Dunton /ˈdʌntn/
Dupont, Du Pont /dju:ˈpɒnt, ˈdju:pɒnt, *USA* du:-, ˈdu:-/
Durrell /ˈdʌrl, *USA* ˈdɜ:-, ˈdʊə-/
Dwight /dwaɪt/
Dyce /daɪs/
Dyer /daɪə(r)/
Dylan /ˈdɪlən/
Earle /ɜ:l/
Eastman /ˈi:stmən/
Eaton /ˈi:tn/
Eccles /ˈɛklz/
Eddington /ˈɛdɪŋtən/
Eddy /ˈɛdɪ/
Eden /ˈi:dn/
Edgeworth /ˈɛdʒwəθ, -ɜ:θ/
Edison /ˈɛdɪsn/
Edward(e)s /ˈɛdwədz/
Eggleston /ˈɛglstən/
Einstein /ˈaɪnstaɪn/
Eisenhower /ˈaɪzənhaʊə(r)/
Elgar /ˈɛlgə(r)/
Elgin /ˈɛlgɪn/
Eliot /ˈɛlɪət/
Elliott /ˈɛlɪət/
Ellis /ˈɛlɪs/
Elyot /ˈɛlɪət/
Emerson /ˈɛməsn/
Empson /ˈɛmpsn/
Enders /ˈɛndəz/
Erlanger /ˈɜ:lændʒə(r)/
Erskine /ˈɜ:skɪn/
Ervine /ˈɜ:vɪn/
Etherege /ˈɛθərɪdʒ/
Evelyn /ˈi:vlɪn/
Everett /ˈɛvərɪt/
Ewald /ˈju:əld/
Faber /ˈfeɪbə(r)/
Fagin /ˈfeɪgɪn/
Fahrenheit /ˈfærənhaɪt/
Fairbanks /ˈfɛəbæŋks/
Fairfax /ˈfɛəfæks/
Falstaff /ˈfɔ:lstɑ:f, ˈfɒl-, *USA* -æf/
Fanshawe /ˈfænʃɔ:/
Faraday /ˈfærədeɪ/
Farquhar /ˈfɑ:kwə(r)/
Farrell /ˈfærl/
Faulkes /ˈfɔ:ks/
Faulkner /ˈfɔ:knə(r)/
Fawcett /ˈfɔ:sɪt/
Fawkes /fɔ:ks/
Fay /feɪ/
Felton /ˈfɛltn/
Fenton /ˈfɛntən/
Ferber /ˈfɜ:bə(r)/
Fergus(s)on /ˈfɜ:gəsn/
Ferrar /ˈfɛrə(r)/
Ferrier /ˈfɛrɪə(r)/
Feynman /ˈfeɪnmən/
Fields /fi:lds/
Fillmore /ˈfɪlmɔ:(r)/
Filmer /ˈfɪlmə(r)/
Finlay /ˈfɪnleɪ/
Fisher /ˈfɪʃə(r)/
Fitzgerald /fɪtsˈdʒerəld/
Fitzherbert /fɪtsˈhɜ:bət/
Fitzjames /fɪtsˈdʒeɪmz/
Fitzpatrick /fɪtsˈpætrɪk/
Fitzroy /fɪtsˈrɔɪ/
Flaherty /ˈflɛətɪ/
Flanagan /ˈflænəgən/
Flaxman /ˈflæksmən/
Fleay /fleɪ/
Flecker /ˈflɛkə(r)/
Fleming /ˈflɛmɪŋ/
Fletcher /ˈflɛtʃə(r)/
Flint /flɪnt/
Florey /ˈflɒrɪ, *USA* ˈflɔ:-/
Florio /ˈflɔ:rɪəʊ/
Flynn /flɪn/
Fonda /ˈfɒndə/
Foote /fʊt/
Forbes /fɔ:bz/ *Inghilterra* ; /ˈfɔ:bɪs/ *Scozia*
Ford /fɔ:d/
Forester /ˈfɒrɪstə(r), *USA* ˈfɔ:-/
Forster /ˈfɔ:stə(r)/
Forsyte /ˈfɔ:saɪt/
Forsyth /fɔ:ˈsaɪθ, ˈfɔ:s-/
Fortescue /ˈfɔ:tɪskju:/
Fosbury /ˈfɒzbərɪ, *USA* -berɪ/
Fowler /ˈfaʊlə(r)/
Fowles /faʊlz/
Fox(e) /fɒks/
Foyle /fɔɪl/
Franklin /ˈfræŋklɪn/
Frazer /ˈfreɪzə(r)/
Frederich /ˈfrɛdrɪk/
Freeman /ˈfri:mən/
Freneau /ˈfrɪnəʊ/
Frere /frɪə(r)/
Frobisher /ˈfrəʊbɪʃə(r)/
Frost /frɒst, *USA* frɔ:st/
Froude /fru:d/
Fry /fraɪ/
Fuller /ˈfʊlə(r)/
Fulton /ˈfʊltn/
Furnivall /ˈfɜ:nɪvl/
Fyfield /ˈfaɪfi:ld/
Gable /ˈgeɪbl/
Gadsby /ˈgædzbɪ/
Gage /ˈgeɪdʒ/
Gainsborough /ˈgeɪnzbrə, *USA* -bɜ:rəʊ/
Gaitskell /ˈgeɪtskɪl/
Gallup /ˈgæləp/
Galsworthy /ˈgɔ:lzwɜ:ðɪ, ˈgæl-/
Galt /gɔ:lt, gɒlt/
Gandhi /ˈgændi:/
Garbo /ˈgɑ:bəʊ/
Gardiner /ˈgɑ:dnə(r)/
Gardner /ˈgɑ:dnə(r)/
Garfield /ˈgɑ:fi:ld/
Garland /ˈgɑ:lənd/
Garnett /ˈgɑ:nɪt/
Garrick /ˈgærɪk/
Garth /gɑ:θ/
Gascoigne /ˈgæskɔɪn/
Gascoyne /ˈgæskɔɪn/
Gaskell /ˈgæskl/
Gasser /ˈgæsə(r)/
Gates /geɪts/
Gatling /ˈgætlɪŋ/
Gauden /ˈgɔ:dn/
Gaultier /ˈgɔ:ltɪə(r)/
Gaunt /gɔ:nt/
Gaveston /ˈgævɪstən/
Gay /geɪ/
Geddes /ˈgɛdɪs/
Geiger /ˈgaɪgə(r)/
George /dʒɔ:dʒ/
Gershwin /ˈgɜ:ʃwɪn/
Gibbon /ˈgɪbən/
Gibbs /gɪbz/
Gibson /ˈgɪbsn/
Gielgud /ˈgi:lgʊd/
Giffard /ˈdʒɪfəd, ˈgɪ-/
Gifford /ˈdʒɪfəd, ˈgɪ-/
Gilbert /ˈgɪlbət/
Gilder /ˈgɪldə(r)/
Gillette /dʒɪˈlɛt/
Gil(l)man /ˈgɪlmən/
Gilpin /ˈgɪlpɪn/
Gish /gɪʃ/
Gissing /ˈgɪsɪŋ/
Gladstone /ˈglædstən/
Glanvill /ˈglænvɪl, -vl/
Glaser /ˈgleɪzə(r)/
Glover /ˈglʌvə(r)/
Goddard /ˈgɒdəd/
Godfrey /ˈgɒdfrɪ/
Godwin /ˈgɒdwɪn/
Goepert-Mayer /ˈgɜ:pətˈmaɪə(r)/
Golding /ˈgəʊldɪŋ/
Goldsmith /ˈgəʊldsmɪθ/
Gollancz /ˈgɒlənts/
Gooch /gu:tʃ/
Goodman /ˈgʊdmən/
Googe /gu:dʒ/
Gordon /ˈgɔ:dn/
Gosse /gɒs, *USA* gɔ:s/
Gosson /ˈgɒsn/
Gough /gɒf, *USA* gɔ:f/
Gower /ˈgaʊə(r), gɔ:(r)/
Grafton /ˈgrɑ:ftn, *USA* -æf-/
Graham(e) /ˈgreɪəm/
Grainger /ˈgreɪndʒə(r)/
Grandison /ˈgrændɪsn/
Grant /grɑ:nt, *USA* grænt/
Granville /ˈgrænvɪl, -vl/
Graves /greɪvz/
Gray /greɪ/
Greeley /ˈgri:lɪ/
Green /gri:n/
Greene /gri:n/
Gregory /ˈgrɛgərɪ/
Gresham /ˈgrɛʃəm/
Greville /ˈgrɛvɪl, -vl/
Grey /greɪ/
Grierson /ˈgrɪəsn/
Griffin /ˈgrɪfɪn/
Griffith /ˈgrɪfɪθ/
Grocyn /ˈgrəʊsɪn/
Grosvenor /ˈgrəʊvnə(r)/
Guedalla /gwɪˈdælə/
Guggenheim /ˈgʊgənhaɪm/
Guildenstern /ˈgɪldənstɜ:n/
Guinness /ˈgɪnɪs/
Guthrie /ˈgʌθrɪ/
Gwyn(ne) /gwɪn/
Habington /ˈhæbɪŋtən/
Hadley /ˈhædlɪ/
Haggard /ˈhægəd/
Haig(h) /heɪg/
Hakluyt /ˈhæklu:t, ˈhæklwɪt/
Haldane /ˈhɔ:ldeɪn, ˈhɒ-/
Hall /hɔ:l/
Hallam /ˈhæləm/
Hamilton /ˈhæmltn/
Hammett /ˈhæmɪt/
Hammond /ˈhæmənd/

Hampden /ˈhæm(p)dən/
Hankin /ˈhæŋkɪn/
Hanmer /ˈhænmə(r)/
Harcourt /ˈhɑːkɔːt, -ət/
Harden /ˈhɑːdn/
Harding /ˈhɑːdɪŋ/
Hardy /ˈhɑːdɪ/
Harewood /ˈhɑːwʊd/
Hargreaves /ˈhɑːgriːvz/
Harland /ˈhɑːlənd/
Harlow(e) /ˈhɑːləʊ/
Harmsworth /ˈhɑːmzwəθ, -ɜːθ/
Harper /ˈhɑːpə(r)/
Harrap /ˈhærəp/
Harrington /ˈhærɪŋtən/
Harris /ˈhærɪs/
Harrison /ˈhærɪsn/
Harrow /ˈhærəʊ/
Hart /hɑːt/
Harte /hɑːt/
Hartington /ˈhɑːtɪŋtən/
Hartley /ˈhɑːtlɪ/
Harvey /ˈhɑːvɪ/
Hastings /ˈheɪstɪŋz/
Hathaway /ˈhæθəweɪ/
Havelo(c)k /ˈhævlɒk/
Hawes /hɔːz/
Hawkins /ˈhɔːkɪnz/
Hawks /hɔːks/
Hawkwood /ˈhɔːkwʊd/
Haworth /ˈhɔːwəθ, -ɜːθ/
Hawthorne /ˈhɔːθɔːn/
Hay /heɪ/
Haydn /ˈhaɪdn/
Hayes /heɪz/
Haynes /heɪnz/
Hayward /ˈheɪwəd/
Hayword /ˈheɪwəd/
Hazlitt /ˈhæzlɪt/
Heal(e)y /ˈhiːlɪ/
Hearn /hɜːn/
Hearst /hɜːst/
Heath /hiːθ/
Heathcliff /ˈhiːθklɪf/
Heathfield /ˈhiːθfiːld/
Hedge /hedʒ/
Heinemann /ˈhaɪnəmən/
Hellman /ˈhelmən/
Heminge(s) /ˈhemɪŋ(z)/
Hemingway /ˈhemɪŋweɪ/
Hench /hentʃ/
Henderson /ˈhendəsn/
Henley /ˈhenlɪ/
Henry /ˈhenrɪ/
Henryson /ˈhenrɪsn/
Henslowe /ˈhenzləʊ/
Hepburn /ˈhebɜːn/
Herbert /ˈhɜːbət/
Herndon /ˈhɜːndən/
Herrick /ˈherɪk/
Hewlett /ˈhjuːlɪt, *USA* ˈjuː-/
Heywood /ˈheɪwʊd/
Hichens /ˈhɪtʃɪnz/
Hicks /hɪks/
Higgins /ˈhɪgɪnz/
Highmore /ˈhaɪmɔː(r)/
Hill /hɪl/
Hillary /ˈhɪlərɪ/
Hilliard /ˈhɪlɪəd, -lj-, -ɑːd/
Hillman /ˈhɪlmən/
Hillyard /ˈhɪljəd, -ɑːd/
Hilton /ˈhɪltən/
Hinshelwood /ˈhɪnʃəlwʊd/
Hitchcock /ˈhɪtʃkɒk/
Hoare /hɔː(r)/
Hobbes /hɒbz/
Hoby /ˈhəʊbɪ/
Hoccleve /ˈhɒkliːv/
Hodgkin /ˈhɒdʒkɪn/
Hodgson /ˈhɒdʒsn/
Hoe /həʊ/
Hofstadter /ˈhɒfstɑːdtə(r), *USA* ˈhɔːfstæ-, ˈhəʊ-/
Hogarth /ˈhəʊgɑːθ/
Hogg /hɒg, *USA* hɔːg/
Holden /ˈhəʊldn/
Holinshed /ˈhɒlɪnʃed/
Holland /ˈhɒlənd/
Hollis /ˈhɒlɪs/
Holmes /həʊmz/
Home /həʊm, hjuːm/
Hood /hʊd/
Hooker /ˈhʊkə(r)/
Hoover /ˈhuːvə(r)/
Hopkins /ˈhɒpkɪnz/
Horne /hɔːn/
Horton /ˈhɔːtn/
Hough /hʌf/
Houghton /ˈhɔːtn/
Housman /ˈhaʊsmən/
Houston /ˈhuːstən/
Howard /ˈhaʊəd/
Howe /haʊ/
Howells /ˈhaʊəlz/
Hubbard /ˈhʌbəd/
Hudson /ˈhʌdsn/
Hughes /hjuːz/
Hull /hʌl/
Hulme /hjuːm, hʌlm/
Hume /hjuːm/
Humphrey /ˈhʌmfrɪ/
Huneker /ˈhʌnɪkə(r)/
Hunt /hʌnt/
Hunter /ˈhʌntə(r)/
Hurd /hɜːd/
Huskisson /ˈhʌskɪsn/
Huston /ˈhjuːstən/
Hutcheson /ˈhʌtʃɪsn/
Hutchinson /ˈhʌtʃɪnsn/
Hutton /ˈhʌtn/
Huxley /ˈhʌkslɪ/
Huysmans /ˈhaɪzmənz/
Hyde /haɪd/
Hyndman /ˈhaɪndmən/
Inge /ɪŋ, *USA* ɪndʒ/
Ireland /ˈaɪələnd/
Ireton /ˈaɪətn/
Irving /ˈɜːvɪŋ/
Irwin /ˈɜːwɪn/
Isaacs /ˈaɪzəks/
Isherwood /ˈɪʃəwʊd/
Jackson /ˈdʒæksn/
Jacob /ˈdʒeɪkəb, -ʌb/
Jacobs /ˈdʒeɪkəbz, -ʌbz/
Jacuzzi /dʒəˈkuːzɪ, dʒæ-/
James /dʒeɪmz/
Jameson /ˈdʒeɪmsn/
Jansen /ˈdʒænsn/
Jarrell /ˈdʒærəl/
Jarvis /ˈdʒɑːvɪs/
Jay /dʒeɪ/
Jefferies /ˈdʒefrɪz/
Jeffers /ˈdʒefəz/
Jefferson /ˈdʒefəsn/
Jeffrey /ˈdʒefrɪ/
Jeffreys /ˈdʒefrɪz/
Jekyll /ˈdʒekl, ˈdʒiː-, -kɪl/
Jenkins /ˈdʒeŋkɪnz/
Jenner /ˈdʒenə(r)/
Jerome /dʒeˈrəʊm/
Jewett /ˈdʒuːɪt/
Johnson /ˈdʒɒnsn/
Johnston /ˈdʒɒnstn/
Jones /dʒəʊnz/
Jonson /ˈdʒɒnsn/
Jordan /ˈdʒɔːdn/
Josephson /ˈdʒəʊzɪfsn/
Joule /dʒaʊl, dʒuːl/
Jowett /ˈdʒaʊɪt, ˈdʒəʊɪt/
Jowitt /ˈdʒaʊɪt, ˈdʒəʊɪt/
Joyce /dʒɔɪs/
Kaufman /ˈkaʊfmən/
Kay /keɪ/
Kaye /keɪ/
Kaye-Smith /ˈkeɪˈsmɪθ/
Kazan /kəˈzɑːn, -æn/
Kazin /kəˈzɪn/
Kean /kiːn/
Keaton /ˈkiːtn/
Keats /kiːts/
Keble /ˈkiːbl/
Kegan /ˈkiːgən/
Keith /kiːθ/
Kellogg /ˈkelɒg, *USA* -ɔːg/
Kelly /ˈkelɪ/
Kelvin /ˈkelvɪn/
Kemble /ˈkembl/
Kendall /ˈkendl/
Kendrew /ˈkendruː/
Kennan /ˈkenən/
Kennedy /ˈkenədɪ/
Kerr /kɜː(r), kɑː(r), keə(r)/
Kett /ket/
Key /kiː/
Keyes /kiːz/
Keynes /keɪnz/
Kidd /kɪd/
Killigrew /ˈkɪlɪgruː/
Kilpatrick /kɪlˈpætrɪk/
King /kɪŋ/
Kinglake /ˈkɪŋleɪk/
Kingsley /ˈkɪŋzlɪ/
Kinsey /ˈkɪnzɪ/
Kipling /ˈkɪplɪŋ/
Kirkland /ˈkɜːklənd/
Kirkpatrick /kɜːkˈpætrɪk/
Kissinger /ˈkɪsɪndʒə(r)/
Kitchener /ˈkɪtʃənə(r)/
Kittredge /ˈkɪtrɪdʒ/
Kneller /ˈnelə(r)/
Knickerbocker /ˈnɪkəbɒkə(r)/
Knight /naɪt/
Knox /nɒks/
Kornberg /ˈkɔːnbɜːg/
Kramer /ˈkreɪmə(r)/
Krebs /krebz/
Kronin /ˈkrəʊnɪn/
Kubrick /ˈkjuːbrɪk/
Kusch /kʊʃ/
Kyd /kɪd/
Ladd /læd/
Lafayette /lɑːfaɪˈet, -feɪ-, *USA* læ-/ *Inghilterra* ; /lɑːfeɪˈet, *USA* læ-/ *USA*
Lamb /læm/
Lambert /ˈlæmbət/
Lancaster /ˈlæŋkəstə(r), *USA* -kæs-/
Landor /ˈlændɔː(r)/
Lang /læŋ/
Langhorne /ˈlæŋhɔːn/
Langland /ˈlæŋlənd/
Langmuir /ˈlæŋmjʊə(r)/
Langton /ˈlæŋtən/
Lanier /ˈlænɪə(r)/
Lansdowne /ˈlænzdaʊn/
Lardner /ˈlɑːdnə(r)/
Lascelles /ˈlæslz, ləˈselz/
Latimer /ˈlætɪmə(r)/
Laud /lɔːd/
Laughton /ˈlɔːtn/
Laurel /ˈlɒrl, *USA* ˈlɔː-/
Law /lɔː/
Lawrence /ˈlɒrəns, *USA* ˈlɔː-/
Lawson /ˈlɔːsn/
Lean /liːn/
Leavis /ˈliːvɪs/
Lederberg /ˈleɪdəbɜːg/
Ledwidge /ˈledwɪdʒ/
Lee /liː/
Leech /liːtʃ/
Legge /leg/
Legros /ləˈgrəʊ/
Lehmann /ˈleɪmən/
Leigh /liː/
Leighton /ˈleɪtn/
Lely /ˈliːlɪ/
Lemmon /ˈlemən/
Lennon /ˈlenən/
Len(n)ox /ˈlenəks/
Leroy /ləˈrɔɪ/
Le Roy /ləˈrɔɪ/
L'Estrange /ləˈstreɪndʒ/
Lever /ˈliːvə(r)/
Leveson /ˈlevɪsn/
Levy /ˈliːvɪ, ˈle-/
Lewes /ˈluːɪs/

Lewis /'lu:ɪs/
Libby /'lɪbɪ/
Liddell /'lɪdl/
Liebig /'li:bɪg/
Lilburne /'lɪlbɜ:n/
Linacre /'lɪnəkə(r)/
Lincoln /'lɪŋkən/
Lindberg /'lɪndbɜ:g/
Lindsay /'lɪndzɪ/
Linklater /'lɪŋkleɪtə(r)/
Lipmann /'lɪpmən/
Lipton /'lɪptən/
Lister /'lɪstə(r)/
Littleton /'lɪtltn/
Livingstone /'lɪvɪŋstən/
Lloyd /lɔɪd/
Locke /lɒk/
Lockhart /'lɒkət, -khɑ:t/
Lockridge /'lɒkrɪdʒ/
Locksley /'lɒkslɪ/
Lodge /lɒdʒ/
Logie Baird /'ləʊgɪ'beəd/
Lombard /'lɒmbəd, 'lʌm-, -ɑ:d/
London /'lʌndən/
Long /lɒŋ, *USA* lɔ:ŋ/
Longfellow /'lɒŋfeləʊ, *USA* 'lɔ:ŋ-/
Longman /'lɒŋmən, *USA* 'lɔ:ŋ-/
Longstreet /'lɒŋstri:t, *USA* 'lɔ:ŋ-/
Losey /'ləʊzɪ/
Lough /lɒk, -x, lʌf, ləʊ/
Loughton /'laʊtn/
Lovat /'lʌvət/
Lovejoy /'lʌvdʒɔɪ/
Lovelace /'lʌvleɪs/
Lowell /'ləʊəl/
Lowes /ləʊz/
Lubbock /'lʌbək/
Lubitsch /'lu:bɪtʃ/
Lucas /'lu:kəs/
Lucy /'lu:sɪ/
Luhan /'lu:ən, 'lu:hɑ:n/
Lumet /'lu:mɪt/
Lundy /'lʌndɪ/
Lydgate /'lɪdgət/
Lyell /laɪl/
Lyly /'lɪlɪ/
Lynch /lɪntʃ/
Lyndsay /'lɪndzɪ/
Lyons /'laɪənz/
Lytton /'lɪtn/
MacArthur /mə'kɑ:θə(r)/
Macaulay /mə'kɔ:lɪ/
MacDiarmid /mək'daɪəmɪd/
Macdonald /mək'dɒnəld/
MacDuff /mək'dʌf/
MacFarlane /mək'fɑ:lɪn/
MacIntosh /'mækɪntɒʃ/
Mackay(e) /mə'keɪ/
MacKenzie /mə'kenzɪ/
MacKintosh /'mækɪntɒʃ/
MacLaglen /mə'klæglən/
Maclaine /mə'kleɪn/
Macleane /mə'kleɪn/
MacLeish /mə'kli:ʃ/
Macleod /mə'klaʊd/
Macmillan /mək'mɪlən/
Macmorran /mək'mɒrən, *USA* -'mɔ:-/
MacNeice /mək'ni:s/
MacPherson /mək'fɜ:sn/
Macready /mə'kri:dɪ/
Madison /'mædɪsn/
Mailer /'meɪlə(r)/
Malan /'mælən, mə'lɑ:n, -'læn/
Mallock /'mælɒk/
Mal(l)ory /'mælərɪ/
Malthus /'mælθəs/
Mandeville /'mændəvɪl/
Mankiewicz /'mænkəwɪts/
Manley /'mænlɪ/
Mann /mæn/
Manning /'mænɪŋ/
Mannyng /'mænɪŋ/
Mansfield /'mænsfi:ld/
March /mɑ:tʃ/
Markham /'mɑ:kəm/
Marlow(e) /'mɑ:ləʊ/
Marquand /'mɑ:kwənd/
Marryat /'mærɪət/
Marshall /'mɑ:ʃəl/
Marston /'mɑ:stn/
Martin /'mɑ:tɪn, *USA* -tn/
Martyn /'mɑ:tɪn, *USA* -tn/
Marvell /'mɑ:vl/
Masefield /'meɪsfi:ld/
Mason /'meɪsn/
Massinger /'mæsɪndʒə(r)/
Masters /'mɑ:stəz, *USA* 'mæs-/
Mather /'meɪðə(r)/
Mat(t)hews /'mæθju:z/
Matthiessen /'mæθɪsn/
Maugham /mɔ:m/
Maxwell /'mækswel, -wl/
Maynard /'meɪnəd/
McCallum /mə'kæləm/
McCarthy /mə'kɑ:θɪ/
McCormack /mə'kɔ:mək/
McCullers /mə'kʌləz/
McKenna /mə'kenə/
McKinley /mə'kɪnlɪ/
Meade /mi:d/
Medawar /'medəwə(r)/
Medwall /'medwəl/
Melville /'melvɪl/
Mencken /'meŋkn/
Menzies /'menzɪz/
Meredith /'merədɪθ/
Meres /mɪəz/
Merrill /'merɪl/
Mer(r)ivale /'merɪveɪl/
Merton /'mɜ:tn/
Methuen /'meθjʊɪn, mə'θju:ən/
Meyer /'maɪə(r)/
Meynell /'menl, meɪ'nel/
Micawber /mɪ'kɔ:bə(r)/
Michelson /'mɪkəlsn/
Middleton /'mɪdltən/
Milestone /'maɪlstəʊn/
Milford /'mɪlfəd/
Mill /mɪl/
Millais /mɪ'leɪ, 'mɪleɪ/
Millay /'mɪleɪ/
Miller /'mɪlə(r)/
Millikan /'mɪlɪkən/
Mills /mɪlz/
Milne /mɪln, mɪl/
Milton /'mɪltən/
Minot /'maɪnət/
Minto /'mɪntəʊ/
Mitchell /'mɪtʃl/
Mitchum /'mɪtʃəm/
Mitford /'mɪtfəd/
Mix /mɪks/
Mondale /'mɒndeɪl/
Monk /mʌŋk/
Monkhouse /'mʌŋkhaʊs/
Monro(e) /mən'rəʊ/
Montagu(e) /'mɒntəgju:/
Moody /'mu:dɪ/
Moore /mʊə(r)/
Moran /mə'ræn, 'mɔ:rən, 'mɒ-/
More /mɔ:(r)/
Morgan /'mɔ:gən/
Morley /'mɔ:lɪ/
Morrell /'mʌrəl, *USA* 'mɜ:-/
Morris /'mɒrɪs, *USA* 'mɔ:-/
Morrison /'mɒrɪsn, *USA* 'mɔ:-/
Morse /mɔ:s/
Mortimer /'mɔ:tɪmə(r)/
Morton /'mɔ:tn/
Motley /'mɒtlɪ/
Mott /mɒt/
Mottram /'mɒtrəm/
Mountbatten /maʊnt'bætn/
Muir /mjʊə(r)/
Muirhead /'mjʊəhed/
Muller /'mʌlə(r), 'mʊ-, 'mu:-, 'mju:-/
Mumford /'mʌmfəd/
Munday /'mʌndɪ/
Munro /mʌn'rəʊ/
Murdoch /'mɜ:dɒk, -ɒx/
Murphy /'mɜ:fɪ/
Murray /'mʌrɪ, *USA* 'mɜ:-/
Murry /'mʌrɪ, *USA* 'mɜ:-/
Myers /'maɪəz/
Napier /'neɪpɪə(r)/
Nash(e) /næʃ/
Nathan /'neɪθən/
Nelson /'nelsn/
Nesbitt /'nezbɪt/
Neville /'nevl, -vɪl/
Newbolt /'nju:bəʊlt, *USA* 'nu:-/
Newbury /'nju:bərɪ, *USA* 'nu:berɪ/
Newell /'nju:əl, *USA* 'nu:-/
Newly /'nju:lɪ, *USA* 'nu:-/
Newman /'nju:mən, *USA* 'nu:-/
Newton /'nju:tn, *USA* 'nu:-/
Nichols /'nɪklz/
Nicholson /'nɪklsn/
Nickleby /'nɪklbɪ/
Nicolls /'nɪklz/
Nicolson /'nɪklsn/
Niebuhr /'ni:bʊə(r)/
Nightingale /'naɪtɪŋgeɪl, *USA* -tn-/
Niven /'nɪvn/
Nixon /'nɪksn/
Noel-Baker /'nəʊəl'beɪkə(r)/
Norris /'nɒrɪs, *USA* 'nɔ:-/
Northrop /'nɔ:θrəp/
Norton /'nɔ:tn/
Noyes /nɔɪz/
Nye /naɪ/
Oakes /əʊks/
Oates /əʊts/
O'Brien /əʊ'braɪən/
O'Callaghan /əʊ'kæləhən/
O'Casey /əʊ'keɪsɪ/
Occam /'ɒkəm/
Occleve /'ɒkli:v/
Ochoa /'ɒkəʊə/
Ockham /'ɒkəm/
O'Connell /əʊ'kɒnl/
O'Connor /əʊ'kɒnə(r)/
Odets /əʊ'dets/
O'Donnell /əʊ'dɒnl/
O'Flaherty /əʊ'fleətɪ, -'flɑ:hə-/
Ogilvie /'əʊglvɪ/
O'Hara /əʊ'hɑ:rə, ə-, *USA* -ærə/
O'Kelly /əʊ'kelɪ/
Oldham /'əʊldəm/
Oliphant /'ɒlɪfənt/
Oliver /'ɒlɪvə(r)/
Olivier /ə'lɪvɪeɪ, -ɪə(r), ɒ-, *USA* əʊ-/
O'Neil(l) /əʊ'ni:l/
Onions /'ʌnjənz, əʊ'naɪənz/
Orczy /'ɔ:tsɪ, -ksɪ/
Orr /ɔ:(r)/
Orwell /'ɔ:wel, -wl/
Osborne /'ɒzbɔ:n, -ən/
Osgood /'ɒzgʊd/
O'Sullivan /əʊ'sʌlɪvən/
Otis /'əʊtɪs/
Otway /'ɒtweɪ/
Overbury /'əʊvəbrɪ, *USA* -berɪ/
Owen /'əʊɪn/
Owens /'əʊɪnz/
Packard /'pækəd, -ɑ:d/
Page /peɪdʒ/
Paget /'pædʒɪt/
Pain(e) /peɪn/
Painter /'peɪntə(r)/
Palance /'pæləns/
Paley /'peɪlɪ/
Palgrave /'pælgreɪv/
Palmer /'pɑ:mə(r)/
Palmerston(e) /'pɑ:məstn/
Pankhurst /'pæŋkhɜ:st/
Parker /'pɑ:kə(r)/
Parkinson /'pɑ:kɪnsn/
Parkman /'pɑ:kmən/
Parnell /pɑ:'nel/
Parr /pɑ:(r)/
Parrington /'pærɪŋtən/
Parsons /'pɑ:snz/
Paston /'pæstən/
Pater /'peɪtə(r)/

Patericke /ˈpeɪtərɪk/
Paterson /ˈpætəsn/
Patmore /ˈpætmɔː(r)/
Patterson /ˈpætəsn/
Pauling /ˈpɔːlɪŋ/
Peabody /ˈpiːbɒdɪ, ˈpeɪ-, -bə-/
Peacock /ˈpiːkɒk/
Pearse /pɪəs/
Pearson /ˈpɪəsn/
Peck /pɛk/
Pecock /ˈpiːkɒk/
Peel(e) /piːl/
Pelham /ˈpɛləm/
Penn /pɛn/
Pepys /piːps, ˈpɛpɪs, pɛps/
Percival /ˈpɜːsɪvl/
Percy /ˈpɜːsɪ/
Perkins /ˈpɜːkɪnz/
Perrers /ˈpɛrəz/
Perry /ˈpɛrɪ/
Pershing /ˈpɜːʃɪŋ/
Perutz /pəˈruːts/
Peters /ˈpiːtəz/
Petry /ˈpɛtrɪ/
Pettie /ˈpɛtɪ/
Phelps /fɛlps/
Philips /ˈfɪlɪps/
Phillips /ˈfɪlɪps/
Phillpotts /ˈfɪlpɒts/
Pickering /ˈpɪkərɪŋ/
Pickford /ˈpɪkfəd/
Pickwick /ˈpɪkwɪk/
Pierce /pɪəs/
Pinero /pɪˈnɪərəʊ/
Pitman /ˈpɪtmən/
Pitt /pɪt/
Plomer /ˈpləʊmə(r), ˈpluː-/
Plunket(t) /ˈplʌŋkɪt/
Poe /pəʊ/
Poitier /ˈpwɒtɪeɪ, ˈpwɑː-/
Pole /pəʊl/
Polk /pəʊk/
Pollard /ˈpɒləd/
Pollock /ˈpɒlək/
Pomfret /ˈpɒmfrɪt, -ət, ˈpʌ-/
Ponsonby /ˈpɒnsnbɪ/
Poole /puːl/
Pope /pəʊp/
Porter /ˈpɔːtə(r)/
Pound /paʊnd/
Powell /ˈpaʊəl, ˈpəʊəl/
Powys /ˈpəʊɪs/
Praed /preɪd/
Pratt /præt/
Preminger /ˈprɛmɪŋgə(r)/
Prescott /ˈprɛskət/
Presley /ˈprɛzlɪ, -slɪ/
Preston /ˈprɛstn/
Price /praɪs/
Pride /praɪd/
Priestley /ˈpriːstlɪ/
Prince /prɪns/
Pringle /ˈprɪŋgl/
Prior /ˈpraɪə(r)/
Pritchard /ˈprɪtʃəd/
Pritchett /ˈprɪtʃɪt/
Procter /ˈprɒktə(r)/
Prowse /praʊs, -z/
Prynne /prɪn/
Pugin /ˈpjuːdʒɪn/
Pulitzer /ˈpʊlɪtsə(r), ˈpjuː-/
Pullman /ˈpʊlmən/
Purcell /ˈpɜːsl/
Pusey /ˈpjuːzɪ/
Putnam /ˈpʌtnəm/
Puttenham /ˈpʌtənəm/
Pym /pɪm/
Pynson /ˈpɪnsn/
Quarles /kwɔːlz/
Queen /kwiːn/
Quiller-Couch /ˈkwɪləˈkuːtʃ/
Quinault /ˈkwɪnlt/
Quinc(e)y /ˈkwɪnsɪ/
Quinn /kwɪn/
Rabin /ˈreɪbɪn/
Radcliffe /ˈrædklɪf/
Raeburn /ˈreɪbɜːn/
Raine /reɪn/
Raleigh /ˈrɔːlɪ, ˈrɑː-, ˈræ-/
Ramsay /ˈræmzɪ/
Ramsey /ˈræmzɪ/
Randall /ˈrændl/
Randolph /ˈrændɒlf, -dlf/
Rank /ræŋk/
Ransom(e) /ˈrænsəm/
Ratcliffe /ˈrætklɪf/
Rathbone /ˈræθbəʊn/
Rattigan /ˈrætɪgən/
Rawlings /ˈrɔːlɪŋz/
Rayleigh /ˈreɪlɪ/
Read(e) /riːd/
Reading /ˈrɛdɪŋ/
Reagan /ˈreɪgən/
Reed /riːd/
Rees(e) /riːs/
Reeve /riːv/
Reid /riːd/
Remington /ˈrɛmɪŋtən/
Reynolds /ˈrɛnldz/
Rhodes /rəʊdz/
Rhys /riːs, raɪs/
Ricardo /rɪˈkɑːdəʊ/
Rice /raɪs/
Rich /rɪtʃ/
Richards /ˈrɪtʃədz/
Richardson /ˈrɪtʃədsn/
Ridgway /ˈrɪdʒweɪ/
Ridler /ˈrɪdlə(r)/
Riggs /rɪgz/
Riley /ˈraɪlɪ/
Ripley /ˈrɪplɪ/
Robbins /ˈrɒbɪnz/
Roberts /ˈrɒbəts/
Robertson /ˈrɒbətsn/
Robins /ˈrɒbɪnz, ˈrəʊ-/
Robinson /ˈrɒbɪnsn/
Robynson /ˈrɒbɪnsn/
Rockefeller /ˈrɒkəfɛlə(r)/
Rodgers /ˈrɒdʒəz/
Roethke /ˈrɛtkə, *USA* -ɪ/
Rogers /ˈrɒdʒəz/
Romney /ˈrɒmnɪ/
Rooney /ˈruːnɪ/
Roosevelt /ˈrəʊzəvɛlt, -s-, -vlt, ˈruːs-/
Root /ruːt, rʊt/
Roper /ˈrəʊpə(r)/
Roscoe /ˈrɒskəʊ/
Rosencrantz /ˈrəʊzənkrænts/
Ross /rɒs, *USA* rɔːs/
Rossen /ˈrɒsn, *USA* ˈrɔː-/
Rossetti /rəˈzɛtɪ, -ˈsɛ-, rɒ-, *USA* rəʊ-/
Roth /rɒθ, rəʊθ, *USA* rɔːθ, rəʊθ/
Rothermere /ˈrɒðəmɪə(r)/
Rothschild /ˈrɒθ(s)tʃaɪld, *USA* ˈrɔː-/
Rourke /rɔːk/
Routledge /ˈraʊtlɪdʒ, ˈrʌ-, -ɛdʒ/
Rowe /rəʊ/
Rowlandson /ˈrəʊləndsn/
Rowley /ˈrəʊlɪ/
Rowse /raʊs/
Roy /rɔɪ/
Rush /rʌʃ/
Ruskin /ˈrʌskɪn/
Russell /ˈrʌsl/
Rutherford /ˈrʌðəfəd/
Ryan /ˈraɪən/
Rymer /ˈraɪmə(r)/
Sacheverell /səˈʃɛvərl/
Sackville /ˈsækvɪl, -vl/
Sackville-West /ˈsækvlˈwɛst, -vɪl-/
Saintsbury /ˈseɪntsbrɪ, *USA* -bɛrɪ/
Salinger /ˈsælɪŋgə(r)/
Sand /sænd/
Sandburg /ˈsændbɜːg/
Sandford /ˈsænfəd/
Sandys /sændz/
Sanger /ˈsæŋgə(r)/
Sarg(e)ant /ˈsɑːdʒənt/
Saroyan /səˈrɔɪən/
Sassoon /səˈsuːn/
Savile /ˈsævɪl, -vl/
Sawyer /ˈsɔːjə(r), ˈsɔɪə(r)/
Sayers /ˈseɪəz/
Schwartz /ʃvɔːts, -ɑːts/
Schwartzenegger /ˈʃvɔːts(ə)nɛgə(r)/
Schwinger /ˈʃvɪŋdʒə(r)/
Scot(t) /skɒt/
Scribner /ˈskrɪbnə(r)/
Seaborg /ˈsiːbɔːg/
Sedgwick /ˈsɛdʒwɪk/
Sedley /ˈsɛdlɪ/
Selden /ˈsɛldn/
Seldes /sɛldz/
Selfridge /ˈsɛlfrɪdʒ/
Sellers /ˈsɛləz/
Seward /ˈsiːwəd/
Sewell /ˈsjuːəl, ˈsuː-, -uːl/
Seymour /ˈsiːmɔː(r)/
Shackleton /ˈʃækltən/
Shadwell /ˈʃædwl/
Shakespear(e) /ˈʃeɪkspɪə(r)/
Shandy /ˈʃændɪ/
Shanks /ʃæŋks/
Shapiro /ʃəˈpɪərəʊ/
Sharp /ʃɑːp/
Shaw /ʃɔː/
Shelley /ˈʃɛlɪ/
Sheppard /ˈʃɛpəd/
Sheridan /ˈʃɛrɪdn/
Sherman /ˈʃɜːmən/
Sherriff /ˈʃɛrɪf/
Sherrington /ˈʃɛrɪŋtən/
Sherwood /ˈʃɜːwʊd/
Shirley /ˈʃɜːlɪ/
Shockley /ˈʃɒklɪ/
Shorthouse /ˈʃɔːthaʊs/
Siddons /ˈsɪdnz/
Sidney /ˈsɪdnɪ/
Sigourney /ˈsɪgənɪ, -ˈgɔː-/
Sillittoe /ˈsɪlɪtəʊ/
Simms /sɪmz/
Simpson /ˈsɪmpsn/
Sinatra /sɪˈnɑːtrə/
Sinclair /ˈsɪŋkleə(r), -ŋˈk-/
Singer /ˈsɪŋə(r)/
Singleton /ˈsɪŋgltn/
Sitwell /ˈsɪtwl, -wɛl/
Skeat /skiːt/
Skelton /ˈskɛltn/
Skinner /ˈskɪnə(r)/
Sloan(e) /sləʊn/
Smith /smɪθ/
Smollett /ˈsmɒlɪt/
Smyth /smɪθ, -aɪθ, -aɪð/
Smythe /smaɪð, -aɪθ/
Snow /snəʊ/
Soddy /ˈsɒdɪ/
Somerville /ˈsʌməvɪl/
Southerne /ˈsʌðən/
Southey /ˈsʌðɪ, ˈsaʊ-/
Southwell /ˈsaʊθwl, -wɛl/
Sparks /spɑːks/
Spelman /ˈspɛlmən/
Spencer /ˈspɛnsə(r)/
Spender /ˈspɛndə(r)/
Spenser /ˈspɛnsə(r)/
Spillane /spɪˈleɪn/
Spring /sprɪŋ/
Spurgeon /ˈspɜːdʒn/
Squire /ˈskwaɪə(r)/
Stanford /ˈstænfəd/
Stanhope /ˈstænəp/
Stanley /ˈstænlɪ/
Stedman /ˈstɛdmən/
Steel(e) /stiːl/
Steevens /ˈstiːvnz/
Steffens /ˈstɛfənz/
Stein /staɪn, stiːn/
Steinbeck /ˈstaɪnbɛk/
Stephen /ˈstiːvn/
Stephens /ˈstiːvnz/
Stephenson /ˈstiːvnsn/
Stern /stɜːn/
Sterne /stɜːn/
Stevens /ˈstiːvnz/

Stevenson /'stiːvnsn/
Stewart /'stjuːət, *USA* 'stuː-/
Stickney /'stɪknɪ/
Stieglitz /'stɪglɪts/
Stokes /stəʊks/
Stoughton /'stɔːtn/
Stowe /stəʊ/
Strachey /'streɪtʃɪ/
Stuart /'stjuːət, *USA* 'stuː-/
Stubbs /stʌbz/
Studebaker /'stuːdəbeɪkə(r), 'stj-/
Studley /'stʌdlɪ/
Sturges /'stɜːdʒəs/
Sturgis /'stɜːdʒɪs/
Suckling /'sʌklɪŋ/
Sullivan /'sʌlɪvən/
Sumner /'sʌmnə(r)/
Surtees /'sɜːtiːz/
Sutro /'suːtrəʊ/
Swan /swɒn/
Swanson /'swɒnsn/
Swift /swɪft/
Swinbourne /'swɪnbɔːn/
Swinburne /'swɪnbɜːn/
Swinnerton /'swɪnətn/
Sykes /saɪks/
Sylvester /sɪl'vestə(r)/
Symond /'saɪmənd/
Symonds /'saɪməndz/
Symons /'saɪmənz/
Synge /sɪŋ/
Taft /tæft, tɑːft/
Tagore /tə'gɔː(r)/
Tanner /'tænə(r)/
Tate /teɪt/
Tatum /'teɪtəm/
Taylor /'teɪlə(r)/
Temple /'templ/
Tennings /'tenɪŋz/
Tennyson /'tenɪsn/
Thackeray /'θækərɪ/
Thatcher /'θætʃə(r)/
Theiler /'taɪlə(r)/
Thomas /'tɒməs/
Thompson /'tɒm(p)sn/
Thomson /'tɒmsn/
Thoreau /'θɔːrəʊ, *USA* θə'rəʊ/
Thornhill /'θɔːnhɪl, *USA* -nɪl/
Thornton /'θɔːntən/
Thorold /'θʌrəld, *USA* 'θɜː-/
Thorp(e) /'θɔːp/
Thurber /'θɜːbə(r)/
Thynne /θɪn/
Tickell /'tɪkl/
Ticknor /'tɪknə(r)/
Tiller /'tɪlə(r)/
Tillotson /'tɪlətsn/
Timrod /'tɪmrəd/
Tindale /'tɪndl/
Tocqueville /'tɒkvɪl, -vl/
Todd /tɒd/
Toland /'təʊlənd/
Tomlinson /'tɒmlɪnsn/
Tompkins /'tɒmkɪnz/
Topcliffe /'tɒpklɪf/
Tottel /'tɒtl/
Tourneur /'tɜːnə(r)/
Tovey /'təʊvɪ/
Townes /taʊnz/
Townsend /'taʊnzend/
Townshend /'taʊnzend/
Toynbee /'tɔɪnbɪ, -iː/
Tracy /'treɪsɪ/
Traherne /trə'hɜːn/
Treece /triːs/
Trelawn(e)y /trɪ'lɔːnɪ/
Trench /trentʃ/
Trenchard /'trentʃɑːd, -əd/
Trevelyan /trɪ'vɪljən, -'ve-/
Trilling /'trɪlɪŋ/
Trollope /'trɒləp/
Tromp /trɒmp, trʌmp, *USA* trɔːmp, trɒmp/
Truman /'truːmən/
Trumbull /'trʌmbəl/
Tucker /'tʌkə(r)/
Tuke /tjuːk, *USA* tuːk/
Tull /tʌl/
Tupper /'tʌpə(r)/
Turner /'tɜːnə(r)/
Twain /tweɪn/
Tyler /'taɪlə(r)/
Tynan /'taɪnən/
Tyndale /'tɪndl/
Udall /'juːdl, -ɔːl, -æl, juː'dæl, -'dɔːl, *USA* -dl, -ɔːl, -ɑːl, -'dɑːl, -'dɔːl/
Unwin /'ʌnwɪn/
Upton /'ʌptən/
Urey /'jʊərɪ/
Urquhart /'ɜːkət/
Urry /'ʌrɪ, *USA* 'ɜːrɪ/
Ustinov /'juːstɪnɒf, 'uː-, -v, *USA* -ɔːf/
Vanbrugh /'vænbrə, *USA* væn'bruː/
Van Buren /væn'bjʊərən/
Vandenberg /'vændənbɜːg/
Vanderbilt /'vændəbɪlt/
Van Druten /væn'druːtən/
Vane /veɪn/
Vansittart /væn'sɪtət/
Vaughan /vɔːn/
Vere /vɪə(r)/
Verney /'vɜːnɪ/
Vickers /'vɪkəz/
Vidal /vɪ'dæl/
Vidor /'vɪdɔː(r)/
Viereck /'vɪərek, -ək/
Vigneaud /'vɪnjəʊ/
Villiers /'vɪləz/
Von Békésy /vɒn'bekesɪ/
Wainwright /'weɪnraɪt/
Waksman /'wæksmən/
Walford /'wɔːlfəd, 'wɒ-/
Walker /'wɔːkə(r)/
Wallace /'wɒləs, *USA* 'wɔː-/
Waller /'wɒlə(r), 'wɔː-/
Walpole /'wɔːlpəʊl, 'wɒ-/
Walsh /wɔːlʃ, wɒlʃ/
Walsingham /'wɔːlsɪŋəm, 'wɒ-/
Walters /'wɔːltəz, 'wɒ-/
Walton /'wɔːltn, 'wɒ-/
Warbeck /'wɔːbek/
Warburton /'wɔːbətn/
Ward /wɔːd/
Warhol /'wɔːhəʊl, -hɔːl/
Warner /'wɔːnə(r)/
Warren /'wɒrən, *USA* 'wɔː-/
Warton /'wɔːtn/
Washington /'wɒʃɪŋtən, *USA* 'wɔː-/
Watkins /'wɒtkɪnz/
Watson /'wɒtsn/
Watson-Watt /'wɒtsn'wɒt/
Watt /wɒt/
Watts /wɒts/
Waugh /wɔː/
Wavell /'weɪvl/
Wayne /weɪn/
Webb /web/
Webster /'webstə(r)/
Weller /'welə(r)/
Welles /welz/
Wellesley /'welzlɪ/
Wellington /'welɪŋtən/
Wellmann /'welmən/
Wells /welz/
Welty /'weltɪ/
Wendell /'wendl/
Wentworth /'wentwəθ, -ɜːθ/
Wesley /'wezlɪ/
West /west/
Weston /'westən/
Wharton /'wɔːtn, *USA* 'hw-/
Wheeler /'wiːlə(r), *USA* 'hw-/
Whetstone /'wetstəʊn, *USA* 'hw-/
Whichcote /'wɪtʃkəʊt, *USA* 'hw-/
Whipple /'wɪpl, *USA* 'hw-/
Whistler /'wɪslə(r), *USA* 'hw-/
Whiston /'wɪstən, *USA* 'hw-/
White /waɪt, *USA* hw-/
Whitefield /'waɪtfiːld, *USA* 'hw-/
Whitehead /'waɪthed, *USA* 'hw-/
Whitman /'wɪtmən, *USA* 'hw-/
Whitney /'wɪtnɪ, *USA* 'hw-/
Whittier /'wɪtɪə(r), *USA* 'hw-/
Whittington /'wɪtɪŋtən, *USA* 'hw-/
Whittle /'wɪtl, *USA* 'hw-/
Wicklif(fe) /'wɪklɪf/
Wiggelsworth /'wɪglzwəθ, -ɜːθ/
Wigner /'wɪgnə(r)/
Wilberforce /'wɪlbəfɔːs/
Wilbur /'wɪlbə(r)/
Wilde /waɪld/
Wilder /'waɪldə(r)/
Wilkes /wɪlks/
Wilkie /'wɪlkɪ/
Wilkins /'wɪlkɪnz/
Wilkinson /'wɪlkɪnsn/
Williams /'wɪljəmz/
Williamson /'wɪljəmsn/
Willis /'wɪlɪs/
Willoughby /'wɪləbɪ/
Wilmot /'wɪlmət/
Wilson /'wɪlsn/
Windsor /'wɪnzə(r)/
Winters /'wɪntəz/
Winthrop /'wɪnθrəp, -ɒp/
Wise /waɪz/
Wiseman /'waɪzmən/
Wither /'wɪðə(r)/
Wit(t)aker /'wɪtəkə(r)/
Wodehouse /'wʊdhaʊs/
Wolfe /wʊlf/
Wollstonecraft /'wʊlstənkrɑːft, *USA* -æft/
Wolsey /'wʊlzɪ/
Woods /wʊdz/
Woodward /'wʊdwəd/
Woolf /wʊlf/
Woolner /'wʊlnə(r)/
Woolsey /'wʊlzɪ/
Woolworth /'wʊlwəθ, -ɜːθ/
Wordsworth /'wɜːdzwəθ, -ɜːθ/
Wotton /'wɒtn/
Wren /ren/
Wright /raɪt/
Wriothesley /'raɪəθslɪ/
Wyat(t) /'waɪət/
Wycherley /'wɪtʃəlɪ/
Wyclif(fe) /'wɪklɪf/
Wyler /'waɪlə(r)/
Wyndham /'wɪndəm/
Wythe /wɪθ/
Yates /jeɪts/
Yeat(e)s /jeɪts/
Yerby /'jɜːbɪ/
Yonge /jʌŋ/
Young /jʌŋ/
Zangwill /'zæŋwɪl, -wl/
Zilliacus /zɪlɪ'ɑːkəs, -ɪ'eɪ-/
Zinneman(n) /'zɪnəmən/

PRONUNCIA INGLESE DI TOPONIMI
ENGLISH PRONUNCIATION OF PLACE NAMES

Aberdeen /æbəˈdiːn/
Abergavenny /æbəgəˈvenɪ/
Aberystwyth /æbəˈrɪs(t)wɪθ/
Accra /əˈkrɑː/
Adelaide /ˈædəleɪd/
Aden /ˈeɪdn/
Africa /ˈæfrɪkə/
Airedale /ˈɛədeɪl/
Akron /ˈækrɒn/
Alabama /æləˈbæmə, -ˈbɑː-/
Alaska /əˈlæskə/
Albania /ælˈbeɪnɪə/
Albany /ˈɔːlbənɪ, ˈɒl-/
Alberta /ælˈbɜːtə/
Albury /ˈɔːlbərɪ, ˈɒl-, ˈɔːb-, *USA* -berɪ/
Alderney /ˈɔːldənɪ, ˈɒl-/
Algeria /ælˈdʒɪərɪə/
Altrincham /ˈɔːltrɪŋəm, ˈɒl-/
America /əˈmerɪkə/
Anatolia /ænəˈtəʊlɪə/
Anchorage /ˈæŋkərɪdʒ/
Andalusia /ændəˈluːsɪə, -z-, -ləˈsiːə, *USA* -ˈluːʒə/
Andorra /ænˈdɒrə, *USA* -ɔːrə/
Anglesey /ˈæŋglsɪ/
Angola /æŋˈgəʊlə/
Angus /ˈæŋgəs/
Annapolis /əˈnæpəlɪs/
Antrim /ˈæntrɪm/
Appleby /ˈæplbɪ/
Arabia /əˈreɪbɪə/
Aran /ˈærən/
Arcadia /ɑːˈkeɪdɪə/
Argentina /ɑːdʒənˈtiːnə/
Argyll /ɑːˈgaɪl/
Arizona /ærɪˈzəʊnə/
Arkansas /ˈɑːkənsɔː/ *Stato, città*; /ˈɑːkənsɔː, ɑːˈkænzəs/ *fiume*
Armagh /ɑːˈmɑː/
Armenia /ɑːˈmiːnɪə/
Arran /ˈærən/
Ascension /əˈsenʃn/
Ascot /ˈæskət, *USA* -ɒt/
Ashbourne /ˈæʃbɔːn/
Asia /ˈeɪʃə, -ʒə/
Assam /æˈsæm, ˈæsæm/
Aston /ˈæstn/
Athabasca /æθəˈbæskə/
Athlone /æθˈləʊn/
Atlanta /ətˈlæntə, æ-/
Auckland /ˈɔːklənd/
Augusta /ɔːˈgʌstə/
Austin /ˈɔːstɪn, ˈɒ-/
Australia /ɔːˈstreɪlɪə, ɒ-, ə-/
Austria /ˈɒstrɪə, ˈɔː-/
Avon /ˈeɪvn, -ɒn/; *Devon* /ˈævn/; *Grampian* /ɑːn/
Aylesbury /ˈeɪlzbərɪ, *USA* -berɪ/
Ayr /ɛə(r)/
Bahama(s) /bəˈhɑːmə(z)/
Bahrein /bɑːˈreɪn/
Balmoral /bælˈmɒrl, *USA* -ˈmɔː-/
Banff /bæmf, -nf/
Bangalore /bæŋgəˈlɔː(r)/
Bangladesh /bæŋgləˈdeʃ, -eɪʃ, *USA* bɑː-/
Bangor /ˈbæŋgə(r)/ *Galles*; /ˈbæŋgɔː(r)/ *USA*
Banks /bæŋks/
Barbados /bɑːˈbeɪdɒs, -əʊz, *USA* -əʊs/
Basutoland /bəˈsuːtəʊlænd/
Bath /bɑːθ, *USA* bæθ/
Bathurst /ˈbæθɜːst, *USA* ˈbæθ-/
Baton Rouge /ˈbætnˈruːʒ/
Beaumaris /bəʊˈmærɪs, bjuː-/
Bechuanaland /betʃʊˈɑːnəlænd/
Bedford /ˈbedfəd/
Bedfordshire /ˈbedfədʃə(r), -ʃɪə(r)/
Belfast /belˈfɑːst, *USA* ˈbelfæst/
Belize /beˈliːz/
Benares /bɪˈnɑːrɪz/
Benin /beˈniːn, -ɪn/
Ben Nevis /benˈnevɪs, *USA* -ˈniː-/
Berkeley /ˈbɑːklɪ/ *Inghilterra*; /ˈbɜːklɪ/ *USA*
Berkshire /ˈbɑːkʃə(r), -ʃɪə(r)/
Bermuda /bəˈmjuːdə/
Berwick /ˈberɪk/
Beverly /ˈbevəlɪ/
Bhutan /buːˈtɑːn, -æn/
Birkenhead /ˈbɜːkənhed/
Birmingham /ˈbɜːmɪŋəm, -hæm/; *in USA* /-hæm/
Bismarck /ˈbɪzmɑːk/
Blackburn /ˈblækbɜːn, -ən/
Blackpool /ˈblækpuːl/
Bogota /bəʊgəˈtɑː, bɒ-/
Boise /ˈbɔɪzɪ, -sɪ/
Bolivia /bəˈlɪvɪə/
Bolton /ˈbəʊltn/
Bombay /bɒmˈbeɪ/
Borneo /ˈbɔːnɪəʊ/
Bosnia /ˈbɒznɪə/
Boston /ˈbɒstn, *USA* ˈbɔːs-/
Botswana /bɒˈtswɑːnə/
Bournemouth /ˈbɔːnməθ/
Boyne /bɔɪn/
Bradford /ˈbrædfəd/
Brecknock /ˈbreknɒk/
Brecknockshire /ˈbreknɒkʃə(r), -ʃɪə(r)/
Brecon /ˈbrekən/
Breconshire /ˈbrekənʃə(r), -ʃɪə(r)/
Brentford /ˈbrentfəd/
Bridgeport /ˈbrɪdʒpɔːt/
Brighton /ˈbraɪtn/
Brisbane /ˈbrɪzbən, -eɪn/
Bristol /ˈbrɪstl/
Brunei /ˈbruːnaɪ, brʊˈnaɪ/
Buckinghamshire /ˈbʌkɪŋəmʃə(r), -ʃɪə(r)/
Buffalo /ˈbʌfələʊ/
Bulgaria /bʌlˈgeərɪə/
Burundi /bʊˈrʊndɪ/
Bute /bjuːt/
Caernarvon /kəˈnɑːvn/
Caernarvonshire /kəˈnɑːvnʃə(r), -ʃɪə(r)/
Caithness /ˈkeɪθnes/
Calcutta /kælˈkʌtə/
California /kælɪˈfɔːnɪə/
Cam /kæm/
Cambridge /ˈkeɪmbrɪdʒ/
Cambridgeshire /ˈkeɪmbrɪdʒʃə(r), -ʃɪə(r)/
Camden /ˈkæmdən/
Cameroon /kæməˈruːn, ˈkæ-/
Canada /ˈkænədə/
Canterbury /ˈkæntəbrɪ, *USA* -berɪ/
Canton /kænˈtɒn, ˈkæntɒn/
Cardiff /ˈkɑːdɪf/
Cardiganshire /ˈkɑːdɪgənʃə(r), -ʃɪə(r)/
Carlisle /kɑːˈlaɪl/
Carmarthen /kəˈmɑːðn, kɑː-/
Carmarthenshire /kəˈmɑːðənʃə(r), -ʃɪə(r), kɑː-/
Carnarvon /kəˈnɑːvn/
Carnarvonshire /kəˈnɑːvənʃə(r), -ʃɪə(r)/
Carolina /kærəˈlaɪnə/
Carson City /ˈkɑːsnˈsɪtɪ/
Cawnpore /kɔːnˈpɔː(r), *USA* ˈkɔːnpɔː(r)/
Ceylon /sɪˈlɒn/
Charleston /ˈtʃɑːlstən/
Charlotte /ˈʃɑːlət/
Charlottesville /ˈʃɑːlətsvɪl, -vl/
Chattanooga /tʃætəˈnuːgə/
Chelmsford /ˈtʃelmzfəd/
Chesapeake /ˈtʃesəpiːk/
Cheshire /ˈtʃeʃə(r), -ʃɪə(r)/
Chester /ˈtʃestə(r)/
Cheviot(s) /ˈtʃevɪət(s)/
Cheyenne /ʃaɪˈæn, -en/
Chicago /ʃɪˈkɑːgəʊ/
Chichester /ˈtʃɪtʃɪstə(r)/; *in USA* /ˈtʃaɪtʃestə(r)/
Chiltern Hills /ˈtʃɪltənˈhɪlz/
Christchurch /ˈkraɪs(t)tʃɜːt/
Cincinnati /sɪnsɪˈnætɪ/
Cirencester /ˈsaɪərənsestə(r), ˈsɪsɪtə(r)/
Clackmannan /klækˈmænən/
Cleveland /ˈkliːvlənd/
Clifton /ˈklɪftn/
Clyde /klaɪd/
Colchester /ˈkəʊltʃɪstə(r), *USA* -tʃes-/
Colombia /kəˈlɒmbɪə, -ˈlʌ-/
Colombo /kəˈlɒmbəʊ, -ˈlʌ-/
Colorado /kɒləˈrɑːdəʊ, *USA* -ˈræ-/
Columbia /kəˈlʌmbɪə/
Columbus /kəˈlʌmbəs/
Concord /ˈkɒnkɔːd/
Congo /ˈkɒŋgəʊ/
Connaught /ˈkɒnɔːt/
Connecticut /kəˈnetɪkət/
Cook /kʊk/
Cordova /ˈkɔːdəvə/
Cork /kɔːk/
Corsica /ˈkɔːsɪkə/
Cotswold /ˈkɒtswəʊld, -wld/
Coventry /ˈkɒvəntrɪ, ˈkʌv-/
Cromarty /ˈkrɒmətɪ/
Croydon /ˈkrɔɪdn/
Cuba /ˈkjuːbə/
Culloden /kəˈlɒdn/
Cumberland /ˈkʌmbələnd/
Dacca /ˈdækə/
Dacia /ˈdeɪsɪə, -ʃə/
Dahomey /dəˈhəʊmɪ/
Dakota /dəˈkəʊtə/
Dalkeith /dælˈkiːθ/
Dallas /ˈdæləs/
Dar es Salaam /ˈdɑːressəˈlɑːm/
Dartmoor /ˈdɑːtmʊə(r)/
Darwin /ˈdɑːwɪn/
Davenport /ˈdævnpɔːt/
Dayton /ˈdeɪtn/
Delaware /ˈdeləwɛə(r)/
Delhi /ˈdelɪ/
Denbigh /ˈdenbɪ/
Denbighshire /ˈdenbɪʃə(r), -ʃɪə(r)/
Denver /ˈdenvə(r)/
Derby /ˈdɑːbɪ, *USA* ˈdɜː-/
Derbyshire /ˈdɑːbɪʃə(r), -ʃɪə(r), *USA* ˈdɜː-/
Derwent /ˈdɜːwent/
Des Moines /dɪˈmɔɪn/
Detroit /dɪˈtrɔɪt/
Devon /ˈdevn/
Devonshire /ˈdevnʃə(r), -ʃɪə(r)/
Dingwall /ˈdɪŋwɔːl/
Dolgellau /dɒlˈgeθlɪ, -aɪ/
Dolgelley /dɒlˈgeθlɪ, -aɪ/
Donegal /ˈdɒnɪgɔːl, ˈdʌn-/

Dorchester /ˈdɔːtʃɪstə(r), *USA* -tʃɛs-/
Dornoch /ˈdɔːnɒk, -ɒx/
Dornock /ˈdɔːnɒk/
Dorset /ˈdɔːsɪt/
Dorsetshire /ˈdɔːsɪtʃə(r), -ʃɪə(r)/
Douglas /ˈdʌgləs/
Dover /ˈdəʊvə(r)/
Down /daʊn/
Drogheda /ˈdrɔːədə, ˈdrɔːɪ-/
Duluth /dəˈluːθ, dʊ-, djʊ-/
Dumfries /dʌmˈfriːs, -z, də-/
Dundee /dʌnˈdiː/
Dunedin /dʌˈniːdn, -ɪn/
Dungeness /dʌndʒ(ə)ˈnɛs/
Durban /ˈdɜːbən/
Durham /ˈdʌrəm, *USA* ˈdɜː-/
Ealing /ˈiːlɪŋ/
Eaton /ˈiːtn/
Ecuador /ɛkwəˈdɔː(r)/
Edmonton /ˈɛdməntn/
Elba /ˈɛlbə/
Elgin /ˈɛlgɪn/; *in USA* /ˈɛldʒɪn/
Elizabeth /ɪˈlɪzəbəθ/
El Paso /ɛlˈpæsəʊ/
Ely /ˈiːlɪ/
Erie /ˈɪərɪ/
Eritrea /ɛrɪˈtriːə/
Essex /ˈɛsɪks/
Estonia /ɛˈstəʊnɪə/
Etna /ˈɛtnə/
Etruria /ɪˈtrʊərɪə/
Eurasia /jʊəˈreɪʃə, -ʒə/
Everest /ˈɛvərɪst, -əst, -ɛst/
Exeter /ˈɛksətə(r)/
Exton /ˈɛkstən/
Eyre /ɛə(r)/
Falkland Island /ˈfɔːkləndˈaɪləndz/
Fenwick /ˈfɛnɪk/
Fermanagh /fɜːˈmænə/
Fife /faɪf/
Fitzroy /ˈfɪtsrɔɪ/
Flint /flɪnt/
Flintshire /ˈflɪntʃə(r), -ʃɪə(r)/
Florida /ˈflɒrɪdə, *USA* ˈflɔː-/
Folkestone /ˈfəʊkstən/
Forfar /ˈfɔːfə(r)/
Formosa /fɔːˈməʊsə/
Forth /fɔːθ/
Fort Wayne /fɔːtˈweɪn/
Fort Worth /fɔːtˈwɜːθ/
Freetown /ˈfriːtaʊn/
Fresno /ˈfrɛznəʊ/
Galway /ˈgɔːlweɪ/
Gambia /ˈgæmbɪə/
Gateshead /ˈgeɪtshɛd/
Gatesville /ˈgeɪtsvɪl, -vl/
Georgetown /ˈdʒɔːdʒtaʊn/
Georgia /ˈdʒɔːdʒə/
Ghana /ˈgɑːnə/
Glamorgan /gləˈmɔːgən/
Glamorganshire /gləˈmɔːgənʃə(r), -ʃɪə(r)/
Glasgow /ˈglɑːzgəʊ, -æz-, *USA* -æs-/
Glencoe /glɛnˈkəʊ/
Glenmore /glɛnˈmɔː(r)/
Gloucester /ˈglɒstə(r), -ɔːs-/
Gloucestershire /ˈglɒstəʃə(r), -ɔːs-, -ʃɪə(r)/
Gozo /ˈgəʊzəʊ/
Grampian(s) /ˈgræmpɪən(z)/
Grand Rapids /ˈgrændˈræpɪdz/
Grasmere /ˈgrɑːsmɪə(r), *USA* -æs-/
Greenwich /ˈgrɛnɪdʒ, -ɪn-, -tʃ/
Grimsby /ˈgrɪmzbɪ/
Guatemala /gwɑːtəˈmɑːlə, gwæ-, gwʌ-/
Guernsey /ˈgɜːnzɪ/
Guiana /gɪˈɑːnə, -ˈæ-, gaɪ-/
Guildford /ˈgɪlfəd/
Guinea /ˈgɪnɪ/
Guyana /gaɪˈænə, -ˈɑː-/
Haddington /ˈhædɪŋtən/
Haiti /ˈheɪtɪ, ˈhaɪ-, hɑˈiː-/
Halifax /ˈhælɪfæks/
Hamilton /ˈhæmltn/
Hampshire /ˈhæmpʃə(r), -ʃɪə(r)/
Hampton /ˈhæmptən/
Harrington /ˈhærɪŋtən/
Harris /ˈhærɪs/
Harrisburg /ˈhærɪsbɜːg/
Harrow /ˈhærəʊ/
Hartford /ˈhɑːtfəd/
Harwell /ˈhɑːwl, -wɛl/
Harwich /ˈhærɪdʒ, -tʃ/
Hastings /ˈheɪstɪŋz/
Hawaii /həˈwaɪɪ, -iː, hɑː-/
Hecla /ˈhɛklə/
Hendon /ˈhɛndən/
Hereford /ˈhɛrɪfəd/
Herefordshire /ˈhɛrɪfədʃə(r), -ʃɪə(r)/
Hertford /ˈhɑːfəd/ *Inghilterra* ; /ˈhɜːtfəd/ *USA*
Hertfordshire /ˈhɑːfədʃə(r), -ʃɪə(r)/
Hobart /ˈhəʊbɑːt, -ət, ˈhʌ-/
Holland /ˈhɒlənd/
Hollywood /ˈhɒlɪwʊd/
Honduras /hɒnˈdjʊərəs, *USA* -ˈdʊə-/
Hong Kong /ˈhɒŋˈkɒŋ, *USA* ˈhɔːŋˈkɔːŋ/
Honolulu /hɒnəˈluːluː/
Houston /ˈhjuːstən/ *USA*
Huddersfield /ˈhʌdəzfiːld/
Hudson /ˈhʌdsn/
Hull /hʌl/
Humber /ˈhʌmbə(r)/
Hunter /ˈhʌntə(r)/
Huntingdon /ˈhʌntɪŋdən/
Huntingdonshire /ˈhʌntɪŋdənʃə(r), -ʃɪə(r)/
Huron /ˈhjʊərən/
Hyderabad /ˈhaɪd(ə)rəbæd, -ɑːd/
Hydrabad /ˈhaɪdrəbæd, -ɑːd/
Iberia /aɪˈbɪərɪə/
Idaho /ˈaɪdəhəʊ/
Ilford /ˈɪlfəd/
Ilfracombe /ˈɪlfrəkuːm/
Illinois /ɪləˈnɔɪ, -z/
India /ˈɪndɪə/
Indiana /ɪndɪˈænə, -ɑːnə/
Indianapolis /ɪndɪəˈnæpəlɪs/
Indonesia /ɪndəʊˈniːzɪə, -ʒə, -sɪə, -ʃə/
Inverary /ɪnvəˈrɛərɪ/
Inverness /ɪnvəˈnɛs/
Iowa /ˈaɪəʊə/
Ipswich /ˈɪpswɪtʃ/
Iran /ɪˈrɑːn, -æn/
Iraq /ɪˈrɑːk, -æk/
Islington /ˈɪzlɪŋtən/
Jackson /ˈdʒæksn/
Jacksonville /ˈdʒæksnvɪl/
Jamestown /ˈdʒeɪmztaʊn/
Jefferson /ˈdʒɛfəsn/
Jefferson City /ˈdʒɛfəsnˈsɪtɪ/
Jersey /ˈdʒɜːzɪ/
Jersey City /ˈdʒɜːzɪˈsɪtɪ/
Jesselton /ˈdʒɛsltən/
Johannesburg /dʒəʊˈhænɪsbɜːg/
Jugoslavia /juːgəʊˈslɑːvɪə/
Juneau /ˈdʒuːnəʊ, dʒʊˈnəʊ/
Kalahari /kæləˈhɑːrɪ, *USA* kɑː-/
Kampala /kæmˈpɑːlə, *USA* kɑː-/
Kansas /ˈkænzəs, -ns-/
Kansas City /ˈkænzəsˈsɪtɪ, -ns-/
Karachi /kəˈrɑːtʃɪ/
Katanga /kəˈtæŋgə, *USA* -ɑːŋ-/
Katrine /ˈkætrɪn/
Kendall /ˈkɛndl/
Kenilworth /ˈkɛnɪlwəθ, -ɜːθ/
Kent /kɛnt/
Kentucky /kɛnˈtʌkɪ/
Kenya /ˈkɛnjə, ˈkiːn-/
Kerry /ˈkɛrɪ/
Kesteven /kɛˈstiːvn, ˈkɛstəvn/
Keswick /ˈkɛzɪk/
Kew /kjuː/
Kildare /kɪlˈdɛə(r)/
Kilkenny /kɪlˈkɛnɪ/
Kilmarnock /kɪlˈmɑːnək, -ɒk/
Kimberley /ˈkɪmbəlɪ/
Kincardine /kɪŋˈkɑːdɪn/
Kingston /ˈkɪŋstən/
Kingston upon Hull /ˈkɪŋstənəpɒnˈhʌl, *USA* -pɔːn-, -pʌn-/
Kinross /kɪnˈrɒs, *USA* -ɔːs/
Kirkwall /ˈkɜːkwɔːl/
Knoxville /ˈnɒksvɪl, -vl/
Kuala Lumpur /ˈkwɑːləˈlʊmpʊə(r), ˈkwɒ-, -ˈlʌm-/
Kuching /ˈkʊtʃɪŋ/
Kurdistan /kɜːdɪˈstɑːn, -æn, kʊə-/
Kuwait /kʊˈweɪt, kjʊ-, kə-/
Labrador /ˈlæbrədɔː(r)/
Lagos /ˈleɪgɒs/
Lahore /ləˈhɔː(r)/
Lambeth /ˈlæmbəθ/
Lanark /ˈlænək/
Lanarkshire /ˈlænəkʃə(r), -ʃɪə(r)/
Lancashire /ˈlæŋkəʃə(r), -ʃɪə(r)/
Lancaster /ˈlæŋkəstə(r), *USA* -kæs-/
Land's End /ˈlændzˈɛnd/
Lansing /ˈlɑːnsɪŋ, *USA* ˈlæn-/
Laos /laʊs, -z, ˈlɑːɒs, -əʊs, leɪ-, -ɒs/
Launceston /ˈlɔːnstən, ˈlɑː-/ *Inghilterra* ; /ˈlɔːnsəstən, ˈlɑː-/ *Tasmania*
Leeds /liːdz/
Leicester /ˈlɛstə(r)/
Leicestershire /ˈlɛstəʃə(r), -ʃɪə(r)/
Leinster /ˈlɛnstə(r)/
Lerwick /ˈlɜːwɪk/
Lesotho /ləˈsəʊtəʊ/
Lewes /ˈluːɪs/
Lewis /ˈluːɪs/
Lexington /ˈlɛksɪŋtən/
Leyton /ˈleɪtn/
Liberia /laɪˈbɪərɪə/
Liffey /ˈlɪfɪ/
Lilliput /ˈlɪlɪpʌt/
Limpopo /lɪmˈpəʊpəʊ/
Lincoln /ˈlɪŋkən/
Lincolnshire /ˈlɪŋkənʃə(r), -ʃɪə(r)/
Lindsey /ˈlɪn(d)zɪ/
Little Rock /ˈlɪtlˈrɒk/
Liverpool /ˈlɪvəpuːl/
Llandudno /lænˈdɪdnəʊ, -ˈdʌd-, θlæ-/
Loch Katrine /ˈlɒxˈkætrɪn/
Loch Lomond /ˈlɒxˈləʊmənd/
Loch Ness /ˈlɒxˈnɛs/
Lomond /ˈləʊmənd/
Londonderry /lʌndənˈdɛrɪ, ˈlʌndəndɛrɪ/
Long Beach /ˈlɒŋbiːtʃ, *USA* ˈlɔːŋ-/
Longford /ˈlɒŋfəd, *USA* ˈlɔːŋ-/
Los Angeles /lɒsˈændʒɪliːz, -ɪs, *USA* lɔːs-ˈændʒələs, lɒs-, -ŋgə-, -iːz/
Lothian /ˈləʊðɪən/
Lough Neagh /ˈlɒxˈneɪ/
Louisiana /luiːzɪˈænə, luːɪ-, -ˈɑːnə/
Louisville /ˈluːɪvɪl, -vl, ˈluːɪsvɪl/
Louth /laʊð/ *Irlanda* ; /laʊθ/ *Lincolnshire*
Lucknow /ˈlʌknaʊ, lʌkˈn-/
Ludlow /ˈlʌdləʊ/
Lusaka /luːˈsɑːkə, -z-/
Luton /ˈluːtn/
Macedonia /mæsɪˈdəʊnɪə/
Mackenzie /məˈkɛnzɪ/
Madagascar /mædəˈgæskə(r)/
Madison /ˈmædɪsn/
Madras /məˈdrɑːs, -æs/; *in USA* /ˈmædrəs/
Madrid /məˈdrɪd/
Mafeking /ˈmæfɪkɪŋ/
Maidstone /ˈmeɪdstən/
Maine /meɪn/
Malacca /məˈlækə/
Malaga /ˈmæləgə/
Malaysia /məˈleɪzɪə, -ʒə, -ʃə/
Malmesbury /ˈmɑːmzb(ə)rɪ, *USA* -bɛrɪ/
Malta /ˈmɔːltə/
Malvern /ˈmɔːlvən, ˈmɔː-, ˈmɒl-/
Man /mæn/
Manchester /ˈmæntʃɪstə(r), *USA* -tʃɛs-/
Manitoba /mænɪˈtəʊbə/
Marlborough /ˈmɑːlbrə, ˈmɔːl-, -ərə, *USA* ˈmɑːlbɜːrəʊ/
Marston Moor /ˈmɑːstnˈmʊə(r)/
Maryland /ˈmɛərɪlənd/
Maseru /məˈsɪəruː, -ˈsɛə-, *USA* ˈmæzəruː, ˈmɑːs-/
Massachusetts /mæsəˈtʃuːsɪts/
Mayo /ˈmeɪəʊ/
Mbabane /ɛmbəˈbɑːn/

Meath /miːð/
Mecca /ˈmɛkə/
Medway /ˈmɛdweɪ/
Melanesia /mɛləˈniːzɪə, -ʒə, -sɪə, -ʃə/
Melbourne /ˈmɛlbən, -ɜːn/
Melrose /ˈmɛlrəʊz/
Memphis /ˈmɛmfɪs/
Menai Strait /ˈmɛnaɪˈstreɪt/
Merioneth /mɛrɪˈɒnəθ/
Merionethshire /mɛrɪˈɒnəθʃə(r), -ʃɪə(r)/
Mersey /ˈmɜːzɪ/
Mesopotamia /mɛsəpəˈteɪmɪə/
Messina /mɪˈsiːnə/
Miami /maɪˈæmɪ/
Michigan /ˈmɪʃɪgən/
Middlesborough /ˈmɪdlzbrə, *USA* -bɜːrəʊ/
Middlesex /ˈmɪdlsɛks/
Midlothian /mɪdˈləʊðɪən/
Midway /ˈmɪdweɪ/
Milwaukee /mɪlˈwɔːkɪ, -iː/
Minneapolis /mɪnɪˈæpəlɪs/
Minnesota /mɪnɪˈsəʊtə/
Mississippi /mɪsɪˈsɪpɪ/
Missouri /mɪˈzʊərɪ, -s-, -ɜːrɪ, -ə/
Mitchell /ˈmɪtʃl/
Mobile /məʊˈbiːl, ˈm-/
Moldavia /mɒlˈdeɪvɪə/
Mombasa /mɒmˈbæsə/
Monaghan /ˈmɒnəhən, -xən/
Mongolia /mɒŋˈgəʊlɪə/
Monmouth /ˈmɒnməθ, ˈmʌn-/
Monmouthshire /ˈmɒnməθʃə(r), ˈmʌn-, -ʃɪə(r)/
Montana /mɒnˈtæna, -ˈtɑː-/
Montenegro /mɒntɪˈniːgrəʊ, -ˈneɪ-, -ˈnɛ-/
Montgomery /mən(t)ˈgʌmərɪ, mɒn-, -ˈgɒ-/
Montgomeryshire /mən(t)ˈgʌmərɪʃə(r), mɒn-, -ˈgɒ-, -ʃɪə(r)/
Montpelier /mɒntˈpiːlɪə(r)/ *USA*
Montreal /mɒntrɪˈɔːl, mʌn-/
Moravia /məˈreɪvɪə/
Moray /ˈmʌrɪ, *USA* ˈmɜː-/
Munster /ˈmʌnstə(r)/
Mysore /maɪˈsɔː(r)/
Nairn /nɛən/
Nairobi /naɪəˈrəʊbɪ/
Namibia /næˈmɪbɪə/
Nantucket /nænˈtʌkɪt/
Naseby /ˈneɪzbɪ/
Nashville /ˈnæʃvɪl, -vl/
Nassau /ˈnæsɔː/
Natal /nəˈtæl, -ɑːl/
Nazareth /ˈnæzərəθ, -ɪθ/
Neagh /neɪ/
Nebraska /nɪˈbræskə/
Nelson /ˈnɛlsn/
Nepal /nɪˈpɔːl, -ɑːl, -æl/
Ness /nɛs/
Nevada /nɪˈvɑːdə, *USA* -ˈvæ-/
Newark /ˈnjuːək, *USA* ˈnuː-/
New Bedford /njuːˈbɛdfəd, *USA* nuː-/
New Brighton /njuːˈbraɪtn, *USA* nuː-/
Newbury /ˈnjuːbərɪ, *USA* ˈnuːberɪ/
Newcastle /ˈnjuːkɑːsl, *USA* ˈnuːkæsl/
New Hampshire /njuːˈhæmpʃə(r), -ʃɪə(r), *USA* nuː-/
Newhaven /ˈnjuːheɪvn, *USA* ˈnuː-/
New Haven /njuːˈheɪvn, *USA* nuː-/
New Jersey /njuːˈdʒɜːzɪ, *USA* nuː-/
New Mexico /njuːˈmɛksɪkəʊ, *USA* nuː-/
New Orleans /njuːˈɔːlɪənz, -ɔːˈliːnz, *USA* nuː-, -ˈɔːlənz/
Newport /ˈnjuːpɔːt, *USA* ˈnuː-/
New York /njuːˈjɔːk, *USA* nuː-/
Niagara Falls /naɪˈægərəˈfɔːlz/
Nicaragua /nɪkəˈrægjʊə, *USA* -ˈrɑːgwə/
Nicosia /nɪkəʊˈsiːə/
Nigeria /naɪˈdʒɪərɪə/
Norfolk /ˈnɔːfək, *USA* -ɔk, -ɔːk/
Northampton /nɔːˈθæm(p)tən, -ˈθh-, nəˈθ-/
Northamptonshire /nɔːˈθæmptənʃə(r), -θ-ˈh-, nəˈθ-, -ʃɪə(r)/
North Carolina /ˈnɔːθkærəˈlaɪnə/
North Dakota /ˈnɔːθdəˈkəʊtə/
Northumberland /nɔːˈθʌmbələnd/
Norwich /ˈnɒrɪdʒ, -ɪtʃ, *USA* ˈnɔː-/ *Inghilterra* ; /ˈnɔːwɪtʃ/ *USA*
Nottingham /ˈnɒtɪŋəm/
Nottinghamshire /ˈnɒtɪŋəmʃə(r), -ʃɪə(r)/
Nubia /ˈnjuːbɪə, *USA* ˈnuː-/
Numidia /njuːˈmɪdɪə, *USA* nuː-/
Nyanza /nɪˈænzə/
Nyassa /nɪˈæsə/
Nyassaland /nɪˈæsəlænd/
Oakland /ˈəʊklənd/
Oceania /əʊʃɪˈeɪnɪə/
Offaly /ˈɒfəlɪ, *USA* ˈɔːf-/
Ohio /əʊˈhaɪəʊ/
Okeechobee /ˈəʊkiːtʃəʊbiː/
Oklahoma /əʊkləˈhəʊmə/
Oklahoma City /ˈəʊkləhəʊməˈsɪtɪ/
Oldbury /ˈəʊl(d)brɪ, *USA* -berɪ/
Oldham /ˈəʊldəm/
Olympia /əʊˈlɪmpɪə/
Omaha /ˈəʊməhɑː/
Oman /əʊˈmɑːn/
Ontario /ɒnˈtɛərɪəʊ/
Orange /ˈɒrɪndʒ, *USA* ˈɔː-/
Oregon /ˈɒrɪgən, *USA* ˈɔː-/
Orkney /ˈɔːknɪ/
Ottawa /ˈɒtəwə/
Ouse /uːz/
Oxford /ˈɒksfəd/
Oxfordshire /ˈɒksfədʃə(r), -ʃɪə(r)/
Pakistan /pɑːkɪˈstɑːn, *USA* pækɪˈstæn/
Panama /ˈpænəmɑː, -ˈmɑː/
Paraguay /ˈpærəgwaɪ, -ˈgwaɪ, *USA* -aɪ, -eɪ/
Pasadena /pæsəˈdiːnə/
Paterson /ˈpætəsn/
Peebles /ˈpiːblz/
Pemba /ˈpɛmbə/
Pembroke /ˈpɛmbrʊk/
Pembrokeshire /ˈpɛmbrʊkʃə(r), -ʃɪə(r)/
Pennine(s) /ˈpɛnaɪn(z)/
Pennsylvania /pɛnslˈveɪnɪə/
Penrith /ˈpɛnrɪθ/
Pensacola /pɛnsəˈkəʊlə/
Penzance /pɛnˈzæns, pə-/
Peoria /pɪˈɔʊrɪə/
Persia /ˈpɜːʃə, -ʒə/
Perth /pɜːθ/
Peru /pəˈruː/
Peterborough /ˈpiːtəbrə, *USA* -bɜːrəʊ/
Phoenix /ˈfiːnɪks/
Pierre /pɪə(r)/
Pittsburgh /ˈpɪtsbɜːg/
Plymouth /ˈplɪməθ/
Portland /ˈpɔːtlənd/
Portobello /pɔːtəˈbɛləʊ/
Port of Spain /ˈpɔːtəvˈspeɪn/
Portsmouth /ˈpɔːtsməθ/
Potomac /pəˈtəʊmæk, -ək/
Preston /ˈprɛstn/
Pretoria /prɪˈtɔːrɪə/
Providence /ˈprɒvɪdəns/
Prussia /ˈprʌʃə/
Puerto Rico /ˈpwɜːtəʊˈriːkəʊ, ˈpweə-, ˈpɔː-/
Punjab /pʌnˈdʒɑːb, pʊn-/
Qatar /ˈkætɑː(r), ˈkʌ-, ˈkɑː-, kəˈtɑː(r)/
Quebec /kwɪˈbɛk, kə-/
Queensland /ˈkwiːnzlənd/
Queenstown /ˈkwiːnztaʊn/
Quito /ˈkiːtəʊ/
Radcliffe /ˈrædklɪf/
Radnor /ˈrædnə(r)/
Radnorshire /ˈrædnəʃə(r), -ʃɪə(r)/
Raleigh /ˈrɔːlɪ, ˈrɑː-, ˈræ-/
Rangoon /ræŋˈguːn/
Rangpur /ˈræŋpʊə(r)/
Rawalpindi /rɔːəlˈpɪndɪ/
Reading /ˈrɛdɪŋ/
Renfrew /ˈrɛnfruː/
Rhode Island /ˈrəʊdaɪlənd, *USA* rəʊdˈaɪ-/
Rhodesia /rəʊˈdiːʒə, -ʃə, -zɪə, -sɪə/
Rhondda /ˈrɒndə, -nðə/
Richmond /ˈrɪtʃmənd/
Rio Grande /ˈriːəʊˈgrænd, -ɪ/
Rochester /ˈrɒtʃɪstə(r), *USA* -tʃɛs-/
Roscommon /rɒsˈkɒmən/
Ross /rɒs, *USA* rɔːs/
Roxburgh /ˈrɒksbrə, *USA* -bɜːrəʊ/
Ruanda Urundi /rʊˈændəʊˈrʊndɪ, *USA* -ˈɑːn-/
Russia /ˈrʌʃə/
Rutland /ˈrʌtlənd/
Rutlandshire /ˈrʌtləndʃə(r), -ʃɪə(r)/
Rwanda /rʊˈændə, *USA* -ˈɑːn-/
Rye /raɪ/
Sacramento /sækrəˈmɛntəʊ/
Sahara /səˈhɑːrə, *USA* -ærə/
Salem /ˈseɪləm, -ɛm/
Salford /ˈsɔːlfəd, ˈsɒl-/
Salisbury /ˈsɔːlzbərɪ, ˈsɒl-, *USA* -berɪ/
Salt Lake City /ˈsɔːltleɪkˈsɪtɪ, ˈsɒl-/
Salvador /ˈsælvədɔː(r)/
Samoa /səˈməʊə/
San Antonio /sænænˈtəʊnɪəʊ/
Sandhurst /ˈsændhɜːst/
San Diego /sændɪˈeɪgəʊ/
Sandringham /ˈsændrɪŋəm/
Sanford /ˈsænfəd/
San Francisco /sænfrənˈsɪskəʊ/
Santa Cruz /ˈsæntəˈkruːz/
Santa Fé /ˈsæntəˈfeɪ/
Saratoga /særəˈtəʊgə/
Sarawak /səˈrɑːwə(k), -wɑː(k), -wæk/
Saskatchewan /sæˈskætʃəwən, sə-, -wɒn/
Saskatoon /sæskəˈtuːn/
Savannah /səˈvænə/
Scafell /skɔːˈfɛl/
Scandinavia /skændɪˈneɪvɪə/
Scapa Flow /ˈskæpəˈfləʊ, ˈskɑː-/
Scarborough /ˈskɑːb(ə)rə, *USA* -bɜːrəʊ/
Scilly /ˈsɪlɪ/
Seattle /sɪˈætl/
Selkirk /ˈsɛlkɜːk/
Senegal /sɛnɪˈgɔːl, -ɑːl/
Serbia /ˈsɜːbɪə/
Severn /ˈsɛvən/
Shaftesbury /ˈʃɑːf(t)sb(ə)rɪ, *USA* ˈʃæf(t)sberɪ/
Shannon /ˈʃænən/
Sheffield /ˈʃɛfiːld/
Shetland /ˈʃɛtlənd/
Shrewsbury /ˈʃruːzbərɪ, ˈʃrəʊz-, *USA* -berɪ/
Shropshire /ˈʃrɒpʃə(r), -ʃɪə(r)/
Siam /saɪˈæm, *USA* ˈsaɪæm/
Sierra Leone /sɪˈɛrəlɪˈəʊn, -ɪ/
Sierra Nevada /sɪˈɛrənɪˈvɑːdə, *USA* -ˈvæ-/
Sinai /ˈsaɪnaɪ, -ɪaɪ, -ɪeɪ/
Singapore /sɪŋgəˈpɔː(r)/
Skye /skaɪ/
Slavonia /sləˈvəʊnɪə/
Sligo /ˈslaɪgəʊ/
Snowdon /ˈsnəʊdn/
Sofia /ˈsəʊfɪə, ˈsɒ-/
Solent /ˈsəʊlənt/
Solway /ˈsɒlweɪ/
Somerset /ˈsʌməsɛt, -ɪt/
Somersetshire /ˈsʌməsɛtʃə(r), -sɪt-, -ʃɪə(r)/
Somerville /ˈsʌməvɪl/
Southampton /saʊˈθæm(p)tən, -θˈh-, səˈθ-, səˈð-/
South Carolina /ˈsaʊθkærəˈlaɪnə/
South Dakota /ˈsaʊθdəˈkəʊtə/
Southend /ˈsaʊθˈɛnd/
Southport /ˈsaʊθpɔːt/
Sparta /ˈspɑːtə/
Spokane /spəʊˈkæn/
Springfield /ˈsprɪŋfiːld/
Sri Lanka /sriːˈlæŋkə, ʃr-, *USA* -ˈlɑː-/
Stafford /ˈstæfəd/
Staffordshire /ˈstæfədʃə(r), -ʃɪə(r)/
St. Albans /sntˈɔːlbənz, -ˈɒl-, *USA* seɪ-/
St. Andrews /sntˈændruːz, *USA* seɪ-/
St. Anne /sntˈæn, *USA* seɪ-/
St. Clair /sntklɛə(r), *USA* seɪ-/
St. George's /sntˈdʒɔːdʒɪz, *USA* seɪ-/
St. Helena /sɛntɪˈliːnə, sən-, -ˈleɪ-, *USA* seɪntəˈliːnə, -nthə-/
St. Helens /sntˈhɛlɪnz, *USA* seɪ-/
Stirling /ˈstɜːlɪŋ/
St. Johns /sntˈdʒɒnz, *USA* seɪ-/
St. Lawrence /sntˈlɒrəns, *USA* seɪntˈlɔː-/

St. Louis /snt'lu:ɪs, -u:ɪ, *USA* seɪ-/
Stockport /'stɒkpɔ:t/
Stoke on Trent /'stəʊkɒn'trent, *USA* -ɔ:n-/
Stonehenge /'stəʊn'hɛndʒ, *USA* -nh-/
St. Paul /snt'pɔ:l, *USA* seɪ-/
St. Peter /snt'pi:tə(r), *USA* seɪ-/
Stratford on Avon /'strætfədɒn'eɪvn, *USA* -ɔ:n-/
Sudan /su:'dɑ:n, *USA* -æn/
Suez /'su:ɪz, 'sj-, *USA* su:'ɛz, 'su:ɛz/
Suffolk /'sʌfək/
Sunderland /'sʌndələnd/
Surinam /sʊərɪ'næm, *USA* -ɑ:m/
Surrey /'sʌrɪ, *USA* 'sɜ:-/
Sussex /'sʌsɪks/
Sutherland /'sʌðələnd/
Sutton /'sʌtn/
Suva /'su:və/
Swansea /'swɒnzɪ, *USA* -sɪ, -zɪ/
Swaziland /'swɑ:zɪlænd/
Sydney /'sɪdnɪ/
Tabor /'teɪbə(r), -ɔ:(r)/
Tacoma /tə'kəʊmə/
Taiwan /'taɪ'wɑ:n, -wæn, -wɒn/
Tallahassee /tælə'hæsɪ/
Tampa /'tæmpə/
Tanganyka /tæŋgə'nji:kə, -'ni:-/
Tanzania /tæn'zeɪnɪə, tænzə'ni:ə/
Tasmania /tæz'meɪnɪə/
Taunton /'tɔ:ntən/
Tay /teɪ/
Tees /ti:z/
Tempe /'tɛmpɪ/
Tennessee /tɛnə'si:/
Teviot /'ti:vɪət/
Tewkesbury /'tju:ksb(ə)rɪ, *USA* 'tu:ksbɛrɪ/
Texas /'tɛksəs/
Tibet /tɪ'bet/
Tobago /təʊ'beɪgəʊ/
Togo /'təʊgəʊ/
Toledo /tɒ'leɪdəʊ/ *Spagna* ; /tə'li:dəʊ/ *USA*
Tonga /'tɒŋgə, -ŋə/
Toronto /tə'rɒntəʊ/
Tottenham /'tɒtnəm, -tənəm/
Trent /trɛnt/
Trenton /'trɛntn/
Trieste /tri:'ɛst/
Trinidad /'trɪnɪdæd, -'dæd/
Tripoli /'trɪpəlɪ/
Trossachs /'trɒsæks, -əks/
Tucson /'tu:sɒn, tu:'sɒn/
Tulsa /'tʌlsə/
Tunisia /tju:'nɪzɪə, *USA* tu:'ni:ʒə/
Tweed /twi:d/
Tyne /taɪn/
Tyrone /tɪ'rəʊn/
Uganda /ju:'gændə, *USA* -'gɑ:n-/
Ullswater /'ʌlzwɔ:tə(r), *USA* -wɒ-/
Uruguay /'jʊərəgwaɪ, 'ʊə-/
Utah /'ju:tɑ:, -ɔ:/
Utica /'ju:tɪkə/
Uttar Pradesh /'ʊtəprə'dɛʃ, -eɪʃ/
Valletta /və'lɛtə/
Vancouver /væn'ku:və(r)/
Venezuela /vɛnə'zweɪlə/
Vermont /və'mɒnt, vɜ:-/
Victoria /vɪk'tɔ:rɪə/
Vienna /vɪ'ɛnə/
Vietnam /vi:ɛt'næm, *USA* -ɑ:m/
Virginia /və'dʒɪnɪə, -jə/
Volta /'vɒltə, *USA* 'vəʊl-/
Wakefield /'weɪkfi:ld/
Wallace /'wɒləs, *USA* 'wɔ:-/
Waltham /'wɔ:lθəm, 'wɒ-, -lt-/
Wapping /'wɒpɪŋ/
Warwick /'wɒrɪk, *USA* 'wɔ:-/
Warwickshire /'wɒrɪkʃə(r), -ʃɪə(r), *USA* 'wɔ:-/
Washington /'wɒʃɪŋtən, *USA* 'wɔ:-/
Waterbury /'wɔ:təbrɪ, *USA* 'wɒtəbɛrɪ/
Waterford /'wɔ:təfəd, *USA* 'wɒ-/
Waterloo /wɔ:tə'lu:, *USA* wɒ-/
Waverley /'weɪvəlɪ/
Wellington /'wɛlɪŋtən/
Westmor(e)land /'wɛstmələnd, *USA* -mɔ:-/
West Point /'wɛst'pɔɪnt/
West Virginia /'wɛstvə'dʒɪnɪə, -jə/
Wexford /'wɛksfəd/
Whitney /'wɪtnɪ, *USA* 'hw-/
Wichita /'wɪtʃɪtɔ:, -ɑ:/
Wichita Falls /'wɪtʃɪtɔ:'fɔ:lz, -tɑ:-/
Wick /wɪk/
Wicklow /'wɪkləʊ/
Wight /waɪt/
Wigtown /'wɪgtaʊn, -tən/
Willington /'wɪlɪŋtən/
Wilmington /'wɪlmɪŋtən/
Wiltshire /'wɪltʃə(r), -ʃɪə(r)/
Wimbledon /'wɪmbldn/
Winchester /'wɪntʃɪstə(r), *USA* -tʃɛs-/
Windermere /'wɪndəmɪə(r)/
Windsor /'wɪnzə(r)/
Winnipeg /'wɪnɪpɛg/
Wisconsin /wɪ'skɒnsɪn/
Woburn /'wəʊbɜ:n, 'wu:-, -ən/
Wolverhampton /'wʊlvəhæm(p)tən, -ə'h-/
Woodstock /'wʊdstɒk/
Woolwich /'wʊlɪdʒ/
Worcester /'wʊstə(r)/
Worcestershire /'wʊstəʃə(r), -ʃɪə(r)/
Worthing /'wɜ:ðɪŋ/
Wyoming /waɪ'əʊmɪŋ/
Yarmouth /'jɑ:məθ/
Yellowstone /'jɛləstəʊn, -ləʊ-/
Yemen /'jɛmən/
York /jɔ:k/
Yorkshire /'jɔ:kʃə(r), -ʃɪə(r)/
Yorktown /'jɔ:ktaʊn/
Yosemite /jəʊ'sɛmətɪ/
Youngstown /'jʌŋztaʊn/
Yukon /'ju:kɒn/
Zaire /zɑ:'ɪə(r), zaɪ'ɪə(r)/
Zambia /'zæmbɪə/
Zanzibar /'zænzɪbɑ:(r), -'bɑ:(r)/
Zimbabwe /zɪm'bɑ:bwɪ, -'bæ-, -weɪ/
Zomba /'zɒmbə/
Zululand /'zu:lu:lænd/

SEZIONE ITALIANO/INGLESE - *ITALIAN/ENGLISH SECTION*

a,A

A (1), a, *f.* o *m.* (*prima lettera dell'alfabeto ital.*) A, a. ● (*telef.*) **a come Ancona**, a for Andrew; a for Able (*USA*) □ **dall'a alla z**, from A to Z □ **essere all'a**, to be at the beginning □ (*sport*) **serie A**, First Division □ **vitamina A**, vitamin A.

a (2), *prep.* ***1*** (*stato in luogo, posizione*) at; in; on: **essere a scuola [alla stazione, a teatro, a casa]**, to be at school [at the station, at the theatre, at home]; **Sedeva alla scrivania**, he sat at his desk; **ai piedi del monte**, at the foot of the mountain; **nato a Milano [a Ceva]**, born in Milan [at Ceva]; **Vive a Parigi [al sud]**, he lives in Paris [in the south]; **abitare al secondo piano**, to live on the second floor; **L'aereo atterrò a Roma**, the plane landed at Rome; **restare a letto**, to stay in bed; **Genova è a sud di Milano**, Genoa is south (*o* lies to the south) of Milan; **essere all'aria aperta**, to be in the open air; **alla fine del capitolo**, at the end of the chapter; **alla televisione**, on TV; **al telefono**, on the phone; **Se fossi al tuo posto**, if I were in your place ***2*** (*moto a luogo, anche fig.*) to: **andare alla stazione [a teatro, a scuola, al fiume]**, to go to the station [to the theatre, to school, to the river]; **andare a casa**, to go home; **Ho spedito la merce a Londra**, I sent the goods to London; **Quando arriviamo a Torino?**, when are we arriving at Turin?; **Sei mai stato allo zoo?**, have you ever been to the zoo?; **Va' a letto!**, go to bed!; **muovere a pietà**, to move to pity; **scendere a patti**, to come to terms; **arrivare a una conclusione**, to arrive at a conclusion ***3*** (*compl. di termine*) to; at: **Dallo a me**, give it to me; **Dico a te**, I'm talking to you; **Lo presentai a Lucia**, I introduced him to Lucia; **Si rivolse al vicino**, he turned to his neighbour; **A Paolo ho regalato un orologio**, I gave Paolo a watch; **Ho regalato la mia gonna nera a Sonia**, I gave my black skirt to Sonia; **Getta la palla alla mamma!**, throw the ball to mummy!; throw mummy the ball!; **Non gettare sassi agli uccelli!**, don't throw stones at the birds!; **Di' tutto al medico**, tell the doctor everything; **sparare a q.**, to shoot at sb.; **Sorrise alla bambina**, he smiled at the little girl ***4*** (*tempo*) at; in: **a Natale**, at Christmas; **alle dieci**, at ten; **all'alba**, at dawn; **a mezzanotte**, at midnight; **al mattino**, in the morning; **a pomeriggio inoltrato**, late in the afternoon; **a notte fonda**, in the middle of the night; **a primavera**, in (the) spring; **a giugno**, in June; **al venerdì**, on Fridays; **a quel tempo**, at that time; **al tempo delle Crociate**, at the time of the Crusades; **al nostro arrivo**, on our arrival; **a(ll'età di) diciotto anni**, at (the age of) eighteen ***5*** (*distributivo*) by; at; in: **a uno a uno**, one by one; one at a time; **a due a due**, in twos; two by two; two at a time; **a dozzine**, by the dozen; **a frotte**, in droves; **a intervalli di dieci secondi**, at ten-second intervals ***6*** (*prezzo*) at; for: **Si vende a diecimila lire**, it sells at ten thousand lire; **Lo vendo a un milione**, I'm selling it for one million ***7*** (*misura*) a, an; per: **3.000 lire al metro**, 3,000 lire a (*o* per) metre; **100 km all'ora**, 100 km an (*o* per) hour ***8*** (*distanza*) away: **Il fiume è a un kilometro**, the river is one kilometre away (*o* from here); **La casa è a venti minuti dal paese**, the house is twenty minutes (away) from the village ***9*** (*forma, maniera*) at; in; by: **a caso**, at random; **a mie spese**, at my own expense; **a modo tuo**, in your own way; **all'italiana**, in (*o* after) the Italian fashion; Italian-style; **a memoria**, by heart; **spaghetti al formaggio**, spaghetti with cheese; **bistecca ai ferri**, grilled steak; **una camicia a righe**, a striped shirt ***10*** (*mezzo*) by; in: **scritto a mano**, written by hand; handwritten; **a matita**, in pencil; pencilled; **un dipinto a olio**, an oil painting; **fatto a macchina**, machine-made; **fatto a mano**, done by hand; handmade; **barca a vela**, sailing boat; sailboat (*USA*); **caldaia a vapore**, steam boiler ***11*** (*causa*) at: **Rabbrividì a quella vista**, he shuddered at that sight; **Rise alla battuta**, she laughed at the joke ***12*** (*vantaggio, danno, interesse*) to; at; for: **comprare q.c. a q.**, to buy st. for sb.; to buy sb. st.; **nuocere alla salute**, to be harmful to one's health; **a tuo rischio**, at your own risk; **a mio favore**, in my favour; to my advantage ***13*** (*separazione*) from: **togliere q.c. a q.**, to take st. (away) from sb. ***14*** (*davanti a un inf.*) – **Sono venuto a trovarti**, I've come to see you; **Cominciò a ridere**, he began to laugh; **Andiamo a vedere!**, let's go and see!; **imparare a nuotare**, to learn to swim; **darsi al bere**, to take to drinking (*o* to drink); **facile a dirsi**, easy to say; **bello a vedere** (*o* **a vedersi**), lovely to look at; **il primo a parlare**, the first to speak; **Sei stato tu a dirmelo**, it was you who told me; **A far così, ti stancherai**, if you do that, you'll get tired; **A sentire lui, non c'è da preoccuparsi**, according to him, there is nothing to worry about; **a dire il vero**, to tell the truth; **Al vederlo, lo salutai**, on seeing (*o* when I saw) him, I greeted him. ● **Al ladro!**, stop thief! □ (*insegna*) **Al Leone Rosso**, The Red Lion.

abacà, *f.* ***1*** (*bot., Musa textilis*) abaca ***2*** (*fibra tessile*) Manila hemp.

àbaco, *m.* ***1*** (*tavoletta*) abacus* ***2*** (*aritmetica*) arithmetic ***3*** (*archit.*) abacus*.

abàte, *m.* abbot; (*titolo*) abbé (*franc.*).

abat-jour (*franc.*), *m. invar.* ***1*** (*paralume*) lampshade ***2*** (*lampada*) (table) lamp.

abbacchiàre, A *v. t.* ***1*** (*deprimere*) to get* down; to depress; to dishearten ***2*** (*agric.*) to knock down with a pole. **B abbacchiàrsi**, *v. i. pron.* to get* depressed; to lose* heart.

abbacchiàto, *a.* depressed; in low spirits; dejected; dispirited; down in the mouth (*fam.*).

abbacchiatùra, *f.* (*agric.*) knocking down with a pole.

abbàcchio, *m.* (*cucina*) spring lamb.

abbacinaménto, *m.* (*anche fig.*) dazzle; dazzling; blinding.

abbacinàre, *v. t.* ***1*** (*abbagliare*) to dazzle; to blind ***2*** (*fig.*: *ingannare*) to dazzle; to deceive.

abbagliaménto, *m.* dazzle; dazzling.

abbagliànte, A *a.* dazzling (*anche fig.*); blinding; glaring. ● (*autom.*) **fari abbaglianti**, *V. def. B.* **B** *m. pl.* (*autom.*) headlights on full (*USA*: on high) beam; brights (*fam. USA*): **avere gli abbaglianti accesi**, to have the headlights on full (*USA*: on high) beam; **togliere gli abbaglianti**, to dip (*USA*: to dim) the headlights.

abbagliàre, *v. t.* to dazzle (*anche fig.*); to blind: **Fu abbagliato dai fari**, he was dazzled by the headlights; **Fui abbagliato dalle sue lusinghe**, I was dazzled by his flattery; **una bellezza che abbaglia**, a dazzling beauty.

abbàglio, *m.* (*errore*) mistake: **prendere un a.**, to get hold of the wrong end of the stick; to get it all wrong.

abbaiàre, *v. i.* (*anche fig.*) to bark; (*con latrati brevi*) to yap; (*con latrati prolungati*) to bay: (*anche fig.*) **a. alla luna**, to bark (*o* to bay) at the moon; **Smettila di a.!**, stop yapping!; **a. ordini**, to bark orders; **«Fermi!» abbaiò**, «stop!» he barked out. ● (*prov.*) **Can che abbaia non morde**, his [her, etc.] bark is worse than his [her, etc.] bite.

abbaino, *m.* ***1*** (*edil.*) dormer (window) ***2*** (*soffitta*) garret; attic.

abbàio, *m.* bark; barking; yap; yapping.

abbandonàre, A *v. t.* ***1*** (*lasciare*) to abandon; to leave*; to quit*; to walk out of; to forsake* (*form.*); (*venendo meno a un dovere, anche*) to desert; (*fuggire*) to flee*: **a. una nave che affonda**, to abandon a sinking ship; **a. il proprio posto**, to desert one's post; **a. un amico nel bisogno**, to desert a friend in need; **Non abbandonateci!**, don't leave us!; **Ha abbandonato moglie e figli**, he deserted (*o* abandoned, left) his wife and children; **Si dovettero a. i feriti**, the wounded had to be left behind; **a. le campagne**, to leave the land; **a. il mondo per farsi monaco**, to renounce the world to become a monk; **Abbandonai la stanza in fretta**, I left (*o* quit) the room in a hurry; **a. un'assemblea**, to walk out of a meeting; **a. q. a se stesso**, to leave sb. to his own devices; **Abbandonò il paese e riparò all'estero**, he fled the country and sought refuge abroad ***2*** (*rinunciare*) to give* up, to renounce, to abandon; (*cessare, smettere*) to give* up, to drop, to quit*, to break* off, to throw* up; (*leg.*) to waive: **a. un progetto**, to give up (*o* to abandon, to drop) a plan; **a. gli studi**, to give up one's studies; to drop out of school [of college]; **a. ogni speranza**, to give up all hope; **a. un'abitudine**, to give up a habit; **a. un pregiudizio**, to lay aside a prejudice; **a. ogni prudenza**, to cast prudence to the wind; **a. l'inseguimento**, to break off the pursuit; **a. gli ideali giovanili**, to renounce (*o* to forsake) one's youthful ideals; **a. una pretesa**, to renounce (*o* to give up) a claim; (*leg.*) **a. un diritto**, to waive a right ***3*** (*venir meno*) to fail; to desert: **Le forze lo abbandonarono**, his strength deserted (*o* failed) him ***4*** (*lasciar cadere*) to drop, to let* go of; (*del corpo o delle membra*) to drop, to let* fall: **Abbandonò il sacco e fuggì**, he dropped the bag and fled; **a. la presa**, to let (*o* to leave) go; to release one's hold; **Abbandonò il capo sul petto**, he let his head drop on his breast; he hung his head; **a. le braccia lungo i fianchi**, to let one's arms drop ***5*** (*sport*) to withdraw*; to default: **a. alla quinta ripresa**, to withdraw at the fifth round. ● **a. il campo**, (*sport*) to abandon the match; (*mil.* e *fig.*) to abandon the field, to retreat □ **a. la partita**, (*nei giochi di carte e fig.*) to throw in one's hand; (*fig.*) to give up, to throw in the sponge. **B abbandonàrsi**, *v. rifl.* ***1*** (*cedere a passioni, dolore*) to give* oneself up to, to give* way to, to surrender to, to abandon oneself to, to yield (oneself) to; (*a fantasie*) to indulge in: **a. alla disperazione**, to give oneself up (*o* to yield, to give way) to despair; **a. al pianto**, to give way to tears; **a. a una vita di piaceri**, to give oneself up to pleasure; **a. ai sogni**, to indulge in dreams; **a. ai ricordi**, to lapse into memories; **a. alla gioia**, to be transported with joy ***2*** (*affidarsi a*) to surrender to ***3*** (*lett.*: *perdersi d'animo*) to lose* heart; to lose* courage ***4*** (*rilassarsi*) to relax ***5*** (*lasciarsi cadere*) to sink*; to slump; to drop; to collapse; to flop: **a. in una poltrona**, to sink (*o* to drop, to flop, to collapse) into an armchair; **Si abbandonò contro di me**, he slumped against me.

abbandonàto, A *a.* ***1*** (*lasciato*) abandoned, deserted; (*in stato di abbandono*) derelict, untended, neglected; (*solo*) lonely, lonesome; **una casa abbandonata**, a derelict (*o* deserted) house; **un giardino a.**, a neglected garden; a garden run wild; **un paese a.**, a deserted village; **campi abbandonati**, untended fields; **una moglie abbandonata**, a deserted wife; **a. a se stesso**, left to one's own devices; **bambino a.**, foundling ***2*** (*del corpo o di sue parti*: *senza forza*) limp, lifeless; (*rilassato*) relaxed; (*disteso*) sprawled. • **a. da Dio**, (*anche fig.*) God-forsaken (*attr.*) □ **a. dai medici** (*come incurabile*), given up by the doctors. **B** *m.* (*f.* **-a**) (*trovatello*) foundling.

abbandóno, *m.* ***1*** (*l'abbandonare*) desertion, abandonment; (*rinuncia*) renouncement, renunciation, relinquishment: **a. del proprio posto**, desertion of one's post; **ordinare l'a. della nave**, to give order to abandon ship; **L'a. del progetto accrescerà le nostre difficoltà**, abandoning (*o* giving up, scrapping) the plan will increase our difficulties ***2*** (*incuria*) neglect; dereliction: **casa in a.**, derelict (*o* run-down) house; **in stato di a.**, in a state of neglect; neglected; **campagne in stato di a.**, untended fields; **lasciare in a. un giardino**, to let a garden run wild ***3*** (*leg.*) abandonment; (*di un credito*) waiver; (*di una causa*) discountenance; (*di un diritto*) release, waiver: **a. di un bene**, abandonment of property; **a. di minore**, child abandonment; **a. del tetto coniugale**, desertion; abandonment of wife [husband] ***4*** (*ass., naut.*) abandonment: **a. della nave**, abandonment of ship; **dichiarazione di a.**, notice of abandonment ***5*** (*sport*) withdrawal; default: **a. del campo**, withdrawal from the field; **il suo a. della corsa**, his withdrawal from the race; **perdere per a.**, to default; **vincere per a.**, to win by default; (*boxe*) **Il campione ha battuto lo sfidante per a. alla decima ripresa**, the champion beat the challenger, who withdrew in the tenth round ***6*** (*slancio, disinibizione*) abandon: **ballare con a.**, to dance with abandon ***7*** (*resa di sé*) surrender ***8*** (*rilassamento*) relaxation; abandon ***9*** (*cedimento, debolezza*) weakness; defaillance (*franc.*): **in un momento di a.**, in a moment of weakness; in an unguarded moment.

abbarbagliaménto, *m.* dazzle; dazzling.

abbarbagliàre, *v. t.* to dazzle.

abbarbicaménto, *m.* (*bot.*) radication; rootage.

abbarbicàrsi, *v. i. pron.* ***1*** (*bot.*: *mettere radici*) to take* root; (*di rampicanti*) to cling* ***2*** (*fig.*: *radicarsi*) to take* root; (*aggrapparsi*) to cling*.

abbaruffàre, A *v. t.* to turn (st.) upside down; to mess up. **B abbaruffàrsi,** *v. rifl. recipr.* to scuffle.

abbarùffio, *m.* ***1*** confusion; mess ***2*** (*baruffa*) scuffle.

abbassàbile, *a.* lowerable; collapsible; drop (*attr.*): (*autom.*) **schienale a.**, collapsible seat.

abbassalingua, *m.* (*med.*) tongue depressor.

abbassaménto, *m.* lowering; (*caduta*) fall, drop: **a. dei prezzi**, reduction in (*o* lowering of) prices; drop in prices; **a. del tenore di vita**, lowering of (*o* drop in) the standard of living; **a. di pressione**, fall in pressure; **a. di temperatura**, drop in temperature; **un a. del livello di un fiume**, a subsidence of the waters of a river; **a. di valore**, debasement; **l'a. di una palpebra**, the droop of an eyelid; **a. di voce**, loss of voice; hoarseness.

abbassàre, A *v. t.* ***1*** (*chinare, volgere in giù*) to lower; to bend*; to drop: **a. il capo**, to lower one's head; (*per rispetto, sottomissione, ecc.*) to bow one's head, to hang one's head; (*per schivare*) to duck one's head; **a. gli occhi** (*o* **lo sguardo**), to lower (*o* to drop) one's eyes; to look down ***2*** (*portare in basso, far scendere*) to lower (*anche fig.*); to let* down; to pull down; to drop: **a. un quadro**, to lower a picture; **a. una saracinesca**, to let down a shutter; **a. il sipario**, to drop (*o* to lower) the curtain; **a. il finestrino**, to let (*o* to roll, to wind) down the window; **a. il livello di sicurezza**, to lower the safety level; **a. la media**, to lower the average ***3*** (*ridurre l'altezza*) to lower; to make* lower: **a. il soffitto**, to lower the ceiling; **a. un muro**, to lower a wall ***4*** (*ridurre*: *di prezzi*) to lower; to reduce; to bring* down; (*per fare concorrenza*) to cut*; (*per liquidazione*) to mark down, to knock down, to slash ***5*** (*ridurre d'intensità*) to turn down; to lower; to soften; to dim: **a. il gas**, to turn down the gas; **a. il volume della televisione**, to turn down the TV; **a. una luce**, to dim (*o* to soften) a light; (*autom.*) **a. i fari**, to dip (*USA*: to dim) the headlights; **a. la voce a un bisbiglio**, to lower (*o* to drop, to sink) one's voice to a whisper; **Abbassa la v.!**, lower your voce!; keep your voice down! ***6*** (*mus.*) to lower: **a. una nota di un quarto di tono**, to lower a note by a quarter-tone; **a. una nota di un semitono**, to flatten (*USA*: to flat) a note ***7*** (*fig.*: *umiliare*) to humble; to abase; to bring* low: **Dio abbassa i superbi**, God humbles (*o* abases, brings low) the proud. • **a. la bandiera**, (*ammainare*) to lower (*o* to haul down) the flag; (*in segno di saluto*) to dip the flag □ **a. le armi** (*arrendersi*), to lay down (one's) arms □ **a. un cannone**, to depress a gun □ (*fig.*) **a. la cresta** (*o* **le arie**), to come off one's high horse □ (*mat.*) **a. un'equazione**, to reduce an equation □ (*fig.*) **a. la guardia**, to lower (*o* to drop) one's guard □ (*mat.*) **a. un numero** (*nelle divisioni*), to bring down a number □ (*geom.*) **a. una perpendicolare**, to drop a perpendicular □ (*sport*) **a. un primato**, to lower a record □ **a. il ricevitore** (*del telefono*), to put down the receiver; to hang up. **B abbassàrsi,** *v. rifl.* o *i. pron.* ***1*** (*chinarsi*) to bend* (down); to stoop; (*per schivare*) to duck: **Puoi raccoglierlo tu? Io non posso abbassarmi**, can you pick it up, please? I cannot bend ***2*** (*fig.*: *umiliarsi*) to humble oneself; to lower oneself; to stoop; to demean oneself: **Non s'abbasserebbe mai a un'azione simile**, he would never stoop to such an action ***3*** (*scendere dall'alto*) to drop; to descend; to come* down: **Il sipario si abbassò sulla scena finale**, the curtain dropped on the final scene ***4*** (*tramontare*) to sink*, to decline, to go* down ***5*** (*decrescere*) to lower; to diminish; to decrease; (*di prezzi*) to go* down, to drop; (*di acqua, terreno*) to sink*, to subside: **Il valore delle azioni s'è abbassato**, the stocks have gone down in value; **La piena non accenna ad a.**, the flood doesn't show signs of subsiding ***6*** (*diminuire di intensità*) to drop; to fall*; to dim: **Il vento s'è abbassato**, the wind has dropped; **Il barometro si abbassa**, the barometer is falling; **La sua voce si abbassò in un bisbiglio**, his voice dropped to a whisper; **Mi si è abbassata la voce**, I've lost my voice; **La luce si sta abbassando**, the light is dimming (*o* getting dimmer).

abbassàto, *a.* (*giù*) down; depressed: **La leva era abbassata**, the lever was down.

abbàsso, A *avv.* down; (*al piano di sotto*) downstairs; (*naut.*) down, (*sottocoperta*) below. **B** *inter.* down with: **A. il tiranno!**, down with the tyrant! **C** *m. pl.* (*grida di ostilità*) hostile shouts; boos (*fam.*).

abbastànza, *avv.* ***1*** (*a sufficienza*) enough: **Non abbiamo a. tempo**, we haven't enough time; **avere a. di che vivere**, to have enough to live on; **Non dormo a.**, I'm not getting enough sleep; **È a. grande da dare una mano**, he is old enough to give a hand; **averne a. di q. [q.c.]**, to have had enough of sb. [st.] ***2*** (*alquanto*) rather, quite, pretty; (*discretamente*) fairly: **Lo conosco a. bene**, I know him rather well; **È a. freddo questa mattina**, it's quite (*o* pretty) cold this morning; **Sto a. bene, grazie**, I'm fairly well, thank you.

abbàttere, A *v. t.* ***1*** (*far cadere*) to throw* down; to fell; to bring* down; (*con un colpo*) to knock down; (*del vento*) to blow* down; **Lo abbatté con una spallata**, he knocked it down with his shoulder; **a. q. con un pugno**, to knock sb. down; to fell sb. with a blow; **Il vento abbatté un fanale**, the wind blew down a lamp post; **a. una porta**, to break (*o* to smash) down a door ***2*** (*demolire*) to pull down; to knock down; to demolish (*anche fig.*); (*con esplosivi*) to blast*: **a. un muro**, to demolish a wall; **a. un argomento**, to demolish an argument ***3*** (*tagliare*) to fell; to cut* (*o* to chop) down ***4*** (*uccidere*: *animali*) to kill; (*sparando*) to shoot* down; (*per malattia o vecchiaia*) to put* down, to destroy ***5*** (*uccidere*: *persone*) to kill; (*sparando*) to shoot* dead, to shoot* down, to gun down ***6*** (*aeron. mil.*) to shoot* down; to bring* down: **a. un aereo**, to shoot down a plane ***7*** (*rovesciare*) to overthrow*; to bring* down; to topple: **a. una dittatura**, to overthrow a dictatorship; **a. il governo**, to topple (*o* to bring down) the government ***8*** (*fig.*: *prostrare fisicamente*) to debilitate, to prostrate, to pull down; (*moralmente*) to prostrate, to shatter, to overwhelm ***9*** (*fig.*: *scoraggiare*) to discourage; to demoralize; to dishearten ***10*** (*naut.*: *virare*) to pay* off, to gybe; (*carenare*) to careen. **B abbàttersi,** *v. i. pron.* ***1*** (*cadere*) to fall*; to crash down; (*colpire*) to hit*, (*fig., anche*) to befall*; (*di temporale*) to break* over: **Si abbatté al suolo**, he fell to the ground; **L'albero si è abbattuto sul fienile**, the tree fell on the barn; **Il tornado si abbatté sulla città alle dieci**, the tornado hit the town at ten; **Un'altra disgrazia si abbatté su di lui**, another misfortune befell (*o* fell on) him ***2*** (*fig.*: *scoraggiarsi*) to be (*o* to get*) discouraged (*o* disheartened, demoralized); to feel* depressed; to lose* heart: **Non abbatterti per così poco**, don't get discouraged over so little; **Si è molto abbattuto**, he got very depressed.

abbattifièno, *m. invar.* (*agric.*) trapdoor (in a hay loft).

abbattiménto, *m.* ***1*** (*demolizione*) demolition; knocking down; pulling down; (*con esplosivi*) blasting; (*di una porta*) breaking down ***2*** (*di alberi*) felling; cutting down ***3*** (*di animali*: *uccisione*) killing, shooting down; (*per malattia o vecchiaia*) putting down ***4*** (*fig.*: *prostrazione*) prostration, exhaustion; (*avvilimento*) dejection, despondency, low spirits (*pl.*); (*scoraggiamento*) discouragement, demoralization ***5*** (*rovesciamento*) overthrow; **l'a. di un regime**, the overthrow of a regime ***6*** (*aeron. mil.*) shooting down ***7*** (*di prezzi*) lowering; drop ***8*** (*fisc.*) abatement: **a. alla base**, basic abatement.

abbattitóre, *m.* (*di alberi*) tree feller; lumberjack (*USA*).

abbattùta, *f.* **1** (*di alberi*) felling **2** (*naut.*) gybing **3** (*mil.*) abatis, abattis.

abbattùto, *a.* (*fig.*: *depresso*) dejected; depressed; low-spirited; low; downcast; downhearted; dispirited; discouraged; sad; miserable.

abbazìa, *f.* **1** abbey **2** (*dignità di abate*) abbacy.

abbaziàle, *a.* abbatial; (*di abbazia, anche*) abbey (*attr.*).

abbecedàrio, *m.* primer; spelling book.

abbelliménto, *m.* **1** (*l'abbellire*) embellishment; ornamentation **2** (*ornamento*) embellishment; ornament; decoration **3** (*mus.*) ornament; embellishment; grace note.

abbellìre, **A** *v. t.* **1** (*decorare, ornare*) to embellish; to decorate; to adorn; to beautify: **a. una stanza**, to decorate a room; **a. una storia**, to embellish (*o* to embroider) a story **2** (*far sembrare più bello*) to make* (sb.) look prettier; to suit; to flatter: **Quella pettinatura la abbellisce**, that hairstyle suits her. **B abbellìrsi**, *v. rifl.* to adorn oneself; (*agghindarsi*) to dress up, to deck oneself up.

abbeveràggio, *m.* watering.

abbeveràre, **A** *v. t.* to water. **B abbeveràrsi**, *v. rifl.* **1** (*di animali*) to water **2** (*di persone, anche fig.*) to drink*.

abbeveràta, *f.* **1** watering **2** (*il luogo*) watering place: **condurre i cavalli all'a.**, to take the horses to water.

abbeveratóio, *m.* **1** (*recipiente*) (drinking) trough **2** (*luogo*) watering place.

àbbia, *1ª, 2ª e 3ª pers. sing. congiunt. pres. di* **avere**.

abbiàmo, *1ª pers. pl. indic. pres. di* **avere**.

abbiccì, *m.* **1** (*alfabeto*) alphabet; ABC: **imparare l'a.**, to learn one's ABC **2** (*sillabario*) primer; spelling book **3** (*fig.*: *nozioni rudimentali*) ABC; rudiments (*pl.*). ● (*fig.*) **essere all'a.**, (*essere principiante*) to be a beginner; (*essere all'inizio di q.c.*) to be at the very beginning.

abbiènte, **A** *a.* wealthy; well-off; well-to-do; affluent; moneyed: **le classi abbienti**, the affluent (*o* moneyed) classes; **Viene da una famiglia a.**, he comes from a well-to-do family; **non a.**, not well-off. **B** *m. pl.* (the) well-to-do; (the) haves (*fam.*): **i meno abbienti**, the less well-to-do; **gli abbienti e i non abbienti**, the haves and the have-nots.

abbiètto, e *deriv. V.* **abietto**, e *deriv.*

abbigliaménto, *m.* **1** (*insieme dei vestiti indossati, tenuta*) clothes (*pl.*); dress; outfit; attire (*form.*); apparel (*form.*); get-up (*fam.*): **un a. sobrio**, sober clothes; **un a. pittoresco**, a picturesque get-up; **curare il proprio a.**, to devote great care to one's clothes; **in a. succinto**, scantily dressed; **in a. sommario**, in a state of undress **2** (*vestiario*) clothes (*pl.*); clothing; wear (*solo nei composti o con attr.*): **un capo d'a.**, an item of clothing; a garment; **negozio di a.**, clothes shop; **a. intimo**, underwear; **a. sportivo**, sportswear; **a. estivo**, summer wear; **a. per bambini**, children's wear; **a. femminile**, women's wear; **a. maschile**, men's clothing; menswear; **industria dell'a.**, clothing industry; **negozio di a.**, clothes shop; (*per donna*) dress shop; (*per uomo*) outfitter's (*GB*), haberdasher's (*USA*) **3** (*modo di vestire*) style of dress; (*moda*) fashion.

abbigliàre, *v. t.* **abbigliàrsi**, *v. rifl.* to dress; to dress up.

abbinaménto, *m.* coupling; linking; pairing off; combination; matching: **l'a. delle squadre**, the pairing off of teams; **un a. di giacca e gonna**, matching jacket and skirt.

abbinàre, *v. t.* **1** to couple; to link; to pair off; to combine; to match: **a. due fili**, to couple two strands; **a. una lotteria a una corsa**, to link a lottery to a race; **a. le squadre**, to pair off the teams; **a. i colori**, to match colours; **a. borsa e guanti**, to match handbag with gloves **2** (*ind. tess.*) to double; to throw*.

abbinàta, *V.* **accoppiata**.

abbinato, *a.* coupled; linked; paired off; matching: **scarpe blu e borsa abbinata**, blue shoes and matching handbag.

abbinatrice, *f.* (*ind. tess.*) doubling frame; doubler; throwster.

abbinatùra, *f.* (*ind. tess.*) doubling; throwing.

abbindolaménto, *m.* trickery; deception; dupery.

abbindolàre, *v. t.* (*fig.*) to take* in; to bamboozle; to dupe; to fool: **Non si lascia a.**, he's not taken in easily; **Non credere di abbindolarmi!**, don't think you can fool me!

abbindolatóre, *m.* (*f.* **-trice**) duper; cheater.

abbioccàre, (*region.*) **A** *v. t.* to exhaust; to lay* low; to make* sleepy. **B abbioccàrsi**, *v. i. pron.* **1** (*essere insonnolito*) to droop; to feel* drowsy **2** (*avvilirsi*) to be low; to feel* dejected.

abbiòcco, *m.* (*region.*) drowsiness; heaviness.

abbiosciàrsi, *v. i. pron.* **1** (*accasciarsi*) to collapse; to sink* **2** (*fig.*: *avvilirsi*) to lose* heart; to feel* dismayed **3** (*di fiori, piante*) to droop; to wilt.

abbiosciàto, *a.* **1** prostrate; flat **2** (*fig.*: *avvilito*) depressed; dismayed **3** (*di fiori, piante*) drooping; wilting.

abbisciàre, *v. t.* (*naut.*) to range.

abbiṣognàre, *v. i.* **1** (*aver bisogno*) to need; to be in need of; to want **2** (*occorrere*) to be necessary, to be needed; (*con costr. pers.*) to require, to need, to want: **Che cosa vi abbisogna?**, what do you need (*o* require)?

abbittàre, *v. t.* (*naut.*) to bitt.

abboccaménto, *m.* **1** interview; talk **2** (*chir.*) anastomosis*.

abboccàre, **A** *v. i.* **1** (*di pesci*) to bite*; to take* the bait: **Oggi non abboccano**, they aren't biting today **2** (*fig.*: *lasciarsi ingannare*) to swallow the bait, to swallow (st.); (*reagire nel modo previsto*) to rise* to the bait: **È una storia improbabile, chissà se abboccherà**, it's a far-fetched story, I wonder if he'll swallow it. **B** *v. t.* **1** (*afferrare*) to bite* **2** (*riempire*) to fill to the brim; to fill up; to top up (*GB*): **a. una botte**, to fill up a barrel; **a. un fiasco**, to top up the wine in a flask **3** (*congiungere*) to join; to connect: **a. due tubi**, to connect two pipes. **C abboccàrsi**, *v. rifl. recipr.* to meet*; to have a meeting; to have a talk.

abboccàto, *a.* **1** (*riempito*) filled up; topped up (*GB*) **2** (*di vino*) sweetish; semisweet.

abboccatóio, *m.* (*di fornace*) mouth.

abboccatùra, *f.* **1** (*di porta, finestra*) groove; fitting edge **2** (*di recipiente*) opening; mouth.

abboffàrsi, e *deriv. V.* **abbuffarsi**, e *deriv.*

abbonacciàre, **A** *v. t.* **1** to calm down; to placate **2** (*naut.*) to becalm. **B abbonacciàrsi**, *v. i. pron.* to become* calm; to calm down; (*di vento*) to drop.

abbonaménto, *m.* **1** (*a un giornale*) subscription: **fare [rinnovare, disdire] un'a. a q.c.**, to take out [to renew, to cancel] a subscription to st. **2** (*ferr., teatr., ecc.*) season ticket: **fare l'a.**, to buy a season ticket **3** (*telef.*) subscription **4** (*radio, TV*) licence.

abbonàre (**1**), *v. t.* **1** (*defalcare*) to deduct; to take* off: **a. il 5% di un conto**, to deduct 5% off a bill **2** (*condonare*) to remit **3** (*fig.*: *perdonare*) to forgive*; to let* pass.

abbonàre (**2**), **A** *v. t.* (*a giornale, rivista*) to take* out a subscription (for sb.); to give* (sb.) a subscription. **B abbonàrsi**, *v. rifl.* **1** (*a giornale, rivista*) to take* out a subscription to; to subscribe to: **Mi sono abbonato al «Times»**, I have taken out a subscription to the «Times» **2** (*ferr., teatr., ecc.*) to buy* a season ticket **3** (*radio, TV*) to take* out a licence; to pay* the licence.

abbonàto, **A** *a.* – **essere a.**, to subscribe: **Sono a. a due riviste**, I subscribe to two magazine. **B** *m.* (*f.* **-a**) **1** (*a giornali, riviste, telefono*) subscriber: **a. a una rivista**, subscriber to a magazine; **a. al telefono**, telephone subscriber **2** (*ferr., teatr., ecc.*) season-ticket holder **3** (*radio, TV*) licence holder. ● (*telef.*) **elenco degli abbonati**, telephone directory.

abbondànte, *a.* **1** (*copioso*) abundant, plentiful, bountiful, copious, rich; (*generoso*) generous, lavish, handsome: **un raccolto a.**, an abundant (*o* a rich) harvest; **un pasto a.**, an abundant (*o* a generous, a hearty) meal; **porzione a.**, lavish (*o* generous) portion **2** (*ampio*) wide; ample; (*di vestiti, anche*) loose, easy: **un margine a.**, a wide (*o* an ample) margin; **una signora piuttosto a.**, a rather ample lady; **La giacca mi va un po' a.**, the jacket is a bit loose **3** (*di pesi, misure, ecc.*) good; well over (*prep.*): **tre metri abbondanti**, a good three metres; **un kilo a.**, well over one kilo.

abbondanteménte, *avv.* abundantly; plentifully; generously; lavishly; handsomely; amply: **Ne avete beneficiato a. tutti**, you have all handsomely (*o* amply) profited from it; **È stato a. dimostrato che...**, it has been amply proved that...

abbondànza, *f.* abundance; plenty; profusion; wealth: **Abbiamo arance in a.**, we have plenty of oranges; (*più forte*) we have oranges in abundance (*o* oranges galore); **con a. di particolari**, with plenty of (*o* with a wealth of) details; **vivere nell'a.**, to live in plenty; **nuotare nell'a.**, to be rolling in money.

abbondàre, *v. i.* **1** (*essere abbondante*) to abound; to be plentiful; to be rife: **Gli errori abbondano**, errors abound (*o* are plentiful); **Abbondano le speculazioni su chi gli succederà**, speculation is rife as to who will succeed him **2** (*essere ricco di*) to abound in (*o* with); to be rich in; (*pullulare*) to teem with, to swarm with; (*specialm. di cose neg.*) to be rife with: **I loro scritti abbondano di errori**, their writings abound in errors; **una regione che abbonda di foreste**, a region rich in forests; **acque che abbondano di pesci**, waters teeming with fish **3** (*essere prodigo di*) to be generous (*o* lavish) with; to lavish: **a. in promesse**, to be lavish with promises; **a. di lodi**, to be lavish with (*o* to lavish) praise; **a. in cautele**, to be overcautious; **a. in cortesie**, to be overpolite; **Non a. di sale**, don't exaggerate with the salt.

abbonìre, **A** *v. t.* to calm (down); to soothe. **B abbonìrsi**, *v. i. pron.* to become* calm; to calm down.

abbordàbile, *a.* **1** approachable; accessible; affable **2** (*che ci si può permettere*) affordable; reasonable.

abbordàggio, *m.* **1** (*naut.*) boarding: **andare all'a. di una nave**, to board a ship **2** (*fig. fam.*: *approccio*) accosting manoeuvre; pick-up (*fam.*). ● (*fig.*) **andare all'a. di q.c.**, to go for st.; to go after st.

abbordàre, *v. t.* **1** (*naut.*) to board **2** (*fig.*) to stop (*generalm. per minaccia o per approccio*) to accost: **Mi abbordò sulle scale**, he stopped me on the stairs; **Fui abbordato da uno sconosciuto**, I was accosted by a stranger **3** (*affrontare*) to broach; to tackle: **Non so come a. l'argomento**, I don't know how to broach the subject; **a. un problema**, to tackle a problem; **a. una curva**, to take a curve.

abbòrdo, *m.* **1** (*naut.*) boarding; (*collisione*) collision **2** (*fig.*) approach; access.

abborracciaménto, *V.* **abborracciatura**.

abborracciàre, *v. t.* to patch together; to

cobble together.

abborracciàto, *a.* slipshod; cobbled up (*o* together); patched together.

abborracciatùra, *f.* (*lavoro malfatto*) cobbled-up job; slipshod piece of work.

abbottonàre, A *v. t.* to button (up); to fasten; to do* up: **Abbottonati il cappotto**, button (up) your coat. **B abbottonàrsi,** *v. rifl.* (*fig. fam.*: *tacere*) to shut* up; to clam up (*pop.*). **C abbottonàrsi,** *v. i. pron.* to do* up (with buttons); to fasten up: **La camicetta si abbottona dietro**, the blouse fastens up at the back.

abbottonàto, *a.* ***1*** buttoned; with buttons (*pred.*) ***2*** (*fig. fam.*: *riservato*) reserved; close; tight-lipped; buttoned-up (*pop.*). ● (*fam.*) **Stai a.!**, keep mum!

abbottonatùra, *f.* ***1*** (*l'abbottonare*) buttoning; fastening ***2*** (*bottoni e occhielli*) buttons (*pl.*).

abbozzaménto, *m.* (*naut.*) mooring.

abbozzàre (1), *v. t.* ***1*** (*pitt.*) to sketch; to block in ***2*** (*scult.*) to roughcast* ***3*** (*fig.*: *delineare*) to sketch; to draft; to outline; to block out; to rough out: **a. un'idea**, to sketch (*o* to outline) an idea: **a. un programma**, to draft a programme; **a. un romanzo**, to block out a novel ***4*** (*accennare*) to hint at; to... slightly (*o* faintly): **a. un inchino**, to bow slightly; to hint at a bow; **a. un sorriso**, to hint at a smile; to smile faintly.

abbozzàre (2), *v. i.* (*fam.*: *non reagire*) to take* it meekly; (*sopportare*) to grin and bear* it, to lump it (*fam.*).

abbozzàre (3), *v. t.* (*naut.*) to stopper.

abbozzàta, *f.* sketching; rough sketch.

abbozzàto, *a.* sketchy; rough; rudimentary; primitive; crude: **un progetto appena a.**, a sketchy plan; a crude scheme; **un'idea appena abbozzata**, a rough idea.

abbòzzo, *m.* ***1*** (*pitt.*) sketch ***2*** (*scult.*) roughcast ***3*** (*fig.*) sketch; outline; draft: **un a. di romanzo**, the outline (*o* the first draft) of a novel; **un a. di progetto**, the outline of a plan; **fare un a. di q.c.**, to sketch st.; to outline st.; to draft st. ***4*** (*accenno*) hint.

abbracciabòsco, *m.* (*bot.*, *Lonicera caprifolium*) honeysuckle; woodbine.

abbracciàre, A *v. t.* ***1*** to embrace; to hug; to clasp: **Mi abbracciò teneramente**, he embraced me fondly; **Mi corse incontro e mi abbracciò**, he ran up to me and hugged me; **a. le ginocchia di q.**, to clasp sb.'s knees ***2*** (*una fede, una causa, ecc.*) to embrace, to espouse; (*una disciplina, una carriera*) to take* up, to embrace: **a. il cattolicesimo**, to embrace Catholicism; **a. la medicina**, to take up medicine ***3*** (*comprendere, capire*) to take* in; to embrace: **a. il concetto di infinito**, to take in the idea of infinity ***4*** (*con lo sguardo*) to take* in (st.) at a glance: **Di qui l'occhio abbraccia tutta la città**, from here you can take in the whole city at a glance ***5*** (*circondare, attorniare*) to enclose; to surround; to embrace: **Il muro abbraccia tutta la proprietà**, the wall encloses (*o* surrounds) the whole property ***6*** (*comprendere, contenere*) to include; to comprise; to encompass; to embrace: **Il corso abbraccia le lingue moderne, la filosofia e la storia**, the course includes (*o* comprises) modern languages, philosophy and history ***7*** (*coprire*) to span; to cover; to stretch over: **La sua carriera abbraccia più di mezzo secolo**, his career spans more than half a century. ● **a. il consiglio di q.**, to take (*o* to follow) sb.'s advice □ (*nelle lettere*) **Ti abbraccio**, love. **B abbracciàrsi,** *v. i. pron.* to cling* to; to twine round: **L'edera s'abbraccia alla vecchia quercia**, the ivy clings to (*o* twines round) the old oak. **C abbracciàrsi,** *v. rifl. recipr.* to embrace (each other, one another); to hug (each other, one another): **Madre e figlia si abbracciarono**, mother and daughter embraced.

abbràccio, *m.* embrace; hug: **un lungo a.**, a long embrace; **un forte a.**, a big hug. ● (*nelle lettere*) **Un a.**, love.

abbrancàre (1), A *v. t.* (*afferrare*) to seize; to grab; to snatch; to grasp: **Abbrancò i soldi e fuggì**, he grabbed the money and fled; **Abbrancò al volo un panino e corse via**, he snatched a roll and rushed off; **L'agente abbrancò il ladro**, the policeman seized the thief. **B abbrancàrsi,** *v. rifl.* to grab; to catch* hold of; to clutch; to grip: **Riuscì ad a. una corda**, he managed to grab a rope; **a. a un ramo**, to clutch a branch.

abbrancàre (2), A *v. t.* (*riunire in branco*) to gather; to herd; to round up. **B abbrancàrsi,** *v. rifl.* (*unirsi in branco*) to gather; to herd.

abbreviaménto, *m.* shortening; reduction.

abbreviàre, *v. t.* to shorten; to abbreviate; to cut* short; to curtail: **a. il cammino**, to shorten the journey; **a. un articolo**, to cut (*o* to abbreviate, to shorten) an article; **a. una vacanza**, to cut short a holiday; **a. un discorso**, to curtail a speech; **a. una parola**, to abbreviate (*o* to shorten) a word; **Abbreviamo Giuseppe in Beppe**, we shorten Giuseppe to Beppe; **per abbreviarla**, to cut a long story short; **Cercherò di a.**, I'll try to be brief; **Abbrevia!**, come to the point!

abbreviativo, *a.* abbreviating.

abbreviazióne, *f.* ***1*** (*l'abbreviare*) abbreviation; curtailment; shortening; reduction ***2*** (*gramm.* e *fig.*) abbreviation: **«Prof.» è l'a. di «professore»**, «prof.» is the abbreviation of «professor». ● (*leg.*) **a. dei termini**, shortening of time limits.

abbrivàre, *v. i.* (*naut.*) to gather way; **a. in avanti**, to gather headway; **a. all'indietro**, to make sternway.

abbrivo, *m.* ***1*** (*naut.*) way: **a. in avanti**, headway; **a. indietro**, sternway; **pigliare l'a.**, to gather (fresh) way ***2*** (*spinta iniziale*) momentum*; impetus; start: **prendere l'a.**, to gather momentum; to gather way.

abbronzànte, A *a.* tanning; suntan (*attr.*). **B** *m.* (*crema*) suntan (*o* tanning) cream; (*lozione*) suntan (*o* tanning) lotion.

abbronzàre, A *v. t.* to tan; to make* brown: **Il sole abbronza la pelle**, the sun tans the skin. **B abbronzàrsi,** *v. i. pron.* to get* tanned; to get* a suntan; to tan; to go* brown: **Non voglio abbronzarmi**, I don't want to get tanned (*o* to get a suntan); **Mi abbronzo facilmente**, I go brown (*o* I tan) easily.

abbronzatissimo, *a. superl.* very brown; as brown as a berry.

abbronzàto, *a.* tanned; suntanned; brown.

abbronzatùra, *f.* ***1*** (*l'abbronzare*) tanning ***2*** (*l'effetto*) tan; suntan.

abbruciacchiàre, *e deriv.*, *V.* **bruciacchiare,** *e deriv.*

abbrunàre, *v. t.* ***1*** (*una bandiera*) to fly* (a flag) at half-mast ***2*** (*parare a lutto*) to drape in black.

abbrunàto, *a.* ***1*** (*di bandiera*) at half-mast ***2*** (*vestito a lutto*) wearing (*o* in) mourning.

abbrustoliménto, *m.* ***1*** toasting; browning ***2*** (*torrefazione*) roasting.

abbrustolìre, A *v. t.* ***1*** (*pane*) to toast; (*far dorare*) to brown ***2*** (*torrefare*) to roast. **B abbrustolìrsi,** *v. i. pron.* ***1*** to toast; to go* brown ***2*** (*torrefarsi*) to roast. ● (*fig.*) **a. al sole**, to bake (*o* to roast) in the sun.

abbrustolìto, *a.* ***1*** toasted; brown: **pane a.**, toasted bread; toast; **una fetta di pane a.**, a piece of toast ***2*** (*torrefatto*) roasted.

abbrutiménto, *m.* ***1*** (*l'abbrutire*) brutalization ***2*** (*l'essere abbrutito*) brutishness; degradation: **stato di a.**, brutish dejection.

abbrutire, A *v. t.* to brutalize; to make* brutish; to degrade: **L'alcool abbrutisce l'uomo**, drink brutalizes a man; **un lavoro che ti abbrutisce**, a brutalizing (*o* mind-destroying) job. **B abbrutìrsi,** *v. i. pron.* to become* brutish (*o* a brute): **a. nel vizio**, to sink into vice.

abbuffàrsi, *v. rifl.* to stuff oneself (with st.); to gorge oneself (with st.); to pig oneself (on st.) (*fam.*); to make a pig of oneself (*fam.*).

abbuffàta, *a.* big meal; blow-out (*fam.*); nosh-up (*fam. GB*): **Quella di domenica è stata una vera a.**, we had a real blow-out on Sunday; **farsi un'a. di dolci**, to gorge oneself with sweets; **Il mese scorso ho fatto un'a. di film**, I went on a binge of films last week.

abbuiàre, A *v. t.* (*rendere buio*) to darken; (*oscurare*) to obscure, to dim. **B abbuiàrsi,** *v. i. pron.* ***1*** (*del tempo*) to darken; to cloud over ***2*** (*fig.*: *incupirsi*) to darken; (*rattristarsi*) to grow* sad: **Si abbuiò in viso**, his face darkened ***3*** (*della vista*) to grow* dim.

abbuonàre, *V.* **abbonare (1).**

abbuòno, *m.* ***1*** (*comm.*) allowance; reduction; rebate; relief; abatement: **fare un a. sul prezzo**, to make an allowance on the price; **a. sulle vendite**, sales allowance; **a. per tara**, tare allowance; (*fisc.*) **a. d'imposta**, tax relief ***2*** (*sport*: *ciclismo*) time bonus; (*ippica*) handicap.

abburattàre, *v. t.* (*la farina*) to sift; to bolt.

abdicàre, *v. i.* to abdicate: **a. al trono**, to abdicate the throne; **a. a un diritto [a una responsabilità]**, to abdicate a right [a responsibility].

abdicatàrio, *a.* abdicating.

abdicazióne, *f.* abdication.

abducènte, *a.* (*anat.*) – **nervo a.**, abducens nerve.

abdùrre, *v. t.* (*anat.*) to abduct.

abduttóre, (*anat.*) **A** *a.* abducting; abducent: **muscolo a.**, abducent muscle. **B** *m.* abductor.

abduzióne, *f.* (*anat.*) abduction.

abecedàrio, *V.* **abbecedario.**

Abèle, *m.* Abel.

abelmòsco, *m.* (*bot.*, *Hibiscus abelmoschus*) abelmosk.

aberrànte, *a.* aberrant.

aberràre, *v. i.* to stray; to deviate.

aberrazióne, *f.* (*med.*, *fis.*, *astron.*) aberration.

abetàia, *f.* fir wood.

abéte, *m.* ***1*** (*albero*) fir (tree): **a. americano** (*o* **di Douglas**) (*Pseudotsuga douglasii*), Douglas fir; **a. bianco** (*Abies alba*), silver fir; **a. canadese** (*Abies canadensis*), hemlock spruce; **a. del balsamo** (*Abies balsamea*), balsam fir; **a. kauri** (*Agathis australis*), kauri; **a. rosso** (*Picea excelsa*), spruce ***2*** (*legno*) fir; deal (*attr.*): **un tavolo di a.**, a deal table.

abiettézza, *f.* baseness; ignobleness; despicableness; abjectness.

abiètto, *a.* base; ignoble; despicable; vile; sordid; abject: **un'azione abietta**, a base (*o* vile) action; **un essere a.**, a base (*o* despicable) individual.

abiezióne, *f.* ***1*** (*bassezza*) baseness; vileness ***2*** (*degradazione*) degradation; abasement; abjection: **Cadde nell'a.**, he fell into degradation.

abigeàto, *m.* (*leg.*) cattle-stealing; rustling (*USA*).

abigeo, *m.* cattle thief; rustler (*USA*).

àbile, *a.* ***1*** (*valente*) able, skilled; (*capace*) capable, clever, competent; (*destro*) skilful, adroit, deft: **un a. operaio**, an able workman; **un abile uomo d'affari**, a clever businessman; **un'abile infermiera**, a capable nurse; **un abile guidatore**, a competent driver; **mani abili**, clever (*o* deft) hands; **a. con le mani**, clever with one's hands; handy; **È molto a. nell'arte di mentire**, he is a great adept in the art of lying ***2*** (*idoneo*) fit; qualified: **Fu dichiarato a. al lavoro [al servizio militare]**, he was declared fit for the job [for military service] ***3*** (*astuto*) clever, shrewd; (*accorto*) artful, ingenuous: **un'a. mossa**, a clever move; **un'abile menzogna**, a clever lie ***4*** (*fatto con abilità*) skilful; able; clever.

abilità, *f.* ***1*** (*capacità*) capability, competence, ability; (*bravura*) skill, cleverness, -ship (*suff.*); (*destrezza*) dexterity, adroitness, deftness: **a. tecnica**, technical ability; workmanship; **a. manuale**, manual dexterity; **a. di artigiano**, craftsmanship; **a. di spadaccino**, swordsmanship; **a. di tiratore**, marksmanship; **a. di venditore**, salesmanship ***2*** (*idoneità*) fitness; suitability ***3*** (*astuzia*) cleverness, shrewdness; (*accortezza*) skill, cleverness, ingenuity, artfulness.

abilitànte, *a.* qualifying.

abilitàre, A *v. t.* ***1*** to qualify; to certify: **a. all'esercizio di una professione**, to qualify for the practice of a profession ***2*** (*elab.*) to enable. **B abilitàrsi,** *v. i. pron.* to qualify; to certify: **a. all'insegnamento**, to qualify as a teacher.

abilitàto, *a.* qualified; certified: **un insegnante a.**, a qualified teacher.

abilitazióne, *f.* qualification: **esame d'a.**, qualifying examination; **diploma di a. all'insegnamento**, teaching diploma; **conseguire l'a. all'insegnamento**, to qualify as a teacher.

abiogènesi, *f.* (*biol.*) abiogenesis*.

abiòtico, *a.* (*biol.*) abiotic.

abissàle, *a.* ***1*** (*degli abissi*) abyssal: **fauna a.**, abyssal fauna ***2*** (*fig.*) abysmal; unfathomable: **ignoranza a.**, abysmal (*o* monumental) ignorance; **profondità abissali**, unfathomable depths.

Abissìnia, *f.* (*geogr.*) Abyssinia.

abissìno, *a.* e *m.* (*f.* **-a**) Abyssinian (*f.* Abyssinian woman*).

abìsso, *m.* ***1*** (*baratro*) abyss; chasm; pit: **Precipitarono in un a.**, they fell into an abyss; **Sotto di noi si spalancava un a.**, a chasm yawned at our feet ***2*** (*fig.*: *separazione totale*) gulf; chasm: **Tra me e lui c'è un a.**, there's a gulf between us ***3*** (*fig.*: *grande differenza qualitativa*) total unlikeness (*o* dissimilarity): **Tra lui e suo fratello c'è un a.**, he is totally unlike his brother; **Tra il tuo libro e il suo c'è un a.**, your book is infinitely superior (*o* inferior) to his ***4*** (*pl.*) (*profondità*) depths: **gli abissi del mare**, the depths of the sea; **gli abissi della terra**, the bowels of the earth ***5*** (*lett.*: *inferno*) hell; the nether regions (*pl.*): **le potenze dell'a.**, the powers of hell. ● (*fig.*) **un a. di colpe**, a load of guilt □ (*fig.*) **un a. di ignoranza**, an abyss of ignorance □ (*fig.*) **essere sull'orlo dell'a.**, to be on the brink of disaster.

abitàbile, *a.* habitable; inhabitable; livable. ● **cucina a.**, dinette kitchen; kitchen-cum-dining room.

abitabilità, *f.* habitability; habitableness.

abitàcolo, *m.* ***1*** (*naut.*) binnacle ***2*** (*aeron.*) cockpit ***3*** (*autom.*) driver and passenger compartment; (*di camion*) driver's cabin.

abitànte, *m.* inhabitant; dweller; resident; citizen: **una città di un milione di abitanti**, a city with one million inhabitants; **a. di città**, town (*o* city) dweller (*o* resident); **a. di paese**, villager; **a. di periferia**, suburban dweller (*o* resident); **gli abitanti di questo palazzo**, the people (living) in this building.

abitàre, A *v. i.* to live; to reside; to dwell (*form.*); (*temporaneamente*) to stay: **Abita a Milano**, he lives in Milan; **Abita al numero 25**, he lives at number 25; **a. da amici**, to stay with friends; **andare ad a. a Parigi**, to move to (*o* to go to live in) Paris; to take up residence in Paris; **a. nella casa del Signore**, to dwell in the house of the Lord. **B** *v. t.* to inhabit: **La Spagna fu abitata dagli Iberici**, Spain was inhabited by the Iberians.

abitatìvo, *a.* house (*attr.*); living (*attr.*): **edilizia abitativa**, housebuilding; **unità abitativa**, living unit.

abitàto, A *a.* ***1*** inhabited; (*di casa*) occupied, lived in: **una casa abitata**, an occupied house; **Si vede che questa stanza è abitata**, you can tell this room is lived in; **a. dal proprietario**, owner-occupied ***2*** (*popolato*) populated; peopled; settled; built up: **densamente a.**, densely (*o* thickly) populated; **regioni abitate**, settled regions; **area abitata**, built-up area. ● **a. dai fantasmi**, haunted. **B** *m.* built-up area (*o* areas): **fuori dell'a.**, outside built-up areas.

abitatóre, *m.* (*f.* **-trice**) inhabitant; dweller.

abitazióne, *f.* ***1*** (*l'abitare*) habitation; dwelling: **casa d'a.**, (dwelling) house; residence; **inadatto all'a.**, unfit for habitation; **a. in comune**, common habitation ***2*** (*casa*) house; residence; home; dwelling (*form.*); abode (*form.*): **un'a. di lusso**, a luxury house (*o* residence); **un quartiere di povere abitazioni**, a district of poor dwellings; **abitazioni primitive**, primitive dwellings; **il problema dell'a.**, the housing problem; **Ecco l'indirizzo della sua a.**, this is the address of where he lives (*o* his home address) ***3*** (*leg.*) occupancy; habitation: **diritto di a.**, right of occupancy.

àbito, *m.* ***1*** (*da uomo*) suit; (*da donna*) dress, frock, (*di taglio maschile*) suit; (*tenuta*) dress; (*al pl.*) clothes, clothing (*sing.*): **a. lungo**, evening dress; (evening) gown; **abiti smessi**, discarded clothes; cast-offs (*fam.*); **farsi fare un a.**, to have a suit [a dress] made; **farsi prendere le misure per un a.**, to be measured for a suit [a dress]; **provarsi un a.**, to try on a suit [a dress]; **cambiarsi d'a.**, to change (one's clothes); **taglio d'a.**, (*da uomo*) suit length; (*da donna*) dress length ***2*** (*pl.*) (*abbigliamento*) clothes; clothing (*sing.*); wear (*sing.*, *solo nei composti o con attr.*): **abiti invernali**, winter clothes (*o* clothing); winter wear; **abiti per bambini**, children's wear; **abiti sportivi**, casual wear ***3*** (*eccles.*) habit; (*di prete*, *anche*) cassock; (*di monaco*, *anche*) frock: **prendere l'a.**, to take the habit; to enter the religious life; **rinunciare all'a.**, to renounce the habit; to leave the religious life; **a. talare**, cassock ***4*** (*abitudine*, *disposizione*) habit: **a. mentale**, habit (*o* frame) of mind ***5*** (*biol.*, *miner.*) habit ***6*** (*med.*) constitution: **a. linfatico**, lymphatic constitution. ● **a. a coda di rondine**, tailcoat; dress coat □ **a. a doppio petto**, double-breasted suit □ **a. a giacca**, (woman's) suit □ **a. a un petto**, single-breasted suit □ **abiti borghesi**, civilian clothes; civvies (*fam.*) □ **a. completo**, suit □ **abiti confezionati** (*o* **fatti**), ready-made (*o* off-the-peg) clothes □ **a. da amazzone**, riding habit □ **a. da cerimonia**, full dress; formal dress □ **abiti da lavoro**, working clothes □ **a. da sera** (*da uomo e da donna*), evening dress; dress suit (*USA*) □ **a. da società** (*da uomo*), evening dress; dress suit (*USA*) □ **a. da sposa**, wedding dress; bridal gown □ **abiti fatti su misura**, made-to-measure (*o* tailor-made) clothes □ **a. militare**, military dress □ **a. scuro**, formal dress: **È gradito l'a. scuro**, formal dress is required □ (*prov.*) **L'a. non fa il monaco**, the cowl does not make the monk; appearances are deceptive.

abituàle, *a.* ***1*** (*regolare*) habitual; regular: **fumatore a.**, habitual smoker; **cliente a.**, regular customer; (*leg.*) **delinquente a.**, habitual criminal ***2*** (*consueto*; *solito*) usual; customary; wonted; accustomed: **il mio posto a.**, my usual seat; **con la sua a. cortesia**, with his usual (*o* wonted) courtesy.

abitualità, *f.* (*anche leg.*) habitualness.

abituàre, A *v. t.* to accustom (to st., to doing st.); (*assuefare*) to inure (to st.); (*addestrare*) to train (to do st.); (*educare*) to bring* up (to do st.): **a. q. a viaggiare**, to accustom sb. to travelling; **Siamo stati abituati a rispettare la natura**, we have been brought up to respect nature. **B abituàrsi,** *v. rifl.* to get* used (to st., to doing st.); to get* (*o* to grow*) accustomed (to st., to doing st.); to accustom oneself (to st., to doing st.); (*assuefarsi*) to become* inured (to st.); (*prendere un'abitudine*) to get into the habit of: **a. a un'idea**, to get used (*o* accustomed) to an idea; **a. al traffico**, to get used to traffic; **a. alle fatiche**, to become inured to hard work; **Mi sono abituato ad alzarmi alle sei**, I've got into the habit of getting up at six; **a. male**, to get into bad habits.

abituàto, *a.* used (to st., to doing st.); accustomed (to st., to doing st.); in the habit (of doing st.); (*assuefatto*) inured (to st.); (*addestrato*) trained (to st., to do st.); (*solito*) wont (to do st.): **Non ci sono a.**, I'm not used to it; **Sono a. ad andare a letto tardi**, I'm used to going to bed late; **a. al caldo**, inured to heat; **Non sono a. ad aspettare i ritardatari**, I'm not in the habit of waiting for latecomers; **Era a. a dormire dopo pranzo**, it was his habit to take a nap after lunch; **com'era a. a fare**, as he was used (*o* wont) to do; as he was in the habit of doing; as was his habit; **bambini abituati bene**, well-brought up children; **un cane a. bene**, a well-trained dog.

abitudinàrio, A *a.* of fixed habits (*pred.*); methodical; (*di persona*) set in one's ways (*pred.*). **B** *m.* (*f.* **-a**) person of fixed habits; methodical person; creature of habit.

abitùdine, *f.* habit; practice; (*usanza*) custom; (*vezzo*) trick; (*di cui si è schiavi*) addiction; (*al pl.*) habits, ways, routine (*sing.*): **Andare in ufficio a piedi è diventata un'a. per me**, walking to work has become a habit with me; **Da noi c'è l'a. di baciare la sposa**, we have a custom of kissing the bride; **Non è mia a. far domande**, it is not my practice to ask questions; **Ha la brutta a. di rosicchiarsi le unghie**, he has a bad habit of biting his nails; **essere attaccato alle proprie abitudini**, to be attached to one's routine; to be set in one's ways. ● **come d'a.**, as usual □ **d'a.**, as a rule □ **fare l'a. a q.c.**, to get (*o* to grow) used (*o* accustomed) to st.; (*assuefarsi*) to get inured to st. □ **liberarsi di un'a.**, to get out of (*o* to shake off, to break) a habit; to kick a habit (*fam.*) □ **per a.**, out of habit □ **per forza d'a.**, from habit; from force of habit □ **per pura a.**, out of sheer habit □ **perdere un'a.**, to fall out (*o* to get out) of a habit □ **prendere un'a.**, to get (*o* to fall) into a habit □ (*prov.*) **L'a. è una seconda natura**, habit is second nature.

abitùro, *m.* hovel.

abiùra, *f.* abjuration.

abiuràre, *v. t.* to abjure.

ablatìvo, *a.* e *m.* (*gramm.*) ablative: **a. assoluto**, ablative absolute.

ablatóre, A *a.* – (*geogr.*) **bacino a.**, ablation basin. **B** *m.* (*med.*) curette; (*dentistico*) tooth scaler.

ablazióne, *f.* (*geol.*, *med.*, *chir.*) ablation.

abluzióne, *f.* ablution.

abnegazióne, *f.* abnegation; self-abnegation; self-denial; self-sacrifice.

abnòrme, *a.* abnormal.

abolìre, *v. t.* to abolish; to suppress; to do* away with; (*una restrizione*) to lift, to raise; (*cibo*, *fumo*, *ecc.*) to eliminate, to cut* out: **a. un'usanza**, to abolish a custom; **a. la pena di morte**, to abolish the death penalty; **a. un'imposta**, to lift a tax; **a. gradualmente**, to phase out; **a. lo zucchero**, to cut out sugar.

abolitìvo, *a.* abolishing; annulling.

abolizióne, *f.* abolition; suppression; (*di restrizione*, *imposta*) lifting, raising; (*di cibo*, *fumo*, *ecc.*) elimination, cutting out.

abolizionìşmo, *m.* abolitionism.

abolizionìsta, *m.* e *f.* abolitionist.

abolizionìstico, *a.* abolitionary; abolitionist.

abomàşo, *m.* (*zool.*) abomasum*.

abominàre, *v. t.* to abominate; to loathe; to abhor.

abominazióne, *f.* abomination; loathing; abhorrence.

abominévole, *a.* abominable; loathsome: **un delitto a.**, a loathsome crime; **Il servizio è a.**, the service is abominable. ● **l'a. uomo delle nevi**, the Abominable Snowman.

abomìnio, *m.* **1** *V.* **abominazione 2** (*cosa abominevole*) abomination; outrage; disgrace.
aborìgeno, A *a.* **1** aboriginal; native; indigenous **2** (*dell'Australia*) aboriginal. **B** *m.* (*f.* **-a**) **1** aborigine; native **2** (*dell'Australia*) Aborigine; Aboriginal; native Australian.
aborriménto, *m.* abhorrence; loathing.
aborrìre, *v. t.* e *i.* to abhor; to loath: **Aborro la** (*o* **dalla**) **menzogna**, I abhor lying; lying is abhorrent to me.
abortìre, *v. i.* **1** to abort; to have an abortion; to miscarry; to have a miscarriage: **Ha abortito al quarto mese**, she miscarried in her fourth month; **decidere di a.**, to decide to have an abortion **2** (*fig.*) to fail; to fall* through; to miscarry: **Il progetto è abortito**, the plan failed (*o* fell through, miscarried).
abortìsta, *a., m.* e *f.* abortionist.
abortìstico, *a.* abortionist.
abortìvo, (*med.*) **A** *a.* abortive; abortifacient. **B** *m.* abortifacient.
abòrto, *m.* **1** abortion; miscarriage: **avere un a.**, to have an abortion (*o* a miscarriage); to miscarry; **favorevole all'a.**, in favour of abortion **2** (*fig.*: *mostruosità*) monstruosity; abortion (*fam.*); (*di persona*) runt, freak: **Che a. di pettinatura!**, that hairstyle is an abortion!; **un a. di natura**, a freak of nature **3** (*fig.*: *fallimento*) failure; abortion.
abracadàbra, *m.* e *inter.* abracadabra; hocus-pocus.
abràdere, *v. t.* to abrade; to scrape off.
Abràmo, *m.* Abraham.
abrasióne, *f.* **1** (*anche med.*) abrasion **2** (*escoriazione*) abrasion; graze **3** (*geol.*) erosion **4** (*cancellatura*) erasure.
abrasività, *f.* abrasive property.
abrasìvo, *a.* e *m.* (*anche fig.*) abrasive.
abreazióne, *f.* (*psic.*) abreaction.
abrogàbile, *a.* (*leg.*) repealable; rescindable.
abrogàre, *v. t.* (*leg.*) to abrogate; to repeal; to annul; to rescind.
abrogatìvo, *a.* (*leg.*) abrogative; repealing: **referendum a.**, referendum abrogative of a law.
abrogatòrio, *a.* (*leg.*) abrogative; abrogating; repealing; annulling.
abrogazióne, *f.* (*leg.*) abrogation; repeal; annulment; rescission.
abròstine, *m.* (*bot., Vitis labrusca*) fox grape.
abròtano, *m.* (*bot., Artemisia abrotanum*) southernwood.
abruzzése, A *a.* of Abruzzo; from Abruzzo; Abruzzo (*attr.*). **B** *m.* e *f.* native of Abruzzo; inhabitant of Abruzzo.
absbùrgico, *a.* Habsburg (*attr.*).
Absbùrgo, *m.* Habsburg.
abscissióne, *f.* (*bot.*) abscission.
absidàle, *a.* (*archit.*) apsidal.
absidàto, *a.* (*archit.*) **1** (*a forma di abside*) apsidal **2** (*con abside*) with an apse.
àbside, A *f.* (*archit.*) apse. **B** *m.* (*astron.*) apsis*.
absidìola, *f.* (*archit.*) apsidiole.
absintìsmo, *m.* (*med.*) absinthism.
abulìa, *f.* **1** (*psic.*) ab(o)ulia **2** (*fig.*) lack of will power; inertia; apathy.
abùlico, *a.* **1** (*psic.*) ab(o)ulic **2** (*fig.*) lacking in will power; apathetic; inert.
abusàre, *v. i.* **1** (*usare indebitamente*) to abuse; to misuse: **Abusa della sua autorità**, he abuses his authority; **a. dei propri poteri**, to misuse one's powers **2** (*usare senza misura*) to use to excess; to (eat, drink, etc.) too much; to overindulge in; to overtax: **a. di una medicina**, to take too much of a medicine; **a. di alcol**, to drink too much; to overindulge in drink; **a. delle proprie forze**, to overtax one's strength **3** (*approfittare*) to take* advantage of; to overtax: **Abusa della mia bontà**, he takes advantage of my good nature; **a. della pazienza di q.**, to overtax sb.'s patience; **a. dell'ospitalità di q.**, to overstay one's welcome; **a. del tempo di q.**, to trespass upon sb.'s time **4** (*violentare*) to do violence to; to rape.
abusivaménte, *avv.* illegally; unlawfully; (*senza autorizzazione*) without permission (*o* authorization, a licence): **costruire a.**, to build without a planning permission; **entrare a. in un luogo**, to trespass on a place; **occupare a. un edificio**, to squat.
abusivìsmo, *m.* unauthorized (*o* illegal) activities (*pl.*); illegal practices (*pl.*): **a. edilizio**, unauthorized building.
abusìvo, A *a.* illegal; illicit; unlawful; (*senza autorizzazione*) unauthorized, unlicensed, pirate (*attr.*): **porto d'armi a.**, illegal possession of firearms; **tassista a.**, unlicenced taxi driver; **posteggiatore a.**, unauthorized carpark attendant; **costruzione abusiva**, building erected without planning permission; **edizione abusiva**, pirate edition; **occupazione abusiva**, squatting; **occupante a.**, squatter. **B** *m.* (*f.* **-a**) unlicenced street trader.
abùso, *m.* **1** abuse (*anche leg.*); misuse: **a. di potere**, abuse of power; **a. di autorità**, abuse (*o* misuse) of authority; (*leg.*) **a. di un diritto**, abuse of right; **a. di fiducia**, breach of trust (*o* of confidence); **commettere un a.**, to commit an abuse **2** (*uso smodato*) excessive use; abuse; overindulgence: **a. del cibo**, overindulgence in eating; **fare a. di analgesici**, to take too many (*o* to make excessive use of) painkillers.
acàcia, *f.* (*bot., Acacia*) acacia.
acadiàno, *a.* e *m.* (*geol.*) Acadian.
acagiù, *m.* **1** (*bot., Anacardium occidentale*) cashew **2** (*bot., Swietenia mahagoni*) mahogany **3** (*legno*) acajou; mahogany.
acànto, *m.* (*bot., Acanthus*) acanthus*.
acariàsi, *f.* (*med.*) acariasis*.
acarìcida, (*chim.*) **A** *m.* acaricide. **B** *a.* acaricidal; acarus-killing.
acariòsi, *f.* (*bot.*) acariosis*.
àcaro, *m.* (*zool., Acarus*) acarus*; mite. ● **a. della scabbia** (*Sarcoptes scabiei*), itch mite.
acaròide, *f.* (*chim.*) acaroid gum (*o* resin).
acàrpo, *a.* (*bot.*) acarpous.
acatalessìa, *f.* (*filos.*) acatalepsy.
acatalèttico (1), *a.* (*filos.*) acataleptic.
acatalèttico (2), *a.* (*metrica*) acatalectic.
acattòlico, *a.* e *m.* (*f.* **-a**) non-Catholic.
acàule, *a.* (*bot.*) acaulescent.
àcca, *f.* o *m.* **1** (*lettera*) h; H; aitch: **Si scrive con l'a.**, it is spelt with an H; **Non sa pronunciare l'a.**, he can't sound his aitches; **non pronunciare l'a.** (*per scorrettezza*) to drop one's aitches **2** (*fig.*: *nulla*) nothing; not a thing; straw: **Non sa un'a.**, he doesn't know a thing; **Non ci capisco un'a.**, I don't understand a thing (*o* the first thing about it); I can't make head or tail of it; **Non vale un'a.**, it's not worth a straw; **non saperne un'a. di q.c.**, not to know the first thing about st.; **Non me ne importa un'a.**, I dont care a straw (*o* two straws) about it; I couldn't care less.
accadèmia, *f.* **1** (*società, istituto*) academy: **a. delle scienze**, academy of sciences **2** (*scuola*) academy; college; school: **a. militare**, military academy; **a. navale**, naval college; **a. di belle arti**, academy of fine arts; art school; **a. di scherma**, fencing school **3** (*esibizione retorica*) display of rhetoric; empty words (*pl.*) **4** (*sterile virtuosismo*) empty virtuosity; (*sport*) fancy footwork: **fare dell'a.**, to indulge in rhetoric (*o* in virtuosity); to talk to no purpose **5** (*trattenimento*) performance **6** (*stor. filos.*) Academy.
accadèmico, A *a.* **1** (*di accademia*) academy (*attr.*): **socio a.**, academy member; academician **2** (*universitario*) academic; university (*attr.*): **anno a.**, academic year; **corpo a.**, university teaching (*o* academic) staff; **senato a.**, university senate; **veste accademica**, academic dress (*o* gown); academicals (*pl.*) **3** (*fig.*: *astratto*) academic **4** (*arte*) academic. **B** *m.* (*f.* **-a**) academician.
accademìsmo, *m.* academicism; academism.
accademìsta, *m.* (*mil.*) cadet.
accadére, *v. i.* to happen; to occur; to take* place; to come* about; to befall* (*form.*): **È accaduto un mese fa**, it happened (*o* occurred, took place) a month ago; **Com'è accaduto?**, how did it happen?; how did it come about?; **Gli accadde una terribile disgrazia**, something terrible happened to him; a terrible misfortune befell him; **Mi accadde di incontrarlo in biblioteca**, I happened (*o* chanced) to meet him in the library; **Sta accadendo qualcosa di strano**, something strange is happening (*o* going on); **Che non accada di nuovo**, don't let it happen again; **Ma guarda che cosa doveva a.!**, of all the things to happen!; **accada quel che accada**, come what may; **Son cose che accadono**, such things will happen.
accadùto, *m.* occurence; event; incident; fact: **Mi riferì l'a.**, he told me what happened; he related the fact (*o* the incident) to me; **Si scusa dell'a.**, he said he is sorry for what happened.
accalappiacàni, *m.* e *f.* dog-catcher.
accalappiaménto, *m.* (*anche fig.*) catching; trapping, ensnaring.
accalappiàre, *v. t.* **1** (*catturare*) to catch*; to trap; to ensnare: **a. un cane**, to catch a dog **2** (*fig.*: *intrappolare*) to ensnare, to hook; (*ingannare*) to trap, to take* in: **Si è lasciato a. da quel pollo che è**, he was taken in (*o* he fell into the trap) like the fool he is; **È ricco e lei vuole accalappiarlo**, he is rich and she has set her cap at him (*o* is trying to hook him).
accalappiatóre, *m.* catcher; ensnarer.
accalappiatrìce, *f.* **1** *V.* **accalappiatore 2** (*fig.*) man-eater.
accalcàre, A *v. t.* to crowd; to cram. **B accalcàrsi,** *v. i. pron.* to crowd; to throng; to press; to cram: **La folla si accalcava all'uscita**, the crowd was thronging at the exit; **a. in una stanza**, to cram into a room; **a. intorno a q.**, to crowd (*o* to press) round sb.
accaldàrsi, *v. i. pron.* **1** to get* hot **2** (*fig.*) *V.* **accalorarsi**.
accaldàto, *a.* hot.
accaloràre, A *v. t.* to heat; to excite; to warm up. **B accaloràrsi,** *v. i. pron.* to get* heated; to get* excited; to warm up.
accampaménto, *m.* camp; (*mil., anche*) encampment: **piantare l'a.**, to pitch camp; **levare l'a.**, to break camp.
accampàre, A *v. t.* **1** to camp: **a. le truppe**, to camp the troops **2** (*fig.*: *diritti e sim.*) to lay* claim to: **a. diritti** (*o* **pretese**) **su q.c.**, to lay claim to st. **3** (*scuse, ecc.*) to allege (that); to plead: **a. una scusa**, to make an excuse; **Accampò come ragione il fatto di non essere stato informato**, he alleged that he had not been informed; **a. come scusa un impegno**, to plead an engagement. **B accampàrsi,** *v. rifl.* **1** (*mil.*) to camp; to pitch camp; to encamp **2** (*fig.*: *alloggiare*) to camp; to shake* down (*fam.*); to crash (*fam.*): **a. in casa di amici**, to shake down with friends.
accampionàre, *v. t.* to register.
accaniménto, *m.* **1** (*furore*) fury; rage **2** (*ostinazione*) obstinacy; persistence; determination; doggedness. ● **a. terapeutico**, trying to keep a patient alive at all costs □ **con a.**, furiously; doggedly; with determination; very hard.
accanìrsi, *v. i. pron.* **1** (*infierire*) to attack repeatedly; to torment; to harass: **Si accanirono sul caduto con pugni e calci**, they kept on hitting and kicking him after he had fallen; **Si accanivano contro di lui perché era il più debole**, they kept picking on (*o* bullying) him because he was the weakest **2** (*ostinarsi*) to persist in; to persevere in; to keep* on: **a. a lavorare**, to work doggedly; **a. a ripetere q.c.**, to keep on repeating st.
accanìto, *a.* **1** (*strenuo*) relentless; bitter;

fierce; ruthless: **un avversario a.**, a relentless adversary; **odio a.**, bitter hatred; **concorrenza accanita**, fierce (*o* ruthless) competition **2** (*indefesso*) hard; (*ostinato*) dogged, obstinate, inveterate: **lavoratore a.**, hard worker; **fumatore a.**, inveterate smoker; **lettore a.**, avid reader; **sostenitore a. di una causa**, passionate upholder of a cause.

accànto, A *avv.* nearby; near; close by: **C'era una chiesa lì a.**, there was a church nearby; **un negozio qui a.**, a nearby shop; **Chi hai a.?**, who is there with you?; **A pranzo avevo a. Marta**, at dinner I was sitting next to Marta. **B** *a.* next; near; nearby; close; adjacent; (*porta a porta*) next door (*pred.*): **la stanza a.**, the next (*o* adjacent) room; **la casa a.**, the next house; the house next door; **la pagina a.**, the opposite page. **C accànto a**, *locuz. prep.* beside; near; close to; next to; by: **a. al tavolo**, beside (*o* by) the table; **Si fermò a. a me**, he stopped near me; **Siediti a. a noi**, sit next to us; **Sta' a. a me**, keep close to me.

accantonaménto (1), *m.* **1** (*l'accantonare*) putting (*o* setting, laying) aside; (*fig., anche*) shelving **2** (*comm.*) setting aside; (*destinazione*) earmarking, allocation, appropriation **3** (*somma accantonata*) fund, allocation, earmarked sum; (*scorta*) provision, reserve, stock.

accantonaménto (2), *m.* (*mil.*) cantonment; quartering; billeting.

accantonàre (1), *v. t.* **1** (*lasciare da parte*) to set* (*o* to put*, to lay*) aside; (*fig., anche*) to shelve **2** (*rinviare*) to put* off; to table (*USA*) **3** (*comm.*) to set* aside; (*destinare*) to earmark, to allocate, to appropriate.

accantonàre (2), *v. t.* (*mil.*) to quarter; to billet.

accaparraménto, *m.* (*comm.*) cornering; buying-up; engrossing; forestalling; (*tesaurizzazione*) hoarding.

accaparràre, *v. t.* **1** (*comm.*) to corner; to buy* up; to engross; to forestall; (*tesaurizzare*) to hoard **2** (*assicurarsi*) to gain; to secure; to bag (*fam.*): **a. il favore di q.**, to gain sb.'s favour; **accaparrarsi il posto migliore**, to secure (*o, fam.*, to bag) the best seat.

accaparratóre, *m.* (*f.* **-trice**) cornerer; buyer-up; engrosser; (*tesaurizzatore*) hoarder.

accapigliàrsi, *v. rifl. recipr.* **1** (*azzuffarsi*) to come* to blows; to scuffle; to scrap **2** (*fig.*: *litigare*) to quarrel; to haggle; to squabble.

accàpo, *m.* new line; new paragraph: **punto e a.**, full stop (*USA*: period) and new paragraph.

accappatóio, *m.* bathrobe.

accapponàre, *v. t.* **accapponàrsi**, *v. i. pron.* – **roba da farti a. la pelle**, enough to give you gooseflesh (*o* goose pimples); enough to make your flesh creep; **È un rumore che mi fa a. la pelle**, it's a noise that sets my teeth on edge.

accarezzàre, *v. t.* **1** to caress; to stroke; to fondle; to pet: **a. i capelli a q.**, to caress (*o* to stroke) sb.'s hair; **Non a. il gatto**, don't stroke the cat **2** (*fig.*: *lusingare*) to flatter: **a. la vanità di q.**, to flatter sb.'s vanity **3** (*fig.*: *vagheggiare*) to entertain; to cherish; to nurse; to toy with: **a. un progetto**, to entertain a project; **a. una speranza**, to nurse a hope; **a. un'idea**, to toy with an idea. ● (*fig.*) **a. q. con gli occhi**, to give sb. a tender look □ (*fig.*) **a. le spalle a q.**, to dust sb.'s jacket.

accartocciaménto, *m.* **1** curling up **2** (*archit.*) cartouche **3** (*ind.*) curl. ● (*bot.*) **a. fogliare**, leaf roll.

accartocciàre, A *v. t.* **1** (*arrotolare*) to roll (up); to curl up **2** (*appallottolare*) to crumple (up); to screw up. **B accartocciàrsi**, *v. i. pron.* **1** to curl up; to shrivel (up) **2** (*deformarsi*) to twist out of shape **3** (*rientrare su se stesso*) to concertina.

accasàre, A *v. t.* to marry. **B accasàrsi**, *v. rifl.* **1** to get* married **2** (*metter su casa*) to set* up house.

accasciaménto, *m.* prostration (*anche fig.*); exhaustion; collapse.

accasciàre, A *v. t.* to prostrate; to exhaust; (*moralmente*) to prostrate, to crush, to bring* low. **B accasciàrsi**, *v. i. pron.* **1** (*cadere*) to collapse; to sink*; to drop **2** (*fig.*) to lose* heart (*o* courage); to break* down.

accasciàto, *a.* prostrate; exhausted; (*moralmente*) prostrate, crushed, broken, dejected.

accasermàre, *v. t.* (*mil.*) to barrack; to quarter in barracks.

accastellàre, *v. t.* to pile up; to stack.

accatastaménto (1), *m.* **1** (*l'ammucchiare*) stacking; piling up; heaping **2** (*mucchio*) stack; pile; heap.

accatastaménto (2), *m.* (*bur.*) cadastral registration.

accatastàre (1), *v. t.* to stack; to pile up; to heap: **a. la legna**, to stack wood; **a. i mobili**, to stack furniture.

accatastàre (2), *v. t.* (*bur.*) to register (in the cadastre).

accattàre, A *v. t.* **1** (*prendere in prestito*) to borrow; (*scroccare*) to scrounge, to cadge **2** (*elemosinare*) to beg **3** (*fig.*: *cercare con insistenza*) to solicit; to fish for. **B** *v. i.* (*chiedere l'elemosina*) to beg.

accattivànte, *a.* engaging; winning; charming.

accattivàre, *v. t.* **1** to win*; to gain; to earn: **accattivarsi la stima di q.**, to win sb.'s respect; **accattivarsi le simpatie di q.**, to win sb. over; to endear oneself to sb. **2** (*ingraziare*) to ingratiate.

accàtto, *m.* **1** (*il prendere in prestito*) borrowing; (*lo scroccare*) scrounging, cadging **2** (*il chiedere l'elemosina*) begging. ● **d'a.**, borrowed; second-hand; derivative.

accattonàggio, *m.* begging; mendicity.

accattóne, *m.* (*f.* **-a**) beggar; mendicant.

accavallaménto, *m.* **1** (*sovrapposizione*) overlapping; overlap **2** (*di due fili e sim.*) crossing; twisting **3** (*intrico*) tangling; tangle; twisting **4** (*accumulo*) piling up **5** (*fam., di muscolo, ecc.*) cramp; spasm **6** (*lavoro a maglia*) passed-over stitch.

accavallàre, A *v. t.* **1** (*incrociare*) to cross: **a. le gambe**, to cross one's legs **2** (*sovrapporre*) to overlap **3** (*lavoro a maglia*) to pass (a stitch) over. **B accavallàrsi**, *v. i. pron.* **1** (*sovrapporsi*) to overlap **2** (*di fili e sim.*) to cross; to twist; to get* twisted **3** (*accumularsi*) to pile up; (*affollarsi*) to crowd, to throng, to push, (*di parole*) to tumble out; (*di onde*) to surge forward **4** (*fam., di muscolo, ecc.*) – **Mi si è accavallato un muscolo del piede**, I've got a cramp in my foot.

accecaménto, *m.* blinding.

accecàre, A *v. t.* **1** to blind; (*abbagliare, anche*) to dazzle **2** (*fig.*) to blind; to cloud (sb.'s mind) **3** (*chiudere un'apertura*) to block up; (*murare*) to wall up **4** (*chiodi, ecc.*) to countersink*. **B accecàrsi**, *v. i. pron.* to go* (*o* to become*) blind.

accecàto, *a.* **1** blinded: **a. dall'esplosione**, blinded by the explosion **2** (*fig.*) blind: **a. dalla paura**, blind with fear.

accecatóio, *m.* (*mecc.*) countersink: **a. cilindrico**, counterbore.

accecatùra, *f.* (*mecc.*) countersink.

accèdere, *v. i.* **1** (*raggiungere*) to reach; to enter: **Si accede alla fortezza da un ponte**, access to the fortress is over a bridge; you cross a bridge to enter the fortress **2** (*essere ammesso, entrare*) to be admitted to; to gain access to; to enter: **Per a. alla sala occorre presentare il biglietto**, tickets must be shown to be admitted to the hall; **a. all'università**, to be admitted to university; **a. al parlamento**, to enter parliament **3** (*accettare*) to accede to; to grant; to agree to: **a. a una richiesta**, to grant a request; **a. a un trattato**, to accede to a treaty.

acceleraménto, *m.* acceleration; (*di lavoro, pratiche, ecc.*) speeding up.

acceleràndo, *m.* (*mus.*) accelerando.

accelerànte, *m.* (*chim.*) accelerator; accelerant.

acceleràre, A *v. t.* **1** to quicken; to hurry; to hasten; to speed* up; to expedite: **a. il passo**, to quicken one's step; to hurry; **a. la produzione**, to speed up (*o* to step up) production; **a. una pratica**, to speed up (*o* to expedite) a case **2** (*mecc.*) to accelerate; (*autom.*) to speed* up. **B** *v. i.* **1** (*aumentare la velocità di un veicolo*) to accelerate; to step on the gas (*USA*) **2** (*acquistare velocità*) to gain (*o* to put* on) speed; to accelerate; to pick up.

accelerativo, *a.* accelerative; quickening.

acceleràto, A *a.* **1** quick; rapid: **passo a.**, quick step; (*med.*) **polso a.**, rapid pulse **2** (*fis.*) accelerated. ● **corso a.**, crash course. **B** *m.* (*treno*) local train; slow train; whistle train (*fam. USA*).

acceleratóre, A *m.* **1** (*autom.*) accelerator; gas (pedal) (*fam. USA*): **premere l'a.**, to step on the accelerator (*USA*: on the gas) **2** (*chim., econ.*) accelerator. **B** *a.* accelerative; acceleratory.

accelerazióne, *f.* **1** (*fis.*) acceleration: **a. centripeta**, centripetal acceleration; **a. di gravità**, acceleration of gravity **2** (*autom.*) acceleration; pick-up (*fam.*).

acceleròmetro, *m.* (*fis., tecn.*) accelerometer.

accèndere, A *v. t.* **1** (*fuoco, ecc.*) to light*; to kindle; to ignite; (*dare fuoco a*) to set* fire to: **a. un fuoco**, to light (*o* to kindle) a fire; **a. un fiammifero**, to light (*o* to strike) a match; **a. la pipa**, to light one's pipe; **a. la legna**, to set fire to the wood; **Hai da a.?**, have you got a light? **2** (*con interruttore*) to turn on; to switch on; to put* on: **a. il gas**, to turn on the gas; **a. la luce [la radio]**, to switch (*o* to turn, to put) on the light [the radio] **3** (*mecc.*) to ignite; to start up: **a. il motore**, to start up the engine **4** (*fig.*: *suscitare*) to spark off; to kindle; to rouse: **a. una disputa**, to spark off a dispute; **a. una speranza**, to kindle a hope **5** (*comm.*) to open; (*leg.*) to raise, to take* out: **a. un conto**, to open an account; **a. un'ipoteca [un prestito]**, to raise (*o* to take out) a mortgage [a loan]. **B accèndersi**, *v. i. pron.* **1** (*prendere fuoco*) to catch* fire; to light*; to ignite: **La legna s'accese subito**, the wood caught fire at once; **Il fuoco ci mise molto ad a.**, the fire took a long time to light **2** (*di luci*) to light* up; to go* (*o* to come*) on: **Le luci si accesero**, the lights went (*o* came) on **3** (*fig.*: *arrossire*) to go* red; to flush: **Il suo viso s'accese d'ira**, his face went red with anger **4** (*fig.*: *eccitarsi*) to become* excited; to become* inflamed; (*d'ira*) to flare up **5** (*fig.*: *illuminarsi*) to light* up: **a. di gioia**, to light up with joy **6** (*fig.*: *nascere*) to be roused; to kindle; to flare up: **La speranza si accese nel suo cuore**, hope kindled in his heart; **Si accese una lite**, a quarrel flared up.

accendigàs, *m.* gas lighter.

accendino, accendisigaro, *m.* lighter.

accenditóio, *m.* lighting stick.

accenditóre, *m.* **1** lighter **2** (*mecc.*) igniter.

accennàre, A *v. t.* **1** (*indicare, anche fig.*) to point to: **Accennò una finestra**, he pointed to a window **2** (*fare un accenno di*) to... slightly: **a. un sorriso**, to smile slightly; **a. un saluto col capo**, to nod slightly; to give a vague nod **3** (*pitt.*) to sketch; to trace **4** (*mus.*: *con uno strumento*) to pick out the notes of; (*con la voce*) to hum. **B** *v. i.* **1** (*con la mano*) to beckon, to motion; (*col capo*) to nod: **Mi accennò d'avvicinarmi**, he beckoned me to come nearer; **a. di (*o* un) sì**, to nod (in) assent; **a. di (*o* un) no**, to shake one's head **2** (*fare atto di*) to make* as if: **Accennò a dare un calcio al gatto**, he made as if to kick the cat; he aimed a kick at the cat **3** (*fig.*: *dare segno di*) to look as if: **Il muro accenna a**

voler crollare, the wall looks as if it might fall down; **Il tempo accenna a rischiararsi**, it looks as if it's going to clear up **4** (*fig.*: *alludere*) to hint (at), to intimate; (*menzionare*) to mention, to touch upon, to refer to: **a. a una certa persona**, to hint at a certain person; **a. a una faccenda**, to mention (*o* to touch upon) a matter; **Accennai alla possibilità di un errore**, I hinted that there might be an error.

accénno, *m.* **1** (*segno*) sign; (*col capo*) nod; (*con la mano*) gesture: **fare un a.**, to give a sign; to make a gesture; to nod **2** (*fig.*: *indicazione*) sign; hint; inkling; intimation **3** (*fig.*: *allusione*) hint; (*menzione*) mention, reference: **fare a. a q.c.**, to hint at st.; to mention st. **4** (*traccia*) hint; trace; (*sfumatura*) undertone, overtone.

accensióne, *f.* **1** (*di fuoco, ecc.*) lighting; kindling **2** (*con interruttore*) switching (*o* turning, putting) on **3** (*autom., elettr.*) ignition; starting; (*il meccanismo*) ignition system: **l'a. di un motore**, the starting of an engine; **L'a. è inserita**, the ignition is on; **a. a batteria [a scintilla, a spinterogeno]**, battery [spark, coil] ignition; **chiavetta dell'a.**, ignition key; **controllare l'a.**, to check the ignition system **4** (*di caldaia*) starting **5** (*comm.*) opening; (*leg.*) raising, taking out: **a. di un conto**, opening of an account; **a. di un'ipoteca [di un prestito]**, raising (*o* taking out) of a mortgage [of a loan].

accentàre, *v. t.* (*ling., mus.*) to accent; (*con la voce, anche*) to stress.

accentatùra, *f.* accentuation.

accentazióne, *f.* accentuation; stress.

accènto, *m.* **1** (*nella pronuncia*) accent; stress: **a. tonico [fonico]**, tonic [phonic] accent; **L'a. è sulla prima sillaba**, the stress is on the first syllable **2** (*segno*) accent (mark): **a. acuto [grave, circonflesso]**, acute [grave, circumflex] accent **3** (*cadenza*) accent; pronunciation: **Parla l'italiano con a. inglese**, he speaks Italian with an English accent; **a. straniero**, (foreign) accent **4** (*tono*) tone; note: **un a. di tristezza**, a note of sadness; **con a. umile**, with (*o* in) a humble tone **5** (*enfasi*) stress; emphasis; accent: **porre l'a. su q.c.**, to lay stress (*o* emphasis) on st.; to stress st.; to emphasize st. **6** (*poet.*: *parola*) word.

accentraménto, *m.* centralization; concentration.

accentràre, **A** *v. t.* **1** (*raccogliere*) to concentrate; to gather; (*centralizzare*) to centralize: **a. tutte le responsabilità nelle proprie mani**, to concentrate all responsibility in one's hands **2** (*attirare*) to draw*; to attract: **a. l'attenzione su di sé**, to draw all attention on oneself; to monopolize everybody's attention. **B accentràrsi**, *v. i. pron.* **1** (*raccogliersi*) to concentrate; to be concentrated; to gather; to be centralized: **La popolazione si accentra nelle città**, the population is concentrated in the cities; **Il potere si accentra nelle mani di pochi**, power is concentrated in the hands of a few **2** (*fig.*: *concentrarsi*) to focus; to center; to be focus(s)ed: **L'interesse si accentrò su di loro**, interest focussed on them.

accentratóre, **A** *a.* **1** centralizing **2** (*di persona*) that refuses to delegate. **B** *m.* (*f.* **-trice**) person who refuses to delegate.

accentuàre, **A** *v. t.* **1** to stress; to accentuate **2** (*fig.*: *mettere in rilievo*) to stress; to emphasize; to underline; to accentuate: **I capelli neri accentuavano il pallore del suo viso**, her black hair emphasized the paleness of her face. **B accentuàrsi**, *v. i. pron.* (*crescere*) to grow*; (*aggravarsi*) to get* (*o* to grow*) worse; (*diventare più evidente*) to become* more marked: **Il malcontento s'accentua**, discontent is growing; **La crisi si accentua**, the crisis is getting worse (*o* is worsening); **Le differenze tra loro si accentuavano**, the differences between them were becoming more marked.

accentuativo, *a.* accentual.

accentuàto, *a.* **1** (*forte*) strong **2** (*netto*) marked; noticeable.

accentuazióne, *f.* (*anche fig.*) stress; accentuation.

accerchiaménto, *m.* encirclement.

accerchiàre, *v. t.* (*anche mil.*) to encircle; to surround.

accertàbile, *a.* **1** ascertainable; verifiable **2** (*fisc.*) assessable.

accertaménto, *m.* **1** verification; check; ascertainment **2** (*fisc.*) assessment **3** (*leg.*) investigation. ● (*comm.*) **a. di cassa**, cash inventory □ **accertamenti clinici**, clinical tests □ (*leg.*) **azione [sentenza] di a.**, declaratory action [judgment].

accertàre, **A** *v. t.* **1** to establish; to verify; to ascertain: **a. la verità**, to establish the truth **2** (*fisc.*) to assess. **B accertàrsi**, *v. i. pron.* to make* sure; to check; to ascertain: **Voglio accertarmi che non sia uscito**, I want to make sure (*o* to check) that he is not out; **a. di aver capito**, to make sure one has understood.

accéso, *a.* **1** lighted (up) (*attr.*); lit (up) (*pred.*); burning; alight (*pred.*); on (*pred.*): **un cero [un sigaro] a.**, a lighted candle [cigar]; **Il fuoco [il sigaro] è a.**, the fire [the cigar] is lit (*o* alight); **Il fuoco nel camino era a.**, the fire was burning (*o* was on) in fireplace; **Nel cielo erano accese le stelle**, the sky was alight with stars **2** (*di luci, apparecchio*) on (*pred.*): **lasciare le luci accese**, to leave the lights on; **La radio è accesa**, the radio is on **3** (*autom., mecc.*) on (*pred.*); running: **a motore a.**, with the engine running **4** (*fig.*: *di viso*) burning; flushed; red: **guance accese**, burning cheeks; **Era a. in volto per la corsa [la febbre]**, his face was flushed from running [with fever] **5** (*fig.*: *infiammato*) burning; inflamed: **a. d'ira**, burning with anger; **a. di entusiasmo**, burning (*o* inflamed, fired) with enthusiasm **6** (*fig.*: *illuminato*) alight (*pred.*); lit up (*pred.*); alive (*pred.*); burning; shining: **occhi accesi di gioia**, eyes lit up (*o* alight, shining) with joy **7** (*di colore*: *vivo*) bright; vivid: **una gonna di un rosso a.**, a bright-red skirt **8** (*fig.*: *animato*) heated; animated; lively: **una discussione accesa**, a heated discussion **9** (*fig.*: *fervente*) ardent; fervent; firebrand (*attr.*): **a. sostenitore**, fervent supporter; **un a. separatista**, a firebrand separatist.

accessìbile, *a.* **1** (*raggiungibile*) accessible, reachable, within reach; (*aperto*) open: **una strada a. d'inverno**, a road accessible during winter; **un luogo facilmente a.**, a place within easy distance (*o* reach); **Il museo è a. solo al mattino**, the museum is open only in the morning **2** (*fig.*: *di persona*) approachable **3** (*fig.*: *comprensibile*) accessible; graspable; comprehensible **4** (*fig.*: *di prezzi e sim.*) accessible; affordable; reasonable: **a. a tutte le borse**, within everybody's means; within reach of every purse.

accessibilità, *f.* **1** accessibility; easy access **2** (*fig.*: *di persona*) approachability.

accessióne, *f.* (*anche leg.*) accession.

accèsso, *m.* **1** access; admittance; entry; entrance: **a. libero**, free admittance; **Gli fu vietato l'a.**, he was refused admittance (*o* entrance); **Ho accesso al ministro**, I have access to the minister; **avere libero a. a un luogo**, to be admitted freely to a place; to have the run of a place; **Il corridoio dà a. alla sala**, the corridor leads (*o* gives access) to the lounge; **impedire l'a.**, to prohibit access; (*di ostacolo*) to obstruct the entry; **di difficile [facile] a.**, difficult [easy] to reach (*o* to get to) **2** (*impeto*) outburst; fit; access: **a. d'ira**, fit (*o* outburst) of anger; **a. di entusiasmo**, outburst of enthusiasm; **a. di riso [di pianto]**, fit of laughter [of weeping] **3** (*med.*) fit; spell; attack; access: **a. di tosse**, fit (*o* spell) of coughing; **a. di febbre**, attack of fever; sudden temperature; **a. epilettico**, epileptic fit **4** (*elab.*) access: **a. casuale [sequenziale]**, random [sequential] access; **a. diretto in memoria**, direct memory access; **tempo d'a.**, access time. ● **a. all'università**, university entrance (*o* enrollment) □ **a. pedonale**, walkway □ (*autom.*: *cartello*) **divieto di a.**, no entry; no admittance; keep out □ (*autom.*: *cartello*) **divieto di a. a tutti i veicoli**, all vehicles prohibited □ (*in autostrada*) **rampa di a.**, slip road (*GB*); ramp (*USA*) □ **strada di a. alla casa**, road leading to the house □ **via d'accesso**, approach (route); (*fig.*) doorway, gateway □ (*di villa*) **viale di a.**, drive □ **Vietato l'a.**, no entry; no trespassing □ **Vietato l'a. ai non addetti**, entry forbidden to unauthorized persons.

accessoriàto, *a.* supplied with accessories; fully equipped.

accessòrio, **A** *a.* accessory; accessorial; additional; incidental: **spese accessorie**, incidental expenses; incidentals. **B** *m.* addition; adjunct; appurtenance; fitting; (*di macchina utensile*) attachment: (*moda*) **accessori in tinta**, matching accessories; **accessori per bagno**, bathroom fittings; **accessori per auto**, car accessories; **un aspirapolvere completo di accessori**, a vacuum cleaner complete with attachments.

accessorista, *m. e f.* (*autom.*) **1** (*fabbricante*) manufacturer of car accessories **2** (*venditore*) supplier of car accessories.

accessorìstica, *f.* car accessories (*pl.*).

accestiménto, *m.* (*agric., bot.*) sucker growth.

accestìre, *v. i.* (*agric., bot.*) to grow* suckers; (*di lattuga, ecc.*) to tuft.

accétta, *f.* hatchet. ● (*fig.*) **darsi l'a. sui piedi**, to defeat one's own ends; to cut one's own throat □ (*fig.*) **fare una cosa con l'a.**, to do st. anyhow; to botch st. □ (*fig.*) **tagliato con l'a.**, rough-hewn; (*di lineamenti*) harsh, rugged.

accettàbile, *a.* acceptable.

accettabilità, *f.* acceptability; acceptableness.

accettànte, *m. e f.* (*comm., leg.*) acceptor: **a. per intervento**, acceptor for honour.

accettàre, *v. t.* **1** to accept (*anche comm., leg.*); to take*; to take* up: **a. un'eredità [un invito]**, to accept an inheritance [an invitation]; **a. una scommessa**, to accept (*o* to take up) a bet; **a. una sfida**, to take up a challenge; **a. q. per marito**, to take sb. as one's husband; **Accettate assegni?**, do you take cheques?; **a. un posto**, to take a job; **a. consigli**, to take advice; (*leg.*) **a. una cambiale**, to accept a bill of exchange; **a. con piacere**, to welcome; **a. q.c. al volo**, to snatch up st.; **a. con riserva**, to reserve the right to accept; **Non accetterò meno della somma pattuita**, I won't settle for less than the agreed sum; **Non si accettano reclami**, no complaints will be considered **2** (*accogliere come socio*) to admit; to take* in **3** (*aderire a*) to agree to; (*acconsentire*) to consent to, to acquiesce to: **a. un patto**, to agree to a pact; **a. di fare q.c.**, to agree to do st.

accettazióne, *f.* **1** acceptance (*anche comm., leg.*): **a. dell'eredità**, acceptance of inheritance; **a. di un contratto**, acceptance of a contract; **a. condizionata [incondizionata]**, qualified [general] acceptance; (*leg.*) **a. per intervento**, acceptance for honour; **a. bancaria**, bank (*o* banker's) acceptance; (*leg.*) **mancata a.**, non-acceptance; dishonour **2** (*in alberghi, ospedali*) reception; (*in aeroporti*) check-in; (*sportello*) counter: **rivolgersi all'a.**, to inquire at the reception desk; **a. telegrammi**, telegram counter.

accètto, *a.* (*di cose*) agreeable, welcome, palatable; (*di persone*) liked, welcome. ● **bene a.**, welcome.

accettóre, *m.* (*chim., fis.*) accepter.

accezióne, *f.* (*significato*) meaning; acceptation.

acchetàre, *V.* **acquietare**.

acchiappafarfàlle, m. invar. ***1*** butterfly net ***2*** (*fig.*: *perditempo*) idler; loafer.

acchiappamósche, m. invar. ***1*** flytrap; (*a paletta*) fly swatter ***2*** (*bot.*, *Dionaea muscipula*) dionea; Venus's flytrap ***3*** (*zool.*; *Muscicapa grisola*) flycatcher ***4*** (*fig.*) idler; loafer.

acchiappanùvoli, m. e f. invar. daydreamer; dreamer; stargazer.

acchiappàre, A v. t. to catch*; to grab; to snatch; to lay* hold of: **a. un capo di una corda**, to catch (*o* to grab) the end of a rope; **a. farfalle**, to catch butterfly; **a. un ladro**, to catch (*o* to lay hold of, to collar; *fam.*: to nab) a thief; **Se ti acchiappo...!**, if I catch you...! **B acchiappàrsi,** v. i. pron. to get* hold of; to grab (st.): **a. a una corda**, to get hold of a rope. **C acchiappàrsi,** v. rifl. recipr. to catch* each other. ● **giocare ad a.**, to play tag (*o* tig).

acchitàre, v. t. (*biliardo*: *dare inizio*) to lead* off.

acchito, m. (*biliardo*) lead. ● (*fig.*) **di primo a.**, (*subito*) right away, straightaway; (*sulle prime*) at first (sight); (*al primo tentativo*) at first attempt.

acciabattàre, A v. i. to shuffle about (in one's slippers). **B** v. t. to cobble.

acciaccaménto, m. crushing; squashing; bruising; denting.

acciaccàre, v. t. ***1*** (*schiacciare*) to crush, to squash, to bruise; (*ammaccare*) to dent: **acciaccarsi un dito**, to crush a finger; **a. un cappello**, to squash a hat; **a. un parafango**, to dent a mudguard ***2*** (*indebolire*) to weaken; to lay* low.

acciaccatùra, f. ***1*** bruise; dent ***2*** (*mus.*) acciaccatura.

acciàcco, m. ailment; infirmity; ache: **gli acciacchi della vecchiaia**, the infirmities of old age; **È pieno di acciacchi**, he is full of aches and pains.

acciaiàre, v. t. (*ind.*) to acierate; (*ricoprire con acciaio*) to steel.

acciaiatùra, f. (*ind.*) steeling.

acciaierìa, f. (*ind.*) steelworks (*sing.* o *pl.*); steel plant; steel mill.

acciaino, m. sharpening steel.

acciàio, m. steel: **a. dolce**, mild (*o* soft) steel; **a. duro**, hard steel; **a. fucinato**, forged steel; **a. grezzo**, raw steel; **a. in lingotti**, ingot steel; **a. inossidabile**, stainless steel; **a. laminato**, rolled steel; **a. malleabile**, flange steel; **a. semiduro**, medium steel; **a. stampato**, pressed steel; **a. temperabile**, hardenable steel; **a. temperato**, hardened steel; **lamiera d'a.**, sheet steel; **lana d'a.**, steel wool; **profilati d'a.**, structural steel; **rivestito d'a.**, steel-clad. ● (*fig.*) **nervi d'a.**, nerves of steel □ **occhi d'a.**, steely eyes.

acciaiòlo, ***1*** *V.* **acciarino** ***2*** *V.* **acciaino**.

acciambellàre, A v. t. to coil up. **B acciambellàrsi,** v. rifl. to curl up.

acciarino, m. ***1*** (*per la pietra focaia*) steel ***2*** (*di arma da fuoco*) flintlock: **fucile ad a.**, firelock ***3*** (*di ruota*) linchpin ***4*** (*naut.*: *di siluro*) pistol.

acciarpàre, v. t. to cobble up; to patch together; to do* (st.) anyhow.

accidèmpoli, *V.* **accipicchia**.

accidentàccio, inter. blast!; damn!; dammit!

accidentàle, a. ***1*** (*casuale*) accidental; casual; fortuitous; chance (*attr.*): **circostanza a.**, accidental circumstance; **scoperta a.**, fortuitous (*o* chance) discovery ***2*** (*involontario*) accidental; unintentional; involuntary ***3*** (*non essenziale*) incidental.

accidentalità, f. fortuitousness; fortuity; casualness.

accidentalménte, avv. ***1*** (*per caso*) accidentally; by chance; casually ***2*** (*senza volere*) accidentally; involuntarily; unintentionally.

accidentàto, a. ***1*** (*sconnesso*) uneven; rough; bumpy: **terreno a.**, uneven ground; **strada accidentata**, bumpy road ***2*** (*fig.*: *pieno di incidenti*) eventful: **viaggio a.**, eventful journey; **carriera accidentata**, chequered career ***3*** (*paralizzato*) paralysed.

accidènte, m. ***1*** (*caso*) chance; hazard: **per a.**, by chance ***2*** (*evento*) event; accident; (*non lieto*) mishap: **gli accidenti della vita**, the events of life ***3*** (*fam.*: *infarto*) heart attack; (*malanno*) bad cold: **Gli venne un a.**, he had a heart attack; **prendersi un a.**, to catch a bad cold; **Ti prenderai un a.!**, you'll catch your death of cold! ***4*** (*fig.*: *ragazzo vivace*) little devil, pest; (*ragazza vivace*) tomboy; (*persona fastidiosa*) pest, nuisance, pain in the neck (*fam.*): **Quell'a. di bambino**, that pest of a child ***5*** (*fam.*: *niente*) nothing at all; not a thing; damn (*fam.*): **non capire un a.**, not to understand a thing; **Non ci capisco un a.**, I can't make head or tail of it; **Non m'importa un a.**, I don't care a damn; I couldn't care less; **Non vale un a.**, it's not worth a damn; **un a. di niente**, a damn thing ***6*** (*filos.*) accident ***7*** (*mus.*) accidental ***8*** (*ling.*) accident. ● **brutto come un a.**, as ugly as sin □ **correre come un a.**, to run like the devil (*o* like the clappers) □ **far venire un a. a q.**, to give sb. a fit; to knock sb. flat □ **mandare accidenti a q.**, to send sb. to the devil; to curse sb. □ **Dov'è quell'a. di un giornale?**, where's the blasted paper? □ **Quell'a. di idraulico non s'è visto**, that damn(ed) plumber hasn't shown up □ **Quell'a. di Paolo ha vinto di nuovo**, Paolo's won again, the lucky devil □ **Non gliela si fa a quell'a. di donna**, she's phenomenal, you can't fool her □ **Che gli venga un a.!**, blast (*o* damn, curse) him! □ **Che mi venga un a.!**, well, I'll be damned! □ **Che mi venga un a. se non dico la verità**, may I drop dead if this isn't the truth □ **Che ti venga un a.!**, go to hell (*o* to blazes)!; damn you! □ **Mi venne un a.**, I nearly had a fit.

accidènti, inter. ***1*** (*escl. di ammirazione, sorpresa*) gosh!; whew!; wow!; coo! (*GB*); hell's bells! (*USA*) ***2*** (*escl. di irritazione*) hell!; blast; damn! ● **A. a lui!**, the devil take him!

accidèrba, *V.* **accipicchia**.

accìdia, f. sloth.

accidióso, a. slothful.

accigliàrsi, v. i. pron. to frown; to knit one's brows; to glower; to scowl.

accigliàto, a. frowning; scowling; glowering; unsmiling.

accìngersi, v. rifl. to get* ready (to do st., for st.); to make* ready (for st.); to prepare (to do st.); to be about (to do st.); to set* about (st.); to be on the point of (doing st.): **a. a partire**, to get ready (*o* to prepare) to leave; **a. a un'impresa**, to undertake (*o* to embark on) an enterprise; **Accingiamoci all'opera!**, let's set about it!

acciocché, *V.* **affinché**.

acciottolàre, v. t. ***1*** (*fare l'acciottolato*) to cobble ***2*** (*far cozzare e risuonare*) to clatter.

acciottolàto, m. cobbled paving.

acciottolìo, m. clatter.

accipìcchia, inter. ***1*** (*escl. di sorpresa*) gosh!*; crikey!; good heavens! ***2*** (*escl. di irritazione*) drat!

accìṣa, f. (*leg.*) inland duty; excise.

acciuffàre, v. t. ***1*** (*catturare*) to catch*; to collar; to nab (*fam.*) ***2*** (*afferrare*) to snatch; to grab: **Acciuffò i soldi e fuggì**, he snatched the money and fled.

acciùga, f. (*zool.*, *Engraulis encrasicholus*) anchovy. ● **magra come un'a.**, as thin as a rake □ **stretti come acciughe**, packed like sardines.

acciugàta, f. (*cucina*) anchovy sauce.

acclamàre, A v. t. ***1*** (*eleggere per acclamazione*) to acclaim; to hail: **a. q. presidente**, to acclaim sb. chairman ***2*** (*applaudire*) to applaud; to hail; to cheer. **B** v. i. to cheer; to applaud; to shout.

acclamazióne, f. applause; acclamation: cheer; cheering: **eletto per a.**, elected by acclamation.

acclimàre, acclimatàre, A v. t. (*biol.*) to acclimatize; to acclimate. **B acclimàrsi, acclimatàrsi,** v. i. pron. ***1*** (*biol.*) to become* acclimatized (*o* acclimated); (*di animali*) to naturalize ***2*** (*fig.*: *ambientarsi*) to settle down.

acclimatazióne, acclimazióne, f. (*biol.*) acclimatization, acclimation; (*di animali*) naturalization.

acclìve, a. (*lett.*) steep.

acclùdere, v. t. to enclose; to attach: **Accludo due copie del contratto**, I enclose (*o*, *più form.*, herewith enclosed are) two copies of the contract.

acclùṣo, a. enclosed; attached: **come da acclusa fattura**, as per the enclosed invoice; **qui a.**, herewith enclosed.

accoccàre, v. t. ***1*** (*di freccia*) to nock ***2*** (*riunire le cocche*) to gather up the corners of ***3*** (*al fuso*) to fasten to the tip.

accoccolàrsi, v. i. pron. ***1*** (*accosciarsi*) to crouch; to squat; to hunker (down) ***2*** (*rannicchiarsi*) to curl up; to nestle against (sb., st.).

accodàre, A v. t. ***1*** to line up ***2*** (*elab.*) to append. **B accodàrsi,** v. i. pron. ***1*** (*mettersi in fila*) to line up; to form a queue; to queue: **a. davanti al botteghino**, to queue at the box office; **Le auto si accodano al semaforo**, cars line up at the traffic lights ***2*** (*seguire*) to tail after; to follow; to fall* in with; to tag on to; to join: **Ci accodammo al cicerone**, we tailed after the guide; **Mi accodai al corteo**, I joined the rear of the procession.

accogliènte, a. welcoming; friendly; (*comodo*) comfortable.

accogliènza, f. reception; welcome: **fare a.**, to welcome; **fare buona a. a q.**, to give sb. a warm welcome; **fare buona a. a q.c.**, to give st. a good reception; **a. a braccia aperte**, warm welcome.

accògliere, v. t. ***1*** (*ricevere*) to receive; to welcome; to greet: **a. bene**, to receive well; to welcome; **a. calorosamente [freddamente]**, to give a warm [a cold] welcome; **Fu accolto da un domestico**, he was received by a servant; **a. q. con un abbraccio**, to greet sb. with a hug; **a. a braccia aperte**, to welcome with open arms; **Accogli tu gli ospiti?**, can you meet (*o* welcome) the guests, please?; **L'annuncio fu accolto con grida**, the announcement was greeted (*o* hailed) with shouts; **Dio accolse la sua anima**, God received his soul ***2*** (*ospitare*) to take* in, (*per la notte*) to put* up; (*alloggiare*) to house, to accommodate ***3*** (*accettare*) to accept; to agree to: **a. un invito**, to accept an invitation; **a. con piacere una proposta**, to welcome a proposal ***4*** (*dare ascolto a*) to grant; to admit; to allow: **a. una richiesta**, to grant a request; **a. una preghiera**, to answer a prayer; **a. un reclamo**, to allow (*o* to recognize) a claim; (*leg.*) **a. un ricorso**, to admit a claim; (*leg.*) **a. un'obiezione**, to sustain an objection ***5*** (*contenere*) to hold*; to contain; to accommodate; (*di teatro, cinema, ecc.*) to seat.

accogliménto, m. ***1*** (*lett.*) *V.* **accoglienza** ***2*** (*accettazione*) acceptance; granting; concession.

accòlito, m. ***1*** (*eccles.*) acolyte ***2*** (*fig.*) acolyte; (*spreg.*) hanger-on, henchman*.

accollàre, A v. t. ***1*** (*lett.*: *mettere sul collo*) to load ***2*** (*fig.*) to saddle with; to burden with; to load with; to charge with: **a. un debito a q.**, to saddle sb. with a debt ***3*** (*assumere su di sé*: **accollarsi**) to take* over; to take* upon oneself; to shoulder; to assume: **a. una responsabilità [il passivo]**, to take over (*o* to shoulder) a responsibility [the liabilities]; **a. la colpa**, to take the blame upon oneself. **B** v. i. (*di vestito*) to be high-necked; (*di scarpa*) to cover the instep.

accollàta, f. (*stor.*) accolade.

accollatàrio, m. (*leg.*) contractor.

accollàto, a. (*di vestito*) high-necked; (*di scarpa*) with a high instep.

accollatùra, f. (*di vestito*) neckline.

accòllo, m. *1* loading; (*di debito*) taking over (of a debt) *2* (*appalto*) contract *3* (*archit.*) projection. ● (*naut.*) **prendere a.**, to back sails; (*nella virata*) to be hore in stays □ (*naut.*) **vele a.**, sails aback.

accòlta, f. (*lett.*) company.

accoltellaménto, m. stabbing; knifing.

accoltellàre, v. t. to stab; to knife.

accoltellàto, m. (*edil.*) edge course.

accoltellatóre, m. (f. **-trice**) stabber; knifer.

accomandànte, m. (*fin.*, *leg.*) limited partner.

accomandatàrio, m. (*fin.*, *leg.*) general (*o* unlimited, full) partner.

accomàndita, f. (*fin.*, *leg.*) limited partnership; (*USA*, *anche*) special partnership: **società in a. semplice**, limited partnership.

accomiatàre, **A** v. t. to dismiss; to send* away; to let* go; to see* off. **B accomiatàrsi,** v. rifl. e rifl. recipr. to take* one's leave of; to say* goodbye to; to separate; to part.

accomodàbile, a. *1* (*riparabile*) mendable; repairable; that can be fixed *2* (*componibile*) that can be settled.

accomodaménto, m. *1* (*accordo*) settlement; accommodation; arrangement; composition: **fare un a.**, to make a settlement; **venire a un a.**, to come to (*o* to reach) an agreement; **a. amichevole**, settlement out of court; **a. con i creditori**, composition with creditors *2* (*riparazione*) mending; mend; repair; reparation; fixing *3* (*disposizione*) arrangement *4* (*adattamento*) adaptation.

accomodànte, a. obliging; adaptable; accommodating; easygoing; tolerant.

accomodàre, **A** v. t. *1* (*riparare*) to repair; to mend; to fix: **a. una strada**, to repair a road; **a. un orologio**, to mend (*o* to fix) a watch *2* (*sistemare, disporre*) to arrange; to adjust; to straighten; to fix: **Accomodò i barattoli sul ripiano**, she arranged the jars on the shelf; **Si accomodò la cravatta**, he straightened his tie; **Ti accomodo meglio il cuscino?**, shall I straighten out the pillow for you? *3* (*riordinare*) to tidy; to straighten out: **a. una stanza**, to tidy (*o* to straighten out) a room; **a. gli affari**, to tidy one's affairs; **accomodarsi i capelli**, to tidy one's hair *4* (*comporre*) to settle: **a. una lite**, to settle a quarrel *5* (*iron.*) to fix: **Ti accomodo io!**, I'll fix you! **B** v. i. (*convenire*) to suit; to be convenient for; to please; to like (*con costr. pers.*): **Decidi come meglio ti accomoda**, decide what suits you best (*o* what is most convenient for you); **Fa' come t'accomoda**, do as you please (*o* as you like best); suit yourself. **C accomodàrsi,** v. i. pron. *1* (*adattarsi*) to adapt (oneself); to make* do with; to settle for: **Dovette a. a fare la dattilografa**, she had to settle for a job as a typist; **Per ora ci accomoderemo così**, we'll make do with things as they are for the moment *2* (*sedersi*) to take* a seat, to sit* down, to settle down; (*entrare*) to come* in, to go* in, to enter; (*mettersi a proprio agio*) to make* oneself comfortable (*o* at home): **a. su un divano**, to sit (*o* to settle) down on a sofa; **Prego, si accomodi**, (*entri*) do go in, do come in; (*si sieda*) do sit down; (*venga*) will you come this way?; **Non state in piedi, accomodatevi**, don't stand there, make yourself comfortable (*o* take a seat); **Fallo accomodare**, show him in. ● **Col tempo tutto si accomoda**, time is a great healer. **D accomodàrsi,** v. rifl. recipr. (*accordarsi*) to come* to an agreement; to settle matters.

accomodatóre, m. (f. **-trice**) mender; repairer; fixer.

accomodatùra, f. mending; repairing; fixing.

accomodazióne, f. (*fisiol.*) accommodation.

accompagnaménto, m. *1* (*l'accompagnare*) accompanying; escorting *2* (*seguito*) suite; retinue; train *3* (*mus.*) accompaniment. ● **a. funebre**, funeral procession □ **lettera d'a.**, covering letter.

accompagnàre, **A** v. t. *1* (*andare insieme*) to go* [to come*] with; to accompany; (*a piedi*) to walk with, (*a cavallo*) to ride* with; (*scortare*) to escort, to attend; (*per tutela*) to chaperon: **Ti accompagno?**, shall I come with you?; **Lo accompagnai fino al portone**, I accompanied him to the door; **Lo accompagnai per un pezzo di strada**, I walked part of the way with him; **Arrivò accompagnato da due bravacci**, he arrived escorted (*o* attended) by two heavies; **Era accompagnata dalla zia**, she was chaperoned by her aunt *2* (*condurre in un posto*) to take*; to see*; to escort; to lead*; (*a piedi*) to walk; (*in auto*) to drive*: **a. un bambino a scuola**, to take a child to school; **a. q. a casa**, to see sb. home; (*a piedi*) to walk sb. home; (*in auto*) to drive sb. home; **a. q. alla porta**, to see (*o* to escort, to lead) sb. to the door; to show out *3* (*fig.*: *seguire*) to accompany; to be with; to follow: **Ti accompagnerò col pensiero**, my thoughts will be with you; **a. con lo sguardo**, to follow with one's eyes *4* (*unire, mettere insieme*) to accompany, to add; (*assortire, armonizzare*) to match: **Accompagnò le parole con un sorriso**, she accompanied her words with a smile; **a. un dono con un biglietto**, to add a note to the present; **a. due tinte**, to match two colours; **ben accompagnati**, well matched *5* (*seguire con la mano*) to ease; to pull to gently: **a. una porta**, to pull a door to gently *6* (*mus.*) to accompany. ● **a. q. al cimitero**, to accompany sb. to the cemetery □ **a. una sposa all'altare**, to give a bride away □ **a. un feretro**, to follow a coffin □ **Dio ti accompagni!**, God be with you! □ (*prov.*) **Meglio soli che male accompagnati**, better be alone than in bad company. **B accompagnàrsi,** v. i. pron. e rifl. *1* (*adattarsi*) to go* well with; (*armonizzarsi, intonarsi*) to match: **un vino che si accompagna bene al pesce**, a wine that goes well with fish; **I tappeti devono a. alle tende**, the carpets should match the curtains *2* (*stare in compagnia con q.*) to keep* company with; to associate with *3* (*unirsi con*) to join company with; to join up with; to go* with; to go* along with *4* (*mus.*) to accompany oneself. **C accompagnàrsi,** v. rifl. recipr. to go* well together; to be matched: **colori che non si accompagnano**, colours that don't go well together; **Si sono ben accompagnati quei due**, those two are well matched.

accompagnatóre, m. (f. **-trice**) *1* companion; attendant *2* (*in società*) escort; (*per un ballo*) partner *3* (*per tutela*) chaperon *4* (*turistico*) guide; courier *5* (*mus.*) accompanist *6* (*sport*) team manager.

accompagnatòrio, a. accompanying; (*di lettera*) covering.

accomunàbile, a. that can be associated with; that can be put on a par with.

accomunaménto, m. *1* (*il mettere in comune*) sharing; pooling *2* (*il rendere uguale*) equalization; levelling.

accomunàre, **A** v. t. *1* (*mettere in comune*) to share; to pool *2* (*rendere uguale*) to equalize; to level; to put* on a par *3* (*avvicinare*) to unite: **Nulla li accomunava**, they had nothing in common *4* (*riunire*) to join; to unite. **B accomunàrsi,** v. i. pron. to join.

acconciàre, **A** v. t. *1* (*abbigliare*) to dress up; (*adornare*) to adorn *2* (*mettere in ordine*) to tidy; to arrange *3* (*i capelli*) to set*; to arrange *4* (*adattare*) to adapt; to adjust. **B acconciàrsi,** v. rifl. *1* (*abbigliarsi*) to dress up; (*adornarsi*) to adorn oneself *2* (*prepararsi*) to prepare; to get* ready *3* (*adattarsi*) to adapt.

acconciatóre, m. (f. **-trice**) hairdresser; hair stylist.

acconciatùra, f. *1* (*l'acconciare*) hairdressing *2* (*pettinatura*) hairstyle; coiffure (*franc.*); hairdo (*fam.*) *3* (*cappello*) headdress; headgear.

accóncio, a. (*adatto*) suitable; fit; fitting; convenient; proper; right.

accondiscendènte, a. consenting; condescending; compliant; (*arrendevole*) amenable, yielding, indulgent, lenient.

accondiscendènza, f. *1* (*arrendevolezza*) amenability; indulgence; leniency *2* V. **condiscendenza**.

accondiscéndere, v. i. to consent; to accede; to agree; to acquiesce; to yield: **Accondiscese a lavorare per noi**, he consented to work for us; **Accondiscese a sposarlo**, she agreed to marry him; **a. ai desideri di q.**, to accede to sb.'s wishes.

acconsentìre, v. i. *1* (*dare il consenso*) to consent; to give* one's consent; to agree: **Acconsentì che andassimo**, he consented to our going *2* (*annuire*) to assent. ● (*prov.*) **Chi tace acconsente**, silence gives consent.

accontentàre, **A** v. t. to satisfy; to please; to indulge; to humour: **Fallo per accontentarmi**, do it to please me; **Lo accontenta in tutto**, she indulges (*o* humours) him in everything; **difficile da a.**, hard to please. **B accontentàrsi,** v. i. pron. *1* (*essere soddisfatto*) to be content with; to be satisfied with; (*assol.*, *anche*) to be contented (*o* satisfied): **a. di poco**, to be content with little; **Non si accontenta mai**, he is never satisfied (*o* pleased, contented) *2* (*accettare*) to settle for; to accept; to be happy (with st., to do st.): **a. di due terzi della somma**, to settle for two thirds of the sum; **Si accontentò di dormire sul divano**, he was quite happy to sleep on the sofa; **sapersi accontentare**, to accept (*o* to make do with) things as they are; to be content *3* (*limitarsi*) to content oneself with.

accónto, m. advance; down payment; partial payment; payment in advance; payment on (*o* to) account: **di a.** (*o* **in a.**), in advance; on account; down (*fam.*); up front (*fam.*): **dare 100.000 lire di** (*o* **in**) **a.**, to pay 100,000 lire in advance (*o* up front); **versare un a.**, to make a down payment.

accoppàre, v. t. (*pop.*) to kill; to do* in (*fam.*); to bump off (*fam.*).

accoppiaménto, m. *1* (*il combinare*) combination *2* (*unione in coppia*) pairing off (*o* up) *3* (*accostamento di colori, oggetti*) matching *4* (*unione sessuale*) coupling, copulation; (*di animali*) mating, breeding: **a. fra consanguinei**, inbreeding *5* (*mecc.*) connection; coupling.

accoppiàre, **A** v. t. *1* (*combinare*) to combine *2* (*unire in coppia*) to pair off; to pair up *3* (*accostare colori, oggetti*) to match *4* (*animali*) to mate; to breed*: **a. fra consanguinei**, to inbreed* *5* (*mecc.*) to connect; to couple. ● (*prov.*) **Dio li fa e poi li accoppia**, they are made for each other. **B accoppiàrsi,** v. rifl. *1* to pair off; to pair up *2* (*unirsi sessualmente*) to couple, to copulate; (*di animali*) to mate. ● **Quei due si sono accoppiati bene**, those two are well matched.

accoppiàta, f. (*ippica*) first and second place bet; exacta (*USA*); perfecta (*USA*). ● **a. invertibile** (*o* **reversibile**), dual forecast (*GB*); quinella (*USA*, *Austr.*).

accoppiatóre, m. *1* (*mecc.*, *elettr.*, *radio*) coupler *2* (*ferr.*) coupler (*GB*); coupling (*USA*).

accoppiatrice, f. *1* (*elettr.*) cable-plaiting machine *2* (*ind. tess.*) doubler.

accoppiatùra, f. coupling; pairing.

accoraménto, m. sorrow; grief; heartache.

accoràre, **A** v. t. to grieve; to distress. **B ac-**

coràrsi, *v. i. pron.* to grieve; to be sorrowful; to be distressed; to take* (st.) at heart.

accorataménte, *avv.* sorrowfully; desperately; disconsolately; broken-heartedly: **piangere a.**, to cry desperately; to cry one's heart out.

accoràto, *a.* **1** (*triste*) sorrowful; sad; grief-stricken **2** (*disperato*) desperate; disconsolate; broken-hearted.

accorciàbile, *a.* that can be shortened (*o* reduced).

accorciaménto, *m.* **1** shortening; cutting; curtailing **2** (*restringimento*) shrinkage.

accorciàre, A *v. t.* to shorten; to make* shorter; (*tagliare*) to cut*; (*spuntare*) to trim; (*abbreviare*) to cut* short, to curtail; (*un testo*) to cut*, to abridge, to abbreviate: **a. un orlo**, to shorten (*o* to take up) a hem; **a. una gonna**, to shorten a skirt; **accorciarsi la barba**, to cut one's beard short; to trim one's beard; **a. un articolo**, to cut an article; **a. le vacanze**, to cut one's holiday short; **Se prendiamo questa strada l'accorciamo**, it's shorter if we take this way. **B accorciàrsi,** *v. i. pron.* to shorten; to get* shorter; (*restringersi*) to shrink*; (*di giornate*) to draw* in.

accorciativo, *m.* short form; abbreviation: **Tonio è l'a. di Antonio**, Tonio is the short form of (*o* is short for) Antonio.

accorciatùra, *f.* shortening; trimming; (*di abito*) taking up.

accordàbile, *a.* **1** (*concedibile*) grantable; that can be granted; allowable **2** (*conciliabile*) reconcilable **3** (*compatibile*) consistent (with); compatible (with) **4** (*mus.*) tuneable; that can be tuned.

accordàre, A *v. t.* **1** (*concedere*) to grant; to give*; to allow; to accord; to concede: **a. uno sconto del 10%**, to grant a 10% discount; **a. un permesso**, to grant a permit; to give permission; **a. un aumento di stipendio**, to give a pay rise **2** (*armonizzare*) to harmonize; to match **3** (*mettere d'accordo*) to reconcile **4** (*mus.*) to tune: **a. gli strumenti**, to tune up **5** (*gramm.*) to make* (st.) agree with: **a. il verbo col soggetto**, to make the verb agree with the subject. **B accordàrsi,** *v. rifl.* to come* (*o* to reach) an agreement with: **Mi accordai con loro per l'acquisto**, we came to an agreement over the purchase. **C accordàrsi,** *v. rifl. recipr.* **1** (*raggiungere un accordo*) to agree (on st.); to come* to (*o* to reach) an agreement: **a. su un prezzo**, to agree on a price; **Non riescono ad a.**, they cannot reach an agreement **2** (*mus.*) to tune up. **D accordàrsi,** *v. i. pron.* **1** (*concordare*) to accord with; to agree with; to fit in with; to chime with; to be consistent with: **La sua condotta non s'accorda con i suoi principi**, his behaviour does not accord (*o* is not consistent) with his principles; **I suoi sospetti si accordavano coi miei**, his suspicions coincided with mine **2** (*armonizzare*) to match; to harmonize; to go* well with: **Questo rosso non s'accorda col tappeto**, this red does not go well with the carpet; **tinte che non s'accordano**, colours that don't go well together **3** (*gramm.*) to agree.

accordàta, *f.* (*mus.*) quick tuning.

accordàto, *a.* (*mus.*) tuned; in tune.

accordatóre, *m.* (*f.* **-trice**) (*mus.*) tuner: **a. di pianoforte**, piano tuner.

accordatùra, *f.* tuning (up). ● **perdere l'a.**, to go out of tune ◻ **reggere l'a.**, to remain in tune.

accòrdo, *m.* **1** (*consenso*) accord; consent; agreement: **pieno a.**, full accord; unanimity; **per comune a.**, by common consent; with one accord **2** (*patto*) agreement; understanding; pact; deal; bargain; arrangement: **a. commerciale**, trade agreement; **a. bilaterale**, reciprocal agreement; **accordi economici collettivi**, collective bargaining agreements; **a. salariale**, wage bargain (*o* agreement); **a. verbale**, gentleman's agreement; **concludere un a.**, to conclude (*o* to enter into, to make) an agreement; to strike (*o* to make) a deal; **prendere accordi**, to make arrangements; **raggiungere un a.**, to reach (*o* to come to) an agreement; **stare agli accordi**, to keep to the terms agreed upon **3** (*di voci*) unison **4** (*mus.*) chord **5** (*gramm.*) agreement; concordance. ● **Andiamo d'a.**, we get on (*o* along) well ◻ **andare d'a. con q.**, to get on (*o* along) with sb. ◻ **andare subito d'a.**, to hit (it) off; to get on like a house on fire (*fam.*) ◻ **Non vanno più d'a.**, they have fallen out ◻ **come d'a.**, as agreed ◻ **D'a.!**, all right; very well; O.K.! (*fam.*) ◻ **D'a., però...**, all right (*o* granted, to be sure), but... ◻ (*fam.*) **D'accordissimo!**, absolutely!; I couldn't agree more! ◻ **d'amore e d'a.**, in perfect harmony: **andare d'amore e d'a.**, to be in perfect harmomy ◻ **di comune a.**, (*fra due*) by mutual consent (*fra tanti*) with one accord ◻ **essere d'a. con q.**, to agree with sb.; to be in accord with sb. ◻ **non essere d'a.**, to disagree ◻ **in a. con i regolamenti**, in accordance with regulations ◻ **mettere d'a.**, to reconcile; to bring together; to mediate ◻ **mettersi d'a.**, to agree; to come to (*o* to reach) an agreement ◻ **Restiamo d'a. così**, that's settled, then ◻ **trovarsi d'a. con q.**, to agree with sb.; to be in accord with sb.; to see eye to eye with sb.

accòrgersi, *v. i. pron.* **1** (*notare*) to notice (st.); to perceive (st.); to become* aware (of st.); (*avvertire*) to sense: **Non m'ero accorto di lui**, I hadn't noticed him; **Mi accorsi che stava piangendo**, I became aware she was crying **2** (*fig.*: *cominciare a capire*) to become* aware (of st.); to realize; (*scoprire*) to find* out: **Mi accorgo che abbiamo sbagliato**, I realize that we've made a mistake; **S'accorgerà che non scherzo**, he'll realize I'm not joking; **Che succederà quando se ne accorgeranno?**, what will happen when they find out? ● **senza a.**, (*inavvertitamente*) inadvertently; (*fig.*: *con facilità*) with the utmost ease.

accorgiménto, *m.* **1** *V.* **accortezza 2** (*espediente*) device, stratagem, trick; (*strumento*) contrivance.

accorpaménto, *m.* unification; amalgamation; centralization.

accorpàre, *v. t.* to unify; to bring* together; to amalgamate; to centralize.

accórrere, *v. i.* to run*; to rush; to fly*; to hasten: **a. in aiuto di q.**, to rush to sb.'s help; **a. in folla**, to flock; to crowd.

accortaménte, *avv.* **1** (*sagacemente*) shrewdly; sagaciously **2** (*oculatamente*) cautiously; warily.

accortézza, *f.* **1** (*sagacia*) shrewdness; sagacity; wisdom: **Ebbe l'a. di tacere**, he was wise enough to keep silent **2** (*avvedutezza*) foresight; forethought **3** (*abilità*) skill; adroitness **4** (*oculatezza*) cautiousness; wariness.

accòrto, *a.* **1** (*sagace*) shrewd; wise **2** (*prudente*) judicious; prudent **3** (*oculato*) cautious; wary. ● **male a.**, unwise ◻ **poco a.** (*di parole e sim.*) ill-advised.

accosciàrsi, *v. rifl.* to squat; to crouch; to hunker (down).

accostàbile, *a.* **1** (*di luogo*) approachable; accessible **2** (*di persona*) approachable; accessible; affable.

accostaménto, *m.* **1** approach **2** (*di colori, ecc.*) matching **3** (*naut.*) approach.

accostàre, A *v. t.* **1** (*mettere vicino*) to bring* (near *o* close) to; to draw* near (*o* close); to draw* (*o* to pull*) up: **a. le labbra al bicchiere**, to bring one's lips to the glass; **Accosta una sedia e fammi vedere le foto**, draw (*o* pull) up a chair and show me the photos; **a. una scala al muro**, to lean a ladder against the wall; **a. la bocca all'orecchio di q.**, to put one's mouth (close) to sb.'s ear; **Accosta le due sedie**, push the two chairs closer to each other; **a. la macchina al marciapiede**, to pull in (*o* up) alongside the kerb **2** (*socchiudere*) to set* ajar; to leave* ajar; to pull to **3** (*persone*) to approach; to accost; to draw* near: **Lo accostai nell'atrio**, I approached him in the hall; **L'uomo la accostò alla fermata**, the man accosted her at the bus stop **4** (*mettere in relazione*) to associate; to connect **5** (*colori*) to match **6** (*naut.*: *avvicinarsi*) to lay* (*o* to come*) alongside. **B** *v. i.* **1** (*naut.*: *mutare rotta*) to change course; to haul **2** (*aeron.*) to veer **3** (*autom.*) to pull (*o* to draw*) up (*o* in). **C accostàrsi,** *v. rifl.* **1** (*avvicinarsi*) to approach; to move closer; to go* [to come*] near (*o* up); to draw* near: **Mi accostai al vecchio**, I approached the old man; **Mi accostai al muro**, I drew close to the wall **2** (*fig.*: *cominciare a, interessarsi a*) to become* interested (in sb., st.). ● **a. ai Sacramenti**, to receive the Sacraments. **D accostàrsi,** *v. i. pron.* **1** (*rassomigliare*) to resemble; to be similar (*o* like) **2** (*di veicolo*) to pull in (*o* up); to draw* up **3** (*naut.*) to lay* (*o* to come*) alongside.

accostàta, *f.* **1** (*naut.*) turn; swing **2** (*aeron.*) veer.

accostàto, *a.* (*socchiuso*) ajar, to (*pred.*).

accòsto, A *avv.* near; close: **farsi a.**, to draw near (*o* close). **B accòsto a,** *locuz. prep.* near; close to; next to. **C** *m.* (*naut.*) berth; berthage. ● (*naut.*) **gancio d'a.**, boat hook.

accostumàre, A *v. t.* to accustom. **B accostumàrsi,** *v. rifl.* to accustom oneself (to st.); to get* accustomed (to st.).

accotonàre, *v. t.* (*ind. tess.*) to raise the nap.

accovacciàrsi, *v. rifl.* to crouch (*anche di animali*); to squat; to hunker (down).

accovonàre, *v. t.* to sheaf.

accovonatrice, *f.* harvester; reaper-and-binder.

accozzàglia, *f.* **1** (*di persone*) motley crowd; (*marmaglia*) rabble, mob **2** (*di cose*) jumble; medley; hotchpotch, hodgepodge (*USA*); farrago; mishmash; muddle.

accozzaménto, *m.* jumble; medley; muddle; hotchpotch, hodgepodge (*USA*).

accozzàre, *v. t.* to lump (*o* to jumble) together; to chuck together (*fam.*); to rake up: **a. oggetti di stili diversi**, to lump together things in different styles; **a. gente d'ogni risma**, to rake up people of all kind.

accòzzo, *V.* **accozzamento.**

accreditaménto, *m.* **1** (*comm.*) credit; crediting **2** (*di diplomatico*) accreditation.

accreditànte, A *a.* crediting. **B** *m.* e *f.* crediting party.

accreditàre, A *v. t.* **1** (*avvalorare*) to confirm; to bear* out; to support: **a. una voce**, to confirm a rumour; **La sua storia è accreditata da diversi testimoni**, his story is born out by several witnesses **2** (*comm.*) to credit: **a. una somma a q.**, to credit an amount to sb.; to credit sb. with an amount; **Te lo accredito in conto**, I'll credit it to your account; **La somma non mi è stata accreditata**, the sum has not been credited to me; I have not been credited with the sum **3** (*di diplomatico*) to accredit. **B accreditàrsi,** *v. rifl.* to gain credit.

accreditàto, A *a.* **1** (*che merita fiducia*) reliable **2** (*veritiero*) reliable; substantiated **3** (*comm.*) credited **4** (*di diplomatico, giornalista*) accredited (to). **B** *m.* (*comm.*) accreditee; credited party.

accrédito, *m.* (*comm.*) crediting; credit: **l'a. degli stipendi**, the crediting of salaries; **scrittura di a.**, crediting entry; **a. bancario**, bank credit.

accréscere, A *v. t.* to increase; to add to; to augment; (*ingrandire*) to enlarge: **a. il numero delle guardie**, to increase (*o* to add to) the number of guards; **a. l'odio**, to increase hatred. **B accréscersi,** *v. i. pron.* to increase; to grow*; to augment; (*ingrandirsi*) to enlarge.

accresciménto, *m.* increase; addition; growth (*anche biol.*); accretion (*anche leg.*,

scient.); (*ingrandimento*) enlargement.
accrescitivo, A *a.* augmentative (*anche gramm.*); accretive. B *m.* (*gramm.*) augmentative.
accrezióne, *f.* (*geol.*) accretion.
accròcco, *m.* (*region.*) botched job; botch(--up).
accucciàrsi, *v. rifl.* *1* (*acciambellarsi*) to curl up; (*accovacciarsi*) to crouch *2* (*di persone*) to crouch; to squat.
accudire, *v. i.* to look after; to mind; to nurse; to attend (to): **a. a un malato**, to nurse a sick person; **a. a un bambino**, to look after a child; **a. alla casa**, to do the housework.
acculturàre, *v. t.* **acculturàrsi,** *v. i. pron.* to acculturate.
acculturazióne, *f.* acculturation.
accumulàbile, *a.* cumulative.
accumulaménto, *m.* accumulation.
accumulàre, A *v. t.* to accumulate; to build* up; to run* up; (*ammassare*) to amass, to hoard; (*fare scorta*) to stock, to store up; (*ammucchiare*) to heap, to pile up, to bank up: **a. debiti**, to accumulate (*o* to run up) debts; **a. una fortuna**, to amass (*o* to make) a fortune; **a. un tesoro**, to hoard a treasure; **a. provviste**, to stock food; **Il vento aveva accumulato la neve contro il muro**, the wind had banked the snow up against the wall; **a. polvere**, to gather dust. B **accumulàrsi,** *v. i. pron.* *1* to accumulate; to gather; to pile up; to mount up; to build* up; to bank up: **La posta si era accumulata**, mail had piled up; **I debiti si sono accumulati**, debts have accumulated *2* (*fin.*: *di interessi*) to accrue.
accumulatóre, *m.* *1* accumulator *2* (*autom.*) (storage) battery *3* (*tecn.*: *serbatoio*) tank.
accumulazióne, *f.* *1* (*l'accumulare*) accumulation; piling up; hoarding *2* (*fin.*: *di interessi*) accrual.
accùmulo, *m.* *1* V. **accumulazione** *2* (*cumulo*) heap; mound.
accuratézza, *f.* precision; care; thoroughness; accuracy.
accuràto, *a.* precise; careful; painstaking; scrupulous; thorough; close; detailed; accurate: **È molto a. nel lavoro**, he is very precise in his work; **resoconto a.**, detailed (*o* accurate) description; **perquisizione accurata**, thorough search; **esame a.**, close examination.
accùṣa, *f.* *1* accusation; charge; (*senza prove concrete*) allegation: **confutare un'a.**, to confute an accusation (*o* a charge); **lanciare** (*o* **muovere**) **un'a.**, to level an accusation (*o* a charge); **provare un'a.**, to prove an accusation (*o* an allegation); **ribattere un'a.**, to refute (*o* to counter) an accusation (*o* a charge); **smentire un'a.**, to deny an allegation (*o* a charge); **sostenere un'a.**, to uphold an accusation; **sguardo d'a.**, accusatory look; accusing glance *2* (*leg.*) indictment, arraignment; (*imputazione*) charge, accusation: **a. di furto [di omicidio]**, theft [murder] charge; **gravi accuse a suo carico**, serious charges against him; **arrestato con l'a. di malversazione**, arrested on a charge of embezzlement; **formulare un'a. contro q.**, to bring a charge against sb.; **lasciar cadere un'a.**, to drop a charge; **prosciogliere q. da un'a.**, to acquit sb. of a charge; **mettere q. in stato di a.**, to commit sb. for trial; (*di uomo politico*) to impeach; **essere in stato di a.**, to have been committed for trial; to lie under a charge; **messa in stato di a.**, committal for trial; (*di uomo politico*) impeachment; **sotto a. di**, under indictment for *3* (*leg.*: *pubblica accusa*) (public) prosecution: **sostenere l'a. contro q.**, to prosecute sb.; **testimone d'a.**, witness for the prosecution. ● (*comm.*) **a. di ricevuta**, acknowledgement of receipt.
accuṣàbile, *a.* (*anche leg.*) chargeable; indictable.
accuṣàre, A *v. t.* *1* to accuse (of st.); to tax (with st.); to blame (for st.): **Lo accusano di essere avaro**, they accuse him of being mean; **Accusano lui del ritardo**, they blame him for the delay; **Fu accusato di aver ritardato i soccorsi**, he was accused of delaying the rescue operations; **a. il destino**, to blame fate *2* (*leg.*) to charge (with st.); to accuse (of st.); to indict (for st.): **a. q. di omicidio**, to charge sb. with murder; to bring a charge of murder against sb. *3* (*comm.*) to acknowledge: **a. ricevuta di una lettera**, to acknowledge receipt of a letter *4* (*dolersi di*) to complain of: **a. un dolore di capo**, to complain of a headache *5* (*rivelare*) to reveal; to show; to betray: **parole che accusavano la sua inesperienza**, words that revealed his inexperience *6* (*nei giochi di carte*) to declare; to call. ● (*fig.*) **a. il colpo**, to feel the blow; to flinch. B **accuṣàrsi,** *v. rifl.* to accuse oneself; to blame oneself. C **accuṣàrsi,** *v. rifl. recipr.* to accuse (*o* to blame) each other.
accuṣatìvo, *a.* e *m.* (*gramm.*) accusative: **all'a.**, in the accusative.
accuṣàto, *m.* (*f.* **-a**) accused person; person under accusation; (*leg.*) defendant, accused, prisoner (at the bar), indictee.
accuṣatóre, A *a.* (*anche leg.*) accusing; accusatory. B *m.* *1* (*f.* **-trice**) accuser *2* (*leg.*: *magistrato*) (public) prosecutor.
accuṣatòrio, *a.* *1* accusatory: **lettera accusatoria**, accusatory letter; **con tono a.**, in an accusatory tone *2* (*leg.*) accusatorial.
acefalìa, *f.* (*med.*) acephalia.
acèfalo, *a.* acephalous.
acellulàre, *a.* (*biol.*) acellular.
acerbità, *f.* *1* (*di frutto*) unripeness; greenness *2* (*fig.*: *immaturità*) immaturity; inexperience; greenness; rawness *3* (*fig.*: *asprezza*) sharpness, tartness; (*durezza*) harshness, bitterness.
acèrbo, *a.* *1* (*non maturo*) unripe; green; sour: **frutta acerba**, unripe fruit; **uva acerba**, unripe (*o* sour) grapes *2* (*fig.*: *immaturo*) immature, green, raw; (*prematuro*) premature, before one's time: **anni acerbi**, green years; **morte acerba**, premature death *3* (*di sapore acre*) sour; tart *4* (*fig.*: *aspro*) harsh; sharp: **un a. rimprovero**, a harsh rebuke *5* (*lett.*: *acuto*) bitter; **dolore a.**, bitter suffering.
aceréta, *f.* maple wood.
àcero, *m.* (*bot.*, *Acer*) maple (tree). ● **a. platano** (*Acer platanoides*), sycamore.
acèrrimo, *a.* (*implacabile*) very fierce; bitter; implacable: **a. nemico**, bitter enemy; **odio a.**, implacable hatred.
acescènte, *a.* (*chim.*) acescent.
acescènza, *f.* (*chim.*) acescence.
acetàbolo, *m.* (*anat.*) acetabulum*.
acetaldèide, *f.* (*chim.*) acetaldehyde.
acetàle, *m.* (*chim.*) acetal.
acetammide, *f.* (*chim.*) acetamide.
acetàto, *m.* (*chim.*, *ind. tess.*) acetate: **a. di piombo**, lead acetate.
acètico, *a.* (*chim.*) acetic: **acido a.**, acetic acid.
acetièra, *f.* vinegar bottle; cruet.
acetificàre, *v. t.* (*chim.*) to acetify.
acetificatóre, *m.* (*chim.*) acetifier.
acetificazióne, *f.* (*chim.*) acetification.
acetilazióne, *f.* (*chim.*) acetylation.
acetilcellulósa, *f.* (*chim.*) cellulose acetate.
acetilcolìna, *f.* (*biochim.*) acetylcholine.
acetìle, *m.* (*chim.*) acetyl.
acetilène, *m.* (*chim.*) acetylene.
acetilènico, *a.* (*chim.*) acetylenic.
acetìlico, *a.* (*chim.*) acetylic.
acetilsalicìlico, *a.* (*chim.*) acetylsalicylic: **acido a.**, acetylsalicylic acid.
acéto, *m.* *1* vinegar: **a. balsamico**, aromatic vinegar; **conservare sotto a.**, to pickle *2* (*fig. lett.*) bite.
acetobattèrio, *m.* (*biol.*, *chim.*) acetobacterium*.
acetóne, *m.* *1* (*chim.*) acetone *2* (*solvente per smalto*) nail-polish remover *3* (*fam.*) V. **acetonemia**, **acetonuria**.
acetonemìa, *f.* (*med.*) keton(a)emia.
acetonùria, *f.* (*med.*) ketonuria.
acetósa, *f.* (*bot.*, *Rumex acetosa*) sorrel; dock.
acetosèlla, *f.* (*bot.*, *Oxalis acetosella*) wood sorrel.
acetosità, *f.* sourness; acidity; tartness.
acetóso, *a.* acetous (*anche chim.*); sour; vinegary; tart.
achènio, *m.* (*bot.*) achene, akene.
achèo, *a.* e *m.* (*f.* **-a**) (*stor.*) Achaean (*f.* Achaean woman*).
acherónte, *m.* (*mitol.*) Acheron.
achilìa, *f.* (*med.*) achylia gastrica.
Achille, *m.* Achilles.
achillèa, *f.* (*bot.*, *Achillea millefolium*) yarrow; milfoil.
aciclico, *a.* acyclic.
acidificànte, (*chim.*) A *a.* acidifying. B *m.* acidifier.
acidificàre, *v. t.* **acidificàrsi,** *v. i. pron.* to acidify.
acidificazióne, *f.* acidification.
acidimetrìa, *f.* (*chim.*) acidimetry.
acidìmetro, *m.* (*chim.*) acidimeter.
acidità, *f.* *1* (*anche fig.*) acidity; sourness; tartness *2* (*chim.*) acidity. ● **a. di stomaco**, heartburn; (*med.*) pyrosis.
àcido, A *a.* *1* sour; acid; tart: **latte a.**, sour milk; **panna acida**, sour cream; **diventare a.**, to go (*o* to turn) sour; **sapere d'a.**, to taste sour *2* (*fig.*) sour; acid; tart; crabbed; vinegary: **risposta acida**, tart answer; **critica acida**, acid criticism; **carattere a.**, sour (*o* crabbed) temper *3* (*chim.*) acid; acidic: **terreno a.**, acid soil. B *m.* *1* (*chim.*) acid *2* (*pop.*: *LSD*) acid.
acidòfilo, (*biol.*, *bot.*) *a.* acidophil(e); acidophilous: **organismo a.**, acidophil.
acidòliṣi, *f.* (*chim.*) acidolysis*.
acidòṣi, *f.* (*med.*) acidosis*.
acidulàre, *v. t.* to acidulate.
acìdulo, *a.* acidulous; sourish.
acineṣìa, *f.* (*med.*) akinesia.
acinètico, *a.* (*med.*) akinesic.
aciniförme, *a.* aciniform.
àcino, *m.* *1* (*bot.*, *anat.*) acinus* *2* (*d'uva*) grape; (*di bacca*) berry *3* (*grano*) bead.
acinóso, *a.* acinous; acinose.
aclassiṣmo, *m.* (*polit.*) classlessness.
aclassista, aclassìstico, *a.* (*polit.*) classless.
acloridrìa, *f.* (*med.*) achlorhydria.
àcme, *f.* *1* (*med.*) acme; crisis* *2* (*fig.*) acme; climax*; pinnacle; height; highest point: **l'a. della fama**, the pinnacle (*o* height) of fame; **l'a. di una carriera**, the climax of a career.
acne, *f.* (*med.*) acne.
acnèico, *a.* (*med.*) suffering from acne.
acondroplaṣìa, *f.* (*med.*) achondroplasia.
acondroplàstico, *a.* (*med.*) achondroplastic.
aconfessionàle, *a.* nondenominational; nonsectarian.
aconfessionalità, *f.* nondenominationalism; nonsectarianism.
aconitina, *f.* (*chim.*) aconitine.
acònito, *m.* (*bot.*, *Aconitum napellus*) monkshood; wolfsbane; aconitum.
àcoro, *m.* *1* (*bot.*, *Acorus calamus*) sweet flag; calamus* *2* – **a. falso** (*bot.*, *Iris pseudacorus*), yellow flag.
acostituzionàle, *a.* nonconstitutional.
acotilèdone, (*bot.*) A *a.* acotyledonous. B *f.* acotyledon.
àcqua, *f.* *1* water: **a. corrente**, running water; **a. da tavola**, table water; **a. del rubinetto**, tap water; **a. di mare**, sea water; salt water; **a. distillata**, distilled water; **a. dolce**, (*non salata*) fresh water; (*non dura*) soft water; **a. dura**, hard water; **a. ferma** (*o* **morta**), still (*o* stagnant) water; **a. minerale**, mineral water; **a. piovana**, rainwater; **a. potabile [non potabile]**, drinking [non-drinkable] water; **a. salata** (*del mare*), salt water; **a. sorgiva**, spring

water; **a. termale**, thermal water; (*al pl., anche*) hot springs; **a. viva**, spring water; **cadere in a.**, to fall into the water; (*in mare da una barca*) to fall overboard; **corso d'a.**, water course; stream; **getto d'a.**, spurt (*o* jet) of water; **giochi d'a.**, waterworks; **massa d'a.**, body of water; **specchio d'a.**, sheet (*o* stretch, expanse) of water; **mulino ad a.**, water mill; **orologio ad a.**, water clock; **pittura ad a.**, water-base paint; **pompa ad a.**, water pump; **per via d'a.**, by water; **sopra il livello dell'a.**, above water; **sott'a.**, underwater; (*inondato, anche*) flooded out, inundated ***2*** (*pl.*) (*tratto d'a.*) waters: **acque territoriali**, territorial waters; **acque interne**, inland waters; **acque europee**, European waters; **acque poco profonde**, shallow waters; shallows; **nelle acque di Napoli**, off Naples ***3*** (*pioggia*) rain: **prendere l'a.**, to get caught in the rain; **prendere un sacco d'a.**, to get soaked (*o* drenched); **a. a catinelle**, pouring (*o* pelting) rain; downpour; **rovescio d'a.**, downpour; shower ***4*** (*chim.*) – **a. forte**, nitric acid; **a. ossigenata**, hydrogen peroxide; **a. ragia**, (oil of) turpentine; **a. regia**, aqua regia ***5*** (*di gemma*) water: **di a. purissima**, of the first water ***6*** (*pl.*) (*fisiol.*) waters: **Le si sono rotte le acque**, her waters broke. ● **a. alta**, deep water; (*di marea*) high tide; (*a Venezia*) water at flood level □ **a. bassa**, shallow water; shallows (*pl.*); (*di marea*) low tide □ **a. benedetta**, holy water □ (*tecn.*) **acque bianche**, storm sewage (*sing.*) □ **acque di scolo** (*o* **nere**, **luride**), waste water, sewage (*sing.*) □ (*fig.*) **un'a. cheta**, a deep (*o* a sly) one; a slyboots (*fam.*) □ **a. di Colonia**, eau de Cologne (*franc.*) □ **acque di scarico**, drainage □ **a. di seltz**, soda (*o* Seltzer) water □ (*fig.*) **a. passata**, water under the bridge □ (*fis.*) **a. pesante**, heavy water □ (*fig.*) **acque tranquille**, smooth water (*sing.*) □ (*fig.*) **acque tempestose**, troubled waters; storms and shoals □ (*fig.*) **a. tinta**, (*caffè*) weak coffee; (*vino*) weak wine □ **a. tonica**, tonic water □ **A. in bocca!**, keep it under your hat!; mum's the word! □ **a fior d'a.**, on the surface of the water; (*subito sotto*) just under the surface of the water □ **all'a. di rose**, milk-and-water: **un rivoluzionario all'a. di rose**, a milk-and-water revolutionary □ **all'a. e sapone**, without make-up; (*fig.*) fresh, spontaneous □ (*fig.*) **agitare le acque**, to stir the waters; to rock the boat □ **avere l'a. alla gola**, to be chin-deep in water; (*fig.*) to be in deep waters, to be on one's beam-ends □ **bere le acque** (*o* **fare la cura delle acque**), to take (*o* to drink) the waters □ (*fig.*) **calmare le acque**, to pour oil on troubled waters □ (*fig.*) **della più bell'a.**, of the first water; first-class (*attr.*): **un furfante della più bell'a.**, a scoundrel of the first water □ **fare a.**, (*di recipiente*) to leak; (*naut.*) to leak; (*eufem.*: *orinare*) to make (*o* to pass) water: **un secchio che fa a.**, a leaky bucket □ (*fig.*) **La ditta fa a.**, the firm isn't doing well (*o* is losing money, is going down) □ (*fig.*) **fare a. da tutte le parti**, (*di ragionamento*) not to hold water, to be full of holes; (*di società e sim.*) to be going down like a sinking ship □ (*naut.*) **fare provvista d'a.**, to take in water; to water □ **far scorrere l'a.** (*nel gabinetto*), to flush the toilet □ **un filo d'a.**, a trickle of water □ **il filo dell'a.**, the direction of the current □ (*fig.*) **gettare a. sul fuoco**, (*calmare*) to pour oil on troubled waters; (*spegnere l'entusiasmo*) to dampen sb.'s enthusiasm □ **gettare l'a. sporca con il bambino dentro**, to throw out the baby with the bathwater □ (*naut.*) **imbarcare a.**, to take (*o* to be shipping) water □ **essere** (*o* **navigare**) **in cattive acque**, to be in deep water □ **innocente come l'a.**, as innocent as a newborn babe □ (*fig.*) **intorbidare le acque**, to stir up trouble □ (*fig.*) **lasciar calmare le acque**, to let the dust settle □ **lasciare correre l'a. per la sua china**, to let things take their course □ (*fig.*) **lavorare sott'a.**, to scheme □ **Molta a. è passata sotto i ponti**, a lot of water has passed under the bridge □ (*fig.*) **pestare l'a. nel mortaio**, to waste one's time □ (*fig.*) **portare a. al mare**, to carry coals to Newcastle □ (*fig.*) **tirare l'a. al proprio mulino**, to have an axe to grind □ (*fig.*) **puro come l'a. di fonte**, as pure as driven snow □ (*fig.*) **scoprire l'a. calda**, to discover nothing new □ (*fig.*) **scrivere sull'a.**, to write on water □ **somigliarsi come due gocce d'a.**, to be as like as two peas □ **sotto il pelo dell'a.**, below water □ (*anche fig.*) **tenere la testa fuori dell'a.**, to keep one's head above water □ **volare a pelo d'a.**, to fly skimming the water □ (*nei giochi infantili*) **A., a., fuoco, fuoco!**, (you're) getting cold, colder, warm, warmer! □ (*prov.*) **A. passata non macina più**, let bygones be bygones □ (*prov.*) **L'a. va al mare**, money goes where money is □ (*prov.*) **L'a. cheta rovina i ponti**, still waters run deep.

àcqua-àcqua, *locuz. a.* (*mil.*) ship-to-ship.

àcqua-ària, *locuz. a.* (*mil.*) ship-to-air.

acquacoltùra, *V.* **acquicoltura**.

acquafòrte, *f.* etching: **incidere all'a.**, to etch.

acquafortista, *m.* e *f.* etcher.

acquàio, *m.* (kitchen) sink.

acquaiòlo, A *a.* aquatic; water (*attr.*): **serpe acquaiola**, water snake. **B** *m.* (*venditore d'acqua*) water vendor; (*portatore d'acqua*) water carrier.

acquamarìna, *f.* (*miner.*) aquamarine.

acquanàuta, *m.* e *f.* aquanaut.

acquaplàno, *m.* aquaplane.

acquaràgia, *f.* turpentine; turps (*fam.*).

acquàrio, *m.* aquarium*.

Acquàrio, *m.* ***1*** (*astron.*) Aquarius; the Water Bearer ***2*** (*astrol.*) Aquarius.

acquartieraménto, *m.* (*mil.*) quartering.

acquartieràre, A *v. t.* (*mil.*) to quarter. **B acquartieràrsi,** *v. rifl.* (*mil.* e *fig.*) to take* up quarters.

acquasànta, *f.* holy water.

acquasantièra, *f.* stoup; holy-water font.

acquàta, *V.* **acquazzone**.

àcqua-tèrra, *locuz. a.* (*mil.*) ship-to-land.

acquàtico, *a.* aquatic; water (*attr.*): **animale a.**, aquatic animal; **uccello a.**, waterbird; **pianta acquatica**, aquatic (*o* water) plant; **sport acquatici**, water sports; aquatics.

acquatìnta, *f.* (*arte*) aquatint.

acquattàrsi, *v. rifl.* ***1*** to crouch (down); to squat ***2*** (*nascondersi*) to hide*.

acquavite, *f.* brandy.

acquazzóne, *m.* shower; rainstorm; downpour; cloudburst.

acquedótto, *m.* ***1*** (*impianto idrico*) waterworks (*pl. col verbo al sing.*): **a. municipale**, municipal waterworks ***2*** (*di tipo romano*) aqueduct ***3*** (*anat.*) aqueduct.

àcqueo, *a.* aqueous; water (*attr.*): **vapore a.**, water vapour; (*anat.*) **umore a.**, aqueous humour.

acquerellàre, *v. t.* to paint in (*o* with) watercolours.

acquerellìsta, *m.* e *f.* watercolourist.

acquerèllo, *m.* watercolour: **dipingere all'a.**, to paint in watercolours.

acquerùgiola, *f.* drizzle.

acquicoltùra, *f.* aquaculture, aquiculture.

acquiescènte, *a.* acquiescent; compliant; yielding; supine.

acquiescènza, *f.* acquiescence (*anche leg.*); compliance; submission.

acquièscere, *v. i.* to acquiesce (*anche leg.*); to submit; to consent tacitly; to yield.

acquietaménto, *m.* appeasement.

acquietàre, A *v. t.* to calm; to calm down; to still; to soothe; to allay; to placate; to appease; (*soddisfare*) to satisfy: **a. l'ira di q.**, to appease sb.'s anger; **a. le proprie paure**, to allay one's fears; **a. un creditore**, to appease a creditor. **B acquietàrsi,** *v. i. pron.* to calm down; to quieten down; to settle down; (*di vento, ecc.*) to fall*, to drop, to subside.

acquìfero, *a.* (*geol.*) water-bearing; aquiferous: **strato a.**, aquifer.

acquirènte, *m.* e *f.* ***1*** (*comm.*) buyer; purchaser ***2*** (*in un negozio*) shopper.

acquişire, *v. t.* ***1*** to acquire; to get*: **a. un diritto**, to acquire a right; **a. un'abitudine**, to acquire (*o* to develop) a habit ***2*** (*fin.*: *rilevare*) to take* over. ● (*leg.*) **a. q.c. agli atti**, to admit st. as evidence.

acquişitìvo, *a.* acquisitive.

acquişìto, *a.* acquired: **malattia acquisita**, acquired disease; (*leg.*) **diritto a.**, vested right; **parente a.**, in-law.

acquişitóre, *m.* (*f.* **-trice**) ***1*** acquirer ***2*** (*chi acquista*) buyer; purchaser.

acquişizióne, *f.* ***1*** acquisition: **l'a. di un diritto**, the acquisition of a right ***2*** (*fin.*: *rilevamento*) take-over.

acquistàbile, *a.* ***1*** buyable; purchasable ***2*** (*che si può procurare*) gainable.

acquistàre, A *v. t.* ***1*** (*comprare*) to buy*; to purchase: **a. una casa**, to buy a house; **a. azioni**, to purchase shares ***2*** (*procurarsi*) to gain; to acquire: **a. esperienza**, to gain experience; **acquistarsi molti amici**, to gain many friends; **a. tempo**, to gain time ***3*** (*guadagnare*) to gain; to get*; to obtain; to gather; to win*: **a. fama**, to gain (*o* to win) fame; **a. forza**, to gather strength; **a. velocità**, to gain (*o* to gather, to pick up) speed; (*fig.*) **a. terreno**, to gain ground. **B** *v. i.* (*migliorare*) to improve: **a. in salute** [**in simpatia**], to become healthier [nicer].

acquìsto, *m.* ***1*** (*l'acquistare*) purchasing; purchase; buying: **potere d'a.**, purchasing (*o* buying) power; **ordine d'a.**, purchase order ***2*** (*cosa acquistata*) purchase; buy; acquisition: **un buon a.**, a good buy; a real bargain; **gli acquisti**, purcharses; shopping (*sing.*); **uscire per** (**fare**) **acquisti**, to go shopping; **Hai fatto acquisti?**, did you buy anything?; did you do any shopping?; **Ti ho fatto vedere il mio ultimo a.?**, did I show you my latest acquisition? ***3*** (*econ.*) take-over; buy-out: **offerta pubblica di a.**, take-over bid ***4*** (*estens.*: *persona che entra a far parte di q.c.*) acquisition; addition: **un ottimo a. per la squadra**, an excellent addition to the team ***5*** (*leg.*) acquisition: **a. derivativo**, derivative acquisition; **a. originario**, original acquisition. ● (*sport*) **campagna acquisti**, transfer campaign □ (*iron.*) **un bell'a.**, a real bargain.

acquitrìno, *m.* marsh; swamp; bog.

acquitrinóso, *a.* marshy; swampy; boggy.

acquolìna, *f.* – **far venire l'a. in bocca a q.**, to make sb.'s mouth water; to be mouth-watering.

acquòreo, *a.* (*lett.*) acqueous; watery.

acquosità, *f.* wateriness.

acquóso, *a.* ***1*** (*annacquato*) watery, thin; (*troppo liquido*) runny; (*impregnato d'acqua*) soggy ***2*** (*chim., fis.*) aqueous.

àcre, *a.* ***1*** (*di sapore*) acid; tart; sour; acrid ***2*** (*di odore*) acrid; pungent ***3*** (*di suono*) harsh; shrill; strident ***4*** (*fig.*: *acrimonioso*) acrimonious; sour; tart; acrid; bitter; harsh ***5*** (*fig.*: *mordace*) sharp; biting.

acrèdine, *f.* ***1*** (*acrimonia*) acrimony; sourness; tartness; bitterness; rancour; acridity ***2*** (*acidità*) sourness; acridness.

acribìa, *f.* scrupulousness; painstaking accuracy.

acridina, *f.* (*chim.*) acridine.

acrilàto, *m.* (*chim.*) acrylate.

acrile, *m.* (*chim.*) acryl.

acrilico, *a.* (*chim.*) acrylic.

acrimònia, *f.* acrimony; bitterness; rancour.

acrimonióso, *a.* acrimonious; bitter; rancorous.

acrìtico, *a.* uncritical; dogmatic.

àcro, *m.* acre.

acròbata, *m.* e *f.* acrobat; tumbler.

acrobàtica, f. acrobatics (*pl. col verbo al sing.*).
acrobàtico, a. acrobatic: (*aeron.*) **pattuglia acrobatica**, acrobatic team; **volo a.**, acrobatics (*pl.*).
acrobatiṣmo, m. (*anche fig.*) acrobatics (*pl.*; *nel senso proprio può avere il verbo sing.*).
acrobazìa, f. acrobatic feat; stunt; (*al pl., anche*) acrobatics: (*fig.*) **acrobazie cerebrali**, mental acrobatics; (*aeron.*) **acrobazie aeree**, acrobatics; stunts; stunt flying; **fare acrobazie**, to do acrobatics; (*aeron., anche*) to perform stunts; (*fig.*) to perform acrobatics; **fare acrobazie per arrivare alla fine del mese**, to struggle (*o* to do one's utmost) to make ends meet.
acrocòro, m. plateau.
acromàtico, a. (*fis.*) achromatic: **lente acromatica**, achromatic lens.
acromatiṣmo, m. (*fis.*) achromatism.
acromatopsìa, f. (*med.*) achromatopsia.
acromìa, f. (*med.*) achromia.
acrònimo, m. acronym.
acròpoli, f. acropolis.
acròstico, a. e m. acrostic.
acrotèrio, m. (*archit.*) acroter.
actìna, f. (*biochim.*) actin.
Actinomicèti, m. pl. (*biol.*) actinomycetes.
actinomicòṣi, f. (*med.*) actinomycosis*.
actinomòrfo, a. (*bot.*) actinomorphic.
acuìre, A v. t. *1* to sharpen *2* (*fig.*) to sharpen; to intensify; to heighten; to whet; to stimulate; (*aggravare*) to worsen, to exacerbate: **a. l'ingegno**, to sharpen one's mind; **a. l'appetito**, to whet the appetite; **a. l'interesse**, to stimulate interest; **a. un dolore**, to exacerbate a pain. **B acuirsi,** v. i. pron. to sharpen; to intensify; (*peggiorare*) to worsen, to grow* worse.
acuità, f. acuity; acuteness; sharpness.
aculeàto, a. (*bot., zool.*) aculeate.
acùleo, m. *1* (*bot.*) aculeus*; prickle; thorn *2* (*zool.: pungiglione*) aculeus*, sting; (*di porcospino*) quill, spine.
acùme, m. acumen; penetration; insight; perspicacity; sharpness of mind.
acuminàre, v. t. to sharpen.
acuminàto, a. sharp; pointed.
acùstica, f. *1* (*fis.*) acoustics (*pl. col verbo al sing.*) *2* (*di ambiente*) acoustics (*pl.*): **L'a. della sala era ottima**, the acoustics of the hall were excellent.
acùstico, a. acoustic; auditory; hearing; ear (*attr.*): **nervo a.**, acoustic nerve; **apparecchio a.**, hearing aid; (*fis.*) **assorbimento a.**, sound absorption; **cornetto a.**, ear trumpet; **impianto a.**, sound equipment.
acutàngolo, a. (*geom.*) acute(-angled).
acutézza, f. *1* (*acuminatezza*) acuteness; sharpness; fineness *2* (*geom.*) acuteness *3* (*di suono*) shrillness *4* (*mus.*) height *5* (*fig.: di vista*) sharpness; keenness; acuteness *6* (*fig.: acume*) acuteness; acuity; acumen; quickness; sharpness; perspicacity *7* (*fig.: gravità*) acuteness; severity.
acutiẓẓàre, A v. t. to sharpen; to quicken; to heighten; to intensify. **B acutiẓẓàrsi,** v. i. pron. *1* to sharpen; to intensify; (*peggiorare*) to worsen *2* (*med.*) to become* acute.
acùto, A a. *1* (*appuntito*) sharp; pointed; fine *2* (*fig.: intenso*) acute; sharp: **dolore a.**, acute pain; **odore a.**, strong (*o* pungent) smell *3* (*fig.: perspicace*) sharp; perceptive; keen; acute *4* (*di vista, mente*) sharp; keen; penetrating; acute: **vista acuta**, sharp eye *5* (*gramm., mat., med.*) acute: **accento a.**, acute accent; **angolo a.**, acute angle; **appendicite acuta**, acute appendicitis *6* (*di suono*) acute; penetrating; high-pitched; piercing; shrill *7* (*mus.*) high: **note acute**, high notes. • (*archit.*) **arco a sesto a.**, lancet (*o* pointed, acute) arch. **B** m. (*mus.*) high note.
ad, V. **a (2)**.
Àda, f. Ada.
adacquàre, v. t. (*agric.*) to water.
adagétto, m. (*mus.*) adagetto.
adagiàre, A v. t. (*coricare*) to lay*; (*posare*) to lay* down, to set* down, to rest: **a. un malato sul letto**, to lay a patient on the bed; **a. una cosa in terra**, to set st. down on the ground. **B adagiàrsi,** v. rifl. *1* (*mettersi comodo*) to lie* back, to recline, to settle (oneself) down, to settle comfortably; (*sdraiarsi*) to lie* down: **a. sul divano**, to lie back on the sofa *2* (*fig.: abbandonarsi*) to sink*; to settle down: **a. nell'ozio**, to sink into idleness; **a. nella solita routine**, to settle down into a rut.
adagiàto, a. reclining; lying; couched.
adàgio (1), A avv. *1* (*lentamente*) slowly; slow: **parlare a.**, to speak slowly; **andare più a.**, to slow down *2* (*senza fretta*) leisurely; in a leisurely way; unhurriedly *3* (*con cautela*) cautiously, carefully; (*delicatamente*) gently, softly: **posare a. q.c.**, to set st. down gently; **A. con quel baule!**, careful with that trunk!; **Ecco, a., così!**, easy (*o* gently) does it!; (*fig.*) **andare a. con q.**, to tread carefully with sb. • **a. a.**, (*lentamente*) very slowly; (*cautamente*) gingerly □ (*scherz.*) **A., Biagio!**, take it easy!; hold your horses! **B** m. (*mus.*) adagio*.
adàgio (2), m. (*sentenza*) adage; saying; saw; maxim.
adamantìno, a. (*anche fig.*) adamantine.
adamìtico, a. adamitic(al). • (*scherz.*) **in costume a.**, in one's birthday suit; in the altogether (*fam.*).
Adàmo, m. Adam.
adattàbile, a. adaptable; flexible; adjustable.
adattabilità, f. adaptability; flexibility.
adattaménto, m. *1* adaptation; accommodation; adjustment; (*di cosa materiale*) fitting, altering: **spirito di a.**, ability to adapt; adaptability *2* (*biol., ling.*) adaptation *3* (*mus., letter.*) adaptation; arrangement; version; transcription: **a. radiofonico**, radio adaptation *4* (*ottica*) adaptation; accommodation.
adattàre, A v. t. *1* (*adeguare*) to adapt, to accommodate, to adjust, to gear; (*conformare*) to shape, to conform, to suit; (*armonizzare*) to attune: **a. i desideri ai propri mezzi**, to adapt one's desires to one's means; **a. la produzione alla domanda**, to gear production to demand; **a. il proprio comportamento alla circostanza**, to conform (*o* to suit) one's behaviour to the situation *2* (*applicare*) to fit: **a. il manico al martello**, to fit a handle to the hammer; **a. un coperchio alla pentola**, to fit a lid on the saucepan *3* (*sistemare*) to arrange, to fit; (*modificare*) to alter; (*trasformare*) to turn, to convert into: **Gli adatterò il mio cappotto**, I'll alter my coat to fit him; **a. una soffitta a studio**, to turn an attic into a study *4* (*mus.*) to arrange; to set* *5* (*un romanzo e sim.*) to adapt; to dramatize: **a. un romanzo per il cinema**, to adapt (*o* to dramatize) a novel for the screen. **B adattàrsi,** v. rifl. *1* (*abituarsi*) to adapt (oneself); to adjust (oneself); to accommodate oneself; to fit in: **a. a un ambiente nuovo**, to adjust to a new environment; **Sa a. a qualunque situazione**, he can adapt to (*o* fit into) any situation; **a. ai tempi**, to go with the times *2* (*assuefarsi*) to adapt; to fit: **piante che si adattano a un suolo sabbioso**, plants that adapt to a sandy soil *3* (*accettare, rassegnarsi*) to put* up with; to resign oneself (to); to submit (to st., to doing st.): **Per un po' mi ci sono adattato**, I put up with it for a while; **Non è il meglio, ma dovremo adattarci**, it's not the best, but we'll have to make do with it; **a. a fare di tutto**, to submit to doing anything; **a. alla povertà**, to resign oneself to poverty. **C adattàrsi,** v. i. pron. *1* (*essere adatto*) to fit: **La chiave non s'adatta alla serratura**, the key doesn't fit the lock *2* (*armonizzarsi*) to go* with; to suit (st.); to be suitable (to st.) *3* (*addirsi, stare bene a q.*) to suit (sb.): **Il lavoro le si adatta benissimo**, the job suits her perfectly.
adattatìvo, a. (*biol., med., tecn.*) adaptive.
adattatóre, m. *1* (*elettr.*) converter *2* (*tecn., chim.*) adapter.
adàtto, a. suitable; right; fit: **un film a. ai bambini**, a film suitable for children; **È l'uomo più a.**, he's the most suitable man; **scegliere l'arnese a.**, to chose the proper (*o* right) tool; **Non ho il vestito a.**, I haven't the right clothes (*o* a suitable dress); **Non è a. a questo mestiere**, he isn't suited to (*o* cut out for) this job; **a. allo scopo**, right (*o* fit) for the purpose; **Non è il momento a.**, it isn't the right time.
addebitàbile, a. chargeable.
addebitaménto, m. (*comm.*) debit; debiting.
addebitàre, v. t. *1* to debit; to charge: **a. una somma a q.**, to debit a sum to sb.; to debit sb. with a sum; **a. un conto**, to charge an account *2* (*imputare*) to blame (sb. for st.); to charge (sb. with st.): **a. un errore a q.**, to charge sb. with an error; **La responsabilità dell'incidente fu addebitata all'autista**, the driver was blamed for (*o* was held responsible for) the accident.
addébito, m. *1* debit: **nota di a.**, debit note; **a. eccessivo**, overcharge *2* (*imputazione*) charge; allegation; imputation: **muovere un a. a q.**, to charge sb. with st.; **respingere ogni a.**, to deny all charges.
addènda (*lat.*), m. pl. addenda.
addèndo, m. (*mat.*) addend.
addensaménto, m. *1* (*ispessimento*) thickening *2* (*accumulo*) accumulation; build-up *3* (*affollamento*) gathering; crowd.
addensànte, A a. thickening. **B** m. (*tecn.*) coagulator; thickener.
addensàre, A v. t. *1* (*rendere denso*) to thicken *2* (*ammassare*) to accumulate; to build* up. **B addensàrsi,** v. i. pron. *1* (*diventare denso*) to thicken; to gel *2* (*infittirsi*) to gather; to thicken; to grow*; to build* up: **Le ombre si addensavano**, shadows were thickening; **Le nuvole s'addensavano in cielo**, clouds were building up in the sky; **I sospetti s'addensano contro di lui**, suspicion against him is growing *3* (*affollarsi*) to gather; to crowd; to throng.
addensatóre, m. (*ind. min.*) densifier; thickener.
addentàre, v. t. *1* to bite* (st., into st.), to sink* one's teeth into: **Mi ha addentato un cane**, a dog bit me; **a. una salsiccia**, to bite into a sausage; **Il lupo fece per addentarlo**, the wolf snapped at it *2* (*fig.: di tenaglie*) to grip *3* (*mecc.*) to cog.
addentatùra, f. *1* bite *2* (*di tenaglie*) grip *3* (*mecc.*) cogging.
addentellàre, v. t. (*archit.*) to leave* a toothing (at the end of a wall).
addentellàto, m. *1* (*archit.*) toothing *2* (*fig.*) connection; link.
addentràrsi, v. i. pron. (*anche fig.*) to enter; to penetrate; to go* into: **a. in una foresta**, to enter a forest; **a. in una regione sconosciuta**, to penetrate (*o* to strike out) into an unknown region; **a. in una discussione**, to enter into (*o* to get involved in) a debate; **a. in particolari**, to go into details.
addéntro, avv. *1* (*stato*) inside, within; (*moto*) into: **vedere a. nelle cose**, to see deeply into things; **più a.**, further in [into]; deeper *2* (*fig.: informato*) well-informed (about); well-acquainted (with); in the know (*fam.*): **essere a. nelle cose della politica**, to be well-informed about political matters; (*fam.*) **È uno molto a.**, he is in the know.
addestràbile, a. trainable.
addestraménto, m. training; drill (*anche mil.*): **corso di a.**, training course; **a. di cani**, dog training; (*mil.*) **a. al combattimento**, battle training; (*mil.*) **marcia d'a.**, route march; **fare a.**, to train; to drill.
addestràre, A v. t. to train, to break* in (*anche di animali*); to exercise; to school; to drill (*anche mil.*); (*impratichire*) to familiarize

(sb. with st.): **a. i soldati all'uso del fucile**, to drill soldiers in the use of rifles; **a. q. all'uso del computer**, to train sb. in the use of a computer; to familiarize sb. with a computer. **B addestràrsi**, *v. rifl.* to train oneself; to exercise; to practise, to practice (*USA*); (*impratichirsi*) to familiarize (oneself) (with st.).

addestratóre, *m.* (*f.* **-trice**) trainer.

addétto, **A** *a.* **1** (*assegnato*) assigned, attached; (*responsabile*) in charge: **Fui a. a quel lavoro**, I was assigned to that job; **l'impiegato a. all'archivio**, the clerk (*o* the person) in charge of the archive; **il personale a. alle pulizie**, the cleaning staff; cleaners; **Sono a. al personale**, I am in charge of staff **2** (*adibito*) assigned. **B** *m.* (*f.* **-a**) **1** (*persona responsabile*) person in charge, executive; (*impiegato*) clerk; (*tecnico*) operator; (*di uso generico*) man* (*f.* woman*), person: **a. alle vendite**, person in charge of sales; sales executive; **a. agli acquisti**, buyer; **a. alle spedizioni**, shipping clerk; **a. alle consegne**, delivery man; **a. alla manutenzione**, serviceman; **l'a. al banco**, the clerk at the counter; **a. stampa**, press agent; press officer; **a. alla caldaia**, boiler operator; boilerman; **Chi è l'a. qui?**, who's in charge here? **2** (*diplomazia*) attaché (*franc.*): **a. navale**, naval attaché. • **a. ai lavori**, (*in un cantiere*) authorized person; (*fig.*) expert, insider □ **non a. ai lavori**, (*in un cantiere*) unauthorized person; (*fig.*) layman, outsider.

addì, *avv.* on the (day) of: **a. 17 aprile**, on the 17th of April; on April 17th.

addiàccio, *m.* **1** (*per pecore*) sheep pen; fold **2** (*bivacco*) bivouac. • **dormire all'a.**, to sleep in the open.

addiètro, *avv.* **1** (*indietro*) back; backwards **2** (*prima*) before; earlier; back (*fam.*); ago: **qualche tempo a.**, some time before (*o* back); (*rispetto ad ora*) some time ago. • **per l'a.**, in the past.

addio, **A** *m.* goodbye; farewell (*form.*); adieu (*lett.*); (*separazione*) parting: **un a. freddo**, a cold goodbye (*o* parting); **dire a. a q.**, to say goodbye to sb.; to wish sb. goodbye; to bid sb. farewell; **dire a. a q.c.**, to renounce st.; to kiss st. goodbye (*fam.*); **dare l'a. a q.c.**, to retire from st.; to leave st.: **dare l'a. alle scene**, to leave the stage; (*con uno spettacolo*) to give a farewell performance; **lettera d'a.**, farewell letter; **parole d'a.**, parting words; **serata d'a.**, farewell party; (*teatr.*) farewell performance. **B** *inter.* goodbye; bye-bye (*fam.*); so long (*fam.*); farewell (*form.* o *lett.*); adieu (*lett.*): **A. a tutti!**, goodbye everybody!; **A. per sempre!**, farewell for ever; **Con quel rumore, a. sonno**, with that noise going on, it was goodbye sleep; **A. vacanze!**, bang goes my holiday! (*fam.*); **Ha preso i soldi e a.!**, he took the money and that was that.

addirittùra, *avv.* **1** (*davvero, assolutamente*) absolutely; positively; actually; nothing short of: **È a. ridicolo**, it's absolutely (*o* positively) ridiculous; **Il suo comportamento è stato a. eroico**, his behaviour was nothing short of heroic; **«Le ha comprato un appartamento» «A.!»**, «he bought her a flat» «really!» **2** (*nientemeno, persino*) even: **Gli ha a. dato del bugiardo**, he even called him a liar **3** (*direttamente*) directly, straight; (*senza indugio*) straight away, right away: **Andrò a. in stazione senza aspettarli**, I'll go directly to the station without waiting for them.

addirsi, *v. i. pron.* to be suitable (to, for); to suit (sb., st.); to become* (sb.); to befit (sb., st.): **Quel lavoro non gli si addice**, that job is not suitable for him; **una casa che si addica alla sua posizione**, a house suitable to (*o* that befits) his position; **un colore che non le si addice**, a colour that does not suit you; **trucchetti che non vi si addicono**, cheap tricks that do not become you.

additàre, *v. t.* **1** to point (at, to) **2** (*fig.*: *indicare*) to point out.

additivo, *a.* e *m.* (*chim.*) additive.

addivenire, *v. i.* to come* to; to reach: **a. a un accordo**, to come to (*o* to reach) an agreement.

addizionàle, **A** *a.* additional; supplementary; further; extra (*attr.*). **B** *f.* (*fin.*: *imposta a.*) additional tax; surtax.

addizionàre, *v. t.* **1** (*sommare*) to add; (*eseguire un'addizione*) to add up; (*fare il totale*) to cast* up, to total **2** (*aggiungere*) to add **3** (*chim.*) to charge (st. with st.): **a. anidride carbonica**, to charge (st.) with carbon dioxide; to carbonate.

addizionatrice, *f.* adding machine.

addizióne, *f.* **1** (*mat.*) addition, adding up; (*somma*) sum: **fare un'a.**, to do a sum; **Sa fare le addizioni**, he can add up; **segno di a.**, plus sign **2** (*aggiunta*) addition.

addobbaménto, *V.* **addobbo**.

addobbàre, **A** *v. t.* **1** (*un locale*) to decorate; to adorn; to hang*: **a. una sala**, to decorate a room; **a. l'albero di Natale**, to dress the Christmas tree; **a. un altare**, to vest an altar **2** (*una persona*) to dress up; to array (*form.*). **B addobbàrsi**, *v. rifl.* to dress up; to put* on one's finery; to deck oneself out.

addobbatóre, *m.* (*f.* **-trice**) decorator.

addòbbo, *m.* **1** decoration; hangings (*pl.*); ornament **2** (*eccl.*) sacred ornaments (*pl.*).

addolciménto, *m.* **1** sweetening **2** (*fig.*) softening; mellowing; calming (down); mitigation.

addolcire, **A** *v. t.* **1** to sweeten; to sugar: **a. una medicina**, to sweeten a medicine **2** (*fig.*) to soften; to mitigate: **a. un rimprovero**, to soften a reproach **3** (*fig.*: *calmare*) to soothe; to calm (down) **4** (*chim.*) to soften: **a. l'acqua**, to soften water. **B addolcirsi**, *v. i. pron.* **1** to become* sweet (*o* sweeter) **2** (*fig.*) to grow* mild (*o* milder); to soften; to mellow: **Il tempo si è addolcito**, the weather has grown milder; **Il suo sguardo si addolcì**, her eyes softened; **a. con gli anni**, to mellow with years.

addolcitóre, *m.* (*chim.*) (water) softener.

addoloràre, **A** *v. t.* to sadden; to grieve; to pain; to distress; to upset*: **Mi addolora sapere che...**, it grieves (*o* pains) me to know that...; **La sua morte ci addolorò tutti**, his death distressed us all; **Le tue parole mi hanno addolorato**, I was upset by your words. **B addoloràrsi**, *v. i. pron.* to grieve (at, for, over); (*essere spiacente*) to be sorry, to regret.

Addoloràta, *f.* (*relig.*) Our Lady of Sorrows.

addoloràto, *a.* sorrowful; grieving; sad; afflicted; (*spiacente*) regretful, sorry: **sguardo a.**, sorrowful look; **voce addolorata**, sad voice; **Ne sono proprio a.**, I am very sorry.

addòme, *m.* (*anat.*) abdomen.

addomesticàbile, *a.* **1** (*di animale*) tameable **2** (*di pianta*) trainable.

addomesticaménto, *m.* **1** (*di animale*) taming; domestication **2** (*di pianta*) training.

addomesticàre, **A** *v. t.* **1** (*un animale*) to tame; to domesticate **2** (*una pianta*) to train **3** (*una persona*) to soften; to tame; to civilize **4** (*fig.*: *manipolare*) to rig; to cook (*fam.*); to fiddle (*fam.*): **a. i risultati**, to rig the results; **a. i libri contabili**, to fiddle (*o* to cook) the books. **B addomesticàrsi**, *v. i. pron.* **1** (*di animali*) to become* (*o* to grow*) tame **2** (*di persona*) to soften; to become* (*o* to grow*) more sociable.

addomesticàto, *a.* (*fig.*: *manipolato*) rigged; cooked (*fam.*); fiddled (*fam.*): **elezioni addomesticate**, rigged elections; **conti addomesticati**, cooked accounts.

addomesticatóre, *m.* (*f.* **-trice**) tamer.

addominàle, *a.* (*anat.*) abdominal.

addoppiatóio, *m.* (*ind. tess.*) doubler.

addormentàre, **A** *v. t.* **1** to put* to sleep; (*far venire sonno, anche*) to send* to sleep: **a. q. cullando [cantando]**, to rock [to sing] sb. to sleep; **un libro che ti addormenta**, a book that sends you to sleep **2** (*med.*) to anaesthetize; to put* to sleep **3** (*intorpidire*) to numb; to dull: **a. un braccio**, to numb an arm; **a. i sensi**, to dull the senses; **a. il dolore**, to dull the pain. **B addormentàrsi**, *v. i. pron.* **1** to fall* asleep; to go* to sleep: **Si addormentò subito**, he fell instantly asleep; **Si è addormentato?**, has he gone to sleep (*o* fallen asleep)?; **Non riesco ad addormentarmi**, I cannot go (*o* get) to sleep **2** (*intorpidirsi*) to grow* (*o* to go*) numb; to go* to sleep. • (*fig.*) **a. in piedi**, to be unable to keep one's eyes open □ (*fig.*) **a. nel Signore**, to die in peace.

addormentàto, **A** *a.* **1** sleeping; asleep (*pred.*): **un bambino a.**, a sleeping child **2** (*assonnato*) sleepy; half asleep: **avere l'aria addormentata**, to look half asleep **3** (*fig.*: *torpido*) dull; slow **4** (*intorpidito*) benumbed; numb; asleep (*pred.*) **5** (*anestetizzato*) anesthetized; under ether. • **la Bella Addormentata**, the Sleeping Beauty **B** *m.* (*f.* **-a**) (*fig.*) slow person; dullard.

addossàre, **A** *v. t.* **1** (*appoggiare*) to set* (*o* to place, to move, to push) against; (*inclinando*) to lean* against: **a. un armadio al muro**, to push a wardrobe against the wall **2** (*fig.*: *caricare*) to saddle (sb. with st.); to burden (sb. with st.); to lay* (st. on sb.): **Mi hanno addossato tutta la responsabilità**, I've been saddled with all the responsibility; **a. la colpa a q.c.**, to lay the blame on sb. **3** (*addossarsi*, *fig.*: *prendere su di sé*) to take* upon oneself; to shoulder; to saddle oneself: **addossarsi ogni colpa**, to take all the blame upon oneself; **addossarsi il passivo della società**, to shoulder the company's liabilities; **addossarsi una spesa**, to saddle oneself with an expense. **B addossàrsi**, *v. rifl.* e *rifl. recipr.* **1** (*appoggiarsi*) to lean* against: **a. al muro**, to lean against the wall **2** (*accalcarsi*) to crowd; to jostle: **La gente si addossava per vedere**, people were crowding to have a look.

addossàto, *a.* leaning against; right against.

addòsso, **A** *avv.* (*sul corpo, su di sé*) on: **mettersi a. un cappotto**, to put on a coat; **Non aveva niente a.**, he had no clothes on; **Aveva a. una pelliccia**, she was wearing a fur coat; she had on a fur coat; **Ho a. pochi soldi**, I have little money on me; **Mi sento a. l'influenza**, I think I have flu coming on; **mettere a. tristezza**, to depress. **B addòsso a**, *locuz. prep.* **1** (*sopra*) on; on top of: **mettere le mani a. a q.**, to lay hands on sb.; **mettere gli occhi a. a q.**, to fix one's eyes on sb.; (*fig.*) to set one's eyes on sb.; **Ci sono a.**, they are on top of us; **Si è tirato a. la credenza**, he pulled the cupboard down on top of him; **stare uno a. all'altro**, to be on top of each other **2** (*contro*) – **andare a. a q.**, (*urtare*) to bump into sb.; (*investire*) to run sb. over (*o* down); (*assalire*) to attack sb.; **correre a. a q.**, to run at sb.; **dare a. a q.**, (*attaccare*) to attack sb., to go for sb.; (*fig.*: *rimproverare*) to keep on at sb.; (*criticare*) to run sb. down **3** (*vicino*) next (*o* close) to. • **A.!**, at him!; at them! □ (*fam.*) **farsela a.**, to wet one's pants; to do it in one's pants □ **parlarsi a.**, to waffle; to blather; to rabbit on □ (*fig.*) **stare a. a q.** (*assillare*), to be on sb.'s back; to breathe on sb.'s neck □ **tirarsi a. le disgrazie**, to bring misfortune down upon oneself.

addottoraménto, *m.* graduation; conferment of a degree.

addottoràre, **A** *v. t.* to confer a degree (on). **B addottoràrsi**, *v. i. pron.* to graduate; to take* a degree.

addottrinaménto, *m.* teaching; instruction.

addottrinàre, *v. t.* to teach*; to instruct.

adducibile, *a.* adducible.

addugliàre, *v. t.* (*naut.*) to coil.

addùrre, *v. t.* **1** (*offrire, presentare*) to produce; to bring* (*o* to put*) forward; to offer; to advance; to adduce; (*come scusa*) to plead; (*citare*) to cite: **a. prove**, to produce evidence; **a. una scusa**, to offer an excuse; **a. come scusa l'ignoranza**, to plead ignorance; **a. diverse ragioni**, to advance (*o* to offer, to put forward, to cite) several reasons **2** (*anat.*) to adduct.

adduttóre, (*anat.*) **A** *a.* adducent. **B** *m.* adductor.

adduzióne, *f.* (*fisiol.*) adduction.

Àde, *m.* (*mitol.*) Hades.

adeguàbile, *a.* adaptable; adjustable; conformable.

adeguaménto, *m.* adjustment; equalization; correction; adaptation: **a. dei salari**, wage adjustment; **a. delle scorte**, inventory adjustment.

adeguàre, A *v. t.* to adjust; to gear; to adapt; to conform; (*commisurare*) to proportion, to fit: **a. gli stipendi al costo della vita**, to adjust salaries to the cost of living; **a. la produzione alla domanda**, to gear production to demand; **a. le proprie parole al tipo di pubblico**, to adapt one's words to one's audience; **a. la pena al delitto**, to proportion (*o* to fit) the punishment to the crime. **B adeguàrsi,** *v. rifl.* to conform (oneself); to fall* into line; (*adattarsi*) to adapt (oneself), to accommodate.

adeguatézza, *f.* adequacy; appropriateness; justness.

adeguàto, *a.* **1** (*adatto*) fit; suited; suitable; appropriate: **parole adeguate alla circostanza**, words suited to the occasion **2** (*commisurato*) adequate; proportionate; commensurate: **Le tariffe sono adeguate al tempo impiegato**, tariffs are proportionate to the time employed **3** (*equo*) just, fair; (*soddisfacente*) satisfactory: **un prezzo a.**, a fair price **4** (*sufficiente*) sufficient; due; proper: **dopo adeguata riflessione**, after due consideration; **conoscenza a.**, sufficient knowledge; **stipendio a.**, comfortable salary; **un finanziamento a.**, proper funds (*pl.*).

adempiènza, *V.* **adempimento**.

adémpiere, A *v. t.* e *i.* **1** to fulfil, to fulfill (*USA*); to meet*; to accomplish; to discharge; to carry out; to perform; to execute: **a. (a) un dovere**, to fulfil (*o* to discharge) a duty; **a. (a) un obbligo**, to meet an obligation; **a. (a) una promessa**, to keep a promise; **a. (a) un compito**, to accomplish (*o* to execute, to perform) a task; **a. (a) un comando**, to carry out an order **2** (*leg.*) to execute. **B adémpiersi,** *v. i. pron.* to come* true; to be fulfilled: **La profezia s'adempì**, the prophecy came true.

adempiménto, *m.* fulfilment, fulfillment (*USA*); accomplishment; performance; discharge; carrying out; execution (*anche leg.*).

adempìre, *V.* **adempiere**.

adenìna, *f.* (*chim.*) adenine.

adenìte, *f.* (*med.*) adenitis.

adenocarcinòma, *m.* (*med.*) adenocarcinoma*.

adenòide, (*med.*) **A** *a.* adenoid. **B** *f. pl.* adenoids.

adenoidectomìa, *f.* (*chir.*) adenoidectomy.

adenoidèo, *a.* (*med.*) adenoidal; adenoid.

adenoidìsmo, *m.* (*med.*) adenoidism.

adenòma, *m.* (*med.*) adenoma*.

adenopatìa, *f.* (*med.*) adenopathy.

adèpto, *m.* (*f.* **-a**) (*lett.*) **1** initiate **2** (*seguace*) follower; devotee; adherent.

aderènte, A *a.* **1** (*a contatto*) adherent; touching **2** (*di abito*) close-fitting; tight-fitting; clinging: **giacca a.**, close-fitting jacket; **maglietta a.**, clinging T-shirt; **molto a.**, skin-tight **3** (*fig.*: *vicino, fedele*) faithful; close: **traduzione a.**, close translation. **B** *m.* e *f.* supporter; adherent.

aderènza, *f.* **1** (*l'aderire*) adhesion; adherence **2** (*attrito*) grip **3** (*edil.*) bond tie **4** (*med.*) adhesion: **aderenze pleuriche**, pleural adhesions **5** (*fig.*: *vicinanza, fedeltà*) adherence; closeness **6** (*pl.*) (*fig.*: *appoggi*) connections; contacts.

aderìre, *v. i.* **1** (*attaccarsi*) to adhere; to stick*; to cling*: **La colla aderì subito**, the glue stuck immediately; **La camicia gli aderiva al corpo**, the shirt clung to his body **2** (*fig.*: *consentire*) to comply (with); to agree (to); to grant: **a. a una richiesta**, to comply with (*o* to grant) a request; **a. a una proposta**, to agree to a proposal **3** (*fig.*: *accettare*) to accept: **a. a un invito**, to accept an invitation **4** (*fig.*: *seguire*) to adhere (to); to agree (to); to subscribe (to); to support; (*unirsi*) to join: **a. a un'opinione**, to adhere (*o* to subscribe) to an opinion; **a. a un progetto**, to agree to a plan; **a. a uno sciopero**, to support a strike; **a. a un partito**, to join a party.

adermìna, *f.* (*biol., chim.*) adermin(e).

adescàbile, *a.* seducible.

adescaménto, *m.* **1** (*lusinga*) enticement, allurement; (*seduzione*) seduction **2** (*leg.*) soliciting **3** (*idraul.*) priming.

adescàre, *v. t.* **1** to lure; to bait **2** (*fig.*: *allettare*) to entice, to allure; (*sedurre*) to seduce **3** (*leg.*) to solicit **4** (*idraul.*) to prime.

adescatóre, *m.* (*f.* **-trice**) enticer; allurer; seducer.

adeṣióne, *f.* **1** (*l'attaccarsi*) adhesion **2** (*fig.*: *consenso*) agreement; adhesion; adherence; support: **dare la propria a. a un progetto**, to support (*o* to agree to, to adhere to) a plan; **dare la propria a. a un partito**, to support a party; (*iscriversi*) to join a party; **a. a un trattato**, adherence to a treaty **3** (*fis.*) adhesion.

adesività, *f.* adhesiveness.

adeṣìvo, A *a.* adhesive; (*autoadesivo, anche*) sticky, stick-on: **nastro a.**, adhesive tape; sticky tape; **etichetta adesiva**, adhesive label; sticky (*o* stick-on) label. **B** *m.* **1** (*collante*) adhesive; glue; cement **2** (*etichetta*) sticker.

adèspoto, *a.* (*lett.*) anonymous.

adèsso, *avv.* **1** (*ora*) now: **da a. in poi**, from now on; **per a.**, for now **2** (*poco fa*) just; just now: **L'ho visto a.**, I've just seen him; I saw him just now **3** (*fra poco*) any moment now; any minute: **Dovrebbe telefonare a.**, he should phone any moment now.

ad hoc (*lat.*), *locuz. avv.* e *agg.* specially made; tailor-made.

ad honorem (*lat.*), *locuz. agg.* honorary: **laurea a.**, honorary degree.

adiabàtica, *f.* (*fis.*) adiabatic.

adiabàtico, *a.* (*fis.*) adiabatic.

adiacènte, *a.* **1** (*attiguo*) adjacent, adjoining, contiguous, next; (*limitrofo*) neighbouring: **stanze adiacenti**, adjoining (*o* contiguous) rooms; **la stanza a.**, the next room; **proprietà adiacenti**, bordering estates; **Il suo terreno è a. al mio**, his land abuts on (*o* borders on) mine; **le strade adiacenti**, the neighbouring streets **2** (*mat.*) adjacent: **angoli adiacenti**, adjacent angles.

adiacènza, *f.* **1** adjacency **2** (*pl.*) vicinity (*sing.*); neighbourhood, neighborhood (*USA*) (*sing.*); environs; surroundings: **nelle adiacenze del teatro**, in the vicinity of the theatre; **via Verdi e le immediate adiacenze**, via Verdi and the surrounding streets.

adiànto, *m.* (*bot., Adiantum*) adiantum.

adiatermàno, *a.* (*fis.*) adiathermanous.

adibìre, *v. t.* **1** (*utilizzare*) to use: **a. un locale a ripostiglio**, to use a room as a store room **2** (*destinare*) to allocate, to give* over; (*assegnare*) to assign, to appoint: **a. una somma a scopi benefici**, to allocate a sum for charity; **a. q. a nuove funzioni**, to assign sb. to a new task; **a. un'area a parco pubblico**, to give over an area to a public park.

adimensionàle, *a.* (*fis.*) adimensional.

adinamìa, *f.* (*med.*) adynamia.

ad interim (*lat.*), **A** *locuz. avv.* ad interim; for the meantime. **B** *locuz. agg.* interim: **misura a.**, interim measure.

àdipe, *m.* fat.

adìpico, *a.* (*chim.*) adipic.

adipòṣi, *f.* (*med.*) adiposeness.

adiposità, *f.* adiposity; fat.

adipóso, *a.* **1** adipose; fatty **2** (*di persona*) fat.

adiràre, A *v. t.* (*lett.*) to anger; to make* angry; to enrage. **B adiràrsi,** *v. i. pron.* to get* angry; to become* furious; to lose* one's temper, to flare up.

adiràto, *a.* angry; enraged; furious; irate.

adìre, *v. t.* (*leg.*) to resort to; to have recourse to: **a. le vie legali**, to take legal steps (*o* action); to have recourse to the law; **a. il tribunale**, to go to court; **a. un'eredità**, to take possession of an inheritance.

àdito, *m.* **1** (*entrata*) entrance **2** (*accesso*) access; admittance: **Il diploma dà a. all'università**, the diploma gives access to university; **Il corridoio dà a. alla cucina**, the corridor leads to the kitchen. • **dare a. a dicerie**, to give grounds to gossip □ **dare a. a molte interpretazioni**, to be open to several interpretations □ **dare a. a qualche speranza**, to allow some hope.

adocchiaménto, *m.* eyeing.

adocchiàre, *v. t.* **1** (*scrutare*) to eye: **a. q. con sospetto**, to eye sb. suspiciously **2** (*scorgere, trovare*) to spot; to catch* sight (of); to see*: **Lo adocchiai tra la folla**, I caught sight of him in the crowd; **a. un bell'appartamento**, to spot a beautiful flat **3** (*guardare con desiderio*) to eye; to ogle: **Adocchiava il mio anello**, he was eyeing my ring; **a. le ragazze**, to ogle the girls.

adolescènte, A *a.* adolescent; teenage (*attr.*): **essere a.**, to be a teenager (*o* in one's teens). **B** *m.* e *f.* adolescent; teenager; youth (*m.*): **È ancora un a.**, he is still in his teens; **gusti da a.**, teenage tastes.

adolescènza, *f.* adolescence; youth; teens (*pl.*) (*fam.*).

adolescenziàle, *a.* adolescent; teenage (*attr.*).

Adólfo, *m.* Adolph; Adolphus.

adombràbile, *a.* **1** (*fig.*) concealable; veilable **2** (*di carattere*) touchy **3** (*di cavallo*) shy; skittish.

adombraménto, *m.* **1** (*accenno*) adumbration **2** (*risentimento*) umbrage **3** (*di cavallo*) skittishness.

adombràre, A *v. t.* **1** (*ombreggiare*) to shade; to overshadow: **Gli alberi adombrano la piazza**, the trees overshadow the square **2** (*fig.*: *offuscare*) to darken; to cloud **3** (*fig.*: *rappresentare velatamente*) to adumbrate, to suggest; (*prefigurare*) to foreshadow, to adumbrate **4** (*fig.*: *velare*) to veil; to conceal; to obscure. **B adombràrsi,** *v. i. pron.* **1** (*offuscarsi*) to grow* dark; to darken; to cloud over **2** (*di cavallo*) to shy; to get* skittish **3** (*di persona*: *offendersi*) to take* offence (*o* umbrage) (at st., over st.).

Adóne, *m.* **1** (*mitol.*) Adonis **2** (*fig.*) Adonis; beauty: **Non è certo un a.**, he is no Adonis (*o* no beauty).

adònide, *m.* (*bot.*) pheasant's eye.

adònio, *m.* (*metrica*) Adonic.

adontàrsi, *v. i. pron.* to take* offence (*o* umbrage) (at st., over st.); to be offended (by st., at st.).

adoperàbile, *a.* usable; serviceable; fit for use.

adoperàre, A *v. t.* to use; to make* use of; to handle; to employ: **a. il bastone**, to use the stick; **a. le mani**, to use one's hands; **a. il cervello**, to use one's brains (*o* head); **Come si adopera questo arnese?**, how do you use this tool?; **a. le proprie conoscenze**, to use (*o* to make use of) one's connections; **Mi ha adoperato e basta**, he just used me; **a. male**, to misuse; to make bad use of. **B adoperàrsi,** *v. rifl.* (*prodigarsi*) to exert oneself; to spare no efforts; to do* one's best; to take* trouble.

adoràbile, *a.* adorable; charming; lovely; delightful.

adorabilità, *f.* adorability; charm.
adoràre, *v. t.* **1** (*relig.*) to adore; to worship: **a. Dio**, to worship God **2** (*amare con passione*) to adore; to dote on: **Lui la adora**, he adores her; **a. i propri figli**, to dote on one's children **3** (*fam.*) to adore; to love: **a. la matematica**, to love mathematics; **Adoro gli spaghetti!**, I adore (*o* I simply love) spaghetti!
adoràto, *a.* beloved; adored; (*iron.*) precious: **il mio a. figliolo**, my beloved son.
adoratóre, *m.* (*f.* **-trice**) **1** (*relig.* e *fig.*) worshipper **2** (*scherz.*: *ammiratore*) admirer, fan; (*corteggiatore*) suitor, wooer.
adorazióne, *f.* **1** (*relig.* e *fig.*) adoration; worship: **a. del fuoco**, fire worship **2** (*amore sviscerato*) adoration; passionate love; veneration: **Ha una vera a. per lei**, he positively worships (*o* adores, dotes on) her; **Lo guardava con a.**, she looked at him with adoring (*o* doting) eyes.
adornaménto, *m.* **1** adornment; decoration **2** (*ornamento*) ornament.
adornàre, **A** *v. t.* to adorn (*anche fig.*); to decorate: **Diversi quadri adornavano le pareti**, several pictures adorned (*o* decorated) the walls; **a. una stanza**, to decorate a room; **le virtù che adornano l'animo**, the virtues which adorn the mind. **B adornàrsi**, *v. rifl.* to adorn oneself; (*vestirsi*) to dress up.
adórno, *a.* ornate; adorned; bedecked.
adottàbile, *a.* adoptable.
adottàndo, *m.* (*f.* **-a**) adoptee.
adottànte, *m.* e *f.* adopter.
adottàre, *v. t.* **1** (*leg.*) to adopt **2** (*fig.*) to adopt; to take*; to take* on (*o* over, up); to choose*; to embrace: **a. una linea politica**, to adopt a policy; **a. una proposta**, to accept a proposal; **a. una tesi**, to embrace a thesis; **a. provvedimenti**, to take measures; **a. un atteggiamento**, to take up an attitude; **a. una linea dura**, to take a tough line; **a. un libro di testo**, to choose a textbook.
adottàto, *m.* (*f.* **-a**) (*leg.*) adoptee.
adottìvo, *a.* (*leg.*, *fig.*) adoptive; (*adottato*) adopted: **genitore a.**, adoptive parent; **figlio a.**, adopted child.
adozióne, *f.* (*leg.*, *fig.*) adoption.
adragànte, *a.* – **gomma a.**, tragacanth.
adrenalìna, *f.* (*biol.*) adrenalin.
adrenèrgico, *a.* (*fisiol.*) adrenergic.
Adriàno, *m.* Adrian; (*stor.*) Hadrian.
adriàtico, (*geogr.*) **A** *a.* Adriatic. **B** *m.* – **l'A.**, the Adriatic.
adróne, *m.* (*fis. nucl.*) hadron.
adsorbiménto, *m.* (*chim.*) adsorption.
adsorbìre, *v. t.* (*chim.*) to adsorbe.
adulàre, *v. t.* to flatter; to fawn upon; to adulate.
adulatóre, *m.* (*f.* **-trice**) flatterer; fawner; adulator.
adulatòrio, *a.* flattering.
adulazióne, *f.* flattery; adulation.
adùltera, *f. V.* **adultero**.
adulteràbile, *a.* capable of adulteration.
adulteraménto, *m.* adulteration; tampering.
adulterànte, *a.* e *m.* adulterant.
adulteràre, *v. t.* **1** to adulterate; to tamper with; to doctor (*fam.*) **2** (*corrompere*) to corrupt.
adulteratóre, *m.* (*f.* **-trice**) tamperer.
adulterazióne, *f.* adulteration; tampering.
adulterìno, *a.* adulterine; adulterous: **figlio a.**, adulterine child; **relazione adulterina**, adulterous relation.
adultèrio, *m.* adultery.
adùltero, **A** *a.* adulterous. **B** *m.* (*f.* **-a**) adulterer (*f.* adulteress).
adùlto, *a.* e *m.* (*f.* **-a**) adult; grown-up.
adunaménto, *m.* gathering; assemblage.
adunànza, *f.* **1** (*riunione*) meeting, assembly; (*seduta*) sitting; (*raduno*) gathering, rally **2** (*le persone*) assembly.
adunàre, **A** *v. t.* **1** to gather; to get* together; to assemble; to convene; (*chiamare a raccolta*) to rally; (*mil.*) to muster: **a. gli amici**, to gather one's friends; **a. i soci**, to convene the members **2** (*raccogliere*) to gather; to assemble; to collect; to amass: **a. le forze**, to gather one's strength; **a. pregi in sé**, to assemble qualities within oneself; **a. una fortuna**, to amass a fortune. **B adunàrsi**, *v. i. pron.* to gather; to get* together; to meet*; to congregate; to assemble; to convene; (*mil.*) to muster.
adunàta, *f.* **1** (*mil.*) parade; muster; (*il segnale*) assembly: **suonare l'a.**, to sound the assembly **2** (*riunione*) assembly; gathering; meeting; rally.
adùnco, *a.* hooked: **naso a.**, hooked nose.
adunghiàre, *v. t.* to clutch; to claw.
adùsto, *a.* (*lett.*) **1** sunburnt; scorched **2** (*magro, asciutto*) lean; wiry.
aèdo, *m.* **1** (*stor.*) singer **2** (*poeta*) poet; bard.
aeràre, *v. t.* **1** to air; to ventilate **2** (*chim.*) to aerate.
aeràto, *a.* **1** aired; ventilated; (*arioso*) airy **2** (*chim.*) aerated.
aeratóre, *m.* (*mecc.*) aerator.
aerazióne, *f.* **1** airing; ventilation **2** (*chim.*) aeration.
àere, *m.* (*poet.*) air.
aèreo (1), **A** *a.* **1** (*dell'aria*) air (*attr.*): **spazio a.**, airspace **2** (*sospeso, elevato*) aerial; overhead; elevated: **radici aeree**, aerial roots; **ferrovia aerea**, elevated railway; (*elettr.*) **linee aeree**, overhead wires **3** (*fatto dall'alto*) aerial: **fotografia aerea**, aerial photo; **attacco a.**, aerial attack **4** (*rel. agli aerei*) air (*attr.*): **traffico a.**, air traffic; **arma aerea**, air weapon; **difesa aerea**, air defence; **posta aerea**, air mail **5** (*fig.*: *lieve*) aerial; ethereal; light **6** (*fig.*: *vano*) vain; airy; airy-fairy (*fam.*). **B** *m.* (*antenna*) aerial.
aèreo (2), *m.* (*aeroplano*) plane; aeroplane; airplane (*USA*); aircraft: **a. da trasporto**, air freighter; cargo plane; **a. di linea**, passenger aircraft (on scheduled flights): **Volo solo su aerei di linea**, I only fly on scheduled flights; **a. militare**, military plane (*o* aircraft); **a. spia**, spy plane; **a. supersonico**, superjet.
aerifórme, **A** *a.* (*fis.*) aeriform; gaseous. **B** *m.* aeriform substance. ● **meccanica degli aeriformi**, pneumatics (*pl. col verbo al sing.*).
aeròbica, *f.* aerobics (*pl. col verbo al sing.*).
aeròbico, *a.* (*anche biol.*) aerobic: **ginnastica aerobica**, aerobics (*pl. col verbo al sing.*).
aeròbio, *m.* (*biol.*) aerobe.
aerobrigàta, *f.* (*aeron. mil.*) wing; group.
àerobus, *m. invar.* airbus.
aerocèntro, *m.* air-centre.
aerocistèrna, *f.* (air) tanker.
aeroclùb, *m. invar.* flying club.
aerodìna, *f.* (*aeron.*) aerodyne.
aerodinàmica, *f.* (*fis.*) aerodynamics (*pl. col verbo al sing.*).
aerodinamicità, *f.* aerodynamic property.
aerodinàmico, *a.* **1** (*fis.*) aerodynamic: **galleria aerodinamica**, wind tunnel **2** (*affusolato*) streamlined: **carrozzeria aerodinamica**, streamlined bodywork.
aeròdromo, *m.* aerodrome; airdrome (*USA*).
aerofagìa, *f.* (*med.*) aerophagy.
aerofàro, *m.* (*aeron.*) (air) beacon.
aeròfito, *a.* (*bot.*) aerophytic: **pianta aerofita**, aerophyte.
aerofobìa, *f.* (*med.*) aerophobia.
aeròfono, *m.* **1** (*aeron.*) sound locator **2** (*mus.*) aerophone.
aerofotografìa, *f.* (*tecnica*) aerial photography.
aerofotogràfico, *a.* aerophotographic.
aerofotogràmma, *m.* aerial photograph.
aerofotogrammetrìa, *f.* aerophotogrammetry; aerial survey.
aerogeneratóre, *m.* (*tecnol.*) aerogenerator.
aerogètto, *V.* **aeroreattore**.
aerogìro, *m.* (*aeron.*) rotorcraft.
aerografìa, *f.* (*geofisica*) aerography.
aerògrafo, *m.* airbrush.
aerogràmma, *m.* aerogram, aerogramme.
aerolìnea, *f.* (*aeron.*) airline.
aeròlito, *m.* (*geol.*) aerolite; aerolith.
aerologìa, *f.* (*meteor.*) aerology.
aeròlogo, *m.* (*f.* **-a**) (*meteor.*) aerologist.
aeromarittimo, *a.* air-sea (*attr.*).
aeromeccànica, *f.* (*fis.*) aeromechanics (*pl. col verbo al sing.*).
aeròmetro, *m.* (*fis.*) aerometer.
aeromòbile, *m.* aircraft.
aeromodellismo, *m.* model aircraft construction; model aircraft flying.
aeromodellista, *m.* e *f.* model aircraft enthusiast.
aeromodèllo, *m.* model aircraft.
aeronàuta, *m.* e *f.* aeronaut.
aeronàutica, *f.* **1** (*scienza*) aeronautics (*pl. col verbo al sing.*) **2** (*aviazione*) aviation: **a. civile**, civil aviation; **a. militare**, airforce.
aeronàutico, *a.* aeronautic(al).
aeronavàle, *a.* air-sea (*attr.*); aeronaval.
aeronàve, *f.* airship.
aeronavigazióne, *f.* air navigation.
aeroplàncton, *m.* (*biol.*) aeroplankton.
aeroplàno, *m.* aircraft; aeroplane; airplane (*USA*); plane: **a. a razzo**, rocket plane; **a. a reazione**, jet plane; **a. anfibio**, amphibian; **a. civile**, civil aircraft; **a. da bombardamento**, bomber (aircraft); **a. da caccia**, fighter aircraft; **a. da ricognizione**, reconnaissance aircraft; **a. da trasporto**, transport aircraft; (*per merci*) freight (*o* cargo) plane; **a. di portaerei**, carrier-borne aircraft.
aeropòrto, *m.* airport; (*militare, anche*) airbase.
aeroportuàle, **A** *a.* airport (*attr.*). **B** *m.* e *f.* airport worker.
aerópostàle, **A** *a.* airmail (*attr.*). **B** *m.* mail plane.
aeroràzzo, *m.* rocket plane.
aeroreattóre, *m.* jet.
aerorimèssa, *f.* hangar.
aerosbàrco, *m.* (*mil.*) airborne landing.
aeroscàlo, *m.* airport; air station.
aeroscivolànte, **A** *a.* hovering. **B** *m.* hovercraft.
aerosfèra, *f.* (*geofisica*) aerosphere.
aerosilurànte, *m.* (*aeron.*) torpedo bomber.
aerosilùro, *m.* (*aeron.*) aerial torpedo.
aerosòl, *m.* **1** (*chim.*, *fis.*) aerosol **2** (*inalatore*) inhalator; (*erogatore*) aerosol, air spray.
aerosolterapìa, *f.* (*med.*) aerosol therapy.
aerospaziàle, *a.* aerospace; airspace (*USA*); space: **industria a.**, aerospace industry; **medicina a.**, space medicine.
aerospàzio, *m.* aerospace; airspace (*USA*).
aerostàtica, *f.* (*fis.*) aerostatics (*pl. col verbo al sing.*).
aerostàtico, *a.* aerostatic(al).
aeròstato, *m.* aerostat; balloon.
aerostazióne, *f.* air terminal.
aerotàxi, *m.* air taxi; taxi plane (*USA*).
aerotècnica, *f.* aeronautics (*pl. col verbo al sing.*).
aeroterapìa, *f.* (*med.*) aerotherapy.
aeroterrèstre, *a.* (*mil.*) land-and-air (*attr.*).
aerotrasportàre, *v. t.* (*mil.*) to airlift.
aerotrasportàto, *a.* (*mil.*) airborne.
aerotraspòrto, *m.* air transport.
aerovìa, *f.* airway.
àfa, *f.* sultriness; closeness; mugginess: **C'è a.**, it's sultry.
afasìa, *f.* (*med.*) aphasia.
afàsico, *a.* (*med.*) aphasic.
afèlio, *m.* (*astron.*) aphelion.
afèresi, *f.* (*gramm.*) aphaeresis*.
affàbile, *a.* affable; pleasant; friendly; amicable; amiable.
affabilità, *f.* affability; pleasantness; friendliness; amicability; amiability.
affabulàre, *v. t.* (*letter.*) to narrate.
affabulazióne, *f.* (*letter.*) fabula; plot.

affaccendaménto, *m.* bustle; stir.
affaccendàrsi, *v. rifl.* to be busy; to busy oneself; (*agitarsi*) to bustle about: **a. ai fornelli**, to busy oneself about in the kitchen.
affaccendàto, *a.* busy.
affacciàre, A *v. t.* ***1*** (*far vedere*) to show: **Affacciò un attimo la testa e scomparve**, he showed his head for a second and then disappeared; **stare affacciato alla finestra**, to be at the window; **a. la testa nella stanza**, to pop one's head into the room ***2*** (*fig.*) to express; to venture; to advance; to raise: **a. un'ipotesi**, to advance a hypothesis; **a. un dubbio**, to venture a doubt; **a. una difficoltà**, to raise a difficulty. **B affacciàrsi,** *v. rifl.* to show oneself; to appear: **a. alla finestra** [**alla porta**], to appear at the window [on the door]; to go to the window [to the door]. **C affacciàrsi,** *v. i. pron.* ***1*** (*dare su*) to overlook; to open onto; to give* onto: **La piazza si affaccia sulla valle**, the square overlooks the valley; **La camera si affaccia sull'ingresso**, the room gives onto the hall ***2*** (*comparire*) to peep out: **Il sole si affacciò tra le nuvole**, the sun peeped out through the clouds ***3*** (*fig.*: *presentarsi*) to strike*; to occur: **Mi si affacciò un'idea**, an idea struck (*o* occurred to) me.
affamàre, *v. t.* to starve.
affamàto, A *a.* (*anche fig.*) hungry; starving; starved; famished: **bambini affamati**, hungry children; **Sono affamatissimo**, I'm starving; **a. di notizie**, hungry for news; **a. di amore**, starved for love; **a. di gloria**, eager for glory. **B** *m.* (*f.* **-a**) hungry person; (*pl. collett.*) (the) hungry.
affamatóre, *m.* (*f.* **-trice**) starver.
affannàre, A *v. t.* ***1*** to leave* breathless; to set* panting ***2*** (*fig.*: *preoccupare*) to trouble; to worry. **B affannàrsi,** *v. rifl.* ***1*** (*darsi da fare*) to busy oneself (with st., doing st.); to bustle ***2*** (*sforzarsi*) to try hard (to do st.) ***3*** (*agitarsi*) to get* worked up (over st.); to fuss (over st.) ***4*** (*affrettarsi*) to hurry; to rush.
affannàto, *a.* ***1*** breathless; panting; gasping ***2*** (*fig.*) worried; troubled.
affànno, *m.* ***1*** breathlessness: **avere l'a.**, to be breathless; to be short of breath ***2*** (*fig.*: *preoccupazione*) worry, trouble; (*dolore*) sorrow, pain, woe: **una vita di affanni**, a life full of worries; **Mi dà solo affanni**, he only gives me worries; **stare in a.**, to be anxious.
affannóso, *a.* ***1*** (*di respiro*) laboured ***2*** (*fig.*: *frettoloso*) hurried; hasty: **partenza affannosa**, hasty departure ***3*** (*fig.*: *agitato*) feverish; frantic; breathless: **ricerca affannosa**, frantic search ***4*** (*fig.*: *pieno di affanni*) anxious; troubled.
affardellàre, *v. t.* ***1*** to bundle up ***2*** (*fig.*: *ammucchiare*) to heap up; to pile up. ● (*mil.*) **a. lo zaino**, to pack one's kit.
affàre, *m.* ***1*** (*comm.*: *transazione*) transaction; deal; bargain: **un a. vantaggioso**, a profitable transaction; a good deal; **un grosso a.**, an important deal; **un a. sicuro**, a safe deal; **un cattivo a.**, a bad bargain; **concludere un a.**, to make (*o* to strike, to clinch) a deal; to shake hands on a deal; to carry out a transaction; **fare un buon a.**, to strike a bargain ***2*** (*pl.*) (*attività commerciale*) business (*sing. collett.*): **Gli affari vanno bene** [**male**], business is fine [bad]; **affari magri**, poor business; **avere rapporti d'affari con q.**, to do business (*o* to deal) with sb.; **entrare in rapporti d'affari con q.**, to enter into business relations with sb.; **fare affari**, to conduct (*o* to do) business; (*avere successo*) to do good business; to do well; **Quel negozio non fa più affari** (*va male*), that shop is no longer doing any business; **fare affari con la Spagna**, to do business (*o* to trade) with Spain; **mettersi in affari**, to go into business; to set up in business; **parlare di affari**, to talk business; **ritirarsi dagli affari**, to retire from business; **viaggiare per affari**, to travel on business; **donna d'affari**, businesswoman; **senso degli a.**, business sense; **uomo d'affari**, businessman; **viaggio d'affari**, business trip: **Sono qui in viaggio d'affari**, I'm here on business ***3*** (*faccenda*) affair; matter; business; concern; (*al pl. anche*) business (*sing. collett.*): **un a. urgente**, an urgent matter; **un brutto a.**, an ugly affair; **un sporco a.**, a dirty business; **affari privati**, private matters; **Bada agli affari tuoi!**, mind your own business!; **Non è a. tuo**, it is none of your business (*o* no concern of yours); **A. tuo!** (*o* **Affari tuoi!**), that's your business!; **Sono affari miei**, it's none of your business ***4*** (*caso*) affair; case: **l'a. Watergate**, the Watergate affair; **l'a. Dreyfus**, the Dreyfus case ***5*** (*fam.*: *aggeggio*) thing; gadget; contraption; affair; job; whatsit (*fam.*); thingummy (*fam.*); thingummyjig (*fam.*); thingumabob (*fam.*): **È un a. per sbattere le uova**, it's a gadget to whisk eggs; **Passami quell'a.**, pass me that thingummy (*o* the whatsit) over there; **Che è quest'a. sul tavolo**, what's this thing on the table? ● **un a. di cuore**, an affair of the heart □ **un a. d'oro**, a bargain; (*fig.*) a golden opportunity □ **affari d'oro**, big business □ **a. di Stato**, affair of state; (*scherz.*) big fuss (*fam.*), song and dance (*fam.*): **Non farne un a. di Stato**, don't make such a fuss about it □ **affari esteri**, foreign affairs: **Ministero degli Affari Esteri**, Ministry for Foreign Affairs; (*in G.B.*) Foreign Office; (*in U.S.A.*) State Department □ **A. fatto!**, that's settled!; it's a deal (*o* a bargain)! □ **a. giudiziario**, (*causa*) lawsuit; (*processo*) trial □ **affari interni**, home (*o* domestic) affairs □ **un affarone**, a smart deal □ (*iron.*) **Bell'a.!**, this is a fine business!; a pretty job! □ **di mal a.**, *V.* **malaffare** □ **A quel prezzo è un a.**, at that price it's a bargain □ **È** (**un**) **a. di un attimo**, it won't take a minute; it's a matter of a minute □ **Il dottore dice che è un a. da nulla**, the doctor says it's nothing to worry about □ **Ho fatto un a. a comprare questa casa**, this house was a real bargain □ **Solo trentamila? Hai fatto un buon affare**, only thirty thousand? you got good value for money □ **giro d'affari** (*di un'azienda*), turnover; total sales □ (*diplomazia*) **incaricato d'affari**, chargé d'affaires (*franc.*) □ (*prov.*) **Gli affari sono affari**, business is business.
affarismo, *m.* commercialism; profiteering; wheeling and dealing (*fam.*).
affarista, *m.* e *f.* unscrupulous businessman* (*f.* businesswoman*); money-maker; profiteer; wheeler-dealer (*fam.*).
affaristico, *a.* ***1*** (*rel. agli affari*) business (*attr.*) ***2*** (*rel. all'affarismo*) commercialist; profiteering; wheeling and dealing (*fam.*).
affascinànte, *a.* fascinating; charming; delightful; enchanting; alluring; ravishing; glamorous.
affascinàre, *v. t.* ***1*** (*stregare*) to bewitch; to charm ***2*** (*fig.*) to charm; to fascinate; to allure; to enchant; to ravish.
affascinatóre, *m.* (*f.* **-trice**) charmer; enchanter (*f.* enchantress).
affastellaménto, *m.* ***1*** bundling; tying in bundles ***2*** (*fig.*: *ammasso confuso*) jumble; muddle.
affastellàre, *v. t.* ***1*** to bundle up; to tie up in bundles; to make* up into bundles ***2*** (*fig.*) to pile up; to heap together: **a. regole su regole**, to pile up rule after rule; **a. parole**, to jumble words together.
affaticaménto, *m.* ***1*** (*l'affaticare*) tiring; wearing ***2*** (*stanchezza*) fatigue; tiredness; exhaustion; overwork ***3*** (*sforzo*) strain.
affaticàre, A *v. t.* ***1*** to tire; to weary; (*spossare*) to exhaust, to wear* out, to fatigue; (*far lavorare troppo*) to overwork; **Insegnare mi affatica**, teaching tires me; **Non a. il ragazzo**, don't overwork the boy ***2*** (*sforzare*) to strain: **a. gli occhi**, to strain one's eyes. **B affaticàrsi,** *v. rifl.* ***1*** (*stancarsi*) to tire oneself; to get* tired: **a. a fare q.c.**, to get tired doing st. ***2*** (*prodigarsi troppo*) to strain oneself; to overdo* it; (*lavorare indefessamente*) to work hard, to toil: **Non devi affaticarti**, you shouldn't overdo it; **a. per tutta la vita**, to toil all one's life ***3*** (*adoperarsi con accanimento*) to strive*; to try hard: **a. a spiegare q.c.**, to strive to explain st.
affàtto, *avv.* ***1*** completely; totally; entirely; quite; absolutely: **È a. cieco**, he is completely blind; **un concetto a. nuovo**, an entirely new notion ***2*** (*in frasi neg.*) at all; in the least: **niente a.**, not at all; not in the least; by no means; **Non sono a. stanca**, I'm not in the least tired; **niente a. male**, not bad at all; by no means bad.
affatturàre, *v. t.* ***1*** (*ammaliare*) to bewitch; to put* a spell on ***2*** (*adulterare*) to adulterate.
affatturatóre, *m.* (*f.* **-trice**) sorcerer (*f.* sorceress).
affé, *inter.* (*scherz.*) forsooth; faith. ● **a. di Bacco!**, by Jove! □ **a. mia!**, upon my word!
afferènte, *a.* (*anat.*) afferent.
affermàbile, *a.* affirmable.
affermàre, A *v. t.* ***1*** (*dichiarare*) to declare, to state, to affirm; (*asserire*) to maintain, to claim, to assert: **a. la propria innocenza**, to declare one's innocence; **Afferma di averlo visto**, he claims he saw him ***2*** (*dire di sì*) to assent; (*col capo*) to nod ***3*** (*sostenere*) to assert: **a. i propri diritti**, to assert one's rights. **B affermàrsi,** *v. rifl.* ***1*** (*imporsi*) to assert oneself ***2*** (*avere successo, anche di idee, ecc.*) to establish oneself, to become* popular, to be successful, (*di mode, ecc., anche*) to catch *on; (*farsi un nome*) to make* oneself known, to make* a name for oneself, to make* one's mark: **Si affermò come regista brillante**, he established himself as a director of light comedies; **Si è affermato come pittore**, he made a name for himself as a painter; **La moda in breve si affermò**, the fashion soon established itself (*o* caught on); **a. nella vita**, to be successful in life ***3*** (*vincere*) to win*.
affermativaménte, *avv.* affirmatively; in the affirmative: **rispondere a.**, to answer in the affirmative.
affermativo, *a.* affirmative; positive: **risposta a.**, positive (*o* affirmative) answer; **in caso a.**, if so; should that be the case.
affermàto, *a.* established; well-known; successful; popular: **uno scrittore a.**, a successful writer; **un comico a.**, a popular comedian.
affermazióne, *f.* ***1*** (*assenso*) affirmation; assent ***2*** (*dichiarazione*) statement; declaration; assertion; claim ***3*** (*successo*) achievement; performance; exploit; feat; success: **un'a. personale**, a personal success (*o* achievement); **una nuova a. dei nostri atleti**, a new exploit of our athletes; **una carriera ricca di affermazioni**, a highly successful career.
afferràbile, *a.* ***1*** seizable ***2*** (*fig.*: *comprensibile*) comprehensible; graspable.
afferràre, A *v. t.* ***1*** to get* hold of; to seize; to grasp; to catch*; to grab; to snatch: **I poliziotti afferrarono il ladro**, the policemen seized the thief; **Mi afferrò la mano**, he seized (*o* grasped) my hand; **Lo afferrai per un braccio**, I grabbed him by the arm; **a. un capo della corda**, to get hold of an end of the rope; **a. un bastone**, to grab a stick; **a. il fucile**, to take up the gun; **a. la palla**, to catch the ball; **Afferrai il vaso prima che cadesse**, I caught the vase before it fell; **Il ladro afferrò la borsetta**, the thief grabbed (*o* snatched) the bag; **a. l'occasione**, to seize (*o* to grab, to snatch up) the opportunity; **cercare di a. q.**, to snatch at st. ***2*** (*fig.*: *capire*) to grasp; to get*; to catch*: **Comincio ad a. la tua idea**, I'm beginning to grasp your idea; **Non credo di a. il concetto**, I don't think I get the idea;

Non ho afferrato quello che diceva, I didn't catch (*o* I missed) what he said. • **a. al volo**, to catch in full flight; (*fig.*: *capire subito*) to get the message; (*di occasione e sim.*) to seize on, to snatch up, to snap up (*fam.*), to pounce on (*o* upon) (*fam.*). **B afferrarsi**, *v. i. pron.* to get* (*o* to catch*) hold of; to clutch at; to cling* to (*anche fig.*): **a. a un ramo**, to get hold of a branch; **a. a una speranza**, to cling to a hope.

affettàre (1), *v. t.* (*tagliare a fette*) to slice.

affettàre (2), *v. t.* (*ostentare*) to affect, to assume; (*simulare*) to simulate, to pretend, to feign: **a. una gran gentilezza**, to affect a great kindness; **a. indifferenza**, to pretend (*o* to feign) indifference.

affettàto (1), *m.* sliced ham and salami.

affettàto (2), *a.* **1** (*artificioso*) affected; put-on; studied; contrived; mannered; la-di-da (*fam.*): **eleganza affettata**, affected elegance; **un modo di parlare a.**, a mannered way of speaking **2** (*lezioso*) mincing; camp (*fam.*).

affettatrice, *f.* slicer; slicing machine.

affettazióne, *f.* **1** affectation; pretentiousness; pretence; affected manners (*pl.*) **2** (*leziosità*) mincing manners (*pl.*).

affettività, *f.* affectivity.

affettìvo, *a.* affective; emotional; (*sentimentale*) sentimental: **valore a.**, sentimental value.

affètto (1), *m.* affection; fondness; attachment; love: **provare** (*o* **avere**) **a. per q.**, to feel affection (*o* fondness) for sb.; to be fond of sb.; to love sb. dearly; **l'a. per i genitori**, love for one's parents; **a. fraterno**, brotherly love; **guadagnarsi l'a. di q.**, to win sb.'s affection; **riversare il proprio a. su q.**, to set one's affections on sb.; **senza affetti**, unloved; **È cresciuto senza affetti familiari**, he was unloved as a child. • (*nelle lettere*) **con a.**, (with) love; yours affectionately.

affètto (2), *a.* suffering (from): **È a. da psoriasi**, he suffers from psoriasis; **a. da reumatismi**, suffering from rheumatism; rheumatic; **a. da pazzia**, mad; insane.

affettuosaménte, *avv.* affectionately; lovingly; (*nelle lettere*) (with) love, yours affectionately.

affettuosità, *f.* **1** tenderness; affectionateness; lovingness **2** (*manifestazione affettuosa*) gesture of affection; display of affection; endearment. • (*nelle lettere*) **Molte a.**, fond regards.

affettuóso, *a.* affectionate; fond; loving; tender; kind: **un bambino a.**, an affectionate child; **sguardo a.**, affectionate (*o* fond) look; **parole affettuose**, kind words; **Saluti affettuosi**, fond regards.

affezionàre, **A** *v. t.* to instil a liking for: **a. q. allo studio**, to instil a liking for study into sb. **B affezionàrsi**, *v. i. pron.* to grow* fond (of); to grow* attached (to).

affezionàto, *a.* **1** affectionate; fond; attached: **Mi è a.**, he is fond of me **2** (*devoto*) devoted. • (*nelle lettere*) **Tuo a.**, yours affectionately.

affezióne, *f.* **1** (*sentimento*) affection; fondness; love; attachment **2** (*med.*) affection; disease: **a. cardiaca**, affection of the heart. • **prezzo d'a.**, fancy price.

affiancàre, **A** *v. t.* **1** (*mettere a fianco*) to put* beside; (*mettere fianco a fianco*) to place side by side: **a. due tavoli**, to place two tables side by side **2** (*fig.*: *mettere insieme*) to put* together with; to partner: **Gli hanno affiancato un collega più giovane**, he has been partnered with a younger colleague **3** (*fig.*: *collaborare*) to collaborate, to assist, to support; (*unirsi*) to join: **Mi ha affiancato nelle ricerche**, he collaborated with me in my research **4** (*mil.*) to flank **5** (*naut.*) to bring* alongside. **B affiancàrsi**, *v. rifl.* **1** to come* alongside; to come* up alongside (*o* beside); (*di auto, ecc.*) to draw* up beside (*o* alongside): **Mi si affiancò uno sconosciuto**, a stranger came up beside me; **La sua auto si affiancò alla nostra**, he drew up beside us **2** (*fig.*: *unirsi*) to join; (*collaborare*) to collaborate **3** (*naut.*) to come* alongside.

affiancàto, *a.* (*fianco a fianco*) side by side; abreast: **camminare affiancati**, to walk side by side; **affiancati per tre**, three abreast.

affiataménto, *m.* harmony; (good) understanding; agreement; (*spirito di squadra*) team spirit: **C'è un buon a. tra di noi**, we get on well together; we understand each other.

affiatàre, **A** *v. t.* to make* (people) get on well together; to harmonize. **B affiatàrsi**, *v. rifl.* o *rifl. recipr.* (to learn*) to get* on (with); (to learn*) to work well together; to adjust to each other (*o* to one another): **a. con i nuovi colleghi**, to learn to get on with one's new colleagues; **Ci siamo già affiatati**, we are getting on well already; **Ci siamo affiatati subito**, we got on well (*o* hit it off) immediately.

affiatàto, *a.* working well together: **una squadra affiatata**, a team that works (*o* work) well together; **musicisti affiatati**, musicians that play well together; a good ensemble.

affibbiàre, *v. t.* **1** to buckle; to fasten **2** (*fig.*: *dare*) to fasten; to saddle; to pass on: **a. un soprannome a q.**, to fasten a nickname upon sb.; **a. a q. la colpa di q.c.**, to pass the blame for st. on to sb.; **a. a q. un lavoro sgradito**, to saddle sb. with an unpleasant job; **a. denaro falso a q.**, to pass on counterfeit money to sb. **3** (*fig.*: *assestare*) to deal*; to land; to fetch: **a. una sberla**, to deal (*o* to fetch) a cuff; **a. un pugno**, to land a punch.

affibbiatùra, *f.* **1** buckling **2** (*fibbia*) buckle; clasp.

affiche (*franc.*), *f.* poster; bill.

affidàbile, *a.* reliable; dependable; trustworthy.

affidabilità, *f.* reliability; dependability; trustworthiness. • (*banca*) **a. creditizia**, creditworthiness.

affidaménto, *m.* **1** (*l'affidare*) entrusting **2** (*fiducia*) reliance; trust; confidence; (*garanzia*) assurance: **una persona che dà a.**, a reliable (*o* dependable) person; **Non è persona che dia a.**, he doesn't inspire great confidence; **fare a. su q.**, to rely (*o* to depend, to count, to bank) on sb.; **Dà a. di buona riuscita**, it gives assurance of good success; it promises to be successful **3** (*leg.*: *di minore*) foster care; fosterage: **prendere in a.**, to foster.

affidàre, **A** *v. t.* to entrust; to commit; to leave*; to give*: **a. un documento [una somma, un compito] a q.**, to entrust sb. with a paper [a sum, a task]; **a. il figlio a un vicino**, to leave one's child with a neighbour; **Gli ho affidato le chiavi**, I left my keys with him; **Ti affido la casa**, I'm leaving you in charge of the house; **a. i propri pensieri alla carta**, to commit one's thoughts to paper; **a. tutto alla sorte**, to leave everything to chance; **a. la propria anima a Dio**, to commend one's soul to God. • (*leg.*) **affidare la custodia di un bambino alla madre**, to grant custody of a child to its mother. **B affidàrsi**, *v. rifl.* to rely (*o* to count, to depend) (on, upon); to trust (to); to place one's trust (in): **Mi affido a te**, I'm relying (*o* counting) on you; **a. a Dio**, to place one's trust in God; **a. alla sorte**, to trust to chance; **a. alla mercè di q.**, to throw oneself on sb.'s mercy.

affidatàrio, *m.* (*f.* **-a**) (*leg.*: *di beni*) trustee; (*di minore*) custodian.

affidavit (*lat.*), *m.* (*leg.*) affidavit.

affido, *V.* **affidamento**, *def. 3.*

affienàre, (*agric.*) **A** *v. t.* to feed* on hay. **B** *v. i.* to turn into hay.

affievoliménto, *m.* **1** weakening; fading; waning **2** (*radio*) fading.

affievolire, **A** *v. t.* to weaken; to enfeeble. **B affievolirsi**, *v. i. pron.* **1** to fade; to trail off; to diminish; to wane: **Le voci si affievolirono e tacquero**, the voices trailed off into silence; **Le speranze si affievolivano**, hope was diminishing (*o* fading); **Le sue forze si affievoliscono**, his strength is waning **2** (*radio*) to die out; to fade.

affìggere, **A** *v. t.* **1** (*manifesti, ecc.*) to post up; to stick* up **2** (*poet.*: *fissare*) to fix. **B affiggersi**, *v. i. pron.* (*poet.*: *guardare fissamente*) to gaze (at).

affilacoltelli, *m. invar.* whetstone; (*in macelleria*) steel.

affilarasóio, *m.* (razor) strop.

affilàre, **A** *v. t.* **1** to sharpen; to put* an edge (on); to whet; (*sul cuoio*) to strop; (*sulla mola*) to grind*; (*sulla pietra*) to hone: **a. un coltello**, to sharpen (*o* to grind) a knife; **a. un rasoio**, to strop a razor **2** (*fig.*: *assottigliare*) to make* thinner; to thin: **La malattia gli ha affilato il viso**, his illness has thinned his face. • (*fig.*) **a. le armi**, to get ready to fight. **B affilàrsi**, *v. i. pron.* to get* thin (*o* thinner).

affilàta, *f.* (quick) sharpening.

affilàto, *a.* **1** (*tagliente*) sharp (*anche fig.*); sharp-edged; keen: **una lama affilata**, a sharp blade; **lingua affilata**, sharp tongue; **non a.**, blunt **2** (*fig.*: *di viso, ecc.*) thin, lean; (*per freddo, malattia, ecc.*) pinched, peaky: **naso a.**, thin nose.

affilatóio, *m.* sharpener.

affilatrice, *f.* (*mecc.*) sharpener; grinder.

affilatùra, *f.* sharpening; whetting; grinding; honing.

affiliàre, **A** *v. t.* **1** (*associare*) to affiliate (to, with); to adopt as a member **2** (*leg., di minore*) to foster. **B affiliàrsi**, *v. rifl.* to affiliate (with); to join; to become* a member (of).

affiliàta, *f.* (*econ.*) affiliate; associate; affiliated company.

affiliàto, *m.* affiliate; associate.

affiliazióne, *f.* **1** affiliation **2** (*leg., di minore*) fosterage.

affinaménto, *m.* **1** (*assottigliamento*) thinning **2** (*fig.*: *l'aguzzare*) sharpening **3** (*fig.*: *perfezionamento*) refinement; polish **4** (*metall.*) refining; smelting.

affinàre, **A** *v. t.* **1** (*assottigliare*) to thin **2** (*fig.*: *aguzzare*) to sharpen; to make* keener: **a. l'ingegno**, to sharpen sb.'s wit **3** (*fig.*: *perfezionare*) to refine; to polish: **a. lo stile**, to refine (*o* to polish) one's style; **a. il gusto**, to improve one's taste **4** (*metall.*) to refine; to smelter. **B affinàrsi**, *v. i. pron.* **1** (*assottigliarsi*) to grow* thin; to thin **2** (*fig.*: *aguzzarsi*) to grow* sharper **3** (*fig.*: *perfezionarsi*) to become* refined; to grow* more refined; to acquire polish.

affinazióne, *f.* (*metall.*) refining.

affinché, *cong.* so that; in order that; that: **Te lo dico a. tu faccia qualcosa**, I'm telling you so that (*o* in order that) you can do something; **Parla più forte a. ti sentano tutti**, speak louder so that everyone can hear you; **Gli parlai a. non pensasse che era colpa mia**, I spoke to him lest he might think it was my fault.

affine (1), *a.* **1** (*simile*) similar; like; alike, akin, (*pred.*); like-minded: **gusti affini**, similar tastes; **Sono due caratteri affini**, they have similar characters; they are like each other; **Hanno idee affini**, they are like-minded; **detersivi e generi affini**, detergents and the like **2** (*collegato*) allied; related: **scienze affini**, related sciences **3** (*ling.*) kindred; cognate: **parole affini**, cognate words; **lingue affini**, kindred languages.

affine (2), *m.* e *f.* **1** (*leg.*) relative-in-law **2** (*antropol.*) affine.

affinità, *f.* **1** affinity; similarity; resemblance; (*vicinanza*) kinship, congeniality **2** (*leg., antropol., chim.*) affinity. • **a. elettiva**, elective affinity.

affiochiménto, *m.* weakening; fading. • **a. di voce**, hoarseness.

affiochire, A *v. t.* (*attutire*) to muffle. **B affiochirsi,** *v. i. pron.* to grow* weak (*o* weaker); (*di suono, voce*) to grow* faint; (*di luce*) to grow* faint, to grow* dim, to fade.

affioraménto, *m.* **1** (*anche fig.*) surfacing; emergence **2** (*geol.*) outcrop **3** (*naut.*: *di sottomarino*) surfacing: **in a.**, awash (*pred.*); **navigare in a.**, to proceed awash.

affioràre, *v. i.* **1** to surface; to rise* (*o* to come*) to the surface; to emerge: **La balena affiorò**, the whale surfaced; **Affiorava solo la cima dello scoglio**, only the tip of the rock emerged **2** (*fig.*) to surface; to emerge; to crop up; to appear: **Affiorarono alcuni problemi**, a few problems emerged (*o* cropped up); **È affiorato un dubbio**, a doubt has cropped up; **La tristezza le affiorò in viso**, a sad look appeared on her face **3** (*geol.*) to crop out **4** (*naut.*: *di sottomarino*) to surface.

affissióne, *f.* posting; billposting; placarding. ● **Vietata l'a.**, post no bills.

affìsso, *m.* **1** (*avviso*) notice, bill; (*manifesto*) poster; (*cartellone*) placard **2** (*gramm.*) affix.

affittàbile, *a.* rentable.

affittacàmere, *m.* e *f. invar.* landlord (*m.*); landlady (*f.*).

affittànza, *f. V.* **affitto**.

affittàre, *v. t.* **1** (*dare in affitto*: *immobili*) to let* (*o* to let* out) (*GB*), to rent out (*USA*); (*macchinari*) to lease (*o* to lease out) **2** (*prendere in affitto*: *immobili*) to rent; (*macchinari*) to lease **3** (*dare a noleggio*) to hire out; to rent out (*USA*) **4** (*prendere a noleggio*) to hire; to rent (*USA*). ● **Affittasi**, to let (*GB*); for rent (*USA*) □ **casa da a.**, house to let.

affittàto, *a.* **1** (*dato in affitto*) let out (*GB*); rented; leased **2** (*preso in affitto*) rented; leased **3** (*occupato*) tenanted.

affitto, *m.* **1** (*locazione*) tenancy **2** (*contratto*) lease **3** (*il canone*) rent **4** (*nolo*) hire. ● **a. anticipato [arretrato]**, rent in advance [in arrears] □ **a. bloccato**, controlled rent □ **a. nominale**, peppercorn rent □ **blocco degli affitti**, rent freeze □ **canone d'a.**, rent; rental □ **casa d'a.**, apartment house □ **contratto d'a.**, lease □ **dare [prendere] in a.**, *V.* **affittare** □ **esente da a.**, rent-free □ **essere in a.**, (*di proprietà*) to be let out (*GB*), to be rented; (*di persona*) to rent one's house [flat] □ **riscuotere l'a.**, to collect the rent.

affittuàrio, *m.* (*f.* **-a**) tenant; renter.

afflàto, *m.* (*lett.*) afflatus; inspiration.

affliggere, A *v. t.* **1** (*tormentare*) to trouble; to afflict; to torment; to beset*; to plague; to ail: **Lo affliggono molti malanni**, he is troubled by lots of ailments; **È afflitto dalla sciatica**, he suffers from sciatica; **Ho un mal di denti che mi affligge da tre giorni**, I've been tormented (*o* plagued) by toothache for three days; **Che cosa l'affligge?**, what troubles (*o* ails) him? **2** (*addolorare*) to sadden; to affect; to grieve; to distress **3** (*molestare*) to pester; to plague. **B affliggersi,** *v. i. pron.* **1** (*addolorarsi*) to grieve: **Non affliggerti per me**, don't grieve for me **2** (*tormentarsi*) to worry; to be distressed: **Non affliggerti per così poco!**, don't worry for so little!; **Di che si affligge?**, what is he so distressed about?

afflitto, A *a.* (*addolorato*) distressed, grief-stricken, pained; (*mesto*) sad, afflicted, dejected, desolate, miserable; (*di aspetto, anche*) sorrowful, mournful, woebegone: **Parlava con voce afflitta**, he spoke in a dejected tone; **Mi guardò con aria afflitta**, he looked at me dejectedly. **B** *m. pl.* (the) suffering; (the) distressed: **consolare gli a.**, to comfort the suffering.

afflizióne, *f.* **1** (*dolore*) affliction; grief; sorrow; anguish; distress; misery **2** (*tribolazione*) suffering; tribulation; trial; woe **3** (*flagello*) curse; plague.

afflosciàre, A *v. t.* **1** to make* (st.) go limp; to wilt; (*sgonfiare*) to deflate: **L'umido mi affloscia i capelli**, wet weather makes my hair go limp **2** (*fig.*: *indebolire*) to weaken; to enervate **3** (*fig.*: *smorzare*) to deflate; to dampen. **B afflosciàrsi,** *v. i. pron.* **1** to go* limp; to go* soft; to sag; to droop; to collapse; (*di piante*) to wilt: **La vela si afflosciò**, the sail sagged; **Si afflosciò tra le mie braccia**, she went limp in my arms; **a. a terra**, to collapse on the ground; **Il soufflé si è afflosciato**, the soufflé has gone flat; **I fiori si sono afflosciati**, the flowers have wilted **2** (*fig.*) to collapse; to fold up; to give* way: **Non puoi afflosciarti proprio adesso**, you can't fold up now.

affluènte, *a.* e *m.* tributary.

affluènza, *f.* **1** (*di liquido*) flow **2** (*econ.*) inflow; influx; flow **3** (*di gente*) crowd; concourse; attendance; turnout: **una buona a. di pubblico**, a large attendance; **a. alle urne**, turnout.

affluìre, *v. i.* **1** (*scorrere*) to flow; to pour; to run* **2** (*fig.*) to pour in; to flood in; to stream in; to rush: **I guadagni affluiscono da ogni parte**, profits pour in from everywhere; **La gente affluiva nella piazza**, people were pouring into the square; **un film che farà a. folle di spettatori**, a film that will bring in crowds; **Il sangue gli affluì al viso**, blood rushed (*o* rose) to his face.

afflùsso, *m.* **1** influx; flow; stream: **un incessante a. di gente**, a continuous stream of people; **l'a. dei turisti**, the influx of tourists; **l'a. del traffico verso il centro**, the flow of traffic to the centre of town **2** (*econ.*) inflow; influx: **a. di capitali dall'estero**, inflow of capital (*o* capital inflow) from abroad **3** (*med.*) afflux: **l'a. del sangue al cervello**, the afflux of blood to the brain.

affogaménto, *m.* drowning.

affogàre, A *v. t.* **1** to drown (*anche fig.*): **a. la tristezza nell'alcol**, to drown one's sorrows in drink **2** (*cucina*: *uova*) to poach. **B** *v. i.* to drown; to be drowned: **Affogò nel fiume**, he drowned (*o* was drowned) in the river. ● (*fig.*) **a. in un bicchiere d'acqua**, to be fazed by the simplest of problems □ (*fig.*) **a. nei debiti**, to be up to one's ears in debt □ (*fig.*) **o bere o a.**, sink or swim. **C affogàrsi,** *v. rifl.* to drown oneself.

affogàto, A *a.* **1** drowned: **morire a.**, to drown; to die by drowning **2** (*cucina*: *di uovo*) poached. **B** *m.* **1** (*f.* **-a**) drowned person **2** – **a. al whisky [al caffè]**, icecream in whisky [in coffee].

affollaménto, *m.* **1** (*l'affollarsi*) crowding; thronging **2** (*folla*) crowd; throng; press.

affollàre, A *v. t.* to crowd; to pack; to throng: **a. un luogo**, to crowd a place. **B affollàrsi,** *v. i. pron.* **1** to crowd; to throng; to press; to flock: **Mi si affollarono intorno**, they crowded around me **2** (*di luogo*) to fill; to be crowded; to be packed: **Il cinema si affollò subito**, the cinema was soon packed.

affollàto, *a.* crowded (with); thronged (with); packed (with).

affondaménto, *m.* sinking.

affondamìne, *m. invar.* (*naut.*) minelayer.

affondàre, A *v. t.* **1** (*naut.*) to sink*: **a. una nave**, to sink a ship **2** (*far penetrare*) to sink*; to plunge; to drive*; to thrust*: **a. i denti in q.c.**, to sink one's teeth into st.; **a. una mano in tasca**, to thrust a hand into one's pocket; to dive into one's pocket; **Gli affondò la lama nel petto**, he plunged the blade into his chest. **B** *v. i.* **1** (*naut.*) to sink*; to go* down; to founder: **La nave affondò con tutti gli uomini**, the ship sank (*o* went down) with all her hands **2** (*sprofondare*) to sink*; to founder: **a. nella neve**, to sink (*o* to founder) into the snow; **a. in una poltrona**, to sink (*o* to slump) into an armchair.

affondàta, *f.* (*aeron.*) dive.

affondatóre, *m.* (*f.* **-trice**) sinker.

affóndo, *m.* **1** (*scherma*) lunge **2** (*calcio*) run.

affossaménto, *m.* **1** (*l'affossare*) ditching **2** (*fosso*) ditch **3** (*fig.*) shelving; sinking.

affossàre, A *v. t.* **1** to ditch **2** (*incavare*) to rut; to make* ruts (into) **3** (*fig.*: *accantonare*) to shelve; (*bocciare*) to sink*, to scupper (*fam. GB*). **B affossàrsi,** *v. i. pron.* **1** (*incavarsi*: *di occhi*) to sink*; (*di guance*) to grow* hollow **2** (*cedere*) to subside.

affossàto, *a.* **1** (*incavato*: *di occhi*) sunken, deep-set; (*di guance*) hollow **2** (*fig.*: *bocciato*) discarded; dropped; scuppered (*fam. GB*).

affossatóre, *m.* **1** (*becchino*) gravedigger **2** (*agric.*) ditcher **3** (*f.* **-trice**) (*fig.*) shelver; sinker.

affossatùra, *V.* **affossamento**.

affrancàbile, *a.* **1** (*liberabile*) releasable **2** (*riscattabile*) redeemable.

affrancaménto, *m.* **1** (*liberazione*) deliverance; freeing; release; liberation **2** (*riscatto*) redemption.

affrancàre, A *v. t.* **1** (*liberare*) to free; to set* free; to deliver; to release; to liberate: **a. uno schiavo [un popolo]**, to free a slave [a people] **2** (*riscattare*) to redeem: **a. una proprietà [un'eredità]**, to redeem a property [an inheritance] **3** (*una lettera*) to stamp; to frank: **Non a.!** (*su una busta*), no stamp needed. **B affrancàrsi,** *v. rifl.* (*anche fig.*) to free oneself.

affrancatóre, *m.* (*f.* **-trice**) **1** (*chi libera*) liberator **2** (*chi riscatta*) redeemer.

affrancatrice, *f.* (*mecc.*) postal franking machine; postage meter (*USA*).

affrancatùra, *f.* **1** (*l'affrancare*) stamping; franking **2** (*tariffa postale*) postage: **«a. insufficiente»**, «postage due»; **privo di a.**, unstamped.

affrànto, *a.* (*dal dolore*) broken-hearted; grief-stricken; broken; disconsolate; shattered; prostrate: **un cuore a.**, a broken heart.

affratellaménto, *m.* union; bringing together; (*unione fraterna*) brotherhood.

affratellàre, A *v. t.* to bring* together; to unite (in friendship). **B affratellàrsi,** *v. rifl.* to come* together; to join (in friendship).

affrescàre, *v. t.* (*pitt.*) to fresco.

affreschista, *m.* e *f.* fresco painter.

affrésco, *m.* (*pitt.*) fresco*.

affrettàre, A *v. t.* **1** to speed* up; to hurry up; to urge on; to rush: **a. il passo**, to quicken one's step; **a. la guarigione**, to speed up recovery; **Non affrettiamo i tempi**, let's not be precipitate; let's not rush it **2** (*rendere più sollecito*) to speed* up; to expedite; to facilitate. **B affrettàrsi,** *v. i. pron.* to hurry; to hasten; to make* haste: **a. a ritornare**, to hasten back; **Si affrettò a telefonarmi**, he hurried to phone me.

affrettataménte, *avv.* hurriedly; hastily; in haste; in a hurry: **camminare a.**, to hurry along.

affrettàto, *a.* **1** (*frettoloso*) hurried, hasty; (*precipitoso*) overhasty, rash: **un pasto a.**, a hurried meal; **una partenza affrettata**, a hasty departure; **giudizio a.**, rash judgment; **decisione affrettata**, rash decision **2** (*poco curato*) rushed; careless.

africàta, *f.* (*fon.*) affricate.

africàto, *a.* (*fon.*) affricative.

affrontàre, A *v. t.* **1** to confront; to face; to face up to; (*con sfida*) to brave: **a. un nemico**, to confront an enemy; **a. i ribelli**, to face up to the rebels; **a. una responsabilità**, to face up to a responsibility; **a. la sofferenza [la morte]**, to face suffering [death]; **a. la realtà**, to face reality; **a. le ire di q.**, to brave sb.'s anger **2** (*fig.*: *mettere mano a*) to deal* with; to tackle; to grapple with; to broach: **a. un problema**, to tackle a problem; **a. un argomento spinoso**, to broach a thorny subject **3** (*fig.*: *spese*) to meet*; to bear* **4** (*sottostare*) to undergo*; to go* through: **a. un'operazio-**

ne, to undergo an operation; **a. molte prove**, to go through many trials. **B affrontàrsi**, *v. rifl. recipr.* **1** to confront each other **2** (*di eserciti*) to meet*.

affrónto, *m.* (*offesa*) affront; insult; offence; slight; outrage: **fare un a. a q.**, to insult sb.; to slight sb.; to offer an affront to sb. (*form.*); **ricevere** [**patire**] **un a.**, to receive [to suffer] an affront; to be insulted; **un a. al buon senso**, an outrage to commonsense.

affumicaménto, *m.* **1** (*annerimento da fumo*) smoking **2** (*di carne, pesce, ecc.*) smoking.

affumicàre, *v. t.* **1** (*riempire di fumo*) to fill with smoke **2** (*annerire col fumo*) to smoke **3** (*carne, pesce, ecc.*) to smoke.

affumicàto, *a.* **1** (*annerito dal fumo*) smoked; blackened with smoke; smoky **2** (*di carne, pesce, ecc.*) smoked. ● **lenti affumicate**, tinted (*o* dark) lenses ◻ **vetro a.**, smoked glass.

affumicatùra, *V.* **affumicamento**.

affusolàre, *v. t.* to taper.

affusolàto, *a.* tapering; tapered: **calzoni affusolati**, tapered trousers; **dita affusolate**, tapering fingers.

affùsto, *m.* (*mil.*) gun carriage; gun mount.

afg(h)àno, *a.* e *m.* (*f.* **-a**) Afghan; Afghani (*f.* Afghan *o* Afghani woman*).

àfide, *m.* (*zool., Aphis*) aphid; aphis*; (*com.*) plant louse*. ● **a. verde** (*Myzus persicae*), greenfly.

àfnio, *m.* (*chim.*) hafnium.

afocàle, *a.* (*fis.*) afocal.

afonìa, *f.* (*med.*) aphonia.

àfono, *a.* **1** (*med.*) aphonic **2** (*com.*: *rauco*) hoarse: **essere a.**, to be hoarse; to have lost one's voice.

aforìṣma, *m.* aphorism.

aforìstico, *a.* aphoristic.

afosità, *f.* sultriness; closeness; mugginess.

afóso, *a.* sultry; stifling; close; humid; muggy: **caldo a.**, stifling heat; **tempo a.**, sultry (*o* muggy) weather.

Àfrica, *f.* (*geogr.*) Africa.

africanìṣmo, *m.* **1** (*ling.*) Africanism **2** (*stor.*) colonial expansion into Africa.

africanìsta, *m.* e *f.* **1** (*studioso*) Africanist **2** (*stor.*) supporter of the colonial expansion into Africa.

africanìstica, *f.* African studies (*pl.*).

africàno, *a.* e *m.* (*f.* **-a**) African (*f.* African woman*).

àfrico, *m.* south west wind.

afrikaans, *m.* Afrikaans.

afrikander, afrikaner, *a.*, *m.* e *f.* Afrikaner.

afroamericàno, *a.* e *m.* (*f.* **-a**) African-American (*f.* African-American woman*).

afroaṣiàtico, *a.* e *m.* (*f.* **-a**) Afro-Asian (*f.* Afro-Asian woman*).

afrocubàno, *a.* e *m.* (*f.* **-a**) Afro-Cuban (*f.* Afro-Cuban woman*).

afrodiṣìaco, *a.* e *m.* aphrodisiac.

Afrodite, *f.* (*mitol.*) Aphrodite.

afróre, *m.* stench; reek.

àfta, *f.* **1** (*med.*) aphtha* **2** (*vet.*) – **a. epizootica**, foot-and-mouth disease.

aftóso, *a.* **1** (*med.*) aphthous **2** (*vet.*) affected by foot-and-mouth disease.

Agamènnone, *m.* Agamemnon.

agamìa, *f.* (*biol.*) agamogenesis.

agàmico, *a.* (*biol.*) agamic.

àgape, *f.* agape.

àgar-àgar, *m. invar.* (*chim.*) agar-agar.

agàrico, *m.* (*bot., Agaricus*) agaric.

Àgata, *f.* Agatha.

àgata, *f.* (*miner.*) agate.

àgave, *f.* (*bot., Agave*) agave. ● **a. americana**, American aloe ◻ **a. sisalana**, sisal.

agèmina, *f.* damascening.

ageminàre, *v. t.* to damascene.

agènda, *f.* **1** diary; engagement (*o* appointment) book: **a. tascabile**, pocket diary; (*elab.*) **a. elettronica**, digital diary; electronic notebook **2** (*ordine del giorno*) agenda.

agènte, *m.* **1** agent: **l'a. della ditta B**, the agent for firm B; **a. esclusivo**, sole agent; **a. di assicurazione**, insurance agent (*o* broker); **a. di commercio**, business agent; **a. di spedizioni**, forwarding (*o* shipping) agent; **a. immobiliare**, estate agent (*GB*); land broker (*GB*); realtor (*USA*); **a. letterario**, literary agent; **a. marittimo**, shipping agent; ship-broker; **a. pubblicitario**, advertising agent; (*addetto stampa*) press agent **2** (*Borsa, fin.*) broker: **a. di cambio**, stockbroker; broker; **a. di sconto**, discount broker **3** (*polizia e sim.*) officer: **a. di polizia**, policeman; police officer; police constable (*GB*); **a. di pubblica sicurezza**, policeman; **a. di custodia**, prison guard; **a. investigativo**, detective **4** (*fis., chim., med.*) agent: **a. chimico** [**fisico, naturale**], chemical [physical, natural] agent; **a. patogeno**, pathogen. ● **a. del fisco**, tax inspector; fiscal assessor ◻ **a. provocatore**, agent provocateur (*franc.*) ◻ **a. segreto**, secret agent.

agenzìa, *f.* **1** agency; office; bureau: **a. di stampa**, press agency; **a. di viaggi**, travel agency; travel bureau; **a. di collocamento**, (*privata*) employment agency; (*pubblica*) employment office (*USA*: bureau); **a. d'informazioni**, news agency; **a. di pubblicità**, advertising agency (*USA*: bureau); **a. di spedizioni**, forwarding (*o* shipping) agents (*pl.*) **2** (*filiale*) branch; agency.

agèrato, *m.* (*bot., Ageratum*) ageratum*.

agevolàre, *v. t.* **1** (*facilitare*) to facilitate, to make* easy (*o* easier); (*semplificare*) to simplify **2** (*aiutare*) to help; to assist.

agevolàto, *a.* (*econ.*) concessional; subsidized: **tasso a.**, concessional (*o* special) rate; **prestito a.**, subsidized loan; **condizioni agevolate**, easy terms.

agevolazióne, *f.* **1** facilitation; (*aiuto*) help **2** (*riduzione*) reduction: **a. ferroviaria**, reduction in rail fares; **concedere un'a.**, to allow a reduction; **fare un'a.**, to make a reduction; **agevolazioni di pagamento**, easy terms of payment; **a. fiscale**, tax break.

agévole, *a.* easy; (*di strada*) smooth.

agganciaménto, *m.* **1** hooking **2** (*ferr.*) coupling.

agganciàre, *v. t.* **1** to hook **2** (*ferr.*) to couple **3** (*fig.*: *collegare*) to yoke; to link: **a. i salari ai prezzi**, to yoke wages to prices **4** (*fin.*: *rapportare*) to peg: **a. la corona all'ecu**, to peg the krona to the ecu **5** (*fig.*: *attaccare discorso*) to buttonhole, to corner; (*abbordare*) to accost.

aggàncio, *m.* **1** (*ferr.*) coupler **2** (*fig.*: *collegamento*) link; hook-up **3** (*fam.*: *conoscenza*) contact; connection.

aggéggio, *m.* gadget; contraption; whatsit (*fam.*); thingummy (*fam.*); doodah (*fam. GB*); doodad (*fam. USA*).

aggettàre, *v. i.* to jut out; to project.

aggettivàle, *a.* (*gramm.*) adjectival.

aggettivàre, *v. t.* **1** (*gramm.*) to turn into (*o* to use as) an adjective **2** to use adjectives; to add ajectives.

aggettivazióne, *f.* use of adjectives.

aggettìvo, *m.* **1** (*gramm.*) adjective **2** (*epiteto*) name; epithet.

aggètto, *m.* (*archit.*) projection; overhang; jut. ● **fare a.**, to jut out; to project.

agghiacciànte, *a.* (*fig.*) bloodcurdling; hair-raising; dreadful; terrifying.

agghiacciàre, **A** *v. t.* **1** to freeze*; to ice (up, over): **a. l'acqua**, to freeze water **2** (*fig.*) to freeze* one's blood: **La notizia ci agghiacciò**, the news froze our blood. **B agghiacciàrsi**, *v. i. pron.* (*anche fig.*) to freeze*; to turn into ice.

agghiàccio, *m.* (*naut.*) steering gear.

agghiaiàre, *v. t.* to gravel.

agghindaménto, *m.* dressing up; decking out.

agghindàre, **A** *v. t.* to dress up; to deck out; to do* up (*fam.*). **B agghindàrsi**, *v. rifl.* to dress up; to deck (oneself) out; to do* oneself up (*fam.*).

àggio, *m.* (*fin.*) **1** agio; premium: **a. dell'oro** [**del dollaro**], gold [dollar] premium; **fare a.**, to be at a premium **2** (*compenso*) collecting commission.

aggiogaménto, *m.* yoking.

aggiogàre, *v. t.* to yoke (*anche fig.*); to team.

aggiornaménto, *m.* **1** updating; bringing up to date; update; (*revisione*) revision; (*ind.*: *rinnovamento*) renovation **2** (*rinvio*) adjournment. ● **corso di a.**, refresher course ◻ **volume d'a.**, supplement.

aggiornàre, **A** *v.* **1** to bring* up to date; to update; (*rivedere*) to revise; (*ind.*: *rinnovare*) to renovate, to modernize **2** (*mettere al corrente*) to bring* up to date **3** (*rinviare*) to adjourn. **B aggiornàrsi**, *v. rifl.* **1** (*mettersi al corrente*) to bring* oneself up to date; to keep* up to date **2** (*di assemblea*) to adjourn: **La corte si aggiorna**, the court adjourns.

aggiornàto, *a.* **1** updated; up-to-date; (*riveduto*) revised; (*rinnovato*) renovated, modernized **2** (*al corrente*) up to date; well informed; abreast of (st.): **tenersi a.**, to keep up-to-date; to keep abreast of things **3** (*rinviato*) adjourned.

aggiotàggio, *m.* (*leg.*) rigging the market; agiotage.

aggiotatóre, *m.* (*f.* **-trice**) (*leg.*) rigger (of the market).

aggiraménto, *m.* **1** going round; bypassing **2** (*mil.*) outflanking.

aggiràre, **A** *v. t.* **1** to go* round; to bypass **2** (*mil.*) to outflank **3** (*fig.*: *evitare*) to bypass, to get* round, to find* a way around, to circumvent (*form.*); (*non affrontare*) to avoid, to sidestep: **a. la legge**, to circumvent (*o* to get round) the law; **a. una difficoltà**, to avoid a difficulty; **L'argomento fu astutamente aggirato**, the issue was cleverly sidestepped **4** (*ingannare*) to deceive; to dupe; to circumvent **5** (*elab.*) to bypass. **B aggiràrsi**, *v. i. pron.* **1** (*vagare*) to wander about (*o* around), to roam; (*gironzolare*) to hang* about (*o* around); to hang* out (*USA*): **a. per la città**, to wander about the town; **a. nel quartiere**, to hang about (*o*, *USA*, to hang out in) the neighbourhood **2** (*fig.*: *riguardare*) to centre on; to deal* with: **Il dibattito s'aggira sopra un punto**, the discussion deals with one point **3** (*approssimarsi*) to be about (*o* around): **Il prezzo si aggira sul milione**, the price is about one million lire.

aggiudicàbile, *a.* awardable; allottable.

aggiudicàre, *v. t.* **1** to award; to allot; to assign; to adjudicate: **a. un premio**, to award a prize; **a. un appalto**, to award a contract **2** (*in un'asta*) to knock down: **Il vaso fu aggiudicato al signor X per un milione**, the vase was knocked down at one million to Mr X; **Aggiudicato!**, gone! **3** (**aggiudicarsi**: *conquistare*) to win*; to gain; to be awarded: **aggiudicarsi la vittoria**, to win; to gain a victory; **aggiudicarsi un appalto**, to win (*o* to be awarded) a contract; **aggiudicarsi un premio**, to be awarded a prize.

aggiudicatàrio, *m.* (*f.* **-a**) **1** (*in un'asta*) highest bidder **2** (*di appalto*) contractor **3** (*assegnatario*) allottee.

aggiudicatìvo, *a.* adjudicative.

aggiudicazióne, *f.* **1** (*assegnazione*) award; (*leg.*) adjudication **2** (*di appalto*) award of contract **3** (*in un'asta*) knocking down.

aggiùngere, **A** *v. t.* to add; to append; (*a metà*) to add in; (*alla fine*) to add on: **a. un'altra sedia**, to add another chair; **a. la propria firma**, to add one's signature; **a. olio e sale**, to add in oil and salt; **«Devo andare» aggiunse**, «I must go» he added; **a. un poscritto**, to add (*o* to append) a postscript. **B aggiùngersi**, *v. i. pron.* **1** (*di cosa*) to be added to; to come* on top of: **A questo si aggiunse la pioggia**, on top of that it started to rain; **andare ad a. a q.c.**, to add to st. *2* (*di persona*) to join (sb., st.): **a. a un gruppo**, to join a group.

aggiùnta, *f.* *1* addition; supplement: **in a.**, in addition *2* (*archit.*) extension. ● **nuova edizione con aggiunte**, new expanded edition.

aggiuntàre, *v. t.* to join (together).

aggiuntatùra, *f.* *1* (*l'aggiuntare*) joining; junction *2* (*cosa aggiuntata*) connection *3* (*giuntura*) joint.

aggiuntivo, *a.* additional; further; adjunctive; supplementary.

aggiùnto, A *a.* *1* (*associato*) associate: **membro a.**, associate member *2* (*assistente*) assistant: **segretario a.**, assistant secretary. **B** *m.* (*delegato*) assistant; deputy.

aggiustàbile, *a.* *1* (*riparabile*) repairable; mendable: **Non è a.**, it isn't repairable; it can't be fixed *2* (*regolabile*) that can be settled.

aggiustàggio, *m.* (*mecc.*) adjustment; fitting.

aggiustaménto, *m.* *1* (*riparazione*) repairing; mending; fixing; repair *2* (*regolazione*) adjustment *3* (*accordo*) settlement; accommodation.

aggiustàre, A *v. t.* *1* (*riparare*) to repair; to mend; to fix: **a. una radio rotta**, to repair (*o* to fix) a broken radio; **a. scarpe**, to mend (*o* to repair) shoes *2* (*sistemare*) to tidy; to arrange; to fix: **aggiustarsi i capelli**, to tidy (*o* to fix) one's hair; **aggiustarsi la cravatta**, to straighten one's tie *3* (*regolare*) to settle; to set* right; to right: **a. i conti**, to settle the accounts; to balance the books; **a. una questione**, to right a matter *4* (*fam.*: *appioppare*) to land; to fetch: **a. un pugno a q.**, to fetch sb. a punch. ● **Ora t'aggiusto io!**, now I'll fix you! **B aggiustàrsi,** *v. rifl.* (*fam.*: *mettersi in ordine*) to tidy oneself; (*farsi elegante*) to smarten up. **C aggiustàrsi,** *v. rifl. recipr.* (*fam.*: *venire a un accordo*) to reach an agreement. **D aggiustàrsi,** *v. i. pron.* (*andare a posto*) to come* out right: **Tutto si aggiusterà**, everything will come out right; **Il tempo s'aggiusta**, the weather is improving; **Col tempo tutto si aggiusta**, time is a great healer.

aggiustàta, *f.* quick fixing; tidying: **dare un a. a q.c.**, to fix st.; to tidy st.

aggiustatóre, *m.* (*f.* **-trice**) repairman*; (*mecc.*) fitter.

aggiustatùra, *f.* *1* (*riparazione*) repair; fixing; mending *2* (*punto riparato*) repair; mend.

agglomeraménto, *m.* agglomeration.

agglomerànte, *m.* (*ind.*) binder.

agglomeràre, *v. t.* **agglomeràrsi,** *v. i. pron.* to agglomerate; (*di persone*) to collect, to gather.

agglomeràto, *a.* e *m.* agglomerate (*anche geol.*). ● **a. urbano**, built-up area; urban centre.

agglomerazióne, *f.* agglomeration.

agglutinaménto, *m.* agglutination.

agglutinànte, *a.* *1* agglutinant; adhesive: **sostanza a.**, agglutinant *2* (*ling.*) agglutinative.

agglutinàre, *v. t.* **agglutinàrsi,** *v. i. pron.* to agglutinate.

agglutinazióne, *f.* (*anche biol., ling.*) agglutination.

agglutinina, *f.* (*biol.*) agglutinin.

agglutinògeno, *m.* (*chim.*) agglutinogen.

aggobbìre, *v. t.* **aggobbìrsi,** *v. i. pron.* to bend*.

aggomitolàre, A *v. t.* to wind* into a ball; to ball. **B aggomitolàrsi,** *v. i. pron.* to curl up.

aggomitolatóre, *m.* **aggomitolatrice,** *f.* (*ind. tess.*) balling machine.

aggomitolatùra, *f.* balling.

aggottàre, *v. t.* (*naut.*) to bail.

aggradàre, *v. i. difett.* (*si usa nella 3ª pers. sing. pres. indic.*; *lett.*) to please; to like: **Se t'aggrada**, if it pleases you; if you like; **Come vi aggrada**, as you please (*o* like).

aggraffàre, *v. t.* (*mecc.*) to seam.

aggraffatrìce, *f.* (*mecc.*) seamer.

aggraffatùra, *f.* (*mecc.*) seam.

aggranchìre, A *v. t.* to numb; to benumb. **B aggranchìrsi,** *v. i. pron.* to grow* numb.

aggranchìto, *a.* numb; benumbed.

aggranfiàre, *v. t.* *1* to claw *2* (*fig.*: *rubare*) to pinch.

aggrappàrsi, *v. rifl.* (*afferrarsi*) to catch* hold of; (*tenersi stretto*) to cling* to (*anche fig.*), to hang* on to, to hold* on to: **a. a una corda**, to catch hold of a rope; **Aggrappati bene!**, hold on tight!; **Si aggrappava al mio braccio**, he clung to my arm; **a. a un pretesto**, to cling to a pretext.

aggravaménto, *m.* *1* (*aumento*) increase: **l'a. di una responsabilità**, the increase of a responsibility; (*leg.*) **a. di pena**, increase in sentence *2* (*peggioramento*) worsening; deterioration.

aggravànte, A *a.* aggravating. **B** *f.* (*leg.*) aggravating circumstance.

aggravàre, A *v. t.* *1* (*aumentare*) to increase; to add to: (*leg.*) **a. la pena**, to increase the sentence *2* (*peggiorare*) to make* worse; to worsen: **a. le cose**, to make things worse *3* (*appesantire*) to lie* heavy on; to weigh on. **B aggravàrsi,** *v. i. pron.* *1* to become* worse; to worsen; to deteriorate: **La situazione s'aggravò**, the situation deteriorated *2* (*di malato*) to get* worse.

aggravàto, *a.* *1* (*peggiorato*) worse: **Lo vidi molto a.**, I found him much worse *2* (*leg.*) aggravated.

aggràvio, *m.* *1* (*aumento*) increase; (*aggiunta*) addition: **a. d'imposte [di peso]**, increase in taxes [in weight] *2* (*peso*) burden.

aggraziàre, *v. t.* (*abbellire*) to embellish; to lend grace to.

aggraziàto, *a.* graceful; pretty.

aggredìre, *v. t.* *1* (*assalire*) to attack (*anche fig.*); to assault; (*per rapina, anche*) to mug (*fam.*) *2* (*affrontare*) to tackle; to attack.

aggreditrìce, *f.* V. **aggressore**.

aggregaménto, *m.* aggregation.

aggregàre, A *v. t.* *1* (*riunire*) to gather (together); to aggregate *2* (*associare*) to admit; to enrol *3* (*mil.*) to attach. **B aggregàrsi,** *v. rifl.* to join. **C aggregàrsi,** *v. i. pron.* to aggregate; to combine.

aggregàto, A *a.* *1* (*riunito*) aggregate; joint; assembled *2* (*associato*) associate *3* (*di funzionario, ecc.*) seconded *4* (*econ.*) aggregate *5* (*miner., mat.*) aggregate. **B** *m.* *1* aggregate; cluster: **a. urbano**, built-up area *2* (*miner., mat.*) aggregate.

aggregazióne, *f.* *1* (*riunione*) gathering; aggregation *2* (*associazione*) admission; enrolment *3* (*fis.*) aggregation.

aggressióne, *f.* aggression; assault; (*per rapina, anche*) mugging (*fam.*): **a. a mano armata**, armed assault; **a. sessuale**, indecent assault; **essere vittima di un'a.**, to be assaulted; to be mugged. ● (*polit.*) **patto di non a.**, nonaggression pact.

aggressività, *f.* aggressiveness.

aggressìvo, A *a.* aggressive; belligerent. **B** *m.* – **a. chimico**, chemical weapon.

aggressóre, *m.* (*f.* **aggreditrice**) aggressor; attacker; assailant.

aggrinzàre, aggrinzìre, A *v. t.* to wrinkle. **B aggrinzàrsi, aggrinzìrsi,** *v. i. pron.* to wrinkle (up); to shrivel (up).

aggrondàto, *a.* frowning.

aggrottàre, *v. t.* to knit*: **a. le sopracciglia**, to knit one's eyebrows; **a. la fronte**, to frown.

aggrottàto, *a.* *1* (*delle sopracciglia*) knit; (*della fronte*) furrowed *2* (*estens.*: *accigliato*) frowning.

aggrovigliaménto, *m.* entanglement.

aggrovigliàre, A *v. t.* to tangle; to entangle. **B aggrovigliàrsi,** *v. i. pron.* *1* to get* entangled (*o* tangled up) *2* (*fig.*) to get* entangled (*o* mixed up); to become* complicated.

aggrovigliàto, *a.* *1* entangled *2* (*fig.*) entangled; intricate; complicated.

aggrumàre, *v. i.* **aggrumàrsi,** *v. i. pron.* to clot.

aggruppaménto, *m.* grouping.

aggruppàre, *v. t.* **aggruppàrsi,** *v. rifl.* to group.

agguantàre, *v. t.* *1* to seize; to grab; to catch*; to catch* hold of: **a. q. per un braccio**, to grab sb. by the arm; **a. una fune**, to catch hold of a rope; **L'hanno agguantato mentra usciva**, they seized (*o* caught; *fam.*: nabbed) him as he was going out; **Fece per a. la banconota**, he snatched at the banknote *2* (*naut.*) to hold* on; to clap on; (*nella voga*) to hold* water.

agguàto, *m.* (*imboscata*) ambush, ambuscade; (*trappola*) trap, snare: **essere [stare] in a.**, to be [to lie] in ambush; **tendere un a. a q.**, to ambush sb.; to ambuscade sb.; to set a trap for sb.; **sventare un a.**, to discover a trap.

agguerrìre, A *v. t.* (*temprare*) to fortify; to temper; to inure; to toughen. **B agguerrìrsi,** *v. rifl.* *1* (*temprarsi*) to fortify oneself; to become* inured *2* (*prepararsi*) to get* ready; to equip oneself.

agguerrìto, *a.* *1* (*bene addestrato*) well-trained: **un esercito a.**, a well-trained army *2* (*resistente*) fortified; seasoned; inured; tough *3* (*preparato*) experienced: **un avvocato a.**, an experienced lawyer: **È a. su quell'argomento**, he knows a lot (*o* he is an expert) on that subject.

aghifórme, *a.* needle-shaped; (*bot.*) aciform, acerose.

agiataménte, *avv.* comfortably.

agiatézza, *f.* comfort; ease.

agiàto, *a.* *1* (*benestante*) well-to-do; well-off: **di agiata condizione**, well off; comfortably off; **È di famiglia agiata**, he comes from a well-to-do family *2* (*comodo*) easy; comfortable: **vita agiata**, comfortable life.

agìbile, *a.* *1* (*di edificio*) safe: **dichiarare a. [non a.]** to declare safe [unsafe] *2* (*di strada*) practicable.

agibilità, *f.* *1* (*di edificio*) safeness *2* (*di strada*) practicability.

àgile, *a.* *1* (*svelto*) agile; nimble; supple; light: **corpo a.**, supple body; **passo a.**, nimble pace; **a. nella corsa**, light of foot; **a. di piede**, nimble-footed *2* (*snello*) lithe; supple; svelte: **figura a.**, svelte figure *3* (*destro*) deft; adroit: **mani agili**, deft hands *4* (*fig.*: *pronto*) agile; nimble; ready; quick: **mente a.**, quick (*o* nimble) mind. ● (*eufem.*) **a. di mano**, light-fingered.

agilità, *f.* agility; nimbleness (*anche fig.*); suppleness; (*destrezza*) deftness, adroitness.

àgio, *m.* *1* (*comodità*) ease; comfort: **gli agi della vita**, the comforts of life; **Ha tutti gli agi**, he has every comfort; **sentirsi a proprio a.**, to be at one's ease; **mettersi a proprio a.**, to put oneself at ease *2* (*comodo*) ease; leisure: **fare q.c. con a.** to do st. at one's leisure *3* (*opportunità*) time; opportunity; chance: **Datemi a. di rispondervi**, give me a chance to answer you *4* (*mecc.*) clearance; play.

agiografìa, *f.* hagiography.

agiogràfico, *a.* hagiographic(al).

agiògrafo, *m.* hagiographer.

agiologìa, *f.* hagiology.

agiòlogo, *m.* hagiologist.

agìre, *v. i.* *1* (*fare, operare*) to act; to do*: **Devi a. subito**, you must act (*o* do something) at once; **a. per il meglio**, to act for the best; **a. per conto proprio**, to act on one's own account; **a. su consiglio di q.**, to act upon sb.'s advice; **a. per bassi motivi**, to act from base motives *2* (*funzionare*) to work; to operate: **La molla non agisce più**, the spring isn't working any more *3* (*comportarsi*) to behave: **Che modo di a.!**, what a way to behave!; **il tuo modo di a.**, the way you behave *4* (*influire*) to act; to affect: **a. sul cuore**, to act on the heart; **a. sui nervi**, to affect the nerves *5* (*leg.*: *procedere*) to proceed (against sb.); to take* legal steps (against sb.) *6* (*teatr.*) to play *7* (*psic.*) to act out.

agitàre, **A** *v. t.* **1** (*scuotere, anche fig.*) to shake*; to agitate; (*con violenza*) to toss: **a. la bottiglia**, to shake the bottle; **a. prima dell'uso**, shake well before using; **Il vento agitava gli alberi**, the wind shook the trees; **Il paese è agitato da idee rivoluzionarie**, the country is shaken by revolutionary ideas **2** (*muovere qua e là*) to wave, to wag, to wiggle; (*brandire*) to brandish: **a. la mano [il berretto]**, to wave one's hand [one's cap]; **a. un dito**, to wiggle a finger; **Il cane agita la coda**, the dog is wagging its tail; **a. una spada**, to brandish a sword **3** (*fig.*: *incitare*) to stir, to rouse, to incite; (*eccitare*) to excite, to work up **4** (*fig.*: *turbare*) to agitate; to upset*; to worry; to trouble: **Fu agitato da brutto sogno**, he was troubled by a bad dream; **La notizia lo agitò**, the news upset him **5** (*fig.*: *dibattere*) to discuss; to debate: **a. una questione**, to discuss a matter. **B agitàrsi**, *v. rifl.* o *i. pron.* **1** (*rigirarsi*) to toss about; to toss and turn: **a. nel letto**, to toss and turn in bed **2** (*di cose*: *muoversi*) to stir; to move about: **Pensieri angosciosi si agitavano nella sua mente**, his mind was troubled by anguished thoughts **3** (*di mare*) to surge; to get* rough **4** (*mostrare irrequietezza*) to get* restless; to be restless; to fret **5** (*fig.*: *preoccuparsi, avere paura*) to get* worried; to work oneself up; to get* nervous; to get* worked-up; to get* into a state (*fam.*) **6** (*emozionarsi*) to get* flustered; to be in a flap (*fam.*) **7** (*indaffararsi*) to bustle about; to fuss **8** (*protestare*) to protest; to clamour; to agitate: **a. per ottenere salari più alti**, to agitate for higher wages.

agitàto, **A** *a.* **1** (*scosso*) shaken; agitated **2** (*mosso*) tossed: **capelli agitati dal vento**, wind-tossed hair **3** (*di mare*) rough; choppy **4** (*fig.*: *preoccupato*) upset; troubled; agitated; worked-up; worried; anxious; nervy (*fam. GB*) **5** (*fig.*: *inquieto, nervoso*) restless; fidgety: **notte agitata**, restless night **6** (*eccitato*) flustered; excited; worked-up **7** (*fig.*: *dibattuto*) discussed; debated **8** (*mus.*) agitato. **B** *m.* (*f.* **-a**) (*med.*) violent mental patient.

agitatóre, *m.* **1** (*f.* **-trice**) agitator; rabble-rouser; stirrer (*fam.*) **2** (*mecc.*) stirrer; mixer; agitator.

agitatòrio, *a.* stirring.

agitazióne, *f.* **1** agitation; anxiety; excitement; fluster; (*irrequietezza*) restlessness: **essere in a.**, to be agitated; **mettere in a.**, to agitate; to upset; to fluster; **mettersi in a.**, to start worrying; to get* worked-up; to get into a dither (*fam.*) **2** (*subbuglio*) agitation; commotion; ferment **3** (*polit.*) agitation; trouble; unrest: **agitazioni sindacali**, labour unrest; **scendere in a.**, to agitate.

àgit-pròp, *m. e f. invar.* agitprop.

agliàceo, *a.* garlicky.

àglio, *m.* (*bot., Allium sativum*) garlic.

agnatìzio, *a.* (*leg.*) agnatic.

agnàto, *m.* (*leg.*) agnate.

agnazióne, *f.* (*leg.*) agnation.

agnellìno, *m.* little lamb; lambkin. • **a. di Persia**, Persian lamb.

agnèllo, *m.* (*anche fig.*) lamb: **docile come un a.**, as meek as a lamb; **arrosto di a.**, roast lamb; **pelle d'a.**, lambskin. • (*relig.*) **l'A. di Dio**, the Lamb of God.

agnellóne, *m.* (*macelleria*) mutton.

Agnèṣe, *f.* Agnes.

agnizióne, *f.* recognition.

agnosticìṣmo, *m.* agnosticism.

agnòstico, *a. e m.* (*f.* **-a**) agnostic.

àgo, *m.* **1** needle: **infilare l'ago**, to thread the needle; **prendere ago e filo**, to take a needle and thread; **lavoro ad ago**, needlework; **ago da cucire**, sewing needle; **ago per iniezioni**, hypodermic needle; **ago senza punta**, bodkin; **aghi da calza**, knitting needles **2** (*di bilancia*) tongue; pointer **3** (*mecc.*) needle: **ago magnetico**, magnetic needle; **ago della bussola**, compass needle **4** (*ferr.*) blade; tongue: **ago dello scambio**, switch tongue; points (*pl.*) **5** (*di stampante*) needle; pin **6** (*bot.*) needle: **ago di pino**, pine needle **7** (*zool.*) sting. • (*fig.*) **cercare un a. in un pagliaio**, to look for a needle in a haystack □ (*fig.*) **essere l'ago della bilancia**, to hold the balance.

agoaspirazióne, *f.* (*med.*) fine needle aspiration.

agognàre, *v. t. e i.* to yearn for; to long for; to covet; to hanker after.

agognàto, *a.* longed for; coveted.

à gogo (*franc.*), *locuz. avv.* in abundance; galore.

agóne (**1**), *m.* (*lett.*) **1** (*contesa*) contest; competition **2** (*arena*) arena; field. • (*fig.*) **scendere nell'a.**, to enter the lists.

agóne (**2**), *m.* (*zool., Alosa finta*) twaite shad.

agonìa, *f.* **1** (*periodo precedente la morte, anche fig.*) death throes (*pl.*); last gasps (*pl.*): **essere [entrare] in a.**, to be dying; **Morì dopo una lunga a.**, he died after much suffering; he took a long time to die; **La sua agonia durò tutta la notte**, he struggled against death the whole night long; **l'a. di un regime**, the last gasps of a regime **2** (*fig.*: *tormento*) agony; torture.

agònico, *a.* (*di agonia*) agonal.

agoniṣmo, *m.* competitive spirit.

agonista, *m. e f.* athlete; agonist.

agonìstica, *f.* athletics (*pl. col verbo al sing.*).

agonìstico, *a.* competitive; athletic; agonistic: **attività agonistica**, competitive sport; **spirito a.**, competitive spirit.

agoniẓẓànte, **A** *a.* (*anche fig.*) dying; moribund; at death's door; in one's death throes: **Il vecchio è a.**, the old man is dying; **un genere letterario ormai a.**, a moribund genre. **B** *m. e f.* dying person.

agoniẓẓàre, *v. i.* (*anche fig.*) to be dying; to be in one's death throes.

agopuntóre, *m.* (*f.* **-trice**) (*med.*) acupuncturist.

agopuntùra, *f.* (*med.*) acupuncture.

àgora, **agorà**, *f.* (*stor. greca*) agora.

agorafobìa, *f.* (*psic.*) agoraphobia.

agorafòbico, *a.* (*psic.*) agoraphobic.

agoràfobo, *m.* (*f.* **-a**) (*psic.*) agoraphobic.

agoràio, *m.* needle case.

agostàno, *a.* August (*attr.*).

agostiniàno, *a. e m.* (*eccles.*) Augustinian.

agostiniṣmo, *m.* (*teol., filos.*) Augustinism.

Agostìno, *m.* Augustine.

agostìno, *a.* August (*attr.*).

agósto, *m.* August.

agrafìa, *f.* (*med.*) agraphia.

agrammaticàle, *a.* nongrammatical.

agranulocitòṣi, *f.* (*med.*) agranulocytosis*.

agrària, *f.* agriculture.

agràrio, **A** *a.* agrarian; agricultural; rural; land (*attr.*): **credito a.**, land (*o* agricultural, rural) credit; **legge agraria**, land (*o* agrarian) law; **riforma agraria**, agrarian reform; **scuola agraria**, agricultural college. **B** *m.* (*f.* **-a**) landowner.

agrèste, *a.* rural; rustic; agrestic.

agrèsto, **A** *m.* verjuice. **B** *a.* sour.

agrétto, **A** *a.* sourish. **B** *m.* **1** sourish taste **2** (*bot., Lepidium sativum*) garden cress.

agrézza, *f.* sourness; tartness; acidity.

agrìcolo, *a.* agricultural; farm (*attr.*); farming; land (*attr.*); rural: **attrezzo a.**, agricultural implement; **attività agricola**, farming; **azienda agricola**, farm; **bracciante a.**, farm labourer; farmhand; **popolazione agricola**, rural population; **prodotti agricoli**, agricultural products (*o* produce, *sing.*).

agricoltóre, *m.* (*f.* **-trice**) farmer.

agricoltùra, *f.* agriculture; farming: **a. intensiva [estensiva, mista]**, intensive [extensive, mixed] agriculture.

agrifòglio, *m.* (*bot., Ilex aquifolium*) holly.

agrimensóre, *m.* (land) surveyor.

agrimensùra, *f.* (land) surveying.

agrimònia, *f.* (*bot., Agrimonia eupatoria*) agrimony.

agrippìna, *f.* (*divano*) lounge.

agrituriṣmo, *m.* farm holidays (*pl.*).

agriturista, *m. e f.* farm holidaymaker.

àgro (**1**), **A** *a.* (*anche fig.*) sour; tart; acid; (*di agrume*) bitter: **sapore a.**, sour taste; sourness; **sorriso a.**, sour smile. **B** *m.* sour taste: **all'a.**, with lemon; with vinegar; **prendere l'a.**, to go sour.

àgro (**2**), *m.* countryside (surrounding a town): **l'a. romano**, the countryside near Rome; the Roman Campagna.

agroalimentàre, *a.* agroindustrial: **settore a.**, agroindustrial sector; agribusiness.

agrobiologìa, *f.* agrobiology.

agrodólce, **A** *a.* **1** sour-sweet; bitter-sweet; (*cucina*) sweet-and-sour: **sapore a.**, a bitter-sweet taste **2** (*fig.*) sourish; acid. **B** *m.* – (*cucina*) **maiale in a.**, sweet-and-sour pork.

agroindùstria, *f.* agroindustry.

agroindustriàle, *a.* agroindustrial.

agrologìa, *f.* agrology.

agronomìa, *f.* agronomy; agronomics (*pl. col verbo al sing.*).

agronòmico, *a.* agronomic(al).

agrònomo, *m.* (*f.* **-a**) agronomist.

agropastoràle, *a.* agropastoral.

agròstide, *f.* (*bot., Agrostis*) bent. • **a. canina** (*Agrostis canina*), dog's grass.

agrùme, *m.* **1** (*pianta*) citrus tree **2** citrus (fruit).

agrumèto, *m.* citrus orchard.

agrumìcolo, *a.* citrus (*attr.*).

agrumicoltóre, *m.* (*f.* **-trice**) citrus grower.

agrumicoltùra, *f.* citrus growing; citrus cultivation.

agucchiàre, *v. i.* **1** (*cucire*) to sew* idly **2** (*lavorare a maglia*) to knit idly.

agùglia, *f.* (*zool., Belone belone*) needle-fish.

aguglierìa, *f.* sewing yarns (*pl.*).

agùti, *m.* (*zool., Dasyprocta aguti*) agouti, agouty.

aguzzaménto, *m.* sharpening; whetting.

aguzzàre, *v. t.* **1** (*appuntire*) to sharpen; to point **2** (*fig.*: *acuire*) to sharpen; to whet: **a. l'appetito [l'interesse]**, to whet sb.'s appetite [interest]; **a. l'ingegno**, to sharpen sb.'s wit. • **a. le labbra**, to purse one's lips □ **a. gli occhi**, to peer intently; to look hard □ **a. le orecchie**, to strain (*o* to prick up) one's ears □ (*prov.*) **La necessità aguzza l'ingegno**, necessity is the mother of invention.

aguẓẓìno, *m.* (*f.* **-a**) **1** (*stor.*) galley sergeant **2** (*torturatore*) torturer **3** (*fig.*) tormentor; torturer; slave driver.

agùzzo, *a.* pointed; sharp (*anche fig.*).

ah, *inter.* **1** (*di soddisfazione*) ah; oh **2** (*di sorpresa*) oh; ha; oho **3** (*di disappunto*) oh. • **Ah ah!**, ha ha!

ahi, *inter.* (*di dolore*) ouch; ow. • **non dire né ahi né bai**, not to say a word.

ahimè, **ahinoi**, *inter.* **1** (*di sorpresa*) oh, dear; dear me **2** (*di rammarico*) alas.

aia, *f.* **1** farmyard; barnyard **2** (*per la trebbiatura*) threshing floor.

Aiace, *m.* Ajax.

aigrette (*franc.*), *f.* aigrette; aigret.

ailànto, *m.* (*bot., Ailanthus altissima*) ailanthus; tree of heaven.

aio, *m.* tutor.

aiòla, *V.* **aiuola**.

airbus, *m. invar.* airbus.

aire, *m.* impulse; impetus: **dare l'a. q.**, to set sb. off; **prendere l'a.**, to get going.

airóne, *m.* (*zool., Ardea*) heron. • **a. bianco** (*Egretta alba*) egret.

aita, *f.* (*poet.*) help.

aitànte, *a.* vigorous; strong; strapping; well-built.

aiuòla, *f.* flowerbed. • (*autom.*) **a. spartitraffico**, central reserve; median strip (*USA*).

aiutànte, *m.* **1** (*anche f.*) helper; aid; assistant **2** (*mil.*) adjutant: **a. di campo**, aide-de-camp;

a. maggiore, adjutant general ***3*** (*naut.*) master-at-arms. ● (*naut.*) **a. di bandiera**, flag lieutenant.

aiutàre, A *v. t.* to help; to aid; to assist: **Mi aiuta nei compiti**, he helps me with my homework; **Aiutami a portare la spesa**, help me (to) carry the shopping; **a. q. a salire in auto**, to help sb. into a car; **a. q. ad alzarsi in piedi**, to help sb. to his feet; **a. q. a superare un brutto momento**, to see sb. through a difficult moment; **E adesso chi mi aiuta?**, who's going to help me now?; **a. i bisognosi**, to help (*o* to aid) those in need; **a. l'industria**, to aid industry; **a. un'azienda in difficoltà**, to bail out a firm; **Mi aiuta nel lavoro**, he assists me in my work; **a. la digestione**, to help digestion; **a. la memoria**, to stimulate sb.'s memory; **Che Dio ci aiuti!**, God help us! **B aiutàrsi**, *v. rifl.* to help oneself; to do* one's best: **a. con un bastone**, to help oneself with a stick; **Si aiuta come può**, he does his best; **a. da sé**, to do st. on one's own; to count on oneself. ● (*prov.*) **Aiutati che Dio t'aiuta**, God helps those who help themselves. **C aiutàrsi**, *v. rifl. recipr.* to help each other (*o* one another).

aiùto, A *m.* ***1*** help; aid; assistance; support; relief: **chiedere a.**, to ask for help: **Chiedi a. a tuo fratello**, ask your brother for help (*o* to help you); **invocare a.**, to call for help; **dare a.**, to help; to give assistance; **concedere a.**, to extend help (*o* aid); **essere d'a.**, to be of help; to be helpful: **Questo libro mi sarà d'a.**, this book will be of help (*o* helpful) to me; **Non siete di grande a.**, you are not much help; **venire in a. di q.**, to come to sb.'s aid; **aiuti alimentari**, food aid (*sing.*); **aiuti alle esportazioni**, aid for export (*sing.*); **a. finanziario**, financial aid (*o* assistance, support); subsidy; **a. morale**, moral support; **aiuti umanitari**, humanitarian aid (*sing.*) ***2*** (*assistente*) assistant; helper: **a. cameriere**, waiter's assistant; bus boy (*USA*); **a. contabile**, assistant accountant; **a. cuoco**, assistant cook; **l'a. del professore**, the professor's assistant. **B** *inter.* help: **A., a.!**, help! help!

aizzaménto, *m.* incitement; (*di animale*) setting, siccing (*USA*).

aizzàre, *v. t.* ***1*** (*incitare*) to incite; to stir; to set* up: **a. la folla**, to incite the mob; **Li aizzò l'uno contro l'altro**, he set them up one against the other ***2*** (*un animale*) to set* on; to sic (*USA*): **a. un cane contro q.**, to set (*o* to sic) a dog on sb.

aizzatóre, *m.* (*f.* **-trice**) inciter; instigator; stirrer (*fam.*).

àla, *f.* ***1*** (*anche fig.*) wing: **L'uccello spiegò le ali**, the bird spread its wings; **le ali del pensiero**, the wings of thought; **battere le ali**, to flap one's wings; **mettere le ali**, to sprout wings; **apertura d'ali**, wingspan ***2*** (*aeron.*) wing: **ala a delta**, delta wing ***3*** (*mecc.*) flange ***4*** (*di elica*) blade ***5*** (*di edificio*) wing; (*reparto*) ward ***6*** (*di chiesa*) aisle ***7*** (*di cappello*) flap; (*tesa*) brim ***8*** (*mil.*) wing; flank ***9*** (*di gruppo, partito*) wing; group: **ala scissionista**, splinter group ***10*** (*sport*) wing; (*il giocatore, anche*) winger: **giocare all'ala**, to be a winger; **ala tornante**, linkman ***11*** (*di mulino*) sail. ● **ad ali spiegate**, with outspread wings □ (*fig.*) **avere le ali ai piedi**, to have wings on one's feet (*o* heels) □ (*fig.*) **bruciarsi le ali**, to burn one's fingers □ **colpo d'ala**, stroke of the wing □ (*fig.*) **dare un colpo d'ala**, to soar □ **due ali di folla**, people lined on either side □ **far ala**, to line up on either side (of) □ **La paura gli mise le ali ai piedi**, fear lent him wings (*o* gave wings to his feet) □ (*fig.*) **prendere q. sotto le proprie ali**, to take sb. under one's wing □ (*fig.*) **tarpare le ali a q.**, to clip sb.'s wings.

alabàrda, *f.* (*stor.*) halberd.

alabardière, *m.* (*stor.*) halberdier.

alabastrino, *a.* alabaster (*attr.*); alabastrine.

alabàstro, *m.* alabaster.

alabbàsso, *m.* (*naut.*) downhaul.

àlacre, *a.* (*attivo*) brisk, active; (*vivace*) quick, lively; (*sollecito*) prompt, ready, eager.

alacreménte, *avv.* with alacrity; briskly; readily.

alacrità, *f.* alacrity; briskness; (*sollecitudine*) promptness, readiness, eagerness.

Aladìno, *m.* Aladdin.

alàggio, *m.* ***1*** (*traino*) haulage; towage ***2*** (*naut.*) haulage; hauling out: **scalo di a.**, slipway.

alalìa, *f.* (*med.*) alalia.

alalònga, *f.* (*zool.*, *Thunnus alalunga*) albacore*.

alamàro, *m.* frog.

alambìcco, *m.* (*chim.*, *ind.*) alembic; still.

alanìna, *f.* (*biochim.*) alanine.

alàno, *m.* (*cane*) Great Dane.

à la page (*franc.*), *locuz. agg.* fashionable; trendy; with it (*fam.*).

alàre (1), *m.* firedog; andiron.

alàre (2), *a.* (*di ala*) wing (*attr.*).

alàre (3), *v. t.* (*naut.*) to haul.

alàto, A *a.* ***1*** winged: **creature alate**, winged creatures ***2*** (*fig.*: *elevato*) lofty; noble; winged: **pensieri alati**, lofty thoughts; **parole alate**, noble words. **B** *m.* (*uccello*) bird.

àlba, *f.* ***1*** dawn; daybreak; daylight: **all'a.** (*o* **sul far dell'a.**), at dawn; at daybreak; **Spuntava l'a.**, dawn was breaking; **dall'a. al tramonto**, from dawn to dusk; from daylight till sunset ***2*** (*fig.*) dawn ***3*** (*letter.*) aubade.

albagìa, *f.* arrogance; haughtiness.

albagióso, *a.* arrogant; haughty.

albanèlla, *f.* (*zool.*, *Circus*) harrier. ● **a. reale** (*Circus cyanaeus*), hen harrier.

albanése, *a.*, *m.* e *f.* Albanian (*f.* Albanian woman*).

albarèllo, *m.* (*vaso*) majolica jar.

albaspìna, *V.* **biancospino**.

àlbatro (1), *m.* (*zool.*, *Diomedea*) albatross*.

àlbatro (2), *V.* **corbezzolo**.

albèdo, *f.* (*astron.*, *fis.*) albedo.

albeggiaménto, *m.* dawning.

albeggiàre, *v. i.* (*anche fig.*) to dawn: **Partimmo che albeggiava**, it was dawning (*o* dawn was breaking) when we left.

alberàre, *v. t.* ***1*** to plant with trees ***2*** (*naut.*) to mast.

alberàta, *f.* line of trees.

alberàto, *a.* ***1*** wooded ***2*** (*naut.*) masted.

alberatùra, *f.* (*naut.*) masts (*pl.*); masting.

alberèllo (1), *m.* sapling.

alberèllo (2), *V.* **albarello**.

alberéta, *f.* **alberéto**, *m.* plantation of trees.

alberétto, *m.* (*naut.*) mast.

albergàre, A *v. t.* ***1*** to lodge; to accommodate; (*dare rifugio*) to shelter ***2*** (*fig. lett.*) to harbour, to harbor (*USA*); to nurture; to cherish: **a. odio**, to harbour hatred; **a. una speranza**, to cherish a hope. **B** *v. i.* (*anche fig.*) to lodge; to dwell.

albergatóre, *m.* (*f.* **-trice**) hotel keeper; hotelier.

alberghièro, *a.* hotel (*attr.*): **industria alberghiera**, hotel industry; **scuola alberghiera**, hotel-management school.

albèrgo, *m.* ***1*** hotel: **scendere a un a.**, to put up at a hotel: **a. di lusso**, luxury hotel; **direttore d'a.**, hotel manager ***2*** (*lett.*: *ricovero*) shelter ***3*** (*lett.*: *dimora*) abode. ● **a. diurno**, *V.* **diurno** □ **a. per la gioventù**, youth hostel.

àlbero, *m.* ***1*** tree: **a. di pere**, pear tree; **a. da frutto**, fruit tree; **a. d'alto fusto**, forest tree; **a. da legname**, timber tree; **coperto d'alberi**, wooded; timbered; **senza alberi**, treeless ***2*** (*bot.*) – **a. del burro** (*Butyrospermum parkii*), shea; **a. della lacca** (*Rhus vernicifera*), varnish tree; **a. del pane** (*Artocarpus incisa*), breadfruit tree; jack tree; **a. del pepe** (*Schinus molle*), pepper tree; **a. di Giuda** (*Cercis siliquastrum*), arbor Judae; Judas tree ***3*** (*naut.*) mast: **a. di maestra**, mainmast; **a. di mezzana**, mizzenmast; **a. di trinchetto**, foremast; **a. di gabbia**, topmast; **a. di fortuna**, jury mast; **a. di carico**, derrick ***4*** (*mecc.*) shaft: **a. a camme**, camshaft; **a. a gomiti**, crankshaft; **a. base**, standard shaft; **a. cavo**, quill; **a. del cambio di velocità**, gear shaft; **a. dell'elica**, tail shaft; **a. di propulsione**, propeller shaft; **a. di trasmissione**, transmission shaft; **a. motore**, drive shaft ***5*** (*elab.*) tree: **ricerca ad a.**, tree research; **a. delle decisioni**, decision tree. ● **a. della cuccagna**, greasy pole □ **a. della libertà**, tree of liberty □ **a. di Natale**, Christmas tree □ **a. genealogico**, genealogical (*o* family) tree.

Albèrto, *m.* Albert.

albicòcca, A *f.* apricot. **B** *a. invar.* apricot (*attr.*): **color a.**, apricot(-coloured).

albicòcco, *m.* (*bot.*, *Prunus armeniaca*) apricot tree.

albigése, (*stor.*) **A** *a.* Albigensian. **B** *m. pl.* Albigenses.

albinismo, *m.* albinism.

albìno, *a.* e *m.* albino*.

albìte, *f.* (*miner.*) albite.

àlbo, *m.* ***1*** (*registro*) register; roll: **a. dei soci fondatori**, register of founder members; **a. degli avvocati**, rolls (*pl.*); **a. dei giurati**, jury list; **a. dei medici**, medical register; **a. d'onore**, honour roll; **radiare dall'a.**, to strike off the register (*o* the roll); **iscriversi all'a.**, to be put on the register (*o* the roll); **iscritto all'a.**, on the register (*o* the roll) ***2*** (*per avvisi*) notice board; bulletin board (*USA*): **a. pretorio**, municipal notice board ***3*** (*per fotografie, ecc.*) album ***4*** (*di fumetti*) album.

albóre, *m.* ***1*** dawn; daybreak: **i primi albori del giorno**, the first light of day ***2*** (*fig.*, *specialm. al pl.*) dawning; dawn.

alborèlla, *f.* (*zool.*, *Alburnus albidus*) bleak.

albùgine, *f.* ***1*** (*bot.*) mildew ***2*** (*med.*) albugo.

àlbum, *m. invar.* album.

albùme, *m.* ***1*** (*biol.*) albumen; (*cucina*) (egg) white ***2*** (*bot.*) albumen.

albumìna, *f.* (*biochim.*) albumin.

albuminòide, *m.* e *a.* (*biochim.*) albuminoid.

albuminóso, *a.* (*biochim.*) albuminous.

albuminùria, *f.* (*med.*) albuminuria.

albùrno, *m.* (*bot.*) alburnum; sapwood.

àlca, *f.* (*zool.*, *Pinguinus impennis*) great auk.

alcàico, *a.* (*poesia*) Alcaic.

alcalescènte, *a.* (*chim.*) alkalescent.

alcalescènza, *f.* (*chim.*) alkalescence, alkalescency.

àlcali, *m.* (*chim.*) alkali*.

alcalimetrìa, *f.* (*chim.*) alkalimetry.

alcalìmetro, *m.* (*chim.*) alkalimeter.

alcalinità, *f.* (*chim.*) alkalinity.

alcalinizzàre, *v. t.* (*chim.*) to alkalize; to alkalify.

alcalìno, *a.* (*chim.*) alkaline.

alcalòide, *m.* (*chim.*) alkaloid.

alcalòsi, *f.* (*med.*) alkalosis*.

alcànna, *f.* (*bot.*, *Lawsonia inermis*) henna. ● **a. spuria** (*Alkanna tinctoria*), alkanet.

alcàno, *m.* (*chim.*) alkane.

àlce, *m.* (*zool.*, *Alces alces*) elk.

Alcèo, *m.* (*letter. greca*) Alcaeus.

alchechèngi, *m.* (*bot.*, *Physalis Alkekengi*) winter cherry.

alchèmico, *a.* alchemic(al).

alchène, *m.* (*chim.*) alkene.

alchènico, *a.* (*chim.*) alkene (*attr.*).

alchèrmes, *m.* alkermes.

alchìle, *m.* (*chim.*) alkyl.

alchìlico, *a.* (*chim.*) alkyl (*attr.*).

alchimìa, *f.* (*anche fig.*) alchemy.

alchimìsta, *m.* alchemist.

alchimìstico, *a.* alchemistic(al); alchemic(al).

alchimizzàre, A *v. t.* ***1*** to alchemize ***2*** (*fig.*: *falsificare*) to falsify. **B** *v. i.* to practise alchemy.

alchìno, *m.* (*chim.*) alkyne.

Alcibìade, *m.* Alcibiades.

alcióne, *m.* (*lett., mitol.*) halcyon. ● (*zool.*) **a. gigante** (*Dacelo gigas*), laughing jackass; kookaburra.
alciònio, *a.* halcyon (*attr.*): **giorni alcionii,** halcyon days.
àlcol, *m.* **1** (*chim.*) alcohol: **a. assoluto,** absolute alcohol; **a. denaturato,** denatured alcohol; methylated spirit; **a. etilico,** ethyl alcohol; **a. metilico,** methyl alcohol; methanol; wood alcohol **2** (*bevanda alcolica*) alcohol; spirits (*pl.*); liquor; drink: **Non bevo a.,** I don't drink (alcohol); I don't touch spirits; **darsi all'a.,** to take to drink.
alcolàto, *m.* (*chim., farm.*) alcoholate.
àlcole, e *deriv. V.* **alcol,** e *deriv.*
alcolemia, *f.* (*med.*) alcoholemia.
alcolicità, *f.* alcohol (*o* alcoholic) content.
alcòlico, A *a.* alcoholic; spirituous: **bevanda alcolica,** alcoholic drink; strong drink; liquor; (*al pl., collett.*) wines and spirits. **B** *m.* **1** alcoholic drink **2** (*pl.*) wines and spirits; liquors.
alcolimetria, *f.* alcoholometry
alcolìmetro, *m.* (*chim.*) alcoholometer.
alcolișmo, *m.* (*med.*) alcoholism.
alcolista, *m.* e *f.* alcoholic.
alcolizzàre, A *v. t.* **1** (*una sostanza*) to alcoholize **2** (*una persona*) to intoxicate. **B alcolizzàrsi,** *v. i. pron.* to become* an alcoholic.
alcolizzàto, *a.* e *m.* (*f.* **-a**) (*med.*) alcoholic.
alcolòmetro, *V.* **alcolimetro.**
alcoltèst, *m. invar.* **1** breath test **2** (*lo strumento*) breathalyzer (*GB*); drunkometer (*USA*).
àlcool, e *deriv. V.* **alcol,** e *deriv.*
alcòva, *f.* alcove.
alcun, alcuna, *V.* **alcuno.**
alcunché, *pron. indef.* (*lett.*) **1** (*in frasi afferm.*) something **2** (*in frasi interr. e dubit.*) anything: **C'è a. di vero in quello che dici?,** is there anything true in what you say?; **Se le occorre a., me lo dica,** should you need anything, let me know **3** (*in frasi neg. o interr. neg.*) anything; (*col verbo ingl. in forma afferm.*) nothing: **Non vedevo a.,** I couldn't see anything; **Non temo a.,** I fear nothing.
alcùno, A *a. indef.* **1** (*pl.*) (*in frasi afferm. o con valore positivo*) some; a few: **Ho alcuni libri,** I have some (*o* a few) books; **alcune persone che conoscevo,** some people I knew; **Alcuni libri sono più interessanti di altri,** some books are more interesting than others; **per alcuni giorni,** for a few days; **alcuni miei amici,** some friends of mine; **Alcuni libri non mi servono,** there are some books I don't need **2** (*pl.*) (*in frasi interr. e dubit.*) any: **Non so se siano rimasti alcuni biscotti,** I don't know whether there are any biscuits left **3** (*in frasi neg. o interr. neg.*) any; (*come attr. del sogg. e col verbo ingl. in forma afferm.*) no: **Non era presente a. studente,** no student was present; **Non fu fatta alcuna domanda,** no questions were asked; **Non c'è alcun libro,** there aren't any books; there are no books; **senza alcun dubbio,** without any doubt; **senza alcun riguardo,** without any (*o* with no) consideration; **Mio fratello? Non ho alcun fratello,** my brother? I haven't got any brothers (*o* I have no brothers); **Non ha alcun amico?,** hasn't he got any friends?; has he no friends?; **Non c'è alcun pericolo,** there is no danger. ● **in alcun luogo,** anywhere: **Non l'ho visto in alcun luogo,** I didn't see him anywhere □ **Non si riusciva a trovarlo in alcun posto,** he was nowhere to be found. **B** *pron. indef.* **1** (*pl.*) (*in frasi afferm. o con valore positivo*) some; a few; (*alcune persone, anche*) some people; (*con un partitivo*) some, a few: **Alcuni hanno studiato,** some have studied; **Alcuni dicono che è bravo,** some (*o* some people) say he is clever; **«Hai visto degli aerei?» «Ne ho visti alcuni»,** «did you see any planes?» «I saw a few»; **«Li hai visti tutti?» «No, solo alcuni»,** «did you see all of them?» «no, only some»; **alcuni dei miei amici,** some (*o* a few) of my friends; **alcuni di loro,** some of them; **alcuni dei tuoi giocattoli,** some of your toys; **Dammene alcuni,** give me a few; **Alcuni di questi libri non mi servono,** there are some of these books I don't need **2** (*in frasi interr. e dubit.*: *rif. a persone*) anyone, anybody; (*negli altri casi*) any; (*con un partitivo*) any(one): **Se a. lo dicesse,** should anyone say so **3** (*in frasi neg. o interr. neg.*: *rif. a persone*) anyone, anybody; (*negli altri casi*) any; (*con un partitivo*) any(one); (*come sogg. e col verbo ingl. in forma afferm.*) no one, nobody; (*con un partitivo*) none, no one: **Non c'è a. più bravo di lui,** there isn't anyone (*o* anybody) (*o* there is no one) cleverer than he; **Non hai incontrato a.?,** haven't you met anybody?; **«Hai dei romanzi da prestarmi?» «Mi dispiace, non ne ho a.»,** «have you any novels to lend me?» «I'm sorry, I haven't any (*o* I have none)»; **Non ho mai visto a. di quei film,** I've never seen any of those films; **Non vidi a. di voi,** I didn't see any of you; **Non lo dice a.,** no one (*o* nobody) says so; **Non è ancora tornato a. di loro,** none of them have come back yet.
aldèide, *f.* (*chim.*) aldehyde: **a. formica,** formic aldehyde; fomaldehyde.
aldeìdico, *a.* (*chim.*) aldehydic.
aldilà, *m. invar.* afterlife; hereafter; beyond: **credere nell'a.,** to believe in an afterlife.
aldino, *a.* (*tipogr.*) Aldine.
Àldo, *m.* Aldous.
alé, *inter.* come on!
àlea, *f.* (*lett.*) risk; chance: **correre l'a.,** to run the risk: to take the chance.
aleàtico, *m.* aleatico (a sweet red Italian wine).
aleatòrio, *a.* **1** (*incerto*) uncertain, chancy; (*rischioso*) risky, hazardous **2** (*casuale*) chance (*attr.*); random; aleatory **3** (*leg.*) aleatory: **contratto a.,** aleatory contract.
àlef, *m.* **1** (*prima lettera dell'alfabeto ebraico*) aleph **2** (*mat.*) aleph.
aleggiàre, *v. i.* **1** (*lett.*) to flutter **2** (*fig.*: *di vento*) to blow* gently; to stir (*st.*): (*di profumo*) to waft: **Un venticello aleggiava fra le foglie,** a breeze stirred the leaves **3** (*fig.*: *essere diffuso*) to hover (about), to be in the air: **Aleggia un senso di mistero,** there is a sense of mystery in the air **4** (*fig.*: *essere accennato*) to play: **Sulle labbra le aleggiava un sorriso,** a smile played on her lips.
alemànno, A *a.* **1** (*stor.*) Alemannic **2** (*poet.*) German. **B** *m.* **1** (*ling.*) Alemannic **2** (*pl.*) (*il popolo*) Alemanni.
aleșàggio, *m.* **1** (*mecc.*: *diametro*) bore **2** *V.* **alesatura.**
aleșàre, *v. t.* (*mecc.*: *a mano*) to ream; (*con alesatrice*) to bore; (*col tornio*) to lathe-bore.
aleșatóre, *m.* (*mecc.*) **1** (*strumento*) reamer: **a. cilindrico,** straight reamer; **a. fisso,** solid reamer; **a. sferico,** ball reamer **2** (*operaio*) borer.
aleșatrìce, *f.* (*mecc.*) boring machine.
aleșatùra, *f.* (*mecc.*: *a mano*) reaming; (*con alesatrice*) boring; (*col tornio*) lathe-boring.
Alessàndra, *f.* Alexandra.
Alessàndria d'Egitto, *f.* (*geogr.*) Alexandria.
alessandrìno, A *a.* **1** Alexandrian **2** (*letter.*) Alexandrine. **B** *m.* (*poesia*) Alexandrine.
Alessàndro, *m.* Alexander: **A. Magno,** Alexander the Great.
alessìa, *f.* (*med.*) alexia.
Alèssio, *m.* Alexis; (*stor.*) Alexius.
alétta, *f.* **1** (*mecc.*) tongue; (*di raffreddamento*) fin; (*di fuso*) flyer **2** (*naut.*) fin; (*di aliscafo*) foil: **a. di rollio,** bilge keel **3** (*aeron.*) tab **4** (*zool.*) pinnule; paddle.
alettàre, *v. t.* (*mecc.*) to fin.
alettatùra, *f.* (*mecc.*) finning.
alettóne, *m.* **1** (*aeron.*) aileron **2** (*autom.*) spoiler.
aleuróne, *m.* (*chim.*) aleuron(e).
àlfa (1), A *m.* e *f.* (*prima lettera dell'alfabeto greco*) alpha. ● (*fig.*) **dall'a. all'omega,** from A to Z; from beginning to end. **B** *a. invar.* (*fis.*) alpha: **particella a.,** alpha particle; **raggi a.,** alpha rays.
àlfa (2), *f.* (*bot., Stipa tenacissima*) esparto (grass).
alfabetàrio, *m.* alphabet cards (*pl.*); alphabet blocks (*pl.*).
alfabètico, *a.* alphabetic(al): **in ordine a.,** in alphabetical order; alphabetically.
alfabetière, *V.* **alfabetario.**
alfabetișmo, *m.* literacy.
alfabetizzàre, *v. t.* **1** to teach* to read and write; to diffuse literacy **2** (*ordinare alfabeticamente*) to alphabetize.
alfabetizzazióne, *f.* (diffusion of) literacy: **a. di massa,** mass literacy; **campagna di a.,** literacy campaign.
alfabèto, *m.* **1** alphabet **2** (*fig.*: *rudimenti*) ABC. ● **a. Morse,** Morse code.
alfanumèrico, *a.* alphanumeric.
alfière (1), *m.* **1** (*mil.*) ensign; standard bearer **2** (*fig.*) standard bearer; torchbearer.
alfière (2), *m.* (*scacchi*) bishop.
alfine, *avv.* at last; eventually; in the end.
Alfònso, *m.* Alphonse.
Alfrédo, *m.* Alfred.
àlga, *f.* (*bot.*) alga*; (*marina*) seaweed.
algàle, *a.* (*bot.*) algal.
àlgebra, *f.* **1** (*mat.*) algebra **2** (*fig.*: *cosa incomprensibile*) Greek; double Dutch.
algebricaménte, *avv.* algebraically; by algebra.
algèbrico, *a.* algebraic(al).
algebrista, *m.* e *f.* algebraist.
Algèri, *f.* (*geogr.*) Algiers.
algerino, *a.* e *m.* (*f.* **-a**) Algerian (*f.* Algerian woman*).
algeșìa, *f.* (*med.*) algesia.
algeșimetrìa, *f.* (*med.*) algometry.
algeșìmetro, *m.* (*med.*) algometer.
alghicida, *m.* algicide.
àlgido, *a.* **1** (*lett.*: *freddo*) cold; icy **2** (*med.*) algid.
algìna, *f.* (*chim.*) algin.
alginàto, *m.* (*chim.*) alginate.
algìnico, *a.* (*chim.*) alginic.
algocoltùra, *f.* cultivation of algae.
algofobìa, *f.* (*psic.*) algophobia.
Àlgol, *m.* (*elab.*) Algol.
algolagnìa, *f.* (*psic.*) algolagnia.
algologìa, *f.* (*bot.*) algology.
algometrìa, *f.* (*med.*) algometry.
algonchiàno, *a.* (*geol.*) Algonkian; Proterozoic.
algonchino, *a.* e *m.* Algonquin.
algorìtmico, *a.* (*mat.*) algorithmic.
algorìtmo, *m.* (*mat.*) **1** algorithm **2** (*stor.*) algorism.
algóso, *a.* abounding in algae; covered with seaweed.
aliànte, *m.* (*aeron.*) glider.
aliantista, *m.* e *f.* (*aeron.*) glider pilot.
àlias (*lat.*), *avv.* alias; a.k.a. (*abbr. di* also known as).
àlibi, *m.* **1** (*leg.*) alibi: **provare un a.,** to establish an alibi; **senza a.,** without an alibi **2** (*fig.*) excuse; pretext; alibi: **Non ha un a.,** he has no excuse; **Non cercare a.!,** don't look for excuses!
Alìce, *f.* Alice.
alìce, *f.* (*zool., Engraulis encrasicholus*) anchovy.
aliciclico, *a.* (*chim.*) alicyclic.
alidàda, *f.* (*tecn.*) alidade; alidad.
alienàbile, *a.* (*leg.*) alienable; transferable.
alienabilità, *f.* (*leg.*) alienability; transferability.
alienànte, *m.* (*leg.*) alienor.
alienàre, A *v. t.* **1** (*leg.*) to alienate; to convey; to transfer: **a. un diritto [una proprietà],** to alienate a right [a property] **2** (*fig.*: *allontanare*) to alienate: **In questo mo-**

do ti alienerai gli elettori, if you do that, you'll alienate your voters; **alienarsi le simpatie del pubblico**, to lose one's popularity *3* (*fig.*: *inimicare*) to estrange; to turn against; **La sua condotta gli ha alienato tutti**, his behaviour turned everyone against him; **Si alienò il vecchio zio**, he turned his old uncle against him; he estranged his old uncle from him. **B alienàrsi**, *v. rifl.* to estrange oneself; to become* estranged (*o* alienated).

alienàto, A *a.* insane; deranged. **B** *m.* (*f.* **-a**) (*med.*) insane person: **ricovero per alienati**, insane asylum.

alienazióne, *f.* *1* (*leg.*) alienation; conveyance; transfer *2* (*fig.*: *estraniamento*) alienation; estrangement *3* (*psic.*) alienation: **a. mentale**, insanity; mental derangement.

alienista, *m.* e *f.* psychiatrist; alienist.

alièno, A *a.* *1* (*contrario*) averse (to st., to doing st.): **È a. dai pettegolezzi**, he dislikes gossiping; gossiping is alien to his nature; he is averse to gossiping (*form.*) *2* (*non disposto, riluttante*) unwilling; disinclined: **Non è a. dall'accettare denaro**, he is not unwilling to accept some money; **Non sono a. dal crederlo**, I am rather inclined to believe it. **B** *m.* (*f.* **-a**) (*extraterrestre*) alien.

alifàtico, *a.* (*chim.*) aliphatic.

alifórme, *a.* wing-shaped; aliform.

alimentàre (1), A *v. t.* *1* to feed*; to nourish *2* (*fig.*: *sentimenti*) to feed*; to nourish; to foment; to fuel: **a. una speranza**, to feed a hope; **a. l'odio**, to foment (*o* to fuel) hatred *3* (*fuoco*) to feed*; to add fuel to; to bank up: **a. un incendio**, to add fuel to the fire; **a. un fuoco**, to bank up a fire *4* (*tecn.*: *riempire*) to feed*; (*una caldaia*) to stoke: **Due tubi alimentano la vasca**, two tubes feed the tank *5* (*tecn.*: *dare energia*) to supply power; (*una batteria*) to charge. **B alimentàrsi**, *v. rifl.* (*anche fig.*) to feed* (on st.): **a. di pesce**, to feed on fish; **a. correttamente**, to follow a healthy diet.

alimentàre (2), A *a.* alimentary; food (*attr.*): (*anat.*) **canale a.**, alimentary canal; **industria a.**, food industry; **sostanza a.**, food; foodstuff; **generi alimentari**, foodstuffs. **B** *m. pl.* foodstuffs. ● **negozio di alimentari**, grocery; grocer's shop.

alimentàrio, *a.* alimentary; food (*attr.*).

alimentarista, *m.* e *f.* *1* (*dettagliante*) retailer of foodstuffs; grocer *2* (*lavoratore dell'industria*) worker in the food industry *3* (*nutrizionista*) nutritionist.

alimentatóre, A *a.* feeding, **B** *m.* (*fis., mecc.*) feeder; (*di caldaia*) stoker, feeder.

alimentazióne, *f.* *1* nourishment; feeding; nutrition; diet: **a. liquida**, liquid nourishment; **a. artificiale**, artificial feeding; **a. ricca [povera]**, rich [poor] diet; **a. a base di carne**, meat diet; **esperto di a.**, nutrition expert *2* (*mecc., tecn.*) feeding; supply; (*di caldaia, ecc.*) stoking: **a. elettrica**, power supply *3* (*elettr.*) input *4* (*elab.*) feed. ● (*autom.*) **pompa d'a.**, fuel pump □ (*autom.*) **sistema di a.**, fuel system.

aliménto, *m.* *1* food; nourishment: **un a. sano**, a healthy food *2* (*fig.*) food; nourishment; fuel: **trarre a. da q.c.**, to feed on st.; to get nourishment from st. *3* (*pl.*) (*leg.*) alimony (*sing.*); maintenance (*sing.*): **pagare gli alimenti**, to pay alimony.

alinea, *m. invar.* *1* new paragraph *2* (*leg.*) paragraph; subsection.

aliquota, *f.* *1* (*quota*) share; quota *2* (*mat., ind.*) aliquot (part) *3* (*fisc.*) rate: **a. d'imposta**, tax rate; **essere tassato all'a. del 35%**, to be taxed at the rate of 35%.

aliscàfo, *m.* (*naut.*) hydrofoil.

aliṣèi, *m. pl.* trade winds; trades: **a. di nord-est**, north-east trades; **prendere gli a.**, to get into the trade winds.

alitàre, *v. i.* *1* to breathe *2* (*fig.*: *di vento*) to blow* gently; to sigh.

àlite, *m.* – (*zool.*) **a. ostetrico** (*Alytes obstetricans*), midwife toad.

àlito, *m.* (*anche fig.*) breath: **a. cattivo**, bad breath; **un a. di vento [di vita]**, a breath of wind [of life].

alitòṣi, *f.* (*med.*) halitosis*.

alizarina, *f.* (*chim.*) alizarin(e).

allacciaménto, *m.* *1* lacing; tying; fastening *2* (*collegamento*) linking; link; connection *3* (*di impianto*) connection; (*installazione*) installation: **a. telefonico**, phone connection; phone installation; **Non ho ancora l'a. al gas**, I haven't been connected to the gas mains yet *4* (*fis.*) connection. ● (*ferr.*) **a. ferroviario**, railway junction.

allacciàre, *v. t.* *1* (*legare*) to tie; to lace (up): **a. le scarpe**, to lace (up) one's shoes; to tie one's shoelaces; (*chir.*) **a. una vena**, to tie a vein *2* (*chiudere*) to fasten; (*abbottonare*) to button (up); (*affibbiare*) to buckle; (*con una lampo*) to zip (up): **allacciarsi la camicia**, to button (up) one's shirt; **a. una cintura**, to buckle a belt; **allacciarsi la cintura di sicurezza**, to fasten one's seat belt *3* (*collegare*) to link; to connect: **a. due linee ferroviarie**, to link two railway lines; **a. alla rete idrica**, to connect to the water mains; **Il telefono non è allacciato**, the phone is not connected *4* (*fig.*) to establish: **a. una relazione commerciale**, to establish a business connection; **a. un'amicizia**, to strike up a friendship.

allacciatùra, *f.* *1* (*l'allacciare*) fastening; (*con lacci*) lacing; (*con bottoni*) buttoning; (*con fibbia*) buckling *2* (*chiusura*) fastening; (*lacci*) laces (*pl.*); (*abbottonatura*) buttons (*pl.*); (*fibbia*) buckle *3* (*chir.*) ligature.

allagaménto, *m.* flooding; (*l'effetto*) flood: **l'a. della campagna**, the flooding of the countryside; **pericolo di a.**, danger of flooding.

allagàre, A *v. t.* (*anche fig.*) to flood; to inundate: **Il fiume allagò metà della città**, the river flooded half the city. **B allagàrsi**, *v. i. pron.* to flood; to be flooded: **Mi si è allagato il bagno**, my bathroom has flooded.

allampanàto, *a.* lanky; gangling.

allappàre, *v. t.* to set* (sb.'s teeth) on edge.

allargaménto, *m.* *1* widening; broadening; enlargement *2* (*apertura*) opening *3* (*ampliamento, estensione*) extension; expansion *4* (*di abiti*) letting out.

allargàre, A *v. t.* *1* (*rendere più ampio*) to widen; to enlarge: **a. una strada**, to widen a road; **a. la bocca**, to widen one's mouth *2* (*aprire*) to open: **a. la mano**, to open one's hand *3* (*dilatare*) to expand: **a. il petto**, to expand one's chest *4* (*fig.*: *estendere*) to widen; to broaden; to extend; to expand: **a. le ricerche**, to extend the search; **a. le proprie conoscenze**, to broaden one's knowledge; **a. le proprie amicizie**, to make new friends *5* (*distanziare*) to move apart; to separate *6* (*abiti*) to let* out; (*scarpe*) to stretch *7* (*allentare*) to loosen; to relent; to relax *8* (*calcio*) to open up. ● **a. il cuore**, to gladden the heart □ (*fig.*) **a. la mano**, to be generous □ (*mus.*) **a. il tempo**, to broaden the tempo. **B** *v. i.* *1* (*sport*) to open up *2* (*mus.*) to slow down. **C allargàrsi**, *v. rifl.* *1* (*estendersi*) to extend; to expand: **a. nel proprio lavoro**, to expand one's business *2* (*esagerare*) to exhaggerate: **a. nelle spese**, to spend too much; to exhaggerate with expenses. **D allargàrsi**, *v. i. pron.* *1* to widen: **La strada s'allargava**, the road widened *2* (*ampliarsi*) to expand; to extend; to grow* *3* (*di persone*: *spostarsi*) to move over; to make room *4* (*trasferirsi in locali più grandi*) to expand; to move into a larger house (*o* larger premises). ● (*fig.*) **Mi si allargò il cuore a sentire quella notizia**, I was overjoyed to hear the news.

allargatóre, *m.* (*mecc.*) stretcher.

allargatùra, *f.* widening; enlargement; (*di abiti*) letting out.

allarmànte, *a.* alarming; worrying.

allarmàre, A *v. t.* to alarm; to frighten; to worry. **B allarmàrsi**, *v. i. pron.* to be alarmed; to be frightened; to be worried.

allarmàto, *a.* alarmed; worried; anxious.

allàrme, *m.* *1* alarm; alert; warning: **a. aereo**, air-raid alarm (*o* warning); **falso a.**, false alarm; **cessato a.**, all-clear; **campanello d'a.**, alarm bell; **segnale d'a.**, alarm; **dare l'a.**, to give the alarm; **in stato di a.**, on the alert *2* (*paura*) alarm; apprehension; fear: **essere in a.**, to be worried (*o* anxious); **mettere in a.**, to alarm.

allarmiṣmo, *m.* alarmism.

allarmista, *m.* e *f.* alarmist; scaremonger.

allarmìstico, *a.* alarmist; scaremongering.

allascàre, *v. t.* (*naut.*) to slacken.

allàto, (*lett.*) **A** *avv.* near; close by; alongside. **B allàto a**, *locuz. prep.* beside; next to: **Mi stava a.**, he was beside me.

allattaménto, *m.* nursing; suckling; feeding; (*il periodo*) lactation: **a. al seno**, breast-feeding; **a. artificiale**, bottle-feeding.

allattàre, *v. t.* to nurse; to suckle; to feed*: **a. al seno**, to breast-feed; **a. artificialmente**, to bottle-feed.

alleànza, *f.* alliance: **a. offensiva [difensiva]**, offensive [defensive] alliance; **rompere un'a.**, to break off an alliance; **stringere un'a.**, to enter into an alliance; **fare a.**, to join forces. ● (*Bibbia*) **l'Arca dell'A.**, the Ark of the Covenant □ (*stor.*) **la Santa A.**, the Holy Alliance.

alleàre, A *v. t.* to ally; to unite. **B alleàrsi**, *v. rifl.* to ally oneself (with sb.); to join forces (with sb.). **C alleàrsi**, *v. rifl. recipr.* to form an alliance; (*unirsi*) to unite, to join forces: **I due stati s'allearono**, the two states formed an alliance; **a. contro un nemico comune**, to join forces against a common enemy; **Vi siete alleati contro di noi**, you are in league against us.

alleàto, A *a.* allied. **B** *m.* (*f.* **-a**) ally.

allegàre (1), *v. t.* *1* (*scuse, pretesti*) to adduce; to allege; to plead (as an excuse) *2* (*ragioni, prove, ecc.*) to produce; to present; to offer.

allegàre (2), A *v. t.* *1* (*accludere*) to enclose; to attach: **a. un documento**, to enclose a document *2* (*i denti*) to set* (sb.'s teeth) on edge. **B** *v. i.* (*agric.*) to take* root.

allegàto, A *a.* enclosed; attached. **B** *m.* enclosure.

allegazióne, *f.* (*leg.*) allegation.

alleggeriménto, *m.* *1* lightening *2* (*fig.*: *l'alleviare*) lessening; easing; relieving *3* (*fig.*: *riduzione*) reduction *4* (*sport*) relief: **azione di a.**, relieving manoeuvre.

alleggerire, A *v. t.* *1* to lighten; to relieve: **a. una nave**, to lighten a ship; **a. un carico**, to lighten a load; **Mi alleggerì della valigia**, he relieved me of the suitcase; (*eufem.*) **a. q. del portafoglio** (*rubarlo*), to relieve sb. of his wallet *2* (*fig.*: *alleviare*) to lessen; to ease: **a. il dolore**, to lessen pain; **alleggerirsi la coscienza**, to ease one's conscience *3* (*fig.*: *ridurre*) to reduce; to ease: **a. le tasse**, to reduce taxation. **B alleggerirsi**, *v. rifl.* *1* (*deporre un peso*) to unburden oneself; to put* down (st.): **a. di un carico**, to put down a load; to unburden oneself of a load *2* (*vestire più leggero*) to put* on lighter clothes.

allegorìa, *f.* allegory.

allegòrico, *a.* allegoric(al).

allegoriṣmo, *m.* *1* allegorical system *2* use of allegories *3* allegorical interpretation.

allegorista, *m.* e *f.* allegorist.

allegoriẓẓàre, A *v. t.* to allegorize. **B** *v. i.* to interpret allegorically.

allegraménte, *avv.* *1* cheerfully; merrily *2* (*spensieratamente*) airily; unconcernedly: **Parlano a. di spendere dieci miliardi**, they talk airily of spending ten billion lire.

allegrétto, *m.* (*mus.*) allegretto*.

allegrézza, *f.* joy; joyfulness.

allegria, *f.* cheerfulness; high spirits (*pl.*); gaiety; mirth; jollity: **a. contagiosa**, infectious gaiety; **pieno di a.**, in high spirits; full of mirth; **prenderla con a.**, to take it cheerfully; **mettere a.**, to cheer up; to raise the spirits; **stare in a.**, to have a good time; to have fun; to make merry.

allégro, A *a.* **1** cheerful; happy; merry; jolly; (*spensierato*) blithe, light-hearted, airy: **È sempre a.**, he is always cheerful; **fare la faccia allegra**, to look cheerful; **stare allegri**, to be happy; **tenere a. q.**, to cheer sb. up; **una situazione poco allegra**, a far from cheerful situation **2** (*che dà allegria*) bright; cheerful: **un colore a.**, a bright colour; **musica allegra**, cheerful music; **una stanza allegra**, a cheerful room **3** (*sconsiderato*) light; thoughtless; irresponsible **4** (*alticcio*) tipsy; tight. ● **C'è poco da stare allegri**, there is little to laugh about; this is no laughing matter □ (*eufem.*) **contabilità allegra**, creative accounting □ (*eufem.*) **donnina allegra**, fast (*o* easy) woman. **B** *m.* (*mus.*) allegro*.

allegróne, *m.* (*f.* **-a**) (*fam.*) funster; laugh; life and soul of the party.

allèle, *m.* (*biol.*) allele; allelomorph.

allelomòrfo, *a.* (*biol.*) allelomorphic; allelic.

allelùia, *m.* e *inter.* hallelujah.

allenaménto, *m.* **1** training; (*fisico, anche*) work-out; (*esercizio*) practice **2** (*l'allenare*) coaching **3** (*forma fisica*) condition; shape (*fam.*). ● **fuori a.**, (*fisico*) out of condition; (*non esercitato*) out of practice □ **tenersi in a.**, (*in forma*) to keep in shape; (*in esercizio*) to practise, to practice (*USA*).

allenàre, A *v. t.* **1** to train; (*esercitare*) to exercise: **a. un uomo alla corsa**, to train a man for running; **a. il braccio [la memoria]**, to exercise one's arm [one's memory] **2** (*sport*) to coach. **B allenàrsi,** *v. rifl.* to train; (*far pratica*) to practise: **a. nel salto**, to train for jumping; to practise jumping.

allenatóre, *m.* (*f.* **-trice**) (*sport*) trainer; coach.

allentaménto, *m.* **1** (*di viti, corde, ecc.*) loosening; slackening **2** (*di passo, ecc.*) slackening; slowing (down) **3** (*rilassamento*) relaxation.

allentàre, A *v. t.* **1** to loosen; to release; to slacken: **a. una vite**, to loosen a screw; **a. la stretta**, to loosen one's hold; **a. il freno**, to release the brake; (*fig.*) to slacken the reins; (*fig.*) **a. i cordoni della borsa**, to loosen the purse-strings **2** (*rallentare*) to slacken; to slow down **3** (*mitigare*) to relax: **a. la disciplina**, to relax discipline. **B allentàrsi,** *v. i. pron.* **1** to loosen; to slacken; to grow* loose; (*man mano, da sé*) to work loose: **La corda si era allentata**, the rope had slackened; **La vite si è allentata**, the screw has worked loose **2** (*rilassarsi*) to slacken; to relax: **La disciplina si allentò**, discipline was relaxed.

allergène, *m.* (*med.*) allergene.

allergìa, *f.* (*med.* e *fig.*) allergy: **provocare a.**, to cause an allergy; **Ha a. per lo studio**, he has an allergy (*o* he is allergic) to studying.

allèrgico, A *a.* (*med.* e *fig.*) allergic. **B** *m.* (*f.* **-a**) allergy sufferer.

allergizzàre, *v. t.* (*med.*) to make* allergic.

allergologìa, *f.* (*med.*) allergology.

allergòlogo, *m.* (*f.* **-a**) (*med.*) allergologist.

all'érta, allérta, A *avv.* – **stare a.**, to be on the look-out (*o* on the alert). **B** *inter.* look out! **C** *f.* alert; alarm: **dare l'a.**, to give* the alarm: **mettere in stato di a.**, to put on the alert.

allestiménto, *m.* **1** preparation; organization **2** (*teatr.*) staging: **l'a. di un lavoro**, the staging of a play; **a. scenico**, stage setting **3** (*di una nave*) fitting out **4** (*di una vetrina*) window dressing.

allestìre, *v. t.* **1** (*preparare*) to prepare; to organize: **a. il pranzo**, to prepare dinner; **a. una spedizione**, to organize an expedition **2** (*teatr.*) to stage **3** (*una nave*) to fit out **4** (*una vetrina*) to dress.

allestitóre, *m.* (*f.* **-trice**) **1** organizer **2** (*teatr.*) stager.

allettaménto, *m.* allurement; enticement; lure; attraction.

allettànte, *a.* alluring; tempting; inviting; attractive.

allettàre (1), *v. t.* to allure; to entice; to attract; to tempt.

allettàre (2), A *v. t.* (*agric.*) to flatten; to beat* down. **B allettàrsi,** *v. rifl.* (*mettersi a letto*) to take* to one's bed. **C allettàrsi,** *v. i. pron.* (*agric.*) to be flattened; to be beaten down.

allettatóre, A *m.* (*f.* **-trice**) charmer; enticer. **B** *a.* alluring; enticing.

allevaménto, *m.* **1** (*di bambini*) bringing up; upbringing; rearing **2** (*di animali*: *l'allevare*) breeding; rearing; farming: **a. del bestiame**, cattle-breeding; cattle-farming **a. di pecore**, sheep-farming; **a. di polli**, chicken-farming **3** (*di piante*) growing; cultivation **4** (*luogo di a.*) farm; ranch (*USA*); station (*Austr.*): **a. di cavalli**, stud farm; **a di pecore**, sheep farm; sheep station (*Austr.*); **a. di polli**, chicken farm; **pollo di a.**, battery chicken.

allevàre, *v. t.* **1** (*bambini*) to raise; to bring* up; to rear **2** (*animali*) to breed*; to rear; to raise: **a. cavalli**, to breed horses; **a. galline**, to rear hens; **a. api**, to keep bees **3** (*piante*) to grow*; to cultivate.

allevatóre, *m.* (*f.* **-trice**) **1** (*di animali*) breeder; farmer: **a. di bestiame**, cattle breeder; **a. di pecore**, sheep farmer **2** (*di piante*) grower.

alleviaménto, *m.* relief; alleviation; easing; (*alleggerimento*) lightening.

alleviàre, *v. t.* to relieve; to alleviate; to ease; (*alleggerire*) to lighten: **a. il dolore**, to relieve pain; **a. la noia**, to relieve boredom; **a. un peso**, to lighten a burden.

allibìre, *v. i.* to be astounded; to be dismayed; to be shocked: **Davanti a simili minacce allibì**, he was astounded at such threats.

allibìto, *a.* astounded; dismayed; shocked.

allibraménto, *m.* entry; registration.

allibràre, *v. t.* (*leg.*) to enter; to register: **a. un debito**, to register a debt.

allibratóre, *m.* bookmaker; turf accountant (*form.*); bookie (*fam.*).

allicciàre, *v. t.* **1** (*ind. tess.*) to heddle **2** (*una sega*) to set*.

allietàre, A *v. t.* to cheer; to gladden; to rejoice. **B allietàrsi,** *v. i. pron.* to rejoice (in st., at st.).

allièvo, *m.* (*f.* **-a**) **1** pupil; (*studente*) student: **a. infermiere [allieva infermiera]**, student nurse **2** (*apprendista*) apprentice **3** (*mil.*) cadet.

alligatóre, *m.* (*zool.*, *Alligator*) alligator.

allignàre, *v. i.* **1** (*di pianta*) to take* root **2** (*fig.*: *prosperare*) to thrive*; to flourish **3** (*fig.*: *trovarsi*) to be found; to occur.

allineaménto, *m.* **1** alignment; lining up; ranging **2** (*mil.*: *di parata*) dressing; (*di marcia*) forming up **3** (*polit.*) alignment: **non a.**, nonalignment **4** (*econ., fin.*) adjustment: **a. dei prezzi**, adjustment of prices; **a. valutario**, currency adjustment **5** (*tecn.*) true **6** (*naut.*) range **7** (*tipogr.*: *d'una riga*) alignment, ranging; (*del margine*) ranging, justification.

allineàre, A *v. t.* **1** to range; to line up; to align: **a. le sedie lungo la parete**, to range the chairs against the wall; **Allineali bene**, line them up well **2** (*mil.*: *per una parata*) to dress; (*per una marcia*) to form up **3** (*tipogr.*) to range; (*i margini, anche*) to justify. **B allineàrsi,** *v. rifl.* **1** to form a line; to line up; to fall* into line; to range oneself **2** (*mil.*) to dress: **A. a destra**, right dress! **3** (*polit.*: *schierarsi*) to align (with sb., st.); (*adeguarsi*) to fall* into line (with sb., st.).

allineàto, *a.* in line; aligned; lined up; (*tecn.*) true: **Quel quadro non è a. con gli altri**, that picture is not in line with the others; (*polit.*) **non a.**, nonaligned.

allitteràre, *v. i.* (*ling.*) to allitterate.

allitterazióne, *f.* (*ling.*) alliteration.

allocàre, *v. t.* (*econ.*) to allocate; to assign.

allocazióne, *f.* **1** (*econ., fin.*) allocation **2** (*ippica*) prize money; stakes (*pl.*).

allocchìre, *v. i.* to be dumbfounded; to gawk.

allòcco, *m.* **1** (*zool.*, *Strix aluco*) tawny owl **2** (*fig.*) fool; booby; gawk: **far la figura dell'a.**, to look like a fool; **restare come un a.**, to gawk.

allocentrìsmo, *m.* (*psic.*) allocentricity.

allocromàtico, *a.* (*miner.*) allochromatic.

allòctono, *a.* (*geol.*) allochthonous.

allocutóre, *m.* (*f.* **-trice**) speaker; orator.

allocuzióne, *f.* address; allocution; speech.

allodiàle, *a.* (*stor.*) allodial.

allòdio, *m.* (*stor.*) al(l)odium*; allod.

allòdola, *f.* (*zool.*, *Alauda arvensis*) lark; skylark.

allogaménto, *m.* placing; (*di denaro*) investment.

allogàre, A *v. t.* **1** (*ospitare*) to accommodate; to lodge **2** (*impiegare*) to place; to find* (sb.) a job **3** (*sposare*) to marry off. **B allogàrsi,** *v. rifl.* **1** (*sistemarsi*) to find* accommodation; to lodge **2** (*impiegarsi*) to take* a job.

allògeno, *a.* e *m.* (*f.* **-a**) alien.

alloggiaménto, *m.* **1** accommodation; lodging **2** (*mil.*: *l'alloggiare*) quartering; (*in case private*) billeting **3** (*mil.*: *il luogo*) quarters (*pl.*); (*casa privata*) billet; (*accampamento*) encampment, camp **4** (*mecc.*) housing; slot: **a. per chiavetta**, keyway; spline; slot; **a. per molla**, spring holder.

alloggiàre, A *v. t.* **1** to accommodate; to lodge; to put* up: **a. studenti**, to lodge students; **a. amici**, to put up friends **2** (*mil.*) to quarter; (*in case private*) to billet **3** (*mecc.*) to seat; to house; to fit in a slot. **B** *v. i.* **1** to stay; to lodge; to put* up: **a. da amici**, to stay with friends; **Alloggia presso una vedova**, he lodges with a widow **2** (*mil.*) to quarter; (*in casa privata*) to be billeted. ● (*prov.*) **Chi tardi arriva male alloggia**, the early bird catches the worm; first come, first served.

allòggio, *m.* **1** accommodation; lodging: **trovare a. presso q.**, to find accommodation with sb.; **dare a. a q.**, to accommodate sb.; to lodge sb.; to put sb. up; to take sb. in; **vitto e a.**, board and lodging **2** (*mil.*) quarters (*pl.*); (*in casa privata*) billet **3** (*abitazione*) housing; house; flat; (*stanze*) lodgings (*pl.*), digs (*pl.*) (*fam.*): **il problema degli alloggi**, the housing problem.

alloglòtto, (*ling.*) **A** *a.* speaking a different language; belonging to a linguistic minority. **B** *m.* member of a linguistic minority.

allògrafo, *m.* (*ling.*) allograph.

allometrìa, *f.* (*biol.*) allometry.

allomòrfo, *a.* (*ling.*) allomorph.

allontanaménto, *m.* **1** removal **2** (*licenziamento*) dismissal **3** (*l'andarsene*) departure **4** (*l'estraniarsi*) estrangement.

allontanàre, A *v. t.* **1** (*porre lontano*) to move away; to push away; to pull away: **Allontanò il piatto**, he pushed the plate away; **Allontana la seggiola dalla finestra**, move that chair away from the window **2** (*portare via*) to remove, to take* away; (*mandare via*) to send* away, to send* off, to dismiss: **Allontanate i bambini!**, take (*o* send) the children away!; **Lo allontanarono in tempo**, they got him away in time; **Cosa fa qui? Allontanatelo!**, what is he doing here? send him away! **3** (*eliminare, rimuovere*) to remove; to avert: **a. ogni dubbio**, to remove all doubt; **a. il pericolo di una crisi**, to avert the danger of a crisis; **Le sue azioni avevano allontanato qualsiasi sospetto**, his behaviour had averted all suspicion **4** (*fig., anche assol.*: *tenere lontano*) to keep* off; to keep* at distance. **B allontanàrsi,** *v. rifl.* e *i. pron.* **1** (*andar via*) to go* away; to go* off; to leave*: **Si allontanò borbottando**, he went off mumbling; **Mi allontanai per due minuti**, I left (*o* was away) for two minutes; **a. di corsa**, to run off; **L'auto si allontanò**, the car drove off ***2*** (*tirarsi indietro*) to stand* back; to move back ***3*** (*fig.*: *deviare*) to stray; to deviate: **a. dall'argomento**, to stray from the point; **a. dalla verità**, to stray (*o* to deviate) from truth ***4*** (*estraniarsi*) to distance oneself; to stop seeing (sb.). **C allontanàrsi**, *v. rifl. recipr.* to become* estranged.

allopatìa, *f.* (*med.*) allopathy.

allopàtico, (*med.*) **A** *a.* allopathic. **B** *m.* (*f.* **-a**) allopath; allopathist.

allóra, **A** *avv.* ***1*** (*in quel momento*) then; at that moment: **A. persi la pazienza**, then I lost my patience; **proprio a.**, right then; at that very moment ***2*** (*a quel tempo*) then, at that (*o* the) time, in that occasion; (*a quei tempi*) in those days, then: **Ci conoscemmo a.**, we met then; **A. ero ricco**, I was rich then (*o* in those days); **A. non sapevamo di loro**, we didn't know about them at the time. ● **a. a.**, just: **L'avevo incontrato a. a.**, I had just met him □ **a. come a.**, at the time: **A. come a. non dissi nulla**, I said nothing at the time □ **da a.**, since then; since: **Non ci siamo più visti da a.**, we haven't met since □ **da a. in poi**, from then on □ **di a.**, then; at that (*o* the) time; in those days: **il direttore di a.**, the director at the time; the then director (*form.*); **i giovani di a.**, young people in those days □ **fino (ad) a.**, until (*o* till) then; up to then □ **fin da a.**, already at the time □ **per a.**, (*per quei tempi*) for those days, for the time; (*in quel momento*) at the moment, just then; (*rif. al futuro*) by then: **Per a. sarà tornato**, he'll be back by then. **B** *cong.* ***1*** (*in tal caso*) in that case; then; so: **Piove? A. si sta a casa**, is it raining? in that case we'll stay in; **A. non c'è speranza?**, there's no hope, then?; so there's no hope? ***2*** (*quindi*) so: **Era tardi, e a. me ne tornai a casa**, it was late, so I went back home ***3*** (*dunque, ebbene*) well; right; now then: **A., vediamo che si può fare**, right, let's see what can be done; **E a.?**, (*che si fa?*) well, what now?; (*e poi?*) well?; (*che m'importa?*) so what? (*fam.*). **C** *a.* then: **l'a. presidente**, the then president.

allorché, *cong.* (*lett.*) when.

allòro, *m.* ***1*** (*bot., Laurus nobilis*) laurel; (sweet) bay: **corona d'a.**, laurel wreath; **Mettici una foglia d'a.**, add a bay leaf ***2*** (*fig.*: *trionfo*) laurels (*pl.*); triumph; honour; victory: **mietere allori**, to reap honours; **riposare sugli allori**, to rest on one's laurels; **l'a. olimpico**, a medal in the Olympics.

allorquàndo, *cong.* (*lett.*) when.

allotrapiànto, *m.* (*med.*) allograft.

allotropìa, *f.* (*chim.*) allotropy; allotropism.

allotròpico, *a.* (*chim.*) allotropic.

allòtropo, *m.* (*chim.*) allotrope.

àlluce, *m.* (*anat.*) hallux*; (*com.*) big toe.

allucinànte, *a.* ***1*** hallucinatory; hallucinating: **droga a.**, hallucinatory drug; **sensazione a.**, hallucinating sensation ***2*** (*abbagliante*) dazzling ***3*** (*fig.*: *sconvolgente*) ghastly; shocking ***4*** (*fam.*: *pazzesco*) incredible; crazy (*fam.*); unreal (*fam.*).

allucinàre, *v. t.* ***1*** to hallucinate ***2*** (*abbagliare*) to dazzle.

allucinàto, *a.* ***1*** hallucinated: **mente allucinata**, hallucinated mind ***2*** (*fig.*) dazed; haunted: **sguardo a.**, dazed expression; haunted look ***3*** (*abbagliato*) dazzled.

allucinatòrio, *a.* hallucinatory.

allucinazióne, *f.* hallucination.

allucinògeno, (*chim.*) **A** *m.* hallucinogen. **B** *a.* hallucinogenic.

allucinòși, *f.* (*med.*) hallucinosis*.

allùdere, *v. i.* to allude (to st.); to hint (at st.); (*menzionare*) to refer (to st.).

allùme, *m.* (*chim.*) alum: **a. di rocca**, rock alum.

allumìna, *f.* (*chim.*) alumina.

alluminatùra, *f.* (*tecn.*) aluminizing.

allumìnico, *a.* (*chim.*) aluminic.

allumìnifero, *a.* (*geol.*) aluminiferous.

allumìnio, *m.* (*chim.*) aluminium (*GB*); aluminum (*USA*).

alluminòși, *f.* (*med.*) aluminosis*.

alluminosilicàto, *m.* (*miner.*) aluminosilicate.

alluminotermìa, *f.* (*chim.*) aluminothermy.

allunàggio, *m.* moon landing.

allunàre, *v. i.* to land on the moon; to moon-land.

allùnga, *f.* ***1*** (*tecn.*) extension ***2*** (*comm.*) allonge; rider.

allungàbile, *a.* extendable; extensible; stretchable: **tavolo a.**, extension (*o* draw) table.

allungaménto, *m.* ***1*** lengthening; (*prolungamento*) extension, prolongation ***2*** (*il diluire*) dilution ***3*** (*fon.*) lengthening ***4*** (*mecc.*) stretch; stretching.

allungàre, **A** *v. t.* ***1*** to lengthen; (*prolungare*) to extend, to prolong: **a. un vestito**, to lengthen (*o* to let down) a dress; **a. una tavola**, to extend a table; **a. le vacanze**, to extend one's holidays; **a. la vita**, to prolong (*o* to extend) (sb.'s) life ***2*** (*protendere*) to reach out; to stretch out: **a. una mano per prendere q.c.**, to reach out a hand to take st.; to reach for st.; **a. le gambe**, to stretch out one's legs ***3*** (*porgere*) to hand; to pass; to give*: **Allungami quel libro sullo scaffale**, hand me that book on the shelf; **Allungami il sale**, pass me the salt; (*fam.*) **Gli allungai diecimila lire**, I gave him (*di nascosto*: I slipped him) ten thousand lire ***4*** (*assestare*) to land; to fetch: **a. un pugno**, to land a punch; **a. una pedata**, to kick ***5*** (*diluire*) to dilute; (*con acqua*) to water down. ● **a. il collo**, to crane one's neck □ **a. le mani**, (*rubare*) to be light-fingered; (*toccare*) to be free with one's hands □ **a. le mani su q.c.**, (*picchiare*) to lay one's hands on st. □ **a. le orecchie**, to strain one's ears □ (*calcio*) **a. la palla**, to pass the ball forward □ **a. il passo**, to quicken one's pace; to hurry □ **a. la strada**, to take (*o* to go) the long way. **B allungàrsi**, *v. rifl.* (*distendersi*) to lie* down; to stretch out: **a. per mezz'ora**, to lie down for half an hour. **C allungàrsi**, *v. i. pron.* ***1*** to lengthen; to grow* longer; to stretch: **Le ombre si allungavano**, the shadows were lengthening; **Le giornate si allungano**, the days are drawing out (*o* growing longer); **Il golf si è allungato**, the sweater has stretched ***2*** (*crescere*) to grow* taller; to shoot* up (*fam.*): **Il ragazzo s'è allungato quest'anno**, the boy has shot up this year ***3*** (*fon.*) to lengthen.

allungàto, *a.* ***1*** lengthened ***2*** (*oblungo*) elongated; oblong ***3*** (*disteso*) stretched out; extended ***4*** (*diluito*) diluted; watered down.

allungatùra, *f.* lengthening; elongation; prolongation; (*di vestito*) letting down.

allùngo, *m.* (*sport*) ***1*** (*calcio*) forward pass ***2*** (*atletica, ciclismo*) spurt; sprint ***3*** (*scherma*) extended lunge ***4*** (*boxe*) reach.

allupàto, *a.* (*pop.*) horny; randy.

allușióne, *f.* allusion; hint; suggestion; (*menzione*) reference: **Fece a. a difficoltà finanziarie**, he hinted at financial difficulties; **Nessuno fece a. all'incontro del giorno prima**, no one made reference to (*o* mentioned) the meeting of the previous day; **a. velata [pesante]**, veiled [strong] hint (*o* allusion, suggestion).

allusività, *f.* allusiveness.

allușìvo, *a.* allusive; hinting; meaningful.

alluviàle, *a.* (*geol.*) alluvial.

alluvionàle, *a.* alluvial: **terreno a.**, alluvial soil; **deposito a.**, alluvium*; warp.

alluvionàto, **A** *a.* flooded. **B** *m.* (*f.* **-a**) flood victim.

alluvióne, *f.* ***1*** flood; inundation ***2*** (*geol., leg.*) alluvion ***3*** (*fig.*) flood; stream; torrent: **un'a. di romanzi gialli**, a flood of detective novels.

àlma, *f.* (*poet.*) soul.

almagèsto, *m.* almagest.

almanaccàre, *v. i.* ***1*** (*sforzarsi di capire*) to rack one's brains (about st.); to puzzle (over st.) ***2*** (*fantasticare*) to dream* (of, about st.) ***3*** (*congetturare*) to muse (on st.).

almanàcco, *m.* almanac. ● **A. di Gotha**, Almanach de Gotha.

almandìno, *m.* (*miner.*) almandine.

alméno, *avv.* at least: **Conoscevo a. trenta persone**, I knew at least thirty people; **Non parlò per a. un minuto**, he didn't speak for at least one minute; **Mangia a. una mela!**, eat an apple, at least!; **Potevi a. telefonare**, you could at least have phoned; **A. ti decidessi!**, I wish you would make up your mind!

àlmo, *a.* (*poet.*) ***1*** (*che dà vita*) life-giving ***2*** (*grande*) great; noble.

àlnico, *m.* (*metall., marchio*) Alnico.

àlno, *V.* **ontano**.

àloe, *m.* (*bot., Aloe*) aloe.

alofàuna, *f.* halophilic fauna; saltwater fauna.

alòfilo, *a.* halophilic.

alòfita, **A** *a.* halophytic. **B** *f.* halophyte.

aloflòra, *f.* halophilic flora; sea flora.

alogenàre, *v. t.* (*chim.*) to halogenate.

alogenazióne, *f.* (*chim.*) halogenation.

alògeno, (*chim.*) **A** *a.* halogenous; halogen (*attr.*). **B** *m.* halogen.

alogenùro, *m.* (*chim.*) halide; haloid.

aloìde, *a.* (*chim.*) haloid.

alonàre, *v. t.* to halo.

alóne, *m.* ***1*** (*astron., fis.*) halo* ***2*** (*fig.*) halo*; aura; glow ***3*** (*macchia*) mark; ring.

alopecìa, *f.* (*med.*) alopecia.

alòșa, *f.* (*zool., Alosa alosa*) allis shad.

àlpaca, *m.* (*zool., Lama pacos*; *tessuto*) alpaca.

alpàcca, *m.* German silver; nickel silver.

àlpe, *f.* ***1*** (*montagna*) alp ***2*** (*pascolo*) mountain pasture; alp.

alpeggiàre, **A** *v. t.* to lead* to mountain pasture. **B** *v. i.* to graze in the mountains.

alpéggio, *m.* ***1*** (*pascolo*) mountain pasture ***2*** (*il periodo*) mountain grazing.

Alpenstock (*ted.*), *m. invar.* alpenstock.

alpèstre, *a.* ***1*** (*alpino*) alpine ***2*** (*montano*) mountain (*attr.*); mountainous.

Àlpi, *f. pl.* (*geogr.*) (the) Alps.

alpigiàno, **A** *a.* alpine; mountain (*attr.*). **B** *m.* (*f.* **-a**) ***1*** inhabitant of the Alps ***2*** (*montanaro*) mountaineer.

alpinișmo, *m.* mountaineering; alpinism.

alpinista, *m. e f.* mountaineer; climber; alpinist.

alpinìstico, *a.* climbing; alpine.

alpìno, **A** *a.* ***1*** (*delle Alpi*) Alpine ***2*** (*di montagna*) mountain (*attr.*); alpine. **B** *m.* (*mil.*) alpino*; member of the Italian Alpine troops: **gli alpini**, the Alpine troops.

alquànto, **A** *a. indef.* ***1*** a certain amount of; some; quite a bit of; quite a [an]: **Aveva bevuto a. vino**, he had drunk a certain amount of wine; **C'era alquanta neve**, there was quite a bit of snow; **alquanta agitazione**, quite a commotion; **dopo a. tempo**, after some time ***2*** (*pl.*) several; a good many; quite a few; quite a lot of: **alquanti uomini**, several men; **alquante cose**, several things. **B** *pron. indef.* ***1*** quite a bit; quite a lot; a good deal; some: **Ne ha preso a.**, he took quite a bit ***2*** (*pl.*) several; some; quite a few. **C** *avv.* ***1*** (*alquanto tempo*) (for) a while; for quite some time: **Camminammo a.**, we walked for quite some time ***2*** (*con agg.*) rather; somewhat: **a. infelice**, rather unhappy; **a. meglio**, rather (*o* somewhat) better. **D** *m.* (*una certa quantità*) quite a bit; quite a lot: **Bevve a.**, he drank quite a bit.

Alsàzia, *f.* (*geogr.*) Alsace.

alsaziàno, **A** *a.* Alsatian. **B** *m.* ***1*** (*f.* **-a**) (*abitante*) Alsatian (*f.* Alsatian woman*) ***2***

(*zool.*) Alsatian; German Shepherd (dog).

alt, A *inter.* halt (*anche mil.*); stop; (*un momento!*) hang on. **B** *m.* halt: **dare l'alt al progetto**, to call a halt to the plan; **intimare l'alt a q.**, to order sb. to stop; **fare un alt**, to (make a) halt; to stop.

altacàssa, *f.* (*tipogr.*) upper case.

altàico, *a.* **1** (*geogr.*) Altai **2** (*ling.*) Altaic.

altaléna, *f.* **1** (*sospesa a funi*) swing; (*asse in bilico*) seesaw, teeter: **andare in a.**, to go on the swing(s) (*o* the seesaw) **2** (*fig.*) seesaw; ups and downs (*pl.*): **l'a. degli avvenimenti**, the seesaw of events **3** (*fig.*: *indecisione*) wavering; dithering.

altalenànte, *a.* (*anche fig.*) seesaw (*attr.*); swinging.

altalenàre, *v. i.* **1** (*oscillare*) to seesaw **2** (*fig.*: *essere indeciso*) to seesaw; to waver; to dither.

altaménte, *avv.* **1** highly; greatly **2** (*nobilmente*) nobly.

altàna, *f.* roof-terrace.

altàre, *m.* altar: **a. maggiore**, high altar; **tovaglia d'a.**, altar cloth; **pala d'a.**, altarpiece. ● **accostarsi all'a.** (*comunicarsi*), to receive Holy Communion □ **andare all'a.** (*sposarsi*), to get married □ **accompagnare all'a.** (*una sposa*), to give away □ **condurre all'a.** (*sposare*), to lead to the altar; to marry; to wed (*form.*) □ **innalzare all'onore degli altari**, to canonize □ (*fig.*) **mettere sugli altari**, to idolize; to exalt; to put on a pedestal.

altarino, *m.* – (*fig.*) **scoprire gli altarini**, to reveal the skeleton in the cupboard (*USA*: closet); to blow the whistle (on sb.) (*pop.*).

altàzimut, *m. invar.* (*astron.*) altazimuth.

altazimutàle, *a.* e *m.* (*astron.*) altazimuth.

altèa, *f.* (*bot.*, *Althaea officinalis*) marsh mallow.

alteràbile, *a.* **1** alterable; changeable **2** (*deteriorabile*) perishable **3** (*fig.*: *irritabile*) irritable; touchy.

alterabilità, *f.* **1** alterability; changeability **2** (*deteriorabilità*) perishableness; liability to deterioration **3** (*fig.*: *irritabilità*) irritability; touchiness.

alteràre, A *v. t.* **1** (*modificare*) to alter; to change; to modify: **a. la voce**, to alter one's voice; **a. il sapore di q.c.**, to alter the taste of st.; **a. un programma**, to change (*o* to alter) a programme **2** (*deformare*) to distort; to twist: **a. i lineamenti**, to distort (sb.'s) features **3** (*guastare*) to affect, to deteriorate; (*adulterare*) to adulterate **4** (*falsificare*) to falsify; to forge; to fake; (*camuffare*) to disguise **5** (*fig.*: *travisare*) to distort; to misrepresent: **a. le parole di q.**, to distort (*o* to twist) sb.'s words; **a. il pensiero di q.**, to misrepresent sb.'s thought **6** (*fig.*: *irritare*) to irritate **7** (*fig.*: *turbare*) to upset*; to trouble; to affect: **a. la mente**, to affect sb.'s mind. **B alteràrsi,** *v. i. pron.* **1** (*modificarsi*) to alter; to change; to undergo* a change: **tinte che si alterano con l'esposizione alla luce**, colours that change when exposed to light **2** (*guastarsi*) (*del cibo*) to go* bad; (*inacidirsi*) to go* sour; (*di merci*) to deteriorate, to perish **3** (*irritarsi*) to get* angry; to get* worked up; to get* cross **4** (*turbarsi*) to be upset; to be affected.

alterativo, *a.* – (*gramm.*) **suffisso a.**, diminutive [pejorative, augmentative] suffix.

alteràto, A *a.* **1** (*mutato*) altered; changed; modified **2** (*deformato*) distorted; twisted **3** (*guasto*) gone bad; off; (*adulterato*) adulterated **4** (*falsificato*) faked, falsified; (*camuffato*) disguised **5** (*fig.*: *travisato*) distorted; misrepresented; twisted **6** (*irritato*) angry; worked up; cross **7** (*turbato*) upset; disordered: **mente alterata**, disordered mind. **B** *m.* (*gramm.*) diminutive [pejorative, augmentative] noun.

alterazióne, *f.* **1** (*modificazione*) alteration; change; modification: (*med.*) **a. del polso**, change in the pulse rate **2** (*distorsione*) distortion **3** (*deteriorazione*) deterioration; (*adulterazione*) adulteration **4** (*fig.*: *travisamento*) distortion; twisting; misrepresentation **5** (*irritazione*) ill temper; crossness **6** (*turbamento*) perturbation: **a. psichica**, mental perturbation **7** (*mus.*) accidental.

altercàre, *v. i.* to altercate; to quarrel; to dispute.

altercazióne, *f.* **altèrco,** *m.* altercation; quarrel; dispute.

alter ego (*lat.*), *locuz. m. invar.* **1** alter ego; second self **2** (*sostituto*) substitute; alternate (*USA*).

alterézza, *f.* **1** (*orgoglio*) pride **2** (*superbia*) haughtiness; arrogance.

alterìgia, *f.* haughtiness; arrogance.

alterità, *f.* otherness; alterity.

alternànza, *f.* **1** (*anche biol.*, *ling.*) alternation **2** (*agric.*) rotation. ● (*polit.*) **principio dell'a.**, principle of alternate government.

alternàre, A *v. t.* **1** to alternate; to interchange: **a. il lavoro col piacere**, to alternate work and pleasure; to interchange work with pleasure **2** (*mecc.*) to reciprocate **3** (*agric.*) to rotate. ● **Cantavano alternando i versetti**, they sang alternate verses. **B alternàrsi,** *v. rifl. recipr.* **1** (*fare a turno*) to take turns; to alternate: **a. al volante**, to take turns at the wheel **2** (*avvicendarsi*) to alternate: **I due colori si alternano**, the two colours alternate. **C alternàrsi,** *m.* succession; alternation: **l'a. delle stagioni**, the succession of the seasons; **l'a. dei partiti al governo**, the alternation of parties in power.

alternativa, *f.* **1** (*scelta*) alternative; choice; option: **Non hai a.**, you have no alternative; **Non ci rimangono alternative**, we have no option left **2** (*l'alternarsi*) alternation; seesaw: **un'a. di paure e speranze**, an alternation of fear and hope.

alternativaménte, *avv.* alternatively.

alternativo, *a.* **1** (*che si può scegliere*) alternative; alternate: **itinerario a.**, alternative route **2** (*non tradizionale*) alternative: **energia alternativa**, alternative energy; **cinema a.**, alternative cinema **3** (*mecc.*) reciprocating. ● (*leg.*) **obbligazione alternativa**, alternative obligation.

alternàto, *a.* **1** alternate; alternating: **strisce bianche e rosse alternate**, alternate red and white stripes; (*poesia*) **rima alternata**, alternate rhyme **2** (*elettr.*) alternating: **corrente alternata**, alternating current.

alternatóre, *m.* (*autom.*, *elettr.*) alternator.

alternazióne, *f.* alternation.

altèrno, *a.* **1** (*alternato*) alternate: **a giorni alterni**, on alternate days; every other day **2** (*variabile*) up and down; changeable; variable: **tempo a.**, changeable weather; **le alterne vicende della vita**, life's ups and downs **3** (*bot.*, *geom.*) alternate: **angoli alterni**, alternate angles **4** (*agric.*) rotating.

altèro, *a.* **1** (*orgoglioso*) proud **2** (*superbo*) haughty; arrogant.

altézza, *f.* **1** height; altitude: **Il sasso cadde da una grande a.**, the stone fell from a great height; **l'a. di un monte**, the height of a mountain; **a grande a.**, at a great height; **Ha un'a. di due metri**, it's two metres high (*o* in height); **crescere in a.**, to grow in height; to grow higher; **a. sul livello del mare**, height above sea level; altitude; **a tremila metri di a.**, at an altitude of three thousand metres **2** (*statura*) height; stature; (*statura alta*) tallness: **Qual è la tua a.?**, what is your height?; **Ha raggiunto l'a. di uno e ottanta**, he has reached one metre eighty in height; **crescere in a.**, to grow taller **3** (*profondità*) depth: **l'a. media del fiume**, the average depth of the river; **l'a. di un pozzo**, the depth of a well **4** (*della marea*) height **5** (*di suono*) pitch: **avere altezze diverse**, to vary in pitch **6** (*fig.*: *grandezza, nobiltà*) nobility; greatness; loftiness: **a. d'animo**, nobility (*o* greatness) of mind **7** (*geom.*) altitude **8** (*astron.*) elevation: **determinare l'a. del sole** (*con il sestante*), to shoot the sun **9** (*di stoffa*) width: **doppia a.**, double width **10** (*titolo*) Highness: **Vostra A.**, Your Highness; **Sua A. Reale**, His [Her] Royal Highness. ● **ad a. d'uomo**, man-high □ **all'a. di**, (*di fronte a*) opposite; (*vicino*) near; (*al livello di*) on a level with; (*naut.*) off: **L'auto si fermò all'a. del museo**, the car drew up opposite (*o* in front of) the museum; **All'a. del cinema svolta a destra**, when you get to the cinema, turn right; **Appendilo all'a. dell'altro quadro**, hang it on a level with the other picture; **all'a. di Capo Horn**, off Cape Horn □ (*fig.*) **essere all'a. di q.c.**, to be up to st.; to be equal to st.; to measure up to st.: **Non è all'a. del suo compito**, he isn't up to (*o* equal to) his task; **Non sono all'a. di capire le sue teorie**, I'm not up to understanding his theories; his theories are above my head □ **Non è certo alla sua a. sociale**, she is certainly not his social equal □ (*fig.*) **essere all'a. dei tempi**, to be up-to-date; to be abreast of the times.

altezzosità, *f.* haughtiness; arrogance; snootiness (*fam.*).

altezzóso, *a.* haughty; arrogant; snooty (*fam.*).

alticcio, *a.* tipsy; tight.

altimetrìa, *f.* altimetry.

altimètrico, *a.* altimetrical.

altìmetro, *m.* altimeter.

altipiàno, *V.* **altopiano.**

altisonànte, *a.* **1** resonant; sonorous **2** (*iron.*) high-sounding; mouth-filling; magniloquent.

altitùdine, *f.* (*geogr.*) altitude; height; elevation.

àlto (1), *a.* **1** high; tall; (*spesso*) thick: **alte montagne**, high mountains; **un monte a. 2.000 metri**, a mountain 2,000 metres high; **Quanto sei a.?**, how tall are you?; **Sono a. uno e settanta**, I am one metre seventy tall; **un a. albero**, a tall tree; **l'edificio più a.**, the tallest building; **un libro a. quattro centimetri**, a book three centimetres thick; **uno strato di polvere a. due dita**, a layer of dust two fingers thick; **erba alta**, tall grass; (*da tagliare*) long grass; **a. fino al ginocchio**, knee-high **2** (*profondo*) deep: **L'acqua è alta un metro**, the water is one metre deep; **neve alta**, deep snow **3** (*largo, anche di stoffa*) wide: **una cintura alta**, a wide belt **4** (*elevato*) high: **numero a.**, high (*o* big) number; **alta quota**, high altitude; **alta velocità**, high speed; **un a. stipendio**, a high salary; **un prezzo a.**, a high price; (*med.*) **pressione alta**, high blood-pressure; **avere un a. concetto** (*o* **un'alta stima**) **di q.**, to have a high opinion of sb. **5** (*che sta in alto, importante*) high; high-ranking; top; upper: **alta società**, high society; **le classi alte**, the upper classes; **la città alta**, the upper town; **a. dirigente**, top executive; **alta dirigenza**, top management; **a. funzionario**, high-ranking (*o* top) official; **alta finanza**, high finance; **a. grado gerarchico**, high rank **6** (*di voce, suono*: *forte*) loud; (*acuto*) high, high-pitched: **ad alta voce**, in a loud voice; aloud: **leggere ad alta voce**, to read aloud; **Parlavano con voce alta**, they were talking in a loud voice; **le note più alte**, the highest notes **7** (*fig.*: *grande, nobile*) high; high-minded; noble; great; lofty: **a. valore**, great value; **a. ingegno**, great genius; **alta impresa**, noble enterprise; **una persona di alti sentimenti**, a high-minded person **8** (*geogr.*) upper; (*settentrionale*) northern: **l'A. Egitto**, Upper Egypt; **l'Alta Italia**, Northern Italy; **l'A. Tamigi**, the upper reaches of the Thames **9** (*di Pasqua, Carnevale, ecc.*) late **10** (*stor.*) early: **l'a. Medioevo**, the early Middle Ages. ● **a. a.**, very high; very tall □ **Alta corte di giustizia**, High Court of Justice □ **a. esplosivo**, high explosive □ **alta fedeltà**, high fidelity; hi-fi □ **a. mare**, high sea; open sea; deep sea □ **alta marea**, high tide; highwater □ **l'alta matematica**, higher mathematics □ **alta moda**, high fashion □ **alta stagione**, peak (*o* high) season □ (*ling.*) **a. tedesco**, High German □ (*elettr.*) **alta tensione**, high tension; high voltage □ **a. tradimento**, high treason □ **a giorno a.**, late in the day □ **a notte alta**, late at night □ (*fig.*) **andare a testa a.**, to walk tall □ (*polit.*) **la Camera Alta**, the Upper House □ **tenere a. il proprio nome**, to uphold one's good name □ **tenersi a.** (*nel prezzo*), to ask a high price.

àlto (2), *m.* ***1*** (*cima*) top; summit: **dall'a. del monte**, from the top (*o* summit) of the mountain ***2*** (*cielo*) heaven; above: **un'ispirazione dall'a.**, an inspiration from heaven (*o* from above); a heaven-sent inspiration; **l'a. dei cieli**, high heaven ***3*** (*mus.*) alto; treble. ● **«a.»** (*su un collo di merce*), «this side up» □ **gli alti e bassi**, the ups and downs: **gli alti e bassi della vita**, life's ups and downs; **una vita senza alti né bassi**, an uneventful life □ **dall'a.**, from above; from the top; from on high: **ordini dall'a.**, orders from the top □ (*fig.*) **far cadere una cosa dall'a.**, to do st. as if it were a great favour □ (*fig.*) **guardare q. dall'a. in basso**, to look down one's nose at sb.; to look down on sb. □ (*elab., org. az.*) **dall'a. in basso**, top-down □ **verso l'a.**, upwards; up.

àlto (3), *avv.* ***1*** high; high up: **volare a.**, to fly high; (*anche fig.*) **mirare a.**, to aim high ***2*** (*ad alta voce*) aloud; out; loudly: **proclamare a. che...**, to proclaim loudly that... ● **arrivare in a.**, to reach the top; (*fig.*) to go far □ **gente molto in a.**, very high-up people (*fam.*); (*molto influente*) people in high places □ **guardare in a.**, to look up □ **In a. i cuori!**, cheer up! □ **lanciare in a. la palla**, to throw the ball up (into the air) □ **lassù in a.**, up there □ **Mani in a.!**, hands up! □ (*sport*) **salto in a.**, high jump.

altoatesino, A *a.* of Alto Adige; from Alto Adige. **B** *m.* (*f.* **-a**) inhabitant of Alto Adige.

altocùmulo, *m.* (*meteor.*) altocumulus*.

altofórno, *m.* (*ind.*) blast furnace.

altolà, A *inter.* halt; stop there: **A.! Non si passa!**, halt! you can't get through; **A.! Questo è sbagliato**, hold it! this is wrong. **B** *m.* halt: **dare l'a. a q.**, to order sb. to stop; to halt sb.

altolocàto, *a.* high-ranking; high-up (*fam.*); (*influente*) in high places.

altoparlànte, *m.* loudspeaker.

altopiàno, *m.* plateau; tableland.

altorilièvo, *m.* high relief; alto-relievo*.

altostràto, *m.* (*meteor.*) altostratus*.

altresì, *avv.* (*lett.*) also; likewise.

altrettàle, *a.* (*lett.*) similar; like.

altrettànto, A *a. indef.* as much (...as), (*pl.*) as many (...as); (*in frasi neg.*, *anche*) so much (...as), (*pl.*) so many (...as): **dieci mele e altrettante pere**, ten apples and as many pears; **Ho altrettanti soldi quanti ne ha lui**, I have as much money as he has. **B** *pron. indef.* ***1*** as much (...as), (*pl.*) as many (...as); (*in frasi neg.*) so much (...as), (*pl.*) so many (...as): **Io ti dò cinque sterline e lui te ne darà altrettante**, I'll give you five pounds and he will give you as many ***2*** (*la stessa cosa*) the same: **«Buon Anno!» «A. a voi!»**, «a happy new year!» «the same to you!» (*o* «you too»); **Grazie a.**, thank you and the same to you; you too; **Io mi girai e lui fece a.**, I turned round and so did he (*o* and he did the same, and he did likewise); **Non posso dire a. di te**, I can't say as much about you. **C** *avv.* ***1*** (*con agg. e avv.*) as... (as); (*in frasi neg.*, *anche*) so... (as): **È a. alto quanto suo fratello**, he is as tall as his brother; **È a. bravo quanto modesto**, he is as modest as he is clever; **Sono a. interessata quanto voi in questa faccenda**, I am just as interested as you are in this matter; **Questa torta non è a. dolce**, this cake isn't as sweet ***2*** (*con verbi*) as much (...as); as hard (...as); as long (...as): **Non lavori a. quanto prima**, you are not working as much as you used to do; **Il film non durò a.**, the film didn't last as long.

àltri, *pron. indef. sing.* (*qualcun altro*) somebody (else), someone (else); anybody (else), anyone (else); (*un'altra persona*) another (person); (*altre persone*) other people, others (*pl.*): **Raccontalo ad a.**, tell it to someone else; **Non può essere a. che lui**, it can't be anyone but him; **Chi a. può essere?**, who else can it be?; **Non c'è a. che lui**, there isn't anybody (*o* there is nobody) but him; **né io né a.**, neither I nor anyone else; **A. farebbe ciò, io no**, another (person) would do that, I wouldn't.

altrièri, *avv.* e *m.* the day before yesterday; (*qualche giorno fa*) the other day.

altriménti, *avv.* ***1*** (*diversamente*) otherwise; differently: **Non posso fare a.**, I can't do otherwise ***2*** (*in caso contrario*) or else; otherwise: **Certo che mi piace, a. non l'avrei comprato**, of course I like it, otherwise I wouldn't have bought it; **Lo deve fare, a. se ne pentirà**, he must do it, or (else) he'll be sorry; **Dammelo, a...!**, give it to me, or else!

àltro, A *a.* ***1*** other; (*un altro*) another; (*in più*) more; (*ulteriore*) further; (*diverso*) different; (*con agg., avv. e pron. interr. o indef.*) else: **l'a. uomo**, the other man; **Volevo un a. libro, non questo**, I wanted another book, not this one; **Verrò un a. giorno**, I'll come another (*o* some other) day; **Lo farò un'altra volta**, I'll do it another (*o* some other) time; **Ripetilo un'altra volta**, say it once more; say it again; **Dove sono gli altri libri?**, where are the other books?; **Ho altri francobolli**, I have other (*o* more) stamps; **Non ho altri amici**, I haven't any other (*o* I have no other) friends; **Ci sono altre sei persone fuori**, there are six other (*o* more) people outside; **Durò altri cinque minuti**, it lasted another five minutes; **Vuoi dell'a. vino?**, will you have some more wine?; **Ci servono altre informazioni**, we need further information; **Passammo da un'altra strada**, we went by a different (*o* by another) route; **Si crede un a. Manzoni**, he thinks he's another Manzoni; **Chiedi a chiunque a.**, ask anyone else; **qualcun a.**, somebody (*o* someone) else; (*in frasi interr.*) anybody (*o* anyone) else; **nessun a.**, nobody (*o* no one) else; **qualche cos'a.**, something else; (*in frasi interr.*) anything else; **Nient'a., grazie**, nothing else, thank you; **Dev'essere di qualcun a.**, it must be somebody else's; **Chi a. era presente?**, who else was there?; **Che a. vuoi?**, what else do you want?; **Dove a. sei andato?**, where else did you go?; **In che a. modo lo faresti?**, how else would you do it?; **in qualche a. luogo**, somewhere else; **in nessun a. luogo**, nowhere else ***2*** (*precedente*) other; previous; preceding; (*scorso*) last: **l'a. capitolo**, the previous chapter; **l'a. anno**, last year; **l'a. giorno**, the other day ***3*** (*prossimo*) next: **quest'a. anno**, next year; **quest'altra settimana**, next week. ● **l'a. ieri** (*o* **ier l'a.**), the day before yesterday □ **altre volte**, (at) other times □ **ben** (*o* **tutt'**) **altra cosa**, quite a different thing (*o* matter); quite another matter □ **d'a. canto** (*o* **d'altra parte**), on the other hand □ **noi altri studenti, voi altri professori**, we students, you teachers □ **senz'a. avviso**, without further warning □ **È un a. uomo** (*è cambiato*), he is a changed man. **B** *pron.* ***1*** (*rif. a cosa*) other; (*un altro*) another (one); (*in più*) more: **Uno di questi è mio**; **l'a. è tuo**, one of these is mine; the other is yours; **Cinque sono tuoi**; **gli altri sono di Tom**, five are yours; the others are Tom's; **Fammi vedere l'a.**, show me the other (one); **Questo non mi piace**; **ne voglio un a.**, I don't like this one; I want another; **Ne voglio dell'a.** (*o* **degli altri**), I want some more ***2*** (*rif. a persona*) other (one); other man* [woman*]; (*qualcun a.*) somebody (*o* anybody) else; (*chiunque a.*) anybody else: **un a.**, another (person); (**gli**) **altri**, (the) others; other people; **Non ne troverete un a. come lui**, you won't find another like him; **Altri lo diranno**, others (*o* other people) will say so; **E l'a. che ha detto?**, what did the other man say?; **tutti gli altri**, all the others; **Le altre tacevano**, the other women (*o* the others) kept silent; **la roba d'altri**, other people's things; **Non raccontarlo ad altri che al tuo amico**, don't tell anybody but your friend; **Un a. avrebbe taciuto**, anybody else would have kept quiet. **C** *m.* (*altra cosa*) something else; something different; (*qualcosa in più*) some more; (*in frasi interr., dubit. o neg.*) anything else, anything different; (*in frasi neg. come sogg. e con il verbo ingl. in forma afferm.*) nothing else; (*qualcosa in più*) some more; (*altre cose*) other things; (*il resto*) the rest: **Parliamo d'a.**, let's talk about something else; **Vuoi a.?**, do you want anything else?; **Non voglio a.**, I don't want anything else (*o* I want nothing else); (**Serve**) **a.?**, anything else?; **Ne vorrei dell'a.**, I would like some more; **Non c'era a.**, there wasn't anything else; there was nothing else; **penne, matite e a.**, pens, pencils, and other things (besides); **A parte l'anello, non mancava a.**, apart from the ring, nothing else was missing. ● **A. è andarci, a. è telefonare**, going there is one thing, phoning something else again □ **A. che!** (*certamente!*), of course!; and how! □ **A. che dormire, è sveglissimo!**, he is certainly not sleeping; he's wide awake □ **A. che vacanze! C'è da lavorare**, holidays are out, we must work □ **C'è ben a.**, there's much more to it (than that); and that's not all □ **Ho ben a. da fare!**, I've more important things to do! □ **Stupido che non sei a.!**, you're nothing but a fool! □ **Non chiedo a.!**, that's exactly what I was hoping □ **Ci vuol a.!**, it takes much more than that! □ **È un lavoro come un a.**, it's no different from any other job; it's just a job □ **una ragione come un'altra**, as good a reason as any other □ **come tutti gli altri**, ordinary; like anybody else □ **da un giorno all'a.**, (*all'improvviso*) from one day to the next; (*qualsiasi giorno*) any day (now): **Lo aspettiamo da un giorno all'a.**, we are expecting him any day now □ **parlare di questo e quell'a.**, to talk about this and that □ **diventare un a.**, to change completely; to be a different person □ **È un a.** [**pare un a.**], he is [he seems] another person □ **un giorno o l'a.**, one of these days; some day or other □ **in un modo o nell'a.**, somehow □ **Non fare agli altri ciò che non vorresti fosse fatto a te**, do unto others as you would be done by □ **Ci mancherebbe a.!**, God forbid! □ **Non ci mancava a.!**, this is (*o* that was) the last straw □ **né l'uno né l'a.**, neither; (*in presenza di neg.*) either □ **nient'a. che**, nothing but □ **Non fa a. che studiare**, he does nothing but study □ **Ho capito, non dire a.!**, say no more! □ **Non mangiò a. che frutta**, he ate nothing but fruit □ **Non può essere a. che così**, it cannot be otherwise; it cannot but be so □ **non per a. che per gentilezza**, out of kindness, if for no other reason □ **Viaggio più che a. in treno**, I mainly travel by train □ **Lo dissi più che a. per sfogarmi**, I said it to let off steam more than anything else □ **e quant'a.**, or whatever □ **Farò questo e a.**, (*di più*) I'll do this and a lot more; (*di peggio*) I'll do this and worse □ **Se non a. è un bravo ragazzo**, at least he's a good boy □ **senz'a.**, certainly; definitely □ **Tra l'a., mi raccontò questa**, among other things, he told me this □ **Tra l'a., volevo dirti...**, by the way, I meant to tell you... □ **tra una cosa e l'altra**, what with one thing and the other □ **tutt'a.**, something quite different; an entirely different matter □ **Tutt'a.!** (*niente affatto*), not at all!, of course not!; (*no di certo*) (most) certainly not!; (*al contrario*) quite the opposite: **«Faresti questo?» «Tutt'a.!»**, «would you do this?» «I certainly wouldn't!» □ **tutt'a. che**, anything but; far from: **tutt'a. che intelligente**, anything but clever; **tutt'a. che stupido**, far from stupid □ **È tutt'a. di quello che credi**, it's quite another matter from (*o* quite unlike) what you think □ **l'un l'a.**, one another; (*specialm. tra due*) each other □ **l'uno o l'a.**, one or the other; either □ (*prov.*) **A. è dire, a. è fare**, it's easier said than done.

altrónde, *avv.* – **d'a.**, on the other hand; however.

altróve, *avv.* somewhere else; elsewhere: **Eravamo diretti a.**, we were going somewhere else; **in Italia e a.**, in Italy and elsewhere; **Ero a. col pensiero**, my mind was elsewhere.

altrùi, **A** *a. poss.* another person's; other people's; of others: **la roba a.**, other people's property; **la quiete a.**, the peace of others; **la moglie a.**, another man's wife; **in casa a.**, in someone else's house. **B** *m.* other people's property.

altruiṣmo, *m.* altruism; unselfishness.

altruista, *m.* e *f.* unselfish person; altruist.

altruìstico, *a.* altruistic; unselfish.

altùra, *f.* **1** high ground; rise; (*colle*) hill **2** (*naut.*) high seas; open sea: **d'a.**, deep-sea, ocean (*attr.*); (*di imbarcazione*) ocean-going: **pesca d'a.**, deep-sea fishing.

alturièro, *a.* (*naut.*) deep-sea (*attr.*); ocean (*attr.*); (*di imbarcazione*) ocean-going.

aluàtta, *f.* (*zool.*) howler.

àlula, *f.* **1** (*zool.*) bastard wing **2** (*aeron.*) slat.

alùnno, *m.* (*f.* **-a**) **1** (*allievo*) pupil; (*discepolo*) disciple **2** (*scolaro*) schoolboy (*f.* schoolgirl); (*studente*) student **3** (*apprendista*) apprentice. ● **ex a.**, former pupil; (*di scuola, ecc.*) alumnus* (*f.* alumna*) (*USA*).

alveàre, *m.* **1** beehive; hive; apiary **2** (*fig.*) hive: **un a. di attività**, a hive of activity **3** (*fig.*: *caseggiato popoloso*) rabbit warren.

àlveo, *m.* river bed; channel.

alveolàre, *a.* **1** alveolate; cell-like; honeycombed **2** (*anat., fon.*) alveolar **3** (*bot., zool.*) locular.

alveolite, *f.* (*med.*) alveolitis*.

alvèolo, *m.* (*anat., bot.*) alveolus*.

alzabandièra, *f. invar.* flag-raising; hoisting the flag; (*mil.*) colours.

alzàbile, *a.* liftable; that can be lifted.

alzacristàllo, *m.* (*autom.*) window winder.

alzàia, *f.* **1** (*fune*) towline **2** (*strada*) towpath.

alzàre, **A** *v. t.* **1** (*sollevare*) to lift (up); (*levare*) to raise; (*con fatica*) to heave; (*issare*) to hoist: **a. un peso**, to lift a weight; **a. la testa**, to lift one's head; **a. gli occhi al cielo**, to raise one's eyes to heaven; **a. gli occhi dal libro**, to look up from the book; **a. la mano**, to put up (*o* to raise) one's hand: **a. il sipario**, to raise the curtain; **Alzò il baule e se lo mise sulle spalle**, he heaved the trunk on to his shoulders; (*naut.*) **a. a bordo**, to hoist aboard; **a. la bandiera**, to hoist the flag; **a. preghiere**, to raise prayers **2** (*aumentare*) to raise; to put* up; to up: **a. il prezzo**, to raise (*o* to put up, to up) the price; to hike the price (*fam. USA*); **a. la voce**, (*parlare più forte*) to speak up; (*gridare*) to raise one's voice; **a. il volume**, to put up (*o* to turn up) the volume **3** (*erigere*) to build*; to erect; to raise; to put* up: **a. un muro**, to build (*o* to erect, to put up) a wall; **a. una statua**, to erect a statue **4** (*rialzare*) to heighten: **a. l'edificio di un piano**, to add another storey to the building; to heighten the building by one storey **5** (*selvaggina*) to flush; to raise; to start: **a. un fagiano**, to flush a pheasant; **a. una lepre**, to raise (*o* to start) a hare. ● (*fig.*) **a. i bicchieri**, to raise one's glass; to toast (sb., st.); to drink (to sb., st.) □ **a. il bollore**, to start boiling; to be on the boil □ **a. le carte** (*da gioco*), to cut the cards □ (*fig.*) **a. la cresta**, to get above oneself; to get cocky (*fam.*) □ (*fig.*) **a. il gomito**, to drink too much; (*essere alticcio*) to be tipsy □ **a. la mano su q.**, (*per minacciare*) to raise one's hand against sb.; (*picchiare*) to lay hands on sb. □ **a. le spalle**, to shrug (one's shoulders) □ (*fig.*) **a. i tacchi**, to take to one's heels □ **a. una tenda**, to pitch (*o* to put up) a tent □ (*fig.*) **non a. un dito**, not to raise a finger. **B alzàrsi**, *v. rifl.* **1** (*in piedi*) to stand* up, to rise* (*o* to get*) to one's feet; (*da terra*) to get* up; (*con fatica*) to raise oneself, to heave (*o* to hoist) oneself up: **Il pubblico si alzò in piedi**, the audience rose to their feet; **Alzati in piedi!**, stand up!; **Il vecchio si alzò lentamente**, the old man raised himself slowly; **Si alzò in piedi sbuffando**, he heaved (*o* hoisted) himself to his feet puffing and blowing **2** (*dal letto*) to get* up **3** (*a. in volo*: *di uccello*) to fly* up, to take* flight; (*di aeroplano*) to take* off. **C alzàrsi**, *v. i. pron.* **1** (*levarsi*) to rise*: **Il sole si alza alle cinque**, the sun rises at five; **Il vento si alzò d'un tratto**, the wind rose suddenly **2** (*crescere*) to grow*; (*di fiume, ecc.*) to rise*: **Il bambino s'è alzato molto**, the boy has grown a lot (*o* has shot up).

alzàta, *f.* **1** (*l'alzare*) lifting up; raising **2** (*l'alzarsi*) rising; getting up: **l'a. del sole**, the rising of the sun; **a. all'alba**, getting up at dawn **3** (*di gradino*) riser **4** (*mil.*; *terrapieno*) mound; (*argine*) embankment **5** (*mecc.*: *delle valvole*) lift **6** (*nei giochi di carte*) cut **7** (*di mobile*) raised back **8** (*piatto per frutta*) fruit-stand **9** (*sport*: *calcio*) high kick, loft; (*pallavolo*) loft; (*sollevamento pesi*) full lift. ● **a. d'ingegno**, bright (*o* brilliant) idea; stroke of genius; brainwave (*fam.*) □ (*fig.*) **a. di testa**, rash action □ (*fig.*) **a. di scudi**, protest; strong objection □ **a. di spalle**, shrug (of the shoulders) □ **votare per a. di mano**, to vote by a show of hands □ **votare per a. e seduta**, to vote by rising or remaining seated.

alzatàccia, *f.* (*fam.*) early rising. ● **fare un'a.**, to get up at an ungodly hour.

alzàto, **A** *a.* **1** (*sollevato*) raised; up (*pred.*) **2** (*in piedi*) up (*pred.*); standing; on one's feet **3** (*dal letto*) up (*pred.*); out of bed: **Non è ancora a.**, he isn't up yet; **stare a. fino a tardi**, to stay up late. **B** *m.* (*archit.*) elevation; front view.

alzavàlvola, *m. invar.* (*mecc.*) valve lifter.

alzàvola, *f.* (*zool.*, *Anas crecca*) teal*.

àlzo, *m.* **1** (*di fucile*) sight **2** (*di cannone*) elevation: **con l'a. a zero** (*o* **con a. zero**), at zero elevation.

amàbile, *a.* **1** amiable; friendly; good-natured **2** (*di vino*) sweet; sweetish.

amabilità, *f.* amiableness; friendliness; good nature; (*gentilezza*) kindness.

amàca, *f.* hammock.

amadrìade, *f.* (*zool.*, *Papio hamadryas*; *mitol.*) hamadryad.

amagnètico, *a.* (*fis., metall.*) nonmagnetic.

amàlgama, *m.* **1** (*chim.*) amalgam **2** (*fig.*) amalgam; mixture; combination.

amalgamàre, **A** *v. t.* **1** (*chim.*) to amalgamate **2** (*mescolare*) to mix; to blend **3** (*fig.*) to amalgamate; to blend; to mix; to combine. **B amalgamàrsi**, *v. i. pron.* **1** (*chim.*) to amalgamate **2** (*mescolarsi*) to amalgamate; to blend; to mix **3** (*fig.*) to coalesce; to fit in: **Non riesce ad a. con i compagni**, he finds it hard to fit in with his schoolmates; **La squadra non si è ancora amalgamata**, the players haven't formed a real team yet.

amalgamazióne, *f.* (*chim.*) amalgamation.

Amàlia, *f.* Amelia.

amamèlide, *f.* (*bot.*, *Hamamelis virginiana*) witch hazel.

amanìta, *f.* (*bot.*, *Amanita*) amanita. ● **a. muscaria**, fly agaric.

amànte (1), **A** *a.* fond (of); keen (on): **È molto a. della musica**, he is very fond of music; he is a music-lover; **a. dello sci**, keen on skiing. **B** *m.* e *f.* lover (*m.*); mistress (*f.*).

amànte (2), *m.* (*naut.*) **1** runner **2** (*di pennone*) (yard) tie.

amantìglio, *m.* (*naut.*) lift.

amanuènse, *m.* **1** amanuensis* **2** (*scrivano*) copyist; scribe.

amarànto, **A** *a.* amaranthine. **B** *m.* **1** (*bot.*, *Amaranthus*) amaranth; love-lies-bleeding, tumbleweed (*fam.*) **2** (*colore*) amaranth.

amaràsca, *V.* **marasca**.

amaràsco, *V.* **marasco**.

amàre, **A** *v. t.* **1** (*persone e cose*) to love; to be fond of; to care for; to cherish: **a. i genitori [la patria, Dio]**, to love one's parents [one's country, God]; **Amo molto la musica**, I'm very fond of music; **a. la buona tavola**, to love (*o* to enjoy) good food; **La ama follemente**, he is madly in love with her; he loves her to distraction; **Non credo che la ami davvero**, I don't think he really loves her (*o* cares for her) **2** (*gradire*) to like; to love: **Non ama essere disturbato quando legge**, he doesn't like to be disturbed while reading; **come ama dire mio padre**, as my father loves to say **3** (*provar piacere*) to love; to delight in; to take* pleasure in **4** (*fig.*: *di piante*) to like; to need: **È una pianta che ama l'ombra**, it's a plant which needs shade. ● **farsi a. da q.**, to make sb. love one; to win sb.'s love; to endear oneself to sb. **B amàrsi**, *v. rifl. recipr.* to love each other (*o* one another); to be fond of each other (*o* of one another).

amareggiàre, **A** *v. t.* **1** to embitter **2** (*addolorare*) to sadden; to grieve. **B amareggiàrsi**, *v. i. pron.* to be upset; to feel* bitter (about st.).

amareggiàto, *a.* embittered; bitter; resentful.

amarèna, *f.* **1** (*bot.*) sour (black) cherry **2** (*bevanda*) sour-cherry drink.

amarèno, *m.* (*bot.*, *Prunus cerasus varietà caproniana*) sour cherry tree.

amarétto, *m.* **1** (*biscotto*) macaroon **2** (*liquore*) amaretto.

amarézza, *f.* **1** bitterness **2** (*fig.*) bitterness; sadness **3** (*pl.*) (*guai*) troubles; sorrows; disappointments.

amaricànte, *a.* embittering.

amàrico, **A** *a.* **1** (*geogr.*) Amhara (*attr.*) **2** (*ling.*) Amharic. **B** *m.* (*la lingua*) Amharic.

amarilli, **amarillide**, *f.* (*bot.*, *Amaryllis belladonna*) amaryllis; belladonna lily.

amàro, **A** *a.* bitter (*anche fig.*); (*senza zucchero*) unsweetened: **mandorle amare**, bitter almonds, **tè a.**, unsweetened tea; **prendere il caffè a.**, to take coffee without sugar; **un sapore a.**, a bitter taste; **parole [lacrime] amare**, bitter words [tears]; **un sorriso a.**, a bitter smile; **a. come il fiele**, as bitter as gall; **avere la bocca amara**, to have a bitter taste in one's mouth; (*anche fig.*) **lasciare la bocca amara**, to leave a bad tast in sb.'s mouth. ● **mandare giù un boccone a.**, to swallow a bitter pill □ (*fig.*) **masticare a.**, to fume; to feel resentful. **B** *m.* **1** (*sapore*) bitter taste **2** (*amarezza*) bitterness; resentment **3** (*liquore*) bitters (*pl.*).

amarógnolo, *a.* bitterish.

amàto, **A** *a.* loved; beloved; darling. **B** *m.* (*f.* **-a**) loved one; beloved; sweetheart.

amatóre, *m.* (*f.* **-trice**) **1** lover: (*scherz.*) **un grande a.**, a Don Juan; a Casanova **2** (*appassionato*) lover; (*intenditore*) connoisseur; (*collezionista*) collector: **prezzo d'a.**, collector's price **3** (*sport*) amateur.

amatoriàle, *a.* collector (*attr.*); amateur (*attr.*).

amatòrio, *a.* (*lett.*) amatory; love (*attr.*): **filtro a.**, love philtre.

amatriciàno, *a.* of Amatrice. ● (*cucina*) **spaghetti all'amatriciana**, spaghetti with a sauce of tomatoes, cheese, onion and bacon.

amaurọ̀si, *f.* (*med.*) amaurosis*.

amàẓzone, *f.* **1** (*mitol.* e *fig.*) Amazon **2** (*cavallerizza*) horsewoman* **3** (*abito*) riding habit. ● **cavalcare all'a.**, to ride sidesaddle □ (*geogr.*) **Rio delle Amazzoni**, Amazon □ **sella**

da a., sidesaddle.
amazzònico, *a.* Amazonian.
amazzonite, *f.* (*miner.*) amazonite; Amazon stone.
ambàgi, *f. pl.* (*lett.*) – **senz'a.**, plainly; straight out.
ambascerìa, *f.* ***1*** (*delegazione*) diplomatic mission; legation ***2*** (*l'incarico*) ambassadorship.
ambàscia, *f.* anguish; misery.
ambasciàta, *f.* ***1*** embassy ***2*** (*messaggio*) message.
ambasciatóre, *m.* ***1*** ambassador ***2*** (*messaggero*) messenger. ● (*prov.*) **A. non porta pena**, don't blame the messenger.
ambasciatrice, *f.* ***1*** *V.* **ambasciatore** ***2*** (*moglie di ambasciatore*) ambassadress.
ambedùe, *a.* e *pron.* both: **a. le mani**, both hands; **Vennero a.**, (they) both came; both of them came.
ambiàre, *v. i.* to amble.
ambiatóre, *a.* ambling.
ambidestrismo, *m.* ambidextrousness; ambidexterity.
ambidèstro, *a.* (*anche fig.*) ambidextrous.
ambientale, *a.* environmental (*anche ecol.*); ambient: **condizioni ambientali**, environmental conditions; ambient (*sing.*); **consapevolezza a.**, environmental awareness.
ambientalismo, *m.* ***1*** ecology ***2*** (*psic.*) environmentalism.
ambientalista, *m.* e *f.* (*ecol., psic.*) environmentalist.
ambientaménto, *m.* ***1*** (*l'acclimatarsi*) acclimatization; acclimation ***2*** (*l'adattarsi*) adaption; settling in.
ambientàre, **A** *v. t.* ***1*** to acclimatize; to adapt; to fit in ***2*** (*un'azione narrativa*) to set*: **La storia è ambientata nella Roma antica**, the story is set in ancient Rome. **B ambientàrsi,** *v. rifl.* ***1*** (*acclimatarsi*) to become* acclimatized ***2*** (*adattarsi*) to settle in; to fit in; to get* used (to); to find* one's feet (*fam.*): **faticare ad a.**, to have trouble settling in.
ambientazióne, *f.* ***1*** (*cinem., teatr.*) setting; set; scenery ***2*** (*di azione narrativa*) setting: **un romanzo d'a. esotica**, a novel with an exotic setting.
ambiènte, **A** *a.* surrounding; ambient: **temperatura a.**, ambient (*o* room) temperature. **B** *m.* ***1*** (*spazio di attività*) environment; surroundings (*pl.*): **a. di lavoro**, working environment; **a. familiare**, home environment ***2*** (*cerchia*) milieu; circle; set; (*mondo*) world, sphere, establishment: **ambienti finanziari**, financial circles; **ambienti bene informati**, well-informed circles; **gli ambienti letterari**, the literary circles; the literary set (*sing.*); **l'a. della moda**, the fashion set; **l'a. sportivo**, the world of sport; **Frequenta tutt'altro a.**, he moves in quite another sphere; **Bazzica un a. poco raccomandabile**, he mixes with dubious people ***3*** (*retroterra familiare*) background; family: **È cresciuto in un a. religioso**, he has a religious background ***4*** (*ecol.*) environment; (*biol.*) station, habitat: **tutela dell'a.**, protection of the environment; **a. naturale**, natural environment; habitat ***5*** (*atmosfera*) atmosphere: **È un a. simpatico**, the atmosphere of the place is pleasant ***6*** (*stanza*) room: **un appartamento di cinque ambienti**, a five-room flat. ● **cambiamento d'a.**, change of scene □ **sentirsi fuori del proprio a.**, to feel like a fish out of water □ **sentirsi nel proprio a.**, to feel at home.
ambigènere, *a. invar.* (*gramm.*) of common gender.
ambiguità, *f.* ***1*** ambiguity; ambiguousness; equivocalness ***2*** (*natura equivoca*) dubiousness; shadiness.
ambiguo, *a.* ***1*** ambiguous: **risposta a.**, ambiguous answer ***2*** (*equivoco*) dubious; shady; rum (*fam.*): **un tipo a.**, a shady individual; **fama ambigua**, dubious fame.
àmbio, *m.* amble.
ambire, *v. t.* e *v. i.* to aspire to; to long for; to yearn for: **Non ambisco (a) nulla**, I don't aspire to anything; **Ambiva (a) quel posto**, he was anxious for the job.
ambisessuàle, *a.* (*biol.*) ambisexual.
àmbito (1), *m.* ***1*** (*campo*) scope; extent; range; compass; field; ambit: **Ciò esula dall'a. della ricerca**, this goes beyond the scope of the research; **Non rientra nell'a. delle mie competenze**, it is not within my competence; **nell'a. delle nostre indagini**, in our investigations; **nell'a. della legge**, within the (limits of the) law; **l'a. di una scienza**, the field of a science ***2*** (*ambiente*) circle: **nell'a. familiare**, within the family (circle); **l'a. dei propri amici**, one's circle of friends; **l'a. del lavoro**, the workplace.
ambito (2), *a.* coveted; sought after; longed for.
ambivalènte, *a.* ambivalent.
ambivalènza, *f.* ambivalence.
ambizióne, *f.* ambition: **avere grandi ambizioni**, to have great ambitions; **la sua massima a.**, the height of his ambition; **a. sfrenata**, unbridled ambition.
ambizióso, **A** *a.* ***1*** ambitious; aspiring: **un giovane molto a.**, a very ambitious (*o* high--flying) young man; a high-flyer; **I tuoi progetti sono molto ambiziosi**, your plans are very ambitious; you have very high ideas ***2*** (*vano*) vain; conceited. **B** *m.* (*f.* **-a**) ambitious person.
ambliopìa, *f.* (*med.*) amblyopia.
àmbo (1), *a. num.* both: **a. le mani**, both hands.
àmbo (2), *m.* (*lotto*) double.
ambóne, *m.* (*archit.*) ambo*.
ambosèssi, *a. invar.* of either sex.
àmbra, **A** *f.* amber. ● **a. grigia**, ambergris. **B** *a. invar.* (*colore*) amber.
ambràto, *a.* ***1*** amber-coloured ***2*** (*che profuma d'ambra*) amber-scented.
ambrétta, *V.* **abelmosco**.
ambrogétta, *f.* decorative tile.
Ambrògio, *m.* Ambrose.
ambròsia, *f.* ambrosia.
ambrosiàno, **A** *a.* ***1*** Ambrosian: (*eccles.*) **rito a.**, Ambrosian rite ***2*** (*milanese*) Milanese. **B** *m.* (*f.* **-a**) Milanese.
ambulacràle, *a.* (*zool.*) ambulacral.
ambulàcro, *m.* ambulatory.
ambulànte, **A** *a.* itinerant; strolling; travelling: **suonatore a.**, strolling musician; street musician; **venditore a.**, street trader; itinerant vendor; pedlar; hawker; **biblioteca a.**, mobile library; bookmobile (*USA*). ● (*fig.*) **biblioteca a.**, walking encyclopaedia □ (*fig.*) **cadavere a.**, walking ghost. **B** *m.* e *f.* street trader; itinerant vendor; pedlar; hawker.
ambulànza, *f.* ambulance (*anche mil.*).
ambulatoriàle, *a.* (*med.*) outpatient (*attr.*): **cura a.**, outpatient treatment.
ambulatòrio, **A** *a.* ambulatory. **B** *m.* ***1*** (*di ospedale*) outpatients' department; (*pronto soccorso*) casualty (department) ***2*** (*di medico*) surgery: **a. dentistico**, dentist's surgery: **a. veterinario**, veterinary surgery.
Ambùrgo, *f.* (*geogr.*) Hamburg.
amèba, *f.* ***1*** (*zool., Amoeba*) amoeba*, ameba* (*USA*) ***2*** (*med. pop.*) amoebic dysentery.
amebèo, *a.* (*poesia*) amoeb(a)ean.
amebìasi, *f.* (*med.*) amoebiasis*.
amèbico, *a.* (*med.*) amoebic, amebic (*USA*).
ameboide, *a.* (*biol.*) amoeboid, ameboid (*USA*).
Amedèo, *m.* Amadeus.
Amèlia, *f.* Amelia.
àmen, **A** *inter.* ***1*** amen ***2*** (*pazienza*) never mind; ok: **A., lasciamo perdere!**, ok, let's forget about it! **B** *m. invar.* ***1*** amen ***2*** (*fam.: attimo*) flash; jiffy: **in un a.**, in a flash; in a twinkling of an eye.
amenità, *f.* ***1*** pleasantness; amenity ***2*** (*facezia*) pleasantry; jest ***3*** (*sciocchezza*) nonsense; silly talk.
amèno, *a.* ***1*** pleasant; agreeable: **paesaggio a.**, pleasant scenery ***2*** (*divertente*) entertaining; amusing; light: **lettura amena**, light reading ***3*** (*spassoso, bizzarro*) funny; droll: **un tipo a.**, a funny character.
amenorrèa, *f.* (*med.*) amenorrh(o)ea.
aménto, *m.* (*bot.*) ament; catkin.
Amèrica, *f.* (*geogr.*) America: **l'A. del Nord**, North America; **l'A. del Sud**, South America.
americàna, *f.* (*sport*) relay cycle-race.
americanàta, *f.* (*spreg.*) ostentatious behaviour; splash; showoff.
americanismo, *m.* Americanism.
americanista, *m.* e *f.* ***1*** Americanist ***2*** (*sport*) relay-racing cyclist.
americanistica, *f.* American studies (*pl.*).
americanizzàre, **A** *v. t.* to Americanize. **B americanizzàrsi,** *v. i. pron.* to Americanize; to become* Americanized.
americanizzazióne, *f.* Americanization.
americàno, **A** *a.* American; (*degli U.S.A.*) United-States (*attr.*), US, Yankee (*fam.*): **all'americana**, American; American-style. **B** *m.* ***1*** (*f.* **-a**) American (*f.* American woman*) ***2*** (*aperitivo*) vermouth, bitters and soda.
americanòlogo, *m.* (*f.* **-a**) Americanologist.
americio, *m.* (*chim.*) americium.
amerindiàno, amerindio, **A** *a.* American Indian; Amerindian. **B** *m.* (*f.* **-a**) American Indian; Amerindian; Amerind.
ametista, *f.* (*miner.*) amethyst. ● **color a.**, amethyst (*agg.*); amethistine.
ametropìa, *f.* (*med.*) ametropia.
amfetamina, *f.* (*chim.*) amphetamine.
amiànto, *m.* (*miner.*) asbestos; amiant(h)us.
amica, *f.* ***1*** friend; girlfriend (*USA*); woman* friend; lady friend (*per gli esempi d'uso, cfr.* **amico**) ***2*** (*amante*) lover; friend; girlfriend (*fam.*); (*spreg.*) mistress; (*di uomo sposato, anche*) (a) bit on the side (*fam.*).
amichévole, *a.* ***1*** (*da amico*) friendly; amicable ***2*** (*sport*) friendly. ● **in via a.**, in a friendly way; (*in confidenza*) confidentially; (*leg.*) out-of-court.
amicizia, *f.* ***1*** friendship: **ottenere l'a. di q.**, to gain sb.'s friendship; **rompere un'a.**, to break a friendship; **stringere un'a.**, to form a friendship; to strike up a friendship; **intima a.**, close (*o* intimate) friendship ***2*** (*pl.*) (*amici*) friends: **avere molte amicizie**, to have many friends; **cattive amicizie**, bad friends; **amicizie pericolose**, bad company. ● **dire q.c. in a.**, to tell st. confidentially □ **fare a. con q.**, to make friends with sb.; to get friendly with sb. □ **fare subito a.**, to hit it off (*fam.*) □ **legarsi d'a. con q.**, to become friends with sb. □ **in tutta a.**, in all friendship.
amico, **A** *a.* ***1*** friendly; amicable: **parola amica**, friendly word; **viso a.**, friendly face ***2*** (*alleato*) friendly; allied ***3*** (*lett.: propizio*) favourable; propitious. **B** *m.* ***1*** friend; man* friend; pal (*fam.*); crony (*fam.*); chum (*fam. GB*); mate (*fam. GB* e *Austr.*); buddy (*fam. USA*): **amici e amiche**, male and female friends; men friends and women friends; **a. intimo**, close friend; **un comune a.**, a mutual friend; **Siamo diventati amici**, we became friends; **È molto a. del capo**, he is great friends with the boss; (*iron.*) he is very thick with the boss; **Siamo solo buoni amici**, we are just good friends; **fingersi a. di q.**, to feign friendship for sb. ***2*** (*amante*) lover; friend; boyfriend (*fam.*); fancy man* (*iron.*) ***3*** (*cultore*) friend; lover. ● **a. del cuore**, best (*o* dearest, bosom) friend □ **a. del giaguaro**, person that sides with one's opponent □ **a. di casa**, old friend □ **a. di famiglia**, friend of the family; family friend □ **a. di scuola**, school-friend □ **amici influenti**, influential friends; friends in high places □ **a. per la pelle**, bosom

friend; great pal (*fam.*); buddy (*fam. USA*) □ **da a.**, friendly; as a friend □ **tenersi a. q.**, to stay friends with sb. □ **tornare amici**, to be friends □ (*iron.*) **Pare che l'a. voglia fartela pagare**, it looks as though our friend wants to get back at you □ (*prov.*) **Dagli amici mi guardi Dio, che dai nemici mi guardo io**, God defend me from my friends; from my enemies I can defend myself □ (*prov.*) **Gli amici si conoscono nelle avversità**, a friend in need is a friend indeed.

amicròbico, *a.* (*biol.*) amicrobic.

amidàceo, *a.* starchy; amylaceous.

amidatùra, *f.* (*ind. tess.*) starching.

àmido, *m.* starch: **dare l'a. a q.c.**, to starch st.

amigdala, *f.* **1** (*anat.*) amygdala* **2** (*miner.*) amygdale **3** (*paletnologia*) flint.

amigdalina, *f.* (*chim.*) amygdalin.

amilàceo, *V.* **amidaceo**.

amilàṣi, *f.* (*biol.*) amylase.

amìlico, *a.* (*chim.*) amylic; amyl (*attr.*).

amitòṣi, *f.* (*biol.*) amitosis*.

amitto, *m.* (*eccles.*) amice.

amlètico, *a.* **1** (*di Amleto*) Hamlet's **2** (*fig.*) Hamlet-like; (*irresoluto*) irresolute, wavering, uncertain. ● **dubbio a.**, dilemma.

amletiṣmo, *m.* Hamlet-like irresolution.

Amlèto, *m.* (*letter.*) Hamlet.

ammaccaménto, *m.* **1** bruising; crushing **2** (*di metallo, ecc.*) denting.

ammaccàre, **A** *v. t.* **1** to bruise; to crush: **a. una pesca**, to bruise a peach; **a. un cappello**, to crush a hat; **ammaccarsi una costola**, to crush a rib **2** (*metallo, ecc.*) to dent; to make* a dent (in): **a. una pentola**, to dent a saucepan. **B ammaccàrsi,** *v. i. pron.* **1** to get* bruised; to get* crushed **2** (*di metallo, ecc.*) to get* dented.

ammaccatùra, *f.* **1** (*di pelle, frutta*) bruise **2** (*di metallo, ecc.*) dent.

ammaestràbile, *a.* trainable.

ammaestraménto, *m.* **1** (*l'istruire*) teaching **2** (*l'addestrare*) training **3** (*lezione*) lesson: **Questo ti serva d'a.**, let that be a lesson to you.

ammaestràre, *v. t.* **1** (*istruire*) to teach*: **Lo ammaestrò nella virtù della pazienza**, he taught him the virtue of patience **2** (*animali*) to train.

ammaestràto, *a.* trained: **scimmia ammaestrata**, trained monkey; **cane a.**, performing dog.

ammaestratóre, *m.* (*f.* **-trice**) trainer; (*domatore*) tamer.

ammainabandièra, *f. invar.* (the) lowering of the flag.

ammainàre, *v. t.* to lower; to haul down; to strike*: **a. la bandiera**, to lower (*o* to take down) the flag; (*per resa*) to strike (the colours); (*naut.*) **a. un pennone**, to strike down a yard; (*naut.*) **a. una lancia**, to lower (*o* to hoist out) a boat; (*naut.*) **a. una vela**, to lower a sail.

ammalàre, *v. i.* **ammalàrsi,** *v. i. pron.* to become* ill; to fall* ill; to be taken ill: **Si ammalò improvvisamente**, he was suddenly taken ill; **Si ammalarono tutti**, they all fell ill; **a. di influenza**, to be taken ill with (*o* to catch) flu; to come down with (the) flu (*fam.*); **Finirai per ammalarti se lavori tanto**, you'll work yourself ill.

ammalàto, **A** *a.* **1** (*di persona*) ill (*pred.*); sick (*generalm. attr.*); (*sofferente*) suffering: **bambino a.**, sick child; **È a.**, he is ill; **a. di epatite**, ill with hepatitis; **a. di bronchi**, suffering from bronchitis; **cadere a.**, to fall ill; **darsi a.**, to report sick **2** (*di parte del corpo*) diseased **3** (*fig.*) sick (with); suffering (from): **a. di nostalgia**, sick with homesickness. **B** *m.* (*f.* **-a**) **1** sick person: **gli ammalati**, the sick **2** (*paziente*) patient.

ammaliaménto, *m.* bewitchment; fascination; enchantment.

ammaliàre, *v. t.* to bewitch; to fascinate; to enchant.

ammaliatóre, **A** *a.* bewitching; fascinating; enchanting. **B** *m.* (*f.* **-trice**) enchanter (*f.* enchantress); charmer.

ammalinconire, e *deriv. V.* **immalinconire** e *deriv.*

ammaliziàre, ammalizzire, **A** *v. t.* to make* cunning. **B ammaliziàrsi, ammalizzirsi,** *v. i. pron.* to grow* cunning.

ammànco, *m.* deficit; deficiency; shortage: **a. di cassa**, cash deficit (*o* deficiency).

ammanettàre, *v. t.* to handcuff.

ammanicàrsi, *v. i. pron.* (*form.*) to get* to know the right people (*o* people in high places); to get* well in with sb.

ammanicàto, *a.* (*fam.*) well-connected; well in (with).

ammanieràre, *v. t.* to polish; to embellish.

ammanieràto, *a.* affected; artificial.

ammanigliàre, *v. t.* (*naut.*) to bend; to shackle.

ammanigliàto, *a.* (*fig.*) well-connected; well in (with).

ammannàre, *v. t.* (*agric.*) to bind* in sheaves.

ammannire, *v. t.* **1** (*preparare*) to prepare; to concoct **2** (*servire*) to serve; to dish out **3** (*scherz.: propinare*) to dish out; to inflict (st. on sb.).

ammansàre, ammansire, **A** *v. t.* **1** (*rendere mansueto*) to tame **2** (*calmare*) to soothe; to calm (down); to mollify. **B ammansirsi,** *v. i. pron.* **1** to become* tame **2** (*calmarsi*) to calm down; to be mollified.

ammantàre, **A** *v. t.* **1** to cloak; to wrap **2** (*coprire*) to cover; (*avvolgere*) to envelop: **La neve ammanta i colli**, snow covers the hills; **Il silenzio ammantava le case**, silence enveloped the houses **3** (*fig.: celare*) to cloak; to shroud; to conceal. **B ammantàrsi,** *v. rifl.* **1** to wrap oneself in **2** (*fig.: ostentare*) to affect (st.); to parade (st.): **a. di onestà**, to parade one's honesty. **C ammantàrsi,** *v. i. pron.* (*ricoprirsi*) to be covered; to be decked; to be carpeted: **Il prato s'ammanta di fiori**, the meadow is decked with flowers; **La notte s'ammanta di stelle**, the sky is shining with stars.

ammaràggio, *m.* **1** (*di idroplano*) landing **2** (*miss.*) splashdown **3** (*di aereoplano*) ditching.

ammaràre, *v. i.* (*di idroplano*) to land; (*miss.*) to splash (down); (*di aereoplano*) to ditch.

ammarràggio, *m.* (*naut.*) mooring.

ammarràre, *v. t.* (*naut.*) to moor.

ammassaménto, *m.* **1** (*l'ammassare*) amassing; hoarding **2** (*mil.*) massing **3** *V.* **ammasso**.

ammassàre, **A** *v. t.* **1** to amass; to hoard; to store; to heap up; to pile up: **a. denaro**, to hoard money; **a. provviste**, to store provisions **2** (*mil.*) to mass: **a. truppe**, to mass troops **3** (*portare all'ammasso*) to pool. **B ammassàrsi,** *v. i. pron.* (*affollarsi*) to throng; to crowd together.

ammàsso, *m.* **1** mass; heap; pile; hoard: **a. di roba vecchia**, heap of junk; **a. di rottami**, scrap heap; (*fig.*) wreck **2** (*fig.*) heap; load: **un a. di sciocchezze**, a load of nonsense; **un a. di bugie**, a pack of lies **3** (*raccolta*) pooling; stockpile: **portare grano all'a.**, to stockpile grain **4** (*scient.*) cluster: (*astron.*) **a. stellare**, star cluster. ● (*fig.*) **portare il cervello all'a.**, to follow the party line blindly.

ammatassàre, *v. t.* to wind* into a skein.

ammattire, *v. i.* **1** to go* mad **2** (*scervellarsi*) to rack one's brains. ● **C'è da a.**, it's enough to drive you mad □ **fare a.**, to drive sb. mad; to drive sb. crazy (*o* out of one's mind, round the bend) (*fam.*).

ammattito, *a.* mad; crazy (*fam.*).

ammattonàre, *v. t.* (*edil.*) to brick; to pave with bricks.

ammattonàto, *m.* (*edil.*) brickwork; brick floor; brick pavement.

ammattonatùra, *f.* (*edil.*) brickwork; brick paving.

ammàzza, *inter.* (*region.*) wow; coo (*GB*).

ammazzacaffè, *m. invar.* (*fam.*) chaser.

ammazzaménto, *m.* killing; (*omicidio*) murder; (*di animali*) slaughter.

ammazzàre, **A** *v. t.* **1** to kill; (*assassinare*) to murder; (*un animale*) to kill, to slaughter, to butcher: **L'hanno ammazzato come un cane**, they killed him like a dog; **a. il maiale**, to kill the pig **2** (*fig.*) to kill; to destroy; to crush: **a. il tempo**, to kill time; **un lavoro che ammazza**, killing work; a gruelling job; **a. q. di lavoro**, to work sb. to death; **regole che ammazzano l'iniziativa privata**, regulations that destroy (*o* suffocate) private enterprise. **B ammazzàrsi,** *v. rifl.* to kill oneself (*anche fig.*): **a. di lavoro**, to kill oneself with work; to work oneself to death. **C ammazzàrsi,** *v. i. pron.* to be (*o* to get*) killed: **a. con la moto**, to get killed on one's motorbike.

ammazzasètte, *m. invar.* braggart; swaggering bully.

ammazzatóio, *m.* slaughterhouse.

ammènda, *f.* **1** (*riparazione*) amends (*pl.*): **fare a. di q.c.**, to make amends for st. **2** (*multa*) fine; penalty: **infliggere un'a.**, to impose a fine; **lieve a.**, small fine.

ammennìcolo, *m.* **1** (*accessorio*) bit; (*al pl.*) odds and ends, bits and pieces **2** (*aggeggio*) gadget **3** (*pretesto*) pretext; cavil.

ammésso, **A** *a.* (*accettato*) admitted; acknowledged: **verità generalmente ammessa**, generally acknowledged truth. ● **a. che vengano**, (*supponendo che*) if they come; (*purché*) provided they come □ **a. e non concesso che...**, (even) granting, for the sake of argument, that... **B** *m.* (*f.* **-a**) successful candidate: **gli ammessi all'orale**, those admitted to the oral examination.

ammettènza, *f.* (*fis.*) admittance.

amméttere, *v. t.* **1** (*lasciar entrare*) to admit; to let* in: **a. q. alla presenza del Re**, to admit sb. into the King's presence; **a. q. nella camera del malato**, to let sb. into the patient's room **2** (*accettare*) to admit; to accept: **a. tra i soci del circolo**, to admit to membership of the club; **gli studenti ammessi all'orale**, students admitted to the oral examination; **essere ammesso**, to be admitted (*o* let in); to gain entrance **3** (*riconoscere*) to admit; to acknowledge: **a. la verità**, to admit the truth; **a. la propria sconfitta**, to acknowledge defeat; **È sbagliato, ammettiamolo**, it's wrong, let's face it **4** (*supporre*) to suppose; (*concedere*) to grant: **Ammettiamo che si arrivi in tempo**, (let us) suppose we get there in time; **Ammettiamo pure la sua buona fede**, let us grant he was in good faith **5** (*permettere*) to allow; to admit of; to accept: **Non ammetto scuse**, I accept no excuses; **un gesto che non ammette scuse**, an action that admits of no excuse **6** (*tollerare*) to bear*; to tolerate; to countenance; to brook: **Non ammetto una simile insolenza**, I won't bear (*o* brook) such insolence; **Non ammetto che mi si parli così**, I will not be spoken to in that manner.

ammeẓẓàre, *v. t.* to halve.

ammeẓẓàto, *m.* mezzanine.

ammezzire, *v. i.* (*bot.*) to grow* overripe.

ammiccaménto, *m.* blinking; (*volontario*) winking.

ammiccànte, *a.* **1** winking **2** (*fig.: invitante*) tempting; come-on (*fam.*): **un titolo a.**, a come-on title.

ammiccàre, *v. i.* to blink; (*fare l'occhiolino*) to wink (at sb.).

ammìcco, *m.* wink.

ammìde, *f.* (*chim.*) amide.

ammìdico, *a.* (*chim.*) amidic.

ammìna, *f.* (*chim.*) amine.

ammìnico, *a.* (*chim.*) aminic.

amministràre, *v. t.* ***1*** (*dirigere*) to run*; to manage: **a. lo Stato**, to run the country; **a. una casa**, to run a house; **a. un'azienda**, to run (*o* to conduct) a business; **a. male**, to mismanage ***2*** (*somministrare*) to administer: **a. la giustizia**, to administer justice; **a. un sacramento**, to administer a sacrament ***3*** (*fare buon uso*) to make* good use of; to ration; to organize: **a. le proprie forze**, to ration one's strength; **saper a. il proprio tempo**, to know how to organize one's time.

amministrativo, *a.* administrative: **diritto a.**, administrative law; **anno a.**, financial year; **elezioni amministrative**, local elections.

amministratóre, *m.* (*f.* **-trice**) ***1*** administrator; manager: **a. pubblico**, public administrator; **a. di proprietà**, estate manager; **a. di un condominio**, manager of a block of flats ***2*** (*consigliere di società*) director: **a. delegato**, managing director. ● (*leg.*) **a. fiduciario**, trustee; (*in un fallimento*) receiver □ (*leg.*) **a. giudiziale**, receiver.

amministrazióne, *f.* ***1*** administration; management ***2*** (*gli amministratori*) administration; management ***3*** (*gli affari*) business: **tenere l'a. di un'azienda**, to handle a firm's business ***4*** (*governo*) government; rule: **a. locale**, local government; **a. diretta**, direct rule ***5*** (*gli uffici*) administration offices (*pl.*); administrative headquarters (*pl.*). ● (*leg.*) **a. controllata**, receivership □ (*comm.*) **a. del personale**, personnel management □ (*leg.*) **a. fiduciaria**, trusteeship; (*in un fallimento*) receivership □ **a. statale**, civil service □ (*comm.*) **cattiva a.**, maladministration; (*degli affari, ecc.*) ill management, mismanagement, misconduct □ **consigliere di a.**, member of the board of directors □ **consiglio di a.**, board of directors □ **di ordinaria a.**, commonplace; routine (*attr.*); run-of-the-mill □ **pubblica a.**, civil service.

amminoàcido, *m.* (*chim.*) amino acid.

amminoplàsto, *m.* (*chim.*) amino plastic.

ammiràbile, *a.* admirable.

ammiràglia, *f.* (*naut.*) flagship.

ammiragliàto, *m.* ***1*** (*grado*) admiralship ***2*** (*l'ufficio e la sede*) admiralty.

ammiràglio, *m.* admiral: **a. di squadra**, vice-admiral; **grande a.**, (*in G.B.*) admiral of the fleet; (*in U.S.A.*) fleet admiral.

ammiràre, *v. t.* ***1*** to admire; to appreciate: **a. un quadro**, to admire a painting; **Ammirai la sua forza di volontà**, I admired his willpower; **Ammiro la tua onestà**, I appreciate your honesty; **Ammiro poco quella gente**, I don't think much of those people ***2*** (*provare meraviglia*) to marvel at; to be amazed at: **Ammirai la sua faccia tosta**, I was amazed at his cheek.

ammirativo, *a.* admiring.

ammiratóre, *m.* ***1*** (*f.* **-trice**) admirer; follower; enthusiast; (*di attori, ecc.*) fan ***2*** (*corteggiatore*) suitor.

ammirazióne, *f.* admiration: **provare** (*o* **nutrire**) **a. per q.**, to feel (*o* to have) admiration for sb.; **Era l'a. di tutti**, it was the admiration of everyone; he was admired by everyone; **destare a.**, to excite admiration.

ammirévole, *a.* admirable.

ammissìbile, *a.* ***1*** admissible; acceptable: **ipotesi a.**, acceptable hypothesis ***2*** (*tollerabile*) allowable; permissible; tolerable: **non a.**, intolerable ***3*** (*leg.*) admissible; (*di ricorso e sim.*) receivable: **prova a.**, admissible evidence.

ammissibilità, *f.* admissibility; acceptability; credibility.

ammissióne, *f.* ***1*** admittance; admission; entrance: **a. a un club**, admission to a club; **esame d'a.**, entrance examination; **tassa d'a.**, entrance fee ***2*** (*riconoscimento*) acknowledgement; admission: **a. di colpa**, admission of guilt; **a. di sconfitta**, acknowledgment of defeat.

ammobiliàre, *v. t.* to furnish.

ammodernaménto, *m.* modernization; updating.

ammodernàre, *v. t.* to modernize; to bring* up to date; to update.

ammòdite, *m.* (*zool., Ammodytes*) launce.

ammòdo, **A** *a.* nice; well-bred; respectable. **B** *avv.* properly: **un lavoro fatto a.**, a job done properly.

ammogliàre, **A** *v. t.* to marry; to give* a wife to. **B ammogliàrsi**, *v. rifl.* to get* married (to sb.); to marry (sb.).

ammogliàto, **A** *a.* married. **B** *m.* married man*.

ammollaménto, *m.* softening; soaking.

ammollàre (1), **A** *v. t.* ***1*** (*rendere molle*) to soften ***2*** (*bagnare*) to soak: **a. la biancheria**, to soak the washing. **B ammollàrsi**, *v. i. pron.* ***1*** (*diventare molle*) to soften; to become* soft ***2*** (*bagnarsi*) to get* soaked; to get* soggy.

ammollàre (2), *v. t.* (*allentare*) to slacken.

ammolliménto, *m.* (*anche fig.*) softening.

ammollìre, **A** *v. t.* (*anche fig.*) to soften. **B ammollìrsi**, *v. i. pron.* (*anche fig.*) to soften; to grow* soft.

ammòllo, *m.* soakage; soaking; soak: **mettere in a.**, to soak; **ciclo dell'a.**, soak cycle.

ammoniaca, *f.* (*chim.*) ammonia.

ammoniacàle, *a.* (*chim.*) ammoniacal.

ammònico, *a.* (*chim.*) ammoniac.

ammoniménto, *m.* ***1*** (*avvertimento*) admonition; warning; caution ***2*** (*consiglio*) advice ***3*** (*rimprovero*) admonition; rebuke; reprimand ***4*** (*lezione*) lesson. ● **Che ti serva da a.**, let that be a warning (*o* a lesson) to you.

ammònio, *m.* (*chim.*) ammonium.

ammonìre, *v. t.* ***1*** (*avvertire*) to admonish; to warn; to caution: **Lo ammonì di non farlo un'altra volta**, he warned him not to do it again ***2*** (*consigliare*) to advise ***3*** (*rimproverare*) to admonish; to rebuke; to reprimand ***4*** (*dare una lezione*) to teach* a lesson to ***5*** (*leg.*) to admonish; to caution ***6*** (*sport*) to book.

ammonite, *f.* (*paleont.*) ammonite.

ammonitivo, *a.* admonitory; cautionary.

ammonitóre, **A** *a.* admonitory; warning; cautionary. **B** *m.* (*f.* **-trice**) admonisher; warner.

ammonizióne, *f.* ***1*** (*avvertimento*) admonition; warning; caution ***2*** (*rimprovero*) admonition; rebuke; reproof ***3*** (*leg.*) admonition; caution ***4*** (*sport*) booking.

ammonizzazióne, *f.* (*biol.*) ammonification.

ammontàre, **A** *v. i.* ***1*** to amount to; to come* to; to total; to add up to: **La spesa ammonta a parecchio**, the cost amounts (*o* comes) to quite a lot; **I suoi debiti ammontano a sei miliardi**, his debts total six billion lire ***2*** (*mat., rag.*) to figure up at. **B** *m.* amount; figure: **a. lordo [netto]**, gross [net] amount; **l'a. di una ordinazione**, the size of an order; **fino all'a. di**, to the extent of; to the amount of; **per un a. di**, for the amount of.

ammonticchiàre, **A** *v. t.* to heap (up); to pile up. **B ammonticchiàrsi**, *v. i. pron.* to pile up.

ammorbaménto, *m.* ***1*** (*infezione*) infection ***2*** (*puzzo*) stench; stink ***3*** (*fig.*) corruption.

ammorbàre, *v. t.* ***1*** (*infettare*) to infect ***2*** (*di odori e sim.*) to foul; to pollute ***3*** (*fig.*: *corrompere*) to corrupt.

ammorbidènte, **A** *a.* softening. **B** *m.* softener; softening agent.

ammorbidiménto, *m.* softening; (*fig., anche*) relaxation: **a. delle regole**, relaxation of rules.

ammorbidire, *v. t.* **ammorbidìrsi**, *v. i. pron.* to soften.

ammorsàre, *v. t.* ***1*** to clamp in a vice; to vice ***2*** (*archit.*) to tooth.

ammorsatùra, *f.* (*archit.*) toothing.

ammortaménto, *m.* (*rag., fin.*) amortization; depreciation; redemption: **a. di un debito**, amortization of a debt; **a. fiscale**, depreciation allowance; **a. del debito pubblico**, public debt redemption; **piano di a.**, amortization plan; redemption plan; **quota di a.**, rate of depreciation; **fondi di a.**, sinking fund.

ammortàre, *v. t.* (*rag.*) to amortize; to depreciate; to sink*; to redeem.

ammortizzàbile, *a.* (*rag.*) amortizable.

ammortizzaménto, *m.* ***1*** *V.* **ammortamento** ***2*** (*mecc.*) damping; deadening.

ammortizzàre, *v. t.* ***1*** *V.* **ammortare** ***2*** (*attutire*) to damp; to absorb; to cushion; to deaden.

ammortizzatóre, *m.* (*mecc.*) shock absorber; vibration damper: **a. idraulico**, hydraulic shock absorber; **a. a frizione**, friction damper.

ammosciàre, **ammoscìre**, **A** *v. t.* to soften; to render flabby. **B ammosciàrsi**, *v. i. pron.* ***1*** to grow* soft; to become* flabby; to go* limp; (*anche fig.*) to droop, to sag, to wilt ***2*** (*intristirsi*) to mope; to be down in the mouth.

ammostàre, *v. t.* (*uva*) to press; to tread*.

ammucchiaménto, *m.* ***1*** (*l'ammucchiare*) piling up; heaping (up) ***2*** (*mucchio*) pile; heap; jumble.

ammucchiàre, **A** *v. t.* to pile up; to heap (up); to jumble. **B ammucchiàrsi**, *v. i. pron.* ***1*** to pile up ***2*** (*di folla*) to crowd; to throng.

ammucchiàta, *f.* ***1*** (*fam.*: *gruppo disordinato*) bunch; huddle; (*di cose*) heap, jumble ***2*** (*pop.*) sex orgy; daisy chain (*pop.*).

ammuffiménto, *m.* mouldiness; mustiness.

ammuffìre, *v. i.* ***1*** to grow* mouldy ***2*** (*fig.*) to moulder away; to languish; to rot; to grow* rusty; to gather dust: **stare in casa ad a.**, to languish (*o* to rot) at home; **lasciar a. i libri**, to leave one's books to gather dust.

ammuffìto, *a.* ***1*** mouldy ***2*** (*fig.*) stale; fossilized.

ammusàre, *v. i. e t.* to nuzzle.

ammutinaménto, *m.* mutiny; rebellion.

ammutinàrsi, *v. i. pron.* to mutiny; to rebel.

ammutinàto, **A** *a.* rebellious; rebel (*attr.*). **B** *m.* mutineer; rebel.

ammutolìre, *v. i.* (*smettere di parlare*) to fall* silent, to shut* up; (*per sorpresa, paura*) to be struck dumb: **a. dallo spavento**, to be struck dumb with fear.

amnesìa, *f.* amnesia; loss of memory.

àmnio, *m.* (*biol.*) amnion*.

amniocentèsi, *f.* (*med.*) amniocentesis*.

amniografìa, *f.* (*med.*) amniography.

amnioscopìa, *f.* (*med.*) amnioscopy.

amnioscòpio, *m.* (*med.*) amnioscope.

amniòtico, *a.* (*biol.*) amniotic: **liquido a.**, amniotic fluid.

amnistìa, *f.* (*leg.*) amnesty; oblivion.

amnistiàre, *v. t.* (*leg.*) to grant amnesty to; to amnesty.

àmo, *m.* ***1*** (fish) hook: **abboccare all'a.**, to bite; to take the bait; **prendere all'a.**, to hook ***2*** (*fig.*) trap; bait: **abboccare all'a.**, to fall into the trap; to swallow the bait; to fall for it; **tendere l'a. a q.**, to set a trap for sb.

amoèrro, *m.* moire.

amòmo, *V.* **cardamomo**.

amoràle, *a.* amoral.

amoralìsmo, *m.* (*filos.*) amoralism.

amoralità, *f.* amorality.

amoràzzo, *m.* love affair; amour.

Amóre, *m.* (*mitol.*) Love; Cupid; Eros.

amóre, *m.* ***1*** love; care; affection: **a. del prossimo [di Dio, per gli animali]**, love of one's neighbour [of God, of animals]; **sposarsi per a.**, to marry for love ***2*** (*fig.*: *persona amata*) love, beloved, darling; (*come appellativo*) love, darling, honey: **un mio vecchio a.**, an old love of mine; **Sei l'a. della mamma**, you are mummy's darling; **Vengo, a.**, I'm coming, darling ***3*** (*persona o cosa bella*) darling: **un a. di bambina**, a lovely child; a little darling; **Che a. di appartamentino!**, what a charming (*o* darling) little flat!; **Che a.!**, how lovely!; how sweet! ***4*** (*avventura amorosa*) love story; love affair; love; (*pl., lett. o scherz.*)

amours: **la storia dei suoi amori**, the story of his love affairs *5* (*forte interesse*) love; fondness; passion; enthusiasm: **a. per la musica**, love of music; **a. della lettura**, fondness for reading; **a. per i cavalli**, passion for horses *6* (*solerzia, zelo*) zeal; enthusiasm: **studiare con grande a.**, to study with great enthusiasm *7* (*cura*) love; loving care: **fatto con a.**, done with loving care. ● **a. a prima vista**, love at first sight □ **a. adolescenziale**, puppy love □ **a. di gruppo**, group sex □ **a. di sé**, self-love; (*egoismo*) selfishness □ **a. interessato**, cupboard love □ **a. non corrisposto**, unrequited love □ **amor proprio**, self-respect; self-esteem □ **andare d'a. e d'accordo**, to get on (*o* along) beautifully (*o*, *fam.*, like a house on fire) □ (*di animali*) **andare in a.**, to be on heat □ **canto d'a.**, love song □ **d'a. e d'accordo**, in perfect harmony; in full agreement □ **elisir d'a.**, love philtre; love potion □ **fare l'a.** (**con q.**), to make love (to *o* with sb.) □ **figlio dell'a.**, love-child □ **lettere d'a.**, love letters □ **libero a.**, free love □ **mal d'a.**, lovesickness: **soffrire di mal d'a.**, to be lovesick □ **matrimonio d'a.**, love match □ **matrimonio senza a.**, loveless marriage □ **pegno d'a.**, love token □ **per a. di brevità**, for the sake of brevity □ **Per amor di Dio!**, for Heaven's (*o* God's) sake! □ **fare q.c. per amor di Dio**, to do st. out of charity □ **per a. vostro**, for your sake (*o* for you) □ **per a. o per forza**, by hook or by crook; willy-nilly □ (*lett.*) **portare a. a q.**, to love sb.

amoreggiaménto, *m.* flirtation.

amoreggiàre, *v. i.* to flirt.

amorétto, *m.* flirtation; passing fancy.

amorévole, *a.* loving; affectionate; fond: **un padre a.**, a fond father; **parole amorevoli**, loving words.

amorevolézza, *f.* lovingness; fondness; tenderness; loving kindness.

amorfismo, *m.* (*chim.*) amorphism.

amòrfo, *a.* *1* amorphous; shapeless *2* (*fig.*) colourless; nondescript.

amorino, *m.* *1* cupid *2* (*bambino grazioso*) little darling *3* (*bot.*, *Reseda odorata*) mignonette *4* (*divano a S*) sociable.

amoróso, A *a.* *1* loving; affectionate; amorous: **padre a.**, loving father; **sguardo a.**, loving (*o* amorous) look *2* (*d'amore*) love (*attr.*); (*erotico*) amatory: **poesia amorosa**, love poetry; amatory verse *3* (*mus.*) amoroso. **B** *m.* (*f.* **-a**) *1* fiancé (*f.* fiancée) (*franc.*); sweetheart; beau (*franc.*, *solo m.*) *2* (*teatr.*) young lover.

amovibile, *a.* *1* removable *2* (*di impiegato*) transferable.

amovibilità, *f.* *1* removability *2* (*di impiegato*) transferability.

ampelotecnìa, *f.* wine growing.

amperàggio, *m.* (*fis.*) amperage.

ampere, *m.* (*fis.*) ampere.

amperòmetro, *m.* (*fis.*) ammeter.

amperóra, *m.* (*fis.*) ampere-hour.

amperspìra, *f.* (*fis.*) ampere-turn.

ampiézza, *f.* *1* (*estensione*) size; (*larghezza*) width, breadth; (*spaziosità*) spaciousness, roominess; (*vastità*) vastness, broadness, wideness; (*di abito*) fullness, looseness *2* (*fig.*) extent; amplitude; breadth: **l'a. dei miei poteri**, the extent of my powers; **a. di vedute**, breadth of mind; broadmindedness *3* (*fis.*) amplitude *4* (*mecc.*) excursion *5* (*geom.*) magnitude.

àmpio, *a.* *1* (*largo*) wide; broad: **un fiume a.**, a wide (*o* broad) river *2* (*spazioso*) spacious; roomy; vast: **un'ampia sala**, a spacious room *3* (*di abito*) full; (*comodo*) loose(-fitting): **gonna ampia**, full skirt; **giacca ampia**, loose-fitting jacket *4* (*fig.*) wide; vast; extensive; broad: **ampia cultura**, wide-ranging culture; vast learning; **ampie vedute**, broad views; **un'ampia gamma di articoli**, a wide range of articles; **di a. respiro**, wide-ranging *5* (*abbondante*) ample; abundant: **ampi mezzi**, ample means; **ampie spiegazioni**, abundant explanations.

amplèsso, *m.* *1* embrace *2* (*eufem.*) sexual intercourse; intimacy.

ampliaménto, *m.* *1* (*allargamento*) widening *2* (*ingrandimento*) enlargement *3* (*aumento*) expansion; development; increase; amplification *4* (*aggiunta*) extension: **lavori di a.**, extension works.

ampliàre, A *v. t.* *1* (*allargare*) to widen *2* (*ingrandire*) to enlarge; to extend *3* (*aumentare*) to expand; to develop; to increase; to amplify. **B ampliàrsi,** *v. i. pron.* to become* larger; to increase; to expand; to grow*.

amplificàre, *v. t.* *1* to amplify; to enlarge; to broaden; to magnify *2* (*un suono*) to amplify *3* (*fig.*: *magnificare*) to extol; to magnify.

amplificatóre, *m.* (*radio*) amplifier: **a. di alta [bassa] frequenza**, high- [low-frequency] amplifier.

amplificazióne, *f.* *1* amplification; enlargement *2* (*radio*) amplification; gain: **a. totale**, overall amplification (*o* gain); **coefficiente di a.**, amplification factor.

ampólla, *f.* *1* (*per olio, aceto*) cruet *2* (*elettr.*) bulb *3* (*eccles.*) ampulla*.

ampollièra, *f.* cruet stand.

ampollìna, *f.* (*eccles.*) ampulla*.

ampollosità, *f.* pomposity; inflatedness; bombast.

ampollóso, *a.* pompous; inflated; flowery; bombastic.

amputàre, *v. t.* *1* (*parti del corpo*) to amputate; to cut* off *2* (*fig.*) to mutilate.

amputazióne, *f.* *1* (*di parti del corpo*) amputation *2* (*fig.*) mutilation.

amulèto, *m.* amulet; charm.

àna, *avv.* (*farm.*) ana.

anabàtico, *a.* (*meteor.*) anabatic.

anabattismo, *m.* (*stor. relig.*) Anabaptism.

anabattista, *m.* e *f.* (*stor. relig.*) Anabaptist.

anabbagliànte, (*autom.*) **A** *a.* *1* (*di faro*) dipped; dimmed (*USA*); on low-beam *2* (*di retrovisore*) non-glare: **specchietto a.**, non-glare mirror. **B** *m.* dipped (*o* low-beam; *USA*: dimmed) headlight: **mettere gli anabbaglianti**, to dip (*USA*: to dim) the headlights.

anabiòsi, *f.* (*biol.*) anabiosis*.

anabòlico, *a.* (*biol.*) anabolic.

anabolismo, *m.* (*biol.*) anabolism.

anabolizzànte, *m.* anabolic steroid.

anacàrdio, *m.* (*bot.*, *Anacardium occidentale*) cashew.

anacolùto, *m.* (*retor.*) anacoluthon*.

anacònda, *m.* (*zool.*, *Eunectes murinus*) anaconda.

anacorèsi, *f.* withdrawal from the world.

anacorèta, *m.* *1* anchorite *2* (*fig.*) hermit; recluse.

anacorètico, *a.* anchoritic(al).

Anacreónte, *m.* (*stor. letter.*) Anacreon.

anacreòntica, *f.* (*letter.*) Anacreontic.

anacreòntico, *a.* (*letter.*) Anacreontic.

anacronismo, *m.* anachronism.

anacronìstico, *a.* anachronistic(al).

anacrùsi, *f.* (*ling.*) anacrusis*.

anadiplòsi, *f.* (*retor.*) anadiplosis*.

anaeròbico, *a.* (*biol.*) anaerobic.

anaeròbio, *m.* (*biol.*) anaerobe.

anaerobiòsi, *f.* (*biol.*) anaerobiosis*.

anafàse, *f.* (*biol.*) anaphase.

anafilàssi, *f.* (*med.*) anaphylaxis.

anafilàttico, *a.* (*med.*) anaphylactic.

anàfora, *f.* (*retor.*) anaphora.

anaforèsi, *f.* (*fis.*) anaphoresis*.

anafòrico, *a.* (*retor.*) anaphoric.

anafrodisìa, *f.* anaphrodisia.

anafrodisìaco, *a.* e *m.* anaphrodisiac.

anagàllide, *f.* (*bot.*, *Anagallis arvensis*) pimpernel.

anàglifo, *m.* (*arte*) anaglyph.

anaglìttica, *f.* (*arte*) anaglyphy.

anaglìttico, *a.* (*arte*) anaglyphic.

anagogìa, *f.* anagogy; anagoge.

anagògico, *a.* anagogical.

anàgrafe, *f.* *1* register of births, marriages and deaths; (*l'ufficio*) registry office *2* (*estens.*: *archivio*) register: (*fin.*) **a. tributaria**, tax register. ● **iscrivere un bambino all'a.**, to register the birth of a child.

anagràfico, *a.* registry (*attr.*): **ufficio a.**, registry office; **dati anagrafici**, personal data.

anagràmma, *m.* anagram.

anagrammàre, *v. t.* to anagrammatize.

anagrammàtico, *a.* anagrammatic(al).

anagrammista, *m.* e *f.* anagrammatist.

analcòlico, *a.* nonalcoholic; soft: **bibita analcolica**, soft drink.

anàle, *a.* (*anat.*) anal.

analecta (*lat.*), *m. pl.* analects; analecta.

analèssi, *f.* (*retor.*) insistent repetition of a word.

analèttico, *a.* e *m.* (*farm.*) analeptic.

analfabèta, *a.*, *m.* e *f.* illiterate.

analfabetismo, *m.* illiteracy.

analgesìa, *f.* (*med.*) analgesia.

analgèsico, *a.* e *m.* (*farm.*) analgesic.

anàlisi, *f.* *1* analysis*; (*esame*) test, testing: **a. chimica**, chemical analysis; (*rag.*) **a. dei costi**, cost analysis; cost accounting; **a. dei sistemi**, systems analysis; **a. dei tempi e dei metodi**, methods-time measurement; **a. del sangue**, blood test; **a. delle urine**, urine test; **a. di gravidanza**, pregnancy test; **a. di mercato**, market analysis (*o* research); **a. matematica**, mathematical analysis; calculus*; **sottoporre ad a.**, to analyse; to test *2* (*gramm.*) parsing; analysis: **a. grammaticale**, parsing; **a. logica**, sentence analysis *3* (*psic.*) analysis: **fare un'a.**, to undergo analysis; **essere in a.**, to be in (*o* under) analysis. ● **in ultima a.**, in the final (*o* last) analysis.

analìsta, *m.* e *f.* (*anche elab.*, *psic.*) analyst.

analìtica, *f.* analytics (*pl. col verbo al sing.*).

analìtico, *a.* analytic(al): **metodo a.**, analytic method; **mente analitica**, analytic mind; **geometria analitica**, analytical geometry; **indice a.**, index; **lingua analitica**, analytic language; **psicologia analitica**, analytic psychology.

analizzàbile, *a.* analysable, analyzable (*USA*).

analizzàre, *v. t.* *1* to analyse, to analyze (*USA*); to test: **a. una sostanza chimica**, to analyse a chemical substance; **farsi a. le urine**, to have a urine test *2* (*fig.*: *esaminare*) to analyse; to examine; to scrutinize.

analizzatóre, *m.* *1* (*f.* **-trice**) (*chim.*) analyst *2* (*mecc.*, *elettr.*) analyser, analyzer (*USA*) *3* (*elab.*, *TV*) scanner.

anallèrgico, *a.* anallergic.

analogìa, *f.* analogy; (*somiglianza*) similarity: **ragionare per a.**, to argue from analogy; **per a. con**, on the analogy of.

analògico, *a.* *1* analogic(al) *2* (*tecnol.*) analogue, analog: **calcolatore a.**, analog computer; **orologio a.**, analogue clock [watch].

analogismo, *m.* (*filos.*) analogism.

anàlogo, *a.* analogous; similar; parallel.

anamnèsi, *f.* (*med.*) case-history; anamnesis*.

anamnèstico, *a.* (*med.*) anamnestic.

anamòrfico, *a.* anamorphic.

anamorfòsi, *f.* anamorphosis*.

ànanas, ananàsso, *m.* (*bot.*, *Ananas sativus*) pineapple.

anapèstico, *a.* (*poesia*) anap(a)estic.

anapèsto, *m.* (*poesia*) anap(a)est.

anaplasmòsi, *f.* (*vet.*) anaplasmosis*.

anapodìttico, *a.* non-apodictic.

anaptìssi, *f.* (*ling.*) anaptyxis.

anarchìa, *f.* *1* anarchy *2* (*dottrina*) anarchism.

anàrchico, A *a.* anarchic(al). **B** *m.* (*f.* **-a**) anarchist.

anarchismo, *m.* anarchism.

anarcòide, A *a.* anarchist (*attr.*). **B** *m.* e *f.* rebellious person; rebel.

anastàtico, *a.* (*tipogr.*) anastatic.
anastigmàtico, *a.* (*ottica*) anastigmatic.
anastigmatiṣmo, *m.* (*ottica*) anastigmatism.
anastomiẓẓàre, *v. t.* (*biol.*, *chir.*) to anastomose.
anastomòṣi, *f.* (*anat.*, *chir.*) anastomosis*.
anàstrofe, *f.* (*retor.*) anastrophe.
anatèma, *m.* anathema; curse: **lanciare un a.**, pronounce an anathema (upon); (*fig.*) to curse.
anatematiẓẓàre, *v. t.* to anathematize; to pronounce an anathema upon.
anatòlico, *a.* e *m.* Anatolian.
anatomìa, *f.* anatomy (*anche fig.*): **a. comparata**, comparative anatomy; **a. patologica**, morbid anatomy.
anatòmico, *a.* ***1*** anatomic(al); anatomy (*attr.*): **posizione anatomica**, anatomical position; **sala anatomica**, anatomy theatre; **tavolo a.**, anatomy table ***2*** (*rif. alla forma*) anatomically-designed; contour (*attr.*): **sedia anatomica**, contour chair.
anatomìsta, *m.* e *f.* anatomist.
anatomiẓẓàre, *v. t.* (*anche fig.*) to anatomize.
anatomopatòlogo, *m.* (*f.* **-a**) pathologist.
anatossìna, *f.* (*biol.*) anatoxin.
ànatra, *f.* ***1*** (*zool.*, *Anas*) duck; (*maschio*) drake ***2*** (*zool.*) – **a. mandarina** (*Aix galericulata*), mandarin duck; **a. muta** (*o* **muschiata**) (*Cairina moschata*), musk duck; **a. selvatica** (*Anas platyrhynchos*), wild duck; mallard. • (*cucina*) **a. all'arancio**, duck à l'orange □ **a. da richiamo**, decoy duck □ (*fig.*) **a. zoppa**, lame duck.
anatròccolo, *m.* duckling: **brutto a.**, ugly duckling.
ànca, *f.* ***1*** hip; haunch: **dimenare le anche**, to sway one's hips; **lussazione dell'a.**, dislocation of the hip ***2*** (*naut.*) quarter.
ancàta, *f.* ***1*** hip movement ***2*** (*lotta*) cross-buttock.
ancèlla, *f.* ***1*** (*lett.*) maid; maidservant ***2*** (*fig.*) handmaid.
ancestràle, *a.* ancestral.
ànche, *cong.* ***1*** too; also; as well; (*in aggiunta*) besides: **C'era a. lui**, he was there, too; he too was there; he was there as well; **Vengo anch'io**, I'm coming too (*o* as well); **A. lui adesso si tira indietro**, he too is pulling back now; **A. noi non ci andiamo**, we are not going either; **Mi ha a. telefonato**, he also phoned me; **«C'è Giorgio?» «Sì» «E Franco?» «A.»**, «is Giorgio there?» «yes, he is» «and Franco?» «he too»; **«Sa nuotare» «A. io»**, «he can swim» «so can I»; **Noi partiamo domani, e a. loro**, we are leaving tomorrow, and so are they; **Io odio i gatti e lei a.**, I hate cats, and so does she; **Non ho fame e poi ho a. mal di testa**, I'm not hungry and besides I've got a headache ***2*** (*perfino*) even: **A. sua moglie lo accusa**, even his wife accuses him; **Mi ha a. dato dei soldi**, he even gave me some money; **Ce n'è a. troppo**, there is too much as it is; **Sei stato a. troppo buono con lei**, you were far too kind with her; **Ci mancava a. questa**, this is just too much; as if we didn't have enough problems (as it is) ***3*** (*davanti a compar.*) even; still: **a. meglio**, even (*o* still) better ***4*** (*davanti a gerundio*) even if; even though: **A. volendo, non potrei aiutarlo**, even if I wanted to, I couldn't help him: **A. correndo arrivai in ritardo**, even though I ran, I got there late ***5*** (*col verbo «potere» è idiom.*) – **Possiamo a. andare**, we may as well go; **Potevi a. dare una mano**, you might have given a hand; **Potresti a. salutare**, you might say hello. • **a. perché**, partly because; chiefly because: **Non gliel'ho detto a. perché non mi fidavo**, I didn't tell him partly because I didn't trust him □ **a. se** (*o* **quand'a.**), even if: **A. se gli scrivessi, non verrebbe lo stesso**, even if I wrote to him, he still wouldn't come □ **a. se** (*benché*), even though: **Ha venduto tutto, a. se gliel'avevo sconsigliato**, he sold everything, even though I had advised him against it □ **A. se fosse?** what if it were so?
ancheggiaménto, *m.* swaying of the hips.
ancheggiàre, *v. i.* to sway one's hips.
anchiloṣàre, *v. t.* **anchiloṣàrsi,** *v. i. pron.* ***1*** (*med.*) to anchylose, to ankylose ***2*** (*irrigidire*) to stiffen.
anchiloṣàto, *a.* ***1*** (*med.*) anchylosed, ankylosed ***2*** (*rigido*) stiffened; stiff.
anchilòṣi, *f.* (*med.*) anchylosis*, ankylosis*.
anchilòstoma, *m.* (*zool.*) hookworm.
anchilostomìaṣi, *f.* (*med.*) ancylostomiasis*; hookworm disease.
anchìna, *f.* nankeen.
ància, *f.* (*mus.*) reed: **a. semplice [doppia]**, simple [double] reed; **strumenti ad a.**, reed instruments; reeds.
ancillàre, *a.* ***1*** domestic; menial ***2*** (*fig.*: *secondario*) ancillary.
ancìpite, *a.* ***1*** double-edged ***2*** (*lett.*) uncertain; doubtful ***3*** (*metrica*) which can be either short or long.
ancóna, *f.* ***1*** (*pala d'altare*) altarpiece ***2*** (*archit.*) ancon.
anconetàno, **A** *a.* of Ancona; from Ancona; Ancona (*attr.*). **B** *m.* (*f.* **-a**) native of Ancona; inhabitant of Ancona.
àncora (1), *f.* ***1*** (*naut.*) anchor: **essere all'a.**, to be (*o* to lie, to ride) at anchor; **gettare l'a.**, to cast (*o* to drop) anchor; **levare** (*o* **salpare**) **l'a.**, to weigh anchor; **catena [cavo] dell'a.**, anchor chain [cable]; **ceppo dell'a**, anchor stock; **unghia dell'a.**, anchor bill; **a. di speranza**, sheet anchor; **a. di posta**, bower; **a. galleggiante**, sea anchor ***2*** (*elettr.*) keeper. • (*fig.*) **a. di salvezza**, sheet anchor.
ancóra (2), *avv.* ***1*** still: **Sono a. in vacanza**, I am still on holiday; **Era a. in casa?**, was he still at home?; **Abitavo a. a Torino**, I was still living in Turin; **C'è a. tempo**, there is still time; there is time, yet ***2*** (*per lo più in frasi neg. o rif. al futuro*) yet: **Non è a. qui**, he isn't here yet; **Non s'è visto a.**, he has not shown up yet; **Non l'avevo a. conosciuto**, I hadn't yet met him ***3*** (*di nuovo*) again: **Proviamo a.**, let's try again; **Venne a. a trovarci**, he came to see us again ***4*** (*di più*) some more; any more: **Dammene a.**, give me some more; **Ne avete a.?**, have you (got) any more?; **Ne voglio a. due**, I want two more (*o* another two); **Aspetta, c'è dell'altro a.**, wait, there's more to come ***5*** (*davanti a compar.*) still; even: **a. più bella**, still (*o* even) more beautiful; **a. meglio**, even better ***6*** (*con pron. o agg. di quantità*) more; (*rif. a tempo*) longer: **a. molti giorni**, many more days; **a. un po'**, a little more; **Resta a. un po'**, stay a little longer.
ancoràggio, *m.* ***1*** (*naut.*) anchorage; berth: **diritti d'a.**, anchorage (dues) ***2*** (*tecn.*) anchorage: **bullone di a.**, anchor bolt ***3*** (*econ.*) pegging.
ancoràre, **A** *v. t.* ***1*** (*naut.*) to anchor ***2*** (*fissare*) to anchor; to secure: **a. una corda alla roccia**, to anchor a rope to the rock; **a. una scala**, to secure a ladder ***3*** (*econ.*) to peg; to link. **B** **ancoràrsi,** *v. rifl.* ***1*** (*naut.*) to anchor; to cast* anchor ***2*** (*fig.*: *aggrapparsi*) to cling* to: **a. a un'idea**, to cling to an idea ***3*** (*fig.*: *stabilirsi*) to tie oneself (down): **a. a un posto**, to tie oneself to a place.
ancoràto, *a.* (*a forma d'ancora*) anchor-shaped.
ancorché, *cong.* (*lett.*: *benché*) even though; even if.
ancorèssa, *f.* (*naut.*) one-armed anchor.
ancoròtto, *m.* (*naut.*) kedge anchor.
andalùṣo, *a.* e *m.* (*f.* **-a**) Andalusian (*f.* Andalusian woman*).
andaménto, *m.* ***1*** (*corso*) course, progress; (*stato*) state; (*risultato*) performance; (*tendenza*) pattern, trend, tendency: **l'a. degli affari**, the state of business; **l'a. della malattia**, the progress of the disease; **l'a. della Borsa**, the trend of the Stock Exchange; (*econ.*) **l'a. dei prezzi**, price trends (*pl.*); **con l'a. che c'è ora**, the way things are going at present; **occuparsi dell'a. della casa**, to run the house ***2*** (*mus.*) modulation.
andàna, *f.* ***1*** pathway; passage ***2*** (*naut.*) tier.
andànte, **A** *a.* ***1*** (*comune*) ordinary; common; plain ***2*** (*di poco prezzo*) cheap; (*scadente*) poor, second-rate ***3*** (*di stile*) plain. **B** *m.* (*mus.*) andante.
andantìno, *m.* (*mus.*) andantino.
andàre, **A** *v. i.* ***1*** to go*: **a. a caccia [a pesca, a far compere]**, to go shooting [fishing, shopping]; **a. a fare una passeggiata**, to go for a walk; **a. a lavorare**, to go to work; **a. a dormire**, to go to bed; **Va' a vedere che fanno**, go and see what they're doing; (*mil.*) **a. all'attacco**, to go into action; **a. a cavallo**, to go on horseback; to ride; (*per diporto*) to go for a ride; **a. a piedi**, to go on foot; to walk: **a. a piedi in ufficio**, to walk to one's office; **a. in aereoplano**, to go by plane; to fly; **a. in automobile**, to go by car; to drive; to motor; (*per diporto*) to go for a drive; **a. in barca**, to go by boat; (*per diporto*) to go out in a boat; **a. in bicicletta**, to go by bicycle; to ride a bicycle; to cycle: **Ci andrò in bicicletta**, I'll cycle there; **Sai a. in bicicletta?**, can you ride a bicycle?; **a. in tassì**, to go by taxi; **a. in treno**, to go by train; **a. per i propri affari**, to go about one's business; **a. per la propria strada**, to go one's own way; **a. per la via più corta**, to go by the shortest way; **a. per mare [per terra, per via aerea]**, to go by sea [by land, by air]; **a. scalzo**, to go barefooted; **Lasciami a.**, let me go; **Chi va là?**, who goes there?; **Andò a trovare sua madre**, he went to see his mother; **Vallo a prendere!**, go and fetch it; **Andavamo a cento all'ora**, we were driving (at) a hundred kilometres an hour; **Dove va questa strada?**, where does this road go (*o* lead) (to)?; **Il vaso va sul tavolo**, the vase goes on the table; **Il primo premio andò a Tina**, the first prize went to Tina ***2*** (*andare via, partire*) to go* (away, off); to leave*: **a. in esilio**, to go into exile; **a. in viaggio**, to go on a journey; **a. in guerra**, to go off to war; **È ora di a.**, it's time to go (*o* to leave); **Non a.!**, don't go away; don't leave!; **Andò in Australia**, he went to Australia; **Vado e torno**, I'll be back in no time (*o* right back) ***3*** (*visitare*) to go* to see; to go* and see; to call (on sb., at a place); to see*; to visit: **Ieri sono andato da Carlo**, I went to see Carlo (*o* I called on Carlo) yesterday; **Dovrò a. al suo ufficio**, I'll have to call at his office; **Andrò da lui domani**, I'll go and see him tomorrow ***4*** (*essere*; *stare di salute*; *procedere, risultare, ecc.*) to be; to get* on: **Come va?**, how are you?; how are things?; how is everything?; how are you getting on?; **Come va la salute?**, how are you?; how are you keeping?; **Come vanno gli affari?**, how is business?; **Gli affari vanno bene [male]**, business is brisk [slack]; **Come vanno le cose?** (*o* **come va la vita?**), how are things (getting on)?; **Le cose sono andate meglio del previsto**, things went better than expected; **a. bene**, to go well; (*avere successo*) to be successful, to go off well: **Lo spettacolo è andato bene**, the show went off well; **a. bene a scuola**, to do well at school; **Questo tema non va**, this essay won't do; **a. male**, to go badly; to do badly; (*fallire*) to fail, to be a failure; **È andato male in storia**, he did badly in the history test ***5*** (*agire, comportarsi*) to act; to behave; to be: **a. cauto**, to act (*o* to behave) cautiously; to be wary; **a. orgoglioso**, to be proud; **a. pazzo per q.c.**, to be mad (*o* crazy) about st. ***6*** (*funzionare, operare*) to go*; to run*; to work; to be: **Va bene il tuo orologio?**, is your watch right?; **Quell'orologio va avanti [va indietro]**, that clock is fast [slow]; **Questo orologio non va**, this clock doesn't go (*o* work); **a. a elettricità**, to run on electricity; **a. a gas**, to use gas;

a. a legna, to burn wood; to be wood-burning; **I treni vanno in orario**, trains are running on time ***7*** (*della moneta*: *avere corso*) to be good; to be current; to be legal tender: **Questa moneta non va più**, this coin is no longer current (*o* is no longer legal tender) ***8*** (*essere venduto*) to go*; to be sold; to sell*; (*essere richiesto*) to be in demand, to be popular: **La merce andò in un baleno**, the goods went in a flash; **a. a peso** [**a numero**], to be sold by weight [by number]; **A quanto vanno le pesche oggi?**, how much are peaches today?; **La birra va molto**, beer sells well (*o* is very popular); **un prodotto che non va molto**, a product that does not sell much (*o* that is not in great demand) ***9*** (*essere di moda*) to be fashionable; to be (all) the fashion; to be in fashion; to be in (*fam.*): **Scarpe simili andavano anni fa**, shoes like these were fashionable years ago; **Vanno molto le giacche lunghe**, long jackets are all the fashion; **Quest'estate va** [**non va**] **il verde**, green is in [is out] this summer ***10*** (*anche* **a. bene**: *convenire, confarsi*) to suit; (*di misura*) to fit; (*accordarsi, armonizzare*) to go* well (together): **Ti va bene domani?**, does tomorrow suit you?; **Ti andrebbe il treno delle dieci e trenta?**, would the ten-thirty train suit you?; **Queste scarpe non mi vanno**, these shoes don't fit me; **a. a pennello**, to fit to a T; **a. largo** [**stretto**], to be too big [too tight]; **Ti pare che questo golf vada** (**bene**) **con questa gonna?**, do you think this pullover goes well with this skirt?; **Il formaggio va bene con le pere**, pears and cheese go well together ***11*** (*anche* **a. a genio**: *gradire, piacere*) to feel* like; to fancy: **Oggi mi andrebbe una braciola**, I feel like a chop today; **Ti andrebbe di fare una passeggiata?**, do you feel like going for a walk?; **Ti va una birra?**, do you fancy a beer?; **Non mi va a genio l'idea di restare qui sola**, I don't fancy the idea of being left here on my own ***12*** (*anche* **a. a finire**: *concludersi*) to end; to finish: **Credo che andrà così**, I think it will end like that; **Andò a finire che gli diedi un ceffone**, I ended up by slapping him in the face ***13*** – **andarci** (*volerci, occorrere*) to take*; to be needed; to be required: **Ci andranno dieci anni in questo lavoro**, this work will take ten years; **Quanta stoffa ci va per il vestito?**, how much material is needed for the dress? ***14*** (*nella forma passiva*) to be; to get*: **Tutti i libri andarono bruciati**, all the books were burnt; **a. assolto**, to be acquitted; **a. impunito**, to go unpunished; **La merce è andata danneggiata nel viaggio**, the goods were damaged during the journey ***15*** (*dover essere*) to have to be; must be; (*condiz., congiunt.*) should be, ought to be: **Questo conto va pagato**, this bill must be paid; **Questo passo va** (*o* **andrebbe**) **letto con più spirito**, this passage should be read with more spirit; **Sono cose che non vanno dette**, one shouldn't say such things; **La cosa andava fatta in altro modo**, the thing ought to have been done differently ***16*** (*seguito da gerundio*) to be; to keep*: **Il malato va migliorando** [**va peggiorando**], the patient is getting better [worse]; **Va dicendo che non l'ho pagato**, he has been saying I haven't paid him; **Va litigando con tutti**, he keeps quarrelling with everyone. ● **a. a braccetto**, to walk arm in arm; (*fig.*) to go together □ **a. a cercarsela**, to ask for it □ **a. a chiamare q.**, to go for sb.: **Devo a. a chiamare un dottore?**, shall I go for a doctor? □ (*pallacanestro*) **a. a canestro**, to score a point □ (*fig.*) **a. a Canossa**, to eat humble pie □ **a. a dire**, to tell: **Perché sei andato a dirlo proprio a lui?**, why did you tell him of all people? □ (*pop.*) **a. a donne**, to chase women; to cruise (*pop.*) □ **a. a finire**, to end up; to finish up: **Andammo a finire in un pantano**, we ended up in a bog; **È andato a finire all'ospedale**, he finished up in hospital. *V. anche def. 12* □ **a. a fondo**, to go down; to sink; (*fig.*: *a. in rovina*) to be ruined; (*fig.*: *indagare*) to go to the bottom (of st.) □ **a. a genio**, *V. def. 11* □ **a. a grandi passi**, to stride □ **a. a male**, to go bad; to go off: **Questo latte è andato a male**, this milk has gone bad □ (*fig.*) **a. a monte**, to fall through; to go down the drain (*fam.*) □ **a. a pezzi**, to go (*o* to fall) to pieces □ **a. a picco**, to sink; to founder □ (*calcio*) **a. a rete**, to score a goal □ (*fig.*) **a. a rotoli**, to go downhill; to go to the dogs (*fam.*) □ **a. a servizio**, to go into service □ **a. a tastoni** (*o* **a tentoni**), to grope; to feel one's way □ (*mus.*) **a. a tempo**, to keep time □ **a. a vuoto**, to go wide; (*fig.*) to fail, to be of no avail: **Il colpo andò a vuoto**, the shot went wide; **I suoi sforzi andarono a vuoto**, his efforts failed □ **a. a zonzo** (*o* **a spasso**), to stroll about (*o* around); to ramble □ **a. al Creatore**, to go to meet one's Maker; to go to glory □ **a. al fondo di una cosa**, to get to the bottom of st. □ **a. al governo** (*o* **al potere**), to come into power □ **a. al passo**, (*di cavallo*) to walk; (*mil.*) to march; (*all'unisono con q.*) to keep step (with sb.) □ (*fam.*) **a. all'altro mondo**, to die; to peg out (*fam.*); to kick the bucket (*pop.*) □ **a. alla deriva**, to go adrift; to be adrift □ **a. alla ventura**, to take one's chance; to trust one's luck □ **a. appresso** (*o* **dietro**) **a q.**, to go after sb. □ **a. attorno** (*o* **intorno**), to go about □ **a. avanti**, to go forward; to go ahead; (*continuare*) to go on: **Va' avanti col tuo lavoro!**, go on with your work!; **Va' avanti, che io ti seguo**, go ahead, and I'll follow; **Andò avanti a parlare**, he went on talking □ (*di orologio*) **a. avanti** [**indietro**] **di due minuti al giorno**, to gain [to lose] two minutes a day □ **a. carponi**, to crawl □ (*fig.*) **a. coi piedi di piombo**, to tread carefully □ **a. col pensiero a**, to think of; (*ricordare*) to think back to □ (*fig.*) **a. con la corrente**, to go with the tide □ **a. contro ogni principio**, to go against (*o* to fly in the face of, to defy, to run counter to) all principles □ **a. dentro**, to go in (*o* inside, indoors); (*fam.*: *in carcere*) to go to prison (*o* to jail) □ **a. d'accordo**, to get on well; (*concordare*) to accord: **Non vanno d'accordo**, they don't get on well with each other □ **a. di conserva**, (*naut.*) to sail in company; (*fig.*) to keep in step □ **a. di corpo**, to empty one's bowels; to relieve oneself □ **a. di corsa**, to rush; to run □ **andarci di mezzo**, to be (*o* to get) involved; (*subire le conseguenze*) to suffer the consequences, to get blamed; (*essere in gioco*) to be at stake: **Non voglio andarci di mezzo io**, I don't want to be involved; **Ci andai di mezzo io, che non c'entravo**, I got blamed, though I had nothing to do with it; **Ne va di mezzo la tua vita** (*o* **ne va della tua vita**), your life is at stake □ **a. di pari passo**, to keep pace (with) □ **a. di traverso** (*di cosa inghiottita*), to go down the wrong way □ **a. dietro a q.** (*seguire, anche fig.*), to follow sb.; to chase sb. □ **a. e venire**, to come and go □ **a. fino in fondo** (*non smettere*), to carry on to the end □ **a. forte**, to speed; (*fam.*: *avere successo*) to go strong □ **a. fuori strada**, to go off the road; (*fig.*: *sbagliare*) to go astray □ **a. giù**, to go down; (*fig.*: *declinare*) to go downhill; (*fig.*: *deperire*) to weaken: **La medicina andò giù senza difficoltà**, the medicine went down (*o* was swallowed) without difficulty; **Questo quartiere è andato giù**, this neighbourhood has gone downhill; **È andato molto giù dopo quella malattia**, he has weakened considerably after that illness □ (*leg.*) **a. in appello**, to appeal; to file an appeal □ **a. in bestia** (*o* **fuori dei gangheri, su tutte le furie**), to fly into a rage; to fly off the handle □ (*fam.*) **a. in bianco**, to draw a blank □ **a. in briciole**, to crumble; (*rompersi*) to shatter □ **a. in calore**, to go on heat □ **a. in cerca di guai**, to look for trouble □ **a. in collera**, to lose one's temper □ **a. in disuso**, to fall into disuse □ **a. in fumo**, to go up in smoke (*anche fig.*); (*fig.*) to come to nothing, to fall through □ **a. in giro**, to go about (*o* around): **Ora va in giro con una ragazza francese**, he's going about with a French girl now; **Va in giro a dire che è laureato**, he goes round claiming to have a degree □ **a. in lungo** (*o* **per le lunghe**), to drag on □ (*tipogr.*) **a. in macchina**, to go to press □ **a. in** (*o* **alla**) **malora** (*a. in rovina*), to go to the dogs; to go down the drain □ (*naut.*) **a. in secco**, to run aground □ **a. in vendita**, to be put up for sale □ **a. incontro**, (*a una persona*) to meet, to go to meet (sb.); (*a un pericolo, una difficoltà, ecc.*) to run into (*o* up against): **Gli andai incontro alla stazione**, I went to meet him at the station; **So di a. incontro a ostacoli**, I know I'll be running into obstacles □ **a. per funghi**, to go mushrooming □ **a. per i settanta**, to be getting on for seventy □ **a. per la maggiore**, to be very popular □ **a. per le mani di tutti**, to be handled by everyone; to pass through everyone's hands □ **a. per le spicce**, to make short work of st.; to be a no-nonsense sort of person □ **a. per terra** (*cadere*), to fall (to the ground) □ **a. soldato**, to join the army □ **a. sotto il nome di**, to go by the name of □ **a. sotto una macchina**, to be run over by a car □ (*anche fig.*) **a. su**, to go up: **I prezzi sono andati su**, prices have gone up □ **a. sulla bocca di tutti**, to be on everyone's lips □ **a. sul sicuro**, not to take chances □ **a. vestito di nero**, to be dressed in black □ **a. via**, (*partire*) to go away, to leave; (*di macchia*) to come out (*o* off); (*di correnti, gas*) to go off; (*cessare*) to go (away): **È andata via la luce**, the light has gone off; **Mi è andato via il mal di testa**, my headache has gone □ **Andiamo!**, come!; come on!; now!; **Andiamo, fatti coraggio!**, come on, cheer up!; **Andiamo! Non hai sentito?**, come! didn't you hear?; **Andiamo! Non venirmi a dire che non hai capito**, now, don't come and tell me you have not understood □ **Come va che non li conosci?**, how come you don't know them? □ **Così va il mondo**, that's the way of the world □ **È andata!**, (*è finita*) that's it!, it's done!; (*è riuscita*) it went off well □ **lasciare a.**, (*smettere*) to stop, to give up; (*lasciare la presa*) to let go; (*lasciare correre*) to let pass (*o* go); (*trascurare*) to neglect; (*assestare*) to give, to deal: **Per questa volta, lasciamo a.!**, let it pass, this time!; **È un vero..., be', lasciamo a.**, he's a real..., well, never mind; **Lascia a.!**, forget it!; **Gli lasciai a. un ceffone**, I slapped him full in the face; **Hai lasciato a. il giardino**, you have really neglected the garden □ **lasciar a. sul lavoro**, to be sloppy in one's work □ **lasciarsi a.**, (*non trattenersi*) to let oneself go; (*trascurarsi*) to neglect oneself □ **lasciato a.**, neglected; derelict; (*di giardino e sim.*) run wild (*pred.*) □ (*fam.*) **Finché la va!**, as long as it works! □ **Ma va' là!** (*non ci credo*), go on!; come off it!; get on with you! □ **O la va o la spacca!**, here goes!; do or die! □ (*fam.*) **Se la va, la va**, let's see if it works □ **Se non vado errato**, if I am not mistaken □ **Va' a fidarti!**, look what comes of trusting people! □ **Va bene**, (*d'accordo*) (that's) all right, then; (*basta così*) that will do □ **Va' in malora!**, go to hell! □ **Va' là, aiutami**, give me a hand, there's a good boy [girl] □ **Va' là, dimmelo!**, come on, do tell me! □ **Va' via!**, get out (of here)!; (*smettila*) go on (with you)! □ **Vacci piano!**, take it easy! □ **Vada come vada!**, come what may! □ **Vallo a indovinare!**, who can tell!; it's anybody's guess! □ **Vallo a contare a un altro!**, tell that to the marines! □ **Va da sé**, it goes without saying □ (*prov.*) **Dimmi con chi vai e ti dirò chi sei**, you can tell a man by the company he keeps. **B andàrsene**, *v. i. pron.* ***1*** to go* (*anche fig.*); to go* away (*o* off); to leave*; to take* off: **Venne alle cin-**

que e se ne andò alle otto, he came at five and left at eight; Ora devo andarmene, I must be going now; Se ne andò senza dire nulla, he went away (*o* off) without a word; Vorrei che questo dolore se ne andasse, I wish this pain would go; Vattene!, go away! *2* (*morire*) to go*; to die*: Se n'è andato, poveraccio!, he has gone, poor fellow! *3* (*consumarsi, spendersi*) to go*; to go* by: I soldi se ne vanno via che è un piacere, money goes like nobody's business; La vita se ne va, life goes by; La mia vista se ne sta andando, my sight is going *4* (*scomparire*) to disappear; (*di macchia, anche*) to come* out (*o* off): La macchia se ne andrà col tempo, the stain will disappear with time; Queste macchie non se ne vanno, these stains won't come out **C** *m.* *1* – a lungo a., in the long run; Il treno correva a tutt'a., the train was going at full speed; spendere a tutto a., to spend money like water; con l'a. del tempo, with the passing of time; as time goes [went] by; un continuo a. e venire, an endless coming and going *2* *V.* andatura.

andàta, *f.* *1* going; journey; trip: **La sua a. a Milano fu una sorpresa**, his going (*o* trip) to Milan came as a surprise *2* (*viaggio d'a.*) outward journey; (the) journey there; (the) journey out: **L'a. fu molto faticosa**, the outward journey was very tiring; **a. e ritorno**, (going) there and back: **Tra a. e ritorno ci vuole un'ora**, it takes an hour there and back; **viaggio di a. e ritorno**, journey there and back; (*ferr., ecc.*) round trip; (*naut.*) voyage out and home; **biglietto di a. e ritorno**, return (*USA*: round-trip) ticket; **biglietto di (sola) a.**, single (*USA*: one-way) ticket *3* *V.* **andatura.** • **a. al potere**, coming to power □ **a. di corpo**, bowel movement □ **a. in pensione**, retirement □ (*sport*) **girone di a.**, first round.

andàto, *a.* *1* (*scorso*) past; last: **il mese a.**, the past month; last month *2* gone by; bygone (*attr.*): **nei tempi andati**, in times gone by; in bygone times *3* (*fig.*: *consunto*) worn out; (*rovinato*) broken down, kaput: **Queste scarpe sono ormai andate**, these shoes are worn out; **La macchina è andata**, the car is kaput (*o* is a wreck) *4* (*fig.*: *spacciato*) done for, ruined; (*morto*) dead: **È bell'e a.**, he is done for; he's a goner (*fam.*) *5* (*di cibo*) spoilt; gone bad; gone off.

andatóia, *f.* (*edil.*) ramp.

andatùra, *f.* *1* (*camminata*) gait; walk: **Lo riconobbi dall'a.**, I recognized him by his walk; **a. dondolante**, rolling gait; roll; waddle; **a. dinoccolata**, shambling gait; shamble; **a. impettita**, strut; **a. tronfia**, swagger; **a. ciondolante**, slouch *2* (*portamento*) carriage; bearing: **a. marziale**, military bearing *3* (*velocità*) going; speed; pace: **tenere una buona a.**, to make good going; **a forte a.**, at great speed; **camminare ad a. sostenuta**, to walk at a brisk pace (*o, fam.*, at a good clip) *4* (*naut.*) point of sailing; (*velocità di navigazione*) speed: **a. di bolina**, close-hauling; **a. in poppa**, running before the wind. • (*sport*) **fare l'a.**, to set the pace; to make the running □ (*sport*) **automobile che fa l'a.**, pace car.

andàzzo, *m.* (*spreg.*) bad habit; practice: **Questo andazzo deve cessare!**, this practice must stop!; **prendere un brutto a.**, to get into a bad habit; **È l'a. corrente**, it's the way things are now.

Ànde, *f. pl.* (*geogr.*) (the) Andes.

andeșite, *f.* (*miner.*) andesite.

àndicap, e *deriv.* *V.* **handicap**, e *deriv.*

andino, *a.* Andean.

andirivièni, *m.* *1* coming and going; toing and froing; bustle *2* (*fig.*: *intrico*) maze; labyrinth.

àndito, *m.* *1* (*corridoio*) passage *2* (*bugigattolo*) closet; cubicle. • **cercare in ogni a.**, to look in every nook and cranny.

andorràno, *a.* e *m.* Andorran.

Andrèa, *m.* Andrew.

androcèo, *m.* (*bot.*) androecium*.

androfobia, *f.* (*psic.*) androphobia.

andrògeno, (*biol.*) **A** *a.* androgenic. **B** *m.* androgen.

androginìa, *f.* (*biol.*) androgyny.

andrògino, **A** *a.* (*biol.*) androgynous. **B** *m.* androgyne.

androìde, *a.*, *m.* e *f.* android.

andrologia, *f.* (*med.*) andrology.

andròlogo, *m.* (*f.* **-a**) (*med.*) andrologist.

Andròmaca, *f.* (*letter.*) Andromache.

andróne, *m.* entrance hall; vestibule; lobby.

andropàușa, *f.* (*fisiol.*) male climacteric.

androsteróne, *m.* (*biol.*) androsterone.

anecòico, *a.* (*fis.*) anechoic.

aneddòtica, *f.* anecdotes (*pl.*).

aneddòtico, *a.* anecdotal; anecdotic(al).

aneddotista, *m.* e *f.* anecdotist.

anèddoto, *m.* anecdote.

anelànte, *a.* *1* panting; gasping; breathless *2* (*fig.*) longing; yearning; craving.

anelàre, *v. i.* *1* to pant; to gasp; to be breathless *2* (*fig.*) to long for; to yearn for (*o* after); to crave; to ache for: **Anelava di ottenere il posto**, he was yearning after that job; **Anelava alle ricchezze**, he craved for wealth.

anelasticità, *f.* (*fis.*) inelasticity.

anelàstico, *a.* (*fis.*) inelastic.

anelèttrico, *a.* (*fis.*) anelectric.

anèlito, *m.* *1* (*lett.*: *respiro*) breath; gasp: **l'estremo a.**, the last breath *2* (*fig.*: *brama*) longing; yearning.

anellaménto, *m.* (*etologia*) bird-ringing.

Anellidi, *m. pl.* (*zool.*, *Annelida*) annelids.

anèllo, *m.* *1* ring: **un a. d'oro [di brillanti]**, a gold [a diamond] ring; **a. di fidanzamento [di matrimonio]**, engagement [wedding] ring; **a. con sigillo**, signet ring; (*eccles.*) **a. pastorale**, bishop's ring *2* (*oggetto o struttura circolare*) ring; link; loop: **a. di unione**, coupling ring; **gli anelli di una catena**, the links in a chain; **a. di fumo**, smoke ring: **fare anelli di fumo**, to blow smoke rings *3* (*fig.*) link; intermediary: **a. mancante**, missing link; **l'a. più debole di una catena**, the weakest link in a chain *4* (*chim., mat.*) ring: **a. benzenico**, benzene ring *5* (*elab.*) ring; loop *6* (*pl.*) (*attrezzo ginnico*) (stationary) rings. • (*bot.*) **a. di crescita**, annual ring □ (*mecc.*) **a. di guarnizione**, packing ring □ (*naut.*) **a. di ormeggio**, mooring ring □ **gli anelli di Saturno**, the rings of Saturn □ (*mecc.*) **a. di tenuta**, grommet □ (*mecc.*) **a. di trazione**, shackle □ (*mecc.*) **a. distanziatore**, spacer ring □ **a. per le chiavi**, key-ring □ **a. stradale**, ring road (*GB*); beltway (*USA*) □ **ad a.**, ring-shaped; circular □ **gioco degli anelli**, quoits □ (*fig.*) **prendere l'a.**, to get married.

anemìa, *f.* (*med.*) anaemia, anemia (*USA*): **a. mediterranea**, thalassaemia.

anèmico, *a.* (*med.* e *fig.*) anaemic, anemic (*USA*).

anemocòro, *a.* (*bot.*) anemochorous. • **pianta anemocora**, anemochore.

anemofilìa, *f.* (*bot.*) anemophily.

anemòfilo, *a.* (*bot.*) anemophilous.

anemografìa, *f.* (*fis.*) anemography.

anemògrafo, *m.* (*fis.*) anemograph.

anemometrìa, *f.* (*fis.*) anemometry.

anemomètrico, *a.* (*fis.*) anemometric(al).

anemòmetro, *m.* (*fis.*) anemometer; wind gauge.

anèmone, *m.* (*bot.*, *Anemone*) anemone; windflower. • (*zool.*) **a. di mare** (*Actinia*), sea anemone; actinia.

anemoscòpio, *m.* (*fis.*) anemoscope.

aneròide, *a.* (*fis.*) aneroid: **barometro a.**, aneroid barometer.

anesteșìa, *f.* (*med.*) anaesthesia, anesthesia (*USA*).

anesteșiologìa, *f.* (*med.*) anaesthetics (*pl. col verbo al sing.*, *GB*); anesthesiology (*USA*).

anesteșista, *m.* e *f.* (*med.*) anaesthetist (*GB*); anesthesiologist (*USA*).

anestètico, *a.* e *m.* (*med.*) anaesthetic, anesthetic (*USA*).

anestetizzàre, *v. t.* (*med.*) to anaesthetize, to anesthetize (*USA*).

anèto, *m.* (*bot.*, *Anethum graveolens*) dill.

aneurìna, *f.* (*biochim.*) aneurin; thamine.

aneurișma, *m.* (*med.*) aneurysm, aneurism.

aneurișmàtico, *a.* (*med.*) aneurysmal, aneurismal.

anfanàre, *v. i.* *1* (*parlare a vanvera*) to waffle; to blather *2* (*affaccendarsi*) to bustle (about).

anfetamìna, *V.* **amfetamina**.

Anfìbi, *m. pl.* (*zool.*, *Amphibia*) Amphibia.

anfìbio, **A** *a.* *1* (*zool.*) amphibious; amphibian *2* (*di automobile, aereo*) amphibious: **mezzi anfibi da sbarco**, amphibious landing force *3* (*fig.*) ambiguous; amphibious. **B** *m.* *1* (*zool.*) amphibian *2* (*veicolo, aereo*) amphibian.

anfibiòtico, *a.* (*zool.*) amphibiotic.

anfìbolo, *m.* (*miner.*) amphibole.

anfibologìa, *f.* amphibology; amphiboly.

anfibològico, *a.* amphibological.

anfìbraco, *m.* (*poesia*) amphibrach.

anfigonìa, *f.* (*biol.*) amphigony.

anfiòsso, *m.* (*zool.*, *Branchiostoma lanceolatum*) lancelet; amphioxus*.

Anfìpodi, *m. pl.* (*zool.*, *Amphipoda*) Amphipoda.

anfìpodo, *m.* (*zool.*) amphipod.

anfișbèna, *f.* (*zool.*) amphisbaena*.

anfiteàtro, *m.* (*archit.*) amphitheatre, amphitheater (*USA*). • (*med.*) **a. anatomico**, anatomy theatre.

anfitrióne, *m.* host.

ànfora, *f.* amphora*.

anfòtero, *a.* (*chim.*) amphoteric.

anfràtto, *m.* *1* gorge; tortuous ravine *2* (*fig.*) recess. • **costa ricca di anfratti**, coastline full of indentations; jagged coastline.

anfrattuosità, *f.* tortuousness; sinuosity; anfractuosity.

anfrattuóso, *a.* tortuous; winding; sinuous; anfractuous.

angarìare, *v. t.* *1* (*opprimere*) to oppress *2* (*tormentare*) to torment; to harrass; to tyrannize; to bully.

angèlica, *f.* (*bot.*, *Angelica archangelica*) angelica.

angelicàle, *a.* (*lett.*) angelic.

angelicàto, *a.* (*lett.*) angel-like; exalted as an angel.

angèlico, *a.* angelic(al): **cori angelici**, angelic choirs; **gerarchie angeliche**, angelic hierarchies; **un viso a.**, an angelic face. • **il Beato A.**, Fra Angelico □ **il Dottore A.**, the Angelic Doctor □ (*relig.*) **la Salutazione Angelica**, the Angelic Salutation.

àngelo, *m.* *1* angel: (*anche fig.*) **a. custode**, guardian angel; **a. caduto**, fallen angel *2* (*pattinaggio*) spread eagle. • **a. delle tenebre**, angel of darkness □ **un a. di bontà**, an angel □ **a. mio**, my darling □ (*eccles.*) **lunedì dell'A.**, Easter Monday □ (*zool.*) **pesce a.** (*Squatina*), angelfish □ **Suona come un a.**, he plays divinely □ (*nuoto*) **tuffo ad a.**, swallow dive.

angelologìa, *f.* (*teol.*) angelology.

angelus (*lat.*), *m.* (*eccles.*) Angelus: **suonare l'a.**, to ring the Angelus bell.

angherìa, *f.* *1* (*sopruso*) imposition; injustice *2* (*specialm. al pl.*: *vessazione*) oppression; harassment (*sing.*).

angina, *f.* (*med.*) angina: **a. pectoris**, angina pectoris.

anginóso, (*med.*) **A** *a.* anginous. **B** *m.* (*f.* **-a**) sufferer from angina pectoris.

angiocolite, *f.* (*med.*) angiocholitis*; cholangitis*.

angiografìa, *f.* (*med.*) angiography.

angiogràmma, *m.* (*med.*) angiogram.

angioino, *a.* e *m.* (*stor.*) Angevin.

àngiolo, *V.* **angelo**.
angiologìa, *f.* (*med.*) angiology.
angiòlogo, *m.* (*f.* **-a**) (*med.*) angiologist.
angiòma, *m.* (*med.*) angioma*.
angiopatìa, *f.* (*med.*) angiopathy.
angioplàstica, *f.* (*chir.*) angioplasty.
angiospàṣmo, *m.* (*med.*) angiospasm.
angiospèrma, *f.* (*bot.*) angiosperm.
Angiospèrme, *f. pl.* (*bot., Angiospermae*) Angiospermae.
angiotensìna, *f.* (*biol.*) angiotensin.
angipòrto, *m.* (*vicolo*) narrow lane; back street; (*vicolo cieco*) blind alley.
angleṣite, *f.* (*miner.*) anglesite.
anglicaneṣimo, anglicanismo, *m.* (*relig.*) Anglicanism.
anglicàno, *a.* e *m.* (*f.* **-a**) (*relig.*) Anglican.
angliciṣmo, *m.* Anglicism.
anglicizzàre, *v. t.* to Anglicize.
ànglico, *a.* Anglian.
angliṣmo, *V.* **anglicismo**.
anglista, *m.* e *f.* Anglicist; Anglist.
anglistica, *f.* Anglistics (*pl. col verbo al sing.*).
ànglo, *m.* (*stor.*) Angle.
anglo-americàno, *a.* e *m.* (*f.* **-a**) Anglo-American.
anglofilìa, *f.* Anglophilia.
anglòfilo, *m.* (*f.* **-a**) Anglophil(e).
anglofobìa, *f.* Anglophobia.
anglòfobo, *m.* (*f.* **-a**) Anglophobe.
anglòfono, **A** *m.* (*f.* **-a**) Anglophone. **B** *a.* English-speaking.
anglòmane, **A** *a.* Anglomaniacal. **B** *m.* e *f.* Anglomaniac.
anglomanìa, *f.* Anglomania.
anglo-normànno, *a.* e *m.* Norman English; Anglo-Norman.
anglosàssone, *a., m.* e *f.* Anglo-Saxon (*f.* Anglo-Saxon woman*).
angolàno, *a.* e *m.* (*f.* **-a**) Angolan (*f.* Angolan woman*).
angolàre (1), **A** *a.* ***1*** corner (*attr.*); angular: (*archit.*) **pietra a.**, cornerstone; quoin; **mobile a.**, corner unit ***2*** (*fis., mat.*) angular: **velocità a.**, angular velocity. **B** *m.* (*edil.*) angle bar; angle iron.
angolàre (2), *v. t.* (*anche cinem., sport*) to angle.
angolarità, *f.* angularity.
angolàto, *a.* ***1*** (*tennis*) angled ***2*** (*calcio*) cross (*attr.*): **tiro a.**, cross-shot.
angolatùra, *V.* **angolazione,** *def. 4.*
angolazióne, *f.* ***1*** angulation ***2*** (*cinem., fotogr.*) camera angle; angle shot ***3*** (*sport*) angling ***4*** (*fig.*: *prospettiva*) angle; (*taglio*) slant.
angolièra, *f.* corner cupboard; corner unit.
àngolo, *m.* ***1*** (*geom.*) angle: **a. retto [acuto, ottuso]**, right [acute, obtuse] angle; **a. giro**, round angle; perigon; **a. piano [piatto]**, plane [straight] angle; **a. esterno [interno]**, exterior [interior] angle; **a. al centro [al vertice]**, central [summit] angle; **a. supplementare**, supplement; **a. diedro**, dihiedral angle; **essere ad a. retto con q.c.**, to be at a right angle to st. ***2*** (*cantone, spigolo*; *anche fig.*) corner: **a. di strada**, street corner; **girare l'a.**, to go round the corner; **Aspettami all'a.**, wait for me at the corner; **il negozio all'a.**, the shop on (*o* at) the corner; **È qui all'a.**, it's just round the corner; **una casa d'a.** (**o che fa a.**), a corner house; **tavolo d'a.**, corner table; **fare a.**, (*di strada*) to meet; to intersect; to turn off (into); **Abbiamo cercato in tutti gli angoli**, we have looked in every corner ***3*** (*fig.*: *luogo*) place, spot; (*parte, zona*) area, part: **un a. appartato**, a secluded spot; **a. riparato**, sheltered corner; **a. cottura**, cooking area; kitchenette; **in quell'a. della città**, in that part of the town. ● (*fis.*) **a. di deviazione [d'incidenza]**, angle of deviation [of incidence] □ (*aeron.*) **a. d'atterraggio**, landing angle □ (*aeron.*) **a. di salita**, angle of climb □ (*aeron.*) **a. di freccia**, sweep □ (*mil.*) **a. di mira [di tiro]**, angle of sighting [of fire] □ (*mil.*) **a. di direzione**, bearing □ (*mil.*) **a. morto**, dead ground □ **a. visivo**, visual angle □ (*calcio*) **calcio d'a.**, corner kick □ **Via Verdi fa a. con via Cavour**, Via Verdi meets (*o* intersects, turns off into) Via Cavour □ (*boxe*) **mettere all'a.**, to corner □ (*archit.*) **pietra d'a.**, cornerstone; quoin □ **i quattro angoli della terra**, the four corners of the earth.
angolòide, *m.* (*mat.*) solid angle.
angolosità, *f.* (*anche fig.*) angularity.
angolóso, *a.* ***1*** angular; sharp-edged ***2*** (*fig.*) angular.
àngora, *f.* – **gatto [coniglio] d'a.**, Angora cat [rabbit]; **lana d'a.**, Angora (wool).
angòscia, *f.* ***1*** distress; anxiety; misery; anguish ***2*** (*psic.*) anxiety.
angosciàre, **A** *v. t.* to distress; to cause anxiety; to worry; to nag. **B** **angosciàrsi,** *v. i. pron.* to be distressed (*o* upset) (about st.); to worry (about st.); to torment oneself (over st.).
angosciàto, *a.* distressed; upset; desperate; anguished.
angoscióso, *a.* ***1*** (*che dà angoscia*) distressing; painful ***2*** (*che è segno d'angoscia*) anguished; full of anguish: **attesa angosciosa**, anguished wait.
angostùra, *f.* (*bot., farm.*) angustura, angostura.
anguicrinìto, *a.* (*lett.*) snake-haired.
anguìlla, *f.* ***1*** (*zool., Anguilla*; *anche fig.*) eel* ***2*** (*naut.*) carling ***3*** (*fig.*) eel; slippery person. ● (*zool.*) **a. di mare** (*Conger conger*), conger (eel) □ (*zool.*) **a. elettrica** (*Electrophorus electricus*), electric eel □ (*zool.*) **a. giovane**, elver □ **sfuggente come un'a.**, as slippery as an eel.
anguillàia, *f.* eel pond.
anguillésco, *a.* (*fig.*) eely; eel-like; as slippery as an eel.
anguìllula, *f.* (*zool., Anguillula*) eelworm.
angùria, *f.* (*bot., Citrullus vulgaris*) watermelon.
angùstia, *f.* ***1*** (*ansia*) worry; apprehension: **Sto in a. per te**, I'm worried for you; **Non mi tenere in a.**, don't keep me worried (*o* in apprehension) ***2*** (*lett.*: *insufficienza*) lack: **a. di denaro**, lack of money; financial straits (*pl.*) ***3*** (*lett.*: *strettezza*) narrowness.
angustiàre, **A** *v. t.* to afflict; to distress; to torment. **B** **angustiàrsi,** *v. i. pron.* to become* distressed (over st., about st.); to worry (over st., about st.).
angùsto, *a.* ***1*** narrow: **sentiero a.**, narrow path ***2*** (*fig.*) narrow; limited; restricted; parochial: **mente angusta**, narrow mind; **vedute anguste**, parochial views.
ànice, *m.* ***1*** (*bot., Pimpinella anisum*) anise*: **semi di a.**, aniseed ***2*** (*liquore*) anisette.
anicìno, *m.* (*cucina*) aniseed biscuit.
anicònico, *a.* aniconic.
anidride, *f.* (*chim.*) anhydride. ● **a. carbonica**, carbon dioxide.
anidrìte, *f.* (*miner.*) anhydrite.
ànidro, *a.* (*chim.*) anhydrous.
anìle, *m.* (*bot., Indigofera anil*) anil; indigo plant.
anilìna, *f.* (*chim.*) aniline.
ànima, *f.* ***1*** soul; (*spirito*) ghost, spirit: **l'immortalità dell'a.**, the immortality of the soul; **a. e corpo**, body and soul; **pregare per l'a. di q.**, to pray for sb.'s soul; **raccomandare l'a. a Dio**, to commend one's soul to God; **le anime beate [dannate]**, the blessed [the damned] (souls); **le anime dei defunti**, the departed souls; **evocare l'a. di un defunto**, to call up a spirit from the dead; **cura d'anime**, cure of souls ***2*** (*fig.*) soul; lifeblood; life and soul: **La pubblicità è l'a. del commercio**, advertising is the lifeblood of business; **essere l'a. della festa**, to be the life and soul of the party ***3*** (*persona*) soul; (*abitante*) inhabitant: **un'a. buona**, a kindly soul; **un'a. nera**, a villain; **Non si vedeva a. viva**, there wasn't a living soul to be seen; **Non dirlo ad a. viva!**, don't tell a soul!; **un paese di trecento anime**, a village of three hundred souls ***4*** (*parte centrale di q.c.*) core, centre, heart; (*nocciolo*) kernel; (*seme*) seed; (*di bottone*) button-mould; (*di cannone*) tube; (*di fucile o pistola*) bore; (*di matita*) lead; (*di ombrello*) shank; (*di rotaia*) web; (*di timone*) rudderstock; (*di violino e sim.*) soundpost: **corrotto fino all'a.**, rotten to the core; **l'a. di un'elettrocalamita**, the core of an electromagnet; **l'a. di una fune**, the core (*o* heart) of a rope; **l'a. del legno**, the heart of wood; **fucile ad a. liscia [ad a. rigata]**, smooth-bore [rifled] gun. ● (*iron.*) **a. bella**, person with fine feelings □ **a. candida**, simple soul; pure-minded person □ **l'a. dannata di q.**, sb.'s evil angel (*o* genius) □ **a. gemella**, kindred soul; soulmate □ **a. in pena**, soul in torment; (*fig.*) **essere un'a. in pena**, to be like a cat on hot bricks (*USA*: on a hot tin roof) □ (*scherz.*) **a. lunga**, beanpole; long drink of water (*fam.*) □ (*metall.*) **a. metallica**, mandrel □ **A. mia!**, my love!; my darling!; dear heart! □ **All'a.!**, goodness!; golly; my eye! □ **arrivare dritto all'a.**, to touch (sb.'s) deepest heart □ **avere q.c. sull'a.**, to have st. on one's conscience (*o* mind); to be burdened with st. □ **la buon'a. dello zio**, my uncle, God rest his soul; my dear departed uncle □ **desiderare q.c. con tutta l'a.**, to desire st. with all one's heart □ **Ti ringrazio con tutta l'a.**, I thank you with all my heart □ **dal profondo dell'a.**, from the bottom of one's heart □ (*fam.*) **dannarsi l'a. per q.c.**, to slave away to obtain st. □ **dare a. a q.c.**, to give life to st. □ **darsi a. e corpo a q.c.**, to give oneself body and soul to st. □ (*fig.*) **giocarsi l'a.**, to stake everything; to bet one's last penny: **Mi ci giocherei l'a.**, I'd bet my last penny on it □ **metterci l'a.**, to put all one's heart into it; to give one's all to st. □ **Mettici più a.!**, put more spirit into it! □ **mettersi a. e corpo a q.c. [a fare q.c.]**, to throw oneself body and soul into st. □ **pronto a dare l'a. per q.c.**, ready to do one's utmost for st. □ **reggere l'a. con i denti**, to be on one's last leg □ **rendere l'a.**, to give up the ghost □ **rodersi l'a.**, to eat one's heart out □ (*fam.*) **rompere l'a. a q.**, to pester sb.; to be a (damned) nuisance to sb.; to be a pain in the neck (*fam.*) □ **sentirsi l'a. in pace**, to have a clear conscience □ **senz'a.**, soulless □ **suonare con a.**, to play with feeling □ (*fam.*) **stare sull'a. a q.**, to get on sb.'s nerves: **Mi sta sull'a.**, he gets on my nerves; I cannot stand him □ (*fig.*) **toccare l'a.**, to touch (sb.'s) heart; to move deeply □ **vendere l'a. al diavolo**, to sell one's soul to the devil □ **volere un bene dell'a. a q.**, to love sb. dearly.
animàle, **A** *a.* animal: **calore a.**, animal heat; **elettricità a.**, animal electricity; **il regno a.**, the animal kingdom; **gli istinti animali dell'uomo**, man's animal instincts; the beast in man. **B** *m.* ***1*** animal; beast; brute: **a. domestico**, domestic (*o* tame) animal; **a. selvatico**, wild beast; **a. da preda**, beast of prey; **a. da compagnia**, pet; **a. da soma**, beast of burden; **a. da ingrasso**, fattener; **a. da riproduzione**, breeder ***2*** (*fig.*) animal; brute; beast: **Suo marito è un vero a.**, her husband is a real animal (*o* brute); **Mangia come un a.**, he eats like a pig. ● (*fig.*) **a. politico**, political animal □ **i diritti degli animali**, animal rights □ **Società protettrice degli animali**, Society for the Prevention of Cruelty to Animals.
animalescaménte, *avv.* in a bestial way; bestially.
animalésco, *a.* ***1*** animal (*attr.*) ***2*** (*fig. spreg.*) bestial; (*volgare*) coarse, gross.
animaliṣmo, *m.* animal-rights movement.
animalista, *m.* e *f.* animal-rights supporter.
animalìstico, *a.* (*arte*) animalistic.

animalità, *f.* animality.

animàre, **A** *v. t.* **1** (*dare vita*) to animate; to quicken; to give* life to **2** (*avvivare*) to animate; to enliven: **Una folla pittoresca animava la piazza**, a picturesque crowd animated the square; **Un sorriso le animava il viso**, a smile animated (*o* enlivened) her face; **a. la conversazione**, to enliven the conversation **3** (*spingere, ispirare*) to animate; to inspire; to move; to incite; to urge: **È animato da buone intenzioni**, he is animated (*o* moved) by good intentions; **È animato dal desiderio di vincere**, he is moved by the desire to win **4** (*infondere coraggio, gioia, speranza, ecc.*) to encourage; to embolden; to inspire; to hearten; to give* heart to; to gladden; to elate: **Le sue parole animarono i soldati**, his words inspired the troops; **La notizia ci animò tutti**, the news elated (*o* gladdened) all of us **5** (*promuovere, favorire*) to foster; to give* life to; to activate; to invigorate: **a. l'industria**, to foster (*o* to give life to) industry. **B animàrsi**, *v. i. pron.* **1** (*avvivarsi, accalorarsi*) to become* animated (*o* lively, spirited); to become* alive: **La discussione s'animò**, the discussion became animated (*o* lively); **D'un tratto la scena si animò**, suddenly the scene became alive **2** (*farsi animo, coraggio*) to take* heart; to take* courage; to cheer up.

animataménte, *avv.* animatedly; in a lively way; vivaciously; heatedly.

animàto, **A** *a.* **1** (*vivente*) animate; living: **essere a.**, animate (*o* living) being **2** (*vivace*) animated; lively; spirited: **discussione animata**, animated discussion; **festa animata**, lively party; **strada animata**, busy street. ● **bastone a.**, swordstick ▫ **cartoni** (*o* **disegni**) **animati**, cartoons. **B** *m.* (*mus.*) animato.

animatóre, **A** *m.* (*f.* **-trice**) **1** (*ispiratore*) leading force; mover **2** (*organizzatore*) organizer, promoter; (*intrattenitore*) entertainer **3** (*cinem.*) animator. **B** *a.* **1** (*che dà vita*) life-giving; quickening **2** (*che ispira*) inspiring, moving; (*che avviva*) animating, enlivening.

animazióne, *f.* **1** (*attività, movimento*) animation; life; activity; bustle; movement: **C'è a. nelle strade oggi**, there is movement in the streets today; the streets are busy today **2** (*vivacità*) animation, liveliness; (*calore*) heat, enthusiasm: **discutere con a.**, to discuss animatedly (*o* heatedly) **3** (*cinem.*) animation.

animèlla, *f.* (*cucina*) sweetbread.

animișmo, *m.* (*filos.*) animism.

animista, *m.* e *f.* (*filos.*) animist.

animistico, *a.* (*filos.*) animistic.

ànimo, *m.* **1** (*mente*) mind: **Ho l'a. tranquillo**, my mind is at peace; **avere in a. di fare q.c.**, to intend (*o* to have a mind) to do st.; **mettersi l'a. in pace**, to set one's mind at rest; to resign oneself **2** (*coraggio*) courage; spirit; heart: **farsi a.**, to take heart; to muster up one's courage; **perdersi d'a.**, to lose heart; **mancare d'a.**, to lack courage; **Non ebbi l'a.** (*o* **mi mancò l'a.**) **di vederlo**, I didn't have the courage (*o* the heart) to see him **3** (*cuore*) heart; (*indole*) nature, character: **Gli aprii l'a.**, I opened my heart to him; **toccare l'a. di q.**, to touch sb.'s heart; **avere l'a. buono**, to have a good heart; **un uomo d'a. gentile**, a kind-hearted (*o* a good-natured) man; **d'a. cattivo**, wicked **4** (*intenzione*) mind; thoughts (*pl.*): **nascondere** [**manifestare**] **il proprio a**, to hide [to reveal] one's thoughts (*o* intentions). ● **alienarsi l'a. di q.**, to alienate sb. ▫ **essere di buon a.**, to be in a cheerful mood ▫ **fare q.c. di buon a.**, to do st. cheerfully (*o* willingly) ▫ **fare q.c. di mal a.**, to do st. unwillingly (*o* reluctantly, with a bad grace) ▫ **forza d'a.**, willpower ▫ **grandezza d'a.**, generosity; nobility of mind ▫ **guadagnarsi l'a. di q.**, to win over sb. ▫ **leggere nell'a. a q.**, to read sb.'s heart (*o* thoughts) ▫ **C'è del mal a. fra di loro**, there is bad blood between them ▫ **nel profondo dell'a.**, deep in one's heart; in one's heart of hearts ▫ **nobiltà d'a.**, nobility of mind ▫ **stato d'a.**, state of mind; mood; (*sentire*) feelings (*pl.*): **Non sono nello stato d'a. adatto** (**per fare questo**), I'm not in the (right) mood for that; **Capisco il tuo stato d'a.**, I understand your feelings ▫ **Sta' di buon a.!**, be cheerful!; cheer up! ▫ **A.!**, come on!; (*fatti coraggio*) cheer up!, chin up! (*fam.*) ▫ **Me lo diceva l'a.!**, I knew it!; I felt it in my heart!

animosità, *f.* **1** animosity; ill will; resentment; hostility **2** (*lett.*: *ardimento*) courage; bravery.

animóso, *a.* **1** brave; bold; courageous; fiery: **un giovane a.**, a brave young man; **un'impresa animosa**, a bold enterprise; **un cavallo a.**, a fiery horse **2** (*ostile*) hostile.

anióne, *m.* (*fis.*) anion.

anișétta, *f.* anisette.

anisocitòși, *f.* (*biol.*) anisocytosis*.

anișocorìa, *f.* (*med.*) anisocoria.

anișofillìa, *f.* (*bot.*) anisophylly.

anișogamìa, *f.* (*biol.*) anisogamy.

anișomorfișmo, *m.* (*ling.*) anisomorphism.

anișotropìa, *f.* (*fis.*) anisotropy.

anișòtropo, *a.* (*fis.*) anisotropic.

ànitra, *V.* **anatra**.

Ànna, *f.* Anna, Anne, Ann.

annacquaménto, *m.* **1** watering down; dilution **2** (*econ.*) watering.

annacquàre, *v. t.* **1** to water down; to dilute **2** (*fig.*) to water down; (*attenuare*) to tone down, to play down **3** (*econ.*) to water.

annacquàta, *f.* **1** slight dilution **2** (*pioggia breve*) light shower.

annacquàto, *a.* **1** watered; diluted; watery; thin **2** (*fig.*) watered down, weak; (*pallido*) pale, washed out.

annaffiaménto, *m.* watering; sprinkling.

annaffiàre, *v. t.* **1** to water; to sprinkle **2** (*fig.*: *con bevanda*) to wash down.

annaffiàta, *f.* **1** watering; sprinkling **2** (*pioggia breve*) light shower.

annaffiatóio, *m.* watering can.

annaffiatóre, **A** *a.* watering; sprinkling. **B** *m.* (*macchina*) sprinkler.

annaffiatrice, *f.* street sprinkler.

annaffiatùra, *f.* watering; sprinkling.

annàli, *m. pl.* annals.

annalista, *m.* annalist.

annalìstica, *f.* annal-writing.

annalìstico, *a.* annalistic.

annaspàre, **A** *v. t.* (*ind. tess.*) to reel; to wind* (thread) on a reel; to spool. **B** *v. i.* **1** (*agitarsi*) to gesticulate wildly; to flounder; to grope: **a. per stare a galla**, to flounder, trying to keep afloat; **Annaspai alla ricerca dell'interruttore**, I groped about for the switch **2** (*fig.*) to flounder; to fumble; to grope: **La domanda era difficile e il candidato annaspò**, the question was tough, and the candidate floundered; **a. in cerca di una risposta**, to grope for an answer.

annàta, *f.* **1** (*anno*) year: **un'a. buona**, a good year; **un'a. piovosa**, a rainy year; **un'a magra**, a lean year **2** (*di raccolto*) crop, harvest; (*di vino*) year, vintage: **un'a. scarsa**, a poor crop; **vino d'a.**, vintage wine **3** (*di periodico*) volume **4** (*di pagamento*) year's payment: **un'a. d'affitto**, a year's rent.

annebbiaménto, *m.* **1** fogging over; misting over **2** (*offuscamento*) blurring; dimness **3** (*fig.*: *della mente*) clouding.

annebbiàre, **A** *v. t.* **1** to cloud; to fog: **L'umidità annebbia il cielo**, the dampness in the air is clouding the sky **2** (*della vista*) to blur; to dim: **occhi annebbiati di lacrime**, eyes dimmed (*o* misted) with tears **3** (*fig.*) to cloud; to dull. **B** *v. i.* to cloud over; to get* misty; to get* foggy. **C annebbiàrsi**, *v. i. pron.* **1** to cloud (over); to grow* foggy: **Il cielo s'annebbia**, the sky is clouding over **2** (*della vista*) to blur; to dim: **Mi s'annebbia la vista**, my eyes are dimming **3** (*fig.*: *della mente*) to cloud.

annegaménto, *m.* drowning: **morire per a.**, to drown; to die by drowning.

annegàre, **A** *v. t.* (*anche fig.*) to drown: **a. un gatto**, to drown a cat; **a. i dispiaceri nel vino**, to drown one's cares in wine. **B** *v. i.* to drown; to be drowned: **l'uomo che stava per a.**, the drowning man; **Annegò nel lago** [**in mare**], he was drowned in the lake [at sea]. ● (*fig.*) **a. in un bicchier d'acqua**, to be fazed (*o* thrown) by the simplest of problems ▫ (*fig.*) **a. nell'oro**, to be rolling in wealth. **C annegàrsi**, *v. rifl.* to drown oneself.

annegàto, **A** *a.* drowned. **B** *m.* (*f.* **-a**) drowned man* (*f.* woman*).

anneràre, *V.* **annerire**.

anneriménto, *m.* blackening; darkening.

annerire, **A** *v. t.* to blacken; to darken; (*con tintura*) to black; (*ossidare*) to tarnish; (*abbronzare*) to tan. **B** *v. i.* e **C annerirsi**, *v. i. pron.* to become* black; to blacken; to darken; (*ossidarsi*) to tarnish; (*annuvolarsi*) to grow* black.

annessióne, *f.* annexation.

annessionișmo, *m.* annexationism.

annessionista, *m.* e *f.* annexationist.

annessionìstico, *a.* annexationist.

annessite, *f.* (*med.*) adnexitis.

annèsso, **A** *a.* attached; enclosed; annexed; (*appartenente*) part of, going with, belonging to (*pred.*). **B** *m.* **1** part; (*edificio*) annexe, annex (*USA*) **2** (*pl.*) (*anat.*) adnexa. ● **annessi e connessi**, appendages; appurtenances: **con tutti gli annessi e connessi**, with all appendages; and what goes with it [them].

annèttere, *v. t.* **1** (*allegare*) to attach; to enclose **2** (*aggiungere*) to add **3** (*polit.*) to annex **4** (*attribuire*) to attribute; to attach: **a. importanza a q.c.**, to attach importance to st.

Annibale, *m.* Hannibal.

annichilàre, *V.* **annichilire**.

annichilazióne, *f.* (*anche fis.*) annihilation.

annichiliménto, *m.* annihilation.

annichilire, *v. t.* **1** to annihilate **2** (*fig.*) to crush; to destroy; to wither.

annichilito, *a.* **1** annihilated **2** (*fig.*) crushed, destroyed; (*sbalordito*) flabbergasted, dumbfounded.

annidaménto, *m.* nestling.

annidàre, **A** *v. t.* **1** to nest **2** (*fig.*) to harbour; to nurse. **B annidàrsi**, *v. rifl.* o *i. pron.* **1** (*di uccelli*) to nest **2** (*nascondersi*) to hide* **3** (*fig.*) to lurk: **L'odio s'annidava nel suo animo**, hatred lurked in his breast.

annientaménto, *m.* destruction; annihilation; wipe-out (*fam.*).

annientàre, **A** *v. t.* to destroy; to annihilate; to wipe out; to crush: **a. l'autorità di q.**, to destroy sb.'s authority; **a. il nemico**, to wipe out the enemy; **a. l'opposizione**, to crush the opposition. **B annientàrsi**, *v. rifl.* (*umiliarsi*) to humble (*o* to abase) oneself.

anniversàrio, *a.* e *m.* anniversary.

ànno, *m.* **1** year: **l'a. scorso**, last year; the past year; **l'a. prossimo**, next year; the coming year; **l'a. corrente** (*o* **in corso**), the present year; this year; **tutti gli anni**, every year; **anni orsono**, years ago; **gli anni Venti** [**Trenta**], the twenties [the thirties]; **un a. dopo l'altro** (*o* **a. per a.**), year after year; year in, year out; **col passare degli anni**, as years go [went] by; **di a. in a.** (*o* **da un a. all'altro**), from year to year; **Migliora di a. in a.**, it is getting better every year; **Il grafico mostra la crescita a. per a.**, the chart shows the yearly (*o* annual, year-on-year) growth; **durante tutto l'a.**, all (the) year round; **entro l'a.**, within the year; **in capo all'a.**, before the year is out; by the end of the year; **Sono anni che non lo vedo** (*o* **Non lo vedo da anni**), I haven't seen him for years (*fam.*: for ages, for donkey's years, for yonks); it's ages since I saw him last **2**

(*rif. all'età*) year; (*al pl.*, *anche*) age (*sing.*): **avere dieci anni**, to be ten (years old); **«Quanti anni hai?» «Venti»**, «how old are you?» «twenty»; **Non ha ancora vent'anni**, he is under twenty; he is still in his teens; **compiere gli anni**, to have one's birthday; **Quando compi gli anni?**, when's your birthday?; **Quanti anni le dai?**, how old do you think she is?; **avere poco più di quarant'anni**, to be in one's early forties; **avere quarant'anni suonati**, to be well into one's forties; **essere avanti negli anni**, to be well (*o* getting) on in years; **portare bene gli anni**, to look young for one's years; not to look one's age; **levarsi gli anni**, to lie about one's age; **nel fiore degli anni**, in the prime of life. ● **a. accademico**, academic year □ **a. bisestile**, leap year □ **gli anni cadenti**, old age □ **a. civile**, civil year □ **l'a. di grazia 1516**, the year of our Lord 1516 □ **a. finanziario** (*o* **di gestione**), financial year □ **a. fiscale**, fiscal year □ **a. giuridico**, legal year □ **l'a. internazionale del bambino**, the international children's year □ (*astron.*) **a. luce**, light year □ (*eccles.*) **A. Santo**, Holy Year □ (*astron.*) **a. sidereo**, sidereal year □ **a. solare**, calendar year □ **gli anni verdi**, youth □ **augurare a q. il buon a.**, to wish sb. a happy new year □ **carico d'anni**, advanced in years; full of years □ **condannare q. a dieci anni**, to sentence sb. to ten years' imprisonment; to give sb. a ten years' sentence □ **dodici mesi all'a.**, all (the) year round □ **fare il secondo a. di università**, to be in one's second year at university □ (*ippica*) **un tre anni**, a three-year-old □ **Mi par mill'anni di rivederla**, I am dying to see her again □ **il primo** (**giorno**) **dell'a.** (*o* **Capo d'a.**), New Year's Day □ **Sarà un a. in aprile**, it'll be a year next April □ (*prov.*) **A. nuovo, vita nuova**, the new year calls for a fresh start.

annodaménto, *V.* **annodatura**.

annodàre, **A** *v. t.* (*fare un nodo*) to knot, to tie a knot; (*legare*) to tie: **a. una corda**, to knot a rope; **annodarsi la cravatta**, to knot one's tie; **a. i lacci delle scarpe**, to tie one's shoelaces. ● **a. un'amicizia**, to make friends (with sb.) □ **a. buoni rapporti**, to establish good relations (with). **B annodàrsi**, *v. i. pron.* to become* knotted.

annodatùra, *f. m.* **1** (*l'azione*) knotting **2** (*nodo*) knot.

annoiàre, **A** *v. t.* to bore; to weary: **a. a morte**, to bore to death (*o* to tears); to bore stiff. **B annoiàrsi**, *v. i. pron.* to be bored; to get* bored; to be fed up (*fam.*).

annoiàto, *a.* bored; weary; fed up (*fam.*).

annòna, *f.* food administration (*o* board).

annonàrio, *a.* concerning provisions; food (*attr.*); food-rationing: **leggi annonarie**, food-rationing laws; **tessera annonaria**, ration card.

annóso, *a.* **1** old; aged; ancient **2** (*che dura da anni*) (age-)old.

annotàre, *v. t.* **1** (*prender nota*) to write* down; to get* down; to make* a note of; to note down: **Annotatelo!**, write it down!; make a note of it!; **a. in fretta**, to jot down **2** (*commentare con note*) to annotate **3** (*registrare*) to enter; to record; to book.

annotatóre, *m.* (*f.* **-trice**) annotator; commentator.

annotazióne, *f.* **1** annotation; note **2** (*registrazione*) record; registration; entry.

annottàre, *v. i. impers.* to grow* (*o* to get*) dark: **Stava annottando**, it was getting dark; night was falling.

annoveràre, *v. t.* **1** (*elencare*) to enumerate **2** (*includere*) to count; to number; to place: **a. q. tra i propri amici**, to number sb. among one's friends; **Lo annovero tra i migliori scrittori**, I place him with (*o* consider him one of) the best writers.

annuàle, **A** *a.* **1** (*d'ogni anno*) annual; yearly **2** (*che dura un anno*) annual; year's; one-year: **abbonamento a.**, a year's subscription; **corso a.**, one-year course. **B** *m.* anniversary.

annualità, *f.* annuity (*anche leg.*); (*rata annuale*) yearly instalment: **a. differita**, deferred annuity.

annualménte, *avv.* **1** (*ogni anno*) annually; yearly **2** (*di anno in anno*) from year to year.

annuàrio, *m.* yearbook.

annuìre, *v. i.* **1** (*far segno di sì*) to nod (in assent) **2** (*acconsentire*) to agree (to st.); to consent (to st.).

annullàbile, *a.* annullable; (*leg.*) voidable, avoidable.

annullaménto, *m.* **1** cancellation: **a. di un ordine**, cancellation of an order; **a. di un volo**, cancellation of a flight; **a. fiscale**, fiscal cancellation; **a. postale**, cancellation **2** (*leg.*) annulment; avoidance: **a. di un matrimonio**, annulment of a marriage.

annullàre, **A** *v. t.* **1** (*disdire*) to cancel (*anche comm.*): **a. un'ordinazione**, to cancel an order; **a. un volo**, to cancel a flight **2** (*revocare*) to overrule; to revoke; to countermand; to withdraw*: **a. una decisione**, to overrule a decision; **a. un decreto**, to revoke a decree; **a. una nomina**, to rescind an appointment; **a. un ordine** (*un comando*), to countermand (*o* to withdraw) an order **3** (*leg.*) to annul; to avoid; to quash: **a. un contratto**, to annul a contract; **a. un matrimonio**, to annul a marriage; **a. un verdetto** [**una decisione**], to quash a verdict [a decision] **4** (*invalidare*) to declare void; to invalidate: **a. un'elezione**, to declare void an election **5** (*con un timbro*) to cancel: **a. un francobollo**, to cancel a stamp **6** (*disfare*) to undo*; (*vanificare*) to nullify; (*distruggere*) to wipe out, to ruin: **a. un lavoro di anni**, to undo the work of years; **a. un effetto**, to nullify an effect; **Ha annullato tutti i miei sforzi**, he has ruined all my efforts. **B annullàrsi**, *v. rifl.* (*annichilirsi*) to humble (*o* to abase) oneself. **C annullàrsi**, *v. rifl. recipr.* (*mat.*, *rag.*) to cancel out.

annùllo, *m.* (*postale*) cancellation.

annunciàre, *v. t.* **1** to announce; to tell*; to proclaim: **a. una nascita** [**un fidanzamento, un arrivo**] **di q.**, to announce a birth [an engagement, an arrival]; **Mi annunciò che stava per sposarsi**, he told me he was getting married; **a. pubblicamente**, to announce publicly; to make known; **a. un visitatore**, to announce a visitor; **farsi a.**, to give one's name; **Chi devo a.?**, what name shall I say?; **La annuncio al Direttore**, I'll tell the manager you are here **2** (*preannunciare*) to herald; to forecast*: **Le rondini annunciano la primavera**, swallows herald the spring; **Il barometro annuncia tempesta**, the barometer forecasts a storm; **Si annuncia un temporale**, a storm is brewing up; **Si annuncia bel tempo**, the weather is improving.

annunciatóre, *m.* (*f.* **-trice**) announcer; (*radio, TV*) newsreader, newscaster (*USA*).

Annunciazióne, *f.* (*relig.*) **1** Annunciation **2** (*festa*) Annunciation Day; Lady Day.

annùncio, *m.* **1** announcement; notice; (*notizia*) news: **dare un a.**, to make an announcement; **dare l'a. di q.c.**, to announce st.; to give notice of st.; **a. di matrimonio** [**di nascita**], wedding [birth] announcement; **a. di morte**, obituary; (*aeron.*) **a. di volo**, flight announcement; **un lieto a.**, happy news; **stampare un a.**, to print an announcement **2** (*comm.*) advertisement; advert; ad (*fam.*): **annunci economici**, classified advertisements (*o* ads); **a. pubblicitario**, advertisement; commercial (*fam.*); **a. permanente**, standing advertisement **3** (*fig.*: *presagio*) sign; harbinger; presage.

annunziàre, *V.* **annunciare**.

Annunziàta, *f.* (*relig.*) **1** Our Lady of the Annunciation **2** (*festa*) Annunciation Day; Lady Day.

ànnuo, *a.* annual; yearly: **pianta annua**, annual plant; **stipendio a.**, annual salary; **abbonamento a.**, yearly subscription; **rendita annua**, annuity.

annusàre, *v. t.* **1** to smell*; to sniff: **a. un fiore**, to smell a flower; **Il cane mi annusò le scarpe**, the dog sniffed my shoes; **a. tabacco**, to take snuff **2** (*fig.*: *sospettare*) to smell*; to scent: **a. un imbroglio**, to smell a rat (*fam.*); **a. un pericolo**, to scent danger.

annusàta, *f.* sniff: **dare un'a.**, to have a sniff.

annuvolaménto, *m.* (*anche fig.*) clouding over.

annuvolàre, **A** *v. t.* (*anche fig.*) to cloud: **a. la mente**, to cloud the mind; **Il vento annuvola il cielo**, the wind is clouding the sky. **B annuvolàrsi**, *v. i. pron.* to get* cloudy; to become* overcast; to cloud over. ● (*fig.*) **Si annuvolò in viso**, his face darkened.

annuvolàto, *a.* **1** cloudy; overcast **2** (*fig.*) clouded; dark; gloomy.

àno, *m.* **1** (*anat.*) anus* **2** (*di pesci, uccelli*) vent.

anòbio, *m.* (*zool.*, *Anobium*) anobiid.

anòdico, *a.* (*elettr.*) anodic; anode (*attr.*).

anòdino, *a.* **1** (*farm.*) anodyne **2** (*fig.*) dull; flat; nondescript; insignificant; anodyne.

anodizzàre, *v. t.* (*metall.*) to anodize, to anodise.

ànodo, *m.* (*elettr.*) anode.

anòfele, *m.* (*zool.*, *Anopheles*) anopheles.

anomalìa, *f.* anomaly.

anòmalo, *a.* anomalous; abnormal; irregular: (*fis.*) **dispersione anomala**, anomalous dispersion; (*gramm.*) **verbo a.**, anomalous verb.

anomìa, *f.* (*sociol.*) anomie, anomy.

anòmico, *a.* (*sociol.*) anomic.

anòna, *f.* (*bot.*, *Anona reticulata*) custard-apple.

anonimàto, *m.* anonymity; anonymousness: **mantenere l'a.**, to remain anonymous.

anonimìa, *f.* anonymity.

anònimo, **A** *a.* **1** anonymous: **lettera anonima**, anonymous letter **2** (*fig.*) anonymous; featureless; commonplace; nondescript: **viso a.**, anonymous face. ● (*comm.*) **società anonima**, joint-stock company. **B** *m.* **1** (*persona*) anonymous person; (*autore*) anonymous author **2** (*scritto*) anonym. ● **mantenere l'a.**, to remain anonymous.

anorchidìa, *f.* (*med.*) anorchism.

anoressànte, *a. e m.* (*med.*) anorexiant.

anoressìa, *f.* (*med.*) anorexia.

anorèssico, *a. e m.* (*f.* **-a**) (*med.*) anorexic.

anorgasmìa, *f.* (*med.*) anorgasmia.

anorgàsmico, *a.* (*med.*) anorgasmic.

anormàle, **A** *a.* abnormal (*anche psic.*); anomalous; (*strano*) odd. **B** *m. e f.* abnormal person.

anormalità, *f.* abnormality; (*stranezza*) oddness.

anosmìa, *f.* (*med.*) anosmia.

anossìa, *f.* (*med.*) anoxia.

anossiemìa, *f.* (*med.*) anoxaemia.

ànsa, *f.* **1** (*manico*) handle **2** (*di fiume*) bend; loop; meander **3** (*insenatura*) bight; cove **4** (*anat.*) ansa*; loop.

ansànte, *a.* panting; gasping; breathless.

ansàre, *v. i.* to pant; to gasp.

ansàto, *a.* ansate.

anseàtico, *a.* (*stor.*) Hanseatic: **la Lega Anseatica**, the Hanseatic League.

Ansèlmo, *m.* Anselm.

anserìno, *a.* anserine; goose-like.

ànsia, *f.* **1** anxiety (*anche psic.*); apprehension; worry: **essere in a. per q.c.**, to be anxious about st.; **mettersi in a.**, to start worrying; **tenere in a.**, to keep in suspense; **con a.**, anxiously **2** (*forte desiderio*) eagerness: **a. di sapere**, eagerness to know; **Ti aspetto con a.**, I'm longing to see you.

ansietà, *f.* *V.* **ansia**, *def. 1.*

ansimàre, *v. i.* to pant; to gasp.

ansiògeno, *a.* anxiety-inducing.

ansiolìtico, (*farm.*) **A** *m.* tranquillizer;

ataractic. **B** *a.* tranquillizing.

ansióso, A *a.* **1** anxious (*anche psic.*); apprehensive; worried: **sguardo a.**, anxious look; **stato a.**, state of anxiety **2** (*desideroso*) eager; keen: **Sono a. di conoscerlo**, I'm keen to meet him. **B** *m.* (*f.* **-a**) anxious person.

ànsito, *m.* panting; laboured breathing.

ànta (1), *f.* shutter; (*di armadio*) door; (*di polittico*) panel.

ànta (2), *m. pl.* (*fam.*) forties: **entrare negli a.**, to turn forty; **aver passato gli a.**, to be on the wrong side of forty; to be in one's forties.

antagonişmo, *m.* antagonism (*anche anat., biol.*); rivalry.

antagonista, A *m.* e *f.* antagonist (*anche anat., biol.*); opponent; rival. **B** *a.* antagonistic (*anche anat., biol.*); opposing; rival. ● (*mecc.*) **molla a.**, counter spring.

antagonìstico, *a.* (*anche anat., biol.*) antagonistic.

antàlgico, *a.* e *m.* (*farm.*) analgesic.

antàrtico, A *a.* Antarctic; Southern; South: **Circolo polare a.**, Antarctic Circle; **l'emisfero a.**, the Southern hemisphere; **polo a.**, South Pole. **B** *m.* (the) Antarctic.

Antàrtide, *f.* (*geogr.*) Antarctica.

antebèllico, *a.* prewar (*attr.*).

antecedènte, A *a.* preceding; previous; prior; earlier. **B** *m.* (*anche gramm., fil., mat.*) antecedent.

antecedenteménte, *avv.* previously; before.

antecedènza, *f.* antecedence; precedence. ● **in a.**, previously.

antecessóre, *m.* predecessor.

antefàtto, *m.* what happened before; background; antecedent: **Mi raccontò l'a.**, he told me what had happened before; **gli antefatti della guerra**, the origins of the war; **l'a. di una vicenda**, the background to a story.

anteguèrra, A *a.* prewar (*attr.*). **B** *m.* prewar period.

antèlio, *m.* (*astron.*) anthelion*.

ante litteram (*lat.*), *locuz. a.* ahead of one's time.

antelmìntico, *V.* **antielmintico.**

antelucàno, *a.* before dawn; antelucan: **ore antelucane**, hours before dawn.

antèmio, *m.* (*archeol.*) anthemion*.

antemuràle, *m.* **1** (*archit. mil.*) barbican **2** (*naut.*) breakwater.

antenàta, *f.* ancestress.

antenatàle, *a.* antenatal.

antenàto, *m.* ancestor; forefather; forebear.

anténna, *f.* **1** (*radio, TV*) aerial; antenna*: **a. parabolica**, parabolic (*o* dish) aerial; satellite dish (*fam.*) **2** (*naut.*) lateen yard **3** (*archit.*) pole **4** (*zool.*) antenna*; feeler.

antennista, *m.* e *f.* (*radio, TV*) aerial fitter.

antepórre, *v. t.* **1** to place (*o* to put*) before **2** (*fig.*) to put* before (*o* above); to give* preference to: **a. il profitto al dovere**, to put profit before duty; **a. uno sconosciuto**, to give preference to a stranger.

anteprìma, *f.* (*cinem.*) preview: **l'a. di un film** (*o* **un film in a.**), a film preview; **dare [vedere] un film in a.**, to show [to see] a preview of a film; **notizia in a.**, advance news; **L'ho saputo in a.**, I was told before everybody else (*o* before it was made known).

antèra, *f.* (*bot.*) anther.

anterìdio, *m.* (*bot.*) antheridium.

anterióre, *a.* **1** (*che è davanti*) front; fore: **ruote anteriori**, front wheels; **faro a.**, front light; **la parte a.**, the front; **zampe anteriori**, forelegs; forefeet **2** (*rif. a tempo*) former; previous; preceding; prior; earlier; pre- (*pref.*): **in tempi anteriori**, in former (*o* earlier) times; **in una vita a.**, in a previous life; **i fatti anteriori alla disgrazia**, the facts prior to the accident; **un poeta a. a Dante**, a pre-Dantean poet. ● (*gramm.*) **futuro a.**, future perfect □ (*ling.*) **vocale a.**, front vowel.

anteriorità, *f.* priority; precedence.

anteriorménte, *avv.* **1** (*nel tempo*) formerly; previously: **a. ai fatti suddetti**, prior to the said events **2** (*nello spazio*) in front (of).

anterògrado, *a.* (*psic.*) anterograde.

anterozòo, *m.* (*bot.*) antherozoid.

antèşi, *f.* (*bot.*) anthesis.

antesignàno, *m.* (*f.* **-a**) (*precursore*) precursor; forerunner.

antiabbagliànte, A *a.* antidazzle; antiglare. **B** *m.* *V.* **anabbagliante.**

antiabortista, A *a.* antiabortion (*attr.*). **B** *m.* e *f.* antiabortionist.

antiàcido, *a.* e *m.* (*farm.*) antacid; antiacid.

antiaderènte, *a.* non-stick.

antiaèrea, *f.* (*mil.*) anti-aircraft artillery.

antiaèreo, *a.* (*mil.*) anti-aircraft: **cannone a.**, anti-aircraft gun; **rifugio a.**, air-raid shelter.

antialcòlico, *a.* anti-alcoholic; teetotal: **lega antialcolica**, teetotal (*o* temperance) league.

antialcolìsta, *m.* e *f.* teetotaller.

antialişèi, *V.* **controalisei.**

antiallèrgico, *a.* (*farm.*) antiallergic.

antialònico, *a.* antihalo.

antiamericàno, *a.* un-American; anti-American: **attività antiamericane**, un-American activities.

antiànsia, *V.* **ansiolitico.**

antiappannànte, (*tecn.*) **A** *a.* non-fogging; antifogging; demisting. **B** *m.* demister.

antiatòmico, *a.* antiatomic.

antiàtomo, *m.* (*fis.*) antiatom.

antiautoritàrio, *a.* antiauthoritarian.

antiautoritarişmo, *m.* antiauthoritarianism.

antibàgno, *m.* area preceding a bathroom.

antibattèrico, *a.* e *m.* (*farm.*) antibacterial.

antibiogràmma, *m.* (*med.*) sensitivity test to antibiotics.

antibiòşi, *f.* (*biol.*) antibiosis*.

antibiòtico, *a.* e *m.* (*farm.*) antibiotic.

antiblasfèmo, *a.* anti-blasphemy.

antibloccàggio, antiblòcco, (*autom.*) **A** *a. invar.* antilock. **B** *m. invar.* antilock brake; ABS brake.

antibolscevico, *a.* anti-Bolshevik.

antiborghése, *a.* anti-burgeois.

anticàglia, *f.* **1** (*spreg.*) old thing; museum piece; junk (*collett.*) **2** (*oggetto antico*) old curiosity.

anticaménte, *avv.* in ancient (*o* former) times; formerly.

anticàmera, *f.* anteroom; antechamber; lobby; (*di ufficio*) waiting room. ● **fare a.**, to be kept waiting □ **far fare a. a q.**, to keep sb. waiting □ **Non gli passò per l'a. del cervello**, it didn't cross his mind.

anticanceróso, anticàncro, *a.* (*farm.*) anticancer.

anticapitalişmo, *m.* anticapitalism.

anticapitalìstico, *a.* anticapitalistic.

anticàrie, *a. invar.* (*farm.*) anticarious.

anticàrro, *a. invar.* (*mil.*) antitank.

anticatarràle, *a.* (*med.*) anticatarrhal.

anticàtodo, *m.* (*fis.*) anticathode.

anticattòlico, *a.* e *m.* (*f.* **-a**) anti-Catholic.

anticellulite, *a. invar.* anticellulite.

antichista, *m.* e *f.* scholar of ancient history and art; classical scholar.

antichìstica, *f.* classical antiquities (*pl.*).

antichità, *f.* **1** (*l'essere antico*) antiquity; ancientness: **l'a. di un uso**, the antiquity of a custom; **di grande a.**, very old; ancient **2** (*il tempo antico*) antiquity; ancient times (*pl.*): **nell'a.**, in ancient times **3** (*oggetto antico*) antique; (*reperto archeologico*) relic, antiquity: **negozio di a.**, antique shop **4** (*pl.*) (*istituzioni antiche*) antiquities.

anticìclico, *a.* (*econ.*) anticyclic(al).

anticiclóne, *m.* (*meteor.*) anticyclone.

anticiclònico, *a.* (*meteor.*) anticyclonic.

anticipàre, *v. t.* **1** (*spostare in avanti*) to bring* (*o* to put*) forward; to advance: **a. le nozze**, to bring forward (*o* to advance) the date of the wedding; **a. la partenza**, to leave earlier **2** (*denaro*) to pay* in advance; (*prestare*) to advance: **a. una somma**, to advance a sum **3** (*annunciare in anticipo*) to announce (*o* to tell*, to reveal) in advance: **a. un risultato**, to announce a result in advance **4** (*precedere, prevenire*) to anticipate; to forestall; to get* in first: **a. una mossa**, to forestall a move; **a. un avversario**, to forestall an opponent **5** (*assol.*: *arrivare in anticipo*) to be early; to come* early; to be ahead of time: **La primavera ha anticipato quest'anno**, spring is (*o* has come) early this year; **Oggi il treno anticipa**, today the train is running early **6** (*assol.*: *di orologio*) to be fast. ● (*mecc.*) **a. l'accensione**, to advance the ignition □ **a. i tempi**, (*affrettare q.c.*) to speed things up, to rush things; (*essere in anticipo*) to be in advance of the time.

anticipataménte, *avv.* in advance; beforehand.

anticipàto, *a.* **1** (*spostato in avanti*) brought forward (*pred.*); ahead of time (*pred.*); early: **data anticipata**, date brought forward; earlier date; **una partenza anticipata**, a departure earlier than expected; **La nostra è stata una partenza anticipata**, we had to leave earlier than we had planned; **elezioni anticipate**, early general election **2** (*pagato in anticipo*) in advance; advance (*attr.*): **pagamento a.**, payment in advance; advance payment; **un mese di stipendio a.**, a month's salary in advance.

anticipazióne, *f.* **1** (*l'anticipare*) bringing (*o* putting) forward **2** (*banca, fin.*) advance; loan; imprest **3** (*notizia*) advance information; (*previsione*) forecast **4** (*preannuncio*) harbinger; forerunner **5** (*mus.*) anticipation **6** (*editoria*) extracts (*pl.*) from a forthcoming book.

anticipo, *m.* **1** (*di denaro*) advance, prepayment; (*di un prezzo*) deposit, down money: **a. sullo stipendio**, advance on one's salary; **pagare un milione di a.**, to pay one million down; **pagare q. in a.**, to pay sb. in advance **2** (*di tempo*) time ahead: **arrivare con un a. di mezz'ora**, to arrive half an hour early; **in a.**, in advance; beforehand; **L'ho saputo in a.**, I was told about it in advance (*o* beforehand); **Il treno è in a.**, the train is running early; **in a. sull'orario**, ahead of time; early; **Siamo in a.**, we are early **3** (*autom.*) spark lead (*o* advance). ● **giocare d'a.**, (*tennis*) to strike the ball on the rebound; (*fig.*) to forestall (sb., st.); to outguess (sb.).

anticlericàle, *a.*, *m.* e *f.* anticlerical.

anticlericalişmo, *m.* anticlericalism.

anticlìmax, *m. invar.* anticlimax.

anticlinàle, (*geol.*) **A** *a.* anticlinal. **B** *f.* anticline.

antico, A *a.* **1** (*dell'antichità*) ancient: **storia antica**, ancient history; **gli antichi Romani**, the ancient Romans; **il mondo a.**, the ancient world **2** (*non nuovo, non recente*) old; age-old; antique: **un'antica amicizia**, an old (*o* long-standing) friendship; **un uso a.**, an age-old custom; **mobili [libri] antichi**, antique furniture [books] **3** (*di un tempo*) past; former; earlier; gone: **virtù antiche**, old-time (*o* traditional) virtues; **a. splendore**, past splendour. ● **l'A. Testamento**, the Old Testament □ **all'antica**, old-fashioned (*agg.*); in an old-fashioned way (*avv.*): **un cappello all'antica**, an old-fashioned hat; **vestire all'antica**, to dress in an old-fashioned way □ **di a. stampo**, of the old school □ **finto a.**, reproduction (*attr.*); repro (*fam.*). **B** *m.* **1** the old; the antique **2** (*pl.*) (the) ancients.

anticoagulànte, *a.* e *m.* (*farm.*) anticoagulant.

anticomunişmo, *m.* anti-Communism.

anticomunista, *a.*, *m.* e *f.* anti-Communist.

anticoncezionàle, *a.* e *m.* contraceptive.

anticonformişmo, *m.* nonconformism; unconventionality.

anticonformista, A *a.* nonconformist; unconventional. **B** *m.* e *f.* nonconformist; uncon-

ventional person.
anticonformìstico, *a.* nonconformist; unconventional.
anticongelànte, **A** *a.* antifreezing. **B** *m.* antifreeze.
anticongiunturàle, *a.* (*econ.*) countercyclical.
anticonvenzionàle, *a.* unconventional.
anticòrpo, *m.* (*biol.*) antibody.
anticorroṣìvo, *a.* e *m.* anticorrosive.
anticostituzionàle, *a.* unconstitutional; anticonstitutional.
anticostituzionalità, *f.* unconstitutionality.
anticrèṣi, *f.* (*leg.*) antichresis*.
anticristiàno, *a.* antichristian.
anticrìsto, *m.* Antichrist.
anticrittogàmico, (*agric.*) **A** *a.* fungicidal. **B** *m.* fungicide.
antidàta, *f.* antedate.
antidatàre, *v. t.* to antedate; to predate.
antidemocràtico, **A** *a.* undemocratic; antidemocratic. **B** *m.* (*f.* **-a**) antidemocrat.
antidepressìvo, *a.* e *m.* (*farm.*) antidepressant.
antidetonànte, *a.* e *m.* (*chim.*) antiknock.
antidiabètico, *a.* e *m.* (*farm.*) antidiabetic.
antidiarròico, *a.* e *m.* (*farm.*) antidiarrhoeic.
antidiftèrico, *a.* e *m.* (*farm.*) antidiphtheritic.
antidiluviàno, *a.* (*anche fig.*) antediluvian.
antidìvo, *m.* (*f.* **-a**) person that shuns the media; media-shy person.
antidivorzista, *m.* e *f.* person opposed to divorce.
antidivorzìstico, *a.* anti-divorce (*attr.*).
antidogmàtico, *a.* antidogmatic.
antidolorìfico, (*farm.*) **A** *a.* pain-relieving; analgesic. **B** *m.* pain-reliever; painkiller.
antidòping, (*sport*) **A** *a. invar.* antidoping; dope (*attr.*). **B** *m. invar.* dope test.
antìdoto, *m.* (*farm.*) antidote.
antidròga, *a. invar.* against (the use of) drugs.
antieconòmico, *a.* (*econ.*) uneconomic(al).
antielmìntico, *a.* e *m.* (*farm.*). anthelmintic.
antiemètico, *a.* e *m.* (*farm.*) antiemetic.
antiemorràgico, *a.* e *m.* (*farm.*) antih(a)emorrhagic.
antiemorroidàle, *a.* e *m.* (*farm.*) antih(a)emorrhoidal.
antieròe, *m.* antihero*.
antieròico, *a.* antiheroic.
antieroìna, *f.* antiheroine.
antiestètico, *a.* unaesthetic.
antifasciṣmo, *m.* antifascism.
antifascìsta, *a.*, *m.* e *f.* antifascist.
antifebbrìle, (*farm.*) **A** *a.* antipyretic. **B** *m.* febrifuge.
antifecondatìvo, *a.* e *m.* contraceptive.
antifemminiṣmo, *m.* antifeminism.
antifemminìsta, *a.*, *m.* e *f.* antifeminist.
antifermentatìvo, *a.* e *m.* antifermentative.
antiflogìstico, *a.* e *m.* (*farm.*) antiphlogistic.
antìfona, *f.* (*mus.*, *eccles.*) antiphon. ● (*fig.*) **capire l'a.**, to take the hint.
antifonàle, *a.* (*mus.*) antiphonal.
antifonàrio, *m.* (*eccles.*) antiphonary.
antifonìa, *f.* (*mus.*) antiphony.
antifórfora, *a. invar.* antidandruff.
antìfraṣi, *f.* (*retor.*) antiphrasis*.
antifràstico, *a.* (*retor.*) antiphrastic.
antifrizióne, *a.* (*mecc.*) antifriction: **metallo a.**, antifriction (*o* white) metal; Babbit metal.
antifùmo, *a.* – **candela a.**, smokers' candle.
antifùrto, **A** *a. invar.* antitheft; thief-proof (*attr.*). **B** *m. invar.* antitheft device; alarm; (*per edifici*) burglar alarm.
antigàs, *a. invar.* antigas; gasproof: **maschera a.**, gas mask.
antigèlo, *V.* **anticongelante**.
antigene, *m.* (*biol.*) antigen.
antigènico, *a.* (*biol.*) antigenic.
antighiàccio, *a. invar.* anti-icing.
antigiènico, *a.* unhygienic; unsanitary; unhealthy.
antigiurìdico, *a.* illegal; unlawful.
antigovernatìvo, *a.* antigovernment.
antigràffio, *a. invar.* non-scratch.
antigràndine, *a. invar.* anti-hail.
antigravità, *a. invar.* anti-Gravity.
antileucèmico, *a.* e *m.* (*farm.*) antileuk(a)emic.
Antille, *f. pl.* (*geogr.*) (the) Antilles: **Grandi A.**, Greater Antilles; **Piccole A.**, Lesser Antilles.
antilocàpra, *f.* (*zool.*, *Antilocapra americana*) pronghorn.
antilogarìtmo, *m.* (*mat.*) antilogarithm; antilog.
antìlope, *f.* (*zool.*, *Antilope*) antelope*.
antimàcchia, *a. invar.* nonstainable.
antimagnètico, *a.* (*fis.*) antimagnetic.
antimalàrico, *a.* e *m.* (*farm.*) antimalarial.
antimatèria, *f.* (*fis.*) antimatter.
antimeridiàno (1), *a.* antemeridian; a.m.: **le nove antimeridiane**, nine a.m.
antimeridiàno (2), *m.* (*geogr.*) meridian. ● **l'a. di Greenwich**, the date-line.
antìmero, *m.* (*zool.*) antimere.
antimicòtico, *a.* e *m.* (*farm.*) antimycotic.
antimicròbico, *a.* (*farm.*) antimicrobial.
antimilitariṣmo, *m.* antimilitarism.
antimilitarìsta, *m.* e *f.* antimilitarist.
antimilitarìstico, *a.* antimilitaristic.
antimine, *a. invar.* mine-disposal.
antimìssile, *a. invar.* antimissile.
antimonàrchico, **A** *a.* antimonarchical. **B** *m.* (*f.* **-a**) antimonarchist.
antimoniàle, *a.* (*chim.*) antimonial.
antimònico, *a.* (*chim.*) antimonic.
antimònio, *m.* (*chim.*) antimony.
antimonióso, *a.* (*chim.*) antimonous.
antimonopòlio, *m.* (*econ.*, *fin.*) antitrust.
antimonopolìstico, *a.* (*econ.*, *fin.*) antitrust (*attr.*).
antimperialiṣmo, *m.* anti-imperialism.
antimperialista, *m.* e *f.* anti-imperialist.
antimperialìstico, *a.* anti-imperialist.
antimùffa, *m.* e *a. invar.* antimould.
antinazionàle, *a.* antinational.
antinazìsta, *a.*, *m.* e *f.* anti-Nazi.
antincèndio, *a. invar.* fire (*attr.*); fireproof; fire-fighting: **porta a.**, fire door; **regolamenti a.**, fire regulations; **squadra a.**, fire-fighting squad.
antinébbia, *a. invar.* fog (*attr.*): **fari a.**, fog lamps.
antineoplàstico, *a.* e *m.* (*farm.*) antineoplastic.
antineutrìno, *m.* (*fis. nucl.*) antineutrino.
antineutróne, *m.* (*fis. nucl.*) antineutron.
antinéve, *a. invar.* snow (*attr.*): **catene a.**, snow chains; **pneumatici a.**, snow tyres.
antinevràlgico, *a.* e *m.* (*farm.*) antineuralgic.
antinfettìvo, *a.* (*med.*) anti-infectious.
antinfiammatòrio, *a.* e *m.* (*farm.*) anti-inflammatory.
antinflazionìstico, *a.* (*econ.*) counter-inflationary.
antinfluenzàle, *a.* e *m.* (*farm.*) influenza (*attr.*); flu (*attr.*, *fam.*).
antinfortunìstico, *a.* accident-prevention (*attr.*).
antinomìa, *f.* antinomy.
antinòmico, *a.* antinomic.
antinquinaménto, *a. invar.* antipollution.
antintercettazióne, *a. invar.* anti-tapping; scrambling.
antinucleàre, *a.* antinuclear; antinuke (*fam.*).
antinuclearìsta, *a.*, *m.* e *f.* antinuclearist; antinuke (*fam.*).
antinùcleo, *m.* (*fis. nucl.*) antinucleus*.
antinucleóne, *m.* (*fis. nucl.*) antinucleon.
Antiòchia, *f.* (*geogr.*) Antioch.
antiofìdico, (*farm.*) **A** *a.* antitoxic; snakebite (*attr.*): **siero a.**, antivenin; snakebite serum. **B** *m.* antivenin.
antioràrio, *a.* anticlockwise; counterclockwise (*USA*).
antiossidànte, *a.* e *m.* antioxidant.
antipàpa, *m.* antipope.
antipapàle, *a.* antipapal.
antiparassitàrio, **A** *a.* parasiticidal; pesticidal. **B** *m.* parasiticide; pesticide.
antiparlamentàre, *a.* antiparliamentary.
antiparticèlla, *f.* (*fis. nucl.*) antiparticle.
antipastièra, *f.* hors d'oeuvre dish.
antipàsto, *m.* hors d'oeuvre; starter; appetizer.
antipatìa, *f.* aversion; dislike: **simpatie e antipatie**, likes and dislikes; **ispirare a.**, to arouse dislike; **prendere q. in a.**, to take a dislike to sb.; **provare a. per q.**, to dislike sb.; **vincere l'a.**, to overcome one's aversion (*o* dislike).
antipàtico, **A** *a.* ***1*** (*di persona*) unpleasant; unpopular; beastly (*fam.*): **un uomo a.**, an unpleasant man; **Mi è a.**, I don't like him; **rendersi a. a tutti**, to make oneself unpopular with everyone; **Non essere a.!**, don't be so beastly! ***2*** (*di cosa*: *sgradevole*) unpleasant, obnoxious, odious; (*increscioso*) annoying, bothersome, unfortunate: **I confronti sono antipatici**, comparisons are odious (*o* invidious); **un contrattempo a.**, an annoying (*o* unfortunate) mishap. **B** *m.* (*f.* **-a**) unpleasant (*o* disagreeable) person; beast (*fam.*).
antipatriòttico, *a.* unpatriotic.
antiperistàlsi, *f.* (*fisiol.*) antiperistalsis.
antiperistàltico, *a.* (*fisiol.*) antiperistaltic.
antipertensìvo, *a.* e *m.* (*farm.*) antihypertensive.
antipièga, *a. invar.* crease-resistant.
antipirètico, *a.* e *m.* (*farm.*) antipyretic.
antìpodi, *m. pl.* antipodes. ● (*fig.*) **essere agli a.**, to be poles apart □ (*fam. fig.*) **abitare agli a.**, to live at the back of beyond.
antipoètico, *a.* unpoetic; prosaic.
antipòlio, (*farm.*) **A** *a. invar.* polio (*attr.*). **B** *f. invar.* polio vaccination.
antipolìtico, *a.* antipolitical.
antipòrta, *f.* outer door.
antiproiettile, *a. invar.* bullet-proof: **giubbotto a.**, bullet-proof jacket.
antiprotezionìsta, *a.*, *m.* e *f.* antiprotectionist.
antiprotóne, *m.* (*fis. nucl.*) antiproton.
antipsichiatrìa, *f.* antipsychiatry.
antiquàrìa, *f.* antiquarianism.
antiquariàto, *m.* antique trade (*o* dealing): **pezzo d'a.**, antique; **di a.**, antique (*attr.*): **mobili d'a.**, antique furniture; **mostra dell'a.**, antique exhibition.
antiquàrio, **A** *m.* (*f.* **-a**) antique dealer. ● **negozio di a.**, antique shop. **B** *a.* antiquarian.
antiquàto, *a.* antiquated; old-fashioned; outmoded; obsolete: **idee antiquate**, old-fashioned (*o* outmoded) notions; **parola antiquata**, obsolete word; **macchinario a.**, obsolete machinery.
antiràbbico, *a.* (*farm.*) antirabies; antirabid.
antirachìtico, *a.* antirachitic.
antirazionàle, *a.* irrational.
antirazziṣmo, *m.* antiracism.
antirazzìsta, *a.*, *m.* e *f.* antiracist.
antirecessìvo, *a.* (*econ.*) antirecession.
antireligióso, *a.* irreligious.
antiretòrico, *a.* unrhetorical.
antireumàtico, *a.* e *m.* (*farm.*) antirheumatic.
antiriflèsso, *a. invar.* non-reflecting.
antiritórno, *a. invar.* (*tecn.*) – **valvola a.**, non-return valve.
antirollànte, *V.* **antirollio**.
antirollìo, *a. invar.* (*naut.*) antirolling.
antiromànẓo, *m.* antinovel.
antirómbo, (*autom.*, *ind.*) **A** *a. invar.* antinoise. **B** *m. invar.* sound deadener; antinoise paint.
antirrìno, *m.* (*bot.*, *Antirrhinum*) antirrhinum; snapdragon.
antirùggine, **A** *a. invar.* (*chim.*, *ind.*) antirust (*attr.*); rustproof; rust-resistant: **vernice a.**, antirust paint; **sostanze a.**, rust inhibitors. **B** *m. invar.* rust preventer.
antirùghe, *a. invar.* wrinkle (*attr.*): **crema a.**,

wrinkle cream.

antirumóre, a. invar. noise-abating.

antisàla, f. anteroom.

antischiavismo, m. antislavery; abolitionism.

antischiavista, a., m. e f. abolitionist.

antiscientìfico, a. unscientific.

antisciòpero, a. antistrike.

antiscivolo, a. invar. nonslip (*attr.*).

antiscorbùtico, a. e m. (*farm.*) antiscorbutic.

antisdrucciolévole, a. (*autom.*) antiskid (*attr.*); nonskid (*attr.*).

antisemita, A m. e f. anti-Semite. **B** a. anti-Semitic.

antisemitico, a. anti-Semitic.

antisemitismo, m. anti-Semitism.

antisèpsi, f. (*med.*) antisepsis*.

antisèttico, a. e m. (*farm.*) antiseptic.

antisismico, a. earthquake-proof.

antislittaménto, a. (*tecn.*) antiskid (*attr.*): **dispositivo a.**, antiskid device.

antismòg, a. antismog.

antisociàle, a. antisocial.

antisolàre, a. sun-protection (*attr.*): **crema a.**, sun-protection cream.

antisommergibile, a. e m. invar. (*mil.*) antisubmarine.

antisommòssa, a. invar. antiriot; riot (*attr.*).

antisovietico, a. anti-Soviet.

antisovietismo, m. anti-Sovietism.

antispasmòdico, antispàstico, a. e m. (*farm.*) antispasmodic.

antisportivo, a. unsporting; unsportsmanlike.

antistaminico, a. e m. (*farm.*) antihistaminic.

antistànte, a. in front of; opposite.

antistàtico, a. (*fis.*) antistatic.

antistèrico, a. e m. (*farm.*) antihysteric.

antistoricismo, m. antihistoricism.

antistòrico, a. antihistorical.

antistreptolisina, f. (*med.*) antistreptolysin.

antistrofe, f. (*letter.*) antistrophe.

antitàrmico, A a. moth-proof; moth-repellent. **B** m. moth-repellent.

antiterrorismo, m. anti-terrorism.

antiterroristico, a. anti-terrorist.

antitesi, f. antithesis*: **essere in a. con q.c.**, to be antithetic (*o* in contrast) to st.

antitetànico, a. (*farm.*) antitetanic; tetanus* (*attr.*).

antitètico, a. antithetic(al).

antitifico, a. (*med.*) antityphoid; typhoid (*attr.*).

antitòssico, a. antitoxic.

antitossina, f. (*fisiol.*) antitoxin.

antitrombina, f. (*biochim.*) antithrombin.

antitrust, a. (*econ.*) antitrust.

antitubercolàre, a. (*farm.*) antituberculous; antituberculosis; antitubercular.

antitumoràle, a. (*farm., med.*) antitumoral; antitumor (*attr.*).

antiuòmo, a. (*mil.*) antipersonnel.

antiùrto, a. shockproof.

antivaiolóso, a. (*med.*) smallpox (*attr.*): **vaccino a.**, smallpox vaccine.

antivedére, v. t. to foresee*.

antiveggènte, a. foreseeing.

antiveggènza, f. foresight.

antiveléno, m. antivenin; antivenene.

antivigilia, f. (the) day before the eve: **l'a. di Natale**, two days before Christmas.

antivipera, a. invar. – **siero a.**, viper serum; antivenin.

antiviràle, a. (*farm.*) antiviral.

antivirus, a. (*biol.*) antivirus*.

antocianina, f. (*biol.*) anthocyanin.

antologia, f. anthology.

antològico, a. anthological.

antologista, m. e f. anthologist.

antologizzàre, v. t. to anthologize.

antoniàno, a. Antonine; of St Anthony.

antonimia, f. (*ling.*) antonymy.

antònimo, (*ling.*) **A** a. antonymous. **B** m. antonym.

Antònio, m. Anthony; (*stor.*) Antonius.

antonomàsia, f. (*retor.*) antonomasia.

antonomàstico, a. (*retor.*) antonomastic.

Antozòi, m. pl. (*zool.*) Anthozoa.

antozòo, m. (*zool.*) anthozoan.

antràce, m. (*med.*) anthrax*.

antracène, m. (*chim.*) anthracene.

antrachinóne, m. (*chim.*) anthraquinone.

antracite, f. (*miner.*) anthracite.

antracòsi, f. (*med.*) anthracosis*.

àntro, m. **1** cavern; cave; den (*anche fig.*) **2** (*anat.*) antrum*.

antròpico, a. anthropic(al): **geografia antropica**, anthropogeography; **principio a.**, anthropic principle.

antropocèntrico, a. anthropocentric.

antropocentrismo, m. anthropocentrism.

antropofagia, f. anthropophagy; cannibalism.

antropòfago, A a. anthropophagous; man-eating. **B** m. (f. **-a**) anthropophagus*; cannibal; man-eater.

antropogènesi, f. anthropogenesis.

antropogènico, a. anthropogenic.

antropogeografia, f. anthropogeography.

antropòide, a. e m. (*zool.*) anthropoid.

antropologia, f. anthropology: **a. culturale**, cultural anthropology; **a. criminale**, criminology.

antropològico, a. anthropological.

antropòlogo, m. (f. **-a**) anthropologist.

antropometria, f. anthropometry.

antropomètrico, a. anthropometric(al).

antropomòrfico, a. anthropomorphic(al).

antropomorfismo, m. anthropomorphism.

antropomòrfo, a. anthropomorphous.

antroposofia, f. anthroposophy.

antropozòico, a. quaternary.

anulàre, A a. annular; ring-shaped; ring (*attr.*): (*astron.*) **eclisse a.**, annular eclipse; **raccordo a.**, ring road (*GB*); beltway (*USA*); **dito a.**, ring finger. **B** m. ring finger.

anurèsi, V. **anuria**.

Anùri, m. pl. (*zool., Anura*) Anura.

anùria, f. (*med.*) anuria; anuresis*.

anùro, (*zool.*) **A** a. anurous. **B** m. anuran.

Anvèrsa, f. (*geogr.*) Antwerp.

ànzi, A cong. **1** (*al contrario*) not at all; on the contrary; quite the opposite; in fact; indeed: **«Disturbo?» «A., entra pure!»**, «am I disturbing you?» «on the contrary (*o* not at all), do come in!»; **Non sono affatto stanco, a.**, I'm not at all tired, quite the opposite; **Non ti critico, a. sono d'accordo con te**, I'm not criticizing you; in fact, I agree with you **2** (*di più, o meglio*) in fact; or rather; actually: **Ho appetito, a. muoio di fame**, I'm hungry, in fact, I'm starving; **Ti ho portato un regalo, a. due**, I've brought you a present, in fact (*o* actually, or rather), two presents; **Abbassa la TV, anzi, spegnila**, turn down the volume of the TV, or rather, switch it off **3** – **a. che,** V. **anziché 4** – **a. che no**, rather; quite: **È vecchio a. che no**, he is rather (*o* quite) old. **B** prep. (*prima di*) before: **a. tempo**, before (one's) time; too soon. **C** avv. – **poc'a.**, not long ago; not long before.

anzianità, f. **1** old age **2** (*di grado*) seniority: **a. di servizio**, seniority; length of service.

anziàno, A a. **1** elderly; aged; old: **un uomo a.**, an elderly man; **È il più a. tra noi**, he is the oldest among us **2** (*di grado*) senior: **socio a.**, senior partner. **B** m. (f. **-a**) **1** elderly person; (*al pl.*) elderly people, (*collett.*) (the) elderly, (the) aged **2** (*stor.*) elder: **gli anziani del villaggio**, the village elders **3** (*bur.*) senior citizen.

anziché, cong. **1** (*invece di*) instead of **2** (*piuttosto che*) rather than.

anzidétto, a. aforesaid; above-mentioned.

anzitèmpo, avv. before (one's) time; prematurely.

anzitutto, avv. first of all.

aoristico, a. (*ling.*) aoristic.

aoristo, m. (*ling.*) aorist.

aòrta, f. (*anat.*) aorta.

aòrtico, a. (*anat.*) aortic; aortal.

aostàno, A a. of Aosta; from Aosta; Aosta (*attr.*). **B** m. (f. **-a**) inhabitant of Aosta; native of Aosta.

apache, m. **1** (*pellerossa*) Apache **2** (*teppista parigino*) apache.

apartheid, f. (*polit.*) apartheid; racial segregation.

apartiticità, f. independence of political parties; non-party nature.

apartitico, a. non-party (*attr.*); not party-political (*GB*).

apatia, f. apathy; indifference; listlessness: **cadere nell'a.**, to fall into a state of apathy.

apàtico, a. apathetic(al); indifferent; uninterested; listless.

apatite, f. (*miner.*) apatite.

àpe, f. bee; (*maschio*) drone: **ape operaia**, worker bee; **ape regina**, queen bee; **ape domestica** (*Apis mellifica*), honeybee; **nido d'api**, honeycomb. ● (*ricamo*) **nido d'ape**, smocking.

Apèlle, m. (*mitol.*) Apelles.

aperiodicità, f. (*fis.*) aperiodicity.

aperiòdico, a. (*fis.*) aperiodic.

aperitivo, m. (*bevanda*) aperitif; (*stuzzichino*) appetizer.

apertaménte, avv. openly; frankly.

apèrto, A a. **1** open: **un libro a.**, an open book; **una ferita aperta**, an open wound; **lettera aperta**, open letter; **busta aperta**, unsealed envelope; **cappotto a.**, unbuttoned coat; **vocali aperte**, open vowels; **a. al pubblico**, open to the public; **in aperta campagna**, in the open country; **in mare a.**, on the open sea; **all'aria aperta**, in the open (air); outdoors; **gara aperta a tutti**, open competition; **dormire con le finestre aperte**, to sleep with the windows open; **ricevere q. a braccia aperte**, to welcome sb. with open arms; **tenere gli occhi aperti**, to keep one's eyes open **2** (*franco*) frank; candid; sincere; open: **una faccia aperta**, an open face; **un modo di parlare a.**, a frank way of speaking **3** (*chiaro*) open; clear; direct; downright; plain: **un'aperta sfida**, a clear challenge; **un'aperta minaccia**, a direct threat **4** (*esposto*) exposed, unprotected; (*indifeso*) undefended, open: **un luogo a. ai venti**, a place exposed to the winds; **una città aperta**, an open city **5** (*sgombro*) clear; unobstructed; open: **La strada era aperta quando io passai**, the road was clear when I passed **6** (*non deciso*) unresolved; undecided; open: **questione aperta**, unresolved question; **una frase a. a tutte le interpretazioni**, a sentence open to all interpretations. ● **a occhi aperti**, with open eyes; open-eyed (*agg.*) □ **a viso a.**, openly; frankly □ **battaglia in campo a.**, field battle □ **guerra aperta**, open war □ (*comm.*) **conto a.**, open account □ (*comm.*) **credito a.**, open credit □ **i grandi spazi aperti**, the great outdoors (*pl. col verbo al sing.*) □ **mente aperta**, open mind □ **pronuncia aperta**, broad pronunciation □ **di vedute aperte**, broad-minded □ **un uomo dal cuore a.**, an open-hearted man. **B** m. – **vita all'a.**, outdoor life; **passare molte ore all'a.**, to spend many hours outdoors; **dormire all'a.**, to sleep in the open; to sleep rough; **Andiamo all'a.!**, let's go outside; let's get out into the open!; **piscina all'a.**, outdoor swimming pool; **spettacolo all'a.**, open-air show; **pranzo all'a.**, alfresco lunch. **C** avv. openly; frankly.

apertùra, f. **1** (*l'aprire, l'aprirsi*) opening; (*inizio, anche*) beginning: (*comm.*) **l'a. di un conto**, the opening of an account; (*comm.*) **a. di credito**, opening of credit; **l'a. di un discorso**, the opening of a speech; **discorso di a.**, opening speech; **osservazioni d'a.**, opening remarks; **l'a. delle trattative di pace**, the beginning of peace talks **2** (*inaugurazione*) opening; inauguration: **l'a. di un negozio**, the opening of a shop; **l'a. dell'anno accademico**, the opening of the academic year; **l'a. del Parlamento**, the opening of Parliament ***3*** (*scoppio*) outbreak: **l'a. delle ostilità**, the outbreak of hostilities ***4*** (*varco*) opening; (*fenditura*) cleft, crack; (*fessura*) chink, cranny, slit; (*di macchina automatica*) slot; (*spacco*) gap; (*buco*) hole: **un'a. in una siepe**, an opening in a hedge; **a. di sfogo**, vent; **C'erano delle aperture nel ghiaccio**, there were cracks in the ice; **Metti una moneta nell'a.**, put a coin into the slot ***5*** (*di caverna*) mouth ***6*** (*ampiezza*) width; spread: **a. alare**, wingspan; **Le sue ali hanno un'a. di due metri**, its wings have a spread of two metres; **l'a. del compasso**, the spread of the compass-legs ***7*** (*fig.*: *a. mentale*) open-mindedness; broad-mindedness ***8*** (*fig.*: *approccio*) overture; approach: **un'a. a sinistra**, an overture to the Left; **fare qualche a.**, to make preliminary enquiries; to feel one's way ***9*** (*fotogr.*) aperture ***10*** (*mus.*) overture ***11*** (*rugby*) pass ***12*** (*poker*) opening; (*le carte*) openers (*pl.*): **a. al buio**, blind (opening) ***13*** (*bridge*) lead: **a. a fiori**, lead of clubs ***14*** (*autom., elettr.*) gap: **registrare l'a. delle puntine**, to reset the gap of the points. ● (*cinem., teatr.*) **a. alle ore venti**, doors open at 8.00 p.m. □ (*comm.*) **a. di credito per corrispondenza**, credit opened by correspondence □ (*econ.*) **l'a. di nuovi mercati**, the opening up of new markets □ (*leg.*) **l'a. di un testamento**, the reading of a will □ (*leg.*) **a. d'udienza**, opening □ **a. lampo**, zip-fastener □ (*di negozi, ecc.*) **all'a.**, at opening time □ **orario** (*o* **ora**) **di a.**, opening time; (*di negozio*) business hours; (*di ufficio*) office hours; (*di museo*) visiting hours □ (*comm.*) **prezzo d'a.**, opening price; (*a un'asta*) upset price □ (*teatr.*) **la serata d'a.**, the opening night □ **la stagione dell'a. della caccia** (*o* **della pesca**), the open season.

apètalo, *a.* (*bot.*) apetalous.

apiàrio, *m.* apiary.

apicàle, *a.* apical.

àpice, *m.* ***1*** (*mat., anat.*) apex* ***2*** (*fig.*) height; top; apex; climax; culmination: **all'a. della potenza**, at the height of one's power; **all'a. della carriera**, at the apex of one's career ***3*** (*tipogr., mat.*) prime.

apicoltóre, *m.* (*f.* **-trice**) beekeeper; apiarist.

apicoltùra, *f.* beekeeping; apiculture.

apiressìa, *f.* (*med.*) apyrexia; apyrexy.

apirètico, *a.* (*med.*) apyretic.

apìstico, *a.* apiarian; bee- (*pref.*).

aplanàtico, *a.* (*fis.*) aplanatic.

aplașìa, *f.* (*med.*) aplasia.

aplòide, *a.* (*biol.*) haploid.

aplomb (*franc.*), *m. invar.* self-possession; poise; aplomb.

apnèa, *f.* (*med.*) apn(o)ea. ● **immergersi in a.**, to dive unassisted (*o* free) □ **immersione in a.**, unassisted (*o* free) diving.

apnòico, *a.* (*med.*) apn(o)eic.

apocalisse, *f.* apocalypse; (*fig., anche*) catastrophe.

apocalittico, *a.* apocalyptic(al); (*fig., anche*) catastrophic, doom (*attr.*).

apocopàre, *v. t.* (*ling.*) to apocopate.

apòcope, *f.* (*ling.*) apocope.

apòcrifo, A *a.* apocryphal; spurious: **opere apocrife**, apocrypha. **B** *m.* apocryphal work; (*al pl.*) apocrypha.

apòcrino, *a.* (*biol.*) apocrine.

apocromàtico, *a.* (*fis.*) apochromatic.

apocromatișmo, *m.* (*fis.*) apochromatism.

Àpodi, *m. pl.* (*zool., Apoda*) Apoda.

apodittico, *a.* apodictic(al); apodeictic.

àpodo, (*zool.*) **A** *a.* apodal; apodous **B** *m.* apodan.

apòdoși, *f.* (*ling.*) apodosis*.

apofàntico, *a.* (*filos.*) apophantic.

apòfiși, *f.* (*anat.*) apophysis*.

apofonìa, *f.* (*ling.*) ablaut; apophony.

apofònico, *a.* (*ling.*) apophonic.

apoftègma, *m.* (*retor.*) apophthegm; apothegm.

apogèo, *m.* ***1*** apogee ***2*** (*fig.*) apogee; height: **all'a. della fama**, at the apogee (*o* height) of one's fame.

apògrafo, A *a.* apographal. **B** *m.* apograph.

apòlide, A *a.* stateless. **B** *m.* e *f.* stateless person.

apoliticità, *f.* non-political nature; non-political attitude.

apolìtico, *a.* apolitical.

apollineo, *a.* ***1*** (*di Apollo*) Apollonian ***2*** (*fig.*) classically beautiful; classically handsome.

Apòllo, *m.* (*mitol.*) Apollo.

apòllo, *m.* (*zool., Parnassius apollo*) apollo butterfly.

apologèta, *m.* apologist.

apologètica, *f.* (*teol., retor.*) apologetics (*pl. col verbo al sing.*).

apologètico, *a.* ***1*** (*teol.*) apologetic ***2*** (*di difesa*) defending; apologetic.

apologìa, *f.* apologia*; defence.

apologista, *m.* e *f.* apologist.

apòlogo, *m.* apologue.

aponeuròși, *f.* (*anat.*) aponeurosis*.

apoplessìa, *f.* (*med.*) apoplexy.

apoplèttico, *a.* (*med.*) apoplectic(al).

aporìa, *f.* (*filos.*) aporia.

aposiopèși, *f.* (*retor.*) aposiopesis.

apostașìa, *f.* apostasy.

apòstata, *m.* e *f.* apostate.

a posteriori (*lat.*), *locuz. agg.* e *avv.* ***1*** (*filos.*) a posteriori ***2*** (*estens.*) with hindsight.

apostolàto, *m.* apostolate.

apostolicità, *f.* apostolicity.

apostòlico, *a.* apostolic; of the Apostles: **benedizione apostolica**, apostolic (*o* papal) blessing; **credo a.**, Apostles' Creed; **nunzio a.**, apostolic delegate; **sede apostolica**, Apostolic See.

apòstolo, *m.* (*anche fig., naut.*) apostle.

apostrofàre (1), *v. t.* (*interpellare*) to address (abruptly).

apostrofàre (2), *v. t.* (*gramm.*) to apostrophize.

apòstrofe, *f.* (*retor.*) apostrophe.

apòstrofo, *m.* (*ling.*) apostrophe.

apotèma, *m.* (*geom.*) apothem.

apoteòși, *f.* ***1*** apotheosis* ***2*** (*fig.*) apotheosis*; triumph. ● (*fig. iron.*) **fare l'a. di q.**, to sing sb.'s praises □ **un'a. di colori**, a riot of colours.

apotropàico, *a.* apotropaic.

appacificàre, *V.* **rappacificare**.

appagàbile, *a.* satisfiable; gratifiable: **facilmente a.**, easily satisfied.

appagaménto, *m.* satisfaction; gratification; contentment.

appagàre, A *v. t.* to satisfy; to gratify; to appease: **a. una curiosità**, to satisfy a curiosity; **a. l'occhio**, to satisfy the eye; **Il lavoro non lo appaga**, he can't find any gratification in his job; **a. la fame**, to appease one's hunger; **a. la sete**, to quench one's thirst. **B appagàrsi,** *v. rifl.* to be satisfied with; to be contented with.

appaiaménto, *m.* pairing; coupling; matching.

appaiàre, A *v. t.* to pair; to couple; (*armonizzando*) to match. **B appaiàrsi,** *v. rifl.* to pair; (*di animali*) to mate.

Appalàchi, *m. pl.* (*geogr.*) Appalachian Mountains; Appalachians.

appallottolàre, A *v. t.* (*fare una palla*) to roll (*o* to make*) into a ball; (*fare una pallottolina*) to roll (*o* to make*) into a pellet; (*carta, ecc.*) to screw up, to scrunch up. **B appallottolàrsi,** *v. rifl.* to roll up into a ball.

appaltàre, *v. t.* (*comm.*) ***1*** (*dare in appalto*) to let* out (on contract); to award a contract for: **a. a una ditta uno scavo**, to award a firm a contract for an excavation ***2*** (*prendere in appalto*) to contract; to undertake* on contract.

appaltatóre, A *m.* (*f.* **-trice**) contractor. **B** *a.* contracting.

appàlto, *m.* (*comm.*) contract: **avere l'a. di q.c.**, to have a contract for st.; **dare in a.**, to let out on contract; **prendere in a.**, to contract; to undertake on contract; **lavoro in a.**, contract work; **indire una gara d'a.**, to call for tenders; **partecipare a una gara d'a.**, to submit tender.

appannàggio, *m.* ***1*** ap(p)anage ***2*** (*fig.*: *prerogativa*) prerogative.

appannaménto, *m.* ***1*** misting ***2*** (*di metalli*) tarnishing ***3*** (*della vista*) blurring; dimming.

appannàre, A *v. t.* ***1*** to mist: **a. uno specchio**, to mist a mirror ***2*** (*un metallo*) to tarnish ***3*** (*la vista*) to blur; to dim ***4*** (*fig.*: *indebolire*) to dull; to slow down: **a. i riflessi**, to slow down reactions. **B appannàrsi,** *v. i. pron.* ***1*** to mist over (*o* up); to steam up ***2*** (*di metalli*) to tarnish ***3*** (*della vista*) to blur; to grow* dim ***4*** (*fig.*: *indebolirsi*) to dull; to slow down.

appannàto, *a.* ***1*** misted; steamed up ***2*** (*di metallo*) tarnished ***3*** (*di vista*) dim ***4*** (*di voce*) husky ***5*** (*indebolito*) dull; slow: **riflesso a.**, slow reaction.

apparàto, *m.* ***1*** (*apparecchiatura*) apparatus*; equipment; machinery; machine: **a. bellico**, war machine; **a. burocratico**, bureaucratic machinery; **a. difensivo**, defence; (*aeron., naut.*) **a. motore**, power plant; (*teatr.*) **a. scenico**, stage set; (*filol.*) **a. critico**, apparatus criticus ***2*** (*insieme organico*) body; background: **a. informativo**, body of information; **a. culturale**, cultural background ***3*** (*mecc.*) apparatus*; device; contrivance ***4*** (*anat.*) system; apparatus*: **a. digerente**, digestive system (*o* apparatus) ***5*** (*spiegamento*) display; (*pompa*) pomp: **un grande a. di forze**, a great display of forces; **Il ricevimento fu fatto con grande a.**, the reception was held with great pomp.

apparecchiàre, *v. t.* ***1*** (*preparare*) to prepare; to get* (*o* to make*) ready; (*la tavola*) to lay* (*o* to set*) the table ***2*** (*ind. tess.*) to dress.

apparecchiatùra, *f.* ***1*** equipment; apparatus*; (*al pl.*) fittings, equipment (*sing.*): **le apparecchiature necessarie**, the necessary equipment; **apparecchiature e impianti**, fittings and fixtures ***2*** (*ind. tess.*) dressing.

apparécchio, *m.* ***1*** apparatus*; instrument; set; (*congegno*) device, appliance: (*fis.*) **a. di ascolto**, listening apparatus; listening device; **a. ortopedico**, orthopaedic appliance; **a. compensatore**, compensating device; **a. di alimentazione**, feeding device ***2*** (*radio, TV*) set: **a. radio**, radio set; **a. televisivo**, television (*o* TV) set; **a. ricevente**, receiving set; receiver; **a. trasmittente**, transmitter; **a. trasmittente-ricevente**, sending and receiving set ***3*** (*telef.*) telephone; receiver: **parlare nell'a.**, to speak into the receiver; **restare all'a.**, to hold the line ***4*** (*aeron.*) aircraft; aeroplane, airplane (*USA*); plane ***5*** (*per ortodonzia*) braces (*pl.*). ● **a. acustico**, hearing aid □ **a. da ripresa**, movie camera □ (*fis., chim., mecc.*) **a. di prova**, tester □ **a. fotografico**, camera □ **apparecchi sanitari**, sanitary ware.

apparentaménto, *m.* alliance.

apparentàre, A *v. t.* to ally (by marriage). **B apparentàrsi,** *v. rifl.* ***1*** to become* related by marriage ***2*** (*fig.*) to form an alliance.

apparènte, *a.* ***1*** (*che appare ma non è tale*) outward; ostensible; seeming; apparent: **Il motivo a. è che...**, the ostensible reason is that...; **un a. interesse**, a seeming interest; **calma a.**, outward (*o* apparent) calm; **moto a.**, apparent motion ***2*** (*visibile, manifesto*) apparent; visible: **senza ragione a.**, for no apparent reason. ● (*med.*) **morte a.**, catalepsy.

apparenteménte, *avv.* seemingly; on the face of it.

apparènza, *f.* ***1*** appearance; exterior: **salvare**

le apparenze, to keep up appearances; **giudicare dall'a.**, to judge by appearances; **secondo ogni a.**, to all appearances; **all'a.**, seemingly; outwardly; **È gentile solo in a.**, he only looks kind; **Sotto un'a. burbera nasconde un carattere generoso**, there is a warm nature under his rough exterior ***2*** (*aspetto*) appearance; look: **di bella a.**, good-looking. ● (*prov.*) **L'a. inganna**, never judge by appearances.

apparigliàre, *v. t.* to pair.

apparire, *v. i.* ***1*** (*di apparizione*) to appear: **Le apparve un angelo**, an angel appeared to her; **a. in sogno**, to appear in a dream; **Mi apparve in sogno lo zio**, I saw my uncle in a dream; **far a. uno spirito**, to conjure up a ghost ***2*** (*comparire*) to appear; to come* into sight: **Apparve sulla porta**, he appeared on the door; **Il lago apparve in distanza**, the lake came into sight; **Nel cielo apparve la luna**, the moon rose in the sky ***3*** (*risultare*) to appear: **Appare chiaro che...**, it appears clear that... ***4*** (*sembrare*) to seem; (*avere l'aspetto*) to look: **Prima appariva così facile**, it looked (*o* seemed) so easy at first; **Mi è apparso triste**, he looked sad; **Voglio a. elegante**, I want to look smart ***5*** (*assol.*) to show off; to cut* a fine figure: **Non ama a.**, he doesn't like to show off.

appariscènte, *a.* striking; (*vistoso*) showy, flashy, ostentatious, garish, loud.

appariscènza, *f.* strikingness; (*vistosità*) showiness, flashiness, ostentation, garishness, loudness.

apparizióne, *f.* ***1*** apparition ***2*** (*comparsa*) appearance.

appartamentino, *m.* flatlet; maisonnette; (*da scapolo*) bachelor flat.

appartaménto, *m.* flat (*GB*); apartment (*USA*): **a. ammobiliato**, furnished flat; **a. condominiale**, condominium flat; condominium (*USA*); **a. su due piani**, duplex apartment (*USA*); **a. di stato**, apartment of state; **gli appartamenti reali**, the royal apartments; **casa di appartamenti**, block of flats; apartment house (*USA*).

appartàre, A *v. t.* to put* (*o* to place) apart; to segregate. **B appartàrsi,** *v. rifl.* to withdraw*; to retire; (*isolarsi*) to keep* apart, to keep* oneself to oneself.

appartàto, *a.* secluded; retired; isolated; (*di persona*) withdrawn, aloof (*pred.*), apart (*pred.*): **luogo a.**, secluded place; **fare vita appartata**, to lead a secluded life; to keep oneself to oneself; **restare a.**, to keep aloof.

appartenènte, A *a.* belonging to; part of. **B** *m. e f.* person belonging to st.; (*socio e sim.*) member.

appartenènza, *f.* ***1*** belonging; (*proprietà*) ownership: **il gruppo di a.**, the group one belongs to ***2*** (*a un sindacato e sim.*) membership ***3*** (*leg.*) appurtenance.

appartenére, *v. i.* ***1*** to belong to: **Appartiene a te questo libro?**, does this book belong to you?; **La casa appartiene a mio padre**, the house belongs to my father; **Mi appartiene di diritto**, it belongs to me by right ***2*** (*far parte*) to belong to, to be a part of; (*essere socio*) to be a member of: **La Corsica appartiene alla Francia**, Corsica belongs to France; **Appartiene a una specie rara**, it belongs to a rare species; **a. a una famiglia borghese**, to come from a middle-class family; **a. a un circolo**, to be a member of a club ***3*** (*riguardare*) to belong to: **Questo tipo di ricerca appartiene alla fisica**, this type of research belongs to physics.

appassiménto, *m.* ***1*** (*bot.*) withering; wilting ***2*** (*fig.*) fading.

appassionànte, *a.* exciting; thrilling; fascinating; absorbing; engrossing.

appassionàre, A *v. t.* (*interessare*) to fascinate, to arouse interest (in st.), to stir; (*commuovere*) to move: **una storia che ha appassionato tutti**, a story that aroused everybody's interest; **a. q. alla pittura**, to make sb. love painting. **B appassionàrsi,** *v. i. pron.* to become* fond (of); to become* very keen on; to develop a passion for: **a. alla musica**, to become very fond of music; **a. a un lavoro**, to warm up to a job; **a. a un argomento**, to get very keen on a subject.

appassionàto, A *a.* ***1*** passionate; impassioned: **una dichiarazione appassionata**, a passionate declaration; **un discorso a.**, an impassioned speech ***2*** (*amante*) passionately fond of; keen: **È a. di caccia**, he is passionately fond of hunting; **un a. lettore di romanzi**, a keen reader of novels. **B** *m.* (*f.* **-a**) fan; lover; enthusiast; **a. del calcio**, football fan; **a. dello sci**, keen skier; **un a. di musica**, a lover of music; a music lover; **un a. di teatro**, a keen theatre-goer.

appassire, *v. i.* **appassirsi,** *v. i. pron.* ***1*** (*bot.*) to wither; to wilt ***2*** (*fig.*) to fade; (*avvizzire*) to wrinkle.

appellàbile, *a.* (*leg.*) appealable.

appellabilità, *f.* (*leg.*) appealability.

appellànte, (*leg.*) **A** *a.* appealing. **B** *m. e f.* appellant.

appellàre, A *v. t.* (*lett.*) to call. **B** *v. i.* e **C appellàrsi,** *v. i. pron.* (*anche leg.*) to appeal: **Mi appello al tuo onore**, I appeal to your honour; **a. alla legge**, to appeal to the law; **a. contro una sentenza**, to appeal against conviction; to appeal against a sentence.

appellativo, *m.* ***1*** (*gramm.*) appellative ***2*** (*nome*) epithet, name, appellation; (*titolo*) title, style.

appellàto, (*leg.*) **A** *a.* appealed. **B** *m.* (*f.* **-a**) appellee.

appèllo, *m.* ***1*** (*chiamata per nome*) roll; roll call: **fare l'a.**, to call the roll; **rispondere all'a.**, to answer the roll call; to be present; **mancare** (*o* **non rispondere**) **all'a.**, to be absent (*o* missing); **a. nominale**, roll call ***2*** (*leg.*) appeal: **atto d'a.**, act of appeal; appeal; **ricorrere in a.**, to file an appeal; **presentare a. contro una sentenza**, to appeal against a conviction; to appeal against a sentence; **respingere una sentenza in a.**, to quash a conviction [a sentence] on appeal; **vincere una causa in a.**, to win a case on appeal; **Corte d'A.**, Court of Appeal; **giudice d'a.**, appellate judge ***3*** (*invocazione*) appeal; plea; (*richiesta*) call; (*grido*) cry: **un a. alla vostra generosità**, an appeal to your generosity; **un a. di aiuto**, a call (*o* plea) for help; **appelli disperati**, desperate cries; **lanciare un a. per la raccolta di fondi**, to launch an appeal for funds. ● **fare a. q. [q.c.]**, to appeal to sb. [st.] □ (*leg.*) **giudizio senza a.**, final sentence; sentence without appeal.

appéna, A *avv.* ***1*** (*a stento*) hardly; scarcely; barely; only just: **Riusciva a. a camminare**, he could hardly walk: **Ci si vedeva a.**, we could scarcely (*o* barely, only just) see; **Ce n'è a. per due**, there is only just enough for two ***2*** (*da poco*) just: **Il sole s'era a. levato**, the sun had just risen; **L'ho a. finito**, I have just finished it; **È a. uscito**, he has just left; he left just now; **Ero a. entrato, che mi investì di domande**, I had just got in when (*o* no sooner had I got in than) he assailed me with questions ***3*** (*soltanto*) only; just: **Sono a. le dieci**, it's only ten o'clock; **Ce n'è a. mezza bottiglia**, there's only (*o* just) half a bottle. **B** *cong.* (*tosto che*) as soon as: **A. arrivai**, as soon as I arrived; **(Non) a. saprò qualcosa, ti scriverò**, as soon as I know something, I'll write to you; **non a. possibile**, as soon as possible (*abbr. fam.* A.S.A.P.); **Non a. posai il ricevitore, il telefono squillò di nuovo**, no sooner had I hung up than (*o* I had just hung up, when) the telephone rang again.

appèndere, A *v. t.* ***1*** (*sospendere*) to hang*: **a. q.c. al muro**, to hang st. on the wall; **a. q.c. al soffitto**, to hang (*o* to suspend) st. from the ceiling; **Appendi il cappotto**, hang up your coat; (*anche fig.*) **appeso a un filo**, hanging by a thread ***2*** (*impiccare*) to hang*. **B appèndersi,** *v. rifl.* – **a. al braccio di q.**, to lean* on sb.'s arm; **a. al collo di q.**, to throw* one's arms around sb.

appendiàbiti, *m. invar.* (*gruccia*) coat hanger; (*a stelo*) hatstand; (*gancio*) clothes hook.

appendice, *f.* ***1*** appendage; (*di libro*) appendix* ***2*** (*anat.*) appendix*: **a. cecale**, vermiform appendix ***3*** (*bot., zool.*) process; appendage: **a. prensile**, clasper.

appendicectomìa, *f.* (*chir.*) appendicectomy; appendectomy.

appendicite, *f.* (*med.*) appendicitis*.

appendicolàre, *a.* (*anat.*) appendicular.

appendigónna, *m. invar.* skirt hanger.

appennellàre, *v. t.* (*naut.*) to back.

Appennini, *m. pl.* (*geogr.*) (the) Apennines.

appenninico, *m.* (*geogr.*) Apennine (*attr.*).

appercettivo, *a.* (*filos., psic.*) apperceptive.

appercezióne, *f.* (*filos., psic.*) apperception.

appesantiménto, *m.* ***1*** increase in weight ***2*** (*l'appesantire*) loading; weighting down ***3*** (*ingrassamento*) thickening.

appesantire, A *v. t.* ***1*** (*rendere pesante*) to make* heavy (*o* heavier), to weigh down, to load; (*gravare*) to burden: **a. una valigia**, to weigh down a suitcase; **Non a. troppo la macchina**, don't load the car too much; don't overload the car; **un profumo che appesantiva l'aria**, a perfume that hung heavy in the air ***2*** (*fig.*) to burden; to weigh down; to make* (st.) dull; to lay* heavily on: **a. lo stile**, to make the style dull; **a. la lettura di q.c.**, to make st. dull reading; **a. lo stomaco**, to lay heavily on the stomach. **B appesantirsi,** *v. i. pron.* ***1*** to become* (*o* to get*, to grow*) heavy (*o* heavier): **Gli occhi gli si appesantirono**, his eyes grew heavy with sleep ***2*** (*ingrassare*) to put* on weight; (*di viso*) to thicken.

appestàre, *v. t.* ***1*** (*contaminare*) to infect; to contaminate; to taint ***2*** (*ammorbare*) to stink*; to foul; to pollute.

appestàto, A *a.* ***1*** plague-stricken ***2*** (*contaminato*) infected; contaminated; tainted; corrupt ***3*** (*fetido*) stinking; fetid. **B** *m.* (*f.* **-a**) (*malato di peste*) plague-stricken person; plague victim.

appestatóre, *m.* (*f.* **-trice**) ***1*** plague carrier ***2*** (*fig.*) contaminator.

appetènza, *f.* (*lett.*) appetency; appetite.

appetibile, *a.* desirable.

appetibilità, *f.* desirability.

appetire, A *v. t.* (*lett.*) to crave for. **B** *v. i.* to whet one's appetite.

appetito, *m.* ***1*** appetite: **avere a.**, to be hungry; to have an appetite; **avere un certo a.**, to have a keen appetite; to feel peckish (*GB*); **farsi venire l'a.**, to work up an appetite; **perdere [riacquistare] l'a.**, to lose [to recover] one's appetite; **rovinare l'a.**, to spoil sb.'s appetite; **stimolare l'a.**, to act as (*o* to be) an appetizer; **stuzzicare l'a.**, to whet (*o* to tempt) sb.'s appetite; **mangiare con a.**, to eat heartily; (*prov.*) **L'a. vien mangiando**, appetite comes with eating; **appetiti disordinati**, unruly appetites; **Buon a.!**, enjoy your meal! (*non com.*) ***2*** (*brama*) appetite; craving; lust.

appetitóso, *a.* ***1*** (*di cibo*) appetizing; inviting; mouth-watering ***2*** (*fig.*) tempting; inviting; desirable.

appètto a, *locuz. prep.* (*lett.*) ***1*** opposite ***2*** (*fig.: in confronto a*) in comparison with.

appezzaménto, *m.* plot of land; allotment; lot (*USA*).

appianaménto, *m.* ***1*** smoothing; levelling; flattening ***2*** (*fig.*) composition; settlement; sorting out.

appianàre, A *v. t.* ***1*** to level; to flatten; (*lisciare*) to smooth; (*piallare*) to plane: **a. il terreno**, to level the ground ***2*** (*fig.*) to settle; to resolve; to sort out; to smooth out; to iron out: **a. le difficoltà**, to smooth out (*o* to iron out) the difficulties; **a. una lite**, to settle a dispute. **B appianàrsi**, *v. i. pron.* (*risolversi*) to straighten out; to smooth down; to sort itself out.

appianatóia, *f.* smoothing plane.

appiattàrsi, *v. i. pron.* (*nascondersi*) to hide* (oneself), to skulk; (*stare in agguato*) to lie* in wait; (*rannicchiarsi*) to crouch.

appiattiménto, *m.* **1** flattening; levelling **2** (*fig., anche econ.*) levelling out (*o* off): **a. dei salari**, levelling out (*o* off) of wages.

appiattire, **A** *v. t.* **1** to flatten; to level **2** (*fig., anche econ.*) to level out (*o* off): **a. i salari**, to level out (*o* off) wages. **B appiattirsi**, *v. rifl.* e *i. pron.* **1** (*farsi piatto*) to flatten oneself: **Mi appiattii contro il muro**, I flattened myself against the wall **2** (*diventare piatto*) to flatten; to become* flat; to level out (*o* off).

appiccàre, **A** *v. t.* **1** (*impiccare*) to hang* **2** (*dare inizio*) to start; to set*: **a. una zuffa**, to start a fight; **a. il fuoco a q.c.**, to set fire to st.; to set st. on fire. **B appiccàrsi**, *v. i. pron.* (*attaccarsi*) to cling* to.

appiccicàre, **A** *v. t.* **1** (*attaccare*) to stick*; (*con colla, anche*) to glue, to paste: **a. un francobollo alla busta**, to stick a stamp on the envelope **2** (*assol.*) to stick*: **Questa colla non appiccica**, this glue won't stick **3** (*fig.*: *rifilare*) to pass: **Mi appiccicò un diecimila lire falso**, he passed me a forged ten thousand lire note. ● **a. una sberla a q.**, to slap sb.'s face; to give sb. a thick ear (*fam.*) □ (*fig.*) **a. un soprannome a q.**, to give sb. a nickname; to dub sb. **B** *v. i.* (*essere appiccioso*) to be sticky; to be gluey. **C appiccicàrsi**, *v. rifl.* e *i. pron.* **1** (*attaccarsi*) to stick*: **I cioccolatini si sono appiccicati**, the chocolates have stuck together **2** (*fig.*: *essere sempre vicino*) to cling* to; to attach self to.

appiccicatìccio, *a.* **1** sticky; gluey; (*per sudore*) clammy **2** (*fig.*: *di persona*) clinging.

appiccicàto, *a.* **1** stuck; glued; pasted **2** (*fig.*) stuck; clinging. ● **Il nomignolo gli restò appiccicato**, the nickname stuck to him □ **Gli è sempre appiccicata**, she clings to him like a leech.

appiccicatùra, *f.* **1** (*l'appiccicare*) sticking **2** (*cosa malfatta*) patch; cobble; patchwork.

appiccicóso, *a.* **1** sticky; gluey; tacky; gooey (*fam.*) **2** (*fig.*: *di persona*) clinging.

appiccicùme, *m.* sticky stuff; goo (*fam.*).

appiè, *prep.* at the foot: **a. di pagina**, at the foot of the page.

appiedàre, *v. t.* **1** to dismount **2** (*estens.*: *lasciare a piedi*) to leave without transport; to force to walk.

appiedàto, *a.* **1** dismounted; unmounted (*anche mil.*) **2** (*senza mezzo di trasporto*) on foot: **Oggi sono a., ho la macchina rotta**, I am on foot (*o* I'm walking) today, my car has broken down.

appièno, *avv.* (*lett.*) fully; completely; entirely; thoroughly.

appigionàre, *v. t.* to let* out; to rent out (*USA*).

appigliàrsi, *v. i. pron.* **1** to seize; to grab (hold of); to get* hold of **2** (*fig.*) to cling* to; to seize upon: **a. a un pretesto**, to seize upon a pretext **3** (*bot.*) to take* root.

appìglio, *m.* **1** hold; handhold; (*per i piedi*) foothold **2** (*fig.*: *pretesto*) pretext; excuse; (*occasione*) opportunity, chance: **dare a. a critiche**, to give a pretext to criticism; to lay* oneself open to criticism.

àppio, *m.* (*bot., Apium graveolens*) celery.

appiómbo, **A** *avv. V.* **a piombo** *sotto* **piombo**. **B** *m.* plumb; perpendicularity.

appioppàre, *v. t.* **1** (*fig. fam.*: *assestare*) to give*; (*colpi, anche*) to land (*fam.*); to fetch (*fam. GB*): **a. un pugno**, to give (*o* to land) a punch; **a. un soprannome a q.**, to give sb. a nickname; to dub sb. **2** (*fig. fam.*: *rifilare*) to pass: **a. un assegno a vuoto a q.**, to pass sb. a dud cheque **3** (*agric.*) to plant with poplars.

appisolàrsi, *v. i. pron.* to doze off; to drop off.

applaudire, *v. t.* e *i.* **1** to applaud; to clap (hands); (*acclamare*) to cheer: **a. (a) un cantante**, to applaud a singer; **Il pubblico cominciò ad a.**, the audience started to clap; **a. q. alzandosi in piedi**, to give sb. a standing ovation; **Il discorso fu applaudito dalla folla**, the speech was cheered by the crowd **2** (*approvare*) to applaud; to approve of: **Applaudo il tuo comportamento**, I applaud (*o* approve of) your behaviour; **Non sono contrario; anzi applaudo**, I'm not against it; in fact, I applaud it.

applàuso, *m.* **1** applause; clapping; cheers (*pl.*); cheering: **Il pubblico scoppiò in un a.**, the audience burst into loud applause; **Ricevetti un bell'a.**, I got a big round of applause; **Gli applausi scrosciavano**, there was thundering applause; **un uragano d'applausi**, a storm of cheering; **applausi a scena aperta**, applause in the middle of (an aria, a speech, etc.); spontaneous applause; **Il pubblico, in piedi, li applaudì con entusiasmo**, the audience gave them a standing ovation; **Facciamogli un bell'a.!**, let's give him a hand! **2** (*approvazione*) approval; applause.

applicàbile, *a.* **1** applicable **2** (*leg.*) enforceable.

applicabilità, *f.* **1** applicability **2** (*leg.*) enforceability.

applicàre, **A** *v. t.* **1** (*mettere*) to apply; to put*; (*incollare*) to stick*; (*spalmare*) to spread*: **a. un'etichetta**, to apply (*o* to stick) a label; **a. un unguento**, to apply (*o* to spread) an ointment; **a. l'occhio all'oculare**, to apply (*o* to put) one's eye to the eyepiece **2** (*mettere in atto*) to apply; (*leg.*) to enforce: **a. un rimedio**, to apply a remedy; **a. una teoria**, to apply a theory; **a. una legge**, to enforce a law; **a. una norma a un caso**, to apply a rule to a case; **a. tensione**, to apply tension **3** (*rivolgere*) to apply: **a. la mente a q.c.**, to apply one's mind to st. **4** (*infliggere*) to impose: **a. una multa**, to impose a fine; to fine; **a. una tassa**, to impose (*o* to levy) a tax **5** (*assegnare*) to assign. **B applicàrsi**, *v. rifl.* to apply oneself (to st.); to work hard (at st.): **a. a un lavoro**, to apply oneself to a job; **È intelligente, ma non si applica**, he is bright, but he won't apply himself.

applicativo, *a.* **1** applicative **2** (*leg.*) enforcing **3** (*elab.*) application(s) (*attr.*): **programma a.**, application program; **pacchetto a.**, applications package.

applicàto, **A** *a.* applied: **scienze applicate**, applied sciences. **B** *m.* (*f.* **-a**) (*bur.*) clerk.

applicazióne, *f.* **1** application; use: **l'a. di nuove tecniche**, the application of new techniques; **l'a. di una crema**, the application of a cream **2** (*leg.*) enforcement **3** (*fig.*) application; diligence; concentration **4** (*sartoria*) appliqué.

applique (*franc.*), *f. invar.* sconce.

appoderaménto, *m.* division (of land) into farms.

appoderàre, *v. t.* to divide into farms.

appoggiacàpo, *m. invar.* **1** headrest **2** (*di stoffa*) antimacassar.

appoggiafèrro, *m. invar.* iron rest.

appoggiamàno, *m. invar.* (*pitt.*) maulstick.

appoggiapièdi, *m. invar.* footstool; footrest.

appoggiàre, **A** *v. t.* **1** to lean*; (*per tenere ritto*) to prop; (*posare*) to place, to put*, to rest: **a. una scala al muro**, to lean a ladder against the wall; **La bici era appoggiata al muro**, the bike was propped against the wall; **a. i gomiti sulla tavola**, to lean one's elbows on the table; **a. la testa sul cuscino**, to rest one's head on the pillow; **Dove appoggio il pacchetto?**, where shall I put the parcel? **2** (*fig.*: *sostenere*) to support, to back, to second; (*schierarsi con*) to side with: **a. un candidato**, to support (*o* to back) a candidate; **a. una causa**, to support a cause; **a. una proposta**, to back (*o* to second) a proposal; **a. una mozione**, to second a motion **3** (*fig.*: *fondare*) to ground; to base **4** (*mus.*) to hold*; to sustain: **a. la voce sopra una nota**, to hold a note **5** (*calcio*) to pass **6** (*scherz.*: *appioppare*) to land; to plant. ● (*fig.*) **a. la voce sopra una parola**, to emphasize a word. **B** *v. i.* to rest: **Il pilastro appoggia su una base di cemento**, the pillar rests on a concrete base. **C appoggiàrsi**, *v. rifl.* **1** to lean*; to prop oneself: **a. al muro**, to lean against the wall **2** (*fig.*: *affidarsi*) to rely on; to lean* on; to place one's trust in: **Mi sono appoggiato a lui**, I relied on him; **A che banca ti appoggi a New York?**, what's your bank in New York?

appoggiatèsta, *m. invar.* (*autom.*) headrest.

appoggiatóio, *m.* **1** support **2** (*ringhiera*) banisters (*pl.*).

appoggiatùra, *f.* (*mus.*) appoggiatura*.

appòggio, **A** *m.* **1** support; prop; rest; base **2** (*fig.*) support, backing; (*aiuto*) help, assistance: **dare il proprio a. a q.**, to give one's support to sb.; **cercare un a.**, to look for help; **essere di a. a q.**, to be of assistance to sb. **3** (*amico influente*) friend in high places; helping hand: **avere appoggi influenti**, to have friends in high places **4** (*mil.*) support: **fuoco d'a.**, support fire **5** (*archit.*) bearing **6** (*ginnastica*) support **7** (*alpinismo*) hold; (*per i piedi*) foothold. ● (*comm.*) **pezza d'a.**, voucher □ **punto d'a.**, (*tecn.*) fulcrum; purchase; (*fig.*) base. **B** *a. invar.* – (*naut.*) **nave a.**, tender; support ship.

appollaiàrsi, *v. rifl.* to roost; (*anche fig.*) to perch.

appontàggio, *m.* (*aeron., naut.*) deck landing.

appontàre, *v. i.* (*aeron.*) to deck-land.

appoppaménto, *m.* **1** (*naut.*) trim by the stern **2** (*aeron.*) tail heaviness.

appoppàre, *v. i.* **appopparsi**, *v. i. pron.* **1** (*naut.*) to be down by the stern **2** (*aeron.*) to be tail-heavy.

appoppàto, *a.* **1** (*naut.*) down by the stern **2** (*aeron.*) tail-heavy.

appórre, *v. t.* to affix; to append; to put*: **a. la firma**, to affix one's signature; to sign; **a. il sigillo**, to affix the seal; to seal; **a. la data**, to append (*o* to put) the date; **a. le iniziali a q.c.**, to initial st.; **a. il visto a un documento**, to endorse a document.

apportàre, *v. t.* to bring*; to give*; to cause: **a. dolore**, to bring sorrow; **a. un esempio**, to give (*o* to quote) an example; **a. capitali**, to bring in (*o* to contribute) capital; **a. nuove prove**, to bring in fresh evidence; **a. modifiche**, to introduce (*o* to make) changes; **a. ritocchi**, to touch up (st.); **a. tagli al bilancio**, to trim the budget; **a. danno**, to cause harm; to harm; **a. vantaggio**, to give an advantage.

apportatóre, *m.* (*f.* **-trice**) bearer.

appòrto, *m.* (*anche comm., leg.*) contribution: **a. di capitale**, contribution of capital.

appositaménte, *avv.* expressly; on purpose.

appositivo, *a.* (*gramm.*) appositive.

appòsito, *a.* **1** special; provided; relevant: **un a. magistrato**, a special magistrate; **usare l'a. contenitore**, use the container provided for the purpose (*o* the specially provided container); **riempire l'a. modulo**, fill in the relevant form **2** (*adatto*) suitable; fitting.

apposizióne, *f.* **1** (*l'apporre*) affixing; appending: (*leg.*) **a. di sigilli**, affixing of seals **2** (*gramm.*) apposition.

appòsta, **A** *avv.* **1** (*deliberatamente*) on purpose; deliberately: **Non l'ho fatto a.**, I didn't do it on purpose; **Glielo dissi a.**, I told him deliberately **2** (*con uno scopo*) specially; expressly: **Ci andrò a.**, I'll go there specially; **Era venuto a. per te**, he had come specially to see you. ● **Non badargli, lo fa a. per farsi**

notare, don't pay any attention to him, he does it just to attract your attention □ **A farlo a., non avresti potuto fare peggio**, you couldn't have done worse if you had tried □ **neanche a farlo a.**, by sheer coincidence; as luck would have it: **Neanche a farlo a. ne ho uno io**, by sheer coincidence, I happen to have one. **B** *a. invar.* (*speciale*) special: **Mi occorre un arnese a.**, I need a special tool.

appostaménto, *m.* **1** (*l'appostarsi*) lying in wait; lying in ambush **2** (*agguato*) ambush: **disporre un a.**, to lay (*o* to set) an ambush; **mettersi in a.**, to lie in ambush **3** (*mil.*) position; (*di mitragliatrice*) nest **4** (*caccia*) hide.

appostàre, **A** *v. t.* **1** (*collocare*) to post; to station; to position; (*nascondere*) to hide* **2** (*fare la posta*) to lie* in wait for. **B appostàrsi**, *v. rifl.* to station oneself; to lie* in wait; to lurk; (*in agguato*) to lie* in ambush.

apprèndere, *v. t.* **1** (*imparare*) to learn*: **a. un'arte**, to learn an art **2** (*venire a sapere*) to learn*; to hear*; to have: **L'ho appreso da lui**, I heard it from him; I had it from him; **Lo appresi dai giornali**, I read about it in the papers.

apprendìbile, *a.* learnable.

apprendiménto, *m.* learning.

apprendista, *m.* e *f.* apprentice; (*principiante*) beginner: **mettere q. come a. presso q.**, to apprentice sb. to sb.

apprendistàto, *m.* apprenticeship; (*tirocinio*) traineeship.

apprensióne, *f.* uneasiness; anxiety; apprehension; worry; concern; fear: **essere in a.**, to be anxious; **mettere q. in a.**, to set sb. worrying; to alarm sb.; **stare in a.**, to worry; **tenere q. in a.**, to keep sb. worried.

apprensìvo, *a.* uneasy; anxious; apprehensive; worrying; fearful.

appressàre, *v. t.* **appressàrsi**, *v. rifl.* (*lett.*) to approach; to come* close.

apprèsso, **A** *avv.* **1** (*vicino*) near; nearby; close: **La porta è qui a.**, the door is quite near (*o* close) **2** (*più tardi*) after; later : **come si seppe a.**, as was known later **3** (*dietro*) behind: **Veniva a.**, he came behind. **B** *a.* (*seguente*) after; next; following: **il giorno a.**, the day after; the next day; the following day; **A.!**, next (one), please! **C apprèsso a**, *locuz. prep.* **1** (*con sé*) along, with; (*vicino*) close to, near, by: **Portati a. l'ombrello!**, take the umbrella with you!; **Si portò a. il figlio**, he took his son along; **Stammi a.!**, keep close (to me)! **2** (*dietro*) behind: **Il cane gli trottava a.**, his dog was trotting behind him; **andare a. a q.**, to follow sb.; (*fig.*) **andare a. a q.c.**, to yearn for st. ● (*ferr.*) **bagaglio a.**, accompanied luggage.

apprestaménto, *m.* preparation.

apprestàre, **A** *v. t.* to prepare; to get* ready. **B apprestàrsi**, *v. rifl.* to get* ready; to prepare (oneself).

apprettàre, *v. t.* (*ind. tess.*) to dress; to size.

apprettatrìce, *f.* (*ind. tess.*) sizer.

apprettatùra, *f.* (*ind. tess.*) dressing; sizing.

apprètto, *m.* (*ind. tess.*) dressing; size: **dare l'a.**, to size.

apprezzàbile, *a.* appreciable; considerable; remarkable; notable.

apprezzaménto, *m.* **1** (*stima*) appreciation; esteem **2** (*valutazione*) appraisal; valuation **3** (*fig.*: *opinione*) opinion; judgment.

apprezzàre, *v. t.* **1** (*stimare*) to appreciate; to esteem; to value; to think* a lot of: **Apprezzo la tua amicizia**, I value (*o* appreciate) your friendship; **a. q.**, to think a lot of sb. **2** (*valutare*) to appraise.

appròccio, *m.* approach; advances (*pl.*); overtures (*pl.*): **tentare un a.**, to make overtures; (*amoroso*) to make advances (to sb.), to accost (sb.); **essere ai primi approcci**, to be at the beginning.

approdàre, *v. i.* **1** (*naut.*) to land; to call at (a port): **Approdarono a Genova**, they landed (*o* called) at Genoa; **Non riuscimmo ad a.**, we could not land **2** (*fig.*) to come* to; to lead* to: **Il mio tentativo non approdò a nulla**, my attempt came to nothing (*o* led me nowhere, got me nowhere).

appròdo, *m.* (*naut.*) **1** landing; landfall **2** (*luogo d'approdo*) landing place; berthing.

approfittàre, *v. i.* **approfittàrsi**, *v. i. pron.* **1** to take* advantage of; to avail oneself of: **a. delle circostanze**, to take advantage of the circumstances; **Vi siete approfittati di me**, you took advantage of me; you used me; **a. di chi è indifeso**, to hit a man when he is down **2** (*abusare*) to impose upon; to presume on: **Non voglio a. della tua cortesia**, I don't want to impose (*o* presume) on your kindness.

approfittatóre, *m.* (*f.* **-trice**) profiteer.

approfondiménto, *m.* **1** deepening (*anche fig.*) **2** (*fig.*: *studio approfondito*) investigation; close examination; (*di disciplina*) in-depth study.

approfondìre, **A** *v. t.* **1** to deepen (*anche fig.*) **2** (*fig.*: *studiare a fondo*) to investigate; to inquire into; to examine closely; to go* into; (*una disciplina*) to study in depth: **a. una questione**, to investigate a matter. **B approfondìrsi**, *v. i. pron.* to become* deeper.

approntàre, *v. t.* to ready; to prepare; to make* (*o* to get) ready.

approntàto, *a.* ready.

appropinquàre, *v. t.*, *v. i.* **appropinquàrsi**, *v. i. pron.* (*lett.*) to approach.

appropriaménto, *m.* appropriation.

appropriàrsi, *v. i. pron.* to take* possession of; to take*; to appropriate; (*indebitamente*) to misappropriate, to usurp: **a. dei beni altrui**, to take possession of other people's property; **a. di un titolo**, to usurp a title; **a. di denaro pubblico**, to embezzle public money.

appropriatézza, *f.* appropriateness; fitness; aptness; suitableness.

appropriàto, *a.* fit; fitting; suitable; suited; proper; appropriate; (*calzante*) apt; (*a proposito*) apropos: **a. all'occasione**, fit for (*o* suitable to) the occasion; **il termine a.**, the appropriate term; **un esempio a.**, an apt example; **un'osservazione appropriata**, an apropos remark.

appropriazióne, *f.* appropriation: **a. indebita**, misappropriation; embezzlement.

approssimàre, **A** *v. t.* to bring* near. **B approssimàrsi**, *v. rifl.* e *i. pron.* to approach (st.); to come* near (st.); to get* close to; (*anche rif. al tempo*) to draw* near: **Ci stiamo approssimando a Torino**, we are approaching Turin; **Si approssima la Pasqua**, Easter is drawing near. **C** *m.* approach: **all'a. dell'inverno**, at the approach of winter.

approssimatìvo, **approssimàto**, *a.* **1** approximate; rough: **cifra approssimativa**, approximate figure; **calcolo a.**, rough calculation **2** (*impreciso*) imprecise; inaccurate; sketchy.

approssimazióne, *f.* **1** approximation (*anche mat.*): **per a.**, approximately; roughly; **a. per difetto [per eccesso]**, approximation by defect [by excess] **2** (*imprecisione*) imprecision; inaccuracy; sketchiness.

approvàbile, *a.* approvable; (*accettabile*) acceptable.

approvàre, *v. t.* **1** (*stimare buono*) to approve of; to agree with; to praise: **Non approvo la sua condotta**, I don't approve of his behaviour; **Non approvo le tue scelte**, I don't agree with your choices; **Tutti approvarono quello che aveva detto**, everybody praised what he had said **2** (*accettare*) to accept; to approve; to subscribe to; to welcome: **a. una proposta**, to approve (*o* to subscribe to, to welcome) a proposal **3** (*accettare ufficialmente*) to approve, to sanction, to endorse, to adopt; (*un disegno di legge*) to pass: **a. una dichiarazione**, to approve a declaration; **a. una mozione**, to approve (*o* to carry) a motion; **a. un bilancio**, to adopt a balance; **La legge è stata approvata**, the bill was passed (*o* went through) **4** (*promuovere*) to pass: **a. un candidato**, to pass a candidate.

approvatìvo, *a.* approbative; approbatory.

approvazióne, *f.* **1** (*consenso*) approval; approbation; agreement; assent **2** (*lode*) praise **3** (*accettazione*) acceptance; approval **4** (*accettazione ufficiale*) approval; sanction; endorsement; (*econ.*: *di bilancio*) adoption; (*di disegno di legge*) passage.

approvvigionaménto, *m.* **1** provisioning; supplying; procurement: **a. viveri**, victualling; **a. d'acqua**, watering **2** (*pl.*) (*provviste*) provisions; supplies.

approvvigionàre, **A** *v. t.* to provision; to supply provisions to; to supply (sb. with st.): **a. un esercito**, to supply an army; **a. di combustibile**, to supply with fuel; **a. di cibo**, to supply with food; to victual. **B approvvigionàrsi**, *v. rifl.* to lay* (*o* to get*) in supplies.

approvvigionatóre, *m.* (*f.* **-trice**) **1** (*fornitore*) supplier **2** (*di viveri*) victualler.

appruaménto, *m.* **1** (*naut.*) trim by the head **2** (*aeron.*) nose heaviness.

appruàre, *v. t.* **appruàrsi**, *v. i. pron.* **1** (*naut.*) to be down by the head **2** (*aeron.*) to be nose-heavy.

appruàto, *a.* **1** (*naut.*) down by the head **2** (*aeron.*) nose-heavy.

appuntaménto, *m.* appointment; date (*fam.*); rendezvous (*franc.*): **prendere [fissare, disdire, rispettare] un a.**, to make [to fix, to cancel, to keep] an appointment; **mancare a un a.**, to fail to keep an appointment; **dare a. a q.**, to arrange to meet sb.; **darsi un a. in centro**, to agree to meet in town; **ricevere su a.**, to receive by appointment; **a. d'affari**, business appointment (*o* engagement); **a. amoroso**, date; **a. spaziale**, rendezvous; **luogo dell'a.**, meeting place; venue. ● **casa d'appuntamenti**, brothel; house used by call girls □ (*fig.*) **mancare all'a.** (*deludere*), to disappoint; to fail to deliver (*fam.*).

appuntàre (1), **A** *v. t.* **1** (*rendere appuntito*) to sharpen; to point **2** (*attaccare con spilli*) to pin: **Appuntò un nastro al vestito**, she pinned a ribbon to her dress **3** (*fig.*: *rivolgere*) to pin; to set*; to fix: **a. le proprie speranze su q.c.**, to pin one's hopes on st.: **a. gli occhi su q.c.**, to fix one's eyes on st.; **a. gli orecchi**, to strain one's ears. **B appuntàrsi**, *v. i. pron.* (*rivolgersi*) to be pointed at; to be directed at; to be pinned on: **Il suo sguardo si appuntò su di noi**, his eyes turned to us; he pinned his eyes on us.

appuntàre (2), *v. t.* (*annotare*) to note (down); to make* a note of.

appuntàto, *m.* (*mil.*) lance corporal (in the Carabinieri).

appuntellàre, *v. t.* to prop; to stay; to shore up.

appuntìno, *avv.* meticulously; precisely; with precision. *V. anche* **a puntino**, *sotto* **puntino**.

appuntìre, *v. t.* to sharpen; to point.

appuntìto, *a.* sharp; pointed.

appùnto (1), *m.* **1** (*nota*) note; record: **prendere appunti**, to make (*o* to take) notes; **prendere un a. di q.c.**, to make a note (*o* a record) of st. **2** (*promemoria*) memorandum*; memo (*fam.*) **3** (*critica*) criticism; reprimand; reproach: **fare un a. a q.**, to criticize sb.; to reprimand sb.

appùnto (2), *avv.* exactly; just; precisely: **Stava a. lì**, he was standing just there; that's exactly where he was standing; **Cercavo a. te**, you're just the person I was looking for; **È (per l') a. su questo che volevo consultarti**, that is precisely what I wanted to discuss with you; **«Arrivi ora?» «A.»**, «have you just arrived?» «(that's) right»; **«Ma non doveva telefonare?» «A.»**, «wasn't he supposed to phone?» «precisely».

appuraménto, *m.* ascertainment; verification; check: **a. dei fatti**, verification of the facts.

apputàre, *v. t.* **1** (*scoprire*) to ascertain; to find* out: **a. la verità**, to ascertain the truth **2** (*chiarire*) to clear up **3** (*assicurarsi*) to make* sure **4** (*verificare*) to verify; to check.

aprassìa, *f.* (*med.*) apraxia.

apribàlle, *m. invar.* (*ind. tess.*) bale breaker.

apribile, *a.* that can be opened; openable. ● (*autom.*) **tetto a.**, sliding roof; sunroof.

apribócca, *m. invar.* (*med.*) gag.

apribottìglie, *m. invar.* bottle-opener.

aprico, *a.* (*lett.*) sunny.

aprile, *m.* April: **il nove a.**, the 9th of April; April 9th; **il primo d'a.**, All Fools' Day; April Fools' Day; **pesce d'a.**, trick played on All Fools' Day.

a priori (*lat.*), *locuz. agg.* e *avv.* a priori.

apriorismo, *m.* apriorism.

aprioristico, *a.* aprioristic; a priori.

apripista, A *m.* e *f. invar.* (*sport*) forerunner. **B** *m. invar.* (*mecc.*) bulldozer.

aprire, A *v. t.* **1** to open (up); (*distendere, spiegare*) to open (out); (*con la chiave*) to unlock; (*con interruttore*) to switch on; (*con manopola*) to turn on: **a. un cassetto** [**una scatola, una valigia, una bottiglia**], to open a drawer [a box, a suitcase, a bottle]; **a. la porta**, to open the door; (*con la chiave*) to unlock the door; **Aprì la porta con violenza** [**con un calcio**], he flung [he kicked] the door open; **a. un cassetto**, to pull open (*o* out) a drawer; **a. le tende**, to draw back the curtains; **a. la mano**, to open one's hand; **a. il pugno**, to unclench one's fist; **a. un libro**, to open a book; **a. un giornale**, to open (*o* to unfold, to spread out) a newspaper; **A che ora aprite** (**il negozio**)?, what time do you open up?; **a. l'animo a un amico**, to open one's mind to a friend; (*elettr.*) **a. un circuito**, to open a circuit; (*fig.*) **a. la mente a q.**, to open sb.'s mind; (*econ.*) **a. un mercato**, to open up a market; **a. il gas**, to turn on the gas: **a. il rubinetto**, to turn on the tap (*USA*: the faucet); **a. la luce** [**la radio**], to switch on the light [the radio] **2** (*scavare*) to dig*; to make*: **a. una buca**, to dig (*o* to make) a hole **3** (*cominciare*) to open; to begin*; to start: **a. un dibattito** [**una seduta**], to open a debate [a meeting]; **a. la serie**, to begin the series; **a. un corso di lezioni**, to begin a course of lectures; **a. una sottoscrizione**, to start up a collection **4** (*inaugurare*) to open; to set* up; to start; to inaugurate: **a. un bar**, to open a bar; **a. una scuola**, to open a school; **a. una mostra**, to open (*o* to inaugurate) an exhibition **5** (*essere in testa a*) to head; to lead*: **a. un corteo**, to head a procession; **La banda apriva la colonna**, the band led the column **6** (*assol., nei giochi di carte*) to open; to lead*: **Aprì con un cuori**, he led (with) a heart; (*poker*) **a. al buio**, to open blind. ● **a. bocca**, to open one's mouth; **non a. bocca**, to keep silent (*o* quiet) □ **a. bottega**, to set up shop □ (*fig.*) **a. le braccia a q.**, to welcome sb. with open arms □ **a. la casa** (*agli ospiti*), to throw open one's house □ (*comm.*) **a. un conto**, to open an account □ **a. un concorso**, to announce a competition □ (*mil.*) **a. il fuoco**, to open fire □ **a. gli occhi**, (*per la sorpresa*) to stare; (*stare attento*) to watch out*, to keep one's eyes peeled (*fam.*) □ **a. le orecchie**, to listen carefully; to pin back one's ears (*fam.*) □ (*fig.*) **a. una porta a q.**, to give an opening to sb. □ **a. uno spiraglio**, to open a crack; to let in some light (*o* some air) □ (*leg.*) **a. un testamento**, to read a will □ **a. la via a nuovi progressi**, to pave the way for further progress □ **aprirsi la via tra le fiamme**, to force one's way through the flames □ **aprirsi la via combattendo**, to fight one's way (through st.) □ (*alpinismo*) **a. una nuova via**, to open a new route. **B** *v. i.* **1** to open: **Questo negozio non apre il sabato**, this shop doesn't open on Saturdays; **Quando aprono le scuole?**, when do schools open? **2** (*fig.*: *polit.*) to look for a new alliance; to make* overtures. **C aprirsi,** *v. i. pron.* **1** to open: **La porta si aprì adagio**, the door opened slowly; **In primavera i fiori si aprono**, flowers open in spring; **La finestra si apre sul cortile**, the window opens on to the courtyard **2** (*allargarsi*) to open out; to widen; to broaden: **La valle si aprì alla vista**, the valley opened (out) before our eyes; **Più avanti la strada si apriva**, the road widened further on; **La mente si apre con lo studio**, the mind is broadened through study **3** (*fendersi*) to crack open; to split* open: **La terra si aprì**, the ground split open **4** (*cominciare*) to open; to begin*: **Il racconto si apre con una rapina**, the story opens with a hold-up; **Si apriva un periodo difficile**, a difficult period lay ahead **5** (*rischiararsi*) to clear up: **Il cielo si è un po' aperto**, the sky has cleared up a little. **D aprirsi,** *v. rifl.* (*confidarsi*) to open (*o* to disclose) one's heart (to sb.); to open up; (*rivelare il proprio pensiero*) to open one's mind (to sb.).

apriscàtole, *m. invar.* tin opener; can opener (*USA*).

apritóio, *m.* (*ind. tess.*) willow; opener.

àpside, *f.* (*astron.*) apsis*; apse.

àptero, *a.* **1** (*zool.*) apterous **2** (*scult.*) wingless **3** (*archit.*) apteral.

àquila, *f.* **1** (*zool., Aquila*) eagle: **a. di mare** (*Haliaëtus albicilla*), erne(e); sea-eagle; **a. di mare dalla testa bianca** (*Haliaëtus leucocephalus*), bald eagle; **a. reale** (*Aquila chrysaëtos*), golden eagle; (*fig.*) **occhio d'a.**, eagle eye; **dagli occhi d'a.**, eagle-eyed; **sguardo d'a.**, piercing eyes **2** (*arald., mil.*) eagle: **a. bicipite**, double eagle; **a. ad ali spiegate**, spread eagle; **le aquile romane**, the Roman eagles **3** (*fig.*) genius: **Non è un'a.**, he's no genius. ● (*zool.*) **a. marina** (*Myoliobatis aquila*), eagle ray.

aquilàno, A *a.* of Aquila; from Aquila; Aquila (*attr.*). **B** *m.* (*f.* **-a**) inhabitant of Aquila; native of Aquila.

aquilègia, *f.* (*bot., Aquilegia vulgaris*) columbine; aquilegia.

aquilìno, *a.* **1** eagle (*attr.*) **2** (*adunco*) aquiline; hooked: **naso a.**, aquiline (*o* hooked) nose; **profilo a.**, aquiline profile.

aquilóne (1), *m.* (*vento*) north wind.

aquilóne (2), *m.* (*gioco*) kite.

aquilòtto, *m.* **1** (*zool.*) eaglet **2** (*fig.*) trainee pilot.

àra (1), *f.* (*altare*) altar.

àra (2), *f.* (*misura*) are.

àra (3), *f.* (*zool., Ara*) macaw.

arabésca, *f.* (*mus., danza*) arabesque.

arabescàre, *v. t.* **1** to decorate with arabesques **2** (*disegnare*) to decorate; to embroider.

arabescàto, *a.* **1** arabesque **2** (*decorato*) decorated.

arabésco, *m.* **1** arabesque **2** (*disegno elaborato*) arabesque; tracery; curlicue; flourish.

aràbico, *a.* Arabic; Arabian: **cifre arabiche**, Arabic numerals; **il deserto a.**, the Arabian desert; **gomma arabica**, gum arabic.

aràbile, *a.* (*agric.*) arable.

arabismo, *m.* Arabism; Arabicism.

arabista, *m.* e *f.* Arabist.

arabizzàre, *v. t.* to arabize.

àrabo, A *a.* Arabian; Arab (*attr.*): **il popolo a.**, the Arab people; **la Lega Araba**, the Arab League; **i paesi arabi**, the Arab countries; **le donne arabe**, Arab women; **un cavallo a.**, an Arab (horse); **costumi arabi**, Arabian costumes. **B** *m.* **1** (*f.* **-a**) Arab (*f.* Arab woman*) **2** (*ling.*) Arabic. ● **Questo è a. per me**, this is Greek (*o* double-Dutch) to me; I don't understand a word of it.

aràchide, *f.* (*bot., Arachis hypogaea*) peanut; groundnut: **burro di arachidi**, peanut butter.

aràcnide, *m.* (*zool.*) arachnid.

Aràcnidi, *m. pl.* (*zool., Arachnida*) Arachnida.

aracnidismo, *m.* (*med.*) arachnidism.

aracnòide, *f.* (*anat.*) arachnoid.

aracnoidèo, *a.* (*anat.*) arachnoid.

aracnoidite, *f.* (*med.*) arachnoiditis*.

Aragóna, *f.* (*geogr.*) Aragon.

aragonése, *a., m.* e *f.* Aragonese: **gli Aragonesi**, the Aragonese.

aragonite, *f.* (*miner.*) aragonite.

aragósta, *f.* (*zool., Palinurus vulgaris*) (spiny) lobster; crayfish*; crawfish* (*USA*). ● **color a.**, lobster colour.

aràldica, *f.* heraldry.

aràldico, *a.* heraldic.

araldista, *m.* e *f.* heraldist.

aràldo, *m.* herald.

aràlia, *f.* (*bot.*) aralia.

aramàico, *a.* e *m.* Aramaic.

arancéto, *m.* orange grove.

arància, *f.* orange: **succo d'a.**, orange juice; **scorza d'a.**, orange peel; **marmellata di a.**, (orange) marmalade; **spremuta d'a.**, orange squash; **a. amara**, Seville orange; **a. sanguigna**, blood orange.

aranciàta, *f.* orange drink; orangeade.

aranciàto, *a.* orange-coloured.

arancièra, *f.* orangery.

arancino, *m.* (*cucina*) croquette.

aràncio, *m.* **1** (*bot., Citrus aurantium*) orange (tree): **fiori d'a.**, orange blossoms **2** (*frutto*) *V.* **arancia** 3 (*colore*) orange.

arancióne, *a.* e *m.* orange.

aràre, *v. t.* **1** to plough, to plow (*USA*) **2** (*naut.*) to drag.

aratìvo, *a.* arable.

aratóre, *m.* ploughman*, plowman* (*USA*).

aràtro, *m.* plough, plow (*USA*).

aratùra, *f.* **1** (*l'arare*) ploughing, plowing (*USA*) **2** (*stagione*) ploughing season.

araucàno, *a.* e *m.* (*f.* **-a**) Araucanian.

araucària, *f.* (*bot., Araucaria*) araucaria; monkey puzzle.

arazzeria, *f.* **1** (*arte*) tapestry weaving **2** (*manifattura*) tapestry factory **3** (*arazzi*) tapestries (*pl.*).

arazzière, *m.* (*f.* **-a**) tapestry weaver.

aràzzo, *m.* tapestry; arras; hanging: **pareti coperte di arazzi**, walls hung with tapestries.

àrbitra, *f.* *V.* **arbitro**.

arbitràggio, *m.* **1** (*leg.*) arbitration; umpirage: **ricorrere all'a.**, to resort to arbitration **2** (*Borsa*) arbitrage; arbitraging **3** (*sport*) arbitration; (*calcio, pallacanestro, golf, lotta, boxe*) refereeing; (*baseball, cricket, hockey, polo, sci, nuoto, tennis*) umpiring, umpirage.

arbitraggista, *m.* e *f.* (*Borsa*) arbitrager.

arbitràle, *a.* (*leg.*) arbitral: **collegio a.**, board of arbitrators; **lodo a.**, umpirage; arbitrator's award.

arbitràre, *v. t.* **1** (*leg.*) to arbitrate; to umpire; to act as arbitrator **2** (*Borsa*) to arbitrate **3** (*sport*: *calcio, pallacanestro, golf, lotta, boxe*) to referee; (*baseball, cricket, hockey, polo, sci, nuoto, tennis*) to umpire.

arbitrarietà, *f.* arbitrariness.

arbitràrio, *a.* arbitrary.

arbitràto, *m.* **1** arbitration: **sottomettersi all'a. di q.**, to submit to sb.'s arbitration; **a. internazionale**, international arbitration **2** (*leg.*) arbitration; umpiring: **risolvere una controversia per a.**, to settle a dispute by arbitration.

arbitratóre, *m.* (*leg.*) arbitrator; umpire.

arbìtrio, *m.* **1** will; discretion: **agire secondo il proprio a.**, to act at one's discretion; to follow one's judgment; **dipendere dall'a. di q.**, to be subject to sb.'s will; **a proprio a.**, as one pleases **2** (*licenza*) licence; liberty: **prendersi l'a. di fare q.c.**, to take the liberty of doing st. **3** (*atto arbitrario*) arbitrary act; (*sopruso*) abuse: **È un a.!**, this is an abuse! ● **ad a.**, arbitrarily □ (*filos.*) **libero a.**, free will.

àrbitro, *m.* (*f.* **-a**) **1** (*leg.*) arbitrator: **fare da a.**, to act as an arbitrator; **terzo a.**, umpire **2** (*sport*: *calcio, pallacanestro, golf, lotta, boxe*) referee; (*baseball, cricket, hockey, polo, sci,* *nuoto, tennis*) umpire; **fare da a.**, to act as an umpire (*o* a referee) **3** (*fig.*) arbiter (*f.* arbitress): **a. dell'eleganza**, arbiter in matters of taste; **l'a. dei nostri destini**, the arbiter of our destinies.

arbòreo, *a.* arboreal.

arborescènte, *a.* arborescent.

arborescènza, *f.* arborescence.

arborèto, *m.* arboretum*.

arborìcolo, *a.* **1** arboreal **2** arboricultural.

arboricoltóre, *m.* (*f.* **-trice**) arboriculturist; arborist; nurseryman* (*m.*).

arboricoltùra, *f.* arboriculture.

arborizzazióne, *f.* (*anat.*) arborization.

arboscèllo, *m.* sapling.

arbustìvo, *a.* shrubby.

arbùsto, *m.* shrub; bush: **a. basso**, undershrub.

àrca, *f.* **1** ark: **l'a. di Noè**, Noah's ark; (*Bibbia*) **l'A. dell'Alleanza**, the Ark of the Covenant **2** (*lett.*: *tomba*) tomb. • (*fig.*) **a. di scienza**, walking encyclopedia.

àrcade, **A** *a.* Arcadian. **B** *m.* **1** (*abitante dell'Arcadia*) Arcadian **2** (*membro dell'Accademia dell'Arcadia*) member of the Arcadian Academy **3** (*fig.*: *scrittore lezioso*) mawkish writer.

Arcàdia, *f.* **1** (*geogr.* e *fig.*) Arcadia **2** (*Accademia*) Arcadian Academy.

arcàdico, *a.* **1** (*geogr.* e *fig.*) Arcadian **2** (*dell'Accademia dell'Arcadia*) of the Arcadian Academy **3** (*fig.*: *lezioso*) mawkish.

arcaicità, *f.* ancientness; antiquity; (*antiquatezza*) archaism.

arcàico, *a.* ancient; (*antiquato*) archaic.

arcaìsmo, *m.* archaism.

arcaìsta, *m.* e *f.* archaist.

arcaìstico, *a.* archaistic.

arcaizzànte, *a.* rich in archaisms.

arcaizzàre, *v. i.* to archaize.

arcàngelo, *m.* archangel.

arcàno, **A** *a.* arcane; mysterious: **parole arcane**, mysterious words. **B** *m.* mystery; arcanum*: **svelare l'a.**, to unravel the mystery.

arcaréccio, *m.* (*edil.*) purlin(e).

arcàta, *f.* **1** (*arco*) arch; (*passaggio*) archway **2** (*serie d'archi*) arches (*pl.*); arcade **3** (*anat.*) arch: **a. sopraccigliare**, arch of the eyebrows **4** (*mus.*) bowing.

arcatèlla, *f.* (*archit.*) small arch.

arcàto, *a.* arched.

archeggiàre, *v. i.* (*mus.*) to bow.

archéggio, *m.* (*mus.*) bowing.

archeologìa, *f.* archa(e)ology.

archeològico, *a.* archa(e)ological.

archeòlogo, *m.* (*f.* **-a**) archa(e)ologist.

archeottèrige, *m.* (*paleont.*) archaeopteryx.

archeozòico, *a.* e *m.* (*geol.*) Archeozoic.

archetìpico, *a.* archetypal; archetypical.

archètipo, **A** *m.* archetype. **B** *a.* archetypal.

archétto, *m.* (*mus.*) bow.

archiacùto, *a.* (*archit.*) ogival.

archiàtra, *m.* archiater; chief physician.

archibugiàta, *f.* **1** (*colpo*) (h)arquebus shot **2** (*ferita*) (h)arquebus wound.

archibugière, *m.* (*stor.*) (h)arquebusier.

archibùgio, *m.* (*stor.*) (h)arquebus; hackbut.

archidiòcesi, *f.* archdiocese.

archiepiscopàle, *a.* archiepiscopal.

archilochèo, *a.* (*poesia*) Archilochian.

Archìloco, *m.* (*letter.*) Archilocus.

archimandrìta, *m.* (*eccles.*) archimandrite.

Archimède, *m.* (*stor.*) Archimedes.

archipèndolo, **archipenzolo**, *m.* plumb rule.

architétta, *f.* V. **architetto**.

architettàre, *v. t.* **1** to plan **2** (*fig.*: *escogitare*) to plan, to contrive, to engineer; (*macchinare*) to scheme, to plot: **a. una manovra**, to engineer a manoeuvre; **a. una congiura**, to plan a conspiracy; **a. scuse**, to think up excuses; **Chissà cosa sta architettando?**, what is he up to, I wonder?

architétto, *m.* (*f.* **-a**) **1** architect: **a. paesaggista**, landscape architect **2** (*fig.*: *ideatore*) architect; planner.

architettònico, *a.* architectural; architectonic.

architettùra, *f.* (*anche elab.*) architecture.

architravàto, *a.* architraved.

architràve, *m.* **1** (*di colonne*) architrave **2** (*di porta*) lintel.

archiviàre, *v. t.* **1** to place in the archives; to record; (*comm.*) to file; to place on file **2** (*fig.*: *accantonare*) to shelve; to table (*USA*) **3** (*leg.*) to dismiss: **a. un processo**, to dismiss a case **4** (*elab.*) to store up.

archiviazióne, *f.* **1** registration; recording; (*comm.*) filing **2** (*leg.*) dismissal; closure; closing **3** (*elab.*) storing.

archìvio, *m.* **1** archives (*pl.*); records (*pl.*); (*anche comm.*) files (*pl.*); (*giorn. fam.*) morgue: **a. di Stato**, State Archives; **l'a. di famiglia**, the family records; **gli archivi della RAI**, the RAI archives; **ricerche d'a.**, archive research; **materiale d'a.**, records (*pl.*) **2** (*elab.*) file.

archivìsta, *m.* e *f.* **1** archivist **2** (*comm.*) file (*o* filing) clerk.

archivìstica, *f.* archive-keeping.

archivìstico, *a.* archival; archive (*attr.*); record (*attr.*).

archivòlto, *m.* (*archit.*) archivolt.

Arcibàldo, *m.* Archibald.

arcibasìlica, *f.* (main) basilica.

arcicontènto, *a.* (*fam.*) extremely glad; delighted; overjoyed.

arcidiaconàto, *m.* archdeaconry; archdeaconship.

arcidiàcono, *m.* archdeacon.

arcidiàvolo, *m.* archfiend.

arcidùca, *m.* archduke.

arciducàle, *a.* archducal.

arciducàto, *m.* archduchy.

arciduchéssa, *f.* archduchess.

arcièra, *f.* (*archit.*) loophole.

arcière, *m.* archer; (*mil.*, *stor.*) bowman*.

arcìgno, *a.* (*cupo*) surly, grim, forbidding; (*duro*) harsh, sour; (*sdegnoso*) scornful.

arciliùto, *m.* (*mus.*) archlute.

arcinòto, *a.* extremely well known; known to all and sundry.

arcionàto, *a.* with saddlebows.

arcióne, *m.* (*anteriore*) saddlebow; (*posteriore*) cantle. • **montare in a.**, to mount (a horse); to get on horseback.

arcipèlago, *m.* archipelago*.

arciprète, *m.* archpriest; dean.

arcivescovàdo, **arcivescovàto**, *m.* **1** (*palazzo*) archbishop's palace **2** (*giurisdizione*, *dignità*) archbishopric.

arcivescovìle, *a.* archiepiscopal.

arcivéscovo, *m.* archbishop.

àrco, *m.* **1** (*geom. e forma*) arc: **a. di cerchio**, arc of a circle; **piegare q.c. ad a.**, to bend st. into an arc **2** (*archit.*) arch: **l'a. della porta**, the arch of the doorway; **gli archi d'un ponte**, the arches of a bridge; **a. a tutto sesto**, round (*o* Roman) arch; **a. a sesto acuto**, pointed (*o* lancet, Gothic) arch; **a. a sesto ribassato**, segmental arch; **a. cieco**, dead arch; **a. rampante**, flying buttress; rampant arch; **a. trionfale**, triumphal arch **3** (*arma*) bow: **tendere l'a.**, to draw the bow; **corda d'a.**, bowstring **4** (*mus.*) bow: **strumento ad a.**, string instrument; **gli archi**, the strings; **musica per archi**, music for strings; **quartetto d'archi**, string quartet **5** (*fis.*, *mecc.*) arc: **a. voltaico**, electric arc; **lampada ad a.**, arc lamp; **a. d'ingrandimento**, overlap arc; **saldatura ad a.**, arc welding **6** (*anat.*) arch: **a. dell'aorta**, arch of the aorta; **a. del piede**, arch of the foot; **a. delle sopracciglia**, arch of the eyebrows **7** (*fig.*: *durata*) span; space: **a. della vita**, lifespan; lifetime; **a. di tempo**, lapse of time; period of time; **nell'a. di due anni**, in the space of two years; over two years. • (*astron.*) **a. diurno [notturno]**, diurnal [nocturnal] arc □ (*fisiol.*) **a. riflesso**, reflex arc □ **formare un a. su q.c.**, to arch over st. □ **ad a.**, arched.

arcobaléno, *m.* rainbow. • **diventare di tutti i colori dell'a.**, to go every colour of the rainbow.

arcolàio, *m.* wool winder; swift.

arcontàto, *m.* (*stor. greca*) archonship; arcontate.

arcónte, *m.* (*stor. greca*) archon.

arcoscènico, *m.* (*teatr.*) proscenium arch.

arcosecànte, *f.* (*mat.*) arc secant.

arcoséno, *m.* (*mat.*) arcsine.

arcosòlio, *m.* (*archeol.*) arcosolium*.

arcotangènte, *f.* (*mat.*) arctangent.

arcuàre, *v. t.* **arcuàrsi**, *v. rifl.* e *i. pron.* (*piegare*, *piegarsi*) to curve, to bend*; (*inarcare*, *inarcarsi*) to arch.

arcuàto, *a.* arched; curved; bent; arcuate: **sopracciglia arcuate**, arched eybrows; **schiena arcuata**, bent back; **gambe arcuate**, bow legs; bandy legs; **soffitto a.**, vaulted ceiling.

ardènte, *a.* **1** burning; blazing; fiery; (*infocato*) red-hot: **fiamme ardenti**, burning flames; **carboni ardenti**, burning (*o* live) coals; **sabbia a.**, hot (*o* burning) sand; **una fronte a. di febbre**, a forehead burning with fever **2** (*fig.*) burning; ardent; fervent; fiery; passionate: **passione a.**, burning passion; **animo a.**, fiery spirit; **desiderio a.**, burning (*o* passionate) desire **3** (*naut.*) griping. • **camera a.**, funeral chamber □ **cappella a.**, mortuary chapel.

ardenteménte, *avv.* passionately; ardently; fervently.

àrdere, **A** *v. t.* **1** to burn* (*anche fig.*); to set* fire to **2** (*disseccare*) to parch; to scorch; to dry up. **B** *v. i.* **1** to burn*; to blaze; to be on fire: **Un lume ardeva alla finestra**, a light was burning in the window; **Questa legna non arde bene**, this wood doesn't burn well; **Un bel fuoco ardeva nel camino**, a cheerful fire blazed in the fireplace; **La casa ardeva tutta**, the whole house was on fire (*o* was ablaze); **a. di febbre**, to be burning with fever **2** (*fig.*) to burn* (with st.); to glow (with st.): **a. d'amore**, to burn with love; **a. d'ira**, to burn with rage; **a. di zelo [di entusiasmo]**, to glow with zeal [with enthusiasm]; **a. di sete**, to be dying of thirst **3** (*infuriare*) to rage: **Ardeva il combattimento**, the fight was raging. • **legna da a.**, firewood.

ardèsia, **A** *f.* (*miner.*) slate: **cava di a.**, slate quarry; **tegola di a.**, slate; **copertura d'a.**, slating. **B** *a. invar.* slate (*attr.*); slaty: **grigio a.**, slate grey.

ardiménto, *m.* daring; fearlessness; boldness; bravery.

ardimentóso, *a.* daring; fearless; intrepid; bold; brave.

ardìre, **A** *v. i.* to dare*; to venture: **Non ardì protestare**, he dared not complain; **Ardisco di presentarmi a voi**, I venture to introduce myself to you. **B** *m.* **1** (*coraggio*) courage; daring; boldness: **mancare d'a.**, to lack courage; **prendere a.**, to pluck up one's courage; **prendersi l'a. di fare q.c.**, to venture to do st. **2** (*impudenza*) courage; temerity; impudence.

arditézza, *f.* boldness; temerity.

ardìto, **A** *a.* **1** (*coraggioso*) bold, brave, courageous, daring; (*intrepido*) fearless, intrepid: **parole ardite**, bold words; **farsi a.**, to pluck up one's courage **2** (*rischioso*) risky; hazardous: **un'impresa ardita**, a risky venture **3** (*fig.*: *originale*) daring; bold; audacious: **un'immagine ardita**, a daring image; **teorie ardite**, audacious theories **4** (*insolente*) bold; audacious; impertinent; forward: **complimento a.**, audacious compliment; **essere un po' troppo a.**, to be impertinent; to take too many liberties. **B** *m. pl.* (*mil.*) shock troops.

ardóre, *m.* **1** (*calore*) fierce heat **2** (*fig.*: *passione*) ardour, ardor (*USA*), passion; (*fervo-

re) fervour, fervor (*USA*), heat, eagerness: **amare con a.**, to love ardently; **lavorare con a.**, to work eagerly.
arduità, *f.* (*lett.*) arduousness.
àrduo, *a.* ***1*** (*difficile*) arduous; hard; difficult ***2*** (*ripido*) steep.
àrea, *f.* ***1*** (*geom.*) area ***2*** (*spazio di terreno*) area; lot; ground: **a. da vendere**, land for sale; **a. fabbricabile**, site; building lot ***3*** (*zona*) zone; area: **a. culturale [linguistica]**, cultural [linguistic] zone; **a. depressa**, depressed area ***4*** (*ambito*) field: **a. di interesse**, field of interest; line ***5*** (*calcio*) area: **a. di gioco**, field; **a. di rigore**, penalty area; **a. di porta**, goal area; goal mouth ***6*** (*elab.*) area: **a. di programma**, programme storage. ● (*econ.*) **l'a. del dollaro**, the dollar area □ (*meteor.*) **a. di bassa [alta] pressione**, low [high] □ **a. di parcheggio**, parking lot □ **a. di servizio**, service area □ (*polit.*) **partito di a. democratica**, democratic party.
areàle, A *a.* areal: (*fis.*) **velocità a.**, areal velocity. **B** *m.* (*biol.*) areale.
arèca, *f.* (*bot.*, *Areca*) areca.
areligióso, *a.* areligious.
àrem, *V.* **harem**.
arèna (1), *f.* ***1*** (*archit.*) arena; (*per corride*) bullring ***2*** (*fig.*) arena; field: **l'a. politica**, the political arena; **scendere nell'a.**, to enter the lists.
aréna (2), *f.* (*sabbia*) sand.
arenaménto, *m.* ***1*** (*naut.*) running aground; stranding ***2*** (*fig.*) standstill; deadlock ***3*** (*di fiume, ecc.*) silting up.
arenàre, *v. i.* **arenàrsi,** *v. i. pron.* ***1*** (*naut.*) to run* aground; to strand ***2*** (*fig.*) to get* stranded; to get* stuck; to come* to a standstill.
arenària, *f.* (*miner.*) sandstone.
arengàrio, *m.* (*stor.*) town hall.
aréngo, *m.* (*stor.*) assembly.
arenìcolo, *a.* arenicolous.
arenile, *m.* sandy shore.
arenóso, *a.* sandy; arenaceous.
arèola, *f.* (*anat.*) areola*.
areolàto, *a.* (*anat.*) areolate.
areometrìa, *f.* (*fis.*) areometry.
areòmetro, *m.* (*fis.*) areometer; hydrometer.
areopagita, *m.* Areopagite.
areopagìtico, *a.* Areopagitic.
areòpago, *m.* (*stor.*) Areopagus.
aretìno, A *a.* of Arezzo; from Arezzo; Arezzo (*attr.*). **B** *m.* inhabitant of Arezzo; native of Arezzo.
argàli, *m.* (*zool.*, *Ovis ammon*) argali.
arganista, *m.* e *f.* winch operator.
àrgano, *m.* ***1*** (*naut.*) capstan; (*verricello*) winch: **a. dell'ancora**, capstan; **a. orizzontale**, windlass ***2*** (*mecc.*) windlass; winch: **a. a mano**, monkey winch; **a. di sollevamento**, hoist.
argentàre, *v. t.* to silver; to silver-plate.
argentàto, *a.* ***1*** silver-plated ***2*** (*color argento*) silvery; silver: **foglie argentate**, silvery leaves; **volpe argentata**, silver fox.
argentatóre, *m.* (*f.* **-trice**) silver plater.
argentatùra, *f.* silvering; silver plating.
argènteo, *a.* silver (*attr.*); silvery: **capelli argentei**, silver hair; **un chiarore a.**, a silvery light.
argenterìa, *f.* ***1*** silverware; silver; plate ***2*** (*negozio*) silversmith's.
argentière, *m.* ***1*** silversmith ***2*** (*negozio*) silversmith's.
argentìfero, *a.* argentiferous; silver-bearing.
argentina, *f.* (*moda*) crew-neck sweater.
argentino (1), *a.* silver (*attr.*); silvery: **voce argentina**, silvery voice.
argentino (2), *a.* e *m.* (*f.* **-a**) Argentinian; Argentine (*f.* Argentinian woman*).
argentite, *f.* (*miner.*) argentite.
argènto, *m.* ***1*** silver: **a. battuto**, wrought silver; **un vassoio d'a.**, a silver tray; **capelli d'a.**, silver hair; **un chiarore d'a.**, a silvery light ***2*** (*pl.*) (*lett.*: *argenteria*) silver (*sing.*); silverware (*sing.*). ● (*chim.*) **a. vivo**, quicksilver □ (*fig.*) **avere l'a. vivo addosso**, to be restless; to be a live wire □ **nozze d'a.**, silver wedding (anniversary).
argentóne, *m.* nickel silver; German silver.
argilla, *f.* (*miner.*) clay; argil: **a. da ceramista**, ball clay; (*edil.*) **a. espansa**, expanded clay; **a. grassa**, loam; rich clay; **a. semiliquida**, slip; **a. refrattaria**, fire clay. ● (*fig.*) **l'a. mortale**, mortal clay □ (*fig.*) **piedi d'argilla**, feet of clay.
argillàceo, *a.* argillaceous.
argillóso, *a.* clayey; argillaceous.
arginaménto, *m.* ***1*** (*l'arginare*) banking; dyking, diking ***2*** (*gli argini*) embankment; dyke, dike ***3*** (*fig.*) check; containment.
arginàre, *v. t.* ***1*** (*un corso d'acqua*) to embank; to bank up ***2*** (*un terreno*) to dyke, to dike ***3*** (*fig.*) to check; to stem; to hold* back: **a. la corruzione**, to check corruption; **a. la criminalità**, to stem crime; **a. il nemico**, to hold the enemy in check; **a. la piena**, to stem the flood; **a. la folla**, to hold back the crowd.
arginatùra, *V.* **arginamento**.
àrgine, *m.* ***1*** bank; embankment; (*diga*) dyke, dike; (*a. naturale di fiume*) levee (*USA*): **Il fiume ruppe gli argini**, the river overflowed its banks ***2*** (*fig.*: *ostacolo*) barrier; dyke: **fare a. alla folla**, to hold back the crowd; **fare da a.**, to act as a barrier; **porre a. a q.c.**, to stem st.; **rompere ogni a.**, to break down all barriers.
argìnnide, *f.* (*zool.*, *Argynnis aglaja*) fritillary.
argirìsmo, *m.* (*med.*) silver-poisoning.
argìvo, *a.* (*stor.*) Argive.
Àrgo (1), *m.* (*mitol.*) Argus.
Àrgo (2), *m.* (*geogr.*) Argos.
argo, *m.* (*chim.*) argon.
argòlico, *a.* Argive.
argomentàre, A *v. t.* to deduce; to infer. **B** *v. i.* to argue; to reason. **C** *m.* reasoning.
argomentatóre, *m.* (*f.* **-trice**) arguer; reasoner.
argomentazióne, *f.* ***1*** argument; reasoning ***2*** (*prove*) arguments (*pl.*).
argoménto, *m.* ***1*** (*materia, oggetto*) subject; subject-matter; matter; topic; point: **argomenti di conversazione**, conversation topics; **l'a. in discussione**, the matter (*o* point) under discussion (*o* at issue); **trattare [proporre] un a.**, to discuss [to suggest] a subject (*o* a topic); **attenersi all'a.**, to keep to the point; **cambiare a.**, to change the subject; **entrare in a.**, to come to the point; **affrontare un a.**, to broach a subject; **dichiarare chiuso l'a.**, to declare the matter closed; **Ciò esula dall'a.**, that is beside the point; **allontanarsi dall'a.**, to stray from the point; **un romanzo di a. politico**, a political novel ***2*** (*ragione, prova*) argument: **ribattere [confutare] un a.**, to refute [to confute] an argument; **addurre un a.**, to advance an argument ***3*** (*motivo*) motive; occasion: **prendere a. da una cosa per dirne un'altra**, to take st. as a motive for saying st. else ***4*** (*mat.*) argument. ● (*leg.*) **a. di difesa**, plea □ (*fig.*) **l'a. del giorno**, the talk of the town.
àrgon, *V.* **argo**.
argonàuta (1), *m.* (*zool.*, *Argonauta argo*) argonaut; paper nautilus*.
argonàuta (2), *m.* (*mitol.*) Argonaut.
arguire, *v. t.* to infer; to deduce.
argutézza, *f.* wit; wittiness.
argùto, *a.* ***1*** (*spiritoso*) witty; sharp-witted: **una persona arguta**, a witty (*o* sharp-witted) person; a wit; **frase arguta**, witty remark; witticism; wisecrack ***2*** (*fig.*, *di viso, ecc.*) humorous; sharp; lively; penetrating.
argùzia, *f.* ***1*** (*qualità*) wit ***2*** (*motto arguto*) witty remark; witticism; quip.
àrìa, *f.* ***1*** air: **a. buona [di mare, di montagna]**, good [sea, mountain] air; **a. gelata**, freezing air; **a. chiusa**, stale air; **a. ferma**, still air; **a. fine**, rarefied air; **a. viziata**, stuffy air; foul air; **all'a. aperta**, in the open air; **un cambiamento d'a.**, a change of air; **cambiare (*o* mutare) a.** (*per salute* e *fig.*), to have a change of air; **cambiare l'a. (in una stanza)**, to air (*o* to ventilate) a room; to give a room an airing; **un soffio (*o* un filo) d'a.**, a breath of air ***2*** (*spazio verso il cielo*) air: **in a.** (*o* **per a.**), in the air: **camminare col naso in** (*o* **per**) **a.**, to walk with one's nose in the air; **C'è q.c. in a. che non mi va**, there's st. in the air that I don't like; **a mezz'a.**, in mid-air ***3*** (*espressione*) expression, air; (*aspetto, apparenza*) look, aspect: **con a. triste**, with a sad expression on one's face; looking sad; **con a. di trionfo**, with an air of triumph; triumphantly; **con a. severa**, sternly; **con a. assente**, blankly; **Hai l'a. stanca**, you look tired; **Ha l'a. di un brav'uomo**, he looks like an honest man; **Ha l'a. di essere contento**, he looks (*o* seems) happy; **Non hai l'a. di divertirti**, you don't look as if you were enjoying yourself; **Ha un'a. che non mi va**, there's something about him I don't like; **Ha un po' l'a. di mio fratello**, he looks a bit like my brother; there is something of my brother about him; **Ha tutta l'a. di voler piovere**, it looks very much like rain ***4*** (*modo*) manner: **con a. sbadata**, in a careless manner; **un'a. da prepotente**, bullying manners ***5*** (*autom.*, *fam.*) choke: **tirare l'a.**, to put on the choke ***6*** (*mus.*) air, tune, melody; (*d'opera*) aria*, air: **un'a. irlandese**, an Irish air; **da cantarsi sull'a. di...**, to be sung to the tune of...; **un'a. dei «Pagliacci»**, an aria from «Pagliacci». ● (*fis.*) **a. compressa**, compressed air □ **a. condizionata**, air conditioning: **In ufficio abbiamo l'a. condizionata**, we have air-conditioning at work; **con l'a. condizionata**, air-conditioned □ (*fig.*) **a. fritta**, verbiage; flannel (*GB*) □ (*fis.*) **a. liquida**, liquid air □ **a tenuta d'a.**, air-tight □ **abbassare le arie**, to get off one's high horse □ **all'a. aperta**, outside; outdoors: **fare vita all'a. aperta**, to lead an outdoor life; **giochi all'a. aperta**, outdoor games □ **A.!**, (*vattene!*) go away!; get out!; scram! (*pop.*) ; (*andiamocene!*) let's beat it! □ **una boccata d'a.**, a breath of fresh air: **Andiamo a prendere una boccata d'a.**, let's go and get some fresh air □ **buttare all'a.**, to turn upside down: **Aprì il cassetto e buttò tutto all'a.**, he opened the drawer and turned everything upside down (*o* and threw everything out) □ **Ho preso un colpo d'a.**, I've caught a chill □ **corrente d'a.**, draught; (*aeron.*) air current □ **dare a. alle lenzuola**, to air (*o* to give an airing to) the bedsheets □ **darsi delle arie**, to give oneself airs; to put on the dog (*USA*) □ **dire q.c. a mezz'a.**, to hint at st. □ **far saltare in a.**, to blow up □ **fucile ad a. compressa**, air gun □ **in linea d'a.**, in a straight line; as the crow flies □ **lanciare in a. una moneta**, to toss a coin in the air □ (*med.*) **mal d'a.**, airsickness □ **Qui manca l'a.**, it's too close in here □ **sentirsi mancare l'a.**, to feel faint □ (*fig.*) **mandare all'a.**, to upset; to ruin; to spoil; to break: **Questo ha mandato all'a. tutti i miei progetti**, this has upset all my plans; **mandare all'a. un accordo**, to break an agreement □ (*aeron.*) **Maresciallo dell'A.**, Air Marshal □ **Qui non è a. per lui**, this is no place for him; he isn't wanted here □ **Il progetto è ancora tutto per a.**, the plan is still up in the air □ **per via d'a.**, by air □ **aver paura dell'a.**, to be afraid of one's shadow □ (*tecn.*) **presa d'a.**, air intake; air inlet □ **pressione dell'a.**, air pressure □ **riscontro d'a.**, draught □ (*ing.*) **sacca d'a.**, air lock; air bind □ **saltare in a.** (*esplodere*), to blow up □ **spostamento d'a.**, windage; (*d'esplosione*) blast; (*di corpo in moto*) draught □ **Tira a.**, it's draughty □ (*fig.*) **vedere che a. tira**, to see which way the wind

is blowing □ **vivere** (*o* **campare**) **d'a.**, to live on air □ (*aeron.*) **vuoto d'a.**, air pocket.
ària-ària, *locuz. agg. invar.* (*mil.*) air-to-air.
arianèsimo, *m.* (*stor. relig.*) Arianism.
Ariànna, *f.* (*mitol.*) Ariadne.
ariàno (1), *a.* e *m.* (*indoeuropeo*) Aryan.
ariàno (2), *a.* e *m.* (*st. relig.*) Arian.
ària-tèrra, *locuz. agg. invar.* (*mil.*) air-to-ground.
aridaménte, *avv.* dryly, drily.
aridità, *f.* dryness; aridity (*anche fig.*).
àrido, A *a.* *1* dry; arid; parched: **una regione arida**, a dry region; **terra arida**, parched land *2* (*fig.*) arid; barren: **un'opera arida**, an arid work; **cuore a.**, cold heart. **B** *m. pl.* dry substances.
aridocoltùra, *f.* (*agric.*) dry farming.
arieggiàre, A *v. t.* *1* (*dare aria*) to air, to ventilate; (*esporre all'aria*) to give* (st.) an airing: **a. una stanza**, to air (*o* to ventilate) a room *2* (*somigliare a*) to look like; to be reminiscent of; to bear* some resemblance to: **Questo pittore arieggia Rosai**, this painter is reminiscent of Rosai. **B** *v. i.* (*darsi arie di*) to give* oneself airs; to act: **a. a gran signora**, to give oneself airs of a great lady; to act the great lady.
Arièle, *m.* (*letter.*) Ariel.
ariète, *m.* *1* (*zool.*) ram *2* (*astron.*) Aries; the Ram *3* (*astrol.*) Aries *4* (*edil.*) ram: **a. idraulico**, hydraulic ram *5* (*mil.*) battering ram.
ariétta, *f.* *1* breeze *2* (*mus.*) arietta.
arile, *m.* (*chim.*) aryl.
arillo, *m.* (*bot.*) aril.
aringa, *f.* (*zool.*, *Clupea harengus*) herring.
Àrio, *m.* (*stor.*) Arius.
ariosità, *f.* airiness.
arióso, A *a.* *1* (*di luogo*) airy; breezy. *2* (*fig.*) airy; light; lively *3* (*mus.*) arioso (*attr.*). **B** *m.* (*mus.*) arioso*.
arista (1), *f.* (*bot.*) awn; arista*.
àrista (2), *f.* (*cucina*) chine of pork.
Aristàrco, *m.* Aristarch.
aristàto, *a.* (*bot.*) aristate.
aristocràtico, A *a.* aristocratic; upper-class (*attr.*). **B** *m.* (*f.* **-a**) aristocrat.
aristocrazìa, *f.* *1* aristocracy; upper classes (*pl.*) *2* (*fig.*) aristocracy.
Aristòfane, *m.* (*stor. letter.*) Aristophanes.
aristofanésco, *a.* (*letter.*) Aristophanic.
Aristòtele, *m.* Aristotle.
aristotèlico, *a.* e *m.* (*filos.*) Aristotelian.
aristotelismo, *m.* (*filos.*) Aristotelianism.
aritmètica, *f.* arithmetic.
aritmètico, A *a.* arithmetic(al): **media aritmetica**, arithmetic mean; **progressione aritmetica**, arithmetic progression. **B** *m.* (*f.* **-a**) arithmetician.
aritmìa, *f.* *1* want of rhythm *2* (*med.*) arrhythmia.
aritmico, *a.* *1* unrhythmic(al) *2* (*med.*) arrhythmic(al).
arlecchinàta, *f.* *1* (*teatr.*) harlequinade *2* (*fig.*: *buffonata*) piece of buffoonery; clowning; farce.
arlecchinésco, *a.* *1* (*teatr.*) Harlequin (*attr.*) *2* clownish; ludicrous; farcical.
Arlecchìno, *m.* (*teatr.*) Harlequin.
arlecchìno, A *m.* *1* person dressed up as Harlequin *2* (*fig.*: *buffone*) clown; buffoon; harlequin; fool. **B** *a. invar.* harlequin-patterned.
àrma, *f.* *1* weapon (*anche fig.*); (*al pl.*) arms, weaponry (*sing.*): **a. difensiva** [**offensiva**], defensive [offensive] weapon; **Le armi del cane sono i denti**, a dog's weapons are its teeth; **La mia a. è la pazienza**, patience is my weapon; **armi nucleari** [**biologiche**], nuclear [biologic] weapons; **a. bianca**, steel weapon; cold steel; bayonet; **a. da fuoco**, firearm; **a. a canna corta** [**lunga**], short-barrelled [long-barrelled] firearm; **armi leggere**, small arms; **a. a doppio taglio**, double-edged weapon; **correre alle armi**, to rush to arms; **essere in armi**, to be up in arms; **fatto d'armi**, feat of arms; **levarsi in armi**, to rise up in arms; **deporre le armi**, to lay down one's arms; **prendere le armi**, to take up arms; **presentare le armi** (*in saluto*), to present arms *2* (*mil.*) arm; force; service: **a. di fanteria**, infantry (arm); **l'a. azzurra**, the air force *3* (*stemma*) coat of arms; arms (*pl.*). ● **l'A. benemerita**, the Carabinieri □ **armi e bagagli**, one's bits and pieces; bag and baggage: **Prese armi e bagagli e partì**, she took up her bits and pieces and left □ (*fig.*) **ad armi pari**, on equal terms □ (*fig.*) **affilare le armi**, to get ready to fight □ **All'armi!**, to arms! □ (*fig.*) **essere alle prime armi**, to be a novice (*o* a fledgling); to be still green (at st.) □ **battere q. con le sue stesse armi**, to beat sb. at his own game □ **chiamare sotto le armi**, to call up □ **chiamata alle a.**, call-up □ **combattimento all'a. bianca**, bayonet fight; hand-to-hand fight □ **compagno d'armi**, comrade-in-arms: **È stato mio compagno d'armi**, we were in the army together; we served together □ **concedere l'onore delle armi**, to grant the honours of war □ **fare il viso dell'a.**, to look threatening; to scowl □ **ferita di a. da fuoco**, gunshot wound □ **fratello d'armi**, brother-in-arms □ **maestro d'armi**, fencing master □ **il mestiere delle armi**, soldiering □ **passare q. per le armi**, to shoot sb.; to send sb. before a firing squad; (*in caso di a. bianca*) to put sb. to the sword □ **piazza d'armi**, barrack square; drill (*o* parade) ground □ **porto d'armi**, licence to carry firearms; gun licence □ **sala d'armi**, (*di scherma*) salle d'armes (*franc.*); (*armeria*) armoury □ **essere sotto le armi**, to be under arms; to be in the army; to be doing national service (*o* one's military service) □ **uomo d'armi**, man-at-arms □ **venire alle armi**, to begin hostilities; to give battle; to fight.
armacòllo, *avv.* – **ad a.**, slung across the shoulders; baldric-wise: **portare il fucile ad a.**, to carry one's rifle slung across one's shoulders.
armadiétto, *m.* cupboard; cabinet; locker.
armadillo, *m.* (*zool.*, *Dasypus*) armadillo*.
armàdio, *m.* (*guardaroba*) wardrobe; (*credenza*) cupboard; (*per strumenti, ecc.*) cabinet: **a. a muro**, (*per abiti*) built-in (*o* fitted) wardrobe; (*ripostiglio*) cupboard, closet (*USA*); **a. a specchio**, mirror wardrobe.
armaiòlo, *m.* *1* (*fabbricante*) armourer; gunsmith *2* (*venditore*) gun dealer.
armamentàrio, *m.* *1* (*strumenti*) instruments (*pl.*); equipment; kit: **a. chirurgico**, surgical instruments *2* (*insieme di oggetti*) bits and pieces (*pl.*); paraphernalia (*pl.*); arsenal: **Prese il suo a. e uscì**, he took up his bits and pieces and left; **Ha tutto un a. di boccette e vasetti**, she's got a whole arsenal of bottles and jars.
armaménto, *m.* *1* armament; arming; weaponry: **spese per gli armamenti**, armaments expenditure; **corsa agli armamenti**, arms race *2* (*naut.*: *allestimento*) equipment; fitting out: **in a.**, in commission; **entrare in a.**, to be commissioned; **società di a.**, shipping company *3* (*naut.*: *equipaggio*) crew; men (*pl.*): **a. di un pezzo**, gun crew; **a. di regata**, boat crew *4* (*ferr.*) superstructure: **posa dell'a.**, laying of the superstructure; **a. e inghiaiata**, permanent way.
Armàndo, *m.* Herman.
armàre, A *v. t.* *1* to arm (*anche fig.*); to supply with arms: **Armò i suoi uomini di fucili**, he armed his men with guns *2* (*naut.*: *allestire*) to equip, to fit out, to put* in commission; (*rif. all'attrezzatura*) to rig; (*fornire di uomini*) to man *3* (*armi da fuoco*) to cock; to load: **a. una pistola**, to cock a pistol *4* (*edil.*: *sostenere*) to brace, to prop; (*con legname*) to timber: **a. una volta**, to timber a vault *5* (*edil.*: *rinforzare*) to reinforce: **a. il cemento**, to reinforce concrete *6* (*ferr.*) to lay* down. ● (*mus.*) **a. la chiave**, to write down the accidentals (*o* the key signature) □ (*naut.*) **a. i remi**, to ship the oars □ (*stor.*) **a. q. cavaliere**, to dub sb. knight; to knight sb. **B armàrsi**, *v. rifl.* to arm oneself (*anche fig.*): **S'armò d'un coltello**, he armed himself with a knife; **a. fino ai denti**, to arm oneself to the teeth; **Mi armai di carta e penna**, I armed myself with paper and pen; **a. di pazienza**, to arm oneself with patience; **a. di coraggio**, to summon (up) one's courage.
armàta, *f.* *1* army: **l'ottava a.**, the eighth army; **corpo d'a.**, army corps *2* (*naut.*) fleet. ● (*stor.*) **l'Invincibile A.**, the (Spanish) Armada.
armàto, A *a.* *1* armed (*anche fig.*): **girare a.**, to go round armed; **a. di pistola**, armed with a pistol; **pace armata**, armed peace; **forze armate**, armed forces; **rapina a mano armata**, armed robbery; **carro a.**, tank *2* (*naut.*: *allestito*) fitted out; (*rif. all'attrezzatura*) rigged; (*fornito di equipaggio*) manned *3* (*fornito*) armed; provided; equipped; furnished: **a. degli strumenti adatti**, equipped with the right instruments; **a. di coraggio** [**d'informazioni**], armed with courage [with information] *4* (*edil.*) reinforced: **cemento a.**, reinforced concrete *5* (*elettr.*) armoured; wired: **cavo a.**, armoured cable. **B** *m.* (*soldato*) soldier; man*-at-arms.
armatóre, A *m.* (*f.* **-trice**) shipowner. **B** *a.* shipping: **società armatrice**, shipping company.
armatùra, *f.* *1* (*mil.*, *stor.*) (suit of) armour *2* (*telaio*) framework *3* (*edil.*) bracing, falsework; (*con legname*) timbering *4* (*intelaiatura di ferro*) reinforcement, reinforcing bars (*o* rods) (*pl.*); (*di rete*) mesh *5* (*elettr.*: *di cavo*) armour; (*di magnete*) armature; (*di bobina*) coil *6* (*radio*: *di condensatore*) plate *7* (*ind. tess.*) weave. ● (*mus.*) **a. di chiave**, key signature; accidentals (*pl.*).
àrme, *f.* *1* (*arald.*) coat of arms; arms (*pl.*) *2* *V.* **arma**.
armeggiaménto, *m.* fumbling; messing about.
armeggiàre, *v. i.* *1* (*maneggiare, frugare*) to mess about; to fumble *2* (*affaccendarsi*) to potter; to tinker: **a. intorno a un motore**, to tinker with an engine *3* (*intrigare*) to scheme; to manoeuvre.
arméggio, *m.* *1* messing about; fiddling *2* scheming; manoeuvring.
armeggióne, *m.* (*f.* **-a**) *1* (*pasticcione*) fumbler *2* (*chi intriga*) busybody; schemer; wheeler-dealer (*fam.*).
armèno, *a.* e *m.* (*f.* **-a**) Armenian (*f.* Armenian woman*).
arménto, *m.* herd.
armerìa, *f.* armoury.
armière, *m.* *1* *V.* **armaiolo** *2* (*mil.*) gunner.
armìgero, *m.* *1* (*guerriero*) warrior; soldier *2* (*stor.*) squire; armiger *3* (*scherz.*: *guardia del corpo*) bodyguard.
armilla, *f.* (*stor.*) armilla*.
armillàre, *a.* armillary: (*astron.*) **sfera a.**, armillary sphere.
armistiziàle, *a.* armistice (*attr.*).
armistìzio, *m.* armistice.
àrmo, *m.* (*naut.*) (boat's) crew.
armonìa, *f.* *1* (*mus.*) harmony *2* (*accordo*) harmony; symmetry: **a. di colori** [**di linee**], harmony of colour [of line]; **essere in a. con**, to be in harmony with; to fit in with; to tone in with; to blend with *3* (*concordia*) harmony; unity; amity: **vivere in a.**, to live in harmony (*o* in perfect unity) *4* (*consonanza*) keeping; accordance; consonance: **una scelta in a. con le sue idee**, a choice in keeping (*o* accordance) with his ideas; **in a. coi vostri desideri**, in concordance to your wishes.
armònica, *f.* *1* (*mus.*: *strumento*) harmonica: **a. a bicchieri**, glass harmonica; **a. a bocca**, mouth-organ; harmonica *2* (*fis.*, *mus.*) harmonic: **a. superiore**, overtone.
armònico, *a.* *1* (*fis.*, *mat.*, *mus.*) harmonic *2*

(*fig.*: *armonioso*) harmonious. ● (*mus.*) **cassa armonica**, soundbox.

armònio, *V.* **armonium**.

armonióso, *a.* **1** (*di suono*) harmonious; tuneful **2** (*gradevole*) harmonious; graceful; well-proportioned.

armonista, *m.* e *f.* (*mus.*) harmonist.

armonistico, *a.* (*mus.*) harmonistic.

armònium, *m. invar.* (*mus.*) harmonium.

armonizzàre, **A** *v. t.* **1** (*mus.*) to harmonize: **a. una melodia**, to harmonize a melody **2** (*fig.*) to harmonize; (*intonarsi*) to match: **a. le parti di q.c.**, to harmonize the parts of st.; **a. il tappeto con il divano**, to match the carpet and the sofa. **B** *v. i.* to harmonize; (*intonarsi*) to match, to tone in, to blend.

armonizzatóre, **A** *a.* harmonizing. **B** *m.* (*f.* **-trice**) harmonizer.

armonizzazióne, *f.* harmonization.

armoricàno, *a.* e *m.* (*f.* **-a**) Armorican.

Arnàldo, *m.* Arnold.

arnése, *m.* **1** (*attrezzo*) tool; implement; utensil; (*al pl.*, *anche*) gear (*sing. collett.*): **arnesi da giardino**, garden tools **2** (*oggetto non determinato*) thing; gadget; contraption; thingummy (*fam.*): **A che serve questo a.?**, what's this contraption (*o* thing, gadget) for?; **Togli di mezzo questo a.**, take away this thing here **3** (*vestito*) getup; outfit; rig: **Non posso presentarmi in quest'a.**, I can't present myself in this getup **4** (*spreg.*: *di persona*) type: **a. da galera**, jailbird; **cattivo a.**, nasty piece of work; bad lot. ● **male in a.**, down at heel □ (*fig.*) **rimettere q. in a.**, to set sb. on his feet again.

àrnia, *f.* beehive.

àrnica, *f.* (*bot.*, *Arnica*) arnica.

arnióne, *m.* kidney.

arnoglòssa, *f.* (*bot.*) plantain.

àro, *m.* (*bot.*, *Arum maculatum*) arum.

aròma, *m.* **1** aroma; fragrance **2** (*spezia*) spice; (aromatic) herb.

aromaticità, *f.* aromatic quality; aroma; fragrance.

aromàtico, *a.* **1** aromatic; fragrant; spiced: **pianta aromatica**, aromatic (plant); **erbe aromatiche**, (aromatic) herbs; **vino a.**, aromatic (*o* spiced) wine **2** (*chim.*) aromatic.

aromatizzànte, **A** *m.* aromatizer; flavouring essence. **B** *a.* aromatizing; flavouring.

aromatizzàre, *v. t.* to aromatize; to spice; to flavour, to flavor (*USA*).

Arònne, *m.* Aaron.

àrpa, *f.* (*mus.*) harp. ● **a. eolia**, Aeolian harp.

arpagóne (1), *m.* (*naut.*) grapnel

arpagóne (2), *m.* (*lett.*: *avaro*) miser.

arpeggiaménto, *m.* (*mus.*) **1** (*esecuzione di arpeggi*) arpeggio playing **2** (*il suonare l'arpa*) harping.

arpeggiàre, *v. i.* (*mus.*) **1** (*eseguire arpeggi*) to play arpeggios **2** (*suonare l'arpa*) to harp.

arpéggio, *m.* (*mus.*) arpeggio*.

arpése, *m.* (*edil.*) cramp (iron).

arpìa, *f.* **1** (*mitol.*) Harpy **2** (*fig.*: *persona avida*) harpy **3** (*fig.*: *donna bisbetica*) shrew; witch **4** (*zool.*, *Harpya harpya*) harpy eagle.

arpicòrdo, *m.* (*mus.*) harpsichord.

arpionàre, *v. t.* to harpoon.

arpióne, *m.* **1** (*fiocina*) harpoon **2** (*ferr.*) spike **3** (*mecc.*) pawl **4** (*uncino*) hook; grapnel **5** (*cardine*) hinge.

arpionismo, *m.* (*mecc.*) ratchet gear.

arpista, *m.* e *f.* (*mus.*) harpist.

arpóne, *m.* (*fiocina*) harpoon.

àrra, *f.* **1** (*caparra*) earnest (money); deposit **2** (*fig.*) token; pledge.

arrabattàrsi, *v. i. pron.* to do* one's best; to try hard; to strive*; to struggle.

arrabbiàrsi, *v. i. pron.* to get* cross; to get* angry (*o* furious); to get* mad (*fam.*); to lose* one's temper; to fly* into a temper: **Non arrabbiarti!**, take it easy!; don't get mad!; **Si è arrabbiato con me**, he got angry (*o* mad) at me; **fare a. q.**, to make sb. angry; to make* sb. mad (*fam.*).

arrabbiàto, *a.* **1** (*med.*) rabid **2** (*stizzito*) cross, in a huff; (*in collera*) angry, furious, mad (*fam. USA*); sore (*fam. USA*) **3** (*fam.*: *accanito*) keen; inveterate; incorrigible; crazy: **È un giocatore a.**, he's an inveterate gambler; **È un wagneriano a.**, he's crazy about Wagner.

arrabbiatùra, *f.* rage; fit of anger: **prendersi un'a.**, to fly into a rage (*o* a temper); to get* mad (*fam.*); to blow up (*fam.*).

arraffàre, *v. t.* **1** (*afferrare*) to grab; to snatch **2** (*fig.*: *prendere il più possibile*) to be greedy, to hog (*fam.*); (*rubare*) to plunder.

arraffóne, *m.* (*f.* **-a**) grabber; greedy person.

arrampicàre, **A** *v. i.* **1** (*alpinismo*) to climb (st.); to go* climbing **2** (*ciclismo*) to climb. **B arrampicàrsi**, *v. i. pron.* **1** to scramble up; to clamber up; to shin up; (*scalare*) to climb: **Si arrampicarono per una ripida collina**, they scrambled up a steep hill; **a. su una scala**, to climb up a ladder; **a. sopra un albero**, to climb (*o* to shin) up a tree **2** (*di piante*) to climb; to creep. ● **a. socialmente**, to climb up the social ladder □ (*fig.*) **a. sugli specchi** (*o* **sui vetri**), (*tentare di sostenere tesi inaccettabili*) to try to prove that black is white and white black; (*tentare l'impossibile*) to strive after impossibilities.

arrampicàta, *f.* climb; climbing: **a. libera**, free climbing; **Che a. arrivare fin quassù!**, it'a a real climb to get up here!

arrampicatóre, *m.* (*f.* **-trice**) climber: (*fig.*) **a. sociale**, social climber.

arrancàre, *v. i.* **1** (*zoppicare*) to hobble; to limp **2** (*procedere a fatica*) to plod, to trudge, to totter; (*anche di mezzi di trasporto* e *fig.*) to struggle **3** (*naut.*) to make* headway; (*vogare*) to lay* on the oars.

arrangiaménto, *m.* **1** (*accordo*) agreement; arrangement **2** (*mus.*) arrangement.

arrangiàre, **A** *v. t.* **1** (*sistemare*) to arrange, to fix, to patch up, to adapt; (*mettere insieme*) to put* together, to fix (up), to knock up (*fam. GB*): **Arrangiai alla bell'e meglio**, I fixed it somehow; **a. qualcosa per cena**, to fix something for supper; to knock up a meal (*GB*); **Ora ti arrangio io!**, I'll soon fix you! **2** (*mus.*) to arrange. **B arrangiàrsi**, *v. i. pron.* **1** (*cavarsela*) to manage (somehow); to fend (*o* to shift) for oneself; to make* do (with st.); to get* by: **Mi sono arrangiato da solo**, I managed on my own; **Cercherò di arrangiarmi con quel che c'è**, I'll try to make do with what there is; **Arrangiati!**, sort it out yourself!; do it yourself!; **Lascia che si arrangi da sé**, let him shift for himself; **Che si arrangi!**, that's his problem! **2** (*tirare avanti*) to get* by; to rub along **3** (*accordarsi*) to come* to some agreement; to settle (things): **Per il pagamento, ci arrangeremo poi**, we'll settle the money aspect later; **Arrangiatevi tra (di) voi**, settle it among yourselves **4** (*sistemarsi*) to make* oneself comfortable.

arrangiatóre, *m.* (*f.* **-trice**) (*mus.*) arranger.

arrapàre, (*pop.*) **A** *v. t.* to excite sexually; to get* (sb.) hot (*fam.*); to make horny (*pop.*). **B arrapàrsi**, *v. i. pron.* to get* sexually excited; to get* hot (*fam.*); to get* horny (*pop.*).

arrapàto, *a.* (*pop.*) sexually excited; hot (*fam.*); horny (*pop.*).

arrecàre, *v. t.* **1** (*portare*) to bring* **2** (*fig.*: *causare*) to cause.

arredaménto, *m.* **1** (*l'ammobiliare*) furnishing; fitting out: **a. di interni**, home furnishing; interior decoration; **a. di negozi**, shopfitting; **rivista di a.**, interior decoration magazine **2** (*i mobili*) furnishings (*pl.*); furniture **3** (*teatr.*) stage decoration.

arredàre, *v. t.* **1** (*ammobiliare*) to furnish **2** (*negozi e sim.*) to fit (out).

arredatóre, *m.* (*f.* **-trice**) **1** interior decorator (*o* designer); (*di negozi*) shopfitter **2** (*teatr.*) stage decorator.

arrèdo, *m.* fittings (*pl.*); equipment; (*mobili*) furnishings (*pl.*), furniture. ● (*archit.*) **a. urbano**, street furniture □ (*eccles.*) **arredi sacri**, church ornaments.

arrembàggio, *m.* (*naut.*) boarding: **andare all'a. di una nave**, to board a ship; **prepararsi all'a.**, to get ready to board; **grappino d'a.**, grapnel. ● (*scherz.*) **All'a.!**, at it, lads! □ (*fig.*) **andare all'a. di q.c.**, to make a rush for st.

arrembàre, *v. t.* (*naut.*) to board.

arrèndersi, *v. i. pron.* to surrender; to yield; to give* oneself up; to submit; (*rinunciare*) to give* up (*o* in): **La città s'arrese**, the city surrendered; **Arrendetevi!**, surrender!; give yourselves up!; **Hai ragione; mi arrendo**, you're right; I give up; **a. all'evidenza**, to yield before the facts; **a. al destino**, to submit to fate.

arrendévole, *a.* **1** (*di persona*) compliant; acquiescent; amenable; docile; yielding **2** (*di cosa*) pliant.

arrendevolézza, *f.* **1** (*di persona*) compliance; acquiescence; amenability; docility **2** (*di cosa*) pliancy.

arrestàre, **A** *v. t.* **1** (*fermare*) to halt; to stop; to check: **a. il nemico**, to halt the enemy; **Il masso arrestò la caduta**, the rock checked the fall **2** (*liquidi*) to staunch, to stanch: **a. l'emorragia**, to staunch the haemorrhage **3** (*leg.*) to arrest; to apprehend; to nick (*fam.*); to collar (*fam.*). **B arrestàrsi**, *v. i. pron.* **1** to halt; to stop: **Mi arrestai improvvisamente**, I stopped (*o* halted) suddenly; **a. di botto**, to freeze in one's tracks **2** (*fare una pausa*) to pause.

arrèsto, *m.* **1** (*leg.*, *mil.*) arrest: **fare un a.**, to make an arrest; **mettere agli arresti**, to put under arrest; **tenere agli arresti**, to detain; **trarre in a.**, to arrest; to apprehend; **in stato di a.**, in custody; **a. cautelare**, custody; **a. di rigore**, close arrest; **arresti domiciliari**, house arrest; **a. illegale**, false arrest; **mandato di a.**, warrant **2** (*fermata*) stop; stopping; halt; (*fig.*) standstill: **segnale di a.**, stop signal; **Le trattative hanno subito un a.**, talks have come to a standstill **3** (*mecc.*) stop; catch: **a. di sicurezza**, safety catch; **valvola d'a.**, cut-off valve; **vite d'a.**, stop screw. ● (*med.*) **a. cardiaco**, heart failure □ **a. del traffico**, tie-up; traffic jam □ **battuta d'a.**, check; standstill.

arretraménto, *m.* backing; withdrawal.

arretràre, **A** *v. t.* to pull back; (*ritirare*) to withdraw*. **B** *v. i.* to draw* back; to step back; (*ritirarsi*) to withdraw*.

arretratézza, *f.* backwardness.

arretràto, **A** *a.* **1** rear; back: **posizione arretrata**, rear position; **La casa era arretrata rispetto alla strada**, the house was set back from the road **2** (*rif. al tempo*) back; in arrears; outstanding: **lavoro a.**, backlog of work; work in arrears; **debiti arretrati**, outstanding debts; **numero a.**, back issue; **affitto a.**, back rent **3** (*di paese, ecc.*) backward; underdeveloped; **zona culturalmente arretrata**, backwater **4** (*superato*) old-fashioned; behind the times: **avere una mentalità arretrata**, to have old-fashioned notions; to be an old fogey (*o* a stick in the mud) (*fam.*) **5** (*fon.*) back. ● **avere una fame arretrata**, to be dying for a proper meal. **B** *m.* **1** arrear: **pagare gli arretrati**, to pay the arrears; **arretrati dello stipendio**, arrears of salary; backpay (*sing.*); **essere in a.**, to be in arrears (*o* behindhand, behind); **essere in a. con l'affitto**, to be behind (*o* behindhand) with the rent **2** (*di lavoro, affari*) backlog (of work) **3** (*di giornale*) back issue. ● **avere degli arretrati con la giustizia**, to be in arrears with the law.

àrri, *inter.* gee!; gee up!

arricchiménto, *m.* **1** increase in wealth; enrichment **2** (*ind. min.*) dressing; upgrading **3** (*fis. nucl.*) enrichment.

arricchire, **A** *v. t.* **1** to make* rich; to enrich

2 (*fig.*) to enrich; (*accrescere*) to increase, to extend, to enlarge; (*abbellire*) to embellish: **Ha arricchito la nostra letteratura**, he has enriched our literature; **a. una raccolta**, to enlarge a collection; **a. la propria cultura**, to extend one's culture *3* (*ind. min.*) to dress; to upgrade *4* (*fis. nucl.*) to enrich. **B** *v. i. V.* **arricchirsi**, *def. 1.* **C arricchirsi**, *v. rifl.* o *i. pron.* *1* to grow* (*o* to get*) rich; to make* money: **a. alla svelta**, to get rich quickly; to coin money (*fam.*); **a. con affari poco puliti**, to make one's money with shady deals *2* (*fig.*) to be enriched: **Le lingue si arricchiscono continuamente di parole**, languages are constantly being enriched by new words; **La biblioteca si arricchì di nuovi volumi**, new volumes were added to the library.

arricchìto, A *a.* *1* enriched; (*spreg.*) upstart, newly rich: **commerciante a.**, enriched (*o* successful) shopkeeper *2* (*fis. nucl.*) enriched: **uranio a.**, enriched uranium. **B** *m.* (*f.* **-a**) new rich; nouveau riche (*franc.*); parvenu (*franc.*); upstart; **a. di guerra**, profiteer.

arricciabùrro, *m. invar.* butter curler.

arricciacapélli, *m. invar.* curling tongs (*pl.*).

arricciaménto, *m.* curling; crimping.

arricciàre, A *v. t.* *1* to curl; to crimp: **arricciarsi i baffi**, to curl one's moustache; **arricciarsi i capelli**, to crimp one's hair; to have one's hair curled (*o* crimped); **L'umido mi arriccia i capelli**, my hair curls in damp weather; **Il sole ha arricciato le pagine del libro**, the sun has curled up the pages of the book *2* (*edil.*) to render. ● **a. le labbra**, to curl one's lips □ **a. il naso**, to wrinkle one's nose; (*fig.*) to turn up one's nose; to be sniffy □ **a. il pelo**, to bristle. **B arricciàrsi**, *v. i. pron.* to curl (up): **I suoi capelli si arricciano facilmente**, her hair curls easily.

arricciatùra, *f.* *1* curling; crimping *2* (*edil.*) rendering.

arricciolàre, *V.* **arricciare.**

arrìdere, *v. i.* to smile on; to be propitious to, for: **La fortuna ti arride**, fortune smiles on you.

Arrigo, *m.* Henry.

arringa, *f.* *1* harangue; address *2* (*leg.*) pleading.

arringàre, *v. t.* to harangue; to address.

arringatóre, *m.* (*f.* **-trice**) haranguer.

arrischiàre, A *v. t.* *1* to risk: **a. la vita**, to risk one's life *2* (*azzardare*) to venture; to hazard: **a. una parola**, to venture a word. **B arrischiàrsi**, *v. rifl.* *1* (*osare*) to dare*: **Non s'arrischia a farsi vedere**, he doesn't dare (to) show up; **Non ti arrischiare!**, don't you dare! *2* (*azzardarsi*) to venture: **a. in un'impresa difficile**, to venture on a difficult task; **S'arrischiò a dirglielo**, he ventured to tell him; **a. a uscire**, to venture out.

arrischiàto, *a.* *1* (*rischioso*) risky; hazardous: **progetto a.**, risky plan *2* (*sfacciato*) daring; bold *3* (*temerario*) reckless.

arrivàre, *v. i.* *1* (*assol.*) to arrive, to come*; (*in un posto*) to arrive at (*o* in), to reach (a place), to get* to; to come* to: **a. sano e salvo**, to arrive safe and sound; **È arrivato proprio ora**, he has just arrived; he's just got here; **Sono arrivati**, they've arrived; they're here; **Stanno arrivando**, they are coming; they are on their way; **A che ora arriviamo?**, what time do we get there?; **È arrivata la primavera**, Spring is here; **Arrivai a Calais**, I arrived at (*o* got to, reached) Calais; **Arrivai a Parigi**, I arrived in (*o* got to, reached) Paris; **Il treno arriva a Torino alle due**, the train gets into Turin at two; (*di nave*) **a. a un porto [in porto]**, to arrive at a port [in harbour]; **a. a una decisione**, to arrive at (*o* to reach) a decision; **a. alla verità**, to get at the truth; **a. a pagina 30**, to get to page 30; **a. a ottant'anni**, to arrive at (*o* to reach) the age of eighty; **Ti è arrivata una lettera**, a letter has come for you; there is a letter for you; **Ti è arrivata la mia cartolina?**, did you get my postcard?; **Mi sono arrivati molti libri**, I have received a lot of books *2* (*raggiungere*) to go*, to get*, to reach (st.); to come*; (*estendersi*) to extend, to reach (up to, down to): **La temperatura è arrivata a quaranta gradi**, the temperature has gone up to forty degrees; **Il bosco arriva fino al lago**, the wood extends down to the lake; **Arrivo fino al ponte e torno**, I'm just going as far as the bridge and back; **L'acqua m'arrivò alla vita**, the water came up to (*o* reached) my waist; **Il fango m'arrivava alle caviglie**, I was ankle-deep in mud; **La neve m'arrivava alle ginocchia**, I was knee-deep in the snow; **Mio figlio m'arriva alle spalle**, my son is up to my shoulder; **I debiti m'arrivano fin sopra la testa**, I'm up to my eyes in debt; **La giacca gli arriva appena**, the jacket just fits him; **fin dove arriva l'occhio**, as far as the eye can reach (*o* see) *3* (*durare*) to last; to survive: **Il povero vecchio non arriverà a domani**, the poor old man won't last until tomorrow; **La statua è arrivata intatta fino a noi**, the statue has survived whole up to the present day *4* (*accadere*) to happen: **Guarda che gli è arrivato!**, look what has happened to him! *5* (*riuscire*) to manage; to be able; can, could; to succeed: **Non arrivo a fare tutto**, I can't manage to do everything; **Arrivi a leggere il cartello?**, can you read the notice?; **Non arriverò a finire in tempo**, I shan't be able to finish in time; **Io non arrivo a capirlo**, I can't understand it; I can't make it out *6* (*riuscire a capire*) (to be able) to understand*; to be able to grasp: **La sua mente non arriva a questo**, his mind cannot grasp this *7* (*arrivare al punto di*) to go* as (*o* so) far as, to get* to the point of; (*essere ridotto a*) to be reduced to: **È arrivato a dire che non l'ho pagato**, he went so far as to say (*o* he actually said) I didn't pay him; **Sono arrivati a non salutarsi**, they got to the point of ignoring each other; **a. a chiedere l'elemosina**, to be reduced to begging *8* (*assol.*: *avere successo*) to be successful; to arrive; to get* to the top: **Il suo scopo è a.**, he aims at success; he wants to get to the top *9* (*anche* **arrivarci**: *essere abbastanza lungo o alto*) to reach (st.); to get* at (st.): **La fune è troppo corta, non ci arriva**, the rope is too short, it doesn't reach; **Prendi quel libro lassù, se ci arrivi**, take that book up there, if you can reach it; **Ci arrivi a prendere quella mela?**, can you get at that apple? *10* (**arrivarci**: *capire*) to understand*; to get*; to make* out: **Mi dispiace, ma non ci arrivo**, sorry, but I don't understand it (*o* I don't get it). ● **a. all'improvviso**, to turn up □ **a. allo scopo**, to gain (*o* to achieve) one's aim □ **a. primo [secondo]** (*in una gara*), to come in first [second] □ **a. sopra** (*o* **addosso**) **a q.**, to be upon (*o* on top of) sb.; to spring out on sb.: **L'automobile mi è arrivata addosso all'improvviso**, the car was on top of me all of a sudden □ **Il nemico ci arrivò alle spalle**, the enemy came upon us from behind □ (*fig.*) **Dove vuoi a.?**, what are you getting at? □ **Sono arrivato a metà del libro**, I am halfway through the book □ **Gli è arrivata una bella fortuna**, he has come into a considerable fortune □ (*prov.*) **Chi tardi arriva, male alloggia**, first come, first served.

arrivàto, A *a.* (*di successo*) successful; made good: **uno scrittore a.**, a successful author. ● **Ben a.!**, welcome! □ **dare il ben a. a q.**, to welcome sb. **B** *m.* (*f.* **-a**) successful man* (*f.* woman*); (*spreg.*) parvenu (*franc.*). ● **nuovo a.**, newcomer; new arrival □ **il primo a.**, the first to arrive □ **l'ultimo a.**, the last to arrive; (*fig.*) a mere nobody □ **gli ultimi arrivati**, the newcomers, the new arrivals; (*in ritardo*) the latecomers.

arrivedérci, A *inter.* goodbye; so long (*fam.*); see you soon (*fam.*): **a. a lunedì**, goodbye until Monday; see you on Monday (*fam.*). **B** *m.* goodbye.

arrivedérla, *inter.* goodbye.

arrivismo, *m.* social climbing; careerism.

arrivista, *m.* e *f.* social climber; careerist; go-getter (*fam.*).

arrivo, *m.* *1* arrival: **l'a. del treno**, the arrival of the train; **arrivi e partenze**, arrivals and departures; **al mio a. a Londra**, on my arrival in London; when I arrived in (*o* got to) London; **Ci aspettava all'a.**, he was waiting for us when we arrived; **Che brutto a. a casa!**, what a sad homecoming!; **ora di a.**, arrival time; **posta in a.**, incoming mail; **treno [volo] in a.**, incoming train [flight]; **Il treno delle 10.30 è in a. al binario 6**, the 10.30 train is now coming in at platform 6 *2* (*sport*) finish; arrival: **dirittura d'a.**, home stretch; **linea d'a.**, finish line; **ordine d'a.**, order of arrival *3* (*di merce*) arrival; supply: **il mancato a. della merce**, the non-arrival of the goods; **gli ultimi arrivi**, the latest arrivals; the latest supplies.

arroccaménto, *m.* (*scacchi*) castling. ● (*mil.*) **linea d'a.**, line of communication.

arroccàre, A *v. t.* *1* (*scacchi*) to castle *2* (*mil.*) to move (troops) behind defence lines. **B arroccàrsi**, *v. i. pron.* *1* (*scacchi*) to castle *2* (*fig.*) to retreat; to retire.

arròcco, *m.* (*scacchi*) castling.

arrochiménto, *m.* hoarsening.

arrochìre, A *v. t.* to hoarsen; to make* hoarse. **B** *v. i.* e **arrochirsi**, *v. i. pron.* to grow* hoarse.

arrogànte, *a.* arrogant; self-important; presumptuous; overbearing; (*altezzoso*) haughty: **parole arroganti**, arrogant words; **fare l'a.**, to behave with arrogance; to be high and mighty; to get on one's high horse (*fam.*).

arrogànza, *f.* arrogance; self-importance; presumption; (*alterigia*) haughtiness.

arrogàre, *v. t.* to arrogate; to claim: **arrogarsi un diritto**, to arrogate a right; **arrogarsi un merito**, to claim a merit.

arrolàre, *e deriv. V.* **arruolare**, *e deriv.*

arrossaménto, *m.* reddening.

arrossàre, A *v. t.*, to redden; to tinge (st.) red. **B** *v. i.* e **arrossàrsi**, *v. i. pron.* to redden; to grow* red.

arrossàto, *a.* reddened; red; flushed: **mani arrossate**, reddened hands; **occhi arrossati di lacrime**, eyes red with tears; **viso a.**, flushed face.

arrossìre, *v. i.* to redden; to blush; to flush.

arrostiménto, *m.* roasting; (*l'abbrustolire*) toasting.

arrostìre, A *v. t.* to roast; (*sulla griglia*) to grill; (*abbrustolire*) to toast: **a. le castagne**, to roast chestnuts; **a. la carne**, to roast meat; **a. il pane**, to toast bread. **B arrostirsi**, *v. i. pron.* to roast; (*abbrustolirsi*) to toast. ● (*fig.* e *fam.*) **a. al sole**, to bake (*o* to roast, to broil) in the sun.

arrostìta, *f.* roast chestnut.

arròsto, A *a.* roast (*attr.*): **carne a.**, roast meat; **pollo a.**, roast chicken; **patate a.**, roast potatoes. ● **cuocere** (*o* **fare**) **a.**, to roast. **B** *m.* roast: **una fetta di a.**, a slice of roast: **a. di carne**, roast meat; **a. di maiale**, roast pork.

arrotàre, A *v. t.* *1* (*affilare*) to sharpen; to whet: **a. un rasoio**, to sharpen a razor; **a. un coltello**, to sharpen a knife *2* (*molare*) to grind* *3* (*investire*) to run* over; to knock down. ● **a. i denti**, to grind (*o* to gnash) one's teeth □ **a. la erre**, to roll one's r's. **B arrotàrsi**, *v. i. pron.* (*urtarsi con le ruote*) to collide wheel against wheel.

arrotatrìce, *f.* (*mecc.*) grinder.

arrotatùra, *f.* *1* sharpening; whetting *2* (*mecc.*) grinding.

arrotino, *m.* knife sharpener; knife grinder.

arrotolaménto, *m.* rolling up.

arrotolàre, A *v. t.* to roll (up): **a. un ombrello**, to roll up (*o* to furl) an umbrella; **arrotolarsi una sigaretta**, to roll a cigarette. **B ar-**

rotolàrsi, *v. rifl.* e *i. pron.* to roll up.

arrotondaménto, *m.* ***1*** rounded contour; rounded edge ***2*** (*fig.*: *di cifra*) rounding off; rounding up [down] ***3*** (*l'aggiungere*) supplementing; (*aggiunta*) supplement.

arrotondàre, A *v. t.* ***1*** to round ***2*** (*fig.*: *di cifre*) to round off; to round up [down]: **a. alla terza cifra decimale**, to round off to the third decimal ***3*** (*aggiungere*) to supplement: **a. lo stipendio**, to supplement one's salary. **B arrotondàrsi,** *v. i. pron.* ***1*** to become* round ***2*** (*fig.*: *ingrassare*) to round out; to fill out; to put* on weight.

arrovellaménto, *m.* striving; fretting.

arrovellàrsi, *v. i. pron.* ***1*** (*stizzirsi*) to work oneself up; to be vexed ***2*** (*affannarsi*) to strive*; to do* one's utmost; to fret. ● **a. il cervello**, to rack one's brains.

arroventàre, A *v. t.* ***1*** to make* red-hot ***2*** (*fig.*) to inflame; to fire. **B** *v. i.* e **arroventàrsi,** *v. i. pron.* to grow* red-hot.

arroventàto, *a.* ***1*** red-hot ***2*** (*fig.*: *caldissimo*) scorching, burning; (*focoso*) hot, fierce, fiery: **un'estate arroventata**, a scorching summer; **una polemica arroventata**, a hot (*o* fierce) debate.

arrovesciàre, A *v. t.* (*gli occhi*) to turn up; (*la testa*) to throw* back, to let* (one's head) fall back. *V. anche* **rovesciare**. **B arrovesciàrsi,** *v. i. pron.* to fall*; to collapse.

arruffaménto, *m.* ***1*** (*l'arruffare*) ruffling; dishevelment; tangling ***2*** (*intrico*) tangle.

arruffapòpoli, *m.* e *f.* rabble-rouser; tub--thumper; mob orator.

arruffàre, A *v. t.* ***1*** to ruffle; to tousle; to dishevel: **a. i capelli a q.**, to ruffle (*o* to tousle, to dishevel) sb.'s hair; to muss up sb.'s hair (*USA*); **a. le penne**, to ruffle up one's feathers; **a. il pelo**, to bristle (up) ***2*** (*fig.*: *ingarbugliare*) to tangle; to entangle; to muddle up. ● **a. una matassa**, to entangle a skein of wool □ (*fig.*) **a. la matassa**, to entangle the matter. **B arruffàrsi,** *v. i. pron.* ***1*** (*di capelli*) to get* ruffled (*o* tousled, dishevelled); to get* mussed up (*USA*) ***2*** (*di pelo*) to bristle (up); (*di penne*) to ruffle up ***3*** (*fig.*) to become* (*o* to get*) entangled; to snarl up.

arruffàto, *a.* ***1*** (*scompigliato*) ruffled; entangled; (*di capelli*) dishevelled, tousled, ruffled, mussed up (*USA*); (*di pelo*) bristling ***2*** (*fig.*: *confuso*) muddled; tangled.

arruffianaménto, *m.* (*pop.*) pandering; sucking up to (*fam.*); brown-nosing (*volg. USA*).

arruffianàre, A *v. t.* (*pop.*) to pander; to suck up to (*fam.*); to brown-nose (*volg. USA*). **B arruffianàrsi,** *v. rifl. recipr.* to connive (with sb.).

arruffìo, *m.* ***1*** tangle; snarl; entanglement ***2*** (*disordine*) mess; muddle; jumble.

arruffóne, *m.* (*f.* **-a**) ***1*** (*pasticcione*) muddler; bungler; blunderer ***2*** (*imbroglione*) swindler.

arrugginiménto, *m.* rusting.

arrugginìre, A *v. t.* to rust: **L'umidità ha arrugginito i cardini**, the damp has rusted the hinges. ● **a. i muscoli**, to make (sb.'s) muscles stiff. **B** *v. i.* e **arrugginìrsi,** *v. i. pron.* ***1*** to rust; to go* rusty ***2*** (*fig.*) to grow* rusty; to go* rusty: **Il mio francese si è arrugginito**, my French has gone rusty; **Ti si arrugginiranno i muscoli**, your muscles will get flabby.

arrugginìto, *a.* ***1*** rusty ***2*** (*fig.*) rusty; (*di muscoli*) stiff.

arruolaménto, *m.* (*mil.*) conscription; recruitment; induction (*USA*); (*volontario*) enlistment, joining up. ● **a. forzato**, impressment.

arruolàre, A *v. t.* to recruit; to enlist; to call up; to draft (*USA*). ● **a. a forza**, to impress; to press-gang. **B arruolàrsi,** *v. rifl.* (*mil.*) to enlist; to join up.

arsèlla, *f.* (*zool.*) clam.

arsenàle, *m.* ***1*** (*cantiere*) shipyard; dockyard ***2*** (*mil.*: *fabbrica, deposito d'armi*) arsenal ***3*** (*fig.*: *quantità d'armi*) arsenal: **Aveva addosso un vero a.**, he was carrying a regular arsenal ***4*** (*fig.*: *quantità di cose*) heap; mass; arsenal: **Si porta sempre dietro un a. di roba**, she always carries a mass of things with her ***5*** (*fig.*: *luogo disordinato*) junk shop.

arsenalòtto, *m.* (*naut.*) dockyardman*.

arseniàto, *m.* (*chim.*) arsen(i)ate.

arsenicàle, *a.* (*chim.*) arsenical.

arsenicàto, *a.* (*chim.*) arsenicated.

arsènico, *m.* (*chim.*) arsenic.

arsenióso, *a.* (*chim.*) arsen(i)ous.

arseniùro, *m.* (*chim.*) arsenide.

àrsi, *f.* (*poesia, mus.*) arsis*.

arsìccio, *a.* scorched; parched.

arsìna, *f.* (*chim.*) arsine.

àrso, *a.* ***1*** burned, burnt ***2*** (*riarso*) parched; dried up; dry.

arsùra, *f.* ***1*** (*caldo arido*) heat ***2*** (*siccità*) drought ***3*** (*sete intensa*) burning thirst; dryness in the mouth.

artataménte, *avv.* (*lett.*) artfully; craftily.

àrte, *f.* ***1*** art: **le belle arti**, the fine arts; **arti liberali**, liberal arts; **arti applicate**, applied arts; **arti figurative**, figurative arts; **un'opera d'a.**, a work of art ***2*** (*mestiere*) craft; trade: **esercitare un'a.**, to practise a trade ***3*** (*maestria*) art; skill; (*fig.*) talent, knack: **fatto con a. [senz'a.]**, skilfully [clumsily] done; **Ha l'a. di farsi amare da tutti**, he has the knack of making (*o* he knows how to make) everybody like him ***4*** (*astuzia*) art, guile, trick (*tutti generalm. al pl.*); cunning: **Usò tutte le sue arti**, he employed all his arts (*o* guiles, tricks, cunning) ***5*** (*stor.*: *corporazione*) guild: **arti maggiori [minori]**, major [minor] guilds. ● **l'a. del ricamo**, the art of embroidery □ **a. del vendere**, salesmanship □ **a. di governare**, statesmanship □ **arti e mestieri**, arts and crafts □ **a. marinaresca**, seamanship □ **a. muraria**, masonry □ **a. oratoria**, oratory □ **l'a. per l'a.**, art for art's sake □ **ad a.**, (*con artificio*) artfully; (*apposta*) on purpose, deliberately □ **fatto a regola d'a.**, craftsmanlike; well-done □ **figlio d'a.**, born into the profession □ (*teatr.*) **Antonio de' Curtis, in a. Totò**, Antonio de' Curtis, stage-name Totò □ **nome d'a.**, (*di attore*) stage-name; (*di scrittore*) pen-name □ **non avere né a. né parte**, to be good for nothing □ (*prov.*) **Impara l'a. e mettila da parte**, he that learns a trade, hath a purchase made.

artefàre, *v. t.* ***1*** (*adulterare*) to adulterate ***2*** (*falsificare*) to counterfeit; to forge.

artefàtto, *a.* ***1*** (*adulterato*) adulterated ***2*** (*falsificato*) faked; counterfeit ***3*** (*fig.*: *artificioso*) artificial; affected; unnatural.

artéfice, *m.* e *f.* ***1*** artificer; maker; craftsman* ***2*** (*fig.*: *autore*) author; person responsible for: **l'a. di un complotto**, the author of a conspiracy. ● **il sommo A.**, the supreme Architect □ (*fig.*) **essere l'a. della propria rovina**, to be the cause of (*o* to have worked) one's own ruin.

Artèmide, *f.* (*mitol.*) Artemis.

artemìṣia, *f.* (*bot., Artemisia*) artemisia.

artèria, *f.* ***1*** (*anat.*) artery ***2*** (*fig.*: *via*) artery; route: **a. di traffico**; thoroughfare.

arteriàle, *a.* (*anat.*) arterial.

arteriectomìa, *f.* (*med.*) arteriectomy.

arteriografìa, *f.* (*med.*) arteriography.

arteriòla, *f.* (*anat.*) arteriole.

arteriopatìa, *f.* (*med.*) arteriopathy.

arterioscleròṣi, *f.* (*med.*) arteriosclerosis*.

arterioscleròtico, *a., m.* e *f.* (*med.*) arteriosclerotic; (*com.*) senile (person).

arterióso, *a.* arterial: **sangue a.**, arterial blood.

arterìte, *f.* (*med.*) arteritis.

arteṣiàno, *a.* artesian: **pozzo a.**, artesian well.

àrtico, A *a.* (*geogr.*) arctic; northern; North: **il circolo polare artico**, the Arctic Circle; **emisfero a.**, northern hemisphere; **il Polo Artico**, the North Pole. **B** *m.* - **l'A.**, the Arctic.

articolàre (1), *a.* (*anat.*) articular.

articolàre (2), A *v. t.* ***1*** (*un arto*) to flex; to bend* ***2*** (*pronunciare bene*) to articulate, to enunciate, to pronounce clearly; (*proferire*) to utter: **Non riuscì ad a. parola**, he could not utter a word ***3*** (*suddividere*) to subdivide; to break* down; to organize: **a. un testo in sezioni**, to organize a text into sections. **B articolàrsi,** *v. i. pron.* ***1*** (*di arto*) to articulate; to be articulated ***2*** (*suddividersi*) to break* down into; to be divided into; to be composed of.

articolàto (1), *a.* ***1*** (*anat.*) articulated ***2*** (*di suono*) articulate ***3*** (*mecc.*) articulated; jointed; hinged ***4*** (*ben congegnato*) well--constructed, well-organized, articulate; (*complesso*) complex ***5*** (*frastagliato*) indented.

articolàto (2), *a.* (*gramm.*) – **preposizione articolata**, preposition combined with an article.

articolazióne, *f.* ***1*** (*anat.*) articulation; joint ***2*** (*di suono*) articulation ***3*** (*mecc.*) articulated joint (*o* knuckle, link, connection).

articolìsta, *m.* e *f.* (*giorn.*) columnist.

artìcolo, *m.* ***1*** (*gramm.*) article: **a. determinativo [indeterminativo]**, definite [indefinite] article ***2*** (*comm.*) article; item; (*al pl., anche*) goods: **trattare un a.**, to deal in an article; **un a. molto richiesto**, a very popular article (*o* item); **un a. che si vende bene**, a best seller; **articoli di cartoleria**, stationery (*sing.*); **articoli di lusso**, luxury goods; **articoli da cucina**, kitchen utensils; **articoli da spiaggia**, beachwear (*sing.*); swimwear (*sing.*); **articoli di lana**, woollens; **articoli di vestiario**, clothing (*sing.*); **articoli di vetro**, glassware (*sing.*); **articoli vari**, sundries; fancy goods; **una linea di articoli**, a line ***3*** (*giorn.*) article: **a. di fondo**, editorial; leading article (*GB*); leader (*GB*) ***4*** (*capo, punto, ecc.*) article: **a. di fede**, article of faith ***5*** (*leg.*) article; paragraph; section: **a. di legge**, article of a statute; **gli articoli di un contratto**, the paragraphs of an agreement ***6*** (*voce di enciclopedia*) entry ***7*** (*fam.*: *tipo*) character.

artière, *m.* (*mil.*) pioneer.

artificiàle, *a.* ***1*** artificial; man-made: **fiori artificiali**, artificial flowers; **fibra a.**, man-made fibre ***2*** (*artefatto*) artificial; affected; unnatural. ● **allattamento a.**, bottle-feeding □ **fuochi artificiali**, fireworks.

artificialità, *f.* artificiality.

artificière, *m.* ***1*** (*mil.*: *armiere*) artificer ***2*** (*mil.*: *chi disinnesca bombe*) bomb-disposal expert ***3*** (*pirotecnico*) pyrotechnist.

artifìcio, *m.* ***1*** (*espediente*) device; stratagem; artifice; contrivance: **ricorrere a un a.**, to have recourse to a stratagem ***2*** (*leg.*) device ***3*** (*affettazione*) affectation ***4*** (*lett.*: *arte*) skill. ● **fuochi d'a.**, fireworks.

artificiosità, *f.* ***1*** artificiality ***2*** (*affettazione*) affectedness; unnaturalness.

artificióso, *a.* ***1*** artificial; contrived; forced ***2*** (*affettato*) affected; unnatural.

artifìzio, *V.* **artificio**.

artigianàle, *a.* ***1*** artisan (*attr.*); craft (*attr.*): **consorzio a.**, craft cooperative; **attività a.**, craft; handicraft ***2*** (*fatto da artigiano*) handcrafted; craftsmanlike; (*fatto in casa*) homemade: **prodotti artigianali**, handicrafts ***3*** (*dilettantesco*) amateurish.

artigianalménte, *avv.* – **prodotto a.**, handcrafted; home-produced; homemade.

artigianàto, *m.* ***1*** (*gli artigiani*) craftsmen (*pl.*) ***2*** (*l'attività*) handicraft; cottage industry: **prodotti dell'a. locale**, local handicrafts.

artigiàno, A *a.* artisan (*attr.*). **B** *m.* (*f.* **-a**) artisan; craftsman* (*f.* craftswoman*).

artigliàre, *v. t.* ***1*** to claw ***2*** (*uncinare*) to grapple, to hook; (*afferrare*) to clutch.

artigliàto, *a.* (*di carnivoro*) clawed; (*di rapace*) taloned.

artiglière, *m.* (*mil.*) artilleryman*; gunner.

artiglierìa, *f.* (*mil.*) ***1*** (*i pezzi*) artillery: ordnance: **pezzo d'a.**, piece of ordnance; **a.**

pesante, heavy artillery; **a. da campagna**, field artillery *2* (*la specialità*) artillery; gunnery.

artiglio, m. *1* (*di carnivoro*) claw; (*di rapace*) talon *2* (*fig.*) clutch.

artiodàttilo, m. (*zool.*) artiodactyl(e).

artista, m. e f. *1* artist: **a. di teatro**, actor (*f.* actress); **a. del varietà**, variety artist; artiste (*franc.*); entertainer *2* (*fig.*: *persona provetta*) artist; master.

artistico, a. artistic: **doti artistiche**, artistic talents; **liceo a.**, arts school; (*teatr.*) **direttore a.**, stage manager.

àrto, m. (*anat.*) limb: **arti superiori [inferiori]**, upper [lower] limbs; (*med.*) **a. fantasma**, phantom limb.

artrite, f. (*med.*) arthritis*.

artritico, a. e m. (*med.*) arthritic.

artrologia, f. (*med.*) arthrology.

artropatia, f. (*med.*) arthropathy.

artroplàstica, f. (*chir.*) arthroplasty.

artròpode, m. (*zool.*) arthropod.

Artròpodi, m. pl. (*zool.*, *Arthropoda*) Arthropoda.

artroscopia, f. (*med.*) arthroscopy.

artròşi, f. (*med.*) arthrosis*.

artrotomia, f. (*chir.*) arthrotomy.

Artù, m. (*letter.*) Arthur.

arturiano, a. (*letter.*) Arthurian: **il ciclo a.**, the Arthurian cycle.

Artùro, m. Arthur.

arùspice, m. haruspex*.

aruspicina, f. haruspicy.

arvicola, f. (*zool.*, *Arvicola arvensis*) field-mouse*.

arẓigogolàre, **A** v. t. (*escogitare*) to concoct; to dream* up. **B** v. i. (*sottilizzare*) to quibble; to cavil; to split hairs.

arẓigogolàto, a. (*complicato*) complicated; intricate; circuitous; tortuous.

arẓigògolo, m. *1* (*giro contorto di parole*) circumlocution *2* (*cavillo*) quibble; subtlety *3* (*espediente*) twist; contrivance.

arẓillo, a. sprightly; spry; jaunty.

aşbèsto, m. (*miner.*) asbestos.

aşbestòşi, f. (*med.*) asbestosis*.

aşbùrgico, a. Habsburg (*attr.*).

Aşbùrgo, m. Habsburg.

ascàride, m. (*zool.*, *Ascaris*) ascarid*.

ascaridiasi, f. (*med.*) ascaridiasis*; ascariasis*.

àscaro, m. (*mil.*) askari.

ascèlla, f. *1* (*anat.*) armpit; (*scient.*) axilla* *2* (*bot.*) axil.

ascellàre, a. (*anat.*, *bot.*) axillary.

ascendentàle, a. *1* ascending; upward *2* (*leg.*) ancestral.

ascendènte, **A** a. *1* ascending; rising; upward: (*ling.*) **dittongo a.**, rising diphthong; (*econ.*) **tendenza a.**, upward trend; (*mus.*) **scala a.**, ascending scale *2* (*bot.*) assurgent. **B** m. *1* (*potere, influenza*) influence; ascendancy, ascendency: **avere a. su q.**, to have ascendancy over sb. *2* (*astron.*) ascendant *3* (*antenato*) ascendant; ancestor.

ascendènza, f. ancestors (*pl.*).

ascéndere, **A** v. i. *1* to ascend; to rise*: **a. al cielo**, to ascend into Heaven; **a. al trono**, to ascend to the throne *2* (*ammontare*) to amount to; to come* to. **B** v. t. (*lett.*) to ascend; to climb.

ascensionàle, a. upward; ascensional: **moto a.**, upward motion; (*aeron.*) **forza a.**, lift; buoyancy; (*aeron.*) **velocità a.**, rate of climb.

ascensióne, f. *1* ascension; ascent; (*alpinistica*) ascent, climb: **a. aeronautica**, ascent by air *2* (*relig.*) Ascension; (*la festa*) Ascension Day *3* (*astron.*) ascension.

ascensionista, m. e f. (*sport*) climber.

ascensóre, m. lift (*GB*); elevator (*USA*): **chiamare [prendere] l'a.**, to call [to take] the lift; **pozzo dell'a.**, lift shaft; **casa senza a.**, building with no lift; walk-up (*fam. USA*).

ascensorista, m. e f. lift operator; liftman* (*m.*); liftboy (*m.*); liftgirl (*f.*).

ascésa, f. *1* ascent; rise (*anche fin.*): **I prezzi sono in a.**, prices are rising (*o* on the rise, on the upswing); **popolarità in a.**, growing popularity; **Gli affari sono in a.**, business is doing very well (*o* is on the up and up) *2* (*di monte*) ascent; climb. • **a. al trono**, accession to the throne.

asceşi, f. (*lett.*) ascesis.

ascèsso, m. (*med.*) abscess.

ascèta, m. e f. ascetic: **vivere da a.**, to lead an ascetic life.

ascètica, f. asceticism.

ascètico, a. ascetic.

ascetişmo, m. asceticism.

àscia, f. axe; (*scure*) hatchet: **a. di guerra**, battle-axe; poleaxe; (*di pellerossa*) hatchet, tomahawk. • (*fig.*) **seppellire l'a. di guerra**, to bury the hatchet □ (*naut.*) **maestro d'a.**, carpenter □ (*fig.*) **tagliato con l'a.**, (*di persona*) rough-hewn; (*di lavoro*) rough and ready, makeshift, cobbled together.

ascìdia, f. (*zool.*) sea squirt.

Ascidiàcei, m. pl. (*zool.*, *Ascidiacea*) Ascidiacea.

ascidiàceo, m. (*zool.*) ascidian.

ascìdio, m. (*bot.*) ascidium*.

ascissa, f. (*mat.*) abscissa*.

ascite, f. (*med.*) ascites*.

ascìtico, a. (*med.*) ascitic.

asciugabiancheria, m. invar. clothes dryer.

asciugacapèlli, m. invar. hairdryer.

asciugamàno, m. towel.

asciugàre, **A** v. t. to dry; to wipe; (*con un panno*) to mop: **Il sole asciuga il bucato**, the sun dries the washing; **asciugarsi le mani**, to dry one's hands; **asciugarsi la bocca**, to wipe one's mouth; **asciugarsi le lacrime**, to wipe away one's tears; to wipe one's eyes; **Si asciugò il sudore dalla fronte**, he wiped (*o* mopped) the sweat off his forehead; **a. il pavimento**, to mop the floor. • (*fig.*) **a. le tasche a q.**, to clean sb. out. **B asciugàrsi**, v. rifl. to dry oneself. **C** v. i. e **asciugàrsi**, v. i. pron. *1* to dry; to get* dry: **stendere il bucato ad a.**, to hang out the washing to dry; **Lascialo a.**, let it dry out; **Si è asciugato?**, is it dry? *2* (*dimagrire*) to become* lean.

asciugatóio, m. *1* (*asciugamano*) towel *2* (*mecc.*) dryer.

asciugatrice, f. clothes dryer.

asciugatùra, f. drying.

asciuttézza, f. *1* dryness *2* (*fig.*: *di tono*) curtness; sharpness; abruptness *3* (*del corpo*) leanness.

asciùtto, **A** a. *1* dry: **bucato a.**, dry washing; **tempo a.**, dry weather; **occhi asciutti**, dry eyes; **fiume a.**, dry riverbed *2* (*fig.*: *brusco*) curt; sharp; abrupt: **un no a.**, (*rifiuto*) a curt refusal; (*negazione*) a curt denial; **Gli rispose a. a.**, he replied curtly; **modi asciutti**, abrupt manners *3* (*di corpo*) lean. • **a ciglio a.**, dry--eyed □ **a piedi asciutti**, dry-shod □ **balia asciutta**, dry nurse □ (*cucina*) **pasta asciutta**, pasta □ **rimanere a bocca asciutta**, to go hungry; (*fig.*) to be left without st.; (*restare deluso*) to be disappointed. **B** m. dry ground; dry place: **all'a.**, on dry ground; (*non alla pioggia*) out of the rain; (*fig.*: *senza soldi*) penniless; broke (*fam.*); hard up (*fam.*).

asclepiade, f. (*bot.*, *Gentiana asclepiadea*) asclepias; milkweed.

asclepiadèo, (*poesia*) **A** a. Asclepiadean. **B** m. Asclepiad.

Asclèpio, m. (*mitol.*) Asclepius.

àsco, m. (*bot.*) ascus*.

ascocàrpo, m. (*bot.*) ascocarp.

ascogònio, m. (*bot.*) ascogonium*.

ascolàno, **A** a. of Ascoli; from Ascoli; Ascoli (*attr.*). **B** m. inhabitant of Ascoli; native of Ascoli.

ascoltàre, v. t. *1* to listen (to st.): **a. la radio**, to listen to the radio; **a. la musica**, to listen to the music; **Ti ascolto**, I'm listening (to you); **a. in silenzio**, to listen in silence; **Ascolta!**, listen!; **Lo ascoltai fino in fondo**, I heard him out *2* (*dare retta*) to listen to; to pay* attention to; to attend to; to heed (*form.*): **Non ascoltarlo, è uno sciocco**, don't listen to him, he's a fool; **a. i consigli di q.**, to take (*o* to follow) sb.'s advice *3* (*assistere*) to attend; to hear*: **a. una lezione**, to attend a class; **a. la Messa**, to attend (*o* to hear) Mass; **a. una predica**, to hear a sermon *4* (*esaudire*) to hear*: **La mia preghiera fu ascoltata**, my prayer was heard *5* (*med.*) to auscultate. • **a. con mezzo orecchio**, to half-listen (to) □ **a. di nascosto**, to eavesdrop (on st.) □ (*leg.*) **a. le testimonianze**, to hear the evidence.

ascoltatóre, m. (*f.* **-trice**) *1* listener; hearer *2* (*pl.*) (*uditorio*) listeners; audience (*sing.*).

ascólto, m. listening: **durante l'a.**, while listening; **dare a. a q.**, to listen to sb.; (*dare retta, anche*) to pay heed to sb., to attend to sb.; **essere in a.**, to be listening; **mettersi in a.**, to start listening; (*radio*) to tune in; (*radio, TV*) **indice di a.**, rating; (*radio, TV*) **ore di maggiore a.**, peak (*USA*: prime) (listening, viewing) time.

Ascomicèti, m. pl. (*bot.*, *Ascomycetes*) Ascomycetes.

ascóndere, v. t. (*lett.*) to conceal; to hide*.

ascòrbico, a. (*chim.*) ascorbic.

ascóso, a. (*lett.*) concealed; hidden.

ascrìvere, v. t. *1* (*annoverare*) to count; to number *2* (*attribuire*) to ascribe; to attribute; to put* down: **a. q.c. a una coincidenza**, to ascribe st. (*o* to put st. down) to coincidence; **Gli fu ascritto il merito del successo**, he was credited with the success; **a. q.c. a lode [a biasimo] di q.**, to praise [to blame] sb. for st.

ascrivìbile, a. that can be ascribed (*o* put down) (to).

asèllo, m. (*zool.*, *Asellus aquaticus*) water slater.

asèpsi, f. (*med.*) asepsis*.

asessuàle, a. (*biol.*) asexual.

asessuàto, a. (*biol.*) asexual; sexless.

asèttico, a. *1* (*med.*) aseptic *2* (*fig.*) cold; detached; neutral.

asfaltàre, v. t. to asphalt.

asfaltato, a. asphalt (*attr.*): **strada asfaltata**, asphalt road; **strada non asfaltata**, unpaved road; dirt road (*USA*).

asfaltatóre, m. asphalter.

asfaltatùra, f. *1* (*l'asfaltare*) asphalting *2* (*asfalto*) asphalt.

asfàltico, a. asphaltic.

asfaltista, m. asphalter.

asfàlto, m. asphalt.

asfissìa, f. (*med.*) asphyxia; asphyxiation; suffocation: **morte per a.**, death by asphyxiation.

asfissiànte, a. *1* asphyxiating; suffocating: **gas a.**, asphyxiating (*o* poison) gas *2* (*fig.*: *opprimente*) oppressive; stifling; stuffy: **caldo a.**, stifling heat *3* (*fig.*: *seccante*) boring, tiresome; (*tormentoso*) pestering, importunate; (*insistente*) relentless.

asfissiàre, **A** v. t. *1* to asphyxiate; (*con gas*) to gas *2* (*fig.*: *seccare*) to bother; (*tormentare*) to pester, to plague, to importune. **B** v. i. to asphyxiate; to die of asphyxiation. **C asfissiàrsi**, v. rifl. (*uccidersi col gas*) to kill oneself with gas; to gas oneself.

asfìttico, a. *1* (*med.*) asphyxiated *2* (*fig.*) weak; feeble.

asfodèlo, m. (*bot.*, *Asphodelus*) asphodel*.

aşiàtica, f. (*med.*) Asian flu.

aşiàtico, a. e m. (*f.* **-a**) Asian (*f.* Asian woman*); Asiatic. • **lusso a.**, oriental luxury.

asigmàtico, a. (*gramm.*) asigmatic.

asillàbico, a. (*ling.*) asyllabic.

aşilo, m. *1* (*rifugio*) shelter; asylum; sanctuary: **trovare a.**, to find shelter; **dare a. a q.**, to give sb. shelter; to shelter; **a. politico**, (political) asylum; **diritto d'a.**, (*leg.*) right of sanctuary; (*polit.*) right of asylum; **richiesta**

di a., claim for asylum *2* (*istituto*) – **a. infantile**, kindergarten; nursery school; play school; **a. nido**, crèche (*franc.*); **a. notturno**, common lodging-house; dosshouse (*pop. GB*); flophouse (*pop. USA*).

asimmetria, f. *1* asymmetry *2* (*stat.*) skewness.

asimmetricità, f. asymmetry.

asimmètrico, a. *1* asymmetric(al) *2* (*stat.*) skew.

àsina, f. *1* (*zool.*) she-ass; jenny (ass) *2* (*fig.*) *V.* **asino**, *def. 2 e 3.*

asinàggine, f. asininity; stupidity.

asinàio, m. donkey driver.

asinàta, *V.* **asineria**, *def. 2.*

asincronia, f. asynchrony.

asincronismo, m. (*fis., mecc.*) asynchronism.

asìncrono, a. (*fis., mecc.*) asynchronous: **alternatore a.**, asynchronous alternator; **motore a.**, induction motor.

asindètico, a. (*gramm.*) asyndetic.

asìndeto, m. (*gramm.*) asyndeton*.

asinergia, f. (*med.*) asynergia; asynergy.

asineria, f. *1* asininity; stupidity *2* (*azione asinina*) asinine (*o* stupid) action; (*osservazione stupida*) foolish remark, nonsense; (*errore*) gross mistake.

asinésco, a. *1* asinine *2* (*fig.*) stupid; asinine.

asinino, a. *1* asinine; ass-like; ass's: **orecchie asinine**, ass's ears *2* (*fig.*) stupid; asinine. ● (*med.*) **tosse asinina**, (w)hooping cough.

asinità, f. asininity; stupidity.

àsino, m. *1* (*zool., Equus asinus*) ass; donkey; (*il maschio*) jackass *2* (*fig.*: *ignorante*) dunce; dolt; blockhead; ass *3* (*fig.*: *stupido*) fool; idiot; ass: **Pezzo d'a.**, stupid fool!; **Non fare l'a.**, don't be silly; don't be an ass. ● **a. calzato e vestito**, total ignoramus; unmitigated fool □ **a. risalito** (*o* **bardato**), upstart □ **a schiena d'a.**, (*di tetto*) saddle (*attr.*); (*di ponte*) humpback (*attr.*); (*di strada*) cambered □ (*fig. fam.*) **la bellezza dell'a.**, the beauty of youth □ **credere che gli asini volino**, to swallow anything □ **essere come l'a. di Buridano**, to be unable to make up one's mind between two things □ (*fig.*) **lavare la testa all'a.**, to waste one's time □ (*fig.*) **legar l'a. dove vuole il padrone**, an ass must be tied where the master will have him □ (*fig.*) **orecchie d'a.**, dunce's cap □ (*fig.*) **Quando voleranno gli asini**, when hell freezes over □ (*fig.*) **Qui casca l'a.**, there's the rub □ (*prov.*) **Meglio un a. vivo che un dottore morto**, a living dog is better than a dead lion □ (*prov.*) **Non si può far bere l'a. per forza**, you can lead a horse to the water, but you can't make him drink □ (*prov.*) **Raglio d'a. non arriva in cielo**, the braying of an ass does not reach heaven.

asintàttico, a. (*ling.*) asyntactic.

asintomàtico, a. (*med.*) asymptomatic.

asintòtico, a. (*mat.*) asymptotic(al).

asintoto, m. (*mat.*) asymptote.

asismico, a. (*geol.*) aseismic; (*edil.*) earthquake-proof.

askenazita, a., m. e f. Ashkenazi.

àsma, f. o m. (*med.*) asthma.

asmàtico, a. e m. (f. **-a**) (*med.*) asthmatic.

asociàle, a. asocial.

asocialità, f. asociality.

àsola, f. buttonhole.

asolàia, f. buttonholer.

asparagéto, m. **asparagiàia,** f. asparagus bed.

asparagina, f. (*chim.*) asparagine.

aspàrago, m. (*bot., Asparagus officinalis*) asparagus.

aspartàme, m. aspartame.

aspàrtico, a. (*chim.*) aspartic.

aspatóio, m. (*ind. tess.*) reeling frame.

aspatùra, f. (*ind. tess.*) reeling.

aspecìfico, a. aspecific.

aspèrgere, v. t. (*lett.*) to sprinkle.

asperità, f. *1* (*ruvidezza*) asperity, roughness; coarseness *2* (*sporgenza*) irregularity; protuberance *3* (*fig.*: *asprezza*) asperity, harshness; (*difficoltà*) trouble, difficulty.

aspermia, f. (*biol.*) aspermatism.

aspèrrimo, a. very bitter; very harsh; very hard.

aspersióne, f. sprinkling.

aspersòrio, m. (*eccles.*) aspergillum*; aspersorium*.

aspettàre, **A** v. t. *1* to wait for; to await (*form.*); (*assol.*) to wait: **Ti aspetterò alla stazione**, I shall wait for you at the station; **Che cosa aspetti?**, what are you waiting for?; **a. q. alzato**, to wait up for sb.; **a. che smetta di piovere**, to wait for the rain to stop; **Non aspetterò un minuto di più**, I won't wait a minute longer; **Lo aspettai per un'ora**, I waited (for) an hour for him; **a. il segnale**, to wait (for) the signal; **a. l'occasione (buona)**, to await one's opportunity; **a. il proprio turno**, to wait one's turn; **Questo può a. fino a domani**, this can wait (*o* will keep) until tomorrow; **Lo aspettava una sorpresa**, a surprise awaited him; **Ci aspetta una settimana dura**, we have a hard week ahead of us; **Mi aspetta un bel po' di lavoro**, I'm in for quite a lot of work *2* (*prevedere l'arrivo di*) to expect: **Lo aspettiamo a momenti**, we are expecting him at any moment; **Non vi aspettavo a quest'ora**, I wasn't expecting you at this time. ● **a. q. al varco**, to lie in wait for sb. □ **a. con ansia q.c.**, to look forward to st.: **Aspettavamo con ansia di vederli**, we were looking forward to seeing them □ **a. visite**, to expect visitors □ **a. un bambino**, to expect (a baby) □ **fare a. q.**, to keep sb. waiting □ **farsi a.**, to keep people waiting; to be late: **Non farti a.!**, don't keep me (*o* us) waiting; **Oggi il tram si fa a.**, the tram is late today □ (*iron.*) **Aspetta e spera!**, you can whistle for it!; that'll be the day! □ **Aspetta e vedrai**, wait and see □ **Aspetta, che ti accomodo io!**, just you wait, I'll fix you! □ (*iron.*) **Aspettalo!**, you will wait a long time for it (*o* for him) □ **Qui t'aspettavo!**, (*a chi fa o confessa q.c.*) I thought I'd catch you out; (*qui sta il difficile*) there's the rub; (*vediamo come te la cavi*) now let's see what you can do □ (*prov.*) **Chi ha tempo non aspetti tempo**, sooner begun, sooner done □ (*prov.*) **Chi la fa, l'aspetti**, as they sow, so let them reap. **B** **aspettarsi,** v. i. pron. to expect; to anticipate; to be prepared for; (*sperare*) to hope: **Dobbiamo aspettarci un periodo brutto**, we must expect a difficult period; **Non possiamo aspettarci troppo da loro**, we can't expect too much from them; **C'era da aspettarselo**, it was only to be expected; **C'è da a. di tutto**, anything can happen; **Me l'aspettavo!**, I knew it!; I thought as much!; **Da te non me l'aspettavo**, I didn't expect this of you; **Mi aspettavo che dicesse qualcosa**, I expected him to say something; I hoped he would say something; **Si aspettano che lo faccia io**, they expect me to do it; **quando meno te l'aspetti**, when you least expect it.

aspettativa, f. *1* expectation; anticipation; (*speranza*) hope: **corrispondere all'a.**, to come up to sb.'s expectations; **deludere le aspettative**, to fall short of sb.'s expectations; **contro ogni a.**, against all expectations; **superare ogni a.**, to exceed (*o* to go beyond) all expectations *2* (*congedo temporaneo*) leave; extended leave: **essere in a.**, to be on leave; **mettere q. in a.**, to give sb. extended leave; to discharge sb. temporarily from his duties; **mettersi in a. per un anno**, to take a year's leave; **a. per malattia**, sick leave.

aspettazióne, f. expectation; expectancy; (*speranza*) hope.

aspètto (1), m. *1* (*apparenza*) appearance; look: **giudicare q.c. dall'a.**, to judge st. by its look (*o* appearance); **l'a. della città sotto la pioggia**, the look of the city under the rain; **La stanza aveva il solito a.**, the room looked the same as usual; **Che a. ha?**, what does it look like?; **La cosa cambia a.**, that puts a different look (*o* complexion) on the matter *2* (*di persona*) looks (*pl.*), aspect, appearance; (*sembiante*) semblance, likeness: **un a. sano**, healthy looks; **bell'a.**, good looks; **di bell'a.**, good-looking; **avere un a. severo**, to look severe; **Hai un brutto a.**, you don't look well; **La strega assunse l'a. di un gatto**, the witch took on the likeness of a cat *3* (*fig.*: *punto di vista*) point of view; angle; side; aspect: **considerare q.c. sotto più aspetti**, to consider st. from various angles; **per certi aspetti**, in some respects *4* (*ling.*) aspect.

aspètto (2), m. *1* (*attesa*) waiting: **sala d'a.**, waiting-room *2* (*mus.*) pause.

aspettuàle, a. (*ling.*) aspectual.

aspic (*franc.*), m. (*cucina*) aspic.

àspide, m. *1* (*zool., Vipera aspis*) asp *2* (*fig.*) viper. ● (*zool.*) **a. di Cleopatra** (*Naja haje*), asp.

aspidistra, f. (*bot., Aspidistra elatior*) aspidistra.

aspirànte, **A** a. *1* aspiring *2* (*mecc.*) sucking; suction: **pompa a.**, suction pump. **B** m. e f. *1* aspirant; applicant; candidate: **a. a un posto**, candidate for a job *2* (*naut.*) midshipman* *3* (*aeron.*) air-force cadet. ● (*boxe*) **a. al titolo**, challenger.

aspirapólvere, m. invar. vacuum cleaner; hoover (*GB, marchio*). ● **passare l'a. sul pavimento**, to vacuum the floor; to hoover the floor (*GB*) □ **pulizia con l'a.**, vacuum cleaning.

aspiràre, **A** v. t. *1* to inhale; to breathe in; to inspire: **a. il fumo**, to inhale smoke; **a. l'aria**, to breathe in air *2* (*mecc.*) to suck up *3* (*fon.*) to aspirate. **B** v. i. (*desiderare*) to aspire to; to aim at; to seek*; to strive* for: **a. a una nomina**, to aspire to an appointment; **a. alla perfezione**, to seek perfection; **a. alla mano di una ragazza**, to seek a girl in marriage; **Non può a. alla promozione prima di due anni**, he is not eligible for promotion for the next two years.

aspiràta, f. (*fon.*) aspirate.

aspiràto, a. (*fon.*) aspirate.

aspiratóre, m. *1* (*ind., mecc.*) aspirator; extractor fan; exhaust fan: **a. a pale**, vane aspirator; **a. d'aria**, air-exhauster; **a. centrifugo**, centrifugal fan (*o* aspirator) *2* (*med.*) aspirator.

aspirazióne, f. *1* inhalation; breathing in *2* (*fig.*) aspiration; ambition *3* (*mecc.*) suction; intake: **a. della polvere**, dust suction; **lavoro di a.**, intake work; **tubo di a.**, sucker; **valvola di a.**, suction valve *4* (*fon.*) aspiration *5* (*med.*) aspiration.

aspirina, f. (*marchio*: *farm.*) aspirin*.

asplènio, m. (*bot., Asplenium*) spleenwort; finger fern.

àspo, m. (*ind. tess.*) reel; swift.

asportàbile, a. removable.

asportàre, v. t. *1* (*med.*) to remove; to excise *2* (*portare via*) to take* away; to carry away; to remove: **cibo da a.**, takeaway (*USA*: takeout) food *3* (*rubare*) to remove; to steal*.

asportazióne, f. *1* (*med.*) removal; excision *2* (*rimozione*) removal.

aspòrto, m. removal: **materiale di a.**, excavated earth; **pizza da a.**, takeaway (*USA*: takeout) pizza.

aspraménte, avv. harshly; severely.

asprétto, m. (*di vino*) sour taste.

asprézza, f. *1* (*di sapore*) sourness; tartness *2* (*ruvidezza*) roughness; ruggedness *3* (*fig.*: *durezza*) harshness; unkindness.

asprì, m. osprey.

asprigno, **A** a. sourish. **B** m. sour taste.

àspro, a. *1* (*di sapore*) sour; tart; bitter: **una mela aspra**, a sour apple; **avere sapore a.**, to taste sour *2* (*di suono*) harsh; rasping; grating *3* (*fig.*: *duro*) harsh; hard; bitter: **parole aspre**, harsh words; **aspra penitenza**, harsh penance; **un inverno a.**, a hard winter; **un a. rimprovero**, a bitter reproach **4** (*ruvido*) rough; rugged: **una superficie aspra**, a rough surface **5** (*scosceso*) steep **6** (*di clima*) severe; raw; harsh. • (*ling.*) **spirito a.**, rough breathing.

assafètida, *f.* (*bot., farm.*) as(s)afoetida.

assaggiàre, *v. t.* **1** to taste (*anche fig.*); to try: **a. del cibo**, to taste food; **a. un po' di vino**, to taste a little wine; **a. i frutti della vittoria**, to taste the fruits of victory; **far a. la frusta**, to give sb. a taste of the whip **2** (*mangiare poco*) to take* a bite; to nibble.

assaggiatóre, *m.* (*f.* **-trice**) taster.

assàggio, *m.* **1** (*l'assaggiare*) tasting **2** (*piccola quantità di cibo, anche fig.*) taste **3** (*campione*) sample **4** (*miner., chim.*) assay.

assài, A *avv.* **1** (*molto*) very; much: **a. tardi**, very late; **a. più vecchio**, much older **2** (*abbastanza*) enough: **Ho visto a.**, I've seen enough; **averne a. di q.**, to have had enough of sb. • **M'importa a.!**, I couldn't care less! □ **Non c'entro né poco né a.**, it's got nothing to do with me at all □ (*iron.*) **So a., io!**, how would I know? □ (*iron.*) **Sa a., lui!**, what can he know about it? **B** *a. invar.* much, (*pl.*) many; a lot of: **a. gente**, many people; a lot of people.

assàle, *m.* (*mecc.*) axle: **a. anteriore [posteriore]**, front [rear] axle; **a. motore**, driving axle.

assalìre, *v. t.* **1** to attack; to assault; to set* on: **a. il nemico [una fortezza]**, to attack the enemy [a fortress]; **Fummo assaliti da banditi**, we were assaulted (*o* set on) by bandits **2** (*fig.*) to assail; to strike*; to seize; to overcome*: **Fu assalito dai dubbi**, he was overcome (*o* assailed) with doubts; **Mi assalì un pensiero**, a thought struck me; **Mi assalì la paura**, I was seized with fear.

assalitóre, *m.* (*f.* **-trice**) assailant; attacker.

Assalònne, *m.* (*Bibbia*) Absalom.

assaltàre, *v. t.* **1** to assault; to attack; to storm: **a. il nemico**, to attack the enemy; **a. una fortezza**, to storm a fortress **2** (*rapinare*) to raid; to rob: **a. una banca**, to raid a bank.

assaltatóre, *m.* (*f.* **-trice**) aggressor; assaulter.

assàlto, *m.* **1** assault; attack (*anche mil.*); onslaught: **dare l'a. a q.c.**, to assault st.; to storm st.; (*mil.*) **dare l'a. a una postazione**, to storm a position; **prendere d'a.**, (*mil.*) to take by storm; (*fig.*) to besiege: **La gente prese d'a. i negozi**, the shops were besieged by customers (*o* were taken by storm); **I fan lo presero d'a.**, he was besieged by his fans; **sfuggire all'a. dei giornalisti**, to escape the onslaught of reporters **2** (*rapina*) raid; robbery; hold-up: **a. a una banca**, raid on a bank; bank hold-up; **a. a un treno**, train robbery **3** (*fig.*: *di malattia, ecc.*) attack; onslaught **4** (*sport*: *scherma*) bout; (*boxe*) round. • **d'a.** (*energico*), aggressive □ (*mil.*) **truppe d'a.**, storm troops.

assaporaménto, *m.* savouring; tasting.

assaporàre, *v. t.* (*anche fig.*) to savour; to taste; to relish: **a. un vino**, to savour a wine; **a. la vendetta**, to savour revenge.

assassinàre, *v. t.* **1** to murder; to kill; (*una figura politica*) to assassinate **2** (*fig.*: *rovinare*) to ruin; to destroy; (*musica, ecc.*) to murder, to butcher.

assassìnio, *m.* **1** murder; (*politico*) assassination **2** (*fig.*: *rovina*) ruin; destruction.

assassìno, A *m.* (*f.* **-a**) **1** murderer; (*politico*) assassin **2** (*fig.*: *chi rovina q.c.*) criminal; butcher **3** (*stor. relig.*) Assassin. **B** *a.* **1** murderous: **mani assassine**, murderous hands; **impulso a.**, murderous impulse **2** (*fig.*: *seducente*) provocative; come-hither (*fam.*): **lanciare occhiate assassine a q.**, to shoot provocative glances at sb.; to look at sb. with come-hither eyes.

àsse (1), *f.* (*di legno*) board; plank: **a. da stiro**, ironing board; (*sport*) **a. d'equilibrio**, balance board.

àsse (2), *m.* **1** (*mat., fis.*) axis*: **a. di rotazione**, rotation axis; **l'a. di un'ellisse**, the axis of an ellipse; **l'a. delle x**, the x-axis **2** (*geogr.*) axis*: **l'a. terrestre**, the earth's axis **3** (*mecc.*: *perno di ruota, assale*) axle: **a. fisso [mobile]**, rigid [turning] axle; (*autom.*) **a. motore**, live axle **4** (*fig.*) axis: **l'A. Roma-Berlino**, the Rome-Berlin axis.

àsse (3), *m.* **1** (*stor.*) as* **2** (*leg.*) – **a. patrimoniale**, estate; **a. ereditario**, hereditament.

assecondàre, *v. t.* **1** (*appoggiare*) to second, to back; (*aiutare*) to help, to support **2** (*esaudire*) to satisfy; to comply with: **a. i desideri di q.**, to comply with sb.'s wishes **3** (*accontentare*) to humour **4** (*seguire*) to follow.

assediànte, A *m. e f.* besieger. **B** *a.* besieging.

assediàre, *v. t.* **1** (*mil.*) to besiege; to lay* siege to **2** (*circondare*) to surround; to crowd round **3** (*fig.*: *non dare pace*) to beset*; to bedevil; to pester.

assèdio, *m.* **1** (*mil.*) siege: **stato d'a.**, state of siege; **cingere d'a.**, to lay siege (to); **levare l'a.**, to raise the siege; **a. economico**, economic blockade **2** (*fig.*) throng: **sfuggire all'a. dei giornalisti**, to escape the thronging reporters.

assegnàbile, *a.* assignable; allottable; awardable.

assegnaménto, *m.* **1** (*affidamento*) reliance; trust: **far a. su**, to count (*o* to rely) on **2** *V.* **assegnazione**.

assegnàre, *v. t.* **1** (*destinare*) to assign; to allot: **Gli assegnò un terzo dell'eredità**, he allotted him a third of the estate; **a. un vitalizio**, to assign an annuity **2** (*dare*) to assign; to give*; to appoint: **a. un compito**, to set (*o* to assign, to appoint) a task; **Mi assegnarono un giorno per il lavoro**, I was given (*o* allowed) one day for the job; **a. una scadenza**, to fix (*o* to set) a deadline; **a. una pensione**, to grant a pension; **a. un problema agli studenti**, to set the students a problem; **a. le parti di una commedia**, to cast a play **3** (*aggiudicare*) to award: **a. un premio [una borsa di studio]**, to award a prize [a study grant] **4** (*fondi, ecc.*) to allocate; to appropriate **5** (*leg.*: *beni, diritti*) to grant; to vest **6** (*una persona a un lavoro*) to assign.

assegnatàrio, *m.* (*f.* **-a**) (*leg.*) assignee; assign; allottee.

assegnazióne, *f.* **1** (*l'attribuire*) assignation, allotment; (*concessione*) grant **2** (*aggiudicazione*) award **3** (*leg.*) grant **4** (*di fondi, ecc.*) allocation; appropriation **5** (*di persona a un lavoro*) assignment. • (*leg.*) **a. testamentaria**, devise □ (*teatr.*) **a. delle parti**, casting.

asségno, *m.* **1** allowance: **a. mensile**, monthly allowance; **assegni familiari**, family allowance; child benefit; (*leg.*) **a. alimentare**, alimony; (*ass.*) **a. vitalizio**, straight life annuity **2** (*banca*) cheque, check (*USA*): **a. di conto corrente**, personal cheque; **a. in bianco**, blank cheque; **a. al portatore**, cheque to bearer; **a. a vuoto**, dishonoured cheque; bad cheque (*fam.*); **a. circolare**, banker's draft; **a. non trasferibile**, non-negotiable cheque; **a. sbarrato [non sbarrato]**, crossed [open] cheque; **a. senza copertura**, uncovered cheque; **a. turistico**, traveller's cheque. • **contro a.**, cash on delivery.

assemblàggio, *m.* (*ind., arte*) assembly; assemblage; assembling.

assemblàre, *v. t.* (*ind., arte*) to assemble.

assemblatóre, *m.* (*f.* **-trice**) assembler.

assemblèa, *f.* assembly; meeting; convention: **a. legislativa**, legislative assembly; **a. di azionisti**, shareholders' meeting.

assembleàre, *a.* of an assembly; by an assembly; assembly (*attr.*).

assembraménto, *m.* concourse; gathering; (*folla*) crowd: **un a. di gente**, a concourse of people; **fare a.**, to form a crowd; **sciogliere l'a.**, to disperse the crowd; **Si formò un a.**, a crowd gathered; **proibire gli assembramenti**, to forbid public gatherings.

assembràre, *v. t.* **assembràrsi,** *v. rifl.* to assemble; to gather.

assennatézza, *f.* sensibleness; common sense; judiciousness.

assennàto, *a.* sensible; judicious; sober; level-headed.

assènso, *m.* assent; approval; consent.

assentàrsi, *v. i. pron.* to go* away; to leave*; to absent oneself: **a. senza permesso**, to be absent without leave; (*mil.*) to go A.W.O.L.

assènte, A *a.* **1** absent; away: **a. da scuola**, absent from school; **È a. da casa**, he's away from home; **a. ingiustificato**, absent without leave; (*mil.*) **a. senza permesso**, absent without leave (*abbr.*: A.W.O.L.) **2** (*fig.*) absent; blank: **sguardo a.**, absent (*o* blank) stare; **Mi guardò con aria a.**, he gave me a blank look; **Il suo pensiero è a.**, his mind is far away. **B** *m. e f.* absentee: **C'erano molti assenti alla riunione**, there were many absentees from the meeting; **Era l'unico a.**, he was the only one missing; **gli assenti e i presenti**, those absent and those present; **Ricordiamo gli assenti**, let us remember those who are not here.

assenteìsmo, *m.* **1** absenteeism **2** (*fig.*) indifference.

assenteìsta, *m. e f.* habitual absentee.

assentìre, *v. i.* to consent; to acquiesce: **Assentì alla mia partenza**, he consented to my leaving; he agreed that I should leave.

assènza, *f.* **1** (*di persona*) absence; non-attendance: **a. dal lavoro**, absence from work; **a. ingiustificata** (*o* **senza permesso**), absence without leave; **Ho fatto tre assenze**, I was absent three times; **fare molte assenze a scuola**, to miss many classes; **Ci accorgemmo della sua a. solo all'ora di cena**, we first missed him at suppertime; **in mia a.**, in my absence; while I'm away; **In a. del direttore firmo io**, as the manager is absent, I shall sign instead **2** (*mancanza*) absence; lack; want: **a. di prove**, lack of evidence; **a. di fantasia**, lack of imagination; **a. di gusto**, lack (*o* want of taste); tastelessness; **a. di luce**, absence of light; **a. di peso**, weightlessness; **a. di vita**, non-existence of life. • **brillare per la propria a.**, to be conspicuous by one's absence □ **registro delle assenze**, absentee register.

assenziènte, *a.* assenting; consentient.

assènzio, *m.* **1** (*bot., Artemisia absinthium*) wormwood **2** (*liquore*) absinth.

asserìre, *v. t.* to assert; to affirm; to declare; to maintain; to aver; to claim; (*senza prove*) to allege: **a. la verità**, to affirm the truth; **Asserì di non sapere nulla**, he declared he knew nothing about it; **Asserisce di avermi visto**, he claims to have seen me.

asserragliaménto, *m.* barricading.

asserragliàre, A *v. t.* to barricade. **B asserragliàrsi,** *v. rifl.* to barricade oneself; to entrench oneself.

assertività, *f.* assertiveness.

assertìvo, *a.* assertive.

assèrto, *V.* **asserzione**.

assertóre, *m.* (*f.* **-trice**) **1** assertor **2** (*fautore*) upholder; advocate; champion.

asserviménto, *m.* **1** enslavement; subjection **2** (*mecc.*) follow-up link; interlocking.

asservìre, A *v. t.* **1** to enslave (*anche fig.*); to subdue; to subjugate; to subordinate **2** (*mecc.*) to link up; to interlock. **B asservìrsi,** *v. rifl.* to become* a slave (to sb.); to submit (to sb.); to bow down.

asserzióne, *f.* assertion; affirmation; statement; (*infondata*) allegation.

assessoràto, *m.* **1** (*carica*) councillorship **2** (*sede*) councillor's office.

assessóre, *m.* councillor; councilman*

(*USA*): **a. al traffico**, councillor responsible for traffic.

assessorile, *a.* city council (*attr.*).

assestaménto, *m.* **1** settling; settlement; adjustment: **a. del carico**, settling of the load; **periodo di a.**, settling-down period; period of adjustment **2** (*comm.*) balance **3** (*mecc.*) bedding **4** (*edil.*) settling. ● **a. economico**, economic shakedown □ (*di terremoto*) **scossa di a.**, aftershock.

assestàre, A *v. t.* **1** to arrange; to settle; (*ordinare*) to put* in order **2** (*comm.*) to balance: **a. una partita di conti**, to balance an account; **a. il bilancio**, to balance the account **3** (*regolare, sistemare*) to adjust: **a. la mira**, to adjust one's aim **4** (*dare*) to deal*; to deliver: **a. un colpo**, to deal a blow. **B assestàrsi,** *v. rifl.* e *i. pron.* **1** to settle in **2** (*edil.*) to settle **3** (*mecc.*) to bed.

assestàto, *a.* (*ordinato*) tidy; orderly.

assetàre, *v. t.* to make* thirsty; to reduce to thirst; (*di terreno*) to parch.

assetàto, A *a.* **1** thirsty **2** (*fig.*) thirsty; thirsting; craving: **a. di sangue**, thirsting for blood; bloodthirsty; **È a. di ricchezze**, he craves for riches **3** (*riarso*) parched; dry. **B** *m.* (*f.*) thirsty person. ● **dar da bere agli assetati**, to give drink to the thirsty.

assettàre, A *v. t.* **1** (*mettere in ordine*) to put* in order; to tidy (up); (*sistemare*) to arrange, to spruce up: **a. una stanza**, to tidy a room **2** (*edil.*) to settle. **B assettàrsi,** *v. rifl.* e *i. pron.* **1** to tidy oneself; to spruce oneself up **2** (*edil.*) to set*.

assettàto, *a.* tidy; orderly; neat.

assètto, *m.* **1** order; arrangement; disposition; lay-out; set-up: **a. urbano**, town layout; **l'a. politico**, the political set-up **2** (*naut.*) trim **3** (*aeron.*) attitude; trim. ● **in a. di guerra**, in fighting trim.

asseveràre, *v. t.* (*lett.*) to assert; to aver. ● (*leg.*) **a. con giuramento**, to declare on oath.

asseverativo, *a.* (*lett.*) assertive.

asseverazióne, *f.* (*lett.*) asseveration; assertion.

assiàle, *a.* (*mat.*) axial. ● (*mecc.*) **gioco a.**, end float.

assibilàre, *v. t.* **assibilàrsi,** *v. i. pron.* (*fon.*) to assibilate.

assibilazióne, *f.* (*fon.*) assibilation.

assicèlla, *f.* (*edil.*) lath; small board; batten.

assicuràbile, *a.* (*ass.*) insurable.

assicuràre, A *v. t.* **1** (*dare per sicuro*) to assure; to guarantee: **Ti assicuro che non c'è pericolo**, I assure you there is no danger; **Lo assicurai della mia amicizia**, I assured him of my friendship; **Non posso a. niente**, I can't guarantee anything **2** (*rendere sicuro, procurare*) to ensure; to provide: **a. i rifornimenti**, to ensure supplies; **a. il lavoro a q.**, to ensure sb. his job; **a. un futuro ai figli**, to provide for the future of one's children **3** (**assicurarsi**: *ottenere*) to secure; to get*; to win*: **Sono riuscito ad assicurarmi un posto (a sedere)**, I managed to get a seat; **assicurarsi un contratto**, to win a contract **4** (*ass.*) to insure; to assure (*sulla vita, GB*); (*naut.*) to underwrite: **a. la casa**, to insure one's house; **a. l'auto contro il furto**, to insure one's car against theft; **La lettera era stata assicurata**, the letter had been insured **5** (*fissare, legare*) to secure; to fasten; to make* fast; to tie up **6** (*consegnare*) to deliver: **a. un criminale alla giustizia**, to deliver a criminal to justice; to apprehend a criminal. **B assicuràrsi,** *v. rifl.* **1** (*accertarsi*) to make* sure; to assure oneself: **Assicuratevi che dica la verità**, make sure he is telling the truth **2** (*ass.*) to take* out an insurance; to insure oneself: **Mi sono assicurato**, I have taken out an insurance; **a. contro l'incendio**, to insure oneself against fire; **a. sulla vita**, to insure one's life **3** (*legarsi*) to fasten oneself; to tie oneself up.

assicuràta, *f.* insured letter.

assicurativo, *a.* (*ass.*) insurance (*attr.*): **polizza assicurativa**, insurance policy.

assicuràto, A *a.* **1** (*ass.*) insured; assured (*sulla vita, GB*): **pacco a.**, insured parcel; **non a.**, uninsured **2** (*sicuro*) guaranteed; assured; sure; sure-fire (*fam.*): **successo a.**, guaranteed success. **B** (*ass.*) *m.* (*f.* **-a**) insured party; policy holder.

assicuratóre, (*ass.*) **A** *m.* (*f.* **-trice**) insurer; assurer. **B** *a.* insuring; insurance (*attr.*): **compagnia assicuratrice**, insurance company.

assicurazióne, *f.* **1** assurance: **dare a.**, to give assurance **2** (*ass.*) insurance; assurance (*sulla vita, GB*): **stipulare un'a.**, to take out an insurance; **a. di una casa**, insurance on a house; **a. sulla vita**, life insurance (*GB*: assurance); **a. contro l'incendio [gli infortuni, le malattie]**, fire [accident, health] insurance; **a. contro terzi**, third-party insurance; **a. sociale**, social (*o* national) insurance; **a. volontaria**, private insurance; **agente di a.**, insurance agent; **compagnia d'a.**, insurance company; **polizza d'a.**, insurance policy; **premio d'a.**, insurance premium; **coperto da a.**, insured.

assideraménto, *m.* (*med.*) exposure.

assideràre, A *v. t.* to freeze*. **B** *v. i.* e **assideràrsi,** *v. i. pron.* **1** (*med.*) to suffer from exposure **2** (*essere infreddolito*) to freeze* (to death); to be numb with cold.

assideràto, *a.* **1** (*med.*) suffering from exposure; (*morto a.*) dead from exposure **2** (*infreddolito*) frozen; numb with cold.

assìdersi, *v. i. pron.* (*lett.*) to take* a (*o* one's) seat; to sit* down.

assiduità, *f.* **1** assiduity; assiduousness; application; diligence; constancy; steadiness; (*premurosità*) attentiveness **2** (*pl.*) (*gentilezze*) attentions **3** (*frequenza regolare*) regular attendance.

assìduo, *a.* **1** assiduous; attentive; (*diligente*) diligent, persevering; (*costante*) constant, steady; (*premuroso*) attentive, devoted: **a. sul lavoro**, diligent in one's job; **sforzi assidui**, constant efforts **2** (*regolare*) regular: **un visitatore a.**, a regular visitor; **È a. alle lezioni**, he attends lectures regularly.

assiemàggio, *m.* (*comm.*) assembling.

assième, *V.* **insieme**.

assiepaménto, *m.* **1** crowding; thronging **2** (*folla*) crowd; throng; press.

assiepàre, A *v. t.* to crowd; to throng. **B assiepàrsi,** *v. i. pron.* to crowd; to surround (st.).

assile, *a.* (*bot.*) axile.

assillànte, *a.* (*insistente*) insistent; pestering; (*tormentoso*) nagging, tormenting; (*opprimente*) fussy: **richieste assillanti**, insistent requests; **dubbio a.**, tormenting (*o* nagging) doubt; **moglie a.**, nagging wife; **madre a.**, fussy mother.

assillàre, *v. t.* (*essere insistente*) to pester, to badger; (*tormentare*) to nag, to torment, to worry, to haunt; (*essere troppo premuroso*) to fuss (over sb.).

assillo, *m.* **1** (*zool., Asilus*) robber fly **2** (*fig.*: *pensiero tormentoso*) worrying (*o* nagging) thought; worry.

assimilàbile, *a.* assimilable.

assimilabilità, *f.* assimilability.

assimilàre, A *v. t.* **1** (*considerare simile*) to assimilate: **a. una legge a un'altra**, to assimilate one law to another **2** (*fisiol.* e *fig.*) to assimilate; to absorb **3** (*ling.*) to assimilate. **B assimilàrsi,** *v. i. pron.* to assimilate.

assimilativo, *a.* assimilative.

assimilatóre, *a.* assimilatory.

assimilazióne, *f.* assimilation; absorption.

assiòlo, *m.* (*zool., Otus scops*) horned owl; scops owl.

assiologìa, *f.* (*filos.*) axiology.

assiòma, *m.* axiom.

assiomàtica, *f.* axiomatics (*pl. col verbo al sing.*).

assiomàtico, *a.* axiomatic.

assiomatizzàre, *v. t.* to axiomatize

assiomatizzazióne, *f.* axiomatization.

assiòmetro, *m.* (*naut.*) rudder telltale.

Assiria, *f.* (*geogr., stor.*) Assyria.

assiriologìa, *f.* Assyriology.

assiriòlogo, *m.* (*f.* **-a**) Assyriologist.

assiro, *a.* e *m.* (*f.* **-a**) Assyrian (*f.* Assyrian woman*).

assiro-babilonése, *a.* Assyro-Babylonian.

assișa, *f.* **1** (*geol.*) bed; stratum* **2** (*biol.*) cell layer.

assișe, *f. pl.* **1** (*stor.*) assizes; judicial assemblies **2** (*leg.*: *Corte d'A.*) Court of Assizes **3** (*assemblea*) congress (*sing.*); assembly (*sing.*).

assișo, *a.* (*lett.*) seated.

assistentàto, *m.* assistantship.

assistènte, *m.* e *f.* **1** assistant; (*aiuto*) helper, aid: **l'a. del professore**, the professor's assistant; **a. alla regia**, assistant director; **a. di chimica**, chemistry assistant **2** (*a un esame scritto*) invigilator; proctor (*USA*). ● **a. di polizia**, female police officer □ **a. di volo**, steward (*m.*); stewardess (*f.*); cabin attendant; air hostess (*f.*) □ **a. sociale**, social worker; welfare officer.

assistènza, *f.* **1** (*presenza*) presence; attendance **2** (*aiuto*) help; assistance; aid; relief: **prestare a. ai feriti**, to attend to the wounded; **a. legale**, legal aid; **fondo di a.**, relief fund **3** (*cura*) care; treatment; nursing: **a. medica**, medical treatment; **a. infermieristica**, nursing; **a. postoperatoria**, aftercare **4** (*servizio sociale*) care; welfare: **a. sanitaria**, health care; **a. sociale**, welfare services (*pl.*) **5** (*comm., tecn.*) service; servicing: **a. clienti**, customer service; **a. tecnica**, technical assistance; servicing; **servizio (di) a.**, (*comm., autom.*) servicing; (*su strada*) breakdown service **6** (*a un esame*) invigilation; proctoring (*USA*): **fare a.**, to invigilate; to proctor (*USA*).

assistenziàle, *a.* charitable; welfare (*attr.*): **ente a.**, charitable institution; **Stato a.**, welfare state.

assistenzialișmo, *m.* welfarism.

assistenziàrio, *m.* rehabilitation centre.

assìstere, A *v. i.* **1** (*essere presente*) to be present at; to witness (st.): **a. alla morte di q.**, to be present at sb.'s death; **a. a un incidente**, to witness an accident **2** (*guardare*) to watch (st.): **a. a uno spettacolo**, to watch a show **3** (*frequentare*) to attend (st.): **a. alle lezioni**, to attend lectures; **a. alla messa**, to hear Mass. **B** *v. t.* **1** (*aiutare*) to assist; to help **2** (*soccorrere*) to help; to aid; to succour **3** (*curare, accudire*) to nurse; to look after **4** (*leg.*) to defend. ● **Che il cielo ci assista**, God (Heaven) help us □ **Se la fortuna ci assiste**, if luck is on our side

assistito, *m.* (*f.* **-a**) **1** (*di ente, ecc.*) beneficiary **2** (*leg.*) client.

assito, *m.* **1** wood partition **2** (*pavimento*) plank floor; floor boards (*pl.*).

àsso, *m.* **1** (*nelle carte da gioco*) ace: **a. di picche**, ace of spades **2** (*fig.*) ace; champion; genius: **a. del volante**, ace driver; **È un a. in chimica**, he's a genius in chemistry. ● (*fig.*) **avere l'a.**, to hold the trump card □ (*fig.*) **avere un a. nella manica**, to have an ace (*o* a card) up one's sleeve (*o, USA*: an ace in the hole) □ **piantare q. in a.**, (*andarsene*) to leave sb. standing; (*abbandonare*) to walk out on sb.; (*lasciare nei guai*) to leave sb. in the lurch (*o* high and dry).

associàbile, *a.* associable; that can be combined.

associabilità, *f.* associability.

associàre, A *v. t.* **1** to associate; to join; to link; to combine: **a. idee**, to associate ideas; **a. l'utile al dilettevole**, to combine business with pleasure **2** (*eleggere membro*) to make* (sb.) a member of; to admit to **3** (*comm.*) to take* (sb.) into partnership **4** (*leg.*: *ditte,* *ecc.*) to incorporate. ● **a. q. alle carceri**, to commit sb. to prison. **B associàrsi,** *v. rifl.* ***1*** (*farsi socio*) to join (st.); to become* a member of: **a. a un circolo**, to join a club ***2*** (*partecipare*) to share (st.): **a. alla gioia altrui**, to share sb. else's joy ***3*** (*unirsi*) to associate (with); to join; to unite: **Si associa a me per ringraziarvi**, he joins with me in thanking you; **a. contro q.**, to join forces against sb. ***4*** (*comm.*) to go* (*o* to enter) into partnership with ***5*** (*leg.*: *di ditte, ecc.*) to incorporate.

associativo, *a.* (*anche mat.*) associative.

associàto, A *a.* ***1*** (*comm.*) in partnership ***2*** (*leg.*: *di ditte, ecc.*) incorporate ***3*** *V. def. B 3.* **B** *m.* (*f.* **-a**) ***1*** (*comm.*) partner ***2*** (*membro*) member ***3*** (*università*) assistant professor.

associazióne, *f.* ***1*** (*collegamento*) association; combination; linkage; connection ***2*** (*partecipazione*) participation; membership; partnership: **a. a un'impresa**, participation in a venture; **quota di a.**, membership fee ***3*** (*società*) society; association; club ***4*** (*fin.*) syndicate ***5*** (*leg.*) society; institution ***6*** (*psic.*) association: **a. di idee**, association of ideas; **a. libera**, free association. ● **a. operaia**, trade union ▫ (*leg.*) **a. per delinquere**, criminal association.

associazionismo, *m.* associationism.

associazionista, *a.* associationist.

assodaménto, *m.* reinforcement; consolidation; hardening.

assodàre, A *v. t.* ***1*** (*irrobustire*) to strengthen; (*indurire*) to harden ***2*** (*consolidare*) to consolidate (*anche fig.*): **a. la propria autorità**, to consolidate one's authority ***3*** (*fig.*: *accertare*) to ascertain; to find* out: **a. la verità**, to ascertain the truth. **B assodàrsi,** *v. i. pron.* ***1*** (*indurirsi*) to harden ***2*** (*fig.*) to be strengthened.

assoggettàbile, *a.* subduable.

assoggettaménto, *m.* subdual; subjugation; subjection; submission.

assoggettàre, A *v. t.* ***1*** (*rendere soggetto*) to subdue; to subjugate: **a. il nemico**, to subdue the enemy ***2*** (*fig.*: *sottoporre*) to subject: **Lo assoggettarono a dure fatiche**, they subjected him to hard toil. **B assoggettàrsi,** *v. rifl.* to submit: **a. a lavori umili**, to submit to menial jobs.

assolàto, *a.* sunny.

assolcàre, *v. t.* (*agric.*) to furrow; to plough, to plow (*USA*).

assoldàre, *v. t.* to recruit; to enlist; (*prezzolare*) to hire, to pay*: **a. un sicario**, to hire a killer.

assólo, *m.* (*mus.*) solo*: **un a. di violino**, a violin solo; **esibirsi in un a.**, to play [to dance, etc.] a solo; to give a solo performance.

assolutaménte, *avv.* ***1*** absolutely; completely; totally; utterly; dead (*fam.*): **Hai a. ragione**, you're absolutely (*fam.* dead) right; **avere a. bisogno di q.c.**, to need st. badly (*o* desperately); **Voglio a. parlargli**, I absolutely want to speak to him; **Non posso a. venire**, it's absolutely impossible for me to come; I can't possibly come ***2*** (*con assolutismo*) absolutely; despotically; tyrannically ***3*** (*ling.*) absolutely.

assolutézza, *f.* absoluteness.

assolutismo, *m.* absolutism.

assolutista, *m.* e *f.* absolutist.

assolutistico, *a.* absolutist; absolutistic.

assolùto, A *a.* ***1*** absolute: **verità assoluta**, absolute truth; **governo a.**, absolute government; **maggioranza assoluta**, absolute majority; **potere a.**, absolute power ***2*** (*totale*) absolute; total; utter; full: **ignoranza assoluta**, total ignorance; **obbedienza assoluta**, unquestioning (*o* implicit) obedience; **calma assoluta**, dead calm; **certezza assoluta**, absolute (*o* dead) certainty; **fede assoluta**, absolute (*o* implicit) faith; **fiducia assoluta**, full confidence; **disprezzo a.**, utter contempt; **padronanza assoluta**, full mastery; **nel più a. silenzio**, in utter silence ***3*** (*fis.*) absolute: **temperatura assoluta**, absolute temperature; **vuoto a.**, absolute vacuum; **zero a.**, absolute zero. ● (*gramm.*) **ablativo a.**, ablative absolute ▫ **il più bello in a.**, by far the most beautiful ▫ (*mus.*) **orecchio a.**, perfect pitch. **B** *m.* (*filos.*) (the) absolute.

assolutóre, *m.* (*f.* **-trice**) absolver; acquitter.

assolutòrio, *a.* (*leg.*) acquitting: **sentenza assolutoria**, acquittal.

assoluzióne, *f.* ***1*** (*leg.*) acquittal ***2*** (*eccles.*) absolution.

assòlvere, *v. t.* ***1*** (*liberare da un obbligo*) to release ***2*** (*leg.*) to acquit ***3*** (*eccles.*) to absolve; to pardon ***4*** (*compiere*) to discharge; to perform: **a. un dovere**, to perform a duty.

assolviménto, *m.* discharge; performance.

assomigliànte, *a.* like; alike.

assomigliàre, A *v. t.* to liken; to compare. **B** *v. i.* (*essere simile*) to be like (*o* similar to); to resemble; to look like: **un gioco che assomiglia al tennis**, a game that is like (*o* similar to) tennis; **Assomiglia al fratello**, he looks like his brother; **a. al padre**, to look like (*o* to take after) one's father. **C assomigliàrsi,** *v. rifl. recipr.* to be alike; to look alike; to look like each other.

assommàre, A *v. t.* (*riunire*) to combine; to unite: **a. in sé molte qualità**, to combine many qualities. **B** *v. i.* (*ammontare*) to amount (to); to add up to. **C assommàrsi,** *v. i. pron.* ***1*** (*aggiungersi*) to add: **Agli altri problemi si assomma il ritardo**, the delay adds to the other problems ***2*** (*essere racchiuso*) to be combined; to gather; to come* together; to associate.

assonànte, *a.* (*ling.*) assonant.

assonànza, *f.* (*ling.*) assonance.

assonnàto, *a.* sleepy; drowsy.

assonometria, *f.* (*mat.*) axonometry.

assonomètrico, *a.* (*mat.*) axonometric.

assopiménto, *m.* drowsiness; doziness; sleepiness; doze.

assopire, A *v. t.* ***1*** to make* drowsy (*o* dozy, sleepy); to put * to sleep ***2*** (*fig.*: *calmare*) to soothe; to appease. **B assopìrsi,** *v. i. pron.* ***1*** to doze off; to drop off ***2*** (*fig.*: *calmarsi*) to be appeased; to ease up; to die down.

assopito, *a.* dozing; sleeping.

assorbènte, A *a.* absorbing; absorbent; (*di rumore*) deadening. ● **carta a.**, blotting paper. **B** *m.* absorbent: **a. igienico**, sanitary towel (*USA*: napkin); **a. interno**, tampon.

assorbiménto, *m.* ***1*** (*anche chim., fis.*) absorption ***2*** (*fin.*: *di azienda*) takeover.

assorbire, *v. t.* ***1*** to absorb; to soak up; to drink* up: **a. calore**, to absorb heat; **La terra assorbe la pioggia**, the earth soaks up the rain; **Questo tessuto non assorbe l'umidità**, this material is damp-proof ***2*** (*assimilare*) to absorb; to assimilate; (*fig., anche*) to suck in, to digest ***3*** (*fig.*: *risorse, ecc.*) to take* in; to take* up; to absorb; to swallow up: **Il mercato non riesce ad a. la produzione**, the market cannot take in the output; **L'affitto assorbe metà del mio stipendio**, the rent takes up half of my salary ***4*** (*fig.*: *impegnare*) to take* up; to absorb; to engross: **Questo lavoro assorbe tutto il mio tempo**, this work takes up all of my time; **È assorbito da molti impegni**, his time is taken up by lots of things; **Era assorbito nella lettura**, he was engrossed in reading ***5*** (*smorzare*) to absorb; to deaden; to cushion ***6*** (*fin.*) to take* over.

assordaménto, *m.* (*anche fis.*) deafening.

assordànte, *a.* deafening; ear-splitting.

assordàre, A *v. t.* ***1*** (*rendere sordo, anche fig.*) to deafen ***2*** (*smorzare*) to deaden; to muffle. **B** *v. i.* to become* (*o* to go*) deaf. **C assordàrsi,** *v. i. pron.* to be deadened; to be muffled.

assordiménto, *m.* ***1*** deafening ***2*** (*fon.*) devoicing; devocalizing.

assordire, A *v. t.* e *i. V.* **assordare**. **B assordirsi,** *v. i. pron.* (*fon.*) to become* devoiced (*o* devocalized).

assortiménto, *m.* assortment; selection; range; choice: **un bell'a. di cravatte**, a fine assortment (*o* range) of ties; **Il negozio ha un vasto a. di tè**, the shop stocks a wide selection of teas; **C'è poco a.**, the choice (*o* range) is limited.

assortire, *v. t.* ***1*** (*ordinare*) to sort (out) ***2*** (*abbinare*) to match ***3*** (*rifornire*) to stock.

assortito, *a.* ***1*** (*misto*) assorted; mixed ***2*** (*accoppiato*) matched, assorted; (*abbinato*) matched, matching: **borsetta e guanti assortiti**, handbag and matching gloves; **una coppia bene assortita**, a well-matched pair; **male a.**, ill-assorted ***3*** (*rifornito*) well-stocked.

assortitùra, *f.* (*ind. tess.*) sorting.

assòrto, *a.* absorbed; immersed; engrossed: **a. in pensieri**, absorbed in thought; **a. nel proprio lavoro**, engrossed in one's work.

assottigliaménto, *m.* ***1*** thinning; (*affusolamento*) tapering ***2*** (*diminuzione*) reduction.

assottigliàre, A *v. t.* ***1*** to make* thin (*o* thinner); to reduce the thickness of: **a. un'asse**, to reduce the thickness of a plank; to plane down a plank; **Il nero assottiglia**, black makes you look slimmer ***2*** (*anche fig.*: *aguzzare*) to sharpen: **a. una punta**, to sharpen a point; **a. la mente**, to sharpen one's wits ***3*** (*fig.*: *diminuire*) to reduce; to diminish: **a. le spese**, to reduce expenses ***4*** (*diradare*) to thin: **Il freddo assottigliò la coda davanti al museo**, the cold thinned the queue outside the museum. **B assottigliàrsi,** *v. i. pron.* ***1*** to grow* thin (*o* thinner); (*affusolarsi*) to taper; (*dimagrire*) to lose* weight, to thin ***2*** (*fig.*: *diminuire*) to be reduced; to dwindle: **I miei risparmi si assottigliano**, my savings are dwindling ***3*** (*fig.*: *diradarsi*) to thin.

Assuàn, *f.* (*geogr.*) Aswan, Assuan.

assuefàre, A *v. t.* ***1*** to accustom; to inure; to habituate ***2*** (*animali, piante*) to train. **B assuefàrsi,** *v. rifl.* ***1*** to get* used (*o* accustomed, inured) to: **a. al caldo**, to get used to the heat; **a. a fare q.c.**, to get used to doing st.; **a. alle fatiche**, to get inured to hard work ***2*** (*med.*) to develop a tolerance to.

assuefàtto, *a.* (*med.*) tolerant (to); (*dipendente*) addicted (to).

assuefazióne, *f.* ***1*** habit; inurement; habituation ***2*** (*med.*) tolerance; (*dipendenza*) addiction.

assùmere, *v. t.* ***1*** (*prendere*) to put* on; to take* on; to take*: **a. un'aria rassegnata**, to put on an air of resignation; **La sua voce assunse un tono tremulo**, her voice became tremulous (*o* started to quiver); **a. una posa**, to strike a pose; **Al sole assume una tinta diversa**, it takes on a different shade in the sunlight; **a. la forma di q.c.**, to take the form of st. ***2*** (*impegni, responsabilità*) to assume; to undertake*; to take* upon onself; to take* on; to take* over: **assumersi un compito**, to undertake a task; **assumersi la responsabilità di q.c.**, to assume responsibility for st.; **Non voglio assumermi questa responsabilità**, I don't want to take on this responsibility; **a. l'impegno di fare q.c.**, to commit oneself to doing st.; to undertake to do st.; **assumersi i rischi**, to assume the risks; **a. una carica**, to take up a position; **a. la presidenza della Comunità Europea**, to take over the presidency of the European Community; **a. il comando di q.c.**, to assume (*o* to take) command of st. ***3*** (*impiegare*) to appoint; to take* on; to recruit; to engage; to hire: **a. un nuovo segretario**, to appoint (*o* to take on) a new secretary; **a. nuovo personale**, to recruit new staff; **a. un bracciante**, to hire a labourer ***4*** (*med.*) to take* ***5*** (*elevare a una dignità*) to raise: **Fu assunto al pontificato**, he was raised to the Papacy ***6*** (*portare in cielo*) to take* up: **Maria fu assunta al cielo**, Mary was taken up into Heaven. ● **a. informazioni**, to gather information; to make inquiries □ **assumersi il merito di**, to take credit for □ **assumersi l'onere di**, to undertake to □ (*leg.*) **a. una prova**, to admit on evidence □ **a. un titolo**, to assume a title.

Assùnta, *f.* (*relig.*) **1** Our Lady of the Assumption **2** (*la festa*) Assumption.

assuntivo, *a.* assumptive.

assùnto, *m.* **1** (*tesi*) argument; thesis*; case **2** (*filos.*) assumption **3** (*impiegato*) employee **4** (*impegno*) task; undertaking.

assuntóre, A *m.* contractor. **B** *a.* contracting.

assunzióne, *f.* **1** (*l'assumere*) assumption; (*di un impegno*) undertaking: **a. della carica**, assumption of office **2** (*impiego*) employment; engagement; recruitment; hiring: **a. di personale**, recruitment; staffing **3** (*med.*) intake; taking; consumption **4** (*elevazione a una dignità*) ascent; raising: **a. al Papato**, ascent to the Papacy **5** (*relig.*) Assumption: **l'A. della Vergine**, the Assumption of the Virgin. ● (*comm.*) **a. di debito**, borrowing.

assurdità, *f.* **1** absurdity; preposterousness; ludicrousness **2** (*frase assurda*) nonsense.

assùrdo, A *a.* absurd; preposterous; ludicrous; ridiculous; nonsensical: **idea assurda**, absurd notion; **richiesta assurda**, preposterous request; **prezzo a.**, ludicrous price. **B** *m.* absurdity. ● **dimostrazione per a.**, proof ab absurdo □ (*letter.*) **teatro dell'a.**, theatre of the absurd.

assùrgere, *v. i.* to rise*: **a. alle più alte cariche**, to rise the highest office.

àsta, *f.* **1** pole; staff; rod; stick: **a. della bandiera**, flagstaff; flagpole; **bandiera a mezz'a.**, flag (flying) at half-mast; (*sport*) **salto con l'a.**, pole-vaulting; **l'a. della stadera**, the arm of a steelyard; **le aste del compasso**, the legs of a compass **2** (*di una lettera*) stroke; (*di chi impara a scrivere*) pothook: **fare le aste**, to draw pothooks **3** (*comm.*) auction; vendue (*USA*): **vendita all'a.**, auction sale; sale by auction; **vendere all'a.**, to auction; to auctioneer; **andare all'a.**, to be up for auction; **mettere all'a.**, to put up for auction; **a. al ribasso**, Dutch auction; **sala d'aste**, saleroom **4** (*Borsa*) bidding: **a. di titoli**, competitive bidding **5** (*econ.*) call for tender: **mettere all'a.**, to put (st.) out to tender **6** (*naut.*) boom; spar: **a. di fiocco**, jib boom; **a. di posta**, lower (*o* swinging) boom **7** (*tecn.*) rod; bar: **a. di collegamento**, connecting rod; **a. di comando**, push rod; **a. di stantuffo**, piston rod; **a. articolata**, trace; **a. di guida**, slide bar; **a. di livello**, dipstick; gauge rod **8** (*mil.*, *stor.*: *lancia*) lance; spear.

àstaco, *m.* (*zool.*) crayfish.

astànte, *m.* e *f.* bystander; onlooker.

astanteria, *f.* (*di ospedale*) reception ward.

astàtico, *a.* (*fis.*, *elettr.*) astatic.

astàto (1), *m.* (*stor. romana*) lance bearer.

àstato (2), *m.* (*chim.*) astatine.

astèmio, A *a.* teetotal. **B** *m.* (*f.* **-a**) teetotaller.

astenérsi, *v. rifl.* **1** to abstain; to refrain; to forbear*; to hold* back: **a. dal vino [dal fumo]**, to abstain from wine [from smoking]; **a. dal criticare**, to refrain from criticizing **2** (*non votare*) to abstain.

astenia, *f.* (*med.*) asthenia.

astènico, *a.* e *m.* (*med.*) asthenic.

astenosfèra, *f.* (*geol.*) asthenosphere.

astensióne, *f.* abstention.

astensionișmo, *m.* (*polit.*) abstentionism.

astensionista, *m.* e *f.* (*polit.*) abstentionist.

astenùto, *m.* (*f.* **-a**) abstainer: **Gli astenuti furono venti**, there were twenty abstentions.

àster, *m.* (*bot.*, *Aster amellus*) aster; Michaelmas daisy.

astèrgere, *v. t.* to wipe away; to cleanse.

astèria, *f.* **1** (*zool.*, *Asterias*) starfish; asteroid **2** (*miner.*) asteriated corundum.

asterisco, *m.* **1** (*tipogr.*) asterisk; star **2** (*giorn.*) (news) item; paragraph.

asteròide, *m.* (*astron.*) asteroid.

asticciòla, *f.* **1** (*di freccia*) shaft **2** (*di penna*) penholder.

àstice, *m.* (*zool.*, *Homarus vulgaris*) (European) lobster.

asticèlla, *f.* (*sport*) crossbar.

astigiàno, A *a.* of Asti; from Asti; Asti (*attr.*). **B** *m.* inhabitant of Asti; native of Asti.

astigmàtico, *a.* (*med.*) astigmatic.

astigmatișmo, *m.* (*med.*) astigmatism.

àstilo, *a.* (*archit.*) astylar.

astinènte, *a.* abstinent.

astinènza, *f.* **1** abstinence: **fare a.**, to observe abstinence; (*eccles.*) **giorno di a.**, day of abstinence **2** (*privazione*) privation **3** (*med.*) withdrawal: **sindrome da a.**, withdrawal symptoms (*pl.*); **a. totale** (*da droga, tabacco, ecc.*), complete withdrawal; cold turkey (*pop.*).

àstio, *m.* resentment; rancour; bitterness; spite; ill will; grudge: **nutrire a. contro q.**, to feel ill will towards sb.; to nurse (*o* to bear) a grudge against sb.; to resent sb.

astiosità, *f.* resentfulness; bitterness; ill feeling; spitefulness.

astióso, *a.* resentful; bitter; spiteful.

astista, *m.* e *f.* (*sport*) pole vaulter.

astóre, *m.* (*zool.*, *Accipiter gentilis*) goshawk.

astòrico, *a.* ahistorical.

astràgalo, *m.* **1** (*anat.*) astragalus*; talus*; ankle bone **2** (*bot.*, *Astragalus*) astragalus*; milk vetch **3** (*archit.*) astragal **4** (*gioco*) knucklebone.

àstrakan, astrakàn, *m.* astrakhan.

astràle, *a.* **1** astral: **lampada a.**, astral (lamp); **influsso a.**, astral influence; **corpo a.**, astral body **2** (*fig.*: *smisurato*) immense; infinite.

astràrre, A *v. t.* to abstract; to extract; to separate; (*distogliere*) to take* off: **a. un concetto dai fatti**, to abstract a concept from reality. **B** *v. i.* (*non tenere conto*) to disregard; to ignore; to leave* aside: **astraendo dai fatti**, disregarding the facts. **C astràrsi,** *v. rifl.* to forget* about everything; to go* into another world; to withdraw*; (*divagare*) to let* one's mind wander, to daydream: **Quando leggo riesco ad astrarmi da tutto**, when I'm reading I forget about everything else; **Invece di ascoltare si astrae**, instead of listening he lets his mind wander.

astrattaménte, *avv.* in abstract terms; in the abstract.

astrattézza, *f.* abstractness.

astrattișmo, *m.* (*arte*) abstractionism.

astrattista, (*arte*) **A** *m.* e *f.* abstractionist. **B** *a.* abstract.

astrattivo, *a.* abstractive.

astràtto, A *a.* **1** (*anche arte, mat.*) abstract **2** (*con la mente altrove*) absent; abstracted; woolgathering; with one's thoughts elsewhere: **Ero a.**, my thoughts were elsewhere. **B** *m.* abstract: **in a.**, in the abstract; in abstract terms.

astrazióne, *f.* **1** abstraction; **2** (*concetto astratto*) abstract notion **3** (*il non tenere conto*) disregard: **fare a. da q.c.**, to disregard st.; to leave aside st.; **fatta a. da ciò**, apart from that **4** (*l'essere con la mente altrove*) abstraction; withdrawal; absent-mindedness.

astringènte, *a.* e *m.* (*farm.*) astringent; astrictive.

àstro, *m.* celestial body; star. ● (*fig.*) **a. del cinema**, film star □ (*bot.*) **a. della Cina** (*Callistephus chinensis*), China aster □ (*fig.*) **a. nascente**, promising talent; rising star.

astrobiologia, *f.* astrobiology.

astrochimica, *f.* astrochemistry.

astrodinàmica, *f.* astrodynamics (*pl. col verbo al sing.*).

astròfico, *a.* (*poesia*) astrophic.

astrofìșica, *f.* astrophysics (*pl. col verbo al sing.*).

astrofìșico, A *a.* astrophysical. **B** *m.* (*f.* **-a**) astrophysicist.

astrofotografia, *f.* astrophotography.

astrografia, *f.* astrography.

astrògrafo, *m.* astrograph.

astrolàbio, *m.* astrolabe.

astrolatria, *f.* star worship; astrolatry.

astrologàre, *v. i.* **1** to practise astrology; to stargaze **2** (*fig.*: *fantasticare*) to daydream; to stargaze.

astrologia, *f.* astrology.

astrològico, *a.* astrologic(al).

astròlogo, *m.* (*f.* **-a**) astrologer; stargazer (*spreg.*). ● (*scherz.*) **Crepi l'a.!**, heaven forbid!

astrometria, *f.* astrometry.

astronàuta, *m.* e *f.* astronaut; spaceman* (*m.*); spacewoman* (*f.*).

astronàutica, *f.* astronautics (*pl. col verbo al sing.*).

astronàutico, *a.* astronautical.

astronàve, *f.* spaceship; spacecraft.

astronomia, *f.* astronomy: **a. di posizione**, astrometry.

astronòmico, *a.* astronomic(al) (*anche fig.*): **cifre astronomiche**, astronomical figures.

astrònomo, *m.* (*f.* **-a**) astronomer.

astrușeria, astrusità, *f.* **1** abstruseness **2** (*idea astrusa, ecc.*) abstruse notion.

astrùșo, *a.* abstruse.

astùccio, *m.* case; holder; box: **a. del violino**, violin case; **a. degli occhiali**, spectacle case; **a. per gioielli**, jewel case.

Astùrie, *f. pl.* (*geogr.*) (the) Asturias.

astùto, *a.* astute; crafty; cunning; (*furbo*) sly, shrewd; (*scaltro*) clever, smart, wily: **una mossa astuta**, a clever move; **un a. affarista**, a shrewd businessman.

astùzia, *f.* **1** astuteness; craftiness; cunning; (*furbizia*) slyness, shrewdness; (*scaltrezza*) smartness, wiliness: **giocare d'a.**, to play it clever **2** (*azione astuta*) trick; stratagem; ruse; wile (*generalm. al pl.*): **le astuzie del mestiere**, the tricks of the trade; **le astuzie del diavolo**, the wiles of the devil.

atabàgico, *a.* (*farm.*) anti-smoking.

atarassìa, *f.* (*filos.*) ataraxy; ataraxia.

ataràssico, *a.* ataractic; ataraxic.

atassia, *f.* (*med.*) ataxy; ataxia.

atàssico, *a.* (*med.*) ataxic.

atàvico, *a.* atavistic; atavic.

atavișmo, *m.* (*biol.*) atavism.

atavistico, *a.* (*biol.*) atavistic.

ateișmo, *m.* atheism.

ateista, *m.* e *f.* atheist.

ateistico, *a.* atheistic; atheist (*attr.*).

àtele, *m.* (*zool.*, *Ateles*) spider monkey.

atelettașia, *f.* (*med.*) atelectasis.

atelier (*franc.*), *m.* **1** (*sartoria*) dressmaker's workroom **2** (*studio di artista*) atelier; studio; workshop.

atemàtico, *a.* (*ling.*, *mus.*) athematic.

atemporàle, *a.* outside time; timeless.

atemporalità, *f.* timelessness.

Atèna, *f.* (*mitol.*) Athena.

Atène, *f.* (*geogr.*) Athens.

atenèo, *m.* **1** (*università*) university **2** (*accademia*) academy.

ateniése, *a.*, *m.* e *f.* Athenian (*f.* Athenian woman*).

àteo, A *a.* atheistic. **B** *m.* (*f.* **-a**) atheist.

atermàno, *a.* (*fis.*) athermanous.

atèrmico, *a.* athermic.

ateròma, *m.* (*med.*) atheroma.

ateroscleròși, *f.* (*med.*) atherosclerosis*.

ateroscleròtico, *a.* (*med.*) atherosclerotic.

ateșino, *a.* e *m.* of the Adige Valley.

atetòși, *f.* (*med.*) athetosis*.

atipicità, *f.* atypicalness; atypicality.

atipico, *a.* atypic(al).

Atlànte, *m.* (*geogr.*, *mitol.*) Atlas.

atlànte, *m.* atlas (*anche anat.*, *archit.*): **a. stradale**, road atlas; **a. di anatomia**, anatomical atlas.

atlàntico, A *a.* **1** (*geogr.*) Atlantic **2** (*di libri*) atlas-size (*attr.*). **B** *m.* – **l'A.**, the Atlantic.

Atlàntide, *f.* (*geogr., mitol.*) Atlantis.
atlantiṣmo, *m.* (*polit.*) Atlanticism.
atlantista, *m.* (*polit.*) Atlanticist.
atlèta, *m. e f.* **1** (*sport*) athlete **2** (*fig.*) champion.
atlètica, *f.* athletics (*pl. col verbo al sing.*): **a. leggera**, track-and-field events; athletics; **a. pesante**, boxing, weightlifting and wrestling.
atlètico, *a.* athletic: **federazione atletica**, athletic union; **gare atletiche**, athletic events; **taglia atletica**, athletic frame.
atletiṣmo, *m.* athleticism.
atmosfèra, *f.* (*geogr., fis.* e *fig.*) atmosphere.
atmosfèrico, *a.* atmospheric: **pressione atmosferica**, atmospheric pressure; **condizioni atmosferiche**, state of the atmosphere; (*radio*) **disturbi atmosferici**, atmospherics.
atòllo, *m.* (*geogr.*) atoll.
atòmica, *f.* atomic (*o* atom) bomb; A-bomb.
atomicità, *f.* (*chim., fis.*) atomicity.
atòmico, *a.* **1** (*chim., fis.*) atomic; atom (*attr.*): **bomba atomica**, atomic (*o* atom) bomb; A-bomb; **energia atomica**, atomic energy; **l'era atomica**, the atomic (*o* atom) age; **numero [peso] a.**, atomic number [weight]; **guerra atomica**, atomic (*o* nuclear) war; **pila atomica**, atomic pile; nuclear reactor **2** (*fig.*: *travolgente*) stunning: **bellezza atomica**, stunning beauty.
atomiṣmo, *m.* (*filos.*) atomism.
atomista, *m. e f.* (*filos.*) atomist.
atomistico, *a.* (*filos.*) atomistic.
atomiẓẓàre, *v. t.* to atomize.
atomiẓẓatóre, *m.* atomizer; vaporizer.
atomiẓẓazióne, *f.* atomization.
àtomo, *m.* **1** (*chim., fis.*) atom: **grammo a.**, gram atom **2** (*fig.*) grain; speck; bit: **un a. di verità**, a grain of truth.
atonàle, *a.* (*mus.*) atonal.
atonalità, *f.* (*mus.*) atonalism; atonality.
atonìa, *f.* (*med., fon.*) atony.
atonicità, *f.* (*fon.*) atonicity.
atònico, *a.* (*med.*) atonic.
àtono, *a.* **1** (*fon.*) atonic; unaccented; unstressed **2** (*med.*) atonic.
atòssico, *a.* non-toxic.
atout (*franc.*), *m.* (*anche fig.*) trump: **avere degli a.**, to hold trumps.
atrabìle, *f.* **1** (*stor. med.*) black bile **2** (*fig.*) melancholy; ill humour.
atrabiliàre, *a.* atrabilious; atrabiliar.
atraẓina, *f.* (*chim.*) atrazine.
Atrèo, *m.* (*mitol.*) Atreus.
atrepsìa, *f.* (*med.*) athrepsia.
atreṣìa, *f.* (*med.*) atresia.
atriàle, *a.* (*med.*) atrial.
atrichìa, *f.* (*med.*) atrichia.
Atrìdi, *m. pl.* (*mitol.*) Atreids.
àtrio, *m.* **1** entrance hall; hall; foyer; lobby **2** (*anat., archeol.*) atrium*.
atrioventricolàre, *a.* (*anat.*) atrioventricular.
àtro, *a.* (*lett.*) black; dark.
atróce, *a.* **1** (*malvagio*) atrocious; cruel; heinous: **un supplizio a.**, an atrocious torture; **delitto a.**, heinous crime **2** (*terribile*) horrible; terrible; awful: **morte a.**, horrible death; **dolori atroci**, terrible (*o* excruciating) pains; **a. delusione**, bitter disappointment; **dubbio a.**, racking doubt; awful suspicion **3** (*pessimo*) atrocious; awful; abominable; appalling: **un tempo a.**, atrocious weather; **gusto a.**, awful taste.
atrocità, *f.* **1** atrociousness; horror **2** (*atto atroce*) atrocity.
atrofìa, *f.* (*med.*) atrophy.
atròfico, *a.* (*med.*) atrophic.
atrofiẓẓàre, *v. t.* **atrofiẓẓàrsi,** *v. i. pron.* to atrophy.
atropina, *f.* (*chim.*) atropine.
Àtropo, *f.* (*mitol.*) Atropos.
àtropo, *m.* (*zool., Acherontia atropos*) death's-head moth.
attaccàbile, *a.* **1** attachable **2** (*che si può assalire*) assailable.
attaccabottóni, *m. e f.* (*fam.*) chatterer; bore.
attaccabrighe, *m. e f. invar.* quarrelsome person; troublemaker; wrangler.
attaccaménto, *m.* attachment; affection; devotion: **a. al dovere**, devotion to duty.
attaccànte, *m. e f.* **1** attacker **2** (*sport*) forward; striker (*fam.*).
attaccapànni, *m. invar.* (*a stelo*) hatstand; (*a parete*) coat rack; (*gancio*) clothes hook.
attaccàre, A *v. t.* **1** (*congiungere, unire, fissare*) to attach, to fasten; (*legare*) to tie, to secure: **a. un amo alla lenza**, to tie (*o* to attach) a hook to the line; **a. due corde insieme.**, to fasten (*o* to tie) two ropes together; **a. due fogli con una graffetta**, to staple two sheets of paper together; **Gli attaccò al petto la medaglia**, he pinned the medal to his chest **2** (*cucire*) to sew* on: **a. una manica**, to sew on a sleeve **3** (*appiccicare*) to stick*; (*incollare*) to glue, to paste; (*manifesti, ecc.*) to stick* up, to put* up, to post: **a. un francobollo alla busta**, to stick a stamp on the envelope; **a. i pezzi di un piatto**, to glue the pieces of a plate together; **a. un avviso**, to put up (*o* to pin up, to post) a notice **4** (*applicare*) to apply: **a. un cerotto**, to apply a plaster **5** (*appendere*) to hang* (up): **a. il cappello a un piolo**, to hang (up) one's hat on a peg; **a. un quadro**, to hang up a picture; **Non a.!** (*al telefono*), don't hang up! **6** (*a una presa di corrente*) to plug in: **a. il ferro**, to plug in the iron **7** (*bestie da tiro*) to harness, to hitch; (*aggiogare*) to yoke: **a. un cavallo**, to harness a horse; **a. i cavalli al carro**, to hitch the horses to the cart; **a. i buoi all'aratro**, to yoke the oxen to the plough **8** (*trasmettere*) to infect (sb. with st.); to pass on; to give*: **Mi attaccò il raffreddore**, he passed his cold on to me; he gave me his cold; **Ci ha attaccato il suo entusiasmo**, he has infected us with his enthusiasm **9** (*assalire*) to attack (*anche assol.*); to set* on; (*scagliarsi su*) to go* at (*o* for): **a. il nemico**, to attack the enemy; **Attaccammo all'alba**, we attacked at dawn; **Fui attaccato da un cane**, I was set on by a dog; **una malattia che attacca i bambini [i polmoni]**, a disease that attacks children [the lungs]; **a. la religione**, to attack religion; **Fu attaccato ingiustamente**, he was wrongfully attacked; **Attaccò l'arrosto con appetito**, he attacked the roast with an appetite; **Attacchiamo prima questo problema**, let's tackle this problem first; **Il corridore attaccò all'ultimo giro**, the racer launched his attack in the last lap **10** (*corrodere, intaccare*) to attack; to corrode: **La ruggine attacca i metalli**, rust attacks metals; **Gli acidi attaccano i metalli**, acids corrode metals **11** (*fam.*: *cominciare, anche assol.*) to begin*; to start; to set* about; to strike* up: **Il tenore attaccò l'aria**, the tenor began to sing (*o* started singing) the aria; **a. battaglia**, to join battle; **a. discorso con q.**, to get into (*o* to strike up) conversation with sb.; **Non so come a. questo lavoro**, I don't know how to set about this job; **La banda attaccò una marcia militare**, the band struck up a march. ● (*fig.*) **a. un bottone a q.**, to bore sb. with a long story □ **a. fuoco a q.c.**, to set fire to st. □ **a. lite**, to pick a quarrel. **B** *v. i.* **1** (*appiccicarsi*) to stick*; (*essere appiccicoso*) to be sticky: **Questa colla non attacca bene**, this glue does not stick well **2** (*attecchire*) to take* root **3** (*fig.*: *avere successo*) to catch* on: **una moda che non attaccherà**, a fashion that won't catch on **4** (*fig.*: *funzionare*) to work: **Con me non attacca**, it doesn't work with me **5** (*cominciare*) to begin*; to start; (*mus.*) to come* in: **a. a piovere**, to begin to rain; **Attacchiamo a lavorare alle otto**, we begin (*o* we start) work at eight o'clock; **Attaccammo a mangiare di buon appetito**, we fell to with a good appetite; **Qui attaccano i violini**, here the violins come in. **C attaccàrsi,** *v. rifl.* **1** (*aggrapparsi*) to cling* to; to hang* on: **Attaccati o cadrai**, hang on to something or you'll fall; **S'attaccò a me**, she clung to me; **a. a un pretesto**, to cling to (*o* to fasten on) a pretext; **a. ai dettagli**, to insist on details; to be a nit-picker (*fam.*) **2** (*appiccicarsi*) to stick*; to adhere; **Questo francobollo non s'attacca**, this stamp won't stick; **L'arrosto si è attaccato**, the roast has stuck to bottom of the pan **3** (*essere contagioso*) to be contagious; to be catching: **La varicella si attacca facilmente**, chicken-pox is very catching **4** (*affezionarsi*) to become* attached to: **Si è molto attaccato al nipote**, he has became very attached to his nephew **5** (*dedicarsi*) to devote oneself. ● **a. alla bottiglia**, to pull at the bottle; (*darsi al bere*) to take to (*o* to hit) the bottle □ **a. al seno**, to suck; to start feeding □ **a. al telefono**, to get on to the phone. **D attaccàrsi,** *v. rifl. recipr.* **1** (*appiccicarsi*) to stick* together **2** (*azzuffarsi*) to come* to blows; to set* about each other.
attaccaticcio, A *a.* **1** sticky; tacky **2** (*fig.*: *di persona*) boring; tiresome. **B** *m.* sticky mess. ● **sapere di a.**, to taste burnt.
attaccàto, *a.* **1** (*legato, anche fig.*) attached; tied: **È a. alle gonne della moglie**, he is tied to his wife's apron strings; **a. alle proprie abitudini**, attached to one's habits; **È a. alle sue idee**, he's fixed in his ideas **2** (*affezionato*) attached; close; fond; devoted: **È molto a. al padre**, he is very close to his father; **essere a. al lavoro**, to be devoted to one's work; to be hard-working (*o* a hard worker) **3** (*appiccicato*) stuck **4** (*di apparecchio elettrico*) plugged in. ● **a. al denaro**, close-fisted; stingy.
attaccatùra, *f.* (*punto d'a.*) join; junction; juncture; (*cucitura*) seam. ● **a. dei capelli**, hairline.
attacchino, *m.* (*f.* **-a**) billposter; billsticker.
attàcco, *m.* **1** (*mil.*) attack; assault; onslaught; raid: **a. frontale [alla baionetta, di sorpresa]**, frontal [bayonet, surprise] attack; **sferrare [respingere] un a.**, to launch [to beat off *o* to repel] an attack; **muovere all'a.**, to attack; **a. aereo**, air attack (*o* raid); **formazione d'a.**, attack formation; **All'a.!**, charge!; at them! **2** (*fig.*: *critica*) attack; criticism: **un a. al governo**, an attack on the government; **l'a. dei critici**, critical attack; **muovere un a.**, to move an attack **3** (*di malattia*) attack; fit; seizure; (*breve periodo*) bout, spell: **un a. di cuore**, a heart attack; **a. epilettico**, epileptic fit; **a. isterico**, hysterics (*pl.*); **un a. di tosse**, a fit of coughing; **un a. di febbre**, a bout of fever; **un a. di sbadigli**, a fit of yawning; **a. di bile**, bilious attack; (*fig.*) fit **4** (*calcio, rugby*) attack; (*lo schieramento, anche*) forward line: **Il Foggia ha giocato sempre all'a.**, Foggia attacked all the time; **L'a. della squadra è debole**, the team's attack is weak **5** (*fig.*: *inizio*) start; opening; beginning: **Dopo un a. incerto, l'oratore trovò il tono giusto**, after a lame start, the speaker struck the right note; **l'a. di una poesia**, the opening of a poem **6** (*mus.*: *entrata*) entry; (*inizio*) beginning, opening, attack: **l'a. delle viole**, the entry of the viols; **battuta di a.**, opening bar; **l'a. di una sinfonia**, the opening bars of a symphony; **dare l'a.**, to give the attack **7** (*punto d'unione*) junction; join; connection: **l'a. di un tubo**, a pipe connection; **l'a. della manica**, the armhole seam **8** (*mecc., elettr.*: *dispositivo di congiunzione*) connection; fitting; mount: **a. a baionetta**, bayonet connection; (*di lampadina*) bayonet base; (*fotogr.*) bayonet mount; **a. a vite**, screw connection; thread mount; **a. elettrico**, connecting plug; **a. di corrente**, socket **9** (*dello sci*) binding: **attacchi di sicurezza**, safety bindings **10** (*ferr.*) coupling **11** (*di cavalli*) coach and horses: **a. a due**, coach and pair **12** (*alpinismo*) start (of a climb) **13** (*fig.*

lett.: *pretesto*) pretext.

attagliàrsi, *v. i. pron.* to fit; to suit; to be apt: **La parte non gli s'attaglia**, the part does not fit him; **L'esempio s'attaglia perfettamente**, the example is an apt one.

attanagliàre, *v. t.* **1** (*afferrare con le tenaglie*) to grip (with pincers) **2** (*stringere forte*) to clutch; to grasp **3** (*fig.*: *di sentimento*) to grip; to seize.

attànte, *m.* (*ling.*) agent.

attardàre, **A** *v. t.* to delay. **B attardàrsi,** *v. i. pron.* to linger; to lag behind.

attecchiménto, *m.* taking root (*anche fig.*).

attecchìre, *v. i.* **1** (*di piante*) to take* root **2** (*fig.*) to take* (*o* to strike*) root; to catch* on (*fam.*).

atteggiaménto, *m.* **1** (*comportamento*) attitude, behaviour, ways (*pl.*); (*presa di posizione*) position, stance; (*posa*) pose, air: **a. supplichevole**, begging attitude; **Non mi va il tuo a.**, I don't like your attitude; **a. distaccato**, aloof behaviour; aloofness; **a. politico**, political stance; **assumere un a. superiore**, to put on an air of superiority; **atteggiamenti da gran dama**, airs of a lady; **È solo un a.**, it's only a pose **2** (*positura*) attitude; position.

atteggiàre, **A** *v. t.* to put* on; to affect: **a. le labbra al sorriso**, to put on a smile; **a. il viso a stupore**, to affect surprise; **a. le mani a preghiera**, to join one's hands in prayer. **B atteggiàrsi,** *v. rifl.* to pose (as): **a. a martire**, to pose as a martyr.

attempàto, *a.* elderly; getting on in years; long in the tooth (*scherz.*).

attendaménto, *m.* camp; encampment.

attendàrsi, *v. rifl.* to camp; to encamp.

attendènte, *m.* (*mil.*) orderly; batman*.

attèndere, **A** *v. t.* **1** to wait for; to await (*form.*): **Attesi il suo arrivo**, I waited for him to arrive; **Attesi che fosse lui a parlare**, I waited for him to speak; (*al telefono*) **Attenda in linea!**, please hold the line (*o* hold on)! **2** (*prevedere*) to expect: **È atteso per oggi**, he is expected today; **Mi attendevo qualcosa del genere**, I was expecting something like it. **B** *v. i.* (*badare*) to attend to; to look after; to mind.

attendìbile, *a.* **1** (*di persona*) reliable; trustworthy **2** (*di notizia, ecc.*) reliable; credible.

attendibilità, *f.* reliability; trustworthiness.

attendiṣmo, *m.* (*polit.*) wait-and-see policy; fence-sitting; playing a waiting game.

attendìsta, (*polit.*) **A** *a.* fence-sitting: **fare una politica a.**, to sit on the fence. **B** *m.* e *f.* fence-sitter.

attenére, **A** *v. i.* to concern; to be pertinent (*o* relevant) to; to pertain: **Questo non vi attiene**, this does not concern you; **Ciò non attiene al fatto**, that is not relevant to (*o* does not pertain) the fact. **B attenérsi,** *v. rifl.* **1** (*seguire*) to follow: **a. ai consigli del medico**, to follow the doctor's advice **2** (*limitarsi*) to stick* to; to keep* to: **Attieniti ai cibi sani**, stick to healthy food; **a. ai fatti**, to keep (*o* to stick) to the facts.

attentàre, **A** *v. i.* **1** to make* an attempt on (*o* against): **a. alla vita di q.**, to make an attempt on sb.'s life **2** (*fig.*: *attaccare*) to attack: **a. all'onore di q.**, to attack sb.'s good name. **B attentàrsi,** *v. i. pron.* to dare*; to venture: **Non s'attentò di tornare**, he didn't dare (to) come back.

attentàto, *m.* **1** attack: **a. dinamitardo**, bomb attack; bomb outrage; bombing; **a. terroristico**, terrorist attack; **un a. alla vita di q.**, (*progettato o fallito*) an attempt on sb.'s life; an assassination attempt; **Fu ucciso in un a.**, he was assassinated; he died in a bomb outrage **2** (*fig.*: *attacco*) attack: **un a. alla costituzione**, an attack on the constitution; **un a. contro la religione**, an attack on (*o* against) religion.

attentatóre, *m.* (*f.* **-trice**) assailant.

attènti, *inter.* e *m.* (*mil.*) attention: **essere** (*o* **stare**) **sull'a.**, to stand at attention; **dare l'a.**, to order to stand to attention; **mettersi** [**scattare**] **sull'a.**, to stand (*o* to come) [to spring] to attention; **A. a destra!**, eyes right! ● (*fig.*) **mettere q. sull'a.**, to take sb. to task; to rap sb.'s knuckles.

attènto, *a.* **1** attentive; intent; watchful; (*sveglio*) alert: **un viso a.**, an attentive expression; **occhi attenti**, alert eyes; **Negli affari è molto a.**, he is very alert in his business dealings; **stare a. a**, (*ascoltare*) to pay attention to; to listen carefully to; (*badare a*) to mind, to look after, to keep an eye on, to watch; (*stare in guardia*) to be careful, to beware of: **Sta' a. al bambino**, look after (*o* keep an eye on) the child; **Devo stare a. al peso**, I must watch my weight; **Sta' a. a non cadere**, be careful not to fall; mind you don't fall; **Attento alla macchina** [**al gradino**]**!**, mind the car [the step]!; **Attenti al cane!**, beware of the dog!; **A.!**, look out!; watch out!; take care!; attention! **2** (*accurato*) careful; close; thorough: **un a. esame**, a close (*o* careful) examination **3** (*premuroso*) thoughtful; solicitous.

attenuaménto, *V.* **attenuazione**.

attenuànte, **A** *a.* extenuating (*anche leg.*); mitigating: **circostanze attenuanti**, *V. def. B 1*. **B** *f.* **1** (*leg.*) extenuating circumstance: **concedere le attenuanti**, to grant extenuanting circumstances **2** (*giustificazione*) extenuation; excuse: **Addusse come a. la sua malattia**, he pleaded his illness in extenuation; **Ha l'a. della giovane età**, he has the excuse of being young; **cercare attenuanti**, to look for excuses.

attenuàre, **A** *v. t.* **1** (*rendere meno forte*) to lessen; to attenuate; to ease; to weaken; to soften; to diminish: **a. un dolore**, to lessen (*o* to ease, to alleviate) a pain; **a. un colpo**, to soften (*o* to cushion) a blow **2** (*ridurre, ridimensionare*) to ease; to extenuate; to mitigate: **a. una difficoltà**, to ease a difficulty; **a. l'entusiasmo**, to dampen sb.'s enthusiasm; **a. la gravità d'un disastro**, to mitigate the gravity of a disaster; **Cercò di a. la sua colpa**, he tried to extenuate his guilt **3** (*luce*) to soften, to subdue, to dim; (*suono*) to deaden, to muffle; (*colori*) to dull, to tone down. **B attenuàrsi,** *v. i. pron.* to lessen; to ease; to weaken; to diminish; to dim; to fade.

attenuazióne, *f.* **1** attenuation; alleviation; softening **2** (*fig.*) minimization; extenuation (*specialm. leg.*); understatement **3** (*di suono, luce*) softening; toning down; dimming; fading.

attenzióne, *f.* **1** attention; notice: **con viva a.**, with great attention; **destare** (*o* **attirare**) **l'a.**, to attract attention (*o* notice); **richiamare l'a. di q. su q.c.**, to draw sb.'s attention to st.; **sottoporre q.c. all'a. di q.**, to bring st. to sb.'s notice; **sviare l'a. di q.**, to divert sb.'s attention; **prestare** (*o* **fare**) **a.**, to pay attention (to); **Fa' a. a non farti vedere**, make sure you are not seen **2** (*atto gentile*) attention: **Dimostra il suo affetto con mille attenzioni**, he shows his affection by a thousand attentions; **È sempre così pieno di attenzioni**, he is always so kind (*o* considerate) **3** (*cura, diligenza*) care; attention: **mettere molta a. in q.c.**, to take great care over st. **4** (*come avvertimento*) look out!, watch out!, take care!, mind!, careful!; (*nella segnaletica stradale*) caution: **A., passaggio a livello!**, caution, level crossing.

attergàre, *v. t.* (*bur.*) to docket.

attergàto, *m.* (*bur.*) docket.

àttero, *V.* **aptero**.

atterràggio, *m.* **1** (*aeron.*) landing; touchdown: **a. di fortuna** (*o* **forzato**), emergency (*o* forced) landing; (*senza carrello*) crash landing; (*miss.*) **a. morbido**, soft landing; **a. strumentale** (*o* **guidato**), instrument landing; **fare un a. corto**, to undershoot; **fare un a. lungo**, to overshoot; **carrello d'a.**, landing gear; undercarriage; **pista d'a.**, runway; airstrip; **campo d'a.**, landing ground **2** (*naut.*) landfall **3** (*sport*) landing.

atterraménto, *m.* **1** (*lo stendere a terra*) knocking down; (*sport*) knock-down **2** (*il demolire*) demolition.

atterràre, **A** *v. t.* **1** (*stendere a terra*) to knock down; to fell; (*boxe, anche*) to floor; (*lotta*) to throw* **2** (*di albero*: *abbattere*) to fell; (*di muro*: *demolire*) to demolish, to pull down **3** (*fig.*: *prostrare*) to prostrate; to knock down **4** (*fig. lett.*: *umiliare*) to humble. **B** *v. i.* **1** (*aeron.*) to land; to touch down: **a. col carrello rientrato**, to belly-land; to pancake **2** (*naut.*) to make a landfall **3** (*sport*) to land.

atterrìre, **A** *v. t.* to terrify; to terrorize: **a. un uomo**, to terrify a man; **a. l'animo**, to terrify the mind; **a. una città**, to terrorize a city. **B atterrìrsi,** *v. i. pron.* to be terrified; to panic.

attésa, *f.* **1** wait; waiting: **L'a. del treno fu lunga**, we had a long wait for the train; **due ore di a.**, two hours of waiting; **dopo due ore di a.**, after a two-hour wait; **Nell'a. sfogliai una rivista**, while I was waiting I leafed through a magazine; **essere in a.**, to be waiting; to await (*form.*); (*fig.*: *essere incinta*) to be expecting: **Siamo in a. di sue notizie**, we are waiting to hear from him; (*comm.*) **Restiamo in a. di una vostra cortese risposta**, we await a reply (*o* expect to hear from you) at your earliest convenience; **In a. di instruzioni, procederemo come al solito**, pending instructions, we will proceed as usual; **una telefonata in a.**, a phonecall on hold; **lista d'a.**, waiting list; **sala d'a.**, waiting room; (*leg.*) **in a. di giudizio**, on remand **2** (*aspettativa*) expectation; expectancy; anticipation: **superiore a ogni a.**, beyond all expectations.

atteṣiṣmo, *V.* **attendismo**.

attéso, *a.* **1** waited for; awaited: **Arrivò il giorno a. da tutti**, the day we were all waiting for arrived; **tanto a.**, long-awaited; hoped-for; longed-for: **le tanto attese riforme**, the long-awaited reforms **2** (*bur.*) in consideration of: **attesa la Sua domanda...**, in consideration of your application...; **a. che**, in view of the fact that; considering that.

attestàbile, *a.* attestable; certifiable.

attestaménto, *m.* (*mil.*) halt and reassembling of troops.

attestàre (1), *v. t.* **1** to attest; to certify; to testify to; to vouch for: **Attestò la verità del suo racconto**, he vouched for the truth of his story **2** (*fig.*) to testify to; to bear* witness to: **Questo libro attesta la sua ignoranza**, this book bears witness to his ignorance.

attestàre (2), **A** *v. t.* **1** (*mil.*) to halt and reassemble **2** (*unire*) to join head to head **3** (*mecc.*) to abut. **B attestàrsi,** *v. rifl.* (*mil.*) to occupy a position; to establish a bridgehead.

attestàto, *m.* **1** certificate: **rilasciare un a.**, to issue a certificate; **a. di nascita**, birth certificate **2** (*dichiarazione*) testimonial; reference; **a. di buona condotta**, testimonial; **a. di servizio**, reference **3** (*prova*) proof; token.

attestazióne, *f.* **1** (*dichiarazione*) statement; declaration; testimony; attestation **2** (*attestato*) certificate **3** (*dimostrazione*) demostration **4** (*fig.*) token; sign **5** (*di parola*) occurrence.

atticciàto, *a.* thickset; stocky.

atticiṣmo, *m.* Atticism.

atticìsta, *m.* Atticist.

atticizzàre, *v. i.* to Atticize.

àttico (1), **A** *a.* Attic: (*archit.*) **l'ordine a.**, the Attic order; **sale a.**, Attic salt (*o* wit). **B** *m.* (*dialetto a.*) Attic.

àttico (2), *m.* (*archit.*) top-floor flat; (*di lusso*) penthouse.

attiguità, *f.* contiguity; adjacency.

attìguo, *a.* contiguous (to); next (to); adjoining; adjacent (to): **La sua camera è attigua alla mia**, his room is next to mine; **l'a. studio**, the adjacent study.

attillàre, **A** *v. t.* to fit closely; (*stringere*) to take* in. **B attillàrsi,** *v. rifl.* to dress up.

attillàto, *a.* ***1*** (*aderente*) close-fitting; tight(--fitting): **attillatissimo**, skin-tight, clinging ***2*** (*vestito con ricercatezza*) neatly dressed; dressed up.

attillatùra, *f.* ***1*** (*l'essere aderente*) tight fit ***2*** (*eleganza*) elegance; dressiness.

àttimo, *m.* ***1*** moment; instant; second: **in un a.**, in a moment; in a flash, in a sec (*fam.*); **Un a., prego**, just one second, please; **di a. in a.**, from second to second; **senza un a. di respiro**, without a moment's respite; **l'a. fuggente**, the fleeting moment ***2*** (*un poco*) bit; fraction.

attinènte, *a.* relating; pertaining; relevant: **cose attinenti al proprio lavoro**, matters relating to one's work.

attinènza, *f.* ***1*** relation; relevance; bearing; connection: **Non ne vedo l'a.**, I don't see the connection (*o* its relevance); **Non ha nessuna a. col nostro problema**, it has no bearing on our problem ***2*** (*pl.*) (*annessi*) appurtenances (*pl.*).

attìngere, A *v. t.* ***1*** (*acqua, ecc.*) to draw* (off): **a. acqua**, to draw water; **a. il vino dalla botte**, to draw off wine from the cask ***2*** (*ricavare, trarre*) to derive; to get*; to gather; to take*; to obtain: **a. una notizia da buona fonte**, to derive information from a reliable source; **a. dati da un libro**, to get data from a book; **a. (denaro) dal proprio conto**, to draw on one's account ***3*** (*lett.*: *raggiungere*) to reach; to attain. **B** *v. i.* to reach (st.); to attain (st.).

attìnia, *f.* (*zool., Actinia*) actinia*; sea anemone.

attinicità, *f.* (*chim., fis.*) actinism.

attìnico, *a.* (*fotogr., fis.*) actinic.

attìnide, *m.* (*chim.*) actinide.

attìnio, *m.* (*chim.*) actinium.

attinografìa, *f.* (*fotogr.*) actinography.

attinologìa, *f.* (*biol.*) actinology.

attinometrìa, *f.* (*meteor.*) actinometry.

attinomètrico, *a.* (*meteor.*) actinometric.

attinòmetro, *m.* (*meteor.*) actinometer.

attiràre, *v. t.* ***1*** (*attrarre*) to attract; to draw*: **La calamita attira il ferro**, a magnet attracts iron; **a. q. con promesse**, to attract sb. with promises; **a. clienti**, to attract (*o* to draw) customers; **a. il nemico in un agguato**, to draw the enemy into an ambush; **a. tutti gli sguardi**, to attract all eyes; **La commedia attirò molto pubblico**, the play pulled in large audiences ***2*** (*allettare*) to attract; to allure; to tempt; to appeal to: **L'idea mi attirava**, the idea tempted (*o* appealed to) me ***3*** (*nella forma* **attirarsi**: *conquistare*) to win*, to gain; (*tirarsi addosso*) to incur: **attirarsi la lode di q.**, to win sb.'s praise; **attirarsi l'odio di q.**, to incur sb.'s hatred; **attirarsi l'antipatia generale**, to be universally disliked.

attitudinàle, *a.* aptitude (*attr.*): **esame a.**, aptitude test.

attitùdine (1), *f.* (*disposizione naturale*) aptitude; bent; gift; talent: **avere a. per la matematica**, to have a bent for mathematics; **a. al comando**, leadership.

attitùdine (2), *f.* ***1*** (*posizione del corpo*) attitude; posture ***2*** (*comportamento*) attitude.

attivànte, *m.* (*chim.*) activator.

attivàre, *v. t.* ***1*** (*anche chim.*) to activate ***2*** (*far entrare in azione*) to start (up); to set* up; to set* (st.) going; to actuate; to put* (st.) into operation: **a. una fabbrica**, to start a factory; **a. una macchina**, to start up an engine; **a. una linea ferroviaria**, to put a new railway line into operation; **a. un dispositivo di emergenza**, to operate an alarm system ***3*** (*stimolare*) to stimulate.

attivatóre, *m.* (*chim.*) activator.

attivazióne, *f.* ***1*** (*chim., fis.*) activation ***2*** (*messa in atto*) starting up; opening; activation.

attivìsmo, *m.* ***1*** (*filos.*) activism ***2*** (*polit.*) activism; militancy ***3*** (*dinamicità*) energy; activeness.

attivìsta, *m.* e *f.* ***1*** (*filos.*) activist ***2*** (*polit.*) activist; militant.

attivìstico, *a.* activistic.

attività, *f.* ***1*** (*azione, funzione*) activity; operation: **a. manuale**, manual activity; **essere in a.**, (*funzionare*) to be working, to be running, to be operating; (*essere attivo*) to be active, to be busy: **Tutte le macchine sono in a.**, all the machines are working; **sospendere le a.**, to cease operation; to close down ***2*** (*operosità*) activeness; industry; energy: **La sua a. non cessa di stupirmi**, his energy never ceases to amaze me; **giornate di grande a.**, very busy days ***3*** (*a. professionale*) business; line (of business): **Vuole vendere la sua a.**, he wants to sell his business; **cessare la propria a.**, to go out of business; **Che a. svolge, lei?**, what's your line of business?; **a. alberghiera**, hotel business; **a. bancaria**, banking (business); **a. commerciale**, trade; **a. collaterale**, side line ***4*** (*comm.*) assets (*pl.*): **a. e passività**, assets and liabilities ***5*** (*fis., geol.*) activity: **a. solare**, solar activity; **vulcano in a.**, active volcano; **entrare in a.**, to become active. ● **in a. di servizio**, in active service.

attivizzàre, *v. t.* to put* (st.) into action; to get* (st.) going.

attìvo, A *a.* ***1*** active; (*funzionante*) working, operating: **partecipazione attiva**, active participation; **prendere parte attiva in q.c.**, to take an active part in st.; **impianto a.**, working plant; **popolazione attiva**, working population; **un membro a.**, a militant member; an activist ***2*** (*dinamico*) active, energetic; (*indaffarato*) busy: **un uomo molto a.**, a very active man; **fare vita attiva**, to lead an active life ***3*** (*comm.*) productive; (*esigibile*) receivable: **cambiali attive**, receivable bills ***4*** (*gramm.*) active ***5*** (*chim.*) active. ● **in servizio a.**, in active service; (*mil.*) on the active list □ (*comm.*) **partite attive**, assets □ (*comm.*) **saldo a.**, credit balance □ (*geol.*) **vulcano a.**, active (*o* live) volcano. **B** *m.* ***1*** (*comm.*) assets (*pl.*): **a. e passivo**, assets and liabilities; **a. mobiliare [immobiliare]**, personal [real] assets ***2*** (*gramm.*) active form; active voice: **verbo all'a.**, verb in the active voice ***3*** (*di partito, sindacato*) activists (*pl.*); leading members (*pl.*). ● (*comm.*) **all'a.**, on the credit side □ (*comm.* e *fig.*) **avere q.c. al proprio a.**, to have st. to one's credit □ **essere in a.**, to be in credit (*o* in the black); (*di impresa*) to be making a profit: **impresa in a.**, profit-making company.

attizzaménto, *m.* ***1*** (*del fuoco*) poking ***2*** (*fig.*) inflaming; stirring up.

attizzàre, *v. t.* ***1*** (*il fuoco*) to poke ***2*** (*fig.*) to inflame; to stir up: **a. l'odio**, to stir up hatred.

attizzatóio, *m.* poker.

àtto (1), *m.* ***1*** act; action; deed: **un a. brutale**, a brutal act (*o* action); **un a. di carità**, an act of charity; a charitable deed; **un a. di coraggio**, an act of courage; **un a. valoroso**, a brave deed; **compiere atti di valore**, to perform feats of valour; **giudicare gli atti altrui**, to judge the actions of others; **rendere conto dei propri atti**, to answer for one's actions ***2*** (*atteggiamento*) attitude; (*gesto*) gesture, movement: **in a. di preghiera**, in an attitude of prayer; **un a. con la mano**, a gesture with one's hand ***3*** (*certificato*) certificate; (*documento*) document: **a. di nascita [di morte]**, birth [death] certificate; **a. legalizzato**, certified document ***4*** (*leg.*) act; (*strumento legale*) deed; (*contratto*) contract: **a. amministrativo**, administrative act (*o* action); **a. pubblico [privato]**, public [private] act; **a. unilaterale**, unilateral transaction; **a. giuridico**, legal transaction; **a. autentico**, original deed; **a. apocrifo**, forged deed; **a. costitutivo di una società**, deed of incorporation; memorandum of association; **a. notarile**, notarial deed; instrument; **a. di compravendita**, contract of purchase; **a. d'accusa**, indictment; **a. di citazione**, summons; **redigere** (*o* **stendere**) **un a.**, to draw up a deed; **trascrivere un a.**, to register a deed ***5*** (*pl.*) (*leg.*) deeds, proceedings; (*accordi*) agreements; (*registrazioni*) records: **atti contrattuali**, agreements; deeds; **gli atti del processo**, the proceedings of the trial; **atti giudiziari** (*o* **processuali**), legal proceedings; **mettere agli atti un documento**, to file (away) a document; **passare agli atti una pratica**, to close a case (by placing its file in the archives) ***6*** (*pl.*) (*di società, assemblea*) proceedings, minutes; (*transazioni*) transactions: **gli atti di un congresso**, the proceedings of a congress; **mettere agli atti**, to record in the minutes ***7*** (*teatr.*) act: **una commedia in tre atti**, a play in three acts; a three-act play; **a. unico**, one--act play; **a. primo, scena terza**, act one, scene three ***8*** (*relig.*) act: **a. di fede [di speranza, di dolore]**, act of faith [of hope, of contrition] ***9*** (*segno*) sign; mark; token: **in** (*o* **per**) **a. di stima**, as a sign (*o* in token) of esteem. ● (*Bibbia*) **gli Atti degli Apostoli**, the Acts of the Apostles □ (*polit.*) **gli Atti del Parlamento**, the Official Records of Parliamentary Proceedings □ (*comm.*) **a. di vendita**, bill of sale □ (*leg.*) **atti osceni**, indecent behaviour □ **all'a. della consegna**, on delivery □ **all'a. della firma del contratto**, on signing the contract □ **all'a. del pagamento**, on payment □ **all'a. dell'iscrizione**, upon joining □ **all'a. pratico**, in actual fact; in practice □ **dare a. di q.c.**, to acknowledge st.; (*a verbale*) to record st. (in the minutes) □ **Devo darti a. che avevi previsto tutto**, I must admit you had foreseen everything □ **essere in a.** (*svolgersi*), to be taking place; to be under way; to be in progress: **le riforme ora in a.**, the reformations now in progress (*o* under way); **Sono in a. indagini sul suo conto**, investigations are being made about him □ (*leg.*) **falso in a. pubblico**, forgery of a public document □ **Fece a. di alzarsi**, he made as if to get up □ **fare a. di presenza**, to put in (*o* to make) an appearance □ **mettere in a. q.c.**, to put st. into effect □ **Fu colto nell'atto di rubare**, he was caught in the act of stealing; he was caught stealing □ **Nell'a. di uscire, si girò**, as he was going out he turned round □ **prendere a. di q.c.**, to take note (*o* cognizance) of st.; to acknowledge st. □ **tradurre in a. q.c.**, to carry out st.; to implement st.

àtto (2), *a.* ***1*** (*idoneo*) able; capable; fit; qualified: **Non è a. a questo lavoro**, he is not able to do this work; **a. al servizio militare**, fit for military service; **È poco a. agli studi**, he has little disposition for study ***2*** (*adatto*) fit, suited, suitable; (*appropriato*) proper: **un mezzo a. allo scopo**, a means suited to the end; **terreno a. alla battaglia**, terrain suitable for battle; (*naut.*) **a. alla navigazione**, seaworthy.

attònito, *a.* amazed; astonished; dumbfounded; thunderstruck: **restare a.**, to be astonished.

attòrcere, *v. t.* **attorcersi,** *v. i. pron.* to twist; (*a spire*) to coil.

attorcigliaménto, *m.* ***1*** (*atto*) twisting; (*a spire*) coiling ***2*** (*effetto*) twist.

attorcigliàre, A *v. t.* to twist; to wind*; (*a spire*) to coil. **B attorcigliàrsi,** *v. i. pron.* to twist (oneself); to wind* (oneself); (*a spire*) to coil (oneself).

attorcigliatùra, attorcitùra, *V.* **attorcigliamento.**

attóre, *m.* ***1*** (*teatr.*) actor; player: **a. comico**, comic actor; comedian; **a. tragico**, tragic actor; tragedian; **a. di rivista**, comedian; **attor giovane**, juvenile; **attori girovaghi**, strolling players; **primo a.**, leading man; lead; **a. di cartello**, top-billing (*o* box-office) actor; **carriera d'a.**, acting career; **la professione dell'a.**, the acting profession ***2*** (*fig.*) moving force **3** (*leg.*) plaintiff. ● **Smettila di fare l'a.!**, stop play-acting!

attorniàre, A *v. t.* to surround; to gather round; to encircle: **a. il nemico**, to surround the enemy; **Gli amici lo attorniarono**, his friends gathered round him. **B attorniàrsi,** *v. rifl.* to surround oneself: **a. di adulatori**, to surround oneself with flatterers.

attórno, A *avv.* around; round; about: **andare a.**, to go around; **guardarsi a.**, to look round (*o* about); **Non vidi nessuno a.**, I didn't see anybody about; **Dev'essere qui a.**, it must be round here (*o* hereabouts); **È sempre qui a.**, he's always hanging around here. ● **darsi d'a.**, (*fare q.c.*) to get busy; to busy oneself; to do all one can □ **levarsi d'a.**, to get out of the way □ **levarsi q. d'a.**, to get rid of sb. **B attórno a,** *locuz. prep.* around; round; about: **girare a. alla tavola**, to go round the table. ● **girare a. a un argomento**, to beat about the bush □ **stare a. a q.**, to hang round sb.; (*infastidire*) to pester sb.

attortigliàre, e *deriv. V.* **attorcigliare**, e *deriv.*

attossicàre, *v. t.* (*lett.*) **1** to poison; to pollute **2** (*fig.*) to embitter.

attraccàggio, *V.* **attracco**, *def. 1.*

attraccàre, *v. t.* e *i.* (*naut.*) to go* (*o* to come*) alongside; to berth; to dock; to moor.

attràcco, *m.* (*naut.*) **1** (*l'attraccare*) berthing; docking; mooring **2** (*punto di a.*) berth; mooring.

attraènte, *a.* **1** (*che attira*) attractive: **forza a.**, attractive force **2** (*fig., di cose*) attractive, engaging, catching; (*invitante*) inviting, appealing, tempting; **maniere attraenti**, engaging manners; **offerta a.**, tempting offer **3** (*fig.: di persone*) attractive; charming; fascinating; glamorous: **una ragazza a.**, a charming girl.

attràrre, *v. t.* **1** to attract; to draw*; to pull: **La calamita attrae il ferro**, magnets attract iron; **Fu attratto dall'odore del cibo**, he was attracted by the smell of food; **a. l'attenzione**, to attract (sb.'s) attention; **2** (*fig.: piacere*) to attract; to charm: **Quella donna mi attrae**, that woman attracts me; **Lo attraeva il suo sorriso**, he was attracted by her smile **3** (*fig.: allettare*) to tempt; to appeal: **L'idea mi attraeva**, the idea was tempting (*o* appealed to me); **Il progetto mi attrae**, I like the plan.

attrattiva, *f.* **1** attraction; appeal; (*fascino*) attractiveness, charm, glamour (*di luogo*) amenity: **una donna piena di attrattive**, a woman with great charm; **esercitare un'a. su q.**, to appeal to sb. **2** (*cosa che attrae*) attraction; allurement: **le attrattive della capitale**, the attractions of the capital.

attrattìvo, *a.* attractive.

attraversaménto, *m.* crossing: **a. pedonale**, pedestrian crossing.

attraversàre, *v. t.* **1** to cross; to go* through; (*di ponti, archi*) to span: **a. un campo [una strada]**, to cross a field [a road]; **Un dubbio gli attraversò la mente**, a doubt crossed his mind; **a. di corsa [a nuoto, a piedi]**, to run [to swim, to walk] across; **Il ponte attraversa il fiume**, the bridge crosses (*o* spans) the river; **L'Arno attraversa Firenze**, the Arno runs through Florence; **a. un bosco**, to go through a wood; **a. una siepe**, to pass through a hedge; **Sto attraversando un momento difficile**, I'm going through a difficult period **2** (*fig. lett.: ostacolare*) to cross; to thwart. ● (*fig.*) **a. il passo** (*o* **la strada**) **a q.**, to put a spoke in sb.'s wheel.

attravèrso, A *prep.* **1** (*da un lato all'altro*) across; (*da parte a parte*) through: **C'è un albero a. la strada**, there is a tree across the road; **Veniva a. il campo**, he was coming across the field; **guardare a. una lente**, to look through a lens; **passare a. una città**, to pass through a town **2** (*di tempo*) over: **a. i secoli**, over the centuries **3** (*per mezzo di*) through; by means of: **L'ho conosciuto a. mio fratello**, I met him through my brother. **B** *avv.* (*lett.: obliquamente*) obliquely; crosswise.

attrazióne, *f.* **1** (*fis.*) attraction; pull: **a. magnetica**, magnetic attraction; **la forza di a. della luna**, the pull of the moon **2** (*fig.: fascino*) attraction; fascination; appeal; lure: **a. fisica**, physical attraction; sex appeal; **esercitare una forte a. su q.**, to have a strong attraction for sb.; **provare a. per q.c.**, to be attracted by st.; **l'a. della vita nomade**, the lure of nomadic life **3** (*numero sensazionale*) attraction; highlight.

attrezzaménto, *m.* **1** (*l'attrezzare*) equipping; fitting out; furnishing **2** (*attrezzi*) equipment; tools (*pl.*); gear.

attrezzàre, A *v. t.* **1** (*arredare*) to fit out; to furnish: **a. una stanza a laboratorio**, to fit out a room as a workshop; to turn a room into a workshop **2** (*equipaggiare*) to equip **3** (*rifornire di attrezzi*) to supply with tools; to tool (up) **4** (*naut.*) to rig; to fit out. **B attrezzàrsi,** *v. rifl.* to equip oneself; to get* ready; to prepare.

attrezzàto, *a.* (*naut.*) rigged: **a. a goletta**, schooner-rigged; **a. a vele quadre**, square-rigged.

attrezzatùra, *f.* **1** (*l'attrezzare*) equipping, fitting out; (*di fabbrica*) tooling up **2** (*gli attrezzi*) equipment; gear; kit; outfit; apparatus; tools (*pl.*): **a. da campeggio**, camping equipment; **a. dentistica**, dentist's outfit; **a. da falegname**, carpenter's tools; **a. da pesca**, fishing tackle; **Ho con me tutta l'a.**, I have all the gear with me **3** (*naut.*) rigging; rig: **a. a brigantino**, brig rig **4** (*macchinario*) plant; machinery **5** (*impianti*) facilities (*pl.*): **attrezzature sportive**, sports facilities; **a. turistica**, tourists facilities; **a. alberghiera**, hotel accommodation; **attrezzature portuali**, harbour equipment; docking facilities.

attrezzerìa, *f.* (*teatr.*) props (*pl.*); properties (*pl.*) (*form.*).

attrezzìsta, *m.* e *f.* **1** (*teatr.*) property man*; propman* **2** (*ginnasta*) gymnast **3** (*mecc.*) toolmaker.

attrezzìstica, *f.* apparatus gymnastics (*pl. col verbo al sing.*).

attrezzìstico, *a.* with gymnasium apparatus: **ginnastica attrezzistica**, apparatus gymnastics.

attrézzo, *m.* **1** tool; implement; utensil: **a. agricolo**, farm tool; **a. di cucina**, kitchen utensil; **gli attrezzi del mestiere**, the tools of the trade **2** (*teatr.*) prop; property (*form.*): **attrezzi di scena**, stage props **3** (*sport*) piece of apparatus. ● **attrezzi navali**, ship's gear (*sing.*) □ **carro attrezzi**, breakdown van (*o* truck); wrecker (*USA*).

attribuìbile, *a.* attributable; assignable; ascribable; (*imputabile*) imputable.

attribuìre, *v. t.* **1** (*assegnare*) to award; to assign; to give*: **a. un premio a q.**, to award sb. a prize; **a. un compito a q.**, to assign a task to sb. **2** (*fig.: ascrivere*) to attribute, to ascribe, to put* (st.) down to; to credit; (*imputare*) to impute, to blame (sb. for st.): **a. la vittoria alla fortuna**, to ascribe victory to luck; **Attribuii il suo ritardo a un malinteso**, I attributed his delay (*o* put his delay down) to a misunderstanding; **a. un quadro a un pittore**, to attribute a painting to a painter; **a. importanza a q.c.**, to attach importance to st.; **Gli attribuirono tutta la colpa**, they pinned (*o* laid) all the blame on him; **a. un incidente a q.**, to blame sb. for an accident. ● **attribuirsi un merito**, to claim a merit □ **attribuirsi un privilegio**, to arrogate a privilege.

attributìvo, *a.* attributive: **aggettivo a.**, attributive adjective.

attribùto, *m.* **1** attribute; characteristic; feature; (*dote*) endowment **2** (*simbolo*) symbol; emblem; attribute **3** (*gramm.*) attribute.

attribuzióne, *f.* **1** (*assegnazione*) awarding **2** (*fig.*) attribution **3** (*pl.*) (*facoltà, poteri*) powers; functions; competence (*sing.*): **conflitto di attribuzioni**, clash of competence.

attrìce, *f.* **1** actress: **a. comica**, comic actress; comedienne; **a. tragica**, tragic actress; tragedienne; **a. di varietà**, variety artiste; showgirl; **prima a.**, leading lady; lead; **carriera d'a.**, acting career **2** (*leg.*) plaintiff. ● **Non fare l'a.!**, stop play-acting!

attricétta, *f.* starlet; showgirl.

attristàre, *v. t.* (*lett.*) to sadden; to make* (sb.) sad.

attristìre, *v. i.* **attristirsi,** *v. i. pron.* (*lett.*) to sadden; to become* sad.

attrìto, *m.* **1** (*mecc.*) friction; attrition: **fare a.**, to encounter friction; **privo di a.**, frictionless **2** (*fig.*) friction; disagreement; dissention: **a. fra famiglie**, friction between families; **a. fra partiti politici**, friction between political parties.

attrizióne, *f.* (*teol.*) attrition.

attruppaménto, *m.* **1** trooping **2** (*assembramento*) crowd; throng.

attruppàre, A *v. t.* to assemble; to gather; to congregate. **B attruppàrsi,** *v. i. pron.* to troop; to congregate; to crowd; to throng.

attuàbile, *a.* feasible; practicable.

attuabilità, *f.* feasibility; practicability; practicableness.

attuàle, *a.* **1** (*presente*) present, current, existing; (*moderno*) modern, present-day: **nelle attuali circostanze**, in the present circumstances; **lo stato a. delle nostre finanze**, the current state of our finances; **l'a. governo**, the present government; **nell'Italia a.**, in present-day Italy **2** (*tuttora valido*) topical, relevant; (*alla moda*) fashionable: **un tema a.**, a topical subject; **un libro ancora a.**, a still relevant book; **un modello molto a.**, a very fashionable model **3** (*filos.*) actual. ● (*teol.*) **grazia a.**, actual grace.

attualìsmo, *m.* (*filos.*) actualism.

attualità, *f.* **1** (*filos.*) actuality **2** (*modernità*) up-to-dateness; novelty **3** (*l'essere attuale*) topicality; interest; relevance: **un tema di grande a.**, a subject of great interest; a very topical subject; **È tornato di a.**, it has become topical again; it has come back into fashion; **L'a. di questo libro è indiscussa**, the relevance of this book today is indisputable **4** (*pl.*) (*fatti recenti*) current (*o* recent) events; news (*sing.*): **a. sportive**, current sports events; **programma di a.**, current events programme **5** (*cinem.*) newsreel.

attualizzàre, *v. t.* to make* topical; to make* relevant; to bring* up-to-date; to revive.

attualménte, *avv.* now; at present; at the moment; currently; nowadays; these days.

attuàre, A *v. t.* to effect; to put* into effect; to bring* about; to carry out; to implement: **a. una riforma**, to bring about a reform; **a. un progetto**, to carry out a plan. **B attuàrsi,** *v. i. pron.* to be realized; to be fulfilled; to come* true; to materialize.

attuariàle, *a.* (*mat.*) actuarial.

attuàrio, *m.* (*mat.*) actuary.

attuazióne, *f.* realization; carrying out; accomplishment; implementation.

attutiménto, *m.* alleviation; reduction; easing; damping; (*di suono*) dampening, muffling.

attutìre, A *v. t.* **1** (*alleviare*) to appease; to alleviate; to reduce; to lessen; to dull: **a. un dolore**, to reduce a pain **2** (*smorzare*) to soften, to cushion; (*suoni*) to dampen, to muffle: **a. un colpo**, to soften (*o* to cushion) a blow; **a. una caduta**, to break (*o* to cushion) a fall. **B attutìrsi,** *v. i. pron.* to calm down; to lessen; to ease; (*di suono*) to die down, to fade.

audàce, *a.* **1** bold; daring; audacious; (*temerario*) rash, brash; (*rischioso*) risky: **parole audaci**, rash words; **un'impresa a.**, a risky undertaking **2** (*originale*) bold; daring: **un progetto a.**, a bold plan; **teorie audaci**, daring theories **3** (*sfrontato*) audacious; brash; cheeky (*fam.*) **4** (*provocante*) daring, provocative; (*spinto*) risqué (*franc.*), naughty: **un vestito a.**, a daring dress; **scollatura a.**, plunging neckline; **barzelletta a.**, risqué joke.

audàcia, *f.* **1** boldness; daring; audacity; (*temerarietà*) rashness **2** (*sfrontatezza*) audacity; impudence; effrontery; cheek (*fam.*): **Ebbe l'a. di venirmi a trovare**, he had the effrontery to come and see me.

àudio, A *m.* (*TV*) **1** sound; volume **2** (*il comando*) volume control. **B** *a.* audio.

audiocassétta, *f.* tape cassette; audio cassette.

audiofrequènza, *f.* (*radio, TV*) audio frequency.

audiogràmma, *m.* (*fis.*) audiogram.

audiolèṣo, A *a.* with hearing disorders. **B** *m.* (*f.* **-a**) person with hearing disorders.

audiologìa, *f.* (*fis., med.*) audiology.

audiològico, *a.* (*fis., med.*) audiological.

audiòlogo, *m.* (*f.* **-a**) audiologist.

audiometrìa, *f.* (*med.*) audiometry.

audiomètrico, *a.* (*med.*) audiometric.

audiòmetro, *m.* audiometer.

audiopròteṣi, *f.* (*med.*) hearing aid.

audioviṣivo, A *a.* audiovisual: **supporti audiovisivi**, audiovisual aids. **B** *m. pl.* audiovisual aids.

auditivo, *a.* auditory: **canale a.**, auditory canal.

auditòrio, auditòrium, *m.* **1** (*sala per concerti*) concert hall; auditorium* **2** (*radio, TV*) studio*.

audizióne, *f.* **1** (*teatr.*) audition: **sostenere un'a.**, to audition **2** (*leg.*) hearing: **a. dei testi**, hearing (*o* examination) of witnesses.

àuge, *f.* **1** (*astron.*) apogee **2** (*fig.*: *sommità*) height; apex*: **l'a. della fama**, the height of fame; **essere in a.**, to enjoy great favour; to be in (full) vogue; to be popular; **tornare in a.**, to regain favour; to come back into fashion.

augèllo, *m.* (*poet.*) bird.

augnatùra, *f.* (*falegn.*) chamfer; bevel.

auguràbile, *a.* desirable; to be wished; to be hoped for: **È a. che cambi idea**, it is to be hoped that he will change his mind.

auguràle, *a.* **1** (*di augurio*) well-wishing; of good wish: **espressioni augurali**, well--wishing words **2** (*stor.*) augural.

auguràre, *v. t.* **1** to wish: **a. buon viaggio a q.**, to wish sb. a pleasant journey; **a. la buona notte**, to wish goodnight; **a. ogni bene a q.**, to wish sb. well; **a. la morte a q.**, to wish sb. dead; **Mi auguro che il peggio sia finito**, I hope the worst is over; **Mi auguro una vita tranquilla**, I hope for a peaceful life **2** (*lett.*: *predire*) to augur.

àugure, *m.* (*stor.*) augur.

augùrio, *m.* **1** wish; (*al pl., nelle ricorrenze*) greetings, wishes: **Il mio a. è che diventi ricco**, my wish is that he may get rich; **Ti faccio l'a. di pronta guarigione**, I wish you a quick recovery: **fare gli auguri a q.**, to wish sb. all the best; **Auguri di pronta guarigione!**, get well soon!; **Auguri per il tuo nuovo lavoro**, all the best for your new job; **auguri di Natale**, Christmas greetings; **fare gli auguri di Natale a q.**, to wish sb. a merry Christmas; **auguri di buone feste**, best wishes for the season; **auguri di compleanno**, birthday greetings; **Tanti auguri di buon compleanno!**, best wishes for your birthday; many happy returns!; **biglietto di auguri**, greeting card **2** (*presagio*) omen; presage; sign: **di buon [cattivo] a.**, of good [bad] omen; **essere di buon [cattivo] a.**, to augur (*o* to bode) well [ill].

augustèo, *a.* (*stor.*) Augustan.

Augùsto, *m.* Augustus.

augùsto, *a.* august: **il nostro a. sovrano**, our august sovereign.

àula, *f.* hall; room: **a. magna**, great hall; assembly hall; **a. del tribunale**, courtroom; **a. scolastica**, classroom; schoolroom; **a. universitaria**, lecture hall.

àulico, *a.* **1** (*di corte*) courtly; aulic **2** (*solenne*) solemn; stately; lofty; elevated **3** (*pomposo*) high-flown; high-sounding.

aumentàbile, *a.* augmentable; increasable.

aumentàre, A *v. t.* to increase; to raise; to augment; to up (*fam.*); (*incrementare*) to boost, to step up: **a. la velocità**, to increase speed; **a. gli stipendi**, to raise salaries; **a. i prezzi**, to increase (*o* to up, to mark up) prices; **a. la produzione**, to step up (*o* to boost) production; (*nel lavoro a maglia*) **a. due punti**, to increase twice. **B** *v. i.* to increase; to rise*; to grow*; to go* up; to mount; to augment: **Le difficoltà aumentano**, difficulties are increasing; **Il fiume è aumentato**, the river has risen; **I costi sono aumentati**, costs have gone up; **Il rumore aumentò**, the noise grew; **a. di prezzo**, to increase in price; to appreciate; **a. di peso**, to grow in weight; (*ingrassare*) to put on weight; **far a. i prezzi**, to force up prices.

aumentista, *m.* (*Borsa*) stag.

auménto, *m.* increase; rise, raise (*USA*); (*crescita*) growth: **a. di capitale**, increase of capital; **un a. di stipendio**, a rise in salary; **a. dei salari**, wage rise; pay raise (*USA*); **l'a. del costo della vita**, the rise in the cost of living; **l'a. del latte**, the increase in the price of milk; **l'a. della criminalità**, the rise in the crime rate; **a. della produzione**, production growth; **a. di peso**, gain in weight; **un a. di temperatura**, a rise in temperature; **essere in a.**, to be on the increase (*o* on the rise); to be going up.

au pair (*franc.*), *a.* e *avv.* au pair: **ragazza a.**, au pair (girl).

àura, *f.* **1** (*lett.*) breeze **2** (*fig.*: *atmosfera*) air; atmosphere; aura.

àureo, *a.* **1** (*d'oro*) gold (*attr.*): **moneta aurea**, gold coin; **riserva aurea**, gold reserve; (*fin.*) **sistema a.**, gold standard **2** (*fig.*: *simile all'oro*) golden: **auree chiome**, golden hair; **aurea mediocrità**, golden mean; **l'epoca aurea della poesia amorosa**, the golden age of love poetry **3** (*fig.*: *prezioso*) precious; excellent **4** (*scient.*) golden: **sezione aurea**, golden section; **numero a.**, golden number.

aurèola, *f.* **1** halo*; aureole; glory **2** (*fig.*) halo*; radiance.

aureolàre, *v. t.* (*lett.*) to halo; (*incorniciare*) to frame.

aureomicina, *f.* (*farm.*) aureomycin.

àurica, *a. f.* (*naut.*) – **vela a.**, fore-and-aft sail.

àurico, *a.* (*chim.*) auric: **cloruro a.**, auric chloride.

auricola, *f.* **1** (*anat.*) auricle **2** (*bot., Primula auricula*) auricula*; bear's-ear.

auricolàre, A *a.* aural; auricular; ear (*attr.*): **padiglione a.**, auricle; **testimone a.**, ear witness. **B** *m.* earphone.

aurifero, *a.* auriferous; gold-bearing: **terreno a.**, goldfield.

auriga, *m.* charioteer.

aurignaciàno, *a.* (*geol.*) Aurignacian.

auròra, *f.* **1** dawn (*anche fig.*); daybreak; sunrise: **all'a.**, at dawn; at daybreak; **l'a. della civiltà**, the dawn of civilization **2** (*meteor.*) aurora*: **a. boreale [australe]**, aurora borealis [australis]; northern [southern] lights (*pl.*).

auroràle, *a.* **1** auroral **2** (*fig.*: *iniziale*) early; first.

auscultàre, *v. t.* (*med.*) to auscultate.

auscultazióne, *f.* (*med.*) auscultation.

auṣiliàre, A *a.* **1** auxiliary; reserve (*attr.*) **2** (*gramm.*) auxiliary: **verbo a.**, auxiliary verb. **B** *m.* **1** (*anche f.*: *aiutante*) assistant; auxiliary **2** (*gramm.*) auxiliary (verb).

auṣiliària, *f.* **1** assistant; auxiliary **2** (*mil.*) member of the Women's Army Auxiliary Corps.

auṣiliàrio, A *a.* auxiliary; reserve (*attr.*): **motore a.**, auxiliary engine; **truppe ausiliarie**, reserve troops; **posizione ausiliaria**, reserve position. **B** *m.* assistant; auxiliary.

auṣiliatóre, *m.* (*f.* **-trice**) (*lett.*) helper; aider. ● (*relig.*) **Maria Ausiliatrice**, Our Lady Help of Christians.

auṣìlio, *m.* (*lett.*) help; assistance; aid; succour.

auspicàbile, *a.* desirable; to be hoped for.

auspicàre, *v. t.* **1** (*predire*) to augur; to foretell* **2** (*augurare*) to hope; to wish.

àuspice, *m.* **1** (*stor.*) auspex* **2** (*fig.*: *sostenitore*) patron; promoter; sponsor. ● **L'accordo fu firmato, a. il ministro**, the agreement was signed, under the auspices of the minister.

auspìcio, *m.* **1** (*augurio*) auspice; omen: **di buon a.**, of good omen; auspicious; **di cattivo a.**, ominous; **L'affare è partito sotto buoni [cattivi] auspici**, the matter got off to a good [bad] start **2** (*patronato*) patronage; auspice: **sotto gli auspici di**, under the auspices of.

austerità, *f.* austerity (*anche econ.*); severity; sternness.

austèro, *a.* **1** (*sobrio*) austere: **una vita austera**, an austere life; **un carattere a.**, an austere temperament **2** (*severo*) stern; strict: **contegno a.**, stern manner; **disciplina austera**, strict discipline.

australe, *a.* (*geogr.*) southern; south; austral: **emisfero a.**, southern hemisphere; **il Polo A.**, the South Pole; **aurora a.**, aurora australis; southern lights (*pl.*).

australiàna, *f.* (*ciclismo*) pursuit cycle race on track.

australiàno, *a.* e *m.* (*f.* **-a**) Australian (*f.* Australian woman*).

australòide, *a.* Australoid.

australopitèco, *m.* australopithecine.

austriacànte, *a.* (*stor.*) pro-Austria.

austrìaco, *a.* e *m.* (*f.* **-a**) Austrian (*f.* Austrian woman*).

àustro, *m.* **1** south wind; Auster (*poet.*) **2** (*lett.*: *sud*) south.

austroungàrico, *a.* (*stor.*) Austro-Hungarian.

autarchìa (1), *f.* (*autosufficienza*) autarky.

autarchìa (2), *f.* (*autogoverno*) autarchy.

autàrchico (1), *a.* (*autosufficiente*) autarkic; home (*attr.*): **prodotto a.**, home product.

autàrchico (2), *a.* (*di autogoverno*) autarchic(al).

aut aut, *m. invar.* forced choice: **imporre un a. a q.**, to force sb. to choose.

autèntica, *f.* (*bur.*) authentication.

autenticàre, *v. t.* (*leg.*) to authenticate; to certify; to legalize: **a. un documento**, to authenticate a document; **a. una firma**, to attest a signature; **a. un quadro**, to authenticate a picture.

autenticazióne, *f.* (*leg.*) authentication; legalization: **a. notarile**, notarization.

autenticità, *f.* authenticity; genuineness: **mettere in dubbio l'a. di q.c.**, to question the authenticity of st.; **dimostrare l'a. di un testamento**, to prove a will.

autèntico, *a.* authentic; genuine; original; (*vero*) true, real: **una firma autentica**, a genuine signature; **un Gauguin a.**, a genuine Gauguin; **La storia è autentica**, the story is a true one; **la copia autentica del manoscritto**, the original copy of the manuscript; **un'autentica canaglia**, a regular scoundrel.

autentificàre, *V.* **autenticare**.

autière, *m.* (*mil.*) driver.

autiṣmo, *m.* (*psic.*) autism.

autista (1), *m.* e *f.* driver; (*privato*) chauffeur: **a. di piazza**, taxi driver; **noleggiare un'auto con a.**, to hire a chauffeur-driven car.

autista (2), *a.*, *m.* e *f.* (*psic.*) autistic.

autìstico, *a.* (*psic.*) autistic.

auto, *f.* car; auto (*fam. USA*): **a. civetta**, unmarked police car. *V. anche* **automobile**.

autoabbronẓànte, A *a.* self-tanning. **B** *m.* self-tanning cream; self-tanning lotion.

autoaccensióne, f. (*mecc.*) self-ignition.
autoaccessòrio, m. car accessory.
autoaccùsa, f. self-incrimination.
autoadeṣivo, **A** a. self-adhesive. **B** m. adhesive label; sticker.
autoaffermazióne, f. (*psic.*) self-assertion.
autoaffondaménto, m. (*naut.*) scuttling; scuppering (*fam.*).
autoambulànza, f. ambulance.
autoanàliṣi, f. (*psic.*) self-analysis.
autoanticòrpo, m. (*med.*) autoantibody.
autoarticolàto, m. (*autom.*) semitrailer.
autobiografia, f. autobiography.
autobiogràfico, a. autobiographic(al).
autobiografiṣmo, m. tendency to autobiography.
autoblinda, V. **autoblindo**.
autoblindàto, a. (*mil.*) light-armoured.
autoblindo, **autoblindomitragliatrice**, f. (*mil.*) (light) armoured car.
autobloccànte, a. (*mecc.*) self-locking.
autobómba, f. car bomb.
autobótte, f. ***1*** (*per il trasporto di liquidi*) tank lorry; tank truck (*USA*); tanker ***2*** (*per la distribuzione dell'acqua*) water(-supply) truck.
àutobus, m. invar. bus; (*per viaggi lunghi*) coach: **a. a due piani**, double-decker (bus). ● (*fig.*) **perdere l'a.**, to miss the boat.
autocalùnnia, f. (*leg.*) false self-incrimination.
autocamionàle, f. road for heavy traffic; truckway (*USA*).
autocampéggio, m. ***1*** (*luogo*) caravan site ***2*** (*attività*) caravanning.
autocàravan, f. invar. (*autom.*) motor caravan.
autocàrro, m. lorry; truck (*USA*): **a. a cassone ribaltabile**, tipper truck (*o* lorry); tipper; dump truck (*USA*).
autocensùra, f. self-censorship.
autocensuràrsi, v. rifl. to censor oneself.
autocentrànte, a. self-centring.
autocèntro, m. ***1*** (*mil.*) motor-vehicle depot ***2*** car dealer's garage.
autocingolàto, m. caterpillar vehicle; track vehicle.
autocistèrna, f. ***1*** (*per il trasporto di liquidi*) tank lorry; tank truck (*USA*); tanker ***2*** (*per la distribuzione dell'acqua*) water(-supply) truck.
autocitàrsi, v. rifl. to quote oneself.
autocitazióne, f. quoting oneself; self-quotation.
autoclàve, f. autoclave.
autocolónna, f. motor convoy.
autocombustióne, f. spontaneous combustion.
autocommiṣerazióne, f. self-pity.
autocompensazióne, f. self-compensation.
autocompiaciménto, m. self-satisfaction; self-congratulation.
autoconcessionàrio, m. car distributor (*o* dealer).
autoconservazióne, f. self-preservation.
autoconsùmo, m. private consumption.
autocontròllo, m. self-control.
autoconvòglio, m. motor convoy.
autocorrelazióne, f. (*stat.*) autocorrelation.
autocorrezióne, f. self-correction.
autocorrièra, f. motorcoach.
autocosciènza, f. (*filos.*) self-consciousness.
autòcrate, m. autocrat.
autocràtico, a. autocratic(al).
autocrazia, f. autocracy.
autocritica, f. self-criticism.
autocrìtico, a. self-critical.
autocròss, m. (*sport*) autocross.
autoctonìa, f. autochthony.
autòctono, **A** a. autochthonous; autochthonal. **B** m. autochthon*.
autodafé, m. ***1*** (*stor.*) auto-da-fé* ***2*** (*rogo*) pyre; bonfire.
autodeciṣióne, f. self-determination.
autodemolizióne, f. car wrecking.
autodenùncia, f. ***1*** self-denunciation ***2*** (*leg.*) self-incrimination; confession.
autodeterminazióne, f. self-determination.
autodiàgnoṣi, f. (*med.*) self-diagnosis*.
autodidàtta, m. e f. self-taught person; autodidact.
autodidàttico, a. self-teaching; autodidactic.
autodifésa, f. self-defence.
autodisciplìna, f. self-discipline.
autodistrùggersi, v. rifl. to destroy oneself; to self-destruct; to autodestruct (*USA*).
autodistruttivo, a. self-destroying; self-destructive; autodestructive (*USA*).
autodistruzióne, f. self-destruction; autodestruction (*USA*).
autòdromo, m. (*sport*) (motor racing) circuit; racetrack; speedway (*USA*).
autoeccitazióne, f. (*elettr.*) self-excitation.
autoeducazióne, f. self-education.
autoemarginazióne, f. self-alienation.
autoemotèca, f. (*autom., med.*) mobile blood bank; bloodmobile (*USA*).
autoerotiṣmo, m. autoeroticism; autoerotism.
autoeṣàme, m. self-examination.
autoescludersi, v. rifl. to cut* oneself out.
autoeterodìna, f. (*elettron.*) autodyne.
autofattùra, f. (*comm.*) self-invoice.
autofecondazióne, f. (*biol.*) self-fertilization.
autoferrotranviàrio, a. public-transport (*attr.*).
autoferrotranvière, m. public-transport worker.
autofficina, f. ***1*** car-repair garage ***2*** (*su veicolo*) mobile repair unit.
autofilotranviàrio, a. surface transport (*attr.*).
autofinanziaménto, m. self-financing.
autofinanziàrsi, v. rifl. to finance oneself.
autofòcus, m. invar. (*fotogr.*) autofocus.
autofurgóne, m. motor van.
autogamia, f. (*bot.*) autogamy.
autogèneṣi, f. autogenesis.
autògeno, a. autogenous: **saldatura autogena**, autogenous welding. ● (*psic.*) **training a.**, autogenic training.
autogestióne, f. self-management.
autogestire, v. t. to run* (*o* to manage) autonomously.
autogiro, m. (*aeron.*) autogiro*, autogyro*.
autogòl, m. (*sport*) own goal.
autogonfiàbile, a. self-inflatable.
autogovernàrsi, v. rifl. to exercise self-government (*o* self-rule).
autogovèrno, m. self-government; self-rule.
autografàre, v. t. to autograph.
autografia, f. autography.
autogràfico, a. autographic(al).
autògrafo, a. e m. autograph: **una lettera autografa di Rossini**, an autograph letter by Rossini; **gli autografi di Leopardi**, Leopardi's autographs.
autogrill, m. invar. (*marchio*) motorway restaurant.
autogrù, f. breakdown lorry; tow truck (*USA*); wrecker (*USA*).
autoguìda, f. (*miss.*) homing guidance.
autoguidàto, a. (*miss.*) homing.
autoimmùne, a. (*med.*) autoimmune.
autoimmunità, f. (*med.*) autoimmunity.
autoimmunizzazióne, f. (*med.*) autoimmunization.
autoimpollinazióne, f. (*bot.*) self-pollination.
autoincèndio, m. fire engine.
autoinduttànza, f. (*fis.*) self-inductance.
autoinduzióne, f. (*fis.*) self-induction.
autoinnaffiatrìce, f. motor sprinkler.
autoinnèsto, m. (*med.*) autograft.
autoipnòṣi, f. (*med.*) self-hypnosis*.
autoironìa, f. self-mockery.
autolatria, f. self-worship; narcissism.
autolavàggio, m. (*autom.*) car wash.
autoleṣióne, f. self-inflicted injuri (*o* wound).
autoleṣioniṣmo, m. ***1*** inflicting an injury (*o* a wound) upon oneself ***2*** self-punishment; masochism; cutting off one's nose to spite one's face (*fam.*).
autoleṣionista, m. e f. ***1*** person who has inflicted an injury (*o* a wound) upon himself ***2*** (*fig.*) masochist.
autoleṣionistico, a. self-destructive; against one's interests; self-punishing; masochistic.
autolettiga, f. ambulance.
autolìnea, f. bus service; bus route.
autòliṣi, f. (*med.*) autolysis.
autòma, m. (*anche fig.*) automaton*; robot.
automaticità, f. automaticity.
automàtico, **A** a. automatic: **arma automatica**, automatic weapon; **distributore a.**, vending machine; automat; slot-machine (*USA*); **gesto a.**, automatic gesture. **B** m. ***1*** (*bottone*) press stud; snap fastener; pop fastening ***2*** (*fucile*) automatic rifle.
automatiṣmo, m. automatism.
automatizzàre, v. t. to automatize; to automate.
automazióne, f. (*tecnol.*) automation.
automèzzo, m. motor vehicle.
automòbile, **A** a. self-propelling. **B** f. motorcar; car; automobile (*USA*): **a. da corsa**, racing car; **a. di media cilindrata**, intermediate; **a. di serie**, production-model car; **a. fuori serie**, special-model car; **a. a due posti**, two-seater; **a. a tre** (*o* **cinque**) **porte**, hatchback; **a. familiare**, estate car; station wagon; **a. sportiva**, sports car; **a. utilitaria**, small (*o* compact) car; utility car; **salone dell'a.**, motor show; **fare un giro in a.**, to go for a drive; **andare in a. in un luogo**, to drive to a place.
automobilina, f. ***1*** (*giocattolo*) toy car ***2*** (*dell'autoscontro*) bumper car; dodgem car ***3*** (*modellino*) model car.
automobiliṣmo, m. ***1*** motoring ***2*** (*sport*) motor racing.
automobilista, m. e f. (car) driver; motorist.
automobilistico, a. motor (*attr.*); car (*attr.*); auto (*attr., USA*): **corsa automobilistica**, motor (*o* car) race; **incidente a.**, road accident; **industria automobilistica**, car (*o* motor, auto) industry; **patente automobilistica**, driving licence.
automontàto, a. motorized: **reparti automontati**, motorized troops.
automotóre, a. self-propelling.
automotrice, f. (*ferr.*) railcar.
automutilazióne, f. self-mutilation.
autonoleggiatóre, m. car hire firm.
autonoléggio, m. car hire; car rental.
autonomia, f. ***1*** (*anche polit.*) autonomy; self-government: **a. amministrativa** [**regionale**], administrative [regional] autonomy ***2*** (*indipendenza*) independence; (*libertà*) freedom, liberty: **l'a. dell'ordine giudiziario**, the independence of the judiciary; (*leg.*) **a. contrattuale**, freedom (*o* liberty) of contract; **conservare la propria a.**, to remain autonomous (*o* independent) ***3*** (*autosufficienza*) self-sufficiency ***4*** (*mecc.*: *di macchina o motore*) endurance ***5*** (*autom., aeron., naut.*: *distanza percorribile*) fuel distance; (operating) range: **Quest'auto ha un'a. di 400 kilometri**, this car has a fuel distance of 400 kilometres; **a. di crociera**, cruising range.
autonomiṣmo, m. autonomism.
autonomista, m. e f. autonomist.
autònomo, **A** a. ***1*** (*anche polit.*) autonomous; self-governing: **un ente a.**, a self-governing body ***2*** (*indipendente*) independent; (*libero*) free: **sindacati autonomi**, independent trade unions ***3*** (*autosufficiente*) self-sufficient ***4*** (*econ.*: *di lavoratore*) self-employed ***5*** (*mecc.*) self-contained ***6*** (*elab.*)

stand-alone; off-line. ● **azienda autonoma di soggiorno**, local tourist office □ (*econ.*) **lavoro a.**, self-employment □ (*mil.*) **reparto a.**, self-sufficient unit; (*speciale*) task force. **B** *m.* (*f.* **-a**) ***1*** (*sindacalista*) independent (trade) unionist ***2*** (*polit.*) member of Autonomia Operaia (an extreme left-wing group).

autoparchéggio, *m.* car park; parking lot (*USA*).

autopàrco, *m.* ***1*** car park; parking lot (*USA*) ***2*** (*insieme di autoveicoli*) motor vehicles (*pl.*); fleet of cars; car pool.

autopattùglia, *f.* police patrol car; Panda car (*GB*); prowl car (*USA*).

autopiàno, *m.* (*mus.*) player piano; pianola.

autopilòta, *m.* (*aeron.*) automatic pilot; autopilot.

autopista, *f.* ***1*** car track ***2*** (*gioco*) electric car track.

autoplastia, autoplàstica, *f.* (*med.*) autoplasty.

autopómpa, *f.* fire engine; fire truck.

autoportànte, *a.* (*edil.*) self-supporting.

autopòrto, *m.* customs inspection area for transport vehicles.

autopropulsióne, *f.* (*mecc.*) self-propulsion.

autopsìa, *f.* autopsy; post-mortem (examination).

autòptico, *a.* post-mortem (*attr.*).

autopùbblica, *f.* taxi; taxicab; cab.

autopulènte, *a.* self-cleaning.

autopùllman, *m. invar.* (motor)coach.

autopunitivo, *a.* self-punishing.

autopunizióne, *f.* (*psic.*) self-punishment.

autoràdio, *m. invar.* ***1*** (*radio per auto*) car radio ***2*** (*automezzo*) radio car.

autoradùno, *m.* motor rally.

autóre, *m.* ***1*** (*ideatore, causa*) author (*form.*); originator; maker; cause; (*di misfatto*) perpetrator: **l'a. del progetto**, the person responsible for (*o* behind) the project; the author of the project; **l'a. della nostra prosperità commerciale**, the maker of our commercial success; **l'a. della mia rovina**, the cause of my ruin; **l'autore del furto**, the person responsible for the theft; the thief; **l'a. di un delitto**, the perpetrator of a crime; the criminal ***2*** (*di un libro*) author, writer; (*pittore*) painter; (*scultore*) sculptor; (*compositore*) composer; (*drammaturgo*) playwright: **un a. classico**, a classical author; **l'a. del quadro**, the painter of the picture; **l'a. della statua**, the sculptor of the statue ***3*** (*leg.*) assignor. ● (*leg.*) **diritto d'a.**, copyright □ **diritti d'a.** (*compenso*), royalties □ (*pitt.*) **quadro d'a.**, genuine master □ (*teatr.*) **Fuori l'a.!**, author!

autoreattóre, *m.* (*aeron.*) ramjet (engine).

autoregolamentazióne, *f.* self-regulation.

autoregolazióne, *f.* (*scient.*) self-regulation; self-adjustment.

autorepàrto, *m.* (*mil.*) motorized unit.

autorespiratóre, *m.* ***1*** breathing apparatus ***2*** (*sport*) aqualung; scuba (*fam.*).

autoréte, *f.* (*sport*) own goal.

autorévole, *a.* ***1*** authoritative; reliable: **critico a.**, authoritative critic; **opinione a.**, authoritative opinion; **tono a.**, authoritative tone; **fonte a.**, reliable source ***2*** (*influente*) influential; weighty.

autorevolézza, *f.* authority; authoritativeness.

autoribaltàbile, *m.* tipper truck (*o* lorry); tipper; dump truck (*USA*).

autoriduzióne, *f.* unilateral reduction of rates.

autoriméssa, *f.* garage.

autoriparazióne, *f.* car repairs (*pl.*).

autorità, *f.* ***1*** (*potere*) authority; power: **l'a. della legge**, the authority of the law; **a. costituita**, legal authority; **a. genitoriale**, parental authority; **l'a. giudiziaria**, judicial authority; **Non hai nessuna a. su di me**, you have no authority over me; **Non ho a. per agire**, I have no power to act; **Con che a. me lo chiedi?**, by what right are you asking me?; **agire d'a.**, to act using one's authority ***2*** (*autorevolezza*) authority; authoritativeness: **l'a. di un testo**, the authority of a text ***3*** (*prestigio, influenza*) prestige; influence; credit: **godere (di) a.**, to have influence; **uomo di grande a.**, very influential man ***4*** (*persona autorevole*) authority; expert: **un'a. in fatto di medicina**, an authority on medicine ***5*** (*pl.*) (*polit.*) authorities: **le a. cittadine**, the city authorities; **a. sanitarie**, health authorities.

autoritàrio, *a.* ***1*** authoritative ***2*** (*polit.*) authoritarian: **governo a.**, authoritarian government ***3*** (*fig.*) authoritarian; domineering; dictatorial; bossy (*fam.*).

autoritarismo, *m.* authoritarianism.

autoritràtto, *m.* self-portrait.

autorizzàre, *v. t.* ***1*** (*conferire autorità*) to authorize; to empower: **a. q. a dire q.c.**, to authorize sb. to say st. ***2*** (*permettere*) to authorize; to allow; to license; to permit: **essere autorizzato alla vendita di alcolici**, to be licensed (to sell spirits) ***3*** (*giustificare*) to entitle; to justify; to give* ground for: **Le sue parole ci autorizzano a sospettare di lui**, his words entitle us to suspect him ***4*** (*legittimare*) to sanction.

autorizzazióne, *f.* ***1*** authorization ***2*** (*permesso*) authorization; warrant; permission; licence: **a. alla vendita di armi**, licence to sell arms; (*leg.*) **a. a procedere**, authorization to proceed ***3*** (*documento*) permit; licence.

autosalóne, *m.* motor showroom.

autoscàla, *f.* ***1*** (*automezzo*) van with movable ladder; motor turntable ladder ***2*** (*la scala*) ladder.

autoscàtto, *m.* (*fotogr.*) automatic release; self-timer.

autoscóntro, *m.* bumper cars (*pl.*); dodgems (*pl.*).

autoscuola, *f.* driving school.

autoservizio, *m.* bus service; coach service.

autosilo, *m.* multistorey carpark.

autosnodàto, *m.* (*autom.*) articulated vehicle.

autosoccórso, *m.* ***1*** (*veicolo*) breakdown van; breakdown truck; towtruck (*USA*) ***2*** (*servizio*) breakdown service.

autosòma, *m.* (*biol.*) autosome.

autospazzatrice, *f.* street sweeper.

autospurgatóre, *m.* drain-cleaning machine.

autossidazióne, *f.* (*chim.*) autoxidation.

autostàrter, *m. invar.* ***1*** (*ippica*) mobile barrier ***2*** (*autom.*) self-starter.

autostazióne, *f.* ***1*** (*stazione di servizio*) service station ***2*** (*terminal di autolinee*) bus terminal.

autostima, *f.* self-esteem.

autostòp, *m.* hitchhiking: **fare l'a.**, to hitchhike; to thumb a lift.

autostoppista, *m.* e *f.* hitchhiker.

autostràda, *f.* motorway (*GB*); expressway (*USA*); freeway (*USA*); superhighway (*USA*); interstate highway (*USA*). ● **a. a pedaggio**, toll motorway; tollway (*USA*) □ **a. senza pedaggio**, freeway (*USA*).

autostradàle, *a.* motorway (*attr.*); expressway (*attr.*, *USA*).

autosufficiènte, *a.* self-sufficient.

autosufficiènza, *f.* self-sufficiency; self-help.

autosuggestionàbile, *a.* (*psic.*) subject to autosuggestion; (*com.*) ready to imagine things.

autosuggestionàrsi, *v. rifl.* (*psic.*) to autosuggest; (*com.*) to convince oneself into believing st., to imagine [to see*, to hear*] things.

autosuggestióne, *f.* (*psic*) autosuggestion.

autotassàrsi, *v. rifl.* (*contribuire*) to contribute; to chip in (*fam.*).

autotassazióne, *f.* (*fin.*) self-assessment.

autotelàio, *m.* (*comm.*) chassis*.

autotipìa, *f.* (*tipogr.*) autotype.

autotomìa, *f.* (*zool.*) autotomy.

autotrainàto, *a.* truck-drawn.

autotrapiànto, *m.* (*med.*) autograft.

autotrasformatóre, *m.* (*fis.*) autotransformer.

autotrasfusióne, *f.* (*med.*) autotransfusion.

autotrasportàre, *v. t.* to transport by motor vehicle; to haul; to truck (*USA*).

autotrasportatóre, *m.* (road) haulage contractor; haulier; trucker (*USA*); (road) hauler (*USA*).

autotraspòrto, *m.* ***1*** (*di merci*) haulage ***2*** (*di persone*) motor (*o* road) transport.

autotrenista, *m.* lorry driver; truck driver (*USA*); trucker (*USA*).

autotrèno, *m.* articulated lorry; trailer truck (*USA*); rig (*pop. USA*).

autotrofìa, *f.* (*biol.*) autotrophy.

autòtrofo, *a.* (*biol.*) autotrophic.

autotutèla, *f.* (*leg.*) self-protection; self-defence.

autovaccino, *m.* (*med.*) autogenous vaccine; autovaccine.

autoveìcolo, *m.* motor vehicle.

autovélox, *m. invar.* (*marchio*) police spy-camera; speed camera.

autovettùra, *f.* motorcar.

autrice, *f.* ***1*** V. **autore**, *def. 1* ***2*** (*scrittrice*) author, woman* writer, authoress; (*pittrice*) paintress; (*scultrice*) sculptress; (*compositrice*) composer.

autunite, *f.* (*miner.*) autunite.

autunnàle, *a.* autumnal; autumn (*attr.*); fall (*attr.*, *USA*): **nebbia a.**, autumnal (*o* autumn) mist; **vacanze autunnali**, autumn (*USA*: fall) holidays.

autùnno, *m.* autumn; fall (*USA*).

auxina, *f.* (*bot.*) auxin.

auxologìa, *f.* (*med.*) study of the growth of organisms.

àva, *f.* ***1*** (*lett.*: *nonna*) grandmother ***2*** (*antenata*) ancestress.

avallànte, *m.* e *f.* (*comm.*) guarantor; backer.

avallàre, *v. t.* ***1*** (*comm.*) to guarantee; to back ***2*** (*estens.*: *appoggiare*) to endorse, to back; (*confermare*) to confirm, to corroborate.

avàllo, *m.* ***1*** (*comm.*) guaranty, guarantee; backing ***2*** (*estens.*: *appoggio*) endorsement, backing; (*conferma*) confirmation, corroboration.

avambràccio, *m.* (*anat.*) forearm.

avampòrto, *m.* outer harbour.

avampósto, *m.* (*mil.*) outpost.

Avàna, *f.* (*geogr.*) Havana.

avàna, *m.* ***1*** (*sigaro*) Havana (cigar) ***2*** (*colore*) light brown; tawny.

avancàrica, *f.* – **arma ad a.**, muzzle-loading firearm; muzzle-loader.

avance (*franc.*), *f.* advance: **fare un'a.** (*o* **delle avances**), to make advances.

avancòrpo, *m.* (*archit.*) avant-corps.

avanguàrdia, *f.* ***1*** (*mil.*) advance guard; vanguard; van ***2*** (*fig.*) forefront; lead; van; cutting edge: **essere all'a.**, to be in the lead; to lead; to be in the forefront (*o* the vanguard); to be on the cutting edge ***3*** (*letter., arte*) avant-garde (*franc.*): **scrittore d'a.**, avant-garde writer.

avanguardismo, *m.* ***1*** (*letter., arte*) avant-gardism ***2*** (*stor.*) Fascist youth organization.

avanguardista, *m.* e *f.* ***1*** (*letter., arte*) avant-gardist ***2*** (*stor.*) Fascist youth.

avannòtto, *m.* (*zool.*) fry*.

avanscèna, *m.* (*teatr.*) forestage.

avanscopèrta, *f.* (*mil.*) reconnaissance; reconnoitring; scouting: **andare in a.**, to reconnoitre; (*fig.*) to investigate, to explore.

avanspettàcolo, *m.* variety show (given as a curtain-raiser); burlesque (*USA*).

avànti, A *avv.* ***1*** (*nello spazio*) forward; ahead; on; (*davanti*) in front: **fare un passo a.**, to take a step forward; **farsi a.**, to come (*o* to step) forward; **Mise a. delle obiezioni**, he put forward objections; **Furono spinti (in) a. dalla folla**, they were pushed forward by the crowd; **piegarsi in a.**, to lean forward; **andare a.**, to go ahead; **Andrò a. per prenotare un tavolo**, I'll go ahead to book a table; **mandare a. q.**, to send sb. ahead; **più a.**, further on; **a. e indietro**, back and forth; to and fro; backwards and forwards: **camminare a. e indietro**, to walk back and forth (*o* to and fro); **A. c'è posto**, there's room in front ***2*** (*nel tempo*) on; ahead: **andare a.** (*progredire, continuare*), to go on; to get on; to go ahead: **Le cose vanno a.**, things are getting on (*o* are going ahead); **Non puoi andare a. così**, you can't go on like this; **Se si va a. così non arriveremo mai**, at this rate we'll never get there; **Mandò a. il lavoro rapidamente**, he pushed ahead with his work; **d'ora** (*o* **di qui**) **in a.**, from now on; from this moment on; from this time forward; **più a.**, later; further on ***3*** (*lett.*: *in anticipo*) beforehand; in advance: **Avrebbe dovuto pensarci a.**, he should have thought about it beforehand. ● **Il mio orologio va a. di un minuto all'ora**, my watch gains a minute an hour □ **Il mio orologio è a.**, my watch is fast □ **essere a. di due punti**, to lead by two points □ **essere a. di un anno** (*a scuola*), to be a year ahead □ **essere a. negli anni**, to be getting on (*o* advanced) in years □ **essere a. nel lavoro**, to be ahead with one's work □ **farsi a.**, to come forward; to step forward; (*fig.*) to assert oneself, to speak up □ (*anche fig.*) **guardare a.**, to look forward (*o* ahead) □ **mandare a. un'azienda**, to run a business □ **Toccò a lui mandare a. l'azienda paterna**, it fell to him to carry on his father's business □ **mandare a. la famiglia**, to make both ends meet □ (*fig.*) **mettere a.** (*anteporre*), to put first; to prefer □ **mettere l'orologio a. di mezz'ora**, to put the clock forward by half an hour □ (*fig.*) **mettersi a.**, to push forward □ (*sport*) **passaggio in a.**, forward pass □ (*fig.*) **tirare a.**, to rub along (*fam.*); to get by (*fam.*). **B** *inter.* ***1*** (*mil.*) forward!: **A., march!**, forward, march! ***2*** (*vieni dentro!*) come in; (*va' dentro!*) go in!: **«Si può?» «A.!»**, «may I?» «come in!»; **A. il prossimo!**, next, please! ***3*** (*suvvia!*) come (on)!: **A., non fare lo sciocco!**, come (on), don't be silly!; **A., non è così grave!**, oh, come, it's not as bad as all that! ***4*** (*va' a.!*) move forward!; go ahead!; (*continua!*) go on!, go ahead!: **A. così!**, keep going like that!; keep it like that!; steady! ***5*** (*naut.*) ahead: **A. adagio [mezza, tutta]**, slow [half, full] speed ahead. **C** *prep.* ***1*** (*nello spazio, anche*: **avanti a**) in front of; ahead of; (*al cospetto di*) before, in the presence of: **a. all'uscio**, in front of the door; **A. a lui c'era un muro**, there was a wall in front of him; **Era a. a tutti**, he was ahead of everybody; **passare a. a q.** (*sorpassarlo*), to overtake sb.; **a. a Dio**, before God ***2*** (*nel tempo*; *anche*: **avanti di**) before: **a. Cristo**, before Christ; (*abbr.*: B.C.); **a. giorno**, before dawn; **a. tempo**, ahead of time; prematurely; **avant'ieri**, the day before yesterday **D avànti che** (o **di**), *locuz. cong.* (*piuttosto*) before; rather than. **E** *a.* previous; preceeding; before; earlier: **il giorno a.**, the previous day; the day before; **una settimana a.**, a week before (*o* earlier); **Vieni un giorno a.**, come a day earlier. **F** *m.* (*sport*) forward.

avantielènco, *m.* (*telef.*) general directory information.

avantièri, *avv.* the day before yesterday.

avantrèno, *m.* ***1*** (*autom.*) forecarriage ***2*** (*mil.*) limber.

avanzaménto, *m.* ***1*** (*progresso*) progress; advance; headway: **stato di a. dei lavori**, progress of work; work progress; **Non c'è stato nessun a.**, there has been no progress; no headway has been made ***2*** (*fig.*: *promozione*) promotion: **a. di grado**, promotion; rise in rank; advancement ***3*** (*mecc.*) feed ***4*** (*ind. min.*) drive: **fronte di a.**, face.

avanzàre (1), **A** *v. t.* ***1*** (*spostare in avanti*) to put* (*o* to bring*, to move) forward: **Avanzò il piede destro**, he put forward his right foot ***2*** (*proporre*) to advance; to propose; to put* forward: **a. una pretesa [una proposta, un'ipotesi]**, to advance (*o* to put forward) a claim [a proposal, a hypothesis]; **a. pretese**, to lay* claims ***3*** (*superare*) to surpass; to outdo*; to exceed: **a. q. in bontà**, to surpass sb. in goodness ***4*** (*promuovere*) to promote: **a. q. di grado**, to promote sb. in rank; to upgrade sb. **B** *v. i.* ***1*** to advance; to go* forward; to go* on; to move forward; to proceed: **Il nemico avanza**, the enemy is advancing; **Avanzò verso di me**, he moved (*o* came) towards me; **Non era più possibile a.**, it was impossible to proceed any further; **a. furtivamente**, to creep forward; **a. di pochi passi**, to take a few steps; **a. a tentoni**, to grope one's way forward; **far a. le truppe**, to move the troops forward ***2*** (*progredire*) to proceed; to go* on; to progress; to gain ground: **Il lavoro avanza bene**, the work is proceeding (*o* going on, progressing) well; **La cancrena avanza ogni giorno di più**, the gangrene is gaining ground daily ***3*** (*ind. min.*) to drive*. **C avanzàrsi**, *v. i. pron.* ***1*** to advance; to go* forward; to come* (*o* to draw*) near(er): **Il nemico s'avanzava**, the enemy was advancing; **S'avanzò nel bosco**, he stepped into the wood; **S'avanzava la notte**, night was falling ***2*** (*sporgere*) to project; to jut out.

avanzàre (2), **A** *v. i.* ***1*** (*restare*) to be left (over); to remain: **Non avanza nulla**, there is nothing left; **È avanzato un po' di gelato?**, is there some icecream left?; **Mi è avanzata un po' di carne**, there's some meat left over; **Se mi avanza tempo ci vado**, I'll go if I have time left (*o* to spare); **Dieci meno tre avanza sette**, three from ten leaves seven ***2*** (*sovrabbondare*) to be in excess; to be more than enough: **Il pane basta e avanza**, there is more than enough bread; **«Ne hai abbastanza?» «Me ne avanza»**, «have you got enough?» «enough and to spare». **B** *v. t.* ***1*** (*essere creditore*) to be owed: **Non avanza nulla da me**, I owe him nothing ***2*** (*risparmiare*) to save (up); to put* away (*o* aside).

avanzàta, *f.* advance (*anche mil.*); progress.

avanzàto, *a.* ***1*** (*che sta avanti*) advance; forward: **posizione avanzata**, advance position; (*calcio*) **terzino a.**, forward fullback ***2*** (*rif. al tempo*) advanced; late: **età avanzata**, old age; **a. negli anni**, advanced (*o* well on) in years; **Era notte avanzata**, it was late into the night; **a inverno a.**, late in the winter ***3*** (*fig.*: *progredito*) advanced; avant-garde (*franc.*); progressive; state-of-the-art: **idee avanzate**, progressive (*o* advanced) ideas; **tecnologie avanzate**, state-of-the-art technology.

avànzo, *m.* ***1*** remnant; scrap; (*al pl., di pasto*) leftovers, scraps: **un a. di stoffa**, a remnant (*o* scrap) of material; **avanzi di cibo**, food scraps; leftovers; **C'è un a. di stufato**, there is some stew left over; **mangiare gli avanzi**, to eat the leftovers ***2*** (*pl.*) (*ruderi*) remains; ruins ***3*** (*econ., fin.*) surplus ***4*** (*mat.*) remainder. ● (*rag.*) **a. di cassa**, cash in hand □ (*spreg.*) **a. di galera**, jailbird □ **avanzi di magazzino**, old stock □ (*lett.*) **avanzi mortali**, mortal remains □ **Ce n'è d'a.**, there's more than enough □ **Ne ho d'a.**, I have enough and to spare.

avarìa, *f.* ***1*** (*naut.*) damage; (*ass.*) average: **a. alla nave**, damage to the ship; **riportare avarie**, to sustain damage; **liquidatore di a.**, average adjuster; **dichiarazione di a.**, captain's protest ***2*** (*ferr., comm.*) damage ***3*** (*mecc.*) breakdown; failure: **a. al motore**, engine failure.

avariàre, **A** *v. t.* to damage: **L'umidità ha avariato le merci**, the damp has damaged the goods. **B avariàrsi**, *v. i. pron.* to perish; to deteriorate; to rot; to go* bad: **La carne si è avariata**, the meat has gone bad.

avarìzia, *f.* meanness; stinginess; close-fistedness; avarice.

avàro (1), **A** *a.* ***1*** mean; stingy; miserly; close-fisted; avaricious (*form.*) ***2*** (*fig.*) sparing; careful; frugal: **a. di lodi**, sparing of praise; **un uomo a. di parole**, a man of few words; **La vita è stata avara con lui**, life has not been generous to him; **un terreno a. di frutti**, a soil that bears little fruit; **a. del proprio tempo**, unwilling to waste one's time. **B** *m.* (*f.* **-a**) miser; skinflint.

àvaro (2), *m.* (*stor.*) Avar.

àve, **A** *inter.* hail! **B** *f.* (*avemaria*) Hail Mary; Ave Maria. ● (*fig.*) **in meno di un'ave**, in less than no time; before you could say Jack Robinson.

avellàna, *f.* (*bot.*) hazelnut; filbert.

avellàno, *m.* (*bot.*, *Corylus avellana*) hazel; filbert.

avèllo, *m.* (*lett.*) tomb; grave; sepulchre.

avemarìa, **avemmarìa**, *f.* ***1*** (*la preghiera*) Hail Mary; Ave Maria ***2*** (*i rintocchi di campane*) Angelus bell; (*l'ora*) Angelus: **sonare l'a.**, to ring the Angelus bell ***3*** (*grano del rosario*) ave.

avéna, *f.* (*bot.*, *Avena sativa*) oats (*pl.*): **farina d'a.**, oatmeal.

avènte, *m.* e *f.* – (*leg.*) **a. causa**, assign; assignee; (*leg.*) **a. diritto**, assign; assignee; (the) party entitled.

aventinismo, *m.* (*polit.*) withdrawal from an assembly on a matter of principle.

avére (1), **A** *v. t.* ***1*** (*possedere*) to have (got); to own; to possess: **Ha una bella casa**, he has (*o* owns) a beautiful house; **Hai la macchina?**, do you own a car?; have you got a car?; do you have a car? ***2*** (*essere in possesso di, disporre*) to have (got); to possess: **Non ho un lavoro**, I have no job; I haven't got a job; **Ho grosse notizie**, I have big news; **Ha pochi amici**, he has few friends; **Hai un fiammifero?**, have you got a match?; **La porta non ha maniglia**, the door hasn't got a handle; **L'ho avuto per assistente**, he was my assistant; **Ebbi tutti dalla mia**, I had everyone on my side ***3*** (*qualità fisiche, caratteristiche*) to have; to be (+ *agg.*): **a. gli occhi azzurri**, to have blue eyes; to be blue-eyed; **a. una voce gradevole**, to have a pleasant voice; **Ha una risata allegra**, he has a cheerful laughter; **Ha molto talento**, he is very gifted ***4*** (*parenti*) to have: **Ha moglie e un figlio**, he has a wife and child; **Ha marito**, she is married ***5*** (*età*) to be: **Quanti anni hai?**, how old are you?; **Ho trent'anni**, I am thirty (years old); **Ha più anni di quel che sembra**, he is older than he looks ***6*** (*indossare*) to wear*; to have on: **Aveva un cappello nuovo**, she was wearing (*o* she had on) a new hat; **Ha gli occhiali**, he wears glasses ***7*** (*tenere*) to have; to keep*; to hold*: **Ha gli occhi aperti**, he has his eyes open; (*fig.*) he keeps his eyes open; **Aveva in mano un sasso**, he had a stone in his hand; he was holding a stone; **Dove hai le scope?**, where do you keep your brooms? ***8*** (*ottenere, ricevere*) to get*; to have; to obtain; (*guadagnare*) to earn: **Ebbe il posto che voleva**, he got the job he wanted; **Hanno avuto quello che si meritavano**, they got what they deserved; **Ha avuto quella casa per poco prezzo**, he got that house at a low price; **Ebbi la notizia da buona fonte**, I got the news on good authority; **a. notizie da q.**, to hear from sb.; **Fammi a. una risposta domani**, let me have an answer tomorrow ***9*** (*sentire, provare, manifestare*) to have; to feel*; to be (+ *agg.*): **a. odio [ammirazione] per q.**, to feel hatred [admiration] for sb.; **a. a schifo q.c.**, to be disgusted by st.; **a. pietà di q.**, to have pity on sb.; to feel sorry for sb.; **a. fame [sete, sonno, freddo, caldo, paura, vergogna]**, to be hungry [thirsty, sleepy, cold, hot, afraid, ashamed]; **Non ha nessun riguardo per te**, he has no consideration for you; **a. un obbligo verso q. per q.c.**, to be obliged (*o* to be under obligation) to sb. for st. ***10*** (*malattie, dolori*) to have; to suffer from: **Ho la febbre [la tosse, il raffreddore, un dolore]**, I have a temperature [a cough, a cold, a pain]; **Ho la gola arsa**, my throat is burning; **Hanno avuto le loro disgrazie**, they have had their troubles ***11*** (*prendere*) to take*: **a. cura di q.**, to take care of sb.; **Non ha avuto parte in quell'intrigo**, he didn't take part in that intrigue ***12*** (*compiere, manifestare*) to make*; to look: **Ebbe un gesto di rabbia**, he made an angry gesture; **Ebbe uno sguardo sorpreso**, he looked surprised ***13*** (*trovare, incontrare*) to have; to meet*; to run* into: **Abbiamo avuto bel tempo**, we had fine weather; **Non ha avuto ostacoli nella sua carriera**, he met no obstacles (*o* did not run into any obstacles) in his career ***14*** (**a. da**: *dovere*) to have to; must*: **Ebbe molte cose da fare prima di partire**, he had to do many things before leaving; **Quanto ho da darti?**, how much do I have to give you?; **Non avete che da dirlo**, you have only to say the word; you need only say the word; **Hanno da passare molti anni**, many years will have to pass; **Ho da fare una rimostranza**, I must complain about something; I have a complaint to make ***15*** (*impers.*) there is: **Non si hanno notizie di loro**, there is no news of them; **Si è avuto un calo nelle vendite**, there has been a drop in sales; **Si avrà tempo di riflettere**, there will be time to reflect. ● **a. che dire con q.**, to have words (*o* to quarrel) with sb. □ **a. a cuore q.c.**, to have st. at heart □ **a. a mente q.c.**, to bear st. in mind □ **a. bisogno di q. [q.c.]**, to need sb. [st.] □ **a. caro**, (*piacere*) to like; (*gradire*) to appreciate □ **a. da fare**, to be busy □ **a. da ridire su q.c.**, to find fault with st. □ **a. del buono**, to have one's good points □ **a. in animo di fare q.c.**, to intend to do st. □ **a. in disprezzo**, to despise □ **a. in grande onore**, to honour; to hold in honour □ **a. in odio**, to hate □ **a. [non a.] memoria**, to have a good [a bad] memory □ **a. pronto q.c.**, to have st. ready □ **a. ragione**, to be right □ **a. sentore di q.c.**, to get wind of st. □ **a. torto**, to be wrong □ **a. voglia di**, to feel like: **Ho voglia di una bistecca**, I feel like a steak; **Ho voglia di andare**, I feel like going □ **avercela con q.**, to be cross with sb.; to have it in for sb. □ **averla vinta**, to have one's way □ **aversela a male**, to take it amiss; to be offended □ **Che hai?** (*che c'è che non va?*), what's the matter (with you)?; what's with you? (*USA*) □ **Ha la moglie malata**, his wife is ill □ **Da quando ebbe a perdere la moglie**, since he lost his wife □ **Come ebbe a dire il presidente...**, as the chairman said... □ **La cosa ha a che fare con la vendita della casa**, it has something to do with the sale of the house □ **Lo conosco, ma non ho mai avuto niente a che fare con lui**, I know him, but I have never had anything to do with him □ **Ebbi a che fare con lui per una faccenda di azioni**, I had dealings with him about some shares □ **Avrà a che fare con me!**, he will have me to deal with □ **Il film non ha nulla a che fare col romanzo**, the film bears no relation to the novel □ **Che cos'ha di tanto speciale questo posto?**, what is so special about this place? □ **Non ho nulla** (*non ho alcun disturbo o dispiacere*), nothing is the matter with me; I'm all right □ **Ne avrà per un pezzo** (*di una malattia*), it will take him quite a long time to get well again □ **Ne hai ancora per molto?**, is it going to take you much longer?; how much longer will you be about it? □ (*lett.*) **v'ha** (*c'è*), there is: **Non v'ha motivo di crederlo**, there is no reason to believe it □ (*prov.*) **Chi ha avuto, ha avuto**, let bygones be bygones □ (*prov.*) **Chi più ha, più vuole**, the more you have, the more you want. **B** *v. ausiliare* to have: **L'ho appena visto**, I have (*o* I've) just seen him; **Avevano aspettato a lungo**, they had been waiting for a long time; **Se l'avessi saputo!**, if only I had (*o* I'd) known!; **Avendo tempo, si potrebbe arrivare fino a Siena**, if we had time, we could push on to Siena.

avére (2), *m.* ***1*** substance; fortune; property; possessions (*pl.*); riches (*pl.*): **Ha sciupato tutto il suo a.** (*o* **tutti i suoi averi**), he has squandered all his substance (*o* all his property, all he had) ***2*** (*fin., rag.*) assets (*pl.*); (*di conto*) credit (*o* creditor) side: **il dare e l'a.**, debit and credit ***3*** (*il dovuto*) what is due (*o* owing) to sb.: **Dagli il suo a.**, give him what is due to him.

avèrla, *f.* (*zool., Lanius*) shrike; butcherbird.

Avèrno, *m.* (*mitol.*) Avernus.

Averroè, *m.* Averroes.

averroismo, *m.* (*filos.*) Averroism.

averroista, *m.* (*filos.*) Averroist.

averroistico, *a.* (*filos.*) Averroistic.

avèstico, *a. e m.* (*ling.*) Avestan; Avestic.

aviàrio, A *a.* avian; of birds; bird (*attr.*). **B** *m.* aviary.

aviatóre, *m.* (*f.* **-trice**) pilot; aviator (*f.* aviatrix*); flier.

aviatòrio, *a.* (*anche mil.*) air (*attr.*); aviation (*attr.*); flying (*attr.*).

aviatrice, *f. V.* **aviatore**.

aviazióne, *f.* ***1*** aviation: **campo d'a.**, airfield ***2*** (*mil.*) air force.

avìcolo, *a.* avicultural.

avicoltóre, *m.* (*f.* **-trice**) ***1*** aviculturist ***2*** (*di pollame*) chicken farmer.

avicoltùra, *f.* ***1*** aviculture ***2*** (*di pollame*) chicken farming.

avidità, *f.* avidity; eagerness; greed; (*brama*) lust; (*sete*) thirst: **a. di denaro**, greed for money; **a. di lodi**, eagerness for praise; **a. di gloria**, lust for glory; **a. di sapere**, avidity to learn; **leggere [ascoltare] q.c. con a.**, to read [to listen to] st. avidly; **mangiare con a.**, to eat greedily.

àvido, *a.* avid; eager; greedy; covetous; (*assetato*) thirsting: **a. di denaro**, greedy (*o* eager) for money; avaricious; **persona avida (di denaro)**, avid (*o* avaricious, grasping) person; money-grubber (*fam.*); **a. di conoscere tutto**, eager to know everything; **un a. lettore di fumetti**, an avid reader of comics; **guardare q.c. con occhi avidi**, to look at st. with avid (*o* greedy) eyes.

avière, *m.* (*aeron., mil.*) aircraftman* (*GB*); airman* (*USA*).

avifàuna, *f.* (*zool.*) avifauna; bird population; birdlife.

avifaunìstico, *a.* bird (*attr.*).

Avignóne, *f.* (*geogr.*) Avignon.

àvio, *a. invar.* aviation (*attr.*); aircraft (*attr.*): **benzina a.**, aviation fuel.

aviocistèrna, *f.* tanker plane.

aviogètto, *m.* jet (plane); jet aircraft.

aviolanciàre, *v. t.* to parachute; to air-drop.

aviolàncio, *m.* airdrop; parachute jump.

aviolìnea, *f.* airline; airway.

aviònica, *f.* avionics (*pl. col verbo al sing.*).

avioradùno, *m.* air rally.

aviorazzo, *m.* (*mil.*) rocket plane.

aviorimèssa, *f.* hangar.

aviosbàrco, *m.* (*mil.*) airlanding.

aviotrasportàre, *v. t.* to carry by air; to fly; to air-transport.

aviotrasportato, *a.* airborne.

aviotraspòrto, *m.* air transport.

aviotrùppa, *f.* (*mil.*) airborne troops (*pl.*).

avitaminòsi, *f.* (*med.*) avitaminosis*

avito, *a.* (*lett.*) ***1*** ancestral: **castello a.**, ancestral castle ***2*** (*ereditario*) hereditary: **ricchezze avite**, hereditary wealth.

àvo, *m.* ***1*** (*lett.*: *nonno*) grandfather ***2*** (*antenato*) ancestor; forefather.

avocàdo, *m.* ***1*** (*bot., Persea gratissima*) avocado* (tree) ***2*** (*frutto*) avocado* (pear).

avocàre, *v. t.* ***1*** (*leg.*) to transfer (to a higher court) ***2*** (*confiscare*) to confiscate ***3*** (*fig.*: *prendere su di sé*) to take* over; to take* upon oneself: **a. a sé la facoltà di fare q.c.**, to take upon oneself the right to do st.

avocazióne, *f.* ***1*** (*leg.*) transference (to a higher court); evocation; advocation ***2*** (*confisca*) confiscation.

avocétta, *f.* (*zool., Recurvirostra avocetta*) avocet.

avòrio, *m.* ivory (*anche colore, oggetto*): **mani d'a.**, ivory hands; **nero d'a.**, ivory black; **avori cinesi**, chinese ivories; (*fig.*) **torre d'a.**, ivory tower.

avùlso, *a.* detached; separated; removed: **una parola avulsa dal contesto**, a word (taken) out of context; **a. dalla realtà**, remote from reality.

avvalérsi, *v. i. pron.* to make* use of; to avail oneself of; to have recourse to.

avvallaménto, *m.* ***1*** depression; hollow; dip ***2*** (*cedimento*) subsidence ***3*** (*geol.*) trough.

avvallàrsi, *v. i. pron.* to subside; to sink*.

avvaloraménto, *m.* corroboration; confirmation.

avvaloràre, A *v. t.* ***1*** (*confermare*) to corroborate; to confirm; to bear* out: **Le sue parole avvalorarono la notizia**, his words confirmed the news ***2*** (*rafforzare*) to strengthen; to back up (*fam.*): **Questo fatto avvalora i miei sospetti**, this fact strengthens my suspicions. **B avvaloràrsi,** *v. i. pron.* to be strengthened; to become* stronger.

avvampaménto, *m.* ***1*** (*di fuoco*) blaze; flare ***2*** (*rossore*) blush; flush.

avvampàre, *v. i.* ***1*** (*rif. al fuoco*) to blaze up; to flare up; to burst into flame: **Il cielo parve a.**, the sky seemed to burst into flame ***2*** (*arrossire*) to blush; to flush; to turn crimson ***3*** (*fig.*: *rif. a emozioni*) to flare up: **a. d'ira**, to flare up with anger.

avvantaggiàre, A *v. t.* to benefit; to favour; to further: **Questa legge avvantaggia pochi**, this law benefits few people; **Fecero poco per a. l'industria**, they did little to favour industry. **B avvantaggiàrsi,** *v. rifl.* ***1*** (*trarre vantaggio*) to take* advantage of; to profit by ***2*** (*guadagnare vantaggio*) to get* ahead: **Il campione s'avvantaggiò subito**, the champion got ahead immediately.

avvedérsi, *v. i. pron.* to notice (sb., st.); to realize (sb., st.); to become* aware of.

avvedutézza, *f.* shrewdness; sagacity; wisdom; (*prudenza*) wariness, carefulness.

avvedùto, *a.* shrewd; sagacious; wise; well-advised; (*prudente*) wary, careful.

avvelenaménto, *m.* poisoning: **a. da piombo**, lead poisoning; **a. da cibi guasti**, food poisoning.

avvelenàre, A *v. t.* ***1*** to poison; to envenom: **a. una bevanda**, to poison a drink; **a. l'aria coi gas**, to poison the air with gasses ***2*** (*fig.*: *amareggiare*) to poison; to envenom; to embitter: **L'invidia gli avvelenò la vita**, envy poisoned his life ***3*** (*fig.*: *guastare*) to spoil; to mar: **Un incidente avvelenò l'allegria di quella sera**, an incident marred the happiness of that evening. **B avvelenàrsi,** *v. rifl.* to poison oneself; to take* poison.

avvelenato, *a.* ***1*** poisoned; (*velenoso*) poisonous ***2*** (*fig.*: *amareggiato*) embittered; bitter ***3*** (*fig.*: *irato, rabbioso*) angry; enraged; furious. ● (*fig.*) **avere il dente a. contro q.**, to bear sb. a grudge □ **morire a.**, to die of poison.

avvelenatóre, *m.* (*f.* **-trice**) poisoner.

avvenènte, *a.* lovely; attractive; charming; fetching; winsome.

avvenènza, *f.* loveliness; attractiveness; charm; winsomeness.

avveniménto, *m.* event; occurrence; fact; incident: **i principali avvenimenti del secolo**, the main events of the century; **un a. antipa-**

tico, an unpleasant incident; **Le nozze furono un a.**, the wedding was an event; **ricco di avvenimenti**, full of incidents; eventful; **privo di avvenimenti**, uneventful.

avvenire (1), *v. i.* **1** (*accadere*) to happen; (*aver luogo*) to take* place, to occur: **Sentite quel che è avvenuto a Gigi**, listen to what has happened to Gigi; **Quando avvenne l'incidente?**, when did the accident occur?; **L'incontro avvenne a Parigi**, the meeting took place in Paris **2** (*impers.*) to happen: **Avvenne che...**, it so happened that...; **come spesso avviene**, as often happens; **avvenga quel che vuole**, whatever happens; come what may; **Gli avvenne di trovare un portafoglio**, he happened to find a wallet.

avvenire (2), **A** *m.* **1** future: **Pensa al tuo a.**, think of your future; **avere l'a. garantito**, to have an assured future; **in a.** (*o* **per l'a.**), in (the) future **2** (*probabilità di carriera, successo, ecc.*) prospects (*pl.*): **un giovane senza a.**, a young man without prospects; **Ha un brillante a.**, his prospects are brilliant. **B** *a.* future; to come (*pred.*): **le generazioni a.**, future generations; **gli anni a.**, the years to come.

avvenirismo, *m.* blind faith in the future.

avvenirista, *m.* e *f.* person who dreams of a perfect future.

avveniristico, *a.* futuristic; ultramodern.

avventàre, **A** *v. t.* **1** (*gettare*) to fling*; to hurl: **a. una pietra contro q.**, to fling a stone at sb. **2** (*vibrare*) to let* fly: **a. un colpo contro q.**, to let fly a blow at sb. **3** (*fig.*) to rush: **a. un giudizio**, to rush an opinion. **B avventàrsi**, *v. i. pron.* to rush at (*o* upon); to leap* at (*o* on); to go* for; to fling* oneself at (*o* upon); (*dall'alto*) to swoop down on: **a. contro q.**, to rush at (*o* upon) sb.; **Il cane gli si avventò contro**, the dog jumped at him; **Si avventò sul pane**, he fell greedily on the bread.

avventatézza, *f.* **1** rashness; recklessness **2** (*azione avventata*) rash action.

avventàto, *a.* rash; hasty; reckless: **giudizio a.**, rash (*o* hasty) judgment; **un ragazzo a.**, a reckless boy.

avventismo, *m.* (*relig.*) Adventism.

avventista, *m.* e *f.* (*relig.*) Adventist.

avventiziàto, *m.* **1** (*lavoro*) temporary employment; casual work **2** (*categoria*) casual labour; casual workers (*pl.*).

avventizio, **A** *a.* **1** (*che viene da fuori*) outside (*attr.*) **2** (*provvisorio*) temporary; casual; occasional: **personale a.**, temporary staff; **operai avventizi**, casual workers **3** (*bot.*) adventitious. **B** *m.* (*f.* **-a**) casual worker; day labourer.

avvènto, *m.* **1** (*eccles.*) Advent **2** (*arrivo*) coming; beginning: **l'a. di tempi migliori**, the coming of better times **3** (*ascesa*) accession: **a. al trono**, accession to the throne.

avventóre, *m.* (*f.* **-trice**) patron (*f.* patroness); regular customer.

avventùra, *f.* **1** (*vicenda*) adventure; (*impresa*) venture: **le avventure di Pinocchio**, the adventures of Pinocchio **2** (*avvenimento*) incident: **un viaggio pieno di avventure**, a journey full of incidents **3** (*caso*) chance: **per a.**, by chance **4** (*vicenda amorosa*) (love) affair; amour; fling (*fam.*): **Ha avuto un'a. col principale**, she had an affair with her boss; **Per lui era solo un'a.**, it was just a fling for him.

avventuràre, **A** *v. t.* to risk; to venture: **a. la vita**, to risk one's life; **a. una domanda**, to venture a question. **B avventuràrsi**, *v. rifl.* **1** (*esporsi ai rischi*) to take* risks **2** (*azzardarsi*) to venture: **a. a fare forti investimenti**, to venture into heavy investments; **a. in mare**, to venture out to sea.

avventurataménte, *avv.* by chance.

avventurière, **avventurièro**, *m.* (*f.* **-a**) adventurer (*f.* adventuress).

avventurina, *f.* (*miner.*) aventurin(e).

avventurismo, *m.* (*polit., fin.*) adventurism.

avventurista, *m.* e *f.* (*polit., fin.*) adventurist.

avventuróso, *a.* **1** (*pieno di avventure*) adventurous; eventful: **un viaggio a.**, an eventful journey **2** (*ardimentoso*) adventurous; daring; venturesome: **spirito a.**, adventurous spirit **3** (*rischioso*) risky; hazardous; chancy.

avveràbile, *a.* realizable; that can be fulfilled; that can come true.

avveraménto, *m.* realization; fulfilment.

avveràre, **A** *v. t.* to realize; to fulfil: **a. un sogno**, to realize a dream. **B avveràrsi**, *v. i. pron.* to come* true; to be fulfilled: **Il mio sogno si avverò**, my dream came true; **Le profezie non sempre si avverano**, prophecies are not always fulfilled.

avverbiàle, *a.* (*gramm.*) adverbial: **locuzione a.**, adverbial phrase.

avvèrbio, *m.* (*gramm.*) adverb.

avversàre, *v. t.* to oppose; to be against: **Ci ha sempre avversato**, he has always opposed us; **a. un progetto**, to oppose (*o* to be against) a project.

avversàrio, **A** *a.* rival; opposing: **la squadra avversaria**, the rival team; **l'avvocato a.**, the opposing counsel; the lawyer for the opposing party. **B** *m.* (*f.* **-a**) **1** opponent; antagonist; adversary; rival: **a. politico**, political opponent; **Ferì l'a. in un duello**, he wounded his opponent in a duel; **È un a. della riforma**, he is hostile to the reform **2** (*leg.*) adverse (*o* opposing) party

avversativo, *a.* (*gramm.*) adversative: **congiunzione avversativa**, adversative conjunction.

avversatóre, **A** *m.* (*f.* **-trice**) opposer; opponent; adversary; antagonist. **B** *a.* opposing.

avversióne, *f.* aversion; (*antipatia*) dislike, antipathy; (*ripugnanza*) loathing, repugnance: **Ha a. al latte**, he has an aversion to milk; **nutrire a. per q.**, to conceive a dislike for sb.

avversità, *f.* **1** (*ostilità*) adverseness; hostility; contrariness: **l'a. della stagione**, the adverseness of the season; the inclemency of the weather; **a. della sorte**, adverse fortune **2** (*difficoltà*) adversity; trouble; trial: **le a. della vita**, life's adversities; **trovare amici nelle a.**, to find friends in the hour of need **3** (*calamità*) adversity; calamity.

avvèrso, *a.* **1** (*ostile*) adverse; opposed; against (*prep.*): **destino a.**, adverse fate; **È a. alla mia idea**, he is opposed to (*o* against) my idea; **a. alla pena di morte**, opposed to (*o* against) the death penalty **2** (*sfavorevole*) unfavourable; (*contrario*) contrary: **venti avversi**, contrary winds; **La stagione è avversa**, the season is unfavourable **3** (*alieno*) averse; unwilling; against (*prep.*): **Non sono a. a un po' di divertimento**, I'm not averse to (*o* against) a bit of fun. ● (*leg.*) **parte avversa**, opposing (*o* adverse) party.

avvertènza, *f.* **1** (*cura*) care; (*attenzione*) attention; (*cautela*) caution; (*precauzione*) precaution: **Usa l'a. di chiuderlo bene**, take care you close it properly; **Ho avuto l'a. di telefonare**, I took the precaution of phoning; **procedere con a.**, to proceed with caution **2** (*avvertimento*) warning; notice **3** (*nei libri: nota*) note; (*prefazione*) foreward **4** (*pl.*) (*istruzioni*) directions.

avvertibile, *a.* perceptible; perceivable; noticeable.

avvertiménto, *m.* warning; notice; lesson; advice: **un a. da amico**, a friendly warning; **Che questo vi sia d'a.**, let this be a lesson (*o* a warning, an example) to you; **La bocciatura fu per lui un salutare a.**, his failure taught him a useful lesson.

avvertire, *v. t.* **1** (*informare*) to inform; to tell*; to let* (sb.) know; to point out (st. to sb.): **Avvertilo che sono arrivato**, tell him that I have arrived; **a. la polizia**, to inform (*o* to notify) the police; **Voglio avvertirvi di un errore che vi è sfuggito**, I want to point out a mistake which escaped you **2** (*mettere in guardia, ammonire*) to warn; to caution: **a. q. di un pericolo**, to warn sb. of a danger; **Ti avverto che faccio sul serio**, I'm being serious, I warn you **3** (*percepire*) to feel*, to sense; (*accorgersi di*) to notice, to perceive: **Avvertii qualcosa di strano**, I sensed something strange; **a. un dolore**, to feel a pain.

avvertitaménte, *avv.* **1** (*con attenzione*) carefully; with attention **2** (*intenzionalmente*) on purpose; deliberately.

avvertito, *a.* careful; attentive; alert; sagacious.

avvezióne, *f.* (*meteor.*) advection.

avvezzàre, **A** *v. t.* **1** (*abituare*) to accustom; to inure: **a. il corpo al freddo**, to accustom one's body to the cold **2** (*ammaestrare*) to train; (*educare*) to teach*. **B avvezzàrsi**, *v. rifl.* to get* accustomed (*o* used) to; to accustom oneself to; to become* inured to.

avvézzo, *a.* (*abituato*) used; accustomed; inured: **Sono a. ai suoi ritardi [ai rumori]**, I am used to his being late [to noises]; **a. alla vista del sangue**, inured to the sight of blood.

avviaménto, *m.* **1** start; starting; commencement; (*introduzione*) introduction: **a. lento**, slow start; **a. allo studio del latino**, introduction to the study of Latin **2** (*econ.: di impresa e sim.*) establishment; setting up; starting up: **costo di a.**, set-up cost; **capitale di a.**, initial (*o* seed) money **3** (*comm.*) trade; goodwill: **Quel negozio ha un ottimo a.**, that shop does an excellent trade **4** (*mecc.*) starting, setting in motion; (*meccanismo*) starting device: **a. automatico**, self-starting; **a. elettrico**, electric starting; **manovella d'a.**, starting crank; **motorino d'a.**, starter. ● **scuola d'a.**, technical school; commercial school.

avviàre, **A** *v. t.* **1** to start (off); to set*; to direct: **Avviò il piccolo verso sua madre**, he started the baby off towards its mother; **a. q. alla stazione**, to direct sb. to the station; **a. q. a una professione**, to start sb. off on a career **2** (*iniziare, aprire*) to start (up, off); to set* up; to open; to initiate; to establish: **a. un negozio**, to set up a shop; **a. un lavoro**, to start a job; **a. le trattative**, to start negotiations; **a. rapporti d'affari con q.**, to establish business relations with sb.; (*lavoro a maglia*) **a. i punti**, to cast on **3** (*mecc., autom.*) to start (up): **a. una macchina [un motore]**, to start (up) a machine [an engine]. **B avviàrsi**, *v. i. pron.* **1** (*mettersi in cammino*) to go*; to get* going; to start off; to set* off; to set* out; to be on one's way; to get* under way: **È ora di avviarci**, it's time to get going (*o* to be on our way); **a. verso casa**, to set off for home **2** (*fig.*) to be on one's way (to doing st.); to get* off: **Si avvia a diventare un grande scienziato**, he is on his way to becoming a great scientist; **Il lavoro si è avviato bene**, the work has got off to a good start; **a. alla fine**, to draw to an end (*o* to a close).

avviàto, *a.* (*comm.*) going; thriving; prosperous: **un'azienda avviata**, a going concern; **un negozio (ben) a.**, a thriving shop; **essere bene a. negli affari**, to be doing well in business.

avviatóre, *m.* (*mecc.*) starter: **a. a combustione interna**, internal-combustion starter; **a. automatico**, self-starter; **a. a mano**, hand starter.

avviatùra, *f.* (*di lavoro a maglia*) cast-on row.

avvicendaménto, *m.* **1** alternation; succession; rotation; taking over: **l'a. delle stagioni**, the alternation of seasons; **un a. di truppe al fronte**, a rotation of troops at the front **2** (*agric.*) rotation **3** (*rif. a personale*) turnover.

avvicendàre, **A** *v. t.* **1** (*alternare*) to alternate: **a. gentilezza e severità**, to alternate kindness with severity **2** (*agric.*) to rotate: **a. le colture**, to rotate crops. **B avvicendàrsi**, *v. rifl. recipr.* **1** (*alternarsi*) to alternate; (*fare a* *turno*) to take* turns **2** (*succedersi*) to follow one another.

avvicinàbile, *a.* approachable; accessible.

avvicinaménto, *m.* approach: (*mil.*) **marcia d'a.**, march of approach; **Si spera in un a. tra le due parti**, it is hoped that the two sides will move closer.

avvicinàre, A *v. t.* **1** (*oggetti*) to move (*o* to bring*, to draw*, to pull) near (*o* closer): **a. una sedia al tavolo**, to draw (*o* to pull) a chair up to the table; **Avvicina il libro agli occhi**, bring the book nearer your eyes; **a. il fiammifero alla pipa**, to put a match to the pipe **2** (*persone*) to approach; to go* [to come*] up to; to accost; (*fig.*) to have to do with: **Cercai di a. il ministro**, I tried to approach the minister; **Lo avvicinò un vecchio**, an old man came up to him; **Non si lascia a.**, you can't get close to him; **Fu avvicinata da uno sconosciuto**, she was accosted by a stranger; **Meglio non a. quel tipo**, we'd better have nothing to do with that man. **B avvicinàrsi,** *v. i. pron.* **1** to go* [to come*] near(er); to get* closer; to go* [to come*] up to; to approach; (*nel tempo*) to get* (*o* to draw*) near: **Non avvicinarti troppo**, don't come too near; **Mi avvicinai a loro senza essere visto**, I got near them without being seen; **Si avvicinò per vedere meglio**, he got closer to see better; **Ci avvicinammo allo steccato**, we got up to the fence; **Avvicinati!**, come closer!; **Si avvicina la Pasqua**, Easter is drawing (*o* getting) near; **a. ai cinquant'anni**, to be getting on for fifty; to be pushing fifty (*fam.*) **2** (*fig.*: *essere simile*) to be similar; to be near enough; to verge on: **Non è uguale, ma ci si avvicina**, it's not the same, but it's near enough; **un rosso che si avvicina al viola**, a red that verges on purple.

avvilènte, *a.* **1** (*sconfortante*) disheartening; depressing; demoralizing **2** (*umiliante*) humiliating **3** (*degradante*) debasing; degrading.

avviliménto, *m.* **1** (*sconforto*) dejection; depression; despondency; disheartenment; low spirits (*pl.*) **2** (*umiliazione*) humiliation **3** (*degradazione*) debasement; degradation; cheapening.

avvilìre, A *v. t.* **1** (*sconfortare*) to depress; to dishearten; to cast* down; to get* down **2** (*umiliare*) to humiliate **3** (*degradare*) to debase; to degrade; to cheapen: **Mi avviliva dover fare quel lavoro**, I felt degraded having to do that job. **B avvilìrsi,** *v. i. pron.* **1** (*scoraggiarsi*) to lose* heart; to be disheartened **2** (*umiliarsi*) to humble oneself; to stoop (to do st.).

avvilìto, *a.* (*sconfortato*) depressed; dejected; downhearted; dispirited; crestfallen; low.

avviluppaménto, *m.* **1** (*avvolgimento*) envelopment **2** (*intrico*) entanglement; tangle.

avviluppàre, A *v. t.* **1** (*avvolgere*) to envelop; to wrap up: **La avviluppò nel suo cappotto**, he wrapped her in his coat **2** (*ingarbugliare*) to tangle; to entangle. **B avviluppàrsi,** *v. rifl.* (*avvolgersi*) to wrap oneself up. **C avvilupparsi,** *v. i. pron.* (*ingarbugliarsi, anche fig.*) to get* entangled.

avvinàre, *v. t.* to rinse with wine.

avvinazzàto, *a.* (*fam. spreg.*) drunk; drunken; fuddled; boozy (*pop.*): **un vecchio a.**, an old drunkard; **voce avvinazzata**, drunken voice.

avvincènte, *a.* **1** (*affascinante*) fascinating; captivating **2** (*che assorbe*) absorbing; engrossing.

avvìncere, *v. t.* **1** (*legare*) to bind*; (*stringere*) to clasp **2** (*fig.*: *affascinare*) to fascinate; to charm; to captivate **3** (*fig.*: *assorbire*) to absorb; to engross.

avvinghiàre, A *v. t.* to clutch; to grasp; to hold* tight; (*avvolgendosi*) to coil round: **Gli avvinghiai un braccio**, I clutched his arm; **Il serpente gli avvinghiò una caviglia**, the snake coiled round his ankle. **B avvinghiàrsi,** *v. i. pron.* to cling* to; (*avvolgendosi*) to wind* (oneself) round*, to coil round: **Il bimbo si avvinghiò alla madre**, the child clung to its mother; **a. al collo di q.**, to throw one's arms round sb.'s neck; **L'edera s'avvinghia all'albero**, the ivy winds itself round the tree; **Erano avvinghiati in una lotta disperata**, they were locked in a desperate combat.

avvìo, *m.* start; beginning: **dare l'a. a q.c.**, to start st.; to get* st. going; to touch (*o* to trigger, to spark) off: **dare l'a. a una discussione**, to start off a debate; **La sua dichiarazione diede l'avvio a una raffica di domande**, his statement sparked off a barrage of questions; **prendere l'a.**, to start off; to get going; to get under way; **L'impresa ebbe un buon a.**, the venture got off to a good start.

avviṣàglia, *f.* **1** (*indizio*) sign; inkling; symptom **2** (*scaramuccia*) skirmish.

avviṣàre, *v. t.* **1** (*informare*) to let* (sb.) know; to tell*; to inform; to notify; to advise: **a. i viaggiatori di un ritardo**, to inform the passengers of a delay; **Avvisami del tuo arrivo**, let me know when you arrive; **L'ho avvisato di venire da te domani**, I told him to call on you tomorrow; **a. la polizia**, to notify the police **2** (*mettere in guardia*) to warn; to alert. ● (*prov.*) **Uomo avvisato, mezzo salvato**, forewarned is forearmed.

avviṣatóre, *m.* (*segnale d'allarme*) warning device; alarm; signal: **a. acustico**, horn; hooter; **a. d'incendio**, fire alarm.

avvìṣo, *m.* **1** (*avvertimento*) notice; warning **2** (*annuncio*) announcement, communication, notice; (*messaggio*) message, note: **dare un a.**, to make an announcement; **pubblicare un a.**, to publish an announcement; **esporre un a.**, to put up a notice; **dare a. di q.c.**, to give notice of st.; to notify st. **3** (*opinione*) opinion; view: **a mio a.**, in my opinion; **Io sono dell'a. di aspettare**, in my opinion (*o* I think) we should wait; **essere dello stesso a. di q.**, to share the same views as sb.; to agree with sb.; **essere di a. contrario**, to hold the opposite view; to disagree. ● (*comm.*) **a. di consegna**, delivery note □ (*leg.*) **a. di garanzia**, warning that one is under investigation; notification (*o* notice) of investigation □ (*comm.*) **a. di ricevuta**, acknowledgment of receipt □ (*comm.*) **a. di spedizione**, advice of despatch; shipping notice □ (*naut.*) **a. di burrasca**, gale warning □ **a. pubblicitario**, advertisement □ **fino a nuovo a.**, until further notice □ **mettere sull'a.**, to forewarn □ **stare sull'a.**, to be on one's guard.

avvistaménto, *m.* (*anche naut.*) sighting.

avvistàre, *v. t.* to sight (*anche naut.*); to catch* sight of; to spot: **All'alba avvistammo la fregata**, at dawn we sighted the frigate; **a. terra**, to sight land; **Lo avvistai tra la folla**, I caught sight of him in the crowd.

avvitaménto, *m.* **1** (*l'avvitare*) screwing **2** (*aeron.*) spin **3** (*sport*) spin.

avvitàre (1), A *v. t.* to screw: **a. il coperchio alla cassa**, to screw down the lid of the crate; **a. una vite**, to screw in a screw; **a. il coperchio sul barattolo**, to screw the lid onto the jar; **a. una lampadina**, to screw on a bulb; **a. q.c. a fondo**, to screw st. tight; to tighten st. **B avvitàrsi,** *v. i. pron.* **1** to screw on: **Questo dado non si avvita**, this nut won't screw on **2** (*aeron.*) to go* into a spin.

avvitàre (2), *v. t.* (*sartoria*) to tighten at the waist.

avvitàta, *f.* **1** twist; screw; turn: **Dagli un'altra a.**, give it another twist **2** (*aeron.*) spin.

avvitàto (1), *a.* screwed in (*o* on, down).

avvitàto (2), *a.* (*di vestito*) tight-waisted.

avvitatóre, *m.* e **avvitatrice,** *f.* (*mecc.*) wrench.

avvitatùra, *f.* screwing; tightening; (*le viti*) screws (*pl.*): **procedere all'a. dei bulloni**, to screw in the bolts; **verificare l'a.**, to check the screws.

avviticchiàre, A *v. t.* to twine; to twist. **B avviticchiàrsi,** *v. i. pron.* **1** (*avvolgersi*) to twine round; to twist round **2** (*stringersi*) to cling* to.

avvivàre, A *v. t.* **1** (*lett.*) to animate; to quicken **2** (*fig.*) to enliven, to animate, to revive; (*di colori*) to brighten: **a. la conversazione**, to enliven the conversation; **metafore che avvivano lo stile**, metaphors that enliven style; **a. il fuoco**, to revive the fire. **B avvivàrsi,** *v. i. pron.* (*fig.*) to brighten up; to grow* animated.

avvizziménto, *m.* withering; shrivelling; fading.

avvizzìre, A *v. t.* to wither; to shrivel up. **B** *v. i.* **1** to wither; to shrivel; (*appassire*) to fade **2** (*languire, anche fig.*) to wilt; to languish.

avvizzìto, *a.* withered; shrivelled; faded: **fiori avvizziti**, withered flowers; **guance avvizzite**, wrinkled (*o* wizened) cheeks; **bellezza avvizzita**, faded beauty.

avvocàta, *f.* **1** (*protettrice*) protectress; advocate **2** *V.* **avvocato**.

avvocatésco, *a.* lawyer's; legal; forensic; (*spreg.*) pettifogging.

avvocatéssa, *f.* **1** (woman*) lawyer; *V.* **avvocato** **2** (*spreg.*) argumentative woman*.

avvocàto, *m.* **1** lawyer; counsel*; (*in G.B.*: *procuratore legale e patrocinante nelle corti inferiori*) solicitor, (*patrocinante nelle corti superiori*) barrister, Queen's [King's] counsel; (*in U.S.A.*) attorney(-at-law), counselor(-at-law) **2** (*fig.*: *patrocinante*) advocate; defender **3** (*fig.*: *intercessore*) intercessor. ● **a. dell'accusa**, prosecutor; counsel for the prosecution □ **a. della difesa**, counsel for the defence □ **a. delle cause perse**, defender of lost causes □ **a. del diavolo**, devil's advocate □ **consultare un a.**, to consult a lawyer; to seek legal advice □ (*fig.*) **essere a. in causa propria**, to defend one's own interests □ **parlare come un a.**, to be very glib □ **saperne quanto un a.**, to know all the tricks.

avvocatùra, *f.* **1** (*professione*) legal profession; the Bar: **esercitare l'a.**, to practise law; to exercise the legal profession **2** (*complesso degli avvocati*) the Bar.

avvolgènte, *a.* enveloping; enclosing; encircling; surrounding: **manovra a.**, enveloping manoeuvre; **poltrona a.**, snug armchair.

avvòlgere, A *v. t.* **1** (*girare intorno*) to wind*; (*arrotolare*) to roll up, to coil up: **a. una corda intorno a un palo**, to wind a rope round a pole; **Si avvolse una fascia ai fianchi**, he wound a sash round his waist; **a. una corda**, to coil up a rope **2** (*avviluppare*) to wrap (up); to envelop (*anche fig.*): **a. un bambino in uno scialle**, to wrap a shawl round a baby; **a. un libro in carta da regalo**, to wrap up a book in gift paper; **Eravamo avvolti dall'oscurità**, we were enveloped in darkness. **B avvòlgersi,** *v. rifl.* e *i. pron.* **1** (*avvilupparsi*) to wrap oneself up **2** (*attorcigliarsi*) to twine; to wind* (oneself); to coil.

avvolgìbile, A *a.* roll-down; roll-up; roller (*attr.*): **tendina a.**, roll-up blind; roller blind. **B** *m.* (*persiana*) roll-up shutter; (*tendina*) roll-up (*o* roller) blind.

avvolgiménto, *m.* **1** wrapping (up); rolling (up); winding **2** (*fis., elettr.*) winding **3** (*di bobina*) coil-winding **4** (*di molla*) coiling **5** (*cinem., ind. tess.*) taking up **6** (*mil.*) envelopment.

avvolgitóre, *m.* **avvolgitrice,** *f.* **1** (*ind. tess.*) lap machine; (*di lana*) beamer **2** (*cinem.*) take-up.

avvoltóio, *m.* (*zool., Aegypius monachus*; *fig.*) vulture. ● **a. dal collo rosso** (*Cathartes aura*), turkey buzzard (*o* turkey vulture) □ **a. degli agnelli** (*Gypaëtus barbatus*), bearded vulture; lammergeier.

avvoltolàre, A *v. t.* to wrap up; to bundle up;

(*arrotolare*) to roll up. **B avvoltolàrsi**, *v. rifl.* to roll; to wallow: **a. nel fango**, to wallow in mud.

axiologìa, *f.* (*filos.*) axiology.

azalèa, *f.* (*bot., Azalea*) azalea.

azeotropìa, *f.* (*chim.*) azeotropy.

azeotròpico, *a.* (*chim.*) azeotropic.

Azerbaigiàn, *m.* (*geog.*) Azerbaijan.

azerbaigiàno, *a.* e *m.* (*f.* **-a**) Azerbaijani.

azèro, *m.* (*f.* **-a**) Azeri.

azièndа, *f.* firm; concern; company; business; establishment: **Lavora nell'a. dello zio**, he works in his uncle's firm; **chiudere un'a.**, to close down a firm (*o* a business); **un'a. fiorente**, a thriving concern; **un'a. bene avviata**, a going concern. ● **a. a partecipazione statale**, state(-controlled) enterprise □ **a. agricola**, farm □ **l'a. dello Stato**, the state administration □ **a. di servizio pubblico**, utility □ **a. elettrica**, electric company □ **a. familiare**, family business □ **a. municipalizzata**, city-owned enterprise □ **a. privata**, private undertaking □ **a. pubblica**, state-owned enterprise.

aziendàle, *a.* corporate; business (*attr.*); firm (*attr.*); company (*attr.*): **economia a.**, business economics; **gestione a.**, business management; **mensa a.**, canteen; **organizzazione a.**, business administration; **politica a.**, company (*o* corporate) policy; **pubblicazione a.**, house organ; **regolamento a.**, firm's (*o* company's) rules; **spaccio a.**, company store.

aziendalìsmo, *m.* allegiance to one's company.

aziendalìsta, *m.* e *f.* **1** (*studioso di economia aziendale*) business economist **2** company man* (*f.* company woman*).

aziendalìstico, *a.* company-oriented.

àzimut, *m.* (*astron.*) azimuth: **a. magnetico**, magnetic azimuth.

azimutàle, *a.* (*astron.*) azimuthal.

azionàbile, *a.* that can be operated.

azionaménto, *m.* operation; working: (*mecc.*) **dispositivo d'a.**, driving gear.

azionàre, *v. t.* (*mecc.*) to operate; to activate; to actuate; to set* in action; to set* in motion; to drive*; to run*; to work: **a. l'allarme**, to activate the alarm; **a. un motore**, to start an engine; **a. una leva**, to move (*o* to operate) a lever; (*autom.*) **a. i freni**, to apply (*o* to put on) the brakes; **una macchina azionata dal vapore**, a steam-driven machine.

azionariàto, *m.* (*fin.*) **1** shareholding **2** (*gli azionisti*) shareholders (*pl.*).

azionàrio, *a.* (*fin.*) share (*attr.*); stock (*attr.*): **capitale a.**, share capital.

azióne (1), *f.* **1** (*l'agire*) action: **libertà d'a.**, freedom of action (*o* to act); **passare all'a.**, to move into action **2** (*atto*) action; deed; act; gesture: **buona a.**, good deed; **Ciascuno è figlio delle proprie azioni**, we are all judged by our deeds; **È stata un'a. generosa**, it was a generous act (*o* gesture) **3** (*funzionamento, effetto*) action; effect: **l'a. di un acido**, the action of an acid; **sotto l'a. dell'anestesia**, under the effect of the anaesthetic; **entrare in a.**, to go into action (*anche mil.*); to start working; (*solo fig.*) to come into play; **essere in a.**, to be active; (*funzionare*) to be in operation, to be operating (*o* working); **mettere in a. una macchina**, to operate a machine; **ad a. lenta [rapida]**, slow-acting [fast-acting] **4** (*letter.*: *intreccio*) action: **l'a. del romanzo**, the action of the novel; **unità d'a.**, unity of action; **a. drammatica**, dramatic action **5** (*mil.*) action; (*scontro*) engagement; (*battaglia*) battle: **un'a. di guerra**, a military action; **L'a. fu breve e brillante**, it was a short and extremely successful engagement **6** (*leg.*) action; lawsuit; proceedings (*pl.*): **intentare un'a. legale contro q.**, to bring a legal action against sb.; to sue sb.; **a. giudiziaria**, judicial action; **a. civile [penale]**, civil [penal] action; **a. personale [reale]**, personal [real] action; **a. di rivalsa**, recourse; **a. riconvenzionale**, cross action; counteraction **7** (*fis.*) action **8** (*sport*) action. ● (*autom., mecc.*) **a. frenante**, braking □ (*teatr.*) **a. mimica**, business □ (*chim.*) **a. reciproca**, interaction □ **a. sindacale**, strike; job action □ **romanzo d'a.**, action-packed novel □ **uomo d'a.**, man of action.

azióne (2), *f.* (*fin.*) share; (*al pl.*) stock (*sing.*), shares, stocks (*USA*): **emettere azioni**, to issue shares; **investire in azioni**, to invest in shares; **sottoscrivere azioni di una società**, to subscribe (*o* to buy) shares in a company; **azioni quotate in borsa**, listed (*o* quoted) shares; **a. nominativa**, registered share; **a. al portatore**, bearer share; **a. ordinaria [privilegiata]**, ordinary [preferred *o* preference] share; **a. liberata**, paid-up share.

azionìsta (1), *m.* e *f.* (*fin.*) shareholder; stockholder: **assemblea degli azionisti**, shareholders' meeting; **a. di maggioranza [minoranza]**, majority [minority] shareholder; **a. di riferimento**, controlling shareholder.

azionìsta (2), *m.* e *f.* (*stor.*) member of Partito d'Azione (1942-47).

azionìstico, *V.* **azionario**.

azocolorànte, *m.* (*chim.*) azo dye.

azocompósto, *m.* (*chim.*) azo compound.

azòico (1), *a.* (*geol.*) azoic.

azòico (2), *a.* (*chim.*) azo (*attr.*).

azònio, *m.* (*chim.*) azo group.

azoospermìa, *f.* (*med.*) azoospermia.

azotàto, *a.* (*chim.*) nitrogenous.

azotemìa, *f.* (*med.*) azotaemia.

azòto, *m.* (*chim.*) nitrogen.

azotùria, *f.* (*med.*) azoturia.

aztèco, *a.* e *m.* (*f.* **-a**) Aztec (*f.* Aztec woman*).

azulène, *m.* (*chim.*) azulene.

àzza, *f.* battle axe.

azzannàre, *v. t.* to sink* one's teeth (*o* fangs) into; to bite*; to savage: **Il leone l'azzannò a una gamba**, the lion sank its fangs into his leg; **Il cane azzannò la carne**, the dog sank its teeth into the meat; **Fu azzannato da una tigre**, he was savaged by a tiger.

azzannàta, *f.* **1** (*morso*) bite **2** (*segno*) tooth mark; gash.

azzardàre, **A** *v. t.* **1** (*mettere a repentaglio*) to risk; to hazard; to stake; to gamble **2** (*proporre timidamente*) to venture; to hazard: **a. un commento**, to venture a comment. **B azzardàrsi**, *v. i. pron.* to dare*; to venture: **Non azzardarti a rispondere!**, don't you dare (to) answer!; **a. in alto mare**, to venture out to sea.

azzardàto, *a.* **1** (*rischioso*) risky; hazardous; wild **2** (*avventato*) rash; reckless.

azzàrdo, *m.* **1** (*rischio*) hazard; risk **2** (*azione imprudente*) unwise action; reckless action: **È stato un a. andare da soli**, it was reckless to go alone **3** (*caso*) chance: **gioco d'a.**, game of chance; **giocare d'a.**, to gamble.

azzardóso, *a.* **1** (*di cosa*) risky; hazardous; dicey (*fam.*) **2** (*di persona*) daring; reckless.

azzeccagarbùgli, *m. invar.* (*spreg.*) pettifogging lawyer; pettifogger.

azzeccàre, *v. t.* **1** (*indovinare*) to guess; to get* (st.) right: **a. la risposta**, to guess right; to get the right answer **2** (*vincere*) to win*; to draw*: **a. un numero al lotto**, to draw a winning number in the lottery; **a. un tredici**, to win the pools **3** (*centrare*) to hit*, to get*, to strike* fair and square; (*fig.*) to hit* on: **a. una bella giornata**, to hit on a fine day; **a. q.c. in pieno**, to hit st. spot on; (*fig., anche*) to hit the nail on the head **4** (*riuscire*) to succeed; to be lucky; to do* well. ● (*fam.*) **azzeccarci**, to get it; to hit it; to guess right: **Bravo! ci hai azzeccato!**, well done! you've got it! □ (*fig.*) **azzeccarla**, to hit the mark (*o* the bull's eye) □ **non azzeccarla**, to miss; to be wide of the mark □ (*fig.*) **Non ne azzecca mai una**, he's always wide of the mark; he always gets things wrong; he's always out of luck.

azzeccàto, *a.* perfect; successful; spot-on (*fam.*): **risposta azzeccata**, perfect answer; **un colpo a.**, an accurate (*o* well-aimed) blow; **un colore a.**, a well-chosen colour; **un momento a.**, a well-timed moment.

azzeraménto, *m.* zero setting; resetting; zeroing: **a. automatico**, self-zeroing; self-reset.

azzeràre, *v. t.* **1** to set* at zero; to zero; to reset **2** (*elettron.*) to clear.

azzeruòlo, *V.* **lazzeruolo**.

àzzima, *f.* unleavened bread; azyme.

azzimàre, **A** *v. t.* to deck out; to doll up. **B azzimàrsi**, *v. rifl.* to dress up; to deck oneself out; to spruce (oneself) up.

azzimàto, *a.* spruce; trim; dapper; natty; spiffy (*fam. USA*).

àzzimo, **A** *a.* unleavened; azymous. **B** *m.* unleavened bread; azyme.

azzittìre, **A** *v. t.* to silence; to shut* up (*fam.*). **B azzittìrsi**, *v. i. pron.* to become* (*o* to fall*) silent; to shut* up (*fam.*); to pipe down (*fam.*).

azzonaménto, *m.* (*urbanistica*) zoning.

azzoppaménto, *m.* laming; becoming lame.

azzoppàre, **azzoppìre**, **A** *v. t.* to lame; to cripple. **B azzoppàrsi**, **azzoppìrsi**, *v. i. pron.* to become* (*o* to go*) lame.

Azzòrre, *f. pl.* (*geogr.*) (the) Azores.

azzuffàrsi, *v. i. pron.* to come* to blows; to fight*; to scuffle.

azzurràbile, *a.*, *m.* e *f.* (*sport*) (athlete) eligible for the Italian national team.

azzurràggio, *m.* (*chim.*) blueing.

azzurraménto, *m.* (*fis.*) blueing.

azzurràre, **A** *v. t.* to blue. **B azzurràrsi**, *v. i. pron.* to become* (*o* to turn) blue.

azzurràto, *a.* blue-tinted: **lenti azzurrate**, blue-tinted lenses.

azzurrìno, *a.* e *m.* pale (*o* light) blue.

azzurrità, *f.* **1** blueness **2** (*lett.*: *cielo aperto e luminoso*) clear blue sky.

azzurrite, *f.* (*miner.*) azurite.

azzùrro, **A** *a.* **1** blue; azure (*poet.*): **occhi azzurri**, blue eyes; **mare a.**, blue sea **2** (*sport*) of the Italian national team; Italian: **gli sciatori azzurri**, the Italian skiers. ● **il Principe A.**, (*nelle favole*) Prince Charming; (*fig.*) Mr Right. **B** *m.* **1** blue; azure (*poet.*) **2** (*sostanza colorante*) blue **3** (*poet.*: *cielo*) sky **4** (*f.* **-a**) (*sport*) Italian athlete; Italian player: **gli azzurri**, the Italian (national) team.

azzurrógnolo, *a.* bluish.

b, B

B, b, *f.* o *m.* (*seconda lettera dell'alfabeto ital.*) B, b. ● (*telef.*) **b come Bologna**, b for Benjamin; b for Baker (*USA*) □ (*sport*) **serie B**, Second Division □ **vitamina B**, vitamin B.
babà, *m.* (*cucina*) baba.
babàco, *m.* (*bot., Carica pentagona*) babaco.
babàu, *m.* bogeyman*; bugbear; bugaboo*.
babbèo, A *a.* foolish; stupid; simple. **B** *m.* simpleton; blockhead; booby; ninny.
bàbbo, *m.* father; dad (*fam.*), daddy (*fam.*); pop (*fam. USA*); pa (*fam. USA*). ● **B. Natale**, Father Christmas; Santa Claus; Santa (*fam.*).
babbùccia, *f.* ***1*** (*calzatura orientale*) Turkish slipper; babouche ***2*** (*pantofola*) slipper ***3*** (*per neonati*) bootee.
babbuino, *m.* ***1*** (*zool., Papio cynocephalus*) baboon ***2*** (*spreg.*) oaf; moron.
Babèle, *f.* (*stor.*) Babel: **la torre di B.**, the Tower of Babel.
babèle, *f.* (*confusione*) chaos; babel; bedlam; pandemonium.
babèlico, *a.* ***1*** (*lett.*) of Babel ***2*** (*fig.*) chaotic; confused; uproarious.
babilonése, *a., m.* e *f.* Babylonian.
Babilònia, *f.* (*geogr., stor.*) Babylon.
babilònia, *V.* **babele**.
babilònico, *a.* Babylonian.
babirùssa, *m.* (*zool., Babirussa babirussa*) babiru(s)sa.
babórdo, *m.* (*com. per il termine naut. «sinistra»*) port.
baby (*ingl.*), **A** *m.* e *f. invar.* baby. **B** *a. invar.* ***1*** (*per bambini*) baby (*attr.*); children's: **moda b.**, children's fashion; babyware ***2*** (*piccolo*) baby (*attr.*).
baby-doll (*ingl.*), *m. invar.* baby-doll pyjamas (*USA*: pajamas) (*pl.*); shorty (*nightdress*).
baby-sitter (*ingl.*), *m.* e *f. invar.* baby-sitter; sitter: **fare la** (*o* **da**) **baby-sitter a q.**, to baby-sit sb.
bacàre, *v. i.* **bacàrsi,** *v. i. pron.* to get* worm-eaten: to get* maggoty; (*marcire*) to rot, to go* bad.
bacàto, *a.* ***1*** worm-eaten; wormy; maggoty; (*marcio*) rotten: **mela bacata**, wormy apple ***2*** (*fig.*) corrupt; rotten. ● (*fam.*) **avere il cervello b.**, to be crazy; to have a screw loose; to be nuts.
bàcca, *f.* (*bot.*) berry.
baccagliàre, *v. i.* (*fam.*) to squabble; to brawl.
baccalà, *m.* ***1*** dried salted cod ***2*** (*fig.*: *persona stupida*) blockhead; moron ***3*** (*fig.*: *persona magra*) beanpole (*fam.*). ● **secco come un b.**, as thin as a rake □ **stare lì come un b.**, to stand there like a stuffed owl.
baccalaureàto, *m.* ***1*** (*titolo*) bachelor's degree; baccalaureate (*form.*) ***2*** (*persona*) bachelor.
baccanàle, *m.* ***1*** (*pl.*) (*stor.*) Bacchanalia ***2*** (*fig.*) revelry; orgy.
baccàno, *m.* noise; racket; din; (*di voci*) hubbub, hullabaloo, uproar: **b. assordante**, deafening noise; **b. indiavolato**, infernal noise; **Smettetela di fare b.!**, stop that racket!
baccànte, *f.* (*anche fig.*) Bacchante; maenad.
baccarà, *m.* baccara(t).
baccarat (*franc.*), *m. invar.* Baccarat glass.
baccellieràto, (*lett.*) *V.* **baccalaureato**.
baccellière, *m.* ***1*** (*stor.*: *aspirante cavaliere*) bachelor-at-arms ***2*** (*stor.*: *titolo accademico*) bachelor.
baccèllo, *m.* (*bot.*) pod; hull; shuck.
bacchétta, *f.* ***1*** stick; rod; wand: **b. divinatoria**, divining rod; **b. magica**, magic wand ***2*** (*mus.*: *di direttore d'orchestra*) baton; (*di tamburo*) drumstick ***3*** (*per usi speciali*: *di pittore*) maulstick; (*per indicare*) pointer; (*per punire*) ferule, ruler; (*nella cucina cinese*) chopstick; (*di saldatura*) welding iron; (*di fucile*) ramrod. ● **comandare a b.**, to order (sb.) about; to be a martinet.
bacchettàre, *v. t.* ***1*** to beat* with a stick: **b. sulle mani**, to rap (sb.'s) knuckles ***2*** (*fig.*) to rap (sb.) on (*o* over) the knuckles.
bacchettàta, *f.* ***1*** blow with a stick; (*sulle mani*) rap on the knuckles ***2*** (*fig.*) knuckle-rapping: **prendersi una b.**, to be rapped on (*o* over) the knuckles.
bacchétto, *m.* ***1*** stick ***2*** (*della frusta*) whip handle.
bacchettóne, *m.* (*f.* **-a**) ***1*** (*bigotto*) over-devout person; religiose person ***2*** (*ipocrita*) sanctimonious person; Tartuffe; pharisee.
bacchettonerìa, *f.* ***1*** (*bigottismo*) religiose attitude ***2*** (*ipocrisia*) sanctimony; pharisaism.
bacchiàre, *v. t.* (*agric.*) to beat* (*o* to knock) down with a pole; to shake* down.
bacchiatùra, *f.* (*agric.*) ***1*** (*delle noci*) nut gathering; (*delle olive*) olive gathering ***2*** (*periodo*) nut-gathering time (*o* season); olive-gathering time (*o* season).
bàcchico, *a.* Bacchic.
bàcchio, *m.* long pole.
baccìfero, *a.* (*bot.*) bacciferous; bearing berries (*pred.*).
baccifórme, *a.* berry-shaped; bacciform.
Bàcco, *m.* (*mitol.*) Bacchus. ● **corpo di B.!**, by Jove!; by jingo! □ **Per B.!**, *V.* **perbacco**.
bàcco, *m.* (*scherz.*) drinking; the bottle: **dedito a b.** (*o* **devoto di b.**), tipster; fond of the bottle; **indulgere a b.**, to be fond of the bottle.
bachèca, *f.* ***1*** (*vetrina*) showcase ***2*** (*per avvisi*) notice board.
bachelite, *f.* (*marchio*: *chim.*) Bakelite.
bacheròzzo, *m.* ***1*** (*verme*) worm; grub; maggot ***2*** (*region.*: *scarafaggio*) cockroach; roach.
bachicoltóre, *m.* (*f.* **-trice**) silkgrower; sericulturist.
bachicoltùra, *f.* silkworm raising; silk growing; sericulture.
baciamàno, *m.* hand-kissing: **fare il b.**, to kiss sb.'s hand.
baciapile, *m.* e *f. invar.* over-devout person; sanctimoniously religious person.
baciàre, A *v. t.* ***1*** to kiss; (*in fretta*) to peck (*fam.*): **b. q. sulle labbra**, to kiss sb. on the mouth; **b. la mano a q.**, to kiss sb.'s hand ***2*** (*fig.*: *toccare*) to touch; to meet*; (*lambire*) to lap. ● (*fig.*) **b. la polvere**, to kiss (*o* to lick) the dust □ (*fig.*) **b. la terra dove uno passa**, to worship the ground sb. walks on □ **La fortuna l'ha baciato in fronte**, fortune smiled on him □ **Bacio le mani!**, your servant! **B baciàrsi,** *v. rifl. recipr.* ***1*** to kiss (each other, one another) ***2*** (*fig.*: *toccarsi*) to meet*; to fit together.
bacile, *m.* basin; handbasin.
bacillàre, *a.* (*biol.*) bacillary; bacillar.
bacillifórme, *a.* bacillary; bacilliform; rod-shaped.
bacillo, *m.* (*biol.*) bacillus*.
bacinèlla, *f.* ***1*** basin; bowl; (*per lavarsi*) washbasin ***2*** (*il contenuto*) basinful: **una b. d'acqua**, a basinful of water ***3*** (*fotogr.*) tray; dish. ● (*metall.*) **b. di colata**, pouring basin.
bacinétto, *m.* ***1*** (*mil., stor.*) basinet; basnet ***2*** (*anat.*) renal pelvis.
bacino, *m.* ***1*** (*recipiente*) basin; bowl: **il b. di una fontana**, the basin of a fountain ***2*** (*geogr.*) basin; area: **il b. dell'Arno**, the Arno basin; **b. idrografico**, catchment basin (*o* area); drainage basin ***3*** (*metall.*) basin: **b. di colata**, sprue basin ***4*** (*naut.*) basin; dock: **b. a marea**, tidal basin (*o* dock); **b. di carenaggio** (*o* **di raddobbo**), dry (*o* graving) dock; **b. di costruzione**, shipbuilding dock; **b. galleggiante**, floating dock; **diritti di b.**, dockage (*sing.*); dock dues; **prova in b.**, dock trial; **entrare in b.**, to dock; **uscire dal b.**, to undock ***5*** (*idraul.*) reservoir: **b. idroelettrico**, hydroelectric reservoir; **b. compensatore**, regulating reservoir; (*di diga*) **b. a valle**, afterbay ***6*** (*geol.*) field: **b. carbonifero**, coal field ***7*** (*anat.*) pelvis. ● (*miner.*) **b. di pompaggio**, sump □ (*amm.*) **b. di utenza**, catchment area.
bàcio (1), *m.* kiss; (*sonoro*) smack; (*frettoloso*) peck (*fam.*): **dare un b.**, to give a kiss; **gettare un b.**, to blow a kiss; **Le stampò un b. sulla guancia**, he planted a kiss on her cheek; **schioccare un b.**, to smack a kiss; **b. della pace**, kiss of peace; **b. d'addio**, parting kiss; **b. della buonanotte**, goodnight kiss: **dare a q. il b. della buonanotte**, to kiss sb. goodnight. ● **b. con lo schiocco**, smack □ (*fig.*) **b. della morte**, kiss of death □ (*fig.*) **b. di Giuda**, Judas kiss □ **baci e abbracci**, hugs and kisses; hugging and kissing (*sing.*) □ (*fam.*) **al b.**, perfect (*agg.*); excellent (*agg.*); beautiful (*agg.*); perfectly (*avv.*); to a T (*avv.*); (*di cibo*) done to a turn (*avv.*) □ **coprire** (*o* **mangiare**) **q. di baci**, to smother sb. with kisses □ **morire nel b. del Signore**, to die peacefully.
bacio (2), *m.* – **a b.**, facing north.
bàco, *m.* ***1*** worm: **b. da seta**, silkworm ***2*** (*fam.*: *verme parassita*) worm; grub; maggot ***3*** (*fig.*: *difetto*) flaw ***4*** (*fig.*: *pensiero fisso*) obsession; (*tormento*) pangs (*pl.*) ***5*** (elab., *fam.*) bug.
bacologia, *f.* sericulture.
bacològico, *a.* sericultural.
bacòlogo, *m.* (*f.* **-trice**) sericulturist.
Bacóne, *m.* (*filos.*) Bacon.
baconiàno, *a.* (*filos.*) Baconian.
bactèrio, e *deriv. V.* **batterio**, e *deriv.*
bacùcco, A *a.* decrepit; ancient: **È vecchio b.**, (*di persona*) he's ancient, he's an old dodderer; (*di cosa*) it's decrepit. **B** *m.* dotard; dodderer.
bàda, *f.* – **tenere a b. q.** [**q.c.**], to hold (*o* to keep) sb. [st.] at bay; to hold sb. [st.] off; to stave sb. [st.] off.
badàre, A *v. i.* ***1*** (*fare attenzione*) to mind; to pay* attention (*o* heed) to; to take* notice of; (*nelle esortazioni*, *anche*) to be careful of, to take* care of, to watch (st.): **Non b. al disordine**, pay no attention to the mess; **Nessuno badava a me**, no one was paying any attention

to (*o* taking any notice of) me; **Bada a quel che fai!**, be careful what you do!; **Bada di non romperlo!**, take care (*o* be careful) not to break it!; **Bada al gradino!**, watch the step!; look out, there's a step here; **Non badargli**, just ignore him ***2*** (*dare ascolto*) to pay* attention to; to listen to; to attend to; to mark: **Bada a quel che ti dico!**, pay attention to what I'm saying!; **Badate alle mie parole!**, mark my words!; **Bada bene!**, mark well! ***3*** (*occuparsi, prendersi cura di*) to look after; to mind; to take* care of; (*tenere d'occhio*) to watch, to keep* an eye on: **b. ai figli**, to look after one's children; **b. ai propri interessi**, to take care of (*o* to look after) one's interests; **b. alla propria salute**, to take care of (*o* to look after) one's health; **Chi c'è che bada a lui?**, who is looking after him?; **b. alla casa**, to run the house; (*essere casalinga*) to be a housewife; **Bada tu al latte mentre telefono**, keep an eye on the milk while I'm on the phone ***4*** (*custodire animali*) to tend: **I pastori badavano alle greggi**, the shepherds were tending their flocks ***5*** (*continuare a*) to go* on; to keep* on: **Le donne badavano solo a ciarlare**, the women just went on chatting ***6*** (*pensare solo a*) only to think* of: **Bada solo a divertirsi**, he only thinks of enjoying himself. ● **b. ai fatti propri**, to mind one's own business; to think of oneself: **Bada ai fatti tuoi**, mind your own business □ **b. a se stesso**, to look after oneself □ **Bada, io non ti ho detto niente**, I never said a word to you, mind you □ **Bada, eh!**, watch it! □ **non b. a spese**, to spare no expense □ **senza b. ai pericoli [alle spese]**, regardless of danger [of expenses]. **B** *v. t.* ***1*** (*sorvegliare*) to look after; to watch: **Bada i bambini!**, look after the children! ***2*** (*custodire animali*) to tend: **b. le pecore**, to tend sheep.

badéssa, *f.* abbess; Mother Superior.

badìa, *f.* abbey.

badiàle, *a.* (*lett.*) ***1*** abbatial ***2*** (*fig.*: *enorme*) huge; vast ***3*** (*fig.*: *gioviale*) florid; genial.

badilànte, *m.* labourer; navvy (*GB*).

badilàta, *f.* ***1*** (*colpo dato col badile*) blow with a shovel ***2*** (*quantità di materiale*) shovelful.

badile, *m.* shovel.

badinage (*franc.*), *m. invar.* (*mus.*) badinerie.

baffétti, *m. pl.* clipped moustache (*sing.*).

bàffo, *m.* ***1*** moustache (*generalm. sing.*); (*di animale*) whisker: **portare i baffi**, to wear a moustache; **lasciarsi crescere i baffi**, to grow a moustache; **un paio di b.**, a moustache; **baffi spioventi [a manubrio, a tortiglione]**, drooping [handlebar, twisted] moustache ***2*** (*fig.*: *segno*) smear; smudge: **Hai un b. di biro sul mento**, you have a smear of biro on your chin ***3*** (*fig.*: *onda di prora*) bow wave. ● (*fig. fam.*) **coi baffi**, splendid; brilliant; first-class □ (*fig.*) **leccarsi i baffi**, to lick one's lips □ **un piatto da leccarsi i baffi**, a delicious (*o* very tasty) dish; a yummy dish (*fam.*) □ (*fam.*) **Me ne faccio un b.**, I couldn't care less; I don't give a rap (*o* a damn) □ **ridere sotto i baffi**, to laugh up one's sleeve.

baffùto, *a.* moustached; (*di animale*) whiskered.

bagagliàio, *m.* ***1*** (*ferr.*) luggage van; baggage car (*USA*) ***2*** (*aeron.*) luggage compartment ***3*** (*autom.*) boot (*GB*); trunk (*USA*).

bagàglio, *m.* ***1*** luggage (*solo sing.*); baggage (*solo sing., USA*); bags (*pl.*): **b. a mano**, hand luggage; **disfare i bagagli**, to unpack; **fare i bagagli**, to pack; to do the packing; **Sono pronti i tuoi bagagli?**, are you packed?; **ritirare il b.** (*in aeroporto, ecc.*), to claim one's luggage ***2*** (*fig.*) store; fund; stock: **un b. di cognizioni**, a store (*o* fund) of knowledge; **un b. di ricordi**, a store of memories; **b. culturale**, education; acquired knowledge. ● (*fig.*) **armi e bagagli**, one's bits and pieces; bag and baggage: **È partito con armi e bagagli**, he took up his bits and pieces and left; he left, bag and baggage □ **deposito bagagli**, left luggage (office); checkroom (*USA*).

bagarinàggio, *m.* (ticket) touting (*GB*); (ticket) scalping (*USA*).

bagarino, *m.* tout (*GB*); scalper (*USA*).

bagarre (*franc.*), *f. invar.* ***1*** row; brawl ***2*** (*sport*) scrimmage.

bagàscia, *f.* (*volg.*) whore; slut; harlot.

bagattèlla, *f.* ***1*** trifle; bagatelle ***2*** (*mus.*) bagatelle.

bagàtto, *m.* (*tarocchi*) Juggler.

baggianàta, *f.* ***1*** (*discorso sciocco*) stupid thing; nonsense; rubbish: **Che b.!**, what a stupid thing to say!; what nonsense!; **dire baggianate**, to talk rubbish ***2*** (*azione sciocca*) stupid thing.

baggiàno, **A** *a.* stupid; foolish. **B** *m.* (*f.* **-a**) fool; simpleton.

Baghdad, *f.* (*geogr.*) Baghdad.

baghétta, *f.* (*di calza*) clock.

bàglio, *m.* (*naut.*) beam.

baglióre, *m.* ***1*** flash; glare; glow: **Al b. seguì uno scoppio**, the flash was followed by an explosion; **il b. della neve**, the glare of the snow; **il b. del cielo al tramonto**, the glow of the sky at sunset ***2*** (*fig.*: *accenno*) ray; gleam; sign; hint: **un b. di speranza**, a gleam of hope; **i primi bagliori di una ripresa culturale**, the first signs of a cultural revival.

bagnàbile, *a.* (*chim.*) wettable.

bagnànte, *m.* e *f.* bather.

bagnàre, **A** *v. t.* ***1*** to wet*; to bathe; (*immergere*) to dip; (*inzuppare*) to soak, to steep; (*inumidire*) to moisten, to dampen; (*spruzzare*) to sprinkle; (*annaffiare*) to water: **Hai bagnato per terra**, you've wet the floor; **L'infermiera bagnò la ferita**, the nurse bathed the wound; **Le lacrime le bagnavano le guance**, her face was bathed in tears; **b. i fiori**, to water the flowers; **b. il pane nel latte**, to soak bread in milk; **b. le lenzuola prima di stirarle**, to dampen (*o* to damp) the sheets before ironing them; **bagnarsi le labbra**, to wet (*o* to moisten) one's lips; **Non voglio bagnarmi le scarpe**, I don't want to wet my shoes; **bagnarsi la fronte**, to dampen one's forehead; **b. una stoffa (prima di tagliarla)**, to pre-shrink a material ***2*** (*di fiume*) to flow through; (*di mare, lago*) to wash; (*lambire*) to wash, to lap: **Il Po bagna molte città**, the Po flows through many towns; **La città è bagnata dal mare**, the city is on the sea. ● **b. il letto**, to wet one's bed □ (*fig.*) **b. la promozione**, to drink to sb.'s promotion □ (*fig.*) **bagnarsi la gola**, to drink; to wet one's whistle (*scherz.*). **B bagnàrsi**, *v. rifl.* e *i. pron.* ***1*** (*in lago, in mare, ecc.*) to bathe ***2*** (*fam.*: *orinarsi addosso*) to wet* oneself ***3*** (*venire bagnato*) to get* wet (*o* soaked, drenched): **Uscì con quell'acquazzone e si bagnò tutto**, he went out in the pouring rain and got wet through (*o* drenched); **Mi si è bagnato il giornale**, my paper has got wet; **b. fino all'osso**, to get soaked through (*o* to the skin).

bagnaròla, *f.* ***1*** (*fam.*: *tinozza da bagno*) bathtub ***2*** (*scherz., di imbarcazione*) tub; (*di altro veicolo*) wreck, banger, jalopy.

bagnasciùga, *m.* ***1*** (*naut.*) boot topping: **al b.**, between wind and water ***2*** (*pop.*: *battigia*) shoreline; water's edge.

bagnàta, *f.* wetting; soaking; drenching; (*annaffiatura*) sprinkling, watering. ● **Mi sono preso una bella b.**, I got drenched.

bagnàto, **A** *a.* wet; moist: **guance bagnate di lacrime**, cheeks wet with tears; **terreno b.**, wet ground; **b. di sudore**, moist with sweat; **Il bambino è b., devo cambiarlo**, the baby is wet, I must change it. ● **b. come un pulcino**, as wet as a drowned rat □ **b. fradicio**, soaked; soaking wet; soaked to the skin. **B** *m.* damp (*o* wet) ground; wet. ● (*fig.*) **Piove sul b.**, (*rif. a disgrazie*) it never rains but it pours; (*rif. a fortune*) some people get all the luck.

bagnatùra, *f.* ***1*** soaking; wetting ***2*** (*pl.*) (*cura di bagni*) course of baths.

bagnìno, *m.* (*f.* **-a**) bathing attendant; (*di salvataggio*) lifeguard.

bàgno, *m.* ***1*** (*per igiene o cura*) bath: **fare il b.**, to have (*o* to take) a bath; to bath (*GB*); to bathe (*USA*): **fare il b. una volta alla settimana**, to have a bath once a week; **Ora mi faccio un bel b. caldo**, I'm going to take a nice hot bath; **fare il b. a q.**, to give sb. a bath; to bath sb. (*GB*); to bathe sb. (*USA*); **una cura di bagni**, a course of baths; **Guarì coi bagni**, he got better by taking baths ***2*** (*l'acqua del b.*) bathwater; bath: **Il b. è pronto**, your bath is ready ***3*** (*in mare, lago, ecc.*) swim; bathe: **fare il b.**, to go swimming (*o* for a swim); to bathe; to go bathing: **Andiamo a fare un (o il) b.!**, let's go for a swim!; **È pericoloso fare il b. qui**, it is dangerous to swim (*o* to bathe) here; **fare il b. nudi**, to bathe in the nude; to skinny-dip (*fam.*); **D'estate andavamo a fare i bagni**, we used to go to the seaside in summer; **bagni di mare**, sea bathing; **la stagione dei bagni**, the bathing season ***4*** (*stanza*) bathroom; (*eufem.*: *gabinetto*) toilet (*GB*), bathroom (*USA*): **Si chiuse nel b.**, he locked himself in the bathroom; **b. padronale [di servizio]**, main [second] bathroom ***5*** (*chim., fotogr., ind.*) bath: **un b. di acido cloridrico**, a bath of hydrochloric acid; **b. d'arresto**, stop bath; **b. di sviluppo**, development bath ***6*** (*vasca da b.*) bath; bathtub ***7*** (*pl.*) (*luogo dove si fanno i bagni*) baths; (*terme*) spa (*sing.*): **bagni pubblici**, public baths; swimming baths (*GB*). ● (*ind. tess.*) **b. di colore**, dye bath □ (*med.*) **b. di fango**, mud bath □ (*fig.*) **b. di folla**, meeting (*o* mixing with) the people; walkabout (*fam. GB*): **fare un b. di folla**, to mix with the people; to go walkabout (*fam. GB*) □ (*mecc.*) **b. d'olio**, oil bath □ (*ind. conciaria*) **b. di rinverdimento**, soak; soaking □ (*fig.*) **b. di sangue**, bloodbath □ **b. di sole**, sun bath: **fare i bagni di sole**, to sunbathe □ (*metall.*) **b. di tempra**, quenching bath □ **b. di vapore**, steam bath □ (*per animali*) **b. disinfettante**, dip □ (*metall.*) **b. galvanico**, electroplating □ **b. maria**, *V.* **bagnomaria** □ (*med.*) **b. oculare**, eyewash □ **b. penale**, penal settlement □ **b. turco**, Turkish bath □ (*fig. fam.*) **andare a b.**, to go bust; to flounder; to go under; to go down the drain □ **calzoncini (o slip) da b.**, swimming trunks □ **costume da b.**, bathing costume (*o* suit); swimming costume; swimsuit □ **cuffia da b.**, bathing cap □ **essere in un b. di sudore**, to be bathed in (*o* to be running with) sweat □ **far scendere l'acqua per il b.**, to run a bath □ (*anche cucina*) **lasciare a b.**, to soak □ (*fig. fam.*) **mandare a b.**, to wreck; to scupper □ (*pop.*) **mandare q. a fare un b.**, to tell sb. to get lost (*pop.*) □ **mettere q.c. a b.**, to put st. to soak; to soak st. □ **stabilimento (per fare i) bagni**, bathing establishment; (*per cura*) spa □ (*pop.*) **Va' a fare un b.!**, get lost!; go chase yourself!; get knotted (*GB*).

bagnomarìa, *m.* bain-marie* (*franc.*): **cuocere a b.**, to cook in a bain-marie.

bagnoschiùma, *m. invar.* bubble bath; bath foam.

bagolàro, *m.* (*bot.*, *Celtis occidentalis*) hackberry.

bagórdo, *m.* (*specialm. al pl.*) drinking party; spree; binge (*pop.*): **fare bagordi**, to go on a spree; to live it up (*fam.*); to paint the town red (*fam.*); to go on a binge (*pop.*); **darsi ai bagordi**, to lead a dissipated (*o* debauched) life.

baguette (*franc.*), f. invar. *1* (*di calza*) clock *2* (*oreficeria*) baguette *3* (*forma di pane*) French loaf; baguette.
bah, inter. (*per esprimere dubbio, perplessità*) oh, well...
bài, vc. – (*fam.*) **né ahi né bai**, not a word.
bàia (1), f. (*geogr.*) bay.
bàia (2), f. joke; mockery: **dare la b. a q.**, to make fun of sb.; to mock sb.
baiadèra, f. *1* (*in India*) bayadere *2* oriental dancer.
bailamme, m. invar. hullabaloo; hubbub; uproar; bedlam.
bàio, a. e m. bay.
baiòcco, m. *1* (*stor.*) baiocco (copper coin of the Papal States) *2* (*pl.*) (*soldi*) money (*sing.*). ● **Non vale un b.**, it isn't worth a brass farthing.
baionétta, f. bayonet: **assalto alla b.**, bayonet attack; **inastare le baionette**, to fix bayonets; **B. in canna!**, fix bayonets! ● (*di lampadina*) **attacco a b.**, bayonet base □ **innesto a b.**, (*fotogr.*) bayonet mount (*o* cap); (*mecc.*) bayonet connection (*o* coupling).
baionettàta, f. (*colpo*) bayonet thrust; (*ferita*) bayonet wound.
bàita, f. mountain hut; chalet.
balalàica, f. (*mus.*) balalaika.
bàlano, m. (*zool.*, *Balanus tintinnabulum*) acorn barnacle; acorn shell.
balàscio, m. (*miner.*) balas.
balaùsta, f. (*bot.*) pomegranate.
balaùstra, **balaustràta,** f. banisters (*pl.*); balustrade.
balaustrino, m. bow compass.
balaùstro, m. (*archit.*) baluster.
balbettaménto, m. stammering; stuttering.
balbettàre, **A** v. i. *1* (*essere balbuziente*) to stammer; to stutter; to have a stammer: **Da bambino balbettavo molto**, I stammered badly (*o* I had a bad stammer) as a child *2* (*parlare con titubanza*) to stammer; to falter *3* (*di bambino*) to babble: **Il bambino comincia a b.**, the baby is beginning to babble. **B** v. t. to stammer out: **Balbettò una scusa**, he stammered out an excuse; **b. una risposta**, to give a faltering answer; **b. l'inglese**, to speak broken English.
balbettio, m. *1* stammering; stuttering *2* (*di bambino*) babble.
balbùzie, f. stammer; stutter: **È affetto da b.**, he stammers; he has a stammer.
balbuziènte, **A** a. stammering; stuttering. **B** m. e f. stammerer; stutterer.
Balcàni, m. pl. (*geogr.*) (the) Balkans.
balcànico, a. Balkan (*attr.*).
balcanizzàre, v. t. (*polit.*) to Balkanize.
balcanizzazióne, f. (*polit.*) Balkanization.
balconàta, f. *1* (*archit.*) balcony *2* (*di teatro*) gallery *3* (*naut.*) gallery.
balconcino, m. small balcony. ● **reggiseno a b.**, strapless bra.
balcóne, m. balcony.
baldacchino, m. canopy (*anche archit.* e *fig.*); (*eccles.*, *anche*) baldachin; (*su letto, anche*) tester: **letto a b.**, tester bed; four-poster (bed).
baldànza, f. dash; daring; boldness; (*fiducia in sé*) self-confidence.
baldanzóso, a. self-assured; dashing; bold.
bàldo, a. dashing; bold; self-confident.
baldòria, f. (*allegria rumorosa*) fun; good time; noisy get-together; spree: **far b.**, to have a good time; to live it up (*fam.*); **Non fate troppa b.!**, don't make too much of a racket!
Baldovino, m. Baldwin.
baldràcca, f. (*volg.*) whore; slut; strumpet; harlot.
Baleàri, f. pl. (*geogr.*) (the) Balearic Islands.
baléna, f. *1* (*zool.*, *Balaena*) whale *2* (*fig. spreg.*) grossly fat person; tub of lard (*fam.*); (*donna*) cow (*volg.*). ● (*zool.*) **b. bianca**, (*Delphinapterus leucas*), white whale; beluga □ **caccia alla b.**, whaling □ **grasso di b.**, blubber □ **olio di b.**, whale oil □ **osso** (*o* **stecca**) **di b.**, whalebone.
balenaménto, m. flashing.
balenàre, v. i. *1* (*impers.*) to lighten: **Balenò tutta la notte**, the lightning continued all night *2* (*splendere all'improvviso*) to flash; to flare; to blaze: **Balenò un lampo**, lightning flashed; there was a flash of lightning; **In lontananza balenava un incendio**, a fire was blazing in the distance; **occhi che balenano d'ira**, eyes flashing with anger *3* (*fig.*) to flash: **Mi balenò un'idea**, an idea flashed into (*o* through) my mind; I was struck by an idea; **far b. a q. una prospettiva**, to flash a prospect at sb.; to dangle a prospect before sb.
baleneria, f. whaling.
balenièra, f. whaling ship; whaler.
balenière, m. whaler.
balenio, m. *1* continuous lightning *2* (*luccichio*) flashing: **un b. di coltelli**, a flashing of knives.
baléno, m. flash; (*lampo*) flash of lightning. ● (*fig.*) **in un b.**, in a flash.
balenòttera, f. (*zool.*, *Balaenoptera*) rorqual; finback; razorback.
balenòtto, m. whale calf*.
balèra, f. public dance-hall; (*all'aperto*) open-air dance floor.
balèstra, f. *1* (*arma*) crossbow *2* (*mecc.*) leaf spring *3* (*tipogr.*) galley.
balestràre, v. t. to shoot* with a crossbow.
balestrièra, f. loophole.
balestrière, m. crossbowman*.
balestrùccio, m. (*zool.*, *Chelidon urbica*) house martin.
bàlia (1), f. wet nurse; nurse: **b. asciutta**, dry nurse; nursemaid; nanny (*fam.*); **dare** (*o* **mettere**) **un bambino a b.**, to put a child (out) to nurse; **essere a b.**, to be out to nurse; (*anche fig.*) **fare da b. a q.**, to wet-nurse sb. ● **spilla da b.**, safety pin.
balìa (2), f. power; hands (*pl.*): **avere q. in propria b.**, to have sb. in one's power; **in b. delle onde**, at the mercy of the waves; tossed by the waves; **in b. della sorte**, in the hands of fortune; **essere in b. di se stesso**, to have been abandoned; (*di persona, anche*) to be left to fend for oneself; to be left to one's own devices.
baliàtico, m. *1* wet nursing *2* (*compenso della balia*) wet nurse's wages (*pl.*) *3* (*bambino a balia*) child* out at nurse; nursling.
balilla, m. invar. (*stor.*) member (aged 8 to 14) of the Italian Fascist Youth Movement.
bàlio, m. *1* husband of a wet nurse *2* (*stor.*) tutor.
balipèdio, m. (*mil.*) artillery range.
balista, f. (*stor.*) ballista*.
balìstica, f. ballistics (*pl. col verbo al sing.*).
balìstico, a. (*mil.*) ballistic.
balistite, f. ballistite.
balìvo, m. (*stor.*) bailiff.
bàlla, f. *1* bale *2* (*fig. fam.*: *fandonia*) lie; story; rubbish; baloney (*pop.*); crap (*volg.*); bullshit (*volg.*): **raccontare una b.**, to tell a lie (*o* a story); **raccontare balle**, to talk rubbish; **È una b.**, it's all rubbish; **Balle!**, rubbish!; balls! (*volg.*); bullshit! (*volg.*); **Tutte balle!**, it's all lies!; that's a lot of crap (*volg.*) *3* (*region.*) drunken state: **avere la b.**, to be drunk; to be plastered (*pop.*); to be soused (*pop.*); **prendere la b.**, to get drunk; to go on a bender (*pop.*).
ballàbile, **A** a. danceable; fit for dancing; dance (*attr.*). **B** m. dance tune.
ballàre, **A** v. i. *1* to dance: **Vuoi b.?**, would you like to dance?; **b. bene**, to dance well; to be a good dancer; **andare a b.**, to go dancing; **b. come un orso**, to dance clumsily *2* (*saltellare*) to dance, to hop; (*agitarsi*) to fidget: **b. dalla gioia**, to dance for joy; **b. dall'eccitazione**, to be hopping with excitement *3* (*traballare*) to shake*, to rock, to wobble, to totter; (*rollare*) to roll; (*essere mobile*) to be loose: **Questo tavolo balla un po'**, this table wobbles a bit (*o* is a bit wobbly); **Ci fu un rimbombo e tutto cominciò a b.**, there was a low rumble and everything started to shake; **La nave ballava nella tempesta**, the ship rolled (*o* tossed about) in the storm; **Abbiamo ballato per tutto il volo**, we had a rough flight; **Mi balla un dente**, I have a loose tooth; **Questo vetro balla nella cornice**, this glass rattles in its frame *4* (*di vestiti*) to be too big (for sb.); to hang* (on sb.). ● (*fig.*) **far b. q.**, to make sb. jump □ (*fig.*) **Adesso si balla!**, now we're in for it!; hold tight! **B** v. t. to dance: **b. una polka**, to dance a polka.
ballàta, f. *1* (*letter.*) ballad; ballade (*franc.*) *2* (*mus.*) ballade (*franc.*).
ballatóio (1), m. *1* (*balcone esterno*) gallery *2* (*pianerottolo*) landing.
ballatóio (2), m. (*per uccelli*) perch.
ballerina, f. *1* (*professionista*) (professional) dancer; (*classica*) ballet dancer, ballerina: **prima b.**, prima ballerina; **b. di fila**, chorus girl *2* (*donna che balla bene*) good dancer; (*partner di ballo*) partner *3* (*scarpa*) pump *4* (*zool.*, *Motacilla*) wagtail *5* (*bot.*, *Solanum nigrum*) black nightshade.
ballerino, **A** m. *1* (*professionista*) (professional) dancer; (*classico*) ballet dancer *2* (*uomo che balla bene*) good dancer; (*partner di ballo*) partner. **B** a. dancing: **un orso b.**, a dancing bear. ● **terre ballerine**, quake country (*sing.*).
ballettistico, a. ballet (*attr.*).
ballétto, m. (*mus.*, *teatr.*) ballet; (*TV*, *teatro di varietà*) dance routine, (*i ballerini*) dancers (*pl.*). ● (*fig. iron.*) **un b. di cifre**, a juggling of figures □ (*fig.*) **balletti rosa**, sex orgies.
ballista, m. e f. (*fam.*) liar; story teller; bullshitter (*volg.*).
bàllo, m. *1* dance; (*il danzare*) dancing: **Mi concede questo b.?**, may I have the honour (*o* pleasure) of this dance?; **Mi piace il b.**, I like dancing; **maestro di b.**, dancing master; **scuola di b.**, dance school *2* (*festa da b.*) ball: **dare un b.**, to give a ball; **b. di Corte**, Court ball; **b. in costume**, fancy dress ball; **b. in maschera**, masked ball. ● (*med.*) **b. di S. Vito**, St Vitus's dance □ **b. liscio**, ballroom dancing; ballroom dance □ **corpo di b.**, corps de ballet (*franc.*) □ (*fig.*) **entrare in b.**, to come into play; to come up: **Entrò in b. il solito discorso**, the usual topic came up again □ (*fig.*) **essere in b.**, (*essere implicato*) to be involved; (*essere a rischio*) to be at stake, to be on the line (*fam.*): **Qui è in b. la chiusura dell'azienda**, what is involved here is a shutdown of the business; **Sono in b. le nostre vite**, our lives are at stake □ **festa da b.**, dancing party; dance; ball □ **mettere** (*o* **tirare**) **in b. q.** (*coinvolgerlo*), to drag sb. into st.; to involve sb. into st. □ **mettere** (*o* **tirare**) **in b. q.c.** (*menzionarlo*), to bring up st.; to drag in st. □ **musica da b.**, dance music □ **sala da b.**, ballroom; dance hall □ (*prov.*) **Quando si è in b. bisogna ballare**, in for a penny, in for a pound.
ballon d'essai (*franc.*), locuz. m. invar. trial balloon: **lanciare un b.**, to send up a trial balloon; to fly a kite (*GB*).
ballonzolàre, v. i. *1* (*ballare goffamente*) to shuffle about *2* (*saltellare*) to bounce; to skip about.
ballòtta, f. boiled chestnut.
ballottàggio, m. *1* second ballot: **andare al b.**, to go to second ballot; **entrare in b.**, to come up for second ballot *2* (*sport*) playoff.
balneàbile, a. fit for swimming; where swimming is permitted.

balneàre, *a.* bathing (*attr.*); swimming (*attr.*): **stabilimento b.**, bathing establishment; lido*; **stagione b.**, bathing season; **stazione b.**, seaside resort.

balneazióne, *f.* swimming; bathing: **C'è il divieto di b.**, swimming is forbidden.

balneoterapìa, *f.* (*med.*) balneotherapy.

balneoteràpico, *a.* (*med.*) balneotherapeutic.

baloccàre, A *v. t.* to keep* (sb.) amused; to amuse. **B baloccàrsi,** *v. rifl.* **1** (*giocare*) to play **2** (*gingillarsi*) to toy with, to fiddle with; (*perdere tempo*) to waste time, to fiddle about, to dawdle: **b. con un'idea**, to toy with an idea.

balòcco, *m.* **1** (*giocattolo*) toy; (*anche fig.*) plaything **2** (*fig.*: *trastullo*) pastime.

balordàggine, *f.* **1** stupidity; foolishness **2** (*azione balorda*) foolish action; stupid (*o* foolish) thing: **È stata una b., la tua**, that was a foolish thing to do **3** (*discorso balordo*) stupid (*o* foolish) thing (to say); absurdity; nonsense.

balórdo, A *a.* **1** (*sciocco*) stupid; foolish; dumb **2** (*strampalato*) absurd; nonsensical; harebrained; daft (*fam.*): **un'idea balorda**, an absurd idea; a daft notion; **un piano b.**, a harebrained scheme **3** (*stordito*) dazed, stupefied, dull; (*non in perfetta salute*) queer, out of sorts, under the weather (*GB*) **4** (*che promette male*) bad; unsound; chancy: **affare b.**, unsound deal **5** (*del tempo*) unsettled; uncertain. **B** *m.* (*f.* **-a**) **1** (*persona stupida*) idiot; half-wit; twit (*fam.*); nut (*fam.*) **2** (*pop.*: *piccolo malvivente*) small-time criminal; hoodlum; hooligan.

bàlsa, *f.* balsa (wood).

balsàmico, A *a.* **1** balsamic; aromatic **2** (*fig.*: *odoroso*) balmy; (*salubre*) wholesome, healthy. **B** *m.* (*farm.*) balsam.

balsamìna, *f.* (*bot.*, *Impatiens balsamina*) balsam; busy Lizzie (*fam.*).

balsamìte, *f.* (*bot.*, *Chrisanthemum balsamita*) costmary.

bàlsamo, *m.* **1** balm; balsam; (*rimedio*) remedy **2** (*fig.*: *conforto*) balm; solace; comfort.

bàlteo, *m.* (*mil.*) baldric.

bàltico, *a.* Baltic. ● (*geogr.*) **il (Mar) B.**, the Baltic (Sea).

baluàrdo, *m.* **1** bulwark; bastion; rampart **2** (*fig.*) bulwark; bastion; defence.

baluginàre, *v. i.* **1** to flicker; to glimmer; to blink; to twinkle: **Il chiarore baluginò e scomparve**, the light flickered briefly and was gone **2** (*fig.*) to flicker; to glimmer: **Mi baluginò un sospetto**, a suspicion flickered through my mind.

baluginìo, *m.* flickering; glimmering; blinking; twinkling.

bàlza, *f.* **1** (*dirupo*) crag **2** (*tratto piano*) ledge; terrace **3** (*di veste*) flounce; frill; (*increspata*) ruffle **4** (*di tenda, copertura*) valance.

balzàna, *f.* (*di cavallo*) sock; stocking.

balzàno, *a.* **1** (*di cavallo*) having socks; stockinged **2** (*fig.*) odd; bizarre; harebrained: **un'idea balzana**, an odd notion; **un cervello b.**, an odd type; an oddball (*fam.*).

balzàre, *v. i.* **1** (*saltare*) to leap*; to jump; to spring*; (*muoversi in fretta*) to dart, to bolt, to shoot*: **b. in piedi**, to jump (*o* to leap, to spring) to one's feet; to jump up; **b. di [in] sella**, to leap from [into] the saddle; **b. dal letto**, to jump (*o* to leap) out of bed; **La lince balzò sulla preda**, the lynx leapt (*o* pounced) on its prey; **b. addosso a q.**, to jump on sb.; **b. in avanti**, to spring forward; to shoot forward; **b. indietro**, to spring back; to recoil; **Il cuore mi balzava per la gioia**, my heart leaped for joy; **Il cervo balzò via**, the deer bolted off; **b. in testa a tutti**, to shoot ahead of the rest; **b. in testa alla classifica**, to shoot to the top of the charts **2** (*rimbalzare*) to bounce **3** (*sobbalzare*) to jolt; to shake*. ● (*fig.*) **b. agli occhi**, to leap before sb.'s eyes, to leap out at one; (*essere ovvio*) to stare one in the face, to be self-evident: **La verità mi balzò subito agli occhi**, truth leapt before my eyes □ **b. fuori**, (*spuntare*) to pop up; (*emergere*) to emerge, to come out □ **b. in primo piano**, to leap into the foreground.

balzellàre, *v. i.* to hop; to skip: **Il sassolino balzellò sull'acqua**, the pebble skipped along the surface of the water.

balzèllo, *m.* (*tassa*) iniquitous tax; (*fig.*) imposition.

balzellóni, *avv.* by leaps; by bounds: **procedere (a) b.**, to bounce along.

bàlzo (1), *m.* **1** (*salto*) leap, jump, spring, bound; (*slancio*) dart, bolt, dash: **fare un b.**, to make a leap; to leap; **fare un b. in avanti**, to leap forward; **Con un b. fu giù dal letto**, with a leap he was out of bed; he leapt out of bed; **Raggiunse la porta con un b.**, he leapt (*o* shot, darted) to the door; **Correva a balzi verso di noi**, he was running towards us in great leaps; **Da dattilografa a segretaria privata è stato un bel b.**, it was quite a jump from typist to personal secretary; **un b. dei prezzi**, a jump in prices **2** (*rimbalzo*) bounce; rebound **3** (*sobbalzo*) jolt; jerk; (*di paura*) start: **A quel rumore ebbe un b.**, he started (*o* gave a start) at that noise; **Mi hai fatto fare un b.**, you startled me; **Il cuore mi diede un b.**, my heart leapt (*o* missed a beat). ● **un b. in avanti**, a leap forward (*anche fig.*); (*miglioramento*) a vast improvement □ (*fig.*) **cogliere la palla al b.**, to seize the opportunity; to jump at st. □ **La tecnologia ha fatto balzi da gigante**, technology has progressed by leaps and bounds.

bàlzo (2), *m.* **1** (*dirupo*) crag **2** (*tratto piano*) ledge; terrace.

bambàgia, *f.* **1** cotton wool (*GB*); (absorbent) cotton (*USA*) **2** (*ind. tess.*) raw cotton; (*cascame*) cotton waste. ● (*fig.*) **essere di b.**, to be very delicate □ (*fig.*) **conservare q.c. nella b.**, to lay st. up in lavender □ (*fig.*) **tenere q. nella b.**, to wrap sb. in cotton wool; to pamper sb.; to mollycoddle sb.

bambagióso, *a.* fluffy; fleecy; as soft as cotton wool.

bambìna, *f.* **1** (*neonata*) baby (girl); (*che cammina appena*) toddler; (*ragazzina*) little girl, child*, kid (*fam.*); *V. anche* **bambino 2** (*vocat.*, *fam.*) baby; babe; chick.

bambinàggine, *f.* **1** childishness; puerility **2** *V.* **bambinata**, *def. 1, 2 e 3.*

bambinàia, *f.* nursemaid; governess; nanny (*fam.*).

bambinàta, *f.* **1** (*azione da bambino*) childish thing, childish action; (*marachella*) childish prank **2** (*commento da bambino*) childish remark; childish thing **3** (*cosa per bambini*) childish thing; childish stuff **4** (*cosa facilissima*) child's play.

bambineggiàre, *v. i.* to behave like a child.

bambinésco, *a.* (*spreg.*) childish; infantile; puerile.

bambìno, A *m.* **1** (*neonato*) baby, infant; (*di sesso maschile*) baby boy; (*che cammina appena*) toddler; (*ragazzino*) child*, kid (*fam.*), little boy (*m.*): **Il cortile era pieno di bambini**, the courtyard was full of children; **Da b. collezionavo conchiglie**, I used to collect shells when I was a little boy (*o* a kid); **Da b. ero biondo**, I had blond hair as a child; **Ci conosciamo fin da bambini**, we've known each other since we were children (*o* kids); **faccia da b.**, childish face; baby face; **idee da b.**, childish notions; **vestiti per bambini**, children's clothes; **racconto [filastrocca] per bambini**, nursery tale [rhyme] **2** (*figlio maschio o femmina*) child*; (*neonato*) baby. ● **b. difficile**, problem child □ **il B. Gesù**, the infant (*o* baby) Jesus □ **b. prodigio**, child prodigy □ (*scherz.*) **b. terribile**, little horror; little terror □ **Sua sorella ha avuto un b.**, her sister has had a baby □ **aspettare un b.**, to be expecting a baby □ **fare il b.**, to behave like a child; to be childish (*o* puerile): **Smettila di fare il b.!**, stop behaving like a child!; be your age!; grow up! (*fam.*) □ (*fig.*) **gioco da bambini**, child's play □ **rimanere un b.**, to be still a child; not to have grown up. **B** *a.* immature; undeveloped; infant: **mente bambina**, immature mind; **scienza bambina**, infant science; science in its infancy.

bambinóne, *m.* (*f.* **-a**) (*anche fig.*) big baby.

bambocceria, *f.* **1** childishness **2** childish action; childish remark.

bambocciànte, *m.* (*pitt.*) painter of bambocciade.

bambocciàta, *f.* **1** childish action; childish remark **2** (*pitt.*) bambocciade.

bambòccio, *m.* **1** (*bambino grassoccio*) chubby child* **2** (*semplicione*) big baby **3** (*fantoccio*) rag doll.

bàmbola, *f.* **1** doll: **giocare alle bambole**, to play with dolls; **b. di pezza**, rag doll **2** (*fig.*: *bella ragazza*) doll; (*spreg.*) bimbo, dolly (bird); (*come vocat.*) doll, chick, baby **3** (*gergo sportivo*) collapse: **avere la b.**, to collapse.

bamboleggiàre, *v. i.* **1** to behave like a child; (*nel parlare*) to use baby talk **2** (*assumere atteggiamenti leziosi*) to simper.

bambolificio, *m.* doll factory.

bambolòtto, *m.* **1** doll **2** (*bambino grassoccio*) chubby child*.

bambù, *m.* **1** (*bot.*) bamboo* **2** (*bastone*) bamboo cane.

bambușàia, *f.* bamboo plantation.

banàle, *a.* **1** (*ovvio, non originale*) banal, platitudinous; (*trito*) trite, hackneyed: **conversazione b.**, banal conversation; **commenti banali**, trite (*o* platitudinous) remarks **2** (*non importante*) trivial, unimportant; (*comune*) ordinary, mere: **una faccenda b.**, a trivial matter; **un b. raffreddore**, an ordinary cold; **una b. coincidenza**, a mere coincidence **3** (*di persona*) dull; uninteresting: **un individuo b.**, a dull person.

banalità, *f.* **1** (*l'essere banale*) banality; triviality; (*di persona*) dullness **2** (*commento banale*) banality; platitude; cliché; triviality.

banalizzàre, *v. t.* to trivialize.

banàna, *f.* **1** banana: **casco di banane**, banana cluster **2** (*di capelli*) sausage curl **3** (*elettr.*) banana plug. ● (*spreg.*) **repubblica delle banane**, banana republic □ (*fig.*) **scivolare su una buccia di b.**, to slip on a banana skin.

bananéto, *m.* banana plantation.

bananicoltóre, *m.* (*f.* **-trice**) banana grower.

bananicoltùra, *f.* banana-growing.

bananièra, *f.* banana boat.

bananièro, A *a.* banana (*attr.*). **B** *m.* banana grower.

banàno, *m.* (*bot.*) **1** (*Musa sapientum*) banana (tree) **2** (*Musa paradisiaca*) plantain.

banàto, *m.* banate.

banàușico, *a.* banausic.

bànca, *f.* **1** bank: **la B. d'Italia**, the Bank of Italy; **tenere [versare] denaro in b.**, to keep [to put] money in the bank; **versare in b. un assegno**, to bank a cheque; **biglietto di b.**, banknote; bill (*USA*); **conto in b.**, bank account; **impiegato di b.**, bank clerk **2** (*med.*, *elab.*) bank: **b. degli occhi [del sangue]**, eye [blood] bank; **b. dati**, data bank. ● **b. centrale**, central bank □ **b. commerciale**, commercial (*o* trading) bank □ **b. d'affari**, merchant bank; investment bank □ **B. dei Regolamenti Internazionali**, Bank for International Settlements □ **b. di cambio**, exchange bank □ **b. di sconto**, discount bank □ **b. di Stato**, state bank; government bank □ **b. emittente** (*o* **d'emissione**), bank of issue; issuing bank □ **b. esattrice**, collecting bank □ **B. Internazionale per la Ricostruzione e lo Sviluppo**, International Bank for Reconstruction and Development □ **B. Mondiale**, World Bank □ **b. nazionale**, national bank □ **b. popolare**, people's bank □ **b. rurale**, country bank □ **b. trassata**, paying bank □ **a mezzo b.**, by banker.

bancàbile, *a.* bankable; eligible: **non b.**, unbankable.

bancabilità, *f.* bankability.

bancàle, *m.* **1** (*sedile*) bench **2** (*tecn.*) bed: **b. di tornio**, lathe bed.

bancarèlla, *f.* stall; booth; stand: **una b. di libri**, a bookstall; **b. di mercato**, market stall.

bancarellista, *m.* e *f.* stall keeper.

bancàrio, A *a.* banking; bank (*attr.*): **assegno b.**, cheque, check (*USA*); **conto b.**, bank account; **istituto b.**, bank; **operazione bancaria**, banking transaction; **segreto b.**, banking secret; **sistema b.**, banking system; **spese bancarie**, bank charges; **tratta bancaria**, bank bill. **B** *m.* (*f.* **-a**) bank clerk; bank employee.

bancarótta, *f.* (*leg.* e *fig.*) bankruptcy: **b. semplice**, bankruptcy; **b. fraudolenta**, fraudulent bankruptcy; **b. morale**, moral bankruptcy; **essere in b.**, to be bankrupt; **fare b.**, to go bankrupt.

bancarottière, *m.* (*f.* **-a**) bankrupt.

bancherèlla, *V.* **bancarella**.

banchettànte, *m.* e *f.* banqueter.

banchettàre, *v. i.* to banquet; to feast.

banchétto, *m.* **1** (*anche fig.*) banquet: **offrire un b. a q.**, to give a banquet for sb.; **sala dei banchetti**, banqueting hall **2** *V.* **bancarella**.

banchière, *m.* (*f.* **-a**) banker.

banchiglia, *f. V.* **banchisa**.

banchina, *f.* **1** (*naut.*) quay; wharf*; dock: **b. di carico [di scarico]**, loading [unloading] wharf; **b. di ormeggio**, mooring quay **2** (*ferr.*) platform **3** (*di strada*: *per pedoni*) footpath; (*per ciclisti*) cycle lane; (*non transitabile*) verge. ● **b. spartitraffico**, traffic divider □ (*naut.*) **diritti di b.**, quayage.

banchişa, *f.* pack ice; ice pack: **b. galleggiante**, ice floe.

banchista, *V.* **banconiere**.

bànco, *m.* **1** (*panca*) bench: **b. dei magistrati**, magistrates' bench; **i banchi del parlamento**, the benches of Parliament; **i banchi dei rematori**, the rowers' benches; the thwarts **2** (*di ufficio, ecc.*) desk; (*di negozio*) counter; (*di bar*) bar; (*bancarella*) stall: **b. delle informazioni**, information desk; **le merci sul b.**, the goods on the counter; **bere un caffè al b.**, to drink a coffee at the bar **3** (*di artigiano*) workbench; bench: **b. di lavoro**, workbench; **b. del falegname**, carpenter's workbench; **b. del calzolaio**, cobbler's bench **4** (*ind.*) bench; table; stand: **b. di collaudo**, test bench; test stand; **b. di controllo**, inspection table; **b. di taratura**, calibrating table **5** (*ind. tess.*) bench; frame: **b. del pettine**, hackling bench; **b. a fusi**, spindle frame; **b. per stoppino**, roving frame **6** (*banca*) bank: **il B. di Napoli**, the Bank of Naples **7** (*al gioco*) bank: **tenere [perdere] il b.**, to hold [to lose] the bank; **far saltare il b.**, to break the bank; **Il b. vince!**, bank wins! **8** (*ammasso*) bank; bed: **b. di nubi**, bank of clouds; **b. di nebbia**, fog bank; **nebbia in banchi**, fog in patches; **b. di sabbia**, sandbank; **b. di ostriche**, oyster bed; **b. di pesci**, school (*o* shoal) of fish; **b. di spugne**, bed of sponges; **b. di corallo**, coral reef **9** (*ind. min.*: *giacimento*) seam. ● (*leg.*) **b. dell'accusa**, prosecution bench □ (*leg.*) **b. degli imputati**, dock: **sedere sul b. degli imputati**, to be (*o* to appear) in the dock □ (*leg.*) **b. della difesa**, defence counsel's seats □ (*leg.*) **b. della giuria**, jury box □ **b. (del) lotto**, state lottery office □ **b. dei pegni**, pawnbroker's (shop); pawnshop □ (*leg.*) **b. dei testimoni**, witness box; (witness) stand (*USA*) □ **b. di chiesa**, pew □ **b. di ghiaccio**, ice pack □ **b. di mescita**, bar □ **b. di prova**, (*ind.*) test-bed, test bench; (*fig.*) test, acid test □ **b. di scuola**, desk; (*panca per più studenti*) form □ **i Banchi di Terranova**, Newfoundland Banks □ (*fig.*) **sedere a b.**, to sit in judgement □ **sotto b.** (*di nascosto*), under the counter: **vendere q.c. sotto b.**, to sell st. under the counter; **roba di sotto b.**, under-the-counter goods □ **passare q.c. sotto b.** (*metterla a tacere*), to hush st. up □ (*fig.*) **tenere b.** (*di persona*), to hold forth; (*di avvenimento, ecc.*) to be in the foreground.

bancogiro, *m.* (*comm.*) giro; money transfer.

Bàncomat, *m. invar.* (*marchio*) cash dispenser; cashpoint; automatic teller machine (*USA*).

bancóne, *m.* **1** (*in uffici e negozi*) counter; (*di bar*) bar **2** (*tipogr.*) case rack.

banconière, *m.* (*f.* **-a**) shop assistant; (*di bar*) barman* (*f.* barmaid), bartender (*USA*).

banconista, *V.* **banconiere**.

banconòta, *f.* banknote; note; bill (*USA*): **una b. da diecimila lire**, a ten-thousand-lire note; **b. di grosso [piccolo] taglio**, high [low] denomination banknote.

bànda (1), *f.* **1** (*lato*) side: **da tutte le bande**, from all sides **2** (*pl.*) (*luogo*) place (*sing.*): **Che ci fai da queste bande?**, what are you doing around here? **3** (*naut.*) side; board: **andare alla b.**, to heel; **Due alla b.!**, man the side!; **Timone alla b.!**, helm hard over!

bànda (2), *f.* **1** (*striscia*) band; stripe; strip; bar: **calzoni con la b. rossa**, trousers with red bands down the sides; **capelli divisi in due bande**, hair parted in two bands; **b. magnetica**, magnetized strip **2** (*fis., radio*) band: **spettro a bande**, band spectrum; **b. di frequenza**, frequency band; **b. passante**, passband; **b. cittadina**, citizen band **3** (*arald.*) bend. ● (*aeron.*) **b. d'atterraggio**, landing strip □ (*elab.*) **b. perforata**, paper (*o* punch, perforated) tape □ (*cinem.*) **b. sonora**, sound track.

bànda (3), *f.* **1** (*di uomini armati*) band; gang: **bande armate**, armed bands; **b. di partigiani**, band of partisans; **b. di ladri**, gang of thieves; **b. criminale**, gang; **Sono tutti una b. di imbroglioni**, they're all a gang of crooks **2** (*fam.*: *gruppo di amici, colleghi, ecc.*) gang; mob; brigade; **Arrivò con tutta la b.**, he came with the whole gang (*o* mob) **3** (*di suonatori*) band: **b. militare**, military band; **b. di ottoni**, brass band.

bandéggio, *m.* (*biol.*) banding techniques (*pl.*).

bandèlla, *f.* **1** (*di porta*) hinge **2** (*elettr.*) bus bar **3** (*metall.*) strap **4** (*di libro*) jacket flap.

banderuòla, *f.* **1** weather vane; weathercock **2** (*fig., di persona*) weathercock: **essere una b.**, to be a weathercock; to bend with the breeze.

bandièra, *f.* flag; banner (*anche fig.*); (*mil.*) colours (*pl.*); (*naut.*) flag, ensign: **la b. nazionale**, a country's flag (*o* colours); **la b. italiana**, the Italian flag; **la b. della libertà**, the flag (*o* banner) of liberty; **issare [ammainare] la b.**, to hoist [to lower, to strike] the flag; **mettere fuori la b.**, to put out the flag; **spiegare una b.**, to unfurl a flag; **sventolare una b.**, to wave a flag. ● **b. a mezz'asta**, flag (flying) at half mast □ **b. a stelle e strisce** (*degli U.S.A.*), Stars and Stripes □ **b. bianca**, white flag: **alzare b. bianca**, to raise (*o* to show) the white flag □ **b. di quarantena** (*o* **gialla**), yellow flag □ (*naut.*) **b. di segnalazione**, signal flag □ **b. nera** (*dei pirati*), black flag; Jolly Roger □ (*naut.*) **b. ombra**, flag of convenience □ **b. tricolore**, tricolor □ (*anche fig.*) **a bandiere spiegate**, with flying colours □ **abbandonare la b.** (*disertare*), to desert one's colours □ (*naut.*) **aiutante di b.**, flag lieutenant □ **battere b. italiana**, to fly the Italian flag □ (*sport*) **punto della b.**, consolation point; face saver □ (*aeron.*) **compagnia di b.**, national airline □ (*fig.*) **mutare b.**, to change sides; (*cambiare opinione*) to change one's mind □ (*fig.*) **tenere alta la b.**, to fly the flag; to keep the flag flying □ **rosso b.**, pillar-box red □ **spirito di b.**, esprit de corps (*franc.*) □ **verde b.**, bright green.

bandieràio, *m.* flag maker.

bandierina, *f.* **1** (small) flag: **le bandierine su una carta geografica**, the flags on a map **2** (*sport*) flag. ● (*calcio*) **tiro dalla b.**, corner (kick).

bandinèlla, *f.* (*asciugamano a rullo*) roller towel.

bandire, *v. t.* **1** (*notificare, indire*) to publicize; to publish; to proclaim; to announce: **b. un concorso**, to advertize (*o* to announce) a competition; **b. una gara d'appalto**, to call for tenders (*o* bids) **2** (*esiliare*) to banish, to exile; (*espellere*) to expel: **Dante fu bandito da Firenze**, Dante was banished from Florence **3** (*mettere al bando, proibire*) to ban; to banish: **b. la caccia**, to ban hunting **4** (*mettere da parte*) to dispense with; to put* aside; to do* away with: **b. i complimenti**, to dispense with ceremonies; **b. gli scrupoli**, to put aside scruples. ● **b. q.c. ai quattro venti**, to proclaim st. to the four winds; to shout st. from the housetops.

bandista, *m.* e *f.* (*mus.*) bandsman* (*m.*); bandswoman* (*f.*).

bandistico, *a.* band (*attr.*).

bandita, *f.* reserve; sanctuary: **b. di caccia**, game sanctuary.

banditésco, *a.* criminal.

banditişmo, *m.* banditry; brigandage; gangsterism.

bandito, A *a.* banished; exiled. **B** *m.* (*f.* **-a**) **1** (*persona esiliata*) exile **2** (*fuorilegge*) bandit*, gangster, outlaw, mobster; (*brigante*) bandit, brigand, highwayman*.

banditóre, *m.* (*f.* **-trice**) **1** crier **2** (*nelle vendite all'asta*) auctioneer **3** (*fig.*: *promotore*) advocate; preacher; champion.

bàndo, *m.* **1** (*editto, decreto*) proclamation; ban **2** (*pubblico annuncio*) public notice; notification: **b. di asta pubblica**, notification of public auction; **b. di concorso**, notice of competition; **b. di gara d'appalto**, call for tenders (*o* bids) **3** (*esilio*) banishment: **essere al b.**, to be banished; **mettere al b.**, to banish; to exile; **mandare in b. perpetuo**, to banish for life; **pena di b.**, sentence of banishment. ● **B. alle cerimonie!**, let us not stand on ceremonies! □ **B. alle chiacchiere!**, no more chatting! □ **B. alle formalità!**, let's do away with formalities! □ **essere al b.** (*essere proibito*), to be under a ban □ **essere messo al b. dalla società**, to be excluded from civilized society; to be a social outcast □ **messa al b.**, banishment □ **mettere al b.**, (*proibire*) to ban, to put a ban on; (*eliminare*) to do away with, to get rid of, to dispense with, to put aside.

bandolièra, *f.* (*mil.*) bandoleer. ● **a b.**, baldric-wise; slung across the shoulder.

bàndolo, *m.* end of a skein. ● (*fig.*) **b. della matassa**, clue (to the solution of st.): **non riuscire a trovare il b. della matassa**, not to have a clue; not to be able to make head or tail of st.; **perdere il b. (della matassa)**, to get mixed up; (*fig.*) **trovare il b. (della matassa)**, to find the solution (*o* the answer, the key) to a problem.

bandóne, *m.* **1** (*lastra di metallo*) sheet metal **2** (*saracinesca*) (rolling) shutter.

bang, *m. invar.* bang: (*aeron.*) **b. sonico**, sonic bang.

bangioista, *m.* e *f.* banjo player; banjoist.

banjo, *m. invar.* (*mus.*) banjo*.

bàno, *m.* (*stor.*) ban.

bansigo, *m.* (*naut.*) bosun's chair.

bàntu, *a., m.* e *f.* Bantu (*f.* Bantu woman*).

baobàb, *m.* (*bot.*, *Adansonia digitata*) baobab; monkey-bread.

bar (1), *m. invar.* **1** bar; coffee bar; café; cafeteria **2** (*mobile*) cocktail cabinet; bar.

bar (2), *m. invar.* (*fis.*) bar.

bàra, *f.* coffin; casket (*USA*).

Baràbba, m. (*Bibbia*) Barabbas.

baràbba, m. invar. (*manigoldo*) rascal; rogue.

baràcca, f. *1* (*ricovero*) hut; shed: **b. per gli attrezzi**, tool shed *2* (*catapecchia*) shack; shanty; hovel; dump: **un quartiere di baracche**, a shantytown *3* (*fig. fam.*: *casa, famiglia*) family, home; (*impresa*) business: **Chi aiuta la b. è lo zio**, it's our uncle who is helping us out; **La b. non regge**, the business is going down the drain *4* (*cosa malandata*) crock; piece of junk *5* (*baldoria, bisboccia*) fun; good time: **far b.**, to have fun; to go on a spree. ● **mandare** (*o* **tirare**) **avanti la b.**, to keep the ball rolling; to keep things afloat: **È la madre che manda avanti la b.**, it's the mother who earns the money in that house; **stentare a mandare avanti la b.**, to struggle to make ends meet □ **piantare b. e burattini**, to give up everything; to pack it in; to chuck it in (*fam.*) □ (*fig.*) **tutta la b.**, the lot; the whole shebang (*fam. USA*): **Vuole vendere tutta la b.**, he wants to sell it, lock stock and barrel; he wants to sell the whole shebang.

baraccaménto, m. (*mil.*) hutment.

baraccàto, m. (*f.* **-a**) person lodged in a temporary shelter.

baracchìno, m. *1* small hut *2* (*chiosco*) kiosk; booth *3* (*gergo dei radioamatori*) ham radio.

baraccóne, m. *1* booth; large tent: **b. di fiera**, fun fair booth *2* (*pl.*) (*luna park*) fun fair; carnival (*USA*) *3* (*fig.*: *di azienda, comunità, ecc.*) ramshackle structure; zoo. ● **fenomeno da b.**, freak; (*fig.*) odd one, oddball (*fam. USA*), weirdo (*fam.*).

baracconista, m. e f. owner of a fun fair booth.

baraccòpoli, f. invar. shantytown.

baraónda, f. *1* (*disordine*) confusion; chaos; bedlam; mayhem *2* (*trambusto*) hustle; bustle *3* (*chiasso*) racket; din.

baràre, v. i. to cheat: **b. alle carte**, to cheat at cards.

bàratro, m. *1* abyss; chasm: **sprofondare in un b.**, to fall into an abyss *2* (*fig.*) abyss; depths (*pl.*): **in un b. di disperazione**, in the depths of despair.

barattàre, v. t. to barter; to trade; (*scambiare*) to swap: **b. un libro con un disco**, to swap a book for a record.

baratterìa, f. barratry.

barattière, m. barrator.

baràtto, m. (*comm.*) barter; (*scambio*) swap: **scambiare beni mediante b.**, to exchange goods through barter; **proporre un b.**, to offer a swap.

baràttolo, m. *1* (*di vetro o plastica*) jar; pot *2* (*di latta*) tin; can (*USA*).

bàrba, f. *1* beard: **avere** (*o* **portare**) **la b.**, to wear a beard; **farsi crescere la b.**, to grow a beard; **avere la b. lunga**, to have a long beard; (*doversi radere*) to be in need of a shave; **la b. di una settimana**, a week's growth of beard; **farsi la b.**, to shave; to have a shave; **fare la b. a q.**, to shave sb.; **B. e capelli, signore?** shave and haircut, sir?; **b. a punta**, pointed beard; **b. dura**, coarse beard; **b. fluente**, flowing beard; **b. incolta**, unkept (*o* straggling) beard; **b. ispida**, stubble; **b. rada**, sparse (*o* thin) beard; **crema da b.**, shaving cream; **pennello da b.**, shaving brush; **sapone da b.**, shaving soap; **schiuma da b.**, shaving foam *2* (*bot.*) root; rootlet: **mettere le barbe**, to take root *3* (*fig.*: *cosa noiosa*) bore; drag (*pop.*); yawn (*pop.*): **Che b.!**, how boring!; what a drag! (*pop.*); **Non leggerlo, è una b.**, don't read it, it's a bore (*o* it's very boring; *pop.*: it's a yawn); **Che b. d'un uomo!**, what a bore! *4* (*di animale*) barb; beard *5* (*di penna di uccello*) barb *6* (*di cereali*) awn; (*di granturco*) silk *7* (*di libro*) deckle edge. ● (*bot.*) **b. di becco** (*Tragopon pratensis*), goat's beard □ (*fig. fam.*) **b. finta**, secret agent; spy □ (*fig.*: *di notizie*) **avere la b. lunga**, to be stale □ (*fig.*) **far venire la b.**, to be very boring; to bore (sb.) □ **farla in b. a q.**, to outwit sb.; to outsmart sb.; to outfox sb.; to trick sb. □ **farla in b. a q.c.**, to cheat st. □ **in b. a q.**, in defiance of sb. □ **in b. a q.c.**, despite st.; in spite of st. □ **Non c'è b. d'uomo che...**, there is no man alive that... □ (*fig.*) **servire q. di b. e capelli**, to teach sb. a lesson.

barbabiètola, f. (*bot.*, *Beta vulgaris*) beetroot; beet (*USA*). ● **b. da foraggio**, mangel-wurzel (*ted.*) □ **b. da zucchero**, sugar beet □ **zucchero di b.**, beet sugar.

Barbablù, m. Bluebeard.

barbacàne, m. (*mil.*, *stor.*) barbican.

barbafòrte, m. (*bot.*, *Armoracia rusticana*) horseradish.

barbagiànni, m. *1* (*zool.*, *Tyto alba*) barn owl; screech owl *2* (*fig.*: *uomo sciocco*) dimwit.

barbàglio (1), m. dazzle; glare; flash.

barbaglìo (2), m. glitter; shimmer

barbanéra, m. invar. popular almanac.

barbarésco (1), a. barbaric; barbarian.

barbarésco (2), **A** a. (*della Barberia*) Barbary (*attr.*); Barbaresque: **pirati barbareschi**, Barbary pirates. **B** m. *1* (*abitante della Barberia*) Barbaresque *2* (*cavallo della Barberia*) barb; Barbary horse.

barbàrico, a. barbaric; barbarian: **le invasioni barbariche**, the barbarian invasions; **gioielleria barbarica**, barbaric jewelry; **usanze barbariche**, barbaric customs.

barbàrie, f. *1* (*arretratezza, inciviltà*) barbarism; barbarousness: **allo stato di b.**, in a state of barbarism *2* (*crudeltà*) barbarism, savagery, cruelty; (*scempio*) vandalism: **La guerra è una b.**, war is barbarism; **un atto di b.**, (*atto crudele*) a barbarity, an atrocity; (*atto vandalico*) vandalism.

barbarìṣmo, m. (*ling.*) barbarism.

bàrbaro, **A** a. *1* (*dei barbari*) barbaric; barbarian; (*straniero*) foreign: **i popoli barbari**, barbaric peoples; **invasioni barbare**, barbarian invasions; **voci barbare**, foreign words *2* (*fig.*: *incivile*) uncivilized, barbarous; (*rozzo*) rough, uncouth: **usi barbari**, uncivilized customs; **lingua barbara**, rough language; **maniere barbare**, atrocious manners *3* (*fig.*: *orrendo*) dreadful; awful; atrocious: **gusto b.**, dreadful taste *4* (*fig.*: *crudele*) barbarous; cruel; savage: **un b. assassinio**, a barbarous murder. **B** m. (*f.* **-a**) barbarian.

barbastèllo, m. (*zool.*, *Barbastella barbastellus*) barbastelle.

barbatèlla, f. (*agric.*) rooted cutting.

barbàto, a. (*bot.*) barbate.

barbazzàle, V. **barbozzale**.

Barberìa, f. Barbary. ● **organetto di B.**, barrel-organ.

bàrbero, m. barb; Barbary horse; racing horse.

barbétta, f. *1* short beard: **b. a punta**, goatee. *2* (*mil.*, *stor.*) barbette *3* (*naut.*) painter *4* (*di cavallo*) fetlock.

barbicàre, v. i. to take* root; to strike* root.

barbière, m. barber; (*negozio*) barber's (*GB*), barbershop (*USA*).

barbificàre, v. i. to take* root.

barbìglio, m. *1* (*di pesce*) barbel *2* (*di gallinaceo*) wattle *3* (*di freccia*) barb.

barbìno, a. *1* (*duro*) hard: **fatica barbina**, hard work; sweat (*fam.*) *2* (*misero*) poor; pitiful; mean: **fare una figura barbina**, to cut a poor figure.

barbitonsóre, m. (*scherz.*) barber.

barbitùrico, (*farm.*) **A** a. barbituric. **B** m. barbiturate; downer (*pop.*).

barbiturìṣmo, m. (*med.*) barbiturate poisoning.

bàrbo, m. (*zool.*, *Barbus barbus*) barbel.

barbògio, **A** a. *1* (*vecchio*) decrepit; doting *2* (*brontolone*) crusty; cantankerous; grumpy. **B** m. dotard; old dodderer.

barbóna, f. female tramp; homeless woman*; (*che tiene i suoi averi in sacchetti di plastica*) bag lady.

barbóne, m. *1* long beard *2* (*cane*) poodle: **b. nano**, miniature poodle *3* (*vagabondo*) tramp; hobo (*USA*); bum (*fam. USA*) *4* (*bot.*, *Bryonia dioica*) bryony.

barbóso, a. (*fam.*) boring; tedious; tiresome.

barbòtta, f. **barbòzzo,** m. (*mil.*, *stor.*) beaver.

barbozzàle, m. *1* curb chain *2* (*zool.*) wattle.

barbugliaménto, m. mumbling; muttering; stammering.

barbugliàre, **A** v. t. e i. to mumble; to mutter; to stammer. **B** v. i. (*gorgogliare*) to burble.

bàrbula, f. (*zool.*) barbule.

barbùta, f. (*mil.*, *stor.*) helmet; basinet.

barbùto, a. bearded.

bàrca (1), f. boat: **andare in b.**, to go* boating; (*a vela*) to go* sailing; to go* out in a boat; **Andiamoci in b.!**, let's go there by boat!; **Sai andare in b. a vela?**, can you sail?; **vacanze in b.**, sailing holidays; **b. a motore**, motor boat; **b. a remi**, rowing boat; rowboat (*USA*); **b. a vapore**, steamboat; **b. a vela**, sailing boat; sailboat (*USA*); **b. da pesca**, fishing boat; **b. di salvataggio**, lifeboat. ● (*fig.*) **la b. di Pietro**, the Church □ (*fig.*) **essere nella stessa b.**, to be in the same boat □ (*fig.*) **mandare avanti la b.**, to keep the ship afloat.

bàrca (2), f. *1* (*bica*) stack *2* (*fig. fam*: *mucchio*) piles (*pl.*); stacks (*pl.*); heaps (*pl.*): **una b. di soldi**, heaps (*o* stacks) of money.

barcàccia, f. *1* (*naut.*) launch *2* (*teatr.*) stage box.

barcaiòlo, m. boatman*; waterman*.

barcamenàrsi, v. i. pron. *1* (*destreggiarsi*) to get* along; to keep* afloat; to manage; to cope *2* (*non compromettersi*) to steer a middle course; (*tenere il piede in due staffe*) to keep* in with both sides, to hedge one's bets *3* (*tergiversare*) to sit* on the fence. ● **sapersi barcamenare**, to know how to cope; to know how to steer clear of trouble.

barcarìzzo, m. (*naut.*: *scala*) accommodation ladder, gangway; (*apertura*) gangway port.

barcaròla, f. (*mus.*) barcarol(l)e (*franc.*).

barcàta, f. *1* boatful *2* (*fam.*: *gran quantità*) loads (*pl.*); stacks (*pl.*); heaps (*pl.*).

barchìno, m. *1* (*da caccia*) punt *2* (*naut.*) dinghy; skiff.

barcollaménto, m. staggering; tottering; reeling.

barcollàre, v. i. *1* to stagger; to totter; to reel: **b. sotto i colpi**, to reel under the blows; **b. per lo shock**, to reel from the shock; **camminare barcollando**, to stagger along *2* (*fig.*) to be shaky; to totter.

barcollìo, m. staggering; tottering; reeling.

barcollóni, avv. staggeringly: **camminare b.**, to stagger along; to totter along.

barcóne, m. barge; scow.

bàrda, f. (*mil.*, *stor.*) horse armour.

bardàna, f. (*bot.*, *Arctium lappa*) burdock.

bardàre, **A** v. t. *1* to harness *2* (*scherz.*) to doll up. **B** **bardarsi,** v. rifl. (*scherz.*) to doll oneself up; to rig oneself out: **b. a festa**, to put on one's finery (*o*, *GB*, one's glad rags).

bardatùra, f. *1* (*il bardare*) harnessing *2* (*sella e finimenti*) harness; (*ornamentale*) trappings (*pl.*), caparison *3* (*fig. scherz.*: *abbigliamento*) outfit; gear; trappings (*pl.*): **b. da sci**, ski outfit; **b. di gala**, finery; glad rags (*pl.*, *GB*).

bàrdo, m. bard.

bardòtto, m. *1* (*zool.*) hinny *2* (*fig.*: *apprendista*) apprentice.

barèlla, f. *1* (*per persone*) stretcher; (*portantina*) litter *2* (*per materiale*) barrow; hand-barrow *3* (*per processioni*) litter.

barellàre, v. t. to carry on a stretcher.

barellière, m. (*f.* **-a**) stretcher bearer.

baréna, f. sandbank; sandbar.

barenatrìce, f. (*mecc.*) boring machine.

barenatùra, f. (*mecc.*) boring.

barèno, *m.* (*mecc.*) boring bar.
barése, **A** *a.* of Bari; from Bari; Bari (*attr.*). **B** *m.* e *f.* inhabitant of Bari; native of Bari.
barestesia, *f.* (*med.*) baresthesia.
bargèllo, *m.* **1** (*stor.*) head of police **2** (*estens.*: *poliziotto*) policeman* **3** (*palazzo*) prison.
bargìglio, *m.* wattle; jowl.
bargigliùto, *a.* wattled; jowled.
barìa, *f.* (*fis.*) barye.
baricèntrico, *a.* (*fis.*) barycentric.
baricèntro, *m.* (*fis.*) barycentre; centre of gravity.
bàrico (1), *a.* (*fis.*) **1** (*della pressione*) pressure (*attr.*): **gradiente b.**, pressure gradient **2** (*del peso*) weight (*attr.*).
bàrico (2), *a.* (*chim.*) baric.
barilàio, *m.* cooper.
barile, *m.* barrel; cask: **b. di petrolio**, oil barrel; **b. di vino**, barrel (*o* cask) of wine. ● **essere (grasso come) un b.**, to be a tub of lard.
barilétto, *m.* (*di orologio*) barrel; box.
barilòtto, *m.* **1** small cask; keg **2** (*di bersaglio*) bull's eye: **far b.**, to hit the bull's eye **3** (*fig., di persona*) tubby person; podge; roly-poly.
bàrio, *m.* (*chim.*) barium.
barióne, *m.* (*fis. nucl.*) baryon.
barriònico, *a.* (*fis. nucl.*) baryonic.
barisfèra, *f.* barysphere.
barista, *m.* e *f.* **1** barman* (*m.*); barmaid (*f.*); bartender (*specialm. USA*) **2** (*proprietario di bar*) barkeeper.
barite, *f.* (*miner.*) **1** (*ossido*) baryta **2** (*solfato*) barytes; barite (*USA*).
baritìna, *f.* (*miner.*) barytes; barite (*USA*).
baritonàle, *a.* baritone (*attr.*).
baritoneggiàre, *v. i.* to put* on a baritone voice.
barìtono, **A** *m.* baritone. **B** *a.* (*ling.*) barytone.
barlùme, *m.* (*anche fig.*) glimmer; gleam; flicker; spark: **un b. di speranza**, a gleam of hope; **un b. d'intelligenza**, a spark of intelligence.
barn, *m. invar.* (*fis. nucl.*) barn.
Bàrnaba, *m.* (*Bibbia*) Barnabas.
barnabìta, *m.* (*eccles.*) Barnabite.
barnabìtico, *a.* (*eccles.*) of the Barnabites; Barnabite (*attr.*).
bàro, *m.* (*f.* **-a**) cardsharper; cheat; swindler.
barocheggiànte, *a.* Baroque-style (*attr.*).
barocchétto, *m.* late Baroque.
barocchìsmo, *m.* Baroque mannerism.
baròccio, e *deriv. V.* **barroccio**, e *deriv.*
barócco, **A** *a.* **1** Baroque **2** (*fig.*: *ornato*) ornate, over-elaborate; (*bizzarro*) grotesque. **B** *m.* Baroque.
baroccùme, *m.* (*spreg.*) elaborate ornamentation; overdecorativeness; baroquerie; gingerbread.
barocettóre, *m.* (*biol.*) baroceptor; baroreceptor.
barògrafo, *m.* barograph.
barogràmma, *m.* barogram.
barometrìa, *f.* (*fis.*) barometry.
baromètrico, *a.* barometric.
baròmetro, *m.* barometer; glass (*fam.*): **Il b. sale [scende]**, the barometer is rising [falling]; **b. a mercurio**, cup barometer; **b. aneroide**, aneroid barometer; (*fig.*) **il b. dell'attuale situazione politica**, the barometer of the present political situation.
baronàggio, *m.* barony.
baronàle, *a.* baronial: **titolo b.**, baronial title.
baronàto, *V.* **baronìa**.
baróne, *m.* **1** baron **2** (*fig.*: *persona potente*) baron; captain: **b. della stampa**, press baron; **b. dell'industria**, captain of industry.
baronésco, *a.* baronial.
baronéssa, *f.* baroness.
baronétto, *m.* baronet (*abbr. dopo il nome*: Bart.).
baronìa, *f.* **1** (*dominio di barone*) barony **2** (*dignità di barone*) baronage; barony **3** (*insieme di nobili*) baronage.
baronìsmo, *m.* wielding of authority.
baroscòpio, *m.* (*fis.*) baroscope.
bàrra, *f.* **1** (*metall.*) bar: **b. d'oro**, gold bar; **oro in barre**, gold in bars **2** (*naut.*: *del timone*) helm; tiller: **cambiare la b.**, to shift the helm; **mettere la b. sottovento**, to put the helm alee; **B. al vento!**, weather the helm!; **B. sottovento!**, luff the helm! **3** (*pl.*) (*naut.*) crosstrees **4** (*ind., mecc.*) bar; rod: **b. d'accoppiamento**, tie rod; track rod; **b. di guida** (*di tornio*), pilot bar; **b. di rimorchio** (*o* **di traino**), towbar; tow rod; (*di locomotiva, trattore, ecc.*) drawbar; **b. di torsione**, torsion bar **5** (*del morso del cavallo*) bit; bar **6** (*in tribunale*) bar **7** (*segno grafico*) oblique stroke; slash: **7 b. 9** (*o* **7/9**), 7 stroke 9; (*mat.*) 7 over 9 **8** (*geogr.*) bar: **b. di sabbia**, sandbar. ● **b. di cioccolato**, bar of chocolate □ (*aeron.*) **b. di comando**, control column; control stick □ (*macchina per scrivere*) **b. spaziatrice**, spacebar □ **codice a barre**, bar code.
barracàno, *m.* barracan.
barracùda, *m.* (*zool., Sphyraena picuda*) barracuda*.
barrage (*franc.*), *m.* (*equitazione*) playoff.
barramìna, *f.* (*ind. min.*) steel; drill bit.
barrànco, *m.* (*geogr.*) baranca; barranco.
barràre, *v. t.* to bar; to cross: **b. un assegno**, to cross a cheque.
barratùra, *f.* crossing.
barricadièro, *a.* revolutionary; extremist.
barricàre, **A** *v. t.* to barricade; to bar: **b. una strada**, to barricade a street; **b. porte e finestre**, to bar doors and windows. **B barricàrsi**, *v. rifl.* to barricade oneself. ● (*fig.*) **b. nel silenzio**, to entrench oneself behind a barrier of silence.
barricàta, *f.* barricade: **erigere barricate**, to put up barricades. ● (*fig.*) **fare le barricate**, to rise □ (*fig.*) **dall'altra parte della b.**, on the other side of the fence.
barrièra, *f.* **1** barrier; wall: **barriere doganali**, customs barriers; **b. commerciale**, trade barrier; **b. anticarro**, tank barrier; **b. del suono**, sound barrier; **b. di classe**, class barrier; **una b. di fuoco**, a wall of fire **2** (*steccato*) fence, barrier, gate; (*stradale*) roadblock **3** (*fig.*: *ostacolo*) barrier; obstacle; difficulty: **superare ogni b.**, to overcome every difficulty **4** (*equitazione*) rail **5** (*calcio*) wall. ● **b. architettonica**, architectural feature that denies access to handicapped people □ (*aeron.*) **b. d'arresto**, arrester gear □ (*geogr.*) **b. corallina**, barrier reef □ **b. daziale**, tollgate □ (*autom.*) **b. di protezione**, crash barrier.
barrìre, *v. i.* to trumpet.
barrìto, *m.* **1** trumpeting **2** (*fig.*) roar.
barrocciàio, *m.* carter.
barrocciàta, *f.* cartload.
barroccìno, *m.* gig.
barròccio, *m.* **1** cart; wagon **2** (*il carico*) cartload.
Bartolomèo, *m.* Bartholomew.
barùffa, *f.* brawl; scuffle; punch-up (*fam.*): **fare b.**, to brawl; to scuffle.
baruffàre, *v. i.* to brawl; to scuffle.
barzellétta, *f.* joke; funny story: **raccontare una b.**, to tell a joke; **b. spinta**, risqué joke. ● **buttare q.c. in b.**, to laugh st. off □ **Non è affatto una b.**, it's no joke □ **pigliare q.c. in b.**, to make light of st.
basàle, *a.* **1** (*relativo alla base*) basal **2** (*med.*) basal **3** (*fondamentale*) basic; basal; fundamental.
basàltico, *a.* (*miner.*) basaltic.
basàlto, *m.* (*miner.*) basalt.
basaménto, *m.* **1** (*piedistallo*) plinth; base **2** (*di edificio*) podium **3** (*zoccolo di parete*) skirting board; (*di muro esterno*) footing **4** (*mecc.*) bed; bedplate; base: **b. di cemento**, concrete bed **5** (*autom.*) crankcase **6** (*geol.*) basement.
basàre, **A** *v. t.* to base; to found; (*fig., anche*) to ground. **B basàrsi**, *v. rifl.* to base oneself on, upon; to go* by: **b. sul sesto senso**, to base oneself on one's sixth sense; **Io mi baso su quello che mi hanno detto**, I go by what I've been told.
bàsca, **baschìna**, *f.* (*sartoria*) (skirt) yoke.
bàsco, **A** *a.* Basque. ● **palla basca**, pelota; jai alai. **B** *m.* **1** (*f.* **-a**) Basque (*f.* Basque woman*) **2** (*berretto*) beret **3** (*ling.*) Basque.
bàscula, **bascùlla**, *f.* platform balance; platform scale.
basculànte, *a.* (*edil.*) horizontally pivoted.
bàse, **A** *f.* **1** base; (*fondo*) bottom: **la b. di una colonna**, the base of a column; **la b. del cranio**, the base of the skull **2** (*pl.*) (*fondamenta*) foundations: **gettare le basi di un edificio**, to lay the foundations of a building **3** (*fondamento*) basis*, ground, foundation, footing; (*al pl.*: *nozioni fondamentali*) grounding (*sing.*): **le basi di una teoria**, the foundation of a theory; **le basi del potere**, the foundation of power; **le basi della fisica**, the basis of physics; **avere una b. solida**, to rest on a solid basis; to be well-grounded; to have a firm footing; **avere buone basi in matematica**, to have a good grounding in mathematics **4** (*mil.*) base; station: **b. aerea [navale]**, air [naval] base; **b. d'operazione**, operation base **5** (*econ.*) basis*; base: **b. monetaria**, monetary base; **b. tariffaria**, rate basis; **b. aurea**, gold reserve **6** (*mat.*: *di potenza, logaritmo*) base; (*di spazio vettoriale*) basis* **7** (*geom.*) base: **la b. d'una piramide**, the base of a pyramid **8** (*chim.*) base **9** (*di partito, sindacato*) rank-and-file; grassroots (*pl.*) **10** (*baseball*) base **11** (*crema per trucco*) foundation cream **12** (*elab.*) base: **b. di dati**, data base. ● **b. operaia**, shop floor □ (*aeron.*) **b. spaziale**, space base □ (*miss.*) **b. di lancio**, launching site □ **a b. di**, -based: **dieta a b. di proteine**, protein-based diet □ **a larga b.**, broad-based □ (*fig.*) **alla b.**, at heart; at the roots; at bottom □ **di b.**, basic: **strutture di b.**, basic structures □ **in b. a**, on the basis of; according to; under: **in b. a tali considerazioni**, on the basis of such considerations; **in b. al vigente regolamento**, under the present rules; **agire in b. a q.c.**, to act on st. □ **gettare** (*o* **porre**) **le basi di q.c.**, to lay the foundations of st.; to lay the groundwork for st. □ **rientrare alla b.**, (*mil.*) to return to base; (*fig.*) to go back □ **su b. annua**, on an annual basis □ **su b. teorica**, on a theoretical basis. **B** *a.* basic; base (*attr.*); starting; essential: **alimento b.**, basic food; essential nourishment; **prezzo b.**, base (*o* basic) price; (*nelle aste*) starting price; **stipendio b.**, basic (*o* base) salary; (*alpinismo*) **campo b.**, base camp.
basedowìsmo, *m.* (*med.*) Basedow's disease.
basétta, *f.* side whiskers (*pl.*); sideboards (*pl., GB*); sideburns (*pl., USA*).
basettìno, *m.* (*zool., Panurus biarnicus*) reedling; bearded tit.
basicità, *f.* (*chim.*) basicity.
bàsico, *a.* **1** (*chim., geol.*) basic **2** *V.* **basilare**.
basìdio, *m.* (*bot.*) basidium*.
Basidiomicèti, *m. pl.* (*bot.*) Basidiomycetes.
basidiospòra, *f.* (*bot.*) basidiospore.
basificàre, *v. t.* (*chim.*) to basify.
basilàre, *a.* basic; fundamental.
basìlica, *f.* basilica*.
basilicàle, *a.* basilican; basilic.
basìlico, *m.* (*bot., Ocimum basilicum*) (sweet) basil.
basilìsco, *m.* (*zool., Basiliscus*; *mitol.*) basilisk. ● (*fig.*) **occhi di b.**, basilisk eyes.
basìre, *v. i.* **1** (*svenire*) to faint; to swoon **2** (*allibire*) to be stunned; to be flabbergasted; (*di paura*) to be paralyzed.
basìsta, *m.* e *f.* **1** (*polit.*) supporter of the line of the rank-and-file **2** (*pop.*) inside man*.
basìto, *a.* stunned; flabbergasted; dumb-

founded.
bàsket (*ingl.*), *m. invar.* (*sport*) basketball.
basofilìa, *f.* (*biol.*) basophilia.
basòfilo, *a.* (*biol.*) basophil(e).
bàssa (**1**), *f.* ***1*** plain; lowlands (*pl.*) ***2*** (*meteor.*) low.
bàssa (**2**), *f.* (*bur.*, *mil.*) pass.
bassacórte, *f.* poultry yard.
bassadànza, *f.* basse danse (*franc.*).
bassaménte, *avv.* ***1*** (*vilmente*) meanly; basely ***2*** (*a bassa voce*) softly; in a low voice.
bassarìsco, *m.* (*zool.*, *Bassariscus astutus*) civet (cat).
bassézza, *f.* ***1*** lowness; (*del terreno*) low altitude ***2*** (*di statura*) shortness ***3*** (*fig.*) baseness; meanness: **b. morale**, moral baseness ***4*** (*fig.*: *azione bassa*) base action; mean action: **Questa insinuazione è una b.**, this is a base insinuation.
bassista, *m. e f.* (*mus.*) bass player.
bàsso (**1**), *a.* ***1*** low: **fronte bassa**, low brow; **case basse**, low houses; **bassa marea**, low tide; **un muro b.**, a low wall; **tacchi bassi**, low heels ***2*** (*di statura*) short ***3*** (*stretto*) narrow; (*sottile*) thin: **nastro b.**, narrow ribbon; **stoffa bassa**, narrow material; **torta bassa**, thin cake ***4*** (*poco profondo*) shallow: **acqua bassa**, shallow water ***5*** (*di suono*: *sommesso*) low, soft; (*profondo*) deep; (*mus.*) bass, low-pitched: **parlare a bassa voce**, to speak in a low voice; to speak softly; **tenere b. il volume**, to keep the volume down; **note basse**, low (*o* deep) notes; **chitarra bassa**, bass guitar ***6*** (*esiguo, ridotto, di piccolo valore*) low: **prezzi [salari] bassi**, low prices [wages]; **mantenere i prezzi bassi**, to keep prices down; **a prezzo b.**, cheap (*agg.*); cheaply (*avv.*); at a low price; **bassa frequenza**, low frequency; **temperatura bassa**, low temperature; **numero b.**, low (*o* small) number; **carta bassa**, low card; **voto b.**, low mark ***7*** (*di luce*) faint; dim ***8*** (*geogr.*) low; (*inferiore*) lower; (*merid.*) southern: **i Paesi Bassi**, the Low Countries; the Netherlands; **il b. Danubio**, the lower Danube; **il b. Egitto**, lower Egypt; **la Bassa Italia**, Southern Italy ***9*** (*posto in basso*) low; lower; lowered: **Il sole era b. sull'orizzonte**, the sun was low on the horizon; **nuvole basse**, low clouds; **soffitto b.**, low ceiling; **la parte bassa della città**, the lower town; **tenere gli occhi bassi**, to keep one's eyes lowered; to look down; **tenere il capo b.**, to keep one's head down; to hang one's head ***10*** (*fig.*: *vile, meschino*) base; mean; vile: **un'azione bassa**, a base action; **agire per bassi motivi**, to act from base motives; **bassi istinti**, base instincts ***11*** (*inferiore*) lower; inferior: **le classi basse**, the lower classes; **il b. clero**, the lower clergy; **merce di bassa qualità**, inferior-quality goods ***12*** (*stor.*: *tardo*) late; low: **il B. Impero**, the Late Roman Empire; **il B. Medioevo**, the Late Middle Ages; **b. latino**, low Latin. ● **la bassa forza**, (*mil.*) the ranks; (*naut.*) the lower deck; (*fig.*) the rank-and-file □ **bassa stagione**, off season □ (*mil.*) **bassa tenuta**, everyday uniform □ **b. ventre**, lower abdomen □ (*eccles.*) **altare b.**, side altar □ **avere il morale b.**, to be in low spirits □ **avere la voce bassa**, to speak softly; (*essere roco*) to be hoarse □ (*polit.*) **la Camera Bassa**, the Lower Chamber (*o* House) □ (*boxe* e *fig.*) **colpo b.**, blow below the belt □ **di bassa lega**, (*metall.*) low; (*fig.*) coarse □ **di bassa origine**, of humble origin □ **di bassi natali**, baseborn □ **fare man bassa di q.c.**, to loot st.; to clean up st.; to plunder st. □ (*fig.*) **essere** (*o* **trovarsi**) **in acque basse**, to be in low water □ (*eccles.*) **Messa bassa**, Low Mass □ **in questo b. mondo**, here below □ **Pasqua bassa**, early Easter □ (*uncinetto*) **punto b.**, double crochet □ **scollatura bassa**, low neck.
bàsso (**2**), *m.* ***1*** lower part; bottom: **il b. della pagina**, the bottom (*o* foot) of the page; **dal b.**, from below; from beneath; **dal b. in alto**, from the bottom upwards; **in b.**, down; down below: **guardare in b.**, to look down; **più in b.**, further down; lower ***2*** (*mus.*) bass: **un b. famoso**, a famous bass; **b. baritono**, bass baritone; **b. profondo**, basso profundo; **i bassi di un'orchestra**, the bass instruments in an orchestra; **b. continuo**, thorough bass; basso continuo; **b. di viola**, bass viol; **chiave di b.**, bass clef ***3*** (*econ.*, *fin.*) low: **Parecchie azioni hanno raggiunto bassi senza precedenti**, several shares have reached unprecedented lows. ● **gli alti e i bassi della vita**, the ups and downs of life □ **cadere in b.**, to fall down; (*fig.*: *degradarsi*) to sink low; (*di condizione sociale*) to come down in the world □ (*fig.*) **far cadere q. in b.**, to bring sb. low □ **da b.**, *V.* **dabbasso** □ **guardare q. dall'alto in b.**, to look down on sb. □ **squadrare q. dall'alto in b.**, to look sb. over from head to foot.
bàsso (**3**), *avv.* low: **mirare b.**, to aim low. ● **«b.»** (*su un collo di merci*), «this side down».
bassofóndo, *m.* ***1*** shallow(s); shoal; shallow water ***2*** (*pl.*) (*fig.*: *quartieri poveri*) slums ***3*** (*pl.*) (*fig.*: *strati sociali inferiori*) dregs of society; (*malavita*) low life (*sing.*), underworld (*sing.*).
bassopiàno, *m.* lowland.
bassorilièvo, *m.* (*arte*) bas-relief; basso-rilievo*.
bassòtto, **A** *m.* (*cane*) dachshund*; badger dog; sausage dog (*fam.*). **B** *a.* shortish.
bassotùba, *m.* (*mus.*) bass tuba.
bassovèntre, *m.* lower abdomen.
bassùra, *f.* (*geogr.*) lowland.
bàsta (**1**), *f.* ***1*** (*imbastitura*) tacking; long stitching ***2*** (*piega*) tuck.
bàsta (**2**), **A** *inter.* ***1*** (*invito a smettere*) (that's) enough; that will do; stop (it); none of that; cut it out (*fam.*); (*naut.*) avast, hold: **B. così, grazie**, that's enough, thank you; **B., ho detto!**, enough, I said!; **B., per favore!**, stop it, will you?; **E per oggi b.!**, that's it for today!; well, let's call it a day!; **B. con queste storie**, enough with this nonsense; **punto e b.**, and that's that; period (*USA*) ***2*** (*insomma*) well; (*d'accordo*) all right: **B., vedremo**, well, we'll see. ● **averne b. di q.c.**, to be fed up with st. □ (*fig.*) **dire b.**, to put one's foot down. **B bàsta che,** *locuz. cong.* provided that; as long as: **B. che non lo si sappia**, as long as no one knows about it; **È vostro, b. che lo chiediate**, you only have to ask for it and it's yours; it's yours for the asking.
bastànte, *a.* sufficient; enough.
bastardàggine, *f.* illegitimacy; bastardy.
bastàrdo, **A** *a.* ***1*** bastard; illegitimate; natural: **figlio b.**, natural (*o* illegitimate) son ***2*** (*zool.*, *bot.*) hybrid; crossbred: **cane b.**, mongrel; mutt (*fam. USA*) ***3*** (*fig.*: *spurio*) spurious; false; bastard: **linguaggio b.**, bastard language. ● (*tipogr.*) **carattere b.**, bastard type □ **lima bastarda**, bastard file. **B** *m.* (*f.* **-a**) ***1*** bastard; natural (*o* illegitimate) child* ***2*** (*di animale*) crossbreed; cross; hybrid; (*cane*) mongrel, mutt (*fam. USA*) ***3*** (*spreg.*) bastard.
bastardùme, *m.* (*spreg.*) bastards (*pl.*).
bastàre, *v. i.* ***1*** to be sufficient; to be enough; to suffice: **Bastò una parola**, one word was enough (*o* sufficient); **Non mi bastano i soldi**, I haven't enough money; **Basta vederlo per capire che non ce la farà mai**, one look at him is enough to tell you he'll never make it; **Mi basterebbe sapere che sono felici**, I'd be satisfied to know they are happy; **Bastava che tu me lo dicessi**, all you had to do was tell me; if you only had told me!; **Direi che basta**, I think that will do ***2*** (*durare*) to last: **Queste scarpe devono b. (per) tutto l'inverno**, these shoes must last all winter. ● **b. a se stesso**, to be self-sufficient □ **Basti dire che...**, suffice it to say that... □ **come se non bastasse**, as if that wasn't enough; (*di cosa negativa*) to add insult to injury □ **Non mi basta l'animo per dirglielo**, I haven't the heart to tell him □ **quanto basta**, all that is necessary; (*nelle ricette, ecc.*) as needed.
bastévole, *a.* (*lett.*) sufficient; enough; adequate.
bastìa, *f.* fort; stockade.
bastiàn, *m.* – **b. contrario**, opposer; critic; perverse person; bloody-minded person (*fam. GB*); **fare sempre il b. contrario**, always to be opposed (to st.); to be perverse; to be bloody-minded (*fam. GB*).
Bastìglia, *f.* (*stor.*) Bastille.
bastiménto, *m.* ***1*** ship; vessel: **b. a vapore**, steamship; **b. da carico**, cargo (boat) ***2*** (*carico*) shipload.
bastingàggio, *m.* (*naut.*) bulwark.
bastionàre, *v. t.* to fortify with bastions (*o* ramparts).
bastionàta, *f.* ramparts (*pl.*); fortification.
bastióne, *m.* bastion; rampart.
bàsto, *m.* ***1*** packsaddle: **mettere il b. a un mulo**, to pack a mule ***2*** (*fig.*) load; heavy burden: **portare il b.**, to carry a load. ● **b. rovescio**, gutter □ (*fig.*) **mettere il b. a q.**, to subjugate sb.
bastonàre, **A** *v. t.* ***1*** to beat* (with a stick); to thrash; to drub; to cane; (*randellare*) to club, to cudgel: **b. q. a sangue**, to club sb. to pulp; to beat up sb.; **b. q. di santa ragione**, to beat sb. soundly; to beat sb. black and blue ***2*** (*fig.*: *criticare*) to berate; to lambaste; to flay. **B bastonàrsi**, *v. rifl. recipr.* to come* to blows.
bastonàta, *f.* ***1*** blow (with a stick); wallop; thwack: **fare a bastonate**, to come to blows; **una buona dose di bastonate**, a sound beating; a good walloping ***2*** (*fig.*) *V.* **batosta**.
bastonàto, *a.* ***1*** beaten up; thrashed ***2*** (*fig.*: *avvilito*) crestfallen; dejected; down in the mouth: **avere l'aria bastonata**, to look crestfallen. ● **sembrare un cane b.**, to look dejected; to have a hangdog look □ **sguardo da cane b.**, hangdog look.
bastonatùra, *f.* beating; thrashing; drubbing; walloping: **Gli diede una solenne b.**, he gave him a sound beating.
bastoncèllo, *m.* (*anat.*) (retinal) rod.
bastoncìno, *m.* (small) stick: **b. di liquerizia**, liquorice stick. ● (*cucina*) **bastoncini di pesce**, fish fingers □ **bastoncini da sci**, ski poles.
bastóne, *m.* ***1*** stick; cane; staff; (*da passeggio*) walking stick, cane; (*randello*) club, cudgel: **un colpo di b.**, a blow with a stick ***2*** (*insegna di comando*) baton; staff: **b. di comando**, staff of command; **b. di maresciallo**, field marshal's baton; **b. vescovile**, pastoral staff; crosier ***3*** (*sport*) club; stick: **b. da golf**, golf club; **b. da hockey**, hockey stick ***4*** (*pl.*) (*nelle carte da gioco*) «bastoni» (suit in Italian playing cards) ***5*** (*arald.*) baton; staff ***6*** (*fig.*) support; staff: **È il b. della sua vecchiaia**, he is the staff of his old age ***7*** (*di pane*) French loaf. ● **b. animato**, swordstick □ **b. bianco** (*per i ciechi*), white stick □ **b. da montagna**, alpenstock □ (*fig.*) **usare il b. e la carota**, to use the carrot and the stick □ (*fig.*) **mettere i bastoni tra le ruote a q.**, to put a spoke in sb.'s wheel.
batàcchio, *V.* **battaglio**.
batàta, *f.* (*bot.*, *Ipomoea batatas*) sweet potato; yam (*fam. USA*).
batàvo, *a. e m.* (*stor.*) Batavian.
batigrafìa, *f.* bathygraphy.
batigràfico, *a.* bathygraphic.
batimetrìa, *f.* bathymetry.
batìmetro, *m.* bathometer.
batiscàfo, *m.* (*naut.*) bathyscaphe.
batisfèra, *f.* (*naut.*) bathysphere.
batista, *f.* batiste (*franc.*); cambric; lawn.
batòcchio, *V.* **battaglio**.
batolite, *f.* (*geol.*) batholith.

batometrìa, batòmetro, batosfèra, *V.* **batimetria, batimetro, batisfera.**

batoscòpico, *a.* bathymetric.

batòsta, *f.* ***1*** (*brutto colpo*) blow; shock; body-blow (*fam.*) ***2*** (*perdita finanziaria*) setback; reverse ***3*** (*sconfitta*) beating; trouncing; licking; thrashing; shellacking (*USA*): **prendere una b.**, to take a beating.

bàtrace, *m.* (*lett.*) batrachian.

battage (*franc.*), *m. invar.* publicity campaign; buildup; hype (*fam.*).

battàglia, *f.* ***1*** battle; (*combattimento*) fight: **b. aerea**, air battle (*o* fight); **b. navale**, naval battle; sea fight; (*gioco*) warships; **b. campale**, pitched battle; **b. a palle di neve**, snow fight; **accettare la b.**, to accept battle; **attaccare b. col nemico**, to engage the enemy in battle; **dare b.**, to give battle; **campo di b.**, battlefield; **cavallo da b.**, war horse; charger; **ordine di b.**, battle order; **un esercito schierato a b.**, an army drawn up in battle array ***2*** (*fig.*) battle; struggle; fight; conflict: **b. elettorale**, election fight; **b. politica**, political struggle; **b. di interessi**, conflict of interests; **La sua vita fu una continua b.**, his life was a constant struggle; **Il loro matrimonio è una b. dopo l'altra**, their marriage is one long series of fights ***3*** (*campagna*) campaign: **la b. contro i rumori**, the anti-noise campaign ***4*** (*pitt.*) battlepiece.

battagliàre, *v. i.* ***1*** to battle; to fight*; to struggle ***2*** (*fig.*: *disputare*) to fight*; to dispute; to argue.

battaglièro, *a.* ***1*** bellicose; warlike ***2*** (*fig.*) bellicose; combative; pugnacious.

battàglio, *m.* ***1*** (*di campana*) clapper ***2*** (*di porta*) (door)knocker.

battagliòla, *f.* (*naut.*) guardrail; rail.

battaglióne, *m.* (*mil.*) battalion.

battàna, *f.* (*naut.*) flat-bottomed boat; scull.

battellière, *m.* boatman*; waterman*; ferryman*.

battèllo, *m.* boat; (*traghetto*) ferry: **Siamo arrivati col b.**, we came by boat; **fare una gita in b.**, to go on a boating trip; **b. a remi**, rowing boat; rowboat (*USA*); **b. a ruote**, paddle steamer; sidewheeler; **b. a vapore**, steamboat; **b. da pesca**, fishing boat; **b. di salvataggio**, lifeboat; **b. postale**, mailboat; **b. pneumatico**, inflatable dinghy.

battènte, A *m.* ***1*** (*imposta*: *di porta*) leaf, wing; (*di finestra*) shutter: **porta a due battenti**, double door ***2*** (*idraul.*) head ***3*** (*ind. tess.*) batten; sley ***4*** (*battaglio di porta*) (door)knocker ***5*** (*di orologio*) hammer ***6*** (*di boccaporto*) coaming. ● (*fig.*) **chiudere i battenti**, to close down. **B** *a.* (*fig.*: *di pioggia*) beating; driving; pouring.

bàttere, A *v. t.* ***1*** (*colpire, urtare*) to beat*, to strike*, to hit*, to bang, to knock; (*leggermente*) to rap, to tap; (*con bastone o frusta, per punizione*) to thrash: **b. un chiodo**, to hit (*o* to bang) a nail with a hammer; **b. un tamburo**, to beat a drum; **b. un tappeto**, to beat a carpet; **b. la carne**, to pound meat; **b. un pugno sul tavolo**, to bang one's fist on the table; **Batté due colpi alla porta**, he rapped twice at the door; **b. q. sulla spalla**, (*per attirare l'attenzione*) to tap sb. on the shoulder; (*dare colpetti*) to pat sb. on the shoulder; (*dare una pacca*) to clap sb. on the shoulder; **Fu battuto a sangue**, he was beaten up; **Quando era ubriaco batteva la moglie**, when he was drunk, he would beat up his wife (*o* knock his wife about); **b. la testa contro il muro**, to knock (*o* to hit, to bump) one's head against the wall ***2*** (*agitare*) to flap; to beat*: **L'uccello batteva le ali**, the bird was flapping its wings ***3*** (*vincere, superare*) to beat*; to defeat; to outdo*: **L'ho battuto a carte**, I beat him at cards; **b. il nemico**, to beat the enemy; **b. un concorrente**, to beat a rival; **Nessuno lo batte per avidità**, no one can beat (*o* can rival) him for greed ***4*** (*metall.*) to hammer; to beat* out: **b. un pezzo di metallo**, to hammer a piece of metal flat; **b. l'oro**, to beat out gold ***5*** (*coniare*) to strike*; to mint: **b. una medaglia**, to strike a medal; **b. moneta**, to mint coin ***6*** (*agric.*) to beat*; (*trebbiare*) to thresh: **b. la canapa**, to beat hemp; **b. il lino**, to swingle flax; **b. il grano**, to thresh corn ***7*** (*percorrere*) to beat*, to scour; (*perlustrare*) to comb, to search: **b. i boschi**, to beat the woods; **b. la campagna**, to scour the countryside; **La polizia batté tutto il quartiere**, the police combed the whole area; **Ho battuto tutti i mercatini alla ricerca di vecchie cornici**, I combed of all the antique markets looking for old frames; (*comm.*) **b. una regione**, to work a district ***8*** (*scrivere a macchina*) to type; to typewrite*: **b. una lettera**, to type a letter ***9*** (*mil.*) to pound; to bombard: **L'artiglieria batteva le mura della fortezza**, the artillery was pounding the walls of the fortress; **b. una città con le artiglierie**, to bombard a town ***10*** (*naut.*) to fly*: **b. bandiera francese**, to fly the French flag. ● (*fig.*) **b. l'acqua nel mortaio**, to flog a dead horse □ (*fig.*) **b. cassa**, to ask for money □ (*fig.*) **b. il chiodo**, to hammer at the same point; to harp on the same string □ **b. i denti**, to chatter: **Batteva i denti dal freddo**, his teeth were chattering from the cold □ (*fig.*) **b. il ferro finché è caldo**, to strike while the iron is hot □ **b. le mani**, to clap (one's hands); to applaud; to cheer □ (*fig.*) **b. il marciapiede** (*esercitare la prostituzione*), to walk the streets □ (*fig.*) **b. il naso in q.**, to run (*o* to bump) into sb. □ **b. gli occhi**, to blink □ **b. le ore**, to strike the hours: **L'orologio batté le dieci**, the clock struck ten; **Sono battute le dieci**, it has struck ten □ **b. i piedi**, to stamp one's feet; (*fig.*) to be stubborn, to be mulish □ (*in un negozio*) **b. un prezzo**, to ring up a purchase □ **b. un primato**, to beat a record □ **b. la ritirata**, to beat a retreat □ (*calcio*) **b. un rigore**, to kick a penalty □ **b. i tacchi**, (*come saluto*) to click one's heels; (*fig.*: *fuggire*) to take to one's heels □ (*mus.*) **b. il tempo**, to beat time □ **battersi il petto**, to beat (*o* to pound) one's chest; (*fig.*) to beat one's breast □ **in un batter d'occhio**, in the twinkling of an eye; in a flash; in no time □ **non b. ciglio**, (*non essere sorpreso*) not to bat an eyelid; (*non avere paura*) not to flinch □ **non sapere dove b. il capo**, not to know which way to turn; to be at one's wits' end. **B** *v. i.* ***1*** (*cadere con forza, anche fig.*) to beat*; (*di sole, anche*) to shine*: **La pioggia batte sui vetri**, the rain is beating on the windowpanes; **Il sole batteva sulle loro teste**, the sun was beating down on their heads; **un luogo dove non batte mai il sole**, a spot where the sun never shines ***2*** (*pulsare*) to beat*; to throb: **Il suo cuore batteva ancora**, his heart was still beating; **Il cuore mi batteva forte**, my heart was pounding ***3*** (*dare colpi su q.c.*) to hit* (st.), to tap (st.); (*bussare*) to knock, to rap: **b. sui tasti**, to tap the keys; **b. alla porta**, to knock at (*o* on) the door; to rap at the door; **b. sul tavolo**, to rap on the table ***4*** (*sbattere, urtare*) to beat*; to lash; to flap: **Le onde battono contro gli scogli**, the waves are beating against the rocks; **Le vele battevano contro l'albero**, the sails were flapping against the mast ***5*** (*fig.*: *insistere*) to insist on, to hammer on; (*continuare a parlare*) to keep* on about, to go* on about: **Il direttore batte molto sulla puntualità**, the director insists on (*o* is a stickler for) punctuality: **b. sempre sullo stesso tasto**, to go on about the same old thing; to harp on the same string ***6*** (*calcio*) to kick; (*tennis*) to serve ***7*** (*pop.*: *prostituirsi*) to walk the streets; to be on the game (*pop.*). ● (*fig.*) **b. in ritirata**, to beat a retreat □ (*di motore*) **b. in testa**, to knock; to ping; to pink (*GB*) □ **batti e ribatti**, by dint of insisting □ **Non capisco dove vada a b. il suo discorso**, I don't know what he is driving at. **C bàttersi,** *v. i. pron.* (*combattere*) to fight*: **b. fino all'ultimo**, to fight to the last; **b. a duello con q.**, to fight a duel with sb. ● **battersela**, (*scappare*) to take to one's heels; to beat it (*fam.*); to run for it (*fam.*); to scram (*pop.*); to hop it (*pop.*). **D bàttersi,** *v. rifl. recipr.* to fight*: **I due eserciti si batterono accanitamente**, the two armies fought desperately. **E** *m.* – (*mus.*) **tempo in b.**, down beat.

batterìa, *f.* ***1*** (*mil., naut.*) battery: **b. costiera**, coast battery; **b. contraerea**, antiaircraft battery; **fuoco di b.**, battery fire ***2*** (*fis., elettr.*) battery; accumulator: **alimentare una b.**, to charge a battery; **b. d'avviamento**, starter battery; **b. d'accumulatori**, storage battery; **a b.**, battery-operated ***3*** (*mus.*) drums (*pl.*); percussion ***4*** (*sport*) heat ***5*** (*insieme, gruppo*) set: **una b. di test**, a set of tests; **una b. da cucina**, a set of saucepans ***6*** (*di polli, ecc.*) battery ***7*** (*di orologio*) striking mechanism. ● (*fig.*) **scoprire le proprie batterie**, to disclose one's plans.

battericìda, A *m.* bactericide. **B** *a.* bactericidal.

battèrico, *a.* bacterial.

battèrio, *m.* (*biol.*) bacterium*.

batteriòfago, *m.* (*biol.*) bacteriophage.

batteriòlisi, *f.* (*biol.*) bacteriolysis.

batteriolìtico, *a.* (*biol.*) bacteriolytic.

batteriologìa, *f.* bacteriology.

batteriològico, *a.* bacteriological: **guerra batteriologica**, bacteriological (*o* germ) warfare.

batteriòlogo, *m.* (*f.* **-a**) bacteriologist.

batteriostàtico, *a.* (*biol.*) bacteriostatic.

batterioterapìa, *f.* bacteriotherapy.

batterìsta, *m. e f.* (*mus.*) drummer; percussionist.

battesimàle, *a.* baptismal: **fonte b.**, (baptismal) font.

battésimo, *m.* ***1*** (*sacramento*) baptism; (*cerimonia*) baptism, christening: **dare il b.**, to administer baptism; to baptize; to christen; **ricevere il b.**, to receive baptism; to be baptized; to be christened; **Il b. si terrà martedì**, the christening will take place on Tuesday ***2*** (*fig.*: *inaugurazione*) christening; inauguration: **il b. d'una nave**, the christening of a ship. ● **b. del fuoco**, baptism of fire □ **b. dell'aria**, first flight □ **b. di sangue**, blood baptism; martyrdom □ **certificato di b.**, certificate of baptism □ **nome di b.**, Christian name; first name □ **tenere q. a b.**, to stand godfather [godmother] to sb. □ **veste di b.**, christening robes (*pl.*).

battezzàndo, *m.* (*f.* **-a**) person to be baptized.

battezzànte, *m. e f.* baptizer.

battezzàre, A *v. t.* ***1*** (*impartire il battesimo*) to baptize; to christen ***2*** (*dare il nome*) to christen: **Fu battezzato col nome di Marco**, he was christened Marco ***3*** (*fig.*: *denominare*) to name; to nickname; to dub ***4*** (*fig.*: *inaugurare*) to inaugurate. ● (*scherz.*) **b. il vino**, to water down wine. **B battezzàrsi,** *v. i. pron.* ***1*** to be baptized; to be christened ***2*** (*fig.*) to proclaim oneself; to give* oneself out as (*o* to be): **Si battezzò principe**, he gave himself out to be a prince.

battezzatóre, *m.* (*f.* **-trice**) baptizer.

battezzatòrio, *m.* baptismal font.

battibaléno, *m.* flash; instant: **in un b.**, in a flash; in an instant; in a twinkling of an eye.

battibeccàre, *v. i.* to squabble; to fight*; to have words.

battibécco, *m.* squabble; fight; argument.

battìbile, *a.* beatable; that can be beaten.

batticàrne, *m.* meat pounder.

batticóda, *f.* (*zool., Motacilla flava*) yellow wagtail.

batticuòre, *m.* ***1*** palpitations (*pl.*): **Fare le scale le dà il b.**, climbing stairs gives her palpitations; **La notizia mi diede il b.**, the news set my heart pounding ***2*** (*fig.*: *ansia*) trepidation; anxiety; worry: **stare col b.**, to wait with one's heart in one's mouth.

battifiàcca, *m. e f. invar.* loafer; idler; shirker; slacker.

battifiànco, *m.* stable rail.

battìgia, *f.* shoreline; water's edge; water line.

battilàna, *m.* wool carder.

battilàrdo, *m.* chopping board.

battilàstra, *m. invar.* panel beater.

battilòro, *m.* gold beater.

bàttima, *V.* **battigia**.

battimàno, *m.* hand-clapping; applause.

battimàre, *m. invar.* breakwater.

battiménto, *m.* **1** (*fis.*) beat **2** (*mecc.*) striking.

battipàlo, *m.* **1** (*mecc.*) pile driver: **b. a vapore**, steam pile driver; **b. a mano**, handrammer **2** (*operaio*) pile driver.

battipànni, *m. invar.* carpet beater.

battipista, *m. invar.* (*sci*) run-tracer.

battipòrta, *m. invar.* **1** (*batacchio*) (door)-knocker **2** (*doppia porta*) double door.

battiscópa, *m. invar.* (*edil.*) skirting board (*GB*); baseboard (*USA*); mopboard (*USA*).

battista, *a., m. e f.* (*relig.*) Baptist. ● **S. Giovanni B.**, St John the Baptist.

battistèro, *m.* (*archit.*) baptist(e)ry.

battistràda, *m. invar.* **1** (*staffetta*) outrider; (*stor.*) outrunner **2** (*sport*) pacer; pacemaker; pacesetter **3** (*fig.*) leader; herald; forerunner: **fare da b.**, to lead the way; to blaze a trail; **fare da b. a q.**, to make way for sb.; to herald sb. **4** (*di pneumatico*) tread; track: **b. liscio**, smooth tread; **b. scolpito**, engraved tread; **b. applicato**, cap; **ricostruire il b.**, to retread; **scolpitura del b.**, tread design.

battitàcco, *m. invar.* trouser hem binding.

battitappéto, *m.* carpet cleaner; carpet sweeper.

bàttito, *m.* **1** (*pulsazione*) beat; pulsation; palpitation; throbbing: **b. del cuore**, heartbeat; **b. del polso**, pulse; **il b. delle tempie**, the throbbing of the temples **2** (*ticchettio*) ticking; (*picchiettio*) tapping, pattering: **il b. di un orologio**, the ticking of a clock; **il b. della pioggia**, the tapping (*o* pattering) of rain **3** (*mecc.*) pant; (*anormale*) rattle; (*di biella, punteria, ecc.*) knock(ing): **b. in testa**, knock; ping; pink (*GB*); **b. dello stantuffo**, piston slap. ● **un b. d'ali**, a fluttering of wings □ **b. delle palpebre**, blink.

battitóia, *f.* (*tipogr.*) planer.

battitóio, *m.* (*ind. tess.*) willow; (*per lino, ecc.*) scutcher, beater.

battitóre, *m.* **1** beater; (*di grano*) thresher **2** (*sport: baseball*) batter; (*cricket*) batsman*; (*tennis*) server **3** (*caccia*) beater; tracker **4** (*mil.*) scout; explorer **5** (*di asta*) auctioneer **6** (*mecc.: di trebbiatrice*) awner; (*di macchina tess.*) beater. ● (*calcio*) **b. libero**, libero (*ital.*); sweeper.

battitrìce, *f.* **1** (*tennis*) server **2** (*agric.*) threshing machine.

battitùra, *f.* **1** (*percossa*) beating **2** (*del grano*) threshing **3** (*metall.*) beating: **b. dell'oro**, gold beating **4** (*ind. tess.*) scutching. ● **b. a macchina**, typing; typewriting.

bàttola, *f.* **1** (*caccia*) clapper **2** (*tecn.*) smoother.

battóna, *f.* (*pop.*) streetwalker; hooker (*pop. USA*).

battùta, *f.* **1** beat; beating: **una b. del remo**, a stroke of the oar; **b. di mani**, handclap; clapping of hands; **b. di piedi**, stamping **2** (*dattilografia*) stroke; (*carattere*) character; (*spazio*) space: **battute al minuto**, strokes per (*o* a) minute; **velocità di b.**, typing speed; **una riga di 50 battute**, a 50-space line; **una cartella di 2 000 battute**, a 2,000-character page **3** (*teatr.*) line; lines (*pl.*); speech; cue: **dimenticare la b.**, to forget one's lines; to dry up; **una lunga b.**, a long speech; **perdere la b.**, to miss one's cue; **dare la b. a q.**, to give sb. his cue; **sbagliare la b.**, to flub one's lines; **una parte di poche battute**, a bit part **4** (*detto arguto*) witticism; (*witty*) remark; crack; joke; one-liner: **avere la b. pronta**, to be quick (on the draw); never to be at a loss for an answer; **Era solo una b.!**, I was only joking; **b. finale**, punchline **5** (*mus.*) bar; measure; (*misura di tempo che dà il maestro dirigendo*) beat: **Riprendiamo dalla quinta b.**, let's take it up from the fifth bar; **una pausa di tre battute**, a three-bar rest; **b. d'arresto**, rest **6** (*partita di caccia*) hunt; hunting: **una b. di caccia alla volpe**, a fox hunt **7** (*sport: baseball*) bat; (*tennis*) service **8** (*polizia: ricerca*) search, combing; (*rastrellamento*) roundup. ● (*fig.*) **b. d'arresto**, check; standstill □ **b. della porta**, doorstop □ **alle prime battute**, at the beginning; at the initial stage □ **in poche battute**, in a few words □ **in prima b.**, in the first instance □ **non perdere una b.**, not to miss one word; to hang from sb.'s lips □ **perdere una b. del remo**, to catch a crab.

battùto, A *a.* **1** beaten; struck **2** (*sconfitto*) overcome; beaten; defeated **3** (*di metallo*) hammered, beaten; (*lavorato a martello*) wrought: **ferro b.**, wrought iron; **oro b.**, beaten gold **4** (*coniato*) coined; minted **5** (*di strada*) beaten, well-trodden; (*pieno di traffico*) busy. ● **b. dalla pioggia**, lashed by the rain □ **b. dal sole**, sunny □ **b. dal vento**, windswept □ **a spron b.**, at full gallop □ **terra battuta**, dirt: **pista di terra battuta**, dirt track; **pavimento di terra battuta**, unpaved floor; beaten earth floor. **B** *m.* **1** (*cucina*) chopped herbs (*pl.*); chopped vegetables (*pl.*); (*per ripieno*) forcemeat, stuffing **2** (*pavimento: di calcestruzzo*) concrete pavement, concrete flooring; (*di terra*) beaten earth floor.

batùffolo, *m.* **1** (*di lana*) flock; tuft **2** (*di bambagia*) ball; wad **3** (*fig.: di bambino*) chubby baby; dumpling **4** (*fig.: di animale*) fluffy thing.

bàu, *inter.* bow-wow: **fare bau bau**, to bow--wow.

baud, *m. invar.* (*tel.*) baud.

baùle, *m.* **1** trunk: **fare [disfare] un b.**, to pack [to unpack] a trunk **2** (*autom.*) boot; trunk (*USA*). ● (*fig.*) **fare i bauli**, to pack up and leave □ (*fig.*) **viaggiare come un b.**, to travel with one's eyes shut.

baulétto, *m.* travelling case; (*per gioielli*) jewel case; (*per trucco*) vanity case.

baùtta, *f.* domino*; (*maschera per il viso*) mask.

bauxite, *f.* (*miner.*) bauxite.

bàva, *f.* **1** slaver; dribble; drool; (*di animali*) foam, froth: **perdere la b.**, to drool; to dribble; **un filo di b.**, a trickle of spit **2** (*di vento*) breath (of wind) **3** (*di baco da seta*) (silk) filament **4** (*di lumaca*) slime **5** (*metall.*) burr; flash **6** (*pesca*) leader. ● (*fig.*) **avere la b. alla bocca**, to be foaming at the mouth □ (*fig.*) **perdere le bave per q.**, to drool over sb.

bavaglìno, *m.* bib.

bavàglio, *m.* (*anche fig.*) gag: **mettere il b. a q.**, to gag sb.

bavagliòlo, *V.* **bavaglino**.

bavarése, A *a., m. e f.* Bavarian (*f.* Bavarian woman*). **B** *f.* (*cucina*) Bavarian cream.

bavèlla, *f.* (*ind. tess.*) floss silk.

bàvera, *f.* tippet.

bàvero, *m.* collar; lapel: **col b. alzato**, with one's collar turned up; **Lo afferrai per il b. e lo scossi**, I grabbed him by the lapels and shook him; **b. di velluto**, velvet collar. ● (*fig.*) **prendere q. per il b.**, to lead sb. up the garden path.

bavétta, *f.* (*metall.*) burr.

Bavièra, *f.* (*geogr.*) Bavaria.

bavósa, *f.* (*zool., Blennius vulgaris*) blenny.

bavóso, *a.* slavering; dribbling; drooling.

bazàr, *m. invar.* **1** (*mercato orientale*) bazaar **2** (*emporio*) emporium; general store **3** (*fig.: luogo disordinato*) mess; jumble. ● **b. di beneficenza**, bazaar; fête; jumble sale.

bazooka, bazùca, *m. invar.* **1** (*mil.*) bazooka **2** (*cinem.*) tripod.

bàzza (1), *f.* (*fortuna*) piece of luck; stroke of luck: **Che b.!**, what luck!

bàzza (2), *f.* (*mento*) protruding chin.

bazzècola, *f.* **1** (*cosa di poco valore*) (mere) trifle; nothing **2** (*rif. al denaro*) peanuts (*pl.*); next to nothing: **L'ho comprato per una b.**, I bought it for peanuts (*o* for a song) **3** (*cosa facile*) child's play; cinch (*fam.*); breeze (*fam.*); piece of cake (*fam.*); doddle (*fam. GB*); push-over (*fam. GB*).

bàzzica, *f.* **1** (*gioco di carte*) bezique **2** (*biliardo*) kind of pool.

bazzicàre, *v. t. e i.* **1** (*frequentare: luoghi*) to hang* about (*o* around), to haunt, to frequent; (*persone*) to go* around with, to hobnob with, to consort with: **b. i bar**, to haunt bars; **b. gente losca**, to go around with shady people **2** (*aggirarsi*) to hang* about (*o* around): **L'ho visto b. in quel quartiere**, I saw him hang about in that area.

bazzòtto, *a.* (*di uovo*) soft-boiled.

bè, bèe, *inter.* baa: **La pecora fa bè**, a sheep baas.

be', *V.* **beh**.

beànte, *a.* open; gaping: **una ferita b.**, a gaping wound.

beàre, A *v. t.* to make* (sb.) happy. **B beàrsi,** *v. i. pron.* to revel in; to luxuriate in; to glory in; to bask in; to relish (st.): **b. del proprio successo**, to revel in one's success; **b. al suono di q.c.**, to relish the sound of st.

bearnése, *a.* of Béarn: **salsa b.**, Béarnaise.

beat (*ingl.*), **A** *a. invar.* beat. **B** *m. e f. invar.* beatnik.

beatificàre, *v. t.* (*eccles.*) to beatify.

beatificazióne, *f.* (*eccles.*) beatification.

beatìfico, *a.* beatific.

beatitùdine, *f.* beatitude; blessedness; bliss: **la b. delle anime in cielo**, the bliss of the souls in Paradise; **vivere in perfetta b.**, to live in perfect bliss; (*relig.*) **le Beatitudini**, the Beatitudes.

beàto, A *a.* **1** (*relig.*) blessed: **la Beata Vergine**, the Blessed Virgin **2** (*fig.: felice*) blissful, happy; (*fortunato*) lucky: **giorni beati**, happy days; **vita beata**, happy (*o* carefree) life; **beata ignoranza**, blissful ignorance; **starsene b. al sole**, to bask in the sun; **B. te!**, lucky you!; **Beati voi che ve ne andate!**, you're lucky you're leaving **3** (*scherz.*) blessed: **B. uomo!**, blessed man!; **Non riesco a pagare quel b. debito**, I can't pay off that blessed debt. **B** *m.* (*f.* **-a**) (*relig.*) blessed soul; soul in bliss: **i beati**, the Blessed.

Beatrice, *f.* Beatrice, Beatrix.

beauty-case (*ingl.*), *m. invar.* vanity case.

bebè, *m.* baby.

beccàccia, *f.* (*zool., Scolopax rusticola*) woodcock. ● (*zool.*) **b. d'acqua** (*Limosa*), godwit □ (*zool.*) **b. di mare** (*Haematopus ostralegus*), oyster catcher; sea pie.

beccaccìno, *m.* **1** (*zool., Capella gallinago*) snipe **2** (*naut.*) snipe.

beccafìco, *m.* (*zool., Sylvia borin*) beccafico*; fig-pecker. ● **grasso come un b.**, as fat as a goose.

beccàio, *m.* (*anche fig.*) butcher.

beccamòrti, *m. invar.* (*spreg.*) gravedigger.

beccàre, A *v. t.* **1** to peck (at): **b. il grano**, to peck corn; **Il gallo mi ha beccato un dito**, the cock pecked my finger **2** (*estens.: pungere*) to sting*; to bite*: **Mi ha beccato una zanzara**, I've been bitten by a mosquito **3** (*scherz.: mangiucchiare*) to pick; to nibble **4** (*fig.: stuzzicare*) to tease; to needle **5** (*fam.: sorprendere*) to catch*; to nab (*fam.*): **Fu beccato sul fatto**, he was caught red-handed (*o* in the act); **Non mi ci becchi più ad accompagnarti**, you won't catch me going with you again **6** (*fam.: prendere*) to get*; to catch*; to cop (*pop.*): **b. due schiaffi**, to get a couple of slaps; **Beccati questo!**, take this!; **b. una polmonite**, to catch pneumonia; **beccarsi una multa**, to get booked; to cop a fine (*pop.*) ***7*** (*fam.*: *guadagnare*) to make*; to rake in: **Con quel lavoro si è beccato tre milioni**, he made a cool three million with that job; **Si è beccato una bella eredità**, he's picked up a nice inheritance ***8*** (*gergo teatr.*) to hiss; to boo. **B beccàrsi**, *v. rifl. recipr.* ***1*** to peck (at) each other: **I due galletti si beccavano**, the two cocks were pecking each other ***2*** (*fig.*: *bisticciarsi*) to needle each other; to bicker; to squabble.

beccastrino, *m.* hoe; mattock.

beccàta, *f.* ***1*** peck ***2*** (*quantità presa col becco*) beakful ***3*** (*gergo teatr.*) hiss; boo. ● **ordine di b.**, pecking order.

beccatèllo, *m.* ***1*** (*archit.*) bracket; corbel ***2*** (*piolo di attaccapanni*) peg.

beccatóio, *m.* seed tray.

beccatùra, *f.* pecking.

beccheggiàre, *v. i.* (*naut., aeron.*) to pitch.

beccheggiàta, *f.* (*naut., aeron.*) pitch.

becchéggio, *m.* (*naut., aeron.*) pitching.

beccherìa, *f.* butcher's shop.

becchettàre, **A** *v. t.* to peck away (at). **B becchettàrsi**, *v. rifl. recipr.* ***1*** to peck (at) each other; to bill ***2*** (*fig.*) to needle each other; to bicker; to squabble.

becchìme, *m.* birdseed.

becchìno, *m.* gravedigger.

bécco (1), *m.* ***1*** beak; bill: **b. adunco**, hook bill ***2*** (*scherz.*: *bocca*) mouth; trap (*fam.*): **Chiudi il b.!**, shut your mouth!; shut up!; put a lid on it!; belt up! (*GB*); **bagnarsi il b.**, to wet one's whistle ***3*** (*bruciatore*) burner: **b. a gas**, gas burner; **b. (di) Bunsen**, Bunsen burner ***4*** (*di bricchi, ampolle, ecc.*) lip; spout: **il b. della teiera**, the teapot spout. ● **a b.**, beaked □ **dare di b.**, to peck □ **Ecco fatto il b. all'oca!**, that's done!; that's it!; there you are! □ (*fig.*) **mettere il b. in q.c.**, to poke one's nose into st.; to elbow in on st. □ **non avere il b. d'un quattrino**, to be broke (*fam.*); not to have a bean (*pop.*) □ (*fig.*) **restare a b. asciutto**, to be left without; to miss out (on st.).

bécco (2), *m.* ***1*** (*caprone*) billy goat ***2*** (*fig. pop.*) cuckold.

beccofrusóne, *m.* (*zool.*, *Bombycilla garrulus*) waxbill.

beccùccio, *m.* ***1*** (*di bricchi, ampolle, ecc.*) spout ***2*** (*per capelli*) (spring) clip ***3*** (*ugello*) nozzle; jet; tip.

beceràggine, *f.* boorishness.

bécero, **A** *m.* boor; lout; yob. **B** *a.* boorish; loutish.

becerùme, *m.* riffraff; yobs (*pl.*).

becher (*ted.*), *m. invar.* (*chim.*) beaker.

becquerel, *m. invar.* (*fis.*) becquerel.

bedanatrice, *f.* (*tecn.*) mortiser.

bedàno, *m.* (*tecn.*) mortise chisel.

beduino, *a.* e *m.* (*f.* **-a**) Bedouin.

bèe, *V.* **be**.

befàna, *f.* ***1*** (*festa*) Epiphany ***2*** (*personaggio*) «Befana» (kindly old witch who brings gifts on Epiphany eve) ***3*** (*strenna*) Epiphany present ***4*** (*spreg.*: *donna vecchia*) old crone, hag, witch; (*donna malvestita*) frump; (*donna brutta*) dog, beast.

bèffa, *f.* ***1*** (*scherzo*) practical joke; hoax: **fare una b. a q.**, to play a practical joke on sb.; **La bomba alla stazione si rivelò una b.**, the bomb at the station turned out to be a hoax ***2*** (*derisione*) mockery; scoffing: **farsi beffe di q.**, to mock sb.; to scoff at sb.; to make a fool of sb.

beffàrdo, *a.* derisory; scornful; mocking; scoffing; jeering; sneering: **risata beffarda**, mocking laugh; **sorriso b.**, sneering smile; **con un tono b.**, in a scornful (*o* derisory) tone.

beffàre, **A** *v. t.* ***1*** (*schernire*) to mock; to jeer at; to laugh at; to make* fun of ***2*** (*ingannare*) to cheat; to trick. **B beffàrsi**, *v. i. pron.* to scoff at; to make* fun of; to laugh at.

beffatóre, *m.* (*f.* **-trice**) mocker; scoffer.

beffeggiaménto, *m.* mocking; mockery; scoffing.

beffeggiàre, *v. t.* to laugh at; to mock; to scorn; to scoff.

beffeggiatóre, *m.* (*f.* **-trice**) (*lett.*) mocker; scorner; scoffer.

bèga, *f.* ***1*** dispute; quarrel; wrangle: **cercare b.**, to pick a quarrel ***2*** (*affare intricato*) trouble; tangle; hassle (*fam.*); bitch (*fam.*): **Non voglio beghe**, I don't want any trouble.

beghìna, *f.* ***1*** (*eccles.*) Beguine ***2*** (*spreg.*) over-devout woman*; churchy woman*.

beghinàggio, *m.* (*eccles.*) beguinage.

beghinìsmo, *m.* (*spreg.*) exaggerated piety; churchiness.

beghìno, *m.* ***1*** (*eccles.*) Beghard; Beguin ***2*** (*spreg.*) over-devout man*; churchy man*.

begliuòmini, *m. pl.* (*bot.*, *Impatiens balsamina*) balsam.

begònia, *f.* (*bot.*, *Begonia*) begonia.

beguine (*franc.*), *f. invar.* (*ballo*) beguine.

bèh, *inter.* (*fam.*) well: **Beh, cosa vuoi?**, well, what do you want?

behaviorìsmo, *m.* (*psic.*) behaviourism, behaviorism (*USA*).

behaviorista, *m.* e *f.* (*psic.*) behaviourist, behaviorist (*USA*).

behavioristico, *a.* (*psic.*) behaviouristic, behavioristic (*USA*).

bèi, *V.* **bey**.

beige (*franc.*), *a.* e *m. invar.* beige.

bèl, *m. invar.* (*fis.*) bel.

belàre, *v. i.* ***1*** to bleat; to baa (*fam.*) ***2*** (*fig.*) to bleat; (*piagnucolare*) to whine, to moan.

belàto, *m.* ***1*** bleating; bleat; baa ***2*** (*fig.*) bleat; (*piagnucolio*) whine, moan.

belcantìsmo, *m.* bel canto.

belcantistico, *a.* bel canto (*attr.*).

belcànto, *m.* bel canto.

bèlga, *a.*, *m.* e *f.* Belgian (*f.* Belgian woman*).

Bèlgio, *m.* (*geogr.*) Belgium.

Belgràdo, *f.* (*geogr.*) Belgrade.

bèlla, *f.* ***1*** (*donna b.*) beautiful woman*; beauty; belle; (*al vocat.*) beautiful, love, baby: **Ciao, b.!**, hello there, beautiful! ***2*** (*fidanzata*) girlfriend; sweetheart ***3*** (*bella copia*) fair copy: **mettere q.c. in b.**, to write out a fair copy of st.; to copy out st. ***4*** (*al gioco, sport*) playoff. ● (*bot.*) **b. di giorno** (*Convolvulus tricolor*), dwarf morning glory □ (*bot.*) **b. di notte** (*Mirabilis jalapa*), four-o'clock.

belladònna, *f.* (*bot.*, *Atropa belladonna*) deadly nightshade; belladonna.

bellaménte, *avv.* ***1*** nicely; gracefully; attractively ***2*** (*abilmente*) skilfully; artfully ***3*** (*tranquillamente*) peacefully; comfortably.

bellétta, *f.* (*lett.*) mire; slime.

belletterista, *m.* e *f.* belletrist.

bellétto, *m.* ***1*** rouge; make-up: **darsi il b.**, to rouge one's face ***2*** (*fig.*) artifice.

bellézza, *f.* ***1*** beauty; shapeliness; (*grazia*) grace, gracefulness, elegance; (*di aspetto fisico*) beauty, loveliness, (good) looks (*pl.*); (*specialm. di uomo*) handsomeness: **la b. di un fiore**, the beauty of a flower; **la b. di un movimento**, the grace of a movement; **La sua b. comincia a sfiorire**, her beauty is beginning to fade; **concorso di b.**, beauty contest; **cura di b.**, beauty treatment; **istituto di b.**, beauty parlour; **prodotti di b.**, beauty products; cosmetics; **reginetta di b.**, beauty queen ***2*** (*persona bella*) beauty; (*al vocat.*) beautiful, love: **Ha tre bambini, tre bellezze**, she has three children, three beauties; **Non è una b.**, she is no beauty; **Ehi, b.!**, hey, you, beautiful!; **Ciao, b.!**, hello, love! ***3*** (*cosa bella*) beauty; (*al pl.*: *luoghi belli*) beauty spots, attractions, sights: **le bellezze della natura**, the beauties of nature; **le bellezze di Napoli**, the sights of Naples; **un diamante che è una b.**, a beauty of a diamond; **È una b. stare qui**, it's so lovely here. ● (*fig.*) **la b. dell'asino**, the beauty of youth □ **Che b.!**, how wonderful!; how lovely! □ **chiudere** (*o* **finire**) **in b.**, to end with a flourish □ **finire q.c. in b.**, to bring st. to a triumphal end □ **Ho pagato la b. di cinquantamila lire**, I paid fifty thousand lire for it! □ **C'è voluta la b. di dieci ore**, it took a good (*o* a full) ten hours □ **È vissuto la b. di cent'anni**, he lived to the ripe age of a hundred □ **Ha la b. di tre automobili**, he owns no less than three cars □ **Canta che è una b.**, she sing beautifully □ **Dorme che è una b.**, he sleeps like a baby □ **Funziona che è una b.**, it works beautifully; it works a treat (*fam.*) □ **per b.**, for show: **È nell'ufficio per b., non per lavorare**, he is in the office for show, not for work □ **vincere in b.**, to come off with flying colours; to carry all before one.

bellicìsmo, *m.* warmongering.

bellicista, **A** *m.* e *f.* bellicist; (*guerrafondaio*) warmonger. **B** *a.* warmongering.

bèllico (1), *a.* war (*attr.*); wartime (*attr.*); martial; military: **materiale b.**, war material.

bellico (2), *m.* (*ombelico*) navel.

bellicosità, *f.* bellicosity; pugnaciousness.

bellicóso, *a.* ***1*** warlike; bellicose ***2*** (*fig.*) bellicose; belligerent; combative; pugnacious.

belligerànte, *a.* e *m.* belligerent: **non b.**, nonbelligerent.

belligerànza, *f.* belligerence; belligerency.

belligero, *a.* (*lett.*) warlike; bellicose.

bellimbùsto, *m.* dandy; fop; beau*; coxcomb: **fare il b.**, to play the dandy; to strut.

bèllo, **A** *a.* ***1*** (*di aspetto*) fine; (*molto b.*) beautiful; (*solo di persone*) good-looking; (*specialm. di uomo*) handsome; (*attraente*) lovely, charming, fair; (*grazioso*) nice, pretty; (*ben fatto, specialm. di parti del corpo*) shapely: **una bella casa**, a nice house; **bei vestiti**, fine clothes; **una bella vista**, a fine (*o* lovely) view; **una bella ragazza**, a beautiful girl; **una bella bambina**, a pretty little girl; **un bel ragazzo**, a handsome (*o* good-looking) boy; **un bell'uomo**, a handsome (*o* good-looking) man; **un bel viso**, a beautiful (*o* lovely) face; **bei capelli**, lovely hair; **un bel paio di gambe**, a fine (*o* shapely) pair of legs; **un bel fiore**, a beautiful flower; **una bella statua**, a beautiful statue; **un bel paesino**, a lovely little village ***2*** (*del tempo*) fine; fair; beautiful; lovely; nice; good: **Speriamo che domani sia** (*o* **faccia**) **b.**, let's hope it is fine tomorrow; **Piovve tutta la mattina, ma poi si fece b.**, it rained all morning, but turned fine later; **Fa b., lì da voi?**, is it fine over there?; **un bel cielo**, a clear sky; **una bella giornata**, a nice day; a very fine day; a lovely day ***3*** (*piacevole*) pleasant, lovely, charming, fine, nice; (*buono*) good, fine, handsome; (*gentile*) kind; (*intelligente*) clever: **una bella voce**, a beautiful voice; **una bella vacanza**, a lovely holiday; **una bella bistecca**, a nice beefsteak; **una bella tazza di tè**, a nice cup of tea; **una bella azione**, a good deed; **un bel gesto**, a fine (*o* kind, handsome) gesture; **un bel risultato**, a good result; **una bella occasione**, a fine opportunity; **un bel lavoro**, a fine piece of work; **Ha un bel posto in banca**, he has a good job with a bank; **S'è fatto un bel nome**, he has made a name for himself; **una bella pensata**, a clever idea; **Che bel pensiero!**, what a kind thought!; **Se ci stesse, sarebbe una bella cosa**, if he agreed, it would be a good thing; **Questa automobile ha fatto una bella riuscita**, this car has done good service ***4*** (*cospicuo, elevato*) nice, fair, hefty, seizable, considerable; (*generoso*) handsome: **una bella somma**, a fair (*o* seizable, tidy) sum; **È un bel prezzo**, it is a hefty price; **una bella eredità**, a sizeable inheritance; **una bella altezza**, a considerable height; **Una bella cifra!**, that's a lot of money!; **una bella mancia**, a handsome tip ***5*** (*iron.* o *spreg.*) fair, fine, pretty, nice; (*brutto*) nasty, dirty: **belle**

parole, fair words; fine words; **Belle cose ho saputo su di te!**, fine things I heard about you!; **Hai fatto un bel pasticcio!**, a pretty mess you've made of it!; **Ci hai messo in un bel pasticcio!**, you've got us into a nice pickle!; **Sei un bel cretino!**, you're a fine fool!; **Sei un bel tipo**, you're a funny one; **Bella scusa!**, a fine excuse!; **Bella roba!**, congratulations!; big deal! (*fam.*); **Bel capolavoro!**, some masterpiece!; **Bel vantaggio!**, a fine advantage indeed!; big deal! (*fam.*); **Mi ha fatto un b. scherzo**, he played a dirty trick on me; **un bel raffreddore**, a nasty cold ***6*** (*elegante*) elegant; smart: **belle maniere**, elegant manners; **un bel cappotto**, a smart coat; **Si mise il vestito b.**, she put on her best dress (*o* her Sunday's best); **Come sei bella con quel cappellino!**, you do look smart with that hat! ***7*** (*rafforzativo*) nice and...: **Il tè è b. caldo**, the tea is nice and hot; **Fa un bel calduccio qui**, it's nice and warm here. • **belle arti**, fine arts □ **bel b.**, slowly; unhurriedly □ **bella copia**, fair copy □ **b. da togliere il fiato**, breathtaking; stunning □ **b. e buono** (*autentico*), real; perfect; out and out; complete; thorough; utter: **Mi pare un insulto b. e buono**, it seems a real insult to me; **un mascalzone b. e buono**, a perfect (*o* thorough) rascal; **uno stupido b. e buono**, an utter fool □ **bell'e fatto**, already finished; over and done with: **Ho bell'e fatto; vengo subito**, I'm coming; I've just finished □ **bell'e morto**, as dead as a doornail □ **bell'e pronto**, nice and ready □ **bell'e vestito**, fully dressed □ **una bella età** (*avanzata*), a ripe age □ **un bel giorno**, one day; (*nei racconti*) one fine day: **Un bel giorno comparve a casa mia**, one day he turned up at my place □ **una bella mente**, a fine intelligence □ **belle lettere**, belles lettres (*franc.*); literature □ **un bel mare**, a calm sea □ **il bel mondo**, the smart set; high society □ **un bel niente**, nothing at all; absolutely nothing; a fig (*fam.*); peanuts (*fam.*): **Non vale un bel niente**, it isn't worth anything; it isn't worth a fig □ **una bella paura**, the fright of one's life; a fine scare □ **il bel sesso**, the fair sex □ **un bel sì**, an emphatic yes □ **un b. spirito**, a wit □ **la bella stagione**, spring □ **un bel vento**, a strong wind □ **a bella posta** (*o* **a b. studio**), on purpose □ **ai bei tempi**, in the good old days □ **alla bell'e meglio**, (*in qualche modo*) somehow; (*male*) any old how, haphazardly □ **a bell'agio**, at one's ease □ **avere un bel daffare**, to have a lot of things to do; to have one's work cut out □ **Hai un bel dire, tu!** (*è facile a dirsi*), that's easy for you to say!; easier said than done! □ **Hai un bel dire, ma io non mi fido di lui**, you may say what you like, but I don't trust him □ **Hai un bel correre**; **non lo raggiungerai**, run as fast as you like, you won't catch up with him □ **Che b.!**, how lovely!; how nice! □ **Che bei tempi, quelli!**, those were the days! □ **di bel nuovo**, all over again □ **far b.**, to embellish; to beautify; to make beautiful □ **fare una bella figura**, to cut a good figure □ **fare una bella vita**, to live well; to live it up □ **L'ho fatta** (*o* **l'ho detta**) **bella!**, I've put my foot in it □ **Ne hai fatte delle belle!**, nice things you've been up to! □ **farsi b.**, to spruce up □ **farsi b. con le penne del pavone**, to dress in borrowed plumes □ **farsi b. di q.c.**, (*vantarsi*) to brag about st.; to show off about st.; to blow one's own trumpet; (*immeritatamente*) to take credit for st. □ (*stor.*) **Filippo il B.**, Philip the Fair □ **gran bel**, very fine; beautiful: **una gran bella cosa**, a very fine (*o* nice) thing; **una gran bella ragazza**, a very beautiful girl; **Ha detto gran belle cose sul tuo conto**, he said some very nice things about you □ **nel bel mezzo**, right (*fam.*: smack, plumb) in the middle: **Stava nel bel mezzo della strada**, he stood right in the middle of the road □ **Oh bella!** (*escl. di sorpresa*), bless me!; well well well!; well, I never! □ **Questa è bella!**, that's a good one!; that's funny! □ **rispondere un bel no**, to answer with a round no □ **scamparla bella**, to have a narrow escape; to have a close shave (*fam.*) □ **È troppo b. per essere vero**, it's too good to be true □ **È tutto molto b., ma...**, it's all very well, but... □ **Viene giù una bell'acqua**, it's pouring down □ (*prov.*) **Non è b. quel che è b., è b. quel che piace**, beauty is in the eye of the beholder. **B** *m.* ***1*** (*astratto*) (the) beautiful; beauty: **il b. ideale**, ideal beauty; **Non ha il senso del b.**, he has no feeling for beauty ***2*** (*innamorato*) beau; sweetheart; boyfriend ***3*** (*al vocat.*: *caro*) darling, dearie, honey (*USA*); (*scherz.* o *aggressivo*: *amico*) mate, buster (*USA*), buddy (*USA*), babe (*USA*): **Dormi, b.!**, go to sleep, darling!; **Ehi, tu, b.!**, hey, you, buster! ***4*** (*la cosa bella, l'aspetto b.*) beauty; the best thing: **il b. della vita**, the beauty of life; **Il b. è che...**, the best of it is that...; **Questo è il b.!**, that's the beauty of it; (*l'aspetto divertente*) that's the fun of it; **Ora viene il b.**, now comes the best of it; (*iron.*) now we're in for it ***5*** (*del tempo*) fair (*o* fine) weather: **mettersi al b.**, to turn fine; to clear up. • **fare il b.**, to play the gallant □ **sul più b.**, at the crucial point; (*all'improvviso*) when least expected; (*iron.*) at the worst possible moment: **Sul più b. la macchina si fermò**, the car came to an unexpected halt; **Sul più b. del film andò via la luce**, just as the film was getting exciting, there was a power failure □ **Ci volle del b. e del buono per...**, it took some doing to...; it was an awful job to... □ **Che c'è di b. al cinema?**, what's on at the cinema?; is there anything worth seeing on at the cinema? □ **Che fai di b.?**, what are you doing?; (*scherz.*) what are you up to? □ **Che cosa hai fatto di b. ultimamente?**, what have you been doing (with yourself) lately? □ **Che si dice di b.?**, what's the buzz? (*fam.*) □ **Che fai di b. stasera?**, doing anything tonight?

bellòccio, *a.* fairly good-looking; neat (*fam.*); rather cute (*fam. USA*); (*di donna*) quite dishy (*fam.*).

bellóna, *a.* (*fam.*) glamour girl; stunner (*fam.*); eyeful (*fam.*).

bellospìrito, *m.* wit; wag.

bellùino, *a.* (*lett.*) ***1*** feral; bestial ***2*** (*selvaggio*) wild; savage.

bellunése, A *a.* of Belluno; from Belluno; Belluno (*attr.*). **B** *m.* e *f.* inhabitant of Belluno; native of Belluno.

bellùria, *f.* trimming; frill.

beltà, *f.* (*lett.*) beauty.

belùga, *m. invar.* (*zool.*, *Delphinapterus leucas*) beluga.

bélva, *f.* ***1*** wild beast; wild animal ***2*** (*fig.*: *persona aggressiva*) beast, brute; (*persona crudele*) fiend, ogre, monster.

belvedére, *m.* ***1*** (*punto panoramico*) lookout ***2*** (*edil.*) belvedere; gazebo ***3*** (*naut.*) mizzen topgallant sail ***4*** (*ferr.*) observation car.

Belzebù, *m.* Beelzebub; Old Nick (*fam.*).

bemberg, *m. invar.* (*marchio*: *ind. tess.*) artificial silk.

bemòlle, *m.* (*mus.*) flat: **si b. maggiore**, B flat major; **Ci sono due b. in chiave**, there are two flats in the key signature.

bemollizzàre, *v. t.* (*mus.*) to flatten; to flat (*USA*).

benaccètto, *a.* (*lett.*) welcome; agreeable.

benalzàto, *inter.* e *m.* good morning: **dare il b. a q.**, to wish sb. good morning.

benamàto, *V.* beneamato.

benarrivàto, *inter.* e *m.* welcome: **dare il b. a q.**, to welcome sb.; **B., s'accomodi**, how nice to see you, do come in.

benauguràante, *a.* auspicious; well-wishing; of good omen.

benché, *cong.* although; (even) though: **B. avesse ragione, tacque**, although he was right, he kept quiet; **B. stanco, si offrì di aiutarci**, he offered to help us, although he was tired; tired though he was, he offered to help us; **B. tutti glielo sconsigliassero, si mise per strada**, he set out, despite all advice against it; **B. lontani per età, sono amicissimi**, for all their age difference, they are close friends. • **il b. minimo**, the slightest: **Non fece il b. minimo sforzo**, he didn't make the slightest effort.

bènda, *f.* ***1*** (*med.*) bandage: **b. elastica**, elastic bandage; **b. gessata**, cast ***2*** (*fascia portata sulla fronte*) headband ***3*** (*sugli occhi*) blindfold ***4*** (*stor.*: *velo femminile*) veil; wimpole: **bende vedovili**, widow's veil ***5*** (*naut.*: *di terzaroli*) reef band; (*di cavo*) parcelling. • (*fig.*) **avere la b. agli occhi**, to be blind □ (*fig.*) **Mi cadde la b. dagli occhi**, the scales fell from my eyes □ (*fig.*) **togliere la b. dagli occhi di q.**, to open sb.'s eyes.

bendàggio, *m.* ***1*** (*il bendare*) bandaging ***2*** (*le bende*) bandages (*pl.*) ***3*** (*boxe*) handwraps (*pl.*).

bendàre, *v. t.* ***1*** (*med.*) to bandage (up); to strap (up) (*GB*); to tape (up) (*USA*) ***2*** (*gli occhi*) to blindfold ***3*** (*naut.*: *un cavo*) to parcel. • (*fig.*) **b. gli occhi a q.**, to pull the wool over sb.'s eyes.

bendàto, *a.* ***1*** bandaged ***2*** (*degli occhi*) blindfolded: (*anche fig.*) **con gli occhi bendati**, blindfolded (*agg.*); blindfold (*avv.*). • (*fig.*) **avere gli occhi bendati**, to be blind □ **la dea bendata**, the blind goddess; Fortune.

bendatùra, *f.* ***1*** bandaging ***2*** (*le bende*) bandages (*pl.*).

bendispósto, *a.* well-disposed; favourably disposed.

bène (1), A *avv.* ***1*** well; (*correttamente*) properly, correctly; (*rettamente*) rightly, justly: **comportarsi b.**, to behave well; **agire b.**, to act correctly; to do the right thing; **fare b. q.c.**, to do st. well (*o* properly); **parlare b.**, to speak well; (*essere un buon oratore*) to be a good speaker; **trattare b. q.**, to treat sb. well; **vestire b.**, to dress well; **abbastanza b.**, pretty (*o* fairly) well; **Ben detto!**, well said!; **Ben fatto!**, well done! ***2*** (*attentamente*) well; carefully; closely: **Pensaci b. prima di scegliere**, think well before you choose; **Ascoltami b.**, listen to me carefully; **osservare b.**, to study closely ***3*** (*in modo soddisfacente*) well, satisfactorily, properly; (*facilmente*) easily, nicely: **vederci b.**, to see well; to have a good sight: **Ci vedi b. di qui?**, can you see all right from here?; **Mi hai sentito b.?**, did you hear what I said?; **Chiudi b. la porta**, shut the door properly; **mangiare b.**, to eat well; **Ci si mangia b.**, the food is good there; **Il chiodo entrò b.**, the nail went in easily ***4*** (*rafforzativo*) well; very; really; quite: **Ne sono ben lieto**, I'm very pleased; **Ti credo b.**, I quite believe you; **Aveva ben ragione di voler restare**, he was quite right in wanting to stay; **È ben tardi**, it's really late; **C'è ben altro**, there's much more than that; **Dev'essere ben oltre la quarantina**, he must be well past forty; **ben due milioni**, a good (*fam.*: cool) two million; **Ci vollero ben sei mesi per finire**, it took no less than (*o* all of) six months to finish it; **Posso ben essere sorpreso!**, I may well be surprised!; **Puoi ben dirlo**, you may well say that; **Lo credo b.!**, I should think so!; **Lo spero b.!**, I should hope so!; I dare say!; **Spero b. che verrai!**, you are coming, aren't you?; **Bisognò ben acconsentire**, we couldn't very well refuse; **È ben vero che...**, it is indeed true that... • **ben b.**, (*molto b.*) very well, carefully, closely; (*completamente*) completely, thoroughly: **Lo osservai ben b.**, I studied it closely; **Uscì con la pioggia e si bagnò ben b.**, he went out in the rain and got thoroughly drenched; **Fu sgridato ben b.**, he got a good scolding □ **ben disposto verso q.**, well disposed towards sb. □ **ben informato**, well-informed □ **ben intenzionato**, well-intentioned; well-meaning □ **ben messo**, (*ricco*) well-heeled; (*robusto*) well-built, rather large □ **b. o male**, somehow (or other) □ **andare b.**, to be well; to go well; (*riuscire*) to come off well: **Va tutto b.**, everything is well; it's all going well; **Se tutto va b.**, if everything goes well; with luck; **Sei andato b.!**, you did very well!; you have come off well!; **È andato tutto b.?**, did everything come off well?; **Vengo domani, va b.?**, I'm coming tomorrow, ok?; **Va b.!**, all right!; O.K.!; okay!; very well!; (*d'accordo*) right you are!, agreed! □ **andare b. a q.**, (*essere gradito, comodo, ecc.*) to be convenient for sb., to suit sb.; (*di abiti, ecc.*) to fit: **Ti va b. venerdì?**, does Friday suit you?; **Questa gonna non mi va più b.**, this skirt no longer fits me □ **Ti è andata b.!**, you were lucky!; that was a close shave! □ **ad andare b.**, if everything goes all right; (*almeno*) at least, to say the least; (*nella migliore delle ipotesi*) at best: **Arriveremo sabato, ad andare b.**, we cannot arrive before Saturday at best □ **Si comincia b.**, that's a good start! □ **di b. in meglio**, better and better □ **dire** (*o* **parlare**) **b. di q.**, to speak well of sb. □ **Dici b., tu!** (*è facile a dirsi*), easier said than done!; that's easy for you to say! □ **Sarebbe b. che tu pensassi ai casi tuoi**, it would be a good thing if you minded your own business □ **Sarebbe b. che tu lo facessi al più presto**, you should do it as quickly as possible □ **Sarà b. andare**, we had better go □ **fare b. a**, to do well to: **Fai b. a restare**, you do well (*o* you are right) to stay; **Faresti b. a tacere**, you would do well to hold your tongue □ **finire b.**, to end well; to have a happy end □ **morire b.**, to die a good death; to die well □ **nascere b.**, to be well born □ **né b. né male**, so so □ **pensare b.**, (*credere opportuno*) to think it better: **Ho pensato b. di restare a casa**, I thought it better to stay at home □ **prenderla b.**, to take it well □ **sentirsi b.** (*di salute*), to feel well □ **stare b.**, (*di salute*) to be well, to feel well; (*stare comodo*) to be comfortable; (*armonizzare*) to go well; (*adattarsi*) to suit; (*convenire, addirsi*) to suit, to become, to be proper (*o* right): **Il nonno sta b.**, grandfather is well; **Stia b.!**, goodbye!; **Stammi b.!**, look after yourself!; **Stiamo b. dove siamo**, we're very well where we are; **Stai b. in quella poltrona?**, are you comfortable in that armchair?; **Stiamo b. insieme**, we are happy together; **Sta b. questo verde col blu?**, does this green go well with blue?; **Quest'abito ti sta b.**, this dress suits you; **Stai proprio b.**, you look well; **Ti sta b. lunedì?**, does Monday suit you?; **Non sta b. parlare così**, it isn't right to talk like that; you shouldn't say such things; **Ti sta b.!**, it serves you right! □ **stare b. a soldi**, to be well off □ **stare poco b.** (*di salute*), to be poorly □ **Ti vedo b.** (*hai un bell'aspetto*), you look very well □ **Volevo ben dire!**, I thought as much!; that's what I expected! □ (*prov.*) **Tutto è b. quel che finisce b.**, all's well that ends well. **B** *inter.* **1** (*insomma*) well, well then; (*d'accordo*) all right, okay, O.K.; (*suvvia*) come (on): **B., come stavo dicendo...**, well, as I was saying...; **B., eccoci arrivati!**, well, here we are at last!; **B., allora ne riparleremo domani**, well then, we'll talk it over again tomorrow; **B., basta così**, all right, that'll do; **B., ci vediamo domani!**, okay, see you tomorrow!; **B., vengo**, all right, I'm coming; **B., dimmi cos'hai!**, come, what's the matter with you? **2** (*ben fatto, bravo*) well done!, fine!, excellent!, bravo!; (*ben detto*) well said; hear, hear! **C** *a. invar.* elegant; refined: **quartiere b.**, elegant district; **gente b.**, high society; top-drawer people (*GB*); **la Milano b.**, Milanese high society.

bène (2), *m.* **1** (*ciò che è buono*) good: **il b. e il male**, good and evil; **rendere b. per male**, to render good for evil; **distinguere il b. dal male**, to know right from wrong; **fare del b.**, to do good **2** (*vantaggio*) good; (*benessere*) welfare; **il b. comune**, the common good; **il b. della comunità**, the common weal; **operare per il b. della patria**, to work for the good of one's country; **Lo dico per il vostro b.**, I'm telling you for your own good **3** (*amore*) love; fondness; affection: **volere b. a q.**, to love sb.; to be fond of sb.; **Non sa il b. che gli voglio**, he doesn't know how much I love him; **volere un b. dell'anima a q.**, to be very fond of sb.; to love sb. dearly **4** (*benedizione, dono*) blessing; gift: **La salute è un gran b.**, good health is a great blessing; **La vita è un b. prezioso**, life is a precious gift **5** (*persona amata*) love; beloved; darling: **il suo amato b.**, her beloved **6** (*piacere*) pleasure; (*soddisfazione*) satisfaction; (*privilegio*) privilege: **Non ho mai avuto il b. di conoscerlo**, I've never had the privilege of meeting him; **Quando avrò il b. di vederti sistemato?**, when will I have the satisfaction of seeing you settled down? **7** (*pace*) peace; peace and quiet: **Non ho più un'ora di b.**, I no longer have a moment's peace **8** (*b. economico*) commodity; goods (*pl.*): **beni di consumo**, consumer goods; **beni di prima necessità**, necessaries; **beni rifugio**, shelter goods **9** (*pl.*) (*proprietà, ricchezze*) possessions; things; (*leg.*) property (*sing.*), estate (*sing.*): **Perse tutti i suoi beni**, he lost all his possessions; **beni corporali**, tangible property; **beni culturali**, cultural assets; cultural (*o* artistic) heritage (*sing.*); **beni dotali**, dotal property; dowry; **beni ecclesiastici**, church endowments; **beni ereditari**, estate; hereditaments; **beni immobili**, real property (*o* estate); immovables; **beni mobili**, personal property; goods and chattels; movables; **comunione dei beni**, community of property; **divisione dei beni dopo un divorzio**, division of assets after a divorce. ● **a fin di b.**, with a good intention; meaning well: **agire a fin di b.**, to mean well; **Glielo dissi a fin di b.**, I told him to help him □ **augurare ogni b. a q.**, to wish sb. all the best □ **avere beni al sole**, to be a man of property □ **È stato un b. che nessuno ti abbia visto**, thank heaven (*o* you were lucky) no one saw you □ **È stato un b. essere rimasti**, it's just as well we stayed behind □ **fare b. a q.**, to be good for sb.; to do sb. good: **Nuotare fa b.**, swimming is good for you; **Questa medicina ti farà b.**, this medicine will do you good; **Le farebbe b. qualche lezione privata**, she could do with some coaching; **La sua presenza mi fece b.**, his presence did me good □ **ogni ben di Dio**, all sorts of good things □ **E adesso che ne faccio di tutto questo ben di Dio?**, what am I going to do with all this good food? □ **opere di b.**, good works; (*beneficenza*) donations □ **per b.**, (*bene*) well, properly; (*onesto*) honest, decent; (*rispettabile*) respectable; (*educato*) well-bred: **Sistemali per b.**, arrange them properly; **gente per b.**, respectable people; **una ragazza per b.**, a well-bred girl □ (*fam.*) **perdere il ben dell'intelletto**, to lose one's reason □ **il Sommo B.**, the Supreme Good □ **sperare in b.**, to hope for the best □ **la via del b.**, the straight and narrow (path) □ (*prov.*) **Il meglio è nemico del b.**, leave well enough alone.

beneamàto, *a.* beloved; cherished; darling.

beneaugurànte, *V.* **benaugurante.**

benedettìno, *a.* e *m.* (*f.* **-a**) (*eccles.*) Benedictine (*f.* Benedictine nun). ● (*fig.*) **la pazienza d'un b.**, the patience of a saint.

Benedétto, *m.* Benedict.

benedétto, *a.* **1** blessed; consecrated; holy: **pane b.**, consecrated bread; **acqua benedetta**, holy water; **terra benedetta**, consecrated ground; **Sia b. il suo nome**, blessed be his name **2** (*fig.*) blessed: **Dove sono quei benedetti occhiali?**, where are those blessed glasses?; **Ma non potevi stare attenta, benedetta donna?**, for heaven's sake, woman, couldn't you have been more careful? **B. ragazzo, e adesso che farà?**, bless the boy! what will he do now?; **Dio b.!**, Good God!; **b. dalla fortuna**, smiled upon by fortune.

benedicènte, *a.* benedictory.

benedicite (*lat.*), *m. invar.* (*eccles.*) benedicite; grace: **dire il b.**, to say grace.

benedire, *v. t.* to bless; to consecrate: **Il curato verrà a b. la casa**, the priest will come to bless the house; **Il vescovo ha benedetto la nuova chiesa**, the bishop consecrated the new church; **b. un matrimonio**, to solemnize a marriage; **Che Dio ti benedica!**, God bless you!; **Benedii il giorno che l'avevo conosciuto**, I blessed the day I had met him. ● (*fig. fam.*) **andare a farsi b.** (*andare in rovina*), to go to rack and ruin; to go to the dogs; to go to pot; to go west □ (*fig. fam.*) **mandare q. a farsi b.**, to tell sb. to get lost □ (*fig. fam.*) **Va' a farti b.!**, get lost!; go jump in the lake!

benedizióne, *f.* **1** (*eccles.*) blessing; (*in fine di funzione*) benediction: **b. papale**, Papal blessing; **dare** (*o* **impartire**) **la b.**, to give the blessing **2** (*fig.*) blessing; godsend: **La pioggia fu una vera b.**, the rain was a real blessing (*o* godsend); **È la b. della mia vita**, he is the joy of my life.

beneducàto, *a.* well-mannered; well-brought-up; well-bred.

benefattóre, *m.* (*f.* **-trice**) benefactor (*f.* benefactress).

beneficàre, *v. t.* to benefit; (*aiutare*) to help, to aid.

beneficènza, *f.* charity; beneficence: **fare b.**, to donate money to charity; **dare q.c. in b.**, to give st. to charity; **ente di b.**, charity; benevolent society; **fiera di b.**, charity bazaar; fête; **opere di b.**, charity work (*sing.*): **dedicarsi a opere di b.**, to do charity work; **istituto di b.**, charitable institution; **spettacolo di b.**, charity performance.

beneficiàle, *a.* (*eccles.*) beneficiary.

beneficiàre, A *v. i.* to profit by; to benefit by: **b. delle nuove disposizioni**, to profit by the new regulations; **b. di un'amnistia**, to benefit by an amnesty; **b. di una borsa di studio**, to hold a scholarship. **B** *v. t.* to benefit; to help; to aid.

beneficiàrio, A *a.* (*leg., eccles.*) beneficiary. **B** *m.* (*f.* **-a**) **1** (*leg.*) beneficiary; recipient **2** (*eccles.*) beneficiary; incumbent **3** (*comm., ass.*) payee. ● **b. d'un vitalizio**, annuitant.

beneficiàta, *f.* **1** (*teatr.*) benefit (performance) **2** (*fig.*) run of luck.

beneficiàto, A *a.* benefited. **B** *m.* **1** (*leg.*) beneficiary **2** (*eccles.*) beneficiary; incumbent.

beneficio, *m.* **1** benefit; (*vantaggio*) advantage: **trarre b. da q.c.**, to benefit from st.; **a nostro b.**, for our benefit **2** (*comm.*) profit: **b. netto**, net profit **3** (*eccles.*) benefice; incumbency **4** (*leg.*) benefit: **concedere a q. il b. del dubbio**, to give sb. the benefit of the doubt; **accettare con b. d'inventario**, to accept with the benefit of inventory; (*fig.*) to accept with reservation.

benèfico, *a.* **1** (*caritatevole*) beneficent; charitable; benevolent: **una persona benefica**, a charitable person; **istituzioni benefiche**, charitable institutions; **ente b.**, benevolent society **2** (*giovevole*) beneficial, salutary; (*vantaggioso*) beneficial, advantageous, profitable: **pioggia benefica**, beneficial rain.

benefìzio, *V.* **beneficio.**

benemerènte, *V.* **benemerito.**

benemerènza, *f.* merit: **attestato di b.**, certificate of merit.

benemèrito, *a.* meritorious; well-deserving. ● **l'arma benemerita** (*o* **la Benemerita**), the Carabinieri.

beneplàcito, *m.* **1** consent; approval; blessing (*fam.*): **L'ha fatto col mio b.**, he did it with my consent **2** (*arbitrio*) will: **agire a**

proprio b., to act according to one's will; to behave as one likes.

benèssere, *m.* **1** wellbeing; comfort; welfare: **un senso di b.**, a sense of wellbeing; **il b. di una nazione**, the welfare of a nation **2** (*agiatezza*) affluence; wealth; prosperity: **vivere nel b.**, to live in affluence; **la società del b.**, the affluent society.

benestànte, **A** *a.* well-off; well-to-do. **B** *m.* e *f.* well-off person.

benestàre, *m.* **1** consent; approval; go-ahead (*fam.*); okay (*fam.*): **dare il b.**, to give one's approval; to give the go-ahead **2** (*benessere*) wellbeing.

benevolènte, *a.* (*lett.*) benevolent; well disposed.

benevolènza, *f.* **1** benevolence; kindliness; goodwill **2** (*indulgenza*) benevolence; leniency; indulgence **3** (*benignità*) benignity; benevolence; graciousness.

benèvolo, *a.* **1** benevolent; benign; kindly: **parole benevole**, benevolent words **2** (*indulgente*) benevolent; lenient; indulgent.

benfàtto, *a.* **1** well done; well made; (*proporzionato*) well-proportioned, shapely **2** (*opportuno*) proper; fitting; seemly.

Bengàla, *m.* (*geogr.*) Bengal.

bengàla, *m.* Bengal light; firework.

bengalése, *a.*, *m.* e *f.* Bengali* (*f.* Bengali woman*).

bengàli, *a.* e *m.* Bengali.

bengalino, *m.* (*zool.*, *Amandava amandava*) avadavat; amadavat.

bengòdi, *m.* the land of plenty; (*letter.*) Cockaigne.

Beniamino, *m.* Benjamin.

beniamino, *m.* (*f.* **-a**) favourite; darling; pet; blue-eyed boy (*m.*, *GB*); fair-haired boy (*m.*, *USA*): **È il b. del padre**, he is his father's pet; **il b. della fortuna**, Fortune's darling.

benignità, *f.* **1** benignity; kindliness; kindness: **trattare q. con b.**, to treat sb. with kindness **2** (*mitezza*) mildness: **la b. del clima**, the mildness of the climate.

benigno, *a.* **1** benign; kind; kind-hearted **2** (*indulgente*) indulgent; lenient; clement: **giudice b.**, lenient judge **3** (*mite*) mild: **clima b.**, clement (*o* mild) climate. ● (*med.*) **tumore b.**, benign tumour.

beninformàto, **A** *a.* well informed; knowledgeable; in the know. **B** *m.* (*f.* **-a**) well-informed person; person in the know.

benino, *avv.* (*discretamente*) fairly well; tolerably well. ● **per b.**, nicely; properly; just so.

benintenzionàto, *a.* well-meaning.

benintéso, *avv.* of course; naturally; needless to say: **Passerai prima da me, b.**, of course, you will call on me first; **Glielo darò, b. se lo trovo**, I shall give it to him, if I meet him, of course.

benissimo, **A** *avv. superl.* very well; quite well; perfectly well: **È fatto b.**, it's very well done; **Puoi b. dire che eri malato**, there is nothing to stop you from saying you were ill; **Si può b. farlo domani**, it can easily (*o* perfectly well) be done tomorrow. **B** *inter.* **1** very well; excellent; perfect; splendid; great (*fam.*) **2** (*ben fatto*) well done **3** (*ben detto*) well said.

bènna, *f.* (*mecc.*) bucket; grab: **b. a gabbia**, skeleton bucket; **b. a valve**, clamshell bucket.

bennàto, *a.* (*lett.*) **1** well-born **2** *V.* **beneducato**.

benóne, **A** *avv.* very well; splendidly; okay. **B** *inter.* splendid; great (*fam.*).

benparlànte, *m.* e *f.* good speaker.

benpensànte, **A** *a.* moderate; conventional; mainstream (*attr.*). **B** *m.* e *f.* conventional thinker; conformist.

benportànte, *a.* hale and hearty; in fine fettle.

benservito, *m.* reference; testimonial; character. ● (*fig.*) **dare il b. a q.**, (*licenziare*) to sack sb., to fire sb.; (*mandare via*) to give sb. his marching orders (*USA*: walking papers) (*fam.*).

bensì, *cong.* **1** (*ma, invece*) but (rather): **Non fu lui, b. sua moglie**, it wasn't him, but rather his wife; it was his wife, not him **2** (*certamente*) indeed; while: **È b. vero che..., ma...**, it is indeed true that..., but...; though (*o* while) it is true that..., still...

bènthos, *m. invar.* (*biol.*) benthos.

bentonite, *f.* (*miner.*) bentonite.

bentornàto, *inter.* e *m.* welcome back: **B. a casa!**, welcome home!; **dare il b. a q.**, to welcome sb. back.

bentrovàto, *inter.* well met.

benvenùto, *a.* e *m.* welcome: **B. a Roma!**, welcome to Rome!; **In casa mia era sempre (il) b.**, he was always welcome in my house; **dare il b. a q.**, to welcome sb.

benvisto, *a.* well-thought-of; well-liked; popular.

benvolére, *v. t.* to like; to love: **farsi b.**, to endear oneself to everyone; **prendere a b. q.**, to take a liking to sb.

benvolùto, *a.* liked; loved; popular.

benzaldèide, *f.* (*chim.*) benzaldehyde.

benzedrina, *f.* (*marchio*: *farm.*) Benzedrine; amphetamine.

benzène, *m.* (*chim.*) benzene.

benzènico, *a.* (*chim.*) benzene (*attr.*).

benzidina, *f.* (*chim.*) benzidine.

benzile, *m.* (*chim.*) benzyl.

benzilico, *a.* (*chim.*) benzyl (*attr.*).

benzina, *f.* **1** petrol (*GB*); gasoline (*USA*); gas (*USA*): **b. «super»**, premium (petrol); **b. senza piombo**, unleaded petrol; **b. verde**, green petrol; **fare b.**, to get some petrol; **fare il pieno di b.**, to fill up; **rimanere senza b.**, to run out of petrol; **latta di b.**, petrol can; **distributore di b.**, petrol station; gas (*o* filling) station (*USA*) **2** (*per smacchiare*) benzine.

benzinàio, *m.* (*f.* **-a**) **1** (*addetto*) petrol (*USA*: gas) station attendant **2** (*gestore*) petrol (*USA*: gas) station keeper.

benzoàto, *m.* (*chim.*) benzoate.

benzocaina, *f.* (*chim.*) benzocaine.

benzochinóne, *m.* (*chim.*) benzoquinone.

benzodiazepina, *f.* (*chim.*) benzodiazepine.

benzofenóne, *m.* (*chim.*) benzophenone.

benzòico, *a.* (*chim.*) benzoic.

benzoino, *m.* **1** (*bot.*, *Styrax benzoin*) benjamin bush; spicebush **2** (*chim.*) benzoin.

benzòlo, *m.* (*chim.*) benzol, benzole.

benzopirène, *m.* (*chim.*) benzopyrene.

bèola, *f.* (*miner.*) gneiss.

beóne, *m.* (*f.* **-a**) drunkard; sot; boozer (*pop.*).

beòta, **A** *m.* e *f.* **1** Boeotian **2** (*spreg.*) idiot; moron. **B** *a.* **1** Boeotian **2** (*spreg.*) idiotic; foolish; moronic.

Beòzia, *f.* (*geogr.*) Boeotia.

bequàdro, *m.* (*mus.*) natural.

bèrbero, **A** *a.* e *m.* (*f.* **-a**) Berber. **B** *m.* (*cavallo*) Barbary horse.

berceau (*franc.*), *m. invar.* bower; pergola.

berceuse (*franc.*), *f. invar.* (*mus.*) berceuse.

berchèlio, *m.* (*chim.*) berkelium.

berciàre, *v. i.* to bellow; to yell.

bére, **A** *v. t.* **1** to drink*: **b. alla bottiglia**, to drink from the bottle; **b. q.c. in un sorso**, to drink st. in one gulp; **Bevilo tutto**, drink it up; **b. fino all'ultima goccia**, to drain one's glass; **Beviamo qualcosa**, let's have a drink; **Che cosa bevi?**, what would you like to drink?; **Beviamoci su!**, let's drink on it!; **offrire da b. a q.**, to offer sb. something to drink; (*al bar*) to stand sb. a drink; **offrire da b. a tutti**, to buy drinks for everyone; **dare da b.**, to give st. to drink; (*rif. ad animali*) to water; **È uno che beve**, he drinks; he is a heavy drinker; **Quando beve diventa violento**, after he's had a few drinks he becomes violent; **Nuotando ho bevuto parecchio**, I swallowed a lot of water while swimming **2** (*assorbire*) to drink*; to absorb; to suck up: **La terra beve la pioggia**, the ground absorbs the rain **3** (*fig.*: *credere*) to swallow; to lap up: **Se l'è bevuta**, he swallowed it; **darla a b. a q.**, to fool sb. into believing st.; to sell sb. a story. ● **b. a garganella**, to pour (st.) down one's throat □ **b. alla salute di q.**, to drink sb.'s health □ (*fig.*) **b. l'amaro calice**, to do st. against one's will □ **b. come una spugna**, to drink like a fish □ **b. fino alla feccia**, to drink (st.) to the dregs □ (*fig.*) **b. avidamente le parole di q.**, to drink in sb.'s words; to hang upon sb.'s lips □ (*fig.*) **b. il sangue di q.**, to suck sb.'s blood □ **b. un uovo**, to suck an egg □ **È come b. un bicchier d'acqua**, it's as easy as falling off a log □ (*di vino*) **lasciarsi b.**, to go down well □ (*fam.*) **una macchina che beve molto**, a car that consumes a lot of petrol; a gas-guzzler (*fam. USA*) □ **uovo da b.**, fresh egg □ (*fig.*) **O b. o affogare**, sink or swim. **B** *m.* drink; drinking: **il b. e il mangiare**, eating and drinking, food and drink; **darsi al b.**, to take up drinking; to take to the bottle (*fam.*).

bergamàsco, **A** *a.* of Bergamo; from Bergamo; Bergamo (*attr.*). **B** *m.* (*f.* **-a**) inhabitant of Bergamo; native of Bergamo.

bergamòtta, *f.* bergamot pear.

bergamòtto, *m.* (*bot.*, *Citrus bergamia*) bergamot orange: **essenza di b.**, essence of bergamot.

beribèri, *m.* (*med.*) beriberi.

berillio, *m.* (*chim.*) beryllium.

berillo, *m.* (*miner.*) beryl.

beriòlo, *V.* **beverino**.

berkèlio, *V.* **berchelio**.

berlicche, *m.* (*pop. scherz.*) devil.

berlina (1), *f.* **1** (*antica pena*) pillory; stocks (*pl.*) **2** (*fig.*) derision; ridicule: **mettere in** (*o* **alla**) **b.**, to expose to ridicule; to pillory.

berlina (2), *f.* **1** (*carrozza di gala*) berlin **2** (*autom.*) saloon (car) (*GB*); sedan (*USA*).

berlinése, **A** *a.* of Berlin; from Berlin; Berlin (*attr.*). **B** *m.* e *f.* Berliner.

Berlino, *f.* (*geogr.*) Berlin.

bèrma, *f.* (*edil.*) berm.

bermùda, *m. pl.* (*moda*) Bermuda shorts; bermudas.

Bermùde, *f. pl.* (*geogr.*) (the) Bermudas.

bermudiàna, *f.* (*naut.*) Bermudian mainsail.

Bèrna, *f.* (*geogr.*) Berne, Bern.

Bernàrdo, *m.* Bernard. ● (*zool.*) **B. l'eremita**, hermit crab.

bernésco, *a.* burlesque.

bernése, *a.*, *m.* e *f.* Bernese.

bernòccolo, *m.* **1** bump; lump; swelling **2** (*fig.*) bent; knack; flair: **Ha il b. della matematica**, he has a natural bent for mathematics **3** (*sporgenza*) knobble; bump.

bernoccolùto, *a.* bumpy; lumpy.

berrétta, *f.* **1** cap: **b. da notte**, nightcap **2** (*eccles.*) biretta. ● (*bot.*) **b. da prete** (*Evonymus europaeus*), spindle tree.

berrétto, *m.* cap; (*basco*) beret: **b. con visiera**, peaked cap; **b. da notte**, nightcap; **b. da fantino**, jockey cap; **b. da sci**, ski hat; **b. floscio**, cap; **b. goliardico**, student's cap; **b. frigio**, Phrygian cap.

bersagliàre, *v. t.* **1** to bombard; (*con l'artiglieria*) to shell; (*con pietre e sim.*) to pelt; (*di pallottole e sim.*) to pepper **2** (*fig.*: *tempestare*) to bombard; to pelt; to pepper: **b. q. di domande**, to bombard (*o* to assail) sb. with questions; to fire questions at sb.; **b. q. di insulti**, to shower abuse on sb. **3** (*fig.*: *perseguitare*) to plague; to harass: **essere bersagliato dalla sfortuna**, to be dogged (*o* plagued) by misfortune.

bersaglière, *m.* bersagliere. ● (*fig.*) **alla bersagliera** (*baldanzosamente*), with a dash; boldly.

bersaglierésco, *a.* (*baldanzoso*) dashing; bold.

bersàglio, *m.* (*anche fig.*) target; mark; butt: **colpire il b.**, to hit the mark (*o* the target); **centrare il b.**, to hit the bull's-eye; **mancare**

il b., to miss; (*fig.*) to be wide of the mark; **tiro al b.**, target practice; **Era il b. di ogni scherzo**, he was the butt of every joke; **il b. delle critiche**, the target of criticism. ● (*fig.*) **sbagliare b.**, to bark up the wrong tree □ (*fig.*) **scegliersi q. come b.**, to pick off sb.

bersò, *V.* **berceau**.

Bèrta, *f.* Bertha.

bèrta (1), *f.* (*lett.*) *1* (*derisione*) jeering; mockery: **dare la b.**, to jeer; to mock *2* (*burla*) joke.

bèrta (2), *f.* (*mecc.*) pile-driver.

bèrta (3), *f.* (*zool.*, *Puffinus*) shearwater.

bèrta (4), *f.* (*moda*) bertha; cape.

bèrta (5), *f.* – (*mil.*) **gran b.**, Big Bertha.

berteggiàre, *v. t.* (*lett.*) to jeer; to mock.

bertésca, *f.* bartizan.

bertòldo, *m.* (*fig.*) wily peasant.

Bertràndo, *m.* Bertrand.

bertùccia, *f.* (*zool.*, *Macaca sylvana*) Barbary ape.

besciamèlla, *f.* (*cucina*) bechamel (sauce).

bestémmia, *f.* *1* blasphemy; (*imprecazione*) oath, swearword, curse: **tirare bestemmie**, to swear; to curse; to cuss (*pop.*) *2* (*affermazione assurda*) nonsense; enormity; ludicrous statement.

bestemmiàre, **A** *v. t.* to blaspheme; (*maledire*) to curse: **b. Dio**, to blaspheme (the name of) God; **b. la propria sorte**, to curse one's fate. **B** *v. i.* (*imprecare*) to swear*; to curse; to use foul language: **b. come un turco**, to swear like a trooper; **Bestemmiava contro tutti**, he cursed everyone.

bestemmiatóre, *m.* (*f.* **-trice**) blasphemer; swearer.

béstia, *f.* *1* beast; animal: **l'uomo e la b.**, man and beast; **le bestie feroci**, wild animals (*o* beasts); **amare le bestie**, to love animals; **Non voglio bestie in casa**, I don't want animals about the house; **b. da lavoro**, working animal; **b. da macello**, beast for slaughter; **b. da sella**, riding animal; **b. da soma**, beast of burden *2* (*fig.*: *bruto*) brute; beast *3* (*fig.*: *persona sciocca*) fool; idiot *4* (*fig.*: *persona ignorante*) blockhead; moron: **È una b. in matematica**, he is hopeless in maths. ● (*fig.*) **b. nera**, bugbear; bête-noire (*franc.*); pet aversion (*o* hate) □ (*fig.*) **b. rara**, rarity; rare bird □ **andare** (*o* **montare**) **in b.**, to fly into a rage; to fly off the handle (*fam.*); to get mad (*fam.*) □ (*fig.*) **brutta b.**, ugly (*o* awful) thing: **La miseria è una brutta b.**, poverty is an ugly thing □ **diventare una b.**, to get violent □ **lavorare** (*o* **faticare**) **come una b.**, to slave; to work like a dog □ **lavoro da b.**, hard work; drudgery □ **mandare in b.**, to infuriate; to incense; to get sb.'s back up □ **Povera b.!**, poor thing!; poor brute! □ **una vita da bestie**, a dog's life □ **vivere come bestie**, to live like animals.

bestiàle, *a.* *1* (*di bestia*) bestial; ferine; animal (*attr.*): **istinti bestiali**, animal instinct *2* (*brutale*) bestial; brutal; brutish; savage: **espressione b.**, brutish expression; **furia b.**, bestial (*o* savage) fury *3* (*fam.*: *tremendo*) awful; beastly; ghastly: **Fa un freddo b.**, it's beastly cold; **tempo b.**, ghastly weather; **Ho una fame b.**, I'm starving; **un lavoro b.**, beastly work *4* (*fam.*: *fantastico*) terrific; cool (*pop.*); awesome (*pop.*); mean (*pop.*).

bestialità, *f.* *1* brutality; bestiality *2* (*fig.*: *grosso sproposito*) gross mistake; enormity: **dire delle b.**, to talk nonsense.

bestiàme, *m.* livestock; (*specialm. bovino*) cattle: **b. grosso**, cattle; **b. minuto**, smaller livestock; **b. da macello**, fat stock; **mille capi di b.**, one thousand head of cattle; **fiera del b.**, cattle market; (*ferr.*) **carro b.**, livestock van.

bestiàrio, *m.* (*letter.*) bestiary.

bestiòla, *f.* little animal; (small) creature.

bestióne, *m.* *1* big animal *2* (*fig.*: *uomo grosso e rozzo*) brute; hunk; ape; bruiser (*pop.*) *3* (*fig.*: *sciocco*) blockhead; moron.

bestsellerista, *m.* e *f.* author of bestseller.

bèta, *m.* o *f.* (*seconda lettera dell'alfabeto greco*) beta. ● (*fis.*) **raggi b.**, beta rays.

betabloccànte, *m.* (*farm.*) beta-blocker.

betaìna, *f.* (*biochim.*) betaine.

betatróne, *m.* (*fis. nucl.*) betatron.

bètel, *m.* *1* (*bot.*, *Piper betle*) betel *2* (*bolo da masticare*) pan.

Betlèmme, *f.* (*geogr.*) Bethlehem.

betòn, *m.* (*edil.*) concrete.

betonàggio, *m.* (*edil.*) concreting.

betònica, *V.* **bettonica**.

betonièra, *f.* (*edil.*) concrete mixer.

betonista, *m.* concrete mixer operator.

béttola, *f.* tavern; (*spreg.*) dive (*fam.*), greasy spoon (*pop. USA*). ● **linguaggio da b.**, coarse language.

bettolière, *m.* innkeeper; publican.

bettolìna, *f.* (*naut.*) barge.

bettolino, *m.* (*spaccio*) canteen; store.

bettònica, *f.* (*bot.*, *Betonica officinalis*) betony. ● (*fig.*) **conosciuto come la b.**, known far and wide.

betùlla, *f.* (*bot.*, *Betula*) birch.

bèuta, *f.* (*chim.*) Erlenmeyer flask.

bevànda, *f.* drink; beverage: **i cibi e le bevande**, food and drink; **b. alcolica**, alcoholic (*o* strong) drink; **b. analcolica**, soft drink.

beveràggio, *m.* *1* (*per bestiame*) mash; swill *2* (*pozione*) potion *3* (*scherz.*) beverage; drink.

beverìno, *m.* drinking tray (for birds).

beveróne, *m.* *1* (*per bestiame*) mash; swill *2* (*spreg.*) swill *3* (*bevanda medicamentosa*) potion.

bevìbile, *a.* drinkable.

bevicchiàre, *v. t.* *1* (*bere a piccoli sorsi*) to sip *2* (*bere ogni tanto*) to have the occasional drink.

bevitóre, *m.* (*f.* **-trice**) *1* drinker: **È un buon b.**, he enjoys his drink; **forte b.**, hard (*o* heavy) drinker *2* (*chi beve troppo*) heavy drinker; tippler; boozer (*pop.*).

bévo, 1ª *pers. sing. indic. pres. di* **bere**.

bevùta, *f.* drink: **fare una b.**, to have a drink; **Sono venuti i miei colleghi per una b.**, my colleagues came round for drinks; **una b. maiuscola**, a binge (*fam.*); a bender (*fam.*).

bevùto, *a.* (*fam.*: *brillo*) tipsy; (*ubriaco*) drunk, tight (*fam.*), high (*fam.*).

bévvi, 1ª *pers. sing. pass. rem. di* **bere**.

bèy, *m. invar.* (*governatore turco*) bey.

bi, *m.* o *f.* (*lettera*) b; B.

biàcca, *f.* ceruse; white lead.

biàcco, *m.* (*zool.*, *Coluber viridiflavus*) coluber.

biàda, *f.* *1* fodder; feed: **dare la b. a un cavallo**, to feed a horse; **sacchetto per la b.**, nosebag; feedbag (*USA*) *2* (*pl.*) (*lett.*: *messi*) crops.

Biàgio, *m.* Blaise. ● **Adagio B.**, take it easy!; hold your horses!

biàlbero, *a.* (*autom.*) twin-camshaft (*attr.*).

Biànca, *f.* Blanche.

biànca, *f.* *1* white woman*: **tratta delle bianche**, white-slave traffic *2* (*tipogr.*) recto.

Biancanéve, *f.* Snow White.

biancàstro, *a.* whitish; off-white.

biancheggiaménto, *m.* *1* (*il biancheggiare*) whitening *2* (*biancore*) whiteness.

biancheggiàre, **A** *v. i.* (*essere bianco*) to be white; (*diventare bianco*) to turn white: **La campagna biancheggiava di neve**, the countryside was white with snow; **Il cielo cominciò a b.**, the sky began to turn white. **B** *v. t.* (*imbiancare*) to whiten; to bleach.

biancherìa, *f.* *1* (*personale*) underwear; undergarments (*pl.*); (*da donna, anche*) lingerie *2* (*da casa*) (household) linen: **b. da tavola**, table linen; **b. da letto**, bed linen; **b. da bagno**, towels; **b. da lavare**, washing; laundry.

bianchétto, *m.* *1* (*cosmetico*) ceruse *2* (*candeggiante*) bleach *3* (*per pareti*) whitewash *4* (*per scarpe*) white-shoe cleaner *5* (*correttore*) correction fluid *6* (*pl.*) (*cucina*) whitebait (*sing.*) *7* (*vino*) glass of white wine.

bianchézza, *f.* whiteness; (*bianco intenso*) dazzling white.

bianchiccio, *a.* whitish; off-white.

bianchìre, *v. t.* *1* to whiten; to bleach *2* (*metalli*) to polish; to scour *3* (*ind. tess.*) to bleach.

biànco, **A** *a.* *1* white: **pane b.**, white bread; **vino b.**, white wine; **bandiera bianca**, white flag; **b. e rosso**, red and white; **gote bianche e rosse**, pink-and-white cheeks; **b. di neve** [**di farina**], white with snow [with flour] *2* (*canuto*) white; hoary (*lett.*): **capelli bianchi**, white hair; **Comincio ad avere i capelli bianchi**, my hair is beginning to turn white; **fare i capelli bianchi al servizio di q.**, to grow old and hoary in sb.'s service; **Sono cose da far venire i capelli bianchi**, it's enough to turn one's hair grey *3* (*non scritto*) blank: **foglio b.**, blank sheet; **pagina bianca**, blank page; **scheda bianca** (*alle elezioni*), blank ballot paper; **spazio b.**, blank (space); **lasciare una riga bianca**, to leave a line blank. ● **b. avorio**, ivory white □ **b. come l'argento**, silver-white □ **b. come un cencio**, as white as a sheet □ **b. come la farina**, as white as flour □ **b. come il gesso**, chalk-white □ **b. come un giglio**, lily-white □ **b. come il latte**, milk-white □ **b. come la neve**, snow-white □ **b. sporco**, off-white □ **arma bianca**, cold steel; bayonet □ **calor b.**, white heat □ **carbone b.**, hydroelectric power □ **la Casa Bianca**, the White House □ **dare carta bianca a q.**, to give sb. carte blanche □ **diventare b.** (*per la paura*), to turn pale □ **donna bianca**, white woman □ **formica bianca**, white ant; termite □ **libro b.**, white book □ **il Mar B.**, the White Sea □ **matrimonio b.**, unconsummated marriage □ **il Monte B.**, Mont Blanc □ (*fig.*) **una mosca bianca**, a rarity; a rare bird □ **notte bianca**, sleepless night □ **orso b.**, white bear; polar bear □ **russo b.**, White Russian □ **settimana bianca**, a week's skiing holiday □ **uomo b.**, white man □ **vedova bianca**, grass widow □ (*mus.*) **voce bianca**, treble voice. **B** *m.* *1* (*il colore*) white: **vestire di b.**, to dress in white; to wear white; **dipingere q.c. di b.**, to paint st. white; **in b. e nero**, in black and white; black-and-white (*attr.*) *2* (*parte bianca*) white; white part: **il b. dell'occhio**, the white of the eye; **b. d'uovo**, egg white; **il b. degli asparagi**, the white part of asparagus *3* (*tinta bianca*) whitewash; white: **una mano di b.**, a coat of white; **dare il b. a una parete**, to whitewash a wall *4* (*spazio b.*) blank (space) *5* (*biancheria da casa*) household linen: **fiera del b.**, household linen sales *6* (*uomo b.*) white man*: **i bianchi**, the whites; white people *7* (*vino*) white wine *8* (*scacchi*) white. ● **b. d'argento**, fine white lead □ **b. di cerussa**, white lead; ceruse □ **b. d'Olanda**, Flemish white □ **b. di piombo**, white lead □ **b. di zinco**, Chinese white □ (*comm.*) **abuso di b.**, abuse of blank cheque □ (*fig. fam.*) **andare in b.**, to flop; to draw a blank □ **cucitrice in b.**, seamstress □ (*fig.*) **dare a intendere** (*o* **far vedere**) **il b. per nero a q.**, to pull the wool over sb.'s eyes □ **di punto in b.**, all of a sudden □ **dire oggi b. e domani nero**, to keep changing one's mind; to blow hot and cold □ **La sposa era in b.**, the bride wore white □ **guardare q. nel b. dell'occhio**, to look sb. straight in the eye □ (*anche comm.*) **in b.**, blank: **accettazione in b.**, blank acceptance; **assegno in b.**, blank cheque; **cambiale in b.**, undated bill; **girata in b.**, blank endorsement; **lasciare in b. una parola**, to leave a blank space; **lasciare in b. una riga**, to leave a line blank; **fare una firma in b.**, to sign a blank document; **consegnare il compito in b.**, to hand in a blank test paper □ (*cucina*) **in b.**, boiled; plain: **pesce in b.**, boiled fish; **riso in b.**, boiled rice; **mangiare in b.**, to be on a fat-free diet □ **matrimonio in b.**, unconsummated marriage □ **mettere nero su b.**, to set st. down in black and white; to put st. down in writing □ **notte in b.**, sleepless night: **passare la notte in b.**, to spend a sleepless night; not to sleep a wink.

biancomangiàre, m. (*cucina*) blancmange.

biancóne, m. (*zool.*, *Circaëtus gallicus*) harrier eagle.

biancóre, m. (*lett.*) *1* whiteness *2* (*pallore*) paleness; pallor.

biancospino, m. (*bot.*, *Crataegus oxyacantha*) hawthorn; whitethorn; maybush. ● **b. della virginia** (*Crataegus crusgalli*), cockspur □ **bacca di b.**, haw.

biancovestito, a. dressed in white.

biascicaménto, m. *1* chewing; munching *2* (*fig.*) mumbling; muttering.

biascicàre, v. t. *1* to chew; to munch *2* (*fig.*) to mumble; to mutter: **b. le orazioni**, to mumble one's prayers.

biaşimàre, v. t. to blame; to censure; to disapprove of; to rebuke; to reproach: **Non ti biasimo per questo**, I don't blame you for this; **essere da b.**, to be to blame.

biaşimévole, a. blam(e)able; blameworthy.

biàşimo, m. blame; censure; disapproval; reproach: **meritare b.**, to deserve the blame; to be blameworthy; **nota di b.**, reprimand.

biassiàle, a. (*fis.*) biaxial.

biathlon, m. (*sport*) biathlon.

biatòmico, a. (*chim.*) diatomic.

biauricolàre, a. biauricular.

bibàşico, a. (*chim.*) dibasic; bibasic.

Bibbia, f. Bible.

biberòn, m. invar. feeding bottle; (baby's) bottle.

bibita, f. soft drink.

biblicişmo, m. Biblicism.

biblico, a. biblical.

bibliobus, m. invar. mobile (*o* travelling) library; bookmobile (*USA*).

bibliofilìa, f. bibliophilism.

bibliòfilo, m. (f. **-a**) bibliophile; book-lover.

bibliografìa, f. bibliography.

bibliogràfico, a. bibliographic.

bibliògrafo, m. (f. **-a**) bibliographer.

bibliologìa, f. bibliology.

biblioòmane, m. e f. bibliomane; bibliomaniac.

bibliomanìa, f. bibliomania.

bibliomanzìa, f. bibliomancy.

bibliotèca, f. *1* library: **b. pubblica**, public library; **b. circolante**, lending library; **b. universitaria**, university library *2* (*mobile*) bookcase; bookshelves (*pl.*). ● (*fig. scherz.*) **b. ambulante**, walking encyclopaedia □ (*fig.*) **topo di b.**, bookworm.

bibliotecàrio, m. (f. **-a**) librarian.

biblioteconomìa, f. librarianship.

biblista, m. e f. Biblicist; Biblist.

biblistica, f. Bible studies.

bica, f. stack; shock; shook.

bicameràle, a. (*polit.*) bicameral.

bicameralişmo, m. (*polit.*) bicameralism.

bicàmere, a. two-roomed.

bicarbonàto, m. (*chim.*) bicarbonate: **b. di potassio**, potassium bicarbonate; **b. di sodio**, sodium bicarbonate; baking soda.

bicchieràta, f. *1* glassful; glass *2* (*bevuta in compagnia*) drinking party; drink.

bicchière, m. *1* glass; (*senza stelo*) tumbler: **bere il tè in un b.**, to drink tea out of a glass; **b. a calice**, stemmed glass; **b. da vino**, wine glass; **b. di carta**, paper cup; dixie cup (*USA*); **b. di cristallo**, crystal glass *2* (*contenuto d'un bicchiere*) glass; glassful; (*bevanda*) drink: **bere un b. di birra**, to drink a glass of beer; **Beviamo un b.**, let's have a drink. ● **b. della staffa**, stirrup cup; one for the road (*fam.*) □ **un b. di troppo**, one glass too many □ **affogare in un b. d'acqua**, to be fazed (*o* thrown) by the simplest of problems □ **fondo di b.**, fake diamond; paste □ **levare i bicchieri**, to drink (to st., sb.); to toast (sb., st.) □ **una tempesta in un b. d'acqua**, a storm in a teacup.

bicchierino, m. *1* small glass; liqueur glass *2* (*fam.*) drop; tot; snifter; quick one: **Ne prendo solo un b.**, I'll have just a drop; **Facciamoci un b.**, let's have a quick one.

bicèfalo, a. (*lett.*) two-headed; bicephalous.

bicentenàrio, a. e m. bicentenary.

bici, f. (*fam.*) bike.

biciclétta, f. bicycle; bike (*fam.*): **b. da corsa**, racing bicycle; **b. a motore**, motorcycle; moped; **b. da uomo [da donna]**, man's [woman's] bicycle; **andare in b.**, to ride a bicycle; to cycle; **condurre** (*o* **spingere a mano**) **la b.**, to walk one's bicycle; **una gita in b.**, a cycle ride; **girare la Lombardia in b.**, to cycle round Lombardy.

biciclettàta, f. cycle ride.

biciclo, m. penny-farthing (*GB*); ordinary (*USA*).

bicilindrico, a. *1* (*fis.*) bicylindrical *2* (*mecc.*) twin-cylinder (*attr.*).

bicipite, A a. *1* two-headed; double-headed: **aquila b.**, double-eagle *2* (*anat.*) bicipital; biceps (*attr.*). **B** m. (*anat.*) biceps*.

bicloruro, m. (*chim.*) bichloride: **b. di mercurio**, mercuric chloride.

bicòcca, f. *1* (*stor.*) small fortress; small castle *2* (*casupola*) hut; shack; hovel.

bicolóre, a. *1* two-coloured; bicolour; bicoloured *2* (*polit.*) two-party (*attr.*).

bicomàndo, a. dual-control.

bicòncavo, a. biconcave.

bicònico, a. biconical.

biconvèsso, a. biconvex.

bicòppia, f. (*tel.*) quad.

bicòrne, a. two-horned.

bicòrnia, f. two-beaked anvil; bickern.

bicòrno, m. *1* (*cappello femminile medievale*) horned head-dress *2* (*feluca*) cocked hat.

bicromàto, m. (*chim.*) dichromate; bichromate.

bicuspidàle, bicùspide, a. bicuspid.

bidè, m. bidet.

bidèllo, m. (f. **-a**) caretaker; janitor (*m.*); (*di università*) porter.

bidènte, m. pitchfork.

bidimensionàle, a. bidimensional; two-dimensional.

bidimensionalità, f. bidimensionality.

bidirezionàle, a. bidirectional; two-way (*attr.*).

bidonàre, v. t. (*pop.*) to swindle; to cheat; to take for a ride (*fam.*); to con (*fam.*); to gyp (*pop.*).

bidonàta, f. V. **bidone**, *def. 2* e *3*.

bidóne, m. *1* tank; drum; bin: **b. del latte**, milk can; **b. dell'immondizia**, dustbin (*GB*); garbage can (*USA*) *2* (*pop.*: *imbroglio*) swindle; con trick (*fam.*); gyp (*pop.*): **tirare un b. a q.**, to swindle sb.; to take şb. for a ride (*fam.*); to sell sb. a pup (*fam.*); (*non presentarsi a un appuntamento*) to stand sb. up *3* (*pop.*: *cosa che non funziona*) dud, lemon (*pop.*), turkey (*pop.*); (*cosa deludente*) bummer (*fam.*) *4* (*pop.*: *atleta scadente*) dead loss; washout.

bidonista, m. e f. (*pop.*) swindler; cheat; crook; con-man* (*m.*, *fam.*); con artist (*pop.*).

bidonvìa, f. cableway.

bidonville (*franc.*), f. invar. shantytown.

bièco, a. *1* (*torvo*) sullen; grim; black; sinister *2* (*malevolo*) malevolent; menacing *3* (*malvagio*) wicked.

bièlica, a. (*aeron.*) twin-screw (*attr.*).

bièlla, f. (*mecc.*) connecting rod; trace; pitman (*USA*): **testa di b.**, big end of the connecting rod; **b. madre**, master (connecting) rod; (*ferr.*) **b. d'accoppiamento**, side rod.

Bielorùssia, f. (*geogr.*) Byelorussia; White Russia.

bielorùsso, a. e m. (f. **-a**) Byelorussian; White Russian.

biennàle, A a. *1* (*che dura due anni*) two-year (*attr.*); biennial *2* (*che si ripete ogni due anni*) biennial. **B** f. biennial exhibition: **la B. di Venezia**, the Venice Biennial Exhibition.

biènne, a. (*bot.*) biennial.

biènnio, m. two-year period; biennium*; (*corso di studi*) two-year course.

bieticoltóre, m. (f. **-trice**) sugar-beet grower.

bieticoltùra, f. sugar-beet growing.

biètola, f. *1* (*bot.*, *Beta vulgaris cicla*) chard; swiss chard *2* V. **barbabietola**.

bietolóne, m. (f. **-a**) (*semplicione*) simpleton; dupe; gull; booby.

biètta, f. *1* (*mecc.*) key: **b. trasversale**, cotter *2* (*cuneo*) wedge; chock.

bifacciàle, a. two-faced.

bifamiliàre, a. two-flat (*attr.*); (*muro a muro*) semi-detached (*GB*), duplex (*USA*).

bifàșe, a. (*elettr.*, *fis.*) two-phase; biphasic; diphasic: **alternatore b.**, two-phase generator.

bifero, a. (*bot.*) biferous.

biffa, f. (*topogr.*) sighting stake.

biffàre (1), v. t. (*topogr.*) to stake out.

biffàre (2), v. t. *1* to cross out *2* (*fig.*: *rubare*) to steal*; to filch.

bìfido, a. forked; bifid: **lingua bifida**, forked tongue.

bifilàre, a. (*elettr.*) bifilar.

bifocàle, a. (*fis.*) bifocal: **lente b.**, bifocal lens.

bifólco, m. *1* peasant *2* (*fig.*: *persona rozza*) bumpkin; boor; oaf; yokel; redneck (*USA*).

bìfora, f. (*archit.*) mullioned window with two lights.

biforcaménto, m. *1* (*il biforcarsi*) forking; branching off *2* (*luogo*) fork; branch; bifurcation.

biforcàre, A v. t. to bifurcate. **B biforcarsi,** v. i. pron. to bifurcate; to fork; to branch off: **una strada che si biforca**, a forked road.

biforcatùra, biforcazióne, f. bifurcation; fork; branch.

biforcùto, a. forked; bifurcate; furcate: **ramo b.**, bifurcate (*o* forked) branch; **lingua biforcuta**, forked tongue.

bifórme, a. biform.

bifrónte, a. *1* (*anche fig.*) two-faced: **Giano b.**, two-faced Janus *2* (*palindromico*) palindromic.

big (*ingl.*), m. invar. big man*; big name; big shot (*fam.*).

biga, f. *1* (*stor.*) biga; two-wheeled chariot *2* (*naut.*) sheer; sheerlegs (*pl.*).

bigamìa, f. bigamy.

bìgamo, A a. bigamous. **B** m. bigamist.

bigèllo, m. frieze; homespun.

bigèmino, a. (*med.*) bigeminal; twin (*attr.*): **parto b.**, twin birth.

bighellonàre, v. i. *1* (*perdere tempo*) to loaf; to lounge about; to dawdle; to bum around (*fam. USA*) *2* (*gironzolare*) to wander aimlessly; to loiter; to hang* about.

bighellóne, m. (f. **-a**) loiterer; loafer.

bighellóni, avv. loafingly; idly: **andare b. per la città**, to loaf about town.

bigiàre, v. t. (*fam.*) to play truant; to skip classes; to play hookey (*USA*).

bigino, m. (*fam.*) crib (*GB*); pony (*USA*); trot (*USA*).

bìgio, a. *1* (dull) grey, (dull) gray (*USA*): **cielo b.**, grey sky; **tempo b.**, cloudy weather *2* (*fig.*: *indeciso*) undecided.

bigiotterìa, f. *1* costume jewellery; bijouterie (*franc.*); trinkets (*pl.*) *2* (*negozio*) costume jeweller's.

bìglia, V. **bilia**.

bigliàrdo, e *deriv.* V. **biliardo**, e *deriv.*

bigliettàio, m. (f. **-a**) ticket clerk; (*ferr.*: *in stazione*) ticket clerk, booking clerk (*USA*); (*sui treni*) ticket collector; (*di tram, ecc.*) conductor; (*di cinema, teatro*) box-office attendant.

biglietterìa, f. ticket office; (*ferr.*) ticket office, booking office; (*di cinema, teatro*) box office.

bigliétto, *m.* **1** (*contrassegno*) ticket: **b. ferroviario**, railway ticket; **b. di lotteria**, lottery ticket; **b. circolare**, tourist ticket; **b. d'abbonamento**, season ticket; **b. d'andata e ritorno**, return ticket; round-trip ticket (*USA*); **b. d'andata** (*o* **di corsa semplice**), single ticket; one-way ticket (*USA*); **b. d'entrata** (*o* **d'ingresso**), entrance (*o* admission) ticket; (*ferr.*) platform ticket; **b. di favore** (*o* **gratuito**), complimentary ticket; **b. festivo**, weekend ticket; **b. ridotto**, reduced-rate ticket; **fare il b.**, to buy (*o* to get) one's ticket **2** (*sui mezzi di trasporto*: *tariffa*) fare: **pagare metà b.**, to pay half-fare **3** (*breve scritto*) note: **Gli scriverò un b.**, I'll write him a note; **b. galante**, billet doux (*franc.*) **4** (*cartoncino*) card: **b. d'auguri**, greeting card; **b. d'invito**, invitation card; **b. di Natale**, Christmas card; **b. da visita**, visiting card; business card; card; **b. postale**, letter card **5** (*di banca*) banknote; note; bill (*USA*): **un b. da mille (lire)**, a thousand-lire note.

Bignàmi, *m. invar.* crib (*GB*); pony (*USA*); trot (*USA*).

bignè, *m.* cream puff.

bignònia, *f.* (*bot., Bignonia*) bignonia.

bigo, *m.* (*naut.*) derrick.

bigodino, *m.* curler; roller.

bigóncia, *f.* barrel; tub. ● (*fig.*) **a bigonce**, in great quantities.

bigóncio, *m.* vat; large tub.

bigótta, *f.* (*naut.*) deadeye.

bigotteria, *f.* **bigottismo,** *m.* excessive religiosity; churchiness.

bigòtto, A *a.* over-devout; churchy; religiose. **B** *m.* (*f.* **-a**) over-devout person; churchy person.

bijou (*franc.*), *m. invar.* **1** (*gioiello*) jewel **2** (*fig. fam*: *cosa o persona bella*) picture, dream; (*persona gentile*) gem, treasure, angel, darling.

bikini, *m.* bikini.

bilabiàle, *a.* e *f.* (*fon.*) bilabial.

bilabiàto, *a.* (*bot.*) bilabiate.

bilàma, *a.* two-blade (*attr.*): **rasoio b.**, two-blade razor.

bilaminàto, *m.* laminboard.

bilància, *f.* **1** balance; scales (*pl.*); scale: **b. a bilico**, platform scales; **b. a indice**, dial balance; **b. a molla**, spring balance; **b. a ponte**, weighbridge; **b. automatica**, automatic weighing-machine; **b. d'assaggio**, assay scales; **b. pesapersone**, bathroom scales; **b. di precisione**, precision balance; **b. idrostatica**, hydrostatic balance; **b. pesabambini**, baby scales; **b. romana** (*stadera*), steelyard; (*fig.*) **la b. della Giustizia**, the scales of Justice; **braccio della b.**, beam; **fulcro della b.**, balance pivot; **piatto della b.**, pan; scale **2** (*econ.*) balance: **b. commerciale**, balance of trade; **b. dei pagamenti**, balance of payments **3** (*rete da pesca*) square fishing net **4** (*dell'orologio*) balance (wheel) **5** (*edil.*) painter's cradle **6** (*astron.*) Libra; the Scales **7** (*astrol.*) Libra. ● (*anche fig.*) **dare il tracollo alla b.**, to turn the scales □ (*fig.*) **far pendere la b. da una parte**, to tip the scales (in favour of) □ **in b.**, in equilibrium; balanced (*agg.*) □ (*fig.*) **mettere due cose sulla b.**, to weigh two things against each other □ (*fig.*) **pesare con giusta b.**, to hold the scales even; to judge fairly □ (*fig.*) **pesare q.c. con la b. dell'orafo**, to weigh st. scrupulously.

bilanciaménto, *m.* balance; balancing.

bilanciàre, A *v. t.* **1** (*tenere in equilibrio*) to balance: **b. un bastoncino sulla punta di un dito**, to balance a stick on one's fingertip **2** (*fig.*: *soppesare*) to weigh; to consider: **b. le parole**, to weigh one's words; **b. il pro e il contro**, to weigh the pros and cons **3** (*pareggiare*) to balance, to even out; (*distribuire*) to distribute: **b. il carico**, to distribute the load **4** (*compensare*) to balance, to offset*; (*controbilanciare*) to counterbalance: **I profitti non bilanciano le perdite**, the profits don't balance the losses. **B bilanciàrsi,** *v. rifl.* **1** to balance (oneself): **b. su un piede**, to balance (oneself) on one foot **2** (*fig.*) to steer a middle course. **C bilanciàrsi,** *v. rifl. recipr.* to balance (out): **Vantaggi e svantaggi si bilanciano**, pros and cons balance out; (*rag.*) **Le due voci si bilanciano**, the two items balance out.

bilancière, *m.* **1** (*mecc.*) equalizer; compensator; balance rail; rocker arm; (*pressa a mano*) fly press **2** (*di orologio*) balance (wheel); swing-wheel: **molla del b.**, hairspring; balance spring **3** (*conio*) coining press **4** (*di portatore di pesi, di funambolo*) pole **5** (*sollevamento pesi*) barbell **6** (*naut.*) outrigger.

bilancino, *m.* **1** small balance; small scales **2** (*cavallo*) trace horse **3** (*di carrozza*) swingletree; whippletree. ● (*fig.*) **pesare q.c. col b.**, to weigh st. scrupulously.

bilàncio, *m.* **1** (*econ., comm.*) balance; balance sheet; (*di previsione*) budget: **b. attivo [passivo]**, credit [debit] balance; **b. consolidato**, consolidated balance sheet; **b. consuntivo**, final balance; **b. di verifica**, trial balance; **b. familiare**, family budget; **b. in pareggio**, balanced budget; **b. preventivo**, budget; estimate; **presentare [discutere, approvare] il b.**, to present [to discuss, to pass] the budget; **fare** (*o* **chiudere**) **il b.**, to close the balance; to balance the books: **chiudere il b. in passivo**, to close the balance with a loss; **chiudere il b. in pareggio**, to balance the budget; to break even; **mettere a b.**, to budget; **sfondare il b.**, to exceed (*o* to overshoot) the budget; **di b.**, budgetary **2** (*fig.*) result; outcome: **il b. di una situazione**, the outcome of a situation; **fare il b. di una situazione**, to take stock of a situation; **fare il b. della propria vita**, to take stock of one's life. ● **il b. delle vittime di una sciagura**, the number of victims in an accident; the death toll of an accident □ (*ippica* e *fig.*) **b. delle vittorie e sconfitte**, track record □ (*fig.*) **mettere q.c. in b.**, to take st. into account.

bilateràle, *a.* bilateral: **accordo b.**, bilateral agreement; (*polit.*) **conferenza b.**, bilateral; (*leg.*) **contratto b.**, bilateral contract.

bilateralismo, *m.* bilateralism.

bilateralità, *f.* bilateralism; bilaterality.

bilàtero, *a.* (*geom.*) bilateral.

bile, *f.* **1** (*fisiol.*) bile **2** (*fig.*) rage; anger; bad temper: **verde di b.**, livid with anger; **ingoiare b.**, to swallow one's rage; **rodersi dalla b.**, to eat one's heart out.

bilia, *f.* **1** (*palla da biliardo*) billiard ball; (*buca*) pocket: **fare una b.**, to pocket a ball **2** (*pallina di vetro*) marble.

biliardière, *m.* billiard hall owner; poolroom owner (*USA*).

biliardino, *m.* bar billiards (*pl. col verbo al sing.*); bagatelle. ● **b. elettrico**, pinball machine.

biliàrdo, *m.* billiards (*pl. col verbo al sing.*); snooker; pool (*USA*): **sala da b.**, billiard room; poolroom (*USA*); poolhall (*USA*); **stecca da b.**, cue; **tavolo da b.**, billiard table (*GB*); pool table (*USA*); **giocare a b.**, to play billiards (*o* snooker); to shoot pool (*USA*). ● **calvo come una palla da b.**, as bald as a coot □ **liscio come un b.**, as flat as a pancake.

biliàre, *a.* (*fisiol.*) biliary; bilious.

bilico, *m.* **1** delicate equilibrium; poise; unstable balance: **in b.**, in the balance; poised (*agg.*); **mettere in b.**, to balance; to poise; **mantenersi in b.**, to keep one's balance; **stare in b.**, to be balanced; to be in equilibrium **2** (*mecc.*) bascule; (*perno*) pivot: **ponte a b.**, bascule bridge; **pesa a b.**, platform scale; weighbridge. ● **essere in b. tra la vita e la morte**, to hover between life and death □ **Il paese è in b. tra la bancarotta e una riforma radicale**, the country is balanced on a knife edge between bankrupcy and sweeping reforms □ (*fig.*) **tenere q. in b.**, to keep sb. in suspense (*o* on tenterhooks).

bilineàre, *a.* (*mat.*) bilinear: **polinomio b.**, bilinear polynomial.

bilingue, A *a.* bilingual: **dizionario b.**, bilingual dictionary; **iscrizione b.**, inscription in two languages. **B** *m.* e *f.* bilingual.

bilinguismo, *m.* bilingualism.

bilióne, *m.* **1** (*miliardo*) a thousand million (*GB*); billion (*USA e a volte GB*) **2** (*antiquato*: *un milione di milioni*) billion (*GB*); trillion (*USA*).

bilióso, *a.* **1** bilious **2** (*fig.*) choleric; irascible; peevish; bad-tempered.

bilirubina, *f.* bilirubin.

biliverdina, *f.* biliverdin.

bilobàto, *a.* (*bot.*) bilobate.

bilocàle, *m.* two-roomed flat.

bilùstre, *a.* (*lett.*) ten years old (*pred.*); ten-year-old (*attr.*).

bimano, *a.* (*zool.*) bimanous.

bimbo, *m.* (*f.* **-a**) (young) child*; (*da uno a tre anni*) toddler; (*in fasce*) baby.

bimensile, *a.* fortnightly; semimonthly: **rivista b.**, fortnightly review.

bimestràle, *a.* **1** (*che ricorre ogni due mesi*) bimonthly; two-monthly: **pagamento b.**, bimonthly payment **2** (*che dura due mesi*) two-month (*attr.*); bimestrial: **corso b.**, two-month course.

bimestralità, *f.* **1** bimonthly character **2** (*rata bimestrale*) bimonthly instalment; two months' payment.

bimèstre, *m.* (period of) two months: **pagare a bimestri**, to pay every two months.

bimetàllico, *a.* (*anche econ., fin.*) bimetallic.

bimetallismo, *m.* (*econ.*) bimetallism; double standard.

bimetàllo, *m.* (*tecn.*) bimetal.

bimillenàrio, *a.* e *m.* bimillenary.

bimodàle, *a.* (*stat.*) bimodal.

bimotóre, A *a.* twin-engined. **B** *m.* twin-engined plane.

binària, *f.* (*astron.*) binary star.

binàrio, A *a.* (*scient., mus.*) binary. **B** *m.* **1** track; (*ferr.*) railway, railroad (*USA*), track, line; (*di tram*) tramline, tramway: **b. principale**, main line; **b. unico**, single track; **b. doppio**, double track; **b. morto**, dead-end track; **uscire dai binari**, to derail; to leave the track; **b. a scartamento ridotto**, narrow-gauge line; **b. di carico**, siding; **b. di corsa**, through track; **b. di raccordo**, connecting line; crossover; **b. di smistamento**, marshalling track; **b. da tenda**, curtain track **2** (*banchina di stazione*) platform: **Il treno per Padova parte dal b. numero uno**, the train for Padua will leave from platform one. ● (*fig.*) **essere su un b. morto**, to be at a dead-end □ (*fig.*) **rientrare nei binari**, to get back into line □ (*fig.*) **uscire dai binari**, to run off the rails.

binàto, *a.* **1** in pairs; coupled; twin (*attr.*): **finestre binate**, coupled windows; (*mil.*) **torre binata**, twin turret **2** (*bot.*) binate.

binatrìce, *f.* (*ind. tess.*) doubler; doubling machine.

binatùra, *f.* (*ind. tess.*) doubling.

binda, *f.* (*mecc.*) jack: **b. a cremagliera**, ratchet jack; **b. a vite**, jackscrew.

bindèlla, *f.* (*di doppietta*) rib.

bindolo, *m.* **1** (*arcolaio*) winder **2** (*ruota per attingere acqua*) water wheel **3** (*fig.*: *raggiro*) trick; dodge.

bingo, *m.* bingo.

binòcolo, *m.* binoculars (*pl.*); pair of binoculars; binocs (*pl.*) (*fam.*); (*da campagna*) field glasses (*pl.*); (*da teatro*) opera glasses (*pl.*).

binoculàre, *a.* binocular.

binomiàle, *a.* (*mat., stat.*) binomial.

binòmio, *m.* **1** (*mat.*) binomial **2** (*fig.*) pair; couple; combination.

bioagricoltùra, *f.* organic farming.

bioarchitettùra, *f.* ecological design.

bioastronàutica, *f.* bioastronautics (*pl. col*

verbo al sing.).
biobibliogràfico, *a.* biobibliographical.
biocatalizzatóre, *m.* (*biol., chim.*) biocatalyst.
biòccolo, *m.* (*di lana*) tuft, flock; (*di neve*) snowflake; (*di candela*) candle dripping. ● **tessuto a bioccoli**, tufted material.
bioccolùto, *a.* tufted; flocculent; floccose.
biocenologia, *f.* bioc(o)enology.
biocenòsi, *f.* (*biol.*) bioc(o)enosis.
biocentrismo, *m.* anthropocentrism.
biochìmica, *f.* biochemistry.
biochìmico, A *a.* biochemical. **B** *m.* (*f.* **-a**) biochemist.
biocìda, *a.* biocide.
bioclàstico, *a.* (*geol.*) bioclastic.
bioclimatologia, *f.* bioclimatology.
bioculàre, *a.* (*fis.*) binocular.
biodegradàbile, *a.* (*chim.*) biodegradable; (*di detersivo*) soft. ● **non b.**, hard.
biodegradabilità, *f.* biodegradability.
biodegradazióne, *f.* biodegradation.
biodinàmica, *f.* biodynamics (*pl. col verbo al sing.*).
biodinàmico, *a.* biodynamic(al).
biódo, *m.* (*bot., Typha latifolia*) club rush; bulrush.
bioelettricità, *f.* bioelectricity.
bioelèttrico, *a.* bioelectric(al).
bioelettrònica, *f.* bioelectronics (*pl. col verbo al sing.*).
bioenergètica, *f.* bioenergetics (*pl. col verbo al sing.*).
bioètica, *f.* bioethics (*pl. col verbo al sing.*).
bioètico, *a.* bioethical.
biofìsica, *f.* biophysics (*pl. col verbo al sing.*).
biofìsico, A *a.* biophysical. **B** *m.* (*f.* **-a**) biophysicist.
biogènesi, *f.* biogenesis.
biogenètica, *f.* biogenetics (*pl. col verbo al sing.*).
biogenètico, *a.* biogenetic.
biogenia, *f.* biogeny.
biògeno, (*biol.*) **A** *a.* biogenous; biogenic. **B** *m.* biogen.
biogeografia, *f.* biogeography.
biografàre, *v. t.* to write a biography of.
biografia, *f.* biography; life: **una b. di Cavour**, a life of Cavour; **scrivere la b. di q.**, to write a biography of sb.; **b. romanzata**, biographical novel.
biogràfico, *a.* biographical: **dizionario b.**, biographical dictionary; **saggio b.**, biographical essay.
biògrafo, *m.* (*f.* **-a**) biographer.
biohèrma, *m. invar.* bioherm.
bioingegnère, *m.* bioengineer.
bioingegneria, *f.* bioengineering.
biologia, *f.* biology.
biològico, *a.* biological.
biòlogo, *m.* (*f.* **-a**) biologist.
bioluminescènte, *a.* (*biol.*) bioluminescent.
bioluminescènza, *f.* (*biol.*) bioluminescence.
biòma, *m.* (*biol.*) biome.
biomàssa, *f.* (*ecol.*) biomass.
biomeccànica, *f.* biomechanics (*pl. col verbo al sing.*).
biomeccànico, *a.* biomechanical.
biomedicàle, *a.* biomedical.
biomedicina, *f.* biomedicine.
biomèdico, *a.* biomedical.
biometeorologia, *f.* biometeorology.
biometria, *f.* biometry; biometrics (*pl. col verbo al sing.*).
biomètrico, *a.* biometric(al).
biometrista, *m. e f.* biometrician; biometrist.
biónda, *f.* **1** blonde; fair-haired woman*: **b. ossigenata**, peroxyde blonde **2** (*pop.*) cigarette; ciggy (*fam. GB*); smoke (*fam.*).
biondàstro, *a.* blondish.
biondeggiànte, *a.* golden.
biondeggiàre, *v. i.* (*essere giallo*) to be yellow, to be golden; (*diventare giallo*) to turn yellow (*o* golden): **I campi biondeggiano di grano**, the fields are yellow with wheat.
biondézza, *f.* fairness.
biondìccio, *a.* pale blond; blondish.
biondìna, *f.* (*donna*) blonde; (*ragazza*) fair-haired girl.
biondino, A *a.* fair-haired. **B** *m.* fair-haired (*o* blond) young man*.
bióndo, A *a.* **1** (*di capelli*) fair; fair-haired; blond: **capelli biondi**, fair hair; **donna bionda**, fair-haired woman; blonde; **dai capelli biondi come l'oro**, golden-haired; **b. cenere**, ash-blond; **b. chiaro**, blond; flaxen; **b. ossigenato**, bleached; **b. ramato**, auburn; **b. scuro**, sandy **2** (*giallo dorato*) golden: **le bionde spighe**, the golden ears of wheat; **il b. metallo**, gold. **B** *m.* **1** (*colore*) fair colour; blond; gold **2** (*uomo b.*) fair-haired man*; blond man*.
biònica, *f.* bionics (*pl. col verbo al sing.*).
biònico, *a.* bionic.
bionomia, *f.* bionomics (*pl. col verbo al sing.*).
bioproteina, *f.* single-cell protein.
biopsia, *f.* (*med.*) biopsy.
biòptico, *a.* (*med.*) biopsic.
bioritmico, *a.* biorhythmic.
bioritmo, *m.* (*med., sport*) biorhythm.
biosatellite, *m.* (*miss.*) biosatellite.
biosfèra, *f.* biosphere.
biosìntesi, *f.* biosynthesis.
biòssido, *m.* (*chim.*) dioxide.
biostratigrafia, *f.* (*geol.*) biostratigraphy.
biotecnologia, *f.* biotechnology.
biotecnològico, *a.* biotechnological.
biotecnòlogo, *m.* (*f.* **-a**) biotechnologist.
bioterapia, *f.* (*med.*) biotherapy.
biòtico, *a.* biotic.
biotina, *f.* (*chim.*) biotin.
biotipo, *m.* (*biol.*) biotype.
biotite, *f.* (*miner.*) biotite.
biòtopo, *m.* (*biol.*) biotope.
biòtto, *a.* (*region.*) naked; mother-naked (*fam.*).
biòva, *f.* (*region.*) round loaf of bread.
bip, *m. invar.* **1** (*segnale*) bip; beep **2** (*cicalino*) beeper; pager.
bipàla, *a.* double-bladed.
biparo, *a.* (*bot.*) biparous.
bipartire, A *v. t.* to divide into two; to halve. **B bipartirsi,** *v. i. pron.* to fork; to bifurcate.
bipartìtico, *a.* (*polit.*) two-party (*attr.*); bipartisan.
bipartitismo, *m.* (*polit.*) two-party system.
bipartito (1), *a.* (*bot.*) bipartite: **foglia bipartita**, bipartite leaf.
bipartito (2), *a.* (*polit.*) two-party (*attr.*); bipartisan.
bipartizióne, *f.* bipartition; division into two parts.
bip bip, *m. invar.* bip; beep.
bipede, A *a.* biped; two-footed. **B** *m.* biped.
bipennàto, *a.* (*bot.*) bipinnate.
bipènne, *f.* two-edged axe.
biplàno, *m.* (*aeron.*) biplane.
bipolàre, *a.* (*elettr.*) bipolar: **dinamo b.**, bipolar dynamo; **motore b.**, bipolar engine.
bipolarità, *f.* (*elettr.*) bipolarity.
bipòlo, *m.* (*elettr.*) bipole.
bipósto, *a. e m.* (*autom., aeron.*) two-seater.
birba, *f.* **1** (*monello*) scamp; little rogue; brat **2** (*furfante*) rascal; scoundrel.
birbantàggine, *f.* rascality; roguery.
birbànte, *m.* **1** (*furfante*) scoundrel; rascal **2** (*monello*) rascal; little rogue; scamp.
birbanteria, *f.* **1** roguery; rascality; villainy **2** (*tiro birbone*) dirty trick; nasty trick; mischief; shenanigans (*pl.*) (*fam.*).
birbantésco, *a.* rascally; roguish.
birbonàggine, *V.* **birbanteria**.
birbonàta, *V.* **birbanteria**, *def. 2.*
birbóne, A *m.* villain; rascal. **B** *a.* **1** nasty; dirty: **un tiro b.**, a dirty trick **2** (*fig.: rafforzativo*) – **Fa un freddo b.**, it's terribly cold; **avere una fame birbona**, to be ravenous; **avere una paura birbona**, to be scared stiff.
birboneria, *V.* **birbanteria**, *def. 1.*
birbonésco, *a.* rascally; roguish.
bireattóre, *m.* (*aeron.*) twin-jet.
birème, *f.* (*stor.*) bireme.
birichinàta, *f.* prank; ecapade; mischief.
birichino, A *a.* naughty; cheeky; mischievous **B** *m.* (*f.* **-a**) naughty child*; scamp; little rascal.
birifrangènte, *a.* (*fis.*) birefringent.
birifrangènza, *f.* (*fis.*) birefringence.
birifrazióne, *f.* (*fis.*) double refraction; birefraction.
birignào, *m.* (*teatr.*) affected diction.
birillo, *m.* skittle; ninepin.
Birmània, *f.* (*geogr.*) Burma.
birmàno, A *a.* Burmese; Burman. **B** *m.* **1** (*f.* **-a**) Burmese* (*f.* Burmese woman*) **2** (*ling.*) Burmese.
biro, *f. invar.* (*marchio*) ballpoint (pen); biro* (*GB*).
biròccio, e *deriv. V.* **barroccio**, e *deriv.*
birra, *f.* beer; ale: **b. alla spina**, draught beer; **b. amara**, bitter; **b. chiara**, light ale; lager; mild (*GB*); **b. scura**, stout; porter; **fabbricare b.**, to brew beer; **fabbrica di b.**, brewery; **fabbricante di b.**, brewer. ● (*fig.*) **a tutta b.**, flat out; at full tilt; hell for leather (*fam.*); like blaze (*fam.*): **andare a tutta b.**, to run flat out; (*in auto*) to bucket, to belt along (*fam. GB*); to barrel along (*fam. USA*) □ (*fig.*) **dare la b. a q.**, to leave sb. standing (*o* trailing behind) □ (*fig. pop.*) **Ci faccio la b. con quest'affare**, this thing is no use at all; what am I supposed to do with this?
birràio, *m.* (*f.* **-a**) **1** (*proprietario di birreria*) beerhouse keeper **2** (*fabbricante*) brewer.
birreria, *f.* beerhouse; alehouse; pub.
birrificio, *m.* brewery.
bis, A *m.* **1** (*teatr.*) encore: **chiedere un bis**, to call for an encore; to encore; **fare** (*o* **concedere**) **il bis**, to give an encore **2** (*seconda porzione*) second helping; (*di bevanda*) more of the same: **Ha fatto il bis di lasagne**, he had a second helping of lasagne **3** (*mus.*) bis. **B** *inter.* (*teatr.*) encore; more: **Bene, bravo, bis!**, bravo! encore! **C** *a.* **1** (*aggiuntivo*) b: **articolo 3 bis**, article 3 b **2** (*numerazione stradale*) a: **Abito al 27 bis**, I live at 27 a. ● **treno bis**, additional train.
bisàccia, *f.* knapsack; haversack; (*della sella*) saddle bag.
bisànte, *m.* (*numism., arald.*) bezant.
Bisànzio, *m.* (*stor.*) Byzantium.
bisàrca, *f.* two-tier car carrier.
bisàva, bisàvo, *V.* **bisavola, bisavolo**.
bisàvola, *f.* great-grandmother.
bisàvolo, *m.* great-grandfather.
bisbètica, *f.* shrew; scold; nag.
bisbètico, *a.* irritable; bad-tempered; crabbed; cantankerous; crotchety; grumpy; (*di donna*) waspish, shrewish, nagging: **un vecchio b.**, a cantankerous old man; **moglie bisbetica**, nagging wife; scold.
bisbigliamento, *V.* **bisbiglio (2)**.
bisbigliàre, *v. t. e i.* **1** to whisper; to murmur: **Mi bisbigliò un nome all'orecchio**, he whispered a name in my ear **2** (*fig.: spettegolare*) to gossip; to rumour.
bisbiglio (1), *m.* whisper; murmur: **dire q.c. in un b.**, to say st. in a whisper; **Per l'aula corse un b. d'approvazione**, a murmur of approval ran round the hall.
bisbiglio (2), *m.* whispering; murmuring.
bisbòccia, *f.* noisy get-together; drinking session; spree; booze-up (*pop. GB*); binge (*pop.*): **fare b.**, (*bere*) to have a drinking session, to go on a spree; to go on a binge (*pop.*); (*divertirsi*) to go out on the town (*fam.*).
bisbocciàre, *v. i.* to go* on a spree; to go* on a binge (*pop.*).
bisboccióne, *m.* boozer (*pop.*).

bìsca, *f.* gambling house; gambling club; (*clandestina*) gambling den.

Biscàglia, *f.* (*geogr.*) Biscay.

biscaglìna, *f.* (*naut.*) Jacob's ladder.

biscaglìno, *a.* e *m.* Biscayan.

biscaiòlo, *m.* gambler; gamester.

biscazzière, *m.* ***1*** gambling-house keeper ***2*** (*nel biliardo*) marker.

bìschero, *m.* ***1*** (*mus.*) peg ***2*** (*pop. region.*: *pene*) prick; (*estens.*: *stupido*) fool, jerk.

bischétto, *m.* cobbler's bench.

bìscia, *f.* (*zool.*) grass snake: **b. d'acqua**, water snake. ● **a b.**, zig-zagging.

biscottàre, *v. t.* ***1*** to bake twice ***2*** to toast; to crisp.

biscottàto, *a.* toasted: **fette biscottate**, rusks; crispbread.

biscotterìa, *f.* ***1*** (*fabbrica*) biscuit factory; (*negozio*) biscuit shop ***2*** (*assortimento di biscotti*) biscuits (*pl.*); cookies (*pl., USA*).

biscottièra, *f.* biscuit tin; cookie can (*USA*).

biscottifìcio, *m.* biscuit (*USA*: cookie) factory.

biscòtto, *m.* ***1*** biscuit; cookie (*USA*); (*naut.*) ship's biscuit ***2*** (*ceramica*) biscuit*; bisque.

biscròma, *f.* (*mus.*) demisemiquaver; thirty-second note (*USA*).

biscugìno, *m.* (*f.* **-a**) second cousin.

biscuit (*franc.*), *m. invar.* (*ceramica*) biscuit*; bisque.

biṣdòsso, *vc.* – **a b.**, bareback.

biṣdrùcciolo, *a.* stressed on the fourth-last syllable.

bisecànte, (*geom.*) **A** *a.* bisecting. **B** *f.* bisector.

bisecàre, *v. t.* (*geom.*) to bisect.

bisecolàre, *a.* two hundred years old (*pred.*); two centuries old (*pred.*); two-hundred-year-old (*attr.*); two-century-old (*attr.*).

biṣellàre, *v. t.* (*tecn.*) to chamfer.

biṣèllo, *m.* (*tecn.*) chamfer.

bisènso, *m.* ***1*** word with a double meaning ***2*** (*enigmistica*) punning riddle.

bisessuàle, *a., m.* e *f.* bisexual.

bisessualità, *f.* bisexuality.

bisessuàto, *a.* bisexual; hermaphroditic.

biṣestìle, *a.* bissextile: **anno b.**, leap year.

biṣèsto, *m.* leap day.

bisettimanàle, *a.* twice-weekly; biweekly; semiweekly.

bisettrìce, *f.* (*geom.*) bisector; bisecting line.

bisezióne, *f.* (*geom.*) bisection.

bisìllabo, A *a.* disyllabic; two-syllabled. **B** *m.* disyllable.

biṣlaccherìa, *f.* strangeness; oddity; oddness; weirdness.

biṣlàcco, *a.* strange; odd; peculiar; bizarre; weird: **un uomo b.**, an odd man; an oddball (*fam.*).

biṣlùngo, *a.* oblong.

biṣmùto, *m.* (*chim.*) bismuth.

biṣnipóte, *m.* e *f.* ***1*** (*di bisnonni*) great-grandchild*; great-grandson (*m.*); great-granddaughter (*f.*) ***2*** (*di prozii*) great-nephew (*m.*); great-niece (*f.*).

biṣnònna, *f.* great-grandmother.

biṣnònno, *m.* great-grandfather.

bisógna, *f.* (*lett.*) ***1*** (*compito*) business; work; task ***2*** (*necessità*) need; purpose.

bisognàre, *v. i.* ***1*** (*impers.*) to be necessary; (*con costruzione pers.*) to have to, must (*pres.*); should (*condiz.* e *congiunt.*), ought to (*condiz.* e *congiunt.*): **Bisognava proprio andare?**, was it really necessary to go?; **Bisogna lavorare**, one must work; **Bisogna che tu parta**, you'll have to leave; you must leave; **Bisogna rifare tutto daccapo**, we must do it all over again; it has to be done all over again; **Non bisogna credere a quello che dice**, one mustn't (*o* you shouldn't) believe what he says; **Bisognerà bene che la smetta**, he will have to stop it; **Bisognò dirglielo**, we had to tell him; he had to be told; **Bisognava che arrivasse prima**, he should have arrived sooner; **Bisognava sentirlo!**, you should have heard him!; **Bisognerebbe prima vederlo**, we should see it first; we would have to see it first; **Bisogna dire che sa quel che fa**, you must admit he knows what he's doing; **Bisogna vedere** (*dipende*), it depends; we'll see ***2*** (*mancare, essere privo di*) to want; to need: **Gli bisogna un po' di coraggio**, he wants a little courage.

biṣognatàrio, *m.* (*comm.*) referee (in case of need).

biṣognévole, A *a.* ***1*** necessary ***2*** (*bisognoso*) needy; in need (*pred.*). **B** *m.* (the) necessary.

biṣognìno, *m.* – (*fam. eufem.*) **fare un b.**, to spend a penny (*fam.*).

biṣógno, *m.* ***1*** need; (*necessità*) necessity; (*fabbisogno*) requirement: **Provavo un gran b. di mangiare**, I felt a great need of food; **provvedere ai bisogni di q.**, to provide for sb.'s needs; **Lo farei se ne sentissi il b.**, I would do it if I felt the need; **L'ha fatto per b.**, he did it out of need; **in caso di b.**, in case of necessity (*o* of need); if need be; if necessary; **Per qualsiasi b., si rivolga pure a me**, I am at your disposal for anything you may require (*form.*); if there is anything you need, do let me know; **secondo il b.**, according to one's needs; according to necessity ***2*** (*indigenza, povertà*) need; poverty: **trovarsi nel b.**, to be in need; to be badly off ***3*** (*fam.*: *b. fisiologico*) call (of nature); (*di animali*) business: **Ho un b.**, I must pay a call; I must spend a penny (*fam.*); **fare i propri bisogni**, to relieve oneself; **Il cane fa i suoi bisogni in giardino**, the dog does its business in the garden. ● **al b.**, when (*o* as) required □ **avere b. di**, to need; to want; to be in need of; (*mancare di*) to lack: **avere molto b.**, to be in great need; **Non ho più b. lui**, I don't need him any more; **Ha b. di amici**, he needs friends; **Non avemmo b. d'affrettarci**, we did not need (*o* have) to hurry; **avere urgente b. di q.c.**, to be in urgent need of st.; to want st. badly; **La cucina ha b. di una bella pulizia**, the kitchen is in need of a thorough cleaning (*o* wants cleaning thoroughly) □ **più del b.**, more than (is) necessary □ **C'è b.**, there is a need; I [you, etc.] need; I [you, etc.] must: **C'è b. di un'altra segretaria**, there is a need for (*o* we need) another secretary; **Non c'è più b. di lui**, he is no longer needed; **C'è un gran b. di un libro su questo argomento**, there is a great need for a book on this subject; **Non c'è b. di fare commenti**, there is no need for comments; **Non c'è b. di lavorare tanto**, there is no need to work so hard; **C'è b. che tu vada di già?**, must you go already?; **Non c'è b. che tu lo faccia**, you needn't do that; there's no need for you to do that; **Non c'era b. che si scomodasse**, he needn't (*o* shouldn't) have troubled himself □ (*prov.*) **Il b. aguzza l'ingegno**, necessity is the mother of invention □ (*prov.*) **Il b. non ha legge**, necessity knows no law.

biṣognóso, A *a.* ***1*** (*che ha bisogno*) in need (of) (*attr.*): **È b. d'aiuto**, he is in need of help ***2*** (*povero*) needy; poor; indigent; destitute: **persone bisognose**, poor people. **B** *m.* (*f.* **-a**) needy person; poor person; pauper: **soccorrere i bisognosi**, to help the needy.

bisolfàto, *m.* (*chim.*) bisulphate.

bisolfìto, *m.* (*chim.*) bisulphite.

bisolfùro, *m.* (*chim.*) bisulphide.

biṣónte, *m.* (*zool., Bison*) bison*: **b. americano** (*Bison bison*), buffalo*. ● (*fig.*) **b. della strada**, juggernaut.

bissàre, *v. t.* ***1*** (*teatr.*) to give* an encore ***2*** (*ripetere*) to repeat; (*rif. al cibo*) to have a second helping.

bìsso, *m.* ***1*** (*tessuto*) fine linen ***2*** (*stor. greca; zool.*) byssus*.

bistàbile, *a.* (*fis.*) bistable.

bistabilità, *f.* (*fis.*) bistability.

bistécca, *f.* (*cucina*) steak; beefsteak: **b. ai ferri**, grilled steak; **b. al pepe**, pepper steak; **b. di filetto**, fillet steak; **Come vuoi la b.: al sangue, molto cotta o a media cottura?**, how do you like your steak, rare, well-done or medium?

bistecchièra, *f.* grill.

bisticciàre, *v. i.* **bisticciàrsi,** *v. rifl. recipr.* to quarrel; to squabble; to bicker; to have a tiff: **Non fanno che b.**, they are always bickering (*o* squabbling); **Si sono bisticciati**, they quarrelled; they had a tiff.

bistìccio, *m.* ***1*** quarrel; squabble; bicker; tiff: **b. tra innamorati**, lovers' tiff ***2*** (*gioco di parole*) pun; wordplay.

bistòrta, *f.* (*bot., Polygonum bistorta*) bistort; (*com.*) snakeroot, snakeweed.

bistràto, *a.* made up with eyeblack; (heavily) made-up.

bistrattàre, *v. t.* ***1*** to mistreat; to ill-treat; (*criticare*) to run* down, to berate ***2*** (*strapazzare oggetti*) to knock about; to treat roughly; to manhandle.

bìstro, *m.* ***1*** bistre ***2*** (*cosmetico*) eyeblack.

bisturi, *m. invar.* (*med.*) scalpel; lancet; bistoury.

biṣùnto, *a.* very greasy: **unto e b.**, filthy.

bit (*ingl.*), *m. invar.* (*elab.*) bit.

bitartràto, *m.* (*chim.*) bitartrate.

bitonàle, *a.* (*mus.*) bitonal.

bitonalità, *f.* (*mus.*) bitonality.

bitórzolo, *m.* (*verruca*) wart; (*foruncolo*) pimple, spot; (*bernoccolo*) lump, bump.

bitorzolùto, *a.* warty; pimply; spotty; lumpy: **naso b.**, warty nose.

bitta, *f.* (*naut.*) bollard; bitt: **giro di b.**, bitter.

bitter, *m. invar.* bitters (*pl.*).

bittóne, *m.* (*naut.*) bollard.

bitumàre, *v. t.* to bituminize; (*una barca*) to pitch.

bitumatrìce, *f.* (*mecc.*) bitumen sprinkler.

bitumatùra, bitumazióne *f.* bituminization.

bitùme, *m.* ***1*** bitumen: **b. asfaltico**, asphalt bitumen ***2*** (*per barche*) pitch.

bituminàre, *V.* **bitumare**.

bituminóso, *a.* bituminous; tarry.

biunivocità, *f.* (*mat.*) bijection.

biunìvoco, *a.* (*mat.*) bijective: **corrispondenza biunivoca**, bijective mapping; bijection.

bivaccàre, *v. i.* ***1*** to bivouac; to camp (out) ***2*** (*scherz.*) to camp.

bivàcco, *m.* ***1*** (*il bivaccare*) bivouacking; camping out ***2*** (*luogo*) bivouac; camp.

bivalènte, A *a.* ***1*** bivalent ***2*** (*chim.*) bivalent; divalent; dyadic. **B** *m.* e *f.* (*fam.*: *bisessuale*) bisexual; bi (*pop.*); AC/DC (*pop.*).

bivalènza, *f.* (*chim.*) bivalence.

bivàlve, (*zool.*) **A** *a.* bivalvular. **B** *m.* bivalve.

bìvio, *m.* ***1*** fork; junction; intersection ***2*** (*fig.*) crossroads; moment of decision; crunch; (*alternativa*) alternative, dilemma: **trovarsi a un b.**, to be at a crossroads; to be on the horns of a dilemma; **porre q. davanti a un b.**, to put sb. in a dilemma.

biẓantineggiàre, *v. i.* ***1*** to imitate the Byzantine style ***2*** (*fig.*) to be pedantic; to split hairs.

biẓantinìsmo, *m.* ***1*** Byzantinism ***2*** (*fig.*) pedantry; hair-splitting.

biẓantinìsta, *m.* e *f.* Byzantinist; Byzantine scholar.

biẓantìno, A *a.* ***1*** Byzantine ***2*** (*fig.*) pedantic; hair-splitting; nit-picking (*fam.*): **questione bizantina**, pedantic question. **B** *m.* Byzantine.

bizza, *f.* tantrum; caprice: **fare le bizze**, to throw a tantrum.

bizzarrìa, *f.* ***1*** strangeness; oddness; eccentricity; weirdness; whimsicality ***2*** (*capriccio*) whim; caprice; eccentric idea; weird notion ***3*** (*cosa bizzarra*) curiosity; oddity; freak.

biẓẓàrro, *a.* ***1*** strange; odd; bizarre; eccentric; weird; peculiar; whimsical: **modi bizzarri**.

eccentric manners; **gusti bizzarri**, odd tastes ***2*** (*di cavallo*) high-spirited; frisky.

bizzèffe, *vc.* – **a b.**, in plenty; galore: **denaro a b.**, money galore; lots of money.

bizzóso, *a.* capricious; wayward; (*irascibile*) peevish, irascible, (*di bambino*) naughty.

blablà, blablablà, *m.* blathering; blah blah (*fam.*); claptrap (*fam.*).

blandiménto, *m.* (*lett.*) blandishment; flattery.

blandire, *v. t.* ***1*** to blandish; to coax; to wheedle; (*lusingare*) to flatter ***2*** (*lenire*) to soothe; to alleviate.

blandizia, *f.* (*specialm. al pl.*) blandishments (*pl.*); wiles (*pl.*); flattery (*sing.*).

blàndo, *a.* gentle; soft; mild; (*fiacco*) half--hearted, lukewarm: **rimedio b.**, mild remedy; **luce blanda**, soft (*o* subdued) light; **b. rimprovero**, gentle rebuke.

blasfèmo, A *a.* ***1*** blasphemous ***2*** (*irriverente*) profane; foul-mouthed. **B** *m.* blasphemer; swearer.

blaṣonàto, A *a.* titled; of noble birth. **B** *m.* (*f.* **-a**) nobleman* (*f.* noblewoman*); member of the nobility.

blaṣóne, *m.* ***1*** coat of arms; blazon; escutcheon; armourial bearings (*pl.*) ***2*** (*fig.*) emblem; by-word. ● **disonorare il proprio b.**, to dishonour the family name.

blaṣonista, *m. e f.* heraldist; blazoner.

blastèma, *m.* (*biol.*) blastema.

blastocèle, *f.* (*biol.*) blastocoel(e).

blastocisti, *f.* (*biol.*) blastocyst.

blastodèrma, *m.* (*biol.*) blastoderm.

blastòfaga, *f.* (*zool., Blastophaga psenes*) fig wasp.

blastogèneṣi, *f.* blastogenesis.

blastòma, *m.* (*med.*) blastoma.

blastòmero, *m.* (*biol.*) blastomere.

blateràre, *v. i.* to blather; to prattle; to waffle; to jabber; to blabber.

blateróne, *m.* blabbermouth; loudmouth; blatherskite (*fam.*).

blàtta, *f.* (*zool., Blatta orientalis*) cockroach.

blefarite, *f.* (*med.*) blepharitis.

blènda, *f.* (*miner.*) blende.

blenorragìa, *f.* (*med.*) blennorrhoea.

blesità, *f.* lisp; lisping.

blèṣo, A *a.* lisping: **pronuncia blesa**, lisp; **essere b.**, to have a lisp. **B** *m.* (*f.* **-a**) lisper.

blinda, *f.* armour (plate).

blindàggio, *m.* armour plating.

blindàre, *v. t.* (*mil.*) to armour, to armor (*USA*).

blindàto, *a.* (*corazzato*) armoured, armored (*USA*), armour-plated; (*a prova di proiettile*) bullet-proof: **automobile blindata**, armoured car; **camera blindata**, strong room; vault; **porta blindata**, steel-clad door; **treno b.**, armoured train; **vetro b.**, bullet-proof glass.

blindatùra, *f.* ***1*** (*mil.*) armour plating; armour plate ***2*** (*aeron.*) metal edging ***3*** (*mecc.*) sheeting.

blister (*ingl.*), *m. invar.* blister pack.

blitz (*ted.*), *m. invar.* ***1*** (*mil.*) blitz ***2*** (*polizia*) raid ***3*** (*fig. fam.*) blitz.

bloccàggio, *m.* blocking; locking.

bloccàre, A *v. t.* ***1*** (*impedire il transito*) to block, to bar; (*ostruire*) to block, to obstruct, to box in; (*intasare*) to clog: **b. il traffico**, to block traffic; **b. le uscite**, to block (*o* to bar) the exits; **b. il passaggio [la vista]**, to block the way [the view]; **Un tronco bloccava la strada**, a log blocked the road; **La mia macchina era bloccata da un camioncino**, my car was boxed in by a van; **b. un condotto**, to clog a conduit ***2*** (*isolare*) to isolate; to cut* off; to seal off: **Fummo bloccati da una valanga**, we were cut off by an avalanche; **La polizia bloccò la zona**, the police sealed off the area ***3*** (*arrestare*) to hold* up; to block; to stop: **Siamo rimasti bloccati sull'autostrada**, we were held up on the motorway; **b. un'iniziativa**, to block an initiative; **b. la macchina**, to stop the car; **b. un assegno**, to stop a cheque; **b. un conto in banca**, to block an account ***4*** (*paralizzare*) to block; to paralyze; to immobilize: **È bloccato dall'artrite**, he is paralyzed with arthritis; **Lo sciopero bloccò il paese**, the strike paralyzed the country ***5*** (*mecc.*) to jam; to lock; (*di motore*) to stall: **b. i freni**, to jam the brakes; **b. i comandi**, to lock the controls; **b. una ruota**, to lock a wheel; **La sabbia ha bloccato l'ingranaggio**, sand has jammed the works ***6*** (*sport*) to stop; to block: **b. la palla**, to stop the ball ***7*** (*econ.*) to freeze*; to peg: **b. i prezzi [i salari]**, to freeze prices [wages]; **b. gli affitti**, to peg rents ***8*** (*mil.*) to blockade. **B bloccàrsi,** *v. i. pron.* ***1*** (*arrestarsi*) to halt, to stop, to freeze*, to come* to a standstill; (*impuntarsi*) to get* stuck: **b. di colpo**, to stop dead; to freeze; **Alla vista della pistola si bloccò**, he froze when he saw the gun; **Alle sei il traffico si blocca regolarmente**, traffic regularly comes to a standstill (*o* seizes up) at six; **Mi sono bloccato al terzo capitolo**, I got stuck at the third chapter ***2*** (*mecc.*) to get* stuck; to jam; (*di motore*) to stall, to seize up (*fam.*): **Il cassetto si è bloccato**, the drawer is stuck: **L'ascensore si bloccò al sesto piano**, the lift got stuck (*o* jammed) at the sixth floor; **Al semaforo l'auto si bloccò**, the car stalled at the lights.

bloccaruòta, *m. invar.* wheel clamp; Denver boot.

bloccastèrzo, *m. invar.* (*autom.*) steering lock.

bloccàto, *a.* ***1*** blocked; stuck; jammed; (*intasato*) clogged; (*fermo*) at a standstill: **Rimasi b. a casa per due giorni**, I was stuck at home for two days; **Il cassetto è b.**, the drawer is stuck; **Il traffico è b.**, there is a traffic jam; **b. dai ghiacci**, icebound; **b. dalla neve**, snowbound; **b. dalla nebbia**, fogbound; **b. dal cattivo tempo**, weatherbound ***2*** (*econ.*) frozen; controlled: **affitto b.**, frozen rent ***3*** (*mecc.*) jammed; locked; stalled: **una portiera bloccata**, a jammed car door; **motore b.**, stalled engine.

blocchétto, *m.* ***1*** (*cubetto*) block; cube; (*per pavimentazione stradale*) sett ***2*** (*di fogli*) pad; notepad; notebook ***3*** (*mazzetto*) book: **un b. di biglietti**, a book of tickets; **b. d'assegni**, chequebook.

blocchista, *m. e f.* stockist.

blòcco (1), *m.* ***1*** (*arresto*) arrest; stoppage; paralysis: **il b. della produzione**, a standstill in production; (*per sciopero*) production stoppage; **un b. del traffico**, a traffic hold-up; a traffic jam ***2*** (*interruzione*) block; obstruction: **b. stradale**, road block; **posto di b.**, road block ***3*** (*econ.*) freeze; control; (*embargo*) embargo: **b. dei salari**, wage freeze; **b. degli affitti**, rent freeze; **b. delle assunzioni**, veto (*o* freeze) on hirings; **b. dei licenziamenti**, freeze on lay-offs ***4*** (*mil.*) blockade: **b. navale**, blockade; **forzare il b.**, to run the blockade; **levare (*o* togliere) il b.**, to lift the blockade ***5*** (*med.*) block; blockage; failure; arrest: **b. renale**, kidney failure; **b. cardiaco**, cardiac arrest ***6*** (*psic.*) block: **b. emotivo**, emotional block; **b. mentale**, mental block. ● (*ferr.*) **cabina di b.**, signal box.

blòcco (2), *m.* ***1*** block; cube; (*informe*) lump; (*pane*) cake: **un b. di marmo**, a block of marble; **un b. di cera**, a cake of wax; **un b. di ghiaccio**, an ice floe ***2*** (*comm.*) stock; bulk: **un b. di merce**, a stock of goods; **vendere in b.**, to sell in bulk ***3*** (*di fogli*) pad; notebook: **b. da disegno**, drawing pad; **b. per appunti**, notebook ***4*** (*polit.*) coalition; bloc: **unirsi in b.**, to form a coalition; **b. di destra**, right-wing coalition; right-wing parties (*pl.*) ***5*** (*elab.*) block: **b. di entrata**, entry block; **b. di memoria**, storage block. ● (*mecc.*) **b. cilindri**, cylinder block □ (*sport*) **blocchi di partenza**, starting blocks □ **un b. di francobolli**, a block of stamps □ (*mecc.*) **b. motore**, motor unit □ **in b.** (*in massa*), en masse (*franc.*); in a body.

bloc-notes, *m. invar.* pad; notepad; writing pad.

blónda, *f.* blonde lace.

blu, *a. e m.* (dark) blue: **blu acciaio**, steel blue; **blu cobalto**, cobalt blue; **blu di Prussia**, Prussian blue; **blu di Sassonia**, smalt; **blu elettrico**, electric blue; **blu marino**, navy blue; **blu notte**, midnight blue; **blu oltremare**, ultramarine blue; **blu scurissimo**, blue-black; **mani blu dal freddo**, hands blue with cold. ● **auto blu**, official car □ (*med.*) **bambino blu**, blue baby □ (*fam.*) **Ho avuto una fifa blu**, it gave me the fear of my life; it put me in a blue funk; I was scared stiff □ (*med.*) **morbo blu**, cyanosis □ **sangue blu**, blue blood.

bluàstro, *a.* bluish.

blue-jeans (*ingl.*), *m. pl.* jeans.

bluette, *a. e m. invar.* cornflower blue.

bluff (*ingl.*), *m. invar.* (*anche fig.*) bluff.

bluffàre, *v. i.* (*anche fig.*) to bluff.

bluffatóre, *m.* (*f.* **-trice**) (*anche fig.*) bluffer.

blùṣa, *f.* ***1*** (*da donna*) blouse ***2*** (*camiciotto*) smock.

bluṣànte, *a.* loose; ample; draped.

bluṣòtto, *m.* sports shirt.

bòa (1), *m.* ***1*** (*zool., Boa constrictor*) boa ***2*** (*moda*) boa.

bòa (2), *f.* ***1*** (*naut.*) buoy; (*di regata*) mark: **boa con campana**, bell buoy; **boa di ormeggio**, mooring buoy; **boa luminosa**, light buoy; beacon; **giro di boa**, rounding of the mark ***2*** (*per nuotatori*) raft; float. ● (*fig.*) **giro di boa**, turning point.

boàrio, *a.* cattle (*attr.*): **mercato b.**, cattle market.

boàro, *V.* bovaro.

boàto, *m.* rumble; roar; boom: **i boati del terremoto**, the rumble of the earthquake; **il b. di una mina**, the boom of a mine; **b. sonico**, sonic boom.

bob (*ingl.*), *m. invar.* (*sport*: *la slitta*) bobsleigh, bobsled (*USA*), bob; (*lo sport*) bobsleighing: **b. a due [a quattro]**, two-man [four-man] bob.

bobbista, *m. e f.* (*sport*) bobsleigh rider.

bobina, *f.* ***1*** (*fotogr., cinem.*) spool: **b. di avvolgimento**, take-up spool; **b. svolgitrice**, delivery (*o* feed) spool ***2*** (*elettr.*) coil: **b. di accensione**, ignition coil; **b. a nido d'ape**, honeycomb coil; **b. d'arresto**, choke (coil) ***3*** (*ind. tess.*) reel; spool; bobbin: **formare la b.**, to build the bobbin ***4*** (*di macchina da cucire*) bobbin ***5*** (*tipogr.*) reel ***6*** (*di canna da pesca*) spool.

bobinàre, *v. t.* (*elettr., ind. tess.*) to wind*.

bobinatóre, *m.* (*f.* **-trice**) (*ind. tess.*) winder.

bobinatrice, *f.* ***1*** (*elettr.*) winding machine; coil winder ***2*** (*ind. tess.*) winding frame.

bobinatùra, *f.* (*ind. tess.*) winding.

bobista, *V.* bobbista.

bócca, *f.* ***1*** mouth: **avere la b. grande [piccola]**, to have a big [small] mouth; **malattie della b.**, infections of the mouth; **baciare sulla b.**, to kiss on the mouth (*o* on the lips); **spalancare la b.**, to open one's mouth wide ***2*** (*fig.*: *apertura*) mouth; opening: **la b. di un cannone**, the mouth of a cannon; **la b. d'una caverna**, the mouth of a cave; **la b. d'un sacco**, the mouth of a sack; **la b. d'un vaso**, the mouth of a vase ***3*** (*geogr.*: *di fiume*) mouth; (*passo di montagna*) pass; (*di ghiacciaio*) shout. ● **b. da fuoco** (*cannone*), gun □ **b. da incendio**, fire hydrant; fireplug (*USA*) □ **b. d'acqua**, hydrant □ (*ind.*) **b. di altoforno**, throat □ **b. d'aria**, air grille □ **b. del forno**, stokehole □ **b. del martello**, hammerhead □ **la b. dello stomaco**, the pit of the stomach □ **la b. della verità**, the soul of truth; truth itself □ (*mecc.*) **b. d'entrata dell'aria**, air inlet □ (*bot.*) **b. di leone** (*Antirrhinum majus*), snapdragon □ (*naut.*) **b. di rancio**, chock □ **la b. di un salvadanaio**, the slot of a money-box

□ (*geol.*) **b. vulcanica**, volcanic dent □ **a b. aperta**, open-mouthed; with one's mouth wide open; gaping: **guardare q. a b. aperta**, to gape at sb.; **restare a b. aperta**, to be dumbfounded; to be left gaping □ **a b. chiusa**, with one's mouth shut □ **cantare a b. chiusa**, to hum □ **a mezza b.**, reluctantly; grudgingly; half-heartedly: **ammettere q.c. a mezza b.**, to admit st. grudgingly □ **Acqua in b.!**, don't say a word about it!; mum's the word! (*fam.*) □ **aprir b.**, to open one's mouth □ **avere la b. amara [buona]**, to have a nasty [a pleasant] taste in one's mouth □ (*fig.*) **avere sempre in b. una cosa**, to be always talking of st.; to be always mentioning st. □ **cavallo di b. dura**, hard-mouthed horse □ **cavare una parola di b. a q.**, to get a word out of sb. □ **Per cavargli una parola di b. ci vogliono le tenaglie**, you have to tear every word out of him □ (*fig.*) **chiudere** (*o* **tappare**) **la b. a q.**, to silence sb.; to shut sb. up (*fam.*) □ **Non ha chiuso b. tutto il giorno**, he didn't stop talking all day □ **correre di b. in b.**, to go from mouth to mouth; to be on everyone's lips □ (*fig.*) **cucirsi la b.**, to shut up; to seal one's lips; to clam up (*pop.*) □ (*fig.*) **avere il cuore in b.**, to have one's heart in one's mouth □ **dire ciò che viene in b.**, to say the first thing that comes into one's head □ **dire q.c. solo con la b.**, to pay lip-service to st. □ (*fig.*) **essere di b. buona**, to be easily satisfied; to be easy to please; not to be fussy □ **fare la b. a q.c.**, to acquire a taste for st.; to get to like st. □ **fare la b. storta**, to make a wry mouth □ **fare la b. storta a q.c.**, to turn up one's nose at st. □ **Quelle parole suonavano strane in b. a lui**, those words sounded strange on his lips □ **In b. al lupo!**, good luck!; break a leg! (*fam., specialm. teatr.*) □ (*anche fig.*) **lasciare la b. amara** (*o* **cattiva**), to leave a nasty taste in the mouth □ **lasciarsi sfuggire q.c. di b.**, to let slip st.; to blurt out st. □ **levare il pane di b. a q.**, to take the bread out of sb.'s mouth □ **levarsi il pane di b.**, to work one's fingers to the bone □ **mettere b. in q.c.**, to interfere in st. □ **mettere parole in b. a q.**, to put words into sb.'s mouth □ **avere molte bocche da sfamare**, to have many mouths to feed □ **non aprire b.**, to keep silent; not to say a word □ **non ricordare dal naso alla b.**, not to remember st. from one moment to the next □ **qualcosa da mettere in b.**, something to eat □ **parole che riempiono la b.**, high-sounding words □ **prendere una medicina per b.**, to take a medicine orally □ **per b. dei profeti**, through the prophets □ **respirazione b. a b.**, mouth-to-mouth resuscitation; kiss of life (*fam.*) □ **restare a b. asciutta**, to go hungry; (*fig.*) to be disappointed, to come away empty-handed □ **rifarsi la b.**, to take an unpleasant taste away □ **M'è scappato di b.**, it just slipped out □ **essere sulla b. di tutti**, to be on everybody's lips; to be the talk of the town □ **tenere la b. chiusa**, to hold one's tongue; (*non rivelare q.c.*) to keep one's mouth shut, to keep mum (*fam.*) □ **non saper tenere la b. chiusa**, to have a big mouth □ **togliere la parola di b. a q.**, to take the words out of sb.'s mouth □ **torcere la b.**, to make a wry face.

boccaccésco, *a.* ***1*** of Boccaccio; in the style of Boccaccio ***2*** (*fig.*) licentious; bawdy.

boccàccia, *f.* ***1*** (*spreg.*) big ugly mouth ***2*** (*smorfia*) grimace; wry face: **fare una b.**, to make a wry face; to grimace; **fare le boccacce a q.**, to pull faces at sb. ***3*** (*fig.*: *persona maldicente*) loudmouth; (*persona sboccata*) foul-mouthed person.

boccacciàno, *a.* of Boccaccio; Boccaccio (*attr.*).

boccàglio, *m.* ***1*** (*mecc.*) nozzle; (*tubo di efflusso*) nosepiece ***2*** (*di respiratore*) mouthpiece.

boccàle (1), *m.* ***1*** jug; pot; mug ***2*** (*contenuto*) jugful; potful; mugful.

boccàle (2), *a.* (*anat.*) buccal; oral: **cavità b.**, oral cavity.

boccalóne, *m.* (*f.* **-a**) (*fam.*) ***1*** (*piagnucolone*) cry-baby ***2*** (*chiacchierone*) loudmouth.

boccapòrto, *m.* (*naut.*) hatch; hatchway: **chiudere i boccaporti**, to batten down the hatches.

boccascèna, *m. invar.* (*teatr.*) proscenium*.

boccàta, *f.* ***1*** (*di cibo*) mouthful ***2*** (*sorsata*) gulp; draught ***3*** (*di fumo*) puff: **tirare una b. di sigaretta**, to take a puff (*o* a drag) at a cigarette. ● **uscire a prendere una b. d'aria**, to go (out) for a breath of air.

boccétta, *f.* ***1*** (small) bottle: **una b. di profumo [d'inchiostro]**, a bottle of scent [of ink]; **b. dei sali**, smelling-bottle ***2*** *V.* **boccino**.

boccheggiànte, *a.* ***1*** gasping ***2*** (*moribondo*) dying; at one's last gasp; (*fig.*) moribund: **Lo trovai b.**, I found him dying; **economia b.**, moribund economy.

boccheggiàre, *v. i.* ***1*** (*ansimare*) to gasp ***2*** (*aprire e chiudere la bocca*) to gape ***3*** (*fig.*: *essere moribondo*) to be moribund.

bocchétta, *f.* ***1*** small opening ***2*** (*di strumento mus.*) mouthpiece ***3*** (*mecc.*: *di serratura*) plate; selvage ***4*** (*di annaffiatoio*) sprinkler head (*o* nozzle) ***5*** (*di scarpa*) tongue ***6*** (*geogr.*) saddle; col. ● **b. stradale**, manhole cover.

bocchettóne, *m.* (*per tubi*) pipe union.

bocchìno, *m.* ***1*** small mouth ***2*** (*smorfia*) pursed lips (*pl.*): **fare il b.**, to purse one's lips ***3*** (*di pipa*) mouthpiece ***4*** (*per sigaretta*) cigarette holder ***5*** (*di strumento mus.*) mouthpiece.

bòccia, *f.* ***1*** (*bottiglia*) bottle; (*da vino*) decanter, flagon ***2*** (*sport*) bowl: **gioco delle bocce**, bowls (*pl.*); (lawn) bowling; **partita a bocce**, game of bowls; **campo da bocce**, bowling green ***3*** (*scherz.*: *testa*) head; nut (*fam.*); noggin (*pop.*). ● **ragionare a bocce ferme**, to take stock of the situation.

bocciàrda, *f.* (*edil.*) bushhammer.

bocciardàre, *v. t.* (*edil.*) to bushhammer.

bocciàre, *v. t.* ***1*** (*respingere*) to reject; to defeat; to turn down; to shoot* down (*fam.*): **Il Parlamento ha bocciato il progetto di legge**, Parliament rejected the bill; **La mozione fu bocciata**, the motion was defeated; **b. un candidato** (*a un'elezione*), to vote a candidate out ***2*** (*agli esami*) to fail; to plough (*fam. GB*): **Se vai avanti così dovrò bocciarti**, if you carry on like that, I'll have to fail you; **essere bocciato**, to fail one's exams; to be ploughed; to flunk one's exams (*fam. USA*) ***3*** (*nel gioco delle bocce*) to hit*; to strike* out ***4*** (*fam.*: *urtare*) to collide with; to hit*.

bocciàta, *f.* (*sport*: *colpo di boccia*) hit.

bocciàto, *m.* (*f.* **-a**) failed student: **l'elenco dei bocciati**, the list of the students who failed.

bocciatùra, *f.* ***1*** defeat; rejection: **la b. di un progetto**, the rejection of a plan; **la b. di un progetto di legge**, the defeat of a bill ***2*** (*agli esami*) failure; fail; flunk (*fam. USA*): **Dopo la terza b., lasciò l'università**, after failing his third exam, he dropped out of university.

boccino, *m.* (*gioco delle bocce*) jack; kitty.

bòccio, *m.* bud: **Il fiore è in b.**, the flower is in bud.

bocciòdromo, *m.* bowling green.

bocciòfila, *f.* bowling club.

bocciòfilo, **A** *m.* (*f.* **-a**) bowling enthusiast. **B** *a.* bowling (*attr.*): **società bocciofila**, bowling club.

bocciòlo, *m.* ***1*** bud: **b. di rosa**, rosebud ***2*** (*di candeliere*) socket ***3*** (*mecc.*) cam.

bóccola, *f.* ***1*** (*fibbia*) buckle ***2*** (*ferr.*) axle box ***3*** (*mecc.*) bush; bushing.

bóccolo, *m.* curl; ringlet.

bocconcìno, *m.* ***1*** morsel; nibble; tiny piece ***2*** (*boccone squisito*) titbit; tidbit (*USA*); dainty; delicacy ***3*** (*pl.*) (*cucina*) diced meat ***4*** (*fig. fam.*: *donna attraente*) dish (*fam.*).

boccóne, *m.* ***1*** mouthful; (*pezzetto*) morsel bite: **fare i bocconi grossi [piccini]**, to take large [small] mouthfuls (*o* bites); **mangiarsi q.c. in un b.**, to swallow st. in one mouthful; to make one mouthful of st.; **fra un b. e l'altro**, between mouthfuls; **parlare col b. in bocca**, to speak with one's mouth full; **un b. di pane**, a morsel of bread; **Non lo voglio tutto, solo un b.**, I don't want all of it, just a bite; **Abbiamo tempo per un b.?**, do we have time for a quick bite (*o* for a snack)? ***2*** (*cibo*) food: **b. da re**, food fit for a king; **b. ghiotto**, delicacy; titbit; tidbit (*USA*) ***3*** (*esca*) bait: **b. avvelenato**, poison bait ***4*** (*fig.*: *piccola quantità*) bit: **a pezzi e bocconi**, a bit at a time; in fits and starts. ● (*fig.*) **b. amaro**, bitter pill □ **b. del prete**, parson's nose □ (*fig.*) **un b. che fa gola**, a plum □ **avere ancora il b. in bocca**, to have just finished eating □ (*fig.*) **cavarsi il b. di bocca**, to make untold sacrifices; to work one's fingers to the bone □ (*fig.*) **per un b. di pane**, for a song; for next to nothing.

boccóni, *avv.* face downwards; flat on one's face.

bodonìano, *a.* in Bodoni's style. ● **caratteri bodoniani**, Bodoni type □ **rilegatura alla bodoniana**, board binding.

body (*ingl.*), *m. invar.* body stocking; leotard.

Boèmia, *f.* (*geogr.*) Bohemia.

boèmo, *a.* e *m.* (*f.* **-a**) Bohemian.

boèro, **A** *a.* Boer. **B** *m.* (*f.* **-a**) ***1*** Boer ***2*** chocolate-coated cherry.

bofonchiàre, *v. i.* to grumble; to mutter; to mumble.

bòga, *f.* (*zool.*, *Box vulgaris*) bogue; boce.

boh, *inter.* (*non so*) no idea, you tell me; (*forse*) may be.

bohème (*franc.*), *f.* Bohemianism: **fare vita da b.**, to lead a Bohemian life.

bohémien (*franc.*), *m. invar.* Bohemian: **Vive come un b.**, he leads a Bohemian life.

bòia, **A** *m.* ***1*** executioner; (*chi impicca*) hangman*; (*chi decapita*) headsman* ***2*** (*assassino*) murderer; butcher ***3*** (*fig.*) scoundrel; bastard. **B** *a.* (*pop.*) ***1*** (*orribile, tremendo*) lousy; filthy: **tempo b.**, filthy weather; **Fa un freddo b.**, it's as cold as hell ***2*** (*maledetto*) damn(ed); bloody (*volg.*): **Mondo b.!**, damn!; bloody hell!

boiàcca, *f.* (*edil.*) grout.

boiàrdo, **boiàro** *m.* boyar; boyard.

boiàta, *f.* (*pop.*) ***1*** (*cosa mal fatta*) rubbish; trash: **Il film era una b.**, the film was rubbish ***2*** (*sciocchezza*) rubbish; bullshit (*volg.*); crap (*volg.*) ***3*** (*azione indegna*) nasty trick.

boicottàggio, *m.* boycott; boycotting.

boicottàre, *v. t.* to boycott.

boicottatóre, *m.* (*f.* **-trice**) boycotter.

boiler (*ingl.*), *m. invar.* boiler; water-heater.

boiserie (*franc.*), *f. invar.* wood panelling; wainscot(t)ing.

boldìna, *f.* (*chim.*) boldine.

bòldo, *m.* (*bot.*, *Peumus boldus*) boldo.

Boléna, *f.* (*stor.*) Boleyn.

bolèro, *m.* (*mus.*, *moda*) bolero*.

bolèto, *m.* (*bot.*) ***1*** (*Boletus*) boletus ***2*** (*Boletus edulis*) cep.

bòlgia, *f.* ***1*** (*letter.*: *dell'Inferno dantesco*) bolgia ***2*** (*fig.*) madhouse; bedlam; pandemonium.

bòlide, *m.* ***1*** (*astron.*) bolide; fireball; meteor; shooting star ***2*** (*fig.*) fast car; racing car ***3*** (*scherz.*: *persona corpulenta*) big person; mountain. ● **come un b.**, like a shot; like a flash; like a bat out of hell (*pop.*) □ **Si precipitò fuori come un b.**, he shot out □ **passare come un b.**, to zoom past; to roar past.

bolìna, *f.* (*naut.*) bowline: **navigare di b.**, to sail close to the wind; **di b.**, on a bowline; **b. stretta**, close-hauling.

bolinàre, *v. i.* (*naut.*) to haul to windward.

Bolivia, *f.* (*geogr.*) Bolivia.

boliviàno, *a.* e *m.* (*f.* **-a**) Bolivian (*f.* Bolivian woman*).

bólla (1), *f.* ***1*** bubble: **b. di gas**, gas bubble; **b. d'aria**, air bubble; **b. di sapone**, soap bubble; **fare le bolle di sapone**, to blow soap bubbles; **fare le bolle**, to bubble; to boil ***2*** (*ind.*: *in superficie verniciata*) blister ***3*** (*med.*) blister; pustule. ● **finire in una b. di sapone**, to come to nothing; to end up in smoke.

bólla (2), *f.* ***1*** (*editto*) bull: **b. papale**, Papal bull; **la B. d'oro**, the Golden Bull ***2*** (*sigillo*) seal ***3*** (*comm.*) bill; note: **b. di consegna**, delivery note; bill of parcel; **b. doganale**, bill of entry; entry; **b. di accompagnamento**, packing list.

bollàre, *v. t.* ***1*** to stamp: **b. una lettera**, to stamp a letter; **b. il passaporto**, to stamp the passport ***2*** (*sigillare*) to seal: **b. con ceralacca**, to seal with sealing wax ***3*** (*fig.*) to brand; to stigmatize: **b. q. d'infamia**, to brand sb. with infamy.

bollàto, *a.* ***1*** stamped: **carta bollata**, stamped paper ***2*** (*sigillato*) sealed ***3*** (*fig.*) branded.

bollatùra, *f.* stamping; sealing.

bollènte, *a.* ***1*** boiling; (*caldissimo*) (boiling) hot, piping hot, scalding: **acqua b.**, boiling water; **caffè b.**, hot coffee ***2*** (*fig.*) ebullient; fiery: **temperamento b.**, fiery temperament.

bollétta, *f.* ***1*** bill: **b. del gas [del telefono]**, gas [telephone] bill ***2*** (*comm.*) note; bill: **b. di consegna**, delivery note; bill of parcel; **b. d'imbarco**, shipping bill; bill of lading; **b. di spedizione**, carriage note; (*ferr.*) consignment note; **b. doganale**, bill of entry; entry. ● (*fig.*) **in b.**, short (of money); broke (*fam.*).

bollettàrio, *m.* receipt book; counterfoil book; stub book (*USA*).

bollettìno, *m.* ***1*** (*comunicato*) bulletin; report; communiqué (*franc.*): **b. di guerra**, war bulletin; **b. medico**, medical bulletin; **b. meteorologico**, weather report; weather forecast ***2*** (*pubblicazione*) bulletin; journal; newsletter: **b. d'informazione**, newsletter; **b. ufficiale**, gazette ***3*** (*comm.*) list: **b. della Borsa**, Stock Exchange list; **b. della banca**, bank price list; **b. commerciale dei prezzi correnti**, current price list ***4*** (*modulo*) note; slip: **b. di spedizione**, carriage note; (*ferr.*) consignment note; **b. di versamento**, deposit slip.

bollilàtte, *m. invar.* milk boiler.

bollìno, *m.* ***1*** (*tagliandino*) stamp; (*di concorso a punti*) gift stamp, token ***2*** (*per generi razionati*) coupon.

bollìre, A *v. i.* ***1*** to boil: **L'acqua bolle a cento gradi**, water boils at 100 °C; **La pentola bolle**, the pot is boiling; **b. forte**, to boil hard; to bubble; **b. a fuoco lento**, to simmer ***2*** (*fig.*) to boil; to seethe: **Bolliva d'ira**, he was seething with anger; **Gli bolliva il sangue**, his blood was boiling ***3*** (*fig.*: *fare caldo*) to be hot; to be boiling (*fam.*): **Sto bollendo**, I'm boiling (*fam.*); I'm boiled (*fam.*); **In questa stanza si bolle**, this room is stifling (*o* boiling). **B** *v. t.* to boil; to cook; (*portare a bollore*) to bring* to the boil: **b. il riso**, to boil rice; **fare b. piano**, to simmer. ● (*fig.*) **Cosa bolle in pentola?**, what's brewing? □ **Qualcosa gli bolle in testa**, he's cooking up st. □ (*fig.*) **Lascialo b. nel suo brodo**, let him stew in his own juice.

bollìta, *f.* boiling: **dare una b. a q.c.**, to boil st.

bollìto, A *a.* boiled. **B** *m.* (*cucina*) boiled meat.

bollitóre, *m.* ***1*** (*cucina*) kettle ***2*** (*tecn.*) boiler.

bollitùra, *f.* boiling.

bóllo, *m.* ***1*** stamp: **b. per cambiale**, money-order stamp; **b. a secco**, embossed stamp; **b. postale**, postmark; **carta da b.**, stamped paper; **marca da b.**, revenue stamp; **tassa di b.**, stamp duty; **soggetto a b.**, subject to duty ***2*** (*pop.*: *francobollo*) stamp ***3*** (*fig. fam.*: *livido*) bruise. ● (*autom.*) **b. di circolazione**, road tax (sticker): **pagare il b.**, to pay the road tax □ **Ufficio del B. e Registro**, Registrar's Office.

bollóre, *m.* ***1*** boil: **alzare** (*o* **levare**) **il b.**, to come to the boil; **portare a b.**, to bring to the boil ***2*** (*caldo eccessivo*) excessive heat ***3*** (*fig.*) ebullience; ardour: **bollori di gioventù**, youthful ebullience.

bollóso, *a.* covered with blisters.

bòlo, *m.* ***1*** (*boccone masticato*) bolus ***2*** (*miner.*) bole ***3*** (*med.*) bolus ***4*** (*zool.*: *di ruminanti*) cud. ● (*med.*) **b. isterico**, globus hystericus.

bolognése, *a.*, *m.* e *f.* Bolognese (*f.* Bolognese woman*): **i Bolognesi**, the Bolognese.

bolòmetro, *m.* (*fis.*) bolometer.

bolsàggine, *f.* ***1*** (*di cavallo*) heaves (*pl.*); broken wind ***2*** (*fig.*) weakness.

bolscevìco, *a.* e *m.* (*f.* **-a**) Bolshevik*; Bolshevist.

bolscevìsmo, *m.* Bolshevism.

bolscevizzàre, *v. t.* (*polit.*) to bolshevize.

bólso, *a.* ***1*** (*di cavallo*) broken-winded ***2*** (*fig.*: *asmatico*) asthmatic; breathless; short of breath ***3*** (*fig.*: *fiacco*) weak.

bolzóne, *m.* ***1*** (*ariete*) ram ***2*** (*freccia*) bolt; quarrel; (square-headed) arrow ***3*** (*punzone*) punch.

bòma, *m.* (*naut.*) boom.

bómba, *f.* ***1*** bomb: **b. atomica**, atom (*o* atomic) bomb; A-bomb; **b. all'idrogeno**, hydrogen bomb; H-bomb; **b. a orologeria**, clockwork bomb; **b. a mano**, hand grenade; **b. a scoppio ritardato**, time bomb; **b. di profondità**, depth bomb; **b. dirompente**, fragmentation bomb; **b. lacrimogena**, tear-gas bomb; **b. fumogena**, smoke bomb; **gettare** (*o* **lanciare**) **una b.**, (*a mano*) to throw a granade; (*dall'alto*) to drop a bomb ***2*** (*fig.*: *notizia sensazionale*) bombshell; sensation ***3*** (*gomma da masticare*) bubble gum ***4*** (*pop. fig.*: *sostanza eccitante*) pep pill ***5*** (*fig.*: *fandonia*) whopper (*fam.*). ● (*med.*) **b. al cobalto**, cobalt bomb □ (*cucina*) **b. di riso**, rice pudding □ (*geol.*) **b. vulcanica** (*o* **lavica**), volcanic bomb □ **a prova di b.**, bombproof; shellproof; (*fig.*) indestructible □ (*fig.*) **tornare a b.**, to get back to the point.

bombàggio, *m.* (*ind.*) swelling.

bombàrda, *f.* ***1*** (*mil.*) bombard ***2*** (*naut.*) two-masted sailing ship ***3*** (*mus.*) bombarde.

bombardaménto, *m.* ***1*** bombing; bombardment; (*con artiglieria*) shelling: **b. navale**, naval bombardment; **b. a tappeto**, carpet bombing; pattern bombing; area bombing; **aereo da b.**, bomber; **una città distrutta dai bombardamenti**, a bombed-out town ***2*** (*fis.*) bombardment ***3*** (*fig.*) barrage; rapid fire; shower: **un b. di domande**, a barrage of questions.

bombardàre, *v. t.* ***1*** to bomb; (*con artiglieria*) to shell: **b. a tappeto**, to carpet bomb; to pattern bomb; **b. in picchiata**, to dive-bomb ***2*** (*fis.*) to bombard ***3*** (*fig.*) to bombard; to fire: **b. q. di domande**, to fire questions at sb.

bombardière, *m.* ***1*** (*aereo*) bomber ***2*** (*soldato*) bombardier.

bombardìno, *m.* (*mus.*) baritone.

bombardóne, *m.* (*mus.*) bombardon.

bombàre, *v. t.* ***1*** to cause to bulge; to make* convex ***2*** (*edil.*) to camber.

bombàto, *a.* rounded; convex; bulging; bombé (*franc.*).

bombatùra, *f.* ***1*** convexity; roundness; bulge ***2*** (*edil.*) camber.

bombé (*franc.*), *a. invar.* convex; rounded; bulging; (*di mobili*) bombé.

bombétta (1), *f.* (*cappello*) bowler hat; bowler; derby (*USA*).

bombétta (2), *f.* small bomb: **b. puzzolente**, stink bomb.

bómbice, *m.* (*zool.*, *Bombyx*) silkworm.

bómbo, *m.* (*zool.*, *Bombus*) bumblebee.

bómbola, *f.* bottle; bomb; cylinder: **b. di ossigeno**, oxygen bottle; **b. di gas**, gas cylinder, **b. aerosol** (*o* **spray**), aerosol bomb.

bombolétta, *f.* bomb: **b. spray**, aerosol bomb.

bómbolo, *m.* (*scherz.*) tubby person; podge; butterball.

bombolóne, *m.* (*cucina*) doughnut.

bombonièra, *f.* fancy sweet-box; bonbonnière (*franc.*).

bomprèsso, *m.* (*naut.*) bowsprit.

bonàccia, *f.* ***1*** (*del mare*) calm; dead calm: **mare in b.**, calm sea; **Oggi c'è b.**, the sea is dead calm today; **La nave era in b.**, the ship was becalmed ***2*** (*fig.*) lull; calm; peace.

bonaccióne, A *a.* good-natured; easy-going. **B** *m.* (*f.* **-a**) good-natured person; easy-going person; good sort; softie (*fam.*).

bonapartìsmo, *m.* Bonapartism.

bonapartìsta, *a.*, *m.* e *f.* Bonapartist.

bonarietà, *f.* good-naturedness; easy-going nature; kindliness; affability.

bonàrio, *a.* ***1*** (*di persona*) good-natured; easy-going; kindly; affable; genial ***2*** (*di cosa*) good-natured; kindly; gentle: **arguzia bonaria**, gentle wit; **un rimprovero b.**, a gentle rebuke.

bonbon (*franc.*), *m. invar.* sweet; candy (*USA*); bonbon.

bonderizzazióne, *f.* (*metall.*) bonderization.

Bonifàcio, *m.* Boniface.

bonìfica, *f.* ***1*** (land) reclamation; drainage ***2*** (*terreno bonificato*) reclaimed land ***3*** (*mil.*) clearing (from mines) ***4*** (*chim.*) decontamination ***5*** (*risanamento*) reclamation; clearance; redevelopment.

bonificàbile, *a.* reclaimable.

bonificaménto, *V.* **bonifica**.

bonificàre, *v. t.* ***1*** to reclaim; to drain: **b. una palude**, to reclaim a marsh ***2*** (*mil.*) to clear (from mines) ***3*** (*chim.*) to decontaminate ***4*** (*risanare*) to reclaim; to redevelop; to renew ***5*** (*abbuonare*) to allow; to discount ***6*** (*Banca*) to credit; to transfer. ● **b. l'aria**, to purify the air.

bonificatóre, *m.* (*f.* **-trice**) reclaimer.

bonificazióne, *V.* **bonifica**.

bonìfico, *m.* ***1*** (*comm.*) allowance; discount ***2*** (*Banca*) (credit) transfer: **b. bancario**, money transfer; **ordine di b.**, transfer order.

bonomìa, *f.* good nature; affability; geniality; bonhomie (*franc.*).

bonsài, *m. invar.* (*pianta e tecnica colturale*) bonsai.

bontà, *f.* ***1*** goodness; kindness: **credere nella b. dell'uomo**, to believe in man's goodness; **b. di cuore** (*o* **d'animo**), goodness of heart; **un gesto di b.**, a kind gesture; a kindness; **una persona di grande b.**, a very good person; **Ha avuto molta b. verso di me**, he was very kind to me; he showed me great kindness; **Mi guardò con b.**, he looked at me kindly; **trattare q. con b.**, to treat sb. with kindness ***2*** (*cortesia*) goodness; kindness; amiability; courtesy: **Abbia la b. di ascoltarmi fino in fondo**, please have the goodness (*o* be kind enough, be so good) as to listen to me till the end; **Abbiate la b. di seguirmi, prego**, will you come this way, please? ***3*** (*buona qualità*) good quality; excellence: **la b. di una stoffa**, the good quality of a material; **La b. della nostra merce è insuperata**, the quality of our goods is unsurpassed ***4*** (*di cibo*) deliciousness, tastiness; (*cibo buono*) delicacy: **Che b. questo soufflé!**, this soufflé is delicious!; **la b. del vitto**, the excellence of the food ***5*** (*mitezza*) mildness; (*salubrità*) healthiness: **la b. del clima**, the mildness (*o* healthiness) of the climate ***6*** (*efficacia*) effectiveness □ (*anche iron.*) **B. sua!**, how good (*o* kind) of him! □ **Ha accettato, b. sua, di rispondere alle mie domande**, he deigned to answer my questions.

bontempóne, *V.* **buontempone**.

bon ton (*franc.*), *m. invar.* good manners (*pl.*); bon ton.

bonus, *m. invar.* bonus.

bonus-malus, *m. invar.* (*ass.*) no-claim

bonus.
bónzo, *m.* bonze.
booleàno, *a.* Boolean: **algebra booleana**, Boolean algebra.
boom (*ingl.*), *m. invar.* (*anche econ.*) boom: **b. edilizio**, housing boom; **un periodo di b.**, a period of economic boom; **il b. delle nascite**, the baby boom. ● (*aeron.*) **b. sonico**, sonic boom.
boomerang, *m. invar.* (*anche fig.*) boomerang: **avere un effetto b.**, to boomerang; to backfire.
booster (*ingl.*), *m. invar.* booster.
bòra, *f.* (*meteor.*) bora.
boràce, *m.* (*miner.*) borax.
boracìfero, *a.* boraciferous: **soffione b.**, boric-acid fumarole.
boràto, *m.* (*chim.*) borate.
borbogliàre, *v. i.* (*lett.*) to rumble; to gurgle.
borbóglio, *m.* rumbling: **b. di ventre**, stomach rumblings (*pl.*).
borbònico, A *a.* **1** (*stor.*) Bourbon (*attr.*) **2** (*fig.*: *retrivo*) reactionary. **B** *m.* (*f.* **-a**) (*stor.*) Bourbonist.
borborìgmo, *m.* (*med.*) borborygmus*; (*com.*) stomach rumblings (*pl.*).
borbottaménto, *m.* mumbling; muttering; grumbling.
borbottàre, A *v. i.* **1** (*brontolare*) to mumble; to mutter; to grumble **2** (*di stomaco, intestino*) to rumble. **B** *v. t.* to mumble; to mutter: **b. una preghiera**, to mumble a prayer.
borbottìo, *m.* murmuring; muttering; mumbling.
borbottóne, *m.* (*f.* **-a**) grumbler; grouser.
bòrchia, *f.* stud; boss; knob; (*da tappezziere*) upholsterer's nail.
bordàme, *m.* (*naut.*) foot* (of a sail).
bordàre, *v. t.* **1** (*orlare*) to hem; to border; to edge **2** (*mecc.*) to bead; (*cerchiare una ruota*) to rim **3** (*naut.*) to flat in; to set*.
bordàta, *f.* (*naut.*) **1** tack; board; beat; stretch: **prendere una b.**, to tack **2** (*di cannoni e fig.*) broadside.
bordatìno, *m.* (*ind. tess.*) ticking.
bordatrìce, *f.* (*mecc.*) beading (*o* flanging) machine.
bordatùra, *f.* **1** (*orlo*) rim; border; edge **2** (*mecc.*) beading; (*cerchiatura*) rim; (*di scatole di latta*) flange.
bordeaux (*franc.*), **A** *m. invar.* **1** (*vino*) Bordeaux; claret **2** (*colore*) wine red; claret. **B** *a. invar.* wine-red; claret-coloured.
bordeggiàre, *v. i.* **1** (*naut.*) to tack; to beat* **2** (*destreggiarsi*) to manoeuvre.
bordéggio, *m.* (*naut.*) tacking; beating.
bordèllo, *m.* **1** brothel; whorehouse **2** (*fig.*: *luogo di confusione*) bedlam; (*per estens.*: *schiamazzo*) racket, din: **fare b.**, to kick up a racket; **Basta con quel b.!**, stop that racket!
borderò, *m.* **1** (*comm.*) list; note; bordereau* (*franc.*) **2** (*teatr.*) takings (*pl.*).
bordìno, *m.* **1** (*mecc.*) flat band **2** (*archit.*) molding **3** (*ferr.*) (wheel) flange **4** (*moda*) trimming.
bórdo, *m.* **1** (*orlo*) hem, edge; (*bordura*) border; (*margine*) margin; (*di bicchiere, tazza, ecc.*) rim; (*di marciapiede*) curb, kerb; (*di strada*) edge; (*di autostrada*) hard-shoulder: **il b. di un fazzoletto**, the hem of a handkerchief; **un b. ricamato**, an embroidered border; **il b. di una sedia**, the edge of a chair; **il b. di un'aiuola**, the border of a flower-bed **2** (*mecc.*) rim **3** (*naut.*: *fianco della nave*) side; (*la nave nel suo complesso*) board; **a b.**, on board; aboard: **salire a b.**, to go on board (*o* aboard); **a b. di una nave**, on board ship; **caricare a b.**, to load on board; **issare a b.**, to haul aboard; **lanciare fuori b.**, to throw overboard; **documenti di b.**, ship's papers; **vita di b.**, life on board (ship); **b. libero**, freeboard; **franco di b.**, free on board **4** (*naut.*: *tratto percorso tra due virate*) tack; board; beat: **virare di b.**, to change tack; to go about. ● (*aeron., autom.*) **a b.**, aboard; on board: **salire a b. d'un aereo**, to go aboard a plane; to board a plane; **Benvenuti a b.**, welcome aboard; **Presi a b. un autostoppista**, I gave a lift to (*o* I took aboard) a hitchhiker; **Chi c'era a b. dell'auto?**, who was in the car? □ **giornale di b.**, log □ **nave d'alto b.**, tall ship □ **persona d'alto b.**, person of high rank; very important person; V.I.P. □ (*fig.*) **virare di b.**, to change tack; (*mutare opinione*) to change sides.
bordò, *V.* **bordeaux**.
bordolése, *a.* of Bordeaux; Bordeaux (*attr.*): **poltiglia b.**, Bordeaux mixture.
bordóne (**1**), *m.* (*bastone da pellegrino*) pilgrim's staff.
bordóne (**2**), *m.* (*mus.*) drone; bourdon; (*d'organo*) bourdon. ● (*fig.*) **tener b. a q.**, to aid and abet sb.; to be sb.'s stooge.
bordùra, *f.* **1** (*bordatura*) border; fringe; hem **2** (*di aiuole*) border **3** (*arald.*) bordure.
bòrea, *m.* (*lett.*) Boreas; north wind.
boreàle, *a.* northern; boreal: **emisfero b.**, northern hemisphere; **aurora b.**, northern lights (*pl.*); aurora borealis.
borgàta, *f.* **1** village **2** (*a Roma*) housing estate.
borgatàro, *m.* (*f.* **-a**) (*region.*) inhabitant of a (Roman) housing estate.
borghése, A *a.* **1** middle-class (*attr.*); bourgeois (*franc.*): **una famiglia b.**, a middle-class family; **valori borghesi**, middle-class values; **la rivoluzione b.**, the bourgeois revolution; **mentalità b.**, bourgeois mentality **2** (*civile*) civilian: **abito b.**, civilian clothes; civvies (*fam.*); **vestire in b.**, to wear civilian clothes; to be in civvies; **agente in b.**, plain-clothes detective. **B** *m. e f.* **1** middle-class person; bourgeois* (*franc.*): **piccolo b.**, petit bourgeois (*franc.*) **2** (*chi non è militare*) civilian.
borghesìa, *f.* middle classes (*pl.*); bourgeoisie (*franc.*): **i valori della b.**, middle-class values; **alta b.**, upper middle class; **piccola b.**, lower middle class; **la b. e il proletariato**, the bourgeoisie and the proletariat.
borghesìsmo, *m.* bourgeois mentality; bourgeois attitudes (*pl.*).
borghigiàno, *m.* (*f.* **-a**) villager.
bórgo, *m.* **1** village **2** (*sobborgo*) suburb.
Borgógna, *f.* (*geogr.*) Burgundy.
borgógna, *m.* (*vino*) Burgundy (wine).
borgognóne, *a. e m.* (*f.* **-a**) Burgundian. ● **poltiglia borgognona**, Burgundy mixture.
borgomàstro, *m.* burgomaster.
bòria, *f.* haughtiness; arrogance; airs (*pl.*): **mettere su b.**, to put on airs; **pieno di b.**, haughty; arrogant.
boriàrsi, *v. i. pron.* to put* on airs; to puff oneself up.
bòrico, *a.* (*chim.*) boric: **acido b.**, boric acid.
boriosità, *V.* **boria**.
borióso, *a.* haughty; arrogant; puffed-up.
bòro, *m.* (*chim.*) boron.
borotàlco, *m.* (*marchio*) talcum powder; talc (*fam.*).
bórra, *f.* **1** (*imbottitura*) stuffing **2** (*ind. della lana*) (wool) droppings; flocks (*pl.*) **3** (*nelle cartucce*) wad.
borràccia, *f.* **1** water-bottle; flask; (*piatta, per liquore*) hip flask **2** (*mil.*) canteen.
borraccìna, *f.* (*bot., Sedum acre*) stonecrop.
borràggine, borràgine, *f.* (*bot., Borrago officinalis*) borage.
borràna, *f.* **bórro,** *m.* gully.
bórsa (**1**), *f.* **1** bag; (*valigetta*) case; (*borsetta*) handbag; (*sacchetto*) pouch: **b. della spesa**, shopping bag; carrier bag; **b. da viaggio**, travelling bag; **b. a tracolla**, shoulder bag; **b. da spiaggia**, beach bag; **b. degli attrezzi**, tool-kit; **b. dell'elemosina**, collection bag; **b. per il tabacco**, tobacco pouch; **b. per documenti**, briefcase; attaché case **2** (*per estens.*: *denaro*) purse; pocket; money: **allentare** [**stringere**] **i cordoni della b.**, to loosen [to tighten] the purse strings; **L'ho comprato di mia b.**, I bought it with my own money (*o* out of my own pocket); **mettere mano alla b.**, to pay; to foot the bill (*fam.*); to pick up the tab (*fam.*); **O la b. o la vita!**, your money or your life!; **rimetterci di b. propria**, to lose out (on st.); **tenere la b. stretta**, to be tight-fisted **3** (*zool.*: *marsupio*) pouch **4** (*anat.*) bursa* **5** (*boxe*) purse. ● (*fig.*) **borse agli occhi**, bags under one's eyes □ (*bot.*) **b. di pastore** (*Capsella bursa-pastoris*), shepherd's purse □ **b. di studio**, scholarship; education (*o* student, study) grant □ **b. per l'acqua calda**, hot-water bottle □ **b. per il ghiaccio**, icebag; ice pack □ **calzoni con le borse**, baggy trousers.
Bórsa (**2**), *f.* Stock Exchange; (*il mercato*) stock market, stock exchange: **B. valori**, Stock Exchange; **B. merci**, commodity exchange; **B. dei noli**, Shipping Exchange; **La B. sale** [**scende**], the market is rising [is falling]; the market is bullish [bearish]; **giocare in B.**, to speculate on the stock exchange; to play the market; **lavorare in B.**, to be on the Stock Exchange; **quotare una società in B.**, to list a company at the Stock Exchange; **agente di B.**, stockbroker; **contratti di B.**, stock exchange transactions; **listino di B.**, stock exchange list; **quotazioni di B.**, stock exchange quotations; **rialzo** [**ribasso**] **in B.**, rise [fall] on the stock exchange; **speculazioni di B.**, stock speculation; **titoli quotati** [**non quotati**] **in B.**, listed [unlisted] stock; **B. debole**, weak market; **B. telematica**, computerized trading.
borsaiòlo, *m.* (*f.* **-a**) pickpocket; purse-snatcher.
borsanéra, *f.* black market.
borsanerìsta, *m. e f.* black marketeer.
borseggiàre, *v. t.* to pick (sb.'s) pocket: **L'hanno borseggiato dell'orologio**, he had his watch taken by a pickpocket.
borseggiatóre, *m.* (*f.* **-trice**) pickpocket.
borséggio, *m.* pickpocketing.
borsellìno, *m.* purse.
borsèllo, *m.* (man's) bag; shoulder bag.
borsétta, *f.* (lady's) handbag; bag; purse (*USA*): **b. a tracolla**, shoulder bag; **b. da sera**, evening bag.
borsetterìa, *f.* **1** handbag sector; handbags (*pl.*) **2** (*negozio*) handbag shop.
borsettifìcio, *m.* handbag manufacturer.
borsétto, *V.* **borsello**.
borsìno, *m.* (*Borsa*) coulisse (*franc.*).
borsìsta (**1**), *m. e f.* (*chi usufruisce d'una borsa di studio*) scholarship holder.
borsìsta (**2**), *m. e f.* (*chi specula in Borsa*) stock exchange speculator.
borsìstico, *a.* Stock Exchange (*attr.*).
borsìte, *f.* (*med.*) bursitis*.
borsóne, *m.* duffel bag; travelling bag.
bort, *m. invar.* bort.
boscàglia, *f.* **1** (*macchia di arbusti*) scrub; brush; undergrowth **2** (*regione a b.*) scrubland; bush **3** (*bosco*) wood.
boscaiòlo, *m.* **1** woodman*; woodcutter; lumberjack (*USA*) **2** (*guardaboschi*) forester.
boscheréccio, *a.* wood (*attr.*); woodland (*attr.*); sylvan (*lett.*).
boschétto, *m.* small wood; thicket; grove; copse.
boschìvo, *a.* wooded; woody: **terreno b.**, woodland.
boscimàno, *m.* (*anche ling.*) Bushman*.
bòsco, *m.* wood: **b. di alto fusto**, wood of tall trees; **b. ceduo**, coppice; **coperto di boschi**, wooded. ● (*fig.*) **portare legna al b.**, to carry coals to Newcastle.
boscosità, *f.* tree density.
boscóso, *a.* woody; wooded.
Bòsforo, *m.* (*geogr.*) (the) Bosporus.
bosnìaco, *a. e m.* (*f.* **-a**) Bosnian (*f.* Bosnian woman*).

boșóne, *m.* (*fis. nucl.*) boson.
boss (*ingl.*), *m. invar.* boss; baron; big name: **un b. della mafia**, a Mafia boss; **b. della droga**, drug baron; big-time drug dealer; **i b. della finanza**, the big names in finance.
bòsso, *m.* ***1*** (*bot., Buxus sempervirens*) box* ***2*** (*legno*) box-wood.
bòssolo, *m.* ***1*** (cartridge) case: **b. di granata**, shell case ***2*** (*urna per votazioni*) ballot box ***3*** (*bussolotto*) dice box.
bostoniàno, *a.* e *m.* (*f.* **-a**) Bostonian.
bot, Bot *m. invar.* (*econ.*) BOT; Treasury bill.
botànica, *f.* botany.
botànico, A *a.* botanic(al): **orto b.**, botanic garden. **B** *m.* (*f.* **-a**) botanist.
bòtola, *f.* trap door.
bòtolo, *m.* cur; mongrel; mutt (*USA*).
bótro, *m.* ditch.
bòtta, *f.* ***1*** (*percossa*) blow; clout (*fam.*); wallop (*fam.*): **dare una b.**, to deal a blow; **fare a botte**, to have a punch-up; to come to blows; **un sacco di botte**, a sound thrashing; (*a un bambino*) a good spanking; **prendere a botte q.**, to beat up sb.; **dare botte da orbi a q.**, to thrash sb.; to bash sb. up; to beat the living daylights out of sb. (*fam.*) ***2*** (*colpo, urto*) bump; knock; crash; bang; bash: **b. in testa**, thump (*o* knock) on the head; **dare una b. in testa a q.**, to knock sb. on the head; to thump sb. on the head; **Ho preso una b. alla spalla**, I banged my shoulder against st. (*fam. GB*) ***3*** (*fig.*: *shock*) blow; shock: **Fu una b. tremenda per il suo orgoglio**, it was a tremendous blow to his pride ***4*** (*livido*) bruise ***5*** (*ammaccatura*) dent ***6*** (*scherma*) thrust: **parare una b.**, to parry a thrust ***7*** (*tonfo*) thud; bump; crash ***8*** (*sparo*) shot; bang. ● **b. e risposta**, cut and thrust; repartee; **fare a b. e risposta**, to have a sparring match □ (*fig.*) **a b. calda**, on the spot; on the spur of the moment; on the rebound; (*rif. a commento, risposta, ecc.*) off the cuff □ **dare una bella b. a un lavoro**, to break the back of a job.
bottàccio, *m.* millpond.
bottàio, *m.* cooper.
bottalàre, *v. t.* (*tecn.*) to drum.
bottàle, *m.* (*tecn.*) drum.
bottàme, *m.* casks (*pl.*); barrels (*pl.*).
bottàrga, *f.* (*cucina*) botargo.
bótte, *f.* barrel; cask; butt: **b. da vino**, wine cask (*o* barrel); **b. a doppio fondo**, double-bottomed barrel; **fondo di b.**, bottom of a cask; **pancia di b.**, belly of a cask; **mettere in b.**, to barrel; to cask; **spillare la b.**, to broach a cask. ● (*fig.*) **dare un colpo al cerchio e uno alla b.**, to run with the hare and hunt with the hounds □ (*fig.*) **essere in una b. di ferro**, to be home and dry; to be as safe as houses (*o* as the Bank of England) □ **La b. dà il vino che ha**, you can't make a silk's purse out of a sow's ear □ **volere la b. piena e la moglie ubriaca**, to want to have one's cake and eat it □ (*archit.*) **volta a b.**, barrel vault.
bottéga, *f.* ***1*** shop; store (*USA*); business: **b. del macellaio**, butcher's (shop); **b. ben fornita**, well-stocked shop; **b. ben avviata**, promising business; **aprire la b.**, to open the shop; **aprire** (*o* **metter su**) **b.**, to set up shop; (*anche fig.*) **chiudere b.**, to close up shop; **tenere b.**, to keep shop; **garzone di b.**, shop boy ***2*** (*laboratorio*) workshop; studio: **b. di falegname**, carpenter's workshop; **la b. di Giotto**, Giotto's studio. ● (*fig. scherz.*) **avere la b. aperta**, to have one's fly open □ **essere uscio e b.**, to live next door to one's place of work □ **mettere q. a b. presso q.**, to apprentice sb. to sb.
bottegàio, *m.* (*f.* **-a**) shopkeeper; storekeeper (*USA*).
botteghìno, *m.* ***1*** (*biglietteria*) ticket office; (*di teatro*) box office ***2*** (*del lotto*) lottery office.
bottìglia, *f.* bottle: **una b. di vino**, a bottle of wine; **sturare una b.**, to uncork a bottle; **mettere il vino in b.**, to bottle the wine. ● (*fis.*) **b. di Leida**, Leyden jar □ **b. Molotov**, Molotov cocktail □ **attaccarsi alla b.**, to hit the bottle □ **discutere q.c. davanti a una b.**, to discuss st. over a bottle □ **verde b.**, bottle green □ **vino di b.**, select wine.
bottigliàta, *f.* blow with a bottle.
bottiglierìa, *f.* ***1*** wine shop ***2*** (*cantina*) wine cellar.
bottiglióne, *m.* two-litre bottle.
bottìno (1), *m.* ***1*** (*mil.*) booty; loot; plunder; spoils (*pl.*): **b. di guerra**, war booty; **fare b.**, to sack; to pillage; to plunder; **partecipare alla divisione del b.**, to share in the division of the booty ***2*** (*refurtiva*) loot; pickings (*pl.*); haul (*fam.*): **dividersi il b.**, to split the loot; **In casa mia farebbero un magro b.**, in my house they would get a poor haul ***3*** (*di caccia*) bag; (*di pesca*) haul.
bottìno (2), *m.* (*pozzo nero*) cesspool; cesspit; (*come concime*) night soil.
bòtto, *m.* ***1*** (*colpo*) blow; knock; bash (*fam.*) ***2*** (*sparo*) shot; bang; crack ***3*** (*region.*: *mortaretto*) cracker; firework. ● **di b.**, suddenly; (*subito*) at once □ **fermarsi di b.**, to stop short; to stop in one's tracks □ **in un b.**, in a flash □ **tutto in un b.**, all of a sudden.
bottonàio, *m.* ***1*** (*chi fabbrica bottoni*) button maker ***2*** (*chi vende bottoni*) button seller.
bottóne, *m.* ***1*** button: **allacciare un b.**, to fasten a button; **attaccare un b.**, to sew a button on; **Mi è saltato un b.**, a button has come off; **b. automatico**, press stud; snap fastener; **b. del colletto**, collar stud; **bottoni gemelli**, cufflinks ***2*** (*tecn.*: *pulsante*) button; (*perno*) knob ***3*** (*mecc.*) pin ***4*** (*di fioretto*) button ***5*** (*bot.*) bud: **b. di rosa**, rosebud. ● (*bot.*) **b. d'oro** (*Trollius europaeus*), buttercup □ (*fig.*) **attaccare un b. a q.**, to bore sb. with a long story □ (*fig.*) **la stanza dei bottoni**, the control room; the nerve centre.
bottonièra, *f.* ***1*** row of buttons ***2*** (*occhiello*) buttonhole ***3*** (*quadro con pulsanti*) bell-button grille; push-button board.
bottonifìcio, *m.* button factory.
botulìnico, *a.* (*med., vet.*) botulinic.
botulìno, *a.* (*med., vet.*) – **bacillo b.**, botulinus*.
botulișmo, *m.* (*med.*) botulism.
bouclé (*franc.*), *a.* e *m. invar.* bouclé.
boule (*franc.*), *f. invar.* hot-water bottle.
bouquet (*franc.*), *m. invar.* ***1*** (*di fiori*) bouquet; bunch of flowers ***2*** (*di vino*) bouquet.
boutade (*franc.*), *f. invar.* witticism; (witty) remark; sally; quip.
boutique (*franc.*), *f. invar.* boutique.
bovarișmo, *m.* bovarism, bovarysm.
bovarìsta, *a.* bovaristic.
bovàro, *m.* cowherd; cowhand; cattleman*; cowpuncher (*fam. USA*).
bòve, *V.* **bue**.
bovìle, *m.* cowshed.
bovìndo, *m.* (*archit.*) bow window.
bovìno, A *a.* ***1*** bovine: **carne bovina**, beef ***2*** (*fig.*: *torpido*) bovine. ● **occhi bovini**, bulging eyes. **B** *m.* bovine; (*al pl.*) cattle (*sing. collett.*).
bòvolo, *m.* spyral.
box (*ingl.*), *m. invar.* ***1*** (*per cavalli*) box ***2*** (*per auto*) garage ***3*** (*automobilismo*) pit ***4*** (*per bambini*) playpen ***5*** (*compartimento*) cubicle; stall: **box per doccia**, shower stall.
boxàre, *v. i.* (*sport*) to box.
boxe (*franc.*), *f.* (*sport*) boxing.
bòxer (*ingl.*), *m. invar.* ***1*** (*cane*) boxer ***2*** (*pl.*) (*calzoncini*) boxer shorts.
boxeur (*franc.*), *m. invar.* (*sport*) boxer.
boy (*ingl.*), *m. invar.* ***1*** (*ballerino*) dancer ***2*** (*inserviente d'albergo*) bellboy ***3*** (*tennis*: *raccattapalle*) ball boy ***4*** (*mozzo di stalla*) stable boy.
bózza (1), *f.* ***1*** (*archit.*) boss; rusticated ashlar ***2*** (*protuberanza*) swelling; (*bernoccolo*) bump, lump ***3*** (*naut.*) stopper; stopper knot.
bòzza (2), *f.* ***1*** draft; (*brutta copia*) rough draft, rough copy: **b. di contratto**, draft contract; **stendere la b. di un documento**, to draft a document ***2*** (*tipogr.*) proof: **b. in colonna**, galley proof; galley; **b. impaginata**, page proof; **b. finale**, press proof; **prima b.**, foul proof; **seconda b.**, revise; **terza b.**, second revise; **correggere bozze**, to proofread; **correttore di bozze**, proofreader; **tirare una b.**, to pull a proof.
bozzàto, *m.* (*archit.*) ashlar(-work).
bozzèllo, *m.* (*naut.*) block: **b. doppio**, double block; **b. girevole** (*o* **a mulinello**), swivel block.
bozzettìsta, *m.* e *f.* ***1*** sketch writer ***2*** (*pubblicità*) poster designer.
bozzettìstica, *f.* short story writing; sketch writing.
bozzettìstico, *a.* ***1*** sketch (*attr.*) ***2*** (*fig.*: *vivace*) vivid; immediate; realistic; graphic ***3*** (*schematico*) sketchy.
bozzétto, *m.* ***1*** (*modellino*) (scale) model; (*di quadro, ecc.*) (preliminary) sketch, study ***2*** (*breve narrazione*) sketch.
bòzzima, *f.* ***1*** (*ind. tess.*) size ***2*** (*pastone per polli*) branmash.
bòzzo, *V.* **bozza (1)**, *def. 1* e *2*.
bozzolàia, *f.* cocoon room.
bòzzolo, *m.* ***1*** (*di larva*) cocoon: **fare il b.**, to spin the cocoon; to cocoon ***2*** (*grumo di farina*) lump ***3*** (*nodo*) knot. ● (*fig.*) **chiudersi nel proprio b.**, to retire into one's shell □ (*fig.*) **uscire dal b.**, to come out of one's shell.
bozzolóso, *a.* lumpy; knotty.
bràca, *f.* ***1*** (*gamba di calzoni*) trouser leg ***2*** (*pl.*) (*calzoni*) trousers; pants (*fam.*); (*stor.*: *al ginocchio*) breeches, (*a sbuffo*) trunk hose (*sing.*) ***3*** (*pl.*) (*mutande*) drawers ***4*** (*imbrigliatura per carichi*) sling; harness. ● (*fig. pop.*) **calare le brache**, to submit abjectly; to give in; to chicken out (*fam.*) □ (*fig.*) **restare in brache di tela**, to be left without a penny; to be broke; to have been cleaned out.
bracalóne, *m.* (*f.* **-a**) untidy person; slovenly person; slob.
braccàre, *v. t.* ***1*** (*caccia*) to hunt; to track; to trail ***2*** (*fig.*) to hunt; to hound; to pursue.
braccétto, *m.* – **a b.**, arm in arm: **andare a b. con q.**, to go arm in arm with sb.; **prendere q. a b.**, to slip one's arm under sb.'s arm. ● (*fig.*) **andare a b.**, to go together; (*andare d'accordo*) to get on well with sb.
bracchétto, *m.* (*cane*) beagle.
bracchière, *m.* (*caccia*) whipper-in.
bracciàle, *m.* ***1*** (*fascia*) armband; armlet ***2*** (*braccialetto*) bracelet; armlet; bangle ***3*** (*di protezione*) armguard ***4*** (*per nuotare*) water wing ***5*** (*nel tiro con l'arco*) bracer ***6*** (*parte dell'armatura*) brassard ***7*** (*bracciolo di poltrona*) arm.
braccialétto, *m.* ***1*** bracelet; armlet; (*rigido*) bangle ***2*** (*di orologio*) wristband.
bracciantàto, *m.* farm labour.
bracciànte, *m.* farm labourer; farm hand.
bracciantìle, *a.* farm-labour (*attr.*).
bracciàre, *v. t.* (*naut.*) to brace: **b. a collo**, to brace aback; **b. di punta**, to brace up; **b. in croce**, to brace in (*o* to).
bracciàta, *f.* ***1*** armful: **una b. di legna**, an armful of wood; **a bracciate**, in armfuls ***2*** (*nuoto*) stroke.
bràccio, *m.* (*pl.* **bràccia**, *f., nelle def. 1, 2, 3, 4*; **bràcci**, *m., nelle altre*) ***1*** arm: **avere le braccia corte**, to have short arms; **stendere il b.**, to stretch out one's arm; **allargare le braccia**, to spread out one's arms; to open one's arms; (*in segno di rinuncia*) to let one's arms fall; **avere un b. al collo**, to have one's arm in a sling; **dare il b. a q.**, to give one's arm to sb.; **passeggiare dando il b.** (*o* **sotto b.**) **a q.**, to walk arm in arm with sb.; **gettare le braccia al collo a q.**, to throw one's arms

around sb.'s neck; to hug sb.; **gettarsi fra le braccia di q.**, to throw oneself into sb.'s arms; **portare [prendere] in b. un bambino**, to carry [to take up] a baby in one's arms; **prendere q. per un b.**, to seize sb. by the arm; **portare q.c. sotto il b.**, to carry st. under one's arm; **portare un ombrello appeso al b.**, to carry an umbrella on one's arm; **stringere q. fra le braccia**, to clasp sb. in one's arms; **a braccia aperte**, with one's arms open wide; (*fig.*) with open arms: **ricevere q. a braccia aperte**, to welcome sb. with open arms; **con le braccia conserte**, with folded arms; **Ho le braccia rotte dalla fatica**, my arms are aching from too much work ***2*** (*pl.*) (*fig.*: *manodopera*) hands; labourers; labour (*sing.*) ***3*** (*antica misura di lunghezza, pari a circa 60 cm*) braccio ***4*** (*naut.*: *misura di profondità, pari a m 1,83*) fathom: **Il porto ha una profondità di quattro braccia**, the harbour is four fathoms deep ***5*** (*cosa a forma di braccio*) arm: **il b. di un'ancora**, the arm (*o* fluke) of an anchor; **i bracci della croce**, the arms of a cross ***6*** (*mecc.*) arm; (*di bilancia o stadera*) beam, bar; (*di grammofono*) pick-up, tone arm; (*di gru*) jib: **il b. di una leva**, a lever arm; **b. portante**, supporting arm; **b. di manovella**, crank arm ***7*** (*archit.*: *ala*) wing: **un b. del palazzo**, a wing of the palace ***8*** (*geogr.*) branch: **il b. di un fiume**, the branch of a river; **b. di mare**, arm of sea; inlet; **b. di terra**, isthmus ***9*** (*naut.*: *manovra*) brace; (*di sestante*) bar; (*di remo*) web. ● (*fis.*) **b. della forza**, arm of force □ **il b. della legge**, the long arm of the Law □ (*di prigione*) **b. della morte**, death row □ (*fig.*) **il b. destro di q.**, sb.'s right hand (*o* right-hand man) □ **b. di ferro**, arm wrestling: **fare a b. di ferro**, to have a game of arm wrestling □ (*stor.*) **il b. secolare**, the secular arm □ **a b.**, improvised; impromptu; off the cuff: **fare un discorso a b.**, to improvise a speech; to speak off the cuff □ **a forza di braccia**, by sheer force; by dint of pulling □ **alzare le braccia**, to lift one's arms; to throw up one's arms; (*fig.*) to surrender □ **avere buone braccia**, to be strong; to be a hard worker □ (*fig.*) **avere le braccia legate**, to have one's hands tied □ (*fig.*) **avere le braccia lunghe**, to have a lot of influence; to have pull □ (*fig.*) **avere q. sulle braccia**, to have sb. on one's hands; to have to support sb. □ (*fig.*) **Mi sentii cascare le braccia**, my heart sank; I could have wept □ **col lavoro delle proprie braccia**, by one's own exertions □ **darsi in b. al nemico**, to surrender to the enemy □ **incrociare le braccia**, to fold one's arms; (*fig.*) to refuse to work, (*scioperare*) to go on strike, to down tools □ **nelle braccia di** (*o* **in b. a**) **Morfeo**, fast asleep □ **portare** (*o* **trasportare**) **q. a braccia**, to carry sb. □ **prendere q. sotto b.**, to slip one's arm under sb.'s arm; to link arms with sb. □ (*fig.*) **Se gli dai un dito, ti prende un b.**, give him an inch, and he will take a yard □ **sedere in b. a q.**, to sit in (*o* on) sb.'s lap □ **tendere le braccia**, to stretch out one's arms; (*fig.*: *chiedere aiuto*) to ask for (sb.'s) help; (*fig.*: *aiutare*) to help, to give a (helping) hand.

bracciòlo, *m.* ***1*** (*di poltrona*) arm; arm rest ***2*** (*corrimano*) handrail; banister ***3*** (*naut.*) knee; bracket.

bràcco, *m.* ***1*** (*cane*) hound ***2*** (*fig.*) sleuth; bloodhound.

bracconàggio, *m.* poaching.

bracconière, *m.* poacher.

bràce, *f.* embers (*pl.*); coals (*pl.*); cinders (*pl.*). ● **b. delle sigarette**, cigarette ash □ (*fig.*) **farsi di b.** to turn scarlet □ (*fig.*) **cadere dalla padella nella b.**, to fall (*o* to jump) out of the frying pan into the fire □ **cuocere alla b.** to barbecue □ **rosso come la b.**, as red as fire; scarlet □ **sguardo di b.**, burning eyes □ (*fig.*) **soffiare sulle braci**, to fan the flames □ (*fig.*) **stare sulle braci**, to be like a cat on hot bricks.

brachétta, *f.* ***1*** trouser flap ***2*** (*pl.*) (*mutandine*) pants; panties ***3*** (*pl.*) (*calzoncini*) shorts.

brachiàle, *a.* (*anat.*) brachial.

brachialgìa, *f.* (*med.*) brachialgia.

brachicardìa, *V.* **bradicardia**.

brachicefalìa, *f.* brachycephaly.

brachicèfalo, **A** *a.* brachycephalic; brachycephalous. **B** *m.* (*f.* **-a**) brachycephal.

brachilogìa, *f.* brachylogy.

brachilògico, *a.* brachylogous.

brachiòpode, *m.* (*zool.*) brachiopod.

Brachiòpodi, *m. pl.* (*zool.*) Brachiopoda.

brachioradiàle, *m.* (*anat.*) brachioradialis*.

brachistòcrona, *f.* (*mat.*) brachistochrone.

bracière, *m.* brazier; warming pan.

braciòla, *f.* chop: **b. di maiale**, pork chop.

bracòtto, *m.* (*naut.*) pendant.

bradicardìa, *f.* (*med.*) bradycardia.

bradicàrdico, *a.* (*med.*) bradycardiac.

bradichinìna, *f.* (*chim.*) bradykinin.

bradilalìa, *f.* (*psic.*) bradylalia.

bràdipo, *m.* (*zool.*, *Bradypus*) sloth. ● **b. tridattilo**, ai.

bradisìşmico, *a.* (*geol.*) bradyseismical.

bradisìşmo, *m.* (*geol.*) bradyseism.

bràdo, *a.* wild: **cavallo b.**, wild horse; **vita brada**, wild living; **vivere allo stato b.**, to live in the wild state (*o* in a natural state).

bràga, *f.* ***1*** (*idraul.*) Y-branch ***2*** (*naut.*) sling.

braghétta, *V.* **brachetta**.

bràgo, *m.* (*lett.*) mire.

bragòzzo, *m.* bragozzo (two-masted trawler from the Adriatic).

brahmanéşimo, *m.* Brahmanism.

brahmànico, *a.* Brahmanic.

brahmanìşmo, *V.* **brahmanesimo**.

brahmàno, *m.* Brahman.

Braille (*franc.*), *m.* (*tipogr.*) Braille.

bràma, *f.* longing; yearning; craving; desire: **b. di denaro**, craving for wealth; **b. di conoscere**, thirst for knowledge.

bramàno, e *deriv. V.* **brahmano**, *e deriv.*

bramàre, *v. t.* (*lett.*) to long for; to crave for; to yearn for (*o* after); to desire; to lust after; to covet.

bramìno, *V.* **brahmano**.

bramìre, *v. i.* ***1*** (*di cervo*) to bell ***2*** (*di orso*) to growl ***3*** (*fig.*) to bellow.

bramìto, *m.* ***1*** (*di cervo*) bell ***2*** (*di orso*) growl ***3*** (*fig.*) bellow.

bramosìa, *f.* (*lett.*) longing; yearning; craving; eagerness; covetousness; (*avidità*) greed.

bramóso, *a.* (*lett.*) longing (for); eager (for); desirous (of); covetous (of); (*avido*) greedy: **b. di avventure**, longing for adventure; **b. di fama**, eager for fame.

brànca, *f.* ***1*** claw; (*di rapace*) talon, claw ***2*** (*fig.*) clutch; grip ***3*** (*di arnesi*) jaw: **le branche delle tenaglie**, the jaws of the pincers ***4*** (*ramo, anche fig.*) branch: **una b. dello scibile**, a branch of knowledge ***5*** (*naut.*) claw; bridle ***6*** (*rampa di scala*) flight (of stairs).

brancarèlla, *f.* (*naut.*) cringle.

brancàta, *f.* handful.

brànchia, *f.* (*specialm. al pl.*) gill; branchia*.

branchiàle, *a.* branchial: **fessure branchiali**, branchial (*o* gill) clefts.

branchiàto, *a.* (*zool.*) branchiate.

brancicàre, **A** *v. i.* to grope; to fumble about; to feel* one's way: **b. nel buio**, to grope in the dark. **B** *v. t.* to fumble; to paw (*fam.*).

brànco, *m.* ***1*** (*di pecore, uccelli*) flock; (*di lupi*) pack; (*di oche*) gaggle; (*di pesci*) shoal, school; (*mandria*) herd ***2*** (*di persone*) herd; flock; troop; bunch; pack; gang: **un b. di stupidi**, a pack of fools; **un b. di mascalzoni**, a gang of scoundrels. ● **a branchi**, in crowds; in droves □ (*fig.*) **essere nel b.**, to follow the herd □ (*fig.*) **mettersi in b.**, to gang up.

brancolaménto, *m.* groping.

brancolàre, *v. i.* to grope about; to fumble about: **b. alla ricerca di q.c.**, to grope for st.; **Avanzava brancolando lungo il corridoio**, he was groping his way down the corridor; **b. nel buio**, to grope (*o* to fumble) in the dark; **b. nell'incertezza**, to flounder; **La polizia brancola ancora nel buio**, the police are still groping for clues.

brànda, *f.* ***1*** camp bed; folding bed; cot ***2*** (*naut.*) hammock; cot.

brandeburghése, **A** *a.* of Brandenburg; Brandenburg (*attr.*): **i concerti brandeburghesi di Bach**, Bach's Brandenburg concertos. **B** *m.* e *f* inhabitant of Brandenburg.

Brandebùrgo, *m.* Brandenburg.

brandeggiàre, *v. t.* (*naut.*) to traverse.

brandéggio, *m.* (*naut.*) traverse.

brandèllo, *m.* ***1*** shred; bit; fragment; (*solo di stoffa*) rag, tatter (*generalm. al pl.*): **brandelli di carne**, shreds of meat; **un b. di stoffa**, a fragment of material; **a brandelli**, in shreds; (*di abito, ecc.*) in tatters, tattered, in rags, ragged; **fare a brandelli**, to tear to shreds ***2*** (*fig.*) bit; shred; scrap; atom; grain: **un b. di ritegno**, a shred of restraint; **Sentiva brandelli di frasi**, he could hear snatches of sentences.

brandìre, *v. t.* to brandish; to wield.

bràndo, *m.* (*poet.*) sword.

brandy (*ingl.*), *m. invar.* brandy.

bràno, *m.* ***1*** (*brandello*) shred; bit; piece; fragment: **cadere a brani**, to fall to bits; **fare a brani**, to tear to pieces ***2*** (*di libro*) passage, piece, excerpt; (*di musica*) piece: **brani scelti**, chosen passages.

branzìno, *m.* (*zool.*, *Perca fluviatilis*) bass*.

braşàre, *v. t.* ***1*** (*cucina*) to braise ***2*** (*mecc.*) to braze.

braşàto, (*cucina*) **A** *a.* braised. **B** *m.* braised meat; pot roast.

braşatùra, *f.* (*mecc.*) brazing: **b. ad arco**, arc brazing; **b. a immersione**, dip brazing; **b. a gas**, gas brazing; **b. al cannello**, torch brazing.

Braşìle, *m.* (*geogr.*) Brazil.

braşìle, *m.* brazilwood.

braşiliàno, *a.* e *m.* (*f.* **-a**) Brazilian (*f.* Brazilian woman*).

brattàre, *v. i.* (*naut.*) to scull.

bràttea, *f.* (*bot.*) bract.

bratteàto, *a.* (*bot.*) bracteate.

brattèola, *f.* (*bot.*) bracteole.

bràtto, *m.* (*naut.*) sculling: **remo da b.**, scull; sweep.

bravàccio, *m.* ***1*** (*prepotente*) bully; tough; thug ***2*** (*spaccone*) braggart; swashbuckler.

bravaménte, *avv.* ***1*** (*risolutamente*) resolutely ***2*** (*bene*) cleverly; skilfully.

bravàta, *f.* ***1*** act of bravado; stunt; caper ***2*** (*millanteria*) brag; boast.

bràvo, **A** *a.* ***1*** (*capace, abile*) good; clever; capable; fine; smart (*USA*): **un b. insegnante**, a good teacher; **un b. operaio**, a good (*o* clever) worker; **un b. pittore**, a fine (*o* clever) painter; **un b. scolaro**, a clever (*o* diligent) pupil; **essere b. in q.c.**, to be good at st.: **È b. in latino**, he's good at Latin; **essere b. a trovare scuse**, to be clever at making excuses ***2*** (*buono*) good; (*onesto*) honest, decent: **un brav'uomo**, a good (*o* an honest) man; a decent fellow; **Fate i bravi bambini**, be good, children; **Venite qui, brava donna**, come here, my good woman ***3*** (*lett.*: *coraggioso*) brave ***4*** (*pleonastico, idiom.*) – : **Ogni giorno faceva la sua brava passeggiata**, every day he would take his regular walk; **Accese la sua brava pipa e cominciò**, he lit up his faithful pipe and began; **Ci vorrà il suo b. tempo**, it will take a lot of time. ● **B.!**, (*a teatro*) bravo!; (*per congratularsi*) well done!, bravo! □ (*iron.*) **B. furbo!**, very clever!; well done! □ **alla brava**, boldly; with a dash; (*alla meglio*) roughly, crudely; (*alla svelta*) quickly □ **notte brava**, wild night □ **Aiutami, da b.**, give me a hand, there's a good boy □ **Su, mangia, da b.!**, come on, eat up, like a good boy! □ **Su, su, da b., non piangere!**, hush there, don't cry! **B** *m.* ***1*** (*stor.*) bravo* ***2***

(*spreg.*: *guardia armata*) hired thug; bruiser (*pop.*); heavy (*pop.*). • **fare il b.** (*ostentare coraggio*), to swagger; (*a parole*) to brag.
bravùra, *f.* ***1*** (*abilità*) cleverness, skill, deftness, ability; (*maestria*) mastery, prowess: **fare q.c. con b.**, to do st. skilfully; **Non ci vuole molta b. per farlo**, you don't need to be particularly clever to do it; **sfoggiare la propria b.**, to show off one's prowess; (*iron.*) **Bella b.!**, how clever of you! ***2*** (*mus.*) bravura.
break dance, *locuz. f. invar.* (*mus.*) break dancing.
bréccia (1), *f.* breach: **aprire una b.**, to make a breach. • (*fig.*) **far b. nell'animo di q.**, to find one's way into sb.'s heart □ (*fig.*) **morire sulla b.**, to die in harness □ (*fig.*) **stare sulla b.**, to stand in the breach.
bréccia (2), *f.* ***1*** (*pietrisco*) crushed stone, road metal; (*ghiaia*) gravel ***2*** (*geol.*) breccia.
brecciàme, *m.* crushed stone; road metal.
breccióso, *a.* gravelly; metalled.
brefotròfio, *m.* foundling hospital.
brègma, *m.* (*anat.*) bregma*.
Breitschwanz (*ted.*), *m. invar.* (*moda*) breitschwanz; broadtail.
brénna, *f.* nag; hack.
brènta, *f.* wine keg.
bréntolo, *m.* (*bot.*, *Calluna vulgaris*) heather; ling.
bresàola, *f.* (*cucina*) bresaola (dried salt beef).
bresciàno, A *a.* of Brescia; from Brescia; Brescia (*attr.*). **B** *m.* (*f.* **-a**) native of Brescia; inhabitant of Brescia.
Bretàgna, *f.* (*geogr.*) Brittany.
bretèlla, *f.* ***1*** (*generalm pl.*) (*per calzoni*) braces; suspenders (*USA*) ***2*** (*spallina*) shoulder strap ***3*** (*autom.*) link road ***4*** (*aeron.*) taxiway.
brètone, brèttone, *a.*, *m.* e *f.* Breton. • (*letter.*) **il ciclo b.**, the Breton cycle.
brève, A *a.* ***1*** short; brief: **un b. viaggio**, a short (*o* brief) journey; **una b. lettera**, a short letter; **a b. distanza**, at a short distance; **un b. soggiorno**, a brief (*o* short) stay; **La vita è b.**, life is short; **un b. cenno di saluto**, a quick nod; **Sarò b.**, I shall be brief ***2*** (*fon.*) short: **sillaba [vocale] b.**, short syllable [vowel]. • (*econ.*) **a b.** (**termine**), short-term (*attr.*); in the short run □ **in b.**, in short; in a few words; briefly; in a nutshell □ **per farla** (*o* **per dirla**) **b.**, to make a long story short □ **tra b.**, soon; shortly; in a short while. **B** *m.* (*lettera pontificia*) breve; (papal) brief. **C** *f.* ***1*** (*mus.*) breve; double whole-note (*USA*) ***2*** (*prosodia*) short syllable.
brevettàbile, *a.* patentable.
brevettàre, *v. t.* ***1*** (*ottenere un brevetto*) to patent: **b. un'invenzione**, to patent an invention ***2*** (*concedere un brevetto*) to licence.
brevettàto, *a.* ***1*** patented; patent (*attr.*); proprietary: **un congegno b.**, a patented device; **chiusura brevettata**, patent lock ***2*** (*fig. scherz.*) infallible: **un sistema b.**, an infallible method.
brevétto, *m.* ***1*** (*anche leg.*) patent: **un b. d'invenzione**, an invention patent; **concedere un b.**, to grant (*o* to issue) a patent; **diritto di b.**, patent right; **Ufficio Brevetti**, Patent Office; **b. in corso di registrazione**, patent pending; **titolare di un b.**, patentee ***2*** (*attestato di idoneità*) licence; ticket: **b. di pilota**, (*aeron.*) pilot's licence; (*naut.*) pilot's ticket ***3*** (*mil.*) commission.
brevettuàle, *a.* patent (*attr.*): **diritto b.**, patent law.
breviàrio, *m.* ***1*** (*eccles.*) breviary ***2*** (*fig.*) bible ***3*** (*sommario*) summary; compendium.
brevilìneo, *a.* short-limbed.
breviloquènte, *a.* (*lett.*) concise; laconic.
breviloquènza, *f.* (*lett.*) conciseness; laconicism.
brevi manu (*lat.*), *locuz. avv.* personally.
brevità, *f.* shortness; brevity; (*concisione*) concision, succinctness: **per b.**, for the sake of brevity.
brézza, *f.* breeze: **una lieve b.**, a gentle breeze; **b. di mare**, sea breeze; **b. di terra**, land breeze; **b. leggera**, light breeze; **b. tesa**, stiff breeze.
briàco, *V.* **ubriaco**.
bricco, *m.* jug; pot; (*bollitore*) kettle: **b. del latte**, milk jug; **b. del caffè**, coffeepot.
bricconàggine, *V.* **bricconeria**.
bricconàta, *f.* rascal's trick; dirty trick; villainy.
briccóne, A *m.* rascal; rogue; villain; blackguard (*lett.*). **B** *a.* roguish; rascally.
bricconerìa, *f.* roguery; rascality; villainy.
bricconésco, *a.* roguish; rascally; villainish.
brìciola, *f.* (*anche fig.*) crumb; bit: **ridurre in briciole**, to reduce to crumbs; **briciole di torta**, cake crumbs; **una b. di conforto**, a crumb of comfort. • **andare in briciole** (*rompersi*), to be smashed to bits (*o* to smithereens) □ (*fig.*) **ridurre q. in briciole** (*sconfiggere*), to make mincemeat of sb.; to take sb. apart.
brìciolo, *m.* bit; grain; shred; atom: **Non hai un b. di cervello**, you haven't got a grain of commonsense; **un b. di pietà**, a trace of pity; **Basta un b. di fantasia**, you only need a little imagination; **Non avete un b. di prova**, you haven't got a shred of evidence.
bricolage (*franc.*), *m. invar.* do-it-yourself (*abbr.* DIY): **un negozio di b.**, a do-it--yourself shop; **fare del b.**, to do things oneself.
bricòlla, *f.* ***1*** (*sacco*) smuggler's bag ***2*** (*merce*) smuggled goods (*pl.*).
bridge (*ingl.*), *m.* (*gioco*) bridge.
bridgista, *m.* e *f.* bridge player.
bridgìstico, *a.* bridge (*attr.*).
brìga, *f.* ***1*** (*seccatura*) trouble; care; bother; hassle (*fam.*): **darsi** (*o* **prendersi**) **la b. di fare q.c.**, to take the trouble to do st.; to bother to do st. ***2*** (*lite*) quarrel: **attaccare b. con q.**, to pick a quarrel with sb.
brigadière, *m.* (*mil.*) ***1*** (*dei Carabinieri*) brigadiere (rank equivalent to that of staff sergeant in the army) ***2*** – **b. generale**, (*in G.B.*) brigadier; (*in U.S.A.*) brigadier general.
brigantàggio, *m.* brigandage; banditry.
brigànte, *m.* ***1*** brigand; bandit* ***2*** (*scherz.*) rogue; rascal.
brigantésco, *a.* brigandish.
brigantìno, *m.* (*naut.*) brig: **b. a palo**, bark; **b.-goletta**, brigantine.
brigàre, *v. t.* ***1*** (*intrigare*) to intrigue; to plot; to scheme; to pull strings; to wheel and deal: **b. per ottenere la promozione**, to intrigue for promotion ***2*** (*affaccendarsi*) to strive*; to sweat.
brigàta, *f.* ***1*** (*mil.* e *estens.*) brigade: **b. di cavalleria**, cavalry brigade; **b. partigiana**, partisan brigade; **le Brigate Rosse**, the Red Brigades ***2*** (*comitiva*) company; group; party; set (*fam.*); brigade (*fam.*); gang (*fam.*): **un'allegra b.**, a merry party; **una b. di ragazzotti**, a gang of youths. • (*prov.*) **Poca b., vita beata**, two is company, three's a crowd.
brigatìsmo, *m.* organized terrorism.
brigatìsta, *m.* e *f.* terrorist.
Brìgida, *f.* Bridget.
brigidìno, *m.* (*cucina*) aniseed biscuit.
brìglia, *f.* ***1*** bridle; (*redini*) reins (*pl.*): **allentare la b.**, to slacken the bridle; **dare la b. a un cavallo**, to give a horse the reins; **tirare la b.**, to draw rein; to rein in ***2*** (*fig.*: *freno*) rein: **allentare le briglie**, to slacken the reins; **lasciare la b. sul collo a q.**, to give sb. (a) free rein ***3*** (*naut.*) bobstay ***4*** (*mecc.*) bridle; (*di tornio*) dog ***5*** (*idraul.*) dike ***6*** (*pl.*) (*dande*) leading reins; leading strings (*USA*). • **a b. sciolta**, at full gallop; at full speed; hell for leather □ (*fig.*) **voltare la b.** (*tornare indietro*), to turn back.
brillaménto, *m.* ***1*** glitter; shine ***2*** (*di mina*) blasting; firing. • (*astron.*) **b. solare**, (solar) flare.
brillantànte, *m.* rinse aid.
brillantàre, *v. t.* ***1*** (*sfaccettare*) to cut*; to facet ***2*** (*mecc.*) to buff; to polish ***3*** (*falegn.*) to polish; to furbish ***4*** (*cucina*) to ice; to frost (*USA*).
brillantatùra, *f.* ***1*** cutting ***2*** (*tecn.*) buffing; polishing ***3*** (*cucina*) icing; frosting (*USA*).
brillànte, A *a.* ***1*** bright; (*di luce molto intensa, anche fig.*) brilliant; (*splendente*) shining; (*sfavillante*) sparkling, glittering: **colori brillanti**, bright (*o* vivid) colours; **occhi brillanti**, sparkling (*o* bright, shining) eyes; **un'idea b.**, a brilliant (*o* bright) idea ***2*** (*fig.*: *di successo*) brilliant, successful; (*raffinato*) sophisticated; (*vivace*) lively, sparkling, colourful; (*spiritoso*) witty: **b. oratore**, brilliant speaker; **discorso b.**, brilliant speech; **una b. carriera**, a successful career; **un b. futuro**, a bright future; **conversazione b.**, sparkling conversation; **vita b.**, active social life; **fare una b. riuscita**, to be very successful; **poco b.**, lacklustre: **un risultato poco b.**, a lacklustre performance. • **acqua b.**, tonic water □ (*teatr.*) **attore b.**, comic actor □ (*teatr.*) **commedia b.**, comedy. **B** *m.* ***1*** diamond: **b. solitario**, solitaire diamond ***2*** (*anello con b.*) diamond ring.
brillanteménte, *avv.* brilliantly; (*con successo*) successfully, with flying colours.
brillantézza, *f.* brilliance; lustre; brightness.
brillantìna, *f.* brilliantine; grease; hair oil.
brillànza, *f.* (*fis.*) brilliancy.
brillàre (1), A *v. i.* ***1*** to shine*; (*scintillare*) to sparkle, to glitter; (*di stelle e sim.*) to twinkle, to scintillate; (*di luce viva*) to blaze; (*di luce debole*) to gleam, to glint; (*mandare un lampo*) to flash: **I diamanti brillano**, diamonds sparkle; **Al primo piano brillava una luce**, a light was shining on the first floor; **occhi che brillano di gioia**, eyes shining (*o* sparkling) with joy; **Il suo sguardo brillava di collera**, his eyes were ablaze (*o* flashed) with anger; **Una luce brillò e si spense**, a light flashed and was gone; **Le piace far b. la casa**, she likes to have the house spic and span ***2*** (*fig.*: *farsi notare*) to shine*; to be conspicuous; to stand* out: **Non brilla nella conversazione**, he does not shine in conversation; (*scherz.*) **b. per la propria assenza**, to be conspicuous for one's absence ***3*** (*di mina*) to burst*; to explode. **B** *v. t.* (*far esplodere*) to blast; to fire: **b. una mina**, to blast a mine.
brillàre (2), *v. t.* (*il riso, l'orzo e sim.*) to polish; to husk; to hull.
brillatóio, *m.* ***1*** (*macchina*) polisher ***2*** (*stabilimento*) rice mill.
brillatùra, *f.* polishing; husking; hulling.
brillìo, *m.* sparkle; sparkling; glitter; glittering; glisten; glistening.
brillo (1), *a.* slightly drunk; merry (*fam.*); tipsy (*fam.*); tiddly (*fam.*).
brillo (2), *m.* (*bot.*, *Salix purpurea*) purple willow; red osier.
brìna, *f.* (white) frost; hoarfrost.
brinàre, A *v. i. impers.* – **È brinato stanotte**, there was a frost last night. **B** *v. t.* ***1*** (*coprire di brina*) to frost over; to cover with frost ***2*** (*un bicchiere*) to frost; (*con lo zucchero*) to sugar.
brinàta, *f.* (fall of) frost (*o* hoarfrost): **La b. ha imbiancato il prato**, the hoarfrost has whitened the lawn.
brinàto, *a.* ***1*** covered with frost; frosted over. ***2*** (*di bicchiere*) frosted.
brindàre, *v. i.* to toast (sb., st.); to drink* a toast (to sb., st.): **b. alla salute di q.**, to drink sb.'s health; to toast sb.; to raise one's glass to sb.; **Brindo al tuo successo**, here's to your success; **Brindate con noi!**, join in the toast!
brindèllo, *V.* **brandello**.
brindellóne, *m.* (*f.* **-a**) slovenly person; slob.
brìndisi, *m.* toast: **fare un b. a q.**, to drink a

toast to sb.; **fare un b. alla salute di q.**, to drink sb.'s health.

brinell, *m. invar.* (*metall.*) Brinell number. ● **durezza b.**, Brinell hardness.

brinóso, *a.* frosty; frost-covered.

brìo, *m.* ***1*** liveliness; sprightliness; vitality; gaiety; brio; go (*fam.*) ***2*** (*mus.*) brio.

brioche (*franc.*), *f. invar.* (*cucina*) bun; brioche.

briofita, *f.* (*bot.*) bryophyte.

Briòfite, *f. pl.* (*bot., Bryophyta*) Bryophyta.

briologìa, *f.* (*bot.*) bryology.

briònia, *f.* (*bot., Bryonia dioica*) bryony.

briosità, *f.* gaiety; cheerfulness; liveliness.

brióso, *a.* lively; spirited; sprightly; full of life; full of beans (*fam.*).

briscola, *f.* ***1*** (*gioco*) briscola (a card game) ***2*** (*carta importante nel gioco di b.*) trump: **La b. è picche**, spades are trumps ***3*** (*fig.*) blow; knock. ● (*fig.*) **essere l'asso di b.**, to be the most important person □ (*fig.*) **contare come il due di b.**, to count for nothing.

bristol (*ingl.*), *m.* Bristol board.

Britànnia, *f.* (*geogr., stor.*) Britain.

britànnico, A *a.* British; Britannic: **l'Impero B.**, the British Empire; **cittadino b.**, British citizen; **Sua Maestà Britannica**, Her [His] Britannic Majesty. **B** *m.* (*f.* **-a**) British citizen; Briton: **i Britannici**, The British.

britànno, A *a.* Britannic. **B** *m.* Briton.

brìvido, *m.* ***1*** (*tremore*) shiver; shudder: **un b. di paura**, a shudder of fear; **avere brividi di febbre**, to shiver with fever; **Un b. le scorse per tutto il corpo**, she shuddered all over; **Mi fa venire i brividi**, it gives me the shudders; it gives me the creeps (*fam.*); **Mi vengono i brividi a pensarci**, I shudder at the thought ***2*** (*di emozione, piacere*) thrill: **il b. della velocità**, the thrill of high speed; **classico del b.**, classic thriller.

brizzolàto, *a.* grizzled; greying: **capelli brizzolati**, grizzled hair; **un uomo b.**, a man with grizzled hair.

brizzolatùra, *f.* grizzling.

bròcca (**1**), *f.* ***1*** jug; pitcher; ewer ***2*** (*il contenuto*) jugful.

bròcca (**2**), *f.* ***1*** (*germoglio*) bud ***2*** (*borchia*) stud.

broccatèllo, *m.* ***1*** (*tessuto*) brocatel(le) ***2*** (*marmo*) brocatello.

broccàto, *m.* brocade.

brocchière, *m.* buckler.

bròccia, *f.* (*mecc.*) broach: **b. di spinta**, push broach; **b. di trazione**, pull broach.

brocciàre, *v. t.* (*mecc.*) to broach.

brocciatrìce, *f.* (*mecc.*) broaching machine.

brocciatùra, *f.* (*mecc.*) broaching.

bròcco, *m.* ***1*** (*stecco*) stick ***2*** (*centro del bersaglio*) bull's-eye ***3*** (*ronzino*) nag; jade ***4*** (*fig.*) failure; hopeless person; washout (*fam.*); dead loss (*fam.*); nonstarter (*fam.*).

bròccolo, *m.* ***1*** (*bot., Brassica oleracea*) broccoli ***2*** (*fig.*) blockhead; dolt.

broche (*franc.*), *f. invar.* brooch.

bròda, *f.* ***1*** (*spreg.*) dishwater; slop; slops (*pl.*) ***2*** (*per maiali*) slop; slops (*pl.*); swill ***3*** (*fig.*: *discorso prolisso*) long rigmarole; waffle; wish-wash.

brodàglia, *V.* **broda,** *def. 1* e *3.*

brodétto, *m.* (*cucina*) ***1*** broth with egg and lemon juice in it ***2*** brodetto (fish soup).

bròdo, *m.* stock; broth; (*minestra*) soup: **b. di pollo** [**di manzo, di pesce**], chicken [beef, fish] stock; **b. di verdura**, vegetable stock; vegetable soup; **b. lungo**, thin broth; **b. ristretto**, concentrated consommé (*franc.*); beef tea; **dado per b.**, stock (*o* bouillon) cube; **fettuccine in b.**, noodle soup. ● (*biol.*) **b. di coltura**, culture medium; broth □ **b. primordiale**, primordial soup □ **andare in b. di giuggiole**, to go into raptures (*o* into ecstasies) □ (*fig.*) **lasciare cuocere q. nel suo b.**, to let sb. stew in his own juice □ (*fig.*) **Tutto fa b.**, it's all grist to one's mill; every little helps.

brodolóne, *V.* **sbrodolone.**

brodóso, *a.* watery; thin: **minestra brodosa**, thin soup.

brogliàccio, *m.* ***1*** (*comm.*) daybook; blotter (*USA*) ***2*** (*scartafaccio*) scribbling pad; notepad.

brogliàre, *v. i.* ***1*** (*intrigare*) to intrigue; to scheme ***2*** (*fare brogli*) to commit a fraud; to act fraudulently.

bròglio, *m.* intrigue; fraud: **b. elettorale**, electoral fraud; **fare brogli elettorali**, to stuff the ballot box.

broker (*ingl.*), *m. invar.* (*Borsa, fin.*) broker.

brokeràggio, *m.* (*Borsa, fin.*) brokerage.

brolétto, *m.* (*stor.*) ***1*** (*piazza*) assembly square ***2*** (*palazzo municipale*) municipal hall.

bromàto, *m.* (*chim.*) bromate.

bromatologìa, *f.* (*chim.*) chemistry of food.

bròmico, *a.* (*chim.*) bromic.

bromìdrico, *a.* (*chim.*) hydrobromic.

bromidròṣi, *f.* (*med.*) brom(h)idrosis.

bromìṣmo, *m.* (*med.*) bromism.

bròmo, *m.* (*chim.*) bromine.

bromofòrmio, *m.* (*chim.*) bromoform.

bromògrafo, *m.* (*fotogr.*) contact printer.

bromòlio, *m.* (*fotogr.*) bromoil process.

bromurazióne, *f.* (*chim.*) bromination.

bromùro, *m.* (*chim.*) bromide: **b. d'argento**, silver bromide; (*fotogr.*) **carta al b.**, bromide paper.

bronchiàle, *a.* (*anat.*) bronchial.

bronchiettaṣìa, *f.* (*med.*) bronchiectasis.

bronchìolo, *m.* (*anat.*) bronchiole.

bronchìte, *f.* (*med.*) bronchitis*.

bronchìtico, *a.* e *m.* (*f.* **-a**) (*med.*) bronchitic.

bróncio, *m.* (*l'espressione*) sulking expression, pout; (*lo stato d'animo*) sulk: **fare** (*o* **avere**) **il b.**, to sulk; to pout; to be in a sulk; **tenere il b. a q.**, to be cross with sb.; to sulk.

brónco (**1**), *m.* (*specialm. al pl.*) (*anat.*) broncus*.

brónco (**2**), *m.* (*ramo nodoso*) knotty branch.

broncodilatatóre, *m.* (*farm.*) bronchodilator.

broncografìa, *f.* (*med.*) bronchography.

broncopolmonàre, *a.* (*med.*) bronchopulmonary.

broncopolmonìte, *f.* (*med.*) bronchopneumonia; bronchial pneumonia.

broncoscopìa, *f.* bronchoscopy.

broncoscòpio, *m.* bronchoscope.

broncotomìa, *f.* (*chir.*) bronchotomy.

brontolaménto, *V.* **brontolio.**

brontolàre, A *v. i.* ***1*** (*lagnarsi*) to grumble; to moan; to gripe (*fam.*); to grouse (*fam.*); to bitch (*fam. USA*) ***2*** (*borbottare*) to mumble; to mutter ***3*** (*del tuono, dell'intestino*) to rumble. **B** *v. t.* to mumble; to mutter.

brontolìo, *m.* ***1*** grumbling; muttering; mumbling ***2*** (*del tuono, dell'intestino*) rumble; rumbling.

brontolóne, *m.* (*f.* **-a**) grumbler; moaner; grouch; whiner; sorehead (*USA*).

brontosàuro, *m.* (*paleont.*) brontosaur(us).

brontotèrio, *m.* (*paleont.*) brontotherium.

bronẓàre, *v. t.* to bronze.

bronẓatùra, *f.* bronzing.

brónẓeo, *a.* bronze (*attr.*); made of bronze; bronzy.

bronẓétto, *m.* (*arte*) small bronze.

bronẓìna, *f.* (*mecc.*) brass.

bronẓìno, *a.* bronze (*attr.*). ● (*med.*) **morbo b.**, Addison's disease.

bronẓìsta, *m.* worker in bronze.

bronẓìstica, *f.* bronze sculpture; bronzes (*pl.*).

brónẓo, *m.* ***1*** bronze: **medaglia di b.**, bronze medal; **l'età del b.**, the Bronze Age; **b. per campane**, bell metal ***2*** (*oggetto d'arte*) bronze. ● (*fig.*) **avere una faccia di b.**, to be brazen-faced; to have a cheek.

brossùra, *f.* paper binding: **libro in b.**, paperback.

browniàno, *a.* (*fis.*) Brownian: **moto b.**, Brownian movement.

brucàre, *v. t.* ***1*** to browse on; to graze; to nibble at ***2*** (*un ramo*) to strip (of leaves); (*olive*) to pick.

brucatùra, *f.* browsing; nibbling; grazing.

brucèlla, *f.* (*biol.*) brucella*.

brucellòṣi, *f.* (*med., vet.*) brucellosis.

bruciacchiàre, *v. t.* to scorch; to sear; to singe.

bruciacchiatùra, *f.* ***1*** scorching; singeing ***2*** (*il segno*) singe mark; scorch.

bruciaménto, *m.* burning.

bruciànte, *a.* ***1*** (*che arde*) burning (*anche fig.*), flaming; (*bollente*) hot, scalding: **desiderio b.**, burning desire ***2*** (*fig.*: *che offende*) burning; stinging; smarting; galling: **parole brucianti**, stinging words; **una sconfitta b.**, a smarting defeat ***3*** (*fig.*: *fulmineo*) dashing; lightning (*attr.*).

bruciapélo, *m.* – **a b.**, (*da molto vicino*) point-blank, at close range; (*fig.*: *alla sprovvista*) suddenly, point-blank: **Gli sparò contro a b.**, he fired at him point-blank; **colpo a b.**, point-blank shot; **Mi fece una domanda a b.**, he fired me a point-blank question.

bruciaprofùmi, *m. invar.* incense burner.

bruciàre, A *v. t.* ***1*** to burn* (*anche fig.*); (*distruggere in un incendio*) to burn* down; (*incendiare*) to set* on fire, to set* fire to; (*bruciacchiare*) to singe, to scorch: **b. l'arrosto**, to burn the roast; **b. una lettera**, to burn a letter; **b. le foglie secche**, to burn (*o* to set fire to) the dead leaves; **Il sole brucia l'erba**, the sun burns up the grass; **Mi sono bruciato un dito**, I've burnt my finger; **Ho bruciato la manica col ferro**, I've singed the sleeve with the iron; **Il nemico bruciò tutte le case**, the enemy burnt down all the houses; **L'acquavite gli bruciò la gola**, the brandy burned his throat ***2*** (*consumare*) to burn up: **b. ossigeno**, to burn up oxygen ***3*** (*corrodere*) to burn* into; to burn* through; to eat* into; to corrode: **L'acido ha bruciato il panno**, the acid has burnt into the cloth ***4*** (*cauterizzare*) to cauterize ***5*** (*di gelo*) to blacken; to wither; to nip ***6*** (*fig.*: *superare*) to flash past: **b. gli avversari sul traguardo**, to flash past one's opponents on the finishing line. ● (*fig.*) **bruciarsi le ali**, to singe one's wings □ **bruciarsi la carriera**, to ruin one's career □ **bruciarsi le cervella**, to blow one's brains out □ **b. le distanze**, to burn up the miles □ (*fig.*) **b. il paglione**, to break a promise; to do a bunk (*pop.*) □ (*fig.*) **bruciarsi i ponti alle spalle**, to burn one's bridges behind one □ (*fig.*) **b. i semafori**, to shoot (*o* to run) the lights □ (*fig.*) **b. q. sul filo**, to pip sb. at the post □ **b. q.c. sul rogo**, to burn sb. at the stake □ (*fig.*) **b. le tappe**, to make lightning progress; to shoot ahead; to forge ahead: **Ha bruciato le tappe nella carriera**, he made lightning progress in his career; he shot to the top □ (*fig.*) **b. i tempi**, to do (st.) in record time □ (*fig.*) **b. la propria vita**, to burn oneself out. **B** *v. i.* ***1*** to burn*; (*fiammeggiare*) to blaze; (*andare a fuoco*) to be on fire, to be aflame: **Questa legna non brucia bene**, this wood doesn't burn well; **Il fuoco bruciava allegramente**, the fire was blazing cheerfully; **Sta bruciando il paese**, the village is on fire (*o* is burning); **Il teatro bruciò anni fa**, the theatre was burnt down years ago; **b. senza fiamma**, to smoulder ***2*** (*essere molto caldo, essere riarso*) to burn*; to be hot: **La fronte gli brucia dalla febbre**, his forehead is burning (*o* is hot) with fever; **Attento che brucia!**, careful, it's hot!; **b. dalla sete**, to have a burning thirst; to be parched; **Il sole brucia oggi**, the sun is scorching today ***3*** (*procurare bruciore*) to burn*; to smart; to sting*: **La ferita mi bruciava**, my wound burned; **Il fumo mi faceva b. gli occhi**, the smoke made my eyes smart; **Lo iodio mi bruciava sui tagli**, iodine stung on my cuts ***4*** (*fig.*: *rif. a emozioni*) to be burning with; to be aflame with: **b. di curiosità**, to be burning with curiosity; **b. dalla voglia [dall'impazienza] di fare q.c.**, to be burning (*o* to itch, to be dying) to do st.; to be desperate to do st.; **b. dal desiderio di fare q.c.**, to yearn to do st.; to long to do st. ***5*** (*fig.*: *tormentare*) to rankle; to smart (*costr. pers.*): **Il ricordo della sconfitta brucia ancora**, the memory of that defeat still rankles; **Gli bruciava l'ingiustizia**, he was smarting under the injustice. ● **sentirsi b. la terra sotto i piedi**, to have itchy feet □ **Si brucia dal caldo**, it is burning hot. **C bruciàrsi**, *v. rifl.* e *i. pron.* ***1*** (*ustionarsi*) to burn* oneself ***2*** (*fig.*: *rovinarsi*) to spoil one's chances; (*esaurirsi*) to burn* out: **Di questo passo si brucerà presto**, at this rate he'll soon burn out ***3*** (*venir bruciato*) to burn; to be burnt: **Si è bruciato il pranzo**, the dinner has burnt ***4*** (*di lampadina*) to burn* out; (*di valvola, ecc.*) to blow*, to burn* out.

bruciàta, *f.* (*caldarrosta*) roast chestnut.

bruciaticcio, *m.* ***1*** burnt residue ***2*** (*odore*) smell of burning ***3*** (*sapore*) burnt taste.

bruciàto, **A** *a.* ***1*** burned, burnt; burnt-out: **Non mangiare la parte bruciata**, don't eat the burnt part; **i resti bruciati di una casa**, the burnt-down remains of a house; **un viso b. dal sole**, a sunburnt face ***2*** (*dal gelo*) frost-bitten; blackened; withered ***3*** (*fig.*: *esaurito*) burnt-out; (*finito*) finished, ruined: **Come uomo politico è b.**, he is finished as a politician; **gioventù bruciata**, wasted youth; (*in U.S.A., negli anni cinquanta*) beat generation ***4*** (*colore*) reddish brown. **B** *m.* (*sapore*) burnt taste; (*odore*) smell of burning: **sapere di b.**, to taste burnt. ● (*fig. fam.*) **La cosa puzza di b.**, there's something fishy here.

bruciatóre, *m.* ***1*** burner: **b. a ugello**, nozzle burner; **b. di gas**, gas burner; **b. per nafta**, oil burner ***2*** (*di rifiuti*) incinerator ***3*** (*cannello*) torch.

bruciatùra, *f.* ***1*** (*il bruciare*) burning ***2*** (*ustione*) burn ***3*** (*su stoffa, ecc.*) burn; scorch ***4*** (*cauterizzazione*) cauterization.

brucina, *f.* (*chim.*) brucine.

bruciòre, *m.* ***1*** burning; burning sensation; soreness; smarting: (*med.*) **b. di stomaco**, heartburn ***2*** (*fig.*) smart; bitterness: **il b. di una sconfitta**, the bitterness of a defeat; **il b. di un insulto**, the smart of an insult.

brùco, *m.* caterpillar; grub; worm; maggot.

brùffolo, **brùfolo**, *m.* pimple; spot.

brufolóso, *a.* spotty; pimply.

brughièra, *f.* moor; moorland; heath.

brùgo, *m.* (*bot.*, *Calluna vulgaris*) heather; ling.

brùgola, *f.* Allen screw.

brûlé (*franc.*), *a. invar.* – **vino b.**, mulled wine.

brulicàme, *m.* swarm.

brulicàre, *v. i.* ***1*** to swarm with; to teem with; to bristle with; (*di insetti*) to crawl with, to be alive with: **La foresta brulicava di vita**, the forest was swarming (*o* teeming) with life; **una stanza brulicante di scarafaggi**, a room crawling with cockroaches ***2*** (*di persone*) to swarm with: **La piazza brulicava di gente**, the square was swarming with people ***3*** (*fig.*: *pullulare*) to teem with: **La testa mi brulicava di progetti**, my head was teeming with plans.

brulichìo, *m.* swarming; swarm.

brùllo, *a.* bare; bleak; naked: **un monte b.**, a bare mountain.

brulòtto, *m.* (*naut.*) fire ship.

brum, *m. invar.* brougham.

brùma (1), *f.* mist; haze; fog.

brùma (2), *f.* (*zool.*, *Teredo navalis*) shipworm.

Brumàio, *m.* (*stor. franc.*) Brumaire (*franc.*).

brumìsta, *m.* (*region.*) cabby.

brumóso, *a.* (*lett.*) misty; hazy.

brùna, *f.* brunette.

brunàstro, *a.* brownish; darkish.

brunèlla, *f.* (*bot.*, *Brunella vulgaris*) selfheal.

bruniménto, *m.* burnishing; polishing.

brunire, *v. t.* to burnish; to polish.

brunito, *a.* burnished; polished.

brunitóio, *m.* burnisher.

brunitóre, *m.* (*f.* **-trice**) burnisher.

brunitrice, *f.* (*mecc.*) burnishing machine.

brunitùra, *f.* burnishing; polishing.

brùno, **A** *a.* brown; dark; (*di carnagione*) dark, swarthy; (*scuro di capelli*) dark-haired: **occhi bruni**, brown eyes; **carnagione bruna**, dark (*o* swarthy) complexion; **un ragazzo alto e b.**, a tall, dark-haired boy. **B** *m.* ***1*** (*colore*) brown ***2*** (*uomo*) dark-haired man* ***3*** (*lutto*) mourning.

brùsca, *f.* scrubbing-brush; (*per cavalli*) horse-brush.

bruscaménte, *avv.* ***1*** (*seccamente, con malgarbo*) brusquely; abruptly; bluntly; curtly; roughly ***2*** (*improvvisamente*) suddenly; all at once; all of a sudden.

bruschètta, *f.* (*cucina*) garlic bread.

bruschétto, *m.* horse-brush.

bruschézza, *f.* ***1*** brusqueness; abruptness; curtness ***2*** (*asprezza*) sourness; sharpness.

bruschinàre, *v. t.* to brush.

bruschino, *m.* scrubbing-brush.

brùsco, **A** *a.* ***1*** (*ruvido, sgarbato*) brusque, curt, rough; (*secco*) abrupt, blunt, sharp ***2*** (*aspro*) sharp; sourish; tart: **vino b.**, sharp wine ***3*** (*improvviso*) abrupt; sudden; sharp: **brusca frenata**, sudden braking; **curva brusca**, sharp bend; **b. risveglio**, sudden (*o* rude) awakening. ● **con le brusche**, roughly. **B** *m.* sourish taste. ● **tra il lusco e il b.**, at dusk; at twilight.

brùscolo, *m.* mote; speck; grain of dust.

brusìo, *m.* (*di insetti*) buzz, buzzing, hum; (*di voci*) buzzing, babble; (*mormorio*) whispering, murmuring.

brustolino, *m.* salted and roasted pumpkin seed.

brutàle, *a.* brutal; savage; inhuman; ruthless: **sincerità b.**, brutal sincerity; **un b. assassinio**, a savage murder.

brutalità, *f.* ***1*** brutality; savagery; ruthlessness ***2*** (*atto brutale*) brutal act.

brutalizzàre, *v. t.* ***1*** to brutalize; to maltreat; to abuse ***2*** (*violentare*) to rape.

Brùto, *m.* (*stor.*) Brutus.

brùto, **A** *a.* ***1*** brute; brutal; brutish: **forza bruta**, brute force; **istinti bruti**, brutal instincts ***2*** (*grezzo*) brute; raw: **materia bruta**, brute matter; raw material; **fatti bruti**, hard facts. ● (*chim.*) **formula bruta**, empirical formula. **B** *m.* ***1*** (*uomo violento*) animal; brute; beast ***2*** (*maniaco*) maniac; psychopath.

brùtta, *f.* (*b. copia*) rough copy: **stendere q.c. in b.**, to make a rough copy of st.

bruttàre, *v. t.* (*lett.*) to dirty; to soil; to sully.

bruttézza, *f.* ***1*** ugliness; unsightliness; plainness; homeliness (*USA*) ***2*** (*cosa brutta*) ugly sight; eyesore.

brùtto, **A** *a.* ***1*** (*di aspetto sgradevole*) ugly, unsightly; (*non attraente*) unattractive, plain, homely (*USA*): **un b. palazzo**, an ugly (*o* an unsightly) building; **Ha delle brutte gambe**, she has ugly legs; **una brutta cicatrice**, an ugly-looking scar; **È fatta bene, ma di viso è bruttina**, she has a good figure, but her face is rather plain; **È b. ma simpatico**, he is not handsome, but he's very charming; **b. come il demonio [come il peccato]**, as ugly as the devil [as sin] ***2*** (*malfatto, cattivo*) bad, awful (*fam.*), horrible (*fam.*); (*sgradevole*) unpleasant, disagreeable, nasty, horrible; (*scadente*) bad, poor: **un b. film**, a bad film; **un b. romanzo**, a bad novel; **una brutta abitudine**, a bad habit; (*sgradevole*) a nasty habit; **una brutta faccenda**, an ugly story; a bad business (*fam.*); **un b. incidente**, an ugly (*o* nasty) accident; **brutte notizie**, bad news; **un b. raffreddore**, a bad (*o* nasty) cold; **un b. segno** (*presagio*), a bad omen; **una brutta voce**, an unpleasant (*o* a disagreeable) voice; **un b. posto**, a horrible place; **un b. voto**, a bad (*o* low) mark; **b. tempo**, bad (*o* foul, filthy) weather; **un b. tipo**, a nasty (*o* mean-looking) individual; **La situazione è molto brutta**, things are looking very grim ***3*** (*abietto*) base; mean: **È stata una brutta azione**, it was a mean action; it was a base thing to do. ● **B. cattivo!**, you naughty boy! □ **brutta copia**, rough copy □ **brutta figura**, poor (*o* sorry) figure: **fare brutta figura**, to cut a poor (*o* sorry) figure □ **brutte parole** (*imprecazioni*), swearwords; four-letter words □ **B. stupido!**, you silly idiot! □ **alla brutta**, at (the) worst; if the worst comes to the worst □ **con le brutte**, by recourse to threats (*o* to force); roughly □ **farsi b.** (*del tempo*), to change for the worse □ **mare b.**, rough sea □ **sentirne delle brutte**, to hear bad news □ **vederne delle brutte**, to go through some bad moments; to see some nasty things □ **Me la sono vista brutta**, I thought I was done for; I had a narrow escape; I saw death in the face □ **venire alle brutte**, to come to blows. **B** *m.* (*astratto*) (the) ugly; ugliness. ● **Il b. è che...**, the worst of it is that... □ **Il tempo si mette** (*o* **volge**) **al b.**, the weather is changing for the worse. **C** *avv.* askance: **guardare b.**, to look askance. ● **di b.**, abruptly.

bruttùra, *f.* ***1*** (*cosa brutta*) ugly (*o* awful) thing; eyesore ***2*** (*sudiciume*) filth ***3*** (*cosa abietta*) shameful thing; (*cosa meschina*) mean thing.

Bruxelles, *f.* (*geogr.*) Brussels.

bùa, *f.* (*infant.*) pain; ache: **avere la bua al pancino**, to have a tummyache; **farsi la bua**, to hurt oneself.

buàggine, *f.* dullness; stupidity.

bùbbola, *f.* ***1*** (*fandonia*) fib; story ***2*** (*inezia*) (mere) trifle.

bubbolièra, *f.* (horse's) collar with bells.

bùbbolo, *m.* harness bell.

bubbóne, *m.* (*med.*) bubo*; (*com.*) lump, swelling.

bubbònico, *a.* (*med.*) bubonic: **peste bubbonica**, bubonic plague.

bùca, *f.* ***1*** hole; (*fossa*) pit; (*di strada*) pothole; (*avvallamento*) hollow, depression: **colmare una b.**, to fill in a hole; **scavare una b.**, to dig a hole; **una strada piena di buche**, a road full of potholes ***2*** (*di biliardo*) pocket: **far b.**, to pocket the ball ***3*** (*di golf*) hole: **far b.**, to hole out ***4*** (*tana*) den; hole. ● **b. delle lettere**, letter box; post box; mailbox (*USA*) □ **b. dell'orchestra**, orchestra pit □ (*teatr.*) **b. del suggeritore**, prompter's box.

bucanéve, *m.* (*bot.*, *Galanthus nivalis*) snowdrop.

bucanière, *m.* buccaneer; pirate.

bucàre, **A** *v. t.* ***1*** (*fare un buco*) to hole; to make* a hole in; (*punzonare*) to punch a hole in; (*forare*) to pierce: **b. una parete**, to make a hole in a wall; **b. un biglietto**, to punch (a hole in) a ticket ***2*** (*pungere*) to prick; (*ferire*) to pierce: **bucarsi un dito**, to prick a finger ***3*** (*pneumatico*) to puncture. ● (*giorn.*) **b. una notizia**, to miss out on a story □ (*tennis*) **b. la palla**, to miss the ball. **B** *v. i.* (*di automobilista, ciclista*) to get* a puncture; to puncture. **C bucàrsi**, *v. i. pron.* e *rifl.* ***1*** to get* a hole in it; (*di stoffa, ecc.*) to wear* through ***2*** (*di pneumatico*) to puncture ***3*** (*pungersi*) to prick oneself ***4*** (*gergo della droga*) to do* (heroin, etc.); to be on the needle; to shoot* up.

Bùcarest, *f.* (*geogr.*) Bucharest.

bucàto (1), *a.* holed; with a hole in it; (*forato*) pierced; (*punzonato*) punched: **Il secchio è b.**, the bucket has got a hole in it; **orecchie bucate**, pierced ears; **un golf b. sui gomiti**, a sweater worn through at the elbows. ● **avere le mani bucate**, to be a spendthrift.

bucàto (2), *m.* wash; washing; laundry: **fare il b.**, to do the washing; **mettere le lenzuola in b.**, to put the sheets in the wash; **stendere**

il b., to hang out the washing; **stirare il b.**, to do the ironing; **cesta del b.**, laundry basket; (**fresco**) **di b.**, freshly laundered; clean.

bucatùra, *f.* **1** (*il bucare*) holing; piercing; punching: (*di pneumatico*) puncturing **2** (*buco*) hole; (*di pneumatico*) puncture.

bùccia, *f.* **1** peel; skin; rind; (*corteccia*) bark: **b. di mela** [**di limone, di patata**], apple [lemon, potato] peel; **b. di banana**, banana skin; **b. di cocomero**, watermelon rind **2** (*pellicola*) skin: **la b. del salame**, the skin of salami **3** (*fam.*: *pelle umana*) skin; hide (*fam.*): **avere la b. dura**, to be thick-skinned. ● (*fig. fam.*) **lasciarci la b.**, to cop it (*pop.*); to cash in one's chips (*pop. USA*); to buy the farm (*pop. USA*) □ (*fig.*) **rivedere** (*o* **fare**) **le bucce a q.**, to pick holes (*o* nits) in sb.'s work; (*criticare*) to badmouth sb. □ (*fig.*) **scivolare su una b. di banana**, to slip on a banana skin.

bùccina, *f.* **1** (*conchiglia*) conch **2** (*mus., stor.*) bugle.

buccinatóre, *m.* (*anat.*) buccinator.

bùccola, *f.* **1** (*orecchino*) earring **2** (*ricciolo*) lock; ringlet; curl.

Bucèfalo, *m.* (*mitol.*) Bucephalus.

bucèfalo, *m.* (*scherz.*) nag; hack; jade.

bùcero, *m.* (*zool.*) hornbill.

bucherellàre, *v. t.* to perforate; to fill with holes; to riddle with holes.

bucherellàto, *a.* perforated; full of holes; riddled with holes: **una scatola bucherellata**, a perforated box; **La parete era tutta bucherellata**, the wall was riddled with holes.

bucintòro, *m.* (*stor.*) bucentaur.

bùco, *m.* **1** hole: **Ho un b. nella tasca**, I've got a hole in my pocket; **fare un b. in un muro**, to bore a hole through a wall; **tappare un b.**, to stop a hole; **buchi delle orecchie**, ear holes; **b. della chiave**, keyhole **2** (*fig. fam.*: *posto poco attraente*) hole; dump: **Dormiva in un b. di stanza**, he slept in a sort of cubbyhole; **Vivono in un b.**, they live in a dump **3** (*vuoto, lacuna*) gap: **C'è un b. di tre ore nel suo alibi**, there is a three-hour gap in his alibi; **Posso trovarti un b. tra le due e le tre**, I can slot you in between two and three **4** (*ammanco*) cash deficit **5** (*gergo della droga*) shot; fix. ● (*astron., fis.*) **b. nero**, black hole □ (*fig.*) **aprire un b. per tapparne un altro**, to rob Peter to pay Paul □ **L'ho cercato in tutti i buchi**, I looked for it everywhere (*o* high and low) □ (*fig.*) **fare un b. nell'acqua**, to fail; to be unsuccessful; to draw a blank (*fam.*) □ **Il tetto nuovo ha fatto un b. nei nostri risparmi**, the new roof has made a dent in our savings □ (*fig.*) **non cavare un ragno dal b.**, to get nowhere □ (*fig.*) **tappare un b.**, to pay off a debt.

bucòlica, *f.* pastoral poem; bucolic: **le Bucoliche di Virgilio**, Virgil's Bucolics.

bucòlico, *a.* bucolic; pastoral; rural.

bucrànio, *m.* (*archit.*) bucrane; bucranium.

Bùdda, *m.* (*relig.*) Buddha.

buddismo, *m.* (*relig.*) Buddhism.

buddista, *m.* e *f.* (*relig.*) Buddhist.

buddìstico, *a.* (*relig.*) Buddhist.

budèllo, *m.* (*pl.* **budèlla**, *f., nella def. 1*) **1** (*pl.*) (*pop.*) bowels; guts; entrails: **sentirsi torcere le budella**, to feel one's guts twist; **riempirsi le budella**, to stuff one's guts **2** (*fig.*: *vicolo stretto*) alley; (*cunicolo*) narrow passage **3** (*tubo sottile*) narrow tube **4** (*filo di minugia*) catgut.

budget (*ingl.*), *m. invar.* (*fin., rag.*) budget: **b. pubblicitario**, advertising budget.

budgetàrio, *a.* (*fin., rag.*) budgetary.

budìno, *m.* (*cucina*) pudding.

bùe, *m.* (*pl.* **buoi**) **1** (*zool., Bos*) ox*: **bue da lavoro**, draught-ox; **aggiogare i buoi**, to yoke the oxen; **carne di bue**, beef **2** (*fig.*) blockhead; dolt. ● (*zool.*) **bue marino**, dugong □ (*zool.*) **bue muschiato** (*Ovibos moschatus*), musk ox □ (*fig.*) **chiudere la stalla quando i buoi sono scappati**, to lock the stable door after the horse has bolted □ (*fig.*) **mettere il carro innanzi ai buoi**, to put the cart before the horse □ (*fig.*) **occhi di bue**, protruding (*o* bulging) eyes □ (*archit.*) **occhio di bue**, bull's eye (window) □ **sangue di bue** (*colore*), dark red; oxblood colour.

bùfala, *f.* **1** (*zool.*) cow buffalo* **2** (*fig. fam.*: *errore marchiano*) blunder; (*cosa scadente*) bummer (*pop.*) **3** (*giorn.*) spoof story.

bùfalo, *m.* (*zool., Bubalus bubalis*) buffalo*.

bufèra, *f.* storm (*anche fig.*); tempest: **b. di neve**, snowstorm; blizzard; **b. di vento**, windstorm; gale.

bùffa, *f.* **1** (*cappuccio*) hood **2** (*di elmo*) visor.

buffàre, *v. t.* (*nel gioco della dama*) to huff.

buffàta, *f.* (*di vento*) gust; (*di fumo*) puff.

buffet (*franc.*), *m. invar.* **1** (*credenza*) cupboard; (*tavola di servizio*) sideboard **2** (*rinfresco*) buffet; refreshments (*pl.*) **3** (*caffè ristorante*) buffet; refreshment bar.

buffetteria (**1**), *f.* buffet service.

buffetteria (**2**), *f.* (*mil.*) accoutrements (*pl.*).

buffètto, *m.* (*schiocco di dita*) flick; (*colpo leggero*) pat: **Allontanò l'insetto con un b.**, he flicked away the insect; **dare un b. sulla gota a q.**, to pat sb. on the cheek.

bùffo (**1**), **A** *a.* **1** (*divertente*) funny; amusing; comical; droll **2** (*strano*) funny; odd **3** (*teatr.*) comic: **opera buffa**, comic opera. **B** *m.* **1** (*cosa buffa*) funny thing: **Il b. è che lui non se n'era accorto**, the funny thing was he hadn't noticed; **il b. di una situazione**, the comic side of a situation **2** (*mus., teatr.*) buffo*.

bùffo (**2**), *m.* **1** (*di vento*) gust; flurry **2** (*di fumo*) puff; whiff.

buffonàta, *f.* **1** (*cosa ridicola*) farce **2** (*comportamento ridicolo*) tomfoolery; antic; clownery; buffoonery.

buffóne, *m.* **1** (*stor.*: *giullare*) jester; fool **2** (*tipo ameno*) wag, joker; (*pagliaccio*) clown, buffoon, ass: **fare il b.**, to play the fool (*o* the clown); to horse around; to be an ass **3** (*spreg.*: *persona non seria*) fool; charlatan; fraud.

buffoneggiàre, *v. i.* to play the fool; to horse around; to be an ass.

buffonerìa, *f.* buffoonery; clowning; tomfoolery.

buffonésco, *a.* buffoonish; clownish.

buftalmìa, *f.* (*med.*) buphthalmos.

buftàlmo, *m.* (*bot., Buphtalmum salicifolium*) oxeye.

buganvillea, *f.* (*bot., Bougainvillea spectabilis*) bougainvillea.

buggeràre, *v. t.* (*pop.*) to swindle; to cheat; to con (*fam.*); to gyp (*pop.*).

buggeratùra, *f.* (*pop.*) swindle; con (*fam.*); gyp (*pop.*).

bugìa (**1**), *f.* lie; untruth; (*frottola*) fib: **dire bugie**, to tell lies; **Non dirmi bugie!**, don't lie to me; **un mucchio di bugie**, a pack of lies; **b. pietosa**, white lie. ● (*prov.*) **Le bugie hanno le gambe corte**, lies don't travel far.

bugìa (**2**), *f.* (*candeliere*) candlestick.

bugiardàggine, *f.* untruthfulness; deceitfulness.

bugiàrdo, **A** *a.* lying; false; untruthful; deceitful: **lingua bugiarda**, lying tongue; **dottrine bugiarde**, false doctrines. **B** *m.* (*f.* **-a**) liar: **un b. incorreggibile**, an inveterate liar; **dare del b. a q.**, to accuse sb. of lying.

bugigàttolo, *m.* **1** (*stanzino*) cubbyhole; closet (*USA*) **2** (*stanza angusta*) poky little room; hole.

bugliòlo, *m.* **1** (*naut.*) bucket **2** (*nelle carceri*) chamber pot.

bùgna, *f.* **1** (*archit.*) ashlar **2** (*naut.*) clue, clew.

bugnàre, *v. t.* (*archit.*) to ashlar.

bugnàto, *m.* (*archit.*) ashlar(-work): **b. rustico**, rusticated ashlar; **b. liscio**, smooth ashlar.

bùgno, *m.* beehive; skep.

bùio, **A** *a.* **1** dark: **una notte buia**, a dark night; **un vicolo b.**, a dark alley **2** (*fig.*: *accigliato*) frowning; grim; dark. **B** *m.* (*oscurità*) darkness, dark; (*imbrunire*) nightfall: (*anche fig.*) **essere al b.**, to be in the dark; (*anche fig.*) **tenere al b.**, to keep in the dark; **b. pesto**, pitch dark; **partire col b.**, to leave at nightfall; **Si fa b.**, it's getting dark. ● (*poker*) **apertura al b.**, blind (opening) □ (*poker*) **aprire al b.**, to open blind □ (*fig.*) **fare un salto nel b.**, to take a chance.

bulbàre, *a.* bulbar.

bulbicoltùra, *f.* bulb growing.

bulbìfero, *a.* bulbiferous.

bulbifórme, *a.* bulbiform; bulb-shaped.

bùlbo, *m.* **1** (*bot.* e *tecn.*) bulb **2** (*dell'occhio*) eyeball **3** (*di pelo*) root.

bulbocàstano, *m.* (*bot., Bunium bulbocastanum*) earthnut; pignut.

bulbóso, *a.* bulbous.

bùlgaro, **A** *a.* Bulgarian. **B** *m.* **1** (*f.* **-a**) Bulgarian (*f.* Bulgarian woman*) **2** (*cuoio*) Russian leather **3** (*ling.*) Bulgarian.

bulimìa, *f.* (*med.*) bulimia.

bulìmico, **A** *a.* (*med.*) bulimic. **B** *m.* (*f.* **-a**) bulimic person.

bulinàre, *v. t.* to engrave.

bulinatóre, *m.* engraver.

bulinatùra, *f.* engraving.

bulìno, *m.* burin; graver.

bulldog (*ingl.*), *m. invar.* (*cane*) bulldog.

bulldozer (*ingl.*), *m. invar.* bulldozer.

bullétta, *f.* **1** (*chiodo*) tack **2** (*per scarpe*) hobnail.

bullettàme, *m.* nails and tacks (*pl.*).

bullettàre, *v. t.* to tack; to nail.

bullionismo, *m.* (*econ.*) bullionism.

bullionista, *a.* e *m.* (*econ.*) bullionist.

bùllo, *m.* (*fam.*) swaggerer; tough; bullyboy (*fam.*).

bullonàre, *v. t.* (*mecc.*) to bolt.

bullonatùra, *f.* (*mecc.*) bolting.

bullóne, *m.* (*mecc.*) bolt; screw bolt: **b. a chiavetta**, cotter bolt; **b. passante**, through bolt; **b. con dado**, bolt and nut; **testa del b.**, bolthead.

bullonerìa, *f.* (*mecc.*) bolts and nuts (*pl.*).

bum, *inter.* **1** (*onomatopeico*) boom; bang **2** (*per esprimere incredulità*) come off it!

bùmerang, *V.* **boomerang**.

bungalow (*ingl.*), *m. invar.* one-storey villa with a veranda; bungalow.

bùnker (*ted.*), *m. invar.* (*mil.*) bunker. ● **aula b.**, highly protected courtroom.

bunkeràggio, *m.* (*naut.*) bunkering.

bunkeràre, *v. t.* (*naut.*) to bunker.

buonaféde, *f.* **1** good faith: **essere in b.**, to be in good faith **2** (*fiducia*) trust; innocence **3** (*leg.*) bona fides (*lat.*): **acquirente** [**possessore, terzo**] **di b.**, bona fide purchaser [holder, third party].

buonagràzia, *f.* kindness; courtesy.

buonalàna, *f.* rascal; scoundred; scapegrace.

buonamàno, *f.* tip.

buonànima, **A** *f.* (the) dear departed. **B** *a.* late-departed; late-lamented: **mio zio b.**, my late lamented uncle; my uncle, God rest his soul.

buonanòtte, *inter.* e *f.* goodnight: **dare** [**augurare**] **la b.**, to say [to wish] goodnight; **B. a tutti!**, goodnight everydody!; (*fam.*) **Io me lo tengo e b.!**, I'm going to keep it and that's that!

buonasèra, *inter.* e *f.* good evening; (*come commiato*) goodbye: **dare la b.**, to say good evening.

buoncostùme, **A** *m.* (public) morality; (public) decency. ● **squadra del b.**, *V. def. B.* **B** *f.* vice squad.

buondì, *V.* **buongiorno**.

buongiórno, *inter.* e *m.* good day; (*al mattino*) good morning; (*di primo pomeriggio*) good afternoon; (*come commiato*) goodbye: **dare il b.**, to say good day; to say hello; **B. a tutti!**, good morning everybody!

buongovèrno, *m.* good government.

buongràdo, *vc.* – **di b.**, willingly; with pleasure; gladly.

buongustàio, *m.* (*f.* **-a**) ***1*** (*chi ama la buona tavola*) gourmet ***2*** (*intenditore*) connoisseur.

buongùsto, *m.* good taste: **avere b.**, to have good taste; **di b.**, in good taste; tasteful (*agg.*): **tappezzeria di b.**, tasteful wallpaper; **mobili disposti con b.**, tastefully arranged furniture.

buòno (1), **A** *a.* ***1*** (*che ha bontà d'animo*) good; (*gentile*) kind, kindly; (*di buon carattere*) good-natured: **essere b. con q.**, to be good (*o* kind) to sb.; **un uomo b.**, a good man; **un buon uomo**, a good fellow; a good-natured man; a decent man; a good sort; **Venite, buon uomo!**, come here, my good man!; **un'anima buona**, a kind soul; **parole buone**, kind words; **opere buone**, good works; **buoni proponimenti**, good intentions; **Ha buon cuore**, he has a kind heart; he is kind-hearted; **Lei è troppo b.!**, you are too kind! ***2*** (*onesto*) good; decent; honest: **una ragazza di buona famiglia**, a girl of good family; **Sono buona gente**, they are decent people ***3*** (*tranquillo*) quiet; good: **starsene b.**, to be quiet; **Buoni, ragazzi!**, quiet, children!; **Se stai b. ti porto al cinema**, if you behave I'll take you to the cinema; **starsene b. e zitto**, to be as quiet as a mouse; (*fig. iron.*) to lie low ***4*** (*bravo, abile, capace*) good; fine; capable: **un buon autista**, a good driver; **un buon insegnante**, a good teacher; **una buona madre**, a good mother; **un buon cane da guardia**, a good watchdog; (*region.*) **Non è b. ad allacciarsi le scarpe**, he can't tie his shoelaces; (*region.*) **È solo b. a sgridare**, all he can do is scold ***5*** (*bello, di buona qualità*) good, fine; (*gradevole, piacevole*) good, nice, lovely, pleasant: **un buon cavallo**, a fine horse; **un buon dipinto**, a fine painting; **terreno b.**, good soil; **buone notizie**, good news; **cibo b.**, good (*o* fine) food; **vino b.**, good (*o* fine) wine; **Che b. questo ripieno!**, this stuffing is delicious!; **b. da mangiare**, fit to eat; **È buona da bere quest'acqua?**, is this water good to drink?; **buone maniere**, good manners; **tempo b.**, good (*o* fine, nice) weather; **C'è aria buona qui**, the air is good here; **un clima b.**, a mild (*o* healthy) climate ***6*** (*efficiente*) good, fit, effective; (*funzionante*) working: **Ho la vista ancora buona**, my eyesight is still good; **I freni sono buoni?**, are the brakes working well?; **una medicina buona per il mal di testa**, a medicine good for headaches ***7*** (*valido*) valid; (*genuino*) real, genuine: **trovare una buona scusa**, to find a good excuse; **Non è una buona ragione**, that's not a good reason; **Il biglietto è b. per tre giorni**, the ticket is good (*o* valid) for three days; **moneta buona**, good money; **oro b.**, real gold; **perle buone**, genuine pearls ***8*** (*vantaggioso, utile*) good; favourable; profitable: **una buona occasione**, a good opportunity; **un buon affare**, a bargain; **È un buon partito**, he's a good match; **Sarà b. per un'altra volta**, it'll do for next time ***9*** (*considerevole, abbondante*) good; strong; powerful: **una buona dose di medicina**, a good strong dose of medicine; **Se ne prese una buona fetta**, he took a nice thick slice; (*fig.*) **una buona lavata di testa**, a good scolding; **Abbiamo fatto un buon tratto di strada**, we've come a good way; **Ci vorrà un'ora buona**, it will take a good (*o* a full) hour; **S'è mangiato una buona metà della torta**, he ate a good half of the cake; **Ci sono due miglia buone di qui alla chiesa**, it's a good two miles to the church; **Dovrò stare a letto una settimana buona**, I'll have to stay in bed at least one week ***10*** (*nelle esclamazioni*) good; happy; nice; pleasant: **Buon divertimento!**, have a good time!; **Buona fortuna**, good luck!; **Buon giorno!**, *V.* **buongiorno**; **Buon Natale!**, happy (*o* merry) Christmas!; **Buona permanenza!**, have a nice stay!; **Buon pranzo!**, enjoy your meal!; **Buon pro ti faccia!**, enjoy it!; (*iron.*) much good may it do you!, bully for you! (*fam.*); **Buon riposo!**, sleep well!; **Buon viaggio!**, have a pleasant journey!; bon voyage! (*franc.*); **Dio b.** (*o* **buon Dio**)!, Good Lord!; Goodness gracious! ● **buon'anima**, *V.* **buonanima** □ **b. come un agnellino**, as good as gold □ **b. come il pane**, that has a heart of gold □ **buona condotta**, good behaviour; (*anche leg.*) good conduct □ (*leg.*) **buon costume**, *V.* **buoncostume** □ (*fig.*) **buona lana**, *V.* **buonalana** □ **Buon per te!**, lucky you!; good for you!; (*iron.*) bully for you! (*fam.*) □ **buon senso**, *V.* **buonsenso** □ **la buona società**, high society □ (*fig.*) **la buona tavola**, good cooking; good eating; good food: **amare la buona tavola**, to enjoy good food; to be a gourmet □ **buon tempo**, *V.* **buontempo** □ **buon ultimo**, trailing behind □ **buon umore**, *V.* **buonumore** □ **buona volontà**, good will □ **a buon diritto**, by right □ **a buon prezzo**, cheap (*agg.*); cheaply (*avv.*) □ **Il lavoro è a buon punto**, the work is making good progress □ **Sono a buon punto**, I'm more than half-way through it; I've almost finished □ **l'abito b.**, one's Sunday best □ **a farla buona**, (*a un dipresso*) broadly speaking, by and large; (*almeno*) at least: **A farla buona ci sono tre kilometri di strada**, it is at least three kilometres away □ **alla buona**, (*agg.*) informal, simple, unsophisticated, no-nonsense, homely (*GB*), down-home (*USA*); (*avv.*) informally, simply, plainly, without any fuss: **un discorso alla buona**, an informal talk; **Faremo un pranzo alla buona**, we will have a simple meal; **È gente alla buona**, they are very simple people; **una ragazza alla buona**, an unsophisticated girl; **Era vestito alla buona**, he was dressed casually; **Fecero le cose alla buona**, it was an informal affair □ **alla buon'ora!**, *V.* **buonora** □ **al momento b.**, at the right moment □ **bello e b.** *V.* **bello** □ **trattare q. con le buone**, to treat sb. kindly □ **Ti conviene venire con le buone**, you'd better come quietly (*o* without making any fuss) □ **con le buone o con le cattive**, by hook or by crook; willy-nilly □ **di buon grado**, willingly; with pleasure □ **di buon mattino**, early in the morning □ **di buon'ora**, early □ **di buona voglia**, willingly; with a will; (*con energia*) energetically □ **Dio ce la mandi buona**, let's hope for the best; let's keep our fingers crossed □ **essere in buona**, (*di buon umore*) to be in a good mood; (*in buoni rapporti*) to be on good terms (with sb.) □ (*fig.*) **essere in buone acque**, to be well off □ **in buon punto**, at the right moment □ **mettere una buona parola per q.**, to put in a good word for sb. □ **prendere q.c. per b.**, to take st. on trust; to think st. is genuine □ **portare b.**, to bring good luck □ **il salotto b.**, the best sitting room □ **stare di buon animo**, to be in good spirits □ **tenersi b. q.**, to keep on the right side of sb. □ **un uomo tre volte b.** (*sciocco*), a simpleton □ **Questa sì che è buona!**, that's really a good one! □ **Questa è un'ora buona**, this is a good moment (*o* a convenient time) □ **Finiscila una buona volta!**, have done with it! **B** *m.* ***1*** (*ciò che è b.*) good; (*bontà*) goodness: **Qui c'è del b.**, there's some good here; **C'è del b. in questo libro**, there are some good things in this book; **C'è del b. in quel che dici**, there's something in what you say; **C'è niente di b. al cinema stasera?**, is there anything good on at the cinema tonight?; **Che cosa hai mangiato di b.?**, what did you have to eat?; **sapere di b.**, to taste good; **Ha questo di b., che...**, one good thing about it is...; **Questa carne è insipida; tutto il b. se n'è andato nella bollitura**, this meat is tasteless; all the goodness has boiled out ***2*** (*persona buona*) good person; good man* (*m.*); good woman* (*f.*): **È un b.**, he is a good man; **i buoni**, good (*o* virtuous) people; **i buoni e i cattivi**, the good and the wicked. ● **un b. a nulla**, a good-for-nothing □ **Buon per me che non ho premura**, just as well I'm not in a hurry □ **del bello e del b.**, *V.* **bello** □ **fare il b.**, to be good: **Fate i buoni, bambini!**, be good, children! □ **essere un poco di b.**, to be no good; to be a bad lot; to be a bad 'un (*pop.*).

buòno (2), *m.* ***1*** (*comm., econ.*) bond; bill; note; order; warrant: **b. di carico** (*di magazzino*), warehouse bond; **b. di consegna**, delivery order; **b. d'incasso**, money order; **b. del Tesoro**, Treasury bond (*o* bill); **buoni di risparmio**, savings bonds ***2*** (*tagliando*) coupon; voucher; token: **b. d'acquisto**, purchase voucher; **b. benzina**, petrol coupon; **b. di sconto**, discount voucher; **b. di cassa**, cash voucher; **b. pasto**, luncheon voucher (*GB*); meal ticket (*USA*); **b. omaggio**, gift token; **b. premio**, gift stamp.

buonóra, *f.* – **di b.**, early; **alla b.!**, at last!; (it was) high time!; (*grazie a Dio!*) thank goodness!

buonsènso, *m.* common sense: **non avere un briciolo di b.**, not to have an ounce of common sense; **dare mostra di b.**, to show common sense; **pieno di b.**, very sensible.

buontèmpo, *m.* good time: **darsi al b.**, to have a good time; to live it up (*fam.*).

buontempóne, *m.* (*f.* **-a**) jolly person; funster.

buonumóre, *m.* good mood; high spirits (*pl.*): **essere [mettere] di b.**, to be [to put] in a good mood.

buonuòmo, *m.* ***1*** *V.* **buon uomo** *sotto* **buono** ***2*** (*come vocat.*) my good man.

buonuscita, *f.* ***1*** (*per un appartamento*) key money ***2*** (*indennità di licenziamento*) compensation for loss of employment; golden handshake (*fam.*) ***3*** (*a un dipendente, per pensionamento*) retirement (*o* leaving) bonus.

buprèste, *m.* (*zool.*) buprestid.

burattàre, *v. t.* to sieve; to bolt.

burattinàio, *m.* (*f.* **-a**) ***1*** puppeteer; puppet master ***2*** (*fabbricante*) puppet maker ***3*** (*fig.*) manipulator.

burattinàta, *f.* ***1*** puppet show ***2*** (*fig.*) foolish action.

burattinésco, *a.* puppet-like; (*sciocco*) foolish.

burattino, *m.* ***1*** (glove) puppet: **teatro dei burattini**, puppet theatre; **spettacolo di burattini**, puppet show ***2*** (*fig.*) puppet; pawn.

buràtto, *m.* ***1*** (*ind. tess.*) cheesecloth ***2*** (*tecn.*) sifter.

bùrba, *f.* (*gergo mil.*) raw recruit; rookie (*fam.*); yardbird (*USA*).

burbànza, *f.* haughtiness; arrogance.

burbanzóso, *a.* haughty; arrogant.

bùrbera, *f.* (*mecc.*) windlass.

bùrbero, *a.* gruff; grumpy; crusty. ● **un b. benefico**, a good man with a rough exterior; a bear with a soft heart.

burchièllo, *m.* burchiello (sort of wherry).

bùrchio, *m.* (river) barge.

bùre, *f.* (*di aratro*) beam.

bureau (*franc.*), *m. invar.* ***1*** (*mobile*) writing desk; bureau (*GB*) ***2*** (*in un albergo*) reception desk.

burétta, *f.* (*chim.*) burette.

burgraviàto, *m.* (*stor.*) burgraviate.

burgràvio, *m.* (*stor.*) burgrave.

burgùndo, *a.* e *m.* (*stor.*) Burgundian.

buriàna, *f.* (*fig. pop.*: *trambusto*) turmoil, bedlam, hullaballoo; (*chiasso*) racket.

burìna (1), *f.* (*spreg.*) ***1*** (*donna zotica*) coarse (*o* vulgar) woman* ***2*** (*contadina*) peasant woman*.

burìna (2), *V.* **bolina**.

burìno, **A** *m.* (*spreg.*) ***1*** (*uomo zotico*) boor; lout; oaf; clodhopper; hick (*fam. USA*) ***2*** (*contadino*) peasant; yokel. **B** *a.* (*spreg.*)

boorish; vulgar; hick (*USA*); naff (*fam. GB*).

bùrla, *f.* ***1*** practical joke; prank; trick; hoax: **fare una b. a q.**, to play a joke on sb.; **per b.**, as a joke; for fun; in jest: **fare q.c. per b.**, to do st. for fun; **mettere in b. q.c.**, to make a joke about st.; to ridicule st.; **da b.**, farcical (*agg.*) ***2*** (*cosa facile*) joke; child's play: **Parlare a 2000 persone non è mica una b.**, talking to 2,000 people is no joke.

burlàre, A *v. t.* to make* a fool of. **B** *v. i.* to joke at (*o* about). **C burlàrsi,** *v. i. pron.* to make* fun of; to poke fun at.

burlésco, *a.* burlesque; farcical.

burlétta, *f.* joke: **mettere in b.**, to ridicule; to make fun of.

burlóne, *m.* (*f.* **-a**) joker; jester; pranker.

burnùs, *m. invar.* burnous.

buròcrate, *m.* e *f.* ***1*** bureaucrat; (*impiegato statale*) civil servant ***2*** (*spreg.*) apparatchik.

burocratése, *m.* (*spreg.*) officialese.

burocràtico, *a.* bureaucratic: **apparato b.**, bureaucratic machine; **linguaggio b.**, officialese; **lungaggini burocratiche**, bureaucratic delays; red tape.

burocratismo, *m.* bureaucratism.

burocratizzàre, *v. t.* to bureaucratize.

burocratizzazióne, *f.* bureaucratization.

burocrazìa, *f.* ***1*** bureaucracy; red tape (*spreg.*) ***2*** (*amministrazione statale*) civil service; public administration.

burràsca, *f.* ***1*** storm; gale; tempest: **avviso di b.**, gale warning; **b. da sudovest**, southwester; **b. magnetica**, magnetic storm; **mare in b.**, stormy sea; **tempo di b.**, stormy weather ***2*** (*fig.*) tempest; trouble; storm; squall: **Ci sarà b. in famiglia**, there'll be trouble in the family; **burrasche finanziarie**, financial troubles; **Tira aria di b.!**, there's a storm brewing!

burrascóso, *a.* (*anche fig.*) stormy: **mare b.**, stormy sea; **discussione burrascosa**, stormy discussion.

burrièra, *f.* butter dish.

burrificàre, *v. t.* to churn.

burrificazióne, *f.* churning; butter-making.

burrificio, *m.* creamery; (butter) dairy.

bùrro, *m.* butter: **un panetto di b.**, a roll of butter; **b. da tavola**, table butter; **b. fuso**, melted butter; **una noce di b.**, a knob of butter; **pane e b.**, buttered bread; **uova al b.**, fried eggs; **pasta al b.**, pasta with butter. ● **b. di arachidi**, peanut butter □ **b. di cacao**, cocoa butter; (*per le labbra*) lip salve (*GB*), chapstick (*USA*) □ (*bot.*) **albero del b.** (*Butyrospermum parkii*), shea □ (*fig.*) **avere le mani di b.**, to be butterfingered □ **Questa carne è un b.!**, this meat simply melts in your mouth! □ **tenero come il b.**, as soft as butter.

burróne, *m.* ravine; gorge.

burróso, *a.* buttery.

bus, *m.* ***1*** *V.* **autobus** ***2*** (*elab.*) bus; highway.

bùsca, *f.* search: **andare in b. di q.c.**, to go in search of st.

buscàre, *v. t.* to get*; to catch*: **Si è buscato l'eredità dello zio**, he got his uncle's money; **buscarsi una pallottola nel braccio**, to get a bullet in one's arm; to get shot in the arm; **buscarsi un raffreddore**, to catch a cold; **buscarsi una ramanzina**, to get a scolding; **buscarle**, to get a beating; to catch it: **Guarda che le buschi!**, you're in for a beating, if you're not careful!

buscheràre, *v. t.* (*pop.*) to take* in; to cheat; to swindle; to con (*fam.*).

buscheràta, *f.* (*pop.*) ***1*** (*sproposito*) howler; nonsense ***2*** (*cosa da nulla*) breeze (*fam.*); doddle (*fam.*).

buscheratùra, *f.* (*pop.*) swindle; cheat; con (*fam.*).

buscherìo, *m.* ***1*** (*fam.*: *chiasso*) din; racket ***2*** (*gran quantità*) loads (*pl.*); heaps (*pl.*); stacks (*pl.*).

buşillis, *m.* ***1*** (*problema*) quandary; snag ***2*** (*enigma*) conundrum; enigma; riddle.

bùssa, *f.* (*specialm. al pl.*) blows; beating (*sing.*): **prendere le busse**, to get a beating.

bussàre, A *v. i.* to knock; to rap; to tap: **b. alla porta**, to knock at (*o* on) the door. ● (*fig.*) **b. a quattrini**, to ask for money. **B** *v. t.* (*percuotere*) to beat*.

bussàta, *f.* knocking; knock.

bussétto, *m.* (*arnese da calzolaio*) slicker; sleeker.

bùsso, *m.* knock: **un b. alla porta**, a knock at (*o* on) the door.

bùssola, *f.* ***1*** (*naut.*) compass: **b. azimutale**, azimuth compass; **b. di declinazione**, variation compass; declinometer; **b. di rotta**, steering compass; **ago della b.**, compass needle; **b. giroscopica**, gyrocompass ***2*** (*mecc.*) bush ***3*** (*portantina*) sedan chair ***4*** (*seconda porta d'ingresso*) inner door ***5*** (*cassetta*: *per elemosine*) poor box; (*per votazione*) ballot box. ● (*fig.*) **perdere la b.**, to lose one's head.

bussolòtto, *m.* (*per il gioco dei dadi*) dice box. ● (*fig.*) **gioco dei bussolotti**, sleight-of-hand.

bùsta, *f.* ***1*** envelope: **b. a finestra**, window envelope; **b. affrancata**, stamped envelope; **b. formato commerciale**, business envelope; **in b. chiusa [aperta]**, in a sealed [an unsealed] envelope; **in b. a parte**, under separate cover ***2*** (*astuccio, custodia*) case: **b. degli occhiali**, spectacle case ***3*** (*borsa per documenti*) portfolio ***4*** (*borsetta*) clutch bag; pocketbook (*USA*). ● **b. paga**, pay packet; pay envelope (*USA*) □ **compenso fuori b.**, undeclared earning; fringe benefit; perk.

bustàia, *f.* corset maker.

bustarèlla, *f.* (*fig.*) bribe; backhander (*fam.*); payola (*fam. USA*). ● **prendere bustarelle**, to be on the take (*pop.*).

bustìna, *f.* ***1*** small envelope ***2*** (*pacchetto, sacchetto*) packet; sachet; bag: **b. di tè**, tea bag; **b. di zucchero**, sachet of sugar; **b. di fiammiferi**, matchbook ***3*** (*farm.*) dose ***4*** (*mil.*) forage cap ***5*** (*gergo della droga*) bag.

bustino, *m.* ***1*** (*corsetto*) corselet ***2*** (*di abito*) bodice; top.

bùsto, *m.* ***1*** (*anat., scult.*) bust: **b. di marmo**, marble bust ***2*** (*corsetto*) corset (*anche med.*); foundation garment. ● **ritratto a mezzo b.**, half-length portrait □ **sedere a b. eretto**, to sit up straight.

bustrofèdico, *a.* boustrophedon.

butadiène, *m.* (*chim.*) butadiene.

butàno, *m.* (*chim.*) butane.

butanòlo, *m.* (*chim.*) butanol.

butile, *m.* (*chim.*) butyl.

butìlico, *a.* (*chim.*) butyl (*attr.*).

butìrrico, *a.* (*chim.*) butyric.

butirróso, *a.* buttery.

buttafuòri, *m. invar.* ***1*** (*teatr.*) call-boy ***2*** (*di locale notturno*) bouncer; chucker-out (*GB*) ***3*** (*naut.*) bumpkin.

buttàre, A *v. t.* ***1*** to throw*; (*con energia*) to fling*; (*con noncuranza*) to toss, to chuck (*fam.*): **Non b. in terra la cicca**, don't throw the butt on the floor; **Lo buttò a terra con un pugno**, he knocked him down with a blow; **b. in aria il cappello**, to throw one's hat up (in the air); **b. q.c. dalla finestra**, to throw (*o* to fling) st. out of the window; **b. un osso a un cane**, to throw a bone to a dog; **Buttò il libro sul tavolo**, he tossed the book on the table; **Mi buttò le braccia al collo**, he threw (*o* flung) his arms round my neck; **buttarsi una sciarpa sulle spalle**, to throw a scarf over one's shoulders; **Buttò i vestiti sul letto**, he chucked his clothes on the bed ***2*** (*sprecare*) to throw* about; to waste: **b. il proprio denaro**, to throw one's money about; **tempo buttato**, a waste of time; time wasted ***3*** (*anche assol.*: *zampillare*) to spout, to spurt, to gush; (*versare*) to pour; (*emettere*) to discharge, to send* out: **Il tubo butta acqua**, the pipe is spouting water; **La fontana buttava a tratti**, the fountain was playing fitfully; **La ferita butta ancora sangue**, the wound is still bleeding; **b. pus**, to suppurate; **b. fumo**, to send out (*o* to discharge) smoke ***4*** (*anche assol.*: *germogliare*) to put* out (st.); to shoot*; to sprout: **b. le prime gemme**, to put out the first buds; **Il rosaio butta di nuovo**, the rosebush is shooting again. ● **b. all'aria**, to turn upside down; to upset; to send flying; to mess up: **b. all'aria la casa**, to turn the house upside down; **Mi ha buttato all'aria tutte le carte**, he messed up all my papers; **b. all'aria un progetto**, (*guastarlo*) to upset a plan; to ruin a project; (*abbandonarlo*) to scrap a plan □ **b. fuori**, to throw out; to turn out; to chuck out: **L'ubriacone fu buttato fuori**, the drunkard was thrown out; **I suoi l'hanno buttato fuori di casa**, his parents turned him out; **Buttatelo fuori!**, chuck him out! □ **b. giù**, (*far cadere*) to knock down, to upset; (*abbattere*) to knock down, to pull down, to cut down; (*del vento*) to blow down; (*fig.*) to overthrow, to topple; (*inghiottire*) to swallow, to gulp down, to knock back, to toss off (*fam.*); (*scrivere in fretta*) to throw off, to toss off, to dash off; (*prendere nota*) to jot down, to scribble down; (*criticare*) to run down, to badmouth (*fam. USA*); (*screditare*) to discredit; (*scoraggiare*) to discourage, to dishearten; (*prostrare*) to pull down: **b. giù un vecchio edificio**, to knock down an old building; **b. giù un albero**, to cut down a tree; **b. giù il governo**, to overthrow (*o* to topple) the government; **Riuscì solo a b. giù due cucchiaiate**, he could only swallow two spoonfuls; **Buttò giù un whisky**, he knocked back a whisky; **b. giù un articolo**, to dash off an article; **b. giù qualche verso**, to toss off a few lines; **Butti sempre giù quello che faccio**, you are always running down everything I do; **L'influenza l'ha buttato giù**, the flu has pulled him down □ **b. giù dal letto**, to get out of bed; to roll out of bed (*USA*) □ **b. indietro la testa**, to throw one's head back; to toss one's head □ **b. indietro una coperta**, to fling back a blanket □ **b. là** (*o* **lì**), to throw out; to toss off: **b. là una proposta**, to throw out a suggestion; **Buttai là un nome a caso**, I said the first name that came into my head; **Buttò lì una scusa**, he apologized casually; he mumbled an apology; **un'osservazione buttata là**, a throwaway remark □ **b. gli occhi su q.c.**, to cast an eye over st.; to glance at st.: **Buttò gli occhi sul telegramma e svenne**, she glanced at the telegram and fainted □ (*cucina*) **b. la pasta**, to start cooking the pasta □ **b. via**, (*eliminare*) to throw away (*o* out); (*togliersi di dosso*) to throw (*o* to toss) off; (*sprecare*) to throw away, to waste: **Butta via quel sigaro!**, throw that cigar away!; **L'hai buttato via il giornale di ieri?**, did you throw out yesterday's paper?; **b. via i vestiti** (*svestendosi*), to throw off one's clothes; **Buttò via la sciarpa e si sedette**, he tossed his scarf away and sat down; **b. via i propri denari**, to throw away one's money; **b. via il fiato [il tempo]**, to waste one's breath [one's time]; **b. via una buona occasione**, to miss a good opportunity; to muff a chance (*fam.*); **Non è affatto da b. via**, it's not at all bad. **B** *v. i.* ***1*** (*inclinare*) to turn: **Il tempo sembra b. al bello**, the weather looks as if it's going to turn (*o* seems to be turning) fine ***2*** (*fam.*: *prendere una piega*) to shape: **Vediamo come butta**, let's see how things shape; **Come butta?**, how are things? **C buttàrsi,** *v. rifl.* ***1*** to throw* oneself; (*con energia*) to fling* oneself; (*saltare*) to jump; (*tuffarsi*) to dive, to plunge: **b. dalla finestra**, to throw oneself (*o* to jump) out of the window; **b. sul letto**, to throw oneself on to the bed; **Si buttò su una sedia**, he flung himself into a chair; **Si buttò ai miei piedi**, he threw himself at my feet; **b. in mare**, to jump into the sea; (*da una nave*) to jump overboard; **b. nell'acqua**, to plunge into the water; **Buttati!**, (*salta*) jump!; (*fig.*) take the plunge!, have a go at it! ***2*** (*assalire*) to fall* upon; to swoop down on: **Ci buttammo sul nemico**, we fell upon the enemy; **L'aquila si buttò sulla lepre**, the eagle swooped down on the hare ***3*** (*darsi, dedicarsi a*) to throw* oneself into; to take* to: **b. nel lavoro**, to throw oneself into one's job; **Si è buttato a dipingere**, he's taken to painting. ● **b. allo sbaraglio**, to risk one's life [fortune, reputation, etc.]; to jump in at the deep end (*fam.*) □ **b. anima e corpo in q.c.**, to throw oneself (heart and soul) into st. □ **b. giù** (*o* **a terra**), to throw oneself down; (*fig.*: *scoraggiarsi*) to get depressed, to lose heart; (*fig.*: *sminuirsi*) to run oneself down □ **b. nel fuoco per q.**, to go through fire and water for sb. □ **b. nella mischia**, to plunge into the fray □ **b. via**, to waste one's talents.

buttasèlla, *m. invar.* (*mil.*) boot and saddle.

buttàta, *f.* ***1*** throw: **alla prima b.**, at the first throw ***2*** (*di piante*) shooting; sprouting.

butteràre, *v. t.* to pockmark; to pit.

butteràto, *a.* pockmarked; pitted: **un viso b.**, a pockmarked face; **superficie butterata**, pitted surface

butteratùra, *f.* pockmarks (*pl.*).

bùttero (1), *m.* (*cicatrice*) pockmark.

bùttero (2), *m.* (*mandriano a cavallo*) cowherd; cowboy.

bùzzo, *m.* (*pop.*) belly; paunch. ● (*fig.*) **di b. buono**, eagerly; with a will; with enthusiasm: **lavorare di b. buono**, to work with a will; **mettersi di b. buono**, to put one's back into it; to set to st. with a vengeance.

buzzùrro, *m.* (*spreg.*) boor; lout.

by-pass (*ingl.*), *m. invar.* (*idraul.*, *autom.*, *med.*) bypass.

bypassàre, *v. t.* to bypass.

byroniàno, *a.* (*letter.*) Byronic.

byte (*ingl.*), *m. invar.* (*elab.*) byte.

c, C

C, c, *f.* o *m.* (*terza lettera dell'alfabeto ital.*) C, c. • (*telef.*) **c come Como**, c for Charlie □ **vitamina C**, vitamine C.

càbala, *f.* ***1*** (*stor. relig.*) cab(b)ala ***2*** (*nel lotto*) foretelling winning numbers in state lotteries ***3*** (*intrigo*) intrigue; cabal; plot: **far cabale**, to intrigue; to plot.

cabalétta, *f.* (*mus.*) cabaletta.

cabalìsta, *m.* e *f.* ***1*** (*stor. relig.*) cab(b)alist ***2*** (*nel lotto*) foreteller of winning numbers in state lotteries.

cabalìstico, *a.* ***1*** (*stor. relig.*) cab(b)alistic ***2*** (*misterioso, oscuro*) cab(b)alistic; mysterious.

cabaret (*franc.*), *m. invar.* cabaret.

cabarettìsta, *m.* e *f.* cabaret artist; (*comico*) stand-up comedian.

cabarettìstico, *a.* cabaret (*attr.*).

cabestàno, *m.* (*naut.*) capstan.

cabìla, *f.* ***1*** Kabyle tribe ***2*** (*collett.*) (the) Kabyles (*pl.*).

cabìna, *f.* ***1*** (*chiosco, ecc.*) box; hut; booth: **c. telefonica**, telephone box (*o* booth, kiosk); call box; **c. elettorale**, voting (*o* polling) booth; (*ferr.*) **c. di comando dei segnali**, signal box ***2*** (*autom., ferr.: abitacolo*) cab: **c. di guida**, cab ***3*** (*naut.*) cabin: **c. di prima classe**, first-class cabin; **c. di lusso**, stateroom ***4*** (*aeron.*) cabin: **c. passeggeri**, passenger cabin; **c. di pilotaggio**, cabin; cockpit; flight deck; **c. pressurizzata**, pressurized cabin ***5*** (*cinem., TV*) room; booth: **c. di proiezione**, projection booth; **c. di regia**, control room; **c. di registrazione**, recording room ***6*** (*negli stabilimenti balneari*) bathing hut ***7*** (*di funicolare, ascensore*) car; cage ***8*** (*di funivia*) telpher; (telpher) carriage.

cabinàto, (*naut.*) **A** *a.* cabin (*attr.*). **B** *m.* cabin cruiser.

cabinìsta, *m.* ***1*** electrical technician ***2*** (*cinem.*) projectionist.

cabinovìa, *f.* carway; cableway.

cablàggio, *m.* (*elettr.*) wiring.

cablàre, *v. t.* ***1*** (*elettr.*) to wire ***2*** (*tel.*) to cable.

câblé (*franc.*), **A** *a. invar.* twisted. **B** *m. invar.* twisted yarn.

càblo, *m. invar.* cable; cablegram.

cablografàre, *v. t.* (*tel.*) to cable.

cablogràfico, *a.* cable (*attr.*).

cablografìsta, *m.* cabler.

cablogràmma, *m.* cablegram; cable.

cabotàggio, *m.* (*naut.*) cabotage; coastal (*o* coasting) navigation; (*commercio*) coasting trade: **grande c.**, offshore coastal navigation; **piccolo c.**, local coastal navigation; **nave di piccolo c.**, coaster; coasting ship.

cabotàre, *v. i.* (*naut.*) to coast.

cabotièro, (*naut.*) **A** *a.* coasting; coastal. **B** *m.* coaster; coasting vessel.

cabràre, **A** *v. i.* (*aeron.*) to climb steeply; to nose up. **B** *v. t.* to nose up; to hoick (*fam.*).

cabràta, *f.* (*aeron.*) nose-up.

cabriolè, cabriolet (*franc.*), *m.* ***1*** (*carrozza*) cabriolet ***2*** (*autom.*) convertible.

cacadùbbi, *m.* e *f.* (*fam. spreg.*) ditherer; shilly-shallying person.

cacào, *m.* ***1*** (*bot., Theobroma cacao*) cocoa; cacao ***2*** (*polvere e bevanda*) cocoa. • **burro di c.**, cocoa butter; (*per le labbra*) lipsalve (*GB*), chapstick (*USA*) □ **semi di c.**, cocoa seeds; (*seccati*) cocoa beans.

cacàre, *v. i.* e *t.* (*volg.*) to shit; to crap. • (*anche fig.*) **cacarsi sotto**, to shit in one's pants.

cacarèlla, *f.* (*pop.*) runs (*pl.*); shits (*pl.*).

cacasénno, *m.* e *f.* (*spreg.*) know-all; smart aleck.

cacàta, *f.* (*volg.*) shit.

cacatòa, cacatùa, *m.* (*zool., Cacatua*) cockatoo*.

cacatùra, *f.* (*pop., specialm. di insetti*) excrement; dirt.

càcca, *f.* (*fam. infant.*) ***1*** poo-poo; number two: **fare la c.**, to go (*o* to make) poo-poo ***2*** (*fig.*) dirt: **Non toccare, c.!**, don't touch, it's dirty! • (*fig. volg.*) **avere la c. al culo**, to shit in one's pants.

càcchio (1), **A** *inter.* (*pop.*) damn; sugar; shucks. **B** *m. V.* **cazzo**.

càcchio (2), *m.* (*getto infruttifero*) non-fruit-bearing tendril.

cacchióne, *m.* (*zool.*) ***1*** (*di ape*) bee-larva* ***2*** (*di mosca*) flyblow ***3*** (*pl.*) (*di uccelli*) first feathers.

càccia (1), *f.* ***1*** hunting; (*di uccelli, lepri e sim.*) shooting; (*di uccelli, anche*) fowling; (*battuta*) hunt: **vivere di c.**, to live by hunting; **Ha la passione della c.**, he loves hunting (*o* shooting); **La c. cominciò all'alba**, the hunt began at dawn; **La c. è passata di qui**, the hunt passed here; **andare a c.**, to go hunting; to hunt; to go shooting; to shoot; **andare a c. di quaglie**, to shoot quails; **c. al fagiano**, pheasant shooting; **c. alla volpe**, fox hunting; **c. al cinghiale**, boar shooting; **c. grossa**, big-game hunting; **cane da c.**, gun dog; hunting dog; **fucile da c.**, sporting gun; hunting rifle; (*per la c. agli uccelli*) fowling piece; **stagione della c.**, hunting season; **licenza di c.**, game licence; shooting licence; **partita di c.**, shooting party; shoot; (*a cavallo*) hunt; **riserva di c.**, game preserve ***2*** (*ricerca*) hunt, search; (*inseguimento*) chase, pursuit: **dare la c. a q.**, to hunt sb.; to be after sb.; to be in pursuit of sb.: **La polizia gli sta dando la c.**, the police are hunting (*o* are after) him; **essere a c. di q.c.**, to hunt for st.; to be in seach of st. ***3*** (*cacciagione*) game ***4*** (*naut.*) chase; pursuit: **dare c.**, to give chase; to pursue ***5*** (*letter.*) caccia. • **c. alle anatre**, duck shooting □ **c. alla balena**, whaling □ **c. al capanno**, shooting from a hut (*USA*: from a blind) □ **c. al cervo**, deer hunting □ **c. agli errori**, error spotting □ **c. all'uomo**, manhunt □ (*fig.*) **c. alle streghe**, witch hunt □ **c. al tesoro**, treasure hunt □ **c. col falco**, hawking; falconry □ **c. di appostamento**, shooting from a butt □ **c. in palude**, waterfowling; wildfowling □ **c. subacquea**, underwater fishing □ **aeroplano da c.**, fighter plane □ **andare a c. di complimenti**, to fish for compliments □ **andare a c. di onori**, to pursue honours □ **andare a c. di guai**, to look for trouble □ **«Divieto** (*o* **riserva**) **di c.»**, «hunting (*o* shooting) forbidden» □ (*naut.*) **nave da c.**, destroyer □ **trofeo di c.**, hunting trophy.

càccia (2), *m.* ***1*** (*aeron.*) fighter ***2*** (*naut.*) destroyer.

cacciabàlle, *m.* e *f. invar.* (*pop.*) bullshitter (*volg.*).

cacciabombardière, *m.* (*aeron.*) fighter-bomber.

cacciachiòdo, *m.* ripping bar; ripper.

cacciagióne, *f.* game.

cacciamìne, *m. invar.* (*naut.*) minesweeper.

cacciàre, **A** *v. t.* e *i.* ***1*** (*di animali*) to hunt; to prey on: **I gufi cacciano di notte**, owls hunt at night ***2*** (*dell'uomo*) to hunt; to go* hunting; (*uccelli, lepri e sim.*) to shoot*, to go* shooting; (*con trappole e sim.*) to set* traps for, to snare: **c. la tigre**, to hunt tigers; **c. le quaglie**, to shoot quails ***3*** (*scacciare, espellere*) to drive* out, to turn out, to throw* out, to expel, to kick out (*fam.*), to boot out (*fam.*); (*esiliare*) to banish: **c. il nemico dal paese**, to drive the enemy out of the country; **Lo cacciai da casa mia**, I threw him out of my house; **Suo padre l'ha cacciato di casa**, his father turned him out; **c. da scuola**, to expel from school ***4*** (*licenziare*) to throw* out; to sack; to fire ***5*** (*mettere*) to put*; (*gettare*) to throw*; (*ficcare*) to shove, to bung (*fam. GB*); (*introdurre*) to drive*, to thrust*, to stick*; (*immergere*) to plunge: **Cacciò tutto nel cassetto**, he bunged (*o* shoved) everything into the drawer; **Dove ho cacciato la penna?**, where did I put my pen?; **Caccia la valigia dove ti pare**, shove the suitcase anywhere you like; **c. q. in prigione**, to throw sb. into prison; **Gli cacciò la lama nel ventre**, he plunged the blade into his belly; **cacciarsi in tasca q.c.**, to thrust (*o* to shove) st. into one's pocket; **cacciarsi un dito in bocca**, to stick a finger in one's mouth ***6*** (*fam., anche* **c. fuori**: *estrarre*) to pull out; to put* out; to whip out (*fam.*); to stick* out: **c. il portafogli**, to pull out one's wallet; **c. fuori un coltello**, to whip out a knife; **c. (fuori) la lingua**, to stick out one's tongue; **Chi deve c. i soldi?**, who's paying?; who's got to fork out the money? ***7*** (*emettere*) to let* out: **c. un urlo**, to let out a scream. • **c. il naso in faccende altrui**, to poke one's nose into other people's business □ **c. q.c. in testa a q.**, to drive st. into sb.'s head; to hammer st. into sb. □ **cacciarsi in testa q.c.**, to get st. into one's head □ **c. via**, (*gettare via*) to throw out; (*mandare via*) to chase away, to kick out (*fam.*), to boot out (*fam.*): **c. via q. in malo modo**, to chase sb. away; **c. via q. senza tanti complimenti**, to send sb. packing. **B cacciàrsi**, *v. rifl.* e *i. pron.* ***1*** (*introdursi, ficcarsi*) to plunge: **c. tra la folla**, to plunge into the crowd; **c. nella mischia**, to plunge into the fray ***2*** (*andare a finire*) to get* to: **Dove s'è cacciato il mio ombrello?**, where's my umbrella got to?: **Dove vi eravate cacciati?**, where did you get to? ***3*** (*nascondersi*) to hide*. • (*fig.*) **c. in un ginepraio**, to get oneself into a mess □ **c. in un'impresa disperata**, to embark on a desperate enterprise.

cacciasommergìbili, *m. invar.* (*naut.*) submarine chaser.

cacciàta, *f.* ***1*** (*partita di caccia*) hunt; shooting party ***2*** (*espulsione*) expulsion; banishment: **la c. di Adamo ed Eva**, the expulsion of Adam and Eve.

cacciatóra, *f.* (*giacca*) shooting jacket. • (*cucina*) **alla c.**, cacciatore; cacciatora: **pollo alla c.**, chicken cacciatore.

cacciatóre, *m.* ***1*** hunter; (*specialm. di volpi*) huntsman*, member of a hunt; (*di uccelli, lepri e sim.*) shooter; (*con trappole*) trapper:

(*etnol.*) **cacciatori e raccoglitori**, hunters and gatherers; **un popolo di cacciatori**, a hunting people; **È un c. appassionato**, he is a keen hunter (*o* shooter); **c. di pellicce**, trapper; **c. di anitre**, duck shooter; **c. di leoni**, lion hunter **2** (*fig.*) hunter; (*inseguitore*) chaser: **c. di dote**, fortune hunter; **c. di donne**, skirt chaser, womanizer **3** (*mil.*) light infantryman*; (*cavalleggero*) light horseman* **4** (*aeron.*) fighter pilot. ● **c. di frodo**, poacher □ **c. di palude**, water fowler □ **c. di taglie**, bounty hunter □ (*anche fig.*) **c. di teste**, headhunter □ **c. di topi** (*gatto*), mouser □ (*mil.*) **Cacciatori delle Alpi**, jaeger (*ted.*); Alpine troops.

cacciatorpedinière, *m. invar.* (*naut.*) torpedo-boat destroyer.

cacciatrìce, *f.* **1** huntress; (*specialm. di volpi*) huntswoman*; **Diana c.**, Diana the huntress; **È un'appassionata c.**, she is very keen on shooting (*o* on hunting) **2** (*fig.*) hunter; chaser: **c. d'uomini**, man chaser.

cacciavite, *m. invar.* screwdriver.

cacciù, *m.* (*ind.*) cachou; catechu.

cacciùcco, *m.* (*cucina*) cacciucco; (spiced) fish soup.

càccola, *f.* **1** (*pl.*) (*sterco*) droppings; (*di mosche*) flyspecks; (*sudiciume*) dirt (*sing.*) **2** (*pop.*: *moccio*) snivel; snot (*sing.*) **3** (*pop.*: *cispa*) eye-gum (*sing.*).

cachemire (*franc.*), *m.* cashmere. ● **disegno c.**, paisley pattern.

cache-pot (*franc.*), *m. invar.* flowerpot holder.

cache-sexe (*franc.*), *m. invar.* G-string.

cachessìa, *f.* (*med.*) cachexia; cachexy.

cachet (*franc.*), *m. invar.* **1** (*farm.*: *ostia*) wafer, cachet; (*analgesico*) painkiller, headache pill **2** (*per i capelli*) rinse **3** (*eleganza*) cachet **4** (*compenso per artisti*) fee; (*contratto temporaneo*) booking.

cachèttico, *a.* (*med.*) cachectic.

cachettista, *m.* e *f.* person payed by performance; freelancer.

càchi (1), *a.* e *m.* khaki*: **uniforme c.**, khaki uniform.

càchi (2), *m.* (*bot.*, *Diospyros kaki*; *il frutto*) (Japanese) persimmon; kaki*.

cachinno, *m.* (*lett.*) cachinnation; cackling laughter.

caciàra, *f.* (*region.*) racket; din; hubbub.

caciaróne, *m.* (*f.* **-a**) (*region.*) noisy person; boisterous person.

cacicco, *m.* (*anche fig.*) cacique.

càcio, *m.* cheese: **una forma di c.**, a whole cheese. ● **alto come un soldo di c.**, very short; (*di bambino*) kneehigh to a grasshopper (*fam.*) □ **Ci sta come il c. sui maccheroni**, it's the very thing; it's just the job (*fam.*) □ (*fig.*) **essere pane e c.**, to be hand in glove (with sb.); to be as thick as thieves.

caciocavàllo, *m.* caciocavallo (a gourd-shaped cheese from Southern Italy).

caciòtta, *f.* caciotta (a soft cheese).

càco, *V.* **cachi (2)**.

cacofonìa, *f.* cacophony.

cacofònico, *a.* cacophonous; harsh-sounding.

cacografìa, *f.* cacography.

cacologìa, *f.* cacology.

cacóne, *m.* (*fig. volg.*) funk (*pop.*); chicken (*pop.*).

càcto, cactus, *m.* (*bot.*, *Cactus*) cactus*.

cacuminàle, *a.* (*ling.*) cacuminal.

cadaùno, *a.* e *pron. indef.* each.

cadàvere, *m.* (dead) body; corpse; stiff (*pop.*); (*solo med.*) cadaver: **Furono recuperati sei cadaveri**, six bodies were rescued; **seppellire i cadaveri**, to bury the corpses. ● (*fig.*) **un c. ambulante**, a living corpse □ **freddo come un c.**, as cold as death □ **pallido come un c.**, as white as a corpse □ **Dovrai passare sul mio c.!**, over my dead body!

cadavèrico, *a.* **1** corpse-like; (*med.*) cadaveric: **rigidità cadaverica**, rigor mortis (*lat.*); **pallore c.**, ghostly pallor **2** (*fig.*: *pallido*) cadaverous; ghostly; deadly pale: **viso c.**, deadly-pale face; **aspetto c.**, cadaverous appearance.

cadaverìna, *f.* (*chim.*) cadaverine.

cadènte, *a.* **1** (*di edificio e sim.*) dilapidated; crumbling; ramshackle; tumbledown: **una chiesa c.**, a dilapidated church; **un muro c.**, a crumbling wall; **casupole cadenti**, ramshackle huts **2** (*di persone*) decrepit; feeble: **un vecchio c.**, a feeble old man. ● **sole c.**, setting sun □ **stella c.**, falling (*o* shooting) star.

cadènza, *f.* **1** cadence; (*ritmo*) rhythm; measure: **la c. dei remi**, the cadence of the oars; **marciare in c.**, to march in time **2** (*accento*) inflection; intonation; lilt: **la c. ligure**, the Ligurian intonation; **Parla con una c. curiosa**, he speaks with a strange cadence (*o* lilt); **c. monotona**, monotone **3** (*mus.*: *conclusione*) cadence; (*passaggio virtuosistico*) cadenza. ● (*balistica*) **c. di tiro**, rate of fire.

cadenzàre, *v. t.* to mark (*o* to stress) the rhythm of.

cadenzàto, *a.* rhythmic; measured; cadenced: **passo c.**, measured tread.

cadére, A *v. i.* **1** to fall*; to drop; (*ruzzolare*) to tumble; (*precipitare*) to crash: **Cadde e si ruppe il polso**, he fell and broke his wrist; **Cominciano a c. le foglie**, leaves are beginning to fall; **La neve cadeva piano**, the snow was falling slowly; **La lampada traballò e cadde**, the lamp tottered and fell over; **c. da una tasca**, to fall out of a pocket; **c. dalle scale**, to fall down the stairs; **c. da una scala a pioli [dal tetto, dalla bicicletta]**, to fall off a ladder [off the roof, off the bicycle]; **La penna le cadde di mano**, the pen fell (*o* dropped, slipped) from her hand; **Mi cadde di mano la tazza**, the cup slipped (*o* fell) from my hand; I dropped the cup; **Mi cadono i capelli**, my hair is falling out; **L'aereo cadde su un ghiacciaio**, the plane crashed on a glacier **2** (*fig.*: *essere sconfitto*, *capitolare*) to be brought down; to fall*: **Il governo di coalizione è caduto**, the coalition government has been brought down; **far c. il governo**, to topple (*o* to bring down) the government; **La città cadde dopo tre mesi**, the city fell after three months **3** (*fig.*: *essere ucciso*) to fall*; to die: **Cadde nelle Fiandre**, he fell in Flanders; **c. per una causa**, to die for a cause **4** (*fig.*: *diminuire*) to fall*; to drop: **Il vento è caduto**, the wind has dropped **5** (*fig.*: *essere bocciato*) to fail; (*far fiasco*) to be a failure; to be a flop (*fam.*); to flop (*fam.*), to bomb (*fam. USA*): **Cadde agli esami**, he failed his exams; **È caduto su una domanda tranello**, he tripped up on a tricky question; **La commedia cadde**, the play was a flop **6** (*fig.*: *tramontare*) to set*: **Il sole cadeva dietro il monte**, the sun was setting behind the mountain **7** (*ricadere*) to fall*, to hang*; (*di abiti*) to hang*, to fit: **I capelli le cadevano sulle spalle**, her hair hung on her shoulders; **Questo cappotto cade bene**, this coat hangs well **8** (*posarsi*) to fall*: **Gli cadde l'occhio su un titolo**, his eye fell on a headline; **Il discorso cadde sul divorzio**, the conversation fell on divorce; **L'accento cade sulla prima sillaba**, the accent falls on the first syllable **9** (*fig.*: *ricorrere*) to fall*: **La Pasqua cade presto quest'anno**, Easter falls early this year. ● **c. a capofitto**, to fall headlong (*o* head first) □ (*anche fig.*) **c. ai piedi di q.**, to fall at sb.'s feet □ **c. a proposito**, (*essere tempestivo*) to come at the right moment, to come pat; (*rivelarsi utile*) to come in handy; (*di parole, ecc.*) to be apt, to be «à propos» □ **c. a terra**, to fall to the ground (*o* to the floor) □ **c. addormentato**, to fall asleep □ **c. ammalato**, to fall ill □ **c. bocconi**, to fall flat on one's face □ **c. come un sacco**, to fall down □ (*fig.*) **c. dalle nuvole**, to look very surprised; to be totally unaware of st.; (*iron.*) to feign astonishment □ **c. dalla padella nella brace**, to fall out of the frying pan into the fire □ (*fig.*) **c. dal sonno**, to be half asleep □ **c. in acqua** (*o* **in mare**) (*da un'imbarcazione*), to fall overboard □ **c. in contraddizione**, to contradict oneself □ (*anche leg.*) **c. in desuetudine**, to become obsolete □ **c. in disgrazia**, (*ignominiosamente*) to fall into disgrace; (*perdere il favore di q.*) to fall out of favour (with sb.) □ **c. in disuso**, to fall into disuse □ **c. in errore**, to be mistaken □ **c. in ginocchio**, to fall on (*o* to) one's knees; to drop to one knees □ **c. in miseria**, to fall into poverty □ **c. in mano a q.**, to fall into sb.'s hands □ **c. lungo disteso**, to measure one's length; to tumble the length of one's body □ **c. nell'oblio**, to fall into oblivion □ **c. in pezzi**, to fall to pieces (*o* to bits) □ (*anche fig.*) **c. in piedi**, to fall on one's feet □ **c. in rovina**, to crumble; to be derelict □ **c. in servitù**, to fall into captivity □ **c. in trappola**, to fall into a trap □ **c. morto**, to fall down dead □ **c. nel nulla**, to come to nothing □ (*fig.*, *di parole, ecc.*) **c. nel vuoto**, to fall on deaf ears □ **c. sotto una regola**, to come within a rule □ **c. supino**, to fall on one's back □ **c. svenuto**, to faint □ **Non credevo che sarebbe caduto così in basso**, I didn't think he would sink so low □ (*fig.*) **Gli caddero le braccia**, his heart sank □ (*fam.*) **Cada il mondo**, whatever happens; come what may □ **Non cadrà mica il mondo se...**, it won't be the end of the world if... □ **Ci sei caduto come uno sciocco!**, you fell for it, you ninny! □ **Le sue parole caddero nell'indifferenza generale**, his words were met with general indifference □ **far c. q.c.**, (*di mano*) to drop st.; (*urtando*) to knock st. down □ (*fig.*) **far c. q.c. dall'alto**, to do st. as a special favour; to do st. condescendingly □ **far c. le braccia**, to discourage; to dishearten □ **lasciare c.**, to drop; to let (st.) drop: **lasciare c. il fazzoletto**, to drop one's handkerchief; (*fig.*) **lasciare c. l'argomento**, to drop the subject; to let the matter drop □ **lasciarsi c. su una poltrona**, to sink (*o* to flop) into an armchair. **B** *m.* falling: **il c. delle foglie**, the falling of the leaves. ● **al c. del giorno**, at the close of day □ **al c. della notte** (*o* **delle tenebre**), at nightfall □ **al c. del sole**, at sunset.

cadétto, A *a.* younger; cadet (*attr.*); junior. **B** *m.* **1** younger son; cadet **2** (*mil.*) cadet.

Càdice, *f.* (*geogr.*) Cadiz.

caditóia, *f.* **1** (*di fortezza*) machicolation; trapdoor **2** (*stradale*) drain.

cadmiatùra, *f.* (*metall.*) cadmium plating.

càdmio, *m.* (*chim.*) cadmium. ● **giallo di c.**, cadmium yellow.

Càdmo, *m.* (*mitol.*) Cadmus.

caducèo, *m.* (*mitol.*) caduceus*.

caducità, *f.* **1** frailty; caducity; transience; transitoriness **2** (*leg.*) lapse.

cadùco, *a.* **1** short-lived; fleeting; transient; transitory: **speranze caduche**, short-lived hopes; **bellezza caduca**, transient beauty; **beni caduchi**, temporary riches **2** (*bot.*, *zool.*, *med.*) deciduous. ● **denti caduchi**, milk teeth □ (*fam.*) **mal c.**, epilepsy.

cadùta, *f.* **1** fall; falling; drop; (*ruzzolone*) tumble; (*di aereo*) crash: **una brutta c.**, a bad fall; **fare una c.**, to fall; to take a tumble (*fam.*); **la c. della pioggia**, the falling of rain **2** (*fig.*: *diminuzione, discesa*) fall; drop: **c. della temperatura**, drop in temperature; **c. dei prezzi**, fall (*o* drop) in prices; (*elettr.*) **c. di tensione**, voltage drop; **brusca c.**, sudden drop; plunge **3** (*fig.*: *crollo, capitolazione*) fall; downfall; collapse: **la c. d'un impero**, the fall of an empire; **la c. del tiranno**, the downfall of the tyrant; **la c. del governo**, the fall of the government; **la c. di una città**, the fall of a city **4** (*perdita*) falling-out; loss: **c. dei capelli**, loss of hair; **c. dei denti**, falling-out of teeth **5** (*naut.*, *di vela*) leech. ● **c. d'acqua**, waterfall □ (*fig.*) **la c. dei gravi**, the fall of bodies □ (*Bibbia*) **la c. dell'uomo**, the Fall (of man) □ **c. libera**, free fall □ (*autom.*) **«C. massi»**, «Falling rocks» □ **c. termica**, heat drop.

cadùto, A *a.* fallen. **B** *m.* soldier killed in battle: **i caduti**, the fallen; those that died in war. ● **monumento ai caduti**, war memorial.

caffè, *m.* ***1*** (*pianta*) coffee: **piantagione di c.**, coffee plantation; **chicchi di c.**, coffee beans ***2*** (*chicchi e bevanda*) coffee: **c. in grani**, coffee beans (*pl.*); **c. macinato**, ground coffee; **c. tostato**, roasted coffee; **un c. ristretto [lungo]**, strong [weak] coffee; **Faccio il caffe?**, shall I make some coffee?; **Prendiamo un c.**, let's have have a (cup of) coffee ***3*** (*locale*) café; coffee bar; coffee shop; (*stor.*) coffee house. ● **c. amaro**, coffee without sugar; unsweetened coffee □ **c. concerto**, «café chantant»; café with band □ **c. corretto con cognac**, coffee laced with cognac (*o* with a dash of cognac) □ **c. decaffeinato**, decaffeinated coffee; decaff (*fam.*) □ **c. doppio**, double espresso □ **c. espresso**, espresso coffee □ **c. in polvere**, instant coffee □ **c. macchiato**, coffee with a dash of milk □ **c. nero**, black coffee □ **c. solubile**, instant coffee □ **color c.**, coffee-coloured □ **cucchiaino da c.**, coffee spoon □ **fondi di c.**, coffee grounds □ **macchinetta da c. (a filtro)**, percolator □ **macinino da c.**, coffee mill □ **tazza da c.**, coffee cup.

caffeàrio, *a.* coffee (*attr.*).

caffeìcolo, *a.* coffee-growing (*attr.*).

caffeìfero, *a.* coffee-producing.

caffeìna, *f.* (*chim.*) caffeine.

caffellàtte, *m.* milk and coffee; white coffee.

caffettàno, *m.* kaftan; caftan.

caffetterìa, *f.* ***1*** (*generi serviti in un caffè*) refreshments (*pl.*) ***2*** (*in albergo*) breakfast room.

caffettièra, *f.* ***1*** (*bricco*) coffeepot ***2*** (*macchina per fare il caffè*) coffee maker; (coffee) percolator ***3*** (*scherz.*: *automobile sgangherata*) old crock; crate; rattletrap; (*locomotiva*) kettle.

caffettière, *m.* (*f.* **-a**) café owner; coffee-bar keeper.

cafóna, *f.* vulgar (*o* coarse) woman*.

cafonàggine, *f.* ***1*** (*comportamento*) boorishness; loutishness; ill-breeding; (*volgarità*) vulgarity ***2*** *V.* **cafonata**.

cafonàta, *f.* boorish action; boorish words (*pl.*): **È stata una vera c.**, that was a really boorish thing to do [to say]; **Che c. non invitarli!**, how rude not to invite them!

cafóne, A *m.* ***1*** peasant ***2*** (*fig. spreg.*) boor; lout; oaf; hick (*USA*); redneck (*USA*). **B** *a.* boorish; vulgar; ill-bred; brash; naff (*fam. GB*).

cafonésco, *a.* boorish; loutish; vulgar.

càfro, *a.* e *m.* Kafir.

caftàno, *V.* **caffettano**.

cagionàre, *v. t.* to cause; to provoke; to give* rise to; to be the cause of; to bring* about.

cagióne, *f.* cause; motive; reason. ● **a c. di**, owing to; because of.

cagionévole, *a.* ***1*** (*di salute*) delicate; weak ***2*** (*di persona*) sickly.

cagionevolézza, *f.* sickliness; weakness; frailty.

cagliàre, *v. i.* **cagliàrsi,** *v. i. pron.* to curdle; to clot.

cagliaritàno, A *a.* of Cagliari; from Cagliari; Cagliari (*attr.*). **B** *m.* (*f.* **-a**) native of Cagliari; inhabitant of Cagliari.

cagliàta, *f.* curd (*spesso al pl.*).

cagliatùra, *f.* curdling.

càglio, *m.* ***1*** rennet ***2*** (*bot.*, *Galium verum*) lady's bedstraw.

càgna, *f.* ***1*** bitch ***2*** (*spreg.*: *donna di facili costumi*) slut; whore ***3*** (*spreg.*: *cattiva attrice*) bad actress; (*cattiva cantante*) bad singer ***4*** (*ferr.*) jim-crow.

cagnàra, *f.* (*fig. fam.*) noisy squabble; din; hubbub; (*trambusto*) fuss, rumpus, kerfuffle (*GB*), ruckus (*USA*): **far c.**, to squabble; to make a din; **piantare una c.**, to kick up a fuss.

cagnésco, *a.* – **in c.**, balefully; scowling; surlily: **guardare q. in c.**, to scowl at sb.; to look daggers at sb.; **sguardo in c.**, scowl; surly look.

cagnolìno, *m.* ***1*** doggy, doggie; little dog ***2*** (*cucciolo*) puppy ***3*** (*di lusso*) lap dog.

cagnòtto, *m.* ***1*** (*sicario*) hired killer; hitman* ***2*** (*uomo prezzolato*) hired thug; goon ***3*** (*esca*) bait.

caiàco, *m.* kayak.

caìcco, *m.* (*naut.*) caique.

caimàno, *m.* (*zool.*, *Caiman*) cayman, caiman.

Caìno, *m.* ***1*** Cain ***2*** (*fig.*) fratricide; (*traditore*) traitor.

Càio, *m.* Caius. ● **Tizio, C. e Sempronio**, Tom, Dick and Harry.

cairòta, A *a.* of Cairo; Cairene. **B** *m.* e *f.* inhabitant of Cairo; Cairene.

càla (1), *f.* (*insenatura*) inlet; cove.

càla (2), *f.* (*naut.*) hold.

calabràche, *m.* e *f. invar.* (*volg.*) quitter; funk (*pop.*).

calabrése, càlabro, *a.*, *m.* e *f.* Calabrian.

calabróne, *m.* ***1*** (*zool.*, *Vespa crabro*) hornet ***2*** (*fig.*: *corteggiatore*) persistent suitor.

calafatàggio, *m.* (*naut.*) caulking.

calafatàre, *v. t.* (*naut.*) to caulk.

calafàto, *m.* (*naut.*) caulker.

calamàio, *m.* ***1*** ink bottle; ink pot; (*con portapenne*) inkstand; (*a pozzetto*) inkwell ***2*** (*tipogr.*) (ink) fountain ***3*** *V.* **calamaro**.

calamàro, *m.* (*zool.*, *Loligo vulgaris*) squid*.

calamìna, *f.* (*miner.*) calamine.

calamìta, *f.* (*anche fig.*) magnet: **c. naturale**, lodestone.

calamità, *f.* ***1*** (*sventura*) adversity; misfortune; affliction ***2*** (*disastro*) calamity; disaster: **c. nazionale**, national disaster; **c. naturale**, natural calamity; (*leg.*) act of God.

calamitàre, *v. t.* (*anche fig.*) to magnetize.

calamitàto, *a.* magnetic.

calamitóso, *a.* (*lett.*) calamitous.

càlamo, *m.* ***1*** (*bot.*) calamus*: **c. aromatico** (*Acorus calamus*), calamus; sweet flag ***2*** (*ornit.*) calamus*; quill ***3*** (*cannuccia per scrivere*) cane pen; quill ***4*** (*lett.*: *canna*) reed ***5*** (*mus.*) pipe.

calànca, *f.* (*insenatura*) cove; inlet; calanque (*franc.*).

calànco, *m.* (*geol.*) gully.

calàndo, *m.* (*mus.*) calando.

calàndra (1), *f.* (*zool.*, *Melanocorypha calandra*) calandra lark.

calàndra (2), *f.* (*zool.*, *Calandra granaria*) grain weevil.

calàndra (3), *f.* ***1*** (*mecc.*) calender; (*per tessili*) rotary press; (*per carta*) rolling press ***2*** (*autom.*) radiator grill.

calandràre, *v. t.* (*ind.*) to calender.

calandratùra, *f.* (*ind.*) calendering.

calandrìno, *m.* dupe; simpleton.

calàndro, *m.* (*zool.*, *Anthus campestris*) tawny pipit.

calànte, *a.* ***1*** (*che scende*) falling; dropping; declining ***2*** (*che tramonta*) setting; declining; sinking; **sole c.**, setting (*o* sinking) sun; **luna c.**, waning moon ***3*** (*di peso*) short; below weight: **moneta c.**, coin below weight ***4*** (*mus.*) flat. ● **fama c.**, declining fame □ (*fig.*) **essere in fase c.**, to be waning; to be on the wane; to be dwindling □ **marea c.**, ebb tide.

calàppio, *m.* (*anche fig.*) snare.

calaprànzi, *m. invar.* service lift; dumbwaiter.

calàre (1), A *v. t.* ***1*** (*abbassare*) to lower; to let* down; to drop: **c. un carico**, to lower a load; **c. un secchio nel pozzo**, to let down a pail into the well; **c. una bara nella fossa**, to lower a coffin into the grave; **c. le reti**, to lower the nets; **c. il sipario**, to bring down (*o* to lower) the curtain ***2*** (*naut.*) to haul down; to lower; to strike*: **c. le vele**, to haul down the sails; **c. in mare le scialuppe**, to lower the lifeboats ***3*** (*diminuire*) to lower; to reduce; to cut*: **c. i prezzi**, to reduce prices ***4*** (*lavoro a maglia*) to decrease ***5*** (*giochi di carte*) to play. ● (*fig. pop.*) **c. le brache**, to submit abjectly; to give in; to chicken out (*fam.*) □ **calarsi il cappello sugli occhi**, to pull one's hat (down) over one's eyes □ **c. un fendente**, to strike a downward blow (with a sword) □ **c. una perpendicolare**, to draw (*o* to drop) a perpendicular line. **B** *v. i.* ***1*** (*scendere*) to sink*; to drop; to get* lower; to fall*; to abate; (*di marea*) to ebb: **Il livello dell'acqua calava**, (the level of) the water was sinking (*o* dropping); **Calò il sipario**, the curtain fell (*o* dropped); **È calata la notte**, night has fallen; **La marea calava**, the tide was ebbing; **Un silenzio calò nella sala**, silence fell in the room ***2*** (*diminuire*) to fall*, to drop, to go* down, to sink*, to abate; (*dimagrire*) to lose* weight: **A sera la febbre calò**, in the evening the fever dropped; **Le azioni calano**, stocks are falling; **Le nostre scorte stanno calando**, our stores are lowering; **È calata di tre chili**, she lost three kilos; **La sua fama calò presto**, his fame soon declined: **c. nella stima di q.**, to fall in sb.'s estimation ***3*** (*scendere a valle*) to go* down; to come* down: **Le greggi calano al piano**, the flocks are going down to the plains ***4*** (*invadere*) to invade (st.); to descend on (*anche fig.*): **L'esercito calò in Lombardia**, the army invaded Lombardy ***5*** (*assalire*) to fall* upon; to drop (*o* to swoop) upon: **Il falco calò sulla preda**, the hawk dropped (*o* swooped) upon its prey; **Calammo sul nemico**, we fell upon the enemy ***6*** (*tramontare*) to go* down; to set*; to sink*: **Il sole calava**, (*nel pomeriggio*) the sun was going down (*o* getting lower); (*al tramonto*) the sun was setting ***7*** (*di suono*) to become* lower; to sink*: **La sua voce calò e divenne un sussurro**, his voice sank to a whisper; **M'è calata la voce**, I've grown hoarse ***8*** (*mus.*) to be flat. **C calàrsi,** *v. i. pron.* to let* oneself down: **Si calò lungo la scogliera**, he let himself down the cliff. ● (*fig.*) **c. in un personaggio**, to identify with a character.

calàre (2), *m.* – **al c. del sole**, at sunset; **al c. della notte** (*o* **delle tenebre**), at nightfall.

calàta, *f.* ***1*** (*discesa*) descent; (*invasione*) invasion ***2*** (*caduta, discesa*) fall; drop: **c. del sipario**, fall of the curtain ***3*** (*alpinismo*) descent ***4*** (*banchina di porto*) quay; wharf* ***5*** (*cadenza*) intonation; cadence; lilt. ● (*fig.*) **c. di brache**, abject surrender □ (*comm.*) **diritto di c.**, wharfage; pierage.

calavèrna, *f.* (*brina*) (hoar-)frost; rime.

càlca, *f.* crowd; press; throng: **fendere la c.**, to force one's way through the crowd; **fare c.**, to throng around.

calcàgno, *m.* (*pl.* **calcagna**, *f.*, *in alcuni usi fig.*) ***1*** (*anat.*) calcaneus*; (*com.*) heel bone ***2*** (*parte del piede o della calza*) heel. ● **avere q. alle calcagna**, to have sb. hot on one's heels □ (*fig.*) **mostrare** (*o* **voltare**) **le calcagna**, to show a clean pair of heels □ **sedersi sui calcagni**, to squat □ **stare alle calcagna di q.**, to follow sb. everywhere; to dog sb.'s every step; (*inseguire*) to be hot on sb.'s heels; (*pedinare*) to tail sb., to shadow sb.

calcaneàre, *a.* (*anat.*) calcaneal; heel (*attr.*).

calcàra, *f.* (*forno da calce*) limekiln.

calcàre (1), *m.* (*geol.*) limestone.

calcàre (2), *v. t.* ***1*** (*calpestare*) to tread* (on): **c. l'uva**, to tread grapes: **c. un sentiero**, to tread a path ***2*** (*pressare*) to press down; to jam; to ram; (*terreno*) to tamp; (*ficcare*) to cram, to pack, to stuff: **calcarsi il cappello in testa**, to press one's hat down on one's head; **calcarsi il cappello sugli occhi**, to pull one's hat down over one's eyes; **c. roba in un cas-**

setto, to cram things into a drawer ***3*** (*esagerare, sottolineare*) to emphasize; to stress: **c. una parola**, to stress a word; **c. la voce**, to speak emphatically ***4*** (*ricalcare*) to trace. ● (*fig.*) **c. la mano**, (*esagerare*) to exaggerate, to overdo it; (*essere troppo severo*) to be heavy-handed □ (*fig.*) **c. le orme di q.**, to tread in sb.'s footsteps □ **c. le scene**, to be on the boards; to tread the boards.

calcàreo, *a.* calcareous.

calcatóio, *m.* ***1*** (*ind. min.*) tamper; stemming rod; tamping bar ***2*** (*mil.*) ramrod.

càlce (1), *f.* lime: **c. idraulica**, hydraulic lime; **c. spenta**, slaked lime; hydrated lime: **c. viva**, quicklime; caustic lime; **acqua di c.**, lime water; **bianco di c.**, whitewash; **latte di c.**, lime milk.

càlce (2), *m.* foot; bottom. ● (*bur.*) **in c.**, at the bottom; below: **in c. alla presente**, (here) below; **apporre la firma in c.**, to sign; **nota in c.**, footnote.

calcedònio, *m.* (*miner.*) chalcedony.

calcemìa, *f.* (*med.*) blood calcium.

calceolària, *f.* (*bot., Calceolaria*) calceolaria; slipperwort.

calcestrùzzo, *m.* (*costr.*) concrete.

calcétto, *m.* ***1*** *V.* **calcio-balilla** ***2*** five-a-side (football).

calciàre, *v. t. e i.* ***1*** to kick: **Il mulo calcia**, mules kick ***2*** (*sport*) to kick; to shoot*: **c. in porta**, to kick (*o* to shoot) the ball into the goal; **c. un rigore**, to take a penalty; **c. di rimbalzo**, to drop-kick.

calciatóre, *m.* (*f.* **-trice**) (*sport*) football player; (association) footballer; soccer player (*USA*).

càlcico, *a.* (*chim.*) calcic.

calcicòsi, *f.* (*med.*) calcicosis*.

calciferòlo, *m.* (*chim.*) calciferol.

calcificàre, *v. t.* **calcificàrsi,** *v. i. pron.* to calcify.

calcificazióne, *f.* (*biol., med.*) calcification; hardening of tissues.

calcimetrìa, *f.* (*chim.*) calcimetry.

calcìmetro, *m.* (*chim.*) calcimeter.

calcìna, *f.* (lime) mortar.

calcinàccio, *m.* ***1*** flake of plaster ***2*** (*pl.*) masonry debris (*sing. collett.*); rubble (*sing. collett.*).

calcinàio, *m.* ***1*** (*edil.*) pit for slaking quicklime ***2*** (*conceria*) limepit.

calcinàre, *v. t.* ***1*** (*chim.*) to calcine ***2*** (*conceria, agric.*) to lime.

calcinatùra, calcinazióne, *f.* (*chim.*) calcination.

calcinòsi, *f.* (*med.*) calcinosis.

calcinóso, *a.* limy.

càlcio (1), *m.* ***1*** kick: **dare un c. a q.**, to kick sb.; to aim a kick at sb.; **dare** (*o* **tirare**) **calci**, to kick out; **assestare un c.**, to give a well-aimed kick; **Chiuse la porta con un c.**, he kicked the door shut; **cacciar via q. a calci**, to kick sb. out; **prendere q. a calci**, to kick sb. ***2*** (*gioco*) football (*form.*: association football); soccer (*fam.*): **giocare a c.**, to play football; **campo di c.**, football field (*o* pitch, ground). ● **c. americano**, American football; football (*USA*) □ **c. d'angolo**, corner (kick): **segnare su c. d'angolo**, to score from a corner; **deviare la palla in c. d'angolo**, to deflect the ball for a corner □ **c. d'inizio**, kick-off □ **c. di punizione**, free kick □ **c. di rigore**, penalty kick □ (*rugby*) **c. laterale**, cross kick □ **c. storico** (*o* **in costume, fiorentino**), Florentine football pageant □ (*fig.*) **dare un c. alla carriera**, to throw one's career to the winds □ (*fig.*) **dare un c. alla fortuna**, to turn one's back to fortune □ (*fig.*) **dare a q. il c. dell'asino**, to hit a man when he is down □ (*fig.*) **fare a calci**, to be at variance; to clash □ (*fig.*) **fare a calci col buon senso**, to fly in the face of commonsense; to be preposterous.

càlcio (2), *m.* (*di arma*) butt; (*di fucile, anche*) stock.

càlcio (3), *m.* (*chim.*) calcium.

càlcio-balìlla, *locuz. m. invar.* table football.

calciocianammide, *f.* (*chim.*) calcium cyanamide.

calciòlo, *m.* (*di fucile*) butt.

càlcio-mercàto, *m.* (*sport*) transfer market.

calcioterapìa, *f.* (*med.*) calcium treatment.

calcìstico, *a.* football (*attr.*); soccer (*attr., fam.*): **società calcistica**, football club; **incontro c.**, football match.

calcìte, *f.* (*miner.*) calcite.

calcitonìna, *f.* (*med.*) calcitonin.

càlco, *m.* ***1*** (*arte*) cast; mould: **fare il c. d'una statua**, to make the mould of a statue; **c. in gesso**, plaster cast ***2*** (*con carta*) tracing ***3*** (*tipogr.*) print; imprint ***4*** (*ling.*) calque; loan translation.

calcocìte, *m.* (*miner.*) chalcocite.

calcografìa, *f.* ***1*** (*tecnica*) copperplate engraving; chalcography ***2*** (*incisione*) copperplate.

calcogràfico, *a.* chalcographic(al).

calcògrafo, *m.* copperplate engraver; chalcographer.

càlcola, *f.* (*ind. tess.*) treadle.

calcolàbile, *a.* calculable; computable; that can be reckoned.

calcolàre, *v. t. e i.* ***1*** to calculate; to compute; to reckon; to work out: **c. l'area di un cerchio**, to calculate the area of a circle; **c. una distanza**, to calculate (*o* to work out) a distance; **c. approssimativamente**, to make a rough calculation ***2*** (*includere in un calcolo*) to include, to count in; (*mettere in conto*) to take* into account, to allow for: **c. q. (fra i presenti)**, to include sb. among those present; to count sb. in: **Non calcolatemi**, count me out; **c. un possibile margine d'errore**, to allow for a possible margin of error; **Non avevo calcolato la possibilità che rifiutasse**, I hadn't bargained for his refusal ***3*** (*fare una stima*) to estimate: **c. il costo**, to estimate the cost: **Quanto tempo calcolate che vi ci vorrà?**, how long do you think (*o* estimate, expect) it will take? ***4*** (*valutare*) to evaluate, to assess, to estimate, to reckon; (*considerare*) to consider, to think*; (*soppesare*) to weigh; (*progettare*) to plan: **senza c. le conseguenze**, without reckoning the consequences; **c. vantaggi e svantaggi**, to weigh the pros and cons; **Calcolo di partire domani**, I plan on leaving tomorrow; I expect to leave tomorrow; **Calcolò che sarebbe stato via un mese**, he reckoned he would be away for a month. ● **c. q.c. a occhio e croce**, to make a rough estimate of st. □ **c. male**, to miscalculate; to misjudge: **Calcolai male la distanza e urtai contro il palo**, I misjudged the distance and hit the pole □ **c. ogni parola**, to weigh every word □ **con calcolata indifferenza**, with deliberate (*o* studied) indifference □ **rischio calcolato**, calculated risk □ **Tutto calcolato, preferisco continuare**, all things considered (*o* all in all), I'd rather go on.

calcolatóre, **A** *a.* ***1*** calculating: **macchina calcolatrice**, calculating machine; calculator; **regolo c.**, slide rule ***2*** (*fig.*) calculating; scheming; shrewd: **mente calcolatrice**, calculating mind; **un uomo c.**, a shrewd man; a schemer. **B** *m.* ***1*** (*f.* **-trice**) calculating (*o* scheming) man* (*f.* woman*); schemer ***2*** (*macchina*) calculator: **c. elettronico**, *V.* **elaboratore**; (*aeron., naut.*) **c. di rotta**, course-line calculator; (*mil.*) **c. di tiro**, director; **c. tascabile**, pocket calculator.

calcolatrìce, *f.* (*macchina*) calculating machine; calculator: **c. da tavolo**, printing calculator; **c. tascabile**, pocket calculator.

calcolitografìa, *f.* (*tipogr.*) copperplate printing.

càlcolo, *m.* ***1*** (*mat.*) calculus*: **c. algebrico [differenziale, infinitesimale]**, algebraic [differential, infinitesimal] calculus; **c. delle probabilità**, calculus of probability ***2*** (*conteggio*) computation; calculation; reckoning: **sbagliare i calcoli**, to make a mistake in calculations; **essere bravo nei calcoli**, to be good with figures ***3*** (*valutazione*) calculation; estimate: **il c. delle spese**, an estimate of expenses; **fare il c. dei costi**, to calculate (*o* to estimate) costs; **c. approssimativo** (*o* **a occhio e croce**), rough estimate ***4*** (*med.*) calculus*; stone: **c. epatico** (*o* **biliare**), biliary calculus; gallstone; **c. vescicale**, vesical calculus; stone in the bladder. ● **a calcoli fatti**, all things considered; all in all □ **un errore di c.**, a mistake in the sum; a mistake in adding up [subtracting, etc.]; (*anche fig.*) a miscalculation □ **fare c. su q.c.**, to count on st.; to rely on st. □ **fare i propri calcoli**, to make one's plans; to weigh the pros and cons □ **fare bene i propri calcoli**, to lay out one's plans well □ **fare male i propri calcoli**, to miscalculate □ **fare q.c. per c.**, to do st. out of self-interest; to do st. with an eye to the main chance □ **agire per c.**, to act out of self-interest.

calcolòsi, *f.* (*med.*) calculosis*.

calcolóso, *a.* (*med.*) calculous.

calcomanìa, *V.* **decalcomania**.

calcopirìte, *f.* (*miner.*) chalcopyrite; copper pyrites.

calcotipìa, *f.* (*tipogr.*) copperplate printing.

caldàia, *f.* ***1*** (*calderone*) cauldron; copper ***2*** (*tecn.*) boiler; furnace: **c. a vapore**, steam boiler; **c. a nafta**, oil-fired boiler; **c. elettrica**, electric boiler; **locale delle caldaie**, boiler room.

caldàio, *m.* cauldron.

caldaìsta, *m.* boiler man*.

caldallèssa, *f.* boiled chestnut.

caldaménte, *avv.* warmly; heartily.

caldàna, *f.* ***1*** (*pl.*) (*specialm. della menopausa*) hot flushes; hot flashes (*USA*) ***2*** (*fig.: scatto d'ira*) fit of anger; flare.

caldarròsta, *f.* roast chestnut.

caldarrostàio, *m.* (*f.* **-a**) roast chestnut vendor.

caldeggiàre, *v. t.* (*raccomandare*) to advocate, to push for; (*appoggiare*) to support, to back: **c. riforme**, to advocate reforms; **c. una proposta**, to back a proposal.

caldèo, *a. e m.* (*stor.*) Chaldean; Chaldee.

caldèra, *f.* (*geol.*) caldera.

calderàio, *m.* ***1*** (*ramaio*) coppersmith ***2*** (*stagnino*) tinker ***3*** (*costruttore di caldaie*) boilermaker.

calderóne, *m.* ***1*** (*recipiente*) cauldron ***2*** (*fig.*) medley; hotchpotch, hodge-podge (*USA*); melting pot: **c. di gente**, motley crowd; **c. di razze**, melting pot (of races). ● (*fig.*) **mettere tutto nello stesso c.**, to throw everything into the melting pot; to lump everything together.

càldo, **A** *a.* ***1*** warm; (*molto c.*) hot: **acqua calda e fredda**, hot and cold water; **brodo c.**, hot broth; **sangue c.**, warm blood; (*fig.: focosità*) hot blood: **animale a sangue c.**, warm-blooded animal; **avere il sangue c.**, to be hot-blooded; **stagione calda**, hot weather; **avere i piedi caldi**, to have warm feet ***2*** (*fig.: di colore, suono, ecc.*) warm: **tinte calde**, warm colours; **voce calda**, warm voice ***3*** (*fig.: caloroso*) warm; hearty; ardent; fervent: **una calda accoglienza**, a warm (*o* hearty) welcome; **calde preghiere**, fervent prayers ***4*** (*fig.: critico, difficile*) hot; critical; difficult: (*polit., mil.*) **punto c.**, hot spot; **linea calda**, hot line. ● (*fig.*) **a sangue c.**, in hot blood □ (*fig.*) **battere il ferro quando è c.**, to strike while the iron is hot □ **Chi la vuol calda chi la vuol fredda**, some want it one way, some another □ **notizie calde calde**, last-minute news; news hot from the press □ **piangere a calde lacrime**, to cry one's heart out □ **pigliarsela calda per q.c.**, to take st. to heart □ (*fig.*) **testa c.**, hothead □ (*nelle ricette*) **Servire c.**, serve hot. **B** *m.* ***1*** (*calore*) heat; (*tempo caldo*) hot weather: **soffrire il c.**, to feel the heat; **quando verrà il c.**, when the hot weather comes; **c. soffocante**, stifling heat; **Che c.!**, how hot it is!; it's so hot! *2* (*fig.*) heat; ardour; fervour: **nel c. della lite**, in the heat of the quarrel. ● (*fig.*) **a c.**, immediately; on the spot; (*d'impulso*) on the spur (*o* the heat) of the moment: **operare a c.**, to operate immediately; **parole dette a c.**, words said on the spur (*o* in the heat) of the moment; **un commento a c.**, an off-the-cuff comment; **fare q.c. a c.**, to do st. in the heat of the moment □ **avere c.**, to be warm; to keep warm; to be hot: **avere c. a sufficienza**, to be warm enough; **avere** (*o* **sentire**) **un gran c.**, to feel very hot □ **Oggi fa c.**, it's warm today; (*molto c.*) it's hot today; **Quell'anno fece molto c.**, it was very hot that year □ **lavorare un metallo a c.**, to hot-work a metal □ **mettere vivande in c.**, to keep food warm □ (*fig.*) **Non mi fa né c. né freddo**, I couldn't care less; it leaves me cold □ **ondata di c.**, heat wave □ **Vuoi qualcosa di c.?**, would you like something hot? □ **stare al c.**, to be in the warm; to keep warm □ (*nelle istruzioni*) **Teme il c.**, keep in a cool place □ **tenere c.**, to be warm; to keep one warm □ (*anche fig.*) **tenere q.c. in c.**, to keep st. warm.

caldùra, *f.* summer heat; sultriness.

caledoniàno, *m.* (*geol.*) Caledonian.

calefaziòne, *f.* (*fis.*) calefaction.

caleidoscòpico, *a.* (*anche fig.*) kaleidoscopic.

caleidoscòpio, *m.* kaleidoscope.

calendàrio, *m.* *1* calendar: **c. gregoriano [giuliano]**, Gregorian [Julian] calendar; **c. solare [lunare]**, solar [lunar] calendar *2* (*almanacco*) calendar: **c. a fogli mobili**, tear-off calendar; **c. da tavolo**, desk calendar *3* (*programma*) calendar; programme: **c. di borsa**, stock-exchange calendar; **c. delle partite**, calendar of the matches; **c. scolastico**, school calendar.

calènde, *f. pl.* kalends, calends. ● (*fig.*) **rimandare q.c. alle c. greche**, to put st. off till Doomsday (*o* till God knows when).

calendimaggio, *m.* (*lett.*) May Day.

calèndola, *f.* (*bot.*, *Calendula officinalis*) pot marigold; calendula.

calepino, *m.* *1* (*dizionario*) dictionary *2* (*grosso volume*) tome *3* (*taccuino*) notebook.

calére, *v. i. difett.* (*lett.*) to matter: **Non mi cale**, I care not; it matters not (to me). ● **porre** (*o* **mettere**) **in non cale**, to attach no importance to; to disregard; to neglect.

calèsse, *m.* (*senza mantice*) gig; (*con mantice*) calash, calèche (*franc.*), cabriolet.

calétta, *f.* mortise, mortice. ● **c. a coda di rondine**, dovetail.

calettaménto, *m. V.* **calettatura**.

calettàre, **A** *v. t.* (*mecc.*) *1* (*a freddo*) to key; to force-fit *2* (*a caldo*) to shrink* on *3* (*a coda di rondine*) to dovetail. **B** *v. i.* (*anche fig.*) to fit (together); to match.

calettatùra, *f.* (*mecc.*) *1* (*a freddo*) keying *2* (*a caldo*) shrinking on *3* (*a coda di rondine*) dovetailing.

calia, *f.* (*limatura*) gold dust; gold filings (*pl.*).

calibràre, *v. t.* *1* (*mecc.*) to ream; to gauge *2* (*mecc.*: *misurare*) to calibrate *3* (*fig.*) to weigh; to measure.

calibratóio, **calibratóre**, *m.* (*mecc.*) reamer; gauge; calibrator.

calibratùra, *f.* (*mecc.*) gauging; calibration.

càlibro, *m.* (*mecc.*) *1* gauge; bore; calibre, caliber (*USA*): (*mil.*) **cannone di grosso [medio, piccolo] c.**, large-calibre [medium-calibre, small-calibre] cannon; **fucile di c. dodici**, twelve-gauge (*o* twelve-bore) shotgun; **c. passa**, go gauge; **c. non passa**, no-go gauge; **c. passa e non passa**, go no-go (*o* difference) gauge; (*mil.*) **grossi calibri**, big guns *2* (*strumento*) cal(l)ipers (*pl.*); gauge: **c. per esterni [per interni]**, outside [inside] calipers. ● (*fig.*) **grosso c.**, big man*; big shot (*fam.*) □ **un uomo del suo c.**, a man of his calibre.

calicànto, *m.* (*bot.*) *1* – **c. d'estate** (*Calycanthus floridus*), calycanthus; Carolina allspice *2* – **c. d'inverno** (*Chimonanthus praecox*), Japan allspice.

càlice (1), *m.* *1* goblet; (*lett.*) drinking cup *2* (*eccles.*) chalice; calix*. ● **un amaro c.**, a bitter cup □ (*fig.*) **bere il c. fino alla feccia**, to drain the cup to its dregs □ **levare i calici**, to raise the glasses; to make a toast.

càlice (2), *m.* (*bot.*) calyx*.

calicétto, *m.* (*bot.*) calycle.

caliciförme, *a.* calyciform.

calicìno, *a.* (*bot.*) calycine.

calicò, *m.* (*ind. tess.*) calico*.

calidàrio, *m.* (*archeol.*) calidarium*.

califfàto, *m.* caliphate, califate.

califfo, *m.* caliph, calif.

californiàno, *a.* e *m.* Californian.

califòrnio, *m.* (*chim.*) californium.

caligine, *f.* *1* haze *2* (*nebbia mista a fumo*) smog *3* (*fig.*) haze; fog.

caliginóso, *a.* *1* foggy; murky *2* (*oscuro*) dark; obscure.

calióma, *f.* (*naut.*) winding tackle.

calipso, *m.* (*ballo*) calypso.

càlla, *f.* (*bot.*) *1* (*Calla palustris*) calla; water arum *2* (*Zantedeschia aethiopica, anche* **c. dei fioristi**) calla; arum lily.

càlle, **A** *m.* (*poet.*) path. **B** *f.* calle (narrow Venetian street).

càllido, *a.* (*lett.*) crafty; cunning.

callifugo, **A** *m.* corn-plaster. **B** *a.* corn (*attr.*).

calligrafia, *f.* *1* (*bella scrittura*) calligraphy; penmanship: **lezioni di c.**, lessons in calligraphy *2* (*scrittura personale*) handwriting; hand; script: **c. illeggibile**, illegible handwriting.

calligràfico, *a.* *1* of handwriting; handwriting (*attr.*); calligraphic: **saggio c.**, sample of handwriting; **perizia calligrafica**, expert opinion on a sample of handwriting *2* (*fig.*) over-refined; over-elaborate.

calligrafismo, *m.* excessive refinement; over-elaboration.

calligrafo, *m.* (*f.* **-a**) *1* calligrapher; calligraphist; penman* (*m.*) *2* (*fig.*) over-refined stylist. ● (*leg.*) **perito c.**, handwriting expert.

calligràmma, *m.* (*poesia*) calligram.

callista, *m.* e *f.* chiropodist.

callistenia, *f.* cal(l)isthenics (*pl. col verbo al sing.*).

callistènico, *a.* cal(l)isthenic.

càllo, *m.* *1* (*med.*) callus*; (*specialm. sulle dita dei piedi*) corn *2* (*bot.*) callus*. ● (*fig.*) **Ci ho fatto il c.**, I've grown used (*o* inured) to it; I'm hardened to it □ (*fig.*) **pestare i calli a q.**, to tread on sb.'s toes.

callosità, *f.* *1* (*callo*) callus*; callosity *2* (*l'essere calloso*) callousness; horniness.

callóso, *a.* *1* (*di piede*) full of corns; with corns *2* (*di mano*) horny; calloused *3* (*fig.*: *indurito*) hardened; thickened; callous: **coscienza callosa**, hardened conscience. ● (*anat.*) **corpo c.**, corpus callosum.

càlma, *f.* *1* (*quiete, tranquillità*) calm; quiet; peace; peacefulness; tranquillity: **la c. di un giorno d'estate**, the calm of a summer day; **amare la c.**, to love quiet; **mai un momento di c.**, never a moment's peace *2* (*agio, pacatezza*) calm, calmness, leisure; (*compostezza*) composure, cool head, cool (*fam.*): **Esaminiamo la cosa con c.**, let's examine the matter calmly; **fare le cose con c.**, to act calmly; to take one's time; to do things at one's leisure: **Fa' con calma**, take your time; don't rush; **prendersela con c.**, (*reagire con c.*) to take it calmly; (*non agitarsi*) to take things easy; (*non affrettarsi*) to take one's time; **mantenere la c.**, to keep calm; to keep one's composure; to keep one's cool (*fam.*) *3* (*bonaccia*) calm: **Il mare è in c.**, the sea is calm; **c. piatta**, dead calm; **regione delle calme equatoriali**, (the) doldrums. ● **C. e sangue freddo!**, steady!; don't panic! □ **Con la c. si fa tutto**, easy does it □ **perdere la c.**, to lose one's temper.

calmànte, **A** *a.* calming; soothing. **B** *m.* (*farm.*) sedative.

calmàre, **A** *v. t.* *1* to calm (down); (*rabbonire*) to cool down, to soothe: **Calmai le sue paure**, I calmed his fears; **Riuscimmo a calmarlo**, we managed to calm him down *2* (*lenire*) to relieve; to ease; to lessen: **c. il dolore**, to ease (*o* to lessen) the pain. **B calmàrsi**, *v. i. pron.* *1* (*di persona*) to calm down; to become* calm; to cool down: **Finalmente il nonno si calmò**, at last Grandad calmed down; **Calmati!**, calm down!; cool it! (*fam.*) *2* (*di cose*) to calm down; to grow* calm; to die down; to abate: **Il mare si calmò**, the sea calmed down; **La tempesta si calmò**, the storm abated (*o* died down); **Il vento si calmò**, the wind dropped; **Il mal di testa si è calmato**, my headache has gone away.

calmàta, *f.* *1* (*naut.*) lull *2* (*scherz.*) – **darsi una c.**, to calm down; to cool down; to cool it (*fam.*).

calmieràre, *v. t.* to fix a ceiling price for; to subject (st.) to price control.

calmière, *m.* *1* ceiling price *2* (*listino prezzi*) official list of prices. ● **prezzo di c.**, controlled price.

càlmo, *a.* *1* (*tranquillo*) calm; peaceful; quiet: **un pomeriggio c.**, a calm (*o* quiet) afternoon; **vita calma**, peaceful life *2* (*di persona*) calm; composed; collected: **È un tipo c.**, he's a calm sort of person; **Ne parleremo quando sarai più c.**, we'll discuss it when you've calmed (*o* cooled) down; **rimanere c.**, to keep calm; to keep one's composure; **mettersi c.**, to calm down *3* (*immobile*) calm; still: **Il mare era c.**, the sea was calm; **aria calma**, still air.

calmùcco, *a.* e *m.* Kalmuck.

càlo, *m.* *1* (*diminuzione*) loss; drop; fall; falling-off: **c. di prestigio**, loss of prestige; **I sondaggi mostrano un c. di entusiasmo**, opinion polls show a drop in enthusiasm; **un c. d'interesse**, a falling-off of interest; **c. della vista**, weakening of sight; **c. di peso**, loss of weight *2* (*econ., comm.*) drop, decrease, falling-off, decline; (*di prezzi*) fall, drop, sag; (*di volume*) shrinkage; (*di peso*) shortage; (*di liquidi*) leakage, ullage: **c. della domanda**, drop in demand; **c. di produzione**, drop (*o* downturn) in production; **c. di qualità**, falling-off in quality; **c. rapido**, nose-dive; **c. temporaneo**, dip.

calomelàno, *m.* (*farm.*) calomel.

calóre, *m.* *1* heat; (*tepore*) warmth: **il c. del sole**, the heat of the sun; **c. animale**, animal heat; **c. estivo**, summer heat; **Un c. delizioso emanava dalla stufa**, the stove gave out a delightful warmth; **Provai una sensazione di c. in tutto il corpo**, I felt warm all over *2* (*fis.*) heat: **c. di fusione**, melting heat; **calor bianco [rosso]**, white [red] heat; (*anche fig.*) **al calor bianco**, white-hot; **c. latente**, latent heat; **c. specifico**, specific heat; **c. residuo**, afterheat; **conduzione del c.**, heat conduction *3* (*fig.*: *cordialità*) warmth, friendliness; (*entusiasmo*) eagerness, heat, fervour, passion: **Ci accolsero con c.**, they welcomed us warmly; **nel c. della discussione**, in the heat of the argument; **discutere q.c. con c.**, to discuss st. excitedly (*o* animately); **Parlò con c. a favore dell'abolizione di ogni restrizione**, he argued passionately for the abolition of all restrictions; **approvare un progetto con c.**, to welcome a plan *4* (*med.*) heat rash *5* (*di animali*) heat: **in c.**, on heat; in heat (*USA*). ● (*med.*) **colpo di c.**, heatstroke □ (*tecn.*) **pompa di c.**, heat pump □ (*tecn.*) **scambiatore di c.**, heat exchanger.

caloria, *f.* (*fis., biol.*) calorie, calory: **piccola c.**, small calorie; **grande c.**, large (*o* great) calorie; **ricco [povero] di calorie**, rich [low] in calories.

calòrico, *m.* (*fis., biol.*) caloric.

calorifero, *m.* *1* (*impianto*) central heating *2* (*radiatore*) radiator.

calorìfico, a. (*fis.*) calorific.
calorimetrìa, f. (*fis.*) calorimetry.
calorimètrico, a. (*fis.*) calorimetric(al).
calorìmetro, m. (*fis.*) calorimeter.
calorizzazióne, f. (*metall.*) calorizing.
calorosità, f. warmth; enthusiasm; cordiality; eagerness.
calorόso, a. **1** (*che non soffre il freddo*) that does not feel the cold **2** (*fig.*: *cordiale*) warm, cordial, hearty; (*entusiastico*) enthusiastic, eager; (*animato*) heated, animated: **un'accoglienza calorosa**, a warm welcome; **discussione calorosa**, heated argument.
calòscia, f. galosh, golosh; overshoe.
calotipìa, f. **calòtipo,** m. (*fotogr.*) calotype.
calòtta, f. **1** cap; (*protettiva*) cover, hood: (*autom., elettr.*) **c. dello spinterogeno**, distributor cap; (*anat.*) **c. cranica**, skullcap; (*geogr.*) **c. polare**, (Polar) icecap **2** (*zucchetto*) calotte; (*papalina*) skullcap **3** (*di orologio*) watchcase **4** (*aeron.*: *di paracadute*) canopy **5** (*di cappello*) crown **6** (*archit.*) calotte.
calpestàre, v. t. **1** to tread* on; to step on; to trample; to stamp on: **Calpestai la coda al cane**, I trod (*o* stepped) on the dog's tail; **Fu calpestata dalla folla**, she was trampled by the crowd **2** (*fig.*) to trample on; to crush; to ride roughshod over: **c. i diritti di q.**, to trample on sb.'s right; **c. gli affetti di q.**, to ride roughshod over sb.'s feelings. ● **un popolo calpestato**, a downtrodden people □ **È vietato c. l'erba**, keep off the grass.
calpestìo, m. tread; shuffling of feet; footfalls (*pl.*); (*di zoccoli*) stamping.
càlta, f. – (*bot.*) **c. palustre** (*Caltha palustris*), marsh marigold.
calùgine, f. (*lanugine*) down.
calumàre, **A** v. t. (*naut.*) to pay* out. **B calumàrsi,** v. rifl. to let oneself down (a cable).
calumet, m. invar. peace pipe; calumet: **fumare il c. della pace**, to smoke the peace pipe.
calùnnia, f. **1** (*leg.*) slander; defamation **2** (*estens.*) slander; calumny; false accusation; (*menzogna*) lie: **spargere calunnie**, to spread slander; **È una c.!**, it's a lie!
calunniàre, v. t. to slander; to defame; to calumniate; to vilify; to malign.
calunniatóre, m. (f. **-trice**) slanderer; defamer; calumniator; vilifier; maligner.
calunnióso, a. slanderous; defamatory; calumnious.
calùra, f. (*lett.*) great heat; sultriness; mugginess.
calutróne, m. (*fis.*) calutron.
calvàrio, m. **1** Calvary **2** (*fig.*) trial; ordeal; cross; calvary.
calvinismo, m. (*stor. relig.*) Calvinism.
calvinista, m. e f. (*stor. relig.*) Calvinist.
calvinistico, a. Calvinistic(al).
calvìzie, f. baldness.
càlvo, **A** a. bald; bald-headed; hairless: **testa calva**, bald head; **uomo c.**, bald-headed man. **B** m. bald man*; baldhead; baldpate (*fam.*).
càlza, f. **1** sock; (*con reggicalze*) stocking; (*al pl.*: *collant*) tights (*GB*), pantyhose (*sing. USA*): **un paio di calze**, a pair of stockings [of tights]; a panthyhose (*USA*); **calze di nylon**, nylons; **calze a rete**, fishnet stockings; **c. al ginocchio**, knee(-length) sock; **c. autoreggente**, thigh-high stocking; **calze con la cucitura**, seamed stockings; **calze senza cucitura**, seamless stockings; **c. elastica**, elastic stocking; **calze velate**, sheer tights (*USA*: pantyhose); **venditore di calze**, hosier **2** (*lavoro a maglia*) knitting: **fare la c.**, to knit; **ferro da c.**, knitting needle **3** (*rivestimento di cavi e sim.*) braiding.
calzamàglia, f. **1** leotard; (*collant*) tights (*pl. GB*); pantyhose (*USA*) **2** (*stor.*) hose.
calzànte, **A** a. **1** comfortably fitting **2** (*fig.*) apt; fitting; à propos (*franc.*): **un paragone c.**, an apt comparison; **un esempio c.**, a fitting example; a case in point; **una citazione c.**, an apt quotation. **B** m. (*calzatoio*) shoehorn.
calzàre (1), **A** v. t. **1** (*avere indosso*) to wear*: **Calzava sandali**, he was wearing sandals; **c. guanti**, to wear gloves **2** (*infilare*) to put* on; to get* on: **Calzò guanti e cappello**, he put on his gloves and hat; **Ho i piedi gonfi e non riesco a c. le scarpe**, my feet are swollen and I can't get my shoes on **3** (*aiutare a infilare*) to help (sb.) on with; to help (sb.) to pull on: **Calza le scarpe al bambino**, help the child on with his shoes **4** (*provvedere di calzature*) to fit out with shoes; to provide with shoes: **Ci vuole un patrimonio per c. quel ragazzo**, you need a fortune to fit that boy out with shoes; **c. una clientela scelta**, to serve a distinguished clientele **5** (*puntellare con biette*) to put* wedges under; to wedge. ● **Che numero (di scarpe) calzi?**, what size do you take? **B** v. i. **1** (*di scarpe e sim.*) to fit: **Questo guanto calza perfettamente**, this glove fits perfectly **2** (*fig.*) to be fitting (*o* apt, appropriate): **La citazione calzava**, the quotation was apt; **Il paragone calza a pennello**, the comparison fits to a T.
calzàre (2), m. (*lett.*) shoe; boot; sandal.
calzascàrpe, m. invar. shoehorn.
calzàto, a. – **c. e vestito**, perfect; utter; egregious: **È un idiota c. e vestito**, he's a perfect fool.
calzatóia, f. chock; wedge.
calzatóio, m. shoehorn.
calzatùra, f. shoe; (*al pl.*, *anche*) footwear (*sing., collett.*): **calzature per uomo**, men's footwear; **negozio di calzature**, shoe shop.
calzaturière, m. (f. **-a**) shoe manufacturer.
calzaturièro, **A** a. shoe (*attr.*): **industria calzaturiera**, shoe industry. **B** m. (f. **-a**) worker in a shoe factory.
calzaturifìcio, m. shoe factory.
calzeròtto, m. ankle sock.
calzétta, f. (*calzino*) (ankle) sock. ● (*fig.*) **mezza c.**, second-rater; mediocrity.
calzettàio, m. (f. **-a**) hosier.
calzetterìa, f. hosiery.
calzettóne, m. knee-length sock; thick sock.
calzifìcio, m. stocking factory.
calzìno, m. (ankle) sock.
calzolàio, m. (f. **-a**) **1** shoemaker; bootmaker **2** (*ciabattino*) shoe repairer; cobbler.
calzolerìa, f. **1** (*bottega di ciabattino*) shoemaker's (shop); cobbler's (shop) **2** (*negozio*) shoe shop.
calzoncini, m. pl. shorts; (*da bagno*) trunks.
calzóne, m. **1** (*specialm. al pl.*) trousers, pants (*USA*), slacks (*fam.*); (*corti e stretti al ginocchio*) breeches: **calzoni lunghi**, long trousers; **calzoni corti**, shorts; **calzoni a campana**, bell-bottom trousers; **calzoni da cavallo**, riding breeches; **calzoni alla zuava**, plus fours; knickerbockers; knickers (*fam. USA*) **2** (*gamba dei calzoni*) trouser leg **3** (*cucina*) calzone; folded-over pizza. ● (*fig. fam.*) **farsela nei c.**, to be scared stiff; to shit in one's pants (*volg.*) □ (*fig.*) **portare i c.** (*comandare*), to wear the trousers.
calzuòlo, m. (*cuneo, bietta*) wedge; quoin.
Cam, m. (*Bibbia*) Ham.
camaldolése, a e m. Camaldolite; Camaldolese.
camaleónte, m. (*zool.*, *Chamaeleo* e *fig.*) chameleon.
camaleòntico, a. (*anche fig.*) chameleon-like; chameleonic.
camaleontismo, m. (*fig.*) chamaleonism.
camàllo, m. (*region.*) docker; longshoreman* (*USA*).
camarilla (*spagn.*), f. (*cricca*) cabal; clique.
cambiàbile, a. changeable.
cambiadischi, m. invar. (automatic) record changer.
cambiàle, f. (*comm.*) bill of exchange; bill; draft: **Questa c. scade il 6 marzo**, this bill falls due on the 6th of March. ● **c. a breve [a lunga] scadenza**, short-dated [long-dated] bill □ **c. all'incasso**, bill for collection □ **c. a vista**, bill at sight (*o* on demand); sight bill □ **c. di comodo**, accommodation bill; kite (*fam.*) □ **c. in bianco**, blank bill □ **c. in circolazione**, outstanding bill □ **c. in sofferenza**, unpaid bill □ **c. pagabile all'interno**, inland bill □ **c. pagabile su piazza**, local bill □ **c. tratta**, draft □ **accettare una c.**, to accept (*o* to take up) a bill □ **avallare una c.**, to back a bill □ **emettere una c.**, to issue a bill □ **girare una c.**, to endorse a bill □ **incassare una c.**, to cash (*o* to collect) a bill □ **non pagare una c.**, to dishonour a bill □ **protestare una c.**, (*con protesto preliminare*) to note a bill; (*definitivo*) to protest a bill □ **scontare una c.**, to discount a bill □ **spiccare una c. su q.**, to draw on sb.
cambiaménto, m. change; (*modifica*) alteration: **c. in meglio [in peggio]**, change for the better [for the worse]; **brusco c. di tempo**, sudden change in the weather; **produrre un c.**, to bring about a change; **Ho bisogno di un c.** (*di vita, lavoro, aria, ecc.*), I need a change; **Odia i cambiamenti**, he dislikes change; **C'è stato un c. di proprietario nella ditta**, the firm has changed hands; **un netto c. nell'opinione pubblica**, a swing in public opinion; **Abbiamo fatto dei cambiamenti in salotto**, we've made some alterations in the lounge; **Ha fatto un gran c.** (*è mutato*), he is greatly changed. ● (*anche fig.*) **c. d'aria**, change of air □ **c. di casa**, change of house; move □ **c. di marea**, turn of the tide □ (*avviso*) **C. di proprietario**, Under New Management □ **c. di scena**, (*teatr.*) change of scene, scene-change; (*fig.*) change of scene □ **c. d'umore**, change of mood; mood swing □ **c. di vento**, shift in the wind □ **c. totale** (*radicale*), changeover; switch-over.
cambiamonéte, V. **cambiavalute**.
cambiàre, **A** v. t. **1** to change; (*sostituire, anche*) to replace; (*modificare*) to alter: **c. mestiere**, to change one's job; **c. una lampadina**, to change a bulb; **Hanno cambiato un po' la casa**, they've altered the house a little; **Ho cambiato i miei piani**, I've changed (*o* altered) my plans; **Devo c. il bambino**, I must change the baby; **cambiarsi le scarpe**, to change one's shoes; **Riportai la camicetta al negozio per cambiarla con una bianca**, I took the blouse back to the shop to change it for a white one; **c. idea**, to change one's mind; **c. argomento**, to change the subject; **Il matrimonio l'ha cambiato**, marriage has changed him; **Questo fatto cambia tutto**, this fact puts a totally different light on the matter **2** (*denaro*) to change; to exchange: **c. lire in marchi**, to change lire into marks; to exchange lire for marks; **Puoi cambiarmi cinquantamila lire?**, can you change a fifty-thousand-lire note? **3** (*assol.*: **c. treno**) to change (trains). ● **c. un assegno**, to cash a cheque □ (*fig.*) **c. le carte in tavola**, to shift one's ground □ **c. casa**, to move □ **c. colore**, to change colour; (*impallidire*) to turn pale □ **c. mani** (*o* **padrone**), to change hands □ (*autom.*) **c. marcia**, to change (*USA*: to shift) gear □ (*fig.*) **c. musica**, to change one's tune □ (*polit.*) **c. partito**, to change political parties □ **c. il passo**, to change step □ (*d'uccelli*) **c. le penne**, to moult □ **c. posto**, to change (one's) place; (*a sedere*: seat) □ **c. posto con q.**, to change places with sb. □ (*naut., fig.*) **c. rotta**, to change course □ **c. strada**, to take another road □ **c. tono**, to change one's tune □ **c. vestito**, to change (clothes) □ **c. vita**, to turn over a new leaf; to start a new life □ **tanto per c.**, (just) for a change. **B** v. i. **1** to change: **Non sei cambiata affatto!**, you haven't changed at all!; **c. in meglio [in peggio]**, to change for the better [for the worse] **2** (*del vento, ecc.*) to shift; to turn. **C cambiàrsi,** v. rifl. **1** (*mutarsi d'abito*) to change: **c. per uscire**, to change before going out; **Non vedo l'ora di cambiarmi e mettermi qualcosa di più leggero**, I can't wait to change into something lighter; **Sono bagnato, devo cambiarmi**, I must change out of these wet clothes; **Hai da cam-**

biarti?, have you got something to change into?; have you got a change of clothes? ***2*** (*fare cambio*) to change places: **Non mi cambierei con nessuno**, I wouldn't change places with anyone. **D cambiàrsi**, *v. i. pron.* (*mutare*) to turn into; to change into: **La pioggia si cambiò in nevischio**, the rain turned into sleet
cambiàrio, *a.* (*comm.*) exchange (*attr.*). ● **titolo c.**, bill of exchange; draft □ **vaglia c.**, permissory note.
cambiavalùte, *m.* e *f.* moneychanger.
càmbio, *m.* ***1*** (*cambiamento, sostituzione*; *la cosa cambiata*) change: **c. d'indirizzo**, change of address; **c. di cavalli**, change of horses; (*anche fig.*) **c. della guardia**, changing of the guard; **un c. d'abiti**, a change of clothes; **c. di biancheria**, change of linen ***2*** (*scambio*) exchange; swap, swop (*fam.*): **Facciamo (un) c.**: **questi dischi per la tua cintura**, let's do a swop! these records for your belt; **Vuoi fare un c. con la mia penna?**, do you want to exchange your pen for mine? (*o* to swap your pen with mine)? ***3*** (*avvicendamento*) relief; change; shift: **dare il c. a q.**, to relieve sb.; **darsi il c.**, to take (st.) in turns; to alternate; to relieve each other ***4*** (*fin.*) exchange (rate); rate (of exchange): **il c. attuale**, the present rate(s) of exchange; **c. favorevole [sfavorevole]**, favourable [unfavourable] exchange; **c. d'apertura [di chiusura]**, opening [closing] exchange; **lettera di c.**, bill of exchange; **guadagnare al c.**, to gain on (*o* by) the exchange; **corso di c.**, rate (of exchange); **oscillazioni del c.**, fluctuations (in the rate) of exchange; **c. alla pari**, rate at par; par of exchange; **c. libero**, free (*o* unofficial) exchange rate ***5*** (*mecc.*) change gear; speed gear ***6*** (*autom.*) gear change, gears (*pl.*); (*di bicicletta*) gears (*pl.*), dérailleur (*franc.*): **leva del c.**, gear lever; gearshift (*USA*); **albero del c.**, gearshaft; **scatola del c.**, gearbox; **c. di marcia**, gear change; change of gears; **c. in folle**, gear in neutral; **c. al volante [a cloche]**, gear lever on the steering column [on the floor]; **c. a pedale**, pedal gear change; **c. a mano [automatico]**, manual [automatic] transmission; **c. a sei velocità**, six-speed gearbox; **c. sincronizzato**, synchromesh gear ***7*** (*spiccioli*) (small) change: **Mi spiace, non ho c.**, sorry, I haven't any change ***8*** (*bot.*) cambium. ● (*Borsa*) **agente di c.**, stockbroker □ **in c. di**, in exchange for; (*invece di*) instead of, for.
cambìsta, *V.* **cambiavalute**.
Cambògia, *f.* (*geogr.*) Cambodia; Kampuchea.
cambogiàno, *a.* e *m.* (*f.* **-a**) Cambodian (*f.* Cambodian woman*).
càmbra, *f.* (*edil.*) cramp.
cambrétta, *f.* staple.
cambrì, *m.* cambric.
cambriàno, **càmbrico**, *a.* e *m.* (*geol.*) Cambrian.
cambùṣa, *f.* (*naut.*) storeroom.
cambuṣière, *m.* (*naut.*) storekeeper.
camèlia, *f.* (*bot.*, *Camellia japonica*) camellia.
càmera, *f.* ***1*** (*stanza*) room: **La c. era vuota**, the room was empty; **«Dov'è Mauro?» «È in c. sua»**, «where's Mauro?» «he's in his room»; **un appartamento di tre camere**, a three-roomed flat; **Non ha ancora fatto le camere**, she hasn't done the bedrooms yet; **c. da letto**, bedroom; **c. a due letti** (*o* **c. doppia**), double bedroom; **c. a un letto** (*o* **c. singola**), single bedroom; **camere da affittare**, rooms to let; **c. da letto e studio**, study-bedroom; **c. degli ospiti**, guestroom; **c. di servizio**, spare room; **c. dei bambini**, children's room; nursery; **c. sulla strada**, front room; **c. sul retro**, back room ***2*** (*polit.*) Chamber; House: **C. dei Deputati** (*o* **la C.**), Chamber of Deputies; **C. alta**, Higher (*o* Upper) House; **C. bassa**, Lower House; (*in G.B.*) **la C. dei Comuni**, the House of Commons; the Commons; the House; (*in G.B.*) **la C. dei Pari**, the House of Lords; the Lords; (*in U.S.A.*) **C. dei Rappresentanti**, House of Representatives; **le due Camere**, (the Houses of) Parliament ***3*** (*organo direttivo*) chamber; board: **C. di Commercio**, Chamber of Commerce; Board of Trade (*USA*); **C. del lavoro**, trade-union headquarters; **c. arbitrale**, arbitration board ***4*** (*cinem.*, *fotogr.*, *TV*: *macchina da presa*) camera. ● (*fis.*) **c. a bolle**, bubble chamber □ **c. a gas**, gas chamber □ **c. ammobiliata**, furnished room; lodgings (*pl.*) □ **c. ardente**, mortuary chapel □ **c. blindata**, strongroom □ **c. d'affitto**, lodgings (*pl.*) □ **c. da letto** (*i mobili*), bedroom suite □ **c. d'aria**, (*di pneumatico*) (inner) tube; (*di pallone*) bladder; (*intercapedine*) air space; **senza c. d'aria**, tubeless □ (*ind. min.*) **c. da mina**, mine gallery □ **c. di combustione**, (*di motore*) combustion chamber; (*di forno*) firebox □ (*Banca*) **c. di compensazione**, clearing house □ (*leg.*) **c. di consiglio**, council chamber □ **c. di custodia valori**, saferoom □ (*naut.*) **c. di decompressione**, decompression chamber □ (*naut.*) **c. di lancio**, torpedo room □ (*mil.*) **c. di punizione**, disciplinary cell □ **c. di scoppio**, (*di motore*) combustion chamber; (*d'arma*) cartridge chamber □ **c. di sicurezza**, (*cella*) detention room, cell; (*nelle banche*) strongroom, vault □ (*fotogr.*) **c. oscura**, dark room □ **compagno di c.**, roommate □ **musica da c.**, chamber music □ **veste da c.**, dressing gown.
cameralìṣmo, *m.* (*stor. econ.*) cameralism.
cameràrio, *m.* (*stor.*) chamberlain.
cameràta (1), *f.* ***1*** (*dormitorio*) dormitory; (*mil.*) barrack-room ***2*** (*le persone*) roommates (*pl.*) ***3*** (*stor.*) association; society.
cameràta (2), *m.* e *f.* ***1*** (*amico, compagno*) friend; companion; comrade; mate (*m.*); chum (*m.*, *fam. GB*); pal (*fam.*); buddy (*m.*, *fam. USA*) ***2*** (*stor.*) camerata (form of address used by members of the Fascist Party).
cameratésco, *a.* friendly; matey; comradely; chummy (*fam. GB*); pally (*fam.*): **solidarietà cameratesca**, comradely solidarity; sense of comradeship; mateship; esprit de corps (*franc.*); **un ambiente c. e allegro**, a jolly, informal atmosphere.
cameratìṣmo, *m.* comradeship; mateship.
camerièra, *f.* ***1*** (*domestica*) (house)maid; maidservant: **c. a ore**, daily help; daily (*fam.*); **c. fissa**, live-in maid; **c. personale**, lady's maid ***2*** (*di ristorante*) waitress ***3*** (*di albergo*) chambermaid.
camerière, *m.* ***1*** (*domestico*) manservant*; valet: **c. personale**, valet ***2*** (*di ristorante*) waiter: **capo c.**, head waiter.
camerinìsta, *m.* e *f.* (*teatr.*) dresser.
camerino, *m.* ***1*** small room; closet ***2*** (*di teatro*) changing room; dressing room; green room ***3*** (*naut.*) cabin ***4*** (*fam.*: *latrina*) lavatory; toilet.
camerista, *f.* waiting maid; waiting woman*.
cameristico, *a.* (*mus.*) chamber music (*attr.*).
camerléngo, *m.* (*eccles.*) camerlengo*, camerlingo*.
Camerun, *m.* (*geogr.*) Cameroon.
càmice, *m.* ***1*** white coat; overall ***2*** (*eccles.*) alb. ● (*estens.*) **camici bianchi**, doctors; researchers; technicians.
camiceria, *f.* ***1*** (*negozio*) shirt shop ***2*** (*fabbrica*) shirt factory.
camicétta, *f.* blouse; (*di foggia maschile*) shirt.
camìcia, *f.* ***1*** (*da uomo*) shirt: **c. di seta**, silk shirt; **in c.**, in one's shirt ***2*** (*mecc.*, *edil.*, *ecc.*: *rivestimento*) jacket; cover; lining; case: **c. d'acqua**, water jacket; **c. di raffreddamento**, cooling jacket ***3*** (*bur.*: *cartella*) folder. ● (*stor.*) **camicie brune**, Brownshirts □ **c. da notte**, (*da uomo*) nightshirt; (*da donna*) nightdress (*GB*), nightgown (*USA*), nighty (*fam.*) □ **c. di forza**, straitjacket □ (*stor.*) **camicie nere**, Blackshirts □ (*stor.*) **camicie rosse**, (Garibaldi's) Redshirts □ **Si caverebbe di dosso la c.**, he would give the shirt off his back □ **giocarsi la c.**, to put one's shirt (on st.) □ **in maniche di c.**, in one's shirtsleeves □ (*fig.*) **lasciare q. in c.**, to fleece sb.; to take sb. to the cleaners (*fam.*) □ (*fig.*) **Sei nato con la c.**, you were born lucky □ (*fig.*) **ridursi** (*o* **rimanere**) **in c.**, to lose everything; to give away everything one has □ (*fig.*) **sudare sette camicie**, to sweat blood; to slave away □ **Mi ha fatto sudare sette camicie**, it was an awful sweat □ (*fig.*) **vendere la c.**, to sell the shirt off one's back □ (*cucina*) **uova in c.**, poached eggs.
camiciàio, *m.* (*f.* **-a**) ***1*** (*fabbricante*) shirtmaker ***2*** (*venditore*) shirt seller.
camiciòla, *f.* ***1*** (*canottiera*) vest (*GB*); undershirt (*USA*) ***2*** (*camicetta estiva*) sports shirt.
camiciòtto, *m.* ***1*** (*da lavoro*) workblouse ***2*** (*sportivo*) sweat shirt, sports shirt.
caminétto, *m.* fireplace.
caminièra, *f.* ***1*** (*parafuoco*) fireguard ***2*** (*mensola*) mantelpiece ***3*** (*specchio*) mantelpiece mirror.
camino, *m.* ***1*** (*focolare*) fireplace: **accendere il c.**, to light the fire; **sedere accanto al c.**, to sit at the fireside; **cappa del c.**, hood; **mensola del c.**, mantelpiece ***2*** (*gola del c.*) chimney; flue ***3*** (*comignolo*) chimneypot; (*con più canne fumarie*) chimney stack ***4*** (*ciminiera*) chimney stack ***5*** (*geol.*) vent ***6*** (*alpinismo*) chimney. ● **nero come la cappa del c.**, as black as soot.
càmion, *m. invar.* lorry; truck (*USA*): **c. aperto**, open lorry; **c. con rimorchio**, lorry with trailer; **c. per traslochi**, pantechnicon (*GB*); removal truck (*USA*).
camionàbile, **camionàle**, **A** *a.* open to lorry traffic. **B** *f.* road open to lorry traffic.
camioncino, *m.* van; (*scoperto*) pickup (truck): **c. del latte**, milk delivery van; milk float (*GB*).
camionétta, *f.* jeep.
camionista, *m.* e *f.* lorry driver; truck driver (*USA*); trucker (*USA*); teamster (*USA*); truckie (*fam. Austr.*).
camiṣàccio, *m.* sailor's blouse.
camita, *m.* e *f.* Hamite.
camitico, *a.* Hamitic.
camito-semitico, *a.* (*ling.*) Hamito-Semitic.
càmma, *f.* (*autom.*, *mecc.*) cam: **albero a camme**, camshaft.
cammellàto, *a.* camel-borne.
cammellière, *m.* camel-driver; cameleer.
cammèllo, *m.* ***1*** (*zool.*, *Camelus bactrianus*) camel; Bactrian camel ***2*** (*pelo di c.*) camelhair; camel's hair: **cappotto di c.**, camelhair coat. ● **color c.**, camel.
cammellòtto, *m.* (*ind. tess.*) camlet.
cammèo, *m.* cameo*.
camminaménto, *m.* (*mil.*) communication trench.
camminàre, *v. i.* ***1*** to walk: **Mi piace c.**, I like walking; **faticare a c.**, to walk with difficulty; **c. per la strada**, to walk along (*o* down, up) the street; **c. su e giù per la stanza**, to walk up and down the room; to pace the room ***2*** (*di veicoli*: *andare*) to travel; to go*; to run* ***3*** (*funzionare*) to work; to go*; to run*: **Quell'orologio non cammina**, that clock isn't working (*o* has stopped) ***4*** (*fig.*: *progredire*) to move; to go*; to proceed; to make* progress: **Le cose camminano**, things are moving; **Gli affari camminano**, business is brisk ***5*** (*fig.*: *di frase, discorso, ecc.*) to work; to make* sense: **Il dialogo nel terzo capitolo non cammina**, the dialogue in the third chapter doesn't work. ● **c. a grandi passi**, to stride □ **c. a passi pesanti**, to tramp; to stomp □ **c. a quattro zampe**, to go on all fours; to crawl □ **c. di buon passo**, to walk at a brisk pace (*o* briskly) □ **c. in fretta**, to walk fast □ **c. in punta di piedi**, to tiptoe □ **c. per i qua-**

ranta (anni), to be getting on for forty □ **c. sul sicuro**, to tread on safe ground □ **c. zoppicando**, to limp □ (*nelle fiabe*) **Cammina, cammina, arrivò a un castello**, on and on and on he went, till he got to a castle □ **Il mondo cammina**, life won't wait □ **Pare un morto che cammini**, he looks like death □ (*fam.*) **Su, cammina!**, come on!; get going; get moving!

camminàta, *f.* **1** (long) walk: **fare una c.**, to go for (*o* to take) a walk; **Oggi abbiamo fatto una bella c.!**, we've been for a good long walk today!; **È una c. di due ore**, it's a two-hour walk **2** (*andatura*) walk; gait: **riconoscere q. alla c.**, to recognize sb. by his walk.

camminatóre, *m.* (*f.* **-trice**) walker.

camminatùra, *V.* **camminata**, *def. 2*.

cammìno, *m.* **1** (*camminata*) walk: **dopo un lungo c.**, after a long walk; **dopo due ore di c.**, after two hours' walk; **È a cinque minuti di c.**, it's five minutes on foot from here; **Ci sono due ore di c.**, it's a two-hour walk **2** (*viaggio*) journey; (*strada, percorso*) way, road: **Il c. fu lungo e disagevole**, the journey was long and difficult; **fare un tratto di c. con q.**, to walk part of the way with sb.; **mostrare il c. a q.**, to show sb. the way; (*precedendolo*) to lead the way; **riprendere il c.**, to resume one's journey; **essere in c.**, to be on one's way; **mettersi in c.**, to set off; to be on one's way; **lungo tutto il c.**, along the way **3** (*sentiero*) path; (*pista*) track **4** (*percorso*) course; **Nessuno può distoglierlo dal suo c.**, no one can divert him from his course **5** (*di astro*) path; (*di fiume*) course. ● (*fig.*) **il c. della gloria**, the path to glory □ (*archit.*) **c. di ronda**, parapet walk □ **cammin facendo**, on the (*o* one's) way □ (*fig.*) **Il ragazzo farà molto c.**, the boy will go far □ (*fig.*) **il retto c.**, the straight and narrow (path): **lasciare il retto c.**, to go astray; to stray (from the straight and narrow).

càmola, *f.* (*region.*) **1** (*tarma*) moth **2** (*tarlo*) woodworm.

camomìlla, *f.* **1** (*bot., Matricaria chamomilla*) (wild) c(h)amomile **2** (*infuso*) camomile tea.

camòrra, *f.* **1** camorra (Neapolitan underworld secret society) **2** (*estens.*) extortion racket; Mafia; mob.

camorrìsta, *m. e f.* **1** Camorrista, Camorrist **2** (*estens.*) racketeer; mafioso; mobster.

camorrìstico, *a.* Camorra (*attr.*); Camorra-style.

camòscio, *m.* **1** (*zool., Rupicapra rupicapra*) chamois*: **c. delle Alpi**, Alpine chamois **2** (*pelle*) suede: **scarpe di c.**, suede shoes; **pelle di c.** (*per pulire*), chamois (leather); shammy (leather).

campàgna, *f.* **1** (*contrapposto a città*) country; countryside: **Mi piace vivere in c.**, I like living in the country; **Mi piace la c. inglese**, I like the English countryside; **il silenzio della c.**, the silence of the countryside; **andare in c.**, to go into the country; **gente di c.**, country people; **una casa in c.** a house in the country **2** (*terra coltivata*) farmland; land: **Questa c. frutta poco**, this land doesn't yield much **3** (*tenuta*) estate; property (in the country); land **4** (*mil.*) campaign: **le campagne di Napoleone**, Napoleon's campaigns; **la c. di Russia**, the Russian campaign; **artiglieria da c.**, field artillery **5** (*fig.*) campaign: **c. di stampa**, press campaign; **c. elettorale**, electoral campaign; **c. contro il fumo**, campaign against smoking; **fare una c. (in favore di)**, to campaign (in favour of) **6** (*naut.*) cruise. ● (*geogr.*) **la c. romana**, the Campagna.

campagnòla, *f.* **1** countrywoman*; country girl; (*spreg.*) rustic woman* [girl] **2** (*marchio: autom.*) off-road vehicle.

campagnòlo, **A** *a.* country (*attr.*); rural; rustic: **ballo c.**, country dance. ● **alla campagnola**, country-style; in a rustic manner. **B** *m.* countryman*; rustic; (*spreg.*) yokel, clodhopper, hayseed (*USA*), hick (*USA*).

campàle, *a.* field (*attr.*): **artiglieria c.**, field artillery; **battaglia c.**, open-field battle; **batteria c.**, field battery; **vittoria c.**, victory in the open field. ● (*fig.*) **una giornata c.**, an exhausting day.

campàna, *f.* **1** bell: **suonare le campane**, to ring the bells; **c. a morto**, knell; **La c. suonava a morto**, the bell was knelling (*o* tolling); **suonare le campane a stormo** (*o* **a martello**), to ring the tocsin; **concerto di campane**, peal of bells; chime **2** (*di vetro, per oggetti*) bell jar; bell glass **3** (*naut.: di palombaro*) diving bell **4** (*pl.*) (*mus.*) bells; chimes **5** (*per la raccolta del vetro*) bottle bank **6** (*gioco infant.*) hopscotch. ● **calzoni a c.**, bell-bottom trousers □ **gonna a c.**, bell-shaped skirt □ (*fig.*) **sentire tutte e due le campane**, to hear both sides □ **sordo come una c.**, as deaf as a post; stone-deaf □ (*fig.*) **tenere q. sotto una c. di vetro**, to pamper sb.; to mollycoddle sb.

campanàccio, *m.* cowbell.

campanàrio, *a.* bell (*attr.*): **torre campanaria**, belltower.

campanàro, *m.* bell-ringer.

campanatùra, *f.* (*mecc.*) camber angle.

campanèlla, *f.* **1** little bell **2** (*anello di tenda*) curtain ring **3** (*battente d'uscio*) (ring-shaped) knocker **4** *V.* **campanula**.

campanèllo, *m.* **1** (*da tavolo*) handbell **2** (*elettrico*) (electric) bell; (*all'uscio*) (door)bell: **c. d'allarme**, alarm bell; **suonare il c.**, to ring the bell **3** (*pl.*) (*mus.*) glockenspiel (*sing.*).

campanifórme, *a.* **1** bell-shaped: **fiore c.**, bell-shaped flower **2** (*archit.*) bell-shaped; campaniform.

campanìle, *m.* bell tower; church tower; belfry; campanile*. ● **alto come un c.**, as tall as a beanstalk □ **amore di c.**, love for (*o* attachment to) one's hometown □ **rivalità di c.**, parochial rivalry □ (*calcio*) **(tiro a) c.**, skyer.

campanilìsmo, *m.* local pride; parochialism.

campanilìsta, *m. e f.* parochial person.

campanilìstico, *a.* parochial.

campàno (1), **A** *a.* of Campania; from Campania; Campania (*attr.*). **B** *m.* native of Campania; inhabitant of Campania.

campàno (2), *m.* cowbell.

campanóne, *m.* **1** great bell **2** (*mil.*) bombard; mortar.

campànula, *f.* (*bot.*) **1** (*Campanula*) campanula; bellflower **2** (*Campanula rotundifolia*) harebell; bluebell.

campanulàto, *a.* bell-shaped: **fiore c.**, bell-shaped flower.

campàre (1), **A** *v. i.* **1** (*vivere*) to live; (*tirare avanti*) to get* by, to scrape along, to manage: **Campa del suo lavoro**, he lives by his work; **Campò fino a cent'anni**, he lived to be a hundred; **Campa su un po' di terra**, he lives off a bit of land; **Con quella paga non si campa**, you can't live on that pay; **Si campa in qualche modo**, we scrape along somehow; **uno stipendio che ti permette appena di c.**, a living wage **2** (*lett.: salvarsi*) to survive (st.). ● **c. alla giornata**, to live from hand to mouth □ **c. d'aria**, to live on air □ **Campa cavallo!**, that'll be the day! □ **tirare a c.**, to think only of getting by. **B** *v. t.* (*fam.*) to support.

campàre (2), *v. t.* (*mettere in risalto*) to bring* into relief; to set* off.

campàta, *f.* **1** (*d'arco*) span **2** (*di ponte*) span; bay: **c. centrale**, central bay; **c. estrema**, end bay.

campàto, *a.* – **c. in aria**, unrealistic; impracticable; unsound; groundless; fanciful: **un progetto c. in aria**, an unsound (*o* impracticable) scheme; a pie in the sky (*fam.*); a pipedream (*fam.*); **un'idea campata in aria**, a fanciful notion.

campeggiàre, *v. i.* **1** to camp; to go* camping **2** (*mil.: accamparsi*) to camp; to encamp **3** (*spiccare*) to stand* out; (*dominare*) to dominate: **Nell'affresco campeggiano due figure**, two figures stand out in the fresco.

campeggiatóre, *m.* (*f.* **-trice**) (holiday) camper.

campéggio (1), *m.* **1** (*l'attendarsi*) camping: **fare c.**, to go camping **2** (*attendamento*) camp **3** (*il terreno*) camping site; campsite; camping ground. ● **andare in c.**, to go camping □ **fare un c. in un'isola**, to camp on an island □ **vacanza in c.**, camping holiday.

campéggio (2), *m.* (*bot., Haematoxylon campechianum*) logwood.

campeggìsta, *V.* **campeggiatore**.

campeggìstico, *a.* camping.

camper (*ingl.*), *m. invar.* camper (van).

campèstre, *a.* rural; country (*attr.*): **guardia c.**, country policeman; **vita c.**, rural life; **fiori campestri**, wild flowers; (*sport*) **corsa c.**, cross-country race.

campicchiàre, *v. i.* to live from hand to mouth.

campicèllo, *m.* little (*o* small) field; patch; allotment (*GB*): **c. di cavoli**, cabbage patch.

Campidòglio, *m.* (*stor.*) Capitol.

campièllo, *m.* campiello (small square in Venice).

camping (*ingl.*), *m. invar.* camping site; campsite; camping ground: **c. per roulotte**, caravan park; trailer park (*USA*).

campionaménto, *m.* (*comm., stat.*) sampling.

campionàre, *v. t.* (*comm., stat.*) to sample.

campionàrio, **A** *m.* **1** (*comm.*) sample collection; set of samples; (*di tessuti*) pattern book **2** (*fig.*) range; cross-section. **B** *a.* – **fiera campionaria**, trade fair.

campionarìsta, *m. e f.* (*comm., stat.*) sampler.

campionàto, *m.* championship: **c. di calcio**, league championship; **partita di c.**, league match (*o* game).

campionatóre, *m.* (*comm., stat.*) sampler; sampleman*.

campionatùra, *f.* (*comm., stat.*) sampling.

campióne, **A** *m.* **1** (*sport*) champion: **c. del mondo**, world champion; **c. di tuffi**, diving champion; **c. italiano dei pesi massimi**, Italian heavy-weight champion; **c. in erba**, budding champion; **titolo di c.**, championship; title **2** (*sostenitore*) champion; advocate; defensor: **il c. dei deboli**, the champion of the weak; **farsi c. di q.c.**, to champion the cause of st. **3** (*asso*) ace (*fam.*), wizard (*fam.*): **In fisica è un c.**, he's an ace at physics **4** (*comm.*) sample; (*di stoffa, anche*) swatch; (*di disegno*) pattern: **prelevare un c.**, to take a sample; **non corrispondere** (*o* **non essere conforme**) **al c.**, not to be up to the sample; **vendita su c.**, sale by sample; **a titolo di c.** (*o* **come c.**), as a sample; **come da c.**, as per sample **5** (*stat.*) sample: **c. casuale**, random sample; **metodo del c.**, sample method; **c. rappresentativo**, representative sample; cross-section **6** (*esemplare*) specimen. ● (*iron.*) **Bel c.!**, a fine specimen! □ **spedire q.c. come c. senza valore**, to send st. by sample-post. **B** *a.* **1** (*sport*) champion: **squadra c.**, champion team **2** sample (*attr.*); model (*attr.*); demonstration (*attr.*): **indagine c.**, sample investigation; spot check; **appartamento c.**, model (*o* demonstration) flat **3** (*elettr., fis., metrologia*) standard (*attr.*): **metro c.**, standard meter.

campionéssa, *f. V.* **campione**, *def. 1, 2* e *3*.

campionìssimo, *m.* champion of champions.

campìre, *v. t.* (*pitt.*) to paint (in) the background.

campitùra, *f.* (*pitt.*) background painting.

càmpo, *m.* **1** (*agric.*) field: **c. di grano**, cornfield; field of corn; **c. arato**, ploughed field; **c. a maggese**, fallow field **2** (*geol., fis.*) field: **c. aurifero**, goldfield; **c. petrolifero**, oilfield; **c. elettrico [magnetico]**, electric [magnetic] field; **c. gravitazionale**, gravitation field; **c.**

visivo, field of vision *3* (*accampamento*; *luogo di raccolta*) camp: **c. base**, base camp; **c. militare**, army camp; **c. di concentramento**, concentration camp; **c. di prigionia**, prisoner-of-war camp; **c. di profughi**, refugee camp: **c. di sterminio**, death camp; **c. trincerato**, entrenched camp; **levare il c.**, to strike camp; **porre** (*o* **piantare**) **il c.**, to pitch camp *4* (*mil.*) field: **c. di battaglia**, battlefield; **artiglieria da c.**, field artillery; **ospedale da c.**, field hospital; **promozione sul c.**, promotion in the field; **morire sul c.**, to die in battle (*o* in action); **in c. aperto**, in the open (field): **combattere in c. aperto**, to fight a field battle *5* (*fig.*: *ambito*) field; sphere; domain; province: **È un'autorità nel suo c.**, he is an authority in his own field; **un problema che esula dal mio c.**, a problem that lies outside my field (*o* province); **nel c. della letteratura**, in the field of literature; **È un esperto in c. finanziario**, he's an expert in financial matters *6* (*sport*) ground; field; pitch; course; court: **c. sportivo**, sports ground; (*specialm. di scuola, università*) playing field; **c. di calcio**, football ground (*o* field, pitch); **c. di golf**, golf course; golf links (*pl.*); **c. di pallacanestro**, basketball court; **c. di pattinaggio**, skating rink; **c. di tennis**, (tennis) court; (*erboso*) grass court; (*in terra battuta*) hard court; **campi da sci**, ski slopes; **c. di gara**, field; **c. pesante**, heavy pitch; **cambiare c.**, to change sides; **cambio di c.**, changeover; **linea di metà c.**, half-way line; **mandare in c. una riserva**, to bring on a reserve; **mettere in c. una squadra**, to field a team; **invasione di c.**, invasion of the pitch *7* (*pitt.*) background *8* (*cinem.*) shot: **c. lungo**, distance (*o* long) shot; **c. medio**, middle long shot; **fuori c.**, offscreen (*attr.*): **voce fuori c.**, offscreen voice; (*che commenta*) voice-over *9* (*arald.*) field: **un giglio rosso in c. argento**, a red lily on a silver field; a lily gules on a field argent. ● (*aeron.*) **c. d'atterraggio**, landing field □ **c. d'aviazione**, airfield □ **c. d'azione**, field of action; range; scope □ (*aeron.*) **c. di fortuna**, emergency landing field; airstrip □ **c. di gioco** (*o* **c. giochi**), playground □ **c. di Marte**, drill ground; parade ground □ **c. di neve**, snowfield □ (*radio*) **c. d'onda**, wave band □ **c. di tiro**, (*poligono*) rifle range, firing ground; (*di cannone*) field of fire □ **c. minato**, mine field □ (*ling.*) **c. semantico**, semantic field □ **a tutto c.**, wide-spectrum (*attr.*); wide-range (*attr.*); all-round (*attr.*) □ **abbandonare il c.**, (*sport*) to abandon the match; (*mil.* e *fig.*) to abandon the field; (*fig.*: *ritirarsi*) to stand down □ (*mil.*) **aiutante di c.**, aide-de-camp (*franc.*) □ (*fig.*) **avere c. libero**, to have a free hand □ **entrare in c.**, *V.* **scendere in c.** □ **fiori di c.**, wild flowers □ (*fig.*) **lasciare libero il c.**, to withdraw; to step aside; to leave (sb.) free range □ **letto da c.**, camp bed □ (*fig.*) **mettere** (*o* **portare**) **in c.**, (*avanzare*) to put forward; (*far agire*) to bring* to bear: **Mise in c. valide ragioni**, he put forward good reasons; **Mise in c. la sua influenza**, he brought his influence to bear □ **ricerca sul c.**, field research □ (*fig.*) **rimanere padrone del c.**, to get the upper hand □ (*fig.*) **scelta di c.**, choice of sides □ **scendere in c.**, (*sport*) to take the field; (*fig.*) to come into action, to enter the lists □ (*fig.*) **tenere il c.**, to stand one's ground □ **la vita dei campi**, life in the country; life on a farm.

camporèlla, *f.* (*region.*) – (*fig.*) **andare in c.**, to have a roll in the hay.

camposànto, *m.* graveyard; cemetery; (*presso una chiesa*) churchyard.

camuffaménto, *m.* *1* disguise; masquerade *2* (*mimetizzazione*) camouflage.

camuffàre, **A** *v. t.* *1* (*travestire*) to disguise; to dress up *2* (*mimetizzare*) to camouflage *3* (*fig.*) to disguise; to hide*: **c. i propri sentimenti**, to disguise one's feelings; **c. la propria gelosia**, to hide one's jealousy. **B camuffàrsi**, *v. rifl.* *1* (*travestirsi*) to disguise oneself; to dress up: **Si era camuffata da vecchietta**, she had disguised herself as an old woman *2* (*farsi passare per*) to pass oneself off as.

camùno, *a.* of the Valcamonica.

camùṣo, *a.* snub: **naso c.**, snub nose.

can, *m.* (*principe tartaro*) khan.

canadése, *a.*, *m.* e *f.* Canadian (*f.* Canadian woman*): **i Canadesi**, the Canadians. ● **tenda c.**, pup tent.

canàglia, *f.* *1* (*mascalzone*) scoundrel; rogue; (*anche scherz.*) rascal: **un'emerita c.**, an egregious scoundrel; **Sei una bella c., però!**, you are a rascal! *2* (*lett. spreg.*: *plebaglia*) rabble; riffraff.

canagliàta, *f.* dirty trick.

canagliésco, *a.* rascally; scoundrelly.

canagliùme, *m.* rabble; riffraff; scum.

canàio, *m.* (*fig.*) din; bedlam.

canàle, *m.* *1* (*artificiale*) canal; (*naturale*) channel: **una rete di canali**, a network of canals; **il c. di Panama**, the Panama Canal; **il Canal Grande a Venezia**, the Grand Canal in Venice; **il c. della Manica**, the (English) Channel; **il c. di Bristol**, the Bristol Channel; **c. navigabile**, shipway; ship canal *2* (*radio, TV* e *fig.*) channel: **C'è un film sul primo c.**, there's a film on channel one; **c. linguistico**, linguistic channel; **canali burocratici**, bureaucratic channels; **c. di distribuzione**, distribution channel *3* (*scanalatura*) duct; channel; groove *4* (*metall.*) gate; runner *5* (*anat.*) duct; canal: **c. biliare**, biliary duct *6* (*elab.*) channel: **c. d'entrata** [**d'uscita**], input [output] channel. ● **c. di chiusa**, sluice □ **c. di scolo**, drain; ditch; gutter.

canalétta, *f.* *1* (*d'irrigazione*) small ditch; channel; trench *2* (*elettr.*) raceway.

canalìcolo, *m.* (*biol.*) canaliculus*.

canaliẓẓàre, *v. t.* *1* (*idraul.*) to canalize *2* (*fig.*) to canalize; to channel.

canaliẓẓazióne, *f.* canalization; channelling.

canalóne, *m.* gully; canyon.

cananèo, **A** *a.* Canaanitic. **B** *m.* Canaanite.

cànapa, *f.* (*bot.*, *Cannabis sativa*) hemp: **tela di c.**, hempen cloth. ● (*bot.*) **c. indiana** (*Cannabis indica*), Indian hemp; cannabis.

canapàia, *f.* hemp field.

canapàio, *m.* *1* (*chi lavora la canapa*) hemp dresser *2* (*chi vende canapa*) hemp dealer.

canapè, *m.* sofa.

canapìcolo, *a.* hemp-growing; hemp (*attr.*).

canapicoltóre, *m.* hemp grower.

canapicoltùra, *f.* hemp growing.

canapièro, *a.* hemp (*attr.*): **industria canapiera**, hemp industry.

canapifìcio, *m.* hemp mill.

canapìglia, *f.* (*zool.*, *Anas strepera*) gadwall.

canapìna, *f.* hempen cloth.

canapìno, **A** *m.* hemp dresser. **B** *a.* hempen: **tela canapina**, hempen cloth.

cànapo, *m.* (thick) hempen rope; cable.

canapùle, *m.* hemp stalk.

Canàrie, *f. pl.* (*geogr.*) (the) Canary Islands.

canarìno, **A** *m.* *1* (*zool.*, *Serinus canarius*) canary *2* (*pop.*: *informatore*) police informer; canary (*pop.*); grass (*pop.*); snitch (*pop.*). ● (*fig.*) **mangiare quanto un c.**, to eat like a bird. **B** *a.* (*color c.*) canary yellow.

canàsta, *f.* (*gioco di carte*) canasta.

cancàn, *m.* *1* (*ballo*) (French) cancan *2* (*fig.*: *chiasso*) noise, racket; (*trambusto*) fuss, kerfuffle, palaver, uproar, scandal: **fare un c.**, to kick up a fuss; **Quanto c. per così poco!**, what a palaver for so little! ● **c. pubblicitario**, hype.

cancellàbile, *a.* eras(e)able; effaceable.

cancellàre, **A** *v. t.* *1* to delete; (*con un segno di penna*) to cross out, to score out, to strike* off; (*con la gomma*) to rub out, to erase; (*con uno straccio*) to wipe out: **c. un nome da un elenco**, to delete (*o* to strike off) a name from a list; **c. dal verbale**, to strike from the minutes; **c. una parola dalla lavagna**, to wipe a word off the blackboard; **L'iscrizione è stata cancellata**, the incription has been erased *2* (*rimuovere, eliminare*) to wipe out; to erase; to efface; to obliterate; (*dimenticare*) to forget*: **c. un'offesa**, to wipe out an offence; **c. il ricordo di q.c.**, to efface the memory of st. *3* (*disdire*) to annul; to cancel; **c. un appuntamento**, to cancel an appointment. ● (*leg.*) **c. una causa dal ruolo**, to cancel an action from the cause list □ (*comm.*) **c. un debito**, to write off a debt. **B cancellàrsi**, *v. i. pron.* to fade; to vanish: **un ricordo che non si cancellerà più**, a memory that will never fade.

cancellàta, *f.* railing; rail fence.

cancellatùra, *f.* erasure; deletion: **una lettera con molte cancellature**, a letter with many words crossed out.

cancellazióne, *f.* *1* crossing (out); striking off; deletion: **la c. d'un nome da un elenco**, the crossing out of a name from a list; **c. d'un debito**, write-off of a debt *2* (*annullamento*) cancellation; annulment: **c. di un volo**, cancellation of a flight.

cancellerésco, *a.* legal; chancery (*attr.*): **scrittura cancelleresca**, chancery (hand); (*spreg.*) **stile c.**, pedantic style.

cancellerìa, *f.* *1* (*polit.*) chancellery *2* (*leg.*) registrar's office; (*di tribunale*) office of the clerk (of a court) *3* (*articoli per scrivere*) stationery. ● **diritti di c.**, registry dues.

cancellieràto, *m.* chancellorship.

cancellière, *m.* *1* (*polit.*) Chancellor: **il C. della Repubblica Federale**, the Chancellor of the Federal Republic; **il C. dello Scacchiere**, the Chancellor of the Exchequer; **il Gran C.**, the Lord High Chancellor *2* (*leg.*) registrar; (*di tribunale*) clerk (of the court), magistrate's clerk.

cancellìno, *m.* board rubber; (blackboard) eraser.

cancèllo, *m.* gate.

canceriẓẓàrsi, *v. i. pron.* (*med.*) to become* cancerous.

canceriẓẓazióne, *f.* (*med.*) cancerization.

cancerogèneṣi, *f.* (*med.*) carcinogenesis.

cancerogenicità, *f.* (*med.*) carcinogenicity.

cancerògeno, (*med.*) **A** *a.* carcinogenic. **B** *m.* carcinogen; carcinogenic agent.

cancerologìa, *f.* (*med.*) cancerology.

canceròlogo, *m.* (*f.* **-a**) (*med.*) cancerologist; cancer specialist.

canceróso, (*med.*) **A** *a.* cancerous. **B** *m.* (*f.* **-a**) cancer patient.

cànchero, *m.* (*pop.*) *1* (*cancro*) cancer; canker *2* (*fig.*: *scocciatore*) nuisance; bore; pain in the neck (*fam.*). ● **Che ti venga un c.!**, damn you!

cancrèna, *f.* *1* (*med.*) gangrene: **andare in c.**, to gangrene *2* (*fig.*) canker.

cancrenóso, *a.* (*med.*) gangrenous.

Càncro, *m.* *1* (*astron.*) Cancer; the Crab: **Tropico del C.**, Tropic of Cancer *2* (*astrol.*) Cancer.

càncro, *m.* *1* (*med.*) cancer: **c. al fegato**, liver cancer; cancer of the liver *2* (*fig.*) cancer; canker: **un c. nella società**, a cancer in society; **il c. del sospetto**, the canker of suspicion *3* (*bot.*) canker.

candeggiànte, **A** *a.* bleaching. **B** *m.* bleach; whitener.

candeggiàre, *v. t.* to bleach; to whiten.

candeggiatóre, *m.* (*f.* **-trice**) bleacher.

candeggìna, *f.* (*marchio*) bleach.

candéggio, *m.* bleaching: **prima del c.**, before bleaching; **dare il c. a q.c.**, to bleach st.

candéla, *f.* *1* candle: **c. di cera**, wax candle; **c. stearica**, tallow candle; **c. mangiafumo**, smokers' candle; **mozziconi di c.**, candle-ends; **accendere una c.**, to light a candle *2* (*autom.*) spark(ing) plug: **puntine delle candele**, sparking-plug points *3* (*fis.*) candela; candle: **lampadina da 25 candele**, 25-candela bulb. ● **a c.**, vertically, straight up (*o* down): **sparare a c.**, to shoot straight up □ **a lume di c.**, by candlelight; candlelit (*agg.*): **una cena a lume di c.**, a candlelit dinner □ (*fig.*) **accen-**

dere una c. alla Madonna, to thank one's lucky stars □ (*fig.*) **avere la c. al naso**, to have a runny (*o* snotty) nose □ (*aeron.*) **precipitare in c.**, to nosedive □ (*fig.*) **reggere la c.**, to play gooseberry □ (*aeron.*) **salire in c.**, to chandelle; to zoom □ **struggersi come una c.**, to waste (*o* to pine) away □ (*prov.*) **Il gioco non vale la c.**, the game isn't worth the candle.

candelàbro, *m.* candelabrum*; branched candlestick.

candelàggio, *m.* (*fis.*) candlepower.

candelàio, *m.* (*f.* **-a**) chandler; candlemaker.

candelétta, *f.* (*farm.*) vaginal suppository.

candelière, *m.* ***1*** candlestick; candleholder; (*per più candele*) candelabrum* ***2*** (*naut.*) stanchion.

candelina, *f.* (*di compleanno*) birthday candle.

Candelòra, *f.* (*eccles.*) Candlemas.

candelòtto, *m.* squat candle. ● **c. di dinamite**, stick of dynamite □ **c. fumogeno**, smoke bomb □ **c. lacrimogeno**, tear-gas bomb.

càndida, *f.* (*bot., med.*) candida.

candidàre, A *v. t.* to propose (as a candidate); to put* forward; to nominate: **L'hanno candidato a sindaco**, he has been nominated for mayor. **B candidàrsi,** *v. rifl.* to stand* (as a candidate, for election); to run* (*specialm. USA*): **c. alla presidenza [al Parlamento]**, to stand for president [for election to Parliament]; **Non mi candiderò nelle prossime elezioni**, I won't stand (*o* won't be running) in the next election.

candidàto, *m.* (*f.* **-a**) ***1*** candidate; nominee: **essere c. alle elezioni**, to be a candidate in the election; **È c. all'Oscar**, he's been nominated for an Oscar; **essere c. alla promozione**, to be in line for promotion; **c. a sindaco**, mayoral candidate; **presentarsi c.**, to stand (as a candidate); to run (*specialm. USA*): **Si presentò c. alla Presidenza**, he stood for president; he ran for the Presidency ***2*** (*aspirante a un posto*) applicant; candidate ***3*** (*esaminando*) examinee; candidate.

candidatùra, *f.* candidature; candidacy; nomination: **c. al premio Nobel**, nomination for the Nobel Prize; **presentare la propria c.**, to stand as a candidate; **sostenere la c. di q.**, to support sb.'s candidacy.

candidézza, *f.* ***1*** whiteness ***2*** (*fig.*) purity; innocence.

càndido, *a.* ***1*** white; snow-white; lily-white: **lenzuola candide**, snow-white sheets ***2*** (*fig.*: *senza macchia*) spotless: **coscienza c.**, spotless conscience ***3*** (*fig.*: *ingenuo*) ingenuous, naive; (*innocente*) innocent; (*schietto*) artless.

candidòṣi, *f.* (*med.*) candidiasis; thrush.

candire, *v. t.* (*cucina*) to candy.

candito, A *m.* (piece of) candied fruit. **B** *a.* candied: **frutta candita**, candied fruit; **zucchero c.**, crystallized sugar.

canditóre, *m.* (*ind.*) candying machine.

canditùra, *f.* (*ind.*) candying.

candóre, *m.* ***1*** (snowy) whiteness ***2*** (*fig.*: *purezza*) purity ***3*** (*fig.*: *ingenuità*) naivety, ingenuousness; (*innocenza*) innocence; (*schiettezza*) artlessness.

càne, A *m.* ***1*** dog; (*specialm. da caccia*) hound: **aizzare un c. contro q.**, to set (*o*, *USA*, to sic) a dog on sb.; **c. di razza**, purebred (*o* pedigree) dog; **c. bastardo**, mongrel; **una muta di cani**, a pack of hounds ***2*** (*persona spietata*) brute: **Quel c. di marito!**, that brute of a husband! ***3*** (*spreg.*: *di attore*) bad actor; (*di cantante*) bad singer; (*di medico*) quack, butcher ***4*** (*insulto*) dog: **Brutto c.!**, you dirty dog! ***5*** (*d'arma*) cock; hammer: **alzare il c. di una pistola**, to cock a gun; **col c. in sicura**, at half cock ***6*** (*mecc.*) catch; jaw. ● **c. alsaziano**, Alsatian (dog) □ **c. a pelo raso [ruvido]**, smooth-haired [rough-haired] dog □ **c. barbone**, poodle □ **c. bassotto**, dachshund □ **c. da caccia**, sporting dog; gun dog; (*per la caccia a cavallo*) hound □ **c. da cerca**, field spaniel; water spaniel □ **c. da corsa**, whippet □ **c. da difesa**, guard dog □ **c. da ferma**, setter □ (*anche fig.*) **c. da guardia**, watchdog □ **c. da lepre**, harrier □ **c. da pagliaio**, farm dog; (*spreg.*) cur □ **c. da pastore**, sheepdog □ **c. da pastore scozzese**, collie □ **c. da pastore tedesco**, Alsatian; German shepherd (*USA*) □ **c. da penna**, bird dog □ **c. da punta**, gun dog □ **c. da riporto**, retriever □ **c. da salotto**, lapdog □ **c. da slitta**, husky □ **c. da soccorso**, rescue dog □ **c. da tana**, badger dog □ **c. da traino**, harness dog □ (*zool.*) **c. delle praterie** (*Cynomys ludovicianus*), prairie dog □ **c. da compagnia**, dog kept for company □ (*fig.*) **c. grosso**, big noise (*fam.*); big shot (*fam.*) □ **c. guida**, guide dog; seeing-eye dog (*USA*) □ **c. levriere**, greyhound □ **c. lupo**, Alsatian; German shepherd (*USA*) □ (*astron.*) **il C. Maggiore**, the Greater Dog □ (*astron.*) **il C. Minore**, the Lesser Dog □ **c. poliziotto**, police dog □ **c. randagio**, stray dog □ (*fig.*) **c. sciolto**, maverick □ **c. segugio**, bloodhound □ **accogliere q. come un c. in chiesa**, to give sb. a poor reception □ (*scherz.*) **color can che scappa**, a nondescript sort of colour □ (*sport*) **corse di cani**, dog races □ **essere come c. e gatto**, to be like cat and dog □ (*fig.*) **fatica da cani**, very hard work; uphill job; sweat □ (*spreg.*) **figlio di un c.**, son of a bitch □ **essere fortunato come un c. in chiesa**, not to have a dog's chance □ **un lavoro fatto da cani**, a slipshod (*o* shoddy) piece of work; a botch; a botch-up □ (*fig.*) **menare il c. per l'aia**, to beat about the bush □ **morire come un c.**, to die like a dog; to die a dog's death □ **Non c'era un c.**, there wasn't a soul □ **Non è venuto nemmeno un c.**, not a single person came □ **sentirsi come un c. bastonato**, to feel dejected □ **sguardo da c. bastonato**, hangdog look □ **solo come un c.**, all (*o* utterly) alone; desperately lonely: **lasciare q. solo come un c.**, to leave sb. utterly alone □ **stare da cani**, (*di aspetto*) to look awful; (*di salute*) to feel awful □ **tempo da cani**, beastly (*o* lousy) weather □ (*fig.*) **voler raddrizzare le gambe ai cani**, to attempt a hopeless task □ **vita da cani**, a dog's life □ (*prov.*) **C. non mangia c.**, there's honour among thieves □ (*prov.*) **C. che abbaia non morde**, barking dogs seldom bite; his bark is worse than his bite □ (*prov.*) **C. scottato dall'acqua calda, ha paura della fredda**, once bitten, twice shy □ (*prov.*) **Non svegliare il c. che dorme**, let sleeping dogs lie. **B** *a.* (*pop.*) ***1*** (*orribile*) bad; lousy; rotten: **Che mondo c.!**, what a rotten world!; **Mondo c.!**, damn and blast! ***2*** (*tremendo*) terrible; tremendous: **Fa un freddo c.**, it's freezing cold; **Ho una fame c.**, I'm starving; **fare una fatica c.**, to sweat blood.

canèa, *f.* ***1*** (*caccia*) baying (of hounds); (*estens.*: *muta*) pack of hounds ***2*** (*fig.*: *attacco critico*) hue and cry ***3*** (*fig.*: *schiamazzo*) uproar; hubbub; din; riot.

canèfora, *f.* (*archeol.*) canephora*.

canésca, *f.* (*zool.*, *Galeorhinus galeus*) tope.

canèstra, *f.* wicker basket.

canestràio, *m.* ***1*** (*fabbricante*) basket maker ***2*** (*venditore*) basket seller.

canestràta, *f.* basketful.

canestrèllo, *m.* (*naut.*) grummet; hank; traveller.

canèstro, *m.* ***1*** basket; (*con coperchio*) hamper ***2*** (*contenuto di un c.*) basketful ***3*** (*pallacanestro*: *rete e punto*) basket: **fare c.**, to make (*o* to shoot) a basket; to score.

cànfora, *f.* (*chim.*) camphor.

canforàto, *a.* camphorated: **olio c.**, camphorated oil.

cànforo, *m.* (*bot.*, *Cinnamomum camphora*) camphor tree; camphor laurel.

cangiànte, *a.* ***1*** (*lett.*) changing ***2*** iridescent; shot (*attr.*): **seta c.**, shot silk.

cangiàre, (*lett.*) *V.* **cambiare**.

cangùro, *m.* (*zool.*, *Macropus*) kangaroo.

canìcola, *f.* summer's hottest days (*pl.*); dog days (*lett.*); (*estens.*) summer heat.

canicolàre, *a.* extremely hot; scorching. ● **giorni canicolari**, dog days □ **pazzia c.**, midsummer madness.

cànide, *m.* (*zool.*) canid; canine.

Cànidi, *m. pl.* (*zool.*, *Canidae*) Canidae.

canile, *m.* ***1*** (*cuccia*) kennel; doghouse: **Il cane dormiva nel c.**, the dog was sleeping in its kennel ***2*** (*allevamento*; *pensione*) kennel; kennels (*pl. col verbo al sing.*): **Il mio cane l'ho comprato a un c.**, I bought my dog at a kennels; **c. municipale**, municipal dog pound ***3*** (*fig.*: *stanza sporca*) pigsty; (*letto sporco*) sty.

canino, A *a.* canine; dog (*attr.*); of a dog: **mostra canina**, dog show; **fedeltà c.**, canine faithfulness. ● **dente c.**, canine (tooth) □ **mosca canina**, horsefly □ **rosa canina**, dog rose □ **tosse canina**, whooping cough. **B** *m.* (*dente c.*) canine (tooth*).

canizie, *f.* ***1*** white hair* ***2*** (*fig.*: *vecchiaia*) old age.

canizza, *f.* ***1*** (*caccia*) baying (of hounds) ***2*** (*fig.*: *gazzarra*) uproar; hubbub; din; riot.

cànna, *f.* ***1*** (*bot.*, *Arundo donax*) reed ***2*** (*bot.*, *Canna*) canna ***3*** (*bot.*) – **c. da zucchero** (*Saccharum officinarum*), sugar cane; **c. d'India** (*Calamus rotang*), rattan; **c. di palude** (*Phragmites communis*), ditch reed ***4*** (*bastoncino*) stick; cane: **c. da passeggio**, walking stick; cane ***5*** (*tubo*) pipe ***6*** (*del camino*) flue; chimney ***7*** (*del fucile*) barrel: **f. a doppia c.**, double-barrelled (*USA*: double-barreled) gun; **fucile a c. liscia**, smooth-bore shotgun; **fucile a c. rigata**, rifle ***8*** (*dell'organo*) pipe ***9*** (*da pesca*) (fishing-)rod ***10*** (*di bicicletta*) crossbar ***11*** (*gergo della droga*) joint. ● (*fig. fam.*) **essere alla c. del gas**, to have lost all hope; to be at the end of one's tether □ **essere come una c. al vento**, to bend with the breeze □ **povero in c.**, destitute; as poor as a church mouse □ **tremare come una c.**, to shake like a leaf.

Cannabàcee, *f. pl.* (*bot.*, *Cannabaceae*) Cannabaceae.

cannabina, *f.* (*chim.*) cannabin.

cannabiṣmo, *m.* (*med.*) cannabism.

cannaiòla, *f.* (*zool.*, *Acrocephalus scirpaceus*) reed warbler.

cannàre, *v. t.* (*pop.*) to goof; to blow*; to flunk; **Stavolta ho proprio cannato**, this time I really goofed it.

cannèlla (1), *f.* ***1*** (*rubinetto*) tap; faucet (*USA*) ***2*** (*di botte*) spigot.

cannèlla (2), *f.* (*bot.*, *Cinnamomum zeylanicum*; *cucina*) cinnamon. ● **giacca color c.**, cinnamon-coloured coat.

cannèllo, *m.* ***1*** (*tubetto*) narrow tube; small pipe ***2*** (*ind.*) blowlamp; blowtorch (*USA*): **c. per saldature**, welding blowpipe ***3*** (*di penna*) penholder ***4*** (*di pipa*) shank ***5*** *V.* **cannolicchio**. ● **c. di ceralacca**, stick of sealing wax □ (*mil.*) **c. fulminante (a strappo)**, (pull) igniter.

cannellóni, *m. pl.* (*cucina*) cannelloni.

canneté, *a. e m.* (*ind. tess.*) grosgrain.

cannéto, *m.* cane thicket; canebrake (*USA*); bed of reeds.

cannétta, *f.* ***1*** (*bastoncino da passeggio*) cane; walking stick ***2*** (*di penna*) penholder.

cannettàto, *V.* **canneté**.

cannibale, *m. e f.* cannibal; man-eater.

cannibalésco, *a.* cannibalistic; cannibal-like.

cannibaliṣmo, *m.* cannibalism.

cannibaliẓẓàre, *v. t.* (*tecn.*) to cannibalize.

cannibaliẓẓazióne, *f.* (*tecn.*) cannibalization.

cannicciàta, *f.* trelliswork; latticework.

canniccio, *m.* ***1*** (*edil.*) lathwork; laths (*pl.*) ***2*** (*per seccare la frutta*) reed mat.

cannocchiàle, *m.* telescope; spyglass: **c. telemetrico**, range-finder telescope; **c. di mira**, telescopic sight. ● **a c.**, telescoping □ **fucile a c.**, rifle with a telescopic sight.

cannolìcchio, *m.* (*zool.*, *Solen vagina*) razor-

-shell; razor clam (*USA*).

cannòlo, *m.* (*cucina*) cannolo (Sicilian pastry roll with sweet filling).

cannonàta, *f.* ***1*** (*colpo*) cannon shot; gunshot ***2*** (*rimbombo*) report (of gunshot); (*al pl.*: *cannoneggiamento*) cannonade (*sing.*) ***3*** (*calcio*) shot at goal ***4*** (*fig. fam.*: *cosa o persona straordinaria*) smasher, knockout, humdinger. ● **Non lo svegliano neanche le cannonate**, an earthquake wouldn't wake him.

cannoncino, *m.* ***1*** (*mil.*) light gun ***2*** (*piega di abito*) box pleat ***3*** (*cucina*) cannoncino; cream puff.

cannóne, *m.* ***1*** (*mil.*) gun; cannon: **c. ad avancarica**, muzzle-loading gun; muzzle-loader; **c. a retrocarica**, breech-loading gun; breech-loader; **c. antiaereo [anticarro]**, anti-aircraft [anti-tank] gun; **c. da campagna**, field gun; **c. da costa [da montagna]**, coast [mountain] gun; **affusto di c.**, gun carriage; **palla di c.**, cannonball ***2*** (*piega di abito*) box pleat: **gonna a cannoni**, box-pleated skirt ***3*** (*tubo*) pipe; tube ***4*** (*fig.*) ace; wizard: **un c. in matematica**, a wizard at maths; **un c. nello sport**, an ace at sport. ● (*fig.*) **carne da c.**, cannon fodder □ **la donna c.**, the fat woman (at a fair).

cannoneggiaménto, *m.* cannonade; gunfire; shelling.

cannoneggiàre, *v. t.* e *i.* to shell; to cannonade; to bombard.

cannonièra, *f.* ***1*** (*naut.*: *imbarcazione*) gunboat ***2*** (*naut.*: *portello*) gunport ***3*** (*mil.*) embrasure. ● **politica delle cannoniere**, gunboat diplomacy.

cannonière, *m.* ***1*** (*naut.*) gunner ***2*** (*calcio*) goal scorer.

cannòtto, *m.* (*tecn.*) metal tube.

cannùccia, *f.* ***1*** (*canna sottile*) thin cane ***2*** (*di pipa*) stem ***3*** (*di penna*) penholder ***4*** (*per bibite*) straw.

cànnula, *f.* (*med.*) cannula*.

canòa, *f.* canoe. ● **andare in c.**, to canoe.

canòcchia, *f.* (*zool., Squilla mantis*) squilla; squill.

canoiṣmo, *m.* (*sport*) canoeing.

canoìsta, *m.* e *f.* (*sport*) canoeist.

canoìstico, *a.* (*sport*) canoe (*attr.*).

cañón (*spagn.*), *m. invar.* canyon.

cànone, *m.* ***1*** (*norma*) canon; rule; precept: **comportarsi secondo i canoni**, to obey the rules ***2*** (*somma pagata periodicamente*) rent; rental; fee: **c. agricolo**, ground rent; **c. d'affitto**, rent; **c. d'abbonamento**, (*radio, TV*) licence fee; (*telef.*) subscriber's fee; **equo c.**, controlled rent; fair rent (*GB*) ***3*** (*eccles.*) canon ***4*** (*mus.*) canon; round ***5*** (*letter.*) canon: **il c. shakespeariano**, the Shakespearean canon.

canònica, *f.* parsonage; rectory; vicarage.

canonicàto, *m.* ***1*** canonicate; canonry ***2*** (*fig. scherz.*) sinecure.

canonicità, *f.* canonicity.

canònico, **A** *a.* ***1*** (*secondo le norme*) prescribed; legitimate ***2*** (*eccles.*) canonical; canon (*attr.*): **diritto c.**, canon law; **libri canonici**, canonical books; **ore canoniche**, canonical hours. **B** *m.* canon: **c. regolare**, canon regular.

canonista, *m.* e *f.* canonist.

canonizẓàre, *v. t.* ***1*** (*eccles.*) to canonize ***2*** (*fig.*) to sanction; to ratify.

canonizẓazióne, *f.* (*eccles.*) canonization.

canòpo, *m.* (*archeol.*) canopic jar; canopic vase.

canorità, *f.* melodiousness.

canòro, *a.* ***1*** singing ***2*** (*melodioso*) melodious; tuneful. ● **uccello c.**, songbird; songster.

Canòssa, *f.* – **andare a C.**, to eat humble pie (*fam.*).

canòtta, *V.* **canottiera,** *def. 1.*

canottàggio, *m.* boat racing; (*a un remo*) rowing; (*a due remi*) sculling: **gara di c.**, boat race.

canottièra, *f.* ***1*** (*maglia*) singlet (*GB*), vest (*GB*); undershirt (*USA*); (*specialm. per sport*) tanktop ***2*** (*cappello*) boater.

canottière, *m.* (*f.* **-a**) oarsman* (*f.* oarswoman*); rower. ● **circolo canottieri**, boat (*o* rowing) club.

canòtto, *m.* (small) boat; dinghy: **c. a remi**, rowing boat; rowboat (*USA*); dinghy; **c. a vela**, sailing boat; sailboat (*USA*); **c. a motore**, motorboat; **c. di salvataggio**, lifeboat; **c. pneumatico**, rubber dinghy.

canovàccio, *m.* ***1*** (*per asciugare*) tea towel (*GB*); dish towel (*USA*); drier ***2*** (*tela da ricamo*) canvas ***3*** (*schema, abbozzo*) draft; outline ***4*** (*trama di un'opera*) plot ***5*** (*teatr.*) scenario*: (*stor.*) **commedia a c.**, play with improvised dialogue.

cantàbile, **A** *a.* singable. **B** *m.* (*mus.*) cantabile.

cantafàvola, *f.* long rigmarole; yarn.

cantambànco, *m.* ***1*** (*stor.*) strolling minstrel; ballad-singer; street singer ***2*** (*ciarlatano*) charlatan; mountebank.

cantànte, *m.* e *f.* singer: **c. lirico**, opera singer; **c. di musica leggera**, pop singer.

cantàre, **A** *v. t.* e *i.* ***1*** to sing*: **Gli piace c.**, he loves singing; **Ha cantato nell'«Aida»**, she sang in «Aida»; **c. da tenore [da soprano]**, to sing (*o* to be a) tenor [soprano]; **c. accompagnato dal piano**, to sing to a piano accompaniment; **Cantami una canzone**, sing me a song; **mettersi a c.**, to start singing; to burst into song ***2*** (*celebrare in versi*) to sing* of; to celebrate ***3*** (*degli uccelli*) to sing*; (*cinguettare*) to chirp; (*gorgheggiare*) to warble; (*del gallo*) to crow*; (*del grillo, ecc.*) to chirp ***4*** (*fig.*: *confessare*) to talk; to sing* (*pop.*); to grass (*pop.*); to squeal (*pop.*). ● **c. a bocca chiusa**, to hum □ **c. a orecchio**, to sing by ear □ **c. a squarciagola**, to sing to the top of one's voice; to belt out; to sing in full voice □ **c. a voce spiegata**, to sing freely; to sing out; to sing in full voice □ (*fig.*) **c. chiaro** (*attestare*), to be clear □ (*fig.*) **cantarla chiara**, to speak one's mind; not to mince words □ (*fig.*) **cantarla in tutti i toni**, to tell st. over and over again □ (*fig.*) **cantarle a q.**, to give sb. a piece of one's mind □ **c. le lodi di q.**, to sing sb.'s praises □ **c. messa**, to sing mass □ (*fig.*) **c. sempre la stessa canzone**, to harp on the same string □ **c. vittoria**, to exult; to crow: **c. vittoria su un nemico sconfitto**, to crow over a defeated enemy. **B** *m.* ***1*** (*atto e modo*) singing ***2*** (*letter.*) cantare; epic ballad.

cantarèllo, *m.* (*bot., Cantharellus cibarius*) chanterelle.

cantàride, *f.* ***1*** (*zool., Lytta vesicatoria*) cantharis*; Spanish fly ***2*** (*farm.*) cantharides (*pl.*); Spanish fly.

cantaridina, *f.* (*farm.*) cantharidin.

càntaro, *m.* (*archeol.*) cantharus*.

cantastòrie, *m.* e *f.* ballad-singer; story-teller.

cantàta, *f.* ***1*** (*fam.*) singing; singsong ***2*** (*mus.*) cantata.

cantautóre, *m.* (*f.* **-trice**) singer-songwriter.

canterano, *m.* chest of drawers.

canterellàre, *v. t.* e *i.* to sing* softly; to sing* to oneself; (*a bocca chiusa*) to hum.

canterellio, *m.* soft singing; (*a bocca chiusa*) humming.

canterino, **A** *m.* ***1*** (*uccello*) songbird; songster ***2*** (*uccello di richiamo*) decoy bird ***3*** (*cantante*) singer ***4*** (*pl.*) (*cantori popolari*) folk singers. **B** *a.* singing; warbling; chirping: **grillo c.**, chirping cricket; **uccello c.**, songbird; songster.

càntero, *m.* chamber pot.

càntica, *f.* (*letter.*) ***1*** religious poem; narrative poem ***2*** (*della «Divina Commedia»*) part.

canticchiàre, *V.* **canterellare**.

càntico, *m.* ***1*** (*letter.*) religious poem ***2*** (*eccles.*) canticle. ● (*Bibbia*) **il C. dei Cantici**, the Song of Songs; the Canticle of Canticles.

cantière, *m.* ***1*** yard: **c. stradale**, road yard; **c. edile**, building (*o* contruction) yard (*o* site) ***2*** (*naut.*) yard: **c. navale**, shipyard; dockyard; **c. di demolizione**, scrapyard; **c. di raddobbo**, refitting yard. ● (*ind. min.*) **c. di coltivazione**, stope □ **c. scuola**, workshop □ **in c.**, (*naut.*) on the stocks; (*fig.*) in preparation, in the works □ (*fig.*) **avere q.c. in c.**, to be preparing st. □ (*fig.*) **mettere q.c. in c.**, to begin st.; to get st. going.

cantieristica, *f.* (*naut.*) shipbuilding industry.

cantieristico, *a.* ***1*** (*edil.*) (building) yard (*attr.*) ***2*** (*naut.*) shipyard (*attr.*); shipbuilding: **industria cantieristica**, shipbuilding industry.

cantilèna, *f.* ***1*** (*canzoncina*) simple song; (*canzone monotona*) monotonous song ***2*** (*ninna nanna*) lullaby ***3*** (*intonazione monotona*) singsong; monotone ***4*** (*discorso uggioso*) boring story: **la solita c.**, the same old story.

cantilenàre, *v. t.* e *i.* to singsong.

cantillazióne, *f.* (*mus., relig.*) cantillation.

cantina, *f.* ***1*** cellar; wine vault ***2*** (*osteria*) wineshop; tavern ***3*** (*luogo di produzione di vino*) winery ***4*** (*luogo umido e buio*) dungeon. ● **c. sociale**, wine growers' cooperative □ (*fig.*) **andare in c.**, to drop (the tone of) one's voice.

cantinière, *m.* ***1*** cellarman* ***2*** (*vinaio*) wineshop keeper; (*oste*) tavern keeper ***3*** (*mil.*) sutler.

cantino, *m.* (*mus.*) treble; (*di violino*) E-string.

cànto (1), *m.* ***1*** (*canzone*) song: **un dolce c.**, a sweet song; **c. di guerra [d'amore]**, war [love] song ***2*** (*liturgico*) chant: **c. gregoriano**, Gregorian chant; **c. fermo**, plainchant ***3*** (*il cantare*) singing: **studiare c.**, to study singing; (*come professione*) to train as a singer; **lezioni di c.**, singing lessons; **maestro di c.**, singing teacher ***4*** (*di uccelli*) song; singing; (*cinguettio*) chirrup, chirruping; (*gorgheggio*) warble, warbling: **il c. dell'usignolo**, the song of the nightingale ***5*** (*del gallo*) crow; crowing: **al c. del gallo**, at cock's crow ***6*** (*del grillo, ecc.*) chirp; chirping ***7*** (*parte di poema*) canto* ***8*** (*poesia*) poem; lyric: **i canti di Leopardi**, Leopardi's poems. ● **c. a bocca chiusa**, humming □ (*fig.*) **c. del cigno**, swan song □ **c. di Natale**, Christmas carol.

cànto (2), *m.* ***1*** (*angolo*) corner ***2*** (*lato*) side: **da ogni c.**, on all sides; **mettere q.c. in un c.**, to put st. aside; **per ogni c.**, everywhere. ● **da un c.**, in a way; on the one hand □ **d'altro c.**, on the other hand; however □ **dal c. mio**, as for me; for my part; as far as I am concerned: **Dal c. mio, farò del mio meglio**, as for me, I shall do my best □ (*fig.*) **porre in un c.**, to neglect.

cantonàle (1), *a.* (*geogr.*) cantonal: **elezioni cantonali**, cantonal elections.

cantonàle (2), *m.* ***1*** (*mobile*) corner cupboard ***2*** (*edil.*) angle iron.

cantonàta, *f.* ***1*** (street) corner ***2*** (*fig.*: *grosso errore*) gross mistake; blunder; clanger (*fam.*); bloomer (*fam.*); boo-boo (*pop.*): **prendere una c.**, to be grossly mistaken; to make a blunder; to blunder; to drop a clanger (*fam.*); to make a boo-boo (*pop.*).

cantóne (1), *m.* ***1*** (*angolo*) corner; (*di strada*) (street) corner ***2*** (*arald.*) canton. ● **gioco dei quattro cantoni**, puss-in-the-corner □ **mettere in un c.**, to put aside; (*fig.*) to neglect.

cantóne (2), *m.* (*regione*) district; (*della Svizzera*) canton. ● (*geogr.*) **Lago dei Quattro Cantoni**, Lake of the Four Forest Cantons.

cantonése, *a., m.* e *f.* Cantonese.

cantonièra (1), *a.* – **casa c.**, roadman's house; (*ferr.*) signalman's house.

cantonièra (2), *f.* (*angoliera*) corner cupboard; (*vetrina*) corner cabinet.

cantonière, *m.* ***1*** (*stradale*) roadman* ***2***

(*ferr.*) signalman*.

cantóre, *m.* **1** (*eccles.*) chorister; (*solista*) cantor **2** (*poeta*) singer; bard; poet.

cantorìa, *f.* **1** (*il luogo*) choir stalls (*pl.*) **2** (*i cantori*) choir.

cantorìno, *m.* (*eccles.*) choir book; psalter; psalm book.

cantùccio, *m.* **1** (*angolo*) corner **2** (*luogo appartato*) corner; nook: **un c. accanto al fuoco,** a cosy nook by the fire **3** (*di pane, formaggio, ecc.*) crust; crusty end. ● (*fig.*) **stare in un c.**, to keep apart.

canutìglia, *f.* **1** (*frangia*) bullion (fringe) **2** (*filo*) purl **3** (*cannellino di vetro colorato*) cylinder-shaped glass bead.

canùto, *a.* white-haired; white; hoary (*lett.*): **un vecchio c.**, a white-haired old man; **barba e baffi canuti**, white hair and moustache; **età canuta**, hoary old age.

canzonàre, *v. t.* to make* fun of, to poke fun at, to laugh at, to tease, to mock; (*schernire*) to jeer, to ridicule.

canzonatóre, *m.* (*f.* **-trice**) mocker; tease (*fam.*).

canzonatòrio, *a.* mocking; teasing: **sorriso c.**, mocking smile.

canzonatùra, *f.* **1** (*il canzonare*) mockery; banter; teasing; (*lo schernire*) jeering, ridiculing **2** (*parole di c.*) joke; jeer; jibe.

canzóne, *f.* **1** song: **c. popolare**, folk song; **festival della c.**, song festival **2** (*letter.*) canzone*; lyric poem: **le canzoni di Dante**, Dante's canzoni; **c. a ballo**, ballad; **c. di gesta**, chanson de geste (*franc.*) **3** (*fig.*: *cosa ripetuta*) story; tune: **È sempre la solita c.!**, it's always the same old story!

canzonèlla, *f.* mockery; ridicule: **mettere in c.**, to mock; to tease; to ridicule.

canzonétta, *f.* **1** light song; pop song: **cantante di canzonette**, pop singer **2** (*letter.*) canzonet.

canzonettìsta, *m.* e *f.* music-hall singer; crooner.

canzonière, *m.* **1** (*letter.*) (collection of) lyrics: **il c. del Petrarca**, Petrarch's lyrics **2** (*raccolta di canzoni*) song book **3** (*compositore di canzoni*) songwriter.

caolinìte, *f.* (*miner.*) kaolinite.

caolinizzazióne, *f.* (*miner.*) kaolinization.

caolìno, *m.* (*miner.*) kaolin.

càos, *m.* (*anche fig.*) chaos.

caòtico, *a.* chaotic.

capàce, *a.* **1** (*in grado di*) able; capable: **Non fu c. di resistere**, he was unable to resist; **Sei c. di farlo da sola?**, can you (*o* do you know how to) do it by yourself?; **Non è nemmeno c. di farsi un caffè**, he doesn't even know how to make coffee; **È perfettamente c. di badare a se stesso**, he is perfectly capable of looking after himself **2** (*abile, esperto*) capable; clever; skilful: **un medico c.**, a clever doctor; **un chirurgo c.**, a skilful surgeon **3** (*atto, idoneo*) fit; suitable: **È perfettamente c. di occupare quel posto**, he is perfectly fit for that job **4** (*disposto*) capable; **È c. di tutto**, he is capable of anything; **capacissimo di mentire**, quite capable of lying **5** (*ampio*) capacious; big; large; ample: **una poltrona c.**, a capacious armchair; **tasche capaci**, capacious pockets; **una borsa poco c.**, a bag that holds little **6** (*atto a contenere*) with a capacity of: **una sala c. di cento persone**, a hall with a seating capacity of one hundred (*o* that can seat one hundred people) **7** (*leg.*) competent, capable; (*idoneo*) eligible: **c. di testimoniare**, competent to testify; **c. di agire**, legally capable of contracting. ● (*fam.*) **È c. siano usciti**, they may well be out □ **far c. q.**, to persuade sb. □ **farsi c.**, to realize.

capacìmetro, *m.* (*elettr.*) capacitance meter.

capacità, *f.* **1** (*abilità*) ability, capacity, capability, power; (*attitudine*) aptitude; (*perizia*) competence, skill; (*intelligenza*) cleverness: **un compito che oltrepassa le loro c.**, a task beyond their capability (*o* ability); **Ammiro la sua c. come infermiera**, I admire her capability (*o* competence) as a nurse; **c. intellettive**, rational powers; **c. manuale**, manual skill; **un uomo di grande c.**, a very able man; a highly competent man **2** (*capienza*) capacity; capaciousness: **misure di c.**, capacity measures; **la c. di una sala**, the seating capacity of a hall; **c. ricettiva** (*di albergo, ospedale, ecc.*), bedspace **3** (*fis.*) capacity: **c. termica**, thermal (*o* heat) capacity; **c. dell'accumulatore**, capacity of the battery **4** (*leg.*) capacity; ability; qualification; eligibility; competency: **c. giuridica**, legal capacity; **c. di testare**, testamentary capacity; **c. di testimoniare**, competency to testify; **c. d'intendere e di volere**, mental capacity; **avere piena c. d'intendere e di volere**, to be of sound mind. ● **c. contributiva**, taxable capacity □ **c. creativa**, creativeness □ **c. d'assorbimento**, absorbency; intake □ **c. di comando**, leadership □ **c. di comprensione**, comprehension; grasp □ **c. di recupero**, resilience □ **c. inventiva**, inventiveness.

capacitànza, *f.* (*elettr.*) capacitance.

capacitàre, **A** *v. t.* to persuade; to convince. **B** **capacitàrsi,** *v. i. pron.* to understand*; to believe; (*generalm. al neg.*) to get* over (st.): **Non riesce a c. (di) come sia successo**, he can't understand how it could have happened; **Non si capacitava della sua morte**, he couldn't get over (*o* come to terms with) his death.

capacitìvo, *a.* (*elettr.*) capacitive: **reattanza capacitiva**, capacitive reactance.

capànna, *f.* **1** hut; cabin: **c. di tronchi**, log cabin **2** (*catapecchia*) hut; shack; hovel. ● **due cuori e una c.**, love in a cottage □ (*relig. ebraica*) **Festa delle Capanne**, Feast of the Tabernacles; Sukkoth □ (*scherz.*) **Ventre mio, fatti c.!**, tuck in!

capannèllo, *m.* knot of people; small crowd: **formare capannelli**, to gather in knots.

capannìna, *f.* small hut. ● **c. meteorologica**, instrument shelter.

capànno, *m.* **1** shed; shack **2** (*al mare*) bathing hut **3** (*da caccia*) hide; blind (*USA*) **4** (*pergola*) bower; arbour.

capannóne, *m.* **1** shed **2** (*aeron.*) hangar.

caparbietà, *f.* obstinacy; stubbornness; pig-headedness; wilfulness.

capàrbio, *a.* obstinate; stubborn; pig-headed; wilful; headstrong; hard-nosed (*fam.*).

capàrra, *f.* **1** earnest; (*anticipo*) deposit, down payment: **pagare una c.**, to leave a deposit; to make a down payment; **Ho dovuto dare centomila lire di c.**, I had to make a down payment of one hundred thousand lire **2** (*fig.*) pledge; earnest.

capasànta, *f.* (*zool.*, *Pecten jacobaeus*) scallop.

capàta, *f.* **1** (*colpo dato*) butt, blow with the head; (*colpo ricevuto*) blow on the head: **dare una c. a q.c**, to butt st.; **dare una c. in q.c.**, to bang (*o* to bump) one's head on st. **2** *V.* **capatina**.

capatìna, *f.* brief visit; appearance: **fare una c.**, to look in; to drop in; to put in an appearance: **Farò una c. a casa tua stasera**, I'll look in on you tonight; **Non importa che tu ti trattenga; basterà una c.**, you needn't stay long; just put in an appearance.

capécchio, *m.* tow.

capeggiàre, *v. t.* to lead*; to head: **c. la ribellione**, to lead the rebellion; **La delegazione era capeggiata dal ministro degli Esteri**, the delegation was led by the Foreign Secretary; **c. una banda**, to be a ringleader.

capeggiatóre, *m.* (*f.* **-trice**) ringleader.

capellatùra, (*lett.*) *V.* **capigliatura**.

capéllo, *m.* **1** hair; (*pl. collett.*: *capigliatura*) hair (*sing.*): **C'è un c. nella minestra**, there is a hair in the soup; **Hai due capelli bianchi**, you have two white hairs; **Ho molti capelli**, I have a lot of hair; **I miei capelli stanno ingrigendo**, my hair is going grey; **Mi cadono i capelli**, my hair is falling out; **capelli folti [radi]**, thick [thin] hair; **capelli lisci [ricciuti]**, smooth [curly] hair; **capelli ondulati [crespi]**, wavy [frizzy] hair; **capelli neri**, dark hair; **lavarsi i capelli**, to wash one's hair; **farsi tagliare i capelli**, to have one's hair cut; to get a haircut; **portare i capelli corti**, to wear one's hair short; **sciogliersi [raccogliersi, tirarsi su] i capelli**, to let down [to gather, to put up] one's hair **2** (*fig.*: *distanza minima*) hair's breadth: **essere a un c. dalla vittoria**, to be within a hair's-breadth of winning (*o* an ace of victory); **L'auto mi mancò di un c.**, the car missed me by a hair's breadth; **C'è mancato un c. che vincesse**, he came within a hair's breadth of winning; **Mi salvai per un c.**, I escaped by a hair's breadth (*o* by the skin of my teeth); I had a narrow escape; it was a close shave (*fam.*). ● (*cucina*) **capelli d'angelo**, fine vermicelli □ **a c.**, to a T; perfectly: **L'hai descritto a c.**, you have described him to a T; **Ti va (*o* sta) a c.**, it fits you like a glove □ **Barba e capelli, signore?**, haircut and shave, sir? □ **avere più pensieri che capelli**, to be up to one's eyes (*o* ears) in worries □ **avere un diavolo per c.**, to be furious; to be in a right huff; to be mad (*fam.*) □ (*fig.*) **averne fin sopra i capelli**, to have had more than enough (of st.); to be sick and tired (*o* sick to death) (of st.); to be fed up to the teeth (of st.): **Ne ho fin sopra i capelli di te**, I've had more than enough of you □ **fare i capelli bianchi in un lavoro**, to grow old on a job □ **far venire i capelli bianchi a q.**, to turn sb.'s hair grey □ (*fig.*) **fino ai (*o* fin sopra i) capelli**, up to one's eyes (*o* ears): **avere fango fino ai capelli**, to be up to one's eyes in mud; **avere debiti fin sopra i capelli**, to be up to one's ears in debt □ **forcina per capelli**, hairpin □ **C'è da mettere i capelli bianchi**, it's enough to make one's hair turn white □ (*fig.*) **mettersi le mani nei capelli**, to tear one's hair; to wring one's hands □ (*fig.*) **prendersi per i capelli**, to quarrel; to fight □ **retina per capelli**, hairnet □ **Le si rizzarono i capelli**, her hair stood on end □ (*fig.*) **sospeso (*o* attaccato) a un c.**, hanging by a hair □ (*fig.*) **spaccare un c. in quattro**, to split hairs □ **spazzola per capelli**, hairbrush □ **strapparsi i capelli** (*per la disperazione*), to tear one's hair out (in despair) □ **taglio di capelli**, haircut □ **tirare i capelli a q.**, to pull sb.'s hair □ (*fig.*) **tirare q. per i capelli**, to drag (*o* to force) sb. (into st.) □ (*fig.*) **tirato per i capelli**, far-fetched; forced □ **non torcere un c. a q.**, not to harm (*o* to touch) a hair on sb.'s head.

capellóne, **A** *m.* **1** longhair; mophead **2** hippie. **B** *a.* **1** hippie: **moda capellona**, hippie fashion (*o* style) **2** (*con capelli molto lunghi*) long-haired; mop-headed.

capellùto, *a.* **1** hairy; hirsute **2** (*dai capelli lunghi*) long-haired; mop-headed. ● **cuoio c.**, scalp.

capelvènere, *m.* (*bot.*, *Adiantum capillus Veneris*) maidenhair.

capèstro, *m.* **1** (*per impiccare*) halter; noose **2** (*cavezza*) halter. ● **condannare q. al c.**, to sentence sb. to be hanged □ **contratto c.**, binding contract □ (*fig.*) **persona da c.**, gallows-bird.

capetìngio, *a.* e *m.* (*stor.*) Capetian.

capétto, *m.* petty boss.

capezzàle, *m.* **1** (*stretto cuscino*) bolster **2** (*letto*) bedside; (*di malato*) sick-bed; (*di moribondo*) death-bed.

capezzièra, *f.* antimacassar.

capézzolo, *m.* nipple; teat; (*di animale*) teat, dug.

capidòglio, *V.* **capodoglio**.

capiènte, *a.* capacious.

capiènza, *f.* capacity: **Il teatro ha una c. di 300 posti**, the seating capacity of the theatre is 300; the theatre can seat 300 people; **Il serbatoio ha una c. di cento litri**, the tank has a capacity of one hundred litres; **c. d'un magaz-**

zino, storage.

capigliatùra, *f.* hair* (*sing. collett.*); head of hair: **una c. folta**, abundant hair; a thick head of hair.

capillàre, *a.* ***1*** (*fis., anat.*) capillary ***2*** (*fig.*: *dettagliato*) detailed; minute ***3*** (*fig.*: *diffuso*) widespread.

capillarità, *f.* (*fis., anat.*) capillarity.

capillarizzazióne, *f.* widespread distribution.

capillìfero, *a.* generating hair. ● **bulbo c.**, hair bulb.

capinéra, *f.* (*zool., Sylvia atricapilla*) blackcap.

capintèsta, *m.* e *f.* ***1*** (*sport*) leader ***2*** (*chi dirige*) head; leader ***3*** (*di una banda*) ringleader.

capìre, A *v. t.* ***1*** to understand*; to get*: **Non capisco che cosa vuole da me**, I can't understand what he wants from me; **Capisco il russo**, I understand Russian; **Vuol ripetere? Non ho capito**, would you mind repeating it? I didn't get it; **Capisco!**, I see; **Alla fine capì**, he got it in the end; he twigged in the end (*fam. GB*) ***2*** (*interpretare, decifrare*) to make* out; to work out; to tell*: **Non capisco che cosa è scritto qui**, I can't make out what's written here; **Non lo capisco**, I don't understand him; I can't work (*o* figure) him out; **Dalla sua faccia si capiva che era seccato**, you could tell from his face he was annoyed ***3*** (*rendersi conto*) to realize; to be aware of; to appreciate; to see*: **Capisci cosa vuol dire per me questo viaggio?**, do you realize what this journey means to me?; **Capisco la tua posizione, ma...**, I appreciate your situation, but... ***4*** (*avere comprensione di*) to understand*: **È uno che capisce i giovani**, he understands young people; **Non capisco la pittura astratta**, I don't understand abstract painting. ● **c. al volo**, to grasp st. at once; (*assol.*) to be quick on the uptake (*fam.*) □ (*fig.*) **c. l'antifona**, to take the hint □ (*fig.*) **c. fischi per fiaschi**, to get the wrong end of the stick □ **c. male**, to misunderstand; to get (st., sb.) wrong □ **c. una barzelletta**, to get a joke □ **Ti capisco!**, I know! □ **Mi capisci?**, do you see my point? □ **Lascialo stare, capito?**, leave it alone, understand (*o* will you)? □ (*iron.*) **Capirai che sforzo!**, some effort! □ **Chi ci capisce è bravo!**, I can't make head or tails out of it □ **far c. q.c. a q.**, to make sb. understand; to bring st. home to sb.; (*con energia*) to ram st. home to sb.; (*in modo indiretto*) to intimate st. to sb.; to hint st. to sb. □ **farsi c.**, to make oneself understood □ **La vuoi c. si o no?**, will you get that into your head? □ **Io non capisco niente di economia**, I'm lost when it comes to economics; economics goes right over my head □ **Non hai capito niente**, you've missed the whole point □ **non c. un fico secco** (*o* **un accidente**), not to understand a blessed thing □ **Non la vuole c.**, he just won't listen; you can't get it into his head □ **Mi pare di c. che ha intenzione di candidarsi**, I understand he intends to stand for election □ **Mi guardò senza c.**, he looked at me uncomprehendingly □ **Si capisce!**, of course!; naturally!; certainly!: **«Vieni anche tu?» «Si capisce!»**, «are you coming too?» «of course!». **B capirsi,** *v. rifl. recipr.* to understand* each other: **parlare senza c.**, to talk at cross purposes; **Ci siamo capiti?**, is it understood?; is everything clear?

capirósso, *V.* **cardellino.**

capitàgna, *f.* (*agric.*) headland.

capitàle (1), *a.* ***1*** (*leg.*) capital: **pena c.**, capital punishment; death: **punire un delitto con la pena c.**, to punish a crime with death; **sentenza c.**, death (*o* capital) sentence ***2*** (*principale*) capital; prime; primary; main; chief: **punto c.**, main point; **d'importanza c.**, of prime (*o* primary, vital) importance. ● **nemico c.**, mortal enemy □ (*relig.*) **peccato c.**, deadly (*o* mortal) sin.

capitàle (2), *m.* ***1*** (*comm.*) capital: **c. e interessi**, capital (*o* principal) and interest; **c. azionario**, share capital; **c. d'esercizio**, working capital; **c. di maneggio**, trading capital ***2*** (*fig.*: *ricchezza*) wealth, money; (*fortuna*) fortune: **accumulare un c.**, to make a fortune; **valere un c.**, to be worth a fortune; **un c. in gioielli** a fortune in jewels ***3*** (*fig.*: *grande quantità*) store; wealth: **un c. di nozioni**, a wealth of information; **avere un c. di cognizioni**, to have a store of knowledge. ● **c. a fondo perduto**, subsidy capital □ **c. circolante**, floating capital; current assets □ **c. di avviamento**, seed money □ **c. di rischio**, venture capital □ **c. e lavoro**, capital and labour □ **c. immobile**, real estate; realty □ **c. interamente versato**, fully paid-up capital □ **c. liquido**, cash assets □ **c. mobile**, movable goods; movables □ (*leg., comm.*) **c. sociale**, capital; nominal capital; share (*o* stock) capital (of a company) □ **La ditta ha un c. di venti miliardi**, the business is capitalized at twenty billion lire □ **guadagni da c.**, capital gains □ **investire dei capitali in q.c.**, to invest (*o* to put) capital into st. □ **mettere a c.**, to invest; to use as capital □ **I capitali abbondano**, money is plentiful.

capitàle (3), *f.* capital; capital city: **Roma è la c. d'Italia**, Rome is the capital of Italy.

capitalìsmo, *m.* capitalism.

capitalista, A *a.* capitalist. **B** *m.* e *f.* ***1*** capitalist ***2*** (*spreg.*) tycoon.

capitalìstico, *a.* capitalist(ic).

capitalizzàre, *v. t.* (*econ.*) to capitalize; (*fin.*) to compound.

capitalizzazióne, *f.* (*econ.*) capitalization; (*fin.*) compounding: **c. degli interessi**, capitalization of interests.

capitàna, *f.* (*naut.*) flagship.

capitanàre, *v. t.* to lead*; to captain; to head; to command: **c. la pattuglia di soccorso**, to lead the rescue party; **c. una squadra di calcio**, to captain a football team.

capitanerìa, *f.* – **c. di porto**, harbour office.

capitàno, *m.* ***1*** (*chi è a capo*) captain; leader; commander; head: **c. d'industria**, captain of industry; baron; tycoon; **c. di una squadra**, captain of a team; team-leader; skipper (*fam.*); **il c. dei rivoltosi**, the leader of the rebels; (*stor.*) **c. di ventura**, commander of mercenary troops; condottiere ***2*** (*mil.*) captain (*abbr.*: Capt.): **Fu promosso c.**, he was promoted to captain; **il c. Mori**, Captain Mori ***3*** (*naut.*) captain; master; skipper (*fam.*); (*al vocat. sempre*) captain: **il c. Cook**, Captain Cook; **c. di corvetta**, lieutenant commander; **c. di fregata**, commander; **c. di vascello**, captain; **c. in seconda**, mate; **c. di lungo corso**, sea captain; master of an ocean-going vessel; master; **c. di porto**, harbour master ***4*** (*aeron.*) flight lieutenant.

capitàre, *v. i.* ***1*** (*accadere*) to happen (*anche in costr. pers.*); to come* about; to befall* (sb.) (*lett.*): **Capita a tutti**, it happens to everyone; **Mi capitò di rivederla**, I happened to meet her again; **Gli capitò un fatto curioso**, an odd thing happened to him; **Com'è capitato che...?**, how did it happen (*o* come about) that...? ***2*** (*presentarsi*) to turn up; to arise*; to occur: **se capita l'occasione**, if I [you, etc.] get the chance; should the occasion arise ***3*** (*arrivare casualmente*) to come*; to get* to; to arrive; to chance; to end up; to turn up; to find* oneself: **Vieni a trovarci se capiti a Torino**, come and see us if you chance to come to Turin; **Capitò da noi in estate**, he turned up to see us in the summer; **Dove siamo capitati?**, where have we got to (*o* ended up)?; **La lettera mi capitò tra le mani qualche giorno dopo**, I came (*o* chanced) upon the letter a few days later. ● **c. a proposito**, to turn up at the right moment; to come pat □ (*rif. a persona*) **c. bene** [**male**], to be lucky [unlucky] □ **c. di imbattersi in q.**, to come upon sb.; to run into sb. □ **c. tra capo e collo**, to arrive (*o* to turn up) unexpectedly □ **A chi capita, capita!**, it's the luck of the draw □ **Capita!**, such things will happen! □ **Capiti quel che vuole**, come what may; whatever happens □ **Capitano tutte a me!**, it always happens to me! □ **fare q.c. come capita**, to do st. in a slipshod manner (*o* any old how) □ **il primo che capita**, the first person who comes along □ **Se mi capita fra le mani!**, if I get to lay my hands on him! □ (*iron.*) **Siamo capitati bene!**, this is just fine!

capitàrio, *a.* per capita (*attr.*); capitative.

capitàto, *a.* (*bot.*) capitate.

capitazióne, *f.* capitation; poll tax.

capitèllo, *m.* ***1*** (*archit.*) capital ***2*** (*tipogr.*) headband.

capitolàre (1), *v. i.* ***1*** (*mil.*) to capitulate; to surrender on terms ***2*** (*fig.*) to capitulate; to give* in; to surrender.

capitolàre (2), *m.* (*stor.*) capitulary.

capitolàre (3), *a.* (*eccles.*) capitular: **archivio c.**, capitular archives; **sala c.**, chapter-house.

capitolàto, *m.* ***1*** (*leg.*) specifications (*pl.*) ***2*** (*d'appalto*) tender.

capitolazióne, *f.* ***1*** (*mil.*) capitulation; terms of surrender (*pl.*) ***2*** (*fig.*) capitulation; surrender ***3*** (*pl.*) (*stor.*) Capitulations.

capitolino, *a.* Capitoline.

capìtolo (1), *m.* ***1*** (*di libro*) chapter ***2*** (*articolo, voce*) article; head; (*rag.*) item. ● **Si è concluso un c. della mia vita**, a period of my life has come to an end.

capìtolo (2), *m.* (*eccles.*) (cathedral) chapter; (*sala del c.*) chapterhouse. ● (*fig.*) **avere voce in c.**, to have a say (in the matter).

capitombolàre, *v. i.* to tumble down; to fall* headlong: **c. dalle scale**, to tumble down the stairs.

capitómbolo, *m.* ***1*** headlong fall; tumble ***2*** (*fig.*) downfall. ● **a capitomboli**, head over heels □ **fare un c.**, to take a tumble; (*fig. fam.*) to come a cropper.

capitóne, *m.* (*zool.*) (female) eel; yellow eel.

capitòzza, *f.* (*agric.*) pollard.

capitozzàre, *v. t.* (*agric.*) to pollard.

càpo, A *m.* ***1*** (*testa*) head: **Mi duole il c.**, my head aches; **alzare** [**chinare**] **il c.**, to lift [to bend] one's head; **coprirsi il c.**, to cover one's head; **scuotere il c.**, to shake one's head; **a c. chino**, with one's head bowed down; **a c. scoperto**, bare-headed; hatless ***2*** (*mente, cervello*) head; mind: **Gli è venuta in c. questa idea**, he's got this notion into his head; **Ho altri problemi per il c.**, I have other things on my mind; **avere altro per il c.**, to have other things to think of ***3*** (*persona autorevole*) head, chief, leader, boss (*fam.*); (*in un'azienda*) manager; (*al vocat., fam.*) boss, chief, (*non a un superiore*) mate: **il c. (della) famiglia**, the head of the family; **c. di una tribù**, chief of a tribe; **c. di un villaggio**, chieftain; headman; **c. di un partito**, leader of a party; party leader; **c. d'una banda**, gang leader; **Il c. vuole vederti**, the chief (*o* boss) wants to see you; **È un vero c.**, he is a real leader; **Qui il c. sono io!**, I am the boss here!; (*scherz.*) **il grande c.**, the big boss ***4*** (*cima, estremità*) top; head; end: **il c. del letto**, the head of the bed; **il c. di una corda**, the end of a rope; **il c. d'un chiodo**, the head of a nail; **da c. a fondo**, from top to bottom; **l'altro c. della città**, the other end of town; **in c. alla scala**, at the top of the stairs; **in c. alla pagina**, at the head (*o* top) of the page; **sedere a c. della tavola**, to sit at the head of the table ***5*** (*singolo animale*) head*; animal: **cinquanta capi di bestiame**, fifty head of cattle; **il più bel c. della mandria**, the finest animal in the herd ***6*** (*singolo oggetto*) article; item: **un c. di vestiario**, an article of clothing; **scegliere c. per c.**, to choose each item individually; **Descrissi gli oggetti rubati c. per c.**, I described the stolen articles item by item ***7*** (*sezione, voce*) head; heading; item: **Dividerò la questione in tre capi**, I shall consider the question under three heads (*o* headings); **c. primo** [**secondo**], item one [two] ***8*** (*di filo, ecc.*) strand; ply: **Questo spago è a tre capi**, this string has three strands; **lana a tre capi**, three-ply wool ***9*** (*geogr.*) headland; (*anche nei nomi*) cape, head: **La nave doppiò il c.**, the ship rounded the headland (*o* the cape); **C. di Buona Speranza**, Cape of Good Hope; **C. Horn**, Cape Horn ***10*** (*naut.*) chief petty officer ***11*** (*arald.*) chief. ● (*fig.*) **un c. ameno**, a jolly soul; a droll person □ **c. cameriere**, head waiter □ **c. cantiere**, yard foreman □ **c. contabile**, chief accountant □ (*leg.*) **c. d'accusa** (*o* **d'imputazione**), charge; count □ **un c. d'aglio**, a bulb of garlic □ **C. d'Anno**, *V.* **Capodanno** □ **c. del Governo**, head of government □ **il c. dell'Istituto**, the Head; the Principal □ **c. del personale**, staff (*o* personnel) manager □ **c. di Stato**, head of state □ (*mil.*) **C. di Stato Maggiore**, Chief of Staff □ **c. officina**, chief foreman □ **c. operaio**, foreman □ (*cinem.*) **c. operatore**, first cameraman □ (*org. az.*) **c. progetto**, project leader □ **c. scarico**, *V.* **caposcarico** □ **c. storico**, founding father □ (*fig.*) **a c. alto**, with one's head held high □ (*fig.*) **a c. basso**, hanging one's head; humbly; dejectedly □ (*fig.*) **alzare il c.**, to bridle; to rebel □ **andare a c.**, to start a new paragraph □ (*dettando*) **A c.!**, new line!; new paragraph! □ **C. primo, tu non c'eri**, first of all (*o* to begin with, for a start), you were not there □ (*fig.*) **chinare** (*o* **abbassare**) **il c.**, to resign oneself □ **Città del C.**, Capetown □ (*mil.*) **comandante in c.**, Commander-in-Chief (*abbr.*: C.-in--C.) □ **da c.**, over again; from the beginning; (*mus.*) da capo: **ricominciare da c.**, to start all over again; to go back to square one (*fam.*) □ **da c. a piedi**, from head to foot; from top to toe; (*di cosa*) from top to bottom □ **da un c. all'altro**, from end to end; from one end to the other □ **dare di c. in q.c.**, to bump one's head against st. □ **essere a c. di un esercito** [**di un'azienda**], to be at the head of an army [of a business] □ **fare c. a**, (*di persona*) to refer to; (*di strada*) to end up at, to lead to □ **far girare il c. a q.**, (*dare le vertigini*) to make sb.'s head turn round; (*fig.*) to turn sb.'s head □ **giramento di c.**, giddiness; dizziness □ **in c. a un mese**, at [by] the end of the month □ **abitare in c. al mondo**, to live at the back of beyond (*o* in the backwoods) (*GB*); to live in the boondocks (*USA*) □ **andare in c. al mondo**, to go to the ends of the earth □ (*fig.*) **lavata di c.**, scolding; dressing-down; lecture □ **mal di c.**, headache □ **mettere il c. a partito**, (*ragionare*) to see reason; (*calmarsi*) to settle down □ (*fig.*) **mettersi in c. q.c.**, to get st. into one's head □ (*fig.*) **non sapere dove sbattere il c.**, not to know which way to turn; to be at one's wits'end □ (*fig.*) **non avere né c. né coda**, to be meaningless; to make no sense □ (*fig.*) **non sapere dove posare il c.**, not to know where to lay one's head □ **per sommi capi**, in short; summarily: **una relazione per sommi capi**, a summary account; **dire q.c. per sommi capi**, to give a summary (*o* the main outline) of st. □ (*fig.*) **rompersi il c.**, to cudgel (*o* to rack) one's brains □ (*fig.*) **tra c. e collo**, unexpectedly; out of the blue □ **venire a c. di q.c.**, (*risolvere*) to get to the bottom of st.; (*condurre a termine*) to get to the end of st. □ **Non riesco a venirne a c.**, I can't make head or tail out of it □ (*prov.*) **Cosa fatta c. ha**, what is done is done (and cannot be undone). **B** *a.* head; top; chief: **ragioniere c.**, head accountant; **dirigente c.**, top executive; **ispettore c.**, chief inspector; (*naut.*) **macchinista c.**, chief engineer.

capoàrea, *m. e f.* (*comm.*) area manager.

capobànda, *m. e f.* ***1*** (*mus.*) bandmaster ***2*** (*caporione*) ringleader ***3*** (*di delinquenti*) gang leader; gang boss.

capobandito, *m.* bandit chief.

capobàrca, *m.* skipper.

capobrànco, *m.* (*zool.*) leader of the pack; leader of the herd.

capobrigànte, *m.* bandit chief.

capocàccia, *m.* (chief) huntsman*; master of hounds (*GB*).

capocannonière, *m.* ***1*** (*mil.*) master gunner ***2*** (*sport*) top (*o* leading) goal scorer.

capocantière, *m.* foreman*.

capocarcerière, *m.* chief (*o* head) warder (*GB*); head of the prison guards (*USA*).

capocàrro, *m.* (*mil.*) tank commander.

capòcchia, *f.* ***1*** head: **c. di chiodo**, nail head; **c. di fiammifero**, head of a match; **c. di spillo**, pinhead ***2*** *V.* **capoccia**. B. ● (*fig. fam.*) **fare q.c. a c.**, to do st. any old how.

capòccia, **A** *m.* ***1*** head of a (farmer's) family; (the) old man* (*fam.*) ***2*** (*sorvegliante*) overseer; foreman* ***3*** (*scherz.*) boss; leader ***4*** (*spreg.*: *caporione*) ringleader. **B** *f.* (*region.*) head; nut (*fam.*); noggin (*fam.*); noddle (*fam.*).

capocciàta, *f.* (*fam.*) blow (*o* knock) with one's head; butt: **dare una c. in q.c.**, to bang one's head against st.; **Gli diedi una c. nel mento**, I hit him with my head under the chin.

capocciόne, *m.* (*f.* **-a**) (*region.*) ***1*** (*persona con la testa grossa*) person with a big head; bighead ***2*** (*persona poco intelligente*) blockhead; chump ***3*** (*persona testarda*) pig-headed person ***4*** (*persona intelligente*) brain ***5*** (*persona importante*) bigwig (*fam.*); big noise (*fam.*); big shot (*fam.*).

capocèllula, *m. e f.* (*polit.*) cell leader.

capocentùria, *m.* (*stor.*) centurion.

capoclàn, *m.* head of a clan; chief.

càpo-claque, *m. e f. invar.* claque leader.

capoclàsse, *m. e f.* monitor.

capoclassìfica, *m. e f.* ***1*** (*sport*: *atleta*) athlete heading the place-list; leading athlete; (*squadra*) leading team, leader ***2*** (*canzone, film, ecc.*) top of the charts; top hit. ● (*calcio*) **c. cannonieri**, leading goal scorer.

capocòmico, *m.* (*f.* **-a**) (*teatr.*) actor--manager (*f.* actress-manager).

capocomitiva, *m. e f.* tour leader.

capocommèssa, *m. e f.* (*comm.*) prime contractor.

capoconvòglio, *m.* (*naut.*) leader of a convoy; convoy leader.

capocòrda, *m.* ***1*** *V.* **capocordata** ***2*** (*elettr.*) terminal; lug.

capocordàta, *m. e f.* (*alpinismo*) roped-party leader.

capocrònaca, *m.* leading local article.

capocronista, *m. e f.* local news editor; city editor (*USA*).

capocuòco, *m.* (*f.* **-a**) head cook; chef (*franc.*).

capodànno, *m.* New Year's Day.

capodibànda, *m.* (*naut.*) gunwale.

capodipartiménto, *m. e f.* head of a department; department head.

capodivisióne, *m. e f.* head of a (Government) department.

capodòglio, *m.* (*zool.*, *Physeter macrocephalus*) sperm whale.

capodòpera, *m.* ***1*** masterpiece ***2*** (*fig. fam.*) odd person; oddball (*fam.*).

capofàbbrica, *m. e f.* (*ind.*) works (*o* plant) manager.

capofabbricàto, *m.* (*nella seconda guerra mondiale*) air-raid warden (in a block of flats).

capofacchìno, *m.* head porter.

capofamìglia, *m. e f.* head of a family; householder.

capofficìna, *V.* **capoofficina**.

capofila, *m. e f.* ***1*** first of a line ***2*** (*fig.*) leader.

capofitto, *a.* – **a c.**, headlong; headfirst; head foremost: **precipitare a c.**, to fall headlong; **tuffarsi a c.**, to dive headfirst. ● (*fig.*) **buttarsi a c. in un lavoro**, to throw oneself into a job.

capofòsso, *m.* main ditch.

capogabinétto, *m.* chief secretary.

capogiro, *m.* giddiness; dizziness: **un improvviso c.**, a sudden giddiness; **far venire il c. a q.**, to make sb. giddy; **avere il c.**, to feel giddy; **Fu colto dal c.**, he suddenly felt dizzy; **un'altezza che dà il c.**, a dizzy height; (*fig.*) **cifra da c.**, staggering (*o* mind-boggling) figure.

capogrùppo, *m. e f.* ***1*** group leader ***2*** (*parlamentare*) leader of a parliamentary group ***3*** (*econ.*) parent company.

capoguàrdia, *m.* ***1*** head guard ***2*** (*naut.*) petty officer (*abbr.* P.O.) of the watch.

capolavóro, *m.* masterpiece.

capolèttera, *m.* (*tipogr.*) initial letter.

capolìnea, *m.* end of the line (*anche fig.*); terminus*; terminal (station).

capolìno, *m.* ***1*** – **fare c.**, to peep out [in, etc.]; to poke one's head out [in, through]: **Il sole fece c. da dietro una nuvola**, the sun peeped out from behind a cloud; **Fece c. nella stanza e si ritrasse**, he peeped in (*o* poked his head in) and withdrew; **Sotto al cappotto faceva c. una gonna rossa**, a red skirt peeped out from under the coat; **Il gattino fece c. e sparì**, one peep and the kitten was gone ***2*** (*bot.*) (flower) head.

capolista, **A** *m. e f.* ***1*** first name on a list ***2*** (*polit.*) head of an electoral list: **essere c.**, to head a list. **B** *f.* (*sport*) leading team; league leader; leader. **C** *a.* leading; list-leading: **candidato c.**, candidate heading the (electoral) list; **squadra c.**, *V.* **B**.

capoluògo, *m.* ***1*** (*di provincia*) chief town (of a province); (*di contea, in G.B.*) county town; (*in U.S.A.*) county seat ***2*** (*di regione*) seat of regional government; regional capital.

capomacchinista, *m.* ***1*** (*ferr., naut.*) chief engineer ***2*** (*teatr.*) chief stage carpenter.

capomàfia, *m.* mafia boss.

capomàstro, *m.* (*edil.*) master builder; master mason.

capomissióne, *m.* head of a diplomatic mission.

capomoviménto, *m.* (*ferr.*) chief of traffic.

capomùsica, *m.* (*mil.*) bandleader.

caponàggine, *f.* obstinacy; pig-headedness.

caponàre, *v. t.* (*naut.*) to cat.

capóne, *m.* (*naut.*) cathead; cat.

capoofficina, *m.* shop foreman*.

capopàgina, *m.* (*tipogr.*) headpiece.

capopàrte, *m. e f.* leader of a political faction.

capopattùglia, *m.* (*mil.*) patrol officer.

capopèzzo, *m.* (*mil.*) gun commander; (*naut.*) gun captain.

capopòpolo, *m. e f.* demagogue; rabble--rouser; mob-leader.

capopósto, *m.* (*mil.*) commander of the guard.

caporalàto, *m.* system of illegally hiring farm labourers for very low wages.

caporàle, *m.* ***1*** (*mil.*) lance-corporal: **c. di giornata**, orderly corporal; **c. maggiore**, corporal ***2*** (*pop.*: *di operai*) foreman*; ganger ***3*** (*reclutatore agricolo*) illegal recruiter of farm labourers ***4*** (*fig.*) bossy person; bully.

caporalésco, *a.* (*fig.*) overbearing; bossy.

caporalmaggióre, *m.* (*mil.*) corporal.

caporedattóre, *m.* (*f.* **-trice**) managing editor.

caporepàrto, *m. e f.* ***1*** (*di operai*) foreman* (*m.*), forewoman* (*f.*); (*di officina*) chief foreman's assistant ***2*** (*di negozio, di ufficio*) head of department; department head ***3*** (*di grande magazzino*) shopwalker; floorwalker (*USA*).

caporióne, *m.* ringleader.

caposàla, **A** *m. e f.* ***1*** (*di ufficio*) head clerk ***2*** (*di officina*) foreman* (*m.*); forewoman* (*f.*). **B** *f.* (*di ospedale*) ward sister.

caposàldo, *m.* ***1*** (*topogr.*) bench mark; datum point [line, plane] ***2*** (*mil.*) stronghold; strongpoint ***3*** (*fig.*) foundation; cornerstone; basis*.

caposcàla, **A** *m.* landing. **B** *m. e f.* (*nella seconda guerra mondiale*) air-raid warden (in a block of flats).

caposcàlo, m. e f. (*aeron.*) traffic control officer.
caposcàrico, m. madcap; screwball (*fam. USA*).
caposcuòla, m. e f. leader of a movement.
caposervìzio, m. e f. ***1*** department head ***2*** (*giorn.*) senior editor: **c. cronaca cittadina**, local news editor; city editor (*USA*).
caposezióne, m. e f. (*bur.*) department head.
caposquàdra, m. e f. ***1*** (*di operai*) foreman*; forewoman* (*f.*); chargehand; ganger (*fam.*) ***2*** (*sport*) team captain ***3*** (*mil.*) squad leader.
caposquadriglia, m. (*naut., aeron.*) squadron leader.
capostazióne, m. e f. stationmaster.
capostìpite, m. ***1*** founder of a family; progenitor ***2*** (*anche f., fig.*) founder; initiator; father (*m.*).
capostórno, m. (*vet.*) (the) staggers.
capostruttùra, m. e f. head of a sector.
capotàre, V. **cappottare**.
capotàsto, m. (*mus.*) bridge.
capotàvola, m. e f. head of the table. ● **sedere a c.**, to sit at the head of the table.
capote (*franc.*), f. invar. (*autom., aeron*) hood; top: **c. di tela**, canvas hood; **c. a mantice**, folding top; **c. rigida**, hard top.
capotècnico, m. (*ind.*) technical director.
capotrèno, m. e f. (*ferr.*) guard; conductor (*USA*).
capotribù, m. chief; chieftain.
capòtta, V. **capote**.
capottàre, V. **cappottare**.
capotùrno, m. e f. shift foreman*.
capoufficio, m. e f. head clerk; chief clerk.
capovèrso, m. ***1*** beginning of a paragraph; (*di verso*) beginning of a line ***2*** (*paragrafo*) paragraph; subsection ***3*** (*rientranza*) indentation; indention; indent.
capovóga, m. (*sport*) stroke: **fare da c.**, to stroke.
capovòlgere, A v. t. ***1*** (*rovesciare*) to turn upside down; to overturn; to stand* (st.) on its head; to tip over: **c. una clessidra**, to invert an hourglass; **Capovolse il vaso per mostrare che era vuoto**, he tipped over the vase (*o* turned the vase upside down) to show it was empty ***2*** (*far rovesciare*) to upset*; to capsize: **Il vento capovolse la barca**, the wind capsized the boat ***3*** (*fig.*) to invert; to reverse; to overturn: **c. la procedura**, to reverse the procedure; **c. una graduatoria**, to reverse the order of a classification; **La corte d'appello capovolse la sentenza**, the court of appeal overturned the verdict. **B capovòlgersi,** v. i. pron. ***1*** to overturn; to upset*; to capsize: **La barca si capovolse**, the boat capsized ***2*** (*fig.*) to be reversed; to turn round: **La nostra posizione s'è capovolta**, our position is now reversed.
capovolgiménto, m. ***1*** overturn; upsetting; capsizing ***2*** (*fig.*) reversal; turnround; inversion; subversion: **il c. di una tendenza**, the reversal of a tendency; **un c. di ruoli**, a reversal of roles; **un c. di tutte le regole**, a subversion of all the rules.
capovòlta, f. ***1*** overturn; upsetting ***2*** (*capriola*) somersault; flip ***3*** (*nuoto*) flip turn.
capovòlto, a. upside-down; upturned; bottom up; topsy-turvy: **Teneva il libro c.**, he was holding the book upside-down; **un tavolo c.**, an upturned table.
càppa (1), f. ***1*** (*mantello*) cape; cloak; mantle (*lett.*) ***2*** (*eccles.*) cape; cope; (*di frate*) cowl ***3*** (*fig.: coltre*) pall: **una c. di nebbia [di fumo]**, a pall of fog [of smoke] ***4*** (*del camino*) hood; cowl ***5*** (*ind.: di fucina*) chimney ***6*** (*di cucina a gas o elettrica*) extractor hood ***7*** (*naut.: copertura*) hood; cover: **c. dell'argano**, capstan cover; **c. di boccaporto**, companion ***8*** (*naut.: premio speciale*) primage ***9*** (*naut.: andatura*) – **essere alla c.**, to lie to; to be hove-to; **mettersi alla c.**, to heave to; to lay to; **velatura di c.**, storm sails (*pl.*). ● **la c. del cielo**, the canopy (*o* the vault) of heaven □ **una cappa di nubi in cielo**, a leaden sky □ (*fig.*) **c. di piombo**, pall of gloom; oppression; **sentirsi addosso una c. di piombo**, to be under a pall of gloom; to feel weighed down □ **c. magna**, V. **cappamagna** □ **nero come la c. del camino**, as black as soot (*o* as coal) □ **romanzo di c. e spada**, cloak-and-dagger novel □ (*prov.*) **Per un punto Martin perse la c.**, for want of a nail the shoe was lost.
càppa (2), f. (*zool.*) bivalve shellfish; clam.
càppa (3), m. o f. ***1*** (*lettera*) k; K ***2*** (*decima lettera dell'alfabeto greco*) kappa.
cappalùnga, f. V. **cannolicchio**.
cappamàgna, f. ceremonial cloak; ceremonial robes (*pl.*). ● (*fig.*) **in c.**, with pomp and ceremony.
cappasànta, V. **capasanta**.
cappeggiàre, v. i. (*naut.*) to lie* to; to be hove to.
cappèlla (1), f. ***1*** (*archit.*) chapel: **c. gentilizia**, family chapel; **c. mortuaria**, mortuary chapel; **c. dedicata alla Madonna**, Lady Chapel; **C. Sistina**, Sistine Chapel ***2*** (*edicola*) shrine ***3*** (*complesso dei cantori*) choir: **maestro di c.**, choirmaster; kapellmeister, capellmeister (*stor.*). ● (*mus.*) **a c.**, a cappella.
cappèlla (2), f. ***1*** (*di fungo*) cap ***2*** (*di chiodo*) head ***3*** (*gergo mil.*) raw recruit; rookie (*fam.*) ***4*** (*volg.: glande*) head ***5*** (*pop.: gaffe*) bloomer; boo-boo: **prendere una c.**, to make a boo-boo; to put one's foot in it.
cappellàccia, f. (*zool., Galerida cristata*) crested lark.
cappellàccio, m. (*miner.*) outcrop.
cappellàio, m. (f. **-a**) hatter.
cappellania, f. (*eccles.*) chaplaincy; chaplainry.
cappellàno, m. (*eccles.*) chaplain: **c. militare [delle carceri]**, army [prison] chaplain.
cappellàta, f. hatful; capful. ● **a cappellate**, in loads; in heaps; loads (*o* heaps, bags) (of st.): **fare denari a cappellate**, to make bags of money.
cappelleria, f. hat shop; hatter's shop.
cappellétto, m. ***1*** (*elmetto*) helmet ***2*** (*di calza*) toe ***3*** (*di scarpa*) toecap ***4*** (*d'ombrello*) cap ***5*** (*pl.*) (*cucina*) cappelletti.
cappellièra, f. hatbox; bandbox.
cappellificio, m. hat factory.
cappèllo, m. ***1*** hat: **portare il c.**, to wear a hat; **togliersi il c.**, to take off one's hat; **sollevare il c.** (*per salutare*), to raise one's hat (to sb.); **senza c.**, hatless; bareheaded; **c. di pelliccia**, fur hat ***2*** (*mecc.*) cap; (*di sicurezza, di mina, ecc.*) safety cover ***3*** (*capocchia*) head ***4*** (*copertura*) cap; cover ***5*** (*paralume*) lampshade ***6*** (*di fungo*) cap ***7*** (*fig.: preambolo*) preamble, opening paragraph; (*di articolo*) head. ● **c. a cilindro** (*o* **a staio, a tuba**), top hat; (*rivestito di seta*) silk hat; (*gibus*) opera hat □ (*stor.*) **c. a cono**, hennin □ **c. a pan di zucchero**, sugarloaf hat □ **c. a larga tesa**, broad-brimmed hat □ (*anche fig.*) **c. cardinalizio**, cardinal's hat; red hat □ **c. da cowboy**, cowboy hat; Stetson □ **c. da cuoco**, chef's hat □ **c. di carta**, paper hat □ **c. di feltro** (*o* **floscio, a cencio**), felt hat; trilby; (*lobbia*) homburg □ **c. di paglia**, straw hat; (*di paglia di Firenze*) leghorn □ **c. duro**, bowler hat; derby (*USA*) □ (*anche fig.*) **col c. in mano**, hat in hand □ (*fig.*) **far girare il c.**, to pass the hat round □ (*fig.*) **fare tanto di c. a q.**, to take one's hat off to sb. □ **Giù il c.!**, hats off! □ **mettersi il c. sulle ventitré**, to tilt one's hat at a rakish (*o* jaunty) angle (*o* to one side); to give a rakish tilt to one's hat □ **portare il c. sulle ventitré**, to wear one's hat at a rakish (*o* jaunty) angle □ (*fig.*) **prender c.**, to take offence.
cappellóne, A m. ***1*** (*gergo cinem.*) cowboy ***2*** (*gergo mil.*) recruit; rookie (*fam.*). **B** a. invar. – **film c.**, western; horse opera (*fam.*).
cappellòtto, m. ***1*** cap ***2*** (*elettron.*) grid cap.
càpperi, inter. gosh!; golly!; gee!
càppero, m. (*bot., Capparis spinosa*) caper.
càppio, m. ***1*** (*nodo scorsoio*) slipknot ***2*** (*capestro*) noose. ● (*fig.*) **avere il c. al collo**, to have one's hands tied.
capponàia, f. ***1*** capon coop ***2*** (*pop.: prigione*) clink (*pop.*); stir (*pop.*); nick (*pop.*).
cappóne, m. capon. ● (*fig.*) **fare la pelle di c.**, to come out in gooseflesh □ **far venire la pelle di c.**, to give the creeps.
cappòtta, V. **capote**.
cappottàre, v. i. ***1*** (*autom.*) to upturn; to roll over ***2*** (*aeron.*) to somersault; to nose over.
cappottatùra, f. (*aeron.*) cowling.
cappòtto (1), m. (*indumento*) (over)coat; (*mil.*) greatcoat.
cappòtto (2), m. ***1*** (*nei giochi di carte*) capot; (*nel bridge*) grand slam ***2*** (*sport*) grand slam; slam victory. ● (*naut.*) **fare c.**, to capsize; to turn turtle □ **fare** (*o* **dare**) **c.**, (*nei giochi di carte*) to win all the tricks; (*sport*) to whitewash, to blank (*USA*).
Cappuccétto Rósso, m. Little Red Riding Hood.
cappuccìna, f. ***1*** (*bot., Lactuca sativa*) lettuce ***2*** (*bot., Tropeolum maius*) nasturtium.
cappuccino (1), m. e a. (*eccles.*) Capuchin.
cappuccino (2), m. (*bevanda*) cappuccino*; white coffee.
cappùccio (1), m. ***1*** (*copricapo*) hood; (*specialm. eccles.*) cowl ***2*** (*di penna*) cap ***3*** (*di bottiglia*) top ***4*** (*tecn.*) cap ***5*** (*autom.: di valvola*) nipple.
cappùccio (2), a. – (*bot.*) **cavolo c.** (*Brassica oleracea capitata*), (head) cabbage.
cappùccio (3), V. **cappuccino** (2).
càpra (1), f. (*zool., Capra*) goat; (*femmina*) she-goat, nanny goat (*fam.*); (*maschio*) he-goat, billy goat (*fam.*). ● (*fig.*) **luoghi da capre**, impervious places □ (*fig.*) **salvare capra e cavoli**, to get out of an impasse; to have it both ways.
càpra (2), f. ***1*** (*cavalletto*) trestle; horse ***2*** (*naut.*) sheerlegs (*pl. col verbo al sing.*).
capràio, m. (f. **-a**) goatherd.
capraréccia, f. goat pen.
caprétto, m. kid: **carne di c.**, kid; **guanti di c.**, kid gloves.
capriàta, f. (*edil.*) truss: **c. semplice**, king truss; **c. trapezoidale**, queen truss; **soffitto a capriate**, trussed roof.
capriccio, m. ***1*** (*desiderio improvviso*) whim, fancy, caprice; (*ghiribizzo*) vagary, quirk: **togliersi** (*o* **levarsi, cavarsi**) **un c.**, to satisfy (*o* to indulge) a whim; **i capricci della moda**, the vagaries of fashion; **un c. della sorte**, a quirk of fate; **a c.**, following one's whim; whimsically; in one's own sweet way ***2*** (*infatuazione*) fancy: **avere un c. per q.c.**, to fancy st.; to have a fancy for st. ***3*** (*bizza*) tantrum: **fare i capricci**, to throw a tantrum; to be naughty; (*fig., di macchine*) to act up, to play up ***4*** (*mus.*) capriccio*.
capricciosità, f. ***1*** (*bizzarria*) capriciousness; whimsicality ***2*** (*incostanza*) unpredictability; fickleness ***3*** (*bizzosità*) naughtiness.
capriccióso, a. ***1*** (*bizzarro*) capricious; whimsical; bizarre; quaint: **cappellino c.**, quaint (*o* cute) little hat ***2*** (*incostante*) capricious; unpredictable; freakish; fickle: **tempo c.**, unpredictable weather ***3*** (*che fa capricci*) naughty.
capricòrno, m. ***1*** (*zool., Antilope cervicapra*) black buck ***2*** (*astron.*: **il C.**) Capricorn; the Goat: **il Tropico del C.**, the Tropic of Capricorn ***3*** (*astrol.*) Capricorn.
caprificazióne, f. (*bot.*) caprification.
caprifìco, m. (*bot., Ficus carica caprificus*) wild fig.
caprifòglio, m. (*bot., Lonicera caprifolium*) honeysuckle; woodbine.
caprigno, V. **caprino**.
caprimùlgo, m. (*zool., Caprimulgus europaeus*) goatsucker; nightjar.
caprinico, a. (*chim.*) capric; caprinic.

caprino, A *a.* goat (*attr.*); caprine; goatish; goat-like: **corna caprine**, goat horns; **pelle caprina**, goatskin. **B** *m.* ***1*** (*zool.*) goat ***2*** (*odore*) goatish smell ***3*** (*sterco*) goat manure ***4*** (*formaggio*) goat's milk cheese.

capriòla, *f.* ***1*** somersault; caper: **fare una c.**, to turn a somersault; to cut a caper; to somersault ***2*** (*equitazione*) capriole ***3*** (*danza classica*) cabriole. ● (*fis., polit.*) **fare la c.**, to change sides.

capriòlo, *m.* (*zool., Capreolus capreolus*) roe deer*; (*maschio*) roebuck.

càpro, *m.* he-goat; billy goat (*fam.*). ● (*fig.*) **c. espiatorio**, scapegoat; whipping boy (*fam.*); patsy (*fam. USA*).

capròico, *a.* (*chim.*) caproic: **acido c.**, caproic acid.

caprolattàme, *m.* (*chim.*) caprolactam.

capróne, *m.* he-goat; billy goat (*fam.*). ● **puzzare come un c.**, to stink like a goat.

capronico, *a.* (*chim.*) caproic.

caprùggine, *f.* croze.

càpsico, *m.* ***1*** (*bot., Capsicum*) capsicum ***2*** (*chim.*) capsaicin.

càpside, *f.* (*biochim.*) capsid.

càpsula, *f.* ***1*** (*bot., farm.*) capsule ***2*** (*anat.*) capsule: **c. interna**, internal capsule; **c. surrenale**, adrenal (*o* suprarenal) gland ***3*** (*di dente*) crown ***4*** (*di cartuccia*) (percussion) cap ***5*** (*chim.: scodelletta*) evaporating dish ***6*** (*cappuccio di stagnola*) capsule; (*tappo*) cap ***7*** (*di bottiglia di vino*) capsule. ● (*miss.*) **c. spaziale**, space capsule.

capsulàre, *a.* capsulary; capsulate.

capsulatrice, *f.* (*tecn.*) machine to fit capsules (*o* caps) to bottles.

capsulatùra, *f.* (*tecn.*) fitting of capsules (*o* caps) to bottles.

capsulismo, *m.* (*tecn.*) rotary pump. ● **compressore** (*o* **pompa**) **a c.**, rotary blower.

captàre, *v. t.* ***1*** (*accattivarsi*) to win* ***2*** (*prendere, raccogliere*) to gather; to collect; to tap: **c. acqua piovana**, to collect rainwater ***3*** (*radio*) to pick up; to receive: **c. una stazione radio**, to pick up a radio station ***4*** (*sentire di sfuggita*) to hear*; to overhear*; to pick up; to catch* ***5*** (*fig.: capire*) to catch*; to grasp; to get*; (*intuire*) to sense.

captativo, *a.* (*psic.*) possessive.

captazióne, *f.* ***1*** (*leg.*) undue influence ***2*** (*psic.*) possessiveness.

capufficio, *V.* **capoufficio**.

Capuléti, *m. pl.* (*letter.*) Capulets.

capziosità, *f.* captiousness.

capzióso, *a.* captious; specious; quibbling.

carabàttola, *f.* (*fam.*) ***1*** (*pl.*) odds and ends; bits and pieces; things ***2*** (*fig.*) trifle; trinket. ● (*fig.*) **pigliare su le proprie carabattole**, to gather one's bits and pieces (*o* one's things).

carabina, *f.* rifle; carbine: **c. ad aria compressa**, air rifle.

carabinière, *m.* ***1*** (*stor.*) carbineer ***2*** carabiniere. ● (*fig.*) **essere un c.**, to be a martinet; (*di donna autoritaria*) to be a dragon.

càrabo, *m.* (*zool., Carabus*) ground beetle.

carabottino, *m.* (*naut.*) grating.

caràcca, *f.* (*naut.*) car(r)ack.

carachiri, *V.* **harakiri**.

caracollàre, *v. i.* ***1*** (*equitazione*) to caracol(e) ***2*** (*trotterellare*) to trot; (*di bambino piccolo*) to toddle.

caracòllo, *m.* (*equitazione*) caracol(e).

caracùl, *V.* **karakul**.

caràdrio, *m.* (*zool., Charadrius*) plover.

caràffa, *f.* carafe; jug; decanter.

Caràibi, *m. pl.* – (*geogr.*) **il Mar dei Caraibi**, the Caribbean Sea.

caraìbico, *a.* Caribbean.

caràmbola (1), *f.* (*bot., Averrhoa carambola*) carambola.

caràmbola (2), *f.* ***1*** (*biliardo*) cannon; carom (*USA*): **fare c.**, to cannon; to carom (*USA*) ***2*** (*fig., autom.*) multiple collision; pileup.

carambolàre, *v. i.* (*biliardo*) to cannon; to carom (*USA*).

caramèlla, A *f.* ***1*** (boiled) sweet; bon bon; candy (*USA*); (*morbida*) toffee; (*a pallina*) drop: **c. ripiena**, soft-centred sweet; **c. gommosa**, gumdrop; **c. per la tosse**, cough drop; cough lozenge ***2*** (*lente*) monocle; eyeglass. **B** *a. invar.* – **rosa c.**, candy pink.

caramellàio, *m.* (*f.* **-a**) confectioner.

caramellàre, *v. t.* ***1*** (*lo zucchero*) to caramelize ***2*** (*ricoprire di caramello*) to candy.

caramellàto, *a.* ***1*** – **zucchero c.**, caramel ***2*** (*ricoperto di caramello*) candied.

caramèllo, *m.* caramel.

caramellóso, *a.* ***1*** sweet ***2*** (*fig.*) sugary; cloying; namby-pamby.

carampàna, *f.* ***1*** (*donna sciatta e volgare*) slut; slattern ***2*** (*donna brutta e vecchia*) old bag; old crone.

carapàce, *m.* (*zool.*) carapace.

caràssio, *m.* (*zool., Carassius*) crucian. ● **c. dorato** (*Carassius auratus*), goldfish.

caratàre, *v. t.* to weigh in carats.

caratèllo, *m.* keg.

caratista, *m.* ***1*** (*naut.*) part-owner ***2*** (*comm.*) shareholder.

caràto, *m.* ***1*** (*unità di misura*) carat: **oro a 24 carati**, 24-carat gold ***2*** (*comm.*) partnership share ***3*** (*naut.*) share; ship's part.

caratteràccio, *m.* bad temper; short fuse (*fam.*): **avere un c.**, to be very bad-tempered; to have a short fuse (*fam.*); to be crabby (*fam.*).

caràttere, *m.* ***1*** (*rappresentazione grafica di una lettera*) character; letter: **caratteri alfabetici**, alphabetic characters; **c. binario**, binary character; **c. di commutazione**, escape character; **c. ottico**, optical character; **i caratteri di un'iscrizione**, the characters (*o* letters) of an inscription; **caratteri a stampatello**, block letters; block capitals; **a caratteri d'oro**, in gold letters ***2*** (*segno in un sistema di scrittura*) character: **caratteri ebraici**, Hebrew characters; Hebrew script (*sing.*); **caratteri ideografici**, ideograms ***3*** (*tipogr.*) print; type; typeface: **Questo libro ha un c. molto piccolo**, this book has a very small print; **c. aldino**, Aldine type; **c. bodoniano**, Bodoni (type); **c. corsivo**, italic type; italics; **c. gotico**, Gothic type; black letter; **caratteri mobili**, movable type; **caratteri di testo**, book-face; **serie di caratteri**, fount, font (*USA*) ***4*** (*calligrafia*) hand: **scrivere con un bel c. nitido**, to write a fine clear hand ***5*** (*indole*) character; nature; temper; disposition: **la formazione del c.**, character building; **c. dolce**, gentle nature; **c. difficile**, difficult character; **c. focoso**, fiery temper; **c. facile all'ira**, short temper; **c. generoso**, generous nature; **avere un buon c.**, to be good-natured; to be good-tempered; **avere un brutto c.**, to be bad-tempered; **forza di c.**, strenght of character ***6*** (*fermezza*) character; backbone; spirit: **una donna di c.**, a woman of character; **avere c.**, to have character (*o* backbone); **dar prova di c.**, to prove one has character; to show firmness; **mancare di c.**, to lack strength of character; to have no backbone; **senza c.**, spineless ***7*** (*caratteristica*) characteristic; trait ***8*** (*natura*) nature; kind: **una cerimonia a c. privato**, a private ceremony; a ceremony of a private nature; **informazioni di c. riservato**, confidential information ***9*** (*teatr.*) character: **commedia di c.**, character play ***10*** (*elab.*) character: **caratteri alfanumerici**, alphanumeric characters; **c. binario**, binary character; **c. di commutazione**, escape character; **c. ottico**, optical character; **c. di comando**, control character ***11*** (*biol.*) character: **c. dominante**, dominant (character); **c. recessivo**, recessive (character) ***12*** (*stat.*) character. ● **caratteri di scatola** (*o* **cubitali**), block capitals: **titoli a caratteri cubitali**, banner headlines □ (*relig.*) **c. sacramentale**, sacramental character □ **essere in c.**, (*concordare, essere adeguato*) to be in character; (*armonizzare*) to suit (st.), to harmonize, to be in tune □ **non essere in c.**, to be out of character; to be at odds; to contrast □ **fonderia di caratteri**, type foundry □ **incisore di caratteri**, type cutter □ **scritto a caratteri di sangue**, written in blood.

caratteriale, A *a.* ***1*** character (*attr.*); personality (*attr.*) ***2*** (*psic.*) psychologically disturbed: **bambino c.**, disturbed child; problem child. **B** *m.* e *f.* (*psic.*) disturbed person.

caratterino, *m.* difficult character; temper: **Bellissima, ma un c.!**, a beauty, but what a temper!

caratterista, *m.* e *f.* (*teatr.*) character actor (*m.*); character actress (*f.*).

caratteristica, *f.* ***1*** (*carattere*) characteristic; feature; trait; peculiarity: **le caratteristiche di un prodotto**, the features of a product ***2*** (*mat.*) characteristic ***3*** (*radio*) pattern ***4*** (*pl.*) (*di motori, macchine, ecc.*) specifications.

caratteristico, *a.* ***1*** (*proprio*) characteristic; distinctive; individual: **il c. brusio della campagna**, the characteristic sounds of the countryside; **Ha un modo di ridere c.**, he has a very distinctive laugh ***2*** (*tipico di un luogo*) characteristic (of a place); local: **piatto c.**, local dish; **Le donne portavano il c. cappello a cono**, the women wore the local conical hat ***3*** (*pittoresco*) picturesque: **un vecchio borgo molto c.**, a picturesque little town. ● (*in passaporti, ecc.*) **segni caratteristici**, distinguishing marks.

caratterizzàre, *v. t.* ***1*** (*contraddistinguere*) to be characteristic (*o* typical) of; to be the hallmark of; to characterize; to mark; to define ***2*** (*rappresentare*) to portray; to describe; to characterize.

caratterizzazióne, *f.* characterization.

caratterologìa, *f.* (*psic.*) characterology.

caratterològico, *a.* (*psic.*) characterologic(al).

caratteropatìa, *f.* (*psic.*) psychological disturbance.

caratùra, *f.* ***1*** weighing in carats ***2*** (*fig.*) standing; status; importance ***3*** (*comm.*) partnership share ***4*** (*naut.*) ship's share.

caravanista, *m.* e *f.* caravanner.

caravanserràglio, *m.* ***1*** caravanserai* ***2*** (*fig.*) bedlam; madhouse.

caravèlla (1), *f.* (*naut.*) caravel; carvel.

caravèlla (2), *f.* carpenter's glue.

carbammàto, *m.* (*chim.*) carbamate.

carbàmmico, *a.* (*chim.*) carbamic.

carbazòlo, *m.* (*chim.*) carbazole.

carbocianina, *f.* (*chim.*) carbocyanine.

carboidràto, *m.* (*chim.*) carbohydrate.

carbonàdo, *m.* (*miner.*) carbonado*; carbon diamond.

carbonàia, *f.* ***1*** (*per fare il carbone*) charcoal pile ***2*** (*deposito*) coal cellar ***3*** (*naut.*) coal bunker ***4*** (*fig.*) dungeon.

carbonàio, *m.* ***1*** (*chi fa il carbone*) charcoal burner ***2*** (*venditore*) coal merchant; coal seller.

carbonàre, *v. t.* (*naut.*) to bunker; to coal.

carbonàro, *m.* e *a.* (*stor.*) Carbonaro*: **moti carbonari**, Carbonari uprisings.

carbonàta, *f.* ***1*** coal heap ***2*** (*cucina*) barbecued pork.

carbonatazióne, *f.* (*chim.*) carbonation.

carbonàto, *m.* (*chim.*) carbonate: **c. di potassio**, potassium carbonate; **c. di sodio**, sodium carbonate.

carbónchio, *m.* ***1*** (*vet.*) anthrax ***2*** (*med.*) carbuncle ***3*** (*agric.*) black blight; smut.

carbonchióso, *a.* ***1*** (*med.*) carbuncular ***2*** (*agric.*) smutty.

carboncino, *m.* charcoal (crayon): **disegno a c.**, charcoal (drawing).

carbóne, A *m.* ***1*** (*miner.*) coal: **c. bituminoso**, bituminous coal; soft coal; **c. fossile**, fossil coal; **un pezzo di c.**, a lump of coal; **miniera di c.**, coal mine; colliery ***2*** (*di legna*) charcoal ***3*** (*elettr.*) carbon ***4*** (*agric.*) *V.* **carbonchio**, *def. 3.* ● **carboni ardenti**, live coals □ (*fig.*) **c. bianco**, white coal □ **c. d'ossa**, boneblack □

(*chim.*) **c. di storta**, retort graphite □ (*naut.*) **fare c.**, to coal; to bunker □ **filone di c.**, coal seam □ **giacimento di c.**, coalfield □ **nero come il c.**, coal black; (*sporco*) as black as soot □ **secchio del c.**, coal scuttle □ (*fig.*) **stare sui carboni ardenti**, to be on tenterhooks □ (*naut.*) **stiva da c.**, coal hold □ **stufa a c.**, charcoal burner. **B** *a.* coal (*attr.*); carbon (*attr.*); coal-black: **occhi color c.**, coal-black eyes; **carta c.**, carbon paper; **copia c.**, carbon copy.

carbonèlla, *f.* charcoal slack.

carboneria, *f.* (*stor.*) Carbonari movement.

carbonicazióne, *f.* (*enologia*) carbonation.

carbònico, **A** *a.* ***1*** (*chim.*) carbonic; carbon (*attr.*): **acido c.**, carbonic acid; **anidride carbonica**, carbon dioxide ***2*** (*geol.*) carboniferous. **B** *m.* (*geol.*) Carboniferous (period).

carbonièra, *f.* ***1*** *V.* **carbonaia** ***2*** (*naut.*) collier; (*chiatta*) coal barge ***3*** (*ferr.*) tender.

carbonière, *m.* ***1*** (*minatore*) coal miner ***2*** (*commerciante*) coal merchant.

carbonièro, *a.* coal (*attr.*): **industria carboniera**, coal industry.

carbonifero, **A** *a.* (*anche geol.*) carboniferous; coal (*attr.*): **strato c.**, coal seam; **bacino** (*o* **giacimento**) **c.**, coalfield. **B** *m.* (*geol.*) Carboniferous (period).

carbonile (1), *m.* (*naut.*) (coal) bunker.

carbonile (2), *m.* (*chim.*) carbonyl.

carbonilico, *a.* (*chim.*) carbonylic.

carbònio, *m.* (*chim.*) carbon: **acciaio al c.**, carbon steel; **ossido di c.**, carbon monoxide; **c. 14**, carbon-14. ● (*astron.*) **ciclo del c.**, carbon cycle.

carbonite, *f.* (*chim.*) carbonite.

carboniẓẓàre, *v. t.* **carboniẓẓàrsi**, *v. i. pron.* ***1*** (*trasformare, trasformarsi in carbone*) to carbonize; (*del legno*) to char ***2*** (*bruciare*) to burn* down; to burn* to ashes: **morire carbonizzato**, to be burned to death.

carboniẓẓatùra, **carboniẓẓazióne**, *f.* carbonization. ● **c. parziale**, charring □ (*ind. tess.*) **forno di c.**, carbonizing stove.

carborùndo, *V.* **carborundum**.

carborùndum, *m.* (*marchio*: *ind.*) Carborundum.

carbosiderùrgico, *a.* coalandsteel (*attr.*).

carbossiemoglobina, *f.* (*biol., chim.*) carboxyhemoglobin.

carbossilàṣi, *f.* (*chim.*) carboxylase.

carbossile, *m.* (*chim.*) carboxyl group (*o* radical).

carbossilico, *a.* (*chim.*) carboxylic.

carburànte, *m.* ***1*** (*in genere*) fuel: **c. antidetonante**, antiknock fuel; **fare rifornimento di c.**, to refuel; **rifornimento di c.**, refuelling ***2*** (*benzina*) petrol; gasoline (*USA*).

carburàre, **A** *v. t.* to carburize; to carburet. **B** *v. i.* ***1*** (*autom.*) to run* ***2*** (*fig. pop.*) to work; to tick.

carburatóre, *m.* (*autom., aeron.*) carburettor, carburetor (*USA*): **c. a iniezione**, injection carburettor; **c. a galleggiante**, float-type carburettor; **c. doppio**, twin carburettor; **Il c. si è ingolfato**, the carburettor is flooded; **vaschetta del c.**, carburettor float chamber.

carburazióne, *f.* carburetion, carburation.

carbùro, *m.* (*chim.*) carbide: **c. di calcio**, calcium carbide; **lampada al c.**, carbide lamp.

carcadè, *m.* ***1*** (*bot., Hibiscus sabdariffa*) roselle; Jamaica sorrel ***2*** (*bevanda*) roselle tea.

carcàme, *m.* (*lett.*) carcass, carcase.

carcàssa, *f.* ***1*** (*di animale morto*) carcass, carcase ***2*** (*fisico malridotto*) carcass; old bones (*pl.*) ***3*** (*struttura portante*) skeleton; frame ***4*** (*naut.*) hulk; (*rottame*) wreck ***5*** (*mecc.*: *involucro*) casing: **c. esterna**, outer casing ***6*** (*fig.*: *veicolo sgangherato*) wreck; old crock; jalopy ***7*** (*fig.*: *persona malandata*) wreck.

carceràre, *v. t.* to imprison; to commit to prison.

carceràrio, *a.* prison (*attr.*): **ordinamento c.**, prison regulations (*pl.*); **guardia carceraria**, prison guard; jailor, gaoler; warder (*m., GB*); wardress (*f., GB*).

carceràto, *m.* (*f.* **-a**) prisoner; inmate; convict.

carcerazióne, *f.* incarceration; imprisonment; detention: **c. preventiva**, preventive detention; custody; **ordine di c.**, detainer.

càrcere, *m.* prison (*anche fig.*); jail, gaol; (*la pena*) imprisonment: **le carceri cittadine**, the town prison; **Fu condannato a cinque anni di c.**, he was sentenced to five years' imprisonment; he was sent to prison for five years; **scontare due anni di c.**, to serve a two-year sentence; to do two years (in prison) (*fam.*). ● **c. a vita**, life imprisonment □ **c. di massima sicurezza**, high (*o* top) security prison □ **c. minorile**, juvenile prison; youth custody centre □ **c. preventivo**, preventive detention; custody.

carcerière, *m.* (*f.* **-a**) ***1*** jailor, gaoler; prison guard; warder (*m., GB*; *f.* wardress) ***2*** (*fig.*) jailer, gaoler.

carcinogèneṣi, *f.* (*med.*) carcinogenesis.

carcinòma, *m.* (*med.*) carcinoma*.

carcinomatóso, *a.* (*med.*) carcinomatous.

carcinòṣi, *f.* (*med.*) carcinosis*.

carciofàia, *f.* artichoke bed; artichoke garden.

carciòfo, *m.* ***1*** (*bot., Cynara carduncculus scolymus*) artichoke ***2*** (*fig.*) numbskull; booby. ● (*bot.*) **c. selvatico** (*Cynara cardunculus silvestris*), cardoon.

càrda, *f.* (*ind. tess.*) carding machine; card.

cardamòmo, *m.* (*bot., Elettaria cardamomum*) cardamom.

cardànico, *a.* (*mecc.*) cardanic; cardan (*attr.*): (*autom.*) **giunto c.**, cardan (*o* universal) joint; **sospensione cardanica**, gimbals (*pl.*).

cardàno, *m.* (*mecc.*) cardan (*o* universal) joint.

cardàre, *v. t.* (*ind. tess.*) to card; to tease: **lana cardata**, carded wool.

cardatóre, *m.* (*f.* **-trice**) (*ind. tess.*) carder; teaser.

cardatrice, *V.* **carda**.

cardatùra, *f.* (*ind. tess.*) carding; teasing.

cardellino, *m.* (*zool., Carduelis carduelis*) goldfinch.

carderia, *f.* (*ind. tess.*) carding-room.

cardéto, *m.* cardoon patch (*o* field).

càrdia, *V.* **cardias**.

cardiaco, (*med.*) **A** *a.* cardiac; heart (*attr.*): **arresto c.**, heart (*o* cardiac) arrest; **attacco c.**, heart attack; coronary (*fam.*); **battito c.**, heartbeat; **disturbi cardiaci**, heart complaint; **collasso c.**, heart (*o* cardiac) failure; **trapianto c.**, heart transplant. **B** *m.* (*f.* **-a**) heart patient; cardiac.

cardialgia, *f.* (*med.*) cardialgia.

càrdias, *m.* (*anat.*) cardia*.

cardigan (*ingl.*), *m. invar.* (*abbigliamento*) cardigan.

cardinalàto, *m.* (*eccles.*) cardinalate; cardinalship.

cardinàle (1), **A** *a.* cardinal: **punto c.**, cardinal point; **numero c.**, cardinal number; **virtù cardinali**, cardinal virtues. **B** *m.* (*eccles.*) cardinal: **c. diacono**, cardinal deacon; **c. vescovo**, cardinal bishop. ● (*fig.*) **boccone da c.**, titbit □ **rosso c.**, cardinal (red).

cardinàle (2), *m.* (*zool., Richmondena cardinalis*) cardinal (bird); cardinal grosbeak; redbird (*USA*).

cardinalésco, *a.* cardinal (*attr.*); cardinal-like.

cardinalità, *f.* (*mat.*) cardinality.

cardinalìzio, *a.* (*eccles.*) of a cardinal; cardinal's: cardinal (*attr.*): **cappello c.**, cardinal's hat; **dignità cardinalizia**, cardinalship; **porpora cardinalizia**, purple; (*fig.*) cardinalship; **titolo c.**, title of cardinal.

càrdine, *m.* ***1*** hinge; pivot: **La porta ruotò sui cardini**, the door turned on its hinges ***2*** (*mecc.*) pintle ***3*** (*fig.*: *sostegno, fondamento*) support; foundation; cornerstone.

cardioattivo, *a.* (*farm.*) cardioactive.

cardiochirurgia, *f.* heart (*o* cardiac) surgery.

cardiochirùrgico, *a.* heart-surgery (*attr.*).

cardiochirùrgo, *m.* heart surgeon.

cardiocinètico, (*farm.*) **A** *a.* cardiokinetic. **B** *m.* cardiac stimulant.

cardiocircolatòrio, *a.* (*anat.*) cardiovascular.

cardiogènico, *a.* cardiogenic.

cardiografia, *f.* cardiography.

cardiogràfico, *a.* cardiographic.

cardiògrafo, *m.* cardiograph.

cardiogràmma, *m.* cardiogram.

cardiologia, *f.* cardiology.

cardiològico, *a.* cardiological.

cardiòlogo, *m.* (*f.* **-a**) cardiologist; heart specialist.

cardiopàlmo, *m.* (*med.*) palpitation of the heart.

cardiopatia, *f.* (*med.*) cardiopathy.

cardiopàtico, *m.* (*med.*) cardiopath; heart patient.

cardioplegia, *f.* (*med.*) cardioplegia.

cardiopolmonàre, *a.* (*anat.*) cardiopulmonary.

cardioscleròṣi, *f.* (*med.*) cardiosclerosis.

cardiospàṣmo, *m.* (*med.*) cardiospasm.

cardiostimolànte, *V.* **cardiocinetico**.

cardiotònico, *a.* e *m.* (*farm.*) cardiotonic.

cardiovascolàre, *a.* (*anat., med.*) cardiovascular.

càrdo, *m.* ***1*** (*bot., Cynara cardunculus altilis*) cardoon ***2*** (*bot., Carduus, anche* **c. selvatico**) thistle ***3*** (*bot.*) – **c. benedetto** (*o* **santo**) (*Cnicus benedictus*), holy thistle; blessed thistle; **c. dei lanaioli** (*Dipsacus fullonum*), (fuller's) teasel; **c. mariano** (*Silybum marianum*), milk thistle ***4*** (*ind. tess.*) carding thistle; teasel.

carèna, *f.* ***1*** (*naut.*) (ship's) bottom; hull: **c. sporca**, foul bottom; **abbattere in c.**, to careen ***2*** (*zool.*) carina*.

carenàggio, *m.* (*naut.*) careening; dry-docking: **bacino di c.**, dry dock; **spese di c.**, careenage.

carenàre, *v. t.* ***1*** (*naut.*) to careen; to dry-dock ***2*** (*aeron.*) to streamline; to fair.

carenàto, *a.* (*zool.*) carinate.

carenatùra, *f.* (*aeron., naut.*) fairing.

carènte, *a.* lacking (in); wanting (in): **una dieta c. di ferro**, a diet lacking in iron; an iron-deficient diet; **c. di logica**, lacking in logic.

carènza, *f.* ***1*** (*mancanza*) lack; want; deficiency (*anche med.*): **c. di idee**, lack of ideas; **c. vitaminica**, deficiency of vitamins; vitamin deficiency; **malattia da c.**, deficiency disease ***2*** (*scarsità*) shortage; scarcity; dearth: **c. di alloggi**, housing shortage ***3*** (*difetto*) shortcoming.

carestia, *f.* ***1*** famine: **un'annata di c.**, a year of famine ***2*** (*penuria*) dearth; scarcity; shortage: **C'è c. di grano**, there is a shortage of wheat (*o* a wheat shortage).

carézza, *f.* ***1*** caress; stroke; pat: **una c. affettuosa**, a loving caress; **fare una c. sulla guancia a q.**, to stroke (*o* to pat) sb.'s cheek; **fare le carezze al gatto**, to stroke the cat ***2*** (*pl.*) (*fig.*) blandishments; flatteries.

carezzàre, *V.* **accarezzare**.

carezzévole, *a.* caressing; (*dolce*) gentle, fond, loving; (*tenero*) tender.

càrgo, *m.* ***1*** (*naut.*) cargo (vessel); freighter ***2*** (*aeron.*) cargo plane; freighter.

cariàre, **A** *v. t.* to cause tooth decay; to decay: **Lo zucchero può c. i denti**, sugar can decay the teeth. **B** **cariàrsi**, *v. i. pron.* to decay; to grow* carious.

cariàtide, *f.* ***1*** (*archit.*) caryatid* ***2*** (*fig.*: *persona immobile*) statue; person as still as a post ***3*** (*fig.*: *persona retriva*) old fogey ***4*** (*fig.*: *persona vecchia*) old fossil.

cariàto, *a.* (*di dente*) decayed; carious.

caribico, *a.* Caribbean.

caribo, *m.* Carib*.

caribù, *m.* (*zool., Rangifer caribou*) caribou*.

càrica, A *f.* **1** (*ufficio, dignità*) office; (*posizione*) post: **occupare una c. pubblica**, to hold public office; **una c. di ministro**, a ministerial post; **c. di primo ministro**, premiership; **la c. di presidente**, the office of president; the presidentship; the chairmanship; **una c. in un partito**, a party post; **c. onorifica**, honorary post (*o* appointment); **le alte cariche dello Stato**, the high offices of the state; (*le persone*) high-ranking state officials; **assumere la c. di tesoriere**, to take office as treasurer; **entrare in c.**, to take (*o* to come into) office; **essere in c.**, to be in office; **restare in c.**, to continue in office; to stay on; **lasciare la** (*o* **uscire di**) **c.**, to leave (*o* to relinquish) office; **dimettersi da una c.**, to resign office; **il ministro in c.**, the minister in office; the incumbent minister **2** (*impiego*) post; position: **È stato nominato a una c. all'estero**, he has been nominated to a post abroad; **una c. universitaria**, a university post; **una c. di grande responsabilità**, a highly responsible position **3** (*mil.*) charge; **c. di cavalleria**, cavalry charge; **c. alla baionetta**, bayonet charge; **andare alla c.**, to charge; **suonare la c.**, to sound the charge **4** (*di arma da fuoco*) charge: **c. di lancio**, (*mil., naut.*) propelling charge; (*anche di siluro*) impulse charge; (*di mina, bomba*) **c. di scoppio**, blasting charge; (*naut.*) **c. di profondità**, depth charge; (*naut.*) **c. di saluto** (*salva*), saluting charge **5** (*elettr., fis.*) charge: **c. a tensione costante**, constant voltage charge; (*radio*) **c. spaziale**, space charge; **entità di c.**, charging rate; (*di batteria elettrica*) storage; **potenziale di c.**, charging potential **6** (*di orologio*) winding (up): **dare la c. a un orologio**, to wind up a clock (*da polso*: a watch); **esaurire la c.**, to wind down **7** (*metall.*) charge: **c. del minerale e del fondente**, charge of ores and fluxes; **prima c. di metallo**, bed charge **8** (*ind. tess.*) weighting **9** (*sport*) tackle: **c. regolare [irregolare]**, fair [unfair] tackle **10** (*fig.*: *energia*) charge; drive; store of energy; force: **c. affettiva**, affective charge; **c. di ottimismo**, fund (*o* store) of optimism; **avere una forte c. di simpatia**, to have a winning personality; **la c. emotiva di un film**, the emotional charge of a film; **dare la c.**, to give a lift; **perdere la c.**, to run out of steam. ● **a passo di c.**, at the charge □ (*sport*) **campione in c.**, title-holder □ (*fig.*) **tornare alla c.**, to insist; to persist; to make a fresh attempt; to have another go (*fam.*). **B** *inter.* charge!

caricabatteria, *m. invar.* (*elettr.*) battery charger.

caricabbàsso, *m. invar.* (*naut.*) downhaul.

caricafièno, *m. invar.* hay-loader.

caricaménto, *m.* **1** (*di veicolo*) loading; (*di nave, anche*) lading **2** (*di orologio e sim.*) winding (up): **un orologio a c. automatico**, a self-winding watch **3** (*elettr.*) charging **4** (*di arma da fuoco*) charging; loading **5** (*di pompa*) priming **6** (*elab.*) loading.

caricàre, A *v. t. e i.* **1** to load; to stow: **c. balle su una nave**, to load bales on a ship; (*naut.*) **c. merci**, to load cargo; **c. una nave [un camion]**, to load a ship [a lorry]; **c. la lavatrice**, to load the washing machine; **c. un mulo**, to load up a mule; **Caricai le valige in macchina**, I stowed (*o* loaded) the suitcases into the car; **Svuota il bagagliaio prima di c.**, empty the boot (*USA*: trunk) before loading up; **La nave sta caricando**, the ship is loading **2** (*prendere a bordo*) to load; to take* aboard (*o* on board); to take* on; to pick up: **L'autobus ci caricò tutti**, the bus took us all aboard; **c. merci [passeggeri]**, to take on freight [passengers]; **c. un autostoppista**, to pick up a hitch-hiker **3** (*issare*) to hoist: **Si caricò il ferito sulle spalle**, he hoisted the wounded man on his shoulders **4** (*appesantire, gravare di q.c., anche fig.*) to load; to load down; to burden: **Non c. troppo quello scaffale**, don't overload that shelf; **c. lo stomaco**, to load one's stomach with food; **c. q.c. di lavoro**, to load sb. down with work; **c. q. di responsabilità**, to burden sb. with responsibilities; **c. q. di regali**, to heap presents upon sb.; to load (*o* to cover) sb. with presents; **Ci caricò di insulti**, he heaped abuse on us **5** (*fig.*: *enfatizzare*) to emphasize; (*esagerare*) to exaggerate, to overdo*: **c. la voce**, to emphasize one's words; **c. le tinte**, to deepen the colours (of st.); (*fig.*) to exaggerate, to embellish (st.), to overplay (st.); **c. la recitazione**, to overplay; to ham; **c. la dose**, to overdo it; to lay it on thick **6** (*riempire*) to fill: **c. la pipa**, to fill one's pipe; **c. la stufa**, to fill the stove **7** (*attaccare, anche mil.*) to charge; to attack: **La cavalleria caricò il nemico**, the cavalry charged the enemy **8** (*un'arma da fuoco*) to load; to charge **9** (*elettr.*) to charge; (*elevare la tensione*) to boost: **c. una batteria**, to charge a battery **10** (*fotogr.*) to load; to thread **11** (*ferr., naut.*: *una caldaia*) to stoke **12** (*metall.*: *un forno*) to charge **13** (*un orologio, un giocattolo, ecc.*) to wind* (up) **14** (*una trappola*) to set* **15** (*una pompa*) to prime **16** (*fig.*: *dare energia*) to rouse; to pep up; to fire: **Le sue parole lo caricarono**, his words fired him; **Ha bisogno di essere un po' caricato per fare bene**, he needs some pep to do well **17** (*sport*) to tackle **18** (*elab.*) to load. ● (*naut.*) **c. alla rinfusa**, to load in bulk □ **c. eccessivamente**, to overload; (*elettr.*) to overcharge □ (*mil.*) **c. una mina**, to arm a mine □ (*comm.*) **c. il prezzo di q.c.**, to raise the price of st. □ **c. q. di botte**, to give sb. a sound thrashing; to beat sb. up □ **c. le spese**, to charge expenses; to add expenses to a bill. **B caricàrsi,** *v. rifl.* **1** (*fig.*: *gravarsi*) to burden oneself (with st.): **c. di debiti**, to plunge into debt; **c. di lavoro**, to take on too much work **2** (*fig.*: *raccogliere le energie*) to gear oneself up; to psych oneself up (*fam.*).

caricàto, *a.* **1** (*affettato*) affected: **maniere caricate**, affected ways **2** (*gonfiato*) exaggerated; over-elaborate; overdone: **uno stile c.**, an over-elaborate style.

caricatóre, A *m.* **1** (*ind., mil.*) loader **2** (*comm., naut.*) loader; shipper **3** (*di arma da fuoco*) magazine **4** (*fotogr., cinem.*) magazine; (*di pellicola*) cartridge; (*di diapositive*) slide tray. ● **c. di lamette (di rasoio)**, blade injector. **B** *a.* loading: (*ferr.*) **piano c.**, (loading) platform.

caricatùra, *f.* **1** caricature; parody; burlesque **2** (*vignetta*) cartoon **3** (*fig.*: *goffa imitazione*) caricature; travesty; parody. ● **mettere in c.**, to caricature.

caricaturàle, *a.* caricatural; caricatured; grotesque.

caricaturista, *m. e f.* caricaturist; cartoonist.

càrice, *f.* (*bot., Carex*) sedge.

càrico (1), *a.* **1** loaded (with); laden (with); burdened (with): **un camion c. d'arance**, a lorry loaded with oranges; **c. di doni**, laden with gifts; **c. di debiti**, burdened with debts; up to one's ears in debt; **una nave carica di minerale**, a ship laden with ore (*o* with a cargo of ore); **un mulo c. di legna**, a mule with a load of timber; **un pesco c. di frutti**, a peach-tree laden with fruit; **Lo vidi c. di valigie**, I saw him loaded down with suitcases; **Sei molto c.: dammi una borsa**, you're carrying too much, give me a bag **2** (*di caffè, vino*: *forte*) strong **3** (*di colore*) deep; full; dark **4** (*pieno*) full; filled (with): **È carica la tua pipa?**, is your pipe full? **5** (*di arma da fuoco*) loaded, charged; (*di proiettile*) live: **fucile c.**, loaded gun **6** (*elettr.*) charged; live: **un filo c. d'elettricità**, a live wire **7** (*di orologio*) wound up. ● **c. d'affanni**, full of care; care-laden □ **c. d'anni**, full of years; laden with years (*lett.*) □ **c. di emozione**, full of excitement □ **c. di gloria**, covered with glory □ **c. d'onori**, laden with honours □ **c. di pensieri**, weighed down with cares □ **c. di significato**, pregnant with meaning; meaningful □ **c. di sottintesi**, loaded with unsaid things (*o* innuendos) □ **cielo c.**, overcast sky □ **nuvole cariche di pioggia**, rain clouds □ **troppo c.**, overloaded.

càrico (2), *m.* **1** (*il caricare*) loading; (*naut., anche*) lading: **il c. della merce**, the loading of the goods; **completare il c.**, to finish loading; **operazioni di c.**, loading; lading; (*naut.*) **fare il c.**, to take up cargo **2** (*merce caricata*) cargo, load, freight; (*di nave, anche*) shipload, shipment: **Il c. andò perduto**, the cargo was lost; **un c. di legna**, a load of wood; **un c. di carbone**, a shipment of coal; **c. completo**, full load; **c. di coperta**, deck cargo; **c. di ritorno**, homeward cargo; **c. misto**, general cargo; **c. alla rinfusa**, bulk cargo; **c. pericoloso**, hazardous cargo; **c. secco**, dry cargo **3** (*peso, anche fig.*) load; weight; burden: **portare un c. sulle spalle**, to carry a load on one's back; **il c. di un mulo**, the burden of a mule; **un c. di passeggeri** (*di corriera*), a coach-load of passengers; **c. di lavoro**, workload; **un c. di pensieri**, a load (*o* a burden) of cares; **un c. di responsabilità**, a load of responsibility; **c. di coscienza**, burden on one's mind; remorse **4** (*fisc.*) load; burden: **c. fiscale**, burden of taxation; tax load **5** (*mecc., fis., elettr.*) load: **c. massimo**, peak load; (*tecn.*) **c. di prova**, proof load; (*tecn.*) **c. di rottura**, breaking load; **c. di corrente**, electrical load; **fattore di c.**, load factor **6** (*aeron.*) load; loading: **c. alare**, wing load; **c. d'apertura**, span loading. ● **un c. di legnate**, a sound thrashing □ (*leg.*) **c. ipotecario**, encumbrance □ (*leg.*) **c. pendente**, suit □ (*di mezzo di trasporto*) **c. utile**, payload □ **a c. di** (*mantenuto da*), dependent on: **persone a c.**, dependants; **familiari a c.**, dependant relatives; **Ha due figli a c.**, he has two children who are dependent on him; he has to support two children; **vivere a c. di q.**, to be dependant on sb. □ (*comm.*) **a c. di** (*pagato da*), at sb.'s expense; charged (*o* chargeable) to; to be paid by: **Ogni modifica sarà a vostro c.**, any alteration will be made at your expense; **Il trasporto sarà a vostro c.**, carriage (*o* freight) will be charged to you; **Tutti i costi di manutenzione saranno a nostro c.**, all maintenance costs will be borne by us; **segnare una somma a c. di q.**, to debit sb. with an amount; **spese a c. del nostro conto**, expenses to be debited to us (*o* to be charged to our account); **dogana a vostro c.**, customs duty to be paid by you; **a c. del destinatario**, at consignee's expense; **a c. del datore di lavoro**, paid by the empoloyer; employer-provided (*attr.*) □ **a c. di** (*contro*), against: **provvedimenti a c. di q.**, measures taken against sb.; (*leg.*) **processo a c. di q.**, action against sb.; (*leg.*) **prove [testimone] a c.**, evidence [witness] for the prosecution □ **a pieno c.**, with a full load □ **aereo da c.**, cargo plane; freighter □ (*naut.*) **fare il c.**, to take up cargo □ **fare c. a q. di q.c.**, to charge sb. with st. □ **farsi c. di q. [q.c.]**, to take responsibility for sb. [st.] □ **Si fece c. di avvertire i parenti**, he took it upon himself to inform the relatives □ **nave da c.**, cargo boat (*o* ship); freighter □ (*comm., naut.*) **polizza di c.**, bill of lading □ (*comm.*) **registro di c. e scarico**, stock book.

Cariddi, *f.* (*geogr., mitol.*) Carybdis. ● (*fig.*) **trovarsi tra Scilla e C.**, to be between the devil and the deep blue sea.

càrie, *f.* **1** (*med.*) caries*; decay: **c. dentaria**, tooth decay; dental caries; (*cavità*) cavity: **Ho una c. nel primo molare**, I have a cavity in the first molar **2** (*bot.*) caries; rot: **c. del frumento**, bunt; **c. del legno**, dry rot.

carillon (*franc.*), *m. invar.* **1** (*serie di campane, congegno di orologi*) carillon **2** (*soprammobile con c.*) musical box.

carineria, *f.* kindness.

carino, *a.* **1** (*grazioso*: *di cosa*) pretty, charming, delightful, cute (*fam.*); (*di perso-*

na) pretty, good-looking, attractive **2** (*gentile*) nice; charming; kind **3** (*divertente*) pleasant; amusing.

cariocinèṣi, *f.* (*biol.*) karyokinesis.

cariocinètico, *a.* (*biol.*) karyokinetic.

cariofillàta, *f.* (*bot.*, *Geum urbanum*) avens; herb bennet.

cariogamìa, *f.* (*biol.*) karyogamy.

cariogèneṣi, *f.* (*biol.*) karyogenesis.

carìogeno, *a.* (*med.*) cariogenic.

cariologìa, *f.* (*biol.*) karyology.

carioplàṣma, *m.* (*biol.*) nucleoplasm.

cariòsside, *f.* (*bot.*) caryopsis*.

cariotìpico, *a.* (*biol.*) karyotypic(al).

cariotìpo, *m.* (*biol.*) karyotype.

carìṣma, *m.* (*teol.* e *fig.*) charisma*; charism.

cariṣmàtico, *a.* (*teol.* e *fig.*) charismatic.

carità, *f.* **1** (*teol.*) charity **2** (*generosità*) charity; generosity: **spirito di c.**, charitable spirit; charitableness; **c. pelosa**, self-seeking charity **3** (*beneficienza*) charity: **vivere di c.**, to live on charity; **opera di c.**, (*istituto*) charitable institution; charity; (*azione caritatevole*) good work **4** (*elemosina*) alms (*pl.*): **fare la c.**, to give alms; **chiedere la c.**, to beg **5** (*amore*) love: **c. di patria**, love of one's country; **c. fraterna**, brotherly love **6** (*piacere*) favour; service: (*iron.*) **Fammi la c. di andartene!**, kindly (*o* please) go away! ● **Per c.!**, for goodness' (*o* heaven's) sake!; (*Dio non voglia*) God forbid!; (*no davvero!*) God forbid!, good heavens, no!; (*non ti disturbare!*) please, don't bother!; (*nessun disturbo!*) it was no trouble at all, don't mention it □ **Suore di C.**, Sisters of Charity.

caritatévole, *a.* charitable; benevolent.

carlìna, *f.* (*bot.*, *Carlina acaulis*) carline (thistle).

carlìnga, *f.* (*aeron.*) nacelle.

carlìno (1), *m.* (*antica moneta*) carlin(e).

carlìno (2), *m.* (*cane*) pug; carlin.

carlista, *a.* e *m.* (*stor.*) Carlist.

Càrlo, *m.* Charles.

Carlomàgno, *m.* (*stor.*) Charlemagne.

carlóna, *vc.* – **alla c.**, carelessly; in a slapdash manner; any old how.

Carlòtta, *f.* Charlotte.

carmagnòla, *f.* (*giacca* e *ballo*) carmagnole.

càrme, *m.* (*letter.*) poem; ode.

carmelitàno, (*eccles.*) **A** *a.* Carmelite. **B** *m.* (*f.* **-a**) Carmelite: **carmelitani scalzi**, discalced (*o* barefooted) Carmelites.

carminatìvo, *a.* e *m.* (*farm.*) carminative.

carmìnio, *a* e *m.* carmine: **labbra di c.**, carmine lips.

carnagióne, *f.* complexion: **c. chiara [rosea, olivastra, giallastra]**, fair [pink, olive, sallow] complexion; **c. scura**, dark (*o* swarthy) complexion.

carnàio, *m.* **1** (*sepoltura comune*) charnel house **2** (*ammasso di cadaveri*) heap of corpses; (*estens.*: *strage*) carnage, slaughter **3** (*fig.*: *luogo molto affollato*) jam-packed place; place chock-a-block with people; (*spiaggia*) flesh heap.

carnàle, *a.* **1** (*lett.*) fleshy; bodily; physical **2** (*dei sensi*) carnal; sensual; of the flesh: **piaceri carnali**, sensual pleasures; **peccato c.**, sin of the flesh. ● **cugino c.**, first cousin □ **fratello c.**, full brother □ **violenza c.**, rape.

carnalità, *f.* carnality; sensuality.

carnallìte, *f.* (*miner.*) carnallite.

carnàme, *m.* **1** mass of rotten flesh **2** (*cumulo di cadaveri*) heap of corpses.

carnascialésco, *a.* (*lett.*) carnival: (*letter.*) **canto c.**, carnival song.

carnaùba, *f.* (*bot.*, *Copernicia cerifera*) carnauba.

càrne, A *f.* **1** (*del corpo*) flesh: **La punta penetrò nella carne**, the point pierced the flesh; **la c. del maiale**, a pig's flesh; **animali mangiatori di c.**, flesh-eating animals **2** (*estens.*: *il corpo*, *i sensi*) body; flesh: **tentazione della c.**, temptation of the flesh; carnal temptation; **i peccati della c.**, the sins of the flesh; **la risurrezione della c.**, the resurrection of the body; **Lo spirito è pronto, ma la c. è debole**, the spirit is willing, but the flesh is weak **3** (*macellata, come alimento*) meat: **Ho abolito la c. dalla mia dieta**, I've abolished meat from my diet; **Sono un mangiatore di c.**, I'm a meat-eater; I love meat; **un piatto di c.**, a meat dish; **La c. della trota è saporita**, the flesh of the trout is tasty; **c. bianca**, white meat; **c. di maiale**, pork; **c. di manzo**, beef; **c. di montone**, mutton; **c. essiccata**, dried meat; **c. in scatola**, tinned (*o* canned) meat; **c. rossa**, red meat; **c. sotto sale**, salt meat; junk; **c. trita**, minced meat; mince (*GB*); hamburger meat (*USA*) **4** (*pl.*) (*lett.*: *carnagione*) complexion (*sing.*). ● (*fig.*) **c. da cannone** (*o* **da macello**), cannon fodder □ **c. viva**, quick: **La lama gli penetrò nella c. viva**, the blade pierced him to the quick □ **Sono c. della mia c.**, they are my own flesh and blood □ **color c.**, (the) colour of flesh; flesh-coloured (*agg.*); fleshtone (*agg.*, *USA*): **calze color c.**, flesh-coloured (*o* fleshtone) nylons (*o* tights; *USA*: pantyhose) □ **color c. viva**, bright red □ **essere di c. e ossa**, to be made of flesh and blood □ **essere (bene) in c.**, to be well covered; to be plump □ **Lo vidi in c. e ossa**, I saw him in the flesh □ **mettere su c.**, to put on flesh (*o* weight); to fill out □ (*fig.*) **mettere [avere] troppa c. al fuoco**, to put [to have] too many irons in the fire (*o* too much on one's plate) □ **non essere né c. né pesce**, to be neither fish nor fowl □ **rimettersi in c.**, to fill out. **B** *a.* flesh (*attr.*): **rosa c.**, flesh pink.

carnèade, *m.* unknown (person); nobody.

carnéfice, *m.* **1** (*boia*) executioner; (*nelle impiccagioni*) hangman*; (*nelle decapitazioni*) headsman* **2** (*fig.*: *tormentatore*) torturer; tormentor.

carneficìna, *f.* slaughter; massacre; butchery; bloodbath: **fare una c.**, to massacre a lot of people; **È stata una c.**, it was a massacre (*o* a bloodbath).

càrneo, *a.* meat (*attr.*): **alimentazione carnea**, meat diet.

carnet (*franc.*), *m. invar.* **1** (*libretto*) book: **c. d'assegni bancari**, chequebook, checkbook (*USA*); (*comm.*) **c. d'ordini**, order book **2** (*taccuino*) notebook **3** (*autom.*) carnet. ● **c. di ballo**, dance card; ball program (*USA*).

carnevalàta, *f.* **1** carnival merrymaking **2** (*fig. spreg.*) buffoonery; farce.

carnevàle, *m.* **1** carnival **2** (*fig.*: *divertimento*) merrymaking; revelry **3** (*fig. spreg.*) carnival; circus; farce. ● **fare c.**, to make merry; to have a good time □ (*prov.*) **Di c. ogni scherzo vale**, anything goes at Carnival time.

carnevalésco, *a.* **1** carnival (*attr.*); carnival--like: **carro c.**, carnival float **2** (*fig.*) farcical; grotesque.

carnicìno, *a.* flesh-coloured. ● **color c.**, flesh colour.

càrnico, *a.* (*geogr.*) Carnic: **Alpi Carniche**, Carnic Alps.

carnière, *m.* game-bag; bag.

carnificazióne, *f.* (*med.*) carnification.

carnìvoro, A *a.* **1** (*zool.*) carnivorous; flesh--eating **2** (*bot.*) carnivorous **3** (*di persona*) meat-eating. **B** *m.* (*zool.*) carnivore.

carnosità, *f.* **1** fleshiness; plumpness **2** (*bot.*) fleshiness; (*di frutto*) pulpiness **3** (*med.*) fleshy excrescence.

carnóso, *a.* **1** fleshy; plump; full: (*med.*) **escrescenza carnosa**, fleshy excrescence; **braccia carnose**, plump arms; **labbra carnose**, full lips **2** (*bot.*) fleshy; (*di frutto*) pulpy.

càro, A *a.* **1** (*amato*) dear; (*gentile*) nice, kind, lovable, sweet: **un mio c. amico**, a dear friend of mine; **Sei tu, cara?**, is it you, dear?; **Che ci vuoi fare, mio c.!**, what can you do, my dear fellow!; **Vuoi un po' di torta, Gianna cara?**, would you like some cake, Gianna dear?; **Mi è molto c.**, he is very dear to me; (*gli voglio bene*: *anche*) I care for him very much, I'm very fond of him; **La salute mi è cara**, I care about (*o* I value) my health; my health matters to me; **conservare un c. ricordo di q.**, to have fond memories of sb.; to cherish the memory of sb.; **È una cara ragazza**, she's a sweet (*o* lovable) girl; **una cara persona**, a kind (*o* very nice) person; **Siete stati molto cari con me**, you've been very kind to me **2** (*nelle lettere*) dear; darling: **Cara mamma**, dear Mother; dear Mum (*fam.*); **Carissimo Piero**, (my) dear Piero; **Carissima**, darling; dearest **3** (*costoso*) dear; expensive; costly (*form.*): **La carne è cara qui**, meat is dear here; **un regalo molto c.**, a very expensive present; **un negozio carissimo**, a very expensive shop. ● **il c. estinto**, the dear departed □ **C. il mio ragazzo!**, my dear boy! □ **C. mio!**, my dear!; my dear man! □ **Cara mia!**, my dear!; my dear girl! □ (*nella corrispondenza*) **cari saluti**, kind regards; best wishes □ **C. te!**, my dear man [woman]!; my dear (*seguito dal nome*) □ (*anche al vocat.*) **carissimo**, dear; dearest; darling; beloved (*lett.*); **Come stai, carissima?**, how are you, my dear?; (*eccles.*) **Fratelli carissimi!**, dearly beloved brethren □ **aver c. q.c.**, to hold st. dear; to value st.; to cherish st.: **avere c. l'aiuto di q.**, to value sb.'s help □ **Avrei c. che tu mi consigliassi**, I would value your advice very much □ **Avrei c. che tu restassi**, I should be grateful if you would stay □ **Mi è c. ricordare che...**, I remember with pleasure that...; I cherish the memory of... □ **È tanto c., il vecchio signor Botti**, old Mr Botti is a pet (*o* a dear) (*fam.*) □ **pagare q.c. a c. prezzo**, to pay a lot of money for st.; (*fig.*) to pay dearly for st. □ **pagarla cara**, to pay dearly for it; to smart for it □ **rendersi c. a q.**, to endear oneself to sb. □ **tenersi c. q.c.**, to treasure st. □ **vendere cara la vita**, to sell one's life dear □ (*prov.*) **Patti chiari, amici cari**, short reckonings make long friends. **B** *m.* **1** (*pl.*) dear ones; nearest and dearest: **i miei cari**, my family; my dear ones **2** (*alto costo*) rising cost; high cost: **il c. (dei) viveri** (*il carovita*), the high cost of living. **C** *avv.* dearly; dear: **M'è costato c.**, it cost me dear; **comprare a buon prezzo e vendere c.**, to buy cheap and sell dear.

carógna, *f.* **1** carrion; carcass **2** (*fig. spreg.*) swine; bastard; shit (*volg.*).

carognàta, *f.* dirty (*o* mean, rotten) trick: **Che c.!**, what a rotten thing to do!

carognésco, *a.* (*spreg.*) mean; rotten; beastly.

caròla, *f.* (*letter.*) carol; roundel; roundelay.

Carolina, *f.* Caroline.

carolìngio, *a.* e *m.* Carolingian; Carlovingian. ● (*letter.*) **il ciclo c.**, the Charlemagne cycle.

carolìno, *a.* (*rel. a Carlo Magno*) Carolingian; Caroline.

Carónte, *m.* (*mitol.*) Charon.

caropàne, *m.* high price of bread; (*estens.*) high cost of living.

caroṣèllo, *m.* **1** (*stor.*) carousel **2** (*vorticoso*) whirl **3** (*evoluzione equestre*) horse parade **4** (*giostra*) merry-go-round; roundabout; carousel (*USA*) **5** (*fig.*: *turbinio*) swirl; whirl; maelstrom: **un c. d'idee**, a whirl of ideas.

caròta, *f.* **1** (*bot.*, *Daucus carota*) carrot **2** (*ind. min.*) core. ● **color c.**, carrot colour; carroty (*agg.*) □ (*fig.*) **pel di c.**, carrot-top (*pop.*) □ (*fig.*) **piantare** (*o* **vendere**) **carote**, to tell tall stories.

carotàggio, *m.* (*ind. min.*) coring; well logging.

carotàre, *v. t.* (*ind. min.*) to core

carotatóre, *m.* (*ind. min.*) corer.

carotène, *m.* (*biol.*) carotene.

carotenòide, *m.* (*biochim.*) carotenoid.

caròtide, *f.* (*anat.*) carotid (artery).

carotidèo, *a.* (*anat.*) carotid: **ghiandola carotidea**, carotid gland.

carotière, *m.* (*ind. min.*) core barrel.

carovàna, *f.* **1** caravan **2** (*convoglio*)

convoy: **viaggiare in c.**, to travel in convoy; **la c. del circo**, the convoy of the circus **3** (*comitiva*) party; large company.

carovanièra, *f.* caravan route.

carovanière, *m.* caravan guide.

carovanièro, *a.* caravan (*attr.*): **strada carovaniera**, caravan route.

carovita, caroviveri, *m.* rising cost of living; high cost of living: **indennità di c.**, cost-of-living bonus.

càrpa, *f.* (*zool. Cyprinus carpio*) carp*.

carpàccio, *m.* (*cucina*) thinly-sliced raw meat dressed with oil and parmesan cheese.

carpàle, *a.* (*anat.*) carpal.

carpàtico, *a.* (*geogr.*) Carpathian.

Carpàzi, *m. pl.* (*geogr.*) Carpathian Mountains; Carpathians.

carpèllo, *m.* (*bot.*) carpel.

carpenterìa, *f.* **1** (*l'arte*) carpentry; woodwork **2** (*bottega*) carpenter's shop **3** (*edil.*) structural work; framing.

carpentière, *m.* **1** carpenter; woodworker **2** (*naut.*) shipwright.

carpétta, *f.* folder.

carpiàto, *a.* (*sport*) pike (*attr.*): **tuffo c.**, pike dive.

càrpine, *m.* (*bot.*, *Carpinus betulus*) hornbeam.

càrpio, *m.* (*sport*) pike.

carpionàre, *v. t.* (*cucina*) to souse in vinegar.

carpióne, *m.* **1** (*zool.*, *Salmo carpio*) carp **2** – (*cucina*) **in c.**, soused.

carpìre, *v. t.* **1** (*strappare*) to steal*; to snatch; to wring*: **c. un bacio**, to steal a kiss; **c. q.c. di mano a q.**, to snatch st. from sb.'s hand; **c. una promessa a q.**, to wring a promise from sb. **2** (*ottenere con l'astuzia*) to worm; to wheedle; (*con la frode*) to swindle, to cheat: **c. un segreto a q.**, to worm a secret out of sb.; **Mi carpì cento sterline**, he cheated me out of a hundred pounds.

càrpo, *m.* (*anat.*) carpus*; wrist joint.

carpologìa, *f.* (*bot.*) carpology.

carpóni, *avv.* on all fours; on one's hands and knees: **mettersi c.**, to get down on one's hands and knees; **trascinarsi c.**, to crawl on all fours.

carràbile, *a.* suitable for vehicles: **passo c.**, driveway; vehicle entrance.

carradóre, *m.* cartwright; wheelwright.

carragenina, *f.* (*chim.*) carrageen.

carràia, *f.* **1** (*strada*) carriage road; cartroad **2** (*ingresso*) carriage gateway.

carràio, **A** *a.* cart (*attr.*); carriage (*attr.*): **passo c.**, driveway; vehicle entrance; **porta carraia**, carriage gateway. **B** *m.* *V.* **carradore**.

carraréccia, *f.* **1** cartroad **2** (*traccia delle ruote*) rut; wheel track.

carràta, *f.* cartful; cartload. ● (*fig.*) **a carrate**, in abundance; galore.

carré (*franc.*), *m.* **1** (*sartoria*) yoke **2** (*macelleria*) loin **3** (*roulette*) square bet. ● **pane c.**, sandwich loaf; tin loaf □ (*di capelli*) **taglio c.**, bob.

carreggiàbile, **A** *a.* practicable for four-wheel traffic. **B** *f.* cartroad.

carreggiaménto, *m.* (*geol.*) horizontal translation.

carreggiàre, *v. t.* to cart.

carreggiàta, *f.* **1** roadway; carriageway: **strada a doppia c.**, dual carriageway; **L'auto uscì dalla c.**, the car ran off the road **2** (*traccia delle ruote*) rut; wheel track **3** (*scartamento*) track; tread; gauge. ● (*fig.*) **mettersi in c.**, to step into line; (*mettersi in pari*) to catch up with the others; (*entrare in argomento*) to come (*o* to get) to the point □ (*fig.*) **rimettere q. in c.**, (*rimetterlo sulla retta via*) to set sb. right; (*farlo rientrare in argomento*) to bring sb. back to the point □ (*fig.*) **uscire di c.**, (*lasciare la retta via*) to go astray (*o* off the rails); (*uscire d'argomento*) to stray from the point.

carréggio, *m.* **1** (*trasporto con carri*) cartage; carting **2** (*ind. min.*) haulage **3** (*mil.*: *salmerie*) baggage train.

carrellàre, *v. i.* (*cinem.*, *TV*) to track; to dolly: **c. indietro**, to track (*o* to dolly) out; **c. avanti**, to track (*o* to dolly) in.

carrellàta, *f.* (*cinem.*, *TV*) **1** (*manovra*) tracking; dollying **2** (*ripresa*) tracking (*o* running) shot; dolly shot **3** (*fig.*: *scorsa*) roundup: **una c. sulle notizie di oggi**, a roundup of today's news **4** (*fig.*: *sfilata*) parade.

carrellista, *m.* e *f.* **1** (*cinem.*, *TV*) dollyman* **2** (*nelle stazioni*) platform vendor.

carrèllo, *m.* **1** (*ferr.*: *per ispezionare i binari*) trolley; (*per spostare carrozze*) bogie; (*telaio di carrozza*) bogie **2** (*per bagagli*) luggage trolley (*GB*); baggage cart (*USA*) **3** (*per la spesa, di supermercato*) trolley (*GB*), cart (*USA*) **4** (*vagoncino di teleferica*) cabin **5** (*ind.*) truck: **c. convogliatore**, conveyor truck; **c. elevatore**, lift truck; **c. ribaltabile**, tip wagon **6** (*di miniera*) truck; trolley **7** (*aeron.*) undercarriage; landing gear: **c. a pattini**, ski undercarriage; **c. retrattile**, retractable undercarriage; **ritirare il c.**, to draw up (*o* to pull in) the undercarriage **8** (*di macchina per scrivere*) carriage **9** (*portavivande*) tea trolley (*GB*); tea wagon (*USA*) **10** (*cinem.*, *TV*) dolly **11** (*di trasformatore elettrico*) truck. ● (*naut.*) **c. di salvataggio**, breeches buoy.

carrétta, *f.* **1** cart **2** (*naut.*: *nave da carico*) tramp **3** (*spreg.*: *veicolo malridotto*) wreck; banger; crock; jalopy. ● (*fig.*) **tirare la c.**, to plod along; to drudge; to slave: **Sono io che tiro la c. qui!**, I'm doing the slave work around here!

carrettàta, *f.* cartload; cartful. ● (*fig.*) **a carrettate**, in abundance; galore (*agg. posposto*).

carrettière, *m.* carter.

carrétto, *m.* cart; (*a mano*) handcart, pushcart, barrow.

carriàggio, *m.* (*mil.*) **1** (*carro*) wagon; baggage wagon **2** (*pl.*) (*salmerie*) baggage train (*sing.*).

carrièra, *f.* career: **c. militare [universitaria]**, military [university] career; **intraprendere una c.**, to embark on a career; **rovinarsi la c.**, to ruin one's career; **c. di attore [di scrittore]**, acting [writing] career; **diplomatico di c.**, career diplomat; **militare di c.**, regular officer. ● **di (gran) c.**, at full speed; at full bat; at a gallop; full tilt; hot foot (*fam.*): **Lo vidi passare il ponte di c.**, I saw him cross the bridge at a gallop; **andare di c.**, to go at full speed; to career; to hot foot it (*fam.*) □ **donna in c.**, career woman □ **fare c.**, to get on; to go far; to go up the ladder; to work one's way up through the ranks: **L'anno assunto, ma non credo che farà c.**, he has been taken, but I don't think he will go far; **Ha fatto una c. rapidissima**, he shot up the ladder □ **prospettive di c.**, openings; hopes of a career.

carrierìsmo, *m.* careerism.

carrierista, *m.* e *f.* careerist.

carriòla, *f.* wheelbarrow.

carriolànte, *m.* **1** (*manovale*) wheelbarrow-man* **2** (*operaio agricolo*) wag(g)oner.

carrista, *m.* (*mil.*) **1** tankman* **2** (*pl.*) (*il corpo*) Tank Corps* (*sing.*).

càrro, *m.* **1** (*a due ruote*) cart; (*a quattro ruote*) cart, wag(g)on: **c. agricolo**, farm cart; farm wagon; **c. trainato da buoi**, ox cart; **c. da circo**, circus wagon **2** (*contenuto di un c.*) cartload: **Sei carri di fieno**, six cartloads of hay **3** (*ferr.*) van; wagon; car (*USA*): **c. a tramoggia**, hopper wagon; **c. bagagli**, luggage van; **c. bestiame**, livestock van; stock car (*USA*); **c. chiuso**, bogie wagon; **c. da salmerie**, baggage wagon; **c. di scorta**, tender; **c. merci**, goods (*o* freight) wagon; freight car, box car (*USA*); **c. ribaltabile**, dumping wagon; **c. senza sponde**, flat wagon **4** (*stor.*) chariot: **c. da guerra**, war chariot; **c. trionfale**, triumphal chariot. ● **c. armato**, (*mil.*) tank; (*suola di scarpone*) lug sole □ (*autom.*) **c. attrezzi**, breakdown lorry (*o* truck) (*GB*); towtruck (*USA*); wrecker (*USA*) □ (*USA*) **c. dei pionieri**, covered wagon; Conestoga wagon □ **c. di carnevale** (*o* **allegorico**), float □ **c. di Tespi**, travelling theatre □ **c. funebre**, hearse □ (*astron.*) **il Gran C.**, the Great Bear; the Dipper; the Plough □ (*fig.*) **mettere il c. davanti ai buoi**, to put the cart before the horse □ (*astron.*) **il Piccolo C.**, the Little Bear □ (*fig.*) **essere l'ultima ruota** (*o* **la quinta**) **ruota del c.**, to count for nothing; to be a mere cipher □ (*fig.*) **salire sul c. del vincitore**, to climb on the bandwagon.

carronàta, *f.* (*naut.*, *stor.*) carronade.

carropónte, *m.* bridge crane.

carròzza, *f.* **1** carriage; coach: **andare in c.**, to drive in a coach; **c. a due cavalli**, carriage and pair; **c. di posta**, mail coach; **c. da nolo** (*o* **di piazza**), hackney coach (*o* cab); **c. di gala**, state coach **2** (*ferr.*) carriage (*GB*); coach (*GB*); car (*USA*): **c. di seconda classe**, second-class carriage; **c. di testa**, front carriage; **c. diretta**, through carriage; **c. panoramica** (*o* **belvedere**), observation car; **c. passeggeri**, passenger car; **c. letto**, sleeping car; sleeper (*fam.*); **c. ristorante**, restaurant car; dining car; diner (*fam.*); **c. ristoro**, refreshment car; **c. del personale viaggiante**, guard's van; caboose (*USA*). ● **In c.!**, all aboard!

carrozzàbile, **A** *a.* carriageable; carriage (*attr.*): **strada c.**, carriage road. **B** *f.* carriage road.

carrozzàio, *m.* coachmaker; carriage-builder.

carrozzàre, *v. t.* (*autom.*) to fit the bodywork onto.

carrozzèlla, *f.* **1** (*di piazza*) cab **2** (*per invalidi*) wheelchair **3** *V.* **carrozzina**.

carrozzerìa, *f.* **1** bodywork; body; coachwork: **c. da corsa**, racing body; **c. fuori serie**, custom-built body; **un'automobile con c. italiana**, an Italian-styled car **2** (*reparto*) body shop; (*officina*) car repairer's **3** (*fam. scherz.*: *bel corpo*) chassis.

carrozzière, *m.* **1** *V.* **carrozzaio** **2** (*progettista*) car designer **3** (*costruttore*) coachbuilder **4** (*riparatore*) car-body repairer.

carrozzìna, *f.* (*per bambini*) pram (*GB*); perambulator (*form. GB*); baby carriage (*o* buggy) (*USA*).

carrozzìno, *m.* **1** light carriage **2** (*di motocicletta*) sidecar **3** *V.* **carrozzina**.

carrozzóne, *m.* **1** large carriage **2** (*degli zingari, di circo, ecc.*) caravan **3** (*cellulare*) police van; Black Maria (*fam. GB*); patrol (*fam.*: paddy) wagon (*USA*) **4** (*fig.*) bureaucratic monstre.

carrùba, *f.* (*bot.*) carob.

carrùbo, *m.* (*bot.*, *Ceratonia siliqua*) carob (tree); locust (tree).

carrùcola, *f.* pulley; sheave.

carrucolàre, *v. t.* to hoist with a pulley.

càrsico, *a.* (*geol.*) karst (*attr.*); karstic.

carsìsmo, *m.* (*geol.*) karst phenomena (*pl.*).

càrta, *f.* **1** paper: **un foglio di c.**, a sheet of paper; **un sacchetto di c.**, a paper bag; **una risma di c.**, a ream of paper; **c. a quadretti**, squared paper; **c. asciugante** (*o* **assorbente**), blotting paper; **c. carbone**, *V.* **cartacarbone**; **c. crespata**, crepe paper; **c. da disegno**, drawing paper; **c. da giornale**, newsprint; **c. da lettere**, notepaper; writing paper; **c. da lucidi**, tracing paper; **c. da musica**, music paper; **c. da pacchi** (*o* **da imballaggio**), brown paper; **c. da parati**, wallpaper; **c. gommata**, gum-coated paper; **c. igienica**, toilet paper; **c. lucida**, glossy paper; **c. millimetrata**, graph paper; **c. moneta**, paper money; paper currency; **c. moschicida**, flypaper; **c. oleata**, greaseproof paper (*GB*); wax paper (*USA*); **c. patinata**, art paper; glossy paper; **c. pergamena**, vellum; parchment; **c. per posta aerea**, airmail paper; **c. protocollo**, foolscap (paper); **c. regalo**, gift paper (*o* wrapping); **c. rigata**, ruled paper; (*fotogr.*) **c. sensibile**, sensitized (*o* photographic) paper;

c. smerigliata, emery paper; **c. stagnola**, tinfoil; silver paper; **c. straccia**, *V.* **cartastraccia**; **c. velina**, tissue paper; (*per macchina da scrivere*) copy paper, flimsy; **c. vetrata**, sandpaper; **fabbricazione della c.**, paper manufacturing; **industria della c.**, paper manufacture ***2*** (*c. geografica*) map; plan; chart: **c. fisica [politica]**. physical [political] map; **c. automobilistica**, motoring map; **c. stradale**, road map; (*di città*) street map, street plan; **c. topografica**, topographic map; (*di città*) town plan; **c. nautica**, chart; **c. meteorologica**, weather chart; **c. orografica**, relief map; **c. astronomica**, star map; **c. lunare**, map of the moon; **c. muta**, unmarked (*o* blank) map; **c. reticolata**, gridded map ***3*** (*documento*) paper; document: **Tutte le mie carte erano in regola**, all my papers were in order; **fare le carte necessarie**, to get the necessary papers; to do the necessary paperwork (*fam.*); (*naut.*) **carte di bordo**, ship's papers ***4*** (*scheda, tessera, contrassegno*) card: **c. assegni**, cheque (*o* banker's) card; **c. di addebito**, debit card; **c. di credito**, credit card; **c. d'identità**, identity card; (*aeron.*) **c. d'imbarco**, boarding card; (*aeron.*) **c. di sbarco**, landing card; (*ferr.*) **c. d'argento**, senior citizens' railway card ***5*** (*statuto*) charter: **la C. Atlantica**, the Atlantic Charter; **Magna C.**, Magna Charta; **c. costituzionale**, constitution; bill of rights ***6*** (*pl.*) (*scritti*) papers; writings: **le vecchie carte del nonno**, Grandfather's old papers ***7*** (*da gioco*) (playing) card: **mazzo di carte**, pack (*USA*: deck) of cards; **partita a carte**, game of cards; **carte francesi** (*o* **da poker**), playing cards; **alzare le carte**, to cut (the cards); **fare** (*o* **dare**) **le c.**, to deal (the cards); **giocare a carte**, to play cards; **mescolare le carte**, to shuffle (the cards); **avere buone carte**, to have a good hand ***8*** (*menù*) menu; list: **pranzare alla c.**, to dine à la carte; **c. dei vini**, wine list ***9*** (*pop.*: *banconota*) note; bill (*USA*). ● (*bur.*) **c. bollata**, stamped paper □ **c. da zucchero** (*colore*), dark blue □ **c. intestata**, headed notepaper □ (*bur.*) **c. libera**, unstamped paper □ (*fig.*) **c. più forte**, trump card: **scoprire la c. più forte**, to play one's trump card □ **c. reattiva**, test paper □ (*med.*) **c. senapata**, mustard plaster □ **carte valori**, *V.* **cartevalori** □ (*autom.*) **c. verde**, green card □ (*fig.*) **c. vincente**, trump □ **a carte scoperte**, above board: **giocare a carte scoperte**, to play fair; to act in an above-board manner □ **affidare alla c. i propri pensieri**, to put one's thoughts on paper □ **andare a carte quarantotto**, to go to the dogs; to go up in smoke □ (*fig.*) **avere le carte in regola**, to have all the necessary requirements; (*avere le qualità*) to have the makings (of st.) □ (*fig.*) **avere una c. nascosta**, to have an ace up one's sleeve (*USA*: in the hole) □ **Non voglio presentarmi alla riunione senza qualche carta in mano**, I don't want to go to the meeting empty-handed □ (*fig.*) **cambiare le carte in tavola**, to shift one's ground □ (*fig.*) **confondere le carte**, to cloud the issue; to prevaricate □ (*fig.*) **dare c. bianca a q.**, to give sb. carte blanche (*o* a free hand) □ (*fig.*) **fare carte false per ottenere q.c.**, to go to any lengths to get st. □ **fare le carte a q.**, to read sb.'s fortune in the cards □ (*fig.*) **giocare bene le proprie carte**, to play one's cards right □ **gioco delle tre carte**, three-card trick (*o* monte) □ **imbrattare la c.**, to scribble □ **mandare q.c. a carte quarantotto**, to mess up st.; to send st. up in smoke □ (*fig.*) **mettere le carte in tavola**, to put (*o* to lay) one's cards on the table; to show one's hand; (*venire a una spiegazione*) to have a showdown □ (*fig.*) **costringere q. a mettere le carte in tavola**, to force a showdown; to call sb.'s bluff □ **mettere q.c. sulla c.**, to put st. (down) in writing; to put st. down in black and white □ **le sacre carte** (*la Bibbia*), the Holy Writ (*sing.*); the Scriptures □ **Sulla c. il piano funziona**, the plan works on paper □ (*fig.*) **tentare una c.**, to take a chance □ (*fig.*) **l'ultima c.**, the last trick in the bag □ **tentare l'ultima c.**, to play one's final trump □ **E con quello avevo giocato la mia ultima c.**, with that I had shot my bolt (*USA*: my wad) □ (*prov.*) **C. canta e villan dorme**, down in black and white, farmer sleeps tight.

cartacarbóne, *f.* carbon paper. ● **copiare con la c.**, to carbon-copy.

cartàccia, *f.* ***1*** (*cartastraccia*) waste paper; (*carta scadente*) coarse (*o* rough) paper ***2*** (*nei giochi di carte*) bad card; worthless card ***3*** (*spesso pl.*) (*scritti di nessun valore*) rubbish (*sing. collett.*); trash (*sing. collett.*).

cartàceo, *a.* papery; paper (*attr.*): **moneta cartacea**, paper money; paper currency; **codice c.**, paper codex.

Cartàgine, *f.* (*geogr., stor.*) Carthage.

cartaginése, *a.* e *m.* Carthaginian.

cartaglòria, *f.* (*eccles.*) altar card.

cartàio, *m.* ***1*** paper manufacturer ***2*** (*operaio*) worker in a paper factory.

càrtamo, *m.* (*bot., Carthamus tinctorius*) safflower.

cartamodèllo, *m.* paper pattern.

cartamonéta, *f.* paper money; paper currency.

cartapècora, *f.* vellum; parchment.

cartapésta, *f.* papier-mâché (*franc.*). ● (*fig.*) **eroe di c.**, tin god.

cartàrio, *a.* paper (*attr.*); papermaking: **industria cartaria**, paper industry.

cartastràccia, *f.* ***1*** waste paper ***2*** (*carta scadente*) coarse (*o* rough) paper ***3*** (*fig.*: *documento senza valore*) worthless paper; junk.

cartàta, *f.* bagful.

cartavetràre, *v. t.* to sand-paper; to sand.

carteggiàre, **A** *v. i.* ***1*** (*naut.*) to plot a course ***2*** (*corrispondere*) to correspond (with sb.). **B** *v. t.* to sand-paper; to sand.

cartéggio, *m.* ***1*** correspondence ***2*** (*raccolta di lettere*) (collection of) letters ***3*** (*naut.*) chartwork; plotting.

cartèlla, *f.* ***1*** (*custodia*) folder, file; (*per disegni, stampe, ecc.*) portfolio ***2*** (*pratica*) file ***3*** (*da scuola*) satchel; (school-)bag ***4*** (*di uomo d'affari, ecc.*) briefcase; attaché case ***5*** (*pagina dattiloscritta*) typewritten page (*o* sheet) ***6*** (*di tombola*) bingo card; scorecard ***7*** (*di lotteria*) lottery ticket ***8*** (*fin.*) certificate; bond: **c. azionaria**, share certificate; **c. del debito pubblico**, Government bond; **c. obbligazionale**, debenture certificate ***9*** (*arte*) tablet. ● **c. clinica**, case sheet; medical record □ **c. delle imposte**, tax form; tax return.

cartellièra, *f.* filing cabinet; file.

cartellìno, *m.* ***1*** (*etichetta*) label; ticket; tag: **c. del prezzo**, price tag ***2*** (*modulo*) tally; slip ***3*** (*scheda*) card: **c. (di presenza)**, timesheet; timecard; **timbrare il c.**, (*all'entrata*) to clock in, to punch in (*USA*); (*all'uscita*) to clock out, to punch out (*USA*); (*calcio*) **c. giallo [rosso]**, yellow [red] card ***4*** (*sport*) contract.

cartellìsta, *m.* (*econ.*) member of a cartel.

cartèllo (1), *m.* ***1*** (*avviso*) notice; bill; (*indicatore*) signboard, sign: **mettere fuori un c.**, to put out a notice; **c. di divieto**, warning notice; **c. stradale**, road sign ***2*** (*insegna*) shop sign. ● **c. di sfida**, (written) challenge; cartel □ **c. pubblicitario**, poster; placard; bill □ **c. teatrale**, *V.* **cartellone** □ **attore di c.**, top-billing (*o* box-office) actor.

cartèllo (2), *m.* ***1*** (*econ., fin.*) cartel; syndicate; combine; pool ***2*** (*polit.*) alliance.

cartellóne, *m.* ***1*** (*anche pubblicitario*) poster; bill; placard ***2*** (*teatr.*) playbill; bill; (*programma*) programme: **in c.**, on the bill; billed; **tenere il c.**, to run; to be a hit: **Tiene il c. da tre mesi**, it has been running for three months; **fare c.**, to be a top-of-the-bill attraction. ● **c. della tombola**, tombola number board.

cartellonìsta, *m.* e *f.* poster designer; poster artist.

cartellonìstica, *f.* poster designing; poster art.

càrter, *m. invar.* ***1*** (*di bicicletta, ecc.*) chain guard ***2*** (*autom.*) oil sump.

carteṣianìṣmo, *m.* (*filos.*) Cartesianism.

carteṣiàno, *a.* e *m.* Cartesian: (*mat.*) **coordinate cartesiane**, Cartesian coordinates.

cartevalóri, *f. pl.* paper money (*sing.*); securities; stamped paper (*sing.*).

cartièra, *f.* **cartificio**, *m.* paper mill; paper factory.

cartìglio, *m.* (*archit.*) cartouche; scroll ornament.

cartilàgine, *f.* (*anat.*) cartilage; gristle.

cartilagìneo, **cartilaginóso**, *a.* (*anat.*) cartilaginous; gristly.

cartìna, *f.* ***1*** (*geogr.*) (small) map ***2*** (*med.*) dose ***3*** (*per sigarette*) cigarette paper. ● **c. di aghi**, paper of needles □ **c. al** (*o* **di**) **tornasole**, litmus (*o* test) paper.

cartìṣmo, *m.* (*stor.*) Chartism.

cartìsta, *a.*, *m.* e *f.* (*stor.*) Chartist.

cartocciàta, *f.* bagful.

cartòccio, *m.* ***1*** (paper) bag; (*a cono*) cornet, twist (*GB*) ***2*** (*archit.*) cartouche; (*nell'ordine ionico*) roll ***3*** (*mil.*: *artiglieria*) powder charge ***4*** (*di pannocchia di granoturco*) corn husk. ● (*cucina*) **al c.**, baked in foil.

cartografìa, *f.* cartography; map-making.

cartogràfico, *a.* cartographic(al).

cartògrafo, *m.* (*f.* **-a**) cartographer; map-maker.

cartogràmma, *m.* cartogram.

cartolàio, *m.* (*f.* **-a**) stationer; (*il negozio*) stationer's (shop).

cartolerìa, *f.* stationer's (shop); stationery shop. ● **articoli di c.**, stationery (*sing.*).

cartolibrerìa, *f.* (bookshop and) stationer's.

cartolìna, *f.* postcard: **c. illustrata**, picture postcard; **c. con risposta pagata**, reply card. ● (*mil.*) **c. precetto**, call-up notice.

cartomànte, *m.* e *f.* fortune teller (who reads cards).

cartomanzìa, *f.* cartomancy; fortune-telling (with playing cards).

cartonàggio, *m.* ***1*** (*tecnica*) cardboard and pasteboard working ***2*** (*articoli*) cardboard and pasteboard articles (*pl.*).

cartonàre, *v. t.* to bind* in pasteboard.

cartonàto, *a.* pasteboard-covered; pasteboard (*attr.*).

cartoncìno, *m.* ***1*** cardboard; board: **c. Bristol**, Bristol board ***2*** (*biglietto*) card: **c. di auguri**, greetings card.

cartóne, *m.* ***1*** cardboard; pasteboard; (*per rilegature*) millboard: **c. ondulato**, corrugated paper; corrugated board; **scatola di c.**, cardboard box ***2*** (*arte*) cartoon: **i cartoni di Raffaello**, Raphael's cartoons ***3*** (*imballaggio*) carton. ● (*cinem.*) **c. animato**, (animated) cartoon □ (*fig.*) **di c.**, pasteboard (*attr.*).

cartonfèltro, *m.* (*tecn.*) felt.

cartongèsso, *m.* (*edil.*) plasterboard.

cartonifìcio, *m.* cardboard factory.

cartonìsta, *m.* e *f.* cartoonist.

cartotèca, *f.* ***1*** (*schedario*) card index ***2*** (*raccolta di carte geografiche*) collection of maps.

cartotècnica, *f.* paper industry.

cartotècnico, **A** *m.* (*f.* **-a**) worker in the paper industry. **B** *a.* pertaining to the paper industry.

cartùccia, *f.* ***1*** cartridge: **c. a pallottola**, ball cartridge; **c. a (proiettile) tracciante**, tracer cartridge; **c. a salve**, blank (cartridge) ***2*** (*filtro*) cartridge filter ***3*** (*per stilografiche*) cartridge; refill ***4*** (*fotogr., cinem.*) cartridge; cassette ***5*** (*elab.*) cartridge. ● (*fig.*) **mezza c.**, lightweight; second-rater □ (*fig.*) **sparare l'ultima c.**, to play one's last trump; (*al pass., anche*) to have shot one's bolt (*USA*: one's wad).

cartuccièra, *f.* cartridge belt.

cartulàrio, *m.* (*raccolta di documenti*) c(h)artulary.

carùncola, *f.* (*anat., bot., zool.*) caruncle.

càsa, f. **1** (*edificio*) building; (*di abitazione*) house; (*palazzo di appartamenti*) block (of flats) (*GB*), apartment house (*USA*): **Hanno costruito nuove case**, new houses (*o* buildings) have been built; **una c. di mattoni**, a brick house; **c. di campagna [di città]**, country [town] house; **c. colonica**, farmhouse; farm; **una vista senza case**, a view without buildings **2** (*abitazione: edificio*) house; (*appartamento*) flat, apartment (*USA*); (*residenza abituale, ambiente familiare*) home, place; (*come luogo da accudire*) house, household: **Ha una bella c.**, he has a beautiful house; **Ecco laggiù c. mia**, that's my house over there; **cercare c.**, to look for a house; **cambiare c.**, to move (house); **il problema della c.**, the housing problem; **c. d'affitto**, rented house; rented flat; **una c. di sei stanze**, a six-room house [flat]; **mandare avanti la c.**, to run the house; to keep house; **faccende di c.**, housework (*sing.*); household chores; **spese di c.**, household expenses; **Sono sempre in c., vieni quando vuoi**, I am always at home (*o* in), come when you like; **È in c. Tina?**, is Tina in?; **La mamma non è in c., sarà in giardino**, mother is not in the house, she must be in the garden; **Non sono in c. per nessuno!**, I'm not at home to anybody!; **uscire di c.**, to go out; **Vado a c.**, I'm going home; **Torniamo a c.**, let's go back home; **Venite a c. nostra**, come to our place; **Andai a c. loro**, I went to their place (*o* their house); **Andrò a c. di mio cugino**, I'll go to my cousin's (house); **Non lo voglio in c. mia**, I won't have him in my house; **Fai come se fossi a c. tua!**, make yourself at home! **3** (*famiglia*) family, home, house; (*tutti quelli che vivono in una c.*) household: **scrivere a c.**, to write home; **amico di c.**, family friend; **notizie da c.**, news from home (*o* from the family); **Saluti a c.!**, regards to your family!; **È una c. per bene**, they are a respectable family; **c. Rossi**, the Rossi family; the Rossis; **la c. civile del re**, the Royal Household **4** (*casato, dinastia*) house; family: **la c. regnante**, the ruling house; **la c. reale**, the Royal Family; **la C. di Windsor**, the house of Windsor; **C. Savoia**, the house of Savoy **5** (*ditta*) house; firm; company: **una c. fondata nel 1858**, a firm founded in 1858; **c. commerciale**, commercial house; **c. di mode**, fashion house; **c. editrice**, publishing house; publisher(s); **c. discografica**, record company; **c. di spedizione**, forwarding agency; (*naut.*) shipping agency **6** (*istituto*) house; home: **c. di cura** (*o* **di salute**), nursing home; **c. di riposo**, (rest) home; old people's home; **c. per malattie mentali**, mental home **7** (*convento*) religious community; convent **8** (*astrol.*) house **9** (*dama, scacchi*) square. ● **c. albergo**, block of service flats (*GB*); apartment hotel (*USA*) □ **la C. Bianca**, the White House □ **c. cantoniera**, roadman's house; (*ferr.*) signalman's house □ **c. d'appuntamenti** (*o* **squillo**), house used by call girls; brothel □ **c. da gioco**, gambling house □ **c. dello studente**, hall of residence; students' hostel □ **c. di correzione**, reformatory □ **c. di Dio**, house of God □ **c. di pena**, prison; penitentiary □ **c. di malaffare** (*o* **malfamata**), house of ill repute □ **c. di tolleranza**, (licensed) brothel □ **c. madre**, (*eccles.*) mother house; (*comm.*) head office □ **c. per c.**, house-to-house (*attr.*): **una ricerca c. per c.**, a house-to-house search □ **c. popolare**, council house; (*appartamento*) council flat; **quartiere di case popolari**, housing estate (*GB*); housing project (*USA*) □ **a c. del diavolo**, miles away; miles from nowhere; at the back of beyond □ **A c. mia, questo si chiama rubare**, that is stealing, as far as I'm concerned □ **amante della c.**, (*casalingo*) family person; (*orgoglioso della propria c.*) house-proud □ **andare di c. in c.**, to go from door to door □ (*fig.*) **avere c. aperta**, to keep open house □ **Ehi, di c.!**, (is there) anybody in? □ **donna di c.**, (*massaia*) housewife; (*che ama la casa*) house-proud woman; (*che sta in casa*) stay-at-home sort of woman □ **essere di c.**, (*rif. a casa privata*) to be one of the family, to be an old friend; (*rif. ad altro luogo*) to know one's way (about a place) □ **fare una c. del diavolo**, to kick up a row; to raise hell □ **fare gli onori di c.**, to receive one's guests; to play host □ **fatto in c.**, homemade □ (*sport*) **giocare fuori c.**, to play away □ (*sport*) **giocare in c.**, to play at home; (*fig.*) to play on home turf, to be on one's home ground □ **grande come una c.**, huge; colossal □ **mettere su c.**, to set up house; (*sposarsi*) to get married □ **non avere né c. né tetto**, to be homeless □ **prima c.**, first home □ **padrone [padrona] di c.**, master [mistress] of the house; (*proprietario*) householder, house-owner, landlord [landlady] □ **seconda c.**, holiday home □ (*fig.*) **sentirsi a c. propria**, to feel at home □ **Dove stai di c.?**, where do you live? □ **Non sa dove sta di c. l'educazione**, he has no idea what good manners are □ **essere c. e tutto chiesa**, to be very religious □ **un uomo tutto c. e famiglia**, a family man □ **l'uscio di c.**, the front door □ **vestiti da c.**, casual clothes; indoor clothes □ **vivere fuori c.**, to live on one's own □ (*prov.*) **A c. del ladro non ci si ruba**, there's honour among thieves.

caṣàcca, f. **1** coat; jacket **2** (*di fantino*) jacket **3** (*mil.*) cassock; cloak. ● (*fig.*) **voltare** (*o* **mutare**) **c.**, to be a turncoat.

caṣàccio, m. – **a c.**, at random; haphazardly; random (*attr.*); haphazard (*attr.*); wild: **sparare a c.**, to shoot at random; to shoot wild; **un colpo sparato a c.**, a random shot; **rispondere a c.**, to answer at random; **Le sedie erano disposte a c.**, the chairs were placed haphazardly; **fare le cose a c.**, to do things carelessly (*o* anyhow).

casàle, m. **1** (*villaggio*) hamlet **2** (*casolare*) farmhouse.

casalinga, f. housewife*.

casalingo, A a. **1** (*rif. alla casa*) home (*attr.*); house (*attr.*); domestic; homely (*GB*): **atmosfera casalinga**, home atmosphere; **cucina casalinga**, home cooking **2** (*fatto in casa*) homemade: **pane c.**, homemade bread **3** (*semplice, di poche pretese*) home (*attr.*); homely (*GB*); unpretentious; plain: **abitudini casalinghe**, homely habits; **alla casalinga**, simply; plainly; unpretentiously **4** (*che ama la casa*) home-loving. **B** m. pl. (*oggetti per la casa*) household articles.

casamàtta, f. (*mil.*) casemate; pillbox; blockhouse.

casaménto, m. **1** tenement (house); block (of flats) (*GB*); high-rise building; apartment house (*USA*) **2** (*gli inquilini*) tenants (*pl.*).

casamòbile, f. (*autom.*) caravan.

casanòva, m. casanova; rake; philanderer; womanizer.

casaréccio, V. **casereccio**.

caṣàro, m. dairyman*.

casàta, f. house; lineage; family.

casàto, m. **1** (family) name; surname **2** (*stirpe*) stock; family; lineage; (*origine*) birth: **di nobile c.**, of noble birth.

càsba, f. kasbah.

cascàme, m. (*ind. tess.*) waste (*sing. collett.*): **cascami di cotone**, cotton waste; **cascami di seta**, silk waste; floss.

cascamòrto, m. lovesick suitor. ● **fare il c. con q.**, to make sheep's eyes at sb.

cascànte, a. **1** (*debole*) feeble; listless **2** (*cadente*) sagging; drooping; droopy: **palpebre cascanti**, drooping eyelids **3** (*flaccido*) flabby; flaccid; limp: **seni cascanti**, flabby breasts.

càscara sagràda, f. **1** (*bot., Rhamnus purshiana*) cascara buckthorn **2** (*farm.*) cascara sagrada.

cascàre, v. i. to fall*; to drop; to tumble: **Cascò dal letto**, he fell out of bed; **c. dalle scale**, to tumble down the stairs; **I piatti cascarono a terra con fracasso**, the dishes crashed to the floor. ● (*fig.*) **c. dalle nuvole**, to be taken aback; to look very surprised; to be totally unaware (of st.) □ **c. dal sonno**, to be half asleep □ (*anche fig.*) **c. in piedi**, to land on one's feet □ **c. male**, to fall badly; (*fig.*) to be unlucky □ **Qui casca l'asino**, there's the rub □ **A quelle parole, mi cascarono le braccia**, those words made my heart sink □ **Caschi il mondo, domani parto!**, I am leaving tomorrow, come what may (*o* whatever happens) □ **Non cascherà il mondo, se...**, it's not the end of the world if... □ **C'è cascato**, he fell for it □ **fare c. q.c. dall'alto**, to do st. as a special favour.

cascàta, f. **1** (*caduta*) fall; tumble (*fam.*) **2** (*d'acqua*) waterfall; falls (*pl.*); cascade: **Arriviamo fino alla c.**, let's go as far as the waterfall; **le cascate del Niagara**, the Niagara Falls **3** (*di stoffe, perle, ecc.*) cascade. ● (*tecnol.*) **collegamento in c.**, cascade connection.

cascatóre, m. (f. **-trice**) (*cinem.*) stunt man* (*f.* woman*).

caschétto, m. (*acconciatura*) pageboy hairstyle; bob.

cascina, f. **1** (*casa colonica*) farmhouse; farmstead **2** (*azienda casearia*) dairy farm.

cascinàle, m. **1** (*gruppo di cascine*) group of farmhouses **2** V. **cascina**, *def. 1.*

càsco (1), m. **1** (*copricapo*) helmet; (*di protezione*) safety helmet; (*sport*) protection helmet, headgear; (*di motociclista, sciatore, ecc.*) crash helmet: **i caschi blu** (*dell'ONU*), the blue berets; **c. coloniale**, sun helmet; topee **2** (*per asciugare i capelli*) hairdryer **3** V. **caschetto**.

càsco (2), m. (*di banane*) bunch; hand.

caseàrio, a. dairy (*attr.*): **industria casearia**, dairy farming.

caseggiàto, m. **1** (*abitato*) built-up area **2** (*gruppo di case*) block **3** (*casamento*) block of flats (*GB*); tenement (house); apartment house (*USA*).

caṣeificazióne, f. **1** (*coagulazione*) curdling **2** (*preparazione del formaggio*) cheese making.

caṣeificio, m. dairy; cheese factory.

caṣeìna, f. (*chim.*) casein.

caṣeìnico, a. casein (*attr.*).

casèlla, f. **1** (*scomparto*) pigeonhole; box: **c. della posta**, pigeonhole; mail box; **c. postale**, post-office box; P.O. box **2** (*riquadro*) square.

casellànte, m. **1** (*ferr.*) signalman*; (*di passaggio a livello*) level-crossing keeper **2** (*stradale*) road tender **3** (*di autostrada*) toll collector.

casellàrio, m. **1** row of boxes; pigeonholes (*pl.*); (*mobile*) filing cabinet, files (*pl.*): **c. postale**, post-office boxes (*pl.*) **2** (*leg.*) register: **c. giudiziale**, judicial register; (*penale*) criminal records office.

casellìsta, m. e f. holder of a post-office box.

casèllo, m. **1** (*ferr.*) signalman's lodging **2** (*di autostrada*) tollgate; tollbooth. ● **c. daziario**, tollhouse.

càṣeo, m. curd.

caṣeóso, a. caseous.

caseréccio, a. **1** homemade: **pane c.**, homemade bread; **cucina casereccia**, home cooking **2** (*fig.*) plain; homespun.

casèrma, f. (*mil.*) barracks (*pl.*): **consegnare in c.**, to confine to barracks. ● **c. dei pompieri**, fire station.

casermàggio, m. (*mil.*) barrack equipment.

casermìstico, a. barrack-room (*attr.*).

casermóne, m. (*grossa casa popolare*) tenement.

cashmere, V. **cachemire**.

casigliàno, m. (f. **-a**) fellow-tenant; neighbour.

casinìsta, m. e f. (*pop.*) **1** (*pasticcione*) bungler; botcher **2** (*persona chiassosa*) rowdy (*o* disorderly) person; brawler.

casino, m. **1** (*capanno da caccia*) shooting

lodge **2** (*pop.*: *bordello*) brothel **3** (*circolo*) club **4** (*fig. pop.*: *situazione difficile*) mess; fix (*fam.*); pickle (*fam.*); stew (*fam.*); stinker (*fam.*); shit (*volg.*): **trovarsi in un bel c.**, to be in a mess (*o* in a nice pickle) **5** (*fig. pop.*: *cosa mal fatta*) mess; botch; dog's dinner (*o* breakfast); balls-up (*volg.*); cockup (*volg.*): **Il nuovo orario è un c.**, the new timetable is a mess (*o* a dog's dinner); **Hai fatto un bel c.!**, you really cocked things up! **6** (*fig. pop.*: *baccano*) din, racket, hubbub, ruckus (*USA*), shindy (*fam.*); (*confusione*) mess, jumble, shambles: **fare c.**, to make a din; to kick up a racket; (*divertirsi*) to make whoopee, to raise hell; **La tua stanza è un c.!**, your room is a mess!; **fare un c.**, to kick up a fuss; to raise hell; **Vedrai che c. quando lo sa papà**, Dad will raise hell, when he finds out.

casinò, *m.* (*casa da gioco*) casino*; gambling house.

caṣìsta, *m.* (*teol.* e *fig.*) casuist.

caṣìstica, *f.* **1** (*teol.*) casuistry **2** (*med.*) case histories (*pl.*) **3** (*serie di casi*) case record; survey.

càṣo, *m.* **1** (*destino*) chance; fate: **Lasciai che decidesse il c.**, I left the matter to chance; **Fu colpa del c.**, fate was to blame; **Il c. volle che mi trovassi lì**, as chance would have it (*o* by sheer chance), I happened to be there **2** (*combinazione*) chance; coincidence; accident: **Lo vidi per puro c.**, it was sheer chance that I saw him; **per un c. fortunato**, by a happy chance (*o* accident, coincidence) **3** (*fatto, vicenda, situazione*) case; circumstance; event; affair; matter: **un c. disperato**, a hopeless case; **un c. di malaria**, a case of malaria; **c. giuridico**, legal case; **un c. di omicidio**, a murder case; **risolvere un c.**, to solve a case; **Del c. si sta occupando la polizia**, the police are looking into the matter; **il c. Dreyfus**, the Dreyfus affair; **esporre il proprio c. a q.**, to put one's case to sb.; **So di un c. simile**, I know of a similar case; **c. fortuito**, fortuitous event; **i casi altrui**, other people's affairs; **Pensa ai casi tuoi!**, mind your own business!; **Hai sentito il c. di Lavinia?**, have you heard about Lavinia?; **In questo c. credo d'aver ragione io**, in this case I think I am right **4** (*possibilità, evenienza*) possibility; alternative; opportunity: **I casi sono due**, there are two possibilities (*o* alternatives); **se ti capitasse il c. di un bel viaggio**, if an opportunity for a nice journey should come your way; **C'è il c. che arrivi oggi**, he might arrive today **5** (*modo, possibilità*) way; possibility: **Non c'è c. di persuaderlo**, there's no way of persuading him **6** (*gramm.*) case: **c. accusativo**, accusative case. ● **c. clinico**, clinical case; (*fig. scherz.*) oddball (*fam.*) □ **c. da manuale**, classic (*o* typical) case □ **i casi della vita**, things that happen; the ups and downs of life □ **un c. di coscienza**, a case (*o* matter) of conscience □ **c. limite**, extreme (*o* borderline) case □ **c. mai**, *V.* **casomai** □ **c. singolo**, unique case; one-off □ **a c.**, at random; in a haphazard fashion; haphazardly; at a guess; carelessly: **Aprii il libro a c.**, I opened the book at random; **I mobili erano disposti a c.**, the furniture was arranged in a haphazard fashion; **Risposi a c.: «Carlo II»**, «Charles II», I answered at random □ **del c.**, (*necessario*) necessary; (*pertinente*) relevant □ **È il c. di informarli?**, should we tell them?; should they be told? □ **Sarà il c. di andare**, we'd better go □ **Decise che era il c. di fare un discorso**, he decided that a speech would be in order □ **Non è il c. che tu te la prenda**, there's no need for you to get so worked-up about it □ **«Passo a prenderti?» «No, grazie, non è il c.»**, «shall I pick you up?» «thanks, but there's no need to»□ **Non mi sembra il caso di preoccuparsi**, I don't think there's any need to worry □ **Questo fa al c. mio**, this is exactly what I need; this answers my purpose □ **fare c. a q.c.**, to notice st.; to pay attention to st.: **Era bionda? Non ci ho fatto c.**, was she blonde? I didn't notice; **Non fargli c.!**, pay no attention to him!; don't take any notice of him! □ **guarda c.**, as chance would have it; by sheer coincidence □ **in c. affermativo**, should that be the case; if (that is) so □ **in c. contrario**, otherwise; if not □ **in c. di bisogno**, in case of need □ **In c. di pioggia, la festa si terrà al coperto**, in the event of rain, the party will be held indoors □ **in certi casi**, in certain cases; (*talvolta*) sometimes □ **in nessun c.**, under no circumstances; on no account; never □ **in ogni c.**, in any case; at all events; anyway □ **in qualunque c.**, in any case; whatever happens □ **in tal c.**, in that case □ **in tutti i casi**, in any case; at all events □ **Mettiamo** (*o* **poniamo**) **il c. che non venga**, (let's) suppose he doesn't come □ **Nel c. tu non lo sapessi**, in case you didn't know □ **Nel c. che non potesse venire**, if he cannot come; should he be unable to come (*form.*); in the case of his being unable to come (*form.*) □ **nel migliore dei casi**, at best □ **per c.**, by (any) chance: **Per c., hai visto la mia penna?**, have you seen my pen by any chance?; **Sai per c. il suo numero di telefono?**, do you happen to know his phone number?; **Lo trovai per c. da un antiquario**, I found it by chance at an antique dealer's □ **secondo i casi**, as the case may be; depending on the case □ **Si dà il c. che io non voglia vederli**, I happen not to want to see them.

casolàre, *m.* cottage.

caṣomài, *cong.* if; in case; (*assol.*) perhaps, maybe, possibly: **C. tu non potessi venire, fammelo sapere**, if you can't come, let me know; **Prendi le chiavi, c. tu tornassi prima**, take the keys, in case you come back first; **Adesso no, c. fra qualche mese**, not now, perhaps (*o* possibly) in a month or two.

casòtto, *m.* **1** wooden shelter; shed **2** (*alla spiaggia*) bathing hut **3** (*di sentinella*) sentry box **4** (*di cane*) kennel; doghouse **5** (*pop.*: *bordello*) brothel **6** (*fig. pop.*: *baccano*) racket; row; hubbub: **fare** (*o* **piantare**) **c.**, to make a racket; to nick up a fuss. ● (*naut.*) **c. del timone**, pilot house; wheelhouse □ (*naut.*) **c. di rotta**, chartroom.

Càspio, *a.* – (*geogr.*) **il Mar C.**, the Caspian Sea.

càspita, caspiterìna, *inter.* **1** (*escl. di meraviglia*) well!; good heavens!; never!; crickey! (*fam.*); gee! (*fam.*) **2** (*escl. di impazienza*) for goodness' (*o* heaven's) sake!

càssa, *f.* **1** (*contenitore per trasporto*) chest, box, case; (*a graticcio*) crate; (*forziere*) coffer: **una c. di libri**, a chest of books; **una c. di tè**, a chest of tea; **una c. di vino**, a case of wine; **una c. di aranci**, a crate of oranges; **c. da imballaggio**, packing case; crate; tea chest (*GB*) **2** (*contenitore protettivo*) case; casing; housing: **c. dell'orologio**, watchcase **3** (*di negozio*) counter, cash desk; (*di supermercato e sim.*) checkout counter; (*di cinema, teatro*) box office; (*di banca, ecc.*) cashier's desk: **La c. era accanto alla porta**, the cash desk was beside the door; **pagare alla c.**, to pay at the counter; **registratore di c.**, cash register; till **4** (*comm.*: *fondo*) fund: **c. malattie**, sickness fund; **C. del Mezzogiorno**, Southern Italy Development Fund; **c. di ammortamento**, sinking fund; **c. integrazione** (**guadagni**), wage supplementation fund; redundancy fund: **essere in c. integrazione**, to receive redundancy payment; to have been laid off; **mettere in c. integrazione**, to lay off **5** (*banca*) bank: **c. di risparmio**, savings bank; **c. rurale**, agricultural bank **6** (*ufficio c.*) cash department; cashier's office **7** (*rag.*: *contante*) cash: **avere denaro in c.**, to have cash on hand; **disponibilità di c.**, cash on (*o* in) hand: **eccedenza di c.**, cash surplus; **flusso di c.**, cash flow; **fondo di c.**, reserve fund; **libro di c.**, cash book; **piccola c.**, petty cash; **vuoto di c.**, cash deficit **8** (*mus.*) case: **c. del pianoforte**, piano case; **c. del violino**, body of a violin **9** (*tipogr.*) case: **c. alta** [**bassa**], upper [lower] case **10** (*naut.*) tank: **c. antirollio**, antiroll tank; **c. di emersione**, buoyancy tank; **c. di rapida immersione**, crash-diving tank; **c. d'aria**, airlock. ● (*banca*) **c. automatica**, automatic teller machine; cash dispenser; cash point □ **c. acustica**, (loud)-speaker □ (*mus.*) **c. armonica**, body; soundbox □ (*ind. tess.*) **c. battente**, beater □ **c. comune**, common fund of money; kitty (*fam.*): **fare c. comune**, to pool one's money; to keep a kitty □ (*banca*) **c. continua**, night safe □ **c. da morto**, coffin □ **c. del fucile**, rifle stock □ (*ind. tess.*) **c. del fuso**, spindle box □ **le casse dello Stato**, the coffers of the state □ (*anat.*) **c. del timpano**, eardrum □ **c. di risonanza**, (*mus.*) resonance box; (*fig.*) sounding board: **fare da c. di risonanza**, to act as a sounding board □ (*fin.*) **c. sociale**, company's cash on hand □ (*anat.*) **c. toracica**, chest □ **a pronta c.**, cash down; in cash: **pagamento a pronta c.**, cash-down payment □ (*fig.*) **battere c.**, to ask for money □ **scappare con la c.**, to abscond (*o* to bolt) with the money □ **tenere la c.**, to be treasurer; to be in charge of the kitty (*fam.*); (*fig.*: *disporre del denaro*) to hold the purse strings, to handle payments.

cassafórma, *f.* (*edil.*) mould; formwork.

cassafòrte, *f.* **1** safe; strongbox **2** (*camera blindata*) strongroom.

cassàndra, *f.* prophet of doom; Cassandra; doomster (*fam.*): **fare la c.**, to be a prophet of doom.

cassapànca, *f.* chest; (*con dorsale*) settle: **c. per biancheria**, linen chest.

cassàre, *v. t.* **1** to delete; to cross out; to strike* off: **c. un nome da un elenco**, to cross out a name from a list; **c. dall'albo**, to strike off the rolls **2** (*leg.*) to reverse; to quash; to vacate.

cassàta, *f.* (*gelato*) cassata (ice cream with candied fruit).

cassàva, *f.* (*bot.*, *Manihot*) cassava.

cassazióne, *f.* (*leg.*) annulment; cassation: **Corte di C.**, Court of Cassation; **andare in C.**, to have recourse to the Court of Cassation.

casserétto, *m.* (*naut.*) poop deck.

càssero, *m.* **1** (*naut.*) quarterdeck: **c. di poppa**, poop deck **2** (*edil.*) *V.* **cassaforma** **3** (*di castello*) keep; donjon.

casseruòla, *f.* saucepan; skillet (*GB*); (*specialm. di coccio*) casserole. ● (*cucina*) **pollo in c.**, chicken casserole.

cassétta, *f.* **1** box; (small) case; (*per frutta, ecc.*) crate: **c. degli attrezzi**, toolbox; **una c. di aranci**, a crate of oranges; **c. delle elemosine**, poor box; **c. delle lettere**, letter box; (*a colonna*) pillar box; mailbox (*USA*); **c. da fiori**, flowerbox; (*per finestra*) windowbox; **c. di pronto soccorso**, first-aid kit; **c. dei reclami**, complaint box: (*banca*) **c. di sicurezza**, safe-deposit box; **c. postale**, post-office box; **c. per gioielli**, jewel box; casket **2** (*tecn.*) cassette: **registratore a cassette**, cassette recorder **3** (*sedile del cocchiere*) box; coachman's seat: **montare a c.**, to mount to the box; **sedere a c.**, to sit on the box; to drive. ● (*teatr.*) **fare c.**, to be (good) box office □ **film di c.**, blockbuster □ **pane a c.**, sandwich loaf; tin loaf □ **successo di c.**, box-office success; money-spinner (*fam.*); blockbuster (*fam.*).

cassettièra, *f.* chest of drawers; bureau (*USA*); (*stipo a c.*) tallboy (*GB*), highboy (*USA*).

cassettista, *m.* e *f.* (*banca*) renter of a safe-deposit box.

cassètto, *m.* **1** drawer **2** – (*di macchina a vapore*) **c. di distribuzione**, slide valve; distributing valve. ● **avere un sogno nel c.**, to have an unfulfilled dream.

cassettóne, *m.* **1** chest of drawers; bureau (*USA*); (*a due corpi*) tallboy (*GB*), highboy (*USA*) **2** (*archit.*) caisson; coffer: **soffitto a**

cassettoni, caisson ceiling; lacunar (ceiling).
càssia, *f.* (*bot.*, *Cassia*) cassia; senna.
cassidico, (*relig. ebraica*) **A** *a.* Cha(s)sidic; Hasidic. **B** *m.* Cha(s)sid; Hasid*.
cassidismo, *m.* (*relig. ebraica*) Cha(s)sidism; Hasidism.
cassière, *m.* (*f.* **-a**) ***1*** cashier; (*di banca, anche*) teller: **c. contabile**, cashier and book-keeper ***2*** (*fin.*: *tesoriere*) treasurer; receiver.
cassino (**1**), *m.* ***1*** (*di spazzino*) dustcart ***2*** (*di accalappiacani*) dog catcher's van.
cassino (**2**), *m.* (*per lavagna*) board rubber; blackboard duster.
Càssio, *m.* (*stor.*) Cassius.
cassiterite, *f.* (*miner.*) cassiterite.
cassóne, *m.* ***1*** (*mobile*) large chest ***2*** (*mil.*) ammunition chest (*o* wagon); caisson ***3*** (*edil.*) caisson; (*a compartimento stagno*) cofferdam; (*a tenuta idraul.*) tank ***4*** (*di autocarro*) body; box: **c. ribaltabile**, dump (*o* tipping) body. ● (*med.*) **malattia dei cassoni**, caisson disease; (*com.*) bends.
cassonétto, *m.* ***1*** (*per persiane o tende*) box ***2*** (*per spazzatura*) skip (*GB*); dumpster.
cast (*ingl.*), *m. invar.* (*teatr.*, *cinem.*) cast.
càsta, *f.* (*anche fig.*) caste.
castàgna, *f.* ***1*** chestnut: **c. lessa [arrostita]**, boiled [roast] chestnut; **c. d'India**, horse chestnut; conker; **farina di castagne**, chestnut flour ***2*** (*vet.*) chestnut ***3*** (*naut.*) pawl ***4*** (*pop.*: *pugno*) clout (*fam.*); wallop (*fam.*); sock (*pop.*). ● (*bot.*) **c. d'acqua** (*Trapa natans*), water chestnut; caltrop □ (*bot.*) **c. di terra**, earthnut; pignut □ (*fig.*) **cavare le castagne dal fuoco a q.**, to pull the chestnuts out of the fire for sb. □ (*fig.*) **cavare le castagne dal fuoco con la zampa del gatto**, to use sb. as a cat's paw □ (*fig.*) **cogliere q. in c.**, to catch sb. out.
castagnàccio, *m.* (*cucina*) chestnut cake.
castagnàio, *m.* (*f.* **-a**) ***1*** (*raccoglitore*) chestnut gatherer ***2*** (*venditore*) chestnut vendor.
castagnéto, *m.* chestnut wood.
castagnétta (**1**), *f.* (*petardo*) (fire)cracker.
castagnétta (**2**), *f.* ***1*** (*pl.*) (*mus.*) castanets ***2*** (*schiocco delle dita*) snap (of the fingers).
castàgno, *m.* ***1*** (*bot.*, *Castanea sativa*) chestnut (tree) ***2*** (*legno*) chestnut (wood). ● **c. d'India** (*Aesculus hippocastanum*), horse chestnut.
castagnòla, *f.* (fire)cracker.
castàldo, *m.* ***1*** land agent ***2*** (*stor.*) steward.
castàle, *a.* caste (*attr.*).
castàlio, *a.* (*mitol.*) Castalian.
castanicoltùra, *f.* chestnut-growing.
castàno, *a.* brown; chestnut(-coloured); nut-brown: **capelli castani**, brown hair; **occhi castani**, brown eyes.
castellàna, *f.* lady of a castle; chatelaine.
castellàno, *m.* lord of a castle.
castellatùra, *f.* frame.
castellétto, *m.* ***1*** (*edil.*) scaffold; staging ***2*** (*ind. min.*) headframe ***3*** (*banca*) credit line; credit limit.
castèllo, *m.* ***1*** castle; (*maniero*) manor house; (*fortezza*) stronghold ***2*** (*naut.*) castle; deck: **c. di prua**, forecastle; fo'c'sle; **c. di poppa**, quarterdeck ***3*** (*edil.*: *impalcatura*) scaffolding ***4*** (*per giochi*) climbing frame ***5*** (*per bachi da seta*) frame. ● **c. d'acqua**, water tower □ (*anche fig.*) **c. di carte**, house of cards □ (*fig.*) **un c. di menzogne**, a pack of lies □ **c. di sabbia**, sandcastle □ (*autom.*) **c. motore**, engine mount(ing) □ **fare castelli in aria**, to build castles in the air (*o* in Spain) □ **letto a c.**, bunk bed.
castigamàtti, *m. invar.* ***1*** (*bastone*) stick; cudgel ***2*** (*fig.*: *persona severa*) martinet; bogeyman*: **Ora viene il c.**, here comes the bogeyman.
castigàre, *v. t.* ***1*** to punish; to chastise; to castigate; to discipline ***2*** (*lett.*: *emendare*) to chasten; to purify ***3*** (*un'edizione*) to expurgate; to bowdlerize.
castigatézza, *f.* ***1*** (*purezza*) chastity; purity; sobriety; decency ***2*** (*correttezza*) propriety; correctness; faultlessness.
castigàto, *a.* ***1*** (*puro*) chaste; pure; sober; decent ***2*** (*corretto*) proper; correct; impeccable; faultless ***3*** (*di edizione*) expurgated; bowdlerized
castigatóre, *m.* (*f.* **-trice**) punisher; chastiser.
Castìglia, *f.* (*geogr.*) Castile.
castigliàno, *a.* e *m.* (*f.* **-a**) Castilian (*f.* Castilian woman*).
castìgo, *m.* punishment; chastisement; retribution: **infliggere un c.**, to inflict a punishment; to punish; **meritare un c.**, to deserve punishment: **il giusto c.**, a well-deserved punishment; one's comeuppance (*fam.*); **A Mattia niente gelato perché è in c.**, no icecream for Mattia, because he's being punished; **mettere un bambino in c.**, to put a child in a corner; to punish a child. ● (*anche fig.*) **c. di Dio**, scourge; calamity.
castìna, *f.* (*metall.*) flux.
casting, *m. invar.* (*cinem.*) ***1*** casting ***2*** (*persona*) casting director.
castità, *f.* chastity; purity.
càsto, *a.* ***1*** chaste; continent ***2*** (*fig.*: *puro*) chaste; pure; innocent ***3*** (*fig.*: *semplice*) sober; proper.
castóne, *m.* collet; setting; bezel.
Càstore, *m.* (*mitol.*) Castor.
castòreo, *m.* (*farm.*, *profumeria*) castor; castoreum.
castorìno, *m.* ***1*** (*zool.*, *Myocastor coypus*) coypu*; nutria ***2*** (*pelliccia*) nutria.
castòrio, *V.* **castoreo**.
castòro, *m.* ***1*** (*zool.*, *Castor*) beaver* ***2*** (*pelliccia*) beaver (fur): **una giacca di c.**, a beaver jacket. ● (*zool.*) **c. di montagna** (*Aplodontia rufa*), mountain beaver; boomer.
castracàni, *m. invar.* ***1*** dog gelder ***2*** (*spreg.*: *cattivo chirurgo*) sawbones.
castrànte, *a.* (*psic.*) castrative; castrating; inhibiting.
castràre, *v. t.* ***1*** to castrate; to emasculate; (*animali*) to geld, to spay; (*cani, gatti, ecc.*) to neuter, to alter (*USA*), to brick (*fam. GB*) ***2*** (*fig.*: *uno scritto, ecc.*) to expurgate; to bowdlerize ***3*** (*fig.*: *inibire*) to castrate; to inhibit.
castràto, **A** *m.* ***1*** (*animale in genere*) gelding, neuter; (*cavallo*) gelding; (*agnello, ariete*) wether; (*bovino*) steer ***2*** (*cucina*) mutton; lamb ***3*** (*eunuco*) eunuch; castrate ***4*** (*mus.*) castrato. **B** *a.* ***1*** castrated; emasculated; (*di animale*) gelded, spayed, neutered ***2*** (*fig.*) expurgated; bowdlerized.
castratóio, *m.* castrating knife*.
castratóre, *m.* ***1*** castrator; gelder ***2*** (*fig.*) censor; suppressor.
castratùra, *V.* **castrazione**.
castrazióne, *f.* castration; emasculation; (*di animali*) gelding, spaying, neutering. ● (*psic.*) **complesso di c.**, castration complex.
castrènse, *a.* castrensian. ● (*eccles.*) **vescovo c.**, bishop in charge of military chaplains.
castrismo, *m.* (*polit.*) Castroism; Fidelism.
castrìsta, *a.*, *m.* e *f.* (*polit.*) Castroist; Fidelist.
castronàggine, *f.* (*pop.*) ***1*** stupidity; foolishness ***2*** *V.* **castroneria**.
castróne, *m.* ***1*** (*agnello castrato*) wether ***2*** (*cavallo castrato*) gelding ***3*** (*volg.*: *di uomo*) ninny; simpleton; blockhead.
castronerìa, *f.* (*pop.*) ***1*** (*sciocchezza*) rubbish; load of nonsense: **È una gran c.**, it's sheer rubbish (*o* a load of nonsense) ***2*** (*svarione*) gross mistake; howler (*fam.*).
casuàle, *a.* ***1*** accidental; fortuitous; casual; incidental; chance (*attr.*); random: **un incontro c.**, a chance encounter ***2*** (*mat.*, *stat.*) random: **variabile c.**, random variable. ● (*leg.*) **diritti casuali**, special bonuses □ **spese casuali**, sundry expenses.
casualismo, *m.* (*filos.*) fortuitism.
casualità, *f.* fortuitousness; fortuity; casualness.
casualménte, *avv.* by chance; accidentally; fortuitously.
casuàrio, *m.* (*zool.*, *Casuarius casuarius*) cassowary.
casuista, *V.* **casista**.
càsula, *f.* (*eccles.*) chasuble.
casùpola, *f.* hut; cabin; (*tugurio*) hovel, shanty.
casus belli (*lat.*), *locuz. m.* ***1*** (*polit.*) casus belli* ***2*** (*fig.*) issue; bone of contention: **fare un c. b. di q.c.**, to make an issue of st.
catabàtico, *a.* (*geogr.*) catabatic.
catabòlico, *a.* (*biol.*) catabolic.
catabolismo, *m.* (*biol.*) catabolism.
catabòlita, *m.* (*biol.*) catabolite.
catàclasi, *f.* (*geol.*) cataclasis*.
cataclisma, *m.* ***1*** cataclysm; flood ***2*** (*fig.*) cataclysm; upheaval.
catacómba, *f.* ***1*** catacomb ***2*** (*fig.*) dungeon.
catacrèsi, *f.* (*retor.*) catachresis*.
catadiòttrica, *f.* (*fis.*) catadioptrics (*pl. col verbo al sing.*).
catadiòttrico, *a.* (*fis.*) catadioptric(al).
catadiòttro, *m.* rear reflector.
catafàlco, *m.* catafalque.
catafàscio, *vc.* – **a c.**, topsy-turvy; higgledy-piggledy: **cose messe a c.**, things thrown together higgledy-piggledy; **andare a c.**, to go to the dogs; to be wrecked; (*fare fiasco*) to flop; (*fare fallimento*) to go under, to go bust; to go down the drain; **mandare a c.**, to wreck.
catafillo, *m.* (*bot.*) cataphyll.
catàfora, *f.* (*ling.*) cataphora.
cataforèsi, *f.* (*biol.*, *chim.*, *fis.*) cataphoresis*.
catafràtta, *f.* (*stor.*) cataphract.
catafràtto, **A** *agg.* ***1*** (*mil.*, *stor.*) cataphracted ***2*** (*fig.*) hardened; inured. **B** *m.* (*mil.*, *stor.*) cataphract.
catalàno, *a.* e *m.* (*f.* **-a**) Catalan (*f.* Catalan woman*).
catalèssi (**1**), *V.* **catalessia**.
catalèssi (**2**), *f.* (*ling.*) catalexis*.
catalessìa, *f.* (*med.*) catalepsy.
catalèttico (**1**), *a.* (*med.*) cataleptic.
catalèttico (**2**), *a.* (*ling.*) catalectic.
catalètto, *m.* (*bara*) coffin; bier.
catàlisi, *f.* (*chim.*) catalysis*.
catalìtico, *a.* (*chim.*) catalytic: (*autom.*) **convertitore c.**, catalytic converter.
catalizzàre, *v. t.* (*chim.* e *fig.*) to catalyze.
catalizzatóre, **A** *m.* (*f.* **-trice**) (*chim.* e *fig.*) catalyst; activator. **B** *a.* catalytic.
catalogàbile, *a.* classifiable; catalogable.
catalogàre, *v. t.* ***1*** to catalogue, to catalog (*USA*) ***2*** (*classificare*) to classify; to tabulate ***3*** (*elencare*) to list; to enumerate; to count.
catalogatóre, *m.* (*f.* **-trice**) cataloguer, cataloger (*USA*).
catalogazióne, *f.* cataloguing, cataloging (*USA*); classification; tabulation.
cataloghista, *V.* **catalogatore**.
Catalògna, *f.* (*geogr.*) Catalonia.
catalógno, *m.* (*bot.*, *Jasminum grandiflorum*) Spanish jasmin
catàlogo, *m.* ***1*** (*elenco* e *volume*) catalogue, catalog (*USA*): **c. per autori [per materie]**, author [subject] catalogue; **c. ragionato**, «catalogue raisonné» (*franc.*); **c. per vendite per corrispondenza**, mail-order catalogue; **c. stellare**, star catalogue; **consultare un c.**, to consult a catalogue; to look (st.) up in a catalogue ***2*** (*enumerazione*) list.
catàlpa, *f.* (*bot.*, *Catalpa bignonioides*) Indian bean.
catamaràno, *m.* (*naut.*) catamaran.
catamenìale, *a.* catamenial.
catamnèsi, *f.* (*med.*) catamnesis*; follow-up medical history.
catapécchia, *f.* hovel; hut; shanty.
cataplàsma, *m.* ***1*** (*med.*) poultice; cataplasm ***2*** (*fig.*: *persona piena di malanni*) old crock (*fam.*) ***3*** (*fig.*: *persona noiosa*) bore.
cataplessìa, *f.* (*med.*) cataplexy.
catapléttico, *a.* (*med.*) cataplectic.
catapùlta, *f.* (*mil.*, *stor.*) catapult. ● (*naut.*) **c. di portaerei**, deck catapult.

catapultaménto, *m.* catapulting.
catapultàre, A *v. t.* (*naut., aeron.* e *fig.*) to catapult. **B catapultàrsi,** *v. rifl.* (*lanciarsi*) to throw* oneself; to rush headlong. ● **c. dall'aereo,** to bale out, to bail out (*USA*).
cataràffio, *m.* (*naut.*) caulking iron.
cataràtta, *V.* **cateratta.**
catarifrangènte, A *a.* reflecting. **B** *m.* (*di veicolo*) (rear) reflector; (*di paracarro, ecc.*) cat's eye.
catarifrangènza, *f.* reflection.
catarişmo, *m.* (*stor. relig.*) Catharism.
càtaro, *a.* e *m.* (*stor. relig.*) Cathar; Catharist.
catarràle, *a.* (*med.*) catarrhal.
catarrìna, *f.* (*zool.*) cata(r)rhine.
catàrro, *m.* (*med.*) catarrh; phlegm.
catarróso, *a.* catarrhal.
catàrsi, *f.* ***1*** catharsis*; purification ***2*** (*psic.*) catharsis*; abreaction.
catàrtico, *a.* (*anche psic.*) cathartic.
catàsta, *f.* pile; stack; heap: **un'ordinata c. di legna,** a tidy stack of wood; **una c. di libri per terra,** a heap of books on the floor; **a cataste,** in piles; in heaps.
catastàle, *a.* (*leg., econ.*) cadastral; land (*attr.*): **registro c.,** cadastral register; **partita c.,** cadastral number; **rendita c.,** estimated income (of a property).
catastàre, *v. t.* to register (in the cadastre).
catàsto, *m.* (*leg., econ.*) ***1*** cadaster, cadastre; land register ***2*** (*ufficio*) general land office. ● **mettere a c.,** to register.
catàstrofe, *f.* ***1*** (*letter.*) catastrophe ***2*** (*disastro*) catastrophe; disaster; calamity. ● (*mat.*) **teoria delle catastrofi,** catastrophe theory.
catastròfico, *a.* catastrophic(al).
catastrofişmo, *m.* ***1*** (*geol.*) catastrophism ***2*** (*fig.*) radical pessimist; doom and gloom (*fam.*).
catastrofista, *m.* e *f.* ***1*** (*geol.*) catastrophist ***2*** (*fig.*) prophet of doom; doomster (*fam.*); doom-and-gloom merchant (*fam.*).
catastrofistico, *a.* catastrophic; full of doom and gloom (*fam.*).
catatonìa, *f.* (*med.*) catatony.
catatònico, *a.* e *m.* (*f.* **-a**) (*med.*) catatonic.
catechèşi, *f.* (*eccles.*) catechesis*.
catechètica, *f.* catechetics (*pl. col verbo al sing.*).
catechètico, *a.* catechetic(al).
catechìna, *f.* (*chim.*) catechin.
catechişmo, *m.* ***1*** (*eccles.*) catechism ***2*** (*fig.*) fundamental tenets (*pl.*).
catechista, *m.* e *f.* catechist; catechizer.
catechìstica, *V.* **catechetica.**
catechìstico, *a.* catechistic(al).
catechiẓẓàre, *v. t.* ***1*** to catechize ***2*** (*fig.*) to lecture.
catechiẓẓatóre, *m.* (*f.* **-trice**) catechizer; catechist.
catecolamìna, *f.* (*chim.*) catecholamine.
catecù, *m.* ***1*** (*bot., Acacia catechu*) catechu ***2*** (*ind.*) cachou; catechu.
catecumenàle, *a.* (*eccles.*) catechumenal.
catecumenàto, *m.* (*eccles.*) catechumenate.
catecùmeno, *m.* (*f.* **-a**) (*eccles.*) catechumen.
categorìa, *f.* ***1*** (*filos.*) category; predicament ***2*** (*classe, settore*) category; class; section; sector: **c. professionale,** professional category; **la c. degli insegnanti,** the teaching profession; teachers; **le diverse categorie sociali,** the various sections of society; **c. grammaticale,** grammatical category; **albergo di prima c.,** first-class hotel; **sindacato di c.,** professional union ***3*** (*di merce*) grade ***4*** (*naut.*) rating ***5*** (*sport*) category: **c. di peso,** weight category ***6*** (*mat.*) category. ● **suddiviso in categorie,** classified.
categoriàle, *a.* ***1*** (*filos.*) categorial; categorical ***2*** sectorial; (*rel. a una professione*) professional: **interessi categoriali,** sectorial interests; **rivendicazione c.,** professional claim. ● (*ling.*) **grammatica c.,** categorial grammar.
categòrico, *a.* ***1*** (*filos.*) categoric(al): **imperativo c.,** categorical imperative ***2*** (*assoluto*) categorical; unqualified; unconditional: **un c. rifiuto,** a categorical (*o* point-blank) refusal ***3*** (*reciso*) explicit; outspoken: **essere c. nelle proprie risposte,** to be outspoken in one's replies ***4*** (*per categoria*) classified.
categoriẓẓàre, *v. t.* to categorize; to classify.
categoriẓẓazióne, *f.* categorization; classification.
caténa, *f.* ***1*** chain: **una c. d'oro,** a gold chain; **c. dell'orologio,** watch chain; **c. di bicicletta,** bicycle chain; **c. della porta,** door chain; **mettere la c. alla porta,** to slip the door chain into place; **mettere un cane alla c.,** to put a dog on the chain; to chain a dog; **formare una c. (di persone),** to form a human chain ***2*** (*pl.*) (*vincoli, anche fig.*) chains; bonds; fetters; shackles: **gettare q. in catene,** to have sb. put in chains; **tenere in catene,** to keep in chains; **spezzare le catene,** to break the bonds; **le catene dell'amore,** the chains of love; **le catene dell'amicizia,** the bonds of friendship ***3*** (*geogr.*) chain; range: **c. di montagne,** mountain chain (*o* range); **Si vedeva una seconda c. dietro la prima,** one could see a second range beyond the first one ***4*** (*serie, successione*) chain; sequence: **una c. di avvenimenti,** a chain of events ***5*** (*biol., chim., fis.*) chain: **c. aperta [chiusa],** open [closed] chain (of atoms); **reazione a c.,** chain reaction ***6*** (*archit.*) chain; tie rod ***7*** (*ind. tess.*: *di ordito*) chain; warp. ● **c. alimentare,** food chain □ **c. di giornali,** newspaper chain; syndicate (*USA*) □ (*mecc.*) **c. articolata,** flat link (*o* sprocket) chain □ (*ind.*) **c. di convogliamento,** conveyor chain □ (*autom.*) **catene da neve,** snow chains; tyre chains □ (*naut.*) **c. dell'ancora,** chain cable □ **c. di montaggio,** assembly line □ **c. di negozi,** chain of shops □ **c. di Sant'Antonio,** chain letter □ (*fig.*) **tenere q. alla c.,** to keep sb. under □ (*mecc.*) **trasmissione a c.,** chain drive.
catenàccio, *m.* ***1*** bolt; bar ***2*** (*fig. scherz.*: *vecchia automobile*) banger; old crock (*GB*); jalopy ***3*** (*sport*) defensive tactics (*pl.*); defensive game ***4*** (*giorn.*) summary. ● (*fig.*) **fare c.,** to put up an all-out resistance; to close ranks □ **fare da c.,** to block; to be a prerequisite □ **esame c.,** prerequisite examination.
catenària, *f.* (*mat.*) catenary.
catenèlla, *f.* ***1*** (*collana*) chain: **c. d'oro,** gold chain ***2*** (*della porta*) door chain ***3*** (*dell'orologio*) watch chain. ● **punto c.,** chain stitch.
cateràtta, *f.* ***1*** (*chiusura di canale, ecc.*) sluice; sluice-gate ***2*** (*cascata*) cataract ***3*** (*med.*) cataract. ● **piovere a cateratte,** to pour (with rain); to come down in buckets; to rain cats and dogs (*fam.*) □ **Alle quattro si aprirono le cateratte,** at four it started coming down in buckets.
Caterìna, *f.* Catherine, Catharine; Katherine, Katharine.
caterpillar (*ingl.*), *m. invar.* (*veicolo*) caterpillar.
catèrva, *f.* ***1*** (*di persone*) crowd; horde ***2*** (*di cose*) heap; pile; loads (*pl.*); bags (*pl.*).
catetère, *m.* (*med.*) catheter: **c. molle,** rubber catheter.
cateterişmo, *m.* (*med.*) catheterization; catheterism.
cateteriẓẓàre, *v. t.* (*med.*) to catheterize.
catèto, *m.* (*geom.*) cathetus*.
catetòmetro, *m.* (*fis.*) cathetometer.
catgut (*ingl.*), *m. invar.* (*med.*) catgut; catling.
Catilìna, *m.* (*stor. romana*) Catiline.
catilinària, *f.* (*fig.*) philippic; bitter invective.
catinèlla, *f.* ***1*** basin ***2*** (*il contenuto*) basinful. ● **acqua** (*o* **pioggia**) **a catinelle,** downpour; heavy rain □ **piovere a catinelle,** to pour (with rain); to come down in buckets; to rain cats and dogs (*fam.*).
catìno, *m.* ***1*** basin; bowl: **c. per i piatti** washing-up basin (*o* bowl); dishpan (*USA*) ***2*** (*il contenuto*) basinful; bowlful ***3*** (*geogr.*) basin.
catióne, *m.* (*fis.*) cation.
catòdico, *a.* (*fis.*) cathode (*attr.*): **raggi catodici,** cathode rays.
càtodo, *m.* (*fis.*) cathode.
Catóne, *m.* (*stor.*) Cato.
catóne, *m.* (*fig.*) stern moralist. ● **fare il c.,** *V.* **catoneggiare.**
catoneggiàre, *v. i.* to moralize; to be censorious; to pose as castigator of morals; to take* a high moral tone.
catòrcio, *m.* (*fam.*) ***1*** (*persona*) wreck; old crock: **Che mal di schiena, sono proprio un c.,** oh, my poor back, I'm a real old crock ***2*** (*oggetto malandato*) wreck ***3*** (*automobile scassata*) banger; old crock (*GB*); clunker (*USA*).
catòttrica, *f.* (*fis.*) catoptrics (*pl. col verbo al sing.*).
catòttrico, *a.* (*fis.*) catoptric(al).
catramàre, *v. t.* to tar.
catramàto, *a.* tarred; tar (*attr.*): **cartone catramato,** tar paper.
catramatrice, *f.* tar sprinkler.
catramatùra, *f.* tarring.
catràme, *m.* tar: **c. di carbon fossile,** coal tar; **c. di legna,** wood tar; **c. di torba,** peat tar.
catramóso, *a.* tarry.
càttedra, *f.* ***1*** (*scrivania*) (teacher's) desk ***2*** (*insegnamento di ruolo*) teaching post; (*all'università*) chair, professorship: **avere la c. d'inglese,** to hold the chair of English ***3*** (*vescovile*) (bishop's) throne; (episcopal) chair; cathedra*: **la c. di S. Pietro,** St. Peter's chair (*o* See). ● (*fig.*) **stare in c.,** to pontificate; to be on one's high horse □ (*fig.*) **montare in c.,** to get on one's high horse □ (*fig.*) **tener c.,** to hold forth.
cattedràle, *a.* e *f.* cathedral: **chiesa c.,** cathedral church. ● (*fig.*) **una c. della cultura,** a seat of learning □ (*fig.*) **c. nel deserto,** white elephant.
cattedràtico, A *a.* ***1*** professorial; of (*o* pertaining to) a university chair; university (*attr.*): **corso c. di lezioni,** university course of lectures ***2*** (*pedantesco*) pedantic; magisterial. **B** *m.* (*f.* **-a**) university professor; academic.
cattivàre, e *deriv. V.* **accattivare,** e *deriv.*
cattivèllo, A *a.* naughty. **B** *m.* (*f.* **-a**) little rascal; naughty boy (*f.* girl).
cattivèria, *f.* ***1*** (*malvagità*) wickedness, viciousness; (*malevolenza*) malice, malevolence, meanness; (*dispetto*) spite, bitchiness (*fam.*); (*di bambino bizzoso*) naughtiness: **la c. dell'uomo,** man's wickedness; **Parlò con c.,** he spoke with malevolence; **L'ha fatto per pura c.,** he did it out of sheer malice (*o* of sheer spite) ***2*** (*azione cattiva*) wicked action, unkindness; (*parole cattive*) spiteful words (*pl.*), nasty (*o* mean) remark: **fare [dire] una c.,** to do [to say] an unkind thing; **Sa solo dire cattiverie,** he can only say spiteful things (*o* make nasty remarks); **È una vera c. da parte sua!,** it's really mean of him!
cattività, *f.* (*lett.*) captivity; imprisonment; bondage: **lunghi mesi di c.,** long months of imprisonment; **un animale nato in c.,** an animal born in captivity; **la c. babilonese,** the Babylonian captivity.
cattìvo, A *a.* ***1*** (*di animo c.*) bad, nasty, unkind, mean; (*malvagio*) wicked, evil, vicious; (*di bambino*) naughty: **È un uomo c.,** he is a bad man; **la cattiva matrigna,** the wicked stepmother; **c. soggetto,** bad fellow; bad lot (*fam.*); **pensieri cattivi,** evil thoughts; **Smettila, c.!,** stop it, you naughty boy! ***2*** (*sgradevole, spiacevole*) bad: **cattive maniere,** bad manners; **cattive notizie,** bad news; **cattiva reputazione,** bad name; **cattiva scelta,** bad choice ***3*** (*infausto*) bad; ill; unlucky: **cattiva sorte,** bad luck; **c. augurio,** ill (*o* bad) omen; **nato sotto cattiva stella,** born under an unlucky star ***4*** (*inetto, non idoneo, scadente*) bad; poor; incompetent: **un c. insegnante,** a poor (*o* bad) teacher; **un c. padre,** a bad

father; **un c. soldato**, a bad soldier; **cattiva digestione**, poor digestion; **Ho una cattiva memoria**, I have a bad memory; **vista cattiva**, poor eyesight; **parlare un c. tedesco**, to speak bad German ***5*** (*disgustoso*) bad; nasty, horrid, foul, yucky (*fam.*); (*guasto*) off: **Questa medicina è proprio cattiva**, this medicine is really nasty; **Questo pesce è c.: non lo mangiare!**, this fish is bad (*o* off), don't eat it!; **alito c.**, bad breath; **C'è c. odore qui**, there's a foul smell here ***6*** (*amaro, pungente*) bitter; harsh: **parole cattive**, bitter (*o* harsh) words. ● **aria cattiva**, unhealthy air; (*di luogo chiuso*) stuffiness □ **C'è c. sangue fra noi**, there is bad blood between us □ **un cane c.**, a vicious dog □ **con le buone o con le cattive**, by fair means or foul; by hook or by crook □ **Se non riesci con le buone, prova con le cattive**, if persuasion (*o* kindness) fails, try stronger measures □ **Sono un c. giudice in fatto di balletto**, I'm a poor judge of ballet □ **Non è una cattiva idea**, it's not a bad idea □ **dare cattiva prova di sé**, to give a poor account of oneself □ **essere di c. umore**, to be in a bad mood □ **farsi c. sangue per q.c.**, (*preoccuparsi*) to worry over st.; (*arrabbiarsi*) to get angry about st. □ **Oggi è giornata cattiva per me**, I'm having one of my off days today □ **in c. stato**, in disrepair; in poor condition □ **La questione ha un lato buono e uno c.**, there is a good side to the matter and a bad one □ **mare c.**, rough sea □ **Sei arrivato in un c. momento**, you've come at a bad moment □ **tempo c.**, bad weather. **B** *m.* ***1*** (*f.* **-a**) bad person; wicked person; (*pl. collett.*) (the) wicked: **I cattivi saranno puniti**, the wicked will be punished ***2*** (*il male*) (the) bad: **prendere il buono e il c.**, to take the bad with the good ***3*** (*parte cattiva*) bad (part): **Mangia il buono di questa mela, e getta il c.**, eat the good part of this apple and throw away the bad.

cattolicésimo, cattolicismo, *m.* (Roman) Catholicism.

cattolicità, *f.* ***1*** catholicity ***2*** (*i cattolici*) (the) (Roman) Catholics (*pl.*).

cattolicizzàre, *v. t.* to catholicize.

cattòlico, *a.* e *m.* (*f.* **-a**) (Roman) Catholic.

cattùra, *f.* ***1*** capture; seizure; (*arresto*) arrest: **mandato di c.**, warrant of arrest; **sfuggire alla c.**, to escape capture ***2*** (*geogr.*) capture; piracy ***3*** (*fis.*) capture.

catturàre, *v. t.* ***1*** to capture; to catch*; to take*; to seize; (*arrestare*) to arrest; (*far prigioniero*) to take* prisoner: **L'assassino fu catturato subito**, the murderer was immediately taken (*o* seized); **c. un animale**, to catch an animal ***2*** (*geogr.*) to capture ***3*** (*fis.*) to capture. ● (*fig.*) **c. l'attenzione di q.**, to catch sb.'s attention.

Catùllo, *m.* (*stor. letter.*) Catullus.

caucàsico, *a.* e *m.* (*f.* **-a**) Caucasian.

Càucaso, *m.* (*geogr.*) Caucasus.

caucciù, *m.* India rubber; caoutchouc.

caudàle, *a.* (*zool.*) caudal: **pinna c.**, caudal fin.

caudatàrio, *m.* ***1*** (*eccles.*) train bearer ***2*** (*fig. spreg.*) satellite; hanger-on.

caudàto, *a.* ***1*** (*zool.*) caudate ***2*** (*poesia*) tailed: **sonetto c.**, tailed sonnet.

càule, *m.* (*bot.*) stem; stalk; caulis*.

càusa, *f.* ***1*** cause: **c. ed effetto**, cause and effect; **le cause della guerra**, the causes of war; **La negligenza è spesso c. d'incendi**, carelessness is often the cause of fires; **Fu la c. della mia rovina**, he was the cause of my ruin; **la C. prima**, the First Cause ***2*** (*motivo*) motive; reason; ground(s); cause: **dare c.**, to give cause; **senza una giusta c.**, without good cause ***3*** (*ideale*) cause: **operare per una buona c.**, to work for a good cause; **abbracciare (*o* sposare) la c. della libertà**, to embrace the cause of liberty; **Sono morti per la c.**, they died for the cause ***4*** (*leg.*) (law)suit; action; case; cause: **c. civile**, civil suit; **c. penale**, criminal case; **La c. fu giudicata dal giudice X**, the case was tried by Judge X; **abbandonare una c.**, to drop a case; **discutere una c.**, to argue a case; **essere in c.**, to be at law; **fare c. a q.**, to sue sb.; **intentare c. a q.**, to bring (*o* to file) a suit against sb.; to take legal action against sb.; **perdere [vincere] una c.**, to lose [to win] a case; **perorare una c.**, to plead a cause; **le parti in c.**, the parties. ● **c. di forza maggiore**, act of God □ **a c. di**, because of; owing to; in consequence of; on account of: **A c. di una bronchite, persi l'occasione**, because of bronchitis, I missed the opportunity; **A c. dello sciopero, ci sarano ritardi**, owing to the strike there will be delays □ (*leg.*) **avente c.**, assignee □ **avvocato delle cause perse**, advocate (*o* pleader) of lost causes □ **chiamare in c. q.**, to involve sb. into st.; to draw sb. into st. □ (*gramm.*) **complemento di c.**, complement of cause □ **con cognizione di c.**, with authority; with a full knowledge of the facts; from experience □ (*leg.*) **dante c.**, assignor □ **dare c. vinta a q.**, (*darsi per vinto*) to give in, to throw up the sponge (*fam.*); (*dare ragione a q.*) to grant sb. the point □ **fare c. comune con q.**, to make common cause with sb. □ **non essere in c.**, not to be in doubt (*o* in question): **La sua onestà non è in c.**, his honesty is not in doubt; there's no question of his being dishonest □ (*fig.*) **essere parte in c.**, to be an interested party; to be concerned in the matter □ **per c. tua**, through your fault; because of you □ **licenziamento per giusta c.**, fair dismissal □ **senza giusta c.**, unfair (*agg.*); wrongful (*agg.*).

causàle, **A** *a.* causal: **rapporto c.**, causal relation; (*gramm.*) **congiunzione c.**, causal conjunction. **B** *f.* ***1*** motive; reason; ground(s); cause ***2*** (*banca, rag.*) description ***3*** (*leg.*) consideration ***4*** (*gramm.*) causal proposition.

causalità, *f.* (*filos.*) causality.

causàre, *v. t.* to cause; to be the cause of; to bring* about; to produce; to give* rise to: **c. danni**, to cause damages; **c. una trasformazione**, to bring about a change; **c. dolore**, to give pain; **c. malcontento**, to give rise to discontent; **Il ritardo fu causato dallo sciopero**, the delay was due to the strike.

causatìvo, *a.* causative.

causìdico, *m.* (*spreg.*) pettifogger.

càustica, *f.* (*fis.*) caustic (surface).

causticità, *f.* (*chim.* e *fig.*) causticity.

càustico, *a.* ***1*** (*chim.*) caustic ***2*** (*fig.*) caustic; biting; cutting.

caustificàre, *v. t.* (*chim.*) to causticize.

cautèla, *f.* ***1*** (*prudenza*) caution; circumspection; prudence: **con la dovuta c.**, with due caution ***2*** (*precauzione*) precaution; care: **maneggiare q.c. con c.**, to handle st. with care.

cautelàre (1), *a.* precautionary; protective: **provvedimento c.**, precautionary measure; **arresto c.**, custody.

cautelàre (2), **A** *v. t.* to protect; to defend; to insure the safety of. **B cautelàrsi**, *v. rifl.* to take* precautions (against st.); to protect (*o* to cover) oneself (against st.).

cautelatìvo, *a.* precautionary; protective.

cautèrio, *m.* (*med.*) cautery.

cauterizzàre, *v. t.* (*med.*) to cauterize.

cauterizzazióne, *f.* (*med.*) cauterization.

càuto, *a.* ***1*** (*prudente*) cautious; prudent: **c. ottimismo**, cautious optimism; **andare c.**, to be prudent; to act with caution ***2*** (*guardingo*) circumspect; wary; gingerly.

cauzionàle, *a.* (*leg.*) caution (*attr.*): **deposito c.**, caution money; security.

cauzionàre, *v. t.* to guarantee.

cauzióne, *f.* (*leg.*: *deposito di garanzia*) caution money, security; (*per ottenere la libertà provvisoria*) bail: **depositare una c.**, to deposit caution money; to give bail; **essere rilasciato dietro c.**, to be released on bail.

càva, *f.* ***1*** (*ind. min.*) quarry; pit: **c. di marmo [di ardesia, di pietra]**, marble [slate, stone] quarry; **c. di gesso**, chalk pit; **c. di sabbia**, sandpit ***2*** (*elettr.*) slot ***3*** (*mortasa*) mortise.

cavadènti, *m. invar.* ***1*** tooth drawer ***2*** (*spreg.*) quack dentist.

cavafàngo, *m. invar.* (*mecc.*) dredge.

cavalcàre, **A** *v. i.* to ride*: **Sai c.?**, can you ride?; **c. a pelo (*o* a bisdosso)**, to ride bareback; **c. all'amazzone**, to ride side-saddle. **B** *v. t.* ***1*** to ride* ***2*** (*stare a cavalcioni*) to straddle; to sit* astride; to bestride* ***3*** (*passare sopra*) to span: **Un ponte cavalca il fiume**, a bridge spans the river. ● (*fig.*) **c. la tigre**, to ride the tiger.

cavalcàta, *f.* ***1*** ride: **fare una c.**, to go for a ride ***2*** (*comitiva a cavallo*) riding party ***3*** (*corteo a cavallo*) cavalcade.

cavalcatóre, *m.* (*f.* **-trice**) rider; horseman* (*f.* horsewoman*).

cavalcatùra, *f.* mount.

cavalcavìa, *m. invar.* ***1*** (*su una strada*) flyover (*GB*); overpass (*USA*) ***2*** (*ferr.*) railway bridge ***3*** (*fra due case*) bridge; covered passageway.

cavalcióni, *avv.* – **a c. (di)**, astride: **Sedeva a c. del muro**, he sat astride the wall.

cavalieràto, *m.* knighthood.

cavalière, *m.* ***1*** (*chi va a cavallo*) rider; horseman*: **Cavallo e c. apparvero sul ciglio del colle**, horse and rider appeared on the brow of the hill; **È un ottimo c.**, he is an excellent horseman ***2*** (*stor. medievale*) knight: **c. errante**, knight errant; **i Cavalieri della Tavola Rotonda**, the Knights of the Round Table; **armare q. c.**, to knight sb.; to dub sb. a knight ***3*** (*mil.*) cavalryman*; mounted soldier; trooper ***4*** (*grado di ordine cavalleresco*) knight: **i Cavalieri di Malta**, the Knights of Malta; **creare (*o* fare) c. q.**, to knight sb.; to confer a knighthood on sb. ***5*** (*chi accompagna una donna*) partner; escort; cavalier ***6*** (*nel ballo*) gentleman*; (dance) partner: **le dame e i cavalieri**, the ladies and the gentlemen; **Il mio c. non sapeva ballare**, my partner couldn't dance ***7*** (*uomo galante*) gentleman*; gallant (*o* courteous) man*: **essere c.**, to be a gentleman ***8*** (*stor. romana*) member of the equestrian order ***9*** (*nelle fortificazioni*) cavalier. ● (*zool.*) **c. d'Italia** (*Himantopus himantopus*), stilt (bird); stilt plover □ **c. servente**, (*stor.*) gallant, «cicisbeo»; (*iron.*) devoted slave: **fare da c. servente a q.**, to dance attendance to sb. □ **a c. di due valli**, dominating (*o* commanding) two valleys □ **essere a c. di due secoli**, to straddle two centuries □ (*stor. inglese*) **puritani e cavalieri**, Roundheads and Cavaliers.

cavalierìno, *m.* ***1*** (*di bilancia*) rider ***2*** (*di schedario*) card-index tab.

cavàlla, *f.* mare.

cavallàio, *m.* ***1*** (*commerciante*) horse dealer ***2*** *V.* **cavallante.**

cavallànte, *m.* stable man*; groom.

cavalleggèro, *m.* (*mil.*) light cavalryman*; trooper: **i cavalleggeri del Re**, the King's Light Horse (*collett.*).

cavallerésco, *a.* ***1*** (*di un ordine di cavalieri*) knightly; of knighthood: **un ordine c.**, an order of knighthood ***2*** (*stor. medievale*) chivalric; chivalrous; of chivalry: **romanzo c.**, romance (of chivalry) ***3*** (*fig.*: *nobile, generoso*) chivalrous; (*cortese*) courteous, gallant, gentlemanly: **comportamento c.**, chivalrous behaviour.

cavallerìa, *f.* ***1*** (*mil.*) cavalry: **c. leggera**, light cavalry; light horse ***2*** (*stor. medievale*) chivalry ***3*** (*fig.*: *nobile comportamento*) chivalry; gallantry.

cavallerìzza (1), *f.* (*maneggio*) riding school.

cavallerìzza (2), *f.* ***1*** (*amazzone*) (lady) rider; horsewoman* ***2*** (*di circo*) circus rider; equestrienne. ● **alla c.**, riding: **stivali alla c.**, riding boots.

cavallerìzzo, *m.* ***1*** rider; horseman* ***2*** (*maestro di equitazione*) riding master ***3*** (*di circo*)

circus rider.
cavallétta, *f.* **1** (*zool.*) grasshopper; locust **2** (*fig.*: *persona avida*) locust **3** (*fig.*: *persona fastidiosa*) pest.
cavallétto, *m.* **1** horse; trestle: **c. per stendere**, clotheshorse; **tavolo a c.**, trestle table **2** (*mecc.*) stand **3** (*di pittore, di lavagna*) easel **4** (*treppiede*) tripod **5** (*edil.*: *capra*) trestle; (*di gru*) gantry **6** (*per segare*) sawhorse; sawbuck (*USA*) **7** (*stor.*: *strumento di tortura*) rack.
cavallina, *f.* **1** filly; young mare **2** (*attrezzo ginnico*) vaulting horse **3** (*gioco infant.*) leapfrog. ● (*fig.*) **correre la c.**, to sow one's wild oats.
cavallino (1), *a.* horsy; horse (*attr.*): **faccia cavallina**, horsy face; **mosca cavallina**, horse fly; **risata cavallina**, horse laugh.
cavallino (2), *m.* **1** (*puledro*) foal; colt; young horse **2** (*cavallo di razza nana*) pony **3** (*pelle*) pony **4** (*naut.*) sheer **5** (*mecc.*) donkey pump.
cavàllo, *m.* **1** horse; (*di razza nana*) pony: **c. da caccia**, hunter; **c. da corsa**, race horse; **c. da monta**, stud horse; **c. da posta**, post horse; **c. da sella**, saddle horse; **c. da soma**, pack horse; **c. da tiro**, draught horse; **c. di battaglia**, warhorse; charger; **c. di razza**, thoroughbred; **c. selvaggio**, wild horse; bronco (*USA*); **c. arabo**, Arab; **c. baio**, bay (horse); **c. morello**, black horse; **c. sauro**, sorrel; **corsa di cavalli**, horse race; **gita a c.**, horse ride **2** (*pl.*) (*cavalieri*) cavalry (*sing.*); horse* (*collett., col verbo al pl.*): **mille fanti e cinquecento cavalli**, a thousand foot and five hundred horse **3** (*scacchi*) knight **4** (*dei calzoni*) crotch **5** (*attrezzo ginnico*) vaulting horse: **volteggi sul c.**, horse vaulting (*o* vaults); **c. con maniglie**, pommel horse **6** (*alla roulette*) split bet. ● **c. a dondolo**, rocking horse □ (*fig.*) **c. di battaglia**, forte; strong point; strong suit; (*argomento favorito*) pet subject; (*teatr.*) most famous (*o* most successful) part [aria, piece, number, etc.]; big number; old favourite □ (*mil.*) **c. di Frisia**, cheval-de-frise (*franc.*) □ **c. di Troia**, Wooden Horse; (*anche fig.*) Trojan Horse □ (*mecc.*) **c. vapore**, horsepower (*abbr.*: H.P.): **un motore di 65 cavalli vapore**, a 65 horse-power (*o* H.P.) engine □ (*mil.*) **A c.!**, to horse! □ **essere a c.**, to be on horseback; to ride: **Ero a c. d'un mulo**, I was riding a mule □ (*fig.*) **essere a c.**, to be safe as houses; to be home and dry (*GB*); to be home free (*USA*); to be in business □ **essere a c. di due secoli**, to straddle two centuries □ **a c. tra le due e le tre**, between two and three □ **andare a c.**, to go on horseback; to ride: **Lei andò in carrozza e lui a c.**, she went by carriage and he went on horseback (*o* rode); **Non so andare a c.**, I cannot ride □ (*fig.*) **andare col c. di S. Francesco**, to ride Shank's mare (*o* pony) □ **cadere da c.**, to fall from (*o* off) a horse □ **Campa c.!**, that'll be the day! □ **carrozza a cavalli**, horse-drawn carriage □ coda di c. (*acconciatura*), ponytail □ **cura da c.**, strong treatment □ **dose da c.**, strong dose; enough to kill a horse □ **febbre da cavallo**, raging fever □ **ferro di c.**, horseshoe: **a ferro di c.**, shaped like a horseshoe; horseshoe (*attr.*): **Il tavolo era a ferro di c.**, the table was shaped like a horseshoe □ **guardie a c.**, horse guards □ **montare a c.**, to mount (a horse) □ **polizia a c.**, mounted police □ (*anche fig.*) **puntare sul c. perdente**, to back the wrong horse □ **scendere da c.**, to dismount; to get off a horse □ **sedere** (*o* **stare**) **a c. di q.c.**, to sit astride st.; to straddle st. □ (*prov.*) **A caval donato non si guarda in bocca**, you should not look a gift horse in the mouth □ (*prov.*) **Campa c. che l'erba cresce!**, while grass grows the horse starves □ (*prov.*) **L'occhio del padrone ingrassa il c.**, the master's eye maketh the horse fat.
cavallóna, *f.* (*spreg.*) big, awkward girl [woman*]; hoyden.
cavallóne, *m.* **1** big horse **2** (*maroso*) billow; roller; surge; (*frangente*) breaker **3** (*fig.*) clumsy person; bull in a china shop (*fam.*).
cavallòtto, *m.* (*tecnol.*) U-bolt.
cavallùccio, *m.* **1** small horse **2** (*di razza nana*) pony. ● (*zool.*) **c. marino** (*Hippocampus*), sea horse □ **a c. di q.**, on sb.'s shoulders; piggyback (*avv.*).
cavapiètre, *m. invar.* quarryman*.
cavàre, **A** *v. t.* **1** (*tirare fuori*) to take* out; to draw* (out); to pull out; to get* out; to extract: **c. un coltello di tasca**, to draw a knife out of one's pocket; to pull out a knife; **c. sangue**, to draw blood; **Cavò fuori una chiave dalla borsa**, she fished a key out of her handbag; **Non riesco a cavarmi dalla testa quel motivo**, I can't get that tune out of my head **2** (*strappare*) to pull out; to take* out; to extract: **c. un dente**, to take out (*o* to draw out, to extract) a tooth; **farsi c. un dente**, to have a tooth out; **c. gli occhi a q.**, to gouge sb.'s eyes **3** (*ricavare, ottenere*) to get*; to obtain; to gain: **Non le cavai una parola di bocca**, I couldn't get a word out of her **4** (*indumenti*) to take* off: **cavarsi il cappello**, to take off one's hat **5** (*ind. min.*) to quarry: **c. pietre**, to quarry stone. ● **cavarsi di torno q.**, to get rid of sb. □ **cavarsi la fame**, to appease one's hunger; (*mangiare a sazietà*) to eat one's fill □ (*fig.*) **cavarsi gli occhi**, (*affaticarli*) to strain one's eyes, to ruin one's sight; (*litigare furiosamente*) to fight, to be at each other's throats □ **cavarsi la sete**, to drink one's fill □ **cavarsi il sonno**, to have one's fill of sleep □ **cavarsi la voglia di fare q.c.**, to give oneself the satisfaction of doing st. □ **cavarsi una voglia**, to satisfy one's wish □ **cavarsela**, (*arrangiarsi*) to cope; to manage; to get by; (*da solo*) to fend for oneself, to stand on one's two feet; (*a buon mercato*) to get off cheaply; (*a fatica*) to wriggle out of st., to squeeze through; (*senza danno*) to get away with it; (*sopravvivere*) to come out (of st.) alive; (*di malato*) to pull through: **In inglese me la cavo**, I can get by in English; **Come te la cavi nel nuovo lavoro?**, how are you getting on in your new job?; **Se la cava bene da solo?**, can he cope on his own?; can he fend for himself?; **All'esame se l'è cavata di stretta misura**, he scraped through the exam; **Se la cavò con una condanna a sei mesi**, he got away with a six-month sentence; **Ce la siamo cavata per un pelo**, we got through by the skin of our teeth; it was a close thing (*o* shave). **B cavàrsi**, *v. rifl.* to get* out; to free oneself: **c. d'impaccio**, to get out of trouble; **c. da un impegno**, to free oneself from an engagement.
cavastivàli, *m. invar.* bootjack.
cavàta, *f.* **1** extraction **2** (*mus.*) touch.
cavatàppi, *m. invar.* corkscrew.
cavatina, *f.* (*mus.*) cavatina; air.
cavatóre, *m.* quarryman*.
cavatrice, *f.* (*mecc.*) slotting (*o* mortising) machine; mortiser.
cavatùberi, *m. invar.* potato digger.
cavaturàccioli, *m. invar.* corkscrew.
cavazióne, *f.* (*scherma*) disengagement.
càvea, *f.* (*archeol.*) cavea*.
caveau (*franc.*), *m. invar.* (*banca*) vault.
cavédano, *m.* (*zool.*, *Leuciscus cephalus*) chub*.
cavèdio, *m.* **1** (*archit.*) skylight shaft **2** (*archeol.*) cavaedium*.
cavèrna, *f.* **1** cave; cavern: **uomo delle caverne**, caveman; cave dweller **2** (*mil.*) dugout **3** (*med.*) cavity.
cavernicolo, **A** *m.* (*f.* **-a**) cave dweller; (*anche fig.*) caveman* (*f.* cavewoman*). **B** *a.* cave (*attr.*); cave dwelling.
cavernóso, *a.* **1** cavernous **2** (*di voce*) hollow; deep. ● (*anat.*) **corpo c.**, corpus cavernosum (*lat.*).
cavétto (1), *m.* (*elettr.*) small cable.
cavétto (2), *m.* (*archit.*) cavetto*.
cavézza, *f.* halter: **mettere la c. a un cavallo**, to halter a horse. ● (*fig.*) **tenere q. a c.**, to keep sb. under.
càvia, **A** *f.* (*zool.*, *Cavia cobaya*) guinea pig (*anche fig.*); cavy: **fare da c.**, to be a guinea pig. **B** *a. invar.* experimental.
caviàle, *m.* caviar(e).
cavìcchia, *f.* **1** (*mecc.*) large peg **2** (*chiavarda*) (screw) bolt.
cavìcchio, *m.* **1** (*mecc.*) wooden pin; peg **2** (*piolo di scala*) rung **3** (*mus.*) peg **4** (*agric.*) dibble.
cavicòrno, *a.* (*zool.*) cavicorn; hollow-horned.
cavìglia, *f.* **1** (*anat.*) ankle: **c. slogata**, sprained ankle **2** (*naut.*) belaying pin; (*di legno*) treenail; (*per impiombare*) marlinespike, fid **3** (*ferr.*) screw spike; sleeper screw **4** (*edil.*) wooden peg **5** (*ind. tess.*) spindle.
cavigliièra, *f.* **1** (*fascia elastica*) ankle band **2** (*naut.*) belaying pin rack.
caviglière, *m.* (*mus.*) head; peg box.
cavillàre, *v. i.* **1** to quibble; to cavil; to split* hairs (*fam.*) **2** (*di ceramica*) to craze; to crackle.
cavillatóre, *m.* (*f.* **-trice**) quibbler; captious person.
cavillatùra, *f.* (*di ceramica*) craze; crackle.
cavillo, *m.* quibble; cavil; pettyfogging detail: **cercare cavilli**, to quibble; to cavil; **c. legale**, legal quibble.
cavillosità, *f.* captiousness; hair-splitting.
cavillóso, *a.* quibbling; captious; hair-splitting.
cavità, *f.* hollow; cavity (*anche anat.*); bowl.
cavitàrio, *a.* (*med.*) cavitary.
cavitazióne, *f.* (*naut.*, *mecc.*) cavitation.
càvo (1), **A** *a.* hollow; hollowed: **tronco c.**, hollow trunk. ● (*mil.*) **carica cava**, shaped charge □ (*anat.*) **vena cava**, vena cava. **B** *m.* (*cavità*) hollow; cavity: **nel c. della mano**, in the hollow of one's hand; (*anat.*) **c. orale**, oral cavity; **il c. dell'onda**, the trough of the wave.
càvo (2), *m.* **1** rope; cable: **c. di acciaio**, steel cable; **c. di traino**, tow rope; towline **2** (*elettr.*, *tel.*) cable: **c. armato**, armoured cable; **c. coassiale**, coaxial cable; **complesso di cavi**, trunk of cables; **via c.**, cable (*attr.*): **televisione via c.**, cable TV **3** (*naut.*) line; rope; cable; hawser: **c. di ormeggio**, mooring line; hawser; **c. da tonneggio**, warping rope; **c. piano**, hawser-laid (*o* plain-laid) rope; **filare un c.**, to pay out a line (*o* a cable). ● (*aeron.*) **c. guida**, trail rope.
cavobuòno, *m.* (*naut.*) toprope.
cavolàia, *f.* **1** (*luogo piantato a cavoli*) cabbage patch **2** (*zool.*, *Pieris brassicae*) garden white; cabbage butterfly.
cavolàta, *f.* (*fam.*) **1** (*cosa da nulla*) child's play; doddle; cinch **2** (*cosa o frase sciocca*) rubbish; trash: **Non dire cavolate!**, don't talk rubbish! **3** (*errore*) silly mistake; boo-boo.
cavolfióre, *m.* (*bot.*, *Brassica oleracea botrytis*) cauliflower. ● (*fig.*) **orecchio a c.**, cauliflower ear.
cavolino, *m.* – (*cucina*) **c. di Bruxelles**, Brussels sprout.
càvolo, **A** *m.* **1** (*bot.*, *Brassica oleracea*) cabbage **2** (*bot.*) – **c. cappuccio** (*Brassica oleracea capitata*), (head) cabbage; **c. di Bruxelles** (*Brassica oleracea gemmifera*), Brussels sprout; **c. marino** (*Crambe maritima*), sea kale; **c. rapa** (*Brassica oleracea gongylodes*), turnip cabbage; kohlrabi; **c. verde** (*Brassica oleracea acephala*), kale, kail; **c. verzotto** (*o* **verza**) (*Brassica oleracea sabauda*), savoy. ● (*fig. pop.*) **cavoli amari**, big trouble (*sing.*) □ (*fig.*) **cavoli riscaldati**, rehash □ (*fig.*) **andare a ingrassare i cavoli**, to go to feed the worms □ (*pop.*) **Cavoli miei!**, that's my problem!; it's none of your business! □ (*pop.*) **Cavoli tuoi!**, that's your problem!; tough luck!; hard cheese! (*pop.*); tough titty (*pop.*) □ (*pop.*) **col c.!**, like hell!; my eye!; my foot! (*pop.*) □ (*pop.*) **del c.**,

stupid; rotten: **un film del c.**, a rotten film □ (*pop.*) **Che c. vuoi?**, what the hell (*o* the devil) do you want? □ **entrarci come i cavoli a merenda**, to be completely beside the point □ (*pop.*) **Grazie al c.!**, thanks for nothing! □ (*pop.*) **Non me ne importa un c.**, I don't give a damn □ (*pop.*) **Non capisce un c.**, he doesn't understand a thing □ (*pop.*) **Dov'è quel c. di chiave?**, where's the blasted (*o* damned) key? □ (*pop.*) **farsi i cavoli propri**, to mind one's own business □ (*fig.*) **salvare capra e cavoli**, to get out of an impasse; to have it both ways □ (*pop.*) **testa di c.**, blockhead; clot; dickhead (*volg.*). **B** *inter.* (*pop.*) ***1*** (*sì, certo!*) you bet!; sure! ***2*** (*escl. di ira*) damn!; shucks! ***3*** (*escl. di sorpresa*) crickey!; gee!

càzza, *f.* ***1*** (*fonderia*) melting-pot; crucible ***2*** (*mestolo metallico*) ladle.

cazzàme, *m.* (*naut.*) foot (of a sail).

cazzàre, *v. t.* (*naut.*) to haul aft.

cazzàta, *f.* (*volg.*) ***1*** (*cosa o frase stupida*) bullshit; load of balls ***2*** (*azione stupida*) idiotic thing to do; boo-boo (*fam.*); goof (*fam.*); cock-up (*volg.*): **Non fare cazzate!**, don't do anything idiotic; don't cock things up!

càzzo, (*volg.*) **A** *m.* cock; prick; dick; pecker (*USA*). **B** *inter.* ***1*** (*escl. d'ira*) hell!; damn!; shit! (*volg.*); fuck! (*molto volg.*): **Oh, c.! Ho perso il biglietto**, I've lost the damned (*volg.*: bloody, fucking) ticket! ***2*** (*escl. affermativa*) you bet!; fucking right! (*volg.*). ● **Col c. che ci vado**, like hell I'm going; I'll be damned if I'm going □ **del c.**, rotten; bloody (*volg. GB*); shitty (*volg.*); fucking (*molto volg.*) □ **Che c. vuoi?**, what the hell do you want? □ **Non ha un c. di cervello**, he's a bloody fool □ **Non ha fatto un c.!**, he hasn't done a bloody thing □ **Cazzi tuoi!**, tough shit; that's your fucking problem! □ (*fig.*) **testa di c.**, dickhead.

cazzottàre, (*pop.*) **A** *v. t.* to punch; to beat* up. **B cazzottàrsi,** *v. rifl. recipr.* to fight*; to have a punch-up (*GB*); to have a punch-out (*USA*).

cazzottàta, cazzottatùra, *f.* (*pop.*) punch-up (*GB*); punch-out (*USA*).

cazzòtto, *m.* (*pop.*) punch; sock (*pop.*); slug (*pop.*): **Gli mollai un c. sul mento**, I socked him one on the chin; **fare a cazzotti con q.**, to have a punch-up (*USA*: punch-out) with sb.

cazzuòla, *f.* (*edil.*) trowel.

ce, A *pron. pers.* us; to us: **La lettera ce l'ha mandata venerdì**, he sent us the letter on Friday; **Ce ne ha accennato**, he mentioned it. **B** *avv.* there: **Ce n'è quanto basta**, there is enough; **Ce ne sono tre**, there are three (of them); **Andai a casa sua, ma non ce lo trovai**, I went to his house, but I did not find him in; **Ce n'è voluto per fargliela capire!**, it's been a terrible job to get it into his head!

cèbo, *m.* – (*zool.*) **c. cappuccino** (*Cebus capucinus*), capuchin monkey.

cèca, *f.* (*zool.*) elver.

cecàggine, *V.* **cecità**.

cecàle, *a.* (*anat.*) caecal.

cecchino, *m.* ***1*** (*mil.*) sniper ***2*** (*fig., polit.*) defector; one who votes against his own party in a secret ballot.

cèce, *m.* ***1*** (*bot., Cicer arietinum*) chickpea ***2*** (*fig.: escrescenza*) wart. ● **grosso come un c.**, the size of a pea.

Cecènia, *f.* (*geogr.*) Chechnya.

cecèno, *a. e m.* (*f.* **-a**) Chechen (*f.* Chechen woman*): **i Ceceni**, the Chechens.

cecidio, *m.* (*bot.*) cecidium*; gall.

cecidomia, *f.* (*zool., Cecidomya*) gall midge; gall gnat.

Cecilia, *f.* Cecily.

cecilia, *f.* (*zool., Coecilia*) caecilian.

Cecìlio, *m.* Cecil.

cecità, *f.* ***1*** blindness: **c. ai colori**, colour blindness; **c. da neve**, snow blindness ***2*** (*fig.*) blindness; obtuseness; folly.

cèco, *a. e m.* (*f.* **-a**) Czech (*f.* Czech woman*): **i Cechi**, the Czechs.

Cecoslovàcchia, *f.* (*geogr.*) Czechoslovakia.

cecoslovàcco, *a. e m.* Czechoslovak(ian).

cedènte, *m. e f.* ***1*** (*specialm. di beni*) alienor; surrenderor; transferor; (*specialm. di diritti*) assignor; grantor; (*di beni o di diritti*) releasor ***2*** (*mecc.*) follower.

cedènza, *f.* (*Borsa*) drop: **c. delle azioni**, a drop in the stock exchange.

cèdere, A *v. i.* ***1*** (*arrendersi*) to surrender to yield, to give* up, to give* in; (*acconsentire*) to relent, to give* in, to yield, to bow, to give* way, to bend*: **c. a un nemico più forte**, to surrender to a stronger enemy; **c. alle preghiere di q.**, to yield to sb.'s prayers; **c. alle minacce di q.**, to yield (*o* to bend) to sb.'s threats; **c. alla disperazione**, to give in to despair; **Il timore cedette alla speranza**, fear gave way to hope; **Dovette c. di fronte all'evidenza**, he had to bow to facts; **Dobbiamo tener duro e non c.**, we must hang on and not give up; **Sembrava intransigente, ma poi cedette**, he seemed adamant, but then he gave in (*o* relented) ***2*** (*venir meno*) to give* way; (*crollare*) to collapse, to cave in; (*sprofondare*) to subside, to sink* down, to sag: **La corda cedette**, the rope gave way; **Gli cedettero i nervi**, his nerves snapped: **Il terreno cede**, the ground is subsiding; **Il tetto potrebbe c.**, the roof might cave in; **Il pavimento ha ceduto al centro**, the floor sags ***3*** (*allentarsi*) to give*: **Il ramo cedette, ma non si spezzò**, the branch gave but didn't break ***4*** (*essere inferiore*) to be second; to yield the palm: **In cortesia, non la cede a nessuno**, he is second to none in courtesy. **B** *v. t.* ***1*** (*dare*) to give* (up), **c. il posto a q.**, to give (up) one's place (*o* seat) to sb.; **c. il turno a q.**, to give (up) one's turn to sb. ***2*** (*consegnare*) to give* up, to surrender, to yield; (*con trattato*) to cede: **c. una città al nemico**, to surrender a town to the enemy; **c. terreni**, to give up (*o* to cede) land; **c. terreno al nemico**, to yield (*o* to give) ground to the enemy ***3*** (*trasferire*) to make* over; to hand over; (*anche leg.*) to transfer, to cede, to assign: **c. una cambiale**, to transfer a bill; **c. la direzione di un'azienda**, to hand over the management of a business; **c. i propri diritti a q.**, to make over (*o* to transfer, to cede) one's rights to sb.; **c. una tenuta**, to make over (*o* to transfer) an estate ***4*** (*vendere*) to sell*; to dispose of: **c. azioni**, to sell (*o* to dispose of) shares. ● (*mil.*) **c. le armi**, to surrender □ **c. la destra** (*o* **la mano**) **a q.**, to give sb. the right of way; (*camminando*) to step to sb.'s left □ **c. il passo a q.**, to make way for sb.; to let sb. pass □ (*fig.*) **c. le redini a q.**, to let sb. take the lead; to hand over to sb.: **Quando arrivò il nuovo direttore, gli cedetti le redini**, when the new director arrived, I handed over to him.

cedévole, *a.* ***1*** that gives; yielding; pliable: **È c. perché è di gomma**, it gives because it's made of rubber; **metallo c.**, pliable metal; **terreno c.**, soft ground; loose soil ***2*** (*fig.: arrendevole*) yielding, docile, amenable; (*ragionevole*) accommodating.

cedevolézza, *f.* ***1*** (*di materiali*) pliability ***2*** (*fig.: arrendevolezza*) amenability; docility; conciliatory nature.

cedibile, *a.* (*comm., leg.*) transferable; assignable. ● **non c.**, untransferable.

cedibilità, *f.* (*comm., leg.*) transferability; assignability.

cediglia, *f.* (*ling.*) cedilla.

cediménto, *m.* ***1*** (*edil.*) settling, settlement; (*di trave*) yielding; (*di terreno*) sinking, subsiding; (*di pavimento, fondo stradale*) sag ***2*** (*crollo*) collapse; (*di tetto*) cave-in: **il cedimento della diga**, the collapse of the dam ***3*** (*fig.*) giving in; yielding; let-up: **Non mi aspettavo un c. da parte sua**, I didn't think he would give in; **Ha avuto un c. verso la fine della corsa**, he let up towards the end of the race; **c. di nervi**, breakdown; crack-up (*fam.*).

cèdola, *f.* (*fin.*) coupon: **c. di dividendo**, dividend coupon; **c. di interesse**, interest form; **c. scaduta**, coupon in arrear. ● **c. di commissione libraria**, bookseller's order form.

cedolàre, (*fin.*) **A** *a.* coupon (*attr.*). **B** *f.* (*imposta c.*) tax on dividends; capital gains tax.

cedràcca, *f.* (*bot., Ceterach officinarum*) finger fern.

cedràngolo, *V.* **cetrangolo**.

cedràta, *f.* citron juice.

cedrina, *f.* (*bot., Lippia citriodora*) lemon verbena.

cédro (1), *m.* (*bot., Citrus medica e frutto*) citron.

cédro (2), *m.* ***1*** (*bot., Cedrus*) cedar: **c. del Libano** (*Cedrus libani*), cedar of Lebanon ***2*** (*legno*) cedar; cedarwood.

cedróne, *a.* – (*zool.*) **gallo c.** (*Tetrao urogallus*), capercaillie.

ceduazióne, *f.* (*bot.*) felling.

cèduo, *a.* (*bot.*) to be cut periodically: **bosco c.**, copse; coppice.

cefalèa, cefalgia, *f.* (*med.*) cephalalgia; headache.

cefàlico, *a.* (*anat.*) cephalic: **indice c.**, cephalic index.

cefalina, *f.* (*biol.*) cephalin.

cèfalo, *m.* (*zool., Mugil cephalus*) grey mullet.

Cefalocordàti, *m. pl.* (*zool., Cephalochordata*) Cephalochordata.

cefalocordàto, *m.* (*zool.*) cephalochordate.

cefalometrìa, *f.* cephalometry.

cefalòmetro, *m.* cephalometer.

cefalòpode, *m.* (*zool.*) cephalopod.

Cefalòpodi, *m. pl.* (*zool., Cephalopoda*) Cephalopoda.

cefalorachidèo, *V.* **cefalorachidiano**.

cefalorachidiàno, *a.* (*anat.*) cerebrospinal.

cefalosporina, *f.* (*farm.*) cephalosporin.

cefèide, *f.* (*astron.*) Chepheid variable.

cèffo, *m.* ***1*** (*muso*) muzzle; (*grugno*) snout ***2*** (*spreg.*) ugly face; sinister face; ugly mug (*fam.*) ***3*** (*persona sinistra*): sinister type; mean customer (*pop.*).

ceffóne, *m.* slap (*o* smack) in the face; box on the ear: **dare un c. a q.**, to slap sb. hard across the face; to slap (*o* to smack) sb. in the face; to box sb.'s ear; **prendere a ceffoni q.**, to slap sb.'s face.

celàre, A *v. t.* to conceal; to hide*: **c. a q. la verità**, to hide the truth from sb. **B celàrsi,** *v. rifl.* ***1*** (*nascondersi*) to hide* (*o* to conceal) oneself ***2*** (*stare nascosto*) to be hidden; to hide*.

celàta, *f.* (*stor.*) sallet.

celebèrrimo, *a.* very famous; of great renown.

celebrànte, *m.* (*eccles.*) celebrant; officiant.

celebràre, *v. t.* ***1*** (*lodare*) to celebrate; to praise; to sing* the praises of; to exalt; to extol ***2*** (*officiare*) to celebrate; to officiate: **c. le nozze di q.**, to officiate at sb.'s wedding; **c. la messa**, to celebrate (*o* to say) mass ***3*** (*festeggiare*) to celebrate: **c. il Natale**, to celebrate Christmas; **c. un anniversario**, to celebrate (*o* to commemorate) an anniversary. ● **c. le feste**, to observe the Sabbath □ **c. un processo**, to hold a trial.

celebratìvo, *a.* celebration (*attr.*); commemorative.

celebràto, *V.* **celebre**.

celebratóre, *m.* (*f.* **-trice**) celebrator.

celebrazióne, *f.* celebration; commemoration.

cèlebre, *a.* celebrated; famous; renowned; (*famigerato*) notorious.

celebrità, *f.* ***1*** (*notorietà*) celebrity; fame; renown: **dare la c. a q.**, to make sb. famous ***2*** (*persona celebre*) celebrity; celeb (*fam.*).

Celenteràti, *m. pl.* (*zool., Coelenterata*) Coelenterata.

celenteràto, *m.* (*zool.*) coelenterate.

cèlere, *a.* swift; quick; fast; rapid; prompt; speedy; express: **Camminava con passo c.**, he walked at a swift pace; **c. intervento**, promp intervention; **decisione c.**, quick (*o* swift) decision; **corso c. di inglese**, crash course in English; **posta c.**, express post. ● (*polizia*) **la C.**, the Flying Squad; the riot police.

celerino, *m.* (*pop.*) member of the Flying Squad.

celerità, *f.* swiftness; quickness; rapidity; celerity; promptness.

celèsta, *f.* (*mus.*) celesta.

celèste, A *a.* ***1*** (*del cielo*) celestial; heavenly: **corpi celesti**, celestial (*o* heaveny) bodies; **equatore c.**, celestial equator; **la volta c.**, the heavens; the sky ***2*** (*celestiale, divino*) heavenly; celestial: **grazia c.**, heavenly grace; **le gerarchie celesti**, the celestial hierarchies ***3*** (*di color c.*) sky-blue; light-blue; pale-blue. ● **il C. Impero**, the Celestial Empire. **B** *m.* ***1*** (*colore*) blue; sky blue; light blue; pale blue: **il c. del cielo**, the blue of the sky ***2*** (*pl.*) (*spiriti celesti*) heavenly spirits; (*dèi*) gods.

celestiàle, *a.* celestial; heavenly.

Celestina, *f.* Celestine.

Celestino, *m.* Celestine.

celestino, *a.* pale-blue.

celétto, *m.* (*teatr.*) border.

cèlia, *f.* jest; joke: **per c.**, as a joke; in jest; for (*o* in) fun.

celiachìa, *f.* (*med.*) coeliac disease.

celìaco, *a.* (*anat.*) coeliac.

celiàre, *v. i.* to joke; to jest.

celibàto, *m.* bachelorhood; single state; celibacy: **c. ecclesiastico**, priestly celibacy.

cèlibe, A *a.* unmarried; single; (*anche eccles.*) celibate. **B** *m.* bachelor; unmarried (*o* single) man*; celibate.

celidònia, *f.* (*bot., Chelidonium majus*) celandine; swallowwort.

celioscopìa, *f.* (*med.*) peritoneoscopy.

celioscòpio, *m.* (*med.*) peritoneoscope; c(o)eloscope.

celite, *f.* (*chim., miner.*) celite.

cèlla, *f.* ***1*** (*di convento, prigione, alveare*) cell: **c. di isolamento**, isolation cell; **c. di rigore**, solitary-confinement cell: **essere messo in c. di rigore**, to be put in solitary confinement ***2*** (*dispensa*) larder; storeroom ***3*** (*scient.*) cell ***4*** (*archeol.*) cella*; naos*. ● **c. campanaria**, belfry □ **c. frigorifera**, cold store; refrigerator.

celleràio, cellerario, *m.* (*nei conventi*) cellarer.

cèllofan, *V.* **cellophane.**

cellofanàre, *v. t.* to wrap in cellophane; (*ind.*) to shrink-wrap.

cellofanatrice, *f.* (*ind.*) shrink-wrapper.

cellofanatùra, *f.* (*ind.*) shrink-wrapping.

cèllophane (*franc.*), *m.* cellophane.

cèllula, *f.* ***1*** (*biol., fis., polit.*) cell: **c. fotoelettrica**, electric eye; photoelectric cell ***2*** (*aeron.*) cell; wing cell; wing unit.

cellulàre, A *a.* ***1*** (*biol., fis.*) cellular; cell (*attr.*): **tessuto c.**, cellular tissue; **divisione c.**, cell division ***2*** (*diviso in cellule*) divided into cell; cellular. ● **carcere c.**, prison divided into cells □ **furgone c.**, V. B, *def. 1* □ **segregazione c.**, solitary (*o* close) confinement; **telefono c.**, *V.* B, *def. 2*. **B** *m.* ***1*** (*furgone*) police van; patrol (*fam.*: paddy) wagon (*USA*); Black Maria (*fam. GB*) ***2*** (*telefono*) cellular (*o* mobile) telephone; cellphone ***3*** (*tessuto*) cellular material.

cellulite, *f.* (*med.*) ***1*** (*infiammazione*) cellulitis ***2*** (*deposito di adipe*) cellulite.

cellulìtico, *a.* (*med.*) cellulitis (*attr.*); cellulite (*attr.*).

cellulòide, *f.* (*marchio*: *chim.*) celluloid. ● (*cinem.*) **il mondo della c.**, the film (*USA*: motion-picture) industry; filmland.

cellulósa, *f.* (*biochim.*) cellulose.

cellulòșico, *a.* (*chim.*) cellulosic; cellulose (*attr.*).

cellulóso, *a.* cellular.

celòma, *m.* (*zool.*) coelom*.

celòșia, *f.* (*bot., Celosia cristata*) celosia; cockscomb.

celòstata, celòstato, *m.* (*astron.*) coelostat.

celotomìa, *f.* (*chir.*) herniotomy.

cèlta, *m.* (*stor.*) Celt.

celtibèro, *a.* Certiberian.

cèltico, *a. e m.* Celtic.

cembalista, *m. e f.* ***1*** cymbalist ***2*** *V.* **clavicembalista.**

cembalìstico, *V.* **clavicembalìstico.**

cémbalo, *m.* (*mus.*) ***1*** (*stor.*) cymbal ***2*** *V.* **clavicembalo.**

cémbra, *f.* (*archit.*) cimbia.

cémbro, *m.* (*bot., Pinus cembra*) stone pine.

cementàre, *v. t.* ***1*** to cement ***2*** (*metall.*) to case-harden ***3*** (*fig.*) to cement; to bind*.

cementazióne, *f.* ***1*** cementation; cementing ***2*** (*metall.*) case-hardening.

cementière, *m.* cement manufacturer.

cementièro, A *a.* cement (*attr.*): **industria cementiera**, cement industry. **B** *m.* cement-maker.

cementìfero, *a.* cement manufacturing; cement (*attr.*).

cementifìcio, *m.* cement factory.

cementista, *m.* cement layer.

cementite, *f.* (*metall.*) cementite.

cementìzio, *a.* cement (*attr.*): **industria cementizia**, cement industry.

ceménto, *m.* ***1*** (*edil.*) cement: **c. a presa lenta [a presa rapida]**, slow-setting [quick-setting] cement; **c. idraulico**, hydraulic cement; **c. amianto**, asbestos cement; **c. armato**, reinforced concrete; ferroconcrete; **intonaco di c.**, cement plastering ***2*** (*fig.*) cement; bond ***3*** (*dentistica*) cement; amalgam ***4*** (*anat.*) cementum.

céna, *f.* evening meal; supper; (*formale*) dinner: **una c. leggera**, a light supper; **Mangio sempre poco a c.**, I always have a light evening meal; **invitare q. a c.**, to invite sb. for dinner; **andare fuori a c.**, to dine out; **dare una c.**, to give a dinner; **andare a letto senza c.**, to go to bed without one's supper. ● (*relig.*) **l'Ultima C.**, the Last Supper.

cenàcolo, *m.* ***1*** (*stor.*) supper room; cenacle ***2*** (*fig.*: *luogo di riunione*) meeting place; salon ***3*** (*fig.*: *gruppo artistico o letterario*) artistic [literary] coterie. ● (*pitt.*) **il C. di Leonardo**, Leonardo's Last Supper.

cenàre, *v. i.* to have supper; (*di cena formale*) to dine, to have dinner: **Sto cenando**, I'm having supper; **A che ora si cena?**, what time are we having supper [dinner]?; **c. da amici**, to have dinner (*o* to dine) with friends.

cenciàio, cenciaiòlo, *m.* rag-and-bone-man* (*GB*); junkman* (*USA*).

céncio, *m.* ***1*** (piece *o* scrap of) cloth; (*per spolverare*) duster; (*per pavimenti*) floor-cloth; (*per stoviglie*) dishcloth ***2*** (*straccio*) rag ***3*** (*pl.*) (*vestiti cenciosi*) rags; tatters: **coperto di cenci**, in rags; in tatters. ● (*fig.*) **cadere come un c.**, to flop; to collapse □ **cappello a c.**, soft felt hat; trilby □ (*fig.*) **Non ho un c. da mettermi**, I haven't a rag to put on □ (*fig.*) **pallido come un c. (lavato)**, as white as a sheet □ (*fig.*) **essere ridotto un c.**, to be the shadow of one's former self □ **sentirsi come un c.**, to feel like a wet rag.

cenciόso, A *a.* ragged; tattered; in rags; in tatters. **B** *m.* (*spreg.*: *povero*) pauper; tramp; hobo (*USA*).

ceneràio, ceneratóio, *m.* (*di stufa*) ash-pan; (*di fucina*) ash-hole; (*di locomotiva*) ash-pan, ash-pit.

cénere, *f.* ***1*** ash (*spesso al pl.*); (*specialm. di carbone, legna, ecc.*) cinders (*pl.*): **c. di sigaretta**, cigarette ash; **c. vulcanica**, volcanic ash; **Tolsi la c. dal camino**, I removed the ashes from the fireplace; **andare in c.**, to be burnt to ashes (*o* to a cinder) ***2*** (*pl.*) (*di morto*) ashes. ● (*eccles.*) **le Ceneri** (*o* **il mercoledì delle Ceneri**), Ash Wednesday □ **biondo c.**, ash-blond □ (*fig.*) **col capo cosparso di c.**, in sackcloth and ashes □ **del color della c.**, ash- coloured; ashen-grey □ (*fig.*) **covare sotto la c.**, to smoulder □ **grigio c.** (*o* **color c.**), ash grey □ (*fig.*) **ridurre in c.**, to destroy; to wipe out □ (*fig.*) **risorgere dalle proprie ceneri**, to rise from one's ashes.

Cenerèntola, *f.* (*anche fig.*) Cinderella.

cenerino, A *a.* ashen; pale ash-grey. **B** *m.* ash grey.

cenerógnolo, *a.* ash-grey; ashen.

cenerùme, *m.* (heap of) ashes; ashy residue.

cenestèși, *f.* (*psic.*) coenaesthesia.

cenestèșico, *a.* (*psic.*) coenaesthetic.

céngia, *f.* (*alpinismo*) ledge.

cennamèlla, *f.* (*mus.*) shawm.

cénno, *m.* ***1*** (*segnale*) sign; signal: **Aspetto un tuo c. per cominciare**, I am waiting for a sign (*o* signal) from you to start; **ai primi cenni di stanchezza**, at the first signs of fatigue ***2*** (*gesto*) gesture; wave (of the hand): **Faceva grandi cenni per farsi capire**, he was making great gestures to make himself understood ***3*** (*col capo*) nod: **Gli feci un c.**, I gave him a nod; I nodded to him ***4*** (*con gli occhi*) wink ***5*** (*trafiletto*) short notice: **Sul giornale c'era un c. sulla sua morte**, there was a short notice in the newspaper about his death ***6*** (*menzione*) mention; (*allusione*) hint, allusion ***7*** (*generalm. al pl.*) (*sunto, traccia*) outline; short account; notes (*pl.*): **cenni di letteratura inglese**, an outline of English literature; **cenni sulle opere del Foscolo**, a short account of Foscolo's works; **Non è un quadro sistematico, sono solo alcuni cenni**, this is not a systematic picture, but just a few scattered notes ***8*** (*indizio, sintomo*) sign; pointer; clue. ● **dare un c. di risposta (a una lettera)**, to acknowledge receipt (of a letter) □ **fare c. a q.c.**, to hint at st.; to mention st. □ **fare c. a q.**, to beckon to sb.; (*col capo*) to nod to sb.: **Mi fece c. di seguirlo**, he beckoned to me to follow him □ **fare c. di no**, (*col capo*) to shake one's head; (*col dito*) to shake one's finger □ **fare c. di sì**, to nod; to (nod one's) assent □ **Non ne ho fatto c. a nessuno**, I have mentioned it to no one □ **Prima di decidere, attendiamo un vostro c. in proposito**, before taking a decision, we await your instructions on the matter.

cenòbio, *m.* ***1*** (*biol.*) coenobium* ***2*** (*eccles.*) c(o)enoby.

cenobita, *m.* (*eccles.*) c(o)enobite. ● (*fig.*) **fare il c.**, to lead a retired life.

cenobìtico, *a.* (*eccles.*) c(o)enobitic; c(o)enobitical.

cenobitișmo, *m.* (*eccles.*) c(o)enobitism.

cenóne, *m.* ***1*** (*di Natale*) Christmas Eve dinner ***2*** (*di Capodanno*) New Year's Eve dinner.

cenotàfio, *m.* cenotaph.

cenozòico, (*geol.*) **A** *a.* C(a)enozoic, Cainozoic. **B** *m.* C(a)enozoic (period).

censiménto, *m.* census: **fare il c.**, to take a census; **scheda di c.**, census paper; **c. della popolazione**, census of population.

censire, *v. t.* ***1*** (*stat.*) to take* a census of; to census ***2*** (*fin.*) to assess (property).

censito, *a.* ***1*** (*stat.*) counted in a census ***2*** (*fin.*) assessed.

cènso, *m.* ***1*** (*stor. romana*) census ***2*** (*ricchezza*) wealth; (*patrimonio*) estate, property; (*entrate*) income.

censoràto, *m.* censorship.

censóre, *m.* ***1*** (*stor. romana*) censor ***2*** (*chi esercita la censura*) censor ***3*** (*fig.*) (severe) critic; fault-finder.

censòrio, *a.* ***1*** censorial ***2*** (*fig.*) censorious; critical; fault-finding.

censùra, *f.* ***1*** (*stor. romana*) censorship ***2*** (*controllo di scritti, spettacoli, ecc.*) censorship ***3*** (*collett.*) board of censors: **sottoporre alla c.**, to submit to the board of censors ***4*** (*sanzione disciplinare*) censure ***5*** (*biasimo*) censure; disapproval; severe criticism ***6*** (*psic.*) censorship.

censuràbile, *a.* censurable.

censuràre, *v. t.* **1** (*sottoporre a censura*) to censor: **La mia lettera fu censurata**, my letter was censored **2** (*criticare*) to censure; to criticize; to blame; to find fault with.
censuratóre, *m.* (*f.* **-trice**) censurer; (severe) critic.
cent, *m. invar.* **1** (*moneta*) cent **2** (*mus.*) cent.
centaurèa, *f.* (*bot., Centaurea*) centaury; knapweed.
centàuro, *m.* **1** (*mitol.*) centaur **2** (*fig.*: *corridore motociclista*) motorcycle racer; (*estens.*: *motociclista*) motorcyclist.
centellinàre, *v. t.* **1** to sip **2** (*fig.*: *gustare*) to savour; to enjoy every minute of **3** (*fig.*: *dosare*) to ration; to measure out.
centellìno, *m.* sip: **a centellini**, sip by sip; in sips.
centenàrio, **A** *a.* **1** (*che ha cento anni*) centenarian; centennial; a hundred years old (*pred.*); one-hundred-year old (*attr.*) **2** (*secolare*) very old; ancient; age-old: **albero c.**, very old (*o* ancient) tree **3** (*che ricorre ogni cento anni*) centenary; centennial. **B** *m.* **1** (*f.* **-a**) (*persona di cento anni*) centenarian **2** (*commemorazione*) centenary; centennial (*USA*): **il c. di Purcell**, Purcell's centenary; **terzo c.**, tercentenary; tercentennial (*USA*).
centennàle, **A** *a.* **1** (*che dura cento anni*) centennial **2** (*secolare*) age-old; ancient; centuries old **3** (*che ricorre ogni cento anni*) centenary; centennial. **B** *m.* centenary; centennial (*USA*).
centènne, **A** *a.* age-old; ancient. **B** *m.* e *f.* centenarian.
centènnio, *m.* (period of a) hundred years; century.
centeṣimàle, *a.* centesimal.
centèṣimo, **A** *a. num. ord.* hundredth. **B** *m.* **1** (a, one) hundredth; (the) hundredth part **2** (*di lira*) centesimo*; (*di sterlina*) penny; (*di dollaro*) cent; (*di franco*) centime: **ripagare q. fino all'ultimo c.**, to pay sb. to the last penny (*o* cent). ● **calcolare q.c. al c.**, to count st. down to the last penny □ **non valere un c.**, not to be worth a penny (*o* a bean) □ **Non ha un c.**, he is penniless; he is broke (*fam.*); he hasn't got a bean (*fam.*).
centiàra, *f.* centiare, centare.
centigrado, *a.* centigrade: **dieci gradi centigradi**, ten degrees centigrade; **un termometro c.**, a centigrade thermometer.
centigràmmo, *m.* centigram(me).
centile, *V.* **percentile**.
centilitro, *m.* centilitre, centiliter (*USA*).
centimano, *a.* hundred-handed.
centimetràre, *v. t.* to divide into centimetres.
centimetràto, *a.* divided into centimetres. ● **nastro c.**, tape measure.
centimetro, *m.* centimetre, centimeter (*USA*).
cèntina, *f.* **1** (*edil.*) centring, centering (*USA*) **2** (*aeron.*) rib: **c. alare**, wing rib. ● (*fig.*) **a c.**, arched; curved □ (*ricamo*) **bordo a c.**, scalloped edge.
centinàio, *m.* **1** (*cento unità*) (a) hundred **2** (*circa cento*) about a hundred. ● **centinaia e centinaia**, hundreds and hundreds □ **a centinaia**, by the hundred; in hundreds; (*fig., anche*) in droves, in flocks.
centinaménto, *m.* arching; curving; bending.
centinàre, *v. t.* **1** (*edil.*) to support with a centring (*USA*: centering) **2** (*sagomare ad arco*) to arch; to curve; to bend **3** (*ricamo*) to scallop.
centinatùra, *f.* **1** (*edil.*) centring, centering (*USA*) **2** (*mecc.*) camber.
centinòdia, *f.* **centinòdio,** *m.* (*bot., Polygonum aviculare*) knotgrass.
centista, *V.* **centometrista**.
cènto, *a. num. card.* e *m.* a (*o* one) hundred: **c. sterline**, a hundred pounds; **un biglietto da c. sterline**, a one-hundred-pound note; **i c. libri migliori**, the hundred best books; **C. contro uno che non ce la fai**, I bet you one hundred to one you can't do it; **Questi buoni rendono il sei per c. d'interesse**, these bonds yield six per cent interest; **Ha ottenuto il 20 per c. dei voti**, he got 20 per cent of the vote; **un aumento del dieci per c.**, a ten per cent rise; **È seta al c. per c.**, it's hundred-per-cent silk; **Qui siamo al 70 per c. italiani**, we are 70 per cent Italian here; **Sarà a un c. kilometri da qui**, it'll be about a hundred kilometres from here; **Te l'ho detto c. volte**, I've told you a hundred times. ● (*sport*) **i c. a ostacoli**, the hundred-metre hurdles □ **C. di questi giorni!**, many happy returns of the day! □ **i C. giorni di Napoleone**, Napoleon's Hundred Days □ (*sport*) **i c. piani**, the 100-metre dash; the hundred metres □ (*nuoto*) **i c. stile libero**, the hundred metre(s) freestyle □ **al c. per c.** (*assolutamente*), a (*o* one) hundred per cent; completely; absolutely: **Ne sono sicuro al c. per c.**, I'm one hundred per cent (*o* absolutely, dead) certain about it □ **avere c. idee per la testa**, to be full of ideas □ **la guerra dei C. anni**, the Hundred Years War □ **Sono cent'anni che non lo vedo**, I haven't seen him in ages □ **novantanove volte su c.**, ninety-nine times out of a hundred □ **tutti e c.**, all one hundred of them.
centodièci, *a. num. card.* e *m.* one hundred and ten: **correre i c. ostacoli**, to run the 110-metre hurdles; **laurearsi con c. e lode**, to get a First (*GB*); to graduate summa cum laude (*USA*).
centokilòmetri, *f.* (*sport*) (the) 100-kilometre race.
centometrista, *m.* e *f.* **1** (*atletica*) hundred-metre runner (*o* sprinter) **2** (*nuoto*) hundred-metre swimmer.
centomila, **A** *a. num. card.* **1** a (*o* one) hundred thousand **2** (*estens.*: *moltissimi*) thousands; ten thousand: **Sono passato davanti al negozio c. volte senza vederlo**, I've passed the shop thousands of times without noticing it. **B** *m.* a (*o* one) hundred thousand.
centomillèṣimo, *a. num. ord.* e *m.* hundred thousandth.
centónchio, *m.* (*bot., Stellaria media*) chickweed.
centóne, *m.* **1** (*letter.*) cento* **2** (*spreg.*) hotchpotch; medley **3** (*fam.*) 100,000-lire note.
centopèlle, *m. invar.* (*zool.*) psalterium*; omasum*; manyplies (*pl. col verbo al sing.*).
centopièdi, *m. invar.* (*zool.*) centipede.
centotrédici, **A** *a. num. card.* one hundred and thirteen. **B** *m.* emergency telephone number; one-one-three: **Chiamate il c.!**, call 113! (*in G.B.*: 999; *in U.S.A.*: 911).
centrafricàno, *a.* Central African: **la Repubblica Centrafricana**, the Central African Republic.
centràggio, *m.* *V.* **centratura**.
centràle, **A** *a.* **1** central: **Vorrei un albergo più c.**, I should like a more central hotel; **riscaldamento c.**, central heating; **l'Italia c.**, Central Italy; **Abita in una zona c.**, he lives in the city-centre; he lives downtown (*USA*) **2** (*fig.*: *principale*) main; central; head (*attr.*): **il tema c. di un libro**, the main theme of a book; **il governo c.**, the central government; **l'ufficio c.**, the head office; **posta c.**, general post office; **sede c.**, headquarters (*pl.*); (*elab.*) **unità c.**, central processing unit (abbr.: CPU). **B** *f.* – **c. atomica**, atomic power plant; **c. del latte**, municipal dairy; **c. di polizia**, police headquarters (*pl.*); (*mil.*) **c. di tiro**, central control; **c. elettrica**, power station; power plant; **c. idraulica**, water-power plant; **c. idroelettrica**, hydroelectric power plant; **c. telefonica**, telephone exchange.
centralinista, *m.* e *f.* (exchange) operator; (switchboard) operator.
centralìno, *m.* **1** (*di società telefonica*) telephone exchange **2** (*di privato*) switchboard; **PBX** (*abbr. di* private branch exchange).
centraliṣmo, *m.* (*polit.*) centralism.
centralista, *m.* e *f.* **1** (*polit.*) centralist **2** (*chi lavora in una centrale elettrica*) power station worker.
centralistico, *a.* (*polit.*) centralistic.
centralità, *f.* **1** centrality **2** (*polit.*) centre; central position.
centralizzàre, *v. t.* to centralize.
centralizzàto, *a.* centralized: **economia centralizzata**, centralized economy.
centralizzatóre, **A** *a.* centralizing. **B** *m.* (*f.* **-trice**) centralizer.
centralizzazióne, *f.* centralization.
centraménto, *m.* *V.* **centratura**.
centramericàno, *a.* Central American.
centràre, **A** *v. t.* **1** (*colpire nel centro*) to hit* the centre of; (*colpire in pieno*) to hit* (squarely): **c. il bersaglio**, to hit the centre of the target (*o* the bull's eye); (*fig.*) to hit the mark, to hit home, to hit the nail on the head; **Centrò il ramo al secondo colpo**, he hit the branch with his second shot **2** (*mettere al centro*) to centre, to center (*USA*): **c. una foto**, to centre a photo **3** (*mecc.*) to centre, to center (*USA*); to balance; to true (up). ● (*fig.*) **c. un problema**, to hit the mark; to hit the nail on the head; to grasp a problem. **B** *v. i.* (*calcio*) to centre, to center (*USA*).
centraṣiàtico, *a.* Central Asian.
centràto, *a.* **1** (*mecc.*) true; balanced; centred, centered (*USA*): **una ruota ben centrata**, a well-balanced wheel **2** (*che colpisce il centro*) hit squarely; well-aimed: **C.!**, bull's eye! **3** (*azzeccato*) on the mark; correct; spot on (*fam.*): **una risposta centrata**, a reply that is right on the mark.
centrattàcco, *V.* **centravanti**.
centratùra, *f.* (*mecc.*) centring, centering (*USA*); truing; balancing.
centravànti, *m. invar.* (*sport*) centre forward.
centreuropèo, *V.* **centroeuropeo**.
cèntrico, *a.* (*scient.*) centric(al).
centrifuga, *f.* **1** centrifuge; centrifugal machine **2** (*di lavatrice*) spin-dryer; (*l'operazione*) spin-drying.
centrifugàre, *v. t.* **1** to centrifuge; to centrifugate **2** (*in lavatrice*) to spin-dry.
centrifugazióne, *f.* centrifugation.
centrìfugo, *a.* (*fis.* e *fig.*) centrifugal: **forza centrifuga**, centrifugal force.
centrìno, *m.* doily.
centrìpeto, *a.* (*fis.*) centripetal: **forza centripeta**, centripetal force.
centriṣmo, *m.* (*polit.*) centrism.
centrista, (*polit.*) **A** *a.* centre, center (*USA*) (*attr.*); moderate; middle-of-the-road (*attr.*). **B** *m.* e *f.* centrist.
centritaliàno, *V.* **centroitaliano**.
cèntro, *m.* **1** (*punto centrale, anche geom.*) centre, center (*USA*): **c. di un poligono**, centre of a polygon; **il c. della terra**, the centre of the earth **2** (*scient.*) centre: (*fis.*) **c. di gravità**, centre of gravity; (*mecc.*) **c. di forza**, centre of force; (*fis.*) **c. di galleggiamento**, centre of buoyancy; (*anat.*) **c. nervoso**, nerve centre **3** (*zona mediana, il mezzo*) middle: **una tavola nel c. della stanza**, a table in the middle of the room; **nel c. della folla**, in the middle of the crowd **4** (*luogo abitato, complesso*) town; township; centre: **Alcuni centri sono sorti lungo la ferrovia**, a few towns have grown up along the railway; **c. balneare**, seaside resort; **c. turistico**, touristic centre (*o* resort); **c. industriale**, industrial town; **c. commerciale**, commercial centre; shopping centre; **c. degli affari**, business centre **5** (*di città*) centre; town centre; inner city; downtown (*USA*): **Vorrei evitare il c.**, I'd like to avoid the town centre; **il c. di New York**, downtown New York; **le strade del c.**, the streets in the centre of town (*o* in the town centre; USA: in the city's downtown); central streets **6** (*istituzione, organo*) centre; institute: **c. artistico**, artistic centre; **C. di Studi Italiani**, Institute of Italian Studies; **c. di ricerca**, research centre; **c. di raccolta profughi**, refugee centre **7** (*fig.*: *nucleo, cuore*) core; heart; hub: **Al c. della crisi attuale sta il dissidio fra questi due uomini**, the hard

core of the present crisis is the hostility between these two men; **il c. della questione**, the heart (*o* hub, core) of the matter; **Al centro dei miei desideri c'è un viaggio in Messico**, my greatest dream is to visit Mexico ***8*** (*polit.*) centre: **partiti di c.**, centrist parties ***9*** (*sport*: *giocatore*) centre; (*tiro*) centre shot; (*calcio*: *dischetto di centrocampo*) centre spot: **rimettere la palla al c.**, to put the ball back on the centre spot ***10*** (*del bersaglio*) bull's eye ***11*** (*della ruota*) hub ***12*** (*centrino*) doily. ● (*fig.*) **c. d'attrazione**, attraction □ **c. direzionale**, office district □ **c. elettronico**, data-processing centre □ **c. meccanografico**, tabulating department □ **c. sismico**, epicentre □ **c. storico**, old town centre □ **c. termale**, spa □ **c. urbano**, town □ (*anche fig.*) **al c. della mischia**, in the thick of the fray □ **fare centro**, (*di un bersaglio*) to hit the bull's eye; (*nel calcio*) to score (a goal); (*fig.*) to hit the mark, to hit home, to hit the nail on the head.

centroafricàno, *V.* **centrafricano**.

centroamericàno, *V.* **centramericano**.

centroaṣiàtico, *V.* **centrasiatico**.

centroattàcco, *V.* **centrattacco**.

centroavànti, *V.* **centravanti**.

centrocampìsta, *m.* (*sport*) centre fielder; (*calcio*) midfielder.

centrocàmpo, *m.* (*sport*) centre field; (*calcio*) midfield.

centrodèstra, *m.* (*polit.*) Centre-Right.

centrodèstro, *m.* (*calcio*) inside right.

centroeuropèo, *a.* Central (*o* Middle) European; of Central Europe.

centroitaliàno, *a.* Central Italian.

centròmero, *m.* (*biol.*) centromere.

centropàgina, *m. invar.* centrepage article.

centrosinìstra, *m.* (*polit.*) Centre-Left.

centrosinìstro, *m.* (*calcio*) inside left.

centrosòma, *m.* (*biol.*) centrosome.

centrotàvola, *m.* centrepiece.

centumviràto, *m.* (*stor. romana*) centumvirate.

centùmviro, *m.* (*stor. romana*) centumvir*.

centuplicàre, *v. t.* ***1*** to multiply by a hundred; to centuplicate; to increase a hundredfold ***2*** (*fig.*) to multiply.

cèntuplo, A *a.* centuplicate; increased a hundredfold. **B** *m.* a hundred times; centuplicate; hundredfold; (a) hundred times as much: **1000 è il c. di 10**, 1000 is a hundred times 10; **rendere il c.**, to yield a hundred times as much; **Dà uno per avere il c.**, he gives one to get a hundred.

centùria, *f.* (*stor. romana*) century.

centurióne, *m.* (*stor. romana*) centurion.

ceppàia, *f.* ***1*** stump (of a tree) ***2*** (*bosco ceduo tagliato*) felled coppice.

ceppàta, *f.* ***1*** *V.* **ceppaia** ***2*** (*naut.*) group of mooring poles.

céppo, *m.* ***1*** (*d'albero*) base (of a tree); stump ***2*** (*fig.*: *capostipite*) family founder; (*stirpe*) stock: **essere dello stesso c.**, to come from the same stock ***3*** (*da ardere*) log; (*di Natale*) Yule log; (*estens.*: *il Natale*) Yule(tide), Christmas ***4*** (*per tagliare la carne*) (chopping) block ***5*** (*per la decapitazione*) block ***6*** (*mecc.*: *di freno*) (brake) shoe; brake block ***7*** (*naut.*: *di ancora*) anchor stock ***8*** (*di aratro*) plough stock ***9*** (*pl.*) (*vincoli, anche fig.*) bonds; fetters; shackles ***10*** (*bloccaruota*) wheel clamp; Denver boot.

céra (1), *f.* wax; (*per lucidare, anche*) polish: **candele di c.**, wax candles; **bambola di c.**, wax doll; **dare la c. ai pavimenti**, to polish (*o* to wax) the floors; **lucidare a c.**, to polish. ● **c. d'api** (*o* **vergine**), beeswax □ **c. carnauba**, carnauba wax □ **c. da calzolaio**, cobblers' wax □ **c. da pavimento**, floor wax □ **c. da scarpe**, shoe polish □ **c. per mobili**, furniture polish □ (*metall.*) **c. persa**, cire perdue (*franc.*); lost-wax process □ **bianco come la c.**, as pale as a ghost □ **museo delle cere**, waxworks □ **struggersi come la c.**, to melt like wax.

céra (2), *f.* (*aspetto*) look; appearance: **avere bella** (*o* **buona**) **c.**, to look well; **avere brutta c.**, not to look well; to look off-colour (*o* poorly, pasty). ● **fare buona** [**cattiva**] **c. a q.**, to give sb. a hearty [a cool] welcome.

ceraiòlo, *m.* ***1*** (*chi fabbrica candele*) candle maker ***2*** (*modellatore in cera*) maker of wax objects.

ceralàcca, *f.* sealing wax.

ceràmica, *f.* ***1*** (*materiale*) baked clay ***2*** (*arte*) ceramics (*pl. col verbo al sing.*); pottery ***3*** (*oggetto*) piece of pottery; ceramic: **una mostra di ceramiche**, an exhibition of ceramics.

ceràmico, *a.* ceramic.

ceramìsta, *m.* e *f.* ceramist; potter.

ceramografìa, *f.* (art of) pottery decoration.

ceramògrafo, *m.* (*f.* **-a**) pottery decorator.

cerargirìte, *f.* (*miner.*) cerargyrite.

ceràṣa, *f.* (*region.*) cherry.

ceràste, *m.* (*zool.*, *Cerastes cerastes*) cerastes*; horned viper.

ceràta, *f.* (*indumento*) oilskin

ceràto, *a.* waxed; wax (*attr.*). ● **tela cerata**, oilcloth; oilskin.

ceratùra, *f.* waxing; polishing.

ceraunògrafo, *m.* (*geofisica*) ceraunograph.

Cèrbero, *m.* (*mitol.*) Cerberus*.

cèrbero, *m.* ***1*** (*custode arcigno*) watchdog; ogre; (*di donna*) dragon ***2*** (*persona intrattabile*) cantankerous person.

cerbiàtto, *m.* (*f.* **-a**) (*zool.*) (*sotto l'anno*) fawn; (*tra uno e due anni*) pricket (*f.* young doe).

cerbottàna, *f.* ***1*** (*arma*) blowpipe; blowgun ***2*** (*giocattolo*) peashooter.

cérca, *f.* ***1*** search; quest ***2*** (*questua*) collection of alms: **andare alla c.**, to collect alms ***3*** (*di cane da caccia*) tracking; scenting. ● **andare in c. di**, to look (*o* to search) for □ **andare in c. di guai**, to be looking for trouble; to invite disaster □ **essere in c. di**, to be looking for; to be in search of □ **mettersi in c. di**, to set out to look for; to search for.

cercafàṣe, *m. invar.* (*elettr.*) phase deterctor.

cercafùghe, *m. invar.* leak detector.

cercametàlli, *m. invar.* metal detector.

cercamìne, *m. invar.* mine detector.

cercapersóne, *m.* bleeper; bleep (*fam.*); pager: **chiamare col c.**, to bleep; to page.

cercàre, A *v. t.* ***1*** (*per trovare*) to look for; to search for; to try to find; (*frugando*) to fumble for; (*a tastoni*) to grope for; (*su libro e sim.*) to look up: **c. q. nella folla**, to look for sb. in the crowd; **Tutti cercarono la spilla nel giardino**, they all searched for the brooch in the garden; **Cercò una via d'uscita**, he tried to find a way out; **c. casa**, to look for a house; to go house-hunting; **Sto cercando Radiotre**, I'm trying to find (*o* to get) Radiotre; **c. la via al buio**, to grope one's way in the dark; **c. la maniglia dell'uscio**, to grope for the door handle; **c. la chiave in tasca**, to fumble in one's pocket for the key; **c. guai** (*o* **briga**), to look for trouble; **Cercalo nel dizionario**, look it up in the dictionary ***2*** (*per ottenere*) to seek; to go* after; to pursue: **c. fortuna**, to seek one's fortune; **c. la fama**, to pursue fame. ● **c. q.c. per ogni dove** (*o* **per mare e per terra**), to search for st. high and low; to hunt for st. everywhere □ **c. q. con gli occhi**, to look round for sb. □ (*fig.*) **c. il pelo nell'uovo**, to split hairs □ **c. oro**, to dig for gold; to prospect; (*nei fiumi*) to pan for gold □ **Cercasi babysitter**, wanted: a babysitter. **B** *v. i.* (*tentare*) to try; (*sforzarsi*) to endeavour, to strive*: **Cercai di aprire la scatola**, I tried to open the box; **Cercai inutilmente di persuaderlo**, I endeavoured to persuade him, to no avail; **Cerca di ricordarti!**, try to remember!; **Ho cercato di fare del mio meglio**, I tried (*o* endeavoured) to do my best; **Cercò di farsi capire**, he strove to be understood. ● (*prov.*) **Chi cerca, trova**, nothing seek, nothing find.

cercàta, *f.* quick look; quick search: **dare una c.**, to give a quick look around.

cercatóre, *m.* (*f.* **-trice**) ***1*** searcher; seeker; hunter; (*di minerali*) prospector: **c. d'oro**, gold prospector; gold digger; (*nei fiumi*) gold panner ***2*** (*eccles.*: *frate cercatore*) mendicant (*o* begging) friar ***3*** (*di telescopio*) checker ***4*** (*fis.*) finder ***5*** (*radio*) detector.

cérchia, *f.* ***1*** circle; ring: **c. di monti**, ring of mountains; **c. delle mura**, circle of walls ***2*** (*fig.*: *gruppo*) circle; group; set: **c. di amici**, circle (*o* set) of friends; **una vasta c. di conoscenze**, a wide circle of acquaintances; **È molto noto nella sua c.**, he is very well known in his circles; **c. familiare**, family circle ***3*** (*fig.*: *ambito*) range: **la c. delle mie attività**, the range of my activities; **allargare la propria c. di interessi**, to widen one's interests.

cerchiàggio, *m.* (*med.*) cerclage: **c. dell'utero**, uterine cerclage.

cerchiàre, *v. t.* ***1*** (*serrare con cerchi*) to hoop; to rim: **c. una botte**, to hoop a barrel; **c. una ruota**, to rim a wheel ***2*** (*chiudere in un cerchio*) to circle; to ring: **c. un nome**, to circle a name ***3*** (*cingere*) to encircle; to surround: **c. di mura**, to surround with walls.

cerchiàta, *f.* (*per rampicanti*) latticework.

cerchiàto, *a.* ringed; circled. ● **avere gli occhi cerchiati**, to have rings round one's eyes.

cerchiatùra, *f.* ***1*** hooping ***2*** (*insieme dei cerchi*) hoops (*pl.*).

cerchiétto, *m.* ***1*** (*braccialetto*) bangle ***2*** (*anello*) ring ***3*** (*per capelli*) hair-band ***4*** (*pl.*) (*gioco*) (the) graces (*pl. col verbo al sing.*); (*gli anelli*) grace hoops.

cérchio, *m.* ***1*** (*mat.*) circle: **la circonferenza del c.**, the circumference of the circle; **c. massimo**, great circle ***2*** (*anello, disposizione circolare*) ring; circle: **il c. esterno di un bersaglio**, the outer ring of a target; **un c. di curiosi**, a circle of onlookers; **formare un c.** to form a circle (*o* a ring); **descrivere un c. intorno a q.c.**, to circle st.; **in c.**, in a circle; in a ring: **Le sedie erano disposte in c.**, the chairs were placed in a circle; **danzare in c.**, to dance in a ring; **girare in c.**, to go round and round ***3*** (*di ruota*) rim ***4*** (*di botte*) hoop ***5*** (*di crinolina*) hoop ***6*** (*giocattolo*) hoop: **giocare col c.** to play hoop; **far correre un c.**, to bowl a hoop. ● **un c. alla testa**, a headache; (*causato dal bere*) a hangover □ **c. della morte**, (*di motociclisti*) wall of death; (*aeron.*) loop: **fare il c. della morte**, to loop the loop □ (*fig.*) **dare un colpo al c. e uno alla botte**, to run with the hare and hunt with the hounds □ **fare c. attorno a q.**, to gather round sb. □ **quadratura del c.**, quadrature of the circle; (*fig.*) squaring the circle.

cerchióne, *m.* ***1*** (*di ruota*) rim ***2*** (*ferr.*) tread.

cércine, *m.* ***1*** pad ***2*** (*acconciatura*) topknot.

cercopitèco, *m.* (*zool.*, *Cercopithecus*) cercopithecus: **c. nano** (*Cercopithecus talapoin*), talapoin; **c. verde** (*Cercopithecus pygerythrus*) vervet.

cereàle, A *a.* cereal. **B** *m. pl.* cereals; grain (*sing. collett.*); corn (*sing. collett.*): **Grano e orzo sono cereali**, wheat and barley are cereals; **la produzione di cereali**, cereal production; **il prezzo dei cereali**, grain prices.

cerealìcolo, *a.* cereal (*attr.*); grain (*attr.*); corn (*attr.*).

cerealicoltóre, *m.* (*f.* **-trice**) cereal grower.

cerealicoltùra, *f.* cereal growing.

cerebellàre, *a.* (*anat.*) cerebellar: **peduncolo c.**, cerebellar peduncle.

cerebràle, *a.* ***1*** (*anat.*) cerebral; brain (*attr.*): **emisfero c.**, cerebral hemisphere; **emorragia c.**, cerebral (*o* brain) haemorrhage; **morte c.**, brain death ***2*** (*mentale*) mental: **sforzo c.**, mental effort ***3*** (*fig.*) cerebral; highbrow.

cerebralìṣmo, *m.* **cerebralità,** *f.* cerebralism; intellectualism.

cerebrolèṣo, *a.* e *m.* (*med.*) encephalopathic.

cerebropatìa, *f.* (*med.*) cerebropathy; encephalopathy.

cerebrospinàle, a. (*anat.*) cerebrospinal.

cèreo, a. *1* (*di cera*) wax (*attr.*) *2* (*pallido*) waxen; very pale; wan; ashen.

cererìa, f. (*fabbrica*) candle factory.

cereşina, f. (*chim.*) ceresin.

cerétta, f. *1* (*per depilare*) (depilatory) wax: **farsi la c. alle gambe**, to wax one's legs *2* (*per scarpe*) shoe polish.

cerfòglio, m. (*bot., Anthriscus cerefolium*) chervil.

cerimònia, f. *1* ceremony; ritual: **la c. dell'incoronazione**, the ceremony of the Coronation; **La c. si svolse secondo la tradizione**, the ritual closely followed tradition *2* (*eccles.*) service: **c. nuziale [funebre]**, wedding [funeral] service *3* (*pompa*) ceremony; pomp: **Le nozze furono celebrate con gran c.**, the wedding was celebrated with great pomp *4* (*pl.*: *convenevoli*) ceremony (*sing.*); fuss (*sing.*): **fare cerimonie**, to stand upon ceremony; **Quante cerimonie!**, what a fuss! ● **abito da c.**, formal dress □ **dire [fare] q.c. per c.**, to say [to do] st. out of politeness □ **maestro delle cerimonie**, master of ceremonies (*abbr.*: MC); emcee (*fam.*) □ **essere pieno di cerimonie**, to be very formal □ **senza cerimonie**, informally; without ceremony; without fuss □ **senza tante cerimonie** (*sbrigativamente*), plainly; bluntly □ **visita di c.**, formal visit.

cerimoniàle, A a. (*lett.*) ceremonial. **B** m. ceremonial; etiquette; ritual.

cerimonière, m. master of ceremonies.

cerimoniosità, f. ceremoniousness; formality.

cerimonióso, a. *1* ceremonious; formal; dignified; (*pieno di convenevoli*) overpolite *2* (*di discorso*) flowery.

cerino, m. *1* (*fiammifero*) wax match; vesta *2* (*stoppino incerato*) taper.

cèrio, m. (*chim.*) cerium.

cernécchio, m. untidy lock of hair.

cèrnere, v. t. to sort; to separate; to class; to grade; to pick; (*ind. tess.*) to staple.

cèrnia, f. (*zool., Epinephelus*) grouper*.

cernièra, f. *1* (*a cardine*) hinge *2* (*di borsetta*) metal frame (with clasp) *3* (*geol., zool.*) hinge. ● **c. lampo**, zip (fastener); zipper.

cernière, m. (*naut.*) scuttlebutt.

cèrnita, f. (*suddivisione*) sorting, grading; (*scelta*) selection, choice: **fare la c.**, to grade, to sort; (*scegliere*) to select, to choose.

cernitrice, f. (*mecc.*) grading machine.

céro, m. (tall wax) candle; church candle: **c. pasquale**, Paschal candle.

cerografia, f. cerography.

ceróne, m. (*teatr., cinem.*) greasepaint.

ceroplàsta, m. e f. wax modeller.

ceroplàstica, f. wax modelling; ceroplastics (*pl. col verbo al sing.*).

ceróso, a. *1* (*che contiene cera*) containing wax *2* (*simile alla cera*) waxy; waxen; wax-like.

ceròtico, a. (*chim.*) cerotic.

ceròtto, m. *1* (*farm.*) (adhesive *o* sticking) plaster; **c. medicato**, medicated plaster *2* (*fig.*: *persona malaticcia*) sickly person; weakling *3* (*fig.*: *persona noiosa*) bore.

cerretàno, m. (*lett.*) mountebank; fair-ground quack.

cerréto, m. wood of Turkey oaks.

cèrro, m. *1* (*bot., Quercus cerris*) Turkey oak *2* (*legno*) bitter oak.

certàme, m. (*lett.*) contest; challenge: **c. poetico**, poetic contest; **singolar c.**, single combat.

certaménte, avv. certainly; definitely; undoubtedly; surely; no doubt; of course: **Verrà c.**, he'll definitely come; **C. è un po' presto**, it's certainly rather early; **Vorrai c. vederlo, no?**, of course (*o* no doubt) you'll want to see him, won't you?; **Ma c.!**, of course!; definitely!; assuredly!

certézza, f. *1* certainty; certitude: **c. matematica**, mathematical certainty; **avere poche certezze**, to have few certainties; **sapere q.c. con c.**, to know st. for a certainty (*fam.*: for certain, for sure, for a fact) *2* (*convinzione*) certainty; conviction; assurance; confidence: **Ho piena c. della sua competenza**, I have full confidence in his ability; **Avevo la c. di essere seguito**, I was certain I was being followed.

certificàre, v. t. to certify; to attest: **c. un decesso**, to certify a death; **Io sottoscritto certifico che...**, I, the undersigned, certify that...; (*leg.*) **copia certificata**, certified copy; (*rag.*) **c. conti**, to audit accounts.

certificàto, m. certificate: **chiedere [rilasciare] un c.**, to apply for [to issue] a certificate; **c. azionario**, share certificate; (*comm.*) **c. di garanzia**, manufacturer's certificate; **c. d'igiene**, sanitary certificate; **c. di matrimonio**, marriage certificate; **c. di nascita**, birth certificate; **c. di navigabilità**, (*naut.*) certificate of navigation (*o* of seaworthiness); (*aeron.*) certificate of airworthiness; (*fig.*) **c. di qualità**, seal of approval; (*comm.*) **c. di origine**, certificate of origin; **c. di sana costituzione**, health certificate; **c. di servizio**, testimonial; **c. medico**, medical certificate; **c. sanitario**, bill of health.

certificazióne, f. certification; authentication: **c. d'un documento**, authentication of a document; (*econ.*) **c. di bilancio**, auditing; **c. notarile**, notarization.

cèrto (1), A a. *1* (*sicuro, indubitabile*) certain; sure; definite: **L'ora non è certa**, the time isn't certain; **Il fatto è c.**, the fact is certain; **andare incontro a morte certa**, to go to a sure death *2* (*convinto, sicuro*) certain; sure; positive: **Sono c. che m'aiuterete**, I am sure you will help me; **Ne sono certissimo**, I am absolutely sure (*o* certain) of it; I'm positive about it; **Puoi star c. che non verrà**, you can depend on it he won't come *3* (*degno di fede*) reliable: **notizie certe**, reliable news *4* (*nelle frasi impers.*) – **Non si sa cosa sia successo, c. è che ora (*o* c. ora) sono di nuovo amici**, nobody knows what happened, but they are certainly friends again. ● **dare q.c. per c.**, to be sure about st.; to give st. as a fact □ (*leg.*) **data certa**, fixed date □ (*leg.*) **prova certa**, irrefutable evidence □ **sapere per c.**, to know for certain (*o* for a fact). **B** m. certainty; (*sicurezza*) safety. ● **lasciare il c. per l'incerto**, to take a chance; to plunge into the unknown. **C** avv. certainly; surely; of course: **C. che partirà**, he will certainly leave; **C. che lo conosci**, of course you know him; **Avrà c. saputo del rinvio**, he must have been told about the postponement; **È c. l'uomo più ricco della città**, he is easily the richest man in town; **Non si può c. dire che sia una novità**, you can scarcely (*o* hardly) say it's a novelty; **C. le cose possono cambiare, ma per ora non vedo come**, things may change, to be sure, but I don't see how at the moment; **Ma c.!**, by all means!; of course!; certainly!; sure!; **No (di) c.!**, certainly not; **Sì, c.!**, of course!; definitely!; yes, indeed!; to be sure!

cèrto (2), A a. indef. *1* certain: **un c. signor Bassi**, a certain (*o* one) Mr Bassi; **È venuto un c. Mario a cercarti**, a certain Mario called in for you; **una certa timidezza**, a certain shyness; **Certe parole è meglio non dirle**, certain words are better not said; **Devo parlare con una certa persona**, I must speak to a certain person; **Ho visto quella certa persona**, I saw that person you know of *2* (*qualche, alcuno*) some: **Rimasi per un c. tempo**, I stayed some time; **una certa qual conoscenza**, some knowledge; **Certe volte mi fa proprio arrabbiare**, there are times he really makes me mad *3* (*tale, simile*) such: **Mi rifiuto di parlare con certa gente**, I refuse to speak to such people; **Non dovete usare certe parole!**, you must not use such words *4* (*con valore rafforzativo*) – **Ha certi dolori!**, she is in dreadful pain; **C'era certa gente!**, there were some pretty dreadful people there. ● **avere un c. appetito**, to be quite hungry □ **avere una certa premura**, to be rather in a hurry □ **di una certa età**, of a certain age; oldish; getting on in years: **un signore di una certa età**, an oldish gentleman □ **La ragazza aveva un c. non so che**, there was an indefinible something (*o* a certain je ne sais quoi, *franc.*) about the girl. **B** pron. indef. pl. *1* some; some people: **Certi dicono che il ladro fuggì**, some say the thief fled; **Certi dicono che l'ordine arrivò troppo tardi**, some people say the order arrived too late *2* (*in senso restrittivo*) some of them [of you, of us]: **Tutti i miei amici lessero il libro e a certi piacque**, all my friends read the book and some of them liked it.

certóşa, f. (*eccles.*) Carthusian monastery; Charterhouse.

certoşino, A m. *1* (*eccles.*) Carthusian monk *2* (*fig.*) recluse; hermit. ● **lavoro da c.**, job requiring infinite patience □ **una pazienza da c.**, (*meticolosità*) enormous care; painstakingness; (*sopportazione*) the patience of Job. **B** a. *1* Carthusian *2* (*fig.*) meticulous; painstaking.

certùno, pron. indef. (*generalm. al pl.*) some people; some: **Certuni cambiarono idea**, some (people) changed their minds.

cerùleo, cèrulo, a. (*lett.*) cerulean; sky-blue; pale-blue.

cerùme, m. (*med.*) cerumen; (*com.*) earwax.

cerùşico, m. *1* (*stor.*) surgeon *2* (*scherz.*) sawbones *3* (*spreg.*) quack; butcher.

cerussite, f. (*miner.*) cerussite.

cèrva, f. (*zool.*) hind (*sopra i 3 anni*); doe*.

cervellétto, m. (*anat.*) cerebellum*.

cervellìno, m. (*spreg.*) *1* (the) brain of a bird *2* (*persona*) silly person; birdbrained person.

cervèllo, m. (*pl.* **cervèlla**, *f., nel sign. proprio di materia cerebrale*) *1* (*anat.*) brain (*talora usato al pl.*): **operazione al c.**, brain operation; **tumore al c.**, tumor of the brain; (*cucina*) **c. fritto**, fried brains *2* (*fig.*: *intelligenza, senno*) brain (*spesso al pl.*); mind; head: **cervelli e macchine**, minds and machines; **Usa il c.!**, use your brains!; **avere un gran c.**, to have first-class brain; **avere un c. di gallina (*o* di formica)**, to have the brain of a bird; to be birdbrained; **avere il c. a posto**, to have one's head screwed on; **Gli ha dato di volta il c.**, he has gone off his head; he's taken leave of his senses; **Gli si è rammollito il c.**, he's gone soft in the head; **Il vino gli ha dato al c.**, the wine has gone to his head; **Mi si è svuotato il c.**, my mind is a blank (*o* has gone blank) *3* (*fig.*: *persona di grande intelligenza*) brain; brainy person; egghead *4* (*fig.*: *mente direttiva*) brains (*pl. col verbo al sing.*): **il c. della banda**, the brains of the gang. ● **c. elettronico**, electronic brain □ (*fig.*) **c. balzano**, eccentric; oddball (*fam.*) □ **avere un c. fine**, to be sharp-witted □ **avere un c. piccino**, to be small-minded □ **Non ha un briciolo di c.**, he has not a grain of sense □ **Dove hai il c.?**, what were you thinking of? □ **bruciarsi (*o* farsi saltare) le cervella**, to blow one's brains out □ **fare le cose con poco c.**, to do things without thinking □ **fare saltare le cervella a q.**, to blow out sb.'s brains □ (*fig.*) **fuga dei cervelli**, brain drain □ (*fig.*) **lambiccarsi il c.**, to cudgel (*o* to rack) one's brains □ (*fig.*) **lavaggio del c.**, brainwashing □ (*fig.*) **mettere il c. a partito**, to become reasonable; (*cambiar vita*) to turn over a new leaf, to settle down □ **Non mi passò nemmeno per l'anticamera del c.**, it didn't even cross my mind □ (*fig.*) **portare il c. all'ammasso**, to follow the party line blindy □ (*fig.*) **senza c.**, brainless; thoughtless.

cervellóne, m. *1* (*fam.*) brain; genius; egghead *2* (*iron.*: *zuccone*) dimwit *3* (*tecn.*) big computer.

cervellòtico, a. bizarre; odd; crazy; hare-brained; wild: **idee cervellotiche**, bizarre (*o* odd) notions; **supposizioni cervellotiche**, wild suppositions; **progetto c.**, crazy (*o* hare--brained) scheme.

cervicàle, a. (*anat.*) cervical: **vertebre cervicali**, cervical vertebrae.

cervicàpra, f. (*zool.*, *Redunca redunca*) nagor; reedbuck*.

cervìce, f. (*anat.*) cervix*: **c. uterina**, cervix*. • (*fig.*) **piegare la c.**, to bow; to submit.

cervicite, f. (*med.*) cervicitis.

cèrvide, m. (*zool.*) cervid.

Cèrvidi, m. pl. (*zool.*, *Cervidae*) Cervidae.

Cervino, m. (*geogr.*) (the) Matterhorn.

cervino, a. deer (*attr.*); cervine.

cèrvo, m. (*zool.*, *Cervus*) deer*; (*maschio*) stag, hart; (*femmina*) doe, hind: **c. europeo** (*Cervus elaphus*), red deer. • **c. volante**, (*zool.*, *Lucanus cervus*) stag beetle; (*aquilone*) kite □ **carne di c.**, venison.

Céşare, m. Caesar: **Date a C. quel che è di C.**, render unto Caesar that which is Caesar's.

céşare, m. (*imperatore*) Caesar; emperor.

ceşàreo, a. **1** (*di Cesare*) Caesarean, Caesarian; Caesar's **2** (*imperiale*) imperial **3** (*med.*) c(a)esarean, c(a)esarian: **parto c.**, caesarean section delivery; caesarean birth; **taglio c.**, caesarian section; caesarean (*fam.*). • **poeta c.**, court poet; poet laureate.

ceşariàno, a. Caesarean, Caesarian.

ceşarişmo, m. (*polit.*) Caesarism.

ceşarista, m. Caesarist.

ceşaropapişmo, m. (*polit.*) Erastianism.

ceşaropapista, a. e m. Erastianist.

ceşellaménto, m. chiselling; (*incisione*) chasing, engraving.

ceşellàre, v. t. **1** to chisel; (*incidere*) to chase, to engrave **2** (*fig.*) to work finely; to craft; to polish.

ceşellàto, a. **1** chiselled; wrought; chased; engraved: **una scatola di argento c.**, a wrought-silver box **2** (*fig.*) chiselled; polished; finely wrought; finely worked: **lineamenti cesellati**, chiselled features; **versi cesellati**, polished verses.

ceşellatóre, m. (f. **-trice**) **1** chiseller; chaser; engraver **2** (*fig.*) fine craftsman* (*f.* craftswoman*); fine artist: **un c. di versi**, a writer of polished verse.

ceşellatùra, f. chisel work; chiselling; chasing; (*anche di gemme*) engraving.

ceşèllo, m. chisel.

ceşèna, f. (*zool.*, *Turdus pilaris*) fieldfare; stormcock.

cèşio, m. (*chim.*) caesium.

ceşoiatóre, m. (f. **-trice**) shearer.

ceşoiatrice, f. (*macchina*) shearing machine; shears (*pl.*).

ceşóie, f. pl. shears: **c. da sarto**, tailor's shears; **c. per potare**, pruning shears; **c. da lamiere**, tinner's shears; snips.

cèspite, m. **1** (*lett.*) V. **cespo 2** (*econ.*) source of income; yielder; earner.

céspo, m. (*bot.*) tuft: **un c. di lattuga**, a head of lettuce.

cespùglio, m. **1** (*bot.*) bush; shrub: **un c. di more**, a blackberry bush **2** (*fig.*: *di capelli*) bushy hair; mop (of hair).

cespuglióso, a. bushy (*anche fig.*); shrubby.

cessàre, **A** v. i. **1** to stop; to leave* off; to cease: **Cessai di lavorare verso sera**, I stopped working towards evening; **La pioggia cessò**, the rain stopped (*o* left off); **Il pianto cessò improvvisamente com'era incominciato**, the weeping ceased as suddenly as it had begun; **c. di vivere**, to die **2** (*calmarsi*) to abate; to subside; to die down: **Il temporale cessò**, the storm abated; **La mia febbre era cessata**, my fever had abated; **Il dolore non voleva c.**, the pain wouldn't die down. **B** v. t. to stop; to cease; to end; to discontinue: **Cessate questo rumore**, stop this noise; **c. le ostilità**, to cease hostilities; **c. il fuoco**, to cease fire; **ordinare il cessate il fuoco**, to order ceasefire. • (*comm.*) **c. l'attività**, (*di persona*) to give up one's business; (*di azienda*) to close down □ **cessato allarme** (*o* **pericolo**), all clear: **dare il cessato allarme**, to give the all-clear.

cessazióne, f. **1** (*fine*) cessation; end: **c. delle ostilità**, cessation (*o* end) of hostilities **2** (*econ.*, *leg.*) cessation; discontinuance; termination: **c. di una locazione**, termination of a lease; (*ass.*) **c. di copertura**, termination of cover; lapse; **c. del rapporto di lavoro**, termination of employment; **c. di esercizio**, closing-down.

cessionàrio, m. (*leg.*) transferee; assignee.

cessióne, f. (*leg.*) assignment; cession; conveyance; transfer: **c. di credito**, assignment of a claim; **c. di beni ai creditori**, assignment of property to creditors; **c. di contratto**, transfer of contract; **c. di un territorio**, surrender of a territory; **atto di c.**, transfer; deed of transfer; **fare c. di q.c. a q.**, to assign st. to sb.

cèsso, m. **1** (*pop.*: *gabinetto*) lavatory; loo (*fam. GB*); bog (*pop. GB*); john (*pop. USA*); can (*pop. USA*); head(s) (*pop. USA*); (*mil.*) latrine; **2** (*volg.*: *posto lurido*) pigsty; hovel **3** (*fig. volg.*: *cosa brutta*) gross thing; trash; abortion; dog (*pop. USA*); shit (*volg.*) **4** (*fig. volg.*: *persona brutta*) horror; dog (*pop. USA*).

césta, f. **1** (large) basket; (*con coperchio*) hamper; (*il contenuto*) basket(ful): **c. del bucato**, laundry basket; **c. della spesa**, shopping basket; **una c. di frutta**, a basket(ful) of fruit **2** (*di aerostato*) basket **3** (*teatr.*) theatrical trunk **4** (*pelota*) cesta. • (*fig.*) **a ceste**, in basketfuls.

cestàio, m. (f. **-a**) **1** (*fabbricante*) basket maker **2** (*venditore*) basket seller.

cestèllo, m. **1** (*per bottiglie*) bottle-holder **2** (*di lavabiancheria*) drum **3** (*di lavapiatti*) rack **4** (*recipiente per sterilizzare*) sterilizer.

cestinàre, v. t. **1** to throw* into the wastepaper basket; to throw* away; to bin **2** (*fig.*: *rifiutare*) to disregard; to reject; to junk; (*giorn.*) to spike.

cestino, m. **1** (small) basket: **c. da lavoro**, work (*o* sewing) basket **2** (*per la carta straccia*) wastepaper basket: **gettare nel c.**, to throw out; to bin. • **c. da viaggio**, lunch bag; packed lunch □ **c. per la corrispondenza**, letter tray □ **c. per i rifiuti** (*in un luogo pubblico*), litterbin; wastebasket (*USA*).

cestire, V. **accestire**.

cestista, m. e f. (*sport*) basketball player.

césto (1), m. **1** basket; (*il contenuto*) basket(ful) **2** (*sport*) V. **canestro**.

césto (2), m. (*di insalata, ecc.*) head: **un c. di lattuga**, a head of lettuce; **fare c.**, to tuft.

cèsto (3), m. (*stor.*) cestus*.

cestòde, m. (*zool.*) cestode.

ceşùra, f. (*poesia*) caesura*.

Cetàcei, m. pl. (*zool.*, *Cetacea*) Cetacea.

cetàceo, m. (*zool.*) cetacean.

cetàno, m. (*chim.*) cetane: **numero di c.**, cetane number.

cetile, m. (*chim.*) cetyl.

cetilico, a. (*chim.*) cetyl (*attr.*).

cetina, f. (*chim.*) cetin.

cètnico, a. e m. Chetnik.

cèto, m. (social) class; rank; order: **il c. medio**, the middle classes (*pl.*); **i ceti superiori**, the upper class; the educated classes (*pl.*); **c. impiegatizio**, white-collar workers (*pl.*); **c. operaio**, working class; blue-collar workers (*pl.*); **gente di ogni c.**, people of all ranks.

cetònia, f. (*zool.*, *Cetonia*) cetonian beetle; chafer: **c. dorata** (*Cetonia aurata*), goldsmith beetle; rose beetle; rose chafer.

cétra, f. **1** (*mus.*: *strumento rinascimentale*) cittern, cither; (*c. da tavolo*) zither, dulcimer; (*lira*) cithara, lyre **2** (*fig.*: *poesia*) lyre; poetry.

cetràngolo, m. bitter orange.

cetriolino, m. (*bot.*) gherkin.

cetriòlo, m. (*bot.*, *Cucumis sativus*) cucumber. • (*zool.*) **c. di mare** (*Holothuria*), sea cucumber.

cha cha cha (*spagn.*), m. (*ballo*) cha-cha(--cha): **ballare il c.**, to cha-cha.

chador, m. invar. (*velo nero*) chador; chuddar.

champagne (*franc.*), m. invar. champagne; bubbly (*fam.*); champers (*fam.*). • **color c.**, champagne.

chance (*franc.*), f. invar. chance: **la mia ultima c.**, my last chance; **avere delle buone c.**, to have a good chance of success; **non avere c.**, not to have (*o* to stand) a chance.

chansonnier (*franc.*), m. invar. «chansonnier»; cabaret singer.

chanteuse (*franc.*), f. invar. «chanteuse»; concert-hall singer.

chantilly (*franc.*), **A** m. invar. (*merletto*) Chantilly lace. **B** f. invar. (*cucina*) Chantilly cream.

chaperon (*franc.*), f. invar. chaperon.

charlotte (*franc.*), f. invar. **1** (*cucina*) charlotte **2** (*abbigliamento*) lace cap.

chàrter (*ingl.*), (*aeron.*) **A** m. (*aereo*) chartered plane. **B** a. – **volo c.**, charter flight.

chassidico, e *deriv.* V. **cassidico**, e *deriv.*

châssis (*franc.*), m. invar. **1** (*autom.*) chassis **2** (*fotogr.*) plate holder.

chauffeur (*franc.*), m. invar. chauffeur; driver.

che (1), pron. relat. **1** (*sogg.*: *rif. a persona*) who, that; (*rif. a cose o ad animali di sesso imprecisato*) which, that; (*rif. a persone, cose e animali, insieme*) that: **l'uomo che venne a pranzo**, the man who (*o* that) came to dinner; **l'erba che cresceva sulla soglia**, the grass which (*o* that) grew on the threshold; **Mio padre, che non ama viaggiare, resterà a casa**, my father, who doesn't like travelling, will stay at home; **Fido, che ha paura dei topi, è bravissimo a dare la caccia ai gatti**, Fido, who is afraid of mice, is very clever at chasing cats **2** (*ogg.*: *spesso omesso*) (*rif. a persone*) whom, that; (*rif. a cose o ad animali di sesso imprecisato*) which, that; (*rif. a persone, cose e animali, insieme*) that: **l'uomo che incontrai ieri**, the man I met yesterday; the man whom (*o* that) I met yesterday; **il libro che ti ho dato**, the book I gave you; the book which (*o* that) I gave you; **L'uomo che guardavi è mio cugino**, the man you were looking at is my cousin; **Nella stanza c'era anche il direttore generale, che io non avevo mai incontrato prima**, in the room there was also the general manager, whom I had never met before; **Questa è mia moglie, che credo tu conosca già**, this is my wife, I think you're already met her; **È il ragazzo più intelligente che abbia mai incontrato**, he is the cleverest boy (that) I have ever met; **la ragazza e il cane che hai visto or ora**, the girl and the dog (that) you saw just now **3** (*in cui, quando*) that; in which; on which; when (*spesso omessi*): **il giorno che c'incontrammo**, the day we met; the day on which (*o* that) we met; **l'anno che nascesti**, the year you were born; the year in which (*o* that) you were born **4** (*la qual cosa*) which: **In quel caso non potrei venire, il che sarebbe un peccato**, in that case I couldn't come, which would be a pity; **Mi chiese se ero sposato, al che gli dissi ch'ero vedovo**, he asked me if I was married, to which I replied I was a widower; **dopo di che**, after which; and then **5** (*correlativo di «stesso», «medesimo»*) as; that: **Ebbi gli stessi fastidi che avesti tu**, I had the same trouble as you (had); **Dice le medesime cose che dicevi tu**, he says the same things as you did. • **di che**, something; (*in frasi negative*) anything, nothing: **avere di che sfamarsi**, to have something to eat; **Non c'è di che vergognarsi**, it's nothing to be ashamed of; **Non ha di che vestirsi**, he hasn't got anything to wear □ **Non ha di che lamentarsi**, he has no reason for complaint □ **Non c'è di che!**, don't mention it!; you're welcome! (*USA*) □ **Non è quello stupido che sembra**, he is not such a fool as he looks.

che (2), **A** *a. interr.* ***1*** (*rif. a un numero imprecisato di cose o persone*) what: **Che regalo vorresti?**, what present would you like?; **Che libri leggi?**, what books do you read?; **Che uomo è?**, what sort of a man is he?; **Che tipo d'albergo vuole?**, what sort of hotel do you want?; **Che ora è?** (*o* **che ore sono?**), what time is it?; what's the time?; **A che pagina?**, on what page?; **Che progetti hai?**, what are your plans? ***2*** (*rif. a un numero limitato di cose o persone*) which: **Che libro dell'Iliade preferisci?**, which book of the Iliad do you like best?; **A che albergo sei sceso?**, which hotel are you staying at?; **Che vestito devo mettere?**, which dress shall I wear?; **Da che parte andremo ora?**, which way shall we go now?; **Non so che disco scegliere**, I don't know which record to choose. ● **che cosa?**, what?: **Che cosa hai detto?**, what did you say?; **Che cosa succede?**, what's happening?; what's up?; **Non so che cosa dire**, I don't know what to say; **Che cos'ha questa macchina?**, what's wrong with this car?; what's with this car? (*USA*) □ **Che differenza c'è?**, what's the difference? □ **che specie [sorta, tipo] di...?**, what kind [sort, type] of...? **B** *pron. interr.* (*che cosa?*) what: **A che pensi?**, what are you thinking of?; **Gli chiesi che cercasse**, I asked him what he was looking for; **Che hai?**, what's the matter with you?; **Che fare?**, what are we to do?; what is there to be done? ● **che è, che non è**, all of a sudden; suddenly □ **a che?** (*a qual fine?*), what for?; why?; to what end?: **A che seguitare?**, why go on?; what is (*o* was) the good of going on?

che (3), **A** *a. escl.* what a (*seguito da sost. sing.*); what (*seguito da sost. non contabile o pl.*); how (*seguito da agg.*): **Che bella giornata!**, what a lovely day!; **Che bel dono!**, what a nice present!; **Che bei fiori!**, what beautiful flowers!; **Che coraggio!**, what courage!; how brave of him [her, etc.]!; **Che pazienza!**, what patience!; **Che strega!**, what a shrew (*o* bitch)!; **Che stupidi sono!**, what fools they are!; **Che vergogna!**, it's a disgrace!; for shame!; **Che seccatura!**, what a nuisance!; **Che peccato!**, what a pity!; **Che bello!**, how lovely!; **In che stato ti sei ridotto!**, look at the state you're in! **B** *pron. escl.* – **Che! già alzato e in giro a quest'ora?**, what! up and about so early?; **Che! non è possibile**, never! it's impossible.

che (4), *pron. indef.* something: **C'è un che di strano in quella casa**, there's something strange about that house; **L'uomo aveva un che di romantico**, there was something romantic about the man; **Crede di aver comprato chissà che**, he thinks he bought something special; **Il libro non mi è parso un gran che**, I didn't think much of the book; I didn't think the book was anything special; **La festa non fu un gran che**, the party was rather dull (*o*, *fam.*, was nothing to write home about); **Mi colpì un non so che di ambiguo nel suo sguardo**, I was struck by something ambiguous in his look; **Quella ragazza ha un certo non so che**, that girl has a certain something (*o* a certain je ne sais quoi, *franc.*) about her.

che (5), *cong.* ***1*** (*dichiarativa*: *dopo verbi che esprimono opinione, sentimento, ecc.*) that (*spesso omesso*): **Mi disse che avrebbe scritto**, he told me (that) he would write; **So che è un buon ragazzo**, I know (that) he is a good boy; **Mi dispiace che tu non possa venire**, I'm sorry (that) you can't come ***2*** (*dichiarativa*: *dopo verbi di volontà o comando, o dopo locuz. impers., è idiom.*) – **Voglio che tu stia in casa**, I want you to stay at home; **Ordinò che i soldati lo seguissero**, he ordered the soldiers to follow him; **Vuoi che vada io a prendere Rosa?**, would you like me to go and fetch Rosa?; **Vorrei che capisse che ho ragione io**, I wish he would understand (that) I am right; **È impossibile che lui venga con noi**, it's impossible for him to come with us ***3*** (*consecutiva*) that (*a volte omesso*): **Mi gingillai tanto che persi il treno**, I dawdled so much (that) I missed the train; **Le ho dato una sgridata tale che se la ricorderà**, I've given her a scolding that she will remember; **Era così stanco che non ragionava più**, he was so tired (that) he couldn't think straight; **Correva che era un fulmine**, he ran like lightning ***4*** (*finale*) that (*spesso sottinteso*); so that; (*in frase neg.*: *«che... non», anche*) lest (*form.*): **Bada che non si raffreddi**, mind it doesn't get cold; **Bada che non ti caschi**, be careful not to drop it; **Sta' attento che il gatto non scappi**, be careful that the cat doesn't run away; **Cercai di sorridere, che non mi credessero offeso**, I tried to smile, so that they should not think (*o*, *più form.*: lest they should think) I was offended ***5*** (*comparativa*: *di maggioranza*) than; (*di uguaglianza*) as: **Quel ragazzo ha più fortuna che intelligenza**, that boy has more luck than intelligence; **più che mai**, more than ever; **prima che tu non creda**, sooner than you think; **più presto che potrò**, as soon as I can ***6*** (*correlativa di «tanto» e «sia»*) and: **tanto noi che i nostri figli**, both we and our children; **sia il cane che il padrone**, both the dog and his master ***7*** (*causale*: *è idiom.*) – **Parla forte, che in fondo non ti sentono**, speek up, they can't hear you at the back; **Va' a letto, che stai cascando dal sonno**, you're asleep on your feet, go to bed ***8*** (*temporale*: *quando*) when; (*dopo che*) after; (*da quando*) since: **Lo incontrai che era mezzogiorno**, when I saw him, it was noon; I saw him at noon; **Cominciai che erano le dieci**, it was ten when I began; I began at ten; **passata che fu la burrasca**, after the storm was over; **Mangiato che ebbe, si accese la pipa**, when he finished eating, he lit up his pipe; **Sono anni che non lo vedo**, I haven't seen him in years; it's ages since I saw him last; **da che mondo è mondo**, since the beginning of time; from time immemorial ***9*** (*disgiuntiva*) whether: **Che tu venga o no, mi è indifferente**, it's immaterial to me whether you come or not ***10*** (*ottativa*: *è idiom.*) – **Che vada!**, let him go!; **Che si faccia presto qualcosa!**, something ought to be done about it soon!; **Che siate benedette!**, may you be blessed; bless you! **Che il cielo non voglia!**, heaven forbid! ***11*** (*eccettuativa*) but; only: **Non fece (altro) che brontolare**, he did nothing but grumble; **Non pensa (ad altro) che a sé**, he thinks only of himself ***12*** (*concessiva*) that; as far as: **Che io sappia, no**, not as far as (*o* not that) I know ***13*** (*nelle cong. composte*) **già che**, *V.* **giacché**; **salvo che**, *V.* **salvo**, ecc.

ché, *cong.* (*lett.*) ***1*** (*causale*) since; as; because; for: **Alzai il bavero, ché s'era fatto freddo**, I turned up my coat collar, as it had become cold; **Avvicinati, ché voglio vederti meglio**, come closer, I want to see you better; **Ti ringrazio, ché mi hai confortato**, thank you for comforting me ***2*** (*finale*) so that; so as; (*in frase neg.*: *«ché... non», anche*) lest (*form.*): **Scivolarono dietro una siepe, ché nessuno li vedesse**, they slipped behind a hedge, (so as) not to be seen (*form.*: lest they should be seen).

chécca, *f.* (*spreg.*: *omosessuale*) queen; nancy; faggot (*USA*); fairy (*USA*).

checché, *pron. rel. indef.* whatever: **C. tu dica, non è un gran cuoco**, whatever you may say, he's not a great cook; **c. accada**, whatever happens; no matter what happens.

checchessìa, *pron. indef.* (*lett.*) anything.

check-in (*ingl.*), *m. invar.* ***1*** (*operazione*) check-in ***2*** (*banco*) check-in counter (*o* desk); check-in.

check-up (*ingl.*), *m. invar.* ***1*** (*med.*) checkup ***2*** (*tecn.*) overhaul.

cheddite, *f.* cheddite.

chef (*franc.*), *m. invar.* chef: **specialità dello c.**, chef's speciality.

chèfin, *m. invar.* kefir, kephir.

chèla, *f.* (*zool.*) chela*; (*com.*) claw, nipper.

chelàto, *a.* e *m.* (*chim.*) chelate.

chelazióne, *f.* (*chim.*) chelation.

Chelicerati, *m. pl.* (*zool.*, *Chelicerata*) Chelicerata.

chelicerato, *m.* (*zool.*) chelicerate.

chelìcero, *m.* (*zool.*) chelicera*.

chelidra, *f.* (*zool.*, *Chelydra serpentina*) snapping turtle; snapper.

chellerina, *f.* barmaid.

chelòide, *m.* (*med.*) keloid, cheloid.

chelóne, *m.* (*zool.*) chelonian.

Chelòni, *m. pl.* (*zool.*, *Chelonia*) Chelonia.

chemigrafìa, *f.* chemigraphy.

chemiluminescènza, *f.* chemiluminescence.

chemiocettóre, *V.* **chemiorecettore**.

chemiogènesi, *f.* (*biol.*) chemogenesis.

chemiorecettóre, *m.* (*biol.*) chemoreceptor; chemoceptor.

chemiosìntesi, *f.* (*biol.*) chemosynthesis.

chemiotàssi, *f.* (*biol.*) chemotaxis*.

chemiotattismo, *m.* (*biol.*) chemotaxis*.

chemioterapìa, *f.* (*med.*) chemotherapy.

chemioteràpico, *a.* (*med.*) chemotherapeutic(al).

chemiotropismo, *m.* (*biol.*) chemotropism.

chemisier (*franc.*), *m. invar.* (*moda*) shirtwaister; shirtwaist (*USA*).

chemorecettóre, *V.* **chemiorecettore**.

chemosfèra, *f.* (*meteor.*) chemosphere.

chemosìntesi, *V.* **chemiosintesi**.

Chenopodiàcee, *f. pl.* (*bot.*, *Chenopodiaceae*) Chenopodiaceae.

chenopòdio, *m.* (*bot.*, *Chenopodium*) chenopod; (*com.*) goosefoot. ● **c. bianco** (*Chenopodium album*) pigweed; fat hen.

chènzia, *f.* (*bot.*, *Kentia*) kentia.

chepì, **cheppì**, *m.* kepi.

chéppia, *f.* (*zool.*, *Alosa alosa*) allice shad.

chèque (*franc.*), *m. invar.* cheque, check (*USA*): **emettere uno c.**, to write out a cheque.

cheratina, *f.* (*biol.*) keratin.

cheratinizzàre, *v. t.* to keratinize.

cheratinizzazióne, *f.* keratinization.

cheratite, *f.* (*med.*) keratitis.

cheratocòno, *m.* (*med.*) keratoconus.

cheratodermìa, *f.* (*med.*) keratoderma.

cheratògeno, *a.* (*biol.*) keratogenous.

cheratolitico, *a.* e *m.* (*farm.*) keratolytic.

cheratòma, *m.* (*med.*) keratosis.

cheratoplàstica, *f.* (*med.*) keratoplasty.

cheratòsi, *V.* **cheratoma**.

cheratotomìa, *f.* (*chir.*) keratotomy.

cherigma, *m.* (*teol.*) kerygma.

cherigmàtico, *a.* (*teol.*) kerygmatic.

chèrmes, *m.* (*colorante*) kermes.

cherosène, *m.* (*chim.*) paraffin (oil) (*GB*); kerosene (*USA*).

cherùbico, *a.* cherubic.

cherubìno, *m.* (*teol.* e *fig.*) cherub*.

chetàre, **A** *v. t.* (*calmare*) to calm, to still; (*placare*) to appease; (*far tacere*) to quiet down, to hush. ● **c. un creditore**, to pacify a creditor. **B** **chetàrsi**, *v. i. pron.* to quiet down; to hush: **Chetati!**, be quiet!; shut up! (*fam.*).

chetichèlla, *vc.* – **alla c.**, on the sly; secretly; furtively; stealthily: **fare q.c. alla c.**, to do st. on the sly; **entrare alla c.**, to slip in; **andarsene alla c.**, to steal away; to slink away.

chéto, *a.* ***1*** (*tranquillo*) quiet; calm; tranquil ***2*** (*immobile*) still ***3*** (*silenzioso*) still; silent. ● (*fig.*) **un'acqua cheta**, a sly person; a deep one (*pop.*).

chetoàcido, *m.* (*biochim.*) keto acid.

chetògeno, *a.* (*biochim.*) ketogenic.

chetóne, *m.* (*chim.*) ketone.

chetonemia, *f.* (*med.*) keton(a)emia.

chetònico, *a.* (*chim.*) ketonic; keton (*attr.*): **corpi chetonici**, keton bodies.

chetòso, *m.* (*chim.*) ketose.

chetosteròide, *m.* (*chim.*) ketosteroid.

chevreau (*franc.*), *m.* kid leather.

chewing-gum (*ingl.*), *m. invar.* chewing gum: **un c.**, a piece of chewing gum.

chi (1), **A** *pron. relat.* (*la persona che*) the person who, the one who; (*coloro che*) those who, the people who; (*colui che*) the man [the boy] who, he who (*o* that) (*lett.*); (*colei che*) the woman [the girl] who, she who (*o* that) (*lett.*): **Chi t'informò non disse il vero**, the person who informed you did not tell the truth; **Chi era presente ricorderà che cosa fu detto**, those who were there will remember what was said; **Chi ha fatto ciò deve essere pazzo**, the man who did that must be mad; **Sono gentile con chi è gentile con me**, I am kind to those who are kind to me; **Chi non vuole saperne è suo marito**, her husband is the one who doesn't want to hear about it; **Chi vedemmo non era Anna, ma Giulia**, the girl we saw was Giulia, not Anna; **Non mi fido di chi mi ha già imbrogliato**, I don't trust a person (*o* someone) who has already cheated me; **Riportalo a chi l'hai preso**, take it back to the person you took it from; **Chi sceglierò dovrà essere pronto a lavorare sodo**, the man I choose must be prepared to work hard; **firmato dal padre o da chi ne fa le veci**, signed by the father or someone else in authority; (*prov.*) **Ride bene chi ride ultimo**, he laughs best who laughs last. **B** *pron. rel. indef.* **1** (*chiunque*) whoever; anyone (*o* anybody) who: **Chi dice ciò, sbaglia**, whoever (*o* anyone who) says that is wrong; **Dallo a chi ti pare**, give it to whoever (*form.*: whomever) you like; **Chiedete a chi volete**, ask anyone (you like); **Voglio parlare con chi si occupa delle consegne**, I want to speak to whoever is in charge of deliveries **2** (*uno che*) someone (*o* somebody) who; (*alcuni che*) some who, those who: **Bisogna trovare chi possa farlo**, we must find someone who can do it; **Non c'è chi sappia capirmi**, there isn't anyone (*o* there is no one) who can understand me; **C'è chi ne è convinto**, there are those who believe it **3** (*se alcuno*) in case you; if one; if you: **Chi non lo sapesse, non c'è più acqua**, in case you don't know it, there's no more water **4** (*purché uno*) provided (that) you; if you: **Il testo, chi lo legga con attenzione, è chiarissimo**, if you read the words carefully, you'll find they are absolutely clear. **C** *pron indef.* – **chi... chi**, some (people).... some; some (people)... others: **Chi rideva, chi piangeva**, some (people) were laughing, others were weeping; **Chi dice una cosa, chi un'altra**, some say this, some say that.

chi (2), *pron. interr.* **1** (*sogg.*) who; (*ogg.* e *compl. indir.*) whom (*form.*), who (*fam.*): **Chi è quell'uomo?**, who is that man?; **Chi sono quelle donne?**, who are those women?; **«Permesso?» «Chi è?»**, «may I come in?» «who is it?»; **Tito Marchi? Chi è?**, Tito Marchi? who is he?; **Chi te l'ha mai detto?**, who ever told you that?; **Chi fu che non venne?**, who did not come?; **Mi domando chi sia costui**, I wonder who this man is; **Non so bene chi sia**, I'm not sure who he [she] is; **Guarda un po' chi c'è!**, look who's here!; **Chi lo sa?**, who knows?; **Chi preferisci?**, who(m) do you prefer?; **A chi dovrei scrivere?**, who(m) should I write to?; to whom should I write? (*form.*); **Di chi parlano?**, who(m) are they talking about?; **Non so a chi darlo**, I don't know who(m) to give it to **2** (*rif. a un numero limitato di persone*) which: **Chi di voi va a teatro?**, which of you is (*o* are) going to the theatre?; **Chi di noi preferisci?**, which of us do you prefer?; **Con chi di loro vorresti andare?**, which of them would you like to go with? **3** – **di chi** (*poss.*), whose: **Di chi è?**, whose is it?; **Di chi è quella casa?**, whose house is that?; **Di chi è il libro che hai preso?**, whose book did you take? • **chi va là?**, who goes there? □ **chi va là**, challenge: **dare il chi va là a q.**, to challenge sb. □ **stare sul chi vive**, to be on the qui vive (*o* on the alert).

chi (3), *m.* o *f.* (*ventiduesima lettera dell'alfabeto greco*) chi.

chiacchiera, *f.* **1** (*specialm. al pl.*) (*conversazione leggera*) chat; chatter; talk; chitchat (*fam.*): **fare** (*o* **scambiare**) **due chiacchiere**, to have a chat; to pass the time of day; **perdersi in chiacchiere**, to waste time in idle talk; **Basta con le chiacchiere!**, enough with this chitchat! **2** (*pettegolezzo*) gossip; rumour; (*infondata*) talk, tale: **Ci sono state chiacchiere sul conto di lei**, there has been some gossip about her; **Corrono chiacchiere su di lui**, things are rumoured about him; people are talking about him; **È una c. diffusa dai giornali**, it's a tale (*o* a rumour) put about by the papers **3** (*parlantina*) glib tongue; glibness; gift of the gab (*fam.*) **4** (*pl.*) (*parole vuote*) idle talk; hot air (*fam.*) flannel (*fam. GB*); waffle (*fam. GB*). • **A chiacchiere promette tutto**, he is very glib in promising □ **Poche chiacchiere!**, enough with that nonsense!; cut the cackle! (*fam.*) □ **Troppe chiacchiere!**, too much talk!

chiacchieràre, *v. i.* **1** to chat; to chatter; to talk; to visit with sb. (*fam. USA*): **Mi piace c. con gli amici al caffè**, I like chatting with my friends at the café; **c. del più e del meno**, to chat about this and that; to chat casually; to pass the time of day; to shoot the breeze (*pop. USA*) **2** (*fare pettegolezzi*) to gossip; to talk; to spread rumours: **È uno che chiacchiera**, he's a gossip **3** (*non saper tenere un segreto*) to blabber; to blab **4** (*parlare molto, ciarlare*) to chatter; to be a chatterbox; to natter, to jabber (*fam.*); to yak, to yackety-yak (*pop. USA*): **Quanto chiacchiera quella donna!**, what a chatterbox that woman is!; how that woman chatters on!

chiacchieràta, *f.* **1** chat; talk; chinwag (*fam.*); natter (*fam.*); visit (*fam. USA*): **fare una bella c.**, to have a good chat; to have a nice long visit; to have a good chinwag (*fam.*); to shoot the breeze (*fam. USA*); to chew the fat (*fam. USA*) **2** (*discorso prolisso*) long rigmarole; yarn.

chiacchieràto, *a.* – **È piuttosto c. in città**, he's been causing some gossip in town.

chiacchiericcio, *V.* **chiacchierio**.

chiacchierino, **A** *m.* (*f.* **-a**) **1** chatterer; chatterbox (*fam.*) **2** (*tipo di merletto*) tatting. **B** *a.* chattering; chatty; garrulous.

chiacchierio, *m.* chatter; chattering: **Non so come faccia a lavorare in mezzo a tutto quel c.**, I don't know how he can work with all that chattering going on around him.

chiacchieróne, **A** *m.* (*f.* **-a**) **1** chatterer; chatterbox (*fam.*); gasbag (*pop.*); windbag (*pop.*) **2** (*chi non sa tenere un segreto*) blabbermouth (*fam.*); bigmouth (*fam.*) **3** (*pettegolo*) gossip; telltale. **B** *a.* **1** chatty; talkative; garrulous **2** (*pettegolo*) gossipy.

chiàma, *f.* roll call: **fare la c.**, to call the roll.

chiamàre, **A** *v. t.* **1** (*anche fig.*) to call: **È pronto, chiama papà**, lunch is ready, call Dad; **La chiamai finché non si affacciò**, I called her until she came to the window; **Chiamai tanto, ma non rispose nessuno**, I called and called, but nobody answered; **Chiamalo per nome**, call him by his name; **Chiamò il cane con un fischio**, he whistled for the dog; **Il dovere mi chiama**, duty calls; **Chiamami alle sette** (*per svegliarmi*), call me at seven; **c. il dottore [la polizia]**, to call the doctor [the police]; **Per salvare il gatto hanno dovuto c. i pompieri**, the firemen had to be called out to rescue the cat **2** (*leg.*) to call; to summon: **c. q. a testimone**, to call sb. to witness; (*con mandato di comparizione*) to subpoena sb. as witness; **c. una causa**, to call a case; **c. q. in giudizio** (*o* **in causa**), to summon sb.; to serve sb. with summons **3** (*dare un nome*) to call; to name: **La chiamarono Lina in memoria della nonna**, they called her Lina after her grandmother; **L'hanno chiamato come suo zio**, they named him after his uncle **4** (*rivolgersi a q. con un dato nome*) to call; to address: **Tutti lo c. Dino**, everybody calls him Dino; **La chiamano mamma**, they call her mother; **c. q. per cognome**, to call sb. by his surname; **c. q. «signor X»**, to address sb. as Mr X; **L'ha chiamato imbroglione**, he called him cheat **5** (*nominare*) to call; to appoint: **È stato chiamato a dirigere la ditta**, he's been called to manage the firm; he's been appointed general manager of the firm **6** (*al telefono*) to call; to call up (*USA*); to ring; to give sb. a ring (*o* a call): **Ti chiamo domani**, I'll call (*o* ring) you tomorrow; **Chiamami quando arrivi a casa**, give me a ring me when you get home **7** (*invocare*) to call for; to call upon; to invoke: **c. aiuto**, to call for help; **c. Dio a testimone**, to call upon God as one's witness **8** (*mil.*) to call up: **È stata chiamata la sua classe**, people of his year have been called up; **c. alle armi**, to call up; to call to arms **9** (*alle carte*) to call; to declare; to bid*: **Ho chiamato due quadri**, I called two diamonds. • **c. a raccolta**, to muster; to gather: **Chiamò a raccolta i suoi uomini**, he mustered his men; **c. a raccolta il coraggio**, to muster up one's courage; **c. a raccolta le forze**, to gather one's strength □ **c. q. a rendere conto di q.c.**, to call sb. to account for st. □ (*teatr.*) **c. alla ribalta**, to call out; to call back; (*al passivo*) to take a curtain call □ **c. q. con un cenno**, to beckon to sb.: **Mi chiamò accanto a sé con un cenno**, he beckoned me over to him □ **c. le cose col loro nome** (*o* **c. pane il pane, vino il vino**), to call a spade a spade □ **c. q. da parte**, to take sb. to one side □ **c. disgrazia**, to bring bad luck □ (*naut.*) **c. l'equipaggio ai posti di combattimento**, to call all hands to battle stations; to beat to quarters □ (*naut.*) **c. gli uomini in coperta** (*col fischio*), to pipe all hands on deck □ **c. in causa**, (*coinvolgere*) to involve, to draw in; (*menzionare*) to bring up □ **c. un taxi**, (*per strada*) to hail a taxi; (*per telefono*) to call (*o* to ring for) a taxi □ **Tu chiami proprio gli schiaffi**, you are really asking for it; you're making my palms itch □ **Un errore chiama l'altro**, one mistake leads to another □ **mandare a c. q.**, to send for sb.. **B chiamàrsi**, *v. i. pron.* **1** (*avere nome*) to be called: **Come si chiama questa cosa?**, what's this thing called?; **«Come ti chiami?» «Mi chiamo Andrea»**, «what's your name?» «my name is Andrea»; **Come si chiama il cinema all'angolo?**, what's the name of the cinema on the corner? **2** (*considerarsi*) to count (*o* to consider) oneself: **Puoi chiamarti fortunato**, you may count yourself lucky! **3** (*lett.*: *dichiararsi*) to declare oneself; to own oneself. • **c. fuori**, (*nei giochi di carte*) to call oneself out; (*fig.*) to want out, to opt out □ **Questo sì che si chiama un Natale!**, this is a proper Christmas! □ **Questo si chiama parlar chiaro!**, this is plain speaking!

chiamàta, *f.* **1** call; (*urgente o imperativa*) summons: **Rispose alla c. della patria**, he answered the call of his country; **accorrere a una c.**, to rush to a call; **Il dottore trovò una c. urgente**, the doctor found an urgent call; **dare una c. a q.**, to call sb. **2** (*telef.*) call: **c. telefonica**, telephone call; **c. in teleselezione**, trunk call; long-distance call (*USA*); **c. a carico del destinatario**, reverse-charge call (*GB*); collect call (*USA*) **3** (*leg.*) summons **4** (*appello nominale*) roll call: **fare la c.**, to call the roll **5** (*teatr.*) curtain call **6** (*alle armi*) call-up; draft (*USA*); call to arms **7** (*vocazione*) calling **8** (*tipogr.*: *di rimando*) cross-reference mark; (*di nota al piede*) footnote reference. • **c. in causa**, involvement.

chiamavettùre, *m. invar.* (*di albergo*) commissionaire.

chiàppa, *f.* (*pop.*) buttock.

chiappamósche, *m.* e *f. invar.* (*fig.*) good-for-nothing.

chiappanùvole, *m. e f. invar.* daydreamer.

chiappàre, *v. t.* (*pop.*) to catch*.

chiapparèllo, chiapperèllo, *m.* **1** (*inganno*) catch; trap **2** (*gioco infantile*) tig; tag.

Chiàra, *f.* Clara; Clare.

chiàra, *f.* (*fam.*) white (of an egg); egg white: **tre chiare d'uovo**, the whites of three eggs; three egg whites.

chiaraménte, *avv.* **1** (*in modo chiaro*) clearly; plainly; distinctly **2** (*in modo esplicito*) openly; frankly; candidly **3** (*in modo evidente*) evidently; obviously; plainly.

chiarétto, *m.* (*vino*) light red wine.

chiarézza, *f.* **1** clearness; clarity: **la c. dell'acqua**, the clearness of the water **2** (*lucidità*) clarity; lucidity; clearness: **c. d'idee**, clarity of ideas; **spiegare con c.**, to explain clearly **3** (*franchezza*) openness; frankness: **Ti voglio parlare con c.**, I want to talk to you openly; I want to be open with you.

chiarificànte, A *a.* clarifying. **B** *m.* clarifier; clarifying agent.

chiarificàre, *v. t.* **1** to clarify **2** (*fig.*) to explain; to clear up.

chiarificatóre, A *m.* clarifier. **B** *a.* clarifying.

chiarificazióne, *f.* **1** clarification **2** (*fig.*) explanation; clarification; clearing up.

chiariménto, *m.* explanation; elucidation; clearing up (of a point): **Ho letto la tua relazione e desidererei qualche c.**, I have read your report and should like you to clear up one or two points.

chiarìna, *f.* (*mus.*) clarion.

chiarìre, A *v. t.* **1** to clear up; to explain; to make* clear; to illuminate: **Ti prego di c. questo punto**, I should like you to clear up this point; **c. una questione**, to explain a question; **c. un equivoco**, to clear up a misunderstanding; **c. un mistero**, to clear up a mystery; **c. certi dubbi**, to remove certain doubts **2** (*purificare*) to clarify. **B chiarirsi,** *v. i. pron.* **1** to become* clear; to sort itself **2** (*del tempo*) to clear up.

chiarìssimo, *a.* **1** (*illustre*) eminent; most distinguished **2** (*nelle lettere*) – **C. Prof. Rossi**, Dear Professor Rossi; (*negli indirizzi si omette*) **(Al) C. Prof. G. Verdi**, Prof. G. Verdi.

chiarità, *f.* (*lett.*) clarity; brightness; luminosity; splendour, splendor (*USA*).

chiaritóio, *m.* (*filtro*) filter for liquids.

chiàro, A *a.* **1** (*limpido*) clear; limpid; unclouded: **acqua chiara**, clear water; **olio c.**, clear oil **2** (*di colore*) light; pale: **azzurro c.**, light blue; **grigio c.**, pale grey **3** (*di suono*) clear; ringing: **una voce chiara**, a clear voice **4** (*di capelli, pelle*) fair: **carnagione chiara**, fair complexion **5** (*fig.*: *evidente*) clear; plain; obvious; manifest; apparent: **una chiara menzogna**, a plain lie; **una chiara ingiustizia**, a clear (*o* blatant) injustice; **È c. che non lo sa**, it's obvious (*o* plain) he doesn't know; he obviously doesn't know; **Risultò c. che non c'entrava**, it became apparent he had nothing to do with it **6** (*netto, deciso*) clear; clear-cut: **un risultato c.**, a clear-cut result **7** (*franco*) clear; frank; open; plain; candid: **sguardo c.**, open (*o* frank) look; **Gli farò un discorso molto c.**, I'll be very frank with him **8** (*comprensibile*) clear; plain: **uno stile c.**, a clear style; **una spiegazione chiara**, a clear explanation; **Sono stato c.?**, have I made myself clear? **9** (*fig.*: *illustre*) eminent; celebrated; distinguished: **uno scienziato di chiara fama**, an eminent scientist; **c. ingegno**, distinguished mind. ● **c. come il sole**, as clear as daylight; crystal clear; as plain as the nose on sb.'s face (*fam.*) □ **c. e lampante**, self-evident; obvious; plain for everyone to see □ **c. e tondo**, plain; outright; round; straight: **un no c. e tondo**, a round (*o* plain, flat) no; **una risposta chiara e tonda**, a straight answer □ **dire a chiare note**, to give (sb.) a piece of one's mind; to do some plain speaking □ **Si fa c.**, it is dawning □ **giorno c.**, full day; broad daylight □ **avere le idee chiare**, to have clear ideas; to be clear-headed □ **poco c.**, unclear; dim; rather obscure; (*ambiguo*) not quite clear, shady, fishy (*fam.*) □ (*prov.*) **Patti chiari, amici cari**, short reckonings make long friends. **B** *m.* **1** (*luminosità*) brightness; lightness **2** (*colore chiaro*) light colour: **vestire di c.**, to dress in light colours **3** (*pl.*) (*pitt.*) lights: **i chiari di un dipinto**, the lights in a painting ● **c. di luna**, moonlight; moonshine □ (*fam.*) **c. d'uovo**, white of an egg; egg white □ (*fig.*) **con questi chiari di luna**, the way things are at present; with this state of affairs □ **in c.** (*non in codice*), uncoded (*agg.*); in the clear: **messaggio in c.**, uncoded message; message in the clear □ **mettere in c. q.c.**, to make st. clear; to get st. straight: **Mettiamo bene in c. le cose**, let's get it straight; **tanto per mettere in c. le cose**, just to set the record straight □ **venire in c. di q.c.**, to clear up st.; to unravel st.; to get to the bottom of st. **C** *avv.* **1** clearly **2** (*con franchezza*) clearly; frankly; plainly; directly: **parlare c.**, to speak frankly; to make (st.) plain. ● **c. e tondo**, very clearly; openly; plainly; straight out; in no uncertain terms; in plain English: **Glielo dissi c. e tondo**, I told him straight out (*o* in no uncertain terms, without mincing words) □ **Voglio vederci c.**, I want to get to the bottom of it □ **Non ci vedo c.**, there is something wrong (*o* fishy) about it.

chiaróre, *m.* **1** dim (*o* faint) light; glimmer: **il c. dell'alba**, the first light of dawn; **il debole c. di una candela**, the faint glimmer of a candle **2** (*della luna*) moonshine; radiance.

chiaroscuràle, *a.* chiaroscuro (*attr.*); shaded.

chiaroscuràre, *v. t.* (*pitt.*) to shade.

chiaroscùro, *m.* **1** (*pitt.*) chiaroscuro*: **effetti di c.**, light and shade effects; chiaroscuro **2** (*luce incerta*) twilight **3** (*fig.*: *contrasti*) contrasts (*pl.*).

chiaroveggènte, A *a.* **1** clairvoyant **2** (*fig.*) clear-sighted; far-seeing. **B** *m. e f.* clairvoyant.

chiaroveggènza, *f.* **1** (*divinazione*) clairvoyance **2** (*fig.*) far-sightedness.

chiàṣma, *V.* **chiasmo**, *def.* 2.

chiaṣmàtico, *a.* (*anat.*, *biol.*) chiasmal; chiasmic.

chiàṣmo, *m.* **1** (*retor.*) chiasmus* **2** (*anat.*, *biol.*) chiasma*: **c. dei nervi ottici**, optic chiasma.

chiassàta, *f.* **1** (*schiamazzo*) din; racket **2** (*lite clamorosa*) scene; row: **fare una c.**, to make a scene; to kick up a row; to raise Cain (*fam.*).

chiassìle, *m.* (*edil.*) window frame.

chiàsso (1), *m.* **1** (*rumore*) noise; din; racket: **fare c.**, to make a noise; (*di bambini che giocano*) to romp; **Che era tutto quel c.?**, what was all that racket?; **fare un c. del diavolo**, to make the hell of a noise (*o* a racket) **2** (*fig.*: *scalpore*) stir; sensation; kerfuffle; uproar: **fare c.**, to cause a stir; to create (*o* to cause) a sensation: **Il romanzo fece molto c.**, the novel caused a great sensation; **fare un gran c.**, to create an uproar; (*protestare*) to kick up a fuss.

chiàsso (2), *m.* (*vicolo*) lane; alley.

chiassóne, A *a.* noisy; rowdy. **B** *m.* (*f.* **-a**) noisy person.

chiassosità, *f.* noisiness; rowdiness.

chiassóso, *a.* **1** noisy; rowdy: **strada chiassosa**, noisy street; **comitiva chiassosa**, rowdy group **2** (*fig.*) gaudy; loud; garish: **colore c.**, loud colour.

chiàstico, *a.* (*retor.*) chiastic.

chiàtta, *f.* (*naut.*: *nei porti*) lighter; (*su canale*) barge, flatboat. ● **ponte di chiatte**, pontoon bridge □ **trasportare con chiatte**, to lighter.

chiavàio, chiavaiòlo, *m.* locksmith.

chiavàrda, *f.* bolt: (*ferr.*) **c. da rotaia**, track bolt; **c. della ganascia**, fishbolt; (*edil.*, *mecc.*) **c. di fondazione**, foundation bolt.

chiavàre, *v. t.* (*volg.*) to screw; to fuck.

chiavàta, *f.* (*volg.*) screw; fuck.

chiàve, A *f.* **1** key: **un mazzo di chiavi**, a bunch of keys; **girare la c. nella serratura**, to turn the key in the lock; **aprire con la c.**, to unlock; **chiudere a c.**, to lock; **c. femmina**, hollow key; **c. maestra**, master key; **c. maschio**, solid-shafted key; **c. universale**, skeleton key; **buco della c.**, keyhole; **giro di c.**, turn of the key **2** (*mus.*) clef: **c. di fa**, F clef; bass clef; **c. di sol**, G clef; treble clef; **armatura di c.**, key signature; **un diesis in c.**, a sharp in the key signature **3** (*di un cifrato*) cipher key: **conoscere la c. di un codice**, to know the key to a code; **scoprire la c. di un codice**, to crack a code **4** (*mecc.*) spanner; wrench (*USA*): **c. a brugola**, valve seat wrench; **c. a stella**, box spanner (*USA*: wrench); **c. inglese** (*o* **a rollino**), adjustable spanner; monkey wrench; **c. per le candele**, plug spanner; **c. fissa**, spanner; wrench (*USA*); **c. a forcella**, fork spanner (*USA*: wrench) **5** (*fig.*: *elemento rivelatore*) key; clue; solution: **la c. d'un enigma**, clue to a puzzle; **Questo documento è la c. di tutta la vicenda**, this paper is the key to the whole story **6** (*fig.*: *angolazione, carattere*) point of view; slant; angle: **commentare un fatto in c. politica**, to comment on st. from a political point of view; to give a political assessment of st.; **la storia di Antigone in c. moderna**, a modern transposition of the story of Antigone; **in c. umoristica**, in a humorous vein; with a comic slant. ● (*autom.*) **c. d'accensione**, ignition key □ **c. d'accordatore**, tuning hammer □ (*fig.*) **le chiavi del cuore di q.**, the key to sb.'s heart □ (*fig.*) **le chiavi della città**, the freedom of the city □ **c. di lettura**, interpretation □ (*eccles.*) **le chiavi di S. Pietro**, St. Peter's keys □ (*archit.*) **c. di volta**, keystone □ **chiavi in mano**, (*di contratto, impianto*) turnkey (*attr.*); (*autom.*) on the road: **prezzo chiavi in mano**, price on the road □ **mettere [tenere] sotto c.**, to put [to keep] under lock and key □ (*letter.*) **romanzo a c.**, «roman à clef» (*franc.*) □ **serrare a sette chiavi**, to double-lock; to bolt and bar. **B** *a. invar.* key (*attr.*): **industria c.**, key industry; **parola c.**, key word; **punto c.**, key point; **personaggio c.**, key figure; **teste c.**, key witness.

chiavétta, *f.* **1** key: (*autom.*) **c. dell'accensione**, ignition key **2** (*di giocattolo, ecc.*) key; winder **3** (*su condutture*) tap: **girare la c. del gas**, to turn on the gas **4** (*mecc.*) spline; key: **montare una c.**, to spline.

chiàvica, *f.* drain; sewer.

chiavistèllo, *m.* bolt; latch: **c. a saliscendi**, thumb latch; **mettere il c. a una porta**, to bolt (*o* to latch) a door.

chiàzza, *f.* (large) stain; large spot; blotch: **c. di sangue**, bloodstain; **una c. di vino**, a wine stain; **c. di petrolio**, oil slick; **Aveva chiazze rosse sul viso**, he had red blotches on his cheeks. ● **dipingere q.c. a chiazze**, to paint st. in blotches □ **perdere i capelli a chiazze**, to lose hair in patches □ (*di animale*) **mantello a chiazze**, mottled coat.

chiazzàre, *v. t.* **1** (*macchiare*) to stain; to spot; to blotch **2** (*variegare*) to mottle; to dapple.

chiazzatùra, *f.* **1** staining; spotting **2** (*insieme di chiazze*) stains (*pl.*); spots (*pl.*); blotches (*pl.*); maculation.

chic (*franc.*), **A** *a. invar.* chic; stylish; elegant; fashionable: **un abito c.**, an elegant (*o* a stylish) dress; **un ristorante c.**, a fashionable restaurant; **una donna c.**, a chic woman. **B** *m.* chic; elegance; style.

chicane (*franc.*), *f. invar.* (*bridge*, *autom.*) chicane.

chicano (*spagn.*), *m.* (*f.* **-a**) Chicano*.

chicca, *f.* **1** (*fam.*) sweet; candy (*USA*); sweetie (*fam.*) **2** (*fig.*) rarity; gem; find; treat.

chicchera, *f.* cup: **c. da caffè**, coffee cup.

chicchessìa, *pron. indef.* anyone; anybody: **Lo**

direbbe a c., he would tell anybody; **Non aprire a c.**, don't open to anyone.

chicchiriàre, *v. i.* to crow*.

chicchirichì, *inter.* e *m.* cock-a-doodle-doo. ● **fare c.**, to crow.

chicco, *m.* (*di cereale*) grain, corn; (*di riso*) grain; (*di caffè*) coffee bean; (*di grandine*) hailstone; (*di uva*) grape; (*di collana, rosario*) bead.

chièdere, **A** *v. t.* **1** (*per sapere*) to ask; (*informarsi*) to inquire: **Chiedigli come si chiama**, ask (him) his name; **Bisogna c. il prezzo**, we must ask the price; **Mi chiese notizie di Massimo**, he inquired (*o* asked) after Massimo; **c. se c'è un libro in una libreria**, to inquire for a book in a bookshop **2** (*per ottenere*) to ask (for); (*supplicando*) to beg (for); (*imperiosamente*) to demand; (*cerimoniosamente*) to request: **Gli ho chiesto un aumento**, I asked him for a rise; **c. un favore a q.**, to ask (*o* to beg) a favour of sb.; **c. un libro**, to ask for a book; **Chiedo una spiegazione!**, I demand an explanation; **c. q.c. in prestito**, to ask for the loan of st.; **Mi chiese d'andare con lui**, he asked me to go with him; **Chiedo l'onore d'accompagnarla**, I request the honour of accompanying you; **Il poliziotto mi chiese i documenti**, the policeman demanded to see my papers; **c. l'ora**, to ask the time; to ask what time it is; **c. un parere a q.**, to ask for sb.'s advice; **c. perdono a q.**, to ask (*o* to beg) sb. to forgive one; **c. il permesso a q.**, to ask sb.'s permission **3** (*un prezzo*) to ask; to charge: **Chiede mille sterline per quel quadro**, he is asking one thousand pounds for that painting; **Quanto chiedete per vitto e alloggio?**, how much do you charge for board and lodging? **4** (*domandarsi*) to ask oneself; to wonder: **Mi chiesi in che cosa avevo sbagliato**, I asked myself where I had gone wrong; **Mi chiedo cosa voglia**, I wonder what he wants; **Mi chiedevo se sarebbe venuto**, I wondered whether he would come. ● (*teatr.*) **c. un bis**, to call for an encore □ **c. l'elemosina**, to beg (for alms) □ **c. grazia**, to ask for mercy □ **c. licenza di fare q.c.**, to ask leave to do st. □ **c. la mano di una ragazza**, to ask for a girl's hand; to propose to a girl □ **c. scusa a q.**, to apologize to sb.; to beg sb.'s pardon □ **c. silenzio**, to ask for silence; to request silence □ **Chiedo scusa**, excuse me; I'm sorry; pardon me □ **Chiedo scusa, come ha detto?**, I beg your pardon? **B** *v. i.* **1** (*informarsi*) to ask (about st.); (*chiedere notizie*) to ask (after sb.), to inquire (after sb.); **Gli chiesi del suo lavoro**, I asked him about his work; **Mi ha chiesto di te**, He asked after you **2** (*cercare*) to ask for st.: **Nessuno ha chiesto di me?**, has anybody asked for me?

chiérica, *f.* **1** (*eccles.*) tonsure **2** (*scherz.*: *calvizie*) baldness.

chiericàto, *m.* (*eccles.*) **1** (*condizione di ecclesiastico*) clerical status **2** (*clero*) clergy.

chierichétto, *m.* altar boy.

chiérico, *m.* **1** (*ecclesiastico*) cleric; clergyman* **2** (*seminarista*) seminarist **3** (*chi serve messa*) server **4** (*lett.*: *dotto*) scholar.

chièṣa, *f.* **1** (*l'edificio*) church; (*di monastero*) minster; (*protestante non conformista*) chapel: **andare in c.**, (*per pregare*) to go to church; (*nell'edificio*) to go into a church; **musica di c.**, church music **2** (*l'unione dei fedeli*) Church: **la C. anglicana**, the Church of England; **la C. cattolica**, the (Roman) Catholic Church; **la C. militante**, the Church Militant; **i padri della C.**, the Fathers of the Church. ● (*prov.*) **In c. coi santi, in taverna coi fanti**, when in Rome do as the Romans do.

chieṣàstico, *a.* ecclesiastical; church (*attr.*); churchy.

chieṣuòla, *f.* **1** small church **2** (*fig. spreg.*: *conventicola*) group; clique; coterie **3** (*naut.*) binnacle.

chifel, *m.* (*cucina*) crescent-shaped bun.

chìffero, *m.* (*cucina*) croissant (*franc.*).

chiffon (*franc.*), *m.* (*tessuto*) chiffon.

chiglia, *f.* (*naut.*) keel: **c. di rollio**, bilge keel; rolling chock (*USA*); **c. piatta**, flat keel.

chignon (*franc.*), *m. invar.* chignon; bun.

chihuaua (*spagn.*), *m. invar.* (*zool.*) chihuahua.

chilìfero, *a.* (*fisiol.*) chyliferous.

chilificàre, *v. t.* (*fisiol.*) to chylify.

chilificazióne, *f.* (*fisiol.*) chylification.

chilo (1), *m.* kilo: **due chili di pere**, two kilos of pears; **mezzo c.**, half a kilo.

chilo (2), *m.* (*fisiol.*) chyle. ● **fare il c.**, to rest (*o* to have a nap) after a meal.

chilocalorìa, *V.* **kilocaloria**.

chilociclo, *V.* **kilociclo**.

chilogràmmetro, *V.* **kilogrammetro**.

chilogràmmo, *V.* **kilogrammo**.

chilohèrtz, *V.* **kilohertz**.

chilòlitro, *V.* **kilolitro**.

chilometràggio, *V.* **kilometraggio**.

chilometràre, *V.* **kilometrare**.

chilomètrico, *V.* **kilometrico**.

chilòmetro, *V.* **kilometro**.

chilomicróne, *m.* (*biol.*) chylomicron.

chilòpode, *m.* (*zool.*) chilopod.

Chilòpodi, *m. pl.* (*zool., Chilopoda*) Chilopoda.

chilòṣi, *V.* **chilificazione**.

chiloton, *V.* **kiloton**.

chilovòlt, *V.* **kilovolt**.

chilowatt, *V.* **kilowatt**.

chilowattóra, *V.* **kilowattora**.

chimàṣi, *f.* (*biol.*) chymase.

chimèra, *f.* **1** (*mitol.*) chim(a)era **2** (*fig.*) chimera; illusion; pipedream; daydream: **la c. del successo**, the chimera of success; **correre dietro a una c.**, to chase after an illusion.

chimèrico, *a.* chimerical; unreal; utopistic; visionary; dreamlike.

chìmica, *f.* chemistry: **c. organica** [**inorganica**], organic [inorganic] chemistry; **c. fisica**, physical chemistry; **c. industriale**, industrial chemistry.

chìmico, **A** *a.* chemical: **stabilimento c.**, chemical plant. **B** *m.* (*f.* **-a**) (research) chemist.

chimificàre, *v. t.* (*fisiol.*) to chymify.

chimificazióne, *f.* (*fisiol.*) chymification.

chimiṣmo, *m.* (*chim., med.*) chemism.

chìmo, *m.* (*fisiol.*) chyme.

chimòno, *m.* kimono: **manica a c.**, kimono sleeve.

chimoṣina, *f.* (*fisiol.*) chymosin.

china (1), *f.* (*pendio*) slope; declivity; descent: **salire una c.**, to go up a slope (*o* a hill). ● (*fig.*) **mettersi su una brutta c.**, (*di persone*) to take a wrong turning; (*di cose*) to take a turn for the worse □ (*fig.*) **risalire la c.**, to get back on top.

china (2), *f.* **1** (*bot., Cinchona*) cinchona (tree): **corteccia di c.**, cinchona (bark); Peruvian bark; China bark **2** (*liquore*) «china» (cordial made with cinchona bark).

china (3), *f.* (*inchiostro di china*) Indian ink; India ink (*USA*); China ink.

chinàre, **A** *v. t.* to bend*; to bow; to lower: **c. gli occhi**, to lower one's eyes; to look down; **c. il busto in avanti**, to bend the bust forward; to bend over; **c. il capo**, to bend one's head; (*per vergogna o dolore*) to bow one's head; (*per dire di sì, per il sonno*) to nod; (*fig.*: *cedere*) to bow one's head, to accept the inevitable, to give in. **B chinàrsi**, *v. rifl.* **1** to stoop (down); to bend* (down); (*inchinarsi*) to bow: **Mi chinai per raccattare il fazzoletto**, I stooped (*o* I bent down) to pick up my handkerchief; **c. su q.** [**q.c.**], to bend (*o* to lean) over sb. [st.] **2** (*fig.*: *sottomettersi*) to submit; to give* in.

chinàto, *a.* (*che contiene china*) containing cinchona bark.

chincàglia, *V.* **chincaglieria**.

chincaglière, *m.* seller of knick-knacks (*o* of fancy goods).

chincaglierìa, *f.* **1** (*generalm. pl.*) trinkets; knick-knacks; fancy goods **2** (*negozio*) gift shop; fancy goods shop.

chineṣiterapìa, e *deriv. V.* **cinesiterapia**, e *deriv.*

chinetòṣi, *f.* (*med.*) kinetosis; motion sickness.

chinidìna, *f.* (*chim.*) quinidine.

chinìna, *f.* (*chim.*) quinine.

chinìno, *m.* (*farm.*) quinine.

chino, *a.* lowered; bowed; bent: **a capo c.**, with one's head lowered (*o* bowed); **La madre era china sulla culla**, the mother was bending over the cradle; **Era c. sui libri**, he was poring over his books.

chinolìna, *f.* (*chim.*) quinoline.

chinóne, *m.* (*chim.*) quinone.

chinòtto, *m.* **1** (*bot., Citrus aurantium myrtifolia*) (variety of) bitter orange **2** (*bibita*) bitter-orange drink.

chintz (*ingl.*), *m.* (*ind. tess.*) chintz.

chiòccia, *f.* **1** brooding (*o* sitting) hen: **una c. coi pulcini**, a hen with its brood of chicks; **c. artificiale**, brooder **2** (*fig.*) protective mother.

chiocciàre, *v. i.* to cackle; to cluck.

chiocciàta, *f.* brood of chicks.

chiòccio, *a.* clucking; croaking: **voce chioccia**, croaking (*o* harsh) voice.

chiòcciola, *f.* **1** (*zool., Helix pomatias*) snail **2** (*mecc.*) female screw **3** (*anat.*) cochlea* **4** (*di violino, violoncello, ecc.*) scroll. ● **scala a c.**, winding (*o* spiral) staircase.

chioccolàre, *v. i.* **1** (*di uccelli*) to whistle; to warble **2** (*gorgogliare*) to gurgle.

chioccolìo, *m.* **1** (*di uccelli*) whistling; warbling **2** (*gorgoglio*) gurgling.

chiòccolo, *m.* **1** (*verso di uccelli*) whistle; warbling birdcall **2** (*richiamo*) bird whistle.

chiodàia, *f.* (*mecc.*) swage block.

chiodàio, *m.* nail maker.

chiodaiòlo, *m.* **1** *V.* **chiodaio** **2** (*fig. spreg.*) person running into many debts.

chiodàme, *m.* (assortment of) nails.

chiodàto, *a.* spiked; nailed: **bastone c.**, spiked stick; **scarpe chiodate**, hobnail boots.

chiodatrice, *f.* (*mecc.*) riveting machine; riveter.

chiodatùra, *f.* (*mecc.*) riveting: **c. a caldo**, hot riveting; **c. a catena**, chain riveting; **c. ermetica**, tight riveting; **c. semplice**, single riveting.

chioderìa, *f.* **1** nail factory **2** (*chiodame*) nails (*pl.*).

chiodìno, *m.* (*bot., Armillaria mellea*) honey agaric; honey mushroom.

chiòdo, *m.* **1** nail; (*mecc.*) rivet; (*a capocchia larga*) stud; (*di scarpone*) hobnail; (*di scarpe da sport, di battistrada di pneumatico*) spike: **c. da cavallo**, horseshoe nail; **c. senza testa**, headless nail; **c. tubolare**, tubular rivet; **conficcare** (*o* **piantare**) **un c.**, to drive (*o* to hammer in) a nail; **ribadire un c.**, to rivet a nail **2** (*fig.*: *idea fissa*) fixed idea; obsession; fixation: **È un suo c. e nessuno glielo toglie di testa**, it's a fixed idea of his and no one can get it out of his head; **avere un c. fisso**, to have a bee in one's bonnet; to have an obsession **3** (*fig.*: *dolore, fitta*) pain; pang; stab **4** (*fig. fam.*: *debito*) debt: **piantare chiodi**, to make debts. ● **c. da ghiaccio** (*o* **roccia**), piton; peg □ **c. di garofano**, clove □ (*med.*) **c. solare**, neuralgic headache □ (*fig.*) **attaccare la racchetta** [**i guantoni, ecc.**] **al c.**, to hang up one's racket [one's gloves] □ **magro come un c.**, as thin as a rake □ **Roba da chiodi!**, unbelievable!; sheer lunacy! □ (*prov.*) **C. scaccia c.**, one worry [pain, etc.] drives out another.

chiolite, *f.* (*miner.*) chiolite.

chiòma, *f.* **1** hair; (flowing) locks (*pl., lett.*); tresses (*pl., lett.*); (*scherz.*) mane, head of hair: **una c. fluente**, long thick hair **2** (*criniera*) mane **3** (*di cometa*) coma* **4** (*di albero*) foliage.

chiomàto, *a.* **1** long-haired **2** (*di albero*) leafy **3** (*di elmo*) feathered.

chiòṣa, *f.* gloss; note; annotation.
chioṣàre, *v. t.* to gloss; to annotate.
chioṣatóre, *m.* (*f.* **-trice**) glossator; glossarist; annotator.
chiòsco, *m.* ***1*** stall; stand; kiosk; booth: **c. del fiorario**, flower stall; **c. dei giornali**, news-stand; newspaper kiosk; **c. delle bibite**, refreshment stand (*o* booth) ***2*** (*di giardino*) gazebo; summerhouse.
chiòstra, *f.* ***1*** (*recinto*) enclosure ***2*** (*di monti*) encircling chain ***3*** (*di denti*) set (of teeth).
chiòstro, *m.* ***1*** (*archit.*) cloister ***2*** (*estens.*: *convento*) cloister; monastery; convent.
chiòtto, *a.* quiet; furtive: **andarsene c. c.**, to slip away unobtrusively; to steal away.
chiòvolo, *m.* (*agric.*) yoke peg.
chirghiṣo, *V.* **kirghiso**.
chirografàrio, *a.* (*leg.*) chirographary. ● **credito c.**, unsecured credit.
chirògrafo, *m.* (*leg.*) chirograph.
chirologìa, *f.* palmistry; chiromancy.
chiromànte, *m. e f.* palmist; chiromancer; fortune-teller.
chiromàntico, *a.* chiromantic(al).
chiromanzìa, *f.* palmistry; chiromancy; fortune-telling.
chiromegalìa, *f.* (*med.*) chiromegaly.
chironomìa, *f.* ch(e)ironomy.
chiropràtica, *V.* **chiroterapia**.
chiropràtico, *V.* **chiroterapeuta**; **chiroterapico**.
chiroterapèuta, *m. e f.* chiropractor.
chiroterapìa, *f.* chiropractic.
chiroteràpico, *a.* chiropractical.
chiroterapìsta, *V.* **chiroterapeuta**.
Chiròtteri, *m. pl.* (*zool.*, *Chiroptera*) Chiroptera.
chiròttero, *m.* (*zool.*) chiropter; chiropteran.
chirurgìa, *f.* surgery.
chirùrgico, *a.* surgical.
chirùrgo, *m.* surgeon: **medico c.**, surgeon.
Chisciòtte, *m.* (*letter.*) Quixote.
chissà, *avv.* ***1*** who (*o* heaven) knows; I wonder: **C. quando lo rivedrò**, who knows when I shall see him again; **C. se pioverà domani**, I wonder whether it will rain tomorrow; **C. dove l'ho visto**, I wonder where I can have seen him; **«Credi che si sposeranno?» «C.!»**, «do you think they will get married?» «who knows?» (*o* «it's anyone's guess!»); **C. com'è stato bello!**, it must have been beautiful!; **C. quanta gente c'era oggi allo stadio**, there must have been quite a few people to day at the stadium; **Aspettava da c. quanto**, he must have been waiting for ages; **C. come sei stanco**, you must be worn out; **C. chi si crede d'essere!**, who does he think he is? ***2*** (*forse*) perhaps; maybe; possibly: **«Verrai a Roma quest'estate?» «C.!»**, «are you coming to Rome next summer?» «possibly»; **C. che non possa aiutarti**, perhaps I may be able to help you; **C. che non venga anch'io!**, may be I'll come too; I might come too. ● **Si crede d'essere c. chi**, he thinks he's the bee's knees (*o* the cat's whiskers) (*fam.*) □ **Crede di aver comprato c. che**, God knows what he thinks he's bought □ **È convinto di avere scritto c. che capolavoro!**, he thinks he has written the ultimate masterpiece.
chitàrra, *f.* guitar: **c. elettrica [acustica]**, electric [acoustic] guitar; **suonare la c.**, to play the guitar.
chitarràta, *f.* ***1*** piece of guitar music ***2*** (*spreg.*) shoddy playing ***3*** (*fig.*) adulation; soft soap (*fam.*).
chitarrìsta, *m. e f.* guitar player; guitarist.
chitarróne, *m.* (*mus.*) chitarrone; bass lute.
chitìna, *f.* (*biol.*) chitin.
chitinóso, *a.* (*biol.*) chitinous.
chitóne, *m.* (*stor.*) chiton.
chiù, *V.* **assiolo**.
chiùdere, A *v. t.* ***1*** to shut*; to close; to fasten; (*a chiave*) to lock: **c. una porta [una finestra, un cancello]**, to shut a door [a window, a gate]; **c. un cassetto [un libro]**, to shut a drawer [a book]; **Chiusi la porta con un calcio**, I kicked the door shut; **Chiuse con fracasso il cassetto**, he slammed the drawer shut; **c. l'ombrello**, to close one's umbrella; **c. gli occhi**, to close (*o* to shut) one's eyes; **c. un circuito elettrico**, to close an electric circuit; **c. un conto**, to close an account ***2*** (*recingere*) to enclose: **c. una proprietà con una siepe**, to enclose a property with a hedge ***3*** (*rinchiudere*) to shut* up; (*a chiave*) to lock up: **Il gatto era chiuso in casa**, the cat was shut up in the house; **c. q.c. in cassaforte**, to lock st. up in a safe; **c. q. in prigione**, to lock sb. up (in jail) ***4*** (*chiudere un locale*) to shut* up; to shut* down; to close down: **c. bottega**, (*per la notte*) to shut up shop; (*definitivamente*) to close down; **Chiuderò casa e andrò in un albergo**, I'll shut up house and go to a hotel; **c. una fabbrica**, to shut down a factory ***5*** (*concludere*) to close; to conclude; to end; to finish; to wind* up: **c. un discorso**, to conclude a speech; **c. un dibattito**, to wind up a debate; **c. un caso**, to wrap up a case ***6*** (*venire per ultimo*) to bring* up the rear of; to come* at the end of: **c. un corteo**, to bring up the rear of a procession ***7*** (*staccare, spegnere, disinserire*) to shut* off; to turn off; to switch off: **c. il gas**, to shut off (*o* to turn off) the gas; **c. un rubinetto**, to turn off a tap; **c. la radio**, to turn off (*o* to switch off) the radio; **c. la luce**, to switch off the light ***8*** (*limitare, circondare*) to shut* in; to surround: **La valle era chiusa da due catene di monti**, the valley was shut in by two mountain ranges ***9*** (*tappare*) to stop, to plug; (*con un sughero*) to cork; (*con un tappo di gomma*) to bung: **c. un buco**, to stop a hole; **c. una bottiglia**, to cork a bottle. ● **c. a catenaccio**, to bolt □ (*mecc.*) **c. l'aria a un carburatore**, to choke a carburettor □ **c. baracca**, to close down; to go out of business; (*lasciare tutto, andarsene*) to pack up, to quit □ (*fam.*) **c. il becco**, to shut one's mouth; to belt up (*pop. GB*); to can it (*pop. USA*); to keep one's trap shut (*pop.*) □ **c. la bocca** (*tacere*), to hold one's tongue; to shut up (*fam.*): **Chiudi la bocca!**, hold your tongue!; shut up! □ **c. la bocca a q.**, (*imbavagliare, anche fig.*) to gag sb.; (*eufem.*: *uccidere*) to shut sb. up □ (*naut.*) **c. i boccaporti**, to batten down the hatches □ **c. con un lucchetto**, to padlock □ **c. con un muro**, to wall (up) □ **c. con uno steccato**, to fence (in) □ **c. il cuore alla pietà**, to close one's heart to pity; to harden one's heart □ **c. ermeticamente**, to seal (hermetically) □ **c. fuori**, to shut out; (*a chiave*) to lock out □ **c. i propri giorni**, to end one's days; to end one's life □ **c. in una morsa**, to grip □ **c. una lettera**, to seal a letter; (*concludere*) to close a letter □ (*fig.*) **c. un occhio**, to let (st.) pass; to turn a blind eye to st.: **Decisi di c. un occhio su quell'errore**, I decided to let that mistake pass; **La polizia sa tutto ma preferisce c. un occhio**, the police know all about it but they choose to turn a blind eye □ (*fig.*) **c. gli occhi** (*morire*), to die; to pass away □ **c. il passo**, to block (*o* to bar) the way □ (*anche fig.*) **c. la porta in faccia a q.**, to shut the door in sb.'s face (*o* upon s.) □ **c. il pugno**, to clench one's fist □ **c. una strada al traffico**, to close a road to traffic □ **non c. occhio** (*non dormire*), not to sleep a wink. **B** *v. i.* ***1*** to shut*; to close (down): **La finestra non chiude**, the window won't close; **L'ufficio chiude alle sei**, the office shuts at six; **I negozi chiudono alle sette**, shops close (down) at seven ***2*** (*finire*) to close; to end; to finish: **c. in bellezza**, to end with a flourish ***3*** (*cessare un'attività*) to close down; to go* out of business; to sell* one's business. ● (*comm.*) **c. in attivo**, to show a profit □ (*cinem., TV*) **c. in dissolvenza**, to fade out □ (*comm.*) **c. in pareggio**, to balance □ **Si chiude!**, closing time! **C chiùdersi,** *v. i. pron.* ***1*** to shut*; to close: **Questo cassetto non si chiude**, this drawer won't shut; **La porta si chiuse in silenzio**, the door closed silently; **c. con uno scatto**, to click shut; to snap shut; **c. con fracasso**, to slam (*o* to bang) shut; **Le acque si chiusero sulla nave che affondava**, the water closed over the sinking ship ***2*** (*del cielo, del tempo*) to cloud over; to become* overcast ***3*** (*di ferita*: *rimarginarsi*) to heal over ***4*** (*finire*) to close; to end: **La cena si chiuse con un brindisi**, the dinner closed with a toast; **La riunione si chiuse alle 6**, the meeting ended at six. **D chiùdersi,** *v. rifl.* ***1*** (*avvolgersi*) to wrap up: **Si chiuse nel cappotto**, he wrapped up in his coat ***2*** (*rinchiudersi, anche fig.*) to shut* oneself up; to withdraw*: **c. in convento**, to retire to a convent; **Mi sono chiuso fuori di casa**, I've locked myself out; **Si chiuse nel suo dolore**, he shut himself (up) in his grief; **c. in se stesso**, to retire (*o* to withdraw) into oneself; **c. nel silenzio**, to withdraw into silence.
chiudilèttera, *m. invar.* charity stamp.
chiudipòrta, *f. invar.* door check.
chiùnque, A *pron. relat. indef.* ***1*** whoever (*ogg.*: whomever); anyone (*o* anybody) who (*ogg.*: whom); (*molto enfatico*) whosoever (*ogg.*, whomsoever): **C. venga, digli di aspettare**, whoever comes, tell him to wait; **C. entri per ultimo è pregato di chiudere**, whoever (*o* the person who) comes in last is requested to close the door; **C. non fosse d'accordo è libero di andarsene**, anyone that doesn't agree is free to go: **Dallo a c. tu voglia**, give it to whoever (*form.*: to whomever) you like; **C. tu incontri, fermalo**, stop anyone you meet; **Farò vedere il quadro a c. lo desideri**, I'll show the picture to anyone who wants to see it ***2*** (*rif. a un numero ristretto di persone*) whichever; any(one) who (*ogg.*: whom): **C. di loro mi cerchi, digli che non sono in casa**, whichever of them calls (*o* may call), tell him I'm not at home; **Dallo a c. di loro te lo chieda**, give it to any (*o* anyone) of them who ask (*o* asks) for it; **Lo darò a c. di voi incontrerò per primo**, I'll give it to whichever of you I meet first ***3*** – **di c.** (*poss.*) whosever: **Be', di c. sia, non è il mio**, well, whosever it is, it isn't mine; **È una bellissima casa, di c. essa sia**, it's a very fine house, whoever (*form.*: whomever) it belongs to. **B** *pron. indef.* (*chicchessia*) anyone; anybody: **C. è capace di farlo**, anybody can do that; **C. avrebbe fatto altrettanto**, anyone would have done the same; **Sa farlo meglio di c. altro**, he can do it better than anybody else.
chiurlàre, *v. i.* to hoot.
chiùrlo, *m.* (*zool.*, *Numenius arquata*) curlew. ● **c. piccolo** (*Numenius phaeopus*), whimbrel.
chiùsa, *f.* ***1*** (*di corso d'acqua*) dike, dyke; dam; weir ***2*** (*di canale*) lock; sluice ***3*** (*di fiume a valle*) narrowing ***4*** (*terreno recintato*) enclosure ***5*** (*conclusione*) end; ending; conclusion.
chiusìno, *m.* ***1*** cover; trap(door) ***2*** (*stradale*) manhole cover.
chiùso, A *a.* ***1*** closed; shut; (*a chiave*) locked; (*sigillato*) sealed: **libro c.**, closed book; **vocale chiusa**, closed vowel; **busta chiusa**, sealed envelope; **circuito c.**, closed circuit ***2*** (*comm.*) balanced; settled: **conto c. il 30 giugno**, account settled on the 30th of June ***3*** (*fig.*: *poco espansivo*) reserved; withdrawn; uncommunicative; bottled-up (*fam.*) ***4*** (*di tempo*: *coperto*) overcast; cloudy ***5*** (*di abito*: *accollato*) high-neck; (*abbottonato*) buttoned. ● **c. nei propri pensieri**, absorbed in thought □ **a occhi chiusi**, with one's eyes closed (*o* shut); (*fig.*: *con fiducia*) blindly, with full confidence □ (*leg.*) **a porte chiuse**, in camera □ **argomento c.**, closed subject □ **cantare a bocca chiusa**, to hum □ **casa chiusa**, brothel □ **Chiuso!**, enough!; that's it! □ **circolo c.**, exclusive club □ **essere di mente chiusa**, to be narrow-minded □ **idee chiuse**, narrow opinions □ **mare c.**, inland sea □ (*econ.*) **mer-**

cato c., closed market □ **mondo c.**, tightly-knit world □ **Ho il naso c.**, my nose is blocked □ **numero c.**, fixed number; restricted entry; (*di università, anche*) numerus clausus (*lat.*) □ **spazio c.**, enclosed space. **B** *m.* **1** (*luogo recintato*) enclosure **2** (*per animali*) pen; (*per pecore*) fold. ● **odore di c.**, musty (*o* stuffy) smell □ **sapere di c.**, to smell musty □ **starsene al c.**, to stay indoors.

chiusùra, *f.* **1** closing; shutting; closure: **la c. delle scuole**, the closing of schools; **la data di c. delle iscrizioni**, the closing date for enrolment; **c. estiva**, summer closure; **orario di c.**, closing time; **giorno di c. pomeridiana** (*dei negozi*), early-closing day **2** (*di azienda, ecc.*) closure, closing down; (*temporanea*) shutdown **3** (*econ., rag.*) closing; settling; settlement: **c. di cassa**, closing of accounts; **bilancio di c.**, closing balance; **prezzo di c.**, closing price **4** (*fine*) end, close; (*conclusione*) conclusion, wind-up: **la c. delle trasmissioni**, the end of the programmes; **la c. di un dibattito**, the winding up of a debate; **la c. della caccia**, the close of the shooting season; **parole di c.**, closing (*o* concluding) words; **in c. di pagina**, at the end of the page **5** (*dispositivo per chiudere*) fastening, fastener; (*di bottiglia, sacchetto, ecc.*) closure, seal; (*serratura*) lock; (*fermaglio*) clasp: **c. a scatto**, (*di porta*) latch; (*di borsa, ecc.*) clasp: (*autom.*) **c. centralizzata**, remote central locking; **c. di sicurezza**, safety catch; **c. ermetica**, hermetic sealing; seal; **c. lampo**, zip (fastener); zipper (*USA*); **dispositivo a c. automatica**, self-locking device. ● (*naut.*) **c. di boccaporto**, hatch □ **c. di Borsa**, close of the Exchange □ (*leg.*) **c. del fallimento**, discharge of the bankrupt □ **c. mentale**, (*ristrettezza*) narrow-mindedness; (*opposizione*) utter opposition.

choc, *V.* **shock**.

chow chow (*ingl.*), *m. invar.* (*zool.*) chow-chow; chow.

ci (1), **A** *pron. pers. di 1ª pers. pl.* **1** (*compl. ogg. e di termine*) us: **Questo bambino ci ama**, this child loves us; **Dicci la verità**, tell us the truth; **Perdonateci**, forgive us; **Non ci videro**, they didn't see us; **Ci spiegò che cosa fare**, he explained to us what to do; **Ascoltaci**, listen to us **2** (*fam. per «con lui», «con lei»*) with him [her]; to him [her]: **È arrivata? Vorrei parlarci**, is she here? I'd like to speak to her **3** (*coi v. rifl.*) ourselves (*spesso omesso*): **Non ci vediamo come ci vedono gli altri**, we don't see ourselves as others see us; **Ci lavammo e vestimmo in un attimo**, we washed and got dressed in no time **4** (*coi v. i. pron.: ha come corrispondente l'agg. poss.*) – **Ci lavammo le mani**, we washed our hands; **Ci togliemmo il cappotto**, we took off our coats **5** (*coi v. rifl. recipr.: fra due*) each other; (*fra più di due*) one another (*talora omessi*): **Ci vedevamo tutti i giorni**, we saw each other every day; **Dobbiamo aiutarci**, we must help one another (*o* each other); **Ci baciammo**, we kissed. **B** *pron. dimostrativo* it; this; that: **Non ci credo**, I don't believe it; **Ci penso io**, I'll see to it; **Ci penserò**, I'll think it over; **Ci puoi contare**, you can count on that; **Non ci feci caso**, I didn't notice (it). **C** *avv.* **1** (*di luogo: qui*) here; (*là, lì*) there: **Il dottore non c'è**, the doctor isn't here (*o* is not in, is not at home); **L'Inghilterra? Ci ho abitato diversi anni**, England? I lived there several years; **Ci vado spesso**, I often go there; **Conosco la strada, perché ci passo spesso**, I know the street because I often go that way; **Dammi un altro turacciolo, questo non c'entra**, give me another cork, this one won't go in; **Mettici un po' di zucchero**, put some sugar in it **2** (*pop.: compl. di causa*) of it; because of it: **Dunque vieni? Ci ho piacere**, so you're coming? I'm glad (of it) **3** (*enclitico, con «ecco»*) here: **Eccoci!**, here we are! ● **c'è**, there is: **C'è una qualità migliore**, there is a better type □ **ci sono**, there are: **Ci sono molti treni**, there are many trains □ **Non ci sente bene**, he doesn't hear very well □ **Ci sto**, count me in.

ci (2), *f.* o *m.* (*lettera*) c; C.

ciabàtta, *f.* **1** (*pantofola chiusa*) slipper; (*aperta dietro*) mule: **Mi ricevette in ciabatte**, he received me in his slippers **2** (*scarpa malandata*) worn-out shoe **3** (*fig.: di persona*) wreck **4** (*forma di pane*) flat loaf; ciabatta. ● (*fig.*) **in ciabatte**, informally; comfortably □ (*fig.*) **Mi tratta come una c.**, he treats me like an old rag.

ciabattàio, *m.* **1** (*fabbricante*) slipper maker **2** (*venditore*) seller of slippers.

ciabattàre, *v. i.* **1** (*camminare facendo rumore*) to flap one's slippers [one's shoes] **2** (*andare in giro in ciabatte*) to shuffle along (*o* about) in one's slippers.

ciabattàta, *f.* blow with a slipper.

ciabattìno, *m.* **1** cobbler; shoe repairer **2** (*fig.*) cobbler; bungler; botcher.

ciabattòna, *f.* **1** (*donna sciatta*) slovenly woman*; slattern; slut **2** *V.* **ciabattone,** *def.* *1* e *3*.

ciabattóne, *m.* (*f.* **-a**) **1** (*chi cammina ciabattando*) shuffler **2** (*fig.: uomo sciatto*) slovenly fellow; sloven **3** (*fig.: pasticcione*) cobbler; bungler; botcher.

ciàc, **A** *inter.* **1** (*rumore di sciacquio*) squash; squish **2** (*rumore di colpo*) whack; slap **B** *m.* (*cinem.*) **1** (*la tavoletta*) clapperboard **2** (*ripresa*) take. ● (*cinem.*) **C.! si gira!**, action!; camera!

ciacchista, *m.* e *f.* (*cinem.*) clapper boy.

ciaccóna, *f.* (*mus.*) chaconne.

ciàck, **ciàk** *V.* **ciac**.

ciàcola, (*region.*) *V.* **chiacchiera**.

ciacolàre, (*region.*) *V.* **chiacchierare**.

cialda, *f.* (*anche farm.*) wafer.

cialdóne, *m.* (*cucina*) cornet.

cialtróna, *f.* **1** (*mascalzona*) bad lot; bitch (*fam.*) **2** (*donna sciatta*) slattern; slut **3** (*abborracciona*) sloven; bungler; botcher.

cialtronàta, *f.* shabby (*o* rotten) trick.

cialtróne, *m.* **1** (*mascalzone*) scoundrel; bad lot; bastard **2** (*uomo sciatto*) slovenly fellow; sloven **3** (*abborraccione*) sloven; bungler; botcher.

cialtronerìa, *f.* **1** (*mascalzonaggine*) shabby (*o* despicable) behaviour **2** (*sciatteria*) slovenliness **3** *V.* **cialtronata**.

cialtronésco, *a.* dirty; shabby; mean.

ciambèlla, *f.* **1** (*cucina*) ring-shaped cake; (*piccola*) doughnut, donut (*USA*) **2** (*di salvataggio*) life belt; life buoy **3** (*dentaruolo*) teething ring **4** (*oggetto a forma di ciambella*) ring; hoop. ● (*prov.*) **Non tutte le ciambelle riescono col buco**, you can't win them all.

ciambellàno, *m.* chamberlain; steward.

ciampanèlle, *f. pl.* – **andare in c.**, to rave; to talk nonsense.

ciampicàre, *v. i.* **1** (*strascicare i piedi*) to drag one's feet; to shuffle along **2** (*barcollare*) to stumble along.

cianamìde, **cianammìde**, *f.* (*chim.*) cyanamide.

cianàto, *m.* (*chim.*) cyanate.

ciànca, *f.* (*scherz.*) leg; shank.

ciància, *f.* (*specialm. al pl.*) idle talk; prattle; claptrap (*fam.*); yackety-yak (*fam. USA*); (*fandonia*) lie.

cianciafrùscola, *f.* trifle; bagatelle.

cianciàre, *v. i.* to talk idly; to prate; to jabber (*fam.*); to natter (*fam.*); to rabbit (*fam. GB*); to yackety-yak (*fam. USA*).

ciancicàre, *v. i.* (*fam.*) **1** (*pronunciare male*) to mumble; to stammer **2** (*biascicare*) to chew slowly **3** (*lavorare lentamente*) to dawdle; (*pasticciare*) to tinker, to mess about **4** (*region.: spiegazzare*) to crumple.

cianfrinàre, *v. t.* (*metall.*) to caulk.

cianfrinatóre, *m.* (*metall.*) caulker.

cianfrinatùra, *f.* (*metall.*) caulking.

cianfrìno, *m.* (*metall.*) caulking iron.

cianfrugliàre, *v. t.* e *i.* to bungle; to botch.

cianfruglióne, *m.* (*f.* **-a**) bungler; botcher.

cianfrusàglia, *f.* **1** (*ninnolo*) knick-knack; trinket; gewgaw **2** (*pl.*) (*ammasso di cose*) bits and pieces; odds and ends; junk (*sing.*).

ciangottàre, **A** *v. i.* **1** to stammer; to stutter **2** (*di bambini*) to prattle **3** (*di uccelli*) to twitter **4** (*di acqua*) to babble. **B** *v. t.* to stammer; to mutter.

ciangottìo, *m.* **1** stammering; stuttering **2** (*di bambini*) prattle; prattling **3** (*di uccelli*) twittering **4** (*di acqua*) babbling.

ciànico, *a.* (*chim.*) cyanic: **acido c.**, cyanic acid.

cianìdrico, *a.* (*chim.*) hydrocyanic: **acido c.**, hydrocyanic acid.

cianìna, *f.* (*chim.*) cyanin(e).

cianìte, *f.* (*miner.*) cyanite.

cianocobalamìna, *f.* (*biochim.*) cyanocobalamin.

cianògeno, *m.* (*chim.*) cyanogen.

cianografìa, *f.* **1** (*tecnica*) blueprint process **2** (*immagine*) blueprint; cyanotype.

cianogràfico, *a.* blueprint (*attr.*): **carta cianografica**, blueprint paper.

cianògrafo, *m.* blueprinter.

cianòṣi, *f.* (*med.*) cyanosis*.

cianòtico, *a.* (*med.*) cyanotic.

cianotipìa, *V.* **cianografia**.

cianotìpico, *V.* **cianografico**.

cianòtipo, *m.* (*tipogr.*) blueprint; cyanotype.

cianuràre, *v. t.* (*chim., metall.*) to cyanide.

cianurazióne, *f.* **1** (*chim.*) cyanidation **2** (*metall.*) cyanide process.

cianùro, *m.* (*chim.*) cyanide: **c. di potassio**, potassium cyanide; **c. di argento**, silver cyanide.

ciào, *inter.* (*fam.*) **1** (*incontrando q.*) hello; hullo; hi (*USA*) **2** (*lasciando q.*) bye-bye; so long (*USA*); cheerio (*GB*); ta-ta (*GB*). ● **fare c. c. con la mano**, to wave one's hand.

ciàppola, *f.* burin.

ciappolàre, *v. t.* to engrave (with a burin).

ciaramèlla, *f.* (*mus.*) shawm.

ciàrda, *f.* (*danza ungherese*) czardas*.

ciàrla, *f.* **1** (*notizia falsa*) rumour; gossip; talk **2** (*pl.*) (*chiacchiera*) chat; chitchat; natter (*fam.*); yakking (*fam. USA*) **3** (*loquacità*) garrulity, loquaciousness; (*parlantina*) glib tongue, gift of the gab (*fam.*).

ciarlàre, *v. i.* to chat; to chatter; to natter (*fam.*); to jabber (*fam.*); to rabbit (*fam. GB*); to yak (*fam. USA*); to shoot the breeze (*fam. USA*); (*spettegolare*) to gossip.

ciarlàta, *f.* chitchat; chinwag (*fam.*).

ciarlatanàta, *f.* humbug; sham; fraud.

ciarlataneria, *f.* charlatanism; fraud; (*di medico*) quackery.

ciarlatanésco, *a.* sham, humbug (*attr.*), charlatan (*attr.*); (*rif. alla medicina*) quackish; quack (*attr.*): **rimedio c.**, quack remedy.

ciarlatàno, *m.* **1** (*imbonitore*) charlatan; mountebank **2** (*medico incapace*) quack **3** (*impostore*) fraud; impostor.

ciarlièro, *a.* talkative; garrulous; loquacious; voluble.

ciarlóne, *m.* (*f.* **-a**) great talker; chatterer; gasbag (*fam.*).

ciarpàme, *m.* trash; rubbish; junk; garbage (*USA*).

ciascheduno, *V.* **ciascuno**.

ciascùno, **A** *a. indef.* **1** (*ogni*) every: **Ciascun uomo aveva con sé un sacco**, every man had a bag with him **2** (*distributivo*) each: **una firma su ciascun foglio**, a signature on each sheet; **Parlai con ciascuna donna**, I spoke to each woman. **B** *pron. indef.* **1** (*ognuno*) everybody; everyone; every person [man, woman]: **C. esitava**, everyone hesitated; **A c. il suo**, give every man his due **2** (*distributivo*) each; each person [one, man, woman]: **Avevano una banana (per) c.**, they had a banana each; **Guardai c. dei presenti**, I looked at each man present; **Diedi a c. un bicchiere**, I gave each one (of them) a glass; **Le rose costano 5.000**

lire ciascuna, roses are 5,000 lire each.
cibàre, A *v. t.* to feed*; to nourish. **B cibàrsi,** *v. i. pron.* (*anche fig.*) to feed* on; to live on.
cibàrie, *f. pl.* provisions; foodstuff (*sing.*).
cibernètica, *f.* cybernetics (*pl. col verbo al sing.*).
cibernètico, *a.* cybernetic.
cibo, *m.* **1** (*anche fig.*) food; fare; nourishment: **andare in cerca di c.,** to search for food; **cibi e bevande,** food and drink; **cibi grassi,** fat food; **cibi indigesti,** heavy food; **c. sano,** wholesome food; **c. abbondante,** plenty of food; plentiful fare **2** (*pietanza*) dish: **Portarono cibi prelibati,** they brought delicious dishes. ● **non toccare c.,** not to eat a thing.
cibòrio, *m.* **1** (*archit.*) ciborium* **2** (*eccles.*: *tabernacolo*) tabernacle **3** (*eccles.*: *pisside*) ciborium*; pyx*.
cicàla, *f.* **1** (*zool.*, *Cicada*) cicada* **2** *V.* **cicalino.** ● (*zool.*) **c. di mare** (*Squilla mantis*), squill; mantis shrimp.
cicalàre, *v. i.* to chatter; to jabber (*fam.*); to natter (*fam.*); to gab (*fam.*); to yak (*fam. USA*).
cicalàta, *f.* long boring talk; twaddle; rigmarole.
cicaléccio, *m.* **1** chatter; chattering; babble; jabber **2** (*di uccelli o insetti*) chirping; chirruping; twittering.
cicalino, *m.* buzzer.
cicalio, *m.* buzz; chatter.
cicatrice, *f.* **1** (*med.*) scar; cicatrix* **2** (*fig.*) scar; mark.
cicatrìcola, *f.* **1** (*biol.*, *zool.*) cicatricle **2** (*bot.*) cicatrix*.
cicatriziàle, *a.* (*med.*) cicatricial.
cicatrizzànte, *a.* (*farm.*) cicatrizant.
cicatrizzàre, (*med.*) **A** *v. t.* to heal; to cicatrize. **B** *v. i.* e **cicatrizzàrsi,** *v. i. pron.* to cicatrize; to heal; to scar.
cicatrizzazióne, *f.* (*med.*) cicatrization; healing process.
cicca (1), *f.* **1** (*mozzicone di sigaretta*) cigarette end (*o* stub, butt); fag end (*fam. GB*); (*di sigaro*) cigar end (*o* butt) **2** (*fam.*: *sigaretta*) ciggie; smoke; fag (*GB*) **3** (*tabacco da masticare*) quid; plug (*USA*): **biascicare una c.,** to chew a quid. ● (*fam.*) **Non vale una c.,** it isn't worth a bean (*o* a straw); (*di scritto*) it isn't worth the paper it's written on.
cicca (2), *f.* (*fam.*: *gomma da masticare*) (chewing) gum: **una c.,** a piece of chewing gum.
ciccaiòlo, *m.* one who picks up cigarette ends.
ciccàre, *v. i.* **1** to chew tobacco (*o* a quid) **2** (*region.*, *fig.*) to eat one's heart out.
cicchettàre, A *v. i.* (*fam.*) to tipple. **B** *v. t.* **1** (*gergo autom.*) to prime **2** (*fam.*: *rimproverare*) to tell* off; to carpet (*fam.*); to chew out (*fam.*).
cicchétto, *m.* (*fam.*) **1** (*bicchierino di liquore o vino*) drop; nip; dram; snifter (*GB*); pick-me-up (*fam.*); bracer (*fam.*); shot (*fam.*) **2** (*fig.*: *rimprovero*) telling-off; ticking-off; carpeting (*fam.*): **fare un c. a q.,** to tick sb. off; to carpet sb. (*fam.*); to chew sb. out (*fam.*) **3** (*gergo autom.*) priming: **dare un c.,** to prime.
ciccia, A *f.* **1** (*fam.*) meat **2** (*scherz.*: *carne umana*) flesh; (*grasso*) fat, avoirdupois (*fam.*); blubber (*fam.*): **Era ben coperto di c.,** he was well-covered in flesh; **metter su c.,** to put on weight (*o* flesh); **rotolo di c.,** roll of fat. **B** *inter.* (*pop.*) **1** (*un bel nulla*) zero; zilch (*USA*); beans (*USA*) **2** (*niente affatto*) in a pig's eye.
cicciolo, *m.* **1** (*pop.*) small excrescence of fat **2** (*pl.*) (*cucina*) cracklings.
ciccióna, *f.* (*fam.*) fat woman*; fatty (*fam.*); cow (*fam.*).
ciccióne, *m.* (*fam.*) fat man*; fatty (*fam.*); slob (*fam.*); tub of lard (*fam.*).
cicciòtto, A *m.* fleshy excrescence. **B** *a.* plump; chubby.
cicciùto, *a.* (*fam.*) fat; plump.
cicérbita, *f.* (*bot.*, *Sonchus*) sow thistle.
cicérchia, *f.* (*bot.*, *Lathyrus sativus*) chickling.
cicero, *m.* (*tipogr.*) cicero.
Ciceróne, *m.* (*stor.*) Cicero.
ciceróne, *m.* guide; cicerone*: **fare da c.,** to act as guide; **fare da c. a q.,** to show sb. around.
ciceronianismo, *m.* (*letter.*) Ciceronianism.
ciceroniàno, *a.* (*letter.*) Ciceronian.
cicisbèo, *m.* **1** (*stor.*) «cicisbeo»* **2** (*vagheggino*) ladies' man*; gallant; (*bellimbusto*) fop.
ciclàbile, *a.* cycle (*attr.*); for bicycles: **pista c.,** cycle path (*o* track).
ciclamino, A *m.* (*bot.*, *Cyclamen europaeum*) cyclamen. **B** *a.* cyclamen-coloured; cyclamen (*attr.*).
ciclammàto, *m.* (*chim.*) cyclamate.
ciclicità, *f.* cyclicity.
ciclico, *a.* cyclic(al): **fasi cicliche,** cyclical phases; (*mat.*) **permutazione ciclica,** cyclic permutation; (*letter.*) **i poeti ciclici,** the cyclic poets.
ciclismo, *m.* (*sport*) cycle racing: **c. su strada,** road racing; **c. su pista,** track racing.
ciclista, *m.* e *f.* **1** cyclist; cycler (*USA*) **2** (*sport*) racing cyclist **3** (*region.*: *chi ripara biciclette*) bicycle repairer. ● (*moda*) **collo alla c.,** turtleneck.
ciclistico, *a.* bicycle (*attr.*); cycle (*attr.*): **gara ciclistica,** bicycle race; **pista ciclistica,** cycle track.
ciclizzàre, *v. t.* (*chim.*) to cycle.
ciclizzazióne, *f.* (*chim.*) cyclization.
ciclo (1), *m.* **1** cycle: **cicli storici,** historical cycles; **il c. delle stagioni,** the cycle of seasons; **c. economico,** business cycle **2** (*serie*) course, series; (*di cure mediche*) course: **un c. di lezioni,** a course of lectures; **un c. di incontri,** a series of meetings **3** (*letter.*, *mus.*) cycle: **il c. arturiano,** the Arthurian cycle; **c. di canzoni,** song cycle. ● (*mecc.*) **c. a due tempi,** two-stroke cycle □ (*fisiol.*) **c. cardiaco,** cardiac cycle □ **c. di avviamento,** starting cycle □ (*fis.*) **c. di isteresi,** hysteresis loop □ (*econ.*) **c. di lavorazione,** operation (*o* working) schedule □ (*astron.*) **c. lunare,** cycle of the moon; lunar cycle □ (*fisiol.*) **c. mestruale,** menstrual cycle; period (*fam.*) □ (*econ.*) **c. produttivo,** cycle of production; production cycle □ (*ind.*) **rimettere in c.,** to recycle.
ciclo (2), *m.* (*abbr. fam.*: *bicicletta*) cycle; bike (*fam.*).
cicloalpinismo, *m.* (*sport*) mountain cycling.
cicloalpinista, *m.* e *f.* mountain cyclist.
ciclocampèstre, (*sport*) **A** *a.* cross-country cycle (*attr.*). **B** *f.* cross-country cycle race.
ciclocròss, *m.* (*sport*) cross-country cycle racing; cyclo-cross.
ciclocrossista, *m.* (*sport*) cross-country cyclist.
cicloesàno, *m.* (*chim.*) cyclohexane.
ciclofurgóne, *m.* carrier tricycle.
cicloidàle, *a.* (*geom.*) cycloidal.
ciclòide, *f.* (*geom.*) cycloid.
ciclometrìa, *f.* (*mat.*) cyclometry.
ciclomotóre, *m.* (small) motorcycle; moped; motorbike (*fam.*).
ciclomotorista, *m.* e *f.* moped rider.
ciclóne, *m.* **1** (*meteor.*) cyclone; depression **2** – (*meteor.*) **c. tropicale,** cyclone; hurricane; (*in Estremo Oriente*) typhoon **3** (*fig.*, *di persona*) ball of fire; live wire; tornado*. ● **entrare come un c.,** to storm in □ **occhio del c.,** eye of the hurricane □ (*fig.*) **essere nell'occhio del c.,** to be in the eye of the storm.
ciclònico, *a.* cyclonic.
ciclonite, *f.* (*chim.*) cyclonite.
cicloparaffina, *f.* (*chim.*) cycloparaffin.
ciclòpe, *m.* **1** (*mitol.*) Cyclops* **2** (*zool.*) cyclops*.
ciclòpico, *a.* **1** (*mitol.*, *archeol.*) cyclopean: **mura ciclopiche,** cyclopean walls **2** (*fig.*) huge; mammoth (*attr.*): **impresa ciclopica,** mammoth task.
ciclopismo, *m.* (*med.*) cyclopia; cyclopy.
ciclopista, *f.* cycle path (*o* track); (*corsia della strada*) bicycle lane.
ciclopropàno, *m.* (*chim.*) cyclopropane.
ciclostilàre, *v. t.* to cyclostyle; to duplicate.
ciclostile, *m.* (*mecc.*) cyclostile; duplicator. ● **copie a c.,** duplicated copies.
ciclotimìa, *f.* (*psic.*) cyclothymia.
ciclotìmico, *a.* (*psic.*) cyclothymic; cyclothymial.
ciclotróne, *m.* (*fis. nucl.*) cyclotron.
cicloturismo, *m.* bicycle touring; cycling.
cicloturista, *m.* e *f.* person who goes on a cycling holiday; cyclist; cycling tourist.
cicloturìstico, *a.* bicycle touring.
cicógna, *f.* **1** (*zool.*, *Ciconia*) stork **2** (*aeron.*) grasshopper **3** (*autom.*) two-tier car carrier. ● (*fig.*) **l'arrivo della c.,** a visit from the stork.
cicòria, *f.* (*bot.*, *Cichorium intybus*) chicory; succory.
cicùta, *f.* **1** (*bot.*, *Conium maculatum*) hemlock; bennet **2** (*veleno*) hemlock **3** (*bot.*) – **c. acquatica** (*Cicuta virosa*), cowbane; water hemlock; **c. rossa** (*Geranium robertianum*), cranesbill.
ciecaménte, *avv.* blindly; (*avventatamente*) rashly.
cièco, A *a.* (*anche fig.*) blind: **c. da un occhio,** blind in one eye; **c. dalla nascita,** born blind; **diventare c.,** to go (*o* to become) blind; **c. d'ira,** blind with rage; **c. alla bellezza,** blind to beauty; **L'amore è c.,** love is blind; **ubbidienza cieca,** blind obedience. ● **c. come una talpa,** as blind as a bat (*o* as a mole) □ **alla cieca,** (*senza vedere, senza sapere*) blindly; (*avventatamente*) rashly, recklessly: **Andò alla cieca fino al muro,** he went blindly to the wall; he groped his way to the wall; **scegliere alla cieca,** to choose blindly; **tirare pugni alla cieca,** to throw wild punches □ **finestra cieca,** blind window □ (*anat.*) **intestino c.,** caecum; blind gut (*fam.*) □ **lanterna cieca,** dark lantern □ (*gioco*) **mosca cieca,** blind-man's buff □ **muro c.,** blind wall □ (*fisiol.*) **punto c.,** blind spot □ **vicolo c.,** blind alley; (*anche fig.*) dead end □ (*aeron.*) **volo c.,** blind flight. **B** *m.* (*f.* **-a**) **1** blind person: **c. di guerra,** blinded war veteran **2** (*pl.*) (*collett.*) (the) blind: **istituto dei ciechi,** institute for the blind.
cièlo, *m.* **1** sky; heavens (*pl. lett.*): **c. azzurro [grigio],** blue [grey] sky; **c. sereno,** clear (*o* cloudless) sky; **c. nuvoloso [coperto],** cloudy [overcast] sky; **c. stellato,** starry sky; **c. a pecorelle,** mackerel sky; **c. da temporale,** stormy sky; **la volta del c.,** the heavens **2** (*paradiso*) Heaven, heaven: **il Regno dei Cieli,** the Kingdom of Heaven; **salire al c.,** to go to heaven **3** (*Dio*) Heaven, heaven; God: **Pregai il C.,** I prayed to Heaven; **Il c. mi aiuti!,** heaven help me!; **Il c. non voglia!,** heaven forbid!; **Voglia il c. che...,** I wish to heaven (that)...; God grant (that)...; **Volesse il c. che...,** would to heaven...; if only...: **Volesse il c. che fosse finita!,** if only it were all over!; **Lo sa il c. se ci ho provato,** Heaven knows I tried; **Se il c. lo vorrà,** God willing; **mandato dal c.,** sent from heaven; heaven-sent; **rassegnarsi ai voleri del C.,** to resign oneself to God's will **4** (*sfera celeste*) heaven: **i cieli del Paradiso di Dante,** the heavens of Dante's Paradise **5** (*lett.*: *clima, paese*) sky; clime; country: **sotto un c. più benigno,** in a gentler clime; **Ero cresciuto sotto altri cieli,** I had grown up under other skies (*o* in another country) **6** (*soffitto*) ceiling; (*volta*) vault: **il c. della stanza,** the ceiling of the room **7** (*di automobile*) top **8** (*di galleria*) roof. ● (*fig.*) **a ciel sereno,** out of the blue □ **alzare gli occhi al c.,** to raise one's eyes; to look up □ **Ieri Laura ha annunciato che vuole andare a vi-**

vere da sola. **Apriti cielo!**, when Laura announced yesterday she wanted to go and live on her own, all hell broke loose □ **color del c.**, sky-blue □ **dormire a c. aperto**, to sleep in the open (*o* under the open sky) □ (*fig.*) **essere al settimo c.**, to be overjoyed; to be in (the) seventh heaven; to be on cloud nine (*fam.*); to be over the moon (*fam. GB*) □ **conduttura a c. aperto**, surface pipe □ (*fig.*) **un fulmine a ciel sereno**, a bolt from the blue □ **Grazie al c.!**, thank Heavens! □ **miniera a c. aperto**, opencast mine □ (*fig.*) **muovere c. e terra**, to move heaven and earth; to leave no stone unturned □ (*fig.*) **non stare né in c. né in terra**, to have neither rhyme nor reason; not to make sense; to be preposterous □ **Per amor del c.!**, for haven's sake! □ (*fig.*) **piovere dal c.**, to arrive unexpectedly □ **denaro piovuto dal c.**, a windfall □ **portare q. al (settimo) c.**, to praise sb. to the skies □ **Santo** (*o* **giusto**) **c.!**, good heavens!; heavens above! □ **È scritto in c.**, it's written in the stars □ (*fig.*) **toccare il c. con un dito**, to walk on air; to be beside oneself with joy.

cifòṣi, *f.* (*med.*) kyphosis*.

cifòtico, *a.* (*med.*) kyphotic.

cifra, *f.* ***1*** (*mat., elab.*) figure; digit; numeral; numeric character: **Scrivi il numero in lettere e in cifre**, write the number in words and in figures; **cifre arabe [romane]**, Arabic [Roman] numerals; **un numero di tre cifre**, a three-digit (*o* three-figure) number; **L'ultima c. è un nove**, the last digit is a nine; **calcolare i decimali fino alla terza c.**, to calculate to three places of decimals; **c. tonda**, round figure: **in c. tonda**, in round figures; **fare c. tonda**, to round off a figure [a price, etc.] ***2*** (*somma di denaro*) figure; sum; amount: **Mille sterline è una bella c.**, a thousand pounds is quite a figure (*o* a considerable sum); **chiedere una c. esagerata**, to name an exorbitant figure (*o* price); **È pronto a pagare qualsiasi c.**, he's ready to pay any price ***3*** (*monogramma*) initials (*pl.*); monogram: **le mie cifre sul fazzoletto**, my initials on the handkerchief ***4*** (*codice segreto*) cipher, cypher; code: **scrivere in c.**, to write in cipher; **la chiave della c.**, the key to the cipher; the cipher key; **un telegramma in c.**, a ciphered (*o* coded) telegram ***5*** (*fig.*: *elemento caratteristico*) key feature.

cifràre, *v. t.* ***1*** (*ricamare in cifra*) to embroider sb.'s initials (*o* monogram) on; to mark (st.) with one's monogram ***2*** (*scrivere in cifra*) to code; to cipher, to cypher.

cifràrio, *m.* cipher book.

cifràto, *a.* ***1*** (*con un monogramma*) monogrammed; initialled; with initials: **fazzoletto c.**, monogrammed handkerchief ***2*** (*scritto in cifra*) coded; ciphered; in cipher, in cypher: **messaggio c.**, coded message. ● (*mus.*) **basso c.**, figured bass.

cifratùra, *f.* ***1*** ciphering; coding ***2*** (*mus.*) notation: **c. del basso**, bass notation.

cifrìsta, *m.* e *f.* coder; cipherer.

cigliàto, *a.* (*bot., zool.*) ciliate(d).

ciglio, *m.* (*pl.* **cigli**, *m., nella def. 4*; **ciglia**, *f., nelle altre*) ***1*** (*pl.*) eyelashes ***2*** (*sopracciglio*) eyebrow; brow (*generalm. pl.*): **aggrottare le ciglia**, to knit one's brows; to frown; **alzare [inarcare] le ciglia**, to raise [to arch] one's eyebrows ***3*** (*poet.*: *sguardo*) eyes (*pl.*): **abbassare le ciglia**, to lower one's eyes ***4*** (*orlo*) edge; border; brink: **il c. del fosso**, the edge of the ditch; **il c. della strada**, the side of the road; the roadside; **il c. d'un burrone**, the brink of a gorge ***5*** (*pl.*) (*bot., zool.*) cilia. ● **a c. asciutto**, dry-eyed □ **in un batter di c.**, in the twinkling of an eye □ **senza batter c.**, without flinching; without turning a hair.

ciglióne, *m.* ***1*** bank; embankment ***2*** (*bordo*) edge; brink.

cigno, *m.* ***1*** (*zool., Cygnus*) swan*; (*femmina*) pen; (*giovane*) cygnet: **c. reale** (*Cygnus olor*), mute swan; **c. nero** (*Chenopis atrata*), black swan; **c. trombetta** (*Cygnus buccinator*), trumpeter (swan) ***2*** (*fig.*) swan: **Bellini fu detto il c. di Catania**, Bellini was called the swan of Catania ***3*** (*astron.*) Swan; Cygnus. ● (*anche fig.*) **canto del c.**, swan song.

cigolàre, *v. i.* ***1*** (*di ruota, porta, ecc.*) to creak; to squeak ***2*** (*di legna che brucia, ecc.*) to hiss.

cigolìo, *m.* ***1*** squeaking; creaking ***2*** (*di legna che brucia, ecc.*) hissing.

Cile, *m.* (*geogr.*) Chile.

cilécca, *f.* – **fare c.**, (*di arma da fuoco*) to misfire, not to go off; (*fig.*) to misfire, to fail, to miscarry, to fall flat.

cilèno, *a.* e *m.* (*f.* **-a**) Chilean (*f.* Chilean woman*).

cilestrìno, *a.* (very) pale blue.

cilèstro, *a.* (*lett.*) sky-blue.

ciliàre, *a.* ciliary; of the eyelashes.

Ciliàti, *m. pl.* (*zool., Ciliata*) Ciliata.

ciliàto, *m.* (*zool.*) ciliate.

cilicio, *m.* ***1*** (*stoffa*) haircloth; cilice ***2*** (*indumento penitenziale*) hairshirt, cilice; (*corda*) knotted cord, haircloth belt ***3*** (*fig.*: *tormento fisico*) torment; agony: **Queste scarpe sono un c.**, these shoes are agony ***4*** (*fig.*: *tormento morale*) cross: **È un c. che devo portare**, it is a cross I have to bear.

ciliegéto, *m.* cherry orchard.

ciliègia, *f.* cherry: **ciliegie sotto spirito**, maraschino cherries; **nocciolo di c.**, cherry stone. ● (*prov.*) **Una c. tira l'altra**, one thing leads to another □ **color c.**, cherry red; cherry-red (*agg.*).

ciliegina, *f.* ***1*** (candied) cherry ***2*** (*fig.*) cherry on the cake.

ciliègio, *m.* ***1*** (*bot., Prunus avium*) cherry tree: **fior di c.**, cherry blossom ***2*** (*legno*) cherry (wood).

cilindràia, *f.* (*tecn.*) roller mill; roller pulverizer.

cilindràre, *v. t.* ***1*** (*carta, stoffa*) to calender ***2*** (*una strada*) to roll. ● (*metall.*) **c. a caldo [a freddo]**, to hot-roll [to cold-roll].

cilindràsse, *m.* (*anat.*) axon.

cilindràta, *f.* ***1*** (*mecc., autom.*) (piston) displacement; swept volume ***2*** (*ind. cartaria*) charge. ● (*autom.*) **auto di grossa [di piccola] c.**, high-powered [low-powered] car □ **Di che c. è?**, what size is its engine?

cilindratóio, *m.* (*tecn.*) calender; roller.

cilindratrice, *f.* ***1*** (*ind. tess.*) calender ***2*** – **c. stradale**, roller.

cilindratùra, *f.* ***1*** (*di stoffa, carta*) calendering ***2*** (*di strada*) (road) rolling.

cilindrico, *a.* cylindric(al).

cilindro, *m.* ***1*** (*geom.*) cylinder ***2*** (*autom.*) cylinder: **rettifica di un c.**, grinding of a cylinder; **cilindri in linea**, cylinders in line; **a due cilindri**, twin-cylinder ***3*** (*rullo*) roll; roller ***4*** (*ind. tess. e cartaria*) calender ***5*** (*cappello*) top hat; silk hat; stovepipe hat (*fam.*) ***6*** (*tipogr.*) cylinder.

cilindròide, *m.* (*geom.*) cylindroid.

cima, *f.* ***1*** top; (*vetta, anche*) summit, peak: **la c. di una torre**, the top of a tower; **le cime dei monti**, the mountain tops; **le cime dell'Himalaya**, the Himalayan peaks; **la c. del colle**, the hilltop; **Eravamo in c. alla collina**, we were on the top of the hill; **scalare una c.**, to climb a peak; **l'orologio in c. alle scale**, the clock at the top of the stairs; **Gli uccelli facevano il nido in c. agli alberi**, birds were nesting in the treetops; **Mettilo in c.**, put it on top ***2*** (*fam.*: *persona intelligente*) person with brains; genius: **Suo figlio è una c.**, his son's got brains; **Non è una c. ma studia molto**, he's no genius but he studies hard ***3*** (*naut.*) line; hawser; rope; cable: **c. da ormeggio**, mooring line. ● **cime di rapa**, turnip tops □ **da c. a fondo**, from top to bottom; thoroughly; entirely; (*dall'inizio alla fine*) from beginning to end; (*di libro*) from cover to cover: **La casa è stata pulita da c. a fondo**, the house has been cleaned from top to bottom (*o* has been thoroughly cleaned) □ **L'idea di tornare era in c. ai miei pensieri**, my chief thought was to go back □ **L'idea di un viaggio in Grecia era in c. ai miei pensieri**, the idea of a journey to Greece dominated my thoughts (*o* was foremost in my thoughts).

cimàre, *v. t.* ***1*** (*siepi, ecc.*) to trim; to clip; to prune ***2*** (*alberi*) to poll; to lop ***3*** (*ind. tess.*) to shear*; to clip.

cimàṣa, *f.* ***1*** (*archit.*) cymatium* ***2*** (*edil.*) coping ***3*** (*di mobile*) frieze.

cimàta, *f.* ***1*** (*di siepe, ecc.*) cropping; trimming ***2*** (*di albero*) polling; lopping ***3*** (*ind. tess.*) shearing; clipping.

cimatóre, *m.* ***1*** (*agric.*) poller ***2*** (*ind. tess.*) shearer; clipper.

cimatoria, *f.* (*ind. tess.*) shearing shop.

cimatrice, *f.* (*ind. tess.*) shearing (*o* clipping) machine.

cimatùra, *f.* ***1*** (*agric.*) polling; lopping; (*cime tagliate*) toppings (*pl.*) ***2*** (*ind. tess.*) shearing, clipping; (*il pelo tagliato*) sheared nap, shearings (*pl.*), clippings (*pl.*).

cìmbalo, *m.* (*mus.*) cymbal. ● (*fig.*) **andare** (*o* **essere**) **in cimbali**, to be tipsy.

cimbro, **A** *a.* Cimbrian; Cimbric. **B** *m.* Cimbrian: **i Cimbri**, the Cimbri.

cimèlio, *m.* ***1*** relic; memento; heirloom; (*come oggetto di collezionismo*) curio*, souvenir: **cimeli del Risorgimento**, relics of the Risorgimento; **un c. di famiglia**, a family heirloom; **cimeli napoleonici**, Napoleonic curios ***2*** (*iron.*: *anticaglia*) old junk ***3*** (*iron., di persona*) old fogey, old fossil.

cimentàre, **A** *v. t.* ***1*** (*mettere alla prova*) to put* to the test; to try: **c. la tolleranza di q.**, to put sb.'s forbearance to the test ***2*** (*rischiare*) to risk ***3*** (*provocare*) to provoke; to challenge ***4*** (*oreficeria*) to assay; to test. **B** **cimentàrsi,** *v. rifl.* ***1*** (*mettersi alla prova*) to test one's strength (against sb.); to compete with; to measure oneself; (*assol.*) to put* oneself to the test, to try one's mettle: **c. con q.**, to measure oneself against sb.; to compete with sb. ***2*** (*arrischiarsi, tentare*) to make* an (*o* the) attempt; to try; to venture (on); to undertake (st.): **Non so se riuscirò, ma vorrei cimentarmi**, I don't know whether I shall succeed, but I want to try (*o* to make the attempt); **L'anno venturo mi cimenterò nel tedesco**, next year I shall take on German; **c. in un'impresa**, to venture upon a feat.

ciménto, *m.* ***1*** (*prova*) test; trial ***2*** (*rischio*) risk; danger. ● **mettere a c.**, (*rischiare*) to risk, to endanger; (*provare*) to put to the test.

cimice, *f.* ***1*** (*zool., Cimex*) bug; cimex*: **c. dei letti** (*Cimex lectularius*), bedbug ***2*** (*puntina da disegno*) drawing pin ***3*** (*pop.*: *microspia*) bug ***4*** (*spreg.*: *distintivo fascista*) Fascist badge.

cimiciàio, *m.* ***1*** bug-infested place; place crawling with bugs ***2*** (*fig.*: *luogo sudicio*) filthy place; pigsty.

cimicióso, *a.* bug-ridden; bug-infested.

cimièro, *m.* ***1*** crest ***2*** (*lett.*: *elmo*) helmet ***3*** (*arald.*) crest.

ciminièra, *f.* ***1*** (*di fabbrica*) (factory) chimney; smokestack ***2*** (*di nave*) funnel.

cimiteriàle, *a.* ***1*** graveyard (*attr.*); churchyard (*attr.*); cemeterial ***2*** (*fig.*) funereal; lugubrious; gloomy.

cimitèro, *m.* ***1*** cemetery; graveyard; burial ground; (*annesso a una chiesa*) churchyard: **una visita al c.**, a visit to the cemetery; **c. di guerra**, war cemetery; **il vecchio c. ebraico**, the old Jewish cemetery; **un c. di automobili**, a graveyard for old cars; a car cemetery; **c. degli elefanti**, elephants' burial ground ***2*** (*fig.*) morgue; dead place: **Il luogo pareva un c.**, the place was like a morgue; **Milano in agosto è un cimitero**, Milan is a dead city in August. ● **c. di automobili**, car cemetery (*o* dump) □ **un c. di navi**, a graveyard of ships □ (*fig.*) **fare un c.**, to make a massacre.

Cimmèri, *m. pl.* (*mitol.*) Cimmerians.
cimmèrio, *a.* (*lett.*: *oscuro*) Cimmerian.
cimòfane, *m.* (*miner.*) cymophane.
cimolo, *m.* (*bot.*) top; head.
cimòmetro, *m.* (*fis.*) wavemeter.
cimósa, *f.* **1** (*ind. tess.*) selvage; selvedge **2** (*cancellino*) board rubber; blackboard duster.
cimóso, *a.* (*bot.*) cymose.
cimùrro, *m.* **1** (*vet.*) distemper **2** (*scherz.*) bad (*o* nasty) cold.
Cina, *f.* (*geogr.*) China.
cinàbro, *m.* **1** (*miner.*) cinnabar **2** (*poet.*: *rosso vermiglio*) vermilion.
cincia, *f.* (*zool.*, *Parus*) tit; titmouse*: **c. mora** (*Parus ater*), coaltit.
cinciallégra, *f.* (*zool.*, *Parus major*) great tit.
cincilla, *f.* (*zool.*, *Chincilla laniger*) chinchilla.
cincin, *inter.* cheers!; chin chin! ● **fare c.**, to clink glasses.
cincischiàre, A *v. t.* **1** (*tagliuzzare*) to cut* up clumsily **2** (*sgualcire*) to crumple; to crease; to crush **3** (*le parole*) to mumble; to mutter. **B** *v. i.* **1** (*perdere tempo*) to fiddle (about); to dawdle **2** (*lavorare svogliatamente*) to tinker; to potter about. **C cincischiàrsi,** *v. i. pron.* (*sgualcirsi*) to get* crumpled; to crease; to crush.
cincóna, *V.* **china**.
cinconina, *f.* (*chim.*) cinchonine.
cinconiṣmo, *m.* (*med.*) cinchonism.
cine, (*abbr. fam.*) *V.* **cinema**; **cinematografo**.
cineamatóre, *m.* (*f.* **-trice**) amateur film-maker.
cineamatoriàle, *a.* amateur film (*attr.*).
cineàsta, *m.* e *f.* **1** (*in genere*) person in the film industry; cinematographer: **un locale frequentato da cineasti**, a place patronized by film people **2** (*regista*) director; (*produttore*) producer.
cinecàmera, *f.* cine camera; movie camera (*USA*).
cinecassètta, *f.* film magazine.
cineclùb, *m. invar.* film society; film club.
cinedilettànte, *V.* **cineamatore**.
cinedilettantiṣmo, *m.* amateur film-making.
cinefilìa, *f.* love of the cinema.
cinèfilo, *m.* (*f.* **-a**) film expert; film enthusiast; film buff (*fam.*).
cinefòrum, *m. invar.* **1** (*dibattito*) debate (after a film) **2** *V.* **cineclub**.
cinegètica, *f.* cynegetics (*pl. col verbo al sing.*).
cinegètico, *a.* cynegetic.
cinegiornàle, *m.* newsreel.
cinelàndia, *f.* filmland; movieland (*USA*).
cìnema, *m.* **1** (*locale*) cinema; movie theater (*USA*): **c. di prima [seconda] visione**, first [second] run cinema; **c. a luci rosse**, porn (*o* porno) cinema **2** (*forma di spettacolo*) cinema; films (*pl.*); pictures (*pl. GB*); motion pictures (*pl. USA*); movies (*pl. USA*); flicks (*pl.*, *fam. GB*): **Andiamo al c.!**, let's go to the cinema (*USA*: to the movies)!; **i divi del c.**, film stars; movie stars; **l'industria del c.**, cinema (*USA*: motion-picture) industry **3** (*arte*) cinema; motion pictures (*pl. USA*): **il c. italiano del dopoguerra**, the postwar Italian cinema **4** (*fig. fam.*) circus; (*persona divertente*) scream, hoot: **La loro casa è un c.**, their house is a circus. ● **c. d'essai**, art cinema; art films (*pl.*) □ **c. muto**, silent films (*USA*: movies) (*pl.*); silents (*pl.*, *fam.*) □ **c. sonoro**, sound pictures (*pl.*); talkies (*pl.*, *fam.*) □ **c. verità**, cinéma vèrité (*franc.*).
cinemascòpe, *m.* (*marchio*) Cinemascope.
cinemateàtro, *m.* cinema theatre; movie theater (*USA*).
cinemàtica, *f.* (*fis.*) kinematics (*pl. col verbo al sing.*).
cinemàtico, *a.* (*fis.*) kinematic(al).
cinematiṣmo, *m.* (*fis.*) kinematic mechanism.
cinematografàre, *v. t.* to film; to shoot.
cinematografàro, *m.* (*f.* **-a**) (*spreg.*) person in the film industry; (*regista*) second-rate film director.
cinematografìa, *f.* cinematography; cinema: **c. muta**, silent cinema; **c. sonora**, sound pictures (*pl.*).
cinematogràfico, *a.* cinematographic; film (*attr.*); cinema (*attr.*); screen (*attr.*); motion-picture (*attr.*, *USA*); movie (*attr.*, *USA*): **industria cinematografica**, cinema (o film) industry; **sala cinematografica**, cinema; motion-picture theater (*USA*); **spettacolo c.**, film performance; picture (*GB*); movie (*USA*); **studio c.**, film studio; **la versione cinematografica di un romanzo**, the film adaptation of a novel.
cinematògrafo, *V.* **cinema**.
cinematoscòpio, *m.* kinematoscope.
cineoperatóre, *m.* cameraman*.
cinepàrco, *m.* drive-in cinema.
cineprésa, *f.* cine camera; movie camera (*USA*).
cineràma, *m.* (*marchio*: *cinem.*) Cinerama.
cinerària, *f.* (*bot.*, *Senecio cruentus*) cineraria.
cineràrio, A *a.* cinerary: **urna cineraria**, cinerary urn. **B** *m.* (*di caldaia*) ash pit; ash pan.
cinèreo, *a.* ashen; ashy; ash-coloured; ashen-grey; cinereous; **pallore c.**, ashen hue.
cinerino, *V.* **cenerino**.
cineromànẓo, *m.* photo-strip story.
cinescòpio, *m.* (*TV*) television tube; kinescope (*USA*).
cinése, A *a.* Chinese*. **B** *m.* e *f.* Chinese man* (*f.* woman*); Chinese: **i Cinesi**, the Chinese. **C** *m.* (*ling.*) Chinese.
cineserìa, *f.* **1** chinoiserie (*franc.*) **2** (*pl.*) (*fig.*: *complimenti*) ceremony (*sing.*).
cinèṣica, *f.* kinesics (*pl. col verbo al sing.*).
cineṣiologìa, *f.* (*med.*) kinesiology.
cineṣiterapìa, *f.* (*med.*) kinesitherapy; kinesiatrics (*pl. col verbo al sing.*).
cineṣiteràpico, *a.* (*med.*) kinesitherapeutic.
cineṣiterapista, *m.* e *f.* (*med.*) kinesitherapist.
cinesteṣìa, *f.* (*med.*) kin(a)esthesia; kin(a)esthesis.
cinetèca, *f.* film library.
cinètica, *f.* (*fis.*) kinetics (*pl. col verbo al sing.*).
cinètico, *a.* (*fis.*) kinetic: **energia cinetica**, kinetic energy; **teoria cinetica dei gas**, kinetic theory of gases.
cingalése, *V.* **singalese**.
cingallégra, *V.* **cinciallegra**.
cìngere, *v. t.* **1** (*legare intorno al corpo*) to tie round, to fasten, to gird on (*lett.*); (*essere legato*) to be tied (round): **cingersi la vita con una fascia**, to tie a sash round one's waist; **c. una spada**, to gird on a sword; **c. la fronte di q. di alloro**, to crown sb.'s brow with laurel; **Una sciarpa le cingeva il collo**, a scarf was tied round her neck **2** (*circondare*) to encircle; to surround; to encompass; to enclose; to ring: **c. una città di mura**, to surround a city with walls; **c. l'orto con una siepe**, to enclose the kitchen garden with a hedge; **Le cinsi la vita col mio braccio**, I put my arm round her waist. ● **c. le armi**, to arm oneself □ **c. la corona**, to put on the crown; (*fig.*) to be crowned □ **c. d'assedio una città**, to besiege a city; to lay siege to a city.
cìnghia, *f.* **1** strap; thong; **c. per libri**, book strap; **c. dello zaino**, shoulder strap; **c. del fucile**, sling; **c. della sella**, girth; **c. delle staffe**, stirrup strap **2** (*cintura*) belt: **c. dei calzoni**, trousers belt **3** (*mecc.*) belt: **c. ad anello**, endless belt; **c. di trasmissione**, drive belt; (*autom.*) **c. del ventilatore**, fan belt. ● (*fig.*) **tirare la c.**, to pull in (*o* to tighten) one's belt; to pinch and scrape.
cinghiàle, *m.* **1** (*zool.*, *Sus scropha*) wild boar **2** (*pelle*) pigskin: **guanti di c.**, pigskin gloves.
cinghiàta, *f.* lash; blow with a strap; blow with a belt: **prendere q. a cinghiate**, to thrash sb. (with a belt).
cingolàto, *a.* tracked: **veicolo c.**, tracked vehicle; **trattore c.**, crawler tractor.
cingolétta, *f.* (*mil.*) small tracked vehicle.
cìngolo, *m.* **1** (*mecc.*: *di carro armato, trattore*) track; (*di ruota*) wheel belt: **c. a catena**, chain track; **maglia di c.**, track link; **trattore a cingoli**, caterpillar (*o* crawler) tractor **2** (*eccles.*) surcingle.
cinguettàre, *v. i.* **1** to chirrup; to chirp; to twitter (*anche fig.*) **2** (*di bambini*) to prattle.
cinguettìo, *m.* **1** chirruping; chirping; twittering (*anche fig.*) **2** (*chiacchierio*) prattling.
cìnico, A *a.* **1** (*stor. filos.*) Cynic **2** cynical. **B** *m.* **1** (*stor. filos.*) Cynic **2** (*f.* **-a**) cynic.
ciniglia, *f.* chenille; candlewick.
cìnipe, *f.* (*zool.*, *Cynips*) gall fly; gall wasp.
ciniṣmo, *m.* **1** (*stor. filos.*) Cynicism **2** cynicism.
cinnamòmo, *m.* (*bot.*, *Cinnamomum*) cinnamon.
cinocèfalo, A *a.* (*lett.*) dog-headed; cynocephalous. **B** *m.* (*mitol.*, *zool.*) cynocephalus*.
cinòdromo, *m.* (*sport*) greyhound track.
cinofilìa, *f.* love of dogs.
cinòfilo, A *m.* (*f.* **-a**) dog lover; dog expert; cynophilist. **B** *a.* **1** (*che ama i cani*) dog-loving **2** (*che usa i cani*) dog (*attr.*): **unità cinofile**, dog units.
cinofobìa, *f.* fear of dogs.
cinoglòssa, *f.* (*bot.*, *Cynoglossum officinale*) hound's tongue; dog's tongue.
cinòmio, *m.* (*zool.*, *Cynomis ludovicianus*) prairie dog.
cinopitèco, *m.* (*zool.*, *Cynopithecus niger*) cynopithecus.
cinquànta, *a. num. card.* e *m.* fifty: **Ho cinquant'anni**, I am fifty; **una moneta da c. lire**, a fifty-lira coin; **nato nel c.**, born in nineteen fifty; **Va per i c.**, he is getting on for fifty; **gli anni c.**, the fifties.
cinquantamila, *a. num. card.* e *m.* fifty thousand.
cinquantenàrio, A *a.* **1** (*che ha cinquant'anni*) fifty years old (*pred.*); fifty-year-old (*attr.*) **2** *V.* **cinquantennale**. **B** *m.* fiftieth anniversary.
cinquantennàle, *a.* **1** (*che ricorre ogni cinquant'anni*) that occurs every fifty years **2** (*che dura cinquant'anni*) fifty years long (*pred.*); fifty-year-long (*attr.*).
cinquantènne, A *a.* fifty years old (*pred.*); fifty-year-old (*attr.*). **B** *m.* e *f.* fifty-year-old man* (*f.* woman*); man* (*f.* woman*) of fifty.
cinquantènnio, *m.* (period of) fifty years; fifty-year period.
cinquantèṣimo, *a. num. ord.* e *m.* fiftieth.
cinquantina, *f.* **1** about (*o* some) fifty; fifty or so: **«Quanti erano?» «Una c.»**, «how many of them were there?» «fifty or so»; **una c. d'anni fa**, some fifty years ago **2** (*rif. all'età*: *50 anni*) fifty; (*tra i 50 e i 59 anni*) fifties (*pl.*): **essere sulla c.** (*o* **avere una c. d'anni**), to be about fifty (*o* fiftyish); to be in one's fifties; **aver passato la c.**, to be over fifty; **avvicinarsi alla c.**, to be getting on for fifty.
cinque, *a. num. card.* e *m.* five: **contare fino a c.**, to count up to five; **un biglietto da c. sterline**, a five-pound note; **il c. per cento**, five percent; **il c. di luglio**, the fifth of July; **il c. di cuori**, the five of hearts; **Sono le c.**, it's five (o'clock); **Abito al c.**, I live at number five.
cinquecentésco, *a.* sixteenth-century (*attr.*); (*arte o letter. ital.*, *anche*) of the Cinquecento; Cinquecento (*attr.*): **pittura cinquecentesca italiana**, Italian sixteenth-century painting; Cinquecento painting.
cinquecentèṣimo, *a. num. ord.* e *m.* five-hundredth.
cinquecentista, *m.* e *f.* sixteenth-century writer [artist, etc.]; (*arte o letter. ital.*, *anche*) Cinquecento writer [artist, etc.], Cinquecentist.

cinquecentìstico, *a.* sixteenth-century (*attr.*); (*arte o letter. ital., anche*) Cinquecento (*attr.*).
cinquecènto, A *a. num. card.* five hundred. **B** *m.* ***1*** five hundred ***2*** (*il secolo*) sixteenth century; (*arte o letter. ital., anche*) Cinquecento.
cinquefòglie, *m.* (*bot., Potentilla reptans; arald.*) cinquefoil.
cinquemìla, A *a. num. card.* e *m.* five thousand. **B** *m. pl.* (*sport*) five thousand metres.
cinquennàle, *V.* **quinquennale**.
cinquènne, *a.* ***1*** (*che ha cinque anni*) five years old (*pred.*); five-year-old (*attr.*) ***2*** (*che dura cinque anni*) five-year (*attr.*).
cinquènnio, *V.* **quinquennio**.
cinquerème, *V.* **quinquereme**.
cinquìna, *f.* ***1*** set of five ***2*** (*lotto: giocata*) set of five numbers played ***3*** (*lotto, tombola: vincita*) row of five winning numbers; winning line ***4*** (*mil., teatr.*) five days' pay.
cinta, *f.* ***1*** (*mura: di città*) city walls (*pl.*); (*di castello*) castle walls (*pl.*) ***2*** (*perimetro*) boundary: **c. urbana**, city boundary ***3*** (*region.: cintura*) belt. ● **c. daziaria**, town customs barrier □ **muro di c.**, boundary wall.
cintàre, *v. t.* to surround; to enclose; (*con un muro*) to wall in; (*con un recinto*) to fence in.
cìnto, A *a.* enclosed; surrounded; bound: **c. da filo spinato**, enclosed (*o* bound) by barbed wire; **c. di mura**, enclosed (*o* surrounded) by walls; walled; **c. da un muro**, surrounded by a wall; walled in; **c. da uno steccato**, surrounded by a fence; fenced in. **B** *m.* girdle; belt. ● (*zool.*) **c. di Venere** (*Cestus veneris*), Venus's girdle □ (*med.*) **c. erniario**, truss.
cìntola, *f.* ***1*** (*vita*) waist: **L'acqua mi arrivava alla c.**, the water reached to my waist; **dalla c. in giù [in su]**, below [above] the waist; **che arriva alla c.**, waist-high (*agg.*) ***2*** (*cintura*) belt.
cintùra, *f.* ***1*** belt; (*di gonna, calzoni*) waistband; (*fusciacca*) sash, girdle (*lett.*): **c. di cuoio**, leather belt ***2*** (*cintola, vita*) waist ***3*** (*lotta, judo, ecc.: presa*) waistlock ***4*** (*fig.*) belt: **una c. di verde intorno alla città**, a green belt around the town. ● (*naut.*) **c. corazzata**, armour-plated belt □ **c. di castità**, chastity belt □ (*naut.*) **c. d'imbarcazione**, swifter □ (*naut.*) **c. di salvataggio**, safety belt; life belt □ (*aeron., autom.*) **c. di sicurezza**, safety belt; seat belt: **allacciare le cinture di sicurezza**, to fasten seat belts; **avere la cintura di sicurezza (allacciata)**, to wear one's seat belt □ (*judo*) **c. marrone**, brown belt □ (*judo*) **c. nera**, black belt □ (*anat.*) **c. pelvica**, pelvic girdle □ (*anat.*) **c. toracica**, thoracic girdle.
cinturàre, *v. t.* (*sport*) to hold by the waist.
cinturàto, *a.* – (*marchio: autom.*) **pneumatico c.**, radial-ply tyre.
cinturìno, *m.* strap; thong: **c. d'orologio**, watch strap; wristband; **c. di sandalo**, sandal strap (*o* thong).
cinturóne, *m.* (*mil.*) belt.
cinz, *V.* **chintz**.
Cìnzia, *f.* Cynthia.
ciò, *pron. dimostrativo* this; that; it: **Ciò era vero in parte**, this (*o* that) was partly true; **oltre a ciò**, besides (this, that); moreover; furthermore; **Con ciò non voglio dire che...**, by that I don't mean that... ● **ciò che**, what: **Spiegai ciò che volevo**, I explained what I wanted □ **ciò detto**, having said that; that said □ **ciò non di meno** (*o* **ciò nonostante**), *V.* **ciononondimeno** □ **a ciò** (*a questo fine*), to this end; for that purpose □ **con ciò**, therefore; so; consequently □ **E con ciò?**, so what?; and so? □ **con tutto ciò**, for all that □ **da ciò**, hence: **Non ne sapevo nulla, da ciò il mio stupore**, I knew nothing about it, hence my surprise □ (*di persona*) **essere da ciò**, to be capable of that.
ciòcca, *f.* (*di capelli*) lock; tuft.
ciòcco, *m.* ***1*** log; block (of wood) ***2*** (*fig.*) dolt; blockhead. ● (*fig.*) **dormire come un c.**, to sleep like a log □ (*fig.*) **stare lì come un c.**, to stand there like a fool.
cioccolàta, *f.* ***1*** (*bevanda*) chocolate: **c. con panna**, chocolate and whipped cream ***2*** *V.* **cioccolato**.
cioccolatàio, *m.* (*f.* **-a**) ***1*** (*fabbricante*) chocolate manufacturer ***2*** (*venditore*) chocolate seller. ● (*fig.*) **fare una figura da c.**, to make a fool of oneself; to be very gauche.
cioccolatièra, *f.* (*bricco*) chocolate pot.
cioccolatière, *V.* **cioccolataio**.
cioccolatìno, *m.* chocolate: **una scatola di c.**, a box of chocolates; **c. al liquore**, liqueur chocolate; **c. ripieno**, chocolate cream; chocolate with a soft centre.
cioccolàto, *m.* chocolate: **una tavoletta di c.**, a bar of chocolate; **c. al latte**, milk chocolate; **c. amaro** (*o* **fondente**), plain chocolate; **color c.**, chocolate-brown (*attr.*).
ciociàro, A *a.* of Ciociaria; from Ciociaria. **B** *m.* (*f.* **-a**) native of Ciociaria; inhabitant of Ciociaria.
cioè, *avv.* ***1*** (*con valore esplicativo*) that is (to say) (*abbr.*: i. e.); (*con valore dichiarativo*) namely (*abbr.*: viz.): **È mio cugino primo, c. figlio del fratello di mio padre**, he is my first cousin, that is to say my father's brother's son; **Vengo il 27, c. tra tre giorni**, I'm coming on the 27, that is in three days; **Mira alla carica più alta, c. quella di amministratore delegato**, he has set his eyes on the highest post, namely that of managing director; **due grandi poeti latini, c. Orazio e Ovidio**, two great Latin poets, namely Horace and Ovid ***2*** (*o meglio*) or rather, or better; (*con valore correttivo*) I mean: **Gliel'abbiamo detto, c. gliel'ha detto mia moglie**, we told him, or rather, my wife did; **Sono le sei, cioè, le sei e dieci**, it's six, I mean, ten past six ***3*** (*in frasi interr.*) what does that mean?; what do you mean?; meaning what [which, who]? (*fam.*): **«C'è un problema.» «C.?»**, «there is a difficulty» «what do you mean?»
ciondolàre, A *v. i.* ***1*** to hang*; to dangle; (*oscillare*) to swing*: **Dal braccialetto ciondolava un portafortuna**, a lucky charm hung from the bracelet; **La lanterna ciondolava al venticello**, the lantern swung to and fro in the breeze ***2*** (*fig.*) to hang* around (*o* about); to lounge about; to idle: **È tutto il giorno che ciondola in casa**, he's been hanging about indoors all day; **c. al caffè**, to idle at the café. **B** *v. t.* to loll; to swing*: **c. il capo**, to loll one's head; **c. le gambe**, to swing one's legs.
ciòndolo, *m.* pendant.
ciondolóne, A *m.* idler; loafer. **B** *avv. V.* **ciondoloni**.
ciondolóni, *avv.* ***1*** hanging; dangling: **Era sdraiato sulla panca con le braccia c.**, he lay on the bench with his arms dangling on either side ***2*** (*fig.*) hanging around (*o* about); idling.
ciononondiméno, ciononostànte, *avv.* in spite of this (*o* that); nevertheless; nonetheless; however.
ciòtola, *f.* ***1*** bowl ***2*** (*il contenuto*) bowl; bowlful.
ciottolàre, *v. t.* to pave with cobblestones; to cobble.
ciottolàta, *f.* blow with a stone.
ciottolàto, *m.* cobblestone paving; cobblestones (*pl.*).
ciòttolo, *m.* ***1*** pebble; cobble; (*sasso*) stone, rock (*USA*) ***2*** (*per pavimentazione*) cobblestone; cobble: **strada a ciottoli**, street paved with cobblestones ***3*** (*geol.*) pebble; cobble.
ciottolóso, *a.* pebbly; stony: **spiaggia ciottolosa**, pebbly beach; **strada ciottolosa**, stony road.
cip (1), *inter.* chirp.
cip (2), *m.* (*nel poker*) chip.
cipìglio, *m.* frown; scowl; scowling expression: **guardare q. con c.**, to frown at sb.; to scowl at sb.; to glare at sb.; **Dài, non fare quel c.**, come on, don't look so grim.
cipólla, *f.* ***1*** (*bot., Allium cepa*) onion ***2*** (*pop.: bulbo*) bulb ***3*** (*di annaffiatoio*) rose ***4*** (*orologio da taschino*) turnip. ● **a c.**, onion-shaped □ (*fig.*) **mangiare pane e c.**, to live on a poor fare □ **velo di c.**, onionskin.
cipollàio, *m.* ***1*** (*campo*) onion field ***2*** (*venditore*) onion seller.
cipollàta, *f.* onion stew.
cipollàto, *a.* (*bot.*) shaky.
cipollatùra, *f.* (*bot.*) ring shake; cup shake.
cipollìna, *f.* spring onion; scallion: **cipolline sottaceto**, pickled onions.
cipollìno, *m.* (*miner.*) cipolin.
cipollóne, *m.* ***1*** – (*bot.*) **c. bianco** (*Ornithogalum umbellatum*), star of Bethlehem ***2*** (*scherz.: grosso orologio*) turnip.
cipollóso, *V.* **cipollato**.
cippo, *m.* ***1*** (*archeol.*) cippus* ***2*** (*funerario*) memorial stone ***3*** (*di confine*) boundary stone.
ciprèa, *f.* (*zool., Cypraea*) cowrie, cowry.
cipressàia, *f.* **cipresséto,** *m.* cypress grove (*o* wood).
cipressìna, *f.* (*bot. Tamarix gallica*) tamarisk.
ciprèsso, *m.* (*bot., Cupressus sempervirens*) cypress.
cipria, *f.* (face) powder: **darsi la c.**, to powder one's face; **c. in polvere**, loose face powder; **c. compatta**, compact face powder; **astuccio della c.**, compact case; **piumino da c.**, powder puff.
ciprìnide, *m.* (*zool.*) cyprinid.
Ciprìnidi, *m. pl.* (*zool., Cyprinidae*) Cyprinidae.
ciprìno, *m.* – (*zool.*) **c. dorato** (*Carassius auratus*), goldfish.
cipriòta, *a., m. e f.* Cypriot; Cyprian.
cipripèdio, *m.* (*bot., Cypripedium calceolus*) lady's-slipper; cypripedium; mocassin flower (*USA*).
Cìpro, *m.* (*geogr.*) Cyprus.
cìrca, A *avv.* about; roughly; approximately; nearly; around; or so; or thereabouts: **Il viaggio durerà tre giorni c.**, the journey will last about three days (*o* three days or so); **un uomo di c. sessant'anni**, a man of about sixty; **Lo stadio contiene c. ventimila spettatori**, the stadium seats approximately twenty thousand people; **alle tre c.**, at about three o'clock. **B** *prep.* (*riguardo a*) about; on; concerning; with regard to; as to: **Scrissi c. il contratto che speravo di concludere**, I wrote about the contract I hoped to conclude; **C. la vostra richiesta, vi comunichiamo che...**, with regard to (*o* concerning) your request, we inform you that...
circadiàle, circadiàno, *a.* (*biol.*) circadian.
circàsso, *a.* e *m.* (*f.* **-a**) Circassian (*f.* Circassian woman*).
Cìrce, *f.* ***1*** (*mitol.*) Circe ***2*** (*fig.*) enchantress.
circènse, *a.* ***1*** (*stor. romana*) circus (*attr.*); circensian: **giochi circensi**, circus games ***2*** (*del circo equestre*) circus (*attr.*): **spettacolo c.**, circus show.
cìrco, *m.* ***1*** (*stor. romana*) circus ***2*** (*equestre*) circus: **c. a tre piste**, three-ring circus ***3*** (*geol.*) cirque; corrie.
circolànte, A *a.* circulating: **biblioteca c.**, lending (*o* circulating) library; (*econ.*) **capitale c.**, circulating capital. **B** *m.* (*fin.*) circulating medium; money; currency: **scarsità di c.**, stringency of money.
circolàre (1), A *a.* ***1*** circular; round: **lettera c.**, circular letter; **moto c.**, circular motion; **viaggio c.**, round trip; (*ferr.*) **biglietto c.**, circular ticket; **sega c.**, circular saw ***2*** (*mat.*) circular; of a circle: **segmento c.**, segment of a circle. ● (*banca*) **assegno c.**, banker's draft. **B** *f.* ***1*** circular (letter): **diramare una c.**, to issue (*o* to send out) a circular ***2*** (*linea di tram, autobus e sim.*) circle (line); belt line.
circolàre (2), *v. i.* ***1*** (*muoversi, spostarsi*) to move; to circulate: **In città non si circola più**, you just can't move in town; **Da domani non**

si può più circolare in centro, as from tomorrow traffic will be banned in the city centre ***2*** (*di veicoli*) to run*: **Gli autobus circolano fino a mezzanotte**, buses run until midnight ***3*** (*allontanarsi*) to move along (*o* on); to keep* moving; **«Circolate, circolate», disse la guardia**, «move along, please», said the policeman ***4*** (*del sangue, di aria*) to circulate: **Il sangue circola nel corpo**, blood circulates through the body ***5*** (*di un liquido*) to circulate; to flow ***6*** (*passare di mano in mano*) to pass (*o* to go*) from hand to hand; to be in circulation; to circulate ***7*** (*di denaro*) to circulate; to go* around; to be in circulation; to be current: **Negli anni del boom circolava molto denaro**, in the boom years there was plenty of money to go around; **Circolano banconote da 5.000 false**, there are countefeit 5,000-lire notes in circulation; **far c. un avviso**, to circulate a warning ***8*** (*diffondersi*) to circulate; to spread*; to go* about (*o* around): **Notizie simili circolano in fretta**, this kind of news circulates rapidly; **Circolano voci strane**, there are some strange rumours about; **Circolano strane voci sul futuro della società**, there are strange rumours going about regarding the future of the company; **cominciare a c.**, to get about; to spread; **far c. notizie false**, to spread (*o* to put about) false news.

circolarità, *f.* circularity.

circolarménte, *avv.* circularly; round and round; in a circle.

circolatòrio, *a.* (*scient.*) circulatory: (*anat.*) **apparato c.**, circulatory system; (*med.*) **disturbi circolatori**, circulatory disorders.

circolazióne, *f.* ***1*** (*anche econ.*) circulation: **È stata messa in c. una nuova moneta**, a new coin has been put into circulation ***2*** (*del traffico*) traffic; flow: **Uno scontro all'incrocio impediva la circolazione**, an accident at the crossroads was holding up the traffic; **c. intensa**, heavy traffic; **c. rotatoria**, rotary traffic ***3*** (*anat.*) circulation: **c. del sangue**, circulation of the blood. ● **c. monetaria**, currency □ **c. vietata** (*cartello*), no thoroughfare □ (*autom.*) **carta di c.**, (car) registration □ **far sparire dalla c.**, to remove from sight; to get rid of □ **tassa di c.**, road tax □ **togliere dalla c.**, to withdraw from circulation; to call in; (*fig.*: *eliminare*) to get rid of, to dispose of □ **tornare in c.**, to be back in circulation; to reappear □ **valuta in c.**, currency.

cìrcolo, *m.* ***1*** (*anche geom., astron.*) circle; ring; round: **disegnare un c.**, to draw a circle; **il c. polare artico [antartico]**, the Arctic [Antarctic] Circle; **disporsi in c.**, to form a ring ***2*** (*associazione*) club: **c. del tennis**, tennis club ***3*** (*ambiente, gruppo di persone*) circle; group; set: **frequentare i circoli più eleganti**, to move in the best circles; **un ristretto circolo di amici**, a small group (*o* set) of friends; **i circoli letterari della città**, the city's literary sets ***4*** (*circolazione del sangue*) circulation; bloodstream: **Il veleno è entrato in c.**, the poison has got into the circulation (*o* into the bloodstream). ● **c. didattico**, teaching district □ (*filos.* e *fig.*) **c. vizioso**, vicious circle □ **quadratura del c.**, quadrature of the circle; (*fig.*) squaring the circle □ **tenere c.**, to have guests; to entertain.

circoncìdere, *v. t.* to circumcise.

circoncisióne, *f.* circumcision.

circonciso, *a.* circumcised.

circondàre, **A** *v. t.* ***1*** to surround; to encircle; to enclose: **La folla circondò il campione**, the crowd surrounded the champion; **I nostri circondarono il campo nemico**, our men surrounded the enemy camp; **Il villaggio è circondato da boschi**, the village is encircled by woods; **Tutta l'impresa era circondata di mistero**, the whole enterprise was shrouded in mystery ***2*** (*fig.*) to lavish (st. on sb.): **c. q. di attenzioni**, to lavish attentions on sb. ● **c. con un muro**, to wall in □ **c. con uno steccato**, to fence in. **B circondàrsi**, *v. rifl.* to surround oneself with; to gather (sb.) round oneself: **Si era circondato di personaggi ambigui**, he had surrounded himself with dubious characters; **Il grande scrittore si era circondato di giovani di talento**, the great writer had gathered a number of talented young people round himself.

circondariàle, *a.* district (*attr.*): **casa c.**, district penitentiary.

circondàrio, *m.* ***1*** (*circoscrizione*) district ***2*** (*territorio circostante*) neighbourhood, neighborhood (*USA*); surroundings (*pl.*), environs (*pl.*).

circondùrre, *v. t.* (*ginnastica*) to rotate: **c. le braccia**, to rotate one's arms.

circonduzióne, *f.* (*ginnastica*) circling.

circonferènza, *f.* ***1*** (*geom.*) circumference ***2*** (*di oggetto, ecc.*) circumference; girth; measurement: **la c. del petto**, chest measurement; **la c. d'un tronco**, the girth of a tree trunk.

circonflessióne, *f.* circumflexion.

circonflèsso, *a.* ***1*** (*piegato a cerchio*) curved (*o* bent) round ***2*** circumflex: **accento c.**, circumflex (accent); **nervo c.**, circumflex nerve.

circonflèttere, *v. t.* ***1*** to curve (*o* to bend*) round ***2*** (*fon.*) to mark with a circumflex.

circonfóndere, *v. t.* (*lett.*) to surround with; to bathe in: **c. di luce**, to bathe in light.

circonlocuzióne, *f.* circumlocution.

circonvallazióne, *f.* ***1*** ring road ***2*** (*mil.*) circumvallation.

circonvenìre, *v. t.* to deceive; to circumvent.

circonvenzióne, *f.* deception; circumvention; (*leg.*) **c. di incapace**, circumvention of an incapable.

circonvicino, *a.* surrounding; neighbouring.

circonvoluzióne, *f.* ***1*** circumvolution ***2*** (*anat.*) convolution: **circonvoluzioni cerebrali**, cerebral convolutions.

circoscritto, *a.* ***1*** (*geom.*) circumscribing: **un cerchio c. a un poligono**, a circle circumscribing a polygon ***2*** (*fig.*: *contenuto, limitato*) circumscribed; limited; restricted: **di interesse c.**, of limited interest.

circoscrìvere, *v. t.* ***1*** (*geom.*) to circumscribe: **c. un cerchio a un poligono**, to circumscribe a polygon with a circle ***2*** (*fig.*: *moderare*) to circumscribe; to limit; to restrain; to set* limits to: **c. un campo d'indagine**, to circumscribe a field of research; **c. l'autorità di q.**, to restrain (*o* to set limits to) sb.'s authority ***3*** (*fig.*: *un incendio, un'epidemia*) to get* under control.

circoscrizióne, *f.* district; area; territory. ● **c. elettorale**, (*in G.B.*) constituency; (*in U.S.A.*) district □ **c. giudiziaria**, area of jurisdiction.

circospètto, *a.* circumspect; cautious; wary.

circospezióne, *f.* circumspection; caution; wariness.

circostànte, **A** *a.* surrounding; neighbouring, neighboring (*USA*): **i villaggi circostanti**, the surrounding (*o* neighbouring) villages; **le colline circostanti**, the surrounding hills. **B** *m. pl.* those nearby; those present; (the) bystanders.

circostànza, *f.* ***1*** circumstance: **descrivere le circostanze**, to describe the circumstances; **regolarsi secondo le circostanze**, to act according to circumstances; **Date le circostanze, non posso che essere d'accordo**, under the circumstances, I cannot but agree ***2*** (*occasione, condizione temporanea*) circumstances (*pl.*); occasion; event: **Lo conobbi in una c. drammatica**, I met him in dramatic circumstances; **una c. favorevole**, a favourable opportunity; **questa felice c.**, this happy occasion (*o* event); **Dipende dalle circostanze**, it depends on circumstances. ● (*leg.*) **c. attenuante**, extenuating circumstance; extenuation □ (*leg.*) **c. aggravante**, aggravating circumstance; aggravation □ **parole di c.**, words suitable (*o* suited) to the occasion.

circostanziàle, *a.* circumstantial.

circostanziàre, *v. t.* to circumstantiate; to describe circumstantially; to detail.

circostanziataménte, *avv.* circumstantially; in detail.

circostanziàto, *a.* circumstantial; detailed.

circuire, *v. t.* (*raggirare*) to get* round; to deceive; to entrap; to fool.

circuitàle, *a.* circuit (*attr.*).

circuitazióne, *f.* (*fis.*) circulation.

circuiteria, *f.* (*elettr.*) circuitry.

circùito, *m.* ***1*** (*elettr., elab.*) circuit: **interrompere il c.**, to break the circuit; **inserire in un c.**, to join up; to connect; **c. chiuso**, closed circuit; **c. aperto**, open (*o* broken) circuit; **c. di comando**, control circuit; **c. integrato**, integrated circuit; **c. logico**, logic circuit; **c. magnetico**, magnetic circuit; **c. di arresto**, wave trap; **c. stampato**, printed circuit; **corto c.**, short circuit; **a c. chiuso**, close-circuit (*attr.*) ***2*** (*sport*) circular track; closed race-course ***3*** (*cinta*) circuit; circumference: **il c. murario di una città**, the city walls. ● (*radio*) **circuiti accoppiati**, coupled circuits □ **c. cinematografico**, cinema circuit □ (*econ.*) **c. di distribuzione**, distribution chain □ (*telef.*) **c. interurbano**, trunk system □ **c. turistico**, tourist route.

circumlunàre, *a.* (*astron., miss.*) circumlunar.

circumnavigàre, *v. t.* to circumnavigate; to sail round.

circumnavigatóre, *m.* circumnavigator.

circumnavigazióne, *f.* circumnavigation.

circumplanetàrio, *a.* (*astron., miss.*) circumplanetary.

circumpolàre, *a.* (*astron.*) circumpolar.

circumsolàre, *a.* (*astron.*) circumsolar.

circumstellàre, *a.* (*astron.*) circumstellar.

circumterrèstre, *a.* (*astron., miss.*) circumterrestrial.

circumzenitàle, *a.* (*geogr.*) circumzenithal.

ciré (*franc.*), *m.* e *a. invar.* ciré.

Cirenàica, *f.* (*geogr.*) Cyrenaica.

cirenàico, *a.* e *m.* Cyrenaic.

cirenèo, **A** *a.* of Cyrene; Cyrenean; Cyrenian. **B** *m.* ***1*** inhabitant of Cyrene ***2*** (*fig.*) altruist.

cirillico, *a.* Cyrillic: **alfabeto c.**, Cyrillic alphabet.

Cirillo, *m.* Cyril.

cirrifórme, *a.* cirriform; cirrus-shaped.

cirripede, *m.* (*zool.*) cirriped(e),

Cirripedi, *m. pl.* (*zool.*, *Cirripedia*) Cirripedia.

cirro, *m.* ***1*** (*meteor.*) cirrus* ***2*** (*bot.*) cirrus*; tendril ***3*** (*zool.*) cirrus*; (*di certi pesci*) barbel ***4*** (*lett.*: *ricciolo*) curl; lock.

cirrocùmulo, *m.* (*meteor.*) cirrocumulus*.

cirròsi, *f.* (*med.*) cirrhosis*: **c. epatica**, cirrhosis of the liver.

cirróso, *a.* cirrous: **cielo c.**, cirrous sky.

cirrostràto, *m.* (*meteor.*) cirrostratus*.

cirròtico, *a.* e *m.* (*f.* **-a**) (*med.*) cirrhotic.

cisalpino, *a.* cisalpine: **Repubblica cisalpina**, Cisalpine Republic.

cislunàre, *a.* (*astron., miss.*) cislunar.

cismontàno, *a.* cismontane.

cispa, *f.* (*med.*) eye rheum.

cispadàno, *a.* cispadane.

cisposità, *f.* bleariness.

cispóso, *a.* bleary; rheumy: **occhi cisposi**, bleary eyes; **un vecchio c.**, a bleary-eyed old man.

cissòide, *f.* (*mat.*) cissoid.

cista, *f.* (*archeol.*) cist; kist.

ciste, *V.* **cisti**.

cistectomia, *f.* (*chir.*) cystectomy.

cisteina, *f.* (*biochim.*) cysteine.

cistercènse, **A** *a.* (*eccles.*) Cistercian. **B** *m.* Cistercian; White Monk.

cistèrna, *f.* reservoir; cistern; (*serbatoio*) tank. ● **acqua di c.**, rainwater □ **auto c.**, *V.* **autocisterna** □ **nave c.**, (*per petrolio, ecc.*) tanker; (*per acqua*) water-supply ship.

cisternista, *m.* tanker driver.

cisti, *f.* (*biol., med.*) cyst.

cisticèrco, *m.* (*biol.*) cysticercus*.

cisticercòsi, *f.* (*med., vet.*) cysticercosis*.

cìstico, *a.* (*anat.*) cystic: **dotto c.**, cystic duct.

cistifèllea, *f.* (*anat.*) gall bladder.

cistìna, *f.* (*biochim.*) cystine.

cistìte, *f.* (*med.*) cystitis*.

cìsto, *m.* (*bot., Cistus*) rock rose.

cistografìa, *f.* (*med.*) cystography.

cistòma, *m.* (*med.*) cystoma.

cistopielìte, *f.* (*med.*) cystopyelitis*.

cistoscopìa, *f.* (*med.*) cystoscopy.

cistoscòpio, *m.* (*med.*) cystoscope.

cistostomìa, *f.* (*med.*) cystostomy.

cistotomìa, *f.* (*chir.*) cystotomy.

citàbile, *a.* quotable; citable.

citànte, *m.* e *f.* (*leg.*) plaintiff.

citàre, *v. t.* ***1*** (*riportare parole scritte o dette*) to quote: **Citai Tasso**, I quoted Tasso; **c. un articolo di legge**, to quote an article of a law ***2*** (*addurre come esempio o prova*) to cite; to mention; to instance: **c. un esempio**, to cite an example; **Citai il caso dell'uomo che aveva perso la memoria**, I mentioned (*o* instanced) the case of the man who had lost his memory; **Citai Beccaria in appoggio dell'abolizione della pena capitale**, I cited Beccaria in support of the abolition of capital punishment; **c. q. a esempio**, to mention sb. as an example ***3*** (*leg.*: *convocare*) to summons; to subpoena: **Fu citata come testimone**, she was summonsed as a witness ***4*** (*leg.*: *chiamare in giudizio*) to sue; to bring* an action against; to convene: **Lo citai per danni**, I sued him for damages; **c. q. davanti al tribunale**, to convene sb. before the court.

citarèdo, *m.* (*stor., letter.*) cithara player; citharist; (*bardo*) bard.

citarìsta, *m.* e *f.* (*mus., lett.*) cithara player; citharist.

citatòrio, *a.* (*leg.*) citatory.

citazióne, *f.* ***1*** quotation; quote (*fam.*): **c. calzante**, apt quotation; **c. sbagliata**, misquotation ***2*** (*leg.*) summons; subpoena ***3*** (*menzione*) mention.

citèllo, *m.* (*zool., Citellus*) ground squirrel; gopher.

citerióre, *a.* hither.

citiṣo, *m.* (*bot., Cytisus laburnum*) laburnum.

citochìmica, *f.* (*biochim.*) cytochemistry.

citocinèṣi, *f.* (*biol.*) cytokinesis.

citocròmo, citòcromo, *m.* (*biol.*) cytochrome.

citofagìa, *f.* (*biol.*) cytophagy.

citofonàre, *v. i.* to speak* (to sb.) on the entryphone; to call (sb.) on the entryphone; to give (sb.) a buzz on the entryphone (*fam.*).

citofònico, *a.* entryphone (*attr.*).

citofonièra, *f.* entryphone panel.

citòfono, *m.* entryphone.

citogèneṣi, *f.* (*biol.*) cytogenesis*; cytogeny.

citogenètica, *f.* (*biol.*) cytogenetics (*pl. col verbo al sing.*).

citogenètico, *a.* (*biol.*) cytogenetic.

citologìa, *f.* (*biol.*) cytology.

citològico, *a.* (*biol.*) cytologic(al).

citòlogo, *m.* (*f.* **-a**) cytologist.

citopenìa, *f.* (*biol.*) cytopenia.

citoplàṣma, *m.* (*biol.*) cytoplasm.

citoplaṣmàtico, *a.* (*biol.*) cytoplasmic.

citoṣìna, *f.* (*chim.*) cytosine.

citosòma, *m.* (*biol.*) cytosome.

citostàtico, *a.* (*biol., farm.*) cytostatic.

citostòma, *m.* (*zool.*) cytostome.

citotòssico, *a.* (*biol.*) cytotoxic.

citoẓòico, *a.* (*biol.*) cytozoic.

citràto, *m.* (*chim.*) citrate: **c. di magnesia**, magnesium citrate.

cìtrico, *a.* (*chim.*) citric: **acido c.**, citric acid.

citrìno, A *a.* (*lett.*) citrine; lemon-coloured. **B** *m.* ***1*** (*colore*) citrine ***2*** (*miner.*) citrine.

citronèlla, *f.* (*bot., Cymbopogon nardus*) citronella.

citrullàggine, citrullerìa, *f.* ***1*** silliness; foolishness ***2*** (*azione da citrullo*) silly (*o* foolish) action.

citrùllo, A *a.* silly; foolish. **B** *m.* (*f.* **-a**) fool; ninny; simpleton; silly billy.

città, *f.* ***1*** town; (*grande e importante*) city: **una c. in cima a una collina**, a town perched on a hill; **una c. nel sud della Francia**, a town in Southern France; **c. industriale**, industrial town (*o* city); **c. marittima**, sea town; **c. capitale**, capital city; **c. di provincia**, provincial town; **c. dell'entroterra**, inland town ***2*** (*come luogo di residenza*; *contrapposto a «campagna»*) town: **Il dottore non è in c. [è fuori c.]**, the doctor is not in town [is out of town]; **la c. e la campagna**, town and country; **abitare in c.**, to live in town; **Vado in c.**, I'm going to town ***3*** (*la popolazione*) town; city: **Tutta la c. è in lutto**, the whole town (*o* city) is in mourning. ● **la c. alta [bassa]**, the lower [upper] town □ (*mil.*) **c. aperta**, open city □ **c. capoluogo di contea**, county town; county seat (*USA*) □ **c. capoluogo di provincia [di regione]**, provincial [regional] capital □ **la C. celeste**, the Heavenly City □ **c. degli studi**, university district □ **C. del Capo**, Cape Town □ **C. del Messico**, Mexico City □ **la C. del Vaticano**, the Vatican City □ **la C. di Dio**, the City of God □ **c. dormitorio**, dormitory town □ **la C. Eterna**, the Eternal City □ **c. giardino**, garden city □ **c. murata**, walled town □ **c. natale**, native town □ **la c. santa**, the Holy City □ **c. satellite**, satellite town □ **c. sede di mercato**, market town □ **c. stato**, city-state □ **c. universitaria**, university town □ **la c. vecchia**, the old town □ **casa di c.**, town house □ **centro c.**, city centre; downtown (*USA*) □ **gente di c.**, townspeople; townsfolk; city dwellers □ **vita di c.**, town life.

cittadèlla, *f.* citadel; stronghold (*anche fig.*).

cittadìna, *f.* ***1*** (*piccola città*) small town; country town; township ***2*** *V.* **cittadino, B.**

cittadinànza, *f.* ***1*** (*popolazione d'una città*) people of the city (*pl.*); townspeople (*pl.*); town: **Tutta la c. partecipò alle celebrazioni**, the whole town took part in the celebrations; **Il sindaco invitò la c. a usare i mezzi pubblici**, the mayor encouraged the people to use public transport ***2*** (*condizione di cittadino*) citizenship; (*nazionalità*) nationality: **diritto di c.**, right of citizenship; **prendere la c. italiana [britannica]**, to obtain Italian [British] citizenship; to become an Italian [a British] citizen; **rinunciare alla propria c.**, to give up one's nationality; **doppia c.**, dual nationality; **c. onoraria**, freedom of the city; **Sono fiera della mia c. fiorentina**, I am proud of being a Florentine.

cittadìno, A *a.* town (*attr.*); city (*attr.*); urban; civic: **centro c.**, city centre; civic centre; downtown (*USA*); **milizia cittadina**, town militia; **vie cittadine**, streets of the city; **vita cittadina**, town life; **un punto di vista c.**, a townsman's point of view. **B** *m.* (*f.* **-a**) ***1*** (*chi gode della cittadinanza*) citizen; subject; national: **c. italiano**, Italian citizen; **c. britannico**, British citizen (*o* subject) ***2*** (*chi vive in città*) town (*o* city) dweller; (*contrapposto a «campagnolo»*) townsman* (*f.* townswoman*) ***3*** (*stor.*) burgess: **re, baroni e cittadini**, King, barons and burgesses. ● **c. del mondo**, citizen of the world □ **c. onorario di una città**, freeman of a city □ (*fig.*) **essere libero c.**, to be free of ties.

ciucàggine, *f.* stupidity; ignorance.

ciùcca, *f.* (*region.*: *ubriacatura*) drunken state: **avere la c.**, to be drunk; to be pissed (*fam. GB*); to be plastered (*o* sloshed) (*pop.*); **prendere una c.**, to get drunk; to get pissed (*fam. GB*); to get plastered (*o* sloshed) (*pop.*).

ciucciàre, *v. t.* e *i.* (*fam.*) to suck.

ciucciàta, *f.* (*fam.*) suck; sucking.

ciùccio, ciucciòtto, *m.* (*tettarella*) dummy; comforter; pacifier (*USA*).

ciùcco, *a.* (*region.*: *ubriaco*) drunk; tight (*fam.*); pissed (*fam. GB*); plastered (*pop.*); sloshed (*pop.*).

ciucherìa, *f.* stupidity; ignorance.

ciùco, *m.* ***1*** (*fam.*: *zool., Equus asinus*) ass; donkey ***2*** (*fig.*) dunce.

ciùf, *inter.* (*rumore di locomotiva*) chuff; puff.

ciùffo, *m.* ***1*** (*di capelli*) tuft of hair; wisp of hair; (*sulla fronte*) forelock: **Ciuffi grigi gli uscivano di sotto il cappello**, grey wisps of hair showed under his hat; **prendere q. per il c.**, to seize sb. by the forelock ***2*** (*di penne, erba, ecc.*) tuft: **uccello col c.**, tufted bird ***3*** (*di alberi, ecc.*) clump; thicket.

ciuffolòtto, *m.* (*zool., Pyrrhula pyrrhula*) bullfinch.

ciurlàre, *v. i.* – (*fig. fam.*) **c. nel manico**, to be unreliable; to backpedal.

ciùrma, *f.* ***1*** (*naut.*) crew; (ship's) company; hands (*pl.*) ***2*** (*fig. spreg.*: *marmaglia*) rabble; mob ***3*** (*stor.*: *di galea*) galley slaves (*pl.*).

ciurmàglia, *f.* riff-raff; rabble; mob.

ciurmàre, *v. t.* to swindle; to take* in.

civàda, *f.* (*naut.*) spritsail.

civétta, *f.* ***1*** (*zool., Carine noctua*) owl; (*giovane*) owlet ***2*** (*fig.*) coquette; flirt; minx: **È un po' c.**, she's a bit of a coquette; **fare la c.**, to flirt; to play the coquette ***3*** (*di giornali*) headline board. ● **c. delle nevi** (*Nyctea nyctea*), snow owl □ (*zool.*) **c. zibetto** (*Civettictis civetta*), civet cat; musk cat □ (*comm.*) **articolo c.**, loss leader □ **auto c.**, unmarked police car □ (*fig.*) **far c.**, to duck one's head □ **naso di** (*o* **a**) **c.**, beaked nose □ **nave c.**, decoy ship; Q-ship.

civettàre, *v. i.* to flirt; to play the coquette.

civetterìa, *f.* ***1*** coquetry; coquettishness; flirtatiousness: **Sorrise con c.**, she smiled coquettishly; she gave a coquettish smile ***2*** (*pl.*) (*azioni da civetta*) wiles (*pl.*) ***3*** (*vezzo*) affectation; trick.

civettóne, *m.* (*fig.*: *uomo vanesio*) fop.

civettuòlo, *a.* ***1*** coquettish ***2*** (*grazioso*) pretty; trim; perky; cute (*USA*): **una stanza civettuola**, a pretty little room; **un cappellino c.**, a perky little hat.

cìvico, *a.* ***1*** (*di città*) civic; municipal; town, city (*attr.*): **banda civica**, town (*o* municipal) band; **guardia civica**, municipal (*o* home) guard; **numero c.**, street number ***2*** (*di cittadino*) civic; public: **dovere c.**, civic duty; **senso c.**, public spirit: **persona che ha senso c.**, public-spirited person; **educazione civica**, civics (*pl. col verbo al sing.*).

civìle, A *a.* ***1*** (*che riguarda i cittadini*) civil: **diritti civili**, civil rights; **guerra c.**, civil war; **codice c.**, civil code; **diritto c.**, civil law ***2*** (*contrapposto a «militare»*) civilian: **la popolazione c.**, the civilian population; civilians; **abiti civili**, civilian (*o* plain) clothes; mufti; civvies (*fam.*) ***3*** (*contrapposto a «barbaro»*) civilized: **popoli civili**, civilized peoples ***4*** (*cortese*) civil; correct; proper; polite; urbane; civilized: **un'accoglienza c.**, a civil welcome ***5*** (*decoroso*) respectable; decent: **Il giovane è di famiglia c.**, the young man comes from a respectable family. ● **abitazione c.**, house □ (*leg.*) **costituirsi parte c.**, to sue for damages in a criminal case □ **feste civili**, public holidays □ **il Genio C.**, the Civil Engineers (*pl.*); the Office of Works □ **matrimonio c.**, civil wedding ceremony; registry-office marriage □ **medaglia al valore c.**, medal for bravery in peacetime □ (*leg.*) **morte c.**, civil death; loss of all civil rights □ (*leg.*) **parte c.**, plaintiff □ (*leg.*) **responsabilità c.**, tort liability □ **sposarsi con rito c.**, to have a civil wedding ceremony; to be married at the registry office □ **stato c.**, marital status □ **ufficiale di stato c.**, registrar (of births, marriages and deaths) □ **ufficio di stato c.**, registry (*o* register) office. **B** *m.* e *f.* (*borghese*) civilian.

civilìsta, *m.* e *f.* (*leg.*) ***1*** (*giurista*) expert in civil law ***2*** (*avvocato*) civil lawyer.

civilìstico, *a.* concerning civil law; civil law (*attr.*).

civiliẓẓàre, A *v. t.* to civilize. **B civiliẓẓàrsi,** *v. i. pron.* to become* civilized; to become*

more refined.
civilizzàto, *a.* civilized.
civilizzatóre, A *a.* civilizing: **influsso c.**, civilizing influence. **B** *m.* (*f.* **-trice**) civilizer.
civilizzazióne, *f.* civilization.
civilménte, *avv.* ***1*** civilly (*anche leg.*) ***2*** (*educatamente*) civilly; politely; in a civilized manner. ● **sposarsi c.**, to be married in a civil ceremony (*o* at the registry office).
civiltà, *f.* ***1*** civilization; culture: **la c. egiziana**, the Egyptian civilization ***2*** (*progresso*) civilization: **La c. non aveva raggiunto quella tribù**, civilization had not reached that tribe ***3*** (*gentilezza*) civility; politeness.
civismo, *m.* public spirit; good citizenship; civic virtue.
clacchìsta, *m.* e *f.* member of the claque; claqueur.
clàcson, *m. invar.* horn; hooter: **suonare il c.**, to toot (*o* to hoot, to honk) the horn; **dare un colpo di c.**, to give a hoot (*o* a honk) on the horn.
cladismo, *m.* (*biol.*) cladism.
cladìstica, *f.* (*biol.*) cladistics (*pl. col verbo al sing.*).
cladòdio, cladofillo, *m.* (*bot.*) cladophyll.
clamidàto, *a.* ***1*** (*bot.*) chlamydeous ***2*** (*stor.*) wearing a chlamys.
clàmide, *f.* (*stor.*) chlamys*.
clamidia, *f.* (*biol.*) chlamydia.
clamidospòra, *f.* (*bot.*) chlamydospore.
clamóre, *m.* ***1*** clamour; din; noise ***2*** (*fig.*: *scalpore*) sensation, stir; (*di protesta*) outcry, furore: **suscitare c.**, to cause a sensation.
clamoróso, *a.* ***1*** loud; noisy; resounding; clamorous ***2*** (*fig.*: *spettacolare*) spectacular, outstanding, resounding; (*che desta scalpore*) sensational, causing a great stir: **vittoria clamorosa**, resounding victory; **clamorosa sconfitta**, crushing defeat.
clan, *m.* ***1*** (*tribù*) clan ***2*** (*gruppo*) clique; clan; set.
clandestinità, *f.* ***1*** clandestineness; surreptitiousness; secrecy ***2*** (*polit.*: *vita clandestina*) life underground; (*attività*) underground activity: **darsi alla c.**, to go underground; **vivere in c.**, to live underground.
clandestino, A *a.* clandestine; covert; secret; underground (*attr.*); (*illegale*) illegal, illicit, unlicensed, pirate: **matrimonio c.**, secret (*o* clandestine) marriage; (*polit.*) **movimento c.**, underground movement; **stampa clandestina**, underground press; **giornale c.**, clandestine (*o* underground) paper; **aborto c.**, backstreet abortion; **emittente clandestina**, pirate broadcasting station; **lotteria c.**, unlicensed lottery; (*aeron., naut.*) **passeggero c.**, stowaway; **imbarcarsi come c.**, to stow away. **B** *m.* (*f.* **-a**) (*aeron., naut.*) stowaway.
clangóre, *m.* (*lett.*) clangour, clangor (*USA*); clang.
clànico, *a.* clan (*attr.*).
claque (*franc.*), *f.* (*teatr.*) claque.
claquettes (*franc.*), *f. pl.* taps.
Clàra, *f.* Clare; Clara.
clarinettista, *m.* e *f.* (*mus.*) clarinet player; clarinettist.
clarinétto, *m.* (*mus.*) clarinet.
clarinista, *m.* e *f.* (*mus.*) clarion player.
clarino, *m.* (*mus.*) ***1*** clarion ***2*** *V.* **clarinetto.**
clarissa, *f.* (*eccles.*) Poor Clare; Clarisse; Minoress.
classàre, *v. t.* (*Borsa*) to place for long-term investment.
clàsse, *f.* ***1*** (*gruppo sociale*) class: **c. dirigente**, ruling class; **c. elevata**, upper class, **c. operaia**, working class(es); **c. media** (*o* **borghese**), middle classes (*pl.*); **lotta di c.**, class struggle ***2*** (*zool., bot., mat., miner.*) class ***3*** (*sui mezzi di trasporto*) class: **prima c.**, first class: **seconda c.**, second class; (*naut.*) cabin class; (*in treno, USA*) coach class; **c. turistica** (*o* **economica**), tourist class; **viaggiare in prima c.**, to travel first class ***4*** (*categoria*) class, category, level, bracket; (*naut.*) class, classification: **c. di reddito**, income bracket; **la c. degli avvocati**, lawyers as a class; **di c. internazionale**, of international class (*o* level) ***5*** (*a scuola*: *insieme di studenti*) class; (*corso*) form, grade (*USA*); (*aula*) classroom, schoolroom: **una c. numerosa**, a large class; **Che c. fai?**, which year (*o* form) are you in?; **compagno di c.**, classmate; **La c. era deserta**, the classroom was empty ***6*** (*mil.*: *leva*) year; contingent; class: **la c. del 1960**, the 1960 contingent ***7*** (*fam.*: *anno di nascita*) year of birth: **Di che c. sei?**, when were you born? ***8*** (*eleganza*) class: **una donna che ha c.**, a woman with class; a classy woman (*fam.*). ● (*scherz.*) **c. di ferro**, the best □ **di c.**, first-class; high-class; excellent; exclusive; elegant; classy (*fam.*); chic (*fam.*) □ **fare c. a sé**, to be in a class of one's own □ **fuori c.**, in a class apart; of superlative quality; superlative; *V. anche* **fuoriclasse**.
clàssica, *f.* (*sport*) classic.
classicheggiànte, *a.* classical; imitating the classical style (*o* the classics).
classicheggiàre, *v. i.* to classicize; to imitate the classical style (*o* the classics).
classicismo, *m.* classicism.
classicista, *m.* e *f.* classicist.
classicìstico, *a.* classicistic; classic.
classicità, *f.* ***1*** (*classicismo*) classicism ***2*** (*misura, eleganza*) balance; harmony; proportion ***3*** (*antichità classica*) classical antiquity.
classicizzàre, *v. t.* e *i.* to classicize.
clàssico, A *a.* ***1*** (*rif. alla civiltà classica*) classical: **il mondo c.**, the classical world; **gli autori classici**, the classics; **architettura c.**, classical architecture; **lettere classiche**, Classics; **studi classici**, classical studies ***2*** (*arte, letter., contrapposto a «romantico»*) classic; classical: **stile c.**, classic style ***3*** (*che obbedisce a una forma riconosciuta*) classical: **sonata c.**, classical sonata ***4*** (*sobrio, tradizionale*) classic: **un cappotto c.**, a classic coat ***5*** (*tipico*) classic: **i classici sintomi dell'influenza**, the classic symptoms of flu; **un c. caso di malafede**, a classic case of bad faith ***6*** (*scient., econ., leg.*) classical: **la meccanica classica**, classical mechanics. ● **danza classica**, ballet (dancing) □ **liceo c.**, secondary school (with a bias towards classical studies) □ **musica classica**, classical music □ (*iron.*) **Questa è classica!**, that's rich! **B** *m.* classic: **Questo libro è un c.**, this book is a classic; **un c. del cinema neorealistico**, a classic of the neorealist cinema; **i classici**, the classics. ● (*iron.*) **È un c.!**, how typical!
classìfica, *f.* ***1*** (*il classificare*) classification; classing ***2*** place-list; (*sport*) results (*pl.*); (*di canzoni, ecc.*) hit parade, charts (*pl.*); (*di libri*) bestseller list; (*di esami*) (graded) results (*pl.*): **c. finale**, final results; **Hanno già dato la c.?**, have the results come out yet?; **essere primo in c.**, to come (*o* to be) first; to be placed first; **essere al comando della** (*o* **in testa alla c.** *o* **guidare la c.**), to top (*o* to head) the (results) list; (*calcio, ecc.*) to be at the top of the league; (*di canzone*) to top the charts, to be top hit; (*di libro*) to be top of the bestseller list; **entrare in c.**, to be placed; **scalare la c.**, to move up the results board (*o* the charts); **posto in c.**, placing.
classificàbile, *a.* classifiable: **non facilmente c.**, not easy to classify; not easily classified.
classificàre, A *v. t.* ***1*** (*suddividere in classi*) to classify; to grade; ***2*** (*assegnare a un gruppo*) to class ***3*** (*etichettare, anche fig.*) to label ***4*** (*valutare*) to assess, to appraise; (*uno studente*) to grade; (*dare un voto*) to mark ***5*** (*naut.*) to classify; to rate. **B classificarsi,** *v. i. pron.* to come*; to rank: **c. primo**, to come out first.
classificatóre, *m.* (*f.* **-trice**) ***1*** (*chi classifica*) classifier ***2*** (*cartella*) file ***3*** (*mobile*) filing cabinet ***4*** (*mecc., miner.*) classifier. ● (*ind. tess.*) **c. della lana**, stapler □ **c. di merci**, classer; grader.
classificatòrio, *a.* classifying.
classificazióne, *f.* ***1*** classification; classing: **c. botanica**, botanic classification; (*naut.*) **c. delle navi**, classification of ships ***2*** (*catalogazione*) filing ***3*** (*graduatoria*) grading: **c. delle merci**, grading of goods ***4*** (*votazione*) marking; grading; (*voto*) mark, grade ***5*** (*stima, valore attribuito*) rating.
classismo, *m.* ***1*** class struggle ***2*** defence of class interests.
classista, A *a.* class (*attr.*); class-conscious: **politica c.**, class politics; **visione c.**, class-oriented view; **mentalità c.**, class-conscious attitude. **B** *m.* e *f.* class-conscious person.
classìstico, *a.* class (*attr.*).
clàstico, *a.* (*geol.*) clastic.
claudicànte, *a.* ***1*** lame; limping; hobbling: **essere c.**, to be lame; to have a limp; **camminare con passo c.**, to hobble; to walk with a limp; **camminata c.**, limp ***2*** (*fig.*) halting: **versi claudicanti**, halting lines.
claudicàre, *v. t.* (*lett.*) to limp; to hobble.
claudicazióne, *f.* claudication (*med.*); lameness; limp.
Clàudio, *m.* Claude; (*stor.*) Claudius.
claunésco, *a.* clownish; clown's (*attr.*).
clàusola, *f.* ***1*** (*leg.*) clause; provision; term; condition: **le clausole di un contratto**, the terms of a contract; **inserire una c.**, to insert a clause; **c. aggiuntiva**, additional clause; rider; **c. compromissoria**, arbitration clause; **c. condizionale**, condition; proviso; **clausole d'uso**, customary clauses (*o* terms); **c. penale**, penal clause; **c. restrittiva**, restrictive (*o* conditional) clause; **c. risolutiva**, rescinding (*o* resolutive) clause; (*naut.*) **clausole d'ingaggio**, ship's articles; **secondo le clausole** (*di un contratto*), under the terms ***2*** (*conclusione*) close ***3*** (*mus.*) clausula*.
claustràle, *a.* claustral; cloistered.
claustrofobìa, *f.* (*psic.*) claustrophobia.
claustrofòbico, *a.* (*psic.*) claustrophobic.
claustròfobo, *m.* (*f.* **-a**) (*psic.*) claustrophobic.
clausura, *f.* ***1*** (*eccles.*: *regola e parte del convento*) enclosure: **ordine di c.**, enclosed order; **suora di c.**, enclosed nun; **voto di c.**, vow of seclusion ***2*** (*fig.*) seclusion; secluded (*o* cloistered) life: **fare vita di c.**, to cloister oneself; to lead a cloistered life; to live in seclusion.
clàva, *f.* ***1*** (*mazza*) club; cudgel; bludgeon ***2*** (*da ginnastica*) (Indian) club.
clavària, *f.* (*bot., Clavaria*) clavaria; club fungus.
clavicembalista, *m.* e *f.* (*mus.*) harpsichordist; harpsichord player.
clavicembalìstico, *a.* (*mus.*) harpsichord (*attr.*).
clavicémbalo, *m.* (*mus.*) harpsichord.
clavìcola, *f.* (*anat.*) clavicle; (*com.*) collarbone.
clavicolàre, *a.* (*anat.*) clavicular.
clavicòrd(i)o, *m.* (*mus.*) clavichord.
clàxon, *V.* **clacson.**
cleistogamìa, *f.* (*bot.*) cleistogamy.
cleistògamo, *a.* (*bot.*) cleistogamic.
clemàtide, *f.* (*bot., Clematis*) clematis*.
Clemènte, *m.* Clement.
clemènte, *a.* ***1*** merciful; lenient; clement; mild: **Il sovrano fu c. e perdonò**, the sovereign was merciful and granted pardon; **giudice c.**, lenient judge; **governo c.**, mild rule ***2*** (*del clima*) mild.
Clementina, *f.* Clementina, Clementine.
clementina, *f.* (*bot.*) clementine.
clementino, *a.* Clementine.
clemènza, *f.* ***1*** mercifulness; leniency; mildness; mercy; clemency ***2*** (*del clima*) mildness.
cleptòmane, A *m.* e *f.* kleptomaniac. **B** *a.* – **Quell'uomo è c.**, that man is a kleptomaniac.
cleptomanìa, *f.* kleptomania.
clèrgyman (*ingl.*), *m. invar.* clergyman's suit.

clericàle, **A** *a.* clerical. **B** *m.* e *f.* clericalist.
clericaleggiàre, *v. i.* to be a clericalist.
clericalismo, *m.* (*polit.*) clericalism.
clèro, *m.* clergy; ministry; priesthood: **c. secolare**, secular clergy; **c. regolare**, regular clergy.
cleromanzia, *f.* cleromancy.
clessìdra, *f.* **1** (*a sabbia*) hourglass; sandglass **2** (*ad acqua*) water clock; clepsydra*.
clic, *inter.* e *m. invar.* click: **il c. dell'interruttore**, the click of the switch.
cliccàre, *v. i.* (*gergo elab.*) to click.
clicchettìo, *m.* clicking; tapping; (*di orologio*) ticking.
cliché (*franc.*), *m. invar.* **1** (*tipogr.*) cliché; stereotype; (*illustrazione*) plate: **c. a mezzatinta**, halftone plate **2** (*fig.*) cliché; commonplace; (*di persona*) stereotype **3** (*ling.*) cliché; hackneyed phrase.
cliènte, *m.* e *f.* **1** (*di negozio, ditta, ecc.*) customer: **c. abituale**, regular customer; patron; regular (*fam.*); **c. potenziale**, prospective customer (*o* client); prospect **2** (*di banca*) client: **Di che banca sei c.?**, where do you bank? **3** (*d'albergo*) guest **4** (*di professionista*) client; (*di medico*) patient **5** (*stor. romana*) client **6** (*spreg.*) hanger-on.
clientèla, *f.* **1** (*di negozio, ecc.*) customers (*pl.*); custom **2** (*di albergo*) clientele **3** (*di professionista*) clients (*pl.*); (*di medico*) patients (*pl.*), practice: **un dottore con una vasta c.**, a doctor with a large practice **4** (*stor. romana*) clientele **5** (*spreg.*) hangers-on (*pl.*).
clientelàre, *a.* (*spreg.*) of patronage; of favouritism: **rapporto c.**, patronage; **politica c.**, policy of patronage (*o* of favouritism).
clientelismo, *m.* (*spreg.*) patronage; favouritism, favoritism (*USA*).
clientelìstico, *a.* patronage (*attr.*).
clìma, *m.* **1** climate **2** (*fig.*) atmosphere; climate: **un c. d'austerità**, an atmosphere of austerity; **l'attuale c. economico**, the present economic climate.
climatèrico, *a.* **1** (*med.*) climacteric **2** (*fig.*) critical; dangerous; unpropitious: **anno c.**, critical year.
climatèrio, *m.* (*med.*) climacteric: **c. femminile**, menopause; climacteric; **c. maschile**, (male) climacteric.
climàtico, *a.* climatic. ● **stazione climatica**, health resort.
climatizzàre, *v. t.* to air-condition.
climatizzàto, *a.* air-conditioned.
climatizzatóre, *m.* air-conditioning unit.
climatizzazióne, *f.* air-conditioning.
climatogràmma, *m.* climograph.
climatologìa, *f.* climatology.
climatològico, *a.* climatologic(al).
climatòlogo, *m.* (*f.* **-a**) climatologist.
climatoterapìa, *f.* climatotherapy.
climax, *m.* **1** (*retor., ecol.*) climax **2** (*biol.*) (sexual) climax; orgasm.
clìne, *m.* (*biol.*) cline.
clìnica, *f.* **1** (*insegnamento*) clinic; clinical instruction: **c. medica**, clinical medicine; **c. ostetrica**, clinical obstetrics **2** (*reparto ospedaliero*) clinic; hospital department; ward: **c. chirurgica [neurologica]**, surgical [neurological] ward **3** (*di università*) teaching hospital (*o* clinic) **4** (*casa di cura*) nursing home; clinic.
clìnico, **A** *a.* (*med.*) clinical: **cartella clinica**, clinical (*o* medical) record; case sheet; **caso c.**, clinical case; **quadro c.**, clinical picture. ● (*fig. scherz.*) **caso c.**, oddball (*fam.*) □ **occhio c.**, experienced (*o* discerning) eye. **B** *m.* **1** (*med.*) clinician; doctor **2** (*docente universitario*) professor of clinical medicine.
clinker (*ingl.*), *m.* (*tecn.*) clinker.
clinòmetro, *m.* clinometer.
clinoscòpio, *m.* (*med.*) X-ray table.
clinostatismo, *m.* (*fisiol.*) horizontal posture.
clip (1), *f. invar.* **1** (*fermaglio*) (paper)clip **2** (*orecchino*) clip earring.
clip (2), *m. invar.* (film) clip.
clipeàto, *a.* (*zool.*) clypeate.
clìpeo, *m.* **1** (*archeol.*) round copper shield; clipeus* **2** (*zool.*) clypeus*.
clipper, *m. invar.* (*naut.*) clipper.
clisìmetro, *m.* (*topogr.*) clinometer.
clisma, *m.* (*med.*) enema*: **c. opaco**, barium enema.
clistère, *m.* (*med.*) enema*.
clìtico, *a.* e *m.* (*ling.*) clitic.
clitòride, *f.* o *m.* (*anat.*) clitoris.
clitoridectomìa, *f.* clitoridectomy.
clitoridèo, *a.* clitoral.
clivàggio, *m.* (*miner.*) cleavage: **piano di c.**, cleavage plane.
clìvia, *f.* (*bot., Clivia*) clivia; Kafir lily.
clìvo, *m.* (*lett.*) hillock; rise; slope.
cloàca, *f.* **1** (*fogna*) sewer; cloaca* **2** (*zool.*) cloaca* **3** (*fig.*) cesspool; sink.
cloacàle, *a.* cloacal.
clochard (*franc.*), *m. invar.* tramp; hobo (*USA*).
cloche (*franc.*), *f. invar.* **1** (*aeron.*) control stick; joystick (*fam.*) **2** (*autom., anche* **cambio a c.**) gear lever (*USA*: gearshift) on the floor **3** (*cappello*) cloche (hat).
cloisonné (*franc.*), *a. invar.* (*arte*) cloisonné.
clonàle, *a.* (*biol.*) clonal.
clonàre, *v. t.* (*biol.* e *fig.*) to clone.
clóne, *m.* (*biol.* e *fig.*) clone.
clònico, *a.* (*med.*) clonic: **spasmo c.**, clonic spasm.
clòno, *m.* (*med.*) clonus*.
clop, **clòppete**, *inter.* (*rumore di trotto*) clip--clop.
cloràcne, *f.* (*med.*) chloracne.
cloràlio, *m.* (*chim.*) chloral.
cloramfenicòlo, *m.* (*farm.*) chloramphenicol.
cloràto, *m.* (*chim.*) chlorate.
cloratóre, *m.* chlorinator.
clorazióne, *f.* (*chim.*) chlorination.
clòrico, *a.* (*chim.*) chloric.
cloridràto, *m.* (*chim.*) hydrochloride.
cloridrico, *a.* (*chim.*) hydrochloric: **acido c.**, hydrochloric acid.
clorìte, *f.* (*miner.*) chlorite.
clòro, *m.* (*chim.*) chlorine.
cloroboràto, *m.* (*chim.*) chloroborate.
Clorochina, *f.* (*marchio*: *chim.*) chloroquine.
clorofilla, *f.* (*bot.*) chlorophyl(l).
clorofilliàno, *a.* (*bot.*) chlorophyl(l) (*attr.*); chlorophyllous.
clorofluorocarbùro, *m.* (*chim.*) chlorofluorocarbon.
clorofòrmio, *m.* (*chim.*) chloroform.
cloroformizzàre, *v. t.* to chloroform.
cloroformizzazióne, *f.* (*med.*) chloroforming.
cloromicetina, *f.* (*marchio*: *farm.*) Chloromycetin.
cloroplàsto, *m.* (*bot.*) chloroplast.
cloròsi, *f.* **1** (*med.*) chlorosis*; (*com.*) greensickness **2** (*bot.*) chlorosis*.
clorotetraciclina, *f.* (*farm.*) chlorotetracyclin.
cloròtico, *a.* (*med.*) chlorotic.
cloruràre, *v. t.* (*chim.*) to chlorinate.
cloruràto, *a.* (*chim.*) chlorinated.
clorurazióne, *f.* (*chim.*) chlorination.
cloruro, *m.* (*chim.*) chloride: **c. d'argento**, silver chloride.
clostridio, *m.* (*biol.*) clostridium*.
clou (*franc.*), *m. invar.* climax; highlight; culminating point; chief attraction; **il c. della festa**, the highlight of the party; **il c. di una partita**, the climax of a match; **il c. di una mostra**, the highlight (*o* chief attraction) of an exhibition.
clown (*ingl.*), *m. invar.* clown.
clownésco, *V.* **claunesco**.
club (*ingl.*), *m. invar.* club.
cluniacènse, **cluniacése**, *a.* e *m.* (*eccles.*) Cluniac.
cluster (*ingl.*), *m. invar.* (*astron., stat., elab.*) cluster.
coabitàre, *v. i.* to cohabit; to live together.
coabitatóre, *m.* (*f.* **-trice**) cohabitant; cohabiter.
coabitazióne, *f.* cohabitation; living together; house-sharing.
coaccusàto, *m.* (*f.* **-a**) (*leg.*) co-defendant.
coacervazióne, *f.* **1** (*lett.*) accumulation; heaping up **2** (*chim.*) coacervation.
coacèrvo, *m.* (*lett.*) **1** accumulation; heap **2** (*fin.*) accumulation; accrual.
coadiutoràto, *m.* (*eccles.*) coadjutorship.
coadiutóre, *m.* **1** (*f.* **-trice**) assistant; collaborator; aide **2** (*eccles.*) coadjutor: **vescovo c.**, (bishop) coadjutor.
coadiuvànte, **A** *a.* assisting; coadjutant. ● **farmaco c.**, adjuvant (drug). **B** *m.* e *f.* assistant; collaborator. **C** *m.* (*farm.*) adjuvant.
coadiuvàre, *v. t.* to help; to cooperate with; to assist.
coagulàbile, *a.* coagulable.
coagulabilità, *f.* coagulability.
coagulaménto, *m.* coagulation.
coagulànte, (*farm.*) **A** *a.* coagulative. **B** *m.* coagulant.
coagulàre, **A** *v. t.* to coagulate; to clot; to curdle. **B** *v. i.* e **coagulàrsi**, *v. i. pron.* **1** to coagulate; to congeal; to clot; (*del sangue*) to coagulate; to clot; (*dei colloidi*) to gel **2** (*del latte*) to curdle.
coagulativo, *a.* coagulative.
coagulazióne, *f.* **1** coagulation; (*del sangue*) coagulation, clotting **2** (*del latte*) curdling.
coàgulo, *m.* **1** coagulum*; clot; (*di sangue*) blood clot **2** (*caglio*) curd (*spesso pl.*).
coalescènza, *f.* (*fis.*) coalescence.
coalizióne, *f.* **1** coalition; alliance: **governo di c.**, alliance government **2** (*econ., fin.*) combination; combine.
coalizzàre, **A** *v. t.* **1** to form into a coalition **2** (*econ., fin.*) to combine. **B coalizzàrsi**, *v. rifl.* **1** to form a coalition (*o* an alliance); to ally; to unite; to join forces **2** (*econ., fin.*) to combine.
coamministratóre, *m.* (*f.* **-trice**) (*comm.*) joint manager.
coàna, *f.* (*anat.*) choana*.
coartàre, *v. t.* to coerce (sb. into doing st.); to force (sb. to do st.).
coartazióne, *f.* **1** coercion; constraint **2** (*med.*) coarctation.
coassiàle, *a.* (*mecc.*) coaxial: **cavo c.**, coaxial cable.
coassicurazióne, *f.* (*ass.*) coinsurance.
coattazióne, *f.* (*med.*) coaptation.
coattività, *f.* coerciveness; compulsoriness.
coattivo, *a.* coercive; compulsory: **mezzi coattivi**, coercive measures.
coàtto, **A** *a.* **1** forced; compulsory: (*leg., stor.*) **domicilio c.**, forced residence; **vendita coatta**, forced sale **2** (*psic.*) compulsive. **B** *m.* (*f.* **-a**) **1** (*leg., stor.*) person under forced residence **2** (*detenuto*) detainee; prisoner **3** (*sociol.*) underprivileged young person **4** (*pop.*) boor; lout; yob (*GB*).
coautóre, *m.* (*f.* **-trice**) **1** coauthor **2** (*leg.*) joint author.
coazióne, *f.* **1** (*leg.*) coercion; compulsion; constraint **2** (*psic.*) compulsion: **c. a ripetere**, repetition compulsion.
cobàlto, *m.* **1** (*chim.*) cobalt: **bomba al c.**, cobalt bomb **2** (*colore*) cobalt blue.
cobaltoterapìa, *f.* (*med.*) cobalt radiotherapy.
COBAS, *m. invar.* (*acronimo di «comitato di base»*) independent trade union.
cobelligerànte, *a.* e *m.* cobelligerent.
cobelligerànza, *f.* cobelligerency.
cobìte, *m.* (*zool.*) loach.
cobòldo, *m.* (*mitol.*) kobold.
còbra, *m.* (*zool., Naja*) cobra: **c. dagli occhiali** (*Naja naja*), Indian cobra; hooded cobra.
còca (1), *f.* (*bot., Erythroxylon coca*) coca.
còca (2), *f.* **1** (*fam.*: *Coca-Cola*) coke, Coke

2 (*pop.*: *cocaina*) coke; snow.

Còca-Còla, *f.* (*marchio*) Coca-Cola; Coke (*fam.*).

cocaina, *f.* cocaine; coke (*pop.*); snow (*pop.*).

cocaìnico, *a.* cocaine (*attr.*).

cocainiṣmo, *m.* (*med.*) cocainism.

cocainiẓẓàre, *v. t.* (*med.*) to cocainize.

cocainòmane, *m.* e *f.* cocaine addict; coke-head (*pop.*).

cocainomania, *f.* addiction to cocaine; cocaine addiction.

còcca (1), *f.* (*naut.*) cog.

còcca (2), *f.* *1* (*di fazzoletto, ecc.*) corner *2* (*di freccia*) nock; notch *3* (*di fuso*) tip.

còcca (3), *f.* (*vezzegg.*) *V.* **cocco (3)**.

coccàrda, *f.* cockade; rosette.

cocchière, *m.* *1* coachman* *2* (*vetturino di piazza*) cabman*; cab driver; cabby (*fam.*).

còcchio, *m.* coach; carriage; (*stor.*) chariot.

cocchiùme, *m.* *1* (*foro di botte*) bunghole *2* (*tappo*) bung.

còccia, *f.* *1* (*di spada*) sword-guard *2* (*di pistola*) metal decoration (on the grip) *3* (*region., scherz.*: *testa*) head; pate (*pop.*); noggin (*pop.*).

còccide, *m.* (*zool.*) coccid.

Còccidi, *m. pl.* (*zool.*) Coccidae.

coccidiòṣi, *f.* (med.) coccidiosis.

coccige, *m.* (*anat.*) coccyx*.

coccigeo, *a.* (*anat.*) coccygeal.

coccinèlla, *f.* *1* (*zool., Coccinella*) ladybird; ladybug (*USA*) *2* (*giovane esploratrice*) Brownie (Guide).

coccinèllo, *m.* (*naut.*) toggle.

cocciniglia, *f.* *1* (*zool., Coccus cacti*) cochineal (insect) *2* (*il colore*) cochineal.

còccio, *m.* *1* (*terracotta*) earthenware; pottery: **stoviglie di c.**, earthenware (*sing. collett.*); crockery (*sing. collett.*); **ciotola di c.**, earthenware bowl *2* (*recipiente*) crock; earthen pot *3* (*frammento*) broken bit; fragment; shard; (*archeol.*) potsherd: **andare in cocci**, to be smashed to pieces *4* (*fig.*: *persona malaticcia*) crock.

cocciutàggine, *f.* *1* stubbornness; obstinacy; pig-headedness *2* (*azione*) obstinate act.

cocciùto, *a.* stubborn; obstinate; pig-headed.

còcco (1), *m.* *1* (*bot., Cocos nucifera*) coco (*o* coconut) palm; coco *2* (*frutto*) coconut: **latte di c.**, coconut milk; **burro di c.**, coconut butter; **fibra di c.**, coconut fibre; (*per stuoie*) coconut matting.

còcco (2), *m.* (*fam.*: *uovo*) (hen's) egg.

còcco (3), *m.* (*f.* **-a**) (*fam.*) *1* (*vezzegg.*) dearie; love; darling; pet; poppet (*GB*); honey (*USA*) *2* (*prediletto*) darling; pet: **c. di mamma**, mummy's darling; mother's boy (*m.*); **Lui è il c. della maestra**, he's the teacher's pet.

còcco (4), *m.* (*biol.*) coccus*.

coccodè, *inter.* e *m.* cackle: **fare c.**, to cackle.

coccodrillo, *m.* *1* (*zool., Crocodilus*) crocodile: **c. palustre** (*Crocodilus palustris*), marsh crocodile; mugger; (*fig.*) **lacrime di c.**, crocodile tears *2* (*pelle di c.*) crocodile (*attr.*): **una borsetta di c.**, a crocodile bag *3* (*elettr.*) alligator clip *4* (*gergo giorn.*) pre-obit.

còccola (1), *f.* (*bot.*) berry.

còccola (2), *f.* cuddle: **fare le coccole**, to cuddle; **volere le coccole**, to want to be cuddled; **farsi le coccole** (*tra innamorati*), to bill and coo.

coccolàre, *v. t.* *1* (*vezzeggiare*) to cuddle; to fondle; to pet *2* (*estens.*: *viziare*) to molly-coddle; to cosset; to pamper.

còccolo, (*fam.*) **A** *m.* (*f.* **-a**) (*vezzegg.*) pet; darling; cuddlesome little thing; cutie (*pop. USA*). **B** *a.* (*grazioso*) darling; sweet; cute (*USA*).

coccolóne (1), *m.* (*f.* **-a**) (*fam.*: *chi ama farsi coccolare*) person [animal] who loves a cuddle.

coccolóne (2), *m.* (*fam.*: *colpo apoplettico*) (apoplectic) stroke; (*fig.*) fit.

coccolóni, *avv.* squatting; crouching: **stare c.**, to squat; to be squatting.

cocènte, *a.* *1* scorching; burning; scalding: **sole c.**, scorching sun *2* (*fig.*: *bruciante*) scalding, scorching; (*amaro*) bitter; (*acuto*) deep, keen, acute: **lacrime cocenti**, scalding tears; **rimprovero c.**, scorching rebuke; **delusione c.**, bitter disappointment; **dolore c.**, acute pain; deep sorrow; **Il ricordo della sconfitta è c.**, the defeat still rankles.

còcker (*ingl.*), *m. invar.* (*zool.*) cocker (spaniel).

còcktail (*ingl.*), *m. invar.* *1* (*bevanda*) cocktail *2* (*ricevimento*) cocktail party *3* (*fig.*: *miscuglio*) mixture; medley. ● **sala da c.** lounge.

còclea, *f.* *1* (*anat.*) cochlea* *2* (*archeol.*) wild animals' gate *3* (*mecc.*) Archimedean screw; (*di pompa centrifuga, ecc.*) scroll, volute: **alimentatore a c.**, screw feeder.

cocleàre, *a.* (*med.*) cochlear: **nervo c.**, cochlear nerve.

cocleària, *f.* (*bot., Cochlearia officinalis*) scurvy grass.

cocólla, *f.* (*eccles.*) cowl.

cocomeràio, *m.* (*f.* **-a**) *1* (*venditore*) watermelon vendor *2* (*agric.*) watermelon patch.

cocómero, *m.* (*bot., Citrullus vulgaris*) watermelon. ● (*bot.*) **c. asinino** (*Ecballium elaterium*), squirting cucumber.

cocorita, *f.* (*zool., fam.*) small parrot; parakeet; lovebird.

cocùzza, *f.* (*region.*) *1* (*zucca*) pumpkin *2* (*scherz.*: *testa*) head; noggin (*pop.*); nut (*pop.*) *3* (*specialm. al pl.*: *denaro*) money; dough (*pop.*); lolly (*pop. GB*); bucks (*pl., pop. USA*).

cocùzzolo, *m.* *1* (*di monte, ecc.*) top; summit *2* (*della testa, di un cappello*) crown.

códa, *f.* *1* tail; (*di volpe, anche*) brush: **Il cane agitava la c.**, the dog was wagging its tail; **con la c. lunga**, long-tailed; **senza c.**, tailless; **mozzare una c.**, to dock a tail; **c. mozza**, dock *2* (*parte terminale di una cosa*) tail; train: **la c. di un aeroplano**, the tail of an aeroplane; **c. di cometa**, comet's tail (*o* train) *3* (*parte finale di corteo e sim.*) tail (end); rear: **la c. di una processione**, the tail (*o* tail end) of a procession; **essere in c.**, to be in the rear; to bring up the rear; **restare in c. a tutti**, to fall behind everyone *4* (*di discorso, scritto, ecc.*) tail end; end; conclusion *5* (*di abiti*: *strascico*) tail; train: **un vestito da sposa con la c.**, a wedding dress with a train; **reggere la c.**, to hold the train; to be a train bearer *6* (*di giacca maschile*) tail: **giacca con le code**, tailcoat; tails (*pl.*) *7* (*fila di persone*) queue (*GB*); line (*USA*): **fare la c.**, to stand in a queue; to queue (up); **mettersi in c.**, (*unirsi alla c.*) to join the queue; (*formare una c.*) to form a queue, to line up, to queue up; **saltare la c.**, to jump the queue (*GB*); to queue-jump (*GB*); to cut into the line (*USA*) *8* (*fila di mezzi*) line; tailback (*GB*); back-up (*USA*): **Sull'autostrada c'era una c. di tre kilometri**, there was a three-kilometre tailback (*o* traffic jam) on the motorway; **A causa dell'incidente si formò una c. di kilometri**, lines of vehicles were blocked for several kilometres because of the accident *9* (*fig.*: *ripercussione*) sequel; repercussion; echo: **L'incidente avrà una c.**, there will be a sequel to the incident *10* (*mus.*) coda *11* (*bot.*: *di cipolla e sim.*) leaves (*pl.*) *12* (*pettinatura; anche* **c. di cavallo**) ponytail *13* (*comm.*) allonge *14* (*chim.*: *nella distillazione*) end. ● **c. dell'occhio**, corner of the eye: **guardare q.c. con la c. dell'occhio**, to cast st. a sidelong glance; to watch st. out of the corner of one's eye □ (*bot.*) **c. di cavallo**, (*Equisetum*) horsetail; (*Hippuris vulgaris*) mare's-tail □ (*naut.*) **c. di ratto**, rat's-tail □ **c. di rondine**, swallowtail □ (*cucina*) **c. di rospo**, angler fish □ (*bot.*) **c. di topo** (*Phleum pratense*), timothy (grass) □ (*bot.*) **c. di volpe** (*Alopecurus pratensis*), foxtail □ (*anat.*) **c. equina**, cauda equina □ (*zool.*) **c. lunga** (*Alopias vulpinus*), thresher shark; sea fox □ (*zool.*) **c. nera** (*Odocoileus hemionus*), jumping deer □ **a c. di rondine**, swallowtailed; (*mecc.*) dovetailed, dovetail (*attr.*): **incastro a c. di rondine**, dovetail joint; dovetailing □ (*fig.*) **andarsene con la c. fra le gambe**, to go off with one's tail between one's legs □ (*fig.*) **avere la c. di paglia**, to have a guilty conscience □ **colpo di c.**, flick (*o* swish) of the tail; (*fig.*) sudden reversal □ **di c.**, tail (*attr.*); rear (*attr.*); last: **fanale di c.**, taillight; rear light; **vagone di c.**, last (*o* rear) carriage □ **Da quel momento il diavolo ci mise la c.**, from that moment things began to go wrong □ **Il diavolo ci aveva ficcato la c.**, the devil had a finger in the pie □ **giacca a c. di rondine**, tailcoat; tails (*pl.*) □ **in c. a**, at the end of; at the bottom of: **in c. a un elenco**, at the bottom (*o* foot) of a list □ (*fig.*) **non avere né capo né c.**, to be meaningless; to make no sense □ (*aeron.*) **piano di c.**, tailpane □ (*mus.*) **pianoforte a c.**, grand piano □ (*mus.*) **pianoforte a gran c.**, concert grand (piano) □ (*mus.*) **pianoforte a mezza c.**, baby grand (piano) □ (*fig.*) **sapere dove il diavolo tiene la c.**, to know a thing or two □ (*aeron.*) **scivolata di c.**, tail slide □ (*poesia*) **sonetto con la c.**, tailed sonnet.

codardia, *f.* cowardliness; cowardice; cravenness.

codàrdo, **A** *a.* cowardly; craven. **B** *m.* (*f.* **-a**) coward; poltroon (*m.*).

codàzzo, *m.* train (of people): **La guida trascinava il suo c. di turisti**, the guide dragged along his train of tourists; **un c. di ammiratori**, a cortège of admirers.

codeina, *f.* (*chim.*) codeine.

codésto, *a.* e *pron. dimostrativo* that; this: **C. vostro quadro è troppo grande**, that picture of yours is too big; **Ho fatto domanda a c. ufficio per...**, I applied to this office to...

codétta, *f.* *1* short tail *2* (*bur.*) addressee's name and address (on a letter) *3* (*segno grafico*) tail *4* (*naut.*) stern rope.

codibùgnolo, *m.* (*zool., Aegithalos caudatus*) long-tailed tit.

còdice, *m.* *1* (*leg.*) code; law: **c. penale**, penal (*o* criminal) code; **c. civile**, civil code; **c. marittimo**, navigation law *2* (*sistema di regole*) code; rules (*pl.*): **c. cavalleresco**, code of chivalry; **c. della strada**, rules of the road; highway code; **c. di etica professionale**, code of conduct; **c. della buona creanza**, code of good manners; **c. d'onore**, code of honour *3* (*sistema di segni*) code: **c. cifrato**, code; cipher, cypher; **c. linguistico**, linguistic code; **c. telegrafico**, telegraphic code *4* (*elab.*) code: **c. di autocontrollo**, error-detecting code; **c. di funzione**, function code; **c. istruzioni**, instruction code; **c. macchina**, machine code; **c. numerico**, number code *5* (*manoscritto*) codex*; manuscript. ● (*comm.*) **c. a barre**, bar code □ **c. (di avviamento) postale** (**CAP**), postcode; zip code (*USA*) □ (*naut., mil.*) **c. dei segnali**, signal book □ (*naut.*) **c. internazionale dei segnali**, international code □ (*fisc.*) **c. fiscale**, fiscal code; taxpayer's code number □ (*biol.*) **c. genetico**, genetic code □ **decifrare un c.**, to decipher (*o* to crack) a code □ **messaggio in c.**, coded message □ **numero di c.**, code number □ (*fig.*) **sfiorare il c.**, to sail close to the wind.

codicillàre, *a.* (*leg.*) codicillary.

codicillo, *m.* *1* (*leg.*) codicil *2* (*poscritto*) postscript.

codifica, *V.* **codificazione**.

codificàre, *v. t.* *1* (*leg.*) to codify *2* (*trasporre in codice*) to code; (*anche elab.*) to encode.

codificatóre, **A** *a.* *1* (*leg.*) codifying *2* (*che traspone in codice*) coding; encoding. **B** *m.* (*f.* **-trice**) *1* codifier *2* (*chi traspone in codice*) coder *3* (*elab.*) encoder; coder.

codificazióne, *f.* *1* (*leg.*) codification *2* (*tra-*

sposizione in codice) coding; (*anche elab.*) encoding.

codimózzo, *a.* (*lett.*) docked dog.

codinismo, *m.* reactionism; blimpishness.

codino, A *m.* **1** short tail **2** (*treccina*) pigtail; queue **3** (*fig.*) reactionary; (Colonel) Blimp (*GB*); mossback (*USA*). **B** *a.* reactionary; ultraconservative; die-hard; blimpish (*GB*).

codinzolo, *m.* short tail. • **dimenare il c.**, to wag one's tail.

codióne, *V.* **codrione**.

codirezióne, *V.* **condirezione**.

codirósso, *m.* (*zool., Phoenicurus phoenicurus*) redstart; redtail.

códolo, *m.* tang.

codóne (1), *m.* (*zool., Dafila acuta*) pintail (duck).

codóne (2), *m.* (*biol.*) codon.

codrióne, *m.* **1** (*zool.*) rump **2** (*scherz.*: *coccige*) rump.

coeditóre, *m.* (*f.* **-trice**) copublisher; joint publisher.

coedizióne, *f.* coedition; joint edition.

coeducazióne, *f.* coeducation.

coefficiènte, *m.* **1** (*mat., fis., chim., mecc.*) coefficient; factor: **c. di assorbimento**, absorption coefficient; **c. di attrito**, friction coefficient; **c. di diffusione**, coefficient of diffusion; **c. di risonanza [di selettività]**, resonance [selectivity] factor; (*scienza delle costr.*) **c. di sicurezza**, coefficient of safety; safety factor; **c. numerico**, numerical coefficient **2** (*econ.*) coefficient; ratio: **c. di produzione**, production coefficient; **c. di perdita**, loss coefficient (*o* ratio); **c. di scambio**, exchange ratio; **c. di spesa**, expense ratio **3** (*concausa*) factor: **i coefficienti della crisi economica**, the factors in the economic crisis.

coefficiènza, *f.* coefficient cause; cofactor.

coèfora, *f.* (*stor. greca*) libation bearer.

coeguàle, *a.* (*anche teol.*) coequal.

coelètto, *a.* jointly elected.

coenzima, *m.* (*biol.*) coenzyme.

coercibile, *a.* **1** coercible **2** (*fis.*) compressible.

coercibilità, *f.* **1** coercibility **2** (*fis.*) compressibility: **c. di un gas**, compressibility of a gas.

coercitivo, *a.* coercive: **misure coercitive**, coercive measures.

coercizióne, *f.* (*anche leg.*) coercion; compulsion; duress: **mezzo di c.**, means of coercion; **ricorrere alla c.**, to have recourse to coercion; **Ho firmato sotto c.**, I signed under duress.

coerède, *m.* e *f.* joint heir; coheir; (*nel caso di sole eredi femmine*) joint heiress, coheiress.

coeredità, *f.* (*leg.*) coinheritance.

coerènte, *a.* **1** (*di sostanza*) coherent (*anche fis., geol.*); well-knit; cohering **2** (*fig.*) consistent; logical; sound: **La sua condotta è sempre stata c.**, his conduct has always been consistent; **un'azione c. coi suoi principi**, an action that is consistent (*o* is in keeping) with his principles; **essere c. con se stesso**, to be consistent; **agire in modo c.**, to act consistently; **un ragionamento c.**, a consistent (*o* sound) piece of reasoning.

coerènza, *f.* **1** (*coesione*) cohesion; coherence **2** (*fig.*) consistency: **Non c'è c. nella politica estera di quel paese**, there is no consistency in that country's foreign policy; **dare prova di c.**, to behave consistently; **mancare di c.**, to lack consistency.

coesecutóre, *m.* (*f.* **-trice**) (*leg.*) coexecutor (*f.* coexecutrix*).

coesióne, *f.* **1** (*fis.*) cohesion **2** (*fig.*) cohesion; cohesiveness.

coesistènte, *a.* coexistent.

coesistènza, *f.* coexistence: **c. pacifica**, peaceful coexistence.

coesistere, *v. i.* to coexist.

coesivo, *a.* cohesive.

coèso, *a.* coherent; cohering.

coesóre, *m.* (*fis.*) coherer.

coetàneo, A *a.* (of) the same age (as): **Mio cugino e io siamo coetanei**, my cousin and I are the same age; **Enzo è mio c., eravamo compagni di scuola**, Enzo is my contemporary, we were at school together. **B** *m.* (*f.* **-a**) (*generalm. al pl.*) person of the same age; peer; (*della stessa generazione*) contemporary: **C'erano alcuni miei coetanei**, there were a few people of my age (*o* a few contemporaries of mine); **Non gioca coi suoi coetanei**, he doesn't play with children of his own age; **cercare l'approvazione dei propri coetanei**, to seek the approval of one's peers.

coèvo, *a.* coeval; contemporary.

cofanètto, *m.* **1** (*scrigno*) casket **2** (*cassetta*) box; case: **c. dei gioielli**, jewel box (*o* case); **c. di caramelle**, sweet box **3** (*custodia di libro*) slipcase.

còfano, *m.* **1** chest; (*per oggetti di valore*) coffer **2** (*per munizioni*) ammunition chest **3** (*autom.*) bonnet (*GB*); hood (*USA*).

cofattóre, *m.* (*chim.*) cofactor.

còffa, *f.* (*naut.*) top: **c. di maestra**, maintop; **c. di mezzana**, mizzentop; **c. di trinchetto**, foretop.

cofirmatàrio, *m.* (*f.* **-a**) cosignatory.

cofòsi, *f.* (*med.*) surditas; total deafness.

cogarànte, *m.* e *f.* joint guarantor.

cogenerazióne, *f.* (*fis.*) cogeneration.

cogènte, *a.* (*leg.*) (legally) binding.

cogerènte, *m.* e *f.* joint manager.

cogestióne, *f.* joint management.

cogitabóndo, *a.* (*lett.*) thoughtful; musing; pensive; in a brown study.

cogitàre, *v. i.* (*lett.* e *scherz.*) to be deep in thought; to cogitate; to ponder; to muse.

cogitazióne, *f.* (*lett.* e *scherz.*) cogitation; ponderation; meditation.

cògliere, *v. t.* **1** (*raccogliere*: *specialm. fiori*) to pick; (*specialm. frutta*) to pluck, to gather **2** (*afferrare, anche fig.*) to catch*; to grab; to seize: **Colsi il vaso prima che cadesse**, I caught the vase before it fell; **Fu colto dal terrore**, he was seized by terror **3** (*sorprendere*) to find*; to catch*; to come* upon: **La notte ci colse nel canalone**, night found us (*o* came upon us) in the gully; **Fummo colti da un temporale**, we got caught in a storm; **Fu colto che rubava**, they caught him stealing; **La morte lo colse in viaggio**, he died while on a journey **4** (*colpire*) to hit*; to get*: **c. il bersaglio**, to hit the target; **La pallottola lo colse alla spalla**, the bullet got him in the shoulder **5** (*capire*) to understand*, to grasp, to get*; (*udire*) to catch*; (*percepire*) to perceive, to detect, to feel*: **c. il senso di q.c.**, to gather (*o* to grasp, to get) the sense (*o* the meaning) of st.; **Colsi una sfumatura di ironia nella sua voce**, I detected a nuance of irony in his voice; **Colsi solo le ultime parole**, I only caught the last words **6** (*naut.*) to coil. • **c. al volo**, (*afferrare*) to grab; to seize; to catch in mid air; (*capire*) to get immediately (*o* straightaway); to grasp at once □ **c. q. alla sprovvista**, to catch sb. unawares; to catch sb. unprepared □ **c. q. con le mani nel sacco**, to catch sb. red-handed (*o* in the act) □ **c. q. di sorpresa**, to take sb. by surprise; to catch sb. off-balance □ **c. q. in fallo**, to catch sb. out □ **c. nel segno**, to hit the target (*o* the bull's eye); to score a point; (*fig.*) to hit the mark, to hit the nail on the head □ **c. l'occasione**, to take the opportunity; to take one's chance: **Colgo l'occasione per dirle quanto le sono riconoscente**, I am taking this opportunity to tell you how grateful I am □ (*fig.*) **c. la palla al balzo**, to seize the opportunity; to take one's chance.

coglionàggine, *f.* (*volg.*) idiocy; crass stupidity.

coglionàre, *v. t.* (*volg.*) to make* fun of; to take* the piss out of (*volg. GB*).

coglionàta, *V.* **coglioneria**.

coglionatùra, *f.* (*volg.*) mockery; piss-take (*volg. GB*).

coglióne, *m.* (*volg.*) **1** (*pl.*) (*testicoli*) testicles; balls (*volg.*) **2** (*fig.*: *cretino*) idiot; fool; moron; jerk (*USA*). • (*fig.*) **avere i coglioni**, to have balls □ (*fig.*) **rompere i coglioni a q.**, to be a pain in the ass □ (*fig.*) **stare sui coglioni a q.**, to give sb. a pain in the ass □ (*fig.*) **togliersi q. dai coglioni**, to get rid of sb. (*fam.*).

coglioneria, *f.* (*volg.*) **1** (*sciocchezza*) crap; balls (*pl.*): **dire coglionerie**, to talk crap; **Sono tutte coglionerie**, it's a load of balls **2** (*errore*) boo-boo (*fam.*), goof (*fam.*); (*pasticcio*) balls-up, cockup.

coglitóre, *m.* (*f.* **-trice**) picker; gatherer.

cognàc (*franc.*), *m. invar.* cognac.

cognàta, *f.* sister-in-law.

cognàto, *m.* brother-in-law.

cognitivismo, *m.* (*psic.*) cognitive psychology.

cognitivista, *m.* e *f.* (*psic.*) cognitivist.

cognitivo, *a.* cognitive.

cògnito, *a.* (*lett.*) known: **quantità cognite**, known quantities.

cognizióne, *f.* **1** (*filos., psic.*) cognition **2** (*nozione*) knowledge (*sing. collett.*); notion: **acquistare nuove cognizioni**, to acquire new knowledge; **cognizioni utili**, useful notions; **Ho qualche c. di svedese**, I have some knowledge of Swedish; I know some Swedish; **vaste cognizioni**, extensive knowledge; **cognizioni superficiali**, superficial knowledge; a smattering of st. **3** (*leg.*) cognizance: **c. di una causa da parte del tribunale**, cognizance of a case by a court. • **giudicare con c. di causa**, to pronounce judgement with full knowledge of the facts □ **L'ho detto con c. di causa**, I said that advisedly □ **prendere c. di q.c.**, to take cognizance of st.

cognóme, *m.* **1** surname; family name; last name (*USA*): **nome e c.**, Christian (*o* first) name and surname; **c. da nubile**, maiden name; **c. da sposata**, married name **2** (*st. romana*) cognomen*.

coguàro, *m.* (*zool., Felis concolor*) puma; cougar*.

coibentàre, *v. t.* to insulate; (*acusticamente*) to soundproof.

coibentazióne, *f.* insulation: **c. termica**, thermic insulation; **c. acustica**, soundproofing.

coibènte, (*fis.*) **A** *a.* insulating; nonconductive; nonconducting: **materiale c.**, nonconducting (*o* insulating) material. **B** *m.* heat insulator; nonconductor.

coibènza, *f.* (*fis.*) nonconductivity.

coiffeur (*franc.*), *m.* hairdresser; coiffeur.

coiffeuse (*franc.*), *f.* **1** hairdresser **2** (*mobile*) dressing table.

coimputàto, *m.* (*f.* **-a**) (*leg.*) co-defendant.

coincidènte, *a.* coinciding; coincident.

coincidènza, *f.* **1** (*concordanza, corrispondenza*) concurrence; correspondence; harmony: **c. di idee**, concurrence of ideas **2** (*contemporaneità*) concurrence; simultaneity **3** (*combinazione*) coincidence: **Che c. trovarti qua!**, what a coincidence meeting you here!; **Fu una pura c.**, it was pure coincidence **4** (*ferr.*) connection: **Ho perso la c. a Mestre**, I missed my connection at Mestre; **Il treno è in c. con la corriera**, the train connects with the bus **5** (*geom., mat.*) coincidence.

coincìdere, *v. i.* **1** (*collimare*) to coincide; to agree (exactly); to correspond: **Le mie idee non coincidono con le tue**, my ideas don't coincide with yours; **Le impronte digitali non coincidono**, the fingerprints don't correspond **2** (*accadere contemporaneamente*) to coincide; to occur at the same time: **La caduta di Granada coincise con la scoperta dell'America**, the fall of Granada coincided with the discovery of America; **Ho due lezioni che coincidono**, two of my lectures clash **3** (*geom., mat.*) to coincide: **I due triangoli coincidono**, the two triangles coincide.

coinquilino, *m.* (*f.* **-a**) co-tenant; fellow

tenant.

cointeressàre, *v. t.* (*comm.*) to give* (sb.) a share in the profits (*o* a percentage on the sales); to share (profits or losses) with; to associate.

cointeressàto, (*comm.*) **A** *a.* having an interest in; profit-sharing: **essere c. in un'azienda**, to have an interest (*o* to be an associate) in a business. **B** *m.* associate; profit-sharer; partner; co-partner; joint partner.

cointeressènza, *f.* (*comm.*) profit-sharing; interest; partnership: **avere una c. in q.c.**, to have an interest in st.

coinvolgènte, *a.* absorbing; enthralling; involving.

coinvòlgere, *v. t.* ***1*** (*trascinare, implicare*) to involve; to implicate; to draw* in; to drag in; (*generalm. solo al passivo*) to mix up, to embroil: **c. q. in una lite**, to involve sb. in a quarrel; **c. q. in uno scandalo**, to implicate sb. in a scandal; **Nell'incidente sono state coinvolte sei auto**, six cars were involved in the accident; **Restò coinvolto in una faccenda di droga**, he got mixed up in a drug affair ***2*** (*interessare, attrarre*) to absorb; to enthral.

coinvolgiménto, *m.* involvement; implication; participation.

coitàle, *a.* coital.

còito, *m.* coitus; coition; (sexual) intercourse.

còke, *m.* coke: **c. di fonderia**, foundry coke; **c. da gas**, gas coke; **c. minuto**, coke dust; **scorie di c.**, coke breeze.

cokefazióne, *V.* **cokificazione**.

cokerìa, *f.* cokery.

cokificàre, *v. t.* to coke.

cokificazióne, *f.* coking.

còla (1), *f.* (*bot.*, *Cola*) cola, kola: **noce di c.**, cola nut; cola seed.

cóla (2), *f.* ***1*** (*edil.*) sieve ***2*** (*enologia*) strainer.

colà, *avv.* there; over there; down there; up there.

colabròdo, *m.* colander; strainer. ● (*fig.*) **essere un c.**, to be full of (*o* riddled with) holes □ (*scherz.*) **ridurre come un c.**, to riddle with holes.

colàggio, *m.* (*perdita di liquidi*) leakage; ullage.

colagògo, *m.* (*farm.*) cholagogue.

colangiografìa, *f.* (*med.*) cholangiography.

colangìte, *f.* (*med.*) cholangitis*.

colapàsta, *m. invar.* spaghetti strainer; colander.

colàre, **A** *v. t.* ***1*** (*filtrare*) to strain; to filter; to percolate: **c. il tè [il brodo]**, to strain tea [stock]; **L'acqua del fiume va colata**, the river water should be filtered ***2*** (*scolare*) to strain: **c. la pasta**, to strain pasta ***3*** (*metall.*) to cast*; to pour: **c. il bronzo nella forma**, to cast the bronze in the mould ***4*** (*versare goccia a goccia*) to drip; (*lasciar fuoruscire*) to ooze, to exude: **Gli abeti colavano resina**, the fir trees were dripping resin; **La ferita colava sangue**, the wound was bleeding; blood was dripping from the wound. ● (*naut.*) **c. a picco una nave nemica**, to sink an enemy ship □ **c. la ghisa in pani**, to pig. **B** *v. i.* ***1*** (*filtrare*) to filter; to percolate; to strain; to drain: **L'acqua cola attraverso il terreno sabbioso**, the water strains through sand; **Il caffè non è ancora colato**, the coffee hasn't percolated yet ***2*** (*gocciolare*) to drip, to trickle; (*per una perdita*) to leak; (*scorrere lentamente*) to ooze, to seep; (*scorrere abbondantemente*) to pour, to run*: **Gocce di pioggia colavano dal ramo**, raindrops dripped from the branch; **Il sudore gli colava giù per la schiena**, sweat trickled (*più forte*: poured) down his back; **La pioggia colava lungo i vetri**, the rain trickled down the windowpanes; **Gli cola il naso**, his nose is running; **Un filo d'acqua colava dal tubo**, a trickle of water was running from the pipe; **Il rubinetto cola**, (*perché non è chiuso bene*) the tap (*USA*: faucet) drips (*o* trickles); (*perché è guasto*) the tap leaks; **Il sangue colava dalla ferita**, blood was oozing (*più forte*: pouring) from the wound ***3*** (*sciogliersi*) to melt; (*di candela*) to gutter. ● (*naut.*) **c. a picco** (*o* **a fondo**), to sink; to go down; to founder.

colascióne, *m.* (*mus.*) colascione (a type of lute).

colassù, *avv.* (*lett.*) up there; above.

colàta, *f.* ***1*** (*metall.*) casting; pouring; tapping: **c. a sorgente**, bottom casting; **c. diretta**, casting; **attacco di c.**, runner; **foro di c.**, gate; **secchia di c.**, ladle ***2*** (*quantità di metallo fuso*) tap; melt; cast ***3*** (*geol.*) flow: **c. di lava**, lava flow; **c. di fango**, mudflow ***4*** (*geol.*: *lava consolidata*) bed (*o* sheet) of lava.

colaticcio, *m.* ***1*** drippings (*pl.*): **il c. di una candela**, candle drippings ***2*** (*metall.*: *scorie*) drippings from a mold ***3*** (*di letamaio*) dung-water.

colàto, *a.* (*raffinato*) pure; refined: **oro c.**, pure gold. ● (*fig.*) **prendere q.c. per oro c.**, to take st. as gospel truth.

colatóio, *m.* ***1*** *V.* **colino** ***2*** (*metall.*: *crogiolo*) crucible ***3*** (*alpinismo*) crack.

colatóre, *m.* ***1*** (*metall.*) caster ***2*** (*agric.*) drainer ditch.

colatùra, *f.* ***1*** (*il colare*) straining; filtering; percolating; draining ***2*** (*metall.*) casting ***3*** (*il gocciolare*) dripping; trickling ***4*** (*lo scolare*) straining ***5*** (*materia colata*) strained substance ***6*** (*residui*) dregs (*pl.*); sediment ***7*** (*materia che trabocca*) overflow.

colazióne, *f.* ***1*** (*del mattino*) breakfast: **una c. all'italiana e una all'inglese**, a continental breakfast and an English one; **una c. a base di pane, marmellata e tè**, a breakfast with bread, jam and tea; bread, jam and tea for breakfast; **l'ora di c.**, breakfast time; **fare c.**, to have breakfast; to breakfast; **Faccio sempre c. con uno yoghurt e un caffè**, I always have a yoghurt and coffee for breakfast ***2*** (*di mezzogiorno*) lunch; luncheon (*form.*): **una c. veloce**, a quick lunch; **la c. offerta dall'ambasciatore**, the luncheon offered by the ambassador: **Vieni a c. domani**, come to lunch tomorrow; **invitare q. a c.**, to ask sb. to lunch; **fare c.**, to have lunch; to lunch; **l'ora di c.**, lunch time; **Oggi sono fuori a c.**, I'm lunching out today. ● **c. al sacco**, picnic; packed lunch □ **c. alla forchetta**, (stand-up) buffet lunch □ **c. di lavoro**, working (*o* business) lunch □ **c. sull'erba**, picnic.

colbàcco, *m.* ***1*** (*mil.*) busby; bearskin ***2*** (*cappello da uomo*) fur cap; (*da donna*) fur hat.

colchicina, *f.* (*chim.*) colchicine.

còlchico, *m.* (*bot.*, *Colchicum autumnale*) colchicum; autumn crocus; (*com.*) meadow saffron, naked lady.

colcòs, *V.* **kolchoz**.

colcosiàno, *m.* (*f.* **-a**) kolkhoznik*.

colecistectomìa, *f.* (*chir.*) cholecystectomy.

colecìsti, *f.* (*anat.*) gall bladder; cholecyst.

colecistìte, *f.* (*med.*) cholecystitis*.

colecistografìa, *f.* (*med.*) cholecystography.

colectomìa, *f.* (*chir.*) colectomy.

coledocìte, *f.* (*med.*) choledochitis*.

colèdoco, *m.* (*anat.*) common bile duct; choledoch (duct).

colèi, *pron. dimostrativo f.* ***1*** (*in correlazione con «che»*) the woman* (who, whom); the girl (who, whom); the one (who, whom); the person (who, whom); she (*compl.* her) (who, whom) (*form.*): **c. che risulterà vincitrice**, the one (*o* the woman) who will be the winner; **Lesbia, c. che il poeta amò**, Lesbia, the woman (*o* she) whom the poet loved; **Non conosco c. che prenderà il mio posto**, I don't know the woman who is going to take my place ***2*** (*lett.* o *spreg.*) she (*compl.*: her); that woman*: **Chi è c.?**, who is that woman?

colelitiàsi, *f.* (*med.*) cholelithiasis*.

colemìa, *f.* (*med.*) cholemia.

colendìssimo, *a.* (*lett.* o *scherz.*) much esteemed; most revered: most honoured.

coleòptile, *m.* (*bot.*) coleoptile.

coleorrìza, *f.* (*bot.*) coleorhiza*.

Coleòtteri, *m. pl.* (*zool.*, *Coleoptera*) Coleoptera.

coleòttero, *m.* (*zool.*) coleopter; (*com.*) beetle.

colèra, *m.* (*med.*, *vet.*) cholera: **c. asiatico**, Asiatic (*o* malignant, epidemic, spasmodic) cholera; **c. dei suini**, hog cholera; **c. dei polli**, fowl cholera.

colerètico, *a.* (*farm.*) choleretic.

colèrico, *a.* (*med.*) choleraic; choleroid; cholera (*attr.*): **epidemia colerica**, cholera epidemic.

colerina, *f.* (*med.*) cholerine; summer cholera.

coleróso, (*med.*) **A** *a.* affected with cholera. **B** *m.* (*f.* **-a**) cholera patient.

colestàsi, *f.* (*med.*) cholestasis*.

colesterina, *f.* *V.* **colesterolo**.

colesterolemìa, *f.* (*med.*) cholesterol(a)emia.

colesteròlo, *m.* (*biol.*) cholesterol.

còlf, *f. invar.* (*acronimo di «collaboratrice familiare»*) domestic help; domestic; daily help; home help; daily (*fam.*); help (*fam.*).

coliàmbico, *a.* (*poesia*) choliambic.

coliàmbo, *m.* (*poesia*) choliamb; choliambus*; scazon.

colibacìllo, *m.* (*biol.*) coli bacillus*; colon bacillus*.

colibattèrio, *V.* **colibacillo**.

colibrì, *m.* (*zool.*) hummingbird. ● (*zool.*) **c. dal becco a spada** (*Ensifera ensifera*), sword-bill □ (*zool.*) **c. topazio** (*Topaza pella*), topaz.

còlica, *f.* (*med.*) colic: **c. epatica**, hepatic (*o* biliary) colic; (*com.*) liver attack; **sofferente di coliche**, colicky.

còlico (1), *a.* (*med.*) colic(al): **dolori colici**, colic pains.

còlico (2), *a.* (*anat.*) colic: **arteria colica**, colic artery.

colifórme, *a.* (*biol.*) coliform.

colìmbo, *m.* (*zool.*, *Colymbus*) grebe.

colimetrìa, *f.* colicount.

colina, *f.* (*biol.*) choline.

colinèrgico, *a. e m.* (*farm.*) cholinergic.

colinesteràsi, *f.* (*biol.*, *chim.*) cholinesterase.

colino, *m.* strainer; colander: **c. da tè**, tea strainer; **c. per la pasta**, pasta colander.

colìte, *f.* (*med.*) colitis.

colìtico, (*med.*) **A** *a.* colitic; affected with colitis. **B** *m.* (*f.* **-a**) colitic patient.

còlla, *f.* glue; gum; adhesive; cement; (*di farina*) paste: **c. a caldo**, hot glue; **c. all'amido**, starch paste; **c. alla caseina**, casein glue; **c. di resina**, resin size; **tubetto di c.**, tube of glue; **tinta a c.**, size colour. ● **c. di pesce**, isinglass.

collaboràre, *v. i.* ***1*** to collaborate; to cooperate; to work together (on st.); to team up: **Abbiamo collaborato nella stesura del rapporto**, we worked together on the report; **Il paziente non collabora**, the patient does not cooperate; **c. al successo di q.c.**, to contribute to the success of st.; **c. alle indagini**, to help (*o* to cooperate with) the police in their investigations; **c. con la giustizia**, to turn state's evidence; (*in G.B.*) to turn Queen's [King's] evidence ***2*** (*a giornale o periodico*) to write* for; to contribute to ***3*** (*polit.*) to collaborate.

collaborativo, *a.* collaborative; cooperative.

collaboratóre, *m.* (*f.* **-trice**) ***1*** collaborator; aide; partner; co-worker; member of a team: **uno dei miei più validi collaborarori**, one of my best collaborators (*o* aides); **Questo dizionario fu compilato da tre collaboratori**, this dictionary was compiled by a team of three ***2*** (*di giornale o periodico*) contributor: **È un c. del nostro giornale**, he writes for (*o* is a contributor to) our paper; **c. fisso**, regular contributor. ● **c. domestico** (*o* **familiare**), domestic help; domestic; daily help; home help □ **c. esterno**, consultant; (*di giornale*) freelancer □ **c. scientifico**, representative of a

pharmaceutical firm.
collaborazióne, f. **1** teamwork; joint work; joint effort; cooperation; collaboration; (*servigi*) services (*pl.*); (*aiuto*) help, assistance: **fare q.c. in c.**, to collaborate on st.; to work together on st.; **offrire la propria c.**, to offer to collaborate; to offer one's services **2** (*a un giornale*) contribution: **c. fissa**, regular contribution.
collaborazionismo, m. (*polit.*) collaborationism; quislingism.
collaborazionista, m. e f. (*polit.*) collaborationist; quisling.
collage (*franc.*), m. invar. **1** (*arte*) collage **2** (*fig.*) collage; patchwork; mixture; medley: **Il libro non è che un c. di citazioni**, the book is just a collage (*o* patchwork) of quotations; **un c. di vecchie canzoni**, a medley of old songs.
collàgene, collàgeno, m. (*biol.*) collagen.
collàggio, m. (*ind. cartaria*) sizing.
collàna, f. **1** (*gioiello*) necklace: **una c. di smeraldi**, an emerald necklace; **una c. di conchiglie**, a necklace of shells; **c. girocollo**, choker; **collana a un giro**, single string **2** (*serie*) series*: **una c. di narrativa**, a series of novels; a fiction library **3** (*di sonetti e sim.*) collection; sequence. ● **c. di fiori**, garland.
collant (*franc.*), m. invar. tights (*pl. GB*); pantyhose (*USA*).
collànte, m. adhesive; glue.
collàre, m. **1** (*per animale*) collar **2** (*moda*) neckband; neckpiece; collar **3** (*gioiello*) collar, choker; (*rigido*) torque **4** (*di ordine cavalleresco*) collar; (*catena*) neckchain; (*la persona insignita*) knight: **Gran C.**, Grand Master **5** (*eccles.*) (priest's) neckband; clerical collar; dog collar (*fam.*) **6** (*zool.*) collar; ruff; ruffle; ring **7** (*mecc.*) collar; collet; ring. ● (*fig.*) **mettersi il c.**, to take holy orders □ (*fig.*) **portare il c.**, to be in holy orders.
collarina, f. (*eccles.*) clerical collar; dog collar (*fam.*).
collarino, m. **1** (*archit.*) collarino **2** (*nastrino da collo*) choker.
collassàre, v. t. e i. to collapse.
collàsso, m. **1** (*med.*) collapse; breakdown: **c. cardiaco**, heart failure; **c. nervoso**, nervous breakdown; **c. polmonare**, lung collapse **2** (*fig.: crollo*) crack. ● (*astron.*) **c. gravitazionale**, gravitational collapse.
collateràle, A a. side (*attr.*); collateral (*anche leg.*): **effetto c.**, side effect; **parentela in linea c.**, relationship by collateral line. **B** m. e f. (*parente*) collateral.
collateralismo, m. collaborationism.
collaudàre, v. t. **1** to test; to try out; to approve; to pass (after testing); (*controllare*) to inspect: **c. una macchina**, to test a car **2** (*fig.*) to try out; to test; to put* to the test: **Voglio c. la sua sincerità**, I want to test his sincerity.
collaudatóre, A m. (f. **-trice**) tester; (*mecc.*) inspector; (*autom.*) test driver; (*aeron.*) test pilot. **B** a. test (*attr.*).
collàudo, m. (*mecc.*) test, testing, trying out, approval (after test); (*controllo*) inspection: **fare il c. di un motore**, to test an engine; to carry out the testing of an engine; **c. definitivo**, final inspection; **c. per campione**, sampling inspection; **ingegnere addetto ai collaudi**, test engineer; **essere sottoposto a c.**, to undergo a test; **superare un c.**, to stand (*o* to pass) a test; **non superare il c.**, to fail the test; **volo di c.**, test flight.
collazionaménto, m. V. **collazione**.
collazionàre, v. t. to collate.
collazionatóre, m. (f. **-trice**) proofreader.
collazióne, f. **1** collation **2** (*leg.*) hotchpot **3** (*eccles.*) advowson.
còlle (1), m. (*altura*) hill: **i sette colli di Roma**, the Seven Hills of Rome; **la cima di un c.**, the top of a hill, the hilltop.
còlle (2), m. (*valico*) pass; col.
collèga, m. e f. **1** colleague; co-worker; fellow worker: **Non mi piacciono i miei colleghi**, I don't like my colleagues (*o* the people I work with); **i miei colleghi insegnanti**, my fellow teachers; **i miei colleghi dell'ospedale**, my hospital colleagues; **Essendo colleghi, abbiamo lo stesso punto di vista**, as members of the same profession, we have the same point of view **2** (*iron.: complice*) associate.
collegàbile, a. that can be connected; that can be linked.
collegaménto, m. **1** connection; link; link-up; contact: **ripristinare i collegamenti con la zona alluvionata**, to re-establish communications (*o* links) with the flooded area; **mettersi in c. con q.**, to get in touch with sb.; to contact sb.; **I collegamenti tra i villaggi sono assicurati da un servizio d'autobus**, a bus service links (*o* connects) the villages **2** (*fig.: nesso, rapporto*) connection; link; relation; association: **Non c'è c. tra i due episodi**, there is no relation (*o* link) between the two events; the two events are not related; **mettere in c. due fatti**, to link up (*o* to connect) two facts **3** (*elettr., mecc.*) connection: **collegamenti elettrici**, electrical connections; wiring (*sing.*); **c. a terra**, earthing; grounding (*USA*); earth connection; ground connection (*USA*); **c. a stella**, star (*o* Y) connection; **c. articolato**, linkage; **c. in parallelo**, parallel connection; **c. in serie**, series connection; **c. incrociato**, grid connection; **cavo di c.**, connecting cable **4** (*radio, TV*) link; link-up: **c. radiofonico**, radio link; **c. via cavo**, cable link; **c. via satellite**, satellite hook-up; **trasmissione in c. diretto**, (*radio*) live broadcast; (*TV*) live telecast **5** (*elab.*) linking; linkage: **c. in rete**, networking **6** (*mil.*) liaison: **ufficiale di c.**, liaison officer. ● **c. ferroviario**, rail link □ **c. telefonico**, telephone connection □ **comitato di c.**, liaison committee □ **ufficio di c.**, liaison office.
collegànza, f. **1** (*lett.*) connection; association **2** (*l'essere colleghi*) colleagueship; fellowship: **Abbiamo rapporti di c.**, we are colleagues.
collegàre, A v. t. **1** to connect; to link; to link up: **Una ferrovia collega le due valli**, the two valleys are connected (*o* linked up) by a railway; **L'impianto di riscaldamento è collegato a un computer**, the heating system is linked up to a computer **2** (*fig.*) to connect; to link; to relate; to associate: **c. diversi fatti tra di loro**, to link up various facts; **saper c. i concetti**, to be able to link ideas together (*o* to relate ideas); **Collegai la sua scomparsa con la lettera**, I associated his disappearance with the letter **3** (*leg.: ditte, ecc.*) to incorporate **4** (*elettr.*) to connect: **c. due fili**, to connect two wires; **c. a terra**, to earth; to ground (*USA*). **B collegàrsi,** v. rifl. **1** (*mettersi in comunicazione*) to communicate, to get* in touch; (*TV*) to link up: **c. col centralino**, to call the operator; **c. via satellite**, to link up by satellite; **c. telefonicamente con q.**, to communicate by telephone with sb.; to telephone sb.; to get through to sb.; **Ci colleghiamo con Parigi per le ultime notizie**, over to Paris for the latest news **2** (*rifarsi*) to refer: **Mi collego a quanto già detto**, I refer to what has already been said. **C collegàrsi,** v. rifl. recipr. **1** (*associarsi*) to associate, to join, to unite; (*allearsi*) to confederate, to join in a league **2** (*leg.: di ditte, ecc.*) to incorporate.
collegatàrio, m. (*leg.*) co-legatee.
collegàto, a. **1** connected; linked: **Il telefono è c.**, the telephone is connected **2** (*fig.: associato*) connected; linked; tied up; related; associated: **I due fatti sono strettamente collegati**, the two facts are closely related **3** (*consociato*) allied; associated; united: **ditte collegate**, allied firms. ● (*elettr.*) **c. a massa**, earthed; grounded (*USA*) □ (*elettr.*) **collegato a stella**, star-connected.
collegiàle, A a. **1** (*collettivo*) collective; corporate; group (*attr.*); team (*attr.*); joint (*attr.*): **decisione c.**, collective decision; **organo c.**, corporate body; **sforzo c.**, joint (*o* team) effort; **responsabilità c.**, joint (*o* corporate) responsibility; **lavoro c.**, team work; **Una sceneggiatura è quasi sempre un lavoro c.**, a film script is nearly always done by a team **2** (*di convitto*) college (*attr.*); collegial; collegiate: **vita c.**, college (*o* collegiate) life. **B** m. e f. **1** boarder **2** (*fig.*) schoolboy (*m.*); schoolgirl (*f.*): **un'aria da c.**, a schoolboy [schoolgirl] look.
collegialità, f. **1** collegiate (*o* group) character; joint (*o* collective) nature **2** (*eccles.: dei vescovi col papa*) collegiality **3** (*eccles.: privilegio di chiesa collegiata*) collegiate church status.
collegialménte, avv. jointly; collectively; as (*o* in) a body; as (*o* in) a group.
collegiàta, f. (*eccles.*) collegiate church.
collegiàto, a. – (*eccles.*) **chiesa collegiata**, collegiate church.
collègio, m. **1** (*scuola con convitto*) boarding school; (*in G.B. anche*) public school; (*talora*) college: **c. maschile**, boys' (boarding) school; **c. femminile**, girls' (boarding) school; **Eton è un famoso c. inglese**, Eton is a famous English public school; **c. di musica**, college of music; conservatory; **c. militare [navale]**, military [naval] college **2** (*pensionato universitario*) hall of residence; dormitory (*USA; abbr. fam.* dorm) **3** (*consesso di persone*) college; corporation; body: (*eccles.*) **c. dei cardinali** (*o* **Sacro C.**), College of Cardinals (*o* Sacred College); **c. dei docenti**, teaching body; **c. degli avvocati**, the Bar; (*stor.*) **c. dei fornai**, Corporation (*o* Guild) of Bakers; **c. degli ingegneri**, College of Engineers **4** (*comitato*) board; committee: **c. arbitrale**, arbitration board; arbitrators (*pl.*); **c. dei revisori dei conti**, auditors' committee **5** (*circoscrizione elettorale*) constituency. ● (*leg.*) **il c. di difesa**, the defence; the counsel for the defence □ (*leg.*) **il c. giudicante**, the court; the bench.
collènchima, f. (*bot.*) collenchyma*.
còllera, f. **1** anger; fury; rage; (bad) temper; wrath (*lett.*): **un impeto di c.**, a fit of anger; **parole dette in un momento di c.**, words spoken in anger; **la c. di Dio**, God's wrath; **c. repressa**, suppressed anger; **andare** (*o* **montare**) **in c.**, to lose one's temper; to get angry; to fly into a rage; **essere in c.**, to be angry: **Sei in c. con me?**, are you angry with me?; **mandare in c. q.**, to make sb. angry; to infuriate sb.; to incense sb. **2** (*fig.*) fury; rage; wrath: **la c. degli elementi**, the fury of the elements; **la c. del mare**, the rage of the sea.
collèrico, a. irascible; quick-tempered; hot-tempered; choleric: **Lui è un tipo piuttosto c.**, he is a rather quick-tempered sort of man; he has a rather short fuse (*fam.*).
collètta, f. **1** collection (*anche in chiesa*); whip-round (*fam. GB*): **fare una c.**, to take a collection; to raise money; to collect; to pass the hat round (*fam.*): **Stiamo facendo una c. per un regalo a Beppe**, we are collecting money (*o* we're having a whip-round) to get Beppe a present **2** (*eccles.*) collect. ● (*naut.*) **caricare a c.**, to load a mixed cargo.
collettàme, m. (*comm.*) packages (*pl.*). ● (*naut.*) **trasporto a c.**, general cargo service.
collettàneo, a. miscellaneous.
collettivismo, m. collectivism.
collettivista, a., m. e f. collectivist.
collettivistico, a. collectivistic.
collettività, f. collectivity; general public; community: **lavorare per la c.**, to work for the good of the community (*o* for the common good).
collettivizzàre, v. t. (*polit.*) to collectivize.
collettivizzazióne, f. (*polit.*) collectivization.
collettivo, A a. **1** collective; everybody's; general; common: **sicurezza collettiva**, collective security; **interesse c.**, general (*o*

common, public) interest; everybody's interest; **il bene c.**, the good of the community; the common good; **un sentimento c. di ostilità**, a general feeling of hostility ***2*** (*solidale*) joint; common: **decisione collettiva**, joint decision; **sforzo c.**, joint effort ***3*** (*gramm.*) collective: **«Folla» è un nome c.**, «crowd» is a collective noun. ● (*ferr., ecc.*) **biglietto c.**, group ticket □ (*econ.*) **contratto c. di lavoro**, collective labour agreement □ **passaporto c.**, group passport □ (*leg.*) **società in nome c.**, general partnership. **B** *m.* ***1*** (*gruppo di persone*) collective: **c. studentesco**, students' collective ***2*** (*gramm.*) collective.

collétto, *m.* ***1*** collar: **c. alla marinara**, sailor collar; **c. di camicia (da uomo)**, shirt collar; **c. di pizzo**, lace collar; **c. duro (*o* inamidato)**, stiff (*o* starched) collar; **c. rigido**, stand-up collar; (*mil.*) stock; **c. floscio**, soft collar; **c. staccabile**, detachable collar; **c. alla coreana**, mandarin collar ***2*** (*bot.*) collar ***3*** (*di dente*) neck. ● (*fig.*) **colletti bianchi**, white-collar workers □ (*fig.*) **colletti blu**, blue-collar workers.

collettóre, A *m.* ***1*** (*esattore*) collector: **c. delle imposte**, tax collector ***2*** (*autom., mecc.*) manifold; (*di caldaia*) header, drum: **c. di scarico**, exhaust manifold; **c. di aspirazione**, intake manifold; **c. di fango**, mud drum ***3*** (*elettr.*: *della dinamo*) commutator; collector ring ***4*** (*di tram*) trolley ***5*** (*elettron.*: *di transistor*) collector. ● **c. dei rifiuti**, (rubbish; *USA*: garbage) chute □ **c. di fognatura**, drain trunk line; main sewer □ **c. solare**, solar collector. **B** *a.* collecting. ● (*geol.*) **bacino c.**, catchment basin □ **canale c.**, catchment (*o* collection) drain.

collettoria, *f.* collector's office: **c. delle imposte**, tax-collector's office.

collezionàre, *v. t.* ***1*** to collect; to be a collector of ***2*** (*fig.*) – **c. una serie di sconfitte**, to suffer one defeat after another; **c. debiti**, to run up a lot of debts; **c. successi**, to score a series of successes.

collezióne, *f.* ***1*** collection; (*il collezionare*) collecting: **una c. di francobolli**, a stamp collection; **una c. di bambole antiche**, a collection of old dolls; **La c. di esemplari rari è diventata una mania per lui**, collecting rare specimens has become a mania with him; **fare c. di q.c.**, to collect st. ***2*** (*collana di libri*) series*; collection; library ***3*** (*moda*) collection: **la c. autunno-inverno**, the autumn and winter collection. ● **c. di giornali**, file of newspapers.

collezionişmo, *m.* collecting (things).

collezionista, *m. e f.* collector: **c. di francobolli**, stamp collector; **c. di lattine di birra**, collector of beer cans.

collezionistico, *a.* collecting; collector's (*attr.*); collectors' (*attr.*); **mercato c.**, collectors' market.

collidere, *v. i.* to collide.

collie (*ingl.*), *m. invar.* (*zool.*) collie.

collier (*franc.*), *m. invar.* necklace.

colligiàno, A *a.* hill (*attr.*); of the hills. **B** *m.* (*f.* **-a**) hill-dweller.

collimàre, A *v. i.* to agree; to coincide; to fit; to match; to correspond; to tally: **I bordi non collimano**, the edges do not quite coincide; **I due manoscritti non collimano**, the two manuscripts do not agree; **Le nostre versioni collimano perfettamente**, our versions coincide (*o* agree) perfectly; **La testimonianza del barista non collima con i fatti**, the barman's evidence does not fit the facts (*o* does not tally with the facts). **B** *v. t.* (*scient.*) to collimate.

collimatóre, *m.* (*scient.*) collimator. ● (*aeron.*) **c. di volo**, head-up display (*abbr.* HUD).

collimazióne, *f.* ***1*** correspondence; matching ***2*** (*scient.*) collimation.

collina, *f.* ***1*** hill: **colline pedemontane**, foothills: **cima della c.**, top of the hill; hilltop; **pendio di c.**, hillside ***2*** (*zona collinosa*) hills (*pl.*); hill country: **vivere in c.**, to live in the hills.

collinàre, *a.* hilly; hill (*attr.*): **regione c.**, hill country.

collinétta, *f.* hillock.

collinóso, *a.* hilly; hill (*attr.*).

colliquativo, *a.* (*biol.*) colliquative.

colliquazióne, *f.* (*biol.*) colliquation.

collirio, *m.* (*farm.*) eyewash; collyrium*.

collişióne, *f.* ***1*** (*urto*) collision; impact; (*naut., anche*) foul: **una c. tra due camion [due navi]**, a collision between two lorries [two ships] ***2*** (*fig.*) conflict; collision; clash: **c. d'interessi**, conflict of interests ***3*** (*fis.*) collision. ● (*autom.*) **a prova di c.**, crashworthy □ **entrare in c. con**, to come into collision with; to collide with; (*naut.*) to fall foul of □ **rotta di c.**, collision course.

collişóre, *m.* (*fis.*) collider.

còllo (1), *m.* ***1*** (*anat.*) neck: **mettersi una sciarpa al c.**, to wrap a scarf round one's neck; **Mi gettò le braccia al c.**, she flung her arms round my neck; **c. taurino**, bull neck; **c. di cigno**, swan neck ***2*** (*di bottiglia e sim.*) neck ***3*** (*di abito*) neck; collar: **il c. di una camicia**, the neck (*o* collar) of a shirt; **un c. di pelliccia**, a fur collar; **c. a camicia**, shirt collar; **c. a cappuccio**, cowl neck; **c. a polo**, polo neck; **c. a scialle**, shawl collar; **c. a uomo**, tailored collar; **c. dolcevita**, turtleneck; **c. tondo [quadrato]**, round [square] neck; **numero di c.**, collar size; **punta del c.**, collar point ***4*** (*di strumento mus.*) neck ***5*** (*naut.*) hitch, turn; (*di cavo addugliato*) fake: **doppio c.**, builder's knot; clove hitch; **mezzo c.**, half-hitch; **c. tondo**, round turn; **prendere un c.**, to take a turn. ● (*naut.*) **c. dell'ancora**, trend □ (*fig.*) **c. di bottiglia**, bottleneck □ (*macelleria*) **c. di bue**, neck of beef □ (*anat.*) **c. del femore**, neck of the femur □ (*mecc.*) **c. d'oca**, gooseneck □ **c. del piede**, instep □ **c. di scarpa**, instep □ (*anat.*) **c. dell'utero**, cervix (uteri) □ (*fig.*) **c. torto**, *V.* **collotorto** □ (*naut.*) **a c.**, aback: **vele a c.**, sails aback □ **a rotta di c.**, at breakneck speed; headlong □ (*fig.*) **andare a rotta di c.** (*andare male*), to go badly; to go downhill; to go to the dogs (*fam.*) □ (*mecc.*) **albero a c. d'oca**, crankshaft □ **allungare il c.**, to crane one's neck □ **bere a c.**, to drink from (*o* out of) a bottle □ **Avevo il braccio al c.**, I had my arm in a sling □ (*fig.*) **essere con la corda al c.**, to have one's back to the wall □ (*fig.*) **esserci dentro fino al c.**, to be up to one's neck in st. □ **fazzoletto da c.**, neckerchief; neckscarf □ (*fig.*) **giocarsi l'osso del c.**, to bet one's shirt (on st.) □ (*anche fig.*) **essere immerso in q.c. fino al c.**, to be up to one's neck in st. □ (*fig.*) **mettere il piede (*o* i piedi) sul c. a q.**, to trample on sb.; to bully sb. □ (*fig.*) **essere nei debiti fino al c.**, to be up to one's eyes (*o* ears) in debt □ (*fig.*) **piegare il c.**, to submit; to give in; to resign oneself □ (*naut.*) **prendere a c.**, to back sails; (*nella virata*) to be hove in stays □ **prendere q. per il c.**, to take sb. by the scruff of the neck; (*fig.*) to demand cut-throat prices from (*o* of) sb., to squeeze sb., to get sb. by the short hairs □ (*fig.*) **rimetterci l'osso del c.**, to lose the shirt off one's back □ **rompersi l'osso del c.**, to break one's neck □ **sciarpa da c.**, neckscarf □ **tirare il c. a una bottiglia**, to crack a bottle □ **tirare il c. a un pollo**, to wring a chicken's neck □ **tenere in c.** (*in braccio*), to carry (*o* to have) in one's arms □ **torcere il c. a q.**, to wring sb.'s neck □ **tra capo e c.**, suddenly; unexpectedly.

còllo (2), *m.* (*di bagaglio*) item (*o* piece) of luggage; (*anche* **c. a mano**: *pacco*) parcel, package: **In tutto erano dieci colli**, there were ten items all told; **spedire un c.**, to send a parcel by post; **c. ingombrante**, bulky item; bulky parcel.

collocàbile, *a.* placeable; that can be placed; (*di prodotto*) placeable, saleable.

collocaménto, *m.* ***1*** placing; arrangement; (*di fili, di cavi, ecc.*) laying: **il c. dei mobili**, the arrangement of the furniture ***2*** (*impiego*) employment: **agenzia di c.**, employment agency; employment bureau (*USA*); **ufficio di c.**, employment (*o* labour) exchange; jobcentre; **liste di c.**, unemployment lists: **iscriversi alle liste di c.**, to register as unemployed ***3*** (*comm.*) sale; placement. ● (*bur.*) **c. a riposo**, pensioning off; retirement; superannuation: **chiedere il c. a riposo**, to apply for retirement; (*mil.*) to apply to be put on the retired list □ (*bur.*) **c. in aspettativa**, temporary discharge (from one's duties); extended leave.

collocàre, A *v. t.* ***1*** to place; to put*; (*disporre*) to arrange: **c. un vaso su una console**, to place a vase on a console; **c. libri in ordine alfabetico**, to place (*o* to arrange) books in alphabetical order ***2*** (*fig.*) to place; to put*: **c. le proprie speranze in q.**, to place one's hopes in sb.; **Io lo colloco tra i primi musicisti contemporanei**, I place him among the best living composers ***3*** (*trovare un impiego a q.*) to place; to find* (*o* to get*) (sb.) a job: **L'agenzia ha collocato venti segretarie**, the agency has placed twenty secretaries; **Suo zio è riuscito a collocarlo in banca**, his uncle managed to get him a bank job ***4*** (*maritare*) to marry off ***5*** (*comm.*: *vendere*) to sell*; to place; to find* a market for: **c. titoli**, to place securities; **c. un prodotto**, to place (*o* to find a market for) a product ***6*** (*fin.*: *investire*) to invest. ● (*bur.*) **c. a riposo**, to pension off; to retire; to superannuate □ (*bur.*) **c. q. in aspettativa**, to discharge sb. (from his duties); to give extended leave. **B collocarsi,** *v. rifl.* ***1*** to place oneself; to take one's place: **Si collocò a destra dell'oratore**, he placed himself on the speaker's right; **Con questo romanzo si colloca tra i primi scrittori del paese**, with this novel he takes his place among the foremost writers of his country ***2*** (*ottenere un impiego*) to find* a job; to settle into a job. ● **c. a riposo.**, to retire.

collocazióne, *f.* ***1*** (*posizione, anche fig.*) position; placing; place; location ***2*** (*disposizione*) arrangement: **cambiare la c. dei mobili**, to change the arrangement of the furniture ***3*** (*posto di lavoro*) position ***4*** (*leg.*: *di creditori*) classification ***5*** (*biblioteconomia*) classification; (*il numero*) pressmark ***6*** (*ling.*) collocation.

collòdio, *m.* (*chim.*) collodion.

colloidàle, *a.* (*chim.*) colloidal.

collòide, *m.* (*chim.*) colloid; colloidal solution.

colloquiàle, *a.* colloquial; conversational; informal: **tono c.**, conversational tone; **termine c.**, informal (*o* colloquial) term.

colloquialişmo, *m.* (*ling.*) colloquialism.

colloquiàre, *v. i.* to talk; to converse.

collòquio, *m.* ***1*** (*conversazione*) conversation, talk; (*incontro*) talk, interview, meeting; (*negoziato*) talks (*pl.*), negotiations (*pl.*): **un c. amichevole**, a friendly talk; **c. di lavoro**, job interview; **c. privato**, private meeting; **Ho avuto un c. informale col direttore**, I had an informal talk with the manager; **chiedere [concedere] un c.**, to seek [to grant] an interview; **sottoporre a c.**, to interview; **Il segretario è a c. col ministro**, the secretary is meeting the Minister; **colloqui di pace**, peace talks ***2*** (*esame universitario preliminare*) preliminary oral exam.

collosità, *f.* stickiness; viscosity; tackiness.

collóso, *a.* sticky; tacky; gluey; glutinous; viscous.

collotipia, *f.* (*tipogr.*) collotype.

collotòrto, *m.* ***1*** sanctimonious person; hypocrite; pharisee; Tartuffe ***2*** (*zool.*, *Jynx torquilla*) wryneck.

collòttola, *f.* (*fam.*) scruff of the neck; (*nuca*) nape: **afferrare q. per la c.**, to seize sb. by the scruff of the neck.

collovérde, *m.* (*zool.*) male mallard.
collùdere, *v. i.* (*leg.*) to collude.
collușióne, *f.* **1** (*leg.*) collusion **2** (*polit.*: *accordo segreto*) secret pact (*o* understanding).
collușivo, *a.* (*leg.*) collusive.
collutòrio, *m.* (*farm.*) mouthwash; gargle; collutorium*.
colluttàre, *v. i.* **colluttàrsi**, *v. rifl. recipr.* (*lett.*) to grapple; to come* to blows; to scuffle.
colluttazióne, *f.* fray; brawl; scuffle. ● **c. verbale**, argument; squabble.
colluviàle, *a.* (*geol.*) colluvial.
collùvie, *f. invar.* **1** (*lett.*) sewage **2** (*fig.*) hotchpotch, hodgepodge (*USA*).
cólma, *f.* high water.
colmàre, **A** *v. t.* **1** to fill (to the top *o* to the brim); to fill in; to fill up: **c. un bicchiere**, to fill a glass to the brim; to fill up a glass; **c. una buca nel terreno**, to fill in a hole in the ground **2** (*fig.*) to fill; (*dare in abbondanza*) to load; to cover; to overwhelm; to heap (st. upon sb.); to shower (st. upon sb.): **La notizia mi colmò di gioia**, the news filled me with joy; **c. q. di lodi**, to cover sb. with praise; **c. q. di regali**, to shower presents upon sb.; **Il re lo colmò di favori**, the king granted him many favours **3** (*agric.*: *bonificare*) to reclaim; to fill: **c. una palude**, to reclaim a marsh **4** (*una strada*) to crown. ● (*econ.*) **c. un disavanzo**, to make up a deficit □ **c. un distacco**, to close a gap □ **c. un divario**, to bridge a gap □ **c. una lacuna**, to fill a gap □ (*fig.*) **c. la misura** (*o* **il sacco**), to pass all limits; to go too far □ **c. lo svantaggio**, to make up the leeway □ **c. un vuoto**, to fill a void. **B colmàrsi**, *v. i. pron.* to fill: **I suoi occhi si colmarono di lacrime**, her eyes filled with tears.
colmaréccio, *m.* (*edil.*) ridgepole.
colmàta, *f.* **1** silting up **2** (*agric.*: *bonifica*) land reclamation; (*terreno bonificato*) reclaimed area; fill **3** (*di strada*) crowning.
colmatóre, *m.* **1** (*idraul.*) warping canal **2** (*di botti*) cask filler.
colmatùra, *f.* **1** (*il colmare*) filling to the top (*o* to the brim) **2** (*di botti*) filling up **3** *V.* **colmata**.
cólmo (1), *a.* full; full to the brim; brimful; (*traboccante*) overflowing (with): **un piatto c.**, a full plate; **c. fino all'orlo**, full to the brim; **Il mio cuore era c. di tristezza**, my heart was full of sadness. ● (*fig.*) **La misura è colma**, that's the last straw; that's the limit.
cólmo (2), *m.* **1** (*sommità*) top; summit **2** (*fig.*: *apice*) height; acme; peak; apex: **il c. della felicità**, the height of happiness; **il c. della sfacciataggine**, the height of effrontery; **essere al c. dell'ira**, to be in a towering rage; **portare q.c. al c.**, to raise st. to its highest peak; **Lo trovai al c. della disperazione**, I found him in the depths of despair **3** (*di strada*) crown **4** (*di tetto*) ridge: **trave di c.**, ridgepole **5** (*di marea*) high tide. ● **il c. dei colmi**, the absolute limit □ **il c. della gioventù**, the flower of youth □ **il c. della vita**, the prime of life □ **È il c.!**, that's the limit (*o* the last straw)!; it is too much!; that beats everything!; that tops it all! □ **per c. di sfortuna...**, to crown it all...
còlobo, *m.* (*zool.*, *Colobus*) colobus.
colocàșia, *f.* (*bot.*, *Colocasia antiquorum*) taro.
colofóne, *m.* (*tipogr.*) colophon.
colofònia, *f.* rosin; colophony.
cologaritmo, *m.* (*mat.*) cologarithm.
colómba, *f.* **1** (*zool.*) dove **2** (*fig.*, *polit.*) dove: **i falchi e le colombe**, hawks and doves **3** (*dolce pasquale*) (dove-shaped) Easter cake.
colombàccio, *m.* (*zool.*, *Columba palumbus*) wood pigeon; ringdove.
colombàia, *f.* dovecote. ● (*fig.*) **abitare in c.**, to live on the top floor; to live in a garret □ (*fig.*) **tirare sassi in c.**, to damage oneself; to cut off one's nose to spite one's face.
colombàrio, *m.* **1** (*di cimitero*) vault lined with burial niches **2** (*stor. romana*) columbarium*.
colombèlla, *f.* **1** little dove **2** (*zool.*, *Columba oenas*) stock dove.
colombiàno (1), *a.* (*rif. a Cristoforo Colombo*) Columbian; of (Christopher) Columbus.
colombiàno (2), *a.* e *m.* (*f.* **-a**) (*della Colombia*) Columbian (*f.* Columbian woman*).
colombicoltóre, *m.* pigeon breeder.
colombicoltùra, *f.* pigeon breeding.
colombière, *m.* (*naut.*) masthead.
Colombifórmi, *m. pl.* (*zool.*, *Columbiformes*) Columbiformes.
Colombina, *f.* (*teatr.*) Columbine.
colombìna (1), *f.* **1** small dove **2** (*fig.*) demure girl.
colombina (2), *f.* (*agric.*) pigeon droppings (*pl.*).
Colómbo, *m.* (*stor.*) Columbus.
colómbo, *m.* **1** (*zool.*) pigeon; rock dove: **c. viaggiatore**, homing pigeon; carrier pigeon **2** (*pl.*) (*fig.*: *innamorati*) turtledoves; sweethearts.
còlon, *m.* (*anat.*) colon*.
Colònia, *f.* (*geogr.*) Cologne.
colònia (1), *f.* **1** colony; (*insediamento*) settlement: **le colonie inglesi**, the English colonies; **fondare una c.**, to establish a settlement **2** (*gruppo di persone o di animali*) colony: **la c. italiana a Parigi**, the Italian colony in Paris; **la c. dei villeggianti**, the holiday population; **una c. di scimmie**, a colony of monkeys; (*med.*) **c. di bacilli**, colony of bacilli **3** (*residenza di vacanze*) home; camp. ● **c. penale**, penal settlement.
colònia (2), *f.* – **acqua di c.**, eau de Cologne.
colonìa (3), *f.* (*leg.*) farming contract. ● (*leg.*) **c. parziaria**, share-cropping.
coloniàle, **A** *a.* **1** colonial: **architettura c.**, colonial architecture; **possedimenti coloniali**, colonies **2** (*biol.*) colonial **3** (*colore*) khaki. ● **generi coloniali**, groceries. **B** *m.* e *f.* colonial; colonist. **C** *m.* (*pl.*) (*generi coloniali*) groceries.
colonialișmo, *m.* (*polit.*) colonialism.
colonialista, **A** *m.* e *f.* **1** (*polit.*) colonialist **2** (*studioso di cose coloniali*) colonial expert. **B** *a.* *V.* **colonialistico**.
colonialìstico, *a.* colonialist(ic): **politica colonialistica**, colonialist policy.
colònico, *a.* farmer's (*attr.*); farm (*attr.*): **casa colonica**, farmhouse.
colonizzàre, *v. t.* **1** to colonize; to settle: **c. una regione**, to settle a region **2** (*biol.*) to colonize.
colonizzatóre, **A** *m.* (*f.* **-trice**) colonizer. **B** *a.* colonizing.
colonizzazióne, *f.* colonization; settlement.
colónna, *f.* **1** (*archit.*, *edil.*) column; post; pillar: **c. dorica [ionica, corinzia]**, Doric [Ionic, Corinthian] column; **la C. Traiana**, Trajan's column; **c. di sostegno**, supporting column; storey post **2** (*estens.* e *fig.*) column: **una c. di cifre**, a column of figures; **numeri in c.**, a column of figures; **mettere in c.**, to put in a column (*o* one below the other); **una c. d'acqua [di fumo]**, a column of water [of smoke]; (*chim.*) **c. di distillazione [di frazionamento]**, distillation [fractionating] column; **I soldati avanzavano in c.**, the soldiers advanced in a column; (*mil.*) **c. d'attacco**, attack column; **un libro stampato su due colonne**, a book printed in two columns; (*giorn.*) **titolo a quattro colonne**, four-column headline **3** (*fig.*: *sostegno*) mainstay; pillar; stalwart: **una c. della Chiesa**, a pillar of the Church; **una c. portante del partito**, a party stalwart; **È la c. della famiglia**, he is the mainstay of the family; **È una c., non so che farei senza di lui**, he's a pillar of strength, I don't know what I would do without him. ● (*naut.*) **c. d'alaggio**, dolphin □ (*giorn.*) **c. degli annunci**, ad column □ **c. di automezzi**, motorized column □ (*naut.*) **c. di bigo**, kingpost □ (*rag.*) **c. del dare [dell'avere]**, debit [credit] column □ (*mitol.*) **le colonne d'Ercole**, the Pillars of Hercules □ (*Bibbia*) **la c. di fuoco**, the pillar of fire □ **c. del letto**, bedpost □ **c. di mercurio**, column of mercury □ (*autom.*) **c. dello sterzo**, steering column □ (*iron.*) **c. dell'università**, superannuated undergraduate □ (*mecc.*) **c. in ferro**, iron stanchion □ (*stor.*) **c. infame**, pillory □ **c. miliare**, milestone □ (*edil.*) **c. montante**, riser □ (*archit.*) **c. rostrata**, rostral column □ (*cinem.*) **c. sonora**, soundtrack □ **c. spezzata**, cippus □ (*anat.*) **c. vertebrale**, spine; backbone □ (*tipogr.*) **bozza in c.**, galley (proof) □ **letto a colonne**, four-posted bed; four-poster □ **mettersi in c.**, to form a column □ (*polit.*) **quinta c.**, fifth column □ **saldo come una c.**, as firm as a rock □ (*archit.*) **senza c.**, astylar.
colonnàre, *a.* columnar.
colonnàto, **A** *m.* (*archit.*) colonnade; (*coperto*) portico. **B** *a.* colonnaded.
colonnèlla, *f.* (*scherz.*) colonel's wife.
colonnèllo, *m.* (*mil.*) colonel; (*aeron.*, *in G.B.*) group captain: **tenente c.**, lieutenant colonel; (*aeron.*, *in G.B.*) wing commander.
colonnétta, *f.* *V.* **colonnina**, *def. 1.*
colonnina, *f.* **1** small column; (*archit.*) cippus* **2** (*della benzina*) petrol pump; gas pump (*USA*).
colonnìno, *m.* **1** (*di ringhiera*) baluster **2** (*tipogr.*) half stick **3** (*giorn.*) single column.
colòno, *m.* **1** (*contadino*) farmer; (*affittuario*) tenant farmer; (*mezzadro*) share-cropper **2** (*abitante di colonia*) colonist; settler; planter.
còlophon, *V.* **colofone**.
coloquìntide, *f.* (*bot.*, *Citrullus colocynthis* e *frutto*) colocynth; bitter apple.
coloràbile, *a.* dyeable.
coloránte, **A** *a.* colouring, coloring (*USA*): **sostanza c.**, colouring matter; colouring agent; dye; dyestuff. **B** *m.* (*chim.*) colouring (*USA*: coloring) agent; colour, color (*USA*); dye: **c. per alimenti** (*consentito*), food colour; **prodotto privo di coloranti**, product free from colouring agents.
coloràre, **A** *v. t.* **1** to colour, to color (*USA*); to tinge; to tint; (*con tintura*) to dye **2** (*fig.*: *mascherare*) to mask; to hide*. **B colorarsi**, *v. i. pron.* **1** to colour; to turn (blue, green, etc.): **Il cielo si colorò di rosso**, the sky turned red **2** (*arrossire*: *per imbarazzo, ecc.*) to blush; (*per ira, freddo, ecc.*) to flush.
coloràto, *a.* coloured, colored (*USA*); tinted; stained; (*anche fig.*) tinged: **carta colorata**, coloured paper; **stoffa colorata**, coloured material; **vetro c.**, coloured glass; stained glass; **vetrata colorata**, stained glass window; **lenti colorate**, tinted lenses.
coloratùra, *f.* (*mus.*) coloratura.
colorazióne, *f.* **1** colouring, coloring (*USA*); coloration; (*tinta*) colour, color (*USA*), hue, tint: **una c. rossastra**, a reddish hue; **prendere una c. marrone**, to take on a brown colouring; to turn brown **2** (*tintura*) dyeing. ● **c. con pigmenti**, pigmentation.
colóre, *m.* **1** colour, color (*USA*); hue: **i colori dell'arcobaleno**, the colours of the rainbow; **c. cinereo**, ashen hue; **colori brillanti**, bright colours (*o* hues); **c. solido** (*o* **indelebile**), fast colour; **colori fondamentali** (*o* **primitivi**), primary colours; **il c. rosso**, (the colour) red; **il c. verde pisello**, pea green; **di c. scuro**, dark-coloured; **dai molti colori**, many-coloured; **senza c.**, colourless; **Di che c. è?**, what colour is it?; **un vestito di c. verde**, a green dress; **velluto color caffè**, coffee-coloured velvet; **Il mare era del c. del piombo**, the sea was the colour of lead **2** (*sostanza colorante*) colour; (*tintura*) dye; (*per dipingere*) colour, paint: **scatola di colori**, paintbox; box of paints; **fabbrica di colori**, paint factory; **un tino di c.**, a vat of dye; **colori a olio**, oil colours; **colori ad acquerello**,

watercolours; **c. a tempera**, distemper; tempera; **c. in polvere**, ground paint; **dare il c. a una parete**, to paint a wall; **bagno di c.**, dye; **mano di c.**, coat of paint ***3*** (*pl.*) (*bandiera, stemma, ecc.*) colours; **i colori nazionali**, the national colours; **i colori di una squadra**, a team's colours; **c. di scuderia**, racing colours ***4*** (*del viso*) colour; colouring; complexion; (*della pelle*) colour: **Gli tornò il c.**, his colour came back; **c. olivastro**, sallow colour (*o* complexion); **c. acceso**, high colour; **avere un bel [brutto] c.**, to look well [ill]; **persone di c.**, coloured people ***5*** (*fig.*: *vivacità*) vividness; liveliness; colour: **il c. di una descrizione**, the vividness of a description; **un racconto privo di c.**, a colourless (*o* dull) story ***6*** (*carte da gioco*: *seme*) suit ***7*** (*poker*) flush: **fare c.**, to have a flush. ● (*fig.*) **c. locale**, local colour □ **c. (politico)**, (political) leanings (*pl.*); (political) tendency (*o* colour, bias) □ **a colori**, in colour; colour (*attr.*): **film a colori**, film in colour; colour film; **televisione a colori**, colour television; **illustrazione a colori**, colour illustration □ **cambiare c.**, to change colour; (*fig.*: *impallidire*) to go (*o* to turn) pale, to blanch □ (*fig.*) **di ogni c.**, of all shapes and sizes; of all shades; of all stripes: **Ce n'è di ogni c.**, they come in all shapes and sizes □ (*fig.*) **Me ne ha dette di tutti i colori**, he called me all sorts of names; he lashed out at me □ (*anche fig.*) **dipingere q.c. a vivaci colori**, to paint st. in vivid colours □ **diventare di mille colori**, (*arrossire*) to turn scarlet; (*fig.*) not to know which way to look □ (*fig.*) **farne di tutti i colori**, to get up to all sorts of mischief (*o* of tricks) □ **gradazione di c.**, shade □ (*fig.*) **Non so nemmeno di che c. sia**, I've never set eyes on it □ **passarne di tutti i colori**, to go through all sorts of troubles □ (*giorn.*) **pezzo di c.**, colour piece □ (*fig.*) **sotto c. di**, in (*o* under) the guise of; under pretext (*o* colour, cover) of: **Si presentò sotto c. di amico disinteressato**, he presented himself in the guise of a disinterested friend □ **stampa a tre colori**, three-colour print □ (*fig.*) **vedere tutto color di rosa**, to look at things through rose-coloured glasses.

colorerìa, *f.* ***1*** paint shop ***2*** (*negozio*) paint shop.

colorificio, *m.* ***1*** paint factory ***2*** (*negozio*) paint shop.

colorimetrìa, *f.* (*chim., fis.*) colorimetry.

colorimètrico, *a.* colorimetric(al).

colorimetro, *m.* colorimeter.

colorire, **A** *v. t.* ***1*** to colour, to color (*USA*); (*dipingere*) to paint ***2*** (*fig.*) to enliven; to colour; to embroider. **B colorirsi**, *v. i. pron.* ***1*** to take* on (a colour, a hue): **Il cielo si colorì di rosa**, the sky took on a rosy hue ***2*** (*in viso*) to colour (up); to flush; (*per imbarazzo, ecc.*) to blush.

colorismo, *m.* emphasis on colour.

colorista, *m.* e *f.* colourist.

coloristico, *a.* colouristic; colour (*attr.*): **effetti coloristici**, colour effects.

colorito, **A** *a.* ***1*** coloured, colored (*USA*) ***2*** (*di viso*: *roseo*) rosy, pink; (*acceso*) flushed, red ***3*** (*fig.*) colourful; vivid; lively: **un racconto c.**, a colourful tale; **descrizione colorita**, vivid description; **linguaggio c.**, colourful language. **B** *m.* ***1*** colouring; colour ***2*** (*carnagione*) complexion; colour: **c. roseo**, rosy complexion ***3*** (*vivacità espressiva*) vivacity; liveliness ***4*** (*mus.*) colour.

coloritùra, *f.* ***1*** colouring ***2*** (*fig.*) colouring; colour.

colorizzare, *v. t.* (*cinem.*) to colourize, to colorize (*USA*).

colóro, *pron. dimostrativo m.* e *f. pl.* ***1*** (*in correlazione con «che»*) those (who, whom); they (*compl.*: them) (who, whom) (*form.*): **C. che desiderano maggiori informazioni possono...**, those who whish (*o* those wishing) more information can... ***2*** (*lett.* o *spreg.*) they (*compl.*: them); those people: **Chi sono c.?**, who are they?

coloscopìa, *f.* (*med.*) colonoscopy.

coloscòpio, *m.* (*med.*) colonoscope.

colossal, *m. invar.* (*cinem., TV*) mammoth production; spectacular; blockbuster.

colossàle, *a.* ***1*** colossal; huge; enormous: **statua c.**, colossal statue; colossus ***2*** (*fig.*) colossal; enormous; mammoth (*attr.*); prodigious; tremendous: **uno svarione c.**, a colossal howler; **cifre colossali**, vast sums; **un'impresa c.**, a mammoth task; **fiasco c.**, tremendous failure; bomb (*fam. USA*).

Colossèo, *m.* Colosseum.

colòsso, *m.* ***1*** colossus*: **il c. di Rodi**, the Colossus of Rhodes ***2*** (*persona grossa*) colossus*; giant ***3*** (*fig.*: *persona di grande talento*) genius; giant; (*persona importante*) colossus*, giant: **un c. della letteratura**, a literary giant; **un c. industriale**, an industrial colossus ***4*** (*cinem.*) *V.* **colossal**. ● **essere un c. dai piedi di argilla**, to have feet of clay.

colostomìa, *f.* (*chir.*) colostomy.

colòstro, *m.* (*biol.*) colostrum.

cólpa, *f.* ***1*** (*fallo*) fault; guilt: **Di chi è la c.?**, whose fault is it?; **Io non ho c.** (*o* **non è c. mia**), it isn't my fault; **La c. è mia**, it's my fault; I am to blame; **È c. tua se abbiamo perso il treno**, it was your fault that we missed the train; **non per c. mia**, through no fault of my own; **essere in c.**, to be at fault (*o* in the wrong); **una pubblica ammissione della propria c.**, a public admission of one's guilt ***2*** (*morale*) sin; wrong; wrongdoing: **le colpe dei padri**, the sins of the fathers; **commettere una c.**, to commit a sin (*o* a wrong); **espiare** (*o* **scontare**) **una c.**, to expiate a sin ***3*** (*responsabilità*) blame; guilt: **dare la c. a q.**, to lay the blame on sb.; to blame sb.; to attribute the guilt to sb.; **addossarsi la c.**, to take the blame (upon oneself); **avere la propria parte di c.**, to have one's portion of guilt ***4*** (*colpevolezza*) guilt: **dimostrare la c. di q.**, to prove sb.'s guilt; **aggravare [attenuare] le proprie colpe**, to aggravate [to extenuate] one's guilt; **senso di c.**, guilt; guilty feeling; (*lieve*) compunction: **provare un senso di c.**, to have a guilty feeling; to feel guilty (about st.); **Era tormentato dal senso di c.**, he was tortured by guilt; he was guilt-ridden ***5*** (*leg.*: *reato*) offence; (*negligenza*) negligence; (*delitto*) crime: **c. grave**, gross negligence; **c. lieve**, slight negligence; **concorso di c.**, contributory negligence; comparative negligence (*USA*). ● **C. tua!**, you have only yourself to blame □ **per c. di** (*a causa di*), on account of; through; owing to; because of; thanks to □ **senza c.**, guiltless; blameless.

colpétto, *m.* (*con un dito, con un oggetto*) tap; (*con la mano*) pat; (*col gomito*) nudge.

colpévole, **A** *a.* guilty (of) (*anche leg.*); culpable (for); responsible (for): **c. di furto**, guilty of theft; **dichiararsi c.**, to plead guilty; (*leg., anche*) to enter a plea of guilty; **sentirsi c.**, to feel guilty; **essere ritenuto c. di q.c.**, to be considered responsible (*o* culpable, to blame) for st.; (*leg.*) **essere dichiarato c.**, to be found guilty; **rendersi c. di q.c.**, to be guilty of st.; **Sono c. di averlo trascurato**, I am to be blamed (*o* I am at fault) for having neglected him; **negligenza c.**, culpable negligence; **pensiero c.**, guilty thought. **B** *m.* e *f.* culprit; (*leg., anche*) offender, guilty party: **scoprire il c.**, to find the culprit: **Il c. fu visto da due testimoni**, the offender was seen by two witnesses; **gli innocenti e i colpevoli**, the innocent and the guilty.

colpevolézza, *f.* guilt; culpability: **provare la c. dell'imputato**, to prove the guilt of the accused.

colpevolismo, *m.* upholding of an accused person's guilt.

colpevolista, *m.* e *f.* upholder of an accused person's guilt.

colpevolizzàre, **A** *v. t.* to make* (sb.) feel guilty. **B colpevolizzàrsi**, *v. rifl.* to consider oneself guilty (*o* responsible, at fault, to blame); to feel guilty.

colpire, *v. t.* ***1*** (*battere, percuotere*) to hit*; to strike*; to knock; to bang; to thump (*fam. GB*); to bash (*fam. GB*); to smite* (*lett.*): **c. la palla**, to hit (*o* to strike) the ball; **Mi colpì alla testa**, he hit (*o* struck, knocked, banged) me on the head; **c. q. al viso**, to strike sb. in the face; **c. q. con un pugno**, to strike sb. with one's fist; to punch sb.; **c. q. col calcio del fucile**, to hit (*o* to strike) sb. with the butt of one's gun; **Il Signore colpì Nabal**, the Lord smote Nabal ***2*** (*centrare*) to hit*; to get*: **c. il bersaglio**, to hit the target; to score a hit; (*calcio*) **c. un palo**, to hit a goal post; **L'hai colpito?**, did you get it? ***3*** (*ferire*) to shoot*: **Fu colpito alla gamba** (*da un proiettile*), he was shot in the leg ***4*** (*fig.*) to hit*; to strike*; (*danneggiare*) to damage, to affect: **La regione fu colpita da un terremoto**, the region was hit (*o* struck) by an earthquake; **Nel 1348 l'Europa fu colpita dalla peste**, in 1348 Europe was stricken with the plague; **una casa colpita dalla folgore**, a house struck by lightning; **un provvedimento che colpisce i più poveri**, a measure that affects the poorer people; **Fu colpito da paralisi**, he was struck (down) by paralysis; **Sai della disgrazia che l'ha colpito?**, do you know about the awful thing that happened to him? ***5*** (*fig.*: *impressionare*) to strike*; (*fare colpo*) to impress; (*nei sentimenti*) to affect, to move: **Mi colpì la tua sincerità**, I was struck by your sincerity; **Mi colpì la somiglianza**, I was struck by the likeness; **Fu molto colpito da quella vista**, that sight affected him deeply. ● (*fig.*) **c. q.c. alla radice**, to strike st. at the root □ **c. con la lancia**, to spear □ **c. con una pugnalata**, to stab □ **c. gli evasori**, to hunt down tax evaders □ **c. di piatto**, to hit with the flat (of st.) □ **c. di striscio**, to graze □ **c. di taglio**, to slash at □ (*calcio*) **c. di testa**, to head □ (*fig.*) **c. nel segno**, to hit the mark; to hit home; to hit the nail on the head □ (*fig.*) **c. q. nel vivo**, to sting sb.; to touch sb. on the raw.

colpite, *f.* (*med.*) colpitis.

cólpo, *m.* ***1*** blow; stroke; knock; bang: **dare un c. a q.c.**, to hit (*o* to strike) st.; **vibrare un c.**, to deliver (*o* to strike) a blow; **assestare un c. a q.**, to deal (*o* to fetch) sb. a blow; **rispondere ai colpi di q.**, to hit back at sb.; **un c. in testa**, a blow (*o* a knock) on the head; **un c. alla porta**, a knock (*o* a bang, a rap) on the door; **Diede col piede un c. al sasso**, he kicked the stone; **c. di martello**, stroke of the hammer: hammer stroke; **c. di frusta**, lash of the whip; **uccidere q. a colpi di bastone [di frusta]**, to cudgel [to flog] sb. to death ***2*** (*di strumento o arma tagliente*) stroke, slash, cut, cutting blow; (*di punta*) thrust; (*pugnalata*) stab; (*di scure e sim.*) chop: **c. di spada**, sword stroke; **c. di baionetta**, stab of a bayonet; **Spaccò il ceppo con un sol c. d'ascia**, he split the log with a single chop (of his axe); **aprirsi un varco a colpi di machete**, to hack one's way with a machete; **sfondare una porta a colpi di scure**, to axe down a door ***3*** (*d'arma da fuoco*) shot; (*salva*) round: **sparare** (*o* **tirare**) **un c.**, to fire a shot; **mancare il c.**, to miss the shot; to misfire; **c. a salve**, blank shot; (*mil.*) **c. con proiettile**, live round ***4*** (*fig.*: *dolore*) blow; shock; buffet (*lett.*): **La perdita del figlio fu per lei un grave c.**, the loss of her son was a great blow to her; **subire un duro c.**, to suffer a bad blow; **riaversi da un c.**, to recover from a blow; **i colpi del destino**, the buffets of Fate ***5*** (*movimento, spinta, impulso*) blow; stroke; touch; push: **c. di pedale**, (*di bicicletta*) push at the pedal; (*di pianoforte, ecc.*) touch of the pedal; **c. di remi**, stroke of the oars; **c. di reni**, leap; spring ***6*** (*rumore*) bang; (*di arma da fuoco*) shot, report; (*c. battuto*) knock, (*leggero*) tap, (*secco*) rap, (*su strumento musicale*) tap, beat: **La porta sbatté con un forte c.**, the door shut with a bang; the door banged shut; **c. di cannone**, cannon shot; **c. di pistola**, pistol shot; report of a pistol; **c. di fucile**, rifle shot, gunshot; **c. alla porta**, knock on the door; **colpi di tamburo**, drumbeat (*sing.*); **c. di grancassa**, bang of the big drum; **c. sordo**, thud; thump ***7*** (*tennis*) stroke; drive: **c. a volo**, volley; **c. di rovescio**, backhand stroke; **c. diritto**, forehand drive; **c. sbalzato**, lift; **c. schiacciato**, smash; **c. smorzato**, drop shot; **c. tagliato**, chop ***8*** (*boxe*) hit; blow; punch: **c. basso**, (*anche fig.*) hit below the belt; **c. di destro [di sinistro]**, right-hander [left-hander]; **c. d'incontro**, counter ***9*** (*golf, biliardo*) shot ***10*** (*scherma*) thrust ***11*** (*fam.*: *c. apoplettico*) stroke: **Il c. lo lasciò paralizzato**, the stroke left him paralized; **Gli è venuto un c.**, he had a stroke ***12*** (*fig.*: *impresa*) stroke; coup (*franc.*): **un bel c.**, a success; a coup; **fare un bel c.**, to pull st. off ***13*** (*fig.*: *furto, rapina*) robbery; job; heist (*pop.*): **un c. in banca**, a bank robbery; **Hanno fatto un c. in una gioielleria**, they robbed a jeweller's shop; **c. da professionista**, professional job. ● **c. alla nuca**, rabbit punch □ **c. d'ala**, stroke of the wing □ (*med.*) **c. d'aria**, chill □ (*med.*) **c. di calore**, heatstroke □ **c. di coda**, flick (*o* swish) of the tail; (*fig.*) sudden reversal □ **c. di falce**, sweep of a scythe □ **c. di forbici**, snap of the scissors □ **c. di fortuna**, stroke of luck; lucky stroke; fluke; hit (*fam.*) □ (*med.*) **c. di frusta**, whiplash (injury) □ **c. di fulmine**, lightning stroke; (*fig.*) love at first sight: **È stato il classico c. di fulmine**, it was a classic case of love at first sight □ (*nuoto*) **c. di gamba**, kick □ **c. di genio**, stroke of genius; brainwave □ (*anche fig.*) **c. di grazia**, finishing (*o* death) blow; final stroke; «coup de grâce» (*franc.*) □ (*mil.* e *fig.*) **c. di mano**, sudden attack; sudden action; «coup de main» (*franc.*) □ **c. di mare**, big wave; breaker □ **c. d'occhio**, (*occhiata*) quick glance; quick survey; (*vista*) view, sight: **a c. d'occhio**, at a glance □ **c. di pennello**, stroke of the brush; brushstroke □ **un c. di pettine**, a quick comb □ **c. di scena**, «coup de théâtre» (*franc.*); (*fig.*) dramatic turn of events □ (*med.*) **c. di sole**, sunstroke □ **colpi di sole** (*nei capelli*), highlights: **farsi i colpi di sole**, to have one's hair high-lit □ **c. di spazzola**, brushstroke □ **c. di Stato**, coup (d'état) (*franc.*) □ **c. di telefono**, call; ring □ **c. di testa**, (*sport*) header; (*fig.*) rash action: **segnare con un c. di testa**, to score with a header; **Non fare colpi di testa**, don't do anything rash □ **c. di timone**, (*naut.*) tug at the wheel (*o* the tiller); (*fig.*) change of course □ **c. di vento**, gust (of wind); (*naut.*) squall □ **c. giornalistico**, scoop □ **un c. gobbo** (*o* **mancino**), a dirty trick; a fast one; (*mossa fortunata*) lucky strike, fluke: **tirare un c. gobbo a q.**, to pull a fast one on sb. □ **c. maestro**, masterstroke; coup (*franc.*) □ **c. mancato**, miss; (*tennis*) misplay; (*biliardo*) miscue □ **a c. sicuro**, without the least hesitation □ **andare a c. sicuro**, to be dead certain about st. □ (*fig.*) **accusare il c.**, to feel the blow; to flinch □ **al primo c.**, at one stroke; (*fig.*) at once, at the first attempt, straight off: **Vinse al primo c.**, he won at the first attempt; **indovinare q.c. al primo c.**, to get st. at once (*fam.*: in one) □ **Bel c.!**, well done!; bravo!; good show! □ (*fig.*) **dare un c. al cerchio e uno alla botte**, to run with the hare and hunt with the hounds □ **dare un c. di spugna a q.c.**, to wipe st. with a sponge; to pass a sponge over st.; (*fig.*) to wipe the slate clean □ **di c.**, suddenly; all of a sudden: **arrestarsi di c.**, to halt suddenly; to stop dead in one's tracks; to freeze; to be brought short; **apparire di c.**, to appear suddenly; **tacere di c.**, to fall silent; **La porta si chiuse di c.**, the door slammed shut □ **fare c.**, (*essere notevole*) to be impressive; to be striking; (*essere notato*) to impress (sb.), to make an impression (on sb.), to cause a sensation; (*avere successo*) to score a hit (with) (*fam.*): **È una ragazza che fa c.**, she is a striking girl; **L'ha detto per fare c.**, he said it to impress; **Ha fatto c. su Adriana**, he made a big impression on Adriana □ (*fig.*) **far prendere un c. a q.**, to give sb. a shock (*o* a turn, a fit) □ **in un sol c.**, in one go; at a stroke; in one fell swoop (*fam.*): **bere q.c. in un sol c.**, to gulp st. down in one go; **Hanno licenziato trenta impiegati in un sol c.**, they have laid off thirty people in one fell swoop □ **incassare un c.**, to take a blow □ **infliggere un duro c. a q.**, to hit sb. hard □ (*fig.*) **non perdere un c.**, to be quick; to be on one's toes □ **perdere colpi**, (*autom.*) to misfire, to miss; (*fig., scherz.*: *di persona*) to be on the decline, to be slipping; (*di società e sim.*) to be shaky (*o* wobbly) □ (*fig.*) **rendere c. per c.**, to return blow for blow; to give as good as one gets (*fam.*) □ (*di arma da fuoco* e *fig.*) **sbagliare il c.**, to misfire □ **senza c. ferire**, without striking a blow; without firing a shot □ **senza esclusione di colpi**, no holds barred □ **sul c.**, instantly; outright; on the spot; there and then: **Restò ucciso sul c.**, he was killed instantly (*o* outright) □ **tempestare di colpi**, to shower blows (on st.); to hammer (at st.) □ (*fig.*) **tentare il c.**, to try it on □ (*fig.*) **A momenti mi venne un c.**, I got a real shock; I nearly had a fit; you could have knocked me over with a feather □ (*fam.*) **Che mi venga un c.!**, blow me down!; well, I'll be damned! □ (*fam.*) **Gli venisse un c.!**, damn him! □ (*fam.*) **Ti venisse un c.!**, damn you!; drop dead!

colposcopìa, *f.* (*med.*) colposcopy.

colposcòpio, *m.* (*med.*) colposcope.

colpóso, *a.* (*leg.*) culpable; without malice aforethought (*pred.*). ● **omicidio c.**, manslaughter.

colt, *f. invar.* Colt.

coltèlla, *f.* large knife; kitchen knife.

coltellàccio, *m.* ***1*** large knife ***2*** (*arma*) cutlass ***3*** (*vela*) studdingsail.

coltellàme, *m.* knives (*pl.*).

coltellàta, *f.* ***1*** (knife) stab; (*ferita*) knife wound: **prendersi una c.**, to get knifed; **Fu ucciso a coltellate**, he was knifed (*o* stabbed) to death ***2*** (*fig.*) stunning blow; stab in the heart: **La notizia fu una c.**, the news came as a stunning blow; **Quelle parole furono per me una c.**, those words were a stab in the heart for me ***3*** (*edil.*) brick-on-edge wall.

coltellàto, *a.* (*edil.*) made with bricks laid edgeways.

coltellerìa, *f.* ***1*** knives (*pl.*) ***2*** (*fabbrica*) cutlery works (*pl.*) ***3*** (*negozio*) cutler's (shop).

coltellièra, *f.* knife box; knife case.

coltellìna, *f.* boning knife.

coltellinàio, *m.* cutler.

coltellìno, *m.* ***1*** small knife*; (*da frutta*) fruit knife* ***2*** (*temperino*) pocket knife*.

coltèllo, *m.* ***1*** knife*: **c. a molla** (*o* **a scrocco**), flick knife; switchblade (knife) (*USA*); **c. a serramanico**, jack-knife; **c. anatomico**, surgical knife; **c. da caccia**, hunting knife; **c. da cucina**, kitchen knife; **c. da pane**, bread knife; **c. da scalco**, carving knife; **c. da tasca**, pocket knife; **c. da tavola**, table (*o* dinner) knife; **c. per disossare**, boning knife ***2*** (*della bilancia*) knife edge ***3*** (*dell'aratro*) coulter ***4*** (*mecc.*) knife*; cutter; blade: **c. per finitura**, finishing cutter; **lima a c.**, knife file. ● (*fig.*) **avere il c. per il manico**, to have the upper (*o* whip) hand; to hold all the cards; to have sb. over a barrel (*fam.*) □ (*edil.*) **a c.** (*o* **per c.**), placed edgeways (*o* on edge) □ (*fig.*) **essere con il c. alla gola**, to have one's back against the wall □ (*fig.*) **lotta a c.**, cut-throat fight □ **mettere mano al c.**, to draw one's knife.

coltivàbile, *a.* ***1*** cultivable; tillable ***2*** (*di miniera e sim.*) workable.

coltivabilità, *f.* cultivability.

coltivàre, *v. t.* ***1*** (*agric.*: *la terra*) to cultivate, to till, to farm; (*far crescere*) to grow*, to cultivate: **c. la terra**, to till the soil; to farm the land; **c. grano [pomodori, fragole]**, to grow wheat [tomatoes, strawberries]; **c. un terreno a segale**, to plant a field with rye ***2*** (*min.*) to work; to exploit ***3*** (*fig.*) to cultivate; to improve: **L'amicizia va coltivata**, friendship must be cultivated; **c. la mente**, to cultivate (*o* to improve) one's mind; **c. una speranza**, to cherish a hope; **c. la pittura**, to be very interested in painting.

coltivàto, **A** *a.* (*agric.*) cultivated; under cultivation; under crop; tilled; planted (with st.); (*di prodotti*) cultivated, grown: **funghi coltivati**, cultivated mushrooms. ● **perle coltivate**, cultured pearls. **B** *m.* (*agric.*) cultivated land.

coltivatóre, *m.* (*f.* **-trice**) ***1*** grower; cultivator; tiller: **c. di aranci**, orange grower; **c. di tabacco**, tobacco grower; **c. di tè**, tea planter ***2*** (*agricoltore*) farmer: (*leg., agric.*) **c. diretto**, farmer; tenant farmer; **piccolo c.**, small farmer.

coltivazióne, *f.* ***1*** (*agric.*) cultivation; tillage; farming; (*di una data coltura*) cultivation, growing: **la c. del suolo**, the tillage of the soil; farming; **la c. dell'olivo**, the cultivation of olive trees; **c. del tabacco**, tobacco growing; **c. intensiva**, intensive cultivation; **c. a secco**, dry farming ***2*** (*terreno coltivato*) land under cultivation; plantation ***3*** (*pl.*) (*specie coltivate*) crops ***4*** (*di giacimento minerario*) working; exploitation.

coltìvo, **A** *a.* ***1*** (*coltivabile*) cultivable ***2*** (*coltivato*) cultivated. **B** *m.* field under crop; tilled land.

cólto, *a.* (well-)educated; well-read; (*dotto*) learned; (*di gusti raffinati*) cultivated, cultured: **le persone colte**, educated people; **È un uomo c.**, he is a well-read man; **parola colta**, learned word; **musica colta**, classical music.

cóltre, *f.* ***1*** (*coperta*) (wool) blanket ***2*** (*drappo funebre*) pall ***3*** (*fig.*: *strato*) blanket; carpet: **una c. di neve**, a blanket of snow.

cóltro, *m.* (*agric.*) coulter.

coltróne, *m.* ***1*** (*da letto*) quilt; counterpane ***2*** (*tenda imbottita*) quilted curtain.

coltùra, *f.* ***1*** (*agric.*) cultivation; (large-scale) farming; growing: **c. della vite**, viticulture; vine growing; **c. estensiva [intensiva]**, extensive [intensive] cultivation; **c. idroponica**, hydroponics (*pl. col verbo al sing.*) ***2*** (*specie coltivata*) crop: **c. intercalare**, catch crop; **rotazione delle colture**, crop rotation ***3*** (*allevamento*) breeding; keeping; farming: **la c. dei bachi da seta**, silkworm breeding; **c. delle api**, bee-keeping; **c. delle ostriche**, oyster farming ***4*** (*med., biol.*) culture: **c. di batteri**, culture of bacteria; **brodo di c.**, culture medium; **piattino di c.**, Petri dish.

colturàle, *a.* ***1*** (*di coltivazione*) cultivation (*attr.*); of crops ***2*** (*di allevamento*) breeding (*attr.*).

colturaménto, *m.* (*agric.*) cultivation.

colùbride, *m.* (*zool.*) colubrid.

Colùbridi, *m. pl.* (*zool., Colubridae*) Colubridae.

colubrìna, *f.* (*mil., stor.*) culverin.

colùbro, *m.* ***1*** (*zool., Coluber*) coluber ***2*** (*lett.*: *serpente*) snake; serpent; adder. ● (*zool.*) **c. di Esculapio** (*Elaphe longissima*), Aesculapius' snake.

colùi, *pron. dimostrativo m.* ***1*** (*in correlazione con «che»*) the man* (who, whom); the boy (who, whom); the one (who, whom); the person (who, whom); (*form.*) he (*compl.* him) (who, whom): **c. che sarà eletto**, the man [the person] who will be elected; **Alludo a c. che sai**, I'm alluding to you know who; **C. che perde la vita per me la troverà**, he who loses his life for my sake shall find it ***2*** (*lett.* o *spreg.*) he (*compl.*: him); that man*: **Chi è c.?**, who's he?; **Guardati da c.!**, beware of that man!

columbite, *f.* (*miner.*) columbite.
columèlla, *f.* (*anat.*) columella* (auris).
colùro, *m.* (*astron.*) colure.
còlza, *f.* (*bot., Brassica napus arvensis*) colza; rape: **olio di c.**, colza oil.
còma (1), *m.* (*med.*) coma: **entrare in c.**, to go into a coma; **uscire dal c.**, to come out of the coma; **c. profondo [irreversibile]**, deep [irreversible] coma.
còma (2), *f.* (*ottica*) coma.
comacino, *a.* of Como; of Lake Como; Comacine: (*stor. arte*) **i Maestri comacini**, the Comacine masters.
comandaménto, *m.* **1** (*relig.*) commandment: **i dieci comandamenti**, the Ten Commandments **2** (*lett.*) command; order; bidding (*lett.*); behest (*lett.*).
comandànte, *m.* **1** (*mil.*) commander, commanding officer (*abbr.*: C.O.); (*di accademia, fortezza, ecc.*) commandant: **il c. della pattuglia**, the officer commanding the patrol **2** (*naut.*) captain; (*di nave da carico*) skipper, (ship's) master **3** (*aeron. civile*) captain: **Parla il c.: stiamo per atterrare...**, this is the captain speaking. We are about to land... **4** (*naut., mil.: al vocat.*) Sir: **C., è mio dovere informarla...**, Sir, it is my duty to inform you... ● (*naut.*) **c. di bandiera**, flag captain □ (*naut.*) **c. di porto**, harbour master □ **c. in capo** (*o* **supremo**), commander-in-chief □ (*naut., mil.*) **c. in seconda**, second-in-command; executive officer; (*di mercantile*) mate.
comandàre, A *v. i.* to give* orders; to command; to be in charge; to be the boss, to call the shots (*fam.*): **l'arte di c.**, the art of commanding; **Chi comanda qui?**, who is in charge here?; **Qui comando io**, I give orders here; I am the boss here (*fam.*); *I call the shots here* (*fam.*); **Non credere di potermi c., sai!**, if you think you can order me about, you'd better think again! **B** *v. t.* **1** (*ordinare*) to order; to give* order; to command: **c. il silenzio**, to order silence; **Mi comandò di uscire dalla stanza**, he ordered me to leave the room; **Comandò che si portasse il prigioniero**, he gave order for the prisoner to be brought **2** (*essere al comando di*) to command; to be in command of; (*non mil.*) to be in charge of: **c. una nave [un esercito]**, to command a ship [an army]; **c. una compagnia da sbarco**, to be in command of a landing party **3** (*una vivanda*) to order **4** (*mecc.*) to control; to operate; (*azionare*) to drive*: **c. a distanza**, to operate by remote control **5** (*bur.*) to second: **Fu comandato al Ministero della Guerra**, he was seconded to the War Office **6** (*lett.: richiedere*) to demand; to require **7** (*lett.: dominare dall'alto*) to command. ● **c. a bacchetta**, to rule with a rod of iron; to be a martinet □ (*elettr.*) **c. a mezzo di relè**, to relay □ **Comandi!**, what can I do for you, sir [madam]?; (*in risposta a una chiamata per nome*) yes, sir [madam]!; (*mil.*) Sir! □ **come Dio comanda** (*bene*), properly; as it should be; to perfection □ (*prov.*) **Al cuore non si comanda**, the heart has its reasons.
comandàta, *f.* (*naut.*) fatigue duty.
comandàto, *a.* **1** ordered; commanded **2** (*tecn.*) controlled, operated; (*mosso*) driven: **c. a distanza**, remote-controlled; **c. a distanza a mezzo radio**, radio-controlled; **c. a mano**, hand-driven; **c. meccanicamente**, machine-driven; power-operated; mechanically actuated **3** (*bur.*) seconded; in secondment; temporarily attached. ● (*eccles.*) **feste comandate**, feast days (prescribed by the Church).
comàndo, *m.* **1** (*ordine*) order; command; bidding (*lett.*); behest (*lett.*); (*leg.*) order, injunction: **dare un c.**, to give (*o* to issue) an order (*o* a command); **eseguire un c.**, to carry out an order; **ubbidire a un c.**, to obey an order; (*mil.*) **c. di «attenti!» [di «riposo!»]**, order to stand at attention [at ease]; (*leg.*) **un c. del magistrato**, an injunction of the Court **2** (*autorità*) command; charge; leadership: **avere il c.** (*o* **essere al c.**) **di un reggimento**, to be in command of a regiment; **Ha cento uomini al suo c.**, he has a hundred men under his command; **il peso del c.**, the burden of command; **esercitare il c.**, to be in command (*o* in charge); **prendere** (*o* **assumere**) **il c.**, to take command; to take on the leadership; **prendere il c. delle operazioni di salvataggio**, to take charge of the rescue operations **3** (*sede di comandante*) headquarters (*pl., a volte col verbo al sing.*; *abbr.*: HQ): **Il c. fu bombardato**, the headquarters were (*o* was) bombed; **Riferirò al c.**, I'll report to headquarters; **c. di divisione**, Division Headquarters; **c. generale**, general headquarters (*abbr.*: GHQ) **4** (*elettr., aeron.*) control; (*mecc.*) drive: **c. a distanza**, remote control; **c. a mano**, hand drive; **c. a pedale**, foot control; **c. a pulsante**, push-button control; **c. ausiliario**, servo-control: **c. centralizzato**, central control system; (*aeron.*) **c. del gas**, throttle control; (*aeron.*) **comandi di volo**, flying controls; (*autom.*) **comandi sul volante**, controls on the steering wheel; (*aeron.*) **doppio c.**, dual control; **azionare i comandi**, to manipulate the controls **5** (*sport: posizione di testa*) head; lead: **È al c. del gruppo**, he is at the head of the group; **essere al c. della gara**, to be leading; **essere al c. della classifica**, to top (*o* to be top of) the (results) list; (*calcio*) to be at the top of the league; (*di disco*) to top the charts **6** (*naut.*) captainship **7** (*bur.*) secondment; temporary attachment. ● **Ai suoi comandi**, at your service! □ **Non sono mica ai tuoi comandi**, I'm not at your beck and call □ (*fig.*) **avere la bacchetta del c.**, to have full authority □ **di buon c.**, casual; utility (*GB*).
comàre, *f.* **1** (*madrina*) godmother **2** (*vicina di casa*) neighbour; (*donna vecchia*) old woman*; (*donna pettegola*) gossip: **Tutte le comari davano consigli**, all the neighbours were giving advice; **Una vecchia c. apparve sulla soglia**, an old woman appeared on the threshold. ● (*nelle fiabe*) **C. Volpe**, Mistress Fox □ **Le allegre comari di Windsor**, The Merry Wives of Windsor □ **storie da comari**, old wives' tales □ **Litigavano come due comari**, they were squabbling like two fishwives.
comàsco, A *a.* of Como; from Como; Como (*attr.*). **B** *m.* inhabitant of Como; native of Como.
comatóso, *a.* (*med.*) comatose.
cómba, *f.* (*geogr.*) combe.
combaciaménto, *m.* **1** fitting together **2** (*giuntura*) joint; point of contact **3** (*mecc.*) mating; matching: **c. imperfetto**, mismating; mismatching.
combaciàre, *v. i.* **1** to fit (properly); to meet* **2** (*congiungersi*) to join; to fit together **3** (*mecc.*) to mate; to match **4** (*fig.: coincidere*) to agree; to coincide; to correspond; to tally: **opinioni che non combaciano**, views which do not agree.
combattènte, A *m. e f.* **1** fighter; combatant **2** (*mil.*) man* (*f.* woman*) in the fighting services; serviceman* (*m.*); servicewoman* (*f.*). ● (*mil.* e *fig.*) **c. di prima linea**, front-liner □ **ex c.**, ex-serviceman (*m.*); ex-servicewoman (*f.*); (war) veteran (*USA*). **B** *m.* (*zool., Philomacus pugnax*) ruff. **C** *a.* fighting; combatant.
combattentismo, *m.* belligerence.
combattentìstico, *a.* ex-servicemen's (*attr.*); veteran (*attr., USA*).
combàttere, A *v. i.* **1** to fight*; to combat; to be at war: **c. per una giusta causa**, to fight for a just cause; **c. contro q.**, to fight sb. (*o* against sb.); **Ha combattuto in Africa**, he fought in Africa; **c. accanitamente**, to fight tooth and nail; **c. corpo a corpo**, to fight hand-to-hand; **c. ad armi pari**, to fight on equal terms; **Combattono da un mese**, they have been at war for a month **2** (*fig.: lottare*) to fight* (st.); to battle; to strive*; to contend: **c. contro il sonno**, to fight sleep; **c. per una società migliore**, to fight (*o* to strive) for a better society; **Ha sempre dovuto c. con la cattiva salute**, he has always had bad health to contend with **3** (*sport*) to fight*. **B** *v. t.* **1** to fight*: **c. una battaglia**, to fight a battle **2** (*fig.: opporsi a*) to fight*; to combat; to oppose; **Intendo c. il nuovo progetto di legge**, I mean to oppose (*o* to fight) the new bill; **c. l'ingiustizia**, to fight against injustice; **c. il razzismo**, to fight racism; **c. l'indifferenza**, to combat indifference; **c. l'inflazione**, to fight inflation; **c. la concorrenza**, to fight the competition. **C combàttersi,** *v. rifl. recipr.* to fight*; to be at war (with each other).
combattiménto, *m.* **1** fighting; combat; fight; battle; action; encounter: **Il c. durò tutto il giorno**, the fighting went on all day; **un c. all'ultimo sangue**, a fight to the last; **c. corpo a corpo**, hand-to-hand fight; **pesanti combattimenti**, heavy fighting; **ucciso in c.**, killed in action **2** (*fig.*) conflict; clash; contest **3** (*boxe, ecc.*) match; bout. ● **c. di cani**, dogfight □ **c. di galli**, cockfight □ **di c.**, combat (*attr.*): **truppe di c.**, combat troops □ **fuori c.**, *V.* **fuori combattimento** □ (*mil.*) **Ai posti di c.!**, battle stations!
combattività, *f.* combativeness; pugnacity.
combattivo, *a.* combative; pugnacious; fighting; aggressive.
combattùto, *a.* **1** (*contrastato*) hard-fought; hard-won: **gara combattuta**, hard-fought contest; **vittoria combattuta**, hard-won victory **2** (*indeciso*) undecided; uncertain; torn (*pred.*); unable to make up one's mind: **Era c. tra il restare o il partire**, he was uncertain whether to stay or to leave; he was torn between staying and leaving **3** (*travagliato*) troubled; distressed.
combinàbile, *a.* (*anche chim.*) combinable.
combinàre, A *v. t.* **1** (*mettere insieme*) to combine, to put* together, to mix, to match; (*accordare*) to combine, to reconcile: **Devi c. i numeri con le lettere**, you have to match the numbers with the letters; **c. la precisione con la grazia**, to combine precision with grace; **c. lavoro e piacere**, to combine (*o* to mix) business with pleasure; **È molto brava a c. i colori**, she is very good at matching colours; **c. due pareri**, to reconcile two opinions **2** (*organizzare*) to arrange, to plan, to organize; (*decidere*) to agree: **c. un incontro**, to arrange a meeting; **c. un viaggio**, to plan a trip; **c. un matrimonio**, to arrange a marriage; **Combinammo di incontrarci davanti al museo**, we agreed to meet outside the museum **3** (*concludere*) to conclude, to strike*, to fix; (*portare a compimento*) to get* (st.) done, to accomplish, to achieve: **c. un accordo**, to conclude an agreement; **c. un affare**, to conclude a transaction (*form.*); to clinch a deal; **c. un buon affare**, to make (*o* to strike) a bargain; **c. poco**, not to get much done; to get little work done; **Oggi non riesco a c. niente**, I don't seem to be able to get any work done today; **Quell'uomo non combinerà mai nulla**, that man will never achieve anything; **In vita sua non ha mai combinato nulla**, he's never made anything of his life **4** (*chim.*) to combine **5** (*fam.: fare*) to do*; to be (*o* to get*) up to (*fam.*): **Che diamine stai combinando?**, what on earth are you doing?; **Cosa starà combinando Pierino?**, what is Pierino up to, I wonder?; **c. un pasticcio**, to make a mess; **Guarda cos'hai combinato!**, look what you've done!; **Ogni giorno me ne combina una**, every day he gets up to some new mischief; **Ne ha combinata una delle sue**, he's been up to one of his usual pranks; **L'hai combinata grossa!**, now you've done it!; **c. di tutti i colori**, to get up to all sorts of mischief. **B** *v. i.* (*concordare*) to agree, to fit in; (*coincidere*) to coincide, to tally: **Le due**

versioni non combinano, the two versions don't agree; **Purtroppo il tuo invito non combina con l'orario dei treni**, unfortunately your invitation doesn't fit in with the times of the trains; **Il mio arrivo combinò col suo**, my arrival coincided with his. **C combinàrsi**, *v. i. pron.* **1** (*stare bene insieme*) to go* with; to go* well together: **Questi grigi e questi rossi si combinano bene**, these greys and reds go well together **2** (*mettersi d'accordo*) to agree; to come* to an agreement; to settle: **c. sul prezzo**, to agree (*o* to settle) on the price **3** (*chim.*) to combine **4** (*fam.*: *indossare*) to get* oneself up; to rig oneself up: **Si era c. in una specie di caftano**, he was rigged up in a sort of kaftan; **Ma come ti sei combinato?**, what sort of a get-up (*o* a rig) is that?

combinàta, *f.* (*sci*) combined event.

combinàto, *a.* **1** (*predisposto*) arranged; fixed: **matrimonio c.**, arranged marriage; **Era tutta una faccenda combinata**, it was all an arranged thing; it had all been fixed beforehand **2** (*congegnato*) conceived; planned: **un piano ben c.**, a well-conceived scheme; **mal c.**, badly planned; botched **3** (*truccato*) fixed; rigged: **incontro c.**, fixed match **4** (*congiunto*) joint; combined: **comando c.**, joint command; **operazione combinata**, combined operation. ● (*fam.*) **È c. male**, (*è nei pasticci*) he's in a fix; (*non sta bene*) he's in a bad way □ **Era combinata da far paura** (*era vestita male*), her dress was a mess.

combinatóre, **A** *m.* **1** combiner **2** (*elettr.*) controller. **B** *a.* combinatory. ● (*telef.*) **disco c.**, dial.

combinatòrio, *a.* combinatorial: (*mat.*) **calcolo c.**, combinatorial analysis.

combinazióne, *f.* **1** (*accostamento, unione*) combination; conjunction; mix: **una c. di circostanze**, a conjunction of events; **c. di colori**, colour scheme (*o* mix) **2** (*di cassaforte*) combination: **serratura a c.**, combination lock **3** (*chim., ling., mat.*) combination **4** (*caso*) coincidence; chance; fluke: **Guarda che c.!**, what a coincidence!; **Fu una pura c.**, it was pure coincidence (*o* sheer chance); **per c.**, by chance (*o* coincidence) **5** (*comm., turistico*) package **6** (*sottoveste*) camiknickers (*pl.*) **7** (*tuta*) coverall; boilersuit; suit: **c. di volo**, flight suit; **c. spaziale**, spacesuit. ● (*mecc.*) **c. di ingranaggi**, gear combination; play of gears.

combine (1) (*franc.*), *f. invar.* (*sport*: *accordo illecito*) fraud; sharp practice; rigging: **La partita è stata già decisa da una c.**, the match has been rigged.

combine (2) (*ingl.*), *f. invar.* (*agric.*) combine harvester.

cómbo, *m. invar.* **1** (*fotogr.*) montage **2** (*jazz*) combo.

combriccola, *f.* **1** (*gruppo di persone equivoche*) gang; bunch; mob **2** (*compagnia di amici*) band; crowd; set; brigade; gang; crew: **Andammo, tutta la c., a fare il tifo per i nostri**, the whole gang of us went to cheer our side.

comburènte, *a.* e *m.* comburent.

comburènza, *f.* comburence.

combustibile, **A** *a.* combustible; fuel (*attr.*): **sostanza c.**, combustible substance; **olio c.**, fuel oil. **B** *m.* fuel; combustible (material); (*olio*) oil: **c. a basso [ad alto] potere calorifico**, low-grade [high-grade] fuel; **c. gassoso [liquido, solido]**, gaseous [liquid, solid] fuel; **c. nucleare**, nuclear fuel; (*elettr.*) **pila a c.**, fuel cell; **usato come c.**, used for fuel; **rifornire [rifornirsi] di c.**, to refuel.

combustibilità, *f.* combustibility.

combustióne, *f.* combustion; (*il bruciare*) burning: **c. lenta**, slow combustion; **c. spontanea**, spontaneous combustion. ● (*mecc.*) **arresto della c.**, flameout □ **camera di c.**, (*di caldaia*) firebox; (*di motore*) combustion chamber □ **gas di c.**, fuel gas □ (*mecc.*) **ritardo di c.**, combustion lag □ **stufa a c.**, slow-burning stove.

combùsto, *a.* (*lett.*) burnt.

combustóre, *m.* **1** (*aeron.*) combustor **2** (*di turbomotore*) combustion chamber.

combùtta, *f.* gang. ● **in c.**, in collusion; in league; hand in glove (*fam.*); in cahoots (*fam. USA*): **mettersi in c. con q.**, to get in league with sb.; to gang up with sb.

cóme, **A** *avv.* e *cong.* **1** (*simile a, a somiglianza di*) like: **Ha una macchina c. la mia**, he has a car like mine; **Siamo c. fratelli**, we are like brothers; **Sei proprio c. lui**, you are just like him; **dormire c. un ghiro**, to sleep like a log; **Era una casa c. questa**, it was a house like this one; **C. tutti gli altri, anche noi ci fidavamo di lui**, we trusted him, like everybody else **2** (*il modo in cui*) how; the way: **Ecco c. è andata**, this is how (*o* the way) it happened; **Bada a c. rispondi**, mind how you answer; **Da c. mangia, si direbbe che sia digiuno da una settimana**, (from) the way he's eating, you'd think he'd been fasting for a week **3** (*nel modo in cui*) as: **scrivere c. si parla**, to write as one speaks; **Fa' c. vuoi**, do as you like; **Fa' c. me (o c. faccio io)**, do as I do; **Non è più c. (era) un tempo**, it's no longer as (*fam.*: like) it used to be; **È andata c. pensavo**, it went as I thought it would; **Mi tratta c. (se fossi) uno sconosciuto**, he treats me as if I were (*o* like) a stranger **4** (*interr.*: *in che modo?*) how, how well; (*che cosa*) what; (*di che genere o aspetto è?*) what... like: **C. stai?**, how are you?; **C. sei venuto?**, how did you come?; **C. va?**, how are things?; **C. la pensi?**, what do you think of it?; **C. hai detto?**, what did you say?; I beg your pardon?; what was that? (*fam.*); come again? (*fam.*); **C. fare?**, what is [was] to be done? **Vediamo c. se la cava**, let's see how he manages; **Dimmi c. vuoi le uova**, tell me how you want your eggs; **Non so c. cominciare**, I don't know how to begin; **C. lo sai l'inglese?**, how well do you know English?; how good is your English?; what's your English like?; **Non so c. guidi**, I don't know how (well) you drive (*o* what your driving is like); **C. fa lo strudel tua madre?**, how does your mother make strudel?; **C. fa da mangiare sua moglie?**, what's his wife like as a cook?; **Com'è tuo cugino?**, what's your cousin like?; **Com'era il film [il tempo]?**, what was the film [the weather] like? **5** (*esemplificativo*: *quale*) such as; like: **oggetti comuni, c. un bicchiere o una penna**, everyday things, such as a glass or a pen; **Parlammo di cose c. le vacanze e il tempo**, we talked about things like holidays and the weather; **Non me l'aspettavo da uno c. lui**, I didn't expect it from such a man (as he is) (*o* from a man like him); **Non voglio avere a che fare con gente c. quella**, I don't want to have anything to do with such people **6** (*in qualità di, in quanto*) as: **C. insegnante, conosco i giovani**, as a teacher I know what young people are like; **C. amico, posso dirti che hai torto?**, speaking as a friend, may I tell you that you are wrong?; **C. moglie, non poteva testimoniare contro di lui**, being his wife, she couldn't give evidence against him; **Che opinione hai di lui c. scrittore?**, what's your opinion of him as a writer? **7** (*a mo' di, alla stregua di*) as; by way of: **un coltello che uso c. tagliacarte**, a knife I use as a letter opener; **Te lo dico c. avvertimento**, I'm telling you as a warning; **C. esempio, posso citare il mio caso**, as (*o* by way of) an example, I can mention my own case **8** (*nei compar. d'uguaglianza*) as... as; (*in frasi neg. anche, più form.*) so... as: **chiaro c. il sole**, as clear as daylight; **grande c. una casa**, as big as a house; **Sei alto c. lui**, you are as tall as he is (*fam.*: as him); **Questo bastone non è lungo c. l'altro**, this stick is not as long as the other one; **Non posso farlo (così) presto c. vorrei**, I can't do it as quickly as I should like **9** (*nei compar. di maggioranza*: **di c.**) than: **È molto meglio di c. pensassi**, it's far better than I thought; **È più vecchio di c. l'avevi descritto**, he is older than you described him **10** (*escl.*: *con agg., verbi e avv.*) how: **C. sei gentile!**, how kind you are!; how kind of you!; **C. sei pallido!**, how pale you are!; you do look pale!; **C. canta bene!**, how well she sings!; **C. mi spiace!**, I am so sorry!; how sorry I am!; **C. vorrei che tu fossi qui!**, how I would like you to be here! **11** (*correl.*) both... and; as well as: **tanto i Greci c. i Romani**, both the Greeks and the Romans; the Romans as well as the Greeks **12** (*nelle proposizioni incidentali*) as: **L'ho trovato subito, c. mi avevi detto**, I found it straightaway, as you had told me; **C. vedi, qui è tutto tranquillo**, everything is quiet here, as you can see **13** (*escl., enfat.*) what; do you mean to say...: **Ma c.!**, what!; **C.! non ci sono ostriche?**, what? no oysters?; do you mean to say there are no oysters? **14** (*temporale*: *proprio quando*) as; (*non appena*) as soon as: **C. aprii la porta, squillò il telefono**, as I opened the door, the telephone rang; **C. mi vide, uscì**, as soon as he saw me, he left **15** (*dichiarativo*) how; that (*spesso sottinteso*): **Mi spiegò c. fosse stato tutto un malinteso**, he explained to me how it had all been a misunderstanding; **Sapevo di c. fossero in combutta contro di noi**, I knew (that) they were in league against us. ● (*comm.*) **c. da allegato**, see attached sheet □ (*comm.*) **c. da campione**, as per sample □ **c. d'accordo**, as agreed (upon) □ (*comm.*) **c. da vostra richiesta**, as you requested; as per your request □ **c. che sia**, in any case; anyway □ **com'è che?**, why; how come?; how (*o* why) is that...?: **Com'è che non scrive?**, why doesn't he write?; how come he doesn't write?; how is it that he doesn't write?; **Com'è che non vi siete incontrati?**, how come you didn't meet? □ **com'è, c. non è**, all of a sudden □ **c. Dio volle**, eventually; at long last; somehow or other □ **C. Dio vuole, abbiamo finito!**, we have finished, at long last!; thank God we've finished! □ **c. è vero che sono qui**, as true as I'm standing here □ **Com'è vero Dio**, as God is my witness □ **c. eravamo**, the way we were □ **c. mai?**, why?; how come?; (*enfat.*) why on earth?, why ever?: **C. mai sei venuto?**, why did you come?; **C. mai non lo sapevi?**, how come you didn't know?; **Chissà c. mai non è qui**, I wonder why he isn't here □ **C. no!**, of course!; sure! (*fam. USA*): **«Lo sai, vero?» «C. no!»** «you know, don't you?» «of course (I do)» □ **c. non detto** (*lasciamo perdere*), never mind; forget it □ **c. prima**, as before □ **c. pure**, as well as; (*se i termini sono solo due, anche*) both... and...: **Parlo l'italiano c. pure l'inglese**, I speak English as well as Italian; I speak both Italian and English; **Parlo l'italiano c. pure l'inglese e il francese**, I speak English and French as well as Italian □ **c. quando**, as... when: **Nevicava c. quando ci conoscemmo**, it was snowing as it was when we first met □ **C. sarebbe a dire?**, what do you [does he, etc.] mean by that? □ **c. se**, as though; as if: **c. se fosse colpa mia**, as though (*o* as if) it were my fault □ **c. segue**, as follows □ **c. sempre** (*c. di solito*), as usual: **sorridendo c. sempre**, smiling as usual; with one's usual smile □ **C. si permette, lei?**, how dare you? □ **c. si sia**, be that as it may; however that may be □ **c. si suol dire**, as they say; as the phrase (*o* saying) goes □ **c. sopra**, as above □ (*telef.*) **«A» c. Ancona**, «A» for Andrew □ **«A» c. in «father»**, «a» as in «father» □ **(così) c. stanno le cose**, as it is; as things are: **Così c. stanno le cose, la situazione peggiora**, as it is, things are getting worse □ **e c.**, *V.* **eccome** □ **È c...** (*è lo stesso che*), it's like: **È c. scrivere sulla sabbia**, it's like writing on sand □ **qualcosa c. un milione**, something like a million. **B** *m.* means: **Gli manca il c.**, he has not the means. ● **il c. e il perché**, the whys and wherefores □ **il c. e il**

quando, how and why.

comedóne, *m.* (*med.*) comedo*; (*com.*) blackhead.

cométo, *m.* (*naut.*) seam.

cométa, *f.* **1** (*astron.*) comet **2** (*aquilone*) kite.

còmica, *f.* **1** (*cinem.*) (silent) comedy **2** (*fig.*) farce; joke.

comicità, *f.* comedy; comic spirit; comic effect; comical (*o* funny) aspect (*o* side); comicality.

comicizzàre, *v. t.* to turn into comedy.

còmico, **A** *a.* **1** (*buffo*) funny, comical, laughable; (*umoristico*) comic: **una storiella comica**, a comic story; **un individuo c.**, a funny type; **situazione comica**, comedy (*o* comic) situation **2** (*teatr.*) comic; comedy (*attr.*): **attore c.**, *V.* **B**, *def. 2*; **compagnia comica**, company of players; **teatro c.**, comic theatre; comedy. ● (*mus.*) **opera comica**, comic opera. **B** *m.* **1** (*comicità*) comic spirit; comic effect; comicality: **buttarla sul c.**, to turn st. into a joke; to laugh st. off **2** (*attore*) comic actor, comedian, comic (*specialm. di varietà*); (*che si esibisce da solo*) stand-up comedian; (*stor.*) player **3** (*scrittore di commedie*) writer of comedies; comic writer.

comignolo, *m.* **1** (*di camino*) chimney pot **2** (*di tetto*) roof ridge.

cominciaménto, *m.* (*lett.*) beginning; commencement.

cominciàre, *v. t. e i.* to begin*; to start; to commence (*form.*): **parole che cominciano per vocale**, words that begin with a vowel; **c. da principio**, to begin at (*o* to start from) the beginning; **Cominciamo da qui**, let's begin (*o* start) from here; **La gara comincia di lì**, the race starts from there; **È già cominciato il film?**, has the film started yet?; **Il libro comincia con un dialogo**, the book starts off with a dialogue; **Cominciò col dire**, he began (*o* started off) by saying; **Cominciò a ridere**, he started to laugh (*o* laughing); he began laughing (*o* to laugh); **Comincia a farmi male la testa**, my head is beginning to ache; **Comincia a far freddo**, it's getting cold; the weather is turning cold; **Comincia tu!**, you begin!; you start! ● **c. bene [male]**, to get off to a good [bad] start: **La partita cominciò bene**, the match got off to a good start; (*iron.*) **Si comincia bene!**, (that's) a fine beginning! □ **c. da zero**, to start from scratch □ **c. la propria carriera**, to begin one's career; to start out; to start off □ **c. una seduta**, to open a meeting □ **a c. da voi**, starting (*o* beginning) with you □ **a c. da oggi**, from this day (on); starting from today; as from today (*bur.*) □ **per c.**, to start with; to begin with □ **tanto per c.**, for a start □ (*prov.*) **Chi ben comincia è a metà dell'opera**, well begun is half done.

comìno, *V.* **cumino**.

comitàle, *a.* of (*o* pertaining to) a count (*o, in G.B.*: an earl). ● **corona c.**, count's (*in G.B.*: earl's) coronet.

comitàto, *m.* committee; board; council: (*polit.*) **c. centrale**, central committee; **c. consultivo**, advisory committee; **c. di consumatori**, consumers' council; **c. di disciplina**, disciplinary board; (*leg.*) **c. d'inchiesta**, board of inquiry; (*stor.*) **C. di salute pubblica**, Committee of Public Safety; **c. direttivo**, managing committee; **c. esecutivo** (*di una società*), executive committee; (*econ.*) **c. per la programmazione**, planning board; **c. permanente**, standing committee; **fare parte di un c.**, to be a member of (*o* to be on) a committee; **riunione del c.**, committee meeting.

comitìva, *f.* party; band; group; company: **una c. di turisti**, a party (*o* group) of tourists; **viaggiare in c.**, to travel in a group; **sconti per comitive**, group discounts.

comiziàle (1), *a.* (*stor. romana*) comitial. ● **eloquenza c.**, platform oratory; (*spreg.*) mob oratory, tub-thumping.

comiziàle (2), *a.* (*med.*) epileptic. ● **morbo c.**, epilepsy.

comiziànte, *m. e f.* **1** (*chi tiene un comizio*) speaker at a political meeting **2** (*chi partecipa a un comizio*) person attending a political meeting **3** (*fig. spreg.*) tub-thumper; rabble-rouser.

comìzio, *m.* **1** meeting; rally: **indire [tenere] un c.**, to call [to hold] a meeting; **c. elettorale**, electoral (*o* election) meeting; **c. politico**, political meeting; rally; **c. di protesta**, protest rally; **andare in giro a fare comizi**, to stump (*USA*) **2** (*stor. romana*) comitia (*pl.*).

còmma, *m.* **1** (*leg.*) paragraph **2** (*mus.*) comma.

commàndo (1), *m. invar.* **1** (*mil.*) commando* **2** (*di terroristi*) terrorist group.

commàndo (2), *m.* (*naut.*) spun yarn.

commèdia, *f.* **1** (*genere teatr.*) comedy; (*il lavoro*) comedy, play: **le commedie di Pirandello**, Pirandello's plays; **La c. fu un fiasco**, the play was a flop; **c. in tre atti**, three-act play; **c. a soggetto**, improvised comedy; commedia dell'arte; **c. a tesi**, play with a message; problem play; **c. brillante**, comedy; **c. di carattere**, comedy of character; comedy of humours (*stor.*); **c. di costume**, comedy of manners; **c. d'intreccio**, comedy of intrigue; **c. leggera**, light comedy; **c. musicale**, musical (comedy) **2** (*fig.*: *finzione*) act; sham; pretence; play-acting: **La sua era solo una c.**, it was just play-acting (*o* just an act) on his part; **fare la c.**, to play-act; to sham; to put on an act; **Smettila di fare commedie**, stop play-acting; **Quando glielo dissi, fece la c. mostrandosi tutto sollecito**, when I told him, he put on the solicitous friend act (*o* feigned solicitude) **3** (*fig.*: *situazione ridicola*) farce; comedy; joke: **Abbracci, litigi, di nuovo abbracci, era una c.**, embraces, quarrels, and embraces again; it was like a farce; **finire in c.**, to end as a farce; **volgere q.c. in c.**, to turn st. into a joke. ● (*stor.*) **c. dell'arte**, commedia dell'arte □ **la Divina C.**, the Divine Comedy □ (*fig.*) **mettere in c.**, to make fun (of) □ (*fig.*) **personaggio da c.**, figure of fun; clown.

commediànte, *m. e f.* **1** (*teatr.*) actor (*m.*); actress (*f.*); player; (*scherz.*) Thespian; (*spreg.*) third-rate actor (*m.*), third-rate actress (*f.*), barnstormer **2** (*fig.*) shammer; hypocrite: **fare il c.**, to put on an act.

commediògrafo, *m.* (*f.* **-a**) playwright; writer of comedies; comedy writer.

commemoràbile, *a.* commemorable.

commemoràre, *v. t.* to commemorate; to celebrate.

commemoratìvo, *a.* memorial (*attr.*); commemorative; remembrance (*attr.*): **lapide commemorativa**, memorial tablet; **francobollo c.**, commemorative stamp; **monumento c.**, memorial.

commemorazióne, *f.* **1** commemoration; remembrance **2** (*eccles.*) commemoration; (*preghiera*) commemoration prayer.

commènda, *f.* **1** (*eccles.*) commendam (*lat.*): **avere un beneficio in c.**, to hold a benefice in commendam **2** title of «commendatore».

commendàbile, *V.* **commendevole**.

commendàre, *v. t.* (*lett.*) **1** (*lodare*) to commend; to praise **2** (*raccomandare*) to commend; to recommend.

commendatàrio, (*eccles.*) **A** *a.* commendatory. **B** *m.* commendator.

commendatìzio, *a.* of recommendation: **lettera commendatizia**, letter of recommendation.

commendatóre, *m.* **1** (*titolo della Repubblica Italiana*) «commendatore» **2** (*grado di vari ordini cavallereschi*) commander.

commendévole, *a.* (*lett.*) commendable; laudable; praiseworthy.

commensàle, *m. e f.* **1** table companion; fellow guest: **il mio c. di sinistra**, the man sitting on my left **2** (*biol.*) commensal.

commensalìsmo, *m.* (*biol.*) commensalism.

commensuràbile, *a.* (*mat.*) commensurable.

commensurabilità, *f.* (*mat.*) commensurability.

commensuràre, *v. t.* (*lett.*) to compare.

commentàre, *v. t.* **1** (*annotare un testo*) to annotate, to supply with notes, to edit; (*illustrare*) to expound, to provide a commentary for: **c. un classico**, to annotate (*o* to edit) a classic; **c. Dante**, to expound Dante **2** (*esprimere opinioni*) to comment on; (*sfavorevolmente*) to criticize **3** (*fare un'osservazione*) to remark on.

commentàrio, *m.* commentary.

commentatóre, *m.* (*f.* **-trice**) **1** (*annotatore di un testo*) annotator, editor, commentator; (*espositore*) expounder **2** (*giorn., radio, TV*) commentator.

comménto, *m.* **1** (*di testo*) commentary, notes (*pl.*); (*la singola nota*) note, annotation, comment, (*a piè di pagina*) footnote **2** (*osservazione*) comment; remark: **Fu l'unico c. che feci**, it was my only comment (*o* remark); **non fare commenti**, to make no comment **3** (*pl.*) (*pettegolezzi*) talk (*sing.*); gossip (*sing.*): **Figurati i commenti!**, only think how people talked! **4** (*radio, TV*: *in diretta*) (running) commentary; (*voce fuori campo*) voice-over. ● (*cinem.*) **c. musicale**, background music.

commerciàbile, *a.* saleable; marketable; trad(e)able; merchantable. ● **non c.**, unmerchantable; unmarketable □ (*fin.*) **valuta c.**, negotiable currency.

commerciabilità, *f.* saleability; marketability.

commerciàle, *a.* **1** commercial; trade (*attr.*); business (*attr.*); trading: **impresa c.**, business enterprise; **negoziati commerciali**, trade talks; **lettera c.**, business letter; (*leg.*) **diritto c.**, commercial law; business law; mercantile law; **scambi commerciali**, trade (exchanges); **direttore c.**, sales manager; **valore c.**, commercial value **2** (*che mira al profitto*) commercial: **film c.**, commercial film.

commercialista, *m. e f.* **1** (*leg.*) expert in commercial law **2** (*ragioniere o perito libero professionista*) professional accountant **3** (*consulente*) business consultant.

commercialìstico, *a.* commercial; mercantile.

commercialità, *f.* marketability.

commercializzàbile, *a.* (*econ.*) marketable.

commercializzàre, *v. t.* **1** (*econ.*) to market **2** (*fig.*) to commercialize: **c. l'arte**, to commercialize art.

commercializzazióne, *f.* (*econ.*) marketing.

commerciànte, *m. e f.* dealer; trader; (*specialm. all'ingrosso*) merchant; (*negoziante*) tradesman* (*m.*), shopkeeper: **fare il c.**, to be in trade; **c. abusivo**, unlicensed trader; **c. all'ingrosso**, wholesaler; **c. al minuto**, retailer; **c. di pellicce**, furrier; **c. di stoffe**, textile dealer; (*negoziante*) draper; **c. di vini**, wine merchant; **c. in ferramenta**, ironmonger.

commerciàre, *v. i.* to deal*; to trade: **c. in tessuti**, to deal in textiles; **c. con l'Inghilterra**, to trade with England; **c. all'ingrosso**, to deal wholesale; to be in the wholesale trade; **c. al dettaglio** (*o* **al minuto**), to retail; to be in the retail trade.

commèrcio, *m.* **1** commerce; trade; trading; business; (*mercato*) market: **il c. e l'industria**, commerce and industry; **il c. fra due paesi**, the trade between two countries; **c. abusivo**, unlicensed trade; **c. al dettaglio** (*o* **al minuto**), retail trade; **c. all'ingrosso**, wholesale trade; **c. ambulante**, itinerant peddling; hawking; **c. bancario**, banking business; **c. con l'estero**, foreign trade; overseas trade; **c. d'importazione ed esportazione**, import and export trade; **c. marittimo**, shipping trade; **c. nazionale**, home trade;

il c. della lana, the wool trade; **darsi al c.** (*o* **mettersi in c.**), to go into business (*o* into trade); **essere nel c.**, to be in trade; to run a commercial business; **È nel c. dei formaggi**, he is in the cheese business; **mettere in c. un prodotto**, to market a product; to put a product on the market; **ritirare un prodotto dal c.**, to withdraw a product from the market; **ritirarsi dal c.**, to retire from business ***2*** (*lett., fig.: rapporti*) dealings (*pl.*); intercourse: **c. carnale**, sexual intercourse; **c. epistolare**, correspondence. ● **Camera di C.**, Chamber of Commerce □ **fare c. del proprio corpo**, to sell one's body □ **fuori c.**, not for sale; (*esaurito*) out of stock, (*di libro*) out of print □ **edizione fuori c.**, privately circulated edition □ (*università*) **economia e c.**, economics □ **in c.**, on the market; on sale □ **viaggiatore di c.**, commercial traveller; (travelling) salesman.

commèssa (1), *f.* (*comm.: ordinazione*) (work) order; job order; job: **commesse per 30 miliardi**, 30 billion lire's worth of orders; **c. di costruzione**, construction job order; **c. libraria**, book order.

commèssa (2), *f.* (*di negozio*) shop girl; salesgirl; saleswoman*; shop assistant; sales clerk (*USA*).

commèsso, *m.* ***1*** (*di negozio*) salesman*; shop assistant; sales clerk (*USA*) ***2*** (*di ufficio*) clerk; (*di banca*) messenger, walk clerk. ● **c. viaggiatore**, commercial traveller; (travelling) salesman.

commessùra, *f.* ***1*** juncture; joint ***2*** (*anat.*) commissure.

commestìbile, A *a.* edible; eatable: **non c.**, inedible. **B** *m.* (*pl.*) foodstuffs; food (*sing.*); eatables: **negozio di commestibili**, food shop; food store (*USA*).

commestibilità, *f.* edibility; edibleness.

comméttere, A *v. t.* ***1*** (*compiere, fare*) to commit; to do*; to make*: **c. un delitto**, to commit a crime; **c. un errore**, to make a mistake; **c. un'ingiustizia**, to act unfairly (*o* injustly); **c. un furto**, to steal; **c. un omicidio**, to kill ***2*** (*lett.: affidare*) to entrust; to commit ***3*** (*ordinare*) to order; to commission ***4*** (*congiungere, fare combaciare*) to join (together); to joint; to fit (together); (*mecc.*) to assemble. **B** *v. i.* (*combaciare*) to fit (closely). **C comméttersi**, *v. rifl.* to commit oneself to; to place one's trust in.

commettitùra, *f.* ***1*** (*l'unire più parti*) joining together ***2*** (*punto d'incastro*) juncture; joint; join: **Non si vede la c.**, you can't see the joint.

commiàto, *m.* ***1*** (*permesso di partire*) leave; (*congedo*) dismissal: **dare c. a q.**, to give sb. leave to go; to dismiss sb.; **prendere c. da q.**, to take (one's) leave of sb. (*form.*); to leave sb.; to say goodbye to sb. ***2*** (*l'accomiatarsi*) leave-taking; parting; farewell; goodbye; valediction (*form.*): **Venne l'ora del c.**, the time to part (*o* to say goodbye) came; **un triste c.**, a sad parting; **discorso di c.**, farewell speech; valedictory speech ***3*** (*poesia*) envoy.

commilitóne, *m.* fellow soldier; comrade-at--arms (*lett.*): **Fu mio c. in Africa**, we served together in Africa.

comminàre, *v. t.* (*leg.*) to inflict; to impose.

comminatòria, *f.* (*leg.*) warning; threatening.

comminatòrio, *a.* threatening.

comminazióne, *f.* (*leg.*) infliction; threatening.

comminùto, *a.* (*med.*) comminuted: **frattura comminuta**, comminuted fracture.

comminuzióne, *f.* ***1*** (*med.*) comminution ***2*** (*ind. min.*) comminution; pulverization.

commiseràbile, commiseràndo, *a.* (*lett.*) pitiable.

commiseràre, A *v. t.* to pity; to commiserate (sb. *o* with sb.). **B commiseràrsi**, *v. rifl.* to feel sorry for oneself.

commiserazióne, *f.* pity; sympathy; compassion; commiseration: **parole di c.**, words of sympathy; **sorriso di c.**, smile of compassion; pitying smile.

commiserévole, *V.* **commiserabile.**

commissariàle, *a.* of a commissioner; by a commissioner.

commissariaménto, *m.* administration by an external commissioner.

commissariàre, *v. t.* to put under the administration of an external commissioner.

commissariàto, *m.* ***1*** (*mil.*) commissariat ***2*** (*carica*) commissionership ***3*** (*di polizia*) police station; precinct (*USA*).

commissàrio, *m.* ***1*** (*funzionario*) commissioner; officer; (*amm.*) external administrator: **alto c.**, high commissioner; **c. per gli alloggi**, housing officer; housing magistrate ***2*** (*membro di una commissione*) member of a committee (*o* of a board): **c. d'esame**, member of an examining board. ● (*ass., naut.*) **c. d'avaria**, claim agent □ (*in Unione Sovietica*) **c. del popolo**, People's Commissar □ (*naut.*) **c. di bordo**, purser; (*di nave da carico*) supercargo; (*mil.*) paymaster □ (*mil., stor.*) **c. di leva**, recruiting officer □ **c. di Pubblica Sicurezza**, police superintendent (*GB*); commissioner of police (*USA*) □ **c. politico**, political advisor □ **c. sportivo**, official; umpire □ (*sport*) **c. tecnico**, manager trainer.

commissionàre, *v. t.* ***1*** (*comm.*) to order; to place an order for ***2*** (*opere d'arte*) to commission.

commissionàrio, *m.* (*f.* **-a**) ***1*** (*comm.*) commission (*o* selling) agent ***2*** (*Borsa*) broker.

commissióne, *f.* ***1*** (*leg.*) commission: **la c. d'un reato**, the commission of a crime ***2*** (*incombenza da sbrigare*) errand: **L'ho mandato a fare una c.**, I sent him on an errand; **sbrigare una c.**, to run an errand; **Ho due o tre commissioni da fare in città oggi**, I've got a couple of things to do in town today; (*fam.*) **fare commissioni**, to do some shopping ***3*** (*incarico*) commission: **dipingere su c.**, to paint on commission; **comprare [vendere] per c.**, to buy [to sell] on commission; **furto su c.**, commissioned theft ***4*** (*comm.: ordinazione*) order: **c. libraria**, book order; **fatto su c.**, made to order ***5*** (*comm.: provvigione*) commission; charge; fee: **una c. sulle vendite**, a commission on sales; **prendere una c. del 10%**, to charge a 10% commission; **c. bancaria**, bank charge (*o* commission) ***6*** (*collegio di funzionari o esperti*) committee; board; commission: **fare parte** (*o* **essere membro**) **di una c.**, to be (*o* to sit, to serve) on a committee (*o* on a board); to be a member of a committee (*o* of a board); **c. arbitrale**, committee of arbitration; **c. d'inchiesta**, commission (of inquiry); **c. di vigilanza**, committee of inspection; **c. esaminatrice** (*o* **d'esame**), examining board; board of examiners; (*nelle industrie*) **c. interna**, shop committee; **membro della c. interna**, shop deputy (*o* steward); **c. parlamentare**, parliamentary committee; (*ristretta*) Select Committee; (*polit.*) **c. permanente**, standing committee. ● (*leg.*) **contratto di c.**, factor agreement.

commissòrio, *a.* – (*leg.*) **patto c.**, agreement of forfeiture.

commistióne, *f.* (*lett.*) mixture; mingling.

commìsto, *a.* (*lett.*) mixed; mingled.

commistùra, *V.* **commistione**.

commisuràre, *v. t.* to proportion; to adapt; to suit: **c. la pena al delitto**, to make the punishment fit the crime.

commisurazióne, *f.* proportioning.

committènte, *m. e f.* ***1*** (*comm.*) customer; purchaser; buyer: **spese a carico del c.**, costs to be charged to the buyer ***2*** (*di opera d'arte*) client ***3*** (*leg.*) principal; consigner, consignor.

committènza, *f.* ***1*** commissioning; order ***2*** (*i committenti di un'opera d'arte*) clients (*pl.*).

commodòro, *m.* (*naut.*) commodore.

commoriènza, *f.* (*leg.*) simultaneous death.

commòsso, *a.* touched; moved; affected: **c. fino alle lacrime**, moved to tears; **parole commosse**, deeply-felt words.

commotìvo, *a.* (*med.*) concussive: **stato c.**, concussion.

commovènte, *a.* touching; moving; affecting; (*che suscita pietà*) pitiful, piteous.

commozióne, *f.* ***1*** emotion; feelings (*pl.*); (*compassione*) compassion, sympathy: **non potere nascondere la propria c.**, to be unable to hide one's emotion (*o* feelings); **essere sopraffatto dalla c.**, to be deeply moved; to be overcome by emotion; **Non potevo parlare per la c.**, I was too moved to speak; **suscitare la c. di q.**, to arouse sb.'s compassion (*o* sympathy); **Tutta quella c. m'imbarazzò**, all that show of feelings embarrassed me; **La c. fu generale**, everybody was touched ***2*** (*agitazione*) excitement; stir: **Il fatto destò viva c.**, the fact caused a great stir. ● (*med.*) **c. cerebrale**, concussion.

commuòvere, A *v. t.* to move; to affect; to touch; (*impietosire*) to arouse (sb.'s) pity: **Ero commossa, ma non cambiai idea**, I was touched but did not change my mind; **Le mie parole lo commossero profondamente**, my words affected him deeply; **lasciarsi c.**, to let oneself be moved; to relent; **c. sino alle lacrime**, to move to tears. **B commuòversi**, *v. i. pron.* to be moved; to be affected; to be touched: **Si commuove facilmente**, she is easily moved; she is rather emotional; **c. alle sventure altrui**, to be affected by other people's misfortune; **Arrivata a quel punto, mi commuovo sempre**, when I get to that point, I always get a lump in my throat (*o* I get all emotional); **essere sul punto di c.**, to begin to soften; (*stare per piangere*) to be close to tears; **Mi ascoltò senza c.**, he listened to me unperturbed.

commutàbile, *a.* commutable.

commutabilità, *f.* commutability.

commutàre, *v. t.* ***1*** to commute; to change: (*leg.*) **c. la pena di morte nell'ergastolo**, to commute a death sentence into life imprisonment ***2*** (*elettr.*) to commutate; to change over; to switch over.

commutatività, *f.* (*leg., mat., ecc.*) commutativity.

commutatìvo, *a.* commutative: **giustizia commutativa**, commutative justice; (*mat.*) **proprietà commutativa**, commutative law.

commutatóre, *m.* ***1*** (*elettr.*) commutator ***2*** (*selettore*) selector; (*interruttore*) switch: (*autom.*) **c. delle luci anabbaglianti**, dipping (*USA*: dimmer) switch; **c. d'inversione**, rheotrope; (*radio*) **c. d'onda**, band switch; (*TV*) **c. video**, video switcher ***3*** (*ling.*) deictic; indexical.

commutatrìce, *f.* (*elettr.*) rotary converter; commutator; rectifier.

commutazióne, *f.* ***1*** (*elettr.*) switching; commutation: (*radio*) **c. d'onda**, band switching; **campo [polo] di c.**, commutating field [pole] ***2*** (*leg.*) commutation: **c. di una pena**, commutation of a punishment.

comò, *m.* chest of drawers.

còmoda, *f.* commode.

comodaménte, *avv.* ***1*** comfortably; at one's ease ***2*** (*facilmente*) easily.

comodànte, *m. e f.* (*leg.*) bailer, bailor (in a commodatum).

comodàre (1), *v. t.* (*leg.*) to loan in a commodatum.

comodàre (2), *v. i.* (*fare comodo*) to be convenient, to suit; (*fare piacere*) to like (*costr. pers.*), to please (*costr. pers.*): **Ti comoda venire qui?**, is it convenient for you to come here?; **Fai pure come meglio ti comoda**, do what suits you best (*o* is most convenient to you); **Verrò quando mi comoda**, I'll come when it suits me; I'll come when I feel like it; **Fa' un po' come ti comoda**, please yourself; suit yourself.

comodatàrio, *m.* (*leg.*) commodatary; bailee (in a commodatum).

comodàto, *m.* (*leg.*) commodatum*; bailment.
comodino (1), *m.* bedside table.
comodino (2), *m.* ***1*** (*teatr.*) drop curtain ***2*** (*gergo teatr.*) last-minute substitute. ● (*fig.*) **fare da c. a q.**, to be sb.'s doormat.
comodità, *f.* ***1*** (*agio*) comfortableness; comfort: **la c. di una poltrona**, the comfortableness of an armchair; **c. ed eleganza**, comfort and elegance; **pensare alla propria c.**, to think of one's own comfort; **amare le c.**, to love comforts ***2*** (*c. d'uso, agio di tempo*) convenience: **la c. di avere tutti i negozi vicini**, the convenience of having all the shops close by; **per vostra maggiore c.**, for your greater convenience; **c. di accesso**, easy access ***3*** (*cosa comoda*) convenience; facility; amenity: **un appartamento fornito di tutte le c.**, a flat with all modern conveniences (*fam.*: all mod cons); **Il telefono cellulare è una gran c.**, a cellphone is a great convenience; **c. di parcheggio**, parking facilities (*pl.*); **una stazione balneare con tutte le c. turistiche**, a seaside resort with all touristic amenities.
còmodo, **A** *a.* ***1*** (*pratico, opportuno*) convenient; handy: **È c. avere la fermata così vicina**, it's very convenient (*o* handy) being so near the bus stop; **fermata c.**, conveniently close bus stop; **un'ora comoda**, a convenient time; **Mi sarebbe c.**, it would suit me; **un frullatore molto c.**, a very handy blender; **Le carte di credito sono molto comode**, credit cards are a great convenience ***2*** (*confortevole*) comfortable: **un viaggio c.**, a comfortable journey; **una vita comoda**, a life of comfort; **stare comodi**, to be comfortable; **Grazie, sono c. qui**, thank you, I'm very comfortable (*o* I'm fine) where I am; **Questa sedia non è fatta per stare comodi**, this chair is not made for comfort ***3*** (*facile*) easy; convenient: **un lavoro c.**, an easy job; (*fam.*) a cushy job; (*iron.*) **C. avere qualcuno che lava e stira!**, it's very nice to have someone to do the washing and the ironing for you ***4*** (*ampio*) roomy; loose-fitting: **una giacca molto comoda**, a loose-fitting jacket; **una bella manica comoda**, a nice roomy sleeve; **Mi sta un po' c.**, it's a bit too large. ● **comode rate**, easy instalments □ **mettersi c.**, to make oneself comfortable; (*sedersi*) to take a seat, to put one's feet up (*fam.*); (*togliersi la giacca*) to take off one's jacket □ **prendersela comoda**, to take it easy; to take one's time □ **Stia c., prego**, (*non si alzi*) please, don't get up!; (*non si disturbi*) please, don't trouble □ **un tipo c.**, an easy-going person □ (*fam.*) **venire** (*o* **tornare**) **c.**, (*di situazione*) to be convenient; to suit; (*di cosa*) to come in handy. **B** *m.* (*agio*) convenience; leisure; comfort: **per tuo c.**, for your convenience; **Vorrei leggerle la mia relazione, a suo c.**, I should like to read my report to you, at your convenience; **Non c'è fretta**: **fallo con c.**, there is no hurry, take your time (*o* do it in your own time, do it at your leisure); **i comodi della vita**, the comforts of life. ● **cambiale di c.**, accommodation bill □ **fare c.**, to be convenient; to be handy; to be a help: **Un impermeabile non sarà bello, ma fa c.**, a mackintosh may not be beautiful, but it's useful; **Ti farà c. sapere l'inglese**, it will be a help for you to know English; **Dimmi se ti fa c. passare di qui**, tell me whether it's convenient for you to come this way □ **fare il proprio c.**, (*prendersela calma*) to take one's time; (*fare quel che aggrada*) to please oneself, to do just as one likes; (*badare ai propri comodi*) to think only of one's own convenience □ (*fam.*) **fare i propri sporchi comodi**, only to think of number one □ **prendersela con c.**, to take one's time □ **soluzione di c.**, convenient arrangement.
comodóne, *m.* (*f.* **-a**) (*fam.*) slowcoach; slowpoke (*USA*).
còmpact (disc), *m. invar.* compact disc (*o* disk) (*abbr.*: CD): **lettore di c.**, compact disc (*o* CD) player.
compadróne, *m.* (*f.* **-a**) co-proprietor; joint owner.
compaeṣàno, *m.* (*f.* **-a**) ***1*** fellow villager ***2*** (*concittadino*) fellow townsman* (*f.* fellow townswoman*) ***3*** (*compatriota*) fellow countryman* (*f.* countrywoman*). ● **Siamo compaesani**, we come from the same village [town, country].
compàgine, *f.* ***1*** (*struttura*) structure; compages (*pl. col verbo al sing.*) ***2*** (*insieme di parti*) sum; aggregate; body; whole: **la c. dello Stato**, the body of the state; **c. sportiva**, (sports) team.
compàgna, *f.* ***1*** companion; (*amica*) friend, (*nei composti*) -mate, fellow: **c. di classe**, classmate; **c. di scuola**, schoolfriend; schoolmate; **c. di giochi**, playmate; playfellow; **la c. della mia vita**, my life-companion ***2*** (*moglie*) wife*; spouse. *Per le altre accezioni, V.* **compagno,** *def. 3, 4, 5, 6 e fraseologia.*
compagnìa, *f.* ***1*** company; companionship; fellowship; society; people (*pl.*): **Con una così gradevole c. il viaggio sembrò breve**, in such pleasant company the journey seemed short; **non amare la c.**, not to like company; **Mi piace la c.**, I like to be with people; **Si era abituato alla mia c.**, he had got used to my company; **Non cerco la loro c.**, I do not seek their society; **C'era un'atmosfera di grande c.**, there was a strong feeling of fellowship ***2*** (*fin., leg.: società*) company; corporation (*USA*): **c. di assicurazioni**, insurance company; **c. aerea di bandiera**, national airline company; **c. di navigazione**, shipping company (*o* line) ***3*** (*gruppo di persone*) company; gathering; group; party; band; set: **Si rivolse a tutta c.**, he turned to the whole company; **un'allegra c.**, (*riunione*) a jolly gathering; (*gruppo*) a pleasant company (*o* set of people); **Spero che farai parte della c.**, I hope you'll be one of the party; **C'era la solita c.**, there was the usual crowd; **Renzo, Beppe e tutta la c.**, Renzo and Beppe and the whole band (*o* gang); **Nel bar c'era una c. di studenti**, a band of students was in the bar ***4*** (*mil.*) company ***5*** (*teatr.*) company; troupe: **c. drammatica**, theatrical company; **c. di giro**, touring company; **c. stabile**, repertory company (*GB*); stock company (*USA*). ● (*mil.*) **c. da sbarco**, landing party; landing force □ (*stor.*) **C. del Canale**, Suez Canal Co. □ (*naut.*) **C. del Lloyd** (*di Londra*), Lloyd's □ (*stor.*) **la C. delle Indie Orientali**, the East India Company □ (*eccles.*) **la C. di Gesù**, the Society of Jesus □ (*stor.*) **c. di ventura**, free company □ **cane da c.**, dog kept for company □ **dama di c.**, (*a corte*) lady-in-waiting; (*di signora anziana*) lady companion □ **e c.**, and whatnot □ (*fam.*) **e c. bella**, and so on; and all that stuff; and all that jazz (*USA*) □ **essere** [**non essere**] **di c.**, to be good [bad] company □ **fare** (*o* **tenere**) **c. a q.**, to keep sb. company □ **frequentare cattive compagnie**, to keep bad company; to go about with a bad lot (*fam.*) □ **in c. di**, in company with; together with; along with; in the company of: **bere in c.**, to drink in company; **Era in c. di un bell'uomo**, she was in the company of (*o* escorted by) a good-looking man; **Entrò in c. di due sconosciuti**, he came in accompanied by two strangers; **in c. dei propri pensieri**, with only one's thoughts for company □ (*scherz.*) **in dolce c. di q.**, tête-à-tête with sb.
compàgno, **A** *m.* ***1*** companion; mate; (*generalm. nei composti*) fellow; partner; (*amico*) friend, pal (*fam.*), chum (*fam. GB*), buddy (*fam. USA*): **Il mio c. era molto silenzioso**, my companion was very silent; **l'autista del camion e il suo c.**, the lorry driver and his mate; **un c. fedele**, a faithful companion (*o* friend); **il c. della mia vita**, my life-companion; **c. di bevute**, drinking partner; **c. di giochi**, playfellow; playmate ***2*** (*marito*) husband; spouse ***3*** (*convivente*) partner; life-companion ***4*** (*membro di partito di ispirazione marxista*) comrade ***5*** (*al gioco, a un ballo*) partner ***6*** (*di un paio d'oggetti*) other; companion; fellow: **Non trovo il c. di questo guanto**, I can't find the other glove (*o* the glove that matches this one). ● **c. d'armi**, fellow soldier: **essere stati compagni d'armi**, to have been in the army together; to have served together □ (*naut.*) **c. di bordo**, shipmate □ **c. di camera**, roommate □ **c. di carcere**, prisonmate; fellow inmate □ (*a scuola*) **c. di classe**, classmate □ **c. di lavoro**, fellow worker; colleague: **Siamo compagni di lavoro**, we are colleagues; we work together □ **c. di prigionia** (*politico, di guerra, ecc.*), fellow prisoner □ **c. di scuola**, schoolfriend; schoolfellow; schoolmate: **Siamo stati compagni di scuola**, we were schoolmates; we were at school together □ **c. di sofferenze**, fellow sufferer □ (*polit.*) **c. di strada**, fellow traveller □ **c. di studi**, fellow student □ **c. di sventura**, companion in misfortune □ **c. di viaggio**, fellow traveller; travelling companion □ **essere compagni di fede**, to have the same creed; (*di religione, anche*) to be coreligionists. **B** *a.* (*fam.*) like; alike; similar; (the) same: **Il secondo pasto fu c. al primo**, the second meal was like the first.
compagnóne, *m.* jolly fellow; funster.
companàtico, *m.* something to go with bread: **pane e c.**, bread and something; **pane senza c.**, just bread.
comparàbile, *a.* comparable.
comparabilità, *f.* comparability.
comparàggio, *m.* (*leg.*) connivance between pharmaceutical companies and doctors.
comparàre, *v. t.* to compare; to liken.
comparàtico, *m.* godparenthood.
comparatìsta, *m.* e *f.* comparatist.
comparatìstica, *f.* comparative studies (*pl.*).
comparativiṣmo, *m.* comparative method.
comparativista, *V.* **comparatista.**
comparatìvo, **A** *a.* comparative: **aggettivo c.**, comparative adjective; **metodo c.**, comparative method. **B** *m.* (*gramm.*) comparative (degree).
comparàto, *a.* comparative: **filologia** [**anatomia**] **comparata**, comparative philology [anatomy].
comparatóre, *m.* (*mecc.*) comparator; gauge, gage (*USA*).
comparazióne, *f.* ***1*** comparison: **a c. di**, in comparison with; **senza c.**, without comparison; (*gramm.*) **gradi di c.**, degrees of comparison ***2*** (*similitudine*) simile.
compàre, *m.* ***1*** (*padrino*) godfather; sponsor: **fare da c. a q.**, to stand godfather to sb. ***2*** (*alle nozze, anche* **c. d'anello**) best man* ***3*** (*amico*) mate; crony (*fam.*); buddy (*fam. USA*) ***4*** (*spreg.*) associate; (*chi fa da spalla*) stooge; (*complice*) accomplice ***5*** (*davanti a un nome proprio*) master.
comparènte, *m.* e *f.* (*leg.*) appearer; appearing party.
comparire, *v. i.* ***1*** (*apparire*) to appear; (*mostrarsi*) to show* oneself; (*arrivare*) to arrive, to turn up, to show* up (*fam.*): **Il mio nome non compare nell'elenco**, my name doesn't appear in the list; **Un sorriso comparve sul suo volto**, a smile came to his lips; **c. all'orizzonte**, to appear on the horizon; (*naut.*) to heave* into sight; **c. in sogno**, to appear in a dream; **Comparve all'improvviso**, he turned up unexpectedly; **c. sulla scena**, to arrive on the scene; **Il finanziatore è lui, ma non vuole c.**, he is the backer, but he doesn't want his name to appear; **c. in pubblico**, to show oneself in public ***2*** (*essere pubblicato*) to appear; to come* out: **Una nuova edizione comparirà in estate**, a new edition will appear (*o* come out) in the summer ***3*** (*leg.*) to appear: **c. davanti a un giudice**, to appear

before a judge; **c. in tribunale**, to appear before a court **4** (*fare mostra di sé*) to show* off; to make* a show; to make* oneself conspicuous; to be much in evidence: **Le piace c.**, she likes to show off.

comparizióne, *f.* (*leg.*) appearance (in court): **mancata c.**, nonappearance; default; **mandato di c.**, summons (to appear); (writ of) subpoena; **termine di c.**, time limit for appearance.

compàrsa, *f.* **1** (*il comparire*) appearance; occurence: **la c. di un sintomo**, the appearance of a sympton; **la c. della febbre**, the outbreak of the fever **fare la propria c.**, to make one's appearance; **fare una breve c.**, to put in an appearance **2** (*teatr.*) walk-on, supernumerary, super (*fam.*); (*cinem.*, *opera*) extra: **fare la c. nell'«Amleto»**, to have a walk-on (part) in «Hamlet»; **fare la c. in un film**, to appear as an extra in a film; **una folla di comparse**, a crowd of extras **3** (*leg.*) statement; brief; pleading: **c. conclusionale**, final statement of the case **4** (*fig.*: *persona senza importanza*) (mere) cipher; nobody; nonentity. ● **fare c.**, to make a fine show; to cut a fine figure □ (*fig.*) **fare da c.**, to be a mere onlooker.

comparsàta, *f.* (*gergo cinem.*) part as an extra; (*con battute*) bit part; (*di attore noto*) small cameo role.

compartecipàre, *v. i.* **1** to share in; to participate in **2** (*comm.*) to be a shareholder; to have a financial stake in.

compartecipazióne, *f.* **1** sharing; participation; (*cointeressenza*) stake: **c. agli utili**, profit sharing **2** (*leg.*) copartnership **3** (*parte*) share. ● **in c.**, jointly.

compartécipe, *a.* sharing; participating; having a stake: **c. agli utili**, profit-sharing; **essere c. in un affare**, to have a stake in a deal.

compartimentàle, *a.* departmental.

compartimentazióne, *f.* division into compartments; (*amm.*) division into districts.

compartiménto, *m.* **1** section; compartment **2** (*amm.*) district; area **3** (*ferr.*, *naut.*) compartment: **c. stagno**, watertight compartment; (*ferr.*) **c. per fumatori**, smoking compartment; smoker. ● **ragionare a compartimenti stagni**, to think in watertight compartments.

compartìre, *v. t.* (*lett.*) to divide; to share out; to distribute: **c. il proprio tempo fra divertimento e lavoro**, to share out one's time between fun and work.

compartizióne, *f.* division; section.

compàrto, *m.* **1** division; section **2** (*econ.*) section.

compassàto, *a.* (*misurato*) composed, self--possessed, sedate, measured; (*molto controllato*) dignified, formal, stiff, prim.

compassionàre, *v. t.* to sympathize with; to feel* pity for.

compassióne, *f.* compassion; pity; sympathy: **avere** (*o* **provare**) **c. per q.**, to have pity on sb.; to feel* pity for sb.; **fare c.**, to arouse pity (*o* compassion); to be an object of pity; to be piteous; **fare c. a q.**, to arouse sb.'s pity; (*iron.*) **Mi fai c.**, I pity you; you are pathetic; **guardare q. con c.**, to look on sb. with pity; **muovere a c.**, to move to compassion (*o* to pity); **provare c. per q.**, to feel sorry for sb.; to be moved to pity for sb.; **Mi rivolse un'occhiata di c.**, he gave me a pitying look; (*iron.*) he looked at me with commiseration.

compassionévole, *a.* **1** (*che fa compassione*) pitiful; piteous; sorry; sad; pathetic: **Era in uno stato c.**, he was in a piteous state **2** (*che ha compassione*) sympathetic; compassionate; humane; pitying.

compàsso, *m.* **1** pair of compasses; compasses (*pl.*); compass: **c. a balaustro**, bow compasses; **c. a punte regolabili**, scribing compasses; **c. a punte fisse**, dividers (*pl.*); **c. a tre punte**, triangular compass; **c. da disegno**, drawing compasses; **c. di riduzione**, proportional compass; **scatola di compassi**, set of drawing instruments **2** (*mecc.*) calipers (*pl.*): **c. a molla**, spring calipers; **c. di spessore**, outside calipers; **c. per interni**, inside calipers. ● (*fig.*) **con squadra e c.**, very meticulously □ (*fig.*) **fare q.c. col c.**, to be meticulous.

compatìbile, *a.* **1** (*conciliabile*) compatible; consistent: **I nostri progetti non sono compatibili**, our plans are not compatible; **La sua pratica non è c. con le sue teorie**, his practice is not consistent with his theories **2** (*da compatire*) pardonable; forgivable; excusable; justifiable: **un difetto c.**, an excusable defect **3** (*tecn.*, *elab.*, *med.*) compatible: **gruppo sanguigno c.**, compatible blood group.

compatibilità, *f.* compatibility (*anche tecn.*, *elab.*, *med.*); consistency.

compatibilménte, *avv.* compatibly. ● **c. con i miei impegni**, my engagements permitting.

compatiménto, *m.* **1** *V.* **compassione 2** (*condiscendenza*) condescension; patronizing attitude; superciliousness **3** (*tolleranza*) forbearance; indulgence.

compatìre, *v. t.* **1** (*provare compassione*) to pity; to be (*o* to feel*) sorry for; to sympathize with: **Bisognava compatirlo anziché punirlo**, he was to be pitied rather than punished; **Lo compatisco e vorrei aiutarlo**, I am sorry for him, and would like to help him **2** (*scusare*) to forgive*; to bear* with; to be indulgent with; to make* allowances for: **Lo compatisca! non conosce i nostri usi**, please forgive him, he doesn't know our ways; **È giovane, bisogna compatirlo**, you should make allowance for his youth. ● **farsi c.** (*esporsi alle critiche*), to make a pitiful exhibition of oneself; to be pathetic.

compatriòta, *m.* e *f.* (fellow) countryman* (*m.*); (fellow) countrywoman* (*f.*); fellow citizen; compatriot.

compatròno, *m.* (*f.* **-a**) (*eccles.*) joint patron saint.

compattàre, **A** *v. t.* **1** (*comprimere*) to compress; to compact; (*edil.*: *terreno*) to tamp **2** (*fig.*: *consolidare*) to consolidate. **B compattàrsi**, *v. i. pron.* **1** to become* compact **2** (*fig.*) to consolidate.

compattatóre, *m.* compactor.

compattézza, *f.* **1** compactness; compactedness; firmness; solidity; hardness; tightness **2** (*fig.*) unity; solidarity; close-knit quality.

compàtto, *a.* **1** (*solido*) solid, firm, compact, hard; (*denso*) dense, thick, closely-packed; (*ravvicinato*) close: **terreno c.**, firm soil; **una massa compatta**, a compact (*o* solid) mass; **folla compatta**, solid crowd; **in schiera compatta**, in close formation; **La stampa è troppo compatta**, the print is too close **2** (*di stoffa*) close-knit; close-woven **3** (*di dimensioni ridotte*) compact **4** (*fig.*: *unito*) close-knit, united; (*unanime*) unanimous, to a man (*pred.*): **un fronte c.**, a united front; **Se saremo compatti, vinceremo**, if we stick together we shall win; **Aderirono compatti allo sciopero**, they supported the strike to a man; **marciare compatti**, to march in close ranks **5** (*mat.*) compact.

compendiàbile, *a.* that can be summarized (*o* summed).

compendiàre, **A** *v. t.* **1** (*ridurre in compendio*) to abridge; to digest; to epitomize: **c. un romanzo**, to abridge a novel; **c. una filosofia**, to epitomize a philosophy **2** (*riassumere*) to sum up; to summarize; to condense. **B compendiàrsi**, *v. i. pron.* to be summed up; to be epitomized.

compendiàrio, *a.* summarized; condensed; epitomized; abridged.

compendiatóre, *m.* (*f.* **-trice**) abridger; epitomizer; summarizer.

compèndio, *m.* **1** abridged version; (*di un libro*) abridged edition **2** (*riassunto*) outline; summary; abstract; digest; epitome: **un c. di storia inglese**, an outline of English history; **c. statistico**, abstract (*o* digest) of statistics **3** (*fig.*: *serie*) series; sequel; sum: **Il libro è un c. di idee trite**, the book is a sequel of trite notions; **un c. di vizi**, a sum of all vices

compendiosità, *f.* conciseness; compendiousness.

compendióso, *a.* concise; compendious.

compenetràbile, *a.* penetrable; permeable.

compenetrabilità, *f.* penetrability; permeability.

compenetràre, **A** *v. t.* to penetrate; to imbue; to permeate. **B compenetràrsi**, *v. i. pron.* **1** (*essere conscio*) to be [to become*] fully aware of; to appreciate (st.) in full; to grasp (st.) **2** (*immergersi*) to identify with; to immerse oneself in **3** (*essere pervaso da un sentimento*) to be filled with; to be overwhelmed with. **C compenetràrsi**, *v. rifl. recipr.* to interpenetrate.

compenetrazióne, *f.* (deep) penetration; permeation.

compensàbile, *a.* **1** that can be compensated; that can be balanced **2** (*risarcibile*) reparable; repayable.

compensabilità, *f.* compensability.

compensàre, **A** *v. t.* **1** (*controbilanciare*) to compensate for; to make* up for; to offset*; to counterbalance: **c. uno squilibrio**, to compensate for an inbalance; **Le uscite compensano le entrate**, expenses balance losses; **La sua inesperienza era in parte compensata dalla buona volontà**, his eagerness partially made up for his lack of experience **2** (*risarcire*) to recompense; to indemnify; to make* good: **c. una perdita**, to make good a loss **3** (*ripagare*, *premiare*) to repay*; to reward: **Il successo mi compensò di tutte le fatiche**, success repaid me of all my efforts **4** (*remunerare*) to pay*; to remunerate; to recompense: **Mi hanno compensato bene**, I have been well paid (*o* well recompensed); **c. un lavoro**, to pay for a job **5** (*biol.*, *psic.*, *tecn.*) to compensate. **B compensàrsi**, *v. rifl. recipr.* to balance each other; to compensate each other; to complement each other; to be complementary.

compensativo, *a.* compensatory; compensative; compensation (*attr.*).

compensàto, *m.* (*legno c.*) plywood.

compensatóre, **A** *a.* compensatory; compensating; compensation (*attr.*). **B** *m.* **1** (*elettr.*) compensator; phase advancer **2** (*aeron.*) tab **3** (*radio*) trimmer; trimming condenser: **c. di antenna**, aerial trimmer **4** (*naut.*) compass corrector; compensator. ● **c. a bilanciere**, balance beam metre.

compensatòrio, *a.* compensatory; compensational.

compensazióne, *f.* **1** compensation; making up; offset **2** (*tecn.*) compensation; adjustment; correction: (*naut.*) **c. della bussola**, compass compensation; **pendolo a c.**, compensation pendulum **3** (*leg.*) compensation; redress; reparation **4** (*comm.*: *di debito*) set-off **5** (*fin.*, *banca*) clearing; clearance: **stanza** (*o* **banca**) **di c.**, clearing house **6** (*psic.*) compensation: **meccanismo di c.**, compensation **7** (*fisiol.*) compensation **8** (*aeron.*) balance.

compènso, *m.* **1** (*pagamento*) remuneration, pay, payment; (*onorario*) fee; (*provvigione*) commission: **Non chiedo un c.**, I do not ask for remuneration; I don't want to be paid; **il c. pattuito**, the payment agreed upon; **I cantanti famosi possono chiedere compensi enormi**, famous singers can command enormous fees; **c. aggiuntivo**, extra pay; **c. simbolico**, token payment; **c. irrisorio**, pittance **2** (*ricompensa*) recompense; reward: **un lauto c.**, a generous reward **3** (*contropartita*) compensation; making up. ● **c. fuori busta**, fringe benefit; perquisite; perk (*fam.*) □ (*naut.*) **c. pagato per il recupero marittimo**, salvage (money) □ **in c.**, (*come risarcimento*) in compensation, to make up for st.; (*d'altro* *canto*) on the other hand; (*in cambio*) in return (for), in exchange (for): **La casa è un po' isolata, ma in c. c'è molto silenzio**, the house is rather isolated, but on the other hand it's very quiet; **in c. della tua gentilezza**, in return for your kindness.

cómpera, *f.* purchase; (*al pl.*, *anche*) shopping (*sing.*): **fare una c.**, to make a purchase; **Che compere hai fatto?**, what have you bought?; what did you buy?; **fare compere**, to do some shopping.

comperàre, *V.* **comprare**.

competènte, A *a.* **1** (*che ha competenza*) competent: **le autorità competenti**, the competent authorities; **l'ufficio c.**, the proper office **2** (*leg.*) having jurisdiction; cognizant (of): **tribunale c.**, court having jurisdiction **3** (*esperto*) qualified; competent; expert: **meccanico c.**, expert engineer; **essere c. a svolgere un lavoro**, to be qualified for a job; **È c. in fatto di musica**, he is an expert on music; **c. in materia**, qualified; competent to speak on the matter **4** (*adeguato*) suitable; fair: **mancia c.**, suitable reward. **B** *m.* e *f.* expert; (*d'arte, anche*) connoisseur.

competènza, *f.* **1** (*abilità, capacità*) competence, capacity, ability, expertise; (*autorevolezza*) authority: **Ha una grande c. in materia di pietre preziose**, he is an expert on precious stones; **La sua c. non si discute**, his expertise (*o* competence, authority) is beyond dispute **2** (*fig.*: *pertinenza*) competence; authority; jurisdiction: **La pratica è di c. dell'ufficio immigrazione**, the case falls within the competence of the immigration office; **esulare dalla c. di q.**, to be beyond sb.'s authority (*o* jurisdiction) **3** (*spettanza*) province; scope; job (*fam.*): **Mi dispiace, questo non è di mia c.**, I'm afraid that is not within my province; I'm sorry, but that is not my job **4** (*pl.*) (*compenso*) fee (*sing.*); commission (*sing.*): **competenze bancarie**, bank commission **5** (*leg.*) jurisdiction; cognizance: **La questione non rientra nelle competenze del tribunale**, the matter is beyond (*o* does not fall within) the jurisdiction of the court; **c. territoriale**, territorial jurisdiction **6** (*ling.*) competence. • **di c. di**, pertaining to.

compètere, *v. i.* **1** (*gareggiare*) to compete; to vie; to rival (sb.) **2** (*rientrare nella competenza*) to be sb.'s province; (*leg.*) to be within sb.'s jurisdiction **3** (*essere dovuto*) to be due; to be owing; to be coming: **Dategli quel che gli compete**, give him what is due to him; **Mi competono ancora tre giorni di ferie**, I still have a right to three days' holiday; I still have three days' holiday coming to me **4** (*essere compito*) to be up to; to be sb.'s duty; to rest with; to lie* with: **La decisione compete a te**, the decision is up to you; the decision lies with you; **Non compete a me dirglielo**, it is not my duty to tell him.

competitività, *f.* (*specialm. comm.*) competitiveness.

competitivo, *a.* (*anche comm.*) competitive.

competitóre, *m.* (*f.* **-trice**) competitor; rival.

competizióne, *f.* competition; contest. • **automobile da c.**, racing car.

compiacènte, *a.* obliging; willing; accommodating; complaisant: **marito c.**, complaisant husband; (*spreg.*) **una donna c.**, a woman of easy virtue; (*spreg.*) **un funzionario c.**, a complaisant official; an official willing to turn a blind eye.

compiacènza, *f.* **1** (*il compiacere*) obligingness; complaisance; kindness: **fare q.c. per c.**, to do st. out of kindness; to do st. to oblige; **c. colpevole**, culpable complaisance; **Abbia la c. di aspettare qui**, will you be so kind as (*o* be kind enough) to wait here?; kindly wait here **2** (*degnazione*) condescension; patronizing attitude: **un sorriso di c.**, a condescending smile **3** (*soddisfazione*) satisfaction; pleasure.

compiacére, A *v. t.* e *i.* to please; to gratify; to humour: **c. al desiderio di q.**, to please sb.; to gratify sb.'s wish; **Per compiacerla le dissi che aveva una bella voce**, to please her, I told her she had a fine voice; **c. i capricci di q.**, to humour sb. **B compiacérsi,** *v. i. pron.* **1** (*provare piacere*) to be pleased (with st.); to be gratified (by st.); to rejoice (at, in st.); to be delighted (*o* glad) (of st.): **c. della propria vittoria**, to rejoice in one's victory; **Me ne compiaccio**, I am (very) glad of it **2** (*congratularsi*) to congratulate (sb. on st.): **Si compiacque con me per la mia promozione**, he congratulated me on my promotion **3** (*degnarsi*) to condescend; to deign; to be so good as: **Si compiaccia di mettere la sua firma qui**, be so good as to put your signature here.

compiaciménto, *m.* **1** gratification; satisfaction: **esprimere il proprio c.**, to express one's satisfaction; **c. di sé**, self-satisfaction; self-congratulation; (*spreg.*) complacency, smugness **2** (*congratulazioni*) congratulations (*pl.*).

compiaciùto, *a.* pleased; satisfied: **c. di sé**, pleased with oneself; self-satisfied; (*spreg.*) complacent, smug.

compiàngere, *v. t.* **1** to pity; to be sorry for; to sympathize with: **c. q. di cuore**, to pity sb. from one's heart; to be truly sorry for sb.; **È da c.**, he is to be pitied; **Non compiangerlo, non se lo merita**, don't be sorry for him, he doesn't deserve it **2** (*lamentare*) to lament; (*un morto*) to mourn.

compiànto, A *a.* (late) lamented; late: **il suo c. marito**, her late husband. **B** *m.* **1** mourning; grief: **fra il c. generale**, amidst universal mourning **2** (*poesia*) lament; dirge.

compiegàre, *v. t.* (*bur.*) to enclose.

cómpiere, A *v. t.* **1** (*completare, finire*) to finish; to complete; to conclude; to bring* to an end: **c. gli studi**, to complete one's studies (*o* one's education) **2** (*effettuare, fare*) to do*; to make*; to accomplish; to achieve; to perform; to carry out: **c. una buona azione**, to do a good deed; **c. un lavoro**, to do a job; **c. una missione**, to carry out a mission; **c. un percorso**, to cover a distance; **c. una prodezza**, to perform (*o* to accomplish) a feat; **c. un sacrificio**, to make a sacrifice; **c. uno sforzo**, to make an effort; **Ha compiuto studi di musica**, he studied music **3** (*adempiere*) to fulfil, to fulfill (*USA*); to discharge; to do*: **c. il proprio dovere**, to do one's duty; **c. un voto**, to fulfil a vow **4** (*commettere*) to commit: **c. un delitto**, to commit a crime **5** (*di età*) to be; to turn: **Compirò 15 anni lunedì**, I shall be fifteen on Monday; **Ha appena compiuto tre anni**, he's just turned three; **Quando compi gli anni?**, when is your birthday? • (*fig.*) **per c. l'opera**, to crown (*o* to top) it all; on top of it all; into the bargain. **B cómpiersi,** *v. i. pron.* **1** (*giungere a termine*) to end; to be over; to come* to an end: **Si è compiuto un periodo**, a period has ended; **La mia vita si è compiuta**, my life has come to an end **2** (*avverarsi*) to be fulfilled; to come* true: **Si compì il mio desiderio**, my wish came true; **In tal modo si compì il suo destino**, thus was his fate fulfilled.

compièta, *f.* (*eccles.*) compline; complin.

compilàre, *v. t.* **1** (*comporre raccogliendo materiale*) to compile; to put* together; to write*: **c. un'antologia**, to compile (*o* to edit) an anthology; **c. un dizionario**, to write (*o* to compile) a dictionary **2** (*redigere, stendere*) to draw* up; to write* out; to make* out: **c. un programma**, to draw up a programme; **c. un elenco**, to make out (*o* to compile) a list; **c. un assegno**, to write out (*o* to make out) a cheque **3** (*riempire*) to fill in; to fill up; to fill out (*USA*): **c. un modulo**, to fill in a form; to fill out a blank (*USA*) **4** (*elab.*) to compile.

compilation, *f. invar.* compilation disk.

compilativo, *a.* compilation (*attr.*); derivative.

compilatóre, *m.* **1** (*f.* **-trice**) compiler; editor; (*di antologia*) anthologist; (*redattore*) writer, author: **il c. del rapporto**, the author (*o* writer) of the report **2** (*elab.*) compiler.

compilatòrio, *V.* **compilativo**.

compilazióne, *f.* **1** (*il compilare*) compilation; editing; (*il redigere*) writing up, drawing up; (*di un modulo*) filling in, filling out (*USA*) **2** (*opera compilata*) compilation; anthology.

compiménto, *m.* **1** (*conclusione*) ending; end; conclusion; completion: **portare a c.**, (*concludere*) to bring to an end, to complete, to round off; (*svolgere*) to carry out **2** (*adempimento*) accomplishment; discharge; carrying out; achievement; fulfilment, fulfillment (*USA*): **il c. di un dovere**, the discharge (*o* carrying out) of a duty; **durante il c. della missione**, while carrying out the mission. • (*fig.*) **a c. dell'opera**, to crown (*o* to top) it all; on top of it all; into the bargain.

compire, *V.* **compiere**.

compitàre, *v. t.* **1** to spell* (out) **2** (*leggere stentatamente*) to read laboriously; to stumble (through st.).

compitazióne, *f.* spelling.

compitézza, *f.* (*cortesia*) politeness, courtesy; (*educazione*) manners, propriety; (*modi raffinati*) refined manners (*pl.*), good breeding.

compito (1), *a.* (*garbato*) polite, courteous; (*educato*) well-mannered, proper; (*raffinato*) refined, with polished manners.

cómpito (2), *m.* **1** task; job; (*dovere*) duty, task; (*funzione*) function; (*incarico specifico*) job, assignment, brief: **Non è un c. facile**, it's not an easy task; **un c. di grande responsabilità**, a highly responsible task (*o* job); **essere all'altezza di un c.**, to be equal to (*o* up to) a task (*o* a job); **I suoi compiti non sono ben definiti**, his duties are rather indefinite; **Il mio c. era di catalogare i libri**, my job was to catalogue the books; **Mi fu dato il c. di ispezionare gli impianti**, my brief was to inspect the plants; **Non è mio c. avvertirti che...**, it is not my job (*o* not up to me) to warn you that...; **Non è c. mio** (*non mi riguarda*), it is not my duty (*fam.*: business) **2** (*di scuola*) exercise; (*componimento*) essay; (*a casa*) homework (*sing.*), (home) assignment (*USA*); (*in classe*) test; (*di esame*) paper: **Il professore ci dà un sacco di c.**, our teacher gives us loads of homework; **fare i compiti**, to do one's homework; **Devo finire il c. di latino [di matematica]**, I must finish my Latin [maths] exercises; **Ho preso 4 nel c. di francese**, I got a fail in the French test [paper].

compiutaménte, *avv.* fully; entirely; completely.

compiutézza, *f.* completeness.

compiùto, *a.* complete(d); accomplished; done (*pred.*); over (*pred.*): **Il mio lavoro era ormai c.**, my task was accomplished; **fatto c.**, accomplished fact; «fait accompli» (*franc.*). • **Ha vent'anni compiuti**, he has turned twenty.

complanàre, *a.* (*mat.*) coplanar.

complanarità, *f.* (*mat.*) coplanarity.

compleànno, *m.* birthday: **festeggiare il c.**, to celebrate one's birthday; **fare a q. gli auguri di c.**, to wish sb. a happy birthday; **Buon c.!**, happy birthday!; many happy returns (of the day)!

complementàre, *a.* complementary; additionary; subsidiary: **angoli [colori] complementari**, complementary angles [colours]; (*econ.*) **beni complementari**, complementary goods; (*all'università*) **materia c.**, subsidiary subject; (*fisc.*) **imposta c.**, income tax.

complementarità, *f.* complementarity.

compleménto, *m.* **1** complement; completion **2** (*gramm.*) – **c. di tempo**, adverb phrase of time; **c. di specificazione**, genitive case; **c. di termine**, dative case; **c. diretto** (*o* **oggetto**), direct object; **c. indiretto**, indirect object

3 (*mat.*) complement: **c. di un angolo**, complement of an angle *4* (*mil.*) reserve: **truppe di c.**, reserves; **ufficiale di c.**, reserve officer.

complessàre, A *v. t.* (*psic.*) to give* (sb.) a complex. **B complessàrsi**, *v. i. pron.* (*fam.*) to develop a complex.

complessàto, (*fam.*, *psic.*) **A** *a.* full of complexes (*fam.*: of hang-ups). **B** *m.* (*f.* **-a**) person full of complexes (*fam.*: of hang-ups).

complessióne, *f.* constitution: **È di c. robusta**, he has a strong constitution.

complessità, *f.* complexity.

complessivaménte, *avv.* (*in tutto*) in all, altogether, all told, all in all; (*nella totalità*) as a whole; (*tutto considerato*) on the whole, all in all: **Ha scritto c. quindici libri**, he has written fifteen books in all (*o* all told); altogether he has written fifteen books; **La riunione durò c. sei ore**, all in all, the meeting lasted six hours; **Visto c., il problema mi spaventa**, seen as a whole, the problem frightens me; **C. non posso lamentarmi**, I can't complain, on the whole; all in all, I can't complain.

complessìvo, *a.* general; overall (*attr.*); total; comprehensive; (*comm.*, *econ.*) gross, global: **L'effetto c. è buono**, the general (*o* overall) effect is good; **giudizio c.**, overall judgment; **una visione c.**, an overall (*o* comprehensive) view; **cifra complessiva**, total (figure); **costo c.**, total cost; **entrata complessiva**, gross income; **produzione complessiva**, global output; **uno studio c. della seconda guerra mondiale**, a comprehensive study of the Second World War.

complèsso (1), *a.* *1* complex; complicated; intricate; involved; elaborate; (*pieno di sfumature*) subtle: **questione complessa**, complex question; **intreccio c.**, intricate plot; **stile c.**, subtle style; (*gramm.*) **proposizione complessa**, complex sentence *2* (*fis.*, *chim.*, *mat.*) complex: **numero c.**, complex number; **molecole complesse**, complex molecules; **organismo c.**, complex organism.

complèsso (2), *m.* *1* (*totalità*) whole; (*somma*) sum (total): **un c. armonico**, a harmonic whole; **il c. delle nostre esperienze**, the sum (total) of our experiences; **il c. degli insegnanti**, the whole teaching staff; all the teachers; **il c. degli spettacoli in programma**, the whole programme; **Devi considerare la cosa nel suo c.**, you must consider the whole situation *2* (*insieme*, *serie*) complex, combination, number, series*; (*gruppo organico*) complex, set body: **un c. di circostanze**, a combination (*o* set) of circumstances; **Un c. di ragioni me lo impedì**, a number of reasons prevented me; **un c. organico di leggi**, an organic body of laws; **un c. di edifici**, a building complex; **c. residenziale**, residential estate; **c. sportivo**, sports complex *3* (*grande organizzazione*) complex, group, unit; (*impianto*) plant: **c. industriale**, industrial complex; **c. editoriale**, publishing group *4* (*mus.*) band; group; ensemble: **un c. jazz**, a jazz band; **un c. rock**, a rock band (*o* group); **un c. corale e strumentale**, a choral and instrumental ensemble *5* (*psic.*) complex: **c. d'inferiorità**, inferiority complex; **c. di colpa**, guilt complex; **c. edipico**, Oedipus complex; **Ha il c. della statura**, he has a complex about his height; **Adesso non fartene venire un c.**, don't let that grow into a complex; don't get a complex about it *6* (*mat.*) complex. ● (*ferr.*) **c. di binari**, railroad trunk □ **in** (*o* **nel**) **c.**, (*in generale*) on the whole, (taken) all in all; (*in tutto*) altogether, in all: **In c. fu una festa riuscita**, on the whole, the party went off very well.

completaménte, *avv.* completely; totally; entirely; quite; wholly; fully; thoroughly: **Se n'era c. dimenticato**, he had completely (*o* entirely, quite) forgotten about it; **c. aperto**, fully open; **c. fradicio**, thoroughly drenched; wet through and through; **c. nudo**, stark naked; **c. sveglio**, wide awake; **c. al verde**, penniless; broke (*fam.*).

completaménto, *m.* completion.

completàre, *v. t.* to finish; to complete; to conclude. ● **per c. l'opera**, to crown (*o* to top) it all.

completézza, *f.* completeness; entirety.

complèto, A *a.* *1* (*intero*) complete; entire; whole; full: **un quadro c. della situazione**, a complete picture of the situation; **l'elenco c. degli abbonati**, the full list of subscribers; **un pasto c.**, a full meal; **le opere complete di Manzoni**, Manzoni's complete works; **edizione completa**, unabridged edition; **Il latte è un alimento c.**, milk is a complete food *2* (*assoluto*) complete; full; entire; absolute; total; utter; outright: **Il medico ha ordinato c. riposo**, the doctor has ordered complete rest; **completa fiducia**, full (*o* entire) confidence; implicit faith; **È un c. imbecille**, he's an utter fool; **un silenzio c.**, perfect silence *3* (*pieno*) full (up): **L'autobus è c.** (*o* **al c.**), the bus is full up; **Il teatro è c.**, there is a full house; the theatre is sold out *4* (*versatile*) all-round: **atleta c.**, all-round athlete. **B** *m.* *1* (*abito da uomo*) suit *2* (*abito da donna*) suit; costume: **c. giacca e pantaloni**, trouser suit; pants suit (*USA*) *3* (*insieme di capi, tenuta*) outfit: **c. da sci**, ski outfit *4* (*insieme di oggetti per un uso determinato*) set: **c. da toletta**, dressing-table set. ● **al c.** (*pieno*), full up: **L'albergo è al c.**, the hotel is full up □ **Siamo al c.** (*ci siamo tutti*), we're all here □ **al gran c.**, in full force: **La famiglia venne al matrimonio al gran c.**, the family attended the wedding in full force □ (*teatr.*) **fare il c.**, to sell out; to have a full house.

complicànza, *f.* (*med.*) complication.

complicàre, A *v. t.* to complicate: **c. le cose**, to complicate things (*o* matters); **complicarsi la vita**, to make life difficult for oneself; **Perché devi sempre c. tutto?**, why must you always be so difficult? **B complicàrsi**, *v. i. pron.* *1* to become* (*o* to get*) complicated; to tangle up *2* (*di malattia*) to get* worse: **La polmonite dello zio si è complicata**, a complication has set in in my uncle's pneumonia *3* (*di trama* e *fig.*) to thicken: **Verso la fine le cose si complicano**, the plot thickens towards the end.

complicàto, *a.* complicated; (*complesso*) complex, elaborate, intricate; (*difficile*) difficult, tricky (*fam.*), knotty (*fam.*): **un problema c.**, a complex (*o* knotty) problem; **una spiegazione complicata**, an elaborate explanation; **stile c.**, intricate style; **Ha un carattere c.**, he is a difficult man to get on with; **Come sei c.!**, how complicated you are!

complicazióne, *f.* *1* (*anche med.*) complication: **salvo complicazioni**, if no complications arise *2* (*pl.*) (*difficoltà psicologiche*) problems; hang-up (*fam.*): **una ragazza piena di complicazioni**, a girl full of hang-ups.

còmplice, A *m.* e *f.* *1* accomplice; associate; (*leg.*) accessory, abettor: **Fu tradito dal suo c.**, his accomplice informed on him; **c. in un delitto**, accessory to a crime; **avere come c. q.**, to be abetted by sb.; **essere c. di q.**, to be an accomplice of sb.; to abet sb. *2* (*fig.*) aid; help. **B** *a.* conspiratorial; knowing: **occhiata c.**, conspiratorial look; **sorriso c.**, knowing smile.

complicità, *f.* *1* (*l'essere complice*) complicity; (*leg.*) abetment, abettal *2* (*connivenza*) connivance *3* (*fig.*) help; aid: **con la c. del buio**, with the help of darkness.

complimentàre, A *v. t.* to compliment (sb. on st.). **B complimentàrsi**, *v. i. pron.* to congratulate (sb. on st.).

compliménto, *m.* *1* compliment: **fare un c. a q.**, to pay a compliment to sb.; **complimenti esagerati**, fulsome compliments *2* (*pl.*) (*ossequi*) regards: **I miei complimenti a sua moglie**, my regards to your wife *3* (*pl.*) (*rallegramenti*) congratulations: **fare i complimenti a q. per q.c.**, to congratulate sb. on st.; **I miei complimenti! è stata un'esecuzione memorabile**, congratulations! it has been a memorable performance; **C. per la torta, era squisita**, your cake was simply delicious *4* (*pl.*) (*cortesia eccessiva*) (elaborate) courtesies; fuss (*fam.*); ceremony; ceremoniousness (*sing.*): **Maria era tutta sorrisi e complimenti**, Maria was all smiles and ceremoniousness; **Tutti quei complimenti mi davano fastidio**, all that fuss irritated me. ● **fare complimenti**, to stand on ceremony: **Faceva un sacco di complimenti, ma poi ha mangiato più degli altri**, he was full of ceremony to start with, but in the end he ate more than anyone else; **Non faccia complimenti e mi dica se le occorre qualcosa**, please don't hesitate to let me know if you need something; **Venga pure quando vuole, senza fare complimenti**, feel free to come when you wish; **Se vuoi vengo subito, non fare complimenti**, I can come straightaway, if you wish, it's no bother at all □ **Grazie, no, senza complimenti**, no, thank you, I really mean it □ **una cena in famiglia, senza complimenti**, an informal family dinner □ **senza tanti complimenti**, without ceremony; freely; (*con franchezza*) without mincing (one's) words.

complimentóso, *a.* *1* full of compliments; (*di uomo verso una donna*) gallant; (*manierato*) affected *2* (*fatto o detto per complimento*) flattering; complimentary.

complottàre, *v. i.* *1* to plot; to conspire; to scheme: **Sono sempre lì a c.**, they are always scheming and plotting *2* (*fig.*) to whisper in corners.

complòtto, *m.* plot; conspiracy: **ordire un c.**, to hatch (*o* to engineer) a plot; **scoprire un c.**, to uncover a plot; **smascherare un c.**, to expose a plot; **teoria del c.**, conspiracy theory.

complùvio, *m.* *1* (*archeol.*) compluvium* *2* (*archit.*) valley.

componènte, A *a.* component; constituent: (*fis.*) **forze componenti**, component forces. **B** *m.* e *f.* *1* (*membro*) member; component: **i componenti la squadra [la giuria]**, the members of the team [of the jury] *2* (*ingrediente*) component (part); ingredient; constituent. **C** *m.* (*chim.*, *fis.*, *ling.*, *mat.*, *tecn.*) component. **D** *f.* (*fig.*: *elemento costitutivo*) constituent; component: **le componenti del pensiero moderno**, the constituents of modern thought.

componentìstica, *f.* components industry.

componentìstico, *a.* components (*attr.*).

componìbile, *a.* (*ind.*) sectional; modular: **mobili componibili**, modular furniture.

componibilità, *f.* modularity.

componiménto, *m.* *1* (*scolastico*) essay; composition: **c. d'inglese**, English essay *2* (*mus.*) composition *3* (*letter.*) work; writing: **c. poetico**, poetic work; (*poesia*) poem *4* (*leg.*) settlement.

compórre, A *v. t.* *1* (*costituire*) to make* up; to constitute; to form: **La giuria era composta tutta da donne**, the jury was entirely made up of women *2* (*creare*) to compose; to create; to write*: **c. un'opera lirica**, to compose an opera; **c. una poesia**, to write a poem *3* (*ordinare, disporre*) to tidy (up); to put* in order; to arrange; to adjust: **c. i capelli**, to tidy one's hair; **c. gli oggetti in vetrina**, to arrange the objects in the window; **Compose il viso a indifferenza**, he assumed an air of indifference *4* (*conciliare*) to compose; to settle; to arrange: **c. una lite**, to settle (*o* to compose) a quarrel; **c. le proprie differenze**, to arrange one's differences *5* (*tipogr.*) to set* (type); to compose *6* (*un cadavere*) to lay* out *7* (*chim.*) to compound *8* (*telef.*) to dial: **c. un numero**, to dial a number; **Compose il 187**, he dialled 187. **B compórsi**, *v. i. pron.* to be composed of; to be made up of; to consist of: **La «Vita Nuova» si compone di prose e**

poesie, the «Vita Nuova» consists (*o* is composed) of prose and verse; **La mia famiglia si compone di quattro persone**, my family consists of four people.

comportamentàle, *a.* behavioural, behavioral (*USA*).

comportamentismo, *m.* (*psic.*) behaviourism, behaviorism (*USA*).

comportamentìsta, *m.* e *f.* behavioural scientist; behaviourist, behaviorist (*USA*).

comportamentìstico, *a.* behavioural, behavioral (*USA*).

comportaménto, *m.* behaviour, behavior (*USA*) (*anche psic., tecn.*); conduct; actions (*pl.*); ways (*pl.*): **c. aggressivo**, aggressive behaviour; **il c. di un atomo**, the behaviour of an atom; **Il suo c. fu molto strano**, his behaviour was very odd; he behaved very oddly; **Approvo il suo c.**, I approve of the way he behaved; **tenere un c. corretto**, to behave properly.

comportàre, A *v. t.* (*richiedere*) to involve; to imply; to entail: **Questo comporterà una spesa enorme**, this will involve an enormous expenditure; **un lavoro che comporta alcuni rischi**, a job involving a certain amount of risk; **La mia ricerca comportò alcuni viaggi all'estero**, my research entailed a few trips abroad; **I diritti comportano anche dei doveri**, rights imply duties as well. **B comportàrsi,** *v. i. pron.* to behave; to act: **c. da eroe**, to behave like a hero; **c. bene**, (*educatamente*) to behave (oneself); (*agire bene*) to behave well, to act well; (*dare buona prova di sé*) to acquit oneself well; **c. da sciocco**, to behave like a fool; **c. male**, to behave badly; to misbehave.

compòrto, *m.* ***1*** (*leg.*) grace; respite: **due giorni di c.**, two days' grace ***2*** (*ferr.*) admitted delay (in a train's departure).

compòsita, *f.* (*bot.*) composite.

Compòsite, *f. pl.* (*bot., Compositae*) Compositae.

compositivo, *a.* ***1*** component; constituent: **elemento c.**, component ***2*** (*rif. al comporre*) compositional: **dal punto di vista c.**, from a compositional point of view; **avere attitudini compositive**, to have a bent for composition.

compòsito, *a.* ***1*** (*anche archit., bot.*) composite ***2*** (*mecc.*) compound: **macchina composita**, compound machine.

compositóio, *m.* (*tipogr.*) composing stick.

compositóre, *m.* (*f.* **-trice**) ***1*** (*mus.*) composer ***2*** (*tipogr.*) compositor; typesetter.

compositrice, *f.* (*tipogr.*: *macchina*) typesetter; typesetting machine.

composizióne, *f.* ***1*** composition; (*costituzione, anche*) making, make-up: **c. chimica**, chemical composition; (*arte*) **tecnica di c.**, composition technique ***2*** (*mus., lett., arte*: *lavoro*) composition; work ***3*** (*tema scritto*) essay; composition ***4*** (*accomodamento*) composition; settlement; agreement; reconciliation ***5*** (*fis., mecc.*) composition: **c. di forze**, composition of forces; **c. di vettori**, addition of vectors ***6*** (*tipogr.*) composition, setting, typesetting; (*piombo*) matter: **c. a mano**, hand composition; **c. interlineata**, leaded matter; **c. stretta**, close spacing; **sala di c.**, composing room. ● **c. floreale**, flower arrangement.

compossèsso, *m.* (*leg.*) joint possession.

compossessóre, *m.* (*leg.*) joint possessor.

compósta, *f.* ***1*** (*cucina*) compote ***2*** (*agric.*) compost.

compostàggio, *m.* (*agric.*) composting.

compostézza, *f.* ***1*** composure; calmness; self-possession ***2*** (*moderazione*) moderation; decorum; propriety ***3*** (*ordine*) neatness; tidiness.

compostièra, *f.* compote jar.

compósto, A *a.* ***1*** (*costituito*) composed (of); consisting (of); made up (of): **un appartamento c. di due camere**, a flat made up of two rooms ***2*** (*non semplice*) compound: **parola composta**, compound word; (*mat.*) **numero c.**, compound number; (*comm.*) **interesse c.**, compound interest; (*gramm.*) **tempo c.**, compound tense ***3*** (*calmo*) composed; calm; self-possessed ***4*** (*decoroso*) seemly; decorous; proper; dignified: **sedere c.**, to sit properly ***5*** (*ordinato*) neat; tidy ***6*** (*bot.*) composite; compound: **infiorescenza composta**, composite inflorescence. **B** *m.* ***1*** mixture; compound ***2*** (*chim.*) compound.

cómpra, *V.* **compera**.

compràbile, *a.* buyable; purchasable.

compràre, *v. t.* ***1*** to buy*; to purchase; to get* (*fam.*): **Ho comprato un casa in campagna**, I've bought a house in the country; **Il quadro era stato comprato a un'asta**, the painting had been purchased at an auction; **c. azioni**, to buy (*o* to purchase) shares; **L'ho comprato da un amico**, I bought it from a friend; **L'ho comprato dal fornaio**, I bought it at the baker's; **Mi sono comprato una macchina nuova**, I've bought a new car; **Ti compro il giornale?**, shall I get you the paper?; **c. mille lire di caramelle**, to buy one thousand lire's worth of sweets; **c. a buon mercato** (*o* **a buon prezzo**), to buy cheap (*o* at a good price); **c. a caro prezzo**, to buy dear; **c. a credito**, to buy on credit; **c. a metri [a peso]**, to buy by the metre [by weight]; **c. a rate**, to buy by instalments (*o* on the instalment plan, on hire-purchase); (*Borsa*) **c. a termine**, to buy forward; **c. al minuto**, to buy retail; **c. all'ingrosso**, to buy wholesale; **c. q.c. di seconda mano**, to buy st. second-hand; **c. q.c. d'occasione**, to buy st. at a bargain sale; **c. in blocco**, to buy up; **c. in contanti**, to buy for cash; **c. q.c. per niente**, to buy st. for a song ***2*** (*corrompere*) to bribe; to buy*: **c. i giurati**, to bribe the jurors; **c. il silenzio di q.**, to buy sb.'s silence. ● (*fig.*) **c. a peso d'oro**, to pay a fortune for st. □ **c. a scatola chiusa**, to buy sight unseen; (*fig.*) to buy wholesale □ (*fig.*) **c. la gatta nel sacco** (*o* **c. a occhi chiusi**), to buy a pig in a poke □ (*fig.*) **c. guai**, to ask (*o* to look) for trouble □ (*fig.*) **Io la vendo come l'ho comprata**, I'm just passing on what I heard.

compratóre, *m.* (*f.* **-trice**) ***1*** buyer; purchaser ***2*** (*nei negozi*) customer; shopper ***3*** (*addetto agli acquisti*) buyer; purchasing agent: **i compratori delle ditte e i compratori privati**, (professional) buyers and private customers ***4*** (*leg., specialm. di beni immobili*) vendee.

compravéndita, *f.* ***1*** (*fin., comm.*) trading; sale; purchase ***2*** (*leg.*: *il contratto*) contract of sale. ● **c. d'immobili**, transfer of real estate.

comprèndere, A *v. t.* ***1*** (*contenere, racchiudere*) to include; to comprise; to take* in; to comprehend; to contemplate; to cover: **c. varie sezioni**, to comprise (*o* to include) various sections; **Il libro comprende un capitolo sulla scherma**, the book includes a chapter on fencing; **La nuova legge comprende anche questo caso**, the new law also contemplates (*o* covers) this case; **La quota non comprende le bevande e gli extra**, drinks and extras are not included in the price ***2*** (*capire*) to understand*; to see*; to get*; (*rendersi conto*) to realize, to appreciate: **Cerca di c. quello che ti dirò**, try and understand what I'm about to tell you; **Non comprese la mia allusione**, he didn't get my hint; **Comprendo quello che intendi**, I see what you mean; **Dice che a casa non lo comprendono**, he says his family doesn't understand him; **Compresi di essermi perduto**, I realized I was lost; **Comprendo la tua posizione**, I appreciate your situation. **B comprèndersi,** *v. rifl. recipr.* to understand* each other (*o* one another). ● **Ci siamo compresi?**, are we understood?; is that clear?

comprendònio, *m.* (*fam. scherz.*) understanding; brains (*pl., fam.*), wits (*pl., fam.*); savvy (*fam.*). ● **duro di c.**, slow-witted; slow on the uptake (*fam.*).

comprensìbile, *a.* ***1*** (*intelligibile*) intelligible; understandable; comprehensible: **La tua scrittura non è c.**, your writing is not intelligible; **spiegazione facilmente c.**, easily understandable explanation; **usare un linguaggio c.**, to speak plainly; to use plain language ***2*** (*giustificabile*) understandable: **un punto di vista c.**, an understandable point of view.

comprensibilità, *f.* intelligibility; comprehensibility.

comprensióne, *f.* ***1*** (*il capire*) understanding; grasp; comprehension: **una lezione adatta alla c. degli allievi**, a lesson suited to the understanding of the pupils; **L'autore ha una rara c. degli attuali problemi economici**, the author has a remarkable grasp of current economic problems; **al di là dell'umana c.**, beyond human understanding; **di facile c.**, easy to understand ***2*** (*partecipazione a sentimenti altrui*) sympathy; understanding.

comprensività, *f.* comprehensiveness; inclusiveness.

comprensìvo, *a.* ***1*** comprehensive; inclusive: **c. di tutte le spese**, inclusive of all charges ***2*** (*che dimostra comprensione*) understanding; sympathetic; tolerant.

comprensòrio, *m.* area; district; territory: **c. di bonifica**, reclamation district.

compresènte, *a.* present at the same time; simultaneously present.

compréso, *a.* ***1*** included; inclusive: **fino al 10 aprile c.**, up to and including the 10th of April; up to the 10th of April inclusive (*GB*); **da lunedì a venerdì c.**, Monday to Friday inclusive (*GB*); Monday through Friday (*USA*); **tutti, me c.**, ale of us, me included; **tutto c.** (*di prezzo*), all-inclusive (*attr.*); everything included (*pred.*) ***2*** (*capito*) understood: **Non mi sento c.**, I don't feel understood ***3*** (*conscio*) fully aware; fully conscious (*o* impressed): **c. delle proprie responsabilità**, fully aware of one's responsibilities ***4*** (*compenetrato*) filled (with); overwhelmed (by): **c. di stupore**, filled with wonder; **c. di dolore**, overwhelmed by grief ***5*** (*assorto*) concentrated; self-absorbed; immersed (in st.): **c. nel proprio lavoro**, immersed in one's job.

comprèssa, *f.* ***1*** (*di garza*) compress ***2*** (*pastiglia*) tablet.

compressìbile, *a.* (*fis.*) compressible.

compressibilità, *f.* (*fis.*) compressibility.

compressióne, *f.* ***1*** compression; pressure; constriction: (*med.*) **c. cerebrale**, cerebral compression; (*fis.*) **grado di c.**, compression ratio; (*mecc.*) **prova a c.**, compression test; (*autom.*) **rapporto di c.**, compression ratio ***2*** (*stretta, anche fig.*) squeeze: **c. creditizia**, credit squeeze.

compressìvo, *a.* compressive. ● **fasciatura compressiva**, bandage.

comprèsso, *a.* ***1*** compressed; pressed: **aria compressa**, compressed air; (*mecc.*) **freno ad aria compressa**, compressed-air brake; air brake; (*metall.*) **acciaio c. allo stato fluido**, fluid-compressed steel ***2*** (*fig.*) suppressed; repressed.

compressóre, A *m.* ***1*** (*mecc.*) compressor: **c. d'aria**, air compressor; **c. stradale**, roadroller; (*a vapore*) steamroller ***2*** (*di motore a scoppio*) supercharger ***3*** (*ind. tess.*) condenser. **B** *a.* compressing: (*anat.*) **muscolo c.**, compressor; **rullo c.**, roller.

compressorìsta, *m.* compressor operator.

comprimàrio, A *m.* (*f.* **-a**) ***1*** (*teatr.*) second lead ***2*** (*med.*) co-head (*o* joint head) physician. **B** *a.* - **medico c.**, *V.* **A**, *def.* 2; (*teatr.* e *fig.*) **avere un ruolo c.**, to play second lead.

comprìmere, *v. t.* ***1*** to press (hard); to compress; (*anche econ.*) to squeeze: **Si comprimeva la ferita con la mano**, he pressed his hand on the wound; **c. la spesa pubblica**, to squeeze public expenditure ***2*** (*fis., med.*) to compress: **c. un'arteria**, to compress an artery; **c. un gas**, to compress a gas ***3*** (*fig.*:

frenare) to repress; to suppress; to restrain: **Non potei c. lo sdegno**, I was unable to restrain my indignation.

comprimibile, *a.* **1** (*fis.*) compressible **2** (*econ.*) squeezable; that can be squeezed **3** (*reprimibile*) restrainable.

comprimibilità, *f.* **1** (*fis.*) compressibility **2** (*econ.*) squeezability.

comprométso, *m.* **1** (*accomodamento*) compromise; accommodation: **arrivare a un c.**, to come to (*o* to reach) a compromise; **un c. tra realismo e idealismo**, a compromise between realism and idealism; **soluzione di c.**, compromise solution; **trovare un c.**, to agree on a compromise; to meet sb. halfway; **saper accettare qualche c.**, to accept some give and take **2** (*spreg.*) compromise: **scendere a** (*o* **fare**) **compromessi**, to make compromises; to compromise; **essere facile ai compromessi**, to compromise lightly; **vivere di compromessi**, to live by half measures **3** (*leg.*: *contratto preliminare di compravendita*) agreement to sell; preliminary contract. ● (*leg.*) **c. arbitrale**, arbitration agreement; reference; submission □ (*polit.*) **c. storico**, historic compromise.

compromettènte, *a.* compromising.

comprométtere, **A** *v. t.* **1** (*mettere a repentaglio*) to compromise, to endanger, to jeopardize; (*danneggiare*) to prejudice, to damage: **C'è il rischio di c. tutto**, there is the risk of jeopardizing everything; **c. una ragazza**, to compromise a girl; **una scelta che potrebbe c. la sua carriera**, a decision that might prejudice his whole career; (*med.*) **c. un organo**, to damage an organ **2** (*coinvolgere*) to implicate: **Fu compromesso nello scandalo**, he was implicated in the scandal. **B compromèttersi,** *v. rifl.* **1** to compromise oneself; to compromise one's reputation **2** (*impegnarsi*) to commit oneself: **Gli ho chiesto la sua opinione, ma non ha voluto c.**, I asked him his opinion, but he refused to commit himself.

compromissòrio, *a.* – (*leg.*) **clausola compromissoria**, arbitration clause.

comproprietà, *f.* (*leg.*) joint ownership; co-ownership.

comproprietàrio, *m.* joint owner; co-owner; co-proprietor.

compròva, *f.* proof; evidence; confirmation; substantiation: **in c.**, in (*o* as) proof.

comprovàbile, *a.* provable; demonstrable.

comprovàre, *v. t.* to prove; to confirm; to substantiate.

compulsàre, *v. t.* to consult; to examine; to go* through.

compulsióne, *f.* compulsion (*anche psic.*); constraint.

compùnto, *a.* **1** (*contrito*) compunctious; apologetic; regretful; contrite **2** (*reverente*) demure; abashed.

compunzióne, *f.* **1** compunction; regret **2** (*atteggiamento reverente*) demureness; feigned compunction.

computàbile, *a.* calculable; computable.

computabilità, *f.* computability.

computàre, *v. t.* **1** (*includere in un conteggio*) to calculate; to take* into account **2** (*calcolare*) to compute; to reckon **3** (*addebitare*) to charge; to debit.

computazionàle, *a.* computational: **linguistica c.**, computational linguistics.

computer (*ingl.*), *m. invar.* computer: **giochi al c.**, computer games; **c. da tavolo**, desktop computer; **c. portatile**, portable computer; laptop computer.

computerése, *m.* computer jargon.

computerìstico, *a.* computer (*attr.*).

computerizzàbile, *a.* computerizable.

computerizzàre, *v. t.* to computerize.

computerizzàto, *a.* computerized; computer-aided.

computerizzazióne, *f.* computerization.

computista, *m.* e *f.* (*contabile*) book-keeper.

computisterìa, *f.* **1** (*mat.*) business mathematics **2** (*contabilità*) book-keeping.

còmputo, *m.* **1** reckoning; calculation; computation: **c. delle spese**, calculation of expenses; **fare il c. di q.c.**, to calculate st.; **mettere nel c. q.c.**, to take st. into account **2** (*edil.*) estimate: **c. metrico**, estimate of quantities. ● (*eccles.*) **c. ecclesiastico**, ecclesiastical calendar.

comunàle, *a.* municipal; town (*attr.*); city (*attr.*, *USA*); local government (*attr.*); (*di comune italiano*, *anche*) communal: **amministrazione c.**, municipal administration; **consiglio c.**, town council; city council (*USA*); **elezioni comunali**, local (government) elections; **impiegato c.**, municipal employee; **palazzo c.**, town hall; city hall (*USA*).

comunànza, *f.* **1** community; communion: **c. d'interessi**, community of interests; **c. di beni**, community of goods (*o* property) **2** (*comunità*) community.

comunàrdo, *m.* (*stor.*) Communard.

comùne (**1**), **A** *a.* **1** (*generale, condiviso*) common, general; (*reciproco*) mutual: **per il bene c.**, for the common (*o* general) good; **una lingua c.**, a common language; **amico c.**, mutual friend; **uso c.**, general practice; **pascolo c.**, common land; **un problema c. a molte persone**, a problem common to (*o* shared by) a lot of people; **di c. accordo**, by common (*o* mutual) consent **2** (*abituale*) common; ordinary; normal; everyday (*attr.*); usual: **Le cose più comuni acquistavano un significato nuovo**, the most ordinary (*o* everyday) things acquired a new meaning; **la vita c. di una tipica famiglia inglese**, the everyday (*o* normal) life of a typical English family; **Questo è l'uso c.**, this is the usual practice **3** (*normale, non speciale*) common, ordinary, normal; (*medio*) average: **una c. valigia marrone**, an ordinary brown suitcase; **gente c.**, ordinary people; **statura** [**intelligenza**] **c.**, average height [intelligence] **4** (*diffuso*) common; widespread: **cognome c.**, common surname; **errore c.**, common mistake; **Il problema è molto più c. di quanto si creda**, the problem is much more widespread than people imagine **5** (*ordinario, volgare*) ordinary; common: **vino c.**, ordinary wine; **È un tipo abbastanza c.**, he's rather common **6** (*ling.*) common: **genere c.**, common gender; **nome c.**, common noun. ● **i comuni mortali**, common humanity; mankind □ **cassa c.**, common fund of money; kitty (*fam.*) □ **delinquente c.**, common criminal □ (*mat.*) **denominatore c.**, common denominator □ (*comm.*) **conto c.**, joint account □ **non** (*o* **poco**) **c.**, uncommon; unusual □ **luogo c.**, platitude; cliché; (*meno spreg.*) commonplace □ **Mercato C.**, Common Market □ **reati comuni**, non-political crimes □ **senso c.**, common sense □ **l'uomo c.**, the common man; the man in the street □ **parti comuni** (*di un edificio d'abitazione*), common parts □ (*prov.*) **Mal c. mezzo gaudio**, a trouble shared is a trouble halved. **B** *m.* – **avere q.c. in c.**, to share st.; (*gusti, qualità, ecc.*) to have st. in common; **mettere in c.**, (*raccogliere*) to pool; (*condividere*) to share; **vita in c.**, shared life; life together; **fuori del c.**, out of the ordinary; outstanding; uncommon; exceptional; highly unusual; **essere più intelligente del c.**, to be cleverer than the average. **C** *f.* (*teatr.*) main stage door.

comùne (**2**), *m.* **1** (*ente amministrativo*) municipality; (*in Italia, Francia, ecc., anche*) commune **2** (*le autorità comunali*) town council; city council (*USA*); local government **3** (*città*) town; city; (*paese*) village **4** (*sede del c.*) town hall; city hall (*USA*): **sposarsi in c.**, to get married in the town hall **5** (*stor.*) (medieval) commune; city-republic. ● (*in G.B.*) **la Camera dei Comuni**, the House of Commons; the Commons.

comùne (**3**), *f.* **1** – (*stor.*) **la C.**, the Commune (of Paris) **2** (*polit.*) commune **3** (*comunità*) commune.

comunèlla, *f.* **1** league; clique: **fare c.**, to be in league; to gang up; to gang together **2** (*chiave*) master key.

comuneménte, *avv.* **1** (*di solito*) commonly; usually; generally: **c. detto**, commonly called, **come c. si dice**, as they say **2** (*in comune*) jointly.

comunicàbile, *a.* communicable.

comunicabilità, *f.* communicability.

comunicàndo, *m.* (*f.* **-a**) (*eccles.*) communicant.

comunicànte, **A** *a.* communicating: **vasi comunicanti**, communicating vessels. **B** *m.* (*eccles.*) priest administering Holy Communion.

comunicàre, **A** *v. t.* **1** (*trasmettere*) to communicate; to transmit; to convey; to impart: **c. il proprio entusiasmo a q.**, to communicate one's enthusiasm to sb.; **c. il movimento**, to impart motion; **c. la scienza**, to impart knowledge; **c. un'idea**, to convey (*o* to communicate) an idea; **c. a q. un'informazione su q.c.**, to inform sb. of st.; **Non mi è stato ancora comunicato**, I haven't been informed yet; **Si comunica con la presente che...**, notice is hereby given that... **2** (*trasmettere per contagio*) to transmit: **c. una malattia a q.**, to transmit a disease to sb.; to infect sb. with a disease **3** (*eccles.*) to administer Holy Communion to; to communicate. **B** *v. i.* to communicate: **La camera comunica col bagno**, the bedroom communicates with the bathroom; **c. a gesti** [**per telefono, via radio**], to communicate through signs [by telephone, by radio]; **c. in francese**, to communicate in French; **Io e mio figlio non riusciamo a c.**, my son and I can't communicate. **C comunicàrsi,** *v. i. pron.* **1** to be communicated; to be transmitted; (*diffondersi*) to spread* **2** (*eccles.*) to receive (*o* to take*) Holy Communion.

comunicativa, *f.* power(s) of communication; communicativeness.

comunicativo, *a.* **1** communicative; talkative **2** (*cordiale*) open; sociable; outgoing **3** (*contagioso, anche fig.*) contagious; infectious.

comunicàto, *m.* bulletin; communiqué (*franc.*); communication; announcement; statement; notice: **c. di guerra**, war bulletin; **c. ufficiale**, offical statement (*o* announcement); communiqué; **c. medico**, medical bulletin; **c. stampa**, press release; **c. commerciale**, commercial.

comunicatóre, *m.* (*f.* **-trice**) communicator.

comunicazióne, *f.* **1** (*collegamento*) communication: **interrompere tutte le comunicazioni**, to cut off all communications; **comunicazioni ferroviarie**, railway communications; **linee di c.**, communication lines; **mezzi di c.**, means of communication; **vie di c.**, lines of communication **2** (*messaggio*) communication, message; (*annuncio*) announcement: **Non ho ricevuto nessuna c. da loro**, I have received no communication from them; **Devo fare una c.**, I have an announcement to make; **c. scritta**, written communication; **c. verbale**, verbal message **3** (*relazione scritta*) paper **4** (*mecc.*) transmission **5** (*telef.*: *la chiamata*) (telephone) call; (*collegamento*) telephone connection (*o* link), line: **c. interurbana**, long-distance call; toll-call (*USA*); **È caduta la c.**, the line has gone dead; **chiedere la c.**, to ask to be put through; **dare la c. a q.**, to put sb. through; **togliere la c. a q.**, to cut sb. off **6** (*trasmissione*) transmission; conveyance: **c. del calore**, transmission of heat; **c. del pensiero**, transmission of thought **7** (*ling.*) communication. ● **essere in c.**, (*di cose*) to communicate; (*di persone*) to be in touch □ **Questa porta mette in c. con la cucina**, this door opens on the kitchen □ **mettere in c. due persone**, to put two people in touch with each other □ **mezzi di c. di massa**, mass media □ **porta di c.**, communicating door □ **strada di grande c.**, arterial road.

comunióne, *f.* ***1*** (*unione spirituale*) communion: **c. con Dio [con la natura]**, communion with God [with nature] ***2*** (*comunanza*) community: **c. di interessi**, community of interests; **c. dei beni**, joint estate (*GB*); community property (*USA*); **c. di vedute**, community of views; **avere q.c. in c.**, to share st. ***3*** (*relig.*: *eucarestia*) (Holy) Communion: **prima c.**, First Communion; **dare la c.**, to administer Holy Communion; **ricevere** (*o* **fare**) **la c.**, to receive (*o* to take) Holy Communion ***4*** (*gli appartenenti a una confessione religiosa*) communion: **la c. greco-ortodossa**, the Greek-Orthodox communion. ● (*teol.*) **la c. dei Santi**, the communion of Saints □ (*leg.*) **c. ereditaria**, co-ownership by the heirs.

comunismo, *m.* (*polit.*) Communism.

comunista, (*polit.*) **A** *a.* communist: **il partito c.**, the Communist Party. **B** *m.* e *f.* Communist.

comunistizzàre, *v. t.* to communize; to convert to Communism.

comunistòide, *a.*, *m.* e *f.* (*spreg.*) commie; red.

comunità, *f.* ***1*** (*gruppo sociale*) community: **la c. francese**, the French community; **per il bene della c.**, for the good of the community ***2*** (*gruppo di persone che vivono insieme*) community: **c. religiosa**, religious community; **c. terapeutica**, therapeutic community; **vivere in c.**, to live communally ***3*** (*di animali*) community; colony: **una c. di marmotte**, a colony of marmots. ● **C. Economica Europea**, European Economic Community □ **c. familiare**, family □ **c. linguistica**, speech community □ **c. montana**, consortium of communes in a mountain area □ **c. per tossicodipendenti**, drug rehabilitation centre □ **a spese della c.**, at public expense.

comunitàrio, *a.* community (*attr.*); public.

comùnque, **A** *avv.* ***1*** (*in ogni caso*) anyhow; in any case; in any event: **Partirò c.**, I will leave in any case; **C., avresti dovuto dirmelo**, in any case, you should have told me ***2*** (*ma, però*) but; anyway; all the same; though (*posticipato*): **È un po' caro, c. lo compro**, it's rather expensive, but I'll buy it anyway; **Ha avuto una brutta influenza, c. ora sta meglio**, he's had a bad bout of flu; he's getting better, though; **D'accordo, avevi fretta, ma c. potevi aspettare un altro po'**, all right, you were in a hurry; all the same, you cold have waited a bit longer. **B** *cong.* however; no matter how; whatever: **C. vada, starò fino alla fine**, however (*o* no matter how) it turns out, I shall stay to the end; **Non cambierà nulla, c. tu faccia**, whatever you do, it won't make any difference; **c. (si) sia**, however that may be.

con, *prep.* ***1*** (*compagnia, unione, comparazione*) with: **Lo vidi con te**, I saw him with you; **Porta con te tua moglie**, bring your wife with you; **Ho passato la serata con amici**, I spent the night with friends; **L'olio non si mescola con l'acqua**, oil will not mix with water; **Hai denaro con te?**, have you any money with (*o* about, on) you?; **Uscì con guanti e cappello**, she went out wearing gloves and hat; **Uscii con la chiave in tasca**, I went out with the key in my pocket; **confrontare l'originale con la copia**, to compare the original with the copy ***2*** (*mezzo o strumento*) with, by, by means of; (*rif. a mezzi di trasporto*) by: **Vediamo con gli occhi e udiamo con le orecchie**, we see with our eyes and hear with our ears; **tagliare q.c. con il coltello**, to cut st. with a knife: **uccidere q. con la spada**, to kill sb. with a sword; **coprire q.c. con un panno**, to cover st. with a cloth; **L'ho fatto con le mie mani**, I did it with my own hands; **illuminare le strade con l'elettricità**, to illuminate the streets with electricity; **assicurato con una catena**, fastened by means of a chain; **ottenere q.c. con la forza**, to get st. by force; **leggere con la luce elettrica**, to read by electric light; **arrivare col treno [col battello]**, to arrive by train [by boat]; **Si guadagna il pane con l'insegnamento**, he earns his living by teaching; **con l'aiuto di Dio**, with God's help ***3*** (*maniera*) with; in: **fare q.c. con cura [facilità, difficoltà]**, to do st. with care [ease, difficulty]; **procedere con cautela**, to proceed with caution (*o* cautiously); **accogliere q. con un sorriso**, to welcome sb. with a smile; **con l'ultimo respiro**, with one's last breath; **con tutto il cuore**, with all one's heart; **con sforzo**, with an effort; **rispondere con tono irato**, to answer in an angry tone ***4*** (*causa*) with: **a letto con la febbre**, in bed with a temperature ***5*** (*caratteristica, proprietà*) with: **un uomo con i capelli bianchi**, a man with white hair; a white-haired man; **un uomo con un occhio solo**, a man with only one eye; a one-eyed man; **una giacca con tre tasche**, a jacket with three pockets ***6*** (*in senso temporale*) with; at; on; in: **Ci alzavamo col sole**, we used to get up with the sun (*o* at sunrise); **col tramonto**, at sunset; **con la tua venuta**, on your arrival; when you come [came]; **Con lunedì si apre la campagna elettorale**, the electoral campaign begins on Monday; **Con marzo sarà tutto finito**, it'll all be over by March ***7*** (*nei confronti di, verso*) to; towards; with: **essere cortese con i clienti**, to be polite to one's customers; **È sempre gentile con me**, he's always kind to me; **Non hai pazienza con me**, you have no patience with me; **tenersi in contatto con q.**, to keep in touch with sb.; **essere in pace con q.**, to be at peace with sb.; **essere generoso con i vinti**, to be generous with (*o* towards) the conquered ***8*** (*contro*) with; against: **litigare con q.**, to quarrel with sb.; **essere in guerra con q.**, to be at war with sb.; **combattere con un drago**, to fight with (*o* against) a dragon; to fight a dragon ***9*** (*materia*) from; out of: **Il vino si fa con l'uva**, wine is made from grapes; **Con una vecchia cassa, ho fatto questo tavolino**, I made this table out of an old box ***10*** (*nonostante*) for; in spite of: **Con tutti i suoi difetti, lo trovo simpatico**, for all his faults, I rather like him; **Con tutta la sua intelligenza, non è stato promosso**, for all his brains, he didn't pass; **Con tutto questo, è un cretino**, he is still an idiot ***11*** (*consecutiva*) to: **con nostra grande gioia [stupore, fastidio]**, to our great delight [astonishment, annoyance] ***12*** (*nel canottaggio*) coxed: **due con**, coxed pair; **quattro con**, coxed four; **otto con**, coxed eight. ● **Aveva studiato con Fermi**, he had studied with (*o* under) Fermi □ **essere conosciuto col nome di**, to go by (*o* under) the name of □ **Ci riuscì, ma con un lavoro durissimo**, he succeeded only by dint of hard work □ **Come va col tedesco?**, how is your German coming along? □ **Come va con quel braccio?**, how's your arm? □ **Sono indietro col lavoro**, I'm behind with my work □ **un borsellino con dentro pochi spiccioli**, a purse with some small change □ **un campo con intorno uno steccato**, a field surrounded by a fence □ **un uomo con in mano un pacchetto**, a man carrying a parcel □ **Con ciò** (*o* **col che**) **s'alzò in piedi e lasciò la stanza**, with that, he got up and left the room □ **Con tutto che si vogliono bene, non fanno che bisticciare**, although they are fond of each other, they are always bickering □ **insieme con**, with; together with; along with.

conatìvo, *a.* (*ling.*) conative.

conàto, *m.* ***1*** (*sforzo*) effort; attempt ***2*** (*impulso*) impulse; conatus. ● **c. di vomito**, spasm of vomiting; retch; heave; (*al pl.*) retching (*sing.*); heaving (*sing.*): **avere conati di vomito**, to retch; to heave.

cónca, *f.* ***1*** (*tinozza per bucato*) (earthenware) laundry basin ***2*** (*region.*: *recipiente di rame*) copper vessel ***3*** (*vasca*) basin ***4*** (*geogr.*) depression; bowl; basin; hollow; (*valle*) valley, dell ***5*** (*lett.*: *conchiglia*) shell; conch ***6*** (*anat.*) concha*. ● (*archit.*) **c. absidale**, conch; concha □ **c. idraulica**, lock □ **far c. con le mani**, to cup one's hands.

concàmbio, *m.* (*fin.*) share swap; **rapporto di c.**, share swap ratio.

concameràto, *a.* (*bot.*) concamerated.

concamerazióne, *f.* (*bot.*) concameration.

concàta, *f.* basinful.

concatenaménto, *m.* concatenation; connection; (*anche fis.*) linkage □ (*elettr.*) **tensione concatenata**, line voltage.

concatenàre, **A** *v. t.* ***1*** (*anche fig.*) to link (together *o* up); to interlink; to connect; to concatenate ***2*** (*elab.*) to catenate; to concatenate. **B** **concatenàrsi,** *v. rifl. recipr.* to be linked together; to be connected.

concatenàto, *a.* ***1*** concatenate; interlinked; linked together: **idee logicamente concatenate**, logically connected (*o* linked) ideas ***2*** (*elab.*) catenated; concatenated. ● (*fis.*) **flusso c.**, (flux) linkage □ (*elettr.*) **tensione concatenata**, line voltage.

concatenazióne, *f.* ***1*** connection; link; concatenation ***2*** (*chim.*) linkage ***3*** (*elab.*) chaining: **c. diretta [inversa]**, forward [backward] chaining.

concàusa, *f.* ***1*** concomitant cause; concause ***2*** (*leg.*) joint cause.

concausàle, *a.* concausal.

concavità, *f.* ***1*** (*l'essere concavo*) concavity ***2*** (*cavità*) concavity; hollow; cavity.

còncavo, *a.* concave (*anche fis., mat.*); hollow: **specchio c.**, concave mirror; **lente concava**, concave lens; (*fis.*) **c. convesso**, concavo-convex.

concedènte, *m.* e *f.* (*leg.*) grantor.

concèdere, **A** *v. t.* ***1*** to grant; to allow; to accord; to give*; to award; to bestow: **Concedimi più tempo**, give (*o* allow) me more time; **c. uno sconto**, to grant a discount; **c. una borsa di studio**, to grant a scholarship; **c. un prestito**, to grant a loan; **c. una dilazione**, to grant an extension; **c. un'udienza**, to grant an audience; **c. un favore a q.**, to bestow a favour on sb.; **Gli fu concessa la medaglia d'oro**, he was awarded the gold medal; **Può concedermi un attimo del suo tempo?**, could you give me a moment of your time?; **Non ti concedi mai un po' di riposo**, you never allow yourself a moment's rest; **concedersi un vestito nuovo**, to treat oneself to a new dress ***2*** (*permettere*) to allow; to let*: **Concedimi di spiegarti**, allow me to (*o* let me) explain to you ***3*** (*ammettere*) to concede; to grant; to admit: **«Forse hai ragione» concesse Sergio**, «you may be right» conceded Sergio; **Non potevi saperlo, te lo concedo**, you couldn't have known, I grant you that. ● (*leg.*) **c. un brevetto d'invenzione**, to issue (*o* to grant) a patent □ **c. la cittadinanza a q.**, to naturalize sb. □ (*leg.*) **c. un'esclusiva a q.**, to patent sb. □ (*leg.*) **c. un rinvio**, to adjourn a suit □ (*comm.*) **c. sconti**, to rebate □ **non c. nulla alla frivolezza**, to show few signs of frivolity. **B** **concèdersi,** *v. rifl.* (*accettare un rapporto sessuale*) to yield; to give* oneself.

concedìbile, *a.* allowable; grantable.

concelebrànte, *m.* (*eccles.*) concelebrant.

concelebràre, *v. t.* (*eccles.*) to concelebrate.

concelebrazióne, *f.* (*eccles.*) concelebration.

concènto, *m.* (*lett.*) harmony; concent.

concentraménto, *m.* ***1*** concentration: **c. di truppe**, concentration (*o* massing) of troops; (*mil.*) **c. di tiro**, convergence of fire; **campo di c.**, concentration camp ***2*** *V.* **concentrazione,** *def.* 5.

concentràre, **A** *v. t.* ***1*** to assemble; to gather together (at one point) ***2*** (*mil.*) to mass; to concentrate: **c. truppe**, to mass (*o* to concentrate) troops; **c. il fuoco dell'artiglieria**, to concentrate artillery fire ***3*** (*fig.*) to concentrate; to centre; to focus: **c. le proprie speranze su q.c.**, to concentrate one's hopes on st.; **c. la propria attenzione su q.c.**, to centre (*o* to focus) one's attention on st. **4** (*chim.*) to concentrate **5** (*econ., fin.: aziende e sim.*) to combine; to amalgamate; to merge. **B concentràrsi,** *v. rifl.* e *i. pron.* **1** (*riunirsi*) to gather; to assemble; to concentrate **2** (*fig.: raccogliersi mentalmente*) to concentrate: **c. in q.c.**, to concentrate on st.; **Non posso concentrarmi con la radio accesa**, I cannot concentrate with the radio on **3** (*econ., fin.*) to combine; to amalgamate; to merge.

concentràto, A *a.* **1** concentrated: (*mil.*) **fuoco c.**, concentrated fire **2** (*fig.: intento*) absorbed; wrapped (up); concentrated: **Era c. nei suoi pensieri**, he was absorbed in his thoughts; he was wrapped up in thought; **c. nella lettura di un libro**, absorbed in a book **3** (*condensato*) concentrated: **succo c. di mela**, concentrated apple juice. **B** *m.* **1** (*chim.*) concentrate: **c. di allume**, concentrated alum **2** (*di conserve, ecc.*) concentrate: **c. di pomodoro**, tomato concentrate **3** (*fig.: cumulo*) lot; mass; heap: **un c. di sciocchezze**, a lot of nonsense.

concentratóre, *m.* **1** (*mecc.*) concentrator; thickener **2** (*cinem.*) condenser.

concentrazionàrio, *a.* concentration camp (*attr.*).

concentrazióne, *f.* **1** concentration: **c. di capitali**, concentration of capital; **c. urbana**, urban concentration; (*mil.*) **c. di truppe**, concentration (*o* massing) of troops; (*mil.*) **c. di fuoco**, concentration of fire **2** (*raccoglimento*) concentration: **capacità di c.**, powers of concentration; **perdere la c.**, to lose one's concentration; **Ho bisogno di c.**, I need to concentrate; **un lavoro che richiede c.**, a work requiring concentration **3** (*chim.*) concentration; strength: **aumentare [diminuire] la c. della soluzione**, to strengthen [to dilute] the solution **4** (*fis.*) focusing **5** (*econ., fin.*) combination; amalgamation; consolidation; merger: **attuare la c. delle società**, to carry out the merger of the companies; **c. di imprese**, business combination (*o* combine); **c. industriale**, industrial combination; combine; **c. orizzontale [verticale]**, horizontal [vertical] combination (*o* trust).

concentrazionismo, *m.* (*econ.*) tendency towards combination.

concentricità, *f.* (*geom.*) concentricity.

concèntrico, *a.* (*geom.*) concentric(al).

concepìbile, *a.* conceivable; imaginable.

concepibilità, *f.* conceivability; conceivableness.

concepiménto, *m.* (*biol.* e *fig.*) conception.

concepire, *v. t.* **1** (*biol.*) to conceive: **c. un figlio**, to conceive a child **2** (*intendere, immaginare*) to conceive of, to imagine; (*comprendere*) to understand*: **Non concepisco un pasto senza pane**, I can't conceive of a meal without bread; **Non concepisco come si possa rifiutare una simile offerta**, I can't understand how one can turn down such an offer **3** (*cominciare a provare*) to conceive; to entertain; to form: **c. stima per il talento di q.**, to form a high opinion of sb.'s talent; **c. un affetto**, to form an attachment; **c. avversione per q.c.**, to conceive an aversion for st.; **c. speranze [sospetti, dubbi]**, to entertain hopes [suspicions, doubts] **4** (*ideare*) to conceive; (*formulare*) to draw* up; (*escogitare*) to contrive, to devise: **Il romanzo fu concepito come trilogia**, the novel was conceived as a trilogy; **c. un'idea [un progetto]**, to conceive an idea [a plan]; **c. un piano di risanamento dei quartieri poveri**, to draw up a slum clearance plan; **c. un piano di fuga**, to contrive (*o* to devise) a plan of escape.

concepito, A *a.* **1** conceived **2** (*formulato*) worded: **un telegramma così c.**, a telegram worded as follows; **Il biglietto era così c.**, the note read as follows. **B** *m.* unborn baby; child in the womb.

concerìa, *f.* **1** (*locale*) tannery **2** (*tecnica*) tanning; tannage.

concèrnere, *v. t.* to concern; to relate to; to regard; to affect: **Questa lettera concerne i tuoi piani**, this letter concerns your plans; **per quanto concerne quel progetto**, as regards (*o* with regard to) that plan; **La faccenda concerne anche me**, the matter concerns (*o* affects) me too; **Per quanto mi concerne, io non pago**, as for me, I won't pay.

concertànte, *a.* (*mus.*) concertante: **brano c.**, concertante passage; **sinfonia c.**, concertante.

concertàre, A *v. t.* **1** (*mus.: accordare*) to orchestrate **2** (*mus.: dirigere una prova*) to rehearse; to conduct (a rehearsal) **3** (*fig.*) to plan; to plot; to concert; to arrange: **Concertammo un nuovo piano di lavoro**, we planned a new work schedule; **c. la fuga**, to plan an escape. **B concertàrsi,** *v. rifl.* (*accordarsi*) to agree.

concertàto, A *a.* **1** concerted; planned; arranged; agreed upon: **azione concertata**, concerted action **2** (*mus.*) polyphonic; concerted: **pezzo c.**, concerted piece. **B** *m.* (*mus.*) concertato.

concertatóre, *m.* (*f.* **-trice**) (*mus.*) conductor (of rehearsals). ● **maestro c. e direttore d'orchestra**, conductor.

concertazióne, *f.* (*mus.*) **1** orchestration; orchestral arrangement **2** conducting.

concertino, *m.* (*mus.*) concertino.

concertismo, *m.* **1** style of playing **2** concert-giving activities (*pl.*).

concertista, *m.* e *f.* (*mus.*) concert player.

concertìstico, *a.* concert (*attr.*): **stagione concertistica**, concert season.

concèrto, *m.* **1** (*mus.: esecuzione*) concert; (*di solista*) recital: **dare un c.**, to give a concert; **c. sinfonico**, symphony concert; **sala per concerti**, concert hall; auditorium **2** (*mus.: composizione*) concerto*: **c. per violino e orchestra**, violin concerto; **c. grosso**, concerto grosso **3** (*iron.*) chorus; symphony: **un c. di bambini che strillano**, a chorus of screaming children; **un c. di asini che ragliano**, a symphony of braying asses; **Che bel c.!**, what lovely music! **4** (*fig.: accordo*) agreement; concert; harmony: **agire di c.**, to act in concert (*o* in agreement). ● **c. di campane**, chimes (*pl.*).

concessionàrio, (*leg., comm.*) **A** *a.* concessionary: **ditta concessionaria**, concessionary firm; concessionaire. **B** *m.* (*f.* **-a**) **1** concessionaire; grantee; agent **2** (*distributore*) distributor; (authorized) dealer: **c. d'auto**, car dealer. ● **c. di brevetto**, patentee □ **c. di licenza**, licensee □ **c. esclusivo**, sole (*o* exclusive) agent; sole (*o* exclusive) dealer.

concessióne, *f.* **1** granting; grant; accordance; concession; (*autorizzazione*) authorization, permit: **c. d'un permesso**, accordance of a permit; **c. d'un prestito**, granting of a loan **2** (*condiscendenza*) concession: **una c. ai gusti del momento**, a concession to current taste **3** (*leg.*) concession; granting; grant; (*comunale, governativa, ecc.*) franchise; (*licenza*) permit, licence: **c. di brevetto**, grant of a patent; **c. di porto d'armi**, gun licence; **c. edilizia**, building permit; **c. di terra**, concession of land; **c. mineraria**, mining concession; claim; **c. petrolifera**, oil concession; **avere in c.**, to hold in concession; **gestire un servizio di trasporti in c.**, to operate a transport service in concession **4** (*comm.*) franchise: **c. di marchio**, franchising; **c. di vendita**, sales rights; **c. in esclusiva**, sole agency; franchise **5** (*ammissione*) admission; acknowledgment.

concessiva, *f.* (*gramm.: congiunzione*) concessive conjunction; (*proposizione*) concessive clause.

concessivo, *a.* **1** (*anche gramm.*) concessive **2** (*permissivo*) permissive.

concèsso, *a.* – **Dato e non c. che...**, even granting for the sake of argument that...

concessóre, *m.* **1** (*largitore*) bestower **2** (*leg.*) grantor.

concettismo, *m.* **1** (*letter.*) concettism; (*letter. ingl.*) euphuism **2** (*stile elaborato*) convoluted style.

concettista, *m.* e *f.* (*letter.*) follower of concettism; (*letter. ingl.*) euphuist.

concettìstico, *a.* (*letter.*) pertaining to concettism; (*letter. ingl.*) euphuistic.

concètto, *m.* **1** (*filos.*) concept; idea: **c. matematico [filosofico]**, mathematical [philosophical] concept; **il c. di giustizia**, the concept (*o* idea) of justice **2** (*idea*) idea, notion, concept; (*opinione*) opinion, conception: **un c. ardito**, a bold idea (*o* notion); **Ha uno strano c. del dovere**, he has a curious concept of duty; **formarsi un chiaro c. di q.c.**, to get a clear idea of st.; **Che c. ti sei fatto di lui?**, what's your opinion of him?; **non avere un buon c. di q.**, to have a poor opinion of sb. **3** (*concezione, progetto*) conception, design, plan, project; (*criterio*) criterion*: **un c. grandioso**, a magnificent conception; a great design **4** (*letter.*) conceit; concetto*. ● **essere in c. di**, to have fame of; to be in odour of □ **impiegato di c.**, employee having certain responsibilities □ **lavoro di c.**, job involving responsibility.

concettosità, *f.* **1** (*densità di concetti*) pithiness **2** (*involutezza*) convolutedness; abstruseness **3** (*letter.*) frequent (*o* excessive) use of conceits.

concettóso, *a.* **1** (*denso di concetti*) pithy **2** (*involuto*) convoluted; abstruse; recondite; full of conceits.

concettuàle, *a.* conceptual: **arte c.**, conceptual art.

concettualismo, *m.* (*arte, filos.*) conceptualism.

concettualista, *m.* e *f.* (*arte, filos.*) conceptualist.

concettualizzàre, *v. t.* to conceptualize.

concettualizzazióne, *f.* conceptualization.

concezionàle, *a.* conceptional.

concezióne, *f.* **1** (*il concepire*) conception; conceiving; planning; ideation: **la c. di un romanzo**, the conception of a novel; **La c. del nostro piano fu laboriosa**, formulating our plan was a laborious affair **2** (*idea; opinione*) idea, notion, thought, conception; (*concetto*) concept: **avere una c. sbagliata di q.c.**, to have the wrong idea (*o* notion) about st. **3** (*concepimento*) conception: (*teol.*) **l'Immacolata C.**, the Immaculate Conception.

conchìfero, *a.* (*zool., geol.*) conchiferous.

conchìglia, *f.* **1** (*zool.*) shell, conch; (*di ciprea*) cowrie, cowry **2** (*archit.*) shell; conch **3** (*metall.*) chill (mould) **4** (*sport*) cup protector **5** (*di giradischi*) stylus cartridge.

conchiliàceo, *a.* shelly.

conchilìfero, *a.* (*geol.*) conchiferous.

conchilifórme, *a.* (*scient.*) conchiform; shell-shaped.

conchiliologìa, *f.* conchology.

conchiliòlogo, *m.* (*f.* **-a**) conchologist.

conchino, *m.* (*gioco di carte*) conquian.

conchiùdere, *V.* **concludere**.

cóncia, *f.* **1** (*di pelli*) tanning; dressing **2** (*del tabacco*) curing **3** (*delle olive*) pickling **4** (*di tessuti*) dressing **5** (*sostanza*) tan; tanning **6** (*conceria*) tannery.

conciànte, *m.* (*ind.*) tanning; tan.

conciapèlli, *m. invar.* tanner.

conciàre, A *v. t.* **1** (*pelli*) to tan; to dress; (*con allume*) to taw **2** (*tabacco*) to cure **3** (*olive*) to pickle **4** (*tessuti*) to dress **5** (*pietre*) to cut*; to hew* **6** (*fig.: maltrattare*) to ill-treat, to knock about, to spoil, to ruin; (*sporcare*) to dirty, to soil: **c. q.c. da buttar via**, to ruin st.; to wreck st.; **Guarda come hai conciato il vestito!**, look at the state of you dress; look at the mess your dress is in! **7** (*fig.: malmenare*) to beat* up; to thrash; to batter; to tan (*fam.*): **L'hanno conciato proprio male** (*o* **per le feste**), they've really beaten him up; he has been beaten black and blue; **Se lo prendo lo concio!**, I'll tan his hide if I catch him! **B conciàrsi,** *v. rifl.* **1** (*insudiciarsi*) to dirty oneself; to mess oneself up; to get* into a filthy mess: **Guarda come s'è conciato!**, look at the state he is in! **2** (*vestirsi in modo strano o ridicolo*) to get* oneself up: **Non sarebbe male se non si conciasse così**, she wouldn't be bad, if she didn't get herself up like that.

conciàrio, A *m.* tanner. **B** *a.* tanning: **industria conciaria**, leather tanning industry.

conciàto, *a.* (*fig.*: *malconcio*) battered; looking the worse for wear. ● **Era c. da far pietà**, he looked a mess.

conciatóre, *m.* **1** tanner **2** (*di tabacco*) curer.

conciatùra, *f.* **1** (*di pelli*) tanning; dressing: **c. vegetale**, vegetable tanning **2** (*di tabacco*) curing **3** (*di olive*) pickling.

conciliàbile, *a.* **1** compatible; consistent (with); reconcilable **2** (*leg.*: *di multa*) which can be settled out of court.

conciliabilità, *f.* compatibility; reconcilability.

conciliàbolo, *m.* clandestine (*o* secret) meeting; secret parley; conventicle; cabal; huddle (*fam.*): **fare c.**, to go into a huddle; **È in c. col direttore**, he's in with the manager.

conciliànte, *a.* **1** conciliating; conciliatory; placatory; accommodating **2** (*arrendevole*) yielding; pliable.

conciliàre (1), A *v. t.* **1** (*mettere d'accordo*) to reconcile; to conciliate; to placate; to pacify: **c. opinioni disparate**, to reconcile discrepant opinions; **c. due avversari**, to reconcile two enemies; to bring about a reconciliation between two enemies; **c. il lavoro col piacere**, to reconcile work with pleasure **2** (*procurare, ottenere*) to gain; to win*: **Il gesto gli conciliò la simpatia di tutti**, that gesture won him general favour; **conciliarsi la stima di q.**, to win (*o* to gain) sb.'s esteem; **conciliarsi q.**, to win* (sb.) over (to one's side) **3** (*favorire*) to induce; to be conducive to: **c. il sonno**, to induce sleep; to be conducive to sleep: **La televisione mi concilia sempre il sonno**, watching TV always makes me sleepy; **La voce dell'oratore conciliava il sonno**, the voice of the speaker had a soporific effect on the audience; **c. la digestione**, to help digestion. ● (*fig.*) **c. il diavolo e l'acqua santa**, to have the best of both worlds □ (*leg.*) **c. una lite**, to make up a quarrel □ (*leg.*) **c. una multa**, to settle a fine out of court; to pay a fine on the spot: **Concilia?**, will you pay now? **B conciliàrsi,** *v. i. pron.* e *rifl.* **1** (*andare d'accordo*) to be compatible; to agree: **Studio e pigrizia non si conciliano**, study and laziness are incompatible **2** (*mettersi d'accordo*) to become* reconciled; to make* up **3** (*fig.*: *accettare*) to become* reconciled (to st.); to resign oneself (to st.).

conciliàre (2), A *a.* of a council; conciliar. **B** *m.* member of a council.

conciliarișmo, *m.* (*eccles.*) conciliarism.

conciliativo, *a.* conciliative; conciliating; conciliatory.

conciliatóre, A *m.* (*f.* **-trice**) peacemaker; conciliator. **B** *a.* conciliatory; placatory. ● (*leg.*) **giudice c.**, Justice of the Peace.

conciliatòrio, *a.* conciliatory; conciliative; conciliating.

conciliatorișmo, *m.* conciliatoriness.

conciliazióne, *f.* **1** reconciliation; (*leg.*) conciliation: **fare opera di c.**, to bring about a reconciliation; to act as a peacemaker; **venire a una c.**, to come to a conciliation; **c. di una contravvenzione**, immediate payment of a fine **2** – (*stor.*) **la C.**, the 1929 Concordat between the Vatican and the Italian State.

concilio, *m.* **1** (*eccles.*) council: **c. ecumenico**, ecumenical council; **C. di Trento**, Council of Trent; **C. Vaticano II**, Second Vatican Council; **tenere un c.**, to hold a council **2** (*fam. scherz.*) council; confabulation; parley; powwow.

concimàia, *f.* (*a buca*) manure (*o* dung) pit; (*a mucchio*) manure heap, dunghill.

concimàre, *v. t.* to manure; to fertilize.

concimatrìce, *f.* (*agric.*) fertilizer (*o* manure) spreader.

concimazióne, *f.* manuring; fertilizing.

concime, *m.* fertilizer; dressing; (*letame*) manure, dung: **c. chimico**, (chemical) fertilizer; chemical (*o* artificial) manure; **c. organico**, compost; **c. naturale organico**, mulch.

concinnità, *f.* (*lett.*) concinnity.

cóncio (1), *a.* **1** (*ind.*: *conciato*) tanned **2** (*fam.*: *malridotto*) in a state (*pred.*); in a mess (*pred.*).

cóncio (2), *m.* (*archit.*) ashlar: **c. d'angolo**, quoin; **c. di chiave**, keystone.

concionàre, *v. i.* e *t.* **1** (*arringare*) to harangue **2** (*iron.*) to hold* forth; (*spreg.*) to rant.

concionatóre, *m.* (*f.* **-trice**) haranguer; (*spreg.*) ranter.

concionatòrio, *a.* haranguing.

concióne, *f.* **1** (*lett.*) harangue; public speech **2** (*iron.*) harangue; tirade.

conciossiaché, conciossiacosaché, *cong.* (*lett. scherz.*) insomuch as; since.

concișióne, *f.* concision; conciseness; terseness; brevity; succinctness.

concișo, *a.* concise; terse; (*succinto*) brief, succinct: **stile c.**, concise (*o* terse) style.

concistoriàle, *a.* (*eccles.*) consistorial.

concistòro, *m.* (*eccles.*) consistory.

concitaménto, *m.* (*lett.*) agitation; excitement.

concitàto, *a.* excited; agitated: **parlare in tono c.**, to speak excitedly; **Arrivò tutto c.**, he arrived in great agitation.

concitazióne, *f.* excitement; emotion; agitation.

concittadìno, *m.* (*f.* **-a**) **1** fellow citizen: fellow townsman* (*f.* townswoman*): **È stimato dai suoi concittadini**, he is highly thought of by his fellow townsmen: **Miei cari concittadini**, my dear fellow townsmen; **Siamo concittadini**, we come from the same town **2** *V.* **connazionale**.

conclamàre, *v. t.* (*lett.*) **1** (*acclamare*) to acclaim; to hail **2** (*proclamare*) to proclaim.

conclamàto, *a.* **1** acclaimed; hailed **2** (*evidente*) clear; self-evident **3** (*med.*) very evident.

conclàve, *m.* (*eccles.*) conclave.

conclavista, *m.* (*eccles.*) conclavist.

concludènte, *a.* **1** (*risolutivo*) conclusive; (*convincente*) convincing: **prova c.**, conclusive proof; **poco c.**, inconclusive; unconvincing **2** (*di persona*) energetic; businesslike; efficient; that gets things done.

conclùdere, A *v. t.* **1** (*portare a compimento*: *accordi e sim.*) to conclude; to clinch; to make*; to reach; to settle: **c. un trattato**, to conclude a treaty; **c. un accordo**, to reach an agreement; **c. un affare**, to conclude (*o* to clinch, to strike) a deal; **c. un'alleanza**, to form an alliance; **c. la pace**, to make peace; **c. una vertenza**, to settle a dispute **2** (*chiudere*) to conclude; to close; to finish; to end; to end off; to bring* to an end; to wind* up; to round off (*fam.*): **Concluse il discorso con una battuta**, he concluded (*o* closed) his speech with a joke; **Un coro marziale conclude felicemente il primo atto**, a martial chorus brings the first act to a successful end; **Un buon pranzo concluse la giornata**, a good dinner rounded off the day; **c. col dire**, to conclude (*o* to end off) by saying; **Concludi di quello che stavi dicendo**, finish off what you were saying; **per c.** (*o* **concludendo**) in conclusion; to sum up **3** (*fam.*: *fare, combinare*) to get* done: **Oggi ho concluso poco**, I got very little done today; **Vedi di c. qualcosa**, try and get something done **4** (*dedurre*) to conclude; to infer; to deduce: **Conclusi che doveva essere malato**, I concluded that he must be ill. **B** *v. i.* to be conclusive: **Il tuo ragionamento non conclude**, your argument is not conclusive. **C conclùdersi,** *v. i. pron.* to end; to end up; to come* to an end; to wind* up; to conclude; to close: **La riunione si concluse alle dieci**, the meeting ended at ten; **Tutto si concluse in un fallimento**, it all ended up in a failure; **c. improvvisamente**, to come to a sudden end.

conclușionàle, *a.* – (*leg.*) **comparsa c.**, final statement (of a case).

conclușióne, *f.* **1** (*di una trattativa, ecc.*) conclusion; settlement: **la c. della pace**, the conclusion of peace; **una c. della vertenza**, a settlement of the dispute **2** (*fine, termine*) conclusion; end; ending; close: **la c. della questione**, the end of the affair; **Il libro non ha una vera c.**, the book hasn't got a proper ending; **Mancano tre giorni alla c. della campagna elettorale**, there are three days to go before the end of the electoral campaign; **giungere a c.**, to come to an end; **portare q.c. a c.**, to bring st. to a close **3** (*risultato*) conclusion; result; outcome; upshot; issue: **La c. fu che dovemmo ricominciare da capo**, the upshot was we had to start again from the beginning; **una c. soddisfacente.**, a satisfactory outcome (*o* result) **4** (*deduzione*) conclusion; inference: **giungere a una c.**, to come to a conclusion; **trarre una c.**, to draw a conclusion; **saltare alle conclusioni**, to jump to conclusions **5** (*pl.*) (*di un'inchiesta, ecc.*) findings **6** (*pl.*) (*leg.*) summing up. ● **in c.**, in short; to sum up; in conclusion; (*insomma*) well: **In c., volevo sapere cosa gliene paresse**, in short, I wanted to know what he thought of it; **In c., abbiamo motivo di credere che le prove siano truccate**, to sum up, we have reason to believe that the evidence is faked; **In c., cosa te ne pare?**, well, what do you think of it? □ **senza c.**, inconclusively.

conclușivo, *a.* **1** (*definitivo*) decisive; definitive; conclusive: **risposta conclusiva**, definitive answer **2** (*finale*) concluding; closing; final: **parte conclusiva**, final part; **le frasi conclusive di un discorso**, the closing sentences of a speech.

conclùșo, *a.* **1** (*compiuto*) concluded; settled; made; closed: **L'affare è c.**, the deal is made; **una faccenda conclusa**, a closed matter; **Non c'è nulla di c.**, nothing has been settled yet; **a riunione conclusa**, after the end of the meeting **2** (*completo, esauriente*) complete; thorough; exhaustive **3** (*lett.*: *racchiuso*) enclosed.

concòide, A *f.* (*geom.*) conchoid. **B** *a.* conchoidal.

concologìa, *f.* conchology.

concomitànte, *a.* (*anche med.*) concomitant; concurrent; attendant; contributory: **causa c.**, contributory cause.

concomitànza, *f.* concomitance, concomitancy; concurrence. ● **Il libro uscirà in c. con il centenario**, the book will come out to coincide with the centenary.

concordàbile, *a.* **1** reconcilable; compatible **2** (*di prezzo e sim.*) negotiable **3** (*gramm.*) that may be made to agree.

concordànte, *a.* **1** concordant; agreeing; accordant; harmonious **2** (*geol.*) conformable.

concordànza, *f.* **1** concordance; agreement; consistency: **c. di opinioni**, concordance of opinions; **Non c'è c. tra le sue parole e le sue azioni**, there is no consistency between his words and his actions **2** (*gramm.*) agreement; concord: **c. di genere, numero e caso**, agreement in gender, number and case **3** (*pl.*) (*di testi letterari*) concordance (*sing.*) **4** (*geol.*) conformablility.

concordàre, A *v. t.* **1** (*mettere d'accordo*) to reconcile **2** (*stabilire insieme*) to agree on (*o* upon): **c. il prezzo**, to agree upon the price; **c. una versione dei fatti**, to agree on a version of the facts **3** (*combinare*) to arrange; to fix; (*negoziare*) to negotiate: **c. tutto per la fiera campionaria**, to arrange everything for the trade fair; **c. una data**, to fix a date; **c. l'ar-**

mistizio, to negotiate the armistice ***4*** (*gramm.*) to make* (st.) agree: **c. l'aggettivo col sostantivo**, to make the adjective agree with the noun. **B** *v. i.* ***1*** to agree (*anche gramm.*); to be in agreement: **Tutti i testi concordano**, all the texts agree; **Il participio concorda col soggetto**, the participle agrees with the subject ***2*** (*collimare*) to agree; to tally; to match: **I nostri risultati non concordano**, our results do not tally.

concordatàrio, *a.* ***1*** (*eccles., polit.*) concordatory; pertaining to a concordat; in accordance with a concordat ***2*** (*leg.*) composition (*attr.*). • **matrimonio c.**, religious marriage having civic validity.

concordàto, A *a.* agreed (on, upon); arranged; settled; fixed. **B** *m.* ***1*** (*accordo*) agreement; pact; covenant ***2*** (*eccles., polit.*) concordat ***3*** (*leg.*) arrangement; composition; settlement: **c. con i creditori**, arrangement with creditors; (*fin.*) **c. fiscale**, arrangement with the Revenue Office; **c. preventivo** (*al fallimento*), composition before bankruptcy ***4*** (*leg.*: *il documento*) deed of arrangement.

concòrde, *a.* ***1*** (*d'accordo*) in agreement; agreeing; concordant; united; unanimous; of the same opinion (*o* mind): **essere concordi sui punti essenziali**, to be in agreement on the main issues; **Fummo concordi nel verdetto**, we were unanimous in our verdict; **sempre amici, non sempre concordi**, always friends, though not always of the same mind ***2*** (*in armonia*) concordant; harmonious ***3*** (*simultaneo*) simultaneous.

concordeménte, *avv.* in agreement; with one accord; unanimously.

concòrdia, *f.* (*accordo*) agreement; (*armonia*) harmony; (*tra persone e nazioni*) concord, goodwill: **la c. in famiglia**, harmony in the family; **la c. fra i popoli**, goodwill among nations.

concorrènte, A *a.* ***1*** concurrent ***2*** (*anche comm.*) competing; rival: **ditte concorrenti**, competing (*o* rival) business firms ***3*** (*mat.*) concurrent: **linee concorrenti**, concurrent lines. **B** *m. e f.* ***1*** (*candidato*) candidate; applicant: **c. a una cattedra**, candidate for a chair ***2*** (*in una gara, anche sport*) competitor; contender; contestant: **c. a un premio**, competitor for an award ***3*** (*comm.*) competitor; opponent; rival; (*in una gara d'appalto*) bidder: **un c. temibile**, a serious rival.

concorrènza, *f.* ***1*** (*comm.*) competition: **prezzi che non temono la c.**, prices that defy all competition; **sostenere [battere] la c.**, to stand [to beat] the competition; **fare fronte alla c.**, to meet competition; to compete; **c. accanita [dura]**, keen [stiff] competition; **c. imperfetta [perfetta]**, imperfect [perfect] competition; **c. sleale**, unfair competition; unfair trade practice; **c. spietata**, ruthless (*o* cut-throat) competition; **libertà di c.**, free competition; **regime di c.**, competitive system. ***2*** (*collett.*: *i concorrenti*) competition (*spesso col verbo al pl.*); competitors (*pl.*): **Stiamo a vedere che cosa farà la c.**, let's see what the competition come up with; **un prodotto della c.**, a rival product ***3*** (*afflusso di persone*) concourse. • **essere in c. per q.c.**, to compete for st. □ **fare c. a un'altra ditta**, to compete with another firm □ (*scherz.*) **E così ti sei messo a farmi c.?**, so you're trying to compete with me? □ (*scherz.*) **Vedo che mi fai c.!**, I see I have a competitor! □ (*bur.*) **fino alla c. di**, to the extent of.

concorrenziàle, *a.* competitive; competing; **prezzi concorrenziali**, competitive prices; **regime c.**, competitive system.

concorrenzialità, *f.* competitiveness.

concórrere, *v. i.* ***1*** (*contribuire*) to contribute; to concur; to cooperate; to help: **c. alla guarigione [alla rovina] di q.**, to contribute to sb.'s recovery [ruin]; **Vari motivi concorsero alla mia decisione**, various motives contributed to my decision (*o* concurred in bringing me to that decision) ***2*** (*partecipare*) to contribute to (*o* towards); to share; to take* part in; to participate in: **c. alla spesa**, to contribute; to share the expenses; **c. a un'impresa**, to take part in an enterprise ***3*** (*gareggiare*) to compete for, to be in competition for, to go* in for, to run* for (*USA*); (*aspirare*) to apply for: **c. a un premio**, to compete for the prize; **c. a una cattedra universitaria**, to be in competition for (*o* to be running for, to be up for) a university chair; **c. a un appalto**, to tender a bid for a contract; **c. a un posto di giardiniere comunale**, to apply for the post of municipal gardener ***4*** (*concordare*) to concur; to agree: **Tutti concorrono a credere che...**, all concur in the belief that... ***5*** (*affluire*) to converge ***6*** (*mat.*) to meet*.

concórso, *m.* ***1*** (*afflusso*) concourse; gathering; crowd: **un c. di popolo**, a concourse of people; **c. di pubblico**, attendance; turnout ***2*** (*concomitanza*) concurrence; combination: **per un c. di circostanze favorevoli**, through a concurrence of favourable circumstances ***3*** (*partecipazione*) contribution, sharing, (*aiuto*) help, assistance: **c. alla spesa**, sharing the expenses ***4*** (*gara*) competition, contest; (*esame di c.*) competitive examination: **bandire un c.**, to announce (*o* to advertise) a competition; **coprire un posto per c.**, to fill a post by open competition; **c. a premi**, prize contest; **c. di bellezza**, beauty contest; **c. ippico**, horse show; show-jumping; **c. musicale**, musical contest; **c. per titoli e per esami**, competitive examination in which a candidate's publications and academic record are considered; **c. pubblico**, state competitive examination; open competition; **bando di c.**, announcement of competition ***5*** (*leg.*) complicity; concurrence: **c. di reato**, complicity in a crime. • (*comm.*) **c. d'appalto**, call for bids □ (*leg.*) **c. di colpa**, contributory negligence; comparative negligence (*USA*) □ (*leg.*) **c. dei creditori**, concurrence of creditors □ **fuori c.**, not for competition; hors concours (*franc.*); not competing □ **mettere a c.**, to announce a competition for: **Misero a c. dieci cattedre**, a competition for ten teaching posts (*di università*: for ten chairs) was announced.

concorsuàle, *a.* (*bur.*) examination (*attr.*).

concreàto, *a.* innate; inborn; congenital.

concrescènte, *a.* (*biol.*) conscrescent.

concrescènza, *f.* (*biol.*) concrescence.

concrèscere, *v. i.* to grow* together.

concresciménto, *m.* (*miner.*) intergrowth.

concretaménte, *avv.* concretely; positively; in real terms; in actual fact: **agire c.**, to act concretely (*o* positively); to take positive action; **per parlare c.**, to speak in real terms; **Non so che fare c.**, I don't know what to do in actual practice.

concretàre, A *v. t.* ***1*** to make* (st.) concrete; to give* concrete form to; (*incarnare*) to embody: **c. un'idea**, to give concrete form to an idea ***2*** (*concludere, realizzare*) to carry out, to get* (st.) done; (*venire al sodo*) to get* down to facts: **Parlano sempre e non concretano mai nulla**, they talk and talk, and nothing gets done; **Basta con le chiacchiere e cerchiamo di c.!**, enough with fine words, let's get down to facts (*fam.*: to brass tacks). • **c. un sogno**, to make a dream come true. **B** **concretàrsi,** *v. i. pron.* to take* shape; to be realized; to become a concrete reality; to jell (*fam.*).

concretézza, *f.* concreteness; concrete form.

concretìsmo, *m.* (*arte*) concrete art.

concretìsta, *m. e f.* (*arte*) concretist.

concretizzàre, *V.* **concretare.**

concrèto, A *a.* ***1*** (*fattuale, preciso*) concrete; actual; positive; real; tangible; solid: **Mi faccia una domanda concreta**, ask me a concrete question; **Veniamo a un caso c.**, let us consider an actual case; **affermazione concreta**, positive statement; **aiuto c.**, tangible help; **fatti concreti**, actual (*o* hard) facts; **risultati concreti**, tangible (*o* solid) results ***2*** (*pratico, realistico*) practical; realistic; direct; matter-of-fact: **esperienza concreta**, practical (*o* direct) experience; **una persona concreta**, a practical (*o* matter-of-fact, no-nonsense) person. • **arte concreta**, concrete art □ **in c.**, in reality; in actual facts; specifically □ **musica concreta**, concrete music □ (*gramm.*) **nome c.**, concrete noun □ **poesia concreta**, concrete poetry. **B** *m.* ***1*** (the) concrete; (*di una situazione*) the nitty-gritty (*fam.*): **Veniamo al c.!**, let's get down to the nitty-gritty (*o* to brass tacks) ***2*** (*gramm.*) concrete noun.

concrezionàle, *a.* (*geol.*) concretionary.

concrezionàto, *a.* (*miner.*) concretionary.

concrezióne, *f.* (*geol., med.*) concretion.

concubìna, *f.* concubine.

concubinàrio, *a.* concubinary.

concubinàto, *m.* concubinage.

concubìno, *m.* concubinary.

conculcaménto, *m.* (*lett.*) oppression; trampling down.

conculcàre, *v. t.* (*lett.*) ***1*** (*violare*) to violate; to break*; to trample upon: **c. le leggi**, to break the laws; **c. un diritto**, to trample upon a right ***2*** (*opprimere*) to oppress.

concupìre, *v. t.* (*lett.*) to covet; to lust after (*o* for).

concupiscènte, *a.* concupiscent; longing; lustful.

concupiscènza, *f.* ***1*** (*forte brama*) violent desire; craving; greed ***2*** (*desiderio erotico*) lust; concupiscence.

concupiscìbile, *a.* concupiscible.

concussionàrio, *m.* (*leg.*) extortioner.

concussióne, *f.* (*leg.*) extortion; graft.

concùsso, *a.* (*leg.*) that is victim of an extortion.

condànna, *f.* ***1*** (*leg.*: *dichiarazione di colpevolezza*) conviction; (*pena*) sentence: **La sua c. era data per certa**, his conviction was taken for granted; **verdetto di c.**, conviction; **una c. a tre anni di prigione**, a sentence of three years' imprisonment; **emettere una c.**, to pass sentence; **revocare una c.**, to revoke a sentence; **riportare una c.**, to be convicted; to be found guilty; to be sentenced; **rischiare una c.**, to face a sentence; **scontare una c.**, to serve a sentence; to serve (*o* to do) time (*fam.*); **una c. mite**, a light sentence; **c. all'ergastolo**, life sentence; **c. a morte** (*o* **capitale**), death (*o* capital) sentence; **c. condizionale**, suspended sentence; **precedenti condanne penali**, previous convictions; criminal record (*sing.*); (*fig.*) **Con quelle parole ha scritto la sua c.**, he signed his own death warrant with those words ***2*** (*fig.*: *pena*) punishment; (*maledizione*) curse: **l'eterna c.**, the eternal punishment ***3*** (*riprovazione*) condemnation; blame; strong disapproval; censure: **Ci fu una c. generale della sua condotta**, his conduct met with general condemnation (*o* was blamed by all); **esprimere la propria c.**, to express one's strong disapproval.

condannàbile, *a.* condemnable; (*riprovevole, anche*) censurable, blameworthy, reprehensible.

condannàre, *v. t.* ***1*** (*leg.*: *riconoscere colpevole*) to convict; (*a una pena*) to sentence, to condemn: **c. q. per furto [per omicidio]**, to convict sb. of theft [of murder]; **c. a vent'anni**, to sentence to twenty years' imprisonment; **c. a morte**, to sentence (*o* to condemn) to death ***2*** (*biasimare*) to condemn; to blame; to censure; to damn: **c. una decisione**, to condemn a decision; **I posteri potranno c. questa politica**, posterity may condemn this policy; **condannato dai critici**, damned by the critics ***3*** (*fig.*: *rivelare colpevole*) to condemn; to give* away ***4*** (*fig.*: *costringere*) to condemn; (*destinare*) to doom: **essere con-**

dannato all'insuccesso, to be doomed to failure; **c. alla dannazione eterna**, to condemn to eternal damnation; to damn ***5*** (*eccles.*) to censure ***6*** (*archit.*: *chiudere*) to wall up; to block.

condannàto, A *a.* ***1*** (*leg.*) convicted; sentenced; condemned ***2*** (*fig.*) condemned; (*destinato*) doomed: **c. a una vita di miseria**, condemned to a life of poverty; **c. al fallimento**, doomed to failure; damned. ● **Per i medici è condannato**, the doctors have no hope for him; he's a dying man, in the doctors' opinion. **B** *m.* (*f.* **-a**) (*leg.*) condemned person; (*prigioniero*) convict: **c. a morte**, person sentenced to death (*o* under a death sentence): **cella dei condannati a morte**, condemned cell.

condebitóre, *m.* (*f.* **-trice**) (*comm., leg.*) joint debtor.

condégno, *a.* proportionate; fitting; condign.

condènsa, *f.* (*tecn.*) condensation.

condensàbile, *a.* ***1*** (*fis.*) condensable ***2*** (*riassumibile*) that can be summed up.

condensabilità, *f.* (*fis.*) condensability.

condensaménto, *m.* condensation; condensing.

condensànte, (*chim.*) **A** *a.* condensative. **B** *m.* condensative agent.

condensàre, A *v. t.* ***1*** (*chim., fis.*) to condense ***2*** (*fig.*) to condense; to compress; to concentrate; to abridge; to cut* down. **B condensàrsi,** *v. i. pron.* to condense.

condensàto, A *a.* (*anche chim.*) condensed: **latte c.**, condensed milk. **B** *m.* ***1*** (*compendio*) summary; digest ***2*** (*fam.*: *mucchio*) mass; heap: **Questa traduzione è un c. di errori**, this translation is packed with mistakes.

condensatóre, *m.* ***1*** (*fis., chim.*) condenser: **c. di vapore**, steam condenser ***2*** (*elettr., elettron.*) capacitor (*GB*); condenser (*USA*): (*radio*) **c. di blocco**, blocking capacitor (*GB*); stopping condenser (*USA*); **c. variabile**, variable condenser (*o* capacitor); (*radio*) **c. di sintonia**, tuning capacitor.

condensazióne, *f.* ***1*** (*fis.*) condensation; condensing: (*aeron.*) **scia di c.**, condensation (*o* vapour) trail; contrail ***2*** (*psic.*) condensation.

còndilo, *m.* (*anat.*) condyle.

condiloidèo, *a.* (*anat.*) condyloid.

condilòma, *m.* (*med.*) condyloma*.

condiménto, *m.* ***1*** (*il condire*) seasoning, flavouring; (*l'insalata*) dressing ***2*** (*ciò con cui si condisce*) seasoning, condiment; (*salsa*) sauce; (*per l'insalata*) dressing ***3*** (*fig.*) sauce; spice: (*prov.*) **La fame è il miglior c.**, hunger is the best sauce.

condìre, *v. t.* ***1*** to season; to flavour; (*con spezie*) to spice; (*con una salsa*) to add a sauce to, to serve with a sauce; (*l'insalata*) to dress: **c. con pepe e sale**, to season with salt and pepper; **c. i maccheroni con sugo di carne**, to serve the macaroni with a meat sauce; **una pietanza molto condita**, a very rich dish ***2*** (*fig.*) to season; to spice; to lace; (*costellare*) to sprinkle, to pepper: **un discorso condito di citazioni latine**, a speech seasoned with Latin quotations.

condirettóre, *m.* (*f.* **-trice**) ***1*** co-director; joint director; joint manager (*f.* manageress) ***2*** (*di giornale, ecc.*) coeditor; associate editor.

condirezióne, *f.* ***1*** joint management; joint directorship ***2*** (*di giornale, ecc.*) joint editorship.

condiscendènte, *a.* (*arrendevole*) compliant, yielding, amenable; (*indulgente*) indulgent.

condiscendènza, *f.* ***1*** (*arrendevolezza*) compliance, amenability; (*indulgenza*) indulgence ***2*** (*degnazione*) condescension; patronizing attitude: **trattare q. con c.**, to patronize sb.

condiscéndere, *V.* **accondiscendere**.

condiscépolo, *m.* (*f.* **-a**) fellow student; (*lett.*) fellow disciple.

condividere, *v. t.* to share: **c. l'opinione di q.**, to share sb.'s opinion; **c. i sentimenti di q.**, to share sb.'s feelings; to sympathize with sb.

condivisìbile, *a.* that can be shared (*pred.*); shar(e)able.

condizionàle, A *a.* conditional: (*gramm.*) **proposizione [modo] c.**, conditional clause [mood]; (*leg.*) **sospensione c. della pena**, suspended sentence; probation. **B** *m.* (*gramm.*) conditional (mood). **C** *f.* ***1*** (*gramm.*) conditional clause ***2*** (*leg.*) suspended sentence.

condizionaménto, *m.* conditioning (*anche psic.*): **c. d'aria**, air conditioning.

condizionàre, *v. t.* ***1*** to condition (*anche psic.*); (*influenzare*) to influence: **essere condizionato dalla propria educazione**, to be conditioned by one's education ***2*** (*sottoporre a condizioni*) to make* (st.) conditional on: **Condizionai la mia partecipazione a una nostra vittoria elettorale**, I made my participation conditional on our winning the election ***3*** (*tecn.*: *trattare*) to condition; (*imballare*) to pack (up). ● **c. l'aria di una stanza**, to air-condition a room.

condizionàto, *a.* ***1*** (*subordinato*) conditional; qualified: **assenso c.**, conditional assent; (*comm.*) **accettazione condizionata**, qualified acceptance ***2*** (*med., psic.*) conditioned: **riflesso c.**, conditioned reflex; **stimolo c.**, conditioned stimulus ***3*** (*ling.*) conditioned. ● **aria condizionata**, air conditioning □ **con aria condizionata**, air-conditioned (*attr.*) □ (*leg.*) **libertà condizionata**, probation.

condizionatóre, A *m.* conditioner: **c. d'aria**, air conditioner. **B** *a.* conditioning: **impianto c.**, conditioning plant.

condizionatrice, *f.* ***1*** (*tecn.*) baling machine ***2*** (*agric.*) hay baler.

condizionatùra, *f.* (*tecn.*) conditioning.

condizióne, *f.* ***1*** condition; proviso; (*clausola*) term: **Non sta a lui porre delle condizioni**, it is not up to him to make conditions; **Le condizioni della resa furono molto dure**, the terms of surrender were very harsh; **condizioni di vendita [di pagamento]**, terms of sale [of payment]; **Quali sono le sue condizioni?**, what are his conditions (*o* terms)?; **A quale c.?**, on what condition?; **a c. che**, on condition that; provided that; providing; under the proviso that: **A c. che venga anche lui**, on condition that (*o* provided that) he comes too; **a una c.**, on one condition; **a nessuna c.**, under no circumstances; on no account: **porre come c. necessaria**, to stipulate; **Non devi uscire a nessuna c.**, under no circumstance (*o* on no account) must you go out; **senza condizioni**, without reserve; unconditional: **resa senza condizioni**, unconditional surrender ***2*** (*circostanza*) condition; circumstance: **creare le condizioni di una ripresa**, to create the conditions for a recovery; **in condizioni favorevoli**, under favourable conditions ***3*** (*stato fisico o psicologico*) condition (*generalm. al sing.*); state: **Non è in condizioni di viaggiare**, he is in no condition (*o* he is not fit) to travel; **Non sei in c. di guidare**, you're in no condition (*o* in no fit state) to drive; **Nelle mie condizioni preferirei di no**, I'd rather not, in my condition; **condizioni di salute**, health; state of (sb.'s) health; condition: **Le sue condizioni sono peggiorate**, he has worsened; his condition has worsened; **in buone [cattive] condizioni di salute**, in good [poor] health; **in ottime condizioni fisiche**, in very good (physical) condition; in excellent shape; on top form; in fine fettle (*fam. GB*); **In che condizioni ti sei ridotto!**, look at the state you are in!; **le condizioni del paese dopo la guerra**, the condition (*o* state) of the country after the war ***4*** (*pl.*) (*stato di conservazione*) condition (*sing.*); (*di macchina e sim., anche*) (state of) repair (*sing.*): **La merce è in buone condizioni**, the goods are in good condition; **Il suo cappotto era in pessime condizioni**, his coat was in very poor condition (*o* was very shabby); **L'auto era in buone condizioni**, the car was in good condition (*o* in a good state of repair); **un motore in buone condizioni**, an engine in good working order; **in cattive condizioni**, in bad repair; **in condizioni disastrose**, beyond repair; **in ottime condizioni**, in mint condition; in good nick (*fam. GB*) ***5*** (*posizione*) position: **essere in c. di fare q.c.**, to be in a position (*o* to be able) to do st.; **Mi spiace, ma non sono in c. di rispondere**, I regret I am not in a position to answer ***6*** (*ceto, ambiente*) condition of life; class; social background; rank: **gente di tutte le condizioni**, people of every condition of life; **c. sociale**, social status (*o* rank); position in society; **una famiglia di c. borghese [operaia]**, a middle-class [working-class] family; **La moglie era di c. molto diversa**, his wife had a very different social background; **La ragazza era di buona c.**, the girl came from a good family; **Era gente di c. assai modesta**, they were very simple people; they were not at all well off ***7*** (*qualità, requisito*) qualification; requirement; condition: **Non ha le condizioni richieste per il posto**, he lacks the necessary qualifications (*o* requirements) for the job ***8*** (*leg.*: *clausola contrattuale*) condition; clause; provision: **c. risolutiva**, resolutory condition; **c. sospensiva**, suspensive condition; **c. potestativa**, potestative condition; **c. espressa [tacita]**, express [implied] condition. ● **condizioni ambientali**, environment □ **condizioni del tempo**, weather conditions □ **condizioni di lavoro**, working conditions □ **condizioni di spirito**, state (*o* frame) of mind: **Non sono nelle condizioni di spirito ideali per andare a una festa**, I'm not in the best frame of mind to go to a party □ **c. di svantaggio**, disadvantage: **in c. di svantaggio**, under a disadvantage □ **condizioni di vita**, living conditions □ **condizioni economiche**, (*di un paese*) economy; (*di una persona*) financial situation, circumstances □ **condizioni finanziarie**, financial condition (*o* situation): **in buone condizioni finanziarie**, (*di ditta*) in a good financial situation; (*di persona*) well off □ **la c. umana**, the human condition □ **in condizioni agiate**, well-off; in comfort □ **L'ha messo in c. di completare gli studi**, he enabled him to complete his education □ **Mi trovo nelle condizioni di dover rifiutare**, I find myself obliged to refuse □ **sotto c.**, conditionally; under condition; with a proviso; provisional (*agg.*) □ **versare in gravi condizioni**, to be in a bad way.

condogliànza, *f.* (*specialm. al pl.*) condolence; sympathy: **Gli feci le mie condoglianze per la morte della madre**, I offered him my condolences upon his mother's death; I expressed my sympathy with him on his mother's death; **sentite condoglianze**, heartfelt sympathy; **lettera di condoglianze**, letter of condolence.

condolérsi, *v. i.* to condole (with sb.); to sympathize (with sb.).

condominiàle, *a.* (*leg.*) of (*o* relating to) co-ownership. ● **spese condominiali**, (shared) running expenses (in a block of flats); communal expenses.

condomìnio, *m.* ***1*** (*leg.*) co-ownership: **avere q.c. in c. con altri**, to own st. in common; **c. internazionale**, condominium ***2*** (*caseggiato*) block of (individually owned) flats; apartment building; condominium (*USA*); condo (*fam. USA*): **spese di c.**, (shared) running expenses (in a block of flats); communal expenses ***3*** (*collett.*: *i condòmini*) (the) owners: **riunione di c.**, owners' meeting.

condòmino, *m.* (*f.* **-a**) co-owner; (*di appartamento*) (flat) owner: **Siamo condomini al N° 33**, we both own flats at No. 33; **Bisogna chiederlo agli altri condomini**, we must ask the other owners.

condonàbile, *a.* ***1*** (*di debito*) remissible ***2*** (*lett.*: *di colpa*) forgivable; excusable.

condonàre, *v. t.* **1** to remit: **c. un debito [una pena]**, to remit a debt [a penalty] **2** (*lett.*: *perdonare*) to condone; to forgive*; to excuse.

condonazióne, *f.* remission.

condóno, *m.* (*leg.*) remission; pardon. ● (*fin.*) **c. edilizio**, amnesty for infringment of building regulations □ (*fin.*) **c. fiscale**, tax amnesty.

còndor, *m.* (*zool., Vultur gryphus*) condor.

condótta, *f.* **1** (*comportamento*) conduct; behaviour, behavior (*USA*); demeanour, demeanor (*USA*): **La sua c. è sempre stata irreprensibile**, his conduct has always been irreproachable; **un premio per la buona c.**, a prize for good conduct; **tenere una buona c.**, to behave well; **tenere una cattiva c.**, to behave badly; to misbehave; **tenere una c. riprovevole**, to behave in a reprehensible manner; **c. sleale**, foul play **2** (*conduzione*) conduct, handling; (*gestione*) operation, running, management **3** (*med.*) district served by a municipal doctor; (*la carica*) post of district municipal doctor **4** (*tubazione*) pipe, conduit, duct; (*di sistema pubblico*) main: **c. dell'acqua**, water main; **c. principale**, main; **c. forzata**, penstock **5** (*ferr.*) goods train **6** (*teatr.*) costumes and props. ● (*leg.*) **c. disonesta**, malfeasance □ (*leg.*) **certificato di buona c.**, good conduct certificate □ **linea di c.**, line of conduct; (*normativa*) guidance, guidelines (*pl.*) □ (*a scuola*) **voto di c.**, mark for conduct.

condottièro, *m.* **1** (*stor.*) condottiere*; leader of a mercenary company **2** (*comandante*) leader; captain; general; commander **3** (*fig.*) leader.

condótto (1), *a.* – **medico c.**, district municipal doctor.

condótto (2), *m.* **1** (*tubo, canale, ecc.*) pipe, channel, conduit, duct; (*se flessibile, anche*) tube; (*a lunga distanza, specialm. per il petrolio*) pipeline; (*di caldaia*) flue: **c. dell'aria**, air duct; ventiduct; **c. di aerazione**, local vent; **c. fumario**, flue; **c. principale**, main **2** (*anat.*) duct; canal: **c. lacrimale [biliare]**, lacrimal [hepatic] duct.

condrina, *f.* (*biol.*) chondrin.

condrióma, *m.* (*biol.*) chondriome.

condriosòma, *m.* (*biol.*) chondriosome; mitochondrion*.

condrite, *f.* **1** (*miner.*) chondrite **2** (*med.*) chondritis*.

condrologia, *f.* chondrology.

condròma, *m.* (*med.*) chondroma*.

condrosarcòma, *m.* (*med.*) chondrosarcoma*.

conducènte, *m. e f.* **1** driver: **c. di autobus**, bus driver **2** (*leg.*: *conduttore*) lessee; tenant.

conducìbile, *a.* **1** that can be carried (*pred.*); that can be taken (*pred.*); conductible **2** (*fis.*) conductive.

conducibilità, *f.* (*fis.*) conductivity; conduction.

condùplex, *m. e f. invar.* (*telef.*) sharer of a party line.

condùrre, A *v. t.* **1** (*guidare*) to lead*; to guide: **c. le truppe alla vittoria**, to lead the troops to victory; **c. un bambino per mano**, to lead a child by the hand **2** (*accompagnare*) to take*; (*verso chi parla*) to bring*: **c. una comitiva di turisti alla stazione**, to take a party of tourists to the station; **c. le bestie al pascolo**, to take the animals to graze; **Mi hanno condotta qui dal teatro**, I've been brought here from the theatre; **Ti ci condurrò in macchina**, I'll drive you there **3** (*portare*) to take*; to bring*; to carry; to lead*: **Questo tubo conduce l'acqua alla fontana**, this pipe carries water to the fountain; **c. alla disperazione**, to drive to despair; **c. q.c. alla rovina**, to lead st. to ruin; **c. q.c. a termine**, to bring st. to an end; to carry through st.; **c. q.c. a buon fine**, to bring st. to a successful conclusion; to bring off; **c. alla tomba**, to cause sb.'s death; to be the death of sb. **4** (*un veicolo*) to drive*; (*una nave*) to steer: **c. un'automobile**, to drive a car **5** (*fis., elettr.*) to conduct; to transmit **6** (*dirigere, amministrare, gestire*) to manage; to conduct; to run*: **c. un'azienda**, to manage (*o* to run) a firm; **c. male i propri affari**, to manage (*o* to conduct) one's affairs badly; to mismanage one's affairs; **c. un affare**, to negotiate a deal; **c. le trattative**, to handle (*o* to conduct) negotiations; to negotiate; **c. un dibattito**, to conduct a debate **7** (*effettuare*) to conduct; to carry out; to pursue; to effect: **c. un'inchiesta**, to conduct a survey; **c. una politica di investimenti**, to pursue (*o* to carry out) a policy of investments **8** (*geom.*: *tracciare*) to draw*: **c. una retta**, to draw a straight line **9** (*vivere*) to lead*; to live: **c. una vita piacevole**, to lead a pleasant life; **c. una doppia vita**, to lead a double life. ● **c. a mano una bicicletta**, to push (*o* to walk) a bicycle □ **c. q. all'altare**, to lead sb. to the altar □ (*leg.*) **c. un'azione legale contro q.**, to proceed against sb. □ **c. la classifica**, to head the results list; to be number one (on the results list); (*calcio*) to be at the top of the league □ **«Scirocco» condotto da Lerici trionfa nel trentesimo Derby di trotto**, «Scirocco» driven by Lerici triumphs in the 30th Trotting Derby. **B** *v. i.* **1** (*sport*: *essere in vantaggio*) to lead*: **La squadra conduceva per tre a zero**, the team was leading three-nil **2** (*di strada e sim.*) to go*; to lead*: **Questa strada conduce al mare**, this road goes to the sea; (*prov.*) **Tutte le strade conducono a Roma**, all roads lead to Rome. **C condùrsi,** *v. rifl.* **1** (*comportarsi*) to behave; (*dare prova di sé*) to acquit oneself: **Si è sempre condotto benissimo**, he has always behaved very well **2** (*lett.*: *recarsi*) to go*; to betake* oneself (*lett.*).

conduttànza, *f.* (*fis.*) conductance.

conduttività, *f.* (*fis.*) conductivity.

conduttìvo, *a.* (*fis.*) conductive.

conduttometrìa, *f.* (*chim., fis.*) conductometry.

conduttòmetro, *m.* (*chim., fis.*) conductometer.

conduttóre, A *m.* (*f.* **-trice**) **1** leader; guide; conductor: **c. di un gruppo**, group leader **2** (*chi guida un mezzo di trasporto*) driver **3** (*sport*) pilot **4** (*controllore, sui treni*) guard; conductor (*USA*) **5** (*radio, TV*) host; compere (*GB*) **6** (*gestore*) manager; operator **7** (*addetto a impianto e sim.*) operator **8** (*fis.*) conductor: **buon [cattivo] c.**, good [bad] conductor **9** (*elettr.*) wire: **c. isolato**, insulated wire; **c. pilota**, pilot wire **10** (*leg.*) lessee; tenant **11** (*naut.*) flotilla leader. **B** *a.* leading; guiding: (*fig.*) **filo c.**, thread (running through st.); underlying theme; **motivo c.**, (*mus.* e *fig.*) leitmotiv (*ted.*); (*fig.*) recurring (*o* constant) theme.

conduttùra, *f.* **1** (*tubo*) conduit, pipeline; (*di sistema pubblico*) main; (*per cavi elettrici*) conduit, duct: **c. dell'acqua [del gas]**, water [gas] main **2** (*sistema di tubi*) conduits (*pl.*), plumbing; (*di sistema pubblico*) main; **Bisogna riparare tutta la c.**, all the plumbing has to be overhauled.

conduzióne, *f.* **1** (*il condurre*) management; running; operating: **la c. di una ditta**, the management of a firm; the running of a business; **ditta a c. familiare**, family business; (*radio, TV*) **La c. del programma è affidata a X**, the programme is hosted (*GB, anche*: compered) by X **2** (*fis.*) conduction **3** (*leg.*) leasehold; tenancy: **avere 2000 ettari in c. diretta**, to be the leaseholder of 2,000 hectars.

conestàbile, *m.* (*stor.*) constable.

confabulàre, *v. i.* to talk (*o* to discuss) privately; to talk tête-à-tête; to whisper together; to go in a huddle (*fam.*); (*scherz.*) to plot.

confabulazióne, *f.* **1** private talk (*o* discussion); huddling; (*scherz.*) plotting **2** (*psic.*) confabulation.

confacènte, *a.* (*adatto*) suitable (for), suited (to), appropriate (to), fitting (for); (*che si addice*) proper (for): **un clima c. ai malati di polmoni**, a climate suitable for people with lung problems; **un lavoro c. alle proprie esigenze**, a job suited to one's requirements; **Non è c. alla mia posizione**, it is not proper for me.

confagricolo, *a.* of the General Federation of Italian Landowners.

Confagricoltùra, *f.* General Federation of Italian Landowners.

confàrsi, *v. i. pron.* **1** (*essere adatto*) to be suited to, to be suitable for, to be appropriate to, to fit (sb., st.); (*addirsi*) to become* (sb., st.): **un vestito che si confà all'occasione**, a dress suitable (*o* fit) for the occasion; **un linguaggio che non le si confà**, a manner of speaking that does not become her **2** (*giovare, essere gradito*) to suit (sb.); to agree with: **Questo clima mi si confà**, this climate suits me (*o* agrees with me).

confederàle, *a.* confederal; federal.

confederàre, A *v. t.* to confederate. **B confederàrsi,** *v. rifl.* to form a confederation; to confederate.

confederatìvo, *a.* confederative.

confederàto, *a.* e *m.* (*f.* **-a**) confederate: (*stor.*) **Stati Confederati d'America**, Confederate States of America.

confederazióne, *f.* **1** confederation; federation: **La Svizzera è una c.**, Switzerland is a confederation; **c. sindacale**, federation of trade unions; (*in G.B.*) Trade Union Congress **2** (*alleanza*) confederacy, league: (*stor., U.S.A.*) **la C. sudista**, the Confederacy.

conferènza, *f.* **1** lecture: **una c. su Verga**, a lecture on Verga; **tenere una c. su q.c.**, to lecture on st.; to give a lecture on st.; **un giro di conferenze**, a series of lectures; a lecture tour **2** (*riunione, assemblea*) conference: **la c. dei ministri degli esteri**, the conference of foreign ministers; **C. monetaria internazionale**, International Monetary Conference; **c. al vertice**, summit (conference); **c. stampa**, press (*o* news) conference; **tenere una c. stampa**, to hold a press conference.

conferenzière, *m.* (*f.* **-a**) lecturer; speaker.

conferiménto, *m.* **1** (*diplomi*) conferring, conferment, bestowal; (*premi, ricompense, ecc.*) awarding; (*cariche*) appointment (to an office): **il c. di una laurea,**, the conferring of a degree; **il c. di una borsa di studio**, the awarding of a study grant; **il c. di un premio**, the awarding of a prize **2** (*fin.*) contribution. ● (*econ.*) **c. di merci all'ammasso**, conveyance of goods to a common pool.

conferire, A *v. t.* **1** (*genericam.*) to give*; (*diplomi*) to confer (st. on sb.); (*premi, borse*) to award (st. to sb.); (*incarichi*) to assign (sb. to st.), to appoint (sb. to st.): **c. a q. una laurea ad honorem**, to confer an honorary degree on sb.; **Gli fu conferito il titolo di baronetto**, he was made a baronet **2** (*dare, aggiungere*) to lend*; to give*: **Guanti e cappello le conferivano un'aria raffinata**, the hat and gloves lent her an air of refinement; **Il basilico conferisce alla salsa un sapore particolare**, basil gives a special flavour to the sauce **3** (*fin.*) to contribute: **c. una somma di denaro a una società**, to contribute an amount of money to a partnership. ● (*naut.*) **c. a un ufficiale il comando d'una nave**, to commission an officer □ (*econ.*) **c. merci all'ammasso**, to convey goods to a common pool. **B** *v. i.* **1** (*avere un colloquio*) to confer; to be in conference **2** (*giovare*) to agree with; to be beneficial to.

conférma, *f.* confirmation; corroboration: **c. verbale**, verbal confirmation; **la c. di una prenotazione**, the confirmation of a booking; **Si rivolse a me per avere c.**, he turned to me for confirmation; **a c. di**, in confirmation of; **dare c. di q.c.**, to confirm st.; **la c. di un sospetto**, the confirmation of a suspicion; **a c.**

della veridicità delle mie asserzioni, in corroboration of the truth of what I said. ● (*comm.*) **c. di un ordine**, confirmation (*o* acknowledgment) of an order □ (*comm.*) **c. di ricevuta**, acknowledgment of receipt □ (*leg.*) **c. di una sentenza**, affirmation of a judgment.

confermàre, A *v. t.* **1** (*dichiarare vero, esatto*) to confirm; to attest: **La notizia non fu confermata**, the report was not confirmed; **Confermai che era stato con me tutta la sera**, I confirmed he had been with me all evening; **c. una prenotazione**, to confirm a booking; **Il teste conferma la sua versione dei fatti**, the witness confirms his story **2** (*comprovare*) to confirm; to bear* out; to corroborate: **La lettera confermava le mie paure**, the letter confirmed (*o* bore out) my fears; **Le sue capacità furono confermate dalla sua rapida carriera**, his ability was attested by his rapid career; **c. una teoria**, to corroborate a theory **3** (*ratificare*) to ratify: **c. una nomina**, to ratify an appointment **4** (*riconfermare*) to confirm; (*rieleggere*) to re-elect: **La carica gli fu confermata**, he was confirmed in office; **c. q. presidente**, to re-elect sb. chairman; **c. un impiegato per un altro anno**, to keep on an employee for another year. ● (*prov.*) **L'eccezione conferma la regola**, the exception proves the rule. **B confermàrsi**, *v. rifl.* **1** (*rafforzarsi*) to strengthen: **Si confermò nelle vecchie opinioni**, he strengthened in his old opinions; **c. nel proposito di**, to be resolved to **2** (*dimostrarsi*) to prove oneself; to prove to be: **Si è confermato un ottimo cuoco**, he has proved to be an excellent cook. **C confermàrsi**, *v. i. pron.* (*dimostrarsi fondato*) to prove founded; to prove right.

confermativo, *a.* confirmative; confirmatory.

confermazióne, *f.* (*anche eccles.*) confirmation.

confessàbile, *a.* which can be confessed; admissible.

confessàre, A *v. t.* **1** to confess (to st.); to admit (to st.); to own up (to st.); to acknowledge: **c. un delitto**, to confess to a crime; **Confessò di aver ucciso tre persone**, he confessed he had (*o* to having) murdered three people; **Confessò di aver rotto lui il vetro**, he owned up to having broken the window-pane; **Devo c. che in principio non gli credetti**, I must confess (*o* own) that at first I did not believe him; **Confesso che non lo sapevo**, I confess (*o* I must admit) I didn't know; **Mi confessò la sua esitazione**, he admitted to being hesitant **2** (*eccles.*) to confess: (*ascoltare in confessione*) to hear* confessions: **c. i propri peccati**, to confess one's sins; **Don Piero sta confessando**, Father Piero is hearing confessions; **Chi ti ha confessato?**, who heard your confession? **3** (*confidare*) to confide; to disclose; to reveal: **Mi confessò il suo più grande desiderio**, he confided me his greatest wish; **Ti confesso un segreto**, I'm going to tell you a secret **4** (*professare, attestare*) to confess; to attest: **c. la propria fede**, to confess one's faith. **B confessàrsi**, *v. rifl.* **1** to confess; to acknowledge: **c. colpevole**, to confess one's guilt; to plead guilty **2** (*eccles.*) to confess; to be at confession; to go* to confession: **c. in punto di morte**, to confess before dying; **Mi sono confessato stamattina**, I went to confession this morning.

confessionàle, A *a.* **1** (*eccles.*) confessional; confessionary: **segreto c.**, secret of the confessional **2** (*proprio di una fede religiosa*) denominational; confessional: **un partito c.**, a confessional political party; **istruzione [scuola] c.**, denominational education [school]; **Stato c.**, state acknowledging an official religion. **B** *m.* (*eccles.*) confessional.

confessionalismo, *m.* confessionalism.

confessióne, *f.* **1** (*leg.*) confession; (*in una causa civile*) admission, concession: **fare piena c.**, to make a full confession; **c. firmata**, signed confession; **estorcere una c. da q.**, to force a confession out of sb.; **c. giudiziale [stragiudiziale]**, judicial [extrajudicial] admission (*o* confession) **2** (*ammissione*) confession; avowal; admission; acknowledgment: **Devo farti una c.**, I must confess something to you **3** (*eccles.*) confession: **il sacramento della c.**, the sacrament of confession; **la c. dei propri peccati**, the confession of one's sins; **ascoltare una c.** to hear a confession; **fare la c.**, to go to confession; **il segreto della c.**, the secret of the confessional; **sotto il sigillo della c.**, under seal of confession **4** (*fede religiosa*) denomination; confession; sect: **di c. luterana**, of the Lutheran denomination; Lutheran; **Di che c. è?**, which church does he belong to? **5** (*pl.*) (*letter.*) confessions: **le Confessioni di S. Agostino**, the Confessions of St. Augustine. ● (*relig.*) **c. di fede**, confession of faith.

confesso, *a.* self-confessed; self-acknowledged; avowed: **ladro c.**, self-confessed thief; **un donnaiolo c.**, an avowed womanizer; **essere reo c.**, to have avowed one's guilt; (*leg.*) to have pleaded guilty; to be a self-confessed criminal.

confessóre, *m.* (*eccles.*) confessor.

confettàre, *v. t.* to candy; to coat with sugar.

confettatrice, *f.* sugar-coating machine.

confettatùra, *f.* candying; sugar-coating.

confetteria, *f.* **1** (*fabbrica*) confectionery **2** (*negozio*) confectioner's (shop); sweet shop **3** (*assortimento*) confectionery; sweets (*pl.*).

confettièra, *f.* (*scatola*) sweet box; (*vaso*) sweet jar.

confettière, A *m.* (*f.* **-a**) confectioner. **B** *a.* sugar-coating (*attr.*); confectionery (*attr.*).

confètto, *m.* **1** sugar-coated almond; sugared almond **2** (*farm.*) (sugar-coated) pill. ● (*scherz.*) **confetti di piombo**, bullets; slugs (*fam.*) □ (*fig.*) **mangiare i confetti**, to celebrate a wedding.

confettùra, *f.* (*marmellata*) jam; preserve; (*di agrumi*) marmalade.

confetturièro, *a.* jam (*attr.*): **industria confetturiera**, jam manufacturing.

confezionaménto, *m.* V. **confezione**, *def. 1* e 2.

confezionàre, *v. t.* **1** (*impacchettare*) to pack, to package; (*avvolgere*) to wrap up, to make* up: **c. con cellofan**, to wrap up in cellophane; **c. in una scatola**, to pack in a box; **c. un pacco**, to make up a parcel; **Glielo confeziono come regalo?**, shall I gift-wrap it for you? **2** (*capi d'abbigliamento*) to manufacture, to make*; (*cucire*) to sew*; (*a maglia*) to knit: **Si fa c. tutti gli abiti**, he has all his clothes made to measure; **c. un maglione**, to knit a sweater; **c. a mano**, to make by hand; **c. a macchina**, to make on a machine; to manufacture.

confezionàto, *a.* **1** packaged; wrapped-up **2** (*di abito*) ready-made; ready-to-wear; off-the-peg (*fam.*): **c. su misura**, made to measure (*pred.*); tailor-made **3** (*fig.*) ready-made. ● **c. a mano**, handmade □ **c. a macchina**, machine-made; manufactured □ **non c.**, loose.

confezionatóre, *m.* (*f.* **-trice**) **1** (*di pacchi, merci*) packer; wrapper **2** V. **confezionista**.

confezionatrice, *f.* (*macchina*) packer.

confezióne, *f.* **1** (*imballaggio*) packaging; packing; wrapping up: **La c. carica il prezzo**, packaging adds to the price **2** (*involucro*) packaging; packing; wrapping: **c. regalo**, gift wrapping; **in c. regalo**, gift-wrapped **3** (*merce confezionata*) package; packet; pack (*USA*); (*scatola*) box: **una c. di biscotti**, a packet (*USA*: pack) of biscuits; **una c. di vini**, a box of wines; **c. famiglia**, family-size packet; **c. risparmio**, economy packet; **una c. da dieci**, a packet of ten; a ten-pack (*USA*) **4** (*il confezionare abiti e sim.*) making; making up: **Per la c. del vestito ci vorrà una settimana**, the suit will take a week to make **5** (*industria dell'abbigliamento*) clothing industry: **lavorare nel settore della c.**, to work in the clothing industry **6** (*pl.*) (*abiti*) clothes; garments; wear (*sing., nei composti*): **c. pronte**, ready-made clothes; **reparto confezioni**, clothes department; **confezioni per uomo [per donna]**, menswear [ladies wear].

confezionista, *m. e f.* (*di capi di abbigliamento*) garment maker; seamstress (*f.*).

conficcàre, A *v. t.* to drive*; to stick*; to run*; to thrust*; to hammer: **c. chiodi nel muro**, to drive nails into the wall; **c. un palo nel terreno**, to drive a pole into the ground; **c. una picozza nella neve**, to stick an ice axe into the snow; **Gli conficcò la spada nel ventre**, he thrust (*o* ran) his sword into his belly; **conficcarsi un ago in un dito**, to stick a needle into one's finger; (*fig.*) **conficcarsi q.c. in mente**, to get st. into one's head. **B conficcàrsi**, *v. i. pron.* to stick*; to become* embedded; to lodge oneself: **La lama si conficcò nella porta**, the blade stuck in the door; **La pallottola si conficcò nel muro**, the bullet ended up in the wall; **Gli si era conficcata una scheggia nel piede**, a splinter was (*o* he had got a splinter) embedded (*o* lodged) in his foot.

confidàre, A *v. i.* (*avere fiducia*) to confide in, to trust (sb.), to put* one's trust in, to feel* confident of (*o* about); (*fare affidamento*) to rely on, to count on: **c. in q.**, to trust (*o* to confide in) sb.; **c. nella Provvidenza**, to put one's trust in Providence; **c. nella vittoria**, to feel confident of victory; **Confido nella tua discrezione**, I rely on your discretion. **B** *v. t.* **1** (*rivelare*) to confide; to tell*: **c. un segreto a q.**, to confide a secret to sb.; **Mi confidò i suoi timori**, he confided me (*o* he told me about) his fears; **Mi confidò che portava la dentiera**, he told me in confidence that he wore a denture **2** (*sperare*) to hope; to expect; to be (*o* to feel*) confident; to feel* sure: **Confido che il dottore verrà presto**, I hope (*o* I expect) the doctor will come soon; **Confido che vincerai**, I am confident you will win; **C. che saprai trovare la soluzione**, I trust you will find the solution. **C confidàrsi**, *v. i. pron.* to open one's heart (*o* mind) to; to confide in: **La madre si confidò con me**, his mother opened her heart to me.

confidènte, A *a.* **1** (*fiducioso*) confiding; trusting **2** (*lett.: sicuro di sé*) self-assured; self-confident. **B** *m. e f.* **1** (*amico fidato*) confidant (*m.*); confidante (*f.*): **Anna era la sua c.**, Anna was her confidante (*form.*); she used to tell Anna all her secrets **2** (*della polizia*) (police) informer.

confidènza, *f.* **1** (*familiarità*) intimacy; familiarity: **Non c'è molta c. fra le due famiglie**, there is no great intimacy between the two families; **essere in rapporti di c. con q.**, to be on friendly terms with sb.; to be intimate with sb.; **Non ho abbastanza c. con lui per chiederglielo**, I'm not intimate enough (*o* on close enough terms) with him to ask him; I don't know him well enough to ask him **2** (*fiducia*) confidence; trust **3** (*rivelazione*) secret; confidence: **fare una c. a q.**, to tell sb. st. in confidence; to let sb. in on a secret; **una c. imbarazzante**, an embarrassing secret. ● **dare c. a q.**, to be familiar with sb.; to treat sb. with familiarity; (*inteso come critica*) not to keep one's distance with sb.: **Gli dai troppa c.**, you are too familiar with him; you should keep your distance with him □ **Non mi cambio, tanto con loro sono in c.**, I'm not going to change, I needn't stand upon ceremony with them (*o* they're friends) □ **in c.**, in confidence; confidentially; between you an me: **Glielo dissi in c.**, I told him in confidence (*o* confidentially); **In c., non credo che sia all'altezza**, between you and me, I don't think he is up to it □ **prendere c. con q.**, to get on friendly terms with sb. □ **prendere c. con q.c.**, to familiarize oneself with st.; to get the hang of st. (*fam.*) □ **prendersi delle confidenze con q.**, to take liberties with sb.; to be fresh with sb. (*fam.*) □ **prendersi troppa c.**, to be (too) familiar; to take liberties with sb.

confidenziàle, *a.* **1** (*riservato*) confidential; private; off the record: **informazione c.**, confidential information; **a titolo c.**, confidentially; in confidence; **in via strettamente c.**, strictly in confidence; strictly off the records **2** (*cordiale*) friendly; familiar: **in rapporti confidenziali**, on friendly terms.

confidenzialità, *f.* **1** confidential nature **2** (*cordialità*) friendliness; familiarity.

confidenzialménte, *avv.* confidentially; in confidence.

configgere, *v. t.* **1** *V.* **conficcare 2** (*inchiodare*) to nail.

configuràre, A *v. t.* to depict; to represent; to make* out; to shape. **B configuràrsi,** *v. i. pron.* **1** (*assumere un aspetto*) to assume (*o* to take* on) a form (*o* a shape, a look): **La situazione si sta configurando come pericolosa**, the situation is beginning to look dangerous (*o* is taking on a dangerous look) **2** (*delinearsi*) to take* shape; to emerge: **Si sta configurando una nuova figura di insegnante**, a new type of teacher is emerging.

configurazionàle, *a.* (*chim.*) configurational.

configurazióne, *f.* **1** configuration; shape; pattern; contour; outline **2** (*geogr.*) configuration; comformation; contour; geography: **la c. del terreno**, the contour of the land; **la c. di una regione**, the geography of a region **3** (*fis., chim.*) configuration; conformation **4** (*astron.*) configuration.

confinànte, A *a.* neighbouring, neighboring (*USA*); adjoining; bordering (on) (*anche fig.*); adjacent (to): **paesi confinanti**, neighbouring countries; **Il mio giardino è c. con il suo**, my garden borders on his. **B** *m.* e *f.* neighbour, neighbor (*USA*).

confinàre, A *v. t.* **1** (*leg.*) to intern; to confine: **Fu confinato in una piccola isola**, he was interned on a small island **2** (*fig.*) to confine; to restrict; to relegate: **È confinato nella sua stanza**, he's confined to his room; **La neve ci confinò in casa**, the snow kept us indoors (*o* kept us home-bound). **B** *v. i.* **1** to border (st.); to adjoin (st.); to abut on; to be bounded by: **La Svizzera confina con l'Italia**, Switzerland borders Italy; **Il paese confina col mare a est**, to the east the country is bounded by the sea; **Le nostre proprietà confinano**, our estates border each other **2** (*fig.*) to border on; to verge on: **una franchezza che confina con l'impertinenza**, a frankness bordering on impertinence. **C confinàrsi,** *v. rifl.* to withdraw*; to retire; to seclude oneself; to shut* oneself up.

confinàrio, *a.* **1** (*rif. a confini di Stato*) border (*attr.*): **paese c.**, border country; **polizia confinaria**, border police **2** (*rif. a proprietà, ecc.*) boundary (*attr.*): **cippo c.**, boundary stone.

confinàto, A *a.* **1** (*leg.*) interned; confined (to a place) **2** confined; bound: **c. in casa**, home-bound; **c. a letto**, confined in bed; bedridden. **B** *m.* (*f.* **-a**) (*leg.*) political internee.

Confindùstria, *f.* Italian Manufacturers' Association.

confindustriàle, *a.* of (*o* relating to) the Italian Manufacturers' Association.

confine, *m.* **1** boundary: **il c. fra i due poderi**, the boundary between the two farms; **segnare il c.**, to mark the boundary; to bound; **palo [cippo] di c.**, boundary post [stone]; **segno di c.**, boundary marker; landmark; **i confini cittadini**, the city boundaries; **confini di regione**, regional boundary **2** (*tra Stati*) border; frontier; (*negli U.S.A.*) state line: **il c. tra l'Italia e l'Austria**, the border (*o* the frontier) between Italy and Austria; **Chiasso è al c.**, Chiasso is on the frontier; **passare** (*o* **varcare**) **il c.**, to cross the border; **Attraversò il c. ed entrò in Francia**, he crossed the border into France; **controlli al c.**, border checks; **incidente di c.**, border incident; **polizia di c.**, border police **3** (*segno di c.*) boundary marker, landmark; (*cippo*) boundary stone; (*palo*) boundary post **4** (*fig.*) boundary, frontier, borderline; (*limite*) limit, bound: **il c. tra fisica e chimica**, the boundary between physics and chemistry; **i confini della mente umana**, the boundaries of the human mind; **i confini della scienza**, the frontiers of science; **al c. tra la vita e la morte**, on the borderline between life and death; hovering between life and death; **oltrepassare ogni c.** (*esagerare*), to go beyond the limit; to overstep the mark; to be beyond the pale; **non conoscere confini**, to know no bounds (*o* limits); **rasentare i confini del lecito**, to be on the borderline of legality; to sail close to the wind (*fam.*). ● **c. artificiale**, artificial frontier □ **c. linguistico**, linguistic boundary (*o* frontier) □ **c. naturale**, natural boundary □ **ai confini del mondo**, at the ends of the earth; at the edge of the world □ **linea di c.**, boundary; border line; (*fig.*) borderline □ **senza confini**, boundless; endless; unbounded □ (*anche fig.*) **zona di c.**, borderland.

confino, *m.* **1** (*leg.*: *la condanna*) (political) confinement; internment **2** (*il luogo*) place of internment; area of forced domicile. ● **mandare q. al c.**, to intern sb.

confisca, *f.* (*leg.*) forfeiture; confiscation; (*sequestro*) seizure.

confiscàbile, *a.* forfeitable; confiscable.

confiscàre, *v. t.* **1** (*leg.*) to forfeit; to confiscate **2** (*sequestrare*) to seize, to confiscate: **c. un'arma**, to seize a weapon; **Il professore gli confiscò il temperino**, the teacher confiscated his pocket knife.

confiscatóre, A *m.* (*f.* **-trice**) confiscator. **B** *a.* confiscating.

confiteor (*lat.*), *m. invar.* (*eccles.*) confiteor. ● (*fig.*) **recitare il c.**, to do penance; to put on sackcloth and ashes.

conflagràre, *v. i.* **1** (*lett.*) to burst into flames; to flare up **2** (*fig.*: *di guerre e sim.*) to break* out.

conflagrazióne, *f.* **1** (*lett.* e *fig.*) conflagration **2** (*fig.*: *accensione di ostilità*) outbreak of hostilities.

conflitto, *m.* **1** (*scontro*) conflict, fight; (*guerra*) conflict, war: **c. a fuoco**, gunfight; shoot-out; **c. mondiale**, world war; **Il c. si estese ai paesi confinanti**, the conflict (*o* the war) spread to the neighbouring countries **2** (*fig.*: *contrasto*) conflict, clash, collision; (*disputa*) dispute: **c. d'interessi**, conflict (*o* clash) of interests; **c. di poteri**, conflict of powers; (*leg.*) **c. di giurisdizione**, conflict of jurisdiction; **conflitti sindacali**, industrial disputes **3** (*psic.*) conflict. ● **entrare in c. con**, to come into conflict with □ **essere in c. con**, (*in guerra*) to be at war with; (*fig.*) to conflict with, to clash with, to be at odds with: **le due tesi sono in c.**, the two theses clash; **È in c. col padre**, he is in conflict (*o* at odds) with his father □ **interessi in c.**, conflicting interests.

conflittuàle, *a.* conflictual.

conflittualità, *f.* (*specialm. in campo sindacale*) conflict; strife; unrest: **c. permanente**, permanent labour unrest.

confluènte, A *a.* confluent. **B** *m.* confluent.

confluènza, *f.* (*geogr.*) confluence; meeting.

confluire, *v. i.* **1** (*di corsi d'acqua*) to flow into; (*di valli, di strade*) to meet*, to join, to merge: **Il Missouri e il Mississippi confluiscono**, the Missouri and the Mississippi flow into each other; **La Dora confluisce nel Po**, the Dora flows into the Po **2** (*fig.*) to merge; to converge; to come* together: **c. in un partito**, to merge with a party; **far c. i voti su un unico candidato**, to make all votes converge on one candidate; **Nell'«Encyclopédie» confluì tutto il sapere dell'epoca**, the sum of contemporary knowledge came together in the «Encyclopédie».

confocàle, *a.* (*mat.*) confocal.

confóndere, A *v. t.* **1** (*mettere in disordine*) to mix up; to muddle up: **Mi hanno confuso tutti i libri**, they have mixed up all my books; **Non confondere le ricevute**, don't muddle up the invoices **2** (*scambiare*) to confuse; to mistake*; to take*; to get* (sb., st.) mixed up; to mix up: **Guardi che mi confonde con un altro**, you must be confusing me with someone else; **Scusi, l'avevo confuso con suo fratello**, I'm sorry, I mistook you for your brother; **c. due nomi**, to mix up two names; to get two names mixed up; **c. «ingenuo» con «ingegnoso»**, to confuse «ingenuous» with «ingenious» **3** (*disorientare*) to confuse, to fluster, to bewilder, to confound, to perplex; (*mettere in imbarazzo*) to embarrass, to overwhelm: **Il suo sguardo severo mi confuse**, his stern look confused me; **Se mi fai fretta, mi confondi**, you'll get me flustered, if you hurry me up; **Tutte quelle luci lo confondevano**, all those lights dazzled him; **Mi confondi con la tua gentilezza**, you embarrass me with all your kindness **4** (*rendere indistinto*) to blur; to muddle: **La calura confonde i contorni**, the heat blurs the contours; **L'età le confonde i ricordi**, age blurs her memories; **c. la vista**, to blur the vision; (*abbagliare*) to dazzle (sb.) **5** (*lett.*: *umiliare*) to confound; to bring* low. ● **Più a nord i due fiumi confondono le loro acque**, the two rivers join further north □ (*fig.*) **c. le acque**, to cloud the issue; to fudge; to obfuscate (*USA*) □ **c. la questione**, to confuse the issue □ **c. le idee a q.**, to muddle sb.; to confuse sb. **B confóndersi,** *v. i. pron.* **1** (*fare confusione*) to get* confused, to get* mixed up; to get* muddled up; to get* into a muddle; to find* (st.) confusing: **Mi confondo con tutti quei nomi russi**, I get mixed up with all those Russian names; I find all those Russian names confusing; **Carlo non è medico, tu ti confondi con il fratello**, Carlo is not a doctor, you're mixing him up with his brother **2** (*essere disorientato*) to get* confused; to get* flustered; (*essere imbarazzato*) to be embarrassed, to be overwhelmed: **Davanti alla telecamera si confuse e balbettò poche parole**, he got flustered in front of the camera, and mumbled a few words; **Si confuse con tutti quei complimenti**, he was embarrassed by all those compliments **3** (*mescolarsi*) to mingle; (*di colori*) to blend: **Il vero e il falso si confondevano**, truth mingled with falsehood; **c. tra la folla**, to mingle with the crowd **4** (*divenire indistinto*) to become* blurred; to blur: **I suoi ricordi si confondevano**, her memories were blurred.

confondìbile, *a.* likely to be confused; easily mistaken.

conformàbile, *a.* conformable; adaptable.

conformàre, A *v. t.* to shape; to mould; to form; to adapt; to suit; to conform: **c. la propria vita a un'idea**, to shape one's life on an ideal; **c. le proprie maniere all'ambiente**, to conform one's manners to the place. **B conformàrsi,** *v. rifl.* to conform; to comply; to meet* (st.): **c. alle usanze locali**, to conform to local customs; **c. alle regole**, to conform to (*o* to abide by) the rules; **c. alla legge**, to comply with the law; **c. alla volontà di q.**, to conform to sb.'s wishes.

conformatóre, *m.* (*per cappellai*) conformator.

conformazionàle, *a.* (*chim.*) conformational.

conformazióne, *f.* conformation; shape; configuration; structure: **la c. del cranio**, the shape of the skull; **la c. del terreno**, the configuration of the land; **c. mentale**, psychological make-up.

confórme, A *a.* **1** (*corrispondente, in accordo*) conformable (to); corresponding (to); consistent (with); in keeping (with): **un com-**

portamento c. all'età del bambino, behaviour consistent with the child's age; **La decisione non è c. alla politica del governo**, the decision is not in keeping with government policy; **Tutte le sue scelte sono conformi alle tradizioni di famiglia**, all his choices conform to family traditions; **c. a ragione**, reasonable; **c. al regolamento**, regulation (*attr.*) **2** (*simile*) similar; analogous; like: **essere c. all'originale**, to be similar to (*o* to be like) the original; **un contratto c. a quello dell'altro inquilino**, a contract analogous to the one drawn up for the other tenant. ● (*comm.*) **essere c. al campione**, to be up to sample □ (*leg.*) **copia c.**, certified copy; true copy. **B** *avv.* in conformity (with); in accordance (with): **agire c. al regolamento**, to act in conformity with the regulations; **c. ai vostri desideri**, in accordance with your wishes.

conformeménte, *avv.* accordingly. ● **c. a**, according to; in conformity with; (*leg.*) in pursuance of, pursuant to.

conformiṣmo, *m.* conformance; conformism; (*convenzionalismo*) conventionality.

conformista, *m.* e *f.* conformist; conventional person; square (*fam.*).

conformistico, *a.* conformist (*attr.*); conventional; straight (*fam.*); square (*fam.*).

conformità, *f.* conformity; compliance; accordance; (*somiglianza*) similarity. ● **in c.**, accordingly □ **in c. a** (*o* **di, con**), in compliance with; in accordance with; (*leg.*) in pursuance of, pursuant to: **in c. con le disposizioni di legge**, in accordance with the law; **in c. con quanto annunciato**, as has been announced.

confortàbile, *a.* consolable.

confortànte, *a.* comforting; (*rassicurante*) reassuring: **notizie confortanti**, reassuring news.

confortàre, **A** *v. t.* **1** (*consolare*) to comfort, to console, to cheer; (*rassicurare*) to reassure: **Cercai di c. il bambino in lacrime**, I tried to comfort the child in tears; **Mi conforta sapere che non sono solo**, I am cheered by the knowledge I'm not alone **2** (*incoraggiare*) to encourage; to cheer; to put* heart into **3** (*confermare, sostenere*) to bear* out; to support; to corroborate; to strengthen: **c. l'accusa con prove**, to support the accusation with proofs. **B confortàrsi**, *v. rifl.* to console oneself; to take* comfort; to take* cheer. **C confortàrsi**, *v. rifl. recipr.* to console each other (*o* one another).

confortatóre, **A** *m.* (*f.* **-trice**) comforter. **B** *a.* comforting; reassuring.

confortatòrio, *a.* consolatory.

confortévole, *a.* **1** (*consolante*) comforting; cheering **2** (*comodo*) comfortable: **poltrona c.**, comfortable armchair.

confòrto, *m.* **1** (*consolazione*) consolation; solace; comfort; sympathy: **cercare c. nella preghiera**, to seek solace in prayer; **Il figlio è il suo unico c.**, her son is her only consolation; **Mi fu di grande c. averlo vicino**, it was a great comfort to me to have him with me; **parole di c.**, words of sympathy **2** (*sostegno*) support: **a c. di questa teoria**, in support of this theory **3** (*incoraggiamento*) encouragement: **La sua fiducia in me mi fu di c. a proseguire**, his trust in me was an encouragement to go on **4** (*agio*) comfort. ● (*eccles.*) **i conforti religiosi**, the last rites □ **generi di c.**, refreshments.

confratèllo, *m.* (*eccles.*) brother*.

confratèrnita, *f.* brotherhood; confraternity.

confricàre, *v. t.* to rub.

confrontàbile, *a.* comparable; that can be compared.

confrontàre, **A** *v. t.* **1** to compare: **c. la copia con l'originale**, to compare the copy with the original; **c. i prezzi in diversi negozi**, to compare the prices in various shops **2** (*mettere a confronto*) to confront: **c. due testi**, to confront two witnesses **3** (*collazionare*) to collate. **B confrontàrsi**, *v. rifl.* (*misurarsi*) to confront; to face; to meet*; to deal* with: **c. coi fatti**, to confront (*o* to face) facts. **C confrontàrsi**, *v. rifl. recipr.* (*affrontarsi*) to face each other; (*discutere*) to have a debate.

confrónto, *m.* **1** comparison: **fare un c.**, to make a comparison; **Tra i due non c'è c.**, there is no comparison between the two; **Il c. non regge**, the comparison does not stand **2** (*leg.*) confrontation: **c. all'americana**, identification parade; lineup (*USA*) **3** (*collazione*) collation **4** (*sport*) contest; encounter; match. ● **al c.**, in (*o* by) comparison □ **a c. di** (*o* **in c. a**), in comparison with; compared with (*o* to): **A c. di tutti quegli asini lui è un genio**, compared with all those dunces, he is a genius □ **mettere a c.**, to compare; (*leg.*) to confront: **Non si possono mettere a c.**, they can't be compared; **I due testimoni furono messi a c.**, the two witnesses were confronted □ **nei confronti di**, to; towards: **Non si è comportato bene nei miei c.**, he didn't behave well towards me □ **reggere al c.**, to stand (*o* to bear) comparison; **È un bel quadro, ma non regge al c. con quello**, it's a fine painting, but it won't bear comparison (*o* does not compare) with that one □ **senza confronti**, beyond comparison (*o* compare); incomparably; by far: **L'altro libro è più avvincente, senza confronti**, the other book is far (*o* incomparably) more gripping; **Il fratello è un musicista migliore, senza confronti**, his brother is a better musician by far □ **non temere confronti**, to be able to stand comparison.

confucianéṣimo, *m.* Confucianism.

confuciàno, *a.* e *m.* Confucian.

Confùcio, *m.* Confucius.

confuṣaménte, *avv.* **1** confusedly; vaguely: **ricordare q.c. c.**, to remember st. vaguely; **rispondere c.**, to give a garbled answer **2** (*alla rinfusa*) haphazardly; anyhow; higgledy-piggledy: **cose ammucchiate c.**, things heaped together haphazardly.

confuṣionàle, *a.* confusional: (*psic.*) **stato c.**, confusional state; state of mental confusion.

confuṣionàrio, **A** *a.* muddling; bungling; muddleheaded. **B** *m.* (*f.* **-a**) muddler; bungler; muddlehead.

confuṣióne, *f.* **1** (*caos*) confusion, chaos; (*disordine*) muddle, jumble, clutter, mess; (*mescolanza*) medley, hotchpotch: **La c. della sua stanza aveva un certo fascino**, the chaos of his room had a certain charm; **In tutta questa c. non trovo niente**, I can't find a thing in this mess (*o* chaos); **c. di razze**, medley of races **2** (*trambusto*) bustle, confusion, commotion, stir; (*baccano*) noise, din, racket: **la c. delle ore di punta**, the bustle of the rush hour; **Nella c. ci perdemmo di vista**, in the confusion we lost sight of each other **3** (*equivoco, errore*) confusion; mix-up: **Dobbiamo evitare ogni c. tra i due problemi**, we must avoid any confusion between the two issues; **una c. di date**, a mix-up in the dates; **C'è stata c. nell'orario**, there has been a mix-up in the timetable **4** (*disorientamento*) confusion, bewilderment, bemusement, bafflement; (*imbarazzo*) embarrassment; (*mortificazione*) confusion, abashment, shame: **La mia c. era evidente**, my confusion was evident; **con mia grande c.**, to my great confusion (*o* embarrassment) **5** (*leg.*) merger; confusion **6** (*med.*) confusion; derangement. ● **fare c.**, (*mettere in disordine*) to mess up; to muddle (up); to make a muddle (*o* a mess) (of); (*assol.*) to be a muddler; (*fare chiasso*) to make noise, to make a racket; (*confondere*) to get mixed up, to mix (st.) up: **È una cara donna, ma fa tanta c.**, she's a dear, but such a muddler; **Ho fatto c. fra i due**, I got the two of them mixed up; **Non toccare niente, non fare c.!**, don't touch anything; don't mess things up □ **mettere c. in q.c.**, to mess up st.

confuṣioniṣmo, *m.* **1** (*tendenza alla confusione nel parlare*) muddleheadedness; vagueness; woolliness **2** (*tendenza a creare confusione*) disorderliness **3** (*psic.*) confused behaviour.

confuṣionista, *m.* e *f.* muddler.

confùṣo, *a.* **1** (*in disordine*) confused; messed up; mixed up; jumbled; chaotic **2** (*non chiaro*) confused, vague, nebulous, woolly, muddled; (*indistinto*) blurred, indistinct, vague: **idee confuse**, confused (*o* vague) ideas; woolly thinking; **spiegazione confusa**, muddled explanation; **Arrivano solo notizie confuse**, only vague news is coming through: **ricordo c.**, vague memory; **un'immagine confusa**, a blurred picture **3** (*disorientato*) confused, bewildered, bemused, baffled; (*imbarazzato*) embarrassed, overwhelmed; (*mortificato*) confused, ashamed, abashed, very sorry: **Sono c. che lei si sia disturbato**, I am very sorry that you should have troubled yourself.

confutàbile, *a.* confutable; refutable; disprovable; rebuttable.

confutàre, *v. t.* to confute; to refute; to disprove; (*specialm. leg.*) to rebut.

confutativo, *a.* confutative.

confutatóre, *m.* (*f.* **-trice**) confuter; refuter; rebutter.

confutatòrio, *a.* confuting; refuting; disproving; (*specialm. leg.*) rebutting.

confutazióne, *f.* confutation; refutation; (*specialm. leg.*) rebuttal.

cònga, *f.* (*danza cubana*) conga.

congedàbile, *a.* (*mil.*) dischargeable.

congedaménto, *m.* (*mil.*) discharge.

congedàndo, *m.* (*mil.*) dischargee.

congedàre, **A** *v. t.* **1** to say* goodbye to; to take* leave of (*form.*); (*accompagnando alla porta*) to see* out; (*mandare via*) to send* away; (*un sottoposto*) to dismiss: **Mi congedò in fretta**, he said a hurried goodbye to me; **L'ambasciatore stava congedando gli ultimi ospiti**, the ambassador was taking leave of his last guests; **Congedato il segretario, si rivolse di nuovo a me**, he dismissed his secretary and turned again to me **2** (*mil.*) to discharge (from the army); (*smobilitare*) to demobilize, to demob (*fam.*). **B congedàrsi**, *v. rifl.* (*andarsene*) to leave* (sb.); (*salutare*) to say* goodbye to; (*form.*) to take* (one's) leave of: **Si congedò senza un commento**, he left without a comment; **Si congedò in fretta**, he said a hurried goodbye.

congedàto, (*mil.*) **A** *a.* discharged. **B** *m.* discharged soldier.

congèdo, *m.* **1** (*commiato*) leave, leave-taking, goodbye, farewell; (*di sottoposto*) dismissal: **visita di c.**, farewell call; **prendere c. da q.**, (*lasciare*) to leave sb.; (*salutare*) to say goodbye to sb., to take (one's) leave of sb. (*form.*) **2** (*permesso*) leave (of absence); (*di diplomatico*) furlough: **essere in c.**, to be on leave; **chiedere un c.** , to apply for leave; **mandare in c.**, to send on leave; **c. matrimoniale**, marriage leave; **c. per maternità**, maternity leave; **c. per motivi di salute**, sick leave; **c. retribuito** [**non retribuito**], leave with [without] pay; **c. con stipendio pieno** [**ridotto**], leave on full [on reduced] pay **3** (*mil.*) discharge: **mandare in c.**, to discharge; **c. assoluto**, discharge; **c. illimitato**, discharge to the reserve; **foglio di c.**, discharge papers; **ufficiale in c.**, officer of the reserve **4** (*poesia*) envoy.

congegnàre, *v. t.* **1** (*mecc.*) to assemble; to fit together **2** (*fig.*) to devise, to plan, to contrive, to concoct; (*costruire*) to construct: **c. un piano**, to devise (*o* to concoct) a plan; **un romanzo ben congegnato**, a well-constructed novel.

congégno, *m.* (*mecc.*) device, contrivance, apparatus, gear, machine, contraption (*fam.*); (*strumento*) instrument; (*meccanismo*) mechanism: **Un c. complesso riproduce il**

suono da vari punti della sala, a complex apparatus reproduces the sound from various points of the room; **un piccolo c. che aziona automaticamente l'innaffiatore**, a small device that automatically starts the sprinkler; **c. di elevazione**, elevating gear; **c. di sicurezza**, safety device; **c. antifurto**, burglar alarm; (*mil.*) **c. di puntamento**, sighting system.

congelaménto, *m.* **1** freezing; congelation: **il c. dei cibi**, food freezing; (*fis.*) **metodo [punto] di c.**, freezing process [point] **2** (*med.*) frostbite: **principio di c.**, incipient frostbite **3** (*fig.*: *arresto*) standstill; stall: **c. della trattativa**, a standstill in the talks **4** (*econ.*) freeze: **c. dei prezzi [dei crediti]**, price [credit] freeze.

congelàre, A *v. t.* **1** to freeze*; to congeal **2** (*med.*) to frostbite* **3** (*fig.*: *raggelare*) to freeze* **4** (*fig.*: *bloccare*) to halt, to stop, to put* on ice **5** (*econ.*) to freeze*: **c. i prezzi**, to freeze prices. **B congelàrsi,** *v. i. pron.* **1** to freeze*; to congeal; to become* frozen (*o* congealed): **Rientriamo, mi sto congelando**, let's go in, I'm freezing **2** (*med.*) to become* frostbitten.

congelàto, *a.* **1** frozen (*anche econ.*); congealed: **carne congelata**, frozen meat; (*econ.*) **crediti congelati**, frozen assets **2** (*med.*) frostbitten: **avere un piede c.**, to have a frostbitten foot.

congelatóre, A *m.* deepfreezer. **B** *a.* freezing.

congelazióne, *f.* **1** freezing **2** (*med.*) frostbite.

congènere, *a.* **1** similar; akin; of the same sort (*o* kind) **2** (*biol.*) congeneric; congenerous.

congeniàle, *a.* congenial; sympathetic.

congenialità, *f.* congeniality.

congènito, *a.* (*med.* e *fig.*) congenital.

congèrie, *f.* heap; mass; congeries* (*lett.*).

congestionàre, A *v. t.* **1** (*med.*) to congest **2** (*fig.*) to congest; to overcrowd. **B congestionàrsi,** *v. i. pron.* **1** (*med.*) to become (*o* to get) congested **2** (*fig.*) to congest; to get* overcrowded.

congestionàto, *a.* **1** (*med.*) congested **2** (*fig.*) congested; overcrowded: **traffico c.**, congested traffic. ● **viso c.**, flushed face.

congestióne, *f.* **1** (*med.*) congestion: **c. polmonare**, pulmonary congestion **2** (*fig.*) congestion; overcrowding: **c. del traffico**, traffic congestion.

congestizio, *a.* (*med.*) congestive.

congettùra, *f.* **1** conjecture; supposition; guess; surmise (*lett.*). **fare una c.**, to make a conjecture; **fare congetture**, to conjecture **2** (*filol.*) conjectural reading.

congetturàbile, *a.* conjecturable.

congetturàle, *a.* conjectural.

congetturàre, A *v. t.* to conjecture; to suppose; to guess. **B** *v. i.* to conjecture.

congiùngere, A *v. t.* **1** (*unire*) to join (together); to unite; to combine; (*travi, binari*) to splice: (*mat.*) **c. due punti**, to join two points; **c. due pezzi saldandoli**, to join two parts by soldering; **c. in matrimonio**, to join in matrimony; **c. le mani in preghiera**, to join one's hands in prayer; **c. le proprie forze**, to join forces **2** (*collegare*) to connect; to link up: **c. due paesi con un servizio d'autobus**, to connect (*o* to link up) two villages with a bus service. ● (*mecc.*) **c. a incastro**, to cog □ (*mecc.*) **c. a mortasa**, to mortise. **B congiùngersi,** *v. i. pron.* e *rifl. recipr.* to join; to be joined; to unite; to meet*: **c. in matrimonio**, to be joined in matrimony; **Le due strade si congiungono a un miglio da qui**, the two roads meet one mile from here; **Il sentiero si congiunge alla strada**, the path joins the main road; **c. carnalmente**, to have sexual intercourse.

congiungiménto, *m.* **1** joining; union **2** (*lett.*: *unione sessuale*) coupling; sexual intercourse.

congiuntaménte, *avv.* jointly; conjointly.

congiuntìva, *f.* (*anat.*) conjunctiva*.

congiuntivàle, *a.* (*anat.*) conjunctival.

congiuntivite, *f.* (*med.*) conjunctivitis.

congiuntìvo, A *a.* **1** conjunctive **2** (*gramm.*) subjunctive: **modo c.**, subjunctive mood. **B** *m.* (*gramm.*) subjunctive: **Il verbo deve essere al c.**, the verb should be in the subjunctive.

congiùnto, A *a.* **1** (*unito*) joined; united; combined: **sforzi congiunti**, united (*o* combined) efforts; **in seduta congiunta**, in joint session **2** (*collegato*) connected; linked. **B** *m.* (*f.* **-a**) relative; relation; kinsman* (*f.* kinswoman*): **un mio c.**, a relative of mine.

congiuntùra, *f.* **1** (*punto di unione*) joint; join; seam **2** (*anat.*) joint; articulation **3** (*fig.*: *circostanza*) circumstance, occasion; (*generalm. critica*) juncture, conjuncture: **approfittare della c. favorevole**, to exploit the favourable opportunity; **c. dolorosa**, sad circumstance **4** (*econ.*: *situazione*) economic situation; (*tendenza*) economic tendency (*o* trend); (*prospettiva*) economic outlook: **c. alta**, boom; expansion; **c. bassa**, slump; depression; **c. negativa**, recession; negative business cycle; slump.

congiunturàle, *a.* (*econ.*) **1** connected with the current economic situation; trend (*attr.*): **situazione c.**, business climate **2** (*ciclico*) cyclical: **crisi c.**, cyclical crisis **3** (*a breve termine*) short-term (*attr.*): **fluttuazioni congiunturali della domanda**, short-term fluctuations of demand.

congiunzióne, *f.* **1** conjuction; junction; joining; meeting: **punto di c.**, (point of) juction; join; (*fig.*) meeting point; **in c. con**, in conjuction with; jointly with **2** (*gramm.*) conjunction: **c. coordinativa [subordinativa]**, coordinating [subordinating] conjuction **3** (*astron., astrol.*) conjunction: **pianeti in c.**, planets in conjuction.

congiùra, *f.* conspiracy; plot: **ordire una c.**, to hatch a plot; to conspire; **sventare una c.**, to foil a plot; **Fu accusato di c. contro lo Stato**, he was accused of conspiring against the state; **c. del silenzio**, conspiracy of silence.

congiuràre, *v. i.* to conspire; to plot: **Congiurarono per deporre il re**, they plotted to depose the king; **c. ai danni di q.**, to plot (*o* to conspire) against sb.; **Tutto congiura contro di noi**, everything is conspiring against us

congiuràto, *m.* (*f.* **-a**) conspirator; plotter.

conglobaménto, *m.* combining; collecting; lumping together; (*di crediti, imposte, ecc.*) combining; (*di retribuzioni*) incorporation.

conglobàre, *v. t.* to combine; to lump together; (*crediti, imposte, ecc.*) to combine; (*retribuzioni*) to incorporate.

conglobazióne, *f. V.* **conglobamento.**

conglomeràre, *v. t.* to conglomerate.

conglomeràta, *f.* (*econ.*) conglomerate.

conglomeràto, *m.* **1** conglomerate (*anche econ.*; *geol.*); mass; pile; conglomeration (*anche fig.*): **c. etnico**, conglomeration of races **2** (*edil.*: *calcestruzzo*) concrete; mix.

conglomerazióne, *f.* conglomeration.

conglutinàre, *v. t.* **conglutinàrsi,** *v. i. pron.* to conglutinate.

conglutinazióne, *f.* conglutination.

congolése, *a.*, *m.* e *f.* Congolese*.

congratulàrsi, *v. i. pron.* to congratulate (sb. on st.): **Mi congratulai con lui per la promozione**, I congratulated him on his promotion.

congratulazióne, *f.* (*generalm. al pl.*) congratulation: **fare le congratulazioni a q.**, to congratulate sb. (on st.); to offer sb. one's congratulations; **ricevere le congratulazioni di q.**, to be congratulated by sb.; **Congratulazioni!**, congratulations!

congrèga, *f.* **1** (*eccles.*) congregation; confraternity **2** (*spreg.*) bunch; set; gang; clique.

congregàre, A *v. t.* to assemble; to congregate; to gather together; to call together. **B congregàrsi,** *v. i. pron.* to assemble; to congregate; to come* together.

congregazionalìsmo, *m.* (*relig.*) Congregationalism.

congregazionalista, *a.*, *m.* e *f.* (*relig.*) Congregationalist.

congregazióne, *f.* **1** (*adunanza*) assembly; gathering **2** (*eccles.*) congregation.

congregazionista, *m.* e *f.* (*eccles.*) member of a congregation.

congressista, *m.* e *f.* member of a congress; participant (to a congress, a conference, a convention).

congressìstico, *a.* congress (*attr.*); conference (*attr.*); convention (*attr.*).

congrèsso, *m.* congress; conference; convention: **il c. di Vienna**, the congress of Vienna; **c. medico**, medical congress (*o* conference); **c. sul disarmo**, conference on disarmament; **c. di ministri degli esteri**, conference of foreign ministers; **c. di partito**, party congress (*o* conference); party convention (*USA*). ● (*in U.S.A.*) **il C.**, the Congress □ (*eccles.*) **C. Eucaristico**, Eucharistic Congress □ **atti del c.**, proceedings of the conference.

congressuàle, *a.* congressional; congress (*attr.*); conference (*attr.*); convention (*attr.*).

cògrua, *f.* (*eccles.*) stipend.

congruènte, *a.* **1** corresponding; appropriate; suitable; congruent; (*coerente*) consistent **2** (*mat.*) congruent.

congruènza, *f.* **1** appropriateness; suitability; congruousness; (*coerenza*) consistency **2** (*mat.*) congruence; congruency.

congruità, *f.* congruousness; congruity.

còngruo, *a.* **1** congruous; suitable; fitting; proper; (*adeguato*) fair, adequate: **un c. compenso**, a fair reward **2** (*mat.*) congruent.

conguagliàre, *v. t.* (*fin., rag.*) to adjust; to settle; to balance.

conguàglio, *m.* (*fin., rag.*) adjustment; settlement; balance: **il c. degli arretrati**, the balance of the arrears; **c. monetario**, currency adjustment; **a c.**, in settlement.

coniàre, *v. t.* **1** to mint; to coin; to strike*: **c. una moneta**, to mint a coin; **c. una medaglia per l'evento**, to strike a medal to commemorate the event **2** (*fig.*) to coin: **c. una parola**, to coin a word.

coniatóre, *m.* (*f.* **-trice**) (*anche fig.*) coiner; minter.

coniatùra, coniazióne, *f.* (*anche fig.*) coinage; mintage.

cònica, *f.* (*mat.*) conic section; conic.

conicità, *f.* **1** conicalness; conicity **2** (*mecc.*) taper.

cònico, *a.* **1** conical; cone-shaped **2** (*mat.*) conic: **sezioni coniche**, conic sections; **la teoria delle sezioni coniche**, conics (*pl. col verbo al sing.*) **3** (*mecc.*) taper (*attr.*); tapering.

conidiàle, *a.* (*bot.*) conidial.

conidio, *m.* (*bot.*) conidium*.

conìfera, *f.* (*bot.*) conifer.

Conìfere, *f. pl.* (*bot.*, *Coniferae*) Coniferae.

conìfero, *a.* (*bot.*) coniferous.

coniglicoltóre, *V.* **cunicoltore.**

coniglicoltùra, *V.* **cunicoltura.**

coniglièra, *f.* **1** (*gabbia*) rabbit hutch **2** (*recinto*) rabbit warren.

congliésco, *a.* **1** rabbit-like **2** (*fig.*: *codardo*) cowardly; chicken-hearted; lily-livered.

conigliètta, *f.* (*fig.*) bunny girl.

coniglio, *m.* (*f.* **-a**) **1** (*zool.*, *Oryctolagus cuniculus*) rabbit; (*infant.* e *fam.*) bunny, bunny rabbit; (*femmina*) doe rabbit **2** (*fig.*: *codardo*) chicken; coward. ● (*zool.*) **c. coda di cotone** (*Sylvilagus*), cottontail □ (*spreg.*) **cuor di c.**, chicken; lily-livered person □ **pelliccia di c.**, rabbit fur; cony, coney.

coniìna, *f.* (*chim.*) coniine.

cònio, *m.* **1** (*punzone*) minting die **2** (*impronta*) stamp (on a coin); mint mark **3** (*fig.*) stamp; type; sort: **Cerca di evitare uomini del suo c.**, try to avoid men of his stamp; **di basso c.**, lowly; **Sono dello stesso c.**, they belong to the same sort; they are birds of a feather *4* (*coniatura, anche fig.*) coinage; mintage. ● **fior di c.**, newly minted □ **di nuovo c.**, newly minted; (*fig.*) newly coined, brand new □ **parola di c. recente**, recent coinage.

coniugàbile, *a.* *1* (*gramm.*) conjugable *2* (*fig.*) that can coexist with; that can be combined with.

coniugàle, *a.* marriage (*attr.*); married; (*specialm. leg.*) conjugal, marital: **diritti coniugali**, conjugal rights; **amore c.**, married love; **vincolo c.**, marriage tie; **vita c.**, married life.

coniugàre, **A** *v. t.* *1* (*gramm.*) to conjugate; to inflect: **c. un verbo al passato**, to conjugate a verb in the past *2* (*unire in matrimonio*) to marry; to wed *3* (*fig.*: *far coesistere*) to combine. **B** **coniugàrsi,** *v. i. pron.* *1* (*gramm.*) to conjugate *2* (*fig.*) to go* together with; to accompany (st.). **C** **coniugàrsi,** *v. rifl.* to marry; to get* married.

coniugàto, **A** *a.* *1* married *2* (*fis., mat., bot.*) conjugate *3* (*chim.*) conjugated. **B** *m.* (*f.* **-a**) married man* (*f.* woman*).

coniugazióne, *f.* (*gramm.*) conjugation; inflexion.

còniuge, *m.* e *f.* *1* spouse; consort; (*marito*) husband; (*moglie*) wife *2* (*pl.*) married couple; husband and wife: **rapporti fra coniugi**, husband-and-wife relationships; **i coniugi Marchi**, Mr and Mrs Marchi; the Marchis.

connàto, *a.* *1* (*med.*) congenital *2* (*bot.*) connate.

connaturàle, *a.* connatural; (*innato, anche*) innate, inborn.

connaturalità, *f.* connaturality.

connaturàre, **A** *v. t.* (*lett.*) to make* (st.) connatural. **B** **connaturàrsi,** *v. i. pron.* to become* second nature; to become* natural; to become* ingrained.

connaturàto, *a.* *1* (*innato*) connatural; innate *2* (*radicato*) ingrained; inveterate; deeply rooted: **abitudine connaturata**, inveterate habit.

connazionàle, **A** *a.* from the same country (*pred.*): **Siamo connazionali**, we come from the same country. **B** *m.* e *f.* fellow countryman* (*m.*); fellow countrywoman* (*f.*).

connessióne, *f.* *1* connection, connexion; link; association: **Tra i due episodi non c'è c.**, there is no connection between the two facts *2* (*elettr.*) connection: **c. dei fili**, wire connection; **c. in serie**, mesh connection *3* (*falegn., mecc.*) joint; juncture; join; link.

connèsso, **A** *a.* *1* connected; associated (with); linked; related; relevant; incidental *2* (*elettr.*) connected; joined *3* (*mecc.*) linked; jointed; joined. **B** *m.* – **annessi e connessi**, appendages; appurtenances; **con tutti gli annessi e connessi**, with all appendages; and what goes with it [them].

connessùra, *f.* join; seam.

connestàbile, *V.* **conestabile**.

connèttere, **A** *v. t.* *1* (*unire*) to join; to connect; to link *2* (*fig.*) to connect; to link; to associate: **c. due fatti**, to link two facts *3* (*assol.*: *ragionare*) to think* straight: **Ho tanta fame che non riesco a c.**, I'm so hungry I can't think straight; **Era stata colta di sorpresa e non sembrava c.**, she was taken by surprise and looked bewildered. **B** **connèttersi,** *v. i. pron.* to be connected; to be linked; to be related.

connettivàle, *a.* (*anat.*) connective.

connettìvo, **A** *a.* *1* (*anat.*) connective: **tessuto c.**, connective tissue; (*fig.*) fabric, underlying structure, woof and warp *2* (*fig.*) linking; common. **B** *m.* (*anat., gramm., logica*) connective.

connettóre, *m.* (*tecn.*) connector. ● (*elettr.*) **c. a spina**, jack.

connivènte, (*leg.*) **A** *a.* conniving: **essere c.**, to connive. **B** *m.* e *f.* conniver; accomplice.

connivènza, *f.* (*leg.*) connivance; conniving: **accuse di c.**, charges of conniving.

connotàre, *v. t.* (*filos., ling.*) to connote.

connotatìvo, *a.* connotative.

connotàto, *m.* personal characteristic; (*pl.*) description (*sing.*): **I connotati dell'uomo furono mandati a tutte le questure**, a description of the man was circulated to all police stations; **prendere nome, indirizzo e connotati**, to register name, address and personal characteristics. ● (*fam.*) **cambiare i connotati a q.**, to bash sb.'s face in.

connotazióne, *f.* (*filos., ling.*) connotation.

connùbio, *m.* *1* (*lett.*) matrimony; marriage *2* (*fig.*: *accordo armonico*) union; marriage *3* (*fig.*: *alleanza*) alliance: **un c. tra il centro e la destra**, an alliance between the centre and the right.

còno (**1**), *m.* *1* (*geom.*) cone: **c. circolare retto**, right circular cone; **tronco di c.**, frustum of a cone *2* (*oggetto a forma di c.*) cone: **c. (gelato)**, ice-cream cone; (*geol.*) **c. vulcanico**, volcanic cone; (*geol.*) **c. avventizio**, side vent *3* (*anat., bot.*) cone. ● (*astron.*) **c. d'ombra**, umbra □ (*astron.*) **c. di penombra**, penumbra □ **a c.**, cone-shaped; cone (*attr.*); conical.

còno (**2**), *m.* (*zool., Conus*) cone shell.

conòcchia, *f.* *1* bunch of flax [wool, etc.] wound round a distaff *2* (*rocca*) distaff. ● **trarre la c.**, to spin.

conoidàle, *a.* (*geom.*) conoidal.

conòide, *m.* *1* (*geom.*) conoid *2* (*geol.*) cone: **c. di deiezione**, alluvial cone.

conopèo, *m.* (*eccles.*) ciborium veil.

conoscènte, *m.* e *f.* acquaintance.

conoscènza, *f.* *1* (*il sapere*) knowledge; acquaintance: **una c. superficiale della materia**, a superficial knowledge of the subject; **avere una buona c. del francese**, to have a good knowledge of French; to know French reasonably well; **È giunto a nostra c. che...**, it has come to our knowledge that... *2* (*l'essere cosciente, consapevole*) consciousness: **perdere c.**, to lose consciousness; **riprendere c.**, to recover (*o* to regain) consciousness; to come round; **privo di c.**, unconscious *3* (*il conoscere una persona*; *la persona conosciuta*) acquaintance: **fare la c. di q.**, to make sb.'s acquaintance; to become acquainted with sb.; to meet sb.; **Lieto di fare la sua c.**, glad (*o* pleased) to meet you; **Feci la sua c. a Messina**, I first met him in Messina; **C'era tra noi una certa c.**, we were slightly acquainted; **un tale di mia c.**, an acquaintance of mine; **un medico di mia c.**, a doctor of my acquaintance; **Ha molte conoscenze ma pochi amici**, he has many acquaintances but few friends; (*scherz.*) **È una vecchia c. della polizia**, he is well known to the police *4* (*leg., bur.*) cognizance *5* (*filos.*) cognition. ● **c. carnale**, carnal knowledge □ **essere a c. di q.c.**, to be acquainted with st.; to know st.; to be aware of st.; (*q.c. di segreto*) to be privy to st. □ **Si sposò senza che i genitori ne fossero a c.**, he married without the knowledge of his parents □ **mettere** (*o* **portare**) **q. a c. di q.c.**, to acquaint sb. with st.; to bring st. to sb.'s knowledge □ (*bur., nelle lettere*) **per c.**, copy to □ **Accludiamo una copia del contratto per vostra c.**, we enclose a copy of the contract for your information □ **prendere c. di q.c.**, to make oneself acquainted with st.; to acquaint oneself with st.; (*bur.*) to acknowledge st., to take cognizance of st. □ **venire a c. di q.c.**, to learn about st.; to get to know st.: **Come ne siete venuti a c.?**, how did you learnt about it?: **Sono venuto a c. di un progetto**, a plan has come to my knowledge.

conóscere, **A** *v. t.* *1* to know*: **c. tutti**, to know everybody; **c. un paese**, to know a country; **c. q. di nome [di fama, di vista]**, to know sb. by name [by reputation, by sight]; **c. q. personalmente [un poco]**, to know sb. personally [slightly]; **Lo conosco solo superficialmente**, I know him only superficially; I have a nodding acquaintance with him; **Li conosco da anni**, I have known them for years; **Lo conosco appena**, I barely know him; **Come se non lo conoscessi!**, as if I didn't know him! *2* (*avere conoscenza di q.c., sapere*) to know*; to be familiar with: **c. le lingue [la strada, il proprio dovere]**, to know languages [the way, one's duty]; **c. la musica**, to read music; **Conosce bene i motori**, he's very knowledgeable (*o* he knows a lot) about engines; **Non conosco questa versione della poesia**, I'm not familiar with this version of the poem *3* (*c. per esperienza pratica*) to know*; to have experienced; to be acquainted with: **c. le gioie e le pene dell'amore**, to know the joys and pains of love; **c. le fatiche dell'insegnamento**, to know how demanding teaching is; **c. il funzionamento di q.c.**, to know how st. works; **Ho conosciuto la miseria**, I have known (*o* experienced) poverty; I know what poverty is like (*o* what it is like to be poor) *4* (*apprendere, venire a sapere*) to come* to know, to learn*; (*essere a conoscenza*) to know* of, to be acquainted with: **Conobbi la verità solo in seguito**, I only learnt the truth later; **Non si conosce ancora il numero delle vittime**, the number of casualties is not yet known; **Conosco un ristorantino simpatico qui vicino**, I know of a pleasant little restaurant close by *5* (*riconoscere*) to recognize; to know*: **Lo conobbi dalla voce**, I recognized (*o* I knew) him by his voice *6* (*fare la conoscenza di*) to meet*, to make* the acquaintance of, to become* acquainted with, to get* to know; (*essere presentato a*) to be introduced to: **Desideravo conoscerla**, I wanted to meet you; **Vieni a c. gli altri invitati**, come and meet the other guests; **Ti piacerà, quando lo conoscerai meglio**, you'll like him, when you get to know him better *7* (*distinguere*) to be able to tell; to know*: **non c. il bene dal male**, not to be able to tell good from evil *8* (*eufem.*: *avere rapporti sessuali*) to know* *9* (*leg., bur.*) to take* cognizance of. ● **c. a fondo q.c.**, to have an in-depth (*o* profound) knowledge of st.; to know st. inside out (*fam.*) □ **c. q.c. come le proprie tasche**, to know st. like the back of one's hand; to know every inch of st. □ **c. q.c. per filo e per segno**, to know st. thoroughly (*o* from A to Z) □ **avere conosciuto giorni migliori**, to have known better days □ **Conosci te stesso!**, know thyself! □ (*fam.*) **Conosco i miei polli!** (*o* **Ti conosco, mascherina!**), I know what you are [he is, etc.] like!; you [he, etc.] can't fool me!; I'm nobody's fool! □ **Il romanzo conobbe un immediato successo**, the novel met with immediate success □ **darsi a c.**, to prove (*o* to show) oneself: **S'è dato a c. per un bugiardo**, he proved himself (to be) a liar □ **far c.**, (*presentare*) to introduce; (*rendere famoso*) to make (sb., st.) famous; (*reclamizzare*) to advertise; (*rivelare*) to reveal: **Fammelo c.**, introduce me to him; **Posso farle c. mio figlio?**, may I introduce my son to you?; **Vieni, ti voglio far c. un amico**, come, I want you to meet a friend; **Mi fece c. le opere di Eliot**, he introduced me to Eliot's works; (*comm.*) **far c. un articolo**, to advertise an article □ **farsi c.**, (*acquistare fama*) to make a name for oneself; to become famous; (*dire il proprio nome*) to make oneself known □ **Non l'ho mai visto né conosciuto**, I've never set eyes on him; I don't know him from Adam (*fam.*) □ **non c. limiti**, to know no bounds (*o* limits); to be boundless □ **non c. il mondo**, to be ignorant of (*o* to have no experience of) the world □ **La loro avanzata non conobbe ostacoli**, their advance met with no obstacle (o proved irresistible) □ **È furibondo, non conosce ragione**, he is furious, he won't listen to reason □ (*prov.*) **Nelle sventure si conoscono gli amici**, a friend in need is a friend indeed □ (*prov.*) **Dal frutto si conosce l'albero**, a tree is known by its fruit □ (*prov.*) **Il buon giorno si conosce dal mattino**, well begun is half done. **B** *v. i.* (*avere coscienza*) to be conscious: **Il malato non conosceva più**, the patient was no longer conscious. ● (*leg.*) **c. di una causa**, to hear a case; to entertain a case. **C conóscersi,** *v. rifl.* to know* oneself. **D conóscersi,** *v. rifl. recipr.* ***1*** to know* each other (*o* one another): **Ci conosciamo fin da bambini**, we've known each other since we were children (*o* from childhood) ***2*** (*far conoscenza*) to meet*: **Ci conoscemmo a Parigi**, we met in Paris; **Ci siamo già conosciuti?**, have we met before?

conoscìbile, **A** *a.* knowable. **B** *m.* (the) knowable; knowledge.

conoscibilità, *f.* knowability; knowableness.

conoscitìvo, *a.* cognitive: **atto c.**, cognitive act. ● **indagine conoscitiva**, inquiry; survey.

conoscitóre, *m.* (*f.* **-trice**) expert; connoisseur; good judge: **un c. di vecchie porcellane**, a connoisseur of old china; **un c. di musica classica**, an expert in classical music.

conosciùto, **A** *a.* well-known; known: **uno specialista c.**, a well-known specialist; **fatti conosciuti**, known facts. **B** *m.* (*ciò che si conosce*) (the) known.

conquassàre, *v. t.* (*lett.*) ***1*** to shake* violently ***2*** (*fracassare*) to smash up; to shatter.

conquibus, *m.* (*scherz. fam.*) hard cash; (the) wherewithal; necessary (*fam.*).

conquista, *f.* ***1*** conquest; seizure; (*di città, fortezza, altura, ecc.*) capture, occupation; (*assoggettamento*) subjugation: **la c. del Messico**, the conquest of Mexico; **la c. dello spazio**, the conquest of space; **andare alla c. di q.**, to (set out to) conquer st.; **diritto di c.**, right of conquest; **terra di c.**, conquered country ***2*** (*territorio conquistato*) conquest; conquered territory ***3*** (*fig.*: *raggiungimento*) attainment; (*successo*) achievement, breakthrough, success, gain: **la c. della libertà**, the attainment of freedom; **la c. del potere**, the attainment of power; (*con la forza*) the seizure of power; **le conquiste della fisica**, the achievements (*o* breakthroughs) of physics; **una c. sindacale**, a trade union victory; **Lottarono per la c. del suffragio universale**, they fought to win franchise ***4*** (*fig.*: *successo amoroso, persona conquistata*) conquest: **È l'ultima c. di Mauro**, she's Mauro's latest conquest; **vantarsi delle proprie conquiste**, to boast about one's conquests; **Ha fatto molte conquiste ai suoi tempi**, he had a lot of success with women (*o* he broke many hearts) in his day.

conquistàbile, *a.* conquerable.

conquistàre, *v. t.* ***1*** (*mil.*) to conquer; to capture: **c. un territorio**, to conquer a territory; **c. una rocca**, to capture a citadel ***2*** (*fig.*: *ottenere*) to win*, to get*, to attain, to achieve: **c. la libertà [il successo]**, to attain freedom [success]; **c. il potere**, to come to power; (*con la forza*) to seize power; **c. un seggio in parlamento**, to win a seat in Parliament; **Si è conquistato un bel posto in banca**, he has got himself a nice job with a bank ***3*** (*fig.*: *cattivarsi, ecc.*) to win* (st.); to win* (sb.) over: **c. il rispetto di tutti**, to win everybody's respect; **c. tutti i cuori**, to win all hearts; **Lo conquistò con la sua innocenza**, she won him over with her innocence ***4*** (*fig.*: *far innamorare*) to conquer. ● **c. q.c. a caro prezzo**, to have to fight for st. □ **c. il pubblico**, to carry one's audience with one.

conquistatóre, **A** *m.* ***1*** conqueror ***2*** (*fig.*: *seduttore*) lady-killer; philanderer; womanizer; don Juan. **B** *a.* conquering.

conquistatrìce, *f.* ***1*** conqueress ***2*** (*fig.*) seductress; siren; heartbreaker.

consacrànte, *V.* **consacratore**.

consacràre, **A** *v. t.* ***1*** (*relig.*) to consecrate; (*una chiesa, anche*) to dedicate; (*un re, anche*) to anoint; (*un sacerdote*) to ordain: **c. il pane e il vino,** to consecrate bread and wine; **c. un vescovo**, to consecrate a bishop; **c. l'ostia**, to consecrate the host; **Fu consacrato re**, he was anointed king ***2*** (*fig.*: *convalidare*) to consecrate; to hallow; to sanction: **usi consacrati dalla tradizione**, usages consecrated (*o* hallowed) by tradition; **una parola consacrata dall'uso**, a word sanctioned by usage ***3*** (*fig.*: *dedicare*) to devote; to consecrate; to give* up: **c. tutto il proprio tempo al lavoro**, to devote (*o* to give up) all one's time to work. **B consacràrsi,** *v. rifl.* (*fig.*) to devote oneself.

consacràto, *a.* ***1*** (*relig.*) consecrated, hallowed, holy, sacred; (*unto*) anointed: **terra consacrata**, hallowed (*o* consecrated) ground; **re c.**, anointed king ***2*** (*fig.*) hallowed; sanctioned.

consacratóre, **A** *a.* consecratory. **B** *m.* (*f.* **-trice**) consecrator.

consacrazióne, *f.* ***1*** (*relig.*) consecration; (*di chiesa, anche*) dedication; (*di re, anche*) anointment; (*di sacerdote*) ordination: **la c. del pane e del vino**, the consecration of bread and wine ***2*** (*fig.*) (final) seal; blessing; accolade: **Quelle parole furono la c. della sua fama**, those words put the final seal on his fame.

consanguineità, *f.* blood relationship; consanguinity.

consanguìneo, **A** *a.* blood-related; consanguineous. **B** *m.* (*f.* **-a**) blood relation: **Siamo consanguinei**, we are blood relations.

consapévole, *a.* ***1*** aware (of); conscious (of): **c. del pericolo**, aware of the danger; **c. delle proprie responsabilità**, fully conscious of one's responsibilities ***2*** (*informato*) aware (of); acquainted (with): **rendere q. c. di q.c.**, to acquaint sb. with st.; to make sb. aware of st.

consapevolézza, *f.* awareness; consciousness: **agire con piena c. di q.c.**, to act in full awareness of st.; **avere piena c. di q.c.**, to be fully aware of st.

consapevolizzàre, **A** *v. t.* to make* (sb.) aware (of st.). **B consapevolizzàrsi,** *v. i. pron.* to become* aware (of st.); to become* conscious (of st.).

consapevolizzazióne, *f.* becoming aware; (gained) awareness.

consapevolménte, *avv.* consciously; knowingly: **Agì c.**, he was quite aware of what he was doing.

cònscio, **A** *a.* conscious; aware (*pred.*): **essere c. dei propri limiti**, to be aware of one's limitations. **B** *m.* – (*psic.*) **il c.**, the conscious.

consecutio temporum (*lat.*), *locuz. s.* sequence of tenses.

consecutiva, *f.* (*gramm.*: *congiunzione*) consecutive conjunction; (*proposizione*) consecutive clause.

consecutivaménte, *avv.* consecutively; in succession; on end.

consecutivìsta, *m. e f.* consecutive translator.

consecutìvo, *a.* ***1*** consecutive; running (*posposto*); on end (*posposto*); in a row (*locuz. avv.*): **per tre giorni consecutivi**, for three consecutive days; for three days running (*o* on end); **Il suo partito vinse tre elezioni consecutive**, his party won three elections in a row ***2*** (*successivo*) following; next: **il giorno c.**, the following day; **c. a q.c.**, following st.; after st. ***3*** (*gramm.*) consecutive: **proposizione consecutiva**, consecutive clause ***4*** (*geom.*) contiguous: **angoli consecutivi**, contiguous angles. ● **traduzione consecutiva**, consecutive translation.

consecuzióne, *f.* (*successione*) close succession.

conségna, *f.* ***1*** delivery; consignment; handover: **c. a domicilio**, home delivery; **la c. di un riscatto**, the handover of a ransom; **c. a un mese**, delivery within a month; **c. a termine**, forward delivery; **c. in conto deposito**, consignment; **c. in deposito franco**, delivery in bond; **c. sul luogo**, spot delivery; **franco c.**, free delivery; **mancata c.**, nondelivery; **pronta c.**, prompt delivery; **pagamento alla c.**, cash on delivery; **spese di c.**, delivery charges ***2*** (*partita di merce*) consignment: **La prima c. è arrivata ieri**, the first consignment arrived yesterday ***3*** (*anche leg.*: *deposito*) consignment: **merce in c.**, goods on consignment ***4*** (*mil.*: *ordine*) orders (*pl.*): **Ho la c. di non far passare nessuno**, my orders are to let no one through; **mancare** (*o* **venir meno**) **alla c.**, to disobey orders; not to carry out an order ***5*** (*mil.*: *punizione*) confinement to barracks: **Ha avuto tre giorni di c.**, he got three days' confinement to barracks; he's been confined to barracks for three days. ● **passare le consegne**, to hand over: **Il ministro uscente passò le consegne al suo successore**, the outgoing minister handed over to his successor □ **dare q.c. in c. a q.**, to entrust st. to sb. (*o* to sb.'s care); to leave st. with sb.: **Ho dato il pacco in c. al portiere**, I left the parcel with the porter □ **prendere le consegne**, to take over (formally) □ **ricevere q.c. in c.**, to be given st.; (*merce*) to take delivery of st.; (*avere cura di q.c.*) to be entrusted with st., to take st. into one's care.

consegnàre, **A** *v. t.* ***1*** (*dare*) to give*, to hand (over); (*distribuire*) to give* out, to hand out: **Ho consegnato la lettera al segretario**, I gave the letter to the secretary; **Mi tolsi l'orologio e glielo consegnai**, I took off my watch and handed it (over) to him; **I temi devono essere consegnati fra tre ore**, all essays must be handed in at the end of three hours; **c. q. alla polizia**, to hand sb. over to the police; **c. i premi**, to hand out the prizes ***2*** (*comm.*) to deliver; to consign ***3*** (*affidare*) to commit; to entrust; to put* (st.) in (sb.'s) care; to hand over: **c. i pensieri alla carta**, to commit one's thoughts to paper; **Consegnai i documenti a una persona fidata**, I entrusted a reliable person with the documents ***4*** (*cedere per resa*) to surrender: **c. la città al nemico**, to surrender the city to the enemy ***5*** (*mil.*: *come punizione*) to confine to barracks; (*in caso di emergenza*) to keep* on stand-by. **B consegnàrsi,** *v. rifl.* (*arrendersi*) to surrender, to give* oneself up; (*costituirsi*) to hand oneself over.

consegnatàrio, *m.* (*f.* **-a**) ***1*** (*comm.*) consignee; receiver ***2*** (*leg.*) bailee; consignee; trustee.

consegnàto, *a.* ***1*** (*comm.*) delivered ***2*** (*mil.*: *come punizione*) confined to barracks (*abbr.* *C.B.*); (*in caso di emergenza*) standing by, on stand-by.

conseguènte, **A** *a.* ***1*** consequent ***2*** (*coerente*) consistent; consequent: **c. a se stesso**, self--consistent. **B** *m.* (*mat.*) consequent.

conseguenteménte, *avv.* as a consequence; consequently; as a result; therefore; hence.

conseguènza, *f.* ***1*** (*filos.*) consequence; (*di sillogismo*) conclusion ***2*** (*risultato*) consequence, result, outcome; (*effetto*) effect; (*c. negativa*) after-effect, aftermath (*sing. collett.*): **L'inflazione è c. diretta di quelle misure**, inflation is the direct consequence (*o* result) of those measures; **Sono io che dovrò subirne le c.**, I'll have to take the consequences (of it); **le conseguenze di una guerra**, the aftermath of a war ***3*** (*med.*) sequela*; after-effect. ● **di c.**, as a consequence; consequently; as a result; therefore; hence □ **agire di c.**, to act accordingly □ **cose di gran c.**, matters of great moment (*o* consequence) □ **In c. ciò, ho deciso che...**, I have therefore decided that...

conseguenziàle, e *deriv.* *V.* **consequenziale**, e *deriv.*

conseguìbile, *a.* achievable; attainable.

conseguiménto, *m.* achievement; attainment: **il c. di un fine**, the attainment of a goal; **dopo il c. di un diploma**, after getting a diploma.

conseguìre, **A** *v. t.* (*ottenere*) to achieve; to attain; to gain; to win*; to get*: **c. uno scopo**, to attain (*o* to achieve) an end; **c. ciò che ci si era prefisso**, to achieve what one set out to; **c. la laurea**, to get (*o* to obtain) one's degree; to graduate; **c. le cariche più alte**, to attain the highest office; **c. la celebrità**, to win fame. **B** *v. i.* to follow; to ensue; to be the result of; to be the consequence of: **Ne consegue che...**, it follows that...; **i vantaggi che ne conseguono**, the ensuing advantages; **Ne conseguì una rottura delle relazioni diplomatiche**, the result was a severance of diplomatic relations.

consensìvo, *a.* consenting; permitting.

consènso, *m.* ***1*** consent; agreement; (*permesso*) permission; (*leg.*) consent, assent, agreement: **dare il proprio c.**, to give* one's consent; **senza il mio c.**, without my consent (*o* permission); **per comune c.**, by common consent ***2*** (*giudizio favorevole*) approval; success: **un vasto c. popolare**, a widespread success; **c. generale**, consensus.

consensuàle, *a.* (*leg.*) by mutual consent; consensual: **separazione c.**, separation by mutual consent; **contratto c.**, consensual contract.

consensualménte, *avv.* by mutual (*o* common) consent; consensually.

consentaneità, *f.* consentaneity; consentaneousness.

consentàneo, *a.* consentaneous.

consentìre, A *v. i.* ***1*** (*essere d'accordo*) to agree: **Consento pienamente con lei**, I entirely agree with you ***2*** (*acconsentire*) to assent; to consent: **c. a una proposta**, to assent (*o* to be agreeable) to a proposal; **c. a una richiesta**, to grant a request. **B** *v. t.* ***1*** (*concedere, permettere*) to allow; to let*; to give*: **Il nuovo lavoro non gli consente molta libertà**, his new job does not allow him much freedom; **un lavoro che non consente distrazioni**, a job requiring total concentration; **Consentì che restassimo**, he let us stay on; **Consentimi di spiegare**, let me explain; allow me to explain; **Mi consenta...**, allow me... ***2*** (*dare la possibilità*) to enable: **Il nuovo macchinario ci consentirà di raddoppiare la produzione**, the new machinery will enable us to double our production ***3*** (*ammettere*) to admit; to allow: **Consento che un po' di torto l'ho anch'io**, I admit I am partly to blame.

consenziènte, (*anche leg.*) **A** *a.* agreeable (to); consenting (with): **essere c. a una proposta**, to be agreeable (*o* to assent) to a proposal; **Firmò, c. il marito**, she signed with her husband's consent. **B** *m.* e *f.* consenting party.

consequenziàle, *a.* consequential; consistent.

consequenzialità, *f.* consequentiality; consistency.

consèrto, A *a.* (*intrecciato*) intertwined; interwoven. ● **braccia conserte**, folded arms. **B** *m.* – **di c.**, in concert; together.

consèrva (1), *f.* ***1*** preserve: **conserve alimentari**, preserves; **c. di arance**, marmalade; **c. di frutta**, fruit preserve; jam; **c. (di pomodoro)**, tomato puree; (*di cibi*) **in c.**, preserved; (*sotto vetro*) bottled; (*in lattina*) canned, tinned: **mettere in c.**, to preserve; to bottle; to can; **alimenti in c.**, preserved foods ***2*** (*serbatoio*) reservoir.

consèrva (2), *f.* – (*mil.*) **navigare di c.**, to sail in convoy; (*fig.*) **di c.**, with one accord; together; **andare di c.**, to act together.

conservàbile, *a.* preservable; conservable.

conservànte, *a.* e *m.* (*ind.*) preservative.

conservàre, A *v. t.* ***1*** (*tenere, custodire*) to keep*; (*dalla distruzione, dal deperimento, dalla dimenticanza*) to preserve, to retain, to conserve; (*avere tuttora*) still to have: **c. gli abiti puliti**, to keep one's clothes clean; **c. al fresco**, to keep in a cool place; **c. lo scontrino**, to keep the docket; **Dio ti conservi!**, God keep you!; **c. le bellezze del paesaggio**, to preserve the beauties of the landscape; **I mattoni conservano il calore**, bricks retain the heat; **c. le forze**, to conserve one's strength; **c. la calma**, to keep calm; to keep one's head; **Il nonno conserva la sua ottima memoria**, grandfather still has his excellent memory ***2*** (*tenere caro*) to cherish; to treasure; to keep*: **La nonna conservava una ciocca dei capelli di Sandro**, grandmother kept (*o* cherished, treasured) a lock of Sandro's hair ***3*** (*mettere da parte*) to put* by; to save: **c. una certa somma per le emergenze**, to put by a sum of money for emergencies ***4*** (*cibi*) to preserve; to conserve; (*sotto vetro*) to bottle; (*in terraglia*) to pot; (*in lattina*) to tin, to can; (*pelli, tabacco, prosciutto*) to cure: **c. q.c. sott'olio**, to preserve st. in oil; **c. sotto sale**, to salt; to corn; **c. sotto aceto**, to pickle. **B conservàrsi,** *v. rifl.* e *i. pron.* to keep*: **c. in buona salute**, to keep fit; **Le mele si conservano a lungo**, apples keep a long time.

conservatìvo, A *a.* (*anche fis.*) conservative. ● (*leg.*) **sequestro c.**, attachment. **B** *m.* *V.* **conservante**.

conservàto, *a.* ***1*** preserved; kept: **ben c.**, well-preserved; (*in buono stato*) still in good state ***2*** (*di cibo*) preserved; conserved; (*sotto vetro*) bottled; (*in terraglia*) potted; (*in lattina*) tinned, canned.

conservatóre, A *m.* (*f.* **-trice**) ***1*** (*tradizionalista*) conservative ***2*** (*polit.*) Conservative; (*in G.B. e Can., anche*) Tory ***3*** (*di archivio, museo, ecc.*) curator, keeper; (*leg.*) registrar: **c. delle ipoteche**, registrar of mortgages; **c. dei registri immobiliari**, land registrar. **B** *a.* ***1*** conservative: **politica conservatrice**, conservative policy ***2*** (*polit.*) Conservative; (*in G.B. e Can., anche*) Tory: **il partito c.**, the Conservative Party.

conservatorìa, *f.* ***1*** curator's office ***2*** (*leg.*) registry: **c. delle ipoteche**, mortgage registry.

conservatòrio, *m.* (*mus.*) conservatoire; conservatory.

conservatorismo, *m.* (*polit.*) conservatism.

conservazióne, *f.* ***1*** preservation; conservation: **la c. degli affreschi**, the preservation of frescoes; **la c. del patrimonio ambientale**, the preservation of the environment ***2*** (*di cibi*) (food) preservation; (*in lattina*) tinning, canning; (*sotto vetro*) bottling; (*in terraglia*) potting; (*sotto aceto*) pickling; (*sotto sale*) corning ***3*** (*fis.*) conservation: **c. dell'energia**, conservation of energy. ● (*polit.*) **le forze della c.**, conservative forces □ **istinto di c.**, instinct of self-preservation □ **latte a lunga c.**, long-life milk □ **stato di c.**, condition; (state of) repair.

conservière, *m.* (*f.* **-a**) ***1*** (*industriale*) cannery owner ***2*** (*operaio*) cannery worker.

conservièro, *a.* cannery (*attr.*).

conservificio, *m.* cannery.

consèsso, *m.* assembly; meeting.

consideràre, A *v. t.* ***1*** (*esaminare*) to consider, to examine, to think* over, to ponder, to weigh; (*prendere in considerazione*) to contemplate, to think* of: **È una proposta interessante, lascia che la consideri**, it's an interesting proposal; let me think it over; **c. i pro e i contro**, to weigh the pros and cons; **c. la possibilità di fare q.c.**, to contemplate doing st. ***2*** (*osservare*) to contemplate; to study; to regard: **Considerò a lungo la statua**, he studied the statue for a long time ***3*** (*tenere presente*) to consider; to bear* (*o* to keep*) in mind; to allow for; to take* into consideration (the fact that): **Bisogna c. che...**, it should be borne in mind that...; **Considera che è solo una bambina**, keep in mind she's just a child; **Consideralo fatto**, consider it done ***4*** (*contemplare*) to provide for: **La legge non considera questo caso**, the law does not provide for this case ***5*** (*reputare*) to consider; to regard (sb., st.) as; to look* upon (sb., st.) as; to think* of (sb., st.) as; to hold* (+ *agg.*); to rate; to deem (*lett.*): **È forte, considerata la sua età**, he is strong, considering his age; **L'ho sempre considerato un amico**, I have always looked upon (*o* thought of, regarded) him as a friend; **Li considero colpevoli tutti e due**, I hold both of them guilty ***6*** (*stimare*) to think* highly of; to have a good (*o* high) opinion of; to feel* esteem for: **Il suo capo lo considera molto**, his boss thinks highly of him; **Non si sente considerato sul lavoro**, he feels undervalued in his job ***7*** (*assol.*: *riflettere*) to reflect; to ponder; to stop to think. **B consideràrsi,** *v. rifl.* to consider oneself; to regard oneself as; to hold* oneself; to rate oneself: **Si considera un genio**, he regards himself as a genius; **Mi considero responsabile dei risultati**, I hold myself responsible for the results; **Consideratevi agli arresti!**, consider yourself under arrest!

considerataménte, *avv.* deliberately; (*a ragion veduta*) advisedly, after due consideration.

consideratézza, *f.* caution; wariness; carefulness; prudence.

consideràto, *a.* ***1*** (*prudente*) cautious; wary; careful; prudent; well-advised ***2*** (*stimato*) esteemed; highly thought of; highly rated: **È molto c. tra i colleghi**, he is highly thought of by his colleagues. ● **c. che...**, bearing in mind that...; (*bur.*) whereas... □ **tutto c.**, all things considered; all in all.

considerazióne, *f.* ***1*** (*riflessione*) consideration; reflection; deliberation; thought: **agire dopo debita c.**, to act after due reflection; **agire senza c.**, to act inconsiderately (*o* thoughtlessly) ***2*** (*stima*) regard; esteem; repute: **tenere q. in grande c.**, to hold sb. in great esteem; to look up to sb.; **godere di grande c.**, to enjoy a high reputation; to be highly thought of ***3*** (*attenzione*) consideration; notice; regard; thought: **degno di c.**, worth considering; worthy of notice; noteworthy; **Non ha nessuna c. per sua moglie**, he has no consideration for his wife; **avere poca c. per le esigenze altrui**, to show little regard for other people's needs; to be inconsiderate ***4*** (*osservazione, commento*) remark; comment; thought: **brevi considerazioni sull'uso del congiuntivo**, a few remarks on the use of the subjunctive; **Desidero fare un'ultima c.**, I'd like to make a final comment (*o* remark). ● **in c. di**, in consideration of; in view of □ **prendere q.c. in c.**, to take st. into consideration; to consider st.: **La mia lettera non fu neanche presa in c.**, my letter wasn't even considered.

consideréVole, *a.* considerable; conspicuous; substantial; (*specialm. di somma*) hefty, sizeable: **una cifra c.**, a conspicuous figure; **una perdita c.**, a considerable loss.

consigliàbile, *a.* advisable; wise; recommendable.

consigliàre (1), **A** *v. t.* to advise; to suggest; to recommend; to counsel: **Gli consigliai di rispondere**, I advised him to answer; **Mi consiglia di non vendere**, he has advised me against selling; he thinks I shouldn't sell; **Che mi consigli di fare?**, what do you suggest (*o* think) I should do?; what's your suggestion?; **Non si lascia c.**, he doesn't accept advice; **I dottori gli hanno consigliato un mese di riposo**, the doctors have advised him to take a month's rest; **c. il moto**, to recommend exercise; **Consigliamo l'applicazione di questa crema tutte le sere**, we recommend applying this cream every night; **Consiglio sempre questo libro**, I always recommend (*o* suggest) this book; **c. prudenza**, to counsel caution. **B consigliàrsi,** *v. i. pron.* to ask* for (*o* to seek*) (sb.'s) advice; to take* counsel with; to consult; to advise with (*USA*): **Mi consigliavo sempre con lui**, I always sought his advice; I always consulted him; **c. con un avvocato**, to consult a lawyer; to seek legal advice.

consigliàre (2), *V.* **consiliare**.

consiglière, *m.* (*f.* **-a**) ***1*** adviser, advisor;

counsellor, counselor (*USA*): **un saggio c.**, a wise counsellor; **c. spirituale**, spiritual advisor *2* (*membro di un consiglio*) councillor, councilor (*USA*): **c. comunale**, town councillor; councilman* (*m., USA*), councilwoman* (*f., USA*); **c. d'amministrazione**, director; **c. delegato**, managing director. ● **C. (del Consiglio) di Stato**, Councillor of the Council of State □ **C. della Corte dei Conti**, Councillor of the State Auditors' Department □ (*leg.*) **C. di Cassazione**, judge of the Court of Cassation □ (*leg.*) **C. di Corte d'Appello**, judge of the Court of Appeal.

consìglio, *m.* *1* (*avvertimento, suggerimento, ecc.*) advice (*solo sing.*); suggestion; (*raccomandazione, parere, ecc.*) recommendation, counsel, opinion: **dare** [**offrire**] **consigli**, to give [to offer] advice; **Decisi di seguire il suo c.**, I decided to follow (*o* to take) his advice; **Posso darti un c.?**, may I give you a piece of advice?; **Gli diedi il c. di accettare**, I advised him to accept; **È solo un c.**, it is only a suggestion; **Si era ritirato dalla politica, ma il suo c. era sempre ricercato**, he had retired from politics, but his counsel was still sought after; **chiedere c. a q.**, to ask* for (*o* to seek*) (sb.'s) advice; to consult with sb.; **rifiutare un c.**, to reject sb.'s advice; **dietro mio c.**, on my advice *2* (*senno*) wisdom; sense *3* (*riunione*) council; meeting: **c. di famiglia**, family council; **La scuola tenne un c. di genitori**, the school held a parents meeting; **chiamare a c.**, to call to council; to convene *4* (*organo o ente collegiale*) council; board; committee: **c. comunale**, town council (*GB*); city council (*USA*); (municipal) corporation (*GB*); **c. di amministrazione**, (*di azienda*) board of directors; (*di scuola, istituzione filantropica, ecc.*), board of governors, governing body; **riunione del** (*o* **seduta di**) **c.**, board meeting. ● **c. dei ministri**, Council of Ministers □ **C. dell'ordine degli avvocati**, Bar Council □ (*stor.*) **c. della Corona**, Privy Council □ (*scuola*) **c. di classe**, parent-teacher class committee □ **c. di disciplina**, disciplinary board □ (*polit.*) **c. di gabinetto**, Cabinet □ **c. di gestione** (*o* **di fabbrica**), works council □ (*mil.*) **c. di guerra**, council of war □ **C. di sicurezza** (*dell'ONU*), Security Council □ **C. di Stato**, Council of State □ **C. Superiore della Magistratura**, Magistrates' Governing Council □ (*leg.*) **Camera di C.**, Court Chambers □ **mutare c.**, to change one's mind □ **portare q. a miglior c.**, to make sb. see sense; to make sb. change his mind □ **venire a più miti consigli**, to see reason; to take a more reasonable attitude; to relent □ (*prov.*) **La notte porta c.**, night is the mother of counsel.

consiliàre, *a.* board (*attr.*); council (*attr.*).

consìmile, *a.* (*lett.*) similar; like (*attr.*); alike (*pred.*).

consistènte, *a.* *1* (*fermo, solido*) substantial; firm; stiff: **Una stoffa più c. cadrà meglio**, a firmer material will hang better; **un impasto c.**, a stiff dough *2* (*denso, spesso*) thick; dense: **Il minestrone deve essere piuttosto c.**, minestrone should be rather thick *3* (*considerevole*) substantial; sizeable; hefty: **consistenti vantaggi**, substantial advantages; **una somma c.**, a sizeable (*o* hefty) sum *4* (*fig.*: *valido*) sound; convincing; valid. ● **poco c.**, slight; flimsy; insubstantial; thin; weak.

consistènza, *f.* *1* (*densità*) consistency, consistence; (*al tatto*) texture; **la c. della panna montata**, the consistency of whipped cream; **una c. cremosa**, a creamy texture *2* (*robustezza*) firmness; body; toughness: **la c. di una stoffa**, the firmness of a material *3* (*fig.*: *solidità*) solidity; substantial character: **la c. di un investimento finanziario**, the solidity of a financial investment; **prendere c.**, to become firmer; **un saggio di una certa c.**, a rather substantial study *4* (*fig.*: *validità*) soundness; validity. ● (*comm.*) **c. di cassa**, cash on hand □ (*comm.*) **c. di magazzino**, stock on hand □ **c. patrimoniale**, assets (*pl.*) □ **di poca c.**, (*leggero*) light, flimsy; (*scarso*) thin, meagre; (*debole*) weak, poor □ **mancanza di c.**, (*leggerezza*) flimsiness, lightness; (*scarsità di contenuto*) lack of substance, thinness, poverty □ **senza c.**, (*vago*) vague, flimsy, airy, insubstantial; (*senza fondamento*) without foundation, groundless, unfounded: **progetti senza c.**, vague plans; **scuse senza c.**, flimsy excuses; **sospetti senza c.**, groundless suspicions.

consìstere, *v. i.* *1* (*avere fondamento*) to consist in; to lie* in; to be: **Il gioco consiste nel mandare la palla nella buca**, the game consists in sending the ball into the hole; **Il segreto consiste nel mescolare adagio il composto**, the secret lies in stirring (*o* is to stir) the mixture slowly *2* (*essere costituito*) to consist of; to be composed of; to be made up of: **Ormai la proprietà consiste in un campo tutto sassi**, the property now consists merely of a stony field; **La famiglia consiste di cinque persone**, the family consists of five people; **In che consiste il tuo lavoro?**, what does your job involve?

consociàbile, *a.* associable.

consociàre, *v. t.* **consociàrsi**, *v. rifl.* to associate; to consociate.

consociàta, *f.* *1* partner; associate; fellow member *2* (*fin.*) subsidiary company; subsidiary.

consociativismo, *m.* (*polit.*) practice of associating the opposition in government decisions.

consociativo, *a.* (*polit.*) associating the opposition in government decisions.

consociàto, **A** *a.* consociate; associated. **B** *m.* (*f.* **-a**) partner; associate; fellow member.

consociazióne, *f.* *1* (*l'associarsi*) association; consociation; copartnership *2* (*società*) club; society; union *3* (*agric.*) intercropping.

consòcio, *m.* (*f.* **-a**) consociate; copartner.

consolàbile, *a.* consolable.

consolànte, *a.* comforting; consoling; cheering: **poco c.**, of little comfort; depressing.

consolàre (**1**), **A** *v. t.* *1* to console; to comfort; to be a comfort; (*calmare*) to soothe; (*allietare*) to cheer up: **Per consolarmi, mi raccontò del suo caso**, she tried to console me by telling me her case; **Mi consola sapere che ci sarai anche tu**, it's a comfort to know you will be there too; **Cercai di c. il bambino che piangeva**, I tried to comfort the crying child; **La mia visita consolò il malato**, my visit cheered (up) the sick man *2* (*ricreare, ristorare*) to cheer; to refresh; to do* (sb.) good: **un pensiero che consola**, a cheering thought; **un'arietta che consola**, a bracing air. ● (*iron.*) **Ha una faccia da idiota che consola**, he looks an utter fool. **B** **consolàrsi**, *v. i. pron.* *1* (*trovare conforto*) to console oneself; to take* comfort; to be comforted; to get* over (st.): **Mi consolai pensando che sarebbe durata poco**, I consoled myself with the thought it would be short; **Ha perso il posto e non riesce a c.**, he has lost his job and he can't get over it; **c. con il Vangelo**, to take comfort in the Gospels *2* (*rallegrarsi*) to cheer up; to take* heart: **Si consolò subito quando promisi d'aiutarlo**, he cheered up at once when I promised to help him.

consolàre (**2**), *a.* *1* (*stor.*) consular: **strada c.**, consular road *2* (*amm.*) consular; consul's (*attr.*): **agente c.**, consular agent; **residenza c.**, consul's residence; **visto c.**, consular visa.

consolàto, *m.* consulate.

consolatóre, **A** *m.* (*f.* **-trice**) consoler; comforter. **B** *a.* consoling; comforting.

consolatòrio, *a.* consolatory; consoling; comforting.

consolazióne, *f.* *1* consolation; comfort; solace (*lett.*): **La notizia mi diede grande c.**, the news brought great comfort to me; **trovare c. in q.c.**, to find comfort in st.; **La figlia è la sua sola c.**, her daughter is her one consolation; **È una bella c.!**, it's a great comfort!; **magra c.**, cold comfort *2* (*gioia, allegrezza*) joy; delight. ● **premio di c.**, consolation prize; booby prize (*fam.*).

cònsole (**1**), *m.* (*stor.* e *amm.*) consul: **il c. Clodio**, the consul Clodius; **c. generale**, consul general.

console (**2**) (*franc.*), *f.* *1* console table *2* (*di elaboratore, ecc.*) console.

consòlida, *f.* (*bot.*, *Symphytum officinale*) comfrey.

consolidaménto, *m.* *1* consolidation *2* (*rinforzamento*) strengthening; reinforcing *3* (*fin.*) consolidation; (*di debito, anche*) funding.

consolidàre, **A** *v. t.* *1* (*rendere solido*) to consolidate, to stiffen; (*rassodare*) to firm: **c. le fondamenta**, to consolidate the foundations; (*anche mil.*) **c. la propria posizione**, to consolidate one's position *2* (*rinsaldare*) to consolidate; to strengthen; to entrench; to cement: **c. un'alleanza** [**un'amicizia**], to cement an alliance [a friendship]; **c. il proprio potere**, to consolidate (*o* to entrench) one's power *3* (*fin.*) to consolidate; (*un debito, anche*) to fund. **B** **consolidàrsi**, *v. i. pron.* *1* (*indurirsi*) to consolidate; to harden; to stiffen; to firm up *2* (*rafforzarsi*) to become* consolidate; to become* established; to strengthen *3* (*mil.*) to consolidate (one's positions).

consolidàto, **A** *a.* *1* (*saldo*) strong; firm; well-established; settled: **fama consolidata**, well-established fame; **abitudine consolidata**, settled habit *2* (*fin.*) consolidated; funded: **bilancio c.**, consolidated balance sheet; **debito c.**, funded debt. **B** *m.* (*fin.*) funded debt; (*in G.B., anche*) consolidated annuities (*pl.*), consols (*pl.*).

consolidatóre, **A** *a.* consolidative. **B** *m.* (*f.* **-trice**) consolidator.

consolidazióne, *f.* *V.* **consolidamento**.

consolista, *m.* e *f.* (*tecn.*) console operator.

consòlle, *V.* **console** (**2**).

consommé (*franc.*), *m. invar.* (*cucina*) clear soup; consommé.

consonànte, **A** *a.* *1* (*mus.*) consonant *2* (*fig.*) consonant (with); in accord (with); consistent (with). **B** *f.* (*fon.*) consonant.

consonàntico, *a.* (*fon.*) of a consonant; consonantal; consonantic; consonant (*attr.*): **alfabeto c.**, consonantal alphabet; **gruppo c.**, consonantal cluster; **suono c.**, consonant (sound).

consonantismo, *m.* (*fon.*) consonantism.

consonantizzazióne, *f.* (*fon.*) consonantization.

consonànza, *f.* *1* consonance; harmony; agreement *2* (*mus.*) consonance; consonant interval; concord.

cònsono, *a.* consistent (with); consonant (with); in keeping (with); fit (for); suited (to): **un comportamento c. ai propri principi**, a behaviour consistent with one's principles; **un vestito c. alla circostanza**, a dress fit for the occasion; **c. alla propria posizione sociale**, in keeping with one's position.

consorèlla, **A** *f.* *1* (*eccles.*) sister *2* (*fin.*: *società*) sister company; (*filiale*) sister branch. **B** *a.* related; sister (*attr.*): **nazione c.**, sister country.

consòrte, *m.* e *f.* husband (*m.*); wife* (*f.*); (*solo form.* o *bur.*) consort, spouse. ● **principe c.**, prince consort.

consorterìa, *f.* *1* (*stor.*) guild *2* (*spreg.*) faction; clique; junto.

consortile, **consorziale**, *a.* consortium (*attr.*); syndicated.

consorziàre, **A** *v. t.* *1* to associate *2* (*fondi e sim.*) to pool. **B** **consorziàrsi**, *v. rifl.* (*fin.*: *di imprese*) to pool.

consòrzio, *m.* (*di imprenditori*) syndicate, union, consortium*; (*monopolistico*) cartel, trust; (*di imprese*) pool: **c. agrario**, farmers' union; **costituirsi in c.**, to syndicate; to form a cartel; to pool. ● (*leg.*) **c. coniugale**, consortium □ **c. del porto**, port authority □ **il c. umano**, human society.

constàre, *v. i.* **1** (*essere costituito*) to consist of; to be composed of; to be made up of: **Il libro consta di venti capitoli**, the book consists of twenty chapters **2** (*risultare*) to appear: **A quanto consta, non c'era nessuno**, it appears no one was there; no one appears to have been there; **Non mi consta che si conoscano**, they don't know each other, as far as I know (*o* to my knowledge); **A te che cosa consta?**, what do you know about it?

constatàre, *v. t.* **1** (*accertare*) to ascertain; to establish; to verify: **c. l'entità del danno**, to ascertain the extent of the damage; **c. la veridicità di un'affermazione**, to establish the truth of a statement; **c. un decesso**, to certify a death; **Dopo aver constatato che tutti erano presenti, il presidente aprì la seduta**, after verifying everybody was there, the chairman opened the meeting **2** (*notare*) to notice; to observe: **Non ha constatato nulla di nuovo**, he noticed nothing new **3** (*ammettere*) to admit; to recognize: **Devo c. che non è cambiato affatto**, I must recognize he hasn't changed at all.

constatazióne, *f.* **1** (*l'accertare*) ascertainment; establishment: **la c. di un danno**, the ascertainment of a damage **2** (*osservazione*) observation; statement of fact: **Faccio solo una c.**, I'm only stating a fact.

consuèto, *a.* usual; habitual; customary; ordinary: **all'ora consueta**, at the usual time; **la consueta gita domenicale**, the usual (*o* customary) Sunday jaunt. ● **come di c.**, as usual; as is [was] customary □ **mangiare più del c.**, to eat more than usual.

consuetudinàrio, **A** *a.* **1** customary; habitual; (*di persona*) of fixed habit (*pred.*) **2** (*leg.*) customary: **diritto c.**, customary law. **B** *m.* (*f.* **-a**) creature of habit.

consuetùdine, *f.* **1** (*abitudine*) custom; habit: **avere la c. di**, to be in the habit of; **com'è sua c.**, as is his habit; as is his wont **2** (*usanza*) custom; usage; tradition: **le consuetudini del paese**, the customs of the country **3** (*regola*) rule **4** (*dimestichezza*) familiarity; familiar terms (*pl.*): **avere c. con q.**, to be on familiar terms with sb.

consulènte, **A** *m. e f.* consultant; advisor: **c. legale**, legal advisor; **c. fiscale**, fiscal advisor; tax consultant; **c. finanziario**, financial advisor; (*leg.*) **c. tecnico**, expert witness; **c. urbanistico**, town-planning consultant. **B** *a.* consulting; consultant (*attr.*).

consulènza, *f.* advice: **c. legale**, legal (*o* counsel's) advice; **chiedere una c.**, to seek professional advice; **società di c.**, consulting firm.

consùlta, *f.* **1** (*riunione*) conference; consultation **2** (*corpo consultivo*) council: **c. cittadina**, city council. ● **c. araldica inglese**, Royal College of Heralds □ (*eccles.*) **Sacra C.**, «Consulta».

consultàre, **A** *v. t.* **1** to consult; to advise with (*USA*); (*chiedere consiglio*) to seek* advice: **Consulterò i miei soci**, I will ask my partners' opinion; I will advise with my partners (*USA*); **c. un medico**, to consult a doctor; **c. un avvocato**, to consult a lawyer; to seek legal advice **2** (*libri, scritti*) to look (st.) up in; to consult; to refer to: **c. un orario ferroviario**, to consult a railway guide; **Non so la data: consulterò l'enciclopedia**, I don't know the date, I'll look it up in the encyclopaedia; **Consultò i suoi appunti prima di rispondere**, he referred to his notes before answering. ● **c. la propria coscienza**, to examine one's conscience □ **c. gli elettori**, to go to the country □ **c. le fonti originali**, to go to the original sources □ **c. l'orologio**, to look at the clock [at one's watch] □ **c. l'oroscopo**, to examine one's horoscope. **B consultàrsi**, *v. i. pron.* (*discutere*) to consult (sb.), to advise with (*USA*), to talk (st.) over with (*fam.*); (*chiedere consiglio*) to seek* the advice of; (*tenere una consultazione*) to confer with: **Mi consultai con il mio professore**, I sought the advice of my professor; **Mi sono consultata con la famiglia**, I've consulted the family; I've talked it over with the family; **I capi dei dicasteri si consultarono con il primo ministro**, the heads of departments conferred with the prime minister. **C consultàrsi**, *v. rifl. recipr.* to consult together; to confer.

consultazióne, *f.* **1** consultation **2** (*bibliografica*) reference: **opera di c.**, reference work; **sala di c.**, reference room **3** (*riunione*) conference; meeting **4** (*pl.*) (*polit.*) discussions; talks. ● (*polit.*) **c. elettorale**, election □ (*polit.*) **c. popolare**, general election; referendum; plebiscite.

consultìvo, *a.* advisory; consultative; consultatory: **assemblea consultiva**, consultative body; (*leg.*) **comitato c.**, advisory committee; (*leg.*) **parere c.**, consultative advice.

consùlto, *m.* (*med.*) consultation: **un c. fra il medico curante e il cardiologo**, a consultation between the G.P. and the heart specialist; **chiedere un c.**, to ask for a second opinion.

consultóre, *m.* (*f.* **-trice**) **1** consultant **2** (*membro di una consulta*) member of a council **3** (*eccles.*) consultor.

consultòrio, *m.* guidance council; advisory (*o* guidance) centre; advisory bureau (*USA*): **c. civico**, citizens' guidance council (*o* advisory bureau); **c. prematrimoniale**, marriage guidance centre.

consumàbile, *a.* consumable.

consumàre (**1**), **A** *v. t.* **1** (*usare*) to consume, to use, to get* through; (*esaurire*) to use up; (*logorare*) to wear* (out); (*corrodere*) to corrode, to eat* into, to eat* away; (*bruciare*) to burn*: **Dobbiamo c. meno elettricità**, we should consume (*o* use) less electricity; **L'auto consuma troppa benzina**, the car uses (*o* consumes, burns) too much petrol; **una stufa che consuma molta legna**, a stove that burns up (*o* gets through) a lot of wood; **c. le proprie energie**, to use up one's energy; **c. tutto il sapone**, to use up all the soap; **c. le scarpe [i vestiti]**, to wear out one's shoes [clothes]; **c. inutilmente il tempo**, to waste one's time; **È consumato dall'amore**, he is consumed by love **2** (*dissipare*) to waste, to dissipate, to go* (*o* to get*) through; (*impiegare*) to consume, to spend*: **c. un patrimonio**, to get through a fortune; **c. tempo ed energia**, to consume (*o* to spend) time and energy **3** (*mangiare*) to eat*; (*bere*) to drink*; (*ordinare*) to order: **c. latticini**, to eat milk products; **c. un pasto**, to eat (*o* to have) a meal; **Uscì dal caffè senza c.**, he left the café without ordering anything. ● **consumarsi gli occhi**, to ruin one's eyes □ (*relig.*) **c. il pane e il vino**, to take Communion. **B consumàrsi**, *v. i. pron.* **1** (*logorarsi*) to wear* out; (*di combustibili*) to burn* **2** (*di persona*) to be consumed; (*struggersi*) to long, to pine, to waste away: **c. di desiderio**, to be consumed by desire; **Mi consumavo dalla voglia di vederti**, I was longing to see you; **Si consumava pensando al suo amore**, she pined for her love.

consumàre (**2**), *v. t.* (*compiere*) to carry out; to commit; to consummate: **c. un matrimonio**, to consummate a marriage; **c. un delitto**, to commit a crime.

consumàto (**1**), *a.* **1** (*logoro*) worn (out), frayed; (*corroso*) eaten away: **maniche consumate ai gomiti**, sleeves worn at the elbows **2** (*sprecato*) wasted; useless **3** (*roso*) consumed: **c. d'invidia**, consumed with envy.

consumàto (**2**), *a.* (*perfetto*) consummate; (*di persona, anche*) accomplished: **abilità consumata**, consummate skill; **attore [bugiardo] c.**, accomplished actor [liar].

consumatóre, *m.* (*f.* **-trice**) **1** (*econ.*) consumer: **tutela del c.**, consumer protection; consumerism **2** (*avventore*) customer.

consumazióne (**1**), *f.* **1** (*consumo*) consumption **2** (*al bar*) order; (*bibita*) drink; (*spuntino*) snack: **pagare la c.**, to pay for one's drink; to pay for what one has had; **Il cameriere sta portando la tua c.**, the waiter is bringing your order.

consumazióne (**2**), *f.* (*anche leg., eccles.*) consummation: **la c. del matrimonio**, the consummation of marriage. ● **sino alla c. dei secoli**, until the end of time (*o* of the world).

consumerìṣmo, *m.* consumerism; consumer protection.

consumìṣmo, *m.* (*econ.*) consumerism.

consumista, *m. e f.* (*econ.*) consumerist.

consumìstico, *a.* (*econ.*) consumeristic; consumer(s') (*attr.*): **società consumistica**, consumer society.

consùmo, *m.* consumption; (*uso*) use; (*dispendio*) expenditure; (*usura*) wear: **c. domestico**, home consumption; **c. di carne**, meat consumption; **c. di carburante**, fuel consumption; **c. di energia elettrica**, power consumption; consumption of electricity; **c. di energie**, expenditure of energy; **c. dovuto all'uso**, wear and tear; **incoraggiare i consumi**, to boost consumption; **fare c. di q.c.**, to consume st.; to use st.; **fare molto c. di birra**, to drink a lot of beer. ● (*econ.*) **beni di c.**, consumer goods □ **cooperativa di c.**, cooperative store; co-op (*fam.*) □ (*econ.*) **dazio di c.**, excise (duty) □ **generi di largo c.**, convenience goods □ (*econ.*) **imposta sui consumi**, consumption tax □ **letteratura di c.**, entertainment (*o* light) literature; (*più spreg.*) commercial literature □ **pagare q.c. a c.**, to pay for st. according to consumption □ **vino a c.**, wine paid for according to consumption □ **per proprio uso e c.**, for one's private (*o* one's own) use □ **prezzi al c.**, consumer prices □ **la società dei consumi**, consumer society.

consuntìvo, **A** *a.* (*rag.*) final; definitive; ex post (*attr.*). **B** *m.* **1** (*rag.*) final balance; aggregate **2** (*fig.*) balance; survey: **fare il c. della propria vita**, to draw up the balance of one's life; **fare il c. di un anno di lavoro**, to take stock of a year's work.

consùnto, *a.* **1** (*logoro*) worn (out); (*di stoffa, anche*) threadbare, frayed; (*dal tempo*) weatherworn **2** (*di persona*) run down; (*smunto, dimagrito*) wasted; (*sfinito*) worn out.

consunzióne, *f.* (*med.*) consumption.

consuòcera, *f.* son's [daughter's] mother-in-law.

consuòcero, *m.* son's [daughter's] father-in-law.

consustanziàle, *a.* (*teol.*) consubstantial.

consustanzialità, *f.* (*teol.*) consubstantiality.

consustanziazióne, *f.* (*teol.*) consubstantiation.

cónta, *f.* **1** count: **fare la c.**, to do the count **2** (*nei giochi infant.*) counting rhyme: **fare la c.**, to count to see who's going to be it.

contabàlle, *m. e f. invar.* (*pop.*) liar; storyteller (*fam.*); bullshitter (*volg. USA*).

contàbile, **A** *a.* book-keeping (*attr.*); accounting (*attr.*): **sistema c.**, book-keeping system; **libri contabili**, account books; **macchina c.**, accounting machine; **scrittura c.**, book-keeping entry; **valore c.**, book value. **B** *m. e f.* accountant; book-keeper; accounts clerk.

contabilità, *f.* (*rag.*) **1** (*la tecnica*) book-keeping; accountancy; accounting: **studiare c.**, to study accountancy **2** (*i conti*) accounts (*pl.*); books (*pl.*): **tenere la c.**, to keep the accounts (*o* the books); to be in charge of the accounts. ● **c. a partita doppia [semplice]**, double-entry [single-entry] book-keeping □ **c. a ricalco**, machine accounting □ **c. dei costi**, cost accounting □ **c. di Stato**, public accountancy □ **c. familiare**, family accounts □ **c. gestionale**, management accounting □ **c. industriale**, cost accounting; costing □ **libri di c.**, (account) books □ **ufficio c.**, accounting (*o* accounts) department.

contabilizzàre, *v. t.* **1** (*registrare*) to enter; to record **2** (*computare*) to reckon; to compute.

contabilizzazióne, *f.* **1** (*registrazione*) entering; recording **2** (*computo*) count; computation.

contachilòmetri, *V.* **contakilometri**.

contacòpie, *m. invar.* copy counter.

contadina, *f.* peasant (woman*); countrywoman*.

contadinàme, *m.* (*spreg.*) peasantry; peasant; rabble.

contadinésco, *a.* **1** country (*attr.*); rustic; rural: **ballo c.**, country dance; **trattenimento c.**, rustic entertainment **2** (*spreg.*: *rozzo*) rustic; rough; boorish; oafish.

contadino, **A** *m.* **1** (*agricoltore*) farmer; (*salariato*) farm worker; (*fittavolo*) tenant farmer; (*stor. o di paese non anglosassone*) peasant: **fare il c.**, to be a farmer; **una famiglia di poveri contadini**, a peasant family **2** (*chi abita in campagna*) countryman*; (*al pl.*) country people, country folk. **B** *a.* **1** (*campagnolo*) country (*attr.*); rustic; rural; peasant (*attr.*) **2** (*contadinesco*) rustic; rough; boorish; oafish: **modi contadini**, rough manners.

contàdo, *m.* country (round a town); surrounding countryside: **gente del c.**, (local) country people.

contafili, *m.* (*tecn.*) counting glass; pick glass.

contafotogràmmi, *m. invar.* (*cinem., fotogr.*) frame counter.

contafròttole, *m.* e *f. invar.* (*fam.*) liar; fibber; storyteller (*fam.*).

contagiàre, **A** *v. t.* **1** (*med.*) to infect **2** (*fig.*) to infect; to be infectious; (*corrompere*) to contaminate, to taint: **Il suo entusiasmo contagiò tutti**, his enthusiasm was infectious. **B** **contagiàrsi**, *v. i. pron.* to be infected: to get* infected.

contàgio, *m.* **1** (*med.*) contagion; infection: **pericolo di c.**, danger of infection; **diffondere il c.**, to spread contagion **2** (*fig.*) contagion: **il c. delle idee fanatiche**, the contagion of fanatical ideas.

contagiosità, *f.* contagiousness; infectiousness.

contagióso, **A** *a.* (*med.* e *fig.*) contagious; infectious; catching: **malattia contagiosa**, contagious (*o* infectious) disease; **risate contagiose**, contagious laughter; **Il panico è c.**, panic is catching. **B** *m.* (*f.* **-a**) contagious patient.

contagiri, *m. invar.* (*autom., mecc.*) tachometer; revolution counter; rev counter (*GB*).

contagócce, *m.* dropper. ● **bottiglietta a c.**, dropping bottle □ (*fig.*) **col c.**, little by little; a little at a time; in dribs and drabs; parsimoniously; grudgingly: **spendere col c.**, to be very parsimonious with one's money; **Mi dà i soldi per la casa col c.**: he is stingy with the housekeeping money.

container (*ingl.*), *m. invar.* (freight) container.

containerizzazióne, *f.* (*comm.*) containerization.

contakilòmetri, *m. invar.* **1** (*autom., sport*) mileometer; odometer (*USA*) **2** (*tachimetro*) speedometer; speed indicator.

contamètri, *m. invar.* (*cinem.*) metre counter.

contaminàbile, *a.* contaminable.

contaminàre, *v. t.* **1** to contaminate; to infect; to pollute; to taint **2** (*fig.*: *corrompere*) to contaminate; to corrupt; to taint; to defile **3** (*letter.*) to contaminate.

contaminatóre, **A** *m.* (*f.* **-trice**) contaminator; polluter; corruptor; tainter. **B** *a.* contaminating; polluting.

contaminazióne, *f.* **1** contamination; infection; pollution: **c. radioattiva**, radioactive contamination; **c. dell'atmosfera**, pollution of the atmosphere **2** (*letter.*) contamination.

contaminùti, *m. invar.* timer.

contànte, **A** *m.* cash; ready money: **Non ho c.**, I have no cash; **in** (*o* **a**) **contanti**, cash; in cash; for prompt cash; cash down; down; (cash) on the nail (*fam.*): **un milione in contanti**, one million in cash; **pagare in contanti**, to pay (in) cash; (*subito*) to pay cash down: **Pagherò la metà in contanti e il resto fra tre mesi**, I'll pay half the sum down, and the rest in three months' time; **pagamento in** (*o* **per**) **contanti**, cash (*o* prompt, down) payment; **pagamento in contanti alla consegna**, cash on delivery; **prezzo in** (*o* **per**) **contanti**, cash price; (*rag.*) **c. netto**, net cash. **B** *a.* – **denaro c.**, ready money; cash.

contapàssi, *m. invar.* pedometer.

contàre, **A** *v. t.* **1** to count; (*numerare*) to number, to enumerate: **c. i presenti**, to count the people present; **Contai venti motorini sul marciapiede**, I counted twenty mopeds on the pavement; **Sto contando le ore che mancano al suo arrivo**, I'm counting the hours until he comes; I can't wait for him to come **2** (*calcolare*) to count; (*considerare*) to mention, to consider: **Saremo in cinque senza c. l'autista**, there will be five of us, not counting the driver; **È un bel quartiere, senza c. la vicinanza al parco**, it's a nice part of town, not to mention the fact it's close to the park **3** (*avere*) to have; (*anni, età*) to be: **Conta molti amici in paese**, he has many friends in town; **Conta più di sessant'anni**, he is over sixty; **Conto più di trent'anni di servizio in questa ditta**, I have been with this firm for over thirty years **4** (*prevedere*) to expect, to reckon; (*riproporsi*) to propose, to intend, to mean*; (*sperare, confidare*) to reckon on, to bank on: **Conto di esserci**, I expect to be there; **Conto di non restare più di tre giorni**, I don't expect to stay for more than three days; **Contavo di andare a Londra e invece...**, I had intended to go to London, but...; **Contavo che tu gli avessi scritto**, I had reckoned on your writing to him **5** (*fig.*: *lesinare*) to begrudge; to grudge; to stint (on st.); to be stingy (with st.): **Gli conta i bocconi in bocca**, he begrudges his every mouthful; he even grudges him the food he eats; **Mi conta i soldi per la casa**, he is stingy with the housekeeping money **6** (*fam.*: *raccontare*) to tell*: **c. una storia**, to tell a story; **c. storie** (*mentire*), to tell stories (*fam.*); **Me ne ha contato delle belle sul suo conto**, he told me some fine things about him; **Contala a chi vuoi, ma non a me!**, you can tell that to anybody else, but not to me!; **Ma contala!**, go on!; tell that to the marines! (*USA*) **7** (*annoverare*) to count; to number: **L'ho sempre contato fra i miei amici**, I've always counted him among my friends. ● (*scherz.*) **c. le pecore**, to count sheep □ (*boxe*) **c. un pugile**, to count a boxer out □ **I bravi traduttori si contano sulle dita**, good translators can be counted on the fingers of one hand □ **Gli errori non si contano**, there are countless mistakes. **B** *v. i.* **1** to count; to reckon: **Non ha ancora imparato a c.**, he hasn't learnt to count yet; **c. ad alta voce**, to count out loud; **c. sulla punta delle dita**, to count on one's fingers; **Contai fino a dieci e aprii gli occhi**, I counted (to) ten and opened my eyes; **Sa c. fino a dieci**, he can count up to ten **2** (*importare, aver valore*) to count, to be of importance, to matter; (*significare*) to mean*: **Ogni minuto conta**, every minute counts; **Contano più i fatti che le parole**, facts count more than words; **Che cosa vuoi che conti?**, what do you think it matters?; **Voglio c. qualcosa nella tua vita**, I want to count for something in your life; **Lui non conta un bel nulla**, he counts for nothing; **una persona che non conta nulla**, a person of no importance; **gente che conta**, people that count; important people; people in high places; **Gli anni di università mi contano per la pensione**, my university years count towards my pension; **Questo viaggio conta molto per lui**, this trip means a lot to him **3** (*fare assegnamento*) to count on; to rely on; to depend on; to bank on: **Puoi c. su di me [sul mio aiuto]**, you can rely on me [on my help, on my helping you]; **Contiamo sulla tua venuta**, we count on your coming; **Aveva contato sulla sua credulità**, he had banked on his credulity; **È uno su cui non si può c.**, he is unreliable; **Allora ci conto!**, I can count on it, then; (*fam. iron.*) **Puoi contarci!**, you bet! ● **c. alla rovescia**, to count down □ (*fig.*) **c. quanto il due di briscola**, to be a nonentity; to be just a pawn in the game □ **e, ciò che più conta...**, and, what is more...

contarighe, *m. invar.* (*nelle macchine da scrivere*) line counter.

contascàtti, *m. invar.* (*telef.*) (telephone) meter.

contasecóndi, *m. invar.* stopwatch.

contastòrie, *m.* e *f. invar.* liar; fibber; storyteller (*fam.*).

contàta, *f.* quick count: **Diede una c. ai soldi**, he made a quick count of the money.

contàto, *a.* numbered: **Il governo ha i giorni contati**, the Government's days are numbered; **avere il denaro contato**, (*averne poco*) to have little (*o* no) money to spare; (*avere solo quanto basta*) to have just enough money (for st.); (*avere l'ammontare esatto*) to have the exact amount; **avere i minuti contati**, not to have a minute to spare; to be in a hurry; **Ha i mesi c., poveraccio**, he's only got a few months to live, poor soul.

contatóre, *m.* (*di un consumo*) meter; (*di movimenti, operazioni*) counter: **c. del gas [dell'acqua]**, gas [water] meter; **c. della luce** (*o* **dell'elettricità**), electricity meter; **c. a gettoni**, slot meter; (*fis.*) **c. di impulsi**, pulse counter; scaler; **c. (di) Geiger**, Geiger counter; (*fis.*) **c. registratore**, recording meter; **orologio c.**, timer.

contatorista, *m.* meterman*.

contattàbile, *a.* that can be contacted; that can be got in touch with; contactable.

contattàre, *v. t.* to contact; to make* contact with; to get* in touch with: **Devo contattarlo oggi stesso**, I must get in touch with him today; **Finalmente riuscii a contattarli**, I finally made contact with them.

contàtto, *m.* **1** (*il toccare, il toccarsi*) contact; touch: **c. fisico**, physical contact; **essere a c. di q.c.**, to be in contact with st.; to touch st.; **A c. con l'aria cambia colore**, it changes colour when in contact with the air; **Evitare il c. con la pelle**, avoid contact with the skin; **venire a c. di**, to come into contact with **2** (*elettr.*) contact: **stabilire il c.**, to make contact; to switch on; **togliere il c.**, to break contact; to switch off; **c. a terra**, (contact to) earth; ground (*USA*); **c. ausiliario**, auxiliary contact; **c. girevole**, revolving contact; **c. mobile**, movable contact; **c. scorrevole**, slider; sliding contact; **bottone di c.**, contact button; **filo di c.**, contact wire; **puntine di c.**, contact points; **spina di c.**, contact plug; **vite di c.**, contact screw **3** (*fig.*: *rapporto*) contact; touch: **essere in c. con q.**, to be in contact (*o* in touch) with sb.; **mantenere i contatti con**, to keep contact with; **Mi mise in c. con il loro agente**, he put me in contact (*o* in touch) with their agent; **perdere i contatti con q.**, to lose touch with sb.; **stare a c. col pubblico**, to deal with the public; **tenersi in c. con q.**, to keep in touch with sb.; **Non intendo avere contatti con loro**, I'll have nothing to do (*o* no dealings) with them **4** (*fig.*: *conoscenza*) contact: **Ho dei contatti utili in Brasile**, I've got some useful contacts in Brazil. ● (*aeron.*) **C.!**, contact! □ **c. radio**, radio contact: **mettersi in c. radio con q.**, to radio sb. □ **a stretto c.**, in close contact □ **lenti a c.**, contact lenses; contacts (*fam.*) □ **mettersi in c. telefonico con**

q., to telephone sb. □ **prendere c. con**, to make contact with: (*mil.*) **prendere c. con il nemico**, to make contact with (*o* to engage) the enemy □ **presa di c.**, first contact.

contattòlogo, *m.* (*f.* **-a**) specialist in contact lenses.

contattóre, *m.* (*elettr.*) contactor.

cónte, *m.* count; (*nella nobiltà inglese*) earl: **c. palatino**, count palatine; **Signor c.**, your excellency; (*a un c. inglese*) my lord, your lordship; **Il signor c. è servito**, your excellency (*o* your lordship) is served.

contèa, *f.* **1** (*titolo*) countship; (*di conte inglese*) earldom **2** (*territorio*) territory of a count; county; (*di conte palatino*) county palatine; (*di conte inglese*) earldom **3** (*divisione amministrativa*) county; (*nei composti*) shire: **capoluogo di c.**, county town; **la c. di York**, Yorkshire.

conteggiàre, **A** *v. t.* **1** (*mettere nel conto*) to include; to charge (sb. for st.) **2** (*calcolare*) to calculate; to reckon; to count. **B** *v. i.* to calculate; to reckon; to count.

contéggio, *m.* calculation; computation; count (*anche sport*); reckoning; tally: **c. delle spese**, calculation of expenditures; **c. dei voti**, vote count; **c. alla rovescia**, countdown; **fare un c. di q.c.**, to calculate st.; **rifare il c.**, to recount; **tenere il c. di q.c.**, to keep count (*o* tally) of st.

contégno, *m.* **1** (*comportamento*) behaviour, behavior (*USA*); (*atteggiamento*) attitude, manners (*pl.*), bearing, demeanour, demeanor (*USA*): **c. irreprensibile**, irreproachable behaviour; **tenere un buon c.**, to behave well; to conduct oneself well; **un c. superbo**, proud manners (*o* bearing) **2** (*atteggiamento dignitoso*) dignity, composure; (*riservato*) reserve; (*altero*) aloofness: **darsi un c.**, to affect composure; to assume a nonchalant air.

contegnóso, *a.* sedate; composed; dignified; staid; (*riservato*) reserved; (*altero*) aloof, stiff; (*severo*) stern, po-faced (*fam. GB*).

contemperaménto, *m.* **1** (*adattamento*) adaptation; (*accordo*) reconciliation **2** (*moderazione*) mitigation; moderation; tempering; softening.

contemperàre, *v. t.* **1** (*adattare*) to adapt; (*accordare*) to reconcile **2** (*moderare*) to mitigate; to moderate; to temper; to soften.

contemplàbile, *a.* contemplable.

contemplàre, *v. t.* **1** (*ammirare*) to admire; to gaze at; to contemplate: **c. un quadro**, to admire a painting; **c. un panorama**, to gaze at a landscape; **Cosa stai contemplando?**, what are you gazing at? **2** (*fig.*: *considerare*) to consider; (*leg.*) to provide for: **non contemplato nel contratto**, not provided for in the agreement **3** (*meditare*) to contemplate; to meditate upon: **c. il mistero della Trinità**, to meditate upon the mystery of Trinity.

contemplativo, *a.* e *m.* contemplative.

contemplatóre, **A** *m.* (*f.* **-trice**) contemplator. **B** *a.* (*anche relig.*) contemplative.

contemplazióne, *f.* (*anche relig.*) contemplation.

contèmpo, *m.* – **nel c.**, meanwhile; in the meantime.

contemporaneaménte, *avv.* at the same time; simultaneously.

contemporaneità, *f.* contemporaneity; contemporaneousness.

contemporàneo, **A** *a.* **1** (*che avviene nello stesso tempo*) contemporaneous: concurrent (to): **avvenimenti contemporanei**, contemporaneous events; **Il loro ingresso fu c.**, they came in at the same time (*o* together); **Il suo arrivo fu c. al mio**, he arrived at the same time as I did; his arrival took place at the same time as mine **2** (*della stessa epoca*) contemporary: **Le fonti contemporanee non ne parlano**, contemporary sources do not mention it; **Dante e i poeti suoi contemporanei**, Dante and the poets of his days **3** (*dei giorni nostri*) contemporary; present-day (*attr.*): **un poeta c.**, a present-day poet. **B** *m.* (*f.* **-a**) contemporary: **Fu osteggiato dai contemporanei**, he was opposed by his contemporaries.

contendènte, **A** *a.* contending; opposing; rival: **eserciti contendenti**, contending armies; **le parti contendenti**, the opposing parties; (*leg.*) the litigants, the involved parties. **B** *m.* e *f.* **1** (*in una contesa*) adversary, rival, opponent; (*in una gara*) contestant, competitor, contender **2** (*leg.*) litigant.

contèndere, **A** *v. t.* to contend; to contest; to dispute: **c. il primato a q.**, to contend with sb. for the first place: **c. una posizione al nemico**, to dispute a position with the enemy; **c. il terreno palmo a palmo**, to dispute every inch of ground. **B** *v. i.* **1** (*gareggiare*) to compete; to contend; to vie **2** (*litigare*) to dispute; to quarrel: **c. per futili motivi**, to quarrel over trifles. **C** **contèndersi**, *v. rifl. recipr.* to contend (for st.); to compete (for st.); to be rivals (for st.); to dispute; to rival each other (*o* one another): **c. un premio**, to compete (*o* to be rivals) for a prize; **c. il potere**, to contend for power. **D** *m.* – **l'oggetto del c.**, the point at issue; the matter under dispute.

contenènte, *m.* container: **il c. e il contenuto**, container and content.

contenènza, *f.* (*capacità*) capacity.

contenére, **A** *v. t.* **1** (*avere all'interno*) to contain; (*avere la capacità di*) to hold*; (*comprendere*) to include, to comprise; (*consistere di*) to consist of: **La stanza conteneva pochi mobili**, the room contained few pieces of furniture; **Non contiene zucchero**, it does not contain sugar; **Che cosa contiene questo pacco?**, what's inside this parcel?; **parole che contengono molta saggezza**, words that contain much wisdom; **Il libro contiene alcuni lavori giovanili**, the book includes some juvenilia; **Il fiasco contiene due litri**, (*ha la capacità di 2 l*) the flask holds two litres; (*li contiene in questo momento*) the flask contains two litres; **Lo stadio può c. diecimila spettatori**, the stadium holds ten thousand people; **Ogni volume contiene 300 pagine**, each volume consists of 300 pages **2** (*reprimere, frenare*) to contain, to control, to check, to restrain, to curb, to hold* down, to repress, to force back; (*immobilizzare*) to constrain: **c. il nemico**, to contain the enemy; **c. le lacrime**, to force back one's tears; **c. un impeto**, to check an impulse; **c. l'ira**, to curb one's anger; **c. la curiosità**, to contain one's curiosity; **c. l'inflazione**, to curb inflation. **B** **contenérsi**, *v. rifl.* e *i. pron.* **1** (*dominarsi*) to contain oneself; to control oneself: **Alla fine non potei più contenermi**, in the end I could no longer contain myself; **non c. dalla gioia**, to be beside oneself with joy **2** (*comportarsi*) to behave; to act.

conteniménto, *m.* **1** containment **2** (*freno, limitazione*) control; curb; restraint: **il c. delle spese**, control of expenditure; **c. dell'inflazione**, curb on inflation; **c. dei salari**, wage restraint. ● (*autom.*) **c. frontale**, front restrainers (*pl.*).

contenitóre, *m.* container; holder; receptacle; (*involucro rigido, vano*) case, housing.

contentàbile, *a.* satisfiable: **facilmente c.**, easy to please.

contentàre, **A** *v. t.* to satisfy; to please; (*rif. a un servizio*) to give* satisfaction; (*accondiscendere*) to give* in to, to do* what sb. wants: **La spiegazione non mi contenta**, the explanation doesn't satisfy me; **Fa di tutto per contentarmi**, he does his best to please me; **Quel cuoco non ci ha mai contentati**, that cook has never given satisfaction; **Alla fine lo contentai**, in the end, I gave in to him (*o* I did what he wanted). **B** **contentàrsi**, *v. i. pron.* to be content; to be satisfied: **Non si contenterà certo di così poco**, he certainly won't be content with so little; **sapere c.**, to be satisfied with what one has; **«Come sta?» «Contentiamoci!»**, «how are you?» «I can't complain». ● (*prov.*) **Chi si contenta, gode**, enough is as good as a feast.

contentatùra, *f.* – **di difficile c.**, exacting; hard to please; difficult; fussy (*fam.*); **di facile c.**, easy to please; easily pleased.

contentézza, *f.* cheerfulness; happiness; joy; gladness; contentment: **raggiante di c.**, beaming with happiness; **non stare nella pelle dalla c.**, to be beside oneself with joy.

contentino, *m.* little extra; (*per placare*) sweetener, sop: **meritarsi un c.**, to deserve a little extra; **dare un c. a q.**, to throw a sop to sb.; to give sb. a sweetener.

contentivo, (*med.*) **A** *a.* retentive. **B** *m.* truss.

contènto (**1**), *a.* (*soddisfatto*) satisfied, pleased, happy, contented, content; (*lieto, felice*) pleased, happy, glad, contented: **Come sono c.!**, how happy (*o* glad) I am!; **un'espressione contenta sul viso**, a pleased (*o* happy) expression on one's face; **un sorriso c.**, a happy smile; **una vita placida e contenta**, a placid, contented life; **mai c.**, never satisfied; never pleased; **Sei c. dei tuoi voti?**, are you pleased (*o* happy) with your marks?; **Sono c. di saperti guarito**, I'm glad to know you're well again; **Sono c. che tu sia venuto**, I am glad you've come; **Bravo! Sono c. di te!**, well done! I'm very pleased with you; **fare c. q.**, to please sb.; to make sb happy; **ritenersi c.**, to consider oneself satisfied. ● **c. come una Pasqua**, as pleased as Punch □ **C. te...!**, as long as you're satisfied; (*fa' come vuoi*) suit yourself! □ **E vissero a lungo felici e contenti**, and they lived happily ever after.

contènto (**2**), *m.* (*lett.*) content; contentment; satisfaction; happiness.

contenutézza, *f.* self-restraint; sobriety.

contenutismo, *m.* (*letter., arte*) (placing of) emphasis on content over form.

contenutista, (*letter., arte*) **A** *a.* that emphasizes content over form. **B** *m.* e *f.* artist [writer, critic] who emphasizes content over form.

contenutistico, *a.* of (*o* relating to) content; emphasizing content over form.

contenùto, **A** *m.* **1** (*ciò che è contenuto in q.c.*) contents (*pl.*); **il c. della borsa**, the contents of the handbag **2** (*chim.*) content: **c. sulfureo**, sulphur content; **a basso c. alcolico**, with a low alcohol content **3** (*materia trattata*) contents (*pl.*), subject-matter, matter; (*tema, idee*) content; (*tenore*) substance, gist, tenor: **Non conosco il c. della sua lettera**, I don't know the contents of his letter; **lo stile e il c. di un articolo**, the style and content of an article; **un film a forte c. sociale**, a film with a serious social content; **Qual è il c. delle sue richieste?**, what is the substance of his requests? **4** (*ling.*) content. **B** *a.* **1** (*misurato, sobrio*) contained; measured; reserved **2** (*tenuto a freno*) restrained: **emozione contenuta**, restrained emotion **3** (*non elevato*) reasonable; moderate; low: **prezzo c.**, reasonable price.

contenzióne, *f.* (*med.*) containment; compression; constriction.

contenziosità, *f.* (*leg.*) contentiousness.

contenzióso, (*leg.*) **A** *a.* contentious: **affare c.**, contentious business; **giurisdizione contenziosa**, contentious jurisdiction. **B** *m.* **1** (*la giurisdizione*) contentious jurisdiction; (*il procedimento*) contentious procedure **2** (*il complesso delle cause*) cases (*pl.*): **c. amministrativo**, administrative cases; **c. tributario**, fiscal cases **3** (*nelle aziende: ufficio o reparto*) legal department (*o* office).

conterie, *f. pl.* glass beads.

contèrmine, *a.* conterminous (with); bordering (on); adjacent (to).

conterràneo, **A** *a.* of the same country. **B** *m.* (*f.* **-a**) fellow countryman* (*f.* countrywoman*).

contésa, *f.* **1** (*controversia*) argument; dispute; contention: **La c. degenerò in rissa**, the argument degenerated into a brawl **2** (*lite*) quarrel; altercation **3** (*gara*) contest;

competition.

contéso, *a.* contested; disputed; contended.

contéssa, *f.* countess: **Signora c.**, your excellency; (*a una c. inglese*) my lady, your ladyship.

contèssere, *v. t.* (*lett.*) to weave* (together); to interweave*.

contessìna, *f.* count's daughter; young countess.

contestàbile, *a.* contestable; challengeable; questionable.

contestàre, *v. t.* ***1*** (*leg.: notificare*) to notify; to charge: **Gli fu contestato un reato**, he was charged with an offence; **c. una contravvenzione a q.**, to fine sb. ***2*** (*negare formalmente*) to deny ***3*** (*criticare*) to contest, to challenge, to oppose, to dispute, to question, to object to; (*persone o istituzioni*) to protest against: **c. a q. il diritto di fare q.c.**, to contest (*o* to challenge) sb.'s right to do st.; **c. il preside**, to protest against the headmaster; **c. la società**, to be against society.

contestatàrio, **A** *a.* protest (*attr.*); protesting. **B** *m.* (*f.* **-a**) protester, protestor.

contestatìvo, *a.* protest (*attr.*).

contestatóre, **A** *m.* (*f.* **-trice**) ***1*** (*critico, oppositore*) critic; challenger; opponent; dissenter ***2*** (*fautore della «contestazione»*) protester. **B** *a.* protest (*attr.*); protesting: **movimento c.**, protest movement.

contestazióne, *f.* ***1*** (*leg.: notifica*) formal notice; notification; intimation: **c. di un'accusa**, notification of a charge; **c. d'una multa**, intimation of a fine ***2*** (*leg.: impugnazione*) challenge ***3*** (*obiezione, critica*) objection; criticism; opposition: **sollevare contestazioni**, to raise objections; **in caso di c.**, in case of dispute ***4*** (*protesta*) protest: **c. studentesca**, student protest; **gli anni della c.**, the years of global protest against society.

contèste, contestimóne, *m. e f.* co-witness; fellow witness.

contestimoniànza, *f.* (*leg.*) evidence given by a co-witness.

contèsto, *m.* ***1*** context: **isolare una parola dal c.**, to isolate a word from its context; **La frase era innocua fuori dal c.**, taken out of context, the words were quite innocent ***2*** (*fig.*) context; framework; (*ambiente*) environment, background: **Bisogna esaminare il c. storico**, we must examine the historical context; **il c. economico**, the economic framework; **c. familiare**, family environment.

contestuàle, *a.* ***1*** contextual ***2*** (*simultaneo*) concomitant.

contestualità, *f.* ***1*** contextuality ***2*** (*simultaneità*) concomitance.

contestualizzàre, *v. t.* to contextualize.

contestualménte, *avv.* concomitantly; at the same time.

contézza, *f.* (*lett.*) knowledge; information.

contiguità, *f.* contiguity; contiguousness.

contìguo, *a.* ***1*** adjoining; adjacent; (*confinante*) bordering (on), contiguous: **stanze contigue**, adjoining rooms; **Il suo appartamento è c. al mio**, his flat is next to mine; **Abita nella villetta contigua alla mia**, he lives in the house next to mine; he lives next door; (*anat.*) **ossa contigue**, contiguous bones ***2*** (*geom.*) contiguous: **angoli contigui**, contiguous angles.

continentàle, **A** *a.* continental: **clima c.**, continental climate; **l'Europa c.**, continental Europe; (*in G.B., anche*) the Continent; (*geogr.*) **piattaforma c.**, continental shelf. **B** *m. e f.* inhabitant of the continent; (*in Italia*) inhabitant of mainland Italy.

continentalità, *f.* continentality.

continènte (1), *m.* ***1*** continent: **il C. antico**, the Old Continent; **il C. nero**, the Black Continent; **il C. nuovissimo**, Australia; **il C. nuovo**, the New World ***2*** (*terraferma*) mainland: **andare a vivere sul c.**, to move to the mainland.

continènte (2), *a.* ***1*** temperate; moderate: **essere c. nel mangiare**, to eat in moderation ***2*** (*med.*) continent.

continènza, *f.* ***1*** temperance; moderation: **c. nel bere**, moderation in drinking; **c. sessuale**, continence ***2*** (*med.*) continence.

contingentaménto, *m.* (*econ.*) ***1*** (*il contingentare*) curtailing; curtailment; imposition of a quota: **il c. delle importazioni**, the curtailment of imports ***2*** (*il sistema*) quota system ***3*** (*razionamento*) rationing.

contingentàre, *v. t.* (*econ.*) ***1*** to curtail; to fix a quota for ***2*** (*razionare*) to ration.

contingènte, **A** *a.* ***1*** (*filos.*) contingent ***2*** contingent; fortuitous; accidental; incidental: **spese contingenti**, contingent expenses. **B** *m.* ***1*** (*mil.*) contingent; force: **c. di leva**, conscriptable men of a given age ***2*** (*econ.*) quota; share: **c. d'importazione**, import quota ***3*** (*filos.*) contingent.

contingentìsmo, *m.* (*filos.*) philosophy of contingency.

contingènza, *f.* ***1*** (*filos.*) contingency ***2*** (*circostanza*) occasion; circumstance; contingency; event: **una c. dolorosa**, a sad occasion; **Che fare in una simile c.?**, what to do in such a contingency? ● (*econ.*) **indennità di c.**, cost-of-living bonus (*o* allowance).

contìno, *m.* count's son; young count.

continuaménte, *avv.* ***1*** (*ininterrottamente*) continuously; unceasingly; non-stop ***2*** (*ripetutamente*) continually; constantly; all the time: **Mi chiede c. di te**, he's always asking (*o* he keeps asking) about you; **Non interrompermi c.**, stop interrupting me all the time.

continuàre, **A** *v. t.* ***1*** (*proseguire*) to continue; to go* on with; to keep* up (*o* on); to carry on: **Il ministro continuò la politica del suo predecessore**, the minister continued his predecessor's policy; **c. gli studi**, to continue (*o* to keep up) one's studies; **c. una tradizione**, to keep up (*o* to carry on) a tradition; **c. l'opera di q.**, to carry on sb.'s work ***2*** (*riprendere*) to resume (*anche assol.*); to take* up again: **Dopo una pausa, continuò il suo racconto**, after an interval, he resumed his story. **B** *v. i.* ***1*** to go* on; to continue; to keep* on; to keep*; to proceed: **Continua, ti ascolto**, go on, I'm listening; **La vita continua**, life goes on; **c. a dormire**, to go on sleeping; to sleep on; **c. a combattere**, to go on fighting; to fight on; **L'acqua continuava a bollire**, the water boiled on; **Continuò a scrivere senza rispondermi**, he didn't answer and went (*o* kept) on writing; **Continua a mescolare!**, keep stirring!; **Mi continua a cadere la borsetta**, I keep dropping my bag; **Continua a fare bello**, the weather is keeping fine; the fine weather is keeping up; **Continuammo a piedi**, we continued (*o* proceeded) on foot; **Non possiamo c., la strada è sbarrata**, we can't go on, the road is blocked; **Non si può c. in questo modo**, we can't continue (*o* go on) like this ***2*** (*estendersi*) to continue; to extend; to stretch on: **Il mio giardino continua sino al fiume**, my garden extends as far as the river. ● (*di uno scritto a puntate*) **Continua**, to be continued □ **Continua a p. 34**, continued on p. 34.

continuatìvo, *a.* continuative; ongoing; (*di lavoro, ecc.*) permanent.

continuàto, *a.* continuous; uninterrupted; non-stop: **orario c.** (*di negozi e sim.*), all-day opening.

continuatóre, *m.* (*f.* **-trice**) ***1*** continuator; continuer ***2*** (*seguace*) follower.

continuazióne, *f.* continuation; continuance; prosecution; (*seguito*) sequel: **la c. di una storia [di una guerra]**, the continuation of a story [of a war]; **in c.**, continually; (*più e più volte*) over and over again: **Si lamentava in c.**, he complained continually; he kept complaining; **Parla in c.**, he never stops talking.

continuità, *f.* continuity. ● **soluzione di c.**, interruption; gap.

contìnuo, **A** *a.* ***1*** (*ininterrotto*) continuous; uninterrupted; non-stop; unbroken: **tre giorni di febbre continua**, three days of continuous fever; **una linea continua**, an unbroken line ***2*** (*incessante*) incessant, unceasing, endless; (*costante*) constant; (*frequente*) continual, repeated: **pioggia continua**, incessant rain; **dolore c.**, unceasing pain; **I figli sono una preoccupazione continua**, children are a constant worry; **un andirivieni c.**, an incessant (*o* endless) coming and going; **fare continui progressi**, to make constant progress; **In quella casa è un bisticciarsi c.**, in that house there is endless quarrelling (*o* they do nothing but quarrel, they quarrel all the time); **continue richieste di denaro**, repeated requests for money; **continui guasti all'impianto**, continual breakdowns in the plant. ● (*mus.*) **basso c.**, basso continuo; thorough bass □ **di c.**, continually; constantly; endlessly; all the time: **Mi interrompeva di c.**, he kept interrupting me; **Piove di c.**, it rains and rains; it rains on and on □ (*elettr.*) **corrente continua**, direct current □ (*mat.*) **funzione continua**, continuous function □ (*edil.*) **trave continua**, continuous beam. **B** *m.* continuum.

continuum, *m. invar.* continuum.

contitolàre, *m. e f.* (*fin., leg.*) co-owner; joint owner.

cónto, *m.* ***1*** (*calcolo*) calculation, reckoning; (*conteggio*) count, tally: **fare un c.**, to do a calculation; (*una somma*) to add up; **C'è un errore nel c.**, there is an error in the calculation; **un c. approssimato**, a rough reckoning; **bravo a fare i conti**, good at figures; **perdere il c. di**, to lose count of; **sbagliare il c.**, to make a mistake in one's calculation; (*in una somma*) to add st. up wrong; **tenere il c. di q.c.**, to keep count (*o* tally) of st. ***2*** (*pl.*) (*rag.*) accounts: **fare i conti**, (*in un'azienda, ecc.*) to draw up the accounts; (*fam.*) to do the accounts; **far tornare i conti**, to balance the accounts; **Non mi tornano i conti**, the accounts don't balance; **manipolare i conti**, to manipulate the accounts; to cook the books (*fam.*); **tenere i conti**, to keep accounts; **c. cassa**, cash account; **libro dei conti**, account book; **revisione dei conti**, audit of accounts ***3*** (*banca*) account: **c. in banca**, bank account; **c. corrente**, current account; checking account (*USA*); **aprire [chiudere] un c.**, to open [to close] an account; **c. bloccato**, blocked account; **c. a firme congiunte**, joint account; **c. scoperto**, overdrawn account; **c. vincolato**, deposit account; **estratto c.**, bank statement; **intestatario di un c.**, holder of an account ***4*** (*di ristorante, d'albergo, ecc.*) bill (*GB*), check (*USA*), tab (*USA*); (*di negozio, fornitore*) bill, account: **il c. del macellaio**, the butcher's bill; **avere il c. aperto presso un negozio**, to have a credit (*o* charge) account with a shop; **Me lo metta in c.**, charge it to my account, please; **mandare il c.**, to send (in) the bill; **saldare un c.**, to pay a bill; to settle an account (*anche fig.*); **Chi paga il c. poi sono io**, I have to foot the bill (*USA*: pick up the tab) in the end ***5*** (*importanza, valore*) account; worth: **di gran c.**, of great account; **di poco c.**, of little account; trifling; **di nessun c.**, of no account; unimportant; (*senza valore*) worthless; **tenere q.c. in gran c.**, to set great store by st. ● **c. alla rovescia**, countdown □ (*econ.*) **i conti con l'estero**, the balance of payments □ (*comm.*) **c. corrente postale**, postal giro account □ (*comm.*) **c. di acquisto**, bought note □ **c. in sospeso**, bill to pay; (*fig.*) score to settle □ (*comm.*) **c. profitti e perdite**, profit and loss account □ **c. spese**, expense account: **mettere q.c. in c. spese**, to charge st. to one's expense account □ (*comm.*) **c. vendite**, sales account □ (*avv.*) **a (ogni) buon c.**, in any case; at all events □ **a conti fatti**, all things considered; on balance □ **È un altro c.**, that's another matter; that's different □ **avere un c. da regolare con q.**, to have a score to settle with sb. ▫ **Ha diversi conti da regolare con la giustizia**, he is wanted by the police on various accounts ▫ **chiedere c. di q.c.**, to demand an explanation of st. ▫ (*fig.*) **I conti tornano**, it tallies; it all adds up ▫ (*fig.*) **I conti non tornano**, there's something wrong here; something does not tally ▫ **Un c. è dire, un c. è fare**, saying is one thing, acting is something else again ▫ **la Corte dei Conti**, the State's Auditors' Department ▫ **dare c. di q.c.**, to give an account of st.; to account for st. ▫ (*comm.*) **estratto c.**, statement of account ▫ **far c. di**, (*immaginare*) to imagine, to suppose; (*ripromettersi*) to expect, to reckon: **Fai c. di essere su una nave**, imagine you are on board a ship; **Facciamo c. che questo sia il camion e questa la mia bici**, (let's) suppose (*o* say) this is the lorry and this is my bike; **Fai c. che io non l'abbia detto**, disregard (*o* ignore) what I said; **Fai c. che sia stato provato**, you can take it as proved; **Faccio c. di tornare venerdì**, I expect to be back on Friday ▫ **fare c. su**, to count on; to rely on: **Puoi farci c.**, you can count on it ▫ (*fam.*) **fare di c.**, to do simple operations: **saper fare di c.**, to know a little (*o* some) arithmetic; to do easy sums ▫ **leggere, scrivere e far di c.**, reading, writing and arithmetic (*o* reckoning); the three R's ▫ **fare bene i propri conti**, to work things out carefully; to weigh the pros and cons ▫ (*eufem.*) **Con te faremo i conti dopo!**, I'll sort you out later! ▫ **dover fare i conti con q.c.** (*rif. a difficoltà*), to have st. to reckon with ▫ **Dovrà fare i conti con me!**, he'll have me to reckon with ▫ **fare i conti in tasca a q.**, to pry into sb.'s financial affairs ▫ (*fig.*) **fare i conti senza l'oste**, to count one's chickens before they're hatched ▫ (*fig.*) **fare male i propri conti**, to be out in one's reckonings ▫ (*comm.*) **in c. deposito**, on a sale or return basis ▫ **in fin dei conti**, after all ▫ **mettere c.**, to be worthwhile; to pay: **Non mette c. che tu ci vada**, it's not worth your while to go there; you needn't go there; **Non mette c. lavorare tanto**, it doesn't pay to work so hard ▫ **mettere in c.** (*prevedere*), to calculate for; to reckon with: **Non avevo messo in c. il suo rifiuto**, I hadn't calculated for (*o* reckoned with) his refusal ▫ **per c. di q.**, on behalf of sb.; for sb.; (*da parte di q.*) from sb.: **L'avvocato agisce per c. mio**, the solicitor is acting for me (*o* on my behalf); **Diglielo per c. mio**, tell him from me ▫ **per c. mio** (*quanto a me*), as for me; as far as I am concerned ▫ **per c. proprio** (*da solo*), on one's own; for oneself; by oneself; alone: **Vive per c. suo**, he lives on his own (*o* alone); **Se ne sta per c. suo**, he keeps himself to himself; **È in affari per c. suo**, he's in business for himself; **mettersi per proprio c.**, to set up (in business) for oneself ▫ (*fig.*) **regolamento di conti**, settling of scores; score-settling; squaring of accounts; (*sparatoria*) shoot-out ▫ (*fig.*) **regolare i conti con q.**, to square accounts with sb.; to settle a score with sb.; to balance the books with sb. ▫ (*fig.*) **rendere c. di q.c.**, to answer for st.; to be accountable for st.: **Devo rendergli c. di tutto**, I have to account (*o* I am accountable) to him for everything; **Io non devo rendere c. a nessuno**, I answer (*o* I'm accountable) to no one ▫ **rendersi c.**, *V. sotto* **rendere** ▫ **resa dei conti**, (*momento del rendiconto*) day of reckoning; (*momento cruciale*) crunch; (*prova di forza*) showdown: **Verrà il giorno della resa dei conti**, the day of reckoning will come ▫ **sapere il c. proprio**, to know one's job; to know what one is about ▫ **prendere informazioni sul c. di q.**, to get information about (*o* regarding) sb. ▫ **Non ci sono rimostranze sul suo c.**, there are no complaints against him ▫ **tenere c.**, (*considerare*) to consider; to bear in mind; to remember; to allow for: **Tieni c. che saremo in dieci**, bear in mind (*o* remember, consider) there will be ten of us; **Bisogna tener c. della sua età**, we must allow for his age; **Non ho tenuto c. della sua testardaggine**, I did not consider (*o* I reckoned without) his stubborness; **Non tener c. dell'ultima frase**, disregard the last sentence ▫ **tenere da c. q.c.**, to take care of st.; to look after st.

contòrcere, **A** *v. t.* to twist; to contort. **B contòrcersi**, *v. rifl.* to writhe; to twist (about); to twist and turn; to wriggle; to squirm; (*dalle risate*) to roll (about): **c. dal dolore**, to writhe in pain; **c. per liberarsi**, to twist about to free oneself.

contorciménto, *m.* contortion; twisting; writhing; wriggling; squirming.

contornàre, *v. t.* ***1*** (*circondare*) to surround (*anche fig.*); to encircle: **Era contornato dagli amici**, he was surrounded by friends ***2*** (*bordare*) to edge; to border (all round); to decorate (round the edge): **un'aiuola contornata da viole del pensiero**, a flowerbed bordered with pansies; **un soffitto contornato da stucchi**, a ceiling decorated with stucco-work (round the edge) ***3*** (*disegnare il contorno*) to outline: **c. le figure di nero**, to outline the figures in black.

contórno, *m.* ***1*** (*profilo, sagoma*) contour; outline; profile ***2*** (*fregio, bordura, ecc.*) edging; border ***3*** (*gruppo di persone*) crowd; train ***4*** (*cucina*) side dish; (*di verdura*) vegetables (*pl.*): **un arrosto con c.**, a roast with vegetables ***5*** (*pl.*) (*dintorni*) surroundings.

contorsióne, *f.* ***1*** contortion; writhing; wriggling; squirming ***2*** (*fig.*) contortion; (*viluppo*) intricacy, convolution: **contorsioni mentali**, mental contortions.

contorsionìsmo, *m.* (*anche fig.*) contortionism.

contorsionìsta, *m. e f.* (*anche fig.*) contortionist.

contòrto, *a.* ***1*** twisted; contorted: **un ferro c.**, a twisted iron bar; **rami contorti**, twisted branches ***2*** (*fig.*) convoluted, twisted, tortuous; (*deformato*) warped: **stile c.**, convoluted style; **ragionamento c.**, twisted reasoning; **mente contorta**, twisted (*o* warped) mind.

contrabbandàre, *v. t.* ***1*** to smuggle; to run*; to contraband: **c. droga**, to smuggle drugs ***2*** (*fig.*) to pass off: **c. q.c. per autentico**, to pass st. off as genuine.

contrabbandière, **A** *m.* (*f.* **-a**) smuggler; runner; (*di liquori*) bootlegger. **B** *a.* – **nave contrabbandiera**, smuggler.

contrabbàndo, *m.* smuggling; running; contraband: **c. di sigarette**, contraband of cigarettes; **c. d'armi**, arms smuggling; **c. di droga**, drug smuggling; **c. di guerra**, contraband of war; **fare del c.**, to smuggle; to be a smuggler. ● (*fig.*) **di c.**, clandestinely, illegally; (*di nascosto*) on the quiet, on the sly ▫ **esportare [importare] q.c. di c.**, to smuggle st. out [in] ▫ **far entrare q.c. di c. in un paese**, to smuggle (*o* to run) st. into a country ▫ **merce di c.**, smuggled (*o* contraband) goods.

contrabbassìsta, *m. e f.* (*mus.*) double-bass player.

contrabbàsso, *m.* (*mus.*) ***1*** double bass; contrabass ***2*** (*registro d'organo*) bourdon. ● (*scherz.*) **fare il c.** to snore like a foghorn.

contraccambiàre, *v. t.* to return; to reciprocate; (*ripagare*) to repay*: **c. l'ospitalità di q.**, to return sb.'s hospitality; **c. un favore**, to repay a favour; **c. gli auguri**, to reciprocate sb.'s good wishes; **c. un sentimento**, to return (*o* to reciprocate) a feeling; **c. l'amore di q.**, to return sb.'s love; to love sb. in return; to love sb. back.

contraccàmbio, *m.* return; reciprocation; (*scambio*) exchange, swap (*fam.*): **in c. di q.c.**, in exchange (*o* in return) for st. ● **rendere il c.**, to give as good as one gets; to give tit for tat (*fam.*).

contraccàrico, *m.* counterbalancing load.

contraccettìvo, *a. e m.* contraceptive.

contraccezióne, *f.* contraception.

contraccólpo, *m.* ***1*** counterblow; (*rimbalzo*) rebound ***2*** (*di arma da fuoco, mecc.*) kick; recoil ***3*** (*fig.*) repercussion; consequence; backlash.

contraccùsa, *f.* (*leg.*) countercharge.

contràda, *f.* ***1*** (*quartiere*) quarter; district ***2*** (*lett.*: *paese, regione*) land; region; country.

contraddànza, *f.* contredanse; contradance.

contraddìre, **A** *v. t.* ***1*** (*dire il contrario*) to contradict: **Non contraddirmi!**, don't contradict me! ***2*** (*essere in contrasto*) to contradict; to clash with: **La mia tesi contraddice la sua**, my thesis contradicts (*o* clashes with) his; **La sua espressione contraddiceva le sue parole**, his expression contradicted his words. **B contraddirsi**, *v. rifl.* to contradict oneself. **C contraddirsi**, *v. rifl. recipr.* to contradict each other (*o* one another); (*di affermazioni, ecc.*) to conflict, to clash.

contraddistinguere, **A** *v. t.* (*con un segno*) to mark; (*fig.*) to mark out, to distinguish: **con la cortesia che lo contraddistingue**, with his usual politeness. **B contraddistinguersi**, *v. i. pron.* to distinguish oneself; to be characterised (by st.); to stand* out.

contraddittóre, *m.* (*f.* **-trice**) opposer; contradictor.

contraddittorietà, *f.* contradictoriness; inconsistency.

contraddittòrio, **A** *a.* ***1*** contradictory; contradicting; conflicting; (*che contraddice se stesso*) inconsistent, self-contradictory: **dichiarazioni contraddittorie**, contradictory statements; **versioni contraddittorie dei fatti**, conflicting versions of the facts ***2*** (*pieno di contrasti*) conflicting; (*ambiguo*) ambiguous: **sentimenti contraddittori**, conflicting emotions. **B** *m.* ***1*** debate; discussion ***2*** (*leg.*: *di testimoni*) cross-examination: **interrogare in c.**, to cross-examine.

contraddizióne, *f.* contradiction; discrepancy: **c. in termini**, contradiction in terms; **Sei un ammasso di contraddizioni**, you are a mass of contradictions; **una vita piena di contraddizioni**, a life full of contradictions; **C'è qualche c. fra le due teorie**, there are some discrepancies between the two theories; **cadere in c.**, to contradict oneself. ● (*filos.*) **principio di non c.**, principle of contradiction ▫ **spirito di c.**, contrariness.

contraènte, (*leg.*) **A** *a.* contracting. **B** *m. e f.* contractor; contracting party; party (to a contract).

contraèrea, *f.* (*mil.*) anti-aircraft artillery; ack-ack (*fam.*): **il fuoco della c.**, anti-aircraft fire.

contraèreo, *a.* (*mil.*) anti-aircraft (*attr.*); ack-ack (*attr., fam.*).

contraffàre, **A** *v. t.* ***1*** (*imitare*) to imitate, to simulate, to counterfeit; (*mettendo in ridicolo*) to mimic* ***2*** (*alterare*) to alter; to disguise: **c. la voce per non farsi riconoscere**, to alter one's voice so as not to be recognized ***3*** (*falsificare*: *firme, banconote, ecc.*) to counterfeit, to forge; (*documenti in genere*) to falsify ***4*** (*sofisticare*) to adulterate. **B contraffàrsi**, *v. rifl.* to disguise (oneself).

contraffàtto, *a.* ***1*** counterfeit; false ***2*** (*falsificato*) counterfeit; forged; falsified: **monete contraffatte**, counterfeit coins; **firma contraffatta**, forged signature ***3*** (*sofisticato*) adulterated.

contraffattóre, *m.* (*f.* **-trice**) ***1*** imitator ***2*** (*falsario*) counterfeiter; forger; falsifier ***3*** (*sofisticatore*) adulterator.

contraffazióne, *f.* ***1*** imitation; alteration ***2*** (*falsificazione*) counterfeit; counterfeiting; falsification; forgery: **c. di sigilli**, counterfeit of seals ***3*** (*sofisticazione*) adulteration ***4*** (*cosa falsificata*) imitation, copy, fake; (*firma, documento*) forgery. ● (*leg.*) **c. di brevetto**, infringement of a patent.

contraffilàre, *v. t.* to trim the welt.

contraffilo, *m.* outer edge (of the welt).

contraffòrte, *m.* ***1*** (*archit.*) buttress; counterfort *2* (*geogr.*) spur.

contraggènio, *m.* – **a** (*o* **di**) **c.**, reluctantly; unwillingly; against the grain.

contràgo, *m.* (*ferr.*) stock rail.

contraìbile, *a.* *1* contractable *2* (*di malattia*) that can be caught; infectious.

contràlbero, *m.* (*mecc.*) countershaft.

contraliṣèi, *V.* **controalisei**.

contraltàre, *m.* *1* (*archit.*) opposite altar *2* (*fig.*) counterattraction; rival show (*fam.*). ● **fare da c.**, to correspond (to st.); to counterbalance (st.).

contraltìno, *m.* (*mus.*) contraltino.

contraltista, *m.* countertenor.

contràlto, *a.* e *m.* (*mus.*) contralto*; (*di strumento*) alto*.

contrammiràglio, *m.* (*naut.*) rear admiral.

contrappàsso, *m.* retaliation; talion.

contrappèllo, *m.* second roll-call.

contrappélo, *V.* **contropelo**.

contrappesàre, **A** *v. t.* *1* to balance (st.) against (st. else); to counterpoise; to counterbalance; to counterweigh *2* (*fig.*) to examine thoroughly; to weigh: **c. il pro e il contro**, to weigh the pros and cons. **B contrappesàrsi**, *v. rifl. recipr.* (*anche fig.*) to counterbalance; (*fig.*) to even out: **I vantaggi e gli svantaggi si contrappesano**, the pros and cons even out; the pros counterbalance the cons.

contrappéso, *m.* (*anche fig.*) counterpoise; counterbalance; counterweight: **fare da c. a q.c.**, to act as a counterpoise to st. ● (*edil.*) **c. per telaio di finestra**, sash weight.

contrapponìbile, *a.* opposable.

contrappórre, **A** *v. t.* *1* (*opporre, mettere contro*) to oppose; to contrast; to counter: (*leg.*) **c. all'argomentazione dell'accusa un nuovo testimone per la difesa**, to counter the arguments of the prosecution with a new witness for the defence *2* (*mettere a confronto*) to set* up (st.) against (st. else): **c. la propria opinione a quella di un altro**, to set up one's opinion against someone else's. **B contrappórsi**, *v. rifl.* *1* (*opporsi*) to oppose; to contrast *2* (*contrastare*) to clash; to contrast.

contrappoṣizióne, *f.* *1* contrast; contraposition; confrontation *2* (*confronto*) setting up (of st.) against (st. else).

contrappósto, **A** *a.* *1* opposing; opposed: **eserciti contrapposti**, opposing armies; (*autom.*) **cilindri contrapposti**, opposed cylinders *2* (*contrario*) opposite; antithetical. **B** *m.* opposite; contrary.

contrappuntàre, *v. t.* (*mus.*) to counterpoint.

contrappuntìsta, *m.* e *f.* (*mus.*) contrapuntist.

contrappuntìstico, *a.* (*mus.*) contrapuntal; counterpoint (*attr.*).

contrappùnto, *m.* (*mus.* e *fig.*) counterpoint.

contràre, *v. t.* *1* (*bridge*) to double *2* (*boxe*) to counter *3* (*calcio*) to tackle.

contràrgine, *m.* counterdike.

contrariaménte, *avv.* *1* (*in modo contrario*) contrary: **c. a quanto pensavo**, contrary to what I thought *2* (*in senso contrario*) contrarily; contrariwise.

contrariàre, *v. t.* *1* to cross; to thwart; to oppose: **Non è bene contrariarlo**, it doesn't do to cross him; **c. q. in tutto**, to thwart sb. in (*o* over) everything *2* (*irritare*) to put* out; to vex; to annoy; to irritate *3* (*contraddire*) to contradict.

contrariàto, *a.* *1* (*irritato*) annoyed; vexed; cross (*pred., fam.*); put out *2* (*dispiaciuto*) sorry; disappointed.

contrarietà, *f.* *1* (*l'essere contrario*) contrariety; contrariness *2* (*impedimento*) setback, impediment; (*avversità*) adversity, misfortune: **c. imprevista**, unexpected setback (*o* impediment) *3* (*sentimento d'avversione*) aversion; dislike.

contràrio, **A** *a.* *1* (*opposto*) contrary, opposite; (*estraneo*) alien: **movimento c.**, contrary movement; **punto di vista c.**, contrary (*o* opposite) point of view; **direzione contraria**, opposite direction; **opinioni contrarie alle mie**, opinions opposite to mine; **un'idea contraria a ogni logica**, an idea that flies in the face of all logic; **avere l'effetto c.**, to have the opposite effect; **c. alla mia natura**, alien to my nature *2* (*sfavorevole*) unfavourable; adverse; unpropitious; ill: **stagione contraria**, unfavourable weather; **Il vento era c.**, the wind was against us; **sorte contraria**, ill luck *3* (*che si oppone*) opposed; against (*prep.*): **Mio marito è c.**, my husband is against it [the plan, etc.] *4* (*riluttante*) unwilling; reluctant; averse: **Era c. ad accettare**, he was unwilling to accept. ● (*leg.*) **c. alla legge**, unlawful; contrary to law □ **c. alla salute**, bad for (one's) health □ **fino ad avviso c.**, until further notice □ **in caso c.**, otherwise: **In caso c., avvertimi**, otherwise, let me know □ (*leg.*) **prova contraria**, evidence to the contrary □ (*leg.*) **salvo patto c.**, unless otherwise provided for □ **in senso c.**, the opposite way; contrariwise; against (*prep.*): **Muovilo in senso c.**, move it the opposite (*o* other) way; **in senso c. al traffico**, against the traffic; **in senso c. alla corrente**, against the current; (*rif. a fiume*) upstream; **in senso c. alle lancette dell'orologio**, anticlockwise. **B** *m.* *1* opposite; contrary: **È vero il c.**, the opposite is true; **Lui è il c. di lei**, he is her opposite; **Ho prova del c.**, I have evidence to the contrary *2* (*ling.*) antonym: **dizionario dei sinonimi e dei contrari**, dictionary of synonyms and antonyms. ● **al c.**, (*a ritroso*) backwards; (*in ordine inverso*) in reverse order; (*col davanti dietro*) the wrong way round; (*con l'interno all'esterno*) inside out; (*col sopra sotto*) upside down; (*invece*) instead, rather; (*anzi*) on the contrary □ **Al c.!**, quite the reverse!; far from it! □ **Al c. di mia moglie, preferisco la campagna**, unlike my wife, I prefer the countryside □ **in c.**, to the contrary; against: **non avere nulla in c. a**, to have no objection to; not to mind: **Va pure, io non ho nulla in c.**, I have no objection to (*o* I don't mind) your going; **Hai qualcosa in c.?**, do you mind?

contràrre, **A** *v. t.* *1* (*sottoporre a contrazione*) to contract; (*corrugare*) to twist: (*anat.*) **c. un muscolo**, to contract (*o* to tense) a muscle; **c. le labbra**, to twist one's mouth; **c. il viso**, to twist one's face; to grimace; **c. le sopracciglia**, to knit one's brows *2* (*ridurre*) to reduce; to cut*: **c. le spese**, to cut expenditures *3* (*prendere*) to contract; to form; to acquire; to develop; to get* into: **c. una malattia**, to contract (*o* to catch, to develop, to come down with) an illness; **c. un vizio**, to acquire a vice; to get into (*o* to pick up) a bad habit; **c. un'abitudine**, to form (*o* to develop) a habit *4* (*assumere*) to contract; to incur: **c. un debito**, to contract a debt; **c. debiti**, to incur (*o* to run up) debts; **c. un mutuo**, to contract a loan *5* (*stringere*) to contract; to enter into; to strike*: **c. un matrimonio**, to contract a marriage; **c. un'amicizia**, to strike up a friendship. **B contràrsi**, *v. i. pron.* *1* (*restringersi*) to shrink*; to become* smaller *2* (*corrugarsi*) to contract; to twist; to twitch *3* (*econ.*: *della domanda, ecc.*) to fall* off; (*di prezzi, ecc.*) to fall*, to decline, to drop *4* (*ling.*) to contract.

contrassàlto, *m.* (*mil.*) counterattack.

contrassegnàre, *v. t.* *1* to mark; to earmark; to countermark; (*con un segno di penna*) to tick, to check (*USA*); (*con un cartellino*) to label, to tag; (*con colori diversi*) to colour-code *2* (*fig.*) to mark: **un anno contrassegnato da eventi cruciali**, a year marked by crucial events.

contrasségno (1), *m.* *1* (identification) mark; earmark *2* (*fig.*: *attestato*) token; mark: **c. di stima**, token of esteem *3* (*distintivo*) badge; (*mil.*) badge of rank *4* (*di un aereo, ecc.*) marking *5* (*elab.*) mark; tag. ● **c. elettorale**, party symbol; party emblem.

contrasségno (2), *avv.* – **pagamento c.**, cash on delivery.

contrastàbile, *a.* contestable; questionable.

contrastànte, *a.* contrasting; conflicting: **tinte contrastanti**, contrasting hues; **idee contrastanti**, conflicting ideas.

contrastàre, **A** *v. t.* *1* (*impedire*) to impede; to oppose; to hinder *2* (*resistere a*) to oppose, to resist; (*una persona*) to cross: **c. i desideri di q.**, to oppose sb.'s wishes *3* (*contendere*) to dispute: **La nostra squadra contrastò loro la vittoria fino all'ultimo**, our team disputed the victory right to the end. **B** *v. i.* *1* (*essere in conflitto*) to be at odds; to contradict; to contrast; to clash: **un comportamento che contrasta con i suoi principi**, behaviour that is at odds with (*o* that contradicts) his principles *2* (*fare contrasto*) to contrast; to be a contrast to; to set off; (*sgradevolmente*) to clash, to jar: **Il colore delle poltrone contrasta con quello del divano**, the colour of the armchairs contrasts with (*o* sets off) that of the sofa *3* (*lett.*: *lottare*) to struggle; to fight*. **C contrastàrsi**, *v. rifl. recipr.* (*contendersi*) to struggle (for st.); to contend (for st).

contrastàto, *a.* *1* (*combattuto*) hard-won: **un successo c.**, a hard-won success *2* (*ostacolato*) opposed; meeting with opposition: **un matrimonio c.**, a marriage opposed by the family; **una decisione contrastata**, a decision reached amidst strong opposition; a decision that met with strong opposition *3* (*discusso*) (much) disputed *4* (*fotogr., tipogr.*) contrasty.

contrastìvo, *a.* (*ling.*) contrastive.

contràsto, *m.* *1* (*opposizione*) contrast; (*scontro*) clash; (*conflitto*) conflict: **Il c. dei due colori era di molto effetto**, the contrast between the two colours was very effective; **c. netto**, sharp contrast; **forte c.**, high (*o* striking) contrast: **c. d'interessi**, conflict (*o* clash) of interests *2* (*dissidio*) disagreement, difference, clash, conflict; (*litigio*) quarrel, dispute: **contrasti in famiglia**, family disagreements; **Abbiamo avuto un c.**, we quarrelled; we had a difference; we fell out *3* (*calcio*) tackle *4* (*fotogr.*) contrast: **forte c.**, high contrast *5* (*letter.*) disputation in verse; «contrasto». ● **essere in c.**, to be a contrast (to st.); to conflict; to be at odds; to clash; (*contraddire*) to contradict: **Il mio nuovo lavoro era in totale c. con quello precedente**, my new job was a complete contrast to the previous one; **due teorie in c. fra di loro**, two conflicting theories □ (*di tinte, ecc.*) **fare c.**, to contrast; to be a contrast to; to set off; (*reciprocamente*) to set each other off; (*sgradevolmente*) to clash, to jar □ **fare da c.**, to act as (*o* to be) a foil (to); to set off (st.) □ **in c. con**, in contrast to (*o* with); at odds with □ (*fis., med.*) **mezzo di c.**, contrast medium □ **mettere due cose a c.**, to contrast two things □ **Gigi si è messo in c. con Toni**, Gigi and Toni have fallen out □ **motivo di c.**, quarrel; difference □ **per c.**, by contrast □ **senza c.**, without opposition □ **venire a c. con q.**, to disagree (*o* to quarrel) with sb.

contrattàbile, *a.* negotiable.

contrattaccàre, *v. t.* (*mil.* e *fig.*) to counterattack.

contrattàcco, *m.* (*mil., scherma* e *fig.*) counterattack: **passare al c.**, to make a counterattack; **lanciarsi al c.**, to launch a counterattack.

contrattàre, **A** *v. t.* *1* (*un acquisto*) to bargain; to negotiate: **c. il prezzo di un quadro**, to bargain over the price of a painting; **c. un acquisto**, to negotiate a purchase *2* (*una rivendicazione*) to negotiate: **c. un aumento dei nuovi salari**, to negotiate a wage rise. **B** *v. i.* *1* (*discutere*) to negotiate; to talk *2* (*mercanteggiare*) to bargain; to haggle (*fam.*): **È brava a c.**, she's good at bargaining; **Contrattammo per mezz'ora e alla fine lo ottenni per la metà**, we haggled (over the price) for half an hour and in the end I got it for half the sum.

contrattazióne, *f.* **1** negotiation; bargaining; (*trattativa*) negotiations (*pl.*), talks (*pl.*): **c. collettiva**, collective bargaining; **contrattazioni salariali**, wage bargaining; pay negotiations **2** (*compravendita*) dealing; trading **3** (*mercanteggiamento*) bargaining; haggling (*fam.*). ● (*Borsa*) **sala delle contrattazioni**, floor; pit (*USA*).

contrattèmpo, *m.* **1** mishap; accident; contretemps; setback; hitch (*fam.*): **Il piano funzionò senza nessun c.**, the plan worked without a hitch; **L'acquazzone fu l'unico c.**, the shower was the only contretemps **2** (*mus.*) syncopation.

contràttile, *a.* (*anche anat.*) contractile; contractible.

contrattilità, *f.* (*scient.*) contractility; contractibility.

contrattista, *m.* e *f.* **1** contract worker **2** (*università*) contract researcher; contract lecturer.

contràtto (1), *a.* contracted; (*rattrappito*) shrunk; (*di viso*: *teso*) tense, drawn.

contràtto (2), *m.* **1** (*anche leg.*) contract; agreement: **stipulare un c.**, to draw up (*o* to make, to enter into) a contract; **risolvere un c.**, to rescind (*o* to avoid) an agreement; **c. a favore di terzi**, contract for the benefit of third parties **2** (*bridge*) contract. ● **c. bilaterale**, indenture □ **c. d'affitto**, lease □ **c. d'apprendistato**, indentures (*pl.*) □ (*naut.*) **c. di arruolamento**, ship's articles □ **c. d'associazione**, deed (*o* articles) of partnership □ **c. di formazione**, training contract □ **c. (collettivo) di lavoro**, collective agreement □ **c. di matrimonio**, marriage contract □ **c. di noleggio**, lease; (*naut.*) charter party, contract of affreightment □ **c. d'opera**, contract for work and skill □ **c. formale**, specialty contract □ (*filos., polit.*) **c. sociale**, social contract □ **c. verbale**, gentleman's agreement; parol (*o* verbal) contract □ **come da c.**, as per contract □ **lavoro a c.**, contract work □ **stabilire per c. di fare q.c.**, to contract to do st.

contrattuàle, *a.* **1** (*di contratto*) of (*o* pertaining to) a contract; contractual: **clausola c.**, contractual clause: **inadempienza c.**, breach of contract **2** (*di contrattazione*) bargaining; negotiating: **potere c.**, bargaining power.

contrattualismo, *m.* (*filos., polit.*) contractualism.

contrattùra, *f.* (*med.*) contracture.

contravveléno, *m.* (*anche fig.*) antidote; (*specialm. contro il veleno di serpenti*) antivenine.

contravvenìre, *v. i.* (*leg.*) to transgress; to contravene; to infringe; to violate; to offend against: **c. a una regola**, to contravene (*o* to break) a rule; **c. a un obbligo**, to fail to meet an obligation.

contravventóre, *m.* (*f.* **-trice**) (*leg.*) transgressor; infringer; offender.

contravvenzióne, *f.* **1** (*leg.*) transgression; contravention; infringement; offence; violation: **cadere in c.**, to commit a minor offence; to be liable to be fined **2** (*multa*) fine: **una c. di cinque sterline**, a five-pound fine; **fare la c. a q.**, to fine sb.

contrazióne, *f.* **1** (*fisiol.*) contraction: **contrazioni uterine**, uterine contractions **2** (*spasmo*) contraction; twitch **3** (*econ., comm.*) shrinkage; decline; drop; fall-off: **c. dei prezzi**, shrinkage of prices; **c. delle esportazioni**, fall-off in exports **4** (*ling.*) contraction.

contre, *m. invar.* (*bridge*) double.

contribuènte, *m.* e *f.* (*di imposte statali*) taxpayer; (*di imposte locali*) ratepayer: **ruolo dei c.**, taxpayers' roll.

contribuìre, *v. i.* **1** (*cooperare*) to contribute to; to make* one's contribution to; to help: **c. al progresso**, to contribute to progress; **c. alla diffusione di una teoria**, to help to spread a theory; **Lo sciopero contribuì a far cadere il governo**, the strike contributed to toppling the government **2** (*partecipare*) to take* part in; (*condividere*) to share: **c. a un'impresa**, to take part in a venture; **c. alle spese**, to share the expenses; **c. a una colletta con un milione**, to contribute (*o* to donate) a million to an appeal; **Facciamo un regalo a Marco, vuoi c. anche tu?**, we're buying Marco a present, would you like to chip in? (*fam.*).

contributìvo, *a.* contributing; contributive; contributory.

contribùto, *m.* **1** (*partecipazione, apporto*) contribution; share: **un c. a un'impresa**, a contribution to an enterprise; **dare un c. a q.c.**, to make a contribution to st. **2** (*donazione*) donation; (*sussidio*) aid, subsidy, grant: **c. in denaro**, contribution in money; donation; **c. statale**, grant-in-aid; **c. alla ricerca**, grant for research **3** (*leg.*) contribution, due; (*tributo*) tax, levy: **contributi previdenziali**, national insurance contributions; **contributi sindacali**, union dues; **contributi sociali**, social security contributions.

contribuzióne, *f.* contribution.

contristàre, A *v. t.* to sadden; to afflict; to distress; to grieve. **B contristàrsi,** *v. i. pron.* to be distressed; to grieve.

contrito, *a.* contrite; penitent; remorseful.

contrizióne, *f.* (*anche relig.*) contrition.

cóntro, A *prep.* **1** (*in opposizione, in contrasto*) against; counter to; contrary to; in opposition to; anti- (*pref.*): **combattere c. q. [q.c.]**, to fight against sb. [st.]; **Hanno agito c. la mia volontà**, they acted against my will; **agire c. i desideri di q.**, to act counter to sb.'s wishes; **agire c. l'opinione pubblica**, to act in opposition to public opinion; **votare c. una mozione**, to vote against a motion; **Non ci sono prove c. di lui**, there is no evidence against him; **c. la legge**, against the law; **campagna c. i rumori**, anti-noise campaign; **Tutti gli sono c.**, everybody is against him; **È c. i miei principi**, it's against my principles; **una dottrina c. ragione**, a doctrine contrary to reason; **c. ogni previsione**, against all expectations **2** (*verso*) to; (*con ostilità*) against, at: **Si girò c. il muro**, he turned to face the wall; **marciare c. il nemico**, to march against the enemy; **Mi puntava c. la pistola**, he was aiming the gun at me; **rivoltarsi c. q.**, to turn against sb.; **sparare c. q.**, to shoot at sb.; **Gli si avventò c.**, he rushed at him **3** (*a contatto, addosso*) against; into: **Era appoggiato c. la porta**, he was leaning against the door; **Spingi il tavolo c. il muro**, push the table against the wall; **Ho picchiato la testa c. lo scaffale**, I knocked my head against the shelf; **Girò l'angolo e andò a sbattere c. un poliziotto**, he turned the corner and bumped into a policeman; **L'auto andò a sbattere c. un albero**, the car crashed (*o* ran) into a tree **4** (*sullo sfondo di*) against: **La torre si staglia c. il cielo**, the tower is silhouetted against the sky **5** (*leg., sport*) against; versus (*abbr.*: v.): **procedere c. q.c.**, to take legal action against sb.; **Il Genoa ha vinto c. l'Arsenal**, Genoa won against Arsenal; **Inter c. Lazio**, Inter v. Lazio **6** (*comm.*) against; on: **c. assegno**, cash on delivery; **c. pagamento**, on payment; **pagamento c. documenti**, payment against documents. ● **c. corrente**, *V.* **controcorrente** □ **c. di me [te, lui, ecc.]**, against me [you, him, etc.] □ **c. luce,** *V.* **controluce** □ **c. mano,** *V.* **contromano** □ **c. natura**, against nature; unnatural (*agg.*) □ **c. vento,** *V.* **controvento** □ **c. voglia,** *V.* **controvoglia** □ **scommettere tre c. uno**, to bet three to one. **B** *avv.* against: **Votai c.**, I voted against; **Sei pro o c.?**, are you for or against it? ● **di c. a**, as compared to; as opposed to □ **per c.**, (*ma*) but; (*tuttavia*) on the other hand. **C** *m.* con(s): **pro e c.**, pro and con; **valutare il pro e il c.**, to weigh the pros and cons.

controaccùsa, *V.* **contraccusa.**

controalisèi, *m. pl.* (*geogr.*) antitrades.

controavviso, *m.* countermand.

controbàttere, *v. t.* **1** (*mil.*) to counter; to return fire **2** (*ribattere*) to counter; to answer **3** (*confutare*) to refute; to rebut.

controbatterìa, *f.* (*mil.*) counterbattery.

controbattùta, *f.* rejoinder; rebuttal; repartee.

controbelvedére, *m.* (*naut.*) mizzen royal.

controbilanciàre, A *v. t.* to counterbalance; to countervail; to counterweigh; to set* off. **B controbilanciàrsi,** *v. rifl. recipr.* to balance each other.

controbórdo, *m.* – (*naut.*) **di c.**, on opposite tacks.

controbracciàre, *v. t.* (*naut.*) to counter brace.

controbràccio, *m.* (*naut.*) preventer brace.

contro-buffet, *m.* second sideboard.

controcàmpo, *m.* (*cinem.*) reverse shot.

controcànto, *m.* (*mus.*) countermelody.

controcarèna, *f.* (*naut.*) bulge.

controcàrro, *a.* (*mil.*) antitank (*attr.*).

controcàssa, *f.* outer casing.

controcaténa, *f.* (*archit.*) collar beam.

controchiàve, *f.* (*mecc.*) **1** (*chiave di riserva*) duplicate key **2** (*seconda mandata*) second turn (of a key) **3** (*chiave falsa*) false (*o* skeleton) key.

controchiglia, *f.* (*naut.*) top (*o* upper) keel.

controcopèrta, *f.* (*naut.*) spar deck.

controcorrènte, A *f.* countercurrent. **B** *avv.* **1** against the current; (*di fiume*) upstream: **remare c.**, to row upstream **2** (*fig.*) against the general trend: **andare c.**, to go against the general trend; to swim (*o* to go) against the tide.

controcrìtica, *f.* countercriticism.

controcultùra, *f.* counterculture.

controcùrva, *f.* curve (*o* bend) in the opposite direction: **una strada tutta curve e controcurve**, a road all twists and turns; a very windy road.

controdàdo, *m.* (*mecc.*) lock nut; jam nut; check nut.

controdàta, *f.* **1** (*data posteriore*) new date **2** (*data di arrivo*) date of arrival; (*data di registrazione*) date of registration.

controdatàre, *v. t.* **1** to put* a new date (to) **2** to add the date of arrival [of registration] (to).

controdecréto, *m.* counter decree.

controdeduzióne, *f.* counter deduction.

controdichiarazióne, *f.* counterstatement.

controèsodo, *m.* return in mass from the holidays.

controfagòtto, *m.* (*mus.*) double bassoon; contrabassoon.

controfàscia, *f.* (*mus.*) rib.

controfasciàme, *m.* (*naut.*) bulge.

controffensiva, *f.* (*mil.* e *fig.*) counteroffensive: **passare alla c.**, to counterattack.

controffensivo, *a.* (*mil.*) counteroffensive (*attr.*).

controffèrta, *f.* counteroffer.

controfigùra, *f.* **1** (*cinem.*) stand-in; double; stunt man* (*m.*); stunt woman* (*f.*): **fare la c. a q.**, to double sb. **2** (*fig.*) stand-in.

controfilètto, *m.* **1** (*cucina*) sirloin **2** (*nei galloni*) second stripe.

controfilo, *m.* cross grain.

controfinèstra, *f.* double (*o* outer) window; (*esterna*) storm window; (*a ghigliottina*) storm sash.

controfiòcco, *m.* (*naut.*) flying jib.

controfirma, *f.* countersignature.

controfirmàre, *v. t.* to countersign.

controfòdera, *f.* interlining; interfacing: **mettere la c. a q.c.**, to interline st.

controfóndo, *m.* false bottom.

controfòrza, *f.* (*mecc.*) counterforce; opposing force.

controfòsso, *m.* countertrench; counterditch.

controfuga, *f.* (*mus.*) counterfugue.

controfune, *f.* (*mecc.*) countercable.

controfuòco, *m.* backfire.

controgambètto, *m.* (*scacchi*) countergam-

bit.
controgirèllo, *m.* (*cucina*) topside.
controguàrdia, *f.* counterguard.
controguerrìglia, *f.* counterinsurgency.
controinchièsta, *f.* counter inquiry.
controindicàre, *v. t.* (*med.*) to contraindicate.
controindicàto, *a.* (*med.*) inadvisable; contraindicated.
controindicazióne, *f.* (*med.*) contraindication.
controinformazióne, *f.* alternative (*o* unofficial) information.
controinterrogatòrio, *m.* (*leg.*) cross-examination.
controlateràle, *a.* contralateral.
controllàbile, *a.* controllable; checkable; verifiable.
controllàre, A *v. t.* ***1*** (*verificare, riscontrare*) to check, to verify; (*esaminare*) to inspect, to examine; (*assicurarsi*) to make* sure: **c. cifre** [**biglietti**], to check figures [tickets]; **c. un'asserzione** [**un particolare**], to verify a statement [a detail]; **c. una macchina** [**uno strumento**], to inspect a machine [an instrument]; **c. i passaporti**, to examine passports; **Mi toccai la tasca per c. se avevo le chiavi**, I touched my pocket to make sure I had the keys; **c. una seconda volta**, to double-check; **farsi c. la vista**, to have one's eyes examined; **farsi c. la pressione**, to have one's blood pressure measured ***2*** (*sovrintendere*) to supervise; (*sorvegliare*) to watch, to keep* tabs on (*fam.*); (*tenere d'occhio*) to keep* an eye on, to keep* a watch on: **c. i movimenti di q.**, to watch sb.'s movements; to keep tabs on sb.; **Mi controllano il telefono**, my telephone is tapped ***3*** (*avere il controllo di*) to control; to dominate: **Controllano tutto il mercato del pesce**, they control the whole of the fish trade; **c. la situazione**, to have the situation well in hand ***4*** (*tenere a freno*) to control; to dominate; to keep* in check; to check: **c. la voce**, to control one's voice; **c. le proprie emozioni**, to control one's emotions; **c. i propri nervi**, to control oneself; **Non sa c. i suoi studenti**, he has no control over his pupils ***5*** (*rag.*) to audit: **c. i conti**, to audit the books ***6*** (*sport*) to control; (*marcare*) to mark: **c. la palla**, to control the ball; **c. un avversario**, to mark an opponent. **B controllàrsi,** *v. rifl.* to control oneself; to exercise self-control: **Contollati!**, control yourself!; get hold of yourself!; pull yourself together!; **Non riuscì più a c.**, he could no longer contain himself; **non sapere c.**, to have no self-control; **c. nel bere**, to moderate one's drinking; to cut down on alcohol (*fam.*).
controllàto, *a.* ***1*** controlled: **economia controllata**, controlled economy; **società controllata**, controlled (*o* subsidiary) company; **amministrazione controllata**, receivership; **c. dallo Stato**, state-controlled ***2*** (*padrone di sé*) self-controlled; (*pacato*) composed; (*misurato*) restrained.
contròllo, *m.* ***1*** (*verifica*) check, control, verification; (*ispezione*) inspection, examination: **c. dei biglietti**, ticket inspection; **c. delle cifre**, verification of figures; **c. di qualità**, quality control; **c. doganale**, customs examination; **c. passaporti**, passport control; **c. sanitario**, sanitary inspection; (*aeron.*) **controlli a terra**, ground checks; **controlli a scacchiera**, spot checks; **fare un c. di q.c.**, to check st.; to inspect st.; **Facciamo un ultimo c.**, let's make a final check; **giro di c.**, round: **Un sorvegliante, facendo un giro di c., ha notato il fumo**, a guard noticed the smoke while doing his rounds; **posto di c.**, checkpoint; control station ***2*** (*med.*: *esame*) test, check; (*visita*) visit, examination, ckeckup: **Dovrai fare qualche c.**, you'll have to do a few tests; **c. della vista**, eye examination; **visita di c.**, checkup ***3*** (*dominio, comando*) control; command: **avere il c. d'una società**, to control a company; **avere il c. delle vie marittime**, to command the sea lanes; **esercitare il proprio c. su una regione**, to be in control of a region; **Perse il c. dell'automobile**, he lost control of his car; **prendere** [**riprendere**] **il c. di q.c.**, to get [to regain] control over (*o* of) st. ***4*** (*sorveglianza*) watch; surveillance: **tenere sotto c. le mosse di q.**, to keep watch on sb.'s moves; to keep tabs on sb. (*fam.*) ***5*** (*naut.*: *visita di c.*) search ***6*** (*rag.*: *della contabilità*) audit; auditing ***7*** (*autocontrollo*) self-control; self-command: **A quelle parole perse ogni c.**, at those words he flew into a rage; **riprendere il c. di sé**, to get a grip on oneself. ● **c. del traffico**, traffic control □ (*aeron.*) **c. del traffico aereo**, air traffic control □ (*telef.*) **c. delle conversazioni**, wire-tapping □ **c. delle nascite**, birth control □ (*radio, TV*) **c. del volume**, volume control □ **fuori c.**, runaway (*agg.*) □ (*elab*) **c. incrociato**, crossfooting □ (*org. az.*) **c. statistico di qualità**, statistical quality control (*abbr.*: SQC) □ **mettere un telefono sotto c.**, to tap (*o* to bug) a telephone □ **telefono sotto c.**, tapped (*o* bugged) telephone □ **tenere sotto c. la folla**, to keep the crowd under control □ (*aeron.*) **torre di c.**, control tower.
controllóre, *m.* ***1*** controller; inspector; supervisor; superintendent ***2*** (*rag.*: *della contabilità*) auditor ***3*** (*sui mezzi pubblici*) ticket collector; guard; conductor (*USA*). ● (*aeron.*) **c. di volo**, air traffic controller □ (*elab.*) **c. ortografico**, spelling checker.
controlùce, A *m.* (*fotogr., cinem.*) backlighting. **B** *avv.* ***1*** (*con la luce alle spalle*) backlit; lit from behind; with the light behind (one): **È una brutta foto, sei (in) c.**, this photo is bad, you have your back to the sun ***2*** (*in trasparenza*) against the light: **guardare q.c. (in) c.**, to hold st. up against the light.
contromanifestànte, *m. e f.* counter demonstrator.
contromanifestazióne, *f.* counter demonstration.
contromàno, *avv.* on the wrong side of the road; against the traffic.
contromanòvra, *f.* countermanoeuvre, countermaneuver (*USA*).
contromàrca, *f.* ***1*** (*gettone*) check, token; (*tagliando*) ticket, tally ***2*** (*numism.*) counterstamp.
contromarcàto, *a.* (*numism.*) counterstamped.
contromàrcia, *f.* ***1*** (*mil.*) countermarch ***2*** (*naut.*) tacking in succession ***3*** (*mecc.*) reverse motion; reverse gear.
contromezzàna, *f.* (*naut.*) mizzen topsail.
controminàre, *v. t.* (*mil.* e *fig.*) to countermine.
contromisùra, *f.* countermeasure: **prendere contromisure**, to take countermeasures.
contromòssa, *f.* (*anche scacchi*) countermove: **fare una c.**, to countermove; **giocare in c.**, to be the second to move; to play the black.
contromùro, *m.* supporting wall.
contronóce, *m.* (*cucina*) round.
contropàlo, *m.* strut.
controparòla, *f.* countersign.
contropàrte, *f.* ***1*** (*leg.*) adverse (*o* opposite) party ***2*** (*mus.*) partner's part (in a duet) ***3*** (*teatr.*) counterpart.
contropartita, *f.* ***1*** (*rag.*) contra; set-off ***2*** (*fig.*: *contraccambio*) exchange; quid pro quo; return.
contropedàle, *m.* (*tecn.*) coaster brake.
contropélo, A *avv.* the wrong way; (*di tessuto*) against the nap: **accarezzare il gatto c.**, to stroke the cat the wrong way; **spazzolare il velluto c.**, to brush velvet against the nap. **B** *m.* – **radere il c.**, to shave against the hair (*o* the growth). ● (*fig.*) **prendere q. di c.**, to rub sb. the wrong way □ (*fig.*) **fare il pelo e il c. a q.**, to lambaste sb.; to tear sb. apart.
contropendènza, *f.* reverse gradient; counterslope.
controperìzia, *f.* additional expert report.
contropèzza, *f.* (*naut.*) butt plate.
contropiède, *m.* – (*sport*) **azione di c.**, (*calcio*) counterattack; (*tennis*) wrong footing. ● (*fig.*) **in c.**, unprepared; off balance □ (*fig.*) **cogliere q. in c.**, to take sb. by surprise; to catch sb. off balance (*o* on the wrong foot); to wrongfoot sb.; to throw sb. a curve (*fam. USA*).
contropiègа, *f.* counter fold.
contropiància, *f.* (*naut.*) flying bridge.
contropòrta, *f.* ***1*** second (*o* inner) door ***2*** (*antiporta*) outer door.
contropotére, *m.* (*polit.*) counterpower.
contropreparazióne, *f.* (*mil.*) counterpreparation.
contropressióne, *f.* back pressure.
controprestazióne, *f.* (valuable) consideration.
controproducènte, *a.* having the opposite effect; counterproductive; self-defeating.
controprogètto, *m.* counterplan; alternate plan: **Gli proposi un c.**, I countered his plan with another.
contropropagànda, *f.* counter-propaganda.
contropropórre, *v. t.* to make* a counteroffer; to propose (st.) instead.
contropropósta, *f.* counterproposal; counteroffer.
contropròva, *f.* ***1*** double check; countercheck; verification ***2*** (*nelle votazioni*) second vote ***3*** (*leg.*) rebutting evidence.
contropùnta, *f.* (*tecn.*) footstock; tailstock. ● **c. fissa**, dead centre.
controquerèla, *f.* (*leg.*) countercharge; counterclaim; cross-complaint.
controquerelàre, *v. t.* (*leg.*) to countercharge; to counterclaim.
controrànda, *f.* (*naut.*) gaff topsail.
controrдinàre, *v. t.* to countermand.
contrórdine, *m.* countermand: **dare un c.**, to cancel (*o* to revoke, to countermand) an order. ● **salvo c.**, unless we [you, etc.] hear to the contrary.
controreazióne, *f.* negative feedback.
controrelatóre, *m.* (*f.* **-trice**) examiner (during the discussion of a graduation thesis).
controrelazióne, *f.* (*polit., amm.*) minority report.
controrèplica, *f.* (*leg.*) rejoinder.
controreplicàre, *v. t.* (*leg.*) to rejoin.
controricórso, *m.* (*leg.*) counterclaim.
controrifórma, *f.* (*stor., relig.*) Counter-Reformation.
controriformista, *m.* (*stor., relig.*) supporter of the Counter-Reformation.
controriformìstico, (*stor., relig.*) *a.* Counter-Reformation (*attr.*).
controripa, controriva, *f.* opposite bank.
controrivoluzionàrio, *a. e m.* (*f.* **-a**) counter-revolutionary.
controrivoluzióne, *f.* counter-revolution.
controrotàia, *f.* (*ferr.*) guardrail; checkrail.
controrotànte, *a.* (*mecc.*) counter-rotating: **elica c.**, counter-rotating propeller.
controsàrtia, *f.* (*naut.*) preventer shroud.
controscàrpa, *f.* (*edil., mil.*) counterscarp.
controscèna, *f.* (*teatr.*) by-play.
controscòtta, *f.* (*naut.*) clew line.
controsènso, *m.* ***1*** contradiction in terms; contradiction; (*incongruenza*) inconsistency ***2*** (*assurdità*) absurdity; nonsense.
controserratùra, *f.* double (*o* extra, safety) lock.
controsigillo, *m.* counterseal.
controsoffittàre, *v. t* to install a false ceiling (in a place).
controsoffittatùra, *f.* ***1*** (*l'operazione*) installation of a false ceiling ***2*** V. **controsoffitto**.
controsoffitto, *m.* false ceiling.
controsoggètto, *m.* (*mus.*) countersubject.
controsóle, *avv.* facing the sun.
controspallina, *f.* epaulette.
controspinta, *f.* counterthrust.
controspionàggio, *m.* (*mil.*) counterespio-

nage; counterintelligence.

controstallìa, *f.* (*naut., comm.*) demurrage.

controstàmpa, *f.* ***1*** (*impressione*) counterproof ***2*** (*tipogr.*: *macchia*) set-off; offset*.

controstampàre, *v. t.* ***1*** to run* a counterproof ***2*** (*tipogr.*) to set* off; to offset.

controstàmpo, *m.* (*tecn.*) die.

controsterzàre, *v. i.* (*autom.*) to countersteer.

controsterzàta, *f.* (*autom.*) countersteer.

controstèrzo, *m.* (*autom.*) countersteer; countersteering.

controstìmolo, *m.* counterstimulus*.

controstòmaco, A *m.* ***1*** repugnance; disgust ***2*** (*nausea*) nausea. **B** *avv.* ***1*** with one's stomach heaving ***2*** (*fig.*) against the grain; unwillingly; reluctantly: **Lo feci c.**, I did it reluctantly; I was reluctant to do it.

controstràglio, *m.* (*naut.*) preventer stay; jackstay.

controtàglio, *m.* ***1*** (*incisione*) intersecting line: **lavorare di c.**, to cross-hatch ***2*** (*di sciabola*) back edge.

controtèmpo, *m.* ***1*** (*mus.*) offbeat effect; offbeat rhythm: **fare il c.**, to sing [to play] offbeat ***2*** (*sport*) counter.

controtendènza, *f.* opposing trend; offbeat: **essere in c.**, to go against the current; to buck the trend (*fam.*); **gusti in c.**, offbeat tastes.

controterrorișmo, *m.* counter-terrorism.

controtìpo, *m.* (*fotogr., cinem.*) duplicate.

controtrànsfert, *m. invar.* (*psic.*) countertransference.

controvalóre, *m.* ***1*** equivalent ***2*** (*econ.*) exchange value.

controvapóre, *m.* (*mecc.*) reverse steam: **dare il c.**, to reverse steam.

controvelaccìno, *m.* (*naut.*) fore royal.

controvelàccio, *m.* (*naut.*) main royal.

controventaménto, *f.* (*edil.*) bracing.

controventàre, *v. t.* (*edil.*) to brace.

controvènto, A *avv.* ***1*** (*con verbi di moto*) into (*o* against) the wind; with the wind against (one); (*aeron.*) with a head wind; (*naut.*) to windward, on [into] the wind: **navigare c.**, to sail into the wind; **Ho fatto tutto il tragitto c.**, I had the wind against me all the way ***2*** (*rif. a cosa o persona ferma*) facing the wind. **B** *m.* (*edil.*) brace.

controvèrsia, *f.* ***1*** controversy; dispute; argument; debate: **suscitare controversie**, to give rise to controversy; **comporre una c.**, to settle a dispute ***2*** (*leg.*) litigation; dispute: **c. internazionale**, international dispute; **c. di lavoro**, trade dispute; **c. sindacale**, labour dispute.

controversista, *m.* (*teol.*) controversialist.

controvèrso, *a.* much-discussed; controversial; disputed; (*discutibile*) debatable: **un libro molto c.**, a much-discussed book; **un punto c.**, a controversial point; **un'attribuzione controversa**, a debatable attribution.

controvèrtere, *v. i.* (*leg.*) to argue.

controvertìbile, *a.* controvertible; disputable; questionable.

controviàle, *m.* service road.

controvòglia, *avv.* unwillingly; reluctantly; unenthusiastically.

contumàce, (*leg.*) **A** *a.* contumacious; absent. **B** *m.* e *f.* defaulter. ● **essere c.**, to default.

contumàcia, *f.* ***1*** (*leg.*) default; absence; contumacy; absentia (*lat.*): **Fu processato in c.**, he was tried in his absence; **sentenza in c.**, judgment by default; default judgment; **condannare q. in c.**, to sentence sb. by default; **essere condannato in c.**, to be condemned in absentia ***2*** (*med.*: *quarantena*) quarantine.

contumaciàle, *a.* ***1*** (*leg.*) by default: **sentenza c.**, judgment by default; default judgment ***2*** (*med.*) quarantine (*attr.*).

contumèlia, *f.* (*lett.*) contumely; insult; abuse: **coprire q. di contumelie**, to heap abuse on sb.

contundènte, *a.* contusive; bruising; dangerous. ● **corpo c.**, blunt instrument.

contùndere, *v. t.* to bruise; to contuse.

conturbaménto, *m.* perturbation; agitation; excitement; confusion.

conturbànte, *a.* ***1*** perturbing; upsetting; disturbing ***2*** (*eccitante*) exciting; intoxicating; seductive; provocative.

conturbàre, A *v. t.* to perturb; to upset*; to disturb. **B conturbàrsi,** *v. i. pron.* to get* upset; to be disturbed; to be perturbed; (*commuoversi*) to be moved.

contușióne, *f.* bruise; (*med.*) contusion.

contùșo, A *a.* bruised; contused: (*med.*) **ferita lacero-contusa**, lacerated-contused wound. **B** *m.* (*f.* **-a**) person suffering from contusions; injured person.

contuttoché, *cong.* although; though.

contuttociò, *cong.* nevertheless; however.

conurbazióne, *f.* conurbation.

convalescènte, *a.*, *m.* e *f.* (*med.*) convalescent.

convalescènza, *f.* (*med.*) convalescence: **lunghe settimane di c.**, long weeks of convalescence; **essere in c.**, to be convalescing; **licenza per c.**, convalescent leave.

convalescenziàrio, *m.* (*med.*) convalescent home.

convàlida, *f.* ***1*** (*conferma*) corroboration; confirmation ***2*** (*ratifica*) ratification ***3*** (*leg.*) validation; confirmation.

convalidaménto, *m.* (*leg.*) validation.

convalidàre, *v. t.* ***1*** (*confermare*) to bear* out, to confirm, to corroborate; (*rafforzare*) to strengthen: **Questa notizia convalida la mia tesi**, this news bears out my point; **c. una testimonianza**, to corroborate (*o* to confirm) sb.'s evidence; **c. un dubbio**, to strengthen a doubt ***2*** (*ratificare*) to make* (st.) valid; to confirm; to ratify: **Il secondo conteggio convalidò l'elezione di Buti**, the recount confirmed Buti's election ***3*** (*leg.*) to validate; to confirm; to affirm; to sanction.

convalidazióne, *V.* **convalida.**

convallària, *V.* **mughetto.**

convàlle, *f.* (*lett.*) valley; dale (*lett.*); vale (*poet.*).

convegnista, *m.* e *f.* person attending a conference [a convention]; conferee; conventioner; conventionist.

convégno, *m.* ***1*** meeting; conference; convention; (*congresso*) congress: **c. di studi medievali**, conference on medieval studies ***2*** (*incontro*) appointment; meeting; rendezvous (*franc.*): **darsi c.**, to arrange a meeting; to agree to meet; **c. amoroso**, assignation ***3*** (*luogo di c.*) meeting place; rendezvous.

convenévole, A *a.* (*lett.*) convenient; suitable; proper. **B** *m.* ***1*** what is suitable: **oltre il c.**, beyond what is suitable ***2*** (*pl.*) (*cortesie*) polite remarks, conventional compliments; (*saluti*) greetings: **fare i convenevoli a q.**, to pay conventional compliments to sb.; **scambiarsi convenevoli**, to exchange polite remarks; **Lasciamo perdere i convenevoli**, let's not stand on ceremony.

conveniènte, *a.* ***1*** (*adatto*) suitable; fitting; convenient: **vestirsi in modo c. all'occasione**, to wear a dress suitable for the occasion ***2*** (*decoroso*) proper; decorous; seemly (*lett.*) ***3*** (*di prezzo*) moderate, reasonable; (*di articolo*) good value (*attr.*), cheap: **Compralo, è convenientissimo**, buy it, it's great value for money ***4*** (*opportuno*) expedient.

conveniènza, *f.* ***1*** (*l'essere adatto*) convenience; suitability; fitness ***2*** (*l'essere decoroso*) propriety ***3*** (*di prezzo*) moderateness; (*di articolo*) cheapness ***4*** (*opportunità*) expedience, expediency; (*vantaggio*) advantage, profit: **non trovarci la propria c.**, not to find it worthwhile; **Dov'è la mia c.?**, what do I get out of it? ***5*** (*buone maniere*) politeness, good manners (*pl.*); (*al pl.*: *norme di comportamento*) proprieties, conventions: **convenienze sociali**, social conventions. ● **matrimonio di c.**, marriage of convenience □ **visita di c.**, courtesy call.

convenìre, A *v. i.* ***1*** (*impers.*: *essere doveroso*) should (*difett., pers.*); (*essere opportuno*) to be better, had better (*pers.*): **Conviene avvertirlo**, we should warn him; **Conviene lasciar fare a lei**, it is better to let her do it; we had better let her do it; **Ti conviene tenertelo amico**, you'd better keep on good terms with him ***2*** (*valere la pena*) to be worth it; (*essere vantaggioso*) to suit; (*essere economico*) to be better value, to be cheaper: **La riparazione non conviene**, it is not worthwhile repairing it; it's not worth repairing; **Trovi che conviene fare la spesa al mercato?**, do you find it cheaper to shop at the market?; do you save by shopping at the market?; **Le confezioni famiglia convengono sempre**, family packs are better value; **Le condizioni mi convengono**, the conditions suit me ***3*** (*riunirsi*) to come* (together); to gather; to assemble; to meet*: **Convennero da tutto il paese**, they came from all over the country; **c. nel cortile**, to assemble in the courtyard; **Siamo qui convenuti per...**, we are (*o* have gathered here) here to... ***4*** (*essere d'accordo*) to agree: **Convennero di ritrovarsi sei mesi dopo**, they agreed to meet again in six months' time; **Convennero sul prezzo**, they agreed upon the price ***5*** (*ammettere*) to allow; to grant; to admit: **Convengo che questa volta hai ragione**, I admit (*o* grant, allow) that you are right this time. **B** *v. t.* ***1*** (*pattuire*) to agree upon; to settle on; to negotiate: **Abbiamo convenuto il prezzo**, we have agreed upon the price ***2*** (*leg.*) to summon: **c. q. in giudizio**, to summon sb. (to appear in court); to sue sb. **C convenìrsi,** *v. i. pron.* to suit; to become; to be appropriate: **maniere che non le si convengono**, manners that do not become her.

convetìcola, *f.* (*lett.*) secret meeting; (*estens.*: *gruppo ristretto*) cabal, clique.

convènto, *m.* (*eccles.*) convent; (*di suore*) nunnery; (*di frati*) monastery: **entrare in c.**, (*farsi suora*) to enter a convent, to become a nun, to take the veil; (*farsi frate*) to enter a monastery, to become a monk. ● (*scherz.*) **contentarsi di quello che passa il c.**, to be thankful for what one gets □ (*scherz.*) **mangiare quello che passa il c.**, to take potluck.

conventuàle, *a.* (*eccles.*) ***1*** (*di convento*) conventual; convent (*attr.*); monastic ***2*** (*fig.*: *austero*) austere. ● (*eccles.*) **Frati Minori Conventuali**, Friars Minor Conventual.

convenùto, A *a.* agreed upon (*pred.*): **il prezzo c.**, the price agreed upon. **B** *m.* ***1*** (*cosa convenuta*) – **due ore prima del c.**, two hours before the appointed time; **secondo il c.**, as agreed ***2*** (*f.* **-a**) (*leg.*) defendant; (*in una causa di divorzio*) co-respondent ***3*** (*pl.*) (*i presenti*) those present; the persons present; the participants.

convenzionàle, A *a.* ***1*** (*stabilito per convenzione*) conventional; prearranged; set: **segno c.**, prearranged sign; **linguaggio c.**, conventional language ***2*** (*tradizionale*) conventional; (*non originale*) conventional, stock, commonplace: **arte c.**, conventional art; **espressioni convenzionali**, stock phrases; **persona c.**, conventional person; square (*fam.*) ***3*** (*mil.*) conventional. **B** *m.* (*stor.*) Conventionalist.

convenzionalișmo, *m.* conventionalism.

convenzionalista, *m.* e *f.* conventionalist.

convenzionalità, *f.* conventionality.

convenzionalménte, *avv.* conventionally; by convention.

convenzionàre, A *v. t.* to reach agreement on; to settle on; to arrange. **B convenzionàrsi,** *v. i. pron.* to reach an agreement.

convenzionàto, *a.* ***1*** (*che ha una convenzione*) that has an agreement (with) ***2*** (*di ospedale, medico, ecc.*) operating within the national health service.

convenzióne, *f.* ***1*** (*leg.*: *accordo, contratto*) agreement, covenant, convention; (*clausola*) provision: **c. internazionale**, international convention; **la c. di Ginevra**, the Geneva convention *2* (*intesa generale*) convention: **Per c. il rosso significa alt**, red means halt by convention *3* (*polit.*) convention: (*stor.*) **la C. nazionale**, the National Convention *4* (*pl.*) (*consuetudine*) convention (*spesso sing.*): **essere schiavo delle convenzioni**, to be a slave to convention; **sfidare le convenzioni**, to defy (*o* to flout) convention; **Vuole rispettare le c. e sposarsi in chiesa**, she wants to observe convention and get married in church.

convergènte, *a.* *1* converging; convergent: **lente c.**, converging lens; **strabismo c.**, convergent strabismus (*o* squint); **interessi convergenti**, convergent interests *2* (*mat.*, *biol.*) convergent.

convergènza, *f.* *1* (*scient.*) convergence *2* (*autom.*) toe-in *3* (*fig.*) concurrence; confluence; meeting: **una c. d'interessi**, a concurrence of interests.

convèrgere, **A** *v. i.* *1* to converge; to meet*; (*essere rivolto*) to be directed, to be focused: **I due sentieri convergevano vicino a una sorgente**, the two paths met near a spring; **I nostri interessi convergono**, our interests meet; **Tutti gli sguardi convergevano su di lui**, all eyes were focused on him *2* (*mat.*) to converge. **B** *v. t.* to converge.

convèrsa (1), *f.* (*eccles.*) lay sister.

convèrsa (2), *f.* (*edil.*) valley.

conversàre, *v. i.* to converse; to talk.

conversatóre, *m.* (*f.* **-trice**) talker; conversationalist.

conversazionàle, *a.* conversational; conversation (*attr.*).

conversazióne, *f.* *1* conversation; talk; (*colloquio*) interview: **La c. diventò generale**, the conversation involved everyone; **La c. languiva**, the conversation was languishing; **una lunga c. telefonica**, a long telephone conversation; **partecipare alla c.**, to take part in the conversation; **fare c.**, to make conversation *2* (*telef.*) (telephone) call: **c. ordinaria [urgente]**, ordinary [urgent] call *3* (*breve discorso*) talk: **una serie di conversazioni alla radio**, a series of talks on the radio. ● **persona di piacevole c.**, pleasant conversationalist □ **tenere c.**, to hold a soirée.

conversévole, *a.* conversable; conversational.

conversióne, *f.* *1* (*trasformazione*) transformation; conversion; turning; changeover: **la c. di un castello in un albergo**, the transformation of a castle into a hotel; **c. di kilometri in miglia**, conversion of kilometres into miles *2* (*scient.*) conversion: (*radio*) **c. di frequenza**, frequency conversion; (*astron.*) **angolo di c.**, conversion angle; (*fis.*) **coefficiente di c.**, conversion ratio; (*elab.*) **c. di codice**, transcoding *3* (*fin.*, *econ.*) conversion: **c. del debito pubblico**, refunding; **c. in contanti**, conversion into cash; realization *4* (*relig.*, *polit.*, *filos.*) conversion: **c. al cristianesimo**, conversion to Christianity *5* (*mil.*) wheeling movement; wheel: **C. a destra [a sinistra]!**, right (left) wheel! *6* (*autom.*) U-turn: **divieto di c.**, no U-turn.

convèrso (1), *m.* (*eccles.*) lay brother*.

convèrso (2), *m.* – **per c.**, conversely; viceversa.

convertibile, **A** *a.* convertible: **obbligazione c.**, convertible bond; **valuta c.**, convertible currency. **B** *f.* (*autom.*) convertible (car).

convertibilità, *f.* convertibility: **c. della moneta**, currency convertibility.

convertiplàno, *m.* convertiplane.

convertire, **A** *v. t.* *1* (*trasformare*) to change; to turn; to convert: **c. in pietra**, to turn to stone; **c. il vapore in energia**, to turn (*o* to convert) steam into energy; **c. una villa in un albergo**, to convert a villa into a hotel; **c. kili in libbre**, to convert kilos into pounds *2* (*relig.*, *fin.*, *filos.*, *polit.*) to convert: **c. q. al cristianesimo**, to convert sb. to Christianity; **c. titoli di stato**, to convert bonds. **B convertirsi**, *v. rifl.* e *i. pron.* *1* (*relig.*, *fin.*, *filos.*) to be converted: **c. al buddismo**, to be converted to Buddhism; to become a Buddhist *2* (*trasformarsi*) to change to (*o* into); to turn into: **La timidezza del ragazzo si convertì in cordialità**, the boy's shyness changed to cordiality; **La pioggia si convertì in grandine**, rain changed into hail.

convertito, *m.* (*f.* **-a**) convert.

convertitóre, *m.* *1* (*f.* **-trice**) (*chi converte*) converter *2* (*elettr.*) converter, convertor: **c. di fase**, phase converter; (*elab.*) **c. di codice**, transcoder.

convessità, *f.* convexity.

convèsso, *a.* convex.

convettivo, *a.* (*fis.*) convective.

convettóre, *m.* convector.

convezióne, *f.* (*fis.*) convection: **corrente di c.**, convection current.

convincènte, *a.* *1* convincing: **spiegazione c.**, convincing explanation; **poco c.**, not very convincing; unconvincing; **essere c.**, to be convincing; to carry conviction *2* (*soddisfacente*) satisfactory.

convincere, **A** *v. t.* to convince (sb. of st., sb. that...); to persuade (sb. to do st.); (*con la discussione*) to argue (sb. into st.); to satisfy; to prevail upon: **Mi convinse che era meglio aspettare**, he convinced me that I had better wait; he persuaded me to wait; **Lo convincerò della mia buonafede**, I'll convince him of my good faith; **un'offerta che non mi convince**, an offer that does not convince me; **Il suo film non mi ha convinto**, I wasn't really taken by (*o* I didn't really take to) his film. **B convincersi**, *v. rifl.* to convince oneself; (*lasciarsi convincere*) to become* convinced.

convincibile, *a.* convincible.

convinciménto, *m.* (*opinione, convinzione*) conviction; persuasion; belief: **È mio c. che...**, it is my belief that...

convinto, *a.* *1* convinced; persuaded *2* (*saldo nelle proprie idee*) earnest; fervent; keen; out-and-out: **un repubblicano c.**, a fervent republican; **un vegetariano c.**, a keen vegetarian. ● (*leg.*) **reo c.**, convict.

convinzióne, *f.* *1* (firm) belief; conviction; persuasion: **È mia c. che...**, it is my firm belief that...; I am persuaded that...; **senza c.**, without conviction; **fare opera di c. su q.**, to try to persuade sb. *2* (*pl.*) (*opinioni*) convictions; beliefs; opinions: **convinzioni politiche**, political convictions.

convitàre, *v. t.* (*lett.*) to invite (sb.) to dinner.

convitàto, *m.* (*f.* **-a**) guest.

convito, *m.* (*lett.*) banquet.

convitto, *m.* *1* boarding school: **c. maschile [femminile]**, boys' [girls'] boarding school *2* (*insieme dei convittori*) boarders (*pl.*).

convittóre, *m.* (*f.* **-trice**) boarder.

convivènte, **A** *a.* living together. **B** *m.* e *f.* cohabitant.

convivènza, *f.* *1* living together; communal life; life in common; (*leg.*) cohabitation: **Non dev'essere facile la c. con lui**, living with him can't be easy; **c. familiare**, family life; **rapporti di c.**, life in common *2* (*fig.*) coexistence.

convivere, *v. i.* *1* to live together; (*leg.*) to cohabit: **I due convivevano da anni**, the two had been living together for years; **c. coi genitori**, to live with one's parents *2* (*fig.*) to coexist.

conviviàle, *a.* convivial.

convivio, *m.* (*lett.*) banquet.

convocàre, *v. t.* *1* (*mandare a chiamare*) to send* for; to call; to summon: **c. un esperto**, to send for an expert; **Fui convocato dal direttore**, I was called to the director's office *2* (*riunire*) to call together, to assemble; to gather; (*un'assemblea e sim.*) to convene, to convoke: **Il preside ci convocò in cortile**, the headmaster told us to gather (*o* to assemble) in the playyard; **c. gli azionisti**, to convene a meeting of the shareholders; **Il consiglio sarà convocato il 7**, the board will meet on the 7th.

convocàto, *m.* (*f.* **-a**) person convened.

convocatóre, *m.* (*f.* **-trice**) summoner; convener.

convocazióne, *f.* *1* convocation; summons: **la c. di un'assemblea**, the convocation of a meeting *2* (*riunione*) meeting: **L'assemblea si terrà in prima c. il...**, the first meeting will be on the...

convogliàre, *v. t.* *1* (*trasportare*) to carry; to convey; (*con tubazioni*) to pipe: **Il fiume convoglia grandi quantità di sabbia**, the river conveys a lot of sand; **Il petrolio è convogliato attraverso il deserto**, the petrol is piped across the desert *2* (*scortare*) to escort; (*navi*) to convoy *3* (*dirigere*) to direct; (*incanalare*) to channel; (*far convergere*) to converge, to focus.

convogliatóre, *m.* (*ind.*) conveyor.

convòglio, *m.* *1* (*mil.*) convoy; column; (*naut.*) convoy: **viaggiare [navigare] in c.**, to travel [to sail] in convoy *2* (*treno*) train. ● **c. funebre**, funeral procession.

convolàre, *v. i.* – (*scherz.*) **c. a (giuste) nozze**, to get married.

convolùto, *a.* (*bot.*) convolute.

convòlvolo, *m.* (*bot.*, *Convolvulus*) convolvulus*; bindweed.

convulsionàrio, *a.* (*med.*) convulsionary.

convulsióne, *f.* *1* (*med.*) convulsion; seizure; (*com.*) fit: **c. epilettica**, epileptic fit *2* (*fig.*) fit; convulsion; paroxysm: **un c. di riso**, a fit (*o* a paroxysm) of laughter; convulsive laughter *3* (*fig.*: *cataclisma*) upheaval; convulsion.

convulsivaménte, *avv.* convulsively; frantically.

convulsivànte, *a.* e *m.* (*farm.*) convulsant.

convulsivo, *a.* convulsive.

convùlso, **A** *a.* *1* convulsive: **pianto c.**, convulsive weeping; **tosse convulsa**, whooping cough *2* (*fig.*: *scomposto*) jerky; convulsive: **gesto c.**, convulsive gesture *3* (*fig.*: *frenetico*) frantic, agitated; (*febbrile*) feverish: **ritmo c.**, frantic rhythm; **attesa convulsa**, feverish expectation. **B** *m.* *1* (*pop.*: *convulsione*) fit *2* (*accesso*) fit; paroxysm: **un c. di pianto**, a fit of tears; **Fu preso da un c. di riso**, he went into fits of laughter; he was in convulsions (*o* in stitches) (*fam.*).

coobàre, *v. t.* (*chim.*) to cohobate.

coobazióne, *f.* (*chim.*) cohobation.

coobbligàto, *a.* (*leg.*) jointly liable.

coobbligazióne, *f.* (*leg.*) joint obligation.

cooccupànte, *m.* e *f.* (*leg.*) joint occupier.

coonestàre, *v. t.* (*lett.*) to justify; to excuse; to gloss over.

còop, *V.* **cooperativa.**

cooperàre, *v. i.* to cooperate; to collaborate; (*contribuire*) to contribute: **c. alla buona riuscita di un progetto**, to cooperate in bringing a plan into effect; **Cooperò con me alla stesura dell'articolo**, he collaborated with me in writing the piece; **Il tempo cooperò al successo della spedizione**, the weather contributed to the success of the expedition; **Dobbiamo c. per riuscire**, we must cooperate (*o* join forces) to succeed; **tutti devono c.**, everyone must pitch in (*o* do his bit) (*fam.*).

cooperativa, *f.* (*econ.*) cooperative; co-op (*fam.*): **c. agricola**, farmers' cooperative; **c. edilizia**, housing association; **c. di consumo**, consumers' cooperative; cooperative store; (*banca*) **c. di credito**, cooperative bank; **L'ho comprato alla c.**, I bought it at the co-op.

cooperativismo, *m.* cooperativism.

cooperativistico, *a.* cooperative.

cooperativo, *a.* cooperative.

cooperatóre, *m.* (*f.* **-trice**) cooperator; collaborator.

cooperazióne, *f.* *1* cooperation; collaboration *2* (*econ.*) cooperation.

cooptàre, *v. t.* to coopt.

cooptazióne, *f.* (*leg.*) cooptation; cooption.

coordinàbile, *a.* (*di abiti*) that can be matched; mix-and-match (*attr.*, *fam.*).

coordinaménto, *m.* coordination; coordinating.
coordinànte, *m.* (*fis.*) coordination complex.
coordinàre, *v. t.* **1** (*anche gramm., scient.*) to coordinate **2** (*trovare un rapporto fra*) to connect **3** (*rif. all'abbigliamento*) to mix and match.
coordinàta, *f.* (*mat., gramm., geogr.*) coordinate: **coordinate geografiche**, terrestrial coordinates; **coordinate cartesiane**, Cartesian coordinates.
coordinativo, *a.* coordinative; coordinating: (*gramm.*) **congiunzione coordinativa**, coordinating conjunction.
coordinàto, A *a.* coordinate (*anche gramm., chim.*); co(-)ordinated; connected: (*gramm.*) **proposizioni coordinate**, coordinate clauses. **B** *m.* (matching) set; (*di abbigliamento*) outfit, coordinates (*pl.*); (*di biancheria intima*) matching underwear: **c. per il bagno**, matching set for the bathroom; **c. per il tennis**, tennis outfit.
coordinatóre, A *m.* (*f.* **-trice**) coordinator. **B** *a.* coordinating.
coordinazióne, *f.* (*anche gramm., chim.*) coordination.
coòrte, *f.* **1** (*stor. romana* e *scherz.*) cohort **2** (*schiera*) band; troop.
copàive, *f.* (*bot., Copaifera*) copaiba, copaiva: **balsamo di c.**, copaiba balsam (*o* resin).
copàle, *m.* e *f.* **1** (*resina*) copal **2** (*pelle verniciata*) patent leather: **scarpe di c.**, patent-leather shoes.
copèco, *m.* (*moneta*) kopeck, copeck.
Copenàghen, *f.* (*geogr.*) Copenhagen.
copèrchio, *m.* cover; lid; top; (*anche mecc.*) cap: **mettere il c. sulla pentola**, to put the lid on the pot; **il c. di un barattolo**, the cap of a jar; **c. a vite**, screw top; screw cap.
copernicàno, *a.* Copernican.
Copèrnico, *m.* (*stor.*) Copernicus.
copèrta, *f.* **1** (*da letto*) blanket; (*imbottita*) quilt, comforter (*USA*); (*copriletto*) bedspread, counterpane: **ficcarsi sotto le coperte**, to snuggle down under the blankets; (*fig.*) to go to bed; **c. elettrica**, electric blanket **2** (*da viaggio*) rug **3** (*fodera*) cover **4** (*di libro*) cover **5** (*naut.*) main deck; upper deck; deck: **in c.**, on deck; **sotto c.**, below deck; **sopra c.**, above deck; on deck; **Tutti in c.!**, all hands on deck!; **c. di poppa**, after deck; **c. di prua**, foredeck.
copertaménte, *avv.* **1** (*di nascosto*) secretly; stealthily **2** (*velatamente*) covertly.
copertina, A *f.* (*di libro rilegato*) binding; (*non rilegato*) (paper) cover; (*sopraccoperta*) dust jacket, dust wrapper; (*di disco*) sleeve, jacket (*USA*). **B** *a.* – **ragazza c.**, cover girl.
copèrto (1), A *a.* **1** covered: **essere c. di polvere [fango, sudore]**, to be covered with dust [mud, sweat]; **campi coperti di neve**, fields covered with snow **2** (*riparato, chiuso*) covered; indoor: **ponte c.**, covered bridge; **piscina coperta**, indoor (*o* covered) swimming pool **3** (*vestito*) clothed; (*rivestito*) clad: **Ho caldo**: **sono troppo c.**, I'm feeling hot; I am too heavily clothed; **Sei ben c.? Fuori fa freddo**, it's cold outside; are you well wrapped up?; **Sei c. abbastanza (a letto)?**, have you got enough blankets on your bed?; **c. di ferro**, clad with iron; ironclad **4** (*del sole*) covered, hidden; (*del cielo*) overcast, cloudy **5** (*fig.*: *velato*) veiled; (*nascosto*) hidden, concealed, covert; (*soffocato*) smothered; (*segreto*) secret: **coperte minacce**, veiled threats; **odio c.**, concealed hatred; **La voce del cantante era coperta dall'orchestra**, the singer's voice was smothered by the orchestra **6** (*econ., ass.*) covered. ● (*mil.*) **batteria coperta**, masked battery □ (*mil.*) **cammino c.**, path sheltered from enemy fire. **B** *m.* (*luogo protetto, riparato*) cover; shelter: **al c.**, under cover; under shelter; (*dal vento*) out of the wind; (*dalla pioggia*) out of the rain; (*fig.*) safe, secure; **mettersi al c.**, to get under cover; to take shelter; **mettersi al c. dalla pioggia**, to shelter from the rain.
copèrto (2), *m.* **1** place; table setting; cover: **aggiungere un c.**, to add another place; **una tavola con dieci coperti**, a table laid for ten **2** (*prezzo del c.*) cover charge; couvert (*franc.*).
copertóne, *m.* **1** (*incerata*) tarpaulin **2** (*pneumatico*) tyre, tire (*USA*).
copertùra, *f.* **1** (*il coprire*) covering **2** (*cosa con cui si copre*) cover; covering: **Questa cassa ha una c. impermeabile**, this box has a waterproof cover (*o* covering) **3** (*tecn.*) covering; sheeting: **c. con lamiere di ferro**, iron sheeting **4** (*edil.*) cover; roofing; ceiling: **c. di un tetto**, roof covering; roofing; **c. con tegole**, tile covering; **c. in cemento armato**, reinforced concrete ceiling; **materiali da c.**, roofing **5** (*econ., ass.*) covering; coverage: **c. delle spese**, covering of expenses **6** (*fin.*: *di cambiale e sim.*) cover; (*di emissione di banconote*) coverage, backing: **una c. aurea del 40% delle banconote in circolazione**, a 40% gold coverage of paper currency **7** (*fig.*: *mascheramento*) cover; front: **Vende libri usati come c.**, he sells second-hand books as a cover; **Il negozio è solo una c.**, the shop is just a front **8** (*mil.*) cover: **c. aerea e navale**, air and naval cover; **fuoco di c.**, covering fire; **truppe di c.**, covering force. ● (*sport*) **fare un gioco di c.**, to play a defensive game.
còpia (1), *f.* **1** copy; (*imitazione*) imitation; (*riproduzione*) reproduction; (*duplicato*) duplicate: **c. fedele**, accurate copy; **collazionare la c. con l'originale**, to collate the copy with the original; **fare dieci copie di una lettera**, to make (*o* to run off) ten copies of a letter **2** (*stesura*) draft, copy; (*trascrizione*) transcript: **bella c.**, fair copy; (*in dattilografia*) top copy: **scrivere q.c. in bella c.**, to make a fair copy of st.; **brutta c.**, rough copy; draft; **c. carbone**, carbon copy **3** (*esemplare*) copy: **vendere diecimila copie di una rivista**, to sell ten thousand copies of a magazine; **c. arretrata**, back copy; back number; **c. (in) omaggio**, complimentary copy **4** (*fotogr.*) print: **c. rapida**, rush print **5** (*esatta riproduzione*) counterpart. ● **c. cianografica**, blueprint □ (*leg.*) **c. conforme**, true (*o* certified) copy: **per c. conforme**, the above is a certified (*o* true) copy □ (*elab.*) **c. di sicurezza**, backup copy □ **c. tipo**, master pattern □ **in duplice c.**, in duplicate.
còpia (2), *f.* (*lett.*: *abbondanza*) abundance; plenty; profusion.
copiacommissióne, *m.* (*comm.*) order book.
copiafattùre, *m. invar.* invoice book; invoice ledger.
copialèttere, *m. invar.* **1** (*registro*) letter book **2** (*macchina*) copying press; letterpress.
copiàre, *v. t.* **1** (*fare una copia*) to copy, to copy out; (*trascrivere*) to transcribe; (*riprodurre*) to duplicate; (*cose scritte, di nascosto*) to copy, to crib (*fam.*): **c. una lettera**, (*ricopiare*) to copy out a letter; **c. un quadro**, to copy a painting; **c. dal vero**, to copy from life; **c. q.c. in bella**, to make a fair copy of st.; to write st. out; **c. a macchina**, to type out; **c. da un compagno**, to copy a classmate's work; to crib off a classmate; **c. una cassetta**, to duplicate a cassette **2** (*imitare*) to imitate, to mimic; (*scimmiottare*) to copycat (*fam.*).
copiativo, *a.* copying; indelible: **inchiostro c.**, copying ink; **matita copiativa**, indelible pencil.
copiatóre, *m.* (*f.* **-trice**) **1** (*imitatore*) imitator; copycat (*fam.*) **2** *V.* **copista**.
copiatrìce, *f.* (*macchina*) copying machine.
copiatùra, *f.* **1** (*il copiare*) copying, duplicating, transcribing, transcription; (*a scuola*) crib (*fam.*): **errore di c.**, error of transcription; **Questo tema è una c.**, this essay has been copied from somewhere **2** (*copia*) copy **3** (*imitazione*) imitation; copycatting (*fam.*).
copìglia, *f.* (*mecc.*) cotter; cotter pin; split pin: **c. di sicurezza**, safety pin (*o* device).
copilòta, *m.* e *f.* (*aeron.*) co-pilot.
copióne (1), *m.* **1** (*teatr.*) script; (*del suggeritore*) promptbook **2** (*cinem., radio*) script. ● (*fig.*) **come da c.**, as expected.
copióne (2), *m.* (*f.* **-a**) (*fam.*) copycat.
copiosità, *f.* (*lett.*) copiousness; plenty; abundance.
copióso, *a.* (*lett.*) copious; plentiful; abundant.
copista, *m.* e *f.* **1** copyist; copier **2** (*dattilografo*) typist.
copisteria, *f.* **1** photocopy shop **2** (*dattilografica*) typing office (*o* agency).
copolimerizzazióne, *f.* (*chim.*) copolymerization.
copolìmero, *m.* (*chim.*) copolymer: **c. a innesto**, graft copolymer.
còppa (1), *f.* **1** (*per bere*) goblet, cup; (*bicchiere*) (drinking) glass, bowl: **c. per champagne**, champagne glass; **una c. di macedonia**, a bowl of fruit salad **2** (*contenuto di una c.*) cupful; bowlful; cup; bowl **3** (*sport*) cup, trophy; (*gara*) cup, contest: **finale di c.**, Cup Final; **c. delle coppe**, Cup Winners' Cup **4** (*archeol., arte, lett.*) goblet; beaker **5** (*di bilancia*) scale; dish of balance **6** (*di reggiseno*) cup **7** (*pl.*) (*nelle carte da gioco*) cups **8** (*mecc.*: *dell'olio*) pan; sump.
còppa (2), *f.* **1** (*lett.*: *nuca*) nape **2** (*cucina*) «coppa» (pork sausage).
coppàle, *V.* **copale**.
coppèlla, *f.* **1** (*crogiolo*) cupel; test: **oro di c.**, finest gold **2** (*bot.*) thalamus.
coppellàre, *v. t.* (*metall.*) to cupel; to test; to assay.
coppellazióne, *f.* (*metall.*) cupellation; assaying: **sottoporre a c.**, to refine; to cupel; to assay.
coppétta, *f.* **1** (*piccola coppa*) (small) bowl: **c. lavadita**, finger bowl; **c. per la macedonia**, fruit salad bowl **2** (*med.*) cupping glass: **applicazione di coppette**, cupping **3** (*pl.*) (*copriseno*) pasties.
còppia, *f.* **1** (*di persone*) pair; couple; twosome; (*di sposi*) married couple, husband and wife; (*di sposini*) newlyweds, bride and bridegroom: **Paola e Sergio sono una bella c.**, Paola and Sergio make a fine-looking pair (*o* couple); **La coppia partì per la luna di miele**, the newlyweds left for their honeymoon; **c. di ballerini**, couple of dancers **2** (*di animali*) pair; (*aggiogati*) yoke; (*di selvaggina*) brace (*invar.*); (*maschio e femmina*) couple: **c. di cavalli**, pair of horses; **una c. di buoi**, a yoke of oxen; **carrozza tirata da una c. di cavalli**, carriage and pair; **due coppie di quaglie**, two brace of quails **3** (*di cose*) couple **4** (*fis.*) couple; torque: **c. antagonista**, restoring torque; **c. di lavoro**, working torque **5** (*mat.*) dyad **6** (*nelle carte*) pair: **coppia di re**, a pair of kings; (*poker*) **doppia c. all'asso**, two pairs and an ace. ● **a coppie**, in pairs; two by two; in twos: (*di frati, ecc.*) **andare a coppie**, to walk two by two □ **disporsi a c.**, to form pairs; to pair off □ (*iron.*) **essere una c. e un paio**, to be a fine pair □ **fare c. fissa**, to go steady (with sb.); to be an item (*fam.*) □ **giocare in c. on q.**, to partner up with sb. □ **vita di c.**, life as a couple.
coppière, *m.* (*f.* **-a**) (*lett.*) cupbearer.
coppiétta, *f.* couple; (pair of) lovers.
coppìglia, *V.* **copiglia**.
coppiòla, *f.* double shot.
cóppo, *m.* **1** (*orcio*) oil jar **2** (*tegola*) pantile **3** (*di elmo*) skull.
còpra, *f.* (*ind.*) copra.
coprènte, *a.* covering; coating.
copresidènte, *m.* e *f.* co-president; co-chairman*.
copresidènza, *f.* co-presidentship; co-chairmanship.

copribùsto, *m. invar.* bodice.
copricaloriféro, *m. invar.* radiator cover.
copricànna, *m. invar.* handguard.
copricàpo, *m.* headdress; headgear; (*cappello*) hat: **un c. di piume**, a feather headdress.
copricaténa, *m. invar.* (*mecc.*) chain guard.
copricostùme, *m. invar.* beach robe.
coprifàsce, *m. invar.* baby's smock.
coprifiàmma, *m. invar.* flash hider.
coprifilo, *m.* (*edil.*) staff bead.
coprifuòco, *m.* curfew: **imporre il c.**, to impose a curfew; **suonare il c.**, to sound the curfew.
coprigiùnto, *m. invar.* (*mecc.*) butt strap; (*ferr.*) fishplate; (*edil.*) staff bead.
copriletto, *m. invar.* bedspread; bedcover; counterpane; coverlet.
coprimateràsso, *m.* mattress cover.
coprimorsétto, *m.* (*fis.*) terminal cover.
coprimòzzo, *m.* (*autom.*) hubcap.
copripiàtti, *m. invar.* dish cover.
copripièdi, *m. invar.* foot coverlet.
copripìsside, *m.* (*eccles.*) ciborium veil.
copripiumóne, *m. invar.* eiderdown cover; duvet cover; quilt cover.
copripudènde, *m. invar.* loincloth.
coprire, A *v. t.* **1** to cover: **Si coprì il viso con le mani**, he covered his face with his hands; **c. il pavimento con un tappeto**, to cover the floor with a carpet; **La neve copriva ogni cosa**, the snow covered everything; **c. una pentola**, to put the lid on a pot; **c. una casa** (**col tetto**), to roof a house; **c. un tetto con tegole**, to tile a roof **2** (*celare*) to cover; to cover up; to conceal; to hide*: **Per c. l'imbarazzo della ragazza, mi misi a parlare**, to cover the girl's confusion, I began to talk; **c. le proprie intenzioni**, to conceal one's intentions; **c. i propri difetti**, to hide one's faults; **Rovesciò il vino per c. le macchie di sangue**, he upset the wine to cover up the bloodstains **3** (*avvolgere*) to wrap up: **Coprì il bambino con la sua giacca**, he wrapped the baby up in his jacket **4** (*proteggere*) to cover; to cover up for; (*fare scudo*) to shield: (*mil.*) **c. uno sbarco** [**una ritirata**], to cover a landing [a retreat]; **Coprimi le spalle**, cover me; **Lo coprì col suo corpo**, he shielded him with his own body; **Si è assentato e il compagno l'ha coperto**, he left his post and his partner covered up for him **5** (*un suono*) to smother; to drown: **Un tuono coprì le mie parole**, a clap of thunder drowned my words **6** (*occupare*) to hold*; to fill; to have: **c. un posto** (*o* **un impiego**), to fill a position; **c. un'alta carica**, to hold a high office; **essere chiamato a c. l'incarico di ambasciatore**, to be called to the post of ambassador **7** (*percorrere*) to cover: **c. una distanza** [**trenta miglia**], to cover a distance [thirty miles] **8** (*comm.*) to cover: **c. le spese**, to cover one's expenses **9** (*ass.*) to cover: **c. contro ogni rischio**, to cover for all risks; **c. contro il furto e l'incendio**, to cover for theft and damage by fire **10** (*di animali*: *montare*) to cover: **c. una cavalla**, to cover a mare. ● **c. q. di baci**, to smother sb. with kisses □ **c. q. d'ingiurie** (*o* **d'insulti**), to pour a torrent of abuse on sb. □ **c. q. di regali**, to shower gifts on sb. **B coprirsi,** *v. rifl.* **1** to cover oneself (up); to wrap (oneself) up: **Mi coprii alla meglio e uscii di corsa in giardino**, I covered myself as best I could and ran out into the garden; **Fa freddo, copriti bene**, it's very cold, wrap up well; **non avere di che c.**, to have no clothes; **c. di gloria** [**di ridicolo**], to cover oneself with glory [ridicule] **2** (*la testa*) to put* on one's hat [one's cap] **3** (*scherma*) to be on (one's) guard. **C coprirsi,** *v. i. pron.* **1** to become* covered; to get* covered; to be covered: **Ti sei coperto di farina**, you've got flour all over you; you are covered in flour; **Gli alberi si coprirono di gemme**, the trees were soon covered with buds; **La sua pelle si coprì di bolle**, his skin became covered with boils **2** (*del cielo*) to become* overcast (*o* cloudy).
copriréte, *m. invar.* sprung bed cover.
copriruòta, *m. invar.* wheel cover.
copritàvolo, *m. invar.* table carpet.
copriteièra, *m.* tea cosy.
copritermosifóne, *m.* radiator cover.
copritóre, *a.* covering.
coprivivànde, *V.* **copripiatti.**
coproduttóre, *m.* (*f.* **-trice**) (*cinem.*) coproducer.
coproduzióne, *f.* (*cinem.*) coproduction.
coprofagia, *f.* (*psic.*) coprophagy.
copròfago, A *a.* **1** (*psic.*) coprophagous **2** (*zool.*) coprophagus; dung-eating. **B** *m.* (*f.* **-a**) (*psic.*) coprophagist.
coprofilia, *f.* (*psic.*) coprophilia.
coprolalia, *f.* (*psic.*) coprolalia.
coprolàlico, *a.* (*psic.*) coprolalic.
copròlito, *m.* **1** (*geol.*) coprolite **2** (*med.*) coprolith.
coprologia, *f.* (*med.*) study of faeces.
coprostàsi, *f.* (*med.*) retention of faeces; costiveness.
còpto, A *a.* Coptic. **B** *m.* (*f.* **-a**) Copt. **C** *m.* (*lingua*) Coptic.
còpula, *f.* **1** (*gramm.*) copula*; (*congiunzione copulativa*) copulative (conjunction) **2** (*accoppiamento*) copulation; coitus; coition.
copulànte, *m.* (*chim.*) colour coupler.
copulàre, A *v. t.* **1** (*lett.*) to join together; to couple **2** (*chim.*) to couple. **B copulàrsi,** *v. rifl.* (*lett.* o *scherz.*) to copulate; to mate.
copulativo, *a.* (*gramm.*) copulative: **congiunzione copulativa**, copulative (conjunction).
copulatóre, *a.* copulating; sexual: **apparato c.**, sexual organs (*pl.*).
copulazióne, *f.* **1** copulation **2** (*chim.*) colour coupling.
coque (*franc.*), *f.* – (*cucina*) **uovo à la** (*o* **alla**) **c.**, soft-boiled egg.
coquette (*franc.*), *f. invar.* coquette; flirt.
coràggio, *m.* **1** bravery; courage; fearlessness; valour, valor (*USA*); (*morale*) fortitude; (*nelle citazioni mil.*) gallantry; (*audacia*) boldness, daring; (*impeto audace*) dash; (*il non lasciarsi intimidire*) spirit; (*specialm. ove si tratti di darne prova*) mettle; (*quasi fam.*) pluck; («*fegato*») nerve (*fam.*), grit (*fam.*), guts (*pl.*) (*fam.*); (*baldanza*) spunk (*fam.*): **il c. degli insorti**, the bravery of the rebels; **Il c. dell'acrobata mi mozzava il respiro**, the acrobat's fearlessness took my breath away; **mostrare c. nell'avversità**, to show fortitude in adversity; **L'oratore elogiò il c. dei caduti**, the orator praised the valour of the dead; **Si lanciò con c. nella mischia**, he boldly rushed into the fray; **dar prova di c.**, to show one's mettle; **mettere alla prova il c. di q.**, to test sb.'s mettle; **Era un ragazzetto con molto c.**, he was a little boy with plenty of spunk; **Non ebbe il c. di lanciarsi**, he didn't have the nerve to jump; **Non ho avuto il c. di dire di no**, I hadn't the heart to say no; **Scommetto che non ne hai il c.**, I bet you haven't got the guts to do it; **All'ultimo momento gli mancò il c.**, he chickened out (*o* he got cold feet) at the last moment (*fam.*); **Vieni giù, se hai il c.!**, come down, if you dare; **Ha un bel c. a mettersi la minigonna**, it takes some nerve to wear a miniskirt **2** (*iron.*: *sfacciataggine*) impudence; effrontery; gall; cheek (*fam.*); nerve (*fam.*): **Ha avuto il c. di criticarmi**, he had the nerve to criticize me; **Che c.!**, the cheek of it!; **Ci vuole un bel c.!**, it really takes some cheek (*o* nerve)! ● **il c. della disperazione**, the courage of despair □ **il c. delle proprie opinioni**, the courage of one's convictions □ **C.! Fra poco ci siamo!**, cheer up! we'll be there soon! □ **armarsi di c.**, to put a bold front on it; to steel (*o* to nerve) oneself (to do st.) □ **avere c. e sangue freddo**, to be cool and collected □ **avere un c. da leone**, to be as brave as a lion; (*se si tratta di coraggio aggressivo*) to be as bold as a lion □ **esibizione di c.**, bravado □ **fare c. a q.**, (*consolarlo*) to comfort sb.; (*incoraggiarlo*) to encourage sb.; (*fargli animo*) to cheer sb. up □ **farsi c.**, to bear up; to cheer up; (*per fare q.c.*) to pluck up (*o* to screw up) one's courage □ **infondere c. a q.**, to put (some) heart into sb. □ **perdersi di c.**, to lose heart; to get cold feet (*fam.*); to turn chicken (*pop.*) □ **prendere il c. a due mani**, to take one's courage in both hands.
coraggióso, *a.* brave; courageous; fearless; gutsy (*fam.*); (*valoroso*) gallant; (*lett.*: *prode*) intrepid; (*lett.*, *spesso mil.*) valiant; (*audace*) daring, bold; (*impetuoso*) dashing; (*focoso*) spirited, mettlesome; (*spesso di bambini*) plucky, spunky.
coràle, A *a.* **1** choral: **canto c.**, choral singing; choral song; **musica c.**, choral music; **società c.**, choral society **2** (*unanime*) unanimous; (*concertato*) concerted, team (*attr.*): **consenso c.**, unanimous consent; **sforzo c.**, concerted effort; (*sport*) **azione c.**, team (*o* concerted) move **3** (*fig.*: *di romanzo, film, ecc.*) made up of many elements that are harmoniously blended. **B** *m.* **1** (*mus.*) choral(e); hymn; choral song; anthem **2** (*eccles.*) anthem book; choir book. **C** *f.* choir; chorale (*USA*): **c. universitaria**, university choir.
coralità, *f.* **1** (*unanimità*) unanimity **2** (*l'essere concertato*) concerted nature **3** (*di romanzo, film*) ensemble effect.
corallàio, *m.* (*f.* **-a**) worker in coral.
corallifero, *a.* coral (*attr.*): **banco c.**, coral reef.
corallina, *f.* **1** (*bot., Corallina officinalis*) coralline **2** (*miner.*) coral limestone **3** (*barca*) coral-fishing boat.
corallino, A *a.* **1** (*di corallo*) coral (*attr.*): **barriera corallina**, coral reef; barrier reef; **industria corallina**, coral industry; **isola c.**, coral island **2** (*simile al corallo*) coral (*attr.*); coralline: **labbra coralline**, coral lips. **B** *m.* (*marmo*) corallite.
coràllo, A *m.* **1** coral: **banco di c.**, coral reef; **collana di c.**, coral necklace; (*geogr.*) **il Mar dei Coralli**, the Coral Sea; (*fig.*) **labbra di c.**, coral lips **2** (*fig. lett.*: *color c.*) coral: **il c. delle sue labbra**, the coral of her lips. ● (*bot.*) **albero del c.** (*Erythrina corallodendron*) coral tree. **B** *a.* coral (*attr.*): **rosso c.**, coral red.
coràme, *m.* stamped leather.
coramèlla, *f.* strop.
coramina, *f.* (*marchio*: *farm.*) Coramine.
coram populo (*lat.*), *locuz. avv.* in public; publicly; openly.
corànico, *a.* (*relig.*) Koranic.
Coràno, *m.* (*relig.*) Koran.
coràta, coratèlla, *f.* offal; pluck.
coràzza, *f.* **1** cuirass; body armour (*USA*: armor) **2** (*zool.*) cuirass; carapace; (*di tartarughe e sim., anche*) shell **3** (*naut.*: *di corazzata e sim.*) armour (*USA*: armor) plating **4** (*rugby*) chest protector **5** (*involucro*) shell; jacket **6** (*fig.*: *difesa*) defence; protection; shell.
corazzàre, A *v. t.* **1** to equip with armour (*USA*: armor); to armour, to armor (*USA*) **2** (*fortificare*) to strengthen; to fortify **3** (*naut.*) to plate **4** (*fig.*) to harden. **B corazzàrsi,** *v. rifl.* **1** to equip oneself with armour (*USA*: armor) **2** (*fig.*: *proteggersi*) to protect oneself; (*spiritualmente*) to harden oneself, to steel oneself.
corazzàta, *f.* (*naut.*) battleship; dreadnaught: **c. tascabile**, pocket battleship.
corazzàto, *a.* **1** (*mil.*) armoured, armored (*USA*); armour-plated, armor-plated (*USA*): **divisione corazzata**, armoured division; **truppe corazzate**, armoured troops; **mezzi corazzati**, armour (*sing. collett.*) **2** (*fig.*) hardened; armed; steeled; inured.
corazzatùra, *f.* **1** (*naut.*) armour (*USA*: armor) plating **2** (*tecn.*) armour, armor (*USA*).
corazzière, *m.* **1** (*mil.*) cuirassier **2** (*fig.*)

strapping fellow.
corazzìno, *m.* (*scherma*) fencing jacket.
còrba (1), *f.* big wicker basket.
córba (2), *f.* (*vet.*) curb.
còrba (3), *f.* (*naut.*) rib.
corbàccio, *m.* (*zool.*) large crow; large raven.
corbàme, *m.* (*naut.*) framework.
corbeille (*franc.*), *f. invar.* ***1*** corbeille; basket of flowers ***2*** (*Borsa*) floor; pit (*USA*).
corbellàre, (*pop.*) **A** *v. t.* ***1*** (*canzonare*) to tease; to mock; to ridicule ***2*** (*ingannare*) to trick; to take* in. **B** *v. i.* to joke.
corbellatóre, *m.* (*f.* **-trice**) (*pop.*) (*canzonatore*) teaser; practical joker; mocker.
corbellerìa, *f.* (*pop.*) ***1*** (*atto sciocco*) (piece of) foolishness; folly ***2*** (*discorso sciocco*) (piece of) nonsense; rubbish; foolish words (*pl.*): **È una c. bella e buona**, it's a ludicrous piece of nonsense; it's utter nonsense; **Disse un sacco di corbellerie**, he talked a lot of rubbish ***3*** (*errore*) blunder; (*svarione*) howler.
corbèllo (1), *m.* basket: **un c. di mele**, a basket full of apples.
corbèllo (2), *m.* ***1*** (*pl.*) (*volg.*: *testicoli*) balls (*volg.*): (*fig.*) **rompere i corbelli**, to be a pain in the ass (*volg.*) ***2*** (*fig. pop.*: *persona sciocca*) fool; blockhead; chump (*fam.*).
corbézzola, *f.* (*bot.*) arbutus berry.
corbézzoli, *inter.* (*pop.*) goodness!; crikey! (*pop.*).
corbézzolo, *m.* (*bot.*, *Arbutus unedo*) arbutus; strawberry tree.
corcontènto, *m.* e *f. invar.* easy-going person; jolly person; happy-go-lucky person.
còrda, *f.* ***1*** (*fune*) rope; (*cordone*) cord; (*cordino*) string; (*cavo*) cable; (*di metallo*) wire: **c. di canapa [nailon]**, hempen [nylon] rope; **le corde di una racchetta**, the strings of a racket; **la c. di una tenda**, the cord of a curtain; **un rotolo di c.**, a coil of rope; (*di spago*) a ball of string; (*ind.*) **c. di rame**, copper plait; **c. attorcigliata**, twisted rope; **c. intrecciata**, braided rope ***2*** (*mus.*) string: **corde del violino**, violin strings; **la c. del sol**, the G string; **tendere una c.**, to tighten up a string; **strumenti a c.**, stringed instruments; strings; **corde di bordone**, drone strings; **corde melodiche**, melody strings; **c. picchiata [pizzicata]**, struck [plucked] string; **c. fregata**, string made to vibrate ***3*** (*alpinismo*) rope: **c. per arrampicarsi**, climbing rope; **scendere a c. doppia**, to rope down; to abseil; to rappel; **discesa a c. doppia**, roping down; abseiling; rappelling ***4*** (*boxe*) rope: **le corde del ring**, the ropes; **essere alle corde**, to be on the ropes ***5*** (*mat.*) chord (of an arc) ***6*** (*archit.*: *di un arco*) span (of an arch) ***7*** (*anat.*) cord; nerve; sinew; tendon: **corde vocali**, vocal cords (*o* chords); **c. del timpano**, tympanic nerve; chorda tympani; **c. del collo**, neck sinews (*pl.*); **c. ombelicale**, *V.* **cordone** ***8*** (*fig.*: *tasto*) chord; note: **la c. del sentimento**, the chord of feeling; **le corde del cuore**, the heartstrings; **toccare la c. giusta**, to strike the right chord (*o* note); **toccare le corde del sentimentalismo**, to strike a sentimental note. ● **c. dell'arco** (*arma*), bowstring □ **c. del bucato**, (clothes)line □ **c. di funambolo**, tightrope; high wire: **eseguire esercizi sulla c.**, to perform on the tightrope □ **c. di salvataggio**, lifeline □ **c. di trazione**, towline □ **c. per impiccare**, hangman's rope □ **c. per saltare**, skipping rope; jumping rope (*USA*) □ (*fig.*) **avere la c. al collo**, to have one's back to the wall; to be tied down □ (*fig.*) **avere un'altra c. al proprio arco**, to have another string to one's bow □ (*fig.*) **dare c. a q.**, (*dargli libertà*) to give sb. a free hand, to give sb. plenty of rope; (*far parlare*) to let sb. talk □ **dare la c. a un orologio**, to wind up a clock [a watch] □ (*fig.*) **essere alle corde**, to be hard-pressed; to have one's back to the wall □ (*fam.*) **essere giù di c.**, to feel out of form; to be down in the mouth □ (*fig.*) **mettere** (*o* **stringere**) **q. alle corde**, to get sb. up against the ropes; to drive sb. into a corner □ (*fig.*) **mettere la c. al collo a q.**, to rope sb. in □ **mostrare la c.**, (*di tessuto*) to be threadbare; (*fig.*) to be worn out □ **cominciare a mostrare la c.**, to show signs of wear and tear □ **parlare di c. in casa dell'impiccato**, to mention the skeleton in sb.'s cupboard □ **saltare con la c.**, to skip □ **scala di c.**, rope ladder □ **scarpe di c.**, espadrilles □ (*fig.*) **tagliare la c.**, to cut and run; to clear out; to beat it (*fam.*); to scarper (*pop. GB*) □ (*fig.*) **tenere q. sulla c.**, to keep sb. guessing; (*far aspettare*) to keep sb. on tenterhooks □ **teso come la c. d'un violino**, highly strung □ (*fig.*) **tirare troppo la c.**, to go too far □ (*stor.*) **tratti di c.** (*tortura*), strappado.
cordàio, *m.* ***1*** (*chi fa corde*) ropemaker; roper ***2*** (*venditore*) rope seller.
cordàme, *m.* ***1*** ropes (*pl.*); cordage ***2*** (*naut.*) rigging; cordage.
cordàta, *f.* ***1*** (*alpinismo*) roped party: **il primo della c.**, the first one on the rope; **capo c.**, roped-party leader; **Salirono in c.**, they climbed roped together ***2*** (*econ.*) consortium*; cartel.
Cordàti, *m. pl.* (*zool.*, *Chordata*) Chordata.
cordàto, *m.* (*zool.*) chordate.
cordatrìce, *f.* rope-laying machine.
cordatùra, *f.* rope-making; rope-laying.
cordèlla, *f.* string; tape.
cordellìna, *f.* braid.
corderìa, *f.* rope factory; ropery.
cordiàle, **A** *a.* ***1*** warm; hearty; friendly; cordial; affable; good-natured; genial: **accoglienza c.**, friendly (*o* warm) welcome; **persona c.**, friendly (*o* affable) person ***2*** (*profondamente sentito*) heartfelt; hearty: **una c. antipatia**, a heartfelt dislike ***3*** (*che fa bene al cuore*) heart-warming. ● (*nelle lettere*) **cordiali saluti**, kind regards; best wishes; (*più form.*) Yours sincerely. **B** *m.* (*liquore*) cordial.
cordialità, *f.* ***1*** warmth; friendliness; cordiality; affability; warm-heartedness; heartiness; geniality: **accogliere con c.**, to welcome warmly; to give a warm welcome ***2*** (*pl.*) (*saluti*) regards; (*in fondo a una lettera*) yours sincerely.
cordialménte, *avv.* ***1*** cordially; warmly; heartily ***2*** (*profondamente*) heartily: **Mi è c. odioso**, I heartily dislike him. ● (*nelle lettere*) **C.**, Yours sincerely.
cordialóne, *m.* (*f.* **-a**) (*fam.*) jolly person; good mixer.
cordièra, *f.* (*mus.*) tailpiece.
cordiglièra, *f.* (*geogr.*) cordillera.
cordìglio, *m.* (*eccles.*) ***1*** (*di frate*) knotted cord ***2*** (*di prete*) girdle.
cordìno, *m.* ***1*** (*spago*) (piece of) string; (piece of) twine ***2*** (*alpinismo*) spare rope ***3*** (*naut.*) lanyard.
cordite (1), *f.* (*esplosivo*) cordite.
cordite (2), *f.* (*med.*) chorditis.
cordòfono, *m.* (*mus.*) chordophone.
cordòglio, *m.* ***1*** (*profondo dolore*) (deep) sorrow; affliction; grief ***2*** (*condoglianze*) condolences (*pl.*); sympathy.
còrdolo, *m.* ***1*** (*di marciapiede*) kerb, curb (*USA*) ***2*** (*edil.*: *marcapiano*) stringcourse.
cordonàta, *f.* ***1*** (*di aiuola*) border ***2*** (*rampa*) graded ramp.
cordonàto, *a.* (*ind. tess.*) ribbed.
cordonatùra, *f.* ***1*** (*di cartone e sim.*) creasing ***2*** (*su ceramiche*) cable decoration.
cordoncìno, *m.* ***1*** cord; string; (*per cucire*) thread ***2*** (*cucito*, *anche* **punto a c.**) couching stitch.
cordóne, *m.* ***1*** cord; string: **c. della tenda**, curtain cord; **c. del campanello**, bell pull; **i cordoni della borsa**, the purse strings: **stringere [allentare] i cordoni della borsa**, to tighten up [to losen] the purse strings ***2*** (*cintura*) girdle ***3*** (*di ordine cavalleresco*) cordon; ribbon: **gran c.**, grand cordon ***4*** (*fila di persone*) line; (*di sbarramento*) cordon: **due cordoni di folla**, two lines of people; **c. di polizia**, police cordon ***5*** (*di marciapiede*) kerb, curb (*USA*) ***6*** (*archit.*) cordon; stringcourse ***7*** (*anat.*) cord: **c. ombelicale**, umbilical cord ***8*** (*geogr.*: *c. litoraneo*) sandbank; (sand) bar ***9*** (*naut.*: *legnuolo*) strand; (*per calafatare*) pledget. ● **c. sanitario**, «cordon sanitaire» □ **reggere i cordoni** (*a un funerale*), to be a pall-bearer.
cordonétto, *m.* cordonnet.
cordovàno, **A** *a* Cordovan. **B** *m.* ***1*** (*abitante di Cordova*) Cordovan ***2*** (*varietà di marocchino*) cordovan (leather).
Corèa, *f.* (*geogr.*) Korea.
corèa, *f.* (*med.*) chorea; St. Vitus's dance.
coreàno, *a.* e *m.* (*f.* **-a**) Korean (*f.* Korean woman*). ● **colletto alla coreana**, mandarin collar.
coréggia, *V.* **correggia.**
corègo, *m.* (*teatr.*) choragus.
corègono, *m.* (*zool.*, *Coregonus*) whitefish*.
corèico, *a.* ***1*** (*pertinente alla danza*) dance (*attr.*); dancing (*attr.*) ***2*** (*med.*) choreic.
corèo, *m.* (*poesia*) choreus.
coreografìa, *f.* (*teatr.*) choreography.
coreogràfico, *a.* ***1*** (*teatr.*) choreographic ***2*** (*estens.*) spectacular.
coreògrafo, *m.* (*f.* **-a**) (*teatr.*) choreographer.
corétto, *m.* (*archit.*, *eccles.*) private chapel (with a grate giving onto the main church).
corèuta, *m.* (*teatr. greco*) choral dancer; member of a chorus.
corèutica, *f.* (*lett.*) dancing.
coriàceo, *a.* ***1*** leathery; tough; coriaceous: **carne coriacea**, tough meat ***2*** (*fig.*, *di persona*) tough; hard.
coriàle, *a.* (*anat.*) chorial.
coriàmbico, *a.* (*poesia*) choriambic.
coriàmbo, *m.* (*poesia*) choriamb; choriambus*.
coriàndolo, *m.* ***1*** (*bot.*, *Coriandrum sativum*) coriander: **semi di c.**, coriander seeds ***2*** (*pl.*) (*dischetti di carta*) confetti (*pl. col verbo al sing.*).
coribànte, *m.* (*relig.*) Corybant*.
coribàntico, *a.* ***1*** (*relig.*) Corybantic; Corybantian ***2*** (*lett.*: *orgiastico*) frenzied; orgiastic.
coricàre, **A** *v. t.* ***1*** (*adagiare*) to lay* (down); (*piegare*) to flatten, to lay* low ***2*** (*mettere a letto*) to put* to bed. **B** **coricàrsi,** *v. rifl.* ***1*** (*adagiarsi*) to lie* down ***2*** (*andare a letto*) to go* to bed; to retire (*form.*) ***3*** (*tramontare*) to set*.
còrifa, *f.* (*bot.*, *Corypha umbraculifera*) talipot.
corifèna, *f.* (*zool.*, *Coryphaena hippurus*) dolphin; dorado.
corifèo, *m.* ***1*** (*teatr. greco*) coryphaeus* ***2*** (*fig.*) leader; coryphaeus*.
corìmbo, *m.* (*bot.*) corymb.
corindóne, *m.* (*miner.*) corundum.
Corinna, *f.* Corinne.
corìnzio, *a.* e *m.* Corinthian: (*archit.*) **ordine c.**, Corinthian order.
còrio(n), *m.* (*biol.*, *anat.*) chorion.
corìsta, (*mus.*) **A** *m.* e *f.* ***1*** (*di coro eccles.*) member of (*o* singer in) a choir; (*se ragazzo*, *anche*) chorister, choirboy ***2*** (*di coro non eccles.*) chorus singer; member of a chorus. **B** *m.* (*diapason*) pitch, diapason; (*lo strumento*) tuning fork, diapason.
corìz(z)a, *f.* (*med.*) coryza.
còrmo, *m.* (*bot.*) corm.
cormòfita, *f.* (*bot.*) cormophyte.
cormoràno, *m.* (*zool.*, *Phalacrocorax carbo*) cormorant; sea crow.
cornàcchia, *f.* ***1*** – (*zool.*) **c. nera** (*Corvus corone*), carrion crow; **c. grigia** (*Corvus cornix*), hooded crow ***2*** (*fig.*: *persona ciarliera*) magpie; gabber ***3*** (*fig.*: *persona di cattivo augurio*) doomster. ● (*zool.*) **c. celeste** (*Coracias garrulus*), roller.
cornalina, *V.* **corniola (2).**
cornamùsa, *f.* (*mus.*) bagpipes (*pl.*): **suona-**

tore di c., piper.

cornàta, *f.* (*urto*) butt (with the horns); (*trafittura*) goring: **ricevere una c.**, to be butted; (*essere trafitto*) to be gored.

còrnea, *f.* (*anat.*) cornea.

corneàle, *a.* (*anat.*) corneal. ● **lenti corneali**, contact lenses.

cornéggio, *m.* (*vet.*) bellones; roaring.

corneificazióne, *f.* (*med.*) hornification.

còrneo, *a.* horny; corneous: **strato c.**, horny layer.

còrner (*ingl.*), *m. invar.* (*calcio*) corner (kick): **bandierina del c.**, corner flag; **salvare in c.**, to concede a corner. ● (*fig.*) **salvarsi in c.**, to wriggle out (of st.).

cornétta (1), *f.* **1** (*mil.*) cornet **2** (*cuffia di suora*) cornet.

cornétta (2), *f.* **1** (*mus.*) cornet **2** (*del telefono*) receiver: **riagganciare la c.**, to replace the receiver; to hang up.

cornettista, *m.* (*mus.*) cornet player; cornet(t)ist.

cornétto, *m.* **1** (*amuleto*) horn-shaped amulet **2** (*brioche*) croissant (*franc.*) **3** (*mus.*) cornet **4** (*pl.*) (*region.*: *fagiolini*) French beans **5** (*gelato*) cornet (*GB*); (ice-cream) cone. ● **c. acustico**, ear trumpet.

cornice, *f.* **1** frame: **c. di quadro**, picture frame; **c. dorata**, gilt frame; **mettere in c.**, to set in a frame; to frame; **senza c.**, unframed **2** (*archit.*) cornice; (*modanatura*) moulding **3** (*fig.*) frame, framework; (*ambientazione*) setting: **una c. di monti**, a ring of mountains; **una c. mondana**, a glamorous setting; **La premiazione si è svolta in una c. mondana**, the award ceremony was a very glamorous affair; **fare da c. a q.c.**, to frame st.; (*fig.*) to set st. off **4** (*alpinismo*) ledge; (*di neve*) cornice.

corniciàio, *m.* (*f.* **-a**) **1** (*fabbricante*) frame maker **2** (*negoziante*) frame seller.

corniciatùra, *f.* framing.

cornicióne, *m.* (*archit.*) cornice; (*modanatura*) moulding. ● **c. di finestra** (*o* **di porta**), label □ **c. di gronda**, eaves (*pl.*).

cornificàre, *v. t.* (*pop.*: *il marito*) to cuckold; (*la moglie*) to be unfaithful to.

còrniola (1), *f.* (*bot.*) cornel; cornelian cherry.

corniòla (2), *f.* (*miner.*) cornelian, carnelian.

còrniolo, *m.* (*bot.*, *Cornus mas*) cornel tree; cornelian cherry tree.

cornista, *m. e f.* (*mus.*) horn player.

còrno, *m.* (*pl.* **corna**, *f.*, *nella def. 1*; **corni**, *m.*, *nelle def. 2, 3, 4, 5, 6*) **1** (*zool.*) horn; (*ramificato*) antler: **corna lunate**, crescent-shaped horns; **le corna di una lumaca**, the horns of a snail; **le corna di un cervo**, the antlers of a deer; **a corna cave**, hollow-horned; **a corna piene**, solid-horned **2** (*sostanza*) horn: **bottoni di c.**, horn buttons **3** (*mus.*) horn: **c. a pistoni**, valve horn; **c. da caccia**, hunting horn: **c. di bassetto**, basset horn; **c. inglese**, cor anglais* (*franc.*); English horn; **suonare il c.**, to play the horn; (*da caccia*) to sound (*o* to blow) the horn **4** (*di montagna*) peak **5** (*anat.*) cornu* **6** (*scherz.*: *bernoccolo*) bump **7** (*pop.*: *niente*) damn; damned thing; fig: **Non me ne importa un c.**, I don't give a damn; **Non hai capito un c.**, you haven't understood a damned thing; **Non vale un c.**, it isn't worth a fig; **«Prendo la tua macchina.» «Un c.!»**, «I'm taking your car» «the hell you are!» ● **c. da scarpe**, shoehorn □ **c. dell'abbondanza**, horn of plenty □ **c. della diligenza postale**, post horn □ **i corni del dilemma**, the horns of the dilemma □ **c. acustico**, ear trumpet □ (*geogr.*) **il C. d'Africa**, the Horn of Africa □ **corni di un arco**, tips of a bow □ **c. d'incudine**, beak; beakiron □ (*stor.*) **c. dogale** (*o* **ducale**), doge's cap □ (*fis.*) **c. polare**, pole horn; pole tip □ (*fis.*) **c. polare d'entrata**, leading pole tip □ (*fis.*) **c. polare d'uscita**, trailing pole tip □ (*fig.*) **alzare le corna**, to get on one's high horse □ (*pop.*) **avere q. sulle corna**, to dislike sb. □ **dire (peste e) corna di**, to run down; to badmouth (*USA*) □ **fare le corna**, (*come scongiuro*) to cross one's fingers; to touch wood; (*come gesto volgare*) to make a rude gesture (by extending the first and fourth fingers) □ (*pop.*) **mettere le corna**, (*al marito*) to cuckold; (*alla moglie*) to be unfaithful (to) □ (*pop.*) **portare le corna**, (*di uomo*) to be a cuckold; (*di donna*) to have an unfaithful husband □ (*fig.*) **ritirare** (*o* **abbassare**) **le corna**, to draw in one's horns □ (*fig.*) **rompere le corna a q.**, to give sb. a good thrashing □ (*fig.*) **rompersi le corna**, to get the worst of it.

Cornovàglia, *f.* (*geogr.*) Cornwall.

cornucòpia, *f.* cornucopia; horn of plenty.

cornùto, A *a.* (*zool.*) horned; with horns. ● (*logica*) **argomento c.**, dilemma. **B** *m.* **1** (*pop.*: *marito tradito*) cuckold **2** (*pop.*: *insulto generico*) bastard; sod; fucker (*volg.*).

còro, *m.* **1** chorus; (*generalm. eccles.*) choir: **il c. della Scala**, the Scala chorus; **il c. dei «Lombardi»**, the chorus of «I Lombardi»; **il c. della tragedia greca**, the chorus in Greek tragedy; **un c. di uccelli [di grilli]**, a chorus of birds [of crickets]; **un c. di domande [di proteste, di lodi]**, a chorus of questions [of protests, of praise]; **cantare [rispondere] in c.**, to sing [to answer] in chorus; **Forza, tutti in c.!**, come on, all together!; **fare parte del c.**, (*di un'opera, di una rivista*) to be a member of the chorus; (*di una chiesa*) to be a member of (*o* to sing in) the choir; **maestro del c.**, chorus master **2** (*di angeli*) choir: **c. celeste**, heavenly choir **3** (*archit.*) choir: **seggio del c.**, choir stall. ● (*fig.*) **cantare fuori del c.**, not to join the chorus; to strike a discordant note □ (*fig.*) **fare c. a q.**, to echo sb.'s words.

corografia, *f.* (*geogr.*) chorography.

corogràfico, *a.* (*geogr.*) chorographic(al).

corògrafo, *m.* (*geogr.*) chorographer.

coròide, *f.* (*anat.*) choroid (coat).

coroidèo, *a.* (*anat.*) choroid(al).

coroidite, *f.* (*med.*) choroiditis.

corolla, *f.* (*bot.*) corolla. ● **gonna a c.**, full-flared skirt.

corollàrio, *m.* **1** (*filos.*, *mat.*) corollary **2** (*aggiunta*) addition; appendix*.

coróna, *f.* **1** crown; (*nobiliare*) coronet; (*potere regio*) crown, throne: **c. ferrea**, Iron Crown; **c. ducale [comitale, di pari]**, ducal [earl's, count's, peer's] coronet; **c. di martire [di poeta]**, martyr's [poet's] crown; **c. di spine**, crown of thorns; **aspirare alla c.**, to lay claim to the crown (*o* to the throne); **cingere la c.**, to be crowned; to become king; **rinunciare alla c.**, to renounce the crown (*o* the throne); **una colonia della C.**, a Crown Colony; **discorso della C.**, King's [Queen's] speech; (*in G.B.*, *all'apertura del parlamento*) speech from the throne; **gioielli della c.**, crown jewels; **principe della c.**, crown prince; **re di c.**, king regnant; ruling king **2** (*ghirlanda*) wreath; garland; (*da portarsi in testa, anche*) crown, chaplet (*lett.*): **una c. di rose**, a garland of roses; **una c. di margherite**, a chaplet of daisies; **c. d'alloro**, crown of laurel (*o* of bay-leaves); **c. mortuaria**, funeral wreath; **deporre una c. sulla tomba di q.**, to lay a wreath on sb.'s tomb **3** (*cerchio di persone o cose*) circle; ring: **una c. di mura**, a circle of walls; **una c. di monti**, a ring of mountains; **La città è circondata da una c. di monti**, the town is ringed by mountains; **a c.**, in a ring; **fare c. a q. [q.c.]**, to form a ring (*o* a circle) round sb. [st.] **4** (*serie*) set; sequence: **una c. di sonetti**, a sonnet sequence **5** (*anat.*: *di dente*) crown: **mettere la c. a un dente**, to crown a tooth **6** (*mus.*) fermata; pause (sign) **7** (*della gamba del cavallo*) coronet **8** (*moneta ingl.*) crown: **una mezza c.**, a half-crown; (*il valore*) half a crown **9** (*moneta svedese*) (Swedish) krona* **10** (*astron.*) corona*: **c. solare**, solar corona; aureole **11** (*d'albero*) crown; head **12** (*mecc.*) rim; crown: **c. dentata**, crown wheel. ● (*mat.*) **c. circolare**, annulus □ (*relig.*) **c. del rosario**, rosary; beads (*pl.*) □ (*bot.*) **c. imperiale** (*Fritillaria imperialis*), crown imperial □ (*elettr.*) **effetto c.**, corona discharge □ **tappo a c.** (*di bottiglia*), crown cap.

coronàle, *a.* (*anat.*, *astron.*) coronal: **sutura c.**, coronal suture.

coronaménto, *m.* **1** (*compimento*) completion; (*ultimo tocco*) finishing touch; (*dell'opera di tutta una vita*) crowning achievement (of sb.'s life) **2** (*edil.*) crowning; coping **3** (*naut.*) taffrail.

coronàre, A *v. t.* **1** to crown: **c. q. di fiori**, to crown sb. with a flower garland **2** *V.* **incoronare** **3** (*premiare*) to crown; to reward: **I miei sforzi furono coronati dal successo**, my efforts were crowned with success (*o* were successful) **4** (*concludere*) to complete; to bring* to an end; to round off **5** (*realizzare*) to realize; to achieve: **l'opera che c. tutta la sua vita**, the crowning achievement of his life; **c. un sogno**, to realize a dream **6** (*circondare*) to surround; to encircle; to ring. ● (*iron.*) **Per c. l'opera...**, to top it all... □ (*prov.*) **Il fine corona l'opera**, the end crowns the work. **B coronàrsi,** *v. rifl.* to crown oneself.

coronària, *f.* (*anat.*) coronary artery; coronary (*fam.*).

coronàrico, *a.* (*anat.*) coronary: **insufficienza coronarica**, coronary insufficiency; **unità coronarica**, coronary unit.

coronàrio, *a.* (*anat.*) coronary.

coronaropatia, *f.* (*med.*) coronary heart disease.

coronàto, *a.* crowned: **testa coronata**, crowned head. ● **c. da successo**, successful.

coronèlla, *f.* (*zool.*, *Coronella*) horned snake.

coronide, *f.* (*gramm. greca*) coronis.

coronilla, *f.* (*bot.*, *Coronilla varia*) crown vetch.

coronògrafo, *m.* (*astron.*) coronograph.

coronòide, *a.* (*anat.*) coronoid.

coròzo (*spagn.*), *m.* **1** (*bot.*, *Phytelephas macrocarpa*) corozo* **2** (*avorio vegetale*) corozo; vegetable ivory.

corpacciùto, *a.* corpulent; stout.

corpétto, *m.* **1** (*panciotto*) waistcoat (*GB*); vest (*USA*) **2** (*corpino*) bodice; top **3** (*camiciola*) smock.

corpino, *m.* bodice; top.

còrpo, *m.* **1** body; (*la carne*) flesh; (*corporatura*) physique (*franc.*), figure: **anima e c.**, body and soul; **mortificare il c.**, to mortify the flesh; **un c. slanciato**, a slender body; **Ha un bel c.**, she has a good figure; **di corpo robusto**, strongly built **2** (*cadavere*) body; corpse **3** (*oggetto*) body: **c. celeste**, heavenly body; **c. semplice**, simple body: **c. composto**, compound body; **c. estraneo**, foreign body (*o* matter); (*leg.*) **c. contundente**, blunt instrument **4** (*anat.*) corpus* (*lat.*): **c. calloso**, corpus callosum; **c. cavernoso**, corpus cavernosum; **c. luteo**, corpus luteum; **corpi striati**, corpora striata; **c. pineale**, pineal body (*o* gland) **5** (*insieme di persone organizzate*) corps*; (*mil.*) corps*, branch, force: **c. consolare**, consular corps; **c. d'armata**, army corps; **il C. del Genio**, the Corps of Engineers; **C. delle Armi Navali**, Naval Armament Branch; **c. di ballo**, corps de ballet (*franc.*); **c. di spedizione**, expeditionary force; **c. diplomatico**, diplomatic corps; corps diplomatique (*franc.*); **c. insegnante**, teaching staff **6** (*parte principale*) main body; (*parte centrale*) core, kernel: **il c. dell'edificio**, the main body of the building; **il c. d'un discorso**, the core of a speech **7** (*consistenza, corposità*) substance; matter: **dare c. a un'accusa**, to give substance to an accusation **8** (*di voce*) volume; range **9** (*raccolta di leggi, scritti, ecc.*) corpus*: **il c. delle opere dantesche**, the corpus of Dante's works; (*leg.*) **c. del diritto**, corpus iuris ***10*** (*di nave*) hull ***11*** (*cassa, custodia*) body; casing: (*mecc.*) **c. del filtro**, filtre casing ***12*** (*tipogr.*) type size; point size; (*in ingl. ogni corpo ha un nome*): **c. 4**, brilliant; **c. 4 1/2**, diamond; **c. 5**, pearl; **c. 5 1/2**, ruby; agate (*USA*); **c. 6**, nonpareil; **c. 7**, minion; **c. 8**, brevier; **c. 9**, bourgeois; **c. 10**, long primer; **c. 11**, small pica; **c. 12**, pica; **c. 14**, English; **c. 16**, Columbian; **c. 18**, great primer ***13*** (*di pompa*) body; casing; (*di caldaia*) boiler shell. ● **c. d'acqua**, volume of water per second □ (*leg.*) **c. del reato**, material evidence □ **c. di Bacco** (*o* **di mille bombe**)!, by Jove!; Great Scott! □ (*relig.*) **il C. di Cristo**, the Body of Christ □ **c. di guardia**, (*gli uomini*) guard; (*il locale*) guardroom □ **c. morto**, (*chim.*) inert body; (*naut.*) mooring buoy □ (*fis.*) **c. nero**, black body □ **a c. morto**, (*pesantemente*) heavily; like a dead weight; (*con accanimento*) whole-heartedly, headlong: **cadere a c. morto**, to fall heavily; to collapse; **buttarsi a c. morto in q.c.**, to fling oneself (*o* to put all one's strength) into st. □ **a c. pieno [vuoto]**, on a full [an empty] stomach □ **andare di c.**, to empty one's bowels; (*eufem.*) to pass a motion □ **difficoltà ad andare di c.**, constipation; (*eufem.*) irregular motions □ **avere il diavolo in c.**, to be like one possessed; (*non stare mai fermo*) to be a live wire (*fam.*) □ **avere una gran rabbia in c.**, to be furious □ **combattere (a) c. a c.**, to fight man to man (*o* hand-to-hand) □ **combattimento c. a c.**, man-to-man (*o* hand-to-hand) fighting; (*boxe*) clinch □ (*fig.*) **dare c. alle ombre**, to imagine things □ **buttarsi anima e c. nel lavoro**, to throw oneself headlong into work □ **dolori di c.**, tummy ache □ **guardia del c.**, bodyguard □ **mettere q.c. in c.**, to eat st. □ **non tenere un segreto in c.**, to be unable to keep a secret □ (*fig.*) **passare sul c. di q.**, to trample on sb. □ **prendere c.**, (*concretarsi*) to take shape; (*di notizie*) to gain credit □ **ricacciare le parole in c. a q.**, to make sb. eat his words □ **senza c.**, bodiless □ **spirito di c.**, esprit de corps (*franc.*); team spirit.

corporàle (1), *a.* corporal; corporeal; bodily: **bisogno c.**, bodily need; **pene corporali**, corporal punishment (*sing.*).

corporàle (2), *m.* (*eccles.*) corporal(e).

corporalità, *f.* corporality.

corporalménte, *avv.* bodily; corporally; physically; materially. ● **punire c.**, to administer corporal punishment.

corporativișmo, *m.* (*stor., polit.*) corporatism.

corporativìstico, *a.* (*stor., polit.*) corporatist.

corporativo, *a.* (*stor., polit.*) corporative: **diritto c.**, corporative law; **regime c.**, corporative regime.

corporatùra, *f.* build; physique (*franc.*); frame.

corporazióne, *f.* ***1*** corporation; association ***2*** (*stor.*) guild.

corporeità, *f.* corporeality; corporeity.

corpòreo, *a.* physical; corporeal; bodily; body (*attr.*): **piacere c.**, physical pleasure, **temperatura corporea**, body temperature.

corposità, *f.* density; fullness; body.

corpóso, *a.* dense; thick; that has body (*o* bulk); (*anche di vino*) full-bodied.

corpulènto, *a.* corpulent; stout; bulky; gross; (*tarchiato*) stocky; (*grasso*) fat.

corpulènza, *f.* corpulence; stoutness; bulkiness; (*l'essere tarchiato*) stockiness; (*grassezza*) fatness.

corpus (*lat.*), *m. invar.* corpus*.

corpuscolàre, *a.* (*fis.*) corpuscular: **teoria c.**, corpuscular theory.

corpùscolo, *m.* (*anat., fis.*) corpuscle.

Corpus Domini, *m.* (*eccles.*) Corpus Christi (Day).

corradicàle, *a.* (*ling.*) having the same root.

Corràdo, *m.* Conrad(e), Konrad.

corrașióne, *f.* (*geol.*) corrasion.

corredàre, A *v. t.* ***1*** to equip; to supply; to fit out; to furnish: **c. una biblioteca di dizionari**, to supply a library with dictionaries; **c. un ufficio di classificatori**, to furnish an office with filing cabinets; **c. un testo di note**, to annotate a text; **Il testo è corredato di note e di un glossario**, the text is complete with notes and a glossary; notes and a glossary accompany the text ***2*** (*aggiungere*) to add. **B corredàrsi,** *v. rifl.* to supply (*o* to provide) oneself (with).

corredentrice, *f.* (*attributo della Madonna*) co-redemptrix.

corredino, *m.* layette; baby's outfit.

corrèdo, *m.* ***1*** outfit; equipment; kit; set: **c. di bordo** (*di marinaio*), sea kit; slops (*pop.*); **c. da falegname**, carpenter's outfit; **c. di accessori**, set of appliances ***2*** (*di sposa*) trousseau; bottom drawer (*GB*); hope chest (*USA*) ***3*** (*fig.*) store; fund; wealth: **un ampio c. di cognizioni**, a rich store of knowledge; **c. di erudizione**, fund of learning. ● **c. bibliografico**, (extended) bibliography □ (*biol.*) **c. cromosomico**, chromosome complement □ **c. di note**, notes; apparatus; commentary □ **c. di vele** (*da usare insieme*), suit of sails.

corrèggere, A *v. t.* ***1*** to correct; to rectify; to adjust: **Lo strabismo si può c.**, a squint can be corrected; **c. un errore di tre gradi**, to rectify an error of three degrees; **c. i compiti**, to (correct and) mark students' papers; **c. la pronuncia di una parola**, to correct the pronounciation of a word; **Correggimi se sbaglio**, correct me if I'm wrong; **c. le bozze**, to read proofs; **c. il tiro**, to adjust one's aim ***2*** (*raddrizzare*) to straighten; to right (*anche fig.*): **c. la curva di una strada**, to straighten the bend in a road; **c. un abuso**, to right a wrong ***3*** (*emendare, modificare*) to amend; to modify: **c. un giudizio avventato**, to amend a rash judgment ***4*** (*castigare*) to punish; (*rimproverare*) to scold; (*ammonire*) to admonish ***5*** (*rif. a bevande*) to lace; to spike (*USA*): **c. il caffè con rum**, to lace one's coffee with rum. **B corrèggersi,** *v. rifl.* ***1*** to correct oneself: **Mi corressi subito, ma era troppo tardi**, I corrected myself at once, but it was too late; **Il giorno 7... mi correggo, il 6**, on the 7th, I mean (*o* no, sorry), on the 6th ***2*** (*emendarsi*) to mend one's ways; (*migliorarsi*) to improve.

corréggia, *f.* (leather) strap.

correggiàto, *m.* (*agric.*) (thresher's) flail.

correggìbile, *a.* corrigible.

corregionàle, A *a.* coming from the same part of the country. **B** *m. e f.* fellow countryman (*m.*); fellow countrywoman* (*f.*).

correità, *f.* (*leg.*) complicity.

correlàre, *v. t.* to correlate; (*elab.*) to map.

correlativo, *a.* (*anche gramm., geom.*) correlative.

correlàto, *a.* correlated.

correlatóre, *m.* (*f.* **-trice**) co-examiner (during the discussion of a graduation thesis).

correlazióne, *f.* (*anche scient.*) correlation: **Non c'è c. tra i due fenomeni**, there is no correlation between the two events; **essere in c.**, to be correlated. ● (*gramm.*) **c. dei tempi**, sequence of tenses.

correligionàrio, A *a.* of the same religion; (*anche polit., ecc.*) of the same persuasion. **B** *m.* (*f.* **-a**) coreligionist.

corrènte (1), A *a.* ***1*** running; flowing: **acqua c.**, running water ***2*** (*attuale, in vigore*) current; (*comm.*: *del mese*) instant (*abbr.*: inst.): **opinione [prezzo] c.**, current opinion [price]; **il c. anno**, the current year; **in risposta alla Sua del 4 c.**, in reply to your letter of the 4th of this month (*o* of the 4th instant) ***3*** (*di lingua, stile*) fluent: **Parla un francese c.**, he speaks fluent French ***4*** (*comune, ordinario*) common; ordinary; everyday; regular; common or garden (*fam.*): **un modo di dire c.**, a common idiom ***5*** (*molto diffuso*) current; rife ***6*** (*andante*) standard; ordinary; of middling (*o* average) quality; (*di poco prezzo*) cheap: **vino c.**, ordinary wine. ● **conto c.**, current account; checking account (*USA*) □ (*naut.*) **manovre correnti**, running rigging (*sing.*) □ (*econ.*) **moneta c.**, currency □ (*comm.*) **qualità c.**, going (*o* standard) quality □ (*tipogr.*) **titolo c.**, running headline. **B** *m.* – **essere al c. (di q.c.)**, to be (well) informed (about st.); to be in the know; **mettere q. al c. di q.c.**, to inform sb. about st.; to post sb. up on st.; to put sb. in the picture (*fam.*), to gen sb. up (*fam.*); **tenere q. al c. di q.c.**, to keep sb. informed of st.; to keep sb. posted on st.; **tenersi al c.**, to keep up to date.

corrènte (2), *f.* ***1*** (*d'acqua*) current; stream: **la C. del Labrador**, the Labrador Current; **la C. dei Caraibi**, the Caribbean Current; **la C. del Golfo**, the Gulf Stream; (*naut.*) **c. di marea**, ebb current; tidal current; **contro (la) c.**, against the current; (*di fiume*) upstream; **secondo (la) c.** with the current; (*di fiume*) downstream ***2*** (*d'aria*) draught, draft (*USA*); current of air: **Sento c. sul collo**, I feel a draught on my neck; **fare c.**, to create a draught ***3*** (*meteor.*) current; draught, draft (*USA*): **c. ascensionale**, updraught; (*di aria calda*) thermal; **c. a getto**, jet stream; **c. di convezione**, convection current; **correnti occidentali**, westerlies; **c. orientali polari**, polar easterlies ***4*** (*flusso*) stream; flow: **la c. del traffico**, the flow of traffic; **correnti migratorie**, migratory streams ***5*** (*mecc. dei fluidi*) flow ***6*** (*elettr.*) current: **c. a bassa [alta] tensione**, low [high] voltage current; **c. alternata**, alternating current; **c. continua**, direct current; **c. di compensazione**, equalizing current; **c. parassita** (*o* **vorticosa, di Foucault**), eddy (*o* Foucault) current; **presa di c.**, socket; **riduttore di c.**, current transformer; **Manca la c.**, there is no power (*o* electricity); **È saltata la c.**, the power has gone ***7*** (*fig.*) current; (*tendenza*) trend, tendency; (*moda*) fashion: **c. di pensiero**, current of thought; **c. letteraria**, literary movement (*o* trend) ***8*** (*polit. e sim.*) wing; (party) faction: **la c. di sinistra**, the left wing ***9*** (*mus.*: *danza*) courant(e); coranto. ● (*fig.*) **contro c.**, *V.* **controcorrente** □ (*fig.*) **seguire la c.**, to go with the tide.

corrènte (3), *m.* (*travicello*) batten; stringer.

correnteménte, *avv.* ***1*** (*in modo spedito*) fluently; easily: **parlare c. il russo**, to speak Russian fluently; to be fluent in Russian ***2*** (*comunemente*) usually; generally.

correntézza, *f.* ***1*** (*speditezza*) fluency; speed ***2*** (*facilità nel concedere*) easy-goingness.

correntino, *m.* (*edil.*) batten.

correntișmo, *m.* (*polit.*) factionalism.

correntista, *m. e f.* (*comm.*) current (*USA*: checking) account holder; depositor: **Sono c. presso questa banca**, I have a current account in this bank.

correntìzio, *a.* (*polit., spreg.*) factional; of a party faction.

correntocrazìa, *f.* (*polit.*) prevalence of party factions.

còrreo, *m.* (*leg.*) codefendant.

córrere, A *v. i.* ***1*** to run*; to race; (*precipitarsi*) to rush; (*andare veloce*) to go* fast, (*in automobile*) to drive* fast: **Dovrai c. per prendere il treno**, you'll have to run (*o* to hurry, to rush) to catch the train; **c. a chiamare aiuto**, to run for help; **Ha dimenticato le chiavi, corrigli dietro**, he's left his keys behind, run after him; **c. in aiuto di q.**, to run to sb.'s help; (*fig.*) to rally to the aid of sb.; **Corri troppo**; **non posso starti dietro**, you're going too fast (*o* running on too fast); I can't keep up with you; **Corre troppo, una volta o l'altra avrà un incidente**, he drives too fast, he'll have an accident one of these days ***2*** (*di veicolo con ruote*) to run*, to speed* along, to fly*, to roll along; (*di nave*) to run*, to race, to crack on: **I tram corrono su rotaie**, trams run on rails; **La macchina correva sulla strada**, the car sped along the road; **Il ciclista cor-**

se giù per la china, the cyclist flew down the slope; **c. col vento in poppa**, to run before the wind **3** (*fig.*: *di parti del corpo, del pensiero, ecc.*) to run*; to fly*; to turn; to go*: **L'occhio mi corse alla firma**, my eyes flew to the signature; **La mano gli corse alla pistola**, his hand made for the gun; **Corsi con il pensiero subito a te**, I immediately thought of you; **Il mio pensiero corse a quel primo incontro**, my thoughts turned to that first meeting; **Un mormorio corse fra il pubblico**, a whisper ran through the audience; **Un brivido mi corse lungo la schiena**, a shiver ran down my spine **4** (*fig.*: *di strada, ecc.*) to run*: **Il sentiero correva sopra il crinale**, the path ran along the crest **5** (*scorrere*) to run*; (*anche fig.*) to flow: **I fiumi corrono al mare**, rivers run to (*o* flow into) the sea; **un periodo che corre bene**, a smoothly flowing period **6** (*fig.*: *avere fretta*) to hurry; to race: **c. per finire un lavoro**, to hurry to finish a job **7** (*gareggiare*) to race; to run*: **Corre per la Lotus**, he races for Lotus; **far c. un cavallo**, to run (*o* to race) a horse **8** (*intercorrere*) to be: **Da qui a lì ci corre un miglio**, it is a mile from here to there; **Tra me e lui ci corre troppo**, there is too big a difference between us; **Fra noi corre un abisso**, we are poles apart; **Corrono cinque anni da me a te**, there is a difference of five years between us; **Ce ne corre!**, there's a big difference! **9** (*di orologio*) to be fast **10** (*di moneta*) to be in circulation **11** (*circolare, diffondersi*) to circulate; to be current: **Corrono strane voci sul suo conto**, strange rumours are circulating about him; **Corre voce che...**, there is a rumour that...; it is rumoured that...; **far c. una voce**, to spread rumours (*o* a rumour). ● **c. a gambe levate**, to run like the wind; to race; (*scappare*) to show a clean pair of heels □ **c. ai ripari**, to take measures □ (*mil.*) **c. alle armi**, to fly to arms; to take up arms □ **c. come una lepre**, to run like a hare □ **c. come il vento [come un lampo]**, to run like the wind [like lightning] □ **c. dietro alle donne**, to chase women; to be a womanizer; to chase after skirts (*fam.*) □ **c. qua e là**, to run about; to scuttle around □ **Correva l'anno 1905**, (it was) in the year 1905 □ **Corsero parole grosse**, there was a heated exchange of insults □ **coi tempi che corrono**, the way things are at present □ (*fig. fam.*) **far c.**, (*mandare via*) to send sb. packing, to give sb. his marching orders (*USA*: walking papers); (*rimproverare*) to be after sb., to fix sb. □ (*fig.*) **lasciar c. l'acqua per la sua china**, to let things take their course □ **lasciar c. q.c.**, to let st. pass; not to take st. up; to turn a blind eye on st. **B** *v. t.* **1** to run*: **c. il rischio di morire**, to run the risk of dying; **c. pericolo**, to be in danger; **Ricordò il pericolo corso**, he remembered the risk he had run **2** (*sport*) to run*: **c. i cento metri**, to run the hundred metres; **c. una corsa**, to run a race. ● (*fig.*) **c. la cavallina**, to sow one's wild oats □ **c. i mari**, to sail the seas; (*di pirati*) to rove the seas □ (*lett.*: *di un esercito*) **c. un paese**, to scour a country; to plunder.

corresponsàbile, (*leg.*) **A** *a.* jointly responsible; jointly liable. **B** *m.* e *f.* **1** person jointly responsible **2** (*in diritto penale*) accomplice.

corresponsabilità, *f.* (*leg.*) **1** joint responsibility; joint liability **2** (*in diritto penale*) complicity.

corresponsióne, *f.* **1** (*pagamento*) payment: **dietro c. della somma pattuita**, on payment of the amount agreed upon **2** (*fig.*) return; reciprocation.

correttézza, *f.* **1** (*esattezza*) correctness **2** (*educazione*) propriety; good form **3** (*onestà, serietà*) fairness; honesty: **c. commerciale**, fair-trade practices.

correttìvo, *a.* e *m.* corrective.

corrètto, *a.* **1** correct: **pronuncia corretta**, correct pronounciation **2** (*educato*) polite; proper; decorous; civil: **comportamento c.**, proper behaviour **3** (*onesto*) fair; honest; straightforward: **comportamento c.**, fair play; good form; **La sua condotta non fu molto corretta**, his behaviour was not above reproach **4** (*rif. a bevande*) laced; spiked (*USA*): **caffè c.**, black coffee laced with brandy [rum, etc.].

correttóre, *m.* (*f.* **-trice**) **1** corrector: **c. di bozze**, proofreader **2** (*tecn.*) corrector; control; compensator: (*aeron.*) **c. di miscela**, mixture control; (*aeron.*) **c. di quota**, altitude control; **c. liquido**, correction fluid.

correzionàle, *m.* reformatory; reform school; approved school (*GB*).

correzióne, *f.* **1** correction; rectification; revision: **la c. dei temi**, the (correction and) marking of the essays; **c. di bozze**, proofreading; **la c. di un difetto visivo**, the correction of a sight defect **2** (*modifica*) correction; adjustment; alteration: **c. del tiro**, ballistic correction; (*naut.*) **c. di deriva**, alteration for drift **3** (*ammonimento*) admonition, lesson; (*punizione*) punishment: **Gli servirà da c.**, it'll be a lesson to him; **mezzi di c.**, corrective measures; punishments; **casa di c.**, reformatory.

córri córri, *m.* rush; running up and down; stampede.

corrida, *f.* bullfight.

corridóio, *m.* **1** passage; corridor: **Il bagno è in fondo al c.**, the bathroom is at the end of the corridor; **il c. tra la cucina e la sala**, the passage between the kitchen and the dining room; **c. d'albergo**, hotel corridor; **c. laterale** (*di treno*), corridor **2** (*tra file di sedili*) aisle **3** (*naut.*) between decks; 'tween-decks **4** (*corsia di strada*) traffic lane; lane **5** (*fig.*: *passaggio*) lane; path **6** (*tennis*) tramlines (*pl.*). ● (*aeron.*) **c. aereo**, airway □ (*stor.*) **il c. polacco**, the Polish Corridor □ (*polit.*) **manovre di c.**, lobbying □ **voci di c.**, rumours; backstairs gossip.

corridóre, **A** *a.* **1** running; (*sport*) racing **2** (*zool.*) cursorial. **B** *m.* **1** (*chi corre*) runner **2** (*sport*: *atleta*) runner; (*chi partecipa a una gara di corsa*) racer: **c. automobilista**, motor racer; **c. ciclista**, racing cyclist **3** (*cavallo da corsa*) racehorse.

corrièra, *f.* **1** coach; (*di linea*) local bus **2** (*diligenza*) mailcoach.

corrière, *m.* **1** carrier; (*per pacchi*) parcel service; (*spedizioniere*) forwarding agent **2** (*messaggero*) courier; messenger: **c. diplomatico**, courier; government dispatch bearer **3** (*posta*) mail; post: **il c. dall'estero**, the overseas mail; **c. diplomatico**, (diplomatic) bag; **a volta di c.**, by return (of post) **4** (*titolo di giornale*) Courier; Mail. ● **c. della droga**, drug runner.

corrige (*lat.*), *m. invar.* errata (*pl.*).

corrigèndo, *m.* (*leg.*) juvenile offender.

corrimàno, *m.* handrail; banister.

corrispettività, *f.* correspondence; correspondency.

corrispettivo, **A** *a.* corresponding; correspondent; equivalent. **B** *m.* **1** equivalent **2** (*compenso*) compensation **3** (*comm., leg.*) consideration: **per un c. in denaro**, for a money consideration.

corrispondènte, **A** *a.* corresponding. **B** *m.* e *f.* **1** (*chi scrive lettere*) correspondent **2** (*giorn.*) correspondent: **c. di guerra**, war correspondent **3** (*banca, comm.*) agent; correspondent. ● **c. commerciale**, commercial letter writer.

corrispondènza, *f.* **1** correspondence; parallel; (*somiglianza*) similarity, likeness; (*armonia*) agreement, harmony: **c. di gusti**, agreement of tastes **2** (*c. epistolare*) correspondence, letters (*pl.*); (*posta*) post, mail: **essere [entrare] in c. con q.**, to be in [to enter into] correspondence with sb.; **c. commerciale**, commercial correspondence; **c. amorosa**, love letters; **c. in arrivo [in partenza]**, incoming [outgoing] letters (*o* mail); **insegnare q.c. per c.**, to teach st. by correspondence; **scuola per c.**, correspondence school; **vendita per c.**, mail-order sale **3** (*giorn.*) report **4** (*reciprocità*) reciprocity; exchange: **c. di affetti**, reciprocity of feeling; mutual affection; **Le voglio bene, ma non trovo c.**, I love her, but my feelings are not returned **5** (*mat.*) - **c. biunivoca**, bijection. ● **C'è una macchia d'umido in c. del tubo**, there's a damp patch just next to the pipe □ **mettersi in c. con q.**, to get in touch with sb.

corrispóndere, **A** *v. i.* **1** (*concordare*) to correspond to (*o* with), to agree with, to tally with; (*fare il paio*) to match (st.): **Le due versioni non corrispondono**, the two versions do not correspond; **Ciò non corrisponde a quanto lei ha affermato la scorsa settimana**, that does not agree with what you stated last week; **I totali corrispondono**, the totals tally **2** (*essere equivalente*) to be equivalent; to be equal; **Una libbra corrisponde a 0,453 kg**, one pound is equivalent to 0.453 kg; **Quello che dici non corrisponde a verità**, what you say is not true **3** (*essere in relazione epistolare*) to correspond with **4** (*essere all'altezza*) to come* up to; to meet*; to answer: **c. alle aspettative di q.**, to come up to sb.'s expectations; **non c. alle aspettative** (*o* **alla speranza**) **di q.**, to fall short of sb.'s expectations; to disappoint sb.; **c. alle esigenze della clientela**, to meet the requirements of one's customers; **c. alle proprie speranze**, to answer one's hopes **5** (*contraccambiare*) to return; to repay*; to reciprocate; (*in senso assoluto*) to respond: **Francesca corrispose al suo amore**, Francesca returned his love **6** (*di luogo*: *comunicare*) to open onto; to give* onto; to communicate with: **Questa porta corrisponde con la biblioteca**, this door communicates with (*o* opens onto) the library; **Le finestre corrispondono sul canale**, the windows look out on (*o* look on to) the canal; **Questo muro corrisponde alla cucina**, behind this wall there is the kitchen. ● (*comm.*: *di merce*) **c. al campione**, to be up to sample. **B** *v. t.* **1** (*contraccambiare*) to return; to reciprocate; to repay*: **Il suo amore non era corrisposto**, his love was not returned; **Lei lo ama, ma lui non la corrisponde**, she loves him, but he does not love her; **Mi corrispose con ingratitudine**, he repaid me with ingratitude **2** (*pagare*) to pay* (out); to give*: **c. una somma a q.**, to pay out a sum to sb.; **c. a q. un assegno mensile**, to give sb. a monthly allowance. **C** **corrispóndersi,** *v. rifl. recipr.* **1** (*concordare*) to tally; to agree; to match **2** (*di edifici e sim.*) to face one another.

corrispósto, *a.* **1** requited; mutual: **amore c.**, requited love; **antipatia corrisposta**, mutual dislike **2** (*di denaro*) paid (out): **la somma corrisposta**, the sum paid (out).

corrività, *f.* **1** (*indulgenza*) lenience; leniency; indulgence **2** (*avventatezza*) rashness **3** (*superficialità*) glibness; shallowness.

corrivo, *a.* **1** (*indulgente*) easy-going; lenient **2** (*avventato*) rash; hasty **3** (*superficiale*) facile; glib; shallow.

corroboraménto, *m.* corroboration.

corroborànte, **A** *a.* **1** strengthening; invigorating; bracing **2** (*che conferma*) corroborative. **B** *m.* **1** corroborant **2** (*tonico*) tonic; energizer; pick-me-up (*fam.*).

corroboràre, **A** *v. t.* **1** (*fortificare*) to fortify; to invigorate; to brace; to strengthen: **La disciplina corrobora lo spirito**, discipline fortifies the mind; **bevanda che corrobora**, invigorating drink; pick-me-up (*fam.*) **2** (*confermare*) to corroborate; to confirm; to bear* out: **c. un'ipotesi**, to corroborate (*o* to confirm, to bear out) a hypothesis. **B** **corroboràrsi,** *v. rifl.* (*fortificarsi*) to fortify oneself;

to strengthen oneself.

corroborativo, *V.* **corroborante, B.**

corroborazióne, *f.* *1* (*rinvigorimento*) strengthening *2* (*conferma*) corroboration.

corródere, A *v. t.* *1* to corrode, to eat* away, to eat* into; (*dell'acqua*) to wear* away; (*arrugginire*) to rust: **un acido che corrode il ferro**, an acid that corrodes (*o* eats into) iron *2* (*fig.*: *consumare*) to consume, to eat* into; (*guastare*) to corrode, to ruin, to destroy: **L'invidia corrode l'amicizia**, envy destroys friendship. **B corródersi,** *v. i. pron.* to corrode; to wear* away.

corrodibilità, *f.* corrodibility.

corrómpere, A *v. t.* *1* (*contaminare, anche fig.*) to contaminate; to infect; to taint *2* (*far marcire*) to rot; to spoil; to make* (st.) go bad *3* (*traviare*) to corrupt; to deprave; to pervert *4* (*comprare*) to bribe, to buy* off; (*subornare*) to suborn: **lasciarsi c.**, to take a bribe; **c. un testimone**, to suborn a witness. **B corrómpersi,** *v. i. pron.* *1* (*putrefarsi*) to rot; to spoil; to putrefy; to go* bad; to decay *2* (*rovinarsi*) to get* damaged *3* (*traviarsi*) to become* perverted; to be corrupted.

corrompìbile, *a.* corruptible.

corrompiménto, *m.* corruption.

corroșióne, *f.* corrosion.

corroșività, *f.* corrosiveness.

corroșivo, A *a.* *1* corrosive *2* (*fig.*) caustic; corrosive; scathing; vitriolic: **spirito c.**, caustic wit; **critiche corrosive**, scathing criticism; **satira corrosiva**, vitriolic satire. **B** *m.* corrosive.

corrótto, *a.* *1* (*depravato*) corrupt; depraved *2* (*disonesto*) corrupt; crooked (*fam.*); bent (*pop.*) *3* (*di acqua, aria, ecc.*) foul; contaminated; tainted *4* (*putrefatto*) rotten; putrid *5* (*fig.*: *guasto*) corrupt: **lingua corrotta**, corrupt language; **manoscritto c.**, corrupt manuscript.

corrucciàrsi, *v. i. pron.* *1* (*adirarsi*) to become* (*o* to get*) angry; (*aggrondarsi*) to frown, to glower, to grow* sullen; (*di viso, ecc.*) to darken *2* (*fig.*: *del tempo*) to look menacing; to become* overcast; to darken.

corrucciàto, *a.* (*adirato*) angry, cross; (*irritato*) vexed, annoyed; (*aggrondato*) frowning, glowering, sullen.

corrùccio, *m.* (*ira*) anger, indignation; (*irritazione*) vexation, annoyance.

corrugaménto, *m.* *1* wrinkling *2* (*geol.*) folding.

corrugàre, A *v. t.* to wrinkle; to crease; to corrugate: **c. la fronte**, to wrinkle one's forehead; (*per ira o preoccupazione*) to knit one's brows, to frown; **c. le sopracciglia**, to frown. **B corrugàrsi,** *v. i. pron.* *1* (*incresparsi*) to wrinkle; to crease; to corrugate: **La sua fronte si corrugò**, he frowned *2* (*geol.*) to fold.

corrugàto, *a.* wrinkled; creased; corrugated: **fronte corrugata**, knitted brows; wrinkled forehead; **Vidi che aveva la fronte corrugata**, I noticed he was frowning.

corruscàre, *v. i.* (*lett.*) to coruscate; to sparkle; to flash.

corrùsco, *a.* (*lett.*) coruscating; flashing; sparkling.

corruttèla, *f.* corruption; immorality; depravity.

corruttìbile, *a.* *1* corruptible; perishable *2* (*di persona*) corruptible; bribable.

corruttibilità, *f.* *1* corruptibility; perishableness *2* (*di persona*) corruptibility; bribability.

corruttóre, A *a.* corrupting. **B** *m.* (*f.* **-trice**) *1* corrupter *2* (*con denaro*) briber.

corruzióne, *f.* *1* (*putrefazione*) corruption; decay; putrefaction; rottenness: **la c. del corpo**, the corruption (*o* putrefaction) of the body; **odore di c.**, smell of putrefaction *2* (*morale*) corruption; depravity; moral decay: **la c. dei costumi**, the corruption of morals; (*leg.*) **c. di minorenne**, corruption of a minor *3* (*disonestà*) corruption; bribery; graft: **Fu accusato di c.**, he was accused of corruption (*o* of taking bribes, of graft); **tentativo di c.**, bribery attempt; (*leg.*) **c. di testimone**, subornation of witness *4* (*di lingua, testo, ecc.*) corruption; deterioration.

córsa, *f.* *1* (*il correre*) running; (*una c.*) run: **la c. e il salto**, running and jumping; **Ansimavo dopo la c.**, I was panting after the run; **fare una c.**, to run; (*come esercizio*) to go for a run; (*affrettarsi*) to run, to dash, to race, to hurry: **Ho dovuto fare una c. per prendere il treno**, I had to race to catch the train; **Faccio una c. a casa a prendere l'ombrello**, I'll run home to get my umbrella; **Faccio una c. al bar**, I'll pop down to the bar; **Faccio una c. e torno**, I won't be a minute; **pigliare la c.**, to break into a run; **fare una c. in macchina**, to go for a drive; to drive (to a place); **di c.**, running; at a run; on the run; (*con premura*) in a hurry, in a rush: **Il ragazzo entrò e uscì di c.**, the boy ran in and out again; **andare di c.**, to run; to race; to rush; (*avere premura*) to be in a hurry; **andare e tornare di c.**, to run all the way there and back; **Feci tutta la strada di c.**, I ran all the way; **fare le cose di c.**, to do things in a hurry (*o* in a rush, at a gallop); to rush things; **partire di c.**, to set off at a run *2* (*sport*) racing; (*la gara*) race: **le corse dei cavalli**, horse racing; horse races; the races; **c. a cronometro**, time trial; **c. ad ostacoli**, (*atletica*) hurdle race, hurdles (*pl.*); (*ippica*) steeplechase; (*per gioco* e *fig.*) obstacle race; **c. a staffetta**, relay race; **c. a tappe**, stage race; **c. al trotto**, trotting; **c. automobilistica**, car race; **c. campestre**, cross-country race; **c. ciclistica**, bicycle race; **c. nei sacchi**, sack race; **c. periziata** (*o* **compensata**), handicap; **c. piana**, flat race; **c. podistica**, foot race; **c. su pista** [**su strada**], track [road] race; **corse al galoppo**, flat racing; **disputare una c.**, to run a race; **automobile** [**bicicletta**] **da c.**, racing car [bicycle]; **cavallo da c.**, racehorse; **scuderia da c.**, racing stable(s); **stagione delle corse**, racing season *3* (*di mezzi di trasporto*) run; trip; journey: **corse giornaliere**, daily runs; **l'ultima c.**, the last bus [train, etc.]; **Questo treno finisce la sua c. a Sestri**, this train finishes its journey at Sestri; **treno in c.**, moving train; **Non scendere mentre il treno è in c.**, don't get out while the train is moving; **prezzo della c.**, fare; **Fine della c!**, all change! *4* (*fig.*) race; rush: **c. agli armamenti**, armaments race; **c. all'oro**, gold rush; **c. al successo** [**al guadagno**], race for success [for profit]; **c. contro il tempo**, race against the clock *5* (*mecc.*: *di pistone*) stroke: **c. a vuoto**, idle stroke; **c. ascendente**, upstroke; **c. di ritorno**, return stroke; **c. discendente**, downstroke *6* (*aeron.*) run: **c. di atterraggio**, landing run; **c. di decollo**, take-off run *7* (*baseball, cricket*) run. • **a passo di c.**, at a run; at the double □ (*fig.*) **arrivare con l'ultima c.**, to arrive at the last minute □ **di gran c.**, at full speed; (*in fretta*) in great haste □ **essere in c. per q.c.**, to be competing for st.; to be running for st. □ (*stor.*) **guerra di c.**, privateering □ (*stor.*) **nave da c.**, privateer.

corsalétto, *m.* *1* (*leggera corazza*) breastplate; cors(e)let *2* (*soldato*) soldier (wearing a corselet) *3* (*zool.*) corslet.

corsàro, A *m.* *1* (*con patente sovrana*) privateer, (*specialm. nel Mediterraneo*) corsair *2* (*pirata*) pirate; freebooter; buccaneer. • **fare il c.**, *V.* **corseggiare**. **B** *a.* privateering; corsair; pirate: **nave corsara**, (*con patente sovrana*) privateer, letter of marque; (*di pirati*) pirate ship.

corseggiàre, A *v. i.* *1* (*con patente sovrana*) to privateer *2* (*fare il pirata*) to practice piracy; to buccaneer; to freeboot. **B** *v. t.* – **c. i mari**, to roam the seas for plunder.

corsetteria, *f.* *1* corsetry *2* (*fabbrica*) corset making factory *3* (*negozio*) corsetry shop.

corsétto, *m.* *1* (*anche med.*) corset *2* (*busto elastico*) girdle *3* *V.* **corsaletto.**

corsìa, *f.* *1* (*corridoio*) passage; gangway; aisle *2* (*di ospedale*) ward *3* (*di strada*) lane: **c. riservata agli autobus**, bus lane; **c. di accelerazione** [**decelerazione**], acceleration [deceleration lane]; **c. di accesso**, slip road (*GB*); ramp (*USA*); **c. d'emergenza**, hard shoulder; **c. di marcia**, traffic lane; **c. di sorpasso**, overtaking lane; **c. preferenziale**, reserved lane; **autostrada a quattro corsie**, four-lane motorway; **salto di c.**, *V. sotto* **salto** *4* (*sport*) lane; (*per il salto*) runway *5* (*passatoia*) runner *6* (*naut., stor.*) gangway.

corsièro, *m.* (*lett.*) horse; steed (*lett.*); (*da battaglia*) charger.

corsista, *m.* e *f.* one who attends a course.

corsivista, *m.* e *f.* (*giorn.*) writer of short, polemical articles.

corsivo, A *a.* *1* (*di scrittura*) cursive *2* (*tipogr.*) italic. **B** *m.* *1* (*scrittura*) cursive *2* (*tipogr.*) italics (*pl.*): **note in c.**, notes in italics; **mettere in c.**, to italicize *3* (*giornal.*) short, polemical article (printed in italics); paragraph: **I suoi corsivi hanno creato scompiglio**, his polemical pieces have made great stir.

córso (1), *m.* *1* (*percorso, andamento*) course; direction; path: **il c. d'un astro**, the course (*o* path) of a star; **il c. degli avvenimenti**, the course of events; **il nuovo c. della politica economica**, the new direction of economic policy; **il c. dei propri pensieri**, one's train of thought; **Lascia che le cose seguano il loro c.**, let things run their course (*o* go their way); **La legge deve seguire il suo c.**, the law must take its course; **La malattia seguì il suo c.**, the disease took (*o* ran) its course *2* (*di fiume, ecc.*) course; flow: **il c. di un fiume**, the course (*o* flow) of a river; **c. d'acqua**, stream; watercourse; (*navigabile*) waterway *3* (*di lezioni, ecc.*) course; classes (*pl.*); (*anno di studio*) year; (*testo di studio*) course: **un c. sul Settecento**, a course (*o* a series of lectures) on the 18th century; **un c. di inglese**, a course of English; **c. accelerato**, crash course; **c. biennale**, two-year course; **c. di aggiornamento**, refresher course; **c. di recupero**, remedial course; **c. di specializzazione**, graduate course; **c. estivo**, summer school; **c. serale**, evening classes; **seguire un c.**, to follow (*o* to do) a course; **tenere un c.**, to hold (*o* to do, to teach) a course; **studenti del primo c.**, first-year students *4* (*strada*) avenue; (*di città ital., anche*) corso; (*strada principale*) high street, main street, main drag (*fam. USA*) *5* (*corteo*) procession; parade: **c. di carnevale** (*o* **c. mascherato**), carnival procession *6* (*econ.*: *andamento*) course, trend; (*di valute*) rate; (*prezzo*) price; (*circolazione*) circulation: **il c. dei cambi**, the rate of exchange; the exchange rate; **il c. dell'oro**, the price of gold; (*Borsa*) **c. azionario**, share price; **c. forzoso**, forced currency; **avere c. legale**, to be legal tender; **moneta fuori c.**, money no longer in circulation; **valuta in c.**, currency; legal tender; **mettere in c.**, to put into circulation; **essere messo fuori c.**, to go out of circulation *7* (*naut.*: *del fasciame*) strake: **c. di rivestimento**, skin strake. • (*comm.*) **affari in c.**, outstanding business □ (*fig.*) **avere c.**, to be current □ (*naut.*) **capitano di lungo c.**, sea captain; master of an ocean-going vessel; master □ **dare c. a q.c.** (*incominciare*), to commence st.; to initiate at.; to start off st.; **dare c. ai lavori**, to start (*o* to commence) the works; **dare c. a una pratica**, to initiate proceedings (for) □ (*comm.*) **dare c. a un'ordinazione**, to carry out an order □ **dare libero c. alla propria immaginazione**, to give free play (*o* rein) to one's imagination □ **in c.**, (*in circolazione*) in circulation; (*attuale*) current, present; (*in svolgimento*) in progress, under way, on: **francobolli in c.**, stamps in circulation; **l'anno in c.**, the present (*o* current) year; **La ri-**

unione è in c., the meeting is in progress; **lavoro in c.**, work in progress; **È in c. un'indagine**, an enquiry is being held □ **in c. di allestimento** (*o* **di realizzazione**), under way □ **in c. di costruzione**, under (*o* in course of) construction □ **in c. di stampa**, in press □ **lavori (stradali) in c.**, roadworks ahead; men at works □ (*naut.*) **nave di lungo c.**, ocean-going ship □ **nel c. delle indagini** [**del viaggio**], in the course of (*o* during) the investigation [the journey] □ **Nel c. della giornata lo vidi due volte**, I saw him twice during that day □ **Te lo restituirò nel c. del mese**, I'll give it back to you within the month □ **nel c. di questi anni**, over the last few years □ **Nel c. degli anni ci sono stati diversi cambiamenti**, a number of things have changed over the years □ **parole in c.**, words in current use □ **parole fuori c.**, words not in current use; obsolete words □ **studente fuori c.**, *V.* **fuoricorso**, *def. 2*.

còrso (**2**), *a. e m.* (*f.* **-a**) Corsican (*f.* Corsican woman*).

corsóio, *m.* ***1*** (*guida*) slider ***2*** (*di regolo calcolatore*) cursor.

córte, *f.* ***1*** (*di sovrano, ecc.*) court: **la c. di Spagna**, the Spanish Court; **la C. celeste**, the Heavenly Court; **la C. papale**, the Papal Court; **essere presentato a c.**, to be presented at court; **ambasciatore alla c. di Francia**, ambassador at the French court; **Entrò il re e la sua c.**, the king and his court entered; **amici a c.**, friends at court; **ballo a c.**, court ball; **dama di c.**, lady-in-waiting; female courtier; **gentiluomo di c.**, courtier; gentleman-in-waiting; **poeta di c.**, court poet; **uomo di c.**, courtier ***2*** (*cortile*) court; courtyard; yard ***3*** (*leg.*) law court; court: **C. d'Appello**, Court of Appeal; **C. d'Assise**, Court of Assize; **C. di Cassazione**, Court of Cassation; **c. di giustizia**, court of law; court of justice; **C. Costituzionale**, Constitutional Court; **C. dei Conti**, State Auditors' Department; (*mil., leg.*) **c. marziale**, court martial; **deferire alla c. marziale**, to court-martial; **alta c.**, high court ***4*** (*corteggiamento*) courting; courtship; wooing: **fare la c. a q.**, to court sb.; to woo sb.; to flirt with; to run after; to pursue; (*adulare*) to toady sb., to fawn on sb., to curry favour with sb.: **Fa la c. a tutte le ragazze**, he flirts with all the girls; **Quando il nonno mi faceva la c.**, when Granddad was courting me; **fare una c. spietata a q.**, to pursue sb. relentlessly. ● **la c. dei miracoli**, la cour des miracles (*franc.*) □ (*leg.*) **La c. si ritira!**, the court will rise □ (*leg.*) **Entra la c.**, all rise! □ **tenere c.**, to hold court □ **tenere c. bandita**, to keep open house; to throw parties.

cortéccia, *f.* ***1*** (*bot.*) bark; rind ***2*** (*anat.*) cortex*: **c. cerebrale**, cerebral cortex; **c. surrenale**, adrenal cortex ***3*** (*parte esterna di q.c.*) rind; (*crosta*) crust ***4*** (*fig.*: *aspetto esteriore*) exterior. ● (*bot.*) **provvisto di c.**, corticate(d).

corteggiaménto, *m.* courtship (*anche zool.*); courting; wooing.

corteggiàre, *v. t.* ***1*** to court; to woo ***2*** (*adulare*) to toady; to fawn on; to curry favour with.

corteggiatóre, *m.* suitor; wooer; beau; (*ammiratore*) admirer.

cortéggio, *m.* retinue; suite; court; train (*lett.*).

cortèo, *m.* ***1*** (*processione*) procession; cortege; parade: **c. funebre**, funeral (procession); **c. nuziale**, bridal procession; **c. d'automobili**, procession of cars; motorcade (*USA*) ***2*** (*dimostrazione*) march; (*le persone*) crowd, demonstrators (*pl.*): **il c. degli scioperanti**, the strikers; **organizzare un c.**, to organize a march; **sfilare in c.**, to march; to parade ***3*** (*fila di persone, codazzo*) crowd; stream (of people) ***4*** (*seguito*) retinue; train.

cortése, *a.* ***1*** (*educato*) polite, well-mannered, courteous; (*gentile*) kind ***2*** (*affabile*) gracious; affable ***3*** (*letter. medievale*) courtly: **amor c.**, courtly love; **romanzo c.**, courtly romance. ● **armi cortesi**, blunted weapons.

cortesìa, *f.* ***1*** (*educazione*) politeness, good manners (*pl.*), courtesy; (*gentilezza*) kindness: **Grazie della sua c.**, thank you for your kindness (*o* for being so kind) ***2*** (*affabilità*) affability; graciousness ***3*** (*atto cortese*) attention, kindness; (*favore*) favour: **colmare q. di cortesie**, to shower one's attentions on sb.; to be very attentive to sb.; to be all over sb. (*fam.*). ● **fare** (*o* **avere**) **la c. di**, to be kind (*o* good) enough to; to have the kindness to □ **mancare di c.**, to be unkind; to show bad manners □ **per c.**, (*per favore*) please; kindly; (*per ragioni di cortesia*) out of politeness, for politeness' sake: **Per c., chiuda la porta**, please shut the door; **L'ho ascoltato per c.**, I listened to him out of politeness □ **usare c. verso q.**, to be polite to sb.

cortézza, *f.* shortness. ● (*fig.*) **c. di mente**, dullness; obtuseness.

corticàle, *a.* (*anat., bot.*) cortical.

corticàto, *a.* (*bot.*) corticate(d).

corticòide, corticosteròide, *m.* (*biochim.*) corticoid; corticosteroid.

corticosteróne, *m.* (*biochim.*) corticosterone.

corticosurrenàle, *a.* (*anat.*) adrenocortical: **ormone c.**, adrenocortical hormone.

corticotropìna, *f.* (*biochim.*) corticotropin.

cortigiàna, *f.* ***1*** (*dama di corte*) female courtier ***2*** (*prostituta*) courtesan.

cortigianerìa, *f.* ***1*** courtier's art ***2*** (*adulazione*) flattery, adulation; (*servilità*) obsequiousness, servility, fawning.

cortigianésco, *a.* ***1*** (*di cortigiano*) like a courtier; courtier's ***2*** (*spreg.*) obsequious; flattering; adulatory; fawning.

cortigiàno, **A** *m.* ***1*** courtier ***2*** (*spreg.*: *adulatore*) flatterer. **B** *a.* court (*attr.*).

cortìle, *m.* courtyard; yard; court: **Andate a giocare in c.**, go and play in the courtyard; **c. sul retro**, back yard; **quattro case intorno a un c. centrale**, four buildings around a central court; **c. di fattoria**, farmyard; barnyard; **c. di locanda**, coachyard; **c. di scuola**, playground; schoolyard; **c. di università**, quadrangle; quad (*fam.*); **animali da c.**, poultry.

cortìna, *f.* ***1*** (*tenda*) curtain: **cortine del letto**, bed curtains ***2*** (*schermo, anche fig.*) curtain; screen: **c. fumogena**, smoke screen; **I pioppi formavano una c.**, the poplars formed a screen; (*polit.*) **c. di ferro**, Iron Curtain; (*polit.*) **oltre c.**, behind the Iron Curtain; **paesi d'oltre c.**, Iron Courtain countries ***3*** (*mil.*) barrage; curtain.

cortinàggio, *m.* hangings (*pl.*).

cortisòlo, *m.* (*biochim.*) hydrocortisone.

cortisóne, *m.* (*biochim.*) cortisone.

cortisònico, *a.* (*biochim.*) cortisone (*attr.*); cortisone-based.

córto, **A** *a.* short: **capelli corti**, short hair; **Una gamba è più corta dell'altra**, one leg is shorter than the other; **calzoni corti**, short pants; shorts; **gonna corta**, short skirt. ● **essere a c. di quattrini**, to be short of money; to be hard up □ **essere a c. di mano d'opera**, to be short-handed □ **Alle corte!**, come to the point; stop beating about the bush (*fam.*) □ (*fig.*) **andare per le corte**, to take a short cut □ **di vista corta**, near-sighted; short-sighted (*anche fig.*) □ (*fig.*) **ingegno c.**, limited intelligence □ **mare c.**, choppy sea □ **per farla corta**, in short; to make a long story short □ **rimanere a c. di q.c.**, to run short of st. □ **settimana corta**, five-day week □ **tenere q. a c. di q.c.**, to stint sb. for st. **B** *m.* (*fam., elettr.*) short circuit; short (*fam.*): **andare in c.**, to short (*fam.*). **C** *avv.* - (*fig.*) **tagliar c.**, to close the argument; (*venire al dunque*) to come to the point; (*sbrigarsi*) to hurry things up; **per tagliar c.**, to make a long story short.

cortocircuitàre, *v. t.* (*elettr.*) to short-circuit.

cortocircùito, *m.* (*elettr.*) short circuit; short (*fam.*): **causare un c.**, to short-circuit. ● (*fig.*) **andare in c.**, to seize up; to go haywire.

cortometràggio, *m.* (*cinem.*) short film; short (*fam.*).

corvè, *f. invar.* ***1*** (*stor.*) corvée ***2*** (*mil.*) fatigue (duty): **essere di c.**, to be on fatigue ***3*** (*fig.*: *cosa faticosa*) tiring task; thankless job; drudgery; grind (*fam.*); sweat (*fam.*): **Traslocare è una c.**, moving is a thankless job; **Ho spolverato tutti i libri, che c.!**, I dusted all the books; what a sweat!

corvétta (**1**), *f.* (*naut.*) corvette; (*a vela, anche*) sloop-of-war. ● (*naut.*) **capitano di c.**, lieutenant commander.

corvétta (**2**), *f.* (*equitazione*) curvet.

corvettàre, *v. i.* (*equitazione*) to curvet.

Còrvidi, *m. pl.* (*zool., Corvidae*) Corvidae.

corvìno, *a.* (*nero*) raven (*attr.*); raven-black: **capelli corvini**, raven hair.

còrvo, *m.* ***1*** (*zool., Corvus*) crow: **c. imperiale** (*Corvus corax*), raven; **c. comune** (*o* **c. nero**) (*Corvus frugilegus*), rook; **nero come un c.**, as black as a raven ***2*** (*naut., stor.*) grappling iron; grapple ***3*** (*fig.*: *autore di lettere anonime*) writer of anonymous letters ***4*** (*astron.*) - **il C.**, Corvus. ● (*fig.*) **c. del malaugurio**, bird of ill omen; jinx (*fam.*); (*chi predice sventure*) doomster.

còsa, *f.* ***1*** thing: **È una c. difficile da spiegare**, it's a difficult thing to explain; **È stata una c. meravigliosa**, it was wonderful; **È una delle cose più belle del Fattori**, it's one of Fattori's finest works; **Non mangiare cose fritte**, don't eat fried things (*o* anything fried); **È successa una c. spaventosa**, something awful has happened; **Non mi aspettavo una c. simile**, I wasn't expecting anything like that; **È una c. che non mi interessa**, it doesn't interest me; **Dimmi una c.: perché...?**, tell me something: why...?; **Sai una c.?**, you know something?; **fare le cose una per volta**, to do things one at a time; **Ho fatto tutte le cose che dovevo**, I did everything I had to do ***2*** (*al pl.*: *oggetti personali*) things; belongings; possessions; gear (*sing.*); bits and pieces: **Passerò a prendere le mie cose con la macchina**, I'll come and fetch my things with the car; **Ha lasciato tutte le sue c. al nipote**, he left all his possessions to his nephew; **Prendi su le tue cose e vattene!**, pack up your gear and get out! ***3*** (*faccenda*) matter; it; thing; affair; business: **La c. deve restare tra noi**, it (*o* the matter) must remain between us; **La c. sta in questi termini**, the matter stands thus; **Così stanno le cose**, that's the way it is; **se le cose vanno lisce**, if things go smoothly; if all goes well; **Le cose andarono di male in peggio**, things went from bad to worse; **Non è una c. da ridere**, it's no laughing matter; **vedere come si mettono le cose**, to see how things turn out ***4*** (*escl.* e *interr.*: *che cosa*) what: **(Che) c. importa?**, what does it matter?; **(Che) c. vuoi?**, what do you want?; **(Che) c. hai?**, what's the matter with you?; what's wrong with you?; what's with you? (*USA*); **(Che) cos'ha questa radio?**, what's the matter (*o* what's wrong; *USA*: what's with) this radio?; **C. vuoi che mi interessi!**, what the hell do I care!; **In che c. posso servirla?**, can I help you?; **So che c. sia la timidezza**, I know what it is like to be shy; **Non so (che) c. farmene**, I don't know what to do with it; I've no use for it ***5*** (*leg.*) property: **cose assicurate**, (the) insured property; **cose immobili**, real property (*o* estate); immovables; **cose mobili**, personal property; chattels; movables ***6*** (*fam., al posto del nome di un oggetto*) thing; thingummy (*fam.*); thingumajig (*fam.*) ***7*** (*fam., al posto del nome di una ragazza o donna*) what's-her-name; whatsit ***8*** (*pl.*) (*fam.*: *mestruazioni*) period (*sing.*); curse (*sing., scherz.*). ● **Cose che capitano!**, it's one of those things! □ **una c. da nulla**, a mere nothing; a trifle; a matter of no account; a very small point: **È una c. da nulla, ma è sintomatica**, it's only a small point (*o* a minor point, a very little thing) but it's indicative □ **Cose dell'altro mondo!**, it's unbelievable!; that beats everything! (*fam.*) □ (*stor.*) **le cose d'Italia**, the affairs of Italy □ (*leg.*) **c. giudicata**, final judgment; res judicata (*lat.*) □ **C. Nostra**, Cosa Nostra; the Mafia □ **la c. pubblica**, the state; the general (*o* common) good; the common weal; the commonwealth □ **La c. va da sé**, it's a matter of course □ **C. vuoi...**, well...; you know.. □ **Me lo disse a cose fatte**, he told me when it was all over □ **essere addentro alle segrete cose**, to be privy to st.; to have inside knowledge □ **avere qualche c. contro q.**, to have something against sb.; to bear sb. a grudge □ **Belle cose si dicono sul suo conto!**, I've heard some nice things about him! □ **capire una c. per l'altra**, to misunderstand □ **Che c. costa?**, how much is it? □ **Consideralo c. fatta**, you can regard it as done □ **È una c. sicura**, it's a sure thing; it's a dead cert (*fam.*) □ **Quell'uomo è c. sua**, that man is his creature □ **Si crede chissà che c.**, he thinks he is the bee's knees (*fam.*) □ **dire una c. per un'altra**, to get things mixed up; to make a slip of the tongue □ **Fa' una c.: paga e non pensarci più**, take my advice: pay up, and think no more about it □ **Fai** (*hai intrapreso*) **troppe cose**, you've taken on too much; you've got too much on your plate □ **fra le altre cose**, among other things □ **fra una c. e l'altra**, what with one thing and another □ **nessuna c.**, nothing: **Nessuna c. al mondo può dividerci**, nothing in the world can divide us □ (*region.*) **Non è c.**, it's impossible; it can't be; it's absurd □ **ogni c.**, everything: **Ogni c. al suo posto**, everything in its place □ **qualche c.**, *V.* **qualcosa** □ **per la qual c.**, for which reason; wherefore □ **Per prima c., lavalo**, wash it first of all □ **prendere le cose alla leggera**, to take things lightly (*o* laughingly) □ **qualsiasi c.**, anything; whatever: **Farei qualsiasi c. per lui**, I'd do anything for him; **Qualsiasi c. dica, non credergli**, whatever he says, don't believe him □ **la qual c. tutti auspicavano**, which was what everyone had hoped for □ **sopra ogni c.**, above all; more than anything else □ **Tante cose!**, goodbye!; all the best! □ **Tante cose al dottore!**, my regards to the doctor! □ (*prov.*) **C. fatta capo ha**, what is done is done (and can't be undone) □ (*prov.*) **Da c. nasce c.**, one thing leads to another; something may come of it.

cosà, *avv.* (*fam.*) **1** – **così e c.**, like this; like that; **così o c.**, this way or that way **2** – **così c.**, so-so: **Il tema era così c.**, the essay was so-so; **un lavoro fatto così c.**, a so-so job.

coṣàcco, *a.* e *m.* Cossack.

coṣàre, *v. t.* (*fam.*) to do* (*ma spesso non ha equivalente*): **Che state cosando?**, what are you doing?; **Cosa la luce**, (*accendila*) put on the light; (*spegnila*) put off the light; **Cosami il giornale** (*passamelo*), pass me the paper.

còsca, *f.* «cosca»; Mafia gang.

còscia, *f.* **1** (*anat.*) thigh **2** (*cucina*) leg; haunch: **c. di pollo**, chicken leg; drumstick (*fam.*); **c. di tacchino**, leg of turkey; **c. di cervo**, haunch of deer **3** (*di calzoni*) leg **4** (*edil.*) haunch; abutment **5** (*mecc.*) jaws (*pl.*).

cosciàle, *m.* **1** (*indumento protettivo*) thigh guard; thigh protector **2** (*di armatura*) cuisse, thigh piece **3** (*protesi*) artificial thigh.

cosciènte, *a.* **1** (*consapevole*) aware (*pred.*); conscious: **c. dei propri limiti**, aware of one's limits **2** (*coscienzioso*) responsible; conscientious; scrupulous **3** (*in sé*) conscious (*pred.*).

cosciènza, *f.* **1** conscience: **Ho la c. pulita**, my conscience is clear; **avere la c. sporca**, to have a guilty conscience; **avere q.c. sulla c.**, to have st. on one's conscience; **mettersi la c. a posto**, to set one's conscience at rest; **pesare sulla c.**, to lie (*o* to weigh) heavy on sb.'s conscience; **Io mi sento la c. a posto**, my mind is at rest; my conscience is clear; **Mi sentivo rimordere la c.**, I was conscience-stricken; my conscience was troubling me; **togliersi un peso dalla c.**, to clear one's conscience; to take a weight off one's mind; **venire a patti con la propria c.**, to compromise with one's conscience; **contro c.**, against one's conscience; **secondo c.**, according to one's conscience; **esame di c.**, examination of one's conscience; soul-searching; **fare un esame di c.**, to examine one's conscience; to search one's soul; **In c. non posso accettare**, in all conscience, I can't accept **2** (*coscienziosità*) conscientiousness; scrupulousness; care: **fare tutto con molta c.**, to do everything with great conscientiousness (*o* very painstakingly) **3** (*consapevolezza*) awareness; consciousness: **avere piena c. di aver fatto q.c.**, to be fully aware (*o* conscious) of having done st.; **prendere c. di q.c.**, to awake to st.; **c. politica** [**sociale**], political [social] awareness; **c. di classe**, class consciousness **4** (*conoscenza, anche fig.*) consciousness: **perdere** [**riacquistare**] (**la**) **c.**, to lose [to regain] consciousness. ● **caso di c.**, case of conscience □ **mettersi una mano sulla c.**, to put a hand on one's heart □ **obiettore di c.**, conscientious objector □ **per scarico di c.**, (*per dovere*) as a matter of duty; (*per togliersi un peso dalla coscienza*) to clear one's conscience □ **presa di c.**, realization; becoming aware □ **rimorsi di coscienza**, pangs of conscience; qualms □ **scrupolo di c.**, scruple of conscience □ **per scrupolo di c.**, for conscience's sake; to be on the safe side □ **senza c.**, unscrupulous (*agg.*); unscrupulously (*avv.*) □ **È un uomo di c.**, he is a conscientious man □ **la voce della c.**, the voice of one's conscience; the still small voice.

coscienziàle, *a.* (*psic.*) consciousness (*attr.*); conscious.

coscienziosità, *f.* conscientiousness; scrupulousness; painstakingness; great care.

coscienzióso, *a.* conscientious; scrupulous; painstaking; careful.

còscio, *V.* **cosciotto**.

cosciòtto, *m.* **1** (*di ovini, di vitello*) leg **2** (*di selvaggina*) leg; haunch.

coscritto, *m.* (*mil.*) conscript; recruit; draftee (*USA*). ● (*stor. romana*) **padri coscritti**, conscript fathers.

coscrìvere, *v. t.* (*mil.*) to conscript; to recruit; to draft (*USA*).

coscrizióne, *f.* (*mil.*) conscription; call-up (*GB*); draft (*USA*).

cosecànte, *f.* (*mat.*) cosecant (*abbr.*: cosec).

coséno, *m.* (*mat.*) cosine (*abbr.*: cos).

cosfi, *m.* (*elettr.*) power factor.

cosfimetro, *m.* (*elettr.*) power factor meter.

così, **A** *avv.* **1** (*in questo modo*) like this; like that; this way; so; thus (*lett.*); (*rif. a cosa già detta*) that is what, that is the way, that is how: **Prova a girarlo** (**per**) **c.**, try turning it this way (*o* like this); **Io lo faccio sempre c.**, I always do it like that (*o* this way); **È un uomo fatto c.**, he is like that; **Non fare c., ti prego!**, please, don't do that!; please, don't!; **Io la penso c.**, that's what I think; that's the way I see it; **È finita c.**, that's how it ended; **C. facendo non otterrai nulla**, behaving like that won't get you anywhere; **È davvero c.?**, is that really so?; **Ti assicuro che è andata c.**, I assure you that's the way it went; **Ha detto c.**, that is what he said; **Non ho detto c.**, that is not what I said; **La cosa sta c.**, that is how the matter stands; that's the way it is; **C. è!**, that's the way it is; **C. pare** (*o* **sembra**), so it seems; **C. parlò Zarathustra**, thus spoke Zarathustra **2** (*rif. a misure*) so; (*facendo il gesto*) this, that: **una zanzara grossa c.**, a mosquito this big; **Tagliane via tanto c.**, cut off this much **3** (*altrettanto*) so: **Mi alzai, e c. fece lui**, I stood up, and so did he. ● **c. che**, *V.* **cosicché** □ (*fam.*) **c. c.** (*o* **cosà**), so-so: **«Come vanno gli affari?» «C. c.»**, «how's business?» «so-so» □ (*fam.*) **o c. o cosà**, either this way or that way □ **Basta c.!** (*smettila*), that will do!, enough of that! □ **Basta c., grazie**, that's enough, thank you; that will do, thank you □ **e c. via**, and so on; and so forth □ **E c.?**, well?; what about it?; (and) so?; so what? (*fam.*): **E c., com'è andata?**, well (*o* so), how did it go? □ **Il banchiere mi disse di fare c. e c.**, the banker told me exactly what to do □ **Il telegramma era c. concepito: «Arrivo lunedì 7. Vieni stazione»**, the telegram read: «Arriving Monday 7th. Meet me at station» □ **Gli oggetti erano elencati c.: una borsetta...**, the items were listed as follows: one handbag... □ **L'ho dipinto c. com'è**, I've painted him just as he is □ **meglio c.**, it's all for the best □ **Meglio di c.!**, what more could one want? □ **per c. dire**, so to speak; so to say; as it were; sort of □ **proprio c.**, just so; quite so □ **Se è c....**, if so...; if that is the case... **B** *cong.* **1** (*dunque, allora*) so; then: **C. non sei stato tu**, so it wasn't you; **C. hai perso il posto, eh?**, so you've lost your job! **2** (*perciò, quindi*) so; therefore: **Era tardi, e c. andammo a casa**, it was late, so we went home; **C. non mi presero**, so they didn't take me; **E c. è accaduto che non ci siamo trovati**, and so we didn't meet **3** (*tanto: con avv.*) so; (*con agg.*) so, such: **Non voglio aspettarlo c. a lungo**, I don't want to wait so long for him; **È c. facile!**, it is so easy!; **Sono c. contento di vederti**, I'm so glad to see you; **È un ragazzo c. intelligente**, he is such a clever boy; **Non m'aspettavo un conto c. salato**, I didn't expect such a stiff bill; **Non è poi c. ingenua**, she isn't all that innocent **4** (*correl. di «come» e «quanto»*) as... as; (*in frasi neg., anche*) so... as: **È c. pigro come una volta?**, is he as lazy as he used to be?; **Non sono c. svelto come vorrei**, I am not as (*o* so) quick as I should like to be **5** (*correl. di «che» e «da»*) so... that; so... as: **Quel gradino è c. basso che non si vede**, that step is so low (that) you can't see it; **Sia c. gentile da chiudere la porta**, would you be so kind as to close the door?; **Fui c. fortunato da scamparla**, I was lucky enough to escape **6** (*correl. di «come», nel senso di: parimenti, entrambi*) both... and: **È responsabile c. il marito come la moglie**, both husband and wife are responsible; **C. come i grassi, anche gli zuccheri sono da eliminarsi in una dieta dimagante**, sugar, as well as fats, must be eliminated in a slimming diet **7** (*ottativo*) – **C. m'assista Iddio!**, so help me God!; **C. volesse il Cielo!**, God willing!; **C. non fosse vero!**, would that it were not true! (*lett.*); I wish it weren't true!; **C. sia**, so be it; amen **C** *a.* (*tale, siffatto*) such; like that: **Non s'è mai visto un bambino c.**, never was there such a baby; **Come puoi dire delle cose c.?**, how can you say such things?; **Non avevo mai visto un posto c.**, I'd never seen a place like that (*o* this) before.

cosicché, *cong.* **1** (*affinché*) so that; that **2** (*perciò*) so: **Restò via trent'anni, c. quando tornò nessuno lo riconobbe**, he was away for thirty years, so when he came back no one recognized him.

cosiddetto, *a.* so-called.

cosiffàtto, *a.* like that; such (*attr.*): **Cosa vuoi fare con un uomo c.?**, what can you do with a man like that?

cosificàre, *v. t.* to reify.

cosino, *m.* **1** little thing **2** (*fig.: ometto*) little man; squirt (*fam.*); shrimp (*fam.*) **3** (*bambino piccolo e debole*) little thing; little mite.

cosinuṣòide, *f.* (*mat.*) cosine curve.

coṣmèṣi, **coṣmètica**, *f.* cosmetics (*pl. col verbo al sing.*); beauty treatment.

coṣmètico, *a.* e *m.* cosmetic.

coṣmetista, *f.* e *m.* beautician; cosmetologist.

coṣmetologìa, *f.* cosmetology.

coṣmetològico, *a.* cosmetologic.

coṣmicità, *f.* universality.

còṣmico, *a.* **1** cosmic: **raggi cosmici**, cosmic

rays **2** (*universale*) universal: **dolore c.**, universal sorrow.

còsmo, *m.* cosmos; universe.

cosmobiologìa, *f.* astrobiology.

cosmòdromo, *m.* (*miss.*) cosmodrome.

cosmogonìa, *f.* cosmogony.

cosmogònico, *a.* cosmogonic(al).

cosmografìa, *f.* cosmography.

cosmogràfico, *a.* cosmographic(al).

cosmògrafo, *m.* cosmographer.

cosmologìa, *f.* cosmology.

cosmològico, *a.* cosmological.

cosmòlogo, *m.* (*f.* **-a**) cosmologist.

cosmonàuta, *m.* e *f.* astronaut; spaceman* (*m.*); spacewoman* (*f.*); cosmonaut.

cosmonàutica, *f.* astronautics (*pl. col verbo al sing.*).

cosmonàutico, *a.* astronautical; space (*attr.*).

cosmonàve, *f.* spaceship; spacecraft.

cosmonavigazióne, *f.* space navigation.

cosmòpoli, *f.* cosmopolis.

cosmopolìta, A *a.* cosmopolitan. **B** *m.* e *f.* cosmopolitan; cosmopolite.

cosmopolìtico, *a.* cosmopolitan.

cosmopolitìsmo, *m.* cosmopolitism; cosmopolitanism.

cosmoràma, *m.* cosmorama.

cosmosónda, *f.* space probe.

còso, *m.* (*fam.*) **1** (*oggetto*) thing, what's-it--name, whatsit, whatchamacallit, thingummy, thingumabob, thingumajig; (*aggeggio*) affair, doings, doodah (*GB*), gubbins (*GB*), dingus (*USA*) **2** (*persona*) what's-his-name (*m.*); what's-her-name (*f.*); whatsit.

cospàrgere, *v. t.* **1** to strew*; to sprinkle: **Il terreno era cosparso di petali**, the ground was strewn with petals; **c. la torta di zucchero a velo**, to sprinkle the cake with icing sugar; **La valle era cosparsa di casette**, cottages were scattered along the valley; the valley was scattered with cottages **2** (*con un liquido*) to sprinkle; (*versare*) to pour: **c. con acqua santa**, to sprinkle with holy water; **C. di rum e servire caldo**, pour rum over it and serve hot.

cospètto, A *m.* **1** presence; sight: **al c. di**, in the presence of; before; in front of: **al c. di tutti**, in front of everybody; **al c. di Dio**, before God; in the presence of God **2** (*lett.*) face; countenance. **B** *inter.* by Jove!; good gracious!

cospicuità, *f.* **1** remarkableness; prominence; (*rif. a quantità*) considerableness **2** (*l'essere visibile*) conspicuousness.

cospìcuo, *a.* **1** remarkable; outstanding; (*notevole*) appreciable, prominent; (*ingente*) considerable, substantial, sizeable: **cospicua fama**, outstanding renown; **le differenze più cospicue**, the more prominent differences; **una somma cospicua**, a considerable sum **2** (*visibile*) conspicuous.

cospiràre, *v. i.* **1** to conspire; to plot: **c. contro un tiranno**, to conspire against a tyrant; **Cospirarono per rovesciare il regime**, they plotted to overthrow the regime; **Tutto sembrava c. contro di noi**, everything seemed to conspire against us **2** (*fig.*: *contribuire*) to conspire; to concur.

cospiratìvo, *a.* conspiratorial.

cospiratóre, *m.* (*f.* **-trice**) conspirator; plotter. ● **aria da c.**, cospiratorial (*o* furtive) air.

cospirazióne, *f.* conspiracy; plot.

còssi, 1ª *pers. sing. pass. rem. di* **cuocere**.

còsso, *m.* (*zool.*, *Cossus cossus*) carpenter moth.

còsta, *f.* **1** (*geogr.*) coast; coastline; seaboard; (*litorale*) shore: **c. frastagliata**, indented coastline; **c. sabbiosa [sassosa, rocciosa]**, sandy [pebbly, rocky] coast; **la c. atlantica**, the Atlantic coast (*o* seaboard); **c. a scogliere**, cliffs (*pl.*); **lungo la c.**, along the coast; coastwise; **sotto c.**, close to the shore; **tenersi sotto c.**, to keep close inshore; to hug the shore; **verso la c.**, towards the coast; coastward(s); (*naut.*) **c. sopravvento [sottovento]**, weather [lee] shore **2** (*pendio*) side (*o* flank) of a hill [of a mountain]; hillside; mountainside; slope: **una c. ripida**, a steep slope; **essere a mezza c.**, to be halfway up [down] the hill (*o* the hillside); **La pista prosegue a mezza c.**, the track continues across the mountainside; (*alpinismo, sci*) **traversare a mezza c.**, to traverse; **traversata a mezza c.**, traverse **3** (*anat.*: *costola*) rib **4** (*naut., di nave*) rib; frame; timber **5** (*bot., zool.*) rib **6** (*di libro*) spine; back **7** (*di coltello*) back. ● **la C. Azzurra**, the Côte d'Azur □ **la C. d'Avorio**, the Ivory Coast □ **la C. d'Oro**, the Gold Coast □ **mettere q.c. di c.**, to put st. edgeways (*o* edge on) □ (*lavoro a maglia*) **punto a coste**, rib stitch □ **velluto a coste**, corduroy.

costà, *V.* **costì**.

costaggiù, *avv.* down there.

costàle, *a.* (*anat.*) costal.

costantàna, *f.* (*metall.*) costantan.

costànte, A *a.* **1** (*di persona*) constant; persevering; steadfast; firm: **c. nello studio**, persevering in one's studies; **c. negli affetti**, steadfast in one's affections; **c. in un proposito**, firm in a decision **2** (*continuo*) continuous; incessant; steady: **aumento c.**, continuous (*o* steady) increase; **pioggia c.**, steady (*o* incessant) downpour **3** (*invariato, stabile*) constant; steady; settled; even; unchanged; invariable: **preoccupazione c.**, constant worry; **temperatura c.**, even temperature; **vento c.**, steady wind **4** (*fis., mat.*) constant. **B** *f.* (*mat.* e *fig.*) constant.

costantiniàno, *a.* Constantinian.

Costantìno, *m.* Constantine.

Costantinòpoli, *f.* (*geogr.*) Constantinople.

Costànza, *f.* Constance.

costànza, *f.* **1** constancy; steadfastness; perseverance; firmness **2** (*scient.*) immutability.

costardèlla, *f.* (*zool.*, *Scomberesox saurus*) saury pike.

costàre, *v. i.* **1** to cost*; to come* to; (*assol.*: *essere costoso*) to be expensive, to be dear, to cost* money: **Mi è costato dieci sterline**, it cost me ten pounds; I paid ten pounds for it; **Quanto costa?**, how much does it cost?; how much is it?; **Ti costerà parecchio**, it'll cost you a lot; **In questa città la vita costa**, life is expensive in this town; **Tutto costa**, everything costs money; you have to pay for everything; **c. caro**, to be dear; **c. poco**, to be (*o* to come) cheap; **c. un occhio** (*o* **salato**), to cost a fortune, (*o* an arm and a leg, a bomb) **2** (*fig.*) to cost*: **Gli è costato la nomina**, it cost him (*o* lost him) his appointment; **Potrebbe costarci la vita**, it could cost us our life; **L'incidente costò la vita a dieci persone**, ten people were killed in the accident; **Il suo errore gli è costato caro**, his error cost him dear; **Che cosa ti costa venire un'ora prima?**, what would it cost you to (*o* why can't you) come an hour earlier? **3** (*fig.*: *addolorare*) to be a great pain, to pain (sb.); (*essere uno sforzo*) to be a great effort, to require a great effort (on one's part): **Mi costò molto lasciarla andare**, it pained me (*o* it was a great wrench for me) to let her go; **Mi costa ammetterlo, ma aveva ragione lui**, I don't like to admit it, but he was right; though reluctantly, I have to admit he was right. ● **c. fatica**, to require effort; to be demanding; to be a hard job; (*essere un fastidio*) to be a trouble □ **c. lacrime**, to be the cause of much suffering □ **Costi quel che costi**, cost what may; come hell or high water.

Costarìca, *f.* (*geogr.*) Costa Rica.

costaricàno, *a.* e *m.* Costa Rican.

costassù, *avv.* up there.

costàta, *f.* (*cucina*) chop: **c. d'agnello**, lamb chop.

costatàre, *V.* **constatare**.

costatazióne, *V.* **constatazione**.

costàto, *m.* **1** (*anat.*) chest; ribs (*pl.*) **2** (*macelleria*) side.

costeggiàre, A *v. t.* **1** (*naut.*) to sail along; to coast along: **La barca costeggiò il promontorio**, the boat sailed (*o* coasted) along the promontory **2** (*fig.*: *andare lungo q.c.*) to skirt; to go* [to walk, to run*, to drive*, etc.] along (the edge of): **Costeggiammo il lago**, we went along (*in automobile*: we drove along) the edge of the lake **3** (*di strada, fiume, ecc.*) to skirt; to run* along; (*di alberi*) to border, to line: **La strada costeggia il monte e poi il fiume**, the road skirts the mountain and then runs along the river; **un viale costeggiato da pioppi**, an avenue bordered (*o* lined) with poplars **4** (*agric.*) to plough along the ridges of. **B** *v. i.* to sail along (*o* to hug) the coast; to follow the coast.

costeggiatùra, *f.* (*agric.*) ploughing along the ridges.

costèi, *pron. dimostrativo f.* she (*sogg.*); her (*compl.*); this [that] woman* [girl]: **Chi è c.?**, who is that woman?

costellàre, *v. t.* to scatter; to spangle; to deck; to stud; to shower.

costellàto, *a.* studded; spangled; covered; peppered: **una corona costellata di smeraldi**, a crown studded with emeralds; **un pavimento c. di coriandoli**, a floor covered with confetti; **un golfo costellato di luci**, a bay sparkling with lights; **un discorso c. di citazioni**, a speech peppered with quotations; **un compito c. di errori**, an exercise full of mistakes.

costellazióne, *f.* **1** (*astron.*) constellation: **le costellazioni dello Zodiaco**, the constellations of the Zodiac **2** (*fig.*) galaxy; array: **una c. di divi**, a galaxy of film stars.

costernàre, *v. t.* to dismay; to fill with dismay (*o* with consternation); to distress: **La notizia mi costernò**, I was dismayed at the news.

costernàto, *a.* dismayed; filled with consternation; very sorry; distressed: **Si mostrò c. a quella notizia**, he looked dismayed at the news; **Sono c., non intendevo**, I'm truly sorry, I didn't mean to.

costernazióne, *f.* dismay; consternation; distress.

costì, *avv.* there; over there: **Lèvati di c.**, get away from there; **Come vanno le cose c.?**, how are things at your end?

costièra, *f.* **1** (stretch of) coast: **la c. amalfitana**, the Amalfi coast **2** (*pendio*) slope.

costièro, *a.* (*della costa*) coastal, coast (*attr.*); (*vicino alla costa*) inshore, coastal, coasting: **difesa costiera**, coast(al) defences (*pl.*); **commercio c.**, coasting trade; **nave costiera**, coaster; **navigazione costiera**, coastal (*o* inshore) navigation; **un tratto c.**, a stretch of coast.

costìna, *f.* (*cucina*) spare rib.

costipaménto, *m. V.* **costipazione**.

costipàre, A *v. t.* **1** (*stipare*) to compress; to pack tight **2** (*il terreno*) to pack down; to tamp **3** (*med.*) to constipate. **B costipàrsi,** *v. i. pron.* **1** (*med.*) to become* constipated **2** (*fam.*: *prendersi un raffreddore*) to catch* a bad cold.

costipàto, *a.* **1** (*med.*) constipated **2** (*fam.*: *raffreddato*) with a bad cold **3** (*stipato*) compressed; packed.

costipazióne, *f.* **1** (*med.*) constipation **2** (*fam.*: *raffreddore*) bad cold **3** (*di terreno*) consolidation.

costituènte, A *a.* **1** contituting; amounting to **2** (*polit.*) constituent: **assemblea c.**, constituent assembly. **B** *m.* **1** member of a constituent assembly **2** (*chim.*) constituent. **C** *f.* constituent assembly.

costituìre, A *v. t.* **1** (*fondare, stabilire*) to constitute; to form; to establish; to set* up: **c. un comitato**, to constitute a committee; **c. una società**, to form a partnership; (*commerciale*) to establish a company; **c. un nuovo Stato**, to establish a new state; **c. gli organi di governo necessari**, to set up the required government machinery *2* (*formare, comporre*) to constitute; to form; to compose; to make* up: **Dodici mesi costituiscono un anno**, twelve months constitute a year; **La casa è costituita di sei locali**, the house consists of six rooms; **gli elementi che costituiscono il sangue**, the elements that make up blood *3* (*essere, rappresentare*) to constitute; to represent; to be; to account for: **c. una minaccia per**, to constitute (*o* to pose) a threat to; **Quel mozzicone costituiva un indizio**, that butt was a clue; (*leg.*) **c. un reato**, to amount to an offence (*o* to a crime); **Il terziario costituisce i due terzi dell'attività economica del paese**, services represent (*o* account for) two-thirds of the country's economy *4* (*eleggere, nominare*) to constitute; to appoint; to make*: **Lo zio lo costituì suo unico erede**, his uncle constituted (*o* made) him his sole heir; **Lo costituii mio consulente principale**, I appointed (*o* constituted) him my chief adviser; **c. q. presidente di una società**, to make sb. the chairman of company *5* (*assegnare, dare*) to give*; to settle: **c. una rendita a q.**, to settle an annuity on sb. **B costituirsi,** *v. i. pron.* *1* (*formarsi*) to be formed, to develop, to grow* up; (*sorgere*) to spring* up: **Si sono costituite altre abitudini**, other habits have developed; **Si costituirono comitati di quartiere**, district committees sprung up *2* (*leg.*) to give* oneself up (to the police) *3* (*organizzarsi*) to constitute oneself; to become*; to form (st.): **Vogliono c. in comitato**, they want to constitute themselves into a committee; **L'Italia si costituì in repubblica**, Italy became a republic *4* (*nominarsi, erigersi*) to constitute oneself; to appoint oneself: **Si è costituito giudice della mia condotta**, he has constituted himself a judge of my conduct. ● (*leg.*) **c. in giudizio**, to appear before the court □ (*leg.*) **c. parte civile**, to sue for damages in a criminal case.

costituìto, *a.* constituted; established; set up: **l'autorità costituita**, the (established) authorities: **uno Stato c. a repubblica**, a republican state; a republic.

costitutìvo, *a.* *1* constituent; constitutive: **le parti costitutive di un reattore nucleare**, the constituent parts of a nuclear reactor *2* (*chim.*) constitutive *3* (*leg.*) – **atto c.**, deed (of partnership); (*di società per azioni*) memorandum of association.

costitutóre, *m.* (*f.* **-trice**) constituter, constitutor.

costituzionàle, *a.* (*polit., leg., med.*) constitutional: **diritto c.**, constitutional law; **carta c.**, constitution; **monarchia c.**, constitutional monarchy; **Corte c.**, constitutional court; **malattia c.**, constitutional disease.

costituzionalìsmo, *m.* (*polit.*) constitutionalism.

costituzionalista, *m.* e *f.* (*polit.*) constitutionalist.

costituzionalità, *f.* (*polit.*) constitutionality.

costituzióne, *f.* *1* (*composizione*) constitution; composition: **la c. di un composto**, the constitution of a compound; **cambiare la c. di una squadra**, to change the composition of a team *2* (*struttura*) structure; composition; constitution: **la c. geologica di un terreno**, the geological structure of a soil; **avere una c. robusta**, to have a strong constitution; to be strong; **persona di sana c.**, healthy person *3* (*fondazione*) constitution; establishment; setting up: **la c. di una società commerciale**, the establishment of a company; **la c. di un fondo**, the setting up of a fund *4* (*polit.*) constitution: **c. repubblicana [monarchica]**, republican [monarchic] constitution *5* (*leg.*) – **c. in giudizio**, appearance before the court.

còsto, *m.* (*econ., comm.*) cost, expense(s); (*prezzo*) price: **Qual è il c.?**, what is the price?; how much would it cost?; **calcolare il c. del viaggio**, to calculate the cost of the journey; **c. del lavoro**, cost of labour; labour cost; **c. del denaro**, cost of money; **c. del trasporto**, cost of transport; haulage; freight; **c. della vita**, cost of living; **c. di esercizio**, operating costs; running costs; **costi di manutenzione**, maintenance costs; upkeep (*sing.*); **c. di produzione**, production cost; prime cost; factory cost; (*naut.*) **c., assicurazione e nolo**, cost, insurance and freight. ● **a c. di**, at the cost of; (*anche se*) even if, even though; **Il pompiere la salvò a c. della vita**, the fireman saved her at the cost of his life; **a c. di sembrare noioso**, at the cost of appearing tedious; **Lo finirò, anche a c. di metterci un anno**, I'll finish it, even if it takes me a year to do it □ **a basso c.**, cheap (*agg.*); cheaply (*avv.*); on the cheap (*avv.*) □ **a nessun c.**, on no account; not for anything □ **a prezzo di c.**, at cost (price) □ **a qualunque c.**, at all costs; at any cost □ **a tutti i costi**, at all costs; at any price □ **analisi costi-benefici**, cost-and-benefit analysis □ **sotto c.**, below cost; under price.

còstola, *f.* *1* (*anat., archit., cucina*) rib *2* (*bot.*) midrib; costa *3* (*di coltello*) back *4* (*di libro*) back; spine *5* (*naut.*) rib; frame. ● **mettere q.c. di c.**, to put st. edgeways (*o* edge on) □ (*fig.*) **rompere le costole a q.**, to break sb.'s bones □ (*fig.*) **stare alle costole di q.**, (*stare vicino*) to stick to sb.'s side, to stick to sb. like his shadow; (*inseguirlo*) to be hot on sb.'s tail; (*pedinarlo*) to dog sb.'s steps, to shadow sb. □ (*fig.*) **Gli si vedono** (*o* **contano**) **le costole**, he's skin and bone □ **essere della c. di Adamo**, to belong to the old nobility □ (*scherz.*) **Siamo tutti della c. di Adamo**, we are all human.

costolàto, A *a.* ribbed. **B** *m.* (*cucina*) loin.

costolatùra, *f.* *1* rib structure *2* (*archit.*) ribbing; ribs (*pl.*).

costolétta, *f.* (*cucina*) *1* cutlet: **c. di vitello**, veal cutlet *2* (*braciola*) chop: **c. d'agnello**, lamb chop.

costolóne, *m.* (*archit.*) groin; rib.

costóne, *m.* (*cresta montana*) ridge; rib.

costóro, *pron. dimostrativo pl.* they (*sogg.*); them (*compl.*); these [those] men [women]; these [those] people: **Chi sono c.?**, who are these people?

costóso, *a.* *1* dear; expensive; costly: **progetto c.**, expensive plan; **poco c.**, cheap; inexpensive *2* (*fig.*) dear; costly.

costrìngere, *v. t.* *1* to force; to compel; to oblige; to constrain: **Mi costrinse a seguirlo**, he compelled me to follow him; **c. q. alla resa**, to force sb. to surrender; **Mi costringerai a punirti**, you'll oblige me to punish you; **Sono costretto a casa da un brutto raffreddore**, I am kept at home by a bad cold; **essere c. a letto**, to be laid up in bed *2* (*lett.*: *comprimere*) to compress; to press; to squeeze.

costrittìvo, *a.* *1* (*che costringe*) compelling; compulsive; coercive *2* (*che stringe*) constrictive *3* (*ling.*) fricative.

costrittóre, *a.* – (*anat.*) **muscolo c.**, constrictor; retractor.

costrizióne, *f.* *1* constraint; compulsion; (*leg.*: *coercizione*) coercion *2* (*compressione*) constriction; pressure.

costruèndo, *a.* yet-to be-built.

costruìbile, *a.* that can be built (*pred.*); constructible.

costruìre, *v. t.* *1* (*edifici e sim.*) to build*; to construct; to erect; to raise; to make*: **c. una casa [un muro, una nave, una diga]**, to build a house [a wall, a ship, a dam]; **c. strade**, to make (*o* to build) roads; **c. una diga su un fiume**, to dam a river; **Si è costruito molto in questi anni**, there has been a lot of building going on in these last few years *2* (*fabbricare*) to construct, to assemble, to make*, to manufacture; (*produrre*) to produce: **c. un motore**, to construct an engine; **c. una radio**, to assemble a radio; **una ditta che costruisce apparacchi di precisione**, a firm that makes (*o* produces) precision instruments *3* (*fig.*: *congegnare*) to construct: **c. una teoria**, to construct a theory *4* (*gramm.*) to construct, to construe; (*fare la costruzione*) to construe: **c. periodi elaborati**, to construct elaborate sentences; **un verbo che si costruisce col dativo**, a verb that is construed with the dative *5* (*mat.*) to construct. ● (*sport*) **c. un'azione**, to organize an attack □ **c. in economia**, to build cheaply; (*disonestamente*) to jerry-build □ **c. in muratura**, to mason □ (*ind.*) **c. in serie**, to mass-produce □ (*fig.*) **c. sulla sabbia**, to build (*o* to erect) on sand.

costruìto, *a.* (*edificato*) built up (*pred.*); built-up (*agg.*): **zone costruite**, built-up areas.

costruttìvo, *a.* *1* (*edil.*) building (*attr.*): **materiale c.**, building materials *2* (*fig.*) constructive; positive: **una politica costruttiva**, a constructive policy; **atteggiamento c.**, positive attitude. ● (*mecc.*) **schema c.**, structural arrangement.

costrùtto, *m.* *1* (*senso*) sense; meaning: **Le sue parole erano senza c.**, his words didn't make sense (*o* were meaningless); **chiacchiere senza c.**, empty words; empty talk; mere verbiage *2* (*profitto*) profit; advantage; result: **lavorare con poco c.**, to work without much profit; **attività senza c.**, pointless activity; **darsi da fare senza c.**, to bustle about without concluding much *3* (*gramm.*) construction *4* (*elab.*) construct: **c. di ciclo**, loop construct.

costruttóre, A *m.* (*f.* **-trice**) builder; maker; constructor: **c. edile**, building contractor; builder; **c. stradale**, road builder (*o* maker); **c. d'automobili**, car maker (*o* manufacturer); **c. navale**, shipbuilder. **B** *a.* building (*attr.*): **impresa costruttrice**, building firm.

costruzióne, *f.* *1* (*l'attività*) construction, building; (*fabbricazione*) manufacture: **la c. di una fabbrica**, the construction of a factory; **strada in c.**, road under construction; **La nave è in c.**, the ship is on the stocks; **durante la c. della nostra casa**, while our house was being built; **c. in appalto**, construction under public contract; **c. dello scheletro**, framing; **difetto di c.**, fault in the construction; **impresa di costruzioni**, building firm; building contractors; **permesso di c.**, building licence; **materiali da c.**, building materials; **scienza delle costruzioni**, structural engineering; tectonics (*pl. col verbo al sing.*) *2* (*edificio, struttura*) building; edifice; construction; structure: **c. in cemento armato**, concrete building; **una c. di metallo**, a metal structure (*o* construction); **c. antisismica**, earthquake-resistant building *3* (*gramm.*) construction.

costùi, *pron. dimostrativo m.* he (*sogg.*); him (*compl.*); this [that] man*; this [that] fellow: **Chi è c.?**, who is this man?

costumànza, *f.* custom, usage, tradition.

costumàre, *v. i.* *1* (*impers.*) to be the custom (*o* the fashion); to be customary; to be a tradition: **Da noi si costuma così**, this is the custom in our country *2* (*solere*) to be in the habit (of doing st.); (*al passato*) used to (*difett.*).

costumatézza, *f.* *1* (*buone maniere*) good (*o* polite) manners (*pl.*); propriety *2* (*buoni costumi*) decency; civility.

costumàto, *a.* *1* (*di buone maniere*) well-behaved; well-mannered; civilized; polite; proper *2* (*di buoni costumi*) decent; civil. ● **vita costumata**, well-conducted (*o* well-regulated) life.

costùme, *m.* *1* (*uso*) custom, usage, tradition; (*abitudine*) habit, custom: **È un vecchio c. irlandese**, it's an old Irish custom; **Era mio c. uscire verso sera**, it was my habit to go out towards evening; I was in the habit of going out towards evening; **com'è c.**, as is the custom; according to custom *2* (*condotta morale*) morals (*pl.*); morality: **di buoni costumi**, moral; decent; civil; **di cattivi costumi**, bad; immoral; **una donna di facili costumi**, a woman of loose morals (*o* of easy virtue); a loose woman *3* (*abito*) costume, dress, habit; (*per sport e sim.*) outfit; (*in maschera*) fancy dress (*o* costume) costume: **c. regiona-**

le, regional costume (*o* dress); **c. da amazzone**, riding habit; **c. da tennis**, tennis outfit; **c. del Settecento**, 18th-century costume; **un c. da Pierrot**, a Pierrot costume; **storia del c.**, history of costume; **disegnare i costumi per l'«Enrico V»**, to design the costumes for «Henry V»; **ballo in c.**, fancy-dress (*o* costume) ball; **una produzione di «Othello» in c. d'epoca**, a period production of «Othello»; **corteo in c.**, parade in period costume **4** (*da bagno*) bathing costume (*o* suit); swimming costume; swimsuit. ● **contrario al buon c.**, immoral; indecent □ (*teatr.*) **prova in c.**, dress rehearsal □ **la squadra del buon c.**, the vice squad □ (*teatr., cinem.*) **scene e costumi di**, décor, sets and costumes by.

costumista, *m.* e *f.* (*teatr., cinem.*) **1** (*disegnatore*) costume designer **2** (*addetto ai costumi*) costumier.

costùra, *f.* seam.

cotàle, *a. indef.* (*lett.*) such: **in cotal guisa**, in such a way; thus.

cotangènte, *f.* (*mat.*) cotangent (*abbr.*: cotan).

cotànto, **A** *a. indef.* (*lett.*) **1** (*così grande*) so great a; such a big **2** (*pl.*) (*così numerosi*) so many. **B** *avv.* **1** so much **2** (*così a lungo*) so long.

còte, *f.* whetstone; hone.

cotechìno, *m.* «cotechino» (Italian pork sausage).

cotènna, *f.* **1** (*pelle di suino*) hide, pigskin; (*commestibile*) pork rind **2** (*pelle dura, anche fig.*) thick skin: **avere la c. dura**, to have a thick skin; to be thick-skinned **3** (*pelle del cranio*) scalp. ● **c. erbosa**, turf □ (*fig.*) **avere la c. grossa**, to be a boor □ (*fig. scherz.*) **metter su c.**, to put on lard □ (*fig. scherz.*) **salvare la c.**, to save one's bacon.

cotennóso, *a.* thick in the hide. ● (*med.*) **angina cotennosa**, diphtheritic angina.

cotésto, *V.* **codesto**.

còtica, *f.* **1** (*cucina*) pork rind **2** (*cotenna erbosa*) turf.

cotidàle, *a.* (*geogr.*) cotidal: **linea c.**, cotidal line.

còtile, *f.* (*anat.*) cotyloid cavity.

cotiledonàre, *a.* **1** (*anat.*) cotyloid **2** (*bot.*) cotyledonal.

cotilèdone, *m.* (*bot.*) cotyledon.

cotillon (*franc.*), *m. invar.* **1** (*regalo*) favour **2** (*ballo*) cotillon, cotillion.

cotógna, *f.* (*bot.*) quince.

cotognàstro, *m.* (*bot., Contoneaster integerrima*) cotoneaster.

cotognàta, *f.* (*cucina*) quince jam.

cotognìno, *a.* quince (*attr.*).

cotógno, *m.* (*bot., Cydonia vulgaris*) quince. ● (*bot.*) **c. del Giappone** (*Chaenomeles japonica*), japonica.

cotolétta, *f.* (*cucina*) cutlet: **c. di vitello**, veal cutlet; **c. alla milanese**, Wiener schnitzel (*ted.*).

cotonàceo, *a.* cottony.

cotonàre, *v. t.* **1** (*ind. tess.*) to tease **2** (*i capelli*) to back-comb.

cotonària, *f.* (*bot., Lychnis coronaria*) rose campion; dusty miller.

cotonàto, **A** *a.* **1** cotton (*attr.*); cottony; (*ind. tess.*) teased **2** (*capelli*) back-combed. **B** *m.* silk and cotton fabric.

cotonatùra, *f.* (*di capelli*) back-combing.

cotóne, *m.* **1** (*bot., Gossypium*) cotton **2** (*fibra*) cotton; (*filo*) cotton (yarn *o* thread); (*tessuto*) cotton material (*o* fabric): **rocchetto di c.**, reel of cotton; **filo ritorto di c.**, cotton twist; **c. a fibra corta**, short-staple cotton; **c. da imbottitura**, wadding; (*med.*) **c. emostatico**, styptic cotton; (*chim.*) **c. fulminante**, guncotton; pyroxylin; **c. greggio**, raw cotton; (*med.*) **c. idrofilo**, cotton wool; **c. rigenerato**, recovered cotton; **cascami di c.**, cotton waste; **olio di c.**, cottonseed oil; **velluto di c.**, velveteen; cotton velvet. ● (*fig.*) **avere il c. nelle orecchie**, to be deaf; to refuse to listen □ (*fig.*) **tenere q. nel c.**, to cosset sb.; to mollycoddle sb. □ (*fig.*) **vivere nel c.**, to be pampered.

cotonerìe, *f. pl.* cotton fabrics; cotton goods.

cotonicoltóre, *m.* (*f.* **-trice**) cotton grower.

cotonicoltùra, *f.* cotton-growing.

cotonière, *m.* **1** (*industriale*) cotton manufacturer **2** (*operaio*) cotton mill worker.

cotonièro, *a.* cotton (*attr.*): **industria cotoniera**, cotton industry.

cotonifìcio, *m.* cotton mill.

cotonìna, *f.* (*ind. tess.*) calico*.

cotonizzàre, *v. t.* (*ind. tess.*) to cottonize.

cotonóso, *a.* **1** cottony **2** (*simile al cotone*) fluffy; (*coperto di peluria*) downy.

còtta (**1**), *f.* **1** (*eccles.*) surplice **2** (*stor.*: *tunica*) surcoat. ● **c. d'arme**, tabard □ **c. di maglia**, chain mail; coat of mail.

còtta (**2**), *f.* **1** (*cottura*) cooking; (*in forno*) baking: **alla terza c.**, at the third baking **2** (*infornata*) batch; (*ind.*) kilnful **3** (*fam.*: *innamoramento*) infatuation; (*specialm. di ragazzi*) crush: **La c. gli sta sbollendo**, his infatuation is cooling; **Ha preso una c. per il professore di fisica**, she has a crush on her physics teacher **4** (*fam.*: *sbornia*) drunken state: **Ha la c.**, he is drunk **5** (*sport*) crack-up; collapse: **prendere una c.**, to break down; to crack up. ● **furbo di tre cotte**, crafty person; sly one □ **furfante di tre cotte**, out-and-out scoundrel.

còttile, *a.* (*lett.*) brick (*attr.*).

cottimista, *m.* e *f.* pieceworker; jobber.

còttimo, *m.* **1** (*contratto*) job contract; jobbing contract **2** (*lavoro*) jobwork; piecework **3** (*retribuzione*) incentive pay. ● **dare lavoro a c.**, to job out work □ **lavorare a c.**, to work by the job; to do piecework □ **essere pagato a c.**, to be paid by the job.

còtto, **A** *a.* **1** cooked; done (*pred.*): **carne cotta**, cooked meat; **frutta cotta**, stewed fruit; **Le patate sono cotte**, the potatoes are done; **poco c.**, (*di pane e sim.*) half-baked, doughy; (*di carne*) underdone; **troppo c.**, overcooked; overdone; **c. ai ferri**, grilled; **c. al forno**, baked; (*di carne*) roasted; **c. a puntino**, done to a turn; **c. e stracotto**, overdone **2** (*fam*: *infatuato*) infatuated; madly in love: **È c. di lei**, he's madly in love with her; **innamorato c.**, head over ears in love **3** (*sport*) exhausted; broken down **4** (*fam.*: *ubriaco*) drunk. ● **c. dal sole**, (*bruciato*) scorched; burnt; (*di viso*) sunburnt □ (*fig.*) **farne di cotte e di crude**, to be up to all sorts of tricks □ (*fig.*) **né c. né crudo**, neither one thing nor the other; neither fish nor fowl □ (*fig.*) **Chi la vuole cotta, chi la vuole cruda**, some want it one way, some another. **B** *m.* **1** (*mattone*) brick **2** (*terracotta*) terra cotta **3** (*archit.*) brickwork.

cottùra, *f.* **1** (*cucina*) cooking; (*al forno*) baking: **la c. della carne**, meat cooking; (*al forno*) meat roasting; **c. a fuoco lento**, slow cooking; **c. a fuoco vivace**, cooking on a high flame; **Questa pasta necessita di 8 minuti di c.**, this pasta cooks in 8 minutes; **portare a c.**, to cook; **di facile c.**, easily cooked (*o* baked); **a mezza c.**, half way through (the cooking); **passato di c.**, overcooked; overdone; **piano di c.**, cooking top; hob; **punto di c.**, cooking point; **tempo di c.**, cooking time **2** (*ind.*: *di mattoni, ceramica*) firing; burning.

coturnàto, *a.* (*lett.*) **1** buskined **2** (*fig.*: *di stile*) solemn; elevated.

coturnice, *f.* (*zool., Alectoris graeca*) Greek partridge.

cotùrno, *m.* (*archeol., teatr.*) buskin: (*anche fig.*) **calzare il c.**, to wear the buskin.

coulisse (*franc.*), *f. invar.* **1** (*scanalatura*) groove: **porta a c.**, sliding door **2** (*teatr.*) wing flat; coulisse **3** (*di strumento mus.*) slide **4** (*Borsa*) coulisse; street market **5** (*sartoria*) casing.

coulomb, *m.* (*fis.*) coulomb.

coulombòmetro, *m.* (*fig.*) coulometer.

country (*ingl.*), *m. invar.* (*mus.*) country (and western) music.

coupé (*franc.*), *m. invar.* (*autom.*) coupé: **una Fiat c.**, a Fiat coupé.

coupon (*franc.*), *m. invar.* coupon; slip.

coutènte, *m.* e *f.* **1** co-user **2** (*telef.*) subscriber to a party line.

coutènza, *f.* co-use; joint use.

cóva, *f.* (*il covare*) brooding, sitting on eggs; (*il tempo*) brooding time: **fare la c.**, to brood; **mettere in c.**, to put to brood.

covalènte, *a.* (*chim.*) covalent.

covalènza, *f.* (*chim.*) covalence.

covàre, **A** *v. t.* **1** to sit* (on eggs); to brood; (*fino alla schiusa*) to hatch: **La chioccia sta covando**, the hen is brooding; **I rettili non covano le uova**, reptiles do not hatch their eggs **2** (*fig.*) to harbour; to nurse; to brood over; to hatch: **c. rancore**, to harbour hard feelings; **c. il proprio risentimento**, to nurse one's resentment; **c. risentimento contro q.**, to bear a grudge against sb.; **c. un'ingiustizia patita**, to brood over a wrong; **c. un sospetto**, to harbour a suspicion; **È un progetto che covo da tempo**, it's a plan I've been nursing for some time; **Stanno covando un piano per far fuori il collega**, they have been hatching a plot to give the elbow to their colleague. ● **c. l'influenza**, to have the flu coming on; to be coming down with the flu □ **c. q. con gli occhi**, to gaze intently at sb.; to look fondly at sb. ● **Gatta ci cova!**, there is something fishy going on here. **B** *v. i.* **1** (*di fuoco* e *fig.*) to smoulder; to lie* hidden: **Il fuoco cova sotto la cenere**, fire smoulders under the ashes; **L'odio covava nel suo cuore**, hatred was smouldering in his heart **2** (*di malattia*) to be latent.

covariànte, *a.* (*mat.*) covariant.

covàta, *f.* **1** (*uova*) clutch, set; (*pulcini*) brood, hatch **2** (*fig.*) brood.

covatìccio, *a.* broody: **gallina covaticcia**, broody hen.

covatùra, *V.* **cova**.

coventrizzàre, *v. t.* to rase to the ground.

covile, *m.* **1** (*tana*) den; lair **2** (*cuccia del cane*) dog's bed **3** (*fig.*) hovel; hole.

cóvo, *m.* **1** (*tana*) den, lair; (*di coniglio, ecc.*) hole, burrow; (*di volpe*) earth **2** (*fig.*: *nascondiglio*) hiding place, hideout, lair; (*luogo segreto*) den, haunt: **c. di ladri**, den of thieves; **c. di rivoluzionari**, haunt of revolutionaries; **La polizia lo scovò nel suo c.**, the police hunted him down in his lair.

covolùme, *m.* (*fis.*) covolume.

covóne, *m.* sheaf*.

cow-boy (*ingl.*), *m. invar.* cowboy; cowherd; cowhand: **cappello da c.**, cowboy hat; Stetson; **film di c.**, western; cowboy film (*USA*: movie); horse opera (*fam.*).

coxalgìa, *f.* (*med.*) coxalgia.

coxìte, *f.* (*med.*) coxitis*.

coxofemoràle, *a.* (*anat.*) coxofemoral.

coyote, *m.* (*zool., Canis latrans*) coyote; prairie wolf*.

còzza, *f.* (*zool., Mytilus edulis*) mussel.

cozzàre, **A** *v. i.* **1** (*con le corna o col capo*) to butt **2** (*urtare*) to bang, to knock, to bump into (*o* against); (*di veicoli, ecc.*) to crash into, to collide with: **L'auto sbandò e andò a c. conto un palo**, the car skidded and crashed into a lamp-post **3** (*fig.*) to clash with; to collide with: **La sue opinioni cozzano con le mie**, his views clash with mine; **Il nostro progetto cozzò contro la volontà del capo**, our plan collided with the boss's will. **B** *v. t.* (*urtare*) to bang, to knock, to bump into (*o* against); (*scontrare*) to collide with: **Cozzai la testa contro il bordo del tavolo**, I bumped my head against the edge of the table; **Nel sorpasso, la sua auto cozzò la mia**, while overtaking his car collided with mine; (*fig.*) **c. il capo contro il muro**, to knock (*o* to bang) one's head against a brick wall. **C cozzarsi**, *v. rifl. recipr.* **1** to butt each other **2** (*fig.*) to set* about each other (*fam.*).

cozzàta, *f.* *V.* **cozzo**.

còzzo, *m.* **1** (*con le corna o col capo*) butt; butting **2** (*urto*) knock; bang; bump; (*violento*) crash, collision: **Il c. fra le due auto fu violento**, there was a violent collision between the two cars **3** (*fig.*) clash; conflict: **c. di idee**, clash of ideas. ● **dar di c.**, to butt (sb., st.); (*fig.*: *imbattersi*) to bump into.

cozzóne, *m.* (*region.*) horse dealer.

crac, A *m.* **1** (*rumore*) crack, crash; (*breve e secco, di cosa spezzata*) snap **2** (*rovina, tracollo*) crash, ruin, collapse; (*sconfitta*) debacle: **c. finanziario**, financial crash; **il c. di una banca**, the crash of a bank; **c. in Borsa**, stock-market crash. **B** *inter.* crack!; crash!

cràce, *m.* (*zool.*, *Crax globicera*) curassow.

cracker (*ingl.*), *m. invar.* **1** (*galletta*) cracker **2** (*chim.*) catalytic cracker; cat cracker.

cràcking (*ingl.*), *m.* (*chim.*) cracking.

Cracòvia, *f.* (*geogr.*) Cracow.

cràfen, *m. invar.* (*cucina*) batter fritter.

cràmpo, *m.* (*med.*) cramp: **Mi venne un c.**, I was seized with a cramp; **Ho un c. alla gamba**, I've got a cramp in my leg; **crampi allo stomaco**, stomach cramps; **c. dello scrittore**, writer's cramp.

craniàle, crànico, *a.* (*anat.*) cranial: **nervo c.**, cranial nerve; **scatola cranica**, cranium; brainpan; skull.

crànio, *m.* **1** skull; brainpan; (*anat.*, *anche*) cranium* **2** (*fig.*: *testa, cervello*) head; brain; mind: **Ha il c. duro**, (*è testardo*) he's pigheaded; (*è stupido*) he's a blockhead; **Non riesco a farglielo entrare nel c.**, I can't get it into his head (*o* mind) **3** (*fig. fam.*: *genio*) brain; genius. ● (*fam.*) **Abbiamo pagato seimila a c.**, we paid six thousand each.

craniognòmica, *f.* craniognomy.

craniografìa, *f.* craniography; descriptive craniology.

cranioléṣo, *a.* e *m.* (*f.* **-a**) (*med.*) (person) having a cranial lesion.

craniologìa, *f.* craniology.

craniològico, *a.* craniological.

craniòlogo, *m.* (*f.* **-a**) craniologist.

craniometrìa, *f.* craniometry.

craniomètrico, *a.* craniometric(al).

craniòmetro, *m.* craniometer.

craniòpago, *m.* (*med.*) craniopagus*.

cranioscopìa, *f.* (*med.*) cranioscopy.

craniostenòṣi, *f.* (*med.*) stenosis* of the skull.

craniotomìa, *f.* (*chir.*) craniotomy.

craniòtomo, *m.* (*chir.*) craniotome.

cràpula, *f.* (*rif. al bere*) guzzling; (*rif. al mangiare*) gluttony.

crapulóne, *m.* (*f.* **-a**) (*beone*) guzzler; (*mangione*) glutton.

craquelé (*franc.*), *m.* (*ceramica*) crackle.

cràṣi, *f.* (*med.*, *gramm.*) crasis*.

cràspedo, *m.* (*zool.*) craspedon.

craspedòta, *a.* (*zool.*) craspedote.

cràsso, *a.* **1** (*lett.*: *denso*) dense; thick **2** (*fig.*: *grossolano*) gross; crass: **ignoranza crassa**, gross (*o* crass) ignorance. ● (*anat.*) **intestino c.**, large intestine.

cratère, *m.* **1** (*geol.*, *astron.*) crater: **c. avventizio**, side crater; **c. lunare**, lunar (*o* moon) crater; **c. da meteorite**, meteorite crater **2** (*archeol.*) crater; bowl; cup **3** (*astron.*) – **il C.**, the Cup.

cratèrico, *a.* (*geol.*) craterous; crateral.

crateriẓẓazióne, *f.* (*metall.*) pitting; burning.

cratóne, *m.* (*geol.*) craton.

cràuti, *m. pl.* (*cucina*) sauerkraut (*ted.*, *sing.*).

cravàtta, *f.* **1** tie; necktie (*USA*); (*a fascia*) cravat: **fare il nodo alla c.**, to knot (*o* to do up) one's tie; **allentare in nodo della c.**, to loosen one's tie; **c. a farfalla**, bow tie; **in giacca e c.**, wearing a suit and tie **2** (*tecn.*) clamp: **c. fermatubi**, hose clamp **3** (*lotta*) head-lock; stranglehold. ● (*fig.*) **fare a q. una c. di corda**, to put a noose round sb.'s head.

cravattàio, *m.* **1** (*fabbricante*) tie manufacturer **2** (*venditore*) tie seller **3** (*pop.*: *strozzino*) loan shark.

cravattìno, *m.* bow-tie; dickie bow (*GB*).

crawl (*ingl.*), *m.* (*nuoto*) crawl: **nuotare a c.**, to swim the crawl.

crawlìsta, *m.* e *f.* (*nuoto*) crawl swimmer.

creànza, *f.* manners (*pl.*); politeness: **mala c.**, bad manners; **non avere c.**, to have no manners; **Restai solo per c.**, I stayed out of politeness; **Sarebbe buona c. lasciare a lei la scelta**, it would be polite (*o* the polite thing) to let her choose.

creàre, *v. t.* **1** to create; to make*; to invent: **Dio creò il cielo e la terra**, God created heaven and earth; **c. una forma musicale nuova**, to invent a new musical form; **Il romanziere crea i suoi personaggi**, a novelist creates his characters; **c. un'illusione**, to create an illusion **2** (*nominare*) to create; to make*; to appoint: **c. q. barone**, to create sb. a baron; **c. q. console**, to make sb. a consul **3** (*procurare, suscitare*) to make*, to create; (*causare, determinare*) to cause, to give* rise to, to originate: **c. delle difficoltà**, to make difficulties; **c. imbarazzo**, to cause embarrassment; **Il suo comportamento gli creò molti nemici**, his behaviour made him a lot of enemies; **c. un precedente**, to establish a precedent; **c. dei problemi a q.**, to give sb. problems; **c. scandalo**, to create a scandal; **c. sospetti**, to give rise to suspicion **4** (*fondare*) to found; to establish; to set* up; to constitute: **c. una società**, to constitute a company.

creatìna, *f.* (*biochim.*) creatine.

creatinìna, *f.* (*biochim.*) creatinine.

creatinurìa, *f.* (*med.*) creatinuria.

creatività, *f.* creativity; creativeness; inventiveness.

creatìvo, A *a.* **1** (*della creazione*) of creation **2** (*che può creare, inventivo*) creative. **B** *m.* (*f.* **-a**) **1** (*pubblicitario*) copywriter; idea man* (*f.* woman*) **2** (*persona inventiva*) creative person.

creàto, A *a.* created. **B** *m.* creation; universe: **in tutto il c.**, in the whole of creation.

creatóre, A *m.* (*f.* **-trice**) maker; creator: **Dio C.**, God the Creator (*o* the Maker); **il c. di una nuova linea di prodotti**, the creator of a new line of products. ● **andare al C.**, to die; to go to meet one's maker □ (*fam.*) **mandare q. al C.**, to kill; to finish (off). **B** *a.* creative: **potenza creatrice**, creative power.

creatùra, *f.* **1** creature; being: **amare tutte le creature**, to love all creatures; **creature angeliche**, angelic beings; **creature umane**, human beings **2** (*bambino*) baby; infant; little thing; little mite; (*region.*: *figlio*) child*: **La c. era un amore**, the baby was a darling; **«È la mia c.!», gridò la madre**, «it's my baby!» the mother cried; **La c. morì**, the poor little thing died **3** (*persona, essere*) person; (*uomo*) man*; (*donna*) woman*; (*ragazza*) girl; (*solo commiserativo*) creature, soul: **Ha sposato una c. adorabile**, he has married an adorable girl; **Un'altra disgrazia, povera c.**, another blow for her, poor creature **4** (*favorito*) creature; protégé (*franc.*); favourite: **Era una c. del dittatore**, he was a creature of the dictator.

creaturàle, *a.* creatural.

creazióne, *f.* **1** (*il creare*) creation; making **2** (*il creato*) creation: **in ogni angolo della c.**, in every corner of creation **3** (*oggetto creato*) creation; (*composizione*) composition: **una c. d'alta moda**, a haute-couture creation; **c. poetica**, poetic composition **4** (*nomina*) appointment **5** (*costituzione*) creation; foundation; establishment: **la c. di un nuovo ente**, the creation of a new institute; **la c. di una nuova ditta**, the establishment of a new firm.

creazioniṣmo, *m.* creationism.

creazionìsta, A *m.* e *f.* creationist. **B** *a.* creationistic.

creazionìstico, *a.* creationistic.

credènte, A *a.* believing. **B** *m.* e *f.* believer.

credènza (1), *f.* **1** belief (*anche relig.*); (*falsa*) fallacy: **rispettare le credenze altrui**, to respect other people's beliefs; **credenze superstiziose**, superstitious beliefs; **c. popolare**, popular fallacy **2** (*convinzione*) belief: **Io ho la ferma c. che...**, it is my (firm) belief that... **3** (*credito*) credence: **La voce non trovò c.**, the rumour received no credence **4** (*comm.*: *credito*) credit: **vendere a c.**, to sell on credit. ● **lettera di c.**, letter of credence; credentials (*pl.*).

credènza (2), *f.* (*di sala da pranzo*) sideboard; (*di cucina*) cupboard, kitchen sideboard (*USA*); (*con alzata*) dresser.

credenziàle, A *a.* – **lettera c.**, letter of credence; credentials (*pl.*). **B** *f.* **1** bank (*o* banker's) draft **2** (*pl.*) (*lettere credenziali*) credentials.

credenzière, *m.* steward.

crédere, A *v. t.* e *i.* **1** (*avere fede*) to believe; to believe in: **c. in Dio [nel progresso, nella scienza]**, to believe in God [in progress, in science]; **Di fronte a quel miracolo, credette**, on witnessing that miracle, he believed **2** (*ritenere vero, prestare fede*) to believe (st., sb.); to credit (st.): **Certo che ti credo!**, of course I believe you!; **Crede (a) tutto ciò che gli si dice**, he believes (*fam.*: he swallows) everything he's told; **c. al dottore [a un testimone, ai giornali]**, to believe the doctor [a witness, the papers]; **Non credevo ai miei occhi**, I could scarcely believe (*o* credit) my eyes **3** (*avere fiducia*) to have faith in; to trust; to believe in: **c. poco nei medici**, not to have much faith in doctors; **c. all'aria di montagna**, to believe (*o* to have faith) in mountain air; **Puoi credergli, te lo dico io**, you can trust him, I assure you **4** (*pensare, reputare*) to think*; to believe; to consider: **Credo che ci siamo già conosciuti**, I believe (*o, più vago*, I think) we've met before; **Non l'avrei mai creduto**, I should never have thought it; **Lo credo un imbecille**, I consider him a fool; I think he is a fool; **Credo di sì**, I think so; **Credo di no**, I don't think so; I think not (*meno fam.*); **Credo che farà bello**, I think it'll be fine; **Chi ti credi d'essere per fare quello che ti pare?**, who do you think you are to do as you please?; **Ho creduto giusto informarti**, I thought it right to tell you; **Ho creduto bene di non rispondere**, I thought it best not to answer **5** (*piacere, parere*) to like: **Fa' come credi**, do as you like; do as you think best; (*più brusco*) suit yourself. ● **c. a q. sulla parola**, to take sb.'s word (for st.) □ **Ci credo!**, I can well believe it! □ **dare a** (*o* **fare**) **c. che**, to give to understand that: **Mi ha fatto c. che era tutto a posto**, he gave me to understand that everything was in order; **Voleva far c. di esserne all'oscuro**, he professed ignorance about it □ **È da c. che**, it is probable that □ **Lo credo bene!** (*direi*), I should think so!; I dare say! □ (*nelle lettere*) **Mi creda, Suo...**, Yours sincerely □ **Non puoi c. quanto mi sei mancata**, you can't think (*o* imagine) how much I missed you □ **Non riesco ancora a crederci**, I can't get over it □ **voler c.**, to trust; to hope: **Voglio c. che sia stato uno sbaglio**, I trust it was a mistake; **Voglio c. che verrai**, I trust (*o* I hope) you will come. **B crédersi,** *v. rifl.* to consider oneself; to believe oneself (to be); to think* (one is): **Si crede un genio**, he thinks he is a genius; **Si crede un uomo molto importante**, he thinks he is a very important man; **Si crede d'essere chissà chi**, he thinks he is the bee's knees (*o* the cat's whiskers) (*fam.*); **Mi credetti perduto**, I thought myself finished. **C** *m.* judgment; opinion; belief: **a mio c.**, in my opinion; to my mind; **oltre ogni c.**, unbelievably (*avv.*); beyond (*o* past all) belief: **Il paesaggio era bello oltre ogni c.**, the view was unbelievably beautiful (*o* was beautiful beyond belief).

credìbile, *a.* **1** (*di cosa*) credible; believable: **È poco c.**, it's hardly believable; it doesn't ring true; **Non è c. che...**, it is hard to believe that... **2** (*di persona*) trustworthy; reliable:

poco c., untrustworthy; unrealiable.
credibilità, *f.* *1* credibility; believableness *2* (*di persona*) trustworthiness; reliability.
creditìzio, *a.* credit (*attr.*): **stretta creditizia**, credit squeeze.
crédito, *m.* *1* (*il credere*) credit, credence; (*fiducia*) trust: **dare c. a q.c.**, to give credit to st.; to credit st.; to believe st.; to attach credence to st.: **Non darei c. a una simile storia**, I wouldn't credit such a tale; **Non gli do nessun c.**, I have no trust in him; **degno di c.**, creditworthy; **l'esser degno di c.**, creditworthiness; **una teoria che non trova più c.**, a theory that no longer has credit; an exploded theory *2* (*stima, reputazione*) reputation; credit; esteem: **Quel medico gode di molto c.**, that doctor has a good reputation *3* (*econ., banca*) credit: **debito e c.** (*dare e avere*), debit and credit; **comperare [vendere] a c.**, to buy [to sell] on credit; **far c. a q.**, to give (*o* to grant) sb. credit; **In questo negozio non si fa c.**, no credit is given at this shop; **ottenere c. presso un negozio**, to open a credit account at a shop; **riscuotere un c.**, to recover a credit; **essere in c. con q.**, to be sb.'s creditor; to be owed by sb.; **c. a medio termine**, medium-term credit; **c. agrario** (*o* **fondiario**), land credit; **c. allo scoperto**, open credit; **c. bancario**, bank credit; **aprire un c.**, to open a credit; **apertura di c.**, opening of credit; **carta di c.**, credit card; **istituto di c.**, credit institution; bank; **lettera di c.**, letter of credit; **titolo di c.**, negotiable instrument *4* (*leg.*) debt: **c. inesigibile**, bad debt; **c. privilegiato**, privileged debt; **crediti ammessi al fallimento**, debts which have been proved and admitted. ● (*leg.*) **millantato c.**, false pretences (*pl.*); fraudulent representation.
creditóre, **A** *m.* (*f.* **-trice**) *1* (*comm.*) creditor: **c. garantito**, secured creditor; **c. privilegiato**, preferential creditor; **creditori diversi**, sundry creditors; **un c. insistente**, an urgent creditor; **c. ipotecario**, mortgagee *2* (*persona a cui si deve q.c.*) person in credit (of st.): **Mi è c. della vita**, I owe him my life. **B** *a.* creditor (*attr.*): **società creditrice**, creditor company.
crèdo, *m.* *1* (*relig.*: *insieme di dottrine*) creed, faith: **il c. cristiano [islamico, ebraico]**, the Christian [Islamic, Jewish] creed *2* (*simbolo apostolico*) creed; Credo (*anche mus.*): **il c. niceno**, the Nicene Creed; **cantare il c.**, to sing the Credo *3* (*fig.*) creed; credo; beliefs (*pl.*): **c. letterario [politico]**, literary [political] creed.
credulità, *f.* credulity.
crèdulo, *a.* credulous; naive, naïve; gullible.
credulóne, **A** *a.* naive, naïve; gullible; simple; easily taken in. **B** *m.* (*f.* **-a**) simpleton; gull; sucker (*pop.*).
crèma, **A** *f.* *1* (*prodotto del latte*) cream *2* (*dolce*) cream; (*c. pasticcera*) custard: **cioccolatini ripieni di c.**, chocolates with a cream filling *3* (*purée di verdura*) puree, cream; (*minestra*) cream (soup): **c. di spinaci**, spinach puree; creamed spinach; **c. di pomodoro**, (cream of) tomato soup *4* (*composto cremoso*) cream; creamy substance: **c. da barba**, shaving cream; **c. per calzature**, shoe cream; **Sbattere il composto fino a ottenere una c. uniforme**, stir the mixture to a smooth cream; **Il barattolo conteneva una c. inodore**, the jar contained an odourless creamy substance *5* (*liquore*) crème (*franc.*); cream: **c. di menta**, crème de menthe (*franc.*) *6* (*cosmesi*) cream: **c. antirughe**, anti-wrinkle cream; **c. depilatoria**, depilatory cream; **c. detergente**, cold cream; **c. di bellezza**, beauty cream; **c. emolliente**, cold cream; **c. idratante**, moisturizing cream; **c. nutriente**, nourishing cream; **c. per le mani**, hand cream. ● (*fig.*) **la c. della società**, the cream of society. **B** *a.* cream (*attr.*); cream-coloured.
cremaglièra, *f.* (*mecc.*) rack: **ferrovia a c.**, rack railway; cog railway; **c. campione**, master rack; **c. divisoria**, indexing rack.
cremàre, *v. t.* to cremate.
crematóio, *m.* cremator; cinerator (*USA*).
crematòrio, **A** *a.* crematory; crematorial: **forno c.**, crematorium*. **B** *m.* crematorium*; crematory (*USA*).
cremazióne, *f.* cremation.
crème (*franc.*), *f.* (*fig.*) cream: **la c. dell'aristocrazia**, the cream of the aristocracy.
crème caramel (*franc.*), *locuz. f.* crème caramel; caramel cream.
cremìno, *m.* (*cioccolatino*) chocolate cream.
crèmisi, **cremisino**, *a.* e *m.* crimson.
Cremlìno, *m.* Kremlin.
cremlinologìa, *f.* (*polit.*) Kremlinology.
cremlinòlogo, *m.* (*f.* **-a**) (*polit.*) Kremlinologist.
cremonése, **A** *a.* of Cremona; from Cremona; Cremona (*attr.*). **B** *m.* e *f.* native of Cremona; inhabitant of Cremona. **C** *f.* cremone bolt.
cremortàrtaro, *m.* (*chim.*) cream of tartar.
cremóso, *a.* creamy.
crèn, *m.* *1* (*bot., Armoracia rusticana*) horseradish *2* (*salsa*) horseradish sauce.
crenàto, *a.* (*bot.*) crenate(d).
crenatùra, *f.* (*bot.*) crenature.
crènico, *a.* (*chim.*) crenic.
crenoterapìa, *f.* (*med.*) crenotherapy.
creodónte, *m.* (*paleont.*) creodont.
creolìna, *f.* creolin.
crèolo, *a.* e *m.* (*f.* **-a**) Creole.
creosòlo, *m.* (*chim.*) creosol.
creosòto, *m.* (*chim.*) creosote.
crèpa, *f.* *1* crack; chink; crevice; (*profonda*) fissure, cleft *2* (*fig.*: *dissapore*) disagreement; rift *3* (*fig.*: *difetto*) flaw.
crepàccio, *m.* *1* cleft; fissure *2* (*di ghiacciaio*) crevasse.
crepacuòre, *m.* heartbreak; broken heart: **morire di c.**, to die of a broken heart.
crepapància, **crepapelle**, *vc.* – **ridere a c.**, to split (*o* to burst) one's sides with laughter; to laugh fit to burst; **mangiare a c.**, to eat (*o* to gorge oneself) to bursting point.
crepàre, *v. i.* *1* to crack; (*spaccarsi*) to split*, to fissure *2* (*scherz.*: *scoppiare*) to burst*: **Se mangio un altro po', crepo**, if I eat any more, I shall burst *3* (*pop.*: *morire*) to die*: **c. solo come un cane**, to die like a dog; **Lascialo c.!**, let the bastard die!; **Crepa!**, drop dead! ● **c. dalle risa**, to laugh fit to burst □ **c. d'invidia**, to eat one's heart out □ **c. di rabbia**, to be eaten up with rage □ **c. di salute**, to be bursting with health □ **c. di sete**, to be dying of thirst □ **Crepi l'avarizia!**, to hell with the expense!; let's spoil ourselves! □ **Crepi l'astrologo!**, heaven forbid!
crepatùra, *f.* crack; crevice; chink; fissure.
crêpe (*franc.*), **A** *m.* (*ind. tess.*) crepe. **B** *f.* (*cucina*) crepe, crêpe; pancake.
crepèlla, *f.* (*ind. tess.*) wool crepe.
crepitàcolo, *m.* (*mus.*) rattle.
crepitàre, *v. i.* *1* to crackle; to pop; to rattle: **Il fuoco crepita**, fire crackles; **La legna secca crepita**, dry wood pops; **La grandine crepitava sul tetto**, the hail was rattling on the roof *2* (*lett.*: *stormire*) to rustle: **Le foglie crepitano al vento**, the leaves are rustling in the wind.
crepitazióne, *f.* (*med.*) crepitus*; crepitation.
crepitìo, *m.* *1* crackling; rattling; rattle; (*fruscio*) rustling: **il c. di un falò**, the crackling of a bonfire; **il crepitio della fucileria**, the rattle of gunshots *2* *V.* **crepitazione**.
crèpito, *m.* (*lett.*) crackle; rattle; rustle.
crepuscolàre, **A** *a.* crepuscular; twilight (*attr.*): **bagliore c.**, twilight glow; **insetto c.**, crepuscular insect; **luce c.**, twilight; (*astron.*) **raggi crepuscolari**, crepuscular rays; (*letter.*) **i poeti crepuscolari**, the «crepuscolari»; **bellezza c.**, fading beauty; (*psic.*) **stato c.**, twilight state. **B** *m.* (*letter.*) poet of the «crepuscolare» school.
crepuscolarìsmo, *m.* (*letter.*) «crepuscolare» school of poetry.
crepùscolo, *m.* *1* twilight; (*l'imbrunire*) dusk *2* (*fig.*) twilight; decline: **il c. della vita**, the twilight of life; (*letter.*) **il c. degli dèi**, the twilight of the gods; the Götterdämmerung (*ted.*).
crescèndo, *m. invar.* (*mus.* e *fig.*) crescendo*.
crescènte, **A** *a.* *1* growing; rising; mounting; increasing: **un c. interesse**, a growing interest; **costi crescenti**, rising (*o* mounting) costs *2* (*della luna*) waxing *3* (*mat.*) increasing. **B** *m.* (*falce di luna*) crescent.
crescènza, *f.* *1* growth: **vestito a c.**, dress made to allow for (child's) growth *2* «crescenza» (a soft cheese from Lombardy).
créscere, **A** *v. i.* *1* (*di statura*) to grow*; to grow* taller; (*in fretta*) to shoot* up: **Il ragazzo mi sembra cresciuto**, I think the boy has grown taller; **Com'è cresciuto tuo figlio**, your son has really shot up; **È cresciuta molto e niente le va più bene**, she has grown out of all her clothes *2* (*essere allevato, diventare adulto*) to grow* up: **Sono cresciuto in campagna**, I grew up in the country; **Ormai sei cresciuto**, you're a big boy now *3* (*di capelli, unghie*) to grow*; (*di piante*) to grow*, to come* up; (*essere coltivato*) to be grown: **Le rose crescono bene**, the roses are growing (*o* coming up) well; **Qui cresce l'olivo**, olive trees grow here *4* (*aumentare di volume, intensità, numero*) to rise*; to increase; to go* up; to grow*; to grow* (+ *compar.*); to get* (+ *compar.*): **L'acqua cresceva a vista d'occhio**, the water was rising fast; **La pasta non è cresciuta**, the dough hasn't risen; **Il vento è cresciuto**, the wind has risen; **La popolazione è cresciuta**, the population has increased (*o* has grown bigger); **Il numero dei candidati è cresciuto**, the number of candidates has gone up; **Il caldo sta crescendo**, it's getting hotter; **Le esigenze del cliente crescevano**, the customer was getting more and more exacting; **La mia fame cresceva** (*o* **non faceva che c.**), I was getting hungrier and hungrier; **c. nella stima di q.**, to rise in sb.'s esteem; **c. in potere**, to grow in power *5* (*aumentare di peso*) to gain; to put* on: **Sono cresciuta (di) tre chili**, I've put on three kilos *6* (*di prezzi, ecc.*) to go* up; to rise*; to up: **È cresciuto il prezzo del latte**, (the price of) milk has gone up; **I prezzi cresceranno ancora di più**, prices will rise still further; **c. vertiginosamente**, to spiral upward; to sky-rocket *7* (*della luna*) to wax *8* (*essere in eccesso*) to be left; (*per lunghezza*) to be too long: **Quello che cresce lo prendo io**, I'll take whatever is left; **Quest'articolo cresce di 10 righe**, this article is 10 lines too long *9* (*mus.*: *di nota*) to sound sharp: **Il tuo re cresce un po'**, your D sounds a bit sharp. ● **Qui ci farò c. dei pomodori**, I'll grow tomatoes here □ **farsi c. la barba**, to grow a beard □ **farsi c. i capelli**, to let one's hair grow. **B** *v. t.* *1* (*fam.*: *allevare*) to raise; to bring* up: **I miei figli li ho cresciuti da sola**, I brought up (*o* raised) my children on my own *2* (*fam.*: *fiori, ecc.*) to grow* *3* (*fam.*: *aumentare*) to raise; to put* up: **c. lo stipendio a q.**, to raise sb.'s pay; **c. i prezzi**, to put up prices *4* (*lavoro a maglia*) to increase.
crescióne, *m.* (*bot., Nasturtium officinale*) watercress. ● (*bot.*) **c. d'orto** (*o* **inglese**) (*Lepidium sativum*), garden cress.
créscita, *f.* *1* (*anche fig.*) growth: **c. dei capelli**, hair growth; **piante in piena c.**, plants in full growth; **essere ancora in c.**, to be still growing; **in rapida c.**, fast-growing; (*econ.*) **c. economica zero**, zero economic growth (*abbr.*: ZEG); **c. zero della popolazione**, zero population growth *2* (*aumento*) increase; rise: **la c. dei prezzi**, the rise in prices.
cresciùto, *a.* *1* grown; (*adulto*) grown-up *2* (*aumentato*) increased *3* (*allevato*) brought up; raised.
crèsima, *f.* (*eccles.*) confirmation; **impartire la c.**, to confirm; **tenere a c. q.**, to be sb.'s

godparent (*o* godfather, godmother) at confirmation.
creşimàndo, *m.* (*f.* **-a**) (*eccles.*) candidate for confirmation.
creşimànte, (*eccles.*) **A** *a.* confirming. **B** *m.* confirming bishop.
creşimàre, (*eccles.*) **A** *v. t.* to confirm. **B creşimàrsi,** *v. i. pron.* to be confirmed.
Crèso, *m.* ***1*** (*stor.*) Croesus ***2*** (*ricco*) very rich man*: **È un c.,** he is rolling in money.
creşòlo, *m.* (*chim.*) cres(s)ol.
créspa, *f.* ***1*** (*di vestito*) gather (*specialm. al pl.*) ***2*** (*ruga*) wrinkle; crinkle ***3*** (*piccola onda*) ripple.
crespàto, *a.* crimped; rippled; wrinkled; crinkled; puckered. ● **carta crespata,** crepe paper.
crespèlla, *f.* (*cucina*) crepe; pancake.
crespino, *m.* (*bot.*, *Berberis vulgaris*) berberry, barberry.
créspo, A *a.* ***1*** (*di capelli, barba*) curly; frizzy; kinky ***2*** (*di tessuto*) crimped; wrinkled; crinkled. **B** *m.* (*ind. tess.*) crepe; (*da lutto*) crape: **c. di Cina,** crepe de Chine.
crésta, *f.* ***1*** (*zool.*) comb; crest ***2*** (*crinale*) ridge; (*spartiacque*) watershed; (*cocuzzolo*) crest, peak, top ***3*** (*cuffia*: *antica*) frilly cap; (*di cameriera, ecc.*) white starched cap ***4*** (*di solco e sim.*) edge ***5*** (*dell'elmo*) crest ***6*** (*fis.*) crest; peak; (*mecc.*) crest, tip: (*fis.*) **valore di c.,** crest value ***7*** (*anat.*) crest: **c. iliaca,** iliac crest. ● **c. di un'onda,** crest of a wave □ **c. di gallo,** (*bot.*, *Celosia cristata*), cockscomb; (*med.*) condyloma acuminata □ (*fig.*) **abbassare la c.,** to come off one's high horse □ (*fig.*) **alzare la c.,** to get on one's high horse; to get cocky □ (*di persona*) **con la c. abbassata,** crestfallen □ (*fig.*) **far abbassare la c. a q.,** to take sb. down a peg or two (*o* several pegs); to take the wind out of sb.'s sails; to put down sb. (*USA*) □ (*fam.*) **fare la c. sulla spesa,** to chisel a bit on the shopping □ (*fig.*) **essere sulla c. dell'onda,** to be riding high (*fam.*).
crestàia, *f.* milliner.
crestàto, *a.* ***1*** (*zool., bot.*) cristate; cristated; crested ***2*** (*di elmo*) crested.
crestina, *f.* white starched cap.
crestomazia, *f.* (*letter.*) chrestomathy; anthology.
Crèta, *f.* (*geogr.*) Crete.
créta, *f.* clay; chalk: **vaso di c.,** clay pot; **la c. mortale,** the mortal clay; **pollo alla c.,** chicken baked in a clay mould; **una raccolta di crete,** a collection of clay objects.
cretàceo, A *a.* ***1*** cretaceous; clayey ***2*** (*geol.*) Cretaceous. **B** *m.* (*geol.*) Cretaceous (period).
cretése, *a.*, *m.* e *f.* Cretan (*f.* Cretan woman*).
crètico, (*poesia*) **A** *a.* cretic. **B** *m.* cretic; amphimacer.
cretinàta, *f.* ***1*** (*azione sciocca*) stupid (*o* silly) thing to do; (*parole sciocche*) stupid thing (to say), rubbish: **Che c.!,** what a stupid thing to do [to say]!; what rubbish!; **Che c. ho fatto!,** how stupid of me!; **Non dire cretinate!,** don't talk rubbish!; don't be silly! ***2*** (*cosa stupida*) stupid (*o* silly) thing; trash: **Questo romanzo è una c.,** this novel is trash; **Che c. di film!,** what a stupid film! ***3*** (*cosa facilissima*) joke; child'a play; doddle (*fam. GB*); cinch (*fam.*) ***4*** (*cosa da nulla*) nothing; trifle: **Mi è costato una c.,** I got it for next to nothing (*o* for a song).
cretineria, *f.* ***1*** (*l'essere cretino*) foolishness; stupidity; silliness ***2*** *V.* **cretinata.**
cretinètti, *m.* e *f.* nitwit (*fam.*); twit (*fam. GB*); jerk (*fam. USA*).
cretinişmo, *m.* ***1*** (*med.*) cretinism ***2*** (*fig.*) stupidity; idiocy.
cretino, A *a.* ***1*** (*med.*) cretinous ***2*** stupid; foolish. **B** *m.* (*f.* **-a**) ***1*** (*med.*) cretin ***2*** stupid (person); fool; idiot.
cretinòide, *a.* (*med.*) cretinoid.
cretonne (*franc.*), *f. invar.* (*ind. tess.*) cretonne.
cretóso, *a.* clayey; chalky.
cri, *m.* (*onom.*) chirr; chirp: **il cri cri dei grilli,** the chirring (*o* chirping) of crickets.
cribbio, *inter.* ***1*** (*di sorpresa*) cripes! (*GB*); crikey (*GB*); gee! (*USA*) ***2*** (*di irritazione*) damn!; blast!
cribróso, *a.* cribrose; cribriform: (*anat.*) **lamina cribrosa,** cribriform plate.
cric (1), *m.* (*onom.*) crack; crackle; creak.
cric (2), *m.* (*mecc.*) jack: **sollevare col c.,** to jack.
cricca (1), *f.* ***1*** clique; cabal ***2*** (*fam.*: *combriccola*) band; bunch; set; gang.
criccà (2), *f.* (*metall.*) crack.
criccàre, *v. i.* (*metall.*) to crack.
criccatùra, *f.* (*metall.*) cracking.
cricchete, *V.* **cric (1).**
cricchètto, *m.* (*mecc.*) pawl; ratchet.
cricchiàre, *v. i.* to crack; to crackle; to crunch.
cricchio, *m.* cracking; crackling; crunching.
cricco, *V.* **cric (2).**
cricèto, *m.* (*zool.*, *Cricetus cricetus*) hamster.
cricòide, *f.* (*anat.*) cricoid (cartilage).
criminàle, A *a.* criminal: **antropologia c.,** criminal anthropology; **diritto c.,** criminal law; **indagine c.** criminal investigation; **manicomio c.,** criminal lunatic asylum. **B** *m.* e *f.* ***1*** criminal; felon; crook (*fam.*): **c. di guerra,** war criminal ***2*** (*fig.*) – **Sei un c. a dare l'accendino al bambino!,** you are mad to give the lighter to the child!; **Guida come un c.,** he drives like a maniac; **c. della strada,** road hog (*fam.*).
criminalista, *m.* e *f.* (*leg.*) criminal lawyer.
criminalità, *f.* criminality; crime: **La c. è in aumento,** crime is increasing (*o* on the increase); **c. organizzata**; organized crime; **l'aumento della c.,** worsening crime.
criminalizzàre, *v. t.* to criminalize.
criminalizzazióne, *f.* criminalization.
crìmine, *m.* crime; grave offence (*USA*: offense): **crimini di guerra,** war crimes; **c. contro l'umanità,** crime against humanity.
criminologia, *f.* criminology.
criminòlogo, *m.* (*f.* **-a**) criminologist.
criminosità, *f.* criminality.
criminóso, *a.* criminal: **fatto c.,** crime; **proposito c.,** criminal intention.
crinàle (1), *m.* crest; ridge.
crinàle (2), *m.* ***1*** (*pettine*) comb ***2*** (*spillone*) hairpin.
crine, *m.* ***1*** horsehair ***2*** (*lett.*: *capelli*) hair; locks (*pl.*) ***3*** (*per imbottitura*) horsehair: **materasso di c.,** horsehair mattress; **c. vegetale,** vegetable hair.
crinièra, *f.* ***1*** (*zool.*) mane ***2*** (*astron.*) tail (of a comet) ***3*** (*scherz.*: *capelli folti*) mop (of hair); head of hair; mane.
crinito, *a.* (*lett.*) ***1*** (*di cavallo*) with a flowing mane ***2*** (*di persona*) with flowing locks.
crinòide, *m.* (*zool.*) crinoid.
Crinòidi, *m. pl.* (*zool.*, *Crinoidea*) Crinoidea.
crinolina, *f.* crinoline; hooped petticoat.
crioanesteşia, *f.* (*med.*) cryanesthesia.
criobiologia, *f.* cryobiology.
criòcera, *f.* (*zool.*, *Crioceris*) crioceris.
criochirurgia, *f.* cryosurgery.
crioelettrònica, *f.* cryoelectronics (*pl. col verbo al sing.*).
criogenia, *f.* (*fis.*) cryogenics (*pl. col verbo al sing.*).
criogènico, *a.* (*fis.*) cryogenic.
criògeno, *a.* (*fis.*) – **sostanza criogena,** cryogen.
crioidràto, *m.* (*chim.*) cryohydrate.
criolite, *f.* (*miner.*) cryolite; Greenland spar; ice stone.
criologia, *f.* cryology.
criopatologia, *f.* (*med.*) cryopathology.
crioscopia, *f.* (*chim.*) cryoscopy.
crioscòpico, *a.* (*chim.*) cryoscopic(al).
crioscòpio, *m.* (*chim.*) cryoscope.
criosfèra, *f.* cryosphere.
criosónda, *f.* (*med.*) cryoprobe.
criòstato, *m.* (*fis.*) cryostat.
crioterapia, *f.* (*med.*) cryotherapy.
cripta, *f.* (*archit.*) crypt; vault.
criptesteşia, *f.* crypt(a)esthesia; extrasensory perception (*abbr.*: ESP).
cripticò, *a.* (*lett.*) cryptic(al); mysterious.
cripto, cripton, *m.* (*chim.*) krypton.
criptocomunista, *m.* e *f.* crypto-communist.
criptoesteşia, *V.* **criptestesia.**
criptogenètico, *a.* (*med.*) cryptogenetic.
criptografia, e *deriv. V.* **crittografia,** e *deriv.*
criptònimo, *m.* cryptonym.
criptopòrtico, *m.* (*archit.*) cryptoporticus*.
criptòrchide, *m.* (*med.*) cryptorchid.
criptorchidia, *f.* **criptorchidişmo,** *m.* (*med.*) cryptorchidism.
crişàlide, *f.* (*zool.*) chrysalis*; chrysalid; pupa*.
crişantèmo, *m.* (*bot.*, *Chrysanthemum*) chrysanthemum.
crişelefantino, *a.* (*arte*) chryselephantine.
crişi, *f.* ***1*** crisis*: **c. energetica,** energy crisis; **c. religiosa [spirituale],** religious [spiritual] crisis; **c. di governo,** period following a government's resignation; fall of a government; **Il partito è contrario a una c. di governo,** the party is against asking the government to resign; **La c. di governo è stata evitata,** the government survived ***2*** (*econ.*) crisis*; slump; depression; doldrums (*pl.*): **una c. della Borsa,** a slump on the Stock Exchange; **c. stagionale,** seasonal down ***3*** (*med.* e *estens.*: *attacco, parossismo*) attack; seizure; fit; paroxysm: **c. cardiaca,** heart attack; **c. epilettica,** epileptic fit; **c. d'astinenza,** withdrawal symptoms (*pl.*); **c. di nervi,** attack of nerves; **c. isterica,** fit of hysterics; **una c. di pianto,** a fit (*o* paroxysm) of tears: **avere una c. di pianto,** to cry uncontrollably; **c. di gelosia,** a fit of jealousy. ● **la c. del 1929,** the Depression □ **c. degli alloggi,** housing shortage (*o* crisis, problem) □ **c. del traffico,** traffic problem □ **una coppia in c.,** a couple going through a difficult period □ **essere in c.,** (*essere in difficoltà*) to be having problems (*o* troubles); to be going through a bad patch; (*essere nei guai*) to be in a tight spot (*o* in a fix); (*essere depresso*) to feel low (*o* depressed) □ **matrimonio in c.,** marriage in crisis □ **mettere in c. q.,** (*mettere in difficoltà*) to put sb. in a difficult position; to create difficulties for sb.; (*deprimere*) to depress sb. □ **punto di c.,** crisis point.
crişma, *m.* ***1*** (*eccles.*) chrism ***2*** (*fig.*) official blessing; sanction; approval. ● **con tutti i crismi,** in strict observance of the rules.
crişmàle, (*eccles.*) **A** *a.* chrismal. **B** *m.* ***1*** (*panno*) chrisom ***2*** (*vaso*) chrismatory.
crişoberillo, *m.* (*miner.*) chrysoberyl.
crişoelefantino, *V.* **criselefantino.**
crişografia, *f.* chrysography.
crişòlito, *m.* (*miner.*) chrysolite.
crişopàzio, crişopràşio, *m.* (*miner.*) chrysoprase.
Crişòstomo, *m.* (*stor.*) Chrysostom.
crişòtilo, *m.* (*miner.*) chrysotile.
Crispino, *m.* Crispin.
cristalleria, *f.* ***1*** (*fabbrica*) crystal factory; glassworks (*pl.*) ***2*** (*negozio*) crystal (glass) shop ***3*** (*oggetti di cristallo*) crystal; crystalware; glassware.
cristallièra, *f.* glass (*o* display) cabinet.
cristallino, A *a.* ***1*** crystalline; crystal (*attr.*): **vaso c.,** crystal vase; (*miner.*) **sistema c.,** crystal system ***2*** (*fig.*: *limpido, puro*) crystal-clear; crystalline; crystal (*attr.*): **acqua cristallina,** crystal-clear water; **cielo c.,** crystalline sky; **coscienza cristallina,** crystal-clear conscience; **voce cristallina,** ringing voice. **B** *m.* (*anat.*) crystalline lens.
cristallizzàbile, *a.* crystallizable.
cristallizzàre, A *v. t.* (*miner.*) to crystallize. **B** *v. i.* e **cristallizzàrsi,** *v. i. pron.* ***1*** (*miner.*) to crystallize ***2*** (*fig.*) to crystallize; to become fixed; (*irrigidirsi*) to become fixed and immovable, to fossilize.
cristallizzatóre, *m.* (*chim.*) crystallizer;

crystallization vessel.

cristallizzazióne, *f.* **1** (*miner.*) crystallization: **c. frazionata**, fractional crystallization **2** (*fig.*) crystallization; (*irrigidimento*) fossilization.

cristàllo, *m.* **1** (*miner.*) crystal: **c. di quarzo [di rocca]**, quartz [rock] crystal **2** (*in lastra*) (plate) glass; (*la lastra stessa*) sheet glass; (*di finestra*) windowpane; (*di vetrina*) shop window; (*parabrezza*) glass: **mezzo c.**, medium-thick plate glass; **c. blindato**, armoured (*o* bullet-proof) glass; **c. molato**, glass with bevelled edge; **i cristalli della macchina**, the car windows **3** (*pl.*) (*oggetti di cristallo intagliato*) crystal (*collett.*): **I cristalli luccicavano sulla tavola da pranzo**, the dinner table sparkled with crystal **4** (*per bicchieri, vasi*) crystal (glass): **c. di Boemia**, Bohemian glass. ● **c. di neve**, snow crystal □ **c. fluorescente**, phosphor □ (*chim.*) **cristalli liquidi**, liquid crystals □ (*autom.*) **c. orientabile** quarterlight □ **un cielo di c.**, a crystalline sky □ **limpido come il c.**, crystal clear.

cristalloblàstico, *a.* (*miner.*) crystalloblastic.

cristallochìmica, *f.* chemical crystallography.

cristallofìsica, *f.* physical crystallography.

cristallografìa, *f.* crystallography.

cristallogràfico, *a.* crystallographic(al).

cristallògrafo, *m.* (*f.* **-a**) crystallographer.

cristallòide, *a.* e *m.* crystalloid.

cristianaménte, *avv.* **1** like (*o* as) a Christian; in a Christian way **2** (*caritatevolmente*) charitably.

cristianésimo, *m.* Christianity.

cristiània, *m.* (*sci*) christiania; christie.

cristianità, *f.* **1** Christianity **2** (*il mondo cristiano*) Christendom.

cristianizzàre, *v. t.* to Christianize; to convert to Christianity.

cristianizzazióne, *f.* Christianization; conversion to Christianity.

cristiàno, A *a.* **1** Christian: **èra cristiana**, Christian era; **letteratura cristiana**, Christian literature; **carità cristiana**, Christian love; charity **2** (*fig.*: *buono*) good, charitable, decent; (*decente*) proper, decent. **B** *m.* (*f.* **-a**) **1** Christian **2** (*fam.*: *persona*) soul; man*; woman*; human being: **Non c'era un cristiano**, there wasn't a soul there; **un buon c.**, a good soul; a good sort; a decent fellow; **Quel povero cristiano sta tremando**, the poor soul (*o* man) is shivering. ● **da c.**, (*buono*) good, charitable, decent; (*decente*) decent, proper: **parole da c.**, good words; **comportarsi da c.**, to behave decently; **Questo è un parlare da c.**, this is the way to speak; **mangiare da cristiani**, to eat properly; to have a decent meal; **Non è cibo da cristiani**, this is no food to give a man; **Non era tempo da cristiani**, it was the devil's own weather.

cristiàno-sociàle, *a.* e *m.* (*polit.*) Christian Socialist.

Cristìna, *f.* Christine; Christina.

Cristo, *m.* **1** Christ: **avanti C.**, Before Christ (*abbr.*: B.C.); **dopo C.**, After Christ; Anno Domini (*abbr.*: A.D.); **nel 313 dopo C.**, in 313 A.D; A.D. 313 **2** (*crocifisso*) crucifix. ● **gli anni di C.**, the Christian Era □ (*pop.*) **Non ci sono cristi** (*o* **Non c'è C.**), it's all useless; nothing doing (*fam.*); there's not a chance in hell (*pop.*) □ (*fam.*) **un povero c.**, a poor devil.

cristocèntrico, *a.* Christ-centred.

cristocentrismo, *m.* Christocentrism.

Cristòforo, *m.* Christopher.

cristolatrìa, *f.* Christolatry.

cristologìa, *f.* Christology.

cristològico, *a.* Christological.

cristòlogo, *m.* Christologist.

critèrio, *m.* **1** criterion*; standard; yardstick; principle; rule: **Non so che criteri fisseranno**, I don't know what standards they will adopt; **Hanno usato criteri diversi per valutarci**, they have applied different criteria to assess us; **giudicare tutti secondo lo stesso c.**, to measure all people by the same yardstick; **Con che c. hai disposto i libri?**, what criterion did you follow to arrange your books?; **c. approssimativo**, rough-and-ready rule; rule of thumb **2** (*fam.*: *senno*) (common) sense; good sense; gumption (*GB fam.*): **Ebbe il c. di avvertirmi**, he had the good sense (*o* he was sensible enough) to tell me; **È senza c.**, he lacks common sense; **Non hai un briciolo di c.**, you haven't got an ounce of common sense; **un giovane di c.**, a sensible young man.

criteriologìa, *f.* (*filos.*) criteriology.

critèrium, *m. invar.* (*sport*) restricted competition.

crìtica, *f.* **1** (*esame critico*) criticism; critique: **c. costruttiva**, constructive criticism; **sottoporre a c.**, to subject to criticism; **C. della ragion pura**, Critique of Pure Reason **2** (*letter., arte, ecc.*) criticism: **c. letteraria**, literary criticism; **c. d'arte**, art criticism; **c. del testo**, textual criticism **3** (*saggio critico*) piece of criticism; critique; critical essay **4** (*recensione*) review; notice; write-up (*fam.*); (*al pl., anche*) press (*sing.*): **scrivere la c. di una commedia**, to write the review of a play; **critiche avverse**, poor notices; bad press; **Non leggo mai le critiche**, I never read write-ups; **Il suo ultimo romanzo ha ricevuto critiche feroci**, his latest novel was torn to shreds by the critics **5** (*l'insieme dei critici*) (the) critics (*pl.*): **La c. è unanime nel condannare il libro**, the critics are unanimous in condemning the book **6** (*biasimo*) criticism; censure; blame; rap (*fam.*); flak (*fam.*): **La mia non vuole essere una c.**, I don't mean it as criticism; **prestare il fianco alle critiche**, to invite (*o* to expose oneself to, to lay oneself open to) criticism; **rivolgere critiche a q.**, to criticize sb.: **Ricevette molte critiche**, he was subject to much criticism; he was much criticized; he came in for a lot of flak (*fam.*).

criticàbile, *a.* **1** criticizable **2** (*biasimabile*) censurable; blamable.

criticàre, *v. t.* **1** to criticize: **2** (*biasimare*) to criticize; to censure; to blame; to find* fault with: **c. severamente**, to lambaste; to slate (*fam.*); **Le decisioni del governo sono state aspramente criticate**, the government's decisions were severely criticized (*o*, *fam.*, came in for a lot of flak); **Ha sempre da c.**, he finds fault with everything; he is always grumbling about something; **farsi c.**, to expose oneself (*o* to lay oneself open) to criticism.

criticismo, *m.* **1** (*filos.*) critical philosophy; criticism **2** (*atteggiamento critico*) criticism.

criticità, *f.* (*fis.*) criticality.

crìtico, A *a.* **1** critical: **analisi critica**, critical analysis; **saggio** (*o* **studio**) **c.**, critical essay; **spirito c.**, critical mind; **parlare in modo c. di q.c.**, to speak critically of st. **2** (*di crisi*) critical, crucial, decisive; (*difficile*) difficult: **momento c.**, crucial moment; crunch (*fam.*); **situazione critica**, critical situation; **essere in circostanze critiche**, to be in difficulties; (*med.*) **fase critica**, critical phase **3** (*chim., fis.*) critical: **massa critica**, critical mass; **temperatura critica**, critical temperature. ● **età critica**, difficult age; (*pubertà*) puberty; (*climaterio*) change of life, climacteric; (*menopausa*) menopause □ (*eufem.*) **giorni critici** (*mestruazioni*), (menstrual) period. **B** *m.* (*f.* **-a**) **1** critic: **c. musicale**, music critic; **c. drammatico**, drama critic; **c. letterario**, literary critic **2** (*recensore*) reviewer.

criticóne, *m.* (*f.* **-a**) (*fam.*) fault-finder; knocker; (*pignolo*) nitpicker; (*brontolone*) grumbler.

criticùme, *m.* (*spreg.*) so-called critics (*pl.*).

crittògama, *f.* (*bot.*) cryptogam. ● **c. della vite**, powdery mildew.

crittogàmico, *a.* (*bot.*) cryptogamic; cryptogamous.

crittografìa, *f.* cryptography.

crittogràfico, *a.* cryptographic.

crittògrafo, *m.* (*f.* **-a**) cryptographer.

crittogràmma, *m.* cryptogram; cryptograph.

crivellàre, *v. t.* **1** to riddle; to pepper: **c. q. di pallottole**, to riddle sb. with bullets **2** (*ind. min.*) to jig.

crivellatùra, *f.* **1** (*il passare al crivello*) sifting; siftage; screening **2** (*ind. min.*) jigging **3** (*ciò che resta nel crivello*) siftings (*pl.*).

crivèllo, *m.* **1** sieve; riddle; screen: (*ind. tess.*) **c. per bozzoli**, cocoon sieve **2** (*ind. min.*) jig. ● (*mat.*) **c. di Eratostene**, sieve of Eratostenes.

croàto, A *a.* Croatian. **B** *m.* (*f.* **-a**) Croat; Croatian (*f.* Croatian woman*). **C** *m.* (*lingua*) Croatian.

Croàzia, *f.* (*geogr.*) Croatia.

croccànte, A *a.* crisp; crackling; crunchy: **pane c.**, crisp bread; **biscotto c.**, crisp (*o* crunchy) biscuit; **patatine croccanti**, potato crisps. **B** *m.* (*cucina*) almond brittle; almond toffee.

crocchétta, *f.* (*cucina*) croquette.

cròcchia, *f.* bun; chignon: **Portava i capelli in una c.**, she wore her hair rolled into a bun.

crocchiàre, *v. i.* **1** (*scricchiolare*) to crackle; to crack **2** (*di chioccia*) to cluck.

cròcchio, *m.* knot (of people); small group: **Si formò un c.**, a knot of people gathered; **un c. di curiosi**, a knot of onlookers; **far c.**, to gather in a group; **stare in c.**, to stand chatting in a group.

crocchiolàre, croccolàre, *v. i.* to cluck; to cackle.

croccolóne, *m.* (*zool., Capella media*) great snipe.

cróce, *f.* **1** cross: **c. latina [greca, di S. Andrea** *o* **decussata, di Malta]**, Latin [Greek, St. Andrew's, Maltese] cross; **c. uncinata** (*o* **gammata**), swastika; fylfot; gammadion; **c. di cavaliere**, knight's cross; knight's insignia (*pl.*); (*estens.*) knighthood; **c. di guerra**, (*in Italia*) War Cross; (*in G.B.*) Distinguished Service Cross; **C. Rossa**, Red Cross; (*astron.*) **C. del Sud**, Southern Cross; **Cristo in c.**, Christ on the cross; **Ho segnato il punto con una c.**, I've marked the spot with an X; **a forma di c.**, cross-shaped; cruciform **2** (*fig.*: *tribolazione*) (sore) trial; cross; affliction; (heavy) burden: **Ciascuno ha la sua c.**, everyone bears his cross; **È una c. che tutti dobbiamo portare**, it's a burden we must all bear; **Il ragazzo è una c. per i genitori**, the boy is a sore trial for his parents; **c. e delizia**, a source of joy and torment **3** (*tipogr.*) dagger. ● (*bot.*) **c. di Malta** (*Lychnis chalcedonica*), London pride □ **a occhio e c.**, roughly; approximately; at a (rough) guess □ (*fig.*) **abbracciare la c.**, to become a Christian; to convert to Christianity □ **condannare q. alla c.**, to sentence sb. to the cross (*o* to be crucified) □ (*fig.*) **farci una c. sopra**, (*lasciar perdere*) to think no more about st.; (*iron.*) to write st. off, to forget st. □ **firmare con il segno della c.**, to make one's cross □ (*fig.*) **gettare la c. addosso a q.**, to throw the blame on sb. □ **in c.**, crosswise; (*di oggetti disposti a c.*) crossed, set crosswise to each other: **legare in c.**, to tie crosswise; **stare con le braccia in c.**, to have one's arms crossed (*o* folded); (*fig.*: *oziare*) to sit about doing nothing □ (*fig.*) **mettere q. in c.**, to plague (*o* to pester) sb.; to put sb. through it □ **morire in c.**, to die on the cross □ **tre parole in c.**, (a) few words: **dire tre parole in c.**, to mumble a few words; **Non sa dire tre parole in c.**, he can't put two words together □ (*stor.*: *di crociati*) **prendere la c.**, to take the cross □ **punto (in) c.**, cross-stitch □ (*fig.*) **tenere q. in c.**, to keep sb. on tenterhooks □ **segno della c.**, sign of the cross □ **fare il segno della c.** (*per benedire, ecc.*), to make the sign of the cross □ **fare** (*o* **farsi**) **il segno della c.**, to cross oneself □ **Testa o c.?**, heads or tails? □ **fare a testa o c.**, to toss (up); to toss a coin: **Facciamo a testa o c. per vedere a chi tocca andare**, let's toss up to see who's got to go ◻ **vincere a testa o c.**, to win the toss ◻ **tirare una c. su un debito**, to remit a debt.

crocefiggere, e *deriv.* V. **crocifiggere,** e *deriv.*

cròceo, a. (*lett.*) saffron (yellow); croceous.

crocerista, m. e f. passenger on a cruise.

crocerossina, f. Red Cross nurse.

crocesegnàre, v. t. to make* one's cross on.

croceségno, m. cross.

crocétta, f. *1* (*segno*) cross *2* (*bot.*, *Onobrychis viciaefolia*) sainfoin *3* (*naut.*) crosstree.

crocevia, m. (*anche fig.*) crossroads (*sing.*).

crochet (*franc.*), m. invar. *1* (*uncinetto*) crochet hook: **lavorare a c.**, to crochet; **fare q.c. a c.**, to crochet st.; **una liseuse a c.**, a crocheted bed-jacket *2* (*lavoro all'uncinetto*) crochet *3* (*boxe*) hook.

crocianésimo, m. (*filos.*) Crocean philosophy.

crociàno, A a. of B. Croce; Crocean. **B** m. (*f.* **-a**) follower of B. Croce.

crociàta, f. (*stor. e fig.*) crusade: **bandire una c.**, to proclaim a crusade; **una c. contro la droga**, an anti-drugs crusade; **una c. contro l'Aids**, a crusade to fight Aids; **fare crociate**, to crusade.

crociàto, A a. cruciform; cross-shaped. ● **parole crociate**, crossword (puzzle) (*sing.*). **B** m. (*stor.*) crusader.

crocicchio, m. crossroads (*sing.*).

crocidàre, v. i. (*lett.*) to caw.

crocièra (1), f. *1* (*archit.*) cross: **volta a c.**, cross vault; cross vaulting *2* (*mecc.*) spider; cross; cross journal: **c. del giunto cardanico**, universal joint spider (*o* cross).

crocièra (2), f. (*naut.*, *aeron.*) cruise: **c. di addestramento [di piacere]**, training [pleasure] cruise; **c. intorno al mondo**, round-the-world cruise; **andare in c.** (*o* **a fare una c.**), to go on a cruise; (*mil.*) **essere di c.**, to be cruising; **nave da c.**, holiday cruiser; (*aeron.*) **velocità di c.**, cruising speed.

crocière, m. (*zool.*, *Loxia curvirostra*) crossbill.

crocierista, V. **crocerista**.

crocifera, f. (*bot.*) crucifer.

Crocifere, f. pl. (*bot.*, *Cruciferae*) Cruciferae.

crocifero, A a. *1* cross-bearing: **asta crocifera**, processional cross *2* (*bot.*) cruciferous. **B** m. *1* crucifer; cross-bearer *2* (*stor.*) Crutched Friar.

crocifiggere, A v. t. *1* to crucify *2* (*fig.*) to torment; to persecute. **B crocifiggersi,** v. rifl. (*fig.*) to mortify oneself.

crocifissióne, f. crucifixion; (*relig.*) Crucifixion.

crocifisso, A a. crucified. **B** m. crucifix. ● **il C.**, the Crucified.

crocifissóre, m. crucifier.

crocifórme, V. **cruciforme**.

crocióne, m. V. **crociere**.

cròco, m. *1* (*bot.*, *Crocus*) crocus* *2* (*bot.*, *Crocus sativus*) saffron. ● (*chim.*) **c. di Marte**, crocus (of Mars).

crocoite, f. (*miner.*) crocoite.

cròda, f. crag.

crodaiòlo, m. cragsman*.

crogiolàre, A v. t. to cook on a slow fire. **B crogiolàrsi,** v. i. pron. (*fig.*) to bask; to be snug: **c. al sole**, to bask in the sun; **c. a letto**, to be snug in bed; **c. nei ricordi**, to indulge in memories; **c. in un pensiero**, to relish a thought.

crogiòlo, m. *1* (*metall.*) crucible; melting pot: **c. per filtrazione**, filter crucible; **c. per vetro**, glass pot; **c. di attesa**, foyer; **acciaio al c.**, crucible steel *2* (*chim.*) boat *3* (*fig.*) melting pot: **un c. d'idee**, a melting pot of ideas; **un c. di nazionalità**, a melting pot of nationalities.

croissant (*franc.*), m. invar. (*cucina*) croissant.

crollàre, A v. i. *1* (*cadere al suolo*) to collapse, to fall* down; (*abbattersi*) to crash, to come* crashing down; (*sotto un peso*) to give* way; (*di tetto e sim.*) to cave in; (*lateralmente*) to keel over: **Il muro crollò con fragore**, the wall collapsed noisily; **L'albero crollò al suolo**, the tree crashed to the ground; **Presto, il ponte sta crollando!**, quick, the bridge is about to give way; **Il peso della neve fece c. il tetto**, the weight of the snow caused the roof to cave in; **La vecchia villa sta crollando**, the old villa is falling to pieces *2* (*stramazzare*) to fall* down; to collapse; to keel over: **A quella notizia crollò a terra svenuto**, at that news he fell to the ground senseless *3* (*lasciarsi cadere*) to drop; to sink*; to flop; to slump: **Crollai sul divano ansimando**, I dropped on the sofa panting *4* (*fig.*: *essere annientato*) to collapse; to crumble; to cave in; to be shattered: **Vidi c. i nostri piani**, I saw our plans collapse; **speranze che crollano**, hopes that crumble; **Le pressioni interne ed esterne fecero c. l'impero**, internal and external pressures caused the empire to cave in (*o* to collapse) *5* (*fig.*: *cedere*) to give* way; to break* down; to cave in: **Davanti alle prove l'omicida crollò**, confronted with the evidence, the murderer caved in; **La polizia riuscì a far c. il suo alibi in poche ore**, the police demolished (*o*, *fam.*, knocked the bottom out of) his alibi in a few hours *6* (*avere un crollo emotivo*) to crack up; to break* down *7* (*econ.*, *fin.*) to collapse; to slump; to plummet; to plunge; to tumble; to fall*: **Il mercato azionario è crollato**, stock prices have plummeted; **La notizia fece c. il mercato**, the news knocked the bottom out of the market. ● (*fig.*) **c. dal sonno**, to be asleep on one's feet. **B** v. t. (*scuotere*) to shake*; to toss: **c. il capo**, to shake one's head; **c. le spalle**, to shrug one's shoulders.

cròllo, m. *1* collapse; (*di tetto e sim.*) cave-in: **il c. di una torre [di un ponte]**, the collapse of a tower [of a bridge]; **Il c. ha fatto tre vittime**, three people died when the building collapsed *2* (*fig.*: *rovina*) collapse; fall; breakdown; ruin: **il c. delle proprie speranze**, the collapse of one's hopes; **il c. dell'Impero romano**, the fall of the Roman Empire *3* (*fig.*: *collasso*) collapse; breakdown: **un c. del sistema nervoso**, a nervous breakdown; **avere un c.**, to collapse; (*emotivamente*) to break down, to crack up *4* (*scossa*) shake: **al primo c.**, at the first shake; **dare un c.**, to shake *5* (*econ.*, *fin.*) slump; collapse; fall; crash: **un c. dei prezzi**, a slump in prices; **un c. in Borsa**, a crash on the Stock Exchange; **c. finanziario**, financial crash; **L'allarme sanitario causò il c. delle vendite di carne**, the bottom fell out of the beef market after the health scare. ● (*anche fig.*) **dare il c. alla bilancia**, to tip the scales.

cròma, f. (*mus.*) quaver; eighth note (*USA*).

cromàre, v. t. (*ind.*) to chromium-plate.

cromaticità, f. chromaticity.

cromàtico, a. *1* chromatic: (*fis.*) **aberrazione cromatica**, chromatic aberration; **visione cromatica**, chromatic vision; **Ha un buon senso c.**, he has a good sense of colour *2* (*mus.*) chromatic: **scala cromatica**, chromatic scale.

cromatidio, m. (*biol.*) chromatid.

cromatina, f. (*biol.*) chromatin.

cromatismo, m. *1* (*fis.*) chromatism *2* (*pitt.*) emphasis on colour *3* (*mus.*) chromaticism.

cromàto (1), a. (*ind.*) chromium-plated.

cromàto (2), m. (*chim.*) chromate: **c. di piombo**, lead chromate.

cromatòforo, m. (*biol.*) chromatophore.

cromatografia, f. (*chim.*) chromatography.

cromatogràfico, a. (*chim.*) chromatographic.

cromatògrafo, m. cromatograph.

cromatùra, f. (*ind.*) chromium-plating.

cromìa, f. (*pitt.*) shade of colour; tone.

cròmico (1), a. (*chim.*) chromic.

cròmico (2), a. (*pitt.*) chromatic.

crominànza, f. (*TV*) chrominance.

cromismo, m. (*med.*) chromium poisoning.

cromite, f. (*miner.*) chromite.

cròmo, A m. (*chim.*) chromium; chrome: (*ind.*) **c. puro**, straight chromium; **concia al c.**, chrome tanning. **B** agg. invar. chrome (*attr.*): **giallo c.**, chrome yellow.

cromòforo, m. (*chim.*) chromophore.

cromofotografia, f. *1* (*procedimento*) chromophotography *2* (*fotogr.*) chromophotograph.

cromògeno, a. chromogenic

cromolitografia, f. *1* (*procedimento*) chromolithography *2* (*riproduzione*) chromolithograph.

cromolitogràfico, a. chromolithographic.

cromòmero, m. (*biol.*) chromomere.

cromonèma, m. (*biol.*) chromonema*.

cromoplàsto, m. (*bot.*) chromoplast.

cromoproteina, f. (*chim.*) chromoprotein.

cromoscopia, f. (*med.*) chromoscopy.

cromoscòpio, m. chromoscope.

cromosfèra, f. (*astron.*) chromosphere.

cromosfèrico, a. (*astron.*) chromospheric.

cromosòma, m. (*biol.*) chromosome.

cromosòmico, a. (*biol.*) chromosome (*attr.*); chromosomal: **corredo c.**, chromosome complement; **mappa cromosomica**, chromosome map; **numero c.**, chromosome number.

cromoterapia, f. (*med.*) chromotherapy.

cromotipia, f. (*tipogr.*) chromotypography; chromotypy.

crònaca, f. *1* (*stor.*) chronicle *2* (*giorn.*) news (*sing.*); report; (*rubrica*) page: **c. cittadina**, local news; **c. giudiziaria**, law reports; **c. letteraria**, book news; literary page(s); **c. mondana**, society news; **c. nera**, crime news; **c. teatrale**, theatre news; **fatto** (*o* **notizia**) **di c.**, news item; **piccola c.**, announcements (*pl.*) *3* (*relazione orale*) account, report, description; (*alla radio, TV*) commentary: **fare la c. di q.c.**, to give an account of st.; to report on st.; **fare la c. di una partita di calcio**, to give a running commentary on a football match.

cronachismo, m. chronicling.

cronachistica, f. chronicles (*pl.*).

cronachistico, a. of chronicles; like a chronicle.

cronicàrio, m. hospital for the chronically ill (*o* for chronic invalids).

cronicità, f. chronicity.

cronicizzàre, A v. t. to make* chronic. **B cronicizzarzi,** v. i. pron. to become* chronic.

crònico, A a. *1* (*med.*) chronic: **bronchite cronica**, chronic bronchitis *2* (*radicato*) chronic; inveterate; **ubriachezza cronica**, chronic drunkenness; **vizio c.**, inveterate vice. **B** m. (*f.* **-a**) chronic invalid.

cronista, m. e f. *1* (*stor.*) chronicler *2* (*giorn.*) reporter; newsman* (*m.*); newswoman* (*f.*): **c. di cronaca nera**, crime reporter; **c. mondano**, society reporter; **c. sportivo**, sports reporter.

cronistòria, f. *1* chronicle *2* (*fig.*) detailed account.

cròno, A m. (*sport*) time. **B** f. (*ciclismo*) time trial.

cronobiologia, f. chronobiology.

cronofotografia, f. chronophotography.

cronografia, f. (*metrologia*) chronography.

cronogràfico, a. chronographic.

cronògrafo, m. chronograph.

cronòide, (*farm.*) **A** a. e m. delayed-action: **capsula c.**, delayed-action capsule. **B** m. delayed-action drug.

cronologia, f. chronology.

cronològico, a. chronologic(al).

cronologista, m. e f. **cronòlogo,** m. (*f.* **-a**) chronologist.

cronometràggio, m. (precision) timing.

cronometràre, v. t. to time.

cronometrìa, *f.* chronometry.
cronomètrico, *a.* ***1*** chronometric(al) ***2*** (*fig.*) exact; absolute: **puntualità cronometrica,** absolute punctuality.
cronometrìsta, *m. e f.* timekeeper. ● **c. analista** (*o* **industriale**), *V.* **cronotecnico**.
cronòmetro, A *m.* chronometer; (*a scatto*) stopwatch; (*marino*) box (*o* marine) chronometer. ● **prova a c.,** *V. def.* **B**. **B** *f.* (*ciclismo*) time trial.
cronoscalàta, *f.* (*ciclismo*) uphill time trial.
cronoscòpio, *m.* chronoscope.
cronostratigrafìa, *f.* (*geol.*) chronostratigraphy.
cronotachìgrafo, *m.* tachograph.
cronotàppa, *f.* (*ciclismo*) time trial.
cronotècnica, *f.* (*ind.*) time-and-motion study; time study.
cronotècnico, *m.* (*ind.*) time-study engineer; time-study expert.
cronòtopo, *m.* (*fis.*) space-time.
cronòtropo, *a.* (*fisiol.*) chronotropic.
croquet, *m. invar.* croquet.
crosciàre, *v. i.* (*lett.*) ***1*** (*della pioggia*) to pelt; to beat* down ***2*** (*delle foglie*) to rustle.
cròscio, *m.* (*lett.*) ***1*** pelting; beating ***2*** rustling.
cross (*ingl.*), *m. invar.* (*sport*) ***1*** (*calcio, boxe*) cross ***2*** (*tennis*) slice.
crossàre, *v. i.* (*sport*) to cross.
cròsta, *f.* ***1*** crust: **c. di pane,** crust of bread; **c. di ghiaccio,** crust of ice; **c. di formaggio,** cheese rind ***2*** (*di crostacei*) shell ***3*** (*med.*) scab ***4*** (*incrostazione*) scale ***5*** (*fig.*: *apparenza*) veneer ***6*** (*fig.*: *brutto quadro*) daub. ● **c. cementata,** hardened crust □ (*metall.*) **c. di un getto,** skin □ (*med.*) **c. lattea,** cradle cap □ (*geol.*) **c. terrestre,** earth's crust.
Crostàcei, *m. pl.* (*zool., Crustacea*) Crustacea.
crostàceo, *m.* (*zool.*) crustacean; shellfish*.
crostàle, *a.* (*geol.*) crustal.
crostàta, *f.* (*cucina*) jam tart.
crostìno, *m.* (*cucina*) ***1*** canapé (*franc.*); toast: **crostini di acciughe,** anchovies on toast ***2*** (*per brodo, ecc.*) crouton.
crostóne, *m.* ***1*** (*cucina*) large crouton ***2*** (*geol.*) hardpan.
crostóso, *a.* ***1*** crusty ***2*** (*med.*) covered with scabs; scabby.
cròtalo, *m.* ***1*** (*zool., Crotalus*) rattlesnake ***2*** (*pl.*) (*nacchere*) crotala.
cròton, *m.* (*bot., Croton; Codiaeum variegatum*) croton.
croupier (*franc.*), *m. invar.* croupier.
crown (*ingl.*), *m. invar.* crown glass.
crucciàre, A *v. t.* to trouble; to worry; to distress; to pain. **B crucciàrsi,** *v. i. pron.* ***1*** (*adirarsi*) to be angry ***2*** (*preoccuparsi*) to worry; to fret.
crucciàto, *a.* ***1*** (*adirato*) angry ***2*** (*preoccupato*) worried; troubled; distressed.
crùccio, *m.* worry; torment: **Ho un c.,** I have a worry; something worries me; **darsi c. di q.c.,** to be worried about st.; to fret over st.; **Quel figlio è il suo c.,** his son is a source of worry to him.
crùcco, *m.* (*f.* **-a**) (*spreg.*) German; Kraut (*spreg.*); Hun (*spreg.*).
cruciàle, *a.* crucial; critical.
crucìfero, *V.* **crocifero**.
crucìfige (*lat.*), *inter.* crucify him! ● (*fig.*) **gridare c. contro q.,** to want sb.'s head.
crucifórme, *a.* ***1*** cruciform; cross-shaped ***2*** (*bot.*) cruciate.
cruciverba, *m.* crossword (puzzle).
cruciverbista, *m. e f.* ***1*** (*autore*) person who prepares crossword puzzles ***2*** (*solutore*) person who does crossword puzzles.
crudèle, *a.* ***1*** cruel; (*spietato*) merciless, pitiless, ruthless; (*malvagio*) wicked ***2*** (*doloroso*) cruel; painful; bitter: **morte c.,** cruel death; **delusione c.,** bitter disappointment; **spasimi crudeli,** painful (*o* excruciating) spasms; **una vista c.,** a painful (*o* distressing) sight.
crudeltà, *f.* ***1*** cruelty; mercilessness; pitilessness; ruthlessness; (*malvagità*) wickedness: **trattare q. con c.,** to treat sb. cruelly; to be cruel to sb.; (*leg.*) **c. mentale,** mental cruelty ***2*** (*atto crudele*) cruel thing; cruelty: **È stata una c. trattarlo così,** it was cruel to treat him like that; **Che c.!,** what a cruel thing to do! ***3*** *V.* **crudezza,** *def. 2.*
crudézza, *f.* ***1*** rawness ***2*** (*asprezza, severità*) harshness; severity; rigour: **la c. del clima,** the harshness (*o* rigours) of the climate ***3*** (*durezza, brutalità*) crudeness, crudity; (*volgarità*) coarseness: **c. di immagini,** crudeness of images; **c. di linguaggio,** coarseness of speech.
crudìsmo, *m.* raw-food diet.
crudista, A *m. e f.* person who only eats raw food. **B** *a.* entirely made up of raw food; raw-food (*attr.*).
crudità, *f.* ***1*** rawness ***2*** (*fig.*) harshness; crudity; crudeness ***3*** (*pl.*) raw vegetables.
crudivorìsmo, *V.* **crudismo**.
crùdo, *a.* ***1*** (*non cotto*) raw, uncooked; (*poco cotto*) half-cooked: **carne cruda,** raw meat; **un uovo c.,** a raw egg ***2*** (*fig.*: *rigido, aspro*) harsh; severe: **stagione cruda,** harsh weather; **giudizio c.,** severe judgment ***3*** (*brusco, brutale*) crude, harsh, blunt; (*crudele*) cruel: **risposta cruda,** blunt reply; **la cruda realtà,** harsh reality; plain facts (*pl.*); **un c. destino,** a cruel fate; **c. realismo,** crude realism. ● (*chim.*) **acqua cruda,** hard water □ **mattoni crudi,** unbaked bricks □ **metallo c.,** crude metal □ **nudo e c.,** plain; blunt; unvarnished: **la verità nuda e cruda,** the plain truth; **parlare nudo e c.,** to call a spade a spade; to speak plainly (*o* bluntly) □ **seta cruda,** raw silk; shantung.
cruènto, *a.* bloody; sanguinary; blood (*attr.*): **lotta cruenta,** bloody fight; **sport cruenti,** blood sports; (*med.*) **intervento c.,** incision; surgical act.
cruise (*ingl.*), *m. invar.* (*mil.*) cruise missile.
cruiser (*ingl.*), *m. invar.* (*naut.*) cabin cruiser.
crumiràggio, *m.* blacklegging; strikebreaking.
crumìro, *m.* blackleg; scab; strikebreaker.
crùna, *f.* eye (of a needle).
cruóre, *m.* (*lett.*) blood.
crup, *m.* (*med.*) croup.
crurale, *a.* (*anat.*) crural.
crùsca, *f.* ***1*** bran ***2*** (*pop.*: *lentiggini*) freckles (*pl.*). ● **(Accademia della) C.,** «Accademia della Crusca» (Florentine literary academy).
cruscànte, A *m.* ***1*** member of the «Accademia della Crusca»; Della-Cruscan ***2*** (*purista*) purist ***3*** (*scherz.*: *pedante*) pedant; affected writer (*o* talker). **B** *a.* ***1*** Della-Cruscan ***2*** puristic; pedantic.
cruscheggiàre, *v. i.* to be a purist; to affect purity of language.
cruschèllo, *m.* fine bran.
cruscóne, *m.* coarse bran.
cruscóso, *a.* branny.
cruscòtto, *m.* (*autom.*) dashboard; (*aeron.*) instrument panel.
csi, *V.* **xi**.
ctenìdio, *m.* (*zool.*) ctenidium*.
Ctenòfori, *m. pl.* (*zool., Ctenophora*) Ctenophora.
ctenòforo, *m.* (*zool.*) ctenophore.
ctònio, *a.* chthonian; chthonic.
cu, *m. e f.* (*lettera*) q; Q.
cubàno, *a. e m.* (*f.* **a**) Cuban (*f.* Cuban woman*).
cubàre, *v. t.* (*mat.*) to cube.
cubatùra, *f.* (*mat.*) cubature; cubage; cubic content (*o* measure); (*edil.*) cubature; cubic volume: **c. di spedizione,** shipment cubage.
cubèbe, *m.* (*bot.*) ***1*** (*Piper cubeba*) Java pepper; cubeb ***2*** (*il frutto*) cubeb.
cubétto, *m.* (small) cube: **tagliare in cubetti,** to cut into small cubes; to dice; **c. di ghiaccio,** ice cube; **c. per pavimentazione,** Belgian block.
cubìa, *f.* (*naut.*) hawse(hole): **c. d'ormeggio,** mooring pipe; **occhio di c.,** hawsehole; **portello di c.,** hawse flap.
cùbica, *f.* (*mat.*) cubic.
cubicità, *f.* cubicity.
cùbico, *a.* (*mat.*) cubic(al): **equazione cubica,** cubic equation; **curva cubica,** cubic curve; **radice cubica,** cube root.
cubìcolo, *m.* ***1*** (*stor. romana*) cubicle ***2*** (*di catacomba*) niche (in a catacomb).
cubifórme, *a.* cubiform; cube-shaped.
cubilòtto, *m.* (*metall.*) cupola.
cubìsmo, *m.* (*arte*) cubism.
cubista, *a., m. e f.* (*arte*) cubist.
cubìstico, *a.* (*arte*) cubist; cubistic.
cubitàle, *a.* ***1*** (*anat.*) cubital ***2*** (*di lettera, ecc.*) very large; big: **lettere cubitali,** (big) block capitals; **titolo a lettere cubitali,** banner headline; splash headline.
cùbito, *m.* ***1*** (*anat.*) ulna* ***2*** (*lett.*: *gomito*) elbow ***3*** (*antica unità di misura*) cubit.
cùbo, A *a.* (*mat.*) cubic: **metro c.,** cubic metre. **B** *m.* ***1*** (*geom.*) cube ***2*** (*mat.*) cube; third power: **elevare al c.,** to raise to the third power; to cube; **sei al c.,** six to the third power (*o* to the power of three); six cubed ***3*** (*oggetto cubico*) cube; block: **c. di Rubik,** Rubik('s) cube; **un c. di granito,** a block of granite.
cubòide, A *a.* (*geom.*) cuboid. **B** *m.* ***1*** (*geom.*) cuboid ***2*** (*anat.*) cuboid (bone).
cuccàgna, *f.* (*abbondanza*) abundance, plenty, feast; (*vita facile*) easy living, good time; (*allegria*) fun, merrymaking: **fare c.,** to make merry; to have a high old time; **Che c.!,** what a feast!; how great!; **È finita la c.,** the fun (*o* the party) is over. ● **albero della c.,** greasy pole □ **il paese di C.,** Cockaigne; the land of Plenty.
cuccàre, *v. t.* (*fam.*) ***1*** (*imbrogliare*) to trick; to cheat; to take* in; to diddle (*fam.*) ***2*** (*prendere*) to get*, to bag (*fam.*); (*cose spiacevoli*) to catch*, to cop (*pop.*): **Ho cuccato il primo premio,** I got first prize; **Si è cuccato una multa,** he copped a fine; **cuccarsi un raffreddore,** to catch a cold ***3*** (*sopportare*) to put* up with ***4*** (*fare conquiste*) to score (with sb.) (*fam.*).
cuccétta, *f.* ***1*** (*ferr.*) berth; couchette ***2*** (*naut.*) berth; bunk.
cuccettista, *m.* (*ferr.*) couchette attendant.
cucchiàia, *f.* ***1*** big spoon ***2*** (*di scavatrice*) scoop; spoon; shovel ***3*** (*di muratore*) (mason's) trowel.
cucchiaiàta, *f.* spoonful.
cucchiaìno, *m.* ***1*** (*da tè*) teaspoon; (*da caffè*) coffee spoon ***2*** (*misura*) teaspoonful; teaspoon ***3*** (*per la pesca*) spoon.
cucchiàio, *m.* ***1*** spoon: **c. da minestra,** tablespoon; soup spoon ***2*** (*cucchiaiata*) spoonful; (*misura*) tablespoon ***3*** (*chir.*) cuvet ***4*** (*mecc.*) spoon; scoop. ● (*fig.*) **da raccattare** (*o* **da raccogliere**) **col c.,** worn to a frazzle.
cucchiaióne, *m.* (*mestolo*) ladle.
cùccia, *f.* ***1*** (*giaciglio di cane*) dog's bed; (*canile*) kennel, doghouse: **A c.!,** to your bed! ***2*** (*fam.*: *letto*) bed; sack (*fam.*). ● (*a una persona*) **A c. tu!,** you shut up! □ (*di cane*) **fare la c.,** to lie* down □ **Il tuo letto è una c.,** your bed is a mess.
cucciàre, *v. i.* **cucciàrsi,** *v. rifl.* (*di cane*) to lie* down: **C.!,** down!
cucciolàta, *f.* ***1*** litter ***2*** (*fam.*: *figliolanza*) brood.
cùcciolo, A *m.* ***1*** young; (*di cane*) pup, puppy; (*di gatto*) kitten; (*di volpe, leone, orso, lupo*) cub; (*di cetacei*) calf*, pup ***2*** (*bambino*) youngest (child*), baby; (*cocco*) darling, pet ***3*** (*giovane inesperto*) novice; greenhorn (*fam.*). **B** *a.* – **cane c.,** puppy; **leone c.,** lion cub.
cùcco (1), *m.* ***1*** *V.* **cuculo** ***2*** (*sciocco*) fool; simpleton; gawk: **vecchio c.,** old dodderer. ● **vecchio come il c.,** (*di persona*) as old as

Methuselah; (*di cosa*) decrepit, as old as the hills.
cùcco (2), *V.* **cocco (3)**.
cuccù, *V.* **cucù**.
cùccuma, *f.* **1** (*per latte*) jug **2** (*per bollire acqua*) kettle **3** (*da caffè*) coffeepot.
cucina, *f.* **1** (*il locale*) kitchen: **c. abitabile**, spacious (*o* roomy) kitchen **2** (*i mobili*) kitchen fixtures (*pl.*); kitchen unit (*USA*); kitchen (*USA*) **3** (*il cucinare*) cooking; (*arte del cucinare*) cookery, cuisine; (*il cibo*) food: **c. casalinga**, home cooking; good plain cooking; **È brava per la c.**, she is good at cooking; **la c. bolognese**, Bolognese cuisine (*o* cooking); **Mi piace la c. cinese**, I like Chinese food; **c. vegetariana**, vegetarian food; **libro di c.**, cookery book; cookbook (*USA*) **4** (*fornelli*) cooker; stove; (kitchen) range: **c. a gas**, gas cooker; **c. economica**, stove; Aga; **c. elettrica**, electric cooker. ● (*mil.*) **c. da campo**, field kitchen; cookhouse □ **c. di bordo**, (*naut.*) galley; cookroom; caboose; ship's kitchen; (*aeron.*) galley □ (*fig.*) **bassa c.**, drudgery; menial job □ **con uso c.**, with the use of kitchen □ **fare da c. a q.**, to cook for sb.
cucinàre, *v. t.* **1** to cook **2** (*fig. fam.*: *preparare*) to fix; to arrange: **c. una sorpresa**, to arrange a surprise; **c. uno scherzo** to set up a joke **3** (*fig. fam.*: *accomodare*) to patch up; to cobble. ● (*giorn.*) **c. un articolo**, to edit an article □ (*fig.*) **c. q. per le feste** (*o* **per benino**), to fix sb.
cucinière, *m.* (*f.* **-a**) **1** cook **2** (*mil.*) food officer.
cucinino, **cucinòtto**, *m.* kitchenette.
cucìre, *v. t.* **1** to sew*; to stitch: **c. un vestito**, to sew a dress; **c. una tasca**, to sew up a pocket; **c. a mano**, to hand-sew; **c. a macchina**, to sew on a sewing machine; to machine-sew; **macchina da c.**, sewing machine **2** (*med.*) to suture; to stitch: **c. una ferita**, to stitch a wound **3** (*con punti metallici*) to staple **4** (*fig.*: *frasi, ecc.*) to string* together (*o* one after the other); to tack (*o* to join) together: **luoghi comuni cuciti insieme**, a string of clichés. ● (*fig.*) **c. la bocca a q.**, to silence sb.; to shut (*o* to stop) sb.'s mouth □ (*fig.*) **cucirsi la bocca**, to keep it under one's hat; to clam up (*pop.*).
cucirino, *m.* sewing thread.
cucita, *f.* stitching; sewing up: **Darò una c. allo strappo nei tuoi calzoni**, I'll sew up that tear in your trousers.
cucito, **A** *a.* **1** sewn: **c. a mano**, hand-sewn **2** (*con punti metallici*) stapled. ● (*fig.*) **essere c. a filo doppio con q.**, to be hand in glove with sb. □ **Ho la bocca cucita**, my lips are sealed. **B** *m.* **1** (*il cucire*) sewing **2** (*il lavoro*) sewing; needlework.
cucitóio, *m.* sewing press.
cucitóre, *m.* sewer.
cucitrice, *f.* **1** seamstress; needlewoman* **2** (*macchina*) sewing machine; (*per carta*) stapler, stapling machine; (*per libri*) stitcher.
cucitùra, *f.* **1** (*il cucire*) sewing; stiching: **la c. della manica**, the sleeve seam; **calze senza c.**, seamless stockings **2** (*punto cucito*) seam; (*i punti*) stitching: **la c. della manica**, the sleeve seam; **calze senza c.**, seamless stockings **3** (*di fogli di carta*) stapling **4** (*di fogli di libro*) stitch; stitching.
cucù, **A** *m.* **1** *V.* **cuculo** **2** (*canto del cuculo*) cuckoo. ● **orologio a c.**, cuckoo clock. **B** *inter.* **1** (*canto del cuculo*) cuckoo! **2** (*nel gioco del nascondino*) peek-a-boo!: **fare c.**, to play peek-a-boo (*o* bo-peep) **3** (*iron.*) no way.
cucullo, *m.* hooded gown; cagoule (*franc.*).
cucùlo, *m.* (*zool.*, *Cuculus canorus*) cuckoo*.
cucùrbita, *f.* **1** (*bot.*, *Cucurbita*) cucurbit; gourd **2** (*di alambicco*) retort.
cucurbitàcea, *f.* (*bot.*) cucurbit.
Cucurbitàcee, *f. pl.* (*bot.*, *Cucurbitaceae*) Cucurbitaceae.
cucùzza, *V.* **cocuzza**.
cucùzzolo, *V.* **cocuzzolo**.
cudù, *m.* (*zool.*, *Strepsiceros strepsiceros*) koodoo*; kudu.
cùffia, *f.* **1** (*cappellino femm.*) bonnet **2** bonnet; cap: **c. da neonato**, baby's cap (*o* bonnet); **c. da bagno**, bathing cap; **c. da infermiera**, nurse's cap; **c. da notte**, nightcap **3** (*di suora*) coif **4** (*acustica*) earphones (*pl.*); headphones (*pl.*); headset: **c. stereofonica**, stereo headphones (*pl.*); **ascoltare q.c. in c.**, to listen to st. on the headphones **5** (*mecc.*) casing; shroud; cowling; hood. ● (*teatr.*) **c. del suggeritore**, prompt (*o* prompter's) box □ (*bot.*) **c. radicale**, root cap □ (*fig.*) **uscirne per il rotto della c.**, to get off (*o* to escape) by the skin of one's teeth □ (*fig.*, *di esami e sim.*) **passare per il rotto della c.**, to scrape through.
cùfico, *a.* Kufic, Cufic.
cuginànza, *f.* cousinhood; cousinship.
cugino, *m.* (*f.* **-a**) cousin: **primo** [**secondo**] **c.**, first [second] cousin; **c. germano**, cousin german; **Non ho cugini, solo cugine**, I have no male cousins, only female ones; **È figlio di un mio primo c.**, he is a first cousin to me, once removed.
cui, *pron relat. m.* e *f.*, *sing.* e *pl.* **1** (*nei casi obliqui, rif. a persone*) whom; (*a cui*) to whom (*form.*, *spesso sottinteso, posponendo la prep.*): **la persona cui mi rivolsi**, the person to whom I turned; the person I turned to; **l'uomo di cui ti parlavo**, the man I was speaking of; the man of whom I was speaking; **la donna da cui ricevette una lettera**, the woman he got a letter from; the woman from whom he received a letter **2** (*nei casi obliqui, rif. a cose e animali*) which; (*a cui*) to which (*form.*, *spesso sottinteso, posponendo la prep.*): **la medicina cui ricorsi**, the medicine I resorted to; the medicine to which I resorted; **il libro di cui parlavo**, the book I was speaking of; the book of which I was speaking; **il paese da cui viene**, the country he comes from; the country from which he comes **3** (*genitivo poss.*: *rif. a persone*) whose; (*rif. a cose e animali*) of which, whose: **la persona di cui ti dissi il nome**, the person whose name I mentioned; **l'uomo il cui fratello ci fece visita ieri**, the man whose brother came to see us yesterday; **I Clark, di cui vedi la casa, sono all'estero**, the Clarks, whose house you can see, are abroad; **la scatola di cui hai rotto il coperchio**, the box whose lid (*form.*: the lid of which) you broke; **il cavallo la cui gamba è rotta**, the horse whose leg is broken; **la signora del cui figlio mi parlavi**, the lady of whose son you were talking. ● **in cui**, in which; (*compl. di luogo*) where; (*compl. di tempo*) when: **il paese in cui nacqui**, the village where (*o* in which) I was born; **il giorno in cui arrivai**, the day (when) I arrived □ **il modo in cui si è tenuta la riunione**, the way (in which) the meeting was held □ **per cui** (*perciò*), so; therefore; in consequence of which □ **ragion per cui**, which is why □ **la ragione per cui**, the reason why □ **tra cui**, (*rif. a persone*) among whom; (*rif. a cose o animali*) among which, including.
cui prodest (*lat.*), **A** *locuz. interr.* who stands to benefit by it? **B** *locuz. m. invar.* advantage; benefit.
culàccio, *m.* (*cucina*) rump.
culàco, *m.* kulak.
culàta, *f.* (*volg.*) **1** (*caduta*) fall on one's ass: **prendere una c.**, to fall on one's ass **2** (*urtone*) shove with one's ass.
culatèllo, *m.* «culatello» (kind of ham).
culàtta, *f.* **1** (*di arma da fuoco*) breech **2** (*di pantaloni*) seat **3** (*cucina*) rump.
culattóne, *m.* (*volg.*) passive homosexual; nancy (boy) (*spreg.*).
culbiànco, *m.* (*zool.*, *Oenanthe oenanthe*) wheatear.
cul-de-sac (*franc.*), *m. invar.* (*anche fig.*) cul-de-sac*; blind alley.
culdoscopìa, *f.* (*med.*) culdoscopy.
culinària, *f.* gastronomy; culinary art; cookery.
culinàrio, *a.* culinary; gastronomic; cookery (*attr.*): **lezioni culinarie**, cookery lessons.
cùlla, *f.* **1** cot; crib; cradle; (*di vimini e con cappuccio*) bassinet: **c. a dondolo**, swing cot; rocking crib; **c. portatile**, carrycot; **c. termica**, incubator; **fin dalla c.**, from the cradle; **morire in c.**, to die in one's infancy; **dalla c. alla tomba**, from the cradle to the grave **2** (*tecn.*) cradle **3** (*fig.*) cradle; birthplace: **la c. della civiltà**, the cradle of civilization.
cullàre, **A** *v. t.* **1** to rock; (*fra le braccia*) to cradle; (*sulle ginocchia*) to dandle; (*cantando la ninna nanna*) to lull: **c. un bambino finché non si addormenta**, to rock a baby to sleep **2** (*fig.*: *illudere*) to lull; to beguile **3** (*fig.*: *custodire un sentimento*) to cherish; to nurse. **B** **cullàrsi**, *v. rifl.* **1** to rock (oneself) **2** (*fig.*: *illudersi*) to delude oneself; to fool oneself (into) (*fam.*): **Mi cullavo nella speranza di succedergli**, I fooled myself into thinking I would be his successor; **Si cullava nell'illusione di sposarla**, he cherished the illusion that he would marry her.
culminàle, *a.* (*geogr.*) at the top (of a mountain); peak (*attr.*); summit (*attr.*).
culminànte, *a.* **1** culminating: **punto c.**, culminating point: climax; **il momento c. dello spettacolo**, the highlight of the show **2** (*astron.*) culminant.
culminàre, *v. i.* **1** (*astron.*) to culminate **2** (*fig.*) to culminate; to reach a climax (*o* an apex).
culminazióne, *f.* (*astron.*, *geol.*) culmination.
cùlmine, *m.* **1** (*cima*) summit, top, peak; (*vertice*) apex*: **il c. d'un monte**, the top of a mountain; **il c. di una traiettoria**, the apex of a trajectory **2** (*apice*) apex*, height, peak, top, culmination, acme, zenith; (*momento culminante*) height, climax, highlight: **essere al c. della carriera**, to have reached the peak (*o* top) of one's career; **il c. della felicità**, the height of happiness.
cùlmo, *m.* (*bot.*) culm; (*di cereali, fagioli, ecc.*) haulm, halm.
cùlo, *m.* (*pop.*) **1** (*sedere*) bum (*GB*); buns (*pl. USA*); arse (*volg. GB*); ass (*volg. USA*) **2** (*ano*) arsehole (*volg. GB*); asshole (*volg. USA*) **3** (*fondo di bottiglia, ecc.*) bottom **4** (*fig.*: *fortuna*) luck: **Che c. (che hai)!**, you lucky bastard! (*pop.*). ● (*fig.*) **essere c. e camicia con q.**, to be hand in glove with sb.; to be as thick as thieves with sb.; to be buddy-buddy with sb. (*USA*) □ (*fig.*) **leccare il c. a q.**, to kiss sb.'s ass (*volg.*); to brown-nose sb. (*volg. USA*) □ **mandare q. a fare in c.**, to tell sb. to fuck off (*volg.*) □ (*fig.*) **prendere q. per il c.**, to take the piss out of sb. (*volg.*).
culottes, *f. pl.* panties.
cùltivar, *f.* (*orticultura*) cultivar.
cùlto (1), *m.* **1** (*adorazione*) worship, adoration; (*venerazione*) veneration, cult: **il c. di Dio**, the worship of God; **il c. della Madonna**, the cult of the Virgin; **il c. dei santi**, the veneration of saints; **Ha un vero c. per la madre**, he has a real veneration for his mother **2** (*riti, ecc.*) cult; rites (*pl.*); worship: **fondo per il c.**, church fund; **ministri del c.**, ministers; priests; the clergy (*collett.*) **3** (*religione*) religion; creed; faith; (*setta*) cult, sect: **il c. ebraico**, the Jewish faith (*o* religion); **genti di ogni c.**, people of all creeds; **un c. esotico**, an exotic cult **4** (*profondo rispetto*) cult: **il c. dell'amicizia**, the cult of friendship; **il c. dell'eleganza**, the cult of elegance; **c. della personalità**, personality cult. ● **film di c.**, cult film; cult movie (*USA*) □ **libertà di c.**, freedom of worship.
cùlto (2), *V.* **colto**.
cultóre, *m.* (*f.* **-trice**) (*studioso*) student; (*esperto*) expert, connoisseur; (*appassionato*) lover, enthusiast, buff (*fam.*): **un c. di politica**

estera, a student of foreign affairs; **c. di balletto**, ballet lover; **c. di cinema**, film expert; film buff; **c. di lettere**, man of letters.

cultùra, *f.* **1** culture: **aspetti della c. europea**, aspects of European culture; **c. di massa**, mass culture **2** (*sapere*) culture; general knowledge; learning; education: **c. scientifica**, scientific knowledge; **un uomo di c.**, a man of culture; a highly educated man; **avere una vasta c.**, to be extremely well read (in st.); to be very cultured; **farsi una c. su q.c.**, to study st.; to read about st.; **le pagine della c.** (*di un giornale*), the books and arts pages **3** (*antropol.*) culture **4** (*coscienza*) mentality; ethos; attitude; awareness: **c. operaia**, working-class ethos; **la c. dell'ambiente**, environmental awareness **5** (*agric.*) *V.* **coltura**. • **c. fisica**, physical culture.

culturàle, *a.* cultural: **livello c.**, cultural level; **società c.**, cultural society; **la Rivoluzione C.** (*cinese*), the Cultural Revolution; **beni culturali**, cultural assets; artistic heritage (*sing.*).

culturalișmo, *m.* **1** ostentatious display of culture **2** excessive importance given to cultural aspects.

culturalìstico, *a.* too concentrated on cultural aspects.

culturișmo, *m.* body-building.

culturista, *m.* e *f.* body-builder.

culturìstico, *a.* body-building (*attr.*).

cumàrico, *a.* (*chim.*) coumaric.

cumarìna, *f.* (*chim.*) coumarin.

cumaróne, *m.* (*chim.*) coumarone; benzofuran.

cumène, *m.* (*chim.*) cumene.

cum grano salis (*lat.*), *locuz. avv.* with a grain of salt.

cumìno, *m.* (*bot.*, *Cuminum cyminum*) cum(m)in. • (*bot.*) **c. dei prati** (*o* **tedesco**) (*Carum carvi*), caraway.

cumulàbile, *a.* accumulable; cumulative.

cumulabilità, *f.* cumulativeness.

cumulàre, *v. t.* to accumulate; to cumulate; to compound: **c. interessi**, to compound interests; **c. più incarichi**, to hold a number of offices; **c. due stipendi**, to draw two salaries.

cumulatìvo, *a.* cumulative; total; overall (*attr.*); inclusive; (*collettivo*) group (*attr.*), combined: **effetto c.**, cumulative effect; **biglietto c.**, group ticket; **prezzo c.**, inclusive (*o* all-in) price; **interessi cumulativi**, cumulative interest; **trasporto c.**, combined transport.

cumulifórme, *a.* (*meteor.*) cumuliform.

cùmulo, *m.* **1** (*mucchio*) heap; pile; stack; mound: **un c. di rottami**, a heap of scrap; **un c. di neve**, a heap of snow; **un c. di terriccio**, a mound of earth **2** (*fig.*: *gran quantità*) load; heap; pile; stack; lot: **un c. di libri**, a stack of books; **un c. di bucato**, a pile of washing; **c. di lavoro arretrato**, backlog; **un c. di scemenze**, a load (*o* heap) of nonsense **3** (*concentrazione*) cumulation; plurality; aggregation: **c. d'incarichi**, plurality of offices; (*fisc.*) **c. di imposte**, cumulative taxation; (*leg.*) **c. di pene**, aggregation of sentences; consecutive sentences; **c. di redditi**, aggregation of incomes; (*fisc.*) joint taxation **4** (*insieme*) series: **un c. di circostanze**, a series of circumstances **5** (*meteor.*) cumulus*.

cumulonémbo, *m.* (*meteor.*) cumulonimbus*.

cumulostràto, *m.* (*meteor.*) stratocumulus*.

cùna, *f.* (*lett.*) cradle.

cuneàto, *a.* cuneate(d); wedge-shaped.

cuneifórme, **A** *a.* cuneiform; wedge-shaped: **caratteri cuneiformi**, cuneiform characters; (*anat.*) **osso c.**, cuneiform (bone). **B** *m.* cuneiform (writing).

cùneo, *m.* **1** wedge (*anche mat.*, *mil.*); (*per bloccare una ruota, anche*) chock, scotch: **a forma di c.**, wedge-shaped; **c. di arresto**, grip wedge; **fermare con un c.**, to wedge **2** (*archit.*) quoin; wedge **3** (*archeol.*) cuneus*. • (*TV*) **c. di risoluzione**, wedge.

cunétta, *f.* **1** (*canale di scolo*) gutter **2** (*del fondo stradale*) road bump: **strada piena di cunette**, road full of bumps and holes.

cunìcolo, *m.* **1** tunnel; underground passage **2** (*di animali*) burrow **3** (*min.*) drift; (*verticale*) shaft: **c. di comunicazione**, staple; **c. di ventilazione**, ventilation shaft.

cunicoltóre, *m.* (*f.* **-trice**) rabbit breeder.

cunicoltùra, *f.* rabbit breeding.

cunnilìncto, **cunnilingio**, *m.* cunnilingus; cunnilinctus.

cuòca, *f.* (woman*) cook: **c.-tuttofare**, cook-general.

cuòcere, **A** *v. t.* **1** to cook; to cook up **2** (*ceramiche, mattoni*) to bake; to fire; to kiln **3** (*bruciare, inaridire*) to burn*; to bake. **B** *v. i.* **1** to cook: **Il riso ci mette del tempo a c.**, rice cooks slowly **2** (*ceramiche, mattoni*) to bake **3** (*inaridire*) to burn*; to parch **4** (*fig.*: *ferire, offendere*) to burn*; to sting*: **L'ingiuria gli cuoceva ancora**, the insult was still burning in him; he was still smarting under the insult. • **c. a bagnomaria**, to cook bain-marie □ **c. a fuoco vivo**, to cook on a high flame □ **c. a fuoco lento**, to cook on a slow heat; (*liquidi*) to simmer □ **c. al forno**, (*pane, torte, ecc.*) to bake; (*carne*) to roast □ **c. alla griglia** (*o* **ai ferri**), to grill □ **c. a lesso**, to boil □ **c. arrosto**, to roast □ **c. in umido**, to stew □ **c. troppo**, to overcook □ (*fig.*) **lasciar c. q. nel suo brodo**, to let sb. stew in his own juice. **C cuocersi**, *v. i. pron.* **1** to cook **2** (*fam.*: *innamorarsi*) to fall* in love.

cuòco, *m.* cook: **primo c.**, head cook; chef (*franc.*).

cuoiàio, *m.* **1** (*chi concia il cuoio*) leather dresser; tanner **2** (*chi lo vende*) dealer in leather and hides.

cuoiàme, *m.* leather and hides (*pl.*); (*oggetti di cuoio*) leather goods (*pl.*).

cuoierìa, *f.* leather goods shop.

cuòio, *m.* (*pl.* **cuòi**, *m. nella def. 1*; **cuòia**, *f. nella def. 2*) **1** leather; hide: **c. conciato**, dressed leather; **c. artificiale**, imitation leather; **c. di Russia**, Russian leather; **c. verniciato**, patent leather; **scarpe di vero c.**, genuine leather shoes **2** (*fig. scherz.*: *pelle*) skin; hide: **avere le cuoia dure**, to be tough; to be able to take it; **lasciarci le cuoia**, to die; to buy it (*pop.*); to cop it (*pop.*); **rischiare le cuoia**, to risk one's skin; **tirare le cuoia**, to kick the bucket (*pop.*); to snuff it (*pop. GB*); to croak (*pop. USA*). • (*anat.*) **c. capelluto**, scalp □ **articoli (d'abbigliamento) di c.**, leatherwear □ (*fig.*) □ **finto c.**, leatherette.

cuòra, *f.* (*geogr.*) floating bog.

cuorcontènto, *V.* **corcontento**.

cuòre, *m.* **1** (*anat.*) heart: **Il c. dell'uomo non batteva più**, the man's heart had stopped beating; **c. artificiale**, artificial heart; **attacco di c.**, heart attack; heart failure; **battiti del c.**, heartbeats; **malattia di c.**, heart disease; heart trouble; **essere malato** (*o* **soffrire**) **di c.**, to have a bad heart; to have heart troubles; to have a dicky heart (*fam. GB*); **soffio al c.**, heart murmur; **trapianto di c.**, heart transplant **2** (*sede dei sentimenti*) heart: **i moti del c.**, the impulses of the heart; **avere buon c.**, to be kind-hearted; to have a kind heart; **avere il c. gonfio**, to be heavy-hearted; **avere il c. libero**, to be unattached; **avere il c. spezzato**, to be heartbroken; **avere il c. tenero**, to have a soft heart; to be soft-hearted; **avere un c. crudele**, to be cruel; **avere un c. di leone** [**di coniglio**], to be lion-hearted [chicken-hearted]; **avere un c. di pietra**, to have a heart of stone; to be stony-hearted; **avere un c. duro**, to be hard-hearted; **un uomo di gran c.**, a warm-hearted man; a generous man; **senza c.**, heartless; **Mi fece bene al c. rivederli**, it did my heart good to see them; **Mi si allargò il c.** (**per la speranza**), I felt a surge of hope; **aprire il proprio c. a q.**, to open one's heart to sb.; **leggere nel c. di q.**, to see into sb.'s heart; **Non mi regge il c. di dirglielo**, I haven't the heart to tell him; **spezzare il c. di q.**, to break sb.'s heart; **una vista che spezza il c.**, a heartbreaking (*o* heartrending) sight; **A quella vista mi si strinse il c.**, that sight wrung my heart; **Mi si struggeva il c. pensando a lui**, my heart ached for him **3** (*oggetto a forma di c.*) heart: **un c. d'argento**, a silver heart **4** (*fig.*: *centro*) heart; centre, center (*USA*); core: **il c. della città**, the heart of the city; **il c. del problema**, the heart of the problem; **cuori di carciofo**, artichoke hearts; **il c. di un frutto**, the core of a fruit; **il c. industriale del paese**, the industrial heartland of the country; **nel c. dell'inverno**, in the heart (*o* depth) of winter; **nel c. dell'Africa**, in the centre (*o* heart) of Africa; **nel c. della notte**, in the dead of night **5** (*pl.*) (*seme di carte*) hearts: **dama di cuori**, queen of hearts **6** (*ferr.*) frog. • **cuor contento**, *V.* **corcontento** □ (*fig.*) **c. di coniglio**, chicken □ (*fig.*) **c. di leone**, brave person; lion □ (*fig.*) **c. d'oro**, heart of gold; (*persona*) angel □ **C. mio!**, my love!; my heart! (*lett.*) □ **c. solitario**, lonely heart □ **chirurgia a c. aperto**, open-heart surgery □ **Te lo dico a c. aperto**, I'm telling you openly (*o* freely) □ **conversazione a c. aperto**, heart-to-heart conversation □ **a cuor leggero**, light-heartedly □ **a forma di c.**, heart-shaped □ **affari di c.**, affairs of the heart □ **amico del c.**, (sb.'s) best (*o* bosom) friend □ **avere a c. il benessere di q.**, to have sb.'s welfare at heart □ (*fig.*) **avere il c. sulle labbra**, to wear one's heart on one's sleeve □ **che viene dal c.**, heartfelt (*agg.*); from the heart □ (*fig.*) **col c. in gola**, with one's heart in one's mouth □ **Con che c. potrei chiederle questo?**, how could I ever ask her that? □ **dal profondo del c.**, from the bottom of one's heart □ **del c.**, favourite: **la squadra del c.**, one's favourite team □ **di c.**, heartily; with all one's heart: **ridere di c.**, to laugh heartily; **ringraziare di c.**, to thank heartily (*o* with all one's heart) □ **di (buon) c.**, wholeheartedly; with all one's heart; (*volentieri*) gladly, with pleasure □ **un uomo di (buon) c.**, a kind-hearted (*o* good-hearted, warm-hearted) man □ **di (tutto) c.**, with all one's heart; wholeheartedly: **amare q. di tutto c.**, to love sb. with all one's heart □ **Il cuore mi dice che tornerà**, I know (*o* I feel) in my heart he'll come back □ **due cuori e una capanna**, love in a cottage □ **fare q.c. col c.**, to put one's heart into st. □ **farsi c.**, to take heart □ **In alto i cuori!**, cheer up! □ **in fondo al** (*o* **nel profondo del**) **c.**, deep in one's heart; in one's heart of hearts □ (*fig.*) **mangiarsi** (*o* **rodersi**) **il c.**, to eat one's heart out □ **mettersi il c. in pace**, (*tranquillizzarsi*) to set one's mind at rest; (*rassegnarsi*) to resign oneself □ **avere la morte nel c.**, to be sick at heart □ **prendere a c. q.c.**, to take st. to heart □ **Mi sta a c. la tua felicità**, I am concerned about your happiness; I have your happiness at heart □ **Il progetto mi sta molto a c.**, I have a close interest in this plan □ (*fig.*) **toccare il c. di q.**, to touch sb.; to move sb.: **La sua storia mi toccò il c.**, I was moved by his story □ **Ho avuto un tuffo al c.**, my heart leapt; my heart missed a beat □ (*prov.*) **Cuor contento il ciel l'aiuta**, heaven helps the happy □ (*prov.*) **Freddo di mano, caldo di c.**, a cold hand and a warm heart □ (*prov.*) **Lontano dagli occhi, lontano dal c.**, out of sight, out of mind □ (*prov.*) **Occhio non vede, c. non duole**, what the eye sees not, the heart rues not.

cuorifórme, *a.* heart-shaped.

cupézza, *f.* **1** (*oscurità*) darkness; murkiness **2** (*tristezza*: *di cosa*) gloom, gloominess; (*di persona*) gloom, despondency; (*tetraggine*) glumness, sullenness, moroseness **3** (*di suono*: *profondità*) depth; hollowness; dullness.

cupidigia, *f.* avarice; covetousness; greed; cupidity: **basse cupidigie**, base cupidity.

Cupido, *m.* (*mitol.* e *fig.*) Cupid.

cùpido, *a.* (*lett.*) covetous; greedy.

cùpo, *a.* **1** (*scuro*) dark; murky: **rosso c.**, dark red **2** (*triste*) dark; gloomy; sombre; despondent; (*tetro*) dismal, glum, sullen, morose: **cupe previsioni**, gloomy prospects; **silenzio c.**, gloomy silence; **c. in volto**, with a dark (*o* sullen) face **3** (*di suono*: *profondo*) deep; hollow; dull: **una voce cupa**, a deep voice; **un tonfo c.**, a dull thud **4** (*minaccioso*) sinister **5** (*taciturno*) taciturn.

cùpola, *f.* **1** (*archit.*) dome; (*più piccola*) cupola **2** (*bot.*) cupule **3** (*di cappello*) crown **4** (*geol.*) plug **5** (*fig.*) top-ranking mafiosi (*pl.*); Mafia bosses (*pl.*). ● **a c.**, dome--shaped; domed.

cupolifórme, *a.* dome-shaped; domed.

cupolóne, *m.* **1** big dome **2** (*a Roma*) dome of St. Peter's; (*a Firenze*) dome of Santa Maria del Fiore.

cupralluminio, *m.* (*metall.*) aluminium bronze.

cùpreo, *a.* (*lett.*) copper (*attr.*); coppery; cupreous (*lett.*): **di colore c.**, copper-coloured.

cùprico, *a.* (*chim.*) cupric.

cuprìfero, *a.* cupriferous.

cuprìsmo, *m.* (*med.*) copper poisoning.

cuprite, *f.* (*miner.*) cuprite.

cùra, *f.* **1** (*attenzione*) care (*generalm. al sing.*); (*premura, anche*) attention: **Ha bisogno di cure affettuose**, he needs care; **prendersi c. di q.**, to take care of sb.; **c. del corpo**, care for one's body; body care; **mettere c. nel proprio abbigliamento**, to dress with care; **avere c. della propria salute**, to take care of oneself; to look after oneself; **Abbiti c.!**, take care of yourself!; look after yourself!; **affidare un bambino alle cure di q.**, to leave a child in sb.'s care **2** (*cosa che sta a cuore*) thing one cares about: **L'unica sua c. è il computer**, his computer is the only thing he cares about **3** (*accuratezza, precisione*) care, carefulness; accuracy; attention: **fare q.c. con grande c.**, to do st. with great care; **La vostra ordinazione sarà eseguita con la massima c.**, your order will have our best attention; **trattare q.c. con c.**, to treat st. carefully (*o* with care); **senza c.**, carelessly **4** (*responsabilità*) care, responsibility; (*amministrazione, conduzione*) running, keeping, management, administration: **la cura della famiglia**, the care of the family; **avere la c. dei beni di q.**, to have the management of sb.'s estate; **la c. della casa**, the running of the house; the housekeeping **5** (*pl.*) (*lett.*: *preoccupazioni*) cares: **le cure e gli affanni**, cares and tribulations **6** (*med.*: *particolare metodo di c.*) treatment; (*metodo di guarigione*) cure; (*l'accudire il malato*) care, attendance, nursing (*tutti quasi sempre al sing.*): **prescrivere una c.**, to prescribe a treatment; **provare varie cure**, to try different kinds of treatment; **Sta facendo una c. per la febbre da fieno**, he is having treatment (*o* is taking medicines) for his hay fever; **Non esiste c. per il raffreddore**, there is no cure for a cold; **trovare una c. per il cancro**, to find a cure for cancer; **c. a base di calcio**, calcium treatment; **c. ambulatoriale**, out-patient treatment; **c. del sole**, sunbathing; **c. del sonno**, deep-sleep treatment; **c. di fanghi**, course of mud baths; **c. dimagrante**, slimming cure; **cure postoperatorie**, aftercare; **cure termali**, hydrotherapy; **fare una c. termale**, to take the waters; **luogo di c. termale**, spa; **avere un malato in c.**, to have a patient in one's cure; **La malattia richiede le cure di un'infermiera esperta**, the disease needs skilled nursing **7** (*eccles.*) *V.* **canonica**. ● (*eccles.*) **c. d'anime**, cure of souls □ **c. di bellezza**, beauty treatment □ **a c. di**, by; edited by: **note a c. di M. Rossi**, notes by M. Rossi; **un'antologia di racconti a c. di X**, an anthology of short stories edited by X □ **avere c. di fare q.c.**, to be careful to do st. □ **casa di c.**, nursing home □ **Lasciate a me la c. di quest'affare**, leave this matter to me □ **Sarà mia c. impedirlo**, I'll see that it doesn't happen.

curàbile, *a.* curable.

curabilità, *f.* curability; curableness.

curandàio, *m.* (*ind. tess.*) bleacher.

curànte, *a.* – **medico c.**, doctor in charge (of a case): **Chi è il medico c.?**, who is the doctor in charge?; **il nostro medico c.**, our family doctor; our G.P. (*abbr. di* General Practitioner).

curapìpe, *m. invar.* pipe cleaner.

curàre, **A** *v. t.* **1** (*avere cura di*) to take* care of; to look after: **c. i propri affari**, to take care of one's business; **Il giardino lo curerò io**, I'll look after the garden; **curare il proprio aspetto**, to be careful about one's appearance; to be very neat; **Devi curare di più la pronuncia**, you must concentrate more on your pronounciation **2** (*sovrintendere*) to supervise; to be in charge: **c. una traduzione**, to supervise a translation **3** (*opere letterarie*) to edit: **c. le lettere di Cicerone**, to edit Cicero's letter **4** (*provvedere*) to take* care; to see*; to make* sure: **Curate che tutto sia pronto**, see that everything is ready **5** (*fam.*: *tenere d'occhio*) to have one's eye on: **Farà bene a rigar dritto, perché io lo curo**, I have my eye on him, so he'd better toe the line **6** (*med.*) to treat; (*guarire*) to cure; (*accudire*) to nurse: **c. l'insonnia con una nuova terapia**, to treat insomnia by a new therapy; **Lo curano a casa**, they are nursing him at home; **Restai a casa a curarmi il raffreddore**, I stayed at home nursing my cold; **Fatti curare quella tosse**, you should see a doctor about that cough; **non c.**, to neglect **7** (*comm.*) to see* to; to attend to; to provide for: **c. la spedizione della merce**, to see to the forwarding (*o* shipment) of the goods; **c. l'accettazione di una cambiale**, to see that a bill is accepted; **c. l'assicurazione della merce**, to effect insurance of the goods. ● (*eccles.*) **c. le anime**, to have the cure of souls. **B curàrsi,** *v. rifl.* **1** (*avere cura della propria salute*) to take* care of one's health; to do something for one's health: **Ha una brutta tosse, dovrebbe curarsi**, he has a bad cough, he should do something about it **2** (*seguire una cura*) to follow (*o* to undergo*) a treatment **3** (*badare al proprio aspetto*) to be very careful about one's appearance; to be very neat. **C curàrsi,** *v. i. pron.* **1** (*badare a, occuparsi di*) to take* care of; to look after; to mind; to attend to; to see* to: **Curati di loro**, take care of them; **c. dei bambini**, look after the children; **Curati dei fatti tuoi**, mind your own business **2** (*avere a cuore*) to care about: **Si cura molto di quello che pensano di lei**, she cares a lot about what people think of her **3** (*darsi pensiero*) to care about; to pay* attention to: **Non si cura di nessuno**, he doesn't care about anyone; **Nessuno si stava curando di me**, no one was paying any attention to me; **Mio marito non si cura di me**, my husband neglects me; my husband just takes me for granted; **non c. di q.c.**, to be indifferent to st.; to take no notice of st.; to disregard st.; to shrug st. off; **non c. di un avvertimento**, to disregard (*o* to shrug off) a warning.

curàrico, **A** *a.* **1** (*chim.*) curare (*attr.*) **2** (*farm.*) curariform. **B** *m.* (*farm.*) curariform drug.

curarina, *f.* (*chim.*) curarine.

curarizzàre, *v. t.* (*med.*) to curarize.

curarizzazióne, *f.* (*med.*) curarization.

curàro, *m.* curare.

curasnétta, *f.* (*vet.*) farrier's knife.

curatèla, *f.* (*leg.*) **1** trusteeship **2** (*fallimentare*) (*in G.B.*) receivership; (*in U.S.A.*) trusteeship **3** (*tutela*) guardianship; (*in Scozia*) curatorship.

curatìvo, *a.* (*med.*) curative.

curàto (1), *a.* **1** (*fatto con cura*) made with care; carefully made **2** (*ben tenuto*) well-kept; trim **3** (*di persona*) trim; neat; well-groomed.

curàto (2), *m.* (*eccles.*) curate.

curatóre, *m.* (*f.* **-trice**) (*leg.*) **1** trustee; administrator **2** (*tutore*) guardian **3** (*fallimentare*) (*in G.B.*) receiver; (*in U.S.A.*) trustee (in bankruptcy) **4** (*di opera letteraria*) editor.

curazìa, *f.* (*eccles.*) curacy.

curbàscio, *m.* kurbash, curbash.

cùrcas, *m.* (*bot., Jatropha curcas*) physic nut. ● **olio di c.**, curcas oil.

curculióne, *m.* (*zool., Curculio*) snout beetle; weevil; curculio.

cùrcuma, *f.* (*bot., Curcuma longa*) curcuma; turmeric.

curcumina, *f.* (*chim.*) curcumin; turmeric jellow; turmeric.

cùrdo, **A** *a.* Kurdish. **B** *m.* (*f.* **-a**) Kurd (*f.* Kurdish woman*). **C** *m.* (*lingua*) Kurdish.

cùria, *f.* **1** (*stor., archeol.*) curia* **2** (*eccles.*) Curia*; Papal Court: **la c. romana**, the Roman Curia; **c. vescovile**, diocesan curia **3** (*complesso degli avvocati di un luogo*) (the) Bar.

curiàle, *a.* **1** (*stor., archeol.*) curial **2** (*aulico*) courtly; majestic **3** (*forense*) legal.

curialésco, *a.* (*spreg.*) sophistical; quibbling.

curiàto, *a.* (*stor. romana*) of a (Roman) curia. ● **comizi curiati**, «comitia curiata».

Curiàzi, *m. pl.* (*stor.*) Curiatii.

curie, *m. invar.* (*fis.*) curie: **c.-ora**, curie hour; **punto di c.**, curie temperature.

cùrio, *m.* (*chim.*) curium.

curiosàggine, *f.* inquisitiveness; nosiness (*fam.*).

curiosaménte, *avv.* **1** (*stranamente*) curiously; oddly; strangely **2** (*con curiosità*) curiously; inquisitively.

curiosàre, *v. i.* **1** (*dare un'occhiata*) to look about; to have a look around; to browse **2** (*spreg.*) to be inquisitive; to be nosy (*fam.*); to pry; to snoop (*fam.*); to poke one's nose (into st.) (*fam.*).

curiosità, *f.* **1** curiosity; inquisitiveness: **per** (**pura**) **c.**, out of curiosity; as a matter of interest **2** (*spreg.*) inquisitiveness; nosiness (*fam.*) **3** (*stranezza*) curiousness; strangeness; oddity; peculiarity; quaintness **4** (*oggetto raro*) curiosity; curio*. ● (*turismo*) **le c. d'un luogo**, the sights.

curióso, **A** *a.* **1** curious; inquisitive: **essere c. di sapere**, to be curious to know; **Sarei c. di saperlo**, I should like to know **2** (*spreg.*) inquisitive; prying; nosy (*fam.*); snoopy (*fam.*) **3** (*strano*) curious; strange; funny; odd; bizarre; quaint: **un c. copricapo**, a curious headdress; **È successo un fatto c.**, a funny thing happened. **B** *m.* (*f.* **-a**) **1** (*chi si ferma a guardare*) onlooker; bystander: **una folla di curiosi**, a crowd of onlookers **2** (*spreg.*) inquisitive (*o* curious) person; nosy parker (*fam.*); snooper (*fam.*).

curricolàre, *a.* curricular.

currìcolo, curriculum, *m.* curriculum* vitae (*abbr.* CV); resumé (*USA*); record.

curry (*ingl.*), *m. invar.* (*cucina*) curry: **pollo al c.**, curried chicken; **c. di verdure**, vegetable curry.

cursóre, *m.* **1** (*stor.*: *corriere*) messenger; courier **2** (*scient., mecc.*) slider; sliding vector **3** (*elettr.*) slider **4** (*elab.*) highlight; cursor **5** (*di cerniera lampo*) slide fastener; (sliding) tab.

curùle, *a.* (*archeol.*) curule: **sedia c.**, curule chair.

cùrva, *f.* **1** (*mat., scient.*) curve: **c. a 180°**, return bend; **c. algebrica**, algebric curve; **c. chiusa**, closed curve; loop; **c. di cedimento**, stress-strain curve; (*econ.*) **c. della domanda**, demand curve; **c. esponenziale**, exponential curve **2** (*di strada*) bend, curve; (*svolta*) turn: **c. a destra** [**a sinistra**], curve to the right [to the left]; **c. a forcella** (*o* **a U**), hairpin bend; **c. a S**, S(-bend); **c. stretta**, sharp bend; **c. sopraelevata**, banked curve; **una strada tutta curve**, a road full of bends; **Dopo la fabbrica la strada fa una c. a destra**, beyond the factory the road bends (*o* curves) to the right; **prendere una c.**, to take a curve; **rallentare**

in c., to slow down when taking a curve; **sorpassare in c.**, to overtake on a bend; **tagliare una c.**, to cut a corner; to swing round a bend **3** (*del corpo*) curve: **Il vestito le segnava le curve**, the dress underlined her curves; **È tutta curve**, she is all curves; she is very curvaceous **4** (*di proiettile*) trajectory **5** (*geogr.*: *altimetrica o di livello*) contour (line). ● **descrivere una c.**, to curve.

curvàbile, *a.* bendable.

curvadòrsi, *m. invar.* (*legatoria*) backing press.

curvàre, **A** *v. t.* to bend*; to bow: **c. una sbarra di ferro**, to bend an iron bar; **c. il capo**, to bend one's head; (*per salutare*) to bow one's head; **c. la schiena**, to bend one's back; (*fig.*) to submit. **B** *v. i.* **1** (*svoltare*) to turn; (*di colpo*) to swerve, to swing* round **2** (*formare una curva*) to bend; to curve. **C curvàrsi**, *v. rifl.* to bend*; (*abbassandosi*) to stoop; (*per salutare*) to bow: **Si curvò sul letto**, he bent over the bed: **c. fino a terra**, to bend down to the ground; **Mi curvai a raccogliere la moneta**, I stooped to pick up the coin. **D curvàrsi**, *v. i. pron.* to bend*; (*per vecchiaia o malattia*) to become* bent.

curvatóre, *m.* (*f.* **-trice**) bender.

curvatrìce, *f.* (*mecc.*) bending machine; bender: **c. a ingranaggi**, geared bender; **c. per legno**, wood-bending machine.

curvatùra, *f.* **1** (*il curvare*) bending **2** (*andamento curvo*) curvature: **la c. della superficie terrestre**, the curvature of the earth: **la c. della spina dorsale**, the curvature of the spine; (*mat.*) **c. gaussiana**, Gaussian curvature; (*ottica*) **centro di c.**, centre of curvature; **raggio di c.**, bending radius **3** (*mecc.*) camber **4** (*naut.*: *della carena*) bilge **5** (*archit.*) sweep.

curvilineo, **A** *a.* (*anche mat.*) curvilinear. **B** *m.* (*grafica*) French curve.

curvimetro, *m.* opisometer.

cùrvo, *a.* **1** curved: **le linee curve dell'arte barocca**, the curved lines of baroque art **2** (*piegato*) bent; (*ingobbito*) stooping, bent; (*rannicchiato*) hunched: **un albero c. per la neve**, a tree bent under the snow; **Riconobbi subito la sua figura un po' curva**, I recognized his slightly stooping figure at once; **c. per gli anni**, bent with years; **un vecchio tutto c.**, a bent old man; **camminare c.**, to walk with a stoop; **spalle curve**, round (*o* drooping) shoulders; **stare c. sui libri**, to bend over the books; **Non sedere così c.**, don't sit so hunched up.

cuscinàta, *f.* blow (*o* swipe) with a cushion [with a pillow].

cuscinétto, *m.* **1** pad: **c. per timbri**, ink pad; **c. puntaspilli**, pincushion; (*anat.*) **c. adiposo**, pad **2** (*mecc.*) bearing: **c. a rulli**, roller bearing; **c. a sfere**, ball bearing; **c. antifrizione**, antifriction bearing; **c. di spinta**, thrust bearing; **c. intermedio**, intermediate bearing; **c. liscio**, friction (*o* plain) bearing; **c. oscillante**, self-aligning bearing; **sede di c.**, bearing housing. ● (*fig.*) **fare da c.**, to act as a buffer □ (*polit.*) **stato c.**, buffer state.

cuscino, *m.* **1** cushion; (*guanciale*) pillow; (*capezzale*) bolster; (*per inginocchiatoio*) hassock **2** (*mecc.*: *ammortizzatore*) pad. ● **c. d'aria** (*o* **pneumatico**), air cushion □ **un c. di fiori**, a wreath.

cuscita, *m. e f.* Cushite.

cuscitico, *a. e m.* (*ling.*) Cushitic.

cùsco, *m.* (*zool.*) cuscus.

cuscùs, *m.* (*cucina*) couscous.

cùscuta, *f.* (*bot., Cuscuta*) dodder; hellweed.

cuspidàle, *a.* cuspidal; pointed.

cuspidàto, *a.* (*bot., anat.*) cuspidate(d).

cùspide, *f.* **1** (*archit.*) spire **2** (*punta*) cusp; point; tip **3** (*anat., di cuore e di dente*) cusp **4** (*mat.*) cusp **5** (*astron.*) cusp.

custòde, **A** *m. e f.* **1** keeper; guardian; custodian; caretaker; watchdog (*fam.*); (*a un cancello*) gatekeeper: **c. di passaggio a livello**, level-crossing keeper; **c. di museo**, museum attendant; **c. delle carceri**, prison guard; jailer; **c. della libertà**, guardian of freedom **2** (*portiere*) porter, concierge, superintendent (*USA*), super (*USA*); (*bidello*) janitor **3** (*leg.*) receiver. **B** *a.* – (*anche fig.*) **angelo c.**, guardian angel.

custòdia, *f.* **1** care; custody; safekeeping: **Ho in c. i suoi gioielli**, I have her jewels in my care; **Mi ha dato in c. i suoi quadri**, he left his pictures with me for safekeeping; **affidare un bambino alla c. di q.**, to entrust a child to sb.'s care; **lasciare q.c. in c. alla reception**, to deposit st. with the reception **2** (*leg.*) custody, detention; (*di minore*) custody, guardianship: **La c. dei figli andò alla madre**, custody of the children was granted to their mother; **sotto la c. del padre**, in the custody of one's father; **c. cautelare**, preventive detention (*o* custody); (*in G.B.*) remand **3** (*astuccio, ecc.*) case, holder, box, container; (*fodero*) sheath; (*di disco*) sleeve, jacket (*USA*): **c. degli occhiali**, spectacle case; **c. di violino**, violin case. ● **agente di c.**, prison guard; warder (*GB*) □ **camera di c.**, strongroom □ (*banca*) **spese di c.**, safe custody charges.

custodire, **A** *v. t.* **1** (*conservare*) to keep*; to guard; to preserve: **c. in cassaforte**, to keep in a safe; **c. sotto chiave**, to keep under lock and key; **c. q.c. con cura**, to guard st. with care; **c. un segreto**, to guard (*o* to keep) a secret **2** (*avere cura di*) to take* care of; to look after; to watch over **3** (*badare ad animali*) to tend **4** (*leg.*: *rif. solo a persona*) to hold* in custody **5** (*fig.*: *serbare con cura*) to cherish. **B custodirsi**, *v. rifl.* to take* care of oneself.

cutàneo, *a.* cutaneous; skin (*attr.*): **malattia cutanea**, skin disease; **test c.**, patch test.

cùte, *f.* (*anat.*) cutis*; (*com.*) skin.

cuticàgna, *f.* (*scherz.*: *collottola*) nape; scruff of the neck.

cuticola, *f.* (*bot., anat.*) cuticle.

cuticolàre, *a.* (*scient.*) cuticular.

cutina, *f.* (*bot.*) cutin.

cutireazióne, *f.* (*med.*) cutireaction.

cutréttola, *f.* (*zool., Motacilla flava*) yellow wagtail.

cutter (*ingl.*), *m. invar.* (*naut.*) cutter.

Cyclette, *f. invar.* (*marchio*) exercise bicycle; gym bike.

czar, *V.* **zar**.

czàrda, *V.* **ciarda**.

czèco, *V.* **ceco**.

d,D

D, d, *f. o m.* (*quarta lettera dell'alfabeto ital.*) D, d. ● (*telef.*) **d come Domodossola**, d for David; d for Dog (*USA*).

da, *prep.* ***1*** (*origine, derivazione, separazione*) from: **derivato dal greco**, derived from Greek; **(preso) dal vero**, (taken) from life; **separarsi da q.**, to part from sb.; **proteggere q. da q.c.**, to protect sb. from st.; **guarire da una malattia**, to recover from an illness; **L'ho saputo dai giornali**, I learned of it from the papers; **La tua depressione viene dal vivere troppo solo**, your depression comes from living too solitary a life; **a partire da oggi**, (starting) from today ***2*** (*origine, appartenenza*) of: **sant'Antonio da Padova**, St. Anthony of Padua ***3*** (*compl. d'agente, di causa efficiente*) by: **Fu ucciso da una freccia**, he was killed by an arrow; **scritto da Chaucer**, written by Chaucer; **spinto dalla curiosità**, driven by curiosity ***4*** (*moto da luogo*) from: **arrivare da Roma**, to arrive from Rome; **Vengo da Londra**, (*ne arrivo*) I've come from London; (*sono di Londra*) I come from London; **sporgersi dal balcone**, to lean from the balcony; **Cadde dal tetto**, he fell from the roof ***5*** (*fuori da*) from, out of; (*mezzi di trasporto*) off: **buttare q.c. dalla finestra**, to throw st. out of the window; **Esci da lì**, come out of there; **Estrasse dalla tasca una chiave**, he took a key out of (*o* from) his pocket; **Scesi dall'auto [dall'aereo]**, I got out of the car [off the plane] ***6*** (*giù da*) down from: **scendere dal cielo**, to come down from heaven ***7*** (*moto a luogo*) to: **Vai dai Bonelli?**, are you going to the Bonelli's?; **Vado dal dentista**, I'm going to the dentist's; **Va' da un medico**, go and see a doctor; **Venite da noi a pranzo domani**, come and have lunch with us tomorrow; **Sono andato da loro**, I've been to them (*a casa loro*: to their house, to their place); I've been to see them ***8*** (*moto per luogo*) through: **passare da Bologna**, to pass through Bologna; **entrare dalla finestra**, to go in through the window; **Non ci passa dalla porta**, it won't go in through the door ***9*** (*stato in luogo*) at: **comprare q.c. dal farmacista**, to buy st. at the chemist's; **La incontrai dal macellaio**, I met her at the butcher's; **L'ho lasciata dalla nonna**, I left her with Granny (*o* at Granny's); **Da me non c'è più stato**, he hasn't been back to see me; **Sto da un amico**, I'm staying with a friend (*o* at a friend's house) ***10*** (*tempo continuato*: *durata*) for (*che può essere sottinteso*): **Aspetto da un'ora**, I've been waiting (for) an hour; **Ci conosciamo da dieci anni**, we've known each other for ten years; **Non lo vedo da alcuni giorni**, I haven't seen him for the last few days; **Lo sto osservando da un po' di tempo**, I've been looking at it for some time; **Da quanto sei qui?**, how long have you been here?; **Da quant'è che non ti vedo!**, I haven't seen you for ages!; **da secoli** (*o* **da un'eternità**), for ages ***11*** (*tempo continuato: decorrenza*) since: **Aspetto dalle sei** (*o* **È dalle sei che aspetto**), I've been waiting since six o'clock; **È da Pasqua che non scrive**, he hasn't written since Easter; **dall'ultima volta che lo vidi**, since I saw him last; **da allora**, since then; **dal 1911**, since 1911 ***12*** (*tempo*: **da... a**) from... to: **dagli otto ai dodici anni** (*di età*), from eight to twelve years of age; **da lunedì a venerdì**, Monday to (*USA*: through) Friday ***13*** (*circa*: **da... a**) between... and: **Avrà dai venti ai venticinque anni**, he must be between twenty and twenty-five; **C'erano dalle due alle trecento persone**, there were between two and three hundred people ***14*** (*ruolo, condizione*) as: **lavorare da segretaria**, to work as a secretary; **fare da guida a q.**, to act as sb.'s guide; **Da bambino mi piaceva**, I used to like it as a child; **Da ragazzo ero timido**, when I was a boy I was shy; **Da grande farà il pilota**, he's going to be a pilot when he grows up; **morire da vecchio**, to die an old man ***15*** (*modo*) like; as: **agire da gentiluomo**, to behave like a gentleman; **comportarsi da villano**, to behave rudely; **Parliamoci da amici**, let's talk as friends; **Non è da lui**, it's not like him; it's unlike him; **Vive da nababbo**, he lives like a king; **Da buon genovese, è parsimonioso**, he's careful with his money, like a good Genoese; **clima da tropici**, tropical climate ***16*** (*causa*) for; with: **piangere dalla gioia**, to cry for joy; **tremare dalla paura**, to tremble with fear; **malattie da carenza**, deficiency diseases ***17*** (*valore, misura*) – **un francobollo da seicento lire**, a six-hundred-lire stamp; **una lampadina da 100 watt**, a 100-watt bulb; **roba da quattro soldi**, cheap stuff; **un uomo da poco**, a man of little worth ***18*** (*uso, scopo*) – **ferro da calza**, knitting needle; **scarpe da passeggio**, walking shoes; **occhiali da sole**, sunglasses; **bestia da soma**, beast of burden; **vestito da sera**, evening dress; **cavallo da corsa**, race horse; **macchina da scrivere**, typewriter ***19*** (*caratteristica*) with (*o forma aggettivale*): **una casa dal tetto rosso**, a house with a red roof; **un uomo dalle gambe storte**, a bandy- legged man; **un giovane dalle grandi ambizioni**, a young man with great ambitions ***20*** (*con valore limitativo*) in: **cieco da un occhio**, blind in one eye; **sordo da un orecchio**, deaf in one ear; **una finestra da ciascun lato**, a window on either side ***21*** (*seguito da un infinito*) – **avere da fare**, to be busy; to have a lot to do; **Dammi da bere [da mangiare]**, give me something to drink [to eat]; **È un libro da leggere**, it's a book worth reading; **un film da rivedere**, a film to be seen again; **un racconto da ridere**, a funny story; **parole da meditare**, words to reflect on; **È una decisione da prendere ora**, it's a decision that must be taken now ***22*** (*con valore consecutivo, spesso in correl. con «tanto» o «così»*) (as) to; that (*seguito da frase finita*): **Sia così gentile da aspettare**, be so good as to wait; **Ne comprai tanto da sfamarli tutti**, I bought enough to feed them all; **Ero così stanco da non poter quasi parlare**, I was so tired that I could hardly speak. ● **da allora in poi**, ever since; from then onwards □ (*fam.*) **Da bravo!**, that's (*o* there's) a good boy! □ **da capo**, (*dall'inizio*) from the beginning; (*di nuovo*) over again; (*mus.*) da capo □ **da capo a piedi**, from head to foot □ **da dentro**, from within □ **da fuori**, from outside □ **dal principio**, from the beginning □ **dalla parte del torto**, in the wrong □ **da lontano**, from afar □ **da mattina a sera**, from morning to (*o* till) night □ **da oggi in poi**, from today onwards □ **da parte**, apart; aside □ **dalle mie parti**, in my part of the country; where I come from □ **da qualche parte**, somewhere (here, there); hereabout; thereabout □ **farla da padrone**, to lord it □ **fare da sé**, to do (st.) by oneself; to manage on one's own.

dabbàsso, *avv.* ***1*** (down) below; down ***2*** (*al piano di sotto*) downstairs: **scendere d.**, to go downstairs.

dabbenàggine, *f.* ***1*** credulity; credulousness; gullibility; foolishness ***2*** (*azione*) stupid thing (to do).

dabbène, *a. invar.* honest; decent; respected: **un uomo d.**, an honest (*o* a respected) man; **gente d.**, decent people. ● (*iron.*) **un dabben uomo**, a gullible man; a fool.

daccànto, *avv.* nearby; (*a fianco*) beside: **La bambina mi sedette d.**, the little girl sat beside me.

daccàpo, A *avv.* (*di nuovo*) over again; once more; (*dal principio*) from the beginning. ● **punto e d.**, full stop and paragraph □ **ricominciare tutto d.**, to go back to square one (*fam.*) □ (*iron.*) **Siamo d.**, here we go again. **B** *m.* (*mus.*) da capo.

dacché, *cong.* ***1*** (*da quando*) since: **D. sono partiti, non mi hanno mai scritto**, since they left, they have never written to me ***2*** (*poiché, dal momento che*) since; as: **Gli scriverò, d. tu lo vuoi**, I shall write to him since you want me to.

dàcia, *f.* dacha, datcha.

dacite, *f.* (*miner.*) dacite.

dàco, *a. e m.* (*stor.*) Dacian.

dacriocisti, *f.* (*anat.*) dacryocyst; lacrimal sac.

dacriocistite, *f.* (*med.*) dacryocystitis*.

dacriòma, *m.* (*med.*) dacryoma.

dàcron, *m. invar.* (*chim.*, *marchio*) Terylene (*GB*); Dacron (*USA*).

dada (*franc.*), (*arte*) **A** *m.* ***1*** (*dadaismo*) Dada; Dadaism ***2*** (*dadaista*) Dadaist. **B** *a.* Dadaistic.

dadaismo, *m.* (*arte*) Dadaism.

dadaista, (*arte*) **A** *m. e f.* Dadaist. **B** *a.* Dadaistic.

dàdo, *m.* ***1*** die*: **giocare a dadi**, to play dice; **giocarsi q.c. a dadi**, to dice for st.; **dadi truccati**, loaded dice ***2*** (*mecc.*) (screw) nut: **d. a colletto**, flanged nut; **d. a corona**, castellated nut; **d. cieco**, cap nut; **d. zigrinato**, knurled nut; **incoppigliare un d.**, to split-pin a nut ***3*** (*archit.*) die*; dado ***4*** (*cubo*) cube: **tagliare q.c. a dadi**, to cut st. into cubes; to dice st. ***5*** (*cucina*) bouillon cube. ● **Il d. è tratto**, the die is cast □ (*fig.*) **gettare il d.**, to try one's luck.

dadòforo, *m.* torch-bearer.

dadolàta, *f.* (*cucina*) diced vegetables (*pl.*).

daffàre, *m.* (*lavoro*) work; things to do (*pl.*); grind (*fam.*); (*attività frenetica*) bustle, to-do: **il d. quotidiano**, the daily task (*o* grind); **con tutto il d. che ho**, with all the things I've got to do; **avere un gran d.**, to be very busy; to have a lot to do; **Avrà il suo bel d. a convincerlo**, he'll have his work cut out convincing him; **darsi d.**, to be on the go; **darsi un gran d.**, to bustle about.

Dàfne, *f.* (*mitol.*) Daphne.
dàfne, *f.* (*bot., Daphne*) daphne.
dàfnia, *f.* (*zool., Daphnia pulex*) daphnia; water flea.
dàga, *f.* dagger.
dagherrotipìa, *f.* (*fotogr.*) ***1*** daguerreotypy ***2*** *V.* **dagherrotipo.**
dagherròtipo, *m.* (*fotogr.*) daguerreotype.
dàgli, *inter.* (*fam.*) – **D.!** (*picchia!*), at him [her, etc.]!; let him [her, etc.] have it!; **D. al ladro!**, stop thief!; **E d.!** (*escl. di irritazione*), he is [they are, etc.] at it again!; here (*o* there) he goes [they go, etc.] again!; not again! **D. oggi, d. domani, ce l'hai fatta!**, you've made it at last (*o* in the end)!; **D. e d., è riuscito a convincerlo**, he went on and on about it and in the end he managed to convince him; **D. e d., sei riuscito a romperlo!**, you wouldn't leave it alone, and now you've broken it!
dài, *inter.* (*fam.*) ***1*** *V.* **dagli** ***2*** (*esortazione*) come on!; (*incitamento*) go!: **Dài, vieni con noi!**, come on, do join us!; **Ma dài, non piangere**, come on, don't cry!; **Dài che ce la fai!**, come on, you can do it!; **Dài, corri!**, run!
dàino, *m.* ***1*** (*zool., Dama dama*) fallow deer*; (*di età inferiore a un anno*) fawn; (*il maschio*) buck; (*la femmina*) doe ***2*** (*pelle di d.*) doeskin; buckskin.
dalai-làma, *m. invar.* Dalai Lama.
dàlia, *f.* (*bot., Dahlia*) dahlia.
Dàlila, *f.* (*Bibbia*) Delilah.
dallàto, *avv.* near; on one side.
dàlli, *V.* **dagli.**
dàlmata, *a., m. e f.* Dalmatian (*f.* Dalmatian woman*): **la costa d.**, the Dalmatian coast; **razza d.**, Dalmatian breed; **Il mio cane è un d.**, my dog is a Dalmatian.
dalmàtica, *f.* (*eccles.*) dalmatic.
dalmàtico, *a.* Dalmatic.
Dalmàzia, *f.* (*geogr.*) Dalmatia.
dàlton, *m. invar.* (*chim.*) dalton; atomic mass unit.
daltònico, **A** *a.* colour-blind; daltonic. **B** *m.* (*f.* **-a**) colour-blind person.
daltonismo, *m.* (*med.*) colour-blindness; daltonism.
d'altrónde, *avv.* on the other hand.
dàma (**1**), *f.* ***1*** lady: **una gran d.**, a great lady ***2*** (*nei balli*) (dance) partner; lady: **Scegliete la vostra d.**, choose your partners; **La mia d. ballava male**, my partner was a poor dancer; **le dame a sinistra, i cavalieri a destra**, the ladies to the right, the gentlemen to the left ***3*** (*nelle carte da gioco*) queen: **d. di fiori**, queen of clubs ***4*** (*metall.*) dam. • **d. di carità**, district visitor □ **d. di compagnia**, lady companion □ **d. di corte** (*o* **d'onore**), lady-in-waiting; maid of honour □ **fare la** (*o* **darsi arie da**) **gran d.**, to put on the airs of a great lady.
dàma (**2**), *f.* ***1*** (*il gioco*) draughts (*pl. col verbo al sing.*); checkers (*pl. col verbo al sing., USA*): **giocare a d.**, to play draughts (*USA*: checkers); **pedina della d.**, draught* (*GB*); checker (*USA*) ***2*** (*pedina raddoppiata*) king ***3*** (*scacchiera*) draughtboard; checkerboard (*USA*). • **fare** (*o* **andare a**) **d.**, to crown a draughtsman.
damàre, *v. t.* to crown: **d. una pedina**, to crown a draughtsman.
damascàre, *v. t.* ***1*** (*ind. tess.*) to weave (damask); to damask ***2*** (*metall.*) to damascene; to damask.
damascàto, *a.* (*ind. tess.*) damask (*attr.*).
damascatùra, *f.* ***1*** (*ind. tess.*) damasking ***2*** (*metall.*) damascening.
damascèno, *a.* (*lett.*) Damascene; of Damascus. • (*bot.*) **rosa damascena** (*Rosa damascena*), damask rose.
damaschinàre, *V.* **damascare,** *def 2.*
damaschinatóre, *m.* (*f.* **-trice**) damascener.
damaschinatùra, *f.* (*metall.*) damascening; damask.
damaschìno, **A** *a.* (*metall.*) damascene; Damascus (*attr.*). **B** *m.* ***1*** (*ind. tess.*) damask ***2*** (*metall.*) damask; Damascus steel ***3*** (*bot.*) damascene.
Damàsco, *f.* (*geogr.*) Damascus.
damàsco, *m.* (*stoffa*) damask.
damerìno, *m.* ***1*** (*elegantone*) dandy; fop; toff (*fam. GB*) ***2*** (*bellimbusto*) gallant; ladies' man*; beau*.
Damiàno, *m.* Damian.
damièra, *f.* **damière,** *m.* draughtboard; checkerboard (*USA*).
damigèlla, *f.* ***1*** damsel; (*a corte*) maid of honour ***2*** (*di sposa, anche* **d. d'onore**) bridesmaid. • (*zool.*) **d. di Numidia** (*Anthropoides virgo*), demoiselle.
damigiàna, *f.* ***1*** demijohn ***2*** (*chim.*) carboy.
damista, *m. e f.* draughts (*USA*: checkers) player.
dammàr, *f. invar.* (*chim.*) dammar, dammer.
damméno, *a. invar.* inferior; (*peggiore*) worse: **Non sono d. di te**, I am no worse than you.
Dàmocle, *m.* Damocles: **la spada di D.**, the sword of Damocles.
danàro, *V.* **denaro.**
danaróso, *a.* wealthy; rich; moneyed; of substance (*pred.*).
dàncalo, *a. e m.* Danakil; Dankali.
dancing (*ingl.*), *m. invar.* dance hall.
dànde, *f. pl.* leading reins; leading strings (*USA*).
dandismo, *m.* dandyism.
danése, **A** *a.* Danish. **B** *m. e f.* Dane (*f.* Danish woman*): **i Danesi**, the Danes. **C** *m.* ***1*** (*ling.*) Danish ***2*** (*cane*) Great Dane.
Danièle, *m.* Daniel.
Danimàrca, *f.* (*geogr.*) Denmark.
dannàre, **A** *v. t.* to damn. • (*fig.*) **dannarsi l'anima**, to exert oneself; to strive desperately (for st.) □ **far d. q.**, to drive sb. mad (*o* to distraction). **B** **dannàrsi,** *v. rifl.* ***1*** to be damned ***2*** (*tormentarsi*) to worry (oneself to death); to be worried (to death) ***3*** (*fam.: affannarsi*) to strive* desperately (for st.); to exert oneself.
dannàto, **A** *a.* ***1*** damned: **anima dannata**, damned soul; (*fig.: persona malvagia*) wicked person; (*istigatore*) evil angel ***2*** (*fig.: maledetto*) damned; blasted; confounded: **Dov'è quel d. ombrello?**, where's the blasted umbrella? ***3*** (*fig.: terribile*) terrible: **avere una paura dannata**, to be terribly frightened. **B** *m.* (*f.* **-a**) damned soul; (*pl.*) (*collett.*) (the) damned: **le grida dei dannati**, the cries of the damned. • (*fam.*) **lavorare come un d.**, to work like a madman □ **correre come un d.**, to run hell for leather □ **soffrire come un d.**, to suffer the pains of hell.
dannazióne, **A** *f.* ***1*** eternal perdition; (eternal) damnation ***2*** (*fig.*) trial; curse; pest. • **Quel ragazzo è la mia d.**, that boy will be the death of me. **B** *inter.* damn!; dammit!
danneggiaménto, *m.* ***1*** (*il danneggiare*) damaging ***2*** (*danno*) damage.
danneggiàre, **A** *v. t.* ***1*** to damage; to cause damage to; (*sciupare*) to spoil*: **L'incendio ha gravemente danneggiato gli ultimi piani**, the fire has severely damaged the upper floors; **La grandine danneggiò il raccolto**, the harvest was damaged by the hail ***2*** (*menomare*) to impair; to injure: **d. la salute di q.**, to damage (*o* to impair) sb.'s health ***3*** (*nuocere a*) to harm; to do* harm (to); to damage; to injure: **Le calunnie danneggiarono la sua reputazione**, his reputation was injured (*o* damaged) by slander; **Lo sciopero dei voli ha danneggiato il turismo estivo**, the air strike had a damaging effect on summer tourism. **B** **danneggiàrsi,** *v. rifl.* to injure oneself. **C** **danneggiàrsi,** *v. i. pron.* to suffer damage; to be damaged.
danneggiàto, **A** *a.* damaged; (*logorato dall'uso*) deteriorated; (*leso*) injured: **merci danneggiate**, damaged goods; **reputazione danneggiata**, damaged reputation; (*leg.*) **la parte danneggiata**, the injured party. **B** *m.* (*f.* **-a**) injured party; victim: **i danneggiati del terremoto**, the victims of the earthquake.
dànno, *m.* ***1*** (*anche leg.*) damage: **fare** [**causare, portare**] **d. a q.c.**, to do [to cause, to bring] damage to st.; **La tempesta causò gravi danni**, the storm caused great damage; **Il fatto causò un d. irreparabile alla sua reputazione**, the fact did irreparable damage to his reputation; **avere** (*o* **patire, soffrire, risentire**) **un d.**, to suffer damage (*o* loss); to be damaged; **danni gravi** (*o* **rilevanti**), heavy damage; **d. diretto**, immediate damage; **risarcimento dei danni**, damages (*pl.*); **pagare** (*o* **risarcire**) **i danni**, to pay (compensation for) damages; **chiedere a q. il risarcimento dei danni** (*o* **i danni**), to claim damages (*o* compensation) from sb.; **citare q. per danni**, to sue sb. for damages; **reclamo per danni**, claim for damages; (*comm.*) **in caso di perdita o d.**, in case of loss or damage; **responsabilità per danni**, liability for damages; **ricuperare i danni**, to recover damages; **valutare i danni**, to estimate the damage; to assess damages ***2*** (*causato a persona*) harm; injury: **recare d. a q.**, to do sb. harm; to do sb. an injury; **subire danni**, to suffer harm; **Non ci fu nessun d. alle persone**, nobody was hurt; there were no casualties. • **a mio d.**, to my prejudice; to my detriment; (*a mie spese*) at my expense.
dannosità, *f.* harmfulness; noxiousness; injuriousness.
dannóso, *a.* harmful (to); injurious (to); detrimental (to); noxious (for); bad (for): **insetti dannosi**, noxious insects; **d. alla salute**, detrimental to (*o* bad for) sb.'s health.
dannunzianésimo, *m.* (*letter.*) literary style imitating that of D'Annunzio; style of life inspired by D'Annunzio.
dannunziàno, **A** *a.* of D'Annunzio; in the style of D'Annunzio. **B** *m.* (*f.* **-a**) follower (*o* imitator) of D'Annunzio.
dannunzieggiàre, *v. i.* to imitate the style or ways of D'Annunzio.
dànte càusa, *locuz. m. invar.* (*leg.*) assignor.
dantésca, *f.* (*sedia*) Dante chair.
dantésco, *a.* Dantesque; Dantean; Dante's; Dante (*attr.*): **la visione dantesca**, the Dantean vision; Dante's vision; **studi danteschi**, Dante studies.
dantismo, *m.* ***1*** (*espressione coniata da Dante*) Dantean coinage; Dantean expression ***2*** (*studio di Dante*) study of Dante.
dantista, *m. e f.* Dantist; Dante scholar.
dantìstica, *f.* Dante studies (*pl.*); Dante scholarship.
danubiàno, *a.* Danubian.
Danùbio, *m.* (*geogr.*) (the) Danube.
dànza, *f.* ***1*** dance; (*il danzare, il ballo*) dancing; (*balletto*) ballet: **una d. spagnola**, a Spanish dance; **d. di guerra** [**della pioggia**], war [rain] dance; **d. popolare**, folk dance; folk dancing; **d. classica**, ballet; **Mi piace la d.**, I like dancing; **lezioni di d.**, dancing lessons; dance classes; **salone delle danze**, dance hall; **una storia della d.**, a history of dance; **aprire le danze**, to lead off the dance; to open the ball; **studiare d.**, to learn dancing; **d. del ventre**, belly dance; **d. macabra**, danse macabre (*franc.*); dance of death ***2*** (*mus.*) dance: **le danze ungheresi di Brahms**, Brahms' Hungarian dances ***3*** (*zool.*) dance.
danzànte, *a.* ***1*** dancing ***2*** (*con danze*) – **festa d.**, dance; ball; **serata d.**, evening dance; **tè d.**, thé dansant (*franc.*); tea dance.
danzàre, *v. i. e t.* (*anche fig.*) to dance: **Dan-**

zammo fino a tarda notte, we danced late into the night; **d. una danza sfrenata**, to dance a wild dance; **Fiocchi di neve danzavano nell'aria**, snowflakes were dancing in the air.

danzatóre, *m.* (*f.* **-trice**) dancer.

dappertùtto, *avv.* everywhere; all over the place (*fam.*).

dappiè, **dappiède**, *avv.* at the foot.

dappiù, *a. invar.* **1** (*migliore*) better **2** (*più importante*) more important; superior.

dappocàggine, *f.* worthlessness; ineptitude.

dappòco, *a. invar.* **1** (*di persona*) worthless; inept **2** (*di cosa*: *poco importante*) minor, trivial; (*che vale poco*) worthless, miserable, paltry.

dapprèsso, *avv.* **1** (*vicino*) near; nearby; close at hand **2** (*da vicino*) closely; at close quarters; close up: **seguire q. d.**, to follow sb. closely; to be close behind sb.

dapprima, *avv.* at first.

dapprincipio, *avv.* **1** (*in principio*) in the beginning **2** (*da capo*) from the beginning.

dàra, *f.* (*naut.*) spars (*pl.*).

Dardanèlli, *m. pl.* (*geogr.*) (the) Dardanelles.

dardeggiàre, *v. t. e i.* to dart: (*fig.*, *anche*) to blaze, to flash: **Mi dardeggiò un'occhiata**, he darted (*o* flashed) a glance at me; **Il sole dardeggiava i campi**, the sun was blazing down on the fields.

dàrdo, *m.* **1** dart; (*freccia*) arrow: **scagliare un d.**, to shoot a dart; **i dardi d'amore**, Cupid's darts **2** (*fig. lett.*: *fulmine*) bolt; (*raggio infocato*) burning ray, (*al pl. anche*) blaze (*sing.*). ● (*fis.*) **d. elettronico**, electron beam.

dàre, **A** *v. t.* **1** to give*: **d. un bacio [una spiegazione, dei consigli]**, to give a kiss [an explanation, advice]; **Dammi quel coltello**, give me that knife; **Glielo darò appena lo ricevo**, I'll give it to him as soon as I get it; **Non so cosa darei per essere lì**, I'd give anything to be there; **d. il via libera**, to give the all clear; **d. la vita per una causa**, to give one's life for a cause **2** (*accordare, rilasciare*) to grant; to award; (*concedere, elargire*) to bestow (*lett.*); (*fare una donazione*) to donate: **d. a q. il permesso di fare q.c.**, to grant sb. permission to do st.; **d. il proprio perdono**, to grant one's pardon; **Gli fu dato il primo premio**, he was awarded the first prize **3** (*produrre*) to bear*; to yield; to produce: **Quest'albero non dà frutti**, this tree does not yield fruit **4** (*comm.*: *fruttare*) to bear*; to yield; to bring* in: **Questi investimenti danno il 10%**, these investments yield 10% **5** (*rappresentare*) to put* on; (*essere in programma*) to be on: **L'anno prossimo daremo l'«Orestea»**, we are going to put on the «Oresteia» next year; **Che cosa danno all'Astra?**, what's on at the Astra? **6** (*chiamare*) to call: **d. del ladro [del cretino] a q.**, to call sb. a thief [an idiot]. ● **d. alla luce q.**, to give birth to sb. □ **d. alle fiamme**, to burn □ **d. alle stampe**, to print; to publish □ **d. allo stomaco**, to sicken; to nauseate; to revolt □ **d. ascolto a**, to listen to □ **d. l'assalto a**, to attack □ **d. atto di**, to acknowledge □ **d. battaglia a**, to engage a fight with; (*fig. anche*) to wage a war against □ **d. il benvenuto a**, to welcome □ **d. il bianco a una parete**, to whitewash a wall □ **d. il buongiorno a q.**, to say good-morning to sb.; to wish sb. good morning □ **d. un calcio a**, to kick □ **d. le carte**, to deal (cards) □ **d. la colpa a q.**, to lay the blame on sb.; to say that it is sb.'s fault □ **d. da bere a q.**, to give sb. a drink □ **d. da dormire a**, to offer a bed; to put up; (*di albergo e sim.*) to sleep, to accommodate □ **d. da mangiare a q.**, to give sb. something to eat; to feed sb. □ **d. da (*o* a) pensare**, to give (sb.) food for thought; to make (sb.) think □ **dar da sedere a q.**, to give sb. a chair; to let sb. sit down □ **d. un esame**, to take an examination; to sit for an examination □ **d. una festa**, to give (*fam.*: to throw) a party □ (*naut.*) **d. fondo all'ancora**, to drop (*o* to cast) anchor □ **d. fuoco a**, to set fire to □ **d. in affitto**, to let; to rent □ **d. in matrimonio**, to give (sb.) in marriage □ **d. in prestito**, to lend □ **d. la mano a q.**, to shake sb.'s hands □ **d. una mano di bianco a q.c.**, to put a coating (*o* a coat) of white paint on st. □ **d. q.c. per fatto**, to assure that st. is already done □ **d. q.c. per niente**, to give st. away (for nothing) □ **d. q. per spacciato**, to hold no hope for sb.; to say that sb. is done for □ **d. ragione a q.**, (*dire, riconoscere*) to say (*o* to admit) that sb. is right; (*provare*) to prove (*o* to show) that sb. is right: **Il risultato mi darà ragione**, the outcome will prove I am right □ **d. spazio a q.c.**, to allow room for st. □ **d. una spinta a**, to push; to shove □ **d. un suono**, to sound; to give out a sound □ **d. torto a q.**, (*dire*) to say that sb. is wrong; (*provare*) to prove (*o* to show) that st. is wrong □ **d. la vernice a**, to paint □ (*fig.*) **d. il via a**, to begin; to start; to set in motion: **d. il via ai lavori**, to begin work; **d. il via a una gara**, to start a race □ (*fig.*) **d. vita a**, (*dare inizio*) to initiate; to start off; (*fondare*) to found □ **d. voce a q.c.**, to voice st. □ **d. una voce a q.**, to give sb. a shout; to call out to sb. □ (*naut.*) **d. volta a un cavo**, to belay a rope; to take turns with a rope □ **darle a q.**, to give sb. a good hiding (*o* beating); to thrash sb. □ **darle tutte vinte a q.**, to give in to sb. all along the line □ **darsela a gambe**, to take to one's heels □ **darsi il rossetto**, to put on lipstick; (*d'abitudine*) to wear lipstick: **Non si dà il rossetto**, she never wears lipstick □ **darsi delle arie**, to give oneself airs □ **Quanti anni le dài?**, how old do you think she is? □ **Le darei cinquant'anni**, I'd say she was fifty □ **Non gli si danno più di vent'anni**, he doesn't look more than twenty □ (*ippica*) **A quanto danno Bel Ami?**, what are the odds for Bel Ami? □ **Lo danno come vincitore delle prossime elezioni**, he's tipped to win (*o* as the winner of) the next election □ **non darsela per inteso**, to turn a deaf ear; not to take any notice. **B** *v. i.* **1** (*battere, urtare*) to hit*; to bump; to bang: **d. nella porta con la testa**, to hit one's head against the door; to bump one's head on the door **2** (*di finestra, ecc.*) to look out onto; to give* onto; to have a view over; to overlook; (*aprirsi*) to open onto; (*sul retro*) to back onto: **La finestra dà sul giardino**, the window looks onto the garden; **La porta dà sul cortile**, the door opens onto the courtyard; **una camera che dà sul mare**, a room with a sea-view. ● (*fig.*) **d. addosso a**, to criticize; to lambaste (*fam.*); to knock (*fam.*) □ **d. a intendere q.c. a q.**, to let sb. believe st. □ **d. a bere q.c. a q.**, to get sb. to swallow st. □ (*anche fig.*) **d. alla testa**, to go to one's head: **Il vino mi dà alla testa**, wine goes to my head; **Il successo gli diede alla testa**, success went to his head □ **d. contro a**, to contradict; to criticize; to attack; to go for □ **d. di cozzo a**, to butt into □ **dar di piglio a**, to get hold of; to catch (*o* to grab) hold of; to seize □ **d. di sprone a**, to spur □ (*fam.*) **d. fuori di matto**, (*impazzire, anche fig.*) to start raving, to go bananas (*pop. USA*); (*infuriarsi*) to get mad, to go off the deep end, to blow one's top, to flip one's lid □ **d. in lacrime**, to burst into tears □ **d. in una risata**, to burst out laughing □ (*naut.*) **d. in secco**, to run aground; to strand □ **d. in smanie**, to rant; to rage; to have a tantrum; to have hysterics □ **d. nell'occhio**, to attract attention; to stand out □ (*fig.*) **d. nel segno**, to be right on the mark; to hit the nail on the head □ **d. sul verde [sul rosso]**, to verge (*o* to border) on green [on red] □ **d. sui nervi a q.**, to get on sb.'s nerves □ (*fam.*) **darci dentro** (*o* **sotto**), (*sgobbare*) to be hard at it, to bang away (*fam.*), to beaver away (*fam.*); (*fare q.c. con energia*) to get cracking (*fam.*), to go at st. hammer and tongs (*fam.*); (*mangiare di gusto*) to tuck in (*fam.*) □ **darsi d'attorno**, to busy oneself; to get busy; to do all one can; (*cominciare a cercare*) to start looking around □ **darsi da fare**, (*essere attivo*) to be very active; (*agire*) to do something, to get busy; (*sbrigarsi*) to get on with the job, to get cracking (*fam. GB*) □ **Dàgli!**, *V.* **dagli** □ **Dài, Tom!**, come on, Tom! □ **Ti ha dato di volta il cervello?**, have you gone off your head? **C dàrsi**, *v. rifl. e i. pron.* **1** (*dedicarsi*) to devote oneself to; to give* oneself up to; to take* up; to take* to; to go* into: **Si diede allo studio**, he devoted himself to study; **d. alla fisica**, to take up physics; **d. al commercio**, to go into business; **d. alla politica**, to go into politics; **d. al bere**, to take to drinking; **d. alla bella vita**, to gad about **2** (*cominciare a fare q.c.*) to start; to begin*: **Si diede a correre**, he started running; he broke into a run **3** (*concedersi sessualmente*) to give* oneself to; to yield to. ● **d. al bel tempo**, to have a good time □ **d. ammalato**, to report sick □ **d. per vinto**, to give in (*o* up); to admit defeat; to throw in the sponge □ **d. prigioniero**, to give oneself up. **D dàrsi**, *v. rifl. recipr.* to give* to each other; to exchange: **d. dei regali**, to exchange presents; **d. un bacio**, to kiss; **d. la mano**, to shake hands; **d. spintoni**, to shove each other; **darsele**, to fight; to have a fight. **E dàrsi**, *v. i. impers.* to happen; to chance: **Si dà il caso che...**, it so happens that...; **Si dette il caso che quel giorno io fossi assente**, I happened to be away on that particular day; **può d.**, perhaps; maybe; it may be: **Può d. che tu abbia ragione, ma...**, you may be right, but...; **Può d. che arrivino domani**, they may arrive tomorrow. **F dàre**, *m.* (*comm.*) debit: **d. e avere**, debit and credit; **colonna del d.**, debit column; **dalla parte del d.**, on the debit side; **portare una somma al d. di un conto**, to carry an amount to the debit side of an account.

dàrsena, *f.* (*naut.*) **1** wet basin; wet dock **2** (*cantiere*) shipyard; dockyard.

darwiniàno, *a. e m.* (*f.* **-a**) Darwinian; Darwinist.

darwinişmo, *m.* Darwinism.

darwinista, *m. e f.* Darwinist; Darwinian.

daşiùro, *m.* (*zool.*, *Dasyurus*) dasyure; (*com.*) (Australian) native cat.

dàta, *f.* **1** date: **fissare la d. di un incontro**, to fix the date of a meeting; **mettere la d. a q.c.**, to date st.; **La lettera porta la d. del 2 marzo**, the letter is dated March 2nd; **stabilire la d. dei reperti**, to date the findings; **rimandare ad altra d.**, to put off to a later date; **d. di emissione**, date of issue; **d. di nascita**, date of birth; **d. di scadenza**, expiry date; (*di cibi, anche*) sell-by date; (*comm.*) date of maturity; **d. ultima**, deadline; **con d. in bianco**, blank dated; **senza d.**, undated **2** (*nei giochi di carte*) deal. ● **a far d. da oggi**, dating (*o* as) from today □ (*comm.*) **cambiale a trenta giorni d.**, bill at thirty days after date □ **d'antica d.**, old; long-standing (*attr.*) □ **di fresca d.**, recent □ **in d. d'oggi**, under today's date □ **in d. da destinarsi**, at a later (*o* at some future) date □ (*geogr.*) **linea del cambiamento di d.**, (International) Date Line.

data base (*ingl.*), *locuz. m. invar.* database.

datàbile, *a.* datable, dateable.

datàre, **A** *v. t.* **1** (*mettere o stabilire la data*) to date: **d. un testo [un fatto]**, to date a text [an event]; **a d. da**, dating from; as from; (*con effetto da*) with effect from **2** (*rivelare la data*) to date: **Lo stile data irrimediabilmente il romanzo**, the style of the novel is irremediably dated. **B** *v. i.* (*avere inizio*) to date back (*o* from): **Il castello data dal decimo secolo**, the castle dates back to the 10th century; **I primi segnali datano dal marzo scorso**, the first signs date from last March.

datarìa, f. (*eccles.*) datary.

datàrio (1), m. (*eccles.*) datary.

datàrio (2), m. ***1*** (*timbro*) dater; date stamp ***2*** (*di orologio*) calendar.

datàto, a. dated: **una lettera datata 3 aprile**, a letter dated April 3rd; **stile d.**, dated style.

datazióne, f. dating: **d. col carbonio 14**, (radio)carbon dating; carbon-14 dating.

datiṣmo, m. (*ling.*) ***1*** (needless) repetition of synonyms ***2*** error made by a foreign-language speaker.

datità, f. (*filos.*) actuality.

datìvo, a. e m. (*gramm.*) dative.

dàto, **A** a. ***1*** (*determinato*) given; certain: **in una data situazione**, in a given situation; **in dati casi**, in certain cases ***2*** (*in considerazione di*) given: **Data la situazione, dovremmo...**, given the situation, we should...; **D. ciò, ne segue che...**, therefore it follows that... ***3*** (*dedito*) given; addicted: **d. al bere**, given to drink. ● **d. che**, since; as; seeing that: **D. che non ho denaro, non posso comperarlo**, since I have no money, I can't buy it □ **d. e non concesso che**, even supposing that; granting for the sake of argument that: **D. e non concesso che si vada alle elezioni...**, even supposing there is a general election... **B** m. datum*: **i dati di un problema**, the data of a problem; **dati contabili**, accounting data; **elaborazione (dei) dati**, data processing. ● **d. di fatto**, fact □ (*elab.*) **dati di ingresso [di uscita]**, input [output] data □ **dati di stato civile**, vital data □ **dati segnaletici**, detailed description; signalment (*USA*) □ **dati statistici**, statistics (*pl. col verbo al sing.*); statistical data □ **dati tecnici**, specifications.

datóre, m. (f. **-trice**) giver. ● **d. di lavoro**, employer □ (*teatr., TV*) **d. di luci**, light engineer.

datoriàle, a. (*econ.*) concerning employers; employer (*attr.*).

dàttero, m. ***1*** (*bot., Phoenix dactylifera*) date palm ***2*** (*il frutto*) date. ● (*zool.*) **d. di mare** (*Lithodomus lithophagus*), date mussel (*o* shell).

dattìlico, a. (*poesia*) dactylic.

dattìlifero, a. – (*bot.*) **palma dattilifera**, date palm.

dàttilo, m. (*poesia*) dactyl.

dattilografàre, v. t. to type; to typewrite*.

dattilografìa, f. typing; typewriting.

dattilogràfico, a. typing (*attr.*); typewriting (*attr.*).

dattilògrafo, m. (f. **-a**) typist.

dattilogràmma, m. fingerprint; dactylogram (*USA*).

dattilologìa, f. dactylology; sign language.

dattiloscopìa, f. dactyloscopy.

dattiloscòpico, a. dactyloscopic; fingerprint (*attr.*).

dattiloscrìtto, **A** a. typewritten; typed. **B** m. typescript.

dattiloscrìvere, V. **dattilografare**.

dattórno, avv. around; about: **Non lo voglio d.**, I don't want him around; **darsi d.**, to busy oneself; to get busy; to do all one can; (*cominciare a cercare*) to start looking around; **levarsi d.**, to get out of the way; **togliersi q. d.**, to get rid of sb.

datùra, f. (*bot., Datura*) datura.

davànti, **A** avv. in front; (*più avanti*) ahead: **D. marciava la banda**, the band marched in front; **camminare d.**, to walk in front; **sedere d.**, (*in auto*) to sit in front; (*al cinema, ecc.*) to sit at the front; **Guarda d.!**, look in front of you!; look ahead!; **Gli altri sono d.**, the others are ahead; **Ho d. una giornata campale**, I have a very busy day before me; **Hai d. tutta la vita**, you have a whole lifetime ahead of you. **B davànti a**, locuz. prep. ***1*** in front of; before; (*all'esterno*) outside; (*dirimpetto a*) opposite: **La lavagna è d. agli scolari**, the blackboard is in front of the pupils; **Passa le sere d. alla televisione**, he spends his evenings in front of (*o* before) the TV; **Metti il nome d. al cognome**, write your first name in front of your surname; **Mi mise d. un libro**, he put a book before me; **C'è un camion davanti alla casa**, there is a lorry parked outside the house; **Troviamoci d. al cinema**, let's meet outside the cinema; **Sedeva d. a me**, (*dando le spalle*) he was sitting in front of me; (*di fronte*) he was sitting opposite me; **La mia casa è d. al teatro**, my house is opposite the theatre; **guardare d. a sé**, to look ahead; **fuggire d. a q.**, to fly before sb. ***2*** (*al cospetto di*) before; in the presence of: **d. a Dio**, before God; **d. ai miei occhi**, before (*o* under) my eyes; **d. alla morte**, in the presence of death; **comparire d. al giudice**, to appear before a judge; **D. a noi si apriva una valle**, a valley opened before us; **parlare d. a un folto pubblico**, to talk to a large audience; **Non venirmi più d.!**, I don't want to see your face again!; **Levatemelo (da) d.!**, get him out of my sight!; (*fig.*) **Ce l'ho ancora d. agli occhi**, I can still see it ***3*** (*rif. al tempo*: *prima di*) ahead of: **Credo che la signora sia d. a me**, I think the lady is ahead of me. **C** m. front: **il d. del cappotto**, the front of the coat; **il d. di una busta**, the front of an envelope. **D** a. fore (*attr.*); front (*attr.*): **ruote d.**, front wheels; **zampe d.**, fore paws; **le stanze d.**, the front rooms.

davantìno, m. dicky.

davanzàle, m. windowsill.

davànzo, avv. more than enough.

Dàvide, m. David.

davvéro, avv. really; indeed: **«Ti piace d. quel libro?» «Sì, d.»**, «do you really like that book?» «yes, I do»; **«Ho vinto un milione al totocalcio» «D.?»**, «I won a million at the pools» «did you really?»; **Sono d. gentili!**, they are really nice!: **D. preferisci restare?**, are you sure you'd prefer to stay?; **Non vorrà comprare d. quella casa!**, surely he is not going to buy that house! ● **per d.**, really and truly □ **Dici d.?**, are you serious? □ **Dico proprio d.**, I'm being serious; I'm perfectly in earnest □ **No d.!**, not at all!

davvicìno, avv. from close up.

dazebào, m. wall newspaper; (*manifesto*) poster.

daziàre, v. t. to levy a duty on; to subject (st.) to a duty.

daziàrio, a. excise (*attr.*); toll (*attr.*); customs (*attr.*): **casello d.**, customs house; **cinta daziaria**, customs boundaries; **guardia daziaria**, exciseman*.

dazière, m. exciseman*.

dàzio, m. ***1*** duty; excise; toll: **d. d'entrata [d'uscita]**, import [export] duty; **d. di consumo**, excise duty; **d. doganale**, customs (duty); **d. interno**, excise duty; **esentare dal pagamento del d.**, to exempt from duty; **imporre un d.**, to levy a duty; **pagare il d. su q.c.**, to pay duty on st.; **esente da d.**, duty-free; **soggetto a d.**, liable to duty ***2*** (*ufficio, casello daziario*) customs house.

dèa, f. (*anche fig.*) goddess: **la dea Diana**, the goddess Diana; **la dea dell'amore**, the goddess of love.

deaeràre, v. t. (*tecn.*) to deaerate.

deaerazióne, f. (*tecn.*) deaeration.

deafferentazióne, f. (*med.*) deafferentation.

deaggettivàle, a. (*ling.*) formed from an adjective. ● **verbo [sostantivo] d.**, back-formation from an adjective.

dealbuminàto, a. (*biol.*) dealbumenized.

deambulànte, a. walking; moving about; ambulant. ● **persona non d.**, person with limited mobility.

deambulàre, v. i. (*lett.* o *scherz.*) to walk about; to stroll about.

deambulatòrio, **A** m. (*archit.*) ambulatory. **B** a. (*lett.*) ambulatory.

deambulazióne, f. walking about.

deamiciṣiàno, a. ***1*** of E. De Amicis ***2*** (*fig.*: *patetico*) pathetic; (*moralistico*) moralistic.

deamplificàre, v. t. (*tecnol.*) to deamplify.

deamplificazióne, f. (*tecnol.*) deamplification.

deasfaltizzazióne, f. (*chim.*) deasphalting.

deaspirazióne, f. (*ling.*) deaspiration.

débâcle (*franc.*), f. invar. debacle.

debbiàre, v. t. (*agric.*) to burnbeat*.

debbiatùra, f. **débbio**, m. (*agric.*) burn-beating.

débbo, 1ª pers. sing. indic. pres. di **dovere**.

debellàre, (*lett.*) v. t. ***1*** to vanquish; to defeat ***2*** (*fig.*) to overcome*; to subdue; to eliminate; to eradicate: **d. una malattia**, to eradicate a disease.

debilitànte, a. weakening; enfeebling; debilitating.

debilitàre, **A** v. t. to weaken; to enfeeble; to debilitate. **B debilitàrsi**, v. i. pron. to weaken; to grow* weak (*o* weaker).

debilitazióne, f. weakening; enfeeblement; debilitation.

debitaménte, avv. (*dovutamente*) duly; (*al momento dovuto*) in due course; (*nel modo giusto*) properly, rightly.

dèbito (1), a. due; proper; right: **a tempo d.**, in due time; in due course; **con le debite cautele**, with due caution; **con la debita cura**, with proper care; **coi debiti onori**, with all due honour; **nel modo d.**, in the right way.

dèbito (2), m. ***1*** (*anche comm., leg.*) debt: **fare debiti**, to get into debts; to incur debts (*form.*); **pagare un d.**, to pay off a debt; **accumulare debiti**, to run up debts; **addossarsi** (*o* **accollarsi**) **un d.**, to take a debt upon oneself; **Ho un d. di tre milioni**, I am three million lire in debt; **avere un d. con q.**, to be in debt to sb.; **avere molti debiti**, to be heavily (*o* deep) in debt; to be up to one's ears (*o* neck) in debt (*fam.*); **condonare un d.**, to remit a debt; **d. consolidato**, founded (*o* fixed) debt; **d. di gioco**, gambling debt; **d. d'onore**, debt of honour; **d. fluttuante**, floating (*o* unfunded) debt; **d. ipotecario**, mortgage debt; **d. pubblico**, national debt; public borrowing; government loans (*pl.*); **d. privilegiato**, preferential debt ***2*** (*rag.*) debit: **nota di d.**, debit note; **segnare una somma a d. di q.**, to debit sb. with an amount ***3*** (*dovere*) duty: **Ci facciamo un d. d'aiutarli**, we consider it our duty to help them. ● **d. di coscienza**, matter of conscience; moral duty □ **d. di gratitudine**, debt of gratitude: **avere un d. di gratitudine verso q.**, to owe sb. a debt □ **comprare [vendere] a d.**, to buy [to sell] on credit □ **essere in d. verso q.**, to be in debt to sb.; (*fig.*) to be indebted (*o* under an obligation) to sb., to be in sb.'s debt □ **Ti sono in d. di una risposta**, I owe you an answer □ (*fig.*) **pagare il d. alla natura**, to die.

debitóre, m. (f. **-trice**) debtor: **d. insolvente**, insolvent debtor; **d. inadempiente**, debtor in default; defaulter; **debitori diversi**, sundry debtors; **essere d. di q.c. a q.**, to owe sb. st.; to be in debt to sb. for st.: **Gli sono d. della vita**, I owe him my life; **essere un d. moroso**, to be in arrears with a debt.

debitòrio, a. (*leg.*) debt (*attr.*); of the debtor: **situazione debitoria**, indebtedness.

dèbole, **A** a. ***1*** weak; feeble; frail; faint: **uomo [stomaco, vista] d.**, weak man [stomach, sight]; **polso d.**, weak pulse; **deboli proteste**, feeble protests; **Il tuo argomento ha un punto d.**, there is a weakness in your argument; **essere d. dopo una malattia**, to be weak after an illness; **sentirsi d.**, to feel weak; **stile [ragionamento] d.**, feeble style [argument]; **avere la gambe deboli**, to be weak in the legs; **avere un aspetto d.**, to look frail; **avere la vista d.**, to be weak-sighted (*o* weak-eyed);

Sei d. in latino, you are weak in Latin; **essere d. di carattere**, to be weak; to be weak-kneed (*fam.*) *2* (*di luce*) dim, indistinct, faint; (*di colore*) dull, dim; (*di suono*) faint. ● **d. di mente**, weak-minded □ **La carne è d.**, the flesh is weak □ **il sesso d.**, the weaker sex □ (*gramm.*) **verbo d.**, weak verb. **B** *m.* *1* (*punto debole*) weak point: **Il latino è il mio d.**, Latin is my weak point; **La timidezza è il tuo d.**, shyness is your weak point *2* (*persona debole*) weak person: **Suo padre è un d. e lui ne approfitta**, his father is a weak man and he takes advantage of it; **aiutare i deboli**, to help the weak *3* (*inclinazione*) weakness; partiality; liking: **avere un d. per**, to have a weakness (*o* a liking) for; to be very fond of; to be partial to; **avere un d. per le scommesse**, to have a weakness for betting; **avere un d. per le ciliegie**, to have a liking for (*o* to be very fond of) cherries; **Ha un d. per te**, he has a weakness (*o* a soft spot) for you; (*è innamorato*) he is rather fond of you. ● **toccare q. nel d.**, (*commuovere*) to touch sb. greatly; (*ferire*) to hit a sore spot.

debolézza, *f.* *1* weakness; feebleness; frailty; faintness: **La sua d. gli impedì di alzarsi**, his weakness prevented him from standing up; **avere d. di stomaco**, to have a weak stomach *2* (*difetto*) weakness; frailty; foible: **le debolezze umane**, human weaknesses (*o* frailties); **È una sua d. non saper dire di no**, it's a weakness of his not to be able to say no; **d. di vista**, weak sight; **d. di udito**, poor hearing.

Dèbora, *f.* Deborah.

debordàre, *v. i.* *1* to overflow *2* (*fig.*: *esagerare*) to exaggerate (st.); to overdo* (st.) *3* (*uscire di argomento*) to wander from the point.

debòscia, *f.* debauchery.

debosciàto, **A** *a.* debauched; dissolute; depraved. **B** *m.* (*f.* **-a**) debauchee.

debuttànte, **A** *m.* e *f.* beginner; novice. **B** *f.* (*ragazza che entra in società*) debutante; deb (*fam.*).

debuttàre, *v. i.* *1* to make* one's debut: **d. nell'«Aida»**, to make one's debut in «Aida» *2* (*iniziare un'attività*) to begin*; to start off: **d. come scrittore**, to begin as a writer. ● **d. in società**, to come out.

debùtto, *m.* *1* debut *2* (*inizio di un'attività*) beginning; start: **fare il proprio d. come medico**, to start one's career as a doctor. ● **fare il proprio d. in società**, to come out.

dèca, **A** *f.* (*stor. romana*) decade: **le deche di Livio**, the decades of Livy. **B** *m.* (*pop.*: *biglietto da diecimila lire*) ten-thousand-lire note.

decabrista, *m.* (*stor. russa*) Decembrist.

dècade, *f.* *1* (*dieci giorni*) (period of) ten days: **la prima d. del mese**, the first ten days of the month *2* (*mil.*) ten days' pay.

decadènte, *a.*, *m.* e *f.* (*anche letter., arte*) decadent.

decadentiṣmo, *m.* (*letter., arte*) decadentism; decadence.

decadentista, *m.* e *f.* (*letter., arte*) decadent.

decadentìstico, *a.* (*letter., arte*) decadent.

decadènza, *f.* *1* decline; decay; falling off; (*specialm. morale*) decadence: **la d. dell'Impero Romano**, the decline of the Roman Empire; **essere in d.**, to be on the decline *2* (*letter., arte*) decadence *3* (*leg.*) loss; withdrawal; forfeiture; foreclosure; lapse: **d. dalla patria potestà**, loss of parental authority; **d. di un diritto**, forfeiture (*o* loss) of a right; **d. della cittadinanza**, loss (*o* withdrawal) of nationality.

decadére, *v. i.* *1* to decline; to fall* off; to decay *2* (*leg.*) to lose*; to forfeit: **d. da un diritto**, to lose (*o* to forfeit) a right.

decàdico, *a.* of ten days; ten-days' (*attr.*).

decadiménto, *m.* *1* *V.* **decadenza**, *def.* *1* e *3* *2* (*fis. nucl.*) decay: **d. alfa [beta]**, alpha [beta] decay.

decadùto, *a.* (*impoverito*) impoverished; **nobile d.**, impoverished aristocrat.

decaèdrico, *a.* (*geom.*) decahedral.

decaèdro, *m.* (*geom.*) decahedron*.

decaffeinàre, *v. t.* to decaffeinate.

decaffeinàto, **A** *a.* decaffeinated; caffeine-free. **B** *m.* decaffeinated coffee; decaff (*fam.*).

decaffeinazióne, *f.* decaffeination.

decaffeiniẓẓàre, *V.* **decaffeinare**.

decagonàle, *a.* (*geom.*) decagonal.

decàgono, *m.* (*geom.*) decagon.

decagràmmo, *m.* decagram(me).

décalage (*franc.*), *m. invar.* difference; gap.

decalcàre, *v. t.* to trace; to transfer.

decalcificàre, *v. t.* (*chim., med.*) to decalcify.

decalcificazióne, *f.* (*chim., med.*) decalcification.

decàlco, *m.* transfer; (*il decalcare*) tracing, transferring.

decalcomanìa, *f.* decalcomania; transfer.

decàlitro, *m.* decalitre, decaliter (*USA*).

decàlogo, *m.* *1* (*relig.*) Decalogue *2* (*estens.*: *insieme di norme*) set of rules; (*manuale*) guide, handbook.

decàmetro, *m.* decametre, decameter (*USA*).

decampàre, *v. i.* (*fig.*) to recede; to abandon; to give* up; to climb* down (*fam.*).

decanàto, *m.* (*eccles.*) deanery.

decàno, *m.* *1* (*eccles.*) dean *2* senior member; doyen: **il d. del corpo accademico**, the senior member of the academic staff; **il d. dei giornalisti sportivi**, the doyen of sports reporters *3* (*astrol.*) decan.

decantàre (**1**), *v. t.* (*magnificare*) to extol; to sing* the praises of; to praise highly (*o* to the skies).

decantàre (**2**), **A** *v. t.* *1* (*chim.*: *un solido*) to settle; (*due liquidi*) to separate *2* (*fig.*) to purify. **B** *v. i.* (*chim.*: *di solido*) to settle; (*di due liquidi*) to separate.

decantatóre, *m.* (*ind.*) settler; separator.

decantazióne, *f.* *1* (*chim.*: *di solido*) settling; (*di due liquidi*) separating *2* (*fig.*) purification.

decapàggio, *m.* (*metall.*) pickling.

decapàre, *v. t.* (*metall.*) to pickle.

decapitàre, *v. t.* *1* to behead; to decapitate; to cut* off (sb.'s) head *2* (*recidere alla sommità*) to cut* off the top of; to poll.

decapitazióne, *f.* beheading; decapitation.

decàpode, *m.* (*zool.*) decapod.

Decàpodi, *m. pl.* (*zool.*, *Decapoda*) Decapoda.

decappottàbile, *a.* e *f.* (*autom.*) convertible.

decappottàre, *v. t.* (*autom.*) to pull down the hood (of a car).

decapsulazióne, *f.* (*med.*) decapsulation.

decarbossilàre, *v. t.* (*tecn.*) to decarboxylate.

decarbossilazióne, *f.* (*tecn.*) decarboxylation.

decarburàre, *v. t.* (*chim.*) to decarbonize; to decarburize.

decarburazióne, *f.* (*chim.*) decarbonization; decarburization.

decasillabo, (*poesia*) **A** *a.* decasyllabic. **B** *m.* decasyllable.

decàstilo, *a.* (*archit.*) decastyle.

dècathlon, *m.* (*sport*) decathlon.

decathlonèta, *V.* **decatleta**.

decatissàggio, *m.* (*ind. tess.*) decating; decatizing.

decatiẓẓàre, *v. t.* (*ind. tess.*) to decatize.

decatlèta, *m.* (*sport*) decathlete.

dècatlon, *V.* **decathlon**.

decauville (*franc.*), *f. invar.* Decauville (railway).

decèdere, *v. i.* to die*; to decease.

decedùto, *a.* dead; deceased.

deceleràre, *v. t.* e *i.* to decelerate.

deceleratóre, *a.* decelerating.

decelerazióne, *f.* deceleration.

decemviràle, *a.* (*stor. romana*) decemviral.

decemviràto, *m.* (*stor. romana*) decemvirate.

decèmviro, *m.* (*stor. romana*) decemvir*.

decennàle, **A** *a.* *1* (*che avviene ogni dieci anni*) decennial *2* (*che dura dieci anni*) ten-year (*attr.*); ten-year long: **periodo d.**, ten-year period; decade; **piano d.**, ten-year plan. **B** *m.* tenth anniversary; decennial.

decènne, **A** *a.* ten-year-old (*attr.*); ten years old (*pred.*); aged ten (*pred.*). **B** *m.* e *f.* ten-year-old (boy, *m.*; girl, *f.*; child).

decènnio, *m.* decade; ten-year period; (period of) ten years; decennium*.

decènte, *a.* *1* (*decoroso*) decent; proper; respectable; decorous: **abiti decenti**, decent clothes; **parole decenti**, decent words; **una storiella non molto d.**, a rather improper anecdote *2* (*accettabile*) adequate; reasonable; decent: **stipendio d.**, adequate salary; **pranzo d.**, decent dinner.

decentraliẓẓàre, *V.* **decentrare**.

decentraliẓẓazióne, *f.* **decentraménto**, *m.* decentralization: **d. dei servizi**, service decentralization; **d. aziendale**, hiving off; (*polit.*) **d. dei poteri**, devolution.

decentràre, *v. t.* to decentralize; (*econ.*) to hive off; (*polit.*) to devolve.

decènza, *f.* decency; propriety; respectableness; decorum: **un'offesa alla d. pubblica**, an offence against public decency. ● **luogo di d.**, toilet.

decerebellàre, *v. t.* (*chir.*) to decerebellate.

decerebellazióne, *f.* (*chir.*) decerebellation.

decerebràre, *v. t.* (*chir.*) to decerebrate.

decerebrazióne, *f.* (*chir.*) decerebration.

decèsso, *m.* (*bur.*) death; decease (*form.*): **le cause del d.**, the causes of death; **constatare un d.**, to certify a death; (*leg.*) **atto di d.**, death certificate.

decibèl, *m.* (*fis.*) decibel.

decìdere, **A** *v. t.* *1* (*stabilire, fissare*) to decide (on st., to do st.); to resolve (to do st., on doing st.); to agree (on st., to do st.); to determine (to do st.); (*scegliere*) to choose* (st.): **d. di fare q.c.**, to decide to do st.; **Ha deciso di darsi agli affari**, he has decided to become (*o* that he will be) a businessman; **d. una data**, to decide on a date; to agree on a date; **Abbiamo deciso per il Messico per il nostro viaggio**, we've decided on Mexico for our trip; **Decisero di rincontrarsi di lì a un mese**, they agreed to meet in a month's time; **Decisi di partire martedì**, I decided (*o* I resolved) to leave on Tuesday; **Decisero di non vendere**, they decided not to sell (*o* against selling); **Devi d. tra me e lei**, you must choose between me and her; **Ormai ho deciso**, my mind is made up; **Avanti, decidi qualcosa!**, do make up your mind (one way or the other)!; **Qui decido io**, I take decisions here; I call the tune (*o* the shots) here (*fam.*); **d. la guerra**, to decide on war; **Che cosa ti ha fatto d. di lasciarlo?**, what made you decide to leave him? *2* (*risolvere, definire*) to decide; to settle; to solve: **d. una questione**, to settle (*o* to decide) a question *3* (*leg.*: *di tribunale*) to rule (on st., that). **B** *v. t.* e *i.* (*avere valore determinante*) to decide: **Quell'avvenimento decise il** (*o* **del**) **nostro destino**, that event decided our fate. **C** **decidersi**, *v. i. pron.* to make* up one's mind; to decide: **Deciditi una buona volta!**, make up your mind once and for all!; **Allora, ti decidi?** (*sbrigati*), well? what are you waiting for?; **non saper d.**, to be undecided; **Non so decidermi a lasciarlo**, I can't bring myself to leave him.

decidua, *f.* (*anat.*) decidua.

deciduàle, *a.* (*anat.*) decidual; deciduate.

decìduo, *a.* (*bot., zool.*) deciduous: **foglie decidue**, deciduous leaves; **denti decidui**, deciduous teeth.

decifràbile, *a.* decipherable.

decifrabilità, *f.* decipherability.

deciframénto, *m.* *1* deciphering; decipherment *2* (*di messaggio cifrato*) decoding.

decifràre, *v. t.* *1* (*un testo scritto*) to decipher, to read*; (*riuscire a capire*) to make* out;

(*un messaggio cifrato*) to decode: **d. un manoscritto**, to decipher (*o* to read) a manuscript; **d. una scrittura antica**, to read an ancient script; **Riesci a d. questo biglietto?**, can you make out what's written in this note? **2** (*fig.*: *interpretare*) to make* out; (*risolvere*) to solve, to decipher: **Non riesco a d. le sue intenzioni**, I cannot make out his intentions; **d. un enigma**, to solve a puzzle **3** (*mus.*) to sight-read.

decifratóre, *m.* (*f.* **-trice**) decipherer; decoder.

decifrazióne, *f.* deciphering; decoding.

decìgrado, *m.* decigrade.

decigràmmo, *m.* decigram(me).

decìle, *m.* (*stat.*) decile.

decìlitro, *m.* decilitre, deciliter (*USA*).

dècima, *f.* **1** (*stor.*) tithe **2** (*mus.*) tenth.

decimàle (**1**), *a.* e *m.* decimal: **frazione d.**, decimal fraction; **sistema metrico d.**, metric system; **ridurre in decimali**, to reduce to decimals.

decimàle (**2**), *a.* (*stor.*) of a tithe; tithe (*attr.*).

decimalizzàre, *v. t.* to decimalize; to metricize.

decimàre, *v. t.* **1** (*mil.*) to decimate **2** (*fig.*: *fare strage*) to decimate; (*danneggiare*) to cause extensive damage to; (*ridurre di numero*) drastically to cut* down the number of.

decimazióne, *f.* **1** (*mil.*) decimation **2** (*fig.*) decimation; (*grave danno*) extensive damage; (*forte riduzione*) drastic reduction.

decìmetro, *m.* decimetre, decimeter (*USA*).

decimilionèsimo, *V.* **diecimilionesimo**.

decimillèsimo, *a. num. ord.* e *m.* ten thousandth.

decimilligràmmo, *m.* decimilligram(me).

decimìllimetro, *m.* decimillimetre, decimillimeter (*USA*).

dècimo, *a. num. ord.* e *m.* tenth: **la decima parte**, the tenth part; a tenth; **i nove decimi della popolazione**, the nine tenths of the population.

decimoprìmo, *a. num. ord.* eleventh.

decimosecóndo, *a. num. ord.* twelfth.

decìna, *f.* **1** (*dieci*) ten: **la prima d.**, the first ten; **due decine**, twenty; a score; **tre decine**, thirty **2** (*circa dieci*) about ten; ten or so; roughly ten; (*quantità imprecisata*) dozen: **una d. di quadri**, about ten pictures; **Eravamo una d.**, there were about ten of us; **Te l'ho detto almeno una d. di volte**, I have told you a dozen times at least; **poche decine di persone**, a few dozen people. ● **decine e decine**, scores; lots; loads □ **a decine**, (*a gruppi di dieci*) by tens; (*in quantità*) by the dozen, by the score, in large number.

decișaménte, *avv.* **1** (*con risolutezza*) resolutely; decidedly: **affrontare q.c. d.**, to face st. resolutely **2** (*senza dubbio*) decidedly; definitely; positively; quite: **È d. superiore all'avversario**, he is definitely superior to his opponent; **La metropolitana è diventata un luogo d. pericoloso di notte**, the underground has become a positively dangerous place at night.

decișionàle, *a.* decision-making: **potere d.**, power to decide.

decișionalità, *f.* decision-making; (*capacità*) decision-making ability; (*potere*) power to decide.

decișióne, *f.* **1** decision: **giungere a una d.**, to come to (*o* to arrive at, to reach) a decision; **prendere una d.**, to take (*o* to make) a decision; to make up one's mind **2** (*di assemblea*) resolution: **prendere una d.**, to pass a resolution **3** (*leg.*) judgement; ruling; decision **4** (*risolutezza*) decision; resolution; firmness: **mancare di d.**, to lack decision.

decișionìșmo, *m.* decision-making ability; tendency to make quick decisions.

decișionìsta, *m.* e *f.* quick decision maker.

decișìvo, *a.* **1** decisive; conclusive: **una battaglia decisiva**, a decisive battle; **una prova decisiva**, conclusive evidence; **essere l'elemento d.**, to be the decisive factor; to tip the balance **2** (*cruciale*) crucial; critic: **momento d.**, crucial moment. ● **autorità decisiva**, authority (*o* power) to decide □ **voto d.**, casting vote.

decișo, *a.* **1** (*stabilito*) definite; fixed; settled: **È tutto d.**, everything is fixed; **La faccenda è decisa**, the question is settled; **Non c'è niente di d.**, there is nothing definite **2** (*risoluto*) firm; resolute; decided; determined: **Sono d. a farlo**, I'm determined to do it; **essere d. a tutto**, to be ready for anything; **La nuova segretaria è un tipo d.**, the new secretary is a no-nonsense type **3** (*netto*) clean; sharp: **un taglio d.**, a clean cut **4** (*spiccato*) decided; marked: **un d. miglioramento**, a marked improvement.

decișòrio, *a.* decisive.

deck (*ingl.*), *m. invar.* (*mus.*) tape deck.

declamàre, **A** *v. t.* to declaim; to recite. **B** *v. i.* to declaim; (*iron.*) to hold* forth, to orate.

declamàto, **A** *a.* declaimed; recited. **B** *m.* (*mus.*) recitative.

declamatóre, *m.* (*f.* **-trice**) declaimer; reciter; orator; haranguer (*iron.*).

declamatòrio, *a.* **1** (*retorico*) declamatory; rhetorical **2** (*enfat.*) inflated; bombastic.

declamazióne, *f.* **1** (*il declamare*) declamation; recitation **2** (*discorso*) declamation; rhetorical (*o* set) speech; (*spreg.*) bombast.

declaratòria, *f.* (*leg.*) declaratory judgement.

declaratòrio, *a.* (*leg.*) declaratory.

declassaménto, *m.* down-grading; degrading; demoting.

declassàre, *v. t.* to down-grade; to degrade; to demote; to reduce in rank: **È una carrozza di I, declassata in II**, it's a former I class carriage, now graded as II.

declassificàre, *v. t.* to declassify.

declinàbile, *a.* **1** (*gramm.*) declinable **2** (*rifiutabile*) refusable; declinable.

declinàre, **A** *v. t.* **1** (*rifiutare*) to decline; to turn down; to refuse: **d. un'offerta**, to decline an offer; **d. ogni responsabilità**, to decline all responsibility **2** (*gramm.*) to decline **3** (*bur.*: *dichiarare*) to state; to say*: **d. le proprie generalità**, to state (*o* to give) one's name. **B** *v. i.* **1** (*calare, degradare*) to sink*; to get* lower; to decline; to go* down; to slope down(wards): **terreno che declina verso il mare**, ground that sinks (*o* slopes down) to the sea **2** (*del sole*) to set*; to sink* **3** (*volgere alla fine*) to draw* to an end; to decline: **Il giorno declinava**, the day was drawing to an end **4** (*diminuire*) to decline; to wane: **La sua popolarità declinò rapidamente**, his popularity waned rapidly **5** (*deviare*) to deviate. **C** *m.* close; decline; wane: **essere al d.**, to be on the decline (*o* on the wane); **il d. della vita**, the decline of life; **sul d. del giorno**, at dusk.

declinatòria, *f.* (*leg.*) declinatory exception.

declinatòrio, *a.* (*leg.*) declinatory: **eccezione declinatoria**, declinatory exception; **pronuncia declinatoria**, declinature.

declinazióne, *f.* **1** (*gramm.*) declension **2** (*astron.*, *geofisica*) declination: **d. magnetica**, (magnetic) declination (*o* variation); **d. nord**, northing; **d. sud**, southing.

declìno, *m.* **1** decline; decay; wane: **il d. di un impero**, the decline of an empire; **un d. dell'occupazione**, a decline in job vacancies; **essere in d.**, to be on the decline (*o* on the wane); to be declining; to be waning **2** (*del sole*) setting.

declinòmetro, *m.* (*astron.*) declinometer; variation compass.

declìve, *a.* (*lett.*) sloping (downwards); declivous.

declìvio, *m.* (downward) slope; declivity: **terreno in d.**, sloping ground.

declività, *f.* declivity; slope.

decloratóre, *m.* dechlorinator.

declorazióne, *f.* dechlorination.

decloruràre, *v. t.* (*chim.*) to dechlorinate.

declorurazióne, *f.* (*chim.*) dechlorination.

déco (*franc.*), **A** *a. invar.* art deco (*attr.*): **stile d.**, art deco style. **B** *m.* art deco.

decodìfica, *f.* (*ling.*) decoding.

decodificàbile, *a.* that can be decoded.

decodificàre, *v. t.* to decode.

decodificatóre, *m.* decoder.

decodificazióne, *f.* decoding.

decollàggio, *V.* **decollo**.

decollàre (**1**), *v. i.* **1** (*aeron.*) to take* off **2** (*fig.*) to take* off; to get* off the ground; to take* wings (*fam.*).

decollàre (**2**), *v. t.* (*decapitare*) to behead; to decollate (*lett.*).

decollàto, *a.* – **S. Giovanni D.**, St John Decollate.

decollazióne, *f.* beheading; decollation (*lett.*): **la d. di S. Giovanni**, the decollation of St John.

décolleté (*franc.*), **A** *m. invar.* **1** (*scollatura*) décolleté; low-cut neckline; (*profonda*) plunging neckline **2** (*abito scollato*) décolleté; décolletage; low-cut dress: **Le signore erano in d.**, the ladies wore low-cut dresses **3** (*collo e spalle*) neck and shoulders. **B** *a. invar.* (*di abito*) décolleté; low-cut. ● **scarpa d.**, court shoe.

decòllo, *m.* (*aeron.* e *fig.*) take-off: **d. verticale**, vertical take-off; (*fig.*) **d. industriale**, industrial take-off; **pista di d.**, take-off runway.

decolonizzàre, *v. t.* to decolonize.

decolonizzazióne, *f.* decolonization.

decolorànte, **A** *a.* decolorizing; bleaching. **B** *m.* decolorant; bleach.

decoloràre, *v. t.* to decolour; to decolorize; to bleach.

decolorazióne, *f.* decolorization; bleaching: **d. dei capelli**, hair bleaching; **d. del cotone**, cotton bleaching.

decombènte, *a.* (*bot., zool.*) decumbent.

decomponìbile, *a.* decomposable.

decomponibilità, *f.* decomposability.

decompórre, **A** *v. t.* **1** (*chim.*) to decompose; to break* down (into elements) **2** (*scomporre*) to resolve (into elements), to dissolve, to separate; (*disgregare*) to disgregate, to decompose **3** (*mat.*) to factorize. **B decompórsi**, *v. i. pron.* **1** (*chim.*) to decompose; to break* down **2** (*putrefarsi*) to decompose; to decay; to rot; to putrefy.

decompoșizióne, *f.* **1** decomposition **2** (*putrefazione*) putrefaction; decay **3** (*chim.*) decomposition; breaking down **4** (*mat.*) factorization.

decompressióne, *f.* decompression: **camera di d.**, decompression chamber.

decomprìmere, *v. t.* to decompress.

deconcentràre, **A** *v. t.* to make* (sb.) lose (his, her) concentration. **B deconcentràrsi**, *v. i. pron.* to lose* one's concentration.

deconcentràto, *a.* lacking concentration: **un atleta d.**, an athlete that has lost his concentration.

deconcentrazióne, *f.* lack of concentration; loss of one's concentration.

decondizionaménto, *m.* (*anche med.*) deconditioning.

decondizionàre, *v. t.* (*anche med.*) to decondition.

decongelaménto, *V.* **decongelazione**.

decongelàre, *v. t.* **1** (*scongelare*) to unfreeze*; to thaw (out); to defrost **2** (*fig., econ.*) to unfreeze*.

decongelazióne, *f.* thawing; unfreezing; defrosting.

decongestionaménto, *m.* **1** (*med.*) decongestion **2** (*fig.*) relief; easing.

decongestionànte, *m.* (*med.*) decongestant.

decongestionàre, *v. t.* **1** (*med.*) to decongest **2** (*fig.*) to relieve the congestion of; to free; to ease: **d. il traffico**, to relieve the congestion of traffic; to smooth traffic.

decongestióne, *V.* **decongestionamento.**
decontaminàre, *v. t.* to decontaminate.
decontaminazióne, *f.* decontamination.
decontestualizzàre, *v. t.* to isolate (st.) from (its) context.
decontràrre, *v. t.* **decontràrsi,** *v. i. pron.* to relax.
decontratturànte, *V.* **miorilassante.**
decontrazióne, *f.* relaxation.
decoràre, *v. t.* *1* (*adornare*) to decorate; to ornament: **d. di bandiere**, to decorate with flags *2* (*insignire di decorazione*) to decorate; to award: **Fu decorato con la croce di guerra**, he was decorated with (*o* was awarded) the military cross. ● **d. a smalto**, to enamel □ **d. a stucco**, to stucco.
decorativìsmo, *m.* predominance of decoration.
decoratìvo, *a.* decorative; ornamental: **arte decorativa**, decorative art. ● (*iron.*) **personaggio d.**, figurehead.
decoràto, **A** *a.* *1* (*ornato*) decorated; ornamented: (*archit.*) **stile d.**, Decorated style *2* (*insignito di decorazione*) decorated. **B** *m.* (*f.* **-a**) holder of decoration: **un d. di guerra**, a holder of a war decoration; a man awarded a war decoration.
decoratóre, *m.* (*f.* **-trice**) decorator.
decorazióne, *f.* *1* decoration; ornament *2* (*medaglia*) decoration, medal; (*nastro*) ribbon; (*croce*) cross: **insignire di una d.**, to award a decoration.
decornàre, *v. t.* to dehorn.
decòro, *m.* *1* (*dignità*) dignity; (*proprietà*) propriety, decorum; (*eleganza sobria*) sober elegance: **essere privo di d.**, to lack dignity; **venir meno al d.**, to sin against proprieties; **vestirsi con d.**, to dress soberly *2* (*onore, prestigio*) good name; reputation; honour, honor (*USA*) *3* (*lustro*) ornament: **Il dottor X è il d. della nostra professione**, Dr X is an ornament to our profession *4* (*ornamento*) decoration *5* (*motivo ornamentale*) motif (*franc.*).
decoróso, *a.* *1* (*dignitoso*) decorous; dignified; proper *2* (*decente*) decent; adequate: **abito d.**, decent dress; **stipendio d.**, decent salary; **risultato d.**, adequate result.
decorrènza, *f.* starting date: **d. degli interessi**, start of interest accrual; **con d. dal 3 maggio**, starting from (*o* as from, with effect from) May 3rd.
decórrere, *v. i.* *1* (*trascorrere*) to pass; to elapse *2* (*avere effetto*) to start; to run*; to take* effect; to become* effective: **L'aumento decorre dal prossimo mese**, the increase starts from next month; **a d. da oggi**, starting (*o* as, with effect) from today.
decórso, **A** *a.* *1* elapsed; past *2* (*scaduto*) due; overdue. **B** *m.* *1* (*il decorrere*) passing *2* (*periodo*) lapse: **un lungo d. di tempo**, a long lapse of time *3* (*svolgimento*) course: **il d. della malattia**, the course of the illness.
decorticàre, *v. t.* *1* (*agric.*) to decorticate; to strip; to bark *2* (*ind. alimentare*) to hull.
decorticazióne, *f.* *1* (*agric.*) decortication; stripping; barking *2* (*ind. alimentare*) hulling.
decostruìre, *v. t.* to deconstruct.
decostruzióne, *f.* deconstruction.
decostruzionìsmo, *m.* deconstructionism.
decostruzionìsta, *m.* e *f.* deconstructionist.
decòtto (1), *m.* decoction.
decòtto (2), **A** *a.* (*econ., leg.*) bankrupt; insolvent; (*di credito, ecc.*) frozen: **azienda decotta**, insolvent firm; **debito d.**, frozen debt. **B** *m.* insolvent debtor.
decozióne (1), *f.* decoction.
decozióne (2), *f.* (*econ., leg.*) bankruptcy; insolvency; (*di crediti, ecc.*) freezing: **la d. di un'azienda**, the state of bankruptcy of a firm; **d. di un credito**, freezing of a credit.
decreménto, *m.* decrease; decrement (*anche mat.*).
decrepitàre, *v. i.* (*chim.*) to decrepitate.
decrepitazióne, *f.* (*chim.*) decrepitation.
decrepitézza, *f.* decrepitude.
decrèpito, *a.* *1* decrepit *2* (*fig.*) decrepit; superannuated; dilapidated: **istituzioni decrepite**, decrepit institutions; **idee decrepite**, superannuated notions; **un edificio d.**, a decrepit building.
decrepitùdine, *f.* decrepitude.
decrescèndo, *m. invar.* (*mus.*) decrescendo.
decrescènte, *a.* decreasing (*anche mat.*); diminishing; waning: **in ordine d.**, in a decreasing order; **produttività d.**, diminishing returns; **La luna è in fase d.**, the moon is waning.
decrescènza, *f.* decrease; diminution; wane: **popolazione in d.**, decreasing population.
decréscere, *v. i.* to decrease; to diminish; (*della luna*) to wane; (*di suono*) to die* down, to fade away; (*delle acque*) to fall*, to subside; (*della marea*) to ebb, to go* out; (*di emozioni, qualità*) to ebb, to subside, to wane.
decretàle, *a.* e *f.* (*eccles.*) decretal: **le Decretali**, the Decretals.
decretalista, *m.* (*eccles.*) decretist; decretalist.
decretàre, *v. t.* *1* (*statuire*) to decree; to ordain *2* (*tributare*) to confer; to award; to give*: **Gli decretarono accoglienze trionfali**, he was given a triumphal welcome.
decretazióne, *f.* decreeing.
decréto, *m.* *1* (*leg.*) decree; order; rescript; warrant; writ: **d. legge**, (emergency) decree; law by decree; **d. legislativo**, legislative decree; **d. di nomina**, decree of appointment; **d. di citazione (in giudizio)**, summons; writ; **d. d'ingiunzione**, injunction; **d. penale**, (criminal) judgement *2* (*fig.*) decree: **i decreti di Dio**, God's decrees; **per d. del fato**, by decree of Fate.
decriminalizzàre, *v. t.* (*leg.*) to decriminalize.
decriptàre, **decrittàre,** *v. t.* to decrypt; to decipher.
decrittatòrio, *a.* decrypting; deciphering.
decrittazióne, *f.* decryption; decipherment; cryptanalysis.
decùbito, *m.* (*med.*) decubitus*: **piaga da d.**, decubitus ulcer; (*com.*) bedsore.
de cuius (*lat.*), *locuz. m.* e *f.* the (deceased) testator.
deculminazióne, *f.* (*geogr.*) orographic erosion.
decumàna, *f.* (*stor. romana*) decuman gate.
decumàno, **A** *a.* (*lett.*) decuman: **onda decumana**, decuman wave; (*stor. romana*) **porta decumana**, decuman gate. **B** *m.* (*stor. romana*) *1* (*via dell'accampamento romano*) decumanus* *2* (*pl.*) decuman soldiers.
decuplicàre, *v. t.* to multiply by ten; to make* tenfold; to decuple.
dècuplo, **A** *a.* tenfold; decuple. **B** *m.* decuple; tenfold amount: **ricavare il d.**, to make ten times as much; **Cento è il d. di dieci**, a hundred is ten times ten.
decùria, *f.* (*stor. romana*) decury.
decurionàto, *m.* (*stor. romana*) decurionate.
decurióne, *m.* (*stor. romana*) decurion.
decurtàre, *v. t.* to curtail; to reduce; to dock; to cut*: **d. un debito**, to reduce a debt; **d. uno stipendio**, to dock a salary; **d. le spese**, to cut down expenses; to retrench.
decurtazióne, *f.* curtailment; reduction; cut.
decussàre, *v. t.* to decussate.
decussàto, *a.* (*arald., bot.*) decussate: **croce decussata**, decussate cross.
decùsse, *f.* (*arald.*) decussate cross.
dedàleo, *a.* *1* D(a)edalian *2* (*fig. lett.*: *ingegnoso*) daedal; ingenious.
Dèdalo, *m.* (*mitol.*) Daedalus.
dèdalo, *m.* maze; labyrinth.
dèdica, *f.* dedication; inscription: **fare una d. su un libro**, to write a dedication on a book; **La d. diceva: «A Gianna con affetto»**, the inscription read, «to Gianna, with love»; **foto con d.**, inscribed photo.
dedicàre, **A** *v. t.* *1* to dedicate; (*intitolare alla memoria*) to name after: **Dedico il libro a mio padre**, I dedicate this book to my father; **Il monumento fu dedicato alla memoria dei caduti**, the monument was dedicated to the soldiers who died in the war; **Il teatro è dedicato a Chiabrera**, the theatre is named after Chiabrera *2* (*consacrare*) to consecrate; to dedicate *3* (*destinare*) to devote; to assign; to dedicate; to give*: **Dedica tutto il suo tempo allo studio**, he devotes all his time to study; **ore dedicate alla meditazione**, hours given to meditation; **d. poco spazio a una notizia**, to assign little space to a news item. **B** **dedicàrsi,** *v. rifl.* to devote (*o* to apply) oneself to.
dedicatàrio, *m.* (*f.* **-a**) dedicatee.
dedicatòria, *f.* dedicatory epistle.
dedicatòrio, *a.* dedicatory: **lettera dedicatoria**, dedicatory epistle.
dedicazióne, *f.* (*anche relig.*) dedication.
dèdito, *a.* *1* (*appassionato*) devoted (to); committed (to); fond (of): **essere d. alla ricerca**, to be devoted to research; to be a committed researcher; **d. ai viaggi**, fond of travelling *2* (*rif. a vizio*) addicted (to); hooked (on); **d. al bere**, addicted to drink.
dedizióne, *f.* devotion; (*impegno*) dedication, commitment: **d. a una causa**, devotion to a cause.
dedótto, *a.* deducted: **dedotte le spese**, after expenses have been deducted.
deducìbile, *a.* *1* (*anche filos.*) deducible; inferable *2* (*sottraibile*) deductible: **d. dal reddito**, tax-deductible; **non d.**, non-deductible.
deducibilità, *f.* *1* (*filos.*) deducibility; deducibleness; inferabity *2* (*sottraibilità*) deductibility.
dedùrre, *v. t.* *1* (*anche filos.*) to deduce, to infer; (*desumere*) to work* out; (*arguire, concludere*) to gather, to conclude: **Dalle sue parole dedussi che si erano visti**, I deduced from his words that they had met; **Ne deduco che l'offerta vi interessa**, I gather you are interested in the offer *2* (*sottrarre*) to deduct; to subtract; to take* away; to take* off: **Dall'importo finale bisogna d. le spese di spedizione**, postal charges should be deducted from the total *3* (*derivare*) to draw*; to take*: **La trama è stata dedotta da una leggenda**, the plot was taken from a legend *4* (*leg.*) to infer.
deduttìvo, *a.* (*anche filos.*) deductive: **ragionamento d.**, deductive reasoning; **metodo d.**, deductive method.
deduzióne, *f.* *1* (*anche filos.*) deduction, inference; (*conclusione*) conclusion *2* (*detrazione*) deduction; allowance; abatement: **d. dallo stipendio**, deduction from salary; **d. fiscale**, tax allowance *3* (*leg.*) inference.
défaillance (*franc.*), *f. invar.* (*specialm. sport*) (sudden) breakdown; collapse.
defalcàre, *v. t.* to deduct; to subtract; to cut*; to knock off (*fam.*).
defalcazióne, *f.* **defalco,** *m.* deduction; cut.
defascistizzàre, *v. t.* (*polit.*) to purge of Fascists.
defaticaménto, *m.* (*sport*) winding-down; winding-down exercises (*pl.*).
defaticàrsi, *v. rifl.* (*sport*) to do* winding-down exercises; to wind* down.
defatigànte, *a.* wearying; stressful.
defatigàre, *v. t.* to weary; to stress.
defecàre, **A** *v. i.* to defecate. **B** *v. t.* (*chim.*) to refine; to clear.
defecazióne, *f.* *1* defecation *2* (*chim.*) clarification; defecation.
defedàto, *a.* (*med.*) debilitated; exhausted.
defenestràre, *v. t.* *1* to throw* (sb.) out of a window *2* (*fig.*) to dismiss; to remove from office; to give* the push (*fam.*).
defenestrazióne, *f.* *1* defenestration: (*stor.*) **la d. di Praga**, the defenestration of Prague *2* (*fig.*) sudden dismissal; sudden removal from

office.

defensionàle, *a.* (*leg.*) of the defence; for the defence.

deferènte, *a.* ***1*** deferential; respectful: **un d. silenzio**, a respectful silence; **mostrarsi d. verso q.**, to be deferential towards sb. ***2*** (*anat.*) deferent: **canale d.**, deferent duct.

deferènza, *f.* deference; respect: **salutare q. con d.**, to greet sb. deferently; **per d. verso q.**, in deference to sb.

deferiménto, *m.* referring; submitting.

deferire, A *v. t.* (*leg.*) to refer; to report; to submit: **d. una causa al tribunale**, to refer (*o* to submit) a case to court. ● (*leg.*) **d. un giuramento**, to tender (*o* to administer) an oath □ **d. q. alla giustizia**, to hand over (*o* to give up) sb. to justice. **B** *v. i.* to defer (to).

deferrizzazióne, *f.* (*ind.*) deferrization.

defervescènza, *f.* (*med.*) defervescence.

defettìbile, *a.* (*lett.*) liable to fail; liable to fall short; defectible.

defezionàre, *v. i.* to defect; to desert.

defezióne, *f.* defection; desertion: **una d. massiccia dal partito**, a mass defection from the party.

defezionista, *m.* e *f.* defector.

defibrillatóre, *m.* (*med.*) defibrillator.

defibrillazióne, *f.* (*med.*) defibrillation.

defibrinazióne, *f.* (*med.*) defibrination.

deficiènte, A *a.* ***1*** (*mancante*) deficient (in); lacking (in); (*insufficiente*) insufficient; (*difettoso*) faulty, defective ***2*** (*med.*) mentally deficient ***3*** (*spreg.*) stupid. **B** *m.* e *f.* ***1*** (*med.*) mentally deficient person; (*com. spreg.*) halfwit ***2*** (*spreg.*: *stupido*) idiot; fool; moron: **Sei un povero d.!**, you're just a fool.

deficiènza, *f.* ***1*** (*mancanza*) deficiency; lack; want: **d. di calcio**, deficiency of calcium; **d. di denaro**, lack of money; **supplire a una d.**, to make up for a deficiency ***2*** (*scarsità*) shortage; shortfall; insufficiency: **C'è d. di acqua**, there is a shortage of water ***3*** (*lacuna*) gap; (*difetto*) inadequacy: **deficienze di cultura**, gaps in one's education (*o* general knowledge); **Il ragazzo ha deficienze in chimica**, the boy is weak in chemistry; **essere consapevole delle proprie deficienze**, to be aware of one's inedequacies ***4*** (*med.*) mental deficiency.

deficit, *m. invar.* ***1*** (*econ., rag.*) deficit: **un d. di trenta milioni**, a deficit of thirty million; **colmare il d.**, to make up the deficit; **d. di bilancio**, budget deficit; **d. della bilancia commerciale**, trade gap; **essere in d.**, to show a deficit; to be in the red (*fam.*) ***2*** (*rag.*: *perdita*) loss; (*ammanco*) shortage, shortfall ***3*** (*fig.*: *insufficienza*) deficiency; lag; inadequacy; failure: **d. alimentare**, food deficiency; **d. culturale**, cultural lag; **d. morale**, moral failure ***4*** (*med.*) deficiency; impairment; defect: **d. vitaminico**, vitamin deficiency; **d. visivo**, sight (*o* visual) defect.

deficitàrio, *a.* ***1*** (*insufficiente*) insufficient; inadequate; poor; scanty: **alimentazione deficitaria**, insufficient nourishment; **risorse deficitarie**, scanty resources ***2*** (*econ., rag.*) showing a deficit (*o* a loss); debit, deficit (*attr.*); in the red (*pred., fam.*): **Il bilancio pubblico è d.**, the budget shows a deficit.

defilaménto, *m.* ***1*** (*mil.*) defilade ***2*** (*naut.*) passing astern.

defilàre, A *v. t.* (*mil.*) to defilade. **B** *v. i.* (*naut.*) to pass astern. **C defilàrsi,** *v. rifl.* (*fig.*) to remain in the background; (*scherz.*: *allontanarsi*) to make* oneself scarce; (*estens.*: *evitare q.c.*) to steer clear (of st.), to duck out (of st.).

défilé (*franc.*), *m. invar.* (*sfilata di moda*) fashion parade (*o* show).

definìbile, *a.* definable.

definìre, *v. t.* ***1*** to define; to set* out: **d. un confine**, to define a boundary; **d. una parola**, to define a word ***2*** (*determinare*) to determine, to make* clear; (*stabilire, fissare*) to fix: **d. la propria posizione**, to make one's position clear; **d. una data**, to fix a date; **d. un orario**, to fix a timetable ***3*** (*risolvere*) to settle, to resolve; (*concludere*) to conclude, to finalize: **d. una lite**, to settle a dispute; **d. un accordo**, to finalize an arrangement ***4*** (*chiamare, descrivere*) to call; to describe; to term; to label: **L'hanno definito «una giovane promessa»**, he has been called «a young hopeful»; **Io lo definirei un pasticcio**, I would describe it as a mess.

definitézza, *f.* definiteness.

definitivaménte, *avv.* definitively; finally; once and for all; (*per sempre*) for good.

definitìvo, *a.* definitive; final: **risposta definitiva**, final answer; (*leg.*) **sentenza definitiva**, final judgement. ● **in definitiva**, (*in conclusione*) in conclusion, in short; (*in fin dei conti*) after all, when all is said and done.

definìto, *a.* ***1*** definite; determinate ***2*** (*netto*) clear-cut; sharp; precise; determinate: **una posizione definita**, a precise position; **non ben d.**, indefinite; indeterminate; vague; **contorni poco definiti**, blurred contours.

definitóre, *m.* ***1*** (*f.* **-trice**) definer ***2*** (*eccles.*) definitor.

definizióne, *f.* ***1*** definition; (*nelle parole crociate*) clue: **dare la d. di un termine**, to give the definition of a term ***2*** (*risoluzione*) settlement ***3*** (*ottica*) definition: **alta d.**, high definition.

defiscalizzàre, *v. t.* to remove the exemption from (a tax, a duty, etc.): **d. gli oneri sociali**, to remove the exemption from payment of social contributions.

defiscalizzazióne, *f.* removal of the exemption from (a tax, a duty, etc.).

deflagrànte, *a.* deflagrating; deflagrable.

deflagràre, *v. i.* ***1*** to deflagrate; (*estens.*: *scoppiare*) to explode, to blow* up ***2*** (*fig.*) to break* out; to erupt; to flare out.

deflagrazióne, *f.* ***1*** deflagration; (*estens.*: *scoppio*) explosion, blast ***2*** (*fig.*) outbreak; outburst; eruption; flaring up: **la d. del conflitto**, the outbreak of war; **una d. di violenza**, a flaring up of violence.

deflatìvo, *a.* (*econ.*) deflationary.

deflatóre, *m.* (*econ.*) deflator.

deflatòrio, *V.* **deflazionistico**.

deflazionàre, *v. t.* (*econ.*) to deflate; to disinflate.

deflazióne (1), *f.* (*econ.*) deflation; disinflation.

deflazióne (2), *f.* (*geol.*) deflation.

deflazionista, *m.* e *f.* deflationist.

deflazionìstico, *a.* (*econ.*) deflationary; disinflationary.

deflemmàre, *v. t.* (*chim.*) to dephlegmate.

deflemmatóre, *m.* (*chim.*) dephlegmator.

deflemmazióne, *f.* (*chim.*) dephlegmation.

deflessióne, *f.* (*fis.*) deflection; deflexion: **la d. della luce**, the deflection of light; **bobina di d.**, deflection coil.

deflèttere, *v. i.* ***1*** to deflect; to deviate; to bend*: **d. da una linea di azione**, to deviate from a course of action ***2*** (*fig.*: *cedere*) to yield; to give* in.

deflettóre, *m.* ***1*** (*mecc.*) deflector; baffle ***2*** (*aeron.*) flap ***3*** (*autom.*) vent window.

defloràre, *v. t.* to deflower.

deflorazióne, *f.* defloration; deflowering.

defluìre, *v. i.* ***1*** to flow; to run* ***2*** (*fig.*) to flow; to stream: **La gente defluiva dalla piazza**, people were flowing out of the square.

deflùsso, *m.* ***1*** flow; downflow; outflow; (*scarico*) discharge; (*ind.*) effluent ***2*** (*di marea*) ebb, reflux; (*di onda*) undertow ***3*** (*fig.*) flow; stream; streaming out; outflow: **il d. del traffico**, the flow of traffic; **d. di capitali**, outflow of capital.

deflussóre, *m.* (*med.*) tube (for intravenous drip).

defogliànte, *m.* (*agric., chim.*) defoliant.

defogliàre, *v. t.* (*agric.*) to defoliate.

defogliazióne, *f.* defoliation.

defoliàre, e *deriv.* *V.* **defogliare**, e *deriv.*

deforestazióne, *f.* deforestation.

deformàbile, *a.* deformable; capable of being deformed.

deformabilità, *f.* deformability.

deformànte, *a.* deforming; distorting; disfiguring: (*med.*) **artrite d.**, deforming arthritis; **specchio d.**, distorting mirror.

deformàre, A *v. t.* ***1*** to deform; to distort; to disfigure; to misshape: **L'artrite gli aveva deformato le mani**, arthritis had deformed his hands; **Il suo viso era deformato dall'ira**, his face was distorted by anger ***2*** (*alterare, anche fig.*) to distort; to twist out of shape; to warp: **I giornali hanno deformato i fatti**, the papers gave a distorted account of the facts; **d. la verità**, to distort the truth; **Il sospetto deformava i suoi ragionamenti**, suspicion warped his thoughts ***3*** (*edil.*) to strain ***4*** (*mecc.*) to buckle ***5*** (*il legno*) to warp. **B deformàrsi,** *v. i. pron.* ***1*** to get* deformed; to lose* one's shape; to become* disfigured ***2*** (*mecc.*) to buckle ***3*** (*del legno*) to warp.

deformàto, *a.* deformed; distorted; misshapen; shapeless; out-of- shape; warped: **dita deformate**, deformed (*o* misshapen) fingers; **un golf tutto d.**, a jumper grown shapeless; **un'asse deformata**, a warped plank.

deformazióne, *f.* ***1*** deformation; distortion; disfigurement ***2*** (*med.*) deformity; (*congenita*) malformation; (*stortura*) distortion ***3*** (*mecc.*) buckling ***4*** (*del legno*) warping ***5*** (*edil.*) strain: **d. elastica**, elastic strain; **d. permanente**, permanent set. ● (*fig.*) **d. professionale**, professional bias.

defórme, *a.* ***1*** deformed; disfigured; misshapen; (*dalla nascita*) malformed: **piede d.**, deformed (*o* malformed) foot; **mani deformi**, misshapen hands ***2*** (*brutto*) ugly; hideous.

deformità, *f.* ***1*** deformity; disfigurement; misshapenness; (*congenita*) malformation ***2*** (*bruttezza*) ugliness; hideousness.

defosforàre, *v. t.* (*metall.*) to dephosphorize.

defosforazióne, *f.* (*metall.*) dephosphorization.

defraudàre, *v. t.* to defraud; to deprive; to cheat; .to swindle: **d. q. dei suoi diritti**, to deprive sb. of his rights; **d. q. del denaro**, to swindle sb. out of his money; **Mi sentii defraudato**, I felt cheated.

defraudatóre, *m.* (*f.* **-trice**) defrauder; cheater; swindler.

defraudazióne, *f.* defrauding; cheating; swindling.

defùngere, *v. i.* to die*; to decease.

defùnto, A *a.* ***1*** (*morto*) dead; deceased; defunct; late (*attr.*): **il mio d. marito**, my late husband ***2*** (*fig.*: *finito*) dead; defunct; extinct. **B** *m.* (*f.* **-a**) ***1*** dead person; (*leg.*) deceased ***2*** (*pl.*) (*collett.*) (the) dead: **messa in suffragio dei defunti**, mass for the dead.

degassaménto, *m.* (*tecn.*) outgassing.

degassàre, *v. t.* (*tecn.*) to outgas.

degassificàre, *v. t.* (*tecn.*) to degas.

degeneràre, A *v. i.* ***1*** to degenerate; to deteriorate: **La lite degerò in un pestaggio**, the quarrel degenerated into a punch-up ***2*** (*di una malattia*) to deteriorate; to worsen. **B** *v. t.* to corrupt.

degenerativo, *a.* degenerative.

degeneràto, *a.* e *m.* (*f.* **-a**) degenerate.

degenerazióne, *f.* ***1*** degeneration; degeneracy ***2*** (*fig.*) degeneration; decline; decay: **la d. di una famiglia**, the degeneration of a family; **d. morale**, moral decay ***3*** (*biol., mat., fis.*) degeneration.

degènere, *a.* ***1*** degenerate; depraved ***2*** (*fis.*) denegerate.

degènte, A *a.* ill in bed; bedridden: **È d. all'ospedale**, he is in hospital. **B** *m.* e *f.* patient; (*ricoverato in ospedale*) in-patient.

degènza, *f.* period in bed; (*in ospedale*) stay

in hospital; (*di partoriente*) lying-in: **La sua d. durò due mesi**, he had to stay in bed (*o* he was bedridden) for two months; he was in hospital for two months.

deglassàre, *v. t.* (*cucina*) to thin.

deglutire, *v. t.* to swallow.

deglutizióne, *f.* swallowing; deglutition.

degnàre, A *v. t.* to deign; to think* (*o* to consider) (sb.) worthy (of st.): **Non lo degnai d'una risposta**, I did not deign to answer him; I decided he was not worthy of an answer; **Non mi degnò d'uno sguardo**, he did not deign to glance at me; **Ci degnò della sua presenza**, he did us the honour of being there. **B degnàrsi,** *v. i. pron.* to deign; to condescend; to be kind enough (*o* so kind as): **Non si degnò di rispondere**, he did not deign to answer; **Si degnerà di venire?**, will he condescend to come?; **Degnati di rispondermi!**, be so kind as to answer me!; **Il re si degnò di accettare l'omaggio**, the king graciously accepted the homage; **Non si è nemmeno degnato di scrivermi**, he didn't even take the trouble of writing to me.

degnazióne, *f.* condescension: **con aria di d.**, with a condescending air; **avere la d. di**, to condescend to; (*iron.*) **Quanta d.!**, how very kind!

dégno, *a.* ***1*** (*meritevole*) worthy (of); deserving (of); -worthy (*suff.*): **Non sono d.**, I am not worthy; I am unworthy; **una degna causa**, a deserving cause; **d. della massima lode**, worthy (*o* deserving) of the highest praise; **d. di fiducia**, (*di persona*) trustworthy; (*di persona e di cosa*) reliable, creditable; **d. di lode**, praiseworthy; **d. di nota**, noteworthy; **parole degne di essere ricordate**, words worth remembering; **Non è d. di vivere**, he does not deserve to live; **con uno zelo d. di miglior causa**, with a zeal worthy of a better cause ***2*** (*che si addice a*) worthy (of); (*all'altezza di*) fit (for): **versi degni di un grande poeta**, lines worthy of a great poet; **Non è stato un gesto d. di te**, the gesture was not worthy of you; **d. di governare**, fit to rule; **d. di un re**, fit for a king; **un d. avversario**, a worthy opponent; **un d. compenso**, a fit (*o* adequate) reward; **Non ho fatto vacanze degne di questo nome**, I had no holidays to speak of ***3*** (*rispettabile, dignitoso*) respectable; reputable; worthy.

degradàbile, *a.* (*chim.*) degradable.

degradabilità, *f.* (*chim.*) degradability.

degradànte, *a.* degrading; demeaning.

degradàre, A *v. t.* ***1*** (*mil.*) to demote; to reduce in rank; (*naut., di marinaio*) to disrate ***2*** (*eccles.*) to degrade ***3*** (*fig.*: *avvilire*) to debase; to degrade; to lower ***4*** (*geol., fis., chim.*) to degrade. **B** *v. i.* (*declinare*) to slope down; to decline. **C degradàrsi,** *v. rifl.* to degrade oneself; to demean oneself. **D degradàrsi,** *v. i. pron.* ***1*** (*chim.*) to degrade ***2*** (*deteriorarsi*) to deteriorate; to degenerate; to decay.

degradazióne, *f.* ***1*** (*mil.*) demotion; (*naut., di marinaio*) disrating ***2*** (*eccles.*) degradation ***3*** (*morale*) degradation; debasement; degeneration ***4*** (*geol., fis., chim.*) degradation.

degràdo, *m.* deterioration; decay; squalor: **il d. dell'ambiente**, the degradation of the environment; **il d. di un edificio**, the dilapidated state of a building; **d. urbano**, urban decay; **Vivono nel d. più assoluto**, they live in utter squalor.

degrassàggio, *m.* degrease.

dègu, *m.* (*zool., Octodon degus*) degu.

degustàre, *v. t.* to taste; to sample.

degustatóre, *m.* (*f.* **-trice**) taster.

degustazióne, *f.* tasting; sampling.

deh, *inter.* (*lett.*) ***1*** (*ti prego*) pray; pithee; ah; oh ***2*** (*ahimè*) alas.

deicida, *m.* e *f.* deicide.

deicidio, *m.* deicide.

deidratàre, *v. t.* to dehydrate; (*ind. della gomma*) to dewater.

deidratazióne, *f.* dehydration; (*ind. della gomma*) dewatering.

deidrocongelazióne, *f.* (*ind.*) dehydrofreezing.

deidrogenàre, *v. t.* (*chim.*) to dehydrogenate.

deidrogenàṣi, *f.* (*chim.*) dehydrogenase.

deidrogenazióne, *f.* (*chim.*) dehydrogenation.

deiezióne, *f.* ***1*** (*espulsione delle feci*) dejection; faecal discharge ***2*** (*pl.*) (*feci*) faeces ***3*** (*geol.*) alluvial deposit; detritus: **cono di d.**, alluvial cone.

deificàre, *v. t.* ***1*** to deify ***2*** (*fig.*) to exalt; to worship.

deificazióne, *f.* ***1*** deification ***2*** (*fig.*) glorification; apotheosis.

deifico, *a.* deifying.

deifórme, *a.* (*lett.*) godlike (*attr.*); deiform.

deindicizzàre, *v. t.* (*econ.*) to deindex.

deindicizzazióne, *f.* deindexing.

deindustrializzàre, *v. t.* to deindustrialize.

deindustrializzazióne, *f.* deindustrialization.

deionizzàre, *v. t.* (*fis.*) to de-ionize.

deionizzazióne, *f.* (*fis.*) de-ionization.

deiscènte, *a.* (*bot.*) dehiscent.

deiscènza, *f.* (*bot.*) dehiscence.

deiṣmo, *m.* (*filos.*) deism.

dèissi, *f.* (*ling.*) deixis.

deìsta, *m.* e *f.* (*filos.*) deist.

deìstico, *a.* (*filos.*) deistic(al).

deità, *f.* (*lett.*) ***1*** deity; godhead ***2*** (*dio*) deity; god (*m.*); goddess (*f.*).

deìttico, *a.* (*ling.*) deictic.

déjà vu (*franc.*), **A** *a. invar.* unoriginal; stereotyped; stale. **B** *m. invar.* (*psic.*) déja vu.

delatóre, *m.* (*f.* **-trice**) informer; spy; betrayer; delator; snitch (*pop.*); grass (*pop. GB*); fink (*pop. USA*).

delatòrio, *a.* informing.

delazióne, *f.* (laying of) information; secret accusation; betrayal; grassing (*pop., GB*). ● (*leg.*) **d. di giuramento**, tender (*o* administration) of an oath.

delèbile, *a.* delible.

dèlega, *f.* ***1*** (*rappresentanza*) delegation; delegacy ***2*** (*autorizzazione*) authorization; (*leg.*: *procura*) power of attorney, proxy: **d. scritta**, written authorization; **atto di d.**, proxy; **fare una d.**, to sign a proxy statement; **agire per d. di q.**, to act as proxy for sb. ● **legge d.**, delegated act.

delegànte, *m.* e *f.* person who delegates; delegating party.

delegàre, *v. t.* to delegate; to appoint: **d. la propria autorità**, to delegate one's own powers: **Mi ha delegato a rappresentarlo**, he delegated (*o* appointed) me to represent him.

delegatàrio, *m.* (*f.* **-a**) (*leg.*) delegatee.

delegatìzio, *a.* pertaining to a delegation; delegatory: **incarico d.**, delegation; **autorità delegatizia**, delegatory powers (*pl.*).

delegàto, A *a.* delegated; deputed. ● **amministratore d.**, managing director □ **consigliere d.**, managing director □ (*leg.*) **giudice d.** (*nel fallimento*), official receiver. **B** *m.* (*f.* **-a**) ***1*** delegate; representative: (*eccles.*) **d. apostolico**, Apostolic Delegate; **d. di fabbrica**, shop steward; **d. di partito**, party delegate; **d. sindacale**, union representative ***2*** (*leg.*) deputy; delegate; proxy.

delegazióne, *f.* ***1*** (*leg.*) delegation: **d. legislativa**, legislative delegation ***2*** (*gruppo di rappresentanti*) delegation; deputation: **Il presidente ha accolto la d. tedesca**, the president welcomed the German delegation; **una d. di maestranze**, a deputation of workers ***3*** (*commissione*) committee: **d. di sorveglianza**, committee of inspection ***4*** (*sede di delegato*) delegation.

delegificàre, *v. t.* (*leg.*) to deregulate.

delegificazióne, *f.* (*leg.*) deregulation.

delegittimàre, *v. t.* to deprive (st.) of (its) legal status; to deprive (sb.) of authority; to undermine (sb.'s) authority.

delegittimazióne, *f.* deprivation of legal status (*o* of authority).

deletèrio, *a.* harmful; deleterious; noxious; bad; detrimental: **abitudine deleteria**, harmful habit; **cibi deleteri per lo stomaco**, food that is bad for the stomach.

delezióne, *f.* (*biol.*) delection.

Dèlfi, *m.* (*geogr.*) Delphi. ● **l'oracolo di D.**, the Delphic oracle.

dèlfico, *a.* Delphic; Delphian.

delfinàre, *v. i.* (*naut., aeron.*) to porpoise.

delfinio, *m.* (*bot., Delphinium*) delphinium*; larkspur.

delfinìsta, *m.* e *f.* (*sport*) dolphin swimmer.

delfino (1), *m.* ***1*** (*zool., Delphinus delphis*) dolphin ***2*** (*nuoto*) dolphin stroke: **nuotare a d.**, to dolphin ***3*** – (*astron.*) **il D.**, Delphinus; the Dolphin.

delfino (2), *m.* ***1*** (*stor. franc.*) dauphin ***2*** (*fig.*) probable successor; heir apparent.

deliaco, *a.* Delian.

delibàre, *v. t.* ***1*** (*lett.*: *assaggiare*) to taste; (*sorseggiare*) to sip ***2*** (*fig.*: *gustare*) to relish; to savour (*lett.*) ***3*** (*fig.*: *accennare a*) to touch upon; to hint at ***4*** (*leg.*) to recognize; to enforce.

delibazióne, *f.* ***1*** (*lett.*) tasting; sipping; relishing ***2*** (*leg.*) recognition; enforcement: **giudizio di d.**, enforcement proceedings.

delibera, *f.* ***1*** decision; (*di assemblea*) resolution ***2*** (*nelle aste*) knocking down.

deliberànte, *a.* deciding; deliberative: **potere d.**, deliberative power. ● **La Commissione è in sede deliberante**, the Committee is in session □ **La questione è all'esame della Commissione in sede deliberante**, the matter is at the committee stage.

deliberàre, A *v. t.* ***1*** (*decidere, risolvere*) to decide; to resolve: **Deliberammo di continuare lo sciopero**, we decided to continue the strike; **d. misure urgenti**, to decide on urgent measures ***2*** (*aggiudicare*) to assign, to adjudge; (*nelle aste*) to knock down: **d. q.c. al miglior offerente**, to knock down st. to the highest bidder ***3*** (*leg.*) to decree. **B** *v. i.* to deliberate; to take* counsel; to weigh the pros and cons; to be in consultation.

deliberataménte, *avv.* deliberately; on purpose.

deliberatàrio, *m.* ***1*** (*nelle aste*) highest bidder ***2*** (*per un appalto*) lowest bidder.

deliberativo, *a.* (*leg.*) deliberative.

deliberàto, A *a.* ***1*** (*risoluto*) determined; firm; resolved: **con animo d.**, with resolved mind ***2*** (*intenzionale*) deliberate, intentional, conscious; (*studiato*) studied: **col d. scopo di offendere**, with a conscious aim to offend; **d. indifferenza**, studied indifference. **B** *m.* decision; resolution.

deliberazióne, *f.* ***1*** (*decisione*) deliberation; (*di assemblea*) resolution: **d. a maggioranza**, majority resolution ***2*** (*proposito*) intention; determination ***3*** (*discussione, valutazione*) deliberation ***4*** (*leg.*) decree.

delicatézza, *f.* ***1*** delicacy; gentleness; (*di colore, di suono, anche*) softness: **d. di lineamenti**, delicacy of features; **d. di sentimenti**, delicacy of feeling; **la d. della situazione politica**, the delicacy of the political situation; **la d. del disegno**, the delicacy of the drawing; **Sollevò il velo con d.**, he gently lifted the veil ***2*** (*fragilità*) fragility; (*di salute*) delicate health, weakness, frailty ***3*** (*tatto*) tact; discretion: **agire con estrema d.**, to act with the greatest tact; to be very tactful ***4*** (*finezza di sentimenti*) delicacy, sensitiveness; (*sensibilità*) consideration, thoughtfulness: **non mostrare d. nel dare una notizia a q.**, to show no consideration in breaking the news to sb. ***5*** (*atto gentile*) attention; kindness ***6*** (*cibo squisito*) delicacy; dainty ***7*** (*pl.*) (*agi*) luxury (*sing.*).

delicàto, *a.* **1** delicate; tender; soft; gentle; quiet; subtle: **un tocco d.**, a delicate (*o* soft, gentle) touch; **un'operazione delicata**, a delicate operation; **tinte delicate**, soft colours; **odore d.**, subtle scent **2** (*fragile*) delicate, fragile; (*sensibile*) sensitive; (*di salute*) delicate, frail (*specialm. d'aspetto*): **un congegno d.**, a delicate machine; **pelle delicata**, sensitive skin; **un bambino d.**, a delicate child; **essere d. di stomaco**, to have a weak stomach **3** (*raffinato*) refined; exquisite; dainty; fine: **gusti delicati**, refined tastes; **piatti d.**, dainty dishes **4** (*fine, gentile*) refined; sensitive: **animo d.**, sensitive soul **5** (*pieno di tatto*) tactful; discreet: **allusione delicata**, tactful allusion **6** (*che richiede tatto*) delicate; (*difficile*) difficult, tricky; (*scabroso*) awkward; (*imbarazzante*) sore: **un argomento d.**, a delicate subject; **una domanda delicata**, an awkward question; **una situazione d.**, a difficult (*o* tricky) situation; **un tasto d.**, a sore point.

delimitàre, *v. t.* **1** to delimit; to mark the boundary of; (*circondare*) to bound: **Il campo era delimitato da pioppi**, poplars marked the boundary of the field **2** (*definire*) to define.

delimitatìvo, *a.* delimitative.

delimitazióne, *f.* **1** delimitation **2** (*limite*) limits (*pl.*); (*confine*) boundary.

delineaménto, *m.* outline; delineation.

delineàre, **A** *v. t.* to outline (*anche fig.*); to trace the outline of; to sketch out; to delineate: **d. brevemente la situazione**, to outline the situation in brief. **B** **delinearsi,** *v. i. pron.* **1** to be outlined; to loom: **La sagoma di una nave si delineò nella nebbia**, the outline of a ship loomed through the fog **2** (*fig.*) to take* shape; to emerge; to be in sight: **Si delinea una nuova politica**, a new policy is taking shape.

delineàto, *a.* defined; delineated: **Ha una personalità già delineata**, his personality is already delineated; **Questo progetto non è ancora ben d.**, this project is not yet well defined.

delinquènte, *m.* e *f.* **1** criminal; felon (*USA*); delinquent; offender: **d. abituale**, habitual criminal; **giovane d.**, juvenile delinquent; young offender: **una banda di delinquenti**, a gang of criminals **2** (*fig.*) criminal; (*scherz.*) scoundrel, rascal: **agire da d.**, to act criminally; **Brutto d.!**, you scoundrel!

delinquènza, *f.* **1** (*l'essere criminale*) criminality; delinquency: **la d. giovanile**, juvenile delinquency **2** (*l'insieme dei crimini*) crime; delinquency: **aumento della d.**, increase in the crime rate; **d. organizzata**, organized crime.

delinquenziàle, *a.* delinquent (*attr.*).

delìnquere, *v. i.* (*leg.*) to commit a crime: **istigazione a d.**, instigation to commit a crime; **associazione a d.**, criminal association.

deliquescènte, *a.* (*chim., bot.*) deliquescent.

deliquescènza, *f.* (*chim., bot.*) deliquescence.

delìquio, *m.* swoon; fainting; fainting fit: **cadere in d.**, to faint; to swoon; **essere in d.**, to be in a faint.

delirànte, *a.* **1** delirious; raving: **idea d.**, delusion **2** (*fig.*) mad: wild; frenzied; delirious: **passione d.**, mad passion; **entusiasmo d.**, wild enthusiasm.

deliràre, *v. i.* **1** (*med.*) to be delirious; to rave: **Il paziente delirava**, the patient was delirious; **Cominciò a d.**, he started to rave; his mind began to wander **2** (*fig.*) to be delirious; to be wild; to rave (about st., sb.): **La folla delirava di entusiasmo**, the crowd was wild with enthusiasm; **d. d'amore**, to be madly in love; **I ragazzi delirano per lui**, young people rave about him.

delìrio, *m.* **1** (*med.*) delirium*; ravings (*pl.*); **entrare in d.**, to become delirious **2** (*psic.*) delusion(s): **d. di onnipotenza**, delusion of omnipotence **3** (*fig.*) fever; frenzy; raptures (*pl.*): **La folla era in d.**, the crowd was in a frenzy; **un d. di applausi**, a storm of applause; **d. patriottico**, patriotic enthusiasm.

delirium tremens (*lat.*), *locuz. m. invar.* delirium tremens; D.T.

delitescènza, *f.* (*med.*) delitescence.

delitto, *m.* **1** (*leg.*) crime; (*reato*) offence, offense (*USA*); (*grave*) felony; (*lieve*) misdemeanour; (*omicidio*) murder, manslaughter: **commettere un d.**, to commit a crime; **accusare q. di un d.**, to charge sb. with a crime; **macchiarsi di un d.**, to be guilty of a crime; **d. capitale**, capital crime (*o* offence); **d. doloso**, wilful and malicious crime; **d. colposo**, crime committed without malice aforethought; **d. perfetto**, perfect crime **2** (*fig.*) crime; abomination: **Sarebbe un d. demolire quell'edificio**, it would be a crime to pull down that building.

delittuóso, *a.* criminal: **azione delittuosa**, crime.

delìzia, *f.* pleasure; delight; joy: **una d. per gli occhi**, a pleasure to the eye; **Questo libro è la d. degli eruditi**, this book is a scholar's delight; **Le sue torte sono una d.**, her cakes are delicious; **Sei la mia d.**, you are my darling; **Canta che è una d.**, she sings delightfully.

deliziàre, **A** *v. t.* to delight; to fill with pleasure. **B** **deliziàrsi,** *v. i. pron.* to delight in; to relish; to enjoy.

delizióso, *a.* charming; lovely; sweet; delightful; (*di sapore*) delicious; (*di profumo*) exquisite: **una ragazza deliziosa**, a charming girl; **un appartamentino d.**, a charming little flat; **una serata deliziosa**, a lovely evening; **Che cos'è? Ha un profumo d.**, what is it? it smells delicious.

dèlta, **A** *m.* o *f.* (*quarta lettera dell'alfabeto greco*) delta. **B** *m. invar.* **1** (*geogr.*) delta: **il d. del Nilo**, the Nile Delta **2** (*mat.*) delta. ● (*aeron.*) **ala a d.**, delta wing □ (*metall.*) **ferro d.**, delta iron □ (*metall.*) **metallo d.**, delta metal.

deltaplàno, *m.* hang-glider. ● **volo con il d.**, hang-gliding.

deltazióne, *f.* (*geol.*) deltafication.

deltìzio, *a.* (*geogr.*) deltaic; delta (*attr.*).

deltòide, **A** *a.* deltoid; delta-shaped: **muscolo d.**, deltoid muscle. **B** *m.* (*anat.*) deltoid.

deltoidèo, *a.* (*anat.*) deltoid (*attr.*).

delucidàre, *v. t.* **1** to elucidate; to explain **2** (*ind. tess.*) to decatize.

delucidazióne, *f.* **1** elucidation; explanation **2** (*ind. tess.*) decatizing.

deludènte, *a.* disappointing.

delùdere, *v. t.* **1** to disappoint; to fail; to let* (sb.) down; (*di un fatto*) to come* as a disappointment: **Non ti deluderò**, I won't let you down; I won't fail you; **Mi hai profondamente deluso**, you have greatly disappointed me; **Il suo ultimo film deluse la critica**, his last film disappointed the critics; **d. l'aspettativa di q.**, to disappoint sb.; not to come up to sb.s' expectations **2** (*lett.*: *trarre in inganno*) to delude; to deceive.

delusióne, *f.* disappointment; letdown: **con mia grande d.**, to my great disappointment; **Il pranzo fu una d.**, the dinner was a disappointment; **Che d.!**, how disappointing!; what a letdown!; **dare una d. a q.**, to be a disappointment to sb.; to disappoint sb.; to let sb. down.

delùso, *a.* disappointed; (*senza illusioni*) disillusioned; **rimanere d.**, to be disappointed; **Era un uomo profondamente d.**, he was a deeply disillusioned man.

delusòrio, *a.* delusive; delusory.

demagliàre, *v. t.* to unravel.

demagliazióne, *f.* unravelling.

demagnetizzàre, *v. t.* (*fis.*) to demagnetize; (*elettron.*) to degauss.

demagnetizzazióne, *f.* (*fis.*) demagnetization; (*elettron.*) degaussing.

demagogìa, *f.* demagogy.

demagògico, *a.* demagogic(al).

demagògo, *m.* demagogue.

demandàre, *v. t.* **1** to remit; to refer **2** (*leg.*) to submit; to refer.

demaniàle, *a.* owned by the state; state (*attr.*): **proprietà d.**, state property; **strada d.**, state road.

demanialità, *f.* state ownership.

demànio, *m.* **1** state property; (*in G.B.*) Crown property; (*in U.S.A.*) federal property **2** (*ufficio*) State Property Office.

démaquillage (*franc.*), *m. invar.* **1** make-up removal **2** (*pulizia*) cleansing.

demarcàre, *v. t.* to demarcate.

demarcazióne, *f.* demarcation: **linea di d.**, line of demarcation; boundary line.

demènte, **A** *a.* insane; mad. **B** *m.* e *f.* insane person; lunatic; madman* (*m.*); madwoman* (*f.*).

demènza, *f.* **1** (*med.*) insanity; madness; dementia: **d. precoce**, dementia praecox; **d. senile**, senile dementia **2** (*fig.*) madness; lunacy; insanity: **la d. di un provvedimento**, the madness of a measure.

demenziàle, *a.* **1** (*med.*) demential **2** (*fig.*) mad; crazy; insane; (*svitato*) zany (*fam.*), screwy, screwball (*fam. USA*): **È d. voler costruire qui**, they are mad if they want to build here; **Mezzo miliardo? Ma è d.!**, half a billion? they must be nuts!; **comico d.**, zany comedian; **comicità d.**, screwball comedy.

demenzialità, *f.* madness; craziness; zaniness (*fam.*).

demeritàre, **A** *v. t.* to fail to deserve; to forfeit; to lose*: **d. la stima dei propri amici**, to forfeit the good opinion of one's friends. **B** *v. i.* (*meritare biasimo*) to deserve censure.

demèrito, *m.* **1** demerit; unworthiness **2** (*biasimo*) discredit. ● (*nelle scuole, ecc.*) **voto di d.**, demerit.

Demètra, *f.* (*mitol.*) Demeter.

Demètrio, *m.* Demetrius.

demielinizzànte, *a.* (*med.*) demyelinizing.

demielinizzazióne, *f.* (*med.*) demyelinization.

demilitarizzàre, *v. t.* to demilitarize.

demilitarizzazióne, *f.* demilitarization.

demineralizzàre, *v. t.* to demineralize.

demineralizzazióne, *f.* demineralization.

demi-sec (*franc.*), *a. invar.* medium dry.

demistificàre, *v. t.* to demystify; to debunk; to expose.

demistificatòrio, *a.* demystifying; debunking.

demistificazióne, *f.* demystification; debunking; exposure.

demitizzàre, *v. t.* **1** demythologize **2** *V.* **smitizzare.**

demitizzazióne, *f.* **1** demythologization **2** *V.* **smitizzazione.**

demiùrgico, *a.* demiurgic(al).

demiùrgo, *m.* (*filos., stor. greca*) demiurge.

dèmmo, 1ª *pers. pl. pass. rem. di* **dare.**

dèmo, *m.* (*stor. greca*) deme.

democraticismo, *V.* **democratismo.**

democraticità, *f.* democratic nature; democratic feelings (*pl.*).

democràtico, **A** *a.* **1** democratic(al): **il partito d.**, the Democratic Party **2** (*affabile*) informal; easy; unceremonious. **B** *m.* (*f.* **-a**) democrat.

democratismo, *m.* show of democratic feelings.

democratizzàre, *v. t.* to democratize. ● **d. le istituzioni**, to make institutions increasingly democratic.

democratizzazióne, *f.* democratization.

democrazìa, *f.* democracy: **d. diretta**, direct democracy; **d. parlamentare**, parliamentary democracy; **d. rappresentativa**, representative democracy; **le democrazie occidentali**, Western democracies; (*polit.*) **D. Cristiana**,

Christian Democrat Party.

democristiàno, (*polit.*) **A** *a.* Christian Democrat(ic). **B** *m.* (*f.* **-a**) Christian Democrat.

Demòcrito, *m.* (*stor., filos.*) Democritus.

démodé (*franc.*), *a. invar.* démodé; outmoded; out-of-date.

demodossologìa, *f.* study of the formation of public opinion.

demodulàre, *v. t.* (*radio*) to demodulate.

demodulatóre, *m.* (*radio*) demodulator.

demodulazióne, *f.* (*radio*) demodulation.

demoecologìa, *f.* human ecology.

demofobìa, *f.* (*psic.*) ochlophobia.

demografìa, *f.* demography.

demogràfico, *a.* demographic; population (*attr.*): **il controllo d.**, population control; **campagna demografica**, propaganda for an increase in births; **pianificazione demografica**, planned parenthood; family planning; **sviluppo d.**, population increase.

demògrafo, *m.* (*f.* **-a**) demographer.

demolìre, *v. t.* ***1*** (*abbattere*) to demolish, to pull (*o* to knock) down, to tear* down; (*distruggere*) to destroy, to wreck; (*smantellare*) to break* up, to scrap: **d. vecchi edifici**, to demolish (*o* to pull down) old buildings; **d. un muro pericolante**, to tear down an unsafe wall; **Ha demolito la macchina in un incidente**, he wrecked his car in an accident; **d. una nave**, to break up a ship ***2*** (*fig.*) to destroy, to tear* apart (*o* to pieces); (*di argomento, ecc.*) to demolish, to overthrow*, to refute, to explode: **Il film fu demolito dai critici**, the critics tore the film apart; **d. un alibi**, to demolish (*o* to crack) an alibi ***3*** (*fam., rif. al cibo*) to demolish; to eat* up; to gobble up.

demolitìvo, *a.* ***1*** destructive ***2*** (*med.*) radical: **intervento d.**, radical surgery.

demolitóre, **A** *m.* (*f.* **-trice**) demolisher; destroyer; breaker; wrecker: **d. d'auto**, car breaker; vehicle dismantler; **d. navale**, ship breaker. **B** *a.* destroying.

demolizióne, *f.* demolition (*anche fig.*); (*di auto, ecc.*) breaking up, scrapping; (*di navi*) ship-breaking: **squadra di d.**, demolition squad; **cantiere di d.**, breaker's yard; **andare in d.**, to be broken up; **la d. di una teoria**, the demolition of a thesis.

demologìa, *f.* folklore.

demològico, *a.* folklore (*attr.*); folkloric.

demòlogo, *m.* (*f.* **-a**) folklorist.

demoltìplica, *f.* (*mecc.*) reduction gear.

demoltiplicàre, *v. t.* ***1*** (*mecc.*) to gear down ***2*** (*elettron.*) to scale.

demoltiplicatóre, *m.* ***1*** (*mecc.*) reduction gear ***2*** (*elettron.*) scaler: **d. di frequenza**, frequency divider.

demoltiplicazióne, *f.* ***1*** (*mecc.*) gearing down ***2*** (*elettron.*) scaling.

dèmone, *m.* ***1*** (*spirito, genio*) daemon; (*buono*) friendly spirit, good genius; (*malvagio*) evil spirit ***2*** (*filos.*) daemon; daimon ***3*** (*lett.*: *diavolo*) devil; fiend ***4*** (*fig.*: *passione*) demon: **il d. della gelosia [del gioco]**, the demon of jealousy [of gambling].

demonetizzàre, *v. t.* (*econ.*) to demonetize.

demonetizzazióne, *f.* (*econ.*) demonetization.

demonìaco, *a.* ***1*** (*del demonio*) demoniac(al); satanic: **riti demoniaci**, satanic rites ***2*** (*fig.*: *perverso*) demoniacal; devilish; fiendish: **astuzia demoniaca**, devilish cunning.

demònico, *a.* demoniac; daimonic; d(a)emon (*attr.*).

demònio, *m.* ***1*** devil; Satan; demon; fiend: **adorazione del d.**, devil worship; **le arti del d.**, Satan's wiles; **posseduto dal d.**, possessed (by the devil) ***2*** (*fig.*: *persona malvagia*) fiend; devil ***3*** (*fig.*: *persona attiva*) demon; (*persona abile*) demon, wizard, ace (*attr.*): **Quell'uomo è un demonio quando si tratta di lavorare**, that man is a demon for work; **È un d. al volante**, he is an ace driver; **Sei un d.!, come hai fatto?**, you old devil! how did you manage? ***4*** (*ragazzo vivace*) imp; little devil; scamp; terror. ● **brutto come il d.**, as ugly as sin □ (*fig.*) **diventare un d.**, to become a fury □ **gridare come un d.**, to scream like one possessed.

demonismo, *m.* demonism.

demonizzàre, *v. t.* to demonize.

demonizzazióne, *f.* demonization.

demonofobìa, *f.* (*psic.*) demonophobia.

demonolatrìa, *f.* demonolatry.

demonologìa, *f.* demonology.

demonomanìa, *f.* (*psic.*) demonomania.

demoplutocrazìa, *f.* plutocracy under the guise of democracy.

demoproletàrio, **A** *a.* of Democrazia Proletaria. **B** *m.* (*f.* **-a**) supporter (*o* member) of Democrazia Proletaria.

demopsicologìa, *f.* folk psychology.

demoralizzànte, *a.* demoralizing; depressing.

demoralizzàre, **A** *v. t.* to demoralize; to depress; to dishearten; to discourage. **B demoralizzàrsi,** *v. i. pron.* to become* demoralized; to lose* heart.

demoralizzàto, *a.* demoralized; depressed; (*avvilito*) downhearted, discouraged.

demoralizzazióne, *f.* demoralization; depression.

demòrdere, *v. i.* to give* up; to quit; to throw* in the towel: **È uno che non d.**, he's not one to give up; he won't quit.

demoscopìa, *f.* public opinion research.

demoscòpico, *a.* (public) opinion (*attr.*): **indagine demoscopica**, (public) opinion poll.

Demòstene, *m.* (*stor.*) Demosthenes.

demòtico, *a. e m.* demotic: **scrittura demotica**, demotic script.

demotìsmo, *m.* popular word; popular idiom.

demotivàre, **A** *v. t.* to demotivate. **B demotivàrsi,** *v. i. pron.* to become* demotivated.

demotivàto, *a.* demotivated.

demotivazióne, *f.* demotivation.

demulcènte, *a. e m.* (*farm.*) demulcent.

demuscazióne, *f.* fly disinfestation.

denàro, *m.* ***1*** (*moneta*) money: **d. contante**, ready money; (loose) cash; **d. spicciolo**, change ***2*** (*soldi*; *ricchezze*) money; wealth; riches (*pl.*): **essere pieno di d.**, to have lots of money; **So io quanto d. mi costa**, I know what it's costing me ***3*** (*pl.*) (*nelle carte da gioco*) denari (suit in Italian playing cards corresponding to diamonds) ***4*** (*moneta romana*) denarius* ***5*** (*nella titolazione dei filati*) denier. ● **d. fresco**, fresh capital □ **d. sporco**, dirty money □ **d. sudato**, hard- earned money □ **a corto di d.**, short of money; hard up; badly off □ **avere il d. contato**, (*averne poco*) to have little (*o* no) money to spare; (*avere solo quanto basta*) to have just enough money (for st.); (*avere la somma esatta*) to have the exact amount (*fig.*) □ **bussare a denari**, to ask for money □ **buttare il d.**, to squander money □ **fare denari a palate**, to make money hand over fist □ **sciupare tempo e d.**, to waste time and money □ (*prov.*) **Il tempo è d.**, time is money.

denaróso, *V.* **danaroso**.

denasalizzàre, **A** *v. t.* (*fon.*) to denasalize. **B denasalizzàrsi,** *v. i. pron.* to become* denasalized.

denasalizzazióne, *f.* (*fon.*) denasalization.

denatalità, *f.* fall in the birth rate.

denaturànte, (*chim.*) **A** *a.* denaturing. **B** *m.* denaturant.

denaturàre, *v. t.* (*chim.*) to denature.

denaturàto, *a.* (*chim.*) denatured; methylated: **alcol d.**, denatured alcohol; (*com.*) methylated spirits; meths (*abbr. fam.*).

denaturazióne, *f.* (*chim.*) denaturation.

denazificàre, *v. t.* to denazify.

denazificazióne, *f.* denazification.

denazionalizzàre, *v. t.* (*econ.*) to denationalize.

denazionalizzazióne, *f.* (*econ.*) denationalization.

dendrìte, **A** *f.* (*miner.*) dendrite. **B** *m.* (*anat.*) dendrite; dendron.

dendrìtico, *a.* (*miner., anat.*) dendritic(al).

dendroclimatologìa, *f.* dendroclimatology.

dendrocronologìa, *f.* dendrochronology.

dendrologìa, *f.* (*bot.*) dendrology.

dendrològico, *a.* (*bot.*) dendrologic(al).

dendrometrìa, *f.* (*bot.*) dendrometry.

dengue, *f. invar.* (*med.*) dengue; breakbone fever.

denicotinizzàre, *v. t.* to denicotinize; to denicotine.

denicotinizzazióne, *f.* denicotinization.

denigràre, *v. t.* to denigrate; to disparage; to blacken; to defame; to run* down (*fam.*): **d. la reputazione di q.**, to denigrate sb.; to blacken sb.'s reputation; **d. i colleghi**, to run down one's colleagues.

denigratóre, *m.* (*f.* **-trice**) denigrator; disparager; defamer.

denigratòrio, *a.* disparaging; defamatory.

denigrazióne, *f.* denigration; disparagement; aspersion; defamation.

denitrificazióne, *f.* (*chim.*) denitrification; denitrifying.

denocciolàre, *v. t.* to stone; to pit. ● **prugne denocciolate**, pitted prunes.

denocciolatrìce, *f.* (*tecn.*) stoner.

denominàle, *V.* **denominativo**.

denominàre, **A** *v. t.* to name; to call; to denominate. **B denominàrsi,** *v. i. pron.* to be named (*o* called); to take* the name of.

denominatìvo, (*gramm.*) *a.* denominative.

denominatóre, *m.* (*mat.*) denominator: **massimo [minimo] comun d.**, greatest [lowest *o* least] common denominator.

denominazióne, *f.* ***1*** (*il nominare*) denominating; denomination ***2*** (*nome*) name; designation; appellation ***3*** (*relig.*) denomination. ● **d. d'origine controllata**, appellation contrôlée (*franc.*) □ (*leg.*) **d. sociale**, company's name □ (*gramm.*) **complemento di d.**, genitive (case).

denotàre, *v. t.* (*indicare*) to denote, to indicate; (*mostrare*) to show; (*rivelare*) to reveal, to betray.

denotatìvo, *a.* (*ling.*) denotative.

denotazióne, *f.* denotation.

densimètrico, *a.* (*fis.*) densimetric.

densìmetro, *m.* (*fis.*) densimeter; hydrometer.

densità, *f.* ***1*** density; (*l'essere fitto*) thickness: **d. di popolazione**, density of population; **la d. di una foresta**, the density (*o* thickness) of a forest ***2*** (*consistenza*) consistency; consistence; thickness: **la d. di una crema**, the thickness of a cream ***3*** (*fig.*) density; wealth: **d. di concetti**, density of ideas ***4*** (*fis.*) density: **d. di corrente**, current density; **d. di flusso**, flux density.

densitometrìa, *f.* densitometry.

dènso, *a.* ***1*** dense; thick: **olio d.**, thick oil; **buio d.**, thick darkness; **vegetazione densa**, dense (*o* thick) vegetation ***2*** (*fig.*: *colmo*) thick (with); teeming (with); packed (with): **un cielo d. di stelle**, a sky thick with stars; **un libro d. d'idee**, a book teeming with ideas; **d. di significato**, charged with meaning; **una giornata densa**, a full (*o* busy) day. ● **poco d.**, (*rado*) sparse; (*di liquido*) thin.

dentàle, **A** *a.* ***1*** (*anat.*) dental; tooth (*attr.*): **carie d.**, tooth decay ***2*** (*fon.*) dental. **B** *f.* (*fon.*) dental.

dentàlio, *m.* (*zool.*, *Dentalium entalis*) tooth shell.

dentària, *f.* (*bot.*, *Dentaria bulbifera*) toothwort; crinkleroot.

dentàrio, *a.* (*med.*) dental; tooth (*attr.*): **carie dentaria**, tooth decay; **protesi dentaria**, dental prothesis; denture.

dentaruòlo, *m.* teething ring.

dentàta, *f.* ***1*** (*morso*) bite ***2*** (*segno lasciato dai denti*) toothmark.

dentàto, *a.* **1** toothed **2** (*bot., zool.*) dentate: **foglia dentata**, dentate leaf **3** (*mecc.*) toothed; (*di sega*) serrated: **ruota dentata**, cogwheel; **corona dentata**, crown wheel **4** (*anat.*) – **muscolo d.**, serratus.

dentatrice, *f.* (*mecc.*) gear cutter. ● **d. a pialla**, gear planer □ **d. conica**, bevel gear cutting machine.

dentatùra, *f.* **1** (set of) teeth; dentition: **una bella d.**, a fine set of teeth; **d. di latte**, milk teeth (*pl.*) **2** (*mecc.*) toothing; teeth (*pl.*); (*di sega*) serration.

dènte, *m.* **1** tooth*; (*d'animale feroce*) fang; (*zanna*) tusk: **denti artificiali**, false teeth; **d. del giudizio**, wisdom tooth; **d. di latte**, milk tooth; **d. cariato**, decayed tooth; rotten tooth; **denti sporgenti**, buck teeth; **denti storti**, crooked teeth; **denti superiori [inferiori]**, upper [lower] teeth; **estrarre un d.**, to pull out a tooth; **digrignare i denti**, to gnash (*o* to grind) one's teeth; **lavarsi i denti**, to brush one's teeth; **farsi togliere un d.**, to have a tooth out; **farsi otturare un d.**, to have a tooth filled (*o* stopped); **mal di denti**, toothache; **senza denti**, toothless; **spazzolino da denti**, toothbrush **2** (*fig.*: *sporgenza a forma di d.*) tooth*; (*di forchetta, rastrello, tridente*) prong; (*di ruota dentata*) cog; (*di cremagliera*) rack tooth*; (*di ancora*) fluke; (*di stanghetta di serratura*) talon: **i denti di un pettine**, the teeth of a comb; (*edil.*) **d. a becco**, gullet tooth; (*mecc.*) **d. a cuspide**, herring-bone tooth; (*mecc.*) **d. d'arresto**, detent; pawl; click; (*mecc.*) **d. d'innesto**, clutch claw (*o* jaw) **3** (*fig.*: *morso*) sting: **il d. dell'invidia**, the sting of envy **4** (*di muratura*) toothing. ● (*bot.*) **d. canino** (*Agropyrum repens*), dog('s)- grass; shear-grass; couch(-grass) □ (*bot.*) **d. di cane** (*Erythronium dens-canis*), dog's-tooth □ (*bot.*) **d. di leone** (*Taraxacum officinale*), dandelion □ **a d. di sega**, saw-toothed □ **a denti stretti**, through clenched teeth; (*controvoglia*) reluctantly, grudgingly, against one's will, with bad grace □ (*cucina*) **al d.**, al dente; firm □ **allegare i denti**, to set one's teeth on edge □ (*fig.*) **armato fino ai denti**, armed to the teeth □ (*fig.*) **avere il d. avvelenato contro q.**, to bear sb. a grudge; to have a grudge against sb. □ (*fig.*) **avere i denti lunghi**, to be greedy □ **Battevo i denti**, my teeth were chattering □ **con le unghie e coi denti**, tooth and nail □ **lottare a denti stretti**, to fight grimly □ **mettere i denti**, to cut one's teeth: **Paolino ha messo un d.**, Paolino has cut a tooth; **Il piccolo sta mettendo i denti**, the baby is teething □ (*fig.*) **mostrare i denti**, to show one's teeth □ **non avere nulla da mettere sotto i denti**, to have nothing to eat □ **Non è pane per i miei denti**, it's not my cup of tea □ **Non è pane per i tuoi denti**, (*è irraggiungibile*) it's out of your reach; (*è troppo per te*) you've bitten off more than you can chew □ **parlare fra i denti**, to say st. between one's teeth; to mumble □ (*fig.*) **parlare fuori dei denti**, to speak out; to be outspoken □ (*fig.*) **reggere l'anima con i denti**, to be at one's last gasp □ **restare a denti asciutti**, to go hungry; (*fig.*) to be disappointed □ **sorriso a denti stretti**, tight-lipped smile □ **stringere i denti**, to set one's teeth □ (*fig.*) **tirato coi denti**, far-fetched: **un ragionamento tirato coi denti**, a far-fetched argument □ (*prov.*) **La lingua batte dove il d. duole**, the tongue ever turns to the aching tooth.

dentellàre, *v. t.* **1** to indent; to notch **2** (*una stoffa*) to pink **3** (*i francobolli*) to perforate.

dentellàto, *a.* **1** indented; notched; serrated **2** (*archit.*) denticular **3** (*bot., zool.*) dentate; crenate(d); serrate(d) **4** (*di francobollo*) perforated. ● (*bot., zool.*) **finemente d.**, serrulate(d).

dentellatùra, *f.* **1** indentation; notching; (*a denti di sega*) serration **2** (*archit.*) denticulation **3** (*mecc.*: *tacca a V*) notch **4** (*bot., zool.*) dentation; crenation; crenature; serration **5** (*ind. tess.*) pinking **6** (*di francobollo*) perforation.

dentèllo, *m.* **1** (*archit.*) dentil **2** (*mecc.*) tooth* **3** (*di francobollo*) perforation.

dèntice, *m.* (*zool., Dentex dentex*) dentex.

denticolàto, *a.* denticulated; notched.

dentièra, *f.* **1** denture; set of false (*o* artificial) teeth; dental plate: **portare la d.**, to wear a denture; to wear false teeth **2** (*mecc.*: *cremagliera*) rack: **ferrovia a d.**, rack railway.

dentifricio, A *a.* tooth (*attr.*): **pasta dentifricia**, toothpaste. **B** *m.* (*in crema*) toothpaste; (*in polvere*) toothpowder, dentifrice.

dentìna, *f.* (*anat.*) dentine.

dentìsta, *m.* e *f.* dentist; dental surgeon. ● **meccanico d.**, dental mechanic (*o* technician).

dentìstico, *a.* dental: **laboratorio d.**, dental laboratory; **gabinetto d.**, dental surgery.

dentizióne, *f.* dentition; cutting of teeth; teething: **prima [seconda] d.**, primary [secondary] dentition; **età della d.**, teething age.

dèntro, A *avv.* **1** in; inside; (*rif. a un edificio, anche*) indoors, within: **volto** (*o* **girato**) **in d.**, turned in; **là d.**, in there; **qui d.**, in here; **una scatola con d. molti giocattoli**, a box with a lot of toys in it; **Che cosa c'è d.?**, what's inside?; **Esci di là d.!**, come out of there!; **Venite d.**, come inside; **È più fresco d.**, it's cooler indoors **2** (*fig.*: *internamente*) inwardly; inside; in sb.'s mind: **Tremavo d. al pensiero**, I trembled inwardly at the thought; **D. fremevo**, I was seething with rage inside; **Chi sa che idee gli frullavano d.**, who knows what was going on in his mind **3** (*fig., fam.*: *in prigione*) inside: **Ha passato tre anni d.**, he did three years inside; **È d. per furto**, he's doing time for theft (*fam.*); **andare d.**, to go to prison; **mettere q. d.**, to lock sb. up. ● **O d. o fuori!**, come in or go out!; (*fig.*) make up your mind! □ (*fig.*) **tenersi tutto d.**, to keep everything bottled up inside. **B** *prep.* **1** in; (*all'interno*) inside; (*entro*) within; (*coi verbi di moto*) into: **d. la casa**, in (*o* inside) the house; **d. casa**, indoors; **d. il cassetto**, in the drawer; **D. la busta c'era un biglietto**, inside the envelope there was a note; **d. i confini [le mura]**, within the boundaries [the walls]; **Mi spinse d. la stanza**, he pushed me into the room **2** (*rif. a tempo*) by; within; in the course of: **d. domani**, by tomorrow; **d. il mese**, within the month, by the end of the month; **d. questa settimana**, before this week is out. ● (*fig.*) **essere d. a q.c.**, to be in on st. □ **darci d.**, (*lavorare sodo*) to work hard, to beaver away (*fam.*), to slog away (*pop.*); (*indovinare*) to guess right, to hit the nail on the head (*fam.*) □ **Dacci d.!**, put your back into it! □ **Dàgli d.!** (*colpiscilo*), get at him! □ **Pensai d. di me che...**, I said to myself that... □ **Non ne ero così sicuro d. di me**, I wasn't so sure inside. **C** *m.* inside: **il (di) d.**, the inside; **La porta s'apre dal di d.**, the door opens from the inside; **È chiuso da d.**, it's locked on the inside.

denuclearizzàre, *v. t.* to denuclearize.

denuclearizzazióne, *f.* denuclearization.

denudaménto, *m.* stripping; denudation.

denudàre, A *v. t.* to bare; to strip (naked); to lay* bare; to denude: **Mi denudai la gamba**, I bared my leg; **Lo denudarono**, they stripped him naked; **d. una chiesa degli arredi**, to strip a church; **la verità denudata d'ogni fronzolo**, the truth stripped of all frills; the truth laid bare. **B denudàrsi,** *v. rifl.* to strip; to undress.

denudazióne, *f.* **1** denudation; stripping. ● (*eccles.*) **fare la d. degli altari**, to strip the altars **2** (*geol.*) denudation.

denùncia, *f.* **1** (*dichiarazione ufficiale*) declaration; registration; statement; return: **d. delle nascite**, registration of births; **d. dei redditi**, income-tax return **2** (*notifica*) report; notification: **d. di un sinistro**, report of an accident **3** (*accusa pubblica*) denunciation, denouncement, condemnation; (*rivelazione*) exposure: **una d. dei mali della società**, a denunciation of the evils of society **4** (*leg.*) information; report: **Ho fatto d. alla polizia**, I reported the fact to the police; **sporgere d.**, to inform the police; **ritirare una d.**, to withdraw an accusation; to renounce to press charge **5** (*disdetta*) denunciation: **d. di un trattato**, denunciation of a treaty.

denunciàre, *v. t.* **1** (*dichiarare*) to declare; to notify; to register: **d. le proprie entrate**, to declare one's income; **d. una nascita**, to register a birth **2** (*assic., leg.*) to report: **d. un sinistro**, to report an accident; **d. un furto**, to report a theft; **Ti denuncerò alla polizia**, I'll report you to the police; **Il delitto non fu denunciato**, the crime went unreported **3** (*rivelare, rendere pubblico*) to reveal; to denounce; to expose: **d. le malefatte di q.**, to expose sb.'s evil doings; to blow the whistle on sb. (*pop.*) **4** (*manifestare*) to reveal; to show*; to betray: **parole che denunciano la sua malafede**, words that reveal his bad faith **5** (*disdire*) to denounce: **d. un trattato**, to denounce a treaty.

denunciatóre, *m.* (*f.* **-trice**) denouncer; informer.

denunziàre, e *deriv. V.* **denunciare**, e *deriv.*

denutrito, *a.* underfed; undernourished.

denutrizióne, *f.* undernourishment; (*med.*) malnutrition.

deodorànte, A *a.* deodorant. **B** *m.* deodorant; deodorizer.

deodoràre, *v. t.* to deodorize.

deodorizzazióne, *f.* deodorization.

Deo gratias (*lat.*), *locuz. escl.* thank goodness!; at long last!

deonomàstica, *f.* (*ling.*) study of the derivation of words from eponyms.

deonomàstico, *a.* (*ling.*) **1** concerning the derivation (of words) from eponyms **2** derived from an eponym.

deòntico, *a.* (*filos.*) deontic.

deontologìa, *f.* **1** code of conduct; ethics (*pl.*): **d. professionale**, professional ethics **2** (*filos.*) deontology; deontics (*pl. col verbo al sing.*).

deontològico, *a.* **1** ethical **2** (*filos.*) deontological; deontic.

deorbitàre, A *v. t.* to deorbit. **B** *v. i.* to deorbit; to go* out of orbit.

deorbitazióne, *f.* deorbit.

deospedalizzàre, *v. t.* **1** to discharge (sb.) from hospital **2** to release (sb.) into the community.

deospedalizzazióne, *f.* **1** discharge from hospital **2** releasing into the community.

deossiribonuclèico, *a.* – (*biol.*) **acido d.**, deoxyribonucleic acid; DNA.

deossiribòsio, deossiribóso, *m.* (*chim.*) deoxyribose.

deostruire, *v. t.* to clear; to unblock: **d. una conduttura**, to unblock a pipe.

depauperaménto, *m.* depauperation; impoverishment; depletion.

depauperàre, *v. t.* to impoverish; to depauperate; to pauperize; (*esaurire*) to deplete, to drain.

depenalizzàre, *v. t.* (*leg.*) to decriminalize.

depenalizzazióne, *f.* (*leg.*) decriminalization.

dépendance (*franc.*), *f. invar.* annex(e); outhouse.

depennaménto, *m.* deletion; striking out (*o* off); crossing out.

depennàre, *v. t.* to delete; to strike* out (*o* off); to cross out: **d. un nome da un elenco**, to strike a name off a list.

deperìbile, *a.* perishable: **merce d.**, perishables (*pl.*).

deperibilità, *f.* perishableness; perishability.

deperiménto, *m.* **1** run-down condition; poor

state of health; decline; wasting away: **d. organico**, physical decline *2* (*di cose*) deterioration; decay; (*per usura*) wear and tear: **merce soggetta a d.**, perishable goods *3* (*econ.*) depreciation.

deperire, *v. i.* *1* to waste away; to lose* strength; to decline *2* (*di cose*) to deteriorate; to perish; to decay *3* (*di piante*) to wither.

deperìto, *a.* run-down; debilitated; worn-out; emaciated: **L'ho trovato molto d.**, I found him very run-down; **un bambino d.**, an emaciated child.

depersonalizzazióne, *f.* (*psic.*) depersonalization.

depicciolàre, *v. t.* (*agric.*) to remove the stalk (from fruit).

depigmentàto, *a.* (*biol.*) depigmented.

depigmentazióne, *f.* (*biol.*) depigmentation.

depilàre, *v. t.* *1* to depilate; to remove hair from; (*con cera calda*) to wax; (*con una pinzetta*) to pluck; (*col rasoio*) to shave: **depilarsi le gambe**, to depilate one's legs; **depilarsi le sopracciglia**, to pluck one's eyebrows *2* (*conceria*) to unhair.

depilatóre, *m.* hair remover; depilator.

depilatòrio, **A** *a.* depilatory: **crema depilatoria**, depilatory cream. **B** *m.* depilatory.

depilatrice, *f.* (*conceria*) unhairing machine.

depilazióne, *f.* depilation; hair removal.

depistàggio, *m.* heading off; diversion.

depistàre, *v. t.* to head off; to sidetrack; to put* (*o* to throw*) (sb.) off the scent: **d. la polizia**, to put the police off the scent; **d. gli inseguitori**, to head off one's pursuers; **d. le indagini**, to sidetrack the investigators.

depletìvo, *a.* depletive.

deplezióne, *f.* (*med.*) depletion.

dépliant (*franc.*), *m. invar.* leaflet; hand-out; brochure.

deploràbile, *a.* deplorable; lamentable; regrettable.

deploràre, *v. t.* *1* (*biasimare*) to disapprove of; to deplore; to criticize; to censure *2* (*lagnarsi di*) to complain of; to regret *3* (*compiangere*) to grieve for; to deplore.

deplorazióne, *f.* (*biasimo*) disapproval; blame; censure.

deplorévole, *a.* *1* (*biasimevole*) deplorable; reprehensible *2* (*lamentevole*) deplorable; lamentable; regrettable.

depolarizzànte, (*fis.*) **A** *a.* depolarizing. **B** *m.* depolarizer.

depolarizzàre, *v. t.* (*fis.*) to depolarize.

depolarizzatóre, *m.* (*fis.*) depolarizer.

depolarizzazióne, *f.* (*fis.*) depolarization.

depolimerizzàre, *v. t.* (*chim.*) to depolymerize.

depolimerizzazióne, *f.* (*chim.*) depolymerization.

depoliticizzàre, *v. t.* to depoliticize.

depoliticizzazióne, *f.* depoliticization.

depolverizzàre, *v. t.* (*tecn.*) to free from dust.

depolverizzatóre, *m.* (*tecn.*) dust exhaust; dust remover.

depolverizzazióne, *f.* (*tecn.*) dust collection.

deponènte, **A** *a.* (*gramm.*) deponent: **verbo d.**, deponent verb. **B** *m.* *1* (*banca*) depositor *2* (*gramm.*) deponent *3* (*mat., chim., tipogr.*) subscript.

depórre, *v. t. e i.* *1* (*mettere giù*) to put* down; to set* down; to lay* down (*anche fig.*); (*mettere da parte*) to lay* aside: **d. un pacco sul tavolo**, to put a parcel down on the table; **d. le armi**, to lay down arms; **d. il cappello al guardaroba**, to leave one's hat in the cloak-room *2* (*sistemare, collocare*) to place; to deposit: **I manoscritti furono deposti nella Biblioteca Nazionale**, the manuscripts were placed (*o* deposited) in the National Library *3* (*togliersi di dosso*) to take* off *4* (*rimuovere da una carica*) to remove (sb.) from office; (*un sovrano*) to depose, to unthrone *5* (*leg.*) to testify; to bear* witness; to give* evidence: **d. a favore di q.**, to testify (*o* to give evidence) in sb.'s favour; **d. a carico di** (*o* **contro**) **q.**, to give evidence against sb.; **Il testimone depose che aveva visto il ladro**, the witness testified that he had seen the burglar; **d. il falso**, to give false testimony; to bear false witness; **d. in giudizio**, to give evidence in court *6* (*depositare*) to deposit; (*ostruendo, colmando*) to silt up *7* (*fig.*: *abbandonare, rinunciare*) to give* up; to set* aside; to renounce; to abandon: **d. ogni speranza**, to give up all hope; **d. l'idea di partire**, to set aside any idea of leaving. ● **d. la corona**, to abdicate; to renounce the crown □ **d. l'abito talare**, to unfrock oneself; to leave the priesthood □ **d. q. nella tomba**, to lay sb. to rest □ **d. la scheda nell'urna**, to place one's ballot in the ballot box; to vote □ **d. uova**, to lay eggs; (*di pesci, molluschi, ecc.*) to spawn □ **Ciò non depone a suo favore**, that is not to his credit; that doesn't speak in his favour.

deportànza, *f.* (*aeron.*) negative lift.

deportàre, *v. t.* to deport; (*stor.*) to transport: **Fu deportato in Germania**, he was deported to Germany; **Lo deportarono in Australia**, he was trasported to Australia.

deportàto, **A** *a.* deported; (*stor.*) transported. **B** *m.* deportee; (*stor.*) (deported) convict.

deportazióne, *f.* deportation; (*stor.*) transportation: **essere condannato alla d.**, to be sentenced to deportation; **la d. nelle colonie**, transportation to the colonies; **colonie di d.**, penal colonies.

depòrto, *m.* (*econ.*) backwardation.

depositànte, **A** *a.* depositing. **B** *m. e f.* *1* depositor *2* (*leg.*) bailor, bailer.

depositàre, **A** *v. t.* *1* (*in banca*) to deposit; to bank: **d. una somma in banca**, to deposit a sum of money in a bank *2* (*lasciare in custodia*) to deposit; to leave* (st. with sb.); to entrust (sb. with st.): **d. i valori alla reception**, to deposit valuables with the reception; **d. i bagagli alla stazione**, to leave one's luggage at the station *3* (*immagazzinare*) to store *4* (*mettere giù*) to put* down; to place *5* (*di fiumi, ecc.*) to deposit: **La piena depositò fango e sabbia**, the flood deposited mud and sand *6* (*leg., comm.*) to bail. ● **d. azioni**, to lodge shares □ **d. la firma**, to lodge one's signature □ (*leg.*) **d. un marchio**, to register a trademark. **B** *v. i.* (*di liquidi*) to make* a sediment. **C** **depositàrsi**, *v. i. pron.* to settle; to precipitate; to collect: **La sabbia si depositò sul fondo del secchio**, the sand settled on the bottom of the bucket.

depositàrio, *m.* (*f.* **-a**) *1* depositary; trustee; consignee *2* (*leg., comm.*) bailee *3* (*fig.*: *custode*) custodian; keeper; guardian; repository: **d. delle tradizioni**, guardian of tradition; **d. di un segreto**, repository of a secret.

depositàto, *a.* *1* deposited: **valori depositati**, valuables and securities deposited in a safe *2* registered: **modello d.**, registered model; **marchio d.**, trademark.

depòsito, *m.* *1* (*il depositare*) depositing; (*in banca*) depositing, banking, lodging; (*in magazzino*) storing, storage: **disporre il d. della merce**, to arrange the storing of the goods: **Ho messo i mobili in d.**, I put my furniture in storage *2* (*banca*) deposit: **d. a risparmio**, savings deposit; **d. fruttifero**, interest-bearing deposit; **d. vincolato**, time deposit; **denaro in d.**, money on deposit *3* (*leg.*) deposit; bailment: **d. cauzionale**, deposit *4* (*consegna, affidamento*) deposit; trust: **Mi ha lasciato in d. la bici**, he left his bike with me; **dare q.c. in d. a q.**, to entrust sb. with st.; **ricevere q.c. in d.**, to be given st. in trust *5* (*registrazione*) registration: **d. della firma**, registration of sb.'s signature; **d. di un marchio**, registration of a trademark *6* (*anticipo*) deposit; down payment *7* (*luogo di d.*) store; depot; dump; yard; (*nascosto*) cache; (*locale*) store-room, shed; (*magazzino*) warehouse, storehouse: **d. bagagli**, left-luggage office; checkroom (*USA*); **d. degli attrezzi**, toolshed; **d. degli autobus**, bus depot; **d. delle provviste**, storehouse; **d. di carbone**, coal depot; coal yard; **d. di legname**, timber yard; **d. di munizioni**, ammunition depot (*o* dump); (*naut.*) powder magazine; (*comm.*) **d. franco**, bonded warehouse; **d. ferroviario**, engine shed; yard (*USA*); **d. merci**, goods warehouse; (*naut., aeron.*) cargo warehouse; **d. sotterraneo**, storage vault; **La polizia ha scoperto un d. di armi**, the police have discovered an arms cache *8* (*mil.*) depot *9* (*sedimento*) deposit; sediment; dregs (*pl.*) *10* (*med.*) deposit; accumulation *11* (*geol.*) deposit: **d. alluvionale**, drift; warp; **d. di limo**, silting; **d. di sabbie aurifere**, placer; **d. glaciale**, glacial deposit; outwash; **d. morenico**, boulder clay.

deposizióne, *f.* *1* deposition: **la d. dal trono**, the deposition from the throne; **la D.** (*di Cristo*), the Deposition (from the Cross) *2* (*da una carica*) removal (from office); dismissal *3* (*leg.*) deposition; testimony; evidence; (*scritta e giurata*) affidavit: **fare una d.**, to make a deposition; to testify; **fare una d. in favore di q.**, to give evidence on sb.'s behalf; **raccogliere una d.**, to take sb.'s testimony *4* (*il deporre, il mettere giù o da parte*) putting down; laying down; laying aside; (*uova*) laying.

depravàre, *v. t.* to deprave; to pervert; to debauch; to corrupt.

depravàto, **A** *a.* depraved; perverted; debauched; corrupt. **B** *m.* (*f.* **- a**) depraved person; pervert.

depravazióne, *f.* *1* (*il depravare*) depraving; depravation; perversion; currupting *2* (*l'essere depravato*) depravity; depravation; corruption; perversion.

deprecàbile, *a.* *1* (*deplorevole*) deplorable; deprecable *2* (*malaugurato*) unfortunate; regrettable.

deprecàre, *v. t.* *1* (*biasimare*) to condemn; to disapprove of; to deplore *2* (*lett.*) to seek*; to avert.

deprecatìvo, *a.* deprecating; deprecatory. ● **esclamazione deprecativa**, interjection of imploration.

deprecatòrio, *a.* deprecatory.

deprecazióne, *f.* *1* (*invocazione*) deprecation *2* (*biasimo*) disapproval; condemnation.

depredàre, *v. t.* *1* (*saccheggiare*) to plunder; to pillage *2* (*spogliare*) to despoil; (*derubare*) to rob.

depredatóre, (*lett.*) **A** *m.* (*f.* **-trice**) plunderer; pillager; spoiler. **B** *a.* plundering.

depredatòrio, *a.* predatory.

depredazióne, *f.* depredation; plundering.

depressionàrio, *a.* (*meteor.*) depression (*attr.*): **area depressionaria**, depression; low pressure area.

depressióne, *f.* *1* (*geol.*) depression; sag: **d. del terreno**, depression in the ground *2* (*avvallamento*) sag; hollow *3* (*meteor.*) depression; low; trough *4* (*econ.*) depression; slump *5* (*med.*) depression *6* (*abbattimento*) depression; despondency; low spirits (*pl.*); dejection *7* (*astron., fis.*) depression. ● (*mecc.*) **a d.**, vacuum-operated; vacuum (*attr.*).

depressìvo, *a.* *1* depressing; depressive *2* (*med.*) depressive; of depression; depressed: **crisi depressiva**, fit of depression; **stato d.**, depressed state.

deprèsso, **A** *a.* *1* (*di terreno e sim.*) lowered; sunk; low-lying *2* (*econ.*) depressed: **aree depresse**, depressed areas *3* (*med.*) depressed *4* (*avvilito*) depressed; despondent; dispirited; dejected; in low spirits; down (*fam.*). **B** *m.* (*f.* **-a**) (*med.*) depressive.

depressóre, **A** *m.* *1* (*anat.*) depressor (muscle) *2* (*mecc.*) vacuum pump. **B** *a.* (*anat.*) depressor.

depressurizzàre, *v. t.* to depressurize.

depressurizzazióne, *f.* depressurization.
deprezzaménto, *m.* depreciation: **d. del denaro,** depreciation (*o* fall in the value) of money.
deprezzàre, A *v. t.* **1** to depreciate; to devalue; to debase: **d. una casa,** to depreciate a house; **d. la lira,** to debase the lira **2** (*fig.*; *svilire*) to disparage; to run* down; to belittle; to depreciate. **B deprezzàrsi,** *v. i. pron.* to depreciate; to lose* value; to fall* in value.
depriménte, *a.* **1** depressing; discouraging; dismal; gloomy; bleak; (*noioso*) tiresome: **notizie deprimenti,** depressing news; **tempo d.,** gloomy weather; **esperienza d.,** depressing experience; downer (*pop.*) **2** (*farm.*: *sedativo*) depressant; sedative; downer (*pop.*).
deprìmere, A *v. t.* **1** (*abbassare*) to depress; to press down **2** (*fig.*) to depress; to deject; to oppress; to get* down (*fam.*): **Leggere i giornali mi deprime,** reading the papers depresses me; **La bocciatura lo depresse,** he was dejected at being failed; **È un caldo che ti deprime,** this heat gets you down **3** (*med.*) to depress. **B deprimersi,** *v. i. pron.* **1** to sink*; to subside **2** (*fig.*) to get* (*o* to become*) depressed; to become* demoralized; to lose* heart.
deprivàre, *v. t.* to deprive.
deprivàto, *a.* deprived.
deprivazióne, *f.* deprivation.
de profundis (*lat.*), *locuz. m. invar.* – **essere al d.,** to be at death's door; (*fig.*) **cantare il d. a q.,** to hold no hope for sb.
depsichiatrizzàre, *v. t.* to take* off psychiatric care; no longer to consider (sb.) a psychiatric case.
depuraménto, *V.* **depurazione.**
depuràre, A *v. t.* **1** to purify; to depurate; to clean; to cleanse; (*filtrare*) to filter: **d. l'aria,** to purify the air **2** (*chim., med.*) to depurate **3** (*fig.*) to purify; to refine. **B depuràrsi,** *v. i. pron.* **1** to be purified; to be cleaned **2** (*chim., med.*) to depurate.
depurativo, *a.* e *m.* depurative; depurant.
depuratóre, A *m.* **1** purifier; (*impianto*) purification plant **2** (*mecc.*) cleaner: **d. d'olio,** oil cleaner. ● (*chim.*) **d. ad acqua,** washer □ **d. del gas,** scrubber □ (*chim., fis.*) **d. d'acqua,** water conditioner (*o* softener). **B** *a.* cleaning; purifying; depurant: **filtro d.,** cleaning filter.
depuratòrio, A *a.* purifying; depurative. **B** *m.* water purifier.
depurazióne, *f.* **1** purification; filtering; (*ind.*) washing: **d. del gas,** gas purification; **impianto di d.,** purification plant **2** (*chim., med.*) depuration.
deputàre, *v. t.* **1** to depute; to delegate **2** (*assegnare, designare*) to appoint; to fix.
deputàto (1), *a.* (*designato*) appointed; fixed: **il giorno d.,** the appointed day.
deputàto (2), *m.* (*f.* **-a**) **1** (*polit.*: *in Italia*) deputy; (*in G.B.*) Member of Parliament, (*abbr.* MP); (*in U.S.A.*) congressman* (*f.* congresswoman*): **Camera dei Deputati,** Chamber of Deputies; (*in G.B.*) House of Commons; (*in U.S.A.*) House of Representatives **2** (*delegato*) delegate; representative.
deputazióne, *f.* **1** deputation **2** (*delegazione*) delegation.
dequalificàre, A *v. t.* to downgrade; (*screditare*) to discredit; (*sminuire*) to devalue: **d. la produzione,** to downgrade production. **B dequalificàrsi,** *v. i. pron.* to be devalued; to accept a downgrading (in one's career).
dequalificazióne, *f.* downgrading; devaluation; setback (in one's career).
deragliaménto, *m.* derailment.
deragliàre, *v. i.* to go* off the rails. ● **far d.,** to derail.
deragliatóre, *m.* (*mecc.*) dérailleur (gear).
dérapage (*franc.*), *m. invar.* **1** (*autom., aeron.*) skid; sideslip **2** (*sci*) sideslip.
derapàre, *v. i.* **1** (*autom., aeron.*) to skid; to sideslip **2** (*sci*) to sideslip.
derapàta, *f.* **1** (*autom., aeron.*) skid; skidding; sideslip **2** (*sci*) sideslip. ● **fare una d.,** to skid; to sideslip.
derattizzànte, *m.* rat poison.
derattizzàre, *v. t.* to rid* of rats; to derat.
derattizzazióne, *f.* extermination of rats; deratization.
dèrby (*ingl.*), *m. invar.* **1** (*calcio*) derby **2** (*ippica*) Derby: **il d. di Epsom,** the (Epsom) Derby.
deregolamentàre, *v. t.* to deregulate.
deregolamentazióne, *f.* deregulation.
deregolàre, *v. t.* to deregulate.
derelitto, A *a.* **1** (*abbandonato*) forsaken; forlorn; helpless: **infanzia derelitta,** waifs (*pl.*) **2** (*disabitato, in abbandono*) derelict; untended; abandoned: **edificio d.,** derelict building; **campi derelitti,** untended fields. **B** *m.* (*f.* **-a**) derelict; down-and-out; (*specialm. bambino*) waif: **ospizio per derelitti,** hostel for down-and-outs.
derelizióne, *f.* (*leg.*) dereliction.
derequisìre, *v. t.* to derequisition.
derequisizióne, *f.* derequisitioning.
deresponsabilizzàre, A *v. t.* to relieve (sb.) of responsibilities: **C'è la tendenza a d. troppo i ragazzi,** there is a tendency to relieve youths of their responsibilities. **B deresponsabilizzàrsi,** *v. i. pron.* to lose* one's sense of responsibility; to shirk one's responsibilities.
deretàno, *m.* posterior; buttocks (*pl.*); behind (*fam.*); backside (*fam.*); bottom (*pop.*); bum (*volg.*).
derìdere, *v. t.* to deride; to mock; to laugh at; to ridicule; to scoff at; to jeer at.
derisióne, *f.* derision; mockery; ridicule; scoff; jeering: **un'occhiata di d.,** a look of derision; **essere oggetto di d.,** to be an object of derision; to be a laughing-stock; **La loro offerta è una vera e propria d.,** their offer is simply ludicrous.
derisóre, *m.* derider; mocker; sneerer; scoffer; jeerer.
derisòrio, *a.* derisive; derisory; mocking; scoffing.
deriva, *f.* **1** (*naut., aeron.*: *moto non governato*) drift; driftage; (*naut. anche*) leeway: **angolo di d.,** drift angle; **correzione di d.,** correction for drift **2** (*naut., anche* **chiglia di d.**) keel: **d. mobile,** sliding keel; drop keel **3** (*aeron.*: *piano fisso verticale della coda*) fin: **pennone di d.,** fin post **4** (*elettr., geogr., biol.*) drift: **d. dei continenti,** continental drift; **d. genetica,** genetic drift. ● **essere alla d.,** to be adrift □ **andare alla d.,** to drift; to go adrift (*anche fig.*).
derivàbile, *a.* derivable.
derivabilità, *f.* (*mat.*) differentiability.
derivàre, A *v. t.* **1** (*un fiume, ecc.*) to divert; to deflect **2** (*trarre*) to derive; to get*: **L'inglese ha derivato molte parole dal francese,** English has derived many words from French; **prodotti derivati dal petrolio,** products derived from petrol; **Da dove deriva la sua sicurezza?,** where does he get his certitude from? **3** (*dedurre*) to derive; to infer **4** (*elettr.*) to shunt **5** (*mat.*) to derive. **B** *v. i.* **1** (*avere origine*) to derive from; to come* from (*o* of); to arise* from; to result from; to stem from; to flow from; to follow from; to be the result of; to originate in (*o* from); to grow* out of: **Le lingue romanze derivano dal Latino,** Romance languages derive from Latin; **I suoi difetti derivano da un'educazione permissiva,** his defects are the result of a permissive upbringing; **Ciò deriva dal fatto che...,** that is because...; **Ne** (*o* **Da ciò**) **deriva che...,** it follows that...; hence... **2** (*per nascita*) to be descended from; to descend from: **Secondo la Bibbia, noi deriviamo tutti da Adamo,** according to the Bible, we are all descended from Adam **3** (*di fiumi e sim.*: *scaturire*) to rise* from **4** (*naut.*) to drift; to make* leeway **5** (*aeron.*) to drift.
derivàta, *f.* (*mat.*) derivative.
derivativo, *a.* derivative.
derivàto, A *a.* **1** derived: **circuito d.,** derived circuit; **corrente derivata,** derived current **2** (*di acque*) diverted; deflected. **B** *m.* **1** (*sottoprodotto*) by-product: **i derivati del carbone,** the by-products of coal **2** (*prodotto o applicazione secondaria*) spin-off **3** (*chim.*) derivative **4** (*gramm.*) derivative (word).
derivatóre, *a.* – **canale d.,** penstock.
derivazióne, *f.* **1** (*origine*) derivation; origin **2** (*mat.*) differentiation **3** (*ling.*) derivation **4** (*elettr.*) shunt; by-pass; branch; derivation: **d. magnetica,** magnetic shunt; **in d.,** shunt (*attr.*); **punto di d.,** branch point; node **5** (*telef.*) extension **6** (*med.*) derivation **7** (*di acque*) offtake; deviation.
derivòmetro, *m.* (*aeron.*) drift indicator; drift meter.
dèrma, *m.* (*anat.*) derm(a).
dermalgìa, *f.* (*med.*) dermatalgia.
dermaschèletro, *m.* (*zool.*) exoskeleton; dermoskeleton.
dermatalgìa, *V.* **dermalgia.**
dermatite, *f.* (*med.*) dermatitis*.
dermatofita, *m.* (*biol.*) dermatophyte; fungal parasite.
dermatògeno, *m.* (*bot.*) dermatogen.
dermatoglifo, *m.* dermatoglyphics (*pl.*).
dermatologìa, *f.* (*med.*) dermatology.
dermatològico, *a.* (*med.*) dermatologic(al).
dermatòlogo, *m.* (*f.* **-a**) (*med.*) dermatologist.
dermatomicòsi, *f.* (*med.*) dermatomycosis*.
dermàtomo, *m.* (*chir., anat., fisiol.*) dermatome.
dermatoplàstica, *f.* (*chir.*) dermatoplasty; grafting.
dermatòsi, *f.* (*med.*) dermatosis*; skin disease.
dermatozòo, *m.* (*zool.*) dermatozoon*; skin parasite.
Dermàtteri, *m. pl.* (*zòol., Dermaptera*) Dermaptera.
dermàttero, *m.* (*zool.*) dermapteran.
dermèste, *m.* (*zool., Dermestes lardarius*) larder beetle.
dèrmico, *a.* (*anat.*) dermic; dermal.
dermoabrasióne, *f.* (*chir.*) dermabrasion.
dermografìa, *f.* **dermografìsmo,** *m.* (*med.*) dermographia; dermographism.
dermopatìa, *f.* (*med.*) dermatopathy; skin disease.
dermopàtico, *a.* e *m.* (*med.*) dermatopathic.
dermosifilopatìa, *f.* (*med.*) dermosyphilopathy.
dermosifilopàtico, *a.* (*med.*) of dermosyphilopathy.
Dermòtteri, *m. pl.* (*zool., Dermoptera*) Dermoptera.
dermòttero, *m.* (*zool.*) dermopteran.
dèrno, *m.* – (*naut.*) **bandiera in d.,** rolled-up flag (as a signal of distress).
dèroga, *f.* deviation; departure; exception; (*leg.*) derogation: **una d. alle norme vigenti,** a departure form the existing rules; **in d. ai nostri accordi,** departing from (*o* making an exception to) what we agreed upon.
derogàbile, *a.* that can be derogated.
derogàre, *v. i.* **1** to depart from; to deviate from; (*leg.*) to derogate from **2** (*rinunciare*) to renounce (st.); to abdicate (st.) **3** (*contravvenire*) to contravene; to fail to conform to.
derogativo, *V.* **derogatorio.**
derogatòria, *f.* (*leg.*) derogatory (*o* exemption) clause.
derogatòrio, *a.* (*leg.*) derogatory; exemption (*attr.*); exoneration (*attr.*).
derogazióne, *f.* (*leg.*) derogation.
derràta, *f.* **1** (*merce*) commodity; merchandise; goods (*pl.*): **scarsità di derrate,** scarcity of commodities; **derrate deperibili,** perishable goods; perishables; **derrate alimentari,** foodstuffs **2** (*pl.*) (*vettovaglie*) victuals;

foodstuffs.

derrick (*ingl.*), *m. invar.* (*ind. min.*) derrick.

derubàre, *v. t.* to rob (*anche fig.*); to steal* (st. from sb.): **È stato derubato per strada**, he was robbed in the street; **Fui derubato dell'orologio**, I was robbed of my watch; I had my watch stolen.

derubàto, *m.* (*f.* **-a**) victim of a theft [of a robbery].

derubricàre, *v. t.* (*leg.*) to reduce: **d. un reato**, to reduce a charge.

derubricaziόne, *f.* (*leg.*) reduction (of a charge).

deruralizzaziόne, *f.* flight from the land.

dervìscio, *m.* (*relig.*) dervish.

desacralizzàre, *v. t.* to deconsecrate; (*estens.*) to secularize.

desacralizzaziόne, *f.* deconsecration; (*estens.*) secularization.

desalàre, e *deriv.* *V.* **dissalare**, e *deriv.*

desalinizzaziόne, *f.* desalinization; desalination.

desaparecido (*spagn.*), *m.* (*f.* **-a**) opposer of a regime kidnapped by the authorities.

deschétto, *m.* (*di calzolaio*) shoemaker's (*o* cobbler's) bench.

désco, *m.* (*lett.*) dinner table; table: **il d. familiare**, the family table.

descolarizzàre, *v. t.* to deschool.

descolarizzaziόne, *f.* deschooling.

descrittivìsmo, *m.* (*arte*) minutely descriptive style.

descrittìvo, *a.* descriptive: **geometria descrittiva**, descriptive geometry; **grammatica descrittiva**, descriptive grammar.

descrittóre, *m.* ***1*** (*f.* **-trice**) describer ***2*** (*elab.*) descriptor.

descrìvere, *v. t.* ***1*** to describe; to depict; (*raccontare*) to tell*, to recount: **Descrissi quello che avevo visto**, I described what I had seen; **Non ci sono parole per descriverlo**, words cannot describe it; **Me l'avevano descritto come un bonaccione**, he had been described to me as an easygoing sort of man; **Mi descriva quello che è successo**, tell me what happened; **d. nei particolari**, to describe in detail; to specify; **d. per sommi capi**, to outline ***2*** (*tracciare*) to describe; to trace; to draw*: **d. una curva**, to describe a curve.

descrivìbile, *a.* describable.

descriziόne, *f.* description; depiction; (*resoconto*) account: **rispondere alla d.**, to fit the description.

desegregaziόne, *f.* desegregation.

desensibilizzàre, *v. t.* (*fotogr.*, *med.*) to desensitize.

desensibilizzatóre, *m.* (*fotogr.*) desensitizer.

desensibilizzaziόne, *f.* desensitization.

desèrtico, *a.* desert (*attr.*): **zona desertica**, desert zone.

desèrto, A *a.* ***1*** (*disabitato*) uninhabited, desert (*attr.*); (*abbandonato dagli abitanti*) deserted; (*vuoto*) empty: **isola deserta**, desert island; **villaggi deserti**, deserted villages; **strade deserte**, empty (*o* deserted) streets; **Il cinema era d.**, the cinema was empty ***2*** (*desolato*) deserted, desolate, lonely; (*incolto*) waste (*attr.*): **terre deserte**, waste lands ***3*** (*spoglio*) bare. ● **L'asta andò deserta**, there were no bids at the auction sale □ (*leg.*) **udienza deserta**, (court) hearing at which the interested parties failed to appear. **B** *m.* desert; (*territorio desolato, anche fig.*) wilderness, wasteland: **il D. del Sahara**, the Sahara Desert. ● **Intorno a lui si è creato il d.**, he has been left utterly alone □ **predicare** (*o* **parlare**) **al d.**, to talk to the winds; to talk to deaf ears: **Predicavo al d.**, my words fell on deaf ears.

desessualizzàre, *v. t.* to desexualize.

desessualizzaziόne, *f.* desexualization.

déshabillé (*franc.*), *m. invar.* (*vestaglia*) negligée. ● **essere in d.**, to be in a state of undress.

desiàre, *V.* **desiderare**.

desideràbile, *a.* desirable; (*opportuno*) advisable, worthwhile: **Sarebbe d. che...**, it would be advisable to...; **poco d.**, undesirable.

desiderabilità, *f.* desirability; advisability.

desideràre, *v. t.* ***1*** to wish; to like; to want; to desire; (*ardentemente*) to long (for st., to do st.), to yearn (for st., to do st.): **Desideri partire subito?**, do you wish to leave at once?; **Desideri che io parta ora?**, do you want (*o* wish) me to leave now?; **Desidero che tu sappia che sono con te**, I want (*o* would like) you to know I'm on your side; **Era da tanto che desideravo dirtelo**, I had been wanting to tell you for a long time; **Tutti desideriamo la pace**, we all want peace; **Non posso d. nulla di meglio**, I cannot wish for anything better; **Vieni quando lo desideri**, come whenever you like; **Desidererei aiutarti**, I should like to help you; **Desidererei un bicchiere d'acqua**, I'd like a glass of water; **Desideriamo molto rivederti**, we are longing to see you again; **Desidero esprimere la mia gratitudine**, I wish to express my gratitude; I want to say how grateful I am; **Il direttore desidera che vi esprima il suo ringraziamento**, the director asked me to thank you; the director desires me to convey his thanks (*form.*); **Che cosa desidera?**, (*che cosa preferisce?*) what would you like?; (*che cosa posso fare per lei?*) what can I do for you?; (*nei negozi*) can I help you?; (*al ristorante*) would you like to order?; **d. q.c. da q.**, to want st. from sb. ***2*** (*volere, richiedere*) to want; to require: **Sei desiderato al telefono**, you are wanted on the phone ***3*** (*augurare*) to wish: **d. ogni felicità a q.**, to wish sb. all happiness ***4*** (*desiderare sessualmente*) to desire; to covet: **Non desiderare la donna d'altri**, thou shalt not covet thy neighbour's wife. ● **essere molto desiderato** (*ricercato*), to be much sought after □ **far d. q.c. a q.**, to keep sb. waiting for st. □ **farsi d.**, (*farsi aspettare*) to keep (people) waiting; (*essere in ritardo*) to be late; (*fare il prezioso*) to play hard to get (*fam.*) □ **lasciare (molto) a d.**, to leave much (*o* a lot, a great deal) to be desired □ **lasciare un po' a d.**, to leave something to be desired □ **non lasciare nulla a d.**, to leave nothing to be desired.

desideràta (*lat.*), *m. pl.* wants; desiderata.

desiderativo, *a.* (*gramm.*) desiderative; optative.

desidèrio, *m.* wish; desire: **È mio d.**, it is my wish; **esprimere** (*o* **formulare**) **un d.**, to make a wish; **accondiscendere al d. di q.**, to grant sb.'s request; to satisfy sb.'s desire; **d. ardente**, burning desire; eagerness; longing; yearning. ● **lasciare d. di sé**, to be very much missed □ **pio d.**, vain hope; pipe dream; wishful thinking (*solo sing.*): **Lui spera di avere quel posto, ma è un pio d.**, he is counting on getting that job, but it's just a pipe dream; **Le previsioni di un calo dei prezzi sono solo un pio d.**, forecasts of a drop in prices are mere wishful thinking.

desideróso, *a.* desirous; anxious; eager, longing (for st.): **È d. di conoscerti**, he is anxious to meet you; **d. di successo**, desirous of success; **d. di piacere**, eager to please; **d. di pace**, longing for peace.

designàre, *v. t.* ***1*** to designate; to nominate; to appoint: **Lo designò come suo successore**, he nominated him as his successor; **Fu designato a dirigere l'azienda**, he was appointed as the manager of the firm ***2*** (*stabilire*) to set*; to fix; to appoint: **d. un giorno per l'incontro**, to set a day for the meeting ***3*** (*indicare*) to designate; to indicate; to point to: **Il termine designa due oggetti diversi**, the word designates two separate objects.

designàto, *a.* appointed; designate: **nel luogo d.**, at the appointed place; (*stor. romana*) **console d.**, consul designate.

designatóre, *m.* (*f.* **-trice**) designator; appointer.

designaziόne, *f.* designation; nomination; appointment.

desinàre (1), *m.* (*pasto*) meal; (*cena*) dinner; (*pranzo*) lunch: **fare da d.**, to prepare the meal.

desinàre (2), *v. i.* to have one's meal; (*cenare*) to dine; (*pranzare*) to lunch.

desinènte, *a.* (*gramm.*) ending (in): **verbo d. in -are**, verb ending in -are.

desinènza, *f.* (*gramm.*) ending; termination; desinence.

desinenziàle, *a.* (*gramm.*) desinential.

desìo, *m.* (*poet.*) desire.

desióso, *a.* (*poet.*) desirous.

desistènza, *f.* (*leg.*) discontinuance: **d. da un'azione**, discontinuance of (an) action.

desìstere, *v. i.* ***1*** to desist; to leave* off; (*rinunciare*) to give* up (st., doing st.), to abandon (st.): **d. dal porre delle domande**, to desist from asking questions; **Non intende d. dal suo proposito**, he will not give up his plan ***2*** (*leg.*) to discontinue (st.): **d. da una querela**, to discontinue a lawsuit.

dèsman, *m. invar.* (*zool.*, *Desmana muschata*) desman.

desolànte, *a.* distressing; painful; sorry; very sad: **notizie desolanti**, distressing news; **I campi riarsi erano uno spettacolo d.**, the parched fields were a sad sight.

desolàre, *v. t.* ***1*** (*lett.*: *devastare*) to lay* waste ***2*** (*affliggere*) to afflict; to distress.

desolàto, *a.* ***1*** (*triste, solitario*) desolate; deserted; bleak; lonely: **paesaggio d.**, desolate landscape ***2*** (*devastato*) devastated ***3*** (*sconsolato*) desolate; disconsolate; afflicted; distressed ***4*** (*spiacente*) sorry: **Sono d., ma l'albergo è pieno**, I am sorry, but the hotel is full; **Sono d. del ritardo**, I'm terribly sorry I'm late.

desolaziόne, *f.* ***1*** (*abbandono, squallore*) desolation; bleakness; neglect ***2*** (*devastazione*) devastation ***3*** (*dolore*) sorrow; grief; distress; affliction.

desolforàre, *v. t.* (*chim.*) to desulphurize.

desolforatóre, *m.* (*chim.*) desulphurizer.

desolforaziόne, *f.* (*chim.*) desulphurization; desulphuration.

desonorizzàre, *v. t.* (*ling.*) to devoice.

desonorizzaziόne, *f.* (*ling.*) devoicing.

desorbiménto, *m.* (*chim.*) desorption.

desossidàre, e *deriv.* *V.* **disossidare**, e *deriv.*

desossiribonuclèico, *V.* **deossiribonucleico**.

desossiribòsio, desossiribóso, *V.* **deossiribosio**.

desovranizzàre, *v. t.* to dethrone; to depose.

dèspota, *m.* (*anche fig.*) despot.

despòtico, *V.* **dispotico**.

despotìsmo, *V.* **dispotismo**.

desquamàre, A *v. t.* to scale. **B desquamàrsi,** *v. i. pron.* to desquamate; to scale off.

desquamatìvo, *a.* desquamative.

desquamaziόne, *f.* ***1*** (*fisiol.*) desquamation; scaling off ***2*** (*scient.*) exfoliation.

dessert (*franc.*), *m. invar.* dessert: **cucchiaino da d.**, dessert spoon; **vini da d.**, dessert wines.

déssi, *1ª e 2ª pers. congiunt. imperf. di* **dare**.

dessiografìa, *f.* writing from left to right.

désso, *pron. dimostrativo* (*lett.*) he himself; the very one.

destabilizzàre, *v. t.* to destabilize.

destabilizzatóre, *m.* (*f.* **-trice**) destabilizer.

destabilizzaziόne, *f.* destabilization: **fare opera di d.**, to destabilize.

destagionalizzàre, *v. t.* (*stat.*) to deseasonalize.

destagionalizzàto, *a.* (*stat.*) seasonally-adjusted.

destagionalizzaziόne, *f.* (*stat.*) seasonal adjustment.

destalinizzàre, *v. t.* (*polit.*) to destalinize.

destalinizzazióne, f. (*polit.*) destalinization.
destàre, A v. t. *1* to wake* (up); to awake*; (*con fatica*) to rouse *2* (*scuotere dal torpore*) to wake* up; to rouse *3* (*suscitare*) to arouse; to stir up; to awake*: **d. curiosità**, to arouse curiosity; **d. compassione**, to arouse pity; **d. meraviglia**, to cause amazement; **d. interesse**, to awake interest; **d. ricordi**, to stir up memories. **B destàrsi,** v. i. pron. *1* to wake* up; to awake* *2* (*fig.*: *scuotersi, nascere*) to stir; to rise*; (*manifestarsi*) to break* out.
désti, 2ª pers. sing. pass. rem. di **dare**.
destinàre, v. t. *1* (*dare in sorte*) to destine (*generalm. al passivo*); (*avere in serbo*) to have in store; (*assol.*) to decree: **Che cosa ci destina il futuro?**, what has the future in store for us?; **La sorte destinò altrimenti**, fate decreed otherwise *2* (*assegnare, nominare*) to assign; to appoint; to post: **Gli fu destinato per compagno**, he was assigned to him as his partner; **Mi destinarono a dirigere una filiale**, I was appointed director of a branch office; **Fu destinato all'estero**, he was posted abroad; **d. q. a nuovi compiti**, to assign sb. to new duties *3* (*avviare a una carriera*) to destine: **Fu destinato alla carriera ecclesiastica**, he was destined to become a priest; **I suoi lo avevano destinato alla medicina**, his parents wanted him to become a doctor *4* (*decidere*) to appoint; to fix; to decide; to plan; to design: **d. il luogo per l'incontro**, to appoint a venue for the meeting; **rinviare q.c. a data da destinarsi**, to postpone st. to a date to be arranged; **Aveva destinato di fermarsi due giorni**, he had planned to stay two days *5* (*stanziare*) to set* aside; to assign; to earmark; to allocate; to appropriate: **d. una cifra per beneficenza**, to set aside a sum for charity; **d. fondi per la costruzione di una nuova ala**, to earmark (*o* to appropriate) funds to build a new wing *6* (*riservare*) to set* aside, to intend; (*adibire*) to turn into: **d. due ore al pianoforte**, to set aside two hours for piano practice; **Questo anello l'ho destinato in eredità a mia nipote**, I intend my niece to inherit this ring; **d. un locale alla lavanderia**, to turn a room into a scullery *7* (*dedicare*) to devote: **d. la propria vita alla ricerca**, to devote one's life to research.
destinatàrio, m. (f. **-a**) *1* receiver *2* (*di lettera, ecc.*) addressee *3* (*di merce*) consignee. ● **affrancatura a carico del d.**, freepost (*GB*); business reply mail (*USA*) □ (*comm.*) **spese a carico del d.**, charges forward.
destinàto, a. *1* destined; fated; bound; (*solo con sign. negativo*) doomed, marked out: **Eravamo destinati a incontrarci**, we were destined to meet; **Il palazzo era d. a essere demolito**, the building had been destined for demolition; **I prezzi sono destinati a crescere**, prices are bound to go up; **un ragazzo d. a un brillante avvenire**, a boy destined for a brilliant future; **Era d. a non avere quel posto**, he was fated not to get that job; **È d. a riuscire**, he's bound (*o* sure) to succeed; **Il tuo piano è d. al fallimento**, your plan is doomed to failure (*o* bound to fail) *2* (*deciso*) appointed; fixed: **il luogo d. per l'incontro**, the place appointed for the meeting *3* (*stanziato*) set aside; earmarked; appropriated *4* (*inteso*) intended (for); meant (for); devoted (to); for (*prep.*): **La frase era destinata a me**, the remark was intended (*o* meant) for me; **Il film è d. a un pubblico adulto**, the film is for adult audiences; **locali destinati a uso privato**, rooms for private use; **Il pomeriggio sarà d. alle spese**, the afternoon will be devoted to shopping *5* (*indirizzato*) addressed: **La lettera è destinata a me**, the letter is addressed to me.
destinazióne, f. *1* destination: **partire per d. ignota**, to leave for an unknown destination; **arrivare a d.**, to reach one's destination; **Il pacco non giunse mai a d.**, the parcel never arrived; **porto di d.**, port of destination; **passeggeri con d. Los Angeles**, passengers destined for (*o* bound for, travelling to) Los Angeles; **una nave con d. Londra**, a ship bound for London *2* (*residenza assegnata a funzionario, ecc.*) posting; post *3* (*uso*) destination; use *4* (*stanziamento*) allocation; appropriation; earmarking.
destino, m. *1* (*fato*) destiny; (*spesso negativo*) fate; (*nefasto*) doom: **un d. di gloria**, a glorious destiny; **Non si sfugge al d.**, you can't escape your fate; **credere al d.**, to believe in fate (*o* destiny); **affidarsi al d.**, to leave things to destiny; to let fate decide; **essere perseguitato dal d.**, to be hounded by fate; **abbandonare q. al suo d.**, to leave sb. to his fate; **prendersela col d.**, to curse one's fate (*o* luck); **uno scherzo del d.**, a twist of fate; **Un tragico d. lo attendeva**, a tragic end awaited him *2* (*sorte*) lot; (*al pl.*) fortunes: **rassegnarsi al proprio d.**, to be reconciled (*o* resigned) to one's lot; **È d. comune**, it's the common lot; **i destini dell'Italia**, the fortunes of Italy; **predire il d. a q.**, to tell sb. his fortune *3* V. **destinazione**, *def. 1*. ● **Era d. che quel giorno tutto riuscisse male**, that day everything was destined to turn out badly □ **Era d. che si rivedessero**, it was destined that they should meet again □ **Era d. che accadesse prima o poi**, it was meant (*o* bound) to happen sooner or later.
destituire, v. t. *1* to dismiss; to discharge; to remove (from office) *2* (*mil.*) to demote.
destituito, a. (*privo*) devoid (of); destitute (of); lacking (in): **d. di senso comune**, devoid of common sense; **d. di fondamento**, groundless (*agg.*); unfounded (*agg.*).
destituzióne, f. *1* dismissal; discharge; removal *2* (*mil.*) demotion.
désto, a. *1* awake; wide-awake *2* (*lett., fig.*: *vigile*) alert; lively; quick. ● **Sogno o son d.?**, am I dreaming? □ **tener desta l'attenzione di q.**, to hold sb.'s attention.
destoricizzàre, v. t. to remove (st.) from its historical context.
dèstr, inter. right: **attenti a d.!**, eyes right!; **fianco d.!**, right turn!; **fronte d.!**, right face!; **squadra d.!**, squad right turn!
dèstra, f. *1* (*mano d.*) right hand: **Alzò la d.**, he raised his right hand; **usare la d.**, to use one's right hand *2* (*lato destro*) right; right side; right-hand side: **a d.**, on the right; to the right (of st.): **La chiesa è a d.**, the church is on the right; **La chiesa è a d. del monumento**, the church is to the right of the monument; **Alla mia d. sedeva un vecchio**, an old man sat on my right; **il portone sulla d.**, the door on the right; **sulla d. della piazza**, on the right-hand side of the square; **Da d. arrivava una piccola folla**, a small crowd was coming from the right; **voltare a d.**, to turn right; **Prendi la prima (strada) a d.**, take the first right; **tenere la d.**, to keep (to the) right; **cedere la d.**, to walk [to stand, to sit, etc.] on sb.'s left; (*autom.*) **guida a d.**, right-hand drive; **a d. e a sinistra** (*da ogni parte*), right, left and centre *3* (*polit.*) Right; right wing: **La d. ha vinto le elezioni**, the Right won the election; **la d. laburista**, the right wing of the Labour Party; **estrema d.**, far right; **partito di d.**, right-wing party; **idee di d.**, rightist (*o* right-wing) ideas; **uomo di d.**, rightist; right-winger.
destraménte, avv. dexterously; deftly; adroitly.
destreggiaménto, m. manoeuvring.
destreggiàrsi, v. i. pron. (*cavarsela*) to manage; to cope; (*essere accorto*) to be careful with; (*essere abile*) to steer one's course, to navigate, to manoeuvre; (*tirare avanti*) to get* by; (*far fatica*) to struggle: **Vedrò di destreggiarmi in qualche modo**, I'll try and manage (*o* cope) somehow; **Non riesco a destreggiarmi con tutte queste cifre**, I'm lost with all these figures; **Riesce a d. con un piccolo stipendio**, he gets by on a small salary; **Si destreggia col russo**, he gets by in Russian; **Sa d. abilmente in quell'ambiente**, he knows how to steer his course in that milieu; **sapere sempre come d.**, to take everything in one's stride; **Riuscirà a d. nel traffico di Roma?**, will he be able to cope with Rome traffic?
destrézza, f. *1* (*abilità*) adroitness; skill; cleverness; (*specialm. manuale*) dexterity, deftness: **con d.**, adroitly; skilfully; deftly; **d. di mano**, a quick hand; **gioco di d.**, sleight of hand; legerdemain *2* (*agilità*) agility; nimbleness.
destrière, destrièro, m. (*lett.*) steed; (*da battaglia*) war-horse, charger.
destrìmano, a. right-handed.
destrìna, f. (*chim.*) dextrin(e).
destrismo, m. *1* right-handedness *2* (*polit.*) right-wing leanings (*pl.*); right-wing ideas (*pl.*).
dèstro, A a. *1* right; right-hand: **la mano destra**, the right hand; **il lato d. della strada**, the right side of the road; **sul lato d. della strada**, on the right-hand side of the road; **la riva destra del fiume**, the right bank of the river; **la tasca destra**, the right-hand pocket; (*fig.*) **essere il braccio d. di q.**, to be sb.'s right-hand man *2* (*abile*) clever (at), adroit (in), able; (*di mano*) dexterous (in), skilful (at, in), deft *3* (*arald.*) dexter. **B** m. *1* opportunity; chance: **cogliere il d.**, to seize the opportunity; **Mi si offrì il d. di parlare**, I was given a chance to speak *2* (*boxe*) right *3* (*calcio*) right foot.
destrocardìa, f. (*med.*) dextrocardia.
destrogiro, a. (*fis.*) dextrorotatory.
destròide, (*polit.*) **A** a. right-wing. **B** m. e f. person with right-wing leanings; rightist.
destròrso, a. *1* left-to-right; (*rif. a rotazione*) clockwise (*attr.*): **scrittura destrorsa**, left-to-right handwriting; **in senso d.**, in a clockwise direction *2* (*mecc.*) right-hand (*attr.*); right-handed (*attr.*) *3* (*mat., miner.*) right-handed *4* (*biol.*) dextrorse *5* (*fis.*) dextrorotatory *6* (*polit., scherz.*) right-wing; rightist.
destròsio, m. (*chim.*) dextrose; glucose.
destrutturàre, A v. t. to take* apart; to dismantle. **B destrutturàrsi,** v. i. pron. to fall* apart.
destrutturàto, a. *1* taken apart; dismantled *2* (*senza coerenza*) confused; incoherent; disordered *3* (*moda*) flowing.
destrutturazióne, f. falling apart; break-up; disintegration.
desuèto, a. (*lett.*) disused; outmoded; outdated; obsolete.
desuetùdine, f. *1* (*lett.*) desuetude; disuse: **cadere in d.**, to become obsolete; to fall into disuse *2* (*leg.*) desuetude.
desùmere, v. t. *1* (*dedurre*) to infer; to deduce: **Desunsi dal suo pallore che non stava bene**, I deduced from her pallor that she was unwell *2* (*ricavare*) to gather; to get*: **Che cosa hai desunto dal suo rapporto?**, what did you gather from his statement?; **L'ho desunto dai giornali**, I got it from the papers; I read it in the papers *3* (*congetturare*) to conjecture; to guess *4* (*derivare*) to derive: **Migliaia di parole inglesi sono desunte dal latino**, thousands of English words are derived from Latin.
desumìbile, a. inferable; deducible.
desùnto, a. inferred; deduced.
detassàre, v. t. to lift a tax on.
detassazióne, f. tax reduction; tax abatement; (*abolizione*) tax cut.
detèctive (*ingl.*), m. invar. detective: **d. privato**, private detective; private eye (*fam.*); private dick (*pop.*).
detèctor (*ingl.*), m. invar. (*elettron.*) detector.
detenére, v. t. *1* to hold*: **d. un primato [una carica]**, to hold a record [an office]; **d. il po-**

tere, to be in power *2* (*leg.*: *possedere*) to hold*; to possess: **d. una licenza**, to hold a licence; **d. un immobile**, to possess an immovable; **Fu accusato di d. armi abusivamente**, he was charged with unlicenced possession of arms *3* (*tenere in prigione*) to keep* in custody.

detentivo, *a.* prison (*attr.*); detention (*attr.*); custodial: **pena detentiva**, prison sentence; custodial sentence; imprisonment.

detentóre, **A** *m.* (*f.* **-trice**) *1* holder: **il d. del titolo mondiale [di una carica]**, the holder of the world title [of an office] *2* (*leg.*: *possessore*) holder; possessor: **d. di brevetto**, patent holder; **d. di un immobile**, possessor of an immovable; **d. della refurtiva**, receiver of stolen goods. **B** *a.* holding; who [which] holds.

detenùto, *m.* (*f.* **-a**) prisoner; convict; inmate; (*specialm. polit.*) detainee.

detenzióne, *f.* *1* (*il detenere*) holding *2* (*leg.*) detention; (*di un bene*) possession, (*illegale di bene altrui*) detainer: **d. di droga**, possession of drugs; **d. abusiva**, illegal possession *3* (*pena*) imprisonment; custody; detention: **d. preventiva**, custody.

detergènte, **A** *a.* cleansing; detergent: **crema d.**, cleansing cream. **B** *m.* detergent; cleansing agent: **d. degradabile**, degradable detergent.

detergènza, *f.* detergence; detergency.

detèrgere, *v. t.* *1* to cleanse; to clean; (*con acqua*) to wash; (*asciugare*) to wipe off: **d. una ferita**, to cleanse a wound; **detergersi il sudore dalla fronte**, to wipe the sweat off one's forehead *2* (*med.*) to deterge.

deterioràbile, *a.* *1* subject to deterioration *2* (*di merce*) subject to wear and tear; perishable.

deterioraménto, *m.* deterioration; decay; (*usura*) wear and tear: **C'è stato un d. nei nostri rapporti**, there has been a deterioration in our relationship; **subire un d.**, to deteriorate; **soggetto a d.**, subject to wear and tear; perishable.

deterioràre, **A** *v. t.* to deteriorate; to damage; (*guastare*) to spoil. **B** **deterioràrsi**, *v. i. pron.* *1* to deteriorate; to decay; (*per usura*) to be subject to wear and tear *2* (*di merce*) to perish; to go* bad.

deterioràto, *a.* deteriorated; damaged; (*andato a male*) gone bad.

deterióre, *a.* inferior; poor; cheap; second-rate, low-grade (*attr.*).

determinàbile, *a.* determinable; definable.

determinànte, **A** *a.* conclusive; determining; (*cruciale*) crucial, critical, decisive, instrumental; (*significativo*) significant: **prove determinanti**, conclusive evidence (*sing.*); **Questa fu la causa d.**, this was the determining factor; **Ha avuto un ruolo d. nelle trattative**, he played an instrumental (*o* decisive) role in the negotiations; **La vostra presenza domani è d.**, your presence tomorrow is crucial; **Il suo intervento fu d.**, his intervention was a decisive factor. **B** *m.* e *f.* *1* decisive factor; principal motive; determinant *2* (*mat.*) determinant.

determinàre, **A** *v. t.* *1* (*definire*) to determine, to establish, to define, to set* out; (*fissare, stabilire*) to fix: **d. il significato di un termine**, to establish the meaning of a word; **d. i criteri di q.c.**, to set out (*o* to define) the criteria of st.; **d. un prezzo [una data]**, to fix a price [a date] *2* (*delimitare*) to define; to mark out: **d. i confini di una proprietà**, to mark out the boundaries of an estate *3* (*accertare*) to determine, to establish, to ascertain; (*calcolare*) to reckon, to calculate; (*stimare*) to assess, to estimate: **d. le cause della morte**, to determine the causes of death; **d. una distanza**, to calculate a distance; **d. il totale**, to calculate the total; **d. l'ammontare dei danni**, to assess the amount of damages; **d. i tempi di q.c.**, to time st.; **d. il valore di q.c.**, to estimate st. *4* (*decidere*) to decide; to resolve *5* (*causare*) to bring* about; to cause: **d. un cambiamento**, to bring about a change; **d. un rialzo della temperatura**, to cause a rise in temperature *6* (*influenzare*) to affect; to shape *7* (*indurre*) to make* (sb. do st.); to get* (sb. to do st.). **B** **determinàrsi**, *v. i. pron.* *1* (*risolversi*) to decide; to determine; to resolve *2* (*verificarsi*) to occur; to come* about.

determinataménte, *avv.* determinately; with determination.

determinatézza, *f.* *1* (*risolutezza*) determination *2* (*precisione*) precision; exactness.

determinativo, *a.* *1* determinative *2* (*gramm.*) definitive: **articolo d.**, definite article.

determinàto, *a.* *1* (*particolare*) particular: **in quel d. giorno**, on that particular day *2* (*certo, speciale*) certain; special: **in determinate situazioni**, under certain circumstances *3* (*dato, convenuto*) certain, given, fixed; agreed; (*limitato*) limited: **in un giorno d.**, on a certain day; **valido solo per un d. numero di casi**, valid only for a limited number of cases *4* (*risoluto, deciso*) determined; resolute; hard-nosed (*fam.*): **Sono d. a restare**, I'm determined to stay; **comportamento d.**, determination *5* (*mat.*) determinate.

determinazióne, *f.* *1* (*calcolo*) determination; reckoning; calculation; assessment *2* (*decisione*) determination; decision: **prendere una d.**, to make a decision; to make up one's mind; to resolve st. *3* (*risolutezza*) resolution; determination. • (*comm.*) **d. dei costi**, costing □ (*aeron., naut.*) **d. della posizione**, reckoning □ **d. dei tempi di lavorazione**, scheduling.

determinismo, *m.* (*filos.*) determinism.

determinista, *m.* e *f.* (*filos.*) determinist.

deterministico, *a.* (*filos.*) deterministic.

deterrènte, *a.* e *m.* deterrent: **d. nucleare**, nuclear deterrent; **servire da d.**, to serve as a deterrent.

deterrènza, *f.* deterrence.

detersióne, *f.* cleansing.

detersivo, **A** *a.* (*lett.*) detersive; cleansing. **B** *m.* detergent: **d. per bucato**, clothes detergent; washing powder; **d. in polvere**, washing powder; **d. (liquido) per piatti**, washing-up liquid; **d. a schiuma frenata**, low-suds washing powder.

detestàbile, *a.* detestable; hateful; odious.

detestàre, **A** *v. t.* to detest; to hate; to loathe; (*avere in orrore*) to abhor: **Detesto gli impiccioni**, I detest meddlers; **Detesto gli spinaci**, I hate spinach; **Detesto dover aspettare**, I hate to be kept waiting; **Detesto alzarmi presto**, I loathe getting up early; **d. il razzismo**, to abhor racism. **B** **detestàrsi**, *v. rifl. recipr.* to detest (*o* to hate) each other.

detestazióne, *f.* detestation; hatred; loathing; abhorrence.

detonànte, **A** *a.* detonating; explosive: **miscela d.**, explosive mixture; **capsula d.**, percussion cap. **B** *m.* explosive.

detonàre, *v. i.* to detonate. • **fare d.**, to detonate.

detonatóre, *m.* detonator; percussion (*o* blasting) cap: **d. a miccia**, fuse detonator; **d. elettrico**, electric detonator; **d. meccanico**, percussion detonator; **d. secondario**, booster charge.

detonazióne, *f.* *1* blast; explosion; detonation *2* (*mecc.*) detonation; pink; pinking; knock; knocking.

detonòmetro, *m.* (*mecc.*) detonation meter.

detraibile, *a.* deductible: **d. dalle imposte**, tax-deductible; **non d.**, non-deductible.

detraibilità, *f.* deductibility.

detràrre, *v. t.* *1* to deduct; to take* away; to allow; (*sottrarre*) to subtract: **d. le spese**, to deduct expenses; **d. una somma dallo stipendio**, to deduct a sum from sb.'s salary; **detratte le spese**, having deducted the expenses; (*comm.*) **detratto lo sconto**, discount off *2* (*lett.*: *denigrare*) to disparage; to detract.

detrattivo, *a.* detractive.

detrattóre, *m.* (*f.* **-trice**) detractor; denigrator.

detrazióne, *f.* *1* (*deduzione, trattenuta*) deduction: **d. degli interessi**, deduction of interests; **d. dallo stipendio**, deduction from salary; **portare in d.**, to deduct *2* (*riduzione*) relief; allowance: **d. fiscale**, tax allowance; **d. per figli a carico**, children's allowance.

detriménto, *m.* detriment; harm; damage: **a d. di**, to the detriment of; **senza d. per**, without detriment to; **apportare d. a**, to damage.

detritico, *a.* (*geol.*) detrital.

detrito, *m.* *1* (*geol.*) detritus*; debris; drift: **d. alluvionale**, alluvium, silt; **d. glaciale**, glacial drift; **d. sabbioso**, sand drift *2* (*frammento*) fragment; (*al pl.*) rubbish (*sing.*), waste (*sing.*), debris* (*sing.*); (*calcinacci, ecc.*) rubble (*sing.*) *3* (*residuo*) scrap.

detronizzàre, *v. t.* *1* to dethrone; to depose *2* (*fig.*: *mandare via*) to oust, to drive* out; (*abbattere*) to overthrow*.

detronizzazióne, *f.* *1* dethronement; deposition *2* (*fig.*) ousting; overthrow.

detrusóre, *m.* (*anat.*) detrusor.

détta, *f.* – **a d. di**, according to: **a d. sua**, according to him [to her]; **a d. di tutti**, by all accounts.

dettagliànte, *m.* e *f.* (*comm.*) retailer; retail trader.

dettagliàre, *v. t.* *1* (*raccontare nei particolari*) to give* full details of; to tell* in detail; to relate circumstantially *2* (*elencare*) to detail; (*comm.*) to itemize: **d. le spese**, to itemize expenses *3* (*comm.*: *vendere al dettaglio*) to retail; to sell* (by) retail.

dettagliataménte, *avv.* in detail; with full particulars.

dettagliàto, *a.* *1* detailed; circumstantial; in detail: **raccontare q.c. in modo d.**, to tell st. in detail; **un resoconto d.**, a circumstantial report *2* (*comm.*) itemized: **fattura dettagliata**, itemized invoice.

dettàglio, *m.* *1* detail: **entrare nei dettagli**, to go (*o* to enter) into details; **progettare q.c. fino all'ultimo d.**, to plan st. to the last detail; **perdersi nei dettagli**, to get lost in details; not to see the wood for the trees (*fam.*) *2* (*comm.*) retail: **comprare [vendere] al d.**, to buy [to sell] (by) retail; **prezzi al d.**, retail prices; **vendita al d.**, retailing; **venditore al d.**, retailer.

dettàme, *m.* dictate: **i dettami della coscienza**, the dictates of conscience; **i dettami della moda**, the dictates of fashion.

dettàre, *v. t.* *1* to dictate: **d. una lettera**, to dictate a letter; **d. adagio**, to dictate slowly *2* (*indicare, ecc.*) to direct; to counsel; to tell*; to suggest; to advise: **Fa' come ti detta il cuore**, do as your heart tells you; **norme dettate dal buon senso**, rules suggested by common sense *3* (*imporre*) to dictate; to impose; to prescribe: **d. le proprie condizioni**, to dictate one's terms. • **d. legge**, to lay down the law.

dettàto (1), *m.* *1* dictation: **fare un d.**, to have a dictation; **prova di d.**, dictation test *2* (*lett.*: *stile*) style.

dettàto (2), *m.* *1* (*massima*) saying; saw *2* (*testo*) text; provisions (*pl.*): **il d. di una legge**, the text of a law.

dettatùra, *f.* dictation: **scrivere sotto d.**, to write from dictation; to take dictation (from sb.).

dètti, *1ª pers. sing. pass. rem. di* **dare**.

détto, **A** *a.* *1* called; (*soprannominato*) known as, nicknamed: **Angelo Beolco d. il Ruzzante**, Angelo Beolco called (*o* known as) Ruzzante *2* (*sopraddetto*) said; above-mentioned; (*di persona, anche*) above-named, aforesaid. • **D. fatto**, no sooner said than done □ **Come non d.**, forget what I said;

forget it □ (*iron.*) (È) **presto d.!**, (it's) easier said than done □ (*teatr.*) **Lelio e detti**, Lelio and the same □ **Sia d. fra noi**, let this remain between you and me □ **Tientelo per d.**, keep that in mind. **B** *m.* **1** (*motto*) saying; maxim; saw **2** (*parola*) word **3** (*facezia*) witticism; joke.

detumescènza, *f.* (*med.*) detumescence.

deturpaménto, *V.* **deturpazione**.

deturpàre, *v. t.* **1** to disfigure; to mar; (*rovinare*) to deface, to spoil, to vandalize: **un viso deturpato dal vaiolo**, a face disfigured (*o* ravaged) by small-pox; **Una cicatrice le deturpava la guancia**, a scar marred her cheek; **Orribili palazzoni deturpano la costa**, ugly blocks of flats spoil the coastline; **d. un dipinto**, to deface a painting **2** (*corrompere*) to corrupt; to defile.

deturpatóre, **A** *m.* (*f.* **-trice**) disfigurer; defacer; spoiler; (*vandalo*) vandal. **B** *a.* disfiguring.

deturpazióne, *f.* disfigurement; defacement.

deumidificàre, *v. t.* to dehumidify.

deumidificatóre, *m.* dehumidifier.

deumidificazióne, *f.* dehumidification.

deus ex machina (*lat.*), *locuz. m. invar.* **1** (*teatr., letter.*) deus ex machina **2** (*fig.*) rescuer; last-minute saviour; problem solver.

deuteragonista, *m.* (*teatr. greco*) deuteragonist.

deuteranopia, *f.* (*med.*) deuteranopia.

deuteràre, *v. t.* (*chim.*) to deuterate.

deutèrio, *m.* (*chim., fis.*) deuterium.

deuterocanònico, *a.* (*eccles.*) deuterocanonical.

Deuteronòmio, *m.* (*Bibbia*) Deuteronomy.

deutóne, *m.* (*fis.*) deuteron; deuton.

deutoplàsma, *m.* (*biol.*) deutoplasm.

devalutazióne, *f.* (*econ.*) devaluation; depreciation.

devascolarizzazióne, *f.* (*med.*) devascularization.

devastàre, *v. t.* **1** to devastate; to lay* waste; to ravage (*anche fig.*): **L'esercito nemico devastò il territorio**, the enemy army devastated (*o* laid waste) the territory; **città devastate dalla guerra**, towns devastated by war; **un viso devastato dalla malattia**, a face ravaged by disease **2** (*di insetto nocivo* e *fig.*) to blight: **d. il raccolto**, to blight the crop.

devastàto, *a.* devastated; ravaged; laid waste (*pred.*).

devastatóre, **A** *a.* devastating. **B** *m.* (*f.* **-trice**) ravager; devastator.

devastazióne, *f.* devastation; destruction; ravages (*pl.*).

deverbàle, **deverbativo,** (*ling.*) **A** *a.* deverbal; deverbative. **B** *m.* deverbative (word).

devetrificazióne, *f.* (*ind.*) devitrification.

deviaménto, *m.* **1** deflection; deviation **2** (*ferr.*) shunting.

deviànte, (*med., psic.*) **A** *a.* deviant. **B** *m.* deviant; deviate.

deviànza, *f.* **1** (*med., psic.*) deviance; deviancy **2** (*aeron.*) deviation; yaw.

deviàre, **A** *v. t.* **1** to divert; to deflect; to turn; (*ferr.*) to shunt: **d. il traffico**, to divert the traffic; **d. un fiume**, to divert a river; **La fibbia deviò la pallottola**, the buckle deflected the bullet; (*calcio*) **d. la palla in calcio d'angolo**, to deflect the ball for a corner **2** (*sviare*) to divert; to deflect: **d. i sospetti**, to divert (*o* to deflect) suspicions; **d. il discorso**, to change the subject; **d. le indagini**, to sidetrack investigations; to put the investigators off the scent. **B** *v. i.* **1** to deviate; to turn off; to swerve; to veer; to diverge: **d. dalla rotta**, to deviate from one's course; **d. dalla norma**, to deviate from the standard; **d. dall'argomento**, to get off the point; to get sidetracked; **d. a sinistra**, to veer left; **fare d.**, to head off; to divert **2** (*fare una deviazione*) to turn off; to make* a detour: **d. dalla strada principale**, to turn off the main road; **Ci dissero di d. per Crema**, we were told to make a detour via Crema **3** (*deragliare*) to leave* the line; to go* off the rails. ● (*fig.*) **d. dalla retta via**, to go astray; to go off the rails; (*scherz.*) to stray from the straight and narrow.

deviàto, *a.* **1** diverted; re-routed **2** (*med., psic.*) deviant.

deviatóio, *m.* (*ferr.*) points (*pl.*); switch.

deviatóre, *m.* **1** (*ferr.*) signalman*; pointsman* (*GB*); switchman* (*USA*) **2** (*elettr.*) switch.

deviazióne, *f.* **1** deviation: (*naut.*) **d. magnetica**, compass deviation; **d. della colonna vertebrale**, curvature of the spine; **d. del pendolo**, swing of the pendulum; **d. del traffico**, traffic deviation; **la d. di un fiume**, the deviation of a river; **d. standard**, (*stat.*) standard deviation; (*elab.*) bias **2** (*fis., mecc.*) deflexion: (*TV*) **d. del quadro**, frame deflexion; **d. elettromagnetica**, electromagnetic deflexion **3** (*stradale*) diversion, detour; (*scorciatoia*) by-pass: **fare una d. per...**, to make a detour via... **4** (*ferr.*) shunting; shunt **5** (*fig.: allontanamento*) deviation; departure; straying **6** (*psic.*) deviation; perversion.

deviazionìsmo, *m.* (*polit.*) deviationism.

deviazionìsta, *m.* e *f.* (*polit.*) deviationist.

deviazionìstico, *a.* (*polit.*) deviationist (*attr.*).

devisceràre, *v. t.* to eviscerate; to disembowel; to gut.

de visu (*lat.*), *locuz. avv.* with one's own eyes; personally; directly.

devitalizzàre, *v. t.* (*med.*) to devitalize.

devitalizzazióne, *f.* (*med.*) devitalization.

devitaminizzàre, *v. t.* (*med.*) to devitaminize.

dèvo, *1ª pers. sing. indic. pres. di* **dovere**.

devocalizzazióne, *f.* (*ling.*) devoicing; devocalization.

devoltàre, *v. t.* (*elettr.*) to step down (voltage).

devoltóre, *m.* (*elettr.*) negative booster.

devolutivo, *a.* devolutionary.

devoluzióne, *f.* **1** (*anche leg.*) devolution **2** (*assegnazione*) assignment; allocation.

devòlvere, *v. t.* **1** (*un diritto e sim.*) to devolve; to devolute **2** (*assegnare*) to assign; to allocate: **d. una somma a scopo benefico**, to allocate a sum of money to charity; **L'incasso fu devoluto a una casa di riposo**, the proceedings went to a rest home.

devoniàno, *a.* e *m.* (*geol.*) Devonian.

devònico, *a.* (*geol.*) Devonian.

devotaménte, *avv.* **1** devoutly; piously **2** (*fedelmente*) faithfully **3** (*nello stile epistolare*) faithfully.

devotissimo, *a.* – (*nello stile epistolare*) **suo d.**, your obedient servant; (*più com.*) yours faithfully.

devòto, **A** *a.* **1** (*pio*) devout; pious; godly: **un d. cattolico**, a devout Catholic; **È d. alla Vergine**, he is a devotee of the Virgin Mary **2** (*religioso, di preghiera*) devotional; prayer (*attr.*); religious: **libro d.**, devotional (*o* prayer) book; **opere devote**, devotional works **3** (*compreso di devozione*) devout; religious; reverent: **meditazioni devote**, devout meditations; **in d. silenzio**, in reverent silence **4** (*affezionato*) devoted, loving; (*fedele*) faithful, loyal, staunch **5** (*lett.: consacrato*) devoted; consecrated. **B** *m.* (*f.* **-a**) **1** devout (*o* pious) person **2** (*chi pratica un culto particolare*) devotee, worshipper; (*pl.*) (*fedeli*) congregation (*sing. collett.*) **3** (*persona fedele*) faithful (*o* loyal) friend; (*seguace*) faithful (*o* loyal) follower.

devozióne, *f.* **1** piety; reverence; devoutness; devotion **2** (*pl.*) (*preghiere*) devotions; prayers **3** (*dedizione*) devotion; attachment **4** (*affetto*) affection.

di (**1**), *prep.* **1** (*specificazione*) of; (*nel senso di possesso, appartenenza, spesso il genitivo sassone o una costruzione attributiva*): **il rumore del treno**, the noise of the train; **il ricordo di quel giorno**, the memory of that day; **il centro della città**, the centre of town; the town centre; **il film dell'anno**, the film of the year; **l'amore dei libri**, love of books; **l'amore di un padre**, a father's love; **per amore dei figli**, out of love for one's children; **l'autista dell'autobus**, the driver of the bus; the bus driver; **il figlio del dottore**, the doctor's son; **gli stipendi degli insegnanti**, teachers' salaries; **i giocattoli dei miei bambini**, my children's toys; **la lettera di tuo padre**, your father's letter; **l'ostilità dei suoi**, her parents' hostility; **la furberia della volpe**, a fox's cunning; the cunning of a fox; **il futuro dell'Europa**, Europe's future; the future of Europe; **il colore del berretto**, the colour of the hat; **la posta di oggi**, today's mail; **l'orario dei treni**, the train timetable; **scrittori del ventesimo secolo**, 20th-century writers; writers of the 20th century; **il Cantico dei Cantici**, the Song of Songs; **Quel diavolo di sua moglie!**, that devil of a wife of his!; **Quello stupido di Daniele non ha telefonato**, that stupid Daniele didn't phone **2** (*per indicare l'autore*) by (*o il genitivo sassone*): **un quadro di Tiziano**, a painting by Titian; **i quadri di Tiziano**, Titian's paintings; **un romanzo di un giovane scrittore**, a novel by a young author; **un concerto di Mozart**, a concerto by Mozart; **l'«Aida» di Verdi**, Verdi's «Aida»; **le opere di Bellini**, Bellini's operas **3** (*con valore indefinito: in frasi afferm. e interr.*) some; (*in frasi neg. e interr.*) any: **Vorrei del pane**, I'd like some bread; **Vuoi del vino?**, would you like some wine?; **C'è del latte?**, is there any milk?; **Durerà per degli anni**, it will last for years; **Ha dei begli occhi**, she has beautiful eyes **4** (*partitivo*) of: **uno di noi**, one of us; **alcuni di loro**, some of them; **qualcosa di nuovo**, something new; **un che di misterioso**, something mysterious; **niente di meglio**, nothing better **5** (*nei compar.*) than; (*nei superl.*) of, in: **È più vecchio di me**, he is older than me (*o* than I am); **il migliore di tutti**, the best of all; **il più grande della città**, the biggest in town **6** (*denominazione*) of: **la città di Roma**, the city of Rome; **l'isola di Capri**, the isle of Capri; **il mese di maggio**, the month of May; **il titolo di cavaliere**, the title of knight; **il nome di Marco**, the name Marco **7** (*argomento*) about; of; on: **So poco di lui**, I know little about him; **dire bene di q.**, to speak well of sb.; **Mi ha parlato di te**, she spoke to me about you; **parlare di affari** [**di politica**], to talk business [politics]; **un trattato di fisica**, a treatise on physics; **un testo di chimica**, a chemistry book; **«Dell'amicizia»**, «On Friendship» **8** (*abbondanza*) of; in; with: **pieno di soldi**, full of money; **ricco di proteine**, rich in proteins; **acque rigurgitanti di pesci**, waters teeming with fish **9** (*privazione*) of; in: **mancanza di idee**, lack of ideas; **Fu derubato di tutto**, he was robbed of everything; **povero di contenuti**, poor in content **10** (*mezzo o strumento*) with; of; by; on: **un colpo di martello**, a blow with a hammer; **ferire di spada**, to wound with a sword; **campare di elemosina**, to live on charity **11** (*modo, maniera*) in; with (*o una forma avverbiale*): **mangiare di buon appetito**, to eat with a good appetite; to eat heartily; **camminare di fretta**, to walk hurriedly; to hurry along; **fermarsi di colpo**, to stop suddenly; **vestito di bianco**, dressed in white **12** (*causa*) with; for; of: **tremare di paura**, to tremble with fear; **piangere di gioia**, to cry for joy; **morire di meningite**, to die of meningitis; **ammalarsi di epatite**, to fall ill with hepatitis; **vergognarsi di q.c.**, to be ashamed of st.; **soddisfatto del risultato**, satisfied with the result **13** (*fine, scopo*) of (*o una costruzione attributiva*): **società di costruzione**, building society; **metodo di reci-**

tazione, acting method; method of acting; **istituto di ricerca**, research institute; institute of research; **squadra di soccorso**, rescue team; **sala di lettura**, reading room ***14*** (*limitazione*) by: **allungare di un metro**, lo lengthen by one metre ***15*** (*tempo*) in; by; (*coi giorni della settimana*) on: **di primavera**, in (the) spring; **di mattina**, in the morning; **di giorno**, by day; in the daytime; **di sera**, in the evening; **di notte**, by (*o* at) night; in the night; **di sabato**, on Saturday(s) ***16*** (*misura, quantità, peso*) of (*o una costruzione attributiva*): **una distanza di 6 kilometri**, a distance of 6 kilometres; **una corda di tre metri**, a three-metre rope; **una multa di cinque sterline**, a five-pound fine; a fine of five pounds; **un carico di due tonnellate**, a two-ton load; a load of two tons; **un'assenza di tre giorni**, an absence of three days; a three-day absence ***17*** (*età*) of: **un uomo di trent'anni**, a man of thirty; a thirty-year-old man ***18*** (*materia*) of: **fatto di legno**, made of wood; **una casa di pietra**, a house of stone; **un tetto d'ardesia**, a slate roof; **un vassoio d'argento**, a silver tray; **una sbarra di ferro**, an iron rod; a rod of iron; **un flan di spinaci**, a spinach flan; **La statua era di bronzo**, the statue was made of bronze ***19*** (*qualità*) of: **uno sguardo di stupore**, a look of amazement; **uomini di buona volontà**, men of good will; **un uomo di poche parole**, a man of few words ***20*** (*provenienza, origine, moto da luogo, separazione*; *anche nelle prep. composte* **di tra, di su,** *ecc.*) from (*o idiom.*); (*con l'idea di uscita*) (out) of: **Sono di Venezia**, I come (*o* I am) from Venice; I'm Venetian; **Di dove viene?**, where does he come from?; where is he from?; **Sono del nord**, I'm from the North; **È di buona famiglia**, he is from a good family; **di città in città**, from town to town; **lontano di qui**, a long way from here; **M'è caduto di mano**, it fell from my hand; **uscire d'Italia**, to leave Italy; **uscire di casa**, to go out; **andarsene** (*o* **partire**) **di casa**, to leave home; **di tra la folla**, from within the crowd; **di sul tetto**, from the roof ***21*** (*vari compl. di luogo*: *stato in o moto verso luogo*) in; (*transito*) through: **Sono di qua**, I'm over here; **È di là**, it's in there; **di là in cucina**, in the kitchen; **Andiamo di qua**, let's go this way; **transitare di qua**, to go through here ***22*** (*davanti all'inf. è idiom.*) – **Sono lieto di accettare**, I am glad to accept; **Non ho intenzione di venire**, I have no intention of coming; **Smettila di ridere**, stop laughing; **Cerca di comportarti bene**, try and behave; **Lo supplicai di aiutarmi**, I begged him to help me; **Mi impedì di cadere**, he prevented me from falling ***23*** (*retto da verbi di dire, pensare, ecc.*) that (*e costr. pers.*; *spesso omesso*): **Ammetto di avere avuto torto**, I admit (that) I was wrong; **Credo di avere ragione**, I think (that) I am right; **Dice di non sapere**, he says he doesn't know; **Mi rendo conto di saperne ben poco**, I realize I know very little about it; **Penso di poter venire**, I think I can come; **Pensavo di andarmene**, I was thinking of going ***24*** (*dopo alcune preposizioni*) – **fra di noi**, between us; **verso di me**, towards me; **senza di te**, without you ***25*** (*figlio di*) son of; (*figlia di*) daughter of: **Matteo di Giovanni**, Matthew son of John. ● **di buon'ora**, early □ **di certo**, surely □ **di là delle colline**, over the hills; beyond the hills □ **di male in peggio**, from bad to worse □ **di nascosto**, secretly □ **di nuovo**, again □ **di quando in quando**, from time to time; now and then □ **di recente**, recently □ **di solito**, usually.

di (2), *m.* o *f.* (*lettera*) d; D.

dì, *m.* (*giorno*) day: **Buon dì!**, good morning! ● (*bur.*) **a dì 7 aprile**, 7th April; April 7th.

dia, *1ª, 2ª e 3ª pers. sing. congiunt. pres. di* **dare**.

diabàṣe, *f.* (*geol.*) diabase.

diabàtico, *a.* (*fis.*) diabatic.

diabète, *m.* (*med.*) diabetes*: **d. insipido** [**mellito**], diabetes insipidus [mellitus].

diabètico, *a.* e *m.* (*f.* **-a**) (*med.*) diabetic.

diabetògeno, *a.* (*med.*) diabetogenic.

diabòlico, *a.* diabolic(al); satanic; devilish; fiendish: **Iago è un personaggio d.**, Iago is a satanic character; **piano d.**, diabolic (*o* fiendish) plan; **di difficoltà diabolica**, fiendishly difficult.

diàbolo, *m.* (*gioco*) diabolo; devil-on-two-sticks.

diàclaṣi, *f.* (*geol.*) joint.

diaconàle, *a.* (*eccles.*) diaconal.

diaconàto, *m.* (*eccles.*) deaconship; diaconate.

diaconéssa, *f.* (*eccles.*) deaconess.

diaconìa, *f.* (*eccles.*) ***1*** (*titolo*) cardinal deaconship ***2*** (*chiesa*) cardinal deacon's church ***3*** (*stor.*: *ospizio*) deaconry.

diacònio, *m.* (*archit.*) diaconicon.

diàcono, *m.* (*eccles.*) deacon: **cardinale d.**, cardinal deacon.

diacritico, *a.* diacritic(al). ● (*ling.*) **segno d.**, diacritic.

diacronìa, *f.* (*ling.*) diachrony.

diacrònico, *a.* (*ling.*) diachronic; diachronistic.

dìade, *f.* (*anche chim.*) dyad.

diadèlfo, *a.* (*bot.*) diadelphous.

diadèma, *m.* ***1*** (*fascia*) diadem; (*corona*) diadem, crown ***2*** (*gioiello*) tiara.

diàdico, *a.* (*mat.*) dyadic; binary.

diàdoco, *m.* (*stor.*) diadochos*.

diafanità, *f.* diaphaneity; diaphanousness; transparency.

diàfano, *a.* ***1*** diaphanous; transparent ***2*** (*fig.*: *delicato*) slender; delicate; (*pallido*) pale.

diafanoscopìa, *f.* (*med.*) diaphanoscopy.

diafanoscòpio, *m.* (*med.*) diaphanoscope.

diàfiṣi, *f.* (*anat.*) diaphysis*.

diafonìa, *f.* ***1*** (*mus.*) diaphony ***2*** (*elettr.*) crosstalk.

diafònico, *a.* (*elettr.*) crosstalk (*attr.*).

diaforèṣi, *f.* (*med.*) diaphoresis*.

diaforètico, *a.* e *m.* (*farm.*) diaphoretic.

diafràmma, *m.* ***1*** (*anat.*) diaphragm; midriff ***2*** (*fis., fotogr.*) diaphragm: **d. ad iride**, iris diaphragm; **apertura di d.**, diaphragm; stop; **d. variabile**, compensator; **d. elettrodinamico**, electrodynamic pick-up ***3*** (*tel.*) diaphragm; tympan ***4*** (*mecc.*) baffle ***5*** (*ind. min.*) brattice: **d. di tenuta**, cut-off wall ***6*** (*elemento separatore*) screen, partition; (*fig.*) wall: **un d. di roccia**, a wall of rock; **Tra di noi c'è un d.**, there is a wall between us ***7*** (*anticoncezionale*) diaphragm.

diaframmàre, *v. t.* (*fotogr.*) to stop; to regulate the diaphragm of.

diaframmàtico, *a.* (*anat.*) diaphragmatic.

diagèneṣi, *f.* (*geol.*) diagenesis*.

diaglịpto, *m.* diaglyph; intaglio.

diàgnoṣi, *f.* ***1*** (*med., elab.*) diagnosis*: **fare una d.**, to make a diagnosis; to diagnose; **d. differenziale**, differential diagnosis; **d. prenatale**, antenatal diagnosis; **d. sbagliata**, mistaken diagnosis; misdiagnosis ***2*** (*fig.*) analysis*: **fare una d. della situazione economica**, to analyse the economic situation.

diagnòsta, *m.* e *f.* diagnostician.

diagnòstica, *f.* (*med.*) diagnostics (*pl. col verbo al sing.*).

diagnosticàre, *v. t.* (*med.* e *fig.*) to diagnose.

diagnòstico, (*med.*) **A** *a.* diagnostic. **B** *m.* (*f.* **-a**) diagnostician.

diagonàle, **A** *a.* diagonal; oblique; crosswise: **linea d.**, diagonal line; **stoffa con disegno in d.**, diagonal fabric; **taglio d.**, diagonal cut; (*in una stoffa*) bias cut, cut on the bias. **B** *f.* diagonal; **condurre la d.**, to draw the diagonal. **C** *m.* ***1*** (*tessuto*) twill ***2*** (*sport*: *lancio o tiro*) cross; (*passaggio*) transverse pass. ● **in d.**, diagonally; (*di stoffa*) on the bias.

diagràmma, *m.* diagram; chart; (*grafico*) graph; (*curva*) curve: **d. ad albero**, tree diagram; **d. a blocchi**, block diagram; **d. della distribuzione** (*di un motore*), timing diagram; (*edil.*) **d. delle sollecitazioni**, stress diagram; (*fis.*) **d. di carico**, load curve; (*stat.*) **d. di causa ed effetto**, fish-bone chart; (*elab.*) **d. di flusso**, flowchart; **d. di produzione**, production curve; (*mecc.*) **d. di prova**, test chart; (*elab.*) **d. reticolare**, network chart.

diagrammàre, *v. t.* to make* a diagram of; to represent (st.) by a diagram.

diagrammàtico, *a.* diagrammatic.

dialettàle, *a.* dialect (*attr.*); dialectal; (*in dialetto*) in dialect: **termine d.**, dialect word; **carattere d.**, dialectal character; **commedia d.**, play in dialect.

dialettaleggiànte, *a.* having dialect elements.

dialettaliṣmo, *m.* dialectalism.

dialettalità, *f.* dialectal character.

dialettalizzàre, **A** *v. t.* to make* dialectal in character. **B** **dialettizzàrsi**, *v. i. pron.* to become* dialectal.

dialèttica, *f.* ***1*** (*arte del ragionare*; *logica*) dialectics (*pl. col verbo al sing.*) ***2*** (*filos. e estens.*) dialectic: **la d. hegeliana**, Hegelian dialectic ***3*** (*abilità nel discutere*) debating ability: **Ha una d. travolgente**, he has a formidable way with words.

dialèttico, (*filos.*) **A** *a.* dialectic(al). **B** *m.* dialectician.

dialettiṣmo, *V.* **dialettalismo**.

dialètto, *m.* dialect: **il d. genovese**, the Genoese dialect; **parlare in d.**, to speak (in) dialect.

dialettòfono, *m.* (*f.* **-a**) dialect speaker.

dialettologìa, *f.* dialectology.

dialettòlogo, *m.* (*f.* **-a**) dialectologist.

dialipètalo, *a.* (*bot.*) dialypetalous.

dialisèpalo, *a.* (*bot.*) dialysepalous.

diàliṣi, *f.* ***1*** (*chim.*) dialysis* ***2*** (*fisiol., med.*) (haemo)dialysis: **essere in d.**, to be under dialysis; **sottoporre a d.**, to submit to (haemo)dialysis; to dialyse; **essere sottoposto a d.**, to undergo (haemo)dialysis.

dialìtico, *a.* ***1*** (*chim.*) dialytic ***2*** (*fisiol., med.*) (haemo)dialytic.

dializzàre, *v. t.* ***1*** (*chim.*) to dialyse, to dialyze (*USA*) ***2*** (*med.*) to submit to (haemo)dialysis.

dializzàto, **A** *a.* dialysed, dialyzed (*USA*). **B** *m.* (*f.* **-a**) dialysed patient.

dializzatóre, *m.* (*chim., fisiol.*) dialyser, dialyzer (*USA*).

diàllage, *f.* (*retor.*) diallage.

diallàgio, *m.* (*miner.*) diallage.

diallèle, **diallèlo**, *m.* (*filos.*) vicious circle.

dialogàre, **A** *v. i.* ***1*** (*conversare*) to talk; to converse ***2*** (*discutere*) to negotiate; to hold* talks: **d. con la parte avversa**, to hold talks with one's opponents ***3*** (*comunicare*) to communicate: **In casa mia non si dialoga**, we don't communicate at home. **B** *v. t.* (*teatr.*) to write* the dialogue of; to put* (st.) into dialogue form.

dialogàto, **A** *a.* in the form of a dialogue: **parti dialogate**, dialogues. **B** *m.* (*letter., cinem., TV*) dialogue.

dialògico, *a.* dialogue (*attr.*); dialogic(al).

dialogiṣmo, *m.* (*retor.*) dialogism.

dialogista, *m.* e *f.* dialogist.

dialogizzàre, *V.* **dialogare, B**.

diàlogo, *m.* ***1*** dialogue, dialog (*USA*): **i dialoghi di Platone**, Plato's dialogues; **I dialoghi sono doppiati**, the dialogue is dubbed ***2*** (*conversazione*) dialogue; talk; conversation ***3*** (*polit.*) dialogue: **cercare un d. coi sindacati**, to seek dialogue with the unions; **il d. nord-sud**, the North-South dialogue ***4*** (*comunicazione*) intercommunication; (*rapporto*) relationship: **Tra me e mia madre non c'è d.**, my mother and I don't communicate; **il d. tra genitori e figli**, the parent-child relationship.

diamagnètico, *a.* (*fis.*) diamagnetic.

diamagnetiṣmo, *m.* (*fis.*) diamagnetism.

diamantàto, *a.* (*tecn.*) diamond (*attr.*).

diamànte, m. ***1*** (*miner.*) diamond: **d. grezzo**, rough diamond; **d. industriale**, industrial diamond; bort; **anello di diamanti**, diamond ring; **frammenti di d.**, bort ***2*** (*per tagliare il vetro*) glazier's diamond; glass-cutter ***3*** (*tipogr.*) diamond: **carattere [edizione] d.**, diamond type [edition] ***4*** (*naut.*: *dell'ancora*) crown ***5*** (*nel baseball*) diamond; infield. ● (*archit.*) **a punta di d.**, cut into diamond points □ **duro come il d.**, as hard as rock □ **nozze di d.**, diamond wedding □ (*fig.*) **essere la punta di d. di q.c.**, to be at the cutting edge of st.

diamantìfero, a. diamantiferous; diamond-iferous.

diamantìno, a. (*lett., anche fig.*) adamantine.

diametràle, a. (*mat.*) diametrical; diametral.

diametralménte, avv. diametrally; (*anche fig.*) diametrically: **opinioni d. opposte**, diametrically opposed opinions.

diàmetro, m. (*mat.*) diameter: (*mecc.*) **d. interno**, inside diameter; (*astron.*) **d. apparente**, apparent diameter.

diàmine, inter. ***1*** (*con valore rafforzativo*) on earth; the dickens; the heck; the devil: **Che d. ci fai qui?**, what on earth are you doing here?; **Dove d. s'è cacciato?**, where the heck (*o* the devil) has he gone [has it got to]? ***2*** (*escl. di impazienza*) for heaven's sake!: **D., che modi!**, can't you be more careful, for heaven's sake!; **Che d.!**, what the devil! ***3*** (*escl. affermativa*) of course; I should say so!; you bet! (*fam.*).

diammìna, f. (*chim.*) diamine.

diàmo, 1ª pers. pl. indic. pres. e congiunt. pres. di **dare**.

Diàna, f. (*mitol.*) Diana. ● **Per D.!** (*o* **per d.!**), heavens!; by Jove!

diàna, f. ***1*** (*mil.*) reveille: **suonare la d.**, to sound the reveille ***2*** (*naut.*) morning watch ***3*** (*astron., lett.*) Lucifer; morning star.

dianoètico, a. (*filos.*) dianoetic.

diànoia, f. (*filos.*) dianoia.

diànto, m. (*bot., Dianthus*) dianthus.

diànzi, avv. (*poco fa*) a little while ago; (*or ora*) just, just now.

diàpaṣon, m. ***1*** (*estensione di voce o strumento*) range; reach; compass; diapason ***2*** (*suono usato per l'intonazione*) pitch; diapason: **la nota che dà il d.**, the note that sets the pitch ***3*** (*fig.*: *culmine*) pitch; height ***4*** (*strumento*) tuning fork.

diapàuṣa, f. (*biol.*) diapause.

diapedèṣi, f. (*med.*) diapedesis.

diapènte, m. (*mus.*) diapente.

diapìrico, a. (*geol.*) diapiric.

diapiriṣmo, m. (*geol.*) diapirism.

diàpiro, m. (*geol.*) diapir.

diapoṣitìva, f. slide; transparency.

diaproiettóre, m. slide projector.

diarchìa, f. diarchy.

diària, f. daily allowance.

diàrio, m. ***1*** (*personale*) diary; journal: **tenere un d.**, to keep a diary; **d. di viaggio**, journal ***2*** (*registro giornaliero*) book; register: **d. di classe**, class register; (*naut.*) **d. di bordo**, log(book); **d. scolastico**, assignment note-book ***3*** (*calendario*) timetable: **d. degli esami**, examination timetable.

diarìsta, m. e f. diarist.

diarrèa, f. (*med.*) diarrh(o)ea.

diarròico, a. (*med.*) diarrh(o)eal; diarrh(o)e-ic.

diartròṣi, f. (*anat.*) diarthrosis*.

diascopìa, f. (*ottica*) diascopy.

diascòpio, m. (*ottica*) diascope.

diàspora, f. ***1*** (*stor. ebraica*) Diaspora ***2*** diaspora; dispersion.

diàsporo, m. (*miner.*) diaspore.

diàspro, m. (*miner.*) jasper.

diastaṣàto, a. pre-digested.

diàstaṣi, f. ***1*** (*med.*) diastasis* ***2*** (*biol.*) diastase.

diastèma, m. (*zool.*) diastema.

diàstilo, a. (*archit.*) diastyle.

diàstole, f. (*med., poesia*) diastole.

diastòlico, a. (*med.*) diastolic.

diastrofiṣmo, m. (*geol.*) diastrophism.

diatermanità, f. (*fis.*) diathermaneity; diatherma(n)cy.

diatermàno, a. (*fis.*) diathermanous; diathermic.

diatermìa, f. (*med.*) diathermy; diathermia.

diatèrmico, a. (*med.*) diathermic.

diàteṣi, f. (*med., gramm.*) diathesis*.

diateṣico, diatètico, a. (*med.*) diathetic.

diatomèa, f. (*bot., Diatoma*) diatom.

diatomìte, f. (*miner.*) diatomite.

diatònico, a. (*mus.*) diatonic: **scala diatonica**, diatonic scale.

diatoniṣmo, m. (*mus.*) diatonicism.

diàtriba, f. diatribe; invective.

diàvola, f. (*fam.*) – **povera d.**, poor woman; poor soul; **una brava d.**, a good woman; a good soul.

diavolerìa, f. ***1*** devilry ***2*** (*scherz.*: *birichinata*) mischief; trick; devilment ***3*** (*fig.*) weird (*o* bizarre) thing (*o* event); freak; oddity.

diavolèrio, V. **diavolio**.

diavolésco, a. devilish.

diavoléssa, f. she-devil; fiend.

diavolétto, m. ***1*** little devil ***2*** (*scherz.*: *di bambino*) imp; little terror ***3*** V. **diavolino**. ● (*fis.*) **d. di Cartesio**, Cartesian diver.

diavolìno, m. (*bigodino*) (hair-)curler; curl--paper.

diavolìo, m. ***1*** (*scompiglio*) hubbub, rumpus, ruckus (*USA*); (*fracasso*) din, bedlam ***2*** (*fam.*: *gran numero*) a devil of a lot.

diàvolo, A m. ***1*** devil; demon; fiend; (*Satana*) Satan, (the) Devil, Old Nick (*fam.*): **Che il d. ti porti!**, the devil take you! ***2*** (*persona malvagia*) devil; devilish person ***3*** (*con agg.*: *uomo*) sort; devil; **È un buon d.**, he's good sort; **Povero d.!**, poor devil!; poor old blighter (*fam.*). **B** inter. ***1*** (*con valore rafforzativo*) the devil; the dickens; the heck; the deuce: **Che d. fai?**, what the devil are you doing?; **Come d. fai?**, how the dickens do you do it?; **Dove d. sei?**, where the devil are you?; **Perché d...?**, why the devil...?; **d. di...**, devil of...: **È un d. di problema**, it's a devil of a problem; **D. di un uomo!**, devil of a man!; **Ha vinto di nuovo, d. d'un Pippo!**, Pippo's won again, the lucky devil!; **Quel d. d'uomo ce l'ha fatta!**, he's got away with it, the (clever) devil! ***2*** (*esclam. di irritazione*) damn!; blast! ***3*** (*escl. affermativa*) you bet! ● (*zool.*) **d. di mare**, (*Manta birostris*) sea-devil; (*Mobula*) devil--fish □ (*zool.*) **d. orsino** (*Sarcophilus harrisii*), Tasmanian devil □ (*scherz., di bambino*) **d. scatenato**, little terror □ (*zool.*) **d. spinoso** (*Moloch horridus*), moloch □ **a casa del d.**, miles from anywhere; at the back of beyond; in the sticks (*USA*); in the boondocks (*USA*) □ **Al d. i soldi!**, blow the money! □ **andare al d.**, (*rif. a persone*) to go to hell; (*rif. a cose*) to go to pot, to go down the tubes (*USA*): **Va' al d.!**, go to hell!; damn you! □ **avere il d. in corpo** (*o* **addosso**), (*essere irrequieto*) to be restless; (*essere pieno di energia*) to be a live wire; (*essere dispettoso*) to be full of mischief; (*essere indemoniato*) to be possessed □ **avere un d. per capello**, to be hopping mad; to be like a bear with a sore head □ **avvocato del d.**, devil's advocate: **fare l'avvocato del d.**, to play the devil's advocate □ **brutto come il d.**, as ugly as sin □ (*rafforzativo*) **del d.**, devil (*o* hell) of a; damned (*o idiom.*): **Ho fatto una fatica del d. a trovarli**, I had the devil of a time finding them; **Fa un freddo del d.**, it's freezing; **avere una fretta del d.**, to be in the devil of a hurry (*o* in a tearing hurry); **una fortuna del d.**, the luck of the devil; **Fa un caldo del d.**, it's boiling; **Ho una fame del d.**, I'm ravenous; **avere una paura del d.**, to be in a blue funk; to be scared to death □ (*fig.*) **una casa del d.**, a hubbub; a rumpus; a ruckus (*USA*); bedlam □ **Che il d. mi porti se lo so!**, devil take me if I know! □ **Che il d. se lo porti!**, devil take him! □ **Corpo del d.!**, damn! □ **essere come il d. e l'acqua santa**, to be like cat and dog □ **Il d. ci ha messo la coda** (*o* **le corna**), the devil has had a hand in this □ **fare il d. a quattro**, to raise hell (*o* Cain) (*fam.*); to kick up a shindy (*fam.*); (*di bambino*) to be very naughty, to be up to all kinds of mischief □ **mandare q. al d.**, to send sb. to the devil (*o* to hell); to tell sb. to get lost □ **Non è mica il d.!**, he's not going to eat you! □ **Per mille diavoli!**, hell and damnation! □ **sapere dove il d. tiene la coda**, to know a thing or two □ **saperne una più del d.**, to give points to the devil □ (*prov.*) **Un d. caccia l'altro**, one evil drives out another □ (*prov.*) **Il d. non è così brutto come lo si dipinge**, the devil is not as black as he is painted.

diaẓocompósto, m. (*chim.*) diazo compound.

diaẓometàno, m. (*chim.*) diazomethane.

diaẓònio, m. diazonium.

diaẓoreazióne, f. (*chim.*) diazo reaction.

diaẓotàre, v. t. (*chim.*) to diazotize.

diaẓotazióne, f. (*chim.*) diazotization.

diaẓotipìa, f. (*fotogr.*) diazotype.

dibàttere, A v. t. ***1*** (*discutere*) to debate; to discuss ***2*** (*le ali*) to flap. **B dibàttersi,** v. rifl. ***1*** to struggle; to thrash about; to writhe ***2*** (*fig.*) to be torn (by st.): **d. nel dubbio**, to be torn by doubts.

dibattimentàle, a. (*leg.*) of (*o* concerning) a trial.

dibattiménto, m. ***1*** (*discussione*) debate; discussion ***2*** (*leg.*) trial; hearing.

dibàttito, m. ***1*** debate; discussion: **d. parlamentare**, parliamentary debate; **La questione è al d.**, the question is under discussion; **d. televisivo**, TV forum ***2*** (*disputa*) dispute.

dibattùto, a. much-discussed; (*controverso*) controversial.

diboscàre, e *deriv.* V. **disboscare**, e *deriv.*

dibrucàre, v. t. to prune.

dicarbossìlico, a. (*chim.*) dicarboxylic.

dicàṣio, m. (*bot.*) dichasium*.

dicastèro, m. ministry; department (*USA*): **d. degli Esteri**, Foreign Ministry; (*in G.B.*) Foreign Office; (*in U.S.A.*) State Department.

dicatalèttico, a. (*metrica*) dicatalectic.

dìcco, m. (*geol.*) dike, dyke.

dicèmbre, m. December.

dicembrìno, a. of December; December (*attr.*).

dicèntra, f. (*bot., Dicentra*) dicentra.

diceria, f. gossip (*solo sing.*); rumour: **le solite dicerie**, the usual gossip; **Circola la d. che...**, there is a rumour about that...; it is rumoured that..

dicéssi, 1ª e 2ª pers. sing. congiunt. imperf. di **dire**.

dicésti, 2ª pers. sing. pass. rem. di **dire**.

dichiarànte, m. e f. ***1*** (*leg.*) declarant ***2*** (*nei giochi di carte*) bidder; (*nel bridge*) declarer.

dichiaràre, A v. t. ***1*** to declare; to announce; to proclaim; to make* (st.) known; (*affermare ufficialmente*) to state, to make* a statement; (*sostenere*) to state, to maintain, to assert, to allege: **d. le proprie intenzioni**, to declare one's intentions; **d. il proprio reddito (al fisco)**, to declare one's income; to make one's income-tax return; **d. q.c. alla dogana**, to declare st. at customs; **Dichiarò alla questura quel che aveva visto**, he made a statement to the police as to what he had witnessed; **Dichiarai di non averlo mai conosciuto**, I stated that I had never met him; **Dichiara che non ne sa nulla**, he maintains he knows nothing about it ***2*** (*nei giochi di carte*) to bid*. ● (*leg.*) **d. q. colpevole [innocente]**, to find sb. guilty [not guilty] □ **d. guerra**, to declare war □ **d. q. in arresto**, to declare sb. under arrest □ **d. q.c. nullo**, to declare st. null and void □ **d. il proprio amore a q.**, to declare oneself (*o* one's love) to sb. □ **d. per**

iscritto, to certify □ **d. q. vincitore**, to proclaim sb. (*o* to declare sb. to be) the winner □ (*leg.*) **d. che i danni ammontano a una certa cifra**, to lay (*o* to fix) the damages at a certain figure □ (*bur.*) **Si dichiara che...**, it is hereby certified that... □ **Vi dichiaro marito e moglie**, I pronounce you man and wife. **B dichiaràrsi**, *v. rifl.* ***1*** to declare (*o* to avow) oneself (to be); to call oneself: **d. contrario a**, to declare oneself against; **d. favorevole a**, to declare oneself for; (*leg.*) **d. innocente** [**colpevole**], to plead (*o* to enter a plea of) not guilty [guilty]; **d. fortunato**, to call oneself lucky; **d. vinto**, to admit (*o* to acknowledge) defeat ***2*** (*confessare il proprio amore*) to propose ***3*** (*manifestare le proprie opinioni*) to commit oneself.

dichiarataménte, *avv.* declaredly; professedly.

dichiarativo, *a.* ***1*** (*ling.*) predicative ***2*** (*leg.*) declaratory: **clausola dichiarativa**, declaratory clause.

dichiaràto, *a.* ***1*** (*manifesto*) avowed; professed; open; explicit: **nemico d.**, avowed enemy; **femminista dichiarata**, professed feminist; **scopo d.**, avowed aim; **interesse d.**, explicit interest ***2*** (*denunciato*) reported; declared; stated: **reddito d.**, reported income.

dichiaratóre, *m.* (*f.* **-trice**) ***1*** declarer ***2*** (*leg.*) declarant.

dichiaratòrio, *a.* declaratory.

dichiarazióne, *f.* ***1*** declaration; announcement; (*bur.*) statement; (*osservazione*) remark: **d. di guerra**, declaration of war; **d. d'amore**, declaration of love; **fare una d. d'amore a una ragazza**, to declare one's love to a girl; to propose to a girl; **d. dei diritti dell'uomo**, declaration of rights; bill of rights; **d. per la dogana**, customs declaration; **firmare una d.**, to sign a statement; **Dobbiamo fare una d. ufficiale**, we must make an official announcement; **Le mie dichiarazioni non furono bene accolte dagli altri ospiti**, my remarks were not well received by the other guests ***2*** (*nei giochi di carte*) bid; bidding. ● (*naut.*) **d. d'avaria**, ship's protest □ (*leg.*) **d. dei redditi**, income-tax return □ (*naut.*: *di carico, nave, ecc.*) **d. d'entrata**, entry □ (*leg.*) **d. di fallimento**, adjudication of (*o* in) bankruptcy □ (*leg.*) **d. giurata**, sworn statement; affidavit □ **d. per la stampa**, press release; hand-out.

diciannòve, *a. num. card.* e *m.* nineteen: **alle d.**, at seven p.m.

diciannovènne, **A** *a.* nineteen years old (*pred.*); nineteen-year-old (*attr.*). **B** *m.* e *f.* nineteen-year-old (boy, *m.*; girl, *f.*; youth, *m.*).

diciannovèṣimo, *a. num. ord.* e *m.* nineteenth.

diciassètte, *a. num. card.* e *m.* seventeen: **alle d.**, at five p.m.

diciassettènne, **A** *a.* seventeen years old (*pred.*); seventeen-year-old (*attr.*). **B** *m.* e *f.* seventeen-year-old (boy, *m.*; girl, *f.*).

diciassettèṣimo, *a. num. ord.* e *m.* seventeenth.

dicìbile, *a.* expressible (in words); utterable.

diciottènne, **A** *a.* eighteen years old (*pred.*); eighteen-year-old (*attr.*). **B** *m.* e *f.* eighteen--year-old (boy, *m.*; girl, *f.*; youth, *m.*).

diciottèṣimo, *a. num. ord.* e *m.* ***1*** eighteenth ***2*** (*tipogr.*) eighteenmo*.

diciòtto, *a. num. card.* e *m.* eighteen: **alle d.**, at six p.m.

dicitóre, *m.* (*f.* **-trice**) ***1*** speaker; (*di versi*) reciter ***2*** (*teatr.*) reciter. ● **fine d.**, variety (*o* cabaret) reciter; (*iron.*) affected speaker.

dicitùra, *f.* ***1*** (*le parole*) wording; words (*pl.*): **la d. esatta**, the precise words ***2*** (*frase scritta*) caption; inscription: **la d. sull'etichetta**, the caption on the label.

diclino, *a.* (*bot.*) diclinous.

dico, *1ª pers. sing. indic. pres. di* **dire**.

dicogamia, *f.* (*bot.*) dichogamy.

dicòrdo, *m.* (*mus.*) dichord.

dicoriàle, *a.* (*biol.*) dichorial.

dicotilèdone, **A** *a.* (*bot.*) dicotyledonous. **B** *f.* dicotyledon.

Dicotilèdoni, *f. pl.* (*bot.*, *Dicotyledones*) Dicotyledones.

dicotomìa, *f.* dichotomy.

dicotòmico, *a.* dichotomic; dichotomous: **ramificazione dicotomica**, dichotomous branching.

dicòtomo, *a.* dichotomous.

dicròico, *a.* (*fis.*) dichroic.

dicroiṣmo, *m.* (*fis.*) dichroism.

dicroite, *f.* (*miner.*) dichroite.

dicromàtico, *a.* dichromatic; two-coloured.

dicromatìṣmo, *m.* (*med.*) dichromatism.

dicromìṣmo, *m.* (*fis.*) dichroism.

dicrotìṣmo, *m.* (*med.*) dicrotism.

dìcroto, *a.* (*med.*) dicrotic.

dicumarina, *f.* **dicumaròlo**, *m.* (*chim.*) dicoumarin; dicoumarol.

didascalìa, *f.* ***1*** caption; underline ***2*** (*teatr.*) stage direction ***3*** (*cinem.*, *generalm. pl.*) subtitle; caption.

didascàlico (**1**), *a.* didactic: **poesia didascalica**, didactic poetry.

didascàlico (**2**), *m.* (*tipogr.*) dash.

didàtta, *m.* e *f.* teacher.

didàttica, *f.* didactics (*pl.*, *col verbo al sing. o al pl.*).

didàttico, *a.* didactic; educational; teaching (*attr.*): **metodo d.**, teaching method; **programma d.**, syllabus; teaching programme. ● **direttore d.**, (elementary school) headmaster.

didattìṣmo, *m.* didacticism.

didéntro, **A** *avv.* inside; within. **B** *m.* inside: **il d. del vaso**, the inside of the pot.

didiètro, **A** *m.* ***1*** (*di cosa*) back; rear ***2*** (*di animale*) rump ***3*** (*fam.*: *sedere*) backside (*fam.*); behind (*fam.*); bottom (*pop.*). **B** *avv.* *V.* **dietro**. **C** *a.* rear; back; hind: **la parte d.**, the back part; **la ruota d.**, the rear wheel; **zampe d.**, hind legs.

didìmio, *m.* (*chim.*) didymium.

dìdimo, *a.* (*biol.*) didymous; twofold; twin.

Didóne, *f.* Dido.

dièci, *a. num. card.* e *m.* ten: **i d. comandamenti**, the Ten Commandments; **il Consiglio dei D.**, the Council of Ten; **il d. aprile**, the tenth of April; April 10th; **a gruppi di d.** (*o* **d. alla volta**), in tens; **Ci sono nove probabilità su d. che...**, it is ten to one that...; **Sono le** (**ore**) **d.**, it's ten (o' clock); **lavorare per d.**, to work like a beaver; **mangiare per d.**, to eat like a horse.

diecimila, *a. num. card.* e *m.* ten thousand: **un biglietto da d.**, a ten-thousand-lire note; (*sport*) **i d.**, the ten-thousand-metre race.

diecimilionèṣimo, *a. num. ord.* e *m.* ten millionth.

diecimillèṣimo, *V.* **decimillesimo**.

diecina, *V.* **decina**.

dièdi, *1ª pers. sing. pass. rem. di* **dare**.

dièdro, (*geom.*) **A** *a.* dihedral. **B** *m.* ***1*** (*mat.*) dihedron ***2*** (*aeron.*) dihedral.

dieffenbàchia, *f.* (*bot.*) dieffenbachia.

diegèṣi, *f.* diegesis*.

diegètico, *a.* diegetic.

dielettricità, *f.* (*fis.*) dielectricity.

dielèttrico, *a.* e *m.* (*fis.*) dielectric.

diencèfalo, *m.* (*anat.*) diencephalon.

diène, *m.* (*chim.*) diene.

dièreṣi, *f.* ***1*** (*ling.*) di(a)eresis* ***2*** (*med.*) separation of tissues.

dieṣel, (*mecc.*) **A** *a.* diesel: **motore d.**, diesel engine; **nafta per motori d.**, diesel oil. **B** *m. invar.* ***1*** (*motore*) diesel engine ***2*** (*auto*) diesel car.

dies irae (*lat.*), *locuz. m. invar.* ***1*** (*inno*) Dies Irae ***2*** (*giorno del giudizio*) (the) Day of Wrath; (*fig.*) (the) day of reckoning.

dièṣis, *a.* e *m.* (*mus.*) sharp: **sonata in do d. minore**, sonata in C-sharp minor; **due d. in chiave**, two sharps in the key signature.

dieṣiẓẓàre, *v. t.* (*mus.*) to sharpen.

dièta (**1**), *f.* (*stor.*, *polit.*) diet: **la D. di Worms**, the Diet of Worms.

dièta (**2**), *f.* diet: **d. dimagrante**, slimming diet; **d. mediterranea**, Mediterranean diet; **d. ipocalorica**, low-calorie diet; **d. a base di frutta**, fruit diet; **d. idrica**, water only diet; **essere a d.**, to be on a diet; **mettere q. a d.**, to put sb. on a diet; **mettersi a d.**, to go on a diet; to start dieting; **seguire una d. ferrea**, to follow a strict diet; **stare a d.**, to stick to one's diet; **tenere q. a d.**, to keep sb. on a diet; (*fig.*, *scherz.*) not to give sb. enough to eat, to keep sb. on short commons (*fam.*).

dietètica, *f.* (*med.*) dietetics (*pl. col verbo al sing.*).

dietètico, *a.* (*med.*) dietetic(al); diet (*attr.*): **prodotto d.**, dietetic product; **bevanda dietetica**, diet drink.

dietim, **diètimo**, *m.* (*banca*) day-to-day interest.

dietista, *m.* e *f.* dietician, dietitian; nutritionist.

dietòlogo, *m.* (*f.* **-a**) *V.* **dietista**.

dietoterapìa, *f.* (*med.*) dietotherapy.

dièro, **A** *avv.* (*anche* **di d.**, **in d.**) behind; (*in fondo*) at the back; (*di automobile, ecc.*) in the back; (*sul retro*) at the back, in back (*USA*); (*alla retroguardia*) in (*o* at) the rear: **È qui d.!**, it's behind here!; **Sediamoci d., c'è meno gente**, let's sit at the back, it's less crowded; **Sta arrivando qui d.**, he's coming right behind us; **Quando non guido preferisco sedermi d.**, when I'm not driving I prefer to sit in the back; **Silenzio, là d.!**, silence at the back!; **Carlo scappò e Maria d.**, Carlo ran away and Maria ran after him; **Passa da d.**, pass behind; go round the back; **Da d. non l'avevo riconosciuto**, I hadn't recognized him from behind. **B** *prep.* ***1*** (*di luogo*; *anche* **d. a**) behind; (*sul retro di*) at the back of; in back of (*USA*); after: **d. la** (*o* **alla**) **casa**, behind (*o* at the back of) the house; in back of the house (*USA*); **d. il tavolo**, behind the table; **parlare d. le spalle di q.**, to speak behind sb.'s back; **Mi osservava da d. le lenti**, he was studying me from behind the lenses; **uno d. l'altro**, one behind (*o* after) the other; (*nel tempo*) one after the other; **d. a noi**, behind us; **correre d. a q.**, to run after sb.; **correre d. a q.c.**, (*fig.*) to strive for st.; **Mi gridò d. di aspettare**, he shouted after me to wait; **tirare q.c. d. a q.**, to throw st. after sb.; **Mi viene sempre d.**, he's always following me; **Gli chiusi d. la porta**, I shut the door after him ***2*** (*comm.*, *bur.*: *in seguito a*) on; upon; against: **d. cauzione**, on bail; **d. consegna**, on delivery; **d. ricevuta**, against receipt; **d. richiesta**, (*orale*) on demand; (*scritta*) on application; **d. richiesta di q.**, at the request of sb. □ **d. le quinte**, (*teatr.*) in the wings; (*fig.*) behind the scenes □ (*anche fig.*) **andare d. a q.**, to follow sb.; (*imitare*) to imitate sb. □ (*region.*) **essere d. a fare q.c.**, to be busy doing st.; to be in the process (*o* in the middle) of doing st.: **Sono d. a preparare la cena**, I'm busy getting supper ready □ **Ci lasciammo d. Ferrara** [**la nebbia**], we left Ferrara [the fog] behind us □ **Ci lasciammo d.** (*sorpassammo*) **l'altra macchina**, we got ahead of the other car; the other car fell behind □ (*fig.*) **mettersi** (*o* **gettarsi**) **tutto d. le spalle**, to put it all behind one □ **portarsi d.**, to bring along; to take with one: **Quando viene a trovarci, Betty si porta sempre d. quel bambino noioso**, when Betty comes to visit us, she always brings along that tiresome child; **Ti porti sempre d. l'ombrello?**, do you always take your umbrella with you? □ **ridere d. a q.**, to laugh at sb. □ **stare d. a q.**, (*seguire*) to follow sb.; (*sorvegliare*) to stand over sb.; (*corteggiare*) to hang round sb. □ (*anche fig.*) **tenere d. a q.**, to keep up with sb. **C** *a.* (*anche* **di d.**) back; rear; hind: **stanza di d.**, back room; **zampe di d.**, hind legs; **ruota di d.**, rear wheel. **D** *m.* back; rear: **È sul d. della casa**, it is at the back of the house.

dietrofrónt, A *inter.* about-turn; about-face (*USA*). **B** *m.* about-turn; about-face (*USA*); (*fig.*, *anche*) U-turn: **fare d.**, (*mil.*) to face about, to do an about-turn; (*non mil.*) to turn around, to face round; (*fig.*) to do an about-turn.

dietrologìa, *f.* obsessive search for supposedly hidden motives (behind public events).

dietròlogo, *m.* (*f.* **-a**) searcher for hidden motives (behind public events).

difàtti, *cong. V.* **infatti**.

difèndere, A *v. t.* ***1*** to defend; (*proteggere*) to protect, to safeguard: **d. il proprio paese**, to defend one's country; **d. i propri interessi**, to protect (*o* to safeguard) one's interests; **d. q. dal freddo**, to protect sb. against (*o* from) the cold ***2*** (*leg.*) to defend; to plead (sb.'s case) ***3*** (*sostenere*) to maintain; to support; to uphold*; to stand* up for: **d. una tesi**, to support an argument; **Non posso d. la sua condotta**, I cannot uphold his conduct; **d. ciò in cui si crede**, to stand up for what one believes ***4*** (*prendere le parti di*) to stand* up for; to take* (sb.'s) side: **d. un amico**, to stand up for a friend; **Sua madre lo difende sempre**, his mother always takes his side. **B difèndersi,** *v. rifl.* ***1*** to defend oneself; (*proteggersi*) to protect oneself; (*giustificarsi*) to justify oneself: **d. dall'attacco nemico**, to defend oneself against enemy attack; **d. da un pericolo**, to defend oneself from a danger; **Non volevo andare alla polizia, ma mi devo d.**, I didn't want to go to the police, but I must protect myself ***2*** (*resistere*) to be able to stand (st.); to stand* up well to: **Dal freddo mi difendo, ma dal caldo no**, I can stand the cold, but not the heat; **d. da un clima freddo**, to stand up well to a cold climate; **Con quella pelliccia ti difendi bene**, you're well-protected with that fur ***3*** (*fam.*: *cavarsela*) to hold* one's own; to get* by: **Al bridge non sono un campione, ma mi difendo**, I'm not a champion at bridge, but I can hold my own; **In francese mi difendo**, I get by in French. ● **d. brillantemente**, to put up a spirited defence □ **d. fino all'ultimo**, to fight on to the bitter end; to die hard □ **sapersi d.**, to know how to look after oneself.

difendìbile, *a.* defensible; tenable.

difenditrìce, *f. V.* **difensore, B**.

difenilchetóne, *m.* (*chim.*) diphenylketone; benzophenone.

difenìle, *m.* (*chim.*) diphenyl.

difensìva, *f.* – **essere sulla d.**, to be defensive (about st.); **mettersi sulla d.**, to take up a defensive position; **stare sulla d.**, to be (*o* to stand) on the defensive.

difensivìsmo, *m.* ***1*** defensiveness ***2*** (*sport*) defensive tactics (*pl.*).

difensivìsta, *m. e f.* upholder of a defensive tactic.

difensìvo, *a.* defensive: **arma [guerra] difensiva**, defensive weapon [warfare]; **atteggiamento d.**, defensive attitude.

difensóre, A *a.* ***1*** defending: **avvocato d.**, defending counsel; counsel for the defence; defense attorney (*USA*) ***2*** (*sostenitore*) supporting; upholding. **B** *m.* (*f.* **difenditrice**; **-a**) ***1*** defender ***2*** (*leg.*) defending counsel; counsel for the defence; defense attorney (*USA*): **d. d'ufficio**, counsel appointed by the court; public defender (*USA*); **d. di fiducia**, hired counsel; **d. civico**, ombudsman (*m.*); ombudswoman (*f.*); (*in G.B.*) Parliamentary Commissioner for Administration ***3*** (*sostenitore*) advocate; supporter; upholder: **farsi d. di una causa**, to become the advocate of a cause; **d. della politica del governo**, supporter of the government's policy ***4*** (*sport*) defender.

difésa, *f.* ***1*** (*protezione*, *anche mil.*) defence, defense (*USA*): (*mil.*) **d. antiaerea**, antiaircraft defence; (*mil.*) **d. costiera**, coastal defence; **d. dell'ambiente**, defence of the environment; **le difese dell'organismo**, the body's defences; (*biol.*) **difese immunitarie**, resistance (*sing.*); (*psic.*) **meccanismo di d.**, defence mechanism; (*mil.*) **opere di d.**, defensive works; defences; **venire in d. di q.**, to come to the defence of sb. ***2*** (*leg.*: *patrocinio*) defence, defense (*USA*); (*avvocato difensore*) counsel for the defence (*GB*), defense attorney (*USA*): **la d. e l'accusa**, the defence and the prosecution; **d. d'ufficio**, legal aid (*GB*); public defense (*USA*); **collegio di d.**, counsels for the defence; **diritto alla d.**, right of defence; **dare la parola alla d.**, to give the defence leave to speak ***3*** (*riparo*) protection; shelter: **cercare d. dalla pioggia**, to seek shelter from the rain; **una siepe a d. contro il vento**, a hedge against (*o* as protection from) the wind; **muro di d.**, protecting wall ***4*** (*discolpa*) defence, defense (*USA*); excuse; justification: **A mia d. posso dire che...**, to justify myself, I can say that... ***5*** (*sport*) defence, defense (*USA*): **giocare in d.**, to defend; **Siamo forti in d.**, we have a strong defence. ● **arma da d.**, weapon of defence □ (*leg.*) **eccesso di d.**, excessive self-defence □ **guerra di d.**, defensive warfare □ (*leg.*) **per legittima d.**, in self-defence □ (*mil.*) **mettere un paese in stato di d.**, to fortify a country □ **mettersi in posizione di d.**, to take up a defensive position; to stand on one's guard □ **prendere le difese di q.**, to take sb.'s side; to take up the cudgels for sb. □ **senza d.**, defenceless; unprotected; helpless □ (*prov.*) **La miglior d. è l'attacco**, attack is the best form of defence.

diféso, *a.* ***1*** (*riparato*) sheltered; protected ***2*** (*fortificato*) fortified.

difettàre, *v. i.* ***1*** (*mancare*) to be lacking (*o* wanting) in; to lack (st.); to want (st.): **d. di tatto**, to be lacking (*o* wanting) in tact; to be tactless; **d. di viveri**, to lack food ***2*** (*essere difettoso*) to be defective: **Tu difetti nella pronuncia**, your pronunciation is defective.

difettìvo, *a.* defective (*anche gramm.*): **verbo d.**, defective verb.

difètto, *m.* ***1*** (*mancanza*) deficiency; lack; want; shortage; dearth: **C'è d. di buoni fisici**, there's shortage (*o* dearth) of good physicists; **d. di denaro**, lack of money ***2*** (*imperfezione*) defect; fault; blemish; flaw; something wrong: **d. fisico**, physical defect; **un d. nel vetro**, a flaw in the glass; **d. di pronuncia**, speech defect; **d. di costruzione**, construction defect; design fault; **Il tecnico non ha trovato il d.**, the engineer couldn't find the fault; **un d. in un carattere altrimenti perfetto**, a flaw in an otherwise perfect character; **Tutti abbiamo i nostri difetti**, we all have our faults (*o* shortcomings); **Ci dev'essere un d. nella trasmissione**, there must be something wrong with the transmission; **Quella casa ha un solo d.: è troppo lontana**, there is only one thing wrong with that house: it's too far off ***3*** (*cattiva abitudine*) bad habit: **È un mio d.**, it's a bad habit I have. ● **approssimazione per d.**, approximation by defect □ **essere in d.**, to be at fault □ **fare d.**, (*mancare*) to lack; (*venir meno*) to fail; (*di abito*) to be badly cut: **Gli fa d. la prudenza**, he lacks caution □ **Se la memoria non mi fa d...**, if my memory serves me... □ (*bur.*) **in d. di ciò**, failing that □ **senza difetti**, flawless; faultless.

difettosità, *f.* defectiveness; faultiness; imperfection.

difettóso, *a.* defective; faulty; imperfect; unsound (*anche fig.*): **merce difettosa**, defective goods; **Questa macchina è difettosa**, this machine is faulty; there's something wrong with this machine.

diffalcàre, *V.* **defalcare**.

diffamàre, *v. t.* (*anche leg.*) to defame; to slander; (*con scritti o immagini*) to libel, to defame by libel.

diffamatóre, *m.* (*f.* **-trice**) (*anche leg.*) defamer; slanderer; (*con scritti o immagini*) libeller.

diffamatòrio, *a.* (*anche leg.*) defamatory; slanderous; libellous: **affermazioni diffamatorie**, slanderous statements; **articolo d.**, libellous article; **scritto d.**, libel.

diffamazióne, *f.* (*anche leg.*) defamation; slander; (*con scritti o immagini*) libel: **campagna di d.**, slander campaign; **querela per d.**, libel suit; action for libel.

differènte, *a.* different (from, to); differing (from); (*che non assomiglia*) unlike (st.), dissimilar (to): **È d. dai soliti romanzi**, it's different from the usual novels; **La tua interpretazione non è d. dalla mia**, your interpretation is not unlike (*o* different from, dissimilar to) mine; **Quei gemelli sono molto differenti**, those twins are very unlike; **Le due edizioni sono molto differenti**, the two editions differ considerably (*o* are quite different).

differentemènte, *avv.* ***1*** differently; in a different way ***2*** (*altrimenti*) otherwise.

differènza, *f.* (*anche mat.*) difference: **d. di temperatura**, difference in temperature; **d. d'età**, age difference; difference in age; **d. abissale**, enormous difference; **Non vedo la d.**, I can't see the difference; **La d. fra quindici e dieci è cinque**, the difference between fifteen and ten is five; **pagare la d.**, to pay the difference; **Non fa nessuna d.**, it makes no difference; **Per me non fa d.**, it's all the same to me; I don't mind either way; **C'è una bella d.!**, that makes a great difference!; **C'è una bella d. tra il film e il romanzo**, the film is a far cry from the novel. ● (*rag.*) **d. a saldo**, balance □ (*rag.*) **d. in meno**, deficiency □ (*rag.*) **d. in più**, excess □ **a d. di**, unlike: **A d. dei suoi amici, è sempre presente**, unlike his friends, he's always present □ **fare d. fra i clienti**, to treat different customers differently.

differenziàbile, *a.* differentiable.

differenziàle, A *a.* differential: (*mat.*) **calcolo d.**, differential calculus; (*mus.*) **suono d.**, differential tone; (*ferr.*) **tariffa d.**, differential tariff; (*mecc.*) **moto d.**, differential motion. **B** *m.* ***1*** (*mecc.*) differential gear (*o* gearing); differential: **gruppo del d.**, differential unit; **scatola del d.**, differential carrier ***2*** (*mat.*) differential (coefficient).

differenziaménto, *m.* differentiation.

differenziàre, A *v. t.* ***1*** (*distinguere*) to differentiate; to discriminate; to distinguish ***2*** (*mat.*) to differentiate. **B differenziàrsi,** *v. i. pron.* ***1*** (*essere differente*) to be different; to differ; to be unlike (sb., st.) ***2*** (*diventare differente*) to differentiate; to become* different.

differenziàto, *a.* specialized; differentiated: **insegnamento d.**, special teaching for the handicapped; **trattamento d.**, differential treatment; **raccolta differenziata dei rifiuti**, separate collection of rubbish.

differenziatóre, A *a.* differentiating; distinguishing. **B** *m.* differentiator.

differenziazióne, *f.* differentiation.

differìbile, *a.* postponable; defer(r)able.

differiménto, *m.* postponement; deferment.

differìre, A *v. t.* ***1*** (*rinviare*) to postpone; to put* off; to ajourn; to defer; to delay: **d. una riunione**, to postpone a meeting; (*se già iniziata*) to adjourn a meeting; **d. la partenza di una settimana [a martedì]**, to put off one's departure to the following week [to Tuesday]; (*comm.*) **d. un pagamento**, to defer payment; (*comm.*) **d. la scadenza di una cambiale**, to extend the maturity of a bill; **d. a data da stabilirsi**, to postpone indefinitely ***2*** (*leg.*) to defer; to delay; to adjourn. **B** *v. i.* to differ (from); to be different (from, to); to vary (from); to be unlike (sb., st.): **Le nostre idee differiscono notevolmente**, our ideas differ greatly; **Il nuovo modello differisce dal precedente per pochi particolari**, the new model differs from the earlier one in only a few details; **L'italiano differisce dal latino in**

quanto non ha le declinazioni, Italian differs (*o* is different) from Latin in having (*o* in that it has) no declensions.

differita, *f.* (*radio, TV*) recorded broadcast; recording: **trasmettere q.c. in d.**, to broadcast the recording of st.

differito, *a.* deferred; extended: **credito d.**, deferred credit; extended credit.

difficile, A *a.* ***1*** (*arduo*) difficult; hard; tough; knotty; stiff; tricky: **d. da trasportare [da capire]**, difficult to carry [to understand]; **Quel luogo è di d. accesso**, the place is difficult of access; **un problema d.**, a hard (*o* knotty, tricky) question; **esame d.**, stiff exam; **tempi difficili**, hard times; **un momento d.**, a difficult moment; **d. da credere**, hard to believe ***2*** (*oscuro*) difficult; obscure; involved: **versi difficili**, obscure lines ***3*** (*bisbetico*) difficult; awkward; problem (*attr.*): **È un tipo d. da trattare**, he is difficult (*o* hard) to get on with; **un bambino d.**, a problem child ***4*** (*esigente*) difficult; hard (*o* difficult) to please; exacting; fastidious; fussy: **Sono un po' d. nel mangiare**, I am rather fussy about my food; **gusti difficili**, fastidious tastes ***5*** (*improbabile*) unlikely; improbable: **È d. che torni**, he is unlikely to come back; **È d. che io lo incontri**, I'm not likely to meet him; **Non è d. che cambino idea**, it's not unlikely that they will change their minds; **È d. che lo si veda senza la sigaretta in bocca**, he's hardly ever seen without a cigarette in his mouth. • **avere la digestione d.**, to have a poor digestion □ **rendere la vita d. a q.**, to make life hard for sb.; to give sb. a rough time (*fam.*). **B** *m.* difficulty; difficult (*o* hard) part (*o* bit); what is difficult: **Qui sta il d.**, here lies the difficulty; **Ora arriva il d.**, now comes the difficult part (*o* bit). **C** *m.* e *f.* difficult (*o* fussy, exacting) person: **Non fare il d.!**, don't be so difficult!

difficilmente, *avv.* (*con difficoltà*) with difficulty; hardly; (*con poche probabilità*) unlikely (*agg.*): **Tim d. proverà di nuovo**, Tim is unlikely to try again.

difficoltà, *f.* ***1*** difficulty; intricacy; trickiness (*fam.*): **la d. del compito**, the difficulty of the task; **le d. della faccenda**, the intricacies of the matter ***2*** (*problema, ostacolo*) difficulty; trouble; problem: **le d. della vita**, life's troubles; **incontrare d.**, to run into difficulties; **superare una d.**, to overcome a difficulty; **avere d. a fare q.c.**, to have difficulty (*o* trouble) (in) doing st.; to find it difficult (*o* hard) to do st.; **Ho d. a capirlo**, I have difficulty in understanding him; **Ho d. a piegare la gamba**, I have difficulty bending my leg; **Ho avuto qualche d. a trovarti**, I had some trouble finding you; **avere d. a trovare lavoro**, to find it difficult to find a job; **La d. sta nel fatto che**, the trouble is that...; **d. iniziali**, initial difficulties; (*fam., di un'attività*) growing pains, teething problems ***3*** (*sforzo*) difficulty; effort: **muoversi con d.**, to move with difficulty ***4*** (*posizione difficile*) difficulty; trouble: **trovarsi in d.**, to be in difficulties (*o* in trouble); (*gravi*) to be in a tight corner, to be in deep water(s); **un amico in d.**, a friend in trouble; **in d. finanziarie**, in financial difficulties (*o* straits); (*di persona, anche*) in difficult circumstances ***5*** (*obiezione*) objection; difficulty; fuss (*fam.*): **fare (*o* sollevare) d.**, to raise objections; to raise (*o* to make) difficulties; to make a great fuss (*fam.*); **Non ho alcuna d. ad andarci io**, I have no objection to going myself; **Non ho d. a dirtelo**, I don't mind telling you.

difficoltóso, *a.* ***1*** difficult; tricky; full of problems; (*che rende perplessi*) puzzling, baffling ***2*** (*di persona*) particular; fastidious; fault-finding; difficult; fussy.

diffida, *f.* (*leg.*) warning; notice; intimation; injunction: **d. di pagamento**, notice to pay.

diffidàre, A *v. i.* ***1*** (*non fidarsi di*) to mistrust; to distrust; to be suspicious of; to have no faith in: **d. della propria capacità**, to have no faith in one's ability; **d. di q.**, to distrust sb.; **d. di tutto**, to be suspicious of everything ***2*** (*guardarsi da*) to beware of: **Diffidate delle imitazioni**, beware of imitations. **B** *v. t.* (*leg.*) to warn; to enjoin: **d. q. dal fare q.c.**, to warn sb. not to do st.

diffidènte, *a.* mistrustful (of); distrustful (of); suspicious (of).

diffidènza, *f.* mistrust; distrust; suspicion; suspiciousness: **con aria di d.**, with an air of mistrust; **sguardo di d.**, suspicious look; **provare d. verso q.**, to be suspicious of sb.; to mistrust sb; **guardare a q. [q.c.] con d.**, to look on sb. [st.] with distrust; to be suspicious of sb. [st.].

diffluènte, *m.* (*geogr.*) diffluent river.

diffluènza, *f.* (*geogr.*) diffluence.

diffóndere, A *v. t.* ***1*** to spread*; to propagate; to diffuse; to give* off; to shed*; to scatter; to radiate: **d. una voce [una malattia, il terrore]**, to spread a rumour [a disease, terror]; **d. calore** to radiate (*o* to give off) heat; **d. luce**, to diffuse (*o* to shed) light: **La luna diffondeva una pallida luce**, the moon shed a pale light; **d. un profumo**, to diffuse (*o* to give off) a scent; **d. il buon umore intorno a sé**, to radiate cheerfulness ***2*** (*divulgare*) to spread* abroad; to put* about; to propagate; to publicize; to release: **d. notizie**, to propagate news; **d. un film**, to release a film ***3*** (*radio, TV*: *trasmettere*) to broadcast*; (*TV, anche*) to telecast*. • **d. un prodotto sul mercato**, to launch a product on the market □ **d. le vendite di un prodotto**, to promote (*o* to step up) the sales of a product. **B diffóndersi**, *v. i. pron.* ***1*** to spread*; to propagate; (*aumentare*) to grow*: **L'infezione si diffuse rapidamente**, the infection spread rapidly; **un'abitudine che va diffondendosi**, a custom that is spreading ***2*** (*dilungarsi*) to expatiate; to enlarge; to dwell*: **d. su un argomento**, to expatiate upon a subject.

diffórme, *a.* unlike; dissimilar (to); different (from, to): **una copia d. dall'originale**, a copy unlike the original.

difformità, *f.* diversity; dissimilarity; difference.

diffràngersi, *v. i. pron.* (*fis.*) to diffract.

diffrattòmetro, *m.* (*fis.*) diffractometer.

diffrazióne, *f.* (*fis.*) diffraction.

diffuṣaménte, *avv.* diffusely; at length; fully.

diffuṣìbile, *a.* diffusible.

diffuṣibilità, *f.* diffusibility.

diffuṣionàle, *a.* (*fis., chim.*) diffusional.

diffuṣióne, *f.* ***1*** diffusion; spread; propagation; dissemination; (*il diffondersi*) spreading: **la d. del cristianesimo [dell'inglese]**, the spread of Christianity [of the English language]; **la d. di un contagio**, the spreading of an infection ***2*** (*radio, TV*) broadcast; (*TV, anche*) telecast ***3*** (*di giornale, rivista*) circulation: **a larga d.**, with a high circulation; widely-circulated ***4*** (*di film*) release ***5*** (*scient.*) diffusion; scattering: ***6*** (*fis. nucl.*) scattering.

diffuṣioniṣmo, *m.* (*antrop.*) diffusionism.

diffuṣività, *f.* (*chim., fis.*) diffusivity.

diffùṣo, *a.* ***1*** (*comune*) widespread; rife: **una credenza diffusa**, a widespread belief ***2*** (*fis.*) diffused: **luce diffusa**, diffused (*o* indirect) lighting ***3*** (*di giornale, rivista*) widely-read; popular ***4*** (*prolisso*) diffuse; long-winded; prolix (*lett.*). • (*bot.*) **essere d.**, to range □ (*bot.*) **crescita diffusa**, diffuse.

diffuṣóre, A *m.* ***1*** (*chi diffonde*) spreader; propagator ***2*** (*tecn.*) diffuser, spreader; (*mecc.*: *di carburatore*) choke (tube) ***3*** (*fis. nucl.*) scatterer ***4*** (*di luce*) disseminator; diffuser; (*a globo*) light globe ***5*** (*radio, stereofonia*) (sound) diffuser. **B** *a.* diffusing; diffusion (*attr.*): (*fotogr.*) **filtro d.**, diffusion disk.

difilàto, *avv.* ***1*** (*direttamente*) straight; directly: **Me ne andai a casa d.**, I went straight home ***2*** (*subito*) straightaway; straight off.

difiodónte, *a.* (*biol.*) diphyodont.

difrónte, A *a. invar.* e *avv.* opposite: **la casa d.**, the house opposite; **Abitano qui d.**, they live opposite us (*o* in the house opposite, across the road). **B difrónte a**, *locuz. prep.* opposite; facing: **Sedeva d. a me**, he sat facing me; **Mi trovai d. una scena curiosa**, I was confronted by a curious sight.

diftèrico, *a.* (*med.*) diphtheric; diphtheritic; diphtherial.

difterite, *f.* (*med.*) diphtheria; diphtheritis.

difteròide, *a.* diphtheroid: **sintomi difteroidi**, diphtheroid symptoms.

diga, *f.* ***1*** dam; (*di sbarramento*) weir: **d. a contrafforti**, buttress dam; **d. a volta**, arch dam; **d. a battenti**, shutter weir; **d. a scogliera**, rock-fill dam ***2*** (*argine*) dike, dyke; (*terrapieno*) embankment ***3*** (*frangiflutto*) breakwater; sea wall: **d. foranea**, outer breakwater ***4*** (*fig.*) defence; barrier; dike; check: **opporre una d. a q.c.**, to erect a barrier against st. □ (*fig.*) **rompere le dighe**, to burst out; to break all bounds.

digàmma, *m.* (*ling.*) digamma.

digàstrico, *a.* (*anat.*) digastric.

digerènte, *a.* digestive: (*anat.*) **apparato d.**, digestive tract.

digeribile, *a.* ***1*** digestible ***2*** (*fig.*) tolerable.

digeribilità, *f.* digestibleness; digestibility.

digerire, *v. t.* ***1*** to digest: **Alcuni cibi si digeriscono meglio di altri**, some foods are digested (*o* digest) more easily than others; **Non digerisco l'aglio**, garlic doesn't agree with me; **d. bene [male]**, to have a good [a bad] digestion; **d. q.c. con difficoltà**, to have difficulty digesting st. ***2*** (*fig.*: *capire, assimilare*) to master; to understand* ***3*** (*fig.*: *tollerare*) to tolerate; to bear*; to stomach; to stand*; to put* up with: **Non posso d. la sua impudenza**, I cannot tolerate his impudence; **Mi tocca d. i miei suoceri**, I have to put up with my in- laws; **Il mio capo non lo digerisco proprio**, I can't stand my boss ***4*** (*fig.*: *credere*) to swallow; to take* in: **Questa non la digerisco**, I can't swallow that. • (*fig.*) **d. la bile**, to cool off □ **d. la sbornia**, to sleep it off.

digestióne, *f.* digestion: **aiutare la d.**, to aid digestion; **avere una buona [cattiva] d.**, to have a good [a bad] digestion. • (*fig.*) **guastarsi la d.**, to worry; to get* worked up.

digestivo, A *a.* digestive. **B** *m.* digestant; (*liquore*) (digestive) liqueur.

digèsto, *m.* (*leg., stor.*) digest.

digestóre, *m.* (*tecn.*) digester.

digiàmbico, *a.* (*poesia*) diiambic.

digiàmbo, *m.* (*poesia*) diiamb, diamb.

digitàle (1), *a.* digital: **impronta d.**, fingerprint.

digitàle (2), *a.* (*numerico*) digital: **calcolatore d.**, digital computer; **orologio d.**, digital watch; digital clock.

digitàle (3), *f.* (*bot., Digitalis purpurea*) digitalis; (*com.*) foxglove.

digitàlico, *a.* digitalis (*attr.*).

digitalina, *f.* (*farm.*) digitalin.

digitalizzàre, *v. t.* (*elab.*) to digitize.

digitalizzatóre, *m.* (*elab.*) digitizer.

digitàre, *v. t.* e *i.* ***1*** (*mus.*) to finger ***2*** (*elab.*) to type in.

digitàto, *a.* ***1*** (*zool.*) digitate(d) ***2*** (*bot.*) digitate(d); fingered.

digitazióne, *f.* ***1*** (*bot., zool.*) digitation ***2*** (*mus.*) fingering ***3*** (*elab.*) typing in.

digitifórme, *a.* digitiform; fingerlike.

digitigrado, *a.* (*zool.*) digitigrade.

digitossina, *f.* (*chim.*) digitoxin.

digiunàre, *v. i.* ***1*** to go* without food; to go* hungry; to refrain from food; (*specialm. per* *motivi religiosi*) to fast; (*per mancanza di cibo*) to starve **2** (*mangiare pochissimo, per dieta*) to be on a strict diet. ● (*fig.*) **far d. q.**, to starve sb.; (*scherz.*) to keep sb. on short commons.

digiunatóre, *m.* (*f.* **-trice**) faster.

digiùno (1), *m.* **1** abstinence from food; (*specialm. per motivi religiosi*) fast: **osservare [rompere] il d.**, to observe [to break] one's fast: **d. quaresimale**, Lenten fast; **d. di protesta**, hunger strike; **fare d.**, to go without food; to fast **2** (*anat.*) jejunum **3** (*fig.*) privation. ● **a d.**, on an empty stomach; before meals (*o* eating): (*farm.*) **da prendersi a d.**, to be taken on an empty stomach; **A d. non bevo mai**, I never drink before meals □ **essere a d.**, not to have eaten anything □ **stare a d.**, not to eat □ (*anche fig.*) **tenere q. a d.**, to starve sb.

digiùno (2), *a.* **1** – **essere d.**, not to have eaten: **Sono d. da ieri**, I haven't eaten since yesterday; **Non riesco a dormire se sono d.**, I can't go to sleep on an empty stomach **2** (*fig.*) lacking (in); devoid (of): **d. di esperienza**, lacking in (*o* devoid of) experience; inexperienced; **essere completamente d. di latino**, to know no Latin at all.

diglossìa, *f.* (*ling.*) diglossia.

diglòssico, *a.* (*ling.*) diglossic.

dignità, *f.* **1** dignity; stateliness; pride; (*rispetto di sé*) self- respect: **pieno di d.**, full of dignity; dignified; **privo di** (*o* **senza**) **d.**, undignified; **difendere la propria d.**, to defend one's dignity; **Ha ritrovato un po' di d.**, he has got back some self-respect **2** (*decoro*) decorum **3** (*ufficio elevato*) high office; rank **4** (*pl.*) (*dignitari*) dignitaries.

dignitàrio, *m.* (*f.* **-a**) dignitary.

dignitosaménte, *avv.* **1** (*con dignità*) with dignity; in a dignified manner; dignifiedly **2** (*decorosamente*) decorously; decently.

dignitóso, *a.* **1** (*pieno di dignità*) dignified; stately; full of dignity (*attr.*): **un d. signore**, a dignified gentleman; **una risposta dignitosa**, an answer full of dignity; **poco d.**, undignified; beneath sb.'s dignity **2** (*decoroso*) decorous; respectable; seemly: **povero, ma di aspetto d.**, poor but of decorous appearance.

digossìna, *f.* (*chim.*) digoxin.

digradàre, *v. i.* **1** to slope down; to sink* gradually; to descend gradually; to decline; to dip: **Il prato digrada verso il ruscello**, the lawn slopes down to the stream **2** (*fig.*) to diminish, to fade off (*o* away); (*sfumare*) to shade: **monti che digradano in lontananza**, ridge after ridge fading off into the distance; **un viola che digrada nel rosa**, a purple shading into pink.

digradazióne, *f.* **1** slope; sloping down; dip **2** (*di colori*) shading off.

digràmma, *m.* (*ling.*) digraph; digram.

digrassàre, *v. t.* **1** (*carne*) to remove fat (*o* grease) from **2** (*schiumare*) to skim **3** (*ind. tess.*) to degrease.

digrassatùra, *f.* **1** removal of fat (*o* grease) **2** (*schiumatura*) skimming **3** (*ind. tess.*) degreasing.

digressióne, *f.* **1** (*deviazione*) detour **2** (*divagazione*) digression: **fare una d.**, to make a digression; to digress; to wander (*o* to stray) from the point.

digressìvo, *a.* digressive; wandering (*o* straying) from the point.

digrignaménto, *m.* grinding; gnashing.

digrignàre, *v. t.* to grind*; to gnash: **d. i denti**, to grind one's teeth.

digrossaménto, *m.* **1** reducing; thinning down **2** (*sbozzo*) roughing out; rough-shaping; rough-hewing **3** (*fig.*: *istruzione*) teaching (sb.) the rudiments **4** (*fig.*: *raffinamento*) refining.

digrossàre, **A** *v. t.* **1** (*sgrossare*) to reduce; to thin down **2** (*sbozzare*) to rough out; to rough-shape; to rough-hew **3** (*fig.*: *istruire*) to teach* (sb.) the rudiments (of st.) **4** (*fig.*: *affinare*) to refine. **B** **digrossàrsi,** *v. i. pron.* to refine.

diguazzaménto, *m.* (*nell'acqua*) splashing about; (*nel fango*) wallowing, squelching.

diguazzàre, *v. i.* (*nell'acqua*) to splash about; to paddle; (*nel fango*) to wallow.

dik dik, *f. invar.* (*zool., Madoqua*) dik-dik.

dilaceràre, *v. t.* (*lett.*) to tear* to pieces; to lacerate; to rend*.

dilacerazióne, *f.* (*specialm. med.*) laceration.

dilagànte, *a.* on the increase; rampant: **vizio d.**, rampant vice.

dilagàre, *v. i.* **1** to flood **2** (*fig.*) to spread*; to be rampant; to increase rapidly.

dilaniàre, **A** *v. t.* **1** to tear* to pieces; to tear* (*o* to pull) apart; to mangle: **Fu dilaniato da una mina**, he was torn to pieces by a mine; **d. una preda**, to tear a prey to pieces; **La macchina gli dilaniò una mano**, the machine mangled his hand **2** (*fig.*) to tear*; to lacerate; to rack; to rend*; to pull apart: **Il rimorso lo dilaniava**, he was racked by remorse; **Il partito è dilaniato dalla discordia**, the party is rent by discord; **Il paese fu dilaniato dalle fazioni in lotta**, the country was torn by warring factions. **B** **dilaniàrsi,** *v. rifl. recipr.* (*anche fig.*) to tear* each other to pieces.

dilapidàre, *v. t.* to squander; to waste; to dissipate.

dilapidatóre, **A** *m.* (*f.* **-trice**) squanderer. **B** *a.* squandering.

dilapidazióne, *f.* squandering; waste; dissipation.

dilatàbile, *a.* expansible; expanding; dilatable.

dilatabilità, *f.* expansibility; expansibleness; dilatability.

dilataménto, *m. V.* **dilatazione**.

dilatàre, **A** *v. t.* **1** to widen; to extend; to distend; to dilate; to stretch; to expand; to broaden (*anche fig.*); (*gonfiare*) to swell*: **d. un'apertura**, to widen an opening; **d. la mente**, to broaden the mind; **d. le narici**, to flare one's nostrils; **d. lo stomaco**, to distend the stomach; **d. il volume dei propri affari**, to expand one's business **2** (*fis.*) to expand. **B** **dilatàrsi,** *v. i. pron.* **1** (*gonfiarsi*) to distend, to swell*; (*allargarsi*) to spread*, to widen out **2** (*fis.*) to expand.

dilatatóre, **A** *m.* **1** (*mecc.*) expansion bend (*o* joint) **2** (*med.*) dilatator; dilator. **B** *a.* (*anche anat.*) dilator (*attr.*); dilating: **muscolo d.**, dilator (muscle).

dilatatòrio, *a.* dilator (*attr.*).

dilatazióne, *f.* dilatation; swelling; expansion (*anche fis.*): **d. della pupilla**, dilation of the pupil; **d. dei gas**, expansion of gases; **d. termica**, thermal expansion; **curva di d.**, expansion bend.

dilatometrìa, *f.* (*fis.*) dilatometry.

dilatòmetro, *m.* (*fis.*) dilatometer.

dilatòrio, *a.* (*anche leg.*) dilatory; delaying; suspensive: **eccezione dilatoria**, dilatory plea; **tattica dilatoria**, delaying tactic.

dilavaménto, *m.* washing away.

dilavàre, *v. t.* **1** to wash away **2** (*scolorire*) to fade.

dilavàto, *a.* **1** washed away **2** (*scolorito*) faded; colourless; (*pallido*) pale.

dilazionàbile, *a.* (*comm.*) extendible, extendable.

dilazionàre, *v. t.* **1** (*ritardare*) to delay; to defer **2** (*comm.*: *il pagamento di un debito*) to extend **3** (*rinviare*) to postpone; to put* off.

dilazionàto, *a.* deferred; extended; postponed: **credito d.**, extended credit.

dilazionatòrio, *a.* dilatory.

dilazióne, *f.* **1** (*ritardo*) delay: **senza d.**, without delay **2** (*comm.*: *di pagamento di un debito*) extension; respite: **accordare una d.**, to grant an extension **3** (*rinvio*) postponement: **la d. del giorno di consegna**, the postponement of the date of delivery.

dileggiaménto, *V.* **dileggio**.

dileggiàre, *v. t.* to mock; to deride; to scoff (at); to taunt; to sneer at.

dileggiatóre, **A** *m.* (*f.* **-trice**) mocker; scoffer. **B** *a.* mocking; scoffing.

diléggio, *m.* mockery; derision; scoffing: **per d.**, in derision.

dileguàre, **A** *v. t.* to disperse; to dispel; to dissipate; to dissolve: **Il vento dileguò le nubi**, the wind dispersed the clouds; **d. ogni dubbio**, to dispel all doubt. **B** *v. i.* e **dileguàrsi,** *v. i. pron.* to vanish; to disappear; to fade away; to melt away: **Le tue speranze di successo si sono dileguate**, your prospects of success have vanished; **La neve si dileguò presto**, the snow soon melted away; **L'uomo si dileguò nella notte**, the man vanished into the night; **d. come neve al sole**, to dissolve.

dilèmma, *m.* (*anche fig.*) dilemma: **essere in un d.**, to be in a dilemma; **i corni di un d.**, the horns of a dilemma.

dilemmàtico, *a.* dilemmatic.

dilettànte, **A** *a.* amateur (*attr.*): **attore [atleta] d.**, amateur actor [athlete]. **B** *m.* e *f.* amateur (*anche sport*); (*spreg.*) dilettante*, dabbler: **d. di musica**, amateur musician; (*teatr.*) **compagnia di dilettanti**, amateur players (*pl.*); **campionato dilettanti**, amateur championship; **fare del calcio come d.**, to play football as an amateur (*o* on an amateur basis); **esecuzione da d.**, amateurish performance; **È solo un d.!**, he is a mere dilettante!; **Dipinge da d.**, he is a dabbler in painting; **Lascia fare a me, che tu sei un d.**, leave it to me, you don't know enough about it.

dilettantésco, *a.* amateurish.

dilettantìsmo, *m.* amateurishness; dilettantism.

dilettantìstico, *a.* amateur (*attr.*); amateurish.

dilettàre, **A** *v. t.* to give* pleasure to; to please; to delight. **B** **dilettàrsi,** *v. i. pron.* **1** to take* pleasure (*o* delight) in (st., doing st.); to enjoy (st., doing st.); to delight in (st., doing st.): **Mi diletto di ascoltarli**, I enjoy listening to them **2** (*occuparsi di q.c. per diletto*) to dabble in: **d. di critica d'arte**, to dabble in art criticism.

dilettazióne, *f.* delight; pleasure.

dilettévole, **A** *a.* delightful; pleasant; agreeable. **B** *m.* (the) delightful; pleasure; delight. ● **unire l'utile al d.**, to combine business with pleasure.

dilètto (1), **A** *a.* dearest; darling; beloved; (*prediletto*) favourite: **sposa diletta**, beloved wife; **Miei diletti figli**, my beloved children; **amico d.**, dearest friend. **B** *m.* (*f.* **-a**) (*lett.*) beloved; darling.

dilètto (2), *m.* **1** pleasure; delight: **con nostro grande d.**, to our great delight; **viaggiare per d.**, to travel for pleasure **2** (*occupazione favorita*) pleasure; hobby; **Il suo d. è il giardinaggio**, gardening is his hobby.

dilettóso, *a.* (*lett.*) pleasurable; delectable (*lett.*).

diligènte, *a.* **1** (*assiduo*) industrious; hard-working; diligent: **uno scolaro d.**, an industrious (*o* a hard-working) pupil **2** (*accurato*) conscientious; careful; painstaking; diligent: **un lavoro d.**, a conscientious (*o* a careful) piece of work; **un'esecuzione d. della sonata**, a diligent execution of the sonata.

diligènza (1), *f.* **1** conscientiousness; diligence; care; attention **2** (*premura*) effort; eagerness; solicitude **3** (*leg.*) diligence; care: **normale d.**, ordinary diligence; **d. del buon padre di famiglia**, due diligence; reasonable care.

diligènza (2), *f.* (*corriera*) stagecoach.

diliscàre, *v. t.* to bone.

dilombàto, *a.* (*vet.*) broken-backed.

dilombatùra, *f.* (*vet.*) broken back.

dilucidàre, *V.* **delucidare,** *def. 1.*

dilucidazióne, *V.* **delucidazione,** *def. 1.*

diluènte, A *m.* diluent; (*per vernici*) thinner. **B** *a.* diluent; diluting.

diluire, *v. t.* ***1*** to dilute; (*annacquare*) to water down; (*rendere meno denso*) to thin (out) ***2*** (*sciogliere*) to dissolve ***3*** (*fig.*) to water down.

diluizióne, *f.* dilution; (*di vernice*) thinning.

dilungàrsi, *v. i. pron.* ***1*** (*trattare diffusamente*) to talk at length; to expatiate; to dwell*: **d. su un argomento**, to expatiate upon a subject ***2*** (*trattenersi*) to tarry; to linger ***3*** (*ippica*) to outdistance.

diluviàle, *a.* torrential.

diluviàre, *v. i.* ***1*** (*impers.*) to pour; to come* down in buckets (*fam.*); to bucket (*fam.*): **Sta diluviando**, it's pouring (with rain); **Cominciò a d.**, the rain (*o* it) started to pour ***2*** (*fig.*) to pour; to rain down; to shower: **Diluviarono le acclamazioni**, there was a storm of cheers; **Su di loro diluviarono le pietre**, stones rained on their head.

dilùvio, *m.* ***1*** deluge; pouring rain; downpour: **Non esco con questo d.**, I'm not going out in this pouring rain; **È venuto giù un d.**, it rained in torrents; (*Bibbia*) **il d. universale**, the Flood; Noah's Flood; the Deluge ***2*** (*fig.*: *grande quantità*) shower; flood; torrent: **un d. di lacrime**, a flood of tears; **un d. di insulti**, a torrent of abuse; **un d. di parole**, a torrent of words.

dima, *f.* (*tecn.*) template.

dimagraménto, *V.* **dimagrimento**.

dimagrànte, *a.* slimming: **dieta d.**, slimming diet.

dimagràre, A *v. i. V.* **dimagrire**. **B** *v. t.* ***1*** to make (sb.) lose weight ***2*** (*agric.*) to impoverish.

dimagriménto, *m.* loss of weight; thinning; (*per dieta*) slimming.

dimagrìre, *v. i.* to lose* weight; (*per malattia, fatica, ecc.*) to grow* (*o* to become*) thin; (*per dieta*) to slim: **d. di sei kili**, to lose six kilos; **d. sui fianchi**, to lose weight around the hips; **Voglio d. un po'**, I want to lose some weight; **È molto dimagrito**, he has grown very thin.

dimagrito, *a.* thinner; slimmer: **Ti trovo d.**, you look thinner; you've lost weight.

dimàne, (*lett.*) **A** *avv.* tomorrow. **B** *f.* ***1*** the next day; the morrow (*lett.*) ***2*** the following morning.

dimenaménto, *m.* ***1*** (*il dimenare*) wagging; waggling; swinging; swaying ***2*** (*il dimenarsi*) tossing.

dimenàre, A *v. t.* to wag; to waggle; to swing*; to sway: **d. la coda**, to wag one's tail; **d. i fianchi**, to sway one's hips; **d. le braccia**, (*camminando*) to swing one's arms; (*sbracciarsi*) to wave one's arms. **B dimenàrsi,** *v. rifl.* ***1*** (*dibattersi*) to toss, to struggle; (*specialm. a letto*) to toss and turn; (*contorcersi*) to wriggle, to writhe; (*camminando*) to sway (one's hips); (*per irrequietezza*) to fidget; (*per imbarazzo*) to squirm ***2*** (*fig.*: *darsi da fare*) to be busy; to bustle about.

dimenio, *m.* (incessant) wagging; tossing about; swinging; swaying.

dimensionàle, *a.* dimensional.

dimensióne, *f.* ***1*** (*mat.*) dimension: **Un corpo ha tre dimensioni**, a body has three dimensions ***2*** (*estensione*) measurement; dimension: **Quali sono le dimensioni della stanza?**, what are the measurements of the room? ***3*** (*spesso pl.*) (*grandezza*) size (*sing.*); scale (*sing.*); proportion: **Non avevo calcolato le dimensioni dell'armadio**, I hadn't taken the size of the wardrobe into account; **Le dimensioni del compito mi spaventano**, I'm frightened by the sheer scale of the task; **di piccole dimensioni**, small; small-sized; **di grandi dimensioni**, large; large-sized; **una ditta di dimensioni medie**, a medium-sized firm ***4*** (*carattere*) nature; (*prospettiva*) perspective; (*significato*) meaning: **la d. politica di un problema**, the political nature of a problem; **in una d. ecologica**, in an environmental perspective; **ricondurre un fatto alle sue dimensioni**, to see an episode in its true light. • (*fis.*) **d. critica**, critical size □ **dimensioni d'ingombro**, overall dimensions □ **d. limite**, clearance size □ (*mecc.*) **d. nominale**, nominal (*o* basic) size □ (*metall.*) **d. ricorrente**, ruling section □ **a d. d'uomo**, on a human scale; man-scale (*attr.*) □ **a due dimensioni**, two-dimensional □ **a tre dimensioni**, tridimensional (*abbr.*: 3-D) □ **la quarta d.**, the fourth dimension.

dimenticàbile, *a.* forgettable; likely to be forgotten: **facilmente d.**, easily forgotten.

dimenticànza, *f.* ***1*** (*mancanza di memoria*) forgetfulness: **Fu una pura d.**, it was sheer forgetfulness; **Non ti ho telefonato per pura d.**, I simply forgot to phone you ***2*** (*inavvertenza*) inadvertence; (*svista*) oversight; (*omissione*) omission; (*negligenza*) carelessness: **una d. imperdonabile**, an unpardonable oversight; **per d.**, inadvertently; thoughtlessly ***3*** (*oblio*) oblivion: **cadere in d.**, to fall (*o* to sink) into oblivion.

dimenticàre, A *v. t.* ***1*** to forget*: **Il suo nome? L'ho dimenticato**, his name? I've forgotten it; **Dimentichi sempre tutto!**, you're always forgetting things!; **Ho dimenticato di dirti che torno tardi stasera**, I forgot to tell you that I'll be back late tonight ***2*** (*trascurare*) to neglect; to overlook ***3*** (*omettere*) to omit; to leave* out; to fail (to do st.) ***4*** (*lasciare per dimenticanza*) to leave*: **Dimenticò l'ombrello dal barbiere**, he left his umbrella at the barber's ***5*** (*perdonare*) to forgive*: **d. un'offesa**, to forgive an offence. • **riuscire a far d. un errore**, to live down a mistake □ **Dimentichiamo il passato!**, let bygones be bygones!; let's forget the past! **B dimenticàrsi,** *v. i. pron.* to forget*: **Mi sono dimenticato di dirtelo**, I forgot to tell you; **Mi ero dimenticato che era la sua festa**, I had forgotten it was his birthday; **Non dimenticarti di noi**, don't forget us.

dimenticatóio, *m.* – **mettere [lasciare] q.c. nel d.**, to forget all about st.; **cadere nel d.**, to fall (*o* to sink) into oblivion.

diméntico, *a.* ***1*** forgetful (of); forgetting: **d. di sé**, forgetting oneself ***2*** (*incurante*) oblivious (of); unmindful (of); unaware (of): **d. dei propri doveri**, unmindful of one's duties.

dimero, A *a.* (*bot.*) dimerous. **B** *m.* (*chim.*) dimer.

dimésso, *a.* ***1*** (*modesto*) modest, unobtrusive; (*umile*) humble; (*trascurato*) shabby; (*povero*) poor ***2*** (*di voce*) low; soft; subdued.

dimestichézza, *f.* ***1*** (*intimità*) familiarity; familiar terms (*pl.*): **entrare in d. con q.**, to become familiar (*o* friendly) with sb.; **Ho più d. con lui che con lei**, I am better acquainted with him than with her; **Non ho molta d. con lui**, I'm not on familiar terms with him ***2*** (*esperienza, pratica*) knowledge; familiarity: **Ho poca d. col francese**, I don't know French very well; **Ho più d. con il francese che con il tedesco**, I am (*o* I feel) more at home in French than in German; **prendere d. con q.c.**, to familiarize oneself with st.; to get the hang of st. (*fam.*); (*di lavoro, anche*) to learn the ropes (*fam.*); (*di luogo*) to get to know one's way about st.

dimètrico, *a.* dimetric.

dimetro, *m.* (*poesia*) dimeter.

dimèttere, A *v. t.* ***1*** to discharge; (*dal carcere, anche*) to release: **Il paziente sarà dimesso dall'ospedale domani**, the patient will be discharged from hospital tomorrow; **Il prigioniero fu riconosciuto innocente e dimesso**, the prisoner was found not guilty and discharged ***2*** (*da un pubblico ufficio*) to remove (from office); to dismiss; to discharge: **Fu dimesso dal suo posto di segretario**, he was removed from his post as secretary. **B dimèttersi,** *v. rifl.* to resign; to step down: **Il presidente si è dimesso**, the president has resigned.

dimezzaménto, *m.* halving. • (*fis. nucl.*) **periodo di d.**, half time.

dimezzàre, *v. t.* ***1*** (*dividere in due metà*) to halve; to cut* (*o* to divide) into halves (*o* in half): **Dimezza le mele**, cut the apples into halves ***2*** (*ridurre della metà*) to halve; to cut* by half: **d. le spese**, to cut expenses by half; to halve expenses; **d. il tempo necessario**, to halve the time needed; **Il personale è stato dimezzato**, the staff has been halved.

diminuèndo, *m.* ***1*** (*mat.*) minuend ***2*** (*mus.*) diminuendo*.

diminuìbile, *a.* diminishable.

diminuire, A *v. t.* ***1*** to diminish; to decrease; to lessen; to lower; to reduce; to cut*; to cut* down; to make* a cut in: **Gli diminuirono lo stipendio**, they cut his salary; **Diminuirono il finanziamento**, they made a cut in the money allocated; **d. l'affitto**, to lower the rent; **d. le spese [il prezzo di q.c.]**, to cut down expenses [the price of st.]; **d. la vitalità di q.**, to lower sb.'s vitality; **d. la velocità**, to slow down; to reduce speed; **d. il volume della radio**, to turn down the radio ***2*** (*lavoro a maglia*) to decrease. **B** *v. i.* to fall*; to go* down; to diminish; to grow* less; to lessen; to decrease; (*decadere*) to decline, to ebb, to wane; (*del vento, ecc.*) to drop, to abate, to fall*; (*di suono o immagine*) to fade out: **La popolazione diminuisce**, the population is decreasing; **Il caldo è diminuito**, the heat has decreased; **d. d'importanza**, to lose importance; to become less important; **d. di peso**, to lose weight; **d. di due kili**, to lose two kilos; **Il gasolio è diminuito di prezzo**, the price of diesel oil has gone down.

diminuito, *a.* (*mus.*) diminished: **terza diminuita**, diminished third.

diminutivàle, *a.* (*ling.*) diminutive.

diminutivo, *a.* e *m.* (*ling.*) diminutive. • **Gianni è un d. di Giovanni**, Gianni is short for Giovanni.

diminutóre, *m.* (*mat.*) subtrahend.

diminuzióne, *f.* ***1*** diminution; lessening; lowering; decrease; fall-off; (*riduzione, ribasso*) reduction; (*di vento, ecc.*) drop, fall, abatement: **forti diminuzioni nei prezzi**, great reductions in prices; **La popolazione è in d.**, the population is on the decrease; **d. della domanda**, fall-off in demand; **d. della temperatura**, drop in temperature; **d. di peso**, loss of weight ***2*** (*lavoro a maglia*) decrease; decreasing ***3*** (*mus.*) diminution.

dimissionàre, *v. t.* (*bur.*) to induce (sb.) to resign; to force (sb.) to resign.

dimissionàrio, *a.* resigning; outgoing: **ministro d.**, resigning minister; **governo d.**, outgoing government; **Il governo è d.**, the government has resigned.

dimissióni, *f. pl.* resignation (*sing.*): **dare (*o* presentare, rassegnare) le d.**, to hand in one's resignation; to resign; **Abbiamo dato le d. tutti e due**, we both handed in our resignations; **respingere le d. di q.**, to reject sb.'s resignation; **lettera di d.**, letter of resignation; **le d. del governo**, the government's resignation.

dimissòria, *f.* (*eccles.*) dimissory letter; letter(s) dimissory.

dimodoché, *cong.* so that.

dimòra, *f.* ***1*** residence; home; abode; dwelling: **stabilire la propria d. in un luogo**, to take up one's residence in a place; to settle in a place; **senza fissa d.**, of (*o* with) no fixed abode; **umile d.**, humble dwelling (*o* abode) ***2*** (*permanenza*) stay; sojourn; residence: **breve [lunga] d.**, short [long] stay ***3*** (*lett.*: *indugio*) delay. • **fare d.**, to stay; to live □

(*fig.*) **l'ultima d.**, the last resting-place □ (*agric.*) **mettere a d.**, to plant out; (*una pianta annuale*) to bed out.

dimoràre, *v. i.* to live; to stay; to reside (*form.*); to dwell* (*lett.*).

dimorfìșmo, *m.* (*biol., chim.*) dimorphism.

dimòrfo, *a.* (*biol., chim.*) dimorphic; dimorphous.

dimostràbile, *a.* demonstrable.

dimostrabilità, *f.* demonstrability.

dimostrànte, *m.* e *f.* demonstrator.

dimostràre, A *v. t.* **1** (*mostrare*) to show*, to display, to manifest, to demonstrate; (*avere l'aspetto*) to look, to appear; (*dare segno*) to give* signs of: **d. fiducia**, to show confidence; **Mi dimostrò gentilezza**, he was kind to me; **Non ha dimostrato molta prudenza**, he has not demonstrated much caution; **d. la propria gratitudine**, to express one's gratitude; **d. gli anni che uno ha**, to look one's age; **Ha cinquant'anni, ma non li dimostra**, he's fifty, but he doesn't look it; **Dimostra di venire su come suo padre**, he gives signs of following in his father's footsteps **2** (*provare*) to show*; to prove; to establish; (*scientificamente*) to demonstrate: **d. la propria innocenza**, to prove one's innocence; **d. l'esistenza di Dio**, to demonstrate the existence of God; **I fatti dimostreranno che avevo ragione**, facts will prove I was right; **Ciò dimostra che non hai capito**, this shows you haven't understood **3** (*spiegare, far vedere*) to demonstrate; to show*: **d. il funzionamento di una macchina**, to demonstrate how a machine works; to demonstrate a machine **4** (*assol.*: *partecipare a una dimostrazione*) to demonstrate. ● **come volevasi d.**, (*mat.*) q.e.d., QED (*abbr. del lat.*: quod erat demonstrandum); (*scherz.*) I told you so; sure enough (*all'inizio di frase*). **B dimostràrsi,** *v. rifl.* to prove (to be): **Si dimostrò uno sciocco**, he proved to be a fool; **d. utile**, to prove useful.

dimostratìvo, *a.* demonstrative: (*mil.*) **azione dimostrativa**, demonstration; **a scopo d.**, as a demonstration; (*gramm.*) **aggettivo [pronome] d.**, demonstrative adjective [pronoun].

dimostratóre, *m.* (*f.* **-trice**) demonstrator.

dimostrazióne, *f.* **1** demonstration; (*manifestazione, anche non sincera*) show, display; (*segno*) sign; (*prova*) proof, evidence: **la d. d'un teorema**, the demonstration of a theorem; **una d. di fiducia**, a sign of trust; **Quella d. di affetto mi lasciò fredda**, that show (*o* display) of affection left me cold; **a d. della mia buona fede**, as evidence of my good faith; **Ecco la d. di quel che dicevo**, here is the proof of what I was saying **2** (*manifestazione di protesta*) demonstration: **una d. contro la guerra**, an anti-war demonstration; **fare una d.**, to demonstrate **3** (*di prodotto, ecc.*) demonstration (*abbr.* demo): **fare la d. di q.c.**, to give a demonstration of st.; to demonstrate st.; **d. a domicilio**, home demonstration.

Dìna, *f.* Dinah.

dina, *f.* (*fis.*) dyne.

dinàmetro, *m.* (*ottica*) dynameter.

dinàmica, *f.* **1** (*fis.*) dynamics (*pl. col verbo al sing.*): **d. dei fluidi**, fluid dynamics **2** (*fig.*) dynamics (*pl*); (*tendenza*) trend; (*modo di svolgimento*) how (st.) happened, sequence of events, evolution: (*psic.*) **d. di gruppo**, group dynamics; (*econ.*) **d. degli investimenti [dei consumi]**, investment [consumer] trends (*pl.*); (*econ.*) **la d. dei prezzi**, price increase; price rises (*pl.*); **la d. di un incidente**, how an accident happened; **la d. di un film**, the sequence of events in a film **3** (*mus.*) dynamics (*pl*). ● (*geol.*) **d. terrestre**, dynamic geology.

dinamicità, *f.* dynamism (*anche fig.*).

dinàmico, *a.* **1** (*fis.*) dynamic: **elettricità dinamica**, dynamic electricity; **forza dinamica**, dynamic force; **unità dinamica**, dynamic unity **2** (*di varie discipline*) dynamic: **psicologia dinamica**, dynamic psychology **3** (*fig.*) dynamic; energetic; active; always on the go (*fam., pred.*); zippy (*fam.*): **persona dinamica**, dynamic (*o* energetic) person; **vita dinamica**, very active life **4** (*econ.*) booming **5** (*mus.*) dynamic: **segni dinamici**, dynamics; dynamic marks.

dinamìșmo, *m.* **1** (*fis., filos.*) dynamism **2** (*fig.*) dynamism; energy; zip (*fam.*).

dinamitàrdo, A *m.* (*f.* **-a**) dynamitard; bomb attacker. **B** *a.* dynamitic(al); dynamite (*attr.*): **attentato d.**, dynamite (*o* bomb) attack.

dinamìte, *f.* dynamite: **fare saltare con la d.**, to blow up with dynamite; to dynamite.

dinamìtico, *a.* dynamitic.

dinamiẓẓàre, *v. t.* (*anche med.*) to dynamize.

dinamiẓẓazióne, *f.* (*med.*) dynamization.

dìnamo, *f.* (*fis.*) dynamo*; generator: **d. ad anello**, ring winding dynamo; **d. compensatrice**, balancing dynamo; **d. unipolare**, homopolar dynamo; **d. per carica di batterie**, battery charging generator.

dinamoelèttrico, *a.* (*elettr.*) dynamoelectric.

dinamometamorfìșmo, *m.* (*geol.*) dynamometamorphism.

dinamomètrico, *a.* (*fis.*) dynamometric(al).

dinamòmetro, *m.* (*fis.*) dynamometer: **d. elettrico**, electric dynamometer; **d. di torsione**, torquemeter.

dinànzi, A *prep., avv.* e *a. V.* **davanti**. **B** *m. V.* **innanzi**.

dìnaro, *m.* dinar.

dinàsta, *m.* dynast.

dinastìa, *f.* dynasty: **la d. dei Borboni**, the Bourbon dynasty.

dinàstico, *a.* dynastic(al).

dìndi, *m. pl.* (*infant.*) money; lolly (*pop.*).

dindìn, din din, A *inter.* ding-ding; (*di campanello*) ting-a-ling; (*di monete*) jingle-jangle. **B** *m.* (*di campanello*) tinkling, ting-a- ling; (*di cristallo*) clinking; (*di monete*) jingling.

dindirindìna, *inter.* – **Per d.!**, well, well, well!; goodness gracious me!; my oh my!

dindòn, din don, *inter.* e *m.* ding-dong.

dine, *V.* **dina**.

dinghy, *m. invar.* (*naut.*) dinghy.

dìngo, *m.* (*zool., Canis dingo*) dingo*.

diniègo, *m.* denial; refusal: **un secco d.**, a flat denial; a curt refusal; **scuotere il capo in segno di d.**, to shake one's head in denial.

dinnànzi, *V.* **dinanzi**.

dinoccolàto, *a.* slouching; shambling; gangly; gangling: **andatura dinoccolata**, shambling gait; shamble; **camminare con passo d.**, to shamble; to slouch; **alto e d.**, lanky.

dinosàuro, *m.* **1** (*paleont.*) dinosaur **2** (*fig.*) fossil.

dintórni, *m. pl.* environs; surrounding area (*sing.*); outskirts; (*quartiere*) neighbourhood (*sing.*): **Roma e i suoi dintorni**, Rome and its environs; **abitare nei dintorni**, to live nearby (*o* not very far away, in the neighbourhood).

dintórno, *V.* **intorno**.

Dio, *m.* **1** God: **credere in Dio**, to believe in God; **Dio onnipotente**, the Omnipotent God; God Omnipotent; **il Dio della pace**, God of peace; **l'ira di Dio**, the wrath of God; **Sia lode a Dio**, praise be to God; **Dio salvi il re**, God save the king; **Dio non voglia**, God forbid; **Se Dio vorrà**, God willing; **Che Dio ti benedica**, may God bless you; (*escl.*) (God) bless you!; **Dio mio** (*o* **mio Dio**)**!**, my God! **2** (*escl.*) God, goodness, goodness gracious; (*per esprimere stizza, contrarietà, ecc.*) for goodness' sake, for Pete's sake: **Dio, che disgrazia!**, my God (*o* goodness), how dreadful!; **Dio del cielo!**, good God!; goodness gracious!; **Oh Dio, come sto male!**, (oh) my God, I feel awful!; **Dio mio, quanto è noioso quell'uomo!**, God, what a bore that man is!; **Sta' attento, Dio santo!**, be careful, for goodness' sake! ● **Dio sa quando [dove, ecc.]**, God knows when [where, etc.] □ **Dio sa se ci ho provato**, God knows I tried □ **Dio sia lodato!**, thank God! □ **Dio voglia che io arrivi in tempo**, I hope to goodness I can get there in time □ **Dio t'assista!**, God be with you □ **andarsene con Dio**, (*andare via*) to go off; to go about one's business; (*morire in pace*) to die peacefully □ **Che Dio ce la mandi buona!**, let's hope for the best; let's keep our fingers crossed □ **Che Dio te la mandi buona!**, good luck to you! □ **Che Dio mi fulmini se...**, God strike me dead if...; cross my heart and hope to die if... □ **Che Dio (ce) ne scampi**, God forbid □ **fatto come Dio comanda**, done properly □ **come Dio volle**, thank God; somehow or other □ **la grazia di Dio**, God's grace; the grace of God □ **Grazie a Dio, ho finito**, thank goodness (*o* thank God) I've finished □ **in nome di Dio**, in God's name; in the name of God □ **ogni ben di Dio**, all sorts of good things □ **parola di Dio**, word of God □ **per amor di Dio**, for heaven's sake; for Pete's sake □ **un senza Dio**, an atheist □ **timorato di Dio**, God-fearing □ **Va' con Dio**, (may) God be with you; go your way! □ **Vien giù che Dio la manda**, it's coming down in buckets; it's bucketing □ (*prov.*) **Dio li fa e poi li accoppia**, birds of a feather flock together □ (*prov.*) **Dio non paga il sabato**, the mills of God grind slowly □ (*prov.*) **Ognuno per sé e Dio per tutti**, each man for himself, and God for us all.

dio, *m.* **1** god: **il dio della guerra [dell'amore]**, the god of war [of love]; **il dio del sole**, the sun-god; **gli dèi dell'Olimpo**, the gods of Olympus **2** (*fig.*: *persona abilissima*) wizard; ace (*attr.*): **un dio in fisica [col clarinetto]**, a wizard at physics [with the clarinet]; **È un dio al volante**, he is an ace driver. ● **il dio denaro**, Mammon □ **come un** (*o* **da**) **dio** (*benissimo*), beautifully; divinely: **cantare da dio**, to sing beautifully (*o* divinely); to be a first-rate singer □ **Il guadagno è il suo unico dio**, money is his only god □ **Si crede un dio**, he thinks he is God Almighty □ **simile a un dio**, godlike.

diocesàno, *a.* (*eccles.*) diocesan.

diòcesi, *f.* (*eccles.*) diocese (*anche stor.*); see.

Diocleziàno, *m.* (*stor. romana*) Diocletian.

diodo, *m.* (*elettr.*) diode: **d. rivelatore**, detector diode; **d. a gas**, gaseous diode; **d. a vapori di mercurio**, mercury-vapour diode; **d. luminoso**, light-emitting diode (*abbr.*: LED).

Diògene, *m.* Diogenes.

diòico, *a.* (*bot.*) dioecious.

diolefina, *f.* (*chim.*) diolefin.

Diomède, *m.* (*mitol.*) Diomedes; Diomed.

diomedèa, *f.* (*zool., Diomedea exulans*) wandering albatross*.

dionèa, *f.* (*bot., Dionaea muscipula*) Venus's fly-trap.

Dionìgi, *m.* Den(n)is; Denys.

dionìsiaco, *a.* Dionysian; Dionysiac: **le feste dionisiache**, Dionysia; **i misteri dionisiaci**, Dionysiaca; **spirito d.**, Dionysian spirit; **delirio d.**, orgiastic frenzy.

Diòniso, *m.* (*mitol.*) Dionysus.

diòpside, *f.* (*miner.*) diopside.

dioràma, *m.* diorama.

diorite, *f.* (*miner.*) diorite; greenstone.

diòspiro, *V.* **cachi**.

diossàno, *m.* (*chim.*) dioxan(e).

diòssido, *m.* (*chim.*) dioxide.

diossina, *f.* (*chim.*) dioxin.

diòttra, *f.* **1** (*topogr.*) diopter **2** (*su armi da fuoco*) peep- sight.

diottrìa, *f.* (*fis.*) dioptre, diopter (*USA*).

diòttrica, *f.* (*fis.*) dioptrics (*pl. col verbo al sing.*).

diòttrico, *a.* (*fis.*) dioptric(al).

diòttro, *m.* (*fis.*) dioptric surface.

dipanàre, A *v. t.* **1** to wind* into a ball; to

wind* up: **d. una matassa**, to wind a skein (*o* a hank) into a ball **2** (*fig.*: *districare*) to unravel; to disentangle; to sort out: **d. la matassa**, to unravel the mystery; to sort out the problem. **B dipanàrsi**, *v. i. pron.* **1** to unravel **2** (*fig.*) to unravel; to sort itself out.

dipanatóio, *m.* (*ind. tess.*) skein-winder.

dipartimentàle, *a.* departmental.

dipartiménto, *m.* **1** (*ministero*) department: (*in U.S.A.*) **D. di Stato**, State Department **2** (*circoscrizione amm.*) district; area; (*in Francia*) département (*franc.*): **d. navale**, naval district **3** (*università*) department.

dipartirsi, *v. i. pron.* **1** (*lett.*: *partire*) to depart; to go* away **2** (*lett.*: *morire*) to pass away; to depart this life **3** (*fig.*: *divergere*) to differ **4** (*di strada*) to branch off. ● (*fig.*) **d. dalla retta via**, to go astray.

dipartita, *f.* (*lett.*) **1** (*partenza*) departure **2** (*morte*) death.

dipendènte, **A** *a.* dependent; subordinate: (*gramm.*) **proposizione d.**, subordinate (*o* dependent) clause; **impiegati dipendenti del Comune**, municipal employees; **essere in una posizione d.**, to be in a subordinate position. **B** *m. e f.* (*impiegato*) employee; subordinate; (*al pl. in senso collett.*) staff (*collett.*), personnel (*collett.*): **d. statale**, state employee; (*in G.B.*) civil servant. **C** *f.* (*gramm.*) subordinate (*o* dependent) clause.

dipendènza, *f.* **1** dependence (on, upon): **la diffusa d. dai computer**, the widespread dependence on computers; **essere in posizione di d. rispetto a q.**, to be subject to sb.; to be dependent on sb.; **d. reciproca**, interdependence **2** (*med.*) addiction (to): **d. da un farmaco**, addiction to a drug; **d. dalla droga**, drug addiction **3** (*edificio annesso*) annex(e); outbuilding; outhouse. ● **avere q. alle proprie dipendenze**, to have sb. in one's employment (*o* as one's employee) □ **essere alle dipendenze di q.**, to be employed by sb.; to be under sb.

dipèndere, *v. i.* **1** (*essere subordinato*) to depend on; to hang* on; to turn on: **Dipende solo da te**, it depends entirely on you; **Dipende dalle circostanze**, it depends on the circumstances; **Il destino di un intero paese dipende dall'esito di questo vertice**, the fate of a whole country hangs on the outcome of this summit meeting; **«Vieni o no?» «Dipende da cosa volete fare»**, «are you coming or not?» «it depends on what your plans are»; **d. l'uno dall'altro**, to interdepend **2** (*derivare*) to be a consequence of; to be the result of; to come* from; to be due to: **Dipende tutto dal mio fegato**, it all comes from my liver; it's all because of my liver; **Dipende solo dall'ignoranza**, it's entirely due to ignorance **3** (*essere alle dipendenze di*) to be under; to be under the authority of; to be subordinate to: **Tutto il personale di pulizia dipende da lui**, he has the whole cleaning staff under him; **Da chi dipendi?**, who are you under?; **d. dal ministero dei Trasporti.**, to be under the authority of the Ministry of Transport **4** (*essere a carico di*) to depend on; to be dependent on: **d. dai genitori**, to depend on one's parents **5** (*gramm.*) to depend on. ● **non d. che da se stesso**, to be one's own master □ **Se dipendesse da loro...**, if it were up to them.

dipìngere, **A** *v. t.* **1** to paint: **d. un quadro**, to paint a picture; **d. a olio**, to paint in oils; **d. su tela [su tavola]**, to paint on canvas [on a panel]; **d. q.c. di** (*o* **in**) **rosso**, to paint st. red; **d. un paesaggio**, to paint a landscape; **Lo dipinse a cavallo**, he painted (*o* portrayed) him on horseback **2** (*fig.*) to paint; to depict; to portray; (*evocare*) to convey, to conjure up: **Me l'avevi dipinto come un cretino**, you had described him to me as a fool; **Nessuna parola può d. il mio orrore**, words cannot convey (*o* describe) my horror; **d. nella fantasia**, to conjure up **3** (*truccare*) to make* up; to paint: **dipingersi gli occhi**, to make up one's eyes; **dipingersi le labbra**, to put on lipstick; to paint one's lips; to wear lipstick. **B dipingersi**, *v. rifl.* (*truccarsi*) to make* up; to put* on make-up; (*usare il trucco*) to wear* make-up: **d. troppo**, to wear too much make-up. **C dipingersi**, *v. i. pron.* **1** (*apparire*) to appear; to show: **La delusione gli si dipinse sul viso**, disappointment showed on his face **2** (*colorirsi*) to turn: **Il cielo si dipinse di rosso**, the sky turned red.

dipinto, **A** *a.* painted. ● **non voler vedere q. [q.c.] neanche d.**, not to bear the sight of sb. [st.] □ **Non ci starei neanche d.!**, I would not stay there for the whole world!; you wouldn't catch me staying there! □ **Che bello! sembra d.!**, it's as pretty as a picture! **B** *m.* painting: **d. a olio**, oil painting.

diplegìa, *f.* (*med.*) diplegia.

diploacusìa, *f.* (*med.*) diplacusis*.

diplocòcco, *m.* (*biol.*) diplococcus*.

diplodòco, *m.* (*paleont.*) diplodocus.

diploe, *m.* (*anat.*) diploe.

diplòide, *a.* (*biol.*) diploid.

diplòma, *m.* **1** diploma; certificate: **essere in possesso di un d.**, to have (*o* to hold) a diploma; **d. di maturità**, school-leaving certificate; secondary-school diploma; **d. di laurea**, degree certificate; **d. in pedagogia**, teacher's training diploma; **d. in ragioneria**, diploma in accountancy **2** (*atto solenne emanato da re, papi, ecc.*) diploma.

diplomàre, **A** *v. t.* to give* (*o* to award) (sb.) a diploma. **B diplomàrsi**, *v. i. pron.* to get* a diploma.

diplomàtica, *f.* diplomatics (*pl. col verbo al sing.*).

diplomaticaménte, *avv.* **1** diplomatically; by diplomatic means **2** (*fig.*) diplomatically; in a diplomatic way; tactfully.

diplomàtico, **A** *a.* **1** (*che concerne la diplomazia*) diplomatic: **corpo d.**, diplomatic corps; **intraprendere la carriera diplomatica**, to enter the diplomatic service **2** (*che concerne i documenti antichi*) diplomatic(al); paleographic **3** (*fig.*) diplomatic(al); tactful: **in modo molto d.**, in a very diplomatic way; tactfully. **B** *m.* (*f.* **-a**) (*anche fig.*) diplomat.

diplomatista, *m. e f.* paleographer.

diplomàto, **A** *a.* trained; professional; qualified: **infermiera diplomata**, trained nurse; **essere d. in ragioneria**, to be a qualified accountant **B** *m.* (*f.* **-a**) holder of a diploma: **i diplomati delle scuole di informatica**, holders of a computer science diploma; people qualified in computer science; **un d. in ragioneria**, a qualified accountant.

diplomazìa, *f.* **1** (*scienza*) diplomacy **2** (*il corpo*) diplomatic corps; (*la professione*) diplomatic service: **entrare in d.**, to enter the diplomatic service **3** (*fig.*) diplomacy; tact.

diplopìa, *f.* (*med.*) diplopia; double vision.

Dipnoi, *m. pl.* (*zool.*, *Dipnoi*) Dipnoi.

dìpnoo, *m.* (*zool.*) dipnoan.

dipodìa, *f.* (*poesia*) dipody.

dipòi, **A** *avv.* afterwards; later. **B** *a.* following; next.

dipolàre, *a.* (*fis.*) dipolar.

dipòlo, *m.* (*fis.*) dipole.

diportìsmo, *m.* yachting; pleasure boating.

diportista, *m. e f.* yachtsman* (*m.*); yachtswoman* (*f.*); yachter.

dipòrto, *m.* recreation; amusement; pastime; hobby: **per d.**, for recreation; as a pastime; as a hobby; **imbarcazione da d.**, pleasure boat; yacht; **nautica da d.**, yachting.

diprèsso, *avv.* – **a un d.**, approximately; roughly; about: **a un d. vent'anni**, about twenty years.

dipsòmane, (*med.*) **A** *a.* dipsomaniacal; affected with dipsomania. **B** *m. e f.* dipsomaniac.

dipsomanìa, *f.* (*med.*) dipsomania.

dìptero, *a.* (*archit.*) dipteral.

diradaménto, *m.* **1** (*di vegetazione*) thinning out; (*di rami*) pruning **2** (*di nebbia e sim.*) clearing; dissipation; (*di gas*) rarefaction **3** (*di visite e sim.*) reduction.

diradàre, **A** *v. t.* **1** (*rendere meno fitto*) to thin out; (*rami e sim.*) to prune: **d. la vegetazione**, to thin out the vegetation **2** (*disperdere*) to disperse; to dissipate; to scatter: **d. le tenebre**, to dissipate (*o* to dispel) the darkness; **d. le nuvole**, to scatter the clouds **3** (*rendere meno frequente*) to reduce; to cut* down on: **d. le visite**, to call (on sb.) less frequently; to reduce one's calls. **B diradàrsi**, *v. i. pron.* **1** to thin (out); to clear; to disperse; to scatter: **Mi si stanno diradando i capelli**, my hair is thinning (out); **Il fumo cominciò a d.**, the smoke began to clear; **La nebbia non accennava a d.**, the fog didn't show signs of thinning; **La folla si diradava**, the crowd was thinning out (*o* dispersing) **2** (*diventare meno frequente*) to become* less frequent; (*con sogg. pl.*) to grow* fewer.

diradicàre, *v. t.* to uproot.

diramàre, **A** *v. t.* (*diffondere*) to issue; to circulate; to send* out (*o* round); (*per radio, TV*) to broadcast*: **d. un bollettino**, to issue a bulletin; **d. una circolare**, to send out a circular. **B diramàrsi**, *v. i. pron.* to branch out; (*di strada*) to branch off.

diramazióne, *f.* **1** branch; ramification **2** (*ferr.*) branch line **3** (*diffusione*) issuing; diffusion; sending out; (*per radio, TV*) broadcasting.

diraspàre, *v. t.* (*enologia*) to pick grapes from the bunch.

dire, **A** *v. t.* **1** (*affermare, enunciare, recitare*) to say*: **Parla molto, ma cosa dice?**, he talks a lot, but what does he say?; **Si dice che sarà eletto**, they say he'll be elected; **Si dice che sia un buon oratore**, he is said to be (*o* they say he is) a good public speaker; **Questo è quanto si dice**, this is what is being said; **Come si dice «treno» in tedesco?**, what's the German for «train»?; how do you say «train» in German?; **In francese «grazie» si dice «merci»**, the French for «thank you» is «merci»; **Non dico che sia un capolavoro, ma non è affatto brutto**, I'm not saying it's a masterpiece but it isn't at all bad; **Non so cosa dica la lettera**, I don't know what's in the letter; **d. una poesia**, to say a poem **2** (*col discorso diretto*) to say*: **«Non posso partire» mi disse**, «I cannot leave» he said to me; **«È tardi» disse Carlo**, «it's late» Carlo said **3** (*parlare*) to talk; to say*; to speak*: **Lascialo d.**, let him talk; let him say what he wants to; **d. bene di q.**, to speak well (*o* highly) of sb. **4** (*raccontare, riferire, comunicare, ordinare*) to say*; (*quando è indicata la persona a cui si dice*) to tell*: **Ha detto di non aspettarlo**, he said not to wait for him; **Così dice lui**, so he says; **Dillo alla mamma**, tell mother; **Che cosa ti ha detto?**, what did he tell you?; **Dimmi che ne pensi**, tell me what you think; **Il cuore mi dice che è vero**, my heart tells me it is true; **Mi ha detto di darti questo**, he told me to give you this; **Te lo dicevo io!**, I told you so!; **Fa' come ti si dice!**, do as you are told! **5** (*dimostrare*) to show*: **Questo ti dice quanto è onesto**, this shows you how honest he is **6** (*pensare*) to think*; to say*: **Che ne dici di questo libro?**, what do you think of this book?; **Io dico che è troppo tardi**, I think it's too late; **Che ne diresti di una passeggiata?**, what about (going for) a walk?; **Chissà che avrà detto dentro di sé!**, I wonder what he thought (*o* what he was thinking); I wonder what was going on inside his mind; **E d. che doveva essere uno scherzo!**, and to think it was meant to be a joke! **7** (*ritenere, generalm. al condiz.*) to think*; to guess; to reckon (*fam.*): **Non direi**, I don't think so; **Direi che così basta**, I think (*o* I reckon) this is enough. ● **d. q.c. a chiare lettere** (*o* **senza mezze parole**), to spell st. out; not to mince words □ **d. a mezza bocca**, to say under one's breath □ **d. bugie**, to tell lies □ **d. davvero** (*o* **sul serio**), to mean (st.); to be serious (*o* in earnest): **Dici sul serio?**, do you really mean that?; are you (being) serious? □ **d. di no**, to refuse; to say one won't [wouldn't, etc.]; to say no: **Gli chiesi se sarebbe venuto [se era pronto, se aveva finito]; disse di no**, I asked him whether he would come [he was ready, he had finished]; he said he wouldn't [he wasn't, he hadn't] □ **d. di sì**, to accept; to agree; to say one will (would, etc.); to say yes: **Gli chiesi se sarebbe venuto [se era pronto, se aveva finito]; disse di sì**, I asked him whether he would come [he was ready, he had finished]; he said he would [he was, he had] □ **d. a q. il fatto suo**, to give sb. a piece of one's mind; to let sb. have it □ **d. q.c. fra i denti**, to mutter st. under one's breath □ **d. q.c. fra sé**, to say st. to oneself □ **d. male di q.**, to speak ill of sb.; to abuse sb. behind his back; to run sb. down □ **d. messa**, to say Mass □ **d. l'ora**, to tell the time □ **d. q.c. per scherzo**, to be joking; to say st. as a joke □ **d. le preghiere**, to say one's prayers □ **d. la propria**, to have one's say □ **d. il rosario**, to tell one's beads □ **d. sempre l'ultima**, always to have the last word □ **d. la verità**, to tell the truth □ **dirla lunga**, to speak volumes □ **dirne un sacco e una sporta a q.**, to give sb. a piece of one's mind □ **dirsela con q.**, to get on well with sb. □ **a dir poco**, to say the least; at the very least; to put it mildly: **Costerà tre milioni a dir poco**, it'll cost three million at the very least; **È un mascalzone, a dir poco**, he is a scoundrel, to put it mildly □ **A chi lo dici!**, you're telling me! □ **avere da d. con q.**, to have a bone to pick with sb. □ **avere da d. su q.c.**, to find fault with st. □ **Si ha un bel d., ma...**, you can say what you like, but... □ **Che** (*o* **Come**) **hai detto?** (*puoi ripetere?*), I beg your pardon?; pardon?; come again? (*fam. USA*) □ **Sul treno c'era una ressa che non ti dico**, the train was chock-a-block □ **C'era un freddo che non ti dico**, it was perishing cold □ (*fam.*) **Che si dice di bello?**, what's new?; what's the buzz? (*fam.*) □ **Chi mi dice che mi aiuterà?**, how do I know he will help me? □ **come si suol d.**, as they say □ **così dicendo...**, with these words... □ **Detto fatto**, straightaway; no sooner said than done □ **È detto tutto!**, need I say more?; (*ho capito*) say no more! □ **Ehi! Di' un po'**, I say!; hey, you! □ **Di' su!**, go on, tell me [us] □ **Dica, dica!**, do tell us!; do go ahead □ **Diciamolo: non è un gran che come pittore**, he's not much of a painter, let's face it □ **Il grande Guglielmo, dico Shakespeare**, the great William, I refer (of course) to Shakespeare □ **Non hanno invitato nemmeno il console, dico nemmeno il console!**, they didn't even invite the consul, just think, not even the consul! □ **senza d. be'**, without a peep; without a whimper □ **prima che potesse d. be'**, before he could say Jack Robinson □ **Direi!**, of course!; no wonder!; you bet! □ **inutile d. che...**, needless to say...; it goes without saying that... □ **L'hai detto!** (*è proprio così*), quite so!; quite!; exactly! □ **L'avevo detto io!**, I told you so! □ **Lascialo d.!**, let him talk!; take no notice of him! □ **E lo dici a me!**, don't I know it! □ **mandare a d.**, to send word □ **Non c'è che d.**, there's no denying it; and no mistake: **È proprio un buon amico, non c'è che d.**, he's really a good friend, and no mistake □ **Non dico di no**, I won't deny it □ (*fig.*) **non d. nulla** (*essere insipido, banale*), to be dull (*o* insipid, nondescript, uninteresting) □ **Quel quadro non mi dice nulla**, I can't see anything in that picture □ **Non faccio per d., I don't** want to boast about it, but... □ **Non se l'è fatto d. due volte**, he didn't wait to be told twice □ **non mandarle a d.**, not to be afraid to speak one's mind; not to mince words □ **Oso** (*o* **oserei**) **d.**, I venture to say □ **per così d.**, at is were; so to say; in a manner of speaking □ **per meglio d.**, to be more exact □ **Puoi ben dirlo!**, you said it! □ **sentir d.**, to hear: **Ho sentito d. che è arrivato**, I've heard he has arrived □ **È solo un si dice**, it's only a rumour □ **Si fa per d.**, it's only in a manner of speaking □ **Finirai male, te lo dico io**, you'll come to a bad end, you mark my words □ **vale a d.** (*o* **cioè a d.**), that is (to say); in other words; namely □ **voler d.**, to mean: **Non capisco che cosa vuoi d.**, I don't understand what you mean; **Non vuol d. nulla**, it doesn't mean anything (*o fam.*: a thing) □ **Vuol d. che un'altra volta mi saprò regolare**, well, next time I'll know what to do □ **Vedi che vuol d. non darmi retta?**, you see what comes of not doing what I say □ (*prov.*) **D. pane al pane (e vino al vino)**, to call a spade a spade. **B** **dirsi**, *v. rifl.* to say* one is; (*definirsi*) to style oneself; (*professarsi*) to profess to be; (*spacciarsi*) to claim to be: **Si diceva gravemente malato**, he said he was seriously ill; **Si diceva mio amico**, he professed to be my friend. **C** *m.* talk; (*parole*) words, remarks (*pl.*): **Interruppe il suo d.**, he broke off; **stando al tuo d.**, according to what you say (*o* to you). • **a d. di tutti**, by all accounts □ **l'arte del d.**, rhetoric; elocution □ **oltre ogni d.**, beyond all description □ **Hai un bel d.**, it's easy for you to speak □ **Altro è il d., altro è il fare**, (it is) easier said than done.

dirètta, *f.* (*radio, TV*) live broadcast: **trasmettere in d.**, to broadcast live; **seguire una partita in d.**, to watch the live broadcast of a match.

direttaménte, *avv.* ***1*** (*in modo diretto*) directly ***2*** (*senza deviazioni*) straight; direct ***3*** (*senza intermediari*) personally; directly.

direttìssima, *f.* ***1*** (*ferr.*) shortest route ***2*** (*alpinismo*) direct ascent. • (*leg.*) **per d.**, summarily: **processo per d.**, summary procedure.

direttìssimo, *m.* (*ferr.*) express (train).

direttìva, *f.* ***1*** directive; direction; instruction; brief: **una d. di partito**, a party directive ***2*** (*linea di condotta*) course (of action); policy.

direttività, *f.* (*radio*) directivity.

direttìvo, **A** *a.* ***1*** governing; directive; leading ***2*** (*amm.*) managing; managerial; executive: **un posto d.**, a managerial post; **consiglio d.**, (*di industria, azienda, ecc.*) board of directors; (*di ente, istituto, ecc.*) board of governors. **B** *m.* ***1*** board of directors; board of governors ***2*** (*di partito, sindacato*) leaders (*pl.*).

dirètto, **A** *a.* ***1*** direct; straight: **luce diretta**, direct lighting; (*gramm.*) **discorso d.**, direct speech; **imposta diretta**, direct tax; **colpo d.**, direct hit; (*mil.*) **tiro d.**, direct fire ***2*** (*immediato*) direct; immediate: **discendente d.**, direct descendant; **il d. erede al trono**, the immediate heir to the throne; **d. superiore**, immediate superior; **risposta diretta**, straight answer; **essere in d. contatto con q.**, to be in immediate contact with sb.; **la via più diretta**, the shortest route ***3*** (*indirizzato*) addressed; intended: **La lettera è diretta a me**, the letter is addressed to me; **parole dirette a noi**, words intended for us ***4*** (*che va verso*) on one's way; going to; bound for; -bound (*suff.*): **essere d. a casa [a scuola]**, to be on one's way home [to school]; **passeggeri diretti a Londra**, passengers bound for London; **un autobus d. alla stazione**, a bus going to the station; **d. a sud**, southbound; **d. a nord**, northbound; (*di nave o passeggero*) **d. a un porto straniero**, outward-bound; (*calcio*) **un tiro d. in porta**, a goalbound shot ***5*** (*rivolto*) turned; facing; -ward (*suff.*): **d. in su**, upward; **d. in giù**, downward. • **coltivatore d.**, farmer □ (*radio, TV*) **cronaca diretta**, running commentary □ (*autom.*) **presa diretta**, top gear. **B** *avv.* direct; straight: **Se ne andò d. a casa**, he went straight home. **C** *m.* ***1*** (*boxe*) straight (punch): **d. destro**, straight right; **d. sinistro**, straight left ***2*** (*ferr.*) fast (*o* through) train.

direttóre, *m.* (*f.* **-trice**) ***1*** (*amm., comm.*) manager (*f.* manageress); director: **d. commerciale**, sales manager; **d. del personale**, personnel manager; **d. di banca**, bank manager; **d. di fabbrica**, works manager; **d. d'albergo**, hotel manager; **d. generale** (*di società*), general manager; president (*USA*) ***2*** (*di giornale, ecc.*) editor ***3*** (*d'orchestra*) conductor; (*di banda*) bandleader ***4*** (*di scuola*) headmaster (*f.* headmistress); head; principal; (*di «college» universitario*) principal, master, warden ***5*** (*di museo, istituto culturale*) director ***6*** (*di prigione*) governor (*GB*); warden (*USA*). • **d. amministrativo**, (administrative) director □ (*teatr.*) **d. artistico**, artistic director □ (*naut.*) **d. dell'arsenale**, dock master □ **d. delle poste**, Postmaster □ (*naut.*) **d. del tiro**, fire-control officer □ (*mil.*) **d. di lancio** (*di paracadutisti*), despatcher □ (*naut.*) **d. di macchina**, chief engineer □ (*aeron.*) **d. di pista**, runway controller □ (*cinem., teatr.*) **d. di scena**, stage manager □ (*relig.*) **d. spirituale**, (spiritual) director □ (*sport*) **d. tecnico**, team manager.

direttoriàle, *a.* ***1*** directorial; (*comm.*) managerial, manager's ***2*** (*autoritario*) dictatorial; bossy.

direttòrio, *m.* ***1*** directorate; body of directors ***2*** (*stor. franc.*) Directoire; Directorate. • **alla d.**, Directoire (*attr.*).

direttrìce, **A** *f.* ***1*** *V.* **direttore** ***2*** (*geom.*) directrix* ***3*** (*fig.*) guiding principle; general plan (*o* theme); policy. **B** *a.* guiding; guide (*attr.*): **linea d.**, guiding principle; general plan (*o* theme); **norma d.**, guideline.

direzionàbile, *a.* adjustable; rotary; revolving.

direzionàle, **A** *a.* ***1*** directional; direction (*attr.*): **antenna d.** directional antenna; **freccia d.**, direction arrow ***2*** (*comm.*) managerial; directional; executive: **incarico d.**, directional position. • **centro d.**, office district. **B** *m.* (*aeron.*) direction indicator.

direzióne, *f.* ***1*** (*senso, verso*) direction; course; way: **la d. del vento**, the direction of the wind; **cambiare d.**, to change one's direction; to alter one's course; to veer; **in d. di**, in the direction of; towards; **In che d. è andato?**, which way did he go?; **Vai nella mia d.?**, are you going my way?; **in d. nord [sud, est, ovest]**, northwards [southwards; eastwards; westwards] ***2*** (*amm., comm.*: *incarico o attività di direttore*) direction; management; supervision; control; running; (*di giornale*) editorship; (*di partito*) leadership; (*di scuola*) headmastership; (*il dirigere*) managing, running, directing, supervising: **d. commerciale**, sales management; **assumere la d. di un'azienda**, to take up the management of a firm; **la d. dei lavori**, the direction (*o* supervision) of the work; **occuparsi della d. di una scuola**, to be in charge of the running of a school; **Gli fu affidata la d. del l'«Araldo»**, he was appointed editor of «L'Araldo» ***3*** (*sede*) administrative department; (*ufficio del direttore*) director's (*o* manager's) office ***4*** (*collett.*: *i direttori*) board of directors, management; (*di partito*) leaders, leadership ***5*** (*mus.*) conducting: **studiare d.**, to study conducting; **sotto la d. di X**, with X conducting; under X's baton. • (*naut.*) **la d. della corrente**, the drift of the current □ (*naut.*) **la d. della marea**, the set of the tide □ (*geol.*) **la d. di un filone**, the bearing (*o* strike) of a vein □ **d. di marcia**, line (*o* route) of march □ (*naut.*) **d. marittima**, harbour master's office □ (*topogr.*) **angolo di d.**, bearing □ (*naut.*) **in d. del vento**, to windward □ (*fig.*) **in quella d.**, in that general direction; along those lines.

dirigènte, **A** *a.* **1** leading; ruling: **la classe d.**, the ruling class **2** (*comm.*) managing. **B** *m.* **1** (*amm., comm.*) manager; executive; exec (*fam.*): **alto d.**, top manager; senior executive; **d. commerciale**, business executive; **d. d'azienda**, executive; business manager; **i dirigenti**, the management **2** (*polit.*) leader: **d. di partito**, party leader; **d. sindacale**, union leader.

dirigènza, *f.* **1** (*direzione*) management; direction **2** (*carica*) managerial status **3** (*collett.*: *i dirigenti*) management; (*polit.*) leadership.

dirigenziàle, *a.* managerial; executive.

dirìgere, **A** *v. t.* e *i.* **1** to direct; to be at the head of; to be in charge of; (*amm., comm.*) to manage, to run*; (*un giornale*) to be the editor of, to edit; (*sovrintendere*) to superintend, to supervise, to oversee*: **d. i lavori**, to superintend the work; **d. il traffico**, to direct the traffic; **Dirige la società da dieci anni**, he has been at the head of the company for ten years; **d. una scuola**, to be headmaster of a school; to run a school **2** (*mus.*) to conduct **3** (*volgere*) to direct; to turn: **d. i propri passi verso casa**, to direct one's steps homewards **4** (*indirizzare*) to address: **La lettera era diretta a mia madre**, the letter was addressed to my mother **5** (*rivolgere*) to direct, to address, to level, to aim; (*puntare*) to point: **Le mie osservazioni non erano dirette a te**, my remarks were not directed to (*o* intended for) you; **d. lo sguardo verso q.c.**, to turn one's eyes towards st.; **d. un colpo a q.**, to aim (*o* to level) a blow at sb.; (*mil.*) **d. il fuoco**, to direct the fire; (*mil.*) **d. un cannone verso il nemico**, to point a cannon at the enemy; **d. la parola a q.**, to address sb.; to speak to sb.; **d. un'accusa a q.**, to level an accusation at sb. □ **d. una nave in porto**, to steer a ship into harbour □ (*naut.*) **d. la rotta verso nord**, to set a northerly course. **B dirigersi**, *v. rifl.* **1** to set* out for; to go* towards; to head for; to make* for: **Mi diressi verso il paese**, I set out for the village; **d. verso q.**, to go towards sb.; **La nave si diresse verso il porto**, the ship headed for the harbour; **Mi diressi alla porta**, I made for the door **2** (*rivolgersi*) to turn to.

dirigìbile, *m.* (*aeron.*) dirigible; airship.

dirigibilista, *m.* e *f.* airship crew member.

dirigiṣmo, *m.* (*econ.*) state planning; dirigisme (*franc.*): **d. economico**, planned economy.

dirigista, (*econ.*) **A** *a. V.* **dirigistico**. **B** *m.* e *f.* advocate of dirigisme.

dirigìstico, *a.* (*econ.*) planned; state-controlled; dirigiste (*franc.*): **economia dirigistica**, planned economy.

dirimènte, *a.* diriment: (*leg.*) **impedimento d.**, diriment impediment.

dirìmere, *v. t.* to settle; to resolve: **d. una controversia**, to settle a controversy.

dirimpettàio, *m.* (*f.* **-a**) person living (in the flat) opposite; neighbour living across the road.

dirimpètto, **A** *avv.* opposite. **B dirimpètto a**, *locuz. prep.* opposite; facing: **la casa d. alla nostra**, the house opposite ours.

diritta, *f.* **1** (*mano*) right hand **2** (*lato*) right-hand side.

dirittaménte, *avv.* rightly; justly; honestly; straightforwardly; with rectitude.

dirittézza, *V.* **dirittura**.

diritto (**1**), **A** *a.* **1** (*retto, non storto*) straight; direct: **linea** [**strada**] **diritta**, straight line [road]; **gambe diritte**, straight legs; **È d. il mio cappello?**, is my hat straight?; **stare d.**, to stand straight (*o* erect); **Siedi d.!**, sit up straight!; **D. con la schiena!**, keep your back straight! **2** (*verticale*) upright; erect; straight: **palo d.**, upright post; **calligrafia diritta**, upright handwriting; **mettersi d.**, (*in piedi*) to stand up; (*a sedere*) to sit up **3** (*destro*) right; right-hand: **piede d.**, right foot; **a mano diritta**, (*stato*) on the right-hand side; (*moto*) to the right **4** (*fig.*: *franco, onesto*) straight; upright; straightforward: **un uomo d.**, an upright man; **condotta diritta**, straightforward conduct **5** (*lavoro a maglia*) plain; knit: **maglia diritta**, plain (*o* knit) stitch; **ferro d.**, plain (*o* knit) row. ● **d. come un fuso**, as straight as a poker □ (*fig.*) **la diritta via**, the straight and narrow (path). **B** *avv.* straight; directly: **Vai d. a scuola**, go straight (*o* directly) to school; **guardare d. davanti a sé**, to look straight ahead; **Vada sempre d.**, go straight on; **non reggersi d.**, not to be able to stand (*o* to hold oneself) up straight. ● **andare** (*o* **tirare**) **d. per la propria strada**, to go one's way □ (*lavoro a maglia*) **lavorare un ferro a d.**, to knit a row □ **rigar d.**, to behave; to toe the line. **C** *m.* **1** (*lato d.*) right side; (*di medaglia o moneta*) obverse **2** (*tennis*) forehand (drive) **3** (*lavoro a maglia*) plain (*o* knit) stitch: **due diritti e un rovescio**, two plain, one purl; knit two, purl one. ● (*fig.*) **per d. e per traverso**, (*in ogni direzione*) right and left; every which way; (*in un modo e nell'altro*) both ways □ (*prov.*) **Ogni d. ha il suo rovescio**, every medal hath its reverse.

diritto (**2**), *m.* **1** (*facoltà legittima*) right: **far valere i propri diritti**, to stick up for one's rights; (*leg.*) **d. alla difesa**, right of defence; (*leg.*) **d. di appello**, right of appeal; **d. di asilo**, right to asylum; **d. di associazione**, right of assembly; **d. di passaggio**, right of way; **d. di voto**, right to vote; franchise; **d. di sciopero**, right to strike; **d. acquisito**, entitlement; vested right; **d. di brevetto**, patent (right); **il d. divino dei re**, the divine right of kings; **avere d. a q.c.**, to have a (*o* the) right to st.; to be entitled to st.: **Ho d. di saperlo**, I have a right to know; **Non ha d. a un rimborso**, he is not entitled to a refund; **Non hai nessun d. di dirmi cosa fare**, you have no right (*o* business) to tell me what to do; **È un mio d.**, it is my right; **È mio di d.**, it's mine by rights; **Chi gli ha dato il d. di vendere?**, who gave him the right to sell?; **Con che d. me lo chiedi?**, by what right are you asking me? **2** (*giurisprudenza*) law, jurisprudence; (*legge*) law: **studiare d.**, to study law; **cattedra di d.**, chair of jurisprudence; **d. canonico**, canonic law; **d. civile**, civil law; **d. commerciale**, commercial (*o* business) law; **d. comparato**, comparative law; **d. del lavoro**, labour (*o* industrial) law; **d. fallimentare**, bankruptcy law; **d. marittimo**, maritime law; **d. naturale**, natural law; law of nature; **d. penale**, criminal (*o* penal) law; **d. privato**, private law; **d. pubblico**, public law; **d. romano**, Roman law; **d. tributario**, taxation law; **il d. delle genti**, the law of nations; **filosofia del d.**, philosophy of law **3** (*quasi sempre pl.*) (*tributi, ecc.*) dues, fees (*pl.*); (*doganale* o *daziario*) duty; (*spesa*) fee, charge: **diritti portuali**, harbour dues; **diritti doganali**, customs duties; **d. di bollo**, stamp duty; **diritti consolari**, consular fees; **diritti bancari**, bank charges. ● **d.** (*o* **diritti**) **d'autore**, (*proprietà letteraria*) copyright; (*competenze*) royalties (*pl.*) □ **il d. dei terzi**, third-party rights □ (*naut.*) **d. di bacino**, dockage □ (*naut.*) **d. di banchina**, wharfage; quayage; pierage □ (*naut.*) **diritti di canale**, canal tolls □ (*naut.*) **diritti d'ormeggio**, moorage □ **d. esclusivo**, exclusive rights; preserve □ **a buon d.**, rightly □ **avente d. a**, entitled to □ **gli aventi d.**, those entitled to st. □ **avere d. di vita e di morte su q.**, to have power of life and death over sb. □ **di pieno d.**, by full right □ **essere nel proprio d.**, to be within one's rights □ **far valere i propri diritti**, to vindicate one's rights □ **rivendicare un d.**, to claim a right; to lay claim to st. □ **rivendicazione di un d.**, claim □ **vantare un d. su q.c.**, to have a claim to st.

dirittùra, *f.* **1** straight line **2** (*fig.*) rectitude; uprightness; integrity; straightforwardness: **un uomo di grande d. morale**, a man of unquestioned integrity; an upright man. ● (*sport*) **d. d'arrivo**, finishing (*o* home) straight; home stretch: (*anche fig.*) **essere in d. d'arrivo**, to be on the home straight.

dirizzàre, *V.* **drizzare**.

dirizzóne, *m.* (*cantonata*) blunder: **prendere un d.**, to make a blunder. ● **prendere il d. per q.c.**, to get st. into one's head.

diroccaménto, *m.* demolition; dismantlement.

diroccàre, *v. t.* to demolish; to dismantle: **d. una fortezza**, to dismantle a fortress.

diroccàto, *a.* ruined; in ruins (*pred.*): **un castello d.**, a ruined castle.

dirofilària, *f.* (*zool.*, *Dirofilaria immitis*) heart worm.

dirompènte, *a.* **1** bursting; disruptive: **esplosivo d.**, high explosive; **granata** [**bomba**] **d.**, fragmentation grenade [bomb] **2** (*fig.*: *che causa sensazione*) sensational; unsettling **3** (*fig.*: *travolgente*) devastating; breath-taking.

dirompènza, *f.* disruptiveness; explosiveness.

diròmpere, **A** *v. t.* (*lino, canapa*) to scutch; to break*. **B diròmpersi**, *v. i. pron.* (*lett.*: *frangersi*) to break*.

dirottaménte, *V.* **a dirotto**.

dirottaménto, *m.* **1** (*cambiamento di rotta*) change of course **2** (*per pirateria*) hijacking; (*di aereo, anche*) air piracy, skyjacking (*fam.*) **3** (*deviazione*) diversion; deviation.

dirottàre, **A** *v. t.* **1** (*aeron., naut.*) to change the course of **2** (*per pirateria*) to hijack; (*aereo, anche*) to skyjack (*fam.*) **3** (*fin.*) to reroute: **d. gli investimenti**, to reroute investments **4** (*far deviare*) to divert; to reroute; to redirect: **d. il traffico**, to divert traffic. **B** *v. i.* **1** (*naut., aeron.*) to change course **2** (*deviare*) to deviate; to turn off.

dirottatóre, *m.* (*f.* **-trice**) hijacker; (*di aereo, anche*) air pirate, skyjacker (*fam.*).

diròtto, *a.* **1** copious; abundant: **pioggia dirotta**, pouring rain; **un pianto d.**, an uncontrollable fit of weeping (*o* crying); bitter sobs (*pl.*) **2** (*lett.*: *scosceso*) precipitous; steep. ● **a d.**, copiously; in torrents: **piovere a d.**, to come down in torrents (*o*, *fam.*, in buckets); **piangere a d.**, to cry one's heart (*o* eyes) out.

dirozẓaménto, *m.* **1** rough-hewing **2** (*fig.*) refinement; polishing.

dirozẓàre, **A** *v. t.* **1** (*sbozzare*) to rough-hew* **2** (*fig.*) to refine; to polish (up). **B dirozẓàrsi**, *v. i. pron.* (*fig.*) to improve one's manners; to get* some refinement.

dirozẓàto, *a.* **1** rough-hewn **2** (*fig.*) refined; polished (up).

dirugginìre, *v. t.* **1** to remove the rust from; to de-rust **2** (*fig.*: *ridare agilità*) to loosen, to stretch; (*riattivare*) to refresh, to brush up.

dirupàrsi, *v. i. pron.* to descend steeply; to become* precipitous.

dirupàto, *a.* precipitous; steep; abrupt.

dirùpo, *m.* crag; cliff; rock; (*precipizio*) precipice.

dirùto, *a.* (*lett.*) ruined; in ruins (*pred.*).

diṣabbellìre, (*lett.*) **A** *v. t.* to spoil* the beauty of. **B diṣabbellìrsi**, *v. i. pron.* to lose* one's beauty (*o* one's charm).

diṣabbigliàre, *v. t.* **diṣabbigliàrsi**, *v. i. pron.* to undress.

diṣàbile, **A** *a.* disabled; handicapped. **B** *m.* e *f.* disabled (*o* handicapped) person.

diṣabilità, *f.* disability; handicap.

diṣabilitàre, *v. t.* to incapacitate; to disable.

diṣabilitàto, *a.* incapacitated; disabled.

diṣabitàto, *a.* uninhabited; (*abbandonato*) deserted, derelict; (*di casa*) empty, unoccupied.

diṣabituàre, **A** *v. t.* to make* (sb.) lose the habit of; to get* (sb.) out of the habit of; (*gradatamente*) to wean (sb. from, *o* away from); to disaccustom to. **B diṣabituàrsi**, *v. i. pron.* to lose* (*o* to get* out of) the habit of; (*gradatamente*) to grow* out of; (*con rinuncia*) to give* up (st.): **d. al fumo**, to give up smoking.

disaccaridàși, *f.* (*chim.*) disaccharidase.

disaccàride, *m.* (*chim.*) disaccharide.

dișaccentàre, *v. t.* to remove the accent from.

dișaccentàto, *a.* unaccented.

dișaccóncio, *a.* (*lett.*) unfit (for); unsuitable (for); unbecoming (to).

dișaccoppiàre, *v. t.* to uncouple.

dișaccòrdo, *m.* **1** (*dissenso*) disagreement; variance; (*screzio*) quarrel: **essere in d.**, to be at variance **2** (*mus.*) discord.

dișacerbàre, (*lett.*) **A** *v. t.* to mitigate; to assuage; to appease. **B dișacerbàrsi**, *v. i. pron.* to soften; to ease.

dișacidàre, *v. t.* to deacidify.

dișacidificazióne, *f.* deacidification.

dișacidìre, *v. t.* to deacidify.

dișacușìa, *f.* (*med.*) dysacousia.

dișadattaménto, *m.* (*psic.*) maladjustment.

dișadattàre, *v. t.* (*psic.*) to maladjust.

dișadattàto, **A** *m.* (*f.* **-a**) (*psic.*) maladjusted person; misfit. **B** *a.* (*psic.*) maladjusted.

dișadàtto, *a.* unsuitable (for); unfit (for); unbecoming (to).

dișaddobbàre, *v. t.* to remove the decorations from; to strip (st.) of its decorations.

dișadórno, *a.* unadorned; bare; (*semplice*) plain; (*fig.*) unvarnished.

dișaeràre, *v. t.* to deaerate.

dișaeratóre, *m.* deaerator.

dișaerazióne, *f.* deaeration.

dișaffezionàre, **A** *v. t.* (*lett.*) to alienate; to estrange; to disaffect. **B dișaffezionàrsi**, *v. i. pron.* to lose* one's affection (for sb.); to lose* interest (in st.); to lose* one's enthusiasm (for st.).

dișaffezionàto, *a.* estranged; disaffected.

dișaffezióne, *f.* estrangement; disaffection; alienation; indifference: **d. dalla famiglia**, estrangement from one's family; **d. al lavoro**, alienation from one's job.

dișagévole, *a.* uncomfortable; awkward; (*difficile*) difficult, hard: **viaggio d.**, uncomfortable journey; **Sono in una posizione d.**, I am in an awkward position; **vivere in condizioni disagevoli**, to live in hard circumstances; **sentiero d.**, difficult path.

dișàggio, *m.* (*econ.*) disagio.

dișaggregàre, *v. t.* **dișaggregàrsi**, *v. i. pron.* to disaggregate.

dișaggregazióne, *f.* disaggregation.

dișagiàto, *a.* **1** (*scomodo*) comfortless; uncomfortable; inconvenient **2** (*povero*) poor; needy: **famiglie disagiate**, needy families; **condizioni disagiate**, hard circumstance; **vita disagiata**, hard life.

dișàgio, *m.* **1** (*scomodità*) discomfort: **disagi e privazioni**, discomforts and hardships; **un viaggio pieno di disagi**, an extremely uncomfortable journey **2** (*disturbo*) inconvenience; trouble **3** (*pl.*) (*privazioni*) hardships; poverty (*sing.*); privation (*sing.*); want (*sing.*): **vivere fra i disagi**, to live in poverty; **una vita di disagi**, a hard life; a life full of hardships **4** (*fig.*: *difficoltà, imbarazzo*) awkwardness; embarrassment; unease: **sentirsi a d.**, to feel ill at ease (*o* uneasy); to feel awkward; **trovarsi a d.**, to feel embarrassed; **mettere a d.**, to make (sb.) feel uneasy **5** (*apprensione*) apprehension; uneasiness.

dișagriménto, *m.* (*enologia*) chaptalization.

dișagrìre, *v. t.* (*enologia*) to chaptalize.

dișalberaménto, *m.* (*naut.*) dismasting.

dișalberàre, *v. t.* (*naut.*) to dismast.

dișallineàre, *v. t.* **1** to throw* out of alignment **2** (*tipogr.*, *elab.*) to skew.

dișalveàre, *v. t.* to divert.

disàmara, *f.* (*bot.*) double-winged samara.

dișambientàto, *a.* out of place; ill at ease.

dișambiguàre, *v. t.* (*ling.*) to disambiguate; to make* unambiguous.

dișambiguazióne, *f.* (*ling.*) disambiguation.

dișàmina, *f.* close examination; close scrutiny: **sottoporre q.c. a un'attenta d.**, to scrutinize st. closely.

dișamoràre, **A** *v. t.* to estrange; to alienate; to disaffect. **B dișamoràrsi**, *v. i. pron.* to fall* out of love with; to become* estranged from (sb.); to lose* interest in (st.); to lose* one's enthusiasm for (st.).

dișamorataménte, *avv.* with one's heart elsewhere.

dișamoràto, *a.* disaffected; estranged; indifferent: **essere d. di q.c.**, to have lost all interest in st.

dișamóre, *m.* lack of love; disaffection; estrangement; disenchantment; indifference; (*avversione*) dislike.

dișancoràre, **A** *v. t.* **1** (*naut.*) to unanchor **2** (*fig.*, *econ.*) to unpeg. **B dișancoràrsi**, *v. i. pron.* **1** (*naut.*) to break* loose from one's moorings **2** (*fig.*) to break* away (from st.); to shake* off (st.).

dișanimàre, **A** *v. t.* to discourage; to dishearten; to daunt. **B dișanimàrsi**, *v. i. pron.* to lose* heart; to get* discouraged.

dișanimàto, *a.* discouraged; disheartened; dispirited; daunted.

dișappagàto, *a.* dissatisfied; frustrated.

dișappannaménto, *m.* demisting.

dișappannàre, *v. t.* to demist.

dișappassionàre, **A** *v. t.* to make* (sb.) lose (his) enthusiasm (for st.). **B dișappassionàrsi**, *v. i. pron.* to lose* one's enthusiasm (for st.); to become* indifferent (to st.).

dișappetènte, *a.* inappetent.

dișappetènza, *f.* lack of appetite; poor appetite; inappetence: **avere d.**, to suffer from lack of appetite.

dișapplicàrsi, *v. rifl.* to neglect; to cease to apply oneself to; **d. dagli studi**, to neglect one's studies.

dișapprovàre, *v. t.* to disapprove of; to object to; to take* a dim view of (*fam.*).

dișapprovazióne, *f.* disapproval; displeasure; objection; censure: **un silenzio carico di d.**, a silence charged with disapproval; **Hai tutta la mia d.**, I strongly disapprove of you; **parole di d.**, disapproving words.

dișappùnto, *m.* (*delusione*) disappointment; (*irritazione*) annoyance, vexation: **con mio grande d.**, to my great disappointment.

dișarcionàre, *v. t.* to unseat; to unsaddle.

dișarmànte, *a.* disarming: **schiettezza d.**, disarming frankness; **sorriso d.**, disarming smile; **in modo d.**, disarmingly.

dișarmàre, **A** *v. t.* **1** (*anche fig.*) to disarm: **d. un soldato**, to disarm a soldier; **La sua sincerità mi disarmò**, his sincerity disarmed me **2** (*una fortezza*) to dismantle **3** (*naut.*: *una nave*) to lay* up, to put* out of commission, to unrig; (*i remi*) to ship; (*una lancia*) to unman **4** (*edil.*) to take* (*o* to pull) down the scaffolding from **5** (*un'arma da fuoco*) to uncock. **B** *v. i.* **1** to disarm **2** (*fig.*) to give* in; to yield: **Non disarma di fronte alle difficoltà**, he doesn't give in in the face of difficulty.

dișarmàto, *a.* **1** (*anche fig.*) disarmed **2** (*non armato*) unarmed **3** (*fig.*: *inerme*) defenceless; helpless **4** (*di fortezza*) dismantled **5** (*naut.*: *di nave*) laid up; unrigged; out of commission.

dișàrmo, *m.* **1** (*il disarmare*) disarming **2** (*riduzione degli armamenti*) disarmament **3** (*di una fortezza*) dismantlement **4** (*naut.*) laying up; unrigging.

dișarmonìa, *f.* **1** (*mus.*) discord **2** (*mancanza di armonia*) lack of harmony; incongruity **3** (*fig.*: *disaccordo*) disharmony; discord; discordance.

dișarmònico, *a.* **1** (*mus.*) discordant **2** (*poco melodioso*) unmelodious; dissonant; harsh **3** (*sproporzionato*) disharmonious; asymmetrical. ● **orecchio d.**, tuneless ear.

dișarmonizzàre, *v. i.* to clash; to disagree.

dișarticolàre, **A** *v. t.* **1** to put* out of joint; to disarticulate; to dislocate **2** (*med.*) to disarticulate. **B dișarticolàrsi**, *v. i. pron.* to get* dislocated.

dișarticolàto, *a.* **1** disjointed; dislocated **2** (*med.*) disarticulated **3** (*fig.*) disjointed; incoherent.

dișarticolazióne, *f.* **1** (*med.*) disarticulation **2** dislocation; disarticulation.

dișartrìa, *f.* (*psic.*) dysarthria.

dișartròși, *f.* (*med.*) dysarthrosis*.

dișasprìre, *v. t.* **1** (*vino*) to take* the sharpness out of **2** (*fig.*) to soften; to sweeten; to mollify.

dișassaménto, *m.* (*mecc.*) shift.

dișassimilativo, *a.* (*biol.*) disassimilation (*attr.*).

dișassimilazióne, *f.* (*biol.*) disassimilation.

dișassociàre, **A** *v. t.* to dissociate; to separate. **B dișassociàrsi**, *v. rifl.* to withdraw* one's support from; to discontinue one's membership to; to opt out of.

dișassortito, *a.* odd.

dișassuefàre, **A** *v. t.* to disaccustom to; to make* (sb.) lose the habit of; to get* (sb.) out of the habit of; (*da un vizio*) to wean (sb. from *o* away from). **B dișassuefàrsi**, *v. i. pron.* to disaccustom oneself; to grow* out of.

dișassuefazióne, *f.* weaning (from).

dișastràre, *v. t.* to bring* disaster upon; to strike* with calamity; to damage badly.

dișastràto, **A** *a.* (*di cose*) heavily damaged, badly-hit; (*di persone*) stricken, badly-hit. **B** *m.* (*f.* **-a**) victim.

dișàstro, *m.* **1** (*calamità*) disaster; calamity: **d. finanziario**, financial disaster; crash **2** (*grave incidente*) disaster; accident; wreck; crash: **d. ferroviario**, railway accident; train crash; **d. aereo**, air disaster; air crash; **il luogo del d.**, the site of the accident **3** (*danno*) damage, disaster; (*disordine*) mess: **Ho fatto un d. in cucina**, I've had a bit of a disaster in the kitchen **4** (*fam.*: *cosa malfatta, brutta, ecc.*) disaster; (*fiasco*) fiasco, flop, wash-out (*fam.*): **Il suo vestito era un d.**, her dress was a disaster; **Questo tema è un d.**, this essay is hopeless **5** (*fam.*: *persona incapace*) failure; dead loss: **A scuola era un d.**, he was a failure (*o* he was hopeless) at school; **A carte sono un d.**, I'm a dead loss at card games **6** (*fam.*: *bambino vivace*) little terror; pest.

dișastróso, *a.* devastating; disastrous; calamitous; ruinous: **piena disastrosa**, devastating flood; **risultato d.**, disastrous result.

dișatomizzàre, *v. t.* to denuclearize.

dișatomizzazióne, *f.* denuclearization.

dișattèndere, *v. t.* to disregard; to fail to comply with (*anche leg.*).

dișattènto, *a.* inattentive; absent-minded; unmindful; (*negligente*) careless, negligent.

dișattenzióne, *f.* **1** inattention; absent-mindedness; (*negligenza*) carelessness, negligence **2** (*svista*) oversight; slip: **un errore di d.**, (*scrivendo*) a slip of the pen; (*parlando*) a slip of the tongue.

dișattéso, *a.* disregarded.

dișattivàre, *v. t.* **1** to deactivate (*anche elab.*); (*scollegare*) to disconnect **2** (*mil.*) to neutralize; to defuse; to disarm.

dișattivazióne, *f.* **1** deactivation; disconnection **2** (*mil.*) neutralization; defusing; disarming.

dișattrezzàre, *v. t.* (*naut.*) to strip; to unrig.

dișautoràre, *v. t.* to deprive of authority.

dișavànzo, *m.* (*econ.*) deficit; gap: **d. della bilancia commerciale**, deficit in the balance of trade; trade gap; **colmare il d.**, to make up the deficit; **essere in d.**, to have a deficit; to be in the red (*fam.*).

dișavvedutézza, *f.* carelessness; thoughtlessness; heedlessness.

dișavvedùto, *a.* careless; thoughtless; heedless.

dișavventùra, *f.* **1** (*avvenimento sgradito*)

unfortunate accident; misadventure; mishap **2** (*sfortuna*) misfortune; bad luck; mischance. ● **per d.**, unfortunately; by misfortune.

diṣavvertènza, *f.* thoughtlessness; inadvertence.

diṣavvezzàre, A *v. t.* to disaccustom (sb. to st.); to get* (sb.) out of the habit of; to wean (sb. from, away from). **B diṣavvezzàrsi,** *v. i. pron.* to lose* the habit of; to grow* out of.

disavvézzo, *a.* (*non abituato*) unaccustomed; not used; (*non più abituato*) no longer used, disaccustomed: **d. a fare q.c.**, unaccustomed to doing st.

diṣbaṣìa, *f.* (*med.*) dysbasia.

diṣbórso, *m.* disbursement; advance of money; outlay.

diṣboscaménto, *m.* clearing of trees; deforestation; disforestation.

diṣboscàre, *v. t.* to clear of trees; to deforest.

diṣbrigàre, A *v. t.* to dispatch; to get* through. **B diṣbrigàrsi,** *v. i. pron.* (*lett.*) to extricate oneself from; to get* rid of.

diṣbrìgo, *m.* getting through; dispatch: **il d. delle faccende di casa**, getting through the housechores; **il d. della corrispondenza**, sorting through the mail.

diṣbrogliàre, *v. t.* to disentagle; to unravel.

discacciàre, *v. t.* (*lett.*) to expel.

discàle, *a.* (*med.*) disk (*attr.*).

discantàre, *v. t.* (*mus.*) to descant.

discantista, *m. e f.* (*mus.*) descanter.

discànto, *m.* (*mus.*) descant, discant: **viola d.**, descant viol.

discapitàre, *v. i.* to suffer loss; to lose*; to be damaged. ● **d. nella stima di q.**, to be discredited with sb.

discàpito, *m.* detriment; damage; prejudice: **a d. di...**, to the detriment of...

discàrica, *f.* **1** (*di miniera*) dump **2** (*di rifiuti*) (rubbish) tip (*GB*); (garbage) dump (*USA*): **d. di rifiuti tossici**, toxic waste dump **3** (*naut.*) unloading.

discaricàre, *v. t.* **1** to unload; to discharge; to unburden **2** (*fig.*) to clear; to relieve: **d. q. da ogni responsabilità**, to relieve sb. of all responsibility.

discàrico, *m.* **1** defence; excuse; justification: **a mio d.**, in my defence; to clear myself; to justify myself **2** (*naut.*) discharge; unloading. ● **a d. di coscienza**, to clear one's conscience □ (*leg.*) **testimone a d.**, witness for the defence.

discàro, *a.* (*lett.*) displeasing; disagreeable.

discendènte, A *a.* descending: **lettera d.**, descending letter; (*mus.*) **scala d.**, descending scale. **B** *m. e f.* descendant: **d. in linea retta**, lineal descendant.

discendènza, *f.* **1** descent; extraction: **di nobile d.**, of noble descent **2** (*i discendenti*) descendants (*pl.*); offspring; issue; progeny. ● **la d. d'Adamo**, mankind.

discéndere, *v. i. e t.* **1** to descend; to go* [to come*] down; to get* down: **Dio discese in terra**, God descended upon earth; **d. le scale**, to go down the stairs; **d. in un pozzo**, to go down a well **2** (*da un veicolo*) to get* off, to get* out of, to alight from; (*da cavallo, bicicletta*) to get* off, to dismount from: **d. da un'auto**, to get out of a car; **d. da un autobus**, to get off (*o* to alight from) a bus; **d. dal treno**, to get off (*o* out of) the train; **d. da cavallo**, to dismount **3** (*declinare, digradare*) to descend; to slope down; to fall* away: **Il prato discende verso il lago**, the lawn slopes down to the lake; **Il monte discende ripido a nord**, the mountain falls steeply away to the north **4** (*di temperatura, prezzi, ecc.*) to fall*; to drop **5** (*del sole, ecc.*) to sink*; to set* **6** (*trarre origine*) to descend from; to be descended from **7** (*conseguire*) to follow; to proceed. ● (*naut.*) **d. a terra**, to go ashore; to land.

discenderìa, *f.* (*ind. min.*) inclined shaft.

discensionàle, *a.* (*fis.*) descensional.

discensìvo, *a.* descending; descensive.

discènte, *m. e f.* pupil; learner; disciple.

discentràrsi, *v. i. pron.* to get* out of the centre.

discepolàto, *m.* discipleship; apprenticeship.

discépolo, *m.* (*f.* **-a**) **1** disciple **2** (*allievo*) pupil **3** (*seguace di un maestro*) adherent; follower.

discèrnere, *v. t.* **1** (*vedere distintamente*) to discern; to perceive; to make* out **2** (*differenziare*) to distinguish; to tell* apart.

discernìbile, *a.* discernible; perceptible.

discerniménto, *m.* understanding; sense; (*acume*) discernment, discrimination, insight; (*giudizio*) judgment, wisdom: **l'età del d.**, the age of understanding; **Si è comportato con grande d.**, he showed great wisdom.

discésa, *f.* **1** (*movimento*) descent; downward movement: **fare una rapida d.**, to make a quick descent; (*di stantuffo*) **corsa di d.**, down-stroke **2** (*strada in discesa*) descent, downhill road; (*declivio, pendio*) slope, declivity: **d. ripida**, steep descent; steep slope; **sentiero in d.**, downhill path; **essere in d.**, to slope downward; (*di strada*) to go (*o* to be) downhill; **Ci sono 10 km di d. prima del ponte**, the road goes downhill for 10 km before reaching the bridge **3** (*tecn., ferr.*) downgrade **4** (*aeron.*) descent: **Abbiamo cominciato la d. su Milano**, we have begun our descent on Milan; **d. in picchiata**, nose-dive; dive **5** (*caduta, abbassamento*) fall; drop: **d. dei prezzi**, fall in prices; **prezzi in d.**, falling prices; **La temperatura è in d.**, the temperature is dropping **6** (*calata*) descent; (*invasione*) invasion: **le discese del Barbarossa**, Barbarossa's descents **7** (*calcio, rugby: azione rapida*) attack **8** (*sci*) downhill race: **d. libera**, downhill (race); **d. obbligata**, slalom **9** (*radio*) lead-in. ● (*alpinismo*) **d. a corda doppia**, roping down; abseiling; rappel □ (*fig.*) **in d.** (*in declino*), going downhill; in decline; on the wane; past one's best.

discesiṣmo, *m.* (*sci*) downhill racing.

discesista, *m. e f.* **1** (*sci*) downhill skier **2** (*ciclismo*) downhill racer.

discettàre, *v. i. e t.* **1** (*lett.*) to debate **2** (*iron.*) to hold* forth; to speechify.

discettatóre, *m.* (*f.* **-trice**) **1** (*lett.*) debater **2** (*iron.*) speechifier.

discettazióne, *f.* **1** lengthy examination **2** (*iron.*) lecture.

dischétto, *m.* **1** small disc **2** (*calcio*) penalty spot: **calcio dal d.**, penalty kick **3** (*ferr.*) point signal **4** (*elab.*) diskette.

dischiùdere, A *v. t.* **1** to open (slightly); to part: **d. gli occhi**, to open one's eyes; **d. le labbra**, to part one's lips **2** (*manifestare*) to disclose; to reveal. **B dischiùdersi,** *v. i. pron.* to open; to open up; to part.

dischiùso, *a.* (slightly) open; ajar: **La porta era appena dischiusa**, the door was ajar.

discifórme, *a.* (*bot.*) disc-shaped.

discineṣìa, *f.* (*med.*) dyskinesia.

discinètico, (*med.*) **A** *a.* dyskinetic. **B** *m.* (*f.* **-a**) dyskinetic patient.

discìngere, *v. t.* to ungird; to unfasten; to undo*.

discìnto, *a.* **1** scantily dressed; half-dressed; (*scherz.*) in a state of undress **2** (*poveramente vestito*) poorly dressed; shabbily dressed.

disciògliere, A *v. t.* **1** (*slegare*) to unbind*; to unfasten; to undo* **2** (*liquefare*) to dissolve; to dilute; to melt; (*la neve*) to thaw **3** (*sciogliere*) to dissolve. **B disciògliersi,** *v. i. pron.* **1** (*slegarsi*) to loosen; to come* undone **2** (*liquefarsi*) to dissolve; to melt; (*di neve*) to thaw **3** (*sciogliersi*) to dissolve.

disciplìna, *f.* **1** discipline: **d. militare**, military discipline; **d. di partito**, party discipline; **d. ferrea**, strict discipline; rod of iron; **mantenere la d.**, to maintain discipline; **imporre la d.**, to enforce discipline; **un insegnante che non sa mantenere la d. in classe**, a teacher that cannot keep order in his classroom **2** (*materia di studio*) subject; discipline; branch of learning: **discipline giuridiche**, branches of the law **3** (*insegnamento*) teaching **4** (*regolamentazione*) rules and regulations (*pl.*); control: **d. delle importazioni**, rules and regulations governing imports; **d. del traffico**, traffic control **5** (*sport*) discipline **6** (*flagello penitenziale*) discipline; scourge: **darsi la d.**, to discipline (*o* to scourge) oneself **7** (*fig.*) school; teaching; discipline: **la d. del dolore**, the school of grief. ● **commissione di d.**, disciplinary commission □ (*mil.*) **sala di d.**, guardroom.

disciplinàbile, *a.* disciplinable.

disciplinaménto, *m.* disciplining.

disciplinàre (1), A *v. t.* **1** to discipline; to impose discipline upon; to enforce order on **2** (*regolare*) to regulate; to control: **d. il traffico**, to regulate the traffic **3** (*relig.*) to chastise; (*flagellare*) to scourge. **B disciplinàrsi,** *v. rifl.* **1** to discipline oneself **2** (*flagellarsi*) to scourge oneself.

disciplinàre (2), A *a.* disciplinary: **provvedimento d.**, disciplinary measure. **B** *m.* (*di prodotto*) specifications (*pl.*); (*di attività*) rules and regulations (*pl.*).

disciplinataménte, *avv.* in an orderly way; dutifully.

disciplinatézza, *f.* submissiveness to discipline.

disciplinàto, *a.* **1** (*ubbidiente*) disciplined; obedient; well-behaved: **poco d.**, undisciplined; unruly **2** (*ordinato*) disciplined, orderly; (*di manovre mil., balli, ecc.*) well-drilled.

disco (1), *m.* **1** disc, disk (*USA*): **d. orario**, parking disc; **d. solare**, solar disc **2** (*d. fonografico*) record; disc, disk: **d. microsolco**, long-playing (record); **incidere un d.**, to cut a disc (*o* a record) **3** (*sport*) discus*: **lancio del d.**, discus throwing **4** (*hockey sul ghiaccio*) puck **5** (*ferr.*) railway signal target; disc signal **6** (*anat.*) disc, disk: (*med.*) **ernia del d.**, slipped disc **7** (*bot.*) disc, disk; discoid floret: **d. fiorale**, flower disc **8** (*mecc., aeron.*) disc, disk; wheel; plate: **d. dell'elica**, propeller disc; **d. della frizione**, clutch disc (*o* plate); **d. dentato**, toothed disc; **d. paraolio**, oil splash guard disc; **freni a d.**, disc brakes **9** (*elab.*) disk, disc: **d. rigido** (*o* **fisso**), hard disk; **d. flessibile**, floppy (disk); **d. ottico**, optical disk **10** (*di elettrodomestico trituratore*) blade. ● (*telef.*) **d. combinatore**, dial □ (*di pompa*) **d. inclinato**, swash plate □ (*fig.*) **d. rosso**, red light □ (*fig.*) **d. verde**, green light □ **d. volante**, flying saucer □ (*fig.*) **cambiare d.**, to change the record.

disco (2), *f. invar.* **1** (*musica*) disco music **2** (*ballo*) disco dance **3** (*locale*) disco.

discòbolo, *m.* (*sport: stor.*) discobolus*; (*moderno*) discus thrower.

discòfilo, *m.* (*f.* **-a**) record collector.

discòforo, *m.* (*arte*) discus bearer.

discografìa, *f.* **1** (*tecnica*) recording; record-making **2** (*industria*) record industry **3** (*elenco*) discography.

discogràfico, A *a.* record (*attr.*): **casa discografica**, record company; **registrazione discografica**, recording. **B** *m. e f.* **1** person working in the record industry **2** (*industriale*) record-company owner.

discoidàle, *a.* discoid(al); disc-shaped.

discòide, A *a.* discoid(al); disc-shaped. **B** *m.* (*farm.*) tablet; discoid.

discola, *f.* naughty girl; (*maschiaccio*) tomboy, hoyden.

discolibro, *m.* audiobook.

discolo, A *a.* (*birichino*) mischievous, naughty; (*scapestrato*) wild, unruly, rebellious. **B** *m.* naughty boy; little rascal; scamp; little rogue.

discoloràre, A *v. t.* to discolour; to make* pale. **B discoloràrsi,** *v. i. pron.* to discolour;

(*impallidire*) to grow* (*o* to go*) pale.

discólpa, *f.* ***1*** excuse; defence: **a mia d.**, in my defence; as evidence of my innocence; (*leg.*) **testimone a d.**, witness for the defence ***2*** (*leg.*) exoneration.

discolpàre, A *v. t.* ***1*** to clear (sb. of a charge) ***2*** (*scusare*) to excuse; to justify ***3*** (*leg.*) to exonerate. **B discolpàrsi,** *v. rifl.* ***1*** to clear oneself (of a charge); to prove one's innocence ***2*** (*giustificarsi*) to justify oneself.

disconnessióne, *f.* disconnection, disconnexion.

disconnèttere, *v. t.* ***1*** to separate ***2*** (*telef.*) to disconnect.

disconoscènte, *a.* ungrateful.

disconóscere, *v. t.* ***1*** (*rifiutarsi di riconoscere*) to disown; to disavow; to refuse to acknowledge: **d. una firma**, to disown a signature ***2*** (*fingere di non conoscere*) to ignore ***3*** (*leg.*) to disclaim: **d. un figlio**, to disclaim paternity of a child.

disconosciménto, *m.* (*leg.*) disownment; disavowal; disclaimer: **d. di paternità**, disclaimer of paternity.

disconosciùto, *a.* unacknowledged; unrecognized.

discontinuità, *f.* ***1*** (*disgiunzione*) discontinuity; break in continuity; gap ***2*** (*irregolarità*) irregularity, fitfulness; (*incostanza*) discontinuity: **con d.**, fitfully; in fits and starts ***3*** (*scient.*) discontinuity.

discontinuo, *a.* ***1*** (*disgiunto*) discontinuous; broken: **linee discontinue**, broken lines ***2*** (*intermittente*) intermittent, inconstant, desultory, fitful, erratic; (*irregolare*) uneven: **rendimento d.**, desultory performance; **atleta d.**, inconstant athlete; **È d. nello studio**, his progress at school is erratic.

disconvenìre, *v. i.* to be unbecoming; to be unsuitable; to be unfit.

discoprìre, *v. t.* (*lett.*) ***1*** (*rinvenire*) to discover; to find* out; (*portare alla luce*) to bring* to light ***2*** (*palesare*) to disclose; to make* known.

discordànte, *a.* ***1*** discordant; dissonant; (*in disaccordo*) conflicting, clashing, disagreeing ***2*** (*di suoni*) discordant; dissonant; jarring ***3*** (*di colori*) clashing ***4*** (*geol.*) discordant; unconformable.

discordànza, *f.* ***1*** (*disarmonia*) discordance; dissonance; clash: **d. di suoni**, dissonance; **d. di colori**, clash of colours ***2*** (*disaccordo*) variance; disagreement; clash: **d. di opinioni**, clash of opinions ***3*** (*geol.*) discordance.

discordàre, *v. i.* ***1*** to disagree; to clash; to be at variance ***2*** (*di suoni*) to be discordant; to discord; to jar ***3*** (*di colori*) to clash.

discòrde, *a.* discordant; contradictory; of a different opinion (*pred.*); (*in disaccordo*) conflicting, disagreeing, clashing: **essere discordi**, to differ; to disagree; to be at variance: **Le loro opinioni erano discordi**, their opinions varied; **I soci erano discordi**, the members differed (*o* disagreed).

discòrdia, *f.* ***1*** discord; strife; (*diversità di opinioni*) variance, disagreement: **il pomo della d.**, apple of discord; bone of contention; **essere in d. con q.**, to be at variance (*o* in disagreement) with sb.; **C'è d. tra gli esperti su questo punto**, there is disagreement among experts on this point; **seminare la d.**, to make mischief; to stir up trouble; to sow discord; **In quella casa regna la d.**, there is constant strife in that house ***2*** (*discrepanza*) discrepancy: **C'è d. tra la mia testimonianza e la tua**, there is a discrepancy between my evidence and yours.

discórrere, A *v. i.* ***1*** to talk; (*in modo fam.*) to chat, to chatter; (*in una lezione o conferenza*) to talk, to speak*, to give* a talk: **d. del più e del meno**, to talk about this and that; to chat; **d. alla buona, tra amici**, to chat informally, among friends ***2*** (*region.*) to be courting. ● **e via discorrendo**, and so on; and so forth. **B** *m.* talk: **Si fa un gran d. sul tuo film**, everybody is talking about your film.

discorsivaménte, *avv.* in a conversational (*o* a colloquial, an informal) style.

discorsività, *f.* ***1*** conversational style ***2*** (*loquacità*) talkativeness ***3*** (*filos.*) discursiveness.

discorsìvo, *a.* ***1*** conversational: **scrivere in stile d.**, to write in a conversational style ***2*** (*loquace*) conversational; talkative ***3*** (*filos.*) discursive.

discórso, *m.* ***1*** speech; address: **fare un d.**, to make a speech; **tenere** (*o* **pronunciare**) **un d.**, to deliver a speech; to address (sb.); **il d. della Corona**, the speech from the Throne; **d. di ringraziamento**, speech of thanks; **d. preparato** [**improvvisato**], set [impromptu] speech; **d. in piazza**, (public) speech; **d. inaugurale**, opening address; **Mi fece un lungo d. sui doveri del cittadino**, he gave me a long speech (*o* he lectured me) on a citizen's duties ***2*** (*colloquio*) talk; (*conversazione*) talk, conversation: **Devo farti un d.**, I must have a talk with you; **discorsi animati**, lively conversation; **discorsi oziosi**, idle talk; **d. a quattrocchi**, tête-à-tête; **Il d. cadde sulla nuova riforma**, the conversation came round to the subject of the new reform; the subject of the new reform cropped up ***3*** (*argomento di conversazione*) subject, matter; (*storia*) story: **Entrai in d. dicendo...**, I introduced the subject by saying...; **cambiare d.**, to change the subject; **lasciar cadere il d.**, to let the matter drop; **Questo è un altro d.**, that's quite another matter (*o* quite a different story); **È un lungo d.**, it's a long story ***4*** (*parole, osservazioni*) words (*pl.*); remarks (*pl.*); things (*pl.*): **Il suo d. mi lasciò perplessa**, his words puzzled me; **Non mi piacciono questi discorsi**, I don't like to hear such things ***5*** (*ling.*) speech: **d. diretto** [**indiretto**], direct [indirect] speech; **le parti del d.**, the parts of speech; **analisi del d.**, sentence analysis ***6*** (*pl.*) (*discorsi futili*; *chiacchiere*) nonsense (*sing.*): **Che discorsi!**, what nonsense!; **Tutti discorsi!**, nothing but words!; **Che discorsi sono questi?**, what nonsense is that?; (*che vuoi dire?*) what on earth do you mean?; **Pochi discorsi, se no chiamo le guardie**, no nonsense now, or I'll call the police; **dire q.c. senza tanti discorsi**, to come straight to the point; to say st. without wasting words; **Basta coi discorsi e dimmi la verità**, stop beating about the bush and tell me the truth. ● **attaccare d. con q.**, to strike up a conversation with sb. □ **Se guardiamo alla scuola, il d. non cambia**, the same holds true for education □ **Io faccio un d. di principio**, I'm talking about principles □ **Se facciamo un d. di prezzo, posso venirvi incontro**, if price is the matter, I can meet you halfway □ **Basta! Fine del d.!**, that's enough! subject closed! □ **perdere il filo del d.**, to lose the thread (of what one was saying) □ **portare avanti un d.**, to be active in promoting (st.).

discostàre, A *v. t.* to move (st.) away. **B discostàrsi,** *v. rifl.* ***1*** to draw* (*o* to move) away from; (*rif. a un argomento*) to wander off ***2*** (*fig.*: *divergere*) to diverge from; to break* with.

discòsto, A *a.* ***1*** far ***2*** (*fig.*: *alieno*) averse (to, from). **B** *avv.* at some distance. **C discòsto da,** *locuz. prep.* far from; at some distance from: **poco d. dalla scuola**, not far from the school.

discotèca, *f.* ***1*** record library ***2*** (*locale*) discothèque; disco (*abbr. fam.*).

discotecàrio, *m.* (*f.* **-a**) record librarian.

discrasìa, *f.* (*med.*) dyscrasia.

discreditàre, (*lett.*) **A** *v. t.* to discredit; to bring* (sb., st.) into discredit (*o* disrepute). **B discreditàrsi,** *v. i. pron.* to be discredited; to fall* into disrepute.

discrédito, *m.* disrepute; bad name; discredit: **cadere in d.**, to fall into disrepute; **mettere q.** [**q.c.**] **in d.**, to give sb. [st.] a bad name; **gettare d. su q.** [**q.c.**], to heap discredit on sb. [st.]; **Questo tornerà a tuo d.**, this will bring discredit on you.

discrepànte, *a.* discrepant; diverging; contradictory.

discrepànza, *f.* discrepancy; contradiction; disagreement; variance: **C'era una d. considerevole tra le nostre opinioni**, there was a considerable discrepancy between our opinions.

discretaménte, *avv.* ***1*** (*con tatto, con discrezione*) discreetly; tactfully ***2*** (*abbastanza*) reasonably; fairly; tolerably; moderately; not too badly: **cavarsela d.**, to do reasonably well; **guadagnare d.**, to earn moderately well (*o* quite a reasonable salary); **«Come ti senti?» «D.»**, «how are you?» «not too bad».

discretézza, *f.* ***1*** discretion ***2*** (*moderazione*) moderation.

discréto, *a.* ***1*** (*che ha discrezione*) discreet; (*riservato*) quiet ***2*** (*abbastanza buono*) fair, reasonable, not too bad, fairly good, pretty good; (*sufficiente*) competent, moderate, adequate: **un vino d.**, a fairly good wine; **stipendio d.**, reasonable (*o* moderately good) salary; **giornata discreta**, fine day; **prezzo d.**, fair price; **Il cibo è d.**, the food is not too bad; **un d. successo**, a moderate success; **una discreta conoscenza dell'inglese**, a fairly good (*o* competent) knowledge of English; **Ho un d. appetito**, I'm farly hungry; I'm peckish (*fam.*) ***3*** (*moderato*) moderate: **essere d. nei desideri**, to be moderate in one's desires ***4*** (*mat.*) discrete.

discrezionàle, *a.* (*anche leg.*) discretionary; discretional: **poteri discrezionali**, discretionary powers.

discrezionalità, *f.* discretionary power.

discrezióne, *f.* ***1*** discretion; tact: **gli anni della d.**, the years of discretion; **fidarsi della d. di q.**, to rely on sb.'s discretion; **agire con d.**, to use tact ***2*** (*arbitrio*) discretion: **a d. di**, at the discretion of; **a mia d.**, at my discretion ***3*** (*moderazione*) moderation: **chiedere con d.**, to be moderate in one's requests. ● **a d.** (*a volontà*), as much as one likes □ **arrendersi a d.**, to surrender at discretion □ **senza d.**, (*smoderatamente*) immoderately; (*senza tatto*) indiscreetly.

discriminànte, A *a.* discriminating; discriminant. **B** *m.* (*mat.*) discriminant. **C** *f.* (*leg.*) extenuating circumstance.

discriminàre, *v. t.* to discriminate; to distinguish.

discriminatìvo, *a.* discriminating.

discriminatóre, *m.* (*elettron.*) discriminator.

discriminatòrio, *a.* discriminatory; discriminating.

discriminatùra, *V.* **scriminatura**.

discriminazióne, *f.* discrimination: **Non faccio discriminazioni**, I make no discriminations; **d. sessuale**, sex discrimination.

discrìmine, *m.* dividing line; watershed.

discromatopsìa, *f.* (*med.*) dyschromatopsia.

discromìa, *f.* (*med.*) dyschromia.

discussióne, *f.* ***1*** (*dibattito*) discussion; debate: **d. del bilancio pubblico**, budget debate; **argomento di d.**, subject for discussion ***2*** (*disputa*) dispute; argument; quarrel: **d. accesa**, heated argument. ● (*leg.*) **d. di una causa**, trial of a case; hearing; pleading □ **d. di un progetto di legge**, hearing of a bill □ **fuori d.**, beyond dispute; indisputable □ **in d.**, under discussion; in dispute; (*in dubbio*) in question □ **mettere in d.**, to bring forward; (*sollevare dubbi*) to question, to challenge; (*criticare*) to criticize □ **rimettere tutto in d.**, to reopen the whole question.

discùsso, *a.* ***1*** discussed; debated; argued ***2*** (*che provoca polemiche*) controversial.

discùtere, *v. t.* e *i.* ***1*** to discuss; to debate; to talk over; (*parlare di*) to talk: **Stavamo di-**

scutendo se andare, we were discussing (*o* debating) whether to go; **d. un progetto di legge**, to debate a bill; **Discutiamone prima di impegnarci**, let's talk it over before committing ourselves; **d. di politica [di affari]**, to talk politics [business] **2** (*mettere in dubbio*) to question, to raise doubts on; (*contestare*) to argue, to challenge; **Non discuto che sia abile, ma...**, I am not questioning his ability, but...; **d. un ordine**, to challenge an order; **Obbedisci senza d.**, do what you are told without arguing; **Questo non si discute**, there is no question about this **3** (*litigare*) to argue; to quarrel: **Non fanno che d.**, they are always quarrelling; **Non perdere tempo a d. con lui**, don't waste time arguing with him. ● (*leg.*) **d. una causa**, (*di tribunale*) to hear a case; (*di avvocato difensore*) to plead a case □ **d. sul prezzo**, to haggle (over the price).

discutìbile, *a.* **1** that can be debated **2** (*a cui si può obiettare*) questionable, debatable, open to challenge; (*dubbio*) doubtful, dubious; (*criticabile*) that may be criticized: **scelta d.**, questionable choice; **gusti discutibili**, questionable (*o* doubtful) tastes; **Il metodo è d., ma i risultati sono buoni**, the method may be criticized, but the results are good; **reputazione molto d.**, highly dubious reputation.

discutibilità, *f.* disputableness; questionableness; doubtfulness.

disdegnàre, *v. t.* to disdain; to despise; to scorn.

disdégno, *m.* disdain; scorn. ● **avere a d.**, to disdain; to scorn.

disdegnóso, *a.* disdainful; scornful.

disdétta, *f.* **1** (*leg.*) notice: **dare la d.**, to give notice **2** (*comm.*) cancellation: **la d. di un'ordinazione**, the cancellation of an order **3** (*sfortuna*) (piece of) bad luck; misfortune: **avere d.**, to be unlucky; **Ma guarda che d.!**, isn't that bad luck!

disdettàre, *v. t.* **1** (*leg.*) to give* notice of termination of **2** (*comm.*) to cancel; to rescind.

disdétto, *a.* cancelled.

disdicévole, *a.* (*lett.*) unbecoming; unsuitable.

disdire (1), *v. t.* **1** (*un contratto e sim.*) to rescind, not to renew; (*annullare*) to cancel, to call off; (*rinunciare a*) to give* up: **d. una prenotazione**, to cancel a booking; **d. un'opzione**, to give up an option; **d. un abbonamento**, to discontinue a subscription; **d. un affitto**, to give notice to one's landlord **2** (*ritrattare*) to retract, to take* back; (*negare*) to deny **3** (*contraddire*) to contradict; to give* the lie to: **I fatti disdicono le tue parole**, the facts give you the lie. ● **dire e d.**, to go back on one's word.

disdire (2), *v. i.* **disdirsi,** *v. i. pron.* (*essere sconveniente*) to ill become* (sb.); to be unbecoming to: **Tale comportamento disdice a un uomo in vista**, such behaviour ill becomes a public figure.

disdòro, *m.* disrepute; shame; disgrace; discredit; dishonour: **recare d. a q.**, to bring shame on sb.; to discredit sb.; **con mio d.**, to my shame; **È il d. della famiglia**, he is a disgrace to his family.

diseccitàre, *v. t.* (*elettr.*) to deenergize.

diseconomìa, *f.* **1** diseconomy: **diseconomie di scala**, diseconomies of scale **2** (*squilibrio economico*) economic gap.

diseconomicità, *f.* expensiveness; inefficiency.

diseconòmico, *a.* uneconomical; wasteful; inefficient.

diseducàre, *v. t.* (*educare male*) to bring* up badly; (*essere diseducativo*) to be educationally harmful (for).

diseducativo, *a.* educationally harmful; morally bad (*o* harmful).

diseducazióne, *f.* bad upbringing.

disegnàre, *v. t.* **1** to draw*; (*a contorno*) to outline; (*ricalcando*) to trace: **d. a matita [a carboncino, a penna, a mano libera]**, to draw in pencil [in charcoal, in pen and ink, freehand]; **d. in scala**, to draw to scale **2** (*progettare*) to design; to style (*USA*): **d. un vestito [mobili]**, to design a dress [furniture] **3** (*fig.*) to outline; to describe: **Gli disegnai il mio piano**, I outlined my plan to him **4** (*stabilire*) to plan; to intend; to arrange: **Avevo disegnato di partire**, I had planned to leave.

disegnatóre, *m.* (*f.* **-trice**) **1** drawer; artist; (*specialm. tecnico*) draughtsman*, draftsman* (*USA*) (*f.* draughtswoman*, draftswoman*) **2** (*progettista*) designer; stylist (*USA*): **d. di stoffe**, textile designer; **d. di moda**, dress designer.

diségno, *m.* **1** drawing; (*per arazzo, affresco, ecc.*) cartoon: **un d. a matita [a carboncino, a pastello, a penna]**, a pencil [charcoal, crayon, pen-and-ink] drawing; **d. a mano libera**, freehand drawing; **d. in scala**, scale drawing; **d. di particolari**, detail drawing **2** (*il disegnare*) drawing; (*tecnica del disegno*) daughtsmanship, draftsmanship (*USA*): **È bravo nel d.**, he is good at drawing; he draws well; **esercitarsi nel d.**, to practise draughtsmanship **3** (*progetto, anche fig.*) design: **d. industriale**, industrial design; **il d. per la realizzazione di una macchina**, a design for a machine **4** (*motivo decorativo*) design; pattern: **Tende e copriletto hanno lo stesso d.**, curtains and bedspread have the same design; **un d. nero su fondo bianco**, a black pattern on a white background; **L'ombra delle foglie formava un d. sul muro**, the shadows of the leaves made a pattern on the wall; (*autom.*) **d. del battistrada**, tread pattern **5** (*fig.*: *intenzione*) intention; (*piano, progetto*) design, plan, scheme; (*abbozzo*) outline, sketch: **Il mio d. era stato di stabilirmi qui**, it had been my intention to settle here; **Secondo il d. originale, il protagonista moriva**, in the original plan, the hero died **6** (*edil.*) design; plan. ● (*cinem.*) **d. animato**, (animated) cartoon □ (*leg.*) **d. di legge**, bill □ (*archit.*) **d. in alzata**, elevation □ (*archit.*) **d. in pianta**, plan □ **professore di d.**, art teacher □ **puntina da d.**, drawing pin (*GB*); thumbtack (*USA*) □ **tavolo da d.**, drawing board.

diseguàle, *V.* **disuguale.**

disellàre, *v. t.* to unsaddle.

disendocrinìa, *f.* (*med.*) endocrinopathy.

disequazióne, *f.* (*mat.*) inequality: **disequazioni lineare**, linear inequalities.

disequilibrio, *m.* imbalance; lack of balance; (*econ.*) disequilibrium.

diserbàggio, *m.* (*agric.*) weeding.

diserbànte, (*agric.*) **A** *a.* herbicidal. **B** *m.* herbicide; weedkiller.

diserbàre, *v. t.* (*agric.*) to weed; to kill weeds; to free from weeds.

diserbatùra, *f.* **disèrbo,** *m.* (*agric.*) weeding; weedkilling.

diseredàre, *v. t.* to disinherit.

diseredàto, A *a.* **1** disinherited **2** (*fig.*) poor; derelict. **B** *m.* – **i diseredati**, the underprivileged; the destitute; the have-nots (*fam.*).

diseredazióne, *f.* (*leg.*) disinheritance.

disergìa, *f.* (*med.*) dysergia.

disertàre, A *v. t.* **1** (*abbandonare*) to leave*; to desert: **d. la campagna**, to leave the fields; **d. la scuola**, to drop out of school **2** (*non frequentare*) to fail to attend; to stay away from: **d. una riunione**, to fail to attend a meeting; **d. le lezioni**, to stay away from classes; to play truant; **d. gli amici**, to neglect one's friends. **B** *v. i.* to desert (*anche mil.*); to defect: **d. dall'esercito**, to desert from the army.

disertóre, *m.* deserter (*anche mil.*); defector.

diserzióne, *f.* (*mil.* e *fig.*) desertion.

disfaciménto, *m.* **1** (*lett.*: *il disfare*) undoing **2** (*putrefazione*) decay **3** (*fig.*: *rovina*) ruin, destruction; (*lo sfaldarsi*) break-up: **il d. di una famiglia [di un impero]**, the break-up of a family [of an empire].

disfagìa, *f.* (*med.*) dysphagia.

disfàre, A *v. t.* **1** to undo*: **d. il lavoro che era stato fatto**, to undo the work that had been done **2** (*una cosa legata*) to undo*: **d. un nodo [una benda]**, to undo a knot [a bandage] **3** (*lavoro a maglia e sim.*) to unravel; (*una cucitura*) to unpick: **d. le maniche**, to unravel the sleeves **4** (*una cosa fasciata*) to unwrap; (*una cosa imballata*) to unpack: **d. un pacchetto**, to unwrap a parcel **5** (*smontare*) to take* apart; to dismantle; (*una costruzione*) to take* down: **d. l'impalcatura**, to take down the scaffolding **6** (*esaurire*) to exhaust; to wear* out **7** (*sciogliere, struggere*) to melt*. ● **d. la casa**, to empty a house □ **d. un letto**, to strip a bed □ **d. le valigie**, to unpack (one's bags). **B disfarsi,** *v. i. pron.* **1** (*ridursi in pezzi*) to fall* to pieces; to collapse **2** (*slacciarsi*) to come* undone **3** (*di lavoro a maglia e sim.*) to unravel **4** (*sciogliersi*) to melt **5** (*guastarsi*) to go* bad; to decay. ● **d. in lacrime**, to dissolve in tears. **C disfarsi,** *v. rifl.* (*liberarsi di*) to get* rid of; to dispose of.

disfasìa, *f.* (*med.*) dysphasia.

disfàtta, *f.* **1** (*mil.*) defeat; rout **2** (*fig.*) debacle; overthrow; trouncing.

disfattismo, *m.* defeatism.

disfattista, *a., m.* e *f.* defeatist.

disfàtto, *a.* **1** undone **2** (*distrutto*) destroyed, ruined; (*fig.*) broken, shattered, crushed **3** (*slacciato*) undone **4** (*di tessuto e sim.*) unravelled; unpicked **5** (*di letto*) stripped; unmade **6** (*di valigia*) unpacked **7** (*tolto dall'involucro*) unwrapped **8** (*sciolto*) melted **9** (*sconfitto*) defeated **10** (*fig.*: *molto stanco*) worn-out; exhausted.

disfavóre, *m.* **1** (*lett.*) disfavour: **cadere in d.**, to fall into disfavour **2** (*svantaggio*) disadvantage: **a d. di q.**, against sb.; to sb.'s disadvantage.

disféci, *1ª pers. sing. pass. rem. di* **disfare.**

disfemìa, *f.* (*med.*) dysphemia.

disfemismo, *m.* (*retor.*) dysphemism.

disfida, *f.* (*lett.*) challenge: **mandare una d.**, to issue a challenge; **gettare la d.**, to throw* down the gauntlet.

disfonìa, *f.* (*med.*) dysphonia.

disfònico, *a.* (*med.*) dysphonic.

disforìa, *f.* (*psic.*) dysphoria.

disfòrico, *a.* (*psic.*) dysphoric.

disfrasìa, *f.* (*med.*) dysphrasia.

disfunzionàle, *a.* **1** (*med.*) dysfunctional **2** inefficient; inadequate.

disfunzióne, *f.* **1** (*med.*) trouble; disorder; dysfunction: **d. epatica**, liver trouble **2** (*fig.*) malfunction; failing; trouble.

disgàggio, *m.* (*ind. min.*) scaling.

disgelàre, A *v. t.* to thaw out; (*scongelare*) to defrost. **B** *v. i.* to thaw. ● **Quest'anno sta disgelando tardi**, the thaw has set in late this year.

disgèlo, *m.* (*anche fig.*) thaw.

disgiùngere, A *v. t.* **1** (*disunire*) to separate; to disjoin **2** (*considerare separatamente*) to distinguish. **B disgiùngersi,** *v. rifl.* e *rifl. recipr.* to separate; to part.

disgiungiménto, *m.* separation; disjunction.

disgiuntaménte, *avv.* separately.

disgiuntivo, *a.* (*gramm.*) disjunctive: **congiunzione disgiuntiva**, disjunctive conjunction.

disgiùnto, *a.* disconnected; separate; unlinked.

disgiunzióne, *f.* **1** disjunction; separation **2** (*telef.*) disconnection.

disgrafìa, *f.* (*med.*) dysgraphia.

disgràzia, *f.* **1** (*sfavore*) disgrace: **cadere in d.**, to fall into disgrace; **È in d. presso il capo**, he is out of favour with the boss; he fell foul of the boss; he is in the boss's bad books (*fam.*); **essere in d.**, to be under a cloud **2**

(*sfortuna*) ill (*o* bad) luck, misfortune; (*avversità*) trouble; (*incidente involontario*) accident, mishap: **La d. lo perseguitava**, misfortune dogged him; **portare d.**, to bring bad luck; to be unlucky; **D. volle che fossi visto**, as luck would have it, I was seen; **per d.**, unfortunately; unluckily; **È stata una d., non l'ho rotto apposta**, it was an accident, I didn't break it on purpose; **Ha la d. di avere un marito che beve**, she is cursed with an alcoholic husband; **Gli raccontai le mie disgrazie**, I told him my troubles ***3*** (*incidente, disastro*) accident; disaster: **È successa una d.**, there has been an accident; **Sono morti tutti. Che disgrazia!**, they all died. How terrible! ● (*prov.*) **Le disgrazie non vengono mai sole**, it never rains but it pours.

disgraziàta, *f.* ***1*** (*poveretta*) wretch; wretched woman* ***2*** (*sciagurata*) foolish woman*; fool; damn woman* ***3*** (*idiota*) idiot.

disgraziataménte, *avv.* unfortunately; unhappily; unluckily; as luck would have it.

disgraziàto, A *a.* ***1*** (*sfortunato*) unfortunate; unlucky; wretched; ill-starred; **nascere d.**, to be born unlucky (*o* under an evil star); **essere d. in amore**, to be unlucky in love; **È una famiglia proprio disgraziata, la sua!**, his family is really dogged by misfortune!; **un viaggio d.**, an ill-starred journey; **un anno d.**, a disastrous year; **idea d.**, unfortunate idea; **una commedia disgraziata**, a flop ***2*** (*eufem.*: *deforme*) misshapen ***3*** (*infelice*) wretched; miserable: **una vita disgraziata**, a wretched life. **B** *m.* ***1*** (*poveretto*) wretch; wretched man* ***2*** (*sciagurato*) wretch; silly idiot; fool; bastard; scoundrel: **D.! sei stato tu?**, so it was you, you wretch!; **Dovrebbero metterlo dentro, quel d.!**, that bastard should be sent to jail! ***3*** (*idiota*) idiot: **Lascialo perdere, è un povero d.**, leave him be, he's just an idiot!

disgregàbile, *a.* that can be broken up; separable.

disgregaménto, *m.* ***1*** breaking up ***2*** (*fis.*) disgregation.

disgregàre, A *v. t.* ***1*** to break* up; to disintegrate; to separate; (*sbriciolare*) to crumble: **Il gelo disgrega le rocce**, frost breaks up rocks ***2*** (*fig.*) to break* up; to disrupt; to disperse; to separate; to disunite: **d. un partito**, to break up (*o* to disrupt) a party ***3*** (*fis.*) to disgregate. **B disgregàrsi,** *v. i. pron.* ***1*** to disintegrate; to break* up (*o* down); to separate ***2*** (*fig.*) to disunite; to be dispersed; to break* up: **La famiglia si disgregò**, the family broke up.

disgregatìvo, *a.* disintegrating; disruptive; that may cause the break-up (of).

disgregatóre, *a.* disintegrating; disruptive.

disgregazióne, *f.* ***1*** break-up; disruption; disintegration ***2*** (*fis.*) disgregation.

disguido, *m.* ***1*** (*postale*) misdelivery; wrong delivery; miscarriage: **perdersi per un d.**, to miscarry; to be lost in the mail ***2*** (*contrattempo*) hitch; snag; contretemps (*franc.*).

disgustàre, A *v. t.* ***1*** to make* (sb.) feel sick; to revolt: **Il fritto mi disgusta**, fried things revolt me ***2*** (*fig.*) to disgust; to sicken; to make* (sb.) sick; to nauseate: **Mi disgusta vedere tanto spreco**, I am disgusted by all this waste; **Mi disgustarono il sudiciume e la brutalità**, the dirt and brutality sickened me. **B disgustàrsi,** *v. i. pron.* to become* disgusted (with sb.; at, by, with st.).

disgustàto, *a.* disgusted; nauseated; sickened; revolted.

disgùsto, *m.* disgust; (*ripugnanza*) repugnance, repulsion; (*avversione*) aversion, distaste, dislike: **avere d. per q.c.**, to feel disgust at st.; to have a dislike of (*o* for) st.; **Sento d. per la carne**, I have an aversion for meat; **con d.**, in disgust; with a feeling of nausea; **non riuscire a vincere il proprio d. per q.c.**, to be unable to overcome one's repugnance to st.

disgustóso, *a.* disgusting; repugnant; revolting; repulsive; sickening; nauseating: **Che odore d.!**, what a disgusting smell!; **uno spettacolo d.**, a revolting (*o* shocking) sight; **un individuo d.**, a squalid individual.

disidratànte, (*chim.*) **A** *a.* dehydrating. **B** *m.* dehydrator.

disidratàre, A *v. t.* ***1*** (*chim.* e *med.*) to dehydrate ***2*** (*ind. min.*) to dewater. **B disidratàrsi,** *v. i. pron.* to dehydrate.

disidratatóre, *m.* ***1*** (*chim.*) dehydrator ***2*** (*ind. min.*) dewaterer.

disidratazióne, *f.* ***1*** (*chim.* e *med.*) dehydration ***2*** (*ind. min.*) dewatering.

disillàbico, *a.* dis(s)yllabic.

disillabo, A *a.* dis(s)yllabic. **B** *m.* dis(s)yllable.

disillùdere, A *v. t.* ***1*** to disillusion; to disenchant; (*disingannare*) to disabuse, to undeceive ***2*** (*deludere*) to disappoint. **B disillùdersi,** *v. i. pron.* to be disillusioned; to be disenchanted.

disillusióne, *f.* disillusion; disenchantment: **avere una d.**, to be disillusioned.

disillùso, *a.* disillusioned; disenchanted.

disimballàggio, *m.* unpacking.

disimballàre, *v. t.* to unpack.

disimpacciàto, *a.* ***1*** disencumbered; disburdened ***2*** (*fig.*: *disinvolto*) easy; casual.

disimparàre, *v. t.* ***1*** to unlearn*; (*dimenticare come si fa*) to forget*: **È una cosa che non si può d.** it's something you cannot unlearn; **Ho disimparato a guidare**, I have forgotten how to drive ***2*** (*perdere l'abitudine*) to get* out of the habit (of doing st.); to learn* not to (do st.).

disimpegnàre, A *v. t.* ***1*** (*cosa data in pegno*) to get* (st.) out of pawn; to redeem: **d. la collana**, to redeem one's necklace ***2*** (*liberare da un obbligo, da una promessa*) to disengage (sb. from st.); to release (sb. from st.); to relieve (sb. of st.) ***3*** (*liberare*) to free; to release ***4*** (*mil.*) to disengage; to relieve ***5*** (*naut.*) to clear; to free: **d. un'ancora**, to clear an anchor ***6*** (*sport*) to relieve ***7*** (*una stanza, ecc.*) to make* (a room, etc.) independent; to give* free access to ***8*** (*adempiere*) to fulfil; to carry out; to perform; to do*: **d. i propri doveri**, to carry out one's duties; **d. le faccende di casa**, to do the housework. **B disimpegnàrsi,** *v. rifl.* ***1*** to get* out of; to disengage (*o* to release) oneself; to extricate oneself; (*liberarsi*) to free oneself: **d. da una promessa**, to disengage oneself from a promise; **Si è disimpegnato da ogni obbligo verso di loro**, he is free of all obligations towards them ***2*** (*cavarsela*) to manage; to cope: **Non sarò capace di disimpegnarmi senza aiuto**, I shan't be able to manage without help; **Si disimpegna bene nelle nuove funzioni**, he is coping well with his new assignment ***3*** (*mil.*) to disengage; to withdraw* ***4*** (*naut.*) to disengage ***5*** (*sport*) to clear.

disimpegnàto, *a.* ***1*** (*riscattato*) redeemed ***2*** (*libero*) free; (*di locale*) independent, with free access ***3*** (*in senso sociale, politico*) uncommitted.

disimpégno, *m.* ***1*** (*di cosa data in pegno*) redemption; redeeming ***2*** (*da un obbligo*) disengagement; release ***3*** (*sociale, politico*) disengagement; lack of commitment ***4*** (*adempimento*) fulfilment; carrying out ***5*** (*mil.*) disengagement: **azione di d.**, disengaging action ***6*** (*sport*) clearance; relief ***7*** (*locale*) access: **corridoio di d.**, access corridor; **stanza di d.**, boxroom.

disimpiègo, *m.* unemployment.

disincagliàre, A *v. t.* ***1*** (*naut.*) to refloat; to get* afloat ***2*** (*fig.*) to get* going again. **B disincagliàrsi,** *v. i. pron.* ***1*** (*naut.*) to get* afloat again; to get* off ***2*** (*fig.*) to get* going (*o* under way) again.

disincàglio, *m.* (*naut.*) refloating.

disincantàre, *v. t.* to disenchant; to disillusion.

disincantàto, *a.* ***1*** disenchanted; disillusioned ***2*** (*cinico*) cynical; wordly-wise.

disincànto, *m.* disenchantment; disillusionment.

disincarnàre, *v. t.* to disembody.

disincentivàre, *v. t.* to discourage; to deter.

disincentivazióne, *f.* discouragement.

disincentivo, *m.* disincentive; deterrent.

disincrostànte, *m.* (*tecn.*) scale remover; (*di caldaie*) boiler compound, anti-incrustator.

disincrostàre, *v. t.* (*tecn.*) to scale; to descale.

disincrostazióne, *f.* (*tecn.*) scaling; descaling.

disindustrializzàre, *v. t.* to deindustrialize.

disindustrializzazióne, *f.* deindustrialization.

disinfestànte, (*chim.*) **A** *a.* disinfesting. **B** *m.* disinfestant; insecticide.

disinfestàre, *v. t.* to disinfest.

disinfestatóre, *m.* disinfestor.

disinfestazióne, *f.* disinfestation.

disinfettànte, *a.* e *m.* disinfectant.

disinfettàre, *v. t.* to disinfect.

disinfettóre, *m.* (*f.* **-trice**) disinfector.

disinfezióne, *f.* disinfection.

disinfiammàre, *v. t.* to reduce inflammation in.

disinflazionàre, *v. t.* (*econ.*) to disinflate.

disinflazióne, *f.* (*econ.*) disinflation.

disinflazionìstico, *a.* (*econ.*) disinflationary.

disinformàto, *a.* uninformed; unaware; misinformed.

disinformazióne, *f.* ***1*** lack of information; ***2*** (*informazione errata*) misinformation; (*informazione distorta*) disinformation.

disingannàre, A *v. t.* ***1*** to undeceive; to disabuse ***2*** (*deludere*) to disillusion. **B disingannàrsi,** *v. i. pron.* to be undeceived; to become* disillusioned.

disingànno, *m.* ***1*** undeceiving; disillusionment ***2*** (*delusione*) disappointment.

disingranàre, *v. t.* (*mecc.*) to disengage; to throw* out of gear (*o* of mesh): **d. la prima**, to disengage first gear.

disinibire, A *v. t.* to uninhibit. **B disinibirsi,** *v. i. pron.* to become* uninhibited.

disinibito, *a.* uninhibited: **linguaggio d.**, uninhibited language.

disinibitòrio, *a.* (*med., psic.*) disinhibitory.

disinibizióne, *f.* (*psic.*) disinhibition.

disinnamoraménto, *m.* falling out of love; estrangement; loss of interest.

disinnamoràre, A *v. t.* to estrange. **B disinnamoràrsi,** *v. i. pron.* to fall* out of love (with sb.); to lose* interest (in st.).

disinnamoràto, *a.* no longer in love; no longer interested.

disinnescàre, *v. t.* to defuse.

disinnésco, *m.* defusing.

disinnestàre, A *v. t.* ***1*** (*autom.*) to disengage; to disconnect: **d. la frizione**, to declutch; to disengage the clutch ***2*** (*un contatto elettrico, ecc.*) to switch off, to unswitch; (*una spina*) to unplug. **B disinnestàrsi,** *v. i. pron.* (*autom.*) to slip out of gear.

disinnestàto, *a.* (*autom.*) disengaged; off (*pred.*); out (*pred.*): **La frizione è disinnestata**, the clutch is off.

disinnèsto, *m.* (*mecc.*) disengagement; release; knock-off; (*autom.*) declutching: **d. del carrello** (*di macchina da scrivere*), carriage release.

disinquinaménto, *m.* cleaning up; clean-up.

disinquinàre, *v. t.* to purify; to clean up.

disinserire, *v. t.* (*elettr., mecc.*) to disconnect.

disinserito, *a.* ***1*** (*elettr.*) disconnected; off (*pred.*) ***2*** (*fig.*) not belonging (to); left out (of).

disinserzióne, *f.* (*elettr.*) disconnection.

disintasàre, *v. t.* to clear; to unblock; to free.

disintegràre, A *v. t.* ***1*** to disintegrate; (*fis.*

nucl.) to split*: **d. l'atomo**, to split the atom *2* (*fig.*) to disintegrate; to break* up; to shatter; to crumble. **B diṣintegràrsi**, *v. i. pron.* to disintegrate; to break* up; to fall* apart; to shatter; to crumble.

diṣintegratóre, *m.* (*mecc.*) disintegrator.

diṣintegrazióne, *f.* (*anche fig.*) disintegration. ● (*fis. nucl.*) **d. dell'atomo**, splitting of the atom □ (*fis. nucl.*) **d. radioattiva**, radioactive decay.

diṣinteressàre, **A** *v. t.* to cause (sb.) to lose interest (in st.). **B diṣinteressàrsi**, *v. i. pron.* to take* no interest in; to lose* one's interest in; to wash one's hands of; (*trascurare*) to neglect.

diṣinteressataménte, *avv.* disinterestedly; with no ulterior motive.

diṣinteressàto, *a.* disinterested; unselfish.

diṣinterèsse, *m.* *1* (*indifferenza al proprio utile*) disinterestedness; unselfishness *2* (*mancanza di interesse*) lack of interest, indifference; (*noncuranza*) disregard: **Guardò la ragazza con d.**, he looked at the girl with indifference.

diṣintermediazióne, *f.* (*banca*) disintermediation.

diṣintossicànte, **A** *a.* detoxicating; detoxifying. **B** *m.* detoxicant.

diṣintossicàre, **A** *v. t.* (*med.*) to detoxicate; to detoxify; (*da alcol o droga*) to disintoxicate, to dry out. **B diṣintossicàrsi**, *v. rifl.* *1* (*da alcol o droga*) to disintoxicate; to dry out *2* (*fig.*) to clear one's system.

diṣintossicazióne, *f.* (*med.*) detoxication; detoxification; (*da alcol o droga, anche*) disintoxication, drying out: **centro di d.** (*da droga o alcol*), detoxification centre; drying-out farm (*pop.*).

diṣinvestiménto, *m.* (*econ.*) disinvestment; negative investment.

diṣinvestìre, *v. t.* (*econ.*) to disinvest.

diṣinvòlto, *a.* *1* (*a proprio agio*) at ease, relaxed, unselfconscious; (*sicuro di sé*) confident, self-assured; (*che sfoggia sicurezza*) nonchalant, casual, airy, breezy: **un ragazzo d.**, a self-assured boy; **Le accese la sigaretta con aria disinvolta**, he lit her cigarette with a nonchalant air *2* (*sicuro, spedito*) free; easy; natural; fluent: **stile d.**, easy style; **Parla un inglese d.**, he speaks fluent English *3* (*disinibito*) uninhibited; free and easy *4* (*sfacciato*) bold; impudent; cheeky (*fam.*).

diṣinvoltùra, *f.* *1* (*l'essere a proprio agio*) ease, easy manner(s), naturalness, unselfconsciousness; (*sicurezza di sé*) confidence, self-assurance; (*sfoggio di sicurezza*) nonchalant air, casualness: **camminare con d.**, to move naturally; to walk with assurance (*o* with an easy gait); **vincere con d.**, to win easily *2* (*leggerezza*) casualness; carelessness; freedom: **spendere con d.**, to spend freely *3* (*sfacciataggine*) boldness; impudence; cheek (*fam.*): **negare q.c. con d.**, to deny st. boldly (*o* shamelessly). ● **con la massima d.** (*con grande sicurezza*) with total confidence, as if to the manner born; (*tranquillamente*) happily, airily; (*come se niente fosse*) coolly, as if nothing was the matter, without turning a hair.

diṣistìma, *f.* disesteem; discredit; lack of respect (*o* esteem); low opinion: **cadere in d.**, to fall into discredit; **avere q. in d.**, to have a low opinion of sb.

diṣistimàre, *v. t.* to have a low opinion of; to despise.

diṣitalianizzàre, *v. t.* to de-italianize.

diṣlalìa, *f.* (*med.*) dyslalia.

diṣleàle, *a.* (*lett.*) disloyal.

diṣlealtà, *f.* (*lett.*) disloyalty.

diṣlessìa, *f.* (*med.*) dyslexia.

diṣlèssico, *a.* (*med.*) dyslexic.

diṣlivèllo, *m.* *1* difference in level; difference in height; (*caduta*) drop; (*salita*) rise: **un d. di 30 metri**, a drop of 30 metres; **Superato il d., c'è un pianoro**, there is flat ground, over the rise; **Coprì un d. di 800 metri in tre ore**, he climbed 800 metres in three hours; (*di acque in aumento*) **C'è un d. di parecchi centimetri**, the water has risen by several centimetres; **d. stradale**, gradient *2* (*fig.*: *disuguaglianza*) gap; inequality; difference: **d. sociale**, social inequality (*o* gap); **d. economico**, economic gap.

diṣlocaménto, *m.* *1* (*naut.*) displacement: **d. a pieno carico normale**, full-load displacement; **d. leggero**, light displacement *2* (*mil.*) relocation; stationing; deployment.

diṣlocàre, *v. t.* *1* (*naut.*) to displace *2* (*mil.*) to relocate; to station; to deploy *3* (*collocare*) to place, to position, to station; (*distribuire*) to distribute.

diṣlocazióne, *f.* *1* (*distribuzione*) distribution *2* (*geol., miner.*) dislocation *3* (*med.*) dislocation *4* (*psic.*) displacement.

diṣmenorrèa, *f.* (*med.*) dysmenorrh(o)ea.

diṣmenorròico, *a.* (*med.*) dysmenorrh(o)eic.

diṣmésso, *a.* unused; no longer in use; discarded; cast-off: **vestito d.**, cast-off dress; **aree dismesse**, vacant sites.

diṣmetabòlico, *a.* (*med.*) *1* caused by a metabolic disorder *2* (*di persona*) suffering from a metabolic disorder.

diṣmetabolìṣmo, *m.* (*med.*) metabolic disorder.

diṣmetrìa, *f.* (*med.*) dysmetria.

diṣméttere, *v. t.* *1* to use no longer; to cast* off; to discard: **d. un abito**, to cast off a dress *2* (*econ.*: *cedere*) to divest oneself of.

diṣmissióne, *f.* (*econ.*) divestment.

diṣmiṣùra, *f.* excess: **a d.**, to excess; immoderately; excessively; out of all proportion: **crescere a d.**, to grow out of all proportion.

diṣmneṣìa, *f.* (*psic.*) dysmnesia.

diṣmuschiatùra, *f.* (*agric.*) removal of moss and lychen.

diṣmutazióne, *f.* (*chim.*) dismutation.

diṣobbedìre, e *deriv. V.* **disubbidire**, e *deriv.*

diṣobbligàre, **A** *v. t.* to release; to relieve: **d. q. da un impegno**, to release sb. from an obligation. **B diṣobbligàrsi**, *v. rifl.* (*sdebitarsi*) to return a favour; to repay* a kindness; to do* st. in return (for st.).

diṣoccupàto, **A** *a.* *1* unemployed; jobless; out of work (*pred.*): **operai disoccupati**, unemployed workers; **giovani disoccupati**, jobless youths; **essere d.**, to be out of work *2* (*lett.*: *non attivo*) having nothing to do, at a loose end; (*ozioso*) idle: **Se sei d., dammi una mano qui**, if you are doing nothing, give me a hand here *3* (*sgombro*) unoccupied; vacant; empty. **B** *m.* (*f.* **-a**) unemployed (*o* jobless) person: **due milioni di disoccupati**, two million unemployed.

diṣoccupazióne, *f.* unemployment; joblessness: **d. giovanile**, youth unemployment; **d. stagionale**, seasonal unemployment; **d. tecnologica**, technological unemployment; **sussidio di d.**, unemployment benefit; (*in U.S.A. anche*) unemployment compensation; dole (*fam.*): **ricevere il sussidio di d.**, to get unemployment benefit; to be on the dole (*fam.*); **tasso di d.**, jobless rate.

diṣoleàre, *v. t.* to extract oil from.

diṣoleazióne, *f.* oil extraction.

disolfòrico, *a.* (*chim.*) disulphuric.

diṣomogeneità, *f.* lack of homogeneity; heterogeneity.

diṣomogèneo, *a.* heterogeneous.

diṣonestà, *f.* *1* dishonesty; (*ingannevolezza*) deceit, deceitfulness; (*scorrettezza*) unfairness, foul play *2* (*atto disonesto*) dishonest act; fraud; (*al pl. anche*) underhand dealings *3* (*immoralità*) immorality.

diṣonèsto, **A** *a.* *1* dishonest; deceitful; underhand; fraudulent; shady; crooked; (*scorretto*) unfair: **negoziante d.**, dishonest trader; **metodi disonesti**, underhand means; **affari disonesti**, shady (*o* underhand) dealings; **È d. approfittarsi di lui**, it is not fair to take advantage of him *2* (*immorale*) immoral; indecent. **B** *m.* (*f.* **-a**) dishonest person; cheat.

diṣonorànte, *a.* dishonourable, dishonorable (*USA*); shameful; disgraceful.

diṣonoràre, **A** *v. t.* *1* to dishonour, to dishonor (*USA*); to disgrace; to put* to shame *2* (*sedurre*) to seduce. **B diṣonoràrsi**, *v. rifl.* to be dishonoured; to disgrace oneself.

diṣonóre, *m.* dishonour, dishonor (*USA*); shame; disgrace: **Fuggire sarebbe un d.**, to run away would be dishonourable; **Sei il d. della famiglia!**, you are a disgrace to (*o* the shame of) your family; **perdere con d.**, to lose ignominiously.

diṣonorévole, *a.* dishonourable, dishonorable (*USA*); shameful; disgraceful.

diṣontogènesi, *f.* (*biol.*) dysontogenesis.

diṣópra, **di sópra**, **A** *avv.* e *a. V.* **sopra**. **B** *m.* (*parte superiore*) upper part, top (part), part above; (*parte esterna*) outer part, outside.

diṣordinàre, **A** *v. t.* *1* to disarrange; to throw* into disorder; to mess up; (*mescolare*) to mix (up) *2* (*confondere*) to muddle (up); to confuse. **B** *v. i.* (*essere eccessivo*) to be immoderate (in st.); to do* (st.) to excess.

diṣordinataménte, *avv.* untidily; unmethodically; confusedly; (*capricciosamente*) in a wayward fashion; (*alla rinfusa*) pell-mell, every which way (*fam. USA*).

diṣordinàto, **A** *a.* *1* untidy; messy; disorderly; unmethodical; (*confuso*) muddled, confused, chaotic: **un cassetto d.**, an untidy drawer; **capelli disordinati**, untidy hair; **Sono molto d.**, I am very untidy (*o* messy); **pensieri disordinati**, confused thoughts; **mente disordinata**, muddled mind; **folla disordinata**, disorderly crowd; **una lezione intelligente ma disordinata**, an intelligent but unmethodical lecture *2* (*sregolato*) disorderly; irregular; intemperate; wild: **vita disordinata**, disorderly life. **B** *m.* (*f.* **-a**) untidy person; disorderly person; muddler.

diṣórdine, *m.* *1* disorder; untidiness; confusion; chaos; disarray; mess: **in d.**, in disorder; untidy; in a mess; **capelli in d.**, untidy hair; **La stanza era nel più completo d.**, the room was in total chaos; **C'è un gran d. sulla mia scrivania**, my desk is in a terrible mess; **Che d.!**, what a mess! *2* (*confusione*) muddle; confusion; chaos *3* (*sregolatezza*) excess; intemperance *4* (*disservizio*) chaos; disorganization *5* (*tumulto popolare*) riot; disorder; disturbance; tumult: **disordini politici**, political disturbances.

diṣorganicità, *f.* lack of organization; disjointedness.

diṣorgànico, *a.* unorganized; unsystematic; disjointed.

diṣorganizzàre, **A** *v. t.* to disorganize. **B diṣorganizzàrsi**, *v. i. pron.* to become* disorganized.

diṣorganizzàto, *a.* disorganized; disordered; confused; muddled.

diṣorganizzazióne, *f.* disorganization; confusion; lack of organization.

diṣorientaménto, *m.* *1* disorientation *2* (*fig.*) confusion; bewilderment; bafflement.

diṣorientàre, **A** *v. t.* *1* to disorientate; to cause (sb.) to lose (his) bearings *2* (*fig.*) to confuse; to disconcert; to bewilder; to puzzle; to perplex; to baffle. **B diṣorientàrsi**, *v. i. pron.* *1* to lose* one's bearings *2* (*fig.*) to get* confused.

diṣorientàto, *a.* bewildered; puzzled; baffled; confused; lost; helpless; at a loss (*pred.*); out of one's depth (*pred.*).

diṣorlàre, *v. t.* to unpick the hem of.

diṣormeggiàre, *v. t.* e *i.* (*naut.*) to unmoor.

diṣorméggio, *m.* (*naut.*) unmooring.

diṣoṣmìa, *f.* (*med.*) dysosmia.

diṣossàre, *v. t.* to bone.

diṣossidànte, (*chim.*) **A** *a.* deoxidizing. **B** *m.* deoxidizer.

diṣossidàre, *v. t.* (*chim.*) to deoxidize; to deoxidate.

diṣossidazióne, *f.* (*chim.*) deoxidization.

diṣostòṣi, *f.* (*med.*) dysostosis*.

diṣostruìre, *v. t.* to unblock; to clear.

diṣostruzióne, *f.* unblocking; clearing.

disotterràre, *V.* **dissotterrare**.

disótto, di sótto, A *avv.* e *a.* *V.* **sotto**. **B** *m.* underneath; underside; lower part (*o* side).

dispàccio, *m.* dispatch, despatch; message; (*lettera*) letter. ● **d. telegrafico**, telegram.

disparatézza, *f.* variety; diversity; multiplicity.

disparàto, *a.* disparate; dissimilar; varied: **fare i lavori più disparati**, to do all kinds of work.

dispareunìa, *f.* (*med.*) dyspareunia.

dìspari, *a.* **1** (*mat.*) odd: **numeri d.**, odd numbers; **pari e d.**, odd and even **2** (*diseguale*) unequal; different: **forze d.**, unequal forces.

disparità, *f.* disparity; inequality; difference: **d. d'età**, disparity in age; age difference; **d. di condizioni sociali**, difference in social conditions; **C'è d. di forze tra le due squadre**, the two teams are unevenly matched.

dispàrte, *avv.* – **in d.**, aside; on one side; to one side; apart: **mettere q.c. in d.**, to put st. aside (*o* to one side); **prendere q. in d.**, to take (*o* to draw) sb. aside (*o* on one side); **stare in d.**, to stand aside; to stand on one's own; **tenersi in d.**, to stand aside; to stand on the sidelines; (*per distacco*) to stand aloof, to keep to oneself; (*per ritrosia*) to efface oneself.

dispèndio, *m.* expenditure; expense; (*spreco*) waste: **d. di tempo e denaro**, waste of time and money.

dispendiosaménte, *avv.* expensively: **vivere d.**, to lead an expensive life.

dispendióso, *a.* expensive; costly: **un tenore di vita d.**, an expensive lifestyle.

dispènsa, *f.* **1** (*stanza*) larder, pantry; (*mobile*) sideboard, cupboard **2** (*distribuzione*) dispensing; distribution **3** (*pubblicazione periodica*) instalment; number: **corso di francese a dispense**, French course in instalments **4** (*di corso universitario*) (duplicated) lecture notes **5** (*leg., eccles.*) dispensation: **d. matrimoniale**, marriage dispensation **6** (*esenzione*) exemption: **d. dal servizio militare**, exemption from military service.

dispensàbile, *a.* dispensable.

dispensàre, A *v. t.* **1** (*distribuire*) to dispense; to distribute; to give* out; to bestow (st. upon sb.) (*lett.*): **La natura dispensa i suoi doni**, Nature dispenses her bounties; **d. intorno sorrisi**, to distribute smiles all around **2** (*esimere*) to dispense; to exempt; to release; to let* off; to grant an exemption: **d. da un obbligo**, to dispense from an obligation; (*eccles.*) **d. q. dal digiuno**, to dispense sb. from fasting; **d. q. dal servizio militare**, to exempt sb. from military service; **d. q. dal lavoro**, to release sb. from work; to let sb. off work; **Chiesi di essere dispensato**, I asked to be let off; **farsi d.**, to get an exemption; (*eccles.*) to get a dispensation. **B dispensàrsi,** *v. rifl.* to excuse oneself (from st.); to get* out (of st.).

dispensariàle, *a.* (*med.*) dispensary (*attr.*).

dispensàrio, *m.* (*med.*) dispensary.

dispensatóre, *m.* (*f.* **-trice**) distributor; dispenser; bestower.

dispenser (*ingl.*), *m. invar.* dispenser.

dispensière, *m.* (*f.* **-a**) **1** (*lett.*) distributor; dispenser; bestower **2** (*chi sovrintende alla dispensa*) steward (*f.* stewardess).

dispepsìa, *f.* (*med.*) dyspepsia.

dispèptico, *a.* e *m.* (*med.*) dyspeptic.

disperànte, *a.* (*grave*) serious; desperate.

disperàre, A *v. i.* to despair; to give* up hope; to lose* all hope: **Mai d.!**, never give up hope!; never say die! (*fam.*); **d. della vittoria**, to have no hope of victory; **Disperava di riuscire**, he despaired of succeeding; **Dispero che lo salvino**, I have lost all hope of their saving him; **I dottori disperano di salvarlo**, the doctors have given up hope of saving him. ● **far d.**, to drive (sb.) mad; to drive sb. to distraction: **Quel bambino [questa formula] mi fa d.**, that child [this formula] is driving me mad; **Fa d. la sua sarta**, she drives her dressmaker to distraction. **B disperàrsi,** *v. i. pron.* (*abbandonarsi alla disperazione*) to despair, to give* up hope, to lose* heart; (*essere disperato*) to be disconsolate: **Non disperarti, tornerà**, don't despair, he'll come back; **Si dispera per la perdita dell'anello**, she is disconsolate because she has lost her ring.

disperataménte, *avv.* **1** (*con disperazione*) desperately: **Cercò d. di aggrapparsi alla corda**, he desperately tried to catch hold of the rope; he made a desperate grab for the rope; **piangere d.**, to weep desperately (*o* bitterly); to cry one's eyes (*o* heart) out **2** (*furiosamente*) desperately; bitterly; like mad (*fam.*): **lottare d.**, to fight desperately; **correre d.**, to run like mad.

disperàto, A *a.* **1** (*che si dispera*) in despair (*pred.*); disconsolate; inconsolable; despairing: **essere d.**, to be in despair; to be disconsolate; **Lo trovai d.**, I found him in despair (*o* disconsolate); **Venne a trovarmi d.**, he came to me in despair; **sguardo d.**, despairing look; **pianto d.**, inconsolable tears **2** (*senza speranza*) desperate; hopeless: **un caso d.**, a desperate case; **essere in condizioni disperate**, to be in a hopeless state; (*di malato*) to be far gone, to be past (hope of) recovery; **malattia disperata**, desperate illness; **tentativo d.**, desperate (*o* last-ditch) attempt **3** (*furioso, fortissimo*) desperate; furious: **coraggio d.**, desperate courage; **lotta disperata**, desperate struggle; **d. inseguimento**, furious pursuit; **un d. bisogno di riposo**, a desperate need for rest **4** (*miserabile*) destitute, wretched; (*senza un soldo*) penniless. ● **alla disperata**, (*in modo incosciente*) recklessly; (*alla peggio*) if the worst comes to the worst, as a last resort □ **le anime disperate**, the lost souls; the damned. **B** *m.* (*f.* **-a**) **1** wretch; (*spiantato*) penniless wretch **2** (*chi fa q.c. in modo esagerato*) madman* (*f.* madwoman*); one possessed: **lavorare come un d.**, to work like a madman (*o* like a fiend); to slave away; **gridare come un d.**, to shout like a madman (*o* like a one possessed); **un'impresa da disperati**, a mad attempt.

disperazióne, *f.* **1** despair; hopelessness; (*che porta ad azioni estreme*) desperation: **in un accesso di d.**, in a fit of despair; **darsi alla d.**, to give oneself up to despair; **essere assalito dalla d.**, to be overcome by despair (*o* by a sense of hopelessness); **essere alla d.**, to be in despair; to be desperate; **spinto dalla d.**, driven by despair (*o* desperation); **in preda alla d.**, in a fit of desperation; **il coraggio della d.**, the courage of despair; **ridurre q. alla d.**, to drive sb. to despair; **Alla fine, per d., staccai il telefono**, finally, in desperation, I disconnected the telephone **2** (*persona o cosa che fa disperare*) despair: **È la d. di tutti gli insegnanti**, he is the despair of all his teachers; he drives all his teachers mad; **Tu sei la mia d.!**, you'll be the death of me!

disperdènte, *m.* (*chim.*) dispersant.

dispèrdere, A *v. t.* **1** (*sparpagliare*) to disperse; to scatter: **La polizia disperse la folla**, the police dispersed (*o* scattered) the crowd; **Il vento disperse le nuvole**, the wind scattered the clouds **2** (*dissolvere*) to disperse; to dissipate; to dispel: **Il sole disperse la nebbia**, the sun dispelled the fog **3** (*mettere in rotta*) to rout **4** (*fig.*) to waste; to dissipate; to squander: **d. le energie**, to waste one's efforts **5** (*chim., fis.*) to disperse. **B dispèrdersi,** *v. i. pron.* **1** (*sparpagliarsi*) to disperse; to scatter: **La folla presto si disperse**, the crowd soon dispersed **2** (*dissolversi*) to dissipate; to disperse **3** (*andare perduto*) to dissipate; to be lost; to be scattered: **Il calore si disperde**, heat dissipates; **L'energia si disperde**, energy is lost **4** (*fig.*) to waste one's efforts (*o* one's time): **d. in lavoretti di poco conto**, to waste one's time doing minor jobs.

dispermìa, *f.* (*fisiol.*) dispermia.

dispèrmo, *a.* (*bot.*) dispermous.

dispersióne, *f.* **1** dispersion; dispersal; scattering: **d. di una popolazione**, the dispersion of a population; **la d. della nebbia**, the dispersal of the fog **2** (*fig.*: *spreco*) waste: **d. di forze**, waste of energy; **d. di voti**, vote waste **3** (*fis.*) leak; leakage; dispersion: **d. di elettricità**, leakage of magnetic force; **d. del calore**, loss of heat **4** (*chim.*) dispersion **5** (*stat.*) dispersion; spread.

dispersività, *f.* **1** dispersiveness **2** (*fig.*) unsystematicity; inconclusiveness; wasting of time and energy.

dispersìvo, *a.* **1** (*fis., chim.*) dispersive; dispersion (*attr.*) **2** (*fig.*: *confuso*) lacking concentration, disorganized, unsystematic, inconclusive; (*distraente*) distracting: **essere d. nello studio**, to lack concentration (*o* to be disorganized) in one's studies; **ambiente d.**, distracting environment.

dispèrso, A *a.* **1** (*sparpagliato*) scattered; dispersed (*pred.*): **La biblioteca andò dispersa**, the library was dispersed **2** (*smarrito*) lost; astray (*avv.*); (*di persona*) missing: **La lettera andò dispersa**, the letter went astray; **soldato d.**, missing soldier. **B** *m.* (*f.* **-a**) missing person; (*mil.*) missing soldier: **I dispersi erano cinquanta**, there were fifty people missing; **due morti e un d.**, two people dead and one missing; **dare q. per d.**, to report sb. missing.

dispersóre, *m.* (*elettr.*) earth (*USA*, ground) plate (*o* electrod).

dispètto, *m.* **1** spite; teasing; (*azione dispettosa*) spiteful thing, nasty trick: **Lo fa per farmi (un) d.**, he does it to spite me; **La vicina mi fa continuamente dei dispetti**, my neighbour is always doing things to spite me; **Non fare i dispetti a Tonino!**, stop teasing Tonino!; **fare q.c. per d.**, to do st. out of spite; **per tuo marcio d.**, just to spite you **2** (*stizza, irritazione*) irritation; vexation; annoyance: **provare d. per q.c.**, to be vexed by st.; **Con mio grande d.**, much to my vexation; **La mia vittoria l'ha riempito di d.**, he was highly annoyed by my victory; he is livid (*o* peeved) because I won (*fam.*); **essere roso dal d.**, to eat one's heart out. ● **a d. di**, in spite of: **a d. dei tuoi consigli**, in spite of your advice.

dispettóso, *a.* **1** (*che fa dispetti*) spiteful; (*di bambino*) teasing, naughty **2** (*irritante*) irritating; infuriating: **vento d.**, irritating wind.

dispiacènte, *a.* (*dolente*) sorry: **Ne sono d.**, I'm sorry (about it); I regret it.

dispiacére (1), A *v. i.* **1** (*riuscire sgradito*) to be displeasing (*o* unpleasant); not to like, to dislike, to hate (*tutti con costr. pers.*): **È un uomo che dispiace**, he is an unpleasant man; **Mi dispiace tutto di lui**, I dislike everything about him; **La tua uscita è dispiaciuta a tutti**, everyone found your remark in poor taste; (*di musica, ecc.*) **d. all'orecchio**, to offend sb.'s ears **2** (*al neg.*: *trovare piacevole*) to think* (st.) is not too bad (*costr. pers.*); rather (*o* quite) to like (*costr. pers.*): **Il film non mi dispiacque**, I thought the film wasn't too bad; I rather liked the film; **Non mi dispiace un liquore dopo il pranzo**, I rather like a liqueur after a meal **3** (*non fare piacere*) not to like, to dislike, to hate (*tutti con costr. pers.*); (*essere causa di rammarico*) to be sorry (*costr. pers.*): **Mi dispiace disturbarlo mentre lavora**, I don't like to disturb him while he is working; **Mi dispiace deluderti, ma...**, I hate to disappoint you, but...; **Mi dispiace che tu non stia bene**, I'm sorry you're not feeling well; **Come mi dispiace!**, I am sorry!; what a shame!; what a pity!; I do sympathise! **4** (*nelle formule di cortesia*) to mind (*costr. pers.*): **Se non ti dispiace, verrei un'altra volta**, if you don't mind, I'd rather come some other time; **Ti dispiace aprire la finestra?**, would you mind opening the window?; **Ti dispiacerebbe passare da me?**, would you mind calling here?; **Mi dispiace, ma è uscito**, I'm afraid he's gone out **5** (*far dispiacere a*) to displease (*form.*): **La sua condotta mi dispiacque**, his conduct displeased me. **B dispiacérsi**, *v. i. pron.* to be sorry; to regret: **Si dispiace di non poter essere presente**, he is sorry he cannot be here; he regrets not being able to attend (*form.*); **Mi dispiaccio dell'accaduto**, I am sorry for what happened.

dispiacére (2), *m.* **1** (*afflizione*) affliction, sadness (*solo sing.*); (*grave d.*) sorrow, grief: **il piacere e il d.**, pleasure and sadness; **La partenza del figlio fu per lei un grosso d.**, she suffered a lot (*o* she was very upset) when her son left; **dare un d. a q.**, to cause pain to sb.; to upset sb.; to make sb. suffer **2** (*rammarico*) regret; sorrow: **con mio grande d.**, to my great regret; **avere** (*o* **sentire**) **d.**, to be sorry (for); to regret; **Sarà un d. per me non vederlo**, I'll be sorry not to see him **3** (*preoccupazione*) worry; trouble; anxiety: **I dispiaceri l'hanno invecchiata**, her troubles have aged her; **Quel figlio gli dà solo dispiaceri**, his son is a constant source of worry for him **4** (*delusione*) disappointment **5** (*disapprovazione*) displeasure.

dispiaciménto, *m.* regret.

dispiaciùto, *a.* **1** (*dolente*) sorry **2** (*contrariato*) annoyed; vexed.

dispiegàre, **A** *v. t.* **1** to open out; to unfold; to unfurl; (*allargare*) to spread*: **d. la bandiera**, to unfurl a flag; (*naut.*) **d. le vele**, to unfurl the sails; **d. le ali**, to spread (out) one's wings **2** (*fig.*) to disclose; to unfold. **B dispiegàrsi**, *v. i. pron.* **1** to unfold; to unfurl; to spread* out **2** (*fig.*) to spread*; (*sgorgare*) to pour out.

displaṣìa, *f.* (*med.*) dysplasia.

displàṣico, *a.* (*med.*) dysplasic.

displuviàle, *a.* (*geogr.*) watershed (*attr.*).

displùvio, *m.* **1** (*geogr.*) slope; mountainside; hillside: **linea di d.**, watershed **2** (*archit.*) hip; (*di tetto*) ridge.

dispnèa, *f.* (*med.*) dyspn(o)ea.

dispnòico, (*med.*) **A** *a.* dyspn(o)eic. **B** *m.* (*f.* **-a**) patient affected with dyspn(o)ea.

dispondèo, *m.* (*poesia*) dispondee; double spondee.

disponìbile, **A** *a.* **1** (*di cosa*) available; disposable; at one's disposal; at hand: **biglietti disponibili**, available tickets; **reddito d.**, disposable income; **Ho un piccolo capitale d.**, a have a small capital at my disposal; (*leg.*) **quota d.**, disposable portion **2** (*libero, vuoto*) vacant: **camera d.**, vacant room; **posto d.**, vacancy **3** (*di persona*: *non occupato*) available; free: **Il preside non è d.**, the principal is not available at present **4** (*pronto ad aiutare*) helpful; ready to help; at hand **5** (*incline*) disposed (+ *inf.*); willing (+ *inf.*) **6** (*fig.*: *aperto a esperienze nuove*) open-minded; receptive. **B** *f.* (*leg.*) property of which a testator can dispose; disposable portion.

disponibilità, *f.* **1** availability; (*sul mercato, anche*) supply: **d. di capitali**, availability of capital; **d. di manodopera**, labour supply; **d. di posti di lavoro**, job vacancies (*pl.*); **ampia d. di posti a sedere**, plenty of seats; **avere la d. di una somma**, to have a sum of money at one's disposal; **Hai la d. del mio appartamento**, you can use my flat **2** (*di persona*) helpfulness; readiness to help; willingness **3** (*fig.*: *apertura ad esperienze nuove*) open-mindedness; receptiveness **4** (*specialm. al pl.*) (*econ.*) available funds (*pl.*); current assets (*pl.*); (*contante*) cash: **d. liquide** (*o* **di cassa**), cash on hand. ● **essere in d.**, (*bur.*) to be unattached; (*mil.*) to be on half-pay; (*naut.*) to be in dry dock.

dispórre, **A** *v. t.* **1** (*collocare*) to place; (*in un certo ordine*) to arrange, to set* out; (*schierare*) to range: **Disposi gli ospiti secondo le precedenze**, I placed my guests in order of precedence; **d. picchetti all'esterno dell'edificio**, to place pickets outside the building; **d. i mobili in una stanza** [**i libri in uno scaffale**], to arrange the furniture in a room [the books on a shelf]; **Il fotografo ci dispose in ordine di altezza**, the photographer arranged us by height **2** (*mettere in mostra*) to display: **gli articoli disposti in una vetrina**, the goods displayed in a shop-window **3** (*predisporre*) to prepare; to make* arrangements; to arrange: **d. tutto per la propria partenza**, to make all arrangements for one's departure; **d. l'animo (per q.c.)**, to prepare oneself (for st., to do st.) **4** (*prescrivere, ordinare*) to prescribe; to order. ● **d. benevolmente l'uditorio**, to get the audience on one's side; to win over the audience. **B** *v. i.* **1** (*avere a disposizione*) to have; to have (sb., st.) at one's disposal (*in un dato momento*); to command: **Disponevo solo di una piccola somma**, I only had a small sum at my disposal; **Dispongono di due stanze**, they live in two rooms; **Dispone di molti mezzi**, he is very well off; **Ricorsi a tutti i mezzi di cui disponevo**, I had recourse to all available means (*o* all the means at my disposal); **d. della stampa**, to command the press **2** (*rif. a persona*) – **Disponi pure di noi**, we are ready to help you in any way; let us know if you need any help; feel free to ask us; **Puoi d. di me come vuoi**, I am entirely at your service **3** (*comm.*: *di merce*) to have in stock; to stock **4** (*essere dotato*) to have: **L'albergo dispone di 200 letti**, the hotel has 200 beds (*o* can accommodate 200 people) **5** (*comandare, decidere*) to decide, to direct, to order; (*combinare*) to arrange for: **La legge dispone che gli impiegati siano assicurati**, the law provides that employees should be insured; **Ho disposto che comincino lunedì**, I have arranged for them to begin on Monday; **Disporrò come meglio credo**, I will decide as I think fit; I will make what arrangements I think necessary **6** (*leg.*: *per testamento*) to make* over (st. to sb.): **Ha disposto che la casa vada ai figli**, he has made his house over to his children; **d. dei propri beni**, to make testamentary disposition; to make a will. ● (*prov.*) **L'uomo propone e Dio dispone**, man proposes, God disposes. **C dispórsi**, *v. rifl.* **1** (*porsi in un certo ordine*) to arrange (*o* to place, to put*) oneself **2** (*prepararsi*) to prepare; to get* ready: **d. all'azione** [**alla lotta**], to prepare for action [for the struggle]; **Mi disposi ad ascoltarli**, I prepared to listen to them; **d. a ricevere q.**, to get ready to welcome sb.; **d. a partire**, to get ready to leave; **d. a morire**, to prepare to die.

dispoṣitivo (1), *a.* dispositive.

dispoṣitivo (2), *m.* **1** (*mecc.*) device; contrivance; appliance; system; (*se complicato*) apparatus; (*accessorio*) gear, attachment; (*di blocco*) interlock: **d. di comando**, control device; **d. di comando dello sterzo**, steering gear; **d. di allarme**, alarm system; (*mil.*) **d. di lancio**, launcher; **d. di riscaldamento**, heater; **d. di sicurezza**, safety catch; safety device **2** (*leg.*) purview.

dispoṣizióne, *f.* **1** disposal: **essere a d. di q.**, to be at sb.'s disposal (*o* command); **I quattrini sono a tua d.**, the money is at your disposal; **mettere q.c. a d. di q.**, to place st. at sb.'s disposal; **avere tempo a propria d.**, to have time to oneself; to have time on one's hands; **a d. di chi lo prende** (*o* **lo vuole**), up for grabs (*fam.*) **2** (*collocamento*) disposition; placing; arrangement: **la d. delle truppe nei vari settori**, the disposition of the troops in the various sectors; **d. dei fiori**, flower arrangement; **La d. dei mobili non mi piace**, I don't like the way the furniture is arranged; **I tuoi libri hanno una d. particolare?**, are your books arranged in any special way? **3** (*ordine*) order, direction; (*istruzione*) instruction; (*regolamento*) regulation; (*provvedimento*) provision: **dare disposizioni**, to give orders; to make arrangements; to arrange (for st.); **fino a nuove disposizioni**, till further instructions; **per d. superiore**, by order (of one's superiors); **disposizioni valutarie**, currency regulations; **secondo le disposizioni di legge**, under (*o* according to) the provisions of the law; **salvo diversa d. di legge**, if there is no provision to the contrary **4** (*attitudine*) (natural) gift; bent: **La ragazza non ha studiato, ma ha d.**, the girl has not been trained, but she has a natural gift (*o* but she is gifted); **avere d. per le lingue**, to have a natural bent for languages; **Ha d. per la meccanica**, he has a gift for mechanics **5** (*stato d'animo*) frame of mind; mood: **Era in una d. (d'animo) piuttosto tetra**, he was in a rather gloomy mood. ● (*tipogr.*) **la d. di una pagina**, the lay-out (of a page) □ (*leg.*) **d. testamentaria**, disposition (by will) □ (*bur.*) **essere a d.**, to be unattached; to be on half-pay □ (*leg.*) **potere di d.**, power to dispose (of st.) □ **ultime disposizioni** (*prima di morire*), last wishes.

dispósto, **A** *a.* (*pronto*) ready, prepared, willing; (*favorevole*) disposed, inclined, open: **Sono d. ad accettare a una condizione**, I am willing to accept on one condition; **Sei d. a testimoniare?**, are you prepared to give evidence in court?; **Sono d. a credergli**, I am inclined to believe him; **Non sono d. a tollerarlo**, I am not prepared to (*o* I will not) put up with it; **ben d. verso q.**, well-disposed towards sb.; **mal d.**, not well-disposed; ill-disposed (*lett.*); **non d.**, unwilling. **B** *m.* (*leg.*) provision(s): **ai sensi del d. di legge**, under (*o* according to) the provisions of the law.

dispòtico, *a.* despotic.

dispotiṣmo, *m.* despotism.

dispregiativo, **A** *a.* **1** disparaging; derogatory; depreciative **2** (*gramm.*) pejorative. **B** *m.* (*gramm.*) pejorative.

dispregiatóre, *m.* (*f.* **-trice**) (*lett.*) disparager; despiser.

disprègio, *m.* disparagement; contempt: **cadere in d.**, to incur disparagement; **tenere in d.**, to hold in contempt; to disdain; to despise.

disprezzàbile, *a.* despicable. ● **non d.**, considerable; no mean (*attr.*): **È stato un successo non d.**, it was no mean (*o* a considerable) achievement.

disprezzàre, **A** *v. t.* **1** to despise; to be contemptuous of; to hold* in contempt **2** (*disdegnare*) to scorn; to spurn; to look down on **3** (*non tenere conto di*) to scoff; to disregard; to ignore: **d. i pericoli**, to disregard dangers. **B disprezzàrsi**, *v. rifl.* to despise oneself; to feel* contempt for oneself. **C disprezzàrsi**, *v. rifl. recipr.* to despise each other.

disprèzzo, *m.* **1** contempt; scorn; disdain: **trattare q. con d.**, to show one's contempt for sb.; **nutrire d. verso q.**, to feel contempt for sb.; to despise sb. **2** (*noncuranza*) disregard; scoffing attitude: **d. delle leggi**, disregard of the law; **d. del pericolo**, disregard of danger.

dispròṣio, *m.* (*chim.*) dysprosium.

dìsputa, *f.* **1** (*dibattito*) discussion; debate; dispute **2** (*lite*) quarrel; argument; difference of opinion; controversy **3** (*filos.*) disputation **4** (*sport*) taking place; holding: **La d. della finale avverrà martedì**, the final will be held on Tuesday; **La d. dell'incontro non avrà luogo**, the match has been cancelled.

disputàbile, *a.* disputable.

disputabilità, *f.* disputability; disputableness.
disputàre, A *v. i.* **1** (*dibattere*) to dispute; to discuss (st.); to argue **2** (*gareggiare*) to compete; to contend. **B** *v. t.* **1** (*contendere*) to dispute; to contest; to fight* (sb. for st.): **d. il passo a q.**, to dispute sb.'s right of way **2** (*sport*) to take* part in; to play: **d. una gara**, to take part in a contest; **d. una partita**, to play a match. **C disputàrsi**, *v. rifl. recipr.* to fight* over; (*gareggiare*) to contend for, to compete for, to vie for: **I due cani si disputavano un osso**, the two dogs were fighting over a bone; **d. il primo posto**, to compete for first place; **d. il premio**, to contend for the prize.
disputatóre, *m.* (*f.* **-trice**) disputant.
disputazióne, *f.* **1** disputation **2** (*dissertazione scritta*) dissertation.
disquilìbrio, *m.* imbalance; lack of balance.
disquiṣìre, *v. i.* to discourse; to dissert (*lett.*).
disquiṣitóre, *m.* (*f.* **-trice**) disquisitor; dissertator.
disquiṣizióne, *f.* disquisition; dissertation.
diṣrupzióne, *f.* (*elettr.*) disruption.
diṣruttìvo, *a.* (*fis.*) disruptive.
disruttóre, *m.* (*aeron.*) spoiler.
dissabbiatóre, *m.* (*tecn.*) settling basin.
dissacrànte, *a.* **1** desecreating **2** (*fortemente critico*) highly critical **3** (*irriverente*) irreverent; scoffing; debunking.
dissacràre, *v. t.* **1** to desecrate **2** (*fig.*) to scoff at; to ridicule; to debunk.
dissacratóre, *m.* (*f.* **-trice**) scoffer; despiser.
dissacrazióne, *f.* **1** desecration **2** (*fig.*) scoffing; ridiculing; debunking.
dissalaménto, *m.* (*chim.*) desalination.
dissalàre, A *v. t.* **1** (*l'acqua di mare*) to desalinate; to desalinize; to desalt **2** (*cucina*) to remove salt from; to get* the salt out of: **d. le acciughe**, to get the salt out of anchovies. **B dissalàrsi**, *v. i. pron.* to desalt; to desalinate.
dissalatóre, *m.* (*chim.*) desalter; desalinator.
dissalazióne, *f.* desalination; desalinization.
dissaldàre, *v. t.* (*mecc.* e *fig.*) to unsolder.
dissanguaménto, *m.* **1** bleeding; loss of blood: **morire per d.**, to bleed* to death. **2** (*fig.*) bleeding (white).
dissanguàre, A *v. t.* **1** to bleed*; to draw* blood from **2** (*fig.*) to exhaust; to bleed* (white *o* dry): **Il fisco mi ha dissanguato**, I've been bled white by the tax people. **B dissanguàrsi**, *v. i. pron.* **1** to lose* a lot of blood; (*fino a morirne*) to bleed* to death **2** (*fig.*) almost to ruin oneself; to go* nearly bankrupt: **Mi sono dissanguato per comprare questa casa**, I almost ruined myself to buy this house.
dissanguàto, *a.* **1** bloodless: **morire d.**, to bleed* to death **2** (*fig.*) exhausted; bled (white).
dissapóre, *m.* misunderstanding; disagreement: **dissapori fra coniugi**, marital squabbles.
dissecàre, *v. t.* (*anat.*) to dissect.
disseccàre, A *v. t.* to desiccate; to parch; to dry up (*anche fig.*). **B disseccàrsi**, *v. i. pron.* (*anche fig.*) to dry up: **Il fiume si dissecca in estate**, the river dries up in the summer.
disseccatìvo, *a.* desiccative.
disselciàre, *v. t.* to unpave.
dissellàre, *v. t.* to unsaddle.
disseminàre, *v. t.* **1** to disseminate; to scatter (abroad): **d. filiali in tutto il paese**, to disseminate agencies throughout the country **2** (*diffondere*) to sow* (the seeds of); to spread* (abroad): **d. sospetti**, to sow the seeds of suspicion; **d. il panico**, to spread panic.
disseminatìvo, *a.* (*bot.*) disseminative.
disseminàto, *a.* scattered (with); strewn (with): **Il colle era d. di villette**, the hillside was scattered with cottages; **un compito d. di errori**, an exercise strewn with mistakes; **un cielo d. di stelle**, a star-spangled sky.
disseminatóre, *m.* (*f.* **-trice**) spreader; sower: **d. di notizie**, spreader of news; **d. di zizzania**, sower of discord.
disseminazióne, *f.* (*anche bot.*) dissemination.
dissennatézza, *f.* madness; foolishness; craziness.
dissennàto, *a.* mad; foolish; crazy.
dissensióne, *f.* dissension; disagreement.
dissènso, *m.* **1** dissent; disapproval; criticism; disagreement: **Manifestò il suo d.**, he gave voice to his dissent **2** (*polit.*) criticism; protest: **esponente del d.**, dissident; **scrittori del d.**, dissenting (*o* dissident) writers **3** (*contrasto, disaccordo*) disagreement; difference; clash of opinions; variance.
dissenterìa, *f.* (*med.*) dysentery.
dissentèrico, (*med.*) **A** *a.* dysenteric. **B** *m.* (*f.* **-a**) dysenteric patient.
dissentìre, *v. i.* to dissent (from); to differ (from); to disagree (with).
dissenziènte, A *a.* dissenting; in disagreement (*pred.*); dissentient: **voci dissenzienti**, dissenting voices. **B** *m.* e *f.* **1** dissentient **2** (*polit.*) dissident **3** (*stor. relig.*) Dissenter; Nonconformist.
disseppelliménto, *m.* exhumation; disinterment; unearthing (*anche fig.*).
disseppellìre, *v. t.* **1** (*esumare*) to exhume; to disinter; to unbury **2** (*portare alla luce con scavi*) to dig* up; to unearth; (*archeol.*, *anche*) to excavate: **d. un tesoro**, to dig up (*o* to unearth) a treasure; **d. un'antica città**, to excavate an ancient city **3** (*fig.*) to dig* up; to unearth; to bring* to light.
dissequestràre, *v. t.* (*leg.*) to release from seizure.
dissequèstro, *m.* (*leg.*) release from seizure.
disserràre, A *v. t.* **1** (*lett.*) to unlock **2** (*fig.*) to disclose. **B disserràrsi**, *v. i. pron.* (*lett.*) to open.
dissertàre, *v. i.* to discourse; to expatiate; (*iron.*) to hold* forth.
dissertatóre, *m.* (*f.* **-trice**) dissertator.
dissertatòrio, *a.* dissertational.
dissertazióne, *f.* dissertation; discourse: **tenere una d.**, to deliver a dissertaion; **d. di laurea**, dissertation; graduation thesis.
disservìzio, *m.* **1** (*cattivo funzionamento*) poor service; inefficiency; disorganization **2** (*cattivo servigio*) disservice; bad turn.
dissestàre, *v. t.* **1** (*sconvolgere*) to disarrange, to upset; (*squilibrare*) to unbalance; (*rovinare*) to damage, to ruin: **d. il fondo stradale**, to damage the road surface **2** (*fig.*) to disrupt; to upset*; to unbalance; to damage; to ruin; to wreck: **d. l'economia**, to disrupt the economy; **d. un'azienda**, to ruin a firm.
dissestàto, *a.* **1** disarranged; upset; damaged: **strada dissestata**, uneven road surface **2** (*fig.*) disorganized; upset **3** (*econ., fin.*) in financial difficulties; shaky; in the red; encumbered with debts; (*rovinato*) ruined, bankrupt: **un'azienda dissestata**, a company in financial difficulties; **economia dissestata**, shaky economy.
dissèsto, *m.* **1** instability; (*sconvolgimento*) upheaval, disruption, disorder, breakdown: **d. ambientale**, environmental upheaval; **d. sociale**, social disruption; breakdown of society **2** (*econ., fin.*) financial difficulty (*o* trouble); (*rovina*) ruin, failure; (*leg.*: *fallimento*) bankruptcy.
dissetànte, A *a.* refreshing; thirst-quenching. **B** *m.* refreshing drink; thirst-quencher.
dissetàre, A *v. t.* **1** to quench (*o* to slake) (sb.'s) thirst; to refresh **2** (*fig.*) to satisfy. **B dissetàrsi**, *v. rifl.* **1** to quench (*o* to slake) one's thirst; to refresh oneself; (*bere*) to drink*; (*di animali*) to water **2** (*fig.*) to satisfy one's thirst.
dissettóre, *m.* (*med.*) dissector.
dissezionàre, *v. t.* (*anche fig.*) to dissect.
dissezióne, *f.* dissection: **d. anatomica**, anatomical dissection; **sala di d.**, dissecting room.
dissi, *1ª pers. sing. pass. rem. di* **dire**.
dissidènte, A *a.* dissident; dissenting; dissentient: **l'ala d. d'un partito**, the dissident faction in a party. **B** *m.* e *f.* **1** (*polit.*) dissident **2** (*stor. relig.*) Dissenter; Nonconformist.
dissidènza, *f.* **1** dissidence; dissent; disagreement **2** (*collett.*: *i dissidenti*) dissent; dissenters (*pl.*).
dissìdio, *m.* difference; disagreement; dissension; variance; (*spaccatura*) split, rift; (*lite*) quarrel, falling-out: **C'è d. nel gruppo**, there is dissension in the group; **d. insanabile**, irreconcilable difference; **un profondo d. nel partito**, a deep rift in the party; **essere in d. con q.**, to have fallen out with sb.; **comporre un d.**, to settle a quarrel.
dissigillàre, *v. t.* to unseal; to break* the seal of; to remove the seal from.
dissimilàre, *a.* dissimilar.
dissimilàrsi, *v. i. pron.* (*fon.*) to dissimilate.
dissimilazióne, *f.* (*fon.*) dissimilation.
dissìmile, *a.* unlike (sb., st.); different (from, to); dissimilar (to): **È d. dal padre**, he is unlike (*o* different from) his father; **Il suo piano non è d. dal mio**, his plan is not dissimilar to mine; **Siamo dissimili per gusti**, we have different tastes.
dissimilitùdine, *f.* (*lett.*) dissimilitude.
dissimmetrìa, *f.* dissymmetry; lack of symmetry.
dissimmètrico, *a.* dissymmetric(al).
dissimulàre, *v. t.* **1** (*nascondere*) to hide*; to conceal; to disguise; to mask; to dissemble: **d. la paura sotto l'indifferenza**, to hide one's fear under a show of indifference; **Cercai di d. la mia ansietà di fronte agli amici**, I tried to conceal my anxiety from my friends **2** (*fingere*) to dissemble; to feign; to pretend; to simulate: **non saper d.**, to be unable to dissemble; to be no good at pretending.
dissimulàto, *a.* concealed; disguised; masked; dissembled: **disprezzo mal d.**, ill--concealed contempt.
dissimulatóre, A *m.* (*f.* **-trice**) dissimulator; dissembler. **B** *a.* disguising; dissembling.
dissimulazióne, *f.* dissimulation; dissembling; concealment; (*finzione*) pretence.
dissintonìa, *f.* **1** (*radio*) lack of tuning **2** (*fig.*) lack of tuning; disagreement; disharmony: **d. di idee**, disagreement; **Siamo in d.**, we are out of tune with each other.
dissipàbile, *a.* dispersible; that can be dispersed (*o* dissipated).
dissipaménto, *V.* **dissipazione**.
dissipàre, A *v. t.* **1** (*dissolvere, disperdere*) to dissipate; to disperse; to dispel: **d. la nebbia**, to disperse (*o* to dispel) the fog; **d. un dubbio**, to dispel a doubt **2** (*sprecare*) to waste, to dissipate, to fritter away; (*scialacquare*) to squander, to run* through (*fam.*): **d. energie**, to waste (*o* to dissipate) energy; **d. il proprio tempo**, to waste one's time; **d. un patrimonio**, to squander (*o* to run through) a fortune. **B dissipàrsi**, *v. i. pron.* to dissipate; to disperse; to vanish; to dissolve; to melt away.
dissipatézza, *f.* dissipation; profligacy; abandonment.
dissipatìvo, *a.* (*fis.*) dissipative.
dissipàto, A *a.* dissipated; profligate; abandoned. **B** *m.* (*f.* **-a**) profligate; debauchee; rake (*m.*).
dissipatóre, *m.* (*f.* **-trice**) spendthrift; squanderer.
dissipazióne, *f.* **1** dissipation; waste; wastefulness; (*di denaro, anche*) squandering **2** (*fis.*) dissipation **3** *V.* **dissipatezza**.
dissociàbile, *a.* dissociable.
dissociabilità, *f.* dissociability.
dissocialità, *f.* (*psic.*) unsociableness.
dissociàre, A *v. t.* **1** to dissociate; to separate; to disunite **2** (*chim.*) to dissociate. **B dissociàrsi**, *v. rifl.* **1** to dissociate; to distance oneself; (*ritirarsi*) to withdraw*, to opt out

(of st.) *2* (*chim.*) to dissociate.

dissociativo, *a.* dissociative.

dissociàto, A *a.* (*anche chim., psic.*) dissociated **B** *m.* (*f.* **-a**) *1* (*psic.*) sufferer from dissociation *2* (*polit.*) terrorist who has distanced himself from terrorism.

dissociazióne, *f.* *1* dissociation; distancing; (*ritiro*) withdrawal, opting out *2* (*chim., psic.*) dissociation: **d. elettrolitica [termica]**, electrolytic [thermal] dissociation; **d. psichica**, psychic dissociation.

dissodaménto, *m.* (*agric.*) ploughing, plowing (*USA*); tillage.

dissodàre, *v. t.* *1* (*agric.*) to plough, to plow (*USA*); to till; to break* up *2* (*fig.*) to open up.

dissolùbile, *a.* dissoluble; soluble; dissolvable.

dissolubilità, *f.* dissolubility; solubility; dissolvability.

dissolutézza, *f.* dissoluteness; licentiousness; depravity; debauchery.

dissolutivo, *a.* dissolutive.

dissolùto, A *a.* dissolute; licentious; depraved; debauched. **B** *m.* (*f.* **-a**) dissolute person; debauchee.

dissolutóre, *m.* (*f.* **-trice**) dissolver.

dissoluzióne, *f.* *1* (*anche fig.*) dissolution; breaking up; break-up; disintegration: **la d. d'un corpo**, the dissolution (*o* decomposition) of a body; **la d. della società**, the break-up (*o* disintegration) of society *2* (*leg.*) dissolution: **d. d'un contratto**, dissolution of a contract *3* *V.* **dissolutezza**.

dissolvènza, *f.* (*cinem., TV*) fading; fade; dissolve: **d. in apertura**, fade-in; **d. in chiusura**, fade-out; **d. incrociata**, cross-fade; lap dissolve; **d. sonora**, sound fading.

dissòlvere, A *v. t.* *1* (*sciogliere*) to dissolve *2* (*disunire, disgregare; anche fig.*) to dissolve; to break* up; to disintegrate *3* (*dissipare, disperdere*) to dissipate; to dispel; to disperse; to drive* away: **d. la nebbia**, to disperse the fog; **d. ogni dubbio**, to dispel all doubts. **B dissòlversi,** *v. i. pron.* *1* (*sciogliersi*) to dissolve *2* (*disgregarsi*) to break* up; to disperse; to disintegrate *3* (*fig.*: *svanire*) to dissolve; to fade away.

dissolviménto, *m.* *V.* **dissoluzione,** *def. 1, 2.*

dissomigliànte, *a.* dissimilar (to); different (from, to); unlike (sb., st.).

dissomigliànza, *f.* *1* (*l'essere dissomigliante*) unlikeness; dissimilarity; lack of resemblance *2* (*elemento di dissomiglianza*) (point of) difference; dissimilarity.

dissomigliàre, A *v. i.* to be unlike (sb., st.); to differ (from). **B dissomigliàrsi,** *v. i. pron.* to be unlike each other; to differ: **Ci dissomigliamo nei gusti**, we differ in our tastes.

dissonànte, *a.* *1* (*mus.*) dissonant *2* (*fig.*) dissonant; discordant; clashing; jarring; conflicting.

dissonànza, *f.* *1* (*mus.*) dissonance; discord *2* (*fig.*) dissonance; discordance; clash; conflict.

dissonàre, *v. i.* *1* (*mus.*) to produce dissonance; to be dissonant *2* (*fig.*) to disagree; to clash.

dissotterràre, *v. t.* *1* (*esumare*) to exhume; to disinter; to unbury *2* (*portare alla luce con scavi*) to dig* up; to unearth; (*archeol., anche*) to excavate: **d. un tesoro**, to dig up (*o* to unearth) a treasure *3* (*fig.*) to dig* up; to unearth; to bring* to light: **d. un vecchio scandalo**, to dig up an old scandal.

dissuadére, *v. t.* to dissuade (sb. from st., *o* against st.); to talk (*o* to argue) (sb. out of st.); (*scoraggiare*) to deter, to discourage: **d. q. dal fare q.c.**, to dissuade sb. from doing st.; to talk sb. out of doing st.

dissuașióne, *f.* dissuasion; determent; discourgagement: **fare opera di d.**, to try to dissuade.

dissuașivo, *a.* dissuasive; discouraging.

dissuașóre, *m.* dissuader.

dissuèto, *a.* *1* (*lett.*: *disavvezzo*) disaccustomed *2* *V.* **desueto**.

dissuetùdine, *f.* *1* lack of habit; lack of use *2* *V.* **desuetudine**.

dissuggellàre, *v. t.* to unseal (*anche fig.*); (*aprire*) to open.

distaccaménto, *m.* *1* detachment; separation *2* (*mil.*) detachment.

distaccàre, A *v. t.* *1* (*togliere*) to detach, to separate, to remove, to take* off; (*cogliere*) to pick, to pluck; (*cosa incollata*) to unstick*, (*delicatamente*) to peel off: **d. un quadro dal chiodo**, to take a picture off the hook; **d. un frutto**, to pick a fruit; **d. un francobollo**, to peel off a stamp; **d. un affresco**, to detach (*o* to peel off) a fresco *2* (*allontanare*) to take* away, to get* away, to remove; (*estraniare*) to alienate, to estrange: **Non lo si può d. dalla televisione**, you can't get him away from the TV; **d. un ragazzo dalla famiglia**, to take a boy away from his family *3* (*mil.*) to detach; to detail: **d. un reparto speciale**, to detail a special force *4* (*bur.*: *trasferire*) to move; to transfer; to post; (*temporaneamente*) to second; **d. q. ad altro ufficio**, to move sb. to a different office *5* (*sport*) to leave* behind; to outdistance *6* (*miss.*) to undock. **B distaccàrsi,** *v. i. pron.* *1* to get* separated; to come* off; to break* off; (*di etichetta, intonaco e sim.*) to unpeel *2* (*allontanarsi*) to leave (sb., st.), to part company (with), to break* away; (*estraniarsi*) to grow* apart, to estrange oneself; (*ritirarsi*) to withdraw*, to retire: **d. da un gruppo**, to break away from a group; **d. dagli amici**, to estrange oneself from one's friends; **d. dal mondo**, to withdraw from the world *3* (*distinguersi*) to stand* out: **La sua opera si distacca da quella degli altri**, his work stands out from that of the others.

distaccàto, *a.* *1* detached; separated *2* (*fig.*) detached; indifferent; aloof *3* (*bur.*) attached; (*temporaneamente*) seconded: **d. presso la sede centrale**, attached to headquarters; **ufficio d.**, branch office.

distacco, *m.* *1* separation; detaching; detachment; removal: (*med.*) **d. della retina**, detachment of the retina *2* (*separazione*) separation; (*commiato*) parting, leaving, leave-taking: **il momento del d.**, the moment of parting *3* (*fig.*) detachment; indifference; aloofness: **Ora ne posso parlare con d.**, I can talk of it with detachment now; **trattare q. con d.**, to be aloof (*o* distant) with sb.; **Mi guardò con d.**, he looked at me distantly; **d. dalla realtà**, detachment from reality *4* (*aeron.*: *decollo*) take-off *5* (*miss.*) undocking *6* (*sport*) lead; gap: **un d. di 7 minuti**, a 7-minute lead; **dare a q. un forte d.**, to outdistance sb.; **vincere con ampio d.**, to win by a wide gap.

distàle, *a.* (*anat.*) distal.

distanașia, *f.* painful death.

distànte, A *a.* *1* far-away; far-off; far; distant; remote: **un suono d.**, a distant (*o* far-away) sound; **una terra d.**, a far-off (*o* remote) land; **Natale non è molto d.**, Christmas is not far off; **un paese d. dalla città**, a village far from the town; **poco d. da casa mia**, not far from where I live; **La scuola è d. cinque miglia da qui**, the school is five miles away (*o* five miles from here); **un evento d. nel tempo**, an event remote in time; **due eventi distanti tra loro**, two episodes separated in time; **essere distanti per opinioni**, to differ in opinion *2* (*fig.*: *distaccato*) distant, detached, indifferent; (*altero*) aloof, standoffish: **sguardo d.**, distant look; **essere d. con la gente**, to be standoffish. ● **Ti sento d.**, (*al telefono*) I can hardly hear you; (*fig.*) there is a distance between us. **B** *avv.* far; off; far off; far away: **abitare d.**, to live far away; **Non ci vedo così d.**, I can't see as far as that.

distànza, *f.* *1* (*nello spazio*) distance; (*spazio vuoto, stacco*) space, gap; (*raggio di azione, portata*) range: **abolire le distanze**, to abolish distance; **Dipingeva bene le distanze**, he painted distances well: **la d. tra Milano e Pavia**, the distance between Milan and Pavia; **Che d. c'è tra qui e Chiusi?**, how far is Chiusi from here?; **La d. è molta**, it's a long way away; **una d. di tre kilometri**, a distance of three kilometres; **una d. di sei metri**, a space of six metres; a six-metre space; **Lascia più d. fra i quadri**, leave bigger gaps (*o* more space) between the pictures; (*mil.*) **d. di tiro**, gunfire range; **Erano costruite a una d. di venti metri l'una dall'altra**, they were built at a distance of twenty metres from each other; **alla d. di venti passi**, at a distance of twenty paces; **A pochi passi di d. c'era un gatto**, a few feet away there was a cat; **Non ci vedo a questa d.**, I can't see so far off; **a poca d. da qui**, at a short distance from here; not far from here; **L'isola è a poca d. dalla costa**, the island is just off the coast; **a una certa d. da**, some distance from; **seguire q. a d.**, to follow sb. at a distance; **In d. si vedeva il mare**, in the distance you could see the sea *2* (*nel tempo*) interval; (time) gap; distance: **una d. di tre secoli**, an interval of three centuries; **una d. di sei anni**, a gap (*o* an interval) of ten years; **Ci ritrovammo a due anni di d.**, we met again two years later; **Adesso, a d. di anni**, now, at a distance of years (*o* after so many years); **Partimmo a d. di un'ora l'uno dall'altro**, we left with an interval of one hour between us; **I segnali si succedono a d. di tre minuti**, the signals are repeated at intervals of three minutes *3* (*mat.*) distance *4* (*sport*) distance: **una corsa sulla d. di mille miglia**, a race over a distance of a thousand miles; (*anche fig.*) **vincere alla d.**, to win in the long run *5* (*differenza*) gap; difference; disparity: **le distanze sociali**, social distances; **una notevole d. tra le due posizioni**, a considerable difference between the two positions; **Ci corre parecchia d. tra i suoi quadri e quelli di Chagall**, his paintings are a far cry from Chagall's. ● (*naut.*) **d. al traverso**, distance on beam □ (*autom.*) **d. di sicurezza**, safety distance □ (*aeron., naut.*) **d. di visibilità**, range of visibility □ (*fis.*) **d. focale**, focal length □ (*fis.*) **d. frontale**, working distance □ **d. in linea d'aria**, distance as the crow flies □ (*mil.*) **d. massima**, maximum range □ (*mil.*) **d. media**. mean range □ (*mil.*) **d. minima di tiro**, minimum range □ (*mecc.*) **d. tra due perni**, spread □ (*mecc.*) **d. tra due centri**, distance between centres □ (*fis.*) **d. visiva**, optical range □ (*naut.*) **d. zenitale**, zenith distance □ **a d. di tiro**, within striking distance; (*mil.*) within gunfire range □ **a d. ravvicinata**, at close range; at point distance: **sparo a d. ravvicinata**, shot at close range □ **colmare le distanze**, to catch up; to fill the gap □ (*mecc.*) **comando a d.**, remote control □ **prendere le distanze da**, to distance (*o* to disassociate) oneself from (*fam.*) □ (*fig.*) **tenere q. a d.**, to keep aloof from sb.; to keep sb. at arm's length; to hold sb. off □ (*anche fig.*) **tenersi a (rispettosa,** *o* **debita) d. da**, to keep at a (safe) distance from; to keep well off; to keep (*o* to stay) clear of; to give (sb., st.) a wide berth (*fam.*) □ (*fig.*) **tenere** (*o* **mantenere**) **le distanze**, to keep one's distance; to hold (*o* to keep oneself) aloof.

distanziàle, A *a.* distance (*attr.*). **B** *m.* (*tecn.*) spacer.

distanziaménto, *m.* *1* (*sport*) outdistancing *2* (*aeron.*) separation.

distanziàre, *v. t.* *1* (*scostare*) to move away; (*separare*) to space out: **d. un tavolo dal muro**, to move a table away from the wall; **d. le sedie**, to space out the chairs *2* (*sport*) to leave* behind; to outdistance; to distance: **d. gli inseguitori**, to outdistance one's pursuers *3* (*fig.*) to surpass; to outstrip; to outdo*.

distanziàto, *a.* **1** (*separato*) removed; apart, off (*pred.*): **Sedeva un po' d. dagli altri**, he sat at some distance (*o* somewhat apart) from the others **2** (*sport*) outdistanced; lagging behind (*attr.*).

distanziatóre, *m.* (*mecc.*) spacer. ● **anello d.**, spacer ring.

distanziomètrico, *a.* distance-measuring: **cannocchiale d.**, diastimeter.

distanziòmetro, *m.* diastimeter.

distàre, *v. i.* **1** to be far; to be... away: **d. parecchio**, to be very far; to be a long way away; **Dista tre kilometri da Roma**, it's three kilometres from Rome; **Dista due miglia da qui**, it is two miles away (*o* from here); **Quanto distano i due paesi?**, how far from each other are the two villages? **2** (*fig.*) to differ; to be distant; to be far: **Le nostre posizioni non distano molto**, our positions do not differ much (*o* are not very distant).

distèndere, **A** *v. t.* **1** (*allargare*) to spread*, to lay* out, to open out; (*tirando*) to stretch: **d. la tovaglia sulla tavola**, to spread the cloth on the table; **d. un foglio**, to spread out a sheet of paper; **d. una mappa**, to open out a map; **d. la vernice**, to spread the paint; (*naut.*) **d. una vela**, to stretch a sail **2** (*allungare, aprire*) to stretch; to spread*; to open: **d. le braccia [le gambe]**, to stretch out one's arms [one's legs]; **d. una mano**, to spread a hand; **L'uccello distese le ali**, the bird spread its wings **3** (*mettere a giacere*) to lay*: **Lo distesero sul letto**, they laid him on the bed; **d. q. con un pugno**, to knock sb. down flat **4** (*rilassare*) to relax: **d. i muscoli**, to relax one's muscles; **d. i nervi**, to relax **5** (*ind. tess.*) to tenter. ● **d. il bucato** (*o* **i panni**), to hang out the washing □ **d. la mano (in aiuto)**, to lend a (helping) hand □ (*cucina*) **d. la pasta**, to roll out dough □ **d. la voce**, to sing out. **B distèndersi**, *v. rifl.* **1** (*sdraiarsi*) to lie* down; to lay* oneself down: **Mi distesi sulla sabbia**, I lay down on the sand **2** (*rilassarsi*) to relax. **C distèndersi** *v. i. pron.* (*estendersi*) to spread* (out); to stretch; to extend.

distensióne, *f.* **1** stretching **2** (*rilassamento*) relaxation; relaxing: **la d. dei muscoli**, the relaxation of the muscles; **un periodo di d.**, a period of relaxation **3** (*polit.*) détente (*franc.*).

distensivo, *a.* **1** relaxing: **esercizio d.**, relaxing exercise **2** (*fig.*: *riposante*) relaxing; restful: **clima d.**, relaxing climate; **giornata distensiva**, restful day **3** (*fig.*: *pacificatore*) appeasing; pacifying; conciliatory: **politica distensiva**, conciliatory policy.

distésa, *f.* **1** expanse; stretch; sweep; tract: **la d. del mare**, the expanse of the sea; **una d. di bosco**, a tract of woodland **2** (*fila di oggetti*) line, row, range; (*grande quantità*) sea: **una d. di panni stesi**, a line of washing; **una d. di ombrelli**, a sea of umbrellas. ● **a d.**, uninterruptedly; continuously □ **cantare a d.**, to sing out □ **gridare a d.**, to cry out □ **Le campane suonarono a d.**, the bells pealed out.

distesaménte, *avv.* extensively; at (full) length; in detail; in full.

distéso, *a.* **1** extended; outstretched; (*sdraiato*) stretched out, lying; (*di vela*) taut: **con le braccia distese**, with outstretched arms; **ad ali distese**, with outstretched wings; **La tovaglia era distesa sul prato**, the tablecloth had been spread on the lawn; **giacere d. sull'erba**, to lie on the grass; **Lo trovai d. sul divano**, I found him lying on the sofa; **essere d. per terra**, to be stretched out on the ground; to lie on the ground; **lungo d.**, stretched out at full length; flat: **giacere lungo d. sulla schiena**, to lie flat on one's back; **cadere lungo d.**, to fall flat on one's face **2** (*rilassato*) relaxed. ● **per d.**, *V.* **distesamente**.

dìstico (1), *m.* (*poesia*) couplet; (*classico*) distich: **d. elegiaco**, elegiac couplet; **d. rimato**, rhymed (*o* rhyming) couplet.

dìstico (2), *a.* (*bot.*) distichous.

distillàbile, *a.* distillable.

distillàre, **A** *v. t.* **1** (*chim.*) to distil **2** (*estrarre*) to extract **3** (*gocciolare*) to distil; to exude; to trickle. **B** *v. i.* to tricke; to ooze; to distil.

distillàto, *m.* **1** (*chim.*) distillate **2** (*fig.*) concentration: **un d. di idiozie**, a concentration of nonsense.

distillatóio, *m.* still (*specialm. per alcolici*); distiller.

distillatóre, *m.* **1** (*f.* **-trice**) (*operaio*) distiller **2** (*apparecchio*) distiller; still. ● **d. clandestino**, illicit distiller; moonshiner (*USA*).

distillazióne, *f.* (*chim.*) distillation: **d. a secco**, dry distillation; **d. clandestina**, illicit distillation; moonshining (*USA*); **d. continua**, continuous distillation; **d. discontinua**, batch distillation; **d. frazionata**, fractional distillation; **d. in corrente di vapore**, steam distillation; **d. nel vuoto**, vacuum distillation; **prodotto di d.**, distillate.

distillerìa, *f.* distillery.

distìlo, *a.* **1** (*archit.*) distyle **2** (*bot.*) distylous.

distimìa, *f.* (*psic.*) dysthymia.

distìnguere, **A** *v. t.* **1** (*vedere la differenza*) to distinguish (between st. and st., st. from st. else), to tell* (st. from st. else), to tell* (*o, alla vista*, to see*; *all'udito*, to hear*; *al tatto*, to feel*) the difference between; (*fare distinzione*) to distinguish between, to draw* (*o* to make*) a distinction between: **d. il bene dal male**, to distinguish between good and evil; to distinguish right from wrong; **Non lo distinguo da suo fratello**, I can't tell him from his brother; **Non li distinguo uno dall'altro**, I can't tell them apart; I can't tell which is which; **Non distingue il verde dall'azzurro**, he can't tell the difference between green and blue; **La lingua gallese non distingue il verde dall'azzurro**, Welsh does not distinguish between green and blue; **La legge distingue nettamente i due casi**, the law draws a sharp distinction between the two cases; **Un momento, distinguiamo!**, just a moment, let us make a clear distinction between things! **2** (*scorgere*) to make* out; to see* clearly; to perceive: **Non si distingueva nulla nella nebbia**, one couldn't see anything in the fog; **Li si distingueva appena in lontananza**, you could just make them out in the distance **3** (*dividere*) to divide; to separate: **Distinguiamo tre fasi nella sua opera**, we usually divide his work into three periods **4** (*contrassegnare*) to mark; (*caratterizzare*) to characterize, to distinguish; (*differenziare*) to differentiate; (*far spiccare, far emergere*) to mark out, to set* apart, to put* in a class apart: **Li distingueremo con un nastro rosso**, we shall mark them with a red ribbon; **Che cosa distingue questo periodo storico?**, what characterizes this historical period?; **La ragione distingue l'uomo dalle bestie**, reason distinguishes (*o* differentiates) man from beasts; **I suoi capelli rossi lo distinguerebbero ovunque**, his red hair would mark him out anywhere; **d. q. [q.c.] da tutti gli altri**, to put (*o* to set) sb. [st.] in a class apart; **con la cortesia che lo distingue**, with his usual (*o* customary) politeness. **B distinguersi**, *v. i. pron.* **1** (*farsi notare*) to distinguish oneself: **Si distinse in guerra**, he distinguished himself in the war; **cercare di d.**, to try to distinguish oneself (*o* to be different) **2** (*essere distinguibile*) to differ, to be distinguishable; (*emergere*) to stand* out: **Si distinguono per un piccolo particolare**, they differ in a small detail; **Si distingueva per la sua statura**, he stood out for his height.

distinguìbile, *a.* **1** distinguishable **2** (*visibile*) visible; discernible **3** (*che si fa notare*) that stands out.

distinguo, *m. invar.* subtle distinction; (*spreg.*) petty distinction; nitpicking (*solo sing.*).

distinta, *f.* **1** (*comm.*) list; note; schedule; specification: **d. dei prezzi**, price list; **d. di accompagnamento**, remittance slip; **d. di acquisto**, purchase note; **d. di spedizione**, packing list; **d. doganale**, customs specification **2** (*banca*) note; slip: **d. di versamento**, credit slip; paying-in slip (*GB*); deposit slip (*USA*); **d. di sconto**, discount note.

distintaménte, *avv.* **1** distinctly; clearly **2** (*signorilmente*) in a distinguished manner, refinedly; (*con eleganza*) elegantly **3** (*separatamente*) severally; separately **4** (*nelle lettere*) Yours faithfully; Yours truly.

distintìssimo, *a.* **1** very distinguished; very refined; (*educatissimo*) very well bred: **una distintissima persona**, a very distinguished person **2** (*nello stile epistolare*) – **d. signor Rossi**, (*sulla busta*) Mr Rossi; (*in apertura di lettera*) Dear Mr Rossi.

distintivo, **A** *a.* distinguishing; characteristic: **segno d.**, distinguishing mark. **B** *m.* **1** badge; (*da occhiello*) button; (*emblema*) emblem **2** (*fig.*) characteristic; feature.

distinto, *a.* **1** (*differenziato*) distinct; separate: **due cose distinte**, two distinct things **2** (*nitido*) distinct; clear: **una pronuncia distinta**, a distinct pronunciation; **una nota distinta**, a clear note **3** (*raffinato*) refined; well-bred; distinguished: **modi distinti**, distinguished (*o* refined) manners; **un signore d.**, a distinguished gentleman; **avere un'aria distinta**, to look distinguished; **gente distinta**, people of distinction. ● (*nelle lettere*) **Distinti saluti**, Yours faithfully; Yours truly □ (*teatr.*) **(posti) distinti**, stalls.

distinzióne, *f.* **1** distinction; (*discriminazione*) discrimination: **una d. sottile**, a fine distinction; **d. di razza [di religione]**, racial [religious] discrimination; **fare d.**, (*distinguere*) to distinguish; (*discriminare*) to discriminate; (*vedere, sentire la differenza*) to see [to hear] the difference, to be able to tell the difference; **senza fare distinzioni**, without making any distinctions; without discrimination; **senza d.**, without any distinction; (*indiscriminatamente*) indiscriminately; (*in modo equo*) impartially, fairly; **senza d. di grado**, without distinction of rank **2** (*raffinatezza*) distinction; refinement: **d. di modi**, distinction of manner; distinguished manners (*pl.*) **3** (*onorificenza*) honour; distinction: **conferire una d. a q.**, to confer a distinction on sb. **4** (*riguardo*) consideration; regard; deference.

distiroidismo, *m.* (*med.*) thyroid disorder.

distocìa, *f.* (*med.*) dystocia.

distòcico, *a.* (*med.*) dystocic.

distògliere, *v. t.* **1** (*dissuadere*) to dissuade, to persuade (*o* to get*) (sb.) not to do (st.), to talk (sb.) out of (st.), to sway; (*trattenere*) to deter: **Lo distolsi dal suo proposito di dare le dimissioni**, I dissuaded him from resigning; I talked him out of resigning; **Nulla lo distoglierà**, nothing will sway him **2** (*distrarre*) to take* (sb.) away from (st.); to take* (sb.'s) mind off (st.); to divert; to distract: **Non distoglierlo dal lavoro**, don't take his mind off his work **3** (*allontanare*) to withdraw*; to take* off; to lead* away: **d. il pensiero** (*o* **l'attenzione**) **da q.c.**, to take one's mind off st.; **d. lo sguardo**, to look away; to avert one's eyes.

distoma, *m.* (*zool.*, *Fasciola hepatica*) liver fluke.

distomatosi, *f.* (*med.*) distomatosis*.

distonìa, *f.* (*med.*) dystonia.

distònico, *a.* e *m.* (*med.*) dystonic.

distopìa, *f.* dystopia.

distòrcere, **A** *v. t.* **1** to distort; (*anche fig.*) to twist; (*slogare*) to sprain: **d. le membra**, to distort the limbs; **distorcersi una caviglia**, to sprain an ankle; **d. il significato d'una parola**, to distort (*o* to twist) the meaning of a word; **Ha distorto le mie parole**, he distorted what I had said *2* (*fis.*) to distort. **B distòrcersi,** *v. i. pron.* to twist.

distorsióne, *f.* *1* distortion (*anche fig.*): **la d. della verità**, the distortion of the truth *2* (*med.*) sprain: **riportare una d. alla caviglia**, to sprain one's ankle *3* (*fis., radio*) distortion: **d. del suono**, sound distortion; (*TV*) **d. del quadro**, frame distortion.

distòrto, *a.* *1* (*fig.*) twisted; warped; perverted: **idee d.**, twisted notions *2* (*med.*) sprained; twisted: **piede d.**, sprained foot *3* (*fis.*) distorted: **immagine distorta**, distorted image.

distràrre, A *v. t.* *1* (*distogliere, sviare*) to distract, to divert; (*rif. a preoccupazioni*) to take* (sb.'s) mind off (st.), to relax: **Il rumore della radio mi distrae**, the noise of the radio distracts me; **Fu distratto da una voce in giardino**, he was distracted by a voice in the garden; **La lettura mi distrae**, reading relaxes me; **d. l'attenzione di q.**, to divert sb.'s attention; (*attirandola*) to engage sb.'s attention; **Cerca di distrarlo mentre apro il cassetto**, try and keep him occupied while I open the drawer *2* (*detrarre e destinare ad altro uso*) to divert; (*indebitamente*) to misappropriate *3* (*svagare*) to entertain; to amuse: **Aiutami a distrarlo**, help me entertain him. **B distràrsi,** *v. i. pron.* *1* to cease paying attention; to let* one's mind (*o* one's thoughts) wander; to take* one's mind off: **Dopo i primi cinque minuti, si distrasse**, after the first five minutes, his mind began to wander; **Non distrarti!**, pay attention!; **Ho bisogno di distrarmi dal lavoro**, I need to take my mind off work *2* (*svagarsi*) to amuse oneself; to relax: **La ragazza si distraeva suonando il piano**, the girl amused herself by playing the piano; **Mi distraggo lavorando a maglia**, knitting is my way of relaxing.

distrattaménte, *avv.* absent-mindedly; absently; without paying attention; with only half one's mind; cursorily.

distràtto, A *a.* absent-minded; (*veloce e superficiale*) casual, cursory; (*disattento*) inattentive; (*sbadato*) careless, absent-minded: **È molto d.**, he is very absent-minded; **Mi parve d.**, his mind seemed to be elsewhere; **occhiata distratta**, cursory glance; **un ciao d.**, a casual goodbye; **Non essere d.!**, pay attention. **B** *m.* (*f.* **-a**) absent-minded person.

distrazióne, *f.* *1* absent-mindedness; absence; (*disattenzione*) inattention; (*sbadataggine*) carelessness, heedlessness: **La sua d. è proverbiale**, his absent-mindedness is proverbial; **Un attimo di d. e il bambino era scomparso**, a moment's inattention and the child had vanished; **un incidente provocato da d.**, an accident caused by carelessness; **fonte di d.**, (source of) distraction; **errore di d.**, careless mistake; **per d.**, inadvertently; unthinkingly *2* (*divertimento*) amusement; entertainment; distraction: **le distrazioni della grande città**, the distractions of a big city; **Mi serve un po' di d.**, I need to relax; **Durante la convalescenza, la televisione fu una d. per me**, television helped me while away the time during convalescence *3* (*di cosa detratta e destinata ad altro uso*) diversion; (*indebitamente*) misappropriation *4* (*med.*) sprain.

distrétto, *m.* *1* district; precinct (*USA*); (*zona*) area, zone: **d. scolastico**, school district; **d. postale**, postal (delivery) zone; postal district *2* (*mil.*) recruiting office (*o* centre).

distrettuàle, *a.* district (*attr.*).

distribuìbile, *a.* distributable.

distribuìre, *v. t.* *1* to distribute; to give* out; to dispense; to deal* out; (*a mano*) to hand out; (*suddividendo*) to share (out); (*bur.*) to issue: **d. pacchi [denaro, doni]** to distribute parcels [money, gifts]; **d. la posta**, (*del postino*) to deliver the mail; (*di altri*) to hand out the mail; **d. volantini**, to hand out leaflets; **d. le provviste**, to hand out food; (*bur., mil.*) to issue provisions; **d. premi**, to award prizes; **d. lodi**, to dispense praise; **d. l'elemosina**, to distribute (*o* to deal out) alms; **d. le carte**, to deal (out the cards); **d. cento sterline tra cinque persone**, to share (out) a hundred pounds among five persons; **Distribuì le sue ricchezze ai poveri**, he gave out his riches to the poor *2* (*assegnare*) to assign; to allot; (*più bur.*) to allocate: **d. i posti**, to assign seats; **d. i profitti di un'azienda** to allot the profits of a business *3* (*spargere*) to spread*: **d. la vernice in modo uniforme**, to spread the paint evenly *4* (*disporre, collocare*) to place; to put*; to arrange; (*mil.*) to station: **d. i libri nella libreria**, to arrange the books in the bookcase; **Le truppe furono distribuite lungo il canale**, the soldiers were stationed along the canal *5* (*erogare*) to supply *6* (*diffondere*: *giornali, libri, ecc.*) to distribute; (*film, anche*) to release. ● **d. q.c. nel tempo**, to spread st. over a period of time; to stagger st. □ (*teatr.*) **d. le parti** (*di un dramma*), to cast a play □ **d. schiaffi [calci]**, to deal out slaps [kicks] □ **d. sorrisi**, to smile all around □ **d. strette di mano**, to shake hands all around.

distributività, *f.* (*mat.*) distributivity.

distributivo, *a.* (*mat., ling., leg.*) distributive.

distributóre, A *m.* *1* (*f.* **-trice**) distributor; dispenser (*lett.*): **d. cinematografico**, film distributor *2* (*di benzina*) petrol pump, gasoline pump (*USA*); (*stazione*) petrol station, filling station (*USA*) *3* (*automatico*) slot-machine; vending machine; (automatic) vendor; dispenser; automat (*GB*): **d. di bibite**, drink machine. ● (*autom.*) **d. d'accensione**, ignition distributor. **B** *a.* distributing; distributive; dispensing; distribution (*attr.*): **apparato d.**, distributive system; distribution machinery (*o* set-up).

distribuzionàle, *a.* (*ling.*) distributional.

distribuzionalismo, *m.* (*ling.*) distributionalism.

distribuzióne, *f.* *1* distribution; handing out; delivery; issuing; **la d. dei profitti [della ricchezza]**, the distribution of profits [of wealth]; **la d. dei regali**, the handing out of presents; **la d. della posta**, (*fatta dal postino*) the delivery of the mail; (*fatta da altri*) the handing out of the mail; **la d. dei premi**, the awarding of prizes; **una cattiva d. delle risorse economiche**, a maldistribution of economic resources; **Il programma è in d. all'entrata**, the programme is available at the entrance *2* (*assegnazione*) allotment; allocation: **la d. del lavoro**, work allocation: (*teatr.*) **d. delle parti**, cast (*o* casting) of a play *3* (*sistemazione, disposizione*) arrangement: **la d. delle camere in un appartamento**, the arrangement of the rooms in a flat *4* (*erogazione*) supply *5* (*mecc., autom.*) valve gear; timing system; distribution: **d. a cassetto**, slide valve gear; **d. di un motore**, timing system; **albero della d.**, camshaft; **cassetto della d.**, slide valve; **catena della d.**, timing chain *6* (*di libri, film, ecc.*) distribution; (*di film, anche*) release *7* (*econ.*) distribution; retail trade: **catena di d.**, chain of distribution; **grande d.**, large-scale retail trade *8* (*ling., stat.*) distribution.

districàre, A *v. t.* to disentangle; to unravel; to sort out; to extricate: **d. una corda**, to disentangle a rope; **d. un nodo**, to untie a knot; **d. un amico da una difficoltà**, to extricate a friend from a tight spot; **d. un problema**, to disentangle a problem. **B districàrsi,** *v. rifl.* *1* to disentangle (*o* to extricate) oneself; to wriggle out (of st.) *2* (*cavarsela*) to manage; to cope.

distrofia, *f.* (*med.*) dystrophia; dystrophy: **d. muscolare**, muscular dystrophy.

distròfico, *a.* (*med.*) *1* dystrophic *2* (*affetto da distrofia*) suffering from dystrophy.

distrùggere, A *v. t.* *1* to destroy; (*fare a pezzi*) to wreck; (*col fuoco*) to burn* down: **L'esercito fu distrutto**, the army was destroyed; **Il nemico distrusse la città**, the enemy destroyed the town; **d. le prove**, to destroy the evidence; **Ha distrutto la macchina**, he wrecked the car; **L'incendio distrusse il teatro**, the theatre was burnt to the ground; **Il male lo sta distruggendo**, he is wasting away; his deasease is eating him out *2* (*fig.*) to wreck; to shatter; to wipe out; (*logorare*) to exhaust, to wear* out: **Tutte le mie speranze furono distrutte**, all my hopes were destroyed (*o* shattered); **I bambini mi hanno distrutto**, the children have worn me out. **B distrùggersi,** *v. rifl.* to destroy oneself.

distruggitóre, *V.* **distruttore**.

distruttìbile, *a.* destroyable; destructible.

distruttività, *f.* destructivity; destructiveness.

distruttìvo, *a.* destructive.

distrùtto, *a.* *1* destroyed; wrecked; in ruins: **una città distrutta**, a city in ruins; **L'auto è completamente distrutta**, the car is a total wreck; **d. dal fuoco**, destroyed by fire; burnt down *2* (*fig.*: *rovinato*) ruined; shattered; ravaged; consumed: **salute distrutta**, ruined health; **vite distrutte**, shattered lives; **un uomo d. dalla malattia**, a man consumed by illness *3* (*fig.*: *esausto*) exhausted; shattered.

distruttóre, A *m.* (*f.* **-trice**) destroyer. **B** *a.* destroying; destructive.

distruzióne, *f.* destruction.

disturbàre, A *v. t.* *1* to disturb; to trouble; (*importunare, anche*) to inconvenience, to be a nuisance to, to bother: **È un peccato d. questa scena idillica**, it is a pity to disturb this idyllic scene; **Si prega di non d.**, please do not disturb; **Spero di non disturbarti a quest'ora**, I hope I'm not disturbing you at this time of day; **Scusa se ti disturbo, ma...**, sorry to bother (*o* to disturb, to inconvenience) you, but...; **Disturbo?**, am I disturbing you?; (*posso?*) may I?; **Ti disturbo se mi metto qui?**, am I in your way here?; **Ti disturba la radio?**, is the radio disturbing you?; **La disturbo se fumo?**, do you mind if I smoke?; **Le mosche mi disturbavano**, the flies bothered me *2* (*sconvolgere*) to upset*; to disrupt; to break* up: **d. i piani di q.**, to upset sb.'s plans; **d. le lezioni**, to disrupt classes; **d. una riunione**, to break up a meeting *3* (*turbare*) to disturb; to upset*: **Quella vista mi disturbò**, that sight disturbed me *4* (*indisporre*) to upset*: **d. lo stomaco**, to upset (sb.'s) stomach *5* (*tel.*) to interfere; (*intenzionalmente*) to jam. ● **d. la pubblica quiete**, to break (*o* to disturb) the peace. **B disturbàrsi,** *v. rifl.* to trouble; to bother (to do st., doing st.); to take* the trouble (to do st.); to go* to the trouble of (doing st.): **La prego, non si disturbi!**, please don't bother; **Non disturbarti a telefonare**, don't trouble to phone; **Non voglio che lei si disturbi**, I do not want you to go to any trouble (*o* inconvenience); **Non dovevi disturbarti!** (*formula di ringraziamento*), you shouldn't have!

disturbàto, *a.* *1* (*infastidito*) disturbed; troubled; annoyed *2* (*interrotto*) disrupted; upset *3* (*indisposto*) upset; unwell *4* (*psic.*) disturbed *5* (*tel.*) full of interference; (*intenzionalmente*) jammed.

disturbatóre, A *m.* *1* (*f.* **-trice**) disturber; disruptor; trouble-maker *2* (*tel.*) jammer. **B** *a.* disturbing; troubling; upsetting: **cause disturbatrici**, causes of disturbance.

distùrbo, *m.* *1* trouble; bother; inconvenience: **prendersi il d. di fare q.c.**, to take the trouble to do st.; **Non voglio darti nessun q.**, I don't want to give you any trouble (*o* to bother you); **Scusi il d.**, I'm sorry to bother you; **causare d. a q.**, to cause inconvenience to sb.; **prendersi il d. di fare q.c.**, to take the trouble to do st.; **Siamo spiacenti per il d. arrecato**, we are sorry for any inconvenience this may have caused to you; **Figurati, nessun d.!**, it was no trouble at all!; **senza il minimo d.**, without the slightest inconvenience *2* (*med.*) ailment; complaint; trouble; disorder: **un rimedio per i piccoli disturbi**, a remedy for minor aiments; **disturbi dovuti ai reumatismi**, rheumatic troubles; **d. di cuore**, heart trouble; **d. di fegato**, liver disorder; disorder of the liver ***3*** (*difetto di funzionamento*) trouble: **disturbi al motore**, engine troubles ***4*** (*tel.*) disturbance; interference; noise; (*intenzionale*) jamming (*sing.*): **disturbi di statica**, statics (*pl.*); **disturbi atmosferici**, atmospherics (*pl.*); **ricezione senza disturbi**, noise-free reception. ● **d. della quiete pubblica**, disturbance; breach of the peace □ (*fig.*) **togliere il d.**, to go; to be off; to be on one's way; (*iron.*: *scappare*) to make oneself scarce.

diṣubbidiènte, A *a.* disobedient: **d. ai genitori**, disobedient to one's parents. **B** *m.* e *f.* disobedient person.

diṣubbidiènza, *f.* disobedience; defiance; (*singola*) act of disobedience: **d. agli ordini**, disobedience to orders; **una lieve d.**, a minor act of disobedience; **d. civile**, civil disobedience.

diṣubbidire, *v. i.* e *v. t.* ***1*** to disobey; to defy: **d. alla mamma**, to disobey mother; **È un ragazzo che disubbidisce**, he is a disobedient boy ***2*** (*trasgredire*) to disobey; to break*: **d. agli ordini**, to disobey orders; **d. a una legge**, to break a law.

diṣuguagliànza, *f.* ***1*** difference; disparity; gap; inequality: **d. d'età**, difference (*o* disparity) in age; **disuguaglianze sociali**, social inequalities; **forte d.**, marked disparity; wide gap ***2*** (*irregolarità*) unevenness: **la d. del terreno**, the unevenness of the ground ***3*** (*mat.*) inequality.

diṣuguagliàre, *v. t.* to make* unequal (*o* different).

diṣuguàle, *a.* ***1*** (*non pari*) unequal; (*dissimile*) different, dissimilar ***2*** (*irregolare*) uneven; rough: **terreno d.**, uneven ground ***3*** (*discontinuo*) uneven; (*mutevole*) changeable, erratic: **stile d.**, uneven style; **umore d.**, changeable mood; **rendimento d.**, erratic performance.

diṣumanàre, A *v. t.* (*lett.*) to dehumanize; to render inhuman; to brutalize. **B diṣumanàrsi,** *v. i. pron.* to become* brutish (*o* bestial).

diṣumanità, *f.* inhumanity; brutality.

diṣumaniẓẓàre, A *v. t.* to dehumanize; to brutalize; to turn into a beast. **B diṣumaniẓẓàrsi,** *v. i. pron.* to be dehumanized.

diṣumaniẓẓazióne, *f.* dehumanization; brutalization.

diṣumàno, *a.* ***1*** (*indegno dell'uomo*) inhuman, brutal; (*spietato*) inhumane, cruel: **trattamento d.**, inhumane treatment ***2*** (*fig.*) bestial; (*terribile*) terrible, unbearable: **grido d.**, terrible cry; **dolore d.**, unbearable pain.

diṣunióne, *f.* ***1*** disunion ***2*** (*discordia*) dissension; discord.

diṣunire, A *v. t.* ***1*** to disunite; to disjoin ***2*** (*fig.*) to disunite; to break* up; to create dissension. **B diṣunirsi,** *v. rifl.* e *i. pron.* to become* disunited; to break* up.

diṣunità, *f.* disunity; (*irregolarità*) disjointedness, unevenness.

diṣunitaménte, *avv.* separately; without unity.

diṣunito, *a.* ***1*** disunited; disjoined; divided: **gruppo d.**, disunited group; **famiglia disunita**, divided family ***2*** (*irregolare*) uneven; uncoordinated; disjointed.

diṣùria, *f.* (*med.*) dysuria; dysury.

diṣuṣàre, *v. t.* to cease to use.

diṣuṣàto, *a.* ***1*** no longer used; old-fashioned; out-of-use; obsolete: **parola disusata**, obsolete word ***2*** (*lett.*: *disabituato*) no longer used.

diṣùṣo, *m.* disuse; desuetude; neglect: **cadere in d.**, to fall into disuse; to become obsolete: **voci cadute in d.**, obsolete words.

diṣùtile, A *a.* useless; of no use (*pred.*); worthless; (*di persona, anche*) unhelpful. **B** *m.* e *f.* good-for-nothing. **C** *m.* (*danno*) damage; (*perdita*) loss.

diṣutilità, *f.* uselessness.

diṣvalóre, *m.* ***1*** (*filos.*) disvalue; negative value ***2*** (*econ.*) fall in value.

diṣvelàre, *v. t.* to reveal; to uncover; to disclose.

diṣvèllere, *v. t.* to uproot; (*fig.*) to eradicate.

diṣvestire, *v. t.* **diṣvestirsi,** *v. rifl.* (*lett.*) to undress; (*anche fig.*) to strip.

diṣviàre, A *v. t.* (*lett.*) to misdirect; to lead* (sb.) astray. **B diṣviarsi,** *v. i. pron.* to go* astray.

diṣvio, *m.* misdirection; leading astray.

diṣvitaminòṣi, *f.* (*med.*) vitamin deficiency.

diṣvolére, *v. t.* (*lett.*) to want no longer; to cease to want. ● **volere e d.**, to change one's mind continually; to chop and change (*fam.*); to blow hot and cold (*fam.*).

diṣvòlgere, *v. t.* to unfold; to open up; (*srotolare*) to unroll.

ditàle, *m.* ***1*** thimble ***2*** (*med.*) fingerstall.

ditàta, *f.* ***1*** (*impronta*) fingermark; fingerprint: **una d. di unto**, a greasy fingermark ***2*** (*colpo*) poke (*o* jab) (with a finger) ***3*** (*quantità raccolta col dito*) dab.

Dite, *m.* (*mitol.*) Dis.

diteggiàre, *v. t.* e *i.* (*mus.*) to finger.

diteggiatùra, *f.* (*mus.*) fingering.

ditionàto, *m.* (*chim.*) dithionate.

ditiònico, *a.* (*chim.*) dithionic.

ditiràmbico, *a.* (*letter.*) dithyrambic.

ditiràmbo, *m.* (*letter.*) dithyramb.

ditisco, *m.* (*zool.*, *Dytiscus*) water beetle.

dito, *m.* (*pl.* **dita,** *f.*; **diti,** *m.*, *se si specifica il nome*) ***1*** (*della mano, di un guanto*) finger; (*del piede*) toe: **d. anulare**, ring finger; **d. grosso (del piede)**, big toe; **d. indice**, forefinger; **d. medio**, middle finger; **d. mignolo**, little finger; **d. pollice**, thumb; **punta delle dita**, fingertips (*pl.*); **d. accusatore**, accusing finger ***2*** (*misura*) finger; (about an) inch: **un d. d'acqua**, a finger of water; **allungare l'orlo di tre dita**, to lower the hem a couple of inches ***3*** (*anat.*, *zool.*) digit. ● (*med.*) **d. di gomma**, fingerstall □ (*med.*) **d. a martello**, hammertoe □ **In casa non alza un d.**, he doesn't do a stroke of work at home □ **avere dita di fata**, to be nimble-fingered □ **non avere la forza di alzare un d.**, not to have the strength to lift a finger; to be as weak as a kitten (*fam.*) □ (*fig.*) **non muovere** (*o* **non alzare**) **un d. per q.**, not to lift (*o* not to raise) a finger to help sb. □ **Li si conta sulle dita di una mano**, you can count them of the fingers of one hand □ **dalle dita rosee**, rosy-fingered □ (*fig.*) **Gli dai un d. e si prende la mano**, give him an inch, he'll take a yard □ **essere a un d. da q.c.**, to be within a hair's breadth (*o* an inch) of st. □ **incrociare le dita** (*per scaramanzia*), to keep one's fingers crossed □ **indicare con un d.**, to point out □ (*fig.*) **leccarsi le dita**, to lick (*o* to smack) one's lips: **da leccarsi le dita**, delicious; lip-smacking, yummy (*fam.*) □ (*fig.*) **Se l'è legata al d.**, he took it badly □ (*fig.*) **Questa me la lego al d.**, I won't forget that □ (*fig.*) **mettere il d. sulla piaga**, to hit a sore spot; to hit home □ **mettersi le dita nel naso**, to pick one's nose □ **minacciare q. con un d.**, to wag one's finger at sb. □ (*fig.*) **mordersi le dita**, (*dalla rabbia*) to fume with rage; (*dal pentimento*) to repent bitterly □ **mostrare a d. q.**, to point at sb. □ **Non voglio essere mostrato a d.**, I don't want to make an exhibition of myself □ (*fig.*) **avere q.c. sulla punta delle dita**, to have st. at one's finger-tips; to know st. inside out □ (*fig.*) **scottarsi le dita**, to get one's fingers burnt □ **Non l'ho sfiorato nemmeno con un d.**, I didn't even lay a finger on him □ (*fig.*) **toccare il cielo con un d.**, to be beside oneself with joy; to be in the seventh heaven; to be on cloud nine (*fam.*) □ (*prov.*) **Tra moglie e marito non mettere il d.**, when man and wife squabble, 'tis wise not to meddle.

ditola, *f.* (*bot.*, *Clavaria*) club fungus; coral fungus.

ditono, *m.* (*mus.*) ditone.

ditrochèo, *m.* (*poesia*) ditrochee.

ditta, *f.* ***1*** firm; business; concern; house: **d. familiare**, family business; **d. fornitrice**, (firm of) suppliers; **d. di importazione**, import firm; **d. individuale**, one-man business ***2*** (*teatr.*) company. ● **Offre la d.!**, it's on the house! □ **Spett. D.**, (*negli indirizzi*) Messrs.; (*nell'introduzione di una lettera*) Dear Sirs (*GB*); Gentlemen (*USA*).

dittàfono, *m.* (*marchio*) dictaphone.

dittamo, *m.* (*bot.*, *Dictamnus albus*) dittany; fraxinella; gas plant.

dittatóre, *m.* ***1*** (*stor. romana*; *polit.*) dictator ***2*** (*fig.*) dictator; despot; tyrant.

dittatoriàle, dittatòrio, *a.* ***1*** dictatorial ***2*** (*prepotente*) dictatorial; despotic; bossy.

dittatrice, *f.* ***1*** dictatress; dictatrix ***2*** (*fig.*) bossy woman*.

dittatùra, *f.* dictatorship.

Ditteri, *m. pl.* (*zool.*, *Diptera*) Diptera.

dittero (1), *m.* (*zool.*) dipteran.

dittero (2), *V.* **diptero**.

dittico, *m.* (*arte, archeol.*) diptych.

dittiosòma, *m.* (*biol.*) dictyosome.

dittografia, *f.* (*filol.*) dittography.

dittogràfico, *a.* (*filol.*) dittographic.

dittologia, *f.* (*ling.*) repetition (of parts of a word or a sentence).

dittològico, *a.* (*ling.*) repetivite; iterative.

dittongàre, *v. t.* e *i.* (*fon.*) to diphthongize.

dittongazióne, *f.* (*fon.*) diphthongization.

dittòngo, *m.* (*fon.*) diphthong.

diurèṣi, *f.* (*med.*) diuresis*.

diurètico, *a.* e *m.* (*farm.*) diuretic.

diurnista, *m.* e *f.* day-labourer.

diùrno, A *a.* ***1*** day, daytime (*attr.*): **ore diurne**, daytime ***2*** (*zool.*, *astron.*) diurnal. ● **albergo d.**, *V. def. B 2* □ (*teatr.*) **spettacolo d.**, matinée (*franc.*); afternoon performance. **B** *m.* ***1*** (*eccles.*) diurnal ***2*** (*albergo d.*) public baths and conveniencies (*pl.*).

diuturnità, *f.* (*lett.*) diuturnity.

diutùrno, *a.* (*lett.*) diuturnal.

diva, *f.* ***1*** (*lett.*) goddess ***2*** (*cantante o attrice famosa*) star: **d. del cinema**, film star; **d. della lirica**, opera star; prima donna; diva.

divagàre, A *v. i.* to stray; to ramble; to wander; to digress: **d. dal tema**, to stray (*o* to wander) from the point; **non d.**, to keep (*o* to stick) to the point. **B** *v. t.* to entertain; to amuse. **C divagàrsi,** *v. rifl.* to amuse oneself.

divagazióne, *f.* digression.

divampàre, *v. i.* ***1*** (*incendiarsi*) to burst* into flame(s), to blaze forth; (*ardere*) to be all ablaze; (*di incendio*) to spread* ***2*** (*fig.*: *diffondersi*) to spread* (like wildfire); (*accendersi*) to flare up, to blaze: **La notizia divampò nella città**, the news spread like wildfire through the town; **d. d'ira**, to blaze with anger; to flare up.

divàno, *m.* sofa; divan; settee: **d. letto**, sofa bed; studio couch (*GB*); davenport (*USA*).

divaricaménto, *m.* divarication.

divaricàre, *v. t.* to open wide; to open out; to divaricate.

divaricàto, *a.* ***1*** wide apart: **a gambe divaricate**, with one's legs wide apart ***2*** (*bot.*, *zool.*) divaricate.

divaricatóre, *m.* (*med.*) retractor.

divaricazióne, *f.* divarication; opening out.

divàrio, *m.* discrepancy (*spesso pl.*); difference; gap: **C'è un certo d. fra i due racconti**, there are some discrepancies between the two stories; **d. tecnologico**, technological gap.

diveggiàre, *v. i.* to act like a (film) star; to be a prima donna.

divèllere, *v. t.* to uproot; to eradicate (*anche fig.*).

divenire, A *v. i. V.* **diventare**. **B** *m.* (*filos.*)

becoming: **l'essere e il d.**, being and becoming.

diventàre, *v. i.* to become*; to go* (+ *agg.*); to get* (+ *agg.*); (*rapidamente e rif. a un peggioramento*) to turn (+ *agg.*); (*per gradi*) to grow* (+ *agg.*), to grow* into (+ *sost.*); (*rif. a colori*) to turn, to go* (+ *agg.*); (*trasformarsi*: *di cose concrete*) to turn into, to grow* into, (*di cose astratte*) to turn to; (*di persone*: *essere creato, eletto, ecc.*) to be made, to be elected; (*di persone*: *dimostrarsi*) to make*: **d. un grand'uomo [il maggiore azionista]**, to become a great man [the biggest share-holder]; **d. amici**, to become friends; **d. famoso**, to become famous; **d. più facile**, to become (*o* to get) easier; **d. pallido**, to go pale; **d. cieco**, to go blind; **d. matto**, to go mad; (*fig.*) **far d. matto q.**, to drive sb. mad; **d. pericoloso**, to turn dangerous; **Il latte è diventato acido**, the milk has turned sour; **d. vecchio [grasso]**, to get (*o* to grow) old [fat]; **d. grande**, to get (*o* to grow) big; (*di bambino*) to grow up; **Le foglie sono diventate rosse**, the leaves have turned red; **Il cielo diventò arancione**, the sky turned orange; **Al sole divento subito rossa**, I go red immediately in the sun; (*fig.*) **d. di mille colori**, to turn scarlet; to blush to the roots of one's hair; **La ragazzina è diventata una bella donna**, the little girl has grown into a beautiful woman; **Il bruco diventò farfalla**, the worm turned into a butterfly; **È diventato un marito affettuoso**, he has changed into a loving husband; **L'acqua è diventata ghiaccio**, the water has turned into ice; **d. un traditore**, to turn traitor; **d. colonnello**, to be made a colonel; **d. sindaco**, to be elected mayor; **d. cavaliere**, to be knighted; **Diventerà un buon attore**, he will make a good actor; **Fare un sonnellino dopo mangiato è diventata un'abitudine per me**, I've grown into the habit of taking a nap after meals.

divèrbio, *m.* altercation; squabble; tiff.

divergènte, **A** *a.* ***1*** divergent; diverging: (*fis.*) **lente d.**, diverging lens ***2*** (*mat.*) divergent ***3*** (*bot., zool.*) divaricate. **B** *m.* (*naut.*) kite; (*per pesca*) otter (board).

divergènza, *f.* ***1*** (*scient.*) divergence; divergency ***2*** (*fig.*) difference; divergence: **d. di opinioni**, difference of opinion.

divèrgere, *v. i.* ***1*** to diverge: **Le due strade divergono**, the two roads diverge ***2*** (*fig.*: *essere diverso*) to diverge, to differ; (*diversificarsi*) to grow* more different: **Le nostre idee divergono**, our ideas differ; **Le economie dei due paesi divergono sempre di più**, the economies of the two countries are progressively diverging; the gap between the economies of the two countries is progressively widening.

diversaménte, *avv.* ***1*** (*in modo diverso*) in a different way; differently; otherwise: **pensarla d. (da q.)**, to think otherwise ***2*** (*altrimenti*) otherwise; if not; or else.

diversificàre, **A** *v. t.* ***1*** (*rendere vario*) to diversify; to vary ***2*** (*rendere differente*) to differentiate ***3*** (*econ.*) to diversify. **B diversificàrsi**, *v. rifl.* e *i. pron.* ***1*** (*essere diverso*) to differ; to be different ***2*** (*diventare diverso*) to diversify.

diversificàto, *a.* diversified; varied.

diversificazióne, *f.* diversification; differentiation; variation.

diversióne, *f.* ***1*** diversion; deviation; deflection; (*di percorso*) detour: **d. di un fiume**, deflection of a river ***2*** (*mil.*) feint; diversion: **fare una d.**, to create a diversion.

diversità, *f.* ***1*** difference; diversity: **una d. di opinioni**, a difference of opinion; **Dobbiamo accettare le nostre d.**, we must accept our differences ***2*** (*varietà*) variety: **una grande d. di colori**, a great variety of colours.

diversìvo, **A** *a.* ***1*** diversionary ***2*** (*che distrae*) diverting. ● **canale d.**, diversion channel. **B** *m.* ***1*** change; diversion; distraction; (*svago*) amusement: **Fu un d. piacevole**, it was a pleasant change; **È un d. ai suoi guai, poverina**, it takes her mind off her worries, poor thing; **Ci sono parecchi diversivi in una grande città**, there are plenty of distractions in a big city ***2*** (*idraul.*) diversion canal.

divèrso, **A** *a.* ***1*** unlike; different (from, to); dissimilar (to); distinct (from): **È molto d. dal gemello**, he's very unlike his twin; **Sono diversi, ma tutt'e due simpatici**, they're completely different, but I like them both; **avere idee diverse su q.c.**, to differ in one's views on st.; **In questo sono d. da te**, in this I am different (*o* I differ) from you (*o* I am unlike you) ***2*** (*pl.*) (*parecchi, numerosi*) several; some; a number of; a good many (*fam.*); various; (*comm.*) sundry: **diversi giorni fa**, several (*o* some) days ago; **Me l'hanno detto diverse persone** (*o* **in diversi**), a number of people have told me so; **Provammo metodi diversi**, we tried various methods; **per diverse ragioni**, for various (*o* a number of) reasons; **creditori [debitori] diversi**, sundry creditors [debtors]; **spese diverse**, sundry expenses. ● (*comm.*) **generi diversi**, sundries □ (*mat.*) **segni diversi**, unlike signs. **B** *pron. indef. pl.* several (people); a number of people; many (people). **C** *m.* ***1*** one who is different; misfit ***2*** (*eufem.*: *omosessuale*) homosexual; gay.

divertènte, *a.* amusing; entertaining; fun; (*che fa ridere*) funny: **una storiella d.**, an amusing story; a funny story; **Alex è un ragazzo molto d.**, Alex is great fun; **È stato (molto) d.**, it was (great) fun; **Non sei affatto d.**, you're not at all funny.

diverticolàre, *a.* (*anat.*) diverticular.

diverticolite, *f.* (*med.*) diverticulitis.

diverticolo, *m.* ***1*** (*lett.*) byway; side-street; (*fig.*) subterfuge ***2*** (*anat.*) diverticulum*.

diverticolòsi, *f.* (*med.*) diverticulosis*.

divertiménto, *m.* ***1*** fun; amusement; good time; pleasure: **Lo faccio per d.**, I do it for fun; **Pensa solo ai divertimenti**, he only thinks of having a good time; **È amante dei divertimenti**, he's fond of fun; **Non sarà un gran d.**, it won't be much fun; **Buon d.!**, have a good time!; enjoy yourself!; have fun! ***2*** (*passatempo*) pastime; recreation; hobby: **d. infantile**, childish pastime; **d. preferito**, favourite pastime; hobby ***3*** (*mus.*) divertimento*; divertissement. ● (*iron.*) **Bel d.!**, how lovely!; some fun! □ **parco dei divertimenti**, fun fair □ **prendersi il d. di**, to give oneself the pleasure of.

divertire, **A** *v. t.* ***1*** to amuse; to entertain ***2*** (*lett.*: *deviare*) to divert. **B divertirsi**, *v. rifl.* ***1*** to enjoy oneself; to amuse oneself; to have a good time; to have fun: **Dunque, ti sei divertito?**, well, did you enjoy yourself?; **Divertiti!**, have a good time!; enjoy yourself!; have fun!; **Mi sono divertito un mondo** (*o* **da matti**), I had the time of my life; I had a high old time (*o* a whale of a time) (*fam.*); **tanto per d.**, just for fun; just for kicks (*fam.*); **d. alle spalle di q.**, to have fun at sb.'s expense; **Ti diverti proprio a farlo arrabbiare**, you really enjoy making him mad ***2*** (*avere avventure amorose*) to have fun; to amuse oneself: **Per me lui vuole solo d.**, I think he is only after some fun; **Da giovane si è divertito parecchio**, he sowed his wild oats in his youth.

divertito, *a.* amused: **La guardò con un'espressione divertita**, he looked at her with an amused look on his face.

divétta, *f.* starlet.

divezzaménto, *m.* weaning.

divezzàre, **A** *v. t.* (*anche fig.*) to wean. **B divezzàrsi**, *v. i. pron.* to give* up (st.); to stop (st.); to wean oneself from: **d. dal fumo**, to give up smoking.

dividèndo, *m.* (*mat., comm.*) dividend: **col d.**, with (*o* cum) dividend; **senza d.**, ex dividend.

dividere, **A** *v. t.* ***1*** to divide (*anche mat.*); to split*; (*d. in tante parti*) to divide up, to split* up: **d. q.c. in tre parti**, to divide st. into three parts; **d. q.c. a metà**, to divide st. in half; to halve st.; (*mat.*) **d. 20 per 5**, to divide 20 by 5; (*mat.*) **x diviso y**, x divided by y; x over y; **Il fiume d. la città**, the river cuts through the town; **È troppo grande, sarà meglio dividerlo**, it's too big, we had better divide it up; **Il paese fu diviso in sei regioni**, the country was split up into six regions ***2*** (*distribuire*) to divide; to share out; to split*: **d. la vincita tra i partecipanti**, to split the winnings among the participants; **Dobbiamo dividerlo fra noi tre**, we must divide it between the three of us (*o, fam.*, split it three ways); **Divisi ciò che rimaneva fra i bambini**, I shared out what was left among the children ***3*** (*fare la cernita*) to sort (out): **d. i bottoni per colore**, to sort out the buttons by colour ***4*** (*spaccare, lacerare*) to split*; to tear*: **L'affare Dreyfus divise il paese**, the Dreyfus affair split the country; **Le lotte intestine dividevano il nostro partito**, our party was torn by internal strife ***5*** (*separare*) to separate; to part: **Non volle essere divisa dal figlio**, she refused to be parted from her son; **La politica ci divise**, politics divided us; **Cercai di dividerli**, I tried to part (*o* to separate) them ***6*** (*condividere*) to share: **Ha sempre diviso i nostri dolori**, he has always shared our sorrows; **d. le spese**, to share expenses. ● **non avere nulla da d. con q.**, to have nothing in common with sb. **B dividersi**, *v. rifl.* ***1*** (*separarsi, lasciarsi*) to separate; to part; to leave* (sb., st.): **d. dalla famiglia**, to leave (*o* to part from) one's family; **d. dal marito**, to separate from one's husband ***2*** (*suddividersi*) to split* ***3*** (*svolgere più attività*) to divide one's time: **Si divide tra la casa e il lavoro**, she divides her time between house and work. **C dividersi**, *v. rifl. recipr.* (*di coniugi*) to separate; to split* up. **D dividersi**, *v. i. pron.* ***1*** (*biforcarsi*) to divide; to fork; to branch out: **Il Po si divide alla foce**, the Po divides at its mouth ***2*** (*fendersi*) to split*; to break* (up): **La lastra si divise in quattro parti**, the slab broke into four parts ***3*** (*suddividersi*) to be divided.

dividivi, *m. invar.* (*bot., Caesalpinia coriaria*) dividivi.

divièto, *m.* prohibition (*anche leg.*); (*fig.*) embargo: **rispettare un d.**, to obey a prohibition; **fare d.**, to forbid*; to prohibit: **Si fa d. di sostare**, it is forbidden to wait; waiting is forbidden; **Qui c'è d. di fumare**, you can't smoke here. ● **d. d'accesso**, no entry □ **d. d'affissione**, stick no bills □ **d. di fumare**, no smoking □ **d. di parcheggio**, no parking □ **d. di sosta**, no waiting □ **d. di transito**, no thoroughfare.

divinaménte, *avv.* divinely; superbly; excellently; beautifully (*fam.*): **d. bello**, divinely beautiful; **cantare d.**, to sing divinely (*o* beautifully).

divinàre, *v. t.* to divine; (*predire*) to foretell*; (*prevedere*) to foresee*.

divinatóre, **A** *m.* (*f.* **-trice**) diviner; soothsayer; foreteller. **B** *a.* divining; prophetic: **mente divinatrice**, prophetic mind.

divinatòrio, *a.* divinatory; prophetic: **arte divinatoria**, art of divination; **istinto d.**, prophetic instinct.

divinazióne, *f.* divination; soothsaying.

divincolaménto, *m.* wriggling.

divincolàre, **A** *v. t.* to wriggle. **B divincolàrsi**, *v. rifl.* to wriggle; to struggle; (*liberarsi*) to wriggle out of: **L'anguilla si divincolò dalle mie dita**, the eel wriggled out of my fingers; **Può d. da ogni difficoltà**, he can wriggle out of any difficulty.

divinità, *f.* ***1*** divinity; godhead ***2*** (*essere divino*) divinity; god (*m.*); goddess (*f.*) ***3*** (*Dio*) Divinity; Godhead; God ***4*** (*fig.*) sublimity.

divinizzàre, *v. t.* ***1*** to deify; to divinize ***2*** (*fig.*) to glorify; to exalt.

divinizzazióne, *f.* ***1*** deification; divinization ***2*** (*fig.*) glorification; exaltation.

divino, A *a.* ***1*** divine; godly; godlike: **un essere d.**, a divine being; **aspetto d.**, godlike aspect; **re per diritto d.**, king by divine right ***2*** (*di Dio*) divine; of God; God's: **la grazia divina**, God's (*o* divine) grace; **la parola divina**, God's word, the word of God ***3*** (*fig.*) divine; sublime; heavenly; excellent: **una voce divina**, a heavenly voice; **la Divina Commedia**, the Divine Comedy; **il d. Poeta**, the divine Poet; **Hai un aspetto d.!**, you look smashing!; **Che vestito d.!**, what a divine dress! **B** *m.* ***1*** (*essenza divina*) (the) divine ***2*** (*vate*) prophet.

divișa (1), *f.* ***1*** (*uniforme*) uniform: **d. militare [collegiale]**, military [school] uniform; **stare bene in d.**, to look handsome in uniform; (*mil.*) **d. ordinaria [di gala]**, service [full] dress ***2*** (*livrea*) livery ***3*** (*arald.*) device.

divișa (2), *f.* (*fin.*) foreign currency (*o* exchange).

divișàre, *v. t.* (*lett.*) to devise; to plan.

divișìbile, *a.* (*anche mat.*) divisible: **d. per due**, divisible by two.

divișibilità, *f.* (*anche mat.*) divisibility.

divișionàle, *a.* ***1*** (*mil.*) divisional ***2*** (*mat., fin.*) divisional; fractional: **moneta d.**, divisional coin.

divișionàrio, *V.* **divisionale**, *def. 2.*

divișióne, *f.* ***1*** division: **d. e moltiplicazione**, division and multiplication; (*polit.*) **la d. dei poteri**, the division of powers; (*econ.*) **la d. del lavoro**, the division of labour; (*mil.*) **sesta d. corazzata**, 6th Armoured Division; (*mil.*) **d. motorizzata**, mechanized division ***2*** (*separazione*) separation; partition: **muro di d.**, partition (wall) ***3*** (*discordia, ecc.*) discord; deep disagreement ***4*** (*spartizione*) distribution; partition; sharing out: **la d. dell'eredità**, the distribution of the estate; **la d. del bottino**, the sharing out of the booty ***5*** (*bur.*) government department; bureau, division (*USA*): **capo d.**, head of a department; chief of a division ***6*** (*mecc.*) indexing: **d. angolare**, angular indexing ***7*** (*leg.*) partition: **d. dei beni**, division of assets; **d. patrimoniale**, partition ***8*** (*biol.*) fission. ● **d. degli animi**, discord □ (*econ.*) **d. degli utili**, profit-sharing □ **divisioni intestine**, factions □ (*mil.*) **generale di d.**, major-general.

divișionìșmo, *m.* (*pitt.*) pointillism.

divișionista, *m.* e *f.* (*pitt.*) pointillist.

divișionìstico, *a.* (*pitt.*) pointillistic; pointillist (*attr.*).

divìșmo, *m.* ***1*** (*cinem.*) star system ***2*** (*infatuazione per i divi*) star worship ***3*** (*capricciosità*) caprices (*pl.*); prima donna attitudes (*pl.*).

divișo, *a.* ***1*** divided; separated; apart (*avv.*): **vivere divisi**, to live apart; **È d. dalla moglie**, he is separated from his wife ***2*** (*disunito, discorde*) divided; disunited; at variance (*pred.*).

divișóre, *m.* ***1*** (*mat.*) divisor: **massimo comun d.**, greatest common divisor (*abbr.*: G.C.D.) ***2*** (*mecc.*) dividing head; index head. ● (*elettron.*) **d. di frequenza**, frequency divider □ (*elettron.*) **d. di tensione**, voltage divider; potential divider.

divișòrio, A *a.* dividing; partition (*attr.*): **muro d.**, partition wall. **B** *m.* partition.

divìstico, *a.* film star (*attr.*); prima donna (*attr.*).

divo, A *a.* (*lett.*) divine; godlike. **B** *m.* (*attore o cantante famoso*) star: **d. della televisione**, television star; **d. dello schermo**, film star; **d. della canzone**, popstar.

divoràre, A *v. t.* ***1*** to devour; to eat* up; (*trangugiare*) to gobble up, to wolf down: **essere divorato da un leone**, to be devoured by a lion; **d. un pollo intero**, to gobble up a whole chicken ***2*** (*fig.*) to devour; to eat* up; (*di sentimenti*) to consume, to rack: **d. un libro**, to devour a book; **d. q. con gli occhi**, to devour sb. with one's eyes; **d. la strada**, to eat up the miles; **Le fiamme divorarono la foresta**, the flames devoured the forest; **essere divorato dalla gelosia**, to be devoured by (*o* consumed with) jealousy; **essere divorato dalla sete**, to be racked by thirst; **d. un patrimonio**, to run through a fortune. **B divoràrsi,** *v. i. pron.* (*struggersi*) to be devoured by; to be eaten up with; to be consumed with.

divoratóre, A *m.* (*f.* **-trice**) ***1*** devourer; great eater ***2*** (*fig.*) avid consumer: **d. di libri**, avid (*o* keen) reader. **B** *a.* devouring.

divorziàre, *v. i.* to divorce (sb.); to get* divorced from: **d. dalla moglie**, to divorce one's wife; **Hanno deciso di d.**, they have decided to get divorced; **Divorziarono dopo un anno**, they divorced a year later.

divorziàto, A *m.* (*f.* **-a**) divorced man* (*f.* woman*). **B** *a.* divorced.

divorzile, *a.* divorce (*attr.*).

divòrzio, *m.* (*anche fig.*) divorce: **chiedere il d.**, to apply for a divorce; **ottenere il d.**, to get a divorce.

divorzìșmo, *m.* advocacy of divorce.

divorzista, A *m.* e *f.* ***1*** supporter (*o* advocate) of divorce ***2*** (*leg.*) divorce lawyer. **B** *a.* divorce (*attr.*).

divorzìstico, *a.* divorce (*attr.*).

divulgàre, A *v. t.* ***1*** (*diffondere*) to divulge, to spread*; (*per radio, TV*) to broadcast*; (*rivelare*) to disclose, to reveal: **d. un segreto**, to disclose a secret ***2*** (*esporre in forma facile*) to popularize; to vulgarize: **d. la fisica**, to popularize physics. **B divulgarsi,** *v. i. pron.* ***1*** (*diffondersi*) to spread* ***2*** (*entrare nell'uso comune*) to catch* on.

divulgativo, *a.* popular: **testo d.**, popular work.

divulgatóre, A *m.* (*f.* **-trice**) ***1*** divulger ***2*** (*chi fa opera di divulgazione*) popularizer. **B** *a.* popular. ● **fare opera divulgatrice**, to popularize.

divulgazióne, *f.* ***1*** divulgation; spreading ***2*** (*esposizione in forma facile*) popularization; vulgarization: **libro di d. scientifica**, popular scientific book; **fare opera di d.**, to popularize.

divulsióne, *f.* (*med.*) divulsion.

divulsóre, *m.* (*med.*) dilator; divulsor.

dizigòte, A *m.* (*biol.*) dizygotic twin. **B** *a.* dizygotic.

dizigòtico, *a.* (*biol.*) dizygotic.

dizionàrio, *m.* dictionary: **un d. francese-italiano**, a French-Italian dictionary; **d. dei sinonimi**, dictionary of synonyms; **d. di psicologia**, dictionary of psychology; **d. etimologico**, etymological dictionary; **d. illustrato**, pictorial dictionary; **d. monolingue [bilingue]**, monolingual [bilingual] dictionary; **d. geografico**, geographical dictionary; gazetteer; **consultare un d.**, to consult a dictionary; **compilare un d.**, to compile a dictionary; **Cercalo nel d.**, look it up in the dictionary.

dizionarista, *m.* e *f.* compiler of a dictionary; lexicographer.

dizionaristica, *f.* dictionary making; lexicography.

dizionaristico, *a.* dictionary (*attr.*); lexicographical.

dizióne, *f.* ***1*** diction: **d. poetica**, poetic diction ***2*** (*recitazione*) recitation; recital; reading ***3*** (*pronunzia*) pronunciation ***4*** (*locuzione*) idiom; expression; locution.

DNA, *m. invar.* DNA: **DNA ricombinante**, recombinant DNA.

do (1), *m. invar.* (*mus.*) C; doh, do*: **chiave di do**, C clef; **do diesis minore**, C sharp minor; **do di petto**, high C.

do (2), *1ª pers. sing. indic. pres. di* **dare**.

dobbiàmo, *3ª pers. pl. indic. pres. di* **dovere**.

dòbermann (*ted.*), *m. invar.* (*cane*) Dobermann (pinscher).

dóbla, *f.* (*stor.*) dobla.

doblóne, *m.* (*stor.*) doubloon.

doc, *a. invar.* ***1*** DOC (*attr.*) ***2*** (*fig., scherz.*: *autentico*) genuine, real; (*di pregio*) high-quality, first-class.

dóccia, *f.* ***1*** shower: **fare la d.**, to have (*o* to take) a shower; to shower; **Sono sotto la d.**, I'm under the shower ***2*** (*condotto*) conduit; (*tubo*) pipe; (*per acqua*) waterpipe; (*di scarico*) drainpipe; (*grondaia*) gutter ***3*** (*di mulino*) millrace, millrun ***4*** (*apparecchiatura ortopedica*) plaster cast. ● (*fig.*) **d. fredda**, check on sb.'s enthusiasm; damper; chill; anticlimax: **dare una d. fredda a q.**, to cool (*o* to dampen, to damp down) sb.'s ardour □ **d. scozzese**, alternate hot and cold showers; (*fig.*) see-saw of good and bad events [news, etc.].

docciatùra, *f.* showering; showers (*pl.*).

doccionàta, *f.* (*edil.*) drainpipe.

doccióne, *m.* ***1*** (*arch.*) drip edge, spout; (*scolpito*) gargoyle; (*tubo*) drainpipe ***2*** (*alpinismo*) crack.

docente, A *a.* teaching: **il corpo d.**, the teaching staff. **B** *m.* e *f.* teacher. ● **libero d.**, qualified university teacher.

docènza, *f.* teaching. ● **libera d.**, university teaching qualification □ **ottenere la libera d.**, to qualify for university teaching.

docèta, *m.* e *f.* Docete; Docetist.

docetìșmo, *m.* (*stor. relig.*) Docetism.

docetista, *V.* **doceta**.

dòcile, *a.* ***1*** docile; pliable; (*arrendevole*) amenable, manageable, compliant (*lett.*) ***2*** (*di materiale*) soft, easy to work, malleable; (*di macchina, strumento, ecc.*) easy to handle (*o* to manage) ***3*** (*mansueto*) meek.

docilità, *f.* ***1*** docility; amenability ***2*** (*di materiale*) softness; malleability; malleableness ***3*** (*mansuetudine*) meekness.

docilménte, *avv.* docilely; with docility; meekly.

docimașìa, *f.* (*med., chim.*) docimasy.

docimàstico, *a.* (*chim.*) docimastic.

docimologìa, *f.* study of assessment techniques.

docimològico, *a.* assessment (*attr.*).

docimòlogo, *m.* (*f.* **-a**) expert in assessment techniques.

documentàbile, *a.* documentable; that can be proved (by documents); for which there is written evidence.

documentàle, *a.* – (*leg.*) **prova d.**, documentary evidence.

documentalista, *m.* e *f.* documentalist.

documentàre, A *v. t.* to document; to prove by documents; to supply with documentary evidence. **B documentàrsi,** *v. rifl.* to gather information; (*leggendo*) to read* up.

documentàrio, *a.* e *m.* documentary.

documentarista, *m.* e *f.* (*cinem.*) documentarist; documentary film maker.

documentaristico, *a.* (*cinem.*) documentary.

documentativo, *a.* documentary; documental.

documentàto, *a.* ***1*** documented; substantiated; well-grounded: **notizie ben documentate**, well-grounded news ***2*** (*rif. a persona*) well-documented.

documentatóre, *m.* (*f.* **-trice**) documentalist.

documentazióne, *f.* ***1*** documentation; documentary evidence: **ricca d.**, extensive documentation ***2*** (*documenti*) records (*pl.*); documents (*pl.*): **d. contabile**, records; **d. di vendita**, sales records ***3*** (*ricerca*) research.

documénto, *m.* ***1*** (*leg.*) document; paper(s): **d. d'identità**, identity papers; (*naut.*) **documenti di bordo**, ship's papers; **esibire i propri documenti**, to produce one's identity papers; **Documenti, prego!**, your papers, please!; **autenticare un d.**, to certify a document; **estratto di d.**, abstract of a document; **documenti giustificativi**, supporting documents; vouchers ***2*** (*testimonianza*) document; evidence; proof; record ***3*** (*pl.*) (*materiale di documentazione*) records (*pl.*).

documentografia, f. documentary publications (*pl.*); archive material.

documentologia, f. study of documents.

documentotèca, f. collection of documents; archive (of documents).

dodecaèdrico, a. (*geom.*) dodecahedral.

dodecaèdro, m. (*geom.*) dodecahedron*.

dodecafonia, f. (*mus.*) dodecaphony; twelve-tone system.

dodecafònico, a. (*mus.*) dodecaphonic; twelve-tone (*attr.*): **musica dodecafonica**, twelve-tone music.

dodecàgono, m. (*geom.*) dodecagon.

dodecasillabo, (*poesia*) **A** a. twelve--syllable (*attr.*); dodecasyllabic. **B** m. twelve--syllable line; dodecasyllable.

dodecàstilo, a. (*archit.*) dodecastyle.

dodecilbenzène, m. (*chim.*) dodecylbenzene.

dodicènne, A a. twelve years old (*pred.*); twelve-year-old (*attr.*). **B** m. e f. twelve-year--old (boy, *m.*; girl, *f.*; child).

dodicènnio, m. period of twelve years; twelve-year period.

dodicèșima, f. (*mus.*) twelfth.

dodiceșimàle, a. duodecimal.

dodicèșimo, a. num. ord. e m. twelfth. ● (*tipogr.*) **in d.**, in duodecimo (*abbr.*: 12mo).

dódici, a. num. card., m. e f. twelve: **i d. apostoli**, the twelve apostles; **un servizio da d.**, a dinner-set for twelve; **capitolo d.**, chapter twelve; **il d. luglio**, July the twelfth; July 12th; **Ci vediamo alle d.**, see you at twelve (o'clock).

dodicimila, a. num. card. e m. twelve thousand.

dodicista, m. e f. person who has scored twelve in the football pools.

dòdo, m. (*zool.*, *Raphus cucullatus*) dodo.

dóga, f. (*di botte, ecc.*) stave.

dogàle, a. (*stor.*) dogal; of a doge.

dogàna, f. ***1*** customs (*pl.*): **dichiarazione per la d.**, customs declaration; **esattore della d.**, customs collector; **passare la d.**, to get through customs; **fermo in d.**, held up in customs ***2*** (*l'edificio, specialm. in un porto*) customs (*o* custom) house ***3*** (*dazio doganale*) customs duty; duty; customs: **pagare la d.**, to pay duty; **la d. per il vino**, the duty on wine; **franco di d.**, duty free.

doganàle, a. customs (*attr.*): **barriera d.**, customs barrier; **dichiarazione d.**, customs declaration (*o* report); customs bill of entry; **formalità doganali**, customs formalities; **magazzino d.**, bonded warehouse; **unione d.**, customs union; **visita d.**, customs inspection; **sotto vincolo d.**, in bonds.

doganière, m. customs officer.

dogàre, v. t. to stave.

dogaréssa, f. (*stor.*) dogaressa; doge's wife.

dogàto, m. (*stor.*) dogate; office of a doge: **nel d. del Michieli**, under (the rule of) doge Michieli.

dóge, m. (*stor.*) doge.

doghettàto, A a. staved. **B** m. staving.

dòglia, f. ***1*** (*lett.*) pain; throe ***2*** (*pl.*) (*del parto*) labour pains: **avere le doglie**, to be in labour.

dogliànza, f. ***1*** complaint; grievance; (*leg.*) gravamen ***2*** (*lett.*: *dolore*) pain; sorrow; grief.

dòglio, m. ***1*** (*archeol.*) dolium* ***2*** (*barile*) barrel, cask; (*orcio*) jar.

doglióso, a. (*lett.*) sorrowful; grief-stricken; sad.

dògma, m. dogma*.

dogmàtica, f. (*teol.*) dogmatics (*pl. col verbo al sing.*).

dogmàtico, A a. dogmatic: **teologia dogmatica**, dogmatic theology. **B** m. (f. **-a**) dogmatist.

dogmatìsmo, m. dogmatism.

dogmatizzàre, v. i. to dogmatize.

dògre, m. (*naut.*) dogger.

dólce, A a. ***1*** (*rif. al gusto e all'odorato*) sweet: **vino d.**, sweet wine; **patata d.**, sweet potato; **Il caffè mi piace d.**, I like my coffee sweet; **d. profumo**, sweet smell; **Mi piacciono le cose dolci** (*da mangiare*), I have a sweet tooth (*fam.*) ***2*** (*fig.*) sweet; gentle; mild; soft; (*gentile, buono, anche*) kind; (*amato, anche*) beloved: **dolci sogni [ricordi]**, sweet dreams [memories]; **una salita [discesa] d.**, a gentle gradient [slope]; **clima d.**, mild climate; **una d. brezza**, a gentle breeze; **d. rimprovero**, mild (*o* gentle) reproof; **parole dolci**, kind words; **paroline dolci**, sweet nothings; **un verdolino d.**, a soft green; **musica d.**, soft music; (*di persona*) **natura d.**, sweet (*o* gentle) nature; **avere un carattere d.**, to be sweet-tempered; **la d. libertà**, sweet freedom; **il mio d. tesoro**, my sweetheart; **la mia d. terra natia**, my beloved homeland; **Non essere troppo d. con lui**, don't be too soft with him ***3*** (*facile da lavorare*) soft: **saldatura d.**, soft--soldering; **ferro [legno] d.**, soft iron [wood]; **una pietra d.**, a soft stone ***4*** (*di aria*) balmy ***5*** (*di acqua*) fresh ***6*** (*di energia*) soft ***7*** (*fon.*) soft: **Ci sono due «c» dolci in «church»**, there are two soft «c's» in «church». ● **d. di sale**, (*senza sale*) without salt; tasteless; (*fig. fam.*) soft in the head □ **d. far niente**, «dolce far niente»; pleasant idleness □ **la d. vita**, «(la) dolce vita»; life of pleasure. **B** m. ***1*** (*il sapore*) sweet, sweetness, sweet taste; (*cose dolci*) sweet things (*pl.*), sweets (*pl.*): **Dopo il d. vien l'amaro**, after the sweet comes the sour; **Non mi piace il d. della saccarina**, I don't like the sweet taste of saccharine; **Il d. fa male ai denti**, sweets (*o* sweet things) are bad for one's teeth; **Mi piace il d.**, I like sweet things (*o* sweets); I have a sweet tooth (*fam.*) ***2*** (*cibo dolce*) sweet, sweetmeat; (*portata*) sweet, dessert, pudding (*GB*); (*confetto, caramella, ecc.*) sweet, candy (*USA*); (*torta*) cake: **dolci per i bambini**, sweets for the children; **servire il d. prima della frutta**, to serve a dessert (*o* a sweet) before the fruit; **una fetta di d.**, a slice of cake.

dolceamàro, a. bitter-sweet.

dolcestilnovista, V. **stilnovista.**

dolcétta, f. (*bot.*, *Valerianella olitoria*) corn salad; lamb's lettuce.

dolcétto, m. (*vino*) dolcetto.

dolcevita, A a. polo-neck (*attr.*). **B** m. polo--neck jumper (*o* pullover); polo neck.

dolcézza, f. ***1*** sweetness; (*fig., anche*) gentleness; (*bontà*) kindness; (*mitezza*) mildness: **la d. del miele**, the sweetness of honey; **la d. del suo carattere**, the sweetness of her character; **trattare q. con d.**, to treat sb. with kindness; **la d. del clima**, the mildness of the climate ***2*** (*di colore, suono*) softness: **la d. della sua voce**, the softness of her voice ***3*** (*di profumo*) sweetness; fragrance ***4*** (*pl.*) (*gioie*) pleasures; joys. ● **D. mia!**, my darling!; my sweet!

dolciàna, f. (*mus.*) dulcian.

dolciàrio, A a. confectionery; sweet (*attr.*): **l'industria dolciaria**, the confectionery industry. **B** m. (f. **-a**) confectionery worker.

dolciàstro, a. ***1*** sweetish; (*stucchevole*) unpleasantly sweet, sickly-sweet ***2*** (*fig.*) sugary; saccharine (*attr.*); (*stucchevole*) cloying.

dolcière, m. (f. **-a**) confectioner.

dolcificànte, A a. sweetening. **B** m. sweetener.

dolcificàre, v. t. to sweeten; to add sugar to.

dolcificazióne, f. sweetening.

dolcigno, a. sweetish.

dolcisonànte, a. (*poet.*) sweet-sounding; sweet-toned.

dolciùme, m. ***1*** (*pl.*) sweets; candies (*USA*); confectionery (*sing.*): **Non mangiare troppi dolciumi**, don't eat too many sweets!; **negozio di dolciumi**, sweets shop; candy store (*USA*) ***2*** (*dolcezza stucchevole*) cloying sweetness; sickly sweetness.

dolènte, a. ***1*** (*triste*) sorrowful, sad, doleful; (*spiacente*) (very) sorry, regretful: **Sono d. per ciò che è accaduto**, I am very sorry for what has happened; **Siamo dolenti di informarla che...**, we deeply regret to inform you that...; **D., ma non posso aiutarla**, I cannot help you, I'm sorry ***2*** (*che duole*) aching; sore. ● (*fig.*) **Adesso arrivano le dolenti note**, now comes the hard bit □ (*fig.*) **punto d.**, sore point.

dolére, A v. i. ***1*** (*dare dolore fisico*) to ache; to hurt*: **Mi duole la testa**, my head aches; I have a headache; **Duole quando lo tocchi**, it hurts when you touch it ***2*** (*rincrescere*) to regret (*costr. pers.*); to be sorry (*costr. pers.*): **Mi duole di non poter venire**, I am sorry I cannot come; **Nessuno, e mi duole dirlo, si fece avanti**, no one, I regret to say, stepped forward; **Ci duole comunicarle che...**, we regret to inform you that... **B dolérsi,** v. i. pron. ***1*** (*lamentarsi*) to complain of, about: **Se ne dolsero con me**, they complained to me about it; **non avere di che d.**, to have nothing to complain of ***2*** (*rammaricarsi*) to be (very) sorry, to regret; (*pentirsi*) to repent: **Mi dolgo di non averlo fatto**, I am sorry (*o* I regret) I did not do it; I regret not having done it; **d. dei propri peccati**, to repent one's sins.

dòlico, m. (*bot.*, *Dolichos melanophtalmus*) dolichos.

dolicocefalìa, f. dolichocephaly; dolichocephalism.

dolicocèfalo, A a. dolichocephalic; dolichocephalous. **B** m. (f. **-a**) dolichocephal.

dolicodattilìa, f. (*med.*) arachnodactyly.

dolicomòrfo, a. dolichomorphic.

dolicònice, f. (*zool.*, *Dolichonyx oryzivorus*) bobolink; ricebird.

dolicostilo, a. (*bot.*) dolichostylous.

dolina, f. (*geol.*) dolina; doline.

dòllaro, m. dollar (*abbr.* $); buck (*pop. USA*): **d. australiano**, Australian dollar (*abbr.*: A$); **d. canadese**, Canadian dollar (*abbr.* C$); **biglietto da cinque dollari**, five-dollar bill; fiver (*pop.*); **mezzo d.**, half a dollar; **mille dollari**, one thousand dollars; a grand (*pop.*); **area del d.**, dollar area.

dòlly, m. invar. (*cinem.*, *TV*) dolly.

dòlman, m. invar. dolman.

dòlmen, m. invar. (*archeol.*) dolmen; cromlech.

dolmènico, a. (*archeol.*) dolmen (*attr.*).

dòlo, m. ***1*** (*leg.*) malice; intent; wilfulness: **agire con d.**, to act fraudulently (*o* with malice); **commesso con d.**, fraudulent; with intent; intentional; with malice ***2*** (*lett.*: *inganno*) fraud; deceit.

dolòmia, f. (*geol.*) dolomite; dolomitic rock.

dolomìte, f. (*miner.*) dolomite.

Dolomiti, f. pl. (*geogr.*) (the) Dolomites.

dolomìtico, a. ***1*** (*miner.*) dolomitic ***2*** (*geogr.*) of the Dolomites.

dolomitizzazióne, f. (*geol.*) dolomitization.

dolorànte, a. aching; sore; painful: **essere tutto d.**, to ache all over.

doloràre, v. i. (*lett.*) to ache; to be in pain.

dolóre, m. ***1*** (*fisico*) pain; ache; suffering: **d. acuto**, sharp pain; **d. lancinante**, agonizing pain; **d. sordo**, dull ache; **dolori articolari**, pains in the joints; **un d. al fianco**, a pain in one's side; **d. di denti**, toothache; **d. di testa**, headache; **d. di stomaco**, stomachache; **gridare per il d.**, to cry with pain; **calmare il d.**, to ease the pain; **alleviare il d. di q.**, to relieve sb.'s suffering; **Sono tutto pieno di dolori**, I'm aching all over; **Si legge il d. sul suo viso**, you can see the suffering in his face ***2*** (*morale*) sorrow, grief, pain, ache, misery, distress; (*rincrescimento*) regret: **Il mio d. era sincero**, my grief (*o* my sorrow) was sincere; **d. inconsolabile**, unconsolable grief; **esprimere il proprio profondo d.**, to express one's deep sorrow (*o* grief); **Lo vidi partire con vero d.**, I saw him leave with real regret; **dare un d. a q.**, to cause sb. grief (*o* pain); **morire di d.**, to die of grief (*o* of a broken heart); **distrutto dal d.**, shattered by grief; **sconvolto dal d.**, overwhelmed with grief; deeply distressed **3** (*cosa o persona che causa d.*) trial: **Quel ragazzo è un gran d. per la famiglia**, that boy is a sore trial to his family. ● (*relig.*) **atto di d.**, act of contrition ◻ **letto di d.**, sick bed ◻ **la Madonna dei Sette Dolori**, Our Lady of the Seven Sorrows.

dolorìfico, *a.* **1** (*che dà dolore*) painful **2** (*rif. al dolore*) – **sensibilità dolorifica**, sensibility to pain.

dolorimetria, *f.* (*med.*) dolorimetry.

dolorosità, *f.* painfulness.

doloróso, *a.* **1** (*che procura dolore fisico*) painful **2** (*che procura dolore morale*) painful, upsetting, distressing; (*triste*) sad, doleful (*lett.*): **È troppo d. parlarne**, it's too upsetting to talk about it; **d. distacco**, sad parting; **la dolorosa notizia**, the sad news **3** (*pieno di dolore*) sad; sorrowful: **vita dolorosa**, sad life **4** (*lett.*: *addolorato*) sorrowful; sorrow-laden.

dolosità, *f.* (*leg.*) malice; wilfulness.

dolóso, *a.* (*leg.*) fraudulent; malicious: **fallimento d.**, fraudulent bankruptcy; **incendio d.**, arson.

domàbile, *a.* **1** tamable **2** (*di cavallo, ecc.*) that can be broken in.

domànda, *f.* **1** question: **rispondere a una d.**, to answer a question; **fare** (*o* **rivolgere**) **una d. a q.**, to ask sb. a question; **La d. rimase senza risposta**, the question went unanswered; **Ma che d.!** (*o* **Ma è una d. da farsi?**), what a question! **2** (*richiesta*) request; (*perentoria*) demand; (*scritta*) application; (*di cosa che si rivendica*) claim: **d. di pensione**, pension claim; **d. di ammissione** (*o* **d'iscrizione**), application; **d. d'impiego**, application for a job; job application; **d. di trasferimento**, application for a transfer; **d. di fondi**, application for funds; **accogliere una d.**, to grant a request; **compilare una d.**, to fill in (*o* to write) an application; **fare** (*o* **presentare**) **una d.**, to send in an application; **fare d. d'impiego**, to apply for a job; **respingere una d.**, to refuse (*o* to turn down) an application (*o* a request) **3** (*econ.*) demand: **la legge della d. e dell'offerta**, the law of supply and demand **4** (*leg.*) petition; action; claim: **d. di grazia**, petition for mercy; **d. di divorzio**, divorce petition; **d. riconvenzionale**, counter-claim. ● (*sui giornali*) **domande d'impiego**, situations wanted ◻ **d. di matrimonio**, proposal ◻ (*comm.*) **d. di rappresentanza**, application for an agency.

domandàre, **A** *v. t.* **1** (*per sapere*) to ask; (*per ottenere*) to ask (for): **«Che cosa fai qui?» mi domandò**, «What are you doing here?» he asked; **Lo domanderò al dottore**, I shall ask the doctor; **Domanda quanto costa**, ask how much it is; **Ho domandato l'indirizzo**, I asked (for) the address; **d. consiglio a q.**, to ask sb.'s advice; to ask sb. for advice; **d. perdono**, to ask sb. to forgive one; to ask sb.'s forgiveness; **d. la strada per andare in un posto**, to ask the way to a place **2** (*esigere*) to demand: **d. giustizia**, to demand justice; **d. ragione a q. di q.c.**, to demand satisfaction; to call sb. to account for st. **3** (*chiedersi*) to wonder; to ask oneself: **Mi domando se è sincero**, I wonder whether he is sincere; **Mi domando dove s'è cacciato**, I wonder where he's got to; **Mi domando: è giusto o non è giusto?**, I ask myself: is it fair or isn't it? ● **d. l'elemosina**, to beg ◻ **d. notizie della salute di q.**, to inquire after sb. ◻ **d. la parola**, to ask leave to speak ◻ **d. il permesso a q.**, to ask sb.'s permission ◻ **d. scusa** (**a q.**), to beg sb.'s pardon; to say one is sorry (for st.) ◻ **d. udienza a q.**, to request (*o* to ask) an audience of sb. ◻ **Domando e dico se è questo il modo di rispondere!**, I ask you, is this the way to answer? **B** *v. i.* **1** (*chiedere notizie di q.*) to ask after; to inquire after: **Mi hanno domandato di te**, they asked after you **2** (*chiedere informazioni*) to inquire about; to ask about: **Ho domandato di quella lettera, ma non è ancora arrivata**, I inquired about that letter, but it hasn't come yet **3** (*chiedere se q. c'è*) to ask for; to inquire for: **Quando arrivi, domanda di Marco**, ask for Marco when you get there.

domàni, **A** *avv.* tomorrow: **d. mattina** [**pomeriggio, sera**], tomorrow morning [afternoon, evening]; **D. pioverà**, it will rain tomorrow; **d. alle sette**, tomorrow at seven; **oggi o d.**, today or tomorrow; (*prima o poi*) sooner or later; **il giornale di d.**, tomorrow's paper; **d. l'altro** (*o* **dopo d.**), the day after tomorrow; **d. a otto**, tomorrow week; **d. a quindici**, tomorrow fortnight; a fortnight tomorrow; **A d.!**, goodbye till tomorrow; see you tomorrow; **Oggi è qui, d. chissà**, here today, gone tomorrow. ● **dall'oggi al d.**, from one day to the next; suddenly; overnight: **Dall'oggi al d. ho dovuto cambiare tutti i miei progetti**, I had to change all my plans from one day to the next ◻ (*iron.*) **Sì, d.!**, you must be joking!; (*figuriamoci!*) some hope! ◻ **Dev'essere quasi pronto**: **se non è oggi è d.**, it must be nearly ready, if not today then tomorrow or the day after ◻ (*prov.*) **Oggi a me, d. a te**, I today, you tomorrow. **B** *m.* **1** tomorrow; (*l'indomani*) (the) next day; (the) following day: **D. sarà domenica** tomorrow is Sunday; **Il d. fu un giorno peggiore**, the next (*o* the following) day was worse **2** (*il futuro*) tomorrow; (the) future: **preoccuparsi del d.**, to worry about the future; **il mondo di d.**, tomorrow's world; **Il d. è sempre incerto**, the future is always uncertain.

domàre, *v. t.* **1** to tame; (*cavalli*) to break* in: **d. un leone**, to tame a lion; **d. un puledro**, to break in a pony **2** (*ammansire*) to tame: **d. un ragazzo ribelle**, to tame an unruly boy **3** (*soggiogare, vincere*) to crush; to subdue: **d. una ribellione**, to crush a rebellion; **d. un popolo**, to subdue a people; **d. un incendio**, to put out a fire **4** (*frenare*) to curb; to control: **Cercai di d. la mia rabbia**, I tried to control my anger.

domatóre, *m.* (*f.* **-trice**) tamer: **d. di leoni**, lion-tamer; **d. di cavalli**, horse-breaker.

domattina, *avv.* tomorrow morning.

domatùra, *f.* taming; (*di cavalli*) breaking-in.

Domeneddio, *V.* **Domineddio**.

doménica, *f.* Sunday: **d. mattina**, Sunday morning; **d. a otto**, Sunday week; a week on Sunday; **Arriverò d.**, I'll arrive on Sunday; **I negozi sono chiusi la d.**, shops are closed on Sundays; **d. di Pasqua**, Easter Sunday; **d. in Albis**, Low Sunday; **d. delle Palme**, Palm Sunday. ● (*fig.*) **nato di d.**, born lucky ◻ **osservare** [**non osservare**] **la d.**, to keep [to break] the Sabbath ◻ **pittore della d.**, amateur painter ◻ **il vestito della d.**, one's Sunday best.

domenicàle, *a.* **1** Sunday (*attr.*): **riposo d.**, Sunday rest **2** (*fig.*) holiday (*attr.*); festive: **atmosfera d.**, holiday air.

domenicàna, *f.* (*eccles.*) Dominican nun.

domenicàno, (*eccles.*) **A** *a.* Dominican. **B** *m.* Dominican; Black Friar.

Doménico, *m.* Dominic.

domèstica, *f.* maid; servant; (*a giornata*) daily help, daily: **d. a ore**, part-time help; **d. fissa**, resident maid; **d. tuttofare**, maid of all work.

domesticàbile, *a.* domesticable; tamable.

domesticàre, *v. t.* **1** (*biol.*) to domesticate **2** *V.* **addomesticare**.

domesticazióne, *f.* (*biol.*) domestication.

domestichézza, *f.* **1** (*di piante, animali*) domesticity **2** *V.* **dimestichezza**.

domesticità, *f.* (*di piante, animali*) domesticity.

domèstico, **A** *a.* **1** (*della casa*) domestic; household (*attr.*); home (*attr.*); house (*attr.*): **economia domestica**, domestic economy; home economics; **vita domestica**, domestic life; life at home; **focolare d.**, home; **i lari domestici**, the household gods; **lavori domestici**, housework (*sing.*); (household) chores; **fra le pareti domestiche**, at home **2** (*di famiglia*) family; home (*attr.*): **azienda domestica**, family business; **archivio d.**, family archive **3** (*di animali*) domestic **4** (*di piante*) cultivated **5** (*familiare, semplice*) homelike; homely (*GB*). **B** *m.* man-servant; servant; domestic.

domiciliàre (**1**), *a.* house (*attr.*); domiciliary: **arresti domiciliari**, house arrest; **perquisizione d.**, house search; **visita d.**, domiciliary visit.

domiciliàre (**2**), **A** *v. t.* (*comm.*) to domicile: **d. una cambiale**, to domicile a bill. **B domiciliàrsi,** *v. rifl.* to fix one's domicile; to take* up residence.

domiciliatàrio, *m.* **1** (*leg.*) addressee **2** (*banca*) paying agent.

domiciliàto, *a.* **1** (*residente*) domiciled; resident; residing; living **2** (*banca*) domiciled.

domiciliazióne, *f.* (*banca*) domiciliation.

domicìlio, *m.* **1** (*leg.*) domicile; habitual residence: **d. elettivo**, domicile of choice; **d. fiscale**, fiscal domicile; **d. legale**, legal residence (*o* domicile); **prendere d.**, to take up residence **2** (*abitazione*) house; home: **consegna a d.**, home delivery; **lavoro a d.**, work at home; (*leg.*) **violazione di d.**, housebreaking. ● (*leg.*) **d. coatto**, confinement ◻ **franco** (**a**) **d.**, free of charge.

dominàbile, *a.* controllable.

dominànte, **A** *a.* **1** dominant; ruling; commanding; presiding: **la classe d.**, the ruling class; **in posizione d.**, in a commanding position **2** (*che predomina*) dominant; predominant; prevalent; prevailing; chief: **il colore d.**, the dominant colour; **La sua qualità d. è la discrezione**, his chief quality is discretion; **la moda d.**, the prevailing fashion; **carattere d.**, main feature; (*biol.*) dominant character **3** (*meteor.*) prevailing: **vento d.**, prevailing wind **4** (*mus.*) dominant. **B** *f.* (*mus.*) dominant.

dominànza, *f.* (*biol.*) dominance; dominancy.

dominàre, **A** *v. t.* e *i.* **1** (*comandare*) to rule; to dominate: **Gli Arabi dominavano in Sicilia**, the Arabs ruled over Sicily; **d. i mari**, to rule the seas; **d. i mercati**, to dominate the market **2** (*imporsi ad altri*) to dominate, to control, to hold* sway (over); (*soggiogare*) to dominate, to have a hold over: **È dominato dal fratello**, he is dominated by his brother; his brother has a complete hold over him; **Non sa d. i suoi allievi**, he can't control his pupils; **Il partito era dominato da pochi facinorosi**, the party had fallen under the sway of a few hot-heads; **d. un uditorio**, to hold (*o* to grip) an audience **3** (*avere il sopravvento*) to reign supreme; to hold* sway: **Dominava la confusione**, confusion reigned supreme; **Dominano la paura e il sospetto**, fear and suspicion hold sway **4** (*riuscire, vincere, dopo una lotta*) to prevail over; to get* the better of: **d. i ribelli**, to get the better of (*o* to subdue) the rebels; **Mi lasciai d. dall'ira**, I let anger get the better of me **5** (*sovrastare*) to dominate; (*abbracciare con lo sguardo*) to command a good view of, to overlook: **La torre domina la piazza**, the tower dominates the square; **Da quell'altezza dominavo tutta la scena**, from that height I dominated the whole scene; **La mia finestra domina il lago**, my window commands a good view of (*o* overlooks) the lake *6* (*tenere sotto controllo, frenare*) to control; to contain; to dominate: **non riuscire a d. l'ira**, to be unable to control one's anger; **d. la situazione**, to be in control of a situation *7* (*conoscere bene*) to have mastered; to be a master of; to have command of: **Non domino ancora la nuova tecnica**, I haven't mastered the new technique yet; **d. una lingua**, to have a good command of a language; **d. un argomento**, to be an expert in a subject. **B dominàrsi**, *v. rifl.* to control oneself; to master oneself: **Cerca di dominarti!**, try to control yourself!; get a grip on yourself!; **Non sa d.**, he has no self-control; **Non riuscii più a dominarmi**, I could no longer contain myself.

dominatóre, A *a.* ruling; dominating; dominant. **B** *m.* (*f.* **-trice**) ruler; master (*f.* mistress).

dominazióne, *f.* *1* domination; rule; sway *2* (*pl.*) (*teol.*) Dominations.

Domineddìo, *m.* the Lord: **Ci penserà D.**, the Lord will provide.

dominicàle, *a.* *1* (*del Signore*) dominical; of the Lord; the Lord's: **l'orazione d.**, the Lord's Prayer *2* (*padronale*) of the landlord; of the (land)owner: **i diritti dominicali**, the landlord's rights.

dominicàno, A *a.* Dominican; of the Dominican Republic. **B** *m.* (*f.* **-a**) Dominican (*f.* Dominican woman*).

dominio, *m.* *1* domination; rule; control; dominion; supremacy; power; sway; mastery: **sotto il d. britannico**, under British rule; **Il paese è sotto il d. di un dittatore**, the country is under the sway of a dictator; **avere il d. dei mari**, to rule over the seas; **il d. del mondo**, dominion over the world; **sete di d.**, craving for power; **tenere q. sotto il proprio d.**, to keep sb. under one's control; **avere** (*o* **esercitare**) **il d. sopra q.** (*o* **q.c.**), to have control (*o* to hold sway) over sb. (*o* st.) *2* (*padronanza*) mastery; control: **d. di sé**, self-control; **un ottimo d. della materia**, an excellent command of the subject; **il d. di una lingua**, the mastery of a language *3* (*territorio*) dominion *4* (*proprietà*) property; ownership *5* (*campo, settore*) domain; field: **il d. della letteratura**, the domain of literature *6* (*mat.*) domain. ● **essere di d. pubblico**, (*leg.*) to be public property; (*fig.*: *essere noto a tutti*) to be common knowledge □ **rendere q.c. di pubblico d.**, to make st. public (*o* known); to announce st. publicly.

dominion (*ingl.*), *m. invar.* (*stor. inglese*) Dominion.

dòmino (1), *m.* (*mantello e chi lo indossa*) domino.

dòmino (2), *m.* (*il gioco*) dominoes (*pl. col verbo al sing.*); (*le tessere*) set of dominoes; (*la pedina*) domino: **giocare a d.**, to play dominoes; **fare d.**, to call domino.

Domiziàno, *m.* (*stor. romana*) Domitian.

dòmma, *V.* **dogma**.

dòmo (1), *m.* *1* (*lett.*: *cupola*) dome *2* (*geol.*) *V.* **duomo (3)**.

dòmo (2), *a.* (*lett.*) subdued; tamed.

don (1), *m.* *1* (*eccles.*) Father; (*per i Benedettini e alcuni altri ordini monastici*) Dom *2* (*titolo spagn. o ital.*) Don: **don Giovanni**, Don Juan; **Don Chisciotte**, Don Quixote; **Don Alfio**, Don Alfio.

don (2), *inter.* e *m.* dong: **din don**, ding dong.

donànte, *m.* e *f.* (*leg.*) donor.

donàre, A *v. t.* to give*; to present; (*anche leg.*) to donate: **d. gioia**, to give joy; **Le donò una collana**, he gave her a necklace; **Sono lieto di donarle questo orologio**, it is my pleasure to present you with this watch; **Donò il palazzo alla città**, he donated his palace to the city. **B** *v. i.* (*addirsi*) to suit (sb.); to become* (sb.): **Quel cappello non le dona**, that hat doesn't suit her. **C donàrsi**, *v. rifl.* (*lett.*) to devote one's life to.

donatàrio, *m.* (*leg.*) donee.

donatismo, *m.* (*stor. relig.*) Donatism.

donatista, *m.* (*stor. relig.*) Donatist.

donativo, *m.* gift; present.

donatóre, *m.* (*f.* **-trice**) donor (*anche leg.*); giver: **d. di sangue**, blood donor.

donazióne, *f.* (*leg.*) donation; gift: **d. testamentaria**, testamentary donation; **atto di d.**, deed of gift.

donchisciottàta, *f.* quixotic action.

donchisciòtte, *m.* Don Quixote: **fare il d.**, to behave quixotically; to be quixotic.

donchisciottésco, *a.* quixotic.

donchisciottismo, *m.* quixotism; quixotry.

dónde, *avv.* (*lett.*) *1* (*da dove*) from where; whence (*lett.*): **D. vieni?**, where do you come from?; **il punto d. eravamo partiti**, the place from where we had started *2* (*dal che*) whence; wherefrom *3* (*per quale motivo?*) why?: **D. tanti timori?**, why such fears? *4* (*di cui, di che*) the means with which; the wherewithal. ● **Mi arrabbiai e ne avevo ben d.**, I was furious and with reason (*o* and had good reason to be).

dondolaménto, *m.* rocking; swinging.

dondolàre, A *v. t.* e *i.* *1* (*oscillare*) to swing*; to dangle: **Dondolava le braccia nel camminare**, he swung his arms as he walked; **La corda dondolava dal balcone**, the rope dangled from the balcony; **Mi fece d. l'orologio davanti agli occhi**, he dangled the watch before my eyes *2* (*cullare*) to rock; **d. un bambino nella culla**, to rock a baby in its cradle; **La barca dondolava piano**, the boat was rocking gently. **B dondolàrsi**, *v. rifl.* *1* to swing*; (*cullarsi*) to rock (oneself) *2* (*fig.*: *bighellonare*) to loaf about; to lounge about.

dondolìo, *m.* rocking; swinging.

dóndolo, *m.* (*pop.*: *altalena*) swing; (*per giardino*) lawn swing. ● **cavallo a d.**, rocking horse □ **sedia** (*o* **poltrona**) **a d.**, rocking chair.

dondolóni, *avv.* swinging; dangling. ● **camminare d.**, to lounge about.

dong, *V.* **don (2)**.

dongiovannésco, *a.* donjuanesque; Don Juanesque.

dongiovànni, *m.* Don Juan; philanderer; ladies' man; womanizer; lady-killer (*fam.*).

dongiovannismo, *m.* donjuanism; Don Juanery.

dònna, *f.* *1* woman*; female (*form.* o *spreg.*); (*ragazza*) girl: **una giovane d.**, a young woman; **le donne della mia famiglia**, the women in my family; **Gli piacciono le donne**, he likes girls (*o* women); **una bella d. di 25 anni**, a good-looking girl of 25; **una gran bella d.**, a really beautiful woman; a real looker (*pop.*); **una d. di classe**, a woman with class; a classy woman (*fam.*); **d. d'affari**, businesswoman; **d. di mondo**, woman of the world; **d. lavoratrice**, working woman; **d. sportiva**, sportswoman; sporting woman; **una d. magistrato**, a female (*o* woman) judge; **d. poliziotto**, policewoman; **una voce di d.**, a woman's voice; **calzature da d.**, women's shoes; **i diritti delle donne**, women's rights; **l'uguaglianza della d.**, female equality; **l'essere d.**, womanhood *2* (*moglie*) wife*, spouse; (*donna amata*) girlfriend, woman*: **la d. di mio cugino**, my cousin's girlfriend; **Sei la mia d.**, you are my woman *3* (*d. di servizio*) maid; help; (*a giornata*) daily help, daily (*fam.*): **Hai la d.?**, do you have a help?; **d. a ore**, part-time help; **d. fissa**, resident maid; **la d. delle pulizie**, cleaning lady; **d. tuttofare**, maid of all works *4* (*titolo seguito da nome*: *per un'italiana*) donna; (*per una spagnola, ecc.*) doña *5* (*lett.*: *signora*) lady: **donne e cavalieri**, knights and ladies; **Nostra D.**, Our Lady *6* (*nelle carte da gioco*) queen: **la d. di picche**, the queen of spades. ● **d. cannone**, fat lady □ **d. di campagna**, countrywoman □ **d. di casa**, (*casalinga*) housewife; (*d. che fa vita di casa*) stay-at-home woman □ **le donne di casa** (*in una famiglia*), the womenfolk □ **d. di strada**, streetwalker □ **d. in carriera**, career-woman □ **d. perduta**, lost woman □ **abito da d.**, dress; frock □ (*pop.*) **andare a donne**, to chase women; to cruise (*pop.*) □ **conquistatore di donne**, lady-killer □ (*spreg.*) **da d.**, womanish: **paure da d.**, womanish fears □ (*volg.*) **figlio di buona d.**, son of a bitch □ **lavori da d.** (*di cucito*), needlework □ **le mie donne** (*della famiglia*), my womenfolk □ **movimento di liberazione della d.**, Women's Liberation (Movement); Women's Lib □ **nemico delle donne**, woman-hater □ **prima d.**, (*di prosa, operetta*) leading lady; (*di opera lirica* e *fig.*) prima donna □ **santa d.**, very good woman; saint □ **sarto da d.**, dressmaker.

donnàccia, *f.* (*spreg.*) *1* bad woman* *2* (*donna immorale*) woman* of loose morals, slut; (*prostituta*) whore, harlot, tart (*fam.*).

donnai(u)òlo, *m.* lady-killer; ladies' man*; womanizer; philanderer.

donnésco, *a.* womanly; feminine; female (*attr.*); (*spreg.*) womanish: **virtù donnesche**, womanly virtues; **astuzie donnesche**, feminine wiles; **lavori donneschi**, (*di casa*) housework; (*di cucito*) needlework.

donnétta, *f.* *1* little woman*: **una cara d.**, a dear little woman *2* (*spreg.*) humble woman*; ordinary woman*; (*donna sciocca*) silly woman* □ **storie da donnette**, old wives' tales.

donnicciòla, *f.* *1* silly woman* *2* (*persona pettegola*) gossip *3* (*spreg., di uomo*) woman*; sissy. ● **fantasie da d.**, silly notions.

donnìna, *f.* *1* (pretty) little woman* *2* (*donna di facili costumi*) loose (*o* fast) woman*. ● **d. allegra**, lady of easy virtue.

donnìno, *m.* *1* (*donna piccola*) tiny woman* *2* (*bambina giudiziosa*) little woman*.

dònnola, *f.* (*zool., Mustela nivalis*) weasel.

donnóne, *m.* big woman*; stout woman*.

dóno, *m.* *1* gift; present: **avere q.c. in d.**, to get st. as a gift; **un d. del Cielo**, a gift from Heaven; (*rif. a denaro, ecc.*) windfall; **i doni di Natale**, Christmas presents *2* (*virtù, disposizione*) gift; talent: **il d. della parola**, the gift of speech; **avere un d. per le lingue**, to have a gift for (*o* to be gifted at) languages; (*iron.*) **Ha il d. di dire sempre la cosa sbagliata**, he has a genius for saying always the wrong thing. ● **i doni della terra**, the fruits of the earth □ **pacco d.**, gift parcel.

dont, *m. invar.* (*Borsa*) buyer's option; call option.

donzèlla, *f.* (*lett.*) *1* damsel; maiden *2* (*ancella*) maid-in-waiting.

donzèllo, *m.* (*lett.*: *paggio*) page; (*scudiero*) squire; (*giovane nobile*) knight bachelor.

dòpa, *f.* (*chim.*) dopa.

dopamìna, *f.* (*biochim.*) dopamine.

dopàre, A *v. t.* to dope. **B dopàrsi**, *v. rifl.* to dope; to take* dope.

dòping (*ingl.*), *m. invar.* (*sport*) doping.

dópo, A *avv.* *1* (*di tempo*) after, afterwards, afterward (*USA*); (*poi*) then, next; (*più tardi*) later (on): **l'anno d.**, the year after; the following year; **il giorno d.**, the day after; on the following (*o* next) day; **Vediamoci subito d.**, let's meet straight after; **molto d.**, a long time after; **poco d.**, shortly after (*o* afterwards); a short time later; **Prima mangio e d. esco**, I'll eat first, and then I'll go out; **un anno d.**, a year later; **Me ne accorsi d.**, I found out later on (*o* afterwards); **Partirò d.**, I shall leave later; **Successe alcuni giorni d.**, it happened a few days later; **E d. che successe?**, what happened next (*o* then)?; **E d.?**, (*che cosa accadde?*) what happened next?; (*che altro ancora?*) what next?; **Che cosa viene d.?**, what comes next? *2* (*di luogo*) after, next; (*dietro*) behind: **Prendi la strada che viene subito d.**, take the next road; **Camminava avanti e io d.**, he was walking in front and I behind. ● **A d.!**, see you later! □ **né prima né d.**, neither before nor after □ **Lascia la**

copiatura a d., leave the copying till later. **B** *prep.* ***1*** (*di tempo e luogo*; **dopo di** *davanti a pron.*) after: **Partii d. un anno**, I left after a year; **D. il pesce servirono carne**, after the fish they served meat; **Nacqui d. di lui**, I was born after him; **Vediamoci d. il concerto**, let's meet after the concert; **D. tutto quello che ti ho detto**, after everything I said to you; **d. tutto**, after all; **uno d. l'altro**, one after the other; **d. cena**, after supper; **Viene d. di te nell'elenco**, he comes after you in the list; **d. di che**, *V.* **dopodiché**; **d. tutto**, *V.* **dopotutto** ***2*** (*oltre*) after; beyond; past: **una valletta d. il lago**, a dale beyond the lake; **Il negozio è subito d. la chiesa**, the shop is just past the church ***3*** (*a partire da*) since: **Non ci siamo più visti d. Pasqua**, we haven't met since Easter. ● **a d.** (*o* **fin d.**), till after (*o* past): **La riunione fu rinviata a d. Natale**, the meeting was postponed till after Christmas; **Non sarò libero fin d. le cinque**, I shan't be free till past five o'clock □ **il d. sessantotto**, the post-1968 years □ **Prego, d. di lei**, after you. **C** *cong.* after; when: **D. averlo detto, mi accorsi della gaffe**, after I said it, I realized my blunder; **D. dormito, ti sentirai meglio**, when you've had a sleep (*o* after a sleep, after sleeping), you'll feel better; **d. che**, *V.* **dopoché**. **D** *m.* (what comes) afterwards; (the) future: **Non pensare al d.**, don't think about what comes afterwards; don't worry about the future.

dopobàrba, *m. invar.* aftershave lotion.

dopobórsa, *m. invar.* (*Borsa*) after hours; street market.

dopocéna, *m. invar.* evening; after dinner.

dopoché, dópo che, *cong.* after (*spesso seguito dal gerundio*); when; (*da quando*) since: **Fu d. lo vidi**, it was after I saw (*o* I had seen) him; **D. ebbi letto il libro, cambiai idea**, after reading the book, I changed my mind; since reading the book, I've changed my mind.

dopodiché, dópo di che, *avv.* (and) then; after which; afterwards.

dopodomàni, *avv.* the day after tomorrow.

dopoguèrra, *m. invar.* postwar period; postwar (*attr.*): **una casa costruita nel d.**, a house built in the postwar period; **la generazione del d.**, the postwar generation.

dopolavorista, *m. e f.* member of a working men's club.

dopolavoristico, *a.* of (*o* pertaining to) a working men's club.

dopolavóro, *m. invar.* ***1*** dopolavoro (institution organizing working men's free-time activities) ***2*** working men's club: **d. ferroviario**, railwaymen's club.

dopolistino, *m. invar.* (*Borsa*) after hours; street market.

dopoprànzo, A *avv.* after lunch. **B** *m. invar.* afternoon: **Vieni nel d.**, come in the afternoon.

doposcì, *a.* e *m. invar.* après-ski: **scarpe d.**, après-ski shoes; **articoli per il d.**, après-ski wear (*collett.*).

doposcuòla, *m. invar.* afterschool activities (*pl.*).

doposóle, A *m. invar.* after-sun lotion (*o* cream). **B** *agg. invar.* after-sun.

dopoteàtro, A *m. invar.* time after a show. **B** *a. invar.* after-the-show.

dopotùtto, dópo tutto, *avv.* after all: **Non mi riguarda, d.**, it doesn't concern me, after all; **D. avevo ragione!**, I was right after all!

dóppia, *f.* ***1*** (*numism.*) dobla ***2*** (*doppia lettera*) double letter ***3*** (*fam.*: *doppia paga*) double pay ***4*** (*al poker*) two pairs.

doppiàggio, *m.* (*cinem.*) dubbing: **fare il d. di un film**, to dub a film; **direttore del d.**, dubbing director.

doppiaménte, *avv.* ***1*** doubly; twice as: **Da allora mi è d. caro**, since then he is twice as dear to me ***2*** (*fig.*: *falsamente*) deceitfully; with duplicity.

doppiàre (**1**), *v. t.* ***1*** (*raddoppiare*) to double ***2*** (*naut.*) to double; to round: **d. un capo**, to round a cape ***3*** (*sport*) to lap ***4*** (*metall.*) to plate ***5*** (*ind. tess.*) to wind* together.

doppiàre (**2**), *v. t.* (*cinem.*) to dub: **d. un film in italiano**, to dub a film into Italian.

doppiàto, (*cinem.*) **A** *a.* dubbed. **B** *m.* dub; dubbed sound-track.

doppiatóre, *m.* (*f.* **-trice**) (*cinem.*) dubber; dubbing actor (*f.* dubbing actress): **il d. italiano di De Niro**, the actor who dubs De Niro's voice in Italian.

doppiatùra, *f. V.* **doppiaggio.**

doppieggiatùra, *f.* (*tipogr.*) slur.

doppière, *m.* (*lett.*) two-branched candlestick (*o* chandelier).

doppiétta, *f.* ***1*** (*fucile*: *a canna giustapposta*) double-barrelled gun; (*a canna sovrapposta*) over-and-under gun ***2*** (*colpo doppio di fucile*) double shot ***3*** (*autom.*) double-declutching (*GB*); double-clutching (*USA*): **fare la d.**, to double-declutch (*GB*); to double-clutch (*USA*) ***4*** (*nel calcio*) two goals (scored by the same player) ***5*** (*nel pugilato*) one-two.

doppiézza, *f.* ***1*** doubleness; (*di filo, ecc.*) double thickness ***2*** (*fig.*) duplicity; deceitfulness; double-dealing.

doppino, *m.* ***1*** (*elettr.*) duplex cable ***2*** (*naut.*) bight.

dóppio, A *a.* ***1*** double; (*duplice*) twofold; (*nelle comparazioni*) twice as (+ *agg.*): **paga doppia**, double pay; **d. altezza** (*di stoffa*), double width; **doppi vetri** (*di finestra*), double glazing (*sing.*); (*bot.*) **fiore d.**, double flower; (*naut.*) **d. scafo**, double keel; (*comm.*) **partita doppia**, double entry; **a doppia suola**, double-soled; **a d. petto**, double-breasted; **Questo metodo ha un d. vantaggio**, the advantages of this method are twofold; **Questa stoffa è un'altezza doppia di quella**, this fabric is twice as wide as that one ***2*** (*aeron., ecc.*) dual: **d. comando**, dual controls (*pl.*) ***3*** (*fig.*: *finto, ipocrita*) two-faced; double-dealing; deceitful: **È un uomo d.**, he is two-faced; he is a double-dealer. ● **doppia cittadinanza**, dual citizenship □ **d. fondo**, false bottom: **baule a d. fondo**, false-bottomed trunk □ **d. gioco**, double-cross: **fare il d. gioco con q.**, to double-cross sb.; **persona che fa il d. gioco**, double-crosser □ **d. lavoro**, second job □ (*chim.*) **d. legame**, double bond □ **d. mento**, double chin □ (*econ.*) **d. mercato**, two-tier market □ **d. senso**, (*verbale*) double meaning; (*specialm. se scabroso*) double entendre (*franc.*); (*di strada*) two-way traffic □ **frase [parola] a senso d.**, ambiguous word □ **arma a d. taglio**, double-edged (*o* two-edged) weapon (*anche fig.*) □ **avere una doppia vita**, to lead a double life □ **fucile a doppia canna**, *V.* **doppietta** □ **in d. esemplare**, in duplicate □ **numero d.** (*di rivista*), double number □ (*balistica*) **palla doppia**, double-headed shot □ (*mecc.*) **pompa a d. effetto**, double-acting pump □ **serrare a d. giro** (*o* **mandata**), to double-lock □ **stampare a colonne doppie**, to print in two columns. **B** *m.* ***1*** (*doppia quantità*) twice (the) amount; double quantity; twice as much (*rif. a un sost. sing.*), twice as many (*rif. a un sost. pl.*): **Posso sollevare il d. rispetto a te**, I can lift twice the amount (*o* twice as much as) you can; **Io mangerò molto, ma tu mangi il d.**, I may eat a lot, but you eat twice as much; **Questo libro ha cento pagine e quello ne ha il d.**, this book has a hundred pages and that one has twice as many; **Ho il d. della tua età**, I am twice your age; **Questo quadro è più caro del d.**, this picture is twice as expensive ***2*** (*di numero*) double; twice (*due volte*): **Dieci è il d. di cinque**, ten is the double of five; **il d. di novantanove**, twice ninety-nine ***3*** (*teatr.*) understudy ***4*** (*aspetto complementare*) double ***5*** (*tennis*) doubles (*pl.*): **d. maschile [femminile, misto]**, men's [women's, mixed] doubles. ● (*di campane*) **sonare a d.**, to ring a full peal. **C** *avv.* double (*anche fig.*): **vederci d.**, to see double; **piegare q.c. d.**, to fold st. in two.

doppiofóndo, *m.* ***1*** (*naut.*) double bottom ***2*** (*di valigia, ecc.*) false bottom.

doppiogiochista, *m.* e *f.* double-dealer; double-crosser.

doppiolavorista, *m.* e *f.* one who has a second job.

doppióne, *m.* ***1*** duplicate; double ***2*** (*di parola*) doublet ***3*** (*spreg.*: *imitazione*) copy ***4*** (*teatr.*) dual role; double ***5*** (*bozzolo doppio*) double cocoon.

doppiopètto, A *a. invar.* double-breasted. **B** *m. invar.* (*giacca*) double-breasted jacket; (*cappotto*) double-breasted coat.

doppiovétro, *m.* double glazing (*solo sing.*).

doppista, *m.* e *f.* (*tennis*) doubles player.

doràre, *v. t.* ***1*** to gild*; (*placcare d'oro*) to gold-plate ***2*** (*cucina*: *rosolare*) to brown, to fry (st.) to a golden brown; (*spennellare con tuorlo d'uovo*) to brush with egg yolk. ● (*fig.*) **d. la pillola**, to gild the pill.

doràto, *a.* ***1*** gilt; (*con processo elettrolitico*) gold-plated: **mobili dorati**, gilt furniture; **libro coi margini dorati**, gilt-edged book; **argento d.**, silver gilt ***2*** (*fig.*) gilded: **gabbia dorata**, gilded cage; **gioventù dorata**, gilded youth ***3*** (*color d'oro*) golden: **castano d.**, golden brown; **uva dorata**, golden grapes (*pl.*); **luce dorata**, golden light ***4*** (*cucina*) browned; golden brown; (*con tuorlo d'uovo*) brushed with egg yolk.

doratóre, *m.* (*f.* **-trice**) gilder.

doratùra, *f.* ***1*** (*il dorare*) gilding; (*elettrolitico*) gold-plating ***2*** (*ornamento dorato*) gilding; gilt; **le dorature della carrozza**, the gilding on the coach; **un vaso di Sèvre carico di dorature**, a Sèvre vase heavy with gilt.

Dòri, *m. pl.* (*stor.*) (the) Dorians.

doricismo, *V.* **dorismo.**

dòrico, A *a.* ***1*** (*stor.*: *dei Dori*) Dorian; Doric ***2*** (*archit.*) Doric: **l'ordine d.**, the Doric order; **capitello d.**, Doric capital ***3*** (*mus.*) Dorian: **modo d.**, Dorian mode. **B** *m.* (*ling.*) Doric.

dorifora, *f.* (*zool., Doryphora decemlineata*) potato beetle.

doriforo, *m.* (*stor.*) spear-carrier.

dorismo, *m.* (*ling.*) Dorism; Doricism.

dormeuse (*franc.*), *f. invar.* lounge; sofa.

dormicchiàre, *v. i.* ***1*** to doze; to drowse; to slumber; to snooze (*fam.*) ***2*** (*fig.*: *essere distratto*) to nod.

dormiènte, A *a.* ***1*** sleeping; asleep (*pred.*) ***2*** (*bot.*) dormant ***3*** (*naut.*) standing: **manovre dormienti**, standing rigging. **B** *m. e f.* sleeper: **i sette dormienti di Efeso**, the seven sleepers of Ephesus. **C** *m.* ***1*** (*edil.*) joist; wall plate; sleeper ***2*** (*naut.*: *trave*) shelf*; (*di paranco*) standing part.

dormiènza, *f.* (*bot.*) dormancy.

dormiglióne, *m.* (*f.* **-a**) sleepyhead.

dormire, A *v. i.* ***1*** to sleep*; (*essere addormentato*) to be asleep: **d. bene [profondamente]**, to sleep well [soundly]: **Dormi bene!**, sleep well!; **Sta dormendo**, he's sleeping; he's asleep; **La città dorme**, the city is asleep; **andare a d.**, to go to bed; **Dormi?**, are you asleep?; **Dormivo quando successe**, I was asleep when it happened; **Questo ti farà d.**, this will put you to sleep; **continuare a d.**, to sleep on; **mettere [mandare] q. a d.**, to put [to send] sb. to bed; **impedire a q. di dormire**, to keep sb. awake; **Non riesco a d.**, I can't get to sleep; **non trovare da d.**, to find nowhere to sleep; **Resta a d. da noi**, sleep the night with us; **d. supino [a pancia in giù, su un fianco]**, to sleep on one's back [on one's stomach, on one's side]; **Dormici sopra**, sleep on it ***2*** (*essere provvisoriamente inattivo*) to be dormant; to be in abeyance: **La natura dorme d'inverno**, Nature is dormant in winter; **le passioni che dormono nel nostro cuore**, the passions dormant in our hearts; **Questa legge viene lasciata d.**, this law is in abeyance; **mettere una pratica a d.**, to let a matter lie; to shelve a matter; **È un pezzo che quella pratica dorme**, the matter has been lying for some time. ● **d. a occhi aperti**, to be dropping with sleep □ **d. all'aperto**, to sleep out; to sleep rough □ **d. bene** (*non soffrire d'insonnia*), to be a good (*o* sound) sleeper □ **d. come un ghiro** (*o* **come un masso**), to sleep like a log □ **d. della grossa**, to sleep soundly; to be fast asleep □ **d. fino a tardi**, to sleep in □ **Dormivo in piedi**, I couldn't keep my eyes open □ **d. leggero**, to be a light sleeper □ **d. male** (*con difficoltà*), to be a bad sleeper □ **d. nel Signore** (*essere morto*), to sleep in the Lord □ **d. per ventiquattr'ore filate**, to sleep round the clock □ (*fig.*) **d. sugli allori**, to rest on one's laurels □ (*fig.*) **d. tra due guanciali**, to set one's mind at rest □ **dormirsela**, to be sound asleep □ **dare da d.**, to put (sb.) up; (*di alberghi, ecc.*) to accommodate; to have rooms for □ (*fig.*) **fare d.**, to be boring □ **un fiore che dorme di notte**, a flower that closes up at night □ **Non dormirci su!**, get a move on! □ **Non d., sta' attento!**, wake up! □ **pillola per d.**, sleeping pill □ (*prov.*) **Chi dorme non piglia pesci**, the early bird catches the worm. **B** *v. t.* to sleep*: **d. il sonno dei giusti**, to sleep the sleep of the just; **d. il sonno eterno**, to sleep one's last sleep; **d. sonni tranquilli**, to sleep peacefully.

dormita, *f.* sleep: **fare una bella d.**, to have a good sleep; **farsi una d. di dodici ore filate**, to sleep like a log for twelve hours solid.

dormitìna, *f.* nap; forty winks (*pl.*) (*fam.*); shut-eye (*fam.*); zizz (*fam. GB*).

dormitòrio, *m.* dormitory. ● **d. pubblico**, free hostel; dosshouse (*pop. GB*); flophouse (*pop. USA*) □ **città d.**, dormitory town.

dormitùra, *f.* (*bachicoltura*) sleep.

dormivéglia, *m. invar.* drowsiness; doziness: **essere nel d.**, to be half-asleep (*o* only half-awake); **Nel d. lo sentii alzarsi**, I was half-asleep and I heard him get up.

Dorotèa, *f.* Dorothy; Dorothea.

dorsàle, **A** *a.* dorsal: **pinna d.**, dorsal fin; (*anat.*) **spina d.**, backbone. **B** *m.* (*spalliera di sedia*) back. **C** *f.* (*di monte*) ridge.

dorsalgìa, *f.* (*med.*) back pain.

dorsista, *m. e f.* (*sport*) backstroke swimmer.

dòrso, *m.* **1** back: **giacere sul d.**, to lie on one's back; **il d. della mano**, the back of the hand **2** (*di libro*) back; spine **3** (*geogr., geol.*) ridge **4** (*aeron.*) top surface **5** (*nuoto*) backstroke. ● **a d. di cammello**, on camel-back □ **a d. di cavallo**, on horseback □ **a d. di mulo**, on a mule.

dorsoventràle, *a.* **1** dorsoventral **2** (*bot.*) dorsiventral.

doșàggio, *m.* **1** dosing; dosage **2** (*mecc.*) metering.

doșàre, *v. t.* **1** (*chim., farm.*) to dose; to proportion: **d. una medicina**, to dose a medicine **2** (*misurare una quantità*) to measure out; (*pesare*) to weigh out: **d. gli ingredienti**, to measure out (*o* to calculate) the ingredients **3** (*fig.*: *distribuire con parsimonia*) to dole out; to ration **4** (*autom.*) to meter **5** (*edil.*) to batch. ● **d. le forze**, to husband one's forces □ **d. le parole**, to weigh one's words.

doșatóre, *m.* measuring device; measure.

doșatùra, *V.* **dosaggio**.

dòșe, *f.* **1** dose; amount; quantity: **d. massima [minima, letale]**, maximum [minimum, lethal] dose; **d. eccessiva**, overdose; **d. robusta**, stiff dose; **una d. di sali**, a dose of salts; **la d. giusta di sale**, the right quantity of salt; **Sai le dosi della torta di carote?**, do you know the quantities for the carrot cake? **2** (*fig.*) deal: **una buona d. di fortuna**, a good deal of luck; **una buona d. di sfacciataggine**, plenty of cheek; **una buona d. di bastonate**, a sound thrashing. ● (*anche fig.*) **a piccole dosi**, in small doses □ (*fig.*) **rincarare la d.**, to add to it.

doșimetria, *f.* (*fis.*) dosimetry.

doșimètrico, *a.* (*fis.*) dosimetric.

doșimetro, *m.* (*fis.*) dosimeter.

dossàle, *m.* **1** ornamental cover **2** (*di altare*) dossal; (*paliotto*) frontal.

dossier (*franc.*), *m.* dossier; file.

dòsso, *m.* **1** – **di d.**, off: **levarsi di d. i vestiti**, to take off one's clothes; **Mi sono levato di d. questo pensiero**, that's a big weight off my mind **2** (*prominenza*) prominence, rise; (*cima*) top, summit **3** (*di fondo stradale*) hump; brow of a hill.

dossògrafo, *m.* (*stor.*) doxographer.

dossologia, *f.* (*eccles.*) doxology.

dotàle, *a.* of (*o* pertaining to) a dowry; dotal: (*leg.*) **beni dotali**, dotal property.

dotàre, *v. t.* **1** (*una sposa*) to give* (*o* to assign) a dowry to (*lett.*); to settle money (*o* property) upon **2** (*assegnare un patrimonio a una istituzione*) to endow: **d. un ospedale**, to endow a hospital **3** (*fornire, equipaggiare*) to furnish; to provide; to supply; to fit out; to equip; (*della natura, ecc.*) to endow: **d. un ufficio di nuove scrivanie**, to furnish an office with new desks; **d. i soldati di uniformi e armi**, to equip soldiers with uniforms and weapons; **La natura l'ha dotato di un'ottima memoria**, he has been endowed by nature with an excellent memory.

dotàto, *a.* **1** (*ricco di doti*) gifted; talented: **un musicista d.**, a gifted musician **2** (*attrezzato*) equipped (with); provided (with) **3** (*dalla natura*) endowed (with). ● **d. dei requisiti richiesti**, (*di persona*) qualified; (*di cosa*) with the required specifications.

dotazióne, *f.* **1** endowment **2** (*attrezzatura*) equipment; outfit; supply: **la d. di un laboratorio**, the equipment of a laboratory; **avere in d. q.c.**, to be equipped (*o* supplied) with st.; **dare q.c. in d.**, to issue (sb.) with st.; **l'attrezzatura in d. di una palestra**, the equipment belonging to a gymnasium; **strumenti in d.**, tool kit; equipment **3** (*mil.*) equipment; kit: **d. personale**, army kit; (*naut.*) **dotazioni di bordo**, ship's stores.

dòte, *f.* **1** (*di sposa*) marriage settlement; dowry: **portare in d. q.c.**, to bring a dowry of st.; **dare q.c. in d.**, to give st. as a dowry; **ragazza senza d.**, girl without a dowry; **cacciatore di d.**, fortune-hunter; **sposare la d.**, to marry money **2** (*beni assegnati a istituto o ente*) endowment **3** (*pregio, qualità*) endowment; gift: **È una d. invidiabile ricordare i nomi**, it is an enviable gift to be able to remember names; **doti mentali**, mental endowments; **un uomo di molte doti**, a man of parts; a very gifted man.

dottaménte, *avv.* learnedly; in a scholarly fashion.

dòtto (1), **A** *a.* learned; scholarly; erudite: **un uomo d.**, a learned man; **essere d. in q.c.**, to be learned in st. ● **le lingue dotte**, the classical languages. **B** *m.* scholar; learned man*; man* of learning; polymath.

dótto (2), *m.* (*anat.*) duct.

dottoràggine, *f.* (*lett., scherz.*) pedantry; pontification.

dottoràle, *a.* **1** doctoral; doctor's: **laurea d.**, doctor's degree **2** (*iron.*) learned: **aria d.**, learned airs (*pl.*); **assumere atteggiamenti dottorali**, to put on learned airs.

dottoràme, *m.* (*spreg.*) bunch of doctors; (*di medici, anche*) bunch of quacks.

dottoràndo, *m.* (*f.* **-a**) graduate student.

dottoràto, *m.* doctorate; doctor's degree: **d. di ricerca**, research doctorate; (*nelle università anglosassoni*) PhD (*abbr. di* Philosophiae Doctor).

dottóre, *m.* **1** (*erudito*) doctor: (*eccles.*) **i dottori della Chiesa**, the Doctors of the Church **2** (*laureato in genere*) graduate; (*davanti a nome*) Mr: **È d. in chimica [in lettere]**, he [she] has a chemistry [an arts] degree; he [she] graduated in chemistry [in arts]; **Il dottor Scarpa è il mio avvocato**, Mr Scarpa is my lawyer; **Buongiorno, d.!**, good morning, Mr... (*o* sir) **3** (*medico*) doctor; physician; (*davanti a nome*) Dr., Dr: **chiamare il d.**, to call the doctor; **Manderò a chiamare il d.**, I'll send for the doctor; **Fatti vedere da un d.**, see a doctor; **Da grande vuole fare il d.**, he wants to be a doctor when he grows up; **Il dottor Watson è il nostro medico di famiglia**, Dr. Watson is our family doctor. ● **parlare come un d.**, to talk like a book □ **saperne quanto un d.**, to be very wise □ (*prov.*) **Meglio un asino vivo che un d. morto**, a living dog is better than a dead lion.

dottoreggiàre, *v. i.* (*scherz.* o *spreg.*) to pontificate; to put* on learned airs.

dottorésco, *a.* (*spreg.*) donnish; pedantic.

dottoréssa, *f.* **1** (*laureata*) graduate; (*davanti a nome*) Miss, Mrs: **La d. Bianchi è assente**, Miss Bianchi is away **2** (*medico*) doctor; woman* doctor; (*davanti a nome*) Dr., Dr: **La d. la riceverà subito**, the doctor will see you straightaway **3** (*spreg.*: *donna saccente*) Mrs Know-all.

dottrina, *f.* **1** doctrine; teaching **2** (*erudizione*) learning; erudition: **un uomo di vasta d.**, a man of great learning **3** (*catechismo*) catechism: **andare a d.**, to attend a catechism class **4** (*leg.*) authorities (*pl.*).

dottrinàle, *a.* **1** doctrinal **2** (*leg.*) based on the authorities **3** (*pedante*) bookish; pedantic.

dottrinàrio, *a. e m.* doctrinaire; doctrinarian.

dottrinarișmo, *m.* doctrinairism.

double-face (*franc.*), *a. invar.* (*di tessuto*) double-faced; reversible.

douglàșia, *f.* (*bot., Pseudotsuga douglasii*) Douglas fir.

do ut des (*lat.*), *locuz. m. invar.* quid pro quo (*lat.*); mutual assistance; (*scherz.* o *spreg.*) back-scratching.

dóve, **A** *avv.* **1** (*anche interr.*) where: **Dov'è la macchina? Dimmi dov'è**, where is the car? tell me where it is; **D. vai?**, where are you going?; **È andato non so d.**, I don't know where he went; **Guardai d. mi dissero**, I looked where they told me to; **la casa d. sono cresciuto**, the house where I grew up; **Di d. sei venuto?**, where did you come from?; **Di dov'è lui?**, where does he come from?; where is he from?; **È lontano un miglio da d. abito**, it's a mile from where I live; **D. vuoi arrivare?** (*che vuoi dire?*), what are you getting at?; **D. si va a finire di questo passo?**, where shall we end up, at this rate?; what are things coming to? **2** (*anche* **d. che**: *in qualunque luogo*) wherever: **D. passano, c'è sempre folla**, wherever they go, there's always a crowd; **D. che io vada, non lo posso dimenticare**, wherever I go, I can't forget him; **d. che sia** *V.* **dovechessia**. ● **Da d. volete passare?**, which way do you want to go? □ **Da** (*o* **di**) **d. è passato il ladro?**, where (*o* how) did the thief get in? □ **La siepe sembra intatta**: **da d. sono passati?**, the hedge seems untouched: where did they get through? □ **Non so da d. cominciare**, I don't know where to begin □ **Fin d. l'accompagnasti?**, how far did you accompany him? □ **Ti aiuterò fin d. posso**, I will help you as far as I can □ **Pensa fin d. può arrivare l'avarizia!**, how stingy you can get! □ **Per d. è passato?**, which way did he go? **B** *cong.* (*lett.*) **1** (*qualora*) if (*o* con should): **D. non potessi venire, ti avvertirò**, if I am (*o* should I be) unable to come, I will let you know **2** (*mentre*) *V.* **laddove**. **C** *m.* where; (the) whereabouts: **il d. e il quando**, the where and when; **in** (*o* **per**) **ogni d.**, everywhere.

dovecchessia, *avv.* anywhere: **Mettilo d.!**, put it anywhere!

dovére (1), *v. i. e t.* ***1*** (*per obbligo, comando*) must (*difett., al pres.*), (*meno forte, quasi consiglio*) should (*difett., nella 2ª e 3ª pers. sing. e pl.*); (*essere costretto*) to have to (+ *inf.*), (*essere obbligato, forzato*) to be compelled (obliged, forced) to (+ *inf.*); (*per accordi, regolamento, ecc.*) to be to (+ *inf.*), shall (*difett., nella 2ª e 3ª pers. sing. e pl.*): **Dovete tacere quando parlo io**, you must keep silent when I speak; **Non devi dirlo**, you must not say that; (*meno forte*) you shouldn't say that; **Il libro deve essere restituito subito**, the book must (*o* should) be returned at once; **Dovetti andarmene prima della fine**, I had to leave before the end; **Dovendo partire per un lungo viaggio, disposi che...**, having to leave on a long journey, I arranged for...; **Ho dovuto rimandare la riunione a domani**, I've had to postpone the meeting till tomorrow; **Ho dovuto proprio ridere a quell'uscita**, I really had to laugh at that remark; **Quando arriverà in Inghilterra, dovrà presentarsi alla polizia**, when he arrives in England, he is to report to the police; **Se non ci pagate subito, dovremo adire le vie legali**, if you don't pay us at once, we shall be obliged to take legal steps; **Le domande devono essere spedite entro il 1° ottobre**, all applications shall be sent within October 1st ***2*** (*necessità, opportunità*; *mi tocca, ecc.*: *in frasi afferm. e interr. positive*) to have to, have got to, must (*difett.*); (*in frasi interr. positive*) need (*difett.*), to need; (*in frasi neg.*) need not (*difett.*), not to need to (+ *inf.*), not to have to (+ *inf.*): **Devo chiederti di non farlo**, I must ask you not to do that; **Devo finire questo lavoro per stasera**, I have to (*o* I must) finish this work by tonight; **Se devi partire, prendi il treno delle sei**, if you have to leave, take the six o'clock train; **Devi passare qui la notte perché non ci sono più treni**, you'll have to stay the night, because there are no more trains; **Devi passare qui la notte, perché voglio parlare con te domattina**, you must stay the night, because I want to talk to you tomorrow morning; **A che ora devi partire oggi?**, what time have you got to leave (*o* must you leave) today?; **Non devi farlo se non vuoi**, you don't have to do it, if you don't want to; **Quante volte ci devi andare?**, how often do you have to go there?; **Devi proprio andartene subito?**, must (*o* need) you really go at once?; **Domani non devo alzarmi presto**, I needn't (*o* I haven't got to) get up early tomorrow; **Non tutte le mattine devo alzarmi presto**, I need not (*o* I don't have to) get up early every morning; **Secondo l'orario, non devo cambiare**, according to the time-table, I don't have (*o* don't need) to change trains; **Non devi alzarti presto domattina?**, haven't you got to get up early tomorrow morning?; **Non devi cambiar treno tutte le mattine?**, don't you have to change trains every morning? ***3*** (*per accordo, impegno, programma*) to be to (+ *inf.*) (*o la forma progressiva del verbo*); (*fatalità, inevitabilità*) to be to (+ *inf.*): **Chi deve parlare ora?**, who is to speak next?; **A che ora devi incontrarlo?**, what time are you to meet him?; **Il presidente deve arrivare domani**, the president is to arrive tomorrow; **Il treno doveva arrivare alle 8**, the train was to arrive (*o* was due in) at 8 o'clock; **La nave doveva arrivare ieri**, the ship was due yesterday; **Doveva versare il denaro oggi, ma non l'ha fatto**, he was to (*o* he should) have paid in the money today, but he didn't do it; **Scappo: stasera devo far da mangiare per dieci**, I'm off, I'm cooking for ten tonight; **In quelle condizioni, che cosa dovevo fare?**, under the circumstances, what was I to do?; **Il peggio deve ancora venire**, the worst is still to come; **Quel giovane doveva in seguito diventare mio genero**, that young man was to become my son-in-law; **Doveva diventare il capo del partito, ma fu coinvolto nello scandalo**, he was to have become the leader of the party, but he was involved in the scandal ***4*** (*forte probabilità*) must (*difett.*); (*certezza, destino*) to be bound to (+ *inf.*): **Deve essere già arrivato là**, he must be already there; **Dev'essere tardi**, it must be late; **Non deve essere ancora arrivato**, I don't think he has arrived yet; **Doveva essere tardi**, it must have been late; **Si chiama Bianchi, perciò dev'essere italiano**, his name is Bianchi, so he must be Italian; **Deve per forza saperlo!**, he's bound to know!; **Doveva accadere, presto o tardi**, it was bound to happen, sooner or later ***5*** (*in frasi interr.*: **devo?, dobbiamo?**, *nel senso di*: *vuoi che?, volete che?*) shall I [we]? (*difett.*): **Devo aspettarti?**, shall I wait for you?; **Devo aprire la finestra?**, shall I open the window?; **Dobbiamo rispondergli a nome tuo?**, shall we answer him on your behalf? ***6*** (*al condiz.*: *consiglio, probabilità, opportunità*) should (*difett.*); (*specialm. per un consiglio, un rimprovero*) ought to (+ *inf.*): **Dovresti stare più attento**, you should (*o* you ought to) be more careful; **Dovrebbe venire oggi**, he should come today; **Perché non dovrei dirtelo?**, why should I not tell you?; **Non avresti dovuto dirglielo**, you shouldn't have told him; **Dovresti aiutarlo**, you ought to help him ***7*** (*al congiunt. imperfetto*: *eventualità*) should (*difett.*); were to (+ *inf.*): **Se dovesse arrivare, digli di attendere**, if he should (*o* should he) arrive, tell him to wait; **Se dovessi incontrarlo, lo riconoscerei**, if I were to meet him, I would recognize him ***8*** (*essere dovuto*; *essere da pagare, da attribuire, ecc.*) to be due: **A che cosa fu dovuto l'incidente?**, what was the accident due to?; **Lo si dovette alla negligenza del guidatore**, it was due to the driver's negligence; **Questo è il saldo che ci è dovuto**, this is the balance due to us ***9*** (*essere debitore di*) to owe: **Ti devo dieci sterline [la mia posizione, la vita]**, I owe you ten pounds [my position, my life]; **Se sono ancora vivo, lo devo a te**, I owe it to you that I am still alive. ● **ciò che si deve fare e ciò che non si deve fare**, the do's and don'ts □ **come si deve** (*per bene*), properly; the way it should be □ **un uomo che deve tutto a se stesso** (*che si è fatto da sé*), a self-made man.

dovére (2), *m.* ***1*** duty: **fare il proprio d.**, to do one's duty; **mancare al proprio d.**, to fail to do one's duty; to fail in one's duty; **i nostri doveri di genitori**, our duties as parents; **i nostri doveri verso gli altri**, our duties to others; **doveri sociali**, social duties; **com'è mio d.**, as is my duty; as in duty bound; **Ho il d. di** (*o* **È mio d.**) **avvertirvi che...**, I must warn you that...; **È mio d. aiutarlo**, I'm duty bound to help him ***2*** (*pl.*) (*ossequi*) respects; compliments: **I miei doveri!**, my respects!; my compliments! ● **chi di d.**, the person (*o* the people) concerned □ **credersi in d. di fare q.c.**, to think it one's duty to do st. □ **fare q.c. a d.**, to do st. properly (*o* as it should be done, thoroughly, well) □ **farsi un d. di fare q.c.**, to make a point of doing st. □ **avere il senso del d.**, to have a sense of duty □ **per senso del d.**, out of a sense of duty □ **sentirsi in d. di fare q.c.**, to feel bound to do st.; to feel under an obligation (*o* to feel duty bound) to do st. □ **ligio al d.**, dutiful □ **visita di d.**, duty call □ **Morì vittima del d.**, he died while doing his duty; he fell a victim to duty □ (*iron.*) **vittima del d.**, slave to duty □ (*prov.*) **Prima il d. e poi il piacere**, business before pleasure.

doverosaménte, *avv.* duly; properly.

doveróso, *a.* dutiful; (*debito*) due; (*giusto*) right, proper: **Mi pare d. dirglielo**, it seems to me right to tell him; **È d. ricordare che...**, it should be remembered that...; **È d. riconoscere che...**, it must be admitted that...

dovìzia, *f.* (*lett.*) abundance; plentifulness; copiousness; wealth; plenty: **d. di esempi**, wealth of examples; **con d. di particolari**, with a wealth of details; **a d.**, in plenty.

dovizióso, *a.* (*lett.*: *di cose*) abundant, plentiful, copious; (*di persone*) wealthy, rich.

dovùnque, *avv.* (*dappertutto*) everywhere; (*in qualsiasi luogo*) anywhere, wherever: **d. io sia**, wherever I am.

dovutaménte, *avv.* duly.

dovùto, **A** *a.* ***1*** due (*posposto al sost.*); (*che si deve pagare*) payable: **i quattrini dovuti**, the money due; **la somma dovuta**, the amount due; **il prezzo d.**, the price payable; **Il mio mancato arrivo fu d. a un malinteso**, my non-arrival was due to a misunderstanding ***2*** (*debito*) due; rightful; proper; necessary: **coi dovuti riguardi**, with all proper regard; **nella forma dovuta**, in due form. **B** *m.* amount due: **più del d.**, more than the amount due; more than is due.

down, (*med.*) **A** *a. invar.* with Down's syndrome. **B** *m. e f. invar.* person suffering from Down's syndrome.

dozzina, *f.* ***1*** dozen: **una mezza d.**, half a dozen; **sei dozzine di matite**, six dozen pencils; **mille lire alla d.**, one thousand lire a dozen ***2*** (*circa 12*) about a dozen: **Saranno una d.**, they must be about a dozen ***3*** (*pensione*) board and lodging: **stare a d.**, to lodge. ● **a dozzine**, by the dozen; (*in gran quantità*) in dozens □ **di** (*o* **da**) **d.**, cheap; second-rate.

dozzinàle, *a.* cheap; cheap-looking; second-rate; ordinary; common.

dozzinalità, *f.* cheapness; vulgarity; commonness.

dozzinalménte, *avv.* in a second-rate way; cheaply.

dozzinànte, *m. e f.* lodger.

dracèna, *f.* (*bot.*, *Dracaena*) dracaena; dragon-tree.

dràcma, *f.* ***1*** (*unità monetaria della Grecia*) drachma* ***2*** *V.* **dramma (2)**.

draconiàno, *a.* (*stor.* e *fig.*) Draconian; Draconic.

dracònico, *a.* (*astron.*) draconic: **mese d.**, draconic period.

dracontiaşi, *f.* (*med.*) dracontiasis; guinea-worm disease.

dracònzio, *m.* (*bot.*, *Dracontium*) dracontium*.

dràga, *f.* ***1*** (*mecc.*) dredge: **d. aspirante**, suction dredge; **d. a secchie**, bucket dredge; **d. a catena di tazze**, bucket-ladder dredge; **d. galleggiante**, floating dredge; **d. succhiante**, hydraulic dredge ***2*** (*naut.*) drag anchor; sea anchor.

dragàggio, *m.* ***1*** (*con draga*) dredging: **impianto di d.**, dredging plant ***2*** (*di mine*) mine-sweeping.

dragamine, *m.* (*naut.*) mine-sweeper.

dragànte, *m.* (*naut.*) transom beam.

dragàre, *v. t.* ***1*** to dredge ***2*** (*mine*) to sweep*.

draghista, *m.* dredger.

dràglia, *f.* (*naut.*) stay: **d. dei fiocchi**, jib-stay.

dràgo, *m.* ***1*** (*mitol., zool.*) dragon ***2*** (*fam.*) whizz; humdinger; ace (*attr.*): **È un d. della finanza**, he's a whizz at making money; **È un d. al volante**, he is an ace driver. ● **d. volante**, (*aquilone*) kite; (*zool.*, *Draco volans*) flying dragon, dragon lizard □ (*aeron.*) **pallone d.**, observation balloon; kite balloon.

dragomànno, *m.* dragoman*.

dragóna, *f.* (*mil.*) sword knot.

dragonàto, *a.* (*arald.*) dragonné.

dragoncèllo, *m.* ***1*** (*bot.*, *Artemisia dracunculus*) tarragon ***2*** (*zool.*, *Dracunculus medinensis*) guinea worm.

dragóne, *m.* ***1*** (*mitol.*) dragon ***2*** (*mil.*) dragoon ***3*** (*imbarcazione da regata*) Dragon class yacht.

dragonéssa, *f.* ***1*** dragoness; she-dragon ***2*** (*fig.*) termagant; battle-axe.

dralon, *m. invar.* (*marchio*) Dralon.

dràmma (1), *m.* ***1*** (*teatr.*: *lavoro teatrale*) play, drama; (*genere*) drama: **un d. ben co-**

struito, a well-made play; **i drammi storici**, the historical plays; **un d. elisabettiano**, an Elizabethan play; **un corso sul d. elisabettiano**, a course on Elizabethan drama; (*mus.*) **d. per musica**, music drama; dramma musicale; (*mus.*) **d. giocoso**, dramma giocoso ***2*** (*fig.*: *evento drammatico*) tragedy; (*situazione drammatica*) predicament, plight: **Quel d. gli rovinò la carriera**, that tragedy ruined his career; **Capisci il mio d.?**, can you see my predicament? ***3*** (*fam.*) tragedy; fuss; performance: **Tutte le volte che gli facciamo il bagno è un d.**, every time we bath him he makes the most awful fuss; **Svegliarlo al mattino è un vero d.**, waking him up in the morning is next to impossible; **Quella donna fa sempre drammi su tutto**, that woman likes to dramatize everything; **Ogni volta che rompo qualcosa ne fa un d.**, every time I break something it's a major tragedy (*o*, *fam.*, he makes a song and dance about it); **Non facciamone un d.!**, don't let's make a thing of it!; **Quanti drammi!**, what fuss!; what a song and dance!

dràmma (2), *f.* ***1*** (*antica moneta greca*) drachma*; drachm ***2*** (*misura di peso*) dram; drachm ***3*** (*fig.*, *lett.*: *minima particella*) dram; mite.

drammàtica, *f.* ***1*** dramatics (*pl. col verbo al sing.*); dramatic art; drama ***2*** (*genere letterario*) drama.

drammaticità, *f.* (*forza drammatica*) dramatic force; (*carattere drammatico*) drama: **la d. della situazione**, the drama of the situation.

drammàtico, *a.* ***1*** (*teatr.*) dramatic; play (*attr.*); theatrical: **rappresentazione drammatica**, dramatic performance; play; **arte drammatica**, dramatics (*pl. col verbo al sing.*); dramatic art; drama: **studiare arte drammatica**, to study drama; **scuola di arte drammatica**, drama school; **compagnia drammatica**, (theatrical) company; **scrittore d.**, playwright; dramatist; **spettacolo d.**, stage-play; dramatic (*o* stage) performance ***2*** (*fig.*) dramatic: **una situazione drammatica**, a dramatic situation; **In questo punto l'azione non è abbastanza drammatica**, at this point there isn't enough action. • (*mus.*) **soprano d.**, dramatic soprano.

drammatiẓẓàre, *v. t.* ***1*** (*ridurre in forma drammatica*) to dramatize ***2*** (*fig.*) to dramatize; to be tragic; to make* a thing of it; to pile on the agony: **d. una situazione**, to dramatize a situation; **Non d.! È solo un taglietto**, don't be so tragic, it's only a little cut!; **Non drammatizziamo!**, let's keep our heads; don't let's make a thing of it; **È sempre pronta a d.**, she's always ready to pile on the agony.

drammatiẓẓazióne, *f.* dramatization.

drammaturgìa, *f.* dramatic composition; dramaturgy.

drammatùrgo, *m.* (*f.* **-a**) playwright; dramatist.

drammóne, *m.* ***1*** (*film, romanzo*) blood-and-thunder story; (*che fa piangere*) tear-jerker ***2*** (*vicenda patetica*) melodrama.

drap, *m. invar.* broadcloth.

drappeggiàre, **A** *v. t.* to drape. **B drappeggiàrsi**, *v. rifl.* to drape oneself.

drappéggio, *m.* drape; (*anche in arte*) drapery: **il d. di una tenda**, the drape of a curtain; **un abito con un d. sul davanti**, a dress with a drape in the front; **i drappeggi alle spalle del trono**, the draperies behind the throne; **i drappeggi del manto della Vergine**, the drapery in the Virgin's mantle.

drappèlla, *f.* (*mil.*) banderol(e).

drappèllo, *m.* ***1*** (*mil.*) squad; platoon ***2*** (*gruppo di persone*) group; party; squad: **un d. di turisti**, a party of tourists; **un d. di poliziotti**, a police squad.

drapperìa, *f.* ***1*** drapery; draper's stock ***2*** (*negozio*) draper's (shop); drapery store (*USA*).

drappière, *m.* draper.

dràppo, *m.* cloth; fabric: **d. d'oro**, cloth of gold; gold brocade; **d. funebre**, pall.

dràstico, *a.* drastic; extreme: **rimedio d.**, drastic remedy; **provvedimenti drastici**, drastic measures; **metodi drastici**, extreme measures.

dràvida, *a.* e *m.* Dravidian.

dravìdico, *a.* Dravidian.

drenàggio, *m.* (*tecn.*, *chir.*) drainage: **canale di d.**, drainage canal, drain; **sonda di d.**, drainage tube. • (*econ.*) **d. fiscale**, fiscal drag.

drenàre, *v. t.* (*tecn.*, *chir.*) to drain.

drepanocita, *m.* (*med.*) sickle cell.

drepanocitemia, *f.* (*med.*) sickle-cell anemia.

drepanocitico, (*med.*) **A** *a.* sickle-cell (*attr.*). **B** *m.* (*f.* **-a**) sufferer from sickle-cell anemia.

drepanocito, *V.* **drepanocita**.

drepanocitòṣi, *V.* **drepanocitemia**.

dressage (*franc.*), *m. invar.* (*ippica*) dressage.

drìade, *f.* (*mitol.*) dryad; wood-nymph.

dribblàggio, *m.* (*sport*) dribbling.

dribblàre, *v. i.* e *t.* ***1*** (*sport*) to dribble: **d. un avversario**, to dribble past an opponent ***2*** (*fig.*: *eludere*) to sidestep; to get* round.

dribblatóre, *m.* (*sport*) dribbler.

dribbling, *m. invar.* (*sport*) dribbling: **eseguire un d.**, to dribble the ball; **disimpegnarsi da q. con un d.**, to dribble past sb.

drillo, *m.* (*zool.*, *Mandrillus leucophaeus*) drill.

drindrìn, **A** *inter.* ting-a-ling. **B** *m.* ringing; tinkle: **il d. del telefono**, the ringing of the telephone.

drink (*ingl.*), *m. invar.* drink: **offrire un d.**, to offer a drink; **invitare q. per un d.**, to invite sb. round for a drink.

drìtta, *f.* ***1*** (*mano destra*) right hand ***2*** (*lato destro*) right(-hand) side: **a d. e a manca**, right and left ***3*** (*naut.*) starboard: **a d.**, on the starboard side; **accostare a d.**, to come to starboard; **Tutto a d.!**, hard-a-starboard! ***4*** (*fam.*) tip; tip-off: **una buona d.**, a good tip; **dare la d. a q.**, to tip sb. off.

drittàta, *f.* (*fam.*) smart idea; clever trick.

drìtto, **A** *a.* ***1*** *V.* **diritto (1)** ***2*** (*fam.*: *astuto*) crafty; pretty smart; slick; sly; fly (*GB*). **B** *m.* ***1*** *V.* **diritto (1)** ***2*** (*f.* **-a**) (*fam.*: *persona astuta*) crafty person; sly one (*pop.*): **Non fare troppo il d.**, don't try to be too smart ***3*** (*naut.*) – **d. di poppa**, sternpost; **d. di prua**, stem; **d. del timone**, rudder post. **C** *avv.* straight; directly.

drittofilo, *m.* ***1*** (*di stoffa*) grain: **tagliare in d.**, to cut on the grain ***2*** (*del cucire*) straight line (marked with needle before sewing).

drittóne, *m.* (*f.* **-a**) crafty person; sly one (*pop.*).

drive (*ingl.*), *m. invar.* (*tennis, elab.*) drive.

drive-in (*ingl.*), *m. invar.* drive-in.

drizza, *f.* (*naut.*) halyard, halliard.

drizzàre, **A** *v. t.* ***1*** (*raddrizzare*) to straighten ***2*** (*rivolgere*) to turn: **d. gli occhi**, to turn one's eyes ***3*** (*rizzare*) to prick up: **d. le orecchie**, to prick up one's ears ***4*** (*mettere in posizione verticale*) to put* up; to put* upright; to erect: **d. una scala**, to put up a ladder; (*naut.*) **d. un albero**, to spring a mast ***5*** (*erigere*) to erect; to raise: **d. un muro**, to erect a wall. **B drizzàrsi**, *v. rifl.* ***1*** (*raddrizzarsi*) to straighten ***2*** (*alzarsi*) to rise*; to stand* up: **Si drizzò per darmi il benvenuto**, he rose (to his feet) to welcome me; **d. a sedere**, to sit up; **A quel rumore mi si drizzarono i capelli**, that noise made my hair stand on end.

dròga, *f.* ***1*** (*spezie*) spice ***2*** (*stupefacente*) drug, narcotic, drugs (*pl.*), dope (*fam.*); (*dipendenza dalla d.*) drug addiction, habit (*pop.*): **La cocaina è una d.**, cocaine is a drug; **fare uso di d.**, to take drugs; to be on drugs; **essere schiavo della d.**, to be a drug addict; **trafficante di d.**, drug dealer; **il problema della d.**, the drug problem; **il traffico della d.**, the drug traffic; **spaccio di d.**, drug (*o* dope) peddling (*o* pushing); **spacciatore di d.**, drug (*o* dope) peddler (*o* pusher); **uscire dalla d.**, to stop taking drugs; to free oneself from drug addiction; to kick the habit (*pop.*); **droghe leggere [pesanti]**, soft [heavy] drugs; **È pieno di d.**, he's full of dope; he's doped up ***3*** (*fig.*) drug: **Il computer è una d. per lui**, his computer is like a drug for him.

drogàggio, *m.* (*sport*, *tecn.*) doping.

drogàre, **A** *v. t.* ***1*** (*speziare*) to spice ***2*** (*somministrare droghe*) to drug; to dope: **Il vino era stato drogato**, the wine had been drugged; **d. un cavallo**, to dope a horse. **B drogàrsi**, *v. rifl.* to take* drugs; to be on drugs.

drogàto, **A** *m.* (*f.* **-a**) drug addict; junkie (*pop.*); dopehead (*pop.*). **B** *a.* ***1*** (*speziato*) spiced ***2*** (*contenente droga*) drugged: **bevanda drogata**, drugged drink ***3*** (*sotto l'influsso della droga*) drugged; doped; high (*fam.*); on a trip (*pop.*); stoned (*pop.*); zonked (*pop.*): **È drogato fino agli occhi**, he is doped to his eyeballs ***4*** (*sport*) doped: **cavallo d.**, doped horse.

drogatóre, *m.* (*f.* **-trice**) seasoner.

drogherìa, *f.* grocer's (shop); grocery (*USA*). • **generi di d.**, groceries ◻ **grossista in articoli di d.**, provision merchant.

droghière, *m.* (*f.* **-a**) ***1*** grocer ***2*** (*grossista*) provision merchant.

dromedàrio, *m.* (*zool.*, *Camelus dromedarius*) dromedary; Arabian camel; one-humped camel.

dròmo, *m.* (*naut.*) landmark.

dromomanìa, *f.* (*med.*) dromomania.

dromóne, *m.* (*naut.*, *stor.*) dromon(d).

dromos, *m. invar.* (*archeol.*) dromos.

drone (*ingl.*), *m. invar.* (*mil.*) drone.

dròngo, *m.* (*zool.*, *Dissemurus paradiseus*) drongo.

drónte, *m.* (*zool.*, *Raphus cucullatus*) dodo.

drop (1) (*ingl*), *m. invar.* (*sport*) drop kick.

drop (2) (*ingl.*), *m. invar.* (*caramella*) fruit drop.

dròṣera, *f.* (*bot.*, *Drosera*) sundew.

droṣòfila, *f.* (*zool.*, *Drosophila melanogaster*) drosophila; vinegar fly.

droṣòmetro, *m.* (*fis.*) drosometer.

drùdo, *m.* (*lett.*) paramour; lover.

drùida, *V.* **druido**.

druìdico, *a.* (*stor.*) Druidic(al); Druid (*attr.*).

druidiṣmo, *m.* (*stor.*) Druidism.

drùido, *m.* (*stor.*) Druid.

drùpa, *f.* (*bot.*) drupe; stone fruit.

drupàceo, *a.* (*bot.*) drupaceous.

drùṣa, *f.* (*miner.*) druse.

drùṣo, *m.* Druse, Druz.

duàlberi, *m.* (*naut.*) two-master.

duàle, **A** *a.* (*ling.*, *mat.*) dual. **B** *m.* (*ling.*) dual.

dualiṣmo, *m.* ***1*** (*filos.*) dualism ***2*** (*fig.*: *antagonismo*) rivalry; antagonism.

dualista, *m.* e *f.* (*filos.*) dualist.

dualìstico, *a.* dualistic.

dualità, *f.* duality.

dubbiézza, *f.* doubtfulness; uncertainty.

dùbbio, **A** *a.* ***1*** (*incerto*) doubtful; uncertain: **esito d.**, uncertain result; **autenticità [attribuzione] dubbia**, doubtful authenticity [attribution]; **età dubbia**, uncertain age; **Il tempo è d.**, the weather is uncertain ***2*** (*che genera dubbi, sospetto, ambiguo*) dubious; doubtful; questionable: **utilità dubbia**, questionable usefulness; **dubbia pulizia**, dubious cleanliness; **d. gusto**, doubtful taste; **un sapore d.**, a dubious taste; **dubbia fama**, dubious reputation; **un individuo d.**, a dubious individual; a doubtful character. **B** *m.* ***1*** doubt; uncertainty: **È soltanto un d. che mi è venuto**, it's just a doubt that crossed my mind; **alcuni elementi di d.**, a few elements of doubt;

dissipare un d., to remove a doubt; **sollevare un d.**, to raise a doubt; **Non avevo dubbi sul risultato delle elezioni**, I had no doubts about the outcome of the election; **Non ho dubbi su chi sia stato**, I have no doubt about who did it; **rimanere nel d.**, to remain in doubt; **Non c'è d. che il suo sia il piano migliore**, there is no doubt that his plan is the best; **Potrebbe accettare, ma ho i miei dubbi**, he may agree, but I very much doubt it; **Loro dicono che non c'è pericolo, ma io ho i miei dubbi**, they say there is no danger, but I have my doubts (about it); **essere in d. sul da farsi**, to be in doubt (about) what to do; **essere in d. se accettare o no**, to be in doubt whether to accept or not; **La riuscita dell'impresa è in d.**, the outcome of the enterprise is in doubt; **senza d.**, no doubt; without doubt; doubtless (*agg.*); undoubtedly (*avv.*) ***2*** (*punto oscuro*) doubtful point: **Ci sono ancora molti dubbi**, there are still many doubtful points ***3*** (*sospetto*) suspicion, doubt; (*timore*) misgiving: **Ho avuto effettivamente qualche d. che fosse lui**, I did have a suspicion (*o* I did half suspect) that it was he; **Ho il d. che sia troppo tardi**, I suspect it is too late; **I miei dubbi erano fondati**, my misgivings were grounded; **Non è che un d.**, it's only a suspicion; **Comincio ad avere i miei dubbi**, I'm beginning to wonder. ● **avere** (*o* **nutrire**) **seri dubbi**, (*essere molto incerto*) to be very doubtful; (*essere perplesso*) to be puzzled; (*essere sospettoso*) to have strong suspicions □ **fuor di dubbio**, beyond doubt □ **mettere in d.**, to doubt; to question; to challenge; to dispute: **Non lo metto in d.**, I don't doubt it; **Metto in d. l'opportunità di dire tutto**, I question the advisability of saying everything: **mettere in d. l'affermazione di q.**, to challenge sb.'s statement □ (*prov.*) **Nel d. astieniti**, when in doubt, do nowt.

dubbiosità, *f.* doubtfulness; uncertainty.

dubbióso, *a.* ***1*** (*che dubita*) doubtful; uncertain; unsure: **Sono d. sul da farsi**, I'm doubtful (as to) what I ought to do ***2*** (*che esprime dubbio*) doubtful; puzzled; unsure; **Aveva un'aria d.**, he looked doubtful ***3*** (*che genera dubbi*) dubious; doubtful; questionable.

dubitàre, *v. i.* ***1*** (*avere dubbi su, mettere in dubbio*) to doubt; to have doubts: **d. dell'esistenza di Dio**, to doubt the existence of God; **Dubiti della mia parola?**, do you doubt my word?; **Dubito della verità di questa storia**, I doubt the truth of this story ***2*** (*credere improbabile*) to doubt; to have one's doubts (about st.): **Dubito che abbiano intenzioni oneste**, I have my doubts about the honesty of their intentions; **Non dubito che venga**, I do not doubt that he will come; **Ne dubito**, I have my doubts (about it); I doubt it ***3*** (*temere*) to suspect; to be afraid: **Dubito che sia tardi**, I suspect (*o* I am afraid) it is late; **Dubitavamo che fosse un ladro**, we suspected that he was a thief ***4*** (*diffidare*) not to trust; to distrust; to be doubtful about: **Dubitava delle sue forze**, he did not trust his strength; **Dubitavo del risultato**, I was doubtful about the result; **d. di tutto e di tutti**, to distrust everything and everyone ***5*** (*esitare*) to hesitate; to waver. ● **Me la pagherai, non d.!**, you'll pay for it and no mistake! □ **T'aiuterò, non d.!**, I will help you, never fear.

dubitativo, *a.* ***1*** doubting ***2*** (*gramm.*) dubitative. ● (*leg.*) **assoluzione con formula dubitativa**, acquittal for insufficiency of evidence.

dubitóso, *a.* (*lett.*) full of doubts; (*timoroso*) fearful; (*sospettoso*) suspicious.

dublinése, **A** *a.* of Dublin; from Dublin; Dublin (*attr.*). **B** *m.* e *f.* Dubliner.

Dublino, *f.* (*geogr.*) Dublin.

dùca, *m.* duke.

ducàle, *a.* ducal.

ducàto (1), *m.* ***1*** (*titolo di duca*) dukedom ***2*** (*feudo ducale*) dukedom; duchy.

ducàto (2), *m.* (*numism.*) ducat.

ducatóne, *m.* (*numism.*) ducatoon.

dùce, *m.* ***1*** (*lett.*) leader; chief ***2*** (*titolo dato a B. Mussolini*) duce.

ducésco, *a.* (*spreg.*) authoritarian; dictatorial; bossy.

ducétto, *m.* (*spreg.*) petty boss.

duchéssa, *f.* duchess.

duchessina, *f.* duke's daughter.

duchino, *m.* duke's son.

dùe, *a. num. card.* e *m.* ***1*** two: **due uova**, two eggs; **Due più due fa quattro**, two and two is four; **a due a due**, two by two; by twos; **il due di quadri**, the two of diamonds; **le due di notte**, two in the morning; **due volte**, twice; **due o tre volte**, two or three times; **due volte più veloce**, twice as fast; **un bambino di due anni**, a child of two; a two-year-old (child) ***2*** (*fig.*: *quantità indeterminata*) a few; one or two; a couple of: **Vorrei dire due parole**, I should like to say a few words; **Non ho mangiato niente, due fragole!**, I've eaten practically nothing, just a few strawberries!; **Starò via un'ora o due**, I'll be away for a couple of hours; **andare a fare due passi**, to go for a walk (*o* a stroll); **Siamo a due passi dalla posta**, it's only a short way to the post-office; the post-office is just round the corner [down the street]; **Ci metto due minuti**, it won't take a minute; **Ho da dirgli due parole**, I want to have a word with him ***3*** (*nelle date*) 2nd (second): **Arriverò il due**, I shall arrive on the 2nd; **Torino, 2 gennaio 1994**, Turin, January 2nd, 1994 ***4*** (*canottaggio*) pair(-oar): **due con**, coxed pair; **due senza**, coxless pair. ● (*naut.*) **due alberi**, two-master □ (*ippica*) **due anni**, two-year-old: **corsa per i due anni**, race for two-year-olds □ (*fig.*) **due di picche**, nonentity; zero □ **due pezzi**, *V.* **duepezzi** □ (*autom.*) **due posti**, two-seater □ **due salti** (*ballo alla buona*), hop (*fam.*) □ **due volte tanto**, (*rif. a sost. sing.*) twice as much; (*rif. a sost. pl.*) twice as many □ **Delle due una: o è un farabutto o è un cretino**, he's either a scoundrel or an idiot, there are no two ways about it □ **E due!**, that's the second time!; not again! □ (*fig.*) **fare due più due**, to put two and two together □ **Siamo in due**, there are two of us; (*iron.*) that makes two of us □ **Siamo in due nella stessa stanza**, we share a room □ **lavorare per due**, to work twice as hard as anybody else; to be a hard worker; to beaver away (*fam.*) □ **mangiare per due**, to eat twice as much as anybody else; to eat like a horse □ **marciare per due**, to march in twos □ **nessuno dei due**, neither □ **ogni due giorni**, every other day □ **piegare q.c. in due**, to fold st. in half □ **tiro a due**, carriage and pair; two in hand □ **tutti e due**, both: **Sono qui tutti e due**, both of them are here; they are both here; **Dammeli tutti e due**, give me both (of them) □ **l'uno o l'altro dei due**, either □ **usare due pesi e due misure**, to use double standards; not to be fair □ **Una delle due, o la smetti o ti caccio fuori**, either you stop it, or out you go □ (*prov.*) **Non c'è due senza tre**, misfortunes never come singly □ (*prov.*) **Due torti non fanno una ragione**, two wrongs don't make a right.

duecentésco, *a.* thirteenth-century (*attr.*): **un pittore d.**, a thirteenth-century painter.

duecentèṣimo, *a. num. ord.* e *m.* two-hundredth.

duecentista, *m.* e *f.* ***1*** thirteenth-century writer [artist] ***2*** *V.* **duecentometrista**.

duecènto, **A** *a. num. card.* two hundred: **correre i d. metri**, to run the two hundred metres; **Costa d. sterline**, it costs two hundred pounds. **B** *m.* ***1*** two hundred ***2*** (*il secolo*) (the) thirteenth century; (*per l'arte italiana, anche*) Duecento: **la letteratura del d.**, the literature of the thirteenth century; thirteenth-century literature; **un castello del d.**, a thirteenth-century castle; **Pisa e il D.**, Pisa and the Duecento.

duecentometrista, *m.* e *f.* (*sport.*: *atletica*) two hundred metres sprinter; (*nuoto*) two hundred metres swimmer.

duellànte, *m.* e *f.* duellist.

duellàre (1), *v. i.* to duel; to fight* a duel.

duellàre (2), *a.* of duels; of a duel; duel (*attr.*).

duellista, *m.* expert (*o* habitual) duellist.

duèllo, *m.* ***1*** duel: **battersi in d.**, to fight a duel; **morire in d.**, to die in a duel; **sfidare q. a d.**, to challenge sb. (to a duel); **un d. alla sciabola [alla pistola]**, a duel fought with sabres [with pistols]; **d. all'ultimo sangue**, duel to the death; **d. rusticano**, knife duel; **le regole del d.**, the duelling code ***2*** (*fig.*) duel; combat; match; contest; fight: **d. letterario**, literary contest; **d. mortale**, mortal combat; **d. impari**, uneven contest.

duemila, *a. num. card.* e *m.* two thousand: **d. dollari**, two thousand dollars; **nel D.**, (*anno*) in the year two thousand; (*secolo*) in the twenty-first century.

duepèzzi, *m. invar.* ***1*** (*costume da bagno*) two-piece bathing-suit; bikini ***2*** (*abito*) two-piece (suit).

duepónti, *f. invar.* (*naut.*) two-decker.

duèrno, *m.* half a quire.

duétto, *m.* (*mus.* e *fig.*) duet.

dugènto, *V.* **duecento**.

dùglia, *f.* (*naut.*) fake.

dugòngo, *m.* (*zool.*, *Dugong dugong*) dugong*; sea cow.

duina, *f.* (*mus.*) duplet.

dulcamàra (1), *f.* (*bot.*, *Solanum dulcamara*) woody nightshade; bitter-sweet.

dulcamàra (2), *m.* (*scherz.*) quack; charlatan.

dulciàna, *f.* (*mus.*) ***1*** (*registro d'organo*) dulciana ***2*** (*strumento*) dulcian.

dulcimer, *m. invar.* (*mus.*) dulcimer.

dulcina, *f.* (*chim.*, *ind.*) dulcin.

dulcinèa, *f.* (*scherz.*) Dulcinea; sweetheart.

dulcis in fundo (*lat.*), *locuz. avv.* to top it all; the cherry on the cake.

dulcite, *f.* (*chim.*) dulcite; dulcitol.

dulia, *f.* (*relig.*) dulia; douleia.

dum-dùm, *a.* – **proiettile d.**, dumdum (bullet).

dùmo, *m.* thorny bush; bramble.

dumper (*ingl.*), *m. invar.* dumper truck.

dumping (*ingl.*), *m. invar.* (*econ.*) dumping.

dùna, *f.* dune: **d. di sabbia**, sand dune; **d. eolica**, eolian dune.

dunóso, *a.* duny.

dùnque, **A** *cong.* ***1*** (*per indicare conclusione, conseguenza*) so; therefore; well then: **Ho detto che ci sarei andata, d. ci andrò**, I said I would go, so I will; **È malato, d. non è colpa sua**, he's ill, so it's not his fault; **Era malato, no?, d. non fu colpa sua**, he was ill, wasn't he?, well then, it was not his fault ***2*** (*rafforzativo*) then; so: **Perché d. dovrei farlo?**, why then should I do it?; so why should I (do it)?; **Eccoti d. arrivato!**, so here you are!; **Sbrigati d.!**, do get a move on! ***3*** (*allora?*) well (then)?: **D., cosa facciamo?**, well, what shall we do? ***4*** (*incominciando o riprendendo un discorso*) well (then); so: **D., devi sapere che...**, well then, you must know that...; **D., come dicevo...**, well (*o* so), as I was saying... **B** *m.* – **Vieni al d.**, come (*o* get) to the point; **Quando poi si viene al d.**, when it comes to the crunch.

dùo, *m. invar.* ***1*** (*mus.*) duo; duet ***2*** (*coppia di artisti*) duo ***3*** (*coppia di persone*) duo; pair; twosome.

duodècima, *f.* (*mus.*) twelfth.

duodecimàle, *a.* duodecimal; duodenary: **sistema d.**, duodecimal system.

duodècimo, *a. num. ord.* e *m.* (*lett.*) twelfth.

duodenàle, *a.* (*anat.*) duodenal: **ulcera d.**, duodenal ulcer.

duodenite, *f.* (*med.*) duodenitis.

duodèno, *m. (anat.)* duodenum*.
duòlo, *m. (lett.)* grief; sorrow.
duòmo (1), *m.* cathedral; *(se in Italia, anche)* duomo.
duòmo (2), *m. (mecc.)* dome; steam dome: **d. di vapore**, dry steam drum.
duòmo (3), *m. (geol.)* dome: **d. salino**, salt some.
duopòlio, *m. (econ.)* duopoly.
duopsònio, *m. (econ.)* duopsony.
dùplex, A *a. (tecn., metall.)* duplex. **B** *m. (telef.)* party line; shared line.
duplicàre, *v. t.* ***1*** *(raddoppiare)* to double; to duplicate ***2*** *(copiare)* to duplicate; to copy.
duplicàto, *m.* duplicate; copy: **in d.**, in duplicate; **fare il d. d'una statua**, to copy a statue; to make a duplicate of a statue.
duplicatóre, *m.* ***1*** duplicator; duplicating machine ***2*** *(radio)* doubler: **d. di frequenza**, frequency doubler; **d. di tensione**, voltage doubler. ● **d. litografico**, multilith □ **d. tipografico**, multigraph.
duplicazióne, *f.* duplicating; duplication.
dùplice, A *a.* double; twofold: **d. vantaggio**, double (*o* twofold) advantage; **d. stipendio**, double salary; **in d. copia**, in two copies; in duplicate. **B** *f. (ippica)* double.
duplicità, *f.* ***1*** doubleness ***2*** *(fig.: doppiezza, finzione)* duplicity; double-dealing; deceitfulness.
dùra, *f. (bot., Sorghum vulgare)* Indian millet; durra, dhurra.
duràbile, *V.* **durevole**.
durabilità, *f.* durability; durableness.
duràcino, *a. (bot.)* clingstone: **pesca duracina**, clingstone peach.
duràle, *a. (anat.)* of (*o* pertaining to) the dura mater; dural.
duralluminio, *m. (metall.)* Duralumin *(marchio)*.
duramàdre, *f. (anat.)* dura mater.
duràme, *m. (bot.)* duramen; heartwood.
duraménte, *avv.* ***1*** *(aspramente)* harshly; *(in malo modo)* roughly: **trattare q. d.**, to treat sb. roughly ***2*** *(in modo duro, anche fig.)* hard: **lavorare d.**, to work hard; **essere d. colpito**, to be hard hit.
duránte, *prep.* ***1*** during; in; on: **Lo vidi uscire d. il concerto**, I saw him leave the hall during the concert; **Lo leggerò d. l'estate**, I shall read it in (*o* during) the summer; **Ne avrai bisogno d. il viaggio**, you'll need it on the journey; **d. il cammino**, on the way ***2*** *(per un intero periodo)* all through; during (*o* for) the whole of; throughout: **È piovuto d. tutta la notte**, it rained all through the night; **D. tutto quel periodo fu gentilissima**, during the whole of that period she was very kind; **Le guerre di religione continuarono d. tutto il Seicento**, the wars of religion went on throughout the 17th century; **vita natural d.**, for the whole (*o* the rest) of one's life; for life.
duràre, A *v. i.* ***1*** to last; to go* on; *(di cose: non consumarsi)* to wear* well: **Quanto credi che durerà?**, how long do you think it will last?; **Lo spettacolo durava da tre ore**, the show had been going on for three hours; **d. per anni**, to go on for years; **d. in eterno**, to last forever; to be everlasting; **Così non può d.**, things can't go on like this; **fiori che durano**, long-lasting flowers; **I calzini che fanno ora durano poco**, the socks they make now don't wear well ***2*** *(rimanere)* to remain; *(resistere)* to hold* out, to last out *(fam.)*, to stay the course *(fam.)*: **d. in carica**, to remain in office; **d. fino alla fine**, to hold out to the end; **Anche questo segretario non durerà**, this secretary won't stay the course any more than the others; **Non so fin quando potranno d. senza viveri**, I don't know how long they'll be able to last out without food ***3*** *(conservarsi)* to keep*: **Questa carne non durerà fino a domani**, this meat won't keep till tomorrow ***4*** *(persistere)* to persist: **Dura ancora la credenza nel potere degli astri**, the belief in the power of stars still persists ***5*** *(perseverare)* to persevere. ● *(prov.)* **Un bel gioco dura poco**, brevity is the soul of wit. **B** *v. t. (lett.: sopportare)* to bear*; to stand*; to endure: **d. fatica**, to find it difficult (to do st.); scarcely to be able (to do st.): **Durai fatica a imparare la lingua**, I found it difficult to learn (*o* I had difficulty in learning) the language; **Duro fatica a stargli dietro**, I can scarcely (*o* hardly) keep up with him. ● **Purché la duri!**, long may it last! □ *(prov.)* **Chi la dura la vince**, slow and steady wins the race.
duràta, *f.* ***1*** duration; length (of time): **la d. della guerra**, the duration of the war; **la d. di una visita**, the length of a visit; **di breve d.**, short; of short duration; **di lunga d.**, lasting; long-lasting; **un soggiorno di una certa d.**, a stay of some length; **Lo spettacolo ha una d. di due ore**, the show lasts for two hours ***2*** *(periodo)* period; term: **Il film sarà programmato per la d. di dieci giorni**, the film will be on for a period of ten days; **per la d. di vent'anni**, for (a term of) twenty years; **per tutta la d. di q.c.**, all through (*o* throughout) st.; during the whole of st.; for the whole period of; **la d. di una carica**, the term of an office ***3*** *(di un motore, un prodotto, ecc.)* life: **la d. media di un'automobile**, the average life of a car; **pile a lunga d.**, heavy-duty batteries ***4*** *(di stoffa, ecc.)* wear: **Queste scarpe hanno fatto una bella d.**, I've had good wear out of these shoes ***5*** *(di film, videocassetta, ecc.)* running time; *(di disco)* playing time. ● **d. di una cambiale**, currency of a bill □ **d. di un contratto**, life of a contract □ **d. di un mutuo**, term of a loan □ **d. in carica**, tenure of an office □ *(ass., stat.)* **d. media della vita (residua)**, life expectancy □ **di d.**, long-lasting; hard-wearing; that wear [wears] well: **scarpe di (lunga) d.**, shoes that wear well □ *(di motore)* **prova di d.** *(al banco)*, endurance test.
durativo, *a. (ling.)* durative.
duratùro, *a.* ***1*** lasting; enduring; abiding; *(solido)* sound: **fama duratura**, lasting fame; **un'istituzione duratura**, a sound institution ***2*** *(di tinta)* fast: **colore d.**, fast colour.
durévole, *a.* lasting; abiding; durable; permanent: **pace d.**, lasting peace; **stoffa d.**, durable material. ● *(comm.)* **articoli durevoli**, durables.
durevolézza, *f.* lastingness; durability; durableness.
durézza, *f.* ***1*** hardness *(anche fig.)*; toughness: **la d. della pietra**, the hardness of stone; **la d. di una bistecca**, the toughness of a steak; **un legno di grande d.**, a very hard wood; **d. di cuore**, hardness of heart; **d. di lineamenti**, hardness of features ***2*** *(rigidità, anche fig.)* stiffness; rigidity ***3*** *(dell'acqua)* hardness ***4*** *(severità)* hardness, severity; *(asprezza)* harshness: **la d. della sua voce**, the harshness of his voice; **trattare q. con d.**, to be very hard on sb.; to treat sb. hashly ***5*** *(ostinazione)* obstinacy.
durlindàna, *f.* ***1*** *(spada di Orlando)* Durendal ***2*** *(scherz.: spada)* sword.
dùro, A *a.* ***1*** hard; *(coriaceo)* tough: **legno d.**, hard wood; **terreno d.**, hard soil; **materasso d.**, hard mattress; **carne dura**, tough meat; **d. come la pietra**, as hard as rock; **d. come il cuoio**, as tough as leather; **una «c» dura come in «cavo»**, a hard «c» as in «cavo»; **il tocco d. di una pianista**, the heavy-handedness of a pianist; **d. di cuore**, hard-harted; **Ha il cuore d.**, he is hard-hearted ***2*** *(di meccanismo, ecc.)* stiff: **Lo sterzo è d.**, the steering is stiff ***3*** *(severo)* hard; harsh: **Non essere troppo d. con lui**, don't be too hard on him; **Fu un d. colpo**, it was a hard blow ***4*** *(aspro, rigido)* hard; harsh: **inverno d.**, hard winter; **una voce dura e sgradevole**, a harsh, unpleasant voice; **le linee dure di un disegno**, the hard lines of a drawing; **lineamenti duri**, hard features ***5*** *(ostinato)* obstinate; mulish; pig-headed *(fam.)* ***6*** *(difficile, faticoso)* hard; tough; stiff: **un compito d.**, a tough job; **tempi duri**, hard times; **esame d.**, tough (*o* stiff) exams; *(sport)* **una corsa molto dura**, an extremely punishing race; **È dura dappertutto**, things are tough everywhere; **È d. ricominciare la vita a cinquant'anni**, it's hard (*o, fam.*, tough) to begin life again at fifty; **È d. per lui dover ubbidire a un ragazzino**, it's hard on him having to obey a mere youngster; **rendere la vita dura a q.**, to make sb.'s life a burden ***7*** *(di energia)* hard ***8*** *(fon.)* hard: **consonanti dure**, hard consonants. ● **d. di comprendonio**, thick; dense; slow on the uptake *(fam.)* □ *(anat.)* **dura madre,** *V.* **duramadre** □ **la dura realtà**, harsh reality □ **dura sorte**, harsh fate; sad destiny □ **la dura verità**, the plain, unvarnished truth □ **una dura verità**, a bitter truth □ **a muso d.**, resolutely; without mincing words □ *(chim.)* **acqua dura**, hard water □ **una barba dura**, a strong beard □ **cappello d.**, bowler hat □ **carcere d.**, rigorous imprisonment □ **colletto d.**, stiff collar □ *(fig.)* **essere d. a morire**, to die hard: **Le vecchie superstizioni sono dure a morire**, old superstitions die hard □ **essere d. d'orecchio**, to be hard of hearing; *(fig.: fingere di non sentire)* to turn a deaf ear □ *(di cavallo)* **di bocca dura**, hard-mouthed □ **grano d.**, durum wheat □ *(fig.)* **un muso d.**, an intractable person □ **trovarsi nella dura necessità di fare q.c.**, to find oneself in the dire necessity of doing st. □ *(fig.)* **osso d.**, tough nut to crack; bitch *(pop.)* □ **pane d.** *(vecchio)*, stale bread □ **avere la pelle dura**, to be tough; to be thick-skinned □ **pietra dura**, semiprecious stone □ **avere il sonno d.**, to sleep like a log □ **sport duri**, rough sports □ **tener d.**, not to give in; to hold out; to stick to one's guns; to soldier on; to face it out; to stick it out *(fam.)*; to keep a stiff upper lip *(fam., spesso iron.)* □ **avere la testa dura**, *(essere ostinato)* to be stubborn; to be pig-headed; *(essere ottuso)* to be thick, to be a blockhead □ **uova dure**, hard-boiled eggs. **B** *m.* ***1*** something hard: **Sento del d. qui sotto**, I can feel something hard under here; **Mi piace dormire sul d.**, I like a hard bed ***2*** *(fig.: difficoltà)* hard part; difficulty: **Adesso viene il d.**, this is the hard part ***3*** *(fam.: prepotente)* tough; tough guy; bully: **una banda di duri**, a bunch of tough guys; **fare il d. con q.**, to bully sb. ***4*** *(fam.: ultimo a cedere)* diehard. **C** *avv.* hard: **lavorare d.**, to work hard; **dormire d.**, to sleep soundly; *(fam.)* **andare giù d. con q.**, not to mince words with sb.
duròmetro, *m. (fis.)* durometer.
duróne, *m.* callosity; corn.
dùrra, *V.* **dura**.
dùttile, *a.* ***1*** ductile; pliable; pliant ***2*** *(fig.: arrendevole)* pliable; malleable; amenable ***3*** *(fig.: agile, versatile)* flexible; versatile; supple.
duttilità, *f.* ***1*** ductility; pliability ***2*** *(fig.: arrendevolezza)* pliability; malleability; amenability ***3*** *(fig.: agilità, versatilità)* flexibility; versatility; suppleness.
duunviràto, *m. (stor. romana)* duumvirate.
duùnviro, *m. (stor. romana)* duumvir*.
duvet *(franc.)*, *m. invar.* duvet (jacket).
duvetìna, duvetine *f. (ind. tess.)* duvetyn(e).

e,E

E (1), e, *f.* o *m.* (*quinta lettera dell'alfabeto ital.*) E, e. ● (*telef.*) **e come Empoli**, e for Edward; e for Easy (*USA*) □ **e commerciale**, ampersand □ **vitamina E**, vitamin E.

e (2), *cong.* **1** and: **pane e vino**, bread and wine; **per miglia e miglia**, for miles and miles; **Il film è lungo e noioso**, the film is long and boring; **un ragazzo alto e magro**, a tall, slim boy **2** (*in nomi di ditte*) &: **John Martin e Co.**, John Martin & Co **3** (*con valore avversativo*) but; yet: **Ha promesso di venire e non si è visto**, he promised to come, but he didn't turned up **4** (*con valore enfat. ed esortativo, è idiom.*) – **Vuoi comprarlo? E compralo!**, do you want to buy it? Go ahead!; **E tre!**, and that makes three!; that's the third time!; **E smettila!**, do stop it!; **E vattene!**, get lost! ● **e... e...**, both and: **Conosco e lui e la moglie**, I know both him and his wife □ **bell'e finito**, over and done with □ **bell'e guarito**, up and about □ **L'ho bell'e fatto**, I've already done it □ **tutti e due**, both [of us, of them, etc.]: **Portali tutti e due**, bring both (*o* both of them, them both) □ **tutti e tre**, all three; the three of us [of you, of them].

è, 3ª *pers. sing. indic. pres. di* **essere**.

ebanista, *m.* cabinet-maker.

ebanisteria, *f.* **1** (*arte*) cabinet-making **2** (*negozio*) cabinet-maker's (shop).

ebanite, *f.* (*ind.*) ebonite; vulcanite.

èbano, A *m.* (*bot., Diospyros ebenum*; *il legno*; *il colore*) ebony: **un bastone d'e.**, an ebony stick; **nero come l'e.**, ebony-black. **B** *a. invar.* ebony (*attr.*).

ebbène, *cong.* **1** (*conclusivo*) all right; well; well then: **E., verrò io**, all right, I'll come; **E., riposati**, well then, have a rest; **E., sì, può essere vero**, well, yes, it may be true **2** (*interr.*) well; so: **E., e gli altri?**, well, what about the others?; **E., che vuoi?**, so (*o* well,) what do you want?; **«Ti ricordi di Dino?» «E.?»**, «do you remember Dino?» «what about him?»

èbbi, 1ª *pers. sing. pass. rem. di* **avere**.

èbbio, *m.* (*bot., Sambucus ebulus*) danewort; dwarf elder.

ebbrézza, *f.* **1** (*ubriachezza*) drunkenness; intoxication **2** (*fig.*) elation; rapture; bliss; thrill: **l'e. della velocità**, the thrill of speed.

èbbro, *a.* **1** (*ubriaco*) drunk (*pred.*); drunken (*attr.*); intoxicated: **e. di birra**, drunk with beer **2** (*fig.*) drunk (with); mad (with): **e. di libertà**, drunk with freedom; **e. di gioia**, beside oneself with joy; **e. d'ira**, mad with anger; **e. d'amore**, drunk with love.

ebdomadàrio, *a.* e *m.* weekly.

Èbe, *f.* (*mitol.*) Hebe.

ebefrenia, *f.* (*med.*) hebephrenia.

ebefrènico, *a.* e *m.* (*f.* **-a**) hebephrenic.

ebetàggine, *f.* stupidity; feeblemindedness; idiocy.

èbete, A *a.* half-witted; dull-witted; stupid; foolish; idiotic: **sguardo e.**, vacant stare; idiotic stare; **sorriso e.**, idiotic smile. **B** *m.* e *f.* half-wit; moron; idiot; imbecile.

ebetismo, *m.* **1** stupidity; idiocy **2** (*med.*) hebetude.

ebollizióne, *f.* **1** (*fis.*) boiling; boil; ebullition: **punto di e.**, boiling point; **entrare in e.**, to start boiling; to come to the boil; **portare a e.**, to bring to the boil; **in e.**, boiling **2** (*fig.*) ferment; turmoil; agitation: **essere in e.**, to be in a ferment (*o* a turmoil); to be seething.

ebraicista, *V.* **ebraista**.

ebràico, A *a.* (*rif. alla lingua*) Hebrew; (*rif. alla religione e alla tradizione*) Jewish; Hebraic: **l'alfabeto e.**, the Hebrew alphabet; **la nazione ebraica**, the Jewish people; **calendario e.**, Jewish calendar; **rito e.**, Jewish rite. **B** *m.* (*la lingua*) Hebrew.

ebraismo, *m.* Hebraism.

ebraista, *m.* e *f.* Hebraist.

ebraizzàre, *v. t.* to Hebraize.

ebrèo, A *a.* Jewish; Hebrew. **B** *m.* (*f.* **-a**) **1** Jew (*f.* Jewess); Hebrew **2** (*spreg.*) mean (*o* stingy) person; miser.

Èbridi, *f. pl.* (*geogr.*) (the) Hebrides.

ebrietà, *V.* **ebbrezza**.

ebulliometria, *f.* (*chim.*) ebulliometry.

ebulliomètrico, *a.* (*chim.*) ebulliometric.

ebulliòmetro, *m.* (*chim.*) ebulliometer.

ebullioscopia, *f.* (*chim.*) ebullioscopy.

ebullioscòpico, *a.* (*chim.*) ebullioscopic.

ebullioscòpio, *m.* (*chim.*) ebulliometer.

eburneazióne, *f.* (*med.*) eburnation.

ebùrneo, *a.* **1** (*lett.*) ivory (*attr.*); eburnean **2** (*fig.*) ivory-like; ivory (*attr.*); as white as ivory.

ecatómbe, *f.* **1** (*stor.*) hecatomb **2** (*fig.*) mass slaughter; massacre.

ecatòstilo, *a.* (*archit.*) hecatonstylar.

ecbòlico, *a.* (*med.*) ecbolic.

eccedentàrio, *a.* (*econ., fin.*) surplus (*attr.*); excess (*attr.*): **bilancio e.**, surplus (budget).

eccedènte, A *a.* **1** excess (*attr.*); in excess (*pred.*); surplus (*attr.*); redundant: **personale e.**, redundant staff; **e. nel peso**, overweight **2** (*mus.*) augmented: **quarta e.**, augmented fourth. **B** *m.* excess; surplus.

eccedènza, *f.* excess; surplus; surfeit: **e. di scorte**, surplus of stock; overstock; **un'e. di trentamila lire**, thirty thousand lire in excess; **un'e. dell'attivo sul passivo**, an excess of assets over liabilities; **eccedenze agricole**, surplus produce; **e. di peso**, excess of weight; (*econ.*) **e. di domanda**, overdemand; **in e.**, in excess; redundant (*agg.*); (*elab.*) **e. di dati**, overflow.

eccèdere, *v. t.* **1** (*andare oltre*) to exceed; to surpass; to pass: to go* beyond: **e. ogni previsione**, to exceed all expectations; **e. un limite**, to go beyond a limit; (*fig.*) **e. la misura**, to go too far **2** (*assol.*: *esagerare*) to go* too far; to... too much: **Capii di aver ecceduto**, I realized I had gone too far; **e. nel bere**, to drink too much; **e. nel mangiare**, to eat too much; to overeat; **e. nello scherzo**, to take a joke too far.

ecce homo (*lat.*), *locuz. m. invar.* (*arte*) Ecce Homo.

ecceità, *f.* (*filos.*) haecceity.

eccellènte, *a.* **1** excellent; extremely good; superb; first-rate; first-class (*fam.*) **2** (*giorn.*: *importante*) prominent; high-ranking: **un indagato e.**, a prominent public figure under investigation; **arresti eccellenti**, arrests of high-ranking officials.

eccellentissimo, *a. superl. assol.* Most Excellent; (*al vocat.*) Your Excellency: **l'e. Duca di...**, His Excellency the Duke of...

eccellènza, *f.* **1** excellence; (*grandezza*) greatness, pre-eminence **2** (*titolo*) Excellency: **Sua E.**, His [Her] Excellency; (*abbr.* H. E.); **(Vostra) E.**, Your Excellency. ● **per e.**, pre-eminently; «par excellence» (*franc.*).

eccèllere, *v. i.* to excel; to surpass; to outstrip: **e. in q.c.**, to excel at st.; **e. sugli** (*o* **tra gli**) **altri**, to surpass (*o* to outstrip) all others.

eccèlso, A *a.* very high; lofty; (*solo fig.*) sublime. **B** *m.* – **L'E.**, the Most High.

eccentricità, *f.* **1** (*stravaganza*) eccentricity; oddity; idiosyncrasy; weirdness **2** (*mat.*) eccentricity **3** (*mecc.*) eccentricity; throw: **grado di e.**, degree of eccentricity.

eccèntrico, A *a.* **1** (*stravagante*) eccentric; odd; bizarre; weird **2** (*lontano dal centro*) outlying **3** (*mat.*) eccentric. **B** *m.* **1** (*f.* **-a**) eccentric (*o* odd) person; odd fish (*fam.*); oddball (*fam.*) **2** (*mecc.*) eccentric; cam: **scatola degli eccentrici**, cam box **3** (*teatr.*) variety artist.

eccepibile, *a.* objectionable; exceptionable.

eccepire, *v. t.* **1** to object; to take* exception to: **trovare da e.**, to have st. to object; **Qualcosa da e.?**, any objection? **2** (*leg.*) to plead; to demur.

eccessivaménte, *avv.* excessively; exceedingly; too; too much; to excess: **e. severo**, too strict; **mangiare e.**, to eat too much; to overeat; **caricare e.**, to overload.

eccessività, *f.* excessiveness; exorbitance.

eccessivo, *a.* excessive; exaggerated; extreme; (*troppo*) too much: **caldo e.**, excessive heat; **prezzo e.**, exorbitant price; **far pagare un prezzo e.**, to charge too much; to overcharge; **Non diedi e. importanza alle sue parole**, I didn't attach too much importance to his words; **tenere una velocità eccessiva**, to drive too fast.

eccèsso, *m.* **1** excess; overplus; surplus; over (*pref.*): **un e. di gentilezza**, an excess of kindness; **un e. di peso**, an excess of weight; **e. di produzione**, overproduction; (*autom.*) **e. di velocità**, speeding; exceeeding the speed limit **2** (*intemperanza*) immoderacy; excess; immoderation: **bere all'e.**, to drink to excess (*o* immoderately); **commettere degli eccessi**, to commit excesses **3** (*estremo*) extreme; limit: **andare agli eccessi**, to go to extremes; **spingere q.c. all'e.**, to push st. to the limit; to overdo st.: **spingère la prudenza all'e.**, to be overcautious; **La tua impertinenza è giunta all'e.**, your cheek has reached the limit **4** (*leg.*) excess; misuse: **e. di potere**, misuse of power; action «ultra vires». ● **arrotondare una cifra per e.**, to round up a figure □ **dare in eccessi**, to fly into a temper; to go off the deep end □ **diligente fino all'e.**, extremely diligent; diligent to a fault □ **peccare per e. di zelo**, to be overzealous.

eccètera, *avv.* et cetera (*abbr.*: etc.); and so forth; and so on.

eccètto, A *prep.* except (for); excepting; but; save: **qualunque giorno e. domani**, any day except (*o* but) tomorrow; **Ci siamo tutti, e. Marco**, we're all here, except for Marco; **La guerra non portò nulla e. (che) miseria**, the war brought nothing but misery; **E. un paio di chiese, non ci sono edifici interessanti**, excepting a couple of churches, there are no building of any interest. **B eccètto che,** *locuz. cong.* **1** (*a meno che*) unless: **Verrò, e. che piova**, I shall come, unless it rains **2** (*tranne che*) except (that): **Tutto è permesso e. che uscire**, everything is allowed except leaving; you can do anything except leave.

eccettuàbile, *a.* exceptable; that may be

excepted.

eccettuàre, *v. t.* to except: **Se se ne eccettuano pochi, sono tutti favorevoli alla tua nomina**, excepting a few, all are favourable to your appointment.

eccettuativo, *a.* exceptive: (*gramm.*) **congiunzione eccettuativa**, exceptive conjunction; (*logica*) **proposizione eccettuativa**, exceptive proposition.

eccettuàto, *a.* except (for); excepting; bar; excepted (*pred.*): **e. il bambino**, excepting the child; **eccettuati i presenti**, present company excepted (*o* excluded).

eccezionàle, *a.* exceptional; extraordinary; remarkable; (*speciale*) special: **circostanze eccezionali**, exceptional circumstances; **niente di e.**, nothing exceptional; **bellezza e.**, extraordinary beauty; **offerta e.**, special offer; bargain; **in via e.**, as (*o* by way of) an exception; exceptionally.

eccezionalità, *f.* exceptionality.

eccezionalménte, *avv.* exceptionally; as (*o* by way of) an exception.

eccezióne, *f.* **1** exception: **senza e.**, without exception; bar none; **un'e. alla regola**, an exception to the rule; **Per te farò un'e**, I'll make an exception in your case; **fare e.**, to be an exception; to be exceptional; **in via d'e.**, as (*o* by way of) an exception; **salvo alcune eccezioni**, with a few exceptions **2** (*leg.*: *obiezione*) objection; exception; plea; (*riserva*) saving clause, reservation: **sollevare un'e.**, to raise an objection; to plead; **e. di incompetenza**, declinatory exception; **e. dilatoria**, dilatory plea; dilatory exception **3** (*critica*) criticism: **muovere delle eccezioni a q.**, to criticise sb. ● **a e. di** (*o* **fatta e. per**) with the exception of; excepting; except (for); apart from □ **un pittore d'e.**, an exceptional (*o* a remarkable) painter □ **prezzo di e.**, bargain price □ **superiore a ogni e.**, above all criticism □ (*prov.*) **L'e. conferma la regola**, the exception proves the rule.

ecchimoṣi, *f.* (*med.*) ecchymosis*; (*com.*) bruise.

ecchimòtico, *a.* (*med.*) ecchymotic.

eccì, *inter.* (*suono di starnuto*) atishoo.

eccidio, *m.* (mass) slaughter; massacre; extermination; carnage.

eccimero, *m.* (*chim.*) excimer.

eccipiènte, *a.* e *m.* (*farm.*) excipient.

eccitàbile, *a.* excitable; easily excited; emotional; highly strung.

eccitabilità, *f.* (*anche biol.*) excitability.

eccitaménto, *m.* **1** excitement **2** (*incitamento*) incitement; stimulation.

eccitànte, **A** *a.* exciting; stimulating; thrilling; stirring. **B** *m.* (*farm.*) stimulant; excitant.

eccitàre, **A** *v. t.* **1** (*suscitare, destare*) to excite; to arouse; to rouse; to provoke: **e. il riso** [**l'interesse**], to arouse laughter [interest]; **e. l'invidia di q.**, to arouse (*o* to excite) sb.'s envy **2** (*istigare*) to stir up; to rouse: **e. il popolo**, to stir up the people; **e. q. alla rivolta**, to rouse sb. to revolt **3** (*agitare*) to agitate, to overrexcite; (*assol.*) to be stimulating: **Il tè mi eccita**, tea makes me agitated; **Il caffè eccita**, coffee is stimulating **4** (*esaltare*) to excite; to thrill; to stimulate; to stir: **La notizia della vittoria eccitò tutti**, everybody was excited (*o* stirred) by the news of the victory; **e. l'immaginazione**, to stir (*o* to rouse) the imagination **5** (*elettr.*) to excite **6** (*indurre desiderio sessuale*) to excite; to arouse; to turn on (*pop.*). **B** **eccitarsi**, *v. i. pron.* to get* excited; (*agitarsi*) to get* overexcited, to get* worked up (*fam.*).

eccitàto, *a.* **1** (*emozionato*) excited; eager; thrilled; agog (*pred.*) **2** (*fis.*) excited.

eccitatóre, **A** *m.* (*elettr.*) exciter. **B** *a.* exciting; excitant.

eccitatrice, *f.* (*elettr.*) exciter; excing dynamo.

eccitazióne, *f.* **1** excitement; stir; thrill: **La notizia provocò grande e.**, the news caused great excitement (*o* a great stir); **e. nervosa**, tension; **C'era grande e. tra la folla**, the people were very excited **2** (*elettr.*) excitation: **energia di e.**, excitation energy. ● **motore a e. composta**, compound motor.

ecclèṣia, *f.* (*stor. greca*) ecclesia.

eccleṣiàle, *a.* ecclesiastical.

eccleṣiàste, *m.* **1** (*oratore*) ecclesiast **2** – (*Bibbia*) **l'E.**, the Ecclesiastes.

eccleṣiasticaménte, *avv.* ecclesiastically.

eccleṣiàstico, **A** *a.* ecclesiastic(al); church (*attr.*); clerical: **storia ecclesiastica**, ecclesiastical (*o* church) history; **diritto e.**, ecclesiastical law; **abito e.**, clerical dress; **vita ecclesiastica**, ecclesiastic (*o* clerical) life. **B** *m.* **1** clergyman*; priest; ecclesiastic **2** – (*Bibbia*) **l'E.**, Ecclesiasticus.

eccleṣiologia, *f.* ecclesiology.

eccleṣiològico, *a.* ecclesiological.

eccleṣiòlogo, *m.* (*f.* **-a**) ecclesiologist.

ecclimetro, *m.* (*topogr.*) clinometer.

ècco, *avv.* **1** (*e. qui*) here; (*e. là*) there: **E. la ricetta che cercavo**, here's the recipe I was looking for; **E. la mamma (che arriva)**, here comes mother; **E., è lì sotto il tavolo**, there it is, under the table; **E., questo è il mio indirizzo**, here is my address; **«E.» e mi porse la lettera**, «here (*o* there) you are» and he handed me the letter **2** (*con particelle pron. enclitiche*) here; there: **Eccomi**, here I am; **Eccoci**, here we are; **Eccoli che passano**, there they go; **Eccoti finalmente**, here you are at last; **Eccone uno**, here is one; **Eccoti il tuo giocattolo accomodato**, here you are, your toy is mended **3** (*inter.*) well; there you are!; so there!: **E., ti spiegherò...**, (well), it is (was) like this...; **Be', e., veramente...**, well, actually...; **E., vedi? Che ti dicevo?**, there you are! what did I tell you?; (*fam.* o *infant.*) **Non te lo dico, e.!**, I won't tell you, so there! ● **E. come andarono le cose**, that's how things went □ **E. perché non te lo avevo detto**, that's why I hadn't told you □ **E. fatto!**, there, that's that!; that's done! □ **E. un uomo fortunato**, there's a lucky man for you □ **E. tutto**, that's all □ **quand'e.**, when all of a sudden.

eccóme, *avv.* oh, yes; yes, indeed; very much so; absolutely; certainly; and how (*fam.*); sure (*fam. USA*); you bet (*fam. USA*): **«Ti piace ballare?» «E.!»**, «do you like dancing?» «oh, yes!»; **«Sei d'accordo?» «E.»**, «do you agree?» «absolutely!»; **«È disposto ad accettare?» «E.»**, «is he willing to accept?» «very much so»; **«Ti piace davvero?» «E. no?»** «do you really like it?» «of course I do».

ecdèmico, *a.* (*med.*) ecdemic.

ecdòtica, *f.* textual criticism.

ecdòtico, *a.* of textual criticism; critical.

echeggiaménto, *m.* echoing; resounding.

echeggiàre, *v. i.* to echo; to resound: **e. di canzoni**, to echo with songs.

echidna, *f.* (*zool.*, *Tachyglossus aculeatus*) echidna; (*com.*) spiny anteater.

echidnina, *f.* (*chim.*) echidnine.

echinàto, *a.* (*bot.*) echinate(d).

echino, *m.* **1** (*zool.*, *Echinus*) echinus*; sea urchin **2** (*archit.*) echinus*.

echinocàctus, *m.* (*bot.*) echinocactus.

echinocòcco, *m.* (*zool.*, *Echinococcus granulosus*) echinococcus.

echinococcòṣi, *f.* (*med.*) echinococcosis*; hydatid disease.

echinodèrma, *m.* (*zool.*) echinoderm.

Echinodèrmi, *m. pl.* (*zool.*, *Echinodermata*) Echinoderma(ta).

echinòide, *m.* (*zool.*) echinoid.

Echinòidi, *m. pl.* (*zool.*, *Echinoidea*) Echinoidea.

èchio, *m.* (*bot.*, *Echium*) echium.

eclampsia, *f.* (*med.*) eclampsia; eclampsy.

eclàmptico, *a.* (*med.*) eclamptic.

eclatànte, *a.* **1** (*evidente*) manifest; evident; glaring: **contraddizione e.**, manifest contradiction; **un esempio e. di incompetenza**, a glaring example of incompetence **2** (*che colpisce*) sensational; extraordinary: **annuncio e.**, sensational announcement.

ecletticiṣmo, *V.* **eclettismo**.

eclетticità, *f.* eclecticism.

eclèttico, **A** *a.* **1** (*filos.*) eclectic **2** (*fig.*) eclectic; wide-ranging; versatile: **stile e.**, eclectic stile; **intelligenza eclettica**, wide-ranging (*o* versatile) mind; **gusti eclettici**, catholic tastes. **B** *m.* (*f.* **-a**) **1** (*filos.*, *arte*) eclectic **2** (*fig.*) eclectic; versatile person.

eclettiṣmo, *m.* **1** (*filos.*) eclecticism **2** (*fig.*) eclecticism; versatility.

eclissàre, **A** *v. t.* **1** (*astron.*) to eclipse **2** (*fig.*) to eclipse; to outshine*; to overshadow; to surpass. **B** **eclissarsi**, *v. i. pron.* **1** (*astron.*) to suffer an eclipse **2** (*fig.*) to disappear; to vanish; to make* oneself scarce (*fam.*); to decamp (*fam.*).

eclissi, *f.* **1** (*astron.*) eclipse: **e. parziale** [**totale**], partial [total] eclipse; **e. di sole** [**di luna**], solar [lunar] eclipse **2** (*fig.*) eclipse; disappearance.

eclittica, *f.* (*astron.*) ecliptic.

eclittico, *a.* (*astron.*) ecliptic(al).

ècloga, *V.* **egloga**.

ecmneṣia, *f.* (*psic.*) ecmnesia.

èco, *m.* o *f.* (*pl.* **èchi**, *m.*) **1** (*anche mus.*, *tel.* e *fig.*) echo* **2** (*fig.*: *commenti*) comment; stir: **sollevare molta eco**, to cause a great deal of comment (*o* a real stir). ● (*giorn.*) **echi di cronaca**, news items □ **fare eco alle parole di q.**, to echo sb.'s words □ **farsi eco di q.**, to repeat (*o* to go about repeating) what sb. has said.

ecocardiografia, *f.* (*med.*) echocardiography.

ecocardiogràmma, *m.* (*med.*) echocardiogram.

ecocatàstrofe, *f.* ecocatastrophe; ecological disaster.

ecocidio, *m.* ecocide.

ecodòppler, *m. invar.* (*med.*) Doppler sonography.

ecofobia, *f.* (*psic.*) ecophobia.

ecogenètica, *f.* genecology.

ecogoniòmetro, *m.* (*naut.*) asdic (*GB*); sonar (*USA*).

ecografia, *f.* (*med.*) **1** (*tecnica*) ultrasonography; ultrasound scanning; echography **2** (*esame*) ultrasound scan.

ecogràfico, *a.* (*med.*) ultrasound (*attr.*): **esame e.**, ultrasound scan.

ecografista, *m.* e *f.* **1** (*naut.*) echograph operator **2** (*med.*) ultrasound technician.

ecògrafo, *m.* **1** (*naut.*) echograph **2** (*med.*) ultrasound scanner.

ecogràmma, *m.* (*naut.*) ecogram.

ecòico, *a.* echoic.

ecòide, *m.* (*ecol.*) ecoid.

ecolalia, *f.* (*med.*) echolalia.

ecologia, *f.* ecology.

ecològico, *a.* ecological.

ecologiṣmo, *m.* environmentalism.

ecologista, **A** *a.* ecological; environmental. **B** *m.* e *f.* **1** (*ecologo*) ecologist **2** (*ambientalista*) environmentalist.

ecologistico, *a.* environmental.

ecòlogo, *m.* (*f.* **-a**) ecologist.

ecometria, *f.* echo ranging.

ecòmetro, *m.* (*naut.*) echo-sounder.

economàto, *m.* **1** (*carica*) stewardship; treasurership; (*di collegio e sim.*) bursarship **2** (*sede*) steward's office; treasurer's office; (*di collegio e sim.*) bursar's office.

econometria, *f.* (*econ.*) econometrics (*pl. col verbo al sing.*).

economètrico, *a.* (*econ.*) econometric.

econometrista, *m.* e *f.* (*econ.*) econometrician; econometrist.

econòmetro, *m.* (*autom.*) energy-saving meter.

economia, *f.* **1** (*sistema economico*) economy: **l'e. di una nazione**, the economy of a nation; **un paese a e. agricola**, a country with an agricultural economy *2* (*scienza*) economics (*pl. col verbo al sing.*): **professore di e.**, professor of economics *3* (*risparmio*) economy; saving; (*al pl.*: *denaro risparmiato*) savings: **con notevole e. di tempo**, with a considerable saving of time; **fare e.**, to practise economy; to economize (on st.); to cut down expenses; to save (on st.): **Dobbiamo fare e.**, we must save; **fare e. d'acqua**, to save on water *4* (*organizzazione*) plan; distribution; organization. ● **e. agraria**, agricultural economics □ **e. aziendale**, business economics; business management □ **e. classica**, classical economics □ **economie di scala**, economies of scale □ **e. di mercato**, market economy □ **e. domestica**, domestic economy; (*materia di studio*) domestic science, home economics □ **e. pianificata**, (state-)planned economy □ **e. politica**, political economy □ **e. sommersa**, hidden economy □ **lavoro fatto in e.**, work done cheaply (*fam.*: on the cheap) □ **senza e.**, (*generosamente*) freely, liberally; (*abbondantemente*) plentifully, abundantly.

economicaménte, avv. *1* economically: **e. poco sviluppato**, economically undeveloped *2* (*in economia*) economically; cheaply; on the cheap (*fam.*).

economicismo, m. economism.

economicistico, a. based on economism.

economicità, f. *1* economic character *2* (*convenienza*) inexpensiveness; cheapness; low costs (*pl.*).

econòmico, a. *1* (*che riguarda l'economia*) economic; (*finanziario*) financial: **politica economica**, economic policy; **ciclo e.**, economic cycle; **scienze economiche**, economics; **difficoltà economiche**, financial difficulties; **attività economica**, business activity *2* (*che costa poco*) low-priced; moderately-priced; reasonable; inexpensive; low-cost; economy (*attr.*); budget (*attr.*); cheap: **automobile economica**, economy car; **classe economica**, economy class; **edizione economica**, popular (*o* paperback) edition; **formato e.**, economy size; **ristorante e.**, inexpensive (*o* cheap) restaurant; **vacanze economiche**, low-cost holidays *3* (*vantaggioso*) economic; cost-effective; good value (*pred.*).

economista, m. e f. economist.

economizzàre, **A** v. t. to economize; to cut* down; (*risparmiare*) to save. **B** v. i. to economize; to practise economy.

economizzatóre, m. *1* (f. **-trice**) economizer; saver *2* (*tecn.*) economizer.

ecònomo, **A** a. economical; careful; saving; thrifty. **B** m. (f. **-a**) steward; treasurer; (*di collegio e sim.*) bursar; (*di amministrazione pubblica*) accountant, financial officer.

ecoscandàglio, m. (*naut.*) (sonic) depth finder.

ecosfèra, f. ecosphere.

ecosistèma, m. ecosystem.

ecotipo, m. (*biol.*) ecotype.

ecotomografia, f. (*med.*) ultrasonography; ultrasound scanning.

ecotòno, m. (*ecol.*) ecotone.

écru (*franc.*), a. e m. invar. ecru; off-white.

ectasia, f. (*med.*) ectasia.

ectipografia, f. (*tipogr.*) embossed printing.

ectoblàstico, a. ectoblastic.

ectoblàsto, m. (*biol.*) ectoblast.

ectodèrma, m. (*biol.*) ectoderm.

ectopia, f. (*med.*) ectopia.

ectòpico, a. (*med.*) ectopic.

ectoplàsma, m. (*biol.*, *metapsichica*) ectoplasm.

ectoplasmàtico, a. ectoplasmic.

ectosàrco, m. (*biol.*) ectosarc.

ectotèrmo, m. (*zool.*) ectotherm.

ectròpion, m. (*med.*) ectropion.

ecu, m. invar. Ecu, ecu.

ecuadoriàno, a. e m. (f. **-a**) Ecuadorian (f. Ecuadorian woman*).

Ècuba, f. (*mitol.*) Hecuba.

ecùleo, m. rack.

ecumène, f. *1* (*geogr.*) (o)ecumene; inhabited portion of the earth *2* (*relig.*) Christian world.

ecumenicità, f. (o)ecumenicity.

ecumènico, a. (o)ecumenical: (*eccles.*) **concilio e.**, ecumenical council; **movimento e.**, ecumenical movement.

ecumenismo, m. ecumenism; ecumenicalism.

eczèma, m. (*med.*) eczema.

eczematóso, a. (*med.*) eczematous.

ed, V. e (2).

edàce, a. (*lett.*) edacious; voracious; devouring.

edàfico, a. (*biol.*) edaphic.

edafismo, m. (*biol.*) edaphic adaptation.

edafologia, f. edaphology.

èdafon, m. (*biol.*) edaphon.

èddico, a. (*letter.*) Eddaic; Eddic.

Edelweiss (*ted.*), m. invar. (*bot.*, *Leontopodium alpinum*) edelweiss.

edèma, m. (*med.*) (o)edema*.

edemàtico, **edematóso**, a. (*med.*) (o)edematous; (o)edematose.

èden, m. (*anche fig.*) Eden.

edènico, a. *1* (*dell'Eden*) Edenic *2* (*fig.*) Edenic; Eden-like; paradisiacal.

édera, f. (*bot.*, *Hedera helix*) ivy. ● **e. del Canada** (*Rhus toxicodendron*), poison ivy □ **e. terrestre** (*Nepeta hederacea*), ground ivy □ **avvinto come l'e.**, clinging like ivy.

ederèlla, f. (*bot.*, *Veronica arvensis*) veronica; speedwell.

Edgàrdo, m. Edgar.

edibile, a. edible.

edicola, f. *1* (*di giornali*) newspaper kiosk; news-stand; bookstall *2* (*nicchia*) niche; (*tabernacolo*) shrine.

edicolànte, **edicolista**, m. e f. newsagent; bookstall keeper.

edificàbile, a. suitable for building; building (*attr.*): **area e.**, building area.

edificabilità, f. suitability for building.

edificànte, a. edifying; uplifting.

edificàre, **A** v. t. *1* (*costruire*) to build*; to erect; to construct: **e. una casa**, to build a house; **e. un muro**, to erect (*o* to build) a wall *2* (*fig.*: *fondare*) to build*; to found: to set* up *3* (*disporre al bene*) to edify. ● (*fig.*) **e. sulla sabbia**, to build on sand □ (*fig.*) **e. sulla roccia**, to build on a firm foundation. **B edificàrsi**, v. i. pron. (*fig.*) to be edified.

edificatóre, **A** a. building (*attr.*). **B** m. (f. **-trice**) builder; founder.

edificatòrio, V. **edificante**.

edificazióne, f. *1* building; construction *2* (*fig.*: *buon esempio*) edification.

edificio, m. *1* building; edifice (*lett.*): **un bel l'e.**, a fine building *2* (*fig.*: *struttura*) structure; framework; fabric: **l'e. sociale**, the structure of society; the social order *3* (*fig.*: *complesso di ragionamenti*) arguments (*pl.*); case: **smantellare l'e. della difesa**, to demolish the arguments of the defence.

edile, **A** a. building (*attr.*); construction (*attr.*): **cantiere e.**, building yard; **impresa e.**, building contractors (*pl.*); construction firm; **operaio e.**, building worker; **perito e.**, building surveyor; master builder; **ingegnere e.**, architectural engineer. **B** m. *1* (*stor. romana*) aedile *2* (*operaio e.*) building worker.

edilità, f. (*stor. romana*) aedileship.

edilizia, f. building; building trade (*o* industry): **materiale per l'e.**, building material; **lavorare nell'e.**, to work in the building industry; **e. abitativa**, housing; **e. privata**, private building; **e. popolare**, public housing; **e. residenziale**, housebuilding; **e. sovvenzionata**, subsidized housing.

edilizio, a. building (*attr.*); construction (*attr.*): **impresa edilizia**, building contractors (*pl.*); construction firm; **regolamento e.**, building regulations; **concessione edilizia**, building licence; **speculazione edilizia**, building speculation.

Edimbùrgo, f. (*geogr.*) Edinburgh.

edipèo, a. (*letter.*) of Oedipus; Oedipus (*attr.*).

edipico, a. (*psic.*) Oedipus (*attr.*); Oedipal: **complesso e.**, Oedipus complex; **connotazioni edipiche**, Oepidal connotations.

Edìpo, m. (*mitol.*) Oedipus. ● (*psic.*) **complesso d'E.**, Oedipus complex.

editàre, v. t. (*editoria*) to edit.

editio princeps (*lat.*), locuz f. invar. editio princeps.

èdito, a. published; (*stampato*) printed.

editóre, **A** m. (f. **-trice**) *1* publisher *2* (*curatore di un testo*) editor. **B** a. publishing: **casa editrice**, publishing house; publishers (*pl.*); (*su una busta*) **Casa Editrice Zanichelli**, Messrs Zanichelli, Publishers; **libraio e.**, bookseller and publisher.

editoria, f. publishing; book trade: **e. scolastica**, textbooks publishing; **e. elettronica**, computer-aided publishing; **e. individuale** (*o* **da scrivania**), desktop publishing.

editoriàle, **A** a. publishing; editorial. **B** m. (*giorn.*) editorial; leading article; leader.

editorialista, m. e f. leader writer.

edittàle, a. *1* (*stor.*) edictal *2* (*leg.*) law (*attr.*); statutory.

editto, m. edict.

edizióne, f. *1* edition: **e. integrale [critica, di lusso]**, unabridged [critical, de luxe] edition; **e. economica [tascabile]**, popular [paperback] edition; **Il romanzo ha avuto sei edizioni**, the novel ran to six editions; **e. a tiratura limitata** (*o* **e. numerata**), limited edition; **e. fuori commercio**, privately-printed edition; **e. in folio [in ottavo]**, folio [octavo] edition; **e. delle opere complete**, collected edition (of sb.'s works); **e. riveduta e corretta**, revised edition; **e. a cura di X.**, edited by X; (*di giornale*) **e. del mattino [della sera, locale]**, morning [evening, city] edition; (*di giornale*) **e. straordinaria**, special (edition); extra *2* (*esecuzione*) production; (*versione*) edition, version; (*formato*) format: **un'e. molto discussa della «Turandot»**, a controversial production of «Turandot»; **la 1ª e. del Festival di Spoleto**, the 1st Spoleto Festival; **l'e. di quest'anno del Carnevale di Viareggio**, this year's edition of the Viareggio Carnival parade; **in e. ridotta**, in a shortened version; with a reduced format; (*cinem.*) **e. in lingua originale**, original language version *3* (*radio, TV*) broadcast: **questa e. del telegiornale**, this news broadcast; **l'e. della notte del telegiornale**, the late-night news *4* (*fig.*, *scherz.*: *aspetto*) version; look.

Edmóndo, m. Edmund.

Edoàrdo, m. Edward.

edochiàno, **A** a. Tokyo (*attr.*): **folclore e.**, Tokyo folklore. **B** m. (f. **-a**) inhabitant of Tokyo.

edonismo, m. (*filos.*) hedonism.

edonista, m. e f. (*filos.*) hedonist.

edonistico, a. (*filos.*) hedonistic.

edòtto, a. informed (about); acquainted (with): **rendere e. q. su q.c.**, to inform sb. about st.; to acquaint sb. with st.; **poco e.**, ill-informed; in the dark.

edredóne, m. (*zool.*, *Somateria mollissima*) eider (duck): **piume di e.**, eiderdown.

educàbile, a. educable; (*addestrabile*) trainable.

educabilità, f. educability; trainability.

educànda, f. *1* (girl) boarder *2* (*fig.*) convent girl; shy girl: **vestita da e.**, dressed like a convent girl.

educandàto, m. girls' boarding school; (*annesso a una comunità di religiose*) convent school.

educàre, v. t. *1* (*allevare*) to bring* up; (*insegnare*) to train (to do st.), to teach*: **L'hanno educato male**, he has been badly brought up; **e. i bambini al rispetto degli anziani**, to bring up children to respect old people; **Li hanno educati a non alzarsi fino alla fine del**

pasto, they have trained them to wait till the end of the meal before leaving the table ***2*** (*coltivare, formare*) to educate: **e. l'orecchio**, to educate the ear; **e. il popolo**, to educate the people; **e. il proprio gusto musicale**, to educate one's musical taste ***3*** (*addestrare, abituare*) to train: **e. il corpo alla fatica**, to train the body to endure harships; **e. un cane**, to train a dog.

educataménte, *avv.* politely.

educatìvo, *a.* ***1*** educational ***2*** (*istruttivo*) instructive.

educàto, *a.* (*di ragazzo*) well-brought-up, well-behaved; (*di adulto*) polite, courteous, civilized; (*beneducato*) well-bred: **un bambino e.**, a well-brought-up child; **modi educati**, polite (*o* civilized) manners; **Era troppo e. per commentare**, he was too well-bred to comment; **Non sei e.**, you are not polite; **poco e.**, not very polite.

educatóre, **A** *a.* educational; teaching; training. **B** *m.* (*f.* **-trice**) educator; (*insegnante*) teacher; (*pegadogista*) educationalist.

educazióne, *f.* ***1*** (*l'allevare*) upbringing: **l'e. dei figli**, the upbringing of one's children; **ricevere una sana e.**, to be given a good upbringing; to be brought up well; **un'e. severa** [**religiosa**], a strict [religious] upbringing ***2*** (*formazione*) education; (*addestramento*) training: **e. sessuale**, sex education; **e. permanente**, continuing education; **e. fisica**, physical training ***3*** (*nel nome di alcune materie scolastiche*) – **e. artistica**, art; **e. civica**, civics (*pl. col verbo al sing.*); **e. fisica**, gymnastics (*pl. col verbo al sing.*); **e. musicale**, music appreciation; **e. stradale**, the Highway Code ***4*** (*buone maniere*) (good) manners (*pl.*), good breeding; (*cortesia*) politeness: **gente senza e.**, people with no manners; **Chi ti ha insegnato l'e.?**, who taught you your manners?; **mancanza di e.**, bad manners (*pl.*); **secondo le regole dell'e.**, according to the rules of polite society.

edulcorànte, **A** *a.* sweetening. **B** *m.* sweetener.

edulcoràre, *v. t.* ***1*** (*lett.*) to sweeten ***2*** (*fig.*) to edulcorate; to soften.

edùle, *a.* edible.

eduzióne, *f.* ***1*** (*filos.*) eduction ***2*** (*ind. min.*) dewatering.

efèbico, *a.* ephebic.

efèbo, *m.* ***1*** (*stor. greca*) ephebe ***2*** (*adolescente*) youth; (*spreg.*) effeminate youth.

efedrìna, *f.* (*chim.*) ephedrine.

efèlide, *f.* freckle; (*scient.*) ephelis*.

efèmera, *f.* (*zool.*, *Ephemera*) ephemera*; (*com.*) mayfly.

efemèride, *V.* **effemeride.**

efèmero, *m.* (*bot.*, *Colchicumm autumnale*) autumn crocus.

efeṣìno, *a.* e *m.* (*f.* **-a**) Ephesian.

efèṣio, *a.* Ephesian; Ephesine.

èffe, *f.* o *m. invar.* (*lettera*) f; F.

effemèride, *f.* ***1*** (*astron.*) ephemeris* ***2*** (*stor.*) ephemeris* ***3*** (*rassegna periodica*) periodical; journal. ● (*naut.*) **effemeridi astronomiche**, nautical almanac (*sing.*).

effemerotèca, *V.* **emeroteca.**

effeminàre, **A** *v. t.* to make* effeminate; to effeminize. **B** **effeminàrsi,** *v. i. pron.* to become* effeminate.

effeminatézza, *f.* effeminacy.

effeminàto, *a.* effeminate; feminine; womanish; unmanly; camp (*fam.*); sissified (*fam.*).

effèndi, *m.* effendi.

efferatézza, *f.* ***1*** ferocity; brutality; atrocity; cruelty; savagery ***2*** (*azione efferata*) atrocity; crime.

efferàto, *a.* ferocious; brutal; heinous; cruel; savage: **delitto e.**, heinous crime; savage murder.

efferènte, *a.* (*anat.*) efferent: **vaso e.**, efferent duct.

efferènza, *f.* (*anat.*) efferent.

effervescènte, *a.* ***1*** effervescent; sparkling; fizzy: **bibita e.**, fizzy drink ***2*** (*fig.*) effervescent; bubbly; exuberant.

effervescènza, *f.* ***1*** effervescence; (*di bibita, anche*) fizz ***2*** (*fig.*: *di carattere*) effervescence; bubbliness; exhuberance ***3*** (*fig.*: *agitazione*) commotion; excitement.

effettàto, *a.* (*tennis, cricket, ecc.*) spun, with a spin (*pred.*); (*biliardo*) screwed.

effettiṣmo, *m.* sensationalism.

effettìstica, *f.* ***1*** tendency to sensationalism ***2*** (*cinem., teatr.*) special effects (*pl.*).

effettivaménte, *avv.* ***1*** really; as a matter of fact; in fact; actually: **È e. un fatto strano**, it is a strange thing, really; **E. non so se arriverà**, I don't actually know whether he will arrive; **E. no**, actually, no ***2*** (*come escl.*) quite; indeed; I daresay.

effettività, *f.* ***1*** reality; actuality ***2*** (*entrata in vigore*) effect: **con e. da...**, with effect from...

effettìvo, **A** *a.* ***1*** (*reale, vero*) real; actual: **un e. miglioramento**, a real improvement; **entrate effettive**, actual (*o* real) income; **danno e.**, actual damage ***2*** (*efficace*) effective: (*fis.*) **valore e.**, effective value ***3*** (*mil.*) regular: **ufficiale in servizio e.**, regular officer ***4*** (*rif. a personale*) on the regular staff, regular, permanent; (*di ruolo*) tenured. ● **lavoro e.**, time spent actually working □ **socio e.**, active member □ **soci onorari ed effettivi**, honorary members and members □ (*sport*) **tempo e.**, played time. **B** *m.* ***1*** (*impiegato*) permanent employee; (*socio*) permanent member; (*atleta*) member of a team; (*al pl.*) staff (*sing.*), personnel (*sing.*), strength (*sing.*): **gli effettivi della scuola**, the permanent school staff (*o* personnel); **gli effettivi di una squadra**, the strength of a team ***2*** (*consistenza concreta*) sum total: **l'e. di un patrimonio**, the sum total of an estate; (*rag.*) **e. di cassa**, cash on hand ***3*** (*mil.*) (effective) strength; force; effectives (*pl.*).

effètto, *m.* ***1*** (*anche tecn.*) effect: **causa ed e.**, cause and effect; **l'e. di una medicina**, the effect of a medicine; **e. acustico** [**di luce**], sound [lighting] effect; (*mecc.*) **e. frenante**, braking effect; **È e. del caldo**, it's the effect of the heat; **fare e.** (*agire*), to work; **avere e.**, to have an effect: **La purga non ha avuto e.**, the purge has had no effect (*o* didn't work); **avere uno strano e. su**, to have a strange effect on; to do something strange to; **avere l'e. voluto**, to have the desired effect; **Le sue parole non ebbero** (*o* **non sortirono**) **alcun e.**, his words had no effect (*o* were useless, were to no avail, achieved nothing); **senza e.**, of no effect; ineffectual; useless ***2*** (*impressione*) impression; effect: **fare e.**, (*sorprendere*) to strike, to make an impression; (*turbare*) to feel strange, to affect, to upset: **Le sue parole mi fecero un grande e.**, his words made a deep impression on me; **Mi fa e. essere qui dopo tanti anni**, it feels strange to be here after so many years; **Quella sciagura mi ha fatto molto e.**, that terrible accident upset me deeply; **Il sangue mi fa e.**, I cannot stand the sight of blood; **vedere che e. fa**, to see how it feels; to see how it looks; **La pianta fa un bell'e. in questo angolo**, the plant looks good in this corner; **La notizia fece un grande e.**, the news made a big impression (*o* created a sensation); **fare l'e. di**, to give the impression of; to look like; **di** (**grande**) **e.**, very effective; striking; (*clamoroso*) sensational ***3*** (*traiettoria deviata*) spin; (*biliardo*) screw: **palla con l'e.**, spin ball; **dare l'e. a una palla**, to spin a ball; to screw a ball ***4*** (*cambiale*) bill; (*pagherò*) promissory note; (*titolo di credito*) paper: **e. cambiario**, bill of exchange; **effetti attivi** [**passivi**], bills receivable [payable]; **e. a vista**, bill on demand; **e. negoziabile**, negotiable paper. ● (*fis.*) **e. Doppler**, Doppler effect □ (*TV*) **e. neve**, snow □ **effetti patrimoniali**, personal estate □ **effetti personali**, personal belongings □ **e. ritardato**, delayed effect □ (*teatr.*) **effetti scenici**, stage effects □ **e. secondario**, side effect □ **e. serra**, greenhouse effect □ (*cinem.*) **effetti speciali**, special effects □ (*aeron.*) **e. suolo**, ground-effect □ (*mecc.*) **a doppio e.**, double-acting □ **a e.** (*o* **d'e.**), meant for effect; meant to impress; striking; sensational: **frase a e.**, words meant to impress; **scena d'e.**, coup de théâtre (*franc.*) □ (*leg.*) **a ogni e. di legge**, for all legal purposes □ **a tutti gli effetti**, in every respect; in all respects; to all intents and purposes □ **cercare l'e.**, to want to impress; (*di attore*) to play to the gallery □ **in effetti**, actually; as a matter of fact; in (actual) fact; (*escl.*) quite!, indeed!, I daresay! □ **mandare q.c. a e.**, to carry out st. □ **per e. di**, owing to; due to; because of; as a consequence of □ (*leg.*) **prendere e.**, to take effect; to become operative; to go into operation (*o* into force, into effect).

effettóre, *m.* (*anat., autom., ind.*) effector.

effettuàbile, *a.* practicable; feasible; viable.

effettuabilità, *f.* practical possibilities (*pl.*); practicability; feasibility; viability.

effettuàle, *a.* actual; real.

effettuàre, **A** *v. t.* to effect; (*realizzare*) to put* into effect, to carry out; (*fare*) to make*: **e. un pagamento**, to effect (*o* to make) a payment; **e. un progetto**, to put a plan into effect; **e. un'ispezione**, to carry out an inspection; to check; **e. un tentativo**, to make an attempt; to try; **e. una fermata**, to make a stop; to stop. **B** **effettuàrsi,** *v. i. pron.* to take* place; to be carried out.

effettuazióne, *f.* execution; implementation.

efficàce, *a.* ***1*** effective; efficacious; good; successful: **rimedio e.**, effective remedy; **una politica e.**, an effective policy; **un esempio e.**, a good example; **argomenti efficaci**, strong arguments ***2*** (*fig.*) lively; forceful; graphic: **descrizione e.**, lively (*o* graphic, vivid) description; **discorso e.**, forceful (*o* persuasive) speech. ● (*fis.*) **valore e.**, effective value; root-mean-square value.

efficaceménte, *avv.* effectively; successfully; efficaciously. ● **descrivere q.c. e.**, to give an effective description of st.

efficàcia, *f.* effectiveness; efficaciousness; efficacy; (*leg.*) effect: **l'e. delle sue parole**, the effectiveness (*o* efficacy) of his words; **Ha molta efficacia**, it's very effective; **scrivere con e.**, to write with incisiveness.

efficiènte, *a.* ***1*** (*di cosa*) efficient; well-run; (*funzionante*) in working order (*pred.*): **organizzazione e.**, efficient organization; **motore e.**, engine in working order; **rendere più e.**, to increase the efficiency of; to streamline; to rationalize; to upgrade ***2*** (*di persona*) efficient; able; competent; (*pratico*) businesslike: **una segretaria e.**, an able (*o* competent, efficient) secretary. ● (*filos.*) **causa e.**, efficient cause.

efficientiṣmo, *m.* (excessive) concern with efficiency.

efficiènza, *f.* efficiency; competence; (*di macchina e sim.*) working order: **mettere in e. un motore**, to get an engine into working order; **essere in piena e.**, (*di macchinario*) to be in perfect working order; (*di un'azienda*) to be working full-time; (*di persona*) to be in peak condition.

effigiàre, *v. t.* (*rappresentare, ritrarre*) to portray; (*dipingere*) to paint; (*scolpire*) to sculpture.

effìgie, *f.* ***1*** effigy; image; (*ritratto*) portrait: **bruciare q. in e.**, to burn sb. in effigy ***2*** (*sembiante*) features (*pl.*); countenance.

effìmera, *V.* **efemera.**

effìmero, *a.* ephemeral; short-lived; fleeting: **moda effimera**, ephemeral (*o* short-lived) fashion; **gioia effimera**, fleeting joy; **un successo e.**, a short-lived success; a flash in the pan (*fam.*); **insetto e.**, ephemeron.

efflorescènte, *a.* (*chim.*) efflorescent.

efflorescènza, *f.* (*chim.*) efflorescence.

effluènte, A *a.* effluent. **B** *m.* (*ind.*: *liquido*) effluent; (*gas*) emission.

effluire, *v. i.* to flow out (*o* forth).

efflùsso, *m.* outflow; outflux; discharge; efflux. ● (*med.*) **e. di sangue**, flow of blood; hemorrhage.

efflùvio, *m.* ***1*** (*profumo*) smell; (*gradevole*) scent, fragrance; (*sgradevole*) effluvium*, exhalation ***2*** (*elettr.*) glow discharge.

effóndere, A *v. t.* ***1*** (*versare*) to pour out (*o* forth); to shed* ***2*** (*sfogare*) to give* vent to. **B effóndersi,** *v. i. pron.* to spread*.

effossòrio, *a.* digging; excavating: **macchina effossoria**, excavator; digger.

effrazióne, *f.* ***1*** (*leg.*) forcing; (*di edificio*) breaking and entering; (*di abitazione privata*) housebreaking: **e. di una serratura**, forcing of a lock; **mostrare segni di e.**, to show signs of having been forced; **accusa di e.**, charge of breaking and entering; **furto con e.**, burglary ***2*** (*fig.*) breaking; infraction.

effumazióne, *f.* (*geol.*) exhalation.

effuṣiòmetro, *m.* (*fis.*) effusiometer.

effuṣióne, *f.* ***1*** (*fis.*, *geol.*) effusion ***2*** (*spargimento*) shedding; gushing: **e. di sangue**, shedding of blood ***3*** (*fig.*: *di sentimenti*) effusion, outpouring, gush (*spreg.*); (*cordialità*) warmth, show of affection: **La sua occhiata frenò le mie effusioni**, her glance checked my effusion; **Mi salutò con e.**, he greeted me warmly; **abbandonarsi a effusioni di ammirazione**, to gush; **effusioni amorose**, effusions of love.

effuṣìvo, *a.* ***1*** (*geol.*) effusive: **rocce effusive**, effusive rocks ***2*** (*fig.*) effusive; gushing.

effuṣóre, *m.* (*mecc.*) jet nozzle.

èfod, *m.* (*relig.*) ephod.

eforàto, *m.* (*stor. greca*) ephoralty; (*durata della carica*) ephorship.

èforo, *m.* (*stor. greca*) ephor.

ègagro, *m.* (*zool.*, *Capra hircus*) aegagrus*.

egalitàrio, *V.* **egualitario**.

egalitariṣmo, *V.* **egualitarismo**.

egèmone, A *m.* leader. **B** *a.* hegemonic: **politica e.**, hegemonic policy; **stato e.**, hegemonic state.

egemonìa, *f.* ***1*** hegemony ***2*** (*fig.*: *guida*) leadership; (*supremazia*) supremacy, superiority: **e. incontrastata**, uncontested superiority.

egemònico, *a.* hegemonic(al); dominating; leading.

egemoniṣmo, *m.* hegemonism.

egemonìstico, *a.* hegemonic.

egemonizzàre, *v. t.* to dominate; to control.

egemonizzazióne, *f.* domination; control.

Egèo, *m.* ***1*** (*geogr.*) Aegean ***2*** (*mitol.*) Aegeus.

egèo, *a.* Aegean: **isole egee**, Aegean islands; **mare E.**, Aegean sea.

Egèria, *f.* (*mitol.*) Aegeria, Egeria.

ègida, *f.* ***1*** (*scudo*) aegis ***2*** (*fig.*: *protezione*) shield; protection: **sotto l'e. della legge**, under the protection of the law ***3*** (*auspici*) aegis; auspices (*pl.*): **sotto l'e. del Ministero degli Interni**, under the aegis of the Ministry of the Interior.

Egìdio, *m.* Giles.

ègira, *f.* (*stor.*) hegira, hejira.

Egisto, *m.* (*mitol.*) Aegisthus.

Egitto, *m.* (*geogr.*) Egypt.

egittologìa, *f.* Egyptology.

egittològico, *a.* Egyptological.

egittòlogo, *m.* (*f.* **-a**) Egyptologist.

egizìaco, *a.* (*lett.*) Egyptian.

egiziàno, A *a.* Egyptian. **B** *m.* ***1*** (*f.* **-a**) Egyptian (*f.* Egyptian woman*) ***2*** (*ling.*) Egyptian ***3*** (*tipogr.*) Egyptian.

egìzio, *a.* e *m.* (*f.* **-a**) (*stor.*) (ancient) Egyptian: **arte egizia**, (ancient) Egyptian art; **gli** (**antichi**) **egizi**, the ancient Egyptians.

eglantina, *f.* (*bot.*, *Rosa eglanteria*) eglantine; sweetbrier; wild rose.

eglefino, *m.* (*zool.*, *Gadus aeglefinus*) haddock.

ègli, *pron. pers. m. 3ª pers. sing. sogg.* he: **e. stesso**, he himself.

ègloga, *f.* (*poesia*) eclogue.

ègo, *m.* (*psic.*) ego.

egocentricità, *f.* egocentricity; self-centredness.

egocèntrico, A *a.* egocentric; self-centred. **B** *m.* (*f.* **-a**) egocentric (*o* self-centred) person. ● **Sei un e.!**, you only think of yourself!

egocentriṣmo, *m.* egocentricity; egocentrism; egotism; egoism; self-centredness.

egoiṣmo, *m.* selfishness; egoism.

egoista, A *a.* selfish. **B** *m.* e *f.* selfish person; egoist: **Non fare l'e.**, don't be selfish; **È la solita e.**, she's her usual selfish self; as usual, she only thinks of herself.

egoìstico, *a.* selfish; egoistic(al); self-interested; self-seeking.

egolatrìa, *f.* self-worship.

egotiṣmo, *m.* egotism.

egotista, *m.* e *f.* egotist.

egotìstico, *a.* egotistic(al).

egrègio, *a.* eminent; excellent; remarkable; distinguished. ● (*in una lettera*) **E. Signore**, Dear Sir □ (*negli indirizzi*) **(All') E. signor John Martin**, Mr John Martin; John Martin, Esq.

egressìvo, *a.* (*ling.*) plosive.

egrétta, *f.* ***1*** (*zool.*, *Egretta*) egret ***2*** (*moda*) aigrette (*franc.*).

eguàle, e *deriv. V.* **uguale**, e *deriv.*

egualitàrio, *a.* e *m.* egalitarian; equalitarian.

egualitariṣmo, *m.* egalitarianism; equalitarianism.

eh, *inter.* ***1*** (*di rimprovero*) ah!; eh! eh! ***2*** (*di dubbio*) well... ***3*** (*di meraviglia*) phew!; (*interr.*) what? ***4*** (*fam.*: *in risposta a una chiamata*) eh?; what? ● **eh, eh!** (*avvertimento*), now, now! □ **Bella trovata, eh?**, that was a clever trick, wasn't it?

éhi, *inter.* hey!; hullo! you there!; (*naut.*) ahoy: **Ehi, tu in terza fila**, hey, you (*o* you there,) in the third row!; **Ehi, di bordo!**, ship ahoy!; **ehi, dico!**, I say!; **Ehi, ma hai sentito?**, did you hear that?

ehilà, *inter.* ***1*** hello!: **E., voi laggiù!**, hello, you down there! ***2*** wow!; gosh!: **E., che salto!**, wow! what a jump!

ehm, *inter.* hum!; humph!; (*per indicare un dubbio*) hem, ahem.

eiaculàre, *v. i.* to ejaculate.

eiaculatóre, eiaculatòrio, *a.* (*anat.*) ejaculatory; ejaculative: **dotto e.**, ejaculatory duct.

eiaculazióne, *f.* ejaculation.

eidètico, *a.* (*psic.*) eidetic.

eidologìa, *V.* **eidomatica**.

eidomàtica, *f.* (*elab.*) computer graphics (*pl. col verbo al sing.*).

eidomàtico, *a.* (*elab.*) computer graphics (*attr.*).

eiettàbile, *a.* (*aeron.*) ejector (*attr.*); ejection (*attr.*): **sedile e.**, ejector (*o* ejection) seat.

eiettàre, *v. t.* (*mecc.*) to eject.

eiettóre, *m.* (*mecc.*) ejector.

eiezióne, *f.* ejection.

einsteiniàno, *a.* Einsteinian; Einstein (*attr.*).

einstèinio, *m.* (*chim.*) einsteinium.

elaboràre, *v. t.* ***1*** to work out; to elaborate; to draft; to frame: **e. un progetto**, to work out a plan; **e. una legge**, to draft a law ***2*** (*digerire*) to digest ***3*** (*biol.*, *fisiol.*) to elaborate ***4*** (*dati*) to process ***5*** (*psic.*) to work through.

elaboratézza, *f.* elaborateness.

elaboràto, A *a.* elaborate. **B** *m.* ***1*** (*compito scritto*) paper ***2*** (*biol.*, *fisiol.*) secretion ***3*** (*elab.*) printout.

elaboratóre, A *a.* elaborating. **B** *m.* ***1*** (*f.* **-trice**) elaborator ***2*** (*elettronico*) computer; processor: **e. di dati**, data processor; **e. centrale**, host computer; **e. da tavolo**, desktop computer; **e. parallelo** [**seriale**], parallel [serial] computer; **e. portatile**, laptop computer.

elaborazióne, *f.* ***1*** elaboration; working-out; drafting; (*di un progetto*) formulation ***2*** (*elab.*) processing: **e. elettronica dei dati**, electronic data processing (*abbr.*: EDP); **e. a distanza**, teleprocessing; remote processing; **e. dei testi**, text processing; **e. a blocchi** (*o* **a lotti**), batch processing; **e. sequenziale**, sequential processing ***3*** (*psic.*) working-through.

elaidina, *f.* (*chim.*) elaidin.

elaidinizzazióne, *f.* (*chim.*) elaidinization.

elaiotècnica, *f.* oil production.

elàmico, *a.* Elamitic.

elamita, *m.* Elamite.

elamìtico, *a.* Elamitic.

elàpide, *m.* (*zool.*) elapid.

Elàpidi, *m. pl.* (*zool.*, *Elapidae*) Elapidae.

elargire, *v. t.* to give* liberally (*o* freely); to lavish; to bestow; to donate: **e. denaro**, to lavish money; **e. cure e affetto**, to lavish care and affection; **e. favori**, to bestow favours.

elargitóre, *m.* (*f.* **-trice**) (generous) giver; bestower.

elargizióne, *f.* donation; gift.

elasticità, *f.* ***1*** elasticity (*anche fig.*); resilience; (*di molle*) springiness: (*scienza costr.*) **e. di torsione**, torsional elasticity; (*scienza costr.*) **limite di e.**, limit of elasticity (*o* elastic limit); **e. della domanda**, elasticity of demand ***2*** (*agilità*) nimbleness; agility; quickness: **e. di mente**, quickness of mind.

elasticizzàre, *v. t.* to elasticize; to elasticate; to make* elastic.

elasticizzàto, *a.* elasticized; elasticated; stretch (*attr.*): **tessuto e.**, stretch fabric.

elàstico, A *a.* ***1*** elastic; stretch (*attr.*); resilient; (*di molle*) springy: **materiale e.**, elastic material; **tessuto e.**, stretch fabric; (*anat.*) elastic tissue; **calze elastiche**, surgical stockings ***2*** (*fig.*) elastic; flexible; adaptable; accommodating: **orario e.**, flexible working hours; **coscienza elastica**, accommodating (*o* easy-going) conscience; **È una regola elastica**, it's a rule that can be stretched; it's not a hard and fast rule ***3*** (*agile*) nimble; agile; quick; springy: **passo e.**, springy step; **mente elastica**, quick mind. **B** *m.* ***1*** (*anello di gomma*) elastic (*o* rubber) band ***2*** (*nastro*) elastic: **l'e. delle calze**, the elastic of the socks; **stivaletti con l'e.**, elastic-sided boots.

elastina, *f.* (*biol.*) elastin.

elastòmero, *m.* (*chim.*) elastomer.

elatère, *m.* (*zool.*, *Elater*) elater; (*com.*) click (*o* skipjack) beetle.

elaterina, *f.* (*chim.*) elaterin.

elatèrio (1), *m.* (*chim.*) elaterium.

elatèrio (2), *V.* **elatere**.

elativo, *a.* (*ling.*) elative.

èlce, *m.* o *f. V.* **leccio**.

eldoràdo, *m.* El Dorado; Eldorado.

eleàgno, *m.* (*bot.*, *Eleagnus angustifolia*) oleaster.

eleàtico, *a.* e *m.* (*filos.*) Eleatic.

eleatiṣmo, *m.* (*filos.*) Eleaticism.

elèctron, èlectron, *m.* (*metall.*) electron, elektron.

elefànte, *m.* ***1*** (*f.* **-éssa**) elephant: **e. maschio** [**femmina**], bull [cow] elephant; **e. africano** (*Loxodonta africana*), African elephant; **e. indiano** (*Elephas indicus*), Asiatic (*o* Indian) elephant; **piccolo di e.**, calf elephant ***2*** – (*zool.*) **e. marino** (*Mirounga leonina*), sea elephant; elephant seal. ● (*fig.*) **fare di una mosca un e.**, to make a mountain out of a molehill □ **una memoria da e.**, the memory of an elephant.

elefantésco, *a.* (*anche fig.*) elephantine.

elefantéssa, *f. V.* **elefante**.

elefantìaco, *a.* ***1*** (*med.*) elephantiasic ***2*** (*fig.*) elephantine.

elefantìaṣi, *f.* (*med.* e *fig.*) elephantiasis*.

elegànte, *a.* (*di persona*) elegant, well-dressed, smart, smartly-dressed; (*di abito*) elegant, smart, stylish; (*aggraziato*) graceful; (*alla moda*) fashionable; (*dello stile, ecc.*) polished: **È sempre molto e.**, she is always very elegant (*o* well-dressed); **Perbacco, co-**

me siamo eleganti!, I say, you do look smart!; **un pubblico e.**, a smart audience; **un matrimonio e.**, a fashionable wedding; **una figura e.**, a graceful figure; **una frase e.**, a well-turned phrase; **Te la sei cavata in modo e.**, you got out of it with style; (*anche scient.*) **una soluzione e.**, an elegant solution.

elegantóne, *m.* dandy.

elegànza, *f.* **1** elegance; style; smartness **2** (*grazia*) grace.

elèggere, *v. t.* **1** to elect; (*nominare*) to appoint, to nominate: **e. q. presidente**, to elect sb. president (*o* to the presidency) **2** (*bur.*: *fissare*) to fix: **e. il proprio domicilio a Roma**, to fix one's domicile in Rome.

eleggìbile, *a.* eligible; that can stand for election.

eleggibilità, *f.* eligibility.

elegìa, *f.* (*poesia*) elegy.

elegìaco, *a.* **1** (*poesia*) elegiac: **poeta e.**, elegiac poet; elegist; **distico e.**, elegiac couplet **2** (*lett., fig.*: *mesto*) mournful; elegiac.

elèktron, *V.* **electron**.

elementàre, A *a.* **1** elementary: **scuola e.**, elementary (*o* primary school); (*fis.*) **particella e.**, elementary particle; **maestro e.**, elementary schoolteacher **2** (*facile, semplice*) elementary; simple; easy **3** (*basilare*) fundamental; basic: **principi elementari**, basic principles; rudiments; **necessità e.**, basic necessity. **B** *f. pl.* elementary (*o* primary) school (*sing.*).

elementarità, *f.* **1** elementariness **2** (*semplicità*) simplicity.

elementarizzàre, *v. t.* to simplify; to make* elementary.

eleménto, *m.* **1** (*anche chim.*) element: **la furia degli elementi**, the fury of the elements; **i quattro elementi**, the four elements; (*fig.*) **essere nel proprio e.**, to be in one's element **2** (*componente*) component, constituent, item; (*ingrediente*) ingredient; (*fattore*) factor; (*caratteristica*) feature: **gli elementi della felicità**, the constituents of happiness; **gli elementi del carattere di un uomo**, the ingredients of a man's character; **un e. della prosperità nazionale**, a (contributing) factor (*o* an element) in national prosperity; **un e. destabilizzante**, a destabilizing force **3** (*tecn.*: *di radiatore*) section; (*di accumulatore*) battery cell; (*di certe macchine*) unit **4** (*pl.*) (*dati*) data; facts: **elementi di giudizio**, data (*o* facts) on which one's opinion is based; **Non ho in mano elementi per accusarlo**, I haven't got enough to accuse him; (*leg.*) **elementi costitutivi di un reato**, facts that constitute an offence **5** (*pl.*) (*rudimenti*) rudiments; elements; first principles: **i primi elementi di geometria**, the rudiments of geometry **6** (*individuo*) individual; (*membro*) member; (*lavoratore*) worker: **e. sovversivo**, subversive individual; **gli elementi di un partito**, the members of a party; **Ci sono buoni elementi in questa fabbrica**, there are good workers in this factory; (*scherz.*) **Che e.!**, he is a character! ● (*mecc.*) **e. di rinforzo**, stiffener □ (*fis.*) **e. isolante**, insulating piece.

elemòsina, *f.* alms (*pl.*); alms-giving; (*beneficenza*) charity: **dare** (*o* **fare**) **l'e.**, to give alms; **chiedere l'e.**, to beg; **vivere di e.**, to live on charity; **ridursi all'e.**, to be reduced to begging; **cassetta per l'e.**, alms box.

elemosinàre, *v. t.* e *i.* to beg (sb. for st.); to beg (st. from sb.): **e. il pane**, to beg for bread; **e. favori da q.**, to beg favours from sb.

elemosinière, *m.* (*stor., eccles.*) almoner.

Èlena, *f.* Helen; Helena.

elencàre, *v. t.* **1** to list; to draw* up a list of; (*catalogare*) to catalogue, to catalog (*USA*) **2** (*enumerare*) to enumerate; to list.

elencazióne, *f.* **1** listing **2** (*enumerazione*) enumeration; listing.

elènco, *m.* list; catalogue, catalog (*USA*): **un e. dei libri**, a list of the books; **fare un e.**, to make (*o* to draw up) a list. ● **e. telefonico**, telephone directory (*form.*); phone book; book (*fam.*): **Sono sull'e.**, I'm in the book □ (*telef.*) **informazioni e. abbonati**, directory inquiry □ (*telef.*) **numero fuori e.**, ex-directory (*USA*: unlisted) number.

elènio, *m.* (*bot., Inula helenium*) elecampane.

Eleonòra, *f.* Eleanor, Elinor; Leonora.

elettìvo, *a.* **1** (*per elezione*) elective: **carica elettiva**, elective office **2** (*di scelta*) elective; chosen: **affinità elettiva**, elective affinity; **domicilio e.**, domicile of choice **3** (*farm.*) elective.

elètto, A *a.* **1** (*prescelto*) chosen; elect: **il popolo e.**, the chosen people **2** (*pregiato, distinto*) elect; select; choice; well-chosen; superior: **spiriti eletti**, elect spirits; **poche elette parole**, a few well-chosen words; **l'e. pubblico**, the select company here present; **mente eletta**, superior mind. **B** *m.* (*f.* **-a**) **1** (*persona scelta mediante elezione*) elected person; elected member: **gli eletti al Parlamento**, the newly elected members of Parliament **2** (*pl.*) (*relig.*) the elect; the chosen: **gli eletti del Signore**, the Lord's elect; **... perché molti sono i chiamati, pochi gli eletti**, ... for many be called, but few chosen.

elettoràle, *a.* electoral; election (*attr.*); (*di votazione*) ballot (*attr.*), polling: **campagna e.**, election campaign; **riforma e.**, electoral reform; **propaganda e.**, electioneering; **scheda e.**, ballot paper; **urna e.**, ballot box; **cabina e.**, polling booth; **circoscrizione e.**, constituency.

elettoralìsmo, *m.* (*polit.*) the taking of political decisions on the basis of their appeal to the electorate.

elettoralìstico, *a.* (*polit.*) determined by electoral considerations.

elettoràto, *m.* **1** (*polit.*) electorate: **chiamare alle urne l'e.**, to call an election **2** (*stor.*) Electorate. ● **diritto di e. attivo**, franchise □ **diritto di e. passivo**, eligibility.

elettóre, *m.* **1** (*f.* **-trice**) elector; voter; (*di un dato collegio*) constituent **2** (*stor.*) Elector: **E. Palatino**, Elector Palatine.

Elèttra, *f.* (*mitol.*) Electra.

elettràuto, *m. invar.* **1** (*operaio*) car electrician **2** (*officina*) car electrical repairs.

elettrète, *m.* (*elettr.*) electret.

elettrìce, *f.* 1, *V.* **elettore**, *def.* 1 **2** (*stor.*) Electress.

elettricista, *m.* e *f.* **1** electrician **2** (*installatore di impianti*) electrical contractor.

elettricità, *f.* **1** electricity: **e. di contatto**, contact electricity; **e. di strofinamento**, frictional electricity **2** (*fam.*: *energia elettrica*) power: **È andata via l'e.**, there has been a power cut **3** (*fig.*) nervous tension; edginess.

elèttrico, A *a.* **1** electric(al); power (*attr.*): **energia elettrica**, electric energy; **corrente elettrica**, electric current (*o* power); **linea elettrica**, power line; **luce elettrica**, electric light; **sedia elettrica**, electric chair; **filo e.**, electric (light) wire; **lampadina elettrica**, electric (light) bulb; **cucina elettrica**, electric cooker; **riscaldamento e.**, electric heating; **presa elettrica**, electric socket; power point; **centrale elettrica**, power station; **impianto e.**, electrical equipment; **a funzionamento e.**, electrically operated **2** (*fig.*: *nervoso*) tense; edgy; strung up (*fam.*). ● **blu e.**, electric (*o* steely) blue □ **motore e.**, electromotor; (*generatore di elettricità*) generator. **B** *m.* (*operaio*) electrical industry worker; electricity worker.

elettrificàre, *v. t.* to electrify.

elettrificazióne, *f.* electrification.

elettrizzàbile, *a.* electrifiable.

elettrizzànte, *a.* **1** electrifying **2** (*fig.*) electrifying; exciting; thrilling; exhilarating.

elettrizzàre, A *v. t.* **1** to electrify; to charge with electricity **2** (*fig.*) to electrify; to excite; to thrill; to exhilarate: **e. la folla**, to electrify the crowd; **L'idea mi elettrizzò**, the idea thrilled me. **B elettrizzàrsi,** *v. i. pron.* **1** to become* electrified; to become charged with electricity **2** (*fig.*) to be electrified (*o* thrilled, exhilarated).

elettrizzazióne, *f.* electrification.

elèttro, *m.* **1** (*lett.*) yellow amber **2** (*antica lega di oro e argento*) electron; electrum.

elettroacùstica, *f.* (*fis.*) electroacoustics (*pl. col verbo al sing.*).

elettroacùstico, *a.* (*fis.*) electroacoustic.

elettroaffinità, *f.* (*chim.*) electronegativity; electron attachment.

elettroanàlisi, *f.* (*chim.*) electroanalysis.

elettrobiologìa, *f.* electrobiology.

elettrobisturi, *m.* (*chir.*) electrocautery.

elettrocalamìta, *f. V.* **elettromagnete**.

elettrocapillarità, *f.* electrocapillarity.

elettrocardiografìa, *f.* (*med.*) electrocardiography.

elettrocardiogràfico, *a.* (*med.*) electrocardiographic.

elettrocardiògrafo, *m.* (*med.*) electrocardiograph.

elettrocardiogràmma, *m.* (*med.*) electrocardiogram.

elettrochìmica, *f.* electrochemistry.

elettrochìmico, A *a.* electrochemic(al). **B** *m.* (*f.* **-a**) electrochemist.

elettrochirurgìa, *f.* (*chir.*) electrosurgery.

elettrochòc, *V.* **elettroshock**.

elettrocinètica, *f.* electrokinetics (*pl. col verbo al sing.*).

elettrocoagulazióne, *f.* (*med.*) electrocoagulation.

elettrocomandàto, *a.* electrically operated.

elettrocontàbile, *a.* electric calculating.

elettroconvulsìvo, *a.* (*med.*) electroconvulsive.

elettrocuzióne, *f.* electrocution.

elettrodeposizióne, *f.* (*metall.*) electroplating.

elettrodiàgnosi, *f.* (*med.*) diagnosis* obtained by electrical stimulation.

elettrodiagnòstica, *f.* (*med.*) electrodiagnostic technique.

elettrodiàlisi, *f.* (*chim.*) electrodialysis*.

elettròdico, *a.* (*chim.*) electrode (*attr.*).

elettrodinàmica, *f.* electrodynamics (*pl. col verbo al sing.*).

elettrodinàmico, *a.* electrodynamic(al).

elettrodinamìsmo, *m.* electrodynamism.

elettrodinamòmetro, *m.* electrodynamometer.

elèttrodo, *m.* (*elettr.*) electrode.

elettrodomèstico, *m.* electric(al) household appliance; (*al pl. collett., anche*) white goods.

elettrodótto, *m.* long-distance power line.

elettroencefalografìa, *f.* (*med.*) electroencephalography.

elettroencefalogràfico, *a.* (*med.*) electroencephalographic.

elettroencefalògrafo, *m.* (*med.*) electroencephalograph.

elettroencefalogràmma, *m.* (*med.*) electroencephalogram.

elettroerosióne, *f.* (*tecn.*) spark erosion; spark machining.

elettroesecuzióne, *f.* electrocution.

elettròfilo, *a.* (*chim.*) electrophilic.

elettrofiltro, *m.* (*chim.*) electrostatic filter.

elettrofisiologìa, *f.* (*med.*) electrophysiology.

elettrofisiològico, *a.* (*med.*) electrophysiological.

elettrofonìa, *f.* electronic sound production.

elettroforèsi, *f.* (*chim.*) electrophoresis.

elettroforètico, *a.* (*chim.*) electrophoretic.

elettroformatùra, *f.* (*elettr.*) electroforming.

elettròforo, *m.* (*fis.*) electrophorus*.

elettrofusióne, *f.* arc melting; induction melting.

elettrògeno, *a.* generating electricity. ● **gruppo e.**, generator.

elettròlisi, *f.* (*chim., fis.*) electrolysis.

elettrolìtico, *a.* (*chim., fis.*) electrolytic(al).

elettròlito, *m.* (*chim., fis.*) electrolyte.

elettrolizzàre, *v. t.* (*chim., fis.*) to electrolyse.
elettrolizzatóre, *m.* electrolyser.
elettrologìa, *f.* (*fis.*) electrology.
elettrològico, *a.* (*fis.*) electrologic(al).
elettroluminescènte, *a.* (*fis.*) electroluminescent.
elettroluminescènza, *f.* (*fis.*) electroluminescence.
elettromagnète, *m.* electromagnet; magnet: **e. di campo**, field magnet; **e. di sollevamento**, lifting magnet.
elettromagnètico, *a.* electromagnetic(al).
elettromagnetismo, *m.* electromagnetism.
elettromeccànica, *f.* electromechanics (*pl. col verbo al sing.*).
elettromeccànico, **A** *a.* electromechanic(al). **B** *m.* electrician.
elettrometallurgìa, *f.* electrometallurgy.
elettrometallùrgico, *a.* electrometallurgical.
elettrometrìa, *f.* (*fis.*) electrometry.
elettròmetro, *m.* electrometer: **e. a bilancia [a filo]**, balance [string] electrometer.
elettromiografìa, *f.* (*med.*) electromyography.
elettromiògrafo, *m.* (*med.*) electromyograph.
elettromiogràmma, *m.* (*med.*) electromyogram.
elettromotóre, **A** *a.* electromotive. **B** *m.* electromotor.
elettromotrìce, *f.* electric locomotive.
elettronarcòsi, *f.* (*med.*) electronarcosis*.
elettróne, *m.* (*fis.*) electron: **e. negativo**, negative electron; negatron; **e. positivo**, positive electron; positron; **e. rotante**, spinning electron; (*chim.*) **e. di valenza**, valence electron; **acceleratore di elettroni**, electron accelerator; **fascio [flusso] di elettroni**, electron beam [flow].
elettronegatività, *f.* (*fis., chim.*) electronegativity.
elettronegativo, *a.* (*fis., chim.*) electronegative.
elettrònica, *f.* electronics (*pl. col verbo al sing.*).
elettrònico, *a.* electron (*attr.*); electronic: **flusso e.**, electron flow; **tubo e.**, electron tube; **apparato e.**, electronic apparatus; **cervello e.**, electronic brain; **editoria elettronica**, desktop publishing; **microscopio e.**, electron microscope; **musica elettronica**, electronic music; **posta elettronica**, electronic mail (*abbr.*: E-mail).
elettronucleàre, *a.* electronuclear.
elettronvòlt, *m. invar.* (*fis.*) electron-volt (*abbr.*: eV).
elettroosmòsi, *V.* **elettrosmosi**.
elettroòttica, *f.* (*fis.*) electro-optics (*pl. col verbo al sing.*).
elettropneumàtico, *a.* (*mecc.*) electropneumatic.
elettropómpa, *f.* (*mecc.*) motor-driven pump; electropump.
elettropositività, *f.* (*fis., chim.*) electropositivity.
elettropositivo, *a.* (*fis., chim.*) electropositive.
elettrosaldàto, *a.* (*tecn.*) arc welded.
elettroscòpio, *m.* electroscope.
elettroshòck, *m.* (*med.*) electroshock.
elettroshockterapìa, *f.* (*med.*) electroshock therapy.
elettrosiderurgìa, *f.* iron electrometallurgy.
elettrosincrotróne, *m.* (*fis. nucl.*) electron synchrotron.
elettrosmòsi, *f.* electro-osmosis.
elettrosmòtico, *a.* electro-osmotic.
elettrostàtica, *f.* electrostatics (*pl. col verbo al sing.*).
elettrostàtico, *a.* electrostatic.
elettrostrittivo, *a.* (*fis.*) electrostrictive.
elettrostrizióne, *f.* (*fis.*) electrostriction.
elettrotècnica, *f.* electrotechnics (*pl. col verbo al sing.*); electrotechnology; electrical engineering.
elettrotècnico, **A** *a.* electrotechnical. **B** *m.* electrotechnician; electrical engineer.
elettroterapìa, *f.* (*med.*) electrotherapeutics (*pl. col verbo al sing.*); electrotherapy.
elettroteràpico, *a.* (*med.*) electrotherapeutic.
elettrotermìa, *f.* (*fis.*) *1* electrothermics (*pl. col verbo al sing.*) *2* (*la conversione*) thermoelectricity.
elettrotèrmico, *a.* (*fis.*) electrothermic; electrothermal.
elettrotrazióne, *f.* electric traction.
elettrotrèno, *m.* electric (express) train.
elettrotropismo, *m.* (*biol.*) electrotropism.
elettrovalènza, *f.* (*chim.*) electrovalency.
elettrovàlvola, *f.* (*tecnol.*) solenoid valve.
elettuàrio, *m.* (*farm.*) electuary.
Elèusi, *f.* (*geogr., stor.*) Eleusis.
eleusino, *a.* Eleusinian: **misteri eleusini**, Eleusinian mysteries.
elevaménto, *m.* raising; elevation.
elevàre, **A** *v. t.* *1* to raise; to elevate; (*sollevare*) to lift (up); **e. lo sguardo**, to raise one's eyes; **e. al trono**, to raise to the throne *2* (*promuovere*) to promote: **e. q. a generale [a direttore]**, to promote sb. general [director] *3* (*aumentare, far crescere*) to increase; to raise; to put* up; to step up: **e. i prezzi**, to raise (*o* to increase) the prices; **e. il tenore di vita**, to raise the standard of living; (*elettr.*) **e. la tensione**, to step up the tension *4* (*costruire*) to erect; to raise: **e. un monumento**, to raise (*o* to erect) a monument *5* (*mat.*) to raise: **e. un numero al quadrato**, to raise a number to the 2nd power; to square a number; **e. un numero al cubo**, to raise a number to the 3rd power; to cube a number; **e. a potenza**, to raise to power. ● **e. (una) contravvenzione a q.**, to impose a fine on sb.; to fine sb.; to give sb. a ticket (*USA*) □ **e. una protesta**, to protest; to complain. **B elevàrsi**, *v. i. pron.* *1* (*aumentare*) to rise* *2* (*migliorare*) to rise*: **Il tenore di vita si è elevato**, the standard of living has risen *3* (*ergersi*) to rise* (above st.), to overlook (st.); (*torreggiare*) to tower (over st.): **e. sopra le nubi**, to rise above the clouds. **C elevàrsi**, *v. rifl.* to raise oneself.
elevatézza, *f.* *1* highness *2* (*fig.*) loftiness; nobility: **e. di stile**, loftiness of style; **e. di sentimenti**, nobility of feelings; highmindedness.
elevàto, *a.* *1* elevated; raised; high: **luogo e.**, raised (*o* elevated) place; **una posizione elevata nell'azienda**, an elevated position in the company; **prezzo e.**, high price; **velocità elevata**, high speed; **socialmente e.**, upper-class (*attr.*) *2* (*fig.*) elevated, lofty; (*nobile*) noble, high-minded: **stile e.**, elevated style.
elevatóre, **A** *a.* elevatory. ● (*anat.*) **muscolo e.**, elevator. **B** *m.* *1* (*mecc.*) elevator; hoist: **e. a nastro**, belt (*o* endless) elevator; **e. a tazze**, bucket elevator; (*naut.*) **e. di munizioni**, ammunition hoist; (*ind.*) **e. per carbone**, coal heaver *2* (*armi da fuoco*) magazine.
elevazióne, *f.* *1* elevation; raising; lifting up: **e. al trono**, raising to the throne; (*mat.*) **e. a potenza**, raising to a power; (*mil.*) **angolo di e.**, angle of elevation; (*eccles.*) **l'e. dell'Ostia**, the elevation of the Host *2* (*del terreno*) rise; elevation; height *3* (*astron.*) elevation; altitude *4* (*sport*) elevation.
elevóne, *m.* (*aeron.*) elevon.
elezióne, *f.* *1* election: **l'e. del nuovo consiglio amministrativo**, the election of the new board of directors; **la sua e. al Senato**, his election to the Senate; **e. a presidente del comitato**, election to the comittee chairmanship; **elezioni politiche**, general election (*sing.*); polls; **indire le elezioni**, to call a general election; **essere candidato alle elezioni**, to run (*o* to stand) in an election; to stand for Parliament; **vittoria alle elezioni**, victory at the election (*o* at the polls); **elezioni anticipate**, early election; **elezioni amministrative**, local(-government) elections *2* (*scelta*) choice: **patria d'e.**, adopted country; **di mia libera e.**, of my own free will; (*leg.*) **e. di domicilio**, choice of domicile.
elfo, *m.* (*mitol.*) elf*. ● **di e. [degli elfi, simile a un e.]**, elfish; elvish.
Elìa, *m.* Elias; (*Bibbia*) Elijah.
elìaco, *a.* (*astron.*) heliacal.
eliambulànza, *f.* helicopter ambulance.
eliàntemo, *m.* (*bot., Helianthemum vulgare*) rock rose.
eliànto, *m.* (*bot., Helianthus*) helianthus.
eliappròdo, *m.* emergency helipad.
èlibus, *m.* helibus.
èlica, *f.* *1* (*geom.*) helix*: (*biol.*) **doppia e.**, double helix *2* (*mecc.*) propeller; screw *3* (*naut.*) (screw) propeller, screw; (*aeron.*) airscrew, (screw) propeller; (*di elicottero*) rotor: **e. destrorsa [sinistrorsa]**, right-hand [left-hand] propeller; **pala dell'e.**, (screw) blade; **e. a due pale**, two-bladed propeller; **e. tripala**, three-bladed propeller; **e. a passo variabile**, variable-pitch propeller; (*aeron.*) **e. di coda**, tail rotor; **passo dell'e.**, (*aeron.*) propeller pitch; (*naut.*) screw pitch; (*naut.*) **e. di prua**, bow thruster.
èlice, *f.* *1* (*anat.*) helix* *2* (*archit.*) helix* *3* (*zool., Helix*) helix*.
elicicoltóre, *m.* (*f.* **-trice**) breeder of edible snails.
elicicoltùra, *f.* breeding of edible snails.
Elìcidi, *m. pl.* (*zool., Helicidae*) Helicidae.
elicoidàle, *a.* *1* (*geom.*) helicoidal *2* (*mecc.*) helical.
elicòide, *a.* e *m.* (*geom.*) helicoid.
Elicóna, *m.* (*geogr., mitol.*) Helicon.
elicóne, *m.* (*mus.*) helicon.
elicònio, *a.* (*lett.*) Heliconian.
elicotterista, *m.* e *f.* helicopter pilot.
elicòttero, *m.* helicopter; chopper (*fam.*).
elìdere, **A** *v. t.* *1* to annul *2* (*ling.*) to elide *3* (*mat.: fattori comuni*) to cancel. **B elìdersi,** *v. rifl. recipr.* to annul each other.
eliminàbile, *a.* eliminable.
eliminàre, *v. t.* *1* to eliminate; to exclude; to remove; (*disfarsi di*) to get* rid of, to do* away with; (*concorrenti, candidati, ecc.*) to weed out: **e. un'ipotesi**, to eliminate (*o* to exclude) a hypothesis; **e. un ostacolo [un dubbio]**, to remove an obstacle [a doubt]; **Ho eliminato le tende**, (*ho deciso di non metterle*) I've eliminated curtains; (*le ho tolte*) I've got rid of the curtains; **e. gradualmente**, to phase out *2* (*sport*) to eliminate; (*boxe*) to knock out *3* (*ammazzare*) to liquidate; to do* away with; to kill off.
eliminatòria, *f.* qualifying round; (*sport*) preliminary heat: **[non] superare le eliminatorie**, [to fail] to qualify.
eliminatòrio, *a.* eliminating; preliminary: **girone e.**, qualifying round; preliminary heat.
eliminazióne, *f.* elimination (*anche sport*); (*rimozione*) removal; (*esclusione*) exclusion: **e. graduale**, phase-out; **per e.**, by a process of elimination; (*sport*) **gara a e.**, knockout competition.
èlio, *m.* (*chim.*) helium.
eliocèntrico, *a.* (*astron.*) heliocentric.
eliocentrismo, *m.* (*astron.*) heliocentrism.
elioelèttrico, *a.* helioelectric.
eliofanògrafo, *m.* (*meteor.*) sunshine recorder.
eliòfilo, *a.* (*bot.*) heliophilous; heliophilic.
eliofobìa, *f.* (*med.*) heliophobia.
eliòfobo, *a.* *1* (*bot.*) heliophobous; heliophobic *2* (*med.*) heliophobe.
eliografìa, *f.* *1* (*tecnica*) heliography *2* (*incisione eliografica*) heliograph; heliogravure.
eliogràfico, *a.* heliographic.
eliografista, *m.* e *f.* heliographer.
eliògrafo, *m.* *1* (*mil.*) heliograph *2* (*astron.*) heliograph.
eliomagnetismo, *m.* solar magnetism.
eliòmetro, *m.* (*astron.*) heliometer.
elióne, *m.* (*chim., fis.*) alpha particle.
elioscòpico, *a.* (*astron.*) helioscopic.
elioscòpio, *m.* (*astron.*) helioscope.

eliosfèra, f. (*astron.*) heliosphere.
eliòstato, m. (*astron.*) heliostat.
elioteìsmo, m. (*relig.*) heliolatry; sun-worship.
elioterapìa, f. (*med.*) heliotherapy.
elioteràpico, a. (*med.*) heliotherapeutic; sun (*attr.*): **cura elioterapica**, sun treatment.
eliotipìa, f. (*fotogr.*) heliotypy.
eliotìpico, a. (*fotogr.*) heliotypic.
eliotròpia (1), f. (*miner.*) heliotrope; bloodstone.
eliotropìa (2), V. **eliotropismo**.
eliotròpico, a. (*bot.*) heliotropic.
eliotròpio, m. *1* (*bot., Heliotropium europaeum*) turnsole; heliotrope *2* V. **eliotropia (1)**.
eliotropismo, m. (*bot.*) heliotropism.
elipàrco, m. *1* helidrome *2* (*flotta di elicotteri*) helicopter fleet.
elipòrto, m. heliport; helistop.
eliportuale, a. heliport (*attr.*).
Elisa, f. Eliza.
Elisabètta, f. Elizabeth, Elisabeth.
elisabettiano, a. e m. (*stor.*) Elizabethan.
eliscàlo, V. **eliporto**.
elisio, A a. (*mitol.* e *fig.*) Elysian: **i Campi Elisi**, the Elysian Fields. **B** m. Elysium*.
elisióne, f. (*ling.*) elision.
elisir, elisire, m. elixir: **e. di lunga vita**, elixir of life.
Eliso, m. (*mitol.*) Elysium*.
elisoccórso, m. helicopter rescue.
elitàrio, a. elitist; elite (*attr.*): **politica elitaria**, elitist policy; **circolo e.**, elite circle.
elitarismo, m. elitism.
elitassì, elitàxi, m. invar. helitaxi.
élite (*franc.*), f. invar. elite: **un'é. intellettuale**, an intellectual elite; **di é.**, elite (*attr.*).
elitìstico, a. elitist.
èlitra, f. (*zool.*) elytron*; wing-case.
elitrasportàre, a. (*mil.*) to transport by helicopter.
élla, f. *1* (*pron. pers. 3ª pers. sing. sogg.*) she: **Ella vestiva di rosso**, she was dressed in red; **e. stessa**, she herself *2* (*pron. di cortesia, per uomo o donna*) you: **Vuole E. farci l'onore d'una visita?**, will you honour us with a visit?
Èllade, f. (*stor., geogr.*) Hellas.
ellàdico, a. (*stor., geogr.*) Helladic.
èlle, f. o m. invar. (*lettera*) l; L: **stanza a e.**, L-shaped room.
elleborina, f. (*farm.*) helleborin.
ellèboro, m. (*bot., Helleborus*) hellebore: **e. puzzolente** (*Helleborus foetidus*), stinking hellebore; setterwort.
ellènico, a. (*stor., geogr.*) Hellenic.
ellenismo, m. Hellenism.
ellenista, m. e f. Greek scholar.
ellenìstico, a. Hellenistic.
ellenizzàre, v. t. e i. to Hellenize.
ellenizzazióne, f. Hellenization.
ellèno, m. (*stor., geogr.*) Hellene.
ellepì, m. (*disco*) LP.
ellisse, f. (*geom.*) ellipse.
ellìssi, f. (*ling.*) ellipsis*.
ellissògrafo, m. (*geom.*) ellipsograph; trammel.
ellissoidàle, a. (*geom.*) ellipsoidal.
ellissòide, m. (*geom.*) ellipsoid.
ellìttico (1), a. (*geom.*) elliptic(al).
ellìttico (2), a. (*ling.*) elliptical.
elmétto, m. helmet; (*protettivo, anche*) hard hat.
Elminti, m. pl. (*zool.*) helminths; parasitic worms.
elmintiasi, f. (*med.*) helminthiasis*.
elmìntico, a. (*zool., med.*) helminthic.
elmintologìa, f. helminthology.
elmintològico, a. helminthologic(al).
elmintòlogo, m. (f. **-a**) helminthologist.
elmintòsi, V. **elmintiasi**.
élmo, m. helmet.
elocuzióne, f. elocution.
elodèa, f. (*bot., Elodea canadensis*) Canadian pondweed.
elodèrma, m. (*zool., Heloderma*) Gila monster.
elogiàre, v. t. to praise; to commend.
elogiativo, a. laudatory; eulogistic(al): **parole elogiative**, words of praise; laudatory phrases; **parlare di q. in termini elogiativi**, to speak highly of sb.; (*scherz.* o *iron.*) to sing sb.'s praises.
elogiatóre, m. (f. **-trice**) praiser; eulogist.
elògio, m. *1* (*discorso laudativo*) eulogy; oration: **e. funebre**, funeral oration *2* (*lode*) praise; commendation: **meritati elogi**, well-deserved praise(s): **Meriti un e.**, you deserve praise (*o* to be praised); **fare gli elogi di q.**, to praise sb.; **Gli feci i miei elogi per la sua scelta**, I congratulated him on his choice; **«E. della filosofia»**, «In Praise of Philosophy».
elogista, m. e f. eulogist.
elogìstico, a. eulogistic.
elongazióne, f. *1* (*astron.*) elongation *2* (*fis.*) displacement.
eloquènte, a. *1* eloquent *2* (*fig.: espressivo*) eloquent, meaningful; (*rivelatore*) revealing, telltale (*attr.*): **silenzio e.**, eloquent silence; **sguardo e.**, meaningful look; **segno e.**, telltale sign.
eloquènza, f. *1* eloquence; (*arte oratoria*) oratory *2* (*fig.*) eloquence; meaningfulness. ● **l'e. del denaro**, the power of money □ **È un fiume d'e.**, he is silver-tongued.
elòquio, m. (*lett.*) speech; language.
élsa, f. hilt. ● (*fig.*) **Tenere la mano sull'e.**, to be on one's guard.
èlson, f. invar. (*lotta*) nelson.
elucubràre, v. t. (*lett.*) *1* (*meditare*) to lucubrate; to ponder *2* (*escogitare*) to think* up; to concoct.
elucubrazióne, f. lucubration.
elùdere, v. t. to elude; to evade; to sidestep; to baffle; to escape; to dodge (*fam.*): **e. la legge**, to evade the law; **e. una domanda**, to evade a question; **e. una questione**, to sidestep an issue; **e. la sorveglianza di q.**, to escape sb.'s vigilance.
eluènte, m. (*chim.*) eluant.
eluìre, v. t. (*chim.*) to elute.
eluìto, a. (*chim.*) eluate.
eluizióne, f. (*chim.*) elution.
elusióne, f. elusion; evasion.
elusività, f. elusiveness; evasiveness.
elusivo, elusòrio, a. elusive; evasive.
eluviàle, a. (*geol.*) eluvial.
elùvio, m. (*geol.*) eluvium.
eluzióne, V. **eluizione**.
elvèlla, f. (*bot., Helvella crispa*) helvella.
elvètico, A a. Swiss; (*stor.*) Helvetic, Helvetian. **B** m. (f. **-a**) Swiss* (f. Swiss woman*); (*stor.*) Helvetian.
elzeviriano, a. (*tipogr.*) Elzevir (*attr.*): **carattere e.**, Elzevir type.
elzevirista, m. e f. writer of literary articles; essayist.
elzevìro, A a. V. **elzeviriano**. **B** m. *1* (*carattere*) Elzevir (type); (*edizione*) Elzevir edition *2* (*giornal.*) literary article (published in a daily newspaper).
emaciaménto, m. emaciation.
emaciàre, A v. t. to emaciate. **B emaciàrsi,** v. i. pron. to become* emaciated.
emaciàto, a. emaciated.
emaciazióne, f. (state of) emaciation.
emagràmma, m. (*meteor.*) emagram.
emàle, a. (*biol.*) h(a)emal.
emanàre, A v. t. *1* (*mandare fuori*) to exhale; to give* off; to give* out: **e. vapori**, to exhale vapours; **e. calore [vapore, un odore]**, to give off heat [steam, a scent]; **e. luce**, to radiate (*o* to shed) light; **e. un dolce profumo**, to smell sweet *2* (*fig.: emettere*) to issue; to enact: **e. una legge**, to issue a law; **e. regolamenti**, to enact regulations. **B** v. i. to emanate; to issue.
emanatismo, m. (*filos.*) emanationism.
emanatista, m. e f. (*filos.*) emanatist.
emanazióne, f. *1* emanation; (*esalazione*) exhalation, emission *2* (*emissione*) issuing: **e. di una legge**, issuing of a law *3* (*chim.*) emanation: **e. del radio**, radium emanation; radon *4* (*filos.*) emanation.
emanazionismo, V. **emanatismo**.
emancipàre, A v. t. *1* (*leg.*) to emancipate: **e. uno schiavo**, to emancipate a slave *2* (*fig.*) to emancipate; to set* free. **B emanciparsi,** v. rifl. to become* emancipated; to free oneself.
emancipàto, a. *1* (*leg.*) emancipated *2* (*fig.*) emancipated; free; open-minded; uninhibited: **modi emancipati**, uninhibited ways; **donna emancipata**, emancipated woman; (*eufem.*) **una ragazza piuttosto emancipata**, a rather uninhibited girl.
emancipatóre, m. (f. **-trice**) emancipator.
emancipazióne, f. (*anche leg.*) emancipation: **l'e. della donna**, the emancipation of women; **l'e. di un minore**, the emancipation of a minor.
emangiòma, m. (*med.*) h(a)emangioma*.
Emanuèle, m. Emmanuel.
emarginàre, v. t. *1* (*bur.*) to make* marginal notes on *2* (*fig.*) to marginalize, to isolate; (*ostracizzare*) to ostracize: **e. gli anziani [le minoranze]**, to marginalize the aged [the minorities]; **e. un collega**, to ostracize (*o* to shun) a colleague.
emarginàto, A a. *1* (*bur.*) with marginal notes *2* (*fig.*) marginalized; isolated; (*ostracizzato*) ostracized. **B** m. (f. **-a**) outcast; derelict; pariah.
emarginazióne, f. marginalization; isolation; (*ostracismo*) ostracism.
emàrtro, m. (*med.*) h(a)emarthrosis*.
emasculazióne, f. (*med.*) emasculation.
ematèmesi, f. (*med.*) h(a)ematemesis*.
emàtico, a. (*med.*) h(a)ematic; blood (*attr.*): **coagulo e.**, blood clot.
ematidròsi, f. (*med.*) h(a)ematidrosis.
ematina, f. (*biol.*) h(a)ematin.
ematite, f. (*miner.*) h(a)ematite.
ematocèle, m. (*med.*) h(a)ematocele.
ematòcrito, m. (*med.*) h(a)ematocrit.
ematòfago, a. (*zool.*) h(a)ematophagous.
ematògeno, a. (*med.*) h(a)ematogenous.
ematologìa, f. (*med.*) h(a)ematology.
ematològico, a. (*med.*) h(a)ematological.
ematòlogo, m. (f. **-a**) h(a)ematologist.
ematòma, m. (*med.*) h(a)ematoma*.
ematopoièsi, f. (*fisiol.*) h(a)ematopoiesis.
ematopoiètico, a. (*fisiol.*) h(a)ematopoietic.
ematòsi, f. (*fisiol.*) h(a)ematosis.
ematossilina, f. (*chim.*) h(a)ematoxylin.
ematùria, f. (*med.*) h(a)ematuria.
emàzia, f. (*biol.*) erythrocyte.
embàrgo, m. (*naut.*) embargo*: **Le merci sono sottoposte a e.**, goods are under embargo; **imporre un e.**, to impose an embargo.
emblèma, m. emblem; symbol; device; badge: **un e. di pace**, an emblem of peace; **e. araldico**, heraldic device; **Portava un e. sul berretto**, he wore a badge on his cap.
emblemàtica, f. study of emblems.
emblemàtico, a. *1* emblematic; symbolic *2* (*fig.*) typical.
emblematista, m. e f. emblematist.
embolìa, f. (*med.*) embolism.
embolismàle, a. embolismic: **mese e.**, embolismic month.
embolismo (1), m. (*med.*) embolism.
embolismo (2), m. *1* embolismic year *2* (*eccles.*) embolism.
èmbolo, m. (*med.*) embolus*.
embricàre, A v. t. to imbricate. **B embricarsi,** v. rifl. recipr. to imbricate; to overlap.
embricàto, a. (*archit., bot., zool.*) imbricate.
embricatùra, f. imbrication.
èmbrice, m. flat roof tile.
embriciàta, f. tiled roof.
embriogènesi, embriogenia, f. (*biol.*) embryogenesis; embryogeny.
embriogènico, a. (*biol.*) embryogenic.
embriologìa, f. (*biol.*) embryology.
embriològico, a. (*biol.*) embryologic(al).
embriòlogo, m. (f. **-a**) embryologist.

embrionàle, *a.* embryonal; (*anche fig.*) embryonic, embryo (*attr.*): (*fig.*) **allo stato e.**, embryo (*attr.*); in embryo; at an early stage; in one's infancy.

embrionàrio, *a.* (*biol.*) embrional.

embrióne, *m.* (*biol.* e *fig.*) embryo: **in e.**, in embryo; (*fig.*, *anche*) at an early stage, in one's infancy.

embriònico, *a.* (*biol.*) embryonic.

embriotomìa, *f.* (*chir.*) embryotomy.

embrocàre, *v. t.* (*med.*) to embrocate.

embrocazióne, *f.* (*med.*) embrocation; liniment.

ème, *m.* (*biol.*) haem; heme.

emendàbile, *a.* amendable.

emendaménto, *m.* amendment (*anche leg.*); (*di un testo*) emendation.

emendàre, A *v. t.* ***1*** (*leg.*) to amend: **e. un progetto di legge**, to amend a bill ***2*** (*correggere*) to emend; to mend; to correct; to edit: **e. un testo**, to emend (*o* to correct) a text ***3*** (*migliorare*) to improve; to better. **B emendàrsi,** *v. rifl.* to mend one's ways; to reform; to turn over a new leaf (*fam.*).

emendatio (*lat.*), *f.* (*filol.*) emendation.

emendativo, *a.* amendatory; emendatory; mending.

emendatóre, *m.* (*f.* **-trice**) amender; (*di un testo*) emendator, emender.

emendazióne, *f.* (*filol.*) emendation.

emeralopìa, *f.* (*med.*) hemeralopia; (*com.*) day-blindness.

emergènte, *a.* emergent; emerging; rising; budding, up-and-coming (*fam.*): **classi emergenti**, emergent classes; **paesi emergenti**, emergent countries; **un giovane attore e.**, an up-and-coming young actor. ● (*leg.*) **danno e.**, consequential damage.

emergènza (1), *f.* ***1*** (*l'emergere*) emergence ***2*** (*fenomeno*) phenomenon*, fact; (*reperto*) finding.

emergènza (2), *f.* emergency: **stato di e.**, state of emergency; **in caso di e.**, in an emergency; **freno** [**uscita**] **di e.**, emergency brake [exit]; **l'e. droga**, the drug problem.

emergenziàle, *a.* emergency (*attr.*).

emèrgere, *v. i.* ***1*** (*venire a galla*) to surface (*anche naut.*); to come* to the surface ***2*** (*venire fuori*) to emerge; to come* out; to appear: **e. dal sonno**, to emerge from sleep; **e. dalla nebbia**, to come out of (*o* to emerge from) the fog ***3*** (*fig.*: *risultare*) to come* to the surface; to emerge; to surface; to come* out; to transpire: **Il vero motivo emerse dopo un'ora**, the real motive came out (*o* came to the surface, transpired) an hour later; **Sono emersi nuovi fatti**, new facts have emerged ***4*** (*fig.*: *distinguersi*) to stand* out; to rise* above the others; to distinguish oneself.

emèrito, *a.* ***1*** (*insigne*) distinguished; renowned: **un e. scienziato**, a distinguished scientist ***2*** (*nelle università*) emeritus: **professore e.**, emeritus professor ***3*** (*scherz.*) egregious; regular: **un e. imbroglione**, a regular conman; **un e. bugiardo**, an egregious liar.

emerocàllide, *f.* (*bot.*, *Hemerocallis fulva*) hemerocallis; day lily.

emerotèca, *f.* newspaper and periodical library.

emersióne, *f.* ***1*** (*anche naut.*) surfacing; emersion: **navigare in e.**, to sail (*o* to proceed) on the surface; **velocità in e.**, surface speed; **sottomarino in e.**, surfaced submarine ***2*** (*astron.*) emergence.

emèrso, *a.* rising out of the water; above sea level; (*di sottomarino*) surfaced. ● **terre emerse**, lands above sea level.

emésso, *a.* issued.

emètico, (*farm.*) **A** *a.* emetic(al). **B** *m.* emetic.

emetìna, *f.* (*chim.*) emetin(e).

emetiṣmo, *m.* (*med.*) pathological vomiting.

eméttere, *v. t.* ***1*** (*voce, suono*) to emit, to give*, to let* out, to send* out; (*solo di persona*) to utter: **e. un grido**, to emit (*o* to give, to let out) a cry; **e. un sospiro**, to give (*o* to let out) a sigh; **e. un fischio**, to whistle; **e. segnali**, to send out (*o* to emit) signals; **Non emise parola**, he didn't utter a word ***2*** (*calore, luce, ecc.*) to give* out, to give* off, to let* out, to send* out (*o* forth), to emanate; (*sudore, umidità*) to exude: **e. fumo**, to send out (*o* to give off) smoke; **La lampada emetteva una luce pallida**, the lamp gave off a pale light ***3*** (*econ.*, *fin.*) to issue; to draw*: **e. banconote**, to issue banknotes; **e. azioni**, to issue shares; **e. un assegno**, to draw a cheque; **e. un prestito**, to issue (*o* to float) a loan; **e. una cambiale**, to draw a bill of exchange ***4*** (*esprimere, emanare, rendere noto*) to express, to announce; (*promulgare*) to promulgate, to issue; (*leg.*) to pronounce, to pass, to bring* in: **e. un'opinione**, to express an opinion; **e. un giudizio**, to pass a comment; **e. un'ordinanza**, to promulgate a decree; **e. un mandato di cattura**, to issue a warrant of arrest; (*leg.*) **e. un verdetto**, to bring in (*o* to return) a verdict.

emettitóre, *m.* (*elettron.*) emitter.

emettitrice, *f.* (*di biglietti*) ticket machine.

emiciclo, *m.* hemicycle; semicircle. ● **l'e. della Camera dei Deputati**, the floor of the House of Deputies.

èmico, *a.* (*ling.*) emic.

emicrània, *f.* (*med.*) hemicrania; migraine.

emicrànico, *a.* (*med.*) migrainous; migraine (*attr.*).

emidàttilo, *m.* (*zool.*) hemidactylus.

èmide, *f.* (*zool.*, *Emys orbicularis*) emys*; water tortoise.

emièdrico, *a.* (*miner.*) hemihedral.

emigrànte, A *a.* emigrating; emigrant. **B** *m.* e *f.* emigrant.

emigràre, *v. i.* to emigrate; (*di animali*) to migrate.

emigràto, *m.* emigrant; expatriate: **e. politico**, political exile.

emigratòrio, *a.* emigratory; migratory.

emigrazióne, *f.* ***1*** emigration; (*di animali*) migration ***2*** (*gli emigrati*) emigrants (*pl.*). ● (*fig.*) **e. di capitali all'estero**, flow (*o* flight) of capital abroad.

Emìlia, *f.* Emily; Emilia.

emiliàno, A *a.* Emilian; of Emilia. **B** *m.* (*f.* **-a**) Emilian; native of Emilia; inhabitant of Emilia.

Emìlio, *m.* Emil.

emimòrfo, *a.* hemimorphous.

eminènte, *a.* ***1*** eminent; high; rising (*pred.*) ***2*** (*fig.*) eminent; outstanding; distinguished; notable. ● **in grado e.**, to a notable degree.

eminenteménte, *avv.* eminently.

eminentìssimo, *a. superl.* (*titolo*) His Eminence; (*vocativo*) Your Eminence.

eminènza, *f.* ***1*** (*elevazione*) eminence; height; rise ***2*** (*sporgenza*) prominence ***3*** (*fig.*) excellence; prominence; greatness ***4*** (*titolo*) Eminence: **Vostra E.**, Your Eminence. ● (*fig.*) **e. grigia**, éminence grise (*franc.*).

emìono, *m.* (*zool.*, *Equus hemionus*) wild ass; hemionous.

emiparèṣi, *f.* (*med.*) hemiparesis.

emiparètico, *a.* (*med.*) hemiparetic.

emiplegìa, *f.* (*med.*) hemiplegia, hemiplegy.

emiplègico, *a.* e *m.* (*med*) hemiplegic.

emiràto, *m.* emirate.

emìro, *m.* emir.

emisfèrico, *a.* hemispheric(al).

emisfèro, *m.* hemisphere: (*geogr.*) **e. boreale** [**australe**], northern [southern] hemisphere; (*anat.*) **e. cerebrale**, cerebral hemisphere.

emisferoidàle, *a.* hemispheroidal.

emissàrio (1), *m.* ***1*** (*geogr.*) effluent ***2*** (*anat.*) emissary ***3*** (*idraul.*) outlet; drain.

emissàrio (2), *m.* (*persona*) emissary.

emissióne, *f.* ***1*** (*anche fis.*) emission: **e. di luce** [**di calore**], emission of light [of heat]; (*radio*) **e. diretta**, beam emission; (*radio*) **e. termoionica**, thermionic emission ***2*** (*messa in circolazione*) issue: **e. di francobolli**, issue of stamps; **data di e.**, date of issue ***3*** (*econ.*, *fin.*) issue; drawing: **e. di un prestito**, issue (*o* floating) of a loan; **e. di un assegno**, issue (*o* drawing) of a cheque; **banca d'e.**, issuing bank ***4*** (*tel.*) impulse: **e. nulla**, zero current impulse. ● (*radio, TV*) **antenna d'e.**, transmitting (*o* sending) aerial □ (*radio, TV*) **stazione d'e.**, transmitting (*o* broadcasting) station.

emissìvo, *a.* emissive.

emistìchio, *m.* (*poesia*) hemistich.

emitrago, *m.* (*zool.*, *Hemitragus jemlahicus*) tahr.

emittènte, A *a.* ***1*** (*econ.*) issuing: **banca e.**, issuing bank ***2*** (*tel.*) transmitting; broadcasting: **stazione e.**, broadcasting station. **B** *f.* ***1*** (*tel.*) transmitter; broadcasting station: **e. televisiva**, television broadcasting station; (*canale*) television channel; (*rete*) television network ***2*** (*fin.*) issuer. **C** *m.* e *f.* (*leg.*, *comm.*: *di cambiale*) drawer; (*di pagherò*) maker.

emittènza, *f.* ***1*** (*la diffusione*) broadcasting ***2*** (*le reti*) broadcasters (*pl.*); networks (*pl.*).

Emìtteri, *m. pl.* (*zool.*, *Hemiptera*) Hemiptera.

emìttero, *m.* (*zool.*) hemipteron.

emivìta, *f.* (*fis.*) half-life.

emiẓigòte, *a.* (*biol.*) hemizygous.

Èmma, *f.* Emma.

èmme, *f.* o *m. invar.* (*lettera*) m; M.

emmenagògo, (*farm.*) **A** *a.* emmenagogic. **B** *m.* emmenagogue.

Emmental, *m.* Emment(h)al; Emment(h)aler.

emmètrope, (*med.*) **A** *a.* emmetropic. **B** *m.* e *f.* emmetrope.

emmetropìa, *f.* (*med.*) emmetropia.

emoangiòma, *V.* **emangioma**.

emoblàsto, *m.* (*biol.*) h(a)ematoblast.

emocatèreṣi, *V.* **eritrocateresi**.

emocianìna, *f.* (*biol.*) h(a)emocyanin.

emocìto, *m.* (*biol.*) h(a)emocyte.

emoclàṣia, *f.* (*med.*) h(a)emoclasis.

emoclàṣico, *a.* (*med.*) h(a)emoclastic.

emocoltùra, *f.* (*biol.*) blood culture.

emocròmo, *m.* (*biol.*) h(a)emochome.

emocromocitomètrico, *a.* (*med.*) – **esame e.**, blood cell count.

emocultùra, *V.* **emocoltura**.

emoderivàto, *m.* (*med.*) blood derivative.

emodiàliṣi, *f.* (*med.*) h(a)emodialysis.

emodializẓàto, *a.* undergoing haemodialysis.

emodinàmica, *f.* h(a)emodynamics (*pl. col verbo al sing.*).

emodinàmico, *a.* h(a)emodynamic.

emofilìa, *f.* (*med.*) h(e)mophilia.

emofilìaco, emofìlico, (*med.*) **A** *a.* h(a)emophiliac; h(a)emophilic. **B** *m.* (*f.* **-a**) h(a)emophiliac.

emofobìa, *f.* (*psic.*) h(a)emophobia.

emoftalmìa, *f.* (*med.*) h(a)emophthalmia.

emoglobìna, *f.* (*biol.*) h(a)emoglobin.

emoglobinemìa, *f.* (*med.*) h(a)emoglobinaemia.

emoglobinòmetro, *m.* h(a)emoglobinometer.

emoglobinùria, *f.* (*med.*) h(a)emoglobinuria.

emolìṣi, *f.* (*med.*) h(a)emolysis.

emoliṣìna, *f.* (*biol.*) h(a)emolysin.

emolìtico, *a.* (*med.*) h(a)emolytic.

emolliènte, *a.* e *m.* (*farm.*) emollient.

emoluménto, *m.* emolument; fee; honorarium*.

emometrìa, *f.* h(a)emometry.

emopatìa, *f.* (*med.*) h(a)emopathy.

emopoièṣi, emopoiètico, *V.* **ematopoiesi, ematopoietico**.

emoreologìa, *f.* (*fisiol.*) blood rheology; blood flow studies (*pl.*).

emorragìa, *f.* ***1*** (*med.*) h(a)emorrhage ***2*** (*fig.*) drain; h(a)emorrhage.

emorràgico, *a.* (*med.*) h(a)emorrhagic.

emorroidàle, emorroidàrio, *a.* (*med.*) h(a)emorrhoidal.

emorròidi, *f. pl.* (*med.*) h(a)emorrhoids; (*com.*) piles.
emòstaṣi, *f.* (*med.*) h(a)emostasis.
emostàtico, A *a.* h(a)emostatic; styptic: **laccio e.**, tourniquet; **matita emostatica**, styptic pencil. **B** *m.* h(a)emostat.
emotèca, *f.* (*med.*) blood bank.
emotiṣi, *V.* **emottisi**.
emotività, *f.* emotionality; sensitiveness; emotiveness.
emotivo, A *a.* **1** (*dovuto a emozione*) emotional; emotive: **stimolo e.**, emotional stimulus; **trauma e.**, emotional trauma **2** (*facile alle emozioni*) emotional; excitable; highly strung; sensitive. **B** *m.* (*f.* **-a**) emotional person; emotionalist.
emotoràce, *m.* (*med.*) h(a)emothorax.
emotrasfuṣióne, *f.* (*med.*) blood transfusion.
emotrasfùṣo, (*med.*) **A** *m.* (*f.* **-a**) person who has undergone a blood transfusion; transfused patient (*fam.*). **B** *a.* that has (*o* having) undergone a blood transfusion.
emòtrofo, *m.* (*biol.*) h(a)emotrophe.
emottiṣi, *f.* (*med.*) h(a)emoptysis.
emozionàbile, *a.* emotional; excitable.
emozionabilità, *f.* emotionalism; emotionality; excitability.
emozionàle, *a.* emotional.
emozionànte, *a.* (*eccitante*) exciting, thrilling, dramatic; (*commovente*) moving, touching.
emozionàre, A *v. t.* (*eccitare*) to excite, to thrill; (*agitare*) to work up; (*commuovere*) to move, to touch. **B emozionarsi,** *v. i. pron.* (*eccitarsi*) to get* excited; (*agitarsi*) to get* nervous, to get* worked up; (*commuoversi*) to be moved.
emozionàto, *a.* (*eccitato*) excited, thrilled; (*agitato*) nervous, worked up; (*commosso*) moved.
emozióne, *f.* **1** (*psic.*) emotion **2** (*eccitazione*) excitement, thrill; (*apprensione*) nervousness, nerves (*pl.*); (*turbamento*) distress; (*commozione*) emotion: **Deve evitare le emozioni**, he must avoid all excitement; **L'e. gli impedì di rispondere**, he was too moved to answer; **andare in cerca di emozioni**, to look for excitement; **l'e. prima d'un esame**, the nervousness before an examination.
empatia, *f.* (*filos.*, *psic.*) empathy.
empàtico, *a.* empathetic.
émpiere, *V.* **empire**.
empietà, *f.* **1** impiety; godlessness; unholiness; (*malvagità*) wickedness **2** (*atto empio*) impiety, impious act; (*atto malvagio*) wicked act.
émpio, *a.* **1** impious; godless; unholy **2** (*spietato*) cruel, pitiless; (*malvagio*) wicked: **un'empia sorte**, a cruel fate.
empire, *V.* **riempire**.
empìreo, A *a.* empyreal; empyrean. **B** *m.* empyrean.
empireumàtico, *a.* (*chim.*) empyreumatic(al).
empiria, *f.* (*filos.*) empirics (*pl. col verbo al sing.*).
empìrico, A *a.* empiric(al): **metodo e.**, empirical method; (*chim.*) **formula empirica**, empirical formula; **medicina empirica**, empiric medicine; (*spreg.*) quack medicine. **B** *m.* (*med.*) empiric.
empiriṣmo, *m.* (*filos.*, *med.*) empiricism.
empirista, *m.* e *f.* (*filos.*) empiricist.
empiristico, *a.* (*filos.*) empiristic.
émpito, *m.* **1** (*forza travolgente*) vehemence; violence; force: **l'e. della piena**, the violence of the flood; **l'e. del suo amore**, the vehemence of his love **2** (*impulso*) impulse; surge; rush: **un e. di generosità**, a generous impulse; **un e. d'ira**, a rush of anger.
empòrio, *m.* **1** (*negozio*) emporium*, general shop (*o* store); (*grande magazzino*) department store **2** (*centro comm.*) emporium*; trading centre; market **3** (*fig.*) store; mine.
emù, *m.* (*zool.*, *Dromiceius novae-hollandiae*) emu.
emulàre, *v. t.* to emulate (*anche elab.*); to rival.
emulativo, *a.* emulative.
emulatóre, *m.* (*f.* **-trice**) (*anche elab.*) emulator.
emulazióne, *f.* emulation; rivalry; competition: **spirito di e.**, spirit of emulation; competitive spirit.
èmulo, A *a.* emulous. **B** *m.* (*f.* **-a**) emulator.
emulsionàbile, *a.* (*chim.*) emulsifiable; emulsible.
emulsionànte, (*chim.*) **A** *a.* emulsifying. **B** *m.* emulsifier; emulsifying agent.
emulsionàre, *v. t.* (*chim.*) to emulsify.
emulsionatóre, *m.* (*chim.*) emulsifier.
emulsióne, *f.* (*chim.*, *fotogr.*) emulsion.
emuntòrio, *m.* (*anat.*) emunctory.
enàllage, *f.* (*retor.*) enallage.
enantèma, *m.* (*med.*) enanthem; enanthema*.
enantiomorfiṣmo, *m.* (*scient.*) enantiomorphism.
enantiomòrfo, *a.* (*scient.*) enantiomorphic; enantiomorphous.
enantiotropia, *f.* (*miner.*) enantiotropy.
enarmonia, *f.* (*mus.*) enharmonic relation.
enarmònico, *a.* (*mus.*) enharmonic(al).
enartròṣi, *f.* (*anat.*) enarthrosis*; ball-and--socket joint.
encàrpo, *m.* (*archit.*) festoon; encarpus*.
encàustica, *f.* (*pitt.*) encaustic.
encàustico, *a.* (*pitt.*) encaustic.
encàusto, *m.* (*pitt.*) encaustic.
encefàlico, *a.* (*anat.*) encephalic.
encefalina, *f.* (*chim.*) enkephalin(e).
encefalite, *f.* (*med.*) encephalitis*: **e. letargica**, encephalitis lethargica; (*com.*) sleeping--sickness.
encefalitico, *a.* (*med.*) encephalitic.
encèfalo, *m.* (*anat.*) encephalon*.
encefalografia, *f.* (*med.*) encephalography.
encefalogràmma, *m.* (*med.*) encephalogram. ● **e. piatto**, brain death: **Il suo e. era piatto**, he was declared brain dead.
encefalòide, *a.* (*med.*) encephaloid.
encefalopatia, *f.* (*med.*) encephalopathy.
enciclica, *f.* (*eccles.*) encyclical.
enciclico, *a.* (*eccles.*) encyclic(al).
enciclopedia, *f.* encyclop(a)edia. ● (*scherz.*) **un'e. ambulante**, a walking (*o* living) encyclopaedia.
enciclopèdico, *a.* encyclop(a)edic.
enciclopediṣmo, *m.* encyclop(a)edism.
enciclopedista, *m.* e *f.* encyclop(a)edist; (*stor. franc*) Encyclopaedist.
enclave (*franc.*), *f. invar.* enclave.
ènclisi, *f.* (*gramm.*) enclisis*.
enclitica, *f.* (*gramm.*) enclitic.
enclitico, *a.* (*gramm.*) enclitic.
encòlpio, *m.* encolpion.
encomiàbile, *a.* praiseworthy; commendable.
encomiàre, *v. t.* to praise; to commend.
encomiàstico, *a.* (*lett.*) encomiastic(al); laudatory; eulogistic.
encomiatóre, *m.* (*f.* **-trice**) encomiast.
encòmio, *m.* **1** (*letter.*) encomium*; eulogy **2** (*lode*) praise; commendation; encomium **3** (*mil.*) mention in dispatches; citation (*USA*). ● **degno di e.**, praiseworthy.
endecàgono, *m.* (*geom.*) hendecagon.
endecasillabo, (*poesia*) **A** *a.* hendecasyllabic. **B** *m.* hendecasyllable.
endemia, *f.* (*med.*) endemic (disease).
endemicità, *f.* endemicity.
endèmico, *a.* (*scient.* e *fig.*) endemic(al).
endemiṣmo, *m.* endemism.
endèrmico, *a.* (*med.*) endermic(al).
endiadi, *f.* (*retor.*) hendiadys.
éndice, *m.* (*uovo di richiamo*) nest-egg.
endoarterióso, *a.* (*med.*) intraarterial.
endoarterite, *f.* (*med.*) endarteritis.
endocàrdico, *a.* (*anat.*) endocardial; endocardiac; intracardial.
endocàrdio, *m.* (*anat.*) endocardium*.
endocardite, *f.* (*med.*) endocarditis.
endocàrpo, *m.* (*bot.*) endocarp.
endocellulàre, *a.* (*biol.*) intracellular.
endocèntrico, *a.* (*ling.*) endocentric.
endocitòṣi, *f.* (*biol.*) endocytosis.
endocrànico, *a.* **1** (*anat.*) endocranial **2** (*med.*) intracranial.
endocrànio, *m.* (*anat.*) endocranium*.
endocrinico, *a.* (*anat.*) endocrinic.
endòcrino, *a.* (*anat.*) endocrine.
endocrinologia, *f.* (*med.*) endocrinology.
endocrinòlogo, *m.* (*f.* **-a**) endocrinologist.
endodèrma, *m.* **1** (*anat.*) endoderm **2** (*bot.*) endodermis; starch sheath.
endodèrmico, *a.* (*anat.*) endodermal; endodermic.
endofaṣia, *f.* (*psic.*) endophasia.
endòfita, A *m.* endophyte. **B** *a.* endophytic.
endogamia, *f.* (*etnol.*, *biol.*) endogamy.
endogàmico, *a.* (*etnol.*, *biol.*) endogamic; endogamous.
endògamo, *a.* (*etnol.*) endogamic.
endogèneṣi, *f.* (*biol.*, *geol.*) endogenesis; endogeny.
endògeno, *a.* endogenous; (*geol.*) endogenic.
endogèo, *a.* (*biol.*) underground (*attr.*).
endolinfa, *f.* (*anat.*) endolymph.
endomètrio, *m.* (*anat.*) endometrium*.
endometriòṣi, *f.* (*med.*) endometriosis*.
endometrite, *f.* (*med.*) endometritis.
endomitòṣi, *f.* (*biol.*) endomitosis.
endomorfiṣmo, *m.* (*geol.*) endomorphism.
endomòrfo, *a.* (*geol.*) endomorphic.
endomuscolàre, *V.* **intramuscolare**.
endoparassita, *m.* (*biol.*) endoparasite.
endoplaṣma, *m.* (*biol.*) endoplasm.
endoplaṣmàtico, *a.* (*biol.*) endoplasmic.
endoreattóre, *m.* (*aeron.*) rocket propeller.
endoreazióne, *f.* (*aeron.*) rocket propulsion.
endoschèletro, *m.* (*biol.*) endoskeleton.
endoscopia, *f.* (*med.*) endoscopy.
endoscòpico, *a.* (*med.*) endoscopic.
endoscòpio, *m.* (*med.*) endoscope.
endoṣmòmetro, *m.* (*fis.*) endosmometer.
endoṣmòṣi, *f.* (*fis.*, *biol.*) endosmosis*.
endòstio, *m.* (*anat.*) endosteum*.
endoteliàle, *a.* (*anat.*) endothelial.
endotèlio, *m.* (*anat.*) endothelium*.
endotèrmico, *a.* (*chim.*) endothermic; endothermal.
endotèrmo, *m.* (*zool.*) endotherm.
endovéna, (*med.*) **A** *f.* intravenous injection. **B** *avv.* intravenously.
endovenósa, *V.* **endovena, A.**
endovenóso, *a.* (*med.*) intravenous.
endurance (*ingl.*), *f. invar.* (*sport*) endurance race.
endùro, *m. invar.* (*sport*) **1** (*gara*) enduro **2** (*moto*) enduro motorcycle.
Enèa, *m.* (*mitol.*) Aeneas.
Enèide, *f.* (*letter.*) Aeneid.
eneolitico, *a.* (*geol.*) Aeneolithic; Eneolithic.
energètica, *f.* (*fis.*) energetics (*pl. col verbo al sing.*).
energètico, A *a.* **1** (*scient.*) of energy; energy (*attr.*); energetic: **fonti energetiche**, sources of energy; **il problema e.**, the energy problem; **crisi energetica**, energy crisis; **stabilità energetica**, energetic stability **2** (*che dà energia*) energy-giving; invigorating: **alimento e.**, energy-giving food. **B** *m.* (*farm.*) energizer; tonic.
energetiṣmo, *m.* (*filos.*) energism.
energia, *f.* **1** (*scient.*) energy: **e. cinetica**, kinetic energy; **e. atomica [elettrica, solare]**, atomic [electric, solar] energy; **e. idrica**, water power; **e. alternativa**, alternative energy; **e. latente**, latent energy; **e. radiante**, radiant energy; **e. sonica**, sonic energy; (*chim.*) **e. di legame**, binding energy **2** (*vigore*) energy, vitality, vigour, zip (*fam.*); (*impegno*) effort: **Non ho l'e. di protestare**, I haven't the energy to protest; **Mettici un po' di e.**, put some effort into it; **pieno di e.**,

vigorous; energetic; (*di medicina, detersivo, ecc.*) **agire con e.**, to be powerful.

enèrgico, *a.* **1** vigorous; strong; (*attivo*) energetic, active; (*risoluto*) forceful, firm; (*potente*) powerful, strong, drastic: **un governo e.**, a vigorous government; **carattere e.**, strong character; **Devi essere più e. con lui**, you must be firmer with him; **energica protesta**, forceful protest; **rimedio e.**, strong (*o* drastic) remedy; **misure energiche**, forcible measures **2** (*indicazione mus.*) energico.

energismo, *V.* **energetismo**.

energizzànte, *V.* **energetico**.

energizzàre, *v. t.* to energize, to energise.

energùmena, *f.* **1** (*donna infuriata*) madwoman*; fury **2** (*donna temibile*) termagant; virago.

energùmeno, *m.* **1** (*uomo infuriato*) madman*; maniac **2** (*uomo violento*) tough; bully; bruiser (*pop.*).

enervàre, *v. t.* (*med.*) to denervate.

enfant gâté (*franc.*), *locuz. m. invar.* **1** spoilt child **2** (*fig.*) blue-eyed boy.

enfant prodige (*franc.*), *locuz. m. invar.* **1** child prodigy **2** (*fig.*) wonder boy; wunderkind (*ted.*).

enfant terrible (*franc.*), *locuz. m. invar.* enfant terrible.

ènfasi, *f.* **1** emphasis*; (*spreg.*) pomposity, bombast, grandiloquence **2** (*rilievo*) emphasis*; stress: **dare e. a q.c.**, to lay emphasis (*o* stress) on st. ● **con e.**, emphatically; (*iron.*) pompously.

enfàtico, *a.* emphatic; (*spreg.*) pompous, bombastic, grandiloquent.

enfatizzàre, *v. t.* **1** to emphasize; to stress **2** (*ingigantire*) to exaggerate; to blow* up.

enfatizzazióne, *f.* **1** emphasizing; stressing **2** (*esagerazione*) exaggeration.

enfiagióne, *f.* (*med.*) swelling.

enfiàre, A *v. t.* to enflate; to blow* up. **B** *v. i.* e **enfiàrsi,** *v. i. pron.* to swell*.

énfio, *a.* (*lett.*) swollen.

enfisèma, *m.* (*med.*) emphysema.

enfisematico, enfisematóso, *a.* (*med.*) emphysematous.

enfitèusi, *f.* (*leg.*) emphyteusis*.

enfitèuta, *m.* (*leg.*) emphyteuta*.

enfitèutico, *a.* (*leg.*) emphyteutic.

engagé (*franc.*), *a. invar.* engagé; committed.

engagement (*franc.*), *m. invar.* engagement; committment.

engràmma, *m.* (*fisiol.*) engram.

enidrocoltùra, *V.* **idrocoltura**.

enigma, *m.* **1** enigma*; riddle; puzzle; conundrum: **l'e. della Sfinge**, the riddle of the Sphynx; **parlare per enigmi**, to speak in riddles **2** (*fig.*) enigma*; mystery; puzzle: **Quell'uomo è un e.**, that man is an enigma; **Il suo comportamento è un e.**, his behaviour is very puzzling; **l'e. della loro scomparsa**, the mystery of their disappearance.

enigmaticità, *f.* mystery; inscrutability.

enigmàtico, *a.* enigmatic(al); mysterious; inscrutable; cryptic; puzzling: **sorriso e.**, enigmatic smile; **uomo e.**, mysterious man; **parole enigmatiche**, cryptic words.

enigmista, *m.* e *f.* **1** (*inventore di enigmi*) enigmatographer **2** (*solutore di enigmi*) puzzle enthusiast.

enigmistica, *f.* **1** (*l'inventare enigmi*) enigmatography **2** (*il risolvere enigmi*) puzzle solving **3** (*enigmi*) puzzles (*pl.*): **appassionato di e.**, puzzle enthusiast; person keen on puzzles.

enigmistico, *a.* puzzle (*attr.*): **settimanale e.**, puzzle weekly; **gioco e.**, puzzle.

enimma, *V.* **enigma**.

enjambement (*franc.*), *m. invar.* (*poesia*) enjambement.

ennagonàle, *a.* (*geom.*) enneagonal.

ennàgono, *m.* (*geom.*) enneagon.

ènne, *f.* o *m. invar.* (*lettera*) n; N.

ennèsimo, *a.* **1** (*mat.*) nth: **elevare all'ennesima potenza**, to raise to the nth power **2** (*fig.*) umpteenth: **per l'ennesima volta**, for the umpteenth time.

ènnupla, *f.* (*mat.*) n-tuple.

enocianina, *f.* (*chim.*) oenocyanine.

enòfilo, A *a.* wine (*attr.*); wine-growers' (*attr.*); wine-tasting (*attr.*): **circolo e.**, wine society; winegrowers' association; wine-tasting club. **B** *m.* (*f.* **-a**) **1** (*intenditore*) oenophilist **2** (*scherz.*: *bevitore*) wine-bibber; tippler.

enoftàlmo, *m.* (*med.*) enophtalmos.

enogastronomia, *f.* food-and-wine connoisseurship.

enogastronòmico, *a.* food-and-wine (*attr.*); gourmet (*attr.*): **raduno e.**, gourmet convention.

enòico, *a.* (*del vino*) wine (*attr.*); (*della vite*) vine (*attr.*).

enòlo, *m.* (*chim.*) enol.

enologìa, *f.* oenology; art of wine-making.

enològico, *a.* oenological; wine-making (*attr.*): **industria enologica**, wine-making industry.

enòlogo, *m.* (*f.* **-a**) oenologist; wine-making expert.

enòmetro, *m.* oenometer; alcoholometer.

enopòlio, *m.* co-operative wine cellar.

enórme, *a.* **1** huge; enormous; immense; colossal **2** (*fig.*) enormous; tremendous; huge; massive; (*in senso cattivo*) monstrous, shocking: **e. successo**, tremendous success, **perdita e.**, huge loss; **quantità e.**, enormous amount; massive quantity; **e. ingiustizia**, monstrous injustice.

enormità, *f.* **1** enormousness; hugeness; immensity; (*dimensioni*) size, extent: **l'e. di un problema**, the size of a problem; **l'e. del disastro**, the extent of the disaster **2** (*fig.*: *assurdità*) absurdity; (*sproposito*) howler **3** (*azione malvagia*) enormity.

enostòsi, *f.* (*med.*) enostosis*.

enotèca, *f.* **1** (*raccolta*) stock of vintage wines **2** (*luogo di vendita*) wine shop.

enotècnica, *f.* wine-growing.

enotècnico, A *a.* wine-growing (*attr.*). **B** *m.* (*f.* **-a**) wine-grower.

enoteismo, *m.* (*relig.*) henotheism.

en passant (*franc.*), *locuz. avv.* en passant; in passing; incidentally; casually.

en plein (*franc.*), *locuz. m. invar.* (*nella roulette*) en plein. ● (*fig.*) **fare (un) e.**, to hit the jackpot; to sweep the board.

Enrico, *m.* Henry; Harry.

ensemble (*franc.*), *m. invar.* (*moda, mus.*) ensemble.

ensifórme, *a.* (*bot.*) ensiform; sword-shaped.

enstatite, *f.* (*miner.*) enstatite.

entalpìa, *f.* (*fis.*) enthalpy.

entàlpico, *a.* (*fis.*) enthalpy (*attr.*).

èntasi, *f.* (*archit.*) entasis*.

ènte, *m.* **1** (*relig., filos.*) being: **l'E. Supremo**, the Supreme Being **2** (*leg.*) body; corporation; society; association; institution; authority; board; agency (*USA*); bureau (*USA*): **e. privato**, institution; corporation; body corporate; **e. pubblico**, public body (*o* authority, corporation); **e. internazionale**, international body; agency; **e. locale**, local authority; local government body; (*naut.*) **e. del porto**, port authority; **e. governativo**, government body; agency (*USA*); **e. statale**, government body; state organization; state company; **e. morale**, foundation; charity; non-profit organization; **e. parastatale**, state-controlled body (*o* agency); state-controlled enterprise; parastatal agency; **E. Nazionale del Carbone**, National Coal Board; **E. Nazionale Italiano per il Turismo**, Italian Tourist Board.

entelechìa, *f.* (*filos.*) entelechy.

entèllo, *m.* (*zool., Presbytis entellus*) entellus.

enterectomìa, *f.* (*med.*) enterectomy.

entèrico, *a.* (*med.*) enteric; intestinal.

enterite, *f.* (*med.*) enteritis*.

enterocèle, *m.* (*med.*) enterocele.

enterocettóre, *m.* (*fisiol.*) interoceptor.

enteroclìsi, *f.* (*med.*) enema*.

enteroclìsma, *m.* (*med.*) **1** *V.* **enteroclisi 2** (*apparecchio*) enema syringe.

enterocolite, *f.* (*med.*) enterocolitis.

enteroepàtico, *a.* (*med.*) enterohepatic.

enterolitiàsi, *f.* (*med.*) enterolithiasis.

enterolìto, *m.* (*med.*) enterolith.

enterologìa, e *deriv. V.* **gastroenterologia**, e *deriv.*

enteropatìa, *f.* (*med.*) enteropathy.

enterorragìa, *f.* (*med.*) enterorrhagia.

enterotossina, *f.* (*med.*) enterotoxin.

entimèma, *m.* (*filos.*) enthymeme.

entimemàtico, *a.* (*filos.*) enthymematic.

entità, *f.* **1** (*filos.*) entity **2** (*importanza*) importance; (*gravità*) gravity; (*grandezza*) size, extent, magnitude; (*limiti*) extent: **l'e. di un debito**, the size of a debt; **l'e. dei danni**, the extent of damage; **l'e. di una spesa**, the cost; **di una certa e.**, considerable (*agg.*); substantial (*agg.*); **di lieve e.**, limited (*agg.*); slight (*agg.*).

entomòfago, *a.* (*zool.*) entomophagous.

entomofàuna, *f.* (*zool.*) insect fauna.

entomofilìa, *f.* (*bot.*) entomophily.

entomòfilo, *a.* (*bot.*) entomophilous.

entomologìa, *f.* entomology.

entomològico, *a.* entomologic(al).

entomòlogo, *m.* (*f.* **-a**) entomologist.

entourage (*franc.*), *m. invar.* entourage; attendants (*pl.*); followers (*pl.*); (*cerchia di conoscenti*) people one mixes with.

entozòo, *m.* (*zool.*) entozoon*.

entracte (*franc.*), *m. invar.* entr'acte.

entraîneuse (*franc.*), *f. invar.* (*di locale notturno, ecc.*) hostess.

entràmbi, *a.* e *pron. m. pl.* (*f.* **entrambe**) both: **Desidero e. i libri**, I want both books; **Le vidi entrambe**, I saw them both (*o* both of them); I saw both; **Scegliemmo e. vino rosso**, we both chose red wine.

entrànte, *a.* **1** (*che sta per cominciare*) next; coming: **la settimana [il mese] e.**, next week [month]; the coming week [month] **2** (*fig.*: *invadente*) pushing; intrusive.

entràre, *v. i.* **1** (*andare dentro*) to go* in; (*venire dentro*) to come* in; (*in luoghi piccoli, penetrare*) to get* in; to enter (st.) (*form.*): **Sei tu? Entra**, is it you? come in; **Non posso e.**, I can't go [come] in; **Bussa prima di e.!**, knock before you go in (*o* enter); **Entri pure!**, do come in!; **e. in una casa [un cinema, un bosco]**, to go into a house [a cinema, a wood]; **e. in politica**, to enter politics; **Il treno entrò in una galleria**, the train entered a tunnel; **Il processo è entrato nella sua seconda settimana**, the trial has entered its second week; **Il treno entrò in stazione**, the train pulled into the station (*o* pulled in); **Il sole entra in Ariete**, the sun enters the sign of Aries (*o* the Ram); **e. in ascensore**, to get into the lift; **e. in macchina**, to get into the car; **e. nel letto**, to get into bed; **Entrai dalla porta di servizio**, I came [went] in by the back door; **Il ladro è entrato dalla finestra**, the burglar got in through the window; **Da che parte si entra?**, where is the way in?; how do we get in?; **L'acqua entra da questo buco**, the water gets (*o* comes) in through this hole; **e. con l'automobile**, to drive in; **e. in retromarcia**, to back in; **e. di corsa**, to run in; **e. furtivamente** (*o* **di soppiatto**), to steal in; **e. precipitosamente**, to rush in; **Entrò nello studio in punta di piedi**, he tiptoed into the study; **e. nei particolari**, to go into details; **Fammi e.!**, let me in!; **La segretaria mi fece e. nell'ufficio**, the secretary showed me into the office; (*teatr.*) **Entra Lelio**, enter (*mai* enters, *perché è la 3ª pers. dell'imper.*) Lelio **2** (*trovare posto, starci*) to get* in; to go* in; to fit in: **In quella macchina cinque persone non c'entrano** (*o* **non ci s'entra in cinque**), five people can't get into that car; the car won't hold five people; there simply isn't room for five in that car; **Non riesco a farcelo**

entrare, I can't get it in (*o* fit it in); **Non c'entra nella scatola**, it doesn't fit into the box; **Queste date non mi entrano** (*o* **non mi vogliono e.**) **in testa**, I can't get these dates into my head; **In questa pezza c'entrano due gonne**, this piece of material is sufficient for two skirts; you can get two skirts out of this piece of material; **Non mi c'entra di andare anche alla mostra**, I can't fit in the exhibition too; (*mat.*) **Il tre entra nel quindici cinque volte**, three goes into fifteen five times **3** (*essere della misura giusta*) to fit: **Il cappello ti entra benissimo**, the hat fits (you) perfectly; the hat is a perfect fit for you; **Le scarpe non gli entrano più**, his shoes no longer fit; he can't get into his shoes any more **4** (*associarsi, iscriversi, arruolarsi*) to enter, to join, to get* in; (*a scuole e sim.*) to enrol: **e. nell'esercito**, to join the army; **e. in convento**, to enter a convent; **e. all'università**, to enrol at (*o* to enter) university **5** (*incominciare*) to enter (st.); to start (st.); to begin* (st.): **e. in convalescenza**, to start one's convalescence; **e. nel secondo anno**, to enter one's second year **6** (*avere a che fare*) to have to do with, to enter into; (*essere pertinente*) to be relevant to: **Cosa c'entra?**, what's that got to do with it?; **Questo non c'entra**, this has got nothing to do with it; this is beside the point; this is not relevant; **Non c'entrano le questioni di denaro**, money doesn't enter into it; **Io non c'entro**, I've got nothing to do with it; **Non voglio entrarci**, I don't want to get involved; **Tu che c'entri?**, what has it got to do with you?; how do you come into it?; (*più ostile*) what business is it of yours? **7** (*immischiarsi*) to meddle with; to poke one's nose into (*fam.*): **e. negli affari altrui**, to meddle with other people's business. ● (*naut.*) **e. in bacino**, to dock □ (*fig.*) **e. in ballo** (*o* **in gioco**), to come into play □ (*sport*) **e. in campo**, to take the field □ **e. in carica**, to take up one's post; (*specialm. di ministro*) to take office □ (*naut.*) **e. in collisione con**, to collide with; to fall foul of □ **e. in ebollizione**, to begin to boil □ **e. in funzione**, (*di persona*) to begin one's duties, to enter upon one's duties; (*di cosa*) to begin working □ **e. in guerra**, to go to war; (*in una guerra già in atto*) to come into the war □ (*naut.*) **e. in porto**, to enter port (*o* harbour) □ **e. in possesso di q.c.**, to enter into (*o* to take) possession of st. □ **e. in scena**, (*teatr.*) to come on stage, to make one's entrance (*anche fig.*); (*fig.*) to come on the scene □ **e. in vigore**, to come into force; to become effective (*o* operative) □ (*di età*) **e. nei quaranta**, to enter one's forties □ **e. nel vivo della questione**, to enter into the heart of the matter □ **fare e. q.c. in testa a q.**, to drive st. into sb.'s head; to ram st. home to sb. □ **impedire a q. di e.**, to keep sb. out □ **M'è entrato q.c. in un occhio**, I've got st. in my eye.

entràta, *f.* **1** (*l'entrare*) entry; entrance; arrival; admission: **l'e. dell'America in guerra**, the entry of America into the war; **l'e. delle truppe in città**, the entry of the troops into the town; **e. trionfale**, triumphant entry; **e. in carica**, entrance into office; **e. libera**, admission free; **biglietto di e.**, admission ticket; **Divieto d'e.** (*cartello stradale*), no entrance; no entry **2** (*luogo di accesso*) entrance; entry; way in; gateway: **all'e. del teatro**, at the entrance of the theatre; **e. principale [laterale, sul retro]**, main [side, back] entrance; **e. di servizio**, tradesmen's entrance; **Ci sono due entrate alla stazione**, there are two ways into the station **3** (*locale di ingresso*) hall: **Tutte le stanze danno sull'e.**, all the rooms open into the hall **4** (*reddito*) income; (*guadagno*) earning; (*rendita*) unearned income; (*provento*) revenue; (*incasso*) take **5** (*pl.*) (*fin., rag., econ.*) receipts; takings; revenue (*sing.*); income (*sing.*): **Le entrate sono diminuite**, receipts have dropped; **entrate e uscite**, receipts and expenses; debit and credit; **entrate pubbliche**, public revenue **6** (*mus.*) entrance; cue **7** (*sport*) tackle: **e. fallosa**, foul tackle **8** (*elab.*) input **9** (*miniera*) adit: **e. del pozzo**, shaft top. ● **e. in funzione**, coming into use □ **e. in possesso**, taking possession □ (*teatr.*) **e. in scena**, entrance □ **e. in vigore**, coming into effect (*o* into force) □ (*teatr.*) **e. per gli attori**, stage door □ (*rag.*) **segnare in e.**, to enter on the credit side.

entratùra, *f.* (*fig.*: *familiarità*) familiar terms (*pl.*); (*contatto, aggancio*) connections (*pl.*): **Ha e. col ministro**, he is on familiar terms with the minister; **avere le entrature giuste**, to have the right connections; to know the right people.

entrecôte (*franc.*), *f. invar.* entrecôte.

entre-deux (*franc.*), *m. invar.* (*sartoria*) insertion; entre-deux.

entrée (*franc.*), *f. invar.* **1** (*cucina*) first course after the soup; (*portata tra la carne e il pesce*) entrée **2** (*scherz.*) grand entry; entrée.

entremets (*franc.*), *m. invar.* (*cucina*) entremets.

entrismo, *m.* (*polit.*) entryism.

entrista, *a., m.* e *f.* (*polit.*) entryist.

éntro, *prep.* **1** (*di luogo*) in; inside **2** (*di tempo*: *rif. a un periodo*) within; (*rif. a un giorno o una data*) not later than, by: **e. l'anno**, within the year; **e. il 2000**, by the year 2000; **Sarà pronto e. martedì**, it'll be ready by Tuesday.

entrobórdo, (*naut.*) **A** *a.* inboard (*attr.*). **B** *m. invar.* **1** (*motore*) inboard engine **2** (*imbarcazione*) inboard motorboat: **e. da corsa**, inboard racer.

entropìa, *f.* (*fis.*) entropy.

entròpico, *a.* (*fis.*) entropy (*attr.*).

entròpion, *m.* (*med.*) entropion.

entrotèrra, *m. invar.* (*geogr.*) hinterland; interior; inland: **l'e. ligure**, the Ligurian hinterland; **popolazioni dell'e.**, inland people.

entuṣiaṣmànte, *a.* exciting; thrilling; exhilarating; stirring.

entuṣiaṣmàre, **A** *v. t.* to arouse enthusiasm (in sb. for st.); to excite; to thrill; to exhilarate: **e. la folla**, to arouse the enthusiasm of the crowd; **La prospettiva del viaggio lo entusiasmava**, he was thrilled at the prospect of the trip; **Quel film mi ha entusiasmato**, I loved that film; **Il progetto non mi entusiasma**, the plan doesn't appeal to me very much; I'm not very keen on the plan. **B entuṣiaṣmàrsi**, *v. i. pron.* to become* enthusiastic (about st.); to be excited (*o* thrilled) (by, about st.); to go* into raptures (at, over st.).

entuṣiàṣmo, *m.* enthusiasm; excitement: **destare e.**, to arouse enthusiasm; **spegnere ogni e.**, to dampen all enthusiasm; **lasciarsi prendere dall'e.**, to get carried away; **facile all'e.**, easily excited; **con grande e.**, very enthusiastically; eagerly; **con scarso e.**, with little enthusiasm; half-heartedly.

entuṣiàsta, **A** *a.* **1** (*pieno d'entusiasmo*) enthusiastic; excited; thrilled: **folla e.**, enthusiastic crowd; **essere e. di q.c.**, to be enthusiastic about (*o* for) st.; **parlare in modo e. di q.c.**, to speak of st. in enthusiastic terms (*o* with enthusiasm); (*iron. fam.*) to enthuse over st. **2** (*molto soddisfatto*) thrilled (about); delighted (by); overjoyed (at). **B** *m.* e *f.* **1** enthusiast **2** (*appassionato di q.c.*) enthusiast; fan (*fam.*); (*di una cosa specifica*) buff (*fam.*): **un e. di balletto**, a ballet buff.

entusiasticaménte, *avv.* enthusiastically; with enthusiasm.

entuṣiàstico, *a.* enthusiastic.

enucleàre, *v. t.* **1** (*chir.*) to enucleate **2** (*fig.*) to explain; to enucleate.

enucleazióne, *f.* (*chir.*) enucleation.

ènula campàna, *f. V.* **elenio**.

enumeràre, *v. t.* to list; to enumerate; to detail.

enumerazióne, *f.* enumeration; (*elenco*) list.

enunciàre, *v. t.* to enunciate; to enounce; to state: **e. una teoria**, to enunciate a theory; **e. un problema**, to state the terms of a problem.

enunciativo, *a.* enunciative.

enunciàto, *m.* **1** proposition; terms (*pl.*): (*mat.*) **l'e. di un problema**, the terms of a problem **2** (*ling.*) utterance; enunciation.

enunciazióne, *f.* **1** enunciation; statement **2** (*dicitura*) wording.

enurèṣi, *f.* (*med.*) enuresis.

enẓima, *m.* (*biol.*) enzyme.

enẓimàtico, *a.* (*biol.*) enzymic; enzymatic.

enẓimologìa, *f.* (*biol.*) enzymology.

enẓoozìa, *f.* (*vet.*) enzootic (disease).

eocène, *m.* (*geol.*) Eocene.

eocènico, *a.* (*geol.*) Eocene (*attr.*).

Èoli, *m. pl.* (*stor.*) Aeolians.

eòlico (1), *a.* (*dell'Eolide*) Aeolic; Aeolian: **il dialetto e.**, the Aeolic dialect.

eòlico (2), *a.* **1** (*di Eolo*) Aeolian **2** (*del vento, operato dal vento*) aeolian: (*geol.*) **depositi eolici**, aeolian deposits.

Eòlide, *f.* (*geogr., stor.*) Aeolis; Aeolia.

eòlio (1), *a.* Aeolian: (*mus.*) **modo eolio**, Aeolian mode.

eòlio (2), *a.* (*di Eolo*) Aeolian: (*mus.*) **arpa eolia**, Aeolian (*o* aeolian, wind) harp.

eoliṣmo, *m.* Aeolism.

eolite, *f.* (*geol.*) eolith.

Èolo, *m.* (*mitol.*) Aeolus.

eóne, *m.* (*filos.*) aeon.

eoṣina, *f.* (*chim.*) eosin(e).

eoṣinofilìa, *f.* (*med.*) eosinophilia.

eoṣinòfilo, **A** *a.* (*med.*) eosinophilic. **B** *m.* (*biol.*) eosinophil.

èpa, *f.* (*lett.*) paunch; belly.

epagòge, *f.* (*filos.*) epagoge; argument by induction.

epagògico, *a.* (*filos.*) epagogic; inductive.

epagòmeni, *m. pl.* epagomenal days.

epanadiplòṣi, *f.* (*retor.*) epanadiplosis*.

epanàfora, *f.* (*retor.*) epanaphora.

epanalèssi, *f.* (*retor.*) epenalepsis*.

epànodo, *m.* (*retor.*) epanodos.

epanortòṣi, *f.* (*retor.*) epanorthosis*.

eparchìa, *f.* (*stor.*) eparchy.

epàrco, **epàrca**, *m.* (*stor.*) eparch.

eparina, *f.* (*biol.*) heparin.

epatalgìa, *f.* (*med.*) hepatalgia.

epàtica, *f.* (*bot., Anemone hepatica*) hepatica; liverwort.

epàtico, **A** *a.* (*anat., med.*) hepatic; liver (*attr.*): **vene epatiche**, hepatic veins; **colica epatica**, liver attack. **B** *m.* (*f.* **-a**) liverish person. **C** *m.* (*chim.*) hepar.

epatite, *f.* (*med.*) hepatitis: **e. virale**, viral hepatitis; **e. A**, hepatitis A; **e. B**, hepatitis B; serum hepatitis.

epatiẓẓazióne, *f.* (*med.*) hepatization.

epatobiliàre, *a.* (*anat.*) hepatobiliary.

epatocita, *m.* (*biol.*) hepatocyte.

epatologìa, *f.* (*med.*) hepatology.

epatòlogo, *m.* (*f.* **-a**) hepatologist.

epatomegalìa, *f.* (*med.*) hepatomegaly.

epatopatìa, *f.* (*med.*) hepatopathy.

epatoprotettóre, *a.* e *m.* (*farm.*) liver tonic.

epatoscopìa, *f.* (*relig.*) hepatoscopy.

epatòṣi, *f.* (*med.*) hepatosis*.

epatotomìa, *f.* (*med.*) hepatectomy.

epatotossina, *f.* (*med.*) hepatotoxin.

epàtta, *f.* (*astron.*) epact.

epèira, *f.* (*zool., Epeira diadema*) cross-spider.

epèndima, *f.* (*anat.*) ependyma.

epèntesi, *f.* (*filol.*) epenthesis*.

epentètico, *a.* (*filol.*) epenthetic.

eperlàno, *m.* (*zool., Osmerus eperlanus*) smelt.

epeṣegèṣi, *f.* (*gramm.*) epexegesis*.

epeṣegètico, *a.* (*gramm.*) epexegetic(al).

èpica, *f.* epic poetry; epic.

epicànto, *m.* (*med.*) epicanthus.

epicàrdio, *m.* (*anat.*) epicardium*.

epicardite, *f.* (*med.*) epicarditis.

epicàrpo, *m.* (*bot.*) epicarp.

epicèdico, *a.* (*lett.*) epicedial; epicedian.

epicèdio, *m.* (*lett.*) epicedium*; epicede.

epicèno, a. (*gramm.*) epicene.
epicèntro, m. **1** (*geol.*) epicentre, epicenter (*USA*) **2** (*fig.*) epicentre; heart.
epiciclo, m. (*astron.*) epicycle.
epicicloidàle, a. (*geom.*) epicycloidal.
epicicloìde, f. (*geom.*) epicycloid.
epicità, f. epic character [nature, quality].
epiclèsi, f. (*eccles.*) epiclesis*.
èpico, **A** a. (*anche fig.*) epic: **poeta e.**, epic poet; **poesia epica**, epic poetry; **poema e.**, epic; **gesta epiche**, epic deeds. **B** m. epic poet.
epicondilite, f. (*med.*) epicondylitis.
epicòndilo, m. (*anat.*) epicondyle.
epicontinentàle, a. (*geogr.*) epicontinental.
epicrìsi, f. (*med.*) epicrisis.
epicureggiàre, v. i. to lead* the life of an epicure.
epicureìsmo, m. **1** (*filos.*) Epicureanism **2** (*fig.*) epicurism.
epicurèo, **A** a. (*filos.*) Epicurean. **B** m. **1** (*filos.*) Epicurean **2** (*fig.*) epicure.
Epicùro, m. (*filos.*) Epicurus.
epidemìa, f. (*med.* e *fig.*) epidemic: **e. d'influenza**, flu epidemic; **e. di rapine**, robbery epidemic.
epidemicità, f. epidemicity; epidemic nature.
epidèmico, a. (*med.* e *fig.*) epidemic: **malattia epidemica**, epidemic disease.
epidemiologìa, f. (*med.*) epidemiology.
epidemiològico, a. (*med.*) epidemiological.
epidemiòlogo, m. (f. **-a**) epidemiologist.
epidèrmico, a. **1** (*anat.*) epidermic; epidermal **2** (*fig.*) superficial; skin-deep.
epidèrmide, f. **1** (*anat., bot.*) epidermis **2** (*fig.*) surface; skin: **scalfire solo l'e.**, to be skin-deep; not to go below the surface.
epidermomicòsi, f. (*med.*) epidermomycosis*.
epidiascòpio, m. epidiascope.
epidìdimo, m. (*anat.*) epididymis*.
epidìttico, a. epideictic.
epidoto, m. (*miner.*) epidote.
epiduràle, a. (*anat.*) epidural.
Epifanìa, f. **1** Epiphany; Twelfth Night **2** (*fig.*: *manifestazione*) epiphany; manifestation.
epifànico, a. epiphanic.
epifenomènico, a. epiphenomenal.
epifenòmeno, m. (*med., filos.*) epiphenomenon*.
epifillo, a. (*bot.*) epiphyllous.
epifisàrio, a. (*anat.*) epiphisary; epiphysial.
epifìsi, f. (*anat.*) **1** (*estremità delle ossa lunghe*) epiphysis* **2** (*ghiandola pineale*) epiphysis*; pineal gland.
epifita, f. (*bot.*) epiphyte.
epifonèma, m. (*retor.*) epiphonema.
epifràgma, m. (*zool.*) epiphragm.
epigàstrico, a. (*anat.*) epigastric.
epigàstrio, m. (*anat.*) epigastrium*.
epigènesi, f. (*biol.*) epigenesis.
epigenètico, a. (*biol., geol.*) epigenetic.
epigenìa, f. (*geol.*) epigenesis.
epigèo, a. (*bot.*) epigeous.
epiglòttico, a. (*anat.*) epiglottic.
epiglòttide, f. (*anat.*) epiglottis*.
epigono, m. **1** (*imitatore*) imitator; (*seguace*) follower, epigon(e) **2** (*successore*) successor. ● (*mitol.*) **gli Epigoni**, the Epigoni (*o* Epigones).
epigrafe, f. epigraph.
epigrafìa, f. epigraphy.
epigràfico, a. **1** epigraphic(al); lapidary **2** (*fig.*: *conciso*) terse; compendious.
epigrafista, m. e f. epigrapher; epigraphist.
epigràmma, m. (*letter.*) epigram.
epigrammàtica, f. (*letter.*) **1** art of writing epigrams **2** (*insieme di epigrammi*) epigrams (*pl.*); epigrammatic production.
epigrammàtico, a. epigrammatic.
epigrammatizzàre, v. i. (*lett.*) to epigrammatize.
epigrammista, m. e f. epigrammatist.
epilatòrio, a. depilatory.
epilazióne, f. depilation.
epilessìa, f. (*med.*) epilepsy.
epilèttico, a. e m. (f. **-a**) (*med.*) epileptic.
epilettòide, a., m. e f. (*med.*) epileptoid.
epilimnio, m. (*biol.*) epilimnion.
epillio, m. (*letter.*) epyllion.
epilòbio, m. (*bot., Epilobium angustifolium*) rosebay willowherb.
epilogo, m. **1** (*letter.*) epilogue **2** (*fig.*) end; ending; conclusion; winding-up; epilogue: **l'e. della guerra**, the end of the war; **un lieto e.**, a happy ending; **l'e. delle trattative**, the winding-up of the talks; **giungere all'e.**, to come to an end.
epìmero, m. **1** (*chim.*) epimer **2** (*anat.*) epimere.
epinefrìna, f. (*biol.*) epinephrine; adrenaline (*GB*).
epinìcio, m. (*letter.*) epinikion, epinicion.
epiornite, m. (*paleont.*) Aepyornis.
epiploon, m. (*anat.*) omentum*.
Epiro, m. (*geogr.*) Epirus.
epirogènesi, f. (*geol.*) epeirogenesis.
epirogenètico, a. (*geol.*) epeirogenic; epeirogenetic.
epiròta, **A** a. of Epirus. **B** m. e f. Epirote.
episcopàle, a. episcopal; bishop's (*attr.*): **sede e.**, episcopal see; **sedia e.**, bishop's throne; **Chiesa e.**, Episcopal Church.
episcopaliàno, a. Episcopalian.
episcopalìsmo, m. episcopalianism; episcopalism.
episcopàto, m. (*eccles.*) **1** (*i vescovi*) episcopacy; episcopate **2** (*dignità, durata della carica*) episcopate; bishopric.
episcòpico, a. episcope (*attr.*).
episcòpio (1), m. (*eccles.*) bishop's palace.
episcòpio (2), m. (*fis.*) episcope; opaque projector (*USA*).
episcopo, m. (*arc., lett.*) bishop.
episèma, m. (*arald.*) episemon.
episiotomìa, f. (*med.*) episiotomy.
episodicità, f. **1** (*frammentarietà*) fragmentariness **2** (*sporadicità*) episodic nature.
episòdico, a. **1** episodic(al); (*frammentario*) fragmentary: **romanzo e.**, episodic novel **2** (*sporadico*) episodic(al); occasional **3** (*marginale*) marginal; minor; incidental: **un fatto e.**, a minor episode.
episòdio, m. **1** incident; episode; event **2** (*letter., mus., med.*) episode.
epispadìa, f. (*med.*) epispadias.
epispàstico, a. e m. (*med.*) epispastic.
episperma, m. (*bot.*) episperm.
epìstasi, f. (*biol.*) epistasis*.
epistàssi, f. (*med.*) epistaxis; (*com.*) nosebleed.
epistemàtico, a. (*filos.*) deductive.
epistème, m. o f. (*filos.*) episteme; knowledge.
epistèmico, a. (*filos.*) epistemic.
epistemologìa, f. **1** (*teoria della conoscenza*) epistemology **2** (*filosofia della scienza*) philosophy of science.
epistemològico, a. (*filos.*) epistemological.
epistemòlogo, m. (f. **-a**) epistemologist.
epistilio, m. (*archit.*) epistyle; architrave.
epìstola, f. **1** (*lettera*) letter; message **2** (*letter., relig.*) epistle **3** (*scherz.*) long, boring letter.
epistolàre, a. epistolary; of letters: **genere e.**, epistolary genre; **romanzo e.**, epistolary novel; **corrispondenza e.**, correspondence (by letter); **scambio e.**, exchange of letters; **Siamo in contatto e.**, we write to each other.
epistolàrio, m. **1** (*eccles.*) epistolary **2** (*raccolta di lettere*) letters (*pl.*); correspondence: **l'e. del Foscolo**, Foscolo's letters.
epistolarménte, avv. by letter.
epistolografìa, f. epistolography; letter-writing.
epistologràfico, a. **1** epistolographic; letter-writing: **genere e.**, letter-writing **2** (*lett.*: *epistolare*) epistolary.
epistològrafo, m. epistoler; epistolographer.
epìstrofe, f. (*retor.*) epistrophe.
epistrofèo, m. (*anat.*) axis*.
epitàffio, m. epitaph.
epitalàmico, a. (*letter.*) epithalamic.
epitalàmio, m. (*letter.*) epithalamium*; epithalamion*.
epitàlamo, m. (*anat.*) epithalamus*.
epitassìa, epitàssi, f. (*miner.*) epitaxy.
epitassiàle, a. (*miner.*) epitaxial.
epiteliàle, a. (*anat.*) epithelial.
epitèlio, m. (*anat.*) epithelium*.
epitelïòma, m. (*med.*) epithelioma*.
epitelizzànte, a. (*med.*) epithelizing.
epitema, m. (*bot.*) epithem; epithema*.
epitesi, f. (*gramm.*) paragoge.
epitètico, a. (*gramm.*) paragogic(al).
epìteto, m. **1** epithet **2** (*insulto*) term of abuse; name; insult: **lanciare epiteti a q.**, to call sb. names.; **una sfilza di epiteti**, a string of abuse.
epitomàre, v. t. to epitomize; to abridge; to summarize.
epitomatóre, m. (f. **-trice**) epitomist; epitomizer.
epitome, f. epitome; compendium*; abridgement.
epitrito, m. (*poesia*) epitrite.
Epittéto, m. (*filos.*) Epictetus.
epizòo, m. (*zool.*) epizoon*.
epizoòtico, a. (*vet.*) epizootic.
epizoozìa, f. (*vet.*) epizootic (disease).
època, f. **1** (*periodo*) epoch; era; age; period: **l'e. elisabettiana**, the Elizabethan Age; **l'e. napoleonica**, the Napoleonic era; **costruito in e. romana**, built in the Roman period; **la fine di un'e.**, the end of an era; **segnare un'e.**, to mark an epoch **2** (*tempo*) time; days (*pl.*): **a quell'e.**, at that time; in those days; **all'e. del film muto**, at the time (*o* in the days) of silent films; **all'e. in cui andavo a scuola**, when I was a schoolboy [schoolgirl]; **Fu su tutti i giornali dell'e.**, it was in all the newspapers of the time; **l'anno scorso a quest'e.**, this time last year **3** (*astron., geol.*) epoch: **l'E. glaciale**, the Glacial Epoch. ● **d'e.**, vintage (*attr.*); period (*attr.*): **auto d'e.**, vintage car; **mobili d'e.**, period furniture; **in costume d'e.**, in period costume; (*teatr.*) in contemporary dress □ **fare e.**, to be a landmark; to be epoch-making: **una scoperta che farà e.**, an epoch-making discovery.
epocàle, a. **1** of a period (*pred.*); of an age (*pred.*) **2** (*importante*) epoch-making.
epochè, f. (*filos.*) epoche.
epòdico, a. (*poesia*) epodic.
epòdo, m. (*poesia*) epode.
eponimìa, f. eponymy.
epònimo, **A** a. eponymous. **B** m. eponym.
epopèa, f. **1** (*poema epico*) epic; (*genere letter.*) epic (poetry); (*insieme di leggende eroiche, ecc.*) epos **2** (*fig.*: *fatti eroici*) heroic deeds (*pl.*).
èpos, m. epos.
epossìdico, a. (*chim.*) epoxy: **resina epossidica**, epoxy (resin).
epòssido, m. (*chim.*) epoxide.
eppùre, cong. and yet; still; all the same; but: **E. non ci credo**, and yet, I don't believe it; **Arrivai in ritardo, e. mi aspettarono**, I arrived late, but they waited for me all the same; **Tu non mi crederai, e. è vero**, you may not believe me, but it's true.
èpsilon, m. o f. invar. (*quinta lettera dell'alfabeto greco*) epsilon.
epsomite, f. (*miner.*) epsomite; magnesium sulphate.
eptacòrdo, m. (*mus.*) heptachord.
eptafònico, V. **eptatonico**.
eptàno, m. (*chim.*) heptane.
eptasillabo, (*poesia*) **A** a. heptasyllabic. **B** m. heptasyllable.
èptathlon, m. heptathlon.
eptatlèta, f. heptathlete.
èptatlon, V. **epthathlon**.
eptatònico, a. (*mus.*) heptatonic.
eptavalènte, a. (*chim.*) heptavalent.

eptodo, *m.* (*fis.*) heptode.
epùlide, *f.* (*med.*) epulis*.
epulóne, *m.* **1** (*nel Vangelo*) Dives **2** (*fig.*) glutton **3** (*stor. romana*) epulo*.
epuràre, *v. t.* **1** (*purificare*) to purify; to cleanse **2** (*fig.: un'organizzazione e sim.*) to purge; (*persone*) to dismiss, to remove (from office), to oust, to liquidate.
epuràto, **A** *a.* removed from office (in a purge); eliminated. **B** *m.* (*f.* **-a**) victim of a purge.
epuratóre, *m.* (*f.* **-trice**) purger.
epurazióne, *f.* purge; expulsion.
equàbile, *a.* **1** (*lett.*) *V.* **equo** **2** (*mus.*) equable.
equabilità, (*lett.*) *V.* **equità**.
equadorégno, *V.* **ecuadoriano**.
equalizzàre, *v. t.* to equalize.
equalizzatóre, *m.* (*mus., fis.*) equalizer.
equalizzazióne, *f.* **1** (*elettr.*) equalization **2** (*econ.*) equalization; levelling, leveling (*USA*).
equànime, *a.* impartial; fair; unbiassed; just.
equanimità, *f.* impartiality; fairness; justness.
equatóre, *m.* (*geogr., astron.*) equator: **e. terrestre [magnetico, celeste]**, terrestrial [magnetic, celestial] equator.
equatoriàle, **A** *a.* (*geogr., astron.*) equatorial: **clima e.**, equatorial climate; **foresta e.**, rain forest. ● **regione delle calme equatoriali**, (the) doldrums (*pl.*). **B** *m.* (*astron.*) equatorial.
equazióne, *f.* **1** (*mat.*) equation: **e. algebrica [differenziale]**, algebraic [differential] equation; **e. di primo grado**, simple (*o* first degree) equation; **e. di secondo grado**, quadratic equation; **e. di terzo grado**, cubic equation; **e. del moto**, equation of motion; (*astron.*) **e. del tempo**, equation of time; (*chim.*) **e. chimica**, chemical equation; **risolvere un'e.**, to solve an equation **2** (*fig.*) equation; correspondence: **stabilire un'e.**, to draw an equation.
equèstre, *a.* **1** equestrian: **monumento e.**, equestrian monument; (*stor. romana*) **ordine e.**, equestrian order; **sport equestri**, equestrian sports; **circo e.**, circus **2** (*cavalleresco*) of knighthood (*attr.*): **onorificenza e.**, order of knighthood.
equiàngolo, *a.* (*geom.*) equiangular.
equide, *m.* (*zool.*) equid.
Equidi, *m. pl.* (*zool., Equidae*) Equidae.
equidistànte, *a.* (*geom. e fig.*) equidistant.
equidistànza, *f.* equidistance.
equidistàre, *v. i.* to be equidistant.
equilàtero, *a.* (*geom.*) equilateral: **triangolo e.**, equilateral triangle.
equilibraménto, *m.* (*mecc.*) balancing; equilibration.
equilibràre, **A** *v. t.* (*anche fig.*) to balance; to counterbalance. **B** **equilibràrsi,** *v. rifl.* (*anche fig.*) to balance. **C** **equilibràrsi,** *v. rifl. recipr.* (*anche fig.*) to balance each other; to counterbalance each other.
equilibràto, *a.* **1** (*fis., mecc.*) balanced **2** (*fig.*) balanced; well-balanced; level-headed; sober: **giudizio e.**, balanced (*o* sober) judgement; **un ragazzo e.**, a level-headed boy; **composizione equilibrata**, well-balanced composition.
equilibratóre, **A** *m.* **1** (*mecc., fis.*) equalizer: **e. di spinta**, thrust equalizer **2** (*aeron.*) elevator **3** (*mil.*) equilibrator. **B** *a.* (*anche fig.*) balancing.
equilibratùra, *f.* (*mecc.*) balancing.
equilibrio, *m.* **1** (*fis., chim.*) equilibrium*: **e. stabile [instabile, indifferente]**, stable [unstable, neutral] equilibrium; **e. chimico**, chemical equilibrium **2** (*com. e fig.*) balance; equilibrium; poise: **essere in e.**, to be balanced; to be poised; **essere in precario e.**, to be precariously balanced; **perdere l'e.**, to lose one's balance; **far perdere l'e. a q.**, to throw sb. off balance; **tenersi in e. su una gamba**, to balance on one leg; **mantenere l'e.** (*o* **stare in e.**), to keep one's balance; to balance; to keep oneself steady; **tenere q.c. in e.**, to balance st.; **ristabilire l'e.**, to restore the balance; **l'e. di una facciata**, the balance between the elements of a façade; **mantenere l'e. economico**, to keep the economy in equilibrium **3** (*aeron.*) stability **4** (*fig.: misura, buon senso*) common sense; level-headedness; moderation; poise.
equilibrismo, *m.* **1** acrobatics (*pl. col verbo al sing.*); (*sulla corda*) tightrope walking: **numero di e.**, balancing act; feat of balancing **2** (*fig.*) balancing act.
equilibrista, *m. e f.* acrobat; equilibrist; (*sulla corda* e *fig.*) tightrope walker.
equino, **A** *a.* equine; horse (*attr.*); of horses: **razza equina**, breed of horses; **carne equina**, horse meat. **B** *m.* (*zool.*) equid; equine. ● (*med.*) **piede e.**, club-foot.
equinoziàle, *a.* equinoctial: **linea e.**, equinoctial line (*o* circle).
equinòzio, *m.* equinox: **e. di primavera [d'autunno]**, vernal [autumnal] equinox; **precessione degli equinozi**, precession of the equinoxes.
equipaggiaménto, *m.* **1** (*l'equipaggiare*) equipping; fitting out; kitting out **2** (*attrezzatura*) equipment; outfit; kit; gear. ● (*mecc.*) **e. di prova**, test set-up.
equipaggiàre, **A** *v. t.* **1** (*fornire di equipaggiamento*) to equip; to fit out; to rig (out); to kit out: **e. un esercito**, to equip an army; **e. una spedizione**, to fit out an expedition **2** (*naut.: fornire di equipaggio*) to man; (*attrezzare*) to rig. **B** **equipaggiàrsi,** *v. rifl.* to equip oneself; to kit oneself out.
equipaggiàto, *a.* equipped; fitted out; kitted out.
equipàggio, *m.* **1** (*naut.*) crew; (*esclusi gli ufficiali*) ship's company, hands (*pl.*): **e. addetto ai recuperi**, wrecking crew **2** (*aeron.*) crew **3** (*sport*) crew **4** (*carrozza e addetti*) equipage **5** (*elettr.*) element. ● (*miss.*) **e. di un'astronave**, spacecrew □ **con e.**, manned (*attr.*) □ **senza e.**, unmanned (*attr.*).
equiparàbile, *a.* comparable.
equiparàre, *v. t.* **1** (*uguagliare*) to equalize; to level **2** (*paragonare*) to compare.
equiparazióne, *f.* **1** (*uguagliamento*) equalization; equalizing; levelling, leveling (*USA*) **2** (*paragone*) comparison.
equipartizióne, *f.* equipartition; equal distribution.
équipe (*franc.*), *f. invar.* team: **lavorare in é.**, to work as a team; **lavoro d'é.**, teamwork; **é. sportiva**, sports team.
equipollènte, *a.* equivalent; (*anche filos.*) equipollent.
equipollènza, *f.* equivalence; (*anche filos.*) equipollence.
equipotènte, *a.* (*mat.*) equipotent.
equipotenziàle, *a.* (*fis.*) equipotential.
equiprobàbile, *a.* equiprobable; equally probable.
equisèto, *m.* (*bot., Equisetum*) equisetum*; horsetail.
equisonànza, *f.* equisonance.
equità, *f.* **1** (*imparzialità*) fairness; equity; equitableness; impartiality: **giudicare con e.**, to judge fairly; **e. e giustizia sociale**, equity and social justice **2** (*leg.*) equity.
equitativo, *a.* equitable.
equitazióne, *f.* horse-riding; riding; (*l'arte*) horsemanship, equitation; (*nelle Olimpiadi*) equestrian sports (*pl.*): **scuola d'e.**, riding school; **fare e.**, to ride; to go riding.
equivalènte, **A** *a.* equivalent; equal; corresponding; comparable; tantamount: **pesi equivalenti**, equivalent weights; **titoli equivalenti**, comparable qualifications; **una riduzione e. al tre per cento**, a reduction equal to three per cent; **Ciò è e. a dire che...**, that is tantamount to saying that... **B** *m.* **1** equivalent: **Non conosco l'e. di questa parola francese**, I don't know the equivalent of this French word; **l'e. di due volte il mio stipendio**, the equivalent of twice my salary **2** (*chim.*) equivalent (weight).
equivalènza, *f.* equivalence; equivalency: (*mat.*) **relazione di e.**, equivalence relation.
equivalére, **A** *v. i.* **1** (*corrispondere*) to be equivalent to; to be tantamount to; to be as good as; to be the same as; to add up to: **La risposta equivaleva a un rifiuto**, the answer was tantamount to a refusal; **Ciò equivale a dire che...**, that is as much as to say (*o* tantamount to saying) that...; **A quanto equivalgono sette sterline in lire?**, what is the equivalent of seven pounds in liras? **2** (*avere lo stesso valore*) to have the same value as. **B** **equivalérsi,** *v. rifl. recipr.* to be equivalent; to have equal value; to come to the same thing.
equivocàre, *v. i.* to misunderstand*; to misinterpret; to get* (st.) wrong; to get* hold of the wrong end of the stick (*fam.*).
equivocità, *f.* equivocality; equivocalness.
equivoco, **A** *a.* **1** (*ambiguo*) equivocal; ambiguous: **risposta equivoca**, equivocal reply **2** (*dubbio, sospetto*) doubtful; dubious; suspicious; questionable; shady: **reputazione equivoca**, dubious fame; **condotta equivoca**, questionable behaviour; **una persona equivoca**, a shady character. ● (*poesia*) **rima equivoca**, perfect rhyme. **B** *m.* ambiguity; (*malinteso*) misunderstanding; (*fraintendimento*) misinterpretation; (*errore*) mistake: **C'è stato un e.**, there has been a misunderstanding; **Mi scusai dell'e.**, I apologized for the mistake; **a scanso d'equivoci**, to avoid any misunderstanding; so that we know where we are; **dare adito a equivoci**, to give rise to a misunderstanding; (*di cosa, anche*) to lay itself open to misinterpretations; **cadere in un e.**, to misunderstand; **Non c'è possibilità d'e. sulle sue intenzioni**, there is no mistaking his intentions; **giocare sull'e.**, to equivocate.
èquo, *a.* **1** (*imparziale*) fair; impartial; just; unbiassed: **giudizio e.**, fair judgement; **uomo e.**, fair (*o* impartial) man **2** (*proporzionato*) fair; reasonable: **e. canone**, fair rent; **prezzo e.**, fair (*o* reasonable) price **3** (*leg.*) equitable; rightful.
èra, *f.* era; age; period: **l'era atomica** the atomic age; (*geol.*) **l'era paleozoica**, the Paleozoic Era; **l'era spaziale**, the space age.
Èra, *f.* (*mitol.*) Hera.
Èracle, *m.* (*mitol.*) Heracles.
Eraclèa, *f.* (*geogr.*) Heraclea.
eraclitèo, *a.* Heraclitean.
eraclitismo, *m.* (*filos.*) Heracliteanism.
Eràclito, *m.* (*filos.*) Heraclitus.
erariàle, *a.* (*fin.*) revenue (*attr.*); fiscal: **imposta e.**, revenue tax; **introiti erariali**, revenues.
eràrio, *m.* (*fin.*) **1** national (*o* inland) revenue **2** (*lo Stato come amministrazione finanziaria*) (the) Treasury; (*in G.B.*) (the) Exchequer.
erasmiàno, *a.* Erasmian.
Eràsmo, *m.* Erasmus.
erastianésimo, **erastianismo,** *m.* Erastianism.
èrba, **A** *f.* **1** grass; (*infestante*) weed; (*aromatica, medicinale*) herb: **filo d'e.**, blade of grass; **macchia d'e.**, grass stain; **fare merenda sull'e.**, to have a picnic on the grass; **coperto d'e.**, grassy; **e. cattiva**, weed; (*tennis*) **campo d'e.**, grass court; **infuso d'erbe**, herbal (*o* herb) tea; tisane (*franc.*); **fare l'e.** (*tagliare*), to cut the grass; (*specialm. con una macchina*) to mow the grass **2** (*pl.*) (*verdure*) vegetables; greens **3** (*pop.: marijuana*) grass; weed; pot **4** (*bot.*) – **e. amara** (*o* **di S. Pietro**) (*Chrysanthemum balsamita*), costmary; **e. calderina** (*Senecio vulgaris*), groundsel; **e. calì** (*Salsola kali*), glasswort; **e. cicutaria** (*Erodium cicutarium*), stork's bill; **e. cimicina** (*Geranium robertianum*), crane's bill; **e. cipollina** (*Allium schoenoprasum*), chive; **e. da porri** (*Chelidonium majus*), celandine; **e. del cucco** (*Silene inflata*), bladdercampion; **e.**

di S. Giacomo (*Senecio jacobaea*), ragwort; **e. di S. Giovanni** (*Hypericum*), Saint John's wort; **e. dorata** (*Ceterach officinarum*), stonewort; ceterach; **e. fragolina** (*Sanicula europaea*), sanicle; **e. galletta** (*Lathyrus pratensis*), vetchling; **e. gattaria** (*Nepeta cataria*), catmint; **e. luisa** (*Lippia citriodora*), lemon-plant; lemon verbena; **e. luna** (*Lunaria annua*), honesty; moonwort; satinpod; **e. mazzolina** (*Dactylis glomerata*), cock's foot; **e. medica** (*Medicago sativa*), lucerne; alfalfa (*USA*); **e. morella** (*Solanum nigrum*), morel; **e. pepe** (*Polyganum hydropiper*), water pepper; smartweed; **e. peperina** (*Filipendula hexapetala*), dropwort; **e. seta** (*Vincetoxicum officinale*), swallow-wort; **e. trinità** (*Anemone hepatica*), hepatic(a); liverwort; **e. vellutina** (*Cynoglossum officinale*), hound's tongue; dog's tongue; **e. vetturina** (*Melilotus officinalis*), yellow melilot; **e. zolfina** (*Galium verum*), cheese-rennet. ● **in e.**, green; unripe; (*fig.*) budding, fledgling: **grano in e.**, green corn; **dottore in e.**, budding doctor □ (*fig.*) **fare d'ogni e. un fascio**, to lump everything together; to generalize □ **mal'e.**, weed; tare □ (*fig.*) **mangiare il grano in e.**, to reap before one has sown □ **Non vi cresce un filo d'e.**, nothing will grow there □ (*fig. scherz.*) **vedere l'e. dalla parte delle radici**, to be dead; to push up the daisies (*scherz.*) □ **Vietato calpestare l'e.**, keep off the grass □ (*prov.*) **L'e. «voglio» non cresce neanche nel giardino del re**, you can't have everything you want □ (*prov.*) **L'e. cattiva cresce in fretta**, ill weeds grow apace □ (*prov.*) **L'e. del vicino è sempre più verde**, the grass is always greener on the other side of the fence. **B** *a. invar.* – **verde e.**, grass(-)green; (*ricamo*) **punto e.**, stem stitch.

erbàccia, *f.* (*bot.*) weed: **togliere le erbacce da un giardino**, to weed a garden.

erbàceo, *a.* grassy; grass-like; herbaceous: **piante erbacee**, herbaceous plants.

erbàggio, *m.* vegetable; green.

erbàio, *m.* grass meadow.

erbaiòlo, *m.* (*f.* **-a**) greengrocer.

erbàrio, *m.* **1** (*bot.*) herbarium **2** (*libro*) herbal.

erbàtico, *m.* (*leg.*) herbage.

erbàto, *a.* grass-grown; grassy.

erbatùra, *f.* grass-growing period.

erbétte, *f. pl.* herbs.

erbicida, *m.* (*agric.*, *chim.*, *mil.*) weedkiller; herbicide.

èrbio, *m.* (*chim.*) erbium.

erbivéndolo, *m.* (*f.* **-a**) greengrocer; (*ambulante*) costermonger.

erbìvoro, (*zool.*) **A** *a.* herbivorous. **B** *m.* (*f.* **-a**) herbivore.

erboràre, *v. i.* to gather herbs; to herborize.

erborazióne, *f.* herbalizing; herborization; herb-collecting.

erborinàto, *a.* (*di formaggio*) marbled.

erborista, *m.* e *f.* herbalist; herborist; herbal practitioner.

erboristeria, *f.* **1** herbal medicine **2** (*negozio*) herbalist's shop.

erboristico, *a.* herbal.

erborizzàre, *V.* **erborare**.

erbóso, *a.* grassy; grass-grown; grass (*attr.*): (*tennis*) **campo e.**, grass court; **terreno e.**, grassland; **tappeto e.** (*prato*), lawn; green turf; sward.

ercìnico, *a.* (*geol.*) Hercynian.

ercogamìa, *f.* (*bot.*) hercogamy, herkogamy.

ercolanènse, *a.* Herculanean.

Ercolàno, *m.* (*geogr.*) Herculaneum.

Èrcole, *m.* (*mitol.*) Hercules: **le fatiche d'E.**, the labours of Hercules; **le colonne d'E.**, the Pillars of Hercules.

èrcole, *m.* (*uomo forte*) Hercules; big, brawny man*.

ercolino, *m.* (*scherz.*) sturdy little boy.

ercùleo, *a.* Herculean.

èrebo, *m.* (*mitol.*) Erebus.

erède, *m.* e *f.* **1** (*leg.*) heir; inheritor: **essere e. di q.c.**, to be heir to st.; **nominare q. e.**, to appoint (*o* to constitute) sb. as one's heir; **e. illegittimo**, wrongful heir; **e. legittimo**, legal (*o* rightful) heir; heir-at-law; **e. testamentario**, testamentary heir; **e. presunto**, heir presumptive; **e. al trono**, heir to the throne; **e. universale**, sole heir; **senza eredi**, heirless **2** (*scherz.*: *figlio maschio*) son and heir; son **3** (*fig.*) inheritor; heir; successor; continuator: **e. spirituale**, spiritual heir; **gli eredi di Freud**, Freud's successors.

eredità, *f.* **1** (*leg.*) inheritance; (*asse ereditario*) hereditament: **lasciare in e.**, (*legare*) to bequeath; to leave; **ricevere in e.**, to inherit; to receive by inheritance; to be left (st.); **entrare in possesso di un'e.**, to take possession of (*o* to come into) an inheritance; **e. giacente**, vacant succession **2** (*fig.*: *retaggio*) legacy; heritage: **un'e. di gloria**, a glorious legacy; **raccogliere l'e. spirituale di q.c.**, to be sb.'s spiritual heir **3** (*biol.*) inheritance; heredity.

ereditabilità, *f.* (*biol.*) hereditableness; heritableness.

ereditàre, *v. t.* (*leg.* e *fig.*) to inherit; (*assol.*) to come* into an inheritance.

ereditarietà, *f.* **1** hereditariness **2** (*biol.*) heredity.

ereditàrio, *a.* (*anche biol.*) hereditary: **carattere e.**, hereditary character; (*leg.*) **asse e.**, hereditament; **principe e.**, crown prince.

ereditièra, *f.* heiress.

eremacàuṣi, *f.* (*biol.*) eremacausis.

eremita, *m.* e *f.* **1** hermit **2** (*fig.*) hermit; recluse. ● (*zool.*) **Bernardo l'e.**, hermit crab.

eremitàggio, *m.* hermitage.

eremitàno, *m.* (*eccles.*) Augustinian hermit.

eremìtico, *a.* hermitic(al); hermit's (*attr.*): **una vita eremitica**, a hermit's life; the life of a recluse.

èremo, *m.* (*anche fig.*) hermitage.

erepsina, *f.* (*chim.*) erepsin.

ereṣìa, *f.* **1** (*relig.*) heresy **2** (*fig.*) heresy; (*sciocchezza*) rubbish, nonsense; (*sproposito*) howler: **Non dire eresie!**, don't talk nonsense!

ereṣiàrca, *m.* heresiarch.

ereṣiologia, *f.* heresiology.

ereṣiòlogo, *m.* (*f.* **-a**) heresiologist.

ereticàle, *a.* heretical.

erètico, **A** *a.* heretical. **B** *m.* **1** heretic **2** (*fam.*: *ateo*) unbeliever.

eretiṣmo, *m.* (*med.*) erethism.

eretistico, *a.* (*med.*) erethismic.

erèttile, *a.* (*anat.*, *bot.*) erectile: **tessuto e.**, erectile tissue.

erètto, *a.* (*dritto*) erect; straight; upright: **tenere il capo e.**, to hold one's head high; **tenere il busto e.**, to hold one's back straight; **portamento e.**, upright stance; **camminare con portamento e.**, to walk upright.

erettóre, *a.* e *m.* (*anat.*) erector.

erezióne, *f.* **1** (*costruzione*) erection; building **2** (*fondazione*) foundation; establishment **3** (*fisiol.*) erection.

erg, *m.* (*fis.*) erg.

erga omnes (*lat.*), **A** *locuz. avv.* universally. **B** *locuz. agg.* universally valid.

ergastolàno, *m.* (*f.* **-a**) convict serving a life sentence; life convict; lifer (*pop.*).

ergàstolo, *m.* **1** (*pena*) life imprisonment; life (*fam.*); penal servitude for life: **condanna all'e.**, life sentence; **condannare all'e.**, to sentence to life imprisonment; **Gli hanno dato l'e.**, he got life **2** (*prigione*) prison (for convicts serving a life sentence).

ergativo, *a.* e *m.* (*ling.*) ergative.

èrgere, **A** *v. t.* **1** (*erigere*) to erect **2** (*lett.*: *innalzare*) to raise. **B** **ergersi**, *v. i. pron.* to rise*; to stand*: **Dietro il paese si erge un monte**, a mountain rises behind the village; **Al centro della piazza si erge una statua**, a statue stands in the middle of the square. **C** **èrgersi**, *v. rifl.* to rise*; (*anche fig.*) to stand* up: **Si erse in tutta la sua altezza**, he rose to his full height; **e. a difesa di q.**, to stand up in defence of sb.

èrgo, *cong.* (*scherz.*) ergo; therefore.

ergòdico, *a.* (*fis.*) ergodic.

ergògrafo, *m.* (*fisiol.*) ergograph.

ergometria, *f.* (*med.*) ergometry.

ergòmetro, *m.* (*med.*) ergometer.

ergonomìa, *f.* ergonomics (*pl. col verbo al sing.*); human engineering (*USA*); biotechnology (*USA*).

ergonòmico, *a.* ergonomic.

ergònomo, *m.* (*f.* **-a**) ergonomist.

ergosterìna, *f.* **ergosteròlo**, *m.* (*chim.*) ergosterol.

ergoterapia, *f.* (*med.*) ergotherapy.

ergotìna, *f.* (*chim.*) ergot.

ergotiṣmo, *m.* (*med.*) ergotism.

èrica, *f.* (*bot.*, *Erica*) heather; heath.

erigèndo, *a.* (*da erigersi*) to be built (*pred.*); (*da istituirsi*) to be founded (*pred.*).

erìgere, **A** *v. t.* **1** (*innalzare*) to erect, to raise, to put* up, to set* up; (*costruire*) to build*, to construct **2** (*fondare*) to found; (*istituire*) to institute, to set* up **3** (*fig.*: *costituire*) to raise the status of; to elevate: **e. una città a capitale**, to raise a city to the status of capital; to make a city the capital. **B** **erigersi**, *v. rifl.* to set* oneself up as; to claim to be: **e. a giudice**, to set oneself up as a judge.

erigeróne, *m.* (*bot.*, *Erigeron*) erigeron; fleabane.

eringio, *m.* (*bot.*, *Eryngium*) eryngium.

Erinni, *f.* (*mitol.*) Erinys*; Fury.

erinòṣi, *f.* (*agric.*) erineum.

eriodinamòmetro, *m.* eriodynamometer.

eriòforo, *m.* (*bot.*, *Eriophorum*) cotton grass.

eriòmetro, *m.* eriometer.

eriṣipela, *f.* (*med.*) erysipelas.

eriṣipelatóso, *a.* (*med.*) erysipelatous.

eristica, *f.* (*filos.*) eristic.

eristico, *a.* (*filos.*) eristic.

eritèma, *m.* (*med.*) erythema: **e. solare**, sun-rash.

eritematóso, *a.* (*med.*) erythematous; erythematic.

eritremia, *f.* (*med.*) erythremia.

eritrèo, *a.* e *m.* (*f.* **-a**) Eritrean (*f.* Eritrean woman*).

eritrìna, *f.* (*bot.*, *Erythrina*) erythrina.

eritroblàsto, *m.* (*biol.*) erythroblast.

eritrocatèreṣi, *f.* (*fisiol.*) destruction of red blood cells.

eritrocita, **eritrocito**, *m.* (*anat.*) erythrocyte.

eritrocitòṣi, *f.* (*med.*) erythrocytosis*.

eritrodermia, *f.* (*med.*) erythrodermia; erythema.

eritrofobia, *f.* (*psic.*) erythrophobia.

eritromicina, *f.* (*farm.*) erythromycin.

eritropoièṣi, *f.* (*biol.*) erythropoiesis.

eritropsia, *f.* (*med.*) erythropsia.

eritrosedimentazióne, *f.* (*med.*) erythrosedimentation: **test di e.**, sedimentation test.

eritròṣi, *f.* (*med.*) erythrosis*.

eritroṣina, *f.* (*chim.*) erythrosin.

èrma, *f.* (*archeol.*) herma*.

ermafrodita, *V.* **ermafrodito**.

ermafroditiṣmo, *m.* (*biol.*) hermaphroditism.

ermafrodito, **A** *a.* hermaphroditic; hermaphrodite. **B** *m.* (*biol.*) hermaphrodite.

Ermànno, *m.* Herman.

ermellinàto, *a.* (*arald.*) ermined.

ermellìno, *m.* **1** (*zool.*, *Mustela erminea*) stoat; ermine* **2** (*pelliccia*) ermine **3** (*arald.*) ermine.

ermenèuta, *m.* e *f.* hermeneut.

ermenèutica, *f.* hermeneutics (*pl. col verbo al sing.*).

ermenèutico, *a.* hermeneutic(al).

Èrmes, **Ermète**, *m.* (*mitol.*) Hermes.

ermeticaménte, *avv.* hermetically: **e. chiuso**, hermetically sealed.

ermeticità, *f.* **1** airtightness; watertightness **2** (*fig.*) obscurity; inscrutableness; inscrutability.

ermètico, A *a.* **1** (*filos.*) Hermetic: **libri ermetici**, Hermetic books **2** (*di contenitore*) hermetic(al), airtight; (*a tenuta d'acqua*) watertight; (*a tenuta di gas*) gas-proof: **chiusura ermetica**, hermetic sealing **3** (*fig.*: *oscuro*) hermetic, obscure, cryptic; (*indecifrabile*) indecipherable, inscrutable: **sorriso e.**, hermetic smile; **discorso e.**, cryptic (*o* obscure) words; **viso e.**, inscrutable face; deadpan face (*fam.*) **4** (*letter.*) belonging to the Ermetismo school of poetry. **B** *m.* (*f.* **-a**) **1** (*filos.*) Hermeticist; Hermetist **2** (*letter.*) poet of the Ermetismo school of poetry.

ermetișmo, *m.* **1** (*filos.*) Hermeticism; Hermetism **2** (*fig.*: *oscurità*) obscurity; inscrutability **3** (*letter.*) Ermetismo (Italian school of poetry).

érmo, *a.* (*lett.*) lonely; solitary; secluded.

Ernèsto, *m.* Ernest.

èrnia, *f.* **1** (*med.*) hernia*; rupture: **e. addominale**, ventral hernia; **e. strozzata**, strangulated hernia; **e. del disco**, slipped disc **2** (*bot.*) clubroot.

erniària, *f.* (*bot.*, *Herniaria glabra*) herniaria; rupturewort.

erniàrio, *a.* (*med.*) hernial. ● **cinto e.**, truss.

erniàto, *a.* (*med.*) herniated.

ernióso, (*med.*) **A** *a.* suffering from hernia. **B** *m.* (*f.* **-a**) hernia sufferer.

erniotomia, *f.* (*med.*) herniotomy.

** Èro**, *f.* (*mitol.*) Heros.

èro (1), 1ª *pers. sing. indic. imperf. di* **essere**.

èro (2), *f.* (*pop.*: *eroina*) heroin; horse (*pop.*); H (*pop.*); shit (*pop.*).

Eróde, *m.* (*stor.*) Herod. ● (*fig.*) **mandare q. da E. a Pilato**, to send sb. from pillar to post.

eródere, *v. t.* to erode; to wear* away; to eat* away.

erodìbile, *a.* erodible.

eròe, *m.* **1** hero*: **morire da e.**, to die like a hero; to die a hero's death; **culto degli eroi**, hero-worship; **e. da operetta**, stage hero; **fare l'e.**, to act the hero **2** (*protagonista*) hero*; main character.

erogàbile, *a.* **1** (*di denaro*) distributable; that can be allocated; earmarked; set aside **2** (*di fonti di energia*) deliverable; suppliable.

erogàre, *v. t.* **1** (*denaro*) to disbruse, to allocate, to pay* out; (*donare*) to donate; (*dotare*) to endow (sb., st. with st.) **2** (*fornire*) to supply (sb., st. with st.); to distribute; to deliver: **e. luce a una città**, to supply a city with light; **e. 1 000 litri al minuto**, to deliver 1,000 litres per minute.

erogatóre, A *a.* distributing; supplying. **B** *m.* (*tecn.*) distributor.

erogazióne, *f.* **1** (*di denaro*) disbursement, allocation; (*donazione*) donation; (*dotazione*) endowment **2** (*fornitura di energia*) supply. ● **azienda di e.**, non-profit enterprise.

erògeno, *a.* erogenic; erogenous: **zone erogene**, erogenous zones.

eroicaménte, *avv.* heroically. ● **morire e.**, to die like a hero; to die a hero's death.

eroicità, *f.* heroicness.

eroicizzàre, *v. t.* to make* a hero of; to heroize.

eròico, *a.* heroic: **l'età eroica della Grecia**, the heroic age of Greece; **morte eroica**, heroic death; **verso e.**, heroic verse; dactylic hexameter; (*farm.*) **rimedio e.**, heroic remedy.

eroicòmico, *a.* **1** (*letter.*) mock-heroic; **poema e.**, mock-heroic poem **2** (*estens.*) mock--heroic; heroicomic.

eroina (1), *f.* heroine.

eroina (2), *f.* (*chim.*) heroin.

eroinòmane, *m.* e *f.* heroin addict.

eroișmo, *m.* heroism. ● **atto d'e.**, heroic deed.

erómpere, *v. i.* **1** (*di acqua e sim.*) to gush out; to spurt **2** (*fig.*) to burst* out (*o* forth); to break* out; to erupt: **e. in imprecazioni**, to break out into curses; **e. in un urlo**, to shriek out.

Èros, *m.* (*mitol.*) Eros.

èros, *m.* (*psic.*) eros.

eroșióne, *f.* (*geol.*, *med.*, *econ.*) erosion: **e. eolica**, wind erosion; **e. regressiva**, headward erosion; **e. del potere d'acquisto della lira**, erosion of the purchasing power of the lira.

eroșivo, *a.* erosive.

eróso, *a.* corroded; eroded.

eroticità, *f.* erotic character [manner, quality]; eroticism.

eròtico, *a.* erotic; (*solo letter.*) amatory; (*afrodisiaco*) aphrodisiac: **desiderio e.**, erotic desire; **romanzo e.**, erotic novel; **una poesia erotica**, an amatory poem.

erotișmo, *m.* eroticism; erotism.

erotizzàre, *v. t.* (*psic.*) to erotize.

erotizzàto, *a.* **1** (*psic.*) erotized **2** (*eccitato eroticamente*) sexually aroused **3** (*reso erotico*) erotically charged.

erotizzazióne, *f.* (*psic.*) erotization.

erotògeno, *V.* **erogeno**.

erotologia, *f.* erotology.

erotòmane, *m.* e *f.* (*med.*) erotomaniac.

erotomania, *f.* (*med.*) erotomania.

èrpete, *V.* **herpes**.

erpètico, A *a.* (*med.*) herpetic. **B** *m.* (*f.* **-a**) sufferer from herpes.

erpetologia, *f.* herpetology.

erpetòlogo, *m.* (*f.* **-a**) herpetologist.

erpicàre, *v. t.* (*agric.*) to harrow.

erpicatùra, *f.* (*agric.*) harrowing.

érpice, *m.* (*agric.*) harrow: **e. a denti fissi [a dischi]**, peg-tooth [disc] harrow.

errabóndo, *a.* (*lett.*) wandering; rambling.

errànte, *a.* wandering; roving; roaming: **stella e.**, wandering star; **sguardo e.**, wandering look; **l'Ebreo e.**, the Wandering Jew; **cavaliere e.**, knight errant.

erranza, *f.* (*lett.*) wanderings (*pl.*).

erràre, *v. i.* **1** (*vagare*) to wander; to roam; to rove; to ramble: **e. per i boschi**, to roam the woods; **e. per il mondo**, to wander around the world; **e. con la fantasia**, to let one's imagination wander **2** (*sbagliare*) to be mistaken; to be wrong; to err (*lett.*): **e. nel parlare**, to make mistakes in speaking; **E. è umano**, to err is human; **Se non erro**, if I am not mistaken; **Se erro, correggimi**, correct me if I'm wrong; **Errando s'impara**, we learn from our mistakes.

errata corrige (*lat.*), *locuz. m. invar.* errata (*pl.*).

erraticità, *f.* **1** nomadism **2** (*fig.*) instability; volatility.

erràtico, *a.* **1** (*vagante*) wandering; nomadic **2** (*geol.*) erratic: **masso e.**, erratic block **3** (*bot.*) creeping; wandering **4** (*med.*) erratic.

erràto, *a.* wrong; incorrect; mistaken: **interpretazione errata**, wrong interpretation; **giudizio e.**, mistaken judgement; **informazioni errate**, incorrect information; **impressione errata**, mistaken impression; **Se non vado e.**, if I am not wrong (*o* mistaken).

èrre, *f.* o *m. invar.* (*lettera*) r; R: **e. moscia**, French (*o* uvular) r; **arrotare la e.**, to roll one's r's.

erroneità, *f.* wrongness; erroneousness; mistakenness.

erròneo, *a.* wrong; erroneous; mistaken.

erróre, *m.* **1** mistake; (*più form.* o *scient.*) error; (*lieve*) slip; (*grossolano*) blunder, howler: **commettere un e.**, to make a mistake; **rilevare un e.**, to spot a mistake; **cadere in e.**, to fall into error; to err; **essere in e.**, to be wrong; **indurre q. in e.**, to lead sb. into error; **e. di calcolo**, miscalculation; **e. di trascrizione**, clerical error; slip of the pen; **e. di disattenzione**, slip; lapse; **e. di giudizio**, error of judgment; **e. d'ortografia**, spelling mistake; misspelling; (*elab.*) **e. di programmazione**, program error (*o* fault), bug (*fam.*); **e. di stampa**, misprint; **errori giovanili**, youthful folly (*sing.*); **e. madornale**, glaring mistake; blunder; gross mistake; clanger (*fam.*); **gli errori della vita**, the errors of one's life; **per e.**, by mistake; **Salvo e., ci siamo tutti**, we are all here, if I am not mistaken; (*comm.*) **salvo errori e omissioni**, errors and omissions excepted **2** (*leg.*) mistake; error: **e. di diritto**, mistake of law; **e. di fatto**, mistake of fact; **e. giudiziario**, miscarriage of justice **3** (*lett.*: *peregrinazione*) wandering.

érta, *f.* uphill street; steep ascent. ● **All'e.!**, look out! □ **stare all'e.**, to be on the look-out (*o* on the alert, on one's guard).

érto, *a.* steep; precipitous.

erubescènte, *a.* (*lett.*) flushing; blushing; erubescent.

erùca, *f.* (*bot.*, *Eruca*) Eruca.

erùcico, *a.* – (*chim.*) **acido e.**, erucic acid.

erudìre, A *v. t.* **1** (*istruire*) to educate; to teach*; to instruct **2** (*scherz.*) to enlighten. **B** **erudìrsi**, *v. i. pron.* to become* educated; to acquire knowledge; to study (st.).

eruditișmo, *m.* pedantry.

erudìto, A *a.* learned; erudite; scholarly: **uomo e.**, learned man; **note erudite**, scholarly notes. **B** *m.* (*f.* **-a**) scholar; man* (*f.* woman*) of learning; (*spreg.*) pedant: **lavoro da e.**, scholarly work.

erudizióne, *f.* learning; erudition; scholarship: **persona di vasta e.**, person of immense erudition; **fare sfoggio di e.**, to parade one's learning.

eruttaménto, *m.* **1** (*rutto*) eructation; (*com.*) belching **2** (*eruzione*) eruption.

eruttàre, A *v. t.* **1** to erupt; to throw* out **2** (*fig.*) to belch; to pour out. **B** *v. i.* to belch; to eruct.

eruttazióne, *f.* eructation; (*com.*) belching.

eruttìvo, *a.* (*geol.*, *med.*) eruptive: **rocce eruttive**, eruptive rocks.

eruzióne, *f.* **1** (*geol.*) eruption **2** (*med.*) eruption; rash.

Erzegòvina, *f.* (*geogr.*) Herzegovina.

erziàno, *V.* **hertziano**.

Es, *m.* (*psic.*) id.

eșacerbaménto, *V.* **esacerbazione**.

eșacerbàre, A *v. t.* to exacerbate; to worsen; to aggravate; to exasperate; to embitter. **B** **eșacerbàrsi**, *v. i. pron.* to exacerbate; to worsen.

eșacerbàto, *a.* exacerbated; exasperated; embittered.

eșacerbazióne, *f.* exacerbation; exasperation; embitterment.

eșacișottaèdro, *m.* (*miner.*) hexoctahedron.

eșacòrdo, *m.* (*mus.*) hexachord.

eșadattilia, *f.* (*med.*) hexadactylism.

eșadecimàle, *a.* (*mat.*) hexadecimal.

eșaèdro, *m.* (*geom.*) hexahedron.

eșafònico, *V.* **esatonico**.

eșageràre, A *v. t.* (*ingrandire*) to exaggerate, to magnify, to overdo*; (*gonfiare*) to inflate; (*assol.*) to exaggerate, to magnify things, to lay* it on (thick) (*fam.*); (*drammatizzare*) to make* a federal case of it (*fam. USA*): **e. l'importanza di q.c.**, to exaggerate the importance of st.; **Dice che c'erano mille persone, ma per me esagera**, he says there were a thousand people, but I think he's exaggerating (*o*, *fam.*, he's laying it on). **B** *v. i.* (*eccedere*) to exaggerate; to overdo* (st.); to go* too far: **Adesso però esageri!**, that is going altogether too far!; **e. nelle lodi**, to overdo one's praises; **e. nel mangiare**, to overeat.

eșageràto, A *a.* exaggerated; excessive; overdone; outrageous; (*smodato*) immoderate; (*di prezzo*) exhorbitant, too high: **lodi esagerate**, excessive praise; **E. che sei, è solo una mosca!**, how you exaggerate, it's only a fly!; **È sempre e. nello spendere**, he is very lavish with his money. **B** *m.* (*f.* **-a**) person who exaggerates: **È il solito e.**, he is exaggerating, as usual.

eșagerazióne, *f.* **1** exaggeration: **senza e.**, without exaggerating **2** (*grande quantità*) enormous amount; (*di denaro*) fortune, bomb (*fam.*): **Hai comprato un'e. di pane**, you've bought far too much bread; **L'ha pagato un'e.**, he paid a fortune for it.

eșagitàre, *v. t.* (*lett.*) to trouble; to agitate.

eșagitàto, A *a.* overexcited; frantic;

distraught. **B** *m.* (*f.* **-a**) overexcited person.

eṣagitazióne, *f.* overexcitement; agitation.

eṣagonàle, *a.* (*geom.*) hexagonal.

eṣàgono, *m.* (*geom.*) hexagon.

eṣalaménto, *m. V.* **esalazione.**

eṣalàre, A *v. t.* to exhale; to send* out; to give* off: **e. fumo**, to send out smoke; **e. un profumo**, to give off a scent; **e. l'anima** (*o* **lo spirito, l'ultimo respiro**), to breathe one's last. **B** *v. i.* to exhale; to come* off; (*di cattivo odore*) to reek.

eṣalatóre, *m.* vent; outlet.

eṣalazióne, *f.* exhalation; fumes (*pl.*); vapour.

eṣaltànte, *a.* thrilling; exciting; rousing; stirring.

eṣaltàre, A *v. t.* ***1*** (*magnificare*) to exalt; to extol; to magnify ***2*** (*innalzare a una dignità*) to exalt; to elevate; to raise ***3*** (*entusiasmare*) to excite; to elate; to stir. **B eṣaltàrsi,** *v. i. pron.* ***1*** to get* excited (*o* elated); to get* carried away ***2*** (*vantarsi*) to boast; to exalt oneself.

eṣaltàto, A *a.* excited; elated; (*fanatico*) fanatical, hot-headed. ● **testa esaltata**, hot-head. **B** *m.* (*f.* **-a**) fanatic; hot-head.

eṣaltatóre, *m.* (*f.* **-trice**) exalter; extoller.

eṣaltazióne, *f.* ***1*** exalting; extolling ***2*** (*innalzamento a una dignità*) exaltation; elevation ***3*** (*infervoramento*) excitement; elation.

eṣàme, *m.* ***1*** examination; (*prova, controllo*) test: **e. di coscienza**, examination of one's conscience; soul-searching; **e. del sangue**, blood test; **e. di guida**, driving test; **e. di idoneità fisica**, fitness test; (*leg.*) **l'e. di un teste**, the examination of a witness ***2*** (*scolastico*) examination (*form.*); exam: **e. di ammissione**, entrance examination; **e. orale**, oral examination; viva (voce); **dare un e.**, to sit for (*o* to take) an exam; **essere bocciato** (*o* **respinto**) **a un e.**, to fail (in) an exam; **superare** (*o* **passare**) **un e.**, to pass an exam; to get through (*fam.*); **e. di concorso**, competitive examination; **e. di maturità**, school-leaving examination; **e. di laurea** (*discussione di una tesi*), discussion of a thesis ***3*** (*verifica*) checking; check; control: **l'e. di un conto**, the checking of an account ***4*** (*ispezione*) inspection; (*indagine*) investigation. ● **essere all'e.** (*di questione e sim.*), to be under examination: **Il progetto è all'e.**, the plan is under examination (*o* is being examined) □ **in e.**, on approval: **mandare q.c. in e.**, to send st. on approval □ **prendere in e.**, to consider; to take into consideration.

eṣàmetro, *m.* (*poesia*) hexameter.

eṣamificio, *m.* (*spreg.*) examination factory.

eṣaminàndo, *m.* (*f.* **-a**) candidate (for an examination); examinee.

eṣaminànte, *a.* – (*leg.*) **giudice e.**, investigating magistrate.

eṣaminàre, *v. t.* ***1*** (*prendere in esame*) to examine: **e. le prove [i dati]**, to examine the evidence [the data] ***2*** (*guardare bene*) to observe; to scrutinize; to inspect; to go* through; to look into: **e. i conti**, to inspect (*o* to look into) the accounts; **e. i documenti**, to inspect the documents ***3*** (*sottoporre a esame*) to examine, to test; (*verificare*) to check, to control: **e. un candidato**, to examine a candidate; **e. q. in fisica**, to test sb. in physics; **e. la vista**, to test sb.'s sight; (*leg.*) **e. un teste**, to examine a witness ***4*** (*indagare*) to investigate; to inquire into.

eṣaminatóre, A *m.* (*f.* **-trice**) examiner. **B** *a.* examining. ● **commissione esaminatrice**, board of examiners.

eṣàngue, *a.* ***1*** (*senza sangue*) bloodless ***2*** (*fig.: pallidissimo*) (deadly) pale; colourless; as white as a sheet; wan ***3*** (*fig.: senza nerbo*) nerveless: **stile e.**, nerveless style.

eṣanimàre, A *v. t.* (*lett.*) to discourage; to dishearten. **B eṣanimàrsi,** *v. i. pron.* to become* discouraged.

eṣànime, *a.* lifeless; exanimate; (*morto*) dead.

eṣàno, *m.* (*chim.*) hexane.

eṣantèma, *m.* (*med.*) exanthema*.

eṣantemàtico, *a.* (*med.*) exanthematous; exanthematic.

Eṣàpodi, *m. pl.* (*zool., Hexapoda*) Hexapoda.

eṣapodìa, *f.* (*poesia*) hexapody.

eṣàpodo, *m.* (*zool.*) hexapod.

eṣarazióne, *f.* ***1*** (*geol.*) glacial (*o* ice) erosion ***2*** (*paleografia*) erasure.

eṣàrca, *m.* (*stor.*) exarch.

eṣarcàto, *m.* (*stor.*) exarchate.

eṣasperànte, *a.* exasperating; irritating; infuriating; maddening.

eṣasperàre, A *v. t.* ***1*** (*irritare*) to exasperate; to irritate; to infuriate; to madden; to drive* (sb.) mad ***2*** (*inasprire*) to heighten; to exacerbate; to aggravate. **B eṣasperàrsi,** *v. i. pron.* to become* exasperated.

eṣasperàto, *a.* ***1*** (*irritato*) exasperated; furious; fuming (*fam.*); mad (*fam.*); at the end of one's tether (*pred.*) ***2*** (*spinto all'eccesso*) extreme; exaggerated.

eṣasperazióne, *f.* ***1*** (*irritazione*) exasperation; (extreme) irritation ***2*** (*esagerazione*) aggravation; worsening; heightening.

eṣàstico, (*poesia*) **A** *a.* hexastichal. **B** *m.* hexastich.

eṣàstilo, *a.* (*archit.*) hexastyle.

eṣatòmico, *a.* (*chim.*) hexatomic.

eṣatonàle, eṣatònico, *a.* (*mus.*) whole-tone (*attr.*).

eṣatonìa, *f.* (*mus.*) whole-tone system.

eṣattaménte, *avv.* ***1*** (*precisamente*) exactly; precisely: **È e. lo stesso**, it's exactly the same; **Dov'eri e.?**, where were you exactly?; **«Vuoi dire che è troppo tardi?» «E.»**, «you mean it's too late?» «exactly (*o* precisely)»; **«È tuo amico?» «Non e.»**, «is he a friend of yours?» «not exactly» ***2*** (*proprio*) exactly; precisely; just: **È e. quello che volevo**, it's exactly (*o* just) what I wanted ***3*** (*in modo giusto*) correctly: **rispondere e.**, to answer correctly ***4*** (*puntualmente*) punctually.

eṣattézza, *f.* ***1*** exactness; exactitude; (*giustezza*) correctness ***2*** (*precisione*) precision; accuracy ***3*** (*puntualità*) punctuality.

eṣàtto, *a.* ***1*** exact; (*giusto*) correct, right: **una copia esatta**, an exact copy; **scienze esatte**, exact sciences; **calcolo e.**, correct calculation ***2*** (*preciso*) precise; accurate: **Cerca di essere più e.**, try to be more accurate; **un kilo e.**, exactly one kilo; **tra cinque minuti esatti**, in exactly five minutes; **l'e. contrario**, the exact (*o* direct) opposite; **sarebbe più e. dire che...**, it would be more accurate to say that...; **l'ora esatta**, the right (*o* correct) time ***3*** (*puntuale*) punctual: **Ha detto alle quattro ed è sempre e.**, he said four o'clock and he's always punctual ***4*** (*di ore: in punto*) sharp; exactly (*avv.*): **alle dieci esatte**, at ten sharp; at exactly ten o'clock; on the dot of ten o'clock (*fam.*) ***5*** (*scrupoloso*) diligent; accurate; conscientious. ● (*come risposta*) **È e.!** (*o* **E.!**), (*è giusto*) correct!; (*proprio così*) that's it!, just so!, spot on! (*fam. GB*), right on!

eṣattóre, *m.* (*f.* **-trice**) collector: **e. delle imposte**, tax collector; **e. del gas**, gasman (*m.*).

eṣattorìa, *f.* ***1*** (*concessione*) collectorship ***2*** (*sede*) collector's (*o* tax) office; **e. comunale**, municipal rates office.

eṣattoriàle, *a.* ***1*** of the collector's office ***2*** (*delle imposte*) tax (*attr.*): **cartella e.**, tax assessment.

eṣaudìbile, *a.* grantable; that may be granted.

eṣaudiménto, *m.* granting; fulfilment; satisfaction.

eṣaudìre, *v. t.* to grant; to fulfil; to satisfy: **e. una richiesta**, to grant a request; to satisfy a demand; **e. una promessa**, to fulfil a promise; **Signore, esaudisci la mia preghiera!**, Lord, hear my prayer!; **La mia preghiera fu esaudita**, my prayer was answered.

eṣauribile, *a.* exhaustible.

eṣauribilità, *f.* exhaustibility.

eṣauriènte, *a.* exhaustive; thorough; extensive; comprehensive: **trattazione e.**, extensive discussion; **in modo e.**, thoroughly; exhaustively; **risposta e.**, full answer.

eṣauriménto, *m.* ***1*** exhaustion; depletion; drain: **e. delle risorse**, exhaustion (*o* depletion) of resources; (*comm.*) **e. delle scorte**, selling out; **svendita fino a e. delle scorte**, clearance sale ***2*** (*med.*) exhaustion; tiredness: **stato di e. fisico**, state of exhaustion; **e. nervoso**, nervous breakdown; **e. per eccessivo lavoro**, burnout.

eṣaurìre, A *v. t.* ***1*** to exhaust; to deplete; to drain; to run* out of; (*usare fino in fondo*) to use up; (*vendere sino all'esaurimento*) to sell* out: **e. una miniera**, to exhaust a mine; **e. la pazienza**, to exhaust one's patience; **e. la scorta di benzina**, to run out of petrol; **e. la scorta di zucchero**, to use up all the sugar ***2*** (*completare*) to exhaust; to complete: **e. un argomento**, to exhaust a subject ***3*** (*fig.: stancare*) to wear* out; to exhaust: **Questi viaggi mi esauriscono**, these journeys wear me out (*o* exhaust me). **B eṣaurìrsi,** *v. i. pron.* ***1*** (*stancarsi*) to get* exhausted; to wear* (*o* to work) oneself out ***2*** (*di merci, ecc.*) to run* out; to sell* out: **Le nostre provviste si esaurirono**, our supplies ran out; **La prima edizione si è già esaurita**, the first edition has already sold out ***3*** (*di sorgente* e *fig.*) to run* dry; to dry up.

eṣaurito, *a.* ***1*** (*stanco*) exhausted; worn-out; run-down ***2*** (*di merce*) sold-out, out of stock; (*di libro*) out of print. ● (*teatr.*) **tutto e.**, full house; sold out.

eṣaustività, *f.* (*lett.*) exhaustiveness.

eṣaustivo, *a.* (*lett.*) exhaustive.

eṣàusto, *a.* ***1*** (*spossato*) exhausted; worn out ***2*** (*vuoto*) empty; exhausted.

eṣautoràre, *v. t.* to deprive of authority (*o* of power). ● **e. una teoria**, to discredit a theory.

eṣautorazióne, *f.* deprivation of authority.

eṣavalènte, *a.* (*chim.*) hexavalent.

eṣazióne, *f.* collection; levy: **e. delle imposte**, collection of taxes; **e. di crediti**, collection of debts.

eṣborsàre, *v. t.* (*bur.*) to disburse; to pay* out; to lay* out.

eṣbórso, *m.* (*bur.*) disbursement; outlay; pay-out; expenditure: (*rag.*) **e. di cassa**, cash outlay.

ésca, *f.* ***1*** bait: **mettere l'e. all'amo**, to bait the hook ***2*** (*fig.: inganno*) bait, decoy; (*tentazione*) temptation: **fare da e.**, to act as a bait (*o* as a decoy) ***3*** (*sostanza infiammabile*) tinder, touchwood, punk (*USA*); (*per esplosivi*) fuse. ● (*fig.*) **dare e. al fuoco**, to add fuel to the flames □ (*fig.*) **dare e. alla gelosia di q.**, to feed sb.'s jealousy □ **prendere q. all'e.**, to decoy sb.; to hook sb.

escamotage (*franc.*), *m. invar.* subterfuge; gimmick; trick.

escandescènza, *f.* outburst of rage; flare up: **dare in escandescenze**, to flare up; to fly off the handle (*fam.*); to blow one's top (*fam.*).

escapìṣmo, *m.* (*arte, letter.*) escapism.

èscara, *f.* (*med.*) eschar.

escardinazióne, *f.* transferral to a different diocesis.

escarificazióne, *f.* (*med.*) eschar formation.

escaròtico, *m.* escharotic.

escatologìa, *f.* (*teol.*) eschatology.

escatològico, *a.* (*teol.*) eschatologic(al).

escatologìṣmo, *m.* eschatology.

escavatóre, *m.* **escavatrice,** *f.* (*macchina*) excavator; digger: **e. a cucchiaia [a vapore]**, shovel [steam] excavator.

escavatorista, *m.* e *f.* excavator.

escavazióne, *f.* excavation.

eschilèo, *a.* (*letter.*) Aeschylean.

Èschilo, *m.* (*letter.*) Aeschylus.

eschimése, *a., m.* e *f.* Eskimo* (*f.* Eskimo woman*).

èschimo, *V.* **eskimo.**

escissióne, *f.* (*med.*) exsection.

escisso, *a.* (*med.*) exsected.

esclamàre, *v. t.* to exclaim; to cry (out): **«Mai!» esclamò Paolo,** «never!» cried Paolo.

esclamativo, *a.* exclamatory; exclamation (*attr.*): **punto e.**, exclamation mark.

esclamazióne, *f.* *1* exclamation; ejaculation *2* (*gramm.*) exclamation; interjection.

esclùdere, A *v. t.* *1* (*lasciare fuori*) to leave* out; to debar; to shut* out; to count out (*fam.*): **Hanno escluso Bill (dalla lista)**, they've left Bill out (of the list); **e. q. da un luogo**, to shut sb. out of a place; **Fu escluso dall'assemblea**, he was debarred from attending the meeting; **Escludetemi, è una cosa che non mi interessa**, count me out, I'm not interested in it *2* (*eliminare*) to exclude; to rule out: **e. ogni possibilità di dubbio**, to exclude all possibility of doubt; **Una cosa non esclude l'altra**, one thing does not rule out the other; **La polizia ha escluso il suicidio**, the police ruled out suicide; **Escludo che fosse Enzo**, I am certain it wasn't Enzo; **Non escludo che potresti aver ragione**, I admit (*o* I won't deny) you may be right; you may well be right *3* (*eccettuare*) to exclude; to except; to bar *4* (*fis.*) to cut* out; to switch off *5* (*elab.*) to bypass. **B esclùdersi,** *v. rifl. recipr.* to exclude one other; to be mutually exclusive.

escludibile, *a.* that can be excluded; that can be ruled out.

esclușióne, *f.* *1* exclusion: **procedere per e.**, to proceed by exclusion *2* (*fis.*) cutting out; switching off. ● (*leg.*) **e. di un socio**, expulsion of a member □ **a e. di**, to the exclusion of; (*a eccezione di*) with the exception of, exclusive of □ **lotta senza e. di colpi**, fight with no holds barred □ **tutti senza e.**, all without exception.

esclușiva, *f.* (*comm.*) exclusive (*o* sole) right, franchise; (*rappresentanza in e.*) sole agency; (*licenza*) exclusive licence; (*brevetto*) patent: **e. per la fabbricazione di q.c.**, exclusive manufacturing rights; **e. di vendita**, sole selling right; franchise; **avere l'e. di q.c. per l'Italia**, to be the only authorized agent for st. in Italy; **dare l'e. a q. per q.c.**, to make sb. the sole agent for st.; **uso in e.**, exclusive use; **intervista in e.**, exclusive interview; (*giorn.*) **notizia in e.**, exclusive news; scoop.

esclușivaménte, *avv.* exclusively; only; solely.

esclușivișmo, *m.* exclusivism.

esclușivista, A *m. e f.* *1* (*comm.*) sole (*o* exclusive) agent *2* (*chi pecca di esclusivismo*) exclusivist; (*chi si mostra intollerante*) intolerant (*o* dogmatic) person. **B** *a.* *1* exclusory; intolerant *2* (*polit., econ.*) monopolistic.

esclușivìstico, *a.* exclusory; exclusionist.

esclușività, *f.* *1* exclusiveness *2* *V.* **esclusiva**.

esclușivo, *a.* *1* (*comm.*) exclusive; sole: **rappresentante e.**, sole agent; **diritto e.**, exclusive right; **diritto di vendita e.**, sole selling right; franchise *2* (*scelto, riservato*) select; exclusive: **i circoli più esclusivi**, the most exclusive clubs *3* (*intollerante*) intolerant; dogmatic. ● **amore e.**, possessive love □ (*moda*) **modello e.**, model.

esclùșo, A *a.* *1* excluded; left out; barred; shut out: **e. dalla società**, excluded from society; **sentirsi e. da q.c.**, to feel left out of st.; **voler essere e. da q.c.**, to ask to be left out (*o* counted out) of st.; to want out of st. (*fam.*); **da pagina 4 a pagina 10 esclusa**, pages 4 to 10 exclusive; **e. il servizio**, service not included *2* (*eccettuato*) excepted; except; excluding: **esclusi i presenti**, present company excepted; **nessuno e.**, none excepted; bar none; **tutti i giorni e. il sabato**, all days except (*o* excluding) Saturday *3* (*impossibile*) impossible; out of the question: **È e. che si parta con questo tempo**, leaving is out of the question in this weather; we can't possibly leave in this weather; **Non è e. che arrivino in tempo**, they could well arrive in time. **B** *m.* (*f.* **-a**) *1* excluded person *2* (*emarginato*) outcast.

esclușòrio, *a.* exclusive; exclusion (*attr.*): **clausola esclusoria**, exclusion clause.

èsco, *1ª pers. sing. indic. pres. di* **uscire**.

escogitàre, *v. t.* to contrive; to excogitate; to devise; to think* up (*o* out); to concoct; to cook up (*fam.*).

escogitazióne, *f.* contrivance; excogitation; device.

escomiàre, *v. t.* (*leg.*) to evict.

escòmio, *m.* (*leg.*) eviction; (*notifica*) notice to quit.

escoriàre, *v. t.* to excoriate; to graze: **escoriarsi un ginocchio**, to graze one's knee.

escoriazióne, *f.* excoriation; graze.

escreàto, *m.* (*med.*) sputum*; expectoration.

escrementizio, *a.* excrementitious.

escreménto, *m.* excrement; faeces (*pl.*); (*di animale*) dung, droppings (*pl.*).

escrescènza, *f.* *1* bulge; protuberance; excrescence *2* (*med.*) excrescence, abnormal outgrowth; (*verruca*) wart.

escretivo, *a.* (*anat.*) excretory; excretive.

escrèto, A *a.* excreted. **B** *m.* *V.* **escrezione**, *def. 2.*

escretóre, escretòrio, *a.* (*anat.*) excretory.

escrezióne, *f.* (*med.*) *1* (*processo*) excretion *2* (*sostanza*) excretion; excreta (*pl.*).

escudo (*portoghese*), *m. invar.* escudo*.

Esculàpio, *m.* Aesculapius.

esculènto, *a.* esculent; edible; eatable.

escursióne, *f.* *1* excursion; trip; tour; outing: **e. a piedi**, walking tour; hike: **e. in macchina**, car trip; drive; **organizzare un'e. a Pompei**, to organize an excursion to Pompei; **fare un'e.**, to make (*o* to go on) an excursion; **fare un'e. in montagna**, to go on a mountain hike *2* (*scient.*) range: (*meteor.*) **e. annua**, annual range *3* (*tecn.*) travel.

escursionișmo, *m.* touring; (*a piedi*) hiking.

escursionista, *m. e f.* excursionist; tripper (*fam.*); (*appiedato*) hiker.

escursionìstico, *a.* excursion (*attr.*).

escussióne, *f.* (*leg.*) examination: **e. dei testi**, examination of witnesses.

escùtere, *v. t.* (*leg.*) to examine: **e. un teste**, to examine a witness; **e. un debitore**, to levy execution on a debtor.

eșecràbile, *a.* execrable; abominable; despicable: **suonare in modo e.**, to play abominably; **condotta e.**, despicable conduct.

eșecrabilità, *f.* execrableness; abominableness; despicableness.

eșecràndo, *a.* execrable; abominable; detestable; despicable; (*maledetto*) accursed: **delitto e.**, heinous crime.

eșecràre, *v. t.* to execrate; to abhor; to abominate; to loathe.

eșecratòrio, *a.* execratory; imprecatory.

eșecrazióne, *f.* execration; abhorrence; loathing.

eșecutàre, *v. t.* (*leg.*) to enforce a writ of execution (against sb.).

eșecutività, *f.* (*leg.*) enforceability.

eșecutivo, A *a.* (*anche leg.*) executive; executory; enforceable: **sentenza esecutiva**, enforceable judgment; **potere e.**, executive power; **comitato e.**, executive committee; (*leg.*) **atti esecutivi**, execution; (*leg.*) **titolo e.**, document of execution. **B** *m.* *1* (*polit.*) executive (branch) *2* (*comitato e.*) executive.

eșecutóre, *m.* (*f.* **-trice**) *1* executor; person who carries out st.: **È un semplice e. di ordini**, he merely carries out orders *2* (*mus.*) performer *3* (*leg.*: *e. testamentario*) executor (*f.* executrix*).

eșecutorietà, *f.* (*leg.*) enforceability: **l'e. d'una sentenza**, the enforceability of a judgment.

eșecutòrio, *a.* (*leg.*) executive; executory; enforceable.

eșecuzióne, *f.* *1* (*attuazione*) execution; carrying out; implementation; fulfilment: **l'e. di un compito**, the execution (*o* completion) of a task; **mettere in e. un progetto**, to put a plan into execution; to carry out a plan; **e. di un contratto**, performance (*o* completion) of a contract; **dare e. a q.c.**, to carry out st.; **di difficile e.**, difficult (to carry out, to do); **in corso di e.**, in progress; in hand *2* (*perpetrazione*) commission *3* (*fattura*) workmanship; execution *4* (*leg.*) enforcement: **e. della legge**, enforcement of the law; **e. d'una sentenza**, enforcement of a judgment; **dare e. a q.c.**, to enforce st.; **e. forzata**, levy *5* (*e. capitale*) execution: **plotone d'e.**, firing squad *6* (*mus.*) performance; (*interpretazione*) rendering, playing *7* (*ling.*) performance.

eșèdra, *f.* (*archit.*) ex(h)edra*.

eșegèși, *f.* exegesis*.

eșegèta, *m. e f.* exegete; exegetist.

eșegètica, *f.* exegetics (*pl. col verbo al sing.*).

eșegètico, *a.* exegetic(al).

eșeguìbile, *a.* *1* that can be carried out (*o* performed, put into execution, put into practice); (*fattibile*) feasible, practicable, practical: **un progetto e.**, a practical plan; **difficilmente e.**, difficult to put into practice; impracticable; unfeasible *2* (*mus.*) performable; playable.

eșeguibilità, *f.* *1* feasibility; practicability *2* (*mus.*) performability; playability.

eșeguìre, *v. t.* *1* to execute; to put* into execution (*o* practice); to carry out; to do*; to perform; to accomplish: **e. un progetto**, to execute (*o* to carry out) a plan; **e. un lavoro**, to do a piece of work; (*chir.*) **e. un'operazione**, to perform an operation; **e. una danza**, to perform a dance; **e. un ritratto**, to paint a portrait *2* (*adempiere*) to execute; to carry out; to fulfil; to effect: **e. un ordine**, to carry out an order; **e. gli ordini di q.**, to execute sb.'s orders; **e. un pagamento**, to effect (*o* to make) a payment *3* (*mus.*) to play; to execute: **e. una sinfonia**, to play a symphony; **e. Bach**, to play Bach.

eșèmpio, *m.* *1* example; instance; (*avvertimento*) warning, lesson; (*caso*) instance, case: **citare un e.**, to give an example; **e. calzante**, perfect (*o* apt) example; **e. tipico**, classic example (*o* instance); **un classico e. di disorganizzazione**, a classic example (*o* case) of lack of organisation; **gli esempi dell'uso di un verbo**, the example of the use of a verb; **dare il buon [il cattivo] e.**, to set a good [a bad] example; **dare un e.** (*castigando q.*), to make an example of sb.; **Fammi un e.!**, give me an example; (*cita un caso*) quote me a case (*o* an instance)!; **citare q. ad e.**, to cite sb. as an example; **prendere e. da q.**, to take example from sb.; **seguire l'e. di q.**, to follow sb.'s example; **Che ti serva d'e.!**, let that be a lesson (*o* a warning) to you!; **ad e.**, for example; as an example; **a mo' d'e.**, by way of an example; **per e.**, for instance; for example; (*specialm. scritto*) e.g. (*abbr. di* exempli gratia); (*prima di un elenco, anche*) such as; (*interr.*) such as: **«Ci sono diverse possibilità» «Per e.?»**, «there are various possibilities» «such as?»; **sull'e. di**, following the example of *2* (*modello*) model; paragon: **un e. di decoro**, a model of propriety; **un e. di virtù**, a paragon of virtue *3* (*esemplare*) example, specimen: **È un bell'e. di pittura murale romana**, it is a fine specimen of Roman mural painting.

eșemplàre (1), *a.* exemplary; model (*attr.*): **vita [punizione, madre] e.**, exemplary life [punishment, mother]; **dare a q. una punizione e.**, to make an example of sb.

eșemplàre (2), *m.* *1* (*unità di un gruppo*) example, specimen (*anche scient.*), exemplar; (*copia*) copy: **un e. di sigillo egiziano**, an exemplar of Egyptian seal; **dieci esemplari di una stampa**, ten copies of a print; **un bell'e. di flora alpina**, a fine specimen of Alpine flora; **in duplice e.**, in duplicate *2* (*modello*) model; original; exemplar *3* (*comm.*: *campione*) sample. ● (*fig., iron.*) **bell'e.**, fine specimen.

eșemplàre (3), *v. t.* (*lett.*) *1* (*imitare*) to

model on **2** (*trascrivere*) to copy from.
eṣemplarità, *f.* exemplariness.
eṣemplificàre, *v. t.* to exemplify; to illustrate by examples.
eṣemplificativo, *a.* exemplifying; illustrative. ● **a titolo e.**, by way of an example.
eṣemplificazióne, *f.* **1** exemplification **2** (*esempi*) examples (*pl.*): **una ricca e.**, a wealth of examples.
eṣencèfalo, *m.* (*med.*) exencephalus*.
eṣentàre, A *v. t.* to exempt; to dispense; to excuse; to free; to relieve (sb. of st.): **e. q. dal servizio militare**, to exempt sb. from military service; **e. dalla frequenza delle lezioni**, to excuse from attending classes; **e. q. da un incarico**, to relieve sb. of a job. **B eṣentàrsi,** *v. rifl.* to free oneself from.
eṣentàsse, *a. invar.* tax-free.
eṣènte, *a.* **1** (*dispensato*) exempt; exempted; free: **e. da imposte**, duty-free; (*comm.*) **titoli esenti da imposte**, tax-exempt securities **2** (*immune*) immune; free: **e. da contagio**, immune from contagion; **e. da difetti**, free from defects; without faults; **e. da colpa**, free from guilt.
eṣenzióne, *f.* exemption: **e. fiscale**, tax exemption; **e. dall'imposta sul reddito**, exemption from income-tax.
eṣèquie, *f. pl.* funeral rites; obsequies; exequies; funeral service (*sing.*): **cantare le e.**, to perform the funeral rites (*o* the funeral service).
eṣercènte, *m.* e *f.* shopkeeper; storekeeper (*USA*); tradesman* (*m.*); tradeswoman* (*f.*); dealer: **gli esercenti**, tradespeople.
eṣercìre, *v. t.* to run*; to carry on; (*un negozio*) to keep*.
eṣercitàbile, *a.* exercisable.
eṣercitàre, A *v. t.* **1** (*tenere in esercizio*) to exercise; to practise: **e. la mente [la memoria]**, to exercise one's mind [one's memory] **2** (*addestrare, assuefare*) to train: **e. gli occhi [i muscoli]**, to train one's eyes [one's muscles]; **e. le coriste**, to train the chorus **3** (*usare, attuare*) to exercise; to wield; to exert: **e. il potere**, to exercise power; **e. i propri diritti**, to exercise one's rights; **e. un diritto**, to assert a right; **e. la censura**, to censor; **e. pressioni su q.**, to exert pressure on sb.; **e. un'influenza su q.**, to have an influence on sb. **4** (*svolgere un'attività*) to practise, to practice (*USA*); to pursue; to follow; to carry on; to ply: **e. la medicina [l'avvocatura]**, to practise medicine [law]; **e. il proprio mestiere**, to ply one's trade; **e. il mestiere di ciabattino**, to work as a cobbler; (*di medico*) **non e. più**, to have given up one's practice **5** (*mil.*) to drill. **B eṣercitàrsi,** *v. rifl.* **1** to practise (st.); to get* some practice: **e. al salto [nel francese, con il violino]**, to practise jumping [one's French, one's violin] **2** (*addestrarsi*) to drill; to train.
eṣercitàto, *a.* exercised; trained: **avere l'occhio [l'orecchio] e.**, to have a well-trained eye [ear].
eṣercitazióne, *f.* **1** practice; drill (*anche mil.*); (*esercizio*) exercise: **e. (di tiro) al bersaglio**, target practice; **e. col fucile**, rifle drill; **e. antincendio**, fire drill; **e. di conversazione**, conversation practice; (*un esercizio*) conversation exercise; **far fare esercitazioni a q.**, to drill sb. **2** (*allenamento*) training.
eṣèrcito, *m.* **1** army; (*forze armate*) armed forces (*pl.*): **arruolarsi nell'e.**, to join the army; to join up; **e. permanente**, standing army; **e. di occupazione**, army of occupation; **e. di terra**, land army; **E. della Salvezza**, Salvation Army **2** (*fig.*: *folla*) army, host, crowd; (*di cose*) mass, heap.
eṣercìzio, *m.* **1** exercise: **un e. di latino**, a Latin exercise; **esercizi al pianoforte**, piano exercises; **esercizi ginnastici**, gymnastic exercises; **esercizi di respirazione**, breathing exercises; **esercizi spirituali**, spiritual exercises; **fare un e.**, to do an exercise; **un libro di esercizi**, a book of exercises; **fare dell'e.** (**fisico**), to take some exercise **2** (*addestramento*) practice; training; (*mil.*) drill: (*mil.*) **e. ai pezzi**, gun drill; (*naut.*) **e. di salvataggio**, boat drill; **fare e.**, to practise; **Facciamo un po' di e.**, let's do some practice; let's practise a bit; **tenersi in e.**, to keep in practice (*o* in training); to keep one's hand in; **fuori e.**, out of practice **3** (*uso, svolgimento*) exertion; practice; exercise: **e. dell'autorità**, exertion of authority; **e. d'una professione**, practice of a profession; **e. dell'avvocatura**, law practice; **e. di un diritto**, assertion of a right; **e. del culto**, practice of religious rites; **nell'e. delle mie funzioni**, in the exercise (*o* discharge) of my duties **4** (*comm.*: *gestione*) management, running; (*econ., leg.*: *periodo di gestione*) financial year, fiscal year; (*rag.*) account, accounting period: **costi di e.**, running expenses; **e. provvisorio**, provisional budget **5** (*ind.*: *funzionamento*) operation: **costi di e.**, operational (*o* operation) expenses; **essere fuori e.**, not to be operating; **entrare in e.**, to go (*o* to be put) into operation; **porre in e.**, to put into service **6** (*attività commerciale*) business; (*negozio*) shop; (*ristorante*) restaurant; (*bar*) bar; (*ditta*) business; (*attività di vendita*) trading: **pubblico e.**, commercial business; **licenza di e.**, trading licence.
eṣèrgo, *m.* (*numism.*) exergue.
esfoliàrsi, *v. i. pron.* (*med.*) to exfoliate.
esfoliativo, *a.* (*med.*) exfoliative.
esfoliazióne, *f.* (*med.*) exfoliation.
eṣibìre, A *v. t.* **1** to exhibit; to produce; to show*; (*mettere in mostra*) to display; (*ostentare*) to show off: **e. i documenti**, to produce (*o* to show) one's papers; **Favorisca e. la patente**, may I see your licence please?; **e. la propria bravura**, to show off one's ability **2** (*offrire*) to offer **3** (*leg.*) to produce; to submit: **e. testimoni**, to produce witnesses. **B eṣibìrsi,** *v. rifl.* **1** (*mettersi in mostra*) to show* off **2** (*teatr.*) to perform; (*estens., scherz.*) to give* a demonstration of: **e. in pubblico**, to perform in public; **La compagnia si esibì davanti alla corte**, the company performed for the Court; **Papà e mamma si esibirono in un tango**, Mum and Dad gave us a demonstration of the tango.
eṣibizióne, *f.* **1** (*presentazione*) production; presentation: **dietro e. di**, on presentation of **2** (*mostra*) exhibition, show, display; (*ostentazione*) ostentation, showing off: **Che e. di cattivo gusto!**, what an exhibition of bad taste! **3** (*offerta*) offer **4** (*teatr.*) performance, show; (*di attore*) appearance **5** (*sport*) spectacular match; display.
eṣibizionìṣmo, *m.* **1** exhibitionism; showing off; posturing **2** (*psic.*) exhibitionism.
eṣibizionìsta, *m.* e *f.* **1** exhibitionist; show-off **2** (*psic.*) exhibitionist; flasher (*pop.*).
eṣibizionìstico, *a.* exhibitionist(ic).
eṣicàṣmo, *m.* (*relig.*) Hesychasm.
eṣicàsta, *m.* (*relig.*) Hesychast.
eṣigènte, *a.* exacting; exigent; demanding; (*per raffinatezza*) fastidious, particular; (*per pignoleria*) hard to please, fussy, choosy.
eṣigènza, *f.* (*richiesta*) demand, requirement; (*bisogno*) need, exigency: **soddisfare le esigenze di q.**, to meet sb.'s requirements; **Quali sono le tue esigenze?**, what are your requirements?; **Le loro esigenze sono esorbitanti**, their demands are preposterous; **essere pieno di esigenze**, to be very demanding (*o* very fussy); to have lots of pretentions. ● **per esigenze di servizio**, for work reasons □ **secondo le esigenze del caso**, as occasion may require.
eṣìgere, *v. t.* **1** (*richiedere come necessario*) to demand; to require; to call for: **Questo lavoro esige molta pazienza**, this sort of work demands (*o* calls for) great patience **2** (*chiedere con forza*) to require; to demand; to insist on; to exact; to request: **e. una risposta [soddisfazione, delle scuse]**, to demand an answer [satisfaction, an apology]; **Esigo che ci sia anche tu**, I insist on your being there as well; **e. obbedienza**, to exact obedience; **e. il pagamento di un credito**, to request payment of a debt **3** (*pretendere*) to demand; to expect; to ask: **e. troppo da q.**, to demand too much of sb. **4** (*riscuotere*) to collect: **e. un credito**, to collect a credit.
eṣigìbile, *a.* (*comm.*) due, payable; (*riscuotibile*) collectable.
eṣigibilità, *f. pl.* (*comm.*) current liabilities.
eṣiguità, *f.* smallness; exiguity; exiguousness; slightness; (*scarsità*) scantiness.
eṣìguo, *a.* small; exiguous; slight; slender; (*scarso*) scanty.
eṣilarànte, *a.* very amusing; very funny; hilarious. ● **gas e.**, laughing gas.
eṣilaràre, A *v. t.* to amuse; to make* (sb.) laugh. **B eṣilaràrsi,** *v. i. pron.* to have great fun; to enjoy oneself.
èṣile, *a.* **1** thin; slight; slender: **gambe esili**, thin legs; **figura e.**, slight figure **2** (*fig.*: *debole*) feeble; faint; weak; slender; tenuous: **voce e.**, faint (*o* thin) voice; **un'e. speranza**, a slender (*o* tenuous) hope **3** (*poco efficace, scarso*) weak; thin; skimpy: **argomenti esili**, weak arguments; **un tema e.**, a skimpy essay.
eṣiliàre, A *v. t.* to exile; to banish. **B eṣiliàrsi,** *v. rifl.* to go* into exile.
eṣiliàto, A *a.* exiled; banished. **B** *m.* (*f.* **-a**) exile.
eṣìlio, *m.* **1** exile; banishment: **andare in e.**, to go into exile; **vivere in e.**, to live in exile; **mandare q. in e.**, to send sb. into exile; to banish sb.; **scegliere la via dell'e.**, to choose exile; **dall'e.**, from exile **2** (*fig.*) withdrawal: **e. dal mondo**, withdrawal from the world.
eṣilità, *f.* **1** thinness; slightness; slenderness; slimness **2** (*fig.*) thinness, slenderness, tenuousness; (*debolezza*) feebleness, faintness, weakness.
eṣimènte, *f.* (*leg.*) exempting.
eṣìmere, A *v. t.* to exempt; to dispense; to release: **e. q. dal servizio militare**, to exempt sb. from military service. **B eṣìmersi,** *v. rifl.* to get* out of; to avoid (doing st.); to refuse (to do st.): **e. dal proprio dovere**, to avoid doing one's duty; **Non c'era modo di e.**, there was no getting out of it; **Non posso esimermi dall'andarci**, I can't possibly refuse to go.
eṣìmio, *a.* **1** illustrious; distinguished; eminent: **il mio e. collega**, my illustrious colleague; **un e. scienziato**, a distinguished scientist; **E. signore**, dear sir **2** (*iron.*) egregious; regular: **un e. birbante**, an egregious rogue.
eṣiodèo, *a.* (*letter.*) Hesiodic.
Eṣìodo, *m.* (*letter.*) Hesiod.
eṣistènte, *a.* existing; in existence: **tuttora e.**, (*di persona*) surviving; (*di cosa*) extant.
eṣistènza, *f.* **1** existence; (*presenza*) presence: **l'e. di Dio**, the existence of God; **Sei sicuro della sua e.?**, are you sure it exists?; **l'e. di difetti**, the presence of defects **2** (*vita*) existence; life: **un'e. travagliata**, a troubled life (*o* existence); **diritto all'e.**, right to life; **Minacciavano la nostra stessa e.**, they threatened our very existence; **avvelenare l'e. di q.**, to poison sb.'s whole life; **Tante esistenze distrutte!**, so many lives destroyed!; **Dopo pochi mesi di e. l'impresa fallì**, the business only lasted a few months and then folded up.
eṣistenziàle, *a.* (*anche filos.*) existential.
eṣistenzialìṣmo, *m.* (*filos.*) existentialism.
eṣistenzialìsta, *a., m.* e *f.* (*filos.*) existentialist.
eṣistenzialìstico, *a.* existentialist.
eṣìstere, *v. i.* **1** to be; to exist: **Io credo che esista un Dio**, I believe there is a God; **Non esiste nessuna differenza**, there is no difference; **Per lui esiste solo suo figlio**, only his son exists for him; **La perfezione non esiste**, there is no such thing as perfection; **e. nel vuoto**, to exist in a vacuum; **un problema che esiste da secoli**, a problem that has been

around for centuries; **Nel paese esistono ancora vecchie superstizioni**, old superstitions still survive in the country *2* (*essere vivo*) to be alive; to live. ● (*fam.*) **Non esiste!**, it's absurd!; it's out of the question!

eṣitàbile, *a.* (*comm.*) saleable, salable.

eṣitabilità, *f.* (*comm.*) saleability, salability.

eṣitabóndo, *a.* hesitating; uncertain; dithering.

eṣitànte, *a.* *1* (*dubbioso*) hesitating; hesitant; uncertain; wavering; doubtful *2* (*cauto*) hesitant; gingerly *3* (*di voce*) faltering.

eṣitànza, *f.* hesitation; wavering.

eṣitàre (1), *v. i.* *1* to hesitate; (*essere irresoluto*) to be unable to make up one's mind, to shilly-shally, to dither; (*titubare*) to waver: **Esitava ad assumersi il rischio**, he hesitated to take the risk; **e. fra due opinioni**, to waver between two opinions *2* (*di voce*) to falter.

eṣitàre (2), *v. t.* (*comm.*) to sell*.

eṣitàre (3), *v. i.* (*med.*: *di malattia*) to resolve.

eṣitazióne, *f.* hesitation; wavering; (*irresolutezza*) dithering, shilly-shallying: **senza e.**, unhesitatingly.

èṣito, *m.* *1* result; outcome; upshot; issue; (*conclusione*) end, conclusion, winding-up: **giudicare dall'e.**, to judge from results; **l'e. di un esame**, the result of an exam; **l'e. delle elezioni**, the outcome of an election; **non avere e.**, to lead to no results; to be unsuccessful; **buon e.**, success: **avere buon [cattivo] e.**, to be successful [unsuccessful]; to come out well [badly]; **e. felice**, happy ending (*o* conclusion); happy issue (*form.*) *2* (*comm.*) sale *3* (*bur.*) answer: **dare e. a una lettera**, to answer a letter.

eṣiziàle, *a.* ruinous; fatal; deadly.

èskimo (1), *m.* (*giaccone imbottito*) parka, anorak; (*non imbottito*) windcheater (*GB*), windbreaker (*USA*).

èskimo (2), *m.* (*nella canoa*) Eskimo roll.

eslège, *a.* extra-legal.

eṣobiologìa, *f.* exobiology.

eṣobiòlogo, *m.* (*f.* **-a**) exobiologist.

eṣocàrpo, *m.* (*bot.*) exocarp; epicarp.

eṣocèto, *m.* (*zool.*, *Exocoetus*) flying fish.

eṣocitòṣi, *f.* (*biol.*) exocytosis.

eṣòcrino, *a.* (*anat.*) exocrine.

eṣodèrma, *m.* **eṣodèrmide,** *f.* (*bot.*) exoderm; exodermis.

èṣodo, *m.* *1* exodus: **l'e. dei profughi**, the exodus of the refugees; **l'e. dei vacanzieri**, the mass departure for the summer holidays *2* (*di capitali*) flight; drain *3* – (*Bibbia*) **l'E.**, Exodus.

eṣofagèo, *a.* (*anat.*) (o)esophageal.

eṣofagìṣmo, *m.* (*med.*) (o)esophagism.

eṣòfago, *m.* (*anat.*) (o)esophagus*.

eṣoftàlmo, *m.* (*med.*) exophthalmus; exophthalmos.

eṣogamìa, *f.* (*antropol.*, *biol.*) exogamy.

eṣogàmico, *a.* exogamic; exogamous.

eṣògamo, *a.* (*antropol.*) exogamous.

eṣògeno, *a.* (*bot.*, *geol.*, *med.*) exogenous. ● (*bot.*) **pianta esogena**, exogen.

eṣomorfìṣmo, *m.* (*geol.*) exomorphism.

eṣomòrfo, *a.* (*geol.*) exomorphous.

eṣóne, *m.* (*biol.*) exon.

eṣoneràre, **A** *v. t.* *1* to excuse; to exonerate; (*da un servizio, ecc.*) to exempt, to release; (*da un onere*) to free; to relieve (sb. of st.): **e. dal servizio militare**, to exempt from military service; **e. da un incarico**, to free from a duty; **e. da una lezione**, to excuse from a class *2* (*destituire*) to dismiss; to relieve (sb. of st.). **B** **eṣoneràrsi,** *v. rifl.* to excuse oneself.

eṣoneràto, *a.* excused; exonerated; exempt: **essere e. dalle tasse**, to be exempt from taxation; **e. dall'obbligo di leva**, exempt from military service.

eṣònero, *m.* exemption; exoneration; release; relief: **e. dalle tasse**, exemption from taxation; tax relief; **e. dalle lezioni di ginnastica**, exemption from the gym hour.

eṣònimo, *m.* exonym.

eṣòpico, *a.* (*letter.*) Aesopic.

Eṣòpo, *m.* (*letter.*) Aesop.

eṣorbitànte, *a.* exorbitant; excessive; (*di costo*) extortionate, steep (*fam.*).

eṣorbitànza, *f.* exorbitance; excessiveness.

eṣorbitàre, *v. i.* to exceed; to go* beyond; to be (*o* to lie*) outside: **e. dai propri poteri**, to exceed one's powers; **Esorbita dal mio argomento**, it is outside my subject; **Esorbita dai miei doveri**, it lies outside my duties.

eṣorcìṣmo, *m.* exorcism: **fare un e.**, to perform an exorcism; **fare esorcismi**, to exorcize.

eṣorcìsta, *m.* e *f.* exorcizer; (*anche eccles.*) exorcist.

eṣorcìstico, *a.* exorcistic(al).

eṣorciẓẓàre, *v. t.* *1* (*eccles.*) to exorcize *2* (*fig.*) to avert; to ward off.

eṣorciẓẓatóre, *m.* exorcizer; exorcist.

eṣorciẓẓazióne, *f.* exorcization.

eṣordiènte, **A** *m.* e *f.* debutant (*m.*); debutante (*f.*); person who makes his [her] debut. **B** *a.* just beginning (one's career); making one's debut (*o* bow); budding: **attore e.**, debutant; **attrice e.**, debutante.

eṣòrdio, *m.* *1* (*di discorso*) exordium*, preamble; (*introduzione*) introduction *2* (*rif. ad avvenimenti*) beginning; start; opening: **gli esordi della civiltà**, the beginnings of civilization *3* (*debutto*) debut, first appearance; (*in società*) debut: **un cantante al suo e.**, a singer making his debut.

eṣordìre, *v. i.* *1* (*cominciare*) to begin*; to start off: **L'oratore esordì con una battuta**, the speaker started off with a joke *2* (*in un'attività, una professione*) to begin*; to make* one's debut: **e. in una carriera**, to begin one's career *3* (*teatr.*) to make* one's debut (*o* one's first appearance, one's bow): **Esordì nella parte di Cordelia**, she made her debut as Cordelia.

eṣoreattóre, *m.* (*aeron.*) air-breathing engine.

eṣorèico, *a.* (*geogr.*) exhor(h)eic.

eṣornàre, *v. t.* (*lett.*) to adorn; to decorate.

eṣornatìvo, *a.* (*lett.*) ornamental; decorative.

eṣortàre, *v. t.* to urge; to incite; to exhort: **Lo esortai a continuare**, I urged him to go on; **Lo esortai a comportarsi diversamente**, I urged a different course of action upon him.

eṣortatìvo, *a.* exhortative; exhortatory: **Feci loro un discorso e.**, I made a speech urging them on to action.

eṣortatóre, *m.* (*f.* **-trice**) exhorter.

eṣortazióne, *f.* exhortation; incitement; advice.

eṣoschèletro, *m.* (*zool.*) exoskeleton.

eṣosfèra, *f.* (*geol.*) exosphere.

eṣoṣità, *f.* *1* (*avarizia*) meanness, stinginess; (*avidità*) avarice, greed, rapaciousness *2* (*di prezzi*) exorbitance; excessiveness.

eṣòṣo, *a.* *1* (*avaro*) mean, stingy; (*avido*) avaricious, greedy, rapacious *2* (*di prezzo*) exorbitant; excessive.

eṣostòṣi, *f.* (*med.*) exostosis*.

eṣotèrico, *a.* esoteric.

eṣoterìṣmo, *m.* esotericism; esoterism.

eṣotèrmico, *a.* (*fis.*, *chim.*) exothermic.

eṣoticità, *f.* exotic character; exoticism; (*stravaganza*) outlandishness.

eṣòtico, *a.* e *m.* exotic; (*straniero*) foreign; (*stravagante*) outlandish: **fiore e.**, exotic flower; **mode esotiche**, exotic fashions; **gusto dell'e.**, taste for the exotic.

eṣotìṣmo, *m.* exoticism; (*stravaganza*) outlandishness.

eṣotìsta, *m.* e *f.* lover of the exotic.

eṣotiẓẓànte, *a.* tending to the exotic; indulging in exoticism.

eṣotossìna, *f.* (*biol.*) exotoxin.

eṣotropìa, *f.* (*med.*) esotropia.

espàndere, **A** *v. t.* *1* (*allargare*) to expand; to extend; to enlarge; to spread* out: **Vuole e. la sua azienda**, he wants to expand his business; **e. i confini**, to extend the boundaries *2* (*diffondere*) to give* off; to diffuse. **B** **espàndersi,** *v. i. pron.* *1* (*aumentare di volume*) to expand: **I gas si espandono**, gasses expand *2* (*diffondersi*) to spread*; to diffuse.

espansìbile, *a.* expansible; expansile; expanding.

espansibilità, *f.* expansibility.

espansióne, *f.* *1* expansion (*anche chim.*, *fis.*, *mat.*); spread; (*crescita*) growth: **l'e. di un gas**, the expansion of a gas; **l'e. di una civiltà**, the spread of a civilization; **e. commerciale**, trade expansion; **e. economica**, economic expansion (*o* growth); **l'universo in e.**, the expanding universe; **un'azienda in e.**, a growing business; **L'industria nazionale è in e.**, the national industry is booming; (*econ.*) **fase di e.**, boom *2* (*fig.*: *effusione*) expansiveness; effusion. ● (*fis.*) **e. polare**, pole piece.

espansionìṣmo, *m.* expansionism.

espansionìsta, *a.*, *m.* e *f.* expansionist.

espansionìstico, *a.* expansionist(ic).

espansività, *f.* *1* expansiveness; expansivity *2* (*fig.*) expansivity; effusiveness; warmth.

espansìvo, *a.* *1* expansive *2* (*fig.*) demonstrative; expansive; warm; outgoing; effusive.

espànso, *a.* *1* expanded *2* (*chim.*) expanded; foam (*attr.*): **gas e.**, expanded gas; **polistirolo e.**, foam polystyrene.

espatriàre, *v. i.* to leave* one's country; to go* abroad; to expatriate.

espàtrio, *m.* expatriation.

espediènte, *m.* expedient; contrivance; device; (*trucco*) trick, dodge (*fam.*), fix (*fam.*), gimmick (*fam.*), wheeze (*fam. GB*): **un utile e.**, a useful expedient; **un e. per non pagare le tasse**, a dodge to avoid paying taxes; **escogitare un e.**, to think up a device; to contrive st.; **vivere d'espedienti**, to live by one's wits.

espèllere, *v. t.* *1* (*cacciare*) to expel, to drive* out, to turn out; (*da un paese*) to deport: **e. un ragazzo dalla scuola**, to expel a boy from school; **Fu espulso dal partito**, he was expelled of party; **e. un giocatore dal campo**, to send (*o* to order) a player off the field *2* (*emettere*) to eject; to discharge *3* (*med.*) to eliminate; to excrete.

esperantìsta, *m.* e *f.* Esperantist.

esperànto, *a.* e *m.* Esperanto.

Espèria, *f.* (*geogr.*) Hesperia.

espèria, *f.* (*zool.*, *Hesperia*) hesperian; hesperid; skipper butterfly.

esperìbile, *a.* attemptable.

Espèridi, *f. pl.* (*mitol.*) Hesperides.

esperìdio, *m.* *1* (*bot.*) hesperidium* *2* (*zool.*) *V.* **esperia**.

esperiènza, *f.* *1* experience: **Abbiamo bisogno della tua e.**, we need your experience; **i frutti dell'e.**, the result of experience; **parlare per e.**, to speak from experience; **sapere per e.**, to know by experience; **non avere nessuna e.**, to be completely inexperienced; **Non ho nessuna e. di guida**, I have no driving experience; **farsi un'e.**, to gain experience; **fare molte esperienze**, to have many experiences; (*eufem.*) **È una che ha fatto molte esperienze**, she has led a rather promiscuous life; **persona di molta [di poca] e.**, experienced [inexperienced] person *2* (*esperimento*) experiment; trial; test.

esperienziàle, *a.* experiential.

esperimentàre, *V.* **sperimentare**.

esperiménto, *m.* (*scientifico*) experiment; (*prova tecnica*) test, trial: **e. chimico**, chemical experiment; **fare un e.**, to perform an experiment; to do a test; **Aspetta, voglio fare un e.**, wait, I want to try something out; **fare e. delle proprie forze**, to try out one's strength.

espèrio, *a.* (*lett.*) *1* (*occidentale*) Hesperian; western *2* (*italico*) Hesperian; Italic.

esperìre, *v. t.* (*leg.*) – **e. un'indagine**, to carry out an investigation; **e. le vie legali**, to take legal steps.

espero, *m.* (*lett.*) **1** (*astron.*) Hesperus; evening star **2** (*occidente*) west **3** (*vento di ponente*) west wind.

espèrto, A *a.* (*che ha esperienza*) experienced; (*abile*) expert, adept, skilled, skilful: **un guidatore e.**, an experienced driver; **un meccanico e.**, an expert mechanic; **un uomo e. della vita**, a man of experience; **e. delle cose del mondo**, worldly-wise. **B** *m.* (*f.* **-a**) expert; specialist; adept; (*consulente*) consultant: **consultare un e.**, to consult an expert; **un e. in computer**, an expert on computers; **È un e. nell'arte di scansare i lavori**, he's an adept in shirking work.

espettorànte, *a.* e *m.* (*farm.*) expectorant.

espettoràre, *v. t.* to expectorate.

espettorativo, *V.* **espettorante**.

espettoràto, (*med.*) **A** *m.* sputum*; expectoration. **B** *a.* expectorated.

espettorazióne, *f.* (*med.*) expectoration.

espiàbile, *a.* expiable.

espiantàre, *v. t.* (*biol., chir.*) to explant.

espiantazióne, *f.* (*biol., chir.*) explantation.

espiànto, *m.* (*chir.*) **1** (*l'operazione*) explantation **2** (*il tessuto*) explant.

espiàre, *v. t.* **1** to expiate; to atone for; to make* amends for: **e. una colpa**, to expiate the wrong one has done; **e. i propri peccati**, to atone for one's sins **2** (*leg.*: *una pena*) to serve.

espiatòrio, *a.* expiatory. ● (*fig.*) **capro e.**, scapegoat.

espiazióne, *f.* expiation; atonement: **in e. della propria colpa**, in expiation of one's guilt.

espiràre, *v. t.* e *i.* to expire; to exhale; to breathe out.

espiratóre, *a.* (*anat.*) expiratory: **muscolo e.**, expiratory muscle.

espiratòrio, *a.* expiratory.

espirazióne, *f.* expiration; exhalation.

espletaménto, *m.* (*bur.*) execution; dispatch; fulfilment; prosecution; completion: **l'e. di un incarico**, the fulfilment of a task; **nell'e. delle proprie funzioni**, while carrying out one's duty; in the prosecution of one's duties.

espletàre, *v. t.* to execute; to fulfil; to perform; to attend to; to carry out; to dispatch: **e. un compito**, to perform (*o* to execute) a task; **e. le formalità necessarie**, to attend to the necessary formalities; **e. lo sdoganamento di una cassa**, to see a case through customs.

espletivo, *a.* (*gramm.*) expletive.

esplicàbile, *a.* explicable.

esplicàre, *v. t.* **1** (*svolgere*) to carry on; to perform **2** (*lett.*: *spiegare*) to expound; to explain.

esplicativo, *a.* explicative; explanatory.

esplicazióne, *f.* **1** (*svolgimento*) carrying out; execution **2** (*spiegazione*) explication; explanation; interpretation.

esplicitaménte, *avv.* explicity; expressly; unequivocally.

esplicitàre, *v. t.* to render explicit; (*chiarire*) to make* clear.

esplicitazióne, *f.* clarification; elucidation.

esplicito, *a.* **1** explicit; express; unequivocal; clear; definite: **un'affermazione esplicita**, an explicit statement; **Fu suo e. desiderio che non lo aspettassimo**, it was his express wish that we should not wait for him **2** (*franco*) frank; outspoken **3** (*mat.*) explicit.

esplodènte, A *a.* exploding. **B** *m.* explodent.

esplòdere, A *v. i.* **1** to explode; (*scoppiare*) to burst*, to blow* up, to go* off: **un gas che esplode facilmente**, a gas that explodes easily; **La bomba esplose a pochi metri della casa**, the bomb exploded (*o* burst, went off) a few metres from the house; **Il palloncino mi esplose in faccia**, the balloon burst in my face; **far e.**, to explode; to set off; to blow up **2** (*fig.*) to explode; to burst* out; to break* out: **e. in una risata**, to burst out laughing; **e. in un grido**, to break out in a shout; **A quelle parole esplosi**, at those words I exploded **3** (*manifestarsi all'improvviso*) to break* out: **È esplosa l'estate**, summer has broken out. **B** *v. t.* to fire: **e. un colpo di rivoltella**, to fire a (revolver) shot.

esploditóre, *m.* blaster.

esploràbile, *a.* explorable.

esploràre, *v. t.* **1** to explore: **e. le regioni artiche**, to explore the Arctic regions **2** (*investigare*) to explore; to investigate; to inquire into; to search; to probe into: **e. una possibilità**, to explore a possibility; **e. il terreno circostante**, to search the ground all around; **e. il cuore di q.**, to probe into sb.'s heart **3** (*mil.*) to reconnoitre; to scout **4** (*med.*) to probe; to explore; to sound **5** (*TV*) to scan.

esplorativo, *a.* explorative; exploratory.

esploratóre, A *a.* exploring; inquiring; searching: **mente esploratrice**, inquiring mind. **B** *m.* (*f.* **-trice**) **1** explorer **2** (*mil.*) scout **3** (*naut.*) scout (ship). ● **giovane e.**, boy scout (*f.* girl guide).

esplorazióne, *f.* **1** exploration **2** (*mil.*) scouting; reconnaissance **3** (*med.*) exploration; probing; sounding **4** (*TV*) scanning.

esplosióne, *f.* **1** explosion; burst; (*specialm. di bomba*) blast: **e. nucleare**, nuclear explosion; **L'e. fece molte vittime**, the blast caused many casualties **2** (*detonazione*) explosion; bang; report **3** (*fig.*) explosion; outburst; outbreak; flare-up: **e. di gioia**, explosion of joy; **e. d'ira**, outburst of anger; **l'e. di un'epidemia**, the outbreak of an epidemic; **e. demografica**, population explosion **4** (*ling.*) explosion.

esplosività, *f.* (*anche fig.*) explosiveness.

esplosivo, A *a.* **1** (*anche fig.*) explosive: **miscela esplosiva**, explosive mixture; **situazione esplosiva**, explosive situation; **notizia esplosiva**, bombshell **2** (*ling.*) explosive; plosive. **B** *m.* explosive: **e. dirompente**, high explosive.

esplòso, *a.* exploded; burst. ● **disegno e.**, exploded view.

esponènte, A *m.* **1** (*mat.*) exponent; index* **2** (*tipogr.*) superscript **3** (*lemma*) headword; entry word **4** (*naut.*) – **e. di carico**, deadweight capacity (*o* tonnage). **B** *m.* e *f.* **1** (*bur.*) applicant; petitioner **2** (*persona rappresentativa*) exponent, leading figure, leading member; (*rappresentante*) representative; (*portavoce*) spokesman* (*f.* spokeswoman*): **un e. dell'avanguardia**, a leading avant-garde figure; **un e. del partito**, a party representative; **alti esponenti**, leading members.

esponenziàle, (*mat.*) **A** *a.* exponential: **funzione e.**, exponential function; **crescita e.**, exponential growth. **B** *f.* (*curva e.*) exponential curve.

espórre, A *v. t.* **1** to expose; to put* out; (*in bacheca e sim.*) to put* up, (*con puntine*) to pin up, to stick* up; (*mettere in mostra*) to display, to show*: **e. q.c. al sole**, to expose st. to sunlight; **e. una bandiera**, to put out a flag; **e. un avviso**, to stick up a notice; **e. merci in vetrina**, to display (*o* to show) goods in the shop-window; (*relig.*) **e. il Santissimo**, to expose the Blessed Sacrament **2** (*abbandonare*) to expose: **e. q. a un rischio**, to expose sb. to a risk; **e. un bambino**, to expose a child **3** (*mettere a repentaglio*) to risk: **e. la vita**, to risk one's life **4** (*quadri e sim.*) to exhibit: **e. i propri quadri**, to exhibit one's paintings; **Esporrò alla galleria Mirage**, I will exhibit at the Mirage Gallery **5** (*spiegare*) to expound, to explain; (*descrivere*) to put* forth, to present, to state; (*raccontare*) to tell*, to retail, to recount: **e. una teoria**, to expound a theory; **e. il proprio caso**, to present (*o* to tell) one's case; **e. le proprie idee**, to state one's ideas; **e. i fatti**, to tell the facts; to give an account of what happened; **e. un dubbio**, to express a doubt **6** (*fotogr.*) to expose. **B espórsi,** *v. rifl.* **1** to expose oneself: **e. al sole**, to expose oneself to sunlight; **e. a un rischio**, to expose oneself to risk **2** (*fig.*) to lay* oneself open to: **e. alle critiche**, to lay oneself open to criticism **3** (*compromettersi*) to compromise oneself **4** (*indebitarsi*) to incur (*o* to run* up) debts: **e. per tre miliardi**, to incur debts for three billion.

esportàbile, *a.* exportable.

esportàre, *v. t.* to export.

esportatóre, A *m.* (*f.* **-trice**) exporter. **B** *a.* exporting; export (*attr.*): **ditta esportatrice**, export firm.

esportazióne, *f.* export; exportation: **merci d'e.**, export goods; exports; **licenza d'e.**, export license; **e. di capitali**, export of capitals; **e. di manodopera**, export of labour; **e. sottocosto**, dumping; **destinato all'e.**, for export; **Dobbiamo aumentare le nostre esportazioni**, we must step up our exports.

espoșimetro, *m.* (*fotogr.*) exposure meter.

espoșitivo, *a.* expository; expositive.

espoșitóre, A *m.* (*f.* **-trice**) **1** (*chi mette in mostra*) exhibitor **2** (*chi spiega*) commentator; expositor **3** (*supporto per esporre*) display stand. **B** *a.* exhibiting: **ditta espositrice**, exhibiting firm.

espoșizióne, *f.* **1** exposure; (*mostra*) display: **l'e. del corpo al sole**, the exposure of the body to sunlight; **e. a un pericolo**, exposure to a danger; **l'e. di un avviso**, the display of a notice; **l'e. degli articoli in vetrina**, the display of goods in the shop-window; (*relig.*) **l'E. del Santissimo**, the Exposure of the Blessed Sacrament **2** (*orientamento*) exposure: **una casa con e. a sud**, a house facing south; a house with a southern exposure; **scegliere l'e. della casa nuova**, to decide which way the new house is to face **3** (*mostra pubblica*) exhibition; exposition (*abbr. fam.*: expo); show: **un'e. industriale**, an industrial exhibition (*o* exposition); **palazzo delle esposizioni**, expo building; (*comm.*) **sala d'e.**, show-room **4** (*lo spiegare*) expounding, explaining; (*spiegazione*) exposition; (*narrazione*) description, account, narration: **un'e. molto chiara**, a very clear exposition **5** (*dichiarazione*) statement: (*comm.*) **e. della situazione finanziaria**, statement of affairs **6** (*abbandono*) exposition: **l'e. dei neonati**, the exposition of infants **7** (*fotogr.*) exposure **8** (*mus.*) statement **9** (*comm.*: *crediti*) exposure.

espósto, A *m.* **1** (*leg.*) statement, account (of facts), exposé (*franc.*); (*petizione*) petition; (*denuncia*) complaint **2** (*f.* **-a**) (*trovatello*) foundling. **B** *a.* **1** (*mostrato, in mostra*) exposed; displayed; exhibited **2** (*narrato*) stated; (*spiegato*) explained; (*manifestato*) expressed: **La situazione esposta non sembra grave**, the situation as stated doesn't seem to be serious **3** (*orientato*) facing: **edificio e. a nord**, building facing north **4** (*di avvisi*) put up; displayed; (*con puntine*) pinned up, stuck up: **I nomi dei vincitori saranno esposti in municipio**, the winners' names will be put up (*o* displayed) in the Town Hall **5** (*soggetto a q.c.*) exposed; open: **e. ai pericoli**, exposed to danger; **e. alle critiche**, open to criticism **6** (*med.*) exposed; open: **frattura esposta**, exposed (*o* open) fracture **7** (*alpinismo*) exposed.

espressaménte, *avv.* (*chiaramente*) explicitly; (*apposta*) on purpose, expressly, specially, particularly: **È detto e. nel regolamento**, it is explicitly stated in the regulations; **L'hanno dovuto fare e. per me**, they had to make it specially for me.

espressióne, *f.* **1** expression: **l'e. della volontà di q.**, the expression of sb.'s will **2** (*del viso, ecc.*) expression; look: **un'e. felice**, a joyful expression; **l'e. dei suoi occhi**, the look in his eyes; **viso senza e.**, blank face; **sguardo senza e.**, vacant stare **3** (*espressività*) expression; feeling: **leggere con e.**, to read with expression **4** (*parola, frase*) words (*pl.*), remarks (*pl.*); (*locuzione*) expression, phrase, idiom: **espressioni di ringraziamento**, words of thanks; **un'e. colloquiale**, a colloquial expression ***5*** (*mat.*) expression.

espressionismo, *m.* (*arte, letter.*) expressionism.

espressionista, *a., m.* e *f.* (*arte, letter.*) expressionist.

espressionistico, *a.* (*arte, letter.*) expressionist(ic).

espressivismo, *m.* stylistic vividness.

espressività, *f.* expressiveness.

espressivo, *a.* expressive; eloquent; full of expression: **voce espressiva**, expressive voice; **sguardo e.**, expressive look; **silenzio e.**, eloquent silence.

esprèsso, A *a.* ***1*** (*formulato*) expressed; worded ***2*** (*esplicito*) express; explicit; definite: **per e. ordine del comandante**, by explicit order of the commander ***3*** (*rapido*) express; fast: **treno e.**, express train ***4*** (*fatto apposta*) made to order: **piatto e.**, dish made to order ***5*** (*di francobollo, ecc.*) express. ● **caffè e.**, espresso. **B** *m.* ***1*** (*lettera*) express letter, special delivery letter; (*francobollo*) express stamp: **mandare q.c. per e.**, to send st. express (*o* by express delivery, by special messenger) ***2*** (*caffè*) espresso* ***3*** (*treno*) express.

esprimere, A *v. t.* ***1*** to express; to voice; to declare; to signify; (*mostrare*) to show, to reveal: **e. un'opinione**, to express an opinion; **e. il sentimento di tutti**, to voice the general feeling; **e. la propria gratitudine**, to express (*o* to signify) one's gratitude ***2*** (*di artista: rappresentare*) to render; to express; to portray. **B esprimersi,** *v. i. pron.* to express oneself; to articulate one's thought; (*rif. a q.c. di specifico*) to put* it; (*parlare*) to talk, to communicate: **Non riesco a esprimermi come vorrei**, I can't express myself as well as I would like; **So che non mi sono espresso bene**, I realize I didn't put it very well; **e. in una lingua straniera**, to express oneself (*o* to communicate) in a foreign language; **e. a gesti**, to talk in sign language; **sapersi e.**, (*farsi capire*) to make oneself understood, to be able to communicate; (*parlare bene*) to be articulate; **che non sa e.**, inarticulate.

esprimìbile, *a.* expressible.

espromissióne, *f.* (*leg.*) expromission.

espromissóre, espromittènte, *m.* (*leg.*) expromissor.

espropriàre, A *v. t.* (*leg.*) to expropriate (sb. from st.); to dispossess (sb. of st.). **B espropriàrsi,** *v. rifl.* to waive; to give* up.

espropriazióne, *f.* **espròprio,** *m.* (*leg.*) expropriation; dispossession.

espugnàbile, *a.* that can be taken by storm; conquerable.

espugnàre, *v. t.* ***1*** to take* by storm; to storm; to conquer ***2*** (*fig.*) to overcome*.

espugnatóre, *m.* (*f.* **-trice**) conqueror.

espugnazióne, *f.* assault and capture; taking by storm; conquest.

espulsióne, *f.* ***1*** expulsion; ejection; (*da un paese*) deportation: **l'e. di un socio**, the expulsion of a member; (*sport*) **e. dal campo**, expulsion from the field; **e. del bossolo**, ejection of the cartridge; **ordine di e.**, deportation order ***2*** (*emissione*) expulsion; discharge.

espulsivo, *a.* expulsive.

espulso, A *a.* ejected; turned out; expelled. **B** *m.* (*f.* **-a**) person who has been expelled.

espulsóre, *m.* (*di arma da fuoco*) ejector.

espulsòrio, *a.* expulsive.

espùngere, *v. t.* to expunge.

espunzióne, *f.* expunction.

espurgàre, *v. t.* to expurgate; to bowdlerize.

espurgatóre, *m.* (*f.* **-trice**) expurgator.

espurgazióne, *f.* expurgation; bowdlerization.

Esquilino, *m.* (*geogr.*) Esquiline.

esquimése, *V.* **eschimese**.

éssa, *pron. pers. femm. 3ª pers. sing.* ***1*** (*rif. a cosa o ad animale di sesso imprecisato*) it (*sogg.* e *compl.*); (*rif. a imbarcazioni*) she (*sogg.*), her (*compl.*): **A sud si apre una valle; e. si estende per oltre 200 km.**, a valley opens to the south; it extends for over 200 km; **Vidi la brocca; accanto ad e. c'era un coltello**, I saw the jug; next to it there was a knife ***2*** (*rif. a femmina d'animale, o – fam. per «ella» e «lei» – a donna*) she (*sogg.*), her (*compl.*): **Chiamai la gatta, ma e. non si mosse**, I called the cat, but she didn't move; **Di e. non abbiamo notizie**, we have no news of her.

ésse (**1**), *pron. pers. femm. 3ª pers. pl.* they (*sogg.*), them (*compl.*): **Chiamai ma e. non mi sentirono**, I called but they didn't hear me; **Due di e. verranno domenica**, two of them will come on Sunday.

èsse (**2**), *f.* o *m. invar.* (*lettera*) s; S: **disegnare una e.**, to draw an S; **fatto a e.**, S-shaped; **curva ad e.**, S.

essènico, *a.* (*stor. relig.*) Essenian; Essenic.

essèno, *m.* (*stor. relig.*) Essene.

essènza, *f.* ***1*** (*filos.*) essence ***2*** (*parte fondamentale*) essence, core, heart, fundamentals (*pl.*); (*sostanza*) substance, gist: **l'e. di un discorso**, the essence (*o* the gist) of a speech ***3*** (*chim.*) essence; (essential) oil: **e. di bergamotto**, essence of bergamot; **e. di rose**, attar of roses; **e. di mandorle**, oil of almonds ***4*** (*specie di albero*) species (of a tree); (*legno*) type of wood.

essenziàle, A *a.* ***1*** essential; crucial; fundamental; main; basic: **la qualità e.**, the essential quality ***2*** (*di stile, ecc.*) terse ***3*** (*chim.*) essential: **olio e.**, essential oil. **B** *m.* (the) essential thing; (the) main point; (the) kernel: **L'e. è restare uniti**, the essential thing is to stay together; **badare all'e.**, to stick to the main point.

essenzialismo, *m.* (*filos.*) essentialism.

essenzialità, *f.* essentiality.

essenzialménte, *avv.* essentially; fundamentally.

èssere (**1**), *v. i.* ***1*** (*nel senso di esistere, come copula, e come ausiliare nel passivo*) to be: **Penso, dunque sono**, I think, therefore I am; **E la luce fu**, and there was light; **È onesto**, he is honest; **Sono un medico**, I am a doctor; **Chi è?**, who is it?; **Sei Dino?**, is that Dino?; **Sì, sono io**, yes, it's me; yes, it is I (*form.*); **Non è niente**, it's nothing; **Era Natale**, it was Christmas; **Fu ucciso in combattimento**, he was killed in action ***2*** (*ausiliare dei verbi di moto, impersonali e riflessivi, e dei tempi composti del passivo*) to have: **È appena arrivato**, he has just arrived; **È piovuto**, it has been raining; **Saranno state le due circa**, it must have been around two; **Si sono avute alcune proteste**, there have been some complaints; **Non ti sei ancora lavato?**, haven't you washed yet?; **È stato nominato un nuovo direttore**, a new manager has been appointed ***3*** (*andare*) to be to; (*arrivare*) to get* to: **Sono stato due volte a Londra**, I have been to London twice; **Siamo stati a trovarlo**, we've been to see him; **Siamo quasi a casa**, we're almost home; **Quando saremo a Mestre?**, when do we get to Mestre?; **Sarò da te fra un minuto**, I'll be with you in a moment ***4*** (*trovarsi, stare*) to be: **Il lago è da quella parte**, the lake is over there; **Dove eravate?**, where were you? ***5*** (*accadere, avvenire*) to be; to happen; to become*: **Che è stato?**, what was it?; **Fu nel 1948**, it happened (*o* it was) in 1948; **Che ne sarà di noi?**, what will become of us? ***6*** (*consistere*) to consist; to lie*: **Il vero affetto non è nelle effusioni**, true affection does not consist in effusiveness; **La vera felicità non è nella ricchezza**, true happiness doesn't lie in wealth ***7*** (*costare*) to be, to cost*; (*valere*) to be worth; (*pesare*) to weigh; (*essere lungo*) to be... long: **Quant'è?**, how much is it?; **Sono seimila lire in tutto**, it's six thousand lire; (**Io**) **sono ottanta kili**, I weigh (*o* my weight is) eighty kilos; **Questa pertica è due metri**, this pole is two metres long ***8*** (*diventare*) to become*; to be; to grow*: **Lo si capisce quando si è grandi**, you understand it when you get older (*o* when you grow up) ***9*** (*in varie locuz. temporali*) to be (*o idiom.*): **Saremo presto a Pasqua**, it will soon be Easter; **Sono ore che t'aspetto**, I've been waiting for you for hours; **Sono vent'anni che ti conosco**, I've known you for twenty years; **È un pezzo che lavoriamo insieme**, we've been working together for quite some time ***10*** – **e. da**, (*addirsi*) to be worthy of, to be like; (*essere idoneo a, fare per*) to be fit (*o* suitable) for: **Questo non è da te**, this is not worthy of you; **Non è da lui tardare tanto**, it's not like him to be so late; **Questa casa non è da voi**, this house isn't fit for you ***11*** – **e. di** (*provenire da*), to come* from: **Sono di Firenze**, (*ci abito*) I come (*o* I'm) from Florence; (*ci sono nato*) I was born in Florence, I'm a Florentine ***12*** – **e. di** (*appartenere a*), to be (*con un poss.*); to belong to: **Di chi è questo libro?**, whose book is this?; **È di mio padre**, it is my father's; **Di chi è quella bella villetta sulla collina?**, whose pretty cottage is that on the hill?; whom does that pretty cottage on the hill belong to? (*form.*) ***13*** – **e. di** (*essere fatto di*), to be made of: **La tazza era d'argento**, the cup was made of silver; it was a silver cup ***14*** – **e. di** (*essere fatto da*), to be by: **Di chi è quest'articolo?**, who is this article by?; who wrote this article? ***15*** – **e. in** (+ *numero*), to be... of (+ *pron.*): **Saremo in sei**, there will be six of us; **Erano in tre**, there were three of them ***16*** – **e. per** (*parteggiare*), to be on (sb.'s) side; to be for; to be in favour of ***17*** – **esserci**, to be: **C'è un cane in giardino**, there's a dog in the garden; **C'è del vino?**, is there any wine?; **Titti non c'è**, Titti is not here; **C'era un sacco di gente**, there were a lot of people; **Ci saranno state venti persone**, there must have been twenty people; **C'è qualcuno in casa?**, is there anyone at home (*o* in)?; **Non ci sono per nessuno**, I'm not in for anyone; **Quanto c'è di qui al duomo?**, (*distanza*) how far is it from here to the duomo?; (*tempo*) how long does it take from here to the duomo?; **Cosa c'è?**, (*che vuoi?*) what do you want?, yes?; (*che succede?*) what's the matter?; **C'è da impazzire**, it's enough to drive you (*o* one) mad; **Non c'è da preoccuparsi**, there is nothing to worry about; **Ci siamo!**, (*eccoci*) here we are!; (*ora viene il difficile*) here we go!; (*siamo alle solite*; *fam.*: **ci risiamo**) here we go again!; **Ci sono!** (*ho capito*), I've got it!; **C'era una volta un re**, once upon a time there was a king. ● **che è che non è** (*o* **com'è come non è**), all of a sudden □ **Com'è che non vi siete visti?**, how come you didn't meet? □ **Com'è che non risponde?**, why doesn't he answer? □ **come se niente fosse**, as if nothing was the matter □ **Così sia**, so be it; (*nelle preghiere*) amen □ **E sia!**, very well, then; all right, then; agreed □ **Ebbene, sia!**, so be it, then! □ **È che io ho pagato e lui no**, the fact is that I've paid up and he hasn't □ **È per questo che sono venuto**, that's why I have come □ **Non può e.!**, it can't be!; it's not possible! □ **or sono**, ago: **tre giorni or sono**, three days ago □ **Per e. un bambino è molto responsabile**, he is very responsible for a child □ **Per essere nuovo, è nuovo, ma...**, all right, it's new, but...; I'm not saying it isn't new, but ... □ **per e. sinceri**, to be honest □ **quel che è stato è stato**, let bygones be bygones □ **Sarà!**, (*può darsi*) may be!, possibly; (*ne dubito*) I have my doubts! □ **Sarà quel che sarà**, what(-ever) will be will be □ **Sarà vero?**, is it true, I wonder? □ **Se fossi in te**, if I were you □ **Se non fosse stato per te sarei morto**, if it hadn't been for you (*o* but for you), I would be dead □ **sia chi si sia**, whoever it may be □ **sia come sia**, however that may be; be that as it may □ **nei tempi che furono**, in time past; in times gone by.

èssere (2), *m.* ***1*** (*filos.*) being; (*esistenza*) existence: **l'e. e il divenire**, being and becoming; **l'e. dello spirito**, the existence of the spirit ***2*** being; individual; (*creatura*) creature: **l'E. Supremo**, the Supreme Being: **e. umano**, human being; human ***3*** (*individuo*) creature; individual; fellow: **un povero e.**, a poor creature; **un e. spregevole**, a despicable fellow.

esserino, *m.* little creature; little thing: **un e. delizioso**, a delightful little creature; **Povero e.!**, poor little thing!

èssi, *pron. pers. masch. 3ª pers. pl.* they (*sogg.*), them (*compl.*): **E. verranno domani**, they will come tomorrow; **Due di e. se ne andarono**, two of them went away.

essiccaménto, *m. V.* **essiccazione**.

essiccànte, A *a.* drying; desiccative; siccative; exsiccant; dessicant. **B** *m.* siccative; drying agent; drier.

essiccàre, A *v. t.* ***1*** to desiccate; to exsiccate; to dry (up): **e. al sole**, to dry in the sun; **e. al forno**, to kiln-dry ***2*** (*prosciugare*) to drain. **B essiccarsi,** *v. i. pron.* (*anche fig.*) to dry up: **Il fiume si è essiccato quest'estate**, the river dried up this past summer; **La sua vena poetica si è essiccata**, his poetic vein has dried up.

essiccativo, *a.* desiccative; desiccatory; exsiccative.

essiccàto, *a.* dried: **e. all'aria**, air-dried; **e. al sole**, sun-dried.

essiccatóio, *m.* ***1*** (*ind.*) dryer, drier ***2*** (*chim.*) desiccator ***3*** (*ind. tess.*) drying-chamber ***4*** (*reparto di essiccazione*) drying-house; (*per legname*) dry kiln; (*per ceramiche*) kiln.

essiccatóre, *m.* ***1*** *V.* **essiccatoio**, *def. 1* ***2*** (*operaio*) drier.

essiccazióne, *f.* desiccation; drying (process); exsiccation: **e. al forno**, oven-drying.

ésso, *pron. pers. masch. 3ª pers. sing.* ***1*** (*rif. a cosa o ad animale di sesso imprecisato*) it (*sogg.* e *compl.*); (*rif. a imbarcazioni*) she (*sogg.*), her (*compl*): **Cercai di prendere l'uccellino, ma e. volò via**, I tried to catch the little bird, but it flew away; **Alzai il libro e sotto di e. trovai la lettera**, I lifted the book and found the letter under it ***2*** (*rif. ad animale maschio, o – fam. per «egli» e «lui» – a uomo*) he (*sogg.*), him (*compl.*): **Fischiai a Fido ed e. drizzò le orecchie**, I whistled to Fido and he pricked his ears; **È un impostore; di e. non devi fidarti**, he's a humbug; you must not trust him.

essotèrico, *a.* exoteric: **dottrine essoteriche**, exoteric doctrines; exoterics (*pl. col verbo al sing.*).

essoterişmo, *m.* exoteric nature; exotericism.

essudàre, *v. i.* (*med., biol.*) to exude.

essudativo, *a.* (*med.*) exudative.

essudàto, *m.* (*med.*) exudate.

essudazióne, *f.* (*med.*) exudation.

est, *m.* east: **a est**, in the east; to the east; **La Grecia si trova a est dell'Italia**, Greece lies to the east of Italy; **Venezia è a est di Milano**, Venice is east of Milan; **verso est**, eastward (*agg.*); east (*avv.*); eastwards (*avv.*): **un viaggio verso est**, an eastward journey; **andare verso est**, to go east (*o* eastwards); **diretto a est**, eastbound (*agg.*); **nord-est**, north-east; **più a est**, further east; **in direzione est**, in a easterly direction; **il lato est della casa**, the side of the house facing east; **l'est dell'Europa**, the east of Europe; **vento dell'est**, east wind; **venti da est**, easterly winds; **i paesi dell'est**, the Eastern countries; **trenta gradi di longitudine est**, thirty degrees longitude east.

èstaşi, *f.* ecstasy; rapture; bliss: **essere rapito in e.**, to be in ecstasy; (*med.*) to be in a trance; **essere in e.**, to be in ecstasy (*o* enraptured); (*fig.*) to be ecstatic, to be in raptures, to be in seventh heaven; **andare in e. per q.c.**, to go into raptures (*o* ecstasies) over st.; **mandare in e.**, to sent into raptures (*o* escstasies).

estaşiàre, A *v. t.* to enrapture; to send* into raptures. **B estaşiarsi,** *v. i. pron.* to go* into raptures; to be enraptured.

estaşiàto, *a.* enraptured; in raptures; thrilled: **La guardavo e.**, I was gazing at her enraptured (*o* in raptures); **Eravamo estasiati alla prospettiva**, we were thrilled by the prospect.

estàte, *f.* summer: **l'e. di San Martino**, St. Martin's summer; Indian summer; **tempo** (*o* **periodo**) **d'e.**, summertime; **in e.**, in the summer.

estàtico, *a.* ***1*** (*di estasi*) ecstatic: **visione estatica**, ecstatic vision; **rapimento e.**, ecstasy ***2*** (*estasiato*) enraptured; rapturous: **Contemplava e. il tramonto**, he was gazing enraptured at the sunset ***3*** (*fig.*) entranced; (*profondo*) deep; (*magico*) magic: **silenzio e.**, entranced silence.

estemporaneaménte, *avv.* extempore; extemporarily; extemporaneously.

estemporaneità, *f.* extemporaneousness.

estemporàneo, *a.* extemporary; impromptu; extempore; extemporaneous: **un poeta e.**, an extemporary poet; **discorso e.**, extempore (*o* impromptu) speech.

estèndere, A *v. t.* ***1*** (*una superficie*) to extend, to spread* out, to enlarge; (*in lungo*) to lengthen: **e. i confini**, to extend the frontiers ***2*** (*fig.*) to extend; (*espandere*) to expand, to widen, to broaden: **e. la cerchia degli affari**, to expand one's range of business; **e. le proprie conoscenze**, to broaden one's knowledge; **e. l'ambito di un'inchiesta**, to widen the range of an inquiry; **e. un invito a q.**, to extend an invitation to sb. ***3*** (*di legge, diritti, ecc.: applicarli a più persone*) to bestow; to grant; to give*: **e. il (diritto di) voto alle donne**, to give women the vote. **B estendersi,** *v. i. pron.* ***1*** to extend; to stretch; to spread*: **Il giardino si estende fino al fiume**, the garden extends as far as the river; **e. per miglia e miglia**, to extend (for) miles and miles; **e. al nord**, to stretch to the north ***2*** (*diffondersi*) to spread*: **L'uso di quella parola si è esteso dopo la guerra**, that word has spread since the war; **L'infezione si estende**, the infection is spreading.

estendibile, *a.* extensible.

estènse, A *a.* of Este; Este (*attr.*). **B** *m.* e *f.* inhabitant of Este. ● (*stor.*) **gli Estensi**, the Estensi; the House of Este.

estensibile, *a.* ***1*** extensible; stretchable ***2*** (*fig.*) that can be extended.

estensimetro, *m.* (*mecc.*) extensometer; extensimeter; strain gauge.

estensionàle, *a.* (*filos.*) extensional.

estensióne, *f.* ***1*** (*l'estendersi*) extension: **per e.**, by extension ***2*** (*distesa*) expanse; stretch: **l'ampia e. del Pacifico**, the broad expanse of the Pacific ***3*** (*ampiezza*) extent, range; (*dimensioni*) size: **l'e. del fenomeno**, the extent of the phenomenon; **l'e. delle sue conoscenze**, the range of his knowledge; **l'e. di una zona**, the size of an area ***4*** (*mus.*) range; compass ***5*** (*filos.*) extension. ● **in tutta l'e. del termine**, in the full meaning of the word.

estensivo, *a.* ***1*** extensive: **agricoltura estensiva**, extensive agriculture ***2*** (*fig.*) extended; broad; wide: **interpretazione estensiva della legge**, broad interpretation of the law ***3*** (*chim., fis.*) extensive.

estensóre, A *m.* ***1*** (*compilatore*) writer, compiler, author; (*leg.*) drafter: **e. di un articolo**, author of an article; **e. di un atto**, drafter of a deed ***2*** (*attrezzo ginnico*) chest expander ***3*** (*anat.*) extensor (muscle). **B** *a.* extensor (*attr.*): (*anat.*) **muscolo e.**, extensor (muscle).

estenuànte, *a.* tiring; wearing; exhausting: **viaggio e.**, tiring journey; **attesa e.**, exhausting wait.

estenuàre, A *v. t.* to wear* out; to tire out; to exhaust. **B estenuarsi,** *v. i. pron.* to be (*o* to become*) worn out; to get* exhausted; to tire oneself out.

estenuativo, *a.* exhausting.

estenuàto, *a.* ***1*** (*molto stanco*) worn out; tired out; exhausted ***2*** (*fig.*) languid.

estenuazióne, *f.* exhaustion; weariness.

Èster, *f.* Esther.

esteràşi, *f.* (*biochim.*) esterase.

èstere, *m.* (*chim.*) ester.

esterificàre, *v. t.* (*chim.*) to esterify.

esterificàto, *a.* (*chim.*) esterified: **olio e.**, esterified oil.

esterificazióne, *f.* (*chim.*) esterification.

esterióre, A *a.* ***1*** external; outer (*attr.*); outside (*attr.*); outward (*attr.*); exterior: **le mura esteriori**, the outer wall(s); **il mondo e.**, the outside (*o* the external) world; **apparenza e.**, outward appearance ***2*** (*fig.*: *superficiale*) superficial: **un'arte tutta e.**, a superficial art; an art with no inward content. **B** *m.* ***1*** (*parte e.*) exterior (*anche archit.*); outside ***2*** (*apparenza e.*) outward appearance.

esteriorità, *f.* outward appearance; appearances (*pl.*); (*superficialità*) superficiality.

esteriorizzàre, *v. t.* to externalize; to exteriorize (*anche psic.*).

esteriorizzazióne, *f.* externalization; exteriorization (*anche psic.*).

esteriorménte, *avv.* outwardly; on (*o* from) the outside; on the surface; externally: **essere calmo e.**, to be calm outwardly.

esternalità, *f.* ***1*** externality ***2*** (*econ.*) external effect; externality.

esternaménte, *avv.* externally; outwardly; from the outside.

esternàre, A *v. t.* to express; to manifest; (*mostrare*) to show*; (*rivelare*) to disclose, to reveal: **e. un dubbio**, to express a dubt; **e. a q. la propria ammirazione**, to express one's admiration to sb. **B esternarsi,** *v. rifl.* to open one's heart (to sb.). **C esternarsi,** *v. i. pron.* to be expressed; to become* manifest.

esternàto, *m.* day-pupil status.

esternazióne, *f.* expression; manifestation.

estèrno, A *a.* ***1*** external; outer (*attr.*); outside (*attr.*); outward (*attr.*); out (*attr.*); (*all'aperto*) outdoor (*attr.*): (*geom.*) **angolo e.**, external angle; (*di medicina*) **per uso e.**, for external use only; **involucro e.**, outer wrapping; **scala esterna**, outside staircase; **aspetto e.**, outward appearance; **mondo e.**, outside world ***2*** (*sport*) away: **incontro e.**, away match ***3*** (*di medico d'ospedale*) non-resident. ● **alunno e.**, day-boy; day-pupil □ **corsi esterni**, extramural courses. **B** *m.* ***1*** (*parte esterna*) exterior; outside: **Palladio disegnò l'e.**, Palladio designed the exterior; **Mi piace l'e. di quella casa**, I like the outside of that house; **all'e.**, outside; on the outside; **dall'e.**, from (the) outside ***2*** (*f.* **-a**) (*allievo*) day-boy (*f.* day-girl); day-pupil; day-boarder: **Quel ragazzo è un e.**, that boy is a day-pupil ***3*** (*f.* **-a**) (*medico d'ospedale*) non-resident doctor ***4*** (*teatr., cinem.*) exterior; location shot: **ripresa in esterni**, location shots (*pl.*); **girare gli esterni in Scozia**, to shoot on location in Scotland ***5*** (*sport*: *baseball*) outfielder.

èstero, A *a.* foreign; (*oltremare*) overseas: **commercio e.**, foreign trade; overseas trade; **politica estera**, foreign policy; **Ministero degli Esteri**, Ministry of Foreign Affairs; (*in G.B.*) Foreign Office; (*in U.S.A*) State Department; **Ministro degli Esteri**, Minister of Foreign Affairs; (*in G.B.*) Foreign Secretary; (*in U.S.A*) Secretary of State **B** *m.* ***1*** foreign countries (*pl.*): **mantenere buone relazioni con l'e.**, to keep good relations with foreign countries; **commercio con l'e.**, foreign (*o* overseas) trade: **All'e. è diverso**, it's different abroad; **andare all'e.**, to go abroad; **notizie dall'e.**, news from abroad; foreign news ***2*** (*pl.*) (*Affari Esteri*) Foreign Affairs ***3*** (*pl.*) (*giorn.*) foreign news.

esterocettóre, *m.* (*fisiol.*) exteroceptor.

esterocezióne, *f.* (*fisiol.*) exteroception.

esterofilia, *f.* xenomania; mania for foreign

things.

esteròfilo, A *a.* xenophilous. **B** *m.* xenophile.

esterofobia, *f.* xenophobia; xenophoby.

esterrefàtto, *a.* ***1*** (*atterrito*) terrified; aghast (*pred.*) ***2*** (*sbigottito*) amazed; astonished; appalled.

estesaménte, *avv.* ***1*** widely; extensively ***2*** (*dettagliatamente*) in detail; in full.

estesiologia, *f.* (*med.*) (a)esthesiology.

estesiòmetro, *m.* (*fisiol.*) (a)esthesiometer.

estéso, *a.* ***1*** (*ampio*) vast; wide; broad; large; extended: **un'area estesa**, a vast area; **una città molto estesa**, a sprawling city ***2*** (*fig.*) extensive; full: **estese ricerche**, extensive research; **trattazione estesa**, full discussion. ● **per e.**, (*dettagliatamente*) in detail; (*in tutte lettere*) in full: **Scrivi il tuo nome per e.**, write your name in full.

estèta, *m.* e *f.* aesthete.

estètica, *f.* ***1*** (*filos.*) aesthetics (*pl. col verbo al sing.*) ***2*** (*aspetto esterno*) appearance; (*bellezza*) beauty; (*armonia*) harmony; (*eleganza*) elegance: **curare l'e. della persona**, to take care of one's appearance; **trattamento di e.**, beauty treatment; **l'e. di un edificio**, the harmony of a building.

esteticaménte, *avv.* aesthetically; from an aesthetic point of view.

esteticità, *f.* aesthetic quality; aesthetic aspect.

estètico, *a.* ***1*** aesthetic(al): **critica estetica**, aesthetic criticism; **senso e.**, aesthetic sense ***2*** (*gradevole a vedersi*) attractive; lovely; pleasant to look at ***3*** (*rif. alla bellezza fisica*) beauty (*attr.*); cosmetic: **trattamento e.**, beauty treatment; **chirurgia estetica**, cosmetic surgery.

estetismo, *m.* aestheticism.

estetista, *m.* e *f.* beautician.

estetistico, *a.* of aestheticism.

estetizzànte, *a.* ***1*** leaning towards aestheticism; with aesthetic leanings ***2*** (*di persona*) posing as an aesthete.

estetizzàre, *v. i.* to pose as an aesthete.

estimàbile, *a.* estimable.

estimàre, e *deriv. V.* **stimare**, e *deriv.*

estimativa, *f.* judgment.

estimativo, *a.* estimative; evaluative.

estimatóre, *m.* (*f.* **-trice**) estimator; appreciator; esteemer; connoisseur.

estimatòrio, *a.* valuation (*attr.*): **rapporto e.**, valuation report.

èstimo, *m.* (*leg.*) ***1*** (*stima dei beni immobili*) estimate ***2*** (*ai fini dell'imposta sui beni immobili*) assessment.

estìnguere, A *v. t.* ***1*** to extinguish; (*la sete*) to quench; (*un incendio*) to put* out ***2*** (*un debito, ecc.*) to settle, to pay* off, to discharge; (*riscattare*) to redeem: (*leg.*) **e. un'obbligazione**, to pay off a debt; to discharge an obligation. **B estinguersi,** *v. i. pron.* ***1*** (*spegnersi*) to die out ***2*** (*finire*) to die away (*o* out); to come* to an end ***3*** (*scomparire*) to become* extinct; to die* out.

estinguibile, *a.* ***1*** extinguishable ***2*** (*di debito*) payable.

estinto, A *a.* ***1*** (*spento, finito*) extinct; extinguished; quenched: **vulcano e.**, extinct volcano ***2*** (*morto*) deceased; dead ***3*** (*scomparso*) extinct: **specie estinta**, extinct species ***4*** (*di debito, ecc.*) paid off; discharged. **B** *m.* (*f.* **-a**) (the) deceased; (the) departed: **il caro e.**, the dear departed.

estintóre, *m.* (fire) extinguisher: **e. a schiuma**, foam extinguisher.

estinzióne, *f.* ***1*** extinction; (*della sete*) quenching; (*di un incendio*) putting out ***2*** (*di un debito*) settlement, paying-off, pay-off; (*riscatto*) redemption: **l'e. di un'obbligazione**, the paying off of a debt; **l'e. di un mutuo**, the redemption of a mortgage ***3*** (*scomparsa*) extinction; dying out: **l'e. di una specie**, the extinction of a species; **in via d'e.**, dying; dying-out; moribund: **un animale in via d'e.**, a dying species. ● (*leg.*) **e. della pena**, release; discharge.

estirpàbile, *a.* eradicable; that may be extirpated.

estirpàre, *v. t.* ***1*** (*agric.*) to root out; to uproot ***2*** (*fig.*) to extirpate; to uproot; to eradicate ***3*** (*med.*) to extirpate; (*un dente*) to extract, to pull out.

estirpatóre, A *m.* ***1*** (*f.* **-trice**) (*anche fig.*) extirpator; eradicator ***2*** (*agric.*) grubber. **B** *a.* extirpating; eradicative; exterminating (*fig.*).

estirpatùra, *f.* (*agric.*) grubbing.

estirpazióne, *f.* ***1*** (*anche fig.*) extirpation; eradication; uprooting ***2*** (*med.*) extirpation; (*di un dente*) extraction, pulling out.

estivàre, *v. t.* (*zootecnia*) to summer.

estivazióne, *f.* ***1*** (*zootecnia*) summering ***2*** (*negli altri significati*) (a)estivation.

estivo, *a.* summer (*attr.*); summery: **vacanze estive**, summer holidays; **la moda estiva**, summer fashions; **Questo vestito ha un'aria estiva**, this frock looks summery.

èstone, *a.* e *m.* (*f.* **-a**) Esthonian (*f.* Estonian woman*).

Estònia, *f.* (*geogr.*) Esthonia.

estòrcere, *v. t.* to extort; to extract; to wring* (st. out of sb.); to force (st. out of sb.); (*con lusinghe*) to cajole (st. out of sb.): **e. una promessa a q.**, to wring a promise out of sb; **e. denaro a q.**, to extort money from sb.

estorsióne, *f.* (*leg.*) extortion. ● **sequestro a scopo di e.**, kidnapping for ransom □ **racket delle estorsioni**, protection racket.

estorsóre, *m.* extortioner; extortionist.

estòrto, *a.* (*leg.*) extorted.

estortóre, *V.* **estorsore**.

estraconiugàle, *V.* **extraconiugale**.

estracontrattuàle, *V.* **extracontrattuale**.

estradàre, *v. t.* (*leg.*) to extradite.

estradiòlo, *m.* (*chim.*) estradiol.

estradizióne, *f.* (*leg.*) extradition.

estradòsso, *m.* (*archit.*) extrados*.

estradotàle, *V.* **extradotale.**

estragalàttico, *V.* **extragalattico.**

estragiudiziàle, *V.* **extragiudiziale**.

estragóne, *m.* (*bot., Artemisia dracunculus*) tarragon.

estraìbile, *a.* extractable; extractible.

estràle, *a.* (*chim., biol.*) (o)estrous.

estralegàle, *V.* **extralegale**.

estraneazióne, *V.* **estraniazione**.

estraneità, *f.* extraneity; extraneousness.

estràneo, A *a.* ***1*** extraneous; foreign: (*biol.*) **corpo e.**, foreign body ***2*** (*alieno*) alien: **La crudeltà era estranea alla sua natura**, cruelty was alien (*o* foreign) to his nature ***3*** (*che non ha relazione con*) unrelated (to); alien (to); unconnected (with); having no bearing (on): **e. all'argomento**, unrelated to the subject; not relevant; **Ero e. al delitto**, I had nothing to do with the murder; **mantenersi e. a q.c.**, to keep one's distance from st. **B** *m.* (*f.* **-a**) stranger; outsider; (*non membro*) non-member: **Non parliamone davanti ad estranei**, let's not talk about it in front of strangers; **Mi sentivo un'estranea**, I felt like a stranger; I felt an outsider.

estraniaménto, *m.* estrangement; alienation.

estraniàre, A *v. t.* to estrange; to alienate. **B estraniàrsi,** *v. rifl.* to become* estranged; to estrange oneself: **Si è estraniato dai suoi**, he has estranged himself from his family; **e. dal mondo**, to withdraw into oneself.

estraniazióne, *f.* estranging; alienating; estrangement; alienation.

estraparlamentàre, *V.* **extraparlamentare**.

estrapolàre, *v. t.* ***1*** (*mat.*) to extrapolate ***2*** (*fig.*) to extrapolate; to extract; (*da un contesto*) to take* (st.) out of context.

estrapolazióne, *f.* ***1*** (*mat.*) extrapolation ***2*** (*fig.*) extrapolation; inference.

estraprocessuàle, *a.* extrajudicial.

estràrre, *v. t.* ***1*** to extract; to pull out; to take* out; to draw* out: **e. un dente**, to extract (*o* to pull out) a tooth; **farsi e. un dente**, to have a tooth out; **e. un proiettile**, to extract a bullet; **e. un chiodo dal muro**, to pull a nail out of a wall; **e. il succo dalle arance**, to extract juice from oranges; **Estrasse una tessera**, he drew out a card; **Estrasse un fazzoletto e si asciugò la faccia**, he took out a handkerchief and wiped his face; **e. un brano da un libro**, to copy a passage out of a book; to make an extract; **estrarre q.c. dal suolo**, (*tirando*) to pull st. out of the ground; (*scavando*) to dig st. out of the ground ***2*** (*da una miniera*) to mine, to dig* out; (*petrolio*) to drill, to pump; (*da una cava*) to quarry: **e. diamanti [carbone]**, to mine diamonds [coal] ***3*** (*tirare a sorte*) to draw*: **Hanno estratto il mio numero**, my number has been drawn (*o* has come out); **Estrarremo a sorte chi deve andare**, we'll draw lots for who has to go ***4*** (*mat.*) to extract: **e. una radice**, to extract a root.

estraterritoriàle, e *deriv. V.* **extraterritoriale**, e *deriv.*

estrattivo, *a.* mining: **industria estrattiva**, mining industry.

estràtto, A *m.* ***1*** (*succo concentrato*) extract; (*essenza*) essence: **e. di carne**, meat extract; **e. di manzo**, beef extract ***2*** (*riassunto*) abstract, summary; (*parte di uno scritto*) extract, excerpt ***3*** (*articolo ristampato a sé*) offprint; separate ***4*** (*leg.*) abstract; (*certificato*) certificate: **e. di un titolo di proprietà**, abstract of a title; **e. di nascita**, certificate of birth; **e. di un atto giudiziario**, estreat ***5*** (*numero sorteggiato*) winning number, number drawn; (*persona*) person whose name has been drawn, (*vincitore*) winner: **Il primo e. vince un'automobile**, the first number drawn will win a car. ● (*banca*) **e. conto**, bank statement. **B** *a.* ***1*** drawn out; taken out; extracted ***2*** (*di lotteria, ecc.*) winning: **numeri estratti a una lotteria**, numbers drawn (*o* winning numbers) in a lottery.

estrattóre, *m.* ***1*** (*mecc.*) extractor, puller, stripper; (*espulsore*) expeller, knockout: **e. per ruote**, wheel puller ***2*** (*di arma da fuoco*) extractor; ejector ***3*** (*chim.*) extractor; stripper.

estravagànte, *a.* ***1*** *V.* **stravagante** ***2*** (*letter.*) uncollected.

estrazióne, *f.* ***1*** extraction; drawing; pulling out: **l'e. d'un dente**, the extraction (*o* drawing) of a tooth ***2*** (*da una miniera*) mining, digging out; (*di petrolio*) drilling; (*da una cava*) quarrying ***3*** (*il tirare a sorte*) drawing; (*l'operazione*) draw: **il giorno dell'e.**, the day of the draw; **assegnare q.c. per e.**, to draw lots for st. ***4*** (*mat.*) extraction: **l'e. d'una radice**, the extraction of a root ***5*** (*chim.*) extraction ***6*** (*fig.*: *origine*) extraction; origin; background; birth; stock: **di bassa e.**, of low extraction; from a poor background; **di e. contadina**, of peasant stock.

estrèma, *f.* (*sport: ala*) wing.

estremaménte, *avv.* extremely; in the extreme; exceedingly: **e. gentile**, extremely kind; kind in the extreme.

estremismo, *m.* extremism.

estremista, *a., m.* e *f.* extremist: **e. di destra**, extreme right-winger; right-wing extremist; **e. di sinistra**, extreme left-winger; left-wing extremist.

estremistico, *a.* extremist(ic).

estremità, *f.* ***1*** (*parte estrema*) extremity, end; (*punta*) tip, point: **l'e. di una corda**, the end of a rope; **l'e. di un dito [di un'ala]**, the tip of a finger [of a wing]; **l'e. di un ago**, the point of a needle; **l'e. superiore [inferiore] di un lago**, the head [the foot] of a lake ***2*** (*fig.*: *estremo*) height, peak, acme; (*abisso*) depths (*pl.*) ***3*** (*pl.*) (*anat.*) extremities; limbs: **le estremità superiori e inferiori**, the upper and lower limbs; (*com.*) hands and feet.

estrèmo, A *a.* ***1*** extreme; (the) utmost; (*il più lontano*) (the) furthermost, (the) farthest; (*il più esterno*) (the) outermost, terminal: **il limite e.**, the furthermost (*o* the extreme) limit; **l'e. orizzonte**, the farthest horizon;

(*relig.*) **Estrema Unzione**, Extreme Unction; (*polit.*) **l'estrema sinistra [destra]**, the extreme Left [Right]; **un caso e.**, an extreme case; **con estrema pazienza**, with the utmost patience ***2*** (*senza mezzi termini*) drastic: **misure estreme**, drastic measures ***3*** (*eccessivo*) intense; eccessive: **freddo e.**, intense cold. ● **l'E. Oriente**, the Far East □ **rendere gli estremi onori**, to pay a final tribute (in a funeral ceremony) □ (*prov.*) **A mali estremi, estremi rimedi**, desperate diseases must have desperate remedies (*o* cures). **B** *m.* ***1*** (*estremità*) extreme; extremity; extreme point: **Gli estremi si toccano**, extremes meet ***2*** (*punto più alto*) height; (*punto più basso*) depth: **all'e. della disperazione**, in the depths of despair ***3*** (*momento ultimo*) end, last; (*limite*) limit: **lottare fino all'e.**, to fight to the end (*o* to the last); **essere agli estremi**, (*sul punto di cedere*) to be at the end of one's tether, to be about to give up; (*morente*) to be dying; (*quasi finito*) to be nearly at the end; **La mia pazienza è giunta all'e.**, my patience has reached its limits ***4*** (*pl.*) (*bur., leg.*) particulars; data; details: **gli estremi di una faccenda**, the data of a matter; **gli estremi del fatto**, the details of what happened; **Fatti dare i suoi estremi**, get his personal details; (*leg.*) **trovare gli estremi del reato**, to find sufficient grounds to proceed ***5*** (*rugby*) fullback ***6*** (*mat.*) extreme. ● **arrivare agli estremi**, to go to extremes □ **passare da un e. all'altro**, to go from one extreme to the other □ **all'e.**, extremely; in the extreme; to a fault: **prudente all'e.**, extremely cautious; **scrupoloso all'e.**, scrupulous to a fault.

estrinsecàre, **A** *v. t.* to express; to manifest; to evince. **B** **estrinsecàrsi**, *v. i. pron.* to be expressed.

estrinsecazióne, *f.* expression; manifestation.

estrìnseco, *a.* extrinsic.

èstro, *m.* ***1*** (*ghiribizzo*) fancy; (*capriccio*) whim, caprice (*lett.*): **venire l'e. di fare q.c.**, to take a fancy to doing st.; **quando mi salta l'e.**, when the fit (*o* the mood) is on me ***2*** (*ispirazione*) inspiration, (creative) impulse; (*creatività*) creativity, inventiveness, flair: **e. poetico**, poetic inspiration ***3*** (*talento*) bent; gift: **avere un e. per la musica**, to have a gift for music; to have a musical bent ***4*** (*biol.*) (o)estrus; heat ***5*** (*zool., Oestrus*) gadfly.

estroflessióne, *f.* (*med.*) eversion; extroversion.

estroflèttersi, *v. i. pron.* (*med.*) to be everted.

estrogènico, *a.* (o)estrogenic.

estrògeno, (*biol.*) **A** *a.* (o)estrogenic. **B** *m.* (o)estrogen.

estrométtere, *v. t.* to expel; to turn out; to exclude; to oust.

estromissióne, *f.* expulsion; turning out; excluding; ousting.

estróne, *m.* (*biol.*) (o)estrone.

estròrso, *a.* (*bot.*) extrorse.

estrosità, *a.* ***1*** (*bizzarria*) bizarreness; moodiness ***2*** (*azione bizzarra*) whim; caprice ***3*** (*originalità*) inventiveness; creativity; flair.

estróso, *a.* ***1*** (*bizzarro*) fanciful; whimsical; capricious; moody ***2*** (*originale*) inventive; creative; imaginative.

estroversióne, *f.* (*psic.*) extroversion.

estrovèrso, (*psic.*) **A** *a.* extroverted; extrovert; (*com., anche*) outgoing, sociable. **B** *m.* (*f.* **-a**) extrovert.

estrovèrtere, **A** *v. t.* to turn outwards. **B** **estrovèrtersi**, *v. i. pron.* to take* an interest in the outside world.

estrovertito, *V.* **estroverso**.

estrùdere, *v. t.* (*tecn.*) to extrude.

estruṣióne, *f.* (*geol., tecn.*) extrusion.

estruṣivo, *a.* (*geol., tecn.*) extrusive: **rocce estrusive**, extrusive rocks.

estruṣóre, *m.* (*tecn.*) extruder.

estuàrio, *m.* (*geogr.*) estuary.

eṣuberànte, *a.* ***1*** (*abbondante*) plentiful; bountiful; lavish: **raccolto e.**, plentiful crop; **vegetazione e.**, lush vegetation ***2*** (*eccedente*) exuberant; superabundant; excess (*attr.*): **manodopera e.**, excess labour ***3*** (*fig.*: *brioso*) exuberant; lively; bubbly; in high spirits (*pred.*): **un temperamento e.**, an exuberant personality.

eṣuberànza, *f.* ***1*** (*abbondanza*) plenty; exuberance; abundance; lavishness ***2*** (*sovrabbondanza*) superabundance; more than enough: **avere e. di latte**, to have more than enough milk ***3*** (*fig.*: *brio*) exuberance; liveliness; high spirits (*pl.*).

eṣùbero, *m.* (*bur.*) excess; superabundance.

eṣulàre, *v. i.* (*fig.*) to be beyond; to lie* outside: **Questo esula dalle mie competenze**, this lies outside my province.

eṣulceràre, *v. t.* ***1*** (*med.*) to ulcerate ***2*** (*fig.*) to exacerbate; to embitter.

eṣulcerativo, *a.* ***1*** (*med.*) ulcerative ***2*** (*fig.*) exasperating; exacerbating.

eṣulcerazióne, *f.* ***1*** (*med.*) ulceration ***2*** (*fig.*) embitterment.

èṣule, **A** *a.* exiled: **andare e.**, to go into exile; **Andò e. in Francia**, he went to France as an exile; **vivere e.**, to live in exile. **B** *m.* e *f.* exile.

eṣultànte, *a.* exultant; exulting; rejoicing; elated; overjoyed; jubilant; triumphant; over the moon (*fam.*): **Era e. per la promozione**, he was elated at his promotion; **folla e.**, jubilant (*o* rejoicing) crowd.

eṣultànza, *f.* exultation; elation; jubilation; great joy.

eṣultàre, *v. i.* to exult (at, in st.); to rejoice (over, at st.); to be elated (by st.): **e. per una vittoria**, to rejoice over a victory; **e. per un successo**, to be elated by a success.

eṣumàre, *v. t.* ***1*** to exhume; to disinter; to dig* up (*fam.*) ***2*** (*fig.*) to exhume; to bring* to light; to unearth; to revive: **e. un documento**, to unearth a document; **e. un'usanza**, to revive a custom.

eṣumazióne, *f.* ***1*** exhumation; disinterment ***2*** (*fig.*) exhumation; bringing to light; unearthing; revival.

eṣùvia, *f. invar.* (*zool.*) exuviae (*pl.*).

èta, *m.* o *f. invar.* (*settima lettera dell'alfabeto greco*) eta.

età, *f.* ***1*** age: **Qual è la tua età?**, what age are you?; how old are you?; **Ho la sua stessa età**, I am the same age as he is; I'm as old as he is; **l'età della ragione**, the age of reason; **età mentale**, mental age; **età pensionabile**, retirement age; **età virile**, manhood; **È una bella età**, it is a good age; **all'età di sei anni**, at the age of six; **in giovane età**, at an early age; **in tarda età**, in one's old age; **minore d'età**, younger; **maggiore d'età**, older; **essere in età da marito**, to be of a marriageable age; **limite d'età**, age-limit ***2*** (*epoca*) age; period: **l'età della pietra**, the Stone Age; **l'età dell'oro**, the Golden Age. ● **l'età critica**, the difficult age □ **età di mezzo**, middle age □ **alla bella età di novanta anni**, at the ripe old age of ninety □ **un signore d'età**, an elderly gentleman □ **Che età le dai?**, how old would you say she is? □ **dimostrare la propria età**, to look one's age □ **Ha la sua età**, he is rather long in the tooth; he is no spring chicken (*fam.*) □ **nel fiore dell'età**, in one's prime □ **maggiore età**, legal age: **raggiungere la maggiore età**, to come of age □ **la mezza età**, middle age □ **di mezza età**, middle-aged (*attr.*) □ **essere in età minore**, to be under age; to be a minor □ **portare bene la propria età**, not to show one's age □ **senza età**, ageless □ **tenera età**, infancy; childhood; earliest years; (*anche iron.*) tender age: **dalla più tenera età**, from one's earliest years; **in tenera età**, very young □ **terza età**, old age; (*le persone*) senior citizens (*pl.*) □ **veneranda età**, ripe old age □ **la verde età**, one's green years; one's salad days.

etacìṣmo, *m.* (*filol.*) etacism.

étagère (*franc.*), *f. invar.* étagère; whatnot.

étamine (*franc.*), *f. invar. V.* **stamigna**.

etàno, *m.* (*chim.*) ethane.

etanòlo, *m.* (*chim.*) ethanol; ethyl alcohol.

etcì, **etciù**, *V.* **eccì**.

etèra, *f.* ***1*** (*stor.*) hetaera*; hetaira* ***2*** (*lett., eufem.*) courtesan; prostitute.

ètere (**1**), *m.* (*poet.*) ***1*** (*aria*) ether; air ***2*** (*cielo*) sky; (the) heavens (*pl.*) (*lett.*).

ètere (**2**), *m.* (*chim.*) ***1*** ether: **e. solforico**, common ether ***2*** (*e. etilico*) ethyl oxide.

etèreo (**1**), *a.* ***1*** (*dell'etere*) ethereal ***2*** (*celeste*) heavenly; celestial ***3*** (*fig.*) ethereal; celestial: **bellezza eterea**, ethereal beauty.

etèreo (**2**), *a.* (*chim.*) ethereal; etheric.

eterìa, *f.* (*stor.*) hetairia.

etèrico, *a.* (*chim.*) etheric.

eterificàre, (*chim.*) **A** *v. t.* to etherify. **B** **eterificàrsi**, *v. i. pron.* to be subjected to (*o* to undergo*) etherification.

eterificazióne, *f.* (*chim.*) etherification.

eterìṣmo, *m.* (*med.*) etherism.

eterizzàre, *v. t.* (*chim., med.*) to etherize.

eterizzazióne, *f.* (*med.*) etherization.

eternaménte, *avv.* ***1*** eternally; forever ***2*** (*continuamente*) eternally; always: **e. grato**, eternally grateful; **e. malato**, always ill.

eternàre, **A** *v. t.* to perpetuate; to immortalize; to make* (st.) last for ever. **B** **eternarsi**, *v. i. pron.* to become* eternal; to grow* immortal; to last forever.

eternit, *m.* (*marchio*; *edil.*) asbestos lumber; asbestos cement material.

eternità, *f.* ***1*** eternity: **Vivrà per l'e.**, it will live forever (*o* for all eternity) ***2*** (*fig.*) very long time; ages (*pl.*); **durare un'e.**, to go on for ages; **metterci un'e.**, to take a very long time; **È un'e. che non lo vedo**, I haven't seen him for ages (*fam.*: for donkey's years).

etèrno, **A** *a.* ***1*** eternal; everlasting: **la vita eterna**, eternal life; **verità eterne**, eternal truths; **la Città Eterna**, the Eternal City; **fama eterna**, everlasting fame; **amore e.**, eternal love ***2*** (*interminabile*) eternal; everlasting; endless; unending; never-ending: **quell'e. brontolare**, that everlasting grumbling; **quelle eterne praterie**, those never-ending prairies; **Il viaggio parve e.**, the journey seemed endless (*o* never to end); **Questa stoffa è eterna**, this material will last forever. **B** *m.* ***1*** (*eternità*) eternity: **in e.**, forever; for all eternity ***2*** – **l'E.** (**Dio**), (the) Eternal.

eteroàtono, *m.* (*chim.*) hetero-atom.

eterocàrpo, *a.* (*bot.*) heterocarpous.

eterocentrìṣmo, *m.* (*psic.*) allocentrism.

eterocìclico, *a.* (*chim.*) heterocyclic.

eteròclito, *a.* ***1*** (*gramm., psic.*) heteroclite ***2*** (*fig.*) irregular; anomalous.

eterocromìa, *f.* (*med.*) heterochromia.

eteròcrono, *a.* (*med.*) heterocronous.

eterodìna, *f.* (*radio*) heterodyne.

eterodónte, *a.* (*zool.*) heterodont.

eterodossìa, *f.* heterodoxy.

eterodòsso, *a.* heterodox.

eterofillìa, *f.* (*bot.*) heterophylly.

eterofìllo, *a.* (*bot.*) heterophyllous.

eterofonìa, *f.* (*mus.*) heterophony.

eteroforìa, *f.* (*med.*) heterophoria.

eterogamète, *m.* (*biol.*) heterogamete.

eterogamìa, *f.* (*biol.*) heterogamy.

eterògamo, *a.* (*biol.*) heterogamous.

eterogeneità, *f.* heterogeneity; heterogeneousness.

eterogèneo, *a.* heterogeneous (*anche gramm.*); miscellaneous; mixed: **nomi eterogenei**, heterogeneous nouns.

eterogèneṣi, *f.* (*biol.*) heterogenesis.

eterogonìa, *f.* (*biol.*) heterogony.

eteroinnèsto, *m.* (*chir.*) heterograft.

eteròlogo, *a.* (*chim., biol.*) heterologous.

eteromanìa, *f.* (*med.*) etheromania.

eteromorfìṣmo, *m.* (*biol.*) heteromorphism.

eteromòrfo, *a.* (*biol.*) heteromorphic; heteromorphous.

eteronimìa, *f.* (*ling.*) heteronymous relationship.

eteronimo, **A** *a.* **1** (*ling.*) heteronymous **2** published under a different name (from that of the author). **B** *m.* **1** (*ling.*) heteronym **2** (*letter.*) (literary) alter ego.
eteronomia, *f.* (*filos.*) heteronomy.
eteronomo, *a.* (*filos.*) heteronomous.
eteropolare, *a.* (*chim., fis.*) heteropolar.
eterosessuale, *a. m.* e *f.* heterosexual.
eterosessualità, *f.* heterosexuality.
eterosfera, *f.* heterosphere.
eterosomo, *a.* (*biol., zool.*) heterosomatous.
eterotallico, *a.* (*bot.*) heterothallic.
eterotassia, *f.* (*biol.*) heterotaxy; heterotaxis.
eterotermo, *a.* (*zool.*) heterothermic.
eterotopia, *f.* (*med.*) heterotopy.
eterotrapianto, *m.* (*chir.*) heterograft.
eterotrofia, *f.* (*biol.*) heterotrophy.
eterotrofo, *a.* (*biol.*) heterotrophic.
eterozigosi, *f.* (*biol.*) heterozygosity.
eterozigote, (*biol.*) **A** *a.* heterozygous. **B** *m.* heterozygote.
etesii, *m. pl.* etesian winds.
ethos, *m. invar.* ethos.
etica, *f.* (*filos.*) ethics (*pl. col verbo al sing.*). • **e. professionale**, professional ethics.
etichetta (**1**), *f.* **1** label; ticket; tag; tally: **e. autoadesiva**, sticky label; **e. da incollare**, stick-on label; **e. della marca**, manufacturer's label; **e. di una bottiglia**, label on a bottle; **e. del prezzo**, price tag; **attaccare un'e. a**, to stick a label on; to tie a tag on; to label **2** (*fig.*) label; classification; pigeon-hole: **attribuire a q. l'e. di conservatore**, to label sb. as a conservative; **sfuggire a ogni e.**, to defy classification.
etichetta (**2**), *f.* (*cerimoniale*) etiquette; formality: **ricevimento senza e.**, informal party.
etichettare, *v. t.* to label; to docket; to tag.
etichettatrice, *f.* labelling machine.
etichettatura, *f.* labelling.
eticità, *f.* ethicality; ethicalness.
etico (**1**), *a.* **1** (*filos.*) ethic(al); moral **2** (*farm.*) ethical. • (*gramm*) **dativo e.**, ethical dative.
etico (**2**), *a.* e *m.* (*f.* **-a**) (*med.*) hectic; consumptive.
etile, *m.* (*chim.*) ethyl.
etilene, *m.* (*chim.*) ethylene.
etilenico, *a.* (*chim.*) ethylene (*attr.*).
etilico, *a.* (*chim.*) ethyl (*attr.*); ethylic.
etilismo, *m.* (*med.*) alcoholism.
etilista, *m.* e *f.* alcoholic.
etilometro, *m.* breathaliser, breathalizer.
etimo, *m.* etymon*
etimologia, *f.* etymology.
etimologico, *a.* etymologic(al).
etimologista, *m.* e *f.* etymologist.
etimologizzare, *v. i.* to etymologize.
etimologo, *m.* (*f.* **-a**) etymologist.
etiologia, **etiologico**, *V.* **eziologia**, **eziologico**.
etiope, *a., m.* e *f.* Ethiopian (*f.* Ethiopian woman*).
Etiopia, *f.* (*geogr.*) Ethiopia.
etiopico, **A** *a.* Ethiopian. **B** *m.* (*la lingua*) Ethiopic.
etisia, *f.* (*med.*) phthisis; consumption.
etmoidale, *a.* (*anat.*) ethmoid(al).
etmoide, *m.* (*anat.*) ethmoid.
etnarca, *m.* (*stor.*) ethnarch.
etneo, *a.* (*geogr.*) Etnean.
etnia, *f.* ethnic group.
etnicità, *f.* ethnicity.
etnico, *a.* ethnic(al).
etnocentrico, *a.* ethnocentric.
etnocentrismo, *m.* ethnocentrism.
etnocidio, *m.* ethnocide.
etnografia, *f.* ethnography.
etnografico, *a.* ethnographic(al).
etnografo, *m.* (*f.* **-a**) ethnographer.
etnolinguistica, *f.* ethnolinguistics (*pl. col verbo al sing.*).
etnologia, *f.* ethnology.
etnologico, *a.* ethnologic(al).
etnologo, *m.* (*f.* **-a**) ethnologist.
etnomusicologia, *f.* ethnomusicology.
etnomusicologo, *m.* (*f.* **-a**) ethnomusicologist.
etnostoria, *f.* ethnohistory.
etolico, *a.* (*geogr.*) Aetolian.
etologia, *f.* ethology.
etologico, *a.* ethological.
etologo, *m.* (*f.* **-a**) ethologist.
etossilazione, *f.* (*chim.*) ethoxylization.
etossilico, *a.* (*chim.*) ethoxyl.
etrusco, *a.* e *m.* (*f.* **-a**) Etruscan (Etruscan woman*).
etruscologia, *f.* Etruscan studies (*pl.*); Etruscology.
etruscologo, *m.* (*f.* **-a**) Etruscologist.
ettacordo, *V.* **eptacordo**.
ettaedro, *m.* (*geom.*) heptahedron.
ettagonale, *a.* (*geom.*) heptagonal.
ettagono, (*geom.*) **A** *a.* heptagonal. **B** *m.* heptagon.
ettaro, *m.* hectare.
ette, *m.* (*fam.*) – **Non m'importa un e.**, I couldn't care less; **Non ci capisco un e.**, it's double Dutch to me.
etto, **ettogrammo**, *m.* hectogram(me): **Vorrei un e. di pancetta**, I'd like a hundred grams of bacon.
ettolitro, *m.* hectolitre, hectoliter (*USA*).
ettometro, *m.* hectometre, hectometer (*USA*).
Ettore, *m.* Hector.
eucalipto, *m.* (*bot.*, *Eucalyptus*) eucalyptus*; eucalypt; gum-tree.
eucaliptolo, *m.* (*farm.*) eucalyptol(e).
eucarestia, **eucaristia**, *f.* (*relig.*) Eucharist; Holy Communion.
eucaristico, *a.* (*relig.*) Eucharistic(al).
euclasio, *m.* (*miner.*) euclase.
Euclide, *m.* Euclid.
euclideo, *a.* Euclidean, Euclidian: **geometria euclidea**, Euclidean geometry.
eudemonia, *f.* (*filos.*) eud(a)emonia.
eudemonismo, *m.* (*filos.*) eud(a)emonism.
eudemonista, *m.* e *f.* eud(a)emonist.
eudemonistico, *a.* (*filos.*) eud(a)emonistic(al).
eudiometria, *f.* (*chim.*) eudiometry.
eudiometro, *m.* (*chim.*) eudiometer.
eufemismo, *m.* euphemism.
eufemistico, *a.* euphemistic(al): **espressione eufemistica**, euphemistic expression; euphemism.
eufonia, *f.* euphony.
eufonico, *a.* euphonic(al).
euforbia, *f.* (*bot.*, *Euphorbia*) Euphorbia; spurge.
euforia, *f.* euphoria; high spirits (*pl.*); elation.
euforico, *a.* euphoric; in high spirits; elated.
euforizzante, *a.* – (*farm.*) **sostanza euforizzante**, euphoric agent.
euforizzare, *v. t.* to make* euphoric; to induce euphoria.
eufrasia, *f.* (*bot.*, *Euphrasia officinalis*) euphrasy; eyebright.
Eufrate, *m.* (*geogr.*) Euphrates.
eufuismo, *m.* (*letter.*) euphuism.
eufuista, *m.* (*letter.*) euphuist.
eufuistico, *a.* (*letter.*) euphuistic(al).
euganeo, *a.* (*geogr.*) Euganean: **i Colli Euganei**, the Euganean Hills.
eugenetica, *f.* (*biol.*) eugenics (*pl. col verbo al sing.*).
eugenetico, *a.* (*biol.*) eugenic.
eugenia, *f.* (*bot.*, *Eugenia caryophyllata*) clove.
eugenico, *V.* **eugenetico**.
Eugenio, *m.* Eugene.
eugenista, *m.* e *f.* eugenist.
eugenolo, *m.* (*farm.*) eugenol.
euleriano, *a.* of Euler; Euler's.
Eumenidi, *f. pl.* (*mitol.*) Eumenides.
eunuchismo, *m.* (*med.*) eunuchism.
eunuco, *m.* eunuch.
eunucoide, *a.* e *m.* eunuchoid.
eunucoidismo, *m.* (*med.*) eunuchoidism.
eupatorio, *m.* (*bot.*, *Eupatorium cannabinum*) hemp agrimony.
eupepsia, *f.* (*med.*) eupepsia; eupepsy.
eupeptico, *a.* (*med.*) eupeptic.
eupnea, *f.* (*med.*) eupn(o)ea.
eurasiano, **eurasiatico**, *a.* e *m.* (*f.* **-a**) Eurasian (*f.* Eurasian woman*).
eureka, *inter.* eureka.
eurialino, *a.* (*biol.*) euryhaline.
euribate, *a.* (*biol.*) eurybathic.
euricoro, *a.* (*biol.*) eurytopic.
Euridice, *f.* (*mitol.*) Eurydice.
Euripide, *m.* Euripides.
euripideo, *a.* (*letter.*) Euripidean.
euristica, *f.* heuristics (*pl. col verbo al sing.*).
euristico, *a.* heuristic.
euritermo, *a.* (*biol.*) eurythermal; eurythermic: **organismo e.**, eurytherm.
euritmia, *f.* (*anche med.*) eurhythmy.
euritmico, *a.* eurhythmic(al).
euroamericano, *a.* Euro-American.
eurobbligazione, *f.* (*econ.*) Eurobond.
euroccidentale, *a.* West European.
eurocentrico, *a.* Eurocentric.
eurocentrismo, *m.* Eurocentrism.
eurochèque, *m. invar.* Eurocheque.
eurocity, *m. invar.* fast trans-European train.
eurocomunismo, *m.* Eurocommunism.
eurocomunista, *a., m.* e *f.* Eurocommunist.
eurocomunitario, *a.* European Community (*attr.*).
eurocrate, *m.* e *f.* Eurocrat.
eurodeputato, *V.* **europarlamentare, B**.
eurodestra, *f.* European right.
eurodivisa, *f.* (*fin.*) Eurocurrency.
eurodollaro, *m.* (*fin.*) Eurodollar.
euromercato, *m.* (*econ.*) Euromarket.
euromissile, *m.* Euromissile.
euromissilistico, *a.* of (*o* pertaining to) Euromissiles.
euromoneta, *f.* (*fin.*) Eurocurrency.
Europa, *f.* (*geogr.*) Europe.
europarlamentare, **A** *a.* Euro-Parliamentary. **B** *m.* e *f.* Euro-MP; member of the European Parliament.
europarlamento, *m.* Euro-Parliament.
europeismo, *m.* Europeanism.
europeista, *m.* e *f.* supporter of Europeanism (*o* of European unity).
europeistico, *a.* supporting Europeanism (*o* European unity).
europeizzare, **A** *v. t.* to Europeanize. **B europeizzarsi**, *v. i. pron.* to become* Europeanized.
europeizzazione, *f.* Europeanization.
europeo, *a.* e *m.* (*f.* **-a**) European.
europio, *m.* (*chim.*) europium.
euroscudo, *m.* (*econ.*) ecu.
eurosinistra, *f.* European left.
eurosocialismo, *m.* Eurosocialism.
eurosocialista, *a. m.* e *f.* Eurosocialist.
euroterrorismo, *m.* Euro-terrorism.
euroterrorista, *m.* e *f.* Euro-terrorist.
eurovaluta, *f.* (*fin.*) Eurocurrency.
eurovisione, *f.* (*TV*) Eurovision.
eurovisivo, *a.* (*TV*) Eurovision (*attr.*).
euscaro, *a.* e *m.* Euskarian.
Eusebio, *m.* Eusebius.
Eustachio, *m.* Eustace. • (*anat.*) **tromba d'E.**, Eustachian tube.
eustatico, *a.* (*geol.*) eustatic.
eustatismo, *m.* (*geol.*) eustacy, eustasy.
eutanasia, *f.* euthanasia; mercy killing.
eutenica, *f.* euthenics (*pl. col verbo al sing.*).
eutenico, *a.* euthenic.
Euteri, *m. pl.* (*zool.*, *Eutheria*) Eutheria.
euterio, *m.* (*zool.*) eutherian.
Euterpe, *f.* (*mitol.*) Euterpe.
eutettico, *a.* e *m.* eutectic: **lega eutettica**, eutectic alloy.
eutocia, *f.* (*med.*) eutocia.
eutocico, *a.* (*med.*) of natural childbirth: **parto e.**, natural childbirth.
eutrofia, *f.* (*med.*) eutrophy.
eutrofico, *a.* (*med.*) eutrophic.

eutrofiẓẓàre, *v. t.* (*biol.*) to render more eutrophic.
eutrofiẓẓazióne, *f.* (*biol.*) euthophication.
Èva, *f.* Eve. ● **i figli d'Eva**, mankind (*sing.*).
evacuaménto, *m.* evacuation.
evacuànte, *a.* e *m.* (*farm.*) evacuant.
evacuàre, A *v. t.* ***1*** to evacuate; to clear out ***2*** (*tecn.*) to evacuate; to drain (away); (*gas*) to remove ***3*** (*fisiol.*) to evacuate. **B** *v. i.* to evacuate.
evacuativo, *a.* (*farm.*) evacuative; evacuant.
evacuàto, A *a.* evacuated. **B** *m.* (*f.* **-a**) evacuee.
evacuatóre, (*farm.*) **A** *a.* evacuative. **B** *m.* evacuator.
evacuazióne, *f.* evacuation.
evàdere, A *v. i.* ***1*** to escape; to get* away (*fam.*): **e. di prigione**, to escape from prison; **e. da una vita noiosa**, to escape (*o* to get away) from a boring existence; **Ho bisogno di e.**, I need to get away from it all ***2*** (*fin.*) to evade (*o* to dodge) taxes. **B** *v. t.* ***1*** (*sbrigare*) to deal* with; to dispatch; to clear: **e. la corrispondenza**, to clear the mail; **e. un ordine**, to deal with (*USA*: to fill) an order ***2*** (*fin.*) to evade; to dodge: **e. le imposte**, to evade taxes.
evaginàrsi, *v. i. pron.* (*biol.*) to evaginate.
evaginazióne, *f.* (*biol.*) evagination.
evanescènte, *a.* evanescent; vanishing; fading.
evanescènza, *f.* ***1*** evanescence ***2*** (*radio, TV*) fading.
evangelàrio, evangeliàrio, *m.* evangeliary.
evangelicaménte, *avv.* evangelically.
evangèlico, A *a.* ***1*** (*dei Vangeli*) Gospel (*attr.*); evangelic(al): **messaggio e.**, evangelic message ***2*** (*protestante*) Evangelical: **Chiesa evangelica**, Evangelical Church. **B** *m.* (*f.* **-a**) Evangelical.
Evangelina, *f.* Evangeline.
evangeliṣmo, *m.* evangelism.
evangelista, *m.* evangelist.
evangelistàrio, *m.* evangelistary.
evangeliẓẓàre, *v. t.* ***1*** to evangelize ***2*** (*fig.*) to convert; to win* over.
evangeliẓẓatóre, *m.* (*f.* **-trice**) evangelizer.
evangeliẓẓazióne, *f.* evangelization.
Evangèlo, *V.* **Vangelo.**
evaporàbile, *a.* evaporable.
evaporaménto, *m. V.* **evaporazione.**
evaporàre, *v. t.* e *i.* to evaporate; to vaporize.
evaporàto, *a.* evaporated; vaporized: **latte e.**, evaporated milk.
evaporatóre, *m.* ***1*** (*ind.*) evaporator ***2*** (*per caloriferi*) humidifier.
evaporazióne, *f.* (*fis.*) evaporation; vaporisation.
evaporimetro, *m.* (*fis.*) evaporimeter.
evaṣióne, *f.* ***1*** (*fuga*) escape; jail-break (*fam.*); break-out (*fam.*); getaway (*fam.*) ***2*** (*fig.*) escape: **un'e. dalla noia**, an escape from boredom; **letteratura d'e.**, escapist literature ***3*** (*fin.*) evasion: **e. fiscale**, tax evasion ***4*** (*bur., comm.*: *disbrigo*) clearing; dispatching: **occuparsi dell'e. della corrispondenza**, to be in charge of clearing the mail; **dare e. a un ordine**, to carry out (*USA*: to fill) an order.
evaṣività, *f.* evasiveness.
evaṣivo, *a.* evasive: **essere e.**, to be evasive; to prevaricate; **risposta evasiva**, evasive answer; prevarication.
evàṣo, *m.* (*f.* **-a**) escaped prisoner; fugitive; runaway.
evaṣóre, *m.* – **e. fiscale**, tax evader; tax-dodger.
Evelina, *f.* Eveline, Evelyn.
evemeriṣmo, *m.* Euhemerism.
eveniènza, *f.* event; eventuality; occurrence; circumstance: **nell'e. di una guerra**, in the event of a war; **nell'e. che egli arrivi in ritardo**, in the event of his being late; should he be late; **essere pronto a ogni e.**, to be prepared for any eventuality; **per ogni e.**, for all eventualities.
evènto, *m.* ***1*** event; occurrence: **Fu un e. inaspettato**, it was an unexpected event; **attendere gli eventi**, to await events ***2*** (*esito*) result. ● **il lieto e.** (*nascita*), the happy event □ **in ogni e.**, in any case □ **secondo gli eventi**, depending on what happens.
eventuàle, *v. t.* possible; (*probabile*) probable, prospective: **Un'e. alternativa potrebbe essere di...**, a possible alternative could be to...; **Le eventuali critiche non mi preoccupano**, I am not worried by any criticism that may be levelled against me; **gli eventuali errori rimasti**, any mistakes that may remain; **Ogni tua e. scelta**, whatever choice you make; **Un e. cambiamento di programma verrà notificato**, should there be any change in the programme, it will be notified; **varie ed eventuali**, any other business.
eventualità, *f.* ***1*** (*possibilità*) possibility: **l'e. di un fallimento**, the possibility of bankruptcy ***2*** (*evento*) event; eventuality; contingency; **nell'e. di un ritardo**, in the event of a delay; should there be a delay; **pronto ad ogni e.**, ready for any eventuality (*o* contingency); **per ogni e.**, just in case.
eventualménte, *avv.* in case; if necessary: **E. ti tornasse in mente, questo è il mio numero di telefono**, in case (*o* should) you remember it, this is my phone number; **E. si potrebbe comprarne uno nuovo**, we might buy a new one, if it is really necessary.
eversióne, *f.* ***1*** subversion ***2*** (*leg.*) abolition ***3*** (*lett.*) destruction; overthrow.
eversivo, *a.* subversive: **piano e.**, subversive plot.
eversóre, *m.* ***1*** subverter ***2*** (*lett.*) destroyer.
evezióne, *f.* (*astron.*) evection.
evidènte, *a.* evident; clear; obvious; plain; apparent; manifest; palpable: **e. nervosismo**, evident agitation; **colpa e.**, manifest guilt; **«Quindi tu sapevi tutto» «È e.»** «so you knew everything» «of course».
evidenteménte, *avv.* evidently; obviously; clearly.
evidènza, *f.* ***1*** evidence; obviousness: **l'e. dei fatti**, the evidence of the facts; **l'e. della sua buona fede**, the obviousness of his good faith; **essere [tenere] in e.**, to be [to keep] in evidence; **mettere in e.**, to point out; to highlight; **mettersi in e.**, to make oneself conspicuous; to draw attention to oneself; **È di un'e. lampante**, it is glaringly obvious; it leaps at you ***2*** (*i fatti*) facts: **arrendersi all'e.**, to bow to the facts; **È smentito dall'e.**, the facts prove him wrong; **negare l'e.**, to swear black is white ***3*** (*efficacia*) force; vividness: **l'e. di un'immagine**, the force of an image ***4*** (*bur.*) record.
evidenziàre, *v. t.* to underline; to highlight (*anche elab.*); to point out; to emphasize; to stress.
evidenziatóre, *m.* highlighter.
evincere, *v. t.* ***1*** (*dedurre*) to deduce; to infer ***2*** (*leg.*) to evict.
eviràre, *v. t.* to emasculate (*anche fig.*); to castrate.
eviràto, A *a.* ***1*** emasculated; castrated ***2*** (*fig.*) spineless; nerveless. **B** *m.* ***1*** castrate; eunuch ***2*** (*mus.*) castrato*.
evirazióne, *f.* emasculation; castration.
eviscerare, *v. t.* (*chir.*) to eviscerate; (*polli e sim.*) to gut, to draw*.
eviscerazióne, *f.* (*chir.*) evisceration.
evitàbile, *a.* avoidable.
evitàre, A *v. t.* ***1*** (*scansare*) to avoid, to shun, to eschew (*lett.*); (*eludere*) to evade, to elude, to sidestep, to dodge; (*naut.* e *fig.*) to steer clear of: **e. un colpo**, to avoid (*o* to dodge) a blow; **e. una discussione**, to avoid a discussion; **Non lo cercavo né lo evitavo**, I neither sought him out nor shunned him; **e. una domanda [la tassa di successione]**, to evade a question [death duties]; **e. sguardi indiscreti**, to avoid indiscreet eyes; **Fu facile evitarlo nella calca**, it was easy to dodge him in the crowd; **Questa volta non potrai e. le conseguenze**, this time you won't be able to avoid the consequences (*o*, *fam.*, to wriggle out of it); (*naut.*) **e. uno scoglio**, to steer clear of a reef; **Lo evito, quando è arrabbiato**, I steer clear of him, when he's angry ***2*** (*sfuggire a*) to escape: **e. la morte [una punizione]**, to escape death [a punishment] ***3*** (*impedire, prevenire*) to avert; to prevent; to avoid: **e. un incidente**, to avert an accident; **come e. l'infarto**, how to avoid a heart attack ***4*** (*risparmiare*) to spare; to save: **e. una spesa a q.**, to spare sb. an expense; **Mi evita di dover tornare dietro**, it saves me from having to go back; **Puoi evitarti il disturbo**, you can spare yourself the trouble ***5*** (*astenersi*) to keep* from; to try not (to do st.); to refrain from: **e. l'alcol**, to keep off alcohol; **Evita di fumare col mal di gola**, try not to smoke with a sore throat; **Evitai di fargli altre domande**, I refrained from further questions ***6*** (*impedirsi*) to help: **Non posso e. d'ammirarlo**, I cannot help admiring him. **B evitàrsi,** *v. rifl. recipr.* to avoid each other; to try not to see each other.
evitazióne, *f.* (*etnol.*) evitation.
evizióne, *f.* (*leg.*) eviction: **garanzia per l'e.**, warranty against eviction.
èvo, *m.* epoch; era; ages (*pl.*); times (*pl.*): **il Medio E.**, the Middle Ages; **l'evo moderno**, the modern era.
evocàre, *v. t.* ***1*** to evoke; to conjure up; to summon (forth); to raise: **e. gli spiriti**, to conjure up (*o* to raise) spirits ***2*** (*rievocare*) to evoke; to recall.
evocativo, *a.* evocative.
evocatóre, A *m.* (*f.* **-trice**) evocator. **B** *a.* evocatory; evocative.
evocatòrio, *a.* evocative; evocatory; conjuring.
evocazióne, *f.* evocation; conjuring up; summoning.
evoluìre, *v. i.* (*mil., naut.*) to perform evolutions; to manoeuvre.
evolùta, *f.* (*mat.*) evolute.
evolutivo, *a.* evolutionary; evolutive: **processo e.**, evolutionary process; evolution; **età evolutiva**, age of development.
evolùto, *a.* ***1*** (*maturo*) evolved; fully developed ***2*** (*progredito*) progressive; advanced; highly-civilized ***3*** (*privo di pregiudizi*) open-minded; uninhibited; with progressive views.
evoluzióne, *f.* ***1*** (*sviluppo*) evolution; development; progress ***2*** (*biol.*) evolution ***3*** (*mil., naut.*) manoeuvre; evolution.
evoluzioniṣmo, *m.* (*biol., filos.*) theory of evolution; evolutionism.
evoluzionista, *m.* e *f.* evolutionist.
evoluzionistico, *a.* evolutionistic; evolutionist.
evolvènte, *f.* (*mat.*) involute.
evòlvere, *v. t.* **evòlversi,** *v. i. pron.* to evolve.
evònimo, *m.* (*bot., Euonymus*) euonymus.
evviva, A *inter.* long live; hooray, hurrah, hurray; yippee (*fam.*): **E. la Regina!**, long live the Queen!; **E.! ci sono riuscito!**, hooray! I've got it!; (*iron.*) **E. la modestia!**, (there is) nothing like being modest! **B** *m. invar.* cheer; cheering; hurrah; jubilant cry: **Tre e. per il vincitore!**, three cheers for the winner!; **Entusiastici e. lo salutarono**, enthusiastic cheers greeted him; **Al passaggio del corteo esplosero gli e.**, as the procession passed by there was a burst of cheering (*o* jubilant cries).
ex, A *pref.* ex; former; old: **l'ex presidente**, the ex-president; **l'ex marito**, her ex-husband; her former husband; **ex combattente**, ex-serviceman; old soldier (*fam.*); veteran (*USA*); **ex allievo**, old boy (*GB*); alumnus; **ex allieva**, old girl (*GB*); alumna. **B** *m.* e *f.* (*fam.*) ex: **L'ho incontrata col suo ex**, I met her with her ex.
ex abrupto (*lat.*), *locuz. avv.* suddendly.
ex aequo (*lat.*), *locuz. avv.* ex aequo; equally: **classificarsi primi e.**, to come equal first.

ex ante (*lat.*), **A** *locuz. avv.* retroactively. **B** *locuz. agg.* ex ante.
exarazióne, *V.* **esarazione**.
ex cathedra (*lat.*), *locuz. avv.* **1** (*eccles.*) ex cathedra; with authority **2** (*fig.*) dogmatically. ● (*fig.*) **sentenziare e.**, to lay down the law.
excèntro, *m.* (*mat.*) excentre, excenter (*USA*).
excerpta (*lat.*), *m. pl.* excerpta.
exclave, *f. invar.* exclave.
excursus (*lat.*), *m. invar.* excursus*; digression.
executive (*ingl.*), *a.* e *m. invar.* executive: **valigetta e.**, executive briefcase.
exequatur (*lat.*), *m. invar.* (*leg.*) exequatur.
exèreși, *f.* (*chir.*) exeresis*.
exeùnte (*lat.*), *a.* (*lett.*) closing; expiring.
ex lege (*lat.*), *locuz. avv.* by law; according to the law.
ex libris (*lat.*), *locuz. m. invar.* bookplate.
ex novo (*lat.*), *locuz. avv.* from the beginning; all over again: **rifare tutto e.**, to do everything all over again.
exploit (*franc.*), *m. invar.* exploit; feat.
expo (*franc.*), *f. invar.* Expo.
ex post (*lat.*), **A** *locuz. avv.* in retrospect; retrospectively; ex post facto. **B** *locuz. agg.* ex post (*attr.*).
ex professo (*lat.*), *locuz avv.* **1** deliberately; intentionally; wilfully **2** (*in modo esperto*) expertly; in a businesslike manner.
exsanguinotrasfușióne, *f.* (*med.*) replacement transfusion.
èxtra, A *a. invar.* **1** (*speciale*) superior; choice (*attr.*); super; first-rate: **il modello e.**, the super model; **prodotti e.**, choice products **2** (*con agg.*: *molto*) very; extra: **e. rapido**, very fast; **e. largo**, outsize (*GB*); extra-large (*USA*) **3** (*aggiuntivo*) additional; extra: **spese e.**, additional expenses; **costi e.**, extra costs. **B** *m. invar.* **1** (*spesa*) extra; additional expense: **diecimila lire al giorno, più gli e.**, ten thousand lire a day plus the extras **2** (*guadagno*) extra earnings; earnings on the side. **C** *prep.* outside: **e. bilancio**, outside the budget.
extracellulàre, *a.* (*biol.*) extracellular.
extracomunitàrio, A *a.* of (*o* pertaining to) a country outside the European Community. **B** *m.* (*f.* **-a**) immigrant (*o* worker) from a country outside the European Community.
extraconiugàle, *a.* extraconjugal; extramarital.
extracontrattuàle, *a.* not specified in the contract.
extracorpòreo, *a.* (*med.*) extracorporeal.
extracorrènte, *f.* (*elettr.*) extra current.
extracurriculàre, *a.* extracurricular.
extradotàle, *a.* extradotal. ● (*leg.*) **beni extradotali**, paraphernalia.
extraeuropèo, *a.* non-European.
extragalàttico, *a.* (*astron.*) extragalactic.
extragiudiziàle, *a.* (*leg.*) extrajudicial; out-of-court (*attr.*): **accordo e.**, out-of-court settlement; **raggiungere un accordo e.**, to settle out of court.
extralegàle, *a.* (*leg.*) extralegal.
extralinguìstico, *a.* extralinguistic.
extranazionàle, *a.* non-national.
extraoràrio, *a.* outside working hours.
extraparlamentàre, (*polit.*) **A** *a.* extraparliamentary. **B** *m.* e *f.* member of an extraparliamentary party.
extraprocessuàle, *V.* **estraprocessuale**.
extraràpido, *a.* (*fotogr.*) ultrasensitive.
extrascolàstico, *a.* afterschool (*attr.*).
extrasensoriàle, *a.* extrasensory; extrasensorial.
extrasìstole, *f.* (*med.*) extrasystole.
extrasistòlico, *a.* (*med.*) extrasystolic.
extrasolàre, *a.* (*astron.*) extrasolar.
extrasottìle, *a.* extra-thin.
extrastallìa, *f.* (*naut.*) extra demurrage.
extratemporàle, *a.* extratemporal.
extraterrèstre, A *a.* extraterrestrial. **B** *m.* e *f.* extraterrestrial; being from outer space.
extraterritoriàle, *a.* (*leg.*) extraterritorial; exterritorial.
extraterritorialità, *f.* (*leg.*) extraterritoriality; exterritoriality.
extraurbàno, *a.* extra-urban; out-of-town.
extrauterìno, *a.* (*med.*) extrauterine: **gravidanza extrauterina**, extrauterine pregnancy.
extravérgine, *a.* extra-virgin.
extremis, *V.* **in extremis**.
ex voto (*lat.*), *m. invar.* votive offering; ex voto.
Ezechìa, *m.* (*Bibbia*) Hezekiah.
Ezechièle, *m.* (*Bibbia*) Ezekiel.
eziolaménto, *m.* (*bot.*) etiolation.
eziolàto, *a.* etiolated.
eziologìa, *f.* (*med.*) (a)etiology.
eziològico, *a.* (*med.*) (a)etiologic(al).
eziopatogèneși, *f.* (*med.*) etiopathogenesis*

f, F

F, f, *f.* o *m.* (*sesta lettera dell'alfabeto ital.*) F, f. ● (*telef.*) **f. come Firenze**, f for Frederick; f for Fox (*USA*).

fa (1), *3ª pers. sing. indic. pres. di* **fare**.

fa (2), *m.* (*mus.*) F; fa*: **chiave di fa**, F clef; bass clef.

fa (3), *avv.* ago: **un anno fa**, a year ago; **non molto tempo fa**, not long ago.

fabbisógno, *m.* needs (*pl.*); requirements (*pl.*); requisite(s); (the) necessary (*generalm. al pl.*): **f. alimentare**, food requirements.

fàbbrica, *f.* **1** factory; manufacturing firm; (*impianto*) works, plant; (*di tessili o di carta*) mill: **lavorare in f.**, to work in a factory; **È proprietario di una piccola fabbrica**, he owns a small manufacturing firm; **una f. di automobili**, a car factory; a motor-works; **una f. di mattoni**, a brickworks; **f. di giocattoli**, toy factory; **f. di birra**, brewery; **f. di conserve alimentari**, cannery; **consiglio di f.**, factory board; works committee; **direttore di f.**, factory manager **2** (*costruzione*) building; construction **3** (*edificio*) edifice; building. ● **f. di chiacchiere**, hotbed of gossip □ (*scherz.*) **la f. di S. Pietro**, an interminable job □ **in f.** (*in costruzione*), being built □ **marchio di f.**, trademark □ **nuovo di f.**, brand new; just out of the factory □ **prezzo di f.**, factory-gate price □ **L'università è una f. di disoccupati**, universities churn out people heading straight for the dole queue.

fabbricàbile, *a.* **1** manufacturable **2** (*di terreno*) building (*attr.*): **area f.**, building site (*o* ground).

fabbricabilità, *f.* suitability for building.

fabbricànte, *m.* e *f.* manufacturer; maker: **È un f. di scatole**, he is a box manufacturer; he runs a box factory; **f. di scarpe**, shoe manufacturer; **f. di birra**, brewer; **f. di stoffe**, textile manufacturer.

fabbricàre, *v. t.* **1** to manufacture; to produce; to make*: **f. scarpe**, to manufacture shoes; **f. su ordinazione**, to make to order; **f. in serie**, to mass-produce **2** (*costruire*) to build*; to put* up; to construct **3** (*fare*) to make* **4** (*fig.*: *inventare*) to make* up; to invent; to fabricate: **f. scuse**, to make up (*o* to fabricate) excuses; **f. un'accusa falsa**, to trump up a charge.

fabbricativo, *a.* building (*attr.*).

fabbricàto, A *a.* **1** (*costruito*) built; constructed **2** (*prodotto*) produced; manufactured; made: **f. in serie**, mass-produced; **f. su ordinazione**, made to order **3** (*fig.*: *inventato*) fabricated; invented: **alibi f.**, fabricated (*o* invented) alibi. **B** *m.* building; edifice; (*casa*) house: **f. per abitazione [per uffici]**; residential [office] building; **f. annesso**, outbuilding; (*leg.*) **imposta sui fabbricati**, house tax.

fabbricatóre, *m.* (*f.* **-trice**) **1** manufacturer; maker **2** (*costruttore*) builder; constructor **3** (*fig.*) fabricator; inventor.

fabbricazióne, *f.* **1** making; manufacturing; make; manufacture; production: **f. della carta**, paper making (*o* manufacturing); **f. della birra**, brewing; **f. nazionale**, home manufacture; **f. all'ingrosso**, wholesale manufacture; **f. in serie**, mass-production; **di f. inglese**, made in Britain; British-made (*attr.*); **difetto di f.**, manufacturing defect; **imposta di f.**, excise tax **2** (*costruzione*) building; construction **3** (*fig.*: *invenzione*) fabrication; invention.

fabbricerìa, *f.* (*eccles.*) vestry-board.

fabbricière, *m.* (*eccles.*) vestryman*.

fabbricóne, *m.* big block of flats (*GB*); big apartment house (*USA*).

fàbbro, *m.* **1** smith; (*maniscalco*) blacksmith; (*di serrature*) locksmith: **f. ferraio**, blacksmith; **f. stagnaio**, tinsmith **2** (*fig. lett.*) craftsman*; artificer; maker: **il f. dell'universo**, the maker of the universe; **un f. d'inganni**, an artificer of fraud.

fabianismo, *m.* (*stor.*) Fabianism.

fabiàno, *a.* e *m.* (*f.* **-a**) (*stor.*) Fabian.

Fàbio, *m.* Fabius.

fàbula, *f.* (*letter.*) plot.

fabulatòrio, *a.* (*psic.*) confabulating.

fabulazióne, *f.* **1** (*psic.*) confabulation **2** (*letter.*) narrative.

faccènda, *f.* **1** (*cosa da fare*) thing: **Ho ancora alcune faccende da sbrigare**, I've still got a few things to do **2** (*questione*) matter; affair; business; thing; it: **Non mi sono occupato della f.**, I haven't gone into the matter; **tutt'altra f.**, a completely different matter (*o* thing); **una f. complessa**, a complex matter; **È una brutta f.**, it's a bad business; **Meglio chiudere la f.**, better wrap it up; **Bada alle tue faccende**, mind your own business; **Non è f. che vi riguardi**, it's no business of yours **3** (*pl.*: *lavori domestici*) housework (*sing.*); household chores: **sbrigare le faccende**, to do the housework; **accudire alle faccende (di casa)**, to be busy about the house. ● **essere in faccende**, to be busy.

faccendière, *m.* shady businessman*; wheeler-dealer; shady operator.

faccendóne, *m.* (*f.* **-a**) (*fam.*) stirabout; busy bee.

faccétta, *f.* **1** (*visetto*) little face **2** (*di pietra preziosa*) facet: **lavorato a faccette**, faceted **3** (*anat., zool.*) facet.

faccettàre, *V.* **sfaccettare**.

facchinàggio, *m.* (*attività e spese*) porterage.

facchinàta, *f.* **1** (*parola triviale*) vulgar (*o* coarse) word **2** (*atto triviale*) vulgar (*o* coarse) action **3** *V.* **sfacchinata**.

facchinésco, *a.* (*fig.*: *triviale*) vulgar; coarse.

facchino, *m.* **1** porter: **f. di stazione**, railway porter; red cap (*USA*) **2** (*fig.*: *uomo grossolano*) boor. ● (*fig.*) **fare il f.**, to slave away □ **lavoro da f.**, hard work; drudgery □ **linguaggio da f.**, foul (*o* coarse) language □ **modi da f.**, boorish manners.

fàccia (1), *1ª, 2ª, 3ª pers. sing. congiunt. pres. di* **fare**.

fàccia (2), *f.* **1** (*anat.* e *fig.*) face: **Hai la f. sporca**, your face is dirty; **lavarsi la f.**, to wash one's face; **rosso in f.**, red in the face; **una f. amica**, a friendly face; **Non oserò più mostrare la f. in quella casa**, I dare not show my face again in that house; **guardare q. in f.**, to look sb. in the face; **Mi scoppiò in f.**, it blew up in my face; **Ha una f. che non mi piace**, I don't like his face **2** (*geom.*) face: **le facce di un cubo**, the faces (*o* sides) of a cube; **f. piana**, plane face **3** (*lato, anche fig.*) face; side: **la f. di una moneta**, the face (*o* headside) of a coin; **le due facce di un foglio**, the two sides of a sheet of paper; **l'altra f. della luna**, the other face (*o* side) of the moon; (*mecc.*) **la f. di un dado**, the pane of a nut; **le due facce di una questione**, the two sides of a matter **4** (*espressione, aspetto*) expression; look; mien: **avere una f. triste**, to have a sad expression (on one's face); to look sad; **avere una f. da stupido**, to look a fool; **Fece una f. stupita**, he looked puzzled; **fare la f. feroce**, to look fierce; **fare una f. da ebete**, to put on a vacant look; **avere una bella f.** (*stare bene*), to look well; **avere una brutta f.**, (*un'aria malaticcia*) not to look well, not to look oneself; (*un'aria triste*) to look sad; (*un'aria truce*) to look grim; **Che faccia! Cosa è successo?**, you look sad [furious, pale, etc.]; what's happened? **5** (*anche* **f. tosta, di bronzo**: *sfacciataggine*) face, nerve, gall; (*impertinenza*) cheek, impudence, effrontery; (*audacia*) boldness, brashness: **Non ho la f. di chiedergliel̲o**, I haven't the face to ask him; **Che f. tosta** (*o* **che f. di bronzo**)**!**, what cheek!; what impudence!; **Ha una bella f., quel ragazzo!**, that boy's got a nerve! **6** (*smorfia*) face; grimace: **Quando glielo dissi, fece una f.**, he made a face, when I told him; **fare le facce**, to make (*o* to pull) faces. ● **f. a f.**, (*di fronte*) face to face; facing each other; (*di dibattito, ecc.*) face-to-face (*attr.*): **Sedevamo f. a f.**, we were sitting face to face; **mettere due testimoni f. a f.**, to confront two witnesses; **un (incontro) f. a f.**, a face-to-face encounter □ **f. da schiaffi**, cheeky face □ **facce poco rassicuranti**, dubious characters □ **a due facce**, double-faced; (*fig.* : *insincero*) two-faced, double-dealing □ (*archit., edil.*) **a f. convessa**, pulvinated □ **a f. in giù [in su]**, face down [up] □ **Alla f.!**, good God! □ **alla f. di** (*a dispetto di*), in the teeth of; despite; regardless of □ **Alla f. delle sue promesse!**, so much for all his promises! □ **Alla f. della generosità!**, some generosity! □ (*pop.*) **Alla f. tua!**, nuts to you; sucks to you! □ (*fig.*) **Lui cambiò f.**, his face changed; (*per la delusione*) his face fell; (*per la gioia*) his face lit up; (*per la paura*) he changed colour □ **La stanza ha cambiato f.**, the room has changed face; (*è migliorata*) the room looks infinitely better □ **di** (*o* **in**) **f.**, opposite; facing: **la casa di f.**, the house opposite; **l'albergo di f. alla stazione**, the hotel facing (*o* opposite) the station; **Era seduta in f. a me**, she sat facing (*o* opposite) me □ **visto di f.**, seen from the front □ **Glielo dissi in f.**, I told him to his face □ **fare la f. lunga**, to pull a long face □ (*fam.*) **farsi la f.** (*truccarsi*), to make oneself up; to do one's face (*fam.*) □ **guardare in f. il pericolo**, to face up the danger □ **in f.**, *V.* **di f.** □ **Ti si legge in f.**, I can tell by your face; you look it □ (*fig.*) **non guardare in f. a nessuno**, to go ahead regardless of everyone; (*dire quel che si pensa*) to speak one's mind □ (*fig.*) **perdere la f.**, to lose face □ **ridere in f. a q.**, to laugh in sb.'s face □ (*fig.*) **salvare la f.**, to save one's face □ **Ce l'ha scritto in f.**, it's written (*o* he's got it written) all over his face □ **sulla f. della terra**, on the face of the earth; under the sun □ (*naut., aeron.*) **vento in f.**, head wind □ (*fam.*) **Viva la f. sua!**, he's got some nerve! □ **voltare la f. a q.c.** (*rinnegarlo*), to go back on st.

facciàle, a. *1* (*della faccia*) facial: **angolo f.**, facial angle; (*anat.*) **nervo f.**, facial nerve *2* (*econ., filatelia, ecc.*) – **valore f.**, face value.

facciàta, f. *1* (*archit.*) front; façade; face *2* (*pagina*) page *3* (*fig.*: *esteriorità*) outside, surface; (*apparenza*) appearances (*pl.*), false front: **giudicare dalla f.**, to judge (*o* to go) by appearances; **di f.**, outward; token (*attr.*) *4* (*copertura di attività illegale*) front.

facciavìsta, f. – (*edil.*) **a f.**, rough (*agg.*).

fàccio, 1ª pers. sing. indic. pres. di **fare**.

facciòle, f. pl. (*di abito talare o di toga*) bands.

fàce, f. (*lett.*) torch; (*luce*) light.

facènte, part. pres. – **f. funzione** (*sost.*), locum tenens; deputy; **f. funzione di** (*agg.*), acting; pro-: **il mio f. funzione**, my deputy; **il f. funzione di direttore**, the acting manager; **f. funzione di console**, pro-consul.

facésti, 2ª pers. sing. pass. rem. di **fare**.

facèto, a. humorous; jocular; facetious; waggish: **un uomo f.**, a facetious man; **osservazione faceta**, humorous remark; **detto f.**, witticism; **in tono f.**, humourously; jocularly.

facèzia, f. humorous (*o* witty) remark; joke; pleasantry; witticism.

fachirìsmo, m. fakirism.

fachìro, m. fakir.

facie, facies, f. invar. (*med., geol.*) facies*.

fàcile, a. *1* easy; simple: **un compito f.**, an easy (*o* a simple) task; **vittoria f.**, easy victory; **scritto in un italiano f.**, written in simple Italian; **guadagni facili**, easy money; **È più f. dirlo che farlo**, it's easier said than done; **fin troppo f.**, almost too easy *2* (*pronto*) ready, too quick; (*incline*) inclined, prone: **Sei f. a credere tutto**, you are ready to believe anything; **essere f. all'ira**, to be prone to anger; to be quick-tempered; **f. alle promesse**, too quick to promise; **f. alla commozione**, easily moved; **una bambina f. a piangere**, a child who cries (very) easily *3* (*arrendevole, trattabile*) amenable; yielding; tractable: **essere f. a sentire ragione**, to be amenable to reason; **di carattere f.**, easy-going; easy to get along with *4* (*probabile*) probable; likely: **È f. che piova**, it's likely to rain; **È f. che Leo non venga**, it's likely (*o* probable) that Leo won't come; Leo is unlikely to come; Leo may well not come. ● **avere il grilletto f.**, to be quick on the trigger; to be trigger-happy □ **avere le lacrime facili**, to be easily moved to tears; (*spreg.*) to be a crybaby □ **avere la parola f.**, to have a way with words; to be very articulate; to have the gift of the gab (*fam., spesso iron.*) □ **di f. contentatura**, easily pleased; easy-going □ **donna f.** (*o* **di facili costumi**), loose woman; woman of easy virtue.

facilità, f. *1* (*l'essere facile*) easiness: **la f. d'un esame**, the easiness of an exam *2* (*f. di esecuzione*) ease, facility; (*di parola*) fluency: **Superai l'esame con la massima f.**, I passed the test with the greatest ease; **parlare l'inglese con f.**, to speak English fluently; **parlare con f. ma senza convinzione**, to speak with facility but without conviction *3* (*attitudine*) aptitude; facility; flair: **avere f. per le lingue**, to have an aptitude (*o* a facility) for languages; **avere grande f. di parola**, to be very articulate; to have the gift of the gab (*fam., spesso iron.*) *4* (*tendenza*) tendency; proneness: **f. ad arrabbiarsi**, proneness to anger; quick temper; **Ha f. a scoraggiarsi.**, he gets easily discourgaged.

facilitàre, v. t. *1* (*rendere facile*) to facilitate; to make* easy (*o* easier); (*semplificare*) to simplify: **per f. il tuo compito**, to make your task easier; **Voglio facilitarti le cose**, I want to make it easier (*o* to smooth things out) for you *2* (*aiutare*) to help; to favour: **f. la digestione**, to help digestion; **f. un amico**, to favour a friend *3* (*banca, fin.*) to accommodate: **f. un cliente**, to accommodate a client.

facilitazióne, f. *1* facilitation; easing *2* (*banca, fin.*) facility; accommodation; concession: **facilitazioni di credito**, credit facilities (*o* accommodations); **facilitazioni di pagamento**, facilities of payment; payment accommodations *3* (*comm.*) easy terms; special conditions: **facilitazioni per gli abbonati**, special conditions for subscribers.

facilménte, avv. *1* (*senza difficoltà*) easily *2* (*prontamente*) readily *3* (*probabilmente*) probably; (*molto probabilmente*) very likely.

facilóne, m. (f. **-a**) careless person; slipshod person.

faciloneria, f. carelessness; sloppiness; slipshod way of doing things.

facinoróso, **A** a. riotous; rowdy; lawless. **B** m. (f. **-a**) rowdy; rioter.

facocèro, m. (*zool., Phacochoerus aethiopicus*) warthog.

fàcola, f. (*astron.*) facula*.

facoltà, f. *1* faculty: **essere in pieno possesso di tutte le f.**, to be in full possession (*o* command) of one's faculties; **f. mentali**, mental faculties; (*leg.*) mental powers *2* (*potere, autorità*) power, authority; (*diritto*) right; (*permesso*) leave, licence, permission: **avere la f. di**, to be empowered to; to have the right to: **Hai f. di accettare o rifiutare**, you have the right to accept or refuse; **dare a q. la f. di parlare**, to give sb. leave to speak; **f. di scelta**, option *3* (*di cose*: *proprietà*) property *4* (*di università*) faculty; school (*USA*): **f. di lettere**, faculty of arts; **consiglio di f.**, faculty board; (*riunione*) faculty meeting *5* (*pl.*: *averi*) means.

facoltativo, a. optional; facultative: **corso f.**, optional course; **fermata facoltativa**, request stop.

facoltóso, a. well-off; well-to-do; rich; wealthy.

facóndia, f. (*lett.*) eloquence; flow of language; fluency.

facóndo, a. (*lett.*) eloquent; fluent.

facsìmile, m. *1* (*copia esatta*) facsimile *2* (*modello*) specimen: **f. di firma**, specimen signature *3* (*tecn.*) dummy *4* (*cosa assai simile a un'altra*) double; replica. ● **edizione in f.**, facsimile edition.

factòtum, m. e f. *1* factotum; jack-of-all-trades (*fam.*); (*di q.*) man* (*f.* girl) Friday (*fam.*) *2* (*scherz.*: *chi deve fare tutto*) chief cook and bottle-washer (*fam.*).

faentina, f. faience made in Faenza; (*imitazione*) faience.

faènza, f. faience.

faggéta, f. **faggéto**, m. beechwood; beech grove.

faggìna, f. (*bot.*) beech-mast; beech-nut.

fàggio, m. (*bot., Fagus silvatica*) beech.

faggiòla, V. **faggina**.

fagiàna, f. (*zool.*) hen-pheasant.

fagianèlla, f. (*zool., Otis tetrax*) little bustard.

fagiàno, m. *1* (*zool., Phasianus colchicus*) pheasant*; (*f. giovane*) poult *2* (*zool.*) – **f. argentato** (*Gemnaeus nychtemerus*), silver pheasant; **f. di monte** (*Lyrurus tetrix*), black grouse; heathcock; **f. dorato** (*Chrysolophus pictus*), golden pheasant.

fagiolàta, f. *1* big dish of beans *2* (*minestra di fagioli*) bean soup.

fagiolìno, m. French bean; string bean.

fagiòlo, m. *1* (*bot., Phaseolus vulgaris*) kidney (*o* haricot) bean *2* (*cucina*) bean: **fagioli lessi**, boiled beans *3* (*scherz.*: *studente del secondo anno d'università*) second-year university student; sophomore (*USA*). ● (*bot.*) **f. americano**, V. **fagiolone** □ (*fig. fam.*) **È capitato a f.**, it arrived just at the right moment □ **Capiti a f.!**, just the man [the woman] I want! □ (*fig., fam.*) **Mi va a f.**, I fancy it very much; it suits me fine (*o* to a T).

fagiolóne, m. (*bot., Phaseolus coccineus*) scarlet runner.

fàglia (1), f. (*geol., miner.*) fault: **piano di f.**, fault plane; **f. a gradinata**, step fault; **f. diretta**, normal fault; **f. inversa**, thrust fault; **f. longitudinale**, strike fault; **f. trasforme**, transform fault.

fàglia (2), f. (*tessuto di seta*) faille.

fàgo, m. (*biol.*) bacteriophage.

fagocita, V. **fagocito**.

fagocitàre, v. t. *1* (*biol.*) to phagocytose; to phagocytize *2* (*fig.*) to absorb; to engulf; to swallow up.

fagocitàrio, a. (*biol.*) phagocytic; phagocytal.

fagocitazióne, f. (*fig.*) absorbing; swallowing up.

fagocito, m. (*biol.*) phagocyte.

fagocitòṣi, f. (*biol.*) phagocytosis.

fagopirìṣmo, m. (*vet.*) fagopyrism.

fagottìsta, m. e f. (*mus.*) bassoonist.

fagòtto (1), m. *1* bundle *2* (*fig.*: *persona goffa*) awkward person; (*donna trascurata*) ragbag, frump. ● (*fam.*) **far f.**, (*andarsene*) to pack up and leave; to clear out; (*di vestito*) not to fit □ **Sembri un f. con quel vestito**, you look shapeless in that dress.

fagòtto (2), m. (*mus.*) *1* bassoon *2* V. **fagottista**.

fài, 2ª pers. sing. indic. pres. di **fare**.

fàida, f. (*stor.*) *1* (*il diritto*) right of feud *2* (*lotta*) feud; vendetta.

fài da té, locuz. m. invar. do-it-yourself (*abbr.*: DIY).

faille, V. **faglia** (2).

faina, f. *1* (*zool., Martes foina*) stone marten; beech marten *2* (*fig.*) cunning person; sly fox; weasel.

fainésco, a. (*fig.*: *astuto*) cunning, sly; (*maligno*) malicious.

falànge (1), f. *1* (*stor. greca*) phalanx* *2* (*fig.*: *moltitudine*) host; multitude *3* (*polit., in Spagna*) Falange; (*in Libano*) phalange.

falànge (2), f. (*anat.*) phalanx*.

falangétta, f. (*anat.*) terminal phalanx*.

falangina, f. (*anat.*) middle (*o* second) phalanx*.

falangiṣmo, m. (*polit.*) Falangism.

falangista (1), m. e f. (*polit.*) Falangist; phalangist.

falangista (2), m. (*zool., Trichosurus*) phalanger; bush-tailed opossum.

falanstèrio, m. *1* (*stor., econ.*) phalanstery *2* (*grosso caseggiato*) big tenement house; high-rise building.

falaròpo, m. (*zool., Phalaropus*) phalarope.

falascià, m. e f. invar. Falasha.

falàsco, m. (*bot., Carex*) sedge.

falbalà, V. **falpalà**.

fàlca, f. (*naut.*) washboard.

falcàta, f. *1* (*equitazione*) falcade; curvet *2* (*di marciatore*) stride *3* (*di falco*) swoop.

falcàto, a. *1* falcated; sickle-shaped; (*anche bot., zool.*) falcate: **luna falcata**, falcated moon; crescent *2* (*di carro da guerra*) scythed.

falcatùra, f. crescent; curvature.

fàlce, f. sickle; (*per fieno*) scythe. ● **f. di luna**, crescent □ (*polit.*) **f. e martello**, hammer and sickle.

falcemìa, f. (*med.*) sickle-cell anemia.

falcétto, m. sickle.

falchétta, f. (*naut.*) gunwale.

falchétto, m. (*zool.*) *1* falconet *2* V. **gheppio**.

falciànte, a. – (*mil.*) **tiro f.**, raking fire.

falciàre, v. t. *1* (*agric.*) to scythe, to cut* down; (*a macchina*) to mow* *2* (*fig.*: *abbattere con arma da fuoco*) to mow* down; (*di epidemia e sim.*) to claim (lives) *3* (*sport*) to bring* down.

falciàta, f. *1* (*colpo di falce*) sweep of the scythe; swath(e) *2* (*l'erba tagliata in una f.*) swath(e). ● **dare una f. al prato**, (*agric.*) to give the meadow a go with the scythe (*fam.*); (*in un giardino*) to cut the grass, to mow the lawn.

falciatóre, *m.* (*f.* **-trice**) mower.

falciatrice, *f.* (*macchina*) mowing machine, mower; (*da giardino*) lawnmower.

falciatùra, *f.* ***1*** mowing; scything; cutting ***2*** (*periodo della f.*) mowing-time.

falcìdia, *f.* ***1*** (*riduzione*) drastic reduction; cut: **subire una vera f.**, to be drastically reduced ***2*** (*strage*) massacre; slaughter ***3*** (*fig.*) drastic elimination; decimation ***4*** (*stor., leg.*) Falcidian portion.

falcidiàre, *v. t.* ***1*** (*ridurre*) to reduce drastically; to cut* (down) ***2*** (*massacrare*) to massacre; to mow* down ***3*** (*fig.*) to decimate.

falcifórme, *a.* falcate(d); sickle-shaped: (*med.*) **cellula f.**, sickle cell.

falcióne, *m.* ***1*** (*agric.*) scythe; fodder cutter ***2*** (*mil., stor.*) falchion.

fàlco, *m.* ***1*** (*zool., Falco*) hawk; (*addestrato*) falcon; (*il maschio, specialm. in falconeria*) tercel; (*giovane, da addestrare*) eyas ***2*** (*zool.*) – **f. barletta** (*o* **lodolaio**) (*Falco subbuteo*), hobby; **f. di palude** (*Circus aeruginosus*), marsh harrier; duck-hawk; **f. lanario** (*Falco biarmicus feldeggi*), lanner (*femmina*); lanneret (*maschio*); **f. pescatore** (*Pandion haliaetus*), fish hawk; osprey; ossifrage; breakbones; **f. pellegrino** (*Falco peregrinus*) peregrine; **f. sacro** (*Falco cherrug*), saker (*femmina*); sakeret (*maschio*) ***3*** (*fig.*: *persona rapace*) vulture ***4*** (*polit.*) hawk: **atteggiamenti da f.**, hawkishness. ● (*fig.*) **con occhi di f.**, hawk-eyed □ **piombare come un f. su q.c.**, to dive (*o* to swoop) on st.

falconàra, *V.* **falconiera.**

falcóne, *m.* ***1*** (*zool.*) falcon ***2*** (*mil., stor.*) falcon ***3*** (*edil.*) derrick. ● **caccia col f.**, falconry; hawking.

falconerìa, *f.* falconry; hawking.

falconétto, *m.* (*mil., stor.*) falconet.

falconièra, *f.* (*mil.*: *feritoia*) embrasure.

falconière, *m.* falconer.

fàlda, *f.* ***1*** (*geol.*) stratum*; layer; nappe: **f. acquifera**, water-bearing stratum; **f. impermeabile**, impermeable stratum; **f. di scorrimento**, thrust nappe; **f. freatica**, water table; groundwater level ***2*** (*di neve*) flake: **Nevica a larghe falde**, the snow is falling in large flakes ***3*** (*di giacca, ecc.*) (coat) tail: **abito a falde**, tail-coat; tails (*pl.*) ***4*** (*di cappello*) brim ***5*** (*di monte*) slope ***6*** (*di armatura*) backpiece ***7*** (*di sella*) skirt ***8*** (*di tetto*) pitch ***9*** (*di ovatta*) lap. ● (*fig.*) **attaccarsi alle falde di q.**, to dog sb. (*fam.*).

faldàto, *a.* (*geol.*) stratified; layered.

faldistòrio, faldistòro, *m.* (*eccles.*) faldstool.

faldóne, *m.* file.

falecèo, falècio, *m.* (*poesia*) phalaecean.

falegnàme, *m.* carpenter; (*che fa mobili*) joiner: **banco da f.**, carpenter's bench.

falegnamerìa, *f.* ***1*** carpentry; joinery ***2*** (*bottega*) carpenter's (*o* joiner's) shop.

falèna, *f.* (*zool.*) moth.

fàlera, *f.* (*archeol.*) phalera*.

falèrno, *m.* Falernian (wine).

falèșia, falèșa, *f.* (*geol.*) cliff.

fàlla, *f.* (*anche fig.*) leak: **Si è aperta una f. nel serbatoio**, the tank has sprung a leak; **avere delle falle**, to be leaky; **chiudere** (*o* **tamponare**) **una f.**, to stop a leak; (*fig., anche*) to plug a hole; (*radio*) **f. di griglia**, grid leak.

fallàce, *a.* fallacious; misleading; deceptive.

fallàcia, *f.* fallaciousness; fallacy.

fallàre, *v. i.* to be wrong; to err.

fallàto, *a.* faulty; flawed.

fallìbile, *a.* fallible.

fallibilità, *f.* fallibility.

fàllico, *a.* (*anche psic.*) phallic: **simbolo f.**, phallic symbol.

fallimentàre, *a.* ***1*** (*leg.*) bankruptcy (*attr.*): **tribunale f.**, bankruptcy court ***2*** (*fig.*: *disastroso*) ruinous; disastrous.

fallimentarista, *m.* e *f.* lawyer specialized in bankruptcy law.

falliménto, *m.* ***1*** (*leg.*) bankruptcy; failure; crash: **il f. di una società**, the crash of a company; **curatore del f.**, trustee in bankruptcy; official receiver; **dichiarazione di f.**, adjudication of bankruptcy; **attivo [passivo] del f.**, bankrupt's assets [liabilities]; **fare f.**, to go bankrupt; to crash ***2*** (*fig.*) failure; fiasco; breakup; breakdown; collapse: **il f. del mio piano**, the failure of my plan; **il f. di un matrimonio**, the breakup of a marriage; **il f. delle trattative**, the breakdown in the talks; **f. completo**, total failure (*o* fiasco).

fallìre, **A** *v. i.* ***1*** (*leg.*) to go* bankrupt; to become* bankrupt; to crash; to collapse; to go* bust (*fam.*); to go* under (*fam.*); to fold (up) (*fam.*) ***2*** (*fig.*) to fail; to be unsuccessful: **Il tentativo è fallito**, the attempt has failed; **Le trattative fallirono**, the talks failed ***3*** (*venir meno*) to fall* short of: **f. all'aspettativa**, to fall short of expectations. **B** *v. t.* to miss: **f. il colpo**, to miss the mark (*anche fig.*); to muff the shot (*fam.*).

fallìto, **A** *a.* ***1*** (*leg.*) bankrupt; collapsed; bust (*fam.*) ***2*** (*fig.*) unsuccessful; failed: **scrittore f.**, failed author; **tentativo f.**, unsuccessful attempt. **B** *m.* (*f.* **-a**) ***1*** (*leg.*) bankrupt ***2*** (*fig.*) failure; loser.

fàllo (1), *m.* ***1*** (*errore*) error, mistake, fault; (*morale*) lapse; (*peccato*) sin, wrong: **commettere un grave f.**, to make a bad mistake; to do a great wrong; **essere in f.**, to be at fault ***2*** (*sport*) foul; (*tennis, nel servizio*) fault: **commettere f. su q.**, to foul sb.; **Fu allontanato dal campo per un f. su un avversario**, he was sent off the field for a foul against an opponent (*o* for fouling an opponent); (*calcio*) **f. di mano**, handball; (*calcio*) **f. laterale**, (ball in) touch; (*tennis*) **doppio f.**, double fault ***3*** (*imperfezione*) fault; flaw; blemish. ● **cogliere q. in f.**, to catch sb. at fault; (*in flagrante*) to catch sb. out □ **mettere un piede in f.**, to slip; (*fig.*) to take a false step □ **senza f.**, without fail □ **La memoria mi fa f.**, my memory fails me.

fàllo (2), *m.* (*anat.*) phallus*.

fallocèntrico, *a.* phallocentric.

fallocentrismo, *m.* phallocentricity.

fallòcrate, *m.* phallocrat.

fallocràtico, *a.* phallocratic.

fallocrazìa, *f.* phallocracy.

fallosità, *f.* ***1*** faultiness; defectiveness ***2*** (*sport*) foul play.

fallóso, *a.* ***1*** faulty; defective ***2*** (*sport*) foul; rough.

fall-out (*ingl.*), *m. invar.* ***1*** (*ricaduta radioattiva*) fallout ***2*** (*fig.*: *effetto indiretto*) spin-off; fallout (*fam.*).

falò, *m.* ***1*** bonfire: **fare un f.**, to make a bonfire ***2*** (*per segnale*) beacon.

falòppa, *f.* defective cocoon.

falpalà, *m.* flounce; furbelow; frill.

falsachiglia, *f.* (*naut.*) false keel.

falsàre, *v. t.* ***1*** (*alterare*) to distort; to alter; to misrepresent ***2*** (*falsificare*) to falsify; (*monete*) to counterfeit; (*documenti*) to forge.

falsarìga, *f.* ***1*** guide sheet of ruled paper ***2*** (*fig.*) model; pattern; lines (*pl.*): **sulla f. di**, along the lines of.

falsàrio, *m.* (*f.* **-a**) ***1*** (*di firma, scrittura, documenti, banconote*) forger; falsifier; counterfeiter ***2*** (*di monete metalliche*) coiner.

falsatùra, *f.* (*sartoria*) insertion.

falsettista, *m.* (*mus.*) falsettista; (*controtenore*) countertenor.

falsétto, *m.* (*mus.*) falsetto: **cantare in f.**, to sing (in) falsetto.

falsificàbile, *a.* falsifiable (*anche filos.*); forgeable.

falsificàre, *v. t.* ***1*** to falsify; to fake: **f. una notizia**, to falsify a piece of news; **f. un dipinto**, to fake a painting ***2*** (*firma, denaro, ecc.*) to falsify; to forge; to counterfeit: **f. un documento**, to falsify a document; **f. una firma [un testamento]**, to forge a signature [a will] ***3*** (*filos.*) to falsify.

falsificàto, *a.* forged; faked; counterfeit.

falsificatóre, *m.* (*f.* **-trice**) falsifier; forger, counterfeiter.

falsificazióne, *f.* falsification; forgery; faking; counterfeiting: **f. d'una firma**, forgery of a signature; **accusa di f.**, charge of forgery.

falsificazionismo, *m.* (*filos.*) falsification theory.

falsità, *f.* ***1*** falseness; falsity ***2*** (*doppiezza*) duplicity; deceitfulness ***3*** (*menzogna*) falsehood; lie; untruth: **dire una f.**, to tell a falsehood. ● **f. di comportamento**, double-dealing.

fàlso, **A** *a.* ***1*** (*erroneo*) false, wrong; (*infondato*) unfounded: **conclusione falsa**, wrong (*o* false) conclusion; **f. sospetto**, unfounded suspicion; **notizia falsa**, unfounded (*o* false) report ***2*** (*non vero, menzognero*) false, untrue, lying; (*ingannevole*) deceitful: **amico f.**, false friend; **sorriso f.**, false smile; **dichiarazione falsa**, lying statement; **falsa modestia**, false modesty; **parole che suonano false**, words that do not ring true; **È tutto f., non c'è una parola di vero**, it's all lies, there's not a word of truth in it ***3*** (*fasullo*) false, sham, bogus, spurious; (*specialm. di mobile antico, d'opera d'arte*) fake; (*di gioiello, ecc.*) imitation: **denti falsi**, false teeth; **un f. Rubens**, a fake Rubens; **Questo Van Gogh è f.**, this Van Gogh is a fake; **rubino f.**, imitation ruby; **Il rubino è f.**, the ruby is an imitation ***4*** (*falsificato*) forged; counterfeit: **firma [banconota] falsa**, forged signature [banknote]; **moneta falsa**, counterfeit coin; **documento f.**, forgery. ● **f. allarme**, false alarm □ (*fis.*) **falsa immagine**, ghost □ **f. nome**, false (*o* assumed) name □ (*sport* e *fig.*) **falsa partenza**, false start □ **falsa strada**, wrong track □ (*leg.*) **falsa testimonianza**, perjury □ **chiave falsa**, forged key □ (*anat.*) **costola falsa**, false rib □ **luce falsa**, misleading light □ (*fig.*) **mettere in falsa luce**, to misrepresent □ (*mus., fig.*) **nota falsa**, false note □ **Quella ragazza è una falsa magra**, that girl isn't as thin as she looks □ (*anche fig.*) **fare un passo f.**, to take a false step. **B** *m.* ***1*** falsehood: **distinguere il vero dal f.**, to distinguish truth from falsehood (*o* what is true from what is false) ***2*** (*leg.*) forgery: **Quella firma è un f.**, that signature is a forgery; **commettere un f.**, to commit a forgery; **f. in bilancio**, falsification of the account; false accounting; **accusare q. di f. in bilancio**, to accuse sb. of falsifying the accounts ***3*** (*opera d'arte contraffatta*) fake; imitation. ● (*leg.*) **f. in atto pubblico**, forgery of a public deed □ (*leg.*) **f. ideologico**, fraudulent misrepresentation; falsification □ (*leg.*) **giurare il f.**, to commit perjury □ **essere nel f.** (*sbagliare*), to be mistaken □ (*leg.*) **testimoniare il f.**, to bear false witness.

falsobordóne, *m.* (*mus.*) faburden.

falsobràccio, *m.* (*naut.*) warp.

falsopiàno, *m.* apparently flat ground.

fàma, *f.* ***1*** (*celebrità*) fame; renown: **f. imperitura**, undying fame; **uno scienziato di f. mondiale**, a scientist of world-wide renown; **acquistare gran f.**, to win fame ***2*** (*reputazione*) reputation; name; repute: **avere f. di essere un giudice severo**, to have the reputation of being a severe judge; **godere buona [cattiva] f.**, to have a good [a bad] name; **conoscere q. di f.**, to know sb. by repute; **un uomo di dubbia f.**, a man of dubious reputation; **La sua f. risale a quando...**, he became famous when... ***3*** (*voce*) rumour, rumor (*USA*): **Corre f. che...**, there is a rumour that...

fàme, *f.* ***1*** hunger; (*tale da portare a una condizione patologica o alla morte*) starvation: **gli stimoli della f.**, the pangs of hunger; **avere f.**, to be hungry; **cascare dalla f.**, to be faint with hunger; **morire di f.**, to die of starvation (*o* of hunger); to starve to death; (*fig.*: *essere affamato*) to be starving, to be starved; **far morire q. di f.**, to starve sb. (to death); **sof-**

frire la f., to lack food; to starve *2* (*fig.*) hunger; eagerness; crave: **f. di avventura [di piaceri]**, hunger for adventure [for pleasure]; **avere f. di gloria**, to hunger for glory; **avere f. di affetto**, to be hungry for love *3* (*carestia*) famine; hunger. • **la f. nel mondo**, world famine □ **Ho una f. da lupo**, I'm starving; I could eat a horse □ **brutto come la f.**, as ugly as sin □ **essere alla f.**, to be practically starving □ **fare la f.**, to go hungry; to starve; (*fig.*) to be on the breadline (*fam.*) □ **lungo come la f.**, interminable □ **mettere f.**, to make (sb.) feel hungry; to give (sb.) an appetite □ (*fig.*) **un morto di f.**, a penniless wretch □ (*mil.*) **prendere per f.**, to starve into submission □ **salario di f.**, starvation wages □ **fare lo sciopero della f.**, to go [to be] on a hunger strike.

famèdio, *m.* memorial chapel.

famèlico, *a.* ravenous; famished; starving.

famigeràto, *a.* notorious; ill-famed.

famìglia, *f.* *1* family: **un'antica f.**, an old family; **di buona f.**, of good family; **avere la f. a carico**, to have to support one's family; **il capo (della) f.**, the head of the family; **il capostipite della f.**, the founder of the family; **vincoli di f.**, family ties; **in seno alla f.**, in the bosom of one's family; **Ho f.**, I have a wife and children; **festa di f.**, family celebration (*o* party); **un lutto di f.**, a death in the family *2* (*tutte le persone che vivono in una stessa casa*) household: **le famiglie ad alto reddito**, high-income households *3* (*zool., bot., ling.*) family *4* (*stor.: corte*) household: **la f. del duca**, the duke's household. • **f. allargata**, extended family □ **f. nucleare**, nuclear family □ **aria di f.**, family likeness □ **essere di f.**, to be one of the family □ **farsi una f.**, to marry and have children □ **formato f.**, family size □ **mettere su f.**, to marry and set up house □ **Sono padre [madre] di f. anch'io**, I am a father [a mother] too □ **passare la serata in f.**, to spend the evening at home with one's family □ **la Sacra F.**, the Holy Family □ **un segreto di f.**, a skeleton in the cupboard (*USA*: in the closet) □ (*fig.*) **stare in f.**, not to stand on ceremony □ (*bur.*) **stato di f.**, family certificate □ (*fig.*) **il sostegno della f.**, the breadwinner □ **tornare in f.**, to go back home □ **un uomo tutto f.**, a family man.

famigliàre, e *deriv. V.* **familiare**, e *deriv.*

famìglio, *m.* *1* Town Hall attendant *2* (*lett.*: *servo*) servant.

famigliòla, *f.* – (*bot.*) **f. buona** (*Armillaria mellea*), honey mushroom.

familiàre, **A** *a.* *1* (*della famiglia, di famiglia*) family (*attr.*); domestic: **la vita f.**, family life; **cure familiari**, domestic cares; **faccende familiari**, family matters *2* (*noto*) familiar; well-known: **paesaggio f.**, familiar landscape; **La storia di quegli anni mi è f.**, I am familiar with the history of those years *3* (*semplice, alla buona*) informal; friendly; easy; unaffected: **accoglienza f.**, friendly welcome; **stile f.**, informal style; **atmosfera f.**, friendly atmosphere; **modi familiari**, easy (*o* unaffected) manner; **trattamento f.**, informal treatment *4* (*confidenziale*) familiar; confidential *5* (*consueto*) ordinary; everyday: **linguaggio f.**, ordinary (*o* everyday) language. **B** *m.* member of the family; family member; (*parente*) relation, relative: **f. a carico**, dependant. **C** *f.* (*autom.*) (station-)wagon.

familiarità, *f.* *1* (*confidenza*) familiarity; informality: **rapporti di f.**, terms of familiarity; familiar terms; **trattare q. con f.**, to treat sb. with familiarity *2* (*dimestichezza*) familiarity: **la mia f. con il dialetto locale**, my familiarity with the local dialect. • **avere f. con q.c.** (*conoscere q.c.*), to be familiar with st. □ **prendere f. con q.c.**, to get used to st.; to get the hang of st. □ **prendersi troppa f. con q.**, to be too familiar with sb.

familiarizzàre, *v. i.* **familiarizzàrsi**, *v. i. pron.* *1* (*con una cosa*) to get* used to; to get* the hang of *2* (*con una persona*) to become* friendly (with sb.); to hit it off (with sb.) (*fam.*).

familiarménte, *avv.* in a friendly way; informally.

familismo, *m.* familism.

familista, *m.* e *f.* familist.

familistico, *a.* familistic.

famóso, *a.* *1* famous; celebrated; renowned; well-known; popular *2* (*famigerato*) notorius; ill-famed.

fàmulo, *m.* (*f.* **-a**) (*lett.*) manservant (*f.* woman* servant).

fan (*ingl.*), *m.* e *f. invar.* fan.

fanàle, *m.* *1* (*lampione, lume*) lamp; (*lanterna*) lantern: **f. stradale**, street lamp; **f. di carrozza**, carriage lamp; **f. da segnale**, signal lamp *2* (*di veicolo*) light; lamp: (*naut.*) **f. di fonda**, anchor light; riding-light; **f. di poppa**, stern light; (*naut.*) **fanali di via**, navigation lights; (*autom.*) **f. anteriore**, headlight; headlamp; (*di bicicletta*) front lamp; **f. di coda**, rear light (*o* lamp); taillight (*USA*); **fanali di posizione**, position (*o* side) lights; **a fanali spenti**, with the lights off.

fanalerìa, *f.* lighting equipment; lights (*pl.*); lamps (*pl.*).

fanalìno, *m.* – **f. di coda**, rear light; taillight (*USA*); (*fig.*) **essere il f. di coda**, to be last; to be tail-end Charlie (*fam.*).

fanalista, *m.* *1* (*di faro*) lighthouse keeper *2* (*di lampioni*) lamplighter.

fanàtico, **A** *a.* *1* fanatic(al): **un credente f.**, a fanatical believer *2* (*fig.*: *appassionato*) mad (about); crazy (about): **È f. per le moto**, he's crazy about bikes; **È f. dei Pink Floyd**, he is a Pink Floyd fanatic. **B** *m.* (*f.* **-a**) *1* fanatic; zealot *2* (*sostenitore accanito*) fanatic, fan (*fam.*); (*maniaco*) stickler, fiend (*fam.*): **un f. dello sport**, a sports fanatic; **un f. del calcio**, a football fan; **un f. della puntualità**, a stickler for punctuality; **un f. della disciplina**, a martinet; **un f. dell'aria pura**, a fresh-air fanatic (*fam.*: fiend).

fanatismo, *m.* *1* fanaticism *2* (*eccessivo entusiasmo*) wild enthusiasm; mania; craze.

fanatizzàre, *v. t.* to arouse fanaticism in.

fanciùlla, *f.* young girl; girl; child*; lass; maiden (*poet.*).

fanciullàccia, *f.* (*bot., Nigella damascena*) love-in-a-mist.

fanciullàggine, *f.* childishness; puerility.

fanciullàta, *f.* childish (*o* puerile) action.

fanciullésco, *a.* *1* childish; child-like; children's (*attr.*) *2* (*puerile, sciocco*) childish; puerile.

fanciullézza, *f.* *1* childhood *2* (*fig.*) infancy; childhood; dawn.

fanciùllo, **A** *m.* (young) boy; little boy; child*. • (*fig.*) **eterno f.**, one who has not grown up. **B** *a.* (*fig.*: *agli inizi*) in its early stages; in its infancy; young.

fanciullóne, *m.* (*fig.*) big baby; booby.

fandàngo, *m.* (*mus.*) fandango.

fandònia, *f.* (*bugia*) lie; (*frottola*) story, tale, eyewash (*fam.*): **raccontare fandonie**, to tell lies; to tell stories; **Sono tutte fandonie**, it's all eyewash.

fané (*franc.*), *a. invar.* faded; past its prime (*pred.*).

fanèllo, *m.* (*zool., Carduelis cannabina*) linnet; redpoll. • **f. nordico** (*Carduelis flavirostris*), twite.

fanerògama, *f.* (*bot.*) phanerogam.

Fanerògame, *f. pl.* (*bot.*) Phanerogamae.

fanerogàmico, *a.* (*bot.*) phanerogamous; phanerogamic.

fanfalùca, *f.* (piece of) nonsense; story; tale; rubbish; eyewash (*fam.*).

fanfàra, *f.* (*mus.*) *1* (*composizione*) fanfare *2* (*banda*) brass-band: **f. militare**, military band.

fanfaronàta, *f.* brag; boast; swagger; gasconade.

fanfaróne, *m.* (*f.* **-a**) braggart; boaster; blowhard (*USA*): **fare il f.**, to brag; to boast.

fangàia, *f.* muddy stretch of road.

fangatùra, *f.* (*med.*) mud bath.

fanghiglia, *f.* *1* soft (*o* wet) mud; slush *2* (*geol.*) slime; ooze.

fanghino, *m.* (*f.* **-a**) attendant (at mud baths).

fàngo, *m.* *1* mud; slush; (*viscido*) slime; (*di pantano* o *lett.*) mire: **vestiti sporchi di f.**, muddy (*o* mud-spattered) clothes; **vulcano di f.**, mud volcano *2* (*pl.*) (*med.*) mud baths: **cura di fanghi**, mud bath treatment; **fare i fanghi**, to take mud baths *3* (*pl.*) (*ind.*) mud (*sing.*); sediment (*sing.*); sludge (*sing.*): **collettore dei fanghi**, mud-drum *4* (*fig.*: *miseria morale*) degradation; filth *5* (*geol.*) mud; ooze: **fanghi blu [verdi]**, blue [green] mud; **f. calcareo**, calcareous ooze. • (*fig.*) **cadere nel f.**, to fall very low; to go to the dogs □ (*fig.*) **gettare f. addosso a q.**, to throw mud at sb. □ (*fig.*) **raccogliere q. dal f.**, to take sb. out of the gutter □ (*anche fig.*) **rotolarsi** (*o* **guazzare**) **nel f.**, to wallow in mud.

fangosità, *f.* muddiness.

fangóso, *a.* *1* muddy; slimy *2* (*fig.*) depraved; corrupt; low.

fangoterapìa, *f.* (*med.*) mud bath treatment.

fannullóne, *m.* (*f.* **-a**) idler; loafer; lounger: **fare il f.**, to idle (*o* to loaf, to lounge) about.

fannulloneria, *f.* idleness; laziness; indolence.

fanóne, *m.* *1* whalebone; baleen *2* (*eccles.*) fanon.

fànotron, *m.* (*elettron.*) phanotron.

fantaccino, *m.* foot soldier; infantryman*; footman*.

fantapolitica, *f.* political fantasy.

fantapolìtico, *a.* political fantasy (*attr.*).

fantascientìfico, *a.* science-fiction (*attr.*); sci-fi (*fam., attr.*).

fantasciènza, *f.* science fiction; sci-fi (*fam.*).

fantasia, **A** *f.* *1* (*facoltà immaginativa*) imagination: **f. accesa [morbosa]**, vivid [morbid] imagination; **Non ho f.**, I have no imagination; **illusioni della f.**, figments of one's imagination; fantasies; **lavorare di f.**, to let oneself be carried away by one's imagination; to imagine things; (*inventare cose false*) to fabricate things *2* (*l'immaginare cose fantastiche*) fantasy *3* (*fantasticheria*) fantasy, fancy, fiction, imaginings (*pl.*); (*sogno a occhi aperti*) day-dream: **f. e realtà**, fantasy and reality; **Sono tutte fantasie!**, it's all fantasy; these are mere fantasies; **Queste fantasie sparivano con la luce del giorno**, these fancies disappeared in the light of day; **perdersi in fantasie**, to lose oneself in day-dreams *4* (*fisima, capriccio*) fancy; whim; caprice: **È abituata a levarsi ogni f.**, she is accustomed to satisfying her every whim; **Gli venne la f. di tornare in quel luogo**, he took it into his head to go back to that place *5* (*moda, ecc.*) fancy (*solo attr.*); (*contrario di «tinta unita»*) pattern, design; (*stampato*) print: **articoli di f.**, fancy goods; **Quest'anno le fantasie sono bruttissime**, the patterns are hideous this year; **Portava una f. bianca e nera**, she was wearing a black and white print; **Vorrei una f. a fiori per le tende**, I'd like a flowery design for the curtains *6* (*mus.*) fantasia. • **dare libero corso alla f.**, to give free rein to one's imagination (*o* one's fantasy) □ **opera di f.**, fictional work; (*se fiaba, avventura fantastica, ecc.*) fantasy □ **volo della f.**, flight of fancy. **B** *a. invar.* (*moda*) fancy (*attr.*); (*contrario di «tinta unita»*) patterned: **seta f.**, patterned silk; **gioielli f.**, imitation jewellery (*sing.*).

fantasióso, *a.* *1* (*estroso*) fanciful; imaginative *2* (*bizzarro*) bizarre; quaint; odd.

fantasista, *m.* e *f.* variety (*o* cabaret) artist; entertainer.

fantàsma, **A** *m.* *1* (*spettro*) ghost; phantom; spectre: **credere ai fantasmi**, to believe in ghosts; **storie di fantasmi**, ghost stories ***2*** (*prodotto della fantasia*) figment; fancy; fantasy; phantasm: **fantasmi di una mente malata**, figments of a sick mind; **f. poetico**, poetic fancy; figment of the imagination ***3*** (*psic.*) phantasm. ● **casa abitata dai fantasmi**, haunted house □ **essere il f. di se stesso**, to be the shadow of one's former self □ **Sei pallido come un f.**, you look as though you had seen a ghost. **B** *a. invar.* phantom (*attr.*); ghost (*attr.*): **governo f.**, phantom government; **città f.**, ghost town; (*med.*) **arto f.**, phantom limb.

fantaṣmagorìa, *f.* ***1*** phantasmagoria; phantasmagory ***2*** (*fig.*: *illusione*) fancy.

fantaṣmagòrico, *a.* phantasmagoric(al).

fantaṣmàtico, *a.* ***1*** ghostly; imaginary; unreal ***2*** (*psic.*) phantasmal.

fantasticàre, **A** *v. t.* to dream* about: **Cosa stai fantasticando?**, what are you dreaming about? **B** *v. i.* to day-dream*; to let* one's imagination wander.

fantasticherìa, *f.* day-dream; fancies (*pl.*); imaginings (*pl.*); idle thoughts (*pl.*); reverie: **perdersi in fantasticherie**, to day-dream; to be lost in reverie.

fantàstico, *a.* ***1*** (*della fantasia*) imaginative; of the imagination ***2*** (*prodotto dalla fantasia*) imaginary; fantastic(al); fanciful ***3*** (*bizzarro*) eccentric; queer; odd; whimsical ***4*** (*fam.*: *straordinario*) fantastic; marvellous; wonderful; terrific (*fam.*); smashing (*fam.*); brilliant (*fam.*).

fantastiliàrdo, **fantastiliòne**, *m.* (*scherz.*) zillion.

fànte, *m.* ***1*** (*soldato*) infantryman*; foot soldier ***2*** (*di carte da gioco*) knave; jack: **f. di cuori**, knave (*o* jack) of hearts.

fanterìa, *f.* (*mil.*) infantry; (*contrapposto a cavalleria*) foot: **reggimento di f.**, infantry regiment; regiment of foot; **il 12° f.**, the 12th Foot; **soldato di f.**, infantryman; foot soldier; **f. di marina**, marines (*pl.*).

fantésca, *f.* maid; maidservant.

fantìno, *m.* jockey.

fantocciàio, *m.* puppet maker.

fantòccio, **A** *m.* ***1*** puppet; (*di cenci*) rag doll; (*spaventaspasseri*) scarecrow ***2*** (*fig.*) puppet; pawn; tool; stooge (*fam.*): **essere solo un f. nelle mani di q.**, to be a mere tool in sb.'s hands. **B** *a. invar.* – **governo f.**, puppet government.

fantolino, *m.* (*f.* **-a**) (*lett.*) infant; baby (in arms); child*.

fantomàtico, *a.* ***1*** (*spettrale*) spectral; phantom (*attr.*); ghostly ***2*** (*inafferrabile*) elusive; chimerical.

fantozziàno, *a.* ***1*** (*goffo*) awkward; gawky; bumbling ***2*** (*grottesco*) grotesque; tragicomical.

farabùtto, *m.* rascal; scoundrel; bad lot (*fam.*); (*imbroglione*) crook, swindler.

fàrad, *m.* (*elettr.*) farad.

faraday, *m.* (*elettr.*) faraday.

faràdico, *a.* (*elettr.*) faradaic, faradic.

faraglióne, *m.* stack.

faràndola, *f.* farandole.

faraóna, *f.* (*zool., Numida meleagris*) guinea-fowl; (*la femmina*) guinea-hen.

faraóne, *m.* ***1*** (*stor.*) Pharaoh ***2*** (*gioco*) faro.

faraònico, *a.* ***1*** (*stor.*) pharaonic ***2*** (*fig.*) sumptuous; magnificent; colossal.

fàrcia, *f.* (*cucina*) stuffing; farce; filling.

farcino, *m.* (*vet.*) farcy.

farcire, *v. t.* ***1*** (*cucina*) to stuff; to fill; to farce ***2*** (*fig.*) *V.* **infarcire**, *def.* 2.

farcito, *a.* (*cucina*) stuffed; filled: **pollo f.**, stuffed chicken; **pomodori farciti**, stuffed tomatoes.

farcitùra, *f.* (*cucina*) stuffing; filling.

fard, *m. invar.* rouge; blusher.

fardèllo, *m.* ***1*** bundle; (*carico*) burden ***2*** (*fig.*) burden; load: **un f. di crucci**, a burden of cares; **il f. della responsabilità**, the burden (*o* load) of responsibility; **il f. degli anni**, the weight of years.

fàre, **A** *v. t.* ***1*** (*generico, astratto e nel senso di «agire»*) to do*: **Che cosa fai?**, what are you doing?; **Ho molto da f.**, I have a lot to do; **f. q.c. bene**, to do st. well; **Farò del mio meglio**, I shall do my best; **Farò il possibile per persuaderlo**, I shall do my best to persuade him; **E ora che si fa?**, what are we going to do now? ***2*** (*nel senso di «creare, fabbricare, produrre, formare, costruire», ecc.*) to make*: **f. un vestito [una legge, un soufflé]**, to make a dress [a law, a soufflé]; **f. una casa**, to build a house; **f. il fieno**, to make hay; **f. una scoperta**, to make a discovery; **f. un elenco**, to make a list; **f. la guerra [la pace]**, to make war [peace]; **f. quattrini**, to make money; **Non fa nessuna differenza**, it makes no difference; **f. posto a q.**, to make room for sb.; **farsi un nemico di q.**, to make an enemy of sb.; **Si sono fatte molte supposizioni**, many hypotheses have been made ***3*** (*rendere*) to make*; (*trasformare*) to turn into: **Ne hanno fatto un eroe**, they've made a hero of him; **Quella ragazza lo farà felice**, that girl will make him happy; **f. bello q.c.**, to make st. beautiful; **Hai fatto di questa casa un porcile!**, you've turned this house into a pigsty!; **Della cantina ne faremo una stanza da giochi**, we'll turn the cellar into a games room; **f. un baule da una cassa di sapone**, to make a trunk out of a soap-box ***4*** (*cucinare*) to make*; to prepare; to cook: **f. una torta**, to make a cake; **f. da mangiare**, to cook; to do the cooking; **f. arrosto**, to roast; **f. a lesso**, to boil ***5*** (*rifornirsi*) to get*; to take* on: **f. acqua**, to take on water; **f. benzina**, to get some petrol; (*se si è in viaggio*) to stop for petrol ***6*** (*pulire, rassettare*) to clean; to do*: **f. una stanza**, to clean (*fam.*: to do) a room; **f. i letti**, to make the beds; **f. i piatti**, to wash up; to do the dishes ***7*** (*dire*) to say*: **«Non posso» feci io**, «I can't» I said ***8*** (*recitare*) to act; to play: **Faccio una particina**, I play a minor role; I have a bit part; **Chi faceva Don Marzio?**, who played Don Marzio? ***9*** (*fingere di essere*) to act; to pretend; to feign: **Non f. l'ingenua**, don't act the innocent girl; **f. l'ignorante**, to pretend to be ignorant; to feign ignorance; **f. il morto**, to pretend to be dead; to feign death ***10*** (*dedicarsi, praticare*) to go* in for (*o idiom.*): **f. dello sci**, to go in for skiing; to ski; **f. politica**, to be involved in politics; **f. del teatro**, to act; to be an actor; **Vuole f. del cinema**, she wants to get into films; **f. musica**, to play music ***11*** (*esercitare un mestiere*) to be: **f. il marinaio [lo spazzino, il chirurgo]**, to be a sailor [a roadsweeper, a surgeon] ***12*** (*fam.*: *credere, reputare*) to think*; to believe: **Non la facevo così suscettibile**, I did not think she was so touchy ***13*** (*procreare*) to have; to bear*: **La nostra gatta ha fatto tre gattini**, our cat has had three kittens ***14*** (*dare come risultato*) to be: **Tre più quattro fa sette**, three and four is seven; **Fanno trentamila in tutto**, that's thirty thousand lire in all ***15*** (*di ore*: *segnare, indicare*) to make*; to be: **Che ora fai?**, what time do you make it?; what time is it by your watch?; **Io faccio le tre**, I make it three o'clock; it's three o'clock by my watch ***16*** (*fam.*: *trascorrere, passare*) to spend*; to do*: **Dove hai fatto le vacanze?**, where did you spend your holidays?; **Ha fatto cinque anni di prigione**, he did five years in prison ***17*** (*percorrere*) to go* (*o altro verbo di moto*); to do*: **Ho fatto un pezzo di strada con lui**, I went with him for part of the way; **L'ho fatta tutta a piedi**, I walked all the way; **f. venti miglia a piedi [a cavallo, in automobile]**, to walk [to ride, to drive] twenty miles; **La mia auto fa i duecento all'ora**, my car does two hundred kilometres an hour ***18*** (*per evitare la ripetizione di un verbo*) to do*: **Rispondi come fa Agnese e sarai a posto**, answer as Agnese does, and you'll be all right; **«Posso guardare?» «Faccia pure!»**, «may I have a look?» «please do» ***19*** (*seguito da inf. con senso attivo*: *obbligare, imporre*) to make*; (*persuadere*) to get*; (*permettere*) to let*; (*f. sì che*) to cause; (*ordinare*) to order, to bid*: **Non farmi ridere**, don't make me laugh; **Non mi f. arrabbiare**, don't make me angry; **Mi fece riscrivere la lettera**, he made me re-write the letter; **Fu un guasto ai motori che fece cadere l'aeroplano**, it was a mechanical fault that caused the plane to crash; **Il generale fece costruire un ponte di legno**, the general ordered a wooden bridge to be built; **far entrare q.**, to let sb. in; to show sb. in; **Non mi fanno uscire**, they won't let me out; **Fammi vedere**, let me see; show me; **Fammi capire**, let me get it right; **Fammi sapere**, let me know about it; **f. aspettare q.**, to keep sb. waiting; **Quanto lo fate pagare?**, how much do you charge for it?: **f. venire l'idraulico**, to get the plumber to come; **f. venire il dottore**, to send for the doctor; **f. affondare**, to sink; **f. morire**, to kill; **f. notare q.c.**, to point st. out ***20*** (*seguito da inf. con senso passivo*) to have; to get*: **Lo feci f. in pelle**, I had it made in leather; **Fallo f. subito**, get it done at once; **Fallo riparare dall'orologiaio**, get it repaired by the watchmaker; get the watchmaker to repair it; **Da chi ti fai tagliare i capelli?**, where do you have your hair cut?; **Devo f. imbiancare la cucina**, I must have the kitchen painted. ● **f. a meno di q.c.**, to do without st. □ **f. acqua**, (*di nave, secchio, ecc.*) to leak; (*fig.*: *di ragionamento*) to be full of holes □ **f. attenzione**, to pay attention; to be careful □ **f. del bene a q.**, to help sb. □ **f. del male a q.**, to harm sb.; (*far soffrire*) to hurt sb. □ **f. un brindisi**, to drink a toast □ **f. quattro chiacchiere**, to have a nice chat □ **f. cilecca**, to misfire □ **f. colazione**, to have breakfast □ **f. un esame**, to take (*o* to sit for) an examination □ **f. esplodere**, to explode; to blow up □ **f. finta di non vedere [di non sapere]**, to pretend not to see [not to know] □ **f. fortuna**, to get on in the world; to make one's fortune □ **f. fronte al nemico**, to face the enemy □ (*fam.*) **f. fuori q.**, (*uccidere*) to kill sb.; to do sb. in (*pop.*); to bump sb. off (*fam.*); (*mandare via*) to give sb. the elbow □ (*fam.*) **f. fuori q.c.**, (*mangiare*) to polish off st.; (*finire*) to get rid of st. □ (*fam.*) **f. fuori i propri risparmi**, to blow one's savings □ **f. naufragio**, to be shipwrecked □ **f. due passi**, to go for a stroll □ **f. un passo**, to take a step □ **farci un pensierino**, to think it over □ **f. proseguire (lettere, merci, ecc.)**, to forward (letters, goods, etc.) □ (*di colla*) **f. presa**, to stick □ (*nei giochi*) **f. un punto**, to score a point □ **f. il ritratto a q.**, to paint a portrait of sb. □ **f. scattare una trappola**, to spring a trap □ **f. scuola**, to teach; (*essere d'esempio*) to set an example; (*essere imitato*) to be imitated, to have imitators □ (*pop.*) **f.** (*o* **farsi**) **su q.**, to butter sb. up; to sweet-talk sb. □ **f. visita a q.**, to call on sb. □ **farcela**, to manage; to make it: **Ce la fai da solo?**, can you manage on your own?; **Ce l'ho fatta!**, I've made (*o* done) it!; **Non ce l'ha fatta** (*non c'è riuscito*), he didn't make it; **Non ce la faccio più**, I can't go on any more; I'm tired out □ **farla a q.** (*imbrogliarlo*), to trick sb.; to put one over sb. (*fam.*) □ **farla finita**, to stop it; to put an end to it; (*eufem.*: *uccidersi*) to end it all □ **farla franca**, to get away with it □ **farla lunga**, to draw things out □ **farsela addosso**, (*fam.*) to wet oneself; to pee oneself; to do it in one's pants; (*fig.*) to be in a blue funk □ (*fam.*) **farsela con q.** (*avere una relazione*), to have it off with sb. □ (*fig. pop.*) **farsela sotto**, to turn chicken □ **farsi gli affari propri**, to mind one's business □ **farsi piacere q.c.**, to put up with st. □ **farsi la barba**, to shave □ **farsi male**, to hurt oneself □

farsi notare, (*involontariamente*) to attract attention; (*a bella posta*) to make oneself conspicuous □ **farsi un nome**, to make a name for oneself □ **farsi le unghie**, to trim (*o* to pare) one's nails □ **farsi valere**, to assert oneself; to put one's foot down □ (*fam.*) **farsi la moto**, to get oneself a motorbike □ (*fam.*) **farsi un panino**, to eat a roll □ (*pop.*) **farsi una donna**, to lay a woman □ **avere a che f. con**, to have to do with: **Io non ci ho a che f.**, I've got nothing to do with it; **Non voglio averci a che f. con loro**, I don't want to have anything to do with them □ **Come fai a saperlo?**, how do you know? □ **Come faccio a saperlo?**, how should I know? □ **Come facevo a saperlo?**, how could I (*o* was I to) know? □ **Non posso farci molto**, I can't do much about it □ **Non posso farci niente**: **mi sta antipatico**, I can't help it, I don't like him □ **L'hai fatta bella!**, you've made a fine mess of it (*o* of things)! □ **Fai pure**, go ahead □ **Fai tu**, I leave it to you; do as you please; (*più brusco*) suit yourself □ **Lascia f.!**, never mind!; don't worry about it! □ **Lascialo f.**, leave him (alone) □ **Non mi fa né caldo né freddo**, it's all the same to me □ (*prov.*) **Chi la fa, l'aspetti**, as they sow, so let them reap. **B** *v. i.* ***1*** (*impers.*: *del tempo atmosferico*) to be: **f. caldo [freddo]**, to be hot [cold]; **Fa bel tempo**, it is fine; the weather is fine ***2*** (*rif. al tempo*: *compiersi*) to be: **Oggi fanno due anni che è morto**, it's two years today since he died ***3*** – **f. a** (*giocare*), to play at: **f. a mosca cieca**, to play at blindman's bluff ***4*** – **f. da**, (*di persona*) to be (like), to act as; (*di cosa*) to serve as (*o* for): **Le ha fatto da padre**, he was (like) a father to her; **Questa cassa farà da sedile**, this box will serve as a seat ***5*** – **f. per** (*essere adatto*), to suit: **Sarà un buon posto, ma non fa per me**, it may be a good job, but it doesn't suit me (*o* it's not what I want) ***6*** – **f. per** (*accingersi a*), to be about to; to be on the point of; to start: **Fece per entrare, ma poi ci ripensò**, he was about to enter, but then thought better of it; **Fece per andarsene, ma poi si sedette di nuovo**, he was on the point of leaving (*o* he made for the door), but then sat down again. ● **f. all'amore**, to make love □ **f. a metà**, to go halves □ **f. a pugni**, to fight; to come to blows; (*fig.*) to clash □ **f. bene** (*giovare*), to do good: **Una vacanza ti farà bene**, a holiday will do you good □ (*lett.* o *scherz.*) **f. d'uopo**, to be strictly necessary □ **f. in modo di...**, (*cercare di*) to try and...; (*badare a*) to take care: **Fa' in modo di venire!**, try and come!; **Fa' in modo di non farti vedere**, take care not to be seen □ **f. in tempo a**, to be in time to: **Feci appena in tempo a prendere l'autobus**, I was just in time to catch the bus □ **f. (sì) che...**, (*provvedere*) to take care (*o* to see to it) that...; (*combinare*) to arrange; (*causare*) to cause: **Fa' che siano puntuali**, take care that they are punctual; **Il suo ritardo fece sì che perdessi la coincidenza**, his being late caused me to miss the connection □ **f. presto**, to be quick □ **Fa lo stesso**, it is just the same; it doesn't matter □ **Faresti meglio a studiare**, you'd better study □ **saperci f.**, to be clever; to know what's what □ **saperci f. con q.c.** to be good at st.; to have a way with st. □ **saperci f. con q.**, to have a way with sb.; to be good with sb. □ **Si fa presto a dire**, it's easy enough to talk □ **Tutto fa**, every little helps □ (*prov.*) **F. e disfare è tutto un lavorare**, it's all go □ (*prov.*) **Chi fa per sé fa per tre**, if you want a thing (well) done, do it yourself. **C fàrsi**, *v. rifl.* ***1*** (*rendersi*) to become*: **f. prete**, to become a priest; **f. bello**, to smarten oneself up; **f. in quattro**, to do one's utmost; to bend over backwards (*fam.*) ***2*** (*portarsi*) to go*; to come*; to step: **f. avanti**, to go forward; to come (*o* to step) forward; **f. in là**, to step to one's side; to get out of the way; **f. indietro**, to stand back ***3*** (*seguito da inf.*) to get* oneself; to have oneself; to make* oneself: **f. misurare**, to get oneself measured; **f. annunciare [rappresentare, mandare altrove]**, to have oneself announced [represented, sent elsewhere]; **f. capire**, to make oneself understood; **f. rispettare**, to win respect ***4*** (*pop.*: *drogarsi*) to do* drugs; to shoot* up: **Si fa di coca**, he does coke. **D fàrsi**, *v. i. pron.* ***1*** (*diventare*) to become*; to grow*: **S'è fatto meno timido [più alto]**, he's grown less shy [taller] ***2*** (*del tempo*: *divenire*) to get*; to grow*: **Si fa buio [tardi]**, it's getting dark [late]; **f. sereno**, to clear up. **E** *m.* ***1*** (*modo di fare*) manner; manners (*pl.*); ways (*pl.*); behaviour: **Non mi piace il suo f.**, I don't like his manners; **Ha un f. molto simpatico**, he has a very pleasant manner (*o* engaging ways) ***2*** (*inizio*) beginning; dawn: **sul f. della vita**, at the beginning of life; **sul f. del giorno**, at daybreak; **sul f. della notte**, at nightfall.

farètra, *f.* quiver.

faretràto, *a.* quivered.

farétto, *m.* spotlight.

farfàlla, *f.* ***1*** (*zool.*: *diurna*) butterfly; (*notturna*) moth ***2*** (*fig.*: *persona leggera*) butterfly; flibbertigibbet. ● (*zool.*) **f. di mare** (*Pholis gunnellus*), gunnel □ (*fig.*) **andare a caccia di farfalle**, to fritter away one's time □ **cravatta a f.**, bow tie □ **nuoto a f.**, butterfly (stroke) □ (*mecc.*) **valvola a f.**, butterfly valve; throttle valve.

farfallaménto, *m.* (*mecc.*: *di valvole*) flutter, dancing; (*di ruota*) wobble.

farfallino, *m.* ***1*** (*cravatta*) bow tie; dicky bow (*GB*) ***2*** (*fig.*) flighty young man*.

farfallista, *m.* e *f.* (*nuoto*) butterfly (stroke) swimmer.

farfallóne, *m.* ***1*** large butterfly; (*notturno*) large moth ***2*** (*vagheggino*) flirt; philanderer ***3*** (*svarione*) bloomer; howler.

fàrfara, *f.* V. **farfaro**.

farfaràccio, *m.* (*bot.*, *Petasites officinalis*) butterbur.

fàrfaro, *m.* (*bot.*, *Tussilago farfara*) colt's foot.

farfugliàre, *v. i.* to mutter; to mumble.

farina, *f.* meal; flour: **f. d'avena**, oatmeal; **f. di castagne**, chestnut flour; **f. di frumento**, (wheat) flour; **f. di riso**, ground rice; **f. doppio z.**, fine-ground flour; **f. gialla** (*o* **di granturco**), maize meal; corn meal; **f. integrale**, wholemeal; **fior di f.**, (superfine) flour. ● (*agric.*) **f. d'ossa**, bone meal □ (*geol.*) **f. fossile**, infusorial earth; diatomite □ **f. lattea**, powdered milk □ (*fig.*) **Non è f. del tuo sacco**, it is not your own work □ **ridurre q.c. in f.**, to pulverize st. □ (*prov.*) **La f. del diavolo va tutta in crusca**, the devil's meal is all bran.

farinàcei, *m. pl.* farinaceous (*o* starchy) foods.

farinàceo, *a.* farinaceous; starchy.

faringàle, *a.* (*fon.*) pharyngeal.

faringe, *f.* o *m.* (*anat.*) pharynx*.

faringèo, *a.* (*anat.*) pharyng(e)al.

faringite, *f.* (*med.*) pharyngitis.

faringoiatria, *f.* (*med.*) pharyngology.

faringoscopia, *f.* (*med.*) pharyngoscopy.

faringoscòpio, *m.* (*med.*) pharyngoscope.

faringotomia, *f.* (*chir.*) pharyngotomy.

farinóso, *a.* ***1*** (*contenente farina*) farinaceous, mealy; (*che dà farina*) farinose ***2*** (*simile a farina*) flowry; powdery: **patate farinose**, floury potatoes; **neve farinosa**, powdery snow.

farisàico, *a.* ***1*** Pharisaic(al); Pharisean ***2*** (*fig.*) pharisaic(al); hypocritical; self-righteous.

fariseìsmo, *m.* ***1*** Pharisaism, Phariseeism ***2*** (*fig.*) pharisaism; hypocrisy; self-righteousness.

farisèo, *m.* (*f.* **-a**) ***1*** Pharisee ***2*** (*fig.*) pharisee; hypocrite.

farmacèutica, *f.* pharmacology.

farmacèutico, *a.* (*chim.*) pharmaceutical; drug (*attr.*): **chimica farmaceutica**, pharmaceutical chemistry; **industriale f.**, pharmaceutical manufacturer; **società farmaceutica**, pharmaceutical company; **prodotto f.**, pharmaceutical product; drug; **armadietto f.**, medicine cabinet.

farmacìa, *f.* ***1*** (*scienza*) pharmacy; pharmaceutics (*pl. col verbo al sing.*) ***2*** (*negozio*) chemist's (shop), pharmacy; (*che vende anche articoli vari*) drugstore (*USA*); (*in ospedale*) dispensary, pharmacy: **andare in f.**, to go to the chemist's; **f. di turno**, chemist's open on a holiday; **f. notturna**, chemist's open at night; all-night drugstore (*USA*); **vasi da f.**, apothecary's pots ***3*** (*insieme di medicine*) medicines (*pl.*): **f. da viaggio**, medicine case.

farmacista, *m.* e *f.* chemist; pharmacist; druggist (*USA*).

fàrmaco, *m.* medicine; drug.

farmacobotànica, *f.* pharmaceutical botany.

farmacochimica, *f.* pharmaceutical chemistry.

farmacocinètica, *f.* (*farm.*) pharmacokinetics (*pl. col verbo al sing.*).

farmacodinàmica, *f.* (*farm.*) pharmacodynamics (*pl. col verbo al sing.*).

farmacodipendènte, *a.*, *m.* e *f.* drug-dependent.

farmacodipendènza, *f.* drug dependency.

farmacognosìa, *f.* pharmacognosy.

farmacologìa, *f.* pharmacology.

farmacològico, *a.* pharmacological.

farmacòlogo, *m.* (*f.* **-a**) pharmacologist.

farmacopèa, *f.* pharmacopoeia.

farmacosorveglianza, *V.* **farmacovigilanza**.

farmacoterapia, *f.* pharmacotherapy.

farmacovigilànza, *f.* drug control.

farneticaménto, *m.* delirium; raving.

farneticàre, *v. i.* ***1*** to rave; to be delirious ***2*** (*fig.*) to rave; to talk nonsense.

farnètico, **A** *a.* crazy; delirious; raving. **B** *m.* delirium; raving.

fàrnia, *f.* (*bot.*, *Quercus pedunculata*) oak; British oak.

fàro, *m.* ***1*** (*naut.*: *la torre*) lighthouse; (*il lume*) light(s): **f. a luce fissa**, fixed lights; **f. girevole**, revolving lights; **f. galleggiante** (*o* **battello f.**), floating lighthouse; lightship; light vessel; **f. a bagliori**, flashlights ***2*** (*aeron.*, *naut.*: *segnale di navigazione*) beacon: **f. d'aeroporto**, airport beacon; **f. d'atterraggio**, landing beacon; landing light; **f. di rotta**, airway beacon; **radio f.**, radio beacon; **f. girevole**, rotating beacon ***3*** (*autom.*) headlight: **fari abbaglianti**, headlights on full (*USA*: high) beam; brights (*fam. USA*); **fari anabbaglianti**, dipped (*USA*: dimmed) headlights; headlights on low beam; low beams (*USA*); **fari antinebbia**, fog lights ***4*** (*riflettore*) floodlight ***5*** (*fig.*) beacon; light: **un f. di civiltà**, a beacon of civilization.

farràgine, *f.* farrago; hotchpotch, hodgepodge (*USA*); medley; jumble; muddle.

farraginóso, *a.* (*disordinato*) chaotic, jumbled, farraginous; (*confuso*) muddled, woolly: **un elenco f.**, a chaotic (*o* jumbled) list; a hotchpotch (*USA*: hodgepodge) of a list; **ragionamento f.**, muddled (*o* woolly) reasoning.

fàrro, *m.* (*bot.*, *Triticum spelta*) spelt.

fàrsa, *f.* ***1*** (*teatr.*) farce ***2*** (*fig.*) farce; mockery.

Fàrsalo, *f.* (*geogr.*) Pharsalus.

farsésco, *a.* farcical; ludicrous.

farsétto, *m.* doublet.

fașatùra, *f.* (*mecc.*) phasing.

fascétta, *f.* ***1*** (narrow) band ***2*** (*di giornale*, *di libro*) wrapper; (*pubblicitaria*) blurb band ***3*** (*busto da donna*) girdle ***4*** (*mecc.*) clamp; clip ***5*** (*mil.*) shoulder loop.

fascettàrio, *m.* mailing wrappers (*pl.*); (*indirizzario*) mailing list.

fàscia, f. **1** band; (*di carta*) wrapper; (*di cuoio*) strap: **f. al braccio**, armband; **f. per capelli**, hairband **2** (*fusciacca*) sash; (*intorno alla vita, anche*) cummerbund **3** (*med.*) bandage: **f. elastica**, elastic bandage **4** (*pl.*) (*di neonato*) swaddling clothes **5** (*pl.*) (*mil.*) puttees **6** (*zona*) zone; area; belt; strip: **f. smilitarizzata**, demilitarized zone; **f. equatoriale**, equatorial zone; **f. costiera**, coastal strip **7** (*strato*) layer; (*di metallo, anche*) sheet **8** (*fig.*: *settore, categoria*) segment; sector; bracket: **una f. della popolazione**, a segment of the population; **f. di mercato**, segment of the market; **fasce d'età**, age brackets; (*fisc.*) **f. contributiva**, taxation bracket **9** (*anat.*) fascia* **10** (*archit.*) fillet; fascia* **11** (*arald.*) fesse **12** (*astron.*) belt; fascia* **13** (*autom.*) ring: **f. elastica**, piston ring; **f. elastica di tenuta** (*della compressione*), compression ring **14** (*mecc.*) band **15** (*mus.*: *di tamburo*) sides; (*di violino*) rib **16** (*agric.*) terrace. ● **f. d'ascolto**, (*radio*) listening time; (*TV*) viewing time □ (*calcio*) **f. laterali**, touch □ **f. oraria**, time □ (*archit.*) **f. ornamentale**, frieze □ **essere in fasce**, to be in swaddling clothes; (*fig.*) to be in one's infancy □ **bambino in fasce**, baby in arms; infant □ **morire in fasce**, to die in one's infancy □ **spedire sotto f.**, to send under wrapper.

fascïàle, a. (*anat.*) fascial.

fasciàme, m. (*naut.*: *di legno*) planking; (*di metallo*) plating: **f. esterno**, shell-plating; **f. interno**, backing.

fasciànte, a. (*moda*: *molto aderente*) close-fitting; clinging.

fasciàre, A v. t. **1** (*bendare*) to bandage; to bind* up; to dress: **f. una ferita**, to bandage (*o* to dress) a wound; **f. una gamba rotta**, to bind up a broken leg **2** (*un neonato*) to swaddle **3** (*avvolgere*) to wrap; to swathe (*lett.*) **4** (*di abito*: *aderire*) to be close-fitting; to cling* to **5** (*naut.*: *cordame*) to serve **6** (*aeron., naut.*: *una struttura, con legno*) to plank; (*con metallo*) to plate **7** (*elettr.*: *con nastro isolante*) to tape. ● (*fig.*) **fasciarsi la testa prima di essersela rotta**, to cross one's bridges before one comes to them. **B fasciàrsi,** v. rifl. **1** (*bendarsi*) to bandage oneself; to bind* oneself up **2** (*avvolgersi*) to wrap oneself **3** (*con abiti aderenti*) to wear* close-fitting clothes.

fasciàto, A a. bandaged; bound-up; dressed: **caviglia fasciata**, bandaged ankle. **B** m. (*arald.*) barry escutcheon.

fasciatóio, fasciatóre, m. changing top; (*mobile*) changing unit.

fasciatùra, f. **1** bandaging; binding; dressing **2** (*fasce*) bandages (*pl.*); dressings (*pl.*) **3** (*naut.*) service.

fascicolàre (1), a. (*anat.*) fascicular: **contrazione f.**, fascicular contraction.

fascicolàre (2), v. t. to bind* together; (*bur.*) to file.

fascicolàto, a. (*bot.*) fascicled.

fascicolatóre, m. sorter.

fascicolatùra, f. sorting; binding.

fascìcolo, m. **1** (*di rivista*) issue; number **2** (*dispensa*) instalment: **vendere a fascicoli**, to sell in instalments **3** (*opuscolo*) pamphlet **4** (*leg., bur.*) file **5** (*anat.*) fasciculus*; fascicle.

fascìna, f. **1** (*per bruciare*) faggot **2** (*per ripari*) fascine.

fascinàme, m. sticks (*pl.*); brushwood.

fascinàre, v. t. to bundle wood; to make* faggots.

fascinàta, f. (*per opera di difesa*) fascines (*pl.*); (*per argini*) mattress.

fascinatóre, m. (*f.* **-trice**) (*lett.*) charmer.

fascinazióne, f. (*lett.*) enchantment; bewitchment.

fàscino, m. fascination; charm; glamour, glamor (*USA*); appeal; allure: **subire il f. di q.**, to be fascinated by sb.; **essere ricco di f.**, to have great charm; to be fascinating; to be glamorous.

fascinóso, a. fascinating; charming; glamorous.

fàscio, m. **1** bundle; bunch; sheaf*: **un f. di fiori**, a bunch of flowers; **un f. di fieno**, a sheaf of hay; **un f. di carte**, a bundle of papers **2** (*mat.*) sheaf*: **un f. di rette**, a sheaf of straight lines **3** (*anat.*) fasciculus*; fascicle; bundle **4** (*di luce*) beam, shaft; (*sottile*) pencil **5** (*stor. romana*) fasces (*pl.*) **6** (*polit.*) (Fascist) political group; (*partito fascista*) Fascist Party. ● (*fig.*) **un f. di nervi**, a bundle of nerves □ (*fig.*) **andare in un f.**, to go to pieces □ (*fig.*) **fare d'ogni erba un f.**, to lump things together without discrimination; to have no discrimination □ **mettere in un sol f.**, to bundle up; (*fig.*) to lump together.

fascìola, f. – (*zool.*) **f. epatica** (*Fasciola hepatica*) fluke.

fascìsmo, m. (*polit.*) Fascism.

fascìsta, a., m. e f. **1** (*polit.*) Fascist **2** (*spreg.*) fascist.

fascistizzàre, v. t. (*polit.*) to fascistize.

fascistizzazióne, f. (*polit.*) fascistization.

fàse, f. **1** stage; period; phase: **le fasi d'una malattia**, the phases of an illness; **f. critica**, critical stage; (*leg.*) **f. istruttoria**, instruction phase; **Stanno attraversando una brutta f.**, they are going through a bad phase (*o, fam.*, a bad patch) **2** (*astron.*) phase **3** (*mecc.*) stroke: **f. di scarico**, exhaust stroke **4** (*elettr.*) phase: **fuori f.**, out of phase. ● (*fig.*) **essere fuori f.**, to be out of sorts □ **in f. di esecuzione**, in course of execution □ (*mecc.*) **mettere in f.**, to time □ (*radio*) **modulazione di f.**, phase modulation.

fasòmetro, m. (*elettr.*) phase meter; phase indicator.

fastèllo, m. faggot; bundle.

fast food (*ingl.*), locuz. m. invar. (*locale*) fast food restaurant.

fàsti, m. pl. **1** (*stor. romana*) Fasti **2** (*fig.*: *fatti gloriosi*) memorable events, glories; (*imprese eroiche*) deeds.

fastìdio, m. **1** nuisance; trouble; (*seccatura*) bother; (*scomodità*) inconvenience: **dare f.**, to be a nuisance; to bother: **Non ti danno f. le zanzare?**, don't the mosquitoes bother you?; **il f. della manutenzione**, the bother of the upkeep; **mille piccoli fastidi**, one thousand small inconveniences; **cercarsi i fastidi**, to be looking for trouble; **Le dà f. se fumo?**, do you mind if I smoke?; **Mi dà f. il rumore**, I can't stand the noise **2** (*irritazione*) annoyance; irritation: **un gesto di f.**, a gesture of annoyance; **provare f.**, to be annoyed (*o* irritated) **3** (*specialm. al pl.*: *preoccupazione*) trouble; worry; anxiety: **avere molti fastidi**, to have many worries (*o* troubles) **4** (*senso di nausea*) queasiness; nausea. ● **avere f. di q. [q.c.]**, to dislike sb. [st.]; to be sick of sb. [of st.] □ **darsi f.** (*disturbarsi*), to trouble; to bother; to take the trouble.

fastidióso, a. irritating; irksome; annoying; bothersome; tiresome; (*noioso*) boring: **rumore f.**, irritating noise; **persona [cosa] fastidiosa**, bore; nuisance.

fastigiàto, a. (*bot.*) fastigiate.

fastìgio, m. **1** (*archit.*) fastigium*; pediment **2** (*fig.*: *grado massimo*) apex*; height; peak: **giungere ai più alti fastigi**, to reach great heights.

fàsto (1), a. propitious; auspicious.

fàsto (2), m. pomp; magnificence; splendour; (*ostentazione*) display, ostentation.

fastosaménte, avv. splendidly; sumptuously; lavishly; (*con ostentazione*) ostentatiously, with ostentation.

fastosità, f. pomp; magnificence; splendour.

fastóso, a. grand; magnificent; sumptuous; lavish; (*ostentato*) ostentatious.

fasùllo, a. bogus; counterfeit; sham; fake.

fàta, f. **1** fairy: **racconti di fate**, fairy tales; **il paese delle fate**, Fairyland; **la f. madrina**, the fairy godmother **2** (*fig.*: *benefattrice*) benefactress; angel **3** (*fig.*: *donna bellissima*) beautiful woman*; beauty. ● **F. Morgana**, (*sorella di Artù*) Morgan le Fay; (*miraggio*) Fata Morgana.

fatàle, a. **1** (*inevitabile*) fated; destined; ordained by fate **2** (*disastroso*) fatal; disastrous **3** (*mortale*) fatal: **malattia f.**, fatal illness; **La caduta gli fu f.**, the fall proved fatal (for him) **4** (*decisivo*) crucial **5** (*fig.*: *irresistibile*) irresistible: **sguardo f.**, irresistible look; **donna f.**, femme fatale (*franc.*).

fatalìsmo, m. fatalism.

fatalìsta, m. e f. fatalist.

fatalìstico, a. fatalistic.

fatalità, f. **1** (*inevitabilità*) fatality; inevitability **2** (*destino*) fate; destiny; luck: **È una f., non ti trovo mai in casa**, it's just fate, I never find you in; **F. volle che non lo vedessi più**, as luck would have it, I never saw him again **3** (*incidente*) fatal accident, fatality; (*disavventura*) unfortunate circumstance, mischance, piece of bad luck.

fatalménte, avv. **1** (*inevitabilmente*) fatally; inevitably **2** (*per disgrazia*) fatally; unfortunately.

fatalóna, f. (*iron.*) siren; vamp; mantrap.

fatalóne, m. (*iron.*) lady-killer; Casanova.

fatàto, a. **1** (*incantato*) enchanted; (*stregato*) bewitched; (*magico*) magic: **una foresta fatata**, an enchanted forest; **anello f.**, magic ring **2** (*di fata*) fairy (*attr.*).

fatìca, f. **1** (*duro lavoro*) labour, labor (*USA*); hard work; toil: **le fatiche di Ercole**, the labours of Hercules; **È stata una grossa f.**, it's been hard work; **f. ingrata**, thankless task; drudgery **2** (*sforzo*) effort, exertion; (*difficoltà*) difficulty: **molta f. e uno scarso risultato**, much effort (*o* a great exertion) and not much to show for it; **a f.** (*o* **con f.**), with difficulty: **camminare con f.**, to walk with difficulty; **respirare a gran f.**, to breathe with great difficulty; **Procedevamo a f.**, we were struggling along **3** (*fastidio*) trouble; bother: **risparmiarsi la f. di fare q.c.**, to save oneself the trouble (*o* the effort) of doing st.: **Se vieni tu, mi risparmierai la f.**, if you come, you'll save me the trouble; **Potevi risparmiarti la f.**, you could have saved yourself the trouble; you needn't have bothered **4** (*stanchezza*) tiredness; exhaustion; fatigue: **non reggersi in piedi dalla f.**, to be dropping with fatigue **5** (*opera*) work; effort; opus (*scherz.*): **Ecco la mia ultima f.**, here is my latest work (*o* effort); **Fu l'ultima sua f.**, it was the last thing he did **6** (*tecn.*) fatigue: **limite [prova] di f.**, fatigue limit [test]. ● **abito da f.**, working clothes □ **animale da f.**, beast of burden; draught animal □ **donna di f.**, drudge □ **fare** (*o* **durare**) **f.**, to have difficulty; to find it difficult: **Ho fatto f. a capire**, I had difficulty in understanding; I found it difficult to understand □ **non resistere alla f.**, to have no endurance (*o* stamina); to be unable to stand up (to hard work, etc.) □ **prendersi la f. di fare q.c.**, to take pains to do st. □ **resistenza alla f.**, endurance; stamina; staying power □ **sprecare la f.**, to waste [to throw away] one's energy □ **Tutta f. risparmiata!**, that's one job less to do; it's (all) effort saved □ **uniforme di f.**, fatigues (*pl.*) □ **uomo di f.**, man employed for heavy work; labourer; drudge.

faticàccia, V. **faticata**.

faticàre, v. i. **1** to toil; to work hard; to labour; to slog away (*fam.*): **f. tutto l'anno**, to toil (*o* to slog away) all through the year; **Ho dovuto f. per finire in tempo**, I had to work hard to finish in time; **Tocca sempre a me f.**, I am the one who has to do all the hard work **2** (*stentare*) to have difficulty; to find* it difficult; to have a job (*fam.*): **Faticavo a farmi capire**, I had difficulty in making (*o* I found it difficult to make) myself understood; **Ho faticato a raggiungerlo**, I had a job catching up with him.

faticàta, *f.* **1** (*sforzo*) exertion; effort **2** (*lavoro faticoso*) hard (*o* exhausting) work, toil, slog (*fam.*), sweat (*fam.*); (*lavoro ingrato*) drudgery (*fam.*), grind (*fam.*): **È stata una f. pazzesca**, it's been an awful sweat.

fàtico, *a.* (*ling.*) phatic.

faticosaménte, *avv.* laboriously; with difficulty.

faticóso, *a.* **1** (*stancante*) tiring; fatiguing; exhausting; wearying: **un viaggio f.**, a tiring journey **2** (*fatto con fatica*) laborious **3** (*difficile*) difficult; hard; demanding; taxing: **strada faticosa**, difficult road.

fatìdico, *a.* **1** prophetic **2** (*fatale*) fateful; fatal; decisive: **giorno f.**, fatal day.

fatimita, *a.* (*stor.*) Fatimid.

fatiscènte, *a.* crumbling; delapidated; run-down; decrepit; decaying.

fatiscènza, *f.* dilapidated state; state of disrepair; decrepitude; decay.

fàto, *m.* fate; destiny; (*sorte individuale*) lot: **un tragico f.**, a tragic destiny; **opporsi al f.**, to oppose fate; **Così ha voluto il f.**, it was the will of fate.

fàtta (1), *f.* (*specie, genere*) kind; sort: **gente d'ogni f.**, people of every kind (*o* of every sort); **uomini di tal f.**, men of that kind; such men. ● **male fatte**, *V.* **malefatta**.

fàtta (2), *f.* (*escrementi di uccelli*) droppings (*pl.*).

fattàccio, *m.* **1** wicked (*o* foul) deed **2** (*delitto*) crime.

fatterèllo, *m.* **1** minor event; minor matter; curious happening **2** (*raccontino*) anecdote.

fattézze, *f. pl.* features.

fattìbile, **A** *a.* feasible; practicable; possible. **B** *m.* what can be done.

fattibilità, *f.* feasibility; practicability.

fattispècie, *f.* (*leg.*) case in point; matter in hand: **nella f.**, in this [that] case; in the case in point.

fattitìvo, *a.* (*ling.*) factitive; causative.

fattività, *f.* effectiveness; efficaciousness.

fattìvo, *a.* **1** effective; positive **2** (*attivo*) active; busy; efficient.

fàtto (1), *a.* **1** done; (*fabbricato, costruito*) made: **È f.!**, it's done; it's over; **Ecco f.**, here you are; that's done; **Ormai è fatta**, well, it's done now; it can't be helped; **Ben f.!**, well done!; (*ben ti sta*) (it) serves you right!; **f. a macchina**, machine-made; **f. a mano**, hand-made; **f. di ferro**, made of iron; iron (*attr.* e *pred.*); **f. in casa**, home-made; **f. su misura**, made to measure; (*di abiti, anche*) tailor-made; **abiti fatti**, ready-made clothes; **ben f.**, (*di oggetto*) well-made; (*di donna*) good-looking; (*di uomo*) handsome; **La ragazza aveva un corpo ben f.**, the girl had a nice figure **2** (*adatto*) fit; made; cut out: **È un lavoro f. per te**, it's the right job for you; it's just the job you want; **Non sono f. per questa vita**, I'm not fit (*o* cut out) for this sort of life; **fatti l'uno per l'altra**, made for each other **3** (*adulto*) (full-)grown; (*maturo*) ripe: **donna fatta**, grown woman; **uomo f.**, full-grown man; **formaggio** [**melone**] **f.**, ripe cheese [melon] **4** (*pop.: stanchissimo*) exhausted; dead beat (*fam.*); fagged out (*fam. GB*); zonked (*pop.*); pooped (*pop. USA*) **5** (*gergo della droga*) stoned; zonked. ● **a conti fatti**, all things considered; when all is said and done □ **a notte fatta**, when it is quite dark □ **frase fatta**, cliché; platitude □ **È giorno f.**, it's broad daylight □ (**nudo**) **come mamma l'ha f.**, mother-naked □ **È un uomo f. così**, that's the sort of man he is; he's like that and you can't change him □ **Con un uomo così f., che vuoi fare?**, with a man like that, what can you do? □ **Mi venne f. di pensare che...**, it occurred to me that... □ **Se ti vien f. d'incontrarlo**, if you happen to meet him.

fàtto (2), *m.* **1** fact; (*faccenda*) affair, matter, business: **questioni di f.**, issues of fact; **I fatti parlano chiaro**, the facts are perfectly clear; those are the facts; **È un f. curioso che nessuno lo vide**, it's a curious (*o* an odd) fact that nobody saw him; **È un f. di tutti i giorni**, it's an everyday occurrence; **Il f. è che non mi piace**, the fact is I don't like it; **andarsene per i fatti propri**, to go about one's business; **Bada ai fatti tuoi**, mind your own business; **immischiarsi nei fatti altrui**, to meddle in other people's business; **È tutt'altro f.!**, it's quite a different matter!; **il f. della sua scomparsa**, his disappearance; **il f. della mia promozione**, my promotion **2** (*avvenimento*) event; (*al pl., anche*) things: **i fatti del giorno**, the events of the day; **come si sono svolti i fatti**, how things went **3** (*nella trama di un romanzo, ecc.*) action; story: **Il f. si svolge a Milano**, the action takes place in Milan; the story is set in Milan. ● **f. compiuto**, «fait accompli» (*franc.*); something that cannot be changed □ **f. d'arme**, skirmish; action; engagement □ **f. di cronaca**, news item; story □ **f. di sangue**, (*ferimento*) wounding; (*omicidio*) murder; (*al pl.*) bloodshed (*sing.*) □ (*leg.*) **f. illecito**, tort; unlawful act □ **di f.**, in (actual) fact: **Si dice direttore di produzione, ma di f. è solo un impiegato**, he calls himself production manager, but in fact he is just a clerk □ **dire a q. il f. suo**, to give sb. a piece of one's mind; to tell sb. where to get off (*fam.*) □ **errore di f.**, factual error □ **in f. e in diritto**, in fact and in law □ **in f. di**, (*intorno*) about, on, as regards; (*quanto a*) as for, when it comes to: **È un esperto in f. di computer**, he is an expert on computers; **In f. di motori non sono secondo a nessuno**, when it comes to engines, I'm second to none □ **passare dalle parole ai fatti**, to pass from words to deeds □ **sapere il f. proprio**, to know one's job; to know what's what □ **Sia come si sia, sta di f. che il conto non fu mai pagato**, however that may be, it is a fact (*o* the fact remains) that the bill was never paid □ **sul f.**, in the act; red-handed: **Il ladro fu colto sul f.**, the thief was caught red-handed □ **venire** (*o* **scendere, passare**) **a vie di f.**, to come to blows.

fattóra, *V.* **fattoressa**.

fattóre, *m.* **1** (*creatore*) maker: **il nostro F.** (*Dio*), Our Maker; **Cavour fu uno dei fattori dell'Italia unita**, Cavour was one of the makers of united Italy **2** (*elemento determinante*) factor; element: **Molti fattori contribuirono al nostro successo**, many factors contributed to our success **3** (*scient.*) factor: (*radio*) **f. di perdita**, loss factor; (*fis.*) **f. di potenza**, power factor; (*biol.*) **f. Rh**, Rh factor **4** (*amministratore di beni rurali*) steward, land agent; (*di una grande tenuta*) bailiff.

fattorèssa, *f.* bailiff's wife.

fattorìa, *f.* **1** (*azienda agricola*) farm; (*composta di vari poderi*) estate: **f. collettiva**, collective farm **2** (*casa principale*) farmhouse; homestead **3** (*casa del fattore*) bailiff's (*o* steward's) house.

fattoriàle, *a.* (*specialm. mat.*) factorial.

fattorìno, *m.* **1** messenger; errand boy; (*di ufficio*) office boy; (*di azienda*) floor boy **2** (*per consegne*) deliveryman*; (*per telegrammi*) telegraph messenger **3** (*di albergo*) page; bellboy; bellhop (*USA*) **4** (*bigliettaio*) conductor.

fattorizzàre, *v. t.* (*mat., econ.*) to factorize.

fattorizzazióne, *f.* (*mat., econ.*) factorizing; factorization.

fattrìce, *f.* brood female; (*cavalla*) brood mare.

fattuàle, *a.* factual.

fattucchièra, *f.* witch; sorceress.

fattucchière, *m.* wizard; magician; sorcerer.

fattucchierìa, *f.* witchcraft; sorcery.

fattùra, *f.* **1** (*fabbricazione*) manufacture; make: **di f. italiana**, manufactured in Italy; Italian-made (*attr.*) **2** (*confezione*) making-up; (*taglio*) cut; (*modello*) model, design: **la f. di un abito**, the making-up of a suit; **Mi è costato più di f. che di stoffa**, I paid more to have it made than I paid for the material; **Non mi piace la f.**, I don't like the cut (*o* the model); I don't like the way it is made **3** (*lavorazione*) workmanship; craftsmanship: **un gioiello di squisita f.**, a jewel of exquisite workmanship; **versi di buona f.**, well-made verses **4** (*comm.*) invoice; bill of sale; (*conto*) bill: **f. legalizzata**, certified invoice; **f. saldata**, receipted invoice; **f. simulata**, pro forma invoice; **prezzo di f.**, invoice price; **rimettere la f. di q.c.**, to send an invoice for st. **5** (*pop.: incantesimo*) charm; spell: **fare una f. a q.**, to cast (*o* to put) a spell on sb.; (*gettare il malocchio*) to put the evil eye on sb.

fatturàre, *v. t.* **1** (*adulterare*) to adulterate **2** (*comm.*) to invoice; to bill (*USA*): **f. q.c. a fine mese**, to invoice st. at the end of the month; **f. grosse cifre**, to have a high turnover.

fatturàto, **A** *a.* **1** (*adulterato*) adulterated **2** (*comm.*) invoiced. **B** *m.* (*comm.*) proceeds of sales; sales (*pl.*); (*giro d'affari*) turnover, billing (*USA*).

fatturatrìce, *f.* invoicing machine.

fatturazióne, *f.* (*comm.*) invoicing; billing (*USA*).

fatturìsta, *m.* e *f.* (*comm.*) invoice (*o* accounts) clerk.

fatuità, *f.* fatuity; fatuousness.

fàtuo, *a.* fatuous; vain; silly. ● **fuoco f.**, ignis fatuus; will-o'-the-wisp; jack-o'-lantern; (*fig.*) nine-days wonder.

fàuci, *f. pl.* **1** (*di animale*) jaws; (*di persona*) mouth (*sing.*), throat (*sing.*); (*anat.*) fauces **2** (*fig.: grinfie*) clutches **3** (*fig.: apertura*) mouth (*sing.*).

fàuna, *f.* fauna*.

faunésco, *a.* (*di fauno*) faun (*attr.*); (*simile a fauno*) faun-like.

faunìstica, *f.* zoogeography.

faunìstico, *a.* faunal; faunistic; fauna (*attr.*).

fàuno, *m.* (*mitol.*) faun.

faustiàno, *a.* Faustian.

Fàusto, *m.* Faustus.

fàusto, *a.* fortunate; lucky; auspicious; propitious; happy.

fautóre, *m.* (*f.* **-trice**) advocate; partisan; supporter; champion.

fauve (*franc.*), *a.* e *m. invar.* (*arte*) Fauve; Fauvist.

fauvìsmo, *m.* (*arte*) Fauvism.

fàva, *f.* **1** (*bot., Vicia faba; il seme commestibile*) broad bean **2** (*volg.*) cock; prick. ● **Non vale una f.**, it isn't worth a bean □ (*fig.*) **prendere due piccioni con una f.**, to kill two birds with one stone.

favagèllo, *m.* (*bot., Ranunculus ficaria*) lesser celandine; pilewort.

favèlla, *f.* **1** (*facoltà di parlare*) speech: **il dono della f.**, the gift of speech; **perdere la f.**, to lose the power of speech **2** (*idioma*) tongue; language.

favellàre, *v. i.* (*lett.*) to speak*; to talk.

favìlla, *f.* (*anche fig.*) spark: **mandare faville**, to send sparks; **la f. dell'odio**, the spark of hatred. ● (*fig.*) **fare faville**, to shine □ **La ragazza mandava faville dagli occhi**, the girl's eyes flashed.

favìsmo, *m.* (*med.*) favism

fàvo, *m.* **1** honeycomb **2** (*med.*) favus.

fàvola, *f.* **1** (*racconto*) story, tale; (*con una morale*) fable; (*di fate*) fairy tale; (*leggenda*) legend: **la f. di Cenerentola**, the story of Cinderella; **le favole di Esopo**, Aesop's fables; **origine di f.**, legendary origin **2** (*fandonia*) story; (idle) tale; yarn (*fam.*) **3** (*oggetto di pettegolezzi*) laughing-stock; talk: **essere la f. del paese**, to be the talk (*o* the laughing-stock) of the town. ● **da f.**, fabulous; dream (*attr.*); fairy-tale (*attr.*): **una villa da f.**, a fabulous villa; **un paesino da f.**, a fairy-tale little village □ **Morale della f., non ci**

siamo incontrati, the long and the short of it is we didn't meet.

favoleggiàre, *v. i.* ***1*** (*raccontare favole*) to tell* tales; to recount legends ***2*** (*narrare*) to tell* (fabulous) tales (about): **Si favoleggiava dei suoi tesori**, tales were told about his treasures.

favoleggiatóre, *m.* (*f.* **-trice**) story-teller.

favolèllo, *m.* (*letter.*) fabliau* (*franc.*).

favolista, *m.* e *f.* writer of fables; fabulist.

favolistica, *f.* fables (*pl.*): **la f. medioevale**, medieval fables.

favolistico, *a.* of fables.

favolosaménte, *avv.* fabulously.

favolóso, *a.* ***1*** fabulous; fabled; legendary ***2*** (*enorme*) fabulous; enormous; staggering: **ricchezze favolose**, fabulous wealth; **una cifra favolosa**, a staggering sum ***3*** (*fam.*: *straordinario*) fabulous; fantastic; terrific (*fam.*): **una vacanza favolosa**, a fantastic holiday.

favònio, *m.* (*lett.*) west wind.

favóre, *m.* ***1*** (*popolarità, successo*) favour, favor (*USA*); popularity; goodwill: **godere del f. di q.**, to be in favour with sb.; to find favour in the eyes of sb.; to stand high in sb.'s favour; **Non godo del suo f.**, I'm out of favour with him; I'm in his bad books (*fam.*); **il f. popolare**, popularity; **incontrare il f. di q.**, to meet with sb.'s approval; to be popular with sb.; to find favour with sb.; **trovare scarso f. presso q.c.**, not to be popular (*o* to be unpopular) with sb.; **Accolsero la proposta con molto f.**, the proposal was very well received ***2*** (*gesto di benevolenza*) favour, favor (*USA*); (*gentilezza*) kindness: **fare un f. a q.**, to do sb. a favour (*o* a kindness); **chiedere un f. a q.**, to ask a favour of sb.; **riempire q. di favori**, to heap favours (*o* kindnesses) on sb.; **scambio di favori**, exchange of favours; **Fammi il f. di lasciarmi stare**, do me the favour of leaving me alone; **Fammi il f. di tacere**, shut up, will you?; would you mind shutting up?; **Ma mi faccia il f.!**, oh, for goodness' sake!; oh, do me a favour! (*fam.*) ***3*** (*vantaggio*) favour, favor (*USA*): **Parlai in tuo f.**, I spoke in your favour; **a f. di**, for; in sb.'s favour: **una sottoscrizione a f. dei superstiti**, a money appeal for the survivors; **intervenire a f. di q.**, to intervene in sb.'s favour; **votare a f. di q.**, to vote for sb.; **A f. di chi devo fare l'assegno?**, in whose favour shall I make out the cheque? ● **biglietto di f.**, complimentary ticket □ (*comm.*) **cambiale di f.**, accommodation bill □ **col f. del vento**, with a fair wind □ **col f. della notte**, under cover of night □ (*leg.*) **girata di f.**, accommodation endorsement □ **per f.**, please □ **prezzo di f.**, special price □ (*leg.*) **testimone a f.**, witness for the defence □ **vento a f.**, fair (*o* favourable) wind.

favoreggiaménto, *m.* (*leg.*) aiding and abetting.

favoreggiàre, *v. t.* ***1*** to support; to favour ***2*** (*leg.*) to aid and abet.

favoreggiatóre, *m.* (*f.* **-trice**) ***1*** supporter ***2*** (*leg.*) abettor, abetter.

favorévole, *a.* ***1*** (*che approva*) in favour of; for: **essere f. a q.c.**, to be in favour of st.; to be for st.; **pienamente f. a q.c.**, totally in favour of st.; all for st.; **risposta f.**, positive answer; **sei voti favorevoli e tre contrari**, six for and three against; **essere f. all'aborto**, to be pro-abortion ***2*** (*propizio*) favourable; propitious; fair: **occasione f.**, favourable opportunity; **vento f.**, fair (*o* favourable) wind.

favorire, *v. t.* ***1*** to favour, to favor (*USA*); (*appoggiare, sostenere*) to support; (*aiutare*) to help, to aid: **La fortuna favorisce gli animosi**, fortune favours the brave; **La fitta nebbia favorì la loro fuga**, a thick fog favoured their escape; **f. un candidato**, to favour a candidate ***2*** (*promuovere, incoraggiare*) to foster; to promote; to encourage; to support: **f. lo sviluppo**, to foster development; **f. l'amicizia fra i popoli**, to foster friendship among peoples; **f. le arti**, to promote the arts ***3*** (*dare, consegnare*) to give*; to pass: **Mi favorisca la patente**, may I see your licence, please?; **Favorite i biglietti!**, tickets, please!; **Mi favorisce quel giornale?**, could you please pass me that paper? ***4*** (*nelle formule di cortesia*) – **Favorite da questa parte**, kindly step this way; **Favorisca seguirmi**, please follow me; **Vuole f. una fetta di torta?**, may I offer you a piece of cake?; **Vuole f.?** (*invitando q. alla propria tavola*), won't you join us?; **Tanto per f.** (*accettando q.c. da mangiare o bere*), just a taste, thank you.

favorita, *f.* ***1*** (*prediletta*) favourite; (*amante*) mistress: **la f. del re**, the king's favourite; **È la f. della maestra**, she is the teacher's favourite ***2*** (*in una gara*), *V.* **favorito, B** *def.* 2.

favoritismo, *m.* favouritism.

favorito, **A** *a.* ***1*** (*preferito*) favourite; favoured: **il mio ristorante f.**, my favourite restaurant ***2*** (*avvantaggiato*) – **È f. dal nome che porta**, his name is an advantage for him; **partire f.**, to start with an advantage ***3*** (*in una gara*) favourite; tipped to win (*pred.*). **B** *m.* (*f.* **-a**) ***1*** (*prediletto*) favourite; blue-eyed boy (*fam. GB*); fair-haired boy (*fam. USA*): **il f. del re**, the king's favourite; **il f. del direttore**, the director's blue-eyed boy; **È il f. di sua madre**, he is his mother's favourite (*o* darling) ***2*** (*in una gara*) favourite; one tipped to win: **puntare sul f.**, to bet on the favourite; **È il f. nella gara**, he is tipped (*o* he is favourite) to win the race ***3*** (*pl.*) (*fedine*) side-whiskers.

fax, *V.* **telefax.**

faxàre, *v. t.* to send* by fax; to fax.

fazióne, *f.* ***1*** faction ***2*** (*sport*) side; team.

faziosità, *f.* factiousness; party spirit; faction.

fazióso, **A** *a.* factious; seditious. **B** *m.* (*f.* **-a**) factionist.

fazzolétto, *m.* handkerchief*; hanky (*fam.*); (*da collo*) neckerchief*, scarf*; (*da testa*) headscarf*, (*rustico*) kerchief: **f. di carta**, paper handkerchief; (cleaning-)tissue. ● (*fig.*) **un f. di terra**, a little plot of land □ **un giardino grande come un f.**, a garden the size of a pocket handkerchief.

fé, *V.* **fede.**

febbràio, *m.* February: **il primo f.**, the first of February; February the first.

fèbbre, *f.* ***1*** (*med.*) temperature; (*generalm. alta*) fever: **La f. è calata**, the temperature has gone down; **grafico della f.**, temperature chart; **misurarsi la f.**, to take one's temperature; **avere la f.**, to have (*o* to run) a temperature: **Ha la f. molto alta**, he has a very high fever; **sentirsi la f. addosso**, to feel feverish; **Hai l'aria di avere la f.**, you look feverish; **f. leggera**, slight temperature; **f. da cavallo**, very high temperature; high fever; **f. continua [intermittente]**, continued [intermittent] fever; **f. ondulante** (*o* **maltese**), undulant (*o* Malta) fever; **febbri malariche**, malaria fever ***2*** (*nel nome di determinate malattie*) fever (*o idiom.*): **f. da fieno**, hay fever; **f. di crescenza**, growing pains (*pl.*); **f. gialla**, yellow (*o* jungle) fever; **f. quartana**, quartan; **f. terzana**, tertian; **f. tifoidea**, typhoid fever ***3*** (*pop.*: *erpete delle labbra*) cold sore ***4*** (*fig.*) fever; excitement; heat: **avere la f. addosso**, to be in a fever of excitement; **mettere la f. addosso**, to excite; **f. del gioco**, fever for gambling; **f. del guadagno**, thirst for money; **f. dell'oro**, gold fever; (*corsa all'oro*) gold rush. ● **albero della f.**, fever-tree; eucalyptus.

febbriciàttola, *f.* slight persistent fever.

febbricitànte, *a.* feverish; in a feverish state (*pred.*); (*in preda a febbre forte*) shaking (*o* racked) with fever.

febbrìcola, *f.* (*med.*) febricula; slight fever.

febbrìfugo, *a.* e *m.* (*farm.*) febrifuge.

febbrile, *a.* ***1*** (*med.*) feverish; febrile: **stato f.**, feverish state; **attacco f.**, bout of fever ***2*** (*fig.*) feverish; restless: **attività f.**, feverish (*o* restless) activity; **ricerca f.**, feverish search.

febbrilménte, *avv.* feverishly.

febbróne, *m.* (*med.*) very high fever.

Fèbe, *f.* (*mitol.*, *astron.*) Phoebe.

Fèbo, *m.* (*mitol.*) Phoebus.

fecàle, *a.* f(a)ecal.

fecalizzazióne, *f.* discharge of sewage in lakes, rivers or the sea.

fecalòma, *m.* (*med.*) faecal mass.

fèccia, *f.* ***1*** (*di vino*) dregs (*pl.*); lees (*pl.*): (*fig.*) **bere il calice sino alla f.**, to drain the cup to the lees ***2*** (*estens.*: *sedimento*) sediment ***3*** (*fig.*) dregs (*pl.*); scum: **la f. della società**, the dregs of society.

feccióso, *a.* full of dregs; dreggy.

fecciùme, *m.* ***1*** dregs (*pl.*); lees (*pl.*) ***2*** (*fig.*) scum; rabble.

féci (1), 1ª *pers. sing. pass. rem. di* **fare.**

fèci (2), *f. pl.* (*fisiol.*) faeces.

feciàle, *V.* **feziale.**

fècola, *f.* flour: **f. di patate**, potato flour.

fecondàbile, *a.* fertilizable.

fecondabilità, *f.* fertilizability.

fecondàre, *v. t.* to fertilize (*anche fig.*); to fecundate; (*rendere fertile*) to make* fruitful (*o* fertile), to fructify; (*specialm. fig.*) to enrich, to impregnate.

fecondativo, *a.* fertilizing; fecundative.

fecondatóre, **A** *m.* (*f.* **-trice**) fertilizer. **B** *a.* fertilizing.

fecondazióne, *f.* ***1*** (*biol.*) fertilization; insemination; fecundation: **f. artificiale**, artificial insemination ***2*** (*bot.*) fertilization: **f. incrociata**, allogamy; cross-fertilization.

fecondità, *f.* (*anche fig.*) fertility; fruitfulness; fecundity: **rito della f.**, fertility rite; **f. d'ingegno**, fertility of the mind.

fecóndo, *a.* ***1*** (*biol.* e *fig.*) fertile; fecund; prolific; productive; fruitful: **terreno f.**, fertile (*o* rich) soil; **albero f.**, fruitful tree; **scrittore f.**, prolific writer ***2*** (*fig.*) productive; rich: **un incontro f. di promesse**, a meeting rich in promise; **lavoro f.**, productive labour.

fedain, *m. invar.* (*polit.*) fedayin*; fedayee*.

féde, *f.* ***1*** (*il credere*) faith; belief: **avere f. in Dio [nella scienza]**, to believe in God [in science]; **un uomo di poca f.**, a man of little faith; **atto di f.**, act of faith; **prestare f. a q.c.**, to credit st.; to believe st. ***2*** (*credo religioso*) faith; belief: **la f. cristiana [ebraica, maomettana]**, the Christian [Jewish, Mohammedan] faith; **rinnegare la propria f.**, to renounce one's faith; **un martire della f.**, a martyr to one's faith ***3*** (*credo politico, ecc.*) creed; convictions (*pl.*); beliefs (*pl.*) ***4*** (*fedeltà*) faith, faithfulness, loyalty; (*parola data*) word: **di f. provata**, of proved (*o* proven) loyalty; trustworthy; **giurare f.**, to give (*o* to pledge) one's word; **mantenere f.**, to keep faith; **tener f. a una promessa**, to keep (*o* to stand by) a promise; **tener f. ai propri principi**, to stand by one's principles; **non tener f. alla parola data**, to break one's word ***5*** (*fiducia*) faith; trust; confidence: **riporre la propria f. in q.c.**, to pin one's faith on (*o* upon) st.; **avere f. in q.**, to have faith in sb.; **in buona [mala] f.**, in good [bad] faith ***6*** (*anello matrimoniale*) wedding ring. ● (*leg.*, *comm.*) **f. di deposito**, warehouse warrant □ (*comm.*) **f. di credito**, deposit receipt □ **f. di nascita**, birth certificate □ (*fig.*) **f. greca** (*o* **punica**), Punic faith □ **degno di f.**, trustworthy □ **far f.**, to bear witness; to attest; to swear to; (*se il sogg. è una cosa, anche*) to prove: **Questi monumenti fanno f. della civiltà raggiunta**, these monuments bear witness to the degree of civilization attained; **Non potrei far f. di questo**, I couldn't swear to it; **Non c'è nulla che ne faccia f.**, there is nothing to prove it □ (*leg.*) **in f. di che**, in witness thereof □ **In f. mia!**, upon my word!; honestly! □

(*leg.*) **violazione della f. data**, breach of faith.

fedecommésso, m. (*leg.*) fideicommissum*; trust; (*atto*) deed of trust.

fedecomméttere, v. t. (*leg.*) to entrust; to leave* in trust.

fedecommissàrio, a. e m. (f. **-a**) fideicommissary.

fededégno, a. true; trustworthy.

fedéle, A a. ***1*** loyal; faithful; true; (*degno di fiducia*) trustworthy: **suddito f.**, loyal subject; **marito [moglie] f.**, faithful husband [wife]; **amico f.**, faithful (*o* loyal) friend; **restare f. alla parola data**, to keep one's word; **restare f. a una promessa**, to keep (*o* to abide by) a promise; **restare f. alle proprie opinioni**, to hold fast to (*o* to stand by, to stick to, to adhere to) one's opinions; **mantenersi f. a un patto**, to honour an agreement ***2*** (*veritiero*) true, faithful; (*preciso*) accurate, exact; (*di persona*) reliable, accurate, faithful, exact: **copia f.**, accurate (*o* faithful) copy; **interprete f.**, accurate interpreter; **traduzione f.**, faithful translation; **traduttore f.** reliable translator. **B** m. e f. ***1*** (*credente*) believer: **i fedeli**, the believers; (*i partecipanti a un rito*; *i membri di una parrocchia*) the congregation (*collett.*) ***2*** (*devoto*) devotee: **un f. di S. Antonio**, a devotee of St Anthony ***3*** (*seguace*) (faithful) follower; supporter.

fedelménte, avv. ***1*** faithfully; loyally ***2*** (*esattamente*) faithfully; accurately.

fedeltà, f. ***1*** loyalty; faithfulness; fidelity; (*di persona fidata*) trustworthiness; (*al sovrano, alla patria, ecc.*) allegiance, loyalty: **f. coniugale**, conjugal faithfulness (*o* fidelity); **giurare f.**, to swear to be faithful; **giurare f. alla repubblica [al nuovo sovrano]**, to take one's oath of allegiance to the republic [to the new sovereign] ***2*** (*esattezza*) accuracy; fidelity; exactness: **la f. storica di un film**, the historical accuracy of a film ***3*** (*radio, dischi*) fidelity: **alta f.**, high fidelity; Hi-Fi.

fèdera, f. pillowcase; pillowslip.

federàle, A a. federal: **governo f.**, federal government. **B** m. (*stor.*: *nel Partito fascista*) provincial party secretary.

federalismo, m. federalism.

federalista, a., m. e f. federalist.

federalistico, a. federalistic; federalist (*attr.*).

federàre, v. t. **federàrsi,** v. i. pron. to federate; to confederate.

federativo, a. federative.

federàto, a. federate; confederate.

federatóre, m. (f. **-trice**) federalist.

federazióne, f. ***1*** (*polit.*) federation; confederation ***2*** (*associazione*) federation; league; association: **f. sindacale**, trade union federation; **f. calcistica**, football league ***3*** (*sede di f.*) headquarters (*pl.*).

Federica, f. Frederica.

federiciàno, a. of Frederick (*pred.*); relating to Frederick (*pred.*); Frederick's.

Federico, m. Frederick.

fedìfrago, A a. faithless; treacherous; (*di marito, moglie, ecc.*) unfaithful. **B** m. (f. **-a**) faithless person; traitor.

fedina, f. – **f. penale**, police record; criminal record; rap sheet (*USA*): **avere la f. penale pulita**, to have a clean record; **avere la f. penale sporca**, to have a (bad) record.

fedine, f. pl. side whiskers.

Fèdra, f. Phaedra.

Fèdro, m. Phaedrus.

feeling (*ingl.*), m. invar. affinity; rapport: **stabilire un f. col pubblico**, to establish a rapport with the audience; **Ci fu un f. immediato tra di noi**, we hit it off at once.

fegatàccio, m. (*fig.*) dare-devil; man* with guts (*fam.*).

fegatèlla, f. (*bot., Marchantia polymorpha*) (common) liverwort.

fegatèllo, m. (*cucina*) piece of pig's liver.

fegatino, m. (*di pollo*) chicken liver; (*di piccione*) pigeon's liver.

fégato, m. ***1*** (*anat.*) liver: **malattia di f.**, liver disease; **soffrire di f.**, to be liverish; **f. ingrossato**, enlarged (*o* swollen) liver ***2*** (*cucina*) liver: **f. di vitello**, calf's liver; **f. d'oca**, goose liver ***3*** (*fig.*: *coraggio*) courage, spirit, pluck, guts (*pl.*) (*fam.*), bottle (*pop.*); (*faccia tosta*) nerve (*fam.*), gall (*fam.*): **un uomo di f.**, a man with plenty of guts; **un ragazzino di f.**, a plucky little boy; **Hai un bel f.!**, you have a nerve! ● (*fig.*) **farsi venire il mal di f. per q.c.**, to get all worked up (*o* to worry oneself sick) about st. □ (*fig.*) **mangiarsi** (*o* **rodersi**) **il f.**, to eat one's heart out □ **olio di f. di merluzzo**, cod-liver oil.

fegatóso, A a. ***1*** (*med.*) hepatic; liverish ***2*** (*fig.*) bilious; irritable; peevish. **B** m. (f. **-a**) ***1*** (*med.*) sufferer from liver trouble ***2*** (*fig.*) irritable (*o* bilious) person.

félce, f. (*bot.*) fern (*anche collett.*): **una valletta piena di felci**, a dell full of fern; **f. maschio** (*Dryopteris filix-mas*), male-fern; **f. femmina** (*Athyrium filix-femina*), lady-fern; **f. fiorita** (*Osmunda regalis*), flowering fern; royal (*o* king) fern; **f. comune** (*o* **aquilina**) (*Pteris aquilina*), bracken; brake; **f. dolce** (*o* **quercina**) (*Polypodium vulgare*), (common) polypody.

felcéta, f. **felcéto,** m. fernery; bracken.

feldmaresciàllo, m. (*mil.*) field marshal.

feldspàtico, a. (*miner.*) fel(d)spathic.

feldspàto, m. (*miner.*) fel(d)spar.

Felice, m. Felix.

felice, a. ***1*** happy; (*per una causa specifica*) pleased, glad, (*più forte*) delighted; (*beato*) blissful: **un matrimonio [una moglie, un pensiero] f.**, a happy marriage [wife, thought]; **giorni felici**, happy days; **far f. q.**, to make sb. happy; **Sono f. di vedere che stai così bene**, I'm glad to see you looking so well; **Tutto quell'anno fui f.**, I was blissfully happy all that year; **Sono f. di vederti**, I'm delighted to see you; **Non sembri molto f.**, you don't look very pleased; **f. e contento**, perfectly happy (*o* satisfied) ***2*** (*fortunato*) lucky, fortunate, felicitous (*lett.*); (*ben riuscito*) successful: **scelta f.**, lucky (*o* fortunate) choice; **esito f.**, success; **avere un esito f.**, to be successful; to be crowned with success; **F. te!**, how lucky you are!; lucky you! (*fam.*) ***3*** (*ben trovato, ben scelto*) happy; apt; well-chosen: **una scelta f.**, a happy choice; **una definizione f.**, an apt description; **un'osservazione poco f.**, an unfortunate remark. ● **avere la mano f.**, to be able (*o* skilful); (*essere fortunato*) to be lucky □ **avere la parola f.**, to speak with facility; to be a good speaker □ **E vissero felici e contenti**, and they lived happily ever after □ (*nelle presentazioni*) **F. di conoscerla** (*o* **di fare la sua conoscenza**), how do you do?; pleased (*o* glad) to meet you □ **F. notte!**, good night!

feliceménte, avv. ***1*** happily; gladly ***2*** (*senza incidenti*) safely.

felicità, f. ***1*** happiness; contentment; (*per una causa specifica*) gladness, (*più forte*) delight, joy; (*beatitudine*) bliss, blissfulness: **raggiungere la f.**, to find happiness; **Che f. avervi qui!**, how happy I am (*o* what joy it is) to have you here with me; **la sua f. per aver vinto il premio**, his delight at having won the prize; **Ti auguro ogni f.**, I wish you all the best ***2*** (*di espressione*) felicity; aptness ***3*** (*abilità*) ability; skill; deftness. ● **F.!** (*dopo uno starnuto*), bless you!

felicitàrsi, v. i. pron. ***1*** to congratulate (sb. on st.): **Mi felicitai con lui per il buon esito della prova**, I congratulated him on his success in the test ***2*** (*essere contento*) to rejoice; to be glad.

felicitazióni, f. pl. congratulations: **porgere le proprie f. a q.c.**, to offer one's congratulations to sb.; **f. vivissime**, hearty congratulations.

fèlide, m. (*zool.*) felid.

Fèlidi, m. pl. (*zool., Felidae*) Felidae.

felino, A a. ***1*** (*zool.*) feline ***2*** (*fig.*) catlike; feline: **agilità felina**, feline (*o* catlike) agility; **passi felini**, catlike (*o* stealthy) steps. **B** m. (*zool.*) feline.

fellàh, m. invar. fellah*.

fellàndrio, m. (*bot.*, *Oenanthe aquatica*) water fennel.

fellatio (*lat.*), f. invar. fellatio.

felliniàno, a. Fellini's; of Fellini (*pred.*); Fellinesque.

fellodèrma, m. (*bot.*) phelloderm.

fellògeno, m. (*bot.*) phellogen.

fellóne, A a. (*lett.*) treacherous; villainous; wicked. **B** m. ***1*** (*lett.*: *traditore*) traitor ***2*** (*scherz.*: *briccone*) rascal; rogue; villain.

fellonésco, a. (*lett.*) traitorous; treacherous.

fellonia, f. (*lett.*) betrayal; treachery.

félpa, f. ***1*** (*tessuto*) plush ***2*** (*indumento*) sweatshirt.

felpàre, v. t. ***1*** to upholster with plush ***2*** (*attutire*) to deaden; to muffle.

felpàto, A a. ***1*** plushy; (*rivestito di felpa*) plush-covered ***2*** (*fig.*) soft; muffled; silent; stealthy: **a passi felpati**, with silent steps; stealthily. **B** m. (*tessuto*) plush.

feltrabilità, f. (*ind. tess.*) felting property.

feltràio, m. (*ind. tess.*) felter.

feltràre, A v. t. ***1*** (*ind. tess.*) to felt ***2*** (*foderare di feltro*) to cover with felt; to line with felt. **B feltràrsi,** v. i. pron. ***1*** to felt ***2*** (*di erbe, radici*) to mat.

feltratùra, f. ***1*** (*ind. tess.*) felting; (*follatura*) milling, mill finish ***2*** (*rivestimento con feltro*) felt covering; felt lining.

féltro, m. ***1*** (*stoffa*) felt ***2*** (*cappello*) felt hat; soft hat ***3*** (*panno di f.*) felt cover; (*pezzo di f.*) felt pad. ● (*edil.*) **f. bitumato**, tarred felt.

felùca, f. ***1*** (*naut.*) felucca ***2*** (*cappello*) cocked hat; bicorne.

félze, m. cabin (on a gondola).

fémmina, A f. ***1*** female: **la f. della specie**, the female of the species ***2*** (*donna*) woman*, female; (*bambina, ragazza*) girl: **i maschi da una parte e le femmine dall'altra**, the men on one side and the women on the other; **Ho due figli, un maschio e una f.**, I have two children, a boy and a girl ***3*** (*di animale*) female; she (*attr.*); (*in particolare*: *di volatile*) hen, (*di bovino, elefante, foca, balena*) cow: **In molte specie di uccelli il maschio è colorato e la f. no**, in many bird species the male is brightly coloured, while the hen is plain; **la f. del rospo**, the female toad; **f. di lupo**, she-wolf; **f. di elefante**, cow-elephant; **f. di fagiano**, hen-pheasant ***4*** (*mecc.*) female (*attr.*): **la f. della vite**, the female screw ***5*** (*spreg., di uomo*) sissy; milksop. **B** a. ***1*** (*di animale*) female; she (*attr.*); (*di volatile*) hen (*attr.*); (*di bovino, elefante, foca, balena*) cow (*attr.*): **lepre f.**, female hare; **passero f.**, hen-sparrow ***2*** (*mecc.*) female (*attr.*): **vite f.**, female screw ***3*** (*femminile*) feminine; womanly.

femminèlla, f. ***1*** little woman* ***2*** (*spreg., di uomo*) sissy; milksop ***3*** (*naut.*) brace ***4*** (*mecc.*) eye.

femmìneo, a. (*lett.*) ***1*** feminine; womanly ***2*** (*effeminato*) effeminate; womanish.

femminile, A a. ***1*** female: **il sesso f.**, the female sex ***2*** (*di donna*) woman's, female (*attr.*); (*di donne*) women's; (*di ragazza*) girl's; (*di ragazze*) girls': **abito f.**, woman's dress; **corpo f.**, female body; **le professioni femminili**, female jobs; **linea f.**, female line; **collegio universitario f.**, women's college; **gare femminili**, women's competitions; **scuola f.**, girls' school ***3*** (*femmineo*) feminine; womanly: **occupazione f.**, feminine occupation; **qualità f.**, womanly quality; **tratti femminili**, feminine traits ***4*** (*gramm.*) feminine: **il genere f.**, the feminine gender. **B** m. ***1*** (*gramm.*) feminine (gender): **al f.**, in the feminine *2* (*sport*: *torneo f.*) women's tournament: **il f. di scherma**, women's fencing tournament. ● **letteratura al f.**, women's literature.

femminilìsmo, *m.* (*biol.*) feminization.

femminilità, *f.* womanliness; femininity: **piena di f.**, very feminine.

femminilizzazióne, *f.* (*fisiol.*) feminization.

femminilménte, *avv.* in a feminine way; femininely; in a womanly way.

femminino, *a.* e *m.* (*lett.*) feminine: **l'eterno f.**, the eternal feminine.

femminìsmo, *m.* feminism.

femminista, *a.*, *m.* e *f.* feminist.

femminìstico, *a.* feministic.

femminùccia, *f.* *1* little girl *2* (*donna semplice*) simple woman* *3* (*spreg.*: *di ragazzo o uomo*) milksop; sissy; (*uomo vile*) lily--livered man*.

femoràle, *a.* (*anat.*) femoral.

fèmore, *m.* (*anat.*) femur*; (*com.*) thigh--bone.

fenacetina, *f.* (*chim.*) phenacetin.

fenantrène, *m.* (*chim.*) phenanthrene.

fenàto, *m.* (*chim.*) phenate.

fendènte, *m.* *1* (*scherma*) downward stroke; (*estens.*) cutting blow, slash: **menare un f.**, to strike a downward blow; to slash; to hack *2* (*sport*) powerful shot.

fèndere, **A** *v. t.* *1* to cleave*; to cut* through; to break* up; to part; to split*: **f. la terra con l'aratro**, to cut through (*o* to break up) the soil with a plough *2* (*fig.*) to cleave*; to pierce; to rend*; to cut* through; to break*: **La luce dei fari fendeva la nebbia**, the beam of the headlights pierced the fog; **f. l'aria [le nubi]**, to rend the air [the clouds]; **f. le onde**, to breast the waves; **f. la folla**, to force one's way through the crowd. **B fèndersi**, *v. i. pron.* to split*; to cleave*.

fendinébbia, *m. invar.* (*autom.*) fog light.

fenditóre, *m.* (*tecn.*) cleaver.

fenditùra, *f.* fissure; crack; cleft; split; slit.

feneratìzio, *a.* usurious; usury (*attr.*).

fenestràto, *a.* (*bot.*) fenestrate(d).

fenestratùra, *f.* fenestration.

fenestrazióne, *f.* (*chir.*) fenestration.

fenianìsmo, *m.* (*stor.*) Fenianism.

feniàno, *a.* e *m.* (*stor.*) Fenian.

fenicàto, *a.* (*chim.*) phenolic.

fenice, *f.* phoenix. ● (*fig.*) **araba f.**, rarity; (*di persona, anche*) rare bird.

Fenìcia, *f.* Phoenicia.

fenicio, *a.* e *m.* (*f.* **-a**) Phoenician (*f.* Phoenician woman*).

fènico, *a.* – (*chim.*) **acido f.**, phenol; carbolic acid.

fenicòttero, *m.* (*zool.*, *Phoenicopterus*) flamingo*.

fenilalanina, *f.* (*biochim.*) phenylalanin(e).

fenilchetonùria, *f.* (*med.*) phenylketonuria.

fenile, *m.* (*chim.*) phenyl.

fenilico, *a.* (*chim.*) phenyl (*attr.*).

fennèc, *m.* (*zool.*, *Fennecus zerda*) fennec.

fenocristàllo, *m.* phenocryst.

fenolftaleìna, *f.* (*chim.*) phenolphthalein.

fenòlico, *a.* (*chim.*) phenolic: **resine fenoliche**, phenolic resins.

fenòlo, *m.* (*chim.*) phenol; carbolic acid.

fenologìa, *f.* (*biol.*) phenology.

fenològico, *a.* (*biol.*) phenological.

fenomenàle, *a.* *1* phenomenal *2* (*eccezionale*) phenomenal; extraordinary; prodigious; remarkable.

fenomenicità, *f.* phenomenality.

fenomènico, *a.* (*filos.*, *scient.*) phenomenal.

fenomenìsmo, *m.* (*filos.*) phenomenalism; phenomenism.

fenòmeno, **A** *m.* *1* (*filos.*, *scient.*) phenomenon*: **f. acustico**, acoustic phenomenon; **i fenomeni sociali**, social phenomena *2* (*esempio, caso*) case; instance: **un f. di suggestione**, a case (*o* an instance) of suggestion *3* (*persona o cosa straordinaria*) phenomenon; wonder; marvel; prodigy: **un f. vivente**, a living wonder; **Sei proprio un f.!**, you are wonderful!; you are phenomenal! (*fam.*) *4* (*nei circhi*) (circus) freak. **B** *a.* (*fam.*: *straordinario*) extraordinary; exceptional; phenomenal: **un ragazzo f.**, an extraordinary boy.

fenomenologìa, *f.* (*filos.*) phenomenology.

fenomenològico, *a.* (*filos.*) phenomenological(al).

fenomenòlogo, *m.* (*f.* **-a**) phenomenologist.

fenoplàsto, *m.* (*chim.*) phenoplast.

fenòssido, *m.* (*chim.*) phenoxide.

fenotìpico, *a.* (*biol.*) phenotypic(al).

fenotìpo, *m.* (*biol.*) phenotype.

feràce, *a.* (*lett.*, *anche fig.*) fertile; fruitful: **suolo f.**, fertile soil; **immaginazione f.**, fertile imagination.

feracità, *f.* (*lett.*, *anche fig.*) fertility; fruitfulness.

feràle, *a.* (*lett.*) fatal, deadly, feral; (*funesto*) dismal, gloomy, tragic.

Ferdinàndo, *m.* Ferdinand.

ferecratèo, *m.* (*poesia*) Pherecratic; Pherecratean.

fèretro, *m.* coffin; bier.

fèria, *f.* *1* (*eccles.*) feria*; ferial day; weekday *2* (*pl.*) holidays; vacation (*sing.*, *USA*); leave: **ferie pagate**, paid holidays; **ferie estive**, summer holidays; **entrare in ferie**, to start one's holidays; **essere in ferie**, to be on holiday (*o* on leave); **prendersi le ferie**, to take one's holidays; **prendersi un giorno di ferie**, to take a day off. ● **ferie del Parlamento**, Parliamentary recess (*sing.*).

feriàle, *a.* *1* (*eccles.*) ferial *2* (*non festivo*) week (*attr.*); work (*attr.*); working (*attr.*): **giorno f.**, weekday; working day; **orario f.**, weekday timetable *3* (*di ferie*) holiday (*attr.*).

feriménto, *m.* wounding; injuring; hurting.

ferinità, *f.* wildness; ferity.

ferino, *a.* (*lett.*) wild; ferine; feral; savage: **istinto f.**, wild instinct.

ferìre, **A** *v. t.* *1* to wound; to injure; to hurt*: **Fui ferito al ginocchio**, I was wounded in the knee; **Fu ferito in combattimento**, he was wounded in action; **Fu ferito in un incidente**, he was injured in an accident; **f. q. a morte**, to wound sb. to death *2* (*fig.*: *addolorare*) to hurt*, to wound; (*offendere*) to offend: **f. q. nell'orgoglio**, to hurt sb.'s pride; **f. q. nell'onore**, to wound sb.'s honour; **f. q. nei sentimenti**, to hurt sb.'s feelings *3* (*fig.*: *colpire*) to hurt*; to assail: **La luce mi feriva gli occhi**, the light hurt my eyes; **Un urlo terribile mi ferì gli orecchi**, a terrible cry assailed (*o* pierced) my ears. ● **f. q. nel portafogli**, to hit sb. for money (*fam.*) □ **senza colpo f.**, without striking a blow. **B ferìrsi**, *v. rifl.* e *i. pron.* to hurt* oneself; (*volontariamente*) to wound oneself: **f. a un braccio [a una gamba]**, to hurt one's arm [one's leg].

ferita, *f.* (*anche fig.*) wound; injury; hurt: **f. mortale [profonda, leggera]**, mortal [deep, slight] wound; **f. lacero-contusa**, lacerated and contused wound; **f. di arma da fuoco**, gunshot wound; **f. da pallottola**, bullet wound; **f. al proprio orgoglio**, wound to one's pride; **f. d'amore**, love wound; **curare una f.**, to treat a wound; **guarire una f.**, to heal a wound; **medicare una f.**, to dress a wound; **riportare gravi ferite in un incidente**, to be seriously injured in an accident. ● (*fig.*) **riaprire una f.**, to open up an old sore □ (*fig.*) **vecchie ferite** (*d'amore, d'orgoglio, ecc.*), old scars.

ferito, **A** *a.* (*anche fig.*) wounded; injured: **il braccio f.**, the wounded (*o* injured) arm; **orgoglio f.**, wounded pride. **B** *m.* (*f.* **-a**) wounded (*o* injured) person; (*di incidente*) casualty: **prestare soccorso a un f.**, to aid an injured man; **un f. grave**, a seriously injured person; **i morti e i feriti**, the dead and the wounded; **I feriti più gravi furono ricoverati**, the more seriously wounded (*o* injured) were taken to hospital; the worst casualties were taken to hospital.

feritóia, *f.* *1* (*archit.*) loop-hole; embrasure *2* (*di cantina e sim.*) opening; window *3* (*fessura, anche mecc.*) slit.

feritóre, *m.* (*f.* **-trice**) wounder; injurer: **il mio f.**, the man who wounded me.

férma, *f.* *1* (*mil.*) (period, term of) service: **f. di due anni**, two years' national service; **rinnovare la f. di q.**, to extend sb.'s term of service; **f. di leva**, conscription *2* (*caccia*) pointing: **cane da f.**, pointer; setter.

fermacalzóni, *m. invar.* bicycle clip.

fermacampióne, *m. invar.* paper fastener.

fermacapélli, *m. invar.* hair slide; barrette (*USA*).

fermacàrro, *m.* (*ferr.*) buffer-stop.

fermacàrte, *m. invar.* paperweight.

fermacravàtta, *m. invar.* tie-pin.

fermàglio, *m.* fastener; clasp; clip; (*fibbia*) buckle; (*spilla*) brooch: **f. di collana**, necklace clasp; **f. per capelli**, hair slide; barrette (*USA*); **f. per carte**, paper clip.

fermaménte, *avv.* firmly; steadfastly; resolutely.

fermanèllo, *m.* guard ring.

fermapiède, *m. invar.* toe-clip.

fermapòrta, *m. invar.* doorstop; doorstopper.

fermàre, **A** *v. t.* *1* (*arrestare, trattenere*) to stop; to arrest; to check; to halt: **Fermai l'autobus**, I stopped the bus; **Accosta e ferma la macchina**, pull up and stop; **Un poliziotto ci fermò**, a policeman stopped (*o* halted) us; **f. un'emorragia**, to stop (*o* to check) a haemorrhage; **f. la crescita di q.c.**, to arrest the growth of st.; (*mil.*) **f. un attacco**, to check an attack; **f. il progresso**, to stop (*o* to block) progress; **f. il gioco**, to stop the play *2* (*fissare, assicurare*) to fasten; to secure; to hold* in place; (*q.c. che traballa o che oscilla*) to steady: **f. la lama nel manico**, to fasten the blade in the handle; **f. le persiane**, to secure the shutters; **f. una cravatta con una spilla**, to fasten a tie with a pin; **f. un cappello**, to hold a hat in place; **f. un bottone**, to sew a button on firmly; **f. un punto**, to fasten a stitch *3* (*soffermare*) to stop; to fix: **f. gli occhi su q.c.**, to fasten (*o* to fix) one's eyes on st.; **f. l'attenzione su q.c.**, to fix one's attention of st.; to concentrate on st. *4* (*leg.*) to hold*; to detain; to hold* for questioning *5* (*di cane da ferma*) to point; to set*. ● (*cucina*) **f. la carne**, to cook meat partially (in order to preserve it) □ **f. i propri pensieri sulla carta**, to commit one's thoughts to paper □ (*comm.*) **f. (il pagamento di) un assegno**, to stop a cheque □ (*lavoro a maglia*) **f. i punti**, to cast off. **B** *v. i.* to stop: **L'autobus ferma laggiù**, the bus stops down there. **C fermàrsi**, *v. i. pron.* *1* to stop; (*di persone in marcia*) to halt; (*durante un viaggio*) to stop off; (*fare una pausa*) to pause, to make* a pause: **Fermati!**, stop!; **Mi fermo un momento al caffè**, I shall stop a moment at the café; **f. di colpo**, to stop short; to freeze; **La pattuglia si fermò**, the patrol halted; (*mil.*) **dare ordine di f.**, to call a halt; **f. lungo il cammino**, to stop on one's way; **Mi fermerò a Pisa per uno spuntino**, I'll stop off at Pisa for a snack *2* (*di autoveicoli*) to stop; to halt; to come* to a halt; (*accostando al margine della strada*) to pull over, to pull up *3* (*smettere di funzionare*) to stop working; (*per guasto*) to fail; (*di motore, anche*) to stall; (*di cuore*) to stop, to fail: **L'orologio s'è fermato alle due**, the watch stopped at two o'clock *4* (*soggiornare*) to stay: **Mi fermai una settimana a Parigi**, I stayed in Paris a week *5* (*soffermarsi*) to dwell*: **f. su un argomento**, to dwell on a subject.

fermascàmbio, *m.* (*ferr.*) switch lock.

fermàta, *f.* stop; (*in una marcia*) halt; (*in un viaggio*) stopover; (*il luogo*) stopping-place: **La prima f. è Bologna**, Bologna is the first stop; **Ci fu una lunga f. per aspettare i ritardatari**, there was a long halt to wait for the stragglers; **fare una f.**, to make a stop; to stop; (*mil., fig.*) **ordinare una f.**, to call a halt; **scendere alla prima f.**, to get off at the first stop; **f. facoltativa**, request stop; stop on request; **f. obbligatoria**, regular stop. ● (*autom.*) **divieto di f.** (*cartello*), no stopping □ **un viaggio senza f.**, a non-stop journey □ **Proseguimmo senza fermate fino a Roma**, we continued without further stops until we got to Rome.

fermàto, *m.* (*f.* **-a**) (*leg.*) person held by the police; detained person.

fermatùra, *f.* fastening.

fermentàbile, *a.* fermentable.

fermentàre, *v. i.* ***1*** to ferment; to work; (*lievitare*) to rise*: **Il lievito comincia a f.**, the yeast is beginning to work ***2*** (*fig.*) to ferment; to work; to seethe. ● **far f.**, to ferment; to leaven.

fermentativo, *a.* fermentative; fermentation (*attr.*).

fermentàto, *a.* fermented; (*lievitato*) risen: **formaggio f.**, fermented cheese.

fermentatóre, *m.* (*chim.*) fermenter.

fermentazióne, *f.* fermentation; (*di pasta*) rising: **f. alcolica**, alcoholic fermentation; **f. lattica**, lactic fermentation.

ferménto, *m.* ***1*** (*chim.*) ferment; enzyme: **fermenti lattici**, milk enzymes ***2*** (*alimentare*) leaven; (*lievito*) yeast: **f. della birra**, beer yeast; **f. dell'uva**, wine yeast; **f. selezionato**, clean yeast ***3*** (*fig.*) excitement; flurry; (*agitazione*) ferment, agitation, commotion, unrest: **un f. di attività**, a flurry of activity; **I ragazzi erano in f.**, the children were wild with excitement; **Il paese è in f. per le recenti disposizioni**, the country is in ferment over the recent measures; **C'è del f. in città**, there is some unrest in town; **La popolazione era in f.**, the population was in a state of unrest; **f. sociale**, social unrest; **fermenti di rivolta**, rebellious stirrings.

ferméżza, *f.* firmness; stability; steadiness; steadfastness; resoluteness: **la f. del braccio**, the steadiness of the arm; **f. di propositi**, firmness of purpose; **f. d'animo**, strength of mind; **agire con f.**, to act firmly (*o* resolutely).

férmi, *m.* (*fis. nucl.*) fermi.

férmio, *m.* (*chim.*) fermium.

fermióne, *m.* (*fis.*) fermion.

férmo, A *a.* ***1*** (*che non si muove*) still, motionless, at a standstill; (*di veicolo*) stationary: **Sta' f. un momento**, keep still for a second; **Quei bambini non riescono a stare fermi**, those children can't keep still; **Era f. davanti alla vetrina**, he stood in front of the window; **Era f. sulla porta e mi guardava**, he stood motionless in the doorway, looking at me; **acque ferme**, still waters; **Il treno era f. in stazione**, the train was standing at the station; **Urtai contro un'automobile ferma**, I drove into a stationary car; **Gli affari sono fermi**, business is stagnant (*o* at a standstill); **Tenetelo f.!**, hold him still!; **F. con le mani!**, hold your hands in their place!; keep your hands to yourself!; **F. là!**, stop there!; freeze!; **Fermi tutti!**, stop everybody!; nobody move! ***2*** (*stabile*) stable; steady; unwavering: **avere la mano ferma**, to have a steady hand; **f. sulle gambe**, steady on one's legs; **voce ferma**, unwavering voice ***3*** (*saldo*) firm; (*fig., anche*) steadfast, resolute: **essere f. come torre**, to be as firm as a rock; **fede ferma**, firm faith; **rimanere f. nel proprio proposito**, to be firm (*o* steadfast) in one's resolve; to be resolute in one's intentions; **rimanere f. nel proprio rifiuto**, to stand firm (*o* to persist) in one's refusal; **ferma convinzione**, steadfast belief; **f. rifiuto**, steadfast refusal ***4*** (*fisso*) fixed: **con gli occhi fermi sulla scena**, with his eyes fixed on the scene ***5*** (*non funzionante*) not working; (*di motore*) not running; (*guasto*) out of order: **L'ascensore è f.**, the lift is not working; **Il mio orologio è f.**, my watch has stopped ***6*** (*severo*) firm: **Sii f. con i bambini**, be firm with children. ● **f. restando che...**, it being understood that... □ (*mus.*) **canto f.**, plainsong; Gregorian chant □ **per f.**, for certain □ **punto f.**, fixed point; (*segno di interpunzione*) full stop, period (*USA*) □ (*fig.*) **tenere per f. q.c.**, to be certain (*o* to feel sure) about st. □ **terra ferma**, dry land □ **La lettera è ferma in posta**, the letter is awaiting collection at the post. **B** *m.* ***1*** (*leg.*: *di polizia*) holding for questioning; detention; provisional arrest ***2*** (*leg.*: *confisca*) seizure ***3*** (*leg.*: *di nave mercantile*) embargo ***4*** (*mecc.*) catch; lock; stop: **f. automatico**, self-stopping device ***5*** (*dispositivo per bloccare*) stop; lock; latch; (*di persiana*) shutter-latch. ● (*cucina*) **dare un f. alla carne**, to cook meat partially (in order to preserve it) □ (*comm.*) **mettere il f. su un assegno**, to stop a cheque.

fermopòsta, A *avv.* e *agg.* poste restante; general delivery (*USA*): **spedire una lettera f.**, to send a letter poste restante; **lettere f.**, poste restante letters. **B** *m.* (*ufficio*) poste restante office; general delivery (*USA*).

fernèt, *m.* «fernet» (an Italian bitters).

fernétta, *f.* (*mecc.*) ward.

feróce, *a.* wild; ferocious; savage; bitter; cruel; fierce: **animale f.**, wild animal; **lotta f.**, bitter fight; ferocious struggle; **f. tiranno**, cruel tyrant; **scherzo f.**, cruel joke; **mal di testa f.**, ferocious headache; **fame f.**, ravenous appetite.

feròcia, *f.* ***1*** wildness; ferocity; savagery; cruelty; fierceness ***2*** (*atto feroce*) cruel act; savagery.

feròdo, *m.* (*marchio*: *mecc.*) brake lining.

feromóne, *m.* (*biol.*) pheromon.

ferracavàllo, *m.* farrier; blacksmith.

ferràccio, *m.* (*ghisa*) pig-iron.

ferràglia, *f.* scrap iron. ● **rumore di f.**, clanking noise.

ferragostàno, *a.* mid-August (*attr.*).

ferragósto, *m.* ***1*** (*il giorno*) August 15th; feast of the Assumption ***2*** (*vacanze di f.*) mid-August holidays.

ferràio, *a.* – (**fabbro**) **f.**, blacksmith.

ferraiòlo, *m.* short cloak; circular cape.

ferràme, *m.* ironware; scrap iron.

ferraménta, *f. pl.* ***1*** hardware (*sing.*); ironware (*sing.*); ironmongery (*sing. GB*): **commerciante in f.**, ironmonger (*GB*), hardware dealer (*USA*) ***2*** (*negozio*) ironmonger's (shop) (*GB*); hardware store (*USA*).

ferraménto, *m.* iron tool.

ferràre, *v. t.* ***1*** to fit with iron; to reinforce (with iron bars): **f. una porta**, to reinforce a door ***2*** (*cavalli*) to shoe ***3*** (*scarpe*) to set* with hobnails.

ferrarése, A *a.* of Ferrara; from Ferrara; Ferrara (*attr.*). **B** *m.* e *f.* native of Ferrara; inhabitant of Ferrara.

ferràta, *f.* ***1*** (*stirata*) quick ironing ***2*** (*impronta di ferro da stiro*) scorch mark ***3*** (*alpinismo*) route with fixed ropes.

ferràto (1), *a.* ***1*** (*di cavallo*) shod; (*di scarpa*) hobnail (*attr.*), hobnailed; (*di porta*) reinforced ***2*** (*fig.*: *edotto*) well-versed; well-informed; knowledgeable. ● **strada ferrata**, railway.

ferràto (2), *m.* (*chim.*) ferrate.

ferratóre, *m.* layer of rails.

ferratùra, *f.* ***1*** (*di cavalli*) shoeing ***2*** (*elementi in ferro*) iron fittings (*pl.*).

ferravècchio, *V.* **ferrovecchio**.

fèrreo, *a.* ***1*** iron (*attr.*): **corona ferrea**, Iron Crown ***2*** (*fig.*: *inflessibile*) iron (*attr.*); rigid; inflexible; hard-and-fast: **volontà ferrea**, iron will; **mano ferrea**, iron hand; **regola ferrea**, hard-and-fast rule ***3*** (*robusto*) strong; cast-iron (*attr.*): **braccia ferree**, strong arms; **salute ferrea**, cast-iron constitution; **memoria ferrea**, excellent memory.

ferretizzazióne, *f.* (*geol.*) ferritization.

ferrétto, *m.* (*geol.*) infertile, leach soil.

fèrrico, *a.* (*chim.*) ferric.

ferrièra, *f.* ironworks (*pl.* *o* *sing.*); (iron-)foundry.

ferrìfero, *a.* ferriferous; iron-yielding.

ferrigno, *a.* iron (*attr.*); iron-like; (*nelle metafore, spesso*) steel, steely: **minerale f.**, iron ore; **acqua ferrigna**, iron-tasting water; **di colore f.**, steel-grey; **occhi ferrigni**, steely eyes.

ferrista, *m.* e *f.* (*chir.*) theatre nurse; dresser (*GB*).

ferrite, *f.* (*metall.*) ferrite.

fèrro, A *m.* ***1*** (*elemento*) iron: **minerale di f.**, iron ore; **f. dolce**, soft iron; **f. fuso**, ingot iron; (*in stato di fusione*) molten iron; (*non battuto*) cast iron; **f. battuto**, wrought iron; (*più tecnicamente*) forged iron; **lamiera di f.** (*o* **f. in lamiera**), sheet iron; **f. laminato**, rolled iron; **f. zincato**, galvanized iron; **tondo** (*o* **tondino**) **di f.**, iron rod; **rivestito di f.**, (*fasciato*) lined with iron; (*ricoperto*) iron-plated; (*specialm. di corazzata*) ironclad; **f. lavorato** (*o* **lavoro, lavori in f.**), ironwork (*collett.*); (*archeol.*) **l'età del f.**, the Iron Age ***2*** (*oggetto di f.*) piece of iron; (*sbarra*) bar: **f. a I** [**a T, a U**], I-bar; [T-bar, U-bar] ***3*** (*da stiro*) iron: **f. a vapore**, steam iron; **dare un colpo di f. a q.c.**, to give st. a quick ironing; to run the iron over st. ***4*** (*lavoro a maglia*: *lo strumento*) knitting needle; (*riga di punti*) row: **lavorare ai ferri**, to knit; **fatto ai ferri**, knitted ***5*** (*per capelli*) curling tongs (*o* irons) (*pl.*) ***6*** (*di cavallo*) horseshoe; shoe: **perdere un f.**, to cast a shoe; **mettere i ferri a un cavallo**, to shoe a horse ***7*** (*lett.*: *spada*) sword ***8*** (*pl.*) (*ceppi*) irons; chains; fetters: **mettere q. ai ferri**, to put sb. in irons ***9*** (*pl.*) (*strumenti*) instruments; tools: **i ferri del chirurgo**, surgical instruments; (*anche fig.*) **i ferri del mestiere**, the tools of the trade. ● **f. di cavallo**, (*zool.*) horseshoe bat; (*portafortuna*) lucky charm shaped like a horseshoe □ **a f. di cavallo**, horseshoe shaped; horseshoe (*attr.*): **tavolo a f. di cavallo**, horseshoe table □ (*fig.*) **essere ai ferri corti con q.**, to be at loggerheads with sb. □ **alibi di f.**, cast-iron alibi □ **articoli di f.**, ironware (*sing.*) □ (*fig.*) **battere il f. mentre è caldo**, to strike while the iron is hot □ **cuocere ai ferri**, to grill □ **essere sotto i ferri (del chirurgo)**, to be under the (surgeon's) knife □ **filo di f.**, (iron) wire □ **memoria di f.**, excellent memory □ **mettere a f. e fuoco**, to lay waste □ **morire sotto i ferri**, to die under the knife □ **Tocchiamo f.!**, touch wood! □ (*fig.*) **un uomo di f.**, a man of iron □ **venire ai ferri corti con q.**, to fall out with sb. **B** *a.* iron (*attr.*): **grigio f.**, iron grey.

ferrobattèrio, *m.* (*biol.*) iron bacterium*.

ferrocianidrico, *a.* – (*chim.*) **acido f.**, ferrocyanic acid.

ferrocianùro, *m.* (*chim.*) ferrocyanide.

ferrocròmo, *m.* (*metall.*) ferrochromium.

ferroelettricità, *f.* (*fis.*) ferroelectricity.

ferrolèga, *f.* (*metall.*) ferroalloy.

ferromagnètico, *a.* (*fis.*) ferromagnetic.

ferromagnetiṣmo, *m.* (*fis.*) ferromagnetism.

ferromodelliṣmo, *m.* model railway collecting; model railway construction.

ferromodellista, *m. e f.* model railway collector; model railway constructor.

ferroprivo, *a.* (*med.*) iron-deficient.

ferróso, *a.* (*miner., chim.*) ferrous: **solfato f.**, ferrous sulphate.

ferrotipia, *f.* **ferrotipo,** *m.* ferrotype.

ferrotranviàrio, *a.* rail and tram (*attr.*).

ferrotranvièri, *m. pl.* rail and tram workers.

ferrovècchio, *m.* ***1*** (*comm.*) scrap-metal dealer; dealer in old iron ***2*** (*di oggetto, spreg.*) piece of junk; wreck ***3*** (*di persona, spreg.*) old crock, wreck.

ferrovia, *f.* railway; railroad (*USA*): **f. a un binario**, single-line (*o* single-track) railway;

f. a cremagliera, rack railway; **f. a doppio binario**, double-line (*o* double-track) railway; **f. a scartamento normale [ridotto]**, standard-gauge [narrow-gauge] railway; **f. aerea**, elevated railway; **f. metropolitana**, underground (railway); tube (*fam. GB*); subway (*USA*); **f. monorotaia**, monorail; **Ferrovie dello Stato**, national railways; (*in Italia*) Italian Railways; **le Ferrovie britanniche**, British Rail. ● **trasporto per f.**, rail transport □ **spedire per f.**, to send by rail □ **viaggiare in f.**, to travel by rail.

ferroviàrio, *a.* railway (*attr.*); railroad (*attr. USA*); train (*attr.*): **stazione ferroviaria**, railway (*o* train) station; **orario f.**, railway (*o* train) time-table; **vagone f.**, railway carriage; **incidente f.**, railway (*o* train) accident; **tariffe ferroviarie**, railway rates; **disastro f.**, train crash; **materiale f.**, rolling stock.

ferrovière, *m.* (*f.* **-a**) worker on a railway; railwayman* (*m.*); railroader (*USA*).

ferrùgine, *f.* iron liquor.

ferruginosità, *f.* ferruginous quality.

ferruginóso, *a.* ferruginous.

ferruminatòrio, *a.* – (*metall.*) **cannello f.**, blow tube; blowpipe.

ferry-boat (*ingl.*), *m. invar.* ferry; ferryboat.

fèrtile, *a.* (*anche fig.*) fertile; fruitful; rich: **terreno f.**, rich (*o* fertile) soil; **fantasia f.**, fertile imagination; **età f.**, fertile (*o* child-bearing) age; (*fis. nucl.*) **materiale f.**, fertile material.

fertilità, *f.* (*anche fig.*) fertility; fruitfulness.

fertilizzànte, **A** *a.* fertilizing. **B** *m.* fertilizer.

fertilizzàre, *v. t.* to enrich; to fertilize.

fertilizzazióne, *f.* enrichment; fertilization.

fèrula, *f.* **1** (*per punire*) cane; ferule; rod **2** (*di dignitario*) ferula; staff **3** (*med.*) splint.

fervènte, *a.* (*fig.*) burning; fervent; ardent; passionate.

fèrvere, *v. i.* **1** (*fig.*: *essere in piena attività*) to proceed feverishly: **Fervevano i preparativi**, feverish preparations were under way; **Il lavoro ferve**, the place is a beehive of activity; **Ferveva la battaglia**, the battle was raging; **Ferveva una disputa**, a heated discussion was in progress **2** (*lett.*: *ardere*) to blaze; to be burning.

fèrvido, *a.* (*ardente*) fervent, ardent, fervid, eager; (*vivace*) lively: **una fervida preghiera**, a fervent prayer; **con i miei più fervidi auguri**, with my most heart-felt wishes; **immaginazione fervida**, lively imagination.

fervóre, *m.* **1** (*calore*) heat: **il f. dell'estate**, the summer's heat **2** (*fig.*) heat; excitement; enthusiasm; ardour; fervour, fervor (*USA*); zeal: **il f. delle mie preghiere**, the fervour (*o* ardour) of my prayers; **nel f. della battaglia**, in the heat of the battle; while the battle was raging; **nel f. della discussione**, in the heat of the debate; **Nel f. dei preparativi dimenticammo di comprare il vino**, in the excitement of the preparations we forgot to buy the wine; **fare sbollire** (*o* **intiepidire**) **il f. di q.**, to dampen sb.'s ardour; **lavorare con f.**, to work with enthusiasm.

fervorino, *m.* **1** (*eccles.*) exhortation **2** (*scherz.*) lecture; pep talk (*fam.*).

fervoróso, *a.* fervent; ardent; passionate.

fèrzo, *m.* (*naut.*) cloth of canvas.

fésa, *f.* (*macelleria*) cut of rump: **fetta di f.**, rump steak.

fescennino, *a.* (*poesia*) Fescennine.

féssa, *f. V.* **fesso, B**.

fesserìa, *f.* (*pop.*) **1** (*l'essere sciocco*) foolishness; stupidity **2** (*parole sciocche*) stupid (*o* foolish) thing (to say); nonsense; rubbish; baloney (*fam.*); hogwash (*pop.*); poppycock (*pop.*): **dire fesserie**, to talk nonsense; **È una f.!**, that's a stupid thing to say!; that's a piece of nonsense!; that's pure rubbish!; **Fesserie!**, nonsense!; rubbish!; baloney! **3** (*azione sciocca*) foolish (*o* stupid) thing (to do): **Vendere la casa è una f.**, it's foolish to sell the house; **Hai fatto una bella f.**, that was a really foolish thing to do; **Hai fatto una f. ad andartene**, you were a fool to leave **4** (*cosa di nessun conto*) trifle; nothing.

fésso (1), *a.* **1** (*incrinato*) cracked; (*spaccato*) cleft, cloven: **una campana fessa**, a cracked bell **2** (*di suono*) cracked, harsh; (*stridulo*) shrill: **voce fessa**, cracked voice.

fésso (2), (*pop.*) **A** *a.* (*sciocco*) stupid; foolish; daft; doltish. **B** *m.* (*f.* **-a**) fool; nitwit; (*solo m.*) twerp, berk (*GB*), jerk (*USA*): **fare f. q.**, to make a fool of sb.

fessùra, *f.* **1** (*spaccatura*) crack; cleft; fissure **2** (*per gettone o moneta*) slot; slit.

fessuràrsi, *v. i. pron.* to split; to crack; to fissure.

fessurazióne, *f.* splitting; cracking; fissuring.

fèsta, *f.* **1** (*eccles.*) feast; holy day: **la f. della Natività**, the feast of the Nativity; **f. mobile**, movable feast; **f. comandata** (*o* **di precetto**), feast (*o* day) of obligation; **la f. di S. Pietro**, St Peter's Day **2** (*giorno festivo, vacanza*) holiday: **Domani è f.**, tomorrow is a holiday; **f. civile** (*o* **nazionale**), public holiday; (*in G.B.*) bank holiday **3** (*celebrazione tradizionale*) festival; fete, fête (*franc.*): **la f. del paese**, the village festival; (*del santo patrono*) the patron saint's day; (*in G.B.*) the village fete; **f. di primavera**, spring festival; **f. del raccolto**, harvest festival **4** (*pl.*) (*feste di Natale*) Christmas (holidays); (*di Pasqua*) Easter (holidays): **Vado via per le feste**, I'm going away for Christmas [for Easter]; **augurare (le) buone feste a q.**, to wish sb. a happy Christmas [Easter, New Year, etc.] **5** (*compleanno*) birthday; (*onomastico*) name-day, saint's day **6** (*gioia*) (great) joy, treat; (*allegria, giubilo*) rejoicing, merriment: **Sarà una f. per me vederlo**, it'll be a great joy for me to see him; **Andare al luna park è stata una f. per i bambini**, going to the fun fair was a treat for the children; **Tutto il paese fece f.**, the whole town celebrated; **aria di f.**, festive air **7** (*ricevimento*) party, do (*fam. GB*), bash (*fam. USA*); (*trattenimento*) entertainment; (*celebrazioni*) festivities (*pl.*); (*banchetto*) feast; (*di beneficienza*) fete, fête (*franc.*): **Darò una f. per i tuoi diciotto anni**, I shall give a party for your eighteenth birthday; **f. di laurea**, graduation party; **La f. durò diversi giorni**, the festivities lasted several days; **f. da ballo**, dance; (*ballo importante*) ball. ● **F. del lavoro** (*o* **dei lavoratori**), Labour Day □ **f. di Capodanno**, New Year's Day □ (*fig.*) **una f. di colori**, a riot of colours □ **conciare q. per le feste**, (*picchiare*) to beat sb. up; to beat sb. black and blue; (*per punizione*) to tan sb.'s hide, to give sb. a good thrashing, (*eufem.*) to sort sb. out □ **fare f.**, (*fare vacanza*) to have a holiday; (*stare allegri*) to have a good time, to have fun, to make merry; (*celebrare q.c.*) to celebrate □ **fare f. a q.**, to welcome sb.; to give sb. a hearty welcome □ (*pop.*) **fare la f. a q.**, to kill sb.; to do sb. in (*fam.*); to bump sb. off (*fam.*) □ (*fam.*) **I bambini fecero la f. alla torta**, the children ate up the whole cake □ **Il cane mi fece le feste**, the dog jumped all over me □ **Oggi è un giorno di f. per me**, today is a red-letter day for me □ (*fig.*) **La f. è finita!**, the fun is over □ (*fig.*) **guastare la f.**, to be a spoilsport (*o* a killjoy) □ (*delle campane*) **suonare a f.**, to ring a joyous peal □ **Erano vestiti a f.**, they were dressed in their Sunday best □ (*prov.*) **Passata la f., gabbato lo santo**, once on shore, we pray no more.

festaiòlo, **A** *a.* fun-loving; (*che va spesso a feste*) party-going (*attr.*), fond of parties (*pred.*). **B** *m.* (*f.* **-a**) fun lover; reveller.

festànte, *a.* (*lett.*) festive; joyful; jubilant.

festeggiaménto, *m.* **1** (*il festeggiare*) celebration **2** (*manifestazione con cui si festeggia*) festivities (*pl.*); celebration.

festeggiàre, *v. t.* **1** to celebrate: **f. un anniversario**, to celebrate an anniversary **2** (*accogliere festosamente*) to give* (sb.) a hearty welcome, to put* down the red carpet (for sb.) (*fam.*); (*dare una festa*) to give* a party (for sb.).

festeggiàto, *m.* (*f.* **-a**) guest of honour.

festeggiatóre, *m.* (*f.* **-trice**) reveller.

festévole, *a.* light-hearted; merry; gay; jovial.

festicciòla, *f.* small (*o* informal) party.

festino, *m.* (*ricevimento*) party; (*banchetto*) feast, banquet; (*ballo*) ball.

fèstival, *m. invar.* festival.

festività, *f.* **1** festivity; holiday: **f. civile**, public holiday; (*in G.B.*) bank holiday **2** (*eccles.*) feast.

festivo, *a.* **1** holiday (*attr.*); Sunday (*attr.*): **abiti festivi**, one's Sunday clothes; **giorni festivi**, Sundays and (public) holidays; **lavoro f.**, overtime done on non-working days, **biglietto f.**, weekend ticket; **riposo f.**, Sunday's rest **2** (*lett.*: *lieto*) festive; merry.

festonàto, *a.* festooned.

festóne, *m.* **1** (*anche archit.*) festoon **2** (*ricamo*: *smerlo*) scallop.

festosità, *f.* **1** festiveness; merriness; joyfulness; gaiety **2** (*calorosità*) heartiness **3** (*giocosità*) playfulness.

festóso, *a.* **1** festive; merry; joyful; gay **2** (*caloroso*) hearty **3** (*giocoso*) playful.

festùca, *f.* **1** straw **2** (*bot.*, *Festuca*) fescue (grass).

fetàle, *a.* (*biol.*) f(o)etal.

fetènte, **A** *a.* **1** stinking; fetid **2** (*fig.*) stinking; damn; bloody (*volg. GB*). **B** *m.* (*fig.*) bastard; stinker; skunk; sod (*GB*); shit (*volg.*). **C** *f.* (*fig.*) bitch; damn woman*.

feticcio, *m.* (*anche fig.*) fetish.

feticìdio, *m.* (*leg.*) f(o)eticide.

feticismo, *m.* (*anche psic., fig.*) fetishism.

feticista, *m.* e *f.* (*anche psic., fig.*) fetishist.

feticistico, *a.* feticistic.

fètido, *a.* fetid; stinking; rank; foul-smelling.

fetidùme, *m.* **1** stench; stink **2** (*insieme di cose fetide*) stinking matter; rotten matter.

fèto, *m.* (*biol.*) f(o)etus.

fetologìa, *f.* (*med.*) f(o)etology.

fetòlogo, *m.* (*f.* **-a**) f(o)etologist.

Fetónte, *m.* (*mitol.*) Phaethon.

fetónte, *m.* (*zool.*, *Phaeton*) tropic bird; bos'n bird.

fetóre, *m.* stench; stink.

fétta, *f.* **1** (*di cibo*) slice; piece: **f. di pane**, slice of bread; **f. di torta**, piece of cake; **una grossa f.**, a thick slice; **tagliare a fette**, to cut into slices; to slice **2** (*piccolo pezzo*) piece, bit; (*grosso pezzo*) chunk; (*porzione*) share; (*striscia*) strip: **una f. di terra**, a piece of land; **una f. di mercato**, a share of the market; **È padrone di una bella f. del mercato**, he owns a chunk of the market **3** (*region.*: *piede*) foot*; (*al pl.*) dogs (*pop.*). ● (*fig.*) **una f. della torta**, a slice of the cake □ **una f. di luna**, a sliver of moon □ (*fig.*) **fare a fette q.**, to make mincemeat of sb.

fettina, *f.* (*di carne*) minute steak.

fettùccia, *f.* **1** tape **2** (*rettilineo*) straight stretch. ● (*sport*) **la f. d'arrivo**, the finishing tape.

fettuccine, *f. pl.* (*cucina*) fettuccine (ribbon-shaped pasta).

feudàle, *a.* (*stor.*) feudal; feodal.

feudalésimo, **feudalismo**, *m.* (*stor.*) feudalism; feudal system.

feudalità, *f.* feudality.

feudatàrio, (*stor.*) **A** *a.* feudatory; feudal. **B** *m.* (*f.* **-a**) **1** feudatory; vassal **2** (*latifondista*) big landowner.

fèudo, *m.* **1** (*stor.*) feud; fief **2** (*grande proprietà terriera*) large estate **3** (*fig.*) domain: **L'orto era il f. della nonna**, the kitchen garden was Granny's domain.

feuilleton (*franc.*), *m. invar.* **1** (*romanzo d'appendice*) feuilleton; serialized novel **2** (*spreg.*) cheap novel; potboiler.

fez, *m. invar.* fez.

feziàle, *a.* e *m.* (*stor. romana*) fetial.

fi, *m.* o *f.* (*ventunesima lettera dell'alfabeto greco*) phi.

fiàba, *f.* ***1*** fairy tale; tale; story: **libro di fiabe**, book of fairy tales; **la f. di Cenerentola**, the story of Cinderella ***2*** (*fig.*: *fandonia*) fairy tale; story; fabrication.

fiabésco, *a.* ***1*** (*di fate*) fairy (*attr.*): **racconto f.**, fairy tale ***2*** (*da fiaba*) fairy-tale (*attr.*): **stile f.**, fairy-tale style ***3*** (*favoloso*) fairy-tale (*attr.*); fantastic; magic; marvellous.

fiàcca, *f.* ***1*** (*stanchezza*) tiredness; weariness; lassitude ***2*** (*debolezza*) weakness ***3*** (*pigrizia*) laziness, slackness, sluggishness, indolence; (*svogliatezza*) listlessness. ● **battere la f.**, to be sluggish □ **Non battere la f.!**, back up!; on yours toes! □ **In quella banca hanno tutti la f. addosso**, they're all half-asleep in that bank.

fiaccaménte, *avv.* (*stancamente*) tiredly; (*debolmente*) weakly; (*svogliatamente*) listlessly; (*lentamente*) slowly; (*senza convinzione*) without much conviction, half-heartedly.

fiaccàre, A *v. t.* ***1*** (*stancare*) to tire, to weary; (*spossare*) to exhaust, to tire out ***2*** (*indebolire*) to weaken ***3*** (*logorare*) to wear* down (*o* out); to break* down: **f. la resistenza di q.**, to wear down sb.'s resistance ***4*** (*scoraggiare*) to depress; to dispirit ***5*** (*rompere*) to break*: **fiaccarsi il collo**, to break one's neck. ● (*fig.*) **f. le corna a q.**, to humiliate sb.; to take sb. down a peg or two □ (*fig.*) **f. le ossa** (*o* **le costole, il collo**) **a q.**, to beat up sb. **B fiaccàrsi,** *v. i. pron.* ***1*** to wear* oneself down ***2*** (*rompersi*) to break*.

fiaccheràio, *m.* (*region.*) cabman*.

fiacchézza, *f.* ***1*** (*stanchezza*) tiredness; weariness ***2*** (*debolezza*) weakness: **f. morale**, moral weakness ***3*** (*mancanza di vigore*) slackness; sluggishness; dullness; listlessness: **f. delle vendite**, slackness in trade.

fiàcco, *a.* ***1*** (*stanco*) tired; weary ***2*** (*debole, senza vigore*) weak, limp, slack, sluggish, dull, listless; (*pigro*) lazy: **discorso f.**, weak speech; **stile f.**, limp style; (*econ.*) **mercato f.**, slack (*o* dull) market ***3*** (*poco entusiasta*) unenthusiastic; lukewarm; half-hearted: **applausi fiacchi**, half-hearted applause.

fiàccola, *f.* (*anche fig.*) torch: **la f. della libertà**, the torch of liberty.

fiaccolàta, *f.* torch-light procession.

fiacre (*franc.*), *m. invar.* horse cab; hackney coach; fiacre.

fiàla, *f.* ***1*** (*boccetta*) phial; vial ***2*** (*per iniezione*) ampoule.

fiàmma, *f.* ***1*** flame (*anche fig.*); (*molto viva*) blaze; (*mossa*) flare: **andare in fiamme**, (*prendere fuoco*) to catch fire; to burst into flames; (*bruciare*) to go up in flames; **dare alle fiamme**, to burn; **essere in fiamme**, to be on fire; to be ablaze; (*fig.*) **la f. dell'amore [della libertà]**, the flame of love [of freedom] ***2*** (*naut.*: *bandiera*) pennant; pennon; streamer ***3*** (*mil.*: *mostrina*) flash ***4*** (*persona amata*) flame; love: **una mia vecchia f.**, an old flame of mine; **Anna è la sua nuova f.**, Anna is his latest love. ● **le fiamme dell'inferno**, Hell fire □ **f. ossidrica**, oxyhydrogen flame; (*strumento*) blowlamp, blowtorch (*USA*): **tagliare con la f. ossidrica**, to flame-cut; **L'hanno dovuto liberare con la f. ossidrica**, they had to cut him free (with blowlamps); they had to use cutting gear to free him □ (*cucina*) **alla f.**, flambé: **pollo alla f.**, chicken flambé □ **avere le fiamme al viso**, to blush □ **Le salirono le fiamme al viso**, she blushed; she went scarlet; (*di rabbia*) she went red in the face □ **color f.** (*sost.*), bright red; scarlet □ **color f.** (*agg.*, *o* **di f.**), flame-coloured; flaming; red; scarlet: **cielo di f.**, flaming sky; **viso di f.**, scarlet face; **Sara si fece di f.**, Sarah went scarlet □ **occhi che mandano fiamme**, flashing eyes □ (*autom.*) **ritorno di f.**, backfire.

fiammànte, *a.* flaming; blazing; fiery: **rosso f.**, bright red. ● **nuovo f.**, brand new.

fiammàta, *f.* ***1*** blaze; flare; burst of flame ***2*** (*fig.*) blaze (of passion); flare-up.

fiammàto, *a.* (*di filato o tessuto*) streaked; shot.

fiammeggiànte, *a.* flaming; blazing; (*sfavillante*) sparkling, flashing: **occhi fiammeggianti d'ira [d'orgoglio]**, eyes flashing with anger [with pride].

fiammeggiàre, A *v. i.* ***1*** to be aflame; to be on fire; to blaze; to flame ***2*** (*splendere*) to be ablaze; to glow. **B** *v. t.* to flame; to singe: **f. un pollo**, to singe a chicken.

fiammiferàio, *m.* (*f.* **-a**) ***1*** (*fabbricante*) match maker ***2*** (*venditore*) match seller.

fiammìfero, *m.* match: **una scatola di fiammiferi**, a box of matches; **f. di sicurezza** (*o* **svedese**), safety-match; **f. di cera**, wax match; **f. antivento**, fusee; **fiammiferi da cucina**, household matches; **accendere un f.**, to strike (*o* to light) a match. ● (*fig.*) **accendersi come un f.**, to be quick-tempered (*o* hot-tempered); to flare up easily; to have a short fuse (*fam.*).

fiamminga, *f.* (*region.*) oval dish.

fiammingo (1), A *a.* Flemish. **B** *m.* (*f.* **-a**) Fleming (*f.* Flemish woman*): **i Fiamminghi**, the Flemings; the Flemish. **C** *m.* (*lingua*) Flemish.

fiammingo (2), *m.* (*zool.*, *Phenicopterus*) flamingo*.

fiancàle, *m.* (*mil.*, *stor.*) tuille.

fiancàta, *f.* ***1*** (*fianco, lato*) side; flank ***2*** (*colpo dato col fianco*) blow on one's side ***3*** (*naut.*: *bordata*) broadside.

fiancheggiaménto, *m.* ***1*** support; backing; backing up ***2*** (*mil.*) flanking (support): **fuoco di f.**, flanking fire.

fiancheggiàre, *v. t.* ***1*** to flank; to line; to border: **una strada fiancheggiata da alberi**, a tree-lined road; a road flanked (*o* lined) with trees ***2*** (*mil.*) to cover the flank of; to flank ***3*** (*fig.*: *spalleggiare*) to support; to back; to back up.

fiancheggiatóre, *m.* (*f.* **-trice**) ***1*** (*polit.*) supporter; fellow-traveller ***2*** (*mil.*) flanker.

fiànco, *m.* ***1*** (*del corpo*) side; (*anca*) hip; (*di animale*) flank: **dimagrire sui fianchi**, to lose weight on the hips; **una fitta al f.**, a stitch in one's side; **con le mani sui fianchi**, with one's hands on one's hips; with one's arms akimbo; **al mio f.**, at my side; beside me; **avere ai fianchi due guardie**, to have a policeman on either side ***2*** (*parte laterale di q.c.*) side: **il f. di una casa [di una collina]**, the side of a house [of a hill]; **f. della nave**, ship's side ***3*** (*mil.*) flank: **il f. sinistro dell'esercito**, the left flank of the army; **Ci avvicinammo al f. del nemico**, we came up on the enemy's flank. ● **f. a f.**, side by side □ (*mil.*) **fianc'arm!**, order arms! □ (*mil.*) **f. destr', destr'!**, right about turn! □ (*mil.*) **f. sinistr', sinistr'!**, left about turn! □ **di f.**, sideways; on (*o* from) the side: **colpire q.c. di f.**, to hit st. on the side; **Il granchio procedeva di f.**, the crab proceeded sideways; the crab sidled along □ **prendere di f. un argomento**, to approach a subject in a roundabout way □ **prestare il f. alle critiche**, to lay oneself open to criticism □ **stare a f. di q.**, to stand by sb.; (*aiutarlo*) to give sb. one's help (*o* one's support) □ **tenersi i fianchi dal ridere**, to split one's sides with laughter.

fiàndra, *f.* (*ind. tess.*) Flanders linen; damask.

Fiàndre, *f. pl.* (*geogr.*) Flanders.

fiàsca, *f.* flask.

fiaschétta, *f.* ***1*** (*borraccia*) hip flask ***2*** (*per polvere da sparo*) powder horn.

fiaschetterìa, *f.* wine-shop.

fiàsco, *m.* ***1*** (straw-covered) flask: **olio in fiaschi**, oil in flasks; **bere un f. di vino**, to drink a flask of wine ***2*** (*fig.*) fiasco; failure; (*di film, commedia, libro, ecc.*) flop (*GB*), bomb (*USA*): **La cena fu un f.**, the dinner was a fiasco; **f. assoluto**, complete fiasco; washout (*fam.*); **fare f.**, to fail utterly; to be a fiasco; (*di film, ecc.*) to be a flop, to bomb (*USA*): **La commedia fece f.**, the play was a flop; the play bombed; **Ho fatto f. nelle mie ricerche**, I drew a blank in my search.

fiat (*lat.*), *m.* – **in un f.**, in the twinkling of an eye; in a jiffy (*fam.*); in two shakes (*fam.*).

fiatàre, *v. i.* to breathe (*o* to say*) a word; to open one's mouth; to speak*: **Non fiatai**, I didn't open my mouth; **Non f. con nessuno!**, don't breathe a word to anyone!; mum's the word! (*fam.*); **senza f.**, (*in silenzio assoluto*) without (saying) a word; (*con impassibilità*) without batting an eyelid, without turning a hair.

fiàto, *m.* ***1*** (*alito*) breath; (*forza di respirare*) wind: **f. che puzza**, bad breath; breath that smells; (*anche fig.*) **tirare il f.**, to take (*o* to draw) breath; **trattenere il f.**, to hold (*o* catch) one's breath; **riprendere f.**, to get one's breath back; (*dopo un colpo*) to get one's wind back; **scaldarsi le mani col f.**, to breathe on one's hands to warm them; **avere il f. corto**, to be short of breath; to be short-winded; **avere il f. grosso** (*o* **essere senza f.**), to be out of breath; to be breathless; to be puffed; (*per un colpo*) to be winded ***2*** (*resistenza*) stamina, staying power; (*forza*) strength: **È uno sport che richiede molto f.**, it's a sport that requires stamina (*o* staying power); **avere poco f.**, not to have much strength (*o* stamina); **fare il f.**, to train ***3*** (*pl.*) (*strumenti a f.*) wind instruments; (*sezione dell'orchestra*) woodwind and brass. ● **È f. sprecato**, it's a waste of breath □ **analisi** (*o* **prova**) **del f.**, breath-test □ **bere q.c. tutto d'un f.**, to drink st. in one gulp (*o* at a draught); to drain st. □ **col f. sospeso**, with bated breath □ **dare f. alle trombe**, to sound the trumpets; (*fig.*) to shout from the rooftops □ **Lo dirò finché avrò f. (in corpo)**, I shall say so as long as I live □ **gridare con quanto f. si ha in gola**, to shout at the top of one's voice □ **lasciare senza f.** to leave speechless; to take (sb.'s) breath away; to knock out (*fam.*) □ **mozzare** (*o* **togliere**) **il f.**, to take (sb.'s) breath away □ (*fig.*) **restare senza f.**, to be speechless; to be thunderstruck □ **Non sprecare il f. a dirglielo**, don't waste any words telling him □ **Sprechi il f. a dirmelo**, you can save your breath to cool your porridge (*fam.*) □ **tutto d'un f.** (*senza fermarsi*), without a pause; in one go (*fam.*) □ **leggere un libro tutto d'un f.**, to read a book from cover to cover □ **che si legge tutto d'un f.**, unputdownable (*fam.*).

fiatóne, *m.* heavy breathing; panting: **avere il f.**, to be out of breath; to be panting; to be puffed out.

fìbbia, *f.* buckle.

fìbra, *f.* ***1*** fibre, fiber (*USA*): (*anat.*) **f. nervosa**, nerve fibre; **f. di vetro**, glass fibre; **f. ottica**, optical fibre; **una dieta ricca di fibre**, a diet rich in fibre ***2*** (*ind. tess.*) fibre: **f. di cotone**, cotton fibre; **f. sintetica**, man-made fibre; **f. tessile**, textile fibre; **qualità della f.**, staple ***3*** (*sorta di cartone*) fibre: **valigia di f.**, fibre suitcase ***4*** (*fig.*: *complessione*) constitution; fibre: **un uomo di f. robusta**, a man with a strong constitution ***5*** (*fig.*: *carattere*) fibre; temper: **f. morale**, moral fibre. ● **tutte le fibre del mio essere**, all the fibres of my being.

fibràto, *a.* fibrous; fibred, fibered (*USA*); (*venato*) veined, streaked.

fibrìlla, *a.* (*biol.*) fibril.

fibrillàre (1), *a.* fibrillar(y).

fibrillàre (2), *v. i.* (*med.*) to fibrillate.

fibrillazióne, *f.* ***1*** (*med.*) fibrillation ***2*** (*fig.*) state of agitation; state of panic; nerves (*pl.*): **entrare in f.**, to become agitated; to get in a state (*fam.*); **essere in f.**, to be very nervous;

to have the jitters (*fam.*).
fibrìna, *f.* (*biol.*) fibrin.
fibrinògeno, *m.* (*biol.*) fibrinogen.
fibrinolịsi, *f.* (*med.*) fibrinolysis.
fibrinóso, *a.* fibrinous.
fibroblàsto, *m.* (*biol.*) fibroblast.
fibroceménto, *m.* (*edil.*) fibrocement.
fibrocita, fibrocito, *m.* (*biol.*) fibrocyte.
fibròide, *a.* fibroid.
fibroìna, *f.* (*chim.*) fibroin.
fibròma, *m.* (*med.*) fibroma*.
fibromatóso, *a.* (*med.*) fibromatous.
fibrosarcòma, *m.* (*med.*) fibrosarcoma*.
fibroscòpio, *m.* (*med.*) fibrescope.
fibròṣi, *f.* (*med.*) fibrosis*.
fibrosità, *f.* fibrousness.
fibróso, *a.* fibrous.
fìbula, *f.* (*anat., archeol.*) fibula*.
fibulàre, *a.* (*anat.*) fibular.
fica, *f.* (*volg.*) ***1*** (*vulva*; *estens.*: *sesso*) pussy; cunt (*molto volg.*) ***2*** (*donna desiderabile*) pussy; piece of ass (*o* of tail) (*USA*).
ficcanasàre, *v. i.* to poke one's nose (into st.); to poke around; to meddle (with st.).
ficcanàso, *m.* e *f. invar.* nosey parker; busybody; meddler.
ficcàre, A *v. t.* ***1*** (*far entrare con forza*) to thrust*; to ram; to stick*; to drive*; (*con un martello*) to hammer; (*infilare dentro*) to poke: **ficcarsi le mani in tasca**, to thrust one's hands into one's pockets; **f. un palo in terra**, to stick (*o* to drive) a pole into the ground; **f. un chiodo nel muro**, to drive (*o* to hammer) a nail into the wall; **f. un dito in una fessura**, to stick (*o* to poke) a finger into a crack; **f. un dito nell'occhio a q.**, to poke sb. in the eye; **Ficcò una mano nella borsa**, she dove into her handbag ***2*** (*fam.*: *riporre, mettere*) to put*; to stuff; to shove; to pop: **Ficca queste scartoffie nel cassetto**, put these papers into the drawer; **Si ficcò la lettera in tasca**, he shoved the letter into his pocket; **Ficcai la roba in valigia**, I stuffed my things into the suitcase; **Ficcalo dove ti pare**, just shove it anywhere; **Si ficcò in bocca una pastiglia**, he popped a pill into his mouth. ● (*fig.*) **f. gli occhi addosso a q.**, to stare hard at sb. □ (*fig.*) **f. q.c. in testa a q.**, to ram st. home to sb. □ (*fig.*) **f. il naso nei fatti altrui**, to poke (*o* to stick) one's nose into other people's business □ **ficcarsi le dita nel naso**, to pick one's nose □ (*fig.*) **ficcarsi in testa q.c.**, to get st. into one's head. **B ficcàrsi,** *v. rifl.* (*cacciarsi, mettersi*) to get*; (*nascondersi*) to hide*: **f. in un imbroglio**, to get into a scrape; **f. sotto il letto**, to hide under the bed; **Dove si sarà ficcato il mio cappello?**, where has my hat got to?; where can my hat be?; **Dove ti eri ficcato?**, where have you been hiding?
fiche (*franc.*), *f. invar.* ***1*** (*gettone*) chip; counter ***2*** (*scheda*) (index) card.
fichéto, *m.* fig orchard.
fichétto, *m.* (*pop.*) dandy; dude (*USA*).
fichu, *m. invar.* (*moda*) fichu.
fico (1), *m.* (*bot., Ficus carica*; *il frutto*) fig: **f. secco**, dried fig; **f. settembrino**, late summer fig; **foglia di f.**, fig leaf; **dolce come un f.**, as sweet as a nut. ● **f. d'India**, *V.* **ficodindia** □ (*fig.*) **non capire un f. secco**, not to understand a thing □ (*fig.*) **Non me ne importa un f.**, I don't care a fig; I don't give a damn □ (*fig.*) **Non vale un f. secco**, it's not worth a fig.
fico (2), (*pop.*) **A** *a.* dishy (*fam.*). **B** *m.* (*uomo attraente*) dish; hunk.
ficodìndia, *m.* (*bot., Opuntia vulgaris*; *il frutto*) prickly pear.
ficus, *m. invar.* (*bot., Ficus decora*) ficus.
fidanzaménto, *m.* engagement; betrothal (*lett.*).
fidanzàre, A *v. t.* to affiance; to promise; to betroth (*lett.*). **B fidanzàrsi,** *v. rifl.* e *rifl. recipr.* to get* engaged: **f. con q.**, to get engaged to sb.; **Ci siamo fidanzati ieri**, we got engaged yesterday.
fidanzàta, *f.* fiancée.
fidanzàto, A *a.* engaged (to be married); betrothed (*lett.*): **essere f. con** (*o* **a**) **q.**, to be engaged to sb. **B** *m.* ***1*** fiancé ***2*** (*pl.*) engaged couple (*sing.*).
fidàre, A *v. t.* (*lett.*: *affidare*) to entrust. **B** *v. i.* (*confidare*) to trust to; to put* one's trust in; to rely on: **f. nella fortuna**, to trust to one's luck; **f. in Dio**, to put one's trust in God. **C fidàrsi,** *v. i. pron.* ***1*** to trust (sb., st.); to put* one's trust in; to rely on; to have confidence in; to depend on: **Mi fido di lui**, I trust him; **Non ci si può fidare di lui**, (*non è affidabile*) you can't rely on (*o* depend on) him; (*è infido*) you can't trust him; **Mi fido della tua parola**, I rely on your word; **f. della memoria**, to rely on (*o* to trust) one's memory; **f. delle proprie forze**, to trust one's strength; **Non mi fido della sua guida**, I don't trust his driving ***2*** (*seguito da* **a** + *inf.*) to trust; (*osare*) to dare, to feel* safe: **Non mi fido a mangiare questi funghi**, I don't trust the look of these mushrooms; **Non mi fido a confidargli questo segreto**, he's not a person I can trust with this secret; **Non mi fido ad affrontarlo**, I don't dare to face him; **Non mi fido a guidare di notte**, I don't feel safe driving at night. ● (*prov.*) **F. è bene, ma non f. è meglio**, you can never be too careful.
fidatézza, *f.* trustworthiness; reliability.
fidàto, *a.* trustworthy; trusty; reliable; dependable; honest. ● **non f.**, untrustworthy; unreliable.
fidecomméttere, e *deriv. V.* **fedecommettere,** e *deriv.*
fideịsmo, *m.* (*relig., filos.*) fideism.
fideìsta, *m.* e *f.* (*relig., filos.*) fideist.
fideìstico, *a.* (*relig., filos.*) fideistic.
fideiussióne, *f.* (*leg.*) fidejussion; guaranty; suretyship; bail. ● **dare f.**, to guarantee; to stand surety.
fideiussóre, *m.* (*leg.*) fidejussor; surety.
fideiussòrio, *a.* (*leg.*) fidejussionary; guaranty (*attr.*); security (*attr.*).
fidènte, *a.* (*lett.*) confident; confiding (in); trustful.
Fidia, *m.* (*stor.*) Phidias.
fidiaco, *a.* Phidian.
fido (1), A *a.* (*lett.*) faithful; loyal; true; staunch; devoted. **B** *m.* faithful attendant; devoted follower.
fido (2), *m.* (*econ.*) credit: (*banca*) (**limite di**) **f.**, credit limit; credit line.
fidùcia, *f.* confidence; reliance; (*più solenne e interiore*) trust, faith: **guardare all'avvenire con f.**, to look to the future with confidence; **f. nella sterlina**, confidence in the pound; **avere f. in q.**, to trust sb.; to have faith in sb.: **Ho f. nelle sue capacità**, I have faith in his abilities; **avere f. in Dio**, to put one's trust in God; **perdere** [**conquistarsi**] **la f. di q.**, to lose [to gain] sb.'s confidence; **I recenti fatti hanno scosso la f. del pubblico**, the recent events have undermined public confidence; **tradire la f. di q.**, to betray sb.'s trust; **f. completa**, complete confidence; absolute (*o* implicit) trust; **f. illimitata**, boundless faith; **f. reciproca**, mutual trust; **f. in se stesso**, (*sicurezza*) confidence (in oneself); (*f. nelle proprie capacità*) self-confidence, self-reliance; **non avere f. in sé**, to lack confidence; **acquistare f. in sé**, to gain confidence. ● (*leg.*) **abuso di f.**, breach of trust □ **accordo basato sulla f. reciproca**, gentlemen's agreement □ **la mia banca di f.**, my bank □ **degno di f.**, reliable; dependable: **fonti degne di f.**, reliable sources □ **incarico di f.**, position of trust; confidential post [mission, job, etc.] □ **Mi serve una persona di f.**, I need a person I can trust □ (*polit.*) **porre la questione della f.**, to ask for a vote of confidence □ **uomo di f.**, trustworthy man; man one can trust; (*braccio destro*) right-hand man □ (*polit.*) **voto di f.**, vote of confidence.
fiduciànte, *m.* e *f.* truster.
fiduciàrio, (*leg., econ.*) **A** *a.* fiduciary; trust (*attr.*): **contratto** [**erede**] **f.**, fiduciary contract [heir]; **prestito f.**, fiduciary loan; **circolazione fiduciaria** (*di carta moneta*), fiduciary circulation; **rapporti fiduciari**, fiduciary relations; **società fiduciaria**, trust company; **atto f.**, trust deed; **fondo f.**, trust fund; **amministrazione fiduciaria**, trust; **proprietà fiduciaria**, property held in trust. **B** *m.* (*f.* **-a**) trustee; fiduciary.
fiduciosaménte, *avv.* confidently; with confidence; trustfully; trustingly; hopefully.
fiducióso, *a.* confident; trustful; trusting; hopeful.
fièle, *m.* ***1*** (*anat.*) bile; gall ***2*** (*fig.*) gall, acrimony; (*rancore*) grudge, resentfulness: **amaro come il f.**, as bitter as gall; **intingere la penna nel f.**, to dip one's pen in gall.
fienagióne, *f.* ***1*** (*l'operazione*) haymaking ***2*** (*l'epoca*) hay-time; haymaking time.
fienaròla, *f.* (*bot., Poa pratensis*) bluegrass.
fienicoltùra, *f.* (*agric.*) hay cultivation.
fienile, *m.* ***1*** (*edificio*) barn; (*sopra alla stalla*) hayloft ***2*** (*fig.*: *luogo sudicio*) pigsty.
fièno, *m.* hay: **fare il f.**, to make hay; **f. fresco**, new-mown hay; **covone di f.**, haystack; hayrick; **mucchio di f.**, haycock; **falce da f.**, hayfork. ● (*bot.*) **f. greco** (*Trigonella foenumgraecum*), fenugreek □ (*bot.*) **f. santo** (*Onobrychis viciaefolia*), sainfoin □ (*med.*) **febbre** (*o* **raffreddore**) **da f.**, hay fever.
fièra (1), *f.* fair; (*esposizione*) exhibition: **f. del bestiame**, cattle fair; **f. del paese**, village fair; **f. campionaria** [**commerciale**], sample [trade] fair; **f. del libro**, book fair; **f. dell'antiquariato**, antiques fair; **f. di beneficenza**, charity bazaar; fete. ● **f. del bianco**, linen sale; white sale □ (*fig.*) **alla fin della f.**, when all is said and done; at the end of the day.
fièra (2), *f.* (*zool.*) wild beast (*o* animal).
fierézza, *f.* ***1*** (*orgoglio*) pride ***2*** (*alterezza*) haughtiness ***3*** (*audacia*) daring; boldness; intrepidness ***4*** (*lett.*: *crudeltà*) cruelty.
fieri, *V.* **in fieri**.
fieristico, *a.* fair (*attr.*); exhibition (*attr.*): **complesso f.**, fair complex; **durante il periodo f.**, when the fair is on.
fièro, *a.* ***1*** (*orgoglioso*) proud: **Sono f. di te**, I am proud of you ***2*** (*altero*) disdainful ***3*** (*audace*) daring; bold; intrepid ***4*** (*lett.*: *severo*) stern, grim; (*feroce*) fierce, savage, harsh; (*crudele*) cruel; (*guerresco*) war-like.
fièvole, *a.* faint; feeble; weak; (*di luce, suono*) dim, faint.
fifa (1), *f.* (*fam.*) fright; scare; funk (*fam.*): **avere f.**, to be scared; to be in a funk; **avere una f. tremenda**, to be scared stiff; to be in a blue funk; **Prima dell'esame avevo una f.!**, I was so nervous (*o, fam.*, I had butterflies in my stomach) before the exam; **farsi prendere dalla f.**, to panic; (*rinunciando a fare q.c.*) to get cold feet (*fam.*).
fifa (2), *f.* (*zool., Vanellus vanellus*) lapwing; peewit, pewit.
fifóne, A *m.* (*f.* **-a**) (*fam.*) scaredy-cat (*fam.*); funk (*fam.*); (*vigliacco*) chicken (*pop.*). **B** *a.* lily-livered; chicken-hearted; yellow (*fam.*).
figa, *V.* **fica**.
figaro, *m.* ***1*** (*scherz.*) barber ***2*** (*giubbetto*) bolero.
figgere, *v. t.* (*lett.*) ***1*** (*fissare*) to fix: **f. gli occhi su q.c.**, to fix one's eyes on st. ***2*** (*conficcare*) to drive* in; to stick*. ● **figgersi in mente q.c.**, to get (*o* to take) st. into one's head.
fighétto, *V.* **fichetto**.
fighièra, *f.* (*naut.*) jackstay.
Figi, *f. pl.* (*geogr.*) (the) Fiji (Islands).
figiàno, *a.* e *m.* (*f.* **-a**) Fijian (*f.* Fijian woman*).
fìglia, *f.* ***1*** daughter; child*; girl; **È f. di mio cugino**, she is my cousin's daughter; **Ho due**

figlie, I have two daughters; **È f. unica**, she is an only child; **Ascolta, f. mia**, listen, my child; **cara la mia f.**, my dear girl (*o* child) **2** (*comm.*: *tagliando*) counterfoil; counterpart **3** (*fig.*) daughter; child*. ● **È proprio f. di sua madre**, like mother like daughter.

figliàre, *v. t.* **1** to breed*; to give* birth to; to bring* forth **2** (*specificamente*: *di mucca*) to calve; (*di pecora*) to lamb; (*di cavalla*) to foal; (*di cagna*) to pup, to whelp, to litter; (*di gatta*) to kitten, to litter; (*di scrofa*) to pig, to litter; (*di bestia feroce*) to whelp.

figliàstra, *f.* stepdaughter; stepchild*.

figliàstro, *m.* stepson; stepchild*.

figliàta, *f.* litter.

figlio, *m.* **1** (*maschio*) son, child*, boy; (*generico*) child*: **due figli e tre figlie**, two sons and three daughters; **Ascolta, f. mio**, listen, (my) son; listen, my boy; **Ebbero due figli, Carlo e Maria**, they had two children, Carlo and Maria; **Non so quanti figli abbiano**, I don't know how many children they have; **Non permetterei mai a mio f. di far così**, I would never let a child of mine do that; **f. adottivo**, adopted child; **f. maschio**, male child; son; **il f. maggiore [minore]**, the eldest [youngest] child; (*di due*) the elder [younger] child; **È f. unico**, he is an only child; **f. di primo [secondo] letto**, child of the first [second] marriage; **i figli d'Israele**, the Children of Israel **2** (*fig.*: *prodotto, frutto*) child*; fruit. ● **f. del secolo**, man of his age □ (*scherz.*) **f. della serva**, nobody □ (*relig.*) **F. di Dio**, the Son of God □ (*volg.*) **f. di un cane** (*o* **di buona donna**), bastard; son of a bitch □ **f. di mammà**, spoilt boy (*o* young man); mummy's boy □ **f. di nessuno**, foundling □ **f. di papà**, rich boy □ **i figli di Adamo**, Adam's breed; mankind □ (*relig.*) **F. Unigenito**, Only-Begotten Son □ **È f. d'arte**, (*di attore*) he comes from a theatrical family; (*estens.*) he followed in his father's [mother's] footsteps (*o* in the family tradition) □ **È proprio f. di suo padre**, like father like son; he is a chip off the old block.

figliòccia, *f.* goddaughter; godchild*.

figliòccio, *m.* godson; godchild*.

figliòla, *f.* **1** (*figlia*) daughter; child* **2** (*ragazza*) girl; lass: **F. mia, così non va!**, this won't do, my girl!; **F. mia, io non ho colpa**, my dear girl, it's no fault of mine; **una bella f.**, a good-looking girl.

figliolànza, *f.* progeny; offspring; children (*pl.*).

figliòlo, *m.* **1** (*figlio maschio*) son, child*, boy; (*generico*) child*: **il figliol prodigo**, the Prodigal Son **2** (*ragazzo*) boy; lad; (*al voc., anche*) son: **Povero f.!**, poor boy!; **È un buon f.**, he's a good-natured lad; **Non farlo, f.**, don't do it, son (*o* lad).

figùra, *f.* **1** figure: (*geom.*) **f. piana [solida]**, plane [solid] figure; **f. di bronzo**, bronze figure; **f. retorica**, figure of speech; **f. snella [robusta]**, slim [sturdy] figure; (*pattinaggio*) **figure obbligatorie [libere]**, compulsory [free] figures; **la f. a destra del quadro**, the figure on the right of the painting; **paesaggio con figure**, landscape with figures; **f. paterna**, father-figure **2** (*forma, sagoma*) shape, form; (*contorno*) outline: **in f. umana**, in human form **3** (*illustrazione*) picture, illustration; (*tavola*) plate: **f. a colori**, coloured picture **4** (*personaggio*) figure; character: **una f. di primo piano nella politica europea**, a leading figure in European politics; **È una f. ambigua ma interessante**, he is an ambiguous but interesting character **5** (*simbolo*) figure: **Giacobbe è f. di Cristo**, Jacob is a figure of Christ **6** (*mus.*) (written) note **7** (*nelle carte da gioco*) court card; face card (*USA*). ● **Che f.!**, how disgraceful!; how embarrassing! □ **fare f.**, to look smart; to be pretty: **un cappellino che fa f.**, a smart little hat □ **fare la propria f.**, to look well; to look good □ **fare la f. dello sciocco**, to look a fool; to make a fool of oneself □ **fare bella f.**, to look well; to make an impression □ **fare brutta f.**, to cut a poor figure; to make a fool of oneself □ **fare bella [brutta] f. con q.**, to make a good [bad] impression on sb. □ **far fare brutta f. a q.**, to make sb. feel ashamed; to put sb. to shame; to show sb. up (*fam.*) □ **ritratto a mezza f. [a f. intera]**, half-length [full-length] portrait.

figuràccia, *f.* poor figure: **fare una f.**, to cut a poor figure; to make a complete fool (*o*, *fam.*, ass) of oneself; to disgrace oneself: **Mi hai fatto fare una f.**, you made me feel ashamed; you put me to shame; you really showed me up (*fam.*).

figuràle, *a.* figural.

figurànte, *m.* e *f.* **1** (*teatr.*) walk-on **2** (*fig.*) minor figure; nonentity.

figuràre, **A** *v. t.* **1** (*rappresentare*) to represent: **La scena figura una taverna**, the scene represents a tavern **2** (*simboleggiare*) to symbolize; to stand* for: **Il leone figura la forza**, the lion stands for strength **3** (*immaginare*) to imagine, to fancy, to picture; (*pensare*) to think*: **Il giardino non è grande come me lo figuravo**, the garden is not as big as I had imagined it; **Figurati lui: era furente!**, you can imagine how furious he was!; **Non riesco a figurarmelo sposato**, I can't picture him as a married man; **Mi figuravo d'essere ricevuto come un re**, I thought I would be given a royal reception **4** (*fingere*) to pretend: **Lui figura di non conoscermi**, he pretends he doesn't know me. ● **Figurati che in tutto quel tempo mai una volta abbiamo litigato**, do you know that in all that time we never once quarrelled? □ **Figurati che si è sposato sei volte!**, would you believe he got married six times? □ **È un uomo odioso, figurati se lo invito**, I can't stand him, and I'm certainly not going to invite him □ **Ma si figuri! sarà un piacere**, but of course, I shall be delighted □ **«Ti do noia?» «Figurati!»**, «am I disturbing you?» «of course not (*o* not at all)» □ **«Le sono infinitamente grata!» «Ma si figuri!»**, «I'm terribly grateful!» «it was my pleasure (*o* please do not mention it)». **B** *v. i.* **1** (*fare figura*) to look smart, to cut* a fine figure; (*farsi notare*) to show* off: **Non pensa ad altro che a f.**, her (*o* his) only thought is to look smart (*o* to cut a fine figure) **2** (*essere*) to be; (*apparire*) to appear; (*essere registrato*) to be down, to figure: **Il suo nome non figura nell'elenco**, his name does not figure (*o* is not, does not appear) on the list; **Accanto alla firma figura una croce**, there is a cross beside the signature; **Preferisco non f. come autore**, I'd rather not appear as the author; **Nel conto non figurava l'ultimo pranzo**, the last dinner didn't appear (*o* wasn't down) on the bill **3** (*spiccare*) to show* up: **Su quello sfondo le dalie non figurano**, the dahlias don't show up against that background.

figurataménte, *avv.* figuratively; in a figurative sense.

figurativismo, *m.* (*arte*) representational art.

figuratività, *f.* figurativeness; representativeness.

figurativo, *a.* **1** figurative: **arti figurative**, figurative arts **2** (*econ.*) implicit; imputed; notional: **costo f.**, implicit cost; **valore f.**, notional value.

figuràto, *a.* **1** (*con figure*) figured; figure (*attr.*): **ballo f.**, figure dance **2** (*di linguaggio*) figurative: **senso f.**, figurative sense **3** (*illustrato*) illustrated.

figurazióne, *f.* **1** figuration; representation **2** (*disegno*) pattern; (*figure, anche nella danza*) figures (*pl.*).

figurina, *f.* **1** (*statuetta*) figurine: **f. di Tanagra**, Tanagra figurine **2** (*da raccolta*) picture-card.

figurinista, *m.* e *f.* (*moda*) fashion designer; dress designer; stylist (*USA*).

figurino, *m.* **1** fashion plate **2** (*rivista*) fashion magazine. ● **Sembri un f.**, you look like a fashion plate.

figurista, *m.* e *f.* (*pitt.*) figure painter.

figùro, *m.* suspicious character; shady (*o* mean) customer.

figuróna, *f.* **figuróne,** *m.* – **fare un f.**, to be a success; to cut a fine figure; to make an impression: **con questo dolce farai un f.**, you'll make a terrific impression with this dessert.

fila, *f.* **1** line; file; row; (*coda in attesa*) queue (*GB*), line (*USA*): **una f. di macchine**, a line of cars; **una f. di soldati**, a line of soldiers; **una f. di denti**, a row of teeth; **una f. di bicchieri**, a row of glasses; **una f. di pioppi**, a row of poplars; **la f. davanti al cinema**, the queue (*USA*: the line) outside the cinema; **una lunga f. di macchine al casello**, a queue (*o* line) of cars at the toll-booth; **Abbiamo posti in seconda f.**, we have seats in the second row; **sedere in prima f.**, to sit in the front row; **file e file di posti vuoti**, row upon row of empty seats; **il primo tassì della f.**, the taxi at the head of the rank; **disporre le tazze in f.**, to arrange the cups in a row; **mettere [mettersi] in f.**, to line up: **Misi i bambini in f.**, I lined up the children; **I bambini si misero in f.**, the children lined up; **Mi misi in f. davanti all'entrata**, I joined the queue (*USA*: the line) outside the entrance; **fare la f.**, to queue up (*GB*); to line up (*USA*); **passare davanti alla f.**, to jump the queue (*GB*); to cut in line (*USA*); **in f. indiana**, in single (*o* Indian) file **2** (*pl.*) (*ranghi*) ranks: (*mil.*) **Le file si spezzarono**, the ranks were broken; **serrare le file**, to close the ranks; **militare nelle file di un partito**, to militate in the ranks of a party; **andare a ingrossare le file dei senza lavoro**, to swell the ranks of the unemployed **3** (*serie*) series; succession; string: **una f. di stanze**, a succession of rooms; a suite of rooms (opening into each other); **una f. di disgrazie**, a succession of accidents. ● **di f.**, (*di seguito*) running, in succession, on end, in a row; (*ininterrottamente*) continuously, uninterruptedly, at a stretch: **Nevicò per tre giorni di f.**, it snowed for three days in a row; **Vinse il primo premio per tre anni di f.**, he won first prize for three years running; **lavorare per dieci ore di f.**, to work for ten hours at a stretch □ (*mil.* e *fig.*) **disertare le file**, to desert □ (*mil.* e *fig.*) **essere in prima f.**, to be in the front line □ (*mil.*) **fuoco di f.**, running fire □ **un fuoco di f. di domande**, a barrage of question □ (*mil.*) **per f. destr'! [sinistr'!]**, right [left] wheel! □ **posteggiare in seconda f.**, to double-park □ (*mil.*) **Rompete le file!**, dismiss! □ (*mil.*) **stare in f.**, to keep ranks □ **violino di f.**, violinist in an orchestra.

filàbile, *a.* spinnable.

filàccia, *f.* **1** (*ind. tess.*) lint; thrum: **f. di lino**, lint **2** (*sfilacciatura*) ravelling **3** (*naut.*) rope yarn.

filaccióso, *a.* (*di tessuto*) frayed; threadbare.

Filadèlfia, *f.* (*geogr.*) Philadelphia.

filaménto, *m.* (*biol.*, *elettr.*) filament.

filamentóso, *a.* filamentous; filamentary; threadlike.

filànca, *f.* (*marchio*) stretch-nylon.

filànda, *f.* spinning mill; (*della seta*) silk mill.

filandaia, *f.* spinner.

filandière, *m.* spinning-mill owner.

filàndra, *f.* (*cascame*: *di filatura*) spinning waste; (*di tessitura*) weaving waste.

filànte, *a.* **1** (*che fa le fila*) stringy **2** (*aerodinamico*) streamlined **3** (*sci*) fast. ● **stella f.**, shooting star; (*di carta*) (paper) streamer.

filantropìa, *f.* philanthropy.

filantròpico, *a.* philanthropic(al).

filantropismo, *m.* philanthropism.

filantropistico, *a.* philanthropistic.

filàntropo, A *m.* (*f.* **-a**) philanthropist; philanthrope; (*iron.*) do-gooder. **B** *a.* philanthropic(al).
filàre (1), A *v. t.* ***1*** (*lana, cotone, seta, ecc.*) to spin*: **f. la seta**, to spin silk; **Il ragno fila la tela**, the spider spins its web ***2*** (*oro, argento*) to draw* out ***3*** (*naut.*: *una corda o cima*) to pay* out (*o* away); to ease off (*o* away); to slack away ***4*** (*versare a getto sottile*) to trickle (*v.i.*): **La ferita filava sangue**, blood trickled from the wound. ● **Filano il perfetto amore**, they're in love and there's not a cloud in the sky □ (*naut.*) **f. i remi**, to rest on one's oars □ **filarsela**, (*scappare*) to make off; to scarper (*fam.*); to decamp (*fam.*); to beat it (*pop.*): **Il ladro se l'è filata col malloppo**, the thief made off with the booty □ **filarsela all'inglese**, to take French leave □ **filarsela insalutato ospite**, to make oneself scarce (*fam.*); to do a bunk (*pop.*) □ (*naut.*) **La nave fila 11 nodi**, the ship is logging 11 knots □ **al tempo che Berta filava**, in the good old days. **B** *v. i.* ***1*** (*formare filamenti*) to form threads; to be stringy ***2*** (*di liquido*: *scorrere adagio*) to trickle ***3*** (*andare veloce*) to run*, to race, to zip; (*di automobile*) to bowl along, to barrel along (*USA*): **Filavamo a 150 km. all'ora**, we were bowling along at 150 km per hour ***4*** (*andare via*) to go* away, to be off, to buzz off (*fam. GB*), to hop it (*pop.*); (*scappare*) to make* off, to clear off (*o* out), to beat* it (*pop.*): **Fila subito a casa!**, go straight home!; **Fila a letto!**, off to bed this minute!; **Fila (via)!**, off with you!; buzz off! (*fam.*); scram! (*fam.*); beat it! (*pop.*); bugger off! (*volg.*) ***5*** (*comportarsi bene*) to behave; to toe the line (*fam.*) ***6*** (*di ragionamento*) to hang* together; to make* sense ***7*** (*fam.*: *amoreggiare*) to go* steady with; to date (sb.) (*USA*); to be seeing a lot of: **Tom fila con Shirley**, Tom is going steady with Shirley; Tom is dating shirley; **Filano da tre anni**, they have been going steady for three years ***8*** (*di gatto*: *fare le fusa*) to purr.
filàre (2), *m.* row: **un f. di viti**, a row of vines.
filària, *f.* (*zool., Filaria*) filaria*.
filariași, *f.* (*med.*) filariasis.
filarino, *m.* (*fam. scherz.*) ***1*** (*giovane innamorato*) boy-friend ***2*** (*amoretto*) youthful amorous attachment: **avere un f. con q.c.**, to go steady with sb.; to date sb. (*USA*).
filariòși, *V.* **filariasi**.
filarmònica, *f.* philharmonic society.
filarmònico, A *a.* philharmonic. **B** *m.* (*f.* **-a**) music lover.
filastròcca, *f.* ***1*** (*per bambini*) nursery rhyme; (*umoristica o assurda*) nonsense rhyme ***2*** (*tiritera*) rigmarole; drawn-out story ***3*** (*lungo elenco*) long list.
filatelia, filatèlica, *f.* philately; stamp-collecting.
filatèlico, A *a.* philatelic(al). **B** *m.* (*f.* **-a**) ***1*** (*collezionista*) philatelist; stamp collector ***2*** (*venditore*) stamp dealer.
filatelista, *V.* **filatelico, B,** *def. 1.*
filatìccio, *m.* floss-silk.
filàto, A *a.* ***1*** spun: **oro [vetro] f.**, spun gold [glass] ***2*** (*fig.*: *scorrevole*) smooth; easy; (*coerente*) well-arranged, logical: **ragionamento f.**, logical reasoning ***3*** (*fig.*: *ininterrotto*) running; on end (*pred.*); non-stop (*avv.*): **Durò nove ore filate**, it lasted nine hours on end; **per dieci giorni filati**, for ten days running; **Dormii dieci ore filate**, I slept non-stop for ten hours. ● **Andai a casa dritto f.**, I went straight home □ **Andò dritto f. al frigorifero**, he made a beeline for the fridge □ **zucchero f.**, candy floss. **B** *m.* yarn: **f. da maglieria**, knitting yarn; **f. fantasia**, fancy yarn; **f. ritorto**, twisted yarn; **f. di lana**, woollen yarn; **f. di lino**, linen.
filatóio, *m.* ***1*** (*casalingo*) spinning wheel ***2*** (*ind.*) spinner; spinning machine ***3*** (*filanda*) spinning mill.
filatóre, A *m.* (*f.* **-trice**) spinner. **B** *a.* spinning (*attr.*): **macchina filatrice**, spinning machine.
filatrice, *f.* (*macchina*) spinning machine.
filattèrio, *m.* (*relig. ebraica*) phylactery.
filatùra, *f.* ***1*** (*ind. tess.*) spinning: **f. ad anello**, ring spinning; **f. a mano**, hand spinning; **f. della lana [del cotone, del lino]**, wool [cotton, flax] spinning ***2*** (*filanda*) spinning mill.
fildifèrro, *m.* (iron) wire.
fileggiàre, *v. i.* (*naut.*: *delle vele*) to shiver.
filellènico, *a.* philhellenic.
filellenismo, *m.* philhellenism.
filellèno, A *a.* philhellenic. **B** *m.* philhellene; philhellenist.
filet (*franc.*), *m. invar.* filet.
filètico, *a.* (*biol.*) phyletic.
filettàggio, *m.* (*mecc.*) screw-cutting.
filettàre, *v. t.* ***1*** (*sartoria*) to fillet ***2*** (*mecc.*) to thread. ● (*mecc.*) **f. col pettine**, to chase.
filettatrice, *f.* (*mecc.*) threader; threading machine.
filettatùra, *f.* ***1*** (*sartoria*) filleting ***2*** (*tecn.*: *il filettare*) threading; (*filetto*) thread: **f. destrorsa [sinistrorsa]**, right-handed [left-handed] thread; **f. multipla [semplice]**, multiple [single] thread; **fare una f.**, to cut a thread; to thread; (*al tornio*) to chase ***3*** (*tipogr.*) ruling.
filétto, *m.* ***1*** (*bordatura*) fillet, border, braid, piping; (*linea sottile*) line ***2*** (*mil.*) stripe: **f. d'oro**, stripe of gold lace ***3*** (*cucina*) fillet; (*di bovino, anche*) tenderloin: **bistecca di f.**, fillet steak; tenderloin steak; **f. ai ferri**, grilled fillet steak; **f. di sogliola**, fillet of sole ***4*** (*tecn.*: *di vite, ecc.*) thread ***5*** (*tipogr.*) rule: **f. chiaro**, fine-face rule; **f. ondeggiato**, wave rule ***6*** (*tratto di penna*) hair stroke ***7*** (*di orologio*) bezel ***8*** (*morso di cavallo*) snaffle ***9*** (*anat.*: *della lingua*) fr(a)enum* ***10*** (*gioco da tavolo*) merels; nine men's morris.
filiàle, A *a.* filial. **B** *f.* (*comm.*) ***1*** (*di ditta*) branch (office) ***2*** (*di banca*) branch.
filiazióne, *f.* ***1*** (*leg., ling., filol.*) filiation ***2*** (*derivazione*) derivation; origin.
filibùsta, *f.* (*stor.*) buccaneers (*pl.*).
filibusterìa, *f.* (*stor.*) buccaneering; piracy.
filibustière, *m.* ***1*** (*stor.*) buccaneer; pirate; freebooter ***2*** (*fig.*) buccaneer, adventurer; (*mascalzone*) scoundrel, rascal.
filièra, *f.* ***1*** (*mecc.*) (screw-cutting) die; (*trafila*) draw-plate: **f. per filettare**, threading die; **f. per filettare bulloni**, bolt die ***2*** (*ind. tess., zool.*) spinneret.
filifórme, *a.* thread-like; thready; filiform.
filigràna, *f.* ***1*** (*di oro, ecc.*) filigree ***2*** (*di carta*) watermark.
filigranàto, *a.* (*di carta, banconote*) watermarked.
filigranatùra, *f.* watermarking.
filigranoscòpio, *m.* (*filatelia*) watermark detector.
filipèndula, *f.* (*bot., Spiraea filipendula*) dropwort.
Filippi, *f.* (*geogr., stor.*) Philippi.
filìppica, *f.* philippic; tirade.
Filippìne, *f. pl.* (*geogr.*) (the) Philippines.
filippìno (1), A *a.* Philippine; Filipino. **B** *m.* (*f.* **-a**) Filipino (*f.* Filipino woman*).
filippìno (2), *a. e m.* (*eccles.*) Oratorian. ● **i Filippini**, the Fathers of the Oratory.
Filippo, *m.* Philip.
filisteișmo, *m.* philistinism.
filistèo, *a. e m.* ***1*** (*Bibbia*) Philistine ***2*** (*fig.*) philistine.
fillade, *f.* (*miner.*) phyllite.
fillio, *m.* (*zool., Phyllium*) leaf insect.
fillirèa, *f.* (*bot., Phyllirea*) phyllirea.
fillòdio, *m.* (*bot.*) phyllode.
fillòma, *m.* (*bot.*) phyllome.
filloptòși, *f.* (*bot.*) leaf drop.
fillòssera, *f.* (*zool., Phylloxera vastatrix*) phylloxera; vine-pest.
fillotàssi, *f.* (*bot.*) phyllotaxis*; phyllotaxy.
film, *m.* film; picture; motion picture (*USA*); movie (*fam. USA*): **girare un f.**, (*di regista*) to shoot a film; (*di attore*) to make a film; to be in a film; **f. a passo ridotto**, sixteen-millimeter film; **f. a passo normale**, 35-millimeter film; **f. muto [sonoro, a colori, in bianco e nero]**, silent [sound, colour, black-and-white] film. ● **f. a corto metraggio**, short □ **f. a lungo metraggio**, feature film □ **f. a puntate**, serial □ **f. di attualità**, newsreel □ **f. giallo**, detective film; thriller □ **f. parlato**, talking film (*o* picture); talkie (*fam.*) □ **f. per tutti**, u(-rated) film; G(-rated) movie; film for all the family □ **f. pornografico**, blue film (*USA*: movie); skin flick (*fam.*) □ **f. western**, western.
filmàbile, *a.* (*cinem.*) filmable: **un romanzo f.**, a filmable novel.
filmàre, *v. t.* to film; to shoot*: **f. una cerimonia**, to film a ceremony; **f. una scena**, to shoot a scene.
filmàto, A *a.* filmed; shot. **B** *m.* filmed sequence; short (film).
filmico, *V.* **filmistico**.
filmina, *f.* film strip.
filmistico, *a.* film (*attr.*); (motion-)picture (*attr.*).
filmografia, *f.* filmography.
filmologia, *f.* study of cinematography.
film-òpera, *m. invar.* opera film.
filmotèca, *f.* film library.
filo, *m.* (*pl.* **fili**, *m.*; **fila**, *f., con valore collett. in alcune locuz.*) ***1*** thread; (*specialm. per lavori a maglia e tessitura*) yarn; (*ritorto*) twine: **f. di cotone [di seta, di nailon]**, cotton [silk, nylon] thread; **f. per imbastire**, tacking thread; **f. cucirino**, sewing thread; **ago e f.**, needle and thread; **un rocchetto di f.**, a reel of thread (*o* of cotton, of silk, etc.); **f. di ordito [di trama]**, warp [woof *o* weft] thread ***2*** (*elettr.*) wire; (*cavo*) cable; (*cavo isolato*) flex (*GB*), cord (*USA*): **f. adduttore**, leading wire; **f. di terra**, earth (*USA*: ground) wire; **f. sotto tensione**, live wire; **fili di collegamento**, leads; **Andrebbero cambiati tutti i fili elettrici della casa**, the whole house needs re-wiring; **f. dell'alta tensione**, high-tension cable; **f. del telefono**, telephone wire (*o* cord); **Il f. non arriva alla presa**, the flex (*USA*: cord) doesn't reach the socket; **telefono senza f.**, cordless telephone ***3*** (*di metallo*) wire: **f. di ferro**, (iron) wire; **f. di rame**, copper wire; **f. spinato**, barbed wire ***4*** (*di lama*) edge: **il f. del rasoio**, the razor's edge; **perdere il f.**, to have no edge; to be blunt; **fare il f. a una lama**, to sharpen a blade ***5*** (*per la biancheria*) line: **Il bucato era steso sul f.**, the washing was hanging on the line ***6*** (*fig.*: *pochissimo*) thread; hair's breadth; smidgin (*fam.*): **a un f. dalla vittoria**, within a hair's breadth of winning; within an ace of victory; **Si è salvato per un f.**, he came out alive by the skin of his teeth; he had a close shave (*fam.*); **«Ne vuoi ancora?» «Solo un f.»**, «some more?» «just a smidgin, please» ***7*** (*fig.*: *continuità*) thread: **il f. del ragionamento**, the thread of the argument; **perdere il f. del discorso**, to lose the thread of what one is [was] saying (*o* of one's discourse); to wander from the point ***8*** (*pl.*: **fila**) (*fig.*) threads; strands: **le fila di una storia**, the threads (*o* the various strands) of a story; **le fila di una congiura**, the strings of a conspiracy; **tenere le fila di q.c.**, to pull the strings of st.; **tirare le fila di q.c.**, to gather the thread of st. ● (*edil.*) **f. a piombo**, plumb-line □ **un f. d'acqua**, a trickle of water □ **Non c'è un f. d'acqua**, there isn't a drop of water □ **f. d'aria**, breath of air □ **il f. d'Arianna**, Ariadne's thread; (*fig.*) the key to the problem □ **f. dell'acqua** (*in un fiume*), stream; (flow of the) current □ **i fili dei burattini**, the puppet strings □ **f. dei pensieri**, train of thought □ **il f. del legno**, the grain of wood □ **f. del tra-**

guardo (*o* **f. di lana**), finishing tape □ **f. d'erba**, blade of grass □ **f. della schiena** (*o* **delle reni**), spine □ **f. di fumo**, wisp of smoke □ **un f. di luce**, a thread of light □ **f. di perle**, string of pearls □ **f. di ragno**, spider's thread; cobweb □ **un f. di sangue**, a trickle of blood □ **f. di speranza**, ray (*o* glimmer) of hope □ **Non c'è un f. d'ombra**, there is no shade at all; there isn't an inch of shade □ **f. interdentale**, dental floss □ (*chir.*) **f. per legature**, ligature □ **a fil di logica**, according to strict logic □ (*fig.*) **essere appeso a un f.**, to hang by a thread □ **avere un f. di voce**, to have a thready voice; (*per infreddatura, ecc.*) to have hardly any voice left □ (*fig.*) **dare f. da torcere a q.**, to make things very hard for sb.; (*di cosa difficile*) to be a hard nut to crack □ (*fig.*) **fare il f. a q.**, to chase after sb. □ (*fig.*) **imbrogliare le fila**, to muddle up everything; to make a mess □ **lana a cinque fili**, five-ply wool □ (*fig.*) **essere legato a f. doppio con q.**, to be hand in glove with sb. □ **Non dimostrò un f. d'interesse**, he didn't show the slightest interest □ **passare q. a f. di spada**, to put sb. to the sword □ **per f. e per segno**, in detail; word by word; leaving out nothing □ (*fig.*: *di persona*) **essere ridotto a un f.**, to be worn to a shadow □ **sul f. della legalità**, sailing very close to the wind; dodgy (*agg.*) □ **tagliare la carne secondo il f.**, to carve the meat □ **telegrafia senza fili**, wireless telegraphy.

filoamericàno, *a.* e *m.* (*f.* **-a**) pro-American.

filoàrabo, *a.* pro-Arab.

filobus, *m.* trolleybus.

filocinése, *a., m.* e *f.* pro-Chinese.

filocomunista, *a., m.* e *f.* pro-Communist.

filodèndro, *m.* (*bot., Philodendron*) philodendron.

filodiffuṣióne, *f.* wire broadcasting; wire(d) radio; rediffusion.

filodiffùṣo, *a.* wire(d).

filodiffuṣóre, *m.* wire(d) radio(-set).

filodrammàtica, *f.* amateur dramatic society; amateur dramatics.

filodrammàtico, **A** *a.* amateur dramatic. ● **compagnia filodrammatica**, company of amateur actors □ **rappresentazioni filodrammatiche**, amateur theatricals. **B** *m.* (*f.* **-a**) amateur actor (*f.* actress).

filofascista, *a., m.* e *f.* pro-Fascist.

filogèneṣi, *f.* (*biol.*) phylogenesis; phylogeny.

filogenètico, *a.* (*biol.*) phylogenetic; phylogenic.

filoguidàto, *a.* (*tecn.*) wire-guided.

filoiṣraeliàno, *a.* e *m.* (*f.* **-a**) pro-Israeli.

filologìa, *f.* philology: **f. germanica [romanza]**, German [Romance] philology; **f. comparata**, comparative philology.

filològico, *a.* philologic(al).

filologiṣmo, *m.* (*spreg.*) excessive reliance on philological techniques in literary criticism.

filòlogo, *m.* (*f.* **-a**) philologist.

filonazista, *a., m.* e *f.* pro-Nazi.

filoncino, *m.* (small) French loaf*.

filondènte, *m.* canvas.

filóne (1), *m.* **1** (*miner.*) vein; lode; (*strato sottile fra due più grandi*) seam, sill **2** (*di pane*) French loaf* **3** (*di fiume*) current **4** (*fig.*: *corrente*) trend; current.

filóne (2), *m.* (*f.* **-a**) (*region.*: *persona astuta*) crafty person; sly one; wise guy (*m.*); smart aleck (*m.*).

filoneiṣmo, *m.* love of novelty.

filoneìstico, *a.* novelty-loving.

filoniàno, *a.* – (*geol.*) **rocce filoniane**, dyke rocks.

filóso, *a.* stringy.

filoṣofàle, *a.* – **pietra f.**, philosopher's stone.

filoṣofànte, (*spreg.*) *m.* e *f.* philosophaster; philosophist.

filoṣofàre, *v. i.* to philosophize.

filoṣofastro, *m.* (*spreg.*) philosophaster.

filoṣofeggiàre, *v. i.* (*spreg.*) to pose as a philosopher.

filoṣofèma, *m.* **1** (*filos.*) philosopheme **2** (*spreg.*: *sofisma*) sophism.

filoṣofèssa, *f.* **1** woman* philosopher **2** (*spreg.*) know-all; blue-stocking.

filoṣofìa, *f.* philosophy: **f. morale**, moral philosophy; **f. della scienza**, philosophy of science; **la f. di Aristotele**, Aristotle's philosophy. ● **f. spicciola**, common sense □ **prendere q.c. con f.**, to take st. philosophically; to take the bitter with the sweet □ **prendere le cose con f.**, to take it easy.

filoṣoficaménte, *avv.* philosophically.

filoṣòfico, *a.* philosophic(al).

filoṣofiṣmo, *m.* philosophism.

filòṣofo, *m.* (*f.* **-a**) philosopher. ● **fare il f.**, to pose as a philosopher.

filoṣofùme, *m.* (*spreg.*) **1** (*accolta di filosofastri*) bunch of third-rate philosophers **2** (*complesso d'idee*) muddle of pseudo-philosophical notions; half-baked philosophy.

filosovietico, *a.* e *m.* (*f.* **-a**) pro-Soviet.

filòssera, *V.* **fillossera**.

Filòstrato, *m.* Philostratus.

filotècnico, *a.* philotechnic(al).

filoveicolo, *m.* trolley vehicle.

filovia, *f.* **1** trolleybus line **2** (*il veicolo*) trolleybus.

filoviàrio, *a.* trolleybus (*attr.*).

filtràbile, *a.* (*anche biol.*) filterable, filtrable.

filtrabilità, *f.* filterability.

filtràre, **A** *v. t.* **1** to filter; to filtrate; to strain: **f. l'acqua**, to filter water; **f. il brodo [il tè]**, to strain broth [tea] **2** (*fig.*) to sift; to screen. **B** *v. i.* **1** to filter; to percolate; to seep: **La luce filtrava dalle persiane**, light filtered through the shutters; **Il caffè sta filtrando**, the coffee is percolating **2** (*fig.*: *trapelare*) to leak out; to filter: **La notizia filtrò, nonostante le precauzioni**, the news filtered through (*o* leaked out) despite all precautions.

filtràto, *m.* filtrate.

filtratóre, *m.* (*zool.*) filter feeder.

filtrazióne, *f.* filtering; filtration; (*di liquidi, anche*) percolation: (*ind.*) **impianto di f.**, filtering plant.

filtro (1), *m.* **1** filter: (*autom., mecc.*) **f. del carburante**, fuel filter; (*mecc.*) **f. dell'olio**, oil filter; **f. della luce**, light filter; (*fotogr.*) **f. giallo**, yellow filter; (*fotogr.*) **f. polarizzante**, polaroid filter **2** (*da caffè*) percolator; (*da brodo, da tè*) strainer **3** (*di sigaretta*) filter tip: **sigarette col f.**, filter-tip(ped) cigarettes; filter-tips.

filtro (2), *m.* (*bevanda magica*) philtre, philter (*USA*); magic potion: **f. d'amore**, philtre; love potion.

filtroprèssa, *m.* filter press.

filugèllo, *m.* (*zool., Bombyx mori*) silkworm.

filza, *f.* **1** (*anche fig.*) string: **una f. di perline [di salsicce, di fichi secchi, di bugie]**, a string of beads [of sausages, of dry figs, of lies] **2** (*di documenti, ecc.*) file **3** (*cucito*: *punto a f.*) running stitch.

fimbria, *f.* (*anat.*) fimbria.

fimbriàto, *a.* (*anat.*) fimbriate.

fimìcolo, *a.* (*zool.*) fimicolous.

fimòṣi, **fimoṣi**, *f.* (*med.*) phimosis*.

finàle, **A** *a.* **1** (*conclusivo*) final, closing, conclusive; (*definitivo*) final, definitive; (*ultimo*) last: **l'esito f.**, the final result; **soluzione f.**, final solution; **la scena f. di una commedia**, the last scene of a play; **il Giudizio f.**, the Last Judgment **2** (*rif. a un fine*) final: (*filos.*) **la causa f.**, the final cause; (*gramm.*) **proposizione f.**, final clause. **B** *f.* **1** (*sport*) finals (*pl.*): **entrare in f.**, to get to the finals **2** (*di concorso e sim.*) last round; final trial **3** (*gramm.*) final clause. **C** *m.* **1** end; ending; conclusion **2** (*mus.*) finale.

finaliṣmo, *m.* (*filos.*) finalism.

finalissima, *f.* (*sport*) grand final.

finalista, *m.* e *f.* (*filos., sport*) finalist.

finalìstico, *a.* (*filos.*) finalistic.

finalità, *f.* **1** finality **2** (*scopo*) aim; purpose; end; design.

finaliẓẓàre, *v. t.* **1** (*concludere*) to finalize **2** (*dare uno scopo*) to direct; to orient; to target; to gear: **f. le proprie azioni al conseguimento di q.c.**, to direct one's action towards achieving st.; **f. la produzione al mercato estero**, to orient (*o* to gear) one's production to foreign markets.

finaliẓẓàto, *a.* with a purpose (*pred.*); oriented; targeted.

finaliẓẓazióne, *f.* orientation; targeting; aim; purpose.

finalménte, *avv.* **1** (*alla fine*) at last; at long last **2** (*da ultimo*) in the end; lastly.

finànche, *avv.* even.

finànza, *f.* **1** finance: **alta f.**, high finance; **Ministro delle Finanze**, Minister of Finance; (*in G.B.*) Chancellor of the Exchequer **2** (*pl.*) (*entrate dello Stato*) finances; national revenue **3** (*pl.*) (*mezzi*) finances: **Se me lo permetteranno le finanze**, if I can afford it; if my finances will run to it. ● **f. allegra**, spendthrift policy □ **guardia di f.**, customs officer; (*il corpo*) financial police □ **intendenza di f.**, revenue office □ **scienza delle finanze**, finance.

finanziaménto, *m.* **1** (*il finanziare*) financing; funding; loan **2** (*somma erogata*) funds (*pl.*); finances (*pl.*) **3** (*aiuto finanziario*) financial support; backing; sponsoring.

finanziàre, *v. t.* to finance; to fund; to provide financial support (for); to back; (*sponsorizzare*) to sponsor; (*un'impresa filantropica e sim.*) to endow.

finanziària, *f.* **1** (*econ.*: *società di investimento*) finance company; (*società di controllo*) holding company **2** (*leg.*: *legge*) financial act; (*progetto di legge*) financial bill.

finanziàrio, *a.* **1** (*leg.*) financial: **anno [esercizio] f.**, financial year; **legge finanziaria**, financial act **2** (*econ.*) financial; finance (*attr.*): **consulente f.**, financial (*o* investment) adviser; **società finanziaria**, finance company; **condizioni finanziarie**, financial situation; (*di privato*) means; **essere in buone [cattive] condizioni finanziarie**, to be well-off [badly-off].

finanziatóre, **A** *a.* financing. **B** *m.* (*f.* **-trice**) financer; financial backer; sponsor; (*di spettacoli e sim., anche*) angel (*fam.*).

finanzièra, *f.* **1** (*cucina*) «financière» (*franc.*) garnish **2** (*moda*) frock coat.

finanzière, *m.* **1** financier **2** (*doganiere*) customs officer.

finca, *f.* (*bur.*) column.

fincàto, *a.* divided into columns.

finché, *cong.* **1** (*fino a quando*) until; till: **Rimase f. non ebbi finito**, he stayed until I finished **2** (*per tutto il tempo che*) as long as: **Puoi tenere il libro f. vuoi**, you can keep the book as long as you like; **F. seguita a piovere rimango qui**, as long as it goes on raining, I shall stay here.

fin de siècle (*franc.*), *locuz. a. invar.* fin-de-siècle.

fine (1), *f.* **1** end; conclusion; ending; close: **il principio e la f.**, the beginning and the end; **a f. mese** (*o* **alla f. del mese**), at the end of the month; **Ti ricordi la scena alla f. del film?**, do you remember that scene towards the end (*o* at the close) of the film?; **cambiare la f. di un romanzo**, to change the ending of a novel; **volere vedere la f. di q.c.**, to want to see the end of st.; **fare una brutta f.**, to come to a bad (*o, fam.*, sticky) end; **fare la stessa f. di**, to go the same way as; **mettere f. a q.c.**, to put an end to st.; **volgere alla f.**, to draw to an end (*o* to a close); (*mecc.*) **f. della corsa** (*dei pistoni nei cilindri*), end of stroke **2** (*morte*) end; death: **fare una f. terribile**, to meet with a terrible death; **fare una bella f.**, to die well. ● **F.** (*in fondo a un libro, a un* *film, ecc.*), the end □ **F.!** (*ecco fatto*), that's it!; there we are! □ (*comm.*) **f. esercizio**, end of the financial year □ **f. settimana**, *V.* **fine settimana** □ **alla f.**, (*dopo un certo tempo*) in the end; eventually; (*finalmente*) at last: **Alla f. ho dovuto dirglielo**, in the end I had to tell him; I had to tell him eventually □ **alla fin f.** (*o* **in fin dei conti**), after all; all things considered □ **avere f.**, to end; to come to an end □ (*fam.*) **essere la f. del mondo**, to be fabulous □ **Non sarà la f. del mondo se aspetti mezz'ora!**, it won't be the end of the world if you wait half an hour! □ **essere in fin di vita**, to be close to death; to be dying: **Il ferito sembrava in fin di vita**, the injured man looked close to death □ **porre** (*o* **dare**) **f. a q.c.**, to put an end to st. □ **il principio della f.**, the beginning of the end □ **senza f.**, without end; endlessly (*avv.*); endless (*agg.*); boundless (*agg.*): **un mondo senza f.**, a world without end; **seccature senza f.**, endless (*o* no end of) trouble; **È di una bontà senza f.**, he is endlessly kind □ **verso la f. dell'autunno**, in late Autumn □ **Che f. ha fatto il tuo amico?**, what has become of your friend? □ **Buona f. e miglior principio!** (*Buon anno*), a Happy New Year!

fine (**2**), *m.* ***1*** (*scopo, meta*) end; aim; object; objective; purpose: **Il f. giustifica i mezzi**, the end justifies the means; **il f. ultimo**, the ultimate end (*o* aim); **raggiungere il proprio f.**, to reach one's objective; **col solo f. d'aiutarlo**, with the sole object of helping him ***2*** (*conclusione, risultato*) conclusion; result; issue: **condurre a buon f. un'impresa**, to bring an enterprise to a successful conclusion; to round off an enterprise; **andare** (*o* **giungere**) **a buon f.**, to have a successful conclusion; to turn out well. ● **al f. di**, in order to □ **a fin di bene**, with the best of intentions; meaning well □ **A che f.?**, why?; what for?; to what purpose? □ **a lieto f.**, with a happy ending □ **avere un secondo f.**, to have a hidden purpose; to have an ulterior motive □ (*comm.*) **salvo buon f.**, subject to collection.

fine (**3**), *a.* ***1*** (*sottile*) fine, thin; (*minuto*) fine: **Voglio del filo più f.**, I want some finer (*o* thinner) thread; **seta f.**, fine silk; **sabbia f.**, fine sand ***2*** (*fig.: acuto, sottile*) fine; subtle; keen: **una distinzione f.**, a fine distinction; **un f. senso dell'umorismo**, a fine sense of humour; **f. ironia**, subtle irony; **avere l'udito f.**, to have a keen ear (*o* a good hearing) ***3*** (*delicato*) delicate; gentle ***4*** (*elegante*) elegant; (*raffinato*) refined: **una signora molto f.**, a very refined lady; **gusto f.**, refined taste. ● **aria f.**, pure air □ (*fam.*) **far f.**, to be smart; to be the thing (*fam.*).

finecórsa, *f.* (*tecn.*) limit switch.

fine settimàna, *m.* o *f. invar.* weekend.

finèstra, *f.* ***1*** window: **Mi affacciai alla f.**, I showed myself at the window; (*per guardare*) I looked out of the window; **entrare dalla f.**, to climb in through the window; **La f. dà** (*o* **guarda**) **sul giardino**, the window looks on to the garden; **f. ad abbaino**, dormer window; **f. a battenti**, French (*o* casement) window; **f. a due battenti**, double casement window; **f. a ghigliottina**, sash window; **f. a lucernaio**, skylight; **f. a lunetta**, fanlight; **f. cieca**, blank (*o* blind) window; **f. ogivale**, lancet window; **doppia f.**, double window ***2*** (*apertura*) opening; hole; window ***3*** (*elab.*) window. ● (*anat.*) **f. ovale** (*o* **vestibolare**), vestibulum; vestibule of the ear □ (*anat.*) **f. rotonda** (*o* **cocleare**), opening of the cochlea □ **busta a f.**, window envelope □ (*fig.*) **buttare i soldi dalla f.**, to throw money away □ **davanzale di f.**, windowsill □ **porta f.**, French window □ (*fig.*) **passare dalla f.**, to get in by the back-door □ (*fig.*) **Uscito dalla porta, è rientrato dalla f.**, there's no getting rid of him □ (*fig.*) **stare alla f.**, to be a spectator; to stand on the sidelines □ **vetro di f.**, windowpane.

finestràto, *a.* having windows; windowed. ● **maniche finestrate**, slashed sleeves.

finestratùra, *f.* windows (*pl.*).

finestrino, *m.* ***1*** small window ***2*** (*di treno, auto, aereo*) window: **f. posteriore**, rear window.

finézza, *f.* ***1*** fineness; delicacy ***2*** (*sottigliezza*) subtlety ***3*** (*raffinatezza*) refinement ***4*** (*acutezza*) sharpness; keenness.

fingere, **A** *v. t.* e *i.* ***1*** to pretend; to feign; to simulate; to sham: **f. una malattia**, to feign illness; **f. interesse**, to feign interest; to pretend to be interested; **f. indifferenza**, to sham indifference; **Fingeva di dormire**, he pretended to be asleep (*o* he was asleep); **saper f.**, to be good at pretending; **Finse di non conoscermi**, he pretended he didn't know me; (*mi ignorò*) he cut me, he snubbed me ***2*** (*immaginare, supporre*) to imagine; to suppose: **Fingi di essere in un'isola deserta**, imagine you are on a desert island. **B fingersi**, *v. rifl.* to pretend; to feign: **f. morto**, to feign death; to pretend to be dead; **f. malato**, to pretend to be ill; (*di soldato*) to malinger.

finìbile, *a.* that can be finished.

finiménto, *m.* ***1*** set; (*di gioielli, anche*) parure: **un f. di rubini**, a parure of rubies; a ruby set ***2*** (*pl.*) (*bardatura*) harness (*sing.*): **mettere i finimenti a un cavallo**, to harness a horse.

finimóndo, *m.* bedlam; pandemonium; chaos: **Successe un f.**, all hell broke loose; there was bedlam.

finìre, **A** *v. i.* ***1*** (*terminare, avere fine*) to end; to come* to an end; to finish: **Tutte le cose belle devono f.**, all good things must end (*o* come to an end); **La guerra finì nel 1945**, the war ended (*o* finished) in 1945; **parole che finiscono in -ing**, words ending in -ing; **Credevo che il film non finisse più**, I thought the film would never end; **La strada finisce qui**, the road ends (*o* comes to an end) here ***2*** (*anche* **andare a f.**: *concludersi*) to end; to end up: **Com'è finita la partita?**, how did the match end?; **Andò a f. tutto bene**, it all ended up well; **Andò a f.** (*o* **Finì**) **che gli diedi un passaggio a casa**, I ended up driving him home; **f. bene**, to end well; (*di vicenda*) to end happily; (*risolversi bene*) to turn out well; **f. male**, to end badly; to come to a bad end; (*di vicenda*) to end unhappily; **Guarda che finisce male!** (*detto a un bambino*), watch it, or it'll end up in tears!; **f. in tragedia**, to end in tragedy ***3*** (*esaurirsi*) to run* out; (*di merce*) to sell* out: **Le nostre provviste finirono presto**, our provisions soon ran out; **La nostra provvista (di merce) è finita**, our stock is sold out ***4*** (*coi verbi impers.: smettere*) to stop: **Non è ancora finito di piovere**, it hasn't stopped raining yet ***5*** (*morire*) to die: **Finì gloriosamente**, he died a glorious death ***6*** (*anche* **andare a f.**: *andare, ritrovarsi*) to end up: **f. all'ospedale [in prigione]**, to end up in hospital [in jail]; **f. in miseria**, to end up destitute; **La palla finì sul tetto**, the ball ended up on the roof ***7*** (*anche* **andare a f.**: *scomparire, cacciarsi*) to get* to: **Dove eri finito?**, where did you get to?; **Dove è finito** (*o* **andato a f.**) **il mio cappello?**, where has my hat got to?; what's become of my hat? ***8*** (*sboccare: di fiume*) to flow into; (*di strada*) to lead* to. ● **f. in bellezza** (*o* **in gloria**), to end with a flourish; to end brilliantly □ **f. in niente** (*o* **in una bolla di sapone**), to come to nothing; to end up in smoke □ **f. in pianto**, to end in tears □ **Di questo passo, dove si va a f.?**, (at this rate) where is it all going to end? □ **Dove vuole andare a f.?** (*a che cosa mira?*), what is he driving at? □ **È finita!**, it's all over; that's the end □ **La cosa non finisce qui!**, you haven't heard the last of this! □ **La lezione è finita**, the lesson is over □ **Tutto è f. fra noi**, it's all over between us □ **Il tempo (a disposizione) è f.**, my (your, etc.) time is up □ **«C'è dell'altro caffè?» «No, è f.»**, «is there any more coffee?» «no, it's finished (*o* there's none left)». **B** *v. t.* ***1*** to finish; to end; (*concludere*) to bring* to an end, to wind* up; (*completare*) to complete, to finish off: **Devo f. questa lettera**, I must finish this letter; **Non so come f. la lettera**, I don't know how to end the letter; **Lasciami f. di leggere questo articolo**, let me finish reading this article; **Ho finito di stirare**, I've finished ironing; **f. i propri giorni**, to end one's days; **Finì il discorso con una citazione dalla Bibbia**, he ended (*o* wound up) his speech with a quotation from the Bible; **Finiremo con una macedonia**, we will finish off with a fruit salad; **Con te non ho ancora finito!**, I haven't finished with you yet!; **f. in orario**, to finish on time; **Hai finito?**, have you finished?; are you through? (*USA*) ***2*** (*smettere*) to stop; (*smettere di lavorare*) to stop work, to knock off (*fam. GB*): **Finiamo qui per oggi**, let's stop here for today; **f. di piangere [di ridere]**, to stop crying [laughing]; **Alla fabbrica finiscono alle sei**, they stop work at six at the factory ***3*** – **f. con** (*o* **per**) (+ *inf.*), to end (up) by (+ *gerundio*): **Finii col farlo io**, I ended up by doing it myself; in the end I did it myself; **Finirà per farsi male**, he will end up by hurting himself; **Sono certo che finiranno per cedere**, I'm sure they will eventually give in (*o* they will give in in the end) ***4*** (*mangiare o bere tutto*) to finish off, to finish up; (*di cibo, anche*) to eat up; (*di bevanda, anche*) to drink up; (*fare piazza pulita di*) to polish off: **Su, finisci la minestra**, come on, eat up your soup; **I ragazzi finirono il gelato in un attimo**, the kids polished off the icecream in a flash ***5*** (*usare fino in fondo*) to use up; to finish up: **Ho fatto una sciarpa per f. la lana**, I've knitted a scarf to finish up the wool ***6*** (*uccidere*) to finish off: **La seconda pallottola lo finì**, the second bullet finished him off; **Lo finirono a calci**, they kicked him to death. ● **f. il patrimonio** (*o* **tutti i soldi, ecc.**), to get through all one's money □ **fare f. q.c.**, to put an end to st. □ **Finiscila!**, do stop!; stop it!; have done with it!; cut it out (*fam. USA*); stow it! (*pop.*); (*di gridare, cantare, ecc.*) do shut up □ **Ha finito i dieci anni**, he has turned ten □ **Non la finiva più con le sue barzellette**, he went on and on with his jokes □ **Sarebbe ora che Tom la finisse di fare lo stupido**, it's high time Tom stopped fooling about. **C** *m.* end: **sul f. dell'inverno**, towards the end of winter.

finis (*lat.*), *m. invar.* (*a scuola*) end (of a class); finish.

finish (*ingl.*), *m. invar.* finish; final sprint.

finissàggio, *m.* (*ind.*) finishing.

finitézza, *f.* ***1*** (*compiutezza*) perfection; perfect finish ***2*** (*limitatezza*) finiteness; limitedness.

finitimo, *a.* neighbouring; bordering.

finito, **A** *a.* ***1*** (*terminato*) finished; ended; over (*pred.*); up (*pred.*); done (*pred.*): **Arrivammo a festa finita**, we arrived when the party was over; **Ecco qua, f.!**, there, it's done! ***2*** (*compiuto*) finished; (*rifinito*) beautifully finished, exquisite: **prodotto f.**, finished product ***3*** (*abile, esperto*) expert; accomplished; excellent: **cameriere f.**, expert waiter; **artigiano f.**, accomplished craftsman ***4*** (*senza un futuro*) finished (*pred.*); (*fallito, o gravemente malato*) broken; (*spacciato*) done for: **È un artista f.**, as an artist, he's finished; **Se non arrivano i riforzi siamo finiti**, if the reinforcements don't arrive, we're done for; **È un uomo f.**, he's done for; he's a goner (*fam.*) ***5*** (*mat., filos., gramm.*) finite: **modo f.**, finite mood. ● **non f.**, not finished; unfinished □ **Facciamola finita con questo chiasso!**, let's put an end to this noise □ **Con lui, l'ho fatta finita**, I'm through with him □ **Falla** (*o* **fatela**) **finita!**, have done with it!;

stop it! □ **farla finita** (**con la vita**), to end it all □ **Ho quarant'anni finiti**, I am forty. **B** *m.* (*filos., gramm.*) finite. ● (*tipogr.*) **f. di stampare**, colophon.

finitóre, *m.* finisher.

finitrìce, *f.* (*mecc.*) finishing machine.

finitùdine, *f.* (*filos.*) finitude; finiteness.

finitùra, *f.* ***1*** finish: **f. liscia** [**speculare**], smooth [mirror] finish ***2*** (*tocco finale*) finishing touch.

finlandése, **A** *a.* Finnish. **B** *m.* e *f.* Finn (*m.*); Finlander (*m.*); Finnish woman* (*f.*): **i Finlandesi**, the Finns. **C** *m.* (*lingua*) Finnish.

Finlàndia, *f.* (*geogr.*) Finland.

finlandizzazióne, *f.* (*polit.*) Finlandization.

finnico, *a.* (*stor.*) Finnic.

fino (**1**), **A** *avv.* (*perfino*) even: **Mangiai tutto, f. le briciole**, I ate it all, even the crumbs; **Hai parlato fin troppo**, you've said too much already. **B** *prep.* ***1*** (*di tempo*) until; till; up to: **Sono qui f. a venerdì**, I'm here till (*o* until) Friday; **f. a oggi**, up until today; up until now; to date; **f. a questo momento**, until now; up to now; so far; **f. all'ultimo**, up to the last; up to the end; **da luglio f. alla fine di ottobre**, from July to the end of October; July through October (*USA*); **F. a quando?**, till when?; (*per quanto tempo?*) how long? ***2*** (*di luogo, anche fig.*) as far as; to: **Vai f. all'incrocio**, go as far as the crossroads; **Il velo arriva f. all'orlo**, the veil reaches to the hem; **La proprietà si estende f. al mare**, the property extends as far as the sea; **Arrivammo fin dove cominciava il ghiacciaio**, we got to where the glacier began; **Leggi f. a pagina 22**, read up to (*o* as far as) page 22; **Dallo sguattero su su f. al re**, from the scullery-boy up to the king; **Fin dove?**, how far? ***3*** (*seguito dall'inf.*) till; so much that: **Bevve f. a vederci doppio**, he drank so much that he started seeing double; **Urlò f. a perdere la voce**, he shouted himself hoarse. ● **f. a che**, *V.* **finché** □ **f. a ora**, *V.* **finora** □ **f. da**, from; since: **f. dalla sua infanzia**, from his childhood; since he was a child; **Non piove f. dall'estate scorsa**, it hasn't rained since last summer □ **fin d'ora**, (*d'ora innanzi*) from now on (*o* henceforth); (*subito*) right now, straight away □ **fin là**, as far as there; there □ (*fig.*) **resistere f. all'ultimo uomo**, to resist to the last man □ **Rise f. alle lacrime**, he laughed till he cried □ **spendere f. all'ultimo centesimo**, to spend right down to the last penny.

fino (**2**), **A** *a.* ***1*** (*minuto*) fine: **sale f.**, fine (*o* table) salt ***2*** (*di oro, argento*) pure ***3*** (*astuto*) sharp; subtle: **cervello f.**, sharp mind; subtle brains (*pl.*) ***4*** (*sottile*) *V.* **fine** (**3**), *def. 1.* **B** *avv.* – **far f.**, to be smart; to be the thing (*fam.*).

finocchièlla, *f.* (*bot.*, *Myrrhis odorata*) myrrh; sweet cicely.

finòcchio (**1**), *m.* (*bot.*, *Foeniculum vulgare*) fennel. ● (*bot.*) **f. dolce** (*Foeniculum dulce*), sweet (*o* Florence) fennel □ (*bot.*) **f. marino** (*Crithmum maritimum*), sea-fennel; samphire.

finòcchio (**2**), *m.* (*spreg.*: *omosessuale maschio*) queer; fairy; poof; nancy boy.

finóra, *avv.* till now; up to now; so far; (as) yet (*in frasi neg.*); hitherto (*form.*): **F. non ho ricevuto sue notizie**, I have heard nothing from him up to now (*o* as yet, so far); **F. non l'ho fatto**, I have not done it yet; **F. nessuno ha protestato**, no one has complained so far; **F. abbiamo pagato sei milioni**, we've paid six million lire so far.

finta, *f.* ***1*** (*finzione*) pretence; sham; put-on (*fam.*): **È tutta una f.**, it is all pretence; **La sua malattia era una f.**, his illness was just put on ***2*** (*sport* e *fig.*) feint: **fare una f.**, to make a feint ***3*** (*sartoria*) flap. ● **far f.**, to pretend; to make a pretence; to act; (*assol., anche*) to put* it on (*fam.*): **Fece f. di non conoscermi**, he pretended he didn't know me; (*mi ignorò*) he cut me, he snubbed me; **Fece finta di leggere il giornale**, he made a pretence of reading the paper; **Fa solo f. di essere seccata**, she's just pretending to be annoyed; **Non dorme, fa solo f.**, he is not sleeping, he's just pretending (*o* putting it on); **far f. di nulla**, to pretend nothing happened; to act as if nothing had happened.

fintàggine, *f.* duplicity; double-dealing; pretence.

fintantoché, *V.* **finché**.

fintàre, *v. t.* e *i.* (*sport*) to feint.

finto, **A** *a.* ***1*** (*falso*) false; (*imitato*) artificial, fake (*attr.*), sham (*attr.*), mock (*attr.*), dummy (*attr.*); (*comm.*) imitation (*attr.*): **capelli finti**, false hair; **barba finta**, false beard; **perle finte**, sham (*o* artificial) pearls; **brillante f.**, fake diamond; **fiori finti**, artificial flowers; **finestra finta**, dummy window; **f. cuoio** (*o* **finta pelle**), imitation leather; **tasca finta**, false (*o* mock) pocket ***2*** (*insincero*) false, insincere, deceitful; (*simulato*) feigned, pretended, affected, simulated, mock (*attr.*), make-believe: **un f. amico**, a false friend; **finta indifferenza**, feigned (*o* affected) indifference; **f. terrore**, mock terror; **battaglia finta**, mock battle; **È un uomo f.**, he is insincere; he is a hypocrite ***3*** (*leg.*) fictitious. ● **Credo che la malattia sia finta**, I think the illness is put on (*fam.*) □ **fare il f. tonto**, to play dumb. **B** *m.* (*f.* **-a**) (*ipocrita*) hypocrite.

finzióne, *f.* ***1*** pretence; falsity ***2*** (*cosa simulata*) pretence; sham; make-believe; fiction; act; put-on (*fam.*): **È tutta una f.**, it's all pretence; **Dice di star male, ma è tutta una f.**, she says she's not well, but it's all an act (*o* all acting); **f. scenica**, stage pretence; **f. giuridica**, legal fiction ***3*** (*falsità*) deceitfulness; falsehood ***4*** (*cosa immaginata*) fiction; invention. ● **senza f.**, openly.

fio, *m.* penalty: **pagare il f. di q.c.**, to pay the penalty for st.

fiocàggine, *f.* (*raucedine*) hoarseness.

fioccànte, *m.* (*naut.*) jibs-man*.

fioccàre, *v. i.* ***1*** (*della neve*) to fall* (in flakes); to snow: **Sta fioccando**, it's snowing ***2*** (*fig.*) to rain down; to shower; to come* in thick and fast: **Fioccarono i colpi su di lui**, blows rained down on him; **Fioccano le proteste**, complaints are coming in thick and fast; we are snowed under with complaints.

fiòcco (**1**), *m.* ***1*** (*di nastro, ecc.*) bow; knot: **legare con un f.**, to tie in a bow; **fare** [**disfare** *o* **sciogliere**] **un f.**, to tie [to untie] a bow ***2*** (*di neve*) snowflake; flake: **cadere a larghi fiocchi**, to fall in large flakes ***3*** (*bioccolo*) tuft, flock; (*fibra*) staple ***4*** (*nappa*) tassel. ● **fiocchi di avena**, oat flakes; (breakfast) cereals □ **fiocchi di granoturco**, cornflakes □ (*fig.*) **coi fiocchi**, first-rate; first-class; excellent; (*di pasto*) super, slap-up (*fam.*): **un professore coi fiocchi**, a first-class teacher; **un pranzo coi fiocchi**, a slap-up dinner □ (*fig.*) **mettersi in fiocchi**, to dress up; to put on one's glad rags (*fam.*).

fiòcco (**2**), *m.* (*naut.*) jib.

fioccóso, *a.* flocky; woolly: **nuvole fioccose**, woolly clouds.

fiochézza, *V.* **fiocaggine**.

fiòcina, *f.* harpoon.

fiocinàre, **A** *v. t.* to harpoon. **B** *v. i.* to throw* a harpoon; to fire a harpoon.

fiocinàta, *f.* blow with a harpoon.

fiocinatóre, *m.* harpooner.

fiòcine, *m.* ***1*** (*buccia del chicco d'uva*) grape-skin ***2*** (*region.*: *vinacciolo*) grape-stone.

fiocinière, *m.* harpooner.

fiòco, *a.* ***1*** weak; feeble; faint; (*di luce, anche*) dim ***2*** (*rauco*) hoarse.

fiónda, *f.* ***1*** (*mil., stor.*) sling ***2*** (*giocattolo*) catapult; slingshot (*USA*).

fiondàre, **A** *v. t.* ***1*** (*lett.*) to catapult ***2*** (*scagliare*) to throw*, to hurl, to fling*; (*con un calcio*) to shoot*. **B** **fiondàrsi**, *v. rifl.* to rush; to shoot*; to fling* oneself.

fioràio, *m.* (*f.* **-a**) ***1*** florist ***2*** (*ambulante*) flower vendor (*o* seller) (*f., anche*: flower girl, *GB*).

fioràle, *a.* (*bot.*) floral.

fioràmi, *m. pl.* flower (*o* floral) pattern (*sing.*); floral design (*sing.*): **a f.**, with a flower pattern; flowered: **disegno a f.**, flower pattern; **seta a f.**, flowered silk.

fioràto, *a.* flowered; with a flower pattern.

fiordalìso, *m.* ***1*** (*bot.*, *Centaurea cyanus*) cornflower; bluebottle ***2*** (*arald.*) lily; fleur-de-lis*.

fiordilàtte, *m. invar.* ***1*** mozzarella made with cow's milk ***2*** (*gelato*) plain icecream.

fiòrdo, *m.* fiord, fjord.

fióre, *m.* ***1*** flower; (*di cespo, pianta*) bloom; (*di albero da frutto*) blossom: **fiori recisi** [**selvatici, artificiali, freschi**], cut [wild, artificial, freshly-cut] flowers; **il profumo di un f.**, the scent of a flower; **il linguaggio dei fiori**, the language of flowers; **cogliere un f.**, to pick a flower; **fare fiori**, to flower; (*di albero da frutto*) to blossom; (*improvvisamente*) to burst into flower; **Le rose sono in f.**, roses are in bloom; **Il pesco è in f.**, the peach tree is in blossom; **f. d'arancio**, orange blossom; **f. di mandorlo**, almond blossom; **f. composto**, compound flower; **f. doppio** [**singolo**], double [single] flower; **f. annuale** [**biennale, perenne**], annual [biennial, perennial] flower; **mazzo di fiori**, bunch of flowers; (*più formale*) bouquet; **mazzolino di fiori**, nosegay; **mostra di fiori**, flower-show; **pianta da f.**, flowering plant; **cassetta per fiori**, window box; **vaso da fiori**, (*per pianta*) flower pot; (*per fiori recisi*) vase, bowl; **serto** (*o* **ghirlanda, corona**) **di fiori**, wreath (*o* garland) of flowers ***2*** (*superficie*) surface: **sul f. dell'acqua**, on the surface of the water; **scogli a fior d'acqua**, reefs just below the surface; **salire a fior d'acqua**, to surface; to rise to the surface; **volare a fior di terra**, to skim the ground; **a fior di pelle**, superficial (*agg.*): **taglio a fior di pelle**, superficial cut; **Ho i nervi a fior di pelle**, my nerves are on edge; **sorriso a fior di labbra**, thin smile; half smile; **mormorare q.c. a fior di labbra**, to whisper st. under one's breath ***3*** (*fig.*: *la parte scelta*) flower; pick; cream: **il f. della nostra gioventù**, the flower of our youth; **il fior f. dell'aristocrazia**, the cream of the aristocracy ***4*** (*fig.*: *momento migliore, culmine*) flower; bloom; height: **il f. degli anni**, one's prime; the prime of life; **nel f. della bellezza**, at the height of one's beauty; **nel f. della gioventù**, in the bloom (*o* flower) of one's youth; **nel f. della carriera**, at the height of one's career; in one's heyday ***5*** (*fig.*: *compendio, antologia*) selection; anthology: **il f. della Divina Commedia**, a selection from the Divine Comedy ***6*** (*pl.*) (*nelle carte da gioco*) clubs: **il 4 di fiori**, the 4 of clubs ***7*** (*enologia*) flowers (*pl.*); mould. ● **f. all'occhiello**, button-hole; (*fig.*) (a) feather in one's cap, pride, jewel: **Quel contratto è il f. all'occhiello del nuovo direttore**, that contract is a feather in the new manager's cap; **Lo stadio nuovo è il f. all'occhiello della cittadina**, the new stadium is the pride of the town □ **il f. della vita**, the spring(time) of life □ **f. di farina**, flour □ **f. di latte**, cream □ **f. di quattrini**, a pretty penny; a tidy sum; lots of money: **È costato fior di quattrini**, it cost a pretty penny (*o* a tidy sum); **Ha fior di quattrini**, he's got lots (*o* bags) of money □ (*bot.*) **f. di passione**, passion flower □ (*chim.*) **fiori di zolfo**, flowers of sulphur □ **un fior di galantuomo**, a thoroughly honest man □ **un fior di mascalzone**, a thorough scoundrel □ **un fior di scienziato**, a first-class scientist □ **un fior di ragazza**, a beautiful girl; a beauty □ **a fiori**, flowered; floral; with a flower pattern: **tappezzeria a fiori**, floral wallpaper; wallpaper with a flower pattern □ (*fig.*) **essere in f.** (*prosperare*), to flourish; to thrive □ **nel f. della salute**, in the pink of health (*fam.*) □ **Sei un f.!**, you are blooming! □ (*fig.*) **perdere il proprio f.**, to lose one's bloom □ (*nei necrologi*) **«Si prega di non inviare fiori»**, «no flowers by request».

fiorellino, *m.* (*bot.*) floret; floweret.

fiorènte, *a.* ***1*** (*fig.*) thriving, flourishing; (*di persona*) blooming ***2*** (*econ.*) thriving; blooming.

fiorentina, *f.* ***1*** (*cucina*) grilled T-bone steak ***2*** (*chim.*) Florence flask.

fiorentineggiàre, *v. i.* to put* on (*o* to affect) a Florentine accent.

fiorentinésco, *a.* Florentine.

fiorentinismo, *m.* ***1*** Florentine idiom ***2*** (*letter.*) movement upholding the superiority of the Florentine dialect.

fiorentinista, *m.* e *f.* upholder of the Florentine dialect.

fiorentinità, *f.* Florentine nature; Florentine qualities (*pl.*).

fiorentino, *a.* e *m.* (*f.* **-a**) Florentine. ● (*cucina*) **bistecca alla fiorentina**, grilled T-bone steak □ (*chim.*) **bottiglia fiorentina**, Florence flask.

Fiorènza, *f.* (*stor.*, *lett.*) Florence.

fiorènza, *f.* (*ind. tess.*) florence; florentine.

fioreria, *f.* flower shop; florist's (shop).

fiorétta, *f.* (*enologia*) flowers (*pl.*); mould.

fiorettàre, e *deriv.* *V.* **infiorettare**, e *deriv.*

fiorettista, *m.* e *f.* (*sport*) foilist; foilsman* (*m.*).

fiorétto (1), *m.* ***1*** (*lett.*: *piccolo fiore*) little flower; floweret ***2*** (*parte scelta di q.c.*) – **f. del cotone**, first-quality cotton ***3*** (*pl.*) (*letter.*) selection (*sing.*); selected passages ***4*** (*piccola rinuncia*) small sacrifice; act of mortification ***5*** (*mus.*) grace; embellishment. ● **«I fioretti di San Francesco»**, «The Little Flowers of St Francis».

fiorétto (2), *m.* ***1*** (*sport*) foil ***2*** (*tecn.*) starter ***3*** (*elettr.*) switch hook.

fioricoltóre, fioricoltùra, *V.* **floricoltore, floricoltura**.

fiorièra, *f.* ***1*** (*per piante*) flower box ***2*** (*per fiori recisi*) flower holder; bowl.

fiorìfero, *a.* (*bot.*) floriferous.

Fiorile, *m.* (*stor. franc.*) Floréal (*franc.*).

fiorino, *m.* ***1*** (*stor.*) florin ***2*** (*unità monetaria olandese*) guilder; gulden ***3*** (*unità monetaria ungherese*) forint.

fiorire, A *v. i.* ***1*** to flower; to bloom; (*all'improvviso*) to burst* into flower; (*di alberi da frutto o lett.*) to blossom; (*essere in fioritura*) to bloom, to be in flower (*o* in bloom): **Il ciliegio sta fiorendo**, the cherry tree is blossoming; **una pianta che fiorisce in estate**, a plant that flowers in the summer; **La rosa è fiorita**, the roses have bloomed; the rose bush is in bloom ***2*** (*prosperare*) to flourish; to thrive*; to prosper: **Allora fiorivano i traffici**, trade was thriving then ***3*** (*di uomini celebri*) to flourish; to be active: **Lippo Vanni fiorì fra il 1344 e il 1375**, Lippo Vanni was active from 1344 to 1375 ***4*** (*essere pieno di*) to be full of: **La città fioriva di giovani talenti**, the city was full of talented young people ***5*** (*coprirsi di muffa*) to grow* mouldy; to mildew ***6*** (*coprirsi di un'eruzione cutanea*) to come* out in a rash. ● (*prov.*) **Se son rose fioriranno**, we'll have to wait and see. **B** *v. t.* ***1*** (*ornare di fiori*) to deck with flowers ***2*** (*fig.*) to adorn; to embellish.

fiorista, *m.* e *f.* ***1*** florist ***2*** (*pittore*) flower painter ***3*** (*chi fa fiori artificiali*) maker of artificial flowers.

fiorita, *f.* ***1*** carpet of flowers ***2*** *V.* **florilegio**.

fiorito, *a.* ***1*** (*in fiore*) in flower (*pred.*); in bloom (*pred.*); flowering (*attr.*); (*di albero da frutto*) in blossom (*pred.*): **meli fioriti**, apple trees in blossom; **tutto f.**, in full bloom (*o* blossom); covered in flowers ***2*** (*pieno di fiori*) full of flowers (*pred.*): **campo f.**, field full of flowers; **una casa fiorita**, a house full of flowers ***3*** (*ornato di fiori*) decorated with flowers ***4*** (*con disegno di fiori*) flowered; with a floral pattern (*pred.*) ***5*** (*fig.*: *scelto*) choice; select: **conversazione fiorita**, choice (*o* elegant) conversation ***6*** (*fig.*: *ornato*) florid; ornate; flowery: **stile f.**, florid (*o* flowery, ornate) style; **parlare f.**, flowery way of speaking ***7*** (*coperto di muffa*) mouldy; mildewed ***8*** (*coperto di eruzione cutanea*) covered in a rash (*pred.*). ● **carità fiorita**, real act of charity □ **un compito f. di strafalcioni**, an exercise full of (*o* riddled with) mistakes.

fioritùra, *f.* ***1*** (*il fiorire*) flowering, blooming; (*di alberi da frutto*) blossoming: **varietà a f. ritardata**, late-flowering variety; **l'epoca della f.**, blooming time; **all'epoca della f. delle rose**, when roses start to bloom ***2*** (*il complesso dei fiori*) flowers (*pl.*); bloom; crop (*o* display) of flowers: **in piena f.**, in full bloom; **L'azalea ha fatto una bellissima f.**, the azalea gave a wonderful display (*o* was covered in flowers) ***3*** (*fig.*) flourishing ***4*** (*macchia di umidità*) mildew stain ***5*** (*eruzione cutanea*) rash; eruption; efflorescence ***6*** (*abbellimento*) embellishment; flourish: **fioriture di stile**, stylistic embellishments; flowery style ***7*** (*mus.*) embellishment; fioritura.

fióne, *m.* ***1*** (*bot.*) early fig ***2*** (*archit.*) rosette.

fiorrancino, *m.* (*zool.*, *Regulus ignicapillus*) fire-crested wren; firecrest.

fiorràncio, *m.* (*bot.*, *Calendula officinalis*) marigold.

fiòsso, *m.* ***1*** (*arco del piede*) arch ***2*** (*parte della scarpa*) shank.

fiottàre, *v. i.* (*lett.*) ***1*** (*gorgogliare*) to gurgle; (*rumoreggiare*) to roar ***2*** (*fluttuare*) to surge; to ebb and flow.

fiòtto, *m.* gush; stream: **a fiotti**, in streams; gushing; **un f. di sangue**, a stream of blood; **sgorgare a fiotti**, to gush forth.

Firènze, *f.* (*geogr.*) Florence.

firma, *f.* ***1*** signature: **apporre la f. a q.c.**, to put one's signature to st.; to sign st.; **falsificare una f.**, to forge a signature; **far onore alla propria f.**, to honour one's signature; **legalizzare una f.**, to certify a signature; **raccogliere firme**, to collect signatures; **firme congiunte**, joint signatures; **f. depositata**, specimen signature; (*banca*) **f. di traenza**, drawer's signature; **f. falsa**, forged signature; **f. in bianco**, blank signature; **f. per esteso**, full signature ***2*** (*l'atto del firmare*) signing; signature: **la f. di un trattato**, the signing of a treaty; **I documenti sono pronti per la f.**, the documents are ready for signature ***3*** (*fig.*: *persona rinomata*) (big) name: **le più belle firme del giornalismo italiano**, the biggest names in Italian journalism. ● (*comm.*) **avere la f. per q.**, to have the power to sign on behalf of sb. □ **Ci metterei la f.!**, I'd love it!; I'd be more than willing □ **registro delle firme**, visitors' book □ **Non sa nemmeno fare la f.**, he can't even sign his name.

firmaiòlo, *m.* (*gergo mil.*) soldier who signs on.

firmaménto, *m.* firmament; the heavens (*pl.*); sky: **le stelle del f.**, the stars in heaven. ● (*fig.*) **il f. del cinema**, the glittering world of films (*USA*: of movies); stardom □ (*fig.*) **il f. della letteratura**, the great names of literature.

firmàre, *v. t.* to sign; (*sottoscrivere*) to subscribe to: **Fui la prima a f.**, I was the first to sign; **f. un documento**, to sign a document; **f. la pace**, to sign the peace treaty; **f. col nome e cognome**, to sign one's full name; **f. q.c. con le iniziali**, to initial st.; **f. a tergo**, to endorse; **f. in calce**, to undersign; **f. a occhi chiusi**, to sign on the dotted line.

firmàrio, *m.* (*bur.*) (folder for) letters to be signed.

firmatàrio, *m.* (*f.* **-a**) signatory; signer; signee; (*sottoscrittore*) subscriber.

firmàto, *a.* ***1*** signed ***2*** (*di abito, oggetto, ecc.*) designer (*attr.*): **jeans firmati**, designer jeans □ **non f.**, unsigned; anonymous.

fisàlia, *f.* (*zool.*, *Physalia physalis*) Portuguese man-of-war.

fisarmònica, *f.* (*mus.*) accordion. ● **a f.**, concertina (*attr.*) □ **rientrare a f.**, to concertina.

fisarmonicista, *m.* e *f.* accordionist.

fiscàle, *a.* ***1*** fiscal; revenue (*attr.*); tax (*attr.*): **politica f.**, fiscal policy; **drenaggio f.**, fiscal drag; **esenzione f.**, tax exemption; **regime f.**, tax treatment; **ricevuta f.**, receipt for fiscal purposes; **codice f.**, taxpayer's code number; **consulente f.**, tax consultant; **paradiso f.**, tax haven ***2*** (*fig.*: *rigoroso*) strict, rigorous, exacting; (*pignolo*) hairsplitting, petty.

fiscalismo, *m.* ***1*** (*fisc.*) excessive taxation ***2*** (*applicazione pignola di una regola, ecc.*) too literal application (of rules, laws, etc.) ***3*** (*fig.*: *eccessivo rigore*) excessive rigour (*o* strictness).

fiscalista, *m.* e *f.* ***1*** (*esperto*) tax expert; (*consulente*) tax consultant ***2*** (*fig.*) over-rigorous person; literal-minded person.

fiscalità, *f.* ***1*** taxation system; tax regulations (*pl.*) ***2*** (*fig.*: *rigore*) rigour; strictness; going by the book.

fiscalizzàre, *v. t.* to exempt (from taxes): **f. gli oneri sociali**, to exempt from social-security taxes.

fiscalizzazióne, *f.* exemption (from taxes): **f. degli oneri sociali**, exemption from social-security taxes.

fiscalménte, *avv.* ***1*** fiscally ***2*** (*fig.*) strictly; rigorously; by the book.

fischiàre, A *v. i.* ***1*** (*di persona, uccello, treno, vento, strumento*) to whistle: **Sai f.?**, can you whistle?; **Fischiai al cane**, I whistled to the dog; **Il bollitore si mise a f.**, the kettle started whistling ***2*** (*di serpente*) to hiss ***3*** (*di proiettile*) to whistle; to whiz(z); to whir(r); to zip: **Una pallottola mi sfiorò fischiando**, a bullet whizzed past me ***4*** (*di sirena*) to hoot ***5*** (*naut.*) to pipe ***6*** (*di orecchie*) to sing*; to buzz; (*fig.*) to burn: **Mi fischiano le orecchie**, my ears are buzzing; there is a buzzing (*o* a singing) in my ears; (*fig.*) my ears are burning. ● **far f. una frusta**, to crack a whip. **B** *v. t.* ***1*** (*zufolare*) to whistle: **f. un motivetto**, to whistle a tune ***2*** (*per disapprovazione*) to hiss; to boo: **f. un attore**, to hiss an actor; **L'oratore fu fischiato**, the speaker was booed ***3*** (*sport*) to whistle for: **f. una punizione**, to whistle for a penalty; **f. la fine del gioco**, to whistle for the end of the match.

fischiàta, *f.* ***1*** whistling ***2*** (*per disapprovazione*) hissing; booing; catcalls (*pl.*).

fischiatóre, A *a.* whistling; (*di serpe*) hissing. ● **uccello f.**, whistler. **B** *m.* (*f.* **-trice**) ***1*** whistler ***2*** (*chi disapprova*) hisser; booer; catcaller.

fischierellàre, fischiettàre, *v. t.* e *i.* to whistle (softly): **f. allegramente**, to whistle gaily; **f. un'arietta**, to whistle a tune.

fischiettio, *m.* (continuous) whistling.

fischiétto, *m.* ***1*** whistle; (*naut.*) pipe: **f. per cani**, dog whistle ***2*** (*arbitro*) referee.

fischio, *m.* ***1*** (*di persona, treno, strumento*) whistle: **il f. dell'arbitro**, the referee's whistle; **un f. di ammirazione**, a whistle of appreciation; **il f. del bollitore**, the whistle of the kettle; **fare un f.**, to let out a whistle; to whistle; **Richiamò il cane con un f.**, he whistled to the dog; he whistled the dog back ***2*** (*di uccello*) call ***3*** (*di serpente*) hiss; hissing ***4*** (*di vento*) whistle; whistling ***5*** (*di proiettile*) whiz(z); whir(r); whistle; zip ***6*** (*di sirena*) hoot ***7*** (*per disapprovazione*) hiss; hoot; catcall: **Fu accolto con fischi**, he was greeted with hoots ***8*** (*naut.*) pipe ***9*** (*nelle orecchie*) buzzing; singing ***10*** (*fischietto*) whistle. ● (*fam.*) **Se hai bisogno di qualcosa, fa' un f.**,

if there's anything you want, just call (*o* give me a shout) □ (*fig.*) **prendere fischi per fiaschi**, to get hold of the wrong end of the stick.
fischióne, *m.* (*zool., Anas penelope*) whistle duck; widgeon.
fisciù, *m.* (*moda*) fichu.
fìsco, *m.* ***1*** (*erario*) (national) revenue; public revenue ***2*** (*ufficio delle imposte*) tax office; Inland Revenue (*GB*); Internal Revenue (Service) (*USA*) ***3*** (*autorità fiscali*) revenue authorities (*pl.*); treasury officers (*pl.*). ● **evadere il f.**, to evade taxes □ **guai col f.**, trouble with the inland revenue □ **essere oppressi dal f.**, to be burdened by taxation.
fiṣetère, *V.* **capodoglio.**
fish eye (*ingl.*), *m. invar.* (*fotogr.*) fisheye lens.
fiṣiàtra, *m.* e *f.* physiatrist.
fiṣiatrìa, *f.* ***1*** physiatrics (*pl. col verbo al sing.*) ***2*** (*fisioterapia*) physiotherapy.
fìṣica, *f.* physics (*pl. col verbo al sing.*): **f. pura** [**applicata, matematica, nucleare**], pure [applied, mathematical, nuclear] physics; **gabinetto di f.**, physics laboratory; lab (*fam.*); **dottore in f.**, physicist.
fiṣicaliṣmo, *m.* (*filos.*) physicalism.
fiṣiciṣmo, *m.* (*filos.*) physicism.
fiṣicìsta, *m.* e *f.* (*filos.*) physicist.
fiṣicità, *f.* physicalness.
fìṣico, A *a.* ***1*** (*della natura, della fisica*) physical: **cause fisiche**, physical causes; **legge fisica**, physical law; **geografia fisica**, physical geography ***2*** (*del corpo*) physical; bodily: **difetto f.**, physical defect. **B** *m.* ***1*** (*f.* **-a**) physicist ***2*** (*costituzione*) physique, constitution; (*figura*) figure, build: **un uomo dal f. robusto**, a man of strong physique; **f. possente**, powerful build; **bel f.**, good figure; (*di donna, anche*) beautiful figure; **Ha un f. longilineo**, he is tall and slim.
fiṣicochìmica, *f.* physical chemistry.
fiṣicomatemàtico, A *a.* physico-mathematical. **B** *m.* (*f.* **-a**) mathematical physicist.
fiṣicomeccànica, *f.* mechanics (*pl. col verbo al sing.*).
fiṣima, *f.* ***1*** (*capriccio*) whim; fancy ***2*** (*mania*) fixation.
fiṣiocineṣiterapìa, *f.* (*med.*) physiokinesitherapy.
fiṣiocineṣiterapista, *m.* e *f.* physiokinesitherapist.
fiṣiòcrate, *m.* (*econ.*) physiocrat.
fiṣiocràtico, (*econ.*) **A** *a.* physiocratic. **B** *m.* physiocrat.
fiṣiocrazìa, *f.* (*econ.*) physiocracy.
fiṣiognomìa, fiṣiognòmica, *f.* physiognomy.
fiṣiognòmico, *a.* physiognomic(al).
fiṣiògnomo, *m.* (*f.* **-a**) physiognomist.
fiṣiologìa, *f.* physiology.
fiṣiològico, *a.* physiologic(al).
fiṣiòlogo, *m.* (*f.* **-a**) physiologist.
fiṣionomìa, *f.* ***1*** (*di persona*) physiognomy; (*viso*) face, countentance; (*lineamenti*) features (*pl.*); (*espressione*) expression; (*aspetto*) aspect, appearance: **f. regolare**, regular features; **La sua f. non mi è nuova**, his face is familiar to me; **Ha cambiato f.**, he (*o* his face) looks different ***2*** (*aspetto di q.c.*) aspect; features (*pl.*); characteristics (*pl.*).
fiṣionòmico, *a.* physiognomical; facial.
fiṣionomìsta, *m.* e *f.* one who is good at remembering faces; one with a good memory for faces: **Sono poco f.**, I am not good at remembering faces.
fiṣiopatologìa, *f.* physiopathology.
fiṣiopatològico, *a.* physiopathologic(al).
fiṣiopsìchico, *a.* physiopsichic.
fiṣiopsicologìa, *f.* physiological psychology.
fiṣioterapìa, *f.* (*med.*) physiotherapy; physical therapy.
fiṣioteràpico, *a.* (*med.*) physiotherapeutic.
fiṣioterapìsta, *m.* e *f.* physiotherapist.
fiṣo, (*lett.*) **A** *a.* fixed; intent. **B** *avv.* intently; fixedly.
fiṣonomìa, e *deriv. V.* **fisionomia,** e *deriv.*
fissa, *f.* (*fam.*) obsession; thing (*fam.*): **È diventata una f. per lui**, it's become an obsession with him; **Ha la f. dei ladri**, she is obsessed by the fear of burglars; **Ha la f. di essere grassa**, she's got a fixation (*o, fam.*, a thing) about being fat.
fissàbile, *a.* fixable.
fissàggio, *m.* ***1*** (*mecc.: il fissare*) fixing; fastening; clamping ***2*** (*dispositivo di fissaggio*) fastener; clamp ***3*** (*chim., fotogr.*) fixing: **bagno di f.**, fixing bath.
fissamaiùscole, *m. invar.* shift lock.
fissaménte, *avv.* fixedly; intently. ● **guardare f. q.c.**, to stare at st.; to look hard at st.
fissàre, A *v. t.* ***1*** (*fermare; assicurare*) to fasten, to fix, to secure; (*con un catenaccio*) to bolt; (*con spilli, puntine*) to pin; (*con una cinghia*) to strap: **Assicurati che lo sportello sia fissato**, make sure the door is secured (*o* well fastened); **f. un foglio sul tavolo da disegno**, to pin a sheet of paper on to the drawing-board; **f. q.c. nella memoria**, to fix st. in one's mind ***2*** (*concentrare*) to fix: **f. gli occhi** [**l'attenzione**] **su q.c.**, to fix one's eyes [one's attention] on st. ***3*** (*stabilire*) to fix; to set*; to arrange; to decide on; to appoint (*form.*): **f. un appuntamento**, to fix an appointment; **f. il prezzo di q.c.**, to fix (*o* to set) the price of st.; **La riunione è fissata per oggi**, the meeting is fixed for today; **f. un giorno per la firma**, to appoint a date for the signature; **È già tutto fissato**, it's all arranged (*o* fixed) already; **Dobbiamo f. l'ora**, we must fix (*o* decide upon) the time; **Ho fissato un taxi che ti porti alla stazione**, I've arranged for a taxi to take you to the station ***4*** (*assumere*) to engage; (*prendere*) to take*; (*prenotare*) to book, to reserve: **f. una guida** [**una domestica**], to engage a guide [a maid]; **Ho fissato una casa al mare**, I've taken a house at the seaside; **f. una camera all'albergo** [**un posto a teatro, in aereo**], to book a room at the hotel [a seat at the theatre, on a plane] ***5*** (*guardare fisso*) to stare at, to look hard (*o* fixedly) at; (*contemplare*) to gaze at ***6*** (*chim., fotogr.*) to fix: **f. la negativa**, to fix the negative. ● **f. la propria residenza**, to take up one's residence □ (*econ.*) **f. il prezzo dell'oro**, to fix the price of gold □ **f. q. in viso**, to look sb. in the face □ **f. per legge**, to establish by law. **B fissàrsi,** *v. i. pron.* ***1*** (*stabilirsi*) to settle (down); to take* up one's residence ***2*** (*degli occhi, dello sguardo*) to be fixed ***3*** (*mettersi in testa*) to get* (st.) into one's head; to have (got) a bee in one's bonnet (about st.) (*fam.*).
fissatìvo, *a.* e *m.* fixative.
fissàto, A *a.* ***1*** fixed ***2*** (*stabilito*) arranged, fixed, set, appointed; (*di prezzo*) fixed, set, established: **Lo incontrai il giorno f.**, I met him on the appointed day ***3*** (*che ha una fissazione*) obsessed: **È f. coi virus**, he's obsessed by viruses; he's got a thing about viruses (*fam.*). ● **f. dalla legge**, fixed by law; statutory. **B** *m.* (*f.* **-a**) (*maniaco*) fanatic; maniac; stickler; fiend (*fam.*): **Sei proprio un f.!**, you're a fanatic!; you've got a one-track mind (*fam.*); **un f. delle moto**, a motorcycle maniac; **un f. della puntualità**, a stickler for punctuality; **un f. dell'aria pura**, a fresh-air fanatic (*o, fam.*, fiend). ● (*econ.*) **f. bollato**, contract note; (*di acquisto*) bought note, purchase confirmation; (*di vendita*) sold note, sale confirmation.
fissatóre, *m.* ***1*** (*chim.*) fixer; fixing agent ***2*** (*fotogr.*) fixing bath ***3*** (*per capelli*) setting lotion; (*lacca*) hairspray.
fissazióne, *f.* ***1*** fixation; fixing ***2*** (*idea ossessiva*) obsession; fixed idea; fixation; thing (*fam.*); (a) bee in one's bonnet (*fam.*).
fìssile, *a.* ***1*** (*geol.*) fissile; cleavable ***2*** (*fis. nucl.*) fissionable.
fissionàbile, *a.* (*fis. nucl.*) fissionable.
fissionàre, *v. t.* (*fis. nucl.*) to fission.
fissióne, *f.* (*fis. nucl.*) fission: **f. nucleare**, nuclear fission; **energia di f.**, fission energy.
fissìparo, *a.* (*zool.*) fissiparous.
fissìpede, *m.* (*zool.*) fissiped(e).
fissità, *f.* fixity; fixedness.
fìsso, A *a.* ***1*** (*immobile, fermo*) fixed: (*astron.*) **stella fissa**, fixed star; **idea fissa**, fixed idea; **prezzo f.**, fixed price; **sguardo f.**, fixed gaze; stare ***2*** (*costante*) fixed; (*stabile*) steady; (*regolare*) regular: **regola fissa**, fixed rule; **dimora fissa**, fixed abode; **lavoro f.**, regular job; **reddito f.**, fixed income; (*fin.*) fixed interest; **ragazzo f.**, steady boyfriend; **cliente f.**, regular customer; **impiegato f.**, regular employee ***3*** (*stabilito, residente*) settled: **Ora sono f. a Roma**, I have settled in Rome; I live in Rome now; **Non sto f. a Roma**, I don't live in Rome all the time ***4*** (*immobile*) stationary. ● (*mil.*) **Fissi!**, eyes: front! □ **essere f. in un proposito**, to have one's mind set on st. □ **occhi fissi**, staring eyes. **B** *avv.* fixedly; intently. ● **guardare f.**, to look hard (*o* intently) at; to stare at. **C** *m.* (*stipendio f.*) fixed salary (*o* pay); (*assegno f.*) fixed allowance: **un f. mensile**, a mouthly pay (*o* allowance).
fìstola, *f.* ***1*** (*mus., lett.*) Pan-pipe(s); syrinx* ***2*** (*med.*) fistula*.
fistoliẓẓazióne, *f.* (*med.*) fistulization.
fistolóso, *a.* (*med.*) fistulous; fistular.
fitìna, *f.* (*chim.*) phytin.
fitobiologìa, *f.* phytobiology; plant biology.
fitochìmica, *f.* (*bot., chim.*) phytochemistry.
fitocròmo, *m.* (*chim.*) phytochrome.
fitoenẓìma, *m.* (*chim.*) plant enzyme.
fitòfago, *a.* phytophagic; phytophagous.
fitofàrmaco, *m.* (*agric.*) plant protection product.
fitogènico, *a.* (*geol.*) phytogenic.
fitogeografìa, *f.* phytogeography.
fitogeologìa, *f.* phytogeology.
fitolàcca, *f.* (*bot., Phytolacca americana*) red weed.
fitologìa, *f.* phytology; botany.
fitològico, *a.* phytologic(al).
fitopaleontologìa, *f.* paleobotany.
fitopatìa, *f.* plant disease.
fitopatologìa, *f.* phytopathology; plant pathology.
fitopatòlogo, *m.* (*f.* **-a**) phytopatologist.
fitoplàncton, *m. invar.* (*biol.*) phytoplankton.
fitormóne, *m.* phytohormone.
fitosanitàrio, *a.* relating to plant health.
fitosteròlo, *m.* (*chim.*) phytosterol.
fitoterapìa, *f.* (*med., agric.*) phytotherapy.
fitotomìa, *f.* (*bot.*) phytotomy; plant anatomy.
fitotòssico, *a.* phytotoxic.
fitotossìna, *f.* phytotoxin.
fitotróne, *m.* phytotron.
fitta, *f.* ***1*** (*dolore acuto*) sharp pain, stabbing (*o* shooting) pain, stab, pang, twinge: **una f. al piede**, a twinge in one's foot; **una f. al fianco**, a stab in the side; (*specialm. dopo una corsa*) a stitch in the side; **una f. al cuore**, a pang in one's heart; **una f. di gelosia**, a twinge of jealousy ***2*** (*calca*) crowd; crush.
fittacàmere, *V.* **affittacamere.**
fittaiòlo, fittàvolo, *m.* tenant.
fittàre, *V.* **affittare.**
fittézza, *f.* thickness; denseness.
fittìle, *a.* fictile; clay (*attr.*): **vaso f.**, clay pot.
fittìzio, *a.* fictitious; imaginary; unreal; sham: **nome f.**, fictitious name.
fitto (1), A *a.* ***1*** (*ficcato*) stuck in; embedded; thrust in: **una spina fitta in un piede**, a thorn stuck in one's foot; **un'idea fitta in mente**, an idea stuck in one's mind; **un palo f. in terra**, a stake stuck in the ground; **una spina fitta nel cuore**, a thorn in the flesh ***2*** (*denso*) thick; dense; close: **una nebbia fitta**, a thick fog; **un bosco f.**, a thick (*o* dense) wood; **tenebre fitte**, thick darkness; **ombra fitta**, deep shadow; **buio f.**, pitch dark ***3*** (*folto, compat-*

to) – **alberi fitti**, closely-planted (*o* thickly--planted) trees; **pettine f.**, fine-tooth comb; **rete fitta**, close net; **tessuto f.**, closely-woven material; **una fitta serie di appuntamenti**, a whole (*o* an uninterrupted) series of appointments; one appointment after another ***4*** (*pieno*) packed; crammed: **una giornata fitta di impegni**, a day packed with engagements; **f. di errori**, crammed with mistakes. **B** *m.* (*la parte più fitta, il colmo*) (the) thick: **nel f. della battaglia [della discussione]**, in the thick of the fight [of the discussion]; **nel f. del bosco**, in the thick of the wood. **C** *avv.* (*anche ripetuto*: **f. f.**) heavily; hard: **Pioveva f.**, it was raining heavily; **Nevica f.**, it's snowing hard; **parlare f. f.**, to talk fast; to rattle on.

fitto (2), *V.* **affitto**.

fittóne, *m.* (*bot.*) taproot; primary root.

fiumàna, *f.* ***1*** swollen river; (*inondazione*) flood ***2*** (*fig.*) stream; flood: **una f. di parole**, a stream of words; **una f. di invitati**, streams of guests; **Una f. di gente scendeva da via Verdi**, crowds poured down via Verdi.

fiumàra, *f.* torrent.

fiùme, **A** *m.* ***1*** river: **un f. rapido**, a swift--flowing river; **il f. Tamigi**, the River Thames; **il corso di un f.**, the course of a river; **un f. in piena**, a full (*o* swollen) river; **f. in secca**, low river; **f. navigabile**, navigable river ***2*** (*fig.*) river; stream; flood; torrent; flow: **un f. di sangue**, a river of blood; **un f. di lacrime**, a flood of tears; **fiumi d'inchiostro**, rivers of ink; **Un f. di lacrime le rigava il volto**, tears poured down her face; **Un f. di parolacce uscì dalla sua bocca**, a stream (*o* a torrent) of foul language poured from his lips; **a fiumi**, in floods; in torrents; in abundance. **B** *a. invar.* long-drawn-out; interminable: **seduta f.**, interminable sitting; **processo f.**, long-drawn--out court case; **romanzo f.**, saga; roman--fleuve (*franc.*).

fiutàre, *v. t.* ***1*** to smell*; to sniff; (*la selvaggina, ecc.*) to scent: **f. l'aria**, to sniff the air; **f. la lepre**, to scent a hare; **f. tabacco**, to take snuff ***2*** (*fig.*: *intuire*) to smell*; to scent; to guess; to sense: **f. il tradimento [un pericolo]**, to smell (*o* to scent) treachery [danger]; **f. q.c. di losco**, to smell a rat (*fam.*); **f. l'affare**, to see a chance of making a profit.

fiutàta, *f.* sniff; (*di tabacco*) pinch of snuff: **dare una f.**, to give a sniff; (*di tabacco*) to take a pinch of snuff.

fiùto, *m.* ***1*** (*il fiutare*) smelling; sniffing; scenting ***2*** (*odorato*) sense of smell; (*di animali*) scent, nose ***3*** (*fig.*) nose; instinct; intuition: **avere f.**, to have a very good nose (for st.); **fidarsi del proprio f.**, to trust one's instinct (*o* intuition). ● (*fig.*) **al f.** (*a prima vista*), at a glance □ (*fig.*) **al primo f.** (*subito*), straight off; at once □ **tabacco da f.**, snuff.

flabellàto, *a.* (*bot.*) flabellate.

flabellifórme, *a.* (*bot.*) flabelliform.

flabèllo, *m.* (*anche eccles.*) flabellum*.

flaccidézza, *f.* flabbiness; limpness; flaccidity.

flàccido, *a.* flabby; limp; flaccid: **muscoli flacidi**, flabby muscles.

flacóne, *m.* bottle; phial: **un f. di profumo**, a bottle of perfume.

flagellànte, *a.*, *m. e f.* (*stor. relig.*) Flagellant.

flagellàre, **A** *v. t.* ***1*** to flagellate; to scourge; to lash; to whip ***2*** (*colpire con forza*) to lash: **La pioggia flagellava gli alberi**, the rain lashed the trees ***3*** (*fig.*) to scourge; to castigate. **B flagellàrsi**, *v. rifl.* to flagellate oneself; to scourge oneself.

flagellatóre, *m.* (*f.* **-trice**) flagellator; scourger.

flagellazióne, *f.* flagellation; scourging.

flagèllo, *m.* ***1*** (*frusta*) scourge; whip ***2*** (*fig.*) scourge; (*calamità*) calamity; (*castigo*) punishment: **il f. di Dio**, the scourge of God; **il f. della guerra**, the scourge of war ***3*** (*fam.*: *persona seccante*) pest; terrible nuisance ***4*** (*fam.*: *gran quantità*) loads (*pl.*); heaps (*pl.*): **un f. di zanzare**, loads of mosquitoes; **un f. di frutta**, heaps of fruit ***5*** (*biol.*) flagellum*.

flagiolétto, *m.* (*mus.*) flageolet.

flagrànte, *a.* ***1*** (*leg.*) flagrant: **reato f.**, flagrant crime ***2*** (*evidente*) blatant; glaring; flagrant; outrageous: **essere in f. contraddizione**, to be in blatant contradiction; **f. ingiustizia**, flagrant injustice. ● **cogliere q. in f.**, to catch sb. in the act; to catch sb. red-handed.

flagrànza, *f.* (*leg.*) flagrancy. ● **in f. di reato**, in the act; red-handed (*attr.*); (in) flagrante delicto (*lat.*).

flambàggio, *m.* flaming.

flambé (*franc.*), *a. invar.* (*cucina*) flambé; flambéed.

flaménco, *m.* (*mus.*, *danza*) flamenco.

flàmine, *m.* (*stor. romana*) flamen*: **f. Diale**, flamen Dialis.

flan, *m. invar.* ***1*** (*cucina*) flan ***2*** (*tipogr.*) flong.

flanèlla, *f.* flannel. ● **f. di cotone**, flannelette □ **pantaloni di f.**, flannels.

flàngia, *f.* (*tecn.*) flange: **f. cieca**, blank flange; **f. mobile**, loose flange; (*mecc.*) **accoppiamento a flange**, flange coupling.

flangiàre, *v. t.* (*tecn.*) to flange.

flàno, *m.* (*tipogr.*) flong.

flap (*ingl.*), *m. invar.* (*aeron.*) flap.

flappéggio, *m.* (*aeron.*) flapping.

flash (*ingl.*), **A** *m. invar.* ***1*** (*giorn.*) (news)-flash ***2*** (*fotogr.*) flash(light): **f. elettronico**, electronic flashlight. **B** *agg.* very short; summary. ● **notizia f.**, (news)flash □ **telegiornale f.**, news headlines.

flàto, *m.* flatus*.

flatulènto, *a.* flatulent.

flatulènza, *f.* flatulence.

flautàto, *a.* ***1*** flute-like; fluty; soft and musical: **voce flautata**, musical voice; (*iron.*) suave voice ***2*** (*mus.*) flautato.

flautino, *m.* (*mus.*) ***1*** small flute ***2*** (*ottavino*) piccolo.

flautista, *m. e f.* (*mus.*) flautist; flutist (*USA*).

flàuto (1), *m.* (*mus.*) ***1*** flute ***2*** *V.* **flautista.** ● **f. di Pan**, Pan-pipes (*pl.*); syrinx* □ **f. diritto** (*o* **dolce**, **a becco**), recorder □ **f. traverso**, (transverse *o* German) flute.

flàuto (2), *m.* (*naut.*) flute.

flavina, *f.* (*chim.*) flavin.

flàvo, *a.* (*lett.*) yellow; fair; (*dorato*) golden.

flavóne, *m.* (*bot.*) flavone.

flèbile, *a.* ***1*** (*fioco, fievole*) weak; feeble; faint ***2*** (*lamentoso*) plaintive; mournful.

flebite, *f.* (*med.*) phlebitis*.

flèbo, **fleboclişi**, *f.* (*med.*) phleboclysis; (*com.*) drip(-feed), intravenous drip: **Gli hanno fatto una f.**, they put him on a drip; **essere in f.**, to be on a drip; to be drip-fed.

flebografia, *f.* (*med.*) phlebography.

fleboscleròşi, *f.* (*med.*) phlebosclerosis.

flebotomia, *f.* (*chir.*) phlebotomy.

flebòtomo (1), *m.* ***1*** (*chir.*) phlebotomist ***2*** (*lancetta per salassare*) lancet.

flebòtomo (2), *m.* (*zool.*, *Phlebotomus*) sandfly.

Flegetónte, *m.* (*mitol.*) Phlegethon.

flegrèo, *a.* – (*geogr.*) **Campi Flegrei**, (the) Phlegraean Fields (*o* Plain).

flèmma, *f.* ***1*** phlegm; calm; composure; placidity ***2*** (*med.*) phlegm.

flemmàtico, *a.* ***1*** phlegmatic; (*imperturbabile*) calm, composed, imperturbable, unflappable (*fam.*); (*placido*) placid, stolid ***2*** (*med.*) phlegmatic.

flèmmone, *m.* (*med.*) phlegmon.

flemmonóso, *a.* (*med.*) phlegmonic; phlegmonous.

flessìbile, *a.* ***1*** (*anche fig.*) flexible; pliable; pliant; supple ***2*** (*fig.*: *che si adatta*) adaptable; elastic; accommodating. ● **copertina f.**, limp cover □ **orario f.**, flexible hours (*pl.*); (*ind.*) flexitime.

flessibilità, *f.* (*anche fig.*) flexibility; pliability; pliancy; suppleness.

flessìmetro, *m.* deflectometer.

flessionàle, *a.* (*ling.*) inflectional, inflexional.

flessióne, *f.* ***1*** bending; flection, flexion ***2*** (*progressiva riduzione*) decrease; decline; drop; downturn; downswing: **una f. del gettito fiscale**, a drop in state revenues; **una f. del mercato**, a downturn in the market; **una f. di voti per i conservatori**, a swing against the conservatives ***3*** (*gramm.*) inflection, inflexion ***4*** (*mecc.*, *edil.*) flexure; flexion; bending: **sollecitazione di f.**, bending stress; stress of flexure; **prova a f.**, bending test ***5*** (*ginnastica*) bending; (*sulle braccia*) press--up, push-up (*USA*); (*sulle gambe*) knee--bend: **fare flessioni sulle braccia**, to do push-ups.

flessìvo, *a.* (*gramm.*) inflected: **lingue flessive**, inflected languages.

flèsso, *m.* (*mat.*) flex; inflection; flex point.

flessografia, *f.* flexography.

flessóre, *a. e m.* (*anat.*) flexor: **muscolo f.**, flexor (muscle).

flessuosità, *f.* suppleness; flexuosity.

flessuóso, *a.* supple; flexuous, flexuose.

flessùra, *f.* (*geol.*) flexure.

flèttere, **A** *v. t.* ***1*** to bend*; to flex ***2*** (*gramm.*) to inflect. **B flèttersi**, *v. rifl. e i. pron.* to bend*.

flicornista, *m. e f.* flügelhornist.

flicòrno, *m.* (*mus.*) flügelhorn.

flint (*ingl.*), *m. invar.* flint glass.

flippàto, *a.* (*gergo della droga*) stoned; spaced out; high as a kite.

flipper (*ingl.*), *m. invar.* pinball machine; pin--table (*GB*).

flirt (*ingl.*), *m. invar.* ***1*** flirtation; brief (love) affair: **avere un f. con q.c.**, to have a brief affair with sb. ***2*** (*persona*) boyfriend (*m.*); girlfriend (*f.*).

flirtàre, *v. i.* to flirt (*anche fig.*); to have a brief (love) affair; (*fig.*) to dally.

flit, *m.* (*marchio*) insect spray.

floccàggio, *m.* (*tecn.*) flock-printing.

floccàre, *v. t.* (*tecn.*) to flock-print.

floccatrice, *f.* (*tecn.*) flock-printing machine.

flocculànte, *a.* (*chim.*) flocculant.

flocculàre, *v. i.* (*chim.*) to flocculate.

flocculazióne, *f.* (*chim.*) flocculation.

flòcculo, *m.* (*astron.*, *anat.*, *chim.*) flocculus*.

floèma, *m.* (*bot.*) phloem.

flogìstico, *a.* (*med.*) phlogistic.

flogisto, *m.* (*stor.*) phlogiston.

flogopite, *f.* (*miner.*) phlogopite.

flogòşi, *f.* (*med.*) phlogosis*.

flop (*ingl.*), *m. invar.* flop; fiasco.

floppy disk (*ingl.*), *m. invar.* (*elab.*) floppy disk; diskette.

flòra, *f.* (*bot.*) flora*: **f. di montagna**, mountain flora; **f. batterica**, bacterial flora.

floràle, *a.* (*bot.*) floral.

floreàle, *a.* floral: **motivo f.**, floral pattern; **omaggio f.**, floral gift; bouquet. ● (*arte*) **stile f.**, Art Nouveau.

floricolo, *a.* ***1*** (*zool.*) flower (*attr.*); living on flowers ***2*** (*della floricoltura*) floricultural; flower-growing (*attr.*).

floricoltóre, *m.* (*f.* **-trice**) floriculturist; flower-grower.

floricoltùra, *f.* floriculture; flower-growing.

floridézza, *f.* ***1*** (*salute*) glowing health; healthy glow ***2*** (*prosperità*) flourishing state; prosperity; floridness.

flòrido, *a.* ***1*** (*in salute*) healthy; glowing with health; blooming ***2*** (*prospero*) flourishing; thriving; prosperous; florid.

florilègio, *m.* anthology; florilegium*.

floristica, *f.* (*bot.*) floristics (*pl. col verbo al sing.*).

florovivaişmo, *m.* nursery gardening.

florovivaista, *m. e f.* nursery gardener.

florovivaistico, *a.* nursery-gardening (*attr.*).

flòscio, *a.* ***1*** limp; flabby; flaccid; floppy; soft: **carni flosce**, flaccid flesh; **cappello f.**, soft hat ***2*** (*fig.*) weak; flabby; spineless;

wimpish.

flòtta, *f.* **1** (*naut.*) fleet; navy: **la f. del Mediterraneo**, the Mediterranean Fleet; **f. mercantile**, merchant fleet (*o* navy) **2** (*aeron.*) fleet; (*mil.*) air force.

flottàggio, *m.* **1** (*aeron.*) taxiing **2** (*chim.*) flotation.

flottànte, **A** *a.* (*ass., econ.*) floating: **polizza f.**, floating policy; **cambio f.**, floating exchange rate. **B** *m.* (*econ.*) floating funds (*pl.*). ● (*Borsa*) **titoli a largo f.**, blue chips □ (*Borsa*) **titoli a scarso f.**, inactive stocks.

flottàre, **A** *v. i.* (*aeron.*) to taxi. **B** *v. t.* **1** (*ind. min.*) to float **2** (*trasportare tronchi*) to float.

flottazióne, *f.* (*ind. min.*) flotation.

flottìglia, *f.* (*naut.*) **1** (*mil.*) flotilla; squadron: **una f. di torpediniere**, a torpedo-boat flotilla **2** fleet; flotilla: **f. di pescherecci**, fishing-fleet.

flou (*franc.*), **A** *a. invar.* **1** (*di abito e sim.*) flowing; loose-fitting **2** (*fotogr., cinem.*) soft-focus: **effetto f.**, soft-focus image. **B** *m. invar.* (*fotogr.*) soft focus*.

fluènte, *a.* flowing: **capelli fluenti**, flowing hair; **barba f.**, flowing beard.

fluìdica, *f.* fluidics (*pl. col verbo al sing.*).

fluidificànte, **A** *a.* fluidifying. **B** *m.* (*med.*) fluidifying medicine.

fluidificàre, **A** *v. t.* **1** to fluidify **2** (*fig.*) to smooth; to iron out the difficulties of. **B** **fluidificàrsi,** *v. i. pron.* to fluidify.

fluidificazióne, *f.* fluidification.

fluidità, *f.* **1** fluidity **2** (*fig.*: *scorrevolezza*) fluency; smoothness **3** (*fig.*: *instabilità*) fluidity; unstableness; unsettled state.

fluidiẓẓazióne, *f.* (*chim.*) fluidization.

flùido, **A** *a.* **1** fluid; flowing **2** (*fig.*: *scorrevole*) fluent; flowing; smooth: **stile f.**, fluent style **3** (*fig.*: *instabile*) fluid; unstable; unsettled: **situazione fluida**, fluid (*o* unstable) situation. **B** *m.* fluid: **f. magnetico**, magnetic fluid; (*fig.*) magnetic appeal, magnetism. ● (*chim.*) **f. protettivo**, inhibitor □ (*fis.*) **f. refrigerante**, coolant.

fluidodinàmica, *f.* (*fis.*) fluid dynamics (*pl. col verbo al sing.*).

fluidostàtica, *f.* (*fis.*) fluid mechanics (*pl. col verbo al sing.*).

fluìre, *v. i.* to flow (*anche fig.*).

fluitàre, *v. i.* to float downstream.

fluitazióne, *f.* floating; rafting: **f. del legname**, floating of timber; timber-floating.

fluoboràto, *m.* (*chim.*) fluoborate.

fluobòrico, *a.* – (*chim.*) **acido f.**, fluoboric acid.

fluografia, *f.* fluorography.

fluoresceìna, *f.* (*chim.*) fluorescein.

fluorescènte, *a.* fluorescent: **illuminazione f.**, fluorescent lighting; **lampada f.**, fluorescent lamp.

fluorescènza, *f.* (*fis.*) fluorescence.

fluorìdrico, *a.* – (*chim.*) **acido f.**, hydrofluoric acid.

fluorimetria, *f.* (*chim.*) fluorometry.

fluorimètrico, *a.* (*chim.*) fluorometric.

fluorìte, *f.* (*miner.*) fluorspar; fluorite.

fluoriẓẓàre, *v. t.* (*med.*) to fluoridate; to fluoridize.

fluoriẓẓazióne, *f.* (*med.*) fluoridation.

fluòro, *m.* (*chim.*) fluorine.

fluorocarbùro, *m.* (*chim.*) fluorocarbide.

fluoròṣi, *f.* (*med.*) fluorosis.

fluoruràre, *v. t.* (*chim.*) to fluorinate.

fluorurazióne, *f.* (*chim.*) fluorination.

fluorùro, *m.* (*chim.*) fluoride.

fluosilicàto, *m.* (*chim.*) fluosilicate.

fluosilìcico, *a.* – (*chim.*) **acido f.**, fluosilicic acid.

flussàggio, *m.* (*tecn.*) fluxing.

flussìmetro, *m.* (*med.*) blood-flow meter.

flussióne, *f.* (*med.*) fluxion.

flùsso, *m.* **1** flow; (*del mare*) flood tide: **il f. dell'acqua da un condotto**, the flow of water from a conduit; **f. della marea**, flood tide; rise of the tide; (*anche fig.*) **f. e riflusso**, ebb and flow **2** (*fig.*) flow; stream: **un f. di parole**, a flow of words; **il f. del traffico**, the stream of traffic; **il f. dei visitatori**, the stream of visitors; **f. in entrata**, inflow; (*econ.*) **f. di capitali**, flow of capital; (*econ.*) **f. valutario**, currency flow; (*rag.*) **f. di cassa**, cash flow; (*letter.*) **f. di coscienza**, stream of consciousness **3** (*fis.*) flux; stream: **f. elettrico**, electric flux **4** (*med.*) flux: **f. mestruale**, menstrual flow **5** (*elab.*) flow: **diagramma di f.**, flow chart.

flussòmetro, *m.* **1** (*per fluidi*) flowmeter **2** (*fis.*) fluxmeter.

flûte (*franc.*), *m. invar.* flute glass.

flùtto, *m.* (*lett.*) wave; (*nel suo crescere*) surge; billow (*lett.*).

fluttuànte, *a.* fluctuating; floating: **prezzi fluttuanti**, fluctuating prices; **popolazione f.**, floating population; **opinioni fluttuanti**, fluctuating opinions; (*econ.*) **debito f.**, floating debt; (*anat.*) **costola f.**, floating rib.

fluttuàre, *v. i.* **1** to rise* and fall*; (*di marosi*) to heave and surge **2** (*fig.*) to fluctuate; to waver; to vacillate **3** (*econ.*: *di moneta*) to float.

fluttuazióne, *f.* **1** fluctuation; rise and fall: **f. della domanda**, fluctuation in demand **2** (*econ.*: *di moneta*) floating; float.

fluviàle, *a.* **1** river (*attr.*); fluvial: **alveo f.**, riverbed; **navigazione f.**, river navigation; **deposito f.**, fluvial deposit; **pesca [traffico] f.**, river fishing [traffic]; **vie fluviali**, waterways; **per via f.**, by river **2** (*fig.*: *abbondante*) copious; flowing.

fluvioglaciale, *a.* (*geol.*) fluvioglacial.

fluviòmetro, *m.* fluviograph.

fo, *1ª pers. sing. indic. pres. di* **fare**.

fobìa, *f.* phobia (*anche psic.*); aversion; dread.

fòbico, *a.* (*psic.*) phobic.

fòca, *f.* **1** (*zool., Phoca vitulina*) (common) seal; sea-calf* **2** (*zool.*) – **f. leopardo** (*Hydrurga leptonyx*), sea-leopard; **f. monaca** (*Monachus albiventer*), monk seal **3** (*scherz.*: *persona grassa*) elephant. ● **pelle di f.**, sealskin.

focàccia, *f.* (*cucina*) flat bread; biscuit (*USA*); (*dolce*) flat cake. ● **rendere pan per f.**, to give tit for tat.

focàia, *a.* – **pietra f.**, flint.

focàle, *a.* focal: (*fis.*) **distanza** (*o* **lunghezza**) **f.**, focal length; (*fig.*) **punto f.**, focal point.

focaliẓẓàre, *v. t.* **1** (*fotogr.*) to focus; to focalize **2** (*fig.*) to bring* into focus; to define; to pinpoint: **f. i termini di un problema**, to define the terms of a problem; **f. l'attenzione su q.c.**, to zero in on st.

focaliẓẓazióne, *f.* (*fotogr.*) focus(s)ing; focalization.

focàtico, *m.* (*stor.*) hearth tax.

fóce, *f.* mouth (of a river); (*sbocco*) outlet. ● **f. a delta**, delta □ **f. a estuario**, estuary.

focèna, *f.* (*zool., Phocaena phocaena*) porpoise; sea-pig; sea-hog.

focheggiàre, *v. t.* to focus.

focheggiatùra, *f.* focus(s)ing.

fochista, *m.* **1** (*naut.*) stoker **2** (*di locomotiva*) fireman*; stoker.

focolàio, *m.* **1** (*med.*) focus*; centre of infection **2** (*fig.*) hotbed; breeding-ground; centre.

focolàre, *m.* **1** hearth: **pietra del f.**, hearth-stone **2** (*camino*) fireplace; fireside **3** (*mecc.*) furnace: **f. a combustibile liquido**, liquid fuel furnace **4** (*fig.*: *famiglia, casa*) home; hearth: **f. domestico**, home; hearth and home.

focomelìa, *f.* (*med.*) phocomelia.

focomèlico, (*med.*) **A** *a.* phocomelic. **B** *m.* (*f.* **-a**) phocomelic person.

focòmetro, *m.* (*fis.*) focimeter; focometer.

focóne, *m.* (*mil., stor.*) touchhole.

focosità, *f.* fire; impetuousness; passionate nature; ardour.

focóso, *a.* fiery; impetuous; passionate; ardent.

focus, *m.* (*med.*) focus*

fòdera, *f.* **1** (*interna*) lining **2** (*esterna*) cover **3** (*di libro*) dust jacket; (dust) cover **4** (*naut.*) sheathing.

foderàme, *m.* lining materials (*pl.*).

foderàre, *v. t.* **1** (*internamente*) to line: **f. di seta un mantello**, to line a cloak with silk; **f. un cassetto**, to line a drawer **2** (*esternamente*) to cover: **f. un divano**, to cover a sofa **3** (*naut.*) to sheathe.

foderàto, *a.* **1** (*internamente*) lined (with): **gonna foderata**, lined skirt; **f. di seta [di pelliccia]**, lined with silk [with fur]; silk-lined [fur-lined] **2** (*esternamente*) covered (with). ● **essere f. di carne**, to be well covered with flesh □ (*fig.*) **essere f. di soldi**, to have a mint of money.

foderatùra, *f.* **1** (*interna*) lining **2** (*esterna*) covering.

fòdero, *m.* sheath; scabbard. ● **rimettere la spada nel f.**, to sheath one's sword □ **trarre la spada dal f.**, to unsheathe one's sword.

fóga, *f.* impetuosity; ardour; passion; heat: **nella f. della discussione**, in the heat of the argument; **rallentare la f. di q.**, to check sb.'s ardour.

fòggia, *f.* **1** (*maniera*) manner, fashion; (*stile*) style: **alla f. di**, in the style of; after the fashion of **2** (*aspetto*) look; (*forma*) shape; (*taglio*) cut: **un cappello di f. antiquata**, a hat with an old-fashioned look; an old-fashioned hat.

foggiàno, **A** *a.* of Foggia; from Foggia; Foggia (*attr.*). **B** *m.* (*f.* **-a**) inhabitant of Foggia; native of Foggia.

foggiàre, *v. t.* to mould; to shape; to fashion; to form.

foggiatùra, *f.* moulding; shaping.

fòglia, *f.* **1** (*bot.*) leaf*: **f. di fico**, fig leaf; **f. d'acanto** (*anche scolpita*), acanthus leaf; **foglie di tè**, tea leaves; **f. morta**, dead leaf; **Non si muoveva una f.**, not a leaf stirred; **mettere le foglie**, to put on leaves; to leaf; **essere pieno di foglie**, to be full of leaves; to be in leaf; **senza foglie**, leafless; **tremare come una f.**, to tremble (*o* to shake) like a leaf **2** (*mecc.*) leaf*: **f. di molla**, spring leaf **3** (*di metallo*) foil; (*sottilissima*) leaf*: **f. d'oro**, gold leaf **4** (*archit.*) foil. ● (*bot.*) **f. di betel**, pan □ (*bot.*) **f. di palma**, frond □ (*fig.*) **mangiare la f.**, to get the message; to see through st. □ (*prov.*) **Non cade f. che Dio non voglia**, not a leaf stirs but God wills it.

fogliàceo, *a.* (*bot.*) foliaceous; leaflike.

fogliàme, *m.* foliage; leaves (*pl.*); leafage.

fogliàre, *a.* (*bot.*) foliar; leaf (*attr.*).

fogliàto, *a.* (*metall.*) laminated; sheeted. ● **oro f.**, gold leaf □ **stagno f.**, tinfoil.

fogliazióne, *f.* (*bot.*) foliation.

fogliétto, *m.* **1** piece of paper; slip of paper **2** (*volantino*) leaflet; (*pubblicitario*) handbill **3** (*anat.*) layer: **f. pleurico**, pleural layer **4** (*biol.*) germinal layer **5** (*filatelia*) sheet.

foglìfero, *a.* (*bot.*) leaf-bearing.

fòglio, *m.* **1** sheet: **un f. di carta**, a sheet of paper; **f. bianco [rigato]**, white [ruled] sheet; **f. di carta da disegno**, sheet of drawing paper; **fogli volanti**, loose sheets **2** (*di metallo*) sheet; plate: **f. di lamiera di ferro**, iron sheet; **f. di latta**, tin plate; **f. di lamiera ondulata**, corrugated sheet **3** (*giornale*) (news)-paper: **un f. della sera**, an evening paper **4** (*banconota*) (bank)note (*GB*); bill (*USA*): **un f. da cinque sterline**, a five-pound note **5** (*pagina*) leaf*. ● (*leg.*) **f. di via**, expulsion order □ (*elab.*) **f. elettronico**, spreadsheet □ **f. protocollo**, sheet of foolscap; (*leg.*) legal cap □ (*autom.*) **f. rosa**, learner's driving licence □ **f. volante**, fly sheet; leaflet; handbill □ **a fogli mobili**, loose-leaf (*attr.*).

fogliolìna, *f.* leaflet.

fógna, *f.* **1** sewer; (*per acque bianche*) drain **2** (*fig. spreg.*: *di luogo*) cesspool **3** (*fig.*

spreg.: *di persona*) pig.
fognàre, *v. t.* to provide with sewers; to provide with drainage.
fognatùra, *f.* ***1*** sewerage; drainage ***2*** (*l'insieme delle fogne*) sewers (*pl.*).
fognòlo, *m.* small drain.
Föhn (*ted.*), *m. invar.* ***1*** (*meteor.*) föhn, foehn ***2*** (*asciugacapelli*) hairdryer.
fòia, *f.* ***1*** sexual urge (*o* desire); lust (*lett.*); (*di animali*) rut, heat ***2*** (*fig.*) lust; greed.
fòiba, *f.* (*geol.*) doline.
foiòlo, *m.* (*cucina*) ox-tripe.
fòla, *f.* ***1*** (*favola*) fairy tale ***2*** (*fandonia*) idle story; tale.
fòlade, *f.* (*zool., Pholas dactylus*) piddock.
fòlaga, *f.* (*zool., Fulica atra*) coot.
folàta, *f.* gust; rush; blast: **una f. di vento**, a gust of wind.
folclóre, *m.* folklore.
folclòrico, *a.* folklore (*attr.*); folkloric.
folclorista, *m. e f.* student of folklore; folklorist.
folcloristico, *a.* ***1*** (*che riguarda il folclore*) folklore (*attr.*); folkloric: **studi f.**, folklore studies ***2*** (*popolare*) folk (*attr.*): **musica folcloristica**, folk music; **ballo f.**, folk dance ***3*** (*scherz.*) picturesque; colourful; exotic.
folgorànte, *a.* ***1*** (*accecante*) dazzling; (*lampeggiante*) flashing: **luce f.**, dazzling light; **bellezza f.**, dazzling beauty; **sguardo f.**, flashing eyes ***2*** (*improvviso*) sudden: **passione f.**, sudden passion; **idea f.**, brilliant idea; brainwave; **La sua risposta fu f.**, his retort came as quick as a flash.
folgoràre, A *v. i.* (*lett.*) ***1*** (*impers.*: *lampeggiare*) to flash: **Folgorò a oriente**, lightning flashed in the east ***2*** (*scagliare folgori*) to hurl thunderbolts ***3*** (*fig.*: *risplendere*) to blaze; to shine*. **B** *v. t.* ***1*** (*colpire con la folgore*) to strike* with lightning ***2*** (*colpire con una scarica elettrica*) to electrocute ***3*** (*fig.*: *fulminare con lo sguardo*) to glare at: **Quando lasciai cadere la penna, lui mi folgorò**, when I dropped the pen, he glared at me ***4*** (*fig.*: *abbagliare*) to dazzle: **Fu folgorato dalla bellezza di lei**, he was dazzled by her beauty ***5*** (*fig.*: *colpire*) to strike*: **Fui folgorato da un'idea**, I was struck by an idea.
folgoràto, *a.* (*abbagliato*) dazzled; (*stranito*) thunderstruck, amazed, shocked.
folgorazióne, *f.* ***1*** (*da corrente*) electrocution; (*med.*) fulguration ***2*** (*fig.*) sudden inspiration; brainwave.
fólgore, *f.* thunderbolt; (flash of) lightning.
folgorite, *f.* (*miner.*) fulgurite.
foliazióne, *f.* (*giorn.*) page arrangement.
fòlico, *a.* – (*chim.*) **acido f.**, folic acid.
folk (*ingl.*), **A** *a. invar.* folk (*attr.*): **cantante f.**, folk singer. **B** *m. invar.* folk music.
folklóre, e *deriv. V.* **folclore**, e *deriv.*
fólla, *f.* ***1*** crowd; (*calca*) throng, multitude, mob (*spreg.*): **Una f. esultante riempiva la piazza**, a jubilant crowd filled the square; **una f. di reporter**, a crowd of reporters; **Si fece strada a fatica tra la f.**, he forced his way through the crowd; **confondersi tra la f.**, to lose oneself in the crowd; **una f. scatenata**, a frenzied mob; **le folle**, the masses; **piacere** (*o* **volere piacere**) **alla f.**, to appeal to the mob ***2*** (*fig.*) multitude; host; crowd: **una f. d'idee**, a multitude of ideas; **una f. di ricordi**, a host of memories.
follànte, *m.* (*ind. tess.*) fulling agent.
follàre, *v. t.* ***1*** (*ind. tess.*) to full; to mill ***2*** (*l'uva*) to press.
follatóre, *m.* (*f.* **-trice**) (*ind. tess.*) fuller.
follatrice, *f.* (*ind. tess.*: *macchina*) fulling machine.
follatùra, *f.* ***1*** (*ind. tess.*) fulling; milling ***2*** (*dell'uva*) wine-pressing.
fòlle, A *a.* ***1*** (*pazzo*) mad; insane; lunatic; crazy (*fam.*); nutty (*pop.*); nuts (*pred., pop.*): **sguardo f.**, mad eyes; **un tale dall'aria f.**, a crazy-looking type; **È f. se crede che io lo segua**, he's mad if he thinks I'm going to follow him; **essere f. di q.**, to be mad on sb.; **Tu sei f.!**, you're nuts! ***2*** (*sconsiderato*) mad, crazy, wild; (*sciocco*) foolish: **un'idea f.**, a mad (*o* crazy) idea; **velocità f.**, terrific speed; **andare a velocità f.** (*in automobile*), to drive like a madman; to race; **È una cosa completamente f.!**, the whole thing is crazy! ***3*** (*mecc.*) idle: **girare in f.**, to idle ***4*** (*autom., mecc.*) neutral: **essere in f.**, to be in neutral; **mettere in f.**, to put in neutral; (*autom.*) **andare in f.**, to coast; to tick over. ● **spese folli**, extravagant expenses; spending spree (*sing.*): **Oggi ho fatto spese folli**, I went on a spending spree today. **B** *m. e f.* madman* (*m.*); madwoman* (*f.*); lunatic; nutcase (*pop.*).
folleggiaménto, *m.* merry-making; carousal; frolicking.
folleggiàre, *v. i.* ***1*** (*agire da folle*) to act like a madman* ***2*** (*fig.*: *divertirsi follemente*) to carouse; to have a ball (*fam.*); to go out on the town (*fam.*); to paint the town red (*fam.*): **Stasera folleggiamo!**, we're going out on the town tonight!; let's make a night of it!
folleménte, *avv.* madly; crazily: **essere f. innamorato di q.**, to be madly in love with sb.; to be head over heels in love with sb. (*fam.*).
follétto, A *m.* ***1*** elf*; sprite; (*maligno*) goblin, imp ***2*** (*fig.*) imp. **B** *a.* elf (*attr.*); elfish.
follia, *f.* ***1*** (*pazzia*) madness; insanity; lunacy; craziness: **spingere q. sull'orlo della f.**, to drive sb. to the verge of insanity; **un raptus di f.**, a fit of madness; **f. collettiva**, generalized hysteria ***2*** (*stoltezza*) folly; foolishness: **È la sua f. che ha rovinato l'azienda**, it's his folly that ruined the firm ***3*** (*comportamento da folle*) madness, lunacy; (*azione degna di un folle*) folly, foolish act; (*idea folle*) foolish (*o* crazy) idea: **È una vera f. uscire con questo tempaccio**, it's sheer folly to go out in this weather; **Sarebbe f. fare una cosa simile**, it would be madness to do such a thing; **Fa una f. se compra quella casa**, he is mad to buy that house; **fare una f.**, to do a very foolish thing; (*scherz.*: *fare una spesa folle*) to spend a fortune (on st.); **Mi raccomando, non fare follie!**, please don't do anything rash! ● **amare q. alla f.**, to be madly in love with sb.; to love sb. to distraction □ **fare follie** (*divertirsi*), to have a great time; to have a ball (*fam.*); to go out on the town (*fam.*) □ **fare follie per q.c.**, to be crazy (*o, pop.*, nuts) about st.
follicolàre, *a.* (*anat., bot.*) follicular.
follicolina, *f.* (*biochim.*) folliculin.
follicolite, *f.* (*med.*) folliculitis.
follicolo, *m.* (*anat., bot.*) follicle: **f. sebaceo [pilifero]**, sebaceous [hair] follicle.
follicolóso, *a.* folliculose.
follóne, *m.* (*ind. tess.*) fulling mill.
fólto, A *a.* ***1*** thick; dense: **erba folta**, thick grass; **un bosco f.**, a thick wood; **tenebre folte**, thick darkness; **sopracciglia folte**, bushy eyebrows ***2*** (*numeroso*) large; numerous: **un f. gruppo**, a large group. **B** *m.* thick; depths (*pl.*): **nel f. della mischia**, in the thick of the fray; **nel f. del bosco**, in the depths of the wood. ● **un f. d'alberi**, a clump of trees; a thicket.
fomentàre, *v. t.* to foment; to instigate; to stir up: **f. una rivolta**, to foment a rebellion.
fomentatóre, *m.* (*f.* **-trice**) fomenter; instigator. ● **f. di discordie**, troublemaker.
fomentazióne, *f.* ***1*** fomentation; instigation; stirring up ***2*** (*med.*) fomentation.
foménto, *m.* ***1*** (*med.*) fomentation ***2*** (*fig.*) instigation; incitement.
fòmite, *m.* (*istigazione*) incitement; (*causa*) cause, source.
fon (1), *V.* **phon**.
fon (2), *V.* **föhn**, *def. 2*.
fonàre, *v. t.* (*pop.*) to blow-dry.
fonatòrio, *a.* (*fisiol.*) phonatory.
fonazióne, *f.* (*fisiol.*) phonation.
fónda (1), *f.* (*naut.*) anchorage. ● (*naut.*) **essere alla f.**, to ride (*o* to be, to lie) at anchor.
fónda (2), *f.* ***1*** (*di pistola*) saddle holster ***2*** (*imbragatura per cavalli*) horse sling.
fóndaco, *m.* (*magazzino*) warehouse; store.
fondàle, *m.* ***1*** (*naut.*) depth; soundings (*pl.*): **f. alto**, deep sea; **f. basso**, shoal; shallow water ***2*** (*fondo marino*) seabed ***3*** (*teatr.*) backdrop; backcloth (*GB*).
fondàme, *m.* dregs (*pl.*); lees (*pl.*).
fondamentàle, A *a.* ***1*** fundamental; essential; basic: **principi fondamentali**, fundamental principles; basics; **requisito f.**, essential requirement; **bisogni fondamentali**, basic needs; **nozioni fondamentali**, rudiments ***2*** (*mus.*) fundamental. **B** *m.* ***1*** (*pl.*) (*sport*) basics ***2*** (*mus.*) fundamental.
fondamentalismo, *m.* fundamentalism.
fondamentalista, *m. e f.* fundamentalist.
fondamentalménte, *avv.* fundamentally; basically; at bottom; ultimately.
fondaménto, *m.* (*pl.* **fondamenta,** *f., per la def. 1*; **fondamenti,** *m., per la def. 2*) ***1*** foundation: **gettare le fondamenta di q.c.**, to lay the foundations of st. ***2*** (*fig.*) basis*; foundation; ground(s); (*al pl.*: *nozioni fondamentali*) rudiments, grounding (*sing.*): **i fondamenti di una civiltà**, the foundations of a civilization; **Con quale f.?**, on what grounds?; **dare dei buoni fondamenti in latino**, to give a good grounding in Latin; **conoscere i fondamenti di una materia**, to know the rudiments of a subject; **f. logico**, rational basis; rationale; **accusa senza f.**, unfounded (*o* groundless) accusation. ● **fare f. su q. [q.c.]**, to rely on sb. [st.].
fondant (*franc.*), *m. invar.* fondant.
fondàre, A *v. t.* ***1*** to found; (*costruire*) to build*: **f. una città [un monastero]**, to found a town [a monastery]; (*fig.*) **f. sulla rena**, to build on sand ***2*** (*costituire, formare*) to found; to establish; to constitute; to set* up; to start: **f. un ordine religioso**, to found a religious order; **f. un regno**, to found a kingdom; **f. una ditta**, to establish a firm; **f. una rivista**, to start a magazine ***3*** (*fig.*: *basare*) to found; to base; to ground: **f. la propria difesa su q.c.**, to found (*o* to base) one's defence on st. ***4*** (*porre le basi di*) to lay* the foundations of: **f. una scienza**, to lay the foundations of a new science. **B fondarsi,** *v. rifl. e i. pron.* ***1*** (*basarsi*) to base oneself on ***2*** (*fare affidamento*) to rely on: **f. sulle promesse di q.**, to rely on sb.'s promises ***3*** (*essere fondato*) to be founded (*o* based) on; to be predicated on (*USA*).
fondataménte, *avv.* with good reason; on good grounds. ● **sapere q.c. f.**, to have good grounds for believing st.
fondatézza, *f.* validity; truth; authenticity; legitimacy. ● **privo di f.**, groundless □ **provare la f. della propria affermazione**, (*coi fatti*) to support one's statement with facts, (*con prove, con indizi*) with evidence, (*con prove probanti*) with proof.
fondàto, *a.* ***1*** (*basato*) founded; based; predicated (*USA*): **un metodo f. sull'esperienza**, a method based on experience ***2*** (*stabilito*) founded; established: **una ditta fondata nel 1830**, a firm founded (*o* established) in 1830 ***3*** (*che ha fondamento*) founded; sound; valid: **un sospetto ben f.**, a well-founded suspicion; **fondate ragioni**, sound reasons.
fondatóre, *m.* (*f.* **-trice**) founder. ● **padri fondatori**, founding fathers □ **socio f.**, charter member; founder-member; (*fin.*: *di società*) promoter.
fondazióne, *f.* ***1*** (*anche leg.*) foundation: **la f. di una città [di un monastero]**, the foundation of a town [of a monastery]; **la f. di una ditta**, the foundation (*o* establishment) of a firm ***2*** (*istituzione*) institution; foundation: **f. benefica**, charitable institution; **la F. Cini**, the Cini Foundation ***3*** (*fin.*) promotion.
fondèllo, *m.* bottom. ● (*fam.*) **prendere q.**

per i fondelli, to take sb. for a ride; to have sb. on; to put sb. on (*USA*); to take the mick out of sb. (*pop.*).

fondènte, A *m.* ***1*** (*metall.*) flux ***2*** (*dolce*) fondant. **B** *a.* melting. ● **caramella f.**, fondant □ **cioccolato f.**, plain chocolate.

fóndere, A *v. t. e i.* ***1*** (*liquefare*) to melt*; (*per calore intenso*) to fuse; (*per estrarre il metallo dal minerale grezzo*) to smelt: **Il ghiaccio fonde a 0 °C**, ice melts at 0 °C ***2*** (*f. in forma*) to found; to cast*: **f. una statua**, to cast a statue ***3*** (*fig.*: *combinare, unire*) to fuse; to combine; (*anche colori, suoni*) to blend ***4*** (*econ.*) to amalgamate; to merge: **f. due società**, to merge two companies. ● (*autom.*) **f. le bronzine**, to burn out the bearings. **B fóndersi**, *v. i. pron.* ***1*** to melt* ***2*** (*fig.*: *combinarsi, unirsi*) to fuse; to combine; to merge; (*anche di colori, suoni*) to blend ***3*** (*econ.*) to merge; to amalgamate; to combine; to incorporate ***4*** (*elettr.*) to blow* out. ● **f. in lacrime**, to burst into tears.

fonderìa, *f.* foundry.

fondiàrio, *a.* (*econ.*) land (*attr.*); landed: **imposta fondiaria**, land tax; **proprietà fondiaria**, landed property.

fondìbile, *a.* meltable; fusible.

fondìglio, *m.* sediment; dregs (*pl.*).

fondìna, *f.* ***1*** (*per pistola*) holster ***2*** (*piatto*) soup plate.

fondìno, *m.* ***1*** (*teatr.*) (small) backdrop ***2*** (*tipogr., cinem.*) background.

fondìsta, *m. e f.* ***1*** (*sport*) long-distance runner; (*sciatore*) cross-country skier; langlaufer (*ted.*) ***2*** (*giorn.*) writer of leading articles; editorialist.

fonditóre, *m.* founder; caster; smelter; foundryman*. ● (*tipogr.*) **f. di caratteri**, type-founder.

fonditrìce, *f.* (*tipogr.*) casting machine; caster.

fonditùra, *V.* **fusione**.

fóndo (1), *m.* ***1*** (*parte più bassa*) bottom: **il f. del bicchiere [del pozzo, della valle, della barca]**, the bottom of the glass [of the well, of the valley, of the boat]; **Sul f. della tazza c'è dello zucchero**, there is some sugar on the bottom of the cup; (*ind. min.*) **f. di pozzo**, shaft bottom; **in f. alla pagina**, at the bottom of the page ***2*** (*fine, estremità*) end; rear: **da cima a f.**, from beginning to end; from top to bottom; (*da un capo all'altro*) from end to end; (*mecc.*) **f. di caldaia**, boiler end-plate; **in f. al corridoio [al libro, al discorso]**, at the end of the passage [of the book, of the speech]; **in f. al treno**, at the rear of the train; **carrozze** (*o* **vagoni**) **di f.**, rear carriages ***3*** (*del mare e sim.*; *strato*) bottom; bed; ground: **toccare il f.**, to touch bottom; **in f. al mare**, at the bottom of the sea; **f. marino**, seabed; sea floor; **f. di sabbia [di scogli]**, sandy [rocky] bottom ***4*** (*parte più lontana*) back: **stanza di f.**, backroom; **in f. alla stanza**, at the back (*o* at the end) of the room; **sedersi in f.** (*al cinema, ecc.*), to sit at the back ***5*** (*sfondo, anche di quadro, di stoffa*) background: (*arte*) **f. d'oro**, gold background; **rumori di f.**, background noises ***6*** (*dei calzoni*) seat: **calzoni (da cavallo) con f. di pelle**, riding breeches with leather seat ***7*** (*pl.*) (*di caffè*) (coffee)grounds; (*feccia*) dregs, lees ***8*** (*pl.*) (*merce invenduta*) remainders; remnants; odds and ends ***9*** (*giorn., anche* **articolo di f.**) leader; leading article; editorial ***10*** (*sport*: *atletica*) long-distance race; (*sci*) cross-country race; (*equitazione*) cross-country riding ***11*** (*calcio*: *linea di f.*) goal-line ***12*** (*fin., rag.*) fund: **un f. per i profughi**, a refugee fund; **mancanza di fondi**, lack of funds; **f. comune d'investimento**, investment fund (*o* trust); unit trust (*GB*); mutual fund (*USA*); **f. d'ammortamento**, sinking fund; (*rag.*) **f. di cassa**, cash in hand; (*per le piccole spese*) petty cash; **f. di riserva**, reserve fund; **f. monetario comune**, pool; **f. pensioni**, pension fund; **fondi pubblici**, public funds; **f. vincolato**, time fund; **fondi neri**, slush fund ***13*** (*proprietà*) estate; property: **f. rustico**, country estate; farm; **f. urbano**, town property; building; (*casa*) house; (*negozio*) shop. ● (*sport*) **f. campo**, *V.* **fondocampo** □ (*anat.*) **f. dell'occhio**, eyeground □ **f. di bicchiere** (*diamante falso*), fake diamond; paste □ **f. nevoso**, snow-pack □ **f. schiena**, *V.* **fondoschiena** □ **f. stradale**, roadbed; pavement (*USA*); (*comune, ma improprio*) (road) surface □ **f. tinta**, *V.* **fondotinta** □ (*fam.*) **a corto di fondi**, short of funds □ **a f.** (*completamente*), in depth; thoroughly: **studiare a f. q.c.**, to study st. in depth; **conoscere a f. un argomento**, to have a thorough knowledge of a subject; **conoscere a f. q.**, to know sb. through and through □ **andare a f.**, (*affondare*) to sink, to go down, to go to the bottom; (*fig.*: *essere in difficoltà*) to be on one's last legs; (*fallire*) to go under □ (*fig.*) **andare a f. di q.c.**, to get to the bottom of st. □ **dare una somma a f. perduto**, to lend a sum of money without security □ (*fig.*) **avere il f. buono**, to be a good man [woman] at bottom; to be good at heart □ (*sport*) **corridore** (*o* **cavallo**) **di f.**, stayer □ (*naut.*) **dare f.**, to cast anchor □ **dare f. al proprio denaro**, to spend one's last penny; to run through all one's money □ **di f.**, underlying: **questione di f.**, underlying question; basic question □ **doppio f.**, false bottom □ **fino in f.**, (*fino alla fine*) to the end; (*in modo esauriente*) thoroughly; (*completamente*) completely □ **vuotare un bicchiere fino in f.**, to drain a glass □ **impegnarsi a f.**, to throw oneself into st. heart and soul; to commit oneself totally □ **in f.**, (*dopotutto*) after all; at bottom; when you come to think of it; (*all'ultimo posto*) at the bottom, in the bottom league (*fam.*) □ **in f. in f.**, all things considered; when all is said and done □ (*teatr.*) **in f. alla scena**, upstage; backstage □ (*naut.*) **incagliarsi sul f.**, to run aground □ (*naut.*) **mandare a f. una nave**, to sink a ship □ (*fig.*) **mandare a f. un progetto**, to scupper a plan □ (*di vernice*) **mano di f.**, priming coat; primer □ **portare q.c. fino in f.**, to see st. through to the end; to conclude st. □ (*calcio*) **rimessa dal f.**, goal kick □ **senza f.**, bottomless; endless □ **sci di f.**, langlauf (*ted.*); cross-country skiing □ **sostenere q. fino in f.**, to back sb. to the hilt □ (*fig.*) **toccare il f.**, to reach rock-bottom; (*spreg.*) to sink very low □ (*fig.*) **toccare il f. di q.c.**, to reach the nadir of st. □ (*fig.*) **vedere il f. di q.c.**, to see the end of st.

fóndo (2), *a.* (*profondo*) deep. ● **a notte fonda**, at dead of night □ **piatto f.**, soup plate.

fondocàmpo, *m.* (*calcio*) end area; (*tennis*) back of the court.

fondoschièna, *m. invar.* (*fam.*) backside; posterior.

fondotìnta, *m. invar.* foundation (cream).

fondovàlle, *m.* valley floor; valley bottom; bottom of the valley. ● **giù nel f.**, down in the valley.

fondùta, *f.* (*cucina*) fondue (*franc.*).

fonèma, *m.* (*ling.*) phoneme.

fonemàtica, *f.* (*ling.*) phonemics (*pl. col verbo al sing.*).

fonemàtico, *a.* (*ling.*) phonematic; phonemic.

fonematiẓẓazióne, *f.* (*ling.*) phonemicization.

fonèmica, *V.* **fonematica**.

fonèmico, *a.* (*ling.*) phonemic.

fonendoscòpio, *m.* (*med.*) phonendoscope.

fonètica, *f.* phonetics (*pl. col verbo al sing.*).

fonètico, *a.* phonetic(al).

fonetiṣmo, *m.* phonetism.

fonetìsta, *m. e f.* (*ling.*) phonetician.

fonìa, *f.* (*telef.*) telephony; radiotelephony.

foniàtra, *m. e f.* speech therapist.

foniatrìa, *f.* (*med.*) phoniatrics (*pl. col verbo al sing.*).

foniàtrico, *a.* (*med.*) phoniatric.

fònico, A *a.* phonic; sound (*attr.*). **B** *m.* (*f.* **-a**) (*cinem.*) sound engineer.

fòno, *m.* (*ling.*) phone.

fonoassorbènte, *a.* sound absorbent.

fonocardiografìa, *f.* (*med.*) phonocardiography.

fonocardiogràmma, *m.* (*med.*) phonocardiograph.

fonocassètta, *f.* music cassette.

fonodettatùra, *f.* dictation of telegrams over the telephone.

fonofilmògrafo, *m.* sound film recorder.

fonofobìa, *f.* (*med.*) phonophobia.

fonogenìa, *f.* suitability for sound reproduction.

fonogènico, *a.* phonogenic.

fonografìa, *f.* phonography.

fonogràfico, *a.* phonographic.

fonògrafo, *m.* phonograph.

fonogràmma, *m.* ***1*** (*telef.*) (written) telephone message ***2*** (*ling.*) phonogram.

fonoincisióne, *f.* sound recording.

fonoincisóre, *m.* cutter; cutting head (of a recording apparatus).

fonoiṣolànte, *a.* soundproof.

fonolìte, *f.* (*miner.*) phonolite; clinkstone.

fonologìa, *f.* (*ling.*) phonology.

fonològico, *a.* (*ling.*) phonologic(al).

fonòlogo, *m.* (*f.* **-a**) phonologist.

fonometrìa, *f.* (*fis.*) phonometry.

fonòmetro, *m.* (*fis.*) phonometer.

fonomimìa, *f.* sign language.

fonomontàggio, *m.* (*radio*) edited programme.

fonomorfològico, *a.* (*ling.*) phonomorphological.

fonóne, *m.* (*fis.*) phonon.

fonoregistratóre, *m.* sound recorder.

fonoregistrazióne, *f.* sound recording.

fonoriproduttóre, *m.* ***1*** sound reproducing machine ***2*** (*altoparlante*) loudspeaker.

fonoriproduzióne, *f.* sound reproduction.

fonorivelatóre, *m.* pick-up.

fonoscòpio, *m.* phonoscope.

fonosimbòlico, *a.* (*ling.*) sound-symbolic; onomatopoeic.

fonosimboliṣmo, *m.* (*ling.*) sound symbolism; onomatopoeia.

fonostilìstica, *f.* phonostylistics (*pl. col verbo al sing.*).

fonotèca, *f.* sound library; sound archive.

fonotelemetrìa, *f.* sound ranging.

fonovalìgia, *f.* portable gramophone.

fontàna, *f.* ***1*** fountain ***2*** (*fonte, anche fig.*) source; spring ***3*** (*cucina*: *di farina*) well. ● (*geol.*) **f. ardente**, fire well □ (*geol.*) **f. di lava**, lava fountain □ **piangere come una f.**, to cry one's eyes out.

fontanàzzo, *m.* blowout.

fontanèlla, *f.* ***1*** (*a spillo*) drinking fountain ***2*** (*anat.*) fontanelle.

fontanière, *m.* ***1*** fountain attendant ***2*** (*region.*: *idraulico*) plumber.

fontanìle, *m.* ***1*** (*fonte*) spring ***2*** (*abbeveratoio*) drinking trough.

fónte, A *f.* ***1*** (*sorgente*) spring, (*di fiume, ecc.*) source; (*fontana*) fountain ***2*** (*fig.*) source; (*causa*) cause, origin: **una f. di malintesi**, a source of misunderstandings; **f. di guadagno**, source of income; **le fonti del «Re Lear»**, the sources of «King Lear»; **fonti indirette**, secondary sources; **sapere q.c. da f. sicura** (*o* **da una buona f.**), to have it from a reliable source (*o* on good authority; *fam.*: straight from the horse's mouth); **fonti energetiche alternative**, alternative sources of energy; **la f. di tutti i mali**, the origin of all evil; **Quella decisione fu f. di molti guai**, that decision was the cause of much trouble. ● **f. di saggezza**, fountain of wisdom □ **acqua di f.**, fresh water □ (*fisc.*) **ritenuta alla f.**, deduc-

tion at source. **B** *m.* – **f. battesimale**, font.
fontina, *f.* «fontina» (cheese from Valle d'Aosta).
football (*ingl.*), *m. invar.* (*sport*) football (*form.*: association football); soccer (*fam.*). ● **f. americano**, American football; football (*USA*).
footing (*ingl.*), *m. invar.* ***1*** jogging: **fare del f.**, to jog ***2*** (*corsa di allenamento di atleta*) roadwork.
foracchiàre, *v. t.* to riddle (with holes); (*con uno spillo e sim.*) to prick (all over).
foracchiàto, *a.* full of holes; riddled with holes.
foracchiatùra, *f.* ***1*** (*il foracchiare*) pricking; piercing ***2*** (*i fori*) holes (*pl.*).
foraggiamènto, *m.* ***1*** foraging ***2*** (*fig.*: *finanziamento*) subsidizing; bankrolling (*fam.*).
foraggiàre, *v. i.* ***1*** to forage; to fodder ***2*** (*fig.*: *finanziare*) to subsidize; to bankroll (*fam.*).
foraggière, *m.* (*stor.*) forager.
foraggièro, *a.* (*bot.*) fodder (*attr.*); forage (*attr.*): **piante foraggiere**, fodder plants.
foràggio, *m.* fodder; forage; (*conservato in silo*) ensilage.
foràme, *m.* (*anat., zool., bot.*) foramen*.
Foraminiferi, *m. pl.* (*zool.*: *Foraminifera*) Foraminifera.
foraminìfero, *m.* (*zool.*) foraminifer.
foràneo, *a.* ***1*** (*fuori del porto*) outer; offshore: **diga foranea**, outer breakwater ***2*** – (*eccles.*) **vicario f.**, vicar-forane; rural dean.
forapàglie, *m. invar.* (*zool., Acrocephalus schoenobaenus*) sedge warbler; sedge wren.
foràre, **A** *v. t.* ***1*** to perforate; to pierce; to punch: **Il controllore forò il biglietto**, the ticket collector punched the ticket ***2*** (*attraverso un grosso spessore*) to bore through; to bore a hole in ***3*** (*trapanare*) to drill into; to drill a hole into ***4*** (*uno pneumatico*) to puncture; (*assol.*) to have a puncture: **Il chiodo forò la gomma**, the nail punctured the tyre; **Ho forato due volte sulla Futa**, I had two punctures on the Futa Pass; **Mi accorsi di aver forato**, I realized I had a flat tyre. **B foràrsi**, *v. i. pron.* (*di pneumatico*) to get* a puncture; to puncture.
forasièpe, *V.* **forapaglie**.
foràstico, *a.* (*region.*) rustic; uncouth.
foratèrra, *m. invar.* (*agric.*) dibble.
foràto, **A** *a.* ***1*** perforated; pierced; punched ***2*** (*di pneumatico*) punctured. **B** *m.* (*mattone f.*) perforated brick; hollow tile.
foratóio, *m.* punch; pricker.
foratùra, *f.* ***1*** perforation; piercing; punching ***2*** (*in profondità*) boring ***3*** (*con trapano*) drilling ***4*** (*di pneumatico*) puncturing; puncture.
fòrbici, *f. pl.* ***1*** scissors; (*grandi*) shears; (*da giardino*) shears, secateurs: **un paio di f.**, a pair of scissors; **colpo di f.**, snip; **dare un colpo di f.**, to snip st.; to scissor through st.; **f. da unghie [da cucina]**, nail [kitchen] scissors; **f. da potare**, pruning shears; **f. da ricamo**, embroidery scissors; **f. del sarto**, tailor's shears ***2*** (*zool.*: *chele*) pincers ***3*** (*naut.*) kevel (*sing.*) ***4*** (*sport*) scissors: **salto a f.**, scissors. ● (*fig.*) **le f. della censura**, the censor's scissors; censorship □ **f. dei salari**, wage differential □ **articolo fatto con le f.**, scissors-and-paste job □ (*fig.*) **lavorare di f.**, to cut; (*censurare*) to censor □ **lavorare di f. e colla**, to do a scissors-and-paste job □ **una lingua che taglia come le f.**, a cutting (*o* sharp) tongue; a tongue like a razor.
forbiciàio, *m.* ***1*** (*fabbricante*) scissors maker ***2*** (*venditore*) scissors seller.
forbiciàta, *f.* ***1*** scissor-cut; snip ***2*** (*sport*) scissors (*pl.*).
forbicina, *f.* (*zool., Forficula auricularia*) earwig.
forbire, **A** *v. t.* ***1*** to furbish; to clean; to wipe: **forbirsi la bocca**, to wipe one's mouth ***2*** (*fig.*) to polish. **B forbirsi**, *v. rifl.* to clean oneself.
forbita, *f.* cleaning; wipe.
forbitézza, *f.* elegance; polish; refinement: **f. di stile**, elegant style.
forbito, *a.* polished; refined (*anche fig.*).
fórca, *f.* ***1*** (*agric.*) hayfork; pitchfork ***2*** (*oggetto biforcuto*) fork; crutch ***3*** (*patibolo*) gallows; gibbet: **mandare q. sulla f.**, to send sb. to the gallows; **condannare q. alla f.**, to sentence sb. to be hanged; **finire sulla f.**, to hang ***4*** (*valico tra due monti*) col; (mountain) pass. ● **Forche Caudine**, (*stor.*) Caudine Forks; (*fig.*) bitter humiliation, sackcloth and ashes, humble pie (*fam.*): **passare sotto le Forche Caudine**, to suffer bitter humiliation; to eat humble pie; to put on sackcloth and ashes □ **avanzo di f.** (*o* **pendaglio da f.**), jail-bird; gallows-bird □ (*fig.*) **fare f.** (*marinare la scuola*), to play truant; to skive off (*GB*); to play hookey (*USA*) □ (*fig.*) **fare la f. a q.** (*ingannarlo*), to take sb. in □ **Va' sulla f.!**, go to the devil!
forcàccio, *m.* (*naut.*) crutch.
forcaiolo, *m.* (*f.* **-a**) (*polit.*) reactionary.
forcàta, *f.* ***1*** pitchforkful ***2*** (*colpo dato con la forca*) thrust with a pitchfork.
forcèlla, *f.* ***1*** (*cosa forcuta*) fork ***2*** (*mecc.*) staple; fork: (*autom.*) **f. del cambio**, gearshift fork ***3*** (*per capelli*) hairpin ***4*** – (*mil.*) **fare f.**, to bracket; to straddle ***5*** (*valico*) col; (mountain) pass ***6*** (*pop.*: *osso del petto dei volatili*) wishbone ***7*** (*telef.*) rest; cradle ***8*** (*naut.*) rowlock ***9*** (*mus.*) crescendo [diminuendo] sign.
forchétta, *f.* ***1*** fork: **f. da frutta**, dessert fork ***2*** (*naut.*: *del boma*) boom crutch ***3*** *V.* **forcella**, *def. 6*. ● (*fig.*) **essere una buona f.**, to be a hearty (*o* a big) eater; (*essere un buongustaio*) to be a gourmet □ (*fig.*) **parlare in punta di f.**, to speak affectedly.
forchettàta, *f.* ***1*** forkful ***2*** (*colpo di forchetta*) thrust with a fork.
forchétto, *m.* forked stick.
forchettóne, *m.* ***1*** carving fork ***2*** (*fig. spreg.*) profiteer.
forcina, *f.* hairpin.
fòrcing (*ingl.*), *m. invar.* (*sport*) incessant (*o* insistent) attack.
fòrcipe, *m.* (*med.*) forceps*.
fórcola, *f.* ***1*** (*agric.*) fork ***2*** (*naut.*) crutch.
forconàta, *f.* ***1*** pitchforkful ***2*** (*colpo di forcone*) thrust with a pitchfork.
forcóne, *m.* (*agric.*) pitchfork.
forcùto, *a.* forked; furcate.
fordismo, *m.* (*econ.*) Fordism.
forènse, *a.* (*leg.*) forensic: **eloquenza f.**, forensic eloquence; **professione f.**, law; the Bar; **pratica f.**, practice of law.
forèsta, *f.* forest: **f. vergine**, virgin forest; **f. pluviale**, rainforest; **f. demaniale**, national forest. ● **una f. di capelli**, a bush (*o* mop) of hair □ (*fig.*) **il richiamo della f.**, the call of the wild □ (*fig.*) **uomo delle foreste**, wild man.
forestàle, **A** *a.* forest (*attr.*); forestry (*attr.*). ● **guardia f.**, forester; forest ranger; **Corpo f.**, corps of foresters; corps of forest rangers. **B** *f.* foresters (*pl.*); forest rangers (*pl.*).
forestazióne, *f.* forest conservation.
foresteria, *f.* ***1*** (*di palazzo, ecc.*) guest quarters (*pl.*), guestrooms (*pl.*); (*in edificio a sé*) lodge ***2*** (*appartamento*) company flat (for the use of visiting guests).
forestierismo, *m.* foreignism.
forestièro, **A** *a.* foreign; (*bur.*) alien. ● **Sono f. da queste parti**, I am a stranger here. **B** *m.* (*f.* **-a**) ***1*** (*straniero*) foreigner; (*bur.*) alien ***2*** (*sconosciuto*) stranger ***3*** (*fam.*: *ospite*) guest: **la stanza dei forestieri**, the guestroom.
forestierùme, *m.* (*spreg.*) ***1*** (*accozzaglia di forestieri*) motley crowd of foreigners ***2*** (*complesso di parole, usanze forestiere*) foreignisms (*pl.*).
forfait (**1**) (*franc.*), *m. invar.* flat rate; lump sum: **accordarsi su un f.**, to agree on a flat rate; **pagamento a f.**, payment on a lump-sum basis.
forfait (**2**) (*franc.*), *m. invar.* (*sport*) default: **vincere per f.**, to win by default; **dichiarare** (*o* **dare**) **f.**, to default; to scratch (*fam.*); (*fig.*) to give up.
forfaiting, *m. invar.* (*econ.*) forfaiting.
forfè, *V.* **forfait**.
forfécchia, *V.* **forbicina**.
forfeit, *V.* **forfait**.
forfetàrio, *a.* flat-rate (*attr.*); lump-sum (*attr.*): **prezzo f.**, flat-rate price; **pagamento f.**, lump-sum payment.
forfetizzàre, *v. t.* to predetermine a price; to fix a flat-rate payment.
forfettàrio, *V.* **forfetario**.
fórfora, *f.* dandruff; scurf.
forforóso, *a.* dandruffy; scurfy.
fòrgia, *f.* forge; smithy.
forgiàbile, *a.* forgeable.
forgiabilità, *f.* forgeability.
forgiàre, *v. t.* ***1*** (*metall.*) to forge ***2*** (*fig.*) to shape; to mould; to form: **f. il carattere di q.**, to mould sb.'s character.
forgiatóre, *m.* (*f.* **-trice**) ***1*** forger ***2*** (*fig.*) moulder; shaper.
forgiatrice, *f.* (*metall.*) forging machine.
forgiatùra, *f.* forging.
forièro, **A** *a.* heralding; foreboding: **un vento f. di neve**, a wind heralding snow; **Quelle nuvole sono foriere di pioggia**, those clouds are the harbingers of (*o* herald) rain. **B** *m.* forerunner; harbinger.
fórma, *f.* ***1*** shape; (*specialm. astratto*) form: **la f. della stanza [del naso]**, the shape of the room [of the nose]; **f. di governo**, form of government; **la f. di una poesia**, the form of a poem; **f. cilindrica**, cylinder shape; **f. ovale**, oval shape; **di f. quadrata**, square in shape; **Vedevo forme indistinte sullo sfondo**, I could see vague forms (*o* shapes) against the background; **prendere f.**, to take shape; to materialize; **mutare f.**, to change shape; **avere la f. di**, to have the shape (*o* form) of; to be shaped like; (*med.*) **una f. infettiva**, an infective form; **in f. di animale**, in animal shape; in the shape of an animal ***2*** (*stampo, anche per cucina*) mould; (*mecc.*) die ***3*** (*di formaggio*) cheese: **una f. di parmigiano**, a Parmesan cheese ***4*** (*tipogr.*) form(e) ***5*** (*gramm.*) inflexion; form ***6*** (*per cappelli*) (hat) block ***7*** (*per calzature*) last ***8*** (*stile*) style; form: **il contenuto e la f. di un quadro**, the subject and form (*o* style) of a painting; **scrivere in f. chiara**, to write in a clear style ***9*** (*pl.*) (*del corpo umano*) figure (*sing.*): **forme giunoniche**, a Junoesque figure; **forme snelle**, a slender figure; **far risaltare le forme**, to show (off) the figure ***10*** (*anche pl.*: *maniera, procedura*) manner; procedure: **nelle debite forme**, in the proper manner; according to the correct procedure ***11*** (*convenzioni*) convention, decorum; (*esteriorità*) appearances (*pl.*): **rispettare le forme**, to observe conventions; **salvare la f.**, to keep up appearances. ● **una f. d'arte**, an art form □ (*elab.*) **f. d'onda**, waveform □ **una f. di pane**, a loaf (of bread) □ (*biol.*) **f. di vita**, form of life; life form □ **f. mentis**, mentality; way of thinking; cast of mind □ (*mus.*) **f. sonata**, sonata form □ **a f. di**, -shaped (*suff.*); shaped like; in the shape of: **a f. di cuore**, heart-shaped; shaped like a heart; in the shape of a heart; **a f. di S**, S-shaped □ **che non ha f.** (*o* **senza f.**), shapeless; formless □ **giù di f.**, out of form; out of shape; below par □ **in f.**, (*sport*) in good form (*o* shape); very fit; (*fig.*) in good form, at one's best □ **non essere in f.**, (*sport*) to be out of form (*o* of shape) □ (*sport*) **in cattiva f.**, out of form; unfit □ **in f. privata**, privately; in private; in a private capacity: **Te lo dico in f. privata**, I'm telling you privately; **La cerimonia si svolse in f.**

privata, the ceremony took place in private; **Sono qui in f. privata**, I am here in a private capacity □ **in f. ufficiale**, officially □ **in gran f.**, in (*o* on) top form; in the pink □ **mantenersi in f.**, to keep fit □ **peso f.**, ideal weight □ **pro f.**, *V.* **pro forma** □ **sotto f. di**, in the form of; (*camuffato da*) disguised as.

formàbile, *a.* formable; (*modellabile*) mouldable.

formaggèlla, *f.* soft cheese.

formaggèra, *V.* **formaggiera**.

formaggètta, *f.* (*naut.*) truck.

formaggiàio, *m.* **1** (*fabbricante*) cheese maker **2** (*venditore*) cheesemonger.

formaggièra, *f.* cheese dish; cheese bowl.

formaggino, *m.* (piece of) processed cheese.

formàggio, *m.* cheese: **f. grattugiato**, grated cheese; **f. pecorino [di capra]**, sheep's [goat's] cheese; **f. dolce [piccante]**, mild [strong] cheese; **f. magro [grasso]**, low-fat [full-fat] cheese; **f. stagionato**, mature cheese; **una forma di f.**, a cheese; **crosta di f.**, cheese rind.

formaldèide, *f.* (*chim.*) formaldehyde.

formàle, *a.* formal.

formalina, *f.* (*chim.*) formalin.

formalismo, *m.* (*filos., letter.*) formalism.

formalista, *m.* e *f.* **1** (*filos., letter.*) formalist **2** (*persona formale*) formalist; formal person.

formalistico, *a.* formalistic.

formalità, *f.* formality. ● **senza f.**, informally (*avv.*); informal (*agg.*); familiar (*agg.*).

formalizzàre, A *v. t.* (*leg., filos.*) to formalize. **B formalizzàrsi,** *v. i. pron.* **1** (*risentirsi*) to be shocked; to take* offence **2** (*osservare certe convenzioni*) to insist on formality; to be too formal; to stand* on ceremony.

formalizzazióne, *f.* (*leg., filos.*) formalization.

formàre, A *v. t.* **1** to form; to create; to shape: **I bambini formavano un cerchio**, the children formed a circle; **f. parole**, to form (*o* to utter) words; **formarsi un'opinione**, to form an opinion **2** (*modellare, plasmare*) to shape; to make*; to fashion; to mould: **La natura ha formato queste rocce**, nature shaped these rocks; **Il vasaio li forma tutti uguali**, the potter makes them all alike (*o* all the same shape) **3** (*scult.*: *fare la forma*) to make* the cast of; (*gettare*) to cast* **4** (*dare origine, fondare*) to form; to create; to set* up; to establish: **f. una compagnia teatrale**, to form (*o* to create) a theatrical company; **f. un governo**, to form a government; **f. un partito**, to form a party **5** (*fig.*: *rif. al carattere*) to form; to build* up; to mould; to shape: **Quell'esperienza l'ha formato**, that experience formed him **6** (*istruire, addestrare*) to train; to educate: **Fu formato dai Gesuiti**, he was trained by the Jesuits **7** (*essere*) to be; (*costituire*) to form, to constitute, to make* up: **f. l'orgoglio di q.**, to be sb.'s pride; **La famiglia è formata da sei persone**, the family is made up of six people; **I loro sostenitori formano la metà dell'elettorato**, their supporters form half the electorate; **Il fiume forma il confine fra i due stati**, the river marks the boundary between the two countries. ● **formarsi una famiglia**, to get married □ **f. una frase**, to construct a sentence □ (*telef.*) **f. un numero**, to dial a number. **B formàrsi,** *v. i. pron.* **1** to form: **Il ghiaccio si forma alla temperatura di 0 °C**, ice forms at a temperature of 0 °C; **Si è formata una crosta sulla ferita**, a scab has grown on the wound **2** (*crescere, maturare*) to grow* up **3** (*plasmarsi*) to be trained (*o* formed); to be educated: **f. alla scuola del dolore**, to be trained in the school of grief; **Si è formato alla scuola di Pisa**, he was educated at Pisa; he is a product of the Pisa school.

formatìvo, *a.* formative.

formàto, A *m.* size (*spesso come suff.*); (*di libro*) format: **il f. di un foglio**, the size of a sheet of paper; **confezione f. famiglia**, family-size packet; **f. gigante**, jumbo size; **busta f. commerciale**, business envelope; (*di libro*) **edizione f. tascabile**, pocket edition; **fotografia f. tessera**, passport-size photograph. **B** *a.* **1** (*costituito*) formed (by); made up (of) **2** (*sviluppato*) fully-grown; fully-developed; grown-up: **un giovane f.**, a fully-grown young man **3** (*modellato*) shaped; moulded: **ben f.**, well-shaped.

formatóre, *m.* (*f.* **-trice**) **1** moulder **2** (*educatore*) educator.

formatrice, *f.* (*tecn.*) moulding-machine; moulder.

formattàre, *v. t.* (*elab.*) to format.

formattazióne, *f.* (*elab.*) formatting.

formatùra, *f.* (*metall.*) moulding: **f. a macchina**, machine moulding; **f. a mano**, hand moulding; **reparto f.**, moulding shop.

formazióne, *f.* **1** (*il formare*) forming; formation: **la f. del carattere**, the forming of (sb.'s) character; **la f. delle parole**, the forming of words **2** (*addestramento*) training; coaching: **f. professionale**, vocational training **3** (*aeron., mil.*) formation; (*aeron.*: *stormo*) flight: **in f. sparsa**, in scattered formation; **f. di volo**, flying formation; **volare in f.**, to fly in formation; **volo in f.**, formation flying; **un'intera f.**, a whole flight **4** (*sport*) line-up; side; formation **5** (*mus.*: *gruppo*) group; (*trio*) trio; (*quartetto*) quartet **6** (*geol.*) formation **7** (*bot., med.*) formation; growth. ● **in (via di) f.**, in the making.

formèlla, *f.* **1** (*mattonella*) tile; (*lastra di marmo*) marble slab **2** (*di cassettone, soffitto, ecc.*) panel **3** (*buca per albero*) hole (in the ground).

formica (1), *f.* (*zool.*) ant: **f. operaia**, worker ant; **f. rossa** (*Formica rufa*), red ant; **f. bianca** (*Reticulitermes lucifugus*), termite; white ant. ● (*fig.*) **a passo di f.**, at a snail's pace □ (*fig.*) **avere il cervello di una f.**, to have the brains of a fly.

fòrmica (2), *f.* (*marchio*: *ind.*) Formica.

formicàio, *m.* **1** (*il nido*) ants' nest, ant nest; (*il mucchio di terra*) anthill **2** (*insieme di formiche* e *fig.*) swarm **3** (*fig.*) swarm; swarming crowd. ● (*fig.*) **stuzzicare il f.**, to stir up a hornets' nest.

formicaleóne, *m.* (*zool., Myrmeleon formicarius*) antlion.

formichière, *m.* (*zool., Myrmecophaga tridactyla*) (giant) anteater.

fòrmico, *a.* (*chim.*) formic: **acido f.**, formic acid.

formicolàre, *v. i.* **1** (*brulicare*) to swarm with, to teem with, to bristle with; (*di insetti e sim.*) to be alive with, to crawl with: **La strada formicolava di gente**, the street was swarming with people; **La piazza formicolava di poliziotti**, the square was bristling with policemen; **La farina era formicolante di vermi**, the flour was alive with worms **2** (*fig.*: *essere pieno*) to be full (*o* thick) of; to bristle with: **Questo esercizio formicola di errori**, this exercise is full of mistakes **3** (*dare una sensazione di formicolio*) to have pins and needles: **Mi formicola la gamba destra**, I've got pins and needles in my right leg.

formicolio, *m.* **1** (*brulichio*) swarming; teeming **2** (*di parti del corpo intorpidite*) pins and needles.

formidàbile, *a.* **1** (*spaventoso*) formidable **2** (*straordinario*) extraordinary; impressive; tremendous; terrific (*fam.*).

formile, *m.* (*chim.*) formyl.

formina, *f.* little mould.

fòrmio, *m.* (*bot., Pbormium tenax*) flax lily.

formosità, *f.* **1** (*proporzioni armoniose*) shapeliness **2** (*pienezza di forme*) buxomness **3** (*pl.*) (*parti formose*) curves.

formóso, *a.* **1** (*ben fatto*: *di corpo*) shapely; (*di donna*) with a rounded figure, well-rounded, curvaceous (*fam.*) **2** (*dalle forme piene*) plump; buxom.

fòrmula, *f.* **1** (*chim., mat.* e *fig.*) formula*: **f. di struttura**, structural formula; **la f. di un nuovo profumo**, the formula for a new perfume **2** (*dicitura*) formula; form; wording: **la f. di un giuramento**, the form of an oath: **f. magica**, magic formula **3** (*frase rituale*) set words (*pl.*); cliché: **f. di commiato**, set parting words **4** (*insieme di regole o caratteristiche*) formula; type; lines (*pl.*): **una nuova f. di governo**, a new formula for a coalition government; **una f. di pace**, a peace formula; **seguire una f. nuova**, to follow new lines **5** (*sistema*) formula; form; system; recipe; key: **trovare la f. del successo**, to find the key to success (*o* a formula for success) **6** (*autom.*) formula: **f. 1**, Formula 1. ● (*leg.*) **assolvere con f. piena [dubitativa]**, to acquit fully [for want of evidence].

formulàre, *v. t.* to formulate; to word; (*avanzare*) to advance, to put* forward; (*esprimere*) to express: **f. una proposta**, to formulate (*o* to put forward) a proposal: **f. un desiderio [un augurio]**, to express a wish; **f. una domanda**, (*sceglierne le parole*) to formulate (*o* to word) a question; (*porla*) to ask a question; **f. un giudizio**, to express a judgment.

formulàrio, *m.* **1** formulary **2** (*modulo*) form.

formulazióne, *f.* formulation; wording.

fornàce, *f.* **1** (*metall.*) furnace **2** (*per laterizi*) kiln: **f. per la calce**, lime kiln; **f. per il cemento**, cement kiln; **f. per mattoni**, brick kiln **3** (*fabbrica di mattoni*) brickyard; brickworks **4** (*fig.*) furnace; oven.

fornaciàio, *m.* **1** (*operaio*) furnaceman*; kilnman* **2** (*proprietario*) furnace (*o* kiln) owner.

fornaciata, *f.* batch; kilnful.

fornàia, *f.* bakeress; (*moglie del fornaio*) baker's wife.

fornàio, *m.* **1** baker **2** (*il negozio*) baker's (shop) **3** (*zool., Furnarius rufus*) ovenbird.

fornèllo, *m.* **1** cooking stove; cooker: **f. a cherosene**, primus stove; **f. a gas**, gas cooker; **f. a spirito**, spirit stove; **f. da campo**, camp stove; **f. elettrico**, electric cooker **2** (*bruciatore*) burner; ring: **cucina a quattro fornelli**, four-burner cooker **3** (*di pipa*) bowl **4** (*ind. min.*) rise; riser. ● (*chim.*) **f. da laboratorio**, chemist's furnace □ (*ind. min.*) **f. di accesso**, manway □ (*ind. min.*) **f. di gettito**, ore chute □ **essere sempre davanti ai fornelli**, to spend one's time cooking.

fornicàre, *v. i.* to fornicate.

fornicatóre, *m.* fornicator.

fornicatòrio, *a.* fornicatory.

fornicatrice, *f.* fornicatress.

fornicazióne, *f.* fornication.

fòrnice, *m.* **1** (*archit.*) fornix*; barrel-vault **2** (*anat.*) fornix*.

fornire, A *v. t.* **1** to supply; to provide; to furnish (*form.*): **f. q. di denaro**, to supply sb. with money; **f. cibo e vestiti ai rifugiati**, to provide the refugees with food and clothes; **f. informazioni a q.**, to provide sb. with information; **Si rifiutò di f. altri particolari**, he refused to furnish further detail **2** (*equipaggiare*) to equip; to fit up: **f. un laboratorio di strumenti**, to equip a laboratory with instruments; to fit up a laboratory. **B fornirsi,** *v. rifl.* **1** (*provvedersi*) to provide oneself; to supply oneself; to procure (st.); to get* (st.) **2** (*comm.*) to deal*; to buy*: **f. presso una ditta**, to deal with a firm; **Mi fornisco sempra da quel droghiere**, I always buy at that grocer's.

fornito, *a.* **1** supplied (with); provided (with); furnished (with); stocked (with): **f. di soldi**, supplied with money; **negozio poco f.**, poorly stocked shop; **ben f.**, well-supplied; well-furnished; (*di negozio*) well-stocked; (*fam.*: *di soldi*) flush; **La sua dispensa è sempre ben fornita**, his larder is always well stocked **2** (*equipaggiato*) fitted up (with); equipped (with) **3** (*fig.*: *dotato*) endowed (with).

fornitóre, A *m.* (*f.* **-trice**) supplier; furnisher; purveyor. ● **f. [fornitori] della Casa Reale**, by appointment to H. M. the Queen [King] □ **f. navale**, ship chandler. **B** *a.* supplying: **ditta fornitrice**, supplying firm; supplier.

fornitùra, *f.* **1** (*il fornire*) supplying **2** (*merci fornite*) supply; consignment **3** (*attrezzatura*) fittings (*pl.*); equipment: **forniture per ufficio**, office fittings.

fórno, *m.* **1** (*di cucina*) oven: **f. a legna**, wood-burning oven; **f. a microonde**, microwave oven; **scaldare il f.**, to heat up the oven; **cuocere al f.**, (*pane, dolci, ecc.*) to bake; (*carne, pollame, ecc.*) to roast; **pane fresco di f.**, bread just out of the oven; **patate [vitello] al f.**, roast potatoes [veal] **2** (*per mattoni, calce, ecc.*) kiln; (*per ceramica*) stove: **f. rotante**, rotary kiln **3** (*metall.*) furnace: **f. continuo**, continuous furnace **4** (*chim.*) oven: **f. da coke**, coke oven **5** – **f. crematorio**, crematorium; crematory **6** (*negozio di fornaio*) bakery; baker's (shop) **7** (*fig.*: *luogo caldissimo*) oven **8** (*fig. fam.*: *bocca molto larga*) huge mouth; trap (*fam.*) **9** (*gergo teatr.*) empty house: **fare f.**, to play to an empty house **10** (*pl.*) (*med.*: *terapia*) thermotherapy.

fóro (1), *m.* **1** hole; (*apertura*) opening, breach: **praticare** (*o* **fare**) **un f.**, to make a hole; (*con trapano*) to drill (*o* to bore) a hole; **f. di tarlo**, wormhole; **f. cieco**, dead hole; **un f. nella siepe**, a breach in the hedge; **passare per un f. del muro**, to pass through a breach in the wall; (*tecn.*) **f. di trascinamento**, feed hole; sprocket hole **2** (*sfiatatoio*) vent **3** (*mus.*: *di strumenti a fiato*) fingerhole.

fòro (2), *m.* **1** (*stor. romana*) forum* **2** (*leg.*: *tribunale*) law court; court of justice: **il f. ecclesiastico**, the ecclesiastical court **3** (*leg.*: *l'avvocatura*) (the) Bar. ● (*leg.*) **f. competente**, place of jurisdiction.

forosétta, *f.* (*lett.*) peasant girl; country lass.

fórra, *f.* gorge; ravine.

fórse, A *avv.* **1** perhaps; maybe; possibly; may, might (*verbi modali con costr. pers.*): **F. è meglio così**, perhaps (*o* maybe) it is better that way; **Chiedliglielo, f. lo sa**, ask him, he may know (*o* maybe he knows); **F. ti hanno detto che...**, you may have been told that...; **F. f. accetterò**, I think I might accept **2** (*nelle interrogative retoriche*) – **Ho f. colpa io?**, is it my fault?; **Non è f. vero?**, isn't it true?; **Non sono f. il tuo amico?**, am I not your friend?; I am your friend, aren't I? **3** (*circa*) about; almost; some: **Avevo f. due o tre sterline**, I had about two or three pounds; **Saranno state f. le due**, it was about two; it may have been two. ● **F. che sì, f. che no**, the answer may be «yes» or it may be «no»; I [he, etc.] may and there again I [he, etc.] may not. **B** *m.* doubt; uncertainty: **senza f.**, without any doubt. ● **f., anzi, senza f.**, probably or rather, certainly □ **essere** (*o* **stare**) **in f.**, (*esitare*) to hesitate, to be in doubt, to be uncertain, to wonder; (*di cosa*) to be in doubt, to hang in the balance: **Stavo in f., ma ora ho deciso**, I was hesitating, but now I've made up my mind; **Sono in f. se andare**, I can't make up my mind whether to go or not; I wonder whether I should go; **È in f. la nomina di Rossi a direttore generale**, Rossi's appointment as the general manager is in doubt □ **mettere in f.**, to doubt; to cast doubt on: **Nessuno mise in f. la mia dichiarazione**, nobody doubted my statement.

forsennata, *f.* V. **forsennato, B.**

forsennataménte, *avv.* madly; wildly.

forsennatézza, *f.* madness; (mad) fury.

forsennàto, A *a.* mad; crazy; out of one's mind (*pred.*); frantic; wild. **B** *m.* (*f.* **-a**) madman* (*f.* madwoman*); lunatic.

forsythia, *f.* (*bot.*, *Forsythia*) forsythia.

fòrte (1), *a.* **1** (*energico, robusto, resistente*; *anche fig.*) strong: **un uomo f.**, a strong man; **f. motivo [desiderio]**, strong motive [desire]; **odore f.**, strong smell; **colla [luce] f.**, strong glue [light]; **punto f.**, strong point; **governo f.**, strong government; **carattere f.**, strong character; **un esercito f. di 30 000 uomini**, an army 30,000 strong **2** (*di bevanda*) strong; (*di cocktail e sim.*) stiff: **caffè f.**, strong coffee; **liquore f.**, strong liqueur **3** (*di volume di suono*) loud: **una voce f.**, a loud voice **4** (*gravoso, violento*) heavy; strong: **f. burrasca**, heavy storm; **pioggia f.**, heavy rain; **f. vento**, strong wing; stiff breeze **5** (*considerevole, cospicuo*) large; considerable; high; heavy: **f. guadagno**, large gain; **una somma molto f.**, a very high figure; **La spesa è f.**, the cost is heavy; **forti perdite**, heavy losses **6** (*dato con forza*) hard: **un f. schiaffo**, a hard slap; **un f. spintone**, a hard shove **7** (*profondo, sentito*) strong, deep, intense, hearty, ardent; (*travolgente*) overwhelming: **f. interesse**, deep interest; **f. amore**, deep love; **forti legami di affetto**, strong ties of affection; **f. antipatia**, hearty dislike **8** (*di malattia*) bad; severe; serious: **un f. mal di capo**, a bad headache; **un f. raffreddore**, a severe cold; **un f. esaurimento**, a serious breakdown **9** (*di corporatura*: *grosso*) large; broad; big; ample: **fianchi forti**, broad hips; **seno f.**, big breasts (*pl.*) **10** (*abile, in gamba*) strong; good: **essere f. in latino**, to be good at Latin; **la squadra più f.**, the best (*o* strongest) team **11** (*alto, nobile*) lofty; noble: **forti imprese**, noble deeds **12** (*severo*) severe, exacting; (*difficile*) hard, tough: **forti studi**, exacting studies **13** (*del vino*: *acido*) vinegary; (gone) sour **14** (*di colore*: *vivace*) strong, bright; (*resistente*) fast **15** (*mus.*) forte **16** (*fam.*: *eccellente, in gamba*) great; terrific; super. ● **f. bevitore**, hard (*o* heavy) drinker □ **f. camminatore**, energetic walker □ **f. fumatore**, heavy smoker □ **f. mangiatore**, big (*o* robust) eater □ **F. della sua innocenza, si rifiutò di commentare le accuse**, relying on (*o* confident of) his innocence, he refused to comment the charges □ (*chim.*) **acido f.**, strong acid □ **argomento f.**, convincing (*o* strong) argument □ **farsi f. di q.c.**, to rely on st. □ (*fin.*) **moneta f.**, hard currency □ **la maniera f.**, strong action; (*prepotenza*) strongarm tactics (*pl.*): **ricorrere alla maniera f.**, to have recourse to strong action □ **parole forti**, harsh words; strong language (*sing.*) □ **È più f. di me** (*non ci posso far nulla*), I can't help it □ **A più f. ragione devi ascoltarlo**, (that is) all the more reason for listening to him □ **il sesso f.**, the sterner (*o* male) sex.

fòrte (2), *avv.* **1** (*con forza*) strongly; hard; tight; tightly: **Mi strinse f. il braccio**, he grabbed my arm tightly; he clutched my arm; **Mi abbracciò f.**, he hugged me tight; **picchiare f.**, to hit hard; **tenersi f.**, to hold tight **2** (*di volume di suono*) loudly; (*ad alta voce*) loud: **parlare f.**, to speak loudly; **Non ho paura di dirlo f.**, I'm not afraid to say it out loud **3** (*velocemente*) fast: **correre f.**, to run fast; **andare f.**, to go [to drive, etc.] fast **4** (*con intensità*) hard; heavily: **piovere f.**, to rain hard (*o* heavily); to pour. ● (*fam.*) **andare f.** (*avere successo*), to be doing very well; to be going strong; to be very popular; to be all the rage (*fam.*) □ **giocare f.**, to gamble heavily; to play for high stakes □ **fumare f.**, to smoke a lot; to be a heavy smoker □ **mangiare f.**, to eat a lot; to be a hearty eater □ **Temo f. che non ce la faremo**, I strongly fear we won't make it □ **È stupido f.**, he is really dumb □ **Si è offeso f.**, he got really upset.

fòrte (3), *m.* **1** (*opera fortificata*) fort; fortress **2** (*uomo forte, specialm. moralmente*) strong man*; (*pl.*) (*collett.*) (the) strong: **I forti devono aiutare i deboli**, the strong man must help the weak one; the strong must help the weak **3** (*qualità in cui si eccelle*) forte; strong point; strong suit: **La puntualità non è il mio f.**, punctuality is not my strong point (*o* my strong suit, my forte); **La storia è il suo f.**, history is his forte **4** (*mus.*) forte **5** (*di vino*) sour taste: **Questo vino ha un po' di f.**, this wine is slightly sour. ● **il f. dell'esercito romano**, the main body (*o* the bulk) of the Roman army.

forteménte, *avv.* **1** (*con forza*) strongly **2** (*moltissimo*) greatly; hard; heavily **3** (*valorosamente*) valiantly; bravely.

forte-piàno, *m.* (*strumento mus.*) fortepiano.

fortézza, *f.* **1** (*d'animo*) fortitude; strength **2** (*luogo fortificato*) fortress; stronghold **3** (*teol.*) fortitude **4** (*naut.*) band; patch. ● (*aeron.*) **f. volante**, flying fortress.

fortificàbile, *a.* fortifiable.

fortificàre, A *v. t.* **1** to strengthen; (*invigorire*) to invigorate, to brace **2** (*mil.* e *fig.*) to fortify: **f. lo spirito**, to fortify one's spirit. **B fortificàrsi,** *v. i. pron.* to strengthen; to become* stronger. **C fortificàrsi,** *v. rifl.* (*mil.*: *trincerarsi*) to dig* oneself in.

fortificazióne, *f.* (*mil.*) **1** fortification **2** (*pl.*) (*opere fortificate*) defensive works; defence (*sing.*).

fortilìzio, *m.* (*mil.*) small fortress; fortalice.

fortino, *m.* blockhouse; redoubt.

fortìssimo, *avv.* e *m.* (*mus.*) fortissimo.

fortitùdine, *f.* (*lett.*) fortitude.

fortóre, *m.* **1** (*sapore*) sourness; acrid (*o* tart) taste **2** (*odore*) acrid (*o* sour) smell.

fortuitaménte, *avv.* by chance; accidentally; fortuitously.

fortùito, *a.* chance (*attr.*); casual; accidental; fortuitous: **incontro f.**, chance encounter; (*leg.*) **caso f.**, fortuitous event; **per un caso f.**, by (mere) chance.

fortùna, *f.* **1** luck; fortune (*più form.*): **buona [cattiva] f.**, good [bad] luck; **Ti auguro buona f.**, I wish you good luck; **Ti porterà f.**, it'll bring you luck; **un colpo di f.**, a stroke of luck; **Come f. volle**, as luck would have it; **tentare la f.**, to try one's luck; **Io ho sempre f.**, I am always lucky; **Non ho avuto f.**, I didn't have any luck; I was out of luck; luck was against me; **nella buona e nella cattiva f.**, in good fortune or bad; in or out of luck; **la dea F.**, the goddess Fortune; **con un po' di f.** (*o* **f. permettendo**), with luck; **Che f.!**, what luck!; **la ruota della F.**, the wheel of Fortune **2** (*ricchezza*) fortune, wealth, riches; (*forte somma*) fortune **3** (*riuscita, successo*) success: **la f. di un film**, the success of a film; **avere f.**, to turn out a success; to be successful: **Il suo romanzo ebbe grande f.**, his novel was very successful **4** (*importanza, fama*) standing. ● **F. che eri rimasta a casa!**, how lucky that you had stayed at home! □ **F. che mi accorsi in tempo**, luckily I realized in time □ **F. volle che non ci incontrassimo**, as luck would have it, we didn't meet □ **afferrare la f. per il ciuffo**, to seize fortune by the forelock □ **avere f. al gioco**, to be lucky at gambling □ **avere f. con le donne**, to be lucky in love □ **Ho avuto la f. di trovare un buon posto**, I was lucky enough to find a good job □ **avere tutte le fortune**, to be luckier than one deserves □ **Ebbi tutte le fortune**, my luck was in □ **beni di f.**, wealth; means (*pl.*) □ **di f.**, (*improvvisato*) makeshift (*attr.*); (*naut.*: *provvisorio*) jury (*attr.*), jury-rigged; (*di emergenza*) emergency (*attr.*): **alloggio di f.**, makeshift accommodation; **letto di f.**, makeshift bed; shakedown; **riparazione di f.**, makeshift repair; (*naut.*) **albero [timone] di f.**, jury mast [jury rudder]; (*aeron.*) **atterraggio di f.**, emergency (*o* forced) landing; (*aeron.*) **campo di f.**, emergency landing-ground □ **fare f.**, to make a fortune; to get on in the world; to strike it rich (*fam.*) □ **leggere la f. a q.**, to read sb.'s fortune □ **con mezzi di**

f., in a makeshift way □ **viaggiare con mezzi di f.**, to travel by whatever form of transport is available □ **per f.**, luckily; fortunately □ (*naut.*) **vela di f.**, storm sail □ **Fu la sua f.**, his luck was in; it was the beginning of his fortune □ (*prov.*) **La f. aiuta gli audaci**, fortune favours the brave □ (*prov.*) **Chi ha f. in amor non giochi a carte**, lucky at cards, unlucky in love.

fortunàle, *m.* violent storm (at sea).

fortunataménte, *avv.* luckily; fortunately.

fortunatìssimo, *a.* (*nelle presentazioni*) how do you do?; pleased (*o* delighted, very glad) to meet you.

fortunàto, *a.* ***1*** lucky; fortunate: **numero f.**, lucky number; **F. te!**, lucky you!; **Puoi dirti f. di essere vivo!**, you can count yourself lucky to be alive ***2*** (*coronato da successo*) successful: **un'impresa fortunata**, a successful enterprise ***3*** (*popolare*) popular: **un f. spettacolo di quiz**, a popular quiz show.

fortunóso, *a.* ***1*** (*pieno di incidenti*) eventful; chequered: **viaggio f.**, eventful journey; **vita fortunosa**, eventful (*o* chequered) life ***2*** (*fortuito*) accidental; fortuitous ***3*** (*fortunato*) lucky.

forùncolo, *m.* (*med.*) furuncle, boil; (*brufolo*) pimple, spot, zit (*fam. USA*).

foruncolòṣi, *f.* (*med.*) furunculosis*.

foruncolóso, *a.* (*med.*) furuncular, furunculous; (*brufoloso*) pimply, spotty.

forviàre, *V.* **fuorviare.**

fòrza, *f.* ***1*** strength (*anche mil.*); vigour, vigor (*USA*); (*potere*) power: **f. muscolare [fisica]**, muscular [bodily] strength; **Non ho la f. di sollevarlo**, I haven't the strength to lift it; **Spinsi con tutte le mie forze**, I pushed with all my strength; **la f. del vento**, the strength (*o* the force) of the wind; **la f. d'un argomento**, the strength of an argument; **f. morale**, moral strength; fortitude; **f. di carattere**, strength of character; **f. di volontà**, willpower; **f. di persuasione**, power of persuasion; **una prova di f.**, a trial of strength; **Strane forze operavano**, strange forces were at work ***2*** (*intensità, veemenza*) force; (*violenza*) force, violence, might: **la f. di una passione**, the force of a passion; **Parlò con f.**, he spoke with force; **la f. di un colpo**, the violence (*o* force) of a blow; **f. bruta**, brute force; **Non voglio ricorrere alla f.**, I don't want to use force; **rispondere alla f. con la f.**, to meet force with force ***3*** (*pl.*) (*vigore fisico*) strength (*sempre sing.*): **riacquistare le forze**, to recover one's strength; **perdere le forze**, to lose strength; **rimettersi in forze**, to get one's strength back; **essere in forze**, to be in good health; **Le forze gli vanno scemando**, his strength is sinking; **Le forze mi abbandonavano**, my strength was giving out ***4*** (*fis.*) force; strength: **f. di gravità**, force of gravity; **linea di f.**, line of force; **f. centrifuga**, centrifugal force; **f. d'inerzia**, force of inertia; **f. di coesione**, cohesive force; **forze contrarie**, opposite forces; **f. di adesione**, adhesive strength ***5*** (*mil.*) force: **le forze armate**, the armed forces; the (armed) services; **forze di terra e di mare**, land and sea forces ***6*** (*potenza*) power: **f. motrice**, motive power ***7*** (*effetto*) effect: **Le iniezioni non avevano più f. su di lui**, the injections no longer had any effect on him ***8*** (*carabinieri, poliziotti, ecc.*; *anche* **f. pubblica**) (the) police; (the) Police Force: **Ci fu l'intervento della f.**, the police were called in. ● **F.!**, (*dài, coraggio*) come on!; (*sbrigati*) hurry up!, come on!, get a move on!; (*dacci sotto*) at it!; (*sport*) come on!, play up!: **F. Juve!**, come on, Juve! □ (*naut.*) **f. 3 [6, ecc.]**, force 3 [6, etc.]: **un mare a f. 8**, a force-8 sea □ (*aeron.*) **f. ascensionale**, lift; buoyancy □ **f. contrattuale**, bargaining power □ **f. dell'abitudine**, force of habit □ **le forze del male**, the forces of evil □ **le forze della natura**, the forces of nature □ **F. e coraggio!**, come on!; chin up! □ (*naut.*) **f. di vele**, press of canvas □ **f. lavoro**, manpower □ (*leg.*) **f. maggiore**, act of God; circumstances beyond one's control □ **forze politiche**, political parties □ **le forze sindacali**, the unions □ (*naut.*) **f. totale dell'equipaggio**, complement □ **f. vitale**, vitality; life force □ **le forze vive del paese**, the vital forces of the nation □ **a f. di**, by dint of; through: **Lo ottenni a f. di insistere**, I got it by dint of insisting; **S'è rotto a f. di tirare**, it broke through too much pulling; **A f. di dirlo finii col crederci**, I said it so often that I ended up believing it □ **a (viva) f.**, by force; forcibly □ **a tutta f.**, at full speed □ (*naut.*) **Avanti a tutta f.!**, full speed ahead! □ **avere f. di legge**, to have the binding force of a law □ **la bassa f.**, (*mil.*) the ranks; (*mil.* e *fig.*) the rank-and-file □ (*fam.*) **Bella f.!**, I should think so!; that wasn't very difficult!; big deal! (*fam.*) □ **Che f., quella squadra!**, they're a fantastic team! □ **con le proprie forze**, by one's own efforts □ (*fig.*) **di prima f.**, extraordinary; thorough; out-and-out □ **essere in f. presso**, (*mil.*) to be serving with; to be working for □ **far f.**, to use one's strength; (*tirare*) to pull hard; (*spingere*) to push hard □ **far f. a q.**, to encourage sb. □ **Ho dovuto fare f. a me stesso**, I had to make myself do it; I had to force (*o* to prod) myself into doing it □ **farsi f.**, (*raccogliere il coraggio*) to pluck up courage; (*reagire a un dolore*) to bear up: **Mi feci f. e glielo dissi**, I plucked up courage and told him □ **in f. dell'articolo 10**, as provided by section 10 □ **per f.**, against one's will; whether one likes it or not; (*certamente*) of course; (*necessariamente*) necessarily: **Ho dovuto ascoltarlo per f.**, I had to listen to him whether I wanted to or not; **«Ci sarai anche tu?» «Per f.!»**, «will you be there too?» «of course! [I can't help it; I can't do otherwise]»; **«Allora accetti?» «Per f.!»**, «so you accept?» «I've got to (*o* what else can I do?)»; **L'indirizzo era sbagliato, per f. che non vi siete incontrati!**, of course (*o* no wonder) you didn't meet, the address was wrong; **Deve avermi visto per f.**, he must have seen me! □ **per cause di f. maggiore**, due to circumstances (*o* for reasons) beyond sb.'s control □ (*fig.*) **prova di f.**, showdown □ **unire le forze**, to join forces □ **Mi fu f. restare**, I had to stay □ (*prov.*) **Contro la f. la ragion non vale**, might is right □ (*prov.*) **L'unione fa la f.**, union is strength.

forzàglia, *f.* (*sartoria*) canvas interfacing.

forzaménto, *m.* (*mecc.*) shrinking; shrinkage.

forzàre, **A** *v. t.* ***1*** to force; to compel; to oblige: **f. la mano a q.**, to force sb.'s hand; **f. l'andatura**, to force the pace ***2*** (*aprire con la forza*) to force (open); to break* open: **f. una serratura**, to force a lock; **f. una porta**, to force (*o* to break) open a door ***3*** (*sforzare*) to force; to strain: **f. la voce**, to force one's voice; **f. la vista**, to strain one's eyes; **f. il senso di una parola**, to force (the meaning of) a word; **f. una pianta**, to force a plant. ● (*mil.*) **f. il blocco**, to run the blockade □ (*mil.*) **f. la consegna**, to disobey orders □ (*naut.*) **f. le vele**, to crowd on sail. **B** *v. i.* (*essere duro da aprire*) to jam; (*essere stretto*) to be too tight: **La scarpa sinistra forza**, the left shoe is too tight (*o* pinches me). **C** **forzàrsi,** *v. rifl.* to force oneself.

forzàta, *f. V.* **forzato, B.**

forzataménte, *avv.* forcedly; of necessity; necessarily.

forzàto, **A** *a.* forced: **marcia forzata**, forced march; **cortesia forzata**, forced courtesy; **atterraggio f.**, forced landing; (*leg.*) **vendita forzata**, forced sale; **con un sorriso f.**, with a forced smile. ● (*idraul.*) **condotta forzata**, penstock □ **fare un sorriso f.**, to force a smile □ **lavori forzati**, hard labour □ **sottoporre ad alimentazione forzata**, to force-feed. **B** *m.* (*f.* **-a**) prisoner condemned to hard labour; convict.

forzatùra, *f.* ***1*** (*apertura con la forza*) forcing; breaking open ***2*** (*fig.*: *di parole, tesi*) straining; strained interpretation: **f. della verità**, straining of the truth; **La sua interpretazione è una f.**, his interpretation is strained ***3*** (*agric.*) forcing.

forzière, *m.* coffer; strongbox.

forzóso, *a.* (*econ.*) compulsory; forced: **prestito f.**, forced loan; (*fin.*) **corso f.**, forced currency.

forzùto, *a.* (physically) strong; strongly-built; brawny; as strong as an ox (*pred.*); tough (*fam.*).

foschìa, *f.* haze; haziness; mist.

fósco, *a.* ***1*** (*scuro*) dark; (*avvolto nell'ombra*) shadowy ***2*** (*cupo, triste*) gloomy; black. ● **dipingere q.c. a fosche tinte**, to paint a black picture of st.

fosfatàṣi, *f.* (*biol.*) phosphatase.

fosfatazióne, *f.* (*metall.*) phosphate coating; phosphatization.

fosfàtico, *a.* (*chim.*) phosphatic; phosphate (*attr.*).

fosfàtide, *m.* (*chim.*) phosphatide.

fosfatizzàre, *v. t.* (*ind.*) to phosphatize.

fosfatizzazióne, *V.* **fosfatazione.**

fosfàto, *m.* (*chim.*) phosphate.

fosfène, *m.* (*med.*) phosphene.

fosfina, *f.* (*chim.*) phosphine.

fosfito, *m.* (*chim.*) phosphite.

fosfolipide, *m.* (*chim.*) phospholipid.

fosforàre, *v. t.* (*chim.*) to phosphorate.

fosforàto, *a.* (*chim.*) phosphorated.

fosforeggiàre, *v. i.* to phosphoresce.

fosforescènte, *a.* phosphorescent.

fosforescènza, *f.* phosphorescence.

fosfòrico, *a.* (*chim.*) phosphoric: **acido f.**, phosphoric acid.

fosforilàre, *v. t.* (*chim.*) to phosphorylate.

fosforilàṣi, *f.* (*chim.*) phosphorylase.

fosforilazióne, *f.* (*chim.*) phosphorylation.

fosforiṣmo, *m.* (*med.*) phosphorism.

fosforite, *f.* (*miner.*) phosphorite.

fòsforo, *m.* ***1*** (*chim.*) phosphorus ***2*** (*fig. fam.*) brains (*pl.*): **Gli manca il f.**, he has no brains.

fosforóso, *a.* (*chim.*) phosphorous.

fosfùro, *m.* (*chim.*) phosphide.

fosgène, *m.* (*chim.*) phosgene.

fòssa, *f.* ***1*** (*buca*) hole, pit; (*cavità*) hollow: **scavare una f.**, to dig a hole; **la f. degli orsi**, the bear pit; **f. di autorimessa**, inspection (*o* repair) pit; **f. dell'orchestra**, orchestra pit ***2*** (*fosso*) ditch; (*trincea*) trench; (*nelle fortificazioni*) fosse: **f. di scolo**, drainage ditch ***3*** (*sepoltura*) grave: **calare un corpo nella f.**, to lower a body into the grave; **scendere nella f.**, to go to one's grave; to die; (*fig.*) **essere con un piede nella f.**, to have one foot in the grave ***4*** (*anat.*) fossa*: **fosse nasali**, nasal fossae (*o* passages). ● **f. biologica**, cesspool; sump □ (*fig.*) **f. dei serpenti**, lunatic asylum; (*estens.*) tight spot □ (*metall.*) **f. di colata**, casting pit □ **fosse oceaniche**, ocean deeps (*o* trenches) □ **f. settica**, septic tank □ **Daniele nella f. dei leoni**, Daniel in the lions' den □ **portare q. alla f.**, to be the death of sb. □ **scavarsi la f. sotto ai piedi**, to be one's own worst enemy □ (*prov.*) **Del senno di poi son piene le fosse**, it's easy enough to be wise after the event; after-wit is everybody's wit.

fossàto, *m.* ***1*** ditch ***2*** (*di castello, ecc.*) moat.

fossètta, *f.* dimple. ● **ridere mostrando le fossette**, to dimple.

fòssi, 1ª e 2ª *pers. sing. congiunt. imperf. di* **essere.**

fòssile, **A** *a.* fossil (*attr.*): **insetto f.**, fossil insect; **combustibile f.**, fossil fuel; **reperto f.**, fossil; **carbon f.**, (pit) coal. **B** *m.* ***1*** (*geol.*) fossil ***2*** (*fig.*: *di persona*) old fossil; old fogey (*fam.*); (old) stick-in-the-mud (*fam.*).

fossilìfero, *a.* (*geol.*) fossiliferous.

fossilizzàre, **A** *v. t.* ***1*** to fossilize ***2*** (*fig.*) to fossilize; to ossify. **B** **fossilizzàrsi,** *v. i. pron.* ***1***

to fossilize; to become* a fossil *2* (*fig.*) to fossilize; to ossify.
fossilizzàto, *a.* *1* fossilized *2* (*fig.*) fossilized; ossified: **idee fossilizzate**, fossilized ideas.
fossilizzazióne, *f.* *1* fossilization *2* (*fig.*) fossilization; ossification.
fòsso, *m.* *1* ditch *2* (*mil.*) ditch, fosse; (*intorno a un castello*) moat *3* (*di scolo*) drain: **f. collettore**, catchwater drain; feeding-drain. ● (*fig.*) **saltare il f.**, to take the plunge.
fósti, 2ª *pers. sing. pass. rem. di* **essere**.
fòt, *m.* (*fis.*) phot.
fòto, *f. invar.* (*fam.*) photo; snapshot; shot; snap: **Ho delle belle f. delle vacanze**, I have some good holiday photos (*o* shots); **fare una f. a q.**, to take a photo of sb.; **f. d'archivio** (*o* **di repertorio**), stock photo; **f. ricordo**, souvenir photo.
fotoallergìa, *f.* (*med.*) photoallergy.
fotoamatóre, *m.* (*f.* **-trice**) amateur photographer.
fotobatterìa, *f.* photovoltaic battery.
fotobiologìa, *f.* photobiology.
fotocalcografìa, *f.* (*tipogr.*) photocomposition.
fotocàmera, *f.* camera.
fotocatàlisi, *f.* (*chim.*) photocatalysis.
fotocàtodo, *m.* (*elettron.*) photocathode.
fotocèllula, *f.* (*fis.*) photoelectric cell; photocell; electric eye.
fotoceràmica, *f.* (*fotogr.*) photoceramics.
fotochìmica, *f.* photochemistry.
fotochìmico, *a.* photochemical.
fotocolòr, *m. invar.* (*tipogr.*) colour photograph; (*diapositiva*) colour transparency.
fotocompórre, *v. t.* (*tipogr.*) to filmset*; to photocompose (*USA*).
fotocompositóre, *m.* (*f.* **-trice**) (*tipogr.*) filmsetter; photocomposer (*USA*).
fotocompositrìce, *f.* (*macchina*) filmsetting machine; photocomposer (*USA*).
fotocomposizióne, *f.* (*tipogr.*) filmsetting; photocomposition (*USA*).
fotoconduttività, *f.* (*fis.*) photoconductivity.
fotoconduttóre, **A** *a.* (*fis.*) photoconductive: **cellula fotoconduttrice**, photoconductive cell. **B** *m.* photoconductor.
fotocòpia, *f.* *1* photocopy: **fare una f.**, to make (*o* to run) a photocopy; to photocopy (st.) *2* (*fig.*) double; replica; spitting image.
fotocopiàre, *v. t.* to photocopy.
fotocopiatrìce, *f.* photocopier; photocopying machine.
fotocopiatùra, *f.* photocopying.
fotocromàtico, *a.* (*ottica*) photochromic.
fotocromìa, *f.* (*fotogr.*) photochromy.
fotocrònaca, *f.* photo report.
fotocronìsta, *m.* e *f.* press photographer.
fotodegradàbile, *a.* photodegradable.
fotodegradazióne, *f.* photodegradation.
fotodermatòsi, *f.* (*med.*) photodermatosis*.
fotodinàmico, *a.* (*biol.*) photodynamic.
fotodìodo, *m.* (*elettron.*) photodiode.
fotodisintegrazióne, *f.* (*fis.*) photodisintegration.
fotoelasticità, *f.* (*fis.*) photoelasticity.
fotoelàstico, *a.* (*fis.*) photoelastic.
fotoelèttrica, *f.* floodlight.
fotoelettricità, *f.* (*fis.*) photoelectricity.
fotoelèttrico, *a.* (*fis.*) photoelectric: **cellula fotoelettrica**, photoelectric cell; photocell; electric eye.
fotoelettróne, *m.* (*fis.*) photoelectron.
fotoeliografìa, *f.* photoheliography.
fotoeliògrafo, *m.* (*ottica*) photoheliograph.
fotoemissióne, *f.* (*fis.*) photoemission.
fotofinish, *m. invar.* (*sport*) photo finish.
fotofissióne, *f.* (*fis.*) photofission.
fotofit, *V.* **Photofit**.
fotofobìa, *f.* (*med.*) photophobia.
fotoforèsi, *f.* (*fis.*) photophoresis*.
fotòforo, *m.* *1* (*zool.*) photophore *2* (*ind. min.*) miner's lamp.
fotogènesi, *f.* (*biol.*) photogenesis.
fotogenètico, *a.* photogenetic.
fotogenìa, fotogenicità, *f.* photogenic quality.
fotogènico, *a.* photogenic: **viso f.**, photogenic face; **Non sono f.**, I don't photograph well.
fotògeno, *a.* photogenic.
fotogiornàle, *m.* pictorial; illustrated paper.
fotogiornalìsta, *m.* e *f.* photojournalist.
fotografàre, *v. t.* *1* to photograph; to take* a photograph (*o* a photo) of; to photo; to take* (*fam.*): **f. un paesaggio [un gruppo]**, to photograph a landscape [a group]; **È proibito f.**, it is forbidden to take photographs; **Non le piace essere fotogratata**, she doesn't like being photographed; **Si fece f. con lo sfondo del lago**, she had her photograph taken against the background of the lake; **Li fotografai mentre uscivano dalla chiesa**, I took them leaving the church *2* (*fig.*) to draw* (*o* to give*) an accurate picture of.
fotografìa, *f.* *1* (*l'immagine*) photograph, photo (*fam.*); (*istantanea*) snapshot, snap: **fare una f. a q.**, to take a photograph (*o* a photo) of sb.; **farsi fare una f.**, to have one's photograph taken; **f. truccata**, trick photograph; **album di fotografie**, photo album *2* (*l'arte*) photography: **f. a colori**, colour photography; **f. a lampo di magnesio** (*o* **col flash**), flashlight photography.
fotogràfico, *a.* photographic: **mostra fotografica**, photographic exhibition; **macchina fotografica**, camera. ● (*fig.*) **copia fotografica**, replica; spitting image □ **memoria fotografica**, photographic memory.
fotògrafo, *m.* (*f.* **-a**) photographer.
fotogràmma, *m.* *1* (*cinem.*) frame *2* (*fotogr.*) photogram.
fotogrammetrìa, *f.* photogrammetry.
fotogrammètrico, *a.* photogrammetric(al).
fotogrammetrìsta, *m.* e *f.* photogrammetrist.
fotoincisióne, *f.* photoengraving; photogravure.
fotoincisóre, *m.* photoengraver.
fotoionizzazióne, *f.* (*elettron.*) photoionization.
fotokit, *m. invar.* composite photo.
fotolaboratòrio, *m.* photographic laboratory.
fotòlisi, *f.* (*chim.*) photolysis*.
fotolìtico, *a.* (*chim.*) photolytic.
fotòlito (1), *m.* photolytic substance.
fotolito (2), *V.* **fotolitografia**.
fotolitografìa, *f.* *1* (*tecnica*) photolithography *2* (*riproduzione fotolitografica*) photolithograph.
fotolitogràfico, *a.* photolithographic.
fotolitògrafo, *m.* (*f.* **-a**) photolithographer.
fotoluminescènza, *f.* photoluminescence.
fotomeccànica, *f.* photomechanics (*pl. col verbo al sing.*).
fotomeccànico, *a.* photomechanical.
fotometrìa, *f.* photometry.
fotomètrico, *a.* photometric(al).
fotòmetro, *m.* photometer.
fotomicrografìa, *f.* (*tecnica*) photomicrography; (*immagine*) photomicrograph.
fotomodèllo, *m.* (*f.* **-a**) fashion model.
fotomoltiplicatóre, *m.* (*elettron.*) photomultiplier.
fotomontàggio, *m.* (*fotogr.*) photomontage; montage.
fotóne, *m.* (*fis.*) photon.
fotònico, *a.* (*fis.*) photonic.
fotonucleàre, *a.* (*fis.*) photonuclear.
fotoperiodìsmo, *m.* (*biol.*) photoperiodicity.
fotoperìodo, *m.* (*biol.*) photoperiod.
fotoreazióne, *f.* (*chim.*) photoreaction.
fotorecettóre, (*anat.*) **A** *a.* photoreceptive. **B** *m.* photoreceptor.
fotorecezióne, *f.* (*biol.*) photoreception.
fotoreportàge, *m. invar.* photo report.
fotorepòrter, *m.* e *f. invar.* press photographer.
fotoriproduzióne, *f.* *1* photoreproduction; photocopying *2* (*la copia*) photocopy.
fotoromànzo, *m.* picture story.
fotosafàri, *m.* photographic safari.
fotosensìbile, *a.* photosensitive.
fotosensibilità, *f.* photosensitivity.
fotosensibilizzazióne, *f.* photosensitization.
fotoservìzio, *m.* photo report.
fotosfèra, *f.* (*astron.*) photosphere.
fotosfèrico, *a.* (*astron.*) photospheric.
fotosìntesi, *f.* (*bot.*) photosynthesis.
fotosintètico, *a.* (*bot.*) photosynthetic.
fotostàtico, *a.* (*fotogr.*) photostatic. ● **copia fotostatica**, photostat.
fototàssi, *f.* **fototattìsmo,** *m.* (*biol.*) phototaxis.
fototèca, *f.* photographic library; photographic archives (*pl.*).
fototècnico, *m.* phototechnician.
fototelegrafìa, *f.* phototelegraphy.
fototelegràfico, *a.* phototelegraphic.
fototerapìa, *f.* (*med.*) phototherapy.
fototèssera, *f. invar.* passport photo.
fototipìa, *f.* phototypy; phototype.
fototipìsta, *m.* e *f.* phototypist.
fototransistóre, *m.* (*elettron.*) phototransistor.
fototropìsmo, *m.* (*biol.*) phototropism.
fototùbo, *m.* (*elettron.*) phototube.
fotovoltàico, *a.* (*elettron.*) photovoltaic.
fotozincografìa, *f.* photozincography.
fóttere, (*volg.*) **A** *v. t.* *1* to fuck (*volg.*): **Va' a farti f.!**, fuck off! *2* (*fig.*: *ingannare*) to cheat; to screw (*volg.*). **B fóttersi,** *v. i. pron.* not to give a damn (about st.) (*pop.*); not to give a fuck (about st.) (*volg.*).
fottìo, *m.* (*volg.*) loads (*pl.*); hell of a lot (*fam.*): **Ha un f. di compact**, he's got loads of CDs; **Mi è costato un f. di denaro**, it cost me a hell of a lot of money.
fottùto, *a.* (*volg.*) *1* (*maledetto*) damned (*pop.*); fucking (*volg.*); bloody (*GB volg.*) *2* (*spacciato*) done; screwed (*volg.*); fucked (*volg.*).
foulard (*franc.*), *m. invar.* *1* (*tessuto*) foulard *2* (*fazzoletto da testa*) (head)scarf*: **f. di seta**, silk scarf *3* (*sciarpa*) scarf*.
foularìno, *m.* little scarf*.
fou-rire (*franc.*), *m. invar.* wild laughter; helpless giggle.
fòvea, *f.* (*anat.*) *1* fovea* *2* (*della retina*) fovea centralis.
foyer (*franc.*), *m. invar.* (*teatr.*) foyer.
fra (1), *prep. V.* **tra**.
fra (2), *m.* (*frate*) Brother: **fra Tommaso**, Brother Thomas.
frac, *m. invar.* tailcoat; tails (*pl.*) (*fam.*).
fracassàre, **A** *v. t.* to smash; to shatter; to break*; to wreck: **f. le stoviglie**, to smash the crockery; **S'è fracassato la testa**, he broke his head; **Ha fracassato la macchina**, he wrecked the car; **f. le ossa a q.**, to break every bone in sb.'s body. **B fracassàrsi,** *v. i. pron.* to smash; to break* up; (*di veicolo*) to crash: **L'aeroplano si fracassò in un campo**, the aeroplane crashed in a field.
fracàsso, *m.* *1* din; racket; noise; (*rumore di caduta*) crash; (*rumore metallico*) clang: **Non fate f., per favore**, please don't make a lot of noise; **L'albero cadde con f.**, the tree fell with a crash; **f. indiavolato**, terrible racket *2* (*pop.*: *grande quantità*) loads (*pl.*). ● (*fig.*) **fare f.**, to make a stir; to cause an uproar.
fracassóne, *m.* (*f.* **-a**) (*fam.*) *1* (*persona rumorosa*) noisy person; rowdy person *2* (*persona goffa*) clumsy person; (a) bull in a china shop.
fràcco, *m.* (*fam.*) lots (*pl.*); loads (*pl.*) (*fam.*); heaps (*pl.*) (*fam.*); bags (*pl.*) (*fam.*): **ha un f. di soldi**, he's got loads (*o* heaps, bags) of money; **C'era un f. di gente**, there were lots of people; **Ci siamo fatti un f. di risate**, we had lots of laughs (*o* a good laugh); we laughed like mad; **un f. di botte**, a sound beating.
fradìcio, **A** *a.* *1* (*zuppo*) wet through; soaked; drenched; (*di persona, anche*) wet (*o* soaked)

to the skin: **sudato f.**, drenched with sweat; **Le strade sono ancora fradice**, the roads are still very wet **2** (*guasto, marcio*) gone bad; rotten: **uovo f.**, bad egg **3** (*fig.*) corrupt; rotten. ● **innamorato f.**, head over heels in love □ **ubriaco f.**, dead (*o* blind) drunk. **B** *m.* **1** (*parte guasta*) rotten (*o* bad) part **2** (*fig.*) corruption **3** (*fangosità*) muddiness.

fradiciùme, *m.* **1** mass of wet (*o* rotten) things **2** (*umidità*) wetness **3** (*fig.*) corruption.

fràgile, *a.* **1** fragile; (*di ghiaccio, vetro, roccia, ecc.*) brittle **2** (*fig.*) frail; weak. ● (*sugli imballaggi*) **F.**, (handle) with care □ **speranze fragili**, faint hopes; hopes hanging by a thread.

fragilità, *f.* **1** fragility; brittleness **2** (*fig.*) frailty.

fràgola, A *f.* (*bot., Fragaria; il frutto*) strawberry. **B** *a.* strawberry (*attr.*): **un vestito rosso f.**, a strawberry-red dress.

fragoléto, *m.* strawberry bed.

fragóre, *m.* uproar; din; roar; (*rumore di caduta*) crash; (*rumore metallico*) clang.

fragorosaménte, *avv.* uproariously; thunderously.

fragoróso, *a.* loud; deafening; roaring; thunderous; uproarious; (*di rumore metallico*) clanging: **scoppio f.**, loud explosion; **urto f.**, deafening crash; **applausi fragorosi**, roaring (*o* thunderous) applause; **Ci fu una risata fragorosa**, there was uproarious laughter (*o* a roar of laughter).

fragrànte, *a.* sweet-smelling; scented; fragrant.

fragrànza, *f.* fragrance; (sweet) scent.

fraintèndere, *v. t.* to misunderstand*; to misinterpret; to get* wrong; to misconstrue: **Non fraintendermi**, don't get me wrong.

fraintendiménto, *m.* misunderstanding; misinterpretation; misconstruction.

fràle, *a.* (*lett.*) frail.

fralézza, *f.* (*lett.*) frailty.

framboèşia, *f.* (*med.*) framb(o)esia; yaws.

framescolàre, *V.* **frammescolare**.

framéttere, *V.* **frammettere**.

framèzzo, e *deriv. V.* **frammezzo**, e *deriv.*

frammassóne, *m.* Freemason.

frammassoneria, *f.* Freemasonry.

frammentàre, A *v. t.* to break* into fragments; to break* up; (*suddividere*) to split*, to subdivide. **B frammentàrsi,** *v. i. pron.* to break* up; to split*; to fragment.

frammentarietà, *f.* fragmentariness; disjointedness; scrappiness.

frammentàrio, *a.* fragmentary; disjointed; piecemeal; incomplete; scrappy; bitsy.

frammentàto, *a.* fragmented; disjointed.

frammentazióne, *f.* (*anche biol.*) fragmentation.

framménto, *m.* **1** fragment; (broken) piece; bit: **i frammenti di un vaso**, the fragments (*o* the pieces) of a vase; **i frammenti di Eraclito**, the fragments of Heraclitus. **2** (*scheggia*) splinter **3** (*di coccio, specialm. archeol.*) potsherd.

frammescolàre, *v. t.* to mingle; to mix.

framméttere, A *v. t.* to insert; to interpose. **B framméttersi,** *v. rifl.* **1** (*frapporsi*) to interpose; to intervene **2** (*fig.: intromettersi*) to interfere; to meddle.

frammezzàre, *v. t.* to interpolate.

frammèzzo, A *avv.* between; in the middle. **B frammèzzo a,** *locuz. prep. V.* **fra (1)**.

frammischiàre, *v. t.* to intermix; to mix together; to intermingle.

frammisto, *a.* intermixed; mixed together; intermingled: **neve frammista ad acqua**, snow mixed (together) with water.

fràna, *f.* **1** landslide; landslip **2** (*fig.*) collapse; failure **3** (*fam. scherz.*) dead loss; washout: **Al bridge sono una f.**, I'm a dead loss at bridge; **Sei una f.!**, you're hopeless!

franàbile, *a.* liable to slide.

franaménto, *m.* **1** (*il franare*) sliding down; slipping **2** (*frana*) landslide; landslip **3** (*di scavo*) cave-in **4** (*di argine*) slip **5** (*di edificio*) cave-in; collapse.

franàre, *v. i.* **1** (*del terreno*) to slide* down; to slip **2** (*di scavo, miniera*) to cave in **3** (*di edificio*) to cave in; to collapse **4** (*cedere*) to give* way **5** (*sgretolarsi*) to crumble. ● **far f.**, to cause (*o* to start off) a landslide.

francaménte, *avv.* frankly; honestly; openly; candidly; sincerely; directly: **parlare f.**, to speak frankly (*o* candidly); **rispondere f.**, to answer openly (*o* directly); **F. non so che cosa consigliarti**, I honestly don't know what to advise you.

francàre, e *deriv. V.* **affrancare**, e *deriv.*

Francésca, *f.* Frances.

francescàna, *f.* (*eccles.*) Franciscan nun.

francescanaménte, *avv.* following the Franciscan rule; in the spirit of St Francis.

francescanéşimo, *m.* (*eccles.*) Franciscanism.

francescàno, *a.* e *m.* (*eccles.*) Franciscan.

Francésco, *m.* Francis.

francéşe, A *a.* French: **alla f.**, in the French way; French-style (*attr.*); **nasino alla f.**, retroussé nose. **B** *m.* e *f.* (*cittadino f.*) Frenchman* (*m.*); Frenchwoman* (*f.*): **i Francesi**, the French. **C** *m.* (*lingua*) French.

franceşeggiàre, *v. i.* to affect French ways; to imitate the French.

franceşeria, *f.* (*spreg.*) affectation of French ways.

franceşina, *f.* laced shoe.

franceşişmo, *m.* Gallicism.

franceşista, *m.* e *f.* specialist in French studies.

franceşizzàre, A *v. t.* to Frenchify. **B franceşizzàrsi,** *v. i. pron.* to become* Frenchified; to affect French ways.

franchézza, *f.* **1** (*sincerità*) frankness; (*schiettezza*) candour, outspokenness, plain speaking, straightforwardness: **Mi piace la f.**, I like outspokenness (*o* plain speaking); **parlare con f.**, to speak frankly; to speak out **2** (*sicurezza*) self-assurance; self-confidence.

franchìa, *f.* – (*naut.*) **in f.**, clear (of); large (of).

franchigia, *f.* **1** immunity; exemption; privilege (accorded by law): **f. diplomatica**, diplomatic immunity **2** (*ass., leg.*) franchise **3** (*parte non soggetta a tassazione o pagamento*) allowance: (*aeron.*) **f. bagaglio**, free baggage allowance **4** (*naut.*) shore leave: **marinai in f.**, sailors on shore leave. ● **mandare q.c. in f. postale [doganale]**, to send st. post-free [duty-free].

franchişmo, *m.* (*stor., polit.*) Francoism.

franchista, *a., m.* e *f.* (*stor., polit.*) Francoist.

Frància, *f.* (*geogr.*) France.

fràncio, *m.* (*chim.*) francium.

Frànco, *m.* Frank.

frànco (1), A *a.* **1** (*sincero*) frank; (*schietto*) open, candid, outspoken, straightforward, direct: **con piglio f.**, in a frank (*o* open, straightforward) manner **2** (*sicuro*) self-confident; self-assured; confident **3** (*comm.*) free: **porto f.**, free port; **f. di dazio**, duty-free; duty pre-paid; **f. banchina**, free on wharf (*abbr.* F.O.W.); **f. a bordo**, free on board (*abbr.* F.O.B.); **f. sotto bordo**, free alongside ship (*abbr.* F.A.S.); **f. domicilio**, free delivered; **f. di spese**, free of charge; **f. di spese postali**, post-free; **zona franca**, free-trade area ● **f. e libero**, free; without a care in the world □ **f. muratore**, freemason □ **f. tiratore**, «franc tireur» (*franc.*); sniper; sharpshooter; (*fig., polit.*) defector, one who secretely votes against his own party (*o* government) □ (*fig.*) **dare campo f. a q.**, to give sb. a free hand □ (*comm.*) **deposito f.**, bonded warehouse □ **farla franca**, to get away with it; to get off scot-free □ (*naut.*) **guardia franca**, watch below; watch off duty □ (*comm.*) **merce consegnata f. magazzino**, goods delivered ex warehouse. **B** *avv.* frankly; openly; candidly: **parlare f. e tranquillo**, to speak frankly and calmly; **rispondere f.**, to answer openly.

frànco (2), *m.* (*moneta*) franc.

frànco (3), (*stor.*) **A** *a.* Frankish: **la lingua franca** (*dei Franchi*), Frankish. ● (*ling.*) **lingua franca**, (*stor.*) Lingua Franca; (*estens.*) lingua franca. **B** *m.* Frank.

frànco (4), *pref.* Franco-: **f.-prussiano**, Franco-Prussian; **f.-italiano**, Franco-Italian.

francobollàre, *v. t.* **1** (*calcio*) to mark closely **2** (*seguire*) to dog; to shadow.

francobóllo, A *m.* **1** (postage) stamp: **f. commemorativo**, commemorative stamp; **f. di posta aerea**, air-mail stamp; **collezionista di francobolli**, stamp collector; **mettere il f. a una busta**, to stamp an envelope: **senza f.**, unstamped **2** (*cinem.*) frame. **B** *a. invar.* miniature (*attr.*).

francòfilo, *a.* e *m.* (*f.* **-a**) Francophil(e).

francofobia, *f.* Francophobia.

francòfobo, *a.* e *m.* (*f.* **-a**) Francophobe.

francòfono, A *a.* French-speaking; Francophone. **B** *m.* (*f.* **-a**) French speaker.

Francofòrte, *f.* (*geogr.*) Frankfurt.

Francolino, *m.* (*zool., Francolinus francolinus*) francolin; black partridge.

fràncone, *a.* e *m.* Franconian.

franconormànno, *a.* e *m.* Norman-French.

francoprovenzàle, *a.* e *m.* Franco-Provençal.

francovèneto, *a.* (*letter.*) Franco-Venetian.

frangènte, *m.* **1** (*onda*) breaker; beachcomber; surf **2** (*scoglio affiorante*) reef; (*secca*) shallows (*pl.*) **3** (*fig., anche pl.: caso difficile, ecc.*) emergency; predicament; plight; straits (*pl.*); terrible [awkward, crucial] situation: **in un simile f.** (*o* **in frangenti simili**), in a situation like this; in a similar predicament; in such a plight; **trovarsi in brutti frangenti**, to be in a nasty predicament.

fràngere, A *v. t.* **1** (*rompere*) to break* **2** (*schiacciare*) to crush; to press: **f. le olive**, to press olives. **B fràngersi,** *v. i. pron.* to break*.

frangétta, *f.* fringe; bangs (*pl.*).

fràngia, *f.* **1** fringe: **la f. di una tenda**, the fringe of a curtain **2** (*di acconciatura*) fringe; bangs (*pl.*) **3** (*fascia di costa*) fringe **4** (*fig.: abbellimento*) embellishment; frills (*pl.*) **5** (*gruppo periferico*) fringe (group): **le frange più radicali di un partito**, the more radical fringes of a party; **f. estremista**, extremist fringe group; lunatic fringe. ● **f. di scogli**, reef.

frangiàre, *v. t.* to fringe; to border with a fringe.

frangiatùra, *f.* **1** (*il frangiare*) fringing **2** (*frange*) fringes (*pl.*).

frangìbile, *a.* breakable; frangible.

frangiflùtti, *a.* e *m. invar.* breakwater.

frangimàre, frangiónde, *V.* **frangiflutti**.

frangipàni, *m.* (*bot., Plumiera alba*) frangipani.

frangisóle, *m. invar.* sunshade; sun blind.

frangitóre, *m.* olive-press.

frangitùra, *f.* pressing; crushing.

frangivalànghe, *m. invar.* avalanche breaker.

frangivènto, *m. invar.* (*agric.*) windbreak.

frangizòlle, *m. invar.* (*agric.*) clod-breaker.

fràngola, *f.* (*bot., Rhamnus frangula*) alder buckthorn; alder dogwood.

franklin (*ingl.*), *a. invar.* – **stufa f.**, Franklin stove.

franóso, *a.* subject to landslides.

frantóio, *m.* **1** (*per olive*) oil press; oil mill **2** (*per pietre*) crusher.

frantoìsta, *m.* (*operaio*) crusher.

frantumàre, A *v. t.* **1** to shatter; to break*; to smash; to crack; (*sbriciolare*) to crumble **2** (*un minerale*) to crush **3** (*fig.*) to smash; to shatter. **B frantumàrsi,** *v. i. pron.* to shatter; to crumble; to shiver.

frantumazióne, *f.* **1** shattering; breaking; smashing; cracking, crumbling **2** (*di minera-*

li) crushing.

frantùmi, *m. pl.* splinters; fragments; shivers: **andare in f.**, to break into fragments (*o* into a thousand pieces); to be smashed to smithereens (*fam.*); **mandare** (*o* **ridurre**) **in f.**, to shatter; to smash (into a thousand pieces); **Lo ridusse in f. con un pugno**, he smashed it with one blow of his fist; **Lo scoppio mandò in f. tutti i vetri**, the blast blew out all the windowpanes.

fràppa, *f.* **1** (*frangia*) fringe **2** (*pitt.*) painted foliage.

frappàre, *v. t.* **1** (*rifinire con una frappa*) to fringe; to border **2** (*pitt.*) to paint foliage.

frappé (*franc.*), *m. invar.* shake: **f. al cioccolato**, chocolate shake. ● **latte f.**, milk shake.

frappórre, **A** *v. t.* to interpose; to put*; to place: **f. ostacoli a q.**, to put obstacles in sb.'s way. ● **senza f. indugi**, without delay. **B frappórsi**, *v. rifl.* e *i. pron.* **1** (*mettersi in mezzo*) to intervene; to come* between; to interpose oneself: **f. tra due litiganti**, to interpose oneself between two quarrellers **2** (*di evento: intervenire*) to come* between; to intervene.

frapposizióne, *f.* interposition; interference.

frasàrio, *m.* **1** (*modo di esprimersi*) vocabulary; language **2** (*terminologia*) terminology; (*settoriale*) jargon **3** (*raccolta di frasi*) phrase-book.

fràsca, *f.* **1** (leafy) branch; (leafy) bough **2** (*pop.*: *insegna di osteria*) bush **3** (*fig.*: *donna volubile*) flighty woman* **4** (*pl.*) (*fig.*: *capricci*) whims **5** (*pl.*) (*fronzoli*) frills; frippery (*sing.*): **senza tante frasche** without frills.

frascàme, *m.* leafy boughs (*pl.*).

frascàto, *m.* roof made of branches.

frascheggiàre, *v. i.* **1** (*lett.*) to rustle **2** (*fig.*) to flirt.

frascherìa, *f.* **1** (*inezia*) trifle **2** (*pl.*) (*fronzoli*) frills.

fraschétta, *f.* **1** small branch **2** (*fig.*: *donna leggera*) flirt; coquette; free and easy girl.

frasconàia, *f.* thicket.

frascùme, *m.* **1** leafy boughs (*pl.*) **2** (*spreg.*) frills (*pl.*).

fràṣe, *f.* **1** (*di senso compiuto*) sentence; (*gramm.*: *proposizione*) clause **2** (*locuzione*) phrase **3** (*espressione*) phrase; expression; words (*pl.*): **le solite frasi**, the usual words; the usual comments; **Ha avuto frasi gentili per me**, he said kind things about me; **frasi di lode**, laudatory things; praises; (*iron.*) **pieno di belle frasi**, full of fine words **4** (*mus.*) phrase. ● **f. fatta**, cliché; hackneyed (*o* stock) phrase; stereotyped expression: **parlare per frasi fatte**, to talk in clichés □ **f. idiomatica**, idiom.

fraṣeggiàre, *v. i.* **1** to form sentences; (*parlare*) to speak*; (*scrivere*) to write*: **f. con eleganza**, to speak [to write] with elegance; to have an elegant style **2** (*mus.*) to phrase.

fraṣéggio, *m.* (*anche mus.*) phrasing.

fraṣeologìa, *f.* phraseology.

fraṣeològico, *a.* phraseologic(al).

frassinèlla, *f.* (*bot., Dictamnus fraxinella*) fraxinella; bastard dittany.

frassinéto, *m.* ash grove.

fràssino, *m.* **1** (*bot., Fraxinus excelsior*) ash (tree) **2** (*il legno*) ash.

frastagliaménto, *m.* indentation.

frastagliàre, *v. t.* to indent; to jag.

frastagliàto, *a.* **1** indented; jagged; rugged: **costa frastagliata**, indented coastline; **montagne frastagliate**, jagged mountain tops **2** (*ineguale*) uneven; irregular: **terreno f.**, uneven ground **3** (*di roccia erosa*) fretted.

frastagliatùra, *f.* indentation.

frastàglio, *m.* indentation; fretwork.

fràstico, *a.* (*ling.*) phrasal.

frastornànte, *a.* confusing; bewildering; dazing; (*di rumore*) deafening.

frastornàre, *v. t.* to confuse; to bewilder; to daze; (*di rumore*) to deafen: **f. q. di chiacchiere**, to deafen sb. with incessant talk.

frastornàto, *a.* confused; bewildered; dazed; in a daze (*pred.*).

frastuòno, *m.* noise; din; hubbub; racket; roar; uproar.

fratàzzo, *V.* **frattazzo**.

fràte, *m.* **1** (*religioso*) friar; monk: **f. domenicano**, Dominican friar; Black Friar; **f. francescano**, Franciscan friar; Grey Friar; **f. agostiniano**, Augustinian (*o* Austin) friar; **f. carmelitano**, Carmelite friar; White Friar; **farsi f.**, to become a friar **2** (*appellativo*) brother: **F. Martino**, Brother Martin **3** (*poet.* o *region.*) brother **4** (*edil.*) hood-shaped tile. ● **f. laico**, lay brother □ **convento di frati**, friary □ (*fig. scherz.*) **Sto coi frati e zappo l'orto**, I only do what I'm told □ (*fam.*) **Va' a farti f.!**, get lost!

fratellànza, *f.* **1** (*rapporto tra fratelli*) brotherhood; brotherliness **2** (*sentimento fraterno*) brotherhood; fraternity **3** (*associazione*) brotherhood; fraternity.

fratellàstro, *m.* (*figlio di uno dei genitori*) half-brother; (*figlio del patrigno o della matrigna*) step-brother.

fratèllo, *m.* **1** brother: **f. germano** (*o* **carnale, vero**), brother-german; **f. di latte**, foster-brother; **f. gemello**, twin brother; **amarsi come fratelli**, to love like brothers **2** (*pl.*) (*fratelli e sorelle*) brothers and sisters; siblings (*form.* e *leg.*): **Quanti fratelli hai?**, how many brothers and sisters do you have?; **Mario e Paola sembrano fratelli**, Mario and Paola look like brother and sister; **Siamo in tre fratelli**: **due maschi e una femmina**, we are three in the family, two brothers and a sister **3** (*di confraternita o ordine relig.*) brother*: **i fratelli massoni**, the masonic brethren **4** (*fig.*) brother; comrade; companion; fellow: **f. d'armi**, brother-in-arms; **f. di sventura**, companion (*o* fellow) in misfortune; **f. di Cristo**, brother in Christ. ● **fratelli siamesi**, Siamese twins; (*fig.*) inseparable friends □ (*comm.*) **la ditta F.lli Rossi**, Rossi Bros.

fraterìa, *f.* friary; friars (*pl.*).

fraternaménte, *avv.* like a brother; like a sister; fraternally.

fraternità, *f.* fraternity; brotherhood.

fraternizzàre, *v. i.* to fraternize; (*fare amicizia*) to make* friends: **f. con l'esercito d'occupazione**, to fraternize with the occupying troops; **f. coi compagni di scuola**, to make friends with one's classmates.

fratèrno, *a.* **1** brotherly; fraternal **2** (*affettuoso*) affectionate, fond, fraternal; (*che condivide un sentimento*) sympathetic. ● **guerra fraterna**, fratricidal war.

fratésco, *a.* monkish; monk-like.

fraticèllo, *m.* **1** young friar **2** (*zool., Sterna albifrons*) little tern.

fratìna, *f.* **1** (*tavolo*) refectory table **2** (*taglio di capelli*) short fringe.

fratìno, *m.* **1** young friar **2** (*zool., Charadrius alexandrinus*) Kentish plover.

fratrìa, *f.* **1** (*stor. greca*) phratria; phratry **2** (*etnol.*) phratry.

fratricìda, **A** *a.* fratricidal: **guerra f.**, fratricidal war. **B** *m.* e *f.* fratricide.

fratricìdio, *m.* fratricide.

fràtta, *f.* thicket; brake; spinney.

frattàglie, *f. pl.* (*cucina*) entrails, offal (*sing.*), chitterlings; (*rigaglie*) giblets.

frattàle, *m.* e *a.* (*mat.*) fractal.

frattànto, *avv.* in the meantime; meanwhile.

frattazzàre, *v. t.* to float-finish.

frattàzzo, *m.* float.

frattèmpo, *m.* – **in questo** (*o* **quel**) **f.**, in the meantime; meanwhile.

fràtto, *a.* (*mat.*) **1** fractional **2** (*diviso*) divided by: **sei f. due**, six divided by two.

frattografìa, *f.* (*metall.*) fractography.

frattùra, *f.* **1** (*med.*) fracture: **f. semplice** [**composta**], simple [compound] fracture; **f. comminuta**, comminuted fracture; **f. esposta**, open fracture; **ridurre una f.**, to set a broken bone **2** (*metall.*) fracture: **f. fragile**, brittle fracture **3** (*geol.*) fracture **4** (*spaccatura*) break; fracture; gap; rift; (*fig.*) break, rift, breach: **una f. nel partito**, a rift in the party.

fratturàre, *v. t.* **fratturàrsi**, *v. i. pron.* to fracture; to break*: **fratturarsi una gamba**, to fracture one's leg.

fraudolènto, *a.* fraudulent.

fraudolènza, *f.* fraudulence.

frazionàbile, *a.* divisible; that may be broken up. ● **non f.**, indivisible.

frazionàle, *V.* **frazionario**.

frazionaménto, *m.* **1** division; subdivision; (*anche econ., fin.*) breaking up, splitting up, split(-up), parcelling out: **f. di un'eredità**, subdivision of an inheritance; **f. azionario**, stock split **2** (*ripartizione*) spreading; sharing; distribution: **f. dei rischi**, spreading of risks **3** (*mat.*) fractionization **4** (*chim.*) fractionation.

frazionàre, **A** *v. t.* **1** to divide; to subdivide; (*anche econ., fin.*) to split*, to break* up, to parcel out; (*prodotti, servizi*) to unbundle: **f. un'eredità**, to subdivide an inheritance; **f. una proprietà**, to break up an estate; **f. azioni**, to split shares **2** (*distribuire*) to spread; to share; to distribute: **f. il rischio**, to spread the risk **3** (*mat.*) to fractionize **4** (*chim.*) to fractionate. **B frazionàrsi**, *v. i. pron.* to break* up; to split*.

frazionàrio, *a.* (*mat.*) fractional; divisional.

frazionàto, *a.* **1** divided; subdivided; (*anche econ., fin.*) split **2** (*mat.*) fractionized **3** (*chim.*) fractional.

frazióne, *f.* **1** fraction; part; portion; segment: **in una f. di secondo**, in a fraction of a second; in a split second; **una f. della popolazione**, a fraction (*o* a segment) of the population **2** (*mat.*) fraction: **f. composta** [**decimale, impropria, propria, continua**], compound [decimal, improper, proper, continued] fraction **3** (*borgata di comune*) hamlet (without its own municipality) **4** (*sport*: *di staffetta*) relay; (*ciclismo*) leg.

frazionìṣmo, *m.* (*polit.*) fractionalism.

frazionìsta, **A** *m.* e *f.* **1** (*polit.*) fractionalist **2** (*sport*) relay runner; member of a relay team. **B** *a.* (*polit.*) divisive.

freàtico, *a.* (*geol.*) phreatic: **falda** (*o* **superficie**) **freatica**, water table; groundwater level; phreatic surface.

freatologìa, *f.* (*geol.*) study of underground waters.

freccétta, *f.* **1** small arrow **2** (*gioco*) dart.

fréccia, *f.* **1** arrow; bolt; dart (*poet.*): **scagliare una f.**, to shoot an arrow; **le frecce di Cupido**, Cupid's arrows (*o* darts) **2** (*archit.*) height; rise; (*guglia*) spire, pinnacle **3** (*tecn.*: *indicatore*) needle; pointer **4** (*segnale di direzione*) arrow **5** (*autom.*) (direction) indicator; blinker: **mettere** [**togliere**] **la f.**, to flick on [to switch off] the indicator **6** (*moda*: *baghetta*) clock **7** (*geom.*) camber **8** (*naut.*) gaff-topsail. ● **f. del Parto**, Parthian shot □ (*aeron.*) **ala a f.**, swept wing □ (*fig.*) **avere molte frecce al proprio arco**, to have many strings to one's bow □ **correre come una f.**, to run like a flash □ **partire come una f.**, to shoot off; to be off like a shot.

frecciàta, *f.* **1** arrow-shot **2** (*fig.*: *motto pungente*) pointed (*o* cutting) remark; quip; gibe; dig: **lanciare una f. contro q.**, to make a pointed remark about sb.

frecciatìna, *f.* dig; gibe: **lanciare continue frecciatine a q.**, to take constant digs at sb.

freddaménte, *avv.* **1** (*senza calore*) coldly: **Mi rispose f.**, he answered me coldly **2** (*con autocontrollo*) coolly; (*a sangue freddo*) in cold blood, cold-bloodedly.

freddàre, **A** *v. t.* **1** to chill; to cool (down) **2** (*fig.*) to cool; to dampen: **f. l'entusiasmo di q.**, to cool (*o* to dampen) sb.'s enthusiasm **3** (*ammazzare*) to kill; (*con fucile, ecc.*) to shoot* (sb.) dead. **B freddàrsi**, *v. i. pron.* **1** to become* (*o* to get*) cold (*o* chilly); to cool down **2** (*fig.*) to cool. ● **Non lasciare che si freddi l'occasione**, strike while the iron is hot □ **Prima lascia che si freddi la sua ira!**, let his anger cool down first!

freddézza, *f.* **1** coldness: **la f. dell'acqua**, the coldness of the water **2** (*fig.*) coldness; coolness; lack of warmth: **la f. della loro accoglienza**, the coldness (*o* lack of warmth) of their welcome; **Ci accolsero con f.**, they gave us a cold welcome **3** (*calma*) coolness; cool-headedness; self-control; sang-froid (*franc.*). ● **con f.**, *V.* **freddamente**.

freddino, *a.* **1** (*abbastanza freddo*) coldish; (*tiepido*) lukewarm; (*di temperatura esterna*) chilly: **Il termosifone è f.**, the radiator is lukewarm; **Fa f.**, it's chilly **2** (*fig.*) lukewarm: **accoglienza freddina**, lukewarm welcome.

fréddo (1), *a.* **1** cold; chilly: **acqua calda e fredda**, hot and cold water (*comm., anche*: H. & C.); **piatto f.**, cold dish; **doccia fredda**, cold shower; **stanza fredda**, chilly room; **venticello f.**, chilly breeze **2** (*fig.*) cold; cool; lukewarm; chill; chilly; indifferent; aloof: **accoglienza fredda**, cold (*o* chill, lukewarm) welcome; cool (*o* lukewarm) reception; **Il suo modo di fare era molto f.**, his manner was very chilly (*o* aloof); **cuore f.**, cold heart; **Lo spettacolo mi lasciò f.** (*non mi entusiasmò*), the show left me cold (*o* didn't impress me); **pubblico f.**, unenthusiastic audience; **esecuzione f.**, uninspired execution. ● **a mente f.**, when one has calmed down; calmly □ **animale a sangue f.**, cold-blooded animal □ (*fig.*) **avere sangue f.**, to have a cool head; to have sang-froid □ (*di persona*) **che ha sangue f.**, cool-headed □ **serbare il proprio sangue f.**, to keep cool □ **colore f.**, cold colour □ **guerra fredda**, cold war □ **mostrarsi f. verso** (*o* **con**) **q.**, to act coldly towards sb. □ **sudore f.**, cold sweat; (*al pl., fig.*) shivers □ (*prov.*) **F. di mano, caldo di cuore**, a cold hand and a warm heart.

fréddo (2), *m.* **1** cold; chill: **Fa un f. cane**, it is bitterly cold; it is freezing; **tremare di f.**, to shiver with cold; **prendere f.**, to catch cold **2** (*clima rigido*) cold weather: **Non uscire con questo f.!**, don't go out in this cold weather!; **il f. dell'inverno**, cold wintry weather; **i primi freddi**, the first cold weather of the season; **appena arriva il f.**, as soon as cold weather sets in; **f. asciutto**, dry cold weather **3** (*freddezza*) coldness; chilliness. ● **avere f.**, to be (*o* to feel) cold □ **Ho f. alle mani [ai piedi]**, my hands [my feet] are cold □ (*fig.*) **fare q.c. a f.**, to do st. in cold blood □ (*fig.*) **Non mi fa né caldo né f.**, it leaves me cold; I couldn't care less (*fam.*) □ **far venire f.**, to chill; (*fig.*) to send shivers down sb.'s spine □ **l'industria del f.**, the refrigeration industry □ (*metall.*) **lavorazione a f.**, cold working □ (*cucina*) **mettere su a f.**, to cook without pre-heating the water □ **morire di f.**, to freeze to death; (*fig.*) to be dying of cold □ (*chir.*) **operare a f.**, to operate after the inflammation has gone down □ **un dolce che si prepara a f.**, a dessert that doesn't need cooking □ **soffrire il f.**, to suffer from the cold □ **sudare f.**, to be in a cold sweat □ **Mi viene f. solo a pensarci**, it gives me the shivers (*o* the creeps) only to think of it.

freddolóso, *a.* – **essere f.**, to feel the cold very much.

freddùra, *f.* pun; quip; witticism; (*vecchia e risaputa*) hoary joke, old chestnut (*fam.*).

freddurista, *m.* e *f.* punster; (habitual) joker.

freezer (*ingl.*), *m. invar.* freezer; deepfreeze.

fregagióne, *f.* (*pop.*) rubbing down; massage; friction.

fregaménto, *m.* rubbing; massaging.

fregàre, **A** *v. t.* **1** to rub; (*massaggiare*) to rub down, to massage; (*per pulire*) to scrub: **fregarsi gli occhi**, to rub one's eyes; **f. una pentola**, to scrub a saucepan; **fregarsi le mani con una crema**, to rub a cream into one's hands **2** (*pop.*: *rubare*) to steal*; to pinch (*fam.*); to swipe (*fam.*); to nick (*fam.*); to lift (*fam.*): **Chi me l'ha fregato?**, who pinched (*o* swiped) it? **3** (*pop.*: *truffare*) to cheat; to dupe; to take* for a ride (*fam.*); to take* in (*fam.*); to have (*fam., solo al passivo*); to diddle (*fam.*): **Ti hanno fregato**, you've been duped; you've been had **4** (*pop.*: *superare, sconfiggere*) to beat* **5** (*pop.*: *bocciare*) to plough; to flunk. **B fregàrsi**, *v. rifl.* (*pop.*: *infischiarsi*) not to care; not to give* a damn (*o* a toss) (*pop.*): **Me ne frego altamente di loro**, I don't give a damn about them; **Lui se ne frega**, he couldn't care less; **Chi se ne frega?**, who cares?; **A te che ti frega?**, what business is it of yours?

fregàta (1), *f.* **1** rub; rubbing; scrubbing **2** *V.* **fregatura**.

fregàta (2), *f.* (*naut.*) frigate. ● **capitano di f.**, commander.

fregàta (3), *f.* (*zool.*, *Fregata aquila*) frigate; frigate bird.

fregatùra, *f.* (*pop.*) **1** (*truffa*) swindle, con (*fam.*); (*di acquisto e sim.*) rip-off (*fam.*), sell (*pop.*), swizz (*pop.*) **2** (*delusione*) disappointment; let-down; bring-down. ● **dare una f. a q.**, to swindle sb.; to rip sb. off □ **prendere una f.**, to be swindled; to be ripped off.

fregiàre, **A** *v. t.* **1** (*archit.*) to frieze **2** (*ornare*) to decorate; to adorn; to embellish. **B fregiàrsi**, *v. rifl.* **1** (*esibire*) to boast: **Si fregiava di numerose medaglie**, he boasted several medals **2** (*portare*) to wear*; to bear*: **f. di un titolo**, to bear a title; to be titled.

frégio, *m.* **1** (*archit.*) frieze **2** (*ornamento*) decoration; ornament **3** (*segno distintivo*) badge; (*mil.*) badge of rank, (*al pl., anche*) insignia **4** (*tipogr.*) flourish.

fregnàccia, *f.* (*region. volg.*) nonsense; rubbish; crap (*volg.*): **Sa dire solo fregnacce**, he talks nothing but crap.

fregnóne, *m.* (*region. volg.*) idiot; fool; twerp (*fam.*); jerk (*fam. USA*).

frégo, *m.* stroke; line; (*scarabocchio*) scrawl; (*graffio*) mark, scratch: **tirare un f. sotto una parola**, to draw a line beneath a word; **cancellare q.c. con un f.**, to score (*o* to cross) st. out; **un f. con la penna**, a stroke of the pen, a pen stroke. ● (*pop.*) **un f.** (*moltissimo*), a hell of a lot (*fam.*); loads (of st.) (*pl.*) (*fam.*): **C'era un f. di libri**, there were a hell of a lot of books (*fam.*).

frégola, *f.* **1** (*di animali in genere*) heat; (*di pesci*) spawning; (*di cervi e ovini*) rutting: **essere in f.**, to rut; to be in heat **2** (*fig.*: *smania*) urge; itch: **Gli ha preso la f. di imparare a volare**, he's got this itch to learn to fly. ● (*pop.*) **essere in f. per q.**, to have the hots for sb.

fregolatóio, *m.* (*zool.*) spawning bed; spawning ground.

fregolismo, *m.* (*polit.*) changing with the wind; time-serving.

frégolo, *m.* (*uova di pesce*) roe; spawn.

fremebóndo, **fremènte**, *a.* quivering; trembling; throbbing: **f. d'ira**, quivering (*o* trembling) with anger; fuming (with rage).

frèmere, *v. i.* **1** (*d'ira, ecc.*) to tremble, to quiver, to fume; (*d'eccitazione, ecc.*) to be thrilled; (*d'impazienza, ecc.*) to itch, to fret, to fume; (*di paura, ecc.*) to shiver, to shudder: **f. di sdegno**, to quiver with indignation; **f. di rabbia**, to quiver (*o* to tremble) with rage; to fume; **f. di gioia**, to be thrilled with delight; **f. d'impazienza**, to itch with excitement; **f. d'orrore**, to shudder with horror; **La sua voce fremeva**, her voice quivered; **Fremo se penso a quello che sarebbe potuto accadere**, I tremble to think what might have happened; **Lui parlava e parlava e io fremevo**, he went on and on, while I was fuming **2** (*palpitare*) to throb: **Il mio cuore fremette di gioia**, my heart throbbed with joy **3** (*lett.*: *stormire*) to rustle; (*rumoreggiare*) to rumble; (*del mare*) to roar.

frèmito, *m.* **1** quiver; shiver; tremor; thrill; (*brivido*) shiver, shudder: **Notai un f. nella sua voce**, I heard a quiver in his voice; **un f. di gioia**, a thrill (*o* tremor) of delight; **un f. di paura**, a shiver; **un f. d'orrore**, a shudder **2** (*palpito*) throb **3** (*delle foglie, ecc.*) rustle; rustling **4** (*del mare*) roar.

frenàbile, *a.* restrainable; controllable.

frenàggio, *m.* **1** (*mecc.*) locking: **filo di f.** (*di un dado*), locking wire **2** (*autom.*) braking.

frenàre, **A** *v. t.* **1** (*un veicolo*) to brake; to apply the brakes to; (*assol.*) to brake, to put* on the brakes: **f. l'auto**, to brake the car; **f. di colpo**, to break suddenly; to jam on the brakes **2** (*un cavallo, ecc.*) to curb; to rein in **3** (*fig.*: *trattenere*) to check, to restrain, to hold* back; (*mettere un freno a*) to curb, to control, to rein in; (*far rallentare*) to brake*: **f. l'ira**, to check one's anger; **f. le lacrime**, to hold back one's tears; **f. la lingua**, to curb (*o* to check) one's tongue; **f. uno sbadiglio**, to stifle a yawn; **f. l'inflazione**, to curb inflation; **f. il progresso**, to brake progress **4** (*assol., fig.*) to backpedal: **Il ministro ha frenato sul nuovo progetto di legge**, the minister backpedalled on the new bill. **B** *v. i.* to brake: **Questa macchina non frena bene**, this car doesn't brake properly. **C frenàrsi**, *v. rifl.* to control oneself; to check oneself; to restrain oneself: **Non poté più f.**, he couldn't control (*o* restrain) himself any longer; **Non potei frenarmi dal dirgli il fatto suo**, I couldn't help giving him a piece of my mind.

frenastenìa, *f.* (*med.*) mental deficiency.

frenastènico, *a.* (*med.*) mentally deficient.

frenastèrzo, *m.* (*mecc.*) steering damper.

frenàta, *f.* (*autom.*) **1** braking: **Evita le frenate improvvise**, avoid sudden breaking; **fare una f.**, to brake; **fare una brusca f.**, to jam on the brakes; **spazio di f.**, braking distance **2** (*rumore*) screech of brakes **3** (*segno per terra*) tyre marks (*pl.*).

frenàto, *a.* controlled; curbed; braked: **motore f.**, controlled engine; **pallone f.**, captive balloon.

frenatóre, *m.* **1** (*ferr.*) brakesman*; brakeman* (*USA*) **2** (*sport*: *bob*) brake.

frenatùra, *f.* **1** (*mecc.*: *di dado*) locking **2** (*autom.*) braking.

frenèllo, *m.* **1** (*naut.*) tiller chain; tiller rope **2** (*nastro per la fronte*) head-band; fillet **3** *V.* **frenulo**.

frenesìa, *f.* **1** (*folle esaltazione*) frenzy, delirium (*anche med.*); mad fit: **Nei momenti di f., nessuno lo teneva**, when the mad fit was upon him, there was no holding him **2** (*desiderio sfrenato*) frenzy; mania; mad urge; craze: **f. del gioco**, frenzy of gambling; **Questo eterno viaggiare è una f.**, this everlasting travelling is a (perfect) mania.

frenètico, *a.* **1** frantic; frenzied; frenetic; (*delirante*) raving: **un pazzo f.**, a raving lunatic **2** (*entusiastico*) frenzied; enthusiastic; raving: **applausi frenetici**, frenzied acclamation **3** (*fig.*: *sfrenato*) frenzied; (*febbrile*) hectic, feverish: **una danza frenetica**, a frenzied dance; **sforzo f.**, feverish effort **4** (*appassionato*) mad; crazy: **È f. per i videogiochi**, he's mad on videogames.

frènico, *a.* (*anat.*) phrenic.

fréno, *m.* **1** (*mecc. e di veicolo*) brake: **f. a mano**, hand brake; **f. a pedale**, foot brake; **f. a disco**, disc brake; **f. a tamburo**, drum brake; **f. a depressione**, vacuum (*o* depression, suction) brake; **f. a nastro**, band brake; **f. di sicurezza**, emergency brake; **f. ad aria compressa [contropedale, idraulico]**, air [coaster, hydraulic] brake; **potenza al f.**, brake horsepower; **prova dei freni**, braking test; **zoccolo del f.**, brake shoe; **bloccare i freni**, to jam (*o* to slam) on the brakes; **dare un colpo di f.** (*o* **pigiare sul f.**), to jam on the brakes; **togliere il f.**, to release the brake; **usare il f.**, to apply the brake ***2*** (*fig.*) check; curb; restraint; control: **Il vento fa da f. alla velocità**, the wind acts as a check on speed; **servire da f. a q.c.**, to serve as a check on st.; **avidità senza f.**, cupidity without restraint ***3*** (*morso del cavallo*) bit. ● (*fig.*) **allentare il f. a q.**, to give sb. a freer hand □ (*fig.*) **mettere un f. a q.c.**, to curb st.; to check st.; to put the brakes on st. □ **mordere** (*o* **rodere**) **il f.**, to be champing at the bit (*anche fig.*) □ (*fig.*) **non avere alcun f.**, to be unable to control oneself; to know no limit □ (*fig.*) **non conoscere più** (**alcun**) **f.**, to break loose from all restraint □ **scuotere il f.** (*del cavallo* e *fig.*), to take the bit in (*o* between) one's teeth □ **stringere i freni**, to tighten the brakes; (*fig.*) to tighten the reins, to clamp the lid on st. □ **tenere a f.**, (*un cavallo, ecc.*) to rein in, to pull up; (*anche fig.*) to curb, to restrain; (*solo fig.*) to keep in check, to control: **tenere a f. la lingua**, to hold (*o* to curb) one's tongue.

frenocòmio, *m.* mental hospital.

frenologìa, *f.* phrenology.

frenològico, *a.* phrenologic(al).

frenòlogo, *m.* (*f.* **-a**) phrenologist.

frenopatìa, *f.* (*med.*) mental disorder; mental disease.

frenospàṣmo, *m.* (*med.*) phrenospasm.

frènulo, *m.* (*anat.*) fr(a)enum*.

frèon, *m.* (*marchio*: *chim.*) Freon.

frequentàbile, *a.* frequentable; where one can go: **Sono pochi i posti ancora frequentabili**, there are few places one can still go to; **un locale poco f.**, a disreputable place; **persone non frequentabili**, people one cannot possibly associate with.

frequentàre, **A** *v. t.* ***1*** (*un luogo*) to go* often (*o* regularly) to; to frequent; (*locali pubblici, anche*) to patronize, to haunt (*fam.*): **f. la biblioteca rionale**, to go regularly to (*o* to frequent) the local library; **f. il circolo**, to go to the club; **Frequenta la nostra casa**, he calls on us very often; he is a regular visitor at our house ***2*** (*scuola, lezioni, conferenze, ecc.*) to attend, to go* to; (*classe, anno*) to be in: **f. un corso**, to attend a course; **f. l'università**, to go to university; **f. la terza** [**il primo anno**], to be in third form [in first year]; **Frequentano la scuola nuova**, they go to the new school ***3*** (*persone*) to see*; to mix with; to associate with; to go* around with; to hang around with: **Non li frequentiamo molto**, we don't see them very often; **f. gente del cinema**, to mix (*o* to associate) with cinema people; **Frequenta cattivi soggetti**, he goes about with bad company ***4*** (*un ambiente*) to move in; to mix with: **f. l'ambiente teatrale**, to move in theatrical circles; **f. il bel mondo**, to mix with the smart set. ● **f. i classici**, to be fond of the classics □ (*relig.*) **f. i sacramenti**, to frequent the Sacraments. **B frequentàrsi**, *v. rifl. recipr.* to see* each other (*o* one another).

frequentatìvo, *a.* (*gramm.*) frequentative: **verbo f.**, frequentative verb.

frequentàto, *a.* ***1*** popular; frequented; (*di locale pubblico, anche*) patronized, haunted (*fam.*); (*di scuola, ecc.*) attended ***2*** (*affollato*) crowded; thronged (*pred.*): **strade frequentate**, crowded streets. ● **f. dai fantasmi**, haunted □ **ben f.**, well-patronized, with a distinguished clientele □ **mal f.**, full of disreputable people.

frequentatóre, *m.* (*f.* **-trice**) ***1*** frequenter; haunter; -goer (*suff.*): **un f. di bar**, a haunter of bars; **f. di cinema**, cinema-goer; **f. di concerti**, concert-goer; **f. di teatri**, theatre-goer ***2*** (*visitatore assiduo*) frequent caller (*o* visitor) ***3*** (*cliente abituale*) regular customer; patron; habitué (*franc.*).

frequentazióne, *f.* frequentation; habitual visiting.

frequènte, *a.* ***1*** frequent ***2*** (*med.*: *del polso*) quick; rapid. ● **di f.**, frequently; often.

frequentemènte, *avv.* frequently; often.

frequènza, *f.* ***1*** frequence; frequency: **la f. dei delitti**, the frequency of crimes; the crime rate; **la f. delle sue visite**, the frequency of his calls ***2*** (*affollamento*) concourse; (*assiduità*) attendance: **una grande f. di pubblico**, a large concourse of visitors; **f. alle lezioni**, attendance at classes; **f. obbligatoria**, compulsory attendance; **certificato di f.**, certificate of attendance ***3*** (*fis., radio, TV*) frequency: **alta** [**bassa**] **f.**, high [low] frequency; **f. ultraelevata**, ultrahigh frequency (*abbr.* UHF); **f. altissima**, very high frequency (*abbr.* VHF); **f. bassissima**, very low frequency (*abbr.* VLF); **ad alta** [**bassa**] **f.**, high-frequency [low-frequency] (*attr.*); (*radio*) **modulazione di f.**, frequency modulation (*abbr.* FM); **media f.**, medium frequency; **moltiplicatore di f.**, frequency multiplier; **variatore di f.**, frequency changer ***4*** (*numero di volte nell'unità di tempo*) rate: **con la f. di 10 all'ora**, at the rate of 10 every (*o* per) hour; (*med.*) **f. cardiaca**, heart rate; (*med.*) **f. del polso**, pulse rate ***5*** (*stat.*) frequency. ● **con f.**, frequently; often □ **con troppa f.**, too often.

frequenziàle, *a.* frequency (*attr.*).

frequenzìmetro, **frequenziòmetro**, *m.* ***1*** (*elettr., fis.*) frequency meter: **f. registratore**, recording frequency meter ***2*** (*radio*) wave meter.

frèṣa, *f.* (*mecc.*) (milling) cutter; mill; miller; milling machine: **f. ad angolo**, angle (*o* angular) cutter; **f. a un taglio**, plain milling cutter; **f. concava** [**convessa**], concave [convex] cutter.

freṣàre, *v. t.* (*mecc.*) to mill.

freṣatóre, *m.* milling-machine operator.

freṣatrìce, *f.* (*mecc.*) milling machine; miller: **f. a comando elettronico**, electronically-controlled milling machine; **f. automatica**, self-acting milling machine.

freṣatùra, *f.* (*mecc.*) milling: **f. angolare**, angular milling; **f. a profilo**, profiling.

freschézza, *f.* ***1*** (*anche fig.*) freshness: **la f. della frutta**, the freshness of fruit; **la f. di una carnagione**, the freshness of a complexion; **la f. della gioventù**, the bloom of youth; **f. di stile**, freshness of style ***2*** (*di temperatura*) coolness.

freschìsta, *m.* e *f.* (*pitt.*) fresco painter.

frésco (**1**), *a.* ***1*** (*di temperatura*) cool; (*dell'aria, anche*) fresh; (*rinfrescato*) cooled; (*spiacevolmente freddino*) chilly: **acqua fresca**, cool water; (*di rubinetto*) water fresh from the tap; **stanza** [**ombra, bibita, mano**] **fresca**, cool room [shade, drink, hand]; **un venticello f.**, a cool breeze; **Il vino è f., ma non gelato**, the wine is (*o* has been) cooled, but not iced; **In terrazzo staremo più freschi**, we'll be cooler on the terrace; **una fresca mattina**, a fresh morning ***2*** (*non stantio, non conservato*) fresh; (*appena fatto*) freshly-made: **pesce** [**latte**] **f.**, fresh fish [milk]; **pane f.**, freshly-baked (*o* fresh) bread; **caffè f.**, freshly-made coffee; **uovo f.**, fresh egg; (*appena deposto*) new-laid egg ***3*** (*di fiore*) freshly-cut ***4*** (*non appassito*) fresh: **carnagione** [**bellezza**] **fresca**, fresh complexion [beauty] ***5*** (*non stanco, riposato*) fresh; (*rinvigorito*) refreshed: **truppe fresche**, fresh troops; **cavallo f.**, fresh horse; **sentirsi freschi e riposati**, to feel fresh and rested; **Lo farò domani a mente fresca**, I shall do it tomorrow when I feel fresh; **studiare la questione a mente fresca**, to bring a fresh mind to bear on the problem. ● **f. come una rosa**, as fresh as a daisy □ **f. di bucato**, freshly laundered □ **f. di forno**, fresh from the oven; freshly baked □ **f. di nomina**, newly appointed □ **f. di stampa**, fresh off the press □ **f. di studi**, fresh from one's studies □ **di f.**, freshly; newly; just: **arrivato di f.**, freshly arrived; **sposato di f.**, just married □ **di fresca data**, recent □ **È arrivato f. f.**, it has just arrived this moment □ **L'inchiostro è ancora f.**, the ink is still wet □ **notizie fresche**, the latest news; hot news □ **un uomo ancora f.**, a well-preserved man □ **vernice fresca**, wet paint □ (*fam.*) **Stai f.!**, (*t sbagli di grosso*) you've got another think coming!; you've got a hope!; not on you life!; (*guai a te*) you'll be (in) for it! □ (*fam.*) **Stiamo freschi!**, heaven forbid!

frésco (**2**), *m.* ***1*** coolness; freshness; cool (*aria fresca*) cool air, cool breeze: **godersi il f. della sera**, to enjoy the cool of the evening **godersi il f.**, to enjoy the cool breeze; **col f.** in the cool of the morning [of the evening] **mettere q.c. al f.**, to put st. in a cool place **C'è un bel f. qui**, the air is nice and cool here **Fa f. stasera**, it's cool tonight; there's a cool breeze tonight; (*spiacevolmente*) it's chilly tonight ***2*** (*stoffa*) light wool material. ● **di f.** just; recently; newly □ **dipingere a f.**, to paint in fresco; to fresco □ (*fig.*) **L'hanno messo a f.**, they've put him in the cooler (*fam.*) □ **tenere q.c. in f.**, to keep st. cool □ **Oggi c'è un po' più di f.**, it's a little cooler today.

frescóne, *m.* (*f.* **-a**) (*pop.*) fool; idiot; twerp (*fam.*); jerk (*fam. USA*).

frescùra, *f.* coolness; cool: **la f. della sera** the cool of the evening.

frèṣia, *f.* (*bot., Freesia*) freesia.

frétta, *f.* hurry; haste: **avere f.**, to be in a hurry **Non c'è f.**, there is no hurry; **fare q.c. in f.** to do st. in a hurry; to do st. quickly; to rush through st.; **Nella f. di uscire, non ho salutato**, in my hurry to leave, I didn't say goodbye ● **far f. a q.**, to hurry sb. □ **in f. e furia**, in a hurry; in a rush; hotfoot (*fam.*); (*in modo affrettato*) hastily, carelessly, anyhow □ **ritornare in tutta f.**, to hurry back □ **fatto in f.** done in a hurry; hasty; rushed; (*approssimativo*) rough □ **troppo in f.**, too fast □ **Fai in f.!**, hurry up!

frettàre, *v. t.* (*naut.*: *il fondo esterno*) to hog (*i ponti*) to scrub.

frettàzza, *f.* **frettàzzo**, *m.* (*naut.*) hog scrubbing brush; scrubber.

frettolosaménte, *avv.* hurriedly; hastily.

frettolóso, *a.* hasty; hurried; (*fatto in fretta*) rushed, hasty: **passi frettolosi**, hurried footsteps; **un saluto f.**, a hurried greeting; **un lavoro f.**, a rushed job.

freudiàno, *a.* (*psic.*) Freudian.

freudiṣmo, *m.* (*psic.*) Freudism; Freudianism.

friàbile, *a.* friable; crumbly: **roccia f.**, friable rock; **torta f.**, crumbly cake.

friabilità, *f.* friability; friableness; crumbliness.

fricandò, *m. invar.* (*cucina*) fricandeau* (*franc.*).

fricassèa, *f.* (*cucina*) fricassee. ● **fare una f. di q.c.**, to fricassee st.

fricatìva, *f.* (*fon.*) fricative.

fricatìvo, *a.* (*fon.*) fricative: **consonante fricativa**, fricative (consonant).

fricchettóne, *m.* (*f.* **-a**) (*fam.*) wack; weirdo

frigànea, *f.* (*zool., Phryganea*) caddis fly.

friggere, **A** *v. t.* to fry: **f. nel burro** [**nell'olio**], to fry with (*o* in) butter [oil]. **B** *v. i.* ***1*** to fry ***2*** (*sfrigolare*) to sizzle, to frizzle; (*di ferro rovente immerso nell'acqua*) to hiss ***3*** (*fig.*) to seethe; to fume: **f. di rabbia**, to seethe with rage. ● (*fig.*) **mandare q. a farsi f.**, to send sb. to the devil □ **È tornato quel seccatore: vada a farsi f.**, that (old) bore is back: to hell with him!

friggitóre, *m.* (*f.* **-trice**) ***1*** (*chi frigge*) fryer, frier ***2*** (*chi vende cibi fritti*) vendor of fried food.

friggitorìa, *f.* fried-food shop.

friggitrìce, *f.* ***1*** *V.* **friggitore** ***2*** (*macchina*) deep-fryer.

Frìgia, *f.* (*geogr., stor.*) Phrygia.

frigidaire (*franc.*), (*marchio*) *m. invar.* refrigerator.

frigidàrio, *m.* (*archeol.*) frigidarium*.

frigidézza, frigidità, *f.* frigidity; frigidness.
frigido, *a.* frigid.
frigio, A *a.* Phrygian: **berretto f.**, Phrygian cap; (*mus.*) **modo f.**, Phrygian mode. **B** *m.* Phrygian.
frignàre, *v. i.* to whimper; to whine; to cry; to fret; to grizzle (*fam. GB*).
frignìo, *m.* continual whimpering (*o* whining).
frignóne, *m.* (*f.* **-a**) whimperer; cry-baby (*fam.*).
frigo, (*fam.*) *V.* **frigorifero, B.**
frigobàr, *m. invar.* mini-bar.
frigocongelatóre, *m.* fridge and deepfreezer
frigoconservazióne, *f.* deep-freezing.
frigorìa, *f.* (*fis.*) frigorie.
frigorìfero, A *a.* refrigerating; refrigerant; refrigerator (*attr.*); freezing: **impianto f.**, refrigerating system; **macchina frigorifera**, refrigerating engine; **miscela frigorifera**, freezing mixture; **nave frigorifera**, refrigerator ship; **cella frigorifera**, refrigerator; (*per surgelamento*) freezer. **B** *m.* refrigerator; fridge (*fam.*).
frigorìfico, frigorìgeno, *a.* (*fis., tecn.*) frigorific.
frigorìsta, *m.* refrigerator technician.
frigoterapìa, *f.* (*med.*) cryotherapy.
Frimàio, *m.* (*stor. franc.*) Frimaire (*franc.*).
fringuèllo, *m.* (*zool., Fringilla coelebs*) chaffinch.
frinìre, *v. i.* to chirp.
frinzèllo, *m.* **1** (*rammendo mal fatto*) clumsy darn **2** (*fig.*: *brutta cicatrice*) ugly scar.
frişàre, *v. t.* **1** to brush against; to graze **2** (*biliardo*) to kiss (a ball).
frişàta, *f.* (*naut.*) gunwale.
frisé (*franc.*), *a. invar.* frizzed.
Frìsia, *f.* (*geogr.*) Friesland.
frişo, *m.* light touch; brush. ● (*biliardo*) **colpire la palla di f.**, to kiss the ball.
frişóna, *f.* Friesian (cow); Holstein (cow) (*USA*).
frişóne, *a.* e *m.* **1** Frisian **2** (*razza*) (Holstein-)Friesian: **cavallo f.**, Holstein horse; **vacca frisona**, *V.* **frisona**.
fritillària, *f.* (*bot., Fritillaria imperialis*) crown imperial.
fritta, *f.* (*ceramica*) frit.
frittàta, *f.* (*cucina*) omelette, omelet: **fare** [**rivoltare**] **una f.**, to make [to turn] an omelette. ● (*fig.*) **fare una f.**, to make a mess (*o* a hash) of st.; (*una gaffe*) to put one's foot in it (*fam.*) □ **La frittata è fatta!**, the damage is done!; the fat is in the fire! (*fam.*) □ (*fig.*) **rivoltare la f.**, to twist an argument; to equivocate.
frittèlla, *f.* **1** (*con pastella e ripieno*) fritter; (*bombolone*) doughnut, donut (*USA*); (*crêpe*) pancake, flapjack (*USA*); (*crocchetta*) croquette, rissole **2** (*fam.*: *macchia d'unto*) grease stain.
frittellóne, *m.* (*f.* **-a**) messy eater.
frittellóso, *a.* grease-stained.
fritto, A *a.* fried. ● (*fig.*) **f. e rifritto**, stale; hackneyed; old hat (*pred.*): **Sono cose fritte e rifritte**, it's old hat now. ● **aria fritta**, verbiage □ **Sono f.!**, I've had it!; I'm done for! **B** *m.* (*cucina*: *in genere*) fried food; (*piatto*) fry: **f. misto** (**di pesce**), mixed (fish-)fry; «fritto misto»; **f. di gamberi**, fried prawns.
frittùme, *m.* (*spreg.*) unappetising fried stuff.
frittùra, *f.* **1** (*il friggere*) frying **2** (*cucina*) fried food; (*piatto*) fry: **f. di pesce**, fish-fry.
friulàno, A *a.* of Friuli; from Friuli; Friuli (*attr.*). **B** *m.* (*f.* **-a**) native of Friuli; inhabitant of Friuli; Friulian. **C** *m.* (*dialetto*) Friulian.
frivoleggiàre, *v. i.* to behave (*o* to speak*) frivolously.
frivolézza, *f.* **1** (*l'essere frivolo*) frivolity **2** (*cosa frivola*) frivolity; frivolous word [comment, act, etc.]; trifle.
frìvolo, *a.* frivolous; (*di poca importanza*) trifling: **pretesto f.**, frivolous pretext.
frizionàle, *a.* (*fis., econ.*) frictional: **disoccupazione f.**, frictional unemployment.
frizionàre, A *v. t.* to rub; to massage. **B** *v. i.* (*autom.*) to use the clutch.
frizióne, *f.* **1** rubbing; (*massaggio*) friction, massage **2** (*fis.*) friction; (*attrito*) attrition **3** (*mecc.*) clutch: **innestare la f.**, to engage the clutch; **disinnestare la f.**, to disengage the clutch; to declutch; **f. monodisco**, single-plate clutch; **disco della f.**, clutch disk; **pedale della f.**, clutch pedal **4** (*fig.*) conflict; friction.
frizzànte, A *a.* **1** (*di bevanda*) fizzy; sparkling: **acqua** [**vino**] **f.**, sparkling water [wine]; **bevanda f.**, fizzy drink **2** (*dell'aria*) crisp; bracing **3** (*fig.*) pointed; pungent; witty; mordant. **B** *m.* sparkle: **perdere il f.**, to lose sparkle.
frizzantino, *m.* **1** fizziness **2** (*vino*) sparkling wine.
frizzàre, *v. i.* **1** (*di bevande*) to fizz; to effervesce; to sparkle **2** (*bruciare*) to sting* **3** (*fig.*) to tingle; to smart; to sting*.
frizzo, *m.* quip; witticism; jibe, gibe.
fròcio, *m.* (*region., spreg.*) queer; poof; faggot.
frodàre, *v. t.* to deceive; to cheat; to swindle; to defraud (*anche leg.*): **f. q. di q.c.** (*o* **q.c. a q.**), to cheat sb. out of st.; **f. la dogana**, to cheat the Customs; **f. l'erario**, to defraud the revenue.
frodatóre, *m.* (*f.* **-trice**) defrauder; cheat; swindler.
fròde, *f.* fraud (*anche leg.*); deceit; cheat; sham: **carpire q.c. con la f.**, to get st. by fraud. ● **f. alimentare**, food adulteration □ **f. fiscale**, tax evasion.
fròdo, *m.* smuggling; contraband. ● **cacciare** [**pescare**] **di f.**, to poach □ **cacciatore** [**pescatore**] **di f.**, poacher □ **introdurre di f.**, to smuggle in □ **merce di f.**, smuggled goods.
froebeliàno, *a.* Froebelian.
frògia, *f.* (horse's) nostril.
frollaménto, *V.* **frollatura**.
frollàre, A *v. t.* to hang* (until high). **B** *v. i.* **frollàrsi,** *v. i. pron.* to become* high.
frollatùra, *f.* hanging.
frollìno, *m.* piece of shortbread.
fròllo, *a.* **1** soft; tender; (*di selvaggina*) high **2** (*fig.*) spineless; nerveless; wet (*fam.*). ● (*cucina*) **pasta frolla**, short pastry □ (*fig.*) **avere le mani di pasta frolla**, to be butter-fingered □ (*fig.*) **uomo di pasta frolla**, spineless man; wimp.
frómbola, *f.* (*lett.*) sling.
frombolière, *m.* **1** (*mil., stor.*) slingsman*; slinger **2** (*calcio*) powerful shot; striker.
frónda (1), *f.* **1** leafy branch **2** (*bot.*) frond **3** (*pl.*) (*fogliame*) foliage (*sing.*).
frónda (2), *f.* **1** (*stor. franc.*) Fronde **2** (*fig.*) rebellion, revolt; (*opposizione*) opposition: **f. parlamentare**, Parliamentary opposition; **Spira vento di f.**, there is rebellion in the air; rebellion is brewing.
frondeggiànte, *a.* leafy; verdant.
frondeggiàre, *v. i.* to put* forth leaves; to be leafy (*o* green, verdant).
frondista, *m.* e *f.* **1** (*stor. franc.*) Frondeur (*franc.*) **2** (*polit.*) rebel; opponent.
frondosità, *f.* **1** leafiness **2** (*fig.*) ornateness; turgidity.
frondóso, *a.* **1** leafy **2** (*fig.*) ornate; over-decorated; turgid.
front, *inter.* (*mil.*) – **Dietro f.!**, about-turn! (*GB*); about-face! (*USA*).
frontàle, A *a.* frontal: (*anat.*) **osso f.**, frontal bone; (*mil.*) **attacco f.**, frontal attack; **scontro f.**, head-on collision. **B** *m.* **1** (*di caminetto*) ornamental mantelpiece **2** (*parte della briglia*) front **3** (*stor.*: *ornamento della fronte*) frontal; frontlet.
frontalière, *m.* (*f.* **-a**) cross-border commuter.
frontalièro, *a.* **1** (*di frontiera*) fronteer **2** across the border (*pred.*); cross-border (*attr.*).
frontalìno, *m.* (*archit.*: *di scalino*) riser.
frontalità, *f.* (*arte*) frontality.
frontalménte, *avv.* frontally; from the front.
frónte, A *f.* **1** forehead; brow: **f. alta** [**bassa, ampia, spianata**], high [low, broad, smooth] forehead (*o* brow); **Fu colpito in f.**, he was hit on the forehead; **asciugarsi la f.**, to wipe one's forehead (*o* brow); **aggrottare** (*o* **corrugare**) **la f.**, to frown; **bagnarsi la f.**, to bathe one's forehead; **il lauro sulla f. del poeta**, the laurel on the poet's brow; **col sudore della f.**, by the sweat of one's brow **2** (*di edificio*) front; façade; frontage: **le finestre sulla f.**, the front windows **3** (*di libro*) front page **4** (*di animale*) forehead; frontlet **5** (*poesia*) opening part (of a canzone or stanza) **6** (*volto, aspetto*) face; (*testa*) head: **a f. a f.**, face to face; **Gli si legge in f.**, you can see it in his face; **a f. alta**, with one's head held high; proudly; **abbassare la f.**, to lower one's head; to bend one's brows (*lett.*). ● (*mil.*) **F. a destr'!**, right turn! □ (*mil.*) **F. a sinistr'!**, left turn! □ (*geol.*) **f. del ghiacciaio**, glacier front □ **a f.**, facing: **I due eserciti stavano a f.**, the two armies were drawn up facing each other □ **con traduzione a f.**, with parallel translation □ **di f.**, (*dirimpetto*) opposite, facing; (*in presenza di*) in front (of), faced (with), confronted (by); (*in confronto a*) in comparison (with), compared (to): **la casa di f.**, the house opposite; **la casa di f. al municipio**, the house opposite (*o* facing) the Town Hall; **Siediti di f. a me**, sit opposite me; **Mi trovai di f. a una scena ridicola**, I was confronted by a ludicrous scene; **trovarsi di f. a gravi problemi**, to be confronted with serious problems; **Questo è niente di f. a quello che accadde dopo**, this is nothing compared to what happened after □ **fotografare q. di f.**, to photograph sb. full front □ (*naut.*) **linea di f.**, line abreast □ **mettere a f. due cose**, to compare two things □ **mettere** (*o* **porre**) **a f. il testimone e l'imputato**, to confront the witness and the accused □ (*lett.*) **volgere la f.** (*fuggire*), to run away. **B** *m.* **1** (*mil.*) front: **essere mandato al f.**, to be sent to the front **2** (*allineamento, coalizione*) front: **cambiamento di f.**, change of front; **f. diplomatico** [**economico, popolare**], diplomatic [economic, popular] front; **f. di liberazione nazionale**, national liberation front **3** (*meteor.*) front: **f. freddo** [**caldo**], cold [warm] front. ● **far f. al nemico**, to face (*o* to stand up to) the enemy □ **far f. alle spese**, to meet (*o* to cope with) the expenses □ **far f. a una serie di domande**, to field a series of questions □ **tenere f. a q.**, to stand up to sb.
fronteggiàre, *v. t.* **1** to face up to; to stand* up to; to meet* with; to cope with; (*specialm. mil.*) to withstand*: **f. un pericolo**, to face up to danger; **f. una difficoltà**, to meet (*o* to cope) with a difficulty; to face the music (*fam.*) **2** (*stare di fronte a*) to face; to be opposite to: **L'albergo fronteggia il mare**, the hotel faces the sea.
frontespìzio, *m.* **1** (*archit.*) frontispiece; pediment **2** (*di libro*) title page.
frontièra, *f.* **1** (*confine di Stato*) frontier; border: **passare la f.**, to cross the frontier (*o* the border); **incidente di f.**, border incident; **linea di f.**, borderline **2** (*demarcazione*) borderline; boundary **3** (*fig.*) frontier; bound: **le frontiere della scienza**, the frontiers of science; **non conoscere frontiere**, to know no bounds.
frontìno, *m.* toupee.
frontişmo, *m.* (*polit.*) tendency to form a political front.
frontispizio, *V.* **frontespizio**.
frontista, *m.* e *f.* **1** (*leg.*) frontager **2** (*polit.*) supporter of a political front.
frontóne, *m.* **1** frontispice; pediment; (*di porta, finestra, anche*) gable **2** (*di libro*) headpiece.
frónzolo, *m.* **1** frill; frippery **2** (*pl.*) (*dello stile*) frills; embellishments: **senza fronzoli**, without frills; simply (*avv.*); plainly (*avv.*);

simple (*agg.*); plain (*agg.*). ● **Glielo dissi senza tanti fronzoli**, I told him bluntly (*o* without mincing my words) □ **la verità senza tanti fronzoli**, the plain, unvarnished truth.

fronzùto, *a.* leafy; bushy.

frosóne, *m.* (*zool., Coccothraustes vulgaris*) hawfinch; grosbeak.

fròtta, *f.* swarm; crowd; troop; flock: **a frotte**, in flocks; in swarms; **arrivare a frotte**, to flock in.

frottage (*franc.*), *m. invar.* (*arte*) rubbing; frottage.

fròttola, *f.* ***1*** (*bugia*) fib, lie; (*storia inventata*) (idle) tale, (tall) story: **Sono tutte frottole**, it's all nonsense; it's all lies ***2*** (*lett.*) nonsense rhyme ***3*** (*mus.*) «frottola»*.

fruènte, **A** *a.* benefiting. **B** *m.* e *f.* beneficiary.

fru fru, frufrù, **A** *inter.* froufrou. **B** *m.* ***1*** (*fruscio*) froufrou; rustle; rustling ***2*** (*agitazione*) flurry; fluster; bustle ***3*** (*fronzolo*) frill; froufrou ***4*** (*ninnolo*) knick-knack. **C** *a.* frilly.

frugacchiàre, *v. i.* to rummage about.

frugàle, *a.* ***1*** frugal; abstemious ***2*** (*parsimonioso*) thrifty; saving.

frugalità, *f.* ***1*** frugality; abstemiousness ***2*** (*parsimonia*) thrift.

frugàre, *v. t.* e *i.* (*rovistare*) to rummage, to fumble, to search; (*da cima a fondo*) to ransack; (*furtivamente*) to pry; (*perquisire*) to search, to frisk, to shake* down (*pop.*): **f. in un cassetto**, to rummage in a drawer; **Si frugò in tasca**, he fumbled (*o* rummaged) in his pocket; he searched (through) his pocket; **Frugai tutta la casa**, I ransacked the whole house; **f. q. alla ricerca di armi**, to search (*o* to frisk) sb. for weapons.

frugàta, *f.* rummage; quick search.

frugìfero, *a.* (*lett.*) frugiferous; fruit-bearing.

frugìvoro, *a.* frugivorous.

frugolàre, *v. i.* ***1*** (*frugare*) to rummage ***2*** (*grufolare*) to root; to grub.

frùgolo, *m.* little child*; lively child*.

fruìbile, *a.* enjoyable; usable.

fruire, *v. i.* to enjoy; to benefit from: **f. di una rendita**, to enjoy an income; **f. di una pensione**, to have a pension.

fruitivo, *a.* fruitive.

fruitóre, *m.* (*f.* **-trice**) user; consumer.

fruizióne, *f.* fruition; enjoyment; use.

frullàre, **A** *v. t.* (*uova, ecc.*) to beat*; to whisk; to whip up. **B** *v. i.* ***1*** (*girare rapidamente*) to whirl; to spin* round ***2*** (*di ali*) to flutter; to whirr. ● **Cosa gli frulla in capo?**, what is going on in his head? □ **Secondo come gli frulla**, according to his mood; as his whim takes him.

frullàto, (*cucina*) **A** *m.* shake: **f. di latte**, milk shake. **B** *a.* whipped; whisked; beaten: **uova frullate**, whisked eggs.

frullatóre, *m.* mixer; blender.

frullìno, *m.* ***1*** (*cucina*) whisk; beater ***2*** (*zool., Limnocryptes minimus*) jacksnipe.

frullìo, *m.* whirring; fluttering.

frùllo, *m.* flutter; whirr. ● **tirare a f.**, to shoot on the rise.

frullóne, *m.* (*buratto*) bolter.

frumentàceo, *a.* frumentaceous.

frumentàrio, *a.* grain (*attr.*); wheat (*attr.*); cereal (*attr.*): **mercato f.**, grain market; (*naut., stor.*) **nave frumentaria**, grain carrier.

fruménto, *m.* (*bot., Triticum vulgare*) wheat.

frumentóne, *m.* (*bot., Zea mays*) maize; Indian corn.

frusciàre, *v. i.* to rustle; to swish.

frùscio, *m.* ***1*** rustle; rustling; swishing ***2*** (*di radio, giradischi, ecc.*) ground noise.

frùscolo, *m.* dead twig.

frusóne, *V.* **frosone**.

frùsta, *f.* ***1*** whip; (*sferza*) lash: **far schioccare la f.**, to crack the whip; **colpo di f.**, lash (*o* stroke) of the whip; **condannare a venti colpi di f.**, to sentence to twenty lashes ***2*** (*fig.: disciplina*) rod: **usare la f.**, to use the rod ***3*** (*cucina*) whisk; beater. ● (*med.*) **colpo di f.**, whiplash.

frustàre, *v. t.* ***1*** to whip; (*sferzare*) to flog, to lash: **f. un cavallo**, to whip a horse; **f. un prigioniero**, to flog a prisoner; **f. q. a sangue**, to whip sb. till he bleeds ***2*** (*fig.: criticare*) to lash; to scourge; to lambaste ***3*** (*fig.: logorare*) to wear* out.

frustàta, *f.* ***1*** lash; stroke: **condannare a trenta frustate**, to sentence to thirty lashes ***2*** (*fig.: critica*) lash ***3*** (*fig.: stimolo*) rush; burst: **f. di energia**, burst of energy. ● (*fig.*) **dare una f. a q.**, to prod sb.

frustìno, *m.* riding whip; hunting crop.

frùsto, *a.* ***1*** shabby; threadbare; worn ***2*** (*fig.*) old; stale; hoary: **una storiella frusta**, a stale (*o* hoary) joke; an old chestnut (*fam.*).

frùstolo, *m.* bit; scrap; fragment; crumb.

frustrànte, *a.* frustrating.

frustràre, *v. t.* to frustrate; to baffle; to thwart: **Riuscimmo a f. i piani del nemico**, we succeeded in baffling the enemy's plans.

frustràto, **A** *a.* frustrated; thwarted. **B** *m.* (*f.* **-a**) (*psic.*) frustrated person.

frustrazióne, *f.* (*anche psic.*) frustration.

frùtice, *m.* (*bot.*) frutex*; shrub.

fruticóso, *a.* (*bot.*) fruticose; shrubby.

frùtta, *f. sing. collett.* fruit: **f. fresca [acerba, matura, conservata]**, fresh [sour, ripe, preserved] fruit; **f. cotta**, stewed fruit; compote; **f. secca**, dried fruit; (*noci, ecc.*) nuts (*pl.*); **f. di stagione**, fruit in season. ● **essere alla f.**, to be at the end of the meal; (*fig.*) to have reached the end.

fruttaiòlo, *V.* **fruttivendolo**.

fruttàre, **A** *v. i.* ***1*** (*agric.* e *fig.*) to yield; to produce; to bear*; to bring* forth ***2*** (*econ.*) to return a profit; to pay*; to bear* fruit: **Il negozio comincia a f.**, the shop is beginning to pay; **fare f. un capitale**, to invest capital. **B** *v. t.* ***1*** (*econ.*) to yield; to give*; to bring* in; to fetch: **L'investimento ora frutta il 10%**, the investment now yields 10% interest; **L'affare mi fruttò qualche milione**, the deal brought me in a few millions; **Vendere la casa frutterà un bel po' di soldi**, selling the house will fetch a tidy sum ***2*** (*procurare*) to win*; to bring*; to earn: **L'invenzione gli fruttò grandi onori**, the invention brought him great honours.

fruttàto (1), *m.* ***1*** (*agric.*) yield ***2*** (*econ.*) profit.

fruttàto (2), *a.* (*enologia*) fruity.

frutterìa, *f.* fruit shop.

fruttescènza, *V.* **infruttescenza**.

fruttéto, *m.* orchard.

frutticolo, *a.* fruit (*attr.*): **mercato f.**, fruit market.

frutticoltóre, *m.* (*f.* **-trice**) fruit-grower; fruit-farmer.

frutticoltùra, *f.* fruit-growing; fruit-farming.

Fruttidòro, *m.* (*stor. franc.*) Fructidor (*franc.*).

fruttièra, *f.* fruit dish; fruit bowl.

fruttìfero, *a.* ***1*** (*agric.*) fruit-bearing; fruitful; fructiferous: **albero f.**, fruit-bearing tree ***2*** (*econ.*) interest-bearing: **buoni fruttiferi**, interest-bearing securities ***3*** (*utile*) useful; profitable.

fruttificàre, *v. i.* to produce fruit; to bear* fruit (*anche fig.*); to fructify.

fruttificazióne, *f.* (*bot.*) fructification.

fruttìno, *m.* ***1*** square of jam ***2*** (*caramella*) fruit drop ***3*** (*succo di frutta*) fruit juice.

fruttivéndolo, *m.* (*f.* **-a**) ***1*** greengrocer; fruiterer ***2*** (*negozio*) greengrocer's (shop).

fruttìvoro, *V.* **frugivoro**.

frùtto, *m.* ***1*** fruit: **I frutti del sorbo**, the fruits of the rowan tree; **La carota non è un f.**, the carrot is not a fruit; **cogliere un f. dall'albero**, to pick a fruit from the tree; **Morsi il f.**, I bit into the fruit; (*a tavola*) **Vuoi un f.?**, would you like some fruit?; **dare frutti**, to bear (*o* to yield) fruit; **albero da f.**, fruit tree; (*fig.*) **f. proibito**, forbidden fruit ***2*** (*prodotto della terra*) fruit; produce ***3*** (*fig.: effetto, risultato*) fruit; result(s): **i frutti della libertà**, the fruits of liberty; **Hai voluto così, ed eccone i frutti**, that's what you wanted, and this is the result; **dare buoni frutti**, to bear fruit ***4*** (*econ.: interesse*) interest; (*reddito*) income; (*rendita*) revenue: **Queste azioni danno un f. del 6%**, these shares yield 6% interest; **mettere a f.**, to put to interest. ● (*fig.*) **f. dell'amore**, fruit of love; illegitimate child □ **un f. della fantasia**, a figment of the imagination □ **frutti di mare**, shell-fish; seafood (*sing.*) □ (*anche agric.*) **dare scarso f.**, to yield very little □ **Ecco i frutti della distrazione**, this is what comes of being absent-minded □ (*fig.*) **mettere a f. q.c.**, to make use of st.; to put st. to good use □ **Non mi hanno dato la possibilità di mettere a f. le mie capacità**, they didn't give me a chance to extend (*o* to stretch) myself □ **senza f.**, fruitlessly; without any result □ **vivere dei frutti del proprio lavoro**, to live on the fruits of one's work □ (*prov.*) **Dal f. si conosce l'albero**, a tree is known by its fruit □ (*prov.*) **Ogni f. vuole la sua stagione**, everything in its own season.

fruttòsio, *m.* (*chim.*) fructose.

fruttuosità, *f.* ***1*** fruitfulness ***2*** (*fig.*) advantageousness; profitableness; lucrativeness.

fruttuóso, *a.* ***1*** fruitful ***2*** (*fig.*) advantageous; profitable; lucrative.

ftalàto, *m.* (*chim.*) phthalate.

ftaleìna, *f.* (*chim.*) phthalein.

ftàlico, *a.* (*chim.*) phthalic.

ftiriaṣi, *f.* (*med.*) phthiriasis*; pediculosis*.

fu (1), *3ª pers. sing. pass. rem. di* **essere**.

fu (2), *a.* late: **Il f. Mattia Pascal**, the late Mattia Pascal. ● (*bur.*) **Gino Neri fu Luigi**, Gino Neri, son of the late Luigi Neri; (*leg.*) Gino Neri son of Luigi Neri, deceased.

fucilàre, *v. t.* to shoot*.

fucilàta, *f.* ***1*** gunshot; (*di carabina*) rifle shot ***2*** (*calcio*) powerful shot.

fucilazióne, *f.* shooting; execution (by shooting): **f. in massa**, mass shooting; **il giorno della sua f.**, the day of his execution (*o* in which he would be shot); **condannare q. alla f.**, to sentence sb. to be shot.

fucìle, *m.* ***1*** gun; (*carabina*) rifle: **f. a due canne**, double-barrelled gun; **f. a canne mozze**, sawn-off shotgun; **f. ad aria compressa**, air-gun; **f. ad avancarica**, muzzle-loader; **f. a pietra focaia**, flintlock; **f. a retrocarica**, breech-loader; **f. a ripetizione**, repeating rifle; repeater; **f. automatico**, automatic rifle; **f. da caccia**, sporting gun; hunting rifle; (*per la caccia agli uccelli*) fowling piece; **f. mitragliatore**, sub-machine-gun; light machine-gun (*abbr.* LMG); **f. subacqueo**, spear gun; **a tiro di f.**, within gun-shot; **calcio del f.**, butt; stock; **canna del f.**, gunbarrel; **caricare un f.**, to load a gun ***2*** (*fig.: tiratore*) shot.

fucilerìa, *f.* (*scarica di molti fucili*) fusillade.

fucilièra, *f.* gun rack; rifle rack.

fucilière, *m.* (*mil.*) rifleman*; (*stor.*) fusilier.

fucìna, *f.* ***1*** forge; (*di fabbro ferraio*) smithy: **la f. di Vulcano**, Vulcan's forge ***2*** (*fig.*) mine; source; breeding ground; (*spreg.*) hotbed: **una f. di scienziati**, a breeding ground of scientist; **una f. di congiure**, a hotbed of intrigue.

fucinàre, *v. t.* ***1*** (*metall.*) to forge: **f. alla pressa**, to press-forge; **f. entro stampi**, to drop-forge ***2*** (*fig.: ordire*) to concoct ***3*** (*fig.: plasmare*) to shape; to mould.

fucinatóre, *m.* (*metall.*) forger.

fucinatrìce, *f.* (*metall.*) forging machine.

fucinatùra, *f.* (*metall.*) forging. ● **f. a stampo**, drop-forging.

fùco (1), *m.* (*zool.*) drone.

fùco (2), *m.* (*bot., Fucus*) fucus*; tang; kelp.

fùcsia, *f.* (*bot., Fuchsia*) fuchsia.

fucsìna, *f.* (*chim.*) fuchsine; rosaniline.

fuegìno, *a.* e *m.* (*f.* **-a**) Fuegian (*f.* Fuegian woman*).

fuétto, *m.* (*ippica*) riding whip.

fùga, *f.* **1** (*da un pericolo*) flight; (*evasione*) escape, getaway: **la f. in Egitto**, the flight into Egypt; **f. precipitosa**, precipitous flight; stampede; scurry; **f. dalla realtà**, escape from reality; **la f. del prigioniero**, the prisoner's escape; **la storia emozionante di una f.**, an exciting escape story; **cercare scampo nella f.**, to seek safety in flight; **darsi alla f.** (*o* **prendere la f.**), to take (to) flight; to make one's escape; to escape; to make a bolt; **pigliare una f. precipitosa**, to take to one's heels; **mettere in f. il nemico**, to put the enemy to flight; **piano di f.**, escape plan **2** (*di due innamorati*) elopement **3** (*di gas, ecc.*) leak; leakage; escape **4** (*mus.*) fugue **5** (*serie, successione*) suite; flight: **una f. di stanze**, a suite of rooms; **una f. di colonne**, a flight of columns **6** (*ciclismo*) sprint; spurt; break: **andare in f.**, to sprint ahead; to make a break. ● **la f. delle braccia** (*degli operai, ecc.*), brawn drain □ **la f. dei cervelli**, brain drain □ (*econ.*) **f. di capitali**, flight of capital □ **f. di notizie**, leak (*o* leakage) of news □ **di f.** (*brevemente*), fleetingly □ **in f.**, in flight; on the run □ (*pitt.*) **punto di f.**, vanishing point □ (*fis.*) **velocità di f.**, escape velocity.

fugàce, *a.* **1** fleeting; transient; transitory; short-lived: **l'attimo f.**, the fleeting moment; **gioia f.**, short-lived joy **2** (*bot.*) fugacious.

fugaceménte, *avv.* fleetingly; transiently; briefly.

fugacità, *f.* fleetingness; transience, transiency; transitoriness.

fugàre, *v. t.* **1** (*lett.*) to put* to flight; to rout **2** (*allontanare*) to dispel; to disperse; to drive* away; to chase away: **f. i sospetti**, to dispel suspicions; **f. i cattivi pensieri**, to drive away sad thoughts; **Il vento fugò le nuvole**, the wind dispersed (*o* scattered) the clouds.

fugàto, *m.* (*mus.*) fugato.

fuggènte, *a.* fleeing; fleeting; fugitive: **l'attimo f.**, the fleeting moment.

fuggévole, *a.* fleeting; transient; transitory; short-lived.

fuggevolézza, *f.* fleetingness; transience, transiency; transitoriness.

fuggiàsco, **A** *a.* fugitive; runaway; fleeing; in flight (*pred.*); on the run (*pred.*). **B** *m.* (*f.* **-a**) fugitive; runaway; escapee.

fuggifùggi, *m.* stampede; scramble; rush: **Ci fu un f. generale**, there was a general stampede.

fuggire, **A** *v. i.* **1** to flee* (st.); to run* away; to fly*; to bolt; to get* away; (*evadere*) to escape, to break* out (of st.): **Fuggirono dalla città distrutta**, they fled the destroyed town; **f. di casa**, to run away from home; **f. dalla prigione [da un campo di prigionia]**, to escape from (*o* to break out of) jail [a prison camp]; **Fuggirono in Francia**, they ran away (*o* fled) to France; **Riuscimmo a f. appena in tempo**, we managed to get away in time; **Fuggì con la cassa**, he absconded with the money; **Come fugge il tempo!**, how time flies! **2** (*di due innamorati*) to elope **3** (*tenersi lontano da*) to flee* (sb., st.); to avoid (sb., st.); to shun (sb., st.) **4** (*ciclismo*) to make a break. ● (*naut.*) **f. davanti alla tempesta**, to run (*o* to scud) before a gale □ **a scappa e fuggi**, in a great hurry; in a rush □ **Mi lasciai f. quella parola (di bocca)**, I let that word escape me. **B** *v. t.* (*rifuggire da*) to avoid; to shun; to flee*; to eschew: **f. le tentazioni**, to shun temptation; **f. un pericolo**, to flee a danger. ● (*naut.*) **f. il vento**, to fly before the wind.

fuggitivo, *a.* e *m.* (*f.* **-a**) fugitive; runaway.

fùi, *1ª pers. sing. pass. rem. di* **essere**.

fùlcro, *m.* **1** (*mecc.*) fulcrum* **2** (*fig.*) cornerstone; heart; hub: **il f. della questione**, the heart of the matter.

fulgènte, *a.* shining; splendid; brilliant; resplendent.

fùlgere, *v. i.* (*lett.*) to shine*; to glitter; to radiate.

fulgidézza, *f.* brilliance, brilliancy; radiance, radiancy.

fùlgido, *a.* shining; bright; glittering; dazzling; resplendent; radiant: **una gemma fulgida**, a glittering gem; **f. esempio**, shining example.

fulgóre, *m.* splendour; brightness; brilliance; glitter; radiance.

fuliggine, *f.* **1** soot: **nero come la f.**, as black as soot **2** (*bot.*) blight; smut.

fulligginóso, *a.* sooty; smutty.

full (*ingl.*), *m. invar.* (*poker*) full house.

full time (*ingl.*), **A** *locuz. agg. invar.* e *avv.* full-time: **lavoro f.**, full-time job. **B** *locuz. m. invar.* – **fare il f.**, to work full-time; **accettare il f.**, to agree to work full-time.

fulmicotóne, *m.* guncotton.

fulminànte, **A** *a.* **1** fulminating; fulminant: **infezione f.**, fulminating infection; **polvere f.**, fulminating powder **2** (*fig.*) withering: **occhiata f.**, withering glance. **B** *m.* (*capsula f.*) primer; percussion cap.

fulminàre, **A** *v. t.* **1** (*colpire col fulmine*) to strike* with lightning; (*al passivo*) to be struck by lightning **2** (*estens.*: *uccidere*) to strike* down; to strike* dead; (*con arma da fuoco*) to shoot* dead; (*con scarica elettrica*) to electrocute: **Una malattia infettiva lo ha fulminato**, he was struck down by an infectious disease; **Una scarica lo fulminò**, he was electrocuted; **Che Dio mi fulmini se non è la verità**, may God strike me dead if this is not the truth **3** (*fig.*: *far tacere*) to wither; to annihilate: **f. q. con uno sguardo**, to wither sb. (with a glance); to give sb. a withering glance. **B** *v. i.* to thunder and lighten. **C fulminàrsi,** *v. i. pron.* (*fam.*) to burn* out; (*guastarsi*) to go* kaput, to go* phut (*GB*): **La lampadina si è fulminata**, the bulb has burnt out: **Si è fulminata la tele**, the TV's gone kaput.

fulminàto (1), *a.* **1** (*colpito dal fulmine*) struck by lightning **2** (*ucciso*) struck down; struck dead; shot dead; (*da scarica elettrica*) electrocuted **3** (*fig.*: *attonito*) struck dumb; dumbfounded: **La notizia mi lasciò f.**, I was struck dumb by (*o* dumbfounded at) the news **4** (*fam.*: *di lampadina*) burnt out; (*di apparecchio*) kaput, bust (*GB*).

fulminàto (2), *m.* (*chim.*) fulminate.

fulminatóre, **A** *m.* (*f.* **-trice**) thunderer; fulminator (*specialm. fig.*). **B** *a.* thundering; fulminating (*specialm. fig.*).

fulminazióne, *f.* **1** (*med.*) fulguration **2** (*fig.*) fulmination.

fùlmine, *m.* **1** (*lampo*) (flash of) lightning; thunderbolt (*lett.*); : **Un f. colpì la quercia**, the oak was struck by lightning; **Vidi un f. a est**, I saw a flash of lightning in the east; **i fulmini di Zeus**, Zeus' thunderbolts **2** (*fig.*: *anatema, scomunica*) anathema, excommunication; (*maledizione*) curse. ● (*fig.*) **un f. a ciel sereno**, a bolt from the blue □ **correre come un f.**, to race at lightning speed □ (*fig.*) **colpo di f.**, love at first sight □ (*fig.*) **scagliare fulmini contro la corruzione**, to fulminate against corruption □ **Sei stato un f.!**, you were quick! □ **veloce come un f.**, as quick as lightning.

fulmineità, *f.* lightning speed.

fulmineo, *a.* lightning (*attr.*); instant; instantaneous; as quick as lightning (*pred.*): **velocità fulminea**, lightning speed; **successo f.**, instant success; **È stata una cosa fulminea**, it all happened in a flash.

fulminico, *a.* (*chim.*) fulminic: **acido f.**, fulminic acid.

fùlvo, *a.* tawny; fawn-coloured.

fumàcchio, *m.* **1** (*legno*) smoky log; (*carbone*) smoky lump of charcoal **2** (*fumo*) trail of smoke **3** (*geol.*) fumarole.

fumàggine, *f.* (*bot.*) fumagine; sooty mould.

fumaiòlo, *m.* **1** (*di nave, di locomotiva*) funnel; smokestack **2** (*ciminiera*) smokestack.

fumàna, *f.* **1** (*nebbiolina*) mist **2** (*segnale di fumo*) smoke signal **3** (*umidità dell'aria*) humidity.

fumànte, *a.* **1** (*che emette fumo*) smoking **2** (*che emette vapore*) fuming; (*per ebollizione*) steaming.

fumàre, *v. i.* e *t.* **1** (*emettere fumo*) to smoke: **Il fuoco fuma, apri la finestra**, the fire is smoking, open the window; **Grazie, non fumo**, I don't smoke, thank you; **f. la pipa**, to smoke a pipe; **f. come un turco**, to smoke like a chimney; **f. una sigaretta dietro l'altra**, to be a chain-smoker; **vietato f.**, no smoking **2** (*emettere vapore*) to fume; (*per ebollizione*) to steam. ● (*fig.*) **f. di rabbia**, to be fuming □ **Basta! Mi fuma la testa!**, stop! my head is spinning!

fumària, *f.* (*bot.*, *Fumaria officinalis*) fumitory.

fumàrio, *a.* smoke (*attr.*). ● **canna fumaria**, flue.

fumaròla, *f.* (*geol.*) geyser; (*vulcanica*) fumarole.

fumàta, *f.* **1** puff of smoke; (*segnale di fumo*) smoke signal: (*nel corso di un conclave*) **f. bianca [nera]**, white [black] smoke signal; **F. nera per la scelta del nuovo direttore generale**, no decision yet about a new general director **2** (*il fumare tabacco*) smoke: **fare una f.**, to have a smoke; **Mi godevo la mia f. del dopo pranzo**, I was enjoying my after-dinner smoke.

fumatóre, *m.* (*f.* **-trice**) smoker: **f. accanito**, heavy smoker; chain-smoker. ● (*ferr.*) **carrozza** (*o* **scompartimento**) **per fumatori**, smoker □ **sala per fumatori**, smoking-room.

fumé (*franc.*), *a. invar.* (*color fumo*) smoke-grey.

fumeggiàre, *v. i.* to smoke.

fumerìa, *f.* opium den.

fumettista, *m.* e *f.* **1** comic-strip writer **2** (*spreg.*: *scrittore da poco*) hack writer.

fumettìstica, *f.* comics (*pl.*); comic strips (*pl.*).

fumettìstico, *a.* **1** (comic-)strip (*attr.*) **2** (*spreg.*) stereotyped; banal; corny.

fumétto (1), *m.* **1** (*liquore d'anice*) anisette **2** (*cucina*) fumet.

fumétto (2), *m.* **1** (*nuvoletta*) balloon; bubble **2** (*su un giornale*) comic strip, strip cartoon, comics (*pl.*), funnies (*pl. USA*); (*rivista a fumetti*) comic (*GB*), comic book (*USA*): **Legge solo fumetti**, he only reads comics; **un popolare f. americano**, a popular American comic strip; **f. poliziesco**, comic-strip detective story; **giornale [racconto] a fumetti**, comic-strip magazine [story]; **la pagina dei fumetti**, the comic page; the comics; **disegnatore di fumetti**, comic-strip artist; **personaggio dei fumetti**, comic-strip character **3** (*spreg.*) *V.* **fumettone**.

fumettóne, *m.* (*spreg.*) cheap melodrama, soap opera; (*romanzo*) cheap romance, potboiler.

fùmido, *a.* (*lett.*) **1** (*fumante*) smoking; (*di vapore*) steaming **2** (*fumoso*) smoky.

fumigàre, *v. i.* **1** (*emettere fumo*) to smoke **2** (*emettere vapore*) to fume, to give* off fumes; (*per ebollizione*) to steam.

fumigatóre, *m.* fumigator.

fumigatòrio, *a.* fumigatory.

fumigazióne, *f.* **1** (*med.*) fumigation **2** (*di alimenti*) smoking.

fumista, *m.* **1** (*riparatore*) stove repairer; boilerman* **2** (*installatore*) heating contractor (*o* installer); heating engineer **3** (*fig.*: *burlone*) practical joker **4** (*spreg.*: *mistificatore*) charlatan; hot-air merchant.

fumisterìa, *f.* verbiage; wind; hot air; flannel (*GB*).

fumìstico, *a.* windy; full of hot air (*pred.*).

fumìvoro, *a.* smoke-consuming. ● (*ind.*) **apparecchio f.**, smoke-consumer.

fùmmo, *1ª pers. pl. pass. rem. di* **essere.**

fùmo, *m.* ***1*** smoke: **nuvola** [**colonna**] **di f.**, cloud [column] of smoke; **f. denso** [**soffocante**], dense [suffocating] smoke; **segnali di f.**, smoke signals; **fare f.**, to give off smoke; to smoke: **Il caminetto fa f.**, the fireplace is smoking; (*di cibo*) **sapere di f.**, to taste of smoke ***2*** (*vapore acqueo*) steam: **il f. della pentola**, the steam from the pot ***3*** (*il fumare tabacco*) smoking: **La disturba il f.?**, do you mind my smoking (*o* if I smoke)?; **malattia da f.**, smoke-induced complaint; **tabacco da f.**, smoking tobacco; **spendere molto in f.**, to spend a lot (of money) on cigarettes [cigars, etc.] ***4*** (*fig.*: *vana apparenza*) show; (*parole vuote*) wind, hot air ***5*** (*fig.*: *boria*) (ostentatious) vanity; conceit: **un uomo pieno di f.**, a man full of conceit; a puffed-up man ***6*** (*pl.*) (*vapori, esalazioni*; *anche fig.*) fumes: **i fumi del vino**, the fumes of wine; **i fumi dell'ira**, the fumes of anger. ● **f. di Londra** (*colore*), dark grey □ **i fumi di una sbornia**, a hangover □ **andare in f.**, (*fallire*) to come to nothing, to collapse, to go up (*o* to end) in smoke; (*svanire*) to vanish, to melt away: **Tutto il progetto è andato in f.**, the whole plan has collapsed; **Tutte le loro speranze sono andate in f.**, all their hopes have vanished □ **fare anelli di f.**, to blow smoke rings □ **mandare in f. le speranze di q.**, to dash sb.'s hopes □ **molto f. e poco arrosto**, all show and no substance; a lot of hot air; much cry and little wool □ **vendere f. a q.**, to fool sb.; to humbug sb.; to swindle sb. □ **venditore di f.**, fraud; swindler; cheater; humbug □ **Per me quell'uomo è come il f. negli occhi**, I can't bear the sight of that man □ (*prov.*) **Non c'è f. senza arrosto**, no smoke without fire.

fumògeno, A *a.* smoke (*attr.*): **cortina fumogena**, smokescreen; **candelotto f.**, smoke bomb. **B** *m.* smoke-producer.

fumoir (*franc.*), *m. invar.* smoking room; (*di teatro*) foyer.

fumosità, *f.* ***1*** smokiness ***2*** (*fig.*: *mancanza di chiarezza*) obscurity, haziness; (*vaghezza*) vagueness, woolliness.

fumóso, *a.* ***1*** smoky ***2*** (*fig.*: *oscuro*) obscure, hazy; (*vago*) vague, woolly, fuzzy ***3*** (*fig.*: *borioso*) haughty.

funàio, funaiòlo, *m.* ***1*** (*fabbricante*) roper; rope maker ***2*** (*venditore*) rope seller.

funambolésco, *a.* tightrope (*attr.*); acrobatic (*anche fig.*).

funambolismo, *m.* ***1*** (tight)rope-walking; rope-dancing; funambulism; acrobatism ***2*** (*fig.*) acrobatics (*pl.*); time-serving.

funàmbolo, *m.* (*f.* **-a**) ***1*** (tight)rope-walker; rope-dancer; funambulist; acrobat ***2*** (*fig.*) acrobat; time-server.

fùne, *f.* ***1*** rope; (*cavo*) cable; (*in opera*) line: (*mecc.*) **f. di trazione**, pull (*o* traction) rope; (*mecc.*) **f. portante**, carrying (*o* running) cable; **f. metallica**, wire rope; **f. di acciaio**, steel-wire rope; **f. di canapa**, hemp rope; **f. di Manila**, Manil(l)a rope; (*naut.*) **f. di ormeggio**, painter; mooring-line; **f. di rimorchio**, tow-line; **capo della f.**, end of the rope; **trasmissione a f.**, rope drive ***2*** (*ginnastica*) rope. ● **anello di f.**, grummet, grommet □ (*sport*) **tiro alla f.**, tug-of-war.

fùnebre, *a.* ***1*** funeral (*attr.*): **onoranze funebri**, funeral honours; **orazione f.**, funeral oration; **ufficio f.**, funeral service; **marcia f.**, funeral (*o* dead) march ***2*** (*lugubre*) funereal; mournful; gloomy: **immagini funebri**, funereal images. ● **annuncio f.**, obituary □ **canto f.**, dirge; lament □ **carro f.**, hearse □ **pompe funebri**, funeral home; funeral parlor (*USA*) □ **monumento f.**, tomb □ **spese funebri**, burial (*o* funeral) expenses □ **veglia f.**, wake.

funeràle, *m.* funeral; funeral service (*o* ceremony); obsequies (*pl.*): **Domani si farà il f.**, the funeral service will take place tomorrow; **Passa un f.**, a funeral procession is passing; **funerali di Stato**, state funeral. ● (*fig.*) **da f.**, lugubrious; cheerless □ (*fig.*) **avere una faccia da f.**, to have a long face; to look gloomy □ **La festa fu un vero f.**, the party was as dull as ditchwater.

funeràrio, *a.* funeral; funerary: **urna funeraria**, funeral urn; **iscrizione funeraria**, inscription on a gravestone; epitaph.

funèreo, *a.* funereal; mournful; gloomy.

funestàre, *v. t.* ***1*** (*addolorare*) to afflict; to distress; to sadden ***2*** (*colpire*) to hit*; (*danneggiare*) to ravage, to devastate: **La regione fu funestata da un incendio**, the region was ravaged by fire.

funèsto, *a.* (*mortale*) deadly, fatal; (*nefasto*) evil, baleful; (*disastroso*) ruinous, disastrous; (*doloroso*) woeful, sad, evil: **errore f.**, fatal (*o* disastrous) mistake; **influsso f.**, baleful influence; **notizie funeste**, sad news; **presagio f.**, evil omen; **Fu un giorno f.**, that was an evil day (*o* a day of woe).

fungàia, *f.* **fungàio,** *m.* ***1*** mushroom bed ***2*** (*fig. spreg.*) swarm.

fùngere, *v. i.* ***1*** (*di persona*) to act as; to exercise the office of: **Fungerò io da presidente**, I'll act as chairman ***2*** (*di cosa*: *servire*) to act as; to serve as; to do* service as.

funghéto, *m.* mushroom bed.

funghìcolo, *a.* mushroom-growing (*attr.*).

funghicoltóre, *m.* (*f.* **-trice**) mushroom grower.

funghicoltùra, *f.* mushroom-growing.

funghìre, *v. i.* (*ammuffire*) to grow* mouldy.

fungìbile, *a.* (*econ., leg.*) fungible.

fungibilità, *f.* (*econ., leg.*) fungibility.

fungicìda, *m.* fungicide.

fungìno, *a.* fungus (*attr.*); fungal.

fùngo, *m.* ***1*** (*bot.*) fungus*, mushroom; (*a cappella larga, generalm. velenoso*) toadstool: **il cappello d'un f.**, the cap of a mushroom; **f. commestibile**, (edible) mushroom; **f. velenoso**, poisonous mushroom; toadstool; **funghi secchi**, dried mushrooms; **raccogliere funghi**, to pick mushrooms; **coltivatore di funghi**, mushroom grower ***2*** (*med.*) fungus*. ● **f. atomico**, atomic mushroom □ **f. di annaffiatoio**, rose (of a watering-can) □ **a forma di f.**, mushroom(-shaped) □ **andare a** (*o* **per**) **funghi**, to go mushrooming □ (*fig.*) **crescere** (*o* **venire su**) **come i funghi**, to sprout up like mushrooms; to mushroom: **In quella zona le case vengono su come i funghi**, houses are mushrooming in that district.

fungosità, *f.* (*med.*) fungosity.

fungóso, *a.* ***1*** fungous (*anche med.*); fungal; fungoid ***2*** (*a forma di fungo*) mushroom(-shaped) ***3*** (*ammuffito*) mouldy.

funicèlla, *f.* cord; string.

funicolàre, *f.* funicular (railway).

funìcolo, *m.* ***1*** strand (of a rope); funicle ***2*** (*anat.*) funiculus*; funicle: **f. ombelicale**, funiculus; umbilical cord; **f. spermatico**, funiculus; spermatic cord ***3*** (*bot.*) funicle; funiculus*.

funivìa, *f.* cableway. ● **carrello di f.**, cablecar.

funiviàrio, *a.* cableway (*attr.*).

funzionàle, *a.* ***1*** functional: **architettura f.**, functional architecture; **problemi funzionali**, functional problems ***2*** (*pratico*) functional, serviceable, sensible, utilitarian; (*facile da usare*) practical, handy, user-friendly: **appartamento f.**, utilitarian flat; **un apriscatole f.**, a handy can opener; **poco f.**, not very practical; unwieldy ***3*** (*med., mat.*) functional ***4*** (*ling.*) function (*attr.*).

funzionalismo, *m.* functionalism.

funzionalista, *m. e f.* functionalist.

funzionalità, *f.* functional character; practical qualities (*pl.*); practical aspects (*pl.*).

funzionaménto, *m.* working; running; operation; functioning: **il perfetto f. di un'organizzazione**, the perfect running of an organization; **il cattivo f. dei servizi pubblici**, the bad functioning of public services; **difetto di f.**, operational defect; **istruzioni sul f.**, operating instructions; **Spiegami il f.**, explain to me how it works.

funzionàre, *v. i.* ***1*** (*di macchina, ecc.*) to work, to operate; (*di motore, anche*) to run*: **Ti faccio vedere come funziona**, I'll show you how it works (*o* how it is operated); **Il cuore f. bene**, the heart works well; **non f.**, not to work; (*per guasto*) to be out of order; **Come mai non funziona?**, why is it not working? ***2*** (*di cosa astratta*) to work (well); to function; to go* right: **È un sistema che funziona sempre**, it's a method that always works; **Il trattato funzionò finché convenne ad ambo le parti**, the treaty worked as long as it suited both sides; **non f.**, to be wrong; not to work: **C'è qualcosa che non funziona qui**, there's something wrong here ***3*** (*servire da*) to serve (as), to function (as); (*fare funzione di*) to act (as). ● **f. a benzina**, to run on petrol □ **f. a elettricità**, to be powered by electricity; to be electrically operated □ **f. a gasolio**, to burn oil □ **f. a mano**, to be hand--operated □ **far f. q.c.**, (*macchina, motore, ecc.*) to operate st., to work; (*cosa astratta*) to make st. work.

funzionàrio, *m.* (*f.* **-a**) official; officer; functionary; executive: **f. statale**, functionary; state official; government official; (*in G.B.*) civil servant; **f. di polizia**, police officer; **f. di banca**, bank executive; **alti funzionari**, high (*o* senior) officials; **f. miope**, bureaucrat.

funzióne, *f.* ***1*** function: **la f. del cuore**, the function of the heart; **funzioni vitali**, vital functions; **f. sociale**, social function; **la f. dell'istruzione**, the function of education ***2*** (*ufficio, mansioni*) function, capacity; (*carica*) office; (*posizione*) position; (*dovere*) duty: **Che funzioni ha?**, what is his function; what are his duties?; **avere funzioni direttive**, to have a managerial position; to work in a managerial capacity; **nelle mie funzioni di direttore**, in my managerial capacity; **esercitare le funzioni di**, to act as; **nell'esercizio delle proprie funzioni**, while carrying out one's duties; **entrare in f.**, to take up office; **Sono qui in f. di osservatore**, I am here as an observer ***3*** (*ruolo*) role; (*scopo*) purpose: **f. consultiva**, advisory role (*o* capacity); **f. puramente estetica**, purely ornamental purpose; **servire a una f.**, to serve a purpose ***4*** (*eccles.*) service; ceremony ***5*** (*ling.*) function: **un nome con f. di attributo**, a noun with the function of (*o* functioning as) an attribute ***6*** (*mat., chim., elab.*) function. ● **L'allarme entrò subito in f.**, the alarm went off immediately □ **La legge entra in f. oggi**, the law becomes operative (*o* comes into force) today □ **essere in f.** (*funzionare*), to work; to operate; to be in operation □ **misure prese in f. dello sviluppo economico**, measures taken to favour economic development □ **I prezzi sono in f. del costo del materiale**, prices depend on the cost of the material □ **il facente f. di capufficio**, the acting chief clerk □ **fare f. di**, to act as □ **Farai tu le mie funzioni**, you'll be acting for me; you'll be my deputy □ (*di macchina, ecc.*) **in f.**, in operation; working □ **mettere in f.**, to activate; to operate; to start □ **vivere in f. di q.c.**, to live for st.

fuochista, *V.* **fochista.**

fuòco, *m.* ***1*** fire; (*fiamma*) flame: **la scoperta del f.**, the discovery of fire; **accendere** [**attizzare, spegnere**] **il f.**, to light [to poke *o* to stir, to put out] the fire; **fare un f.**, to make a fire; **andare a f.**, (*incendiarsi*) to go up in flames; (*essere in preda al f.*) to be on fire, to burn; (*essere distrutto dal f.*) to burn down; **appiccare il f.** (*o* **dare f.**) **a q.c.**, to set fire to st.; (*incendiare*) to set st. on fire; **prendere f.**, to catch fire; (*anche fig.*) to take fire; **Al f.!**, fire!

fire!; **scaldarsi al f.**, to warm oneself by the fire; **f. di legna**, wood fire; **f. vivo**, bright fire; **cuocere a f. lento [a f. vivo]**, to cook on a low [a high] flame; **legna da f.**, firewood *2* (*mil.*) fire: **f. di cannone**, gunfire; **f. di carabina**, rifle fire; **f. di fila**, running fire; **f. incrociato**, cross-fire; **f. di sbarramento**, barrage; **ordinare il f.**, to give order to fire; **fare f.**, to fire; **aprire [cessare] il f.**, to open [to cease] fire; **trovarsi** (*o* **stare**) **sotto il f.**, to be under fire; **F.!**, fire! *3* (*focolare*) fire, hearth; (*caminetto*) fireside: **sedersi accanto al f.**, to sit by the fire *4* (*fornello*) ring; burner: **accendere il f.**, to switch on the gas; **togliere la pentola dal f.**, to take the saucepan off the ring; **mettere q.c. sul f.**, to put st. on to cook [to boil] *5* (*mat., fis., fotogr.*) focus*: **a f.**, in focus; **f. fisso**, fixed focus; **fuori f.** (*sfocato*), out of focus; **mettere a f.**, to focus; to focalize; to bring into focus; **messa a f.**, focus(s)ing; focalizing; **dispositivo di messa a f.**, focus(s)ing device *6* (*fig.*: *ardore*) fire; ardour; passion: **il f. della giovinezza**, youthful ardour; **un discorso di f.**, a passionate (*o* fiery) speech; **senza f.**, lacklustre *7* (*pl.*) (*naut.*) lights; (*delle caldaie*) fires: **lasciare spegnere i fuochi**, to let the fires go out. • **fuochi artificiali**, fireworks; firecrackers (*USA*) □ **f. del Bengala**, Bengal fire (*o* light) □ **il f. della febbre**, a burning fever □ (*fig.*) **f. di paglia**, flare-up; flash in the pan; nine-days wonder □ (*med. pop.*) **f. di Sant'Antonio** (*o* **f. sacro**), herpes zoster; shingles (*pl.*) □ (*naut.*) **f. di Sant'Elmo**, St. Elmo's fire; corposant □ **f. fatuo**, ignis fatuus; will-o'-the-wisp; jack-o'-lantern; (*fig.*) nine-days wonder □ (*naut.*) **f. indicatore** (*di siluro*), indicator flare □ (*mil., stor.*) **f. greco**, Greek fire □ **f. sacro**, *V.* **f. di Sant'Antonio**; **sacro f.** □ **a prova di f.**, fire-proof □ **arma da f.**, firearm □ **bollato a f.**, branded □ (*fig.*) **buttarsi nel f. per q.**, to go through fire and water for sb. □ **carro di f.**, fiery chariot □ **Scusi, ha del f.?**, would you have a light, please? □ (*fig.*) **dare f. alle polveri**, to start hostilities □ **diventare di f.** (*arrossire*), to go (*o* to flush) scarlet □ (*fig.*) **far f. e fiamme**, (*fare di tutto*) to move heaven and earth; (*scaldarsi*) to fly into a passion □ **ferro da f.**, fire-iron □ (*nei giochi, cercando q.c.*) **Fuochino... fuocherello.... fuocone!**, you're getting hot... hotter... you're hot! □ (*fig.*) **Il f. covava sotto la cenere**, the matter (*o* the trouble, etc.) lay smouldering □ **Il piccolo ha la fronte di f.**, the child's forehead is burning □ (*fig.*) **investire q. con un f. di fila di domande**, to keep firing questions at sb. □ (*fig.*) **mettere a f. un problema**, to define the terms of a problem; to clarify an issue □ **Metterei la mano sul f. per lui**, I can answer for him utterly □ **Ci metterei la mano sul f. che non è vero**, I bet you anything it's not true; I'd stake my life it isn't true □ **occhi di f.**, fiery eyes; eyes full of fire □ **un'occhiata di f.**, an angry look; a glaring look □ **parole di f.**, fiery words □ (*fig.*) **prendere f. per la minima cosa**, to fly into a passion (*o* to flare up) at the least thing □ **prova del f.**, (*stor.*) ordeal by fire; (*fig.*) crucial test □ (*fig. scherz.*) **il sacro f.**, poetic inspiration; (*estens.*) enthusiasm, ardour, zeal □ **scherzare col f.**, to play with fire □ **scontro a f.**, gunfight; shooting; shoot-out (*fam.*) □ **segnare a f.**, to brand □ (*fig.*) **soffiare sul f.**, to fan the flames □ (*fig.*) **tra due fuochi**, between two fires □ (*fig.*) **versare acqua sul f.**, to pour oil on troubled waters □ **vigile del f.**, fireman □ **i Vigili del F.**, the Fire Brigade.

fuorché, *cong.* e *prep.* except; but; save; apart: **tutti i giorni f. la domenica**, every day except Sunday; **dappertutto f. in cucina**, everywhere except in the kitchen; **tutti f. mio fratello**, everybody except (*o* but, save) my brother; **nessuno f. me**, nobody except myself (*o* but I); **Farei qualunque cosa f. scrivere quella lettera**, I'd do anything but write that letter.

fuòri, **A** *avv.* *1* out; (*all'esterno*) outside; (*all'aperto, anche*) out of doors; (*esternamente*) outwardly; (*verso l'esterno*) outwards: **essere f.** (*di casa*), to be out; **andare [buttare] f.**, to go [to throw] out; **essere in f.** (*sporgere*), to stick out; to jut out; **lasciare f.**, (*omettere*) to leave out; (*all'esterno*) to leave outside; **mangiare f.**, (*al ristorante*) to eat out; (*in giardino*) to eat outside; **Aspetta f.**, wait outside; **guardare f.**, to look outside; **F. fa molto freddo**, it's very cold outside; **Il malato stia f. il più possibile**, let the patient stay out of doors as much as possible; **F. rimase calmo, ma sapevo che era preoccupato**, outwardly he remained calm, but I knew he was worried *2* (*all'estero*) abroad: **notizie da f.**, news from abroad; **in Italia e f.**, in Italy and abroad. • **F.!**, get out! □ **f. di testa**, off one's head; off one's rocker (*pop.*) □ (*teatr.*) **F. l'autore!**, Author! □ **con gli occhi di f.**, with one's eyes popping out □ (*fam.*) **dare f. di matto**, to blow one's top; to flip one's lid □ **O dentro o f.!**, in or out!; (*fig.*) make up your mind! □ **essere f.** (*di prigione*), to be out; to have been released □ **Siamo f. di trenta milioni**, we're thirty million lire out □ (*fam.*) **fare f. q.**, to do sb. in; to do for sb. □ (*fam.*) **fare f. q.c.**, (*mangiare tutto*) to polish off st.; (*finire*) to get rid of st. □ (*fam.*) **Ha fatto fuori tutti i risparmi**, he went through all his savings □ **gente di f.**, strangers; foreigners □ **Per fortuna che ne siamo f.**, thank God we're out of it □ **mettere f.** (*pubblicare*), to publish; to bring out; to put out □ **tagliare f. q.**, to cut sb. off □ **tirare** (*o* **mettere**) **f. denaro**, to fork out money (*fam.*) □ **venirsene f. con una domanda buffa**, to come up with a funny question. **B** *prep.* (*anche* **f. di, f. da**) *1* out of; outside; off: **guardare f. della finestra**, to look out of the window; **aspettare f. della porta**, to wait outside the door; **f. pericolo**, out of danger; **f. servizio**, (*mil.* e *fig.*) out of commission; (*non funzionante*) out of order; (*di persona*) off duty; **f. portata** (*o* **f. del raggio d'azione**), out of range; **È un ottimo giocatore, ma fuori dal campo è uno stupido**, he's an excellent player, but off the pitch he's an idiot *2* (*eccetto*) except; apart from; but: **F. di ciò non ebbi altro**, apart from that, I didn't get anything; **Nessuno lo sa f. di te**, nobody knows but (*o* except) you. • **f. centro**, not in the centre (*o* in the middle); off centre □ (*boxe*) **f. combattimento**, *V.* **fuori combattimento** □ **f. commercio**, not for sale; (*di libro*) privately printed □ **f. concorso**, «hors (de) concours» (*franc.*) □ **F. dai piedi!**, get off!; get away!; scram! (*pop.*) □ (*fig.*) **f. del seminato**, beside the point □ **f. di sé dalla rabbia [dalla gioia]**, beside oneself with fury [with joy] □ **f. luogo**, out of place; uncalled for □ **f. misura**, outsize □ **f. posto**, out of place □ **f. programma**, unscheduled; (*imprevisto*) unexpected, unforeseen □ (*naut.*) **f. tutto**, overall □ **essere f. strada**, to be on the wrong road; (*fig.*) to be on the wrong track, to bark up the wrong tree □ **Il risultato è f. discussione**, there is no doubt as to the result □ **tavola f. testo**, plate. **C** *m.* (*anche* **di f.**) outside: **il di f. della casa**, the outside of the house; **vedere le cose dal di f.**, to see things from the outside; **Si apre dal di f.**, it opens from the outside.

fuoribórdo, (*naut.*) **A** *m. invar.* *1* (*motore*) outboard motor *2* (*barca*) outboard (motorboat). **B** *a. invar.* outboard.

fuoribórsa, *m. invar.* (*Borsa*) over-the-counter market; street market.

fuoribùsta, **A** *a. invar.* not in the pay-packet; undeclared. **B** *m. invar.* undeclared earning.

fuoricàmpo, *a.* (*cinem., TV*) offscreen.

fuoriclàsse, **A** *a.* outstanding; superlative; first-rate; top-notch (*fam.*). **B** *m.* e *f. invar.* champion; ace; star; first-rater; top-notcher (*fam.*).

fuòri combattiménto, *locuz. m. invar.* (*boxe*) knockout; KO; kay-O: **mettere f.**, to knock out; (*fig.*) to put out of action; **vincere per f.**, to win by a knockout; (*fig.*) **Stasera sono proprio f.**, I'm really exhausted tonight.

fuoricórso, **A** *a. invar.* *1* (*filatelia, numism.*) withdrawn from circulation *2* – **studente f.**, university student who has failed to get a degree within the prescribed time. **B** *m.* e *f. V.* A, *def.* 2.

fuorigiòco, *avv.* e *m. invar.* (*sport*) offside: **essere (in) f.**, to be offside.

fuorilégge, **A** *m.* e *f. invar.* outlaw; bandit. **B** *a.* outlawed; unlawful; illegal: **dichiarare q.c. f.**, to declare st. illegal; to ban st.

fuorimàno, **A** *avv.* out of the way; off the beaten track. **B** *a.* out-of-the-way; remote.

fuoripista, *m. invar.* (*sci*) off-the-slope skiing.

fuoriprogràmma, *m. invar.* *1* unscheduled item [event, programme, etc.]; extra; addition *2* (*estens.*: *imprevisto*) surprise, unexpected event; (*sgradito*) hitch, snag.

fuorisàcco, **A** *m. invar.* special delivery. **B** *avv.* sent by special delivery.

fuoriscàlmo, *m. invar.* (*sport*) outrigger.

fuorisède, *m.* e *f. invar.* person that does not reside in the town where he [she] works [is a student, etc.].

fuorisèrie, **A** *a. invar.* *1* specially built *2* (*fig. fam.*) outstanding; fantastic; super (*fam.*); top-notch (*fam.*). **B** *f. invar.* (*autom.*) custom-built car. **C** *m.* e *f. invar.* (*fig. fam.*) champion; first-rater; ace (*attr., fam.*); top-notcher (*fam.*).

fuoristràda, **A** *m.* e *f. invar.* *1* all-terrain (*o* cross-country) vehicle; (*automobile*) land rover; (*motocicletta*) trail bike *2* (*sport*) cross-country race. **B** *a.* cross-country (*attr.*); all-terrain (*attr.*).

fuoritùtto, *avv.* e *a. invar.* overall.

fuoriuscire, *v. i.* to come* out; to be discharged; to leak; (*sgorgare*) to pour out.

fuoriuscita, *f.* discharge; emission; leakage.

fuoriuscitismo, *m.* (*polit.*) opposition abroad.

fuoriuscito, *m.* (*f.* **-a**) political exile; political refugee.

fuoruscire, e *deriv.* *V.* **fuoriuscire**, e *deriv.*

fuorviànte, *a.* misleading.

fuorviàre, **A** *v. i.* to go* astray; to stray. **B** *v. t.* *1* (*portare fuori strada*) to lead* astray; to misdirect *2* (*fig.*) to mislead*; to lead* astray *3* (*traviare*) to lead* astray.

furàno, *m.* (*chim.*) furan.

furbacchióne, *m.* (*f.* **-a**) (*fam.*) sly one, sly old devil, wily old fox, slyboots (*fam.*); (*iron.*) wise guy (*m.*), smart aleck (*m.*).

furberìa, *f.* *1* astuteness; shrewdness; cunning; slyness; craftiness *2* (*azione da furbo*) clever (*o* cunning) trick; ruse; dodge.

furbésco, *a.* cunning; sly. • **lingua furbesca**, thieves' cant.

furbìzia, *V.* **furberia**.

fùrbo, **A** *a.* clever; smart; sharp; (*scaltro*) astute, shrewd; (*più negativi*) cunning, wily, crafty, artful, sly; (*malizioso*) knowing: **un ragazzo f.**, a smart kid; **occhi furbi**, sharp eyes; **una mossa furba**, a clever (*o* cunning, crafty) move; **sorriso f.**, knowing smile. • **farsi f.**, to wake up; to get wise; to wise up. **B** *m.* (*f.* **-a**) clever one; tricky one; (*iron.*) smart aleck (*m.*). • **un f. matricolato** (*o* **di tre cotte**), a tricky customer; a regular rogue □ **Bravo f.!**, that was clever!; very clever! □ **fare il f.**, to try to be clever □ **C'è sempre il f. che riesce a passare avanti**, there's always someone who manages to jump the queue.

furènte, *a.* furious; mad: **Era f. per il ritardo**, he was furious at the delay; **Papà sarà f.**, dad will be mad; **f. d'ira**, mad with rage.

furerìa, *f.* (*mil.*) orderly office.

furétto, *m.* (*zool., Mustela furo*) ferret.

furfànte, *m.* scoundrel; rogue; rascal; black-

guard (*lett.* o *scherz.*).
furfanteria, *f.* *1* roguery; rascality; knavery *2* (*azione da furfante*) rascally act; mischief.
furfantésco, *a.* roguish; rascally.
furfantino, *a.* – **lingua furfantina**, thieves' cant.
furfurilico, *a.* (*chim.*) furfuryl (*attr.*).
furfuròlo, *m.* (*chim.*) furfural; furfuraldehyde.
furgoncino, *m.* delivery van; small van. ● **f. del lattaio**, milk float (*fam.*).
furgóne, *m.* van; truck: **f. per traslochi**, furniture (*o* removal) van; **f. postale**, mail van; **f. cellulare**, *V.* **cellulare**.
furgonista, *m.* van driver.
fùria, *f.* *1* (*ira*) fury; rage; anger *2* (*veemenza*) fury; heat; frenzy: **la f. del vento [della loro passione]**, the fury of the wind [of their passion]; **la f. della discussione**, the heat of the discussion *3* (*grande fretta*) great hurry; haste; rush: **avere f.**, to be in a great hurry; **Nella f. dimenticai la chiave**, in my haste I forgot the key; **nella f. della partenza**, in the last-minute rush *4* (*fig.*: *persona collerica*) fury: **La donna sembrava una f.**, the woman looked like a fury. ● (*mitol.*) **le Furie**, the Furies □ **a f. di**, by dint of; by force of: **a f. di insistere**, by dint of insisting; **A f. di chiedere, l'ho ottenuto**, I asked and asked and in the end I got it □ **andare su tutte le furie**, to fly into a rage (*o* into a passion) □ **mandare q. su tutte le furie**, to infuriate sb; to make sb. see red; to get sb.'s blood up □ **in fretta e f.**, hurriedly; in a rush.
furibóndo, *a.* *1* (*in collera*) furious; enraged; incensed; raging; fuming; mad *2* (*violento*) furious; wild; violent; savage.
furière, *m.* *1* (*mil.*) quartermaster *2* (*naut.*) paymaster.
furiosaménte, *avv.* *1* furiously; ragingly *2* (*con impeto violento*) furiously; wildly; violently; like mad: **lavorare f.**, to work like mad.
furióso, **A** *a.* *1* (*in collera*) furious; mad: **Era f. col fratello**, he was furious (*o* mad) at his brother; **La sconfitta lo rese f.**, the defeat made him furious (*o* infuriated him) *2* (*violento*) furious; wild; violent; raging: **un vento f.**, a violent wind; **mare f.**, stormy sea. ● **È pazzo f.**, he is raving mad. **B** *m.* (*f.* **-a**) raving lunatic; violent maniac.
furlàna, *f.* (*danza e musica*) furlana*.
fùrono, *3ª pers. pl. pass. rem. di* **essere**.
furóre, *m.* *1* (*ira*) fury; rage: **in preda al f.**, seized with fury *2* (*violenza*) fury; violence: **il f. della piena**, the fury of the flood *3* (*veemenza, passione*) frenzy; frenzied vehemence: **sacro** (*o* **poetico**) **f.**, poetic frenzy; inspiration; (*estens.*) enthusiastic zeal. ● **Fu scelto a furor di popolo**, he was chosen by popular acclaim □ **Fu rimosso a furor di popolo**, he was dismissed on the wave of public outcry □ **far f.**, *V.* **furoreggiare**.
furoreggiàre, *v. i.* to be a great success; to be (all) the rage; to be the thing; to be the craze of the moment; to be a hit (*fam.*).
furtivaménte, *avv.* furtively; stealthily; by stealth; secretly. ● **entrare [uscire] f.**, to steal in [out]; to creep in [out].
furtìvo, *a.* *1* furtive; stealthy; surreptitious *2* (*leg.*) stolen: **merce di provenienza furtiva**, stolen goods.
fùrto, *m.* *1* (*leg.*) theft, stealing, larceny; (*di poca entità*) pilferage, petty theft, petty larceny: **commettere un f.**, to commit a theft; to steal; **congegno antifurto**, anti-theft device *2* (*fig.*: *prezzo esorbitante*) rip-off; sheer (*o* daylight) robbery. ● **f. a mano armata**, hold-up □ (*leg.*) **f. con scasso**, burglary; (*in un appartamento, anche*) housebreaking □ **f. di bestiame**, cattle lifting; rustling (*USA*) □ **f. in un negozio** (*taccheggio*), shoplifting □ **f. letterario**, plagiarism.
fùsa, *f. pl.* – **fare le f.**, to purr.
fusàggine, *f.* (*bot.*, *Evonymus europaeus*) spindle-tree.
fusaiòla, fusaròla, *f.* (*archit.*) fusarole.
fusàta, *f.* spindleful.
fuscèllo, *m.* (*ramoscello*) twig; (*di paglia*) straw. ● (*scherz.*) **Sei un f.!**, you look slim! □ **magro come un f.**, very slim; very thin.
fusciàcca, *f.* sash.
fuseaux (*franc.*), *m. pl.* leggings.
fusellàto, *a.* fusiform; spindle-shaped.
fusèllo, *m.* *1* (*mecc.*) spindle; journal: (*autom.*) **f. dell'assale**, axle-tree spindle *2* (*per merletti*) bobbin *3* (*tipogr.*) ornamental rule. ● (*autom.*) **f. di ruota**, stub axle.
fuṣelòl, *m.* fusel-oil.
fuṣìbile, **A** *a.* meltable; fusible: **lega f.**, fusible alloy; **metallo f.**, fusible metal; **valvola f.**, fusible plug. **B** *m.* (*elettr.*) fuse.
fuṣibilità, *f.* (*metall.*) fusibility.
fusièra, *f.* (*ind. tess.*) spindle holder.
fusifórme, *a.* spindle-shaped; fusiform.
fuṣióne, *f.* *1* (*fis.*) fusion: **f. nucleare**, nuclear fusion *2* (*metall.*) fusion; (*per estrarre un metallo*) smelting; (*in una forma*) founding, casting: **punto di f.**, melting point *3* (*elettr.*) blowout *4* (*di materiale non metallico*) melting *5* (*fig.*) fusion; merging; blending; blend: **f. di popoli [di tradizioni]**, fusion of peoples [of traditions]; **f. di colori**, blending of colours; **la f. di due partiti**, the merging of two parties *6* (*leg.*, *econ.*) merger; amalgamation; consolidation: **f. di società**, merger; company amalgamation.
fuṣioniṣmo, *m.* (*polit.*) fusionism.
fuṣionista, *m.* e *f.* (*polit.*) fusionist.
fùṣo (1), *a.* *1* (*metall.*) fused; cast; smelted *2* (*di materiale non metallico*) melted; molten: **neve fusa**, melted snow; **formaggio f.**, melted cheese; **piombo f.**, molten lead *3* (*fam.*: *esausto*) exhausted; worn out; knackered (*pop. GB*); pooped (*fam. USA*) *4* (*gergo della droga*) stoned; spaced out; zonked out.
fùso (2), *m.* *1* (*ind. tess.* e *mecc.*) spindle *2* (*geom.*) lune *3* (*naut.*: *di ancora*) shank *4* (*archit.*: *di colonna*) shaft *5* – (*geogr.*) **f. orario**, time zone. ● **a f.**, spindle-shaped; fusiform □ **Ha ottant'anni ma è diritto come un f.**, he is eighty but he's as straight as a ramrod □ **Tornai da lui dritto come un f.**, I went back to him like a shot □ **Andò dritto come un f. al frigo**, he made a beeline for the fridge.
fuṣolièra, *f.* (*aeron.*) fuselage.
fuṣòrio, *a.* melting; casting. ● **forno f.**, blast furnace.
fùsta, *f.* (*naut.*, *stor.*) foist; light galley.
fustàgno, *m.* fustian; (*più raffinato*) moleskin.
fustàia, *f.* high forest.
fustanèlla, *f.* (*nel costume greco*) fustanella.
fustèlla, *f.* *1* (*mecc.*) (hollow) punch; die *2* (*di medicinale*) price tag.
fustellàre, *v. t.* (*mecc.*) to punch.
fustellatrice, *f.* (*mecc.*) punch cutter.
fustigàre, *v. t.* *1* to flog; to whip; to lash; to scourge; (*con una canna*) to cane *2* (*fig.*) to censure; to scourge.
fustigatóre, *m.* (*f.* **-trice**) *1* flogger; scourger; whipper *2* (*fig.*) severe critic; scourge.
fustigazióne, *f.* *1* flogging; lashing *2* (*fig.*) severe criticism; censure; scourging.
fustino, *m.* (*parallelepipedo*) box; (*cilindrico*) drum; (*di metallo*) can: **un f. di detersivo**, a box of washing powder.
fùsto, *m.* *1* (*bot.*: *gambo*) stalk, stem, caulis*; (*tronco*) trunk *2* (*del corpo umano*) torso*; trunk *3* (*intelaiatura*) frame *4* (*parte allungata di q.c.*) shaft, shank; (*arrotondato e cavo*) body, barrel *5* (*naut.*: *di remo*) handle; (*di ancora*) beam *6* (*di colonna*) shaft *7* (*recipiente*) drum, can; (*di legno per vino, ecc.*) cask, barrel *8* (*fam.*: *giovane atletico*) he-man*; muscle-man*; hunk (*USA*). ● **f. del letto**, bedstead □ **alberi ad alto f.**, forest trees.
fùtile, *a.* futile; trifling; frivolous; trivial; paltry: **un tentativo f.**, a futile attempt; **motivo f.**, trivial motive; **pretesto f.** futile pretext; paltry excuse; **cose futili**, trifles.
futilità, *f.* futility; frivolity; frivolousness; triviality.
futuribile, **A** *a.* possible in the future; feasible; realizable. **B** *m.* (*ciò che può accadere in futuro*) futurity; futurition.
futuriṣmo, *m.* (*arte, letter.*) futurism.
futurista, *a.*, *m.* e *f.* (*arte, letter.*) futurist.
futuristico, *a.* (*arte, letter.*) futuristic.
futùro, **A** *a.* future; next; to come (*pred.*): **la vita futura**, the future life; the life to come; **in un tempo f.**, at a future time; **il mese f.**, next month; **gli anni futuri**, the years to come; **la futura sposa**, the bride-to-be. **B** *m.* *1* (the) future: **predire il f.**, to foretell the future; **l'immediato f.**, the near future; **in un lontano f.**, in the distant future; **in f.**, in (the) future; **un'attività senza f.**, an activity with no future (*o* with no prospects) *2* (*gramm.*) future (tense): **f. anteriore**, future perfect *3* (*pl.*) (*i posteri*) future generations; posterity (*sing.*).
futurologia, *f.* futurology.
futurològico, *a.* futurological.
futuròlogo, *m.* (*f.* **-a**) futurologist; futurist.

g,G

G, g, *f.* o *m.* (*settima lettera dell'alfabeto ital.*) G, g. ● (*telef.*) **g come Genova**, g for George.
gabardine (*franc.*), *f.* e *m. invar.* (*tessuto e soprabito*) gabardine; gaberdine.
gabbamóndo, *m.* e *f. invar.* cheat; swindler; trickster.
gabbàna, *f.* ***1*** (*soprabito*) loose overcoat ***2*** (*veste da lavoro*) smock; overall ***3*** (*incerata*) tarpaulin. ● (*fig.*) **voltar g.**, to be a turncoat.
gabbanèlla, *f.* ***1*** (doctor's) white coat ***2*** (*veste da camera*) dressing gown.
gabbàno, *m. V.* **gabbana.**
gabbàre, A *v. t.* ***1*** (*imbrogliare*) to cheat; to swindle; to hoodwink; to dupe ***2*** (*beffare*) to laugh at; to ridicule. **B gabbàrsi,** *v. i. pron.* to make* fun of; to laugh at.
gabbatóre, *m.* (*f.* **-trice**) cheat; swindler.
gàbbia, *f.* ***1*** cage; (*per polli*) hencoop: **g. da uccelli**, bird cage; **la g. dei leoni**, the lions' cage; **tenere in g.**, to keep in a cage; **chiudere in g.**, to cage; **una tigre in g.**, a caged tiger; **uccello da g.**, cage bird ***2*** (*per imputati*) dock ***3*** (*fig.*: *prigione*) prison; jail, gaol; slammer (*pop.*); clink (*pop.*); nick (*fam. GB*); pokey (*pop. USA*): **mettere q. in g.**, to put sb. in jail; to put sb. in the slammer; **Ha passato sei anni in g.**, he did six years in the clink ***4*** (*di ascensore*) lift well; lift shaft ***5*** (*di miniera*) skip; cage ***6*** (*cassa per imballaggio*) crate ***7*** (*naut.*: *vela*) main topsail: **g. fissa**, main lower topsail; **g. volante**, main upper topsail; **albero di g.**, main topmast; **pennone di g.**, main topsail yard; **le gabbie**, the topsails ***8*** (*naut.*: *coffa*) crow's-nest ***9*** (*equitazione*) double. ● (*fig.*) **g. di matti**, madhouse □ (*anat.*) **g. toracica**, ribcage; ribs (*pl.*); chest □ (*radio*) **antenna a g.**, cage antenna □ (*fig.*) **sentirsi in g.**, to feel cooped up.
gabbianèllo, *m.* (*zool.*, *Larus minutus*) little gull.
gabbiàno, *m.* (*zool.*, *Larus*) seagull; gull: **g. comune** (*Larus ridibundus*), black-headed (*o* pewit) gull; **g. reale** (*Larus argentatus*), herring gull; **g. zafferano** (*Larus fuscus*), lesser black-backed gull.
gabbière, *m.* (*naut.*) topman*.
gabbiòla, *f.* (*naut.*) (fore) topsail.
gabbionàta, *f.* gabionade.
gabbióne, *m.* ***1*** big cage ***2*** (*per argini, fortificazioni*) gabion ***3*** (*per imputati*) dock.
gabbiòtto, *m.* ***1*** (*di portiere*) porter's lodge ***2*** (*garitta*) box; booth.
gàbbo, *m.* mockery; scoffing. ● **farsi g. di q. [di q.c.]**, to mock sb. [st., at st.]; to scoff at sb. [st.] □ **prendere q.c. a g.**, to make light of st.; to scoff at st.
gàbbrico, *a.* (*geol.*) gabbroic; gabbroitic.
gàbbro, *m.* (*geol.*) gabbro*.
gabèlla, *f.* (*imposta*) tax, toll; (*dazio*) excise.
gabellàre, *v. t.* ***1*** (*tassare*) to tax; to excise ***2*** (*far passare per*) to pass off as: **g. q. per dottore**, to pass sb. off as a doctor; **g. q.c. per vero**, to pass st. off as true ***3*** (*credere*) to believe; to swallow (*fam.*).
gabellière, *m.* exciseman*.
gabinétto, *m.* ***1*** (*studio privato*) study; private room ***2*** (*di professionista*) studio; (*di medico, ecc.*) consulting room, surgery: **g. fotografico**, photographer's studio; **g. dentistico**, dental surgery ***3*** (*laboratorio*) laboratory; lab (*fam.*): **g. di chimica**, chemistry laboratory ***4*** (*nei musei*) room ***5*** (*g. di decenza*) toilet; lavatory; water closet (*o* W.C.); washroom (*USA*); (*in luogo pubblico*) toilet, rest room (*USA*), (*per uomini*) Gents (*sing.*), (*per donne*) Ladies (*sing.*): **andare al g.**, to go to the toilet; **g. alla turca**, squat-down toilet; **g. esterno**, outside toilet; outhouse (*USA*); dunny (*Austr.*); **g. pubblico**, public lavatory; (public) convenience (*GB*); comfort station (*USA*) ***6*** (*polit.*: *ministero*) ministerial staff, departmental staff; (*insieme dei ministri*) cabinet, government, (*in G.B.*) Cabinet: **capo di g.**, head of the ministerial staff; (*in G.B.*) private secretary; **formare un nuovo g.**, to form a new government; **il g. Crispi**, the Crispi cabinet (*o* government); **riunione di g.**, meeting of the cabinet; cabinet; (*in G.B.*) **g. ombra**, shadow cabinet. ● **g. di lettura**, reading-room.
gàbola, *f.* (*region.*) trick; dodge.
gabonése, *a.*, *m.* e *f.* Gabonese.
Gabrièle, *m.* Gabriel.
gàdide, *m.* (*zool.*) gadoid
Gàdidi, *m. pl.* (*zool.*, *Gadidae*) Gadidae.
gadolinio, *m.* (*chim.*) gadolinium.
gadolinite, *f.* (*miner.*) gadolinite.
gaèlico, A *a.* Gaelic. **B** *m.* ***1*** (*abitante*) Gael ***2*** (*la lingua*) Gaelic.
gaettóne, *V.* **gavettone**, *def. 2.*
gàffa, *f.* (*naut.*) boat hook.
gaffe (*franc.*), *f. invar.* gaffe; faux pas (*franc.*); boob (*fam. GB*); booboo (*fam. USA*); clanger (*fam. GB*); bloomer (*fam.*): **fare una g.**, to commit (*o* to make) a gaffe (*o* a faux pas); to make a boob (*fam.*); to put one's foot in it (*fam.*); to drop a brick (*o* a clanger) (*fam.*).
gaffeur (*franc.*), *m. invar.* **gaffeuse** (*franc.*), *f.* person who makes frequent gaffes. ● **È un famoso g.**, his gaffes are famous; he's famous for always putting his foot in it.
gag (*ingl.*), *f. invar.* gag.
gagà, *m. invar.* dandy; fop.
gagàte, *f.* (*miner.*) jet.
gaggìa, *f.* (*bot.*, *Robinia pseudoacacia*) false acacia.
gagliàrda, *f.* (*danza*) galliard.
gagliardétto, *m.* pennon; pennant.
gagliardìa, *f.* vigour; energy; strength.
gagliàrdo, *a.* ***1*** vigorous; strong; (*vivace*) lively: **un giovanotto g.**, a vigorous (*o* strapping) young man; **vino g.**, generous wine; **ingegno g.**, vigorous (*o* lively) mind; **vento g.**, strong wind ***2*** (*audace*) bold; brave; gallant. ● **alla gagliarda**, bravely; heartily; vigorously; with a will.
gaglioffàggine, gaglioffería, *f.* rascality; baseness.
gagliòffo, A *a.* rascally; base; wretched. **B** *m.* rascal; scoundrel; wretch.
gagnolàre, *v. i.* to whine; to yelp.
gagnolìo, *m.* whining; yelping.
gaiézza, *f.* ***1*** (*allegria*) gaiety; cheerfulness; cheeriness; blitheness; jolliness ***2*** (*di colori*) brightness.
gàio, *a.* ***1*** cheerful; merry; lively; blithe; jolly; gay ***2*** (*di colori*) bright; lively; gay.
gal, *m.* (*fis.*) gal.
gàla (1), A *f.* (*lusso, sfarzo*) pomp; show. ● **di g.**, gala (*attr.*); formal: **in abito di g.**, in formal dress; **mettersi in g.**, to wear formal clothes; to dress up; **pranzo di g.**, full-dress dinner; **serata di g.**, gala performance. **B** *m.* – (*naut.*) **g. di bandiere**, flag dressing; flags (*pl.*); **gran g.**, full dressing.
gàla (2), *f.* (*trina*) frill; flounce; finery.
gàla (3), galà, *m. invar.* gala; ball: **il g. di San Silvestro**, the New-Year ball.
galabìa, *f.* djellaba(h); gallabea(h).
galagóne, *m.* (*zool.*, *Galago galago*) galago.
galalite, *f.* (*marchio*: *ind.*) Galalith.
galànte, A *a.* ***1*** (*cerimonioso con le donne*) gallant: **un vecchio signore g.**, a gallant old gentleman; **parole galanti**, gallant words ***2*** (*amoroso*) gallant; amorous; love (*attr.*): **avventure galanti**, gallant adventures; **convegno g.**, amorous rendezvous; **letterina g.**, love-letter. **B** *m.* gallant; ladies' man: **fare il g.**, to play the gallant; to be a ladies' man.
galanteria, *f.* ***1*** gallantry; courteousness ***2*** (*gesto galante*) gallant gesture, courtesy; (*complimento*) compliment, gallant remark: **dire una g.**, to pay a compliment.
galantina, *f.* (*cucina*) galantine: **g. di pollo**, chicken galantine.
galantomismo, *m.* gentlemanly (*o* honourable) behaviour.
galantuòmo, A *m.* honest (*o* honourable, upright) man*; man* of honour; gentleman*. ● **agire da g.**, to behave honourably □ **Ehi, g.!**, my good man! □ **Parola di g.!**, I give you my word □ **un fior di g.**, a real gentleman; a thoroughly honest man. **B** *a.* honest; upright. ● (*prov.*) **Il tempo è g.**, time will show.
galàssia, *f.* (*astron.* e *fig.*) galaxy: **g. a spirale [irregolare]**, spiral [irregular] galaxy; **la G.**, the Galaxy; the Milky Way.
Galatèa, *f.* (*mitol.*) Galathea.
galatèo, *m.* ***1*** book of etiquette ***2*** (*buone maniere*) (good) manners (*pl.*); etiquette: **non sapere il g.**, to have no manners; to have no notion of etiquette; **Ha agito contro il g.**, it was a breach of etiquette (*o* of good manners) on his part; **le norme del g.**, the rules of etiquette.
galattagògo, *a.* e *m.* (*farm.*) galactogogue.
galàttico, *a.* ***1*** (*astron.*) galactic: **piano g.**, galactic plane ***2*** (*fig. scherz.*) enormous; huge; jumbo (*fam.*); mega (*fam.*); humungous (*fam. USA*).
galattòfago, A *a.* galactophagous. **B** *m.* galactophagist.
galattòforo, A *a.* (*anat.*) galactophorous: **condotto g.**, galactophorous duct; galactophore. **B** *m.* (*med.*) breast-pump.
galattòmetro, *m.* (*ind.*) galactometer; lactometer.
galattopoièsi, *f.* (*fisiol.*) galactopoiesis.
galattorrèa, *f.* (*med.*) galactorrhoea.
galattòsio, *m.* (*chim.*) galactose.
galavèrna, *V.* **calaverna.**
gàlbano, *m.* (*resina*) galbanum.
gàlbula, *f.* (*zool.*, *Galbula ruficauda*) red-tailed jacamar.
gàlbulo, *m.* (*bot.*) galbulus*.
gàlea (1), *f.* (*elmo*) helmet.
galèa (2), *f.* (*naut.*, *stor.*) galley.
galeàto, *a.* galeate(d).
galeàzza, *f.* (*naut.*, *stor.*) galleass, galliass.
galèga, *f.* (*bot.*, *Galega officinalis*) goat's-rue.
galèna, *f.* ***1*** (*miner.*) galena ***2*** (*radio*) galena crystal: **radio a g.**, crystal set.
galènico, *a.* Galenic(al): **preparato g.**,

Galenical (preparation).

Galèno, *m.* (*stor. med.*) Galen.

galèo, *m.* (*zool., Galeorhinus galeus*) tope.

galeóne, *m.* (*naut., stor.*) galleon.

galeopitèco, *m.* (*zool., Galeopithecus volans*) flying lemur.

galeòtta, *f.* (*naut., stor.*) galliot.

galeòtto (1), *m.* ***1*** (*rematóre di galea*) galley slave ***2*** (*forzato*) convict ***3*** (*furfante*) scoundrel.

galeòtto (2), **A** *m.* (*mezzano*) pander; procurer; go-between. **B** *a.* acting as a go-between.

galèra, *f.* ***1*** (*naut., stor.*) galley; (*la condanna*) (the) galleys (*pl.*) ***2*** (*prigione*) prison, gaol, jail; (*carcerazione*) imprisonment: **andare in g.**, to go to jail; **farsi trent'anni di g.**, to serve a thirty-year sentence; to do thirty years in prison ***3*** (*fig.: luogo insopportabile*) prison: **Questa casa è una g.**, this house is like a prison ***4*** (*spazzolone*) floor scrubber. ● **avanzo di g.**, gaolbird; jailbird □ **faccia da g.**, sinister face □ (*fig.*) **fare una vita da g.**, to lead a wretched life; to drudge and slave □ (*fig.*) **lavoro da g.**, drudge; treadmill.

galèro, *m.* (*eccles.*) cardinal's hat.

galerucèlla, *f.* (*zool., Galerucella luteola*) leaf beetle.

galèstro, *m.* (*geol.*) marl.

galestróso, *a.* (*geol.*) marly.

Galilèa, *f.* (*geogr.*) Galilee.

galileiàno, *a.* Galilean.

galilèo, *a.* e *m.* (*f.* **-a**) Galilean (*f.* Galilean woman*).

Galìzia, *f.* (*geogr.*) Galicia.

galiziàno, *a.* e *m.* (*f.* **-a**) Galician (*f.* Galician woman*).

gàlla, *f.* ***1*** (*bot.*) gall: **g. di quercia**, oak gall; oak apple; **noce di g.**, gallnut ***2*** (*vescichetta*) gall; blister. ● **a g.**, afloat (*pred.*); floating; on the surface (*pred.*): **stare a g.**, to stay afloat; to float; (*anche fig.*) **rimanere a g.**, to keep afloat; to keep one's head above water; (*anche fig.*) **tenere a g.**, to keep afloat; **tornare a g.**, to resurface; to come to the surface; to come up again (*anche fig.*); (*econ.*) to come out of the red; **venire a g.**, to come to the surface; to surface; (*fig.*) to come to light, to emerge, to come out.

gallàre, *v. t.* to fecundate (an egg).

gallàto (1), *a.* (*di uovo*) fecundated.

gallàto (2), *m.* (*chim.*) gallate.

gallatùra, *f.* fecundation (of eggs).

galleggiabilità, *f.* buoyancy.

galleggiaménto, *m.* floating; flo(a)tation; flo(a)tage: (*naut.*) **centro di g.**, centre of flotation; (*naut.*) **linea di g.**, waterline; (*naut.*) **spinta di g.**, buoyancy.

galleggiànte, **A** *a.* floating; afloat (*pred.*). **B** *m.* ***1*** (*naut., ind.*) float: **g. di sughero**, cork float ***2*** (*natante*) craft; (*chiatta*) barge; (*pontone*) pontoon ***3*** (*per idrovolanti*) float ***4*** (*boa*) buoy. ● (*ind.*) **regolatore a g.**, ball cock.

galleggiàre, *v. i.* to float.

gallègo, *a.* e *m.* Galician.

gallerìa, *f.* ***1*** (*traforo*) tunnel: **scavare una g.**, to dig (*o* to drive) a tunnel; to tunnel: **scavare una g. nella roccia**, to drive a tunnel through rock; **scavare una g. sotto un fiume**, to dig a tunnel (*o* to tunnel) under a river; **sbocco di g.**, tunnel opening ***2*** (*ind. min.*) road; gallery; tunnel: **g. di accesso**, adit; **g. di testa** [**di fondo**], top [bottom] road; **g. in direzione**, drift; **g. di passaggio**, gangway; **g. di ventilazione**, windway; **g. in pendenza**, slant ***3*** (*passaggio sotterraneo*) tunnel; underground passage; subway ***4*** (*a porticato, in una città*) arcade ***5*** (*di palazzo*) gallery ***6*** (*d'arte*) (art) gallery: **g. di quadri**, picture gallery ***7*** (*scavata da un animale*) tunnel; burrow; (*di volpe*) earth; (*di tasso*) set; (*di talpa*) mole-run ***8*** (*di teatro e cinema*) circle; balcony: **prima g.**, dress circle; balcony; mezzanine (*USA*); **seconda g.**, upper circle ***9*** (*aeron.*) tunnel: **g. aerodinamica**, wind tunnel ***10*** (*mil.*) gallery.

gallerista, *m.* e *f.* manager of an art gallery.

Gàlles, *m.* (*geogr.*) Wales.

gallése, **A** *a.* Welsh. **B** *m.* e *f.* Welshman* (*m.*); Welshwoman* (*f.*): **i Gallesi**, the Welsh; Welsh people. **C** *m.* (*lingua*) Welsh.

gallétta, *f.* (*per soldati*) (military) biscuit; (*per marinai*) ship's (*o* sea) biscuit, hardtack.

gallétto, *m.* ***1*** (*gallo giovane*) cockerel, young cock; (*gallo di razza piccola*) bantam ***2*** (*fig.: ragazzo vivace*) cocky young man; young cock: **fare il g.**, to be cocky ***3*** (*fig.: corteggiatore*) gallant; ladies' man: **fare il g.**, to play the gallant; to flirt ***4*** (*mecc.*) wing nut. ● (*zool.*) **g. di roccia** (*Rupicola rupicola*), cock of the rock.

Gàllia, *f.* (*geogr., stor.*) Gaul.

galliàmbo, *m.* (*poesia*) galliambic (verse).

gallicanismo, *m.* (*relig.*) Gallicanism.

gallicàno, *a.* e *m.* (*relig.*) Gallican.

gallicismo, *m.* Gallicism.

gallicizzàre, *v. i.* to Gallicize.

gàllico (1), **A** *a.* ***1*** (*stor.*) Gallic; Gaulish: **le guerre galliche**, the Gallic wars; **la civiltà gallica**, Gaulish civilization ***2*** (*francese*) Gallic; French: (*med., stor.*) **morbo g.**, French pox. **B** *m.* (*lingua*) Gaulish.

gàllico (2), *a.* (*chim.*) gallic: **acido g.**, gallic acid.

Gallifórmi, *m. pl.* (*zool., Galliformes*) Galliformes.

gallìna, *f.* ***1*** (*zool.*) hen: **g. che cova**, sitter; **g. covaticcia**, broody hen; **g. da brodo**, boiler; **g. livornese**, Leghorn (hen) ***2*** (*zool.*) – **g. faraona** (*Numida meleagris*), Guinea fowl; Guinea hen; **g. prataiola** (*Otis tetrax*), little bustard. ● **la g. dalle uova d'oro**, the goose that lays the golden egg □ (*fig.*) **andare a letto con le galline**, to go to bed very early □ **avere un cervello di g.**, to have the brain of a bird; to be a birdbrain □ **credersi il figlio della g. bianca**, to think one is a cut above the others □ (*fig.*) **zampe di g.**, (*scrittura illeggibile*) scrawl; (*rughe intorno agli occhi*) crow's feet □ (*prov.*) **G. che canta ha fatto l'uovo**, «qui s'excuse s'accuse» (*franc.*) □ (*prov.*) **G. vecchia fa buon brodo**, good broth may be made in an old pot.

gallinàccio, *m.* ***1*** (*region.: tacchino*) turkey cock ***2*** (*bot., Cantharellus cibarius*) chanterelle.

gallinàceo, **A** *a.* gallinaceous. **B** *m.* gallinacean.

gallinèlla, *f.* ***1*** (*pollastra*) young hen; pullet ***2*** (*bot., Antirrhinum orontium*) lesser snapdragon ***3*** *V.* **gallinaccio**, *def.* 2 ***4*** (*pl.*) (*astron., region.*) (the) Pleiades ***5*** (*zool.*) – **g. d'acqua** (*Gallinula chloropus*), moorhen; water hen; common gallinule; **g. del Signore**, ladybird.

gàllio, *m.* (*chim.*) gallium.

gallismo, *m.* male sexual vanity; aggressive sexual conceit.

gàllo (1), *m.* (*zool.*) cock; rooster (*USA*): **g. da combattimento**, fighting cock; gamecock; **combattimento di galli**, cockfight; **al canto del g.**, at cockcrow; at dawn. ● (*zool.*) **g. cedrone** (*Tetrao urogallus*), capercaillie; wood (*o* great) grouse; cock of the wood □ (*fig.*) **g. dei campanili**, weathercock □ (*fig.*) **essere il g. della checca**, to be a lady-killer □ **fare il g.**, (*insuperbirsi*) to be cocky, to be the cock of the walk; (*fare il galante*) to flirt □ (*boxe*) **peso g.**, bantamweight; bantam.

gàllo (2), (*stor.*) **A** *a.* Gallic. **B** *m.* Gaul.

gallòccia, *f.* (*naut.*) cleat.

gallofilìa, *f.* Francophilia.

gallòfilo, *m.* (*f.* **-a**) Gallophile; Francophile.

gallofobìa, *f.* Francophobia.

gallòfobo, *m.* (*f.* **-a**) Gallophobe; Francophobe.

gallo-itàlico, *a.* (*ling.*) Gallo-Italian.

gallòmane, *m.* e *f.* Gallomaniac.

gallomanìa, *f.* Gallomania.

gallonàre, *v. t.* to trim with braid; to braid; to galloon.

gallonàto, **A** *a.* braided; gallooned. **B** *m.* (*mil.*) non-commissioned officer.

gallóne (1), *m.* ***1*** braid; galloon ***2*** (*mil.*) stripe; (*a V*) chevron: **guadagnarsi i galloni**, to earn one's stripes; (*fig.*) **bagnare i galloni**, to toast (*o* to drink to) one's stripes; **galloni di sergente**, sergeant's stripes.

gallóne (2), *m.* (*misura di capacità*) gallon (*= l 4,546 in G.B.; = l 3,785 in U.S.A.*).

galloromànzo, *a.* e *m.* Gallo-Romance; Gallo-Roman.

gallòzza, gallòzzola, *f.* ***1*** (*bot.*) small gall ***2*** blister.

galoche (*franc.*), *f. invar.* galosh, golosh.

galop (*franc.*), *m. invar.* (*danza*) galop.

galoppànte, *a.* galloping: (*med.*) **tisi g.**, galloping consumption; **inflazione g.**, galloping inflation.

galoppàre, *v. i.* ***1*** to gallop ***2*** (*fig.: essere indaffarato*) to be very busy, to be on the move, to be on the go; (*darsi da fare*) to get* busy, to get* one's skates on (*fam.*). ● **g. con la fantasia**, to let one's imagination run away with one.

galoppàta, *f.* ***1*** gallop: **fare una g.**, to go for a gallop ***2*** (*fig.: corsa affannosa*) race; rush; sprint ***3*** (*fig.: lavoro affannoso*) hectic work; mad rush. ● **Dovremo fare una g. per arrivare in tempo**, we'll have to rush (*o, fam.*, to get our skates on) to get there in time □ **Ho fatto una g. per finire questa traduzione!**, I had to rush to finish this translation.

galoppatóio, *m.* riding track; gallop.

galoppatóre, *m.* (*f.* **-trice**) (*cavallo; cavaliere*) galloper.

galoppino, *m.* ***1*** (*fattorino*) messenger (boy), errand boy, gofer (*USA*); (*spreg.*) dogsbody ***2*** (*ippica*) pacesetter ***3*** (*mecc.*) (belt) tightener; takeup pulley; idler wheel. ● (*polit.*) **g. elettorale**, canvasser; electioneer.

galòppo, *m.* gallop: **al g.**, at a gallop; **mettersi al g.**, to break into a gallop; **Spinsi il cavallo al g. lungo il sentiero**, I galloped the horse down the track; **allontanarsi al g.**, to gallop away; **gran g.**, full gallop: **andare al gran g.**, to ride at full gallop; **piccolo g.**, easy gallop; hand-gallop; canter: **andare al piccolo g.**, to canter. ● (*fig.*) **Finii il lavoro al g.**, I galloped (*o* raced) through the job □ (*fig.*) **andare di g.**, to gallop; to go at the double □ (*fig.*) **arrivare al g.**, to arrive at the double □ (*fig.*) **partire al g.**, to gallop away.

galòscia, *V.* **galoche.**

galvànico, *a.* (*fis.*) galvanic: **correnti galvaniche**, galvanic currents; **bagno g.**, galvanic bath.

galvanismo, *m.* (*fis.*) galvanism.

galvanizzàre, *v. t.* (*ind., med., fig.*) to galvanize.

galvanizzazióne, *f.* (*ind., med., fig.*) galvanization.

galvanocàustica, *f.* (*med.*) galvano-cauterization.

galvanocautèrio, *m.* (*med.*) galvano-cautery.

galvanomagnètico, *a.* (*fis.*) galvanomagnetic.

galvanometrìa, *f.* (*elettr.*) galvanometry.

galvanomètrico, *a.* (*elettr.*) galvanometric(al).

galvanòmetro, *m.* (*elettr.*) galvanometer: **g. a specchio**, mirror galvanometer.

galvanoplàstica, *f.* (*ind.*) galvanoplasty; galvanoplastics (*pl. col verbo al sing.*).

galvanoplàstico, *a.* (*ind.*) galvanoplastic.

galvanoscòpio, *m.* (*fis.*) galvanoscope.

galvanostegìa, *f.* (*ind.*) electroplating. ● **trattare con g.**, to electroplate.

galvanostegista, *m.* e *f.* (*ind.*) electroplater.

galvanotècnica, *f.* galvanic technology.

galvanoterapìa, *f.* (*med.*) galvanotherapy.

galvanotipìa, *f.* (*tipogr.*) electrotype.

galvanotipista, *m.* e *f.* (*tipogr.*) electrotypist.

gàmba, *f.* **1** (*di persona, animale, indumento, mobile, compasso*) leg: **Mi fa male la g. destra**, my right leg hurts; **g. di legno [artificiale]**, wooden [artifical] leg; (*di animale*) **gambe anteriori [posteriori]**, fore [hind] legs; **le gambe del tavolo**, the legs of the table; **Hai una macchia sulla g. destra dei jeans**, there's a stain on the right leg of your jeans; **con una g. sola**, one-legged; **avere le gambe storte**, to be bow-legged (*o* bandy-legged); **avere le gambe a X**, to be knock-kneed; **essere tutto gambe**, to be all legs; **un tavolo a tre gambe**, a three-legged table; **una ragazza con le gambe lunghe**, a long-legged girl; **corto di g.**, short-legged; **accavallare le gambe**, to cross one's legs; **con le gambe accavallate**, with one's legs crossed; **sgranchirsi le g.**, to stretch one's legs; **reggersi su una g. sola**, to stand on one leg; **Gli tremavano le gambe**, his legs were shaking; his knees were knocking **2** (*di lettera*) shank; stem **3** (*di nota mus.*) stem **4** (*puntello*) strut: (*aeron.*) **g. del carrello**, undercarriage strut (*o* leg). ● **gambe da fantino**, bandy legs □ **Gambe, ragazzi!**, let's beat it! □ **Gambe in spalla!**, on our way!; let's get a move on! □ **a gambe all'aria** (*o* **a gambe levate**), flat on one's back: **andare** (*o* **finire**) **a gambe all'aria**, to fall flat on one's back; to go flying; (*anche fig.*) to come a cropper (*fam.*); (*fig.*) to fall through, to go bust; **mandare q. a gambe all'aria** (*o* **a gambe levate**), to send sb. flying; (*facendo inciampare*) to trip sb. up; **mandare a gambe all'aria un progetto**, to upset (*o* to wreck) a plan □ (*di vestito, stivale*) **a mezza g.**, (*fino al polpaccio*) at calf-length, calf-length (*attr.*); (*fino al ginocchio*) knee-length (*attr.*) □ **a mezza g. nella neve**, up to one's knees in snow □ **affidarsi alle gambe**, to trust to one's legs □ **andare con le proprie gambe**, to walk unaided □ **avere buone gambe**, to be a good walker □ **avere le gambe molli**, to feel shaky; not to be too steady on one's pins (*fam.*) □ **avere trent'anni per g.**, to be at least sixty □ **camminare a quattro gambe**, to go on all fours; to crawl □ (*fig.*) **camminare con le proprie gambe**, to be independent; to stand on one's own two feet □ **con la coda fra le gambe**, with one's tail between one's legs □ **correre a gambe levate**, to race; to run like mad (*fam.*); to run like the clappers (*fam. GB*); to run lickety-split (*fam. USA*) □ **dove portano le gambe**, without a fixed direction □ **darsela a gambe**, to take to one's heels; to run for it; to bolt; to leg it (*fam.*); to scarper (*fam. GB*) □ **di buona g.**, at a brisk pace □ **essere di g. buona**, to be a good walker □ (*fam.*) **Le gambe mi facevano giacomo giacomo**, my knees were wobbling (*o* shaking) under me □ (*fig.*) **dolersi di g. sana**, to complain without reason □ **fare il passo più lungo della g.**, to bite off more than one can chew □ **fare il passo secondo la g.**, to cut one's coat according to one's cloth □ **fare q.c. sotto g.**, to do st. carelessly (*o* in a slapdash way) □ (*sport*) **gioco di gambe**, footwork □ **in g.**, (*in forma*) strong, fit, in fine fettle; (*di persona anziana*) sprightly, spry; (*intelligente*) clever, smart, on the ball (*fam.*); (*abile*) able, good, competent: **un ragazzino in g.**, a clever little boy; a smart kid; **La nonna è ancora in g. per la sua età**, Gran is still sprightly for her age; **un tecnico in g.**, a very good technician; **È un tipo in g.**, he's a clever fellow (*USA*: guy); he's on the ball □ **(Sta') in g.!** (*stai bene!*), keep well!; take care! □ **In g.!** (*stai attento!*), watch out!; keep your eyes peeled (*fam.*) □ **mettersi la via tra le gambe**, to set off (at a brisk pace) □ **non reggersi sulle gambe**, to be hardly able to stand; to feel shaky □ (*fam.*) **non sentirsi** (*o* **non avere**) **più le gambe**, to be tired out □ (*fig.*) **prendere sotto g.**, to underestimate; to underrate; to be off-hand with; to treat off-handedly □ (*fig.*) **raddrizzare la gambe ai cani**, to attempt the impossible □ **stirare** (*o* **distendere**) **le gambe**, to stretch out one's legs; (*fig.*: *morire*) to die, to turn up one's toes (*fam.*) □ (*fig.*) **tagliare le gambe a q.**, (*stancare*) to tire sb. out, to do sb. in (*fam.*); (*ostacolare*) to put a spoke in sb.'s wheel, to cramp sb.'s style (*fam.*); (*rif. al vino, ecc.*) to go to one's head □ (*mus.*) **viola da g.**, viola da gamba; gamba; bass viol □ (*prov.*) **Chi non ha testa abbia gambe**, a forgetful head makes a weary pair of heels.

gambacórta, *m.* e *f. invar.* (*scherz.*) lame person. ● (*scherz.*) **l'ultimo ad arrivar fu G.**, better late than never.

gambàle, *m.* **1** (*parte dello stivale*) boot leg **2** (*di armatura*) jamb **3** (*protezione di cuoio*) legging; (*in certi sport*) leg pad **4** (*forma per calzolai*) boot tree.

gambalèsta, *m.* e *f. invar.* (*scherz.*) one that is quick on his [her] feet; fast runner.

gambalétto, *m.* **1** (*di calzatura*) ankle pad **2** (*calza*) sock **3** (*med., fam.*) leg cast.

gambalùnga, *m.* e *f. invar.* (*scherz.*) long-legged person.

gambécchio, *m.* (*zool.*) **1** (*Erolia minuta*) little stint **2** (*Erolia minutilla*) least sandpiper.

gamberétto, *m.* (*zool.*) **1** (*Palaemon serratus*) prawn **2** (*Crangon vulgaris*) shrimp.

gàmbero, *m.* (*zool.*) **1** (*marino*: *Homarus vulgaris*) European lobster; crayfish **2** (*di fiume*: *Astacus*) crayfish; crawfish (*USA*). ● **fare come i gamberi**, to go backwards (like a crab); (*fig.*) not to progress □ **rosso come un g.**, as red as a (boiled) lobster (*o* as a beetroot).

gamberóne, *m.* **1** (*di fiume*) large crayfish **2** (*di mare*) prawn.

gambétta, *f. V.* **combattente**.

gambétto, *m.* **1** *V.* **sgambetto 2** (*scacchi*) gambit.

gambièra, *f.* **1** (*di armatura*) greave; jamb **2** (*sport*) shin pad.

gambista, *m.* e *f.* (*mus.*) gamba player; gambist.

gambizzàre, *v. t.* to knee-cap.

gambizzazióne, *f.* knee-capping.

gàmbo, *m.* **1** (*bot.*) stalk; stipe; stem; (*piccolo*) stemlet: **il g. di una ciliegia [di una pera]**, the stalk of a cherry [of a pear]; **g. di fungo**, mushroom stalk (*o* stipe); **rose dal g. lungo**, long-stemmed roses **2** (*di vari oggetti*) stem: **il g. di un calice**, the stem of a glass **3** (*mecc.*) shank; stem: **g. a sfera**, ball-headed shank; **g. della valvola**, valve stem.

gambùto, *a.* long-legged.

gamèlla, *f.* (*mil.*) mess-tin.

gametàngio, *m.* (*biol.*) gametangium*.

gamète, *m.* (*biol.*) gamete.

gametòfito, *m.* (*bot.*) gametophyte.

gametogènesi, *f.* (*biol.*) gametogenesis.

gamìa, *f.* (*biol.*) gamic reproduction.

gàmico, *a.* (*biol.*) gamic.

gàmma (**1**), *m.* o *f.* (*terza lettera dell'alfabeto greco*) gamma. ● (*fis.*) **raggi g.**, gamma rays.

gàmma (**2**), *f.* **1** (*successione graduata, serie*) range; gamut; spectrum: **una ricca g. di colori**, a rich range of colours; **la g. dei nostri prodotti**, the range of our products; **una vasta g. di argomenti**, a broad range (*o* spectrum) of topics; **tutta la g. delle emozioni**, the whole gamut (*o* range) of emotions **2** (*mus.*) gamut; scale **3** (*radio*) range; band: **g. delle frequenze udibili**, range of audible frequencies; **g. di lunghezza d'onda**, waveband; **g. di sintonia**, tuning band.

gammaglobulina, *f.* (*biol.*) gamma globulin.

gammagrafia, *f.* (*radio*) gamma radiation; gamma rays (*pl.*).

gammaterapia, *f.* (*med.*) radium therapy.

gammàto, *a.* – **croce gammata**, gammadion; swastika.

gammaùt, *m.* (*mus., stor.*) gamut.

gamopètalo, *a.* (*bot.*) gamopetalous.

gamosèpalo, *a.* (*bot.*) gamosepalous.

ganaènse, *V.* **ghaneano**.

ganàscia, *f.* **1** jaw **2** (*pl.*) (*mecc.*) jaws **3** (*di rotaia*) fishplate **4** (*autom.*: *di freno*) brake shoe **5** (*autom.*: *bloccaruota*) wheel clamp; Denver boot. ● (*fig.*) **mangiare a quattro ganasce**, to gobble up; to scoff up.

ganascìno, *m.* – **prendere q. per il g.**, to pinch sb.'s cheek.

gàncio, *m.* **1** hook: **g. a occhiello**, eye hook; **g. a griffa**, claw hook; **g. appendiabiti**, coat hook; (*edil.*) **g. da muro**, wall hook; **g. di sollevamento**, lifting (*o* sling) hook **2** (*ferr.*: *di trazione*) coupling; coupler (*USA*) **3** (*boxe*) hook **4** (*fam.*: *persona furba*) sly one. ● **g. a molla**, (*mecc.*) spring hook; (*naut.*) snap hook □ **g. a mulinello**, swivel hook □ (*naut.*) **g. a scocco**, slip hook □ (*naut.*) **g. d'accosto**, boat hook □ (*aeron.*) **g. d'arresto**, arrester (hook) □ (*agric.*) **g. d'attacco** (*per l'aratro*) clevis □ **g. di traino**, towing hitch □ (*mecc.*) **g. doppio**, sister hook □ (*naut.*) **g. per rimorchio**, tow hook.

gandhismo, *m.* Gandhi(i)sm.

gang (*ingl.*), *f. invar.* **1** (*di malviventi*) gang; band; mob **2** (*combriccola*) gang; band; bunch.

gànga (**1**), *V.* **gang**.

gànga (**2**), *f.* **1** (*ind. min.*) gangue; gang: **g. del carbone**, coal gangue **2** (*zool., Pterocles alchata*) (pin-tailed) sand-grouse.

Gànge, *m.* (*geogr.*) Ganges.

gangètico, *a.* (*geogr.*) of the Ganges; Ganges (*attr.*).

gànghero, *m.* **1** (*di porte, finestre, ecc.*) hinge **2** (*gancetto*) hook. ● (*fig.*) **essere fuori dai gangheri**, to be beside oneself; to be in a stew (*fam.*); to be mad (*fam.*) □ (*fig.*) **far uscire dai gangheri q.**, to get sb.'s back up (*fam.*) □ (*fig.*) **uscire** (*o* **andar fuori**) **dai gangheri**, to fly off the handle (*fam.*); to hit the ceiling (*fam.*); to blow one's top (*fam.*).

gangliàre, *a.* (*anat.*) ganglionic; ganglion (*attr.*).

gangliforme, *a.* gangliform.

gànglio, *m.* **1** (*anat.*) ganglion* **2** (*fig.*) ganglion*; nerve-centre; vital point.

gangliolìtico, *a.* (*farm.*) ganglionic blocking.

gangliòma, *m.* (*med.*) ganglioma*.

gangliòside, *m.* (*chim.*) ganglioside.

gangliite, *f.* (*med.*) ganglitis.

gangrèna, e *deriv. V.* **cancrena**, e *deriv.*

gangster (*ingl.*), *m. invar.* gangster.

gangsterismo, *m.* gangsterism.

gangsteristico, *a.* gangster (*attr.*).

Ganimède, *m.* (*mitol., astron.*) Ganymede.

ganimède, *m.* dandy; beau* (*franc.*): **fare il g.**, to play the beau.

gànza, *f.* **1** (*spreg.*) mistress; doxy **2** (*pop.*: *donna scaltra*) smart one; sly one.

gànzo, *m.* **1** (*spreg.*) lover; paramour **2** (*pop.*: *uomo scaltro*) smart one; sly one.

gap (*ingl.*), *m. invar.* gap.

gappista, *m.* e *f.* member of the GAP (Italian resistance movement).

gàra, *f.* **1** competition: **iscriversi a una g.**, to enter a competition; **mettersi in g.**, to enter into competition; **partecipare a una g.**, to take part in a competition; to compete; **essere in g. con q.**, to be in competition with sb.; to compete (*o* to vie) with sb.; **g. di pesca**, fishing competition; **g. commerciale tra due nazioni**, trade competition between two countries **2** (*sport*) competition; event; contest; (*corsa*) race; (*partita tra due contendenti*) match: **g. libera**, open event; **gare di nuoto**, swimming competitions; **g. a vantaggi**, handicap event; **g. automobilistica**, motor (*o* car) race; **g. di corsa**, race; **g. ippica**, horse race; **Facciamo una g.** (*di corsa e sim.*), let's have a race. ● **g. d'appalto**, tender (for contract); bidding □ **g. di resistenza** (*per auto* *o moto*), enduro (*USA*) □ **g. eliminatoria**, heat □ **gare finali**, finals □ **fare a g.**, to vie (with each other); to try to outdo (each other) □ **fuori g.**, not competing.

garage (*franc.*), *m. invar.* garage.

garagìsta, *m.* e *f.* garage hand; (*proprietario*) garage owner.

garànte, *m.* e *f.* (*anche leg.*) guarantor, guarantee, surety; (*meno comuni*) warranter, warrantor. ● **farsi** (*o* **rendersi**) **g. di**, to vouch for; to answer for; (*farsi mallevadore di q.*) to stand surety for; (*offrire una cauzione per q.*) to go bail for.

garantìre, A *v. t.* **1** to guarantee; to warrant: **g. un prodotto**, to guarantee a product; **Non possiamo g. l'arrivo della merce entro la settimana**, we cannot guarantee the arrival of the goods within this week **2** (*dare per certo*) to guarantee; to ensure **3** (*rendersi garante di*) to vouch for; to answer for; to stand guarantor for: **Sono pronto a g. la sua onestà**, I am ready to vouch for his honesty **4** (*assicurare*) to assure: **Ti garantisco che ciò non si ripeterà**, I assure you that it won't happen again. ● **g. un assegno**, to guarantee a cheque; to certify a check (*USA*) □ (*fam.*) **Garantito!**, depend on it!; you bet! (*fam.*). **B** *v. i.* (*offrire una cauzione*) to go* bail for. **C garantìrsi,** *v. rifl.* to secure oneself; to insure oneself (against).

garantişmo, *m.* (*polit.*) support of civil rights; commitment to civil rights.

garantìsta, *m.* e *f.* (*polit.*) supporter of civil rights; one committed to civil rights.

garantìto, A *a.* **1** (*leg.*) guaranteed; secured: **g. per tre anni**, guaranteed for three years; **g. puro cashmere**, guaranteed pure cashmere; **mutuo g.**, secured loan **2** (*certo, sicuro*) certain; sure; assured: **un successo g.**, a certain success. ● (*leg.*) **g. con ipoteca**, collateral □ (*fin.*) **g. da obbligazioni**, bonded. **B** *m.* (*leg.*) warrantee.

garànza, *V.* **robbia**.

garanzìa, *f.* **1** guarantee; warrant; (*leg.*) guarantee, guaranty, security, warranty: **Che g. puoi offrire?**, what guarantee can you offer?; **La sua condotta è g. della sua sincerità**, his behaviour is a warrant of his sincerity; **un televisore con la g. di un anno**, a TV set with a one-year guarantee (*o* warranty); **essere in g.**, to be under warranty; **dare una g. a un creditore**, to give a guaranty to a creditor **2** (*pegno*) security; pledge: **offrire q.c. a g. di un debito**, to offer st. in security for a debt. ● (*leg.*) **avviso di g.**, warning that one is under investigation □ (*di persona*) **dare [non dare] g. di serietà**, to be reliable [to be unreliable] □ (*di cambiale*) **senza g.**, without security; unsecured (*agg.*).

garbàre, *v. i.* to like (*costr. pers.*); to suit: **Questa condotta non mi garba**, I don't like this behaviour; **Non mi garba quello che avete deciso**, what you have decided does not suit me; **Se non ti garba te ne puoi andare**, if you don't like it, you can leave.

garbatézza, *f.* politeness; kindness.

garbàto, *a.* **1** (*cortese*) polite; amiable; pleasant-mannered; courteous **2** (*aggraziato*) pretty; pleasant.

garbìno, *m.* (*libeccio*) south-west wind.

gàrbo, *m.* **1** politeness; pleasant manners (*pl.*); gentleness; (*tatto*) tact; (*grazia*) grace **2** (*linee aggraziate*) graceful lines (*pl.*); gracefulness; elegance **3** (*modellatura*) shaping; (*finitura*) finish **4** (*naut.*) bend. ● **a g.**, properly: **fare q.c. a g.**, to do st. properly □ **con g.**, with good grace; gently; tactfully □ **dare il g. (a un abito)**, to give (a dress) more shape □ **senza g.**, (*in modo sgarbato*) rudely; (*goffo*) clumsily, awkwardly.

garbùglio, *m.* **1** tangle; entanglement **2** (*fig.*: *confusione*) muddle; mess; mix-up.

garçonne (*franc.*), *f.* – **capelli alla g.**, bobbed hair; hair worn in a bob.

garçonnière (*franc.*), *f. invar.* bachelor flat.

gardènia, *f.* (*bot., Gardenia*) gardenia.

gardeşàno, *a.* of Lake Garda.

gareggiàre, *v. i.* to compete; to vie: **Nessuno può g. con lui**, no one can compete with him; **Gareggiavano nel farle complimenti**, they vied in paying her all sorts of compliments; **Chi gareggia oggi?**, who is competing today?

gareggiatóre, *m.* (*f.* **-trice**) competitor.

garènna, *f.* (rabbit) warren.

garganèlla, *f.* – **bere a g.**, to pour (st.) down one's throat; (*fig.*) to be a soak.

gargantuésco, *a.* gargantuan.

gargarişmo, *m.* (*la soluzione e lo sciacquo*) gargle. ● **fare i gargarismi**, to gargle.

gargarizzàre, *v. i.* to gargle.

gargaròzzo, *m.* (*fam.*) throat; gullet.

gargòlla, gargouille (*franc.*), *f.* (*archit.*) gargoyle.

garibaldìno, A *a.* **1** of Garibaldi; Garibaldi's; Garibaldian: **l'esercito g.**, Garibaldi's army; **generale g.**, Garibaldian general **2** (*fig.*) dashing; daring; reckless. ● **alla garibaldina**, boldly; daringly; impetuously; recklessly. **B** *m.* (*f.* **-a**) follower of Garibaldi; Garibaldian; Garibaldino*; Garibaldist. ● **vecchio g.**, veteran of Garibaldi's campaigns.

garìga, *f.* (*geogr.*) gar(r)igue.

garìtta, *f.* **1** (*mil.*) sentry box **2** (*torretta di guardia*) watchtower **3** (*ferr.*) brakesman's cabin.

garnettàre, *v. t.* (*ind. tess.*) to garnett.

garnettatrìce, *f.* (*ind. tess.*) garnett.

garnettatùra, *f.* (*ind. tess.*) garnetting.

garnierìte, *f.* (*miner.*) garnierite.

garofanàia, *f.* (*bot., Geum urbanum*) herb bennet.

garofanàto, *a.* carnation-scented.

garòfano, *m.* (*bot.*) **1** (*Dianthus*) pink **2** (*Dianthus caryophyllus*) carnation; clove pink **3** – **g. a mazzetti** (*o* **dei poeti**) (*Dianthus barbatus*), sweet william; **g. screziato**, picotee; flake. ● (*farmacia, cucina*) **chiodi di g.**, cloves.

Garònna, *f.* (*geogr.*) (the) Garonne.

garrése, *m.* withers (*pl.*).

garrétto, *m.* **1** (*di quadrupede*) fetlock; hock **2** (*estens.*: *di persona*) (back of the) heel. ● **avere garretti d'acciaio**, to be a fast runner.

garrìga, *V.* **garìga**.

garrìre, *v. i.* **1** (*di uccelli*) to shriek; to screech **2** (*lett.*: *di bandiera*) to flap; to flutter.

garrìto, *m.* shrieking; screeching; shriek; screech.

garròtta, *f.* garrotte.

garrottaménto, *m.* garroting.

garrottàre, *v. t.* to garrotte.

garrulità, *f.* garrulity; garrulousness.

gàrrulo, *a.* (*lett.*) **1** (*di uccello*) shrieking; chattering **2** (*loquace*) garrulous; talkative **3** (*rumoroso*) noisy; boisterous.

gàrza (1), *f. V.* **airone**.

gàrza (2), *f.* gauze.

garzàre, *v. t.* (*ind. tess.*) to teasel, to teazle.

garzatóre, *m.* (*f.* **-trice**) (*ind. tess.*) teasel(l)er, teazler.

garzatrìce, *f.* (*macchina*) teasel(l)ing machine; teasel(l)er.

garzatùra, *f.* (*ind. tess.*) teasel(l)ing, teazling.

garzétta, *f.* (*zool., Egretta garzetta*) little egret.

gàrzo, *m.* (*ind. tess.*) teasel, teazle. ● **dare il g.**, to teasel, to teazle.

garzóne, *m.* **1** boy (*spesso qualificato*); (*fattorino*) errand boy: **g. di macellaio [di fornaio, di stalla]**, butcher's [baker's, stable] boy **2** (*naut.*: *mozzo*) ship's boy; cabin boy **3** (*poet.*) youth; lad.

gas, *m.* gas: **gas asfissiante [tossico]**, poison [noxious] gas; **gas esilarante**, laughing gas; **gas di città**, town gas; **gas illuminante**, illuminating gas; **gas lacrimogeno**, tear gas; **gas liquido**, liquefied gas; **gas nobili**, noble gases; **accendere [spegnere] il gas**, to turn on [to turn off] the gas; **alzare [abbassare] il gas**, to turn up [to turn down] the gas; **becco a gas**, gas burner; gas jet; **conduttura del gas**, gas pipe; **contatore del gas**, gas meter; **cucina [fornello] a gas**, gas cooker [ring]; **fuga di gas**, gas leak; **illuminazione a gas**, gas lighting; **impianto del g.**, gas fittings (*pl.*); **riscaldamento a gas**, gas heating; **serbatoio del gas**, gas holder. ● **gas delle miniere** (*grisù*), firedamp □ **gas delle paludi**, march gas; methane □ **gas di miniera** (*non esplosivo*), afterdamp; choke damp; whitedamp □ **gas di scarico**, exhaust emission □ **gas metano**, natural gas □ **gas nervino**, nerve gas □ (*fam.*) **andare a tutto gas**, to go at full speed; to go flat-out; to belt along (*fam. GB*); to barrel along (*fam. USA*) □ **camera a gas**, gas chamber □ (*autom.*) **dare gas**, to accelerate; to step on the gas (*USA*) □ **tecnico del gas**, gasman □ **asfissiare col gas**, to gas □ **installatore d'impianti a gas**, gas fitter □ **Società del Gas**, Gas Company.

gaşàre, (*fam.*) **A** *v. t.* to excite; to thrill; to electrify. **B gaşàrsi,** *v. i. pron.* to get* excited; to be electrified.

gaşàto, (*fam.*) **A** *a.* (*eccitato*) excited; electrified; wild; agog with excitement. **B** *m.* (*f.* **-a**) bighead.

gaşbetòn, *m. invar.* (*edil.*) gas (*o* porous) concrete.

gascromatografìa, *f.* (*chim.*) gas chromatography.

gascromatògrafo, *m.* (*chim.*) gas chromatograph.

gaşdinàmica, *f.* (*fis.*) gas dynamics (*pl. col verbo al sing.*).

gaşdótto, *m.* gas pipeline.

gaşièra, *f.* (*naut.*) gas tanker.

gaşificàre, e *deriv. V.* **gassificare,** e *deriv.*

gaşìsta, *V.* **gassista**.

gaşògeno, *m.* (*ind.*) gas generator; gas producer.

gaşolìna, *f.* gasolene, gasoline.

gaşòlio, *m.* gas oil; Diesel oil; Diesel fuel; (*per autotrasporto, anche*) derv (*GB*). ● **riscaldamento a g.**, oil-fired (central) heating.

gaşometrìa, *V.* **gassometria**.

gaşòmetro, *V.* **gassometro**.

gaşósa, *V.* **gassosa**.

Gàspare, *m.* Jasper.

gàssa, *f.* (*naut.*) eye; hitch: **g. a serraglio**, timber hitch; **g. impiombata**, Flemish eye; **g. d'amante (semplice)**, bowline (knot); **g. d'amante doppia**, bowline knot on the bight.

gassàre, *v. t.* **1** (*un liquido*) to aerate; to carbonate **2** (*uccidere col gas*) to gas.

gassàto, *a.* **1** (*di liquido*) aerated; fizzy **2** (*ucciso col gas*) gassed.

gassificàre, *v. t.* to gasify.

gassificazióne, *f.* gasification.

gassìsta, *m.* **1** gasman*; gas fitter **2** (*ind.*) operator of a gas generator.

gassògeno, *V.* **gasogeno**.

gassometrìa, *f.* gasometric method.

gassòmetro, *m.* (*ind.*) gasholder; gasometer: **g. a campana**, bell-shaped gasometer; **g. a secco [a umido]**, dry [wet] gasometer.

gassósa, *f.* «gassosa» (a fizzy drink).

gassóso, *a.* gaseous; gassy; gas (*attr.*): **emissione gassosa**, gas emission.

gastàldo, *V.* **castaldo**.

gasteròpode, *m.* (*zool.*) gast(e)ropod.

Gasteròpodi, *m. pl.* (*zool., Gasteropoda*) Gast(e)ropoda.

Gastóne, *m.* Gaston.

gastralgìa, *f.* (*med.*) gastralgia.

gastràlgico, *a.* e *m.* (*med.*) gastralgic.

gastrectaşìa, *f.* (*med.*) gastrectasis.

gastrectomìa, *f.* (*chir.*) gastrectomy.

gàstrico, *a.* (*med.*) gastric: **succo g.**, gastric juice; **febbre gastrica**, gastric fever; **lavanda gastrica**, stomach pumping.

gastrìna, *f.* (*biol.*) gastrin.

gastrite, f. (*med.*) gastritis*.
gastrocèle, m. (*med.*) gastrocoele.
gastroduodenàle, a. (*anat., med.*) gastroduodenal.
gastroentèrico, a. (*med.*) gastroenteric.
gastroenterite, f. (*med.*) gastroenteritis.
gastroenterologìa, f. (*med.*) gastroenterology.
gastroenteròlogo, m. (f. **-a**) (*med.*) gastroenterologist.
gastroenterostomìa, f. (*chir.*) gastroenterostomy.
gastroepàtico, a. (*med.*) gastrohepatic.
gastrointestinàle, V. **gastroenterico.**
gastrologìa, f. (*med.*) gastrology.
gastronomìa, f. *1* gastronomy *2* (*negozio*) delicatessen.
gastronòmico, a. gastronomic(al): **specialità gastronomiche**, gastronomic specialities.
gastrònomo, m. (f. **-a**) gourmet; gastronome; gastronomer; gastronomist.
gastropatìa, f. (*med.*) gastropathy.
gastropàtico, A a. gastropathic. B m. (f. **-a**) sufferer from a gastric complaint.
gastroplàstica, f. (*chir.*) gastroplasty.
gastroptòşi, f. (*med.*) gastroptosis.
gastroscopìa, f. (*med.*) gastroscopy.
gastroscòpio, m. (*med.*) gastroscope.
gastròşi, f. (*med.*) gastric complaint.
gastrospàşmo, m. (*med.*) gastrospasm.
gastrostomìa, f. (*chir.*) gastrostomy.
gastrotomìa, f. (*chir.*) gastrotomy.
gàstrula, f. (*biol.*) gastrula*.
gastrulazióne, f. (*biol.*) gastrulation.
gàtta, f. cat; she-cat; female cat: **una g. coi gattini**, a cat and her kittens. ● **G. ci cova**, there's something fishy going on here □ (*fig.*) **avere altre gatte da pelare**, to have other fish to fry □ (*fig.*) **comprare la g. nel sacco**, to buy a pig in a poke □ (*fig.*) **una bella g. da pelare**, a pretty kettle of fish; a tough nut to crack □ (*fig.*) **prendersi una g. da pelare**, to take on a difficult job □ (*prov.*) **La g. frettolosa fece i gattini ciechi**, more haste, less speed □ (*prov.*) **Tanto va la g. al lardo che ci lascia lo zampino**, curiosity killed the cat.
gattabùia, f. (*scherz.*) prison; lockup; clink (*pop*); cooler (*pop*); stir (*pop.*); nick (*fam. GB*); pokey (*pop. USA*).
gattàia, f. (*bot., Nepeta cataia*) catnip.
gattaiòla, f. cat-door.
gattamòrta, f. (*fam.*) slyboots. ● **fare la g.**, to play dumb.
gatteggiaménto, m. gleaming; glinting.
gatteggiàre, v. i. to gleam; to glint.
gattésco, a. catlike; cattish; catty; feline.
gàttice, m. (*bot., Populus alba*) white poplar.
gattìna, f. kitten; pussy (*fam.*). ● **fare la g.**, to be kittenish; to flirt.
gattino, m. *1* kitten; pussy (*fam.*) *2* (*bot., pop.: amento*) ament; catkin. ● (*fig. fam.*) **fare i gattini**, to vomit; to throw* up (*fam.*); to be sick (*GB*); to cat (*pop*).
gàtto, m. *1* cat; (*maschio*) male cat, tomcat, he-cat: **g. castrato**, neutered cat; **g. d'Angora**, Angora (*o* Persian) cat; **g. fulvo**, marmalade cat; **g. rosso**, ginger cat; **g. selvatico** (*Felis catus*), wild cat; **g. siamese**, Siamese cat; **g. soriano** (*o* **tigrato**), tabby (cat); **Il mio g. è bravo ad acchiappare i topi**, my cat is a good mouser *2* (*tecn.: berta, battipalo*) rammer. ● **g. a nove code** (*frusta*), cat-o'-nine-tails □ **il G. con gli stivali**, Puss-in-boots □ **g. delle nevi** (*veicolo*), snowmobile; snow-cat □ **g. mammone**, bogey □ **g. selvaggio** (*forma di sciopero*), wildcat strike □ (*zool.*) **g. tigre** (*Felis tigrina*), tiger-cat; margay □ (*naut.*) **buco del g.**, lubber's hole □ **essere come cane e g.**, to be like cat and dog □ **giocare con q. come il g. col topo**, to play cat and mouse with sb. □ (*miner.*) **occhio di g.**, cat's-eye □ (*naut.*) **ormeggio a barba di g.**, two-arms moorings □ **vivere come cane e g.**, to live a cat-and-dog life □ (*fig.*) **C'erano quattro gatti**, there was hardly anybody there □ (*prov.*) **Di notte tutti i gatti sono grigi**, all cats are alike in the night □ (*prov.*) **Quando il g. non c'è i topi ballano**, when the cat is away, the mice will play.
gattòfilo, (*scherz.*) A a. cat-loving. B m. (f. **-a**) cat lover.
gattomammóne, m. bogey.
gattonàre, v. t. e i. *1* (*nella caccia*) to stalk *2* (*di bambini*) to crawl.
gattóni (1), avv. on all fours; crawling: **andare g.**, to go on all fours; to crawl. ● **gatton g.**, stealthily.
gattóni (2), m. pl. (*med., fam.*) (the) mumps (*col verbo al pl. o al sing.*).
gattopardişmo, m. belief that the status quo can best be defended with reforms that merely change the surface of things.
gattopàrdo, m. (*zool.*) *1* (*Felis serval*) serval *2* (*Felis pardalis*) ocelot.
gattùccio (1), m. (*zool., Scyliorhinus canicula*) lesser spotted dogfish; nursehound. ● (*zool.*) **g. maggiore** (*Scyliorhinus stellaris*), larger spotted dogfish.
gattùccio (2), m. (*sega*) keyhole saw; compass saw.
gauchesco, a. gaucho (*attr.*).
gauchisme (*franc.*), **gauchişmo,** m. (*polit.*) left-wing politics (*pl. col verbo al sing.*).
gauchiste (*franc.*), a., m. e f. invar. (*polit.*) gauchist; extreme leftist.
gaudènte, A a. pleasure-loving; pleasure-seeking. B m. e f. (*edonista*) hedonist, pleasure-seeker; (*festaiolo*) reveller. ● **Frati Gaudenti**, Knights of Our Lady.
gàudio, m. joy; bliss; happiness. ● (*prov.*) **Mal comune, mezzo g.**, a trouble shared is a trouble halved.
gaudióso, a. (*lett.*) joyful; blissful: (*relig.*) **i cinque Misteri gaudiosi**, the five Joyful Mysteries.
gaufre (*franc.*), f. invar. wafer.
gaufré (*franc.*), a. embossed.
gaulthèria, f. (*bot., Gaultheria procumbens*) wintergreen
gauss, m. (*fis.*) gauss.
gaussiàno, a. (*mat.*) Gaussian: **curva gaussiana**, Gaussian curve.
gavaina, f. tongs (*pl.*); pincers (*pl.*).
gavazzaménto, m. revelry; carousal; debauchery.
gavazzàre, v. i. (*lett. o scherz.*) to revel; to carouse.
gavètta, f. (*mil.*) mess-tin. ● **venire dalla g.**, (*mil.*) to rise from the ranks; (*fig.*) to be a self-made man.
gavettóne, m. *1* (*scherzo*) booby trap *2* (*naut.*) dogwatch.
gaviàle, m. (*zool., Gavialis gangeticus*) gavial.
gavigliàno, m. (*scherma*) quillons (*pl.*).
gavina, f. (*zool., Larus canus*) common gull.
gavitèllo, m. (*naut.*) buoy: **g. luminoso**, light buoy; beacon.
gavóne, m. (*naut.*) peak: **g. di prua**, forepeak; **g. di poppa**, afterpeak.
gavòtta, f. (*danza e mus.*) gavotte.
gazàre, v. t. (*ind. tess.*) to singe.
gazatùra, f. (*ind. tess.*) singeing.
gazebo (*ingl.*), m. invar. gazebo.
gàzza, f. *1* (*zool., Pica pica*) magpie; pie *2* (*zool.*) – **g. marina** (*Alca torda*), razorbill; razor-billed aulk; **g. marina minore** (*Plautus alle*), rotch(e) *3* (*fig. fam.*) magpie; prattler.
gazzàrra, f. din; racket; hubbub.
gazzèlla, f. *1* (*zool., Gazella*) gazelle *2* (*fig.*) (high-speed) police car.
gazzètta, f. gazette.
gazzettière, m. (*spreg.*) hack (reporter).
gazzettino, m. *1* news sheet *2* (*parte del giornale*) column; page: **g. regionale**, local pages; **g. teatrale**, theatre column; **g. rosa**, gossip column *3* (*radio*) local news round-up *4* (*fig.*) gossip; newsmonger.
gazzettìstico, a. (*spreg.*) sensational; hack (*attr.*).
gazzósa, V. **gassosa.**
geàstro, m. (*bot., Geaster*) earthstar.
gèco, m. (*zool.; Tarentola mauritanica*) gecko*.
Geènna, f. (*Bibbia*) Gehenna.
Geiger, m. invar. – **contatore G.**, Geiger counter.
gèisha, f. geisha*.
geitonogamìa, f. (*bot.*) geitonogamy.
gel, m. *1* (*chim.*) gel *2* (*per capelli*) hair gel.
gelàre, A v. i. e i. pron. to freeze*; (*di pianta*) to be killed by the frost: **Stanotte gelerà**, it will freeze tonight; **Il fiume gelò**, the river froze; **Sto gelando**, I'm freezing; **A quella vista mi si gelò il sangue**, that sight made my blood run cold; **Mi sentii g.**, I quaked; my heart sank; I was horrified; **La mimosa gelò**, the mimosa was killed by the frost. B v. t. *1* to freeze*; to chill: **Il vento mi gelò il naso**, the wind froze my nose; **È un freddo che gela gli orecchi**, it's cold enough to freeze your ears; **un vento che ti gela le ossa**, a wind that chills you to the bone *2* (*uccidere per il gelo*) to kill*. ● **g. l'entusiasmo di q.**, to dampen sb.'s enthusiasm □ (*fig.*) **pensiero che gela**, horrifying thought □ (*fig.*) **risposta che gela**, freezing answer □ (*fig.*) **sarcasmo che gela**, withering sarcasm. C v. i. impers. to be freezing: **Qui si gela**, it is freezing here.
gelàşimo, m. (*zool., Uca pugilator*) fiddler crab.
gelàta, f. frost: **g. dura**, black frost; **g. superficiale**, hoar frost.
gelatàio, m. (f. **-a**) *1* (*venditore*) ice-cream vendor *2* (*fabbricante*) ice-cream maker *3* (*negozio*) ice-cream shop (*USA*: parlor).
gelaterìa, f. ice-cream shop (*USA*: parlor).
gelatièra, f. ice-cream machine.
gelatièro, a. ice-cream (*attr.*).
gelatina, f. *1* (*cucina*) jelly: **g. di pollo [di ribes]**, chicken [currant] jelly *2* (*chim.*) gelatin: **g. esplosiva**, blasting gelatin; (*fotogr.*) **g. cristallizzata**, frosted gelatine *3* (*colla di pesce*) isinglass *4* (*med.*) gel.
gelatinàre, v. t. to gelatinate; to gelatinize.
gelatinifórme, a. gelatinous: gelatine-like.
gelatinizzànte, a. gelatinizing; jelling.
gelatinizzàre, v. t. **gelatinizzarsi,** v. i. pron. to gelatinize.
gelatinóso, a. jelly-like; gelatinous.
gelàto, A a. (*freddissimo*) icy, ice-cold, stone-cold; (*ghiacciato*) frozen: **acqua gelata**, icy water; **Ho le mani gelate**, my hands are frozen (*o* are like lumps of ice); **Questo caffè è gelato**, this coffee is stone-cold. ● **cono g.**, ice-cream cone. B m. ice-cream: **g. di fragole**, strawberry ice-cream; **g. da passeggio**, ice-cream on a stick; ice lolly; popsicle (*marchio, USA*).
gelazióne, f. (*chim.*) gelation.
gelicìdio, m. (*meteor.*) glaze; glazed frost.
gelidaménte, avv. icily; gelidly; coldly.
gèlido, a. *1* icy; ice-cold; freezing *2* (*fig.*) icy; chilly; gelid; cold: **maniere gelide**, icy manners; **accoglienza gelida**, cold welcome.
gelificàre, v. t. e i. **gelificarsi,** v. i. pron. (*chim.*) to gel.
gelificazióne, f. (*chim.*) gelation.
gelignite, f. gelignite.
gellàba, f. djellaba(h).
gèlo, m. *1* (*freddo intenso*) cold: **Non stare fuori al g.**, don't stay outside in the cold *2* (*ghiaccio*) ice; (*brina*) frost: **Il g. fece morire tutti i fiori**, the frost killed all the flowers *3* (*fig.*) chill; iciness: **il g. del sospetto**, the chill of suspicion; **un g. nelle ossa**, a chill in one's bones; **atmosfera di g.**, chilly atmosphere; **il g. della morte**, the cold finger of death. ● (*fig.*) **farsi di g.**, to freeze □ **un uomo di g.**, a cold fish of a man; a cold-blooded man.
gelóne, m. (*med.*) chilblain.
gelosaménte, avv. *1* (*con gelosia*) jealously;

(*con invidia*) enviously **2** (*con cura scrupolosa*) jealously; scrupulously; with loving care.

gelosìa (1), f. **1** jealousy; (*invidia, anche*) envy: **rodersi di g.**, to be consumed with jealousy; to eat one's heart out (*fam.*); **Quella lode suscitò la g. dei compagni**, that praise roused his classmates' envy; **g. di mestiere**, professional jealousy **2** (*cura scrupolosa*) loving (*o* scrupulous) care. ● **avere g. di q.**, to be jealous of sb. □ **segreto custodito con g.**, jealously guarded secret.

gelosìa (2), f. **1** (*persiana*) jalousie; shutter **2** (*sportellino di persiana*) shutter flap (*o* hatch).

gelóso, a. **1** jealous; (*invidioso, anche*) envious: **essere g. della moglie**, to be jealous of one's wife; **È g. del collega**, he is jealous of his colleague **2** (*protettivo, possessivo*) protective; jealous; particular: **g. della propria indipendenza**, jealous of one's independence; **È g. dei suoi dischi**, he's very particular about his records.

gelsèmio, m. (*bot., Gelsemium*) gelsemium; yellow (*o* Carolina) jasmine.

gelséto, m. mulberry grove (*o* plantation).

gelsicoltóre, m. (*f.* **-trice**) mulberry grower.

gelsicoltùra, f. mulberry-growing.

gèlso, m. (*bot., Morus*) mulberry (tree). ● **g. nero** (*Morus nigra*), sycamine.

Gelsomina, f. Jasmine.

gelsomino, m. (*bot., Jasminum*) jasmin(e); jessamin(e). ● **g. americano** (*Campsis radicans*), trumpet creeper.

Geltrùde, f. Gertrude.

gemebóndo, a. moaning; groaning.

gemellàggio, m. twinning.

gemellànza, f. twinship.

gemellàre (1), a. twin (*attr.*): **parto g.**, twin birth.

gemellàre (2), v. t., **gemellàrsi**, v. rifl. e rifl. recipr. to twin.

gemellarità, f. twin birth.

gemellìpara, f. mother of twins.

gemèllo, **A** a. twin (*attr.*): **fratello g.**, twin brother; **anime gemelle**, twin souls; **letti gemelli**, twin beds. **B** m. (*f.* **-a**) **1** twin: **Hanno avuto due gemelli**, they have had twins; **la mia gemella**, my twin; **gemelli siamesi**, Siamese twins; **gemelli monozigoti [dizigotici]**, monozygotic [dizygotic] twins **2** (*di polsino*) cuff link **3** (*pl.*) (*astron.*) Gemini; the Twins **4** (*pl.*) (*astrol.*) Gemini. ● **cinque gemelli**, quintuplets; quins (*fam.*) □ **quattro gemelli**, quadruplets; quads (*fam.*) □ **tre gemelli**, triplets.

gemellologìa, f. (*med.*) study of twins.

gèmere, **A** v. i. **1** to moan; to groan; to wail: **La vecchia gemeva debolmente**, the old woman was moaning faintly; **g. sotto l'ingiustizia**, to groan under injustice; **g. di dolore**, to groan in pain **2** (*scricchiolare*) to groan; to creak: **La trave gemeva sotto il peso**, the beam groaned under the weight **3** (*trasudare*) to drip; to ooze; to trickle; to leak: **La botte geme**, the barrel is leaking **4** (*tubare*) to coo. **B** v. t. (*emettere, versare a gocce*) to drip; to ooze; to trickle with: **una ferita che geme sangue**, a wound oozing blood; **g. acqua**, to trickle with (*o* to leak) water. ● (*fig.*) **far g. i torchi**, to give a manuscript to the press.

geminàre, v. t. (*anche fon.*) to geminate.

geminàto, a. (*anche fon., bot., miner.*) geminate(d): **consonante geminata**, geminate consonant; (*miner.*) **cristalli geminati**, geminated crystals.

geminazióne, f. (*anche fon., miner.*) gemination.

gèmino, a. (*lett.*) twin (*attr.*); twofold.

gemitio, m. (*med.*) essudation.

gèmito, m. **1** moan; groan; wail **2** (*cigolio*) creak; squeak.

gemizio, V. **gemitio**.

gèmma, f. **1** (*bot.*) bud; button: **g. apicale [ascellare]**, terminal [axillary] bud; **g. fogliare**, leaf bud; **mettere le gemme**, to put forth buds; to bud; to gemmate **2** (*miner.*) gem; precious stone; jewel **3** (*fig.*) gem; jewel; star: **Quel francobollo è la g. della collezione**, that stamp is the gem of the collection **4** (*biol.*) gemma*.

gemmàre, **A** v. i. (*bot.*) to gemmate; to bud; to put* forth buds. **B** v. t. (*lett.*) to bejewel.

gemmàto, a. **1** (*bot., biol.*) gemmate **2** (*lett.*: *ingioiellato*) bejewelled.

gemmazióne, f. (*bot., biol.*) gemmation.

gèmmeo, a. gemmeous.

gemmìfero, a. (*bot., biol.*) gemmiferous.

gemmìparo, a. (*biol.*) gemmiparous.

gemmologìa, f. gemmology.

gemmològico, a. gemmological.

gemmòlogo, m. (*f.* **-a**) gemmologist.

gemmóso, a. (*bot.*) full of buds.

gèmmula, f. (*biol.*) gemmule.

gendàrme, m. **1** policeman*; gendarme (*franc.*) **2** (*fig.*: *di donna*) battle-axe (*fam.*); virago **3** (*alpinismo*) gendarme (*franc.*).

gendarmerìa, f. **1** (*corpo*) police; gendarmerie (*franc.*) **2** (*caserma*) police station; gendarmerie.

gène, m. (*biol.*) gene.

genealogìa, f. **1** (*scienza*) genealogy **2** (*discendenza*) genealogy; lineage **3** (*di animale*) pedigree.

genealògico, a. genealogic(al): **albero g.**, genealogical tree; family tree.

genealogìsta, m. e f. genealogist.

genepì, m. **1** (*bot., Artemisia*) wormwood **2** (*liquore*) genepi liqueur.

generalàto, m. (*eccles.*) generalship.

generàle (1), **A** a. **1** general; common; (*diffuso*) widespread: **un'idea g.**, a general idea; **opinione g.**, general (*o* widespread) opinion; (*med.*) **paralisi g.**, general paralysis; **perdono g.**, general pardon; **il bene g.**, the common good **2** (*nelle gerarchie*) general (*a volte posposto*): **direttore g.**, general manager; **console g.**, Consul General; (*eccles.*) **Madre G.**, Mother General. ● (*teatr.*) **a richiesta g.**, by request □ **come regola g.**, as a general rule □ **in termini generali**, in general (*o* broad) terms □ **indice g.**, index □ (*teatr.*) **prova g.**, dress rehearsal □ (*mil.*) **Quartier G.**, General Headquarters (*generalm. pl.*; *abbr.*: G.H.Q.) □ (*rag.*) **spese generali**, overhead expenses; overheads □ **tenersi sulle generali**, to keep (*o* to stick) to generalities; not to descend to particulars. **B** m. (the) general: **distinguere il g. dal particolare**, to distinguish the general from the particular; **in g.**, generally; in general; generally speaking.

generàle (2), m. **1** (*mil.*) general; (*aeron., in G.B.*) marshal: **g. d'armata**, general; **g. di brigata**, (*in G.B.*) brigadier; (*in U.S.A.*) brigadier general; (*aeron., in G.B.*) air commodore; **g. di corpo d'armata**, lieutenant general; **g. di divisione**, major general; **g. di divisione aerea**, (*in G.B.*) air vice marshal; (*in U.S.A.*) major general; (*aeron.*) **g. di squadra**, (*in G.B.*) air marshal; (*in U.S.A.*) lieutenant general; **g. in capo**, commander in chief; supreme commander **2** (*eccles.*) (superior-)general.

generalésco, a. (*autoritario*) authoritarian; commanding; imperious.

generalèssa, f. **1** general's wife* **2** (*eccles.*) (superior) general **3** (*scherz.*) bossy woman*; battle-axe (*fam.*).

generalìssimo, m. (*mil.*) generalissimo*.

generalità, f. **1** generality; universality: **la g. di una legge**, the universality of a law **2** (*maggioranza*) majority; general (*o* ordinary, common) run: **la g. degli attori**, most actors; the majority (*o* general run) of actors; **nella g. dei casi**, in most cases **3** (*idea generale, ecc.*) generalization; generality **4** (*pl.*) (*dati per uso burocratico*) personal particulars; name, address and place of birth: **declinare false g.**, to give false particulars.

generalìzio, a. (*eccles.*) of a (superior-)general.

generalizzàbile, a. generalizable.

generalizzàre, v. t. e i. to generalize.

generalizzàto, a. (*diffuso*) general; widespread; common.

generalizzazióne, f. generalization.

generalménte, avv. generally; in general; as a (general) rule; mostly.

generàre, **A** v. t. **1** (*procreare*) to procreate, to beget* (*form.* o *lett.*); (*di animali*) to breed*; (*dare vita*) to give* birth to: **Isacco generò Giacobbe**, Isaac begat Jacob; **Firenze generò molti artisti**, Florence gave birth to many artists **2** (*produrre*) to produce; (*anche tecn.*) to generate: **g. frutti**. to produce fruits; **g. elettricità**, to generate electricity **3** (*fig.*: *causare*) to generate; to beget*; to cause; to foster; to arouse; to breed*: **Le guerre generano odio**, wars beget hatred; **Che cosa genera le maree?**, what causes the tides?; **g. odio**, to breed hatred; **g. un equivoco**, to cause a misunderstanding; **g. frasi**, to generate sentences; **Queste voci hanno generato un clima di paura**, these rumors have fostered a climate of fear. **B** **generàrsi**, v. i. pron. **1** to be produced; to be born **2** (*fig.*) to be generated; to be caused; to come* about (as a consequence of); to arise* (from st.).

generativìsmo, m. (*ling.*) theory of generative grammar.

generativista, (*ling.*) **A** m. e f. follower of the theory of generative grammar. **B** a. generative.

generativo, a. generative.

generatóre, **A** m. **1** generator; begetter; producer; originator **2** (*fis., mecc.*) generator: **g. di vapore**, steam generator; **g. d'impulsi**, impulse generator; **g. per corrente alternata e continua**, double current generator; **g. di radiofrequenza**, oscillator. **B** a. generating; generative: **organi generatori**, generative organs.

generatrìce, f. (*geom.*) generatrix*.

generazionàle, a. generation (*attr.*); generational: **gap g.**, generation gap; **conflitti generazionali**, conflicts between generations.

generazióne, f. **1** (*il procreare*) generation; procreation: **g. spontanea**, spontaneous generation **2** (*stirpe, discendenza, razza*) breed; progeny **3** (*individui che hanno circa la stessa età, gli appartenenti allo stesso periodo storico*) generation: **quelli della mia g.**, those of my generation; my contemporaries; **la nuova g.**, the new (*o* rising) generation; **fino alla settima g.**, down to the seventh generation; **le generazioni future**, future generations **4** (*produzione, anche tecn.*) generation; production **5** (*tecn.*: *stadio di sviluppo*) generation: **calcolatori della terza g.**, third-generation computers.

gènere, m. **1** kind; sort; (*tipo*) type; (*modo*) way: **di un g. nuovo**, of a new kind; **un nuovo g. di libro**, a new kind (*o* type) of book; **lo stesso g. di sbaglio**, the same kind (*o* sort) of mistake; **gente d'ogni g.**, all sorts of people; people of all sorts; **una cosa del g.**, something like that (*o* of that kind, along those lines); **unico nel suo g.**, unique of its kind; **Nel suo g. è un artista**, he is an artist in his way; **La boxe non è il mio g.**, boxing isn't my type of sport; boxing isn't my cup of tea (*fam.*); **Che g. d'affari trattate?**, what is your line (of business)? **2** (*biol.*) genus* **3** (*gramm.*) gender: **g. neutro**, neuter gender **4** (*letter., arte*) genre (*franc.*): **i generi letterari**, literary genres; **pittura di g.**, genre painting; **il g. comico**, comedy; **il g. drammatico**, drama; dramatic genre; **il g. epico**, epic (poetry); **il g. tragico**, tragedy **5** (*mercanzia, prodotto*) product; article; goods (*pl.*): **È un g. molto richiesto**, this article is in great demand; **generi di lusso**, luxury goods; **generi di largo consumo**, convenience goods; **generi alimen-**

tari, foodstuffs; provisions; **generi di prima necessità**, commodities. ● **il g. umano**, mankind; the human race □ **in g.**, generally; mostly, as a rule.
genèrica, f. V. **generico**, *def. 2, 3, 4*.
genericaménte, avv. generically; in generic terms.
genericità, f. vagueness; lack of precision.
genèrico, **A** a. generic(al); general; vague: **termine g.**, generic term; **discorsi generici**, general remarks; **medico g.**, general practitioner (*abbr.*: G.P.); **Mi pare tutto molto g.**, it all seems very vague. **B** m. **1** (*ciò che è vago*) generalities (*pl.*); (the) general: **restare nel g.**, to keep (*o* to stick) to generalities **2** (f. **-a**) (*lavoratore non specializzato*) utility (*o* unskilled) worker **3** (f. **-a**) (*teatr.*) bit player **4** (f. **-a**) (*cinem.*) extra.
gènero, m. son-in-law*.
generosaménte, avv. generously; liberally; with open hands; lavishly.
generosità, f. **1** (*liberalità*) generosity; liberality; open-handedness; lavishness **2** (*nobiltà d'animo*) nobility; (*altruismo*) generosity, unselfishness **3** (*di atleta*) gallantry; spirit.
generóso, a. **1** (*liberale*) generous; liberal; open-handed; free; large; lavish: **un carattere g.**, a generous nature; **mancia generosa**, lavish tip; generous reward **2** (*d'animo nobile*) noble; (*altruista*) generous, unselfish **3** (*fertile*) rich; generous: **terra generosa**, rich soil **4** (*abbondante*) plentiful; generous; copious; bounteous: **messi generose**, a bountiful harvest; **fare porzioni generose**, to serve generous helpings **5** (*di atleta*) brave; gallant. ● **scollatura generosa**, plunging neckline □ **vino g.**, generous (*o* full-bodied) wine.
Gèneşi, m. o f. (*Bibbia*) Genesis.
gèneşi, f. genesis*; origin; birth.
genètica, f. genetics (*pl. col verbo al sing.*).
genètico, a. genetic: **mappa genetica**, genetic map; **codice g.**, genetic code; **ingegneria genetica**, genetic engineering.
genetista, m. e f. geneticist.
genetlìaco, (*lett.*) **A** a. birthday (*attr.*): **ode genetliaca**, birthday ode; genethliacon; **giorno g.**, birthday. **B** m. birthday.
genétta, f. (*zool., Genetta genetta*) (common) genet.
gengiva, f. (*anat.*) gum; gingiva*.
gengivàle, a. (*anat.*) gingival; of the gums; gum (*attr.*): (*med.*) **ascesso g.**, gum-boil.
gengivàrio, m. (*farm.*) medicament for the gums.
gengivite, f. (*med.*) gingivitis; swollen gums (*pl.*).
genia, f. (*spreg.*) (evil) breed; pack; tribe; set.
genìaccio, m. wayward (*o* erratic) genius.
genìale, a. **1** brilliant; ingenious; original: **un'idea g.**, a brilliant idea; a brainwave (*fam.*); **soluzione g.**, ingenious (*o* brilliant) solution **2** (*congeniale*) congenial.
genialità, f. ingeniousness; brilliance; originality; genius.
genialòide, **A** a. eccentric but gifted; talented and erratic. **B** m. e f. eccentric genius.
gènico, a. (*biol.*) genic.
genicolàto, a. (*scient.*) geniculate(d).
genicolo, m. (*bot.*) geniculation.
genière, m. (*mil.*) engineer; sapper.
geniétto, m. (*di ragazzo*) whizz kid (*fam.*).
gènio (1), m. **1** genius: **g. incompreso**, misunderstood genius; **uomini di g.**, men of genius; **il g. di Leonardo**, Leonardo's genius **2** (*divinità tutelare*) genius*: **buon [cattivo] g.**, good [bad] genius **3** (*spirito, folletto*) genie*: **il g. di Aladino**, Aladdin's genie **4** (*inclinazione*) genius; talent; gift: **avere g. per la fisica**, to have a genius for physics; **avere g. per le lingue**, to have a gift for languages; **Ha il g. della finanza**, he has a genius for finance **5** (*spirito, carattere*) genius; spirit: **il g. di una lingua**, the genius (*o* spirit) of a language. ● **il g. del luogo**, «genius loci» (*lat.*); the spirit of the place □ (*fig.*) **g. tutelare**, guardian angel □ **andare a g. a q.**, to like (*costr. pers.*); to appeal to sb.: **Le sue maniere non mi vanno a g.**, I don't like his manners; his manners don't appeal to me □ **essere il cattivo g. di q.**, to be sb.'s evil genius □ **lampo di g.**, brainwave □ **Non è persona di mio g.**, I don't like him [her] at all.
gènio (2), m. (*mil.*) Corps of Engineers; (*in G.B.*) (the) Royal Engineers (*abbr.*: R.E.) (*pl.*); (*in U.S.A.*) Engineer Corps. ● **G. Civile**, Civil Engineers (*pl.*) □ **G. Navale**, Naval Engineers (*pl.*).
genioglòsso, a. (*anat.*) genioglossal.
genioioidèo, a. (*anat.*) geniohyoid.
genitàle, (*anat.*) **A** a. genital. **B** m. pl. genitals; genitalia.
genitalità, f. (*psic.*) genitality.
genitìvo, a. e m. (*gramm.*) genitive; (*possessivo*) possessive: **(caso) g.**, genitive (case); **doppio g.**, double possessive (*o* genitive); **g. sassone**, possessive case.
genitóre, m. **1** (*madre o padre*) parent: **i miei genitori**, my parents; **g. solo**, single (*o* lone) parent **2** (*padre*) father.
genitorìale, a. parental; parents' (*attr.*): **cure genitoriali**, parental care.
genitourinàrio, a. (*anat.*) genitourinary.
genitrice, **A** a. generating. **B** f. mother; parent.
genitùra, f. (*lett.*) generation; procreation; begetting.
genius loci (*lat.*), locuz. m. «genius loci»; spirit of the place.
gennàio, m. January: **il tre g.**, the third of January; January the third.
genocìdio, m. genocide.
genòma, m. (*biol.*) genome.
genòmico, a. (*biol.*) genomic.
genotìpico, a. (*biol.*) genotypic(al).
genotìpo, m. (*biol.*) genotype.
Gènova, f. (*geogr.*) Genoa.
Genovèffa, f. Genevieve.
genovése, a., m. e f. Genoese (*f.* Genoese woman*).
gentàglia, f. (*spreg.*); riff-raff; scum; rabble.
gènte, f. **1** (*numero indeterminato di persone*) people (*collett. col verbo al pl.*); folk (*collett. col verbo al pl.*); folks (*pl.*): **C'è poca g.**, there aren't many people; **Quanta g.!**, what a lot of people!; what a crowd!; **La g. dice...**, people say...; **troppa g.**, too many people; **Quella povera g.!**, those poor people!; **g. di campagna [di città]**, country [town] people; country [city] folk; **La mia g. mi aiuterà**, my people will help me; **Ho invitato un po' di g. per stasera**, I've invited a few people round tonight; **Stasera ricevo g.**, I have guests tonight **2** (*lett.*: *popolo, nazione*) people; nation: **la g. sannita**, the Sannite people; **le genti dell'Africa**, the peoples of Africa; (*leg.*) **il diritto delle genti**, the law of nations **3** (*famiglia*) family: **Viene da g. ricca**, he comes from a rich family **4** (*stor. romana*) gens* **5** (*naut.*) crew; hands (*pl.*): **chiamare la g. in coperta**, to order all hands on deck **6** (*al vocat., fam.*: *amici*) folks; everyone: **Ehi, g., che si fa stasera?**, what's on for tonight, folks?; **Salve. g.!**, hello, everyone! ● **g. d'arme**, soldiers □ **g. del cinema**, actors and the like □ **g. di chiesa**, (*fedeli*) churchgoers; (*ecclesiastici*) clergymen □ (*naut.*) **g. di mare**, seamen; sailors □ **g. di teatro**, theatre people; stage folk □ **g. di toga**, law people □ **le genti future**, the future generations □ **G., che film!**, wow (*o* gosh), that was some film! □ **Lo sa tutta la g.**, everybody knows □ **C'è g. dal direttore?**, is there anyone in with the manager? □ **tutte le genti**, the whole of mankind.
gentildònna, f. gentlewoman*; lady.
gentile (1), a. **1** kind; nice; (*garbato, cortese*) courteous: **un pensiero [una lettera] g.**, a kind thought [letter]; **essere g. con tutti**, to be nice to everyone; **Non sei molto g. con lui**, you aren't very nice to him; **Lei è molto g.**, you are very kind; it's very kind of you; **Vuol essere così g. da darglielo?**, would you be so kind as to give it to him?; **Sii g., fammelo tu**, do it for me, will you?; (*iron.*) **Vuole essere così g. da lasciarmi in pace?**, will you kindly leave me alone? **2** (*delicato*) gentle, delicate; (*grazioso*) graceful: **tocco g.**, gentle touch; **un odore g.**, a delicate fragrance; **lineamenti gentili**, delicate features **3** (*facile da lavorare*) soft **4** (*nelle lettere*) Dear: **G. Signore**, Dear Sir; **G. Signora** (*o* **Signorina**), Dear Madam; (*su una busta*) **G. Signora Anna Rossi**, Mrs Anna Rossi. ● **il gentil sesso**, the gentle sex.
gentile (2), m. **1** (*non Ebreo*) Gentile **2** (*pagano*) Gentile; heathen.
gentilézza, f. **1** kindness; (*garbo, cortesia*) courtesy **2** (*atto gentile*) kindness; favour: **Gli usarono molte gentilezze**, they showered kindnesses upon him; **Fammi la g. di accettare**, do me the kindness to accept. ● **Per g.!**, please!
gentilìzio, a. aristocratic; noble. ● **stemma g.**, coat-of-arms.
gentiluòmo, m. **1** (*aristocratico*) gentleman*; nobleman*: **g. di campagna**, country gentleman; **g. di corte**, gentleman-in-waiting **2** (*uomo d'onore*) gentleman*: **Le do la mia parola di g.**, I give you my word as a gentleman; **ladro g.**, gentleman thief.
genuflessióne, f. genuflexion, genuflection. ● **fare una g.**, to genuflect.
genuflèttersi, v. rifl. to genuflect; to kneel* down.
genuinità, f. genuineness; authenticity.
genuìno, a. **1** (*autentico*) genuine; authentic; true; bona fide (*attr.*); unadulterated **2** (*di cibo*) genuine; natural; wholesome **3** (*fig.*: *schietto*) sincere; unaffected.
genziàna, f. (*bot., Gentiana lutea*) gentian. ● (*farm.*) **radice di g.**, gentian root.
genzianèlla, f. (*bot., Gentiana acaulis*) gentianella.
geobotànica, f. geobotany.
geocarpìa, f. (*bot.*) geocarpy.
geocàrpo, m. (*bot.*) geocarpic fruit.
geocèntrico, a. (*astron., geogr.*) geocentric(al).
geocentrişmo, m. geocentricism.
geochìmica, f. geochemistry.
geochìmico, **A** a. geochemical. **B** m. (f. **-a**) geochemist.
geocronologìa, f. geochronology.
geòde, m. (*miner.*) geode.
geodeşìa, f. geodesy; geodetics (*pl. col verbo al sing.*).
geodèta, m. e f. geodesist.
geodètica, f. (*mat.*) geodetic line.
geodètico, a. (*mat.*) geodetic; geodesic: **linea geodetica**, geodetic line.
geodimetro, m. Geodimeter (*marchio*).
geodinàmica, f. (*geol.*) geodynamics (*pl. col verbo al sing.*).
geodinàmico, a. (*geol.*) geodynamic(al).
geofagìa, f. (*med.*) geophagism; geophagy.
geofàuna, f. geofauna.
geofişica, f. (*fis.*) geophysics (*pl. col verbo al sing.*).
geofişico, **A** a. geophysical. **B** m. (f. **-a**) geophysicist.
geoflòra, f. geoflora.
geòfono, m. (*geofisica*) geophone.
geognoşìa, f. (*geol.*) geognosy.
geogonìa, f. geogony.
geografìa, f. geography: **g. fisica [economica, linguistica]**, physical [economic, linguistic] geography.
geogràfico, a. geographic(al): **carta geografica**, (geographical) map; **distribuzione geografica**, geographical distribution; **nord g.**, geographic north.

geògrafo, *m.* (*f.* **-a**) geographer.
geòide, *m.* geoid.
geolinguistica, *f.* geolinguistics (*pl. col verbo al sing.*).
geologia, *f.* geology: **g. stratigrafica [tettonica, applicata]**, stratigraphic [tectonic, economic] geology; **g. del sottosuolo**, subsurface geology.
geològico, *a.* geologic(al).
geòlogo, *m.* (*f.* **-a**) geologist.
geolunàre, *a.* (*geofisica*) geoselenic.
geomagnetismo, *m.* geomagnetism; terrestrial magnetism.
geomànte, *m.* e *f.* geomancer.
geomàntico, *a.* geomantic(al).
geomanzia, *f.* geomancy.
geòmetra, *m.* e *f.* *1* building surveyor *2* (*agrimensore*) land surveyor.
geometria, *f.* *1* geometry *2* (*fig.*: *struttura*) structure; pattern.
geometricaménte, *avv.* geometrically.
geometricità, *f.* geometric quality.
geomètrico, *a.* *1* geometric(al): **progressione geometrica**, geometrical progression *2* (*fig.*) geometric; (*logico*) logical.
geomètride, *m.* (*zool.*) inch-worm; looper caterpillar.
geomorfologia, *f.* geomorphology.
geomorfològico, *a.* geomorphologic(al).
geopolitica, *f.* geopolitics (*pl. col verbo al sing.*).
geopolitico, *a.* geopolitical.
georgiàno, **A** *a.* *1* (*della Georgia, stato asiatico e stato degli U.S.A.*) Georgian *2* (*stor. ingl.*) Georgian. **B** *m.* (*f.* **-a**) Georgian (*f.* Georgian woman*). **C** *m.* (*lingua*) Georgian.
geòrgico, *a.* (*letter.*) georgic. ● **le Georgiche**, the Georgics □ **poema g.**, georgic.
geosfèra, *f.* geosphere.
geosinclinàle, *f.* (*geol.*) geosyncline.
geostàtica, *f.* geostatics (*pl. col verbo al sing.*).
geostazionàrio, *a.* (*miss.*) geostationary: **orbita geostazionaria**, geostationary orbit.
geotassia, **geotàssi**, *f.* **geotattismo**, *m.* (*biol.*) geotaxis.
geotècnica, *f.* geotechnics (*pl. col verbo al sing.*).
geotermàle, *a.* geothermal.
geotermia, *f.* *1* (*misura*) geothermy *2* (*scienza*) geothermology.
geotèrmico, *a.* (*geol., ind.*) geothermal; geothermic: **energia geotermica**, geothermal power; **gradiente g.**, geothermal gradient.
geotermometria, *f.* (*miner.*) geothermometry.
geotettònica, *f.* (*geol.*) geotectonics (*pl. col verbo al sing.*); structural geology.
geotròpico, *a.* (*bot.*) geotropic.
geotropismo, *m.* (*bot.*) geotropism.
Gèova, *m.* (*Bibbia*) Jehovah. ● (*relig.*) **testimoni di G.**, Jehovah's Witnesses.
Geraldina, *f.* Geraldine.
gerànio, *m.* (*bot.*) (*Geranium*) (wild) geranium; (*Pelargonium*) (garden) geranium: **g. dei boschi** (*Geranium sanguineum*), crane's-bill; **g. edera** (*Pelargonium peltatum*), ivy-leaved geranium.
geraniòlo, *m.* (*chim.*) geraniol.
geràrca, *m.* *1* (*eccles.*) hierarch *2* (*stor.*) Fascist party leader *3* (*spreg.*) bossy person.
gerarcàto, *m.* (*eccles.*) office of a hierarch.
gerarchia, *f.* hierarchy: **le gerarchie militari**, the military hierarchies; **gerarchie angeliche**, celestial hierarchies.
geràrchico, *a.* hierarchic(al); (*org. az.*) top-down. ● **per via gerarchica**, through official channels.
gerarchizzàre, *v. t.* to hierarchize.
gerarchizzazióne, *f.* hierarchization.
Geràrdo, *m.* Gerald; Gerard.
gerbèra, *f.* (*bot., Gerbera jamesonii*) gerbera.
gerbillo, *m.* (*zool.*) gerbil, jerbil.
gerbòa, *m. invar.* (*zool., Jaculus orientalis*) jerboa.
Geremia, *m.* Jeremy; (*Bibbia*) Jeremiah.
geremia, *m.* (*persona lamentosa*) Jeremiah; grumbler; croaker.
geremiade, *f.* jeremiad.
gerènte, *m.* e *f.* *1* manager; managing director; (*di negozio e sim.*) manager, manageress (*f.*) *2* (*di giornale*) editor.
gerènza, *f.* management; administration.
gergàle, *a.* slangy; slang (*attr.*); jargon (*attr.*): **parola g.**, slang word.
gergalismo, *m.* *1* (*forma pop.*) slang expression; (*di gergo professionale*) piece of jargon *2* (*uso del gergo*) use of slang; (*di gergo professionale*) use of jargon.
gergalista, *m.* e *f.* slang specialist.
gèrgo, *m.* slang; argot (*franc.*); (*furfantesco*) cant; (*professionale*) jargon; (*spreg.*: *g. incomprensibile*) lingo, gobbledygook: **parlare in g.**, to speak slang (*o* in jargon); **g. furbesco**, thieves' cant; **g. avvocatesco [medico]**, legal [medical] jargon; **g. militare**, army slang. ● **g. accademico**, academese □ **g. burocratico**, officialese; bureaucratese □ **g. giornalistico**, journalese; **g. informatico**, computerese.
geriàtra, *m.* e *f.* geriatrician; geriatrist.
geriatria, *f.* (*med.*) geriatrics (*pl. col verbo al sing.*).
geriàtrico, *a.* (*med.*) geriatric.
Gèrico, *m.* (*geogr.*) Jericho.
gèrla, *f.* pannier.
gèrlo, *m.* (*naut.*) gasket.
germàna, *f.* (*lett.*) (full) sister.
germanèsimo, *m.* Germanism.
Germània, *f.* (*geogr.*) Germany.
germànico, *a.* *1* Germanic; Teutonic: **lingue germaniche**, Germanic languages *2* (*tedesco*) German: **l'Impero g.**, the German Empire.
germànio, *m.* (*chim.*) germanium.
germanismo, *m.* Germanism.
germanista, *m.* e *f.* Germanist.
germanistica, *f.* Germanic (*o* German) studies (*pl.*).
germanizzàre, **A** *v. t.* to Germanize. **B germanizzàrsi**, *v. i. pron.* to become* Germanized.
germanizzazióne, *f.* Germanization.
germàno (1), *a.* e *m.* (*stor.*) German.
germàno (2), **A** *a.* german: **fratello g.**, brother-german; **sorella germana**, sister-german. **B** *m.* (*lett.*) (full) brother.
germàno (3), *m.* – (*zool.*) **g. reale** (*Anas platyrhynchos*), mallard; wild duck.
germanofilia, *f.* Germanophilia.
germanòfilo, *a.* e *m.* (*f.* **-a**) Germanophile.
germanofobia, *f.* Germanophobia.
germanòfobo, **A** *a.* Germanophobic. **B** *m.* (*f.* **-a**) Germanophobe.
germanòfono, **A** *a.* German-speaking (*attr.*). **B** *m.* (*f.* **-a**) German speaker.
gèrme, *m.* *1* (*biol.*) germ; (*embrione*) embryo: **in g.**, in embryo; **senza germi**, free from germs; germfree *2* (*fig.*) germ; seed; source: **il g. di un'idea**, the germ of an idea; **germi di rivolta**, seeds of rebellion.
germicida, **A** *a.* germicidal. **B** *m.* germicide.
Germile, **Germinàle**, *m.* (*stor. franc.*) Germinal (*franc.*).
germinàle, *a.* (*biol.*) germinal; embryonic.
germinàre, *v. i.* *1* to germinate; to sprout; to bud; to shoot* *2* (*fig.*: *trarre origine*) to arise*.
germinativo, *a.* germinative.
germinatóio, *m.* germinator.
germinazióne, *f.* germination.
germogliàre, **A** *v. i.* *1* (*di seme*) to sprout, to germinate, to shoot*; (*di gemma*) to bud *2* (*fig.*) to germinate; to spring* up. **B** *v. t.* to put* forth; to sprout.
germogliazióne, *f.* sprouting; germination; budding.
germóglio, *m.* *1* bud; sprout; shoot; offset; seed-leaf: **germogli laterali**, lateral buds *2* (*fig.*) germ; first fruit.
gerocòmio, *V.* **gerontocomio**.
gerofànte, *V.* **ierofante**.
geroglifico, **A** *a.* hieroglyphic: **scrittura geroglifica**, hieroglyphic writing; hieroglyphics (*pl.*). **B** *m.* (*anche fig.*) hieroglyphic; hieroglyph.
gerolamino, *m.* (*relig.*) Hieronymite.
Geròlamo, *m.* Jerome.
geronimiàno, *a.* Hieronymic.
gerontocòmio, *m.* home for the aged; old people's home.
gerontòcrate, *m.* e *f.* gerontocrat.
gerontocràtico, *a.* gerontocratic.
gerontocrazia, *f.* gerontocracy.
gerontofilia, *f.* gerontophilia.
gerontoiatria, *V.* **geriatria**.
gerontologia, *f.* (*med.*) gerontology.
gerontològico, *a.* gerontological.
gerontòlogo, *m.* (*f.* **-a**) gerontologist.
gerosolimitàno, **A** *a.* Hierosolymitan; of Jerusalem. **B** *m.* *1* (*f.* **-a**) inhabitant of Jerusalem *2* (*cavaliere di Malta*) Hospital(l)er; Knight (of the Order) of St John of Jerusalem; Knight of Malta.
gerùndio, *m.* (*gramm.*) gerund.
gerundivo, (*gramm.*) **A** *m.* gerundive. **B** *a.* gerundial; gerundival.
Gerusalèmme, *f.* (*geogr.*) Jerusalem.
Gervàsio, *m.* Gervase; Jarvis; Jervis.
gessàia, *f.* chalk pit; gypsum quarry.
gessàio, *m.* plasterer.
gessàre, *v. t.* *1* (*il terreno*) to gypsum *2* (*il vino*) to plaster.
gessàto, **A** *a.* *1* (*impregnato di gesso*) plaster (*attr.*); plastered: **bende gessate**, plaster bandage *2* (*di stoffa*) pin-striped. **B** *m.* pin-striped suit; pin-stripe (*fam.*).
gessatùra, *f.* *1* (*del terreno*) gypsuming *2* (*del vino*) plastering.
gessétto, *m.* (piece of) chalk; (*morbido*) crayon; (*per sarti*) tailor's (*o* French) chalk.
gèsso, **A** *m.* *1* chalk: **scrivere col g.**, to write in chalk; **g. che non fa polvere**, dustless chalk; **g. da sarto**, tailor's (*o* French) chalk *2* (*scult., edil.*) plaster: **g. di Parigi**, plaster of Paris; **scultura in g.**, plaster cast *3* (*med.*) plaster; (*ingessatura*) plaster cast: **Ho dovuto tenere il g. per un mese**, I was in plaster for a month *4* (*miner.*) gypsum: **cava di g.**, gypsum quarry. ● **g. da stucchi**, gesso □ **g. in polvere**, whiting; whitening. **B** *a.* chalk (*attr.*): **bianco g.**, chalk-white.
gessóso, *a.* chalky; (*miner.*) gypseous.
gèsta, *f. pl.* *1* (*lett.*) deeds; feats; exploits; (heroic) achievements *2* (*scherz.*) exploits. ● (*letter.*) **canzoni di g.**, «chansons de geste» (*franc.*).
gestàltico, *a.* (*psic.*) Gestalt (*attr.*).
gestaltismo, *m.* (*psic.*) Gestalt psychology.
gestaltista, *m.* e *f.* (*psic.*) Gestaltist.
gestànte, *f.* pregnant woman*; expectant mother.
gestatòrio, *a.* – (*eccles.*) **sedia gestatoria**, gestatorial chair.
gestazióne, *f.* *1* (*med.*) pregnancy; gestation *2* (*fig.*) gestation; progress: **essere in g.**, to be in progress.
gesticolaménto, *m.* gesticulation.
gesticolàre, *v. i.* to gesticulate.
gesticolazióne, *f.* gesticulation.
gestionàle, *a.* managerial.
gestióne, *f.* *1* (*amministrazione*) management, direction, administration; (*conduzione*) running, conduct, operation: **g. solida**, sound management; **g. del personale**, staff (*USA*: personnel) management; **la g. del negozio**, the running of the shop; **g. degli affari**, conduct of business; **costi di g.**, operating (*o* operation) costs; (*di una fabbrica*) **consiglio di g.**, council of management *2* (*elab.*) management. ● (*leg.*) **g. fiduciaria**, trusteeship □ **g. simulata**, management (*o* business) game.
gestire (1), *v. i.* (*gesticolare*) to gesticulate.
gestire (2), *v. t.* *1* (*amministrare*) to run*; to

manage: **g. un'azienda**, to run a business; **Gestisce un cinema**, he is the manager of a cinema *2* (*condurre*) to conduct: **g. una trattativa**, to conduct negotiations *3* (*organizzare*) to organize; to look after; to handle: **g. il proprio tempo**, to organize one's time; **g. la propria immagine**, to look after one's public image; **Questo problema me lo gestisco io**, I'll handle this problem.

gèsto, *m.* *1* (*movimento*) gesture; (*segno*) sign: **fare un g.**, to make a gesture; **un g. di stizza**, an angry gesture; **g. di approvazione**, sign of approval; **farsi capire a gesti**, to communicate by gestures; **Fece il g. di alzarsi**, he started to rise; **Fece il g. di uscire**, he made as if to leave *2* (*azione*) gesture; act: **un g. generoso**, a generous gesture; **Bel g.!**, a nice gesture!; well done! *3* (*posa*) attitude; pose.

gestóre, *m.* (*f.* **-trice**) manager (*f. anche* manageress); administrator.

gestòsi, *f.* (*med.*) gestosis*; pre-eclamptic tox(a)emia.

gestuàle, *a.* *1* gestural; sign (*attr.*): **comunicazione g.**, gestural (*o* sign) communication *2* (*arte*) gestural; **pittura g.**, gestural painting.

gestualità, *f.* *1* (*carattere gestuale*) gestural character *2* (*insieme di gesti espressivi*) gestural expressiveness.

Gesù, *m.* Jesus: **G. Cristo**, Jesus Christ; **G. Bambino**, the Baby Jesus; the Holy Child. • (*inter.*) **G.!**, goodness me!; goodness gracious!; Jesus! □ **la Compagnia di G.** (*i Gesuiti*), the Society of Jesus.

gesuita, *m.* *1* Jesuit *2* (*fig. spreg.*) jesuit; hypocrite. • **fare il g.**, to be jesuitical.

gesuitésco, *a.* (*spreg.*) jesuitical.

gesuitico, *a.* *1* Jesuitic(al) *2* (*fig. spreg.*) jesuitical.

gesuitismo, *m.* *1* Jesuitism *2* (*fig. spreg.*) jesuitism; jesuitry.

gesummarìa, *inter.* (*fam.*) good heavens!

Gèti, *m. pl.* (*stor.*) Getae.

gètico, *a.* of the Getae.

gèto, *m.* jess.

Getsèmani, *m.* (*Bibbia*) Gethsemane.

gettàre, **A** *v. t.* *1* (*lanciare*) to throw*, to cast*; (*con impeto*) to fling*; (*scagliare*) to hurl; (*senza sforzo*) to toss; (*con noncuranza*) to toss, to bung (*fam.*), to chuck (*fam.*): **g. via**, to throw away; **g. a terra**, to throw down; **g. q. a terra** (*nella lotta*), to throw sb.; **g. pietre contro q.**, to throw stones at sb.; **g. una palla a q.**, to toss (*o* to throw) a ball to sb.; **Gettò una moneta al mendicante**, he tossed (*o* threw) a coin to the beggar; **Gettò il cappello sulla sedia**, he flung the hat on to the chair; **«Dove lo metto?» «Gettalo dove ti pare»**, «where shall I put it?» «just chuck it anywhere»; **g. lo scandaglio**, to cast the lead; **g. in aria il cappello**, to fling one's hat up in the air; **gettarsi addosso il cappotto**, to throw on one's coat; **Fu gettato in carcere**, he was thrown (*o* flung) into prison; **g. un'ombra su q.c.**, to cast (*o* to throw) a shadow over st.; **g. luce su q.c.**, to throw (*o* to cast) light on st.; (*fig.*) **g. q.c. in faccia a q.**, to throw st. (back) in sb.'s face; **g. uno sguardo a q.**, to cast an eye (*o* a glance) at sb.; **g. biasimo su q.**, to cast (*o* to throw) blame on sb. *2* (*precipitare*) to plunge: **g. il paese nel caos**, to plunge the country into caos; **g. q. nella disperazione**, to plunge sb. into despair *3* (*emettere*) to gush, to spurt; (*suoni*) to utter, to let* out: **g. sangue**, to spurt blood; to bleed; **g. acqua**, to gush (*o* to spurt) water; (*di fontana*) to spurt (*o* to spout) water; **g. un grido**, to let out (*o* to utter) a cry *4* (*scult.*) to cast*: **g. una statua in bronzo**, to cast a statue in bronze *5* (*fig.*: *fruttare, rendere*) to yield; to bring* in. • (*fig.*) **g. all'aria una stanza**, (*per cercare q.c.*) to turn a room upside-down; (*mettere in disordine*) to make a mess in a room □ (*fig.*) **g. all'aria un cassetto**, to turn out a drawer □ (*naut.*) **g. a mare**, to throw (*o* to cast) overboard; (*per alleggerire la nave*) to jettison □ (*naut.*) **g. l'ancora**, to cast (*o* to drop) anchor □ **g. un bacio a q.**, to blow sb. a kiss □ **g. il fieno sul carro**, to pitch the hay on to the cart □ **g. q. giù dal letto**, to rout sb. out of bed □ (*anche fig.*) **g. le fondamenta**, to lay the foundations □ **g. indietro la testa**, to toss one's head back □ (*sport*) **g. il martello**, to throw the hammer □ (*sport*) **g. il peso**, to put the shot (*o* the weight) □ **g. un ponte su un fiume**, to build a bridge across a river □ **g. le radici**, to put out roots □ **g. le reti**, to shoot the nets; (*fig.*) to cast one's net(s) □ **g. il seme della discordia**, to sow the seed of discord □ (*fig.*) **g. i soldi dalla finestra**, to throw one's money out of the window □ **g. via il proprio tempo**, to waste one's time □ (*di contenitore*) **da g.**, throwaway; disposable. **B** *v. i.* *1* (*sgorgare*) to flow *2* (*di pianta*) to shoot*; to sprout; to bud. **C** **gettàrsi**, *v. rifl.* e *i. pron.* *1* (*slanciarsi*) to throw* oneself; to cast* oneself; (*con impeto*) to fling* oneself, to hurl oneself, to fall* upon: **g. nelle braccia di q.**, to throw oneself into sb.'s arms; **g. ai piedi di q.**, to throw oneself at sb.'s feet; **g. in ginocchio**, to fall on one's knees; **g. sul letto [su una sedia]**, to fling oneself on to the bed [on to a chair]; **g. in acqua**, to jump into the water; to dive; **L'uomo si gettò su di me**, the man flung himself at me; **Si gettarono sul nemico**, they fell upon the enemy *2* (*sfociare*) to flow; to empty: **Il Ticino si getta nel Po**, the Ticino flows into the Po. • (*fig.*) **g. a capofitto in q.c.**, to throw oneself into st. □ **g. a terra**, to throw oneself down □ **g. al collo di q.**, to fall on sb.'s neck □ (*fig.*) **g. dalla parte di q.**, to throw one's weight behind sb.

gettàta, *f.* *1* throw *2* (*metall.*) cast *3* (*edil.*) casting *4* (*diga*) jetty *5* (*bot.*) shoot; shooting *6* (*mil.*) range.

getter (*ingl.*), *m. invar.* (*tecn.*) getter.

gettito, *m.* *1* (*fin.*) yield; take; proceeds (*pl.*); takings (*pl.*); revenue: **il g. delle imposte**, the yield of taxation; **g. fiscale**, inland revenue (*GB*); internal revenue (*USA*) *2* (*naut., leg.*) jettisoned cargo (*o* goods); jetsam.

gètto, *m.* *1* (*lancio*) throw; fling; cast; toss *2* (*di liquido*) jet; (*improvviso e di breve durata*) spurt; (*molto abbondante*) gush; (*schizzo*) squirt; (*dal becco di un bricco*) spouting; (*med., di materia*) flux, discharge *3* (*di vapore*) jet, stream; (*d'aria*) blast *4* (*fusione*) casting: **g. in bronzo [in calcestruzzo]**, bronze [concrete] casting; **g. cavo**, hollow casting *5* (*di q.c. in una forma*) moulding *6* (*mecc.*) jet: **g. di avviamento**, starting jet; **g. di potenza**, power jet *7* (*bot.*) shoot; sprout *8* (*naut., di carico, zavorra*) jettison. • (*sport*) **g. del peso**, putting the shot (*o* the weight) □ (*geol.*) **g. di riva**, swash □ (*tecn.*) **g. di sabbia**, sand blast □ **a g. continuo**, in a continual stream; uninterruptedly; non-stop (*fam., avv.* o *agg.*) □ **arma da g.**, throwing weapon □ **corrente a g.**, jet stream □ **di g.**, straight off; in one go (*fam.*) □ **scrivere q.c. di g.**, to dash off st. □ **primo g.** (*abbozzo*), first draft.

gettonàre, *v. t.* (*fam.*) *1* (*telefonare a q.*) to ring* up; to buzz; to give (sb.) a tinkle *2* (*scegliere un disco al juke-box*) to select (a record).

gettonàto, *a.* (*fam.*) popular.

gettóne, *m.* *1* token; counter; check: **g. telefonico**, telephone counter; **telefono a gettoni**, telephone operating with (*o* taking) tokens *2* (*al gioco*) counter; (*nei giochi d'azzardo*) chip. • **g. di presenza**, attendance fee.

gettonièra, *f.* token dispenser.

gettopropulsióne, *f.* (*aeron.*) jet propulsion.

geyser, *m. invar.* (*geol.*) geyser.

geyserite, *f.* (*ind. min.*) geyserite.

ghaneàno, *a.* e *m.* (*f.* **-a**) Ghanaian.

ghègo, *a.* e *m.* gheg; ghegish.

ghènga, *f.* (*scherz.*) band; bunch; set; lot; gang.

ghepàrdo, *m.* (*zool., Acinonyx jubatus*) cheetah.

ghéppio, *m.* (*zool., Falco tinnunculus*) kestrel; windhover.

gherìglio, *m.* kernel.

gherlìno, *m.* (*naut.*) hawser.

gherminèlla, *f.* trick; prank: **fare una g. a q.**, to play a trick on sb.

ghermìre, *v. t.* *1* (*afferrare con gli artigli*) to claw; to clutch; to grip *2* (*prendere all'improvviso*) to seize; to snatch; to clutch.

gheróne, *m.* *1* gusset; gore *2* (*naut.*) gore *3* (*arald.*) gyron.

ghètte, *f. pl.* *1* (*alte*) gaiters; (*basse*) spats *2* (*pantaloncini per bambini*) breeches.

ghettizzànte, *a.* ghettoizing; segregating.

ghettizzàre, *v. t.* *1* to ghettoize; to confine in a ghetto *2* (*fig.*: *isolare*) to segregate.

ghettizzazióne, *f.* *1* ghettoization *2* (*fig.*: *isolamento*) segregation.

ghétto, *m.* *1* (*stor.*) ghetto* *2* (*quartiere povero o abitato da minoranze sociali*) ghetto*; slum *3* (*fig.*: *isolamento*) ghetto*; segregation; isolation.

ghìa, *f.* (*naut.*) whip; whip-and-derry.

ghiàccia, *V.* **glassa.**

ghiacciàia, *f.* *1* (*luogo*) ice-house; (*mobile*) icebox *2* (*fig.*) freezing place: **È una g. qui dentro!**, it's freezing in here!

ghiacciàio, *m.* glacier: **g. alpino**, alpine glacier; **g. continentale**, continental glacier; ice sheet; **g. sospeso**, hanging glacier; **fronte del g.**, glacier front.

ghiacciàre, **A** *v. t.* *1* to freeze*; to ice *2* (*fig.*) to chill: **Le sue parole mi ghiacciarono**, his words chilled me (*o* sent chills down my spine). **B** *v. i.*, **ghiacciàrsi**, *v. i. pron.* *1* (*diventare ghiaccio*) to freeze*, to ice over, to turn to ice; (*coprirsi di ghiaccio*) to frost: **Il fiume ghiacciò in gennaio**, the river froze in January *2* (*diventare gelato*) to freeze*; to get* frozen: **Mi si sono ghiacciate le orecchie**, my ears are frozen.

ghiacciàta, *f.* iced drink.

ghiacciàto, *a.* *1* (*gelato*) icy; iced up; frozen: **strada ghiacciata**, icy road; **Le strade sono tutte ghiacciate**, all the roads are iced up; **mani ghiacciate**, frozen hands *2* (*freddissimo*) icy; freezing; ice-cold: **vento g.**, icy wind; **tè g.**, ice-cold tea.

ghiàccio, **A** *m.* ice: **pezzo [lastra] di g.**, lump [sheet] of ice; **g. secco**, dry ice; **borsa del g.**, ice bag (*o* pack); **cubetto di g.**, ice cube; **secchiello del g.**, ice bucket (*o* pail); **fabbrica di g.**, ice plant; **fabbricazione del g.**, ice-making; **bloccato dai ghiacci** (*di nave*), ice-bound; **banco di g.**, ice field; (*più piccolo*) ice floe; **ghiacci alla deriva**, drift ice. • **g. nuovo [vecchio]**, young [old] ice □ (*meteor.*) **g. misto a pioggia**, sleet □ (*fig.*) **cuore di g.**, heart of ice □ (*fig.*) **essere di g.**, to be icy; to be like ice; (*di espressione, ecc.*) to be icy □ **incrostazione di g.** (*sui vetri, ecc.*), frost □ **Ho le mani di g.**, my hands are frozen (*o* are like lumps of ice) □ **mettere in g. il vino**, to put the wine in an ice-bucket [in the fridge] □ (*fig.*) **rimanere di g.**, to be dumbfounded □ (*fig.*) **rompere il g.**, to break the ice. **B** *a.* icy; frozen; cold: **piedi ghiacci**, feet like ice; frozen feet; **sudore g.**, cold sweat.

ghiacciòlo, *m.* *1* icicle *2* (*tipo di gelato*) water ice on a stick; ice lolly (*fam. GB*); popsicle (*marchio, fam. USA*) *3* (*di pietra preziosa*) flaw.

ghiàia, *f.* gravel (*anche per viali, ecc.*); (*di spiaggia, ecc.*) shingle: **g. fine [grossa]**, fine [coarse] gravel. • (*ferr.*) **letto di g.**, ballast.

ghiaiàta, *f.* (layer of) gravel.

ghiaiàto, *a.* gravelly.

ghiaiéto, *m.* gravel deposit; shingle.

ghiaiétto, *m.* fine gravel.

ghiaìno, *m.* (*di fiume*) fine river gravel.

ghiaióne, *m.* (*geol.*) scree.

ghiaióso, *a.* gravelly.

ghiànda, *f.* (*bot.*) acorn. ● (*fis.*) **valvola a g.**, acorn tube.

ghiandàia, *f.* (*zool.*, *Garrulus glandarius*) jay. ● **g. marina** (*Coracias garrulus*), roller.

ghiàndola, *f.* (*anat.*) gland: **g. endocrina** [**esocrina**], endocrine [exocrine] gland; **ghiandole salivari**, salivary glands. ● (*zool.*) **g. della seta**, silk gland □ (*zool.*) **g. odorifera**, scent gland; scent bag.

ghiandolàre, *a.* (*anat.*) glandular.

ghibellinismo, *m.* (*stor.*) Ghibellinism.

ghibellìno, *a.* e *m.* (*stor.*) Ghibelline.

ghibli, *m.* gibli, ghibli, gibleh (*USA*).

ghièra, *f.* **1** (*di ombrello e sim.*) ferrule; metal ring **2** (*archit.*) arched lintel **3** (*mecc.*) metal ring; (ring) nut: **g. di bloccaggio**, locknut; (*fotogr.*) **g. di messa a fuoco**, focus setting ring.

ghigliottìna, *f.* guillotine. ● **finestra a g.**, sash window.

ghigliottinàre, *v. t.* to guillotine.

ghigna, *f.* (*fam.*) frowning face; grimace.

ghignàre, *v. i.* to sneer; to leer; to snigger.

ghignàta, *f.* sneer; leer.

ghigno, *m.* sneer; leer; sardonic grin.

ghimbèrga, *f.* (*archit.*) Gothic pediment.

ghinda, *f.* (*naut.*) toprope.

ghindàre, *v. t.* (*naut.*) to hoist; to sway up.

ghindàzzo, *m.* (*naut.*) top tackle.

ghinèa, *f.* (*econ.*) guinea.

ghingheri, *m. pl.* – **in g.**, dressed up; dressed up to the nines (*fam.*); in one's Sunday best; togged up (*fam.*); rigged out (*fam.*); **mettersi in g.**, to dress up; to rig oneself up; to put on (*o* to wear) smart clothes.

ghiótta, *f.* (*cucina*) dripping pan.

ghiótto, *a.* **1** (*di persona*) greedy; gluttonous: **un bambino g.**, a greedy child; **Sono g. di gelato**, I'm greedy (*o* a glutton) for icecream; I have a weakness for icecream; **essere g. di cose dolci**, to have a sweet tooth; **Le lumache? C'è chi ne è g.**, snails? some people love them **2** (*di cibo, ecc.*) delicious; tasty; yummy (*fam.*): **un piatto g.**, a delicious dish; **bocconi ghiotti**, tasty morcels; titbits **3** (*fig.*: *che desta interesse*) juicy; tempting; interesting: **notizia ghiotta**, juicy bit of news; titbit **4** (*fig.*: *avido*) eager (for); hungry (for): **essere g. di elogi**, to be hungry for (*o* a glutton for) praise.

ghiottóne, *m.* **1** (*f.* **-a**) glutton; gourmand **2** (*zool.*, *Gulo gulo*) glutton; wolverine.

ghiottonerìa, *f.* **1** greediness; gluttony **2** (*cibo ghiotto*) delicious dish; titbit; dainty morsel **3** (*fig.*) rarity.

ghiòzzo, *m.* (*zool.*, *Gobius*) goby. ● **g. comune** (*o* **nero**) (*Gobius niger*), black goby.

ghirba, *f.* **1** water skin; water bag **2** (*gergo mil.*: *vita*) skin: **portare a casa la g.**, to save one's skin; **lasciarci la g.**, to buy the farm (*pop.*).

ghiribìzzo, *m.* whim; notion; fancy; caprice. ● **Mi saltò il g. di farla tutta a piedi**, I suddenly took it into my head to walk all the way.

ghirigòro, *m.* squiggle; (*disegno distratto*) doodle: **Sul foglio c'erano solo ghirigori**, the sheet had just squiggles on it; **fare ghirigori su un foglio**, to doodle on a piece of paper; **un motivo a ghirigori**, a squiggly pattern.

ghirlànda, *f.* **1** wreath; garland: **g. di rose**, rose garland; **g. di margherite**, daisy chain; **intrecciare una g. di fiori**, to twist flowers into a garland (*o* a wreath) **2** (*fig.*: *cerchio*) ring; circle: **una g. di colli**, a ring (*o* circle) of hills; **far g.**, to form a circle **3** (*fig.*: *antologia*) garland.

ghiro, *m.* (*zool.*, *Glis glis*) dormouse*; loir. ● (*fig.*) **dormire come un g.**, to sleep like a log (*o* a top).

ghirónda, *f.* (*mus.*) hurdy-gurdy.

ghisa, *f.* (*metall.*: *di prima fusione*) pig iron; (*di seconda fusione*) cast iron: **g. refrattaria**, heat-resisting cast iron; **g. sintetica**, synthetic cast iron; **g. temprata**, chilled iron; **g. da fonderia**, foundry pig; **g. bianca**, white iron; **g. grezza**, pig iron; **g. grigia**, silver iron.

gi, *f.* o *m.* (*lettera*) g; G.

già, *avv.* **1** (*anche* **di già**) already: **Sono già le quattro**, it's already four o'clock; **Sono già qui**, they're here already; **Lo so già**, I already know; **È già fatto**, it's already done; **Siamo già a Natale**, it's Christmas already; **Già di ritorno?**, back already?; **«Scappo» «Di già?»**, «I'm off» «what, already?» (*o* «so soon?») **2** (*nelle domande*) yet: **È già passato il postino?**, has the postman been here yet?; **Sei già andato a vedere quella mostra?**, have you been to see that exhibition yet? **3** (*ormai*) already; by now; by then: **Sarà già arrivato**, he is probably there already; he'll be there by now; **A quell'ora la notizia era già stata diramata**, by then the news had already been released **4** (*prima d'ora*) before: **Sono certo di averlo già visto**, I'm sure I've seen him before; **Eri già stato a Londra?**, had you been in London before? **5** (*un tempo*) former (*agg.*); formerly (*avv.*); once (*avv.*): **Ecco Corsi, già campione della Toscana**, here is Corsi, former Tuscan champion; **Piazza Libertà, già degli Archi**, Piazza Libertà, formerly Piazza degli Archi **6** (*rafforzativo*) indeed (*spesso si omette*): **Rifiutai, non già per picca, ma...**, I refused, not (indeed) out of spite, but... **7** (*per indicare consenso*) of course; yes; indeed; sure (*USA*): **Già, hai ragione**, of course, you're right; **Già, ma...**, yes, but...; **Già, lui non aiuta mai**, of course he never helps; **«Sai leggerlo davvero?» «Già»**, «can you really read this?» «yes, I can». ● **Già che ci sei...**, since you are at it... □ **già citato**, above-mentioned □ **Già da piccolo gli piacevano gli aerei**, he has [had] been fond of planes ever since he was a child □ **Già dal mattino si era formata una folla davanti all'ingresso**, a crowd had already gathered outside the entrance in the morning □ **Posso cominciare già da lunedì**, I can start right from Monday.

Giacàrta, *f.* (*geogr.*) Djakarta, Jakarta.

giàcca, *f.* jacket; (*lunga*) coat: **g. a un petto** [**a doppio petto**], single-breasted [double-breasted] jacket; **g. a vento**, windcheater; (*imbottita*) anorak, padded jacket; **g. da equitazione**, riding jacket; **g. di maglia**, cardigan; **g. e gonna**, jacket and skirt; **g. rossa** (*per la caccia alla volpe*), pink; **g. sportiva**, sports jacket (*o* coat); **tasca della g.**, jacket pocket. ● (*calcio*) **giacche nere**, referees.

giacché, *cong.* as; since; seeing that: **G. è umido, staremo in casa**, as it is wet, we shall stay indoors; **G. sei qui, ti voglio mostrare una cosa**, since you're here, I want to show you something; **G. ci sei, comprami anche dei limoni**, while you're at it, buy me some lemons as well.

giacchétta, *f.* jacket. ● (*calcio*) **giacchette nere**, referees.

giacchetto, *m.* short jacket.

giacchio, *m.* casting-net.

giaccóne, *m.* coat; heavy jacket; (*imbottito o impermeabile*) anorak, parka: **g. di montone**, sheepskin coat; **g. di pelle**, leather jacket.

giacènte, *a.* **1** (*in sospeso*) pending; outstanding; in abeyance **2** (*di lettera o pacco, ecc.*) undelivered; unclaimed; dead: **lettera g.**, dead letter **3** (*di capitale*) uninvested; idle **4** (*di merce*: *in magazzino*) in stock; (*invenduta*) unsold **5** (*arald.*) couchant. ● (*leg.*) **eredità g.**, vacant succession.

giacènza, *f.* **1** (*fin., rag.*) cash in hand **2** (*comm.*) remainder **3** (*merce in magazzino*) stock (on hand); (*merce invenduta*) unsold goods (*pl.*). ● **capitale in g.**, uninvested capital □ **un pacco in g. alla posta**, a parcel lying at the post office □ **lettere in g.**, dead letters □ (*naut., comm.*) **giorni di g.** (*controstallie*), demurrage □ **libri in g.** (*copie invendute*), unsold copies □ **merce in g.**, (*non consegnata*) undelivered goods; (*non ritirata*) unclaimed goods.

giacére, *v. i.* **1** to lie*: **g. malato**, to lie ill; **Qui giace...**, here lies...; **La città giace fra i colli**, the city lies among hills; **g. bocconi** [**supino**], to lie on one's face [on one's back, flat] **2** (*stare inerte, inattivo*) to lie* idle; to lie*; to stay: **Il macchinario giaceva inutilizzato**, the machines lay idle; **La merce giace in magazzino**, the goods are lying unsold in the warehouse; **La pratica giace da mesi**, the file has been lying in a drawer (*o* on a shelf) for months **3** (*lett.*: *avere rapporti sessuali*) to lie*. ● **g. nella miseria**, to be very poor; to live in great poverty □ **mettere a g.**, to lay □ (*prov.*) **Chi muore giace, chi vive si dà pace**, the dead lie still and the quick do as they will.

giaciglio, *m.* bed; couch (*lett.*): **g. di paglia**, straw bed; (*paglericcio*) pallet.

giaciménto, *m.* (*geol., ind. min.*) layer; bed; body; deposit; field; mine: **g. minerario**, ore body; **g. aurifero**, gold deposit; **g. alluvionale**, alluvial deposit; **g. di carbone**, coal seam; **g. di petrolio**, oilfield; **g. di sale**, salt-mine.

giacinto, *m.* (*bot.*, *Hyacinthus orientalis*; *miner.*) hyacinth.

giacitùra, *f.* **1** lying posture; recumbent position **2** (*geol.*) position **3** (*ling.*) position of words.

giàco, *m.* (*mil., stor.*) coat of mail.

Giacòbbe, *m.* Jacob.

giacobinismo, *m.* (*stor.*) Jacobinism.

giacobino, (*stor.*) **A** *m.* (*f.* **-a**) Jacobin. **B** *a.* Jacobin; Jacobinic(al).

giacobita, *m.* e *f.* (*stor.*) Jacobite.

Giacomina, *f.* Jacqueline.

Giàcomo, *m.* James. ● (*fam.*) **Le gambe mi facevano g. g.**, my legs were shaking (*o* wobbling) under me.

giaconétta, *f.* (*ind. tess.*) jaconet.

giaculatòria, *f.* **1** (*relig.*) short prayer; ejaculatory prayer **2** (*fig.*) rigmarole; endless list; catalogue **3** (*fig.*: *imprecazione*) curse.

giàda, *f.* (*miner.*) jade.

giadeite, *f.* (*miner.*) jadeite.

Giaèle, *m.* (*Bibbia*) Jael.

Giàffa, *f.* (*geogr.*) Jaffa.

giaggiòlo, *m.* (*bot.*, *Iris*) iris*.

giaguàro, *m.* (*zool.*, *Panthera onca*) jaguar. ● (*fig.*) **amico del g.**, one who unwittingly sides with the opponents of a friend.

giaiétto, *m.* (*miner.*) jet.

giainismo, *m.* (*relig.*) Jainism.

giainista, *m.* e *f.* (*relig.*) Jain; Jainist.

gialàppa, *f.* (*bot.*, *Exogonium purga*; *farm.*) jalap.

giallàstro, gialliccio, *a.* yellowish.

giallista, *m.* e *f.* writer of detective stories; crime writer.

giallistica, *f.* (*letter.*) detective fiction; crime fiction.

giàllo, A *a.* **1** yellow: **un berretto g.**, a yellow cap; **campi gialli**, yellow fields; **le razze gialle**, the yellow races **2** (*di carnagione*) sallow; (*di un pallore sinistro*) livid: **Il cielo era di un g. sinistro**, the sky had a livid hue; **g. dalla bile**, livid **3** (*di romanzo, film, ecc.*) detective (*attr.*); crime (*attr.*); mystery (*attr.*): **film g.**, detective film; whodunit (*fam.*); **romanzo g.**, detective novel; crime story; whodunit (*fam.*); mystery. ● (*naut.*) **bandiera gialla**, yellow flag □ **farina gialla**, maize meal □ (*med.*) **febbre gialla**, yellow fever; yellow jack (*pop.*) □ (*telef.*) **pagine gialle**, yellow pages □ (*fotogr.*) **schermo g.**, filter □ **sindacato g.**, company union □ **stampa gialla**, yellow (*o* gutter) press □ (*pitt.*) **terra gialla**, yellow ochre. **B** *m.* **1** yellow: **g. canarino**, canary (yellow); **g. limone**, lemon yellow; **g. paglierino**, straw yellow; **g. ambrato**, amber **2** (*di uovo*) yolk **3** (*autom.*) amber (light): **Le auto devono**

fermarsi quando c'è il g., cars must stop when amber light shows *4* (*chim.*) yellow: **g. di cadmio**, cadmium yellow; **g. cromo**, chrome yellow *5* (*romanzo, dramma o film poliziesco*) detective [novel, play, film]; mystery; whodunit (*fam.*) *6* (*caso poliziesco*) case; (*vicenda misteriosa*) mystery: **il g. di Piazza Ascoli**, the Piazza Ascoli case; **il g. delle due telefonate**, the mystery of the two phone-calls.

giallógnolo, *a.* yellowish.

gialloroṣa, *a.* – **commedia [romanzo, film] g.**, romantic mystery.

giallùme, *m.* *1* ugly (*o* dirty) yellow *2* (*bot., del pesco, ecc.*) (the) yellows (*pl.*).

Giamàica, *f.* (*geogr.*) Jamaica.

giamaicàno, *a.* e *m.* (*f.* **-a**) Jamaican (*f.* Jamaican woman*).

giàmbico, *a.* (*poesia*) iambic.

giàmbo, *m.* (*poesia*) *1* iambus*; iamb *2* (*satira in giambi*) iambics (*pl.*).

giamburràsca, *m. invar.* naughty child; little terror; (*di bambina, anche*) tomboy.

giammài, *avv.* never: **G. lo dimenticherò**, I shall never forget him.

gianduia, *m.* «gianduia» (Piedmontese soft nut chocolate).

gianduiòtto, *m.* «gianduiotto» (Piedmontese chocolate).

Gianìcolo, *m.* (*geogr.*) Janiculum.

Giànna, *f.* Janet; Jenny.

giannétta (1), *f.* *1* walking stick; Malacca (cane) *2* (*stor.*) pike; lance.

giannétta (2), *f.* (*ind. tess.*) spinning jenny.

Giànni, *m.* Jack; Johnny.

giannìzzero, *m.* *1* janissary, janizary *2* (*fig.*) henchman*.

Giàno, *m.* (*mitol.*) Janus.

gianseniṣmo, *m.* (*relig.*) Jansenism.

giansenista, *m.* e *f.* (*relig.*) Jansenist.

giansenìstico, *a.* (*relig.*) Jansenistic(al).

Giappóne, *m.* (*geogr.*) Japan.

giapponése, *a., m.* e *f.* Japanese (*f.* Japanese woman*): **i Giapponesi**, the Japanese; Japanese people; **parlare g.**, to speak Japanese; **lotta g.**, Japanese wrestling; ju--jitsu; judo.

giapponeserìa, *f.* (*specialm. al pl.*) Japanese bric-à-brac.

giapponeṣiṣmo, *m.* (*ling.*) Japanese idiom.

giàra, *f.* (earthenware) jar.

giardìaṣi, *f.* (*med.*) giardiasis.

giardinàggio, *m.* gardening.

giardinétta, *f.* (*autom.*) estate car; station wagon (*USA*).

giardinétto, *m.* *1* (*naut.*) quarter *2* (*fin.*) spread investment.

giardinièra, A *f.* *1* gardener *2* (*mobile per vasi da fiori*) jardinière (*franc.*) *3* (*cucina*) pickles (*pl.*); pickled vegetables (*pl.*) *4* (*carro*) char-à-banc, charabanc *5* (*autom.*) *V.* **giardinetta**. **B** *a.* – **maestra g.**, nursery-school teacher; kindergarten mistress; (*cucina*) **zuppa g.**, jardinière soup; vegetable soup.

giardinière, *m.* (*f.* **-a**) gardener.

giardìno, A *m.* garden; (*intorno a una casa di città*) yard (*USA*): **g. all'italiana [all'inglese]**, Italian [English] garden; **g. d'inverno**, winter garden; conservatory; **g. pensile**, roof--garden; **g. sul retro**, backgarden; backyard (*USA*); **giardini pubblici**, public gardens; park (*sing.*); **g. zoologico**, zoological gardens (*pl.*); zoo; **piante da g.**, garden plants. ● **il g. delle delizie** (*il Paradiso terrestre*), the Garden of Eden □ **g. d'infanzia**, kindergarten; nursery school □ **«tutto per il g.»**, garden centre. **B** *a. invar.* – **città g.**, garden city.

giarrettièra, *f.* (*a fascia*) garter; (*di metallo e gomma*) suspender (*GB*), garter (*USA*). ● **Ordine della G.**, Order of the Garter.

Giasóne, *m.* (*mitol.*) Jason.

giaùrro, *m.* (*spreg.*) giaour; infidel.

Giàva, *f.* (*geogr.*) Java.

giavanése, *a., m.* e *f.* Javanese (*f.* Javanese woman*): **i Giavanesi**, the Javanese.

giavàzzo, A *m.* *V.* **giaietto**. **B** *a.* (*di mantello equino*) jet-black.

giavellottista, *m.* e *f.* (*sport*) javelin thrower.

giavellòtto, *m.* javelin: (*sport*) **lancio del g.**, javelin (throwing).

giazzìsta, e *deriv.* *V.* **jazzista**, e *deriv.*

gibberellina, *f.* (*bot.*) gibberellin.

gibbo, *m.* (*med.*) gibbus.

gibbóne, *m.* (*zool., Hylobates*) gibbon.

gibbosità, *f.* *1* (*med.*) gibbosity *2* (*protuberanza*) hump; bump.

gibbóso, *a.* *1* gibbous; (*di animale*) humped; (*di persona*) humpbacked, hunchbacked *2* (*di terreno*) undulating.

gibèrna, *f.* cartridge box.

gibigiàna, gibigiànna, *f.* (*region.*) flash of light reflected from a mirror.

Gibiltèrra, *f.* (*geogr.*) Gibraltar.

gibollàre, *v. t.* (*region.*) to dent.

gibus, *m. invar.* gibus; opera-hat.

gicleur (*franc.*), *m. invar.* (*autom.*) spray nozzle.

giga, *f.* (*mus.*) *1* (*strumento*) gigue; giga *2* (*danza*) gigue; jig.

gigànte, A *m.* (*anche fig.*) giant. ● **fare passi da g.**, to make great strides; (*fig.*) to make astonishing progress, to progress by leaps and bounds. **B** *a.* huge; gigantic; giant (*attr.*); colossal; jumbo (*attr.*): **albero g.**, huge tree; **formato g.**, jumbo size; (*sci*) **slalom g.**, giant slalom; **stella g.**, giant star.

giganteggiàre, *v. i.* (*anche fig.*) to tower (over st.); to rise* like a giant (above st.).

gigantésco, *a.* gigantic; giant (*attr.*); huge; colossal; (*vastissimo*) sprawling.

gigantéssa, *f.* giantess.

gigantiṣmo, *m.* *1* (*med.*) gigantism; giantism *2* (*fig.*) gigantism.

gigantista, *m.* e *f.* (*sci*) giant slalom racer.

gigantografìa, *f.* (*fotogr.*) blow-up; poster.

gigantomachìa, *f.* gigantomachy.

gìgaro, *m.* (*bot., Arum maculatum*) cuckoo--pint; lords-and-ladies.

gigióne, *m.* (*f.* **-a**) (*gergo teatr.*) ham actor (*f.* actress); ham.

gigioneggiàre, *v. i.* (*gergo teatr.*) to overact; to act over the top; to ham; (*nelle scene drammatiche, anche*) to emote.

gigionésco, *a.* (*gergo teatr.*) ham; hammy.

gigioniṣmo, *m.* (*gergo teatr.*) overacting; over-the-top style of acting; hamming.

gigliàceo, *a.* (*bot.*) liliaceous.

gigliàto, *a.* *1* (*numism.*) stamped with a lily *2* (*arald.*) lilied.

gìglio, *m.* *1* (*bot., Lilium*) lily: **g. bianco** (*Lilium candidum*), white (*o* Madonna) lily; **g. cinese** (*Lilium tigrinum*), tiger lily; **g. gentile** (*Lilium martagon*), Turk's-cap *2* (*bot.*) – **g. d'acqua** (*Nymphaea alba*), white water lily; **g. fiorentino** (*Iris florentina*), Florentine iris; orris; **g. giallo** (*Iris pseudacorus*), fleur-de-lis *3* (*arald.*) fleur-de-lis*; lily: **g. di Firenze**, Florentine fleur-de-lis; **g. di Francia**, (French) fleur-de-lis *4* (*fig.*) lily: **un g. immacolato**, an unspotted lily. ● (*zool.*) **g. di mare**, sea-lily; crinoid □ **bianco come un g.**, lily-white □ **puro come un g.**, pure; immaculate; (*spesso iron.*) as pure as the driven snow.

gigolette (*franc.*), *f. invar.* moll (*pop.*).

gigolo (*franc.*), *m. invar.* gigolo.

Gilbèrto, *m.* Gilbert.

gilda, *f.* (*stor.*) g(u)ild.

gilè, gilet (*franc.*), *m. invar.* waistcoat (*GB*); vest (*USA*).

gimcàna, gimkàna, *V.* **gincana**.

gimnocàrpo, *a.* (*bot.*) gymnocarpous.

gimnosofista, *m.* gymnosophist.

gimnospèrma, *f.* (*bot.*) gymnosperm.

Gimnospèrme, *f. pl.* (*bot., Gymnospermae*) Gymnospermae.

gimnòto, *m.* (*zool., Electrophorus electricus*) electric eel.

gin, *m.* gin.

ginandrìa, *f.* (*med.*) gynandry.

ginandriṣmo, *m.* (*med.*) gynandrism.

ginàndro, *a.* (*bot.*) gynandrous.

ginandromorfiṣmo, *m.* (*biol.*) gynandromorphism.

ginandromòrfo, A *m.* gynandromorph. **B** *a.* gynandromorphous; gunandromorphic.

gincàna, *f.* *1* (*sport*) gymkhana *2* (*fig.*) obstacle race: **È una vera g. arrivare sin qui**, it's like an obstacle race to get here. ● **fare la g. nel traffico**, to weave in and out of the traffic.

ginecèo, *m.* *1* gynaeceum* *2* (*bot.*) gyn(o)ecium*; gynaecium*.

ginecocrazìa, *f.* gynaecocracy.

ginecologìa, *f.* (*med.*) gyn(a)ecology.

ginecològico, *a.* (*med.*) gyn(a)ecological.

ginecòlogo, *m.* (*f.* **-a**) (*med.*) gyn(a)ecologist.

ginecomastìa, *f.* (*med.*) gynaecomastia.

ginepràio, *m.* *1* (*bot.*) juniper thicket *2* (*fig.*) difficult situation; predicament; fix; tight corner (*fam.*): **cacciarsi in un g.**, to get oneself into a fix.

ginépro, *m.* (*bot., Juniperus communis*) juniper. ● **g. della Virginia** (*Juniperus virginiana*), (eastern) red cedar.

ginèstra, *f.* (*bot., Genista*; *Cytisus*) broom. ● **g. spinosa**, *V.* **ginestrone**.

ginestrèlla, *f.* (*bot., Genista tinctoria*) dyer's broom; greenweed.

ginestrìno, *m.* (*bot., Lotus corniculatus*) five--finger.

ginestróne, *m.* (*bot., Ulex europaeus*) gorse; furze; whin.

Ginévra (1), *f.* (*letter.*) Guinevere.

Ginévra (2), *f.* (*geogr.*) Geneva.

ginevrìno, A *a.* Genevan; Genevese; Geneva (*attr.*). **B** *m.* (*f.* **-a**) Genevan.

gingillàre, A *v. t.* (*prendere in giro*) to make* fun of. **B gingillàrsi,** *v. i. pron.* *1* (*perdere tempo*) to dawdle; to fool around: **Non gingillarti per la strada**, don't dawdle on the way *2* (*giocherellare*) to toy, to fiddle, to twiddle; (*lavoricchiare*) to tinker.

gingillo, *m.* *1* (*ninnolo*) knick-knack; gewgaw; bauble; trinket *2* (*balocco*) toy; plaything. ● **perdersi in gingilli**, to waste one's time.

gingillóne, *m.* (*f.* **-a**) dawdler; idler.

gìnglimo, *m.* (*anat.*) ginglymus*; hinge joint.

ginkgo, *m.* (*bot., Ginkgo biloba*) ginkgo.

ginnàre, *v. t.* (*ind. tess.*) to gin.

ginnaṣiale, A *a.* (*in Italia, in Germania*) gymnasial; (*in G.B.*) grammar-school (*attr.*); (*in U.S.A.*) high-school (*attr.*). **B** *m.* e *f.* (*in Italia, Germania*) gymnasium student, gymnasiast; (*in G.B.*) grammar-school student; (*in U.S.A.*) high-school student.

ginnàṣio, *m.* *1* (*in Italia, Germania*) gymnasium*; (*in G.B.*) grammar school; (*in U.S.A.*) high school *2* (*stor. greca*) gymnasium*.

ginnàsta, *m.* e *f.* gymnast.

ginnàstica, *f.* (*esercizi fisici*) exercise; exercises (*pl.*); (*in palestra*) physical education (*abbr.*: P.E.), physical training (*abbr.*: P.T.), work-out, physical drills (*pl.*), physical jerks (*pl.*) (*fam.*); (*la disciplina*) gymnastics (*pl. col verbo al sing.*), gym (*fam.*): **Dovresti fare della g.**, you should do some exercise; you should exercise a bit; **la g. del mattino**, morning exercises (*pl.*); **Vado a g. due volte alla settimana**, I do physical training (*o* I work up) twice a week; **g. a corpo libero**, free exercises; **g. attrezzistica**, modern apparatus gymnastics; **g. correttiva**, remedial gymnastics; **g. da camera**, exercises (*pl.*); **g. ritmica**, callisthenics (*pl. col verbo al sing.*); **g. svedese**, Swedish drill (*o* gymnastics); (*fig.*) **g. della mente**, mental exercise; **insegnante di g.**, physical education (*o* PE) teacher; gym teacher; (*in G.B. anche*) games master (*f.* mistress); **scarpe da g.**, training shoes; plimsolls; gymshoes (*GB*); sneakers (*USA*).

ginnàstico, *a.* gymnastic; gym (*attr., fam.*).

ginnatrìce, *f.* (*ind. tess.*) cotton-gin.

ginnatùra, *f.* (*ind. tess.*) ginning.

ginnétto, *m.* jennet.

ginnico, *a.* gymnastic; athletic: **saggio g.**, gymnastic display; **giochi ginnici**, athletic games.

ginnocàrpo, *V.* **gimnocarpo**.

ginnosofista, *V.* **gimnosofista**.

ginocchiàta, *f.* ***1*** (*colpo dato col ginocchio*) blow with the knee: **dare una g. a q.**, to hit sb. with one's knee; to knee sb. ***2*** (*colpo preso sul ginocchio*) knock (*o* blow) on the knee.

ginocchiàto, *a.* (*bot.*) geniculate.

ginocchièllo, *m.* ***1*** (*protezione per cavallo*) knee-cap ***2*** (*di armatura*) *V.* **ginocchietto** ***3*** (*di maiale*) pork leg (without the pettitoes) ***4*** (*di pantaloni*) bag on the knee.

ginocchièra, *f.* ***1*** knee band ***2*** (*sport*) knee pad; knee guard ***3*** (*mecc.*) toggle: **giunto a g.**, toggle joint ***4*** *V.* **ginocchietto**.

ginocchiétto, *m.* (*di armatura*) knee piece; genouillère (*franc.*).

ginòcchio, *m.* (*pl.* **ginocchi,** *m.* **ginocchia,** *f.*) ***1*** knee: **piegare un g.**, to bend a knee; **in g.**, on one's knees; kneeling: **In g.!**, (down) on your knees!; **Lo vidi in g. davanti all'altare**, I saw him kneeling in front of the altar; **stare in g.**, to kneel; **Le ginocchia gli cedettero**, his knees gave way; **buttarsi [cadere] in g.**, to throw oneself on [to fall to] one's knees; **mettersi in g.**, to kneel down; to go down on one's knees; **mettere in g. q.** (*anche fig.*), to bring sb. to his knees; **arrivare al g.** (*di acqua, neve, ecc.*), to be knee-deep (*o* knee-high); **Ero nella neve fino al g.**, I was knee-deep in snow ***2*** (*parte dei pantaloni*) knee ***3*** (*di remo*) loom ***4*** (*mecc.*) bend ***5*** (*naut.*: *parte della carena*) turn of the bilge. ● (*med.*) **g. valgo**, genu valgum; (*com.*) knock-knee □ (*med.*) **g. varo**, genu varum; (*com.*) bow legs □ **calzettoni al g.**, knee-length stockings □ (*fig.*) **far venire il latte alle ginocchia a q.**, to bore sb. to death (*o* to tears) □ **gonna al g.**, knee-length skirt □ (*fig.*) **piegare il g.**, to kowtow; to eat humble pie □ **stivali al g.**, knee-length boots.

ginocchiòni, *avv.* on one's knees; kneeling.

ginogèneși, *f.* (*biol.*) gynogenesis.

ginòide, *a.* (*med.*) gynoid.

ginseng, *m.* (*bot., Panax ginseng*) ginseng.

ginserìa, *V.* **jeanseria**.

gin tonic, *locuz. m.* gin and tonic.

gioachimișmo, *m.* (*relig.*) Joachimism.

gioachimìta, *a. e m.* (*relig.*) Joachimite.

Giòbbe, *m.* (*Bibbia*) Job.

giocàre, *v. i. e t.* ***1*** to play: **I ragazzi giocano in giardino**, the children are playing in the garden; **Il gatto ha voglia di g.**, the cat wants to play (*o* is feeling playful); **g. a palla [a carte, a scacchi]**, to play ball [cards, chess]; **g. a bocce**, to play bowls; to bowl; **g. con le bambole**, to play with dolls; **g. ai soldati** (*o* **alla guerra**), to play soldiers; **g. agli indiani**, to play at being Indians; **g. per divertimento [a soldi]**, to play for fun [for money]; **g. correttamente [scorrettamente]**, to play fair [foul]; **Giochiamo in quattro**, there are four of us playing; **Tocca a te g.**, it's your turn to play; it's your play; **È un gioco che si gioca in 4**, you need 4 people to play this game; (*sport*) **g. in porta**, to play as goalkeeper; **g. una bella partita**, to play a good game; **Il Milan giocherà contro il Torino**, Milan will play (against) Torino; **g. una carta**, to play a card ***2*** (*d'azzardo*) to gamble, to play; (*scommettere*) to bet*; (*puntare*) to stake: **Non fuma e non gioca**, he doesn't smoke and doesn't gamble; **g. alla roulette**, to gamble at the roulette; to play roulette; **g. forte**, to gamble heavily; to play high (*o* for high stakes); **g. una somma forte**, to stake a big sum; **g. alle corse (di cavalli)**, to gamble (*o* to bet) on horses; to play the horses (*USA*); **g. diecimila lire su Alì Babà**, to bet ten thousand lire on Ali Baba; **Mi gioco cinquantamila lire che vincerà Jack**, I bet (you) fifty thousand lire that Jack will win ***3*** (*avere peso*) to play a part: **Ha giocato molto la paura**, fear played a big part ***4*** (*ingannare*) to fool; to make* a fool of ***5*** (**giocarsi**: *mettere a rischio*) to risk; to put* (st.) at stake; to put* (st.) on the line: **giocarsi la vita**, to risk one's life; to put one's life at stake; **Mi sto giocando il posto ad aiutarti**, I'm putting my job on the line by helping you ***6*** (**giocarsi**: *perdere*) to lose*; to throw* away; to gamble away: **S'è giocato il posto**, he has lost his job; **Si giocò la vita**, he threw away his life; **Si è giocato tutta l'eredità**, he gambled away his whole inheritance. ● (*fig.*) **g. a carte scoperte**, to lay (*o* to put) one's cards on the table □ (*Borsa*) **g. al rialzo**, to bull □ (*Borsa*) **g. al ribasso**, to bear □ (*anche fig.*) **g. bene le proprie carte**, to play one's cards well □ **g. coi sentimenti altrui**, to play with other people's feelings □ **g. d'astuzia**, to resort to cunning □ **g. di gomiti per uscire dalla folla**, to elbow one's way out of the press □ (*fig.*) **g. di mano**, to pilfer; to be light-fingered □ (*sport*) **g. fuori casa**, to play away □ **g. il tutto per tutto**, to risk everything □ **g. in Borsa**, to speculate on the Stock Exchange; to play the market □ (*sport*) **g. in casa**, to play at home; (*anche fig.*) to be on one's home turf □ **g. sul sicuro**, to play for safety; to be safe □ (*fig.*) **g. sui due fronti**, to hedge one's bets □ **g. sulle parole**, to play upon words; (*spreg.*) to equivocate □ **g. un tiro a q.**, to play a trick on sb. □ **giocarsi la camicia**, to bet one's shirt.

giocàta, *f.* ***1*** (*mossa*) move ***2*** (*puntata*) stake; bet ***3*** (*partita*) game. ● **In due giocate persi tutto**, I played twice and lost everything □ **Questa settimana ci sono molte giocate col 7 e col 21**, this week a lot of people have played (*o* have put their money on) 7 and 21.

giocatóre, *m.* (*f.* **-trice**) ***1*** player: **g. di calcio**, football player; footballer; **g. di cricket**, cricket player; cricketer; **g. di golf**, golf player; golfer; **g. di scacchi**, chess player ***2*** (*d'azzardo*) gambler; (*sui cavalli*) punter (*GB*). ● **g. accanito**, heavy gambler; high roller (*pop. USA*) □ (*Borsa*) **g. al rialzo**, bull □ (*Borsa*) **g. al ribasso**, bear □ **g. di Borsa**, speculator (on the Stock Exchange) □ (*fig.*) **g. di bussolotti**, trickster.

giocattolàio, *m.* (*f.* **-a**) ***1*** (*fabbricante*) toy maker ***2*** (*negoziante*) toy-shop owner.

giocàttolo, *m.* ***1*** toy: **negozio di giocattoli**, toy shop ***2*** (*fig.*) toy; plaything: **È un g. nelle sue mani**, he's a plaything in her hands.

giocherellàre, *v. i.* ***1*** (*gingillarsi*) to play, to toy; (*nervosamente*) to fiddle ***2*** (*giocare senza entusiasmo*) to play desultorily.

giocherellóne, *m.* (*f.* **-a**) ***1*** (*di persona*) playful person; (*che ama fare scherzi*) joker, prankster ***2*** (*di animale*) playful (*o* frolicsome) animal.

giochétto, *m.* ***1*** easy game ***2*** (*tiro mancino*) trick: **fare un g. a q.**, to play a trick on sb. ***3*** (*lavoro facile*) child's play; doddle (*fam.*); piece of cake (*fam.*).

giòco, *m.* ***1*** (*attività ludica*) play; playing: **l'importanza del g. per il bambino**, the importance of playing for a child; **pensare solo al g.**, to think only of playing; **tempo per il g.**, time for play; play-time; **compagno di giochi**, playmate; **Eravamo compagni di g.**, we used to play together; **stanza dei giochi**, playroom; (*per bambini piccoli*) nursery ***2*** (*svago, divertimento*) amusement; (*con regole*) game: **I bambini erano occupati coi loro giochi**, the children were busy at their games; **fare un g.**, to play a game; **inventare un g.**, to invent a game; **giochi all'aperto**, outdoor games; **g. d'azzardo**, (*singolo g.*) game of chance; (*attività*) gambling; **g. da tavolo**, board game; **il g. degli scacchi [del poker]**, the game of chess [of poker]; **g. di abilità** (*o* **di destrezza**), game of skill; **g. di carte**, card game; **g. di simulazione**, simulation game; **g. di società**, parlour game; **g. educativo**, educational game; **g. elettronico**, computer game; (*anche fig.*) **le regole del g.**, the rules of the game; **teoria dei giochi**, game theory ***3*** (*disciplina agonistica*) game; (*partita*) match: **il g. del tennis [del calcio]**, the game of tennis [of football]; **i giochi olimpici**, the Olympic Games; **i giochi della gioventù**, youth games: **a metà g.**, halfway through the match; (*calcio*) at half-time ***4*** (*il giocare d'azzardo*) gambling: **vincere [perdere] al g.**, to win [to lose] money gambling; **debiti di g.**, gambling debts; **casa da g.**, gambling-house; casino; **il vizio del g.**, the gambling habit; **perdere una fortuna al g.**, to gamble away a fortune ***5*** (*modo di giocare*) game; play: **Fa un buon g.**, his game is good; **g. leale [scorretto, pesante]**, fair [foul, rough] play; **fare un g. scorretto**, to play foul ***6*** (*puntata*) bet; stake: **Fate il vostro g.!**, place your bets! ***7*** (*mano di carte*) hand: **avere un buon g.**, to have a good hand; **non avere g.**, to have a bad hand ***8*** (*mecc.*) clearance; play: **g. parallelo**, uniform clearance; **g. assiale**, end play; **g. laterale**, side clearance (*o* play); **Non stringere troppo la vite, lascia un po' di g.**, don't tighten the screw too much, leave a little play ***9*** (*scherzo*) joke; fun: **Dicevo solo per g.**, it was only a joke; I only meant it as a joke; it was only said in fun; **prendersi g. di q.**, to make fun of sb.; to pull sb.'s leg; to kid sb. ***10*** (*interazione*) interplay: **il g. delle forze politiche**, the interplay of political parties ***11*** (*occorrente di un gioco*) set; (*giocattolo*) toy: **il g. del meccano**, a meccano set; **una stanza piena di giochi**, a room full of toys ***12*** (*fig.*: *trucco, idea astuta*) game; trick: **Ah, sarebbe questo il tuo g.?**, so that's your little game?; **Ho capito il suo g.**, I know what he's up to; **A che g. giochiamo?**, what are you up to?; what's the clever idea? ● **g. a premi**, prize contest; (*radio, TV*) quiz show □ (*tennis*) **g. a rete**, net play □ **g. aziendale**, management game □ **g. da ragazzi**, child's play; piece of cake (*fam.*); doddle (*fam.*) □ **giochi d'acqua**, waterworks; jeux d'eau (*franc.*) □ (*sport*) **g. di gambe**, footwork □ **g. del lotto**, national (*o* state) lottery □ **g. delle tre carte**, three-card monte; (*fig.*) con, swindle □ **g. dell'oca**, snakes and ladders □ **g. delle parti**, roles (*pl.*) □ **g. di luci**, play of light(s) □ **g. di mano**, sleight of hand □ **g. di parole**, play upon words; pun □ **g. di pazienza**, puzzle patience □ **g. di prestigio**, conjuring trick □ **g. di squadra**, teamwork □ **g. di tende**, set of curtains □ (*calcio*) **g. di testa**, headwork □ (*naut.*) **g. di vele**, set of sails □ **g. in Borsa**, speculation on the Stock Exchange □ **A che g. si gioca?**, what's the game? □ (*fig.*) **avere buon g.**, to have no difficulty (in doing st.); to be easy (for sb.) □ **battere q. al suo stesso g.**, to beat sb. at his own game □ **campo di g.**, (*sportivo*) playing field; (*per bambini*) playground □ (*fig.*) **celare il proprio g.**, to play a deep game (*o* a close hand) □ (*fig.*) **doppio g.**, double-crossing □ (*fig.*) **fare il doppio g.**, to play a double game □ (*fig.*) **fare il doppio g. con q.**, to double-cross sb. □ (*fig.*) **entrare in g.**, to come into play □ (*fig.*) **fare buon viso a cattivo g.**, to make the best of a bad job; to put a good (*o* brave) face on it □ (*fig.*) **fare il g. di q.**, to play into sb.'s hands □ (*fig.*) **essere in g.**, to be involved; (*essere a rischio*) to be at stake, to be at risk, to be on the line □ (*fig.*) **mettere in g. q.c.**, to bring st. into play; (*rischiare*) to stake st., to put (st.) on the line: **mettere in g. la carriera**, to stake one's career; **mettere in g. tutto**, to stake one's all □ (*fig.*) **scoprire il proprio g.**, to show one's hand; to give the game away □ (*fig.*) **stare al**

g., to play the game; (*assecondare q.*) to go along with sb. □ **tavolo da g.**, gambling table; (*per giocare a carte*) card table □ **volgere q.c. in g.**, to turn st. into a joke; to make fun of st. □ (*prov.*) **Il g. non vale la candela**, the game is not worth the candle □ (*prov.*) **Un bel g. dura poco**, long jesting was never good.

giocofòrza, *m.* – **essere g.**, to be necessary (*o* unavoidable); to be forced (to) (*costr. pers.*); to have to (*costr. pers.*): **Ci disse di seguirlo e fu g. obbedire**, he told us to follow him and we had to obey; **Fu g. restare**, we were forced to stay.

giocolière, *m.* (*f.* **-a**) juggler.

giocondità, *f.* joyousness; gaiety; cheerfulness; mirth; jocundity.

giocóndo, *a.* ***1*** joyous; gay; cheerful; jocund ***2*** (*fam. spreg.*) simple; daft.

giocosità, *f.* playfulness; jocosity; merriment.

giocóso, *a.* playful; jocose; merry; gay; light; light-hearted: (*mus.*) **opera giocosa**, light (*o* comic) opera; (*letter.*) **poesia giocosa**, burlesque poetry.

giogàia (**1**), *f.* (*geogr.*) range (of mountains).

giogàia (**2**), *f.* (*di bovini*) dewlap.

giógo, *m.* ***1*** yoke: **g. di buoi**, yoke of oxen ***2*** (*fig.*) yoke; oppression: **gemere sotto il g.**, to groan under the yoke; **scuotere il g.**, to throw off the yoke; **passare sotto il g.**, (*stor.* e *fig.*) to pass under the yoke; (*fig.*) to eat humble pie ***3*** (*di bilancia*) beam ***4*** (*geogr.*) mountain ridge; (*passo*) col.

giòia (**1**), *f.* ***1*** joy; gladness; delight: **gioie e dolori**, joys and sorrows; **lacrime di g.**, tears of joy; **l'unica g. della mia vita**, the only joy of my life; **saltare dalla g.**, to jump for joy; **al colmo della g.**, overjoyed; **pazzo di g.**, mad with joy; **con mia grande g.**, to my great joy (*o* delight); **Mi hai dato una grande g.**, you have made me very happy; **Che g. avervi qui!**, how wonderful (*o* how glad I am) to have you here! ***2*** (*persona amata*) darling; love: **Sì, g., che c'è?**, yes, darling, what is it?; **G. mia!**, my love! ● **g. di vivere**, joie de vivre (*franc.*) □ **darsi alla pazza g.**, to have a ball (of a time); to have a high old time.

giòia (**2**), *f.* (*pietra preziosa*) jewel; gem.

gioielleria, *f.* ***1*** (*l'arte*) jeweller's craft ***2*** (*negozio*) jeweller's (shop).

gioiellière, *m.* (*f.* **-a**) jeweller, jeweler (*USA*).

gioièllo, *m.* ***1*** jewel; piece of jewellery (*USA*: jewelry); (*al pl., anche*) jewellery (*sing. collett.*): **Ho perso un g.**, I've lost a piece of jewellery; **i gioielli della Corona**, the Crown Jewels; **i gioielli di famiglia** (*anche fig.*), the family jewels; **I miei gioielli sono assicurati**, my jewellery is insured ***2*** (*fig.*) jewel; treasure; gem: **il g. di una raccolta**, the jewel of a collection; **La mia cameriera è un g.**, my maid is a treasure; **un g. di auto**, a gem of a car.

gioióso, *a.* joyous; joyful; glad; happy; gay; festive.

gioire, *v. i.* (*esultare*) to be delighted (at, with, by st.); to rejoice (at, over st.) (*form.*); (*godere*) to delight (at, in st.), to take* delight (in st.): **Ho gioito della sua promozione**, I was delighted by his promotion; **g. di una vittoria**, to rejoice at a victory; **g. delle sventure altrui**, to take delight in other people's misfortunes.

Giòna, *m.* (*Bibbia*) Jonah.

Giònata, *m.* (*Bibbia*) Jonathan.

Giordània, *f.* (*geogr.*) Jordan.

Giordàno, *m.* (*geogr.*) (the) Jordan.

giordàno, *a.* e *m.* (*f.* **-a**) Jordanian (*f.* Jordanian woman*).

Giorgina, *f.* Georgina.

giorgina, *V.* **dalia**.

Giórgio, *m.* George.

giornalàio, *m.* ***1*** (*f.* **-a**) newsagent; newsdealer (*USA*); (*con carretto* o *ambulante*) news vendor ***2*** (*negozio*) newsagent's.

giornàle, *m.* ***1*** (*quotidiano*) (daily) newspaper, paper, daily; (*rivista*) magazine, periodical; (*di un foglio solo*) news sheet: **giornali e riviste**, newspapers and periodicals; **g. della sera**, evening paper; **g. di moda**, fashion magazine; **g. settimanale**, weekly (newspaper); **g. murale**, wall newspaper; **essere abbonato a un g.**, to subscribe to a newspaper; **scrivere su un g.**, to write for a newspaper; **L'ho letto sul g.**, I read it in the paper ***2*** (*rassegna*) review; journal: **g. letterario**, literary review (*o* journal) ***3*** (*sede di g.*) newspaper office ***4*** (*diario*) diary; journal: **tenere un g.**, to keep a diary ***5*** (*naut.*: *g. di bordo*) journal; log(-book): **Lo scrissi nel g. di bordo**, I entered it in the log ***6*** (*rag.*) day-book; journal: **registrare a g.**, to enter in the journal ***7*** (*pl.*) (*collett.*) (*la stampa*) (the) Press. ● **g. a fumetti**, comic (*GB*); comic book (*USA*) □ **g. popolare**, tabloid □ **g. provinciale**, local paper □ **g. radio**, news bulletin; news broadcast; newscast; (the) news □ **carta di g.**, newsprint □ **ritagli di g.**, press cuttings.

giornalése, *m.* (*iron.* o *spreg.*) journalese.

giornalétto, *m.* children's paper; (*a fumetti*) comic (*GB*); comic book (*USA*).

giornalièro, **A** *a.* daily; everyday (*attr.*). **B** *m.* (*f.* **-a**) day labourer.

giornalino, *V.* **giornaletto**.

giornalismo, *m.* journalism; (*la stampa*) (the) press: **È una firma del g. italiano**, he is a name in Italian journalism; **g. televisivo**, television journalism; **il g. internazionale**, the international press; **fare del g.**, to write for the papers.

giornalista, *m.* e *f.* journalist; (*cronista*) reporter, newspaperman* (*m.*), newspaperwoman* (*f.*), pressman* (*m.*), newsman* (*m.*, *USA*): **g. sportivo**, sports journalist; **g. televisivo**, television reporter; **g. indipendente**, freelance journalist (*o* reporter); **g. titolare di rubrica**, columnist.

giornalistico, *a.* journalistic; news (*attr.*); newspaper (*attr.*): **esperienza giornalistica**, journalistic experience; **servizio g.**, report; feature; story.

giornalmàstro, *m.* (*comm.*) master ledger.

giornalménte, *avv.* daily.

giornànte, **A** *m.* (*bracciante*) day labourer. **B** *f.* (*domestica a ore*) daily woman*; charwoman*; char (*fam.*).

giornàta, *f.* ***1*** day: **una g. magnifica**, a wonderful day; **per tutta la g.**, all day long; **Le giornate si accorciano**, days are drawing in; **g. lavorativa**, working day; workday (*USA*); weekday; **g. festiva**, holiday; **a una g. di cammino**, at a day's march ***2*** (*lavoro di un giorno*) day's work; (*di manodopera*) man-day: **Ci vorranno due giornate per farlo**, it'll be a two days' work ***3*** (*paga di un giorno*) day's wages (*pl.*). ● **g. campale**, hard day □ **una g. di fuoco**, a hectic day; a hell of a day (*fam.*) □ **g. nera**, bad day; (*sfortunata*) black-letter day □ (*fam.*) **g. «no»**, off day □ **la g. nazionale della solidarietà**, National Solidarity Day □ (*radio, TV*) **la g. parlamentare**, today in Parliament □ **andare a giornate**, to depend on the day □ **Buona g.!**, have a nice day! □ **Oggi ha una g. buona**, today it's one of his good days □ (*mil.*) **caporale di g.**, duty corporal □ **lavorare** [**pagare**] **a g.**, to work [to pay] by the day □ **lavorare mezza g.**, to work part-time □ **lavoratore a g.**, day labourer □ **E con questo la g. è chiusa** (*smettiamo di lavorare*), all right, let's call it a day □ **in g.**, during the day; (*oggi*) today; (*prima di sera*) by this evening, by the end of the day, today: **Telefoneranno in g.**, they'll call sometime today; **Va finito in g.**, it must be finished today (*o* by this evening) □ **pagare a g.**, to pay by the day (*o* daily, on a daily basis) □ (*mil.*) **sergente di g.**, duty sergeant □ **uova di g.**, new-laid eggs □ **vivere alla g.**, to live from day to day.

giórno, *m.* ***1*** day: **g. solare** [**siderale, civile**], solar [sideral, civil] day; **uno di questi giorni**, one of these days; **in pochi giorni**, in a few days; in a matter of days; **tutti i giorni**, every day; (*più enfat.*) day in, day out; **tutto il g.**, all day; the whole day; **due volte al g.**, twice a day; **per tre giorni di fila**, three days running; **l'altro g.**, the other day; **giorni fa** (*o* **giorni or sono**), a few days ago; **Un g. lo vidi che usciva da casa tua**, I once saw him leaving your house; **lavorare di g.**, to work by day; **un g. sì, un g. no** (*o* **a giorni alterni**), every other day; on alternate days; **g. e notte**, day and night; **tra quindici giorni**, in a fortnight; in two weeks' time; **un g. o l'altro**, one of these days; some day or other; **di g. in g.**, day by day; from day to day; **un g. dopo l'altro**, day after day; **g. per g.**, daily; day by day; **l'uomo** [**l'argomento**] **del g.**, the man [the topic] of the day; **Dovrebbero arrivare a giorni**, they should be here any day now ***2*** (*le ore di luce*) daylight; daytime: **Svegliati, è g.**, wake up, it's daytime; **È g. chiaro** (*o* **fatto**), it's broad daylight; **Ora è troppo buio, lo cercherò di g.**, it's too dark now, I shall look for it in daylight; **Il g. calava**, daylight was fading ***3*** (*pl.*) (*momenti, tempi, ecc.*) time(s): **Verranno giorni migliori**, better times will come; **giorni difficili**, hard times; **Ho passato dei brutti giorni**, I've been through a bad time. ● **il g. del Signore**, the Lord's Day; the Sabbath □ **il g. della mamma**, Mother's Day □ **g. di grazia**, day of grace □ **il g. di Natale**, Christmas Day □ **il g. di Pasqua**, Easter (Sunday) □ **g. di vacanza**, holiday □ **g. lavorativo**, working day; workday (*USA*); business day □ **g. libero** (*dal lavoro*), day off □ (*leg.*) **g. utile**, clear day □ **a g.**, (*visibile*) fully visible; (*senza cornice*) unframed □ **al g. d'oggi**, nowadays □ **al cader del g.**, at sunset □ **Ha i giorni contati**, his days are numbered; (*sta per morire*) he hasn't got much to live □ **Buon g.!**, (*prima di mezzogiorno*) good morning; (*dopo mezzogiorno*) good afternoon □ **Cento di questi giorni!**, many happy returns of the day!; happy birthday! □ **Che g. è oggi?**, (*del mese*) what's the date today?; (*della settimana*) what day (of the week) is it today? □ **chiudere** (*o* **finire**) **i propri giorni**, to end one's days □ **Tra i due ci corre quanto dal g. alla notte**, they are as different as chalk and cheese □ **da un g. all'altro**, from one day to the next; (*improvvisamente*) all of a sudden, overnight; (*imminentemente*) at any moment, any day now □ **dare gli otto giorni**, to give a week's notice □ **di tutti i giorni**, everyday (*attr.*): **vestiti di tutti i giorni**, everyday clothes □ **fare di notte g.**, to turn night into day; to be a night-bird □ **illuminato a g.**, floodlit; brightly lit □ **la moda del g.**, the current fashion □ **ordine del g.**, agenda □ **È questione di giorni**, it's only a matter of days □ (*cucito*) **orlare a g.**, to hem-stitch □ (*cucito*) **punto a g.**, hem stitch □ (*sport*) **una sei giorni**, a six-day race □ **sul far del g.**, at daybreak □ **tutto il santo g.**, the whole blessed day □ **tutti i santi giorni**, every single (*o* blessed) day □ (*raccontando*) **un bel g.**, one (fine) day.

Giosafàtte, *m.* (*Bibbia*) Jehoshaphat.

giòstra, *f.* ***1*** (*cavalleresca*) tournament; joust ***2*** (*nelle fiere*) merry-go-round; roundabout; carousel (*USA*). ● **correre la g.**, to joust □ (*fig.*) **far la g.**, to go round and round; to rush about.

giostrànte, *V.* **giostratore**.

giostràre, *v. i.* ***1*** to joust; to tilt ***2*** (*fig.*: *destreggiarsi*) to manage; to manoeuvre; to cope well.

giostratóre, *m.* jouster; tilter.

Giosuè, *m.* (*Bibbia*) Joshua.

giottésco, **A** *a.* Giottesque. **B** *m.* follower of Giotto.

giovaménto, *m.* benefit; advantage; (*miglioramento*) improvement; (*anche finanziario*) relief; (*profitto*) profit: **portare g.**, to bring relief; **trarre g. da q.c.**, to benefit from st.

giòvane, A *a.* **1** young: **rimanere** (*o* **mantenersi**) **g.**, to keep young; **Morirono in g. età**, they died young (*o* at a young age) **2** (*giovanile*) youthful: **un viso g.**, a youthful face. ● **il g. Jones** (*per distinguerlo dal padre*), Jones junior □ **g. del mestiere**, new at the job □ (*leg.*) **g. delinquente**, juvenile delinquent □ **g. di spirito**, young at heart □ (*teatr.*) (**primo**) **attor g.**, juvenile lead □ **Da g. mi piaceva viaggiare**, when I was young (*o* in my youth) I liked travelling □ **l'età g.**, youth □ **il mio fratello più g.**, (*fra due*) my younger brother; (*fra più di due*) my youngest brother □ **Plinio il g.**, Pliny the younger □ **moda g.**, youth fashion □ **musica g.**, music for the young □ **vino g.**, new wine □ **Sono più g. di lei di tre anni**, I am her junior by three years. **B** *m.* **1** young man*; youth; (*al pl.*: *ragazzi e ragazze*) young people, (*collett., anche*) (the) young, (the) youth: **Un g. la stava aspettando**, a young man was waiting for her; **i giovani d'oggi**, the youth of today; young people today; **popolare tra i giovani**, popular with the young **2** (*aiutante*) assistant. ● (*naut.*) **g. di camera**, cabin steward □ **g. di negozio**, shop-boy □ **g. di studio** (*praticante*), articled clerk. **C** *f.* girl; young woman*.

giovanétta, *f.* girl; lass (*fam.*).

giovanétto, *m.* boy; lad (*fam.*).

giovanile, *a.* youthful; young(-looking); youth (*attr.*); juvenile: **aspetto g.**, youthful looks; **Ha un aspetto g.**, he looks young; **organizzazione g.**, youth organization; **moda g.**, youth fashion; **delinquenza g.**, juvenile delinquency; **opere giovanili**, juvenile works; juvenilia; **vestire in modo g.**, to wear youthful clothes.

giovanilismo, *m.* effort to appear young at all costs.

giovanilista, giovanilistico, *a.* trying to appear young at all costs.

Giovànna, *f.* Joan; Jane; Jean.

giovannèo, *a.* **1** of (the gospel of) St John **2** of Pope John XXIII.

Giovànni, *m.* John.

giovanòtto, *m.* **1** young man*; youth; lad (*fam.*) **2** (*fam.*: *scapolo*) bachelor.

giovàre, A *v. i.* **1** (*essere utile*) to be useful; to be of use; to be a help: **Giova saperlo**, it is useful to know; **La vostra presenza mi giovò molto**, your presence was of great help (to me); **La mia conoscenza dell'inglese spesso mi giova**, my knowledge of English is often a help (*o* useful) to me **2** (*far bene*) to be good for; to do* (sb., st.) good; to be beneficial to: **La cura gli ha giovato**, the treatment has done him good; **Il moto mi giova**, exercise is good for me (*o* does me good); **Il moto giova alla salute**, exercise is good for the health. ● **Giova ricordare che...**, it should be remembered that... **B giovàrsi,** *v. i. pron.* to take* advantage of; to make* use of; to avail oneself of; to use (st.): **g. del nome di q.**, to make use of (*o* to use) sb.'s name; **Giovati di quest'occasione**, take advantage of this opportunity.

Giòve, *m.* **1** (*mitol.*) Jupiter; Jove **2** (*astron.*) Jupiter. ● (*scherz.*) **G. pluvio**, rainy weather □ **Per G.!**, by Jove!

giovedì, *m.* Thursday: **di g.** (*o* **ogni g.**), on Thursdays; every Thursday; **g. (a) otto**, a week on Thursday; Thursday week; **g. santo**, Thursday before Easter; Maundy Thursday; **g. grasso**, Thursday before Lent. ● (*fig.*) **mancare di un g.**, to have a screw loose.

Giovenàle, *m.* (*letter.*) Juvenal.

giovènca, *f.* heifer.

giovènco, *m.* steer.

gioventù, *f.* **1** youth: **nella prima g.**, in one's early youth **2** (*i giovani*) young people; (the) young; youth: **libri per la g.**, books for young people; **C'era tanta g.**, there were lots of young people ● **g. bruciata**, beat generation □ **g. dorata**, gilded youth □ **errori di g.**, juvenile errors □ **follie di g.**, youthful follies.

giovévole, *a.* beneficial (to); useful (to); advantageous (to); good (for).

gioviale, *a.* jovial; genial; jolly; good-humoured; (*cordiale*) cordial: **un'accoglienza g.**, a cordial welcome.

giovialità, *f.* joviality; jollity; good humour.

giovialóne, *m.* (*f.* **-a**) jolly (*o* cheery) fellow (*f.* woman*).

giovinàstro, *m.* lout; yob (*pop. GB*); hooligan; hoodlum (*USA*).

giovincèllo, *m.* (*scherz.*) lad; stripling.

giovinézza, *f.* youth: **nella prima g.**, in one's early youth; **nel fiore della g.**, in the bloom of youth; **gli anni della mia g.**, the years of my youth; my youthful years. ● **vivere una seconda g.**, to take on a new lease of life.

gip, *m.* e *f. invar.* (*leg.*: *sigla di «giudice per le indagini preliminari»*) magistrate for preliminary investigations.

gipaèto, gipèto, *m.* (*zool.*, *Gypaetus barbatus*) lammergeyer; bearded vulture; ossifrage.

gippóne, *m.* large jeep.

gipsotèca, *f.* collection (*o* gallery) of plaster casts.

girabacchino, girabecchino, *m.* (*trapano*) brace and bit.

giràbile, *a.* (*comm., leg.*) endorsable.

giradischi, *m. invar.* record-player.

giradito, *m.* (*med.*) whitlow.

giràffa, *f.* **1** (*zool.*, *Giraffa camelopardalis*) giraffe (*anche fig.*); camelopard **2** (*cinem., radio, TV*) boom. ● (*scherz.*) **collo da g.**, long neck.

giraffista, *m.* e *f.* (*cinem., radio, TV*) boom operator.

girafilière, *m. invar.* (*mecc.*) diestock.

giramàschio, *m. invar.* (*mecc.*) tap wrench.

giraménto, *m.* turning. ● **g. di capo** (*o* **di testa**), fit of giddiness (*o* of dizziness); (*med.*) vertigo: **avere giramenti di capo**, to have fits of giddiness; **avere un g. di capo**, to feel dizzy □ (*fam.*) **g. di scatole**, (*irritazione*) vexation, aggravation (*fam.*); (*seccatura*) nuisance, hassle (*fam.*), drag (*fam.*).

giramóndo, *m.* e *f. invar.* **1** wanderer; rover **2** (*turista o uomo d'affari*) globe-trotter.

giranàstri, *m. invar.* portable cassette player.

giràndola, *f.* **1** Catherine-wheel **2** (*banderuola, anche fig.*) weathercock **3** (*giocattolo*) (toy) windmill **4** (*fig.*: *turbinio*) whirl.

girandolàre, *v. i.* to stroll; to saunter; to loiter; to gad about (*fam.*); to mooch around (*pop.*).

girandolóne, *m.* (*f.* **-a**) stroller; saunterer; loiterer; gad-about (*fam.*).

girandolóni, *avv.* – **andare g.**, to stroll; to mooch around (*pop.*).

girànte, A *m.* e *f.* (*comm.*) endorser. **B** *f.* (*mecc.*: *di pompa*) impeller; (*di turbina*) rotor.

giràre, A *v. t.* **1** (*ruotare*) to turn: **g. il volante** [**la testa, la chiave nella toppa**], to turn the steering-wheel [one's head, the key in the key-hole]; **Giralo verso di me**, turn it towards me; **Giralo nell'altro senso**, turn it the other way; **g. una pagina**, to turn over a page **2** (*avvolgere*) to wind*: **g. una corda due volte intorno a un palo**, to wind a rope twice round a pole **3** (*mescolare*) to stir: **g. la minestra**, to stir the soup **4** (*contornare*) to go* (*o* to get*) round; (*svoltare*) to go* round, to turn: **Il fregio gira tutta la stanza**, the frieze goes all around (*o* right round) the room; **Girai l'angolo**, I turned the corner **5** (*esplorare*) to go* (*o* to be) all over: **Ho girato tutta la casa**, I've gone (*o* I've been) all over the house **6** (*per turismo*) to tour, to travel; (*andare da un posto all'altro*) to go* round: **L'estate scorsa girammo la Francia**, last summer we toured France; **Vorrei g. il mondo**, I should like to travel all over the world; **Girò molti negozi**, he went around a lot of shops **7** (*passare*) to pass: **Giro a lei la domanda**, I pass the question to you; **g. una telefonata a q.**, to put sb. through to sb. **8** (*comm.*) to endorse; (*trasferire*) to transfer: **g. una cambiale**, to endorse a bill; **g. un conto**, to transfer an account **9** (*cinem.*) to shoot*, to film; (*recitare*) to act in, to star in, to be in: **Il film fu girato in tre settimane**, the film was shot in three weeks; **g. una scena**, to film a scene; **Domani non giriamo**, we won't be filming tomorrow; **Girerà un film con Bertolucci**, he'll act in a film by Bertolucci; **g. un film in esterni**, to shoot a film on location; **Silenzio, si gira!**, silence, shoot! ● **g. il discorso**, to change the subject □ **g. una difficoltà**, to get round a difficulty □ **g. una frase**, to rephrase a sentence □ **La chiesa è lì girato l'angolo**, the church is just round the corner. **B** *v. i.* **1** (*ruotare*) to turn; (*rapidamente sul proprio asse, anche*) to spin*; (*specialm. mecc.*) to revolve; (*del motore*) to run*, to turn over; (*turbinare*) to whirl: **La ruota** [**la terra**] **gira**, the wheel [the earth] turns; **La ballerina** [**la trottola**] **gira**, the dancer [the top] spins; **Il disco gira 33 volte al minuto**, the record revolves 33 times to the minute **2** (*curvare*) to turn: **La strada girava a sinistra**, the road turned left **3** (*andare attorno*) to go* (*o* to be) about; to be on the go (*fam.*): **È tutto il giorno che giro**, I've been on the go all day; **Ho girato tutto il giorno per trovare casa**, I've been about all day house-hunting **4** (*vagare*) to wander; to ramble; to roam; to stroll: **g. per i boschi**, to ramble (*o* to roam) through the woods; **g. per le strade**, to wander (*o* to stroll) through the streets **5** (*essere in circolazione, anche fig.*) to circulate; to go* around: **Girano brutte voci**, nasty rumours are going around **6** (*di idee, ecc.*: *mulinare*) to spin; to whirl **7** (*naut.*: *del vento*) to veer **8** (*elab.*) to run*. ● (*mecc.*) **g. a vuoto** (*o* **in folle**), to idle □ **g. al largo da q.c.**, to keep well off st.; to give st. a wide berth □ **g. attorno a un argomento**, to beat about the bush (*fam.*) □ **g. in tondo**, to go round in circles □ **g. intorno a**, to go around: **La strada gira intorno al colle**, the road goes around the hill □ (*naut.*) **g. sull'ancora**, to swing at anchor □ (*autom.*) **far g. il motore**, to run the engine □ **far g. la testa a q.**, to make sb.'s head spin; (*affascinare*) to turn sb.'s head □ **Gira al largo!**, sheer off! □ (*fig.*) **Gira e rigira, alla fine trovai il negozio**, after much searching, I eventually found the shop □ **Giratela come volete, si tratta di un ricatto**, whichever way you look at it (*o, lett.*, turn it as you will), it's blackmail □ **Che ti gira?**, what's got into you?; what's the clever idea? □ **Mi gira la testa**, I feel dizzy □ (*fam.*) **Se mi gira**, if I feel like it; if I'm in the mood □ **Secondo come gli gira**, depending on his mood. **C giràrsi,** *v. rifl.* **1** to turn; (*completamente*) to turn round: **g. verso il pubblico**, to turn to the audience; (*fig.*) **non sapere da che parte g.**, not to know which way to turn **2** (*cambiare posizione*) to turn over; (*agitarsi nel letto, ecc.*) to toss and turn.

girarròsto, *m.* roasting jack; spit.

girasóle, *m.* (*bot.*, *Helianthus annuus*) sunflower.

giràta, *f.* **1** turn; turning: **una g. di chiave**, a turn of the key **2** (*passeggiata*) *V.* **giro**, *def.* 5 **3** (*comm.*) endorsement: **g. in bianco**, blank endorsement; **g. in pieno**, full endorsement; **g. di favore** (*o* **di comodo**), accommodation endorsement **4** (*nei giochi di carte*) deal **5** (*fam.*: *ramanzina*) telling-off; ticking-off.

giratàrio, *m.* (*comm.*) endorsee.

giràto, *a.* **1** turned: **Ero g., ma la sentii**, I had my back turned but I heard her **2** (*comm.*) endorsed.

giratòrio, *a.* rotatory; rotary: **moto g.**, rotary motion.

giratùbi, *m. invar.* (*mecc.*) pipe wrench.

giravite, *m. invar.* screwdriver.

giravòlta, *f.* **1** full turn; twirl **2** (*pl.*) (*tortuo-*

sità) turns; sharp bends; twists and turns: **dopo una serie di giravolte**, after a series of turns; **pieno di giravolte**, full of twists and turns; winding; twisting *3* (*fig.*: *mutamento repentino*) shift; (sudden) change; about-turn. ● **fare una g.**, to turn right round; to spin round.

girèlla, A *f.* swivel joint; (*carrucola*) pulley. **B** *m. invar.* (*voltagabbana*) weathercock; turncoat.

girellàre, *v. i.* to stroll; to saunter; to swan about (*fam.*); to lounge about; to loiter.

girèllo, *m.* *1* small ring; small disk *2* (*per bambini*) baby walker *3* (*macelleria*) round *4* (*di carciofo*) heart.

girellóne, *V.* **girandolone.**

girévole, *a.* turning; revolving; rotating: **porta g.**, revolving door; **gru g.**, slewing crane; **poltrona g.**, swivel chair; **ponte g.**, swing bridge.

girfàlco, *V.* **girifalco.**

girifàlco, *m.* (*zool.*, *Falco rusticolus*) gerfalcon, gyrfalcon.

girigògolo, *m.* *1* (*svolazzo*) flourish; curlicue *2* (*scarabocchio*) scrawl; doodle.

girino (1), *m.* (*zool.*) tadpole.

girino (2), *m.* cyclist taking part in the Tour of Italy.

girl (*ingl.*), *f. invar.* (*ballerina*) chorus girl.

giro, *m.* *1* turn: **un g. di manovella**, a turn of the handle; **tre giri di fune**, three turns of the rope *2* (*cerchio, circuito*) circle; ring; circuit: **il g. delle mura cittadine**, the circuit of the town walls *3* (*sport*: *percorso*) tour; (*giro di pista*) lap: **il g. di Francia**, the Tour de France; **una corsa di tre giri**, a three-lap race; **g. d'onore**, lap of honour; **fare (o completare) un g. di pista**, to lap *4* (*escursione, viaggio*) tour; trip: **il g. del mondo**, a tour (*o* a trip) around the world; a world-tour; a round-the-world trip; **il g. dei castelli della Loira**, a tour of the Loire castles; **Ho fatto un g. in Scozia quest'estate**, I toured Scotland (*o* I went on a tour of Scotland) in the summer; **un g. turistico di Roma**, a sightseeing tour of Rome; **fare il g. notturno di Roma**, to see Rome by night; **far fare a q. il g. di un posto**, to show sb. round a place; **un g. della Lombardia in bicicletta**, a cycling tour of Lombardy *5* (*passeggiata*) turn, stroll, walk; (*in auto*) drive, run; (*in bicicletta, in motocicletta*) ride: **fare un g.**, to take a turn; to go for a stroll [a drive, a ride]; **Facciamo un g. intorno alla piazza**, let's walk round the square; **Mi fai fare un g. sulla tua Volvo?**, can I go for a spin in your Volvo?; would you take me for a drive in your Volvo? *6* (*percorso*) round: **g. di visite**, round of visits; **Il dottore sta facendo il suo g. di visite**, the doctor is on the rounds; **g. di consegne**, round of deliveries; **g. d'ispezione**, round of inspection; inspection tour; **Il poliziotto faceva il suo g.**, the policeman was on his beat; **fare il g. dei bar**, to do (*o* to make) the rounds of (*o* to cruise) the bars; to pub-crawl; **Ho fatto il g. dell'isola**, I've been round the island; (*in barca*) I've sailed round the island; **La storiella fece il g. della città**, the story went round (*o* went the rounds of) the town *7* (*ambiente*) circle; milieu: **g. di amici**, circle of friends; **Non apparteniamo al suo g.**, we do not belong to his milieu; **essere [non essere] del g.**, to be an insider [an outsider] *8* (*attività criminale*) circuit; ring; scene: **il g. del contrabbando**, the smuggling circuit; **il g. della droga**, the drug scene; **È in un g. di spacciatori**, he got mixed up with drug peddlers *9* (*deviazione*) detour: **La strada principale era ostruita, perciò dovemmo fare un (lungo) g.**, the main road was blocked, so we had to make a detour; **Di qui non si passa, bisogna fare il g. di là**, you can't go through here, you've got to go round that way *10* (*mecc.*) revolution (*abbr.*: rev.): **Questo motore fa cinquemila giri al minuto**, this engine goes up to five thousand revolutions per minute; **andare su di giri**, to rev up; **su di giri**, revved up; **mandare un motore su di giri**, to rev up an engine *11* (*giochi di carte*) deal *12* (*lavoro a maglia*) row. ● (*fin.*) **g. d'affari**, turnover: **un g. d'affari di centinaia di miliardi l'anno**, a yearly turnover of hundreds of billion lire □ (*sartoria*) **g. (della) manica**, armhole □ **g. della morte**, loop: **fare il g. della morte**, to loop the loop □ (*naut.* e *fig.*) **g. di boa**, turning point □ (*rag.*) **g. di capitali**, circulation of funds □ **g. di parole**, circumlocution; roundabout expression: **usare un g. di parole**, to use a circumlocution; **Non fare tanti giri di parole e vieni al sodo**, don't beat about the bush, come to the point □ (*rag.*) **g. di partita**, clearing □ (*fig.*) **g. d'orizzonte**, (wide-ranging) survey: **fare un g. d'orizzonte**, to do a survey; (*prima di un acquisto*) to shop around □ **un g. di valzer**, a waltz □ **g. di vite**, turn of the screw; (*fig.*) tightening, clamp-down: **g. di vite fiscale**, fiscal tightening □ **g. vizioso**, vicious circle □ **È andato a dirlo in g.**, he repeated it; he blabbed (*fam.*); he spilled the beans (*fam.*) □ **andare in g.**, to go around □ (*sport*) **dare il g. a un avversario**, to lap an opponent □ **dare un g. di chiave alla porta**, to lock the door once □ **essere sempre in g.**, to be always on the move □ **C'è in g. una brutta influenza**, there is a nasty flu around (*o* going the rounds) □ **Marco? Dev'essere qui in g.**, Marco? he must be somewhere around □ (*fig. fam.*) **essere su di giri**, to be in high spirits □ **fare un g. di telefonate**, to ring round □ **La sua fama ha fatto il g. del mondo**, he's known all over the world □ **lasciare q.c. in g.**, to leave st. lying around □ **mettere in g. una chiacchiera**, to spread (*o* to put about) a rumour □ **mettere in g. del denaro**, to put money into circulation □ **nel g. di un anno**, in a year; in a year's time; within a year □ **nel g. di poche ore**, within hours; in a matter of hours □ (*rag.*) **partita di g.**, clearing account (*o* transaction) □ **prendere in g. q.**, to tease sb.; to make fun of sb.; to pull sb.'s leg; to take sb. for a ride □ **Sono secoli che non lo si vede in g.**, he hasn't been seen around for ages.

girobùssola, *f.* (*naut.*) gyrocompass.

girocòllo, A *m.* *1* (*circonferenza del collo*) neck size; neck measure *2* (*scollatura*) neck, round neck: **maglietta a g.**, round-necked jumper *3* (*moda*) round-necked garment *4* (*collana*) choker. **B** *a.* round-necked.

girocónto, *m.* (*fin.*) transfer; giro.

girodirezionàle, *f.* (*aeron.*) directional gyro.

Giròlamo, *m.* Jerome.

giromànica, *m. invar.* (*sartoria*) armhole.

girondino, *m.* (*f.* **-a**) (*stor. franc.*) Girondist.

giróne, *m.* *1* (*sport*) round: **g. di andata [di ritorno]**, first [second] round *2* (*cerchio dantesco*) circle: **i gironi infernali**, the circles of Hell *3* (*del remo*) handle.

gironzolàre, *v. i.* (*andare in giro*) to wander about (*o* around), to stroll about (*o* around); (*nello stesso posto*) to loiter about (*o* around); (*intorno a q.*) to hover round (sb.).

giropilòta, *m.* (*aeron.*) gyropilot; automatic pilot.

giroscòpico, *a.* (*mecc.*) gyroscopic.

giroscòpio, *m.* (*mecc.*) gyroscope.

girostabilizzatóre, *m.* (*naut.*, *aeron.*) gyrostabilizer.

giròstato, *m.* (*mecc.*) gyrostat; gyrostatic stabilizer.

girotóndo, *m.* *1* round dance *2* (*di bambini*) ring a ring o' roses; ring-around-the-rosy (*USA*): **fare un g.** to play ring a ring o' roses; **fare un g. intorno a q.**, to dance round sb.

giròtta, *f.* weatherwave.

girovagàre, *v. i.* to wander about (*o* around); to roam about (*o* around).

giròvago, A *a.* wandering; itinerant; travelling; vagrant. ● (*teatr.*) **attori girovaghi**, strolling players □ **mercante g.**, pedlar. **B** *m.* (*f.* **-a**) *1* rover; wanderer; (*vagabondo*) vagrant, drifter, tramp (*m.*), hobo (*m.*, *USA*) *2* (*venditore ambulante*) hawker; pedlar.

girovìta, *m. invar.* waist measure.

gita, *f.* trip; (*a piedi*) hike, outing, excursion: **g. al mare**, trip to the seaside; **g. scolastica**, school trip; **g. turistica**, sightseeing trip; **g. sociale**, company outing; **g. in montagna**, hike in the mountains; **fare una g.**, to take (*o* to go on) a trip; to go on an outing (*o* a hike); to make (*o* to go on) an excursion; **fare gite in montagna**, to go for mountain walks (*o* hikes).

gitàno, A *m.* (*f.* **-a**) Spanish gipsy. **B** *a.* gipsy (*attr.*).

gitànte, *m.* e *f.* tripper; excursionist; (*a piedi*) hiker.

gittaióne, *m.* (*bot.*, *Agrostemma githago*) corn cockle.

gittàta, *f.* (*balistica*) range.

giù, *avv.* *1* down: **qua giù**, down here; **cadere giù**, to fall down; **buttare giù un muro**, to knock down a wall; **Il vento buttò giù l'antenna**, the wind blew down the aerial; **buttare giù appunti**, to jot down some notes; **Vieni giù!**, come down!; **camminare su e giù**, to walk up and down; **giù per le scale [per il pendio]**, down the stairs [the slope]; **giù in Sicilia**, down in Sicily; **giù all'angolo**, down at the corner *2* (*dabbasso*) downstairs; down; (*anche naut.*) below: **Scesi giù al primo piano**, I went downstairs (*o* down) to the first floor; **Ti aspetto giù nell'ingresso**, I'll wait for you downstairs in the hall; **Vado giù a vedere se c'è posta**, I'm going down to see if there is any mail; **Siamo giù in giardino**, we are down in the garden; **C'è giù uno che ti cerca**, there's a man below looking for you; **l'inquilino di giù**, the downstairs tenant; **Andai giù in cabina**, I went below to my cabin *3* (*fam.*, *di salute*) weak, run down, below par; (*depresso*) depressed, low, down in the dumps (*fam.*): **Mi sentivo un po' giù**, I felt a bit low; **Ti trovo un po' giù**, you look a bit run down. ● (*a un cane*) **Giù!**, down! □ **giù di lì**, thereabouts; approximately; about; more or less: **Lui deve avere quarant'anni o giù di lì**, he must be forty or thereabouts; he must be about forty □ **Giù di lì!**, get down from there! □ **giù giù fino al più piccolo**, right down to the smallest □ **Giù le mani!**, hands off! □ **Giù il cappello!**, take off your hat [hats]!; (*fig.*) hats off! □ (*fig.*) **Giù la maschera!**, drop your mask! □ **a capo in giù**, head foremost; head first; headlong: **cadere a capo in giù**, to fall headlong □ **a faccia in giù**, face downwards □ **andare giù**, to go down (*o* downstairs); (*in discesa*) to go downhill; (*cadere*) to fall down; (*perdere valore*) to lose value, to go down; (*deperire*) to get weaker □ **Da giù non si vede**, you can't see it from below □ **Il puzzo viene da giù**, the stench comes from down below □ **Lo afferrarono, e giù botte!**, they grabbed him and beat the living daylights out of him □ **Aprì la bocca, e giù parolacce!**, he let out a string of curses □ **in giù**, down; downwards; (*al di sotto*) under: **venire [andare, guardare] in giù**, to come [to go, to look] down; **più in giù**, lower down; further down: **Abitano più in giù**, they live further down; **dal collo in giù**, from the neck down(wards); **ragazzi dai dieci anni in giù**, children of ten and under; children under ten; **dal direttore in giù**, from the manager down; **da Napoli in giù**, south of Naples; **Gli oggetti su questo banco costano dalle 50.000 lire in giù**, everything on this stall costs 50,000 lire or less □ **mandare giù**, (*inghiottire*) to swallow; (*mangiare*) to eat □ **su per giù**, more or less; approximately; roughly: **Su per giù sono uguali**, they are more or less (*o* roughly) alike.

giùbba (1), *f.* *1* (*anche mil.*) jacket *2* (*da fantino*) (jockey's) shirt *3* (*stor.*) coat. ● (*fig.*) **rivoltare la g.**, to be a turncoat □ (*fig.*) **tagliare la g. addosso a q.**, to run down sb.; to badmouth sb. (*pop. USA*).

giùbba (2), *f.* (*lett.*: *criniera*) mane.

giubbétto, *m.* *1* (short) jacket *2* (*da donna*) bodice *3* (*scherma*) jacket.

giubbóne, *m.* heavy jacket; coat.

giubbòtto, *m.* (sports) jacket; (*di pelle*) leather jacket; (*da marinaio*) reefer. ● **g. antiproiettile**, bullet-proof vest; flak jacket □ (*naut.*) **g. di salvataggio**, life jacket; life preserver (*USA*).

giubilànte, *a.* jubilant; exultant.

giubilàre (1), A *v. i.* to exult; to be jubilant; to rejoice. **B** *v. t.* (*spesso scherz.*: *mettere in pensione*) to pension off; to superannuate.

giubilàre (2), *a.* (*eccles.*) jubilean; jubilee (*attr.*): **indulgenza g.**, jubilee indulgence.

giubilazióne, *f.* pensioning off; superannuation.

giubilèo, *m.* (*stor., eccles.*) jubilee.

giùbilo, *m.* jubilation; joy; rejoicing; triumph.

Giùda, *m.* Judas. ● (*bot.*) **albero di G.**, *V. sotto* **albero** □ **bacio di G.**, Judas kiss.

giùda, *m.* (*fig.*: *traditore*) Judas; traitor.

giudàico, *a.* Judaic(al): **legge giudaica**, Judaic law.

giudàico-cristiàno, *a.* Jud(a)eo-Christian.

giudaìsmo, *m.* Judaism.

Giudèa, *f.* (*geogr.*) Jud(a)ea.

giudèo, A *a.* *1* (*della Giudea*) Judaic *2* (*estens.*: *ebraico*) Jewish. **B** *m.* (*f.* **-a**) *1* (*abitante della Giudea*) Jud(a)ean *2* (*estens.*: *ebreo*) Jew (*f.* Jewess) *3* (*spreg.*: *usuraio*) usurer.

giudicàbile, (*leg.*) **A** *a.* triable. **B** *m.* e *f.* defendant.

giudicànte, (*leg.*) **A** *a.* judging. **B** *m.* judge.

giudicàre, A *v. t.* *1* to judge: **Dio giudicherà tutti**, God will judge all men *2* (*leg.*) to judge, to pass judgment on; (*processare*) to try: **g. una causa**, to judge a case; **g. un imputato**, to pass judgment on an accused man; **g. q. per direttissima**, to try sb. summarily; **g. q. colpevole [innocente]**, to find sb. guilty [not guilty] *3* (*reputare*) to judge; to consider; to think*; to repute: **Giudicai fosse meglio aspettare**, I judged it (was) better to wait; **Lo giudicai inadatto**, I considered him unsuitable; **La gente lo giudicava pazzo**, people thought he was mad; **g. male [bene] q.**, to think ill [well] of sb. **B** *v. i.* to judge; to pass judgment: **Preferisco non g.**, I'd rather not pass judgment; **g. di q.c.**, to pass judgment on st. ● **g. dalle apparenze**, to judge from (*o* to go by) appearances □ **g. dall'esito**, to judge from results □ **A g. dalle sue parole**, judging (*o* to judge) by his words... □ **Non g. se non vuoi essere giudicato** (*Vangelo*), judge not that ye be not judged.

giudicàto, *m.* (*leg.*) sentence; final judgment; res judicata (*lat.*). ● **passare in g.**, to become final.

giudicatóre, A *m.* (*f.* **-trice**) judger, (*giudice*) judge. **B** *a.* judging; giving judgment (*pred.*).

giudicatòrio, *a.* (*lett.*) judicatory; judicial.

giudicatùra, *f.* (*leg.*) judicature; judge's office.

giùdice, *m.* e *f.* *1* (*leg.*) judge; magistrate; (*presidente di tribunale*) judge; (*di corte superiore*) justice: **g. di tribunale**, judge of the tribunal; **g. d'appello**, justice of appeal; (*collett.*) **i giudici**, the Bench; the judiciary; **g. a latere**, associate judge; **g. conciliatore** (*o* **di pace**), Justice of the Peace (*abbr.*: JP); **g. istruttore**, investigating magistrate; **g. popolare**, jury member; juryman (*m.*); jurywoman (*f.*); **g. togato**, magistrate; **essere nominato g.**, to be appointed judge; to be raised to the Bench (*GB*); **il g. Smith**, Mr Justice Smith *2* (*di concorso e sim.*) judge *3* (*sport*) judge; umpire: **g. d'arrivo**, finish-line judge; **g. di gara**, umpire; **g. di linea**, linesman; **g. a tavolino**, scorer *4* (*intenditore*) judge: **essere buon g. di q.c.**, to be a good judge of st.; **Non sono un buon g.**, I'm no judge. ● **erigersi a g.** (*o* **farsi g.**), to set oneself up as a judge □ (*Bibbia*) **il Libro dei Giudici**, the Book of Judges.

Giudìtta, *f.* Judith.

giudiziàle, *a.* (*leg.*) judicial; trial (*attr.*): **spese giudiziali**, trial expenses.

giudiziàrio, *a.* (*leg.*) judicial; judiciary: **atto g.**, judicial act; **inchiesta giudiziaria**, judicial inquiry; **procedimento g.**, judicial proceedings (*pl.*). ● **carcere g.**, jail; gaol; prison □ **eloquenza giudiziaria**, forensic eloquence □ **errore g.**, miscarriage of justice □ **il potere g.**, the judicial branch (*o* power); the judiciary □ **ordinamento g.**, judicature □ **ufficiale g.**, bailiff □ **vendita giudiziaria**, forced (*o* judicial) sale.

giudìzio, *m.* *1* (*capacità di giudicare*) judg(e)ment; (*discernimento, senno*) wisdom, (common) sense, reason, discretion: **Non mi fido del suo g.**, I don't trust his judgment; **errore di g.**, error of judgment; **una ragazza con molto g.**, a girl with a lot of sense; a very sensible girl; **l'età del g.**, the age of reason (*o* of discretion) *2* (*leg.*: *processo*) trial, proceedings (*pl.*); (*sentenza*) decree, judg(e)ment; (*verdetto*) verdict: **in attesa di g.**, awaiting trial; **sospendere un g.**, to stay proceedings; **rinviare q. a g.**, to commit sb. for trial; **citare in g.**, to summon; **citare q. in g. per diffamazione**, to sue sb. for libel; **comparire in g.**, to appear before the court; **deporre in g.**, to appear as a witness; to give evidence; **g. arbitrale**, award; **g. contumaciale**, judgment by default; **g. di assoluzione**, verdict of not guilty: **g. di condanna**, verdict of guilty; **g. di primo grado**, judgment of first instance; **g. di ultima istanza**, judgment of last resort; **g. per direttissima**, summary trial; **g. sommario**, summary trial; **pronunciare un g. su q.**, to pass judgment on sb. *3* (*opinione*) opinion; judg(e)ment: **dare un g. su q.c.**, to give one's opinion (*o* to pass judgment) on st.; **I giudizi non sono concordi**, opinions differ; **Dimmi il tuo g.**, give me your opinion; tell me what you think; **farsi un g.**, to form an opinion; **a g. di tutti**, in everybody's opinion (*o* estimation); **a mio g.**, in my opinion; in my judgment; **a g. unanime**, by general consent *4* (*relig.*) Judgment: **il G. universale**, the Last Judgment; **Il giorno del G.**, Judgment Day; Doomsday. ● (*stor.*) **g. di Dio**, ordeal □ (*fig.*) **aspettare il giorno del G.**, to wait till Doomsday □ **avere g.**, to be wise; to be sensible □ **Abbi g.!**, be careful! □ (*filos.*) **critica del g.**, critique of judgment □ **denti del g.**, wisdom-teeth □ **mettere g.**, to settle down □ **fare g.**, to behave oneself; (*di bambino*) to be a good boy [girl] □ **senza g.**, (*sciocco*) foolish; (*avventato*) rash □ **Ci vuol g.**, (*come consiglio*) look out; watch your step; look before you leap; (*come commento*) it's a matter of common sense.

giudizióso, *a.* sensible; judicious (*form.*): **bambino g.**, sensible child.

giudò, e *deriv.* *V.* **judo,** e *deriv.*

giùggiola, *f.* *1* (*bot.*) jujube *2* (*pasticca*) jujube *3* (*fig.*: *inezia*) trifle; laughing matter. ● (*fig.*) **andare in brodo di giuggiole**, to go into raptures; to be on cloud nine (*fam.*).

giùggiolo, *m.* (*bot.*, *Zizyphus jujuba-sativa*) jujube.

giuggiolóne, *m.* (*f.* **-a**) simpleton; booby.

giùgno, *m.* June: **il tre g.**, the third of June; June the third.

giugulàre, *a.* (*anat.*) jugular: **vena g.**, jugular vein.

Giugùrta, *m.* (*stor.*) Jugurtha.

giugurtìno, *a.* (*stor.*) Jugurthine.

giulebbàre, *v. t.* to cook in syrup.

giulebbàto, *a.* in syrup (*pred.*).

giulèbbe, *m.* julep.

Giùlia, *f.* Julia; Julie.

Giuliàna, *f.* Juliana.

Giuliàno, *m.* Julian.

giuliàno, *a.* Julian: **il calendario g.**, the Julian calendar.

Giuliétta, *f.* Juliet.

Giùlio, *m.* Julius.

giulìvo, *a.* cheerful; joyful; merry, blithe; festive. ● (*fig.*) **oca giuliva**, silly goose.

giullàre, *m.* (*menestrello*) minstrel; (*buffone*, *anche fig.*) jester.

giullarésco, *a.* jester-like; minstrel (*attr.*).

giumèlla, *f.* double handful.

giuménta, *f.* mare.

giuménto, *m.* beast of burden; pack animal.

giùnca, *f.* (*naut.*) junk.

giuncàia, *f.* bed of rushes.

giuncàta, *f.* (*cucina*) curds and whey; junket.

giunchéto, *m.* *V.* **giuncaia.**

giunchìglia, *f.* (*bot.*, *Narcissus jonquilla*) jonquil. ● **g. grande** (*Narcissus pseudo-narcissus*), lent-lily; daffodil.

giùnco, *m.* (*bot.*, *Juncus, Scirpus*) rush: **g. di palude** (*Scirpus lacustris*), bulrush; **g. fiorito**, flowering rush; **g. odoroso** (*Cyperus longus*), galingale.

giùngere, A *v. i.* *1* to arrive at (*o* in); to come* to; to get* to; to reach; to go* as far as; (*fig.*) to go* so far as: **Giunse l'inverno**, winter arrived (*o* came); **g. primo**, to be the first to arrive; **g. a destinazione**, to reach one's destination; to arrive; **g. alla meta**, to reach one's goal; **g. in vista di**, to come in sight of; **Giunsero alla stessa conclusione**, they arrived at (*o* came to) the same conclusion; **g. a dire**, to go so far as to say; **Giunse perfino a minacciarmi**, he even went so far as to threaten me *2* (*riuscire*) to succeed (in doing st.); to manage (to do st.): **Non giunsi mai a scoprire la verità**, I never succeeded in discovering the truth. ● **fin dove giunge lo sguardo**, as far as the eye can see □ **Mi giunge nuovo**, it's news to me □ **Mi giunse all'orecchio che...**, it has come to my knowledge that... **B** *v. t.* (*congiungere*) to join: **g. le mani**, to join one's hands.

giùngla, *f.* (*anche fig.*) jungle.

Giunóne, *f.* (*mitol.*) Juno.

giunònico, *a.* Junoesque.

giùnta (1), *f.* *1* (*aggiunta*) addition; added (*o* extra) piece: **fare una g.**, to make an addition; to add a piece; **Ho dovuto fare una g. alla gonna**, I had to add an extra piece to the skirt *2* (*punto di unione*) seam; (*cinem.*) splice *3* (*sovrappiù*) makeweight. ● **per g.**, in addition; what's more; into the bargain; to boot.

giùnta (2), *f.* *1* (*organo collegiale*) committee; council; board: **g. amministrativa**, administrative board; **g. consultiva**, advisory committee; **g. di istituto**, board of governors; **g. municipale**, town (*USA*: city) council; **g. regionale**, regional council *2* (*mil.*, *polit.*) junta.

giuntàre, *v. t.* *1* to join; (*cucendo*) to sew* together *2* (*cinem.*) to splice.

giuntatrice, *f.* *1* (*cinem.*) splicer *2* (*falegn.*) jointer.

giuntista, *m.* e *f.* jointer.

giùnto, A *a.* joined: **a mani giunte**, with one's hands joined. **B** *m.* (*mecc.*) joint; (*di accoppiamento*) coupling: **g. a cerniera**, hinged joint; **g. a ganasce**, fish joint; **g. a ginocchiera**, toggle joint; **g. a snodo**, knuckle joint; **g. a viti**, muff coupling; (*falegn.*) **g. a incastro**, gain joint; **g. assiale**, splice; **g. cardanico** (*o* **universale**), universal joint; **g. idraulico**, hydraulic coupling; **g. sferico**, ball (*o* ball-and-socket) joint; **g. testa a testa**, butt (joint).

giuntùra, *f.* *1* joint; junction *2* (*anat.*) joint; articulation: **g. del gomito**, elbow joint; **g. delle dita**, finger joint; knuckle; **Mi fanno male le giunture**, my joints are aching.

giunzionàle, *a.* junction (*attr.*); connecting.
giunzióne, *f.* ***1*** junction; connection ***2*** (*mecc.*) joint: **g. a maschio e femmina**, tongue and groove joint. ● **fare una g.**, to joint □ **linea di g.**, seam □ **senza g.**, seamless.
giuòco, e *deriv. V.* **gioco**, e *deriv.*
Giùra, *m.* (*geogr.*) Jura.
giuraddìo, *inter.* by God!
giuraménto, *m.* (*anche leg.*) oath: **fare g.**, to take an oath; **fare g. che...**, to swear that...; **sotto g.**, under (*o* on) oath; **prestare g.** (**nelle mani di q.**), (*di testimone*) to take an oath (in sb.'s presence); (*di presidente, ecc.*) to be sworn in (by sb.); **far prestare g. a q.**, to administer an oath to sb.; **la formula del g.**, the wording of the oath; **mancare al g.**, to break one's oath; **sciogliere q. da un g.**, to release sb. from his oath; **g. di fedeltà**, oath of allegiance; (*leg.*) **g. decisorio** [**suppletorio**], decisive [suppletory] oath. ● (*fig.*) **un g. di marinaio**, a dicer's oath □ **g. ippocratico**, Hippocratic oath.
giuràre, *v. t.* to swear*; to take* an (*o* one's) oath: **g. su q.** [**q.c.**], to swear by sb. [st.]; **g. davanti a Dio**, to swear before God; **g. fedeltà a una causa**, to swear allegiance to a cause; **g. amore** [**odio, vendetta**], to swear love [hatred, revenge]; **g. di dire la verità**, to swear to tell the truth; **I ministri hanno giurato nelle mani del Presidente**, the ministers were sworn in by the President; **Giuro che non lo dirò a nessuno**, I swear I will never tell anyone; **Ti giuro che l'ho visto**, I swear I saw him; **Non ci giurerei**, I wouldn't swear to it; **Ci giurerei che se n'è dimenticato**, I bet you he forgot all about it; **Giurai e spergiurai che non sarei mai più tornato**, I swore I would never come back. ● **g. il falso**, to perjure oneself □ **giurarla a q.**, to swear revenge on sb. □ **g. sulla parola di q.**, to trust sb.'s word implicitly.
giuràssico, *a.* e *m.* (*geol.*) Jurassic.
giuràto, A *a.* sworn: **nemico g.**, sworn enemy; (*leg.*) **dichiarazione giurata**, sworn statement; affidavit. **B** *m.* (*f.* **-a**) (*leg.*) juryman* (*f.* jurywoman*); juror; member of a jury; (*al pl., collett.*) jury.
giureconsùlto, *m.* (*leg.*) jurisconsult; jurist.
giurése, *V.* **giurassico.**
giurì, *m.* (*leg.*) jury. ● **g. d'onore**, court of honour.
giurìa, *f.* ***1*** (*leg.*) jury ***2*** (*di gara, concorso*) jury; judges (*pl.*).
giuridicaménte, *avv.* juridically.
giuridicità, *f.* lawfulness; legality.
giurìdico, *a.* (*leg.*) legal; juridical; law (*attr.*): **libri giuridici**, law books; **stato g.** legal status; **studi giuridici**, law studies; **persona giuridica**, juridical person; **norma giuridica**, law.
giurișdizionàle, *a.* jurisdictional.
giurișdizióne, *f.* ***1*** (*leg.*) jurisdiction: **essere sotto la g. di**, to come under the jurisdiction of; **g. d'appello**, appellate jurisdiction; **g. di prima istanza**, original jurisdiction ***2*** (*pertinenza*) sphere of competence; jurisdiction; province: **Ciò non rientra nella mia g.**, this is not within (*o* this lies outside) my sphere of competence (*o* my province).
giurisperìto, *m.* jurisconsult; jurisprudent.
giurisprudènza, *f.* ***1*** (*dottrina giuridica*) jurisprudence; law: **studiare g.**, to study law ***2*** (*insieme di decisioni*) decisions of the courts (*pl.*); (*nel diritto anglosassone*) case (*o* judge-made) law ***3*** (*insieme degli organi giurisdizionali*) judiciary.
giurisprudenziàle, *a.* ***1*** (*della dottrina*) jurisprudential ***2*** (*di decisione, ecc.*) judge-made.
giurista, *m.* e *f.* jurist.
Giușèppe, *m.* Joseph.
Giușeppìna, *f.* Josephine.
giușlavorista, *m.* e *f.* (*leg.*) lawyer expert in labour law.
giușnaturalìșmo, *m.* (*filos.*) doctrine of natural law.
giuspatronàto, *m.* (*leg.*) jus patronatus.
giusquìamo, *m.* (*bot., Hyoscyamus niger*) henbane.
giùsta, *prep.* (*bur.*) according to; in conformity with.
giustacuòre, *m.* jerkin.
giustaménte, *avv.* ***1*** (*a ragione*) rightly; justly: **Osservò g. che c'era una difficoltà**, he rightly pointed out that there was a difficulty; **La proposta di vendere fu g. respinta**, the proposal to sell was rejected, and rightly so ***2*** (*con giustizia*) fairly; justly; with justice: **fare le cose g.**, to act fairly ***3*** (*correttamente*) correctly; rightly.
giustappórre, *v. t.* to juxtapose; to place side by side; (*ling.*) to collocate.
giustapposizióne, *f.* juxtaposition; (*ling.*) collocation.
giustappùnto, A *avv.* just; precisely: **Stavo g. dicendo che...**, I was just in the process of saying that...; **Sto g. leggendolo**, I'm reading it just this minute (*o* just now, this very minute); **Avevo g. preso quel treno anch'io**, as it happened (*o* by a curious coincidence) I had taken the same train. **B** *inter.* precisely; quite; right so.
giustézza, *f.* ***1*** (*legittimità*) justness; fairness ***2*** (*esattezza*) exactness; correctness; accuracy ***3*** (*tipogr.*) (line-)width.
giustificàbile, *a.* justifiable.
giustificànte, *a.* ***1*** justifying ***2*** (*teol.*) redeeming: **grazia g.**, redeeming grace.
giustificàre, A *v. t.* ***1*** (*legittimare*) to justify; to warrant: **L'emergenza giustificava quelle misure**, the emergency justified (*o* warranted) those measures; **Il fine giustifica i mezzi**, the end justifies the means ***2*** (*spiegare, dare conto di*) to justify; to explain; to account for: **g. il ritardo**, to justify the delay; **Come giustifichi la sua assenza?**, how do you explain (*o* account for) his absence?; **g. le spese**, to account for expenses ***3*** (*scusare*) to excuse; to extenuate (*form.*): **E va bene, sei giustificato**, all right, you are excused ***4*** (*tipogr.*) to justify. **B giustificàrsi,** *v. rifl.* ***1*** to justify oneself ***2*** (*scusarsi*) to excuse oneself; to apologize.
giustificataménte, *avv.* justifiably; with good reason.
giustificatìvo, A *a.* justificative. **B** *m.* (*comm.*) voucher; receipt.
giustificàto, *a.* ***1*** justified: **La sua decisione era pienamente giustificata**, he was fully justified in taking that decision; (*a scuola*) **assenza giustificata**, justified absence ***2*** (*scusato*) excused.
giustificatòrio, *a.* justificatory; justifying; justificative.
giustificazióne, *f.* ***1*** justification; excuse: **addurre giustificazioni**, to advance justifications; **a g. di**, in justification of; **senza g.**, without excuse ***2*** (*a scuola*) excuse note ***3*** (*tipogr.*) justification.
giustinianèo, *a.* of Justinian; Justinian; Justinianean: **il codice g.**, the Justinian Code.
Giustiniàno, *m.* (*stor.*) Justinian.
giustìzia, *f.* ***1*** justice; (*imparzialità*) fairness, equity: **agire con g.**, to act with justice (*o* with fairness); **fare g.**, to do justice; **Sarà fatta g.**, justice will be done; **rendere g. a q.**, to do justice to sb.; **g. sociale**, social justice; **g. sommaria**, rough justice ***2*** (*leg.*) law; justice; law enforcement: **amministrare la g.**, to administer justice; **Se ne occuperà la g.**, the law will take the matter in hand; **La g. segue il suo corso**, the law is taking its course; **corte di g.**, court of justice; **Palazzo di G.**, Law Courts (*pl.*) ***3*** (*teol.*) justice: **la G. divina**, Divine Justice. ● (*leg.*) **cadere nelle mani della g.**, to be apprehended; to be brought to justice □ (*leg.*) **collaborare con la g.**, to turn state's evidence; (*in G.B.*) to turn Queen's [King's] evidence □ **con g.**, fairly; justly □ **farsi g. da sé**, to take the law into one's own hands □ **Ministero della G.** (*o* **di Grazia e G.**), Ministry of Justice; (*in G.B.*) Lord Chancellor's Department; (*in U.S.A.*) Department of Justice □ **Ministro di Grazia e G.**, Minister of Justice; (*in G.B.*) Lord (High) Chancellor; (*in U.S.A.*) Attorney General □ **per amore di g.**, in all fairness □ (*leg.*) **presentarsi alla g.**, to give oneself up □ (*leg.*) **ricorrere alla g.**, to go to court □ (*leg.*) **secondo g.**, by right.
giustiziàle, *a.* judiciary.
giustizialìșmo, *m.* (*polit.*) justicialism.
giustizialista, *a., m.* e *f.* (*polit.*) justicialist.
giustiziàre, *v. t.* to execute; to put* to death.
giustiziàto, A *a.* executed. **B** *m.* (*f.* **-a**) executed person.
giustizièrе, *m.* executioner; (*di impiccagione*) hangman*.
giùsto, A *a.* ***1*** (*ispirato a giustizia*) just; (*equo, imparziale*) fair: **giudice g.**, just (*o* fair) judge; **guerra** [**causa**] **giusta**, just war [cause]; **un uomo g.**, a just man; **arbitro g.**, fair referee; **giusta critica**, fair criticism; **un g. prezzo**, a fair price; **Non è g. dargli di più**, it is not fair to give him more; **Siamo giusti!**, let's be fair!; **Voglio solo ciò che è g.**, I only want what is fair ***2*** (*che va bene*) right; (*ben fatto, senza errori, esatto*) right, correct, exact: **altezza giusta**, right height; **la parola giusta**, the right word; **l'età giusta**, the right age; **arrivare al momento g.**, to arrive at the right moment; **È scritta g. questa parola?**, is this word spelt right?; **risposta giusta**, correct (*o* right) answer; **Hai l'ora giusta?**, have you got the right time?; **Il conto è g.**, the account is correct; **Qual è la traduzione giusta di questa frase?**, what is the exact translation of this sentence? ***3*** (*meritato*) just; well-deserved: **g. premio** [**rimprovero**], well-deserved prize [reproach] ***4*** (*legittimo*) lawful; legitimate: **una giusta rivendicazione**, a lawful claim; **un g. desiderio**, a legitimate aspiration (*o* wish) ***5*** (*appropriato, conveniente*) right; fit: **quando ritieni g.**, when you see fit ***6*** (*mus.*) perfect: **quinta giusta**, perfect fifth. ● **Dilla giusta!**, be honest! □ **È g. di sale?**, is there enough salt in it? □ **Mi sembra g.** (*d'accordo*), fair enough □ **La gonna mi sta giusta**, the skirt just fits □ **La camicia è un po' giusta di spalle**, the shirt is a bit too tight around the shoulders □ **tenersi al g. mezzo**, to stick to a happy medium □ **l'uomo g. al posto g.**, the right man in the right place. **B** *avv.* ***1*** (*esattamente*) correctly; precisely; justly: **Ha risposto g.**, he has answered correctly; his answer is right ***2*** (*proprio*) just: **È venuto g. ora**, he has just come; **Stavo g. dicendo...**, I was just saying...; **arrivare g. in tempo**, to arrive just in time; **Cercavo g. te**, you're just the person I was looking for; **Arrivai g. g. prima che decollasse**, I managed to get there just before it took off; **Ci sta g. g.**, it just fits in; **G. quello lì!**, that's (just) the one!; that's the very one! ***3*** (*come inter.*) just so; right on; that's right; (*in risposta a un'obiezione*) you're right; (*risposta esatta*) correct ***4*** (*circa*) about, around; (*solo*) just: **Saranno state g. le due**, it must have been about two; **Mi fermo g. un minuto**, I'm just stopping for a minute. ● **giust'appunto**, *V.* **giustappunto** □ **colpire g.**, to shoot straight; (*fig.*) to hit the nail on the head; (*indovinarci*) to make a lucky guess. **C** *m.* ***1*** (*uomo retto*) just man*; (*al pl.*) (the) just: **dormire il sonno dei giusti**, to sleep the sleep of the just ***2*** (*ciò che è giusto*) (the) right, what is fair; (*ciò che spetta a q.*) one's due: **il g. e l'ingiusto**, the right and the wrong; **essere nel g.**, to be in the right; **Chiedo solo il g.**, I am only asking for what is fair; **pagare il g.**, to pay the right price; **dare a ciascuno il g.**, to give every man his due.

glàbro, *a.* hairless; smooth(-skinned); glabrous (*scient.*); (*sbarbato*) clean-shaven.
glacé (*franc.*), *a. invar.* **1** glacé: **seta g.**, glacé silk; **guanti g.**, glacé-kid gloves **2** (*cucina*) iced; glacé: **marrons glacés**, marrons glacés.
glaciàle, *a.* **1** (*geol.*) glacial; ice (*attr.*): **periodo g.**, glacial period; ice age **2** (*molto freddo*) icy; freezing; bitterly cold: **vento g.**, icy wind **3** (*fig.*) icy; glacial; chilly; frosty: **un'accoglienza g.**, an icy welcome; **maniere glaciali**, chilly manners.
glacialità, *f.* (*fig.*) iciness.
glaciazióne, *f.* (*geol.*) glaciation.
glaciologia, *f.* (*geol.*) glaciology.
gladiatóre, *m.* (*stor.*) gladiator.
gladiatòrio, *a.* gladiator-like; gladiatorial.
glàdio, *m.* (*stor.*) gladius*.
gladiolo, *m.* (*bot., Gladiolus*) gladiolus*; (*com.*) sword lily.
glagolitico, *a.* (*ling.*) Glagolitic.
glànde, *m.* (*anat.*) glans*.
glàndola, e *deriv. V.* **ghiandola**, e *deriv.*
glàssa, *f.* (*cucina*) icing; frosting (*USA*).
glassàre, *v. t.* **1** (*dolci*) to ice; to frost (*USA*); to glaze **2** (*carne*) to glaze.
glassàto, *a.* **1** (*di dolce*) iced; frosted (*USA*); glacé; candied **2** (*di carne*) glazed **3** *V.* **glacé**, *def. 1.*
glassatùra, *f.* **1** (*di dolci*) icing; frosting (*USA*) **2** (*di carne*) glazing.
glauberite, *f.* (*miner.*) glauberite.
glàuco, *a.* (*lett.*) blue-green; sea-green; greyish-blue; glaucous.
glaucòma, *m.* (*med.*) glaucoma.
glaucòmio, *m.* (*zool., Glaucomys*) flying squirrel.
glauconite, *f.* (*miner.*) glauconite.
glèba, *f.* (*lett.*) clod; glebe (*lett.*). ● **servo della g.**, serf.
glène, *f.* (*anat.*) glene; glenoid cavity.
glenoidàle, *a.* (*anat.*) glenoid(al).
glenòide, A *f.* (*anat.*) glenoid cavity. **B** *a. V.* **glenoidale**.
glenoidèo, *V.* **glenoidale**.
gli (1), *V.* **i (2)**.
gli (2), A *pron. pers. m. 3ª pers. sing.* **1** (*rif. a persona: a lui*) (to, for) him: **Gli scrissi una lettera**, I wrote him a letter; I wrote a letter to him; **Gli hai fatto male**, you've hurt him; **Parlagli tu**, speak to him yourself; **Chiedigli che vuole**, ask him what he wants; **La testa gli faceva male**, his head hurt; **Il caffè non gli fa bene**, coffee is not good for him **2** (*rif. a cosa o animale*) (to, for) it: **Povera bestia, diamogli qualcosa da mangiare!**, poor thing!, let's give it something to eat! **B** *pron. pers. 3ª pers. m. e f. pl.* (*fam.*) (to, for) them: **Gli manderò dei soldi, poveretti**, I shall send them some money, poor things; **Gli preparo del caffè**, I'll prepare some coffee for them.
glìa, *f.* (*anat.*) glia; neuroglia.
gliàle, *a.* (*anat.*) glial.
glicemia, *f.* (*med.*) glyc(a)emia.
glicèmico, *a.* (*med.*) glyc(a)emic: **tasso g.**, glycemic level.
gliceràto, *m.* (*chim.*) glycerate.
glicèrico, *a.* (*chim.*) glyceric.
glicèride, *m.* (*chim.*) glyceride.
glicerina, *f.* (*chim.*) glycerin(e); glycerol.
glicerofosfàto, *m.* (*chim.*) glycerophosphate.
glicerolàto, *m.* (*chim.*) glycerite; glycerolate.
gliceròlo, *m.* (*chim.*) glycerol.
glicide, *V.* **glucide**.
glicina, *f.* (*chim.*) glycin.
glicine, *m.* (*bot., Wistaria sinensis*) wistaria, wisteria.
glicocòlla, *f.* (*chim.*) glycocoll.
glicogèneṣi, *f.* (*med.*) glycogenesis.
glicògeno, *m.* (*biol.*) glycogen.
glicogenòṣi, *f.* (*med.*) glycogenosis.
glicol(e), *m.* (*chim.*) glycol.
glicolipide, *m.* (*biol.*) glycolipid.
glicòliṣi, *f.* (*biol.*) glycolysis.
gliconèo, *m.* (*poesia greca*) glyconic verse.
glicoproteina, *f.* (*chim.*) glycoprotein; glucoprotein.
glicoṣùria, *f.* (*med.*) glycosuria.
gliéla, *pron. pers. composto 3ª pers.* **1** (*a lui*) it (to) him; her to him; (*a lei*) it (to) her, her to her: **Ho finito la lettera e g. spedirò domani**, I've finished the letter and I'll post it to him [to her] tomorrow; **G. presentai, ma lui la conosceva già**, I introduced her to him, but he knew her already; **So che le piace questa pianta e g. voglio regalare**, I know she likes this plant, and I want to buy it for her; **Dagliela tu stesso**, give it to her [him] yourself **2** (*fam.: a loro*) it to them; her to them: **G. darò io**, I will give it to them; **G. presentai io**, I introduced her to them. ● **G. dirò io, la novità**, I'll tell him [her, them] the news.
gliéle, **glieli**, *pron. pers. composto 3ª pers.* **1** (*a lui*) them to him; (*a lei*) them to her: **G. diedi io**, I gave them to him [to her]; **G. presenterò io**, I will introduce them to him [to her] **2** (*fam.: a loro*) them to them: **G. diedi io**, I gave them to them; **G. presenterò io**, I will introduce them to them.
gliélo, *pron. pers. composto 3ª pers.* **1** (*a lui*) it (to) him, him to him; (*a lei*) it (to) her, him to her: **G. darò da tradurre**, I'll give it to him [to her] to translate; **Conosco suo marito perché fui io a presentarglielo**, I know her husband because it was I who introduced him to her **2** (*fam.: a loro*) it to them; him to them: **G. darò io**, I will give it to them; **G. presentai io**, I introduced him to them. ● **G. dissi io**, I told him [her, them].
gliéne, *V. sotto* **ne**.
glifo, *m.* **1** (*archit.*) glyph **2** (*mecc.*) link block: **g. oscillante**, crank and slotted link; **distribuzione a g.**, link motion.
glioblastòma, *m.* (*med.*) glioblastoma*.
gliòma, *m.* (*med.*) glioma*.
gliossàle, *f.* (*chim.*) glyoxal.
gliptico, e *deriv. V.* **glittico**, e *deriv.*
gliptodónte, *m.* (*paleontol.*) Glyptodont.
gliptogèneṣi, *f.* (*geol.*) weathering.
glissàndo, *m.* (*mus.*) glissando*.
glissàre, *v. i.* to skirt (st.); to evade (st.); (*assol.*) to change the subject: **Cercò di g. sulla questione**, he tried to skirt the issue; **Se gli fai domande più specifiche, lui glissa**, if you press him more closely, he changes the subject.
glittica, *f.* glyptic(s).
glittico, *a.* glyptic.
glittografia, *f.* glyptography.
glittògrafo, *m.* glyptographer.
glittotèca, *f.* glyptotheca*.
globàle, *a.* overall (*attr.*); total; comprehensive; all-inclusive; global: **importo g.**, total (sum); **una visione g.**, an overall view; (*pedagogia*) **metodo g.**, global method; **costo g.**, all-inclusive cost; **villaggio g.**, global village.
globaliṣmo, *m.* (*pedagogia*) global method.
globalità, *f.* totality; sum total; entirety: **nella sua g.**, in its entirety.
globalizzazióne, *f.* (*econ.*) globalization.
globalménte, *avv.* totally; overall; as a whole.
globicèfalo, *m.* (*zool., Globicephala melaena*) pilot whale; blackfish.
globigerina, *f.* (*zool.*) globigerina*.
glòbo, *m.* **1** globe: **il g. del lume**, the globe of the lamp; **g. celeste**, celestial globe **2** (*la Terra*) globe; earth: **su tutto il g.**, over the whole globe (*o* earth). ● (*anat.*) **g. dell'occhio**, eyeball; orb ◻ **il g. e lo scettro**, the sceptre and the globe.
globoide, *a.* globoid.
globosità, *f.* globularity; globosity.
globóso, *a.* globose; globular.
globulàre, *a.* **1** globular; globe-shaped: (*astron.*) **ammasso g.**, globular cluster **2** (*med.*) blood-cell (*attr.*).
globulària, *f.* (*bot., Globularia vulgaris*) globularia.
globulina, *f.* (*biol.*) globulin(e).
glòbulo, *m.* **1** globule **2** (*biol.*) corpuscle; blood cell: **g. rosso [bianco]**, red [white] corpuscle (*o* blood cell).
globulóso, *a.* globular.
glo glo, *V.* **glu glu**.
gloglottàre, *v. i.* to gobble.
glomerulàre, *a.* (*med.*) glomerular.
glomèrulo, *m.* **1** (*bot.*) glomerule **2** (*anat.*) glomerule; glomerulus*: **glomeruli di Malpighi**, renal glomeruli.
glòmo, *m.* (*anat.*) glomus*.
glòria (1), *f.* **1** glory; fame; renown; splendour; (*prestigio*) prestige, kudos: **coprirsi di g.**, to cover oneself with glory; **conseguire la g.**, to achieve fame; **rendere g. a**, to glorify; **per la maggior g. di Dio**, to the greater glory of God **2** (*vanto*) pride; glory: **essere la g. della famiglia**, to be the pride of the family. ● (*teol.*) **la g. dei cieli**, heavenly glory; heavenly bliss ◻ **avido di g.**, eager for fame ◻ **farsi g. di q.c.**, to glory in st. ◻ (*scherz.*) **lavorare per la g.**, to work for nothing ◻ (*scherz.*) **Lo feci per la g.**, I did it for love ◻ **Che Dio l'abbia in g.**, (may) God rest his soul; (*iron.*) damn him! ◻ **una vecchia g. della rivista**, an old star (*o* glory) of variety theatre.
glòria (2), *m. invar.* (*eccles., mus.*) gloria.
gloriàre, A *v. t.* (*lett.*) to glorify; to extol; to exalt. **B gloriarsi**, *v. i. pron.* to glory in; to be proud of; to pride oneself on; (*vantarsi*) to boast of (*o* about): **Sansone si gloriava della sua forza**, Samson gloried in his strength; **Mi gloriavo di essere il primo**, I prided myself on being the first one; **Di che si gloriano?**, what are they so proud of?; what have they got to boast about?
gloriette (*franc.*), *f. invar.* pavilion.
glorificàre, A *v. t.* **1** to glorify; to honour; to extol; to exalt **2** (*relig.*) to exalt; to glorify. **B glorificàrsi**, *v. rifl.* to pride oneself on; (*vantarsi*) to boast of (*o* about).
glorificativo, *a.* glorifying.
glorificatóre, A *a.* glorifying; extalling. **B** *m.* (*f.* **-trice**) glorifier; extoller.
glorificazióne, *f.* glorification.
glorióso, *a.* **1** glorious; (*illustre*) illustrious: **imprese gloriose**, glorious deeds; **antenato g.**, illustrious ancestor **2** (*teol.*) glorified: **corpo g.**, glorified body. ● (*scherz.*) **g. e trionfante**, as pleased as Punch; chuffed (*fam.*) ◻ **andare** (*o* **essere**) **g. di q.c.**, to be proud of st.; to boast about st.
glòssa, *f.* gloss; annotation; (*a margine*) marginal note.
glossàre, *v. t.* to annotate; to gloss.
glossàrio, *m.* glossary.
glossatóre, *m.* (*f.* **-trice**) **1** glossarist; annotator **2** (*stor.*) glossator; glossist.
glossèma, *m.* (*ling.*) glosseme.
glossemàtica, *f.* (*ling.*) glossematics (*pl. col verbo al sing.*).
glossemàtico, *a.* (*ling.*) glossemic.
glossina, *f.* (*zool., Glossina morsitans*) glossina; tsetse fly.
glossite, *f.* (*med.*) glossitis.
glossografia, *f.* glossography.
glossogràfico, *a.* glossographical.
glossògrafo, *m.* glossographer.
glossolalia, *f.* (*psic.* e *relig.*) glossolalia.
glottàle, *a.* (*ling.*) glottic.
glottidàle, *a.* (*ling.*) glottal.
glòttide, *f.* (*anat.*) glottis*.
glottocronologia, *f.* (*ling.*) glottochronology.
glottodidàttica, *f.* language teaching.
glottologia, *f.* linguistics (*pl. col verbo al sing.*); glossology.
glottològico, *a.* linguistic; glossologic(al).
glottòlogo, *m.* (*f.* **-a**) linguist; glossologist.
gloxinia, *f.* (*bot., Gloxinia speciosa*) gloxinia.
glucide, *m.* (*chim.*) glucide.
glucinio, *m.* (*chim.*) glucin(i)um; beryllium.

glucoṣide, *m.* (*chim.*) glucoside.
glucòṣio, *m.* (*chim.*) glucose.
glucurònico, *a.* – (*biochim.*) **acido g.,** glucuronic acid.
glu glu, *inter.* e *m.* **1** glug glug **2** (*del tacchino*) gobble gobble. ● **fare g.,** (*di un liquido*) to gurgle; (*del tacchino*) to gobble.
glùma, *f.* (*bot.*) glume.
glumèlla, glumétta, *f.* (*bot.*) inner glume; (*inferiore*) lemma*; (*superiore*) palea*.
gluóne, *m.* (*fis.*) gluon.
glutammàto, *m.* (*chim.*) glutamate: **g. di sodio,** monosodium glutamate.
glutàmmico, *a.* (*chim.*) glutamic; glutaminic: **acido g.,** glutamic acid.
glutammìna, *f.* (*chim.*) glutamine.
glutenìna, *f.* (*chim.*) glutenine.
glùteo, A *a.* (*anat.*) glut(a)eal. **B** *m.* (*anat.*) glut(a)eus*. ● **i glutei** (*le natiche*), the buttocks.
glutinàto, *a.* gluten (*attr.*): **pane g.,** gluten bread.
glùtine, *m.* gluten.
glutinosità, *f.* glutinosity.
glutinóso, *a.* **1** glutenous; gluten (*attr.*) **2** (*vischioso*) glutinous; sticky; gluey.
gnam, *inter.* yum.
gnào, gnàu, *inter.* e *m.* miaow. ● **fare g. g.,** to miaow; to mew.
gnatoplàstica, *f.* (*med.*) gnathoplasty.
gnatopòdio, *m.* (*zool.*) gnathopodite.
gnaulàre, *v. i.* **1** (*miagolare*) to mew; to miaow **2** (*scherz.*: *lamentarsi fastidiosamente*) to whine; to whimper.
gneis(s), *m.* (*geol.*) gneiss.
gnòcco, *m.* **1** (*pl.*) (*cucina*) «gnocchi»; potato dumplings **2** (*fam.*: *bernoccolo*) lump; bump; goose egg (*fam. USA*) **3** (*sciocco*) blockhead; chump.
gnòme, *f.* (*letter.*) gnome; maxim; aphorism.
gnòmico, A *a.* gnomic. **B** *m.* (*letter.*) gnomic poet.
gnòmo, *m.* gnome; goblin. ● **gli gnomi di Zurigo,** the gnomes of Zürich.
gnomologìa, *f.* gnomology; gnomic writing.
gnomóne, *m.* gnomon.
gnomònica, *f.* gnomonics (*pl. col verbo al sing.*).
gnòrri, *m.* e *f.* – (*fam.*) **fare lo** [**la**] **g.,** to pretend not to understand; to play dumb (*fam.*).
gnoṣeologìa, *f.* (*filos.*) gnoseology; gnosiology.
gnoṣeològico, *a.* (*filos.*) gnoseological; gnosiological.
gnòṣi, *f.* (*filos.*) gnosis*.
gnosticiṣmo, *m.* (*filos.*) gnosticism.
gnòstico, *a.* e *m.* (*f.* **-a**) (*filos.*) gnostic.
gnu, *m.* (*zool.*, *Connochaetes gnu*) gnu; wildebeest.
goal (*ingl.*), *m. invar.* (*sport*) goal: **fare un g.,** to score a goal; **andare in g.,** to score; **Abbiamo subito tre g.,** they scored three goals against us; **g. della bandiera,** consolation goal; **g. di testa,** winning header.
gòbba, *f.* **1** hump; hunch: **la g. del cammello,** a camel's hump **2** (*fig.*) hump; bump; mound: **una strada tutta gobbe,** a bumpy road. ● (*fig.*) **spianare la g. a q.,** to give sb. a good (*o* sound) thrashing.
gòbbo (**1**), **A** *a.* **1** humpbacked; hunchbacked **2** (*curvo*) hunched (up); stooping; bent (double). ● **andare g.,** to walk with a stoop □ **colpo g.,** (*mossa fortunata*) lucky strike, fluke; (*imbroglio*) dirty trick, fast one □ **naso g.,** hooked nose □ **Non stare g.!,** sit up straight! **B** *m.* **1** (*f.* **-a**) (*persona gobba*) humpback; hunchback **2** (*protuberanza*) hump; bump. ● (*fam.*) **avere sul g. q.** [**q.c.**], not to stand sb. [st.] □ **Mi è rimasto sul g. questo vecchio armadio,** I've been left with this old wardrobe.
gòbbo (**2**), *m.* (*TV*) Autocue (*marchio*); Teleprompter (*marchio, USA*); idiot board (*fam.*).
gobióne, *m.* (*zool.*, *Gobio gobio*) gudgeon.
goccétto, *m.* (*fam.*) drop; (*di bevanda alcolica*) tot, noggin (*fam.*), (*specialm. di whisky*) dram.
góccia, *f.* **1** drop: **g. di pioggia,** drop of rain; raindrop; **g. di sangue,** drop of blood; blood-drop; **g. di sudore,** drop (*o* bead) of sweat; **gocce per il cuore,** drops for the heart; **«Latte?» «Solo una g.»,** «milk?» «just a drop, please»; **scendere a gocce,** to fall in drops; to drip **2** (*archit.*) gutta*. ● (*fig.*) **la g. che fa traboccare il vaso,** the feather that breaks the camel's back; the last straw □ **la g. che scava la pietra,** the drop of water that can wear through a stone □ **a g. a g.,** drop by drop; in drops; (*fig.*) little by little □ **avere la g. al naso,** to have a runny nose □ **bere q.c. fino all'ultima g.,** to drink st. to the last drop; to drain st. □ (*fig.*) **una g. nel mare,** a drop in the ocean □ (*mecc.*) **oliatore a gocce,** drip-feed lubricator □ **orecchini a g.,** drop-earrings; (*di perle*) pearl-drops □ **somigliarsi come due gocce d'acqua,** to be as like as two peas (in a pod).
gocciàre, *V.* **gocciolare.**
gócciola, *f.* droplet; drop.
gocciolaménto, *m.* dripping; trickling.
gocciolàre, A *v. t.* to drip; to drop. **B** *v. i.* to drip; to trickle; to fall* in drops; (*del naso*) to run*.
gocciolatóio, *m.* **1** (*archit.*) drip; hood mould; (*di pietra*) dripstone **2** (*autom.*) drip moulding.
gocciolìna, *f.* droplet.
gocciolìo, *m.* dripping; trickling; drip, drip, drip.
gócciolo, *m.* drop.
gocciolóne, *m.* (*fam.*) **1** large drop **2** (*fig.*) simpleton; booby.
godére, A *v. i.* **1** (*rallegrarsi*) to be glad; to be delighted: **Godo di saperlo felice,** I'm glad to know he is happy; **Ne godo davvero,** I'm delighted to hear it [to see it, to know it, etc.] **2** (*provare piacere*) to love; to enjoy; to delight in (*o* at); to take* pleasure (*o* delight) in; to get* a kick out of (*fam.*): **Godo a stare a letto fino a tardi,** I love staying in bed until late; **Ci gode a fare scherzi alla gente,** he enjoys playing tricks on people; **g. a dare cattive notizie,** to delight (*o* to take special pleasure) in giving bad news; **Lui ci gode quando la gente litiga,** he gets a kick out of seeing people quarrel **3** (*essere avvantaggiato, fruire*) to enjoy; to benefit: **g. di buona salute,** to enjoy good health; **g. della fiducia di q.,** to enjoy sb.'s confidence **4** (*fam.*: *avere l'orgasmo*) to come*. **B** *v. t.* **1** (*gustare*) to enjoy: **g.** (*o* **godersi**) **le vacanze,** to enjoy one's holidays; **g.** (*o* **godersi**) **il panorama,** to enjoy the landscape; **godersi la vita,** to enjoy life **2** (*possedere, usufruire*) to enjoy; to have: **g. buona salute,** to enjoy good health; **g. un'ottima rendita,** to enjoy an excellent income; **g. tutti i diritti,** to enjoy (*o* to have) all rights. ● **Me la sono proprio goduta in Grecia,** I had a really good time in Greece □ (*iron.*) **Ci toccò godercelo fino a Milano,** we had to put up with him (*o* we were saddled with him) until we arrived in Milan □ **L'hai voluto? Goditelo!,** you've made your bed; now you must lie in it.
goderéccio, *a.* **1** (*che dà piacere*) very enjoyable; very pleasurable; fun (*attr.*) **2** (*che ama i piaceri*) pleasure-loving; pleasure-seeking. ● **fare una vita godereccia,** to lead a life of pleasure.
godet (*franc.*), *m. invar.* (*moda*) flare. ● **gonna a g.,** flared skirt.
godèzia, *f.* (*bot.*, *Godetia*) godetia.
godìbile, *a.* enjoyable.
godiménto, *m.* **1** enjoyment; pleasure; delight: **trarre g. da q.c.,** to derive pleasure from st.; to take pleasure in st.; **È un g. sentirla cantare,** it's a pleasure to hear her sing; **g. maligno,** glee **2** (*leg.*) enjoyment; possession; use.
godronàre, *v. t.* (*mecc.*) to knurl.
godronatùra, *f.* (*mecc.*) **1** (*il godronare*) knurling **2** (*l'effetto del godronare*) knurl.
godróne, *m.* (*mecc.*) knurl.
godùria, *f.* (*scherz.*) sheer pleasure; luxury; bliss. ● (*iron.*) **Sai che g.!,** some fun!
goffàggine, *f.* **1** awkwardness; clumsiness **2** (*detto, atto goffo*) awkward (*o* clumsy) remark [gesture, etc.].
gòffo, *a.* **1** (*impacciato*) awkward, gauche (*franc.*); (*maldestro*) clumsy, bungling, ungainly **2** (*di abito e sim.*) shapeless.
goffràre, *v. t.* (*mecc.*) to emboss.
goffratrice, *f.* (*mecc.*) embosser; embossing machine.
goffratùra, *f.* (*mecc.*) embossing.
Goffrédo, *m.* Geoffrey; Godfrey.
gógna, *f.* pillory (*anche fig.*); (*berlina*) stocks (*pl.*). ● (*fig.*) **mettere alla g.,** to pillory.
gogo, *V.* **à gogo.**
go-kàrt (*ingl.*), *m. invar.* (*sport*) (go-)kart, go-cart.
gol, *V.* **goal.**
góla, *f.* **1** throat: **afferrare q. per la g.,** to seize sb. by the throat; **avere un nodo alla g.,** to have a lump in one's throat; **schiarirsi la g.,** to clear one's throat; **avere mal di g.,** to have a sore throat; **avere una lisca in g.,** to have a fishbone stuck in one's throat; **tagliare la g. a q.,** to cut (*o* to slit) sb.'s throat **2** (*golosità*) gluttony; greediness; greed: **peccato di g.,** sin of gluttony; **Lo mangio solo per g.,** I'm eating it out of pure greed **3** (*geogr.*) gorge; ravine; gully; (*con torrente, anche*) flume **4** (*di tiraggio, del camino, ecc.*) flue **5** (*mecc.*: *scanalatura*) groove; (*di puleggia*) race **6** (*archit.*) cyma*. ● (*fig.*) **avere** (*o* **essere con**) **l'acqua alla g.,** to be up to one's neck in troubles; (*rif. a difficoltà finanziarie*) to be in deep waters □ (*fig.*) **avere il coltello alla g.,** to have one's back to the wall □ (*fig.*) **avere il cuore in g.,** to be breathless; to be panting □ **cantare a piena g.** (*o* **a g. spiegata**), to sing at the top of one's voice; to belt out (*fam.*) □ (*fig.*) **col boccone in g.,** straight after eating □ **con tutto il fiato che avevo in g.,** at the top of my voice; as loud as I could □ **fare g.,** to tempt; to be tempting: **Mi fa proprio g.!,** it really tempts me!; **un'offerta che fa g.,** a very tempting offer; **Quei gioielli lasciati lì facevano g.,** those jewels left lying about were a great temptation □ **È un posto che fa g. a parecchi,** it's a highly coveted job; a lot of people are after that job □ **impiccare q. per la g.,** to hang sb. by the neck □ **mentire per la g.,** to lie in (*o* through) one's teeth □ **mettere il capestro** (*o* **il laccio**) **alla g. di q.,** to put a noose round sb.'s neck □ **mortificare la g.** (*digiunare*), to fast □ (*fig.*) **pieno fino alla g.,** fed up (*fam.*) □ (*fig.*) **prendere q. per la g.,** (*rif. al cibo*) to tempt sb. (with choice dishes); (*costringere*) to put sb. with his back to the wall □ **ricacciare le parole in g. a q.,** to make sb. swallow his words □ **ricacciarsi il pianto in g.,** to swallow one's tears □ **ridere a g. spiegata,** to laugh heartily □ (*fig.*) **tenere il coltello alla g. di q.,** to have sb. with his back to the wall □ (*prov.*) **Ne ammazza più la g. che la spada,** gluttony kills more than the sword.
goleada, *f.* (*calcio*) goal feast.
goleador (*spagn.*), *m. invar.* (*sport*) leading goal-scorer.
golèna, *f.* high-water bed; flood bed.
golétta (**1**), *f.* **1** (*colletto*) lace collar; choker **2** (*di armatura*) throatpiece.
golétta (**2**), *f.* (*naut.*) schooner: **g. a gabbiola,** topsail schooner; **g. a palo,** three-masted schooner.
golf (**1**), *m.* (*sport*) golf.
golf (**2**), *m. invar.* (*indumento*) jersey,

pullover; (*specialm. da donna*) jumper; (*maglione*) sweater; (*abbottonato*) cardigan.

golfàre, *m.* (*naut.*) eyebolt; ringbolt.

golfista, *m.* e *f.* (*sport*) golfer.

golfistico, *a.* (*sport*) golf (*attr.*).

gólfo, *m.* gulf: **il g. di Genova**, the Gulf of Genoa; **il G. Persico**, the Persian Gulf; **la Corrente del G.**, the Gulf Stream. ● (*mus.*) **g. mistico**, orchestra pit.

Gòlgota, *m.* (*geogr.*) Golgotha.

Golia, *m.* (*Bibbia*) Goliath.

goliardìa, *f.* ***1*** (*l'insieme dei goliardi*) university students (*pl.*) ***2*** (*tradizione*) goliardy; goliardery ***3*** (*spirito*) student spirit.

goliàrdico, *a.* students' (*attr.*); student's (*attr.*); student (*attr.*): **ballo g.**, students' ball; **canto g.**, students' song; **berretto g.**, student's hat; **spirito g.**, student spirit.

goliàrdo, *m.* ***1*** (*stor.*) goliard; wandering scholar ***2*** (*f.* **-a**) university student; undergraduate.

gollişmo, *m.* (*polit.*) Gaullism.

gollista, *a.*, *m.* e *f.* (*polit.*) Gaullist.

goloserìa, golosità, *f.* ***1*** greediness; gluttony; gourmandizing ***2*** (*boccone prelibato*) delicacy; titbit.

golóso, A *a.* ***1*** (*di persona*) greedy; gluttonous: **occhi golosi**, greedy eyes ***2*** (*appetitoso*) tempting; mouth-watering; yummy (*fam.*). ● **essere g. di dolci**, to love sweets; to have a sweeth tooth. **B** *m.* (*f.* **-a**) glutton; gourmand.

gólpe (1), *f.* (*agric.*) smut; blight.

golpe (2) (*spagn.*), *m. invar.* (*polit.*) (military) coup.

golpişmo, *m.* (*polit.*) tendency to promote a (military) coup.

golpista, *m.* e *f.* (*polit.*) participant in a (military) coup.

golpistico, *a.* (*polit.*) of a (military) coup.

gómena, *f.* (*naut.*) hawser; cable; (*da rimorchio*) tow-rope.

gomitàta, *f.* push with the elbow; (*d'intesa, di avvertimento, ecc.*) nudge. ● **dare una g. a q.**, to thrust one's elbow into sb.; (*per richiamare la sua attenzione*) to nudge sb. ▫ **farsi strada a gomitate**, to elbow one's way forward ▫ **spingere da parte q. con una g.**, to elbow sb. to one side.

gomitièra, *f.* (*sport*) elbow guard.

gómito, *m.* ***1*** (*anat.*) elbow ***2*** (*mecc.*: *di albero a gomiti*) crank; (*raccordo di tubo*) elbow: **albero a gomiti**, crankshaft ***3*** (*fig.*: *di fiume, ecc.*) sharp bend. ● **g. a g.**, side by side ▫ (*di indumento*) **avere i gomiti lisi**, to be out at the elbows ▫ (*fig.*) **alzare il g.**, to be a tippler; to bend (*o* to crook) the elbow (*fam.*) ▫ (*fig.*) **Ha alzato il g.**, he's had a drop too much; he's one over the eight (*fam.*) ▫ **curva a g.**, hairpin bend ▫ **La strada faceva un g.**, the road bent sharply ▫ **farsi avanti a forza di gomiti**, to elbow one's way forward ▫ (*fig.*) **olio di g.**, elbow-grease.

gomitolo, *m.* ball: **g. di lana**, ball of wool; **avvolgere la lana in un g.**, to wind the wool into a ball. ● **rannicchiarsi come un g.**, to curl (oneself) up.

gómma, *f.* ***1*** (*g. elastica, caucciù*) India rubber; rubber; caoutchouch: **g. espansa**, rubber sponge; foam rubber; **g. sintetica**, synthetic (*o* chemical) rubber; **g. in fogli**, sheet rubber; **piantagione di g.**, rubber plantation ***2*** (*sostanza resinosa*) gum: **g. arabica**, gum arabic ***3*** (*per cancellare*) eraser; rubber (*GB*): **g. da inchiostro [da matita]**, ink [pencil] eraser ***4*** (*pneumatico*) tyre, tire (*USA*): **g. ricostruita [piena, senza camera d'aria]**, retreaded [solid, tubeless] tyre; **g. da neve**, snow tyre; **g. di scorta**, spare tyre; **g. liscia**, bald tyre; **avere una g. a terra**, to have a flat tyre; **forare una g.**, to get a puncture ***5*** (*med.*) gumma ***6*** (*fam.*: *tubo di g.*) hose. ● **g. adragante**, (gum) tragacanth; gum dragon ▫ **g. da masticare** (*o* **americana**), chewing-gum ▫ **proiettile di g.**, rubber bullet ▫ **stivali di g.**, Wellington boots; rubber boots.

gommagùtta, *f.* (*ind.*) gamboge.

gommalàcca, *f.* (*la resina*) lac; (*ind.*) shellac.

gommapiùma, *f.* (*marchio*) foam rubber: **materasso di g.**, foam-rubber mattress.

gommàre, *v. t.* ***1*** to gum ***2*** (*ind. tess.*) to rubberize ***3*** (*munire di pneumatici*) to tyre.

gommàto, *a.* ***1*** gummed: **carta gommata**, gummed paper ***2*** (*ind. tess.*) rubberized ***3*** (*di veicolo*) tyred; (*di ruota*) with tyre.

gommatùra, *f.* ***1*** gumming ***2*** (*ind. tess.*) rubberizing ***3*** (*autom.*) set of tyres.

gommìfero, *a.* gummiferous.

gommificio, *m.* rubber factory.

gommina, *f.* (*marchio*: *per capelli*) (hair) gel.

gommino, *m.* rubber top (*o* cap).

gommista, *m.* (*autom.*: *riparatore*) tyre repairer; (*rivenditore*) tyre dealer.

gommóne, *m.* (*naut.*) rubber dinghy.

gommorèşina, *f.* gum resin.

gommòşi, *f.* (*bot.*) gummosis*.

gommosità, *f.* gumminess.

gommóso, *a.* gummy; rubbery.

Gomòrra, *f.* (*Bibbia*) Gomorrah, Gomorrha.

gònade, *f.* (*anat.*) gonad.

gonadectomìa, *f.* (*chir.*) gonadectomy.

gonàdico, *a.* (*anat.*) gonadic; gonadial.

gonadotropìna, *f.* (*biochim.*) gonadotrop(h)in.

gonadòtropo, *a.* gonadotrop(h)ic.

gonalgìa, *f.* (*med.*) gonalgia; pain in the knee joint.

góndola, *f.* ***1*** (*naut.*) gondola ***2*** (*aeron.*) pod; nacelle; housing: **g. del motore**, engine pod (*o* nacelle).

gondolière, *m.* gondolier.

gonfalóne, *m.* banner; standard; (*stor., di città ital.*) gonfalon.

gonfalonieràto, *m.* (*stor. ital.*) office of a gonfalonier; gonfaloniership

gonfalonière, *m.* ***1*** banner (*o* standard) bearer ***2*** (*stor. ital.*) gonfalonier: **g. di giustizia**, gonfalonier (of justice).

gonfiàbile, *a.* inflatable.

gonfiàggine, *f.* (*fig.*) conceit; bumptiousness.

gonfiàggio, *m.* inflation; pumping up.

gonfiaménto, *m.* ***1*** blowing up ***2*** (*gonfiore*) swelling ***3*** (*fig.*) exaggeration; amplification; hype (*fam.*).

gonfiàre, A *v. t.* ***1*** (*dilatare con aria, gas*) to blow* up, to inflate, to distend, to expand, to fill; (*con una pompa*) to pump up: **g. un palloncino**, to inflate (*o* to blow up) a balloon; (*autom.*) **g. le gomme**, to pump up the tyres; **La gomma davanti ha bisogno di essere gonfiata**, the front tyre needs pumping up; **g. le gote**, to blow out (*o* to puff out) one's cheeks; **g. il petto**, to puff out one's chest; **g. lo stomaco**, to distend the stomach; **Il pane mi gonfia lo stomaco**, bread makes me feel bloated ***2*** (*distendere*) to fill; to swell*: **Il vento gonfiava le vele**, the wind filled (*o* swelled) the sails ***3*** (*far crescere di volume*) to swell*; **Le piogge gonfiarono il fiume**, the rains swelled the river ***4*** (*fig.*) to puff up; to exaggerate; to inflate; to boost: **g. una notizia**, to inflate a piece of news; **g. uno scandalo**, to play up a scandal; **g. i costi**, to inflate costs; **g. il valore delle azioni**, to boost shares; **g. i meriti di q.**, to puff up sb.'s merits. ● **g. la faccia di schiaffi a q.**, to give sb. a sound slapping. **B** *v. i.* e **gonfiarsi,** *v. i. pron.* ***1*** to swell* (up): **Il legno si gonfia nell'acqua**, wood swells in water; **Cominciò a gonfiarglisi la faccia**, his face began to swell (up); **L'uvetta messa in acqua si gonfia**, sultanas swell up in water ***2*** (*distendersi*) to swell* out; to fill: **Le vele si gonfiavano**, the sails swelled out ***3*** (*crescere*) to rise*, to swell*; (*in fretta*) to balloon; (*del mare*) to heave, to surge: **Il fiume s'è gonfiato**, the river has risen ***4*** (*fig.*: *insuperbirsi*) to be swollen with pride; to be puffed up. ● **Gli occhi le si gonfiarono di lacrime**, her eyes filled with tears.

gonfiàto, *a.* ***1*** (*riempito d'aria*) blown up; inflated; pumped up ***2*** (*fig.*) puffed up; conceited. ● (*fig.*) **pallone g.**, bighead (*fam.*).

gonfiatóio, *m.* pump.

gonfiatùra, *f.* ***1*** swelling; inflation; blowing up; pumping up ***2*** (*fig.*: *esagerazione*) exaggeration; hype (*fam.*) ***3*** (*fig.*: *adulazione*) flattery.

gonfiézza, *f.* ***1*** swelling ***2*** (*fig., lett.*) pomposity; bombast.

gónfio (1), *a.* ***1*** swollen; puffed up: **caviglia gonfia**, swollen (*o* puffed-up) ankle; **Aveva gli occhi gonfi dal piangere**, her eyes were swollen (*o* puffy) with weeping; **occhi gonfi di lacrime**, eyes full of tears; **fiume g.**, swollen river; **vele gonfie**, swelling sails ***2*** (*riempito d'aria*) blown up; inflated; puffed out: **palloncino g.**, inflated balloon; **guance gonfie**, puffed-out cheeks ***3*** (*fig.*: *di stile*) bombastic; turgid ***4*** (*fig.*: *altero, pieno di sé*) conceited; bumptious; puffed up ***5*** (*bot., zool.*) incrassate. ● **essere g. d'orgoglio**, to be full of pride ▫ **a gonfie vele**, with a full wind; (*fig.*) swimmingly, splendidly ▫ **col cuore g.**, with a swelling heart ▫ **un portafoglio g.**, a well-filled wallet ▫ **stomaco g.**, bloated stomach ▫ **Mi sento g.**, I feel bloated.

gónfio (2), *m.* ***1*** *V.* **gonfiore** ***2*** *V.* **rigonfio**.

gonfióre, *m.* swelling.

gong, *m.* gong.

gongolànte, *a.* delighted; overjoyed; pleased with oneself; chuffed (*fam. GB*); (*con malignità*) gleeful.

gongolàre, *v. i.* to be delighted; to be overjoyed; to be chuffed (*fam. GB*); to be pleased with oneself; (*malignamente*) to be full of glee.

gongorişmo, *m.* (*letter.*) Gongorism.

gongorista, *a.*, *m.* e *f.* (*letter.*) Gongorist.

gonìdio, *m.* (*bot.*) gonidium*.

goniometrìa, *f.* goniometry.

goniomètrico, *a.* goniometric(al).

goniòmetro, *m.* goniometer: **g. ad applicazione [a riflessione]**, contact [reflecting] goniometer.

gónna, *f.* ***1*** skirt: **g. stretta [larga]**, tight [full] skirt; **g. svasata [a pieghe]**, flared [pleated] skirt; **g. pantalone**, divided skirt; culottes (*pl.*) ***2*** (*stor.*) gown ***3*** (*autom.*) skirt.

gonnèlla, *f.* ***1*** skirt ***2*** (*fam.*: *ragazza*) girl; (bit of) skirt (*pop.*): **È sempre dietro a qualche g.**, he's always chasing girls. ● (*fig.*) **stare attaccato alle gonnelle della mamma**, to be tied to one's mother's apron-strings ▫ **in g.**, female (*attr.*); woman (*attr.*) ▫ (*fig.*) **sergente in g.**, sergeant-major; termagant; battle-axe.

gonnellino, *m.* ***1*** (short) skirt ***2*** (*scozzese*) kilt.

gonocita, gonocito, *m.* (*biol.*) gonocyte.

gonocòccico, *a.* (*med.*) gonococcal; gonococcic.

gonocòcco, *m.* (*med.*) gonococcus*.

gonorrèa, *f.* (*med.*) gonorrhoea.

gonorròico, *a.* (*med.*) gonorrh(o)eal.

gónzo, *m.* gull; dupe; fall guy (*fam. USA*); easy mark (*pop.*); sucker (*pop.*).

góra, *f.* ***1*** (*canale*) canal; (*di mulino*) millrace, millstream ***2*** (*conserva d'acqua per il mulino*) millpond ***3*** (*stagno*) pond.

górbia, *f.* ***1*** (*puntale*) ferrule ***2*** (*scalpello*) gouge.

gordiàno, *a.* Gordian: (*anche fig.*) **il nodo g.**, the Gordian knot.

gorgheggiaménto, *m.* trill; trilling.

gorgheggiàre, *v. i.* ***1*** (*di uccello*) to warble; to trill ***2*** (*di cantante*) to trill.

gorgheggiatóre, *m.* (*f.* **-trice**) ***1*** (*uccello*) warbler ***2*** (*cantante*) triller.

gorghéggio, *m.* ***1*** (*di uccello*) warble; trill ***2*** (*di cantante*) trill; trilling.

gòrgia, *f.* (*lett.*: *gola*) throat; gullet.
gorgièra, *f.* **1** (*collare*) collar; (*pieghettato*) ruff **2** (*di armatura*) gorget; throatpiece.
górgo, *m.* eddy; (*anche fig.*) whirlpool, vortex*, maelstrom.
gorgogliàre, *v. i.* **1** to gurgle; to bubble **2** (*emettere la voce con un liquido in gola*) to gargle **3** (*di intestini*) to rumble.
gorgóglio (**1**), *m.* **1** gurgle; bubble **2** (*di intestini*) rumble.
gorgoglìo (**2**), *m.* **1** gurgling; bubbling **2** (*di intestini*) rumbling.
gorgoglióne, *m.* (*zool.*, *Aphis*) aphis*; greenfly.
Gòrgone, *f.* **1** (*mitol.*) Gorgon **2** (*spreg.*) gorgon; hag.
gorgònia, *f.* (*zool.*, *Gorgonia*) gorgonia*; sea-fan.
gorgonzòla, *m.* Gorgonzola (cheese).
gorgozzùle, *m.* windpipe; throat; gullet.
gorilla, *m.* **1** (*zool.*, *Gorilla gorilla*) gorilla **2** (*fig.*: *uomo grosso e rozzo*) gorilla; bruiser (*fam.*) **3** (*guardia del corpo*) bodyguard; gorilla (*fam.*); (*di criminale*) heavy (*pop.*), minder (*pop. GB*).
goriziàno, **A** *a.* of Gorizia; from Gorizia; Gorizia (*attr.*). **B** *m.* (*f.* **-a**) native of Gorizia; inhabitant of Gorizia.
gospel (*ingl.*), *m. invar.* **1** gospel music **2** gospel song.
gòta, *f.* (*lett.*) cheek.
gotàzza, *V.* **gottazza**.
Gotha, *m.* **1** – **l'Almanacco di G.**, the Almanach de Gotha **2** (*fig.*) restricted (*o* exclusive) circle; elite; aristocracy: **il G. della finanza**, exclusive financial circles; the financial elite; **il G. del crimine**, big-time criminals (*pl.*).
gòtico, **A** *a.* Gothic: **arte gotica**, Gothic art; (*tipogr.*) **carattere g.**, Gothic (type); black letter; (*stor.*) **Linea gotica**, Gothic Line; **romanzo g.**, Gothic novel. **B** *m.* **1** (*ling.*; *arte*) Gothic; **g. fiammeggiante**, flamboyant Gothic; **g. internazionale**, International Gothic **2** (*tipogr.*) Gothic (type).
gòto, *m.* (*stor.*) Goth.
gótta, *f.* (*med.*) gout.
gottàzza, *f.* (*naut.*) bail; bailer.
gòtto, *m.* **1** mug; tankard **2** (*estens.*) drink; (*di vino*) glass of wine: **Andiamo a bere un g.**, let's go and have a drink.
gottóso, (*med.*) **A** *a.* gouty. **B** *m.* (*f.* **-a**) gouty person.
gouache (*franc.*), *f. invar.* (*pitt.*) gouache.
gourmet (*franc.*), *m. invar.* gourmet.
governàbile, *a.* governable.
governabilità, *f.* governability; governableness.
governàle, *m.* (*aeron.*) vane.
governànte, **A** *m.* ruler; governor: **i governanti**, rulers; (*il Governo*) the Government. **B** *f.* **1** ruler **2** (*istitutrice*) governess **3** (*chi regge la casa*) housekeeper.
governàre, **A** *v. t.* **1** (*polit.*) to govern; to rule: **Il re costituzionale regna ma non governa**, a constitutional king reigns but does not govern; **g. un paese**, to govern a country; **g. una chiesa**, to rule over a church; **g. male**, to misgovern **2** (*reggere*) to rule; (*dominare*) to control: **Il caso governa gli eventi**, chance rules events; **g. le proprie passioni**, to rule (*o* to control) one's passions **3** (*dirigere, amministrare*) to manage; to run*: **g. un'azienda**, to run (*o* to manage) a business **4** (*gli animali*) to tend, to look after; (*nutrirli*) to feed*; (*i cavalli*) to groom **5** (*naut.*) to steer; to control: **g. una nave**, to steer a ship **6** (*aeron.*) to control **7** (*il terreno*) to manure; to fertilize. **B governarsi**, *v. rifl.* (*comportarsi*) to behave (oneself); to control oneself. ● **g. bene**, to take good care of oneself.
governativo, *a.* government (*attr.*); governmental; state (*attr.*): **impiegato g.**, government employee; (*in G.B.*) civil servant; **scuola governativa**, state school.
governatoràto, *m.* **1** (*carica*) governorship **2** (*territorio*) territory under a governor.
governatóre, *m.* (*f.* **-trice**) **1** governor: **g. generale**, governor-general; **il g. della Banca d'Italia**, the governor of the Bank of Italy **2** (*precettore*) tutor. ● **poteri di g.**, gubernatorial powers.
governatoriàle, *a.* gubernatorial.
governatùra, *f.* **1** (*di animali*) tending, looking after; (*di cavalli*) grooming **2** (*di terreno*) manuring; fertilizing.
govèrno, *m.* **1** (*polit.*: *il governare*; *sistema di g.*) government, administration; (*dominio*) rule: **le redini del g.**, the reins of government; **g. democratico**, democratic government; **g. tirannico**, tyrannical rule; **avere esperienza di g.**, to have experience of government; **uomo di g.**, statesman **2** (*organo che esercita il potere esecutivo*) government; (*in U.S.A.*) administration: **Il G. si è riuniuto ieri**, the Government met yesterday; **g. fantoccio**, puppet government; **g. di coalizione**, coalition government; **g. di solidarietà** (*o* **di unità**) **nazionale**, national government; **il g. Moro**, the Moro Government; **capo del g.**, head of the government; (*in G.B.*) Prime Minister; (*in U.S.A.*) Chief Executive; **crisi di g.**, fall of a government; period following a government's resignation; **formare un nuovo g.**, to form a new government; **far cadere il g.**, to topple (*o* to bring down) the government **3** (*direzione*) direction; management; running; administration; keeping: **il g. della casa**, the running of the house; housekeeping **4** (*di animali*) tending, looking after; (*il nutrirli*) feeding; (*di cavalli*) grooming **5** (*naut.*) steering; steerage **6** (*aeron.*) control **7** (*del terreno*) manuring; fertilizing. ● (*anche fig.*) **essere al g. della barca**, to be at the helm □ (*aeron.*, *naut.*) **in g.**, under control.
gózzo (**1**), *m.* **1** (*med.*) goitre **2** (*zool.*) crop **3** (*fam.*: *gola*) throat, gullet; (*stomaco*) stomach. ● **Quella risposta ce l'ho ancora sul g.**, that answer still rankles □ **empirsi il g.**, to stuff oneself with food; to gorge oneself □ (*fig.*) **Mi sta proprio sul g.**, I really cannot stand him.
gózzo (**2**), *m.* (*naut.*) Ligurian fishing boat.
gozzovìglia, *f.* debauch; orgy; carousal (*lett.*); binge (*fam.*); bender (*fam.*).
gozzovigliàre, *v. i.* to carouse; to revel; to go* on a binge (*fam.*).
gozzùto, *a.* (*med.*) goitrous; goitred.
Gràal, *m.* (*letter.*) (Holy) Grail; Sangraal.
gracchiaménto, *m.* **1** (*di corvo*) cawing; (*di rana*) croaking **2** (*di radio, ecc.*) crackling.
gracchiàre, *v. i.* **1** to croak; (*di corvo*) to caw **2** (*di persona*) to croak; to squawk; to cackle **3** (*di radio, ecc.*) to crackle.
gràcchio (**1**), *m.* (*verso del corvo*) caw.
gràcchio (**2**), *m.* (*zool.*, *Pyrrhocorax graculus*) alpine chough. ● **g. corallino** (*Pyrrhocorax pyrrhocorax*), chough; sea-crow.
Gràcco, *m.* (*stor.*) Gracchus: **i Gracchi**, the Gracchi.
gracidàre, *v. i.* (*anche fig.*) to croak.
gracidìo, *m.* croaking.
gràcile, *a.* **1** delicate; frail **2** (*spreg.*) puny; weak.
gracilità, *f.* **1** delicacy; frailness; frailty **2** (*spreg.*) puniness; feebleness; weakness.
gràcola, *f.* (*zool.*, *Gracula religiosa*) (hill) myna; grackle.
gradassàta, *f.* brag; fanfaronade; braggadocio; swaggering.
gradàsso, *m.* braggart; boaster; swaggerer. ● **fare il g.**, to brag; to boast; to swagger.
gradataménte, *avv.* gradually; by degrees; step by step.
gradazióne, *f.* **1** gradation **2** (*sfumatura*) shade; nuance; tone. ● **g. alcolica**, alcoholic strength; proof: **ad alta g. alcolica**, with a high alcoholic content.
grader (*ingl.*), *m. invar.* (*tecn.*) grader.
graderista, *m.* e *f.* grader driver.
gradévole, *a.* pleasant; agreeable; enjoyable; pleasing.
gradevolézza, *f.* pleasantness; agreeableness.
gradiènte, *m.* (*fis.*) gradient: **g. barometrico** (*o* **barico**), barometric gradient; **g. di pressione**, pressure gradient; **g. termico**, thermal gradient; (*meteor.*) **g. verticale**, lapse rate.
gradiménto, *m.* **1** liking; pleasure; satisfaction: **È di tuo g.?**, is it to your liking?; **esprimere il proprio g.**, to express one's satisfaction **2** (*approvazione*) approval; (*nel gergo diplomatico*) agreement: **incontrare il g. di q.**, to meet with sb.'s approval. ● **indice di g.**, (popularity) rating □ (*comm.*) **vendita con g.**, approval sale.
gradìna, *f.* (*scult.*) gradine.
gradinàre (**1**), *v. t.* (*scult.*) to chisel (with a gradine).
gradinàre (**2**), *v. t.* (*alpinismo*) to cut* (steps).
gradinàta, *f.* **1** flight of steps; steps (*pl.*) **2** (*di anfiteatro, di stadio*) terrace; tier: **g. coperta**, roofed stand; **gradinate scoperte**, (unroofed) terraces; bleachers; **a gradinate**, in tiers; tiered; terraced.
gradinatùra, *f.* (*scult.*) chiselling (with a gradine).
gradìno, *m.* **1** step: **salire un g.**, to go up (*o* to climb) a step; **scendere un g.**, to go down a step; **Attenzione al g.**, mind the step; **un g. alla volta**, a step at a time; step by step; **a gradini**, stepped **2** (*alpinismo*) foothold **3** (*fig.*) step; rung: **il primo g. di una carriera**, the first step in a career; **arrivare all'ultimo g.**, to reach the last rung of the ladder; **essere ai gradini più bassi della società**, to be on the lowest rungs of society.
gradìre, *v. t.* **1** (*apprezzare*) to appreciate, to enjoy; (*desiderare*) to want, to like: **Non gradii lo scherzo**, I did not appreciate the joke; **Capii che non mi gradivano**, I realized they didn't want me; **Gradirei un tè [una risposta, che tu tornassi domani]**, I should like some tea [an answer, you to come back tomorrow]; **Gradirei che lo facessi tu stessa**, I should like you to do it yourself; I would appreciate it if you did it yourself; **Gradiremmo una vostra sollecita risposta**, a prompt reply would be appreciated **2** (*accettare*) to accept: **La preghiamo di g. questo dono**, we hope you will accept this gift. ● **Tanto per g.**, just to oblige □ **Vuole g.?**, (*offrendo cibo*) may I offer you some?; (*invitando*) won't you join us?
gradìto, *a.* **1** pleasant; agreeable: **un incontro g.**, a pleasant meeting **2** (*benaccetto*) welcome; appreciated: **Il suo parere non è g.**, his opinion is not welcome; **Sono graditi i contributi in denaro**, donations are welcome (*o* appreciated) **3** (*nelle lettere*) – **Ho ricevuto la tua gradita lettera**, thank you for your letter; **in risposta alla gradita vostra**, in reply to your letter. ● **essere** (*o* **riuscire**) **g.**, to please: **Voleva riuscire gradita a tutti**, she wanted to please everybody.
gràdo (**1**), *m.* **1** degree; level: **g. di amicizia [di intelligenza, di precisione]**, degree of friendship [of intelligence, of accuracy]; **g. di intensità**, degree of intensity; pitch; **in piccolo g.**, to a small degree; in small measure; **in sommo g.**, to the highest degree; **procedere per gradi**, to proceed by degrees (*o* step by step) **2** (*fis.*, *geom.*, *geogr.*) degree: **37 gradi centigradi**, 37 degrees Celsius (*o* centigrade); 37 °C; **un angolo di 45 gradi**, an angle of 45° (*o* of 45 degrees); **g. di latitudine [longitudine]**, degree of latitude [longitude]; **a 35 gradi di latitudine nord**, at a latitude of 35 degrees North; at latitude 35°N **3** (*unità di una scala, di una graduatoria*) grade: **acciaio di alto g.**, high-grade steel; **un terremoto di sesto grado nella scala Richter**, an

earthquake measuring six on the Richter scale *4* (*mecc.*) limit *5* (*proporzione*) ratio: **il g. di umidità**, the humidity ratio; the degree of humidity *6* (*condizione sociale*) rank; status: **gente di ogni g.**, people of all ranks; **i privilegi del g.**, the privileges of rank *7* (*in una gerarchia mil.*) rank: **avere [raggiungere] il g. di capitano**, to hold [to reach] the rank of captain; **Mi è superiore di g.**, he is above me in rank; **privare del g.**, to strip sb. of his rank; **avanzare di g.**, to be promoted; **avanzamento di g.**, promotion; **gli alti gradi dell'esercito**, the highest ranking officers in the army *8* (*specialm. pl.*) (*galloni mil.*) stripes; (*a V*) chevrons *9* (*gramm.*) degree: **g. comparativo**, comparative degree. ● **a g. a g.**, step by step; gradually; by degrees □ **cugino di primo [di secondo] g.**, first [second] cousin □ **equazione di secondo [terzo] g.**, quadratic [cubic] equation □ **essere in g. di fare q.c.**, to be able to do st.; to be in a position to do st.: **Non fui in g. di rispondere**, I wasn't able to answer; I couldn't answer; **Sei più in g. di me di aiutarlo**, you are in a better position to help him than I am □ (*di macchinario*) **in g. di funzionare**, in working order □ **mettere q. in g. di fare q.c.**, to enable sb. to do st.; to put sb. in the position of doing st. □ **terzo g.** (*interrogatorio*), third degree: **fare il terzo g. a q.**, to put sb. through the third degree; (*fig., scherz.*) to put sb. through the mill □ (*med.*) **ustioni di primo [secondo, terzo] g.**, first [second, third] degree burns.

gràdo (**2**), *m.* (*gradimento*) liking; pleasure. ● **suo mal g.**, unwillingly □ **di buon g.**, willingly; with pleasure □ **di mio [tuo] buon g.**, of my own [your own] accord.

gradonàta, *f.* terraces (*pl.*).

gradóne, *m.* *1* (*agric.*) terrace *2* (*di stadio e sim.*) terrace; tier *3* (*largo gradino*) large step.

graduàbile, *a.* that may be graduated.

graduàle, **A** *a.* gradual; by degrees (*pred.*). **B** *m.* (*eccles.*: *parte della messa, libro*) gradual.

gradualìsmo, *m.* gradualism.

gradualìstico, *a.* gradualistic.

gradualità, *f.* gradualness; graduality.

gradualménte, *avv.* gradually; by degrees; step by step.

graduàre, *v. t.* *1* to grade; to graduate; to scale *2* (*uno strumento*) to graduate; to index; to scale *3* (*conferire un grado*) to promote.

graduàto, **A** *a.* *1* graded; graduated: **insegnamento g.**, graded teaching; **lenti graduate**, graduated lenses *2* (*provvisto di scala graduata*) graduated: **recipiente g.**, graduated container. **B** *m.* (*mil.*) non-commissioned officer (*abbr.*: NCO). ●, **graduati e truppa**, rank and file.

graduatòria, *f.* *1* classification; list *2* (*in un concorso*) list; results (*pl.*): **Ero primo in g.**, I was first on the list.

graduazióne, *f.* graduation; scale.

grafèma, *m.* (*ling.*) grapheme.

grafemàtica, *f.* (*ling.*) graphemics (*pl. col verbo al sing.*).

grafemàtico, *a.* (*ling.*) graphemic.

gràffa, *f.* *1* *V.* **graffetta** *2* (*tipogr.*) brace *3* (*mecc.*) belt fastener.

graffàre, *v. t.* *1* to staple; to clip *2* (*edil.*) to cramp.

graffatrice, *f.* *1* stapler *2* (*mecc.*) seamer.

graffatùra, *f.* *1* stapling *2* (*mecc.*) seaming.

graffétta, *f.* *1* (*punto*) staple; (*fermaglio*) clip *2* (*edil.*) cramp iron.

graffiànte, *a.* biting; mordant; caustic: **satira g.**, biting satire.

graffiàre, **A** *v. t.* *1* to scratch: **Il gatto mi graffiò una mano**, the cat scratched my hand; **g. la portiera dell'auto**, to scratch the door of the car *2* (*fig.*) to bite*; to be mordant. **B** **graffiàrsi**, *v. rifl.* e *i. pron.* *1* to scratch oneself *2* (*essere graffiato*) to get* scratched: **Mi sono graffiato con le rose**, I got scratched by the roses; **La borsetta si è tutta graffiata**, the handbag got all scratched.

graffiàta, *f.* scratching; scratch.

graffiatùra, *f.* *V.* **graffio** (**1**).

graffiètto, *m.* (*tecn.*) surface gauge; (*falegn.*) marking gauge.

gràffio (**1**), *m.* scratch: **È solo un g.**, it's only a scratch; **Ne è uscito senza un g.**, he came out without a scratch; **fare un g. a q.**, to scratch sb.

gràffio (**2**), *m.* *1* (*del martello*) claw *2* (*uncino*) grapple, grappling iron; (*naut.*) grapnel.

graffìre, *v. t.* to scratch a graffito (*o* graffiti) on.

graffitìsmo, *m.* graffiti art.

graffitista, *m.* e *f.* graffiti artist; graffitist.

graffito, *m.* *1* graffito* *2* (*con vernice*) graffiti (*sing.* o *pl.*).

grafia, *f.* *1* (*scrittura*) handwriting; writing *2* (*ortografia*) spelling.

gràfica, *f.* graphics (*pl. col verbo al sing.*).

gràfico, **A** *a.* *1* graphic; (*per scrivere*) writing (*attr.*); (*per disegnare*) drawing (*attr.*): **arti grafiche**, graphic arts; **materiale g.**, writing material; drawing material; **industria grafica**, printing industry *2* (*ortografico*) spelling (*attr.*): **varianti grafiche**, spelling variants. ● **una mostra grafica d'un artista**, an exhibition of an artist's black-and-white work. **B** *m.* *1* (*diagramma*) graph; diagram; chart: **tracciare un g.**, to plot a graph; **rappresentare con un g.**, to graph *2* (*f.* **-a**) (*esperto di arti grafiche*) printing and engraving expert; printer; engraver; graphic designer; draughtsman* (*f.* draughtswoman*), draftsman* (*f.* draftswoman*) (*USA*).

grafitàre, *v. t.* (*ind.*) to graphitize.

grafitazióne, *f.* (*ind.*) graphitization.

grafite, *f.* (*miner.*) graphite; plumbago; black lead: (*ind.*) **g. di storta**, retort graphite.

grafitizzàre, *v. t.* to graphitize.

gràfo, *m.* (*mat.*) graph.

grafologia, *f.* graphology.

grafològico, *a.* graphologic(al).

grafòlogo, *m.* (*f.* **-a**) graphologist.

grafòmane, *m.* e *f.* incurable scribbler.

grafomania, *f.* *1* (*psic.*) graphomania; obsession with writing *2* (*scherz.*) love of scribbling.

grafòmetro, *m.* (*mat.*) graphometer.

grafospàsmo, *m.* (*med.*) writer's cramp.

gragnòla, **gragnuòla**, *f.* *1* (*grandine*) hail *2* (*fig.*) shower; hail: **una g. di colpi**, a hail of blows.

gramàglia, *f.* *1* (*drappo funebre*) pall *2* (*pl.*) (*lutto*) mourning (*sing.*); (*di vedova*) widow's weeds: **essere in gramaglie**, to be in mourning; **mettersi in gramaglie**, to go into mourning.

gramicidina, *f.* (*farm.*) gramicidin.

gramigna, *f.* (*bot.*, *Cynodon dactylon*) Bermuda grass; scutch grass. ● **g. dei medici** (*Agropyrum repens*), couch grass; twitch grass □ **crescere come la g.**, to grow like weeds □ **diffondersi come la g.**, to spread like wildfire.

graminàcea, *f.* (*bot.*) graminaceous (*o* gramineous) plant.

Graminàcee, *f. pl.* (*bot.*, *Graminaceae*) Gramineae.

grammàtica, *f.* grammar: **regole della g.**, rules of grammar; **errore di g.**, grammar mistake; **g. descrittiva [normativa]**, descriptive [prescriptive] grammar; **g. storica**, historical grammar; **g. trasformazionale**, transformational grammar.

grammaticàle, *a.* grammar (*attr.*); grammatical: **regola g.**, grammatical rule; rule of grammar; **errore g.**, grammar mistake; **analisi g.**, grammatical analysis; parsing.

grammaticalità, *f.* (*ling.*) grammaticalness.

grammaticalizzàre, **A** *v. t.* (*ling.*) to grammaticize. **B** **grammaticalizzàrsi**, *v. i. pron.* to be grammaticized.

grammaticalménte, *avv.* grammatically.

grammàtico, *m.* *1* grammarian *2* (*spreg.*) pedant.

grammatista, *m.* (*stor. greca*) elementary school teacher.

grammatùra, *f.* weight in grams.

gràmmo, *m.* *1* gramme, gram *2* (*fig.*: *quantità minima*) grain.

gràmmo-àtomo, *m.* (*chim.*) gram atom; gram-atomic weight.

gràmmo-equivalènte, *m.* (*chim.*) gram-equivalent weight.

grammofònico, *a.* gramophone (*attr.*); phonographic (*USA*): **disco g.**, gramophone record.

grammòfono, *m.* gramophone; phonograh (*USA*).

gràmmo-ióne, *m.* (*chim.*) gram-ion.

gràmmo-molècola, *f.* (*chim.*) gram molecule; gram-molecular weight.

gràm-negativo, *a.* (*biol.*) gram-negative.

gràmo, *a.* *1* (*lett.*: *infelice*) wretched: **vita grama**, wretched life *2* (*povero, scarso*) poor; meagre; scanty: **un raccolto g.**, a poor crop; **speranza grama**, meagre hope.

gràmola, *f.* *1* (*ind. tess.*) brake; (*per cardare il lino*) ripple *2* (*per la pasta*) kneading machine.

gramolàre, *v. t.* *1* (*ind. tess.*) to brake; (*il lino*) to ripple *2* (*la pasta*) to knead.

gramolàta, *V.* **granita**.

gramolàto, *m.* (*geogr.*) névé (*franc.*); firn.

gramolatùra, *f.* *1* (*ind. tess.*) braking; (*del lino*) rippling *2* (*della pasta*) kneading.

gràm-positivo, *a.* (*biol.*) gram-positive.

gran, *V.* **grande**.

gràna (**1**), *f.* *1* (*struttura interna di metalli, marmi, ecc.*) grain: **g. grossa [media, fine]**, coarse [medium, fine] grain; **a g. grossa**, coarse-grained (*attr.*) *2* (*fam.*: *seccatura, fastidio*) trouble; nuisance; problem; worry; headache; hassle (*fam.*); bind (*pop.*): **Non voglio grane**, I don't want any trouble (*fam.*: any hassle); **Che g. essere senza macchina!**, it's a real bind without a car!; **un sacco di grane sul lavoro**, plenty of headaches at work; **Mi è scoppiata una g. in ufficio**, a problem has come up at the office; **piantare una g.**, to cause trouble; to kick up a fuss (*fam.*); to raise a stink (*fam.*).

gràna (**2**), *f.* *1* (*carminio*) carmine *2* (*cocciniglia*) cochineal; kermes.

gràna (**3**), *f.* (*pop.*: *soldi*) money; cash (*fam.*); dough (*pop.*): **avere un sacco di g.**, to be rolling in money; **essere in g.**, to have plenty of cash; to be flush (*fam.*); **È scappato con la g.**, he bolted with the money; **Farai bene a scucire la g.**, you'd better fork out (the dough).

gràna (**4**), *m. invar.* (*formaggio*) Parmesan cheese.

granadiglia, *f.* (*bot.*, *Passiflora edulis*) passion fruit.

granagliàre, *v. t.* (*oreficeria*) to granulate.

granàglie, *f. pl.* corn (*sing.*); grain (*sing.*); cereals: **commerciante in g.**, corn merchant.

granàio, *m.* *1* barn; granary *2* (*solaio*) loft *3* (*fig., di regione, ecc.*) breadbasket.

granàrio, *a.* corn (*attr.*); grain (*attr.*); wheat (*attr.*).

granàta (**1**), *f.* (*scopa*) broom; besom.

granàta (**2**), *f.* (*mil.*) grenade.

granàta (**3**), **A** *f.* *1* (*frutto*) pomegranate *2* (*miner.*) garnet. **B** *a. invar.* garnet red; burgundy.

granatière, *m.* *1* (*mil.*) grenadier *2* (*fig.*: *di uomo*) tall, powerfully built man* *3* (*fig.*: *di donna*) big woman*.

granatiglio, *m.* (*legno*) granadilla (wood); cocuswood.

granatina, *f.* pomegranate syrup; grenadine.

granàto, **A** *a.* *1* – **melo g.**, pomegranate *2* (*colore*) garnet red; burgundy. **B** *m.* *1* (*melo-*

grano) pomegranate **2** (miner.) garnet.

Gran Bretàgna, f. (geogr.) Great Britain.

grancancellière, m. High Chancellor.

grancàssa, f. (mus.) bass-drum. ● (fig.) **battere la g.**, to beat (o to bang) the drum; to hype (st.).

grancèvola, f. (zool., Maja squinado) spider crab.

grànchio, m. **1** (zool.) crab **2** (fig.: errore) mistake: **prendere un g.**, to make a mistake; to be off the mark; to bark up the wrong tree (fam.) **3** (pop.: crampo) cramp **4** (parte del martello) claw **5** (falegn.) clamp.

grancipòrro, m. (zool., Cancer pagurus) edible crab.

grancollàre, m. (arald.) grand cordon.

grancróce, f. (arald.) grand cross.

grandangolàre, (fotogr.) **A** a. wide-angle (attr.). **B** m. wide-angle lens.

grandàngolo, m. (fotogr.) wide-angle lens.

grand commis (franc.), locuz. m. invar. top--ranking government executive.

grànde, A a. **1** (in senso morale e fig.) great: **un g. poeta**, a great poet; **una g. attrice**, a great actress; **la g. poesia**, great poetry; **una gran signora**, a great lady **2** (di dimensioni, intensità, forza, ecc.) big, great; (largo) large; (ampio, vasto) broad, wide, vast; (fam.: alto) high, tall: **Questa casa è troppo g.**, this house is too big; **un lago [un cavallo] g.**, a big lake [horse]; **un gran cappello**, a big hat; **una stanza g.**, a large (o big) room; **un g. errore**, a big mistake; **preoccupazioni grandi e piccole**, worries big and small; **Questa giacca è troppo g.**, this jacket is too big (o too large); **Mi sta g.**, it's too large for me; **un uomo di gran cuore**, a big-hearted man; **un gran sollievo**, a great (o big) relief; **un g. successo**, a great (o big) success; **È un gran peccato**, it's a great pity; **un gran seccatore**, a great bore; **grandi occhioni**, great big eyes; **un pesce g. g.**, a great big fish; **un uomo g. e grosso**, a heavily-built man; **un g. fiume**, a wide river; **grandi pianure**, broad (o wide) plains; **una g. esperienza**, a broad experience; **grandi montagne**, high mountains; **Come ti sei fatto g.!**, how tall you have grown! **3** (eccezionale, grandioso) grand; great: (fam.) **È una gran donna!**, she's a grand woman; **Sei g.!**, you're great! **4** (nei titoli cavallereschi e sim.) grand; great; high: **Gran Maestro**, Grand Master; **G. Elettore**, Grand Elector; **Gran Cancelliere**, High Chancellor; **Grand'ammiraglio**, High Admiral; **grand'ufficiale**, Grand Officer **5** (come appellativo di re e sim.) Great: **il Gran Cane**, the Great Khan; **Alfredo il G.**, Alfred the Great **6** (lungo) long: **un gran viaggio**, a long journey **7** (fam.: adulto) grown up: **Cosa farai quando sarai g.?**, what will you do when you're grown up?; **Ho due figli grandi**, I have two grown-up sons **8** (come rafforzativo: davanti ad agg.) very; (davanti a sost.) real, utter, regular, big, heavy: **avere un gran sonno [una gran fame]**, to be very sleepy [very hungry]; **C'è un gran buio**, it's very dark; **C'è un gran vento**, it's very windy; there's a strong wind; **C'è un gran sole**, it's very sunny; the sun is very hot; **Ho gran desiderio di vederlo**, I'm longing to see him; **essere (o avere) un g. ingegno**, to be very gifted (o talented); **una gran bella donna**, a very beautiful woman; **un g. imbecille**, a real idiot; **un g. bugiardo**, a big liar; **un g. bevitore**, a heavy drinker; **un g. fumatore**, a heavy smoker; **un g. mangiatore**, a big eater **9** (molto, una gran quantità di) much; many; a lot of (fam.); lots of (fam.): **avere gran quattrini**, to have a lot of money; **C'era gran gente**, there were many people (o a lot of people; o più fam.: lots of people); **un gran correre**, a lot of (o much) running about; **Non fa una gran differenza**, it does not make much difference; **una gran parte del libro**, most of the book; **una gran parte di loro**, many (o most) of them. ● (stor.) **la G. Armata**, the Grand Army □ **la G. Guerra**, the Great War □ **grandi latitudini**, high latitudes □ **il gran mondo**, high society □ **il Gran Premio**, the Grand Prix □ **il g. pubblico**, the general public; the public at large □ **Gran S. Bernardo** (il passo e il cane), Great St Bernard □ **a gran voce**, in a loud voice; aloud □ **il Canal G.**, the Grand Canal □ **con g. sorpresa di tutti**, much to everyone's surprise □ **con mio g. stupore [dispiacere]**, much to my astonishment [regret] □ **di gran lunga**, by far; far; far and away: **Il tuo è di gran lunga migliore del mio**, yours is far better than mine; **È di gran lunga il migliore della classe**, he is by far (o far and away) the best pupil in the class □ **Non ne so gran che**, I don't know much about it □ **Non è un gran che**, it's nothing special □ **essere in gran faccende**, to be bustling about; to be as busy as a bee □ **in gran parte**, largely; to a great extent □ **in g. stile**, in grand style. **B** m. **1** (anche f.) (adulto) grown-up **2** (anche f.) (persona grande, importante) great person; (pl. collett.) (the) great: **i grandi della storia**, the great men and women of history; great historical figures; **i grandi e gli umili**, the great and the humble **3** (grandezza) greatness: **Vi è del g. nella sua poesia**, there is greatness in his poetry **4** (grande di Spagna) grandee. ● **alla g.**, in a big way □ **ritornare alla g.**, to make a big comeback □ **vincere alla g.**, to triumph; to carry all before one □ **Da grande vuole fare il pilota**, he wants to be a pilot when he grows up □ **in g.**, on a big (o large) scale; in the grand manner; in grand style; in a big way; (ingrandito) enlarged: **commerciare in g.**, to do business on a large scale; **fare le cose in g.**, to do things in a big way □ (polit.) **i Quattro Grandi**, the Big Four.

grandeggiàre, v. i. **1** to tower above; to rise* above; (in modo minaccioso) to loom large, to loom up **2** (darsi arie) to show* off, to put* on airs (of grandeur); (esagerare) to exaggerate, to boast.

grandeménte, avv. greatly; very much; extremely; (altamente) highly, to a high degree; (profondamente) deeply.

grandézza, f. **1** (in senso astratto) greatness; (elevatezza) loftiness: **la g. di un artista [di una nazione, di un'opera]**, the greatness of an artist [of a nation, of a work]; **la g. di un ideale**, the loftiness of an ideal; **g. d'animo**, magnanimity **2** (in senso materiale) bigness, largeness; (ampiezza, larghezza) breadth, width; (mole) size: **la g. di un fiume**, the breadth of a river; **la g. di una piazza**, the largeness of a square; **La g. dell'edificio era impressionante**, the sheer size of the building was impressive; **Di che g. è?**, how big [large, etc.] is it? **3** (altezza) height; tallness **4** (misura, dimensione) size: **g. media**, average size; **tegami di tutte le grandezze**, saucepans of all sizes; **una statua di g. naturale**, a life--size statue **5** (fasto, grandiosità) grandeur; grandness **6** (liberalità) liberality, grandness; (prodigalità) lavishness: **La sua g. nello spendere è proverbiale**, his lavishness in spending is proverbial **7** (astron.) magnitude: **stella di prima g.**, star of the first magnitude **8** (mat., fis.) quantity; magnitude: **g. scalare**, scalar quantity. ● **Sua G.**, His [Her] Greatness □ **manie di g.**, delusions of grandeur □ **un artista di prima g.**, a top-ranking artist.

grand-guignol (franc.), m. invar. (teatr.) Grand Guignol.

grandguignolésco, a. Grand Guignol (attr.); gruesome; blood-curdling.

grandiflòra, a. (bot.) grandiflora (attr.); large-flowered.

grandigia, f. **1** (alterigia) haughtiness; arrogance **2** (ostentazione) ostentation; pretentiousness.

grandiloquènza, f. grandiloquence.

grandinàre, v. i. e t. **1** to hail: **È grandinato durante la notte**, it hailed during the night **2** (fig.) to hail; to shower: **Le frecce grandinavano tutt'intorno a noi**, arrows were hailing all round us.

grandinàta, f. **1** hail storm **2** (fig.) hail; shower.

gràndine, f. **1** hail: **chicco di g.**, hail stone **2** (fig.) hail; shower; torrent: **una g. di pugni [di sassi, di pallottole]**, a hail of blows [of stones, of bullets]; **una g. d'insulti**, a torrent of abuse.

grandinìfugo, a. anti-hail.

grandinìo, m. heavy hail storm.

grandinóso, a. mixed with hail (pred.).

grandiosaménte, avv. **1** grandly; magnificently; majestically; splendidly **2** (con sfoggio di magnificenza) grandiosely.

grandiosità, f. grandeur; grandness; magnificence.

grandióso, a. **1** grand; grandiose; magnificent; majestic; splendid; imposing: **vittoria grandiosa**, splendid victory; **una vista grandiosa**, an imposing sight; **progetti grandiosi**, grand (o grandiose) plans **2** (che sfoggia magnificenza, che vuol essere grande) grandiose.

grandisonànte, a. high-sounding.

grandùca, m. grand duke.

granducàle, a. grand-ducal.

granducàto, m. **1** (territorio) grand duchy **2** (titolo) title of grand duke **3** (periodo di governo) rule of a grand duke.

granduchéssa, f. grand duchess.

gràndula, f. (zool., Pterocles) sand grouse.

granèlla, f. **1** grains (pl.) **2** (cucina) mixture of chocolate chips, crushed biscuits and nuts.

granellàre, v. t. to granulate.

granèllo, m. **1** grain; speck: **un g. di sabbia**, a grain of sand; **un g. di polvere**, a speck of dust **2** (di cereale) grain; seed; corn **3** (di frutto) pip **4** (fig.) grain: **un g. di buon senso**, a grain of sense.

granellosità, f. granularity.

granellóso, a. granular; granulous; grainy.

grànfia, f. claw; (di rapace) talon.

granghignolésco, V. **grandguignolesco**.

gràngia, f. **1** (convento con podere) grange; monastery with farmland **2** (costruzione rurale) grange; barn; shed.

granìcolo, a. wheat (attr.); grain (attr.); corn (attr.).

granicoltùra, f. wheat growing.

granìfero, a. graniferous.

granìglia, f. grit; (di marmo) marble chips (pl.).

granìre, A v. i. (agric.) to seed. **B** v. t. **1** to granulate **2** (metall.) to grain.

granìta, f. water ice.

granìtico, a. **1** granitic **2** (fig.) rock-like; unflinching; granitic; carved in stone (pred.).

granìto, m. (miner.) granite.

granitùra, f. **1** (agric.) seeding **2** (metall.) graining.

granìvoro, a. (zool.) granivorous.

gràno, m. **1** (bot., Triticum vulgare) wheat: **farina di g.**, wheat (o wheaten) flour; **campo di g.**, field of wheat; **il raccolto del g.**, the wheat harvest; **g. duro [tenero]**, durum [soft] wheat **2** (bot.) – **g. saraceno** (Fagopyrum esculentum), buckwheat; **g. turco**, V. **granturco** **3** (bot.: cereale in genere) corn; grain: **commercio del g.**, corn trade; **Borsa del g.**, Corn Exchange; **un carico di g.**, a cargo of grain **4** (granello) grain; kernel; (di pepe) corn: **g. di sabbia**, grain of sand; **g. d'incenso**, grain of incense; **g. di pepe**, peppercorn **5** (di rosario, di collana) bead **6** (unità di peso) grain (pari a g. 0,0648). ● (fig.) **con un g. di sale**, with a grain (o pinch) of salt.

granóso, a. (fam. scherz.: ricco) flush (fam.); loaded (pop.).

granotùrco, V. **granturco**.

granseòla, *V.* **grancevola.**
grantùrco, *m.* (*bot., Zea mays*) maize; Indian corn; corn (*USA*); (*i chicchi commestibili*) sweet corn: **farina di g.**, corn meal; Indian meal; **pannocchia di g.**, ear of maize.
granturismo, *f. invar.* (*autom.*) two-seater sports car.
granulàre (1), *a.* granular; granulated.
granulàre (2), *v. t.* to granulate.
granulazióne, *f.* (*anche biol.* e *astron.*) granulation.
grànulo, *m.* (*anat., farm.*) granule.
granulocita, granulocito, *m.* (*biol.*) granulocyte.
granulòma, *m.* (*med.*) granuloma*.
granulometrìa, *f.* (*tecn.*) particle-size analysis.
granulomètrico, *a.* (*tecn.*) particle-size (*attr.*): **analisi granulometrica**, particle-size analysis.
granulosità, *f.* granularity.
granulóso, *a.* granular; granulation (*attr.*); granulous: **tessuto g.**, granulation tissue.
gràppa (1), *f.* (*acquavite*) grappa.
gràppa (2), *f.* *1* (*edil.*) cramp *2* (*tipogr.*) brace.
grappino (1), *m.* (*naut.*) grapnel.
grappino (2), *m.* (*bicchierino di grappa*) tot of grappa.
gràppolo, *m.* (*bot.* e *fig.*) bunch; cluster: **g. d'uva**, bunch of grapes; **g. di glicine**, cluster of wistaria; **un g. d'api**, a cluster of bees; **grappoli di studenti**, bunches of students; **a grappoli**, in bunches.
graptòliti, *m. pl.* (*paleont.*) graptolites.
grassàggio, *m.* (*autom.*) greasing.
grassatóre, *m.* bandit; robber; (*stor.*) highwayman*, footpad.
grassazióne, *f.* armed robbery.
grassèlla, *f.* (*vet.*) patella.
grassèllo, *m.* *1* (*calce spenta*) lime putty *2* (*pezzetto di grasso*) piece of fat.
grassétto, (*tipogr.*) **A** *a.* bold. **B** *m.* boldface; bold type; bold.
grassézza, *f.* *1* (*pinguedine*) fatness; (*corpulenza*) corpulence, stoutness *2* (*untuosità*) greasiness *3* (*abbondanza*) abundance *4* (*fertilità*) fertility; richness.
gràsso, A *a.* *1* (*pingue*) fat, overweight; (*corpulento*) corpulent, stout, heavy; (*flaccido*) flabby *2* (*di cibo*) fat, fatty; (*molto condito*) rich: **carne grassa**, fat meat; **formaggio g.**, fat cheese; **cibi grassi**, fatty food; **cucina grassa**, rich cuisine; cooking with a lot of fat in it; **Questo brodo è troppo g.**, this broth has too much fat in it *3* (*unto*) greasy; oily *4* (*chim.*) fatty: **acidi grassi**, fatty acids; **olio g.**, fatty oil *5* (*fig.*: *prospero*) prosperous; (*abbondante*) abundant, plentiful: **annata grassa**, prosperous year; **g. raccolto**, plentiful harvest; **guadagni grassi**, a fat (*o* handsome) profit (*sing.*) *6* (*fertile*) rich; fertile; fat (*lett.*): **terra grassa**, rich soil; fertile land *7* (*licenzioso*) licentious; bawdy; coarse: **storielle grasse**, bawdy jokes; **parlare g.**, to be coarse in one's speech. ● (*fam.*) **a farla grassa**, at the most; at the best □ **giovedì g.**, Thursday before Lent □ **martedì g.**, Shrove Tuesday □ **pianta grassa**, cactus □ **risata grassa**, belly laugh □ **farsi grasse risate**, to roll with laughter □ **la settimana grassa**, Shrovetide □ (*chim.*) **sostanza grassa**, fat. **B** *m.* *1* fat: **g. di maiale**, pork fat; **g. vegetale**, vegetable fat *2* (*unto, g. per lubrificare*) grease: **g. per gli scarponi**, grease for leather boots; **macchia di g.**, grease stain *3* (*adipe*) fat, flesh; (*flaccido*) flab, blubber (*fam.*). ● **g. di balena**, blubber □ (*ind. tess.*) **g. di lana**, yolk □ **mangiare di g.**, to eat meat; to eat fatty food.
grassòccio, *a.* plump; chubby.
grassóne, *m.* (*f.* **-a**) fat man* (*f.* woman*); fatty (*fam.*).
grassùme, *m.* fat stuff; grease.
gràta, *f.* (*di metallo*) grating, grill; (*di legno*) lattice.
gratèlla, *V.* **graticola**, *def. 1.*
graticciàta, *f.* *1* (*recinto*) hurdle; fence *2* (*per i rampicanti*) trellis(work).
graticciàto, *m.* (fruit drying) rush matting.
gratìccio, *m.* *1* (*per recinto*) hurdle; (*per rampicanti*) trellis *2* (*stuoia di canne o vimini*) rush matting *3* (*ind. tess.*) lattice.
gratìcola, *f.* *1* (*cucina*) gridiron; grill *2* (*inferriata*) grating *3* (*strumento di supplizio*) gridiron. ● **cucinare sulla g.**, to grill.
graticolàto, *m.* *1* (*rete metallica*) wire net *2* (*per pergolati, ecc.*) trelliswork *3* (*di mattoni*) open-work brick fence.
gratìfica, *f.* bonus; allowance; gratuity: **g. natalizia**, Christmas bonus.
gratificànte, *a.* rewarding; gratifying; satisfying.
gratificàre, *v. t.* *1* to give* a bonus (*o* an allowance) to *2* (*essere gratificante*) to be rewarding; to be gratifying.
gratificazióne, *f.* *1* *V.* **gratifica** *2* (*soddisfazione*) satisfaction; gratification; reward.
gratìle, *m.* (*naut.*) bolt-rope.
gratin (*franc.*), *m.* – (*cucina*) **al g.**, au gratin.
gratinàre, *v. t.* (*cucina*) to cook au gratin; to gratinate.
gratinàto, *a.* (*cucina*) (au) gratin; gratiné.
gràtis, *avv.* free (*anche agg.*); for free; gratis; without charge; for nothing: **lavorare g.**, to work gratis (*o* for nothing); **ingresso g.**, admission free; free admission; **cosa data g.**, free gift; freebie (*pop. USA*); **Me l'hanno dato g.**, I got it (for) free; it was a freebie (*pop. USA*).
gratitùdine, *f.* gratefulness; thankfulness: **mostrare g.**, to show one's gratefulness; **con g.**, gratefully; thankfully; **provare g.**, to feel grateful.
gràto, *a.* *1* (*riconoscente*) grateful; thankful; obliged (*pred., form.*): **con animo g.**, with a grateful heart; **Le sarei grato se...**, I'd be grateful if you would [could]...; (*form.*) I should be obliged if you would..., you will oblige me by (+ *gerundio*) *2* (*gradito*) pleasant; agreeable; welcome. ● **Mi è g. confermare...**, I am delighted to confirm...
grattacàpo, *m.* worry; problem; trouble; nuisance; hassle (*fam.*); headache (*fam.*).
grattacièlo, *m.* skyscraper.
grattàre, A *v. t.* *1* to scratch: **Si grattò il mento**, he scratched his chin; **grattarsi il capo** (*anche fig.*), to scratch one's head; **C'è il cane che gratta la porta**, the dog is scratching at the door *2* (*raschiare*) to scrape: **g. via la vernice**, to scrape off the paint *3* (*grattugiare*) to grate: **g. il formaggio**, to grate the cheese *4* (*scherz.*: *suonare male*) to scrape *5* (*fig. fam.*: *rubare*) to pinch; to filch; to lift; to swipe. ● (*autom.*) **g. le marce**, to clash (*o* to grate) gears □ (*fig.*) **grattarsi la pancia**, to be idle; to twiddle one's thumbs. **B** *v. i.* *1* to scratch; to scrape; (*di disco*) to grate: **Questo pennino gratta**, this nib scratches *2* (*fam., autom.*: *ingranare male una marcia*) to grate; to clash. **C grattàrsi,** *v. rifl.* to scratch (oneself): **Cerca di non grattarti anche se ti prude**, try not to scratch, even if you itch.
grattàta, *f.* *1* scratching *2* (*raschiata*) scraping *3* (*fam., autom.*) clash (*o* grating) of gears.
grattàto, *a.* (*cucina*) grated: **formaggio g.**, grated cheese; **pane g.**, bread crumbs (*pl.*).
grattatùra, *f.* *1* scratching; scraping: **g. di scorza di limone**, scraping of lemon peel *2* (*segno*) scratch; scrape.
grattino, *m.* eraser; scraper.
grattùgia, *f.* grater.
grattugiàre, *v. t.* to grate.
gratuità, *f.* (*anche fig.*) gratuitousness.
gratuitaménte, *avv.* *1* for free; gratis; for nothing; without charge: **Fu fatto entrare g.**, he was admitted gratis; **lavorare g.**, to work for free *2* (*fig.*: *arbitrariamente*) gratuitously.
gratùito, *a.* *1* free; free of charge (*pred.*); gratis (*pred.*): **biglietto g.**, free ticket; **ingresso g.**, free admission; admission free *2* (*fig.*: *arbitrario*) gratuitous; unwarranted; unfounded; uncalled-for: **un'azione gratuita**, a gratuitous action; **accuse gratuite**, unfounded accusations *3* (*teol.*) free. ● (*leg.*) **g. patrocinio**, legal aid □ **alloggio g.**, rent-free accommodation □ **prestito g.**, interest-free loan.
gratulatòrio, *a.* congratulatory; gratulatory.
gravàbile, *a.* (*fin.*) taxable: **non g.**, non-taxable.
gravàme, *m.* *1* (*peso, anche fig.*) burden; weight *2* (*ipoteca*) mortgage; (*imposta*) tax *3* (*leg.*) encumbrance; encumberment.
gravàre, A *v. t.* to burden; to load: **g. di imposte**, to burden with taxes; to overtax; **g. q. di lavoro**, to load sb. with work; to overwork sb.; **g. d'ipoteca**, to mortgage; **g. la mano su q.**, to be hard on sb. **B** *v. i.* *1* (*scaricare il proprio peso*) to rest; to weigh: **Il muro grava tutto su quell'arco**, the full weight of the wall rests on that arch *2* (*fig.*) to rest; to weigh heavy; to lie* heavy: **Grava tutto su di lui**, it all rests on his shoulders; **Il rimorso gravava sulla sua coscienza**, remorse weighed (*o* lay) heavily on his conscience; **La colpa grava su di loro**, the blame is on them; **L'affitto grava troppo sul mio bilancio**, too much of my income goes on the rent; **Nell'aria gravava un odore di cipolla**, the air was heavy with a smell of onion.
gravàto, *a.* *1* burdened; loaded *2* (*fin., leg.*) encumbered. ● (*fin.*) **g. d'imposta**, subject to tax □ (*leg.*) **g. da ipoteca**, mortgaged □ (*leg.*) **non g. da ipoteca**, unmortgaged.
gràve, A *a.* *1* (*pesante*) heavy: **g. fardello**, heavy burden; **occhi gravi di sonno**, eyes heavy with sleep; **aria umida e g.**, damp heavy (*o* oppressive) air *2* (*importante, di grande entità, impegnativo*) grave, weighty, momentous, great; (*che comporta rischio o conseguenze negative, preoccupante*) serious, critical; (*faticoso*) hard; (*profondo*) deep: **un posto di g. responsabilità**, a position of grave responsibility; **una decisione g.**, a momentous decision; **gravi avvenimenti**, weighty events; **un g. compito**, a hard task; **un g. dolore**, a deep sorrow; **gravi preoccupazioni**, great worries; **gravi perdite**, heavy losses; **un peccato g.**, a great sin; **accusa [malattia, danno, delitto] g.**, serious charge [illness, damage, crime]; **un g. errore**, a serious mistake; **Le condizioni del paziente sono gravi**, the patient is in a critical condition *3* (*autorevole, serio*) sober, solemn, serious; (*severo*) stern: **avere un aspetto g.**, to look grave; **stile g.**, serious (*o* solemn, sober) style *4* (*fon.*) grave: **accento g.**, grave accent *5* (*di voce, suono*) deep; low: **con voce g.**, in a deep (*o* low) voice; (*mus.*) **nota g.**, low note *6* (*gravemente malato*) seriously ill (*pred.*): **Il malato è g.**, the patient is seriously ill *7* (*lento*) slow; heavy. ● **g. d'anni**, of a great age; bowed down by age. **B** *m.* *1* (*fis.*) (heavy) body: **la caduta dei gravi**, the fall of bodies *2* (*cosa grave*) serious thing; problem: **Il g. è che perderemo l'ordinazione**, the real problem is that we are going to lose the order.
graveménte, *avv.* *1* seriously; critically: **ferito g.**, seriously wounded; **g. malato**, critically ill *2* (*solennemente*) gravely; solemnly.
graveolènte, *a.* (*lett.*) strong-smelling; evil-smelling; rank.
graveolènza, *f.* (*lett.*) strong (*o* offensive, evil) smell; rankness.
gravézza, *f.* (*lett.*) heaviness.
gravidànza, *f.* pregnancy: **g. a rischio**, pregnancy at risk; **g. extrauterina**, extrauterine pregnancy; **g. isterica**, hysterical pregnancy; **g. multipla**, multiple pregnancy; **essere al quinto mese di g.**, to be five months pregnant; **i primi tre mesi di g.**, the first trimester of pregnancy; **porre fine a una g.**,

to terminate a pregnancy.

gravìdico, *a.* pregnancy (*attr.*); of pregnancy.

gravidismo, *m.* (*med.*) pregnancy symptoms.

gràvido, *a.* **1** (*di donna*) pregnant, (big) with child (*pred.*), gravid; (*di animale*) pregnant, gravid, big (*pred.*): **una donna gravida**, a pregnant woman; a woman with child; **È gravida di sei mesi**, she is six months pregnant; **La cagna è gravida**, the bitch is pregnant (*o* big); **vacca gravida**, pregnant cow; cow in (*o* with) calf; **cavalla gravida**, mare in foal **2** (*fig.*) pregnant (with); full (of); fraught (with); laden (with); heavy (with): **g. di significato**, pregnant with meaning; **g. di conseguenze [di pericoli]**, fraught with consequences [with dangers]; **g. di boria**, full of arrogance; **g. di minacce**, full of menace; menacing; threatening; **nubi gravide di tempesta**, menacing (*o* lowering) storm-clouds.

gravimetria, *f.* **1** (*fis.*) gravimetry **2** (*chim.*) gravimetrical analysis.

gravimètrico, *a.* (*chim.*) gravimetric(al): **analisi gravimetrica**, gravimetrical analysis.

gravìmetro, *m.* (*fis.*) gravimeter.

gravina (1), *f.* (*agric.*) mattock.

gravina (2), *f.* (*vallone*) ravine.

gravità, *f.* **1** (*fis.*) gravity: **g. specifica**, specific gravity; **accelerazione di g.**, acceleration of (*o* due to) gravity; **attrazione di g.**, gravitational attraction; gravity; **centro di g.**, centre of gravity; **forza di g.**, force of gravity; **a [per] g.**, gravity (*attr.*) **2** (*fig.*: *serietà, pericolosità*) gravity; seriousness: **la g. della situazione politica**, the gravity of the political situation; **la g. di un errore**, the gravity of an error; **la g. di un'accusa**, the gravity (*o* seriousness) of a charge; **la g. di una malattia [di un pericolo]**, the seriousness of an illness [of a danger] **3** (*importanza*) importance; weightiness; momentousness **4** (*contegno grave*) gravity, seriousness; (*severità*) severity, sternness: **g. di portamento**, gravity of demeanour **5** (*di suono*) gravity; lowness (of pitch).

gravitàre, *v. i.* **1** (*fis., astron.*) to gravitate; to orbit **2** (*fig.*) to gravitate to (*o* towards); to be attracted by; to be drawn by; to move in the orbit of **3** *V.* **gravare, B** *def. 1.*

gravitazionàle, *a.* (*fis.*) gravitational: **campo g.**, gravitational field.

gravitazióne, *f.* (*fis.*) gravitation: **costante di g.**, constant of gravitation; **la legge della g.**, the law of gravitation.

gravitóne, *m.* (*fis.*) graviton.

gravosità, *f.* burdensomeness; heaviness; oppressiveness.

gravóso, *a.* burdensome; onerous; heavy; (*opprimente*) oppressive; (*irritante*) irksome, tiresome; (*di costo, prezzo, ecc.*) heavy, high; (*che esige impegno, fatica*) exacting, demanding, taxing; (*sfibrante*) exhausting: **tasse gravose**, onerous (*o* burdensome) taxes; **obbligo g.**, burdensome (*o* heavy) duty; irksome duty; **individuo g.**, irksome (*o* tiresome) individual.

Gràzia, *f.* Grace.

gràzia, *f.* **1** grace; (*armonia di movimenti, ecc.*) gracefulness; (*fascino*) charm, attractiveness; (*bellezza*) beauty; (*delicatezza*) delicacy, fineness: **danzare con g.**, to dance with grace (*o* gracefully); **Ammirai la g. del suo portamento**, I admired the gracefulness of her bearing; **Fu conquistato dalle sue grazie**, he was conquered by her charms; **la g. del suo modo di fare**, her charm of manner; **g. di lineamenti**, beauty of features; **un viso pieno di g.**, a beautiful (*o* lovely) face **2** (*amabilità, gentilezza*) grace; politeness: **con (buona) g.**, with (a) good grace; **rispondere con g.**, to answer with good grace (*o* politely); **con mala g.**, with (a) bad (*o* an ill) grace; rudely; **senza g.**, graceless: **uno stile senza g.**, a graceless style; **Almeno abbi la g. di non commentare**, at least have the (good) grace not to comment **3** (*anche pl.*) (*benevolenza*) favour; grace; mark of (sb.'s) favour: **godere della g. di q.**, to enjoy sb.'s favour; **essere nelle grazie di q.**, to be in sb.'s good graces (*o* in sb.'s good books); **non essere nelle grazie di q.**, to be out of favour with sb.; to be in sb.'s bad book; **entrare nelle grazie di q.**, to find favour with sb.; (*ingraziarsi q.*) to ingratiate oneself with sb.; **cercare di entrare nelle grazie di q.**, to curry favour with sb. **4** (*favore, concessione*) favour; kindness; boon (*lett.*): **accordare** (*o* **fare**) **una g.**, to grant a favour; **chiedere una g.**, to beg a favour; **Chiese a Dio la g. di rivedere la famiglia**, he prayed to God that he would grant him to see his family again; **Dio mi ha fatto la g. di guarire**, God granted me recovery; **Mi faccia la g. di aspettare il suo turno**, please be kind enough to wait your turn; (*iron.*) **Non ho ancora avuto la g. di vederlo**, I haven't had the privilege of seeing him yet **5** (*leg.*) pardon: **La g. arrivò troppo tardi**, the pardon arrived too late; **concedere la g.**, to grant pardon; **una domanda di g.**, a petition for pardon; **domandare la g.**, to ask for a pardon **6** (*teol.*) grace: **g. sufficiente**, sufficient grace; **g. giustificante**, grace of justification; **piena di g.**, full of grace; **morire in g. di Dio**, to die in a state of grace; **regina di Gran Bretagna per g. di Dio**, by the grace of God, Queen of Great Britain **7** (*pl.*) (*ringraziamenti*) *V.* **grazie 8** (*tipogr.*) serif: **senza le grazie**, sans serif. ● **g. di Dio**, (*abbondanza*) God's plenty; (*cibo*) good food, good things (*pl.*): **C'era ogni g. di Dio**, there was food galore; there were all sorts of good things □ **Alla g.!**, good gracious!; good Heavens!; (*lo credo bene!*) I should think so! □ **nell'anno di g. 1310**, in the year of grace (*o* of our Lord) 1310 □ **colpo di g.**, coup de grace (*franc.*); (*fig.*) final blow, finishing stroke □ (*eufem., di donna*) **concedere le proprie grazie**, to grant one's favours □ (*lett.*) **di g.**, if you please; pray □ **essere fuori dalla g. di Dio**, to be furious (*o* livid); to be foaming at the mouth (*fam.*); to be hopping mad (*fam.*) □ **fare g. della vita a q.**, to spare sb.'s life □ **Vi farò g. dei particolari**, I'll spare you the details □ **in** (*o* **per**) **g. di**, (*per mezzo di*) thanks to, through; (*a causa di*) on account of, because of □ **ministro [ministero] di G. e Giustizia**, *V.* **giustizia** □ **per g. di D.**, by the grace of God; luckily; thank goodness...! □ **per g. ricevuta**, for favours received □ (*anche iron.*) **per somma g.**, as a great concession □ (*mitol.*) **le tre Grazie**, the three Graces □ **Troppa g., Sant'Antonio**, it never rains but it pours □ **Vostra [Sua] G.** (*titolo*), Your [Her, His] Grace □ (*prov.*) **Avuta la g., gabbato lo santo**, once on shore we pray no more.

Graziàno, *m.* (*stor.*) Gratian.

graziàre, *v. t.* **1** (*leg.*) to pardon **2** (*lett.*: *concedere*) to grant: **Ella lo graziò di un sorriso**, she granted him a smile.

graziàto, **A** *a.* pardoned. **B** *m.* (*f.* **-a**) pardoned person.

gràzie, **A** *inter.* thank you!; thanks!: **tante g.** (*o* **molte g., g. mille**)**!**, thank you very much!; many thanks!; thanks a lot!; **G. di tutto**, thanks (*o* thank you) for everything; **G. dell'aiuto**, thanks for your help (*o* for helping me); **g. no**, no, thank you; **g. sì**, yes, please; **dire g.**, to say thank you; (*iron.*) **G. (tante)!**, I should think so!; no great effort! **B grazie a,** *locuz. prep.* thanks to; thank: **Riuscii a finire g. al suo aiuto**, I managed to finish thanks to his help; **grazie a Dio**, thank God; **grazie al cielo**, thank heavens; luckily. **C** *m.* (word of) thanks: **un g. di cuore**, heartfelt thanks; **M'avesse detto un g.!**, he might have said thank you!; **rendere g. a Dio**, to give thanks to God; **rendimento di g.**, thanksgiving.

graziòla, *f.* (*bot., Gratiola officinalis*) hedge hyssop.

graziosaménte, *avv.* **1** (*con grazia*) gracefully **2** (*in modo piacente*) charmingly; attractively; delightfully **3** (*con benevola condiscendenza*) graciously.

graziosità, *f.* **1** gracefulness **2** (*condiscendenza benevola*) graciousness.

grazióso, *a.* **1** (*carino*) pretty, cute; (*più forte*) lovely, charming, delightful: **un viso g.**, a pretty face; **un appartamentino molto g.**, a charming little flat **2** (*fatto con grazia*) graceful: **una risposta graziosa**, a graceful answer **3** (*affabile*) gracious: **il nostro g. sovrano**, our gracious sovereign.

grèca, *f.* **1** (*motivo ornamentale*) Greek key; fret pattern **2** (*indumento*) open tunic **3** (*mil.*) general's stripes (*pl.*).

grecàle, **A** *m.* **1** (*vento*) north-east wind; gregale **2** (*direzione*) north-east. **B** *a.* north-east (*attr.*).

grecàre, *v. t.* (*legatoria*) to notch.

Grècia, *f.* (*geogr.*) Greece.

grecismo, *m.* Gr(a)ecism; Hellenism.

grecista, *m.* e *f.* Greek scholar; Hellenist.

grecità, *f.* Gr(a)ecism; Hellenism.

grecizzànte, *a.* Hellenizing.

grecizzàre, *v. t.* e *i.* to Gr(a)ecize; to Hellenize.

grèco, **A** *a.* Greek; (*in senso artistico, anche*) Grecian: **un tempio g.**, a Greek temple; **croce greca**, Greek cross; **naso [profilo] g.**, Greek (*o* Grecian) nose [profile]; **il calendario g.**, the Greek calendar; **fuoco g.**, Greek fire. ● **alla greca**, in the Greek fashion; Greek-style. **B** *m.* **1** (*f.* **-a**) (*abitante*) Greek (*f.* Greek woman*): **i Greci antichi**, the ancient Greeks **2** (*lingua*) Greek: **imparare il g.**, to learn Greek **3** *V.* **grecale.**

grecòfono, *a.* Greek-speaking.

grèco-ortodòsso, *a.* (*relig.*) Greek (Orthodox): **la Chiesa greco-ortodossa**, the Greek (Orthodox) Church.

grecoromanista, *m.* Greaeco-Roman wrestler.

grèco-romàno, *a.* Gr(a)eco-Roman: **lotta greco-romana**, Graeco-Roman wrestling.

grèculo, *m.* (*lett., spreg.*) Greekling.

green (*ingl.*), *m. invar.* (*campo da golf*) golf course.

gregàle, *a.* gregarious; herd (*attr.*): **istinto g.**, herd instinct.

gregàrio, **A** *a.* **1** (*zool.*) gregarious; social **2** compliant; submissive. **B** *m.* **1** (*mil.*) private (soldier) **2** (*seguace*) follower, subordinate; (*spreg.*) henchman*, minion **3** (*ciclismo*) domestique (*franc.*).

gregarismo, *m.* **1** (*zool.*) gregariousness; herd instinct **2** compliance; submissiveness.

grégge, *m.* **1** flock, **custodire** (*o* **guidare**) **il g.**, to shepherd one's flock **2** (*fig.*) flock; crowd; (*spreg.*) herd: **il g. di un parroco**, a parson's flock; **il g. degli imitatori**, the anonymous flock (*o* herd) of imitators; **uscire dal g.**, to emerge from the herd. ● (*anche fig.*) **istinto del g.**, herd instinct □ **Lo seguono come un g.**, they follow him like sheep.

gréggio, **A** *a.* **1** raw; crude; rough; coarse; (*non conciato*) undressed, untanned; (*non scolpito*) unhewn; (*di tessuto*) unbleached: **materia greggia**, raw material; **cuoio g.**, raw hide; **diamante g.**, rough diamond; **ferro g.**, pig (*o* crude) iron; **pelli gregge**, raw (*o* untanned, undressed) hides; **petrolio g.**, crude oil; **pietra greggia**, unhewn stone; **seta greggia**, raw silk; **tela greggia**, coarse (*o* unbleached) cloth; **colore g.**, off white **2** (*fig.*) *V.* **grezzo**, *def. 2.* **B** *m.* crude oil.

gregoriàno, *a.* Gregorian: **canto g.**, Gregorian chant; **il calendario g.**, the Gregorian calendar.

Gregòrio, *m.* Gregory.

gre grè, *inter.* e *m. invar.* (*verso della rana*) croak croak.

grembiàle, e *deriv. V.* **grembiule**, e *deriv.*

grembiulàta, *f.* apronful.

grembiùle, *m.* ***1*** apron ***2*** (*camice*) overall; smock ***3*** (*mecc.*) apron ***4*** *V.* **grembiulata**.

grembiulìno, *m.* (*da bambino*) pinafore.

grèmbo, *m.* ***1*** lap: **Teneva in g. il bambino**, she had the child on her lap; **La ciliegia le cadde in g.**, the cherry fell into her lap ***2*** (*ventre materno*) womb ***3*** (*fig.*) womb; bosom: **in g. alla terra**, in the womb of the earth; **in g. alla famiglia**, in the bosom of one's family. ● **avere** (*o* **portare**) **in g.** (*essere incinta*), to carry; to bear.

gremire, A *v. t.* to fill (up); to pack; to cram; to crowd: **la folla dei tifosi gremiva lo stadio**, a crowd of supporters packed the stadium. **B gremirsi,** *v. i. pron.* to fill up; to get* crowded.

gremìto, *a.* full (up); packed; crammed; crowded: **g. di boccioli [di sbagli]**, full of buds [of mistakes]; **g. di gente**, crowded (*o* packed) with people; **Il treno era g.**, the train was crowded (*o* packed).

grèppia, *f.* ***1*** manger; rack; crib ***2*** (*fig. scherz.*: *impiego*) job: **una g. sicura**, a safe job.

gres, *m.* stoneware.

gréto, *m.* pebbly shore; shingle.

grétola, *f.* (*di gabbia*) bar (of a cage).

gretterìa, grettézza, *f.* ***1*** (*meschinità*) meanness; pettiness; shabbiness ***2*** (*ristrettezza di vedute*) narrow-mindedness; short-sightedness ***3*** (*spilorceria*) meanness; stinginess; miserliness.

grétto, *a.* ***1*** (*meschino*) mean; petty; shabby ***2*** (*di vedute ristrette*) narrow-minded; limited; short-sighted ***3*** (*spilorcio*) mean; stingy; miserly.

grève, *a.* ***1*** (*pesante*) heavy; oppressive; tiresome: **aria g.**, oppressive air; **persona g.**, tiresome person ***2*** (*volgare*) crude; coarse; off colour ***3*** (*lett.*: *doloroso*) grievous.

grézzo, *a.* ***1*** *V.* **greggio**, *def.* ***1 2*** (*fig.*) rough; raw; unrefined; unpolished; uncouth: **mente grezza**, raw (*o* unpolished) mind; **allo stato g.**, in the rough; in the raw; **È un tipo piuttosto g.**, he is rather an uncouth sort of person; **persona grezza ma buona**, rough diamond (*fam.*).

grida, *f.* (*stor.*) proclamation; ban; edict.

gridàre, *v. t. e i.* to shout; to cry (out); (*parlare con ira*) to raise one's voice: **g. un ordine**, to shout an order; **g. un nome**, to cry out (*o* to shout) a name; **g. di dolore**, to cry with pain; **g. di rabbia**, to shout in anger; **Non occorre g.!**, there's no need to shout!; **«Aiuto!» gridai**, «help!» I shouted; **g. aiuto**, to shout for help; **Gli gridai di fermarsi**, I shouted to him to stop; **Non g. con me, io non c'entro**, don't raise your voice with me, I've got nothing to do with it; **Mi gridò qualcosa che non capii**, he shouted something that I didn't catch. ● **g. a squarciagola** (*o* **con quanto fiato si ha in gola**), to shout with all one's might; to shout (*o* to yell) at the top of one's voice □ **g. ai quattro venti**, to spread the story around; to shout from the housetops (*o* rooftops) □ **g. allo scandalo**, to call st. a scandal; to be indignant (*o* outraged); to cry shame □ **g. evviva**, to cheer □ **g. vendetta**, to cry (out for) vengeance.

gridàrio, *m.* collection of edicts.

gridatóre, *m.* (*stor.*: *banditore*) town-crier; public crier.

gridellìno, *a. e m.* mauve grey.

gridìo, *m.* shouting; yelling; screaming.

grido, *m.* (*pl.* **grida**, *f., nel sign. 1,* **gridi**, *m., nel sign. 2*) ***1*** (*umano*) cry; (*urlo*) shout, yell, (*acuto*) scream; (*di gioia*) cheer: **un g. di dolore**, a cry (*o* scream) of pain; **un g. di angoscia**, a scream of anguish; **g. d'aiuto**, cry for help; **g. di guerra**, war-cry; **le grida dei venditori ambulanti**, street-cries; **mandare** (*o* **emettere**) **un g.**, to cry out; to utter a cry; **cacciare un g.**, to let out a shout; **grida e fischi**, shouts and hoots; **grida e applausi**, cheers and applause ***2*** (*di animale*) cry, call; (*di gufo e sim.*) hoot. ● **a g. di popolo**, by popular acclamation □ **di g.**, famous; renowned; much acclaimed; hotshot (*attr.*, *fam.*); (*alla moda*) fashionable: **un architetto di g.**, a famous architect; **una sarta di g.**, a fashionable dressmaker □ (*Borsa*) **recinto delle grida**, floor; pit □ **l'ultimo g.** (*della moda*), the latest fashion (*o* thing); all the rage (*fam.*).

grifàgno, *a.* ***1*** (*lett.*) rapacious; predatory ***2*** (*fig.*) fierce; hawk-like: **dagli occhi grifagni**, hawk-eyed.

griffa, *f.* ***1*** (*mecc.*) claw; (*innesto a denti*) dog (*o* jaw, claw) clutch ***2*** (*cinem.*) claw.

griffàre, *v. t.* to sign; to put one's mark on.

griffàto, *a.* designer (*attr.*): **jeans griffati**, designer jeans; **Era tutta griffata**, she was wearing designer things from head to foot.

griffe (*franc.*), *f. invar.* ***1*** (*marchio*) label; name ***2*** (*creatore*) designer; name.

griffóne, *m.* (*zool.*) griffon.

grifo, *m.* ***1*** (*del porco*) snout ***2*** (*spreg.*: *faccia*) (ugly) face; (ugly) mug; snout ***3*** *V.* **grifone.** ● (*fig.*) **torcere il g.**, to turn up one's nose.

grifóne, *m.* ***1*** (*mitol., arald.*) griffin; griffon; gryphon ***2*** (*zool., Gyps fulvus*) griffon vulture.

grigia, *f.* (*fam.*) gaffe; boob (*fam. GB*); booboo (*fam. USA*): **fare una g.**, to make a boob; to boob; to put one's foot in it.

grigiàstro, *a.* greyish, grayish (*USA*).

grigiazzùrro, *a.* blue-grey.

grigio, A *a.* ***1*** grey, gray (*USA*): **g. perla**, pearl-grey; **g. ferro**, iron-grey; (*anat.*) **materia grigia**, grey matter; **capelli grigi**, grey (*o* grizzled) hair; **Era g. in volto di paura**, his face was grey with fear ***2*** (*di persona*: *brizzolato*) grey-haired; grizzled ***3*** (*fig.*: *monotono*) dull; grey; drab; dreary; humdrum; gloomy: **un individuo g.**, a grey (*o* dull) individual; **un'esistenza grigia**, a humdrum (*o* drab) existence; **pensieri grigi**, gloomy thoughts. ● **orso g.**, grizzly bear □ **essere d'umore g.**, to be depressed. **B** *m.* grey, gray (*USA*): **vestito di g.**, dressed in grey.

grigióne, *m.* (*zool., Grison vittatus*) grison.

grigióre, *m.* ***1*** greyness, grayness (*USA*) ***2*** (*fig.*) monotony; dullness; greyness; dreariness; drabness; gloominess.

grigiovérde, A *a.* grey-green; greenish grey; greyish green. **B** *m.* (*mil.*) grey-green uniform; uniform of the Italian army. ● (*fig.*) **indossare il g.**, (*essere soldato*) to be a soldier, to be in the army; (*arruolarsi*) to join the army.

griglia, *f.* ***1*** (*grata*) grill, grille; (*inferriata*) grate, grating: (*autom.*) **g. del radiatore**, radiator grille ***2*** (*graticola*) grill; gridiron: **cuocere alla g.**, to grill; **pesce alla g.**, grilled fish ***3*** (*fis., radio*) grid: **g. catodica [di soppressione]**, cathodic [suppressor] grid; **g. di schermo**, screen grid; **g. pilota**, control grid; **polarizzazione di g.**, grid bias; **resistenza di g.**, grid leak ***4*** (*tracciato a reticolo*) grid ***5*** (*fig.*: *schema*) scheme: **g. interpretativa**, scheme of interpretation.

grigliàre, *v. t.* to grill; (*all'aperto*) to barbecue.

grigliàta, *f.* ***1*** (*piatto*) mixed grill ***2*** (*all'aperto*) barbecue; cook-up (*USA*).

grigliatùra, *f.* (*ind. min.*) screening.

grill (*ingl.*), *m. invar.* ***1*** (*graticola*) grill ***2*** (*piatto*) mixed grill ***3*** (*locale*) grill room; (*in autostrada*) motorway restaurant.

grillàre, *v. i.* ***1*** (*gorgogliare*) to gurgle; to guggle ***2*** (*del vino*) to bubble ***3*** (*dell'olio, ecc.*) to sizzle; to sputter.

grillettàre, *v. i. e t.* to sizzle.

grillétto, *m.* ***1*** trigger: **premere il g.**, to pull the trigger; **avere il g. facile**, to be trigger-happy ***2*** (*dello scacciapensieri*) tongue.

grillo, *m.* ***1*** (*zool., Gryllus*) cricket: **g. campestre** (*o* **canterino**) (*Gryllus campestris*), field cricket; **g. del focolare**, home cricket ***2*** (*fig.*) whim; fancy; silly notion; strange ideas: **avere il capo pieno di grilli**, to be full of whims; **Che grilli sono questi?**, what silly notions are these?; **Gli è saltato il g. di mettersi a dieta**, he's got this silly notion of going on a diet; **È un mio g.**, it's a bee I have in my bonnet. ● (*fig.*) **il g. parlante**, the voice of conscience; (*iron.*) know-all □ (*fig. scherz.*) **andare a sentir cantare i grilli**, to die; to be pushing up daisies (*fam.*) □ **Indovinala g.!**, it's anybody's guess; your guess is as good as mine.

grillotàlpa, *m.* (*zool., Gryllotalpa gryllotalpa*) mole cricket.

grimaldèllo, *m.* picklock.

grinfia, *f.* (*anche fig.*) clutch: **cadere nelle grinfie di q.**, to fall into sb.'s clutches.

grinta, *f.* ***1*** grim countenance (*o* expression); scowl ***2*** (*fig.*) grit; determination; fighting spirit; guts (*pl.*) (*fam.*). ● **a g. dura**, sternly.

grintóso, *a.* determined; spirited; full of fight; gritty; tough.

grinza, *f.* wrinkle; (*di stoffa*) crease: **le grinze di un viso**, the wrinkles on a face. ● **non fare una g.**, (*di abito*) to fit like a glove; (*di ragionamento*) to be flawless.

grinzosità, *f.* wrinkledness.

grinzóso, *a.* wrinkled; wrinkly; (*di stoffa*) full of creases, creasy, creased.

grippàggio, *m.* (*mecc.*) seizure; seizing: **il g. del pistone**, the piston seizure.

grippàre, *v. i.* **gripparsi,** *v. i. pron.* (*mecc.*) to seize; to bind*.

grippe (*franc.*), *f. invar.* (*med.*) grippe; influenza.

grisàglia, *f.* (*ind. tess.*) grisaille.

grisaille (*franc.*), *f. invar.* ***1*** *V.* **grisaglia** ***2*** (*pitt.*) grisaille.

grisantèmo, *V.* **crisantemo.**

grisbi (*franc.*), *m. invar.* (*pop.*: *refurtiva*) booty; loot.

grisèlla, *f.* (*naut.*) ratline; ratling.

grisou, *V.* **grisù.**

grissinerìa, *f.* **grissinifìcio,** *m.* bread-stick bakery.

grissìno, *m.* bread-stick.

grisù, *m.* (*ind. min.*) firedamp.

grisùmetro, *m.* (*ind. min.*) firedamp detector.

grisutóso, *a.* (*ind. min.*) gassy.

groenlandése, A *a.* Greenlandic; Greenland (*attr.*). **B** *m. e f.* Greenlander.

Groenlàndia, *f.* (*geogr.*) Greenland.

grog (*ingl.*), *m. invar.* grog.

gròlla, *f.* wooden goblet (typical of Valle d'Aosta).

grómma, *f.* encrustation; (*nelle botti*) tartar, argol.

grommàre, A *v. t.* to encrust. **B** *v. i. e* **grommàrsi,** *v. i. pron.* to encrust; to become* encrusted; (*di botti*) to become coated with argol (*o* tartar).

grommàto, grommóso, *a.* encrusted; coated with argol (*o* tartar).

grónda, *f.* eaves (*pl.*). ● **a g.**, cone-shaped; sloping □ (*naut.*) **cappello a g.**, hat with a sloping brim.

grondàia, *f.* (eaves) gutter; (*condotto verticale*) rainpipe, drainpipe.

grondànte, *a.* dripping; soaking; drenched: **g. di sudore**, dripping with sweat; **g. di pioggia**, drenched with rain.

grondàre, A *v. i.* (*gocciolare*) to drip; (*fuoriuscire*) to flow, to stream, to pour forth: **g. di sudore**, to be dripping sweat; **Dalla ferita gronda sangue**, blood is flowing from the wound. **B** *v. t.* to drip; to pour: **g. sangue**, to drip blood. ● (*fig.*) **g. lacrime**, to shed tears.

gróngo, *m.* (*zool., Conger conger*) conger(-eel); sea-eel.

gròppa, *f.* ***1*** (*di quadrupede*) rump; (*di cavallo, anche*) crupper, back: **Saltai in g. al cavallo**, I jumped on the horse's back ***2*** (*fam. scherz.*: *di persona*) back ***3*** (*di monte*) rounded top. ● **avere molti anni sulla g.**, to be advanced in years □ **avere sessant'anni**

sulla g., to be sixty □ **portare in g. un bambino**, to carry a child piggyback □ (*fig.*) **Mi è rimasto sulla g. il suo catorcio**, I've been left with his old crock on my hands.

groppàta, *f.* buck jump.

groppièra, *f.* crupper.

gróppo, *m.* **1** (*viluppo*) tangle; (*nodo*) knot: (*di fili*) **far g.**, to get into a tangle **2** (*raffica di vento*) squall. ● **un g. alla gola**, a lump in one's throat.

groppóne, *m.* (*fam. scherz.*) back. ● **avere ottant'anni sul g.**, to be eighty □ **piegare il g.**, (*faticare*) to toil, to slave away; (*cedere*) to submit.

gros-grain (*franc.*), *m. invar.* **1** (*nastro a coste*) grosgrain; petersham **2** (*tessuto*) grogram.

gròssa (1), *f.* (*comm.*: *dodici dozzine*) gross (*invar. al pl.*).

gròssa (2), *f.* (*dei bachi*) third sleeping period (of silk-worms). ● (*fig.*) **dormire della g.**, to sleep like a log; to be dead to the world (*fam.*).

grossetàno, **A** *a.* of Grosseto; from Grosseto; Grosseto (attr.). **B** *m.* (*f.* **-a**) native of Grosseto; inhabitant of Grosseto.

grossézza, *f.* **1** largeness; bigness; (*dimensione*) size; (*spessore*) thickness; (*mole, volume*) bulk; (*diametro*) width: **avere la** (*o* **essere della**) **g. di una mela**, to be as big as an apple; to be the size of an apple **2** (*ingrossamento*) swelling; swollen state: (*med.*) **g. della milza**, swelling of the spleen; **la g. di un fiume**, the swelling of a river **3** (*fig.*: *grossolanità*) coarseness; roughness.

grossista, *m.* e *f.* (*comm.*) wholesaler; wholesale dealer.

gròsso, **A** *a.* **1** big; large; great: **un g. stipendio**, a big salary; **un g. camion**, a big lorry; **un g. cane**, a big dog; **una grossa città**, a big (*o* large) city; **un g. dispiacere**, a great (*o* big) disappointment; **un g. svantaggio**, a big disadvantage; **È g. come il tuo**, it is as big as yours; it is the same size as yours; **g. come un pisello**, the size of a pea; **Hai avuto una grossa fortuna**, you were really lucky; **I pesci grossi mangiano i piccoli**, big fishes swallow little ones **2** (*spesso*) thick: **un bastone [muro] g.**, a thick stick [wall]; **spago g.**, thick string; **scarpe grosse**, thick shoes; **panno g.**, thick cloth; **labbra grosse**, thick lips **3** (*di fisico*: *robusto*) heavily built, sturdy; (*grasso*) large, stout, fat **4** (*numeroso*) big; large; numerous: **una grossa famiglia**, a large family **5** (*importante*) big; great; important: **un g. affare**, a big deal; **g. successo**, big (*o* great) success; **grossi dirigenti d'azienda**, big businessmen; (*fig. fam.*) **pezzo g.**, big name; big shot (*fam.*) **6** (*grave, serio*) big; serious; hard: **un g. rischio**, a big risk; **un g. sbaglio**, a big mistake **7** (*composto di frammenti grossi*) coarse: **ghiaia grossa**, coarse gravel; **sale g.**, coarse salt **8** (*grossolano*) coarse: **tessuto g.**, coarse cloth; **trama grossa** (*di stoffa*), coarse weave **9** (*al f.*: *incinta*) pregnant, big with child; (*di animale*) big. ● **g. di mente** (*o* **di pasta grossa**), dull; slow; slow on the uptake (*fam.*) □ **g. d'udito**, hard of hearing □ **g. modo**, *V.* **grossomodo** □ **aria grossa**, filthy air □ **caccia grossa**, big-game hunting □ (*fig.*) **avere il cuore g.**, to have a heavy heart □ **dirle** (*o* **spararle**) **grosse**, to tell tall stories; to spin incredible yarns □ (*fam.*) **dito g.**, (*pollice*) thumb; (*alluce*) big toe □ **L'hai fatta grossa!**, now you've done it!; (*di gaffe*) you've really put your foot in it! □ **fare la voce grossa**, to raise one's voice; (*fare una ramanzina*) to bring sb. to book, to take sb. to task □ **avere il fiato g.**, to be out of breath; to pant □ **fiume g.**, swollen river □ **una ragazza grande e grossa come te**, a great big girl like you □ **un omone grande e g.**, a great big man □ **mare g.**, rough sea(s) □ **parole grosse**, offensive words □ **sbagliare di g.**, to make a big mistake; to be quite wrong; to be wide of the mark □ **vino g.**, heavy wine □ **Questa è grossa!**, that's too much!; that's rich! **B** *m.* **1** (*parte più grossa*) main body; bulk: **il g. del carico di una nave**, the bulk of the cargo **2** (*parte più numerosa*) main (*o* greater) part; majority; most (*pron.*): **il g. dell'esercito**, the main body of the army; **il g. dei presenti**, most of the people present **3** (*stor.*: *moneta*) gross. **C** *avv.* thickly.

grossolanaménte, *avv.* coarsely; grossly; roughly: **tagliare q.c. g.**, to chop st. coarsely.

grossolanità, *f.* **1** coarseness; roughness **2** (*villania*) coarseness; grossness **3** (*di un errore*) grossness.

grossolàno, *a.* **1** (*rozzo*) coarse; rough: **gusti grossolani**, coarse tastes; **stoffa grossolana**, coarse material **2** (*fig.*: *villano*) coarse; gross; rough: **maniere grossolane**, coarse manners; **linguaggio g.**, coarse language; **un uomo g.**, a rough man **3** (*madornale*) gross: **errore g.**, gross mistake; blunder; (*svarione*) howler (*fam.*).

grossomòdo, *locuz. avv.* roughly; approximately; at a rough estimate.

grossulària, *f.* (*miner.*) grossular; grossularite.

gròtta, *f.* cave; (*artificiale o pittoresca*) grotto*: **la G. Azzurra**, the Blue Grotto.

grottésca, *f.* (*arte*) grotesque.

grottésco, **A** *a.* grotesque; bizarre; ludicrous; absurd: **figura grottesca**, grotesque figure; **abbigliamento g.**, very bizarre clothes; **Ma questo è g.!**, this is grotesque (*o* ludicrous, absurd)! **B** *m.* grotesque.

gròtto, *m.* (*region.*) cave (used as a cellar).

grovièra, *V.* **gruviera**.

groviglio, *m.* **1** tangle; knot: **un g. di filo**, a tangle of thread **2** (*fig.*) tangle, maze; (*confusione*) muddle, mess: **un g. di stradine**, a tangle (*o* maze) of narrow streets; **un g. di formule**, a maze of formulas.

gru, *f.* **1** (*zool.*, *Grus cinerea*) crane **2** (*mecc.*) crane: **gru a braccio**, jib crane; **gru a ponte manovrata dal basso**, travelling bridge-crane with floor control; **gru a portale**, gantry crane; **gru da porto**, quay crane; **gru fissa manovrata a mano**, stationary hand-crane; **gru girevole**, slewing (*o* rotating) crane; **gru mobile**, travelling crane; **gru su cingoli**, crawler tractor-crane **3** (*naut.*) davit; crane: **gru galleggiante**, floating (*o* barge) crane; **gru d'imbarcazione**, boat davit; **gru a pontone**, pontoon crane **4** (*cinem.*, *TV*) camera crane; dolly. ● (*naut.*) **gru dell'ancora**, cathead □ (*autom.*) **carro gru**, wrecker crane.

grùccia, *f.* **1** (*stampella*) crutch: **camminare con le grucce**, to walk on crutches **2** (*per appendere abiti*) dress-hanger **3** (*per uccelli*) perch.

gruccióne, *m.* (*zool.*, *Merops apiaster*) bee-eater.

grufolàre, **A** *v. i.* **1** (*di porci* e *fig.*) to root; to grub **2** (*frugare*) to rummage; to root about. **B** **grufolàrsi**, *v. i. pron.* (*anche fig.*) to wallow in filth.

grugàre, *v. i.* (*tubare*) to coo.

grugnìre, *v. i.* **1** to grunt **2** (*fig.*: *brontolare*) to grunt, to growl and grumble; (*borbottare*) to mumble.

grugnìto, *m.* **1** grunt **2** (*fig.*: *brontolio*) grunt; (*borbottio*) mumbling.

grùgno, *m.* **1** snout **2** (*spreg.*: *faccia*) snout; (ugly) face; ugly mug: (*fam.*) **spaccare il g. a q.**, to bash sb.'s face in **3** (*broncio*) scowl: **fare il g.**, to scowl.

gruìsta, *m.* crane operator; craneman*.

grullàggine, *f.* **1** silliness; foolishness **2** *V.* **grulleria**.

grulleria, *f.* silly (*o* foolish) thing (to say, to do): **Che g.!**, what a silly thing to say!; **È una g. dire di sì**, it's silly to say yes.

grùllo, **A** *a.* **1** silly; foolish; stupid **2** (*intontito*) dull; dazed. **B** *m.* (*f.* **-a**) fool; blockhead; fat-head: **Povero g.!**, you silly fool!

grùma, *f.* encrustation; (*delle condutture d'acqua*) fur; (*delle botti*) tartar, argol.

grùmo, *m.* **1** (*med.*) clot: **g. di sangue**, blood clot **2** lump: **un g. di farina**, a lump of flour; **fare grumi**, to form lumps; to become lumpy; **pieno di grumi**, full of lumps; lumpy.

grùmolo, *m.* heart (of a cabbage, of a lettuce).

grumóso, *a.* **1** lumpy **2** (*coperto di gromma*) coated with argol (*o* tartar); encrusted.

gruppettàro, *m.* (*f.* **-a**) (*pop.*) member of a fringe group.

gruppétto, *m.* (*mus.*) turn.

grùppo, *m.* **1** group; set; (*di persone, anche*) party, (*équipe*) team; (*raggruppamento, capannello*) cluster: **un g. di alberi [di case]**, a group (*o* cluster) of trees [of houses]; **un g. di amici**, a group (*o* a party) of friends; **un g. affiatato**, a closely-knit group; **Fu circondata da un g. di ammiratori**, she was surrounded by a cluster of admirers; **a gruppi**, in groups; **Arrivarono in g.**, they arrived in a group; (*polit.*) **g. parlamentare**, parliamentary group; **g. di lavoro**, team; work group; **g. di esperti**, team of experts; think-tank (*fam.*); **lavoro di g.**, teamwork **2** (*arte, fotogr.*) group: **g. marmoreo**, marble group; **ritratto di g.**, group portait; **foto di g.**, group photo **3** (*sport*) pack **4** (*mat.*) group: **g. fattoriale**, factorial group; **teoria dei gruppi**, group theory **5** (*mecc., fis.*) unit; set: **g. elettrogeno**, generating set; generator (*o* power) unit; **g. motore**, power unit; **g. di ingranaggi**, gearset **6** (*econ.*) group; trust; syndicate: **il g. Fiat**, the Fiat group; **g. monopolistico**, syndicate **7** (*med., psic.*) group: **g. sanguigno**, blood group; **terapia di g.**, group therapy **8** (*groppo*) knot. ● (*mecc.*) **g. compatto di pulegge**, pulley nest □ (*fis.*) **g. di lampade**, lamp cluster □ **g. di potere**, power brokers (*pl.*) □ (*polit.*) **g. di pressione**, pressure group; lobby □ **g. montuoso**, mountain chain.

gruppuscolarismo, *m.* (*polit.*) factionalism.

gruppùscolo, *m.* (*polit.*) political faction; fringe group.

gruvièra, **grovièra**, *m.* o *f.* Gruyère (cheese).

grùzzolo, *m.* (*risparmi*) savings (*pl.*); nest-egg; tidy sum; pile (*fam.*): **Ho un piccolo g. da parte**, I have a tidy sum set aside; I have a little nest-egg; **Non voglio intaccare il mio g.**, I don't want to eat into my savings; **Si è fatto un bel g.**, he's made his pile (*fam.*).

guaciàro, *m.* (*zool.*, *Steatornis caripensis*) guacharo; oil-bird.

guàco, *m.* (*bot.*, *Mikania guaco*) guaco.

guàda (1), *f.* square fishing-net.

guàda (2), *f.* (*bot.*, *Reseda luteola*) weld; dyer's rocket.

guadàbile, *a.* fordable.

guadagnàre, **A** *v. t.* **1** (*col lavoro, ecc.*) to earn; to make* (*sempre con un compl. ogg.*); to make* a profit: **g. un buon stipendio**, to earn a good salary; **In quell'affare guadagnai sessanta milioni**, in that transaction I made sixty million lire; **g. il 10% su un affare**, to make a 10% profit on a deal; **guadagnarsi la vita** (*o* **il pane**), to earn one's living; **Si guadagna da vivere aggiustando ombrelli**, he makes his living by repairing umbrellas; he repairs umbrellas for a living; **Non pensa ad altro che a g.**, he thinks of nothing but making money; **g. bene**, to earn a good salary; to make a fair amount of money (*o* a comfortable living); **g. soldi a palate**, to make money hand over fist **2** (*ottenere*) to gain, to get*; (*conquistare*) to win*: **Accettando hai tutto da g.**, you have everything to gain by accepting; **Io che ci guadagno?**, what do I get out of it?; what do I stand to gain by it?; what's in it for me?; **Ci guadagnai solo un raffreddore**, all I got out of it was a cold; **g. l'amicizia di q.**, to win sb.'s friendship; **g. q. alla propria causa**, to win sb. over to one's cause; **g. tre punti**, to gain three points **3** (*meritare, ricevere*) to earn; to win*; to get*: **Si guadagnò le lodi di tutti**, he earned a lot of praise from everyone; **g. fama**, to earn (*o* to win) fame; **guadagnarsi un soprannome**, to get a nickname *4* (*raggiungere*) to reach; to get* to; to gain: **g. la cima**, to reach (*o* to gain, to get to) the top; **g. il porto**, to reach port; to get into harbour; **g. la riva**, to gain the shore; (*aeron.*) **g. quota**, to gain altitude; to climb *5* (*vincere*) to win*: **g. una scommessa**, to win a bet; **g. al gioco**, to win at cards. ● (*naut.*) **g. al vento**, to get (*o* to beat) to windward □ **g. q.c. col sudore della fronte**, to earn st. by the sweat of one's brow □ (*naut.*) **g. il largo**, to reach the open sea □ **g. cento milioni lordi**, to gross one hundred million lire □ (*naut.*) **g. il sopravvento**, to gain (*o* to get) the weather gage □ **g. tempo**, to gain (*o* to buy) time □ **g. il tempo perduto**, to make up for lost time □ **g. terreno**, (*mil.* e *fig.*) to gain ground; (*solo fig.*) to make headway □ (*sport*) **g. terreno sugli inseguitori**, to gain on one's pursuers □ **g. velocità**, to gain (*o* to gather) speed □ **guadagnarsi di che vivere**, to make a living □ **guadagnarsi appena di che vivere**, to scrape a living; to earn a bare living. **B** *v. i.* *1* (*anche* **guadagnarci**: *essere avvantaggiato*) – **Il secrétaire ci guadagna contro questa parete**, the secrétaire looks much better against this wall; **Ci guadagna a vestirsi di nero**, black suits her; **Ci guadagna a tacere**, he's better off if he keeps his mouth shut; **guadagnarci in un confronto con q.c.**, to compare favourably with st. *2* (*crescere*) to rise*: **Il franco ha guadagnato rispetto alla lira**, the frank rose against the lira.

guadagnàto, A *a.* earned; gained; won: **g. a fatica**, hard-earned; hard-won. **B** *m.* earnings (*pl.*); gain; profit. ● **Tanto di g.!**, so much the better!

guadàgno, *m.* *1* (*il guadagnare denaro*) making money; (*denaro guadagnato*) money, profits (*pl.*): **Bada solo al g.**, he thinks of nothing but making money; **guadagni facili**, easy money *2* (*retribuzione*) earnings (*pl.*); takings (*pl.*); income: **Tutto il g. lo metto da parte**, I save all my earnings (*o* everything I earn); **g. lauto**, high earnings *3* (*di azienda, ecc.*) profits (*pl.*): **Tutto il g. lo reinvestiamo nell'azienda**, we plough back all the profits (into the firm); **g. puro** (*o* **netto**), net profits; **g. lordo**, gross profits *4* (*ricompensa*) reward *5* (*vantaggio*) gain; profit; advantage: **Abbiamo cambiato segretario, ma non è stato un gran g.**, we've changed our secretary but it's no great gain (*o* but we haven't gained much by the change) *6* (*vincita*) winnings (*pl.*). ● (*iron.*) **Bel g.!**, no great gain!; a fat lot of good! (*fam.*) □ **Per me che g. ci potrebbe essere?**, what do I stand to gain by it?; what's in it for me?

Guadalùpa, *f.* (*geogr.*) Guadeloupe.

guadàre, *v. t.* to ford; to wade.

guaderèlla, *V.* **guada (1)**.

guadino, *m.* landing net.

guàdo (1), *m.* ford. ● **passare a g.**, to ford; to wade.

guàdo (2), *m.* *1* (*bot., Isatis tinctoria*) woad *2* (*tintura*) woad; pastel.

guaglióne, *m.* (*region.*) boy; lad; youngster.

guài, *inter.* woe (betide); Heaven help: **G. ai vinti!**, woe to the vanquished!; **G. a chi non sapeva rispondere**, Heaven help those who didn't know the answer; **G. a te se non ubbidisci!**, you'll be sorry (*fam.*: you'll catch it) if you don't do as you are told; **G. a te se lo ripeti!**, don't you dare say it again!; **G. a lasciare il cane in casa solo!**, I'd never dare leave the dog in the house alone!; **Se gli dicessi tutto, g.!**, if I told him everything, he'd be furious.

guaiàco, *m.* (*bot., Guaiacum officinale*) guaiacum; lignum vitae. ● (*farm.*) **resina di g.**, guaiac; (gum) guaiacum.

guaiacòlo, *m.* (*farm.*) guaiacol.

guaiàva, *f.* (*bot., Psidium guayava*; *il frutto*) guava.

guàime, *m.* (*agric.*) fog.

guaìna, *f.* *1* (*fodero per armi*) scabbard; sheath *2* (*custodia*) case *3* (*bot., anat.*) sheath: (*anat.*) **g. sinoviale**, synovial sheath *4* (*mecc.*) sheathing *5* (*busto*) foundation garment; girdle; corset; roll-on (*fam.*) *6* (*abito aderente*) sheath dress.

guainàto, *a.* (*bot.*) sheathed.

guàio, *m.* (*impiccio, fastidio*) trouble, difficulty; (*pasticcio*) mess, pickle (*fam.*), fix (*fam.*); (*disgrazia*) trouble, (*generalm. scherz.*) woe: **essere nei guai**, to be in trouble; to be in a fix; **ficcarsi nei guai**, to get into trouble; **mettere nei guai q.**, to get sb. into trouble; **essere in un mare di guai**, to be up to one's ears in trouble; **combinare guai**, to make trouble; to be up to mischief: **Che g. hai combinato?**, what have you been up to?; **Mi è successo un g.**: **ho perso le chiavi dell'auto**, I've got a problem; I've lost my car keys; **andare in cerca di guai**, to look (*o* to ask) for trouble; **È un bel g., e ora che si fa?**, it's a fine mess, now what do we do?; **Il g. è che non lo conosco neanch'io**, the trouble is I don't know him either; **Mi ha raccontato tutti i suoi guai**, he told me his tale of woes; **Saranno guai quando papà lo viene a sapere**, Dad'll have a fit when he hears about it (*fam.*); there'll be hell to pay when Dad hears about it (*fam.*).

guaiolàre, guaìre, *v. i.* to yelp; to whimper; to whine.

guaìto, *m.* yelp; whimper; whine; (*al pl., anche*) yelping (*sing.*), whimpering (*sing.*), whining (*sing.*).

guàlca, *f.* (*ind. tess.*) fulling.

gualcàre, *v. t.* (*ind. tess.*) to full.

gualchièra, *f.* (*ind. tess.*) fulling-mill.

gualcìre, *v. t.* **gualcirsi,** *v. i. pron.* to crease; to crumple; to crush.

gualdràppa, *f.* (*stor.*) caparison; (*coperta da sella*) saddle-cloth.

Gualtièro, *m.* Walter.

guanàco, *m.* (*zool., Lama guanicoe*) guanaco*.

guància, *f.* *1* cheek: **guance bianche e rosse**, ruddy cheeks; **guance incavate**, hollow cheeks; **g. a g.**, cheek to cheek; (*fig.*) **porgere l'altra g.**, to turn the other cheek *2* (*di fucile*) cheekpiece.

guancìale, *m.* *1* pillow *2* (*parte dell'elmo*) visor *3* (*region.*) lard (from the pig's cheek). ● (*fig.*) **dormire fra due guanciali**, to have no worries □ (*fig.*) **Puoi dormire fra due guanciali**, you can set your mind at rest.

guancialétto, *m.* *1* (*imbottitura*) padding; pad *2* (*per timbri*) inkpad.

guancialìno, *m.* (*puntaspilli*) pincushion.

guàncio, *a.* e *m.* (*f.* **-a**) Guanche.

guanidina, *f.* (*biochim.*) guanidine.

guanìna, *f.* (*biochim.*) guanine.

guàno, *m.* guano.

guantàio, *m.* (*f.* **-a**) *1* (*fabbricante*) glove manufacturer; glover *2* (*venditore*) glove merchant; glover *3* (*negozio*) glove shop.

guanteria, *f.* glove factory.

guantièra, *f.* *1* (*scatola*) glove box (*o* case) *2* (*vassoio*) tray.

guànto, *m.* *1* glove; (*manopola*) mitten, mitt: **guanti di capretto [di cinghiale]**, kid [pigskin] gloves; **guanti da guida**, driving gloves; **g. da forno**, oven mitt; **guanti da sci**, skiing gloves; **guanti di gomma**, rubber gloves; **mezzi guanti**, mitts *2* (*di cavaliere antico, da scherma*) gauntlet *3* (*pop.*: *preservativo*) condom; French letter (*pop.*); rubber (*pop. USA*). ● **g. da baseball**, baseball glove (*o* mitt) □ **g. di spugna**, flannel; facecloth (*GB*); washcloth (*USA*) □ (*fig.*) **g. di velluto**, velvet glove □ **calzare come un g.**, (*aderire perfettamente*) to fit like a glove; (*adattarsi perfettamente*) to suit perfectly, to suit to a T □ (*fig.*) **gettare [raccogliere] il g.**, to throw down [to take up] the gauntlet □ **un ladro in guanti gialli**, a gentleman thief □ (*fig.*) **trattare q. con i guanti**, to treat sb. with kid gloves.

guantóne, *m.* *1* large glove; (*manopola*) mitten *2* (*da pugile*) boxing glove. ● **incrociare i guantoni**, to fight (a boxing match) □ **appendere i guantoni al chiodo**, to give up fighting; (*fig.*) to retire, to hang up one's boots (*fam.*).

guàppo, A *m.* (*region.*) *1* (*camorrista*) Camorrista *2* (*bravaccio*) bully; thug. **B** *a.* *1* (*sfrontato*) arrogant; cocky *2* (*volgare*) vulgar; garish; loud.

guàr, *m.* guar.

guaràna, *f.* (*bot., Paullinia cupana*; *farm.*) guarana.

guaranì, A *a.* Guarani. **B** *m.* e *f.* Guarani*. **C** *m.* *1* (*lingua*) Guarani *2* (*moneta del Paraguay*) guarani*.

guardabarrière, *m. invar.* (*ferr.*) level--crossing keeper.

guardabòschi, *m. invar.* forester.

guardabuòi, *m. invar.* (*zool., Bubalculus ibis*) cattle egret.

guardacàccia, *m. invar.* gamekeeper.

guardacòrpo, *m. invar.* (*naut.*) lifeline; manrope.

guardacòste, *m. invar.* (*naut.*) *1* (*corpo*) coastguard *2* (*soldato*) coastguard; coastguard(s)man* (*USA*) *3* (*nave*) patrol vessel; patrol boat; coastal defence vessel.

guardafili, *m. invar.* lineman*.

guardalinee, *m. invar.* *1* (*sport*) linesman* *2* (*ferr.*) platelayer; trackman* (*USA*); trackwalker (*USA*).

guardamàcchine, *m. invar.* car-park attendant.

guardamàno, *m. invar.* *1* (*di spada*) sword guard *2* (*di arma da fuoco*) trigger guard *3* (*guanto protettivo*) gauntlet *4* (*naut.*) rope handrail.

guardanidio, *m.* nest-egg.

guardapàlma, *m. invar.* (*naut.*) sailmaker's palm.

guardapàrco, *m. invar.* forester.

guardapésca, *m. invar.* fishing warden.

guardapètto, *m.* breast guard.

guardapièdi, *m.* footwarmer.

guardapòrto, *f. invar.* (*nave*) guardship.

guardaportóne, *m. invar.* doorkeeper; (*di albergo, teatro*) doorman*, commissionaire (*GB*).

guardàre, A *v. t.* e *i.* *1* to look; to look at (sb., st.); to watch: **g. il tramonto [un quadro]**, to look at the sunset [at a painting]; **g. la televisione [una partita, i passanti]**, to watch television [a match, people passing by]; **g. l'orologio**, to look at the clock [at the watch]; **g. q. in faccia**, to look at sb. in the face; **Che guardi?**, what are you looking at?; **Guardami!**, look at me!; **Guarda cos'hai fatto!**, look what you've done!; **Guarda chi c'è!** (*o* **chi si vede!**), look who's here!; **Guarda che ho trovato!**, look what I've found!; **Guarda dove metti i piedi!**, look where you're walking!; **Guarda, eccolo!**, look, there he is!; **g. su e giù**, to look up and down; **g. a est**, to look east; **g. in alto**, to look up (*o* upwards); **g. in basso**, to look down (*o* downwards); **g. avanti [indietro]**, to look ahead [back] *2* (*dare un'occhiata*) to have (*o* to take*) a look at; to glance at; (*libro e sim.*) to look through: **Guarda in giardino**, have (*o* take) a look in the garden; **Guarda un po' questa lettera**, take a look at this letter; **Guardai fuori della finestra e lo vidi sul marciapiede**, I glanced through the window and saw him on the pavement; **Guarda e vedi se è lui**, have a look and see if it's him *3* (*squadrare, guardare fisso*) to stare at; to look fixedly at; to gaze at: **Perché mi guardi così?**, why are you staring at me like that? ***4*** (*guardare di sfuggita*) to glance at; (*guardare furtivamente*) to peep at, to peek at, to spy: **Lo vidi g. dal buco della serratura**, I saw him peeping through the keyhole ***5*** (*osservare*) to watch; (*scrutare*) to eye; (*con sforzo*) to peer at: **g. q. con sospetto**, to eye sb. with suspicion ***6*** (*esaminare*) to look over; to look into; to examine: **Hai guardato la posta?**, have you looked over the mail?; **g. un libro**, to look into a book; **Il dottore guardò la ferita**, the doctor examined the wound ***7*** (*cercare*) to look; (*in un libro*) to look up: **Guardai nei cassetti e sugli scaffali**, I looked into the drawers and on the shelves; **g. una parola sul dizionario**, to look up a word in the dictionary ***8*** (*considerare*) to consider; to view; to look at: **Dobbiamo g. le cose da un altro punto di vista**, we must consider (*o* look at) things from another point of view ***9*** (*custodire*) to look after; to take* care of; to keep* an eye on: **Guardami i bambini**, look after the children for me ***10*** (*difendere*) to defend, to hold*; (*fare la guardia a*) to guard. ● **g. a bocca aperta**, to gape; to gawp □ **g. q. a vista**, to watch sb. closely; to keep sb. under continuous surveillance: **guardato a vista**, closely watched □ **g. al microscopio**, to look through a microscope □ **g. q. con la coda dell'occhio**, to look at sb. out of the corner of one's eye □ **g. con bramosia**, to ogle □ **g. con lascivia**, to leer □ **g. con ira**, to glare at □ **g. con occhio benevolo**, to look favourably on □ **g. con occhio torvo**, to scowl at □ **g. con tanto d'occhi**, to gape at; to stare at (st.) wide-eyed □ **g. q. dall'alto in basso**, to look down on sb.; to look at sb. condescendingly □ **g. da un'altra parte**, to look another way □ **g. di buon occhio [di mal occhio]**, to look favourably [unfavourably] on; to take a favourable [an unfavourable] view of □ **g. di soppiatto**, to steal a look at (*o* in, etc.) □ **g. di traverso**, to look askance at □ **g. in cagnesco**, to look daggers at; to glower at □ **g. in faccia il pericolo [la morte]**, to look danger [death] in the face □ **g. in tralice**, to look sideways □ **g. q. negli occhi**, to look sb. in the eyes □ **g. socchiudendo gli occhi**, to squint at □ **g. le spalle a q.**, to cover sb. □ **g. storto**, to look askance; to glare □ **guardarsi in giro** (*o* **intorno**), to look about; (*fig.*: *prima di fare una spesa, di prendere una decisione, ecc.*) to have a look around, to shop around □ **guardarsi le spalle**, to guard against a surprise attack □ **Guarda, io in realtà non ci tengo molto**, well, to be frank, I am really not very keen on it □ **Guarda che se lo fai un'altra volta, mi arrabbio sul serio**, now look here, if you do it again, I'll get really angry □ **guarda caso**, as luck would have it; by sheer coincidence □ **Guarda guarda!**, look at this!; now, isn't that something! □ **Guarda se ti riesce di aggiustarlo**, see if you can fix it □ (*iron.*) **Guarda se ti riesce di rompere qualcosa**, don't you go and break anything □ **Guarda un po'!**, that's odd!; fancy that! □ **A g. bene, aveva ragione lui**, to be fair to him, he was right □ **farsi g.**, to attract attention; to make oneself conspicuous □ **Dio ne guardi!**, God forbid! □ **non g. in faccia nessuno**, not to care about anyone; not to have any regard for anyone: **Se ho da dire una cosa la dico, senza g. in faccia nessuno**, if I want to say something I say it, and I don't care who it is □ **non g. tanto per il sottile**, not to be too particular about st. □ **stare a g.**, to wait to see; (*invece di agire*) to look on, to stand [to sit] there staring (*o* looking on): **Stavo a g. come sarebbe finita**, I was waiting to see how it would end; **Si picchiavano mentre la gente stava a g.**, they were fighting and the people simply looked on; **Non stare lì a g.: prendi una vanga anche tu!**, don't stand there staring, take a spade and dig! □ (*prov.*) **Dagli amici mi guardi Iddio che dai nemici mi guardo io**, God defend me from my friends, from my enemies I can defend myself. **B** *v. i.* ***1*** *V.* **A** ***2*** (*badare*) to mind; (*cercare*) to try: **Guarda a quello che fai!**, mind what you are doing!; **Guarda di non cadere [di non farti male]!**, mind you don't fall! [you don't get hurt!]; **Guarda che ciò non si ripeta**, mind (*o* take care, *o* look to it) that this doesn't happen again!; **Guarda di non romperlo**, take care (*o* try) not to break it; **Guarda di far presto!**, try to be quick!; **senza g.** (*o* **non guardando**) **a spese**, regardless of expense ***3*** (*considerare*) to look on (*o* upon); to look at: **Guardavamo a lui come al nostro difensore**, we looked upon him as our defender; **g. al passato**, to look backwards; **g. al futuro con fiducia**, to feel confident about the future ***4*** (*affacciarsi, essere orientato*) to look, to look out on (*o* to), to look over; (*avere la facciata verso*) to face: **La finestra guarda a sud [sul mare, sul giardino, verso la valle]**, the window looks south [out to the sea, on to the garden, over the valley]; **La chiesa guarda a ovest [sulla piazza]**, the church faces west [on to the square]. **C guardàrsi**, *v. rifl.* ***1*** to look at oneself: **g. allo specchio**, to look at oneself in the mirror ***2*** (*guardarsi da q. o q.c.*) to beware of, to be wary of; (*badare a non fare q.c.*) to be careful (*o* to take* care, *o* to mind) not (to do st.); (*cercare di non fare q.c.*) to try not (to do st.): **Guardati dagli amici falsi [dai microbi]**, beware of false friends [of germs]; **Guardati bene dal perderlo!**, mind you don't lose it!; **Mi guardai bene dal dirglielo**, I was careful (*o* I took good care) not to tell him; **Me ne guardo bene!**, Heaven forbid!; far be it from me!; **Guardatevi dal fare troppo rumore**, try not to make too much noise ***3*** (*astenersi da bevande o alimenti*) to abstain: **Il dottore gli ordinò di g. dal vino e dalla birra**, the doctor ordered him to abstain from wine and beer. **D guardàrsi**, *v. rifl. recipr.* ***1*** to look at each other (*o* at one another) ***2*** (*fissamente*) to gaze (*o* to stare) at each other (*o* at one another). ● **g. negli occhi**, to look into each other's eyes.

guardaròba, *m. invar.* ***1*** (*armadio per abiti*) wardrobe; (*per biancheria*) linen cupboard ***2*** (*stanza per biancheria*) linen room ***3*** (*di locale pubblico*) cloakroom ***4*** (*naut.*) slop room ***5*** (*abiti di cui una persona dispone*) wardrobe: **rifarsi il g.**, to get a new wardrobe.

guardarobière, *m.* (*f.* **-a**) ***1*** (*di casa privata o di albergo*) servant in charge of linen; linen maid (*f.*) ***2*** (*di locale pubblico*) cloakroom attendant.

guardasàla, *m.* e *f. invar.* ***1*** (*di museo*) museum attendant ***2*** (*ferr.*) waiting-room attendant.

guardascàmbi, *m. invar.* (*ferr.*) pointsman*; switchman* (*USA*).

guardasigilli, *m. invar.* ***1*** (*stor.*) keeper of the seals ***2*** *V.* **Ministro della Giustizia**, *sotto* **ministro**.

guardaspàlle, *m. invar.* bodyguard; gorilla (*fam.*); minder (*pop. GB*).

guardàta, *f.* look; glance: **dare una g. a q.c.**, to have (*o* to take) a look at st.; to glance at st.; (*a libro e sim.*) to look through st.

guardavìa, *V.* **guardrail**.

guàrdia, *f.* ***1*** (*custodia, vigilanza, anche mil.*) guard, watch; (*naut.*) watch; (*periodo di servizio*) duty: **fare la g. a**, to guard; to stand guard (*o* to keep watch) over; (*di sentinella*) to stand sentinel over; **fare buona g.**, to keep a good watch; **montare la g.**, to mount guard; (*mil.*) **smontare la g.**, to go off duty; to stand down; **essere di g.**, to be on guard (duty); (*essere di servizio, anche med.*) to be on duty; **stare di g.**, to keep watch: **Stai tu di g. ai bagagli**, you keep watch over (*o* keep an eye on) the luggage; **restare a g. di una casa**, to keep watch over a house; **cane da g.**, watch dog; **medico di g.**, doctor on duty; **servizio di g.**, guard duty; (*naut.*) watch duty; **ufficiale di g.**, duty officer; (*naut.*) officer of the watch; **turno di g.**, period of duty; (*naut.*) watch ***2*** (*mil.*: *gruppo di soldati*) guard: **corpo di g.**, guard; (*edificio*) guardhouse; (*locale*) guardroom; **posto di g.**, guard post; **dare il cambio alla g.**, to relieve guard ***3*** (*corpo armato o di protezione*, *anche mil.*) guard; guards (*pl.*): **il cambio della g.**, the changing of the guard; **g. d'onore**, guard of honour; **g. del corpo**, bodyguards (*pl.*); escort; **ufficiale della G.**, officer of the Guards ***4*** (*chi svolge azione di vigilanza*) guard, warden, watchman*; (*poliziotto*) policeman*; (*sentinella*) sentry, sentinel: **g. campestre**, country warden; **g. carceraria**, prison guard; warder (*GB*); **g. del corpo**, bodyguard; **g. giurata**, security guard; **g. municipale**, town policeman; **g. notturna**, night watchman; **chiamare le guardie**, to call the police ***5*** (*naut.*: *parte dell'equipaggio*) watch: **g. di comandata**, watch on duty (*o* on deck); **g. di dritta [di sinistra]**, starboard [port] watch; **g. in porto**, anchor watch; **g. franca**, watch off duty (*o* below); (*a terra*) watch ashore ***6*** (*sport*) guard: (*anche fig.*) **abbassare la g.**, to lower (*o* to drop) one's guard; (*boxe*) **mettersi in g.**, to square off; (*scherma*) **In g.!**, on guard!; «en garde!» (*franc.*) ***7*** (*di spada*) guard; hilt-guard ***8*** (*rif. a fiume*) safety high-water mark ***9*** (*di libro*) flyleaf*. ● **g. daziaria**, (Municipal) Customs officer □ **g. di pubblica sicurezza**, policeman □ **g. doganale** (*o* **di finanza**), Customs officer; (*il corpo*) Financial Police □ **g. costiera**, coastguard □ **g. ferroviaria**, railway guard; conductor (*USA*); brakeman (*USA*) □ **g. forestale**, forester; warden (*GB*); ranger (*USA*) □ **g. medica**, first-aid station □ **G. Nazionale** (*o* **Civica**), National (*o* Home) Guard □ **guardie a cavallo**, horse guards □ **guardie a piedi**, footguards □ (*gioco*) **guardie e ladri**, cops and robbers □ **Le Guardie rosse**, the Red Guards □ **Guardie Svizzere**, Swiss Guards □ (*fig.*) **cambio della g.**, change; changeover; replacement □ **livello di g.**, safety level; (*di fiume*) safety highwater mark; (*fig.*) safety limit, danger point □ **mettere in g. q. contro q.c.**, to warn sb. against st. □ **stare in g.**, to be on one's guard; to be careful; to watch out; to look out: **Sta' in g., è un tipo pericoloso**, watch out, he's dangerous; **State in g. contro i borsaioli!**, watch out for pick-pockets! □ **non essere** (*o* **non stare**) **in g.**, to be off one's guard □ (*fig.*) **la vecchia g.**, the old guard.

guardiacàccia, *V.* **guardacaccia**.

guardiacòste, *V.* **guardacoste**.

guardiafili, *V.* **guardafili**.

guardialinee, *V.* **guardalinee**.

guardiamarìna, *m. invar.* (*naut.*) midshipman* (*GB*); ensign (*USA*).

guardianàto, *m.* guardianship.

guardiàno, *m.* (*f.* **-a**) ***1*** keeper; caretaker; guardian; custodian; warden; attendant: **il g. di una fabbrica [di una villa]**, the guardian of a factory [of a house]; **g. del faro**, lighthouse keeper; **g. notturno**, night-watchman; **g. di parco**, park keeper; **fare il g. di q.c.**, to keep guard over st. ***2*** (*secondino*) prison guard; warder (*f.* wardress) (*GB*) ***3*** – **g. di capre**, goatherd; **g. di mucche**, cowherd; **g. di pecore**, shepherd (*f.* shepherdess); **g. di porci**, swineherd ***4*** (*eccles.*, *anche*: *padre g.*) Father Guardian.

guardiapésca, *V.* **guardapesca**.

guardina, *f.* detention room; jail; lockup: **essere in g.**, to be in jail (*o* in the lockup).

guardinfànte, *m.* crinoline; farthingale.

guardingo, *a.* careful; circumspect; cautious; wary.

guardiòla, *f.* ***1*** (*portineria*) porter's (*o* gatekeeper's) lodge; (*garitta*) booth, box ***2*** (*di fortificazione*) bartizan.

guàrdolo, *m.* (*di scarpa*) welt.

guardóne, *m.* (*fam. spreg.*) peeping Tom.
guardrail (*ingl.*), *m. invar.* guardrail; safety rail; traffic divider; crash barrier.
guarentìgia, *f.* (*leg.*) guaranty; security.
guàri, *avv.* (*lett.*) long: **or non è g.**, not so long ago.
guarìbile, *a.* (*di malattia*) curable, that can be cured; (*di ferita e sim.*) healable; (*di paziente*) that will recover: **una bronchite g. in due settimane**, a bronchitis curable (*o* that can be cured) in two weeks; **Fu dichiarato g. in dieci giorni**, the doctors said he would recover in ten days.
guarigióne, *f.* recovery; cure; (*di ferita e sim.*) healing: **avere una rapida** (*o* **pronta**) **g.**, to make a quick (*o* speedy) recovery; **garantire la g.**, to guarantee a cure; **operare guarigioni**, to effect cures; to cure; **essere in via di g.**, to be on the way to recovery; to be on the mend; **Auguri di pronta g.!**, get well soon!
guarìre, A *v. i.* **1** to recover (one's health); to get* well; to get* over (st.); (*di ferita e sim.*) to heal: **Guarì subito**, he recovered at once; **Spero di g. presto**, I hope to get well soon; **Sono guarito dalla bronchite ma non dall'anemia**, I have got over my bronchitis, but not my anaemia; **L'osso ci mise un anno a g.**, the bone took a year to heal **2** (*fig.*) to be cured of; to get* rid of: **Guarii per sempre dalla mia gelosia**, I was cured of my jealousy once and for all; **g. da una cattiva abitudine**, to get rid of a bad habit. **B** *v. t.* **1** (*persone*) to cure, to restore to health; (*una malattia*) to cure; (*specialm. una ferita e sim.*) to heal: **Il dottore mi guarì dalla bronchite**, the doctor cured me of bronchitis; **g. una piaga**, to heal a sore **2** (*fig.*) to cure; to heal: **Lo guarirò dalle sue cattive abitudini**, I'll cure him of his bad habits; **Il tempo guarisce ogni dolore**, time heals all griefs; time is a great healer.
guaritóre, *m.* (*f.* **-trice**) healer; (*con la suggestione, ecc.*) faith-healer; (*spreg.*) quack.
guarnàcca, *f.* (*stor.*) **1** (*mantello*) cloak **2** (*veste di contadino*) smock.
guarnigióne, *f.* garrison: **essere di g.**, to be on garrison duty; **mettere una g. in una città**, to garrison a town.
guarniménto, *m.* (*naut.*) rigging.
guarnìre, *v. t.* **1** (*ornare*) to decorate; to trim **2** (*cucina*) to garnish **3** (*fornire*) to furnish; to supply; to fit out; to equip **4** (*fortificare*) to fortify **5** (*naut.*) to rig **6** (*mecc.*) to pack.
guarnìto, *a.* **1** (*ornato*) trimmed: **g. di pelliccia**, trimmed with fur; **g. di alamari**, frogged **2** (*cucina*) garnished; with vegetables (*pred.*); with all the trimmings (*pred.*): **pesce g. di prezzemolo e fette di limone**, fish garnished with parsley and lemon slices; **un tacchino ben g.**, a turkey with all the trimmings **3** (*equipaggiato*) equipped; fitted out **4** (*naut.*) rigged.
guarnitùra, *f.* **1** (*l'ornare, ornamento*) decorating; trimming **2** (*cucina*) garnishing **3** (*il fornire*) supply; equipment **4** (*naut.*) rigging.
guarnizióne, *f.* **1** (*ornamento*) trimming: **g. di velluto**, velvet trimming **2** (*cucina*) garnish **3** (*mecc.*) gasket; packing; washer: **g. metallica**, metal packing; **la g. della testata**, the gasket of the cylinder head; **la g. del rubinetto**, the washer of the tap.
Guascógna, *f.* (*geogr.*) Gascony.
guasconàta, *f.* bravado; boasting; gasconade (*lett.*).
guascóne, A *a.* Gascon. **B** *m.* e *f.* **1** Gascon **2** (*fig.*) boaster; braggart; gascon (*lett.*).
guastafèste, *m.* e *f. invar.* spoilsport; killjoy; wet blanket (*fam.*); party-pooper (*fam. USA*).
guastamestièri, *m.* e *f. invar.* **1** (*pasticcione*) bungler; botcher **2** (*chi intralcia*) meddler; spoilsport.
guastàre, A *v. t.* **1** (*rovinare*) to spoil*, to ruin, to damage, to mar, to upset*, to mess up; (*un meccanismo*) to break*; (*disturbare*) to disturb, to upset*: **g. l'appetito**, to spoil (*o* to ruin) sb.'s appetite; **Le mie vacanze furono guastate dal cattivo tempo**, my holidays were spoilt by bad weather; **guastarsi la reputazione**, to damage one's good name; **g. una festa**, to spoil a party; **Il sigaro mi guasta lo stomaco**, cigars upset my stomach; **guastarsi lo stomaco**, to ruin one's stomach; **Il gelo guastò il raccolto**, the frost ruined the crops; **Lo hanno guastato le cattive compagnie**, he has been ruined by bad company **2** (*far marcire*) to taint; to infect: **carne guastata dalle mosche**, meat tainted by flies. ● (*fig.*) **g. le uova nel paniere a q.**, to upset sb.'s apple-cart □ **guastarsi il sangue**, to get worked up (over st.); to lose one's tempers □ **Un pizzico di cannella non guasta**, a pinch of cinnamon won't do any harm □ (*prov.*) **Troppi cuochi guastano la cucina**, too many cooks spoil the broth. **B guastàrsi,** *v. i. pron.* **1** (*di una macchina, un meccanismo*) to break* down, to go* wrong; (*di un motore*) to fail **2** (*cambiare in peggio*) to deteriorate; to change for the worse; to get* spoilt: **Era un bambino simpatico, ma crescendo si è guastato**, he was a nice little boy, but he changed for the worse as he grew up; **I rapporti tra i due paesi si guastarono**, relationships between the two countries deteriorated **3** (*del tempo*) to change for the worse; to cloud over: **Il tempo s'è guastato**, the sky has clouded over **4** (*rompere il buon accordo*) to quarrel; to fall* out: **Erano amici, ma si sono guastati**, they used to be friends, but they've quarrelled (*o* but now there's bad blood between them) **5** (*marcire*) to rot; (*andare a male*) to go* bad: **Le uova si sono guastate**, the eggs have gone bad.
guastatóre, *m.* (*mil.*) sapper; pioneer.
guàsto, A *a.* **1** (*sciupato, viziato*) spoilt, spoiled; (*rovinato*) ruined, damaged **2** (*marcio*) rotten; gone bad; bad: **una pera guasta**, a rotten pear; **denti guasti**, bad (*o* decayed) teeth; **un uovo g.**, a rotten (*o* a bad) egg; **carne guasta**, meat gone bad; decaying meat **3** (*che non funziona*) broken; (*di macchina, veicolo*) broken down; (*fuori uso*) out of order, out of commission (*fam.*), on the blink (*fam.*): **La TV è guasta**, the TV is broken (*fam.* on the blink); **L'ascensore è g.**, the lift is out of order **4** (*corrotto*) tainted; depraved. **B** *m.* **1** (*di macchina o meccanismo*) breakdown, something wrong (*fam.*); (*di motore, anche*) failure: **Dev'esserci un g. al motore**, there must be something wrong with the engine; **L'incidente fu causato da un g. al motore**, the accident was caused by an engine failure; **A metà strada la macchina ebbe un g.**, half way there our car broke down **2** (*danno*) damage: **i guasti dell'inondazione**, the damage caused by the flood **3** (*marciume, anche fig.*) something rotten; rot **4** (*fig.: dissapore*) disagreement.
guatàre, A *v. t.* (*lett.: fissare*) to stare at; (*con sospetto o curiosità*) to eye; (*con paura*) to eye fearfully; (*con concupiscenza*) to ogle; (*di traverso*) to look askance at. **B guatàrsi,** *v. rifl. recipr.* to eye each other (*o* one another).
Guatemàla, *m.* (*geogr.*) Guatemala.
guatemaltèco, *a.* e *m.* (*f.* **-a**) (*geogr.*) Guatemalan.
guattìre, *v. i.* (*di cane da caccia*) to give* tongue.
guàva, *V.* **guaiava.**
guàzza, *f.* heavy dew.
guazzabùglio, *m.* hotchpotch, hodgepodge (*USA*); jumble; muddle; tangle: **un g. di stili**, a hotchpotch (*o* jumble) of styles; **un g. di idee**, a tangle of ideas; **un g. di parole**, a jumble of words; jumbled words (*pl.*).
guazzàre, *v. i.* **1** (*anche fig.*) to wallow; to welter; to roll: **g. nell'oro**, to be rolling in money **2** (*di liquido in un recipiente*) to splash about. ● **In questa giacca ci guazzo**, this coat is far too big (*o* too loose) for me.
guazzatóio, *m.* watering place; horse pond.
guazzétto, *m.* (*cucina*) stew. ● **carne in g.**, stewed meat □ **cuocere in g.**, to stew.
guàzzo, *m.* **1** pool; puddle **2** (*pitt.*) gouache: **pittura a g.**, gouache painting.
guelfismo, *m.* (*stor.*) Guelphism.
guèlfo, *a.* e *m.* (*stor.*) Guelph: **di parte guelfa**, of the Guelph party.
Guendalìna, *f.* Gwendolen; Gwendoline.
guêpière (*franc.*), *f. invar.* girdle; corset.
guèrcio, A *a.* **1** (*strabico*: *di persona*) cross--eyed, squint-eyed, wall-eyed; (*di occhio*) squinting: **essere g.**, to be cross-eyed; to have a squint: **essere g. da un occhio**, to have a squint (*o* a cast) in one eye **2** (*privo di un occhio*) one-eyed; blind in one eye (*pred.*). ● (*fam.*) **Ma sei g.?**, are you blind? **B** *m.* (*f.* **-a**) squint-eyed person; squinter (*fam.*).
guèrra, *f.* **1** war: **dichiarare g. a q.**, to declare war on (*o* upon) sb.; **dichiarazione di g.**, declaration of war; **andare in g.** (*o* **partire per la g.**) to leave for the war; **entrare in g.**, to enter the war; (*contro q.*) to go to war with sb.; **essere in g.**, to be at war; **vincere** [**perdere**] **la g.**, to win [to lose] the war; **fare la g.**, (*di paese*) to make war, to wage war (*lett.*); (*di persona*) to serve: **Mio padre fece la g. in Africa**, my father served in Africa during the war; **la seconda g. mondiale**, the Second World War; World War Two; **g. d'indipendenza** [**di liberazione, di religione, di successione**], war of independence [of liberation, of religion, of succession]; **g. civile** [**santa, fredda, mondiale**], civil [holy, cold, world] war; **g. calda** (*o* **guerreggiata**), shooting war (*fam.*); **teatro di g.**, theatre of war; **tempo di g.**, time of war; wartime; **prigioniero di g.**, prisoner of war (*abbr.*: P.O.W.); **Consiglio di G.**, Council of War **2** (*il guerreggiare, la tecnica guerresca*) warfare: **g. chimica** [**nucleare, economica**], chemical [nuclear, economic] warfare; **g. navale**, naval warfare; war at sea; **l'arte della g.**, the science of warfare **3** (*fig.*: *ostilità*) feud; fight; strife **4** (*fig.*: *lotta*) battle; war; fight; campaign: **la g. contro la fame** [**le malattie**], the war (*o* battle) against hunger [disease]; **la g. contro la droga**, the campaign against drugs. ● (*stor.*) **la G. delle due Rose**, the Wars of the Roses □ (*stor.*) **la G. dei Cento Anni**, the Hundred Years' War □ **g. dei nervi**, war of nerves □ (*fig.*) **g. d'interessi**, clash of interests □ **g. di logoramento**, war of attrition □ **g. di posizione**, trench war □ (*letter.*) **la G. di Troia**, the Trojan War □ (*econ.*) **g. doganale**, tariff war □ **g. lampo**, blitzkrieg (*ted.*); □ **g. tra bande**, gang warfare □ **canto di g.**, war song □ **danni di g.**, war damages □ **danza di g.**, war dance □ **devastato dalla g.**, ravaged by war; war-torn (*attr.*) □ **dimostrazione contro la g.**, antiwar demonstration □ **dio della g.**, war god □ (*fig.*) **fare g. a q. per q.c.**, to fight sb. over st. □ **giocare alla g.**, to play soldiers □ (*stor.*) **la Grande G.**, the Great War □ **grido di g.**, war-cry □ **in assetto di g.**, in fighting trim □ **nave da g.**, warship; man--of-war □ **prestito di g.**, war loan □ **profitti di g.**, war profits □ **propaganda di g.**, war propaganda □ (*ass.*) **rischio di g.**, war risk □ **sul piede di g.**, on a war footing □ (*spesso fig.*) **sul sentiero di g.**, on the war-path □ **sposa di g.**, war bride □ **vedova di g.**, war widow □ **zona di g.**, war zone.
guerrafondàio, guerraiòlo, (*spreg.*) **A** *m.* (*f.* **-a**) warmonger. **B** *a.* warmongering.
guerreggiàre, A *v. i.* to wage war; to fight*; to war (*lett.*). **B guerreggiàrsi,** *v. rifl. recipr.* to make* war upon each other (*o* upon one another).
guerrésco, *a.* **1** (*di guerra*) war (*attr.*): **armi guerresche**, war weapons **2** (*bellicoso*) warlike: **aspetto g.**, warlike aspect.
guerrièro, A *m.* (*f.* **-a**) warrior. **B** *a.* warlike.

guerrìglia, *f.* guer(r)illa warfare: **g. urbana,** urban guerrilla warfare.

guerriglièro, *m.* (*f.* **-a**) guer(r)illa: **Fu rapito dai guerriglieri**, he was kidnapped by guerrillas.

gufàggine, *f.* misanthropy.

gufàre, *v. i.* to hoot.

gùfo, *m.* ***1*** (*zool., Bubo*) owl: **g. reale** (*Bubo bubo*), eagle owl ***2*** (*zool.*) – **g. comune** (*Asio otus*), long-eared owl; **g. selvatico** (*Strix aluco*), tawny owl ***3*** (*fig.*) misanthrope. ● **simile a g.**, owlish.

gùglia, *f.* ***1*** (*archit.*) spire; (*di campanile*) steeple ***2*** (*alpinismo*) needle.

gugliàta, *f.* needleful; length of thread.

Guglielmina, *f.* Wilhelmina.

Guglièlmo, *m.* William.

Guiàna, *f.* (*geogr.*) Guiana.

guida, A *f.* ***1*** guide: **g. alpina** [**autorizzata, di museo**], Alpine [official, museum] guide; **fare la g.**, to be a guide; **fare da g. a q.**, to act as (*o* to be) sb.'s guide; (*fare strada*) to show sb. the way; **Ti farò da g.** (*anche spirituale, ecc.*), I shall be your guide; **La tua coscienza ti serva da g.**, let your conscience be your guide ***2*** (*libro*) guide; guidebook: **g. alla grammatica**, a guide to grammar; **una g. della Spagna**, a guidebook on Spain; **g. degli alberghi**, hotel guide ***3*** (*ammaestramento*) guidance: **Sotto buona g. imparerai presto**, under good guidance you'll learn fast; **Con la tua g. spero di riuscire**, with your guidance, I hope to succeed ***4*** (*direzione*) direction, management; (*comando*) leadership; (*capo*) leader: **sotto la g. dell'architetto**, under the architect's direction; **i Goti, sotto la g. di Alarico**, the Goths, led by Alaric; **la g. di un'azienda**, the management of a business ***5*** (*autom.: il guidare*) driving: **maestro** [**lezione, esame**] **di g.**, driving instructor [lesson, test]; **patente di g.**, driving licence; **posto di g.**, driving (*o* driver's) seat; **scuola g.**, driving school; school of motoring; **essere alla g. di un veicolo**, to be driving a vehicle; **g. pericolosa**, dangerous (*o* careless) driving; **g. in stato di ubriachezza**, drunken driving ***6*** (*autom.: lo sterzo*) steering: **g. a sinistra** [**a destra**], left-hand [right-hand] steering; **volante di g.**, steering-wheel ***7*** (*mil.*) guide; scout ***8*** (*scoutismo*) Girl Guide (*GB*); Girl Scout (*USA*) ***9*** (*tappeto*) runner ***10*** (*verga di ferro scanalata, ecc.*) slide; rail; track; runners (*pl.*) ***11*** (*pl.*) (*redini*) reins ***12*** (*miss.*) homing; guidance. ● (*elettron.*) **g. d'onda**, waveguide □ **g. telefonica**, telephone directory □ **essere alla g. di una società**, to be the manager of a company □ **essere alla g. di un'orchestra**, to conduct an orchestra □ **essere alla g. di un partito**, to lead a party. **B** *a. invar.* leading; guiding; front-running; front-rank (*attr.*): **stato g.**, leader (*o* leading) state; **partito g.**, leading party.

guidacaràtteri, *m. invar.* typing window.

guidafilo, *m. invar.* (*di telaio meccanico*) thread (*o* yarn) guide.

guidàre, A *v. t.* ***1*** (*fare da guida*) to guide; to lead*; to escort: **Mi lascerò g. da te**, I shall be guided by you; **g. una comitiva di turisti**, to guide (*o* to escort) a party of tourists; **g. la mano di un bambino**, to guide a child's hand; **Ci guidò attraverso il bosco fino a un lago**, he led us through the wood to a lake ***2*** (*comandare, condurre come capo*) to lead*: **Guidò i suoi uomini attraverso molti pericoli**, he led his men through many dangers; **g. una spedizione** [**un partito**], to lead an expedition [a party] ***3*** (*amministrare, dirigere*) to manage; to run*: **g. un'azienda**, to manage (*o* to run) a business ***4*** (*un veicolo*) to drive*: **g. un'automobile** [**un camion**], to drive a car [a lorry]; **g. una motocicletta**, to ride a motorcycle; **Non so g.**, I cannot drive ***5*** (*mus.*: *un'orchestra*) to conduct ***6*** (*fig.*: *essere in testa*) to lead*: **g. la classifica**, to lead the results list. ● **g. una barca**, to cox (*o* to manage) a boat □ **g. un cavallo**, to ride a horse □ **g. una mandria**, to drive a herd of cattle □ **g. una nave**, to steer a ship. **B guidàrsi,** *v. rifl.* to conduct oneself; to behave.

guidasilùri, *m.* (*naut.*) torpedo gyroscope.

guidàto, *a.* guided; led; directed; managed: **visita guidata**, guided (*o* conducted) tour; **concorrenza guidata**, managed competition; **È un progetto g. dagli americani**, it's an American-led project.

guidatóre, *m.* (*f.* **-trice**) driver; (*di treno elettrico*) motorman* (*m.*): **È un g. sicuro**, he is a confident driver; **g. della domenica**, Sunday driver.

guiderdóne, *m.* (*lett.*) reward; (*premio*) prize.

Guìdo, *m.* Guy.

guidóne, *m.* (*mil.*) pennant, guidon; (*naut.*) burgee.

guidoslitta, *f.* (*sport*) bobsleigh; bobsled (*USA*).

guidrigildo, *m.* (*leg., stor.*) wergeld, wergild.

guìndolo, *m.* (*ind. tess.*) reel; spool; bobbin.

Guinèa, *f.* (*geogr.*) Guinea.

guineàno, *a.* e *m.* (*f.* **-a**) Guinean.

guinzàglio, *m.* ***1*** (*per animale*) lead; leash: **un cane al g.**, a dog on the lead (*o* leash); **stare al g.**, to be on the lead; **tenere un cane al g.**, to keep a dog on a lead ***2*** (*per bambini*) leading reins (*pl.*); leading strings (*USA*). ● (*fig.*) **tenere al g. q.**, to keep a tight rein on sb.

guişa, *f.* manner; way; guise: **in questa g.**, in this manner; **alla g. francese**, in the French manner. ● **a g. di**, like □ **di** (*o* **in**) **g. che**, so that.

guitto, A *a.* ***1*** (*povero*) poor; destitute; beggarly ***2*** (*meschino*) mean. **B** *m.* (*f.* **-a**) ***1*** (*attore girovago*) strolling player ***2*** (*attore da strapazzo*) bad actor (*f.* actress); ham (*fam.*).

guizzàre, *v. i.* ***1*** (*di pesci*) to dart, to flit; (*muoversi dimenandosi*) to wriggle, to slither: **I pesci guizzavano nella vasca**, the fish darted to and fro in the pond; **Mi guizzò di mano**, it wriggled (*o* slithered) out of my hand ***2*** (*di luce*: *mandare un lampo*) to flash; (*tremare*) to flicker: **La fiammella guizzò e si spense**, the flame flickered and went out; **Guizzò un lampo**, there was a flash of lightning ***3*** (*muoversi rapidamente*) to dart, to flash; (*balzare*) to leap*, to spring*: **Mi guizzò davanti**, he flashed past me; **g. in piedi**, to leap on to one's feet ***4*** (*fig.*: *sfuggire*) to wriggle out of ***5*** (*di muscoli*) to play.

guizzo, *m.* ***1*** (*movimento rapido, di pesce*) dart; (*di serpe e sim.*) wriggle ***2*** (*di luce*: *lampo*) flash; (*tremolio*) flicker ***3*** (*balzo*) dart; leap; spring. ● **dare un g.**, (*di pesce*) to dart; (*di fiamma*) to quiver, to flicker.

gùlag (*russo*), *m. invar.* Gulag.

gulasch (*ted.*), *m. invar.* (*cucina*) (Hungarian) goulash.

gunìte, *f.* (*edil., marchio*) gunite.

gùru, *m. invar.* (*anche fig.*) guru.

gùscio, *m.* ***1*** (*zool.*: *di uova, di certi rettili*) shell; (*di invertebrati*) test: **g. d'uovo**, eggshell; **g. di tartaruga**, tortoise shell ***2*** (*bot.*) shell; hull; (*di legumi*) pod; (*di cereali*) husk, shuck: **g. di noce**, nutshell ***3*** (*fig.*) shell: **ritirarsi nel proprio g.**, to retire (*o* to withdraw) into one's shell; **uscire dal proprio g.**, to come out of one's shell. ● (*fig.*) **g. di noce** (*o* **d'uovo**), (*barchetta*) cockleshell; (*appartamento minuscolo*) flatlet □ (*elettr.*) **g. elettronico**, electronic shell □ (*tecn.*) **struttura a g.**, monocoque □ (*cucina*) **uova al g.**, soft-boiled eggs.

gùşla, *V.* **guzla**.

gustàre, A *v. t.* ***1*** (*assaggiare*) to taste; to have a taste of: **Non vuoi g. un po' di dolce?**, won't you have a taste of this cake? ***2*** (*assaporare con piacere*) to enjoy: **g. un pranzo**, to enjoy a meal ***3*** (*sentire il sapore*) to taste: **Sono raffreddato e non posso g. nulla**, I have a cold and cannot taste anything ***4*** (*fig.*: *godere di q.c.*) to enjoy; to savour; to relish: **g. la musica**, to enjoy music; **Me lo sono proprio gustato quel film**, I really enjoyed that film; **saper g. q.c.**, to appreciate st. ● **g. le gioie della libertà**, to taste the joys of freedom. **B** *v. i.* to like (*costr. pers.*): **La musica non sempre mi gusta**, I don't always like (*o* care for, feel like, feel in the mood for) music.

gustativo, *a.* taste (*attr.*); gustatory; gustative: (*anat.*) **papille gustative**, taste buds; gustatory bulbs.

gustatóre, *m.* (*f.* **-trice**) connoisseur; expert.

Gustàvo, *m.* Gustavus.

gùsto, *m.* ***1*** (*senso del gusto*) taste ***2*** (*sapore*) taste; flavour: **il g. dell'acciuga**, the taste of anchovy; **C'erano sei gusti di gelato**, there were six flavours of ice-cream; **al g. di limone**, lemon-flavoured; **avere un g. buono** [**dolce, amaro, acido**], to taste good [sweet, bitter, sour]; **sentire il g. di q.c.**, to taste st.; **senza g.**, tasteless: **una salsa senza g.**, a tasteless sauce; **Che g. ha quella minestra?**, what does that soup taste of?; **Ha troppo il g. della cipolla**, it tastes too much of onion ***3*** (*senso estetico*) taste: **ammobiliato** [**vestito**] **con g.**, furnished [dressed] with taste (*o* tastefully); **un abito** [**un mobile**] **di g.**, a tasteful dress [piece of furniture]; **cattivo** [**buon**] **g.**, bad [good] taste; **di cattivo g.**, in bad taste (*anche di parola, azione*); cheap; tacky (*USA*); **di dubbio g.**, in doubtful taste; **una donna di buon g.**, a woman with taste; **Non è di buon g. vantarsene**, it is not good taste (*o* not in the best of taste) to brag about it; **ornamenti senza g.**, tasteless decorations; **Ha g. per disporre i fiori**, she has a taste for arranging flowers; **g. raffinato**, refined (*o* expensive, exquisite) taste; **g. acquisito**, acquired taste; **il g. della battuta**, a taste for witty remarks; **il g. della musica**, a taste for music; **È questione di gusti**, it's a matter of taste; **Non è di mio g.**, I don't like it; it is not to my taste (*o* liking) ***4*** (*piacere intenso*) gusto; relish; enjoyment: **mangiare di g.**, to eat with gusto (*o* with relish); to enjoy one's food; **Ho visto lo spettacolo con grande g.**, I enjoyed the show very much ***5*** (*voglia, desiderio*) fancy; whim: **un g. passeggero**, a passing fancy. ● **Bel g. far la coda per un'ora!**, what's the fun of queueing for an hour? □ **Mi son cavata il g. di rispondergli a tono**, I've been waiting to answer him back and now I've done it □ **per tutti i gusti**, to suit all tastes □ **Ce n'è per tutti i gusti**, you can pick and choose □ **prendere g. a q.c.** [**a fare q.c.**], to begin (*o* to get) to enjoy st. [doing st.] □ **provarci g. a fare q.c.**, to enjoy doing st.; to love doing st.; to get a kick out of (doing) st. (*fam.*) □ **Ci provo un g. matto che sia stato escluso**, I'm delighted to hear he's been excluded; it serves him right! □ **ridere di g.**, to laugh heartily □ (*prov.*) **Tutti i gusti sono gusti**, every man to his taste.

gustosaménte, *avv.* with gusto; with relish.

gustosità, *f.* ***1*** tastiness ***2*** (*fig.*) pleasantness.

gustóso, *a.* ***1*** (*saporito*) tasty; (*di gusto deciso, non dolce*) savoury: **un piatto g.**, a savoury dish ***2*** (*fig.*) pleasant; amusing: **una storiella gustosa**, an amusing story.

guttapèrca, *f.* gutta-percha.

guttazióne, *f.* (*bot.*) guttation.

gutturàle, *a.* (*fon.*) guttural: **consonante g.**, guttural consonant.

gutturalişmo, *m.* gutturalism.

gutturalizzazióne, *f.* (*fon.*) gutturalization.

gùzla, *f.* (*mus.*) gusla, g(o)usle, guzla.

gymkhana, *V.* **gincana**.

h,H

H, h, *f.* o *m.* (*ottava lettera dell'alfabeto ital.*) H, h: **h muta**, silent h. ● (*telef.*) **h come hotel**, h for Harry; h for How (*USA*) □ **bomba H**, H-bomb.

ha, *3ª pers. sing. indic. pres. di* **avere**.

habanera (*spagn.*), *f.* (*danza*) habanera.

habeas corpus (*lat.*), *locuz. m.* (*leg.*) habeas corpus.

habitat (*lat.*), *m. invar.* ***1*** (*biol.*) habitat ***2*** (*fig.*) habitat; environment.

habitué (*franc.*), *m. invar.* habitué; frequent visitor; regular goer; (*cliente abituale*) regular (patron): **un h. delle gallerie d'arte**, a frequent visitor to art galleries; **un h. dell'opera [del cinema]**, a regular opera [cinema] goer; **È un h. di quel ristorante**, he is a regular patron of that restaurant (*form.*); he goes regularly to that restaurant.

habitus (*lat.*), *m. invar.* ***1*** (*bot., zool., med.*) habitus ***2*** (*psic.*) habit.

hadróne, *V.* **adrone**.

hàfnio, *V.* **afnio**.

hàhnio, *m.* (*chim.*) hahnium.

hài, *2ª pers. sing. indic. pres. di* **avere**.

haikai, *V.* **haiku**.

haiku (*giapponese*), *m. invar.* haiku; haikai.

haitiàno, *a.* e *m.* (*f.* **-a**) Haitian (*f.* Haitian woman*).

halibut, *m. invar.* (*zool., Hippoglossus hippoglossus*) halibut.

hall (*ingl.*), *f. invar.* hall; foyer; lobby (*USA*).

hallalì, *inter.* e *m.* tally-ho.

hamàda, *m. invar.* (*geol.*) ham(m)ada.

hambùrger (*ingl.*), *m. invar.* (*cucina*) hamburger.

hammàda, *V.* **hamada**.

handicap (*ingl.*), *m. invar.* ***1*** (*sport* e *fig.*) handicap ***2*** (*med.*) handicap; (*fisico, anche*) disability. ● **portatore di h.**, handicapped person; disabled person □ **i portatori di h.**, the handicapped; the disabled.

handicappàre, *v. t.* ***1*** (*sport* e *fig.*) to handicap ***2*** (*med.*) to handicap; (*fisicamente, anche*) to disable.

handicappàto, **A** *a.* ***1*** (*sport* e *fig.*) handicapped ***2*** (*med.*) handicapped; (*fisicamente, anche*) disabled. **B** *m.* (*f.* **-a**) (*med.*) handicapped person: **h. fisico**, physically handicapped person; disabled person; **h. mentale**, mentally handicapped person; **gli handicappati**, the handicapped; the disabled.

handling (*ingl.*), *m. invar.* (*comm.*) handling.

hangar, *m. invar.* (*aeron.*) hangar; shed.

hànno, *3ª pers sing. indic. pres. di* **avere**.

hannoveriàno, *a.* e *m.* (*stor.*) Hanoverian.

hapax legomenon (*greco*), *locuz. m.* (*ling.*) nonce word; hapax legomenon*.

happening (*ingl.*), *m. invar.* happening.

harakiri (*giapponese*), *m. invar.* hara-kiri: **fare h.**, to commit hara-kiri.

hard-core (*ingl.*), *a. invar.* hard-core; porno: **film h.**, porno film; blue film.

harèm, *m. invar.* harem; seraglio*.

harmònium, *m. invar.* (*mus.*) harmonium.

hascemita, *V.* **hashimita**.

hascisc, *m.* hashish, hasheesh; hash (*pop.*).

hashimita, *a.* e *m.* Hashimite; Hashemite.

hashish, *V.* **hascisc**.

hasìdico, e *deriv. V.* **cassidico**, e *deriv.*

hatha-yoga, *m. invar.* hatha yoga.

haute (*franc.*), *f. invar.* high society; smart set.

haute-couture (*franc.*), *f.* «haute couture»; high fashion.

hawaiàno, *a.* e *m.* (*f.* **-a**) Hawaiian (*f.* Hawaiian woman*).

hegelianismo, *V.* **hegelismo**.

hegeliàno, *a.* e *m.* (*filos.*) Hegelian.

hegelismo, *m.* (*filos.*) Hegelianism.

hem, *inter.* hem; ahem.

hènna, *f.* **henné**, *m.* (*bot., Lawsonia inermis*; *tintura*) henna.

hénry, *m. invar.* (*elettr.*) henry.

herpes (*lat.*), *m. invar.* (*med.*) herpes: **h. semplice**, herpes simplex; (*sulle labbra*) herpes labialis, (*com.*) cold sore; **h. zoster**, herpes zoster; (*com.*) shingles (*pl. col verbo al sing.*); **h. virus**, herpesvirus.

hertz, *m. invar.* (*fis.*) hertz.

hertziàno, *a.* (*fis.*) Hertzian: **onde hertziane**, Hertzian waves.

hevèa, *f.* (*bot., Hevea brasiliensis*) hevea (tree); rubber tree.

hickory (*ingl.*), *m. invar.* (*bot., Caria*; *legno*) hickory.

hi-fi (*ingl.*), *a.* e *f. invar.* hi-fi.

high fidelity (*ingl.*), **A** *locuz. f.* high fidelity. **B** *locuz. a.* high-fidelity.

high life (*ingl.*), *locuz. f. invar.* high society; high life.

high-tech (*ingl.*), **A** *f.* o *m.* high tech; hi tech. **B** *a.* high-tech; hi-tech.

hi ho, *inter.* (*raglio dell'asino*) he-haw.

himalayàno, *a.* Himalayan.

hìndi, *a.* e *m. invar.* Hindi.

hindustàni, *a.* e *m. invar.* Hindustani.

Hinterland (*ted.*), *m. invar.* ***1*** (*geogr.*) hinterland ***2*** (*di città*) outer city; suburbs (*pl.*).

hip, *inter.* hip: **hip hip hip hurrà!**, hip, hip, hooray.

hippy (*ingl.*), *a.*, *m.* e *f. invar.* hippie; hippy: **un giovane h.**, a young hippie; **vita h.**, hippie lifestyle.

hitleriàno, **A** *a.* ***1*** (*di Hitler*) Hitler's (*attr.*); Hitler (*attr.*): **Gioventù Hitleriana**, Hitler Youth; **la Germania hitleriana**, Hitler's Germany ***2*** (*dello hitlerismo*) Hitlerian; Hitlerite. **B** *m.* (*f.* **-a**) supporter of Hitler; Hitlerite; adherent of Hitlerism.

hitlerismo, *m.* (*stor.*) Hitlerism.

hit-parade (*ingl.*), *locuz. f. invar.* hit parade; (the) top ten.

hittita, *V.* **ittita**.

ho, *1ª pers. sing. indic. pres. di* **avere**.

hobbìsta, *m.* e *f.* hobbyist.

hobbìstica, *f.* hobby industry; hobby crafts (*pl.*).

hòbby (*ingl.*), *m. invar.* hobby: **avere un h.**, to have a hobby; **fare q.c. per h.**, to do st. as a hobby; **Ha l'h. della pittura**, he paints as a hobby; his hobby is painting.

hockeista, *m.* e *f.* (*sport*) hockey player.

hockeistico, *a.* (*sport*) hockey (*attr.*).

hòckey, *m.* (*sport*) hockey: **h. su prato**, field hockey; hockey (*GB*); **h. su ghiaccio**, ice hockey; hockey (*USA*).

hòlding, *f. invar.* (*fin.*) holding company: **h. bancaria**, bank holding company.

hollywoodiàno, *a.* ***1*** Hollywood (*attr.*) ***2*** (*fig.*) spectacular; colossal.

hòlmio, *V.* **olmio**.

holter, *m. invar.* (*med.*) Holter test.

homo faber (*lat.*), *locuz. m.* Homo faber.

homo novus (*lat.*), *locuz. m.* ***1*** homo novus ***2*** (*uomo che si è fatto da sé*) self-made man.

homo oeconomicus (*lat.*), *locuz. m.* homo oeconomicus; economic man*.

homo sapiens (*lat.*), *locuz. m.* Homo sapiens.

homunculus (*lat.*), *m.* homunculus* (*anche fisiol.*); homuncule.

hondurégno, *a.* e *m.* (*f.* **-a**) Honduran (*f.* Honduran woman*).

honoris causa (*lat.*), *locuz. agg.* – **laurea honoris causa**, honorary degree; degree (conferred) honoris causa.

hooligan (*ingl.*), *m. invar.* hooligan.

hoplà, *V.* **oplà**.

horror (*ingl.*), *m. invar.* horror literature; horror films (*pl.*).

hors-d'oeuvre (*franc.*), *locuz. m. invar.* hors d'oeuvre*; appetizer.

hòstess, *f. invar.* ***1*** (*aeron.*) air hostess; stewardess: **h. di terra**, ground hostess ***2*** (*accompagnatrice*) escort; guide.

hôtel (*franc.*), *m. invar.* hotel: **h. garni**, residential hotel; **grand'h.**, luxury hotel; five-star hotel.

hovercraft (*ingl.*), *m. invar.* (*naut.*) hovercraft.

hula, *f. invar.* (*danza*) hula.

huligàno, *V.* **uligano**.

hum, *inter.* ***1*** (*di dubbio, perplessità*) hmm ***2*** (*suono di chi tossisce*) ahem.

hùmico, *V.* **umico**.

humour (*ingl.*), *m.* humour, humor (*USA*); sense of humour: **avere [mancare di] h.**, to have [to lack] a sense of humour; **pieno di h.**, full of humour; humorous; **tipico h. britannico**, typical British sense of humour.

humus, *m.* o *f. invar.* ***1*** (*agric.*) humus ***2*** (*fig.*) fertile ground; breeding ground.

huroniàno, *a.* (*geol.*) Huronian.

hurrà, *V.* **urrà**.

husky, *m. invar.* (*cane*) husky.

hussita, **hussitismo**, *V.* **ussita**, **ussitismo**.

i, I

I (1), i, f. o m. (*nona lettera dell'alfabeto ital.*) I, i. ● (*telef.*) **i come Imola**, i for Isaac; i for Item (*USA*) □ (*fig.*) **mettere i puntini sugli i**, to dot one's i's.

i (2), gli, art. determ. m. pl. ***1*** the: **Apri i cassetti, per favore**, open the drawers, please; **Dammi i libri**, give me the (*o* those) books; **i primi mesi**, the first months; **gli ultimi giorni**, the last days; **i giardini pubblici**, the public gardens; **i vini di questa regione**, the wines of this region; **i libri che legge**, the books he reads; **i bambini del piano di sotto**, the children downstairs; **i Sacramenti**, the Sacraments; **i cinque sensi**, the five senses; **i russi**, the Russians; **i tedeschi**, the Germans; **gli Svizzeri**, the Swiss; **i ricchi e i poveri**, the rich and the poor; **I Jones abitano in campagna**, the Joneses live in the country; **gli Apostoli**, the Apostles; **gli Appennini**, the Apennines; **gli Stati Uniti**, the United States; **i Paesi Bassi**, the Low Countries; **i Balcani**, the Balkans ***2*** (*idiom., assente in ingl.*) – **I libri sono compagni ideali**, books are ideal companions; **amare i bambini**, to love children; **I vini francesi sono molto buoni**, French wines are very good; **I tedeschi sono biondi**, Germans are fair-haired; **Dove sono i miei bauli?**, where are my trunks?; **Ha gli occhi blu**, he has blue eyes ***3*** (*idiom., agg. poss. in ingl.*) – **Non dimenticare di scrivere agli amici**, don't forget to write to your friends; **Vivo coi genitori**, I live with my parents; **Si lavò i piedi**, he washed his feet; **Prese la borsa e i guanti**, she took her handbag and gloves ***4*** (*idiom., partitivo in ingl.*) some; any: **Va' a comprare i fiammiferi**, go and buy some matches.

iacèa, f. (*bot., Centaurea iacea*) brown knapweed.

Iàcopo, m. James.

Iàfet, m. (*Bibbia*) Japheth.

iafètico, a. Japhetic.

ialinizzazióne, f. (*med.*) hyalinization.

ialino, a. (*lett., miner., med.*) hyaline: (*med.*) **degenerazione ialina**, hyaline degeneration.

ialinòsi, f. (*med.*) hyaline degeneration.

ialite, f. ***1*** (*miner.*) hyalite ***2*** (*vetro*) hyalithe.

ialografia, f. hyalography.

ialòide, a. (*anat.*) hyaloid: **membrana i.**, hyaloid membrane.

ialòmero, m. (*biol.*) hyalomere.

ialòmma, f. (*zool., Hyalomma*) hyalomma.

ialoplàsma, m. (*biol.*) hyaloplasm.

ialurònico, a. (*chim.*) hyaluronic.

iamatologia, f. Japanese studies (*pl.*).

iamatòlogo, m. (*f.* **-a**) Japanese scholar.

iàrda, f. yard.

iarovizzazióne, f. (*bot.*) vernalization.

iatàle, a. (*anat.*) hiatus (*attr.*): (*med.*) **ernia i.**, hiatus hernia.

iàto, m. ***1*** (*gramm., anat.*) hiatus ***2*** (*fig.*) hiatus; gap; break in continuity.

iatrògeno, a. (*med.*) iatrogenic.

iattànza, f. arrogance; swagger; (*millanteria*) boastfulness.

iattazióne, f. (*psic.*) jactitation.

iattùra, f. misfortune; calamity; tragedy; ruin.

Ibèri, m. pl. (*stor.*) Iberians.

ibèrico, a. ***1*** (*stor., geogr.*) Iberian ***2*** (*spagnolo*) Spanish.

iberismo, m. (*ling.*) word or phrase of Iberian derivation.

ibernaménto, m. V. **ibernazione**.

ibernànte, a. hibernating; hibernant. ● **essere i.**, to hibernate.

ibernàre, A v. i. (*zool.*) to hibernate **B** v. t. ***1*** (*chir.*) to freeze* down ***2*** (*fig.*) to put* on ice; to mothball.

ibernazióne, f. ***1*** (*zool.*) hibernation ***2*** (*chir.*) freezing-down; hibernation anesthesia ***3*** (*med.: dei cadaveri*) cryonics (*pl. col verbo al sing.*) ***4*** (*di laterizi e sim.*) weathering.

ibèro-americàno, a. Latin-American.

iberoromànzo, A m. (*ling.*) Ibero-Romance languages (*pl.*). **B** a. Ibero-Romance.

ibidem (*lat.*), avv. ibidem (*abbr.*: ibid., ib.).

ibis, m. (*zool., Threskiornis*) ibis*. ● **i. sacro** (*Threskiornis aethiopica*), sacred ibis □ **i. rosso** (*Guara rubra*), scarlet ibis.

ibisco, m. (*bot., Hibiscus*) hibiscus.

iblèo, a. Hyblaean.

ibridàre, v. t. (*biol.*) to hybridize; to crossbreed.

ibridatóre, m. (*f.* **-trice**) hybridizer.

ibridazióne, f. (*biol.*) hybridization; crossbreeding; interbreeding.

ibridismo, m. ***1*** (*biol.*) hybridism; hibridity ***2*** (*fig.*) hybridism; hybrid character.

ìbrido, A a. ***1*** (*biol.*) hybrid; hybridous; crossbred; mongrel (*attr.*) ***2*** (*fig.*) hybrid. **B** m. ***1*** (*biol.*) hybrid; crossbreed; mongrel ***2*** (*fig.*) hybrid; cross.

ibridòma, m. (*biol.*) hybridoma*.

ibseniàno, a. (*letter.*) Ibsenian.

Ìcaro, m. (*mitol.*) Icarus.

icàstica, f. representative art.

icasticità, f. vividness; graphicness.

icàstico, a. ***1*** figurative; representational ***2*** (*estens.: efficace*) vivid; graphic.

iceberg (*ingl.*), m. invar. iceberg. ● (*anche fig.*) **la punta dell'i.**, the tip of the iceberg.

icnèumone, m. (*zool., Herpestes ichneumon*) ichneumon; Pharaoh's mouse (*o* rat).

icnografia, f. ichnography; ground plan.

icnogràfico, a. ichnographic(al).

icnologia, f. ichnology.

icòna, f. icon, ikon.

icònico, a. iconic.

iconoclàsta, m. e f. (*stor.* e *fig.*) iconoclast.

iconoclastìa, f. (*stor.* e *fig.*) iconoclasm.

iconoclàstico, a. (*stor.* e *fig.*) iconoclastic.

iconodulìa, f. iconoduly.

iconografia, f. iconography.

iconogràfico, a. iconographic(al).

iconògrafo, m. (*f.* **-a**) ***1*** iconographer ***2*** (*editoria*) art editor.

iconolàtra, A m. e f. iconolater. **B** a. iconolatrous.

iconolatrìa, f. iconolatry.

iconologìa, f. iconology.

iconològico, a. iconological.

iconologista, m. e f. iconologist.

iconoscòpio, m. (*TV*) iconoscope.

iconostàsi, f. (*archit.*) iconostasis*.

iconotèca, f. collection of icons.

icóre, m. (*mitol., med.*) ichor.

icosaèdrico, a. (*geom.*) icosahedral.

icosaèdro, m. (*geom.*) icosahedron.

icositetraèdro, m. (*geom.*) icositetrahedon.

ics, f. o m. (*lettera*) X, x. ● **a ics**, X-shaped □ **gambe a ics**, bandy legs.

ictus, m. (*poesia, med.*) ictus.

Id, m. (*psic.*) id

idantoìna, f. (*farm.*) hydantoin.

idàtide, f. (*med.*) hydatid.

idàtodo, m. (*bot.*) hydathode; water pore.

Iddio, V. **Dio**.

idèa, f. ***1*** idea: **l'i. della giustizia**, the idea of justice; **i. platonica**, Platonic idea; **afferrare un'i.**, to grasp an idea; **per associazione d'idee**, by an association of ideas; (*filos.*) **il mondo delle idee**, the world of ideas ***2*** (*pensiero*) thought: **L'idea di rivederli mi riempie di gioia**, the thought of seeing them again fills me with joy; **raccogliere le idee**, to gather one's thoughts; to concentrate; **idee sconnesse**, jumbled thoughts ***3*** (*trovata*) idea; notion; thought: **Non è una cattiva i.**, it's not a bad idea; **È stata una mia i.**, it was my idea; **Mi viene un'i.**, I've got an idea; I know what! (*fam.*); (*anche iron.*) **un'i. luminosa**, a bright idea; **i. geniale**, brilliant idea; stroke of genius; brainwave; **i. balzana**, crazy notion; **Che i.!**, what an idea!; the idea!; **Che idee sono queste?**, what's the idea? ***4*** (*opinione*) idea; opinion; mind; view: **esprimere un'i.**, to express an idea; **un'i. del tutto personale**, an entirely personal view (*o* opinion); **farsi un'i. di q.c.**, to form an opinion about st; (*immaginare q.c.*) to get the general idea of st., to imagine st.; **avere idee larghe [ristrette]**, to be broad-minded [narrow-minded]; **cambiare i.**, to change one's mind; **Siamo tutti della stessa i.**, we are all of one mind; we feel the same; **Sono della tua i.**, I feel the same way as you do; **Sono dell'i. che...**, I think...; I reckon... ***5*** (*progetto*) plan, scheme; (*proposta*) suggestion: **Se hai un'i. migliore, sentiamola**, if you have a better suggestion, let's hear it; **accarezzare un'i.**, to entertain an idea; **cassetta delle idee**, suggestion-box ***6*** (*intenzione*) intention; mind; notion: **Non ho la minima i. di farlo**, I haven't the slightest intention of doing that; **Ho una mezza i. di dirglielo**, I have half a mind to tell him; **Ho i. di comprarmi una moto**, I'm thinking of buying a motorbike ***7*** (*ideale*) ideal: **combattere per un'i.**, to fight for an ideal; **l'i. del bello presso i greci**, the Greek ideal of beauty ***8*** (*accenno, tocco*) hint; (*sentore*) whiff; (*barlume*) glimmering; **un'i. di azzurro**, a hint of blue; **un'i. di aglio**, a touch (*o* a whiff) of garlic; **appena un'i. di quel che vuole dire il libro**, (just) a glimmering of what the book means. ● **i. fissa**, fixed idea; fixation (*anche psic.*); bee in one's bonnet (*fam.*) □ **Ho i. che non durerà**, I have a notion (*o* I believe, I rather think) it won't last □ **È ricco da non averne i.**, he is unbelievably rich; you have no idea (*o* you can't imagine) how rich he is □ **interrompere il filo delle idee**, to interrupt (sb.'s) train of thought □ **Nemmeno per i.!**, certainly not!; by no means!; not in the slightest!; not on your life! (*fam.*) □ **Non ne ho i.**, (I have) no idea; I don't know □ **Non ne ho la minima** (*o* **la più pallida**) **i.**, I haven't the faintest (*o* slightest) notion; I haven't the foggiest (*fam.*) □ **Rendo l'i.?**, have I made myself clear?; do you know what I mean?

ideàbile, a. (*immaginabile*) imaginable, conceivable; (*escogitabile*) devisable.

ideàle, A a. ***1*** (*esistente solo nell'immaginazione*) ideal; imaginary: **una forma i.**, an ideal form ***2*** (*perfetto*) ideal; perfect: **la felicità i.**, ideal (*o* perfect) happiness; **una socie-**

tà i., an ideal society; **un posto i. per una vacanza**, an ideal place for a holiday; **un tempo i.**, ideal weather. **B** *m.* ideal: **l'i. di bellezza maschile**, the ideal of male beauty; **realizzare i propri ideali**, to realize one's ideals; **Non ho ancora trovato il mio i.**, I haven't found my ideal yet; **L'i. sarebbe che tutti collaborassero**, the ideal would be for everyone to collaborate; **L'i. sarebbe di partire domani**, the ideal thing would be to leave tomorrow; **Un caffè sarebbe l'i.!**, a cup of coffee would be just the thing!

idealeggiàre, *v. i.* to be idealistic; to follow an ideal.

idealìsmo, *m.* (*anche filos.*) idealism.

idealìsta, *m.* e *f.* (*anche filos.*) idealist.

idealìstico, *a.* (*anche filos.*) idealistic.

idealità, *f.* ***1*** ideality ***2*** (*sentimento nobile, ecc.*) ideal.

idealizzàre, *v. t.* to idealize.

idealizzazióne, *f.* idealization.

idealménte, *avv.* ***1*** (*in modo ideale*) ideally ***2*** (*metaforicamente*) metaphorically ***3*** (*col pensiero*) in thought; in spirit; in one's mind.

ideàre, *v. t.* ***1*** (*concepire*) to conceive; (*escogitare*) to think* up, to devise; (*inventare*) to invent; (*progettare*) to plan ***2*** (*psic.*) to ideate.

ideativo, *a.* ideational; ideative.

ideatóre, *m.* (*f.* **-trice**) author; deviser; inventor; conceiver.

ideazióne, *f.* ***1*** (*l'ideare*) conceiving; devising; planning ***2*** (*psic.*) ideation.

idem (*lat.*), **A** *pron.* ditto; the same. **B** *avv.* ditto; likewise; and so (+ *verbo*): **La cucina è in disordine e il bagno i.**, the kitchen is a mess, ditto the bathroom (*o* and so is the bathroom); **Troppi grassi sono nocivi alla salute; i. per gli zuccheri**, too much fat is bad for your health; likewise too much sugar; **Lui è sciocco e tu i.**, he's a fool and so are you (*o* and the same goes for you). ● (*fam.*) **i. come sopra**, ditto.

identicità, *f.* identicalness; identity.

idèntico, *a.* identical; exactly alike: **decrizioni identiche**, identical descriptions; **copia identica**, exact copy; **gemelli identici**, identical twins; **È i. all'originale**, it's identical to the original; **la stessa identica persona**, the very same person.

identificàbile, *a.* identifiable.

identificàre, **A** *v. t.* ***1*** (*considerate identico*) to identify; to equate ***2*** (*riconoscere*) to identify; (*individuare, anche*) to determine, to pinpoint: **i. un cadavere**, to identify a body; **i. le cause di q.c.**, to determine the causes of st. **B identificàrsi**, *v. rifl.* e *i. pron.* ***1*** (*sentirsi identico*) to identify (oneself) ***2*** (*essere identico*) to be identical.

identificatóre, *m.* (*anche elab.*) identifier.

identificazióne, *f.* (*anche psic.*) identification.

identikit, *m. invar.* ***1*** (*la tecnica*) identikit ***2*** (*il ritratto*) identikit (picture); composite (portrait) ***3*** (*fig.*) picture; profile; description.

identità, *f.* identity: **i. di vedute**, identity of opinions; identical views (*pl.*); **indovinare l'i. di q.**, to guess sb.'s identity; (*mat.*) **i. di un gruppo**, identity element; **carta d'i.**, identity card (*o* paper); ID card; (*psic.*) **crisi d'i.**, identity crisis; (*filos.*) **principio d'i.**, principle of identity.

ideografia, *f.* ideography.

ideogràfico, *a.* ideographic(al). ● **segno i.**, ideogram; ideograph.

ideogràmma, *m.* ideogram; ideograph.

ideogrammàtico, *a.* (*ling.*) ideogrammic; ideogrammatic.

ideologìa, *f.* (*anche filos.*) ideology.

ideològico, *a.* ideologic(al).

ideologìsmo, *m.* ***1*** (*filos.*) ideology ***2*** (*spreg.*) recourse to ideology.

ideologizzàre, *v. t.* to ideologize.

ideologizzazióne, *f.* ideologization.

ideòlogo, *m.* (*f.* **-a**) ***1*** (*anche filos.*) ideologist: **l'i. di un partito**, the ideologist of a party ***2*** (*spreg.*) ideologue.

ìdi, *f.* o *m. pl.* (*stor.*) Ides: **le** (*o* **gli**) **i. di marzo**, the Ides of March.

idilliaco, **idillico**, *a.* (*letter.* e *fig.*) idyllic.

idillio, *m.* ***1*** (*letter.*) idyll ***2*** (*fig.*: *relazione amorosa*) romance; love affair: **Il loro i. finì bruscamente**, their romance came to an abrupt end; **tessere un i.**, to have a love affair ***3*** (*fig.*: *vita serena*) idyllic life.

idioblàsto, *m.* (*bot.*) idioblast.

idiocultùra, *f.* minority culture.

idioelèttrico, *a.* (*elettr.*) idioelectric; containing static electricity.

idiòfono, *a.* (*mus.*) idiophonic.

idioglossìa, *f.* (*med.*) idioglossia.

idiogràfico, *a.* idiographic.

idiolètto, *m.* (*ling.*) idiolect.

idiòma, *m.* language; tongue; idiom; (*dialetto*) idiom, dialect: **l'i. italiano**, the Italian language; **l'i. materno**, one's mother tongue.

idiomàtico, *a.* idiomatic: **frasi idiomatiche**, idiomatic expressions; idioms.

idiomatìsmo, *m.* (*ling.*) idiom; idiotism.

idiomòrfo, *a.* (*miner.*) idiomorphic.

idiopatìa, *f.* (*med.*) idiopathic disease.

idiopàtico, *a.* (*med.*) idiopathic.

idiosincrasìa, *f.* ***1*** (*med.*) idiosyncrasy ***2*** (*avversione*) strong dislike (for); aversion (for, to).

idiosincràtico, *a.* ***1*** (*med.*) idiosyncratic ***2*** (*estens.*) intolerant; allergic.

idiòta, **A** *a.* ***1*** (*med.*) idiotic ***2*** (*spreg.*) idiotic; stupid; foolish. **B** *m.* e *f.* ***1*** (*med.*) idiot ***2*** (*spreg.*) idiot; fool: **Non fare l'i.!**, don't be an idiot (*o* a fool)!; **comportarsi da i.**, to behave foolishly (*o* like an idiot); (*anche fig.*) **l'i. del paese**, the village idiot.

idiotàggine, *V.* **idiozia**, *def. 2.*

idiotìsmo (1), *m.* (*med.*) idiocy.

idiotìsmo (2), *m.* (*ling.*) idiom; idiotism.

idiozìa, *f.* ***1*** (*med.*) idiocy ***2*** (*stupidità*) idiocy; stupidity; foolishness: **È pura i.!**, it's pure idiocy! ***3*** (*azione idiota*) stupid thing (to do); (*parole idiote*) stupid thing (to say), nonsense, rubbish, crap (*volg.*): **Non fare idiozie**, don't do foolish things (*o* anything foolish); **Hai detto una bella i.!**, that was a really stupid thing to say!; **dire idiozie**, to talk nonsense; **Sono tutte idiozie!**, it's all rubbish!

ido, *m.* e *a.* (*lingua artificiale*) Ido.

idolàtra, **A** *a.* idolatrous. **B** *m.* e *f.* idolater (*m.*); idolatress (*f.*); (*fig., anche*) idolist, idolizer.

idolatràre, *v. t.* (*anche fig.*) to idolize; to worship.

idolatrìa, *f.* (*anche fig.*) idolatry; idolism.

idolàtrico, *a.* idolatric(al); idolatrous.

idoleggiàre, *v. t.* to idolize; to make* an idol (of).

idolo, *m.* (*anche fig.*) idol: **il culto degli idoli**, idol-worship; **fare un i. di q. [q.c.]**, to make an idol of sb. [st.]; **Mel Gibson è un mio i.**, Mel Gibson is one of my idols.

idoneità, *f.* fitness; suitability: **i. al servizio militare**, fitness for military service. ● **certificato d'i.**, pass certificate □ **esame di i.**, qualifying examination.

idòneo, *a.* ***1*** (*che ha i requisiti*) fit; eligible; (*che ha i titoli*) qualified: **i. al servizio militare**, fit for military service; **i. all'insegnamento**, qualified to teach ***2*** (*adatto*) suitable; appropriate; fit: **abbigliamento i.**, suitable clothes; **un posto i. per una riunione**, a suitable place for a meeting. ● **non i.**, unfit; unsuitable □ **rendere i.**, to qualify.

idra, *f.* ***1*** (*mitol., astron.*) Hydra ***2*** (*zool., Hydra*; *fig.*) hydra*.

idràcido, *m.* (*chim.*) hydracid.

idragògo, *a.* (*farm.*) hydragogue.

idràmnio, *m.* (*med.*) hydramnios; hydramnion.

idrangèa, *f.* (*bot., Hydrangea*) hydrangea.

idrànte, *m.* ***1*** (*presa d'acqua*) hydrant; (*antincendio*) fire hydrant; fireplug (*USA*) ***2*** (*tubo*) hose ***3*** (*autobotte*) water truck.

idrargirio, *m.* (*chim., stor.*) hydrargyrum; quicksilver; mercury.

idrargirìsmo, *m.* **idrargiròsi**, *f.* (*med.*) mercurialism; hydrargyrism.

idràrtro, *m.* **idrartròsi**, *f.* (*med.*) hydrarthrosis*.

idràste, *f.* (*bot., Hydrastis canadensis*) hydrastes.

idrastina, *f.* (*chim.*) hydrastine.

idratànte, **A** *a.* ***1*** (*chim.*) hydrating ***2*** (*cosmesi*) moisturizing. **B** *m.* (*cosmesi*) moisturizer.

idratàre, *v. t.* ***1*** (*chim.*) to hydrate ***2*** (*cosmesi*) to moisturize.

idratàto, *a.* ***1*** (*chim.*) hydrated ***2*** (*cosmesi*) moisturized.

idratazióne, *f.* ***1*** (*chim.*) hydration ***2*** (*cosmesi*) moisturizing; moisturization.

idràto, (*chim.*) **A** *a.* hydrated. **B** *m.* ***1*** hydrate ***2*** (*idrossido*) hydroxide.

idràulica, *f.* (*fis.*) hydraulics (*pl. col verbo al sing.*).

idraulicità, *f.* (*edil.*) hydraulicity.

idràulico, **A** *a.* hydraulic: **calce idraulica**, hydraulic lime; **ingegnere i.**, hydraulic engineer; **torchio i.**, hydraulic press. **B** *m.* (*f.* **-a**) plumber; plumbing contractor; sanitary engineer.

idrazina, *f.* (*chim.*) hydrazine.

idremia, *f.* (*med.*) hydr(a)emia.

idria, *f.* (*archeol.*) hydria*.

idrico, *a.* water (*attr.*): **rifornimento i.**, water supply; **impianto i.**, waterworks.

idroaerogiro, *m.* (*aeron.*) sea-gyroplane.

idroaeropòrto, *V.* **idroscalo**.

idroalcòlico, *a.* hydroalcoholic.

idrobiologìa, *f.* hydrobiology.

idrobiològico, *a.* hydrobiological.

idrobiòlogo, *m.* (*f.* **-a**) hydrobiologist.

idrocarbùrico, *a.* (*chim.*) hydrocarbon (*attr.*): **resine idrocarburiche**, hydrocarbon resins.

idrocarbùro, *m.* (*chim.*) hydrocarbon.

idrocefalìa, *f.* (*med.*) hydrocephaly.

idrocefàlico, (*med.*) **A** *a.* hydrocephalic; hydrocephalous. **B** *m.* (*f.* **-a**) hydrocephalic person.

idrocèfalo, *m.* (*med.*) hydrocephalus; (*com.*) water on the brain.

idrocèle, *m.* (*med.*) hydrocele.

idroceràmica, *f.* porous fired clay.

idrochinóne, *m.* (*chim.*) hydroquinone; hydroquinol.

idrocoltùra, *f.* (*agric.*) hydroponics (*pl. col verbo al sing.*).

Idrocoràlli, *m. pl.* (*zool., Hydrocorallinae*) Hydrocorallinae.

idrocoràllo, *m.* (*zool.*) hydrocoral(line).

idrocorìa, *f.* (*bot.*) hydrochory.

idrocòro, *a.* (*bot.*) hydrochoric.

idrocortisóne, *m.* (*chim.*) hydrocortisone.

idrodinàmica, *f.* (*fis.*) hydrodynamics (*pl. col verbo al sing.*).

idrodinàmico, *a.* ***1*** (*fis.*) hydrodynamic(al) ***2*** (*naut.*) streamlined.

idroelèttrico, *a.* hydroelectric: **centrale idroelettrica**, hydroelectric station (*o* power plant).

idroemia, *V.* **idremia**.

idroestrattóre, *m.* (*tecn.*) hydroextractor.

idròfide, *m.* (*zool.*) sea serpent.

Idròfidi, *m. pl.* (*zool., Hydrophidae*) Hydrophidae.

idrofilìa, *f.* (*bot.*) hydrophily; water pollination.

idròfilo, **A** *a.* ***1*** (*chim.*) hydrophilic ***2*** (*bot.*) hydrophilous. ● **cotone i.**, cotton wool □ (*bot.*) **impollinazione idrofila**, *V.* **idrofilia**. **B** *m.* – **i. piceo** (*zool., Hydrophilus piceus*), scavenger-beetle.

idrofinitùra, *f.* (*metall.*) wet blasting.

idròfita, *f.* (*bot.*) hydrophyte.

idrofobìa, *f.* (*med.*) hydrophobia; rabies.

idrofòbico, *a.* hydrophobic.

idròfobo, *a.* **1** (*chim.*) hydrophobic **2** (*med.*) hydrophobic; hydrophobous; rabid; mad: **cane i.**, rabid (*o* mad) dog **3** (*fig.*) furious; hopping mad (*fam.*): **rendere i. q.**, to make sb. furious; to infuriate sb.

idrofònico, *a.* hydrophone (*attr.*).

idrofonista, *m.* e *f.* hydrophone operator.

idròfono, *m.* (*naut.*) hydrophone.

idròforo, *a.* water-bearing (*attr.*); water-carrying (*attr.*).

idroftàlmo, *m.* (*med.*) hydrophthalmos; congenital glaucoma.

idròfugo, *a.* water repellent; waterproof.

idrogamìa, *V.* **idrofilia**.

idrògamo, *V.* **idrofilo**, *def.* 2.

idrogenàre, *v. t.* (*chim.*) to hydrogenate; to hydrogenize.

idrogenazióne, *f.* (*chim.*) hydrogenation.

idrogenióne, *m.* (*chim.*) hydrogen ion.

idrògeno, *m.* (*chim.*) hydrogen: **i. pesante**, heavy hydrgen; **bomba all'i.**, hydrogen bomb; **ione i.**, hydrogen ion; **perossido di i.**, hydrogen peroxide.

idrogeologìa, *f.* hydrogeology.

idrogeològico, *a.* hydrogeological.

idrogètto, *m.* (*naut.*) water-jet propeller.

idrografìa, *f.* hydrography.

idrogràfico, *a.* hydrographic(al). ● **bacino i.**, catchment basin (*o* area); drainage basin (*o* area).

idrògrafo, *m.* (*f.* **-a**) hydrographer.

idrolàṣi, *f.* (*biol.*) hydrolase.

idròliṣi, *f.* (*chim.*) hydrolysis.

idrolìtico, *a.* (*chim.*) hydrolytic.

idròlito, *m.* (*farm.*) hydrolyte.

idroliẓẓàre, *v. t.* (*chim.*) to hydrolyze.

idrologìa, *f.* hydrology.

idrològico, *a.* hydrologic(al).

idròlogo, *m.* (*f.* **-a**) hydrologist.

idromànte, *m.* e *f.* hydromancer.

idromanzìa, *f.* hydromancy.

idromassàggio, *m.* hydromassage.

idromeccànica, *f.* (*fis.*) hydromechanics (*pl. col verbo al sing.*).

idromedùṣa, *f.* (*zool.*) hydromedusa.

idromèle, *m.* hydromel; mead.

idrometallurgìa, *f.* (*metall.*) hydrometallurgy.

idrometèora, *f.* (*meteor.*) hydrometeor.

idròmetra, *f.* (*zool.*, *Hydrometra*) water strider; pond skater.

idrometrìa, *f.* hydrometry.

idromètrico, *a.* hydrometric(al).

idròmetro, *m.* water-gauge; depth scale.

idròmide, *m.* (*zool.*, *Hydromys chrysogaster*) beaver rat.

idronefròṣi, *f.* (*med.*) hydronephrosis.

idronimìa, *f.* (*ling.*) hydronymy.

idrònimo, *m.* (*ling.*) river name; lake name.

idropericàrdio, *m.* (*med.*) hydropericardium.

idroperitonèo, *m.* (*med.*) hydroperiton(a)eum.

idroperòssido, *m.* (*chim.*) hydroperoxide.

idròpico, (*med.*) **A** *a.* hydropic(al); dropsical. **B** *m.* (*f.* **-a**) sufferer from dropsy.

idropinoterapìa, *f.* (*med.*) mineral water cure.

idropiṣìa, *f.* (*med.*) dropsy.

idropittùra, *f.* (*tecn.*) water paint.

idroplàno, *m.* (*naut.*, *aeron.*) hydroplane.

idropneumàtico, *a.* (*chim.*, *mecc.*) hydropneumatic.

idropònica, *f.* (*agric.*) hydroponics (*pl. col verbo al sing.*).

idropònico, *a.* hydroponic.

idropòrto, *V.* **idroscalo**.

idroreattóre, *V.* **idrogetto**.

idrorepellènte, **A** *a.* water-repellent. **B** *m.* (*chim.*) water repellent.

idroricognitóre, *m.* (*aeron.*) reconnaissance seaplane.

idrosanitàrio, *a.* (*edil.*) sanitary.

idroscàlo, *m.* seaplane base.

idroscì, *m.* (*sport*) water-skiing.

idrosciatóre, *m.* (*f.* **-trice**) water-skier.

idrosciìstico, *a.* water-skiing (*attr.*).

idroscivolànte, *m.* (*naut.*) airboat; swamp boat.

idroscòpio, *m.* hydroscope.

idrosfèra, *f.* (*geogr.*) hydrosphere.

idrosilurànte, *m.* (*mil.*) torpedo bomber.

idrosòl, *m.* (*chim.*) hydrosol.

idrosolfàto, *m.* (*chim.*) hydrosulphate.

idrosolfito, *m.* (*chim.*) hydrosulphite.

idrosolforóso, *a.* (*chim.*) hydrosulphurous.

idrosolùbile, *a.* water-soluble.

idròssido, *m.* (*chim.*) hydroxide.

idrostàtica, *f.* (*fis.*) hydrostatics (*pl. col verbo al sing.*).

idrostàtico, *a.* hydrostatic: **bilancia idrostatica**, hydrostatic balance.

idroterapèutico, *V.* **idroterapico**.

idroterapìa, *f.* (*med.*) hydrotherapy.

idroteràpico, *a.* (*med.*) hydrotherapeutic.

idrotermàle, *a.* hydrothermal.

idrotoràce, *m.* (*med.*) hydrothorax.

idrotropiṣmo, *m.* (*bot.*) hydrotropism.

idrovìa, *f.* waterway.

idrovolànte, *m.* (*aeron.*, *naut.*) seaplane; hydroplane.

idròvora, *f.* water-scooping machine.

idròvoro, *a.* water-scooping (*attr.*).

Idroẓòi, *m. pl.* (*zool.*, *Hydrozoa*) Hydrozoa.

idroẓòo, *m.* (*zool.*) hydrozoan.

idrùro, *m.* (*chim.*) hydrid(e).

ièlla, *f.* (*fam.*) bad luck; jinx: **portare i. a q.**, to bring bad luck to sb.; **Ha la i. addosso**, there is a jinx on him; he is jinxed; **Che i.!**, just my [your, etc.] luck!; tough luck!

iellàto, *a.* (*fam.*) unlucky; jinxed.

iemàle, *a.* (*lett.*) hiemal; wintry; winter (*attr.*).

iemaliẓẓàre, *v. t.* to vernalize.

ièna, *f.* (*zool.*, *Hyaena*; *fig.*) hy(a)ena: **i. striata** (*Hyaena hyaena*), striped hyena.

Ièova, *m.* Jehovah.

ieraticità, *f.* gravity; solemnity.

ieràtico, **A** *a.* **1** hieratic(al); priestly **2** (*fig.*) grave; solemn; priestlike. **B** *m.* (*scrittura ieratica*) hieratic (writing).

ièri, *avv.* e *m.* yesterday: **i. l'altro** (*o* **l'altro i.**), the day before yesterday; **i. mattina**, yesterday morning; **l'altro i. mattina**, the morning before last; **i. sera**, yesterday evening; **i. notte**, last night; **L'ho visto i.**, I saw him yesterday; **una settimana i.**, a week yesterday; **il giornale di i.**, yesterday's paper. ● **da i. a oggi**, in the last twenty-four hours; since yesterday □ (*fig.*) **Non sono nato i.**, I wasn't born yesterday □ **tra i. e oggi**, overnight.

ierlàltro, *avv.* the day before yesterday.

iermattina, *avv.* yesterday morning.

iernòtte, *avv.* last night.

ierocràtico, *a.* (*polit.*) hierocratic(al).

ierocrazìa, *f.* (*polit.*) hierocracy.

ierodulìa, *f.* (*stor.*) sacred slavery.

ierodùlo, *m.* (*f.* **-a**) (*stor.*) hierodule.

ierofànte, *m.* **1** (*stor.*) hierophant; high priest **2** (*fig. iron.*) high priest.

ierofàntico, *a.* hierophantic.

ierogamìa, *f.* hierogamy.

ieromànte, *m.* diviner.

ieromanzìa, *f.* hieromancy.

iersèra, *avv.* last night; yesterday evening.

iettàto, *a.* (*region.*) unlucky; jinxed.

iettatóre, *m.* (*f.* **-trice**) (*region.*) bringer of bad luck; jinx; Jonah; hoodoo (*fam. USA*).

iettatòrio, *a.* (*region.*) unlucky; ominous.

iettatùra, *f.* (*region.*) **1** (*malocchio*) evil eye **2** (*sfortuna*) bad (*o* ill) luck; jinx; hoodoo (*fam. USA*). ● **avere la i. addosso**, to be jinxed.

ifa, *f.* (*bot.*) hypha*.

Ifigenìa, *f.* (*mitol.*) Iphigenia.

Igèa, *f.* (*mitol.*) Hyge(i)a.

igiène, *f.* **1** (*la disciplina*) hygiene; hygienics (*pl. col verbo al sing.*) **2** (*pulizia*) hygiene (*form.*); cleanliness; (*di ambiente*) sanitation; (*sanità*) health: **Per motivi di i. si prega di non toccare la merce**, for reasons of hygiene customers are requested not to handle the goods; **Io ci tengo all'i.**, I am particular about cleanliness; **i. personale**, personal cleanliness; **i. pubblica**, public health; hygiene; **i. alimentare**, food hygiene; **i. mentale**, mental health; **standard di i.**, standards of cleanliness (*o* of hygiene); **condizioni di i.**, cleanliness (*sing.*); sanitation (*sing.*). ● **contro l'i.**, insanitary □ **ispettore d'i.**, sanitary inspector □ **norme d'i.**, health rules; sanitary regulations □ **ufficio d'i.**, public-health office.

igienicaménte, *avv.* hygienically.

igiènico, *a.* **1** hygienic(al); sanitary; (*che riguarda la salute*) health: **misure igieniche**, sanitary measures; **norme igieniche**, health rules; sanitary regulations **2** (*pulito*) clean; (*salubre*) healthy: **cibi igienici**, healthy food **3** (*fig. fam.*: *opportuno*) advisable, wise; (*prudente*) safe. ● **carta igienica**, toilet paper □ (*edil.*) **impianti igienici**, sanitary fixtures; sanitation (*sing.*) □ **servizi igienici**, sanitation (*sing.*).

igienico-sanitàrio, *a.* sanitary.

igienista, *m.* e *f.* hygienist; health fiend (*scherz.*).

iglò, **igloo**, **iglù**, *m.* igloo.

ignàme, *m.* (*bot.*, *Dioscorea*) yam.

ignàro, *a.* unaware (of); unacquainted (with); ignorant (of): **Ero i. di quel che mi attendeva**, I was unaware of what was awaiting me; **i. dell'accaduto**, unacquainted with (*o* ignorant of) the facts; **i. della vita**, ignorant of life; **i. di tutto**, knowing nothing; in the dark (*fam.*).

ignàvia, *f.* (*lett.*) sloth; sluggishness.

ignàvo, (*lett.*) **A** *a.* slothful; sluggish. **B** *m.* (*f.* **-a**) slothful person; sluggard.

Ignàzio, *m.* Ignatius.

igneo, *a.* **1** (*lett.*; *geol.*) igneous **2** (*fig. lett.*) fiery; impetuous.

ignifero, *a.* (*lett.*) igniferous.

ignifugàre, *v. t.* to fireproof.

ignifugazióne, *f.* fireproofing.

ignifugo, *a.* anti-fire; fire-resistant; fire-retardant; fireproof.

ignitróne, **ignitron**, *m.* (*elettron.*) ignitron.

ignivomo, *a.* (*lett.*) vomiting fire (*pred.*).

ignizióne, *f.* (*chim.*) ignition.

ignòbile, *a.* ignoble; base; despicable; vile.

ignobiltà, *f.* ignobility; ignobleness; baseness; vileness.

ignomìnia, *f.* **1** ignominy; disgrace; shame **2** (*azione ignominiosa*) disgraceful (*o* shameful) action **3** (*persona ignominiosa*) disgrace; shame **4** (*scherz.*: *cosa brutta*) outrage; horror.

ignominióso, *a.* ignominious; disgraceful; shameful.

ignorantàggine, *f.* crass (*o* gross) ignorance.

ignorànte, **A** *a.* **1** (*che non sa*) ignorant (of); unaware (of); that knows nothing (about) **2** (*incompetente*) incompetent **3** (*incolto*) ignorant; uneducated; (*analfabeta*) illiterate **4** (*villano*) boorish; rude; ill-mannered. **B** *m.* e *f.* **1** ignorant person; ignoramus **2** (*villano*) rude person; boor (*m.*).

ignorànza, *f.* **1** ignorance: **per i.**, out of ignorance; **i. crassa**, crass (*o* gross) ignorance; **Confesso la mia i.**, I have to confess my ignorance **2** (*villania*) boorishness; rudeness. ● **Beata i.!**, ignorance is bliss □ (*leg.*) **L'i. della legge non scusa**, ignorance of the law excuses no one.

ignoràre, *v. t.* **1** not to know*; to be unaware of; to have no idea of; to be ignorant of: **Ignoravo d'essere malato**, I didn't know I was ill; **Ignoro dove sia andato**, I have no idea where he went; **Ignoro di chi sia il quadro**, I don't know who painted that picture; **Non possono i. che siamo qui**, they must know we are here; **Non ignoriamo che...**, we are not unaware that...; **Ignoro tutto di informatica**, I am totally ignorant of computer science; I don't know the first thing about computers (*fam.*);

Si ignorano per il momento le cause del disastro, the causes of the disaster are unknown so far *2* (*trascurare*) to ignore, not to pay* attention to; (*non curarsi di q.c.*) to shrug off; (*non salutare*) to snub, to give* (sb.) the cold shoulder, to cold-shoulder, to cut*: **Ignorò la mia domanda**, he ignored my question; **Ho deciso di ignorarlo**, I've decided to ignore him; **i. le critiche**, to shrug off criticism; **Al party mi ignorò**, he gave me the cold shoulder (*o* he cut me) at the party; **Ignoralo!**, don't pay any attention to him.

ignoràto, *a.* *1* (*sconosciuto*) unknown *2* (*ingiustamente trascurato*) neglected.

ignòto, A *a.* unknown: **regione ignota**, unknown region; **di autore i.**, by an unknown author; **il Milite I.**, the Unknown Warrior. **B** *m.* *1* (*l'ignoto*) (the) unknown *2* (*persona ignota*) unknown person; (*leg.*) person unknown: **sporgere querela contro ignoti**, to bring an action against a person or persons unknown; **i soliti ignoti**, unknown people; (*iron.*) **un illustre ignoto**, a nobody; **figlio d'ignoti**, child of unknown parents; (*bur.*) parentage unknown.

ignùdo, A *a.* naked. **B** *m.* (*f.* **-a**) naked person; (*pl.*) (*collett.*) (the) naked: **vestire gli ignudi**, to clothe the naked.

igròfilo, *a.* hydric; hygrophilous: **pianta igrofila**, hydric plant.

igròfita, *f.* (*bot.*) hygrophyte.

igròfito, *a.* (*bot.*) hygrophitic.

igrògrafo, *m.* hygrograph.

igrogràmma, *m.* hygrogram.

igrometrìa, *f.* hygrometry.

igromètrico, *a.* hygrometric(al).

igròmetro, *m.* hygrometer.

igroscopìa, *f.* hygroscopy.

igroscopicità, *f.* hygroscopicity.

igroscòpico, *a.* hygroscopic(al).

igroscòpio, *m.* hygroscope.

igròstato, *m.* humidistat; hygrostat.

iguàna, *f.* (*zool.*, *Iguana iguana*) iguana.

iguanodónte, *m.* (*paleont.*) iguanodon(t).

ih, *inter.* (*di disgusto*) ugh; (*di sorpresa*) oh!, ah!

ikebàna (*giapponese*), *m. invar.* ikebana.

il, lo, *art. determ. m. sing.* *1* the: **Dammi il libro**, give me the (*o* that) book; **Apri l'uscio, per favore**, open the door, please; **Lo stesso giorno ricevetti una lettera**, on the same day I received a letter; **il primo giorno**, the first day; **l'ultimo mese**, the last month; **Sono andati al parco**, they have gone to the park; **La mamma porterà il tè fra un momento**, mother will bring the tea in a minute; **il vino di quella vigna**, the wine of that vineyard; **l'inverno che passai a Capri**, the winter I spent in Capri; **il rosso della tua gonna**, the red of your skirt; **il libro che ho letto**, the book I read; **il sole**, the sun; **il vento**, the wind; **il mare**, the sea; **il re**, the King; **il Signore**, the Lord; **il Tamigi**, the Thames; **l'Adriatico**, the Adriatic; **il Bello**, the Beautiful; **Alfredo il Grande**, Alfred the Great; **il buon dottor Valdi**, the good doctor Valdi *2* (*idiom.*, *assente in ingl.*) – **il prossimo mese**, next month; **lo scorso anno**, last year; **Non mi piace il tè**, I don't like tea; **È pronto il tè?**, is tea ready?; **Bevo sempre il vino**, I always drink wine; **Preferisco il vino rosso**, I prefer red wine; **Il tempo è denaro**, time is money; **Dammi il tuo baule**, give me your trunk; **Non è il mio!**, it isn't mine!; **Questo è il libro di Tom**, this is Tom's book; **Studio l'italiano**, I'm studying Italian; **L'oro è un metallo prezioso**, gold is a precious metal; **L'inverno è freddo qui**, winter is cold here; **Preferisco il rosso al verde**, I like red better than green; **il giorno di Natale**, Christmas Day; **il giorno di Pasqua**, Easter Sunday; **Il 13 è considerato un numero sfortunato**, 13 is considered an unlucky number; **La scuola riapre domani**, school starts again tomorrow; **il Papà**, Father; **il Monte Bianco**, Mont Blanc; **il Cile**, Chile; **il lago di Como**, Lake Como; **il re Artù**, King Arthur; **il dottor Valdi**, Dr Valdi; **il signor Clark**, Mr Clark; **il capitano Tersi**, Captain Tersi; **lo zio Jack**, uncle Jack; **Il nonno sta dormendo**, Granfather is asleep; **il Fato**, Fate; **il Paradiso**, Paradise; **L'uomo è mortale**, man is mortal *3* (*idiom.*, *agg. poss. in ingl.*) – **Non dimenticare l'ombrello**, don't forget your umbrella; **Mettiti il cappello**, put on your hat; **Bevi il tè**, drink your tea; **Lo dirò al babbo**, I'll tell your father; **Lo zio vive con noi**, our uncle lives with us; **Ho perso il treno**, I missed my (*o* the) train *4* (*idiom.*, *art. indeterm. in ingl.*) a; an: **Il cavallo è un animale domestico**, a horse is a domestic animal; horses are domestic animals; **Ha il naso lungo**, he has a long nose; **Hai preso il fazzoletto?**, have you taken a handkerchief?; **Ho il raffreddore**, I have (got) a cold *5* (*idiom.*, *partitivo in ingl.*) some; any: **Non ci metti il sale?**, don't you put any salt in it?; **Va' a comprare lo zucchero!**, go and buy some sugar!; **Non c'è il pane!**, there's no bread! *6* (*in luogo di «al», come distributivo*) a; an: **duemila lire il kilo**, two thousand lire a kilo; **due volte l'anno**, twice a year *7* (*nelle espressioni di tempo*) in the; on the (*o idiom.*): **Il pomeriggio dorme**, he sleeps in the afternoon; **Tornerò il mese prossimo**, I'll come back next month; **Viene il martedì**, she comes on Tuesdays; **il sette giugno**, on June the seventh; on the seventh of June *8* (*davanti ai cognomi*) – **il Byron**, Byron; **il Foscolo**, Foscolo.

ila, *f.* (*zool.*, *Hyla arborea*) tree-frog.

ilare (1), *a.* merry; gay; cheerful; laughing.

ilare (2), *a.* (*anat.*) hilar.

Ilària, *f.* Hillary.

Ilàrio, *m.* Hilary.

ilarità, *f.* hilarity; merriment; mirth; (*riso*) laughter. ● **provocare l'i. generale**, to make everybody laugh.

ileàle, *a.* (*anat.*) ileac.

ileìte, *f.* (*med.*) ileitis*.

ileo, *m.* (*anat.*) *1* (*parte dell'intestino tenue*) ileum* *2* *V.* **ilio.**

ileocecàle, *a.* (*anat.*) ileocaecal.

ileostomìa, *f.* (*chir.*) ileostomy.

iliaco (1), *a.* (*anat.*) iliac: **vene iliache**, iliac veins.

iliaco (2), *a.* (*stor.*) Iliac; Trojan.

Iliade, *f.* (*letter.*) Iliad.

ilice, *V.* **leccio.**

Ilio, *m.* (*geogr.*, *stor.*) Ilion; Ilium; Troy.

ilio, *m.* (*anat.*) ilium*; hip-bone.

illacrimàto, *a.* (*lett.*) unwept; unlamented.

illanguidiménto, *m.* weakening; enfeeblement.

illanguidire, A *v. t.* to weaken; to make* languid; to enfeeble. **B** *v. i.* e **illanguidirsi,** *v. i. pron.* to become* weak; to fade; to grow* feeble; to languish; (*specialm. di fiori*) to droop.

illativo, *a.* illative; inferential.

illazióne, *f.* illation; inference.

illécito, A *a.* illicit; illegitimate. ● (*leg.*) **responsabilità per fatto i.**, tort liability. **B** *m.* – (*leg.*) **i. civile**, tort; **i. penale**, offence; crime; **i. privato**, private wrong; **i. informatico**, computer crime.

illegàle, *a.* illegal; unlawful; lawless: **attività illegali**, illegal activities; (*leg.*) **esercizio i. di una professione**, unlawful practice of a profession; **arresto i.**, false arrest.

illegalişmo, *m.* *V.* **illegalità,** *def. 1.*

illegalità, *f.* *1* illegality; unlawfulness; lawlessness *2* (*atto illegale*) illegal (*o* unlawful) act; offence; breach of the law.

illegalménte, *avv.* illegally; unlawfully.

illeggiadrire, A *v. t.* to embellish; to prettify. **B** *v. i.* e **illeggiadrirsi,** *v. i. pron.* to grow* prettier (*o* more lovely, more graceful).

illeggìbile, *a.* (*indecifrabile*) illegible; (*perché mediocre, noioso, ecc.*) unreadable.

illeggibilità, *f.* illegibleness; unreadability.

illegittimità, *f.* illegitimacy; unlawfulness.

illegittimo, A *a.* *1* (*fuori dalla legge*) illegitimate; unlawful: **potere i.**, illegal (*o* unlawful) power; **figlio i.**, illegitimate child *2* (*non giustificato*) illegitimate, unwarranted, arbitrary; (*ingiusto*) illegitimate, unjustified: **richieste illegittime**, unjustified demands. **B** *m.* (*f.* **-a**) (*figlio i.*) illegitimate child*; natural child*.

illéşo, *a.* *1* unhurt; uninjured; unharmed; unscathed: **Uscì i. dall'incidente**, he was unhurt in the accident *2* (*di cose* e *fig.*) undamaged; intact.

illetteràto, *a.* *1* (*analfabeta*) illiterate *2* (*non istruito*) uneducated; uncultured; unlettered.

illibatézza, *f.* *1* virginity; chastity; purity *2* (*onestà*) blamelessness; irreproachability.

illibàto, *a.* *1* virgin (*attr.*); chaste; pure *2* (*onesto*) blameless; irreproachable; uncorrupted.

illiberàle, *a.* *1* illiberal *2* (*gretto*) illiberal; ungenerous; mean.

illiberalità, *f.* *1* illiberality *2* (*grettezza*) illiberality; ungenerosity; meanness.

illiceità, *f.* (*leg.*) unlawfulness; illegality.

illimitatézza, *f.* boundlessness; unlimitedness.

illimitàto, *a.* boundless; unlimited; limitless; endless; indefinite: **L'universo è i.**, the universe is unlimited (*o* boundless); **fiducia illimitata**, boundless faith; **risorse illimitate**, limitless resources; (*leg.*) **responsabilità illimitata**, unlimited liability; (*mil.*) **congedo i.**, indefinite leave.

Illìria, *f.* (*geogr.*, *stor.*) Illyria.

illìrico, *a.* Illyrian.

illividiménto, *m.* turning livid (*o* blue).

illividire, A *v. t.* to make* livid; to make* blue: **Il freddo ci illividiva le mani**, the cold made our hands turn blue. **B** *v. i.* to turn (*o* to become*) livid; to turn blue; (*del cielo, anche*) to grow* leaden.

illocutìvo, illocutòrio, *a.* (*ling.*) illocutionary.

illogicità, *f.* illogicality; illogicalness; irrationality; inconsequentiality.

illògico, *a.* illogical; irrational; (*incoerente*) inconsequential, inconsistent.

illùdere, A *v. t.* to deceive; to take* in; to fool; to kid (*fam.*); to delude: **Il trucco non illuse nessuno**, no one was taken in (*o* deceived) by the trick; **Ci illudevano con le loro promesse**, they kept fooling us with their promises. **B illùdersi,** *v. rifl.* to deceive oneself; to delude oneself; to be under the illusion (*o* delusion, mistaken belief) (that); to fool oneself; to kid oneself (*fam.*); (*su q.c. che riguarda se stessi*) to flatter oneself; (*sperare invano*) to hope against hope: **Non illuderti, non tornerà**, don't deceive (*fam.*: don't kid) yourself, he won't come back; **Si illudono di poter vincere**, they are under the illusion that they can win; **Mi illudevo di conoscerlo bene**, I thought I knew him well; **Ti illudi se credi di potercela fare**, you are deluding (*o* deceiving, fooling, flattering) yourself, if you think you can do it; **Continuava a i. che il figlio fosse vivo**, she went on hoping against hope that her son was alive.

illuminaménto, *m.* (*fis.* e *fig.*) illumination.

illuminànte, *a.* *1* illuminating: **gas i.**, illuminating gas *2* (*fig.*) enlightening.

illuminàre, A *v. t.* *1* to light*; (*gettare luce su, rischiarare*) to light* up, to illuminate; (*con riflettori*) to floodlight; (*splendere su*) to shine* upon: **I fanali illuminano le strade**, lamps light the streets; **La stanza era illuminata dal fuoco**, the room was lit by the fire; **Il faretto deve i. quei quadri**, the spotlight should light up (*o* illuminate) those paintings; **Un lampo illuminò la casa**, a flash of lightning lit up the house; **illuminare a giorno**, to floodlight; **La luna illuminava il lago**, the moon was shining upon the lake; **Un sorriso gli illuminò il viso**, a smile lit up his face *2* (*fig.*) to enlighten; to throw* (*o* to cast*) light on; to illuminate: **Che Dio v'illumini!**, may God enlighten you!; **Mi puoi i. su questa fac-**

cenda?, could you enlighten me on this matter?; **i. un problema**, to throw some light on a problem. **B illuminàrsi**, *v. i. pron.* to light* up; to lighten; to brighten: **La piazza s'illuminò**, the square lit up; the lights came up in the square; **Il viso le si illuminò di gioia**, her face lit up (*o* brightened) with joy; **Il cielo si illuminava a oriente**, the sky was brightening in the east.

illuminàto, *a.* **1** lit up; lighted; lit (*pred.*); illuminated: **una finestra illuminata**, a lighted window; **Il corridoio non era illuminato**, the passage was not lit; **poco i.**, badly lit; rather dark **2** (*fig.*) enlightened: **sovrano i.**, enlightened monarch; **menti illuminate**, enlightened minds.

illuminatóre, A *a.* enlightening; illuminating. **B** *m.* **1** (*di microscopio ottico*) illuminator **2** (*teatr.*) spot.

illuminazióne, *f.* **1** lighting; illumination (*specialm. per feste, ecc.*): **i. scarsa**, poor lighting, **i. a festa**, festive illumination; **i. artificiale**, artificial lighting; **i. a gas [elettrica]**, gas [electric] lighting; **i. con riflettori**, floodlighting **2** (*fig.*) enlightenment; (*ispirazione*) flash of inspiration.

illuminismo, *m.* (*stor., filos.*) Enlightenment.

illuminista, (*stor., filos.*) **A** *a. V.* **illuministico. B** *m.* e *f.* **1** (*pensatore, filosofo*) Enlightenment thinker [philosopher] **2** (*seguace*) follower of the Enlightenment.

illuministico, *a.* (*stor., filos.*) Enlightenment (*attr.*); of the Enlightenment.

illuminòmetro, *m.* (*fis.*) illuminometer.

illuminotècnica, *f.* lighting technique.

illùne, *a.* (*lett.*) moonless.

illusióne, *f.* **1** (*percezione illusoria*) illusion: **l'i. del movimento**, the illusion of movement; **i. ottica**, optical illusion **2** (*idea falsa*) illusion, delusion; (*vana speranza*) vain hope: **È tutta una tua i.**, you are under an illusion (*o* a delusion); it's all in your mind (*fam.*); **farsi illusioni**, to delude oneself; to cherish vain hopes; **Non farti illusioni!**, don't delude yourself!; **Io certo non mi faccio illusioni**, I certainly have no illusions.

illusionismo, *m.* illusionism; (*prestidigitazione*) conjuring.

illusionista, *m.* e *f.* illusionist; (*prestigiatore*) conjuror.

illusionistico, *a.* illusionistic; conjuring.

illùso, A *a.* deluded; deceived; hoodwinked. **B** *m.* (*f.* **-a**) dreamer; dupe: **Sei un i.**, you are a dreamer; you are deluding yourself; you live in a fool's paradise.

illusorietà, *f.* illusoriness.

illusòrio, *a.* illusory; false; deceptive; fallacious.

illustràre, *v. t.* **1** to illustrate: **i. un libro**, to illustrate a book **2** (*spiegare*) to illustrate; to explain; to expound **3** (*lett.*: *rendere illustre*) to be an honour to; to make* famous.

illustrativo, *a.* **1** illustrative **2** (*che spiega*) illustrative; explanatory: **note illustrative**, explanatory notes.

illustràto, *a.* illustrated: **edizione illustrata**, illustrated edition. ● **cartolina illustrata**, picture-postcard.

illustratóre, *m.* (*f.* **-trice**) **1** illustrator **2** (*commentatore*) commentator.

illustrazióne, *f.* **1** (*di libro, ecc.*) illustration, picture; (*fuori testo*) plate **2** (*spiegazione*) illustration; explanation.

illùstre, *a.* distinguished; renowned; famous; glorious; (*nobile*) noble; illustrious: **un i. scienziato**, a renowned (*o* famous) scientist; **una famiglia i.**, a distinguished family; (*nobile*) a noble family. ● (*scherz.*) **un i. sconosciuto**, a perfect stranger; a nobody.

illustrissimo, *a.* **1** (*appellativo*) Your Excellency **2** (*negli indirizzi*) – **I. signor Alan Bullock**, Mr Alan Bullock.

illùvio, *m.* (*geol.*) illuvium.

ilo, *m.* (*bot., anat.*) hilum*.

ilomorfismo, *m.* (*filos.*) hylomorphism.

ilòta, *m.* **1** (*stor.*) Helot **2** (*fig.*) helot; serf.

ilozoismo, *m.* (*filos.*) hylozoism.

ilozoista, *m.* e *f.* (*filos.*) hylozoist.

ilozoistico, *a.* (*filos.*) hylozoistic; hylozoic.

imagismo, *m.* (*letter.*) imagism.

imagista, *m.* e *f.* (*letter.*) imagist.

imalaiàno, *V.* **himalayano**.

imàno, *m.* imam.

imàtio, *m.* (*stor.*) himation*.

imbacuccàre, A *v. t.* to wrap up; to muffle up. **B imbacuccàrsi**, *v. rifl.* to wrap oneself up; to muffle oneself up.

imbaldanzìre, A *v. t.* to embolden; to make* (sb.) bold; to cheer; to give* (sb.) self-confidence. **B** *v. i.* e **imbaldanzìrsi**, *v. i. pron.* to grow* (*o* to become*) bold; to become* self-confident.

imballàggio, *m.* **1** packing; packaging; (*in balle*) baling; (*in casse*) crating; (*in scatole*) boxing: **franco d'i.**, packing free; **gabbia d'i.**, packing crate; **macchine da i.**, packaging machinery **2** (*involucro*) package **3** (*spese*) packing costs (*o* charges) (*pl.*).

imballàre (1), *v. t.* to pack; to package; (*in balle*) to bale; (*in casse*) to crate; (*in scatole*) to box.

imballàre (2), A *v. t.* (*autom.*) to race: **i. il motore**, to race the engine. **B imballàrsi**, *v. i. pron.* **1** (*di motore*) to race **2** (*di atleta*) to seize up.

imballàto, *a.* **1** (*autom.*) raced **2** (*stordito*) groggy; punch-drunk.

imballatóre, *m.* (*f.* **-trice**) packer; (*di merce in balle*) baler.

imballatrice, *f.* (*macchina*) packing machine; (*di balle*) baler, baling machine.

imballatùra, *f.* (*autom.*) racing.

imbàllo, *m.* **1** *V.* **imballaggio 2** (*tessuto*) burlap.

imbalsamàre, *v. t.* **1** to embalm **2** (*impagliare*) to stuff **3** (*fig.*) to freeze*; to mummify **4** (*lett.*: *profumare*) to embalm; to perfume.

imbalsamatóre, *m.* (*f.* **-trice**) **1** embalmer **2** (*impagliatore*) stuffer; taxidermist.

imbalsamatùra, **imbalsamazióne**, *f.* **1** embalming **2** (*impagliatura*) stuffing; taxidermy **3** (*fig.*) mummification.

imbambolàrsi, *v. i. pron.* to be bewildered; to be dazed (*o* in a daze); to be stunned; to look blank: **i. a guardare le vetrine**, to gape at shop-windows; **A quella domanda si imbambolò**, he appeared bewildered by that question; at that question he just looked blank.

imbambolàto, *a.* (*smarrito*) bemused, bewildered, blank; (*intontito*) stunned, dazed, in a daze (*pred.*), numbed; (*per sonno*) drowsy; (*incantato*) gaping: **sguardo i.**, blank look; **Non startene lì i.!**, don't just stand there gaping!

imbandieraménto, *m.* decking (with flags); (*naut.*) dressing.

imbandieràre, *v. t.* to deck with flags; to hang* with flags; (*naut.*) to dress.

imbandigióne, *f.* (*lett.*) **1** (*l'imbandire*) preparations (*pl.*) for a banquet **2** (*banchetto*) banquet.

imbandire, *v. t.* to prepare; to lay*; to set*: **i. un pranzo**, to prepare a lavish dinner; **i. la tavola**, to lay the table for a banquet.

imbandito, *a.* set for a feast (*pred.*); laid: **una tavola ben imbandita**, a sumptuously laid table.

imbàndo, *m.* (*naut.*) slack.

imbarazzànte, *a.* embarrassing; awkward: **domanda i.**, embarrassing (*o* awkward) question; **trovarsi in una situazione i.**, to be in an awkward position.

imbarazzàre, A *v. t.* **1** to embarrass; (*mettere a disagio*) to make* (sb.) feel uncomfortable (*o* ill at ease) **2** (*ostacolare*) to encumber, to hamper, to be in (sb.'s) way; (*ingombrare*) to clutter: **La gonna lunga la imbarazzava nel correre**, her long skirt encumbered her while running. ● **i. lo stomaco**, to upset the (*o* one's) stomach. **B imbarazzàrsi**, *v. i. pron.* to be embarrassed.

imbarazzàto, *a.* **1** embarrassed; (*a disagio*) ill at ease, uncomfortable, self-conscious, sheepish; (*goffo*) awkward **2** (*intralciato*) hampered **3** (*sconcertato*) puzzled; disconcerted; bewildered. ● **essere i. di stomaco**, to have a stomach upset.

imbaràzzo, *m.* **1** embarrassment: **levare q. d'i.**, to relieve sb. of his [her] embarrassment; **essere fonte d'i.**, to be a source of embarrassment **2** (*impaccio*) awkwardness; difficulty: **togliere q. dall'i.**, to help sb. out of a difficulty; **uscire d'i.**, to get out of a difficulty **3** (*disturbo*) trouble; hindrance: **Non vorrei darti i.**, I shouldn't like to give you any trouble. ● **i. di stomaco**, indigestion; stomach upset □ **essere in i.**, to be embarrassed; (*di fronte a una scelta*) to be in a quandary; (*perplesso*) to be puzzled □ **mettere q. in i.**, to embarrass sb.; to make sb. feel uncomfortable (*o* ill at ease) □ **Non c'è che l'i. della scelta**, there is plenty to choose from; one (*o* you) can pick and choose; you can take your pick.

imbarbariménto, *m.* barbarization; decline; decay.

imbarbarire, A *v. t.* to barbarize; (*una lingua*) to corrupt. **B** *v. i.* e **imbarbarirsi**, *v. i. pron.* **1** to become* barbarous; (*di lingua*) to become* corrupt **2** (*fig.*) to decline; to decay.

imbarcadèro, *m.* landing stage; pier.

imbarcàre, A *v. t.* **1** (*naut., aeron.*: *persone*) to take* aboard (*o* on board); to embark: **i. passeggeri**, to take aboard passengers; **i. truppe**, to embark troops **2** (*merci*) to ship; (*caricare*) to lay* in, to load: **i. carbone**, to ship coal; **i. provviste**, to lay in stores **3** (*far salire su un veicolo*) to get* aboard; (*caricare*) to load; (*ammucchiare*) to pile: **Ci imbarcarono su un camion**, they got us aboard a lorry; we were loaded on a lorry; **Li imbarcai tutti nella mia macchina**, I piled them all into my car **4** (*fig.*: *coinvolgere*) to involve; to drag in **5** (*fam.*: *rimorchiare*) to pick up. ● (*naut.*) **i. acqua**, to leak □ **i. q. clandestinamente**, to stow sb. away □ (*naut.*) **i. un'ondata**, to ship water (*o* a sea). **B imbarcàrsi**, *v. rifl.* **1** to go* aboard; to board a ship; (*partire*) to sail: **Mi imbarcai a Gibilterra**, I boarded the ship at Gibraltar; **Mi imbarco domani**, I sail tomorrow; **i. clandestinamente**, to stow away **2** (*di marittimo*) to ship; to sign on: **S'imbarcò come cuoco**, he signed on as a cook **3** (*salire su un veicolo*) to get* into; to board (st.) **4** (*fig.*: *intraprendere*) to embark on (*o* upon); to launch onto: **Si è imbarcato in una nuova impresa**, he has embarked on a new enterprise. **C imbarcàrsi**, *v. i. pron.* **1** (*fam.*: *prendersi una cotta*) to have* a crush on; (*iniziare una relazione*) to pick up with **2** (*di assi di legno, travi, ecc.*: *curvarsi*) to warp.

imbarcatóio, *m.* landing stage.

imbarcazióne, *f.* boat; craft*: **i. a vela**, sailing-boat; **i. da carico [da diporto]**, cargo [pleasure] boat; **i. da pesca**, fishing boat; **i. di salvataggio**, life boat; **i. da cabotaggio**, coaster; **una flottiglia di piccole imbarcazioni**, a flotilla of small craft; **imbarcazioni d'ogni genere**, all kinds of craft.

imbàrco, *m.* **1** (*naut.* e *aeron.*: *di persone*) embarkation; boarding: **l'i. dei passeggeri**, the embarkation (*o* boarding) of passengers; (*aeron.*) **carta d'i.**, boarding card; (*aeron.*) **sala d'i.**, boarding lounge **2** (*di merce*) shipping; shipment: **porto d'i.**, port of shipment; **pronto per l'i.**, ready for shipment; **spese d'i.**, shipping expenses **3** (*di marittimo*) shipping; signing-on: **contratto d'i.**, shipping (*o* ship's) articles (*pl.*); **prendere i.**, to sign on **4** (*imbarcadero*) landing stage.

imbardàre (1), *V.* **bardare**, *def. 1.*

imbardàre (2), *v. i.* **imbardàrsi**, *v. i. pron.* (*aeron.*) to yaw.

imbardàta, *f.* (*aeron.*) yaw.

imbarilàre, *v. t.* to store (*o* to pack) in a barrel (*o* in barrels); to barrel.

imbaṣaménto, V. **basamento.**
imbastardiménto, *m.* degeneration; deterioration; corruption; debasement.
imbastardire, A *v. t.* **1** to bastardize; to mongrelize **2** (*fig.*) to debase; to bastardize; (*una lingua*) to corrupt. **B** *v. i.* e **imbastardirsi,** *v. i. pron.* **1** (*di razza*) to become mongrelized **2** (*fig.*) to degenerate; to become* degenerate; to deteriorate; (*di lingua*) to become* corrupt.
imbastàre, *v. t.* to put a pack-saddle on; to saddle.
imbastire, *v. t.* **1** (*sartoria*) to tack; to baste **2** (*fig.*: *abbozzare*) to draft; to outline; to sketch **3** (*improvvisare*) to improvise; (*mettere insieme*) to put* (*o* to throw*) together, to whip up: **i. un discorso,** to improvise a speech; **i. una scusa,** to invent an excuse; **i. un pranzo,** to improvise (*o* to whip up) a meal.
imbastito, *a.* **1** (*sartoria*) basted; tacked **2** (*sport*) collapsed; cracked-up.
imbastitrice, *f.* (*ind. tess.*) baster.
imbastitùra, *f.* **1** (*sartoria*) tacking; basting **2** (*fig.*: *abbozzo*) outline; sketch; draft **3** (*sport*) collapse; crack-up.
imbàttersi, *v. i. pron.* to run* into; to meet with; to come* across; to encounter: **i. in q.,** to run into sb.; to bump into sb. (*fam.*); **i. in q.c.,** to come across st.; to meet with st.; to encounter st.; **i. per puro caso in q. [q.c.],** to chance upon sb. [st.]; **i. in una difficoltà,** to come up against (*o* to encounter, to meet with) a difficulty.
imbattibile, *a.* unbeatable; invincible; (*insuperabile*) unsurpassable, incomparable.
imbattibilità, *f.* invincibility.
imbattùto, *a.* unbeaten; undefeated.
imbaulàre, *v. t.* to pack in a trunk.
imbavagliaménto, *m.* (*anche fig.*) gagging.
imbavagliàre, *v. t.* (*anche fig.*) to gag.
imbeccàre, *v. t.* **1** to feed* **2** (*fig.*: *suggerire*) to prompt; to put* words into (sb.'s) mouth.
imbeccàta, *f.* **1** beakful **2** (*teatr.* e *estens.*) prompt(ing); cue: **prendere l'i.,** to take the cue; **dare l'i. a q.,** to prompt sb.
imbeccatóio, *m.* feeding dish (*o* tray).
imbecillàggine, V. **imbecillità.**
imbecille, A *a.* **1** (*psic.*) imbecile; idiot **2** (*spreg.*) stupid; idiotic; foolish; imbecile. **B** *m.* e *f.* fool; idiot; numbskull; dolt; imbecile: **I., non quella!,** not that one, you fool!
imbecillità, *f.* **1** (*psic.*) imbecility; idiocy **2** (*spreg.*) stupidity; idiocy **3** (*azione da imbecille*) stupid (*o* idiotic) thing (to do) **4** (*parole da imbecille*) stupid thing (to say); idiotic remark; rubbish; crap (*volg.*).
imbèlle, *a.* (*lett.*) **1** unwarlike **2** (*vile*) cowardly **3** (*fiacco*) weak.
imbellettàre, A *v. t.* **1** to make* up **2** (*fig.*) to embellish; to put* frills on; to prettify. **B imbellettàrsi,** *v. rifl.* to make* up; to do* one's face (*fam.*); to put* on one's warpaint (*scherz.*).
imbellettàto, *a.* made-up.
imbellettatùra, *f.* (*fig.*) embellishment; tinsel; frills (*pl.*).
imbellire, A *v. t.* to embellish; to adorn. **B** *v. i.* to grow* beautiful; to become* prettier; to improve in looks.
imbèrbe, *a.* **1** beardless **2** (*fig.*) callow; inexperienced; wet behind the ears (*pred., fam.*).
imberrettàre, A *v. t.* to put* a cap on. **B imberrettàrsi,** *v. rifl.* to put* on one's cap; to put* one's cap on.
imberrettàto, *a.* with one's cap on; wearing a cap.
imbestialire, A *v. t.* to make* (sb.) furious (*o* mad); to madden; to make* (sb.'s) hackles rise (*fam.*). **B** *v. i.* e **imbestialirsi,** *v. i. pron.* to become* furious; to get* mad; to get* hot under the collar (*fam.*).
imbestialito, *a.* furious; mad; incensed; foaming at the mouth (*pred., fam.*).
imbeṣuito, *a.* (*region.*) dazed; stupefied; stunned.
imbévere, A *v. t.* to soak. **B imbéversi,** *v. i. pron.* **1** to soak up (st.); to absorb (st.) **2** (*fig.*) to absorb (st.).
imbevibile, *a.* undrinkable.
imbevùto, *a.* **1** soaked (with); drenched (with) **2** (*fig.*) imbued: **i. di pregiudizi,** imbued with prejudices.
imbiaccàre, A *v. t.* **1** to paint with white lead (*o* ceruse) **2** (*fig.*: *imbellettare*) to paint; to make* up. **B imbiaccàrsi,** *v. rifl.* **1** to paint oneself with white lead (*o* ceruse) **2** (*fig.*: *truccarsi troppo*) to use too much make-up.
imbiancaménto, *m.* **1** whitening; (*di tessuti, anche*) bleaching **2** (*di muri*) whitewashing **3** (*agric.*) blanching.
imbiancàre, A *v. t.* **1** to whiten; (*tessuti*) to bleach, to whiten; (*i capelli*) to turn (sb.'s) hair white **2** (*muri*: *a calce*) to whitewash; (*di appartamento, ecc.*) to paint (st.) white, to decorate. ● **La neve imbiancava i tetti,** the roofs were white with snow. **B** *v. i.* e **imbiancàrsi,** *v. i. pron.* **1** to grow* (*o* to turn) white **2** (*rischiararsi*) to light* up **3** (*impallidire*) to turn pale.
imbiancàto, *a.* whitened; bleached; whitewashed; painted white (*pred.*).
imbiancatóre, *m.* (*f.* **-trice**) (*ind. tess.*) bleacher.
imbiancatrice, *f.* (*del riso*) polisher.
imbiancatùra, *f.* **1** whitening; (*di tessuti, anche*) bleaching **2** (*di muri*) whitewashing; (*di appartamento, ecc.*) painting, decorating.
imbianchiménto, V. **imbiancamento.**
imbianchino, *m.* **1** whitewasher; (*di interni*) painter, decorator **2** (*iron., spreg.*) bad painter; dauber.
imbianchire, *v. t.* **1** V. **imbiancare 2** (*cucina*) to blanch.
imbibènte, *m.* (*fotogr.*) hypo eliminator.
imbibire, *v. t.* (*chim., fis.*) to imbibe; to saturate.
imbibizióne, *f.* (*chim., fis.*) imbibition.
imbiellàggio, *m.* (*mecc.*) master rod linking.
imbiettàre, *v. t.* (*mecc.*) to wedge up (*o* in); to cotter; to key.
imbiondire, A *v. t.* to make* blond (*o* fair). **B** *v. i.* **1** to turn* blond (*o* fair) **2** (*del grano*) to turn golden; to ripen.
imbirbonire, *v. i.* to become* a rascal.
imbitumàre, *v. t.* to bituminize.
imbiẓẓarrire, A *v. i.* **imbiẓẓarrirsi,** *v. i. pron.* **1** (*di cavallo*) to take* fright; to shy **2** (*fig.*) to get* worked up. **B** *v. t.* to startle; to make* (a horse) shy.
imbiẓẓarrito, *a.* frightened; runaway (*attr.*).
imbiẓẓire, *v. i.* (*di cavallo*) to become* restive (*o* frisky).
imboccàre, A *v. t.* **1** to spoon-feed*: **i. un bambino,** to spoon-feed a child **2** (*fig.*: *suggerire*) to prompt; to put* words into (sb.'s) mouth **3** (*una strada*) to take*; (*una galleria, un porto*) to enter; (*un ponte*) to get* onto **4** (*uno strumento mus.*) to put* to one's mouth. ● (*fig.*) **i. la via del successo,** to find the way to success. **B** *v. i.* (*di arnesi, tubi, ecc.*) to fit*.
imboccatùra, *f.* **1** (*apertura*) mouth; opening **2** (*entrata*) entrance; way in; mouth **3** (*di strumento mus.*) mouthpiece, embouchure; (*di strumentista*) embouchure **4** (*del morso*) mouthpiece.
imbócco, *m.* entrance; way in; (*anche ind. min.*) mouth, portal: **l'i. dell'autostrada,** the entrance of the motorway.
imbolsire, *v. i.* **imbolsirsi,** *v. i. pron.* **1** (*di cavallo*) to become* broken-winded; to get* the heaves **2** (*fig.*: *appesantirsi*) to become* flabby **3** (*fig.*: *diventare fiacco*) to lose* vigour.
imboniménto, *m.* **1** (*di venditore*) sales talk; (sales) patter; spiel (*fam.*) **2** (*di presentatore di spettacolo*) showman*'s barking **3** (*esaltazione*) hype; puff.
imbonire, *v. t.* to praise (st. to sb.); to tout (st. to sb.). ● **imbonirsi q.,** to play up to sb.
imbonitóre, *m.* (*f.* **-trice**) **1** (*di fiera, ecc.*) barker; huckster; tout **2** (*fig. spreg.*) tout; spieler (*fam. USA*).
imborgheṣiménto, *m.* bourgeoisification; shift to (*o* acceptance of) middle-class values.
imborgheṣire, A *v. t.* to make* bourgeois (*o* middle-class). **B** *v. i.* e **imborgheṣirsi,** *v. i. pron.* to become* bourgeois; to accept middle-class values.
imborgheṣito, *a.* turned bourgeois (*o* middle-class) (*pred.*).
imboscaménto, *m.* **1** hiding in a wood **2** (*il sottrarsi al servizio mil.*) evading military service; draft-dodging **3** (*di merce*) corner; cornering.
imboscàre, A *v. t.* **1** (*nascondere in un bosco*) to hide* (sb.) in a wood **2** (*sottrarre al servizio mil.*) to help (sb.) to evade military service **3** (*merce*) to corner. **B imboscàrsi,** *v. rifl.* **1** (*nascondersi in un bosco*) to hide* in a wood **2** (*mettersi in agguato*) to lie* down in ambush **3** (*sottrarsi al servizio mil.*) to evade military service; to dodge the draft **4** (*sottrarsi a un lavoro*) to shirk; (*trovare un lavoro comodo*) to get* oneself a cushy job **5** (*scherz.*: *nascondersi*) to sneak off: **Dove vi eravate imboscati?,** where had you sneaked off to? **C imboscàrsi,** *v. i. pron.* **1** (*di terreno*) to become woody **2** (*di albero*) to grow* bushy; to thicken.
imboscàta, *f.* ambush: **cadere in un'i.,** to fall into an ambush; **tendere un'i.,** to lay an ambush; to wait in ambush; (*e sorprendere*) to ambuscade, to waylay.
imboscàto, *m.* (*mil.*) shirker; draft-dodger.
imboschiménto, *m.* afforestation.
imboschire, A *v. t.* to afforest. **B** *v. i.* e **imboschirsi,** *v. i. pron.* to become* woody.
imbossolàre, V. **imbussolare.**
imbottàre, *v. t.* to put* into a cask (*o* into casks); to cask.
imbottatùra, *f.* casking.
imbottavino, *m.* casking funnel.
imbótte, *f.* (*archit.*) intrados*.
imbottigliaménto, *m.* **1** bottling **2** (*mil.*) bottling up **3** (*fig.*: *di traffico*) traffic jam; gridlock (*USA*); (*coda*) tailback (*GB*), backup (*USA*).
imbottigliàre, A *v. t.* **1** to bottle **2** (*mil.*) to bottle up **3** (*intrappolare*) to bottle up; to box in; to hem in. ● **Le auto erano imbottigliate al casello,** there was a tailback of cars at the toll. **B imbottigliàrsi,** *v. i. pron.* **1** to get* trapped **2** (*di veicolo*) to be held in a traffic jam; to be caught in a tailback (*USA*: in a backup).
imbottigliatóre, *m.* (*f.* **-trice**) bottler.
imbottigliatrice, *f.* (*macchina*) bottling-machine; bottler.
imbottire, A *v. t.* **1** (*cuscini e sim.*) to stuff, to fill; (*indumenti*) to pad, to wad; (*trapuntare*) to quilt; (*sedili, pareti*) to pad **2** (*un panino, ecc.*) to fill: **i. un panino di salame,** to fill a roll with salami **3** (*fig.*) to stuff; to pack; to fill: **i. la testa di q. di sciocchezze,** to stuff sb.'s head with nonsense; **imbottirsi le tasche,** to stuff one's pockets; **La mamma lo imbottì ben bene,** his mother covered him in layers of clothes. **B imbottirsi,** *v. rifl.* **1** (*di abiti*) to put on* (layers of clothes); to cover up well with; to muffle up in **2** (*rimpinzarsi*) to cram oneself with; to gorge oneself with.
imbottita, *f.* quilt; eiderdown.
imbottito, *a.* **1** (*di cuscino e sim.*) stuffed, filled; (*di indumento*) padded, wadded; (*di sedile, parete*) to pad **2** (*fig.*: *vestito pesantemente*) muffled up; wrapped up. ● **coperta imbottita,** quilt □ **fodera imbottita,** quilted lining □ **panino i.,** (ham, cheese, etc.) roll.
imbottitùra, *f.* stuffing; filling; padding; wadding.
imbozzacchire, *v. i.* to grow* up stunted.
imbozzàre, V. **abbozzare.**
imbozzatùra, V. **abbozzamento.**
imboẓẓimàre, *v. t.* **1** (*ind. tess.*) to size **2**

(*sporcare*) to smear.
imbozzimatùra, *f.* (*ind. tess.*) sizing.
imbozzolàrsi, *v. rifl.* (*di bachi*) to cocoon.
imbràca, *f.* ***1*** (*del finimento da tiro*) breeching(-strap) ***2*** (*per sollevamento*) sling ***3*** (*cintura di sicurezza*) sling.
imbracàre, *v. t.* to secure with a sling; to sling*.
imbracatóre, *m.* slinger.
imbracatùra, *f.* ***1*** (*l'imbracare*) slinging ***2*** (*fune, cinghia*) sling ***3*** (*di paracadute*) harness.
imbracciàre, *v. t.* (*lo scudo*) to sling* on; (*il fucile*) to shoulder.
imbracciatùra, *f.* ***1*** (*atto dell'imbracciare*) slinging on; shouldering ***2*** (*parte che serve per imbracciare*) sling; (*di scudo*) strap, loop.
imbrachettàre, *v. t.* (*legatoria*) to hinge.
imbragàre, *V.* **imbracare**.
imbraghettàre, *V.* **imbrachettare**.
imbranàto, A *a.* (*fam.*) ***1*** (*goffo*) clumsy, awkward, cack-handed (*fam.*); (*incapace*) useless, hopeless (*fam.*) ***2*** (*inesperto*) raw; green. **B** *m.* (*f.* **-a**) clumsy person; dead loss (*fam.*); sad sack (*fam. USA*).
imbrancàre, *v. t.* **imbrancarsi,** *v. i. pron.* (*anche fig.*) to herd (together).
imbrattacàrte, imbrattafógli, *m.* e *f. invar.* (*spreg.*) scribbler.
imbrattamùri, *m.* e *f.* (*spreg.*) dauber.
imbrattàre, A *v. t.* to dirty; to soil; to sully; to smear; (*macchiare*) to stain: (*anche fig.*) **imbrattarsi le mani**, to dirty one's hands; (*fig.*) **imbrattarsi le mani di sangue**, to soil (*o* to stain) one's hands with blood; **i. di fango**, to cake with mud; **i. d'inchiostro**, to stain (*o* to blot) with ink; **i. di rifiuti**, to litter; **i. di vernice**, to smear (*o* to daub) with paint. **B imbrattàrsi,** *v. rifl.* to dirty oneself; to get* dirty; to become* soiled.
imbrattatéle, *m.* e *f.* (*spreg.*) dauber.
imbrattatóre, *m.* (*f.* **-trice**) soiler.
imbrattatùra, *f.* ***1*** stain; smear ***2*** *V.* **imbratto,** *def. 1.*
imbràtto, *m.* ***1*** (*spreg.: dipinto scadente*) daub; (*scritto scadente*) trash; scribble ***2*** (*broda per maiali*) swill.
imbrecciàre, *v. t.* to cover (a road) with gravel; to gravel.
imbrecciàta, *f.* layer of gravel.
imbrecciatùra, *f.* gravelling.
imbriacàre, e *deriv. V.* **ubriacare,** e *deriv.*
imbricàre, e *deriv. V.* **embricare,** e *deriv.*
imbrìfero, *a.* (*geogr.*) rain-collecting. ● **bacino i.**, catchment basin (*o* area); drainage basin (*o* area).
imbrigliaménto, *m.* bridling.
imbrigliàre, *v. t.* ***1*** (*un cavallo*) to bridle ***2*** (*fig.: tenere a freno*) to bridle; to curb; to restrain; to keep* in check ***3*** (*un terreno*) to shore up; (*un corso d'acqua*) to harness, to dam ***4*** (*naut.*) to frap.
imbrillantinàre, A *v. t.* to put* brilliantine on. **B imbrillantinàrsi,** *v. rifl.* to put* brilliantine on one's hair.
imbrillantinàto, *a.* brilliantined.
imbroccàre, *v. t.* ***1*** to hit*: **i. il bersaglio**, to hit the target ***2*** (*fig.*) to hit*; to hit* on; to strike*; to get* right; (*indovinare*) to guess: **imbroccarla giusta**, to get it right; to score a bull's eye; to hit the nail on the head; **i. una risposta**, to hit on the right answer; **Non ne imbrocca una**, he never gets anything right; **Imbroccammo la strada giusta**, we struck the right road.
imbrodàre, *v. t.* **imbrodarsi,** *v. rifl.* to soil; to stain. ● (*prov.*) **Chi si loda s'imbroda**, self-praise is no recommendation.
imbrogliàre, A *v. t.* ***1*** (*arruffare*) to tangle; (*anche fig.*) to entangle ***2*** (*confondere*) to muddle; to confuse; to mix up; to embroil: **i. le idee**, to muddle one's ideas ***3*** (*ingannare*) to cheat; to dupe; to take* in; to trick; to diddle (*fam.*): **Mi hanno imbrogliato**, I've been cheated; I've been diddled (*fam.*); I've been had (*fam.*); **Non è facile imbrogliarlo**, he is not easily taken in; **i. sul peso**, to cheat over the weight ***4*** (*intralciare*) to obstruct, to be in the way; (*impedire*) to hamper: **i. il passaggio**, to obstruct the passage; to be in the way; **Toglilo di qui, non vedi che imbroglia?**, move it, can't you see it's in the way?; **i. nei movimenti**, to hamper one's movements ***5*** (*naut.: le vele*) to clew up; to brail up; to haul up. ● (*fig.*) **i. le carte** (*o* **la matassa**), to confuse an issue □ **i. q. nel resto**, to short-change sb. □ **i. sui conti**, to fiddle the accounts (*o* the books). **B imbrogliàrsi,** *v. i. pron.* ***1*** (*di fili, capelli*) to get* (en)tangled ***2*** (*confondersi*) to get* mixed up, to get* confused; (*esitare*) to hesitate; (*balbettare*) to stammer. ● (*scherz.*) **La faccenda s'imbroglia**, the plot thickens.
imbrogliàto, *a.* (*complicato*) entangled; intricate; (*confuso*) confused, messed up: **una faccenda imbrogliata**, an intricate matter.
imbròglio, *m.* ***1*** (*intrico*) tangle, entanglement; (*pasticcio*) muddle, mix-up ***2*** (*inganno*) cheat; swindle; fraud; trick; diddle (*fam.*); (*al pl., anche*) shenanigans (*fam.*) ***3*** (*impiccio*) scrape; fix (*fam.*): **togliere q. da un i.**, to get sb. out of a scrape; **essere in un i.**, to be in a fix ***4*** (*naut.*) brail.
imbroglióne, A *m.* (*f.* **-a**) swindler; cheat; trickster; crook. **B** *a.* cheating; dishonest.
imbroncàre, *v. t.* (*naut.*) to top; to trip.
imbronciàrsi, *v. i. pron.* ***1*** (*fare il broncio*) to sulk, to pout; (*corrucciarsi*) to frown, to get* cross ***2*** (*fig., del cielo*) to cloud over; to get* overcast.
imbronciàto, *a.* ***1*** (*col broncio*) sulky, pouting; (*corrucciato*) frowning, sullen, grumpy, cross ***2*** (*fig., del cielo*) overcast; cloudy.
imbruniménto, *m.* ***1*** darkening ***2*** (*bot.*) black end (*o* tip).
imbrunìre, A *v. i.* (*anche impers.*) to grow* (*o* to get*) dark; to darken. **B** *m.* dusk; nightfall: **all'i.**, at dusk; at nightfall.
imbruttìre, A *v. t.* to make* ugly; to uglify; to spoil the looks (*o* the beauty) of. **B** *v. i.* e **imbruttìrsi,** *v. i. pron.* to grow* (*o* to become*) ugly.
imbucàre, A *v. t.* ***1*** (*impostare*) to post; to mail (*specialm. USA*): **Devo i.**, I've got to post something ***2*** (*mettere in un buco*) to put* into a hole; (*nascondere*) to hide* ***3*** (*biliardo*) to pocket. **B imbucàrsi,** *v. i. pron.* ***1*** (*nascondersi*) to hide* ***2*** (*pop.: intrufolarsi non invitato*) to gate-crash (st.).
imbucàto, *m.* (*f.* **-a**) (*pop.*) gate-crasher.
imbufalìre, *v. i.* **imbufalìrsi,** *v. i. pron.* (*fam.*) to get* furious; to see* red; to go* off the deep end (*fam.*); to go* up the wall (*pop.*).
imbufalìto, *a.* (*fam.*) furious; fuming; incensed; mad; foaming at the mouth (*pred.*).
imbullettàre, *v. t.* to tack.
imbullettatùra, *f.* tacking.
imbullonàre, *v. t.* to rivet.
imburràre, *v. t.* (*pane, ecc.*) to butter; (*teglie, ecc.*) to grease with butter.
imbussolàre, *v. t.* ***1*** (*polvere da sparo*) to put* into a cartridge ***2*** (*mettere in un'urna*) to put* into a box (*schede elettorali*: into a ballot-box).
imbustàre, *v. t.* to put* into an envelope.
imbustàto, *a.* ***1*** (*in busta*) in an envelope (*pred.*) ***2*** (*stretto da un busto*) corseted.
imbustatrìce, *f.* (*tecn.*) envelope machine.
imbutifórme, *a.* funnel-shaped; (*bot.*) trumpet-shaped.
imbutìre, *v. t.* (*metall.*) to deep-draw*.
imbutitrìce, *f.* (*metall.*) drawing press.
imbutitùra, *f.* (*metall.*) drawing; spinning.
imbùto, *m.* funnel. ● **a i.**, funnel-shaped.
imène (1), *m.* (*anat.*) hymen. ● **dell'i.**, hymenal.
imène (2), *m.* (*lett.*) marriage; wedding; nuptials (*pl.*) (*lett.*).
imenèo, *m.* ***1*** (*inno nuziale*) hymeneal; wedding hymn ***2*** (*pl.*) (*lett.: nozze*) hymeneals; nuptials.
imènio, *m.* (*bot.*) hymenium*. ● **dell'i.**, hymenial.
Imenòtteri, *m. pl.* (*zool., Hymenoptera*) Hymenoptera. ● **degli I.**, hymenopterous.
imenòttero, *m.* (*zool.*) hymenopteran.
imidazòlo, *m.* (*chim.*) imidazole.
imitàbile, *a.* imitable.
imitàre, *v. t.* ***1*** (*seguire un modello*) to imitate; (*copiare*) to copy; (*scimmiottare*) to ape, to copycat (*fam.*); (*fare il verso*) to mimic, to ape: **i. l'esempio di q.**, to imitate sb.; to follow sb.'s example; **Vuole i. i vicini**, he wants to copy (*o* to ape) his neighbours; **i. una voce**, to imitate a voice; **Smettila di imitarmi in tutto!**, stop copycatting me! ***2*** (*di attore e sim.*) to impersonate ***3*** (*contraffare*) to counterfeit; to forge; to fake: **i. una firma**, to forge a signature ***4*** (*assomigliare*) to look (*o* to be) like: **un materiale che imita il marmo**, a material that looks like marble.
imitatìvo, *a.* imitative.
imitatóre, *m.* (*f.* **-trice**) ***1*** imitator; copier: **un i. del Petrarca**, an imitator of Petrarch ***2*** (*attore*) impersonator; impressionist.
imitazióne, *f.* ***1*** imitation; copy; (*scimmiottamento*) aping, copycatting (*fam.*): **a i. di**, in imitation of; **istinto di i.**, imitation instinct ***2*** (*di attore e sim.*) impersonation; impression ***3*** (*contraffazione*) imitation; fake; (*di quadro, ecc.*) copy, fake; (*falsificazione*) forgery: **gioielli d'i.**, imitation jewelry; (*leg.*) **i. di firma**, forgery of signature; forged signature; (*leg.*) **i. di un marchio**, imitation of a trade-mark ***4*** (*mus.*) imitation.
immacolàto, *a.* ***1*** immaculate; spotless; pure; blameless: **vita immacolata**, immaculate life; **coscienza immacolata**, pure (*o* clear) conscience ***2*** (*bianchissimo*) immaculate; spotless; snow-white: **bianco i.**, immaculate white. ● (*relig.*) **l'Immacolata**, the Virgin □ (*teol.*) **l'Immacolata Concezione**, the Immaculate Conception.
immagazzinàbile, *a.* storable.
immagazzinaménto, *m.* storage; storing; (*in silo*) ensilage.
immagazzinàre, *v. t.* ***1*** to store (up); to warehouse; (*in silo*) to ensile ***2*** (*fig.*) to store up; to accumulate ***3*** (*elab.*) to store.
immaginàbile, *a.* imaginable; conceivable.
immaginàre, A *v. t.* ***1*** to imagine; to conceive; to picture; to fancy: **Puoi i. la mia gioia**, you can imagine my joy; **Non riesco a i. che cosa sia successo**, I cannot imagine (*o* conceive) what could have happened; **Te lo immagini come esploratore?**, can you fancy him as an explorer?; **Immagina di essere sotto un albero**, imagine you are under a tree ***2*** (*inventare*) to invent, to think* out; (*escogitare*) to devise, to concoct ***3*** (*supporre, ritenere*) to suppose; to think*; to guess; to reckon; to presume; to take* it: **Non ci sei tornato, immagino**, you didn't go back, I imagine (*o* I take it); **Immagino che tu voglia scherzare**, I suppose that you are joking; **Immagino che non verrà**, I suspect (*o* I guess, I reckon) he won't come; **Me l'immaginavo**, I thought as much; I knew it; **Non l'avrei mai immaginato**, I would never have thought it; I would never have guessed. ● **Immagina se potevo accettare!**, how could I possibly accept? □ **Immaginati! fare una cosa simile!**, fancy doing that! □ **C'era da immaginarselo**, it was only to be expected □ **Non riesce a i. neppure lontanamente come stiano le cose**, he has no notion of how things really are □ (*nelle formule di cortesia*) **«Grazie infinite!» «Ma s'immagini!»** «thanks a lot!» «don't mention it!» (*o* «no trouble at all!», *USA*: «you're welcome!»); **«Disturbo?» «Ma s'immagini!»** «am I disturbing you?» «not at all!» (*o* «of course not!»). **B** *m. V.* **immaginazione**.
immaginàrio, *a.* ***1*** imaginary; fictitious: **mondo i.**, imaginary world; **personaggio i.**,

fictitious character **2** (*mat.*) imaginary. ● **malato i.**, hypochondriac.

immaginativa, *f.* imagination; imaginativeness; inventiveness.

immaginativo, *a.* imaginative.

immaginazióne, *f.* **1** imagination; fancy: **i. fervida**, lively imagination; **non avere i.** to have no imagination; **eccitare l'i.**, to stir the imagination; **esistere solo nell'i.**, to exist only in one's imagination (*o* fancy) **2** (*cosa immaginata*) figment of the imagination: **Quell'uomo non esiste: è una tua i.**, the man doesn't exist, he's a figment of your imagination (*o* you just imagined him). ● **Il disastro va al di là di ogni i.**, the disaster is worse than one would ever have imagined.

immàgine, *f.* **1** image; picture: **la propria i. allo specchio**, one's image (*o* reflection) in a mirror; **le immagini sullo schermo**, the images on the screen; **i. votiva**, votive image; **culto delle immagini**, image-worship; **È proprio l'i. di suo padre**, he is the very image of his father; **È l'i. della salute**, he is the picture of health; **Il suo viso era l'i. dell'innocenza**, his face was the picture of innocence **2** (*figura disegnata*) figure; (*illustrazione*) picture, illustration **3** (*rappresentazione mentale*) image, (mental) picture; (*impressione*) impression; (*ricordo*) memory: **Rivedo la sua i.**, I still have a mental picture of it; I can still see it; **l'i. dei propri nonni**, the memory of one's grandparents; **Ne ho ancora un'i. viva**, I still have a vivid memory of it **4** (*letter.*: *metafora*) image; metaphor; (*al pl.*, *anche*) imagery (*sing. collett.*) **5** (*idea che si dà di sé*) image: **curare la propria i.**, to cultivate one's image; **i. aziendale**, corporate image; **offrire un'i. di efficienza**, to project an image of efficiency; to come across as efficient; **La sua i. è quella di un uomo alla mano**, he comes across as an affable man **6** (*fis.*) image: **i. virtuale**, virtual image; (*TV*) **i. spuria**, ghost (image) **7** (*zool.*) imago*. ● **a i. e somiglianza di**, in the likeness of.

immaginétta, *f.* holy picture.

immaginìfico, *a.* (*lett.*) richly imaginative; having a luscious imagination (*pred.*).

immaginişmo, *m.* (*letter.*) overabundance of imagery.

immaginóso, *a.* **1** (*di scrittore, ecc.*) highly imaginative; creative **2** (*di stile, ecc.*) imaginative; vivid; fanciful.

immalinconire, A *v. t.* to make* melancholy; to sadden. **B** *v. i.* e **immalinconirsi,** *v. i. pron.* to grow* melancholy; to grow* sad.

immancàbile, *a.* **1** inevitable; unfailing **2** (*certo*) inevitable; certain; assured.

immancabilménte, *avv.* without fail; unfailingly; without doubt; undoubtedly.

immàne, *a.* **1** (*lett.*: *enorme*) huge; enormous; immense **2** (*spaventoso*) appalling; dreadful; terrible.

immanènte, *a.* (*filos.*) immanent.

immanentişmo, *m.* (*filos.*) immanentism.

immanentìsta, *m.* e *f.* (*filos.*) immanentist.

immanentìstico, *a.* (*filos.*) immanentist(ic).

immanènza, *f.* (*filos.*) immanence; immanency.

immangiàbile, *a.* uneatable.

immanità, *f.* enormity; immensity; hugeness.

immantinènte, *avv.* (*lett.*) immediately; at once.

immarcescìbile, *a.* (*lett.*) immarcescible; imperishable.

immateriàle, *a.* **1** immaterial; incorporeal **2** (*fig.*: *delicato*) ethereal; spiritual. ● (*leg.*) **beni immateriali**, intangible property.

immaterialişmo, *m.* (*filos.*) immaterialism.

immaterialista, *m.* e *f.* (*filos.*) immaterialist.

immaterialità, *f.* immateriality; incorporeality.

immatricolàre, A *v. t.* **1** (*studenti*) to enrol; to matriculate **2** (*veicoli, ecc.*) to register. **B immatricolàrsi,** *v. i. pron.* to matriculate.

immatricolazióne, *f.* **1** (*di studente*) admission; enrolment; matriculation **2** (*di veicolo, ecc.*) registration.

immaturaménte, *avv.* **1** immaturely **2** (*prematuramente*) before one's time; too soon.

immaturità, *f.* **1** (*bot.*) unripeness **2** (*med.*) prematurity **3** (*fig.*) immaturity.

immatùro, A *a.* **1** (*di frutto e sim.*) unripe **2** (*med.*) premature **3** (*fig.*) immature; (*infantile*) childish: **mente immatura**, immature mind; **È i. per la sua età**, he is immature for his age **4** (*prematuro*) premature; untimely; early: **morte immatura**, premature death; **in età immatura**, at an early age; **I tempi sono immaturi**, it's too early yet; the times are not ready yet. **B** *m.* (*f.* **-a**) (*med.*) premature baby.

immedeşimàre, A *v. t.* to identify; to unify. **B immedeşimàrsi,** *v. rifl.* to identify oneself (with sb.); (*di attore*) to live (a part), to become* one (with a character). ● **i. in una situazione**, to place oneself in a situation.

immedeşimazióne, *f.* (self-)identification; (*di attore*) living one's part.

immediataménte, *avv.* **1** directly; immediately: **i. sopra q.c.**, directly above st.; **Tu vieni i. dopo di me**, you are immediately after me **2** (*subito*) immediately; at once; promptly; instantly.

immediatézza, *f.* **1** immediacy; immediateness **2** (*spontaneità*) directness; spontaneity.

immediàto, A *a.* immediate; (*che avviene subito dopo*) direct; (*rapido*) prompt; (*istintivo*) instinctive: **il mio i. superiore**, my immediate superior; **bisogni immediati**, immediate needs; **riunione immediata**, immediate meeting; **consegna immediata**, prompt delivery; **intervento i.**, prompt (*o* direct) intervention; **risultato i.**, direct result; **reazione immediata**, immediate (*o* instinctive) reaction; **nell'i. futuro**, in the immediate future; **pagamento i.**, down payment; cash down; **alle immediate dipendenze di q.**, directly under sb. **B** *m.* – **nell'i.**, in the immediate future.

immedicàbile, *a.* incurable; unhealable; immedicable.

immeditàto, *a.* (*lett.*) unpremeditated.

immelanconire, *V.* **immalinconire**.

immemoràbile, *a.* immemorial: **da tempo i.**, from time immemorial.

immèmore, *a.* oblivious; forgetful; unmindful: **i. degli obblighi**, forgetful of one's duties.

immensaménte, *avv.* immensely; enormously; infinitely; awfully (*fam.*): **i. ricco**, immensely rich; **i. più alto**, infinitely taller; **Mi dispiace i.**, I'm awfully sorry; **amare i.**, to love deeply; **desiderare i.**, to yearn (for).

immensità, *f.* **1** immensity; vastness **2** (*grande quantità*) immense quantity; huge number; multitute; awful lot (*fam.*).

immènso, *a.* **1** immense; vast; huge; enormous; (*sconfinato*) unbounded, boundless: **distanze immense**, vast (*o* huge) distances; **l'i. universo**, the boundless universe; **un salone i.**, a vast hall; **immense ricchezze**, immense (*o* enormous) wealth **2** (*molto intenso*) great; immense; deep.

immensuràbile, *a.* immeasurable; measureless; immensurable.

immensurabilità, *f.* immeasurableness; immensurability.

immèrgere, A *v. t.* to immerse; to sink*; to plunge; (*brevemente*) to dip: **Non i. in acqua**, do not immerse in water; **i. un dito nel liquido**, to dip a finger into the liquid; **Immergi le verdure in acqua fredda**, plunge the vegetables into cold water; **Gli immerse il pugnale nel cuore**, he plunged the dagger into his heart; **La stanza fu immersa nel buio**, the room was plunged into darkness. **B immèrgersi,** *v. rifl.* e *i. pron.* **1** to lower oneself into; (*tuffarsi*) to plunge into, to dive* into; (*di subacqueo, di sottomarino*) to dive*, to submerge: **M'immersi nell'acqua calda**, I lowered myself into the hot water; **i. alla ricerca di un relitto**, to dive in search of a wreck; (*di sottomarino*) **i. rapidamente**, to crash-dive **2** (*fig.*) to disappear into; to be swallowed by: **i. tra la folla**, to disappear into the crowd; **i. nella nebbia**, to be swallowed by fog **3** (*fig.*: *dedicarsi totalmente*) to immerse (*o* to submerse) oneself in; to plunge into; to give* oneself up to: **i. nella meditazione**, to plunge into meditation; **i. nel lavoro**, to immerse oneself in work.

immeritàto, *a.* **1** (*non meritato*) undeserved; unmerited **2** (*ingiusto*) unjust.

immeritévole, *a.* undeserving; unworthy.

immersióne, *f.* **1** immersion; (*breve*) dip, dipping; (*tuffo*) plunge, dive **2** (*di subacqueo, di sottomarino*) dive; submersion; (*l'immergersi*) diving: **i. rapida**, crash dive; **gara d'i.**, diving competition; **durante l'i.**, (*nell'immergersi*) while diving; (*mentre si è immersi*) while under water, (*di sottomarino*) while submerged **3** (*naut.*: *pescaggio*) draught **4** (*astron.*) immersion. ● (*eccles.*) **battesimo per i.**, (baptism by) immersion □ (*naut.*) **linea d'i.**, water-line □ (*naut.*) **navigare in i.**, to be under way submerged □ (*naut.*) **velocità in i.**, submerged speed.

immèrso, *a.* immersed; soaked; submerged: **Lascialo i. per un'ora**, leave it to soak for one hour; **immerso nella luce**, bathed in light; **i. nei propri pensieri**, deep in thought; **Ero i. nel lavoro e non lo sentii**, I was immersed (*o* absorbed) in my work, and I didn't hear him.

immeschinire, A *v. t.* to make* mean; to cheapen. **B** *v. i.* e **immeschinirsi,** *v. i. pron.* to grow* mean; to become* cheap (*o* squalid),

imméttere, A *v. t.* to introduce; to let* in; to put* in; to put* on: **i. un prodotto sul mercato**, to put a product on the market; **i. q. nel possesso di un bene**, to put sb. in possession of a property; (*elab.*) **i. dati**, to enter data. **B** *v. i.* (*sboccare*) to lead* to (*o* into, onto). **C imméttersi,** *v. rifl.* e *i. pron.* to get* into; to get* onto: **i. in autostrada**, to get onto the motorway; **i. nel traffico**, to get into the traffic; (*da un posteggio*) to pull out into traffic.

immigrànte, *a.*, *m.* e *f.* immigrant.

immigràre, *v. i.* to immigrate.

immigràto, *m.* (*f.* **-a**) immigrant.

immigratòrio, *a.* immigratory.

immigrazióne, *f.* **1** immigration **2** (*gli immigrati*) immigrants (*pl.*).

imminènte, *a.* **1** (*prossimo*) imminent, very near, close at hand (*pred.*), forthcoming; (*minaccioso*) impending: **arrivo i.**, imminent arrival; **pubblicazione i.**, forthcoming publication; **guerra i.**, impending war; **L'inverno è i.**, winter is close at hand **2** (*lett.*: *sovrastante*) overhanging.

imminènza, *f.* imminence; nearness. ● **nell'i. delle feste**, with the approach of the holidays.

immischiàre, A *v. t.* to involve; to implicate; to mix up. **B immischiàrsi,** *v. i. pron.* to get* involved in (*o* with); (*impicciarsi*) to meddle in (*o* with), to interfere with: **Non t'immischiare!**, don't interfere!; mind your own business!; **S'immischia in tutto quello che faccio**, he meddles in (*o* interferes with) everything I do; **Di che t'immischi?**, what business is it of yours?; **Io non voglio immischiarmi**, I don't want to get involved in (*o* to have anything to do with) it; **Lo supplicai di non i.**, I implored him to stay out of it.

immiscìbile, *a.* (*chim.*) immiscible.

immiscibilità, *f.* (*chim.*) immiscibility.

immişeriménto, *m.* impoverishment.

immişerire, A *v. t.* to impoverish; to reduce to poverty. **B** *v. i.* e **immişerirsi,** *v. i. pron.* **1** to become* poor **2** (*fig.*: *ridursi*) to dwindle; (*indebolirsi*) to weaken **3** (*immeschinirsi*) to grow* mean.

immissàrio, *m.* (*geogr.*) tributary.

immissióne, *f.* **1** immission; input; introduction; intake **2** (*tecn.*) inlet; intake **3** (*elab.*)

input; entry.
immistióne, *f.* (*lett.*) interference.
immiṣuràbile, *a.* immeasurable.
immòbile, **A** *a.* **1** (*che non si può spostare*) immovable **2** (*fermo*) motionless; stationary; still: **restare i.**, to keep still; to remain motionless; **Un tempo si credeva che la Terra fosse i.**, the Earth was once thought to stand still (*o* not to move). ● (*leg.*) **bene i.**, *V.* **B**. **B** *m.* immovable property; (*al pl.*, *anche*) real estate (*sing. collett.*), immovables; (*edificio*) building: **il mercato degli immobili**, the real estate market.
immobiliàre, *a.* real estate (*attr.*); property (*attr.*): **agenzia i.**, real estate agency; **proprietà i.**, real estate; **società i.**, property company. ● **credito i.**, credit guaranteed by mortgage □ **società di credito i.**, building society.
immobiliarista, *m. e f.* real estate agent; realtor (*USA*).
immobiliṣmo, *m.* (*polit.*) immobilism; wait-and-see policy; ultra-conservatism; inactivity.
immobilista, *m. e f.* ultra-conservative; supporter of a wait-and-see policy.
immobilìstico, *a.* (*polit.*) ultra-conservative; wait-and-see (*attr.*).
immobilità, *f.* immobility; motionlessness; stillness.
immobiliẓẓàre, *v. t.* **1** to immobilize; to block; to pin; (*bloccando braccia e gambe*) to pinion: **i. un arto**, to immobilize a limb; **L'agente lo immobilizzò contro il muro**, the policeman pinned (*o* pinioned) him against the wall **2** (*fin.*) to tie up, to lock up, to capitalize; (*congelare*) to freeze*. ● **i. a letto**, to force to stay (*o* to keep) in bed.
immobiliẓẓàto, *a.* **1** immobilised; paralized; pinned down: **arto i.**, immobilised limb; **restare i. dal terrore**, to be paralized with terror **2** (*fin.*) tied up; frozen: **capitale i.**, tied up capital; frozen assets.
immobiliẓẓazióne, *f.* **immobiliẓẓo**, *m.* **1** immobilization **2** (*fin.*) tying up; lock-up.
immoderataménte, *avv.* immoderately; without moderation; to excess.
immoderatézza, *f.* lack of moderation; immoderateness; immoderation; intemperance.
immoderàto, *a.* immoderate; intemperate; unrestrained.
immodèstia, *f.* **1** immodesty **2** (*mancanza di pudore*) immodesty; shamelessness; impropriety.
immodèsto, *a.* **1** immodest; boastful **2** (*non pudico*) immodest; shameless; improper.
immolàre, **A** *v. t.* to sacrifice; to immolate. **B immolàrsi**, *v. rifl.* to sacrifice oneself; to immolate oneself.
immolatóre, *m.* (*f.* **-trice**) immolator.
immolazióne, *f.* sacrifice; immolation.
immondézza, *f.* **1** foulness; uncleanliness; filthiness **2** *V.* **immondizia**.
immondezzàio, *m.* **1** rubbish (*USA*: garbage) dump; rubbish tip (*GB*) **2** (*fig.*) pigsty; tip (*GB*).
immondìzia, *f.* (*spazzatura*) rubbish (*GB*); garbage (*USA*); trash (*USA*); refuse; litter: **recipiente per l'i.**, dustbin; rubbish bin; garbage box; trash can; (*in luogo pubblico*) litter bin; **Vietato depositare le immondizie**, no dumping; no tipping (*GB*).
immóndo, *a.* **1** (*sporco*) filthy; dirty; foul: **linguaggio i.**, foul language **2** (*impuro*) unclean: **spiriti immondi**, unclean spirits.
immoràle, *a.* immoral.
immoraliṣmo, *m.* (*filos.*) immoralism.
immoralista, *m. e f.* immoralist.
immoralità, *f.* **1** immorality **2** (*atto immorale*) immoral act.
immorsàre (1), *v. t.* **1** (*tecn.*) to scarf **2** (*edil.*) to tooth.
immorsàre (2), *v. t.* (*un cavallo*) to put* the bit on (a horse).
immorsatùra, *f.* (*edil.*) toothing.
immortalàre, **A** *v. t.* to immortalize. **B immortalàrsi**, *v. i. pron.* to become* immortal.
immortàle, **A** *a.* immortal; eternal; undying; everlasting: **gli dèi immortali**, the immortal gods; **un capolavoro i.**, an immortal masterpiece; **fama i.**, undying (*o* everlasting) fame. **B** *m. e f.* immortal.
immortalità, *f.* immortality; (*fama immortale*) undying (*o* everlasting) fame.
immotivàto, *a.* unjustified; groundless.
immòto, *a.* motionless; still; (*di persona, anche*) stock-still.
immucidire, *v. i.* to go* musty; to grow* mouldy.
immùne, *a.* immune (*anche med.*); (*esente*) exempt; (*libero*) free: **i. da contagio**, immune from contagion; **i. da pagamento**, exempt from payment; **i. da difetti**, free from defects.
immunità, *f.* (*anche leg., med.*) immunity: **i. da imposte**, immunity from taxation; **i. diplomatica [parlamentare]**, diplomatic [parliamentary] immunity; **sospendere l'i.**, to lift immunity.
immunitàrio, *a.* (*med.*) immune: **risposta immunitaria**, immune response; **sistema i.**, immune system.
immuniẓẓànte, *a.* (*med.*) immunizing: **siero i.**, immune serum.
immuniẓẓàre, *v. t.* (*med.*) to immunize.
immuniẓẓazióne, *f.* (*med.*) immunization.
immunochìmica, *f.* immunochemistry.
immunocitochìmica, *f.* immunocytochemistry.
immunocompetènte, *a.* (*med.*) immunocompetent.
immunocompetènza, *f.* (*med.*) immunocompetence.
immunodeficiènza, *f.* (*med.*) immunodeficiency.
immunodepressióne, *f.* (*med.*) immunodepression.
immunodepressóre, **A** *m.* (*med.*) immunodepressant. **B** *a.* immunodepressive.
immunodiffuṣióne, *f.* (*chim.*) immunodiffusion.
immunoelettroforèṣi, *f.* (*chim.*) immunoelectrophoresis.
immunoematologia, *f.* (*med.*) immunoh(a)ematology.
immunofluorescènza, *f.* (*med.*) immunofluorescence.
immunògeno, **A** *a.* immunogenic. **B** *m.* immunogen.
immunoglobulina, *f.* (*biol.*) immunoglobuline.
immunologia, *f.* (*med.*) immunology.
immunològico, *a.* (*med.*) immunologic(al).
immunòlogo, *m.* (*f.* **-a**) (*med.*) immunologist.
immunopatologia, *f.* immunopathology.
immunopoièṣi, *f.* (*biol.*) immunopoiesis.
immunoprofilàssi, *f.* (*med.*) immunoprophylaxis.
immunoreazióne, *f.* (*biol.*) immunoreaction.
immunoregolatóre, (*farm.*) **A** *m.* immunoregulator. **B** *a.* immunoregulating.
immunosièro, *m.* (*med.*) immune serum*.
immunosoppressióne, *f.* (*biol.*) immunosuppression.
immunosoppressìvo, *a.* (*med.*) immunosuppressive.
immunosoppressóre, (*med.*) **A** *m.* immunosuppressant. **B** *a.* immunosuppressive.
immunoterapia, *f.* (*med.*) immunotherapy.
immunotossina, *f.* (*chim.*) immunotoxin.
immunsièro, *V.* **immunosiero**.
immuràre, *v. t.* to wall in.
immuṣonirsi, *v. i. pron.* to start to sulk; to get* sulky; to pull a long face.
immuṣonito, *a.* sulky; sullen; glum.
immutàbile, *a.* unchangeable; unalterable; unchanging; changeless; immutable.
immutabilità, *f.* immutability; unchangeableness; changelessness.
immutabilménte, *avv.* immutably; unchangingly; constantly.
immutàto, *a.* unchanged; unaltered.
imo, (*lett.*) **A** *a.* (the) lowest; bottom (*attr.*). **B** *m.* bottom.
imoscàpo, *m.* (*archit.*) lower scape (*o* shaft).
impaccàggio, *m.* packing; packaging.
impaccaménto, *m.* (*elab.*) packing.
impaccàre, *v. t.* to pack; to package; to make* (st.) into a parcel; (*avvolgere*) to wrap up.
impaccatóre, *m.* (*f.* **-trice**) packer.
impaccatrice, *f.* (*tecn.*) packing machine; packer.
impaccatùra, *f.* packing; packaging.
impacchettàre, *v. t.* to wrap up.
impacchettatóre, *m.* (*f.* **-trice**) packer.
impacchettatrice, *f.* (*tecn.*) packing machine; packer.
impacchettatùra, *f.* parcel wrapping.
impacciàre, *v. t.* **1** to encumber; to hamper; to hinder: **Il sacchetto mi impacciava**, the bag hampered me **2** (*disturbare*) to trouble; to bother.
impacciàto, *a.* **1** (*goffo*) awkward; clumsy **2** (*imbarazzato*) embarrassed, self-conscious; (*a disagio*) ill at ease.
impàccio, *m.* **1** hindrance; encumbrance; impediment; obstacle: **Sei più d'i.**, you are more of a hindrance than a help; **essere d'i. a q.c.**, to be a hindrance to sb.; to hinder sb.; (*essere d'ingombro*) to be in sb.'s way **2** (*fastidio*) trouble; bother **3** (*situazione difficile*) awkward situation; difficulty; predicament; scrape: **trarsi d'i.**, to get out of a difficulty (*o* of a predicament, of a scrape) **4** (*imbarazzo*) embarrassment; awkwardness.
impàcco, *m.* (*med.*) compress.
impadronirsi, *v. i. pron.* **1** to take* possession of; to appropriate (st.); (*con la violenza*) to seize (st.); (*afferrare*) to get* hold of, to seize (st.); (*rubare*) to steal* (st.): **Il ladro s'impadronì dei gioielli**, the thief seized the jewels; **i. del potere**, to seize power; **La paura s'impadronì di lui**, he was seized by fear **2** (*fig.*) to master (st.): **i. di una lingua**, to master a language.
impagàbile, *a.* priceless; invaluable.
impaginàre, *v. t.* (*tipogr.*) to make* up; to page (up).
impaginàto, *m.* (*tipogr.*) page proof.
impaginatóre, *m.* (*f.* **-trice**) (*tipogr.*) maker-up; make-up man* (*m.*).
impaginatùra, **impaginazióne**, *f.* (*tipogr.*) make-up; paging (up).
impagliàre, *v. t.* **1** (*fiaschi, ecc.*) to cover with straw; (*sedie, ecc.*) to bottom with straw **2** (*riempire di paglia*) to stuff (with straw): **i. un uccello**, to stuff a bird **3** (*imballare nella paglia*) to pack in straw.
impagliàto, *a.* **1** (*coperto di paglia*) covered with straw (*pred.*) **2** (*di sedie, ecc.*) with a straw seat (*pred.*); straw-bottomed **3** (*imbottito di paglia*) stuffed: **animale i.**, stuffed animal.
impagliatóre, *m.* (*f.* **-trice**) **1** (*di seggiole*) chair mender **2** (*di animali*) taxidermist; stuffer.
impagliatùra, *f.* **1** (*attività: di seggiole*) chair mending; (*di animali*) taxidermy; stuffing **2** (*rivestimento*) straw cover; (*di seggiola*) straw bottom (*o* seat) **3** (*imbottitura*) (straw) stuffing.
impàla, *m. invar.* (*zool., Aepyceros melampos*) impala*.
impalaménto, *m.* (*supplizio*) impalement.
impalàre, **A** *v. t.* **1** (*per supplizio*) to impale **2** (*viticoltura*) to prop up; to stake. **B impalàrsi**, *v. i. pron.* (*irrigidirsi*) to stand* stiff; (*arrestarsi*) to stand* stock-still, to freeze*.
impalàto, *a.* (*rigido*) as stiff as a poker (*o* a ramrod); (*immobile*) stock-still, frozen.
impalatùra, *f.* (*agric.*) staking.
impalcàre, *v. t.* to lay* the joists (of a room).
impalcàto, *m.* (*edil.*) floor system; joists

(*pl.*).

impalcatùra, *f.* **1** (*ponteggio*) scaffolding **2** (*di soffitto*) timbers (*pl.*); beams (*pl.*); framework **3** (*struttura, anche fig.*) framework; structure **4** (*di albero*) crotch **5** (*per la caccia*) hide.

impallàre, A *v. t.* (*nel biliardo*) to balk. **B impallàrsi,** *v. i. pron.* to be balked.

impallidìre, *v. i.* **1** to turn (*o* to go*) pale; to blanch **2** (*di colori e, fig., di ricordi*) to fade **3** (*di luce*) to fade; to grow* dim; to wane **4** (*fig.*: *essere superato*) to pale; (*essere in declino*) to be on the wane: **La sua stella cominciava a i.**, his star was on the wane.

impallinàre, *v. t.* **1** to pepper (with shot) **2** (*fig., polit.*) to shoot* down.

impallinàta, *f.* hail of shots.

impalmàre (1), *v. t.* (*lett. o scherz.*) to marry.

impalmàre (2), *v. t.* **1** (*legando le estremità*) to whip **2** (*intrecciando i trefoli*) to splice.

impalmatùra, *f.* **1** (*legatura*) whipping **2** (*intreccio dei trefoli*) splicing.

impalpàbile, *a.* **1** impalpable; very fine **2** (*fig.*) insubstantial; tenuous; intangible.

impalpabilità, *f.* **1** impalpability **2** (*fig.*) insubstantiality; intangibleness.

impaludàre, A *v. t.* to turn into a marsh (*o* swamp). **B** *v. i.* e **impaludàrsi,** *v. i. pron.* **1** to become* marshy (*o* swampy) **2** (*fig.*) to get* bogged down.

impaludàto, *V.* **paludato.**

impanàre (1), *v. t.* (*cucina*) to cover with (*o* to roll in) bread-crumbs; to bread; to crumb.

impanàre (2), *v. t.* (*mecc.*) to thread.

impanàto (1), *a.* (*cucina*) (bread-)crumbed; breaded: **cotolette impanate**, breaded cutlets.

impanàto (2), *a.* (*mecc.*) threaded.

impanatùra (1), *f.* (*cucina*) covering with bread-crumbs; breading; crumbing.

impanatùra (2), *f.* (*mecc.*) threading.

impancàrsi, *v. i. pron.* to set* oneself up as: **i. a giudice**, to set oneself up as a judge.

impaniàre, A *v. t.* **1** to lime **2** (*fig.*) to ensnare; to entangle; to trap. **B impaniàrsi,** *v. i. pron.* **1** to be caught with bird-lime **2** (*fig.*) to get* entangled; to get* mixed up.

impaniatùra, *f.* liming.

impannàta, *f.* **1** cloth covering (for a window) **2** (*estens.*) window.

impantanàre, A *v. t.* to reduce to (*o* to turn into) a bog. **B impantanàrsi,** *v. i. pron.* to get* stuck in the mud; (*anche fig.*) to get* bogged down.

impaperàrsi, *v. i. pron.* to falter; to trip up (over a word); (*di attore*) to fluff.

impapocchiàre, *v. t.* (*region.*) **1** (*imbrogliare*) to cheat; to hoodwink **2** (*pasticciare*) to botch; to bungle; to make* a hash of (*fam.*).

impappinàrsi, *v. i. pron.* to falter; to get* flustered.

imparàbile, *a.* (*sport*) unstoppable.

imparacchiàre, *v. t.* to pick up a smattering of.

imparagonàbile, *a.* incomparable; unequalled; unparalleled.

imparàre, *v. t.* to learn*: **i. la lezione**, to learn one's lesson; **i. q.c. a memoria**, to learn st. by heart (*o* by rote); **i. a scrivere**, to learn (how) to write. ● **i. a proprie spese**, to learn to one's cost; to learn the hard way □ **Così impari!**, that'll teach you! □ **Non si finisce mai di i.**, live and learn; it's never too late to learn □ (*prov.*) **Sbagliando s'impara**, you learn from your mistakes □ (*prov.*) **Impara l'arte e mettila da parte**, he that learns a trade, hath a purchase made.

imparatìccio, *m.* **1** beginner's work; sampler **2** (*nozioni imparate male*) half-baked knowledge.

imparchettatùra, *f.* (*di dipinto*) cradle.

impareggiàbile, *a.* incomparable; matchless; peerless.

imparentàre, A *v. t.* to ally by marriage. **B imparentàrsi,** *v. i. pron.* to marry into a family; to become* related to.

ìmpari, *a.* **1** unequal; uneven: **lotta i.**, uneven struggle **2** (*inadeguato*) unfit (for) **3** (*dispari*) odd **4** (*anat.*) azygous.

imparidigitàto, *a.* (*zool.*) imparidigitate.

imparipennàto, *a.* (*bot.*) imparipinnate.

imparisìllabo, *a.* (*gramm.*) imparisyllabic.

imparruccàre, A *v. t.* to bewig. **B imparruccàrsi,** *v. rifl.* to put* on a wig.

imparruccàto, *a.* **1** bewigged; wearing a wig **2** (*fig.*) pompous.

impartìre, *v. t.* **1** to give*: **i. un ordine a q.**, to give an order to sb.; **i. lezioni private**, to give private lessons; **i. una benedizione**, to give one's blessing **2** (*concedere*) to grant; to bestow.

imparziàle, *a.* impartial; fair; unbias(s)ed.

imparzialità, *f.* impartiality; fairness.

imparzialménte, *avv.* impartially; with impartiality; unbias(s)edly.

impasse (*franc.*), *f. invar.* **1** impasse; dead end; deadlock **2** (*bridge*) finesse: **fare l'i. al Re**, to finesse the King.

impassìbile, *a.* impassive; imperturbable; unperturbed; phlegmatic.

impassibilità, *f.* impassiveness; imperturbability; impassibility; impassibleness; phlegm.

impastaménto, *m.* **1** kneading **2** (*med.*) petrissage.

impastàre, A *v. t.* **1** (*farina, ecc.*) to knead **2** (*colori*) to mix; (*creta, argilla*) to pug **3** (*ind.*) to pug **4** (*fig.*: *fondere*) to blend. **B impastàrsi,** *v. i. pron.* **1** to get* mixed **2** (*tipogr.*) to fill.

impastàto, *a.* **1** (*di farina, creta, ecc.*) kneaded **2** (*di colori*) mixed **3** (*di lingua*) furred; furry **4** (*imbrattato*) dirty (with); besmeared (with) **5** (*fig.*) full (of): **i. di menzogne**, full of deceit. ● **i. di fango**, caked with mud □ **occhi impastati di sonno**, eyes heavy with sleep.

impastatóre, *m.* (*f.* **-trice**) kneader.

impastatrìce, *f.* **1** (*mecc.*) kneading machine; mixer **2** (*edil.*: *del cemento*) cement mixer; (*della malta*) mortar mixing machine.

impastatùra, *f.* kneading (of dough); mixing.

impasticcàrsi, *v. i. pron.* **1** (*gergo della droga*) to pop drugs **2** (*fam.*) to take* too many pills; to live on pills.

impasticcàto, *a.* (*gergo della droga*) drugged; junked up (*pop.*).

impasticciàre, A *v. t.* to make* a mess (*o* a muddle) of; (*lavorare male*) to botch, to bungle. **B impasticciàrsi,** *v. rifl.* to smear oneself; to dirty oneself.

impàsto, *m.* **1** (*l'impastare*) kneading; mixing **2** (*cucina*) mixture; (*pasta*) dough **3** (*miscuglio*) mixture **4** (*pitt.*) impasto **5** (*fig.*: *fusione*) blending; blend.

impastocchiàre, *v. t.* to make* up: **i. scuse**, to make up excuses.

impastoiàre, *v. t.* **1** to hobble; to tether; to fetter **2** (*fig.*) to trammel; to hamper.

impataccàre, (*fam.*) **A** *v. t.* to splash; to stain; to spatter; to smear. **B impataccàrsi,** *v. i. pron.* (*insudiciarsi*) to dirty oneself; to spatter oneself; to get* dirty.

impattàre, *v. t.* (*sport*) to draw*; to tie: **i. una partita**, to draw a match; **Oggi hanno impattato**, the game was a draw today; they ended in a draw today. ● (*fig.*) **impattarla con q.**, to prove a match for sb.

impàtto, *m.* **1** (*urto*) impact; collision; crash **2** (*fig.*) impact.

impaurìre, A *v. t.* to frighten; to scare; to terrify. **B impaurìrsi,** *v. i. pron.* to get* frightened; to get* scared; to take* fright.

impaveșàre, *v. t.* (*naut.*) **1** to bulwark; to furnish with bulwarks **2** (*issare il pavese*) to dress (ship).

impaveșàta, *f.* (*naut.*) **1** bulwarks (*pl.*) **2** (*stor.*) hammock nettings (*pl.*).

impaveșàto, *a.* (*naut.*) dressed.

impàvido, *a.* (*lett.*) fearless; dauntless; undaunted.

impazïènte (1), *a.* **1** impatient: **gesto i.**, impatient gesture; **essere i. con q.**, to be impatient with sb. **2** (*ansioso*) impatient; eager; anxious: **i. di sapere il risultato**, anxious to know the result.

impazïènte (2), *f.* (*bot., Impatiens nolitangere*) touch-me-not.

impazientìre, *v. i.* **impazientìrsi,** *v. i. pron.* to lose* one's patience; to become* impatient.

impazïènza, *f.* impatience; (*ansia*) eagerness, anxiety: **dare segni d'i.**, to show signs of impatience; **frenare l'i.**, to curb one's impatience. ● **bruciare dall'i.**, to chafe at the bit; to be desperate (to do st.) □ **con i.**, impatiently.

impazzàre, *v. i.* (*sfrenarsi*) to revel; to run* riot.

impazzàta, *f.* – **all'i.**, madly; wildly; like mad: **menare colpi all'i.**, to strike out wildly; **correre all'i.**, to run like mad.

impazziménto, *m.* (*fig.*) trying task; awful bother.

impazzìre, *v. i.* **1** (*med.*) to become* insane; (*fam.*) to go* mad (*GB*), to go* crazy (*USA*) **2** (*fig.*: *di persona*) to go* crazy; to go* mad (*GB*); to go* nuts (*fam.*); to take* leave of one's senses; to go* round the bend (*fam.*): **Sei impazzito?**, are you crazy?; have you taken leave of your senses?; **Se resto qui impazzisco**, I'll go crazy if I stay here any longer; **Sto impazzendo con questi conti**, these accounts are driving me round the bend; **È impazzito per quella ragazza**, he's crazy about the girl **3** (*di strumento*) to go* wrong; to go* haywire (*fam.*) **4** (*cucina*) to curdle; to separate. ● **i. dalla voglia di fare q.c.**, to be dying to do st. □ **fare i. q.**, to drive sb. mad (*o* crazy, distracted); to drive sb. round the bend (*fam.*) □ **È roba da i.**, it's enough to drive you mad.

impeccàbile, *a.* faultless; impeccable.

impeccabilità, *f.* faultlessness; impeccability.

impeciàre, *v. t.* to tar; to pitch; to cover with pitch (*o* tar); to smear with pitch (*o* tar).

impeciatùra, *f.* tarring; covering with pitch.

impecorìre, *v. i.* to become* timid.

impedantìre, A *v. i.* to become* pedantic. **B** *v. t.* to make* pedantic.

impedènza, *f.* (*elettr.*) impedance: **i. cinetica**, motional impedance; **i. di entrata [di uscita]**, input [output] impedance.

impedïènte, *a.* impedient; hindering; obstructive.

impediménto, *m.* **1** impediment; obstacle; obstruction; (*impaccio*) hindrance: **superare un i.**, to get over an obstacle; to overcome an impediment; **essere d'i. a q.**, to be a hindrance to sb.; to hinder sb.; to be (*o* to stand) in sb.'s way; **Verrò, salvo i.**, I'll come, barring obstacles; I shall come, unless I am detained (*form.*) **2** (*med.*) impediment; disability: **i. di parola**, speech impediment; **i. fisico**, physical disability **3** (*leg.*) impediment; bar: **i. impediente [dirimente]**, prohibitive [diriment] impediment.

impedìre, *v. t.* **1** (*di fare q.c.*) to prevent (sb. from doing st., sb. doing st.); to keep* (sb. from doing st., sb. doing st.); to stop (sb. from doing st., sb. doing st.); not to allow (sb. to do st.): **Che cosa ti impedì di venire?**, what prevented you from coming (*o* your coming)?; **Mi impedirono di parlare**, I was prevented from speaking; I was not allowed to speak; **i. a q. di fare un errore**, to keep sb. from making a mistake; **i. di dormire**, to keep from sleeping; to keep awake; **Affari urgenti mi impedirono di incontrarlo**, urgent business kept me from meeting him **2** (*rendere impossibile*) to prevent; to avert; to stop: **i. la guerra**, to prevent war; **i. un disastro**, to avert disaster; **i. lo svolgimento della cerimonia**, to stop the ceremony **3** (*ostruire*) to block; to obstruct; to bar: **i. il traffico**, to block the traffic; **i. il passaggio**, to block the way; to be in the way; **Le case impediscono la vista del lago**, the houses obstruct the view of the lake

4 (*proibire*) to forbid*; to bar; to prohibit: **Te lo impedisco!**, I forbid you! 5 (*impacciare*) to hamper; to hinder; to encumber; to impede; to get* (*o* to be) in the way of: **Il cappotto m'impediva i movimenti**, my coat hampered my movements 6 (*med.*) to paralyze; to disable.

impedito, *a.* 1 (*impacciato*) hampered; encumbered 2 (*goffo*) clumsy; awkward 3 (*invalido*) paralized; disabled.

impegnàre, A *v. t.* 1 (*al monte di pietà*) to pawn; to put* in pawn; to pop (*fam.*): **i. l'orologio**, to pawn one's watch; to put one's watch in pawn 2 (*assumere*) to engage, to employ; (*noleggiare*) to hire: **i. q. come guida**, to engage sb. as a guide; **i. un'auto per due ore**, to hire a car for two hours 3 (*riservare, prenotare*) to book; to reserve; to engage: **i. una camera**, to book (*o* to reserve) a room; **i. un tassì**, to book a taxi 4 (*vincolare*) to bind*; to tie: **Il documento non mi impegna affatto**, the document doesn't bind me at all; **i. tutto il proprio denaro**, to tie down all one's money; (*comm.*) **un'offerta che impegna**, a binding offer; **risposta che non impegna**, non-committal answer 5 (*assorbire*) to take* up; (*legare*) to tie down: **i. tutto il tempo di q.**, to take up the whole of sb.'s time; **un lavoro che mi impegna tutto il giorno**, a work that ties me down for the whole day 6 (*intraprendere*) to begin*; to start; to engage: **i. una discussione con q.**, to begin a discussion with sb. 7 (*mil.*: *attaccare*) to engage: **Avevamo l'ordine d'i. il nemico**, our orders were to engage the enemy (*o* to engage). ● (*sport*) **i. l'avversario**, to put one's opponent under pressure; to give one's opponent a hard time □ **i. un ballo**, to put oneself down for a dance □ **i. battaglia con q.**, to attack sb.; to start fighting with sb. □ (*mil.*) **i. una compagnia** (*impiegarla in combattimento*), to throw in a company □ **i. il proprio onore**, to pledge one's honour □ **i. la parola**, to give one's word □ **i. una ragazza per un ballo**, to engage a girl for a dance. **B impegnàrsi,** *v. rifl.* 1 (*assumere un impegno*) to undertake*, to agree, to engage, to commit oneself; (*più solenne*) to pledge (*o* to bind*) oneself; (*promettere*) to give* one's word: **Mi impegnai a farlo da solo**, I undertook to do it alone; **Mi impegnerò a dirigere l'azienda**, I will engage to manage the business; **Si impegnò a pagare tutte le spese**, he bound himself to pay all the expenses; **Mi sono impegnato e non posso più tirarmi indietro**, I've committed myself (*o* I gave my word) and I cannot back down; (*leg.*) **i. con giuramento**, to bind oneself by oath; to pass one's oath 2 (*leg.*: *farsi garante*) to go* bail; to stand* surety 3 (*sforzarsi, dedicarsi a q.c.*) to apply oneself; to devote oneself (to st.): **Non si impegna come dovrebbe**, he doesn't apply himself as he should; he doesn't give his best; **i. nel lavoro**, to devote oneself to work; to get down to work. ● **i. a fondo in q.c.**, to throw oneself into st. heart and soul; to take great pains over st. □ **i. con tutte le proprie forze**, to strive hard; to fight hard □ **i. in una discussione**, to enter into a discussion.

impegnatìva, *f.* authorization (to receive medical treatment, given by the National Health Service).

impegnatìvo, *a.* 1 (*vincolante*) binding: (*comm.*) **un'offerta impegnativa**, a binding offer; **una risposta non impegnativa**, a non-committal answer 2 (*che richiede impegno*) demanding, exacting, serious; (*difficile*) difficult: **un lavoro i.**, a demanding job; **esame i.** difficult exam; **lavoro non i.**, undemanding job 3 (*importante*) important, big; (*formale*) formal; (*costoso*) expensive: **abbigliamento i.**, formal clothes (*pl.*); **regalo i.**, expensive present.

impegnàto, *a.* 1 (*occupato*) engaged; occupied; taken up (*pred.*); tied up (*pred.*); busy: **Sono molto i.**, I am very busy; **Ho tutta la giornata impegnata**, my whole day is taken up; I have a busy day (*o* a full time-table); **Venerdì sono i.**, I'm tied up (*o* busy) on Friday; **Il direttore è i.**, the director is busy 2 (*riservato*) reserved, taken; (*prenotato*) booked 3 (*vincolato da promesse, ecc.*) bound; (*legato da impegni, ecc*) tied down 4 (*di denaro*) tied up; locked up 5 (*civilmente, politicamente*) committed: **uno scrittore i.**, a committed writer 6 (*dato in pegno*) pawned; in pawn (*pred.*). ● **essere impegnata per un ballo**, to be engaged for a dance.

impégno, *m.* 1 engagement; (*obbligo*) commitment, obligation; (*promessa*) promise, pledge, undertaking; (*compito*) task; (*appuntamento*) appointment: **adempiere** (*o* **far fronte a**) **un i.**, to fulfil (*o* to meet) an engagement; to honour a commitment; to meet an obligation; **mancare a un i.**, to break an engagement; **prendersi l'i. di fare q.c.**, to undertake to do st.; to promise to do st.; to agree to do st.; **Ho un i. alle cinque**, I have an engagement (*o* an appointment) at 5 (*form.*); I am busy at 5; **Non posso accettare, per via di un i. precedente**, I can't accept because of a previous engagement; **con l'i. di mantenere il segreto**, under pledge of secrecy; **i. solenne**, solemn pledge; solemn commitment; **Ho detto che lo avrei fatto, ma non è un i. preciso**, I said I would do it, but it is not a formal undertaking (*o* a promise) 2 (*cura diligente*) care, diligence, dedication, zeal; (*entusiasmo*) enthusiasm, will: **mettere molto i. in q.c.**, to do st. with great care; to do st. with a will; **mostrare poco i.**, to show little enthusiasm; **con i.**, diligently; with care; with a will; **L'ho fatto con tutto l'i.**, I put great care into it; I did it to the best of my ability 3 (*sociale, politico*) commitment 4 (*fisiol.*: *del feto*) engagement. ● (*comm.*) **senza i.**, without obligation □ **Troviamoci, ma senza i.**, let's meet if we can, but let's leave it open.

impegolàre, A *V.* **impeciare**. **B impegolàrsi,** *v. i. pron.* (*fig.*) to get* involved; to get* entangled; to get* mixed up: **i. in un affare losco**, to get mixed up in something shady.

impelagàrsi, *v. i. pron.* to get* involved; to get* mixed up. ● **essere impelagato nei debiti**, to be up to one's ears in debts.

impellènte, *a.* impelling; pressing; driving; urgent: **bisogno i.**, pressing need; **motivo i.**, urgent reason; **desiderio i.**, urge.

impellènza, *f.* urgency; pressing need.

impellicciàre (1), A *v. t.* to cover in fur; to wrap in furs. **B impellicciàrsi,** *v. rifl.* (*scherz.*) to put* on a fur coat: to wear* a fur coat.

impellicciàre (2), *V.* **impiallacciare**.

impellicciatùra, *V.* **impiallacciatura**.

impenetràbile, *a.* 1 impenetrable: **foresta i.**, impenetrable forest 2 (*fig.*: *indecifrabile*) impenetrable; inscrutable; undecipherable 3 (*incomprensibile*) impenetrable; obscure; unfathomable. ● **i. all'acqua**, watertight □ **i. all'aria**, airtight □ **i. alla pietà**, impervious to pity.

impenetrabilità, *f.* 1 (*anche fis.*) impenetrability 2 (*fig.*) impenetrability; inscrutableness.

impenitènte, *a.* 1 impenitent; unrepentant 2 (*fig.*) incorrigible.

impennacchiàre, A *v. t.* to adorn (*o* to deck) with plumes; to plume. **B impennacchiàrsi,** *v. rifl.* 1 to adorn one's head with plumes 2 (*scherz.*) to deck oneself out.

impennàggio, *m.* 1 (*aeron.*) empennage; tail unit: **i. verticale**, vertical tail; **i. a T**, T-tail unit 2 (*di freccia*) fletching.

impennàre (1), *v. t.* 1 (*coprire di penne*) to feather 2 (*cospargere di penne*) to strew* with feathers 3 (*una freccia*) to fletch.

impennàre (2), A *v. t.* (*aeron.*) to zoom. **B impennàrsi,** *v. i. pron.* 1 (*di cavallo, ecc.*) to rear 2 (*aeron.*) to zoom 3 (*di prezzi*) to run* up; to soar 4 (*fig.*: *adirarsi*) to bridle; to flare up.

impennàta, *f.* 1 (*di cavallo, ecc.*) rearing: **fare un'i.**, to rear suddenly; (*di motocicletta, volutamente*) to do a wheelie (*fam.*) 2 (*aeron.*) zoom 3 (*brusco aumento*) sudden rise; upswing; upsurge; leap: **un'i. della pressione**, a sudden rise in pressure; **un'i. dei prezzi**, a leap (*o* an upswing) in prices; **subire un'i.**, to rise suddenly; to run up; to soar 4 (*fig.*: *scatto d'ira*) fit of anger; flaring up: **avere un'i.**, to have a fit of anger; to flare up; **essere facile alle impennate**, to be given to sudden fits of anger; to flare up easily.

impennatùra, *f.* (*di freccia*) fletching.

impensàbile, *a.* 1 unthinkable; unimaginable; inconceivable 2 (*imprevedibile*) unforeseeable.

impensatamènte, *avv.* 1 (*senza averci pensato*) thoughtlessly; unthinkingly; without thinking 2 (*inaspettatamente*) unexpectedly; unawares.

impensàto, *a.* 1 (*non pensato*) unthought-of 2 (*inaspettato*) unexpected; unforeseen.

impensierìre, A *v. t.* to make* (sb.) worry; to worry; to cause anxiety to. **B impensierìrsi,** *v. i. pron.* to worry; to get* worried.

impepàre, *v. t.* to pepper; to season with pepper.

imperànte, *a.* 1 (*regnante*) reigning 2 (*dominante*) ruling, prevailing; (*di moda, ecc.*) current, prevalent.

imperàre, *v. i.* (*anche fig.*) to reign; to rule.

imperativàle, *a.* (*gramm.*) imperatival.

imperatività, *f.* (*leg.*) imperativeness.

imperativo, A *a.* 1 commanding; imperative: **tono i.**, commanding tone 2 (*gramm.*) imperative. ● (*leg.*) **norme imperative**, mandatory law. **B** *m.* (*gramm., filos.*) imperative: **i. categorico**, categorical imperative.

imperatóre, *m.* emperor: **l'i. Federico II**, the Emperor Frederick II.

imperatòrio, *a.* imperial; imperatorial (*lett.*).

imperatrice, *f.* empress.

impercettìbile, *a.* imperceptible.

impercettibilità, *f.* imperceptibility.

impercorribile, *a.* impassable.

imperdibile, *a.* not to be missed (*pred.*).

imperdonàbile, *a.* unforgivable; unpardonable.

imperdonabilità, *f.* unforgivableness; unpardonableness.

imperfettivo, *a.* (*gramm.*) imperfective.

imperfètto, A *a.* 1 (*incompiuto*) unfinished; incomplete 2 (*difettoso*) imperfect; defective; faulty. **B** *m.* (*gramm.*) imperfect.

imperfezióne, *f.* 1 imperfection 2 (*difetto*) imperfection; blemish; fault; flaw.

imperforàbile, *a.* unpierceable.

imperforàto, *a.* (*med.*) imperforate(d).

imperforazióne, *f.* (*med.*) imperforation.

imperiàle (1), A *a.* imperial: **città i.**, imperial city. **B** *m.* 1 supporter of the emperor 2 (*soldato*) soldier of the emperor.

imperiàle (2), *m.* (*di carrozza*) imperial, top; (*di autobus*) upper deck.

imperialismo, *m.* imperialism.

imperialista, *m.* e *f.* imperialist.

imperialistico, *a.* imperialistic.

imperiosità, *f.* 1 imperiousness; peremptoriness 2 (*fig.*) urgency.

imperióso, *a.* 1 imperious; domineering; peremptory; authoritarian: **carattere i.**, domineering character; **sguardo i.**, imperious look 2 (*fig.*) pressing; urgent; impelling: **bisogno i.**, pressing need.

imperito, *a.* (*lett.*) unskilful; inexperienced.

imperitùro, *a.* (*lett.*) imperishable; everlasting; undying.

imperizia, *f.* unskilfulness; inexperience; (*leg.*) malpractice.

imperlàre, A *v. t.* 1 to adorn with pearls 2 (*fig.*) to cover with drops (*o* beads): **La rugiada imperlava le foglie**, the leaves were covered in dewdrops; **Il sudore gli imperlava** [**gli imperlò**] **la fronte**, his forehead was beaded with sweat [beads of sweat formed on his forehead]. **B imperlàrsi,** *v. i. pron.* (*fig.*) to become* beaded with; to become* covered in beads of: **Gli vidi la fronte i. di sudore**, I saw beads of sweat form on his forehead.

impermalire, A *v. t.* to annoy; to put* out. **B impermalirsi,** *v. i. pron.* to take* offence.

impermalito, *a.* offended; annoyed; huffy (*fam.*); in a huff (*pred., fam.*).

impermeàbile, A *a.* ***1*** impermeable (to); proof (against); -proof (*suff.*); -tight (*suff.*); (*anche fig.*) impervious (to); (*di tessuto*) waterproof, rainproof: **i. ai gas**, gasproof; gastight; **i. all'acqua**, waterproof; watertight; **i. alle critiche**, impervious to criticism ***2*** (*di terreno*) impervious. ● **completo i.** (*pantaloni e giacca*), oilskins (*pl. GB*); oilers (*pl. USA*) □ **rendere i.** (**all'acqua**), to impermeabilize; (*un tessuto*) to waterproof. **B** *m.* mackintosh (*GB*; *fam.*: mac); raincoat; (*di tipo mil.*) trench coat.

impermeabilità, *f.* impermeability.

impermeabilizzànte, A *a.* waterproofing. **B** *m.* waterproofing agent.

impermeabilizzàre, *v. t.* to impermeabilize; (*un tessuto*) to waterproof, to proof.

impermeabilizzazióne, *f.* impermeabilization; (*di tessuto*) waterproofing.

imperniàre, A *v. t.* ***1*** to hinge; to pivot ***2*** (*fig.*: *basare*) to hinge; to base; to found. **B imperniàrsi,** *v. i. pron.* ***1*** to hinge; to pivot ***2*** (*fig.*) to hinge; to turn: **Il progetto s'impernia su due idee di base**, the plan hinges on two basic ideas; **La trama s'impernia su un doppio delitto**, the plot turns on a double murder.

imperniatùra, *f.* ***1*** hinging; pivoting ***2*** (*cardine*) hinge; (*pernio*) pivot.

impèro, A *m.* ***1*** empire: **l'i. romano**, the Roman Empire; **fondare un i.**, to found an empire; **il Sacro Romano I.**, the Holy Roman Empire ***2*** (*comando, autorità, ecc.*) rule; dominion; sway; control: **esercitare il proprio i. su**, to exert one's dominion (*o* to hold one's sway) over; **l'i. della legge**, the rule of the law ***3*** (*fig.*) empire: **i. industriale**, industrial empire ***4*** (*ambito*) domain; world: **l'i. delle lettere**, the domain of literature; **l'i. della moda**, the world of fashion. **B** *a. invar.* (*arte, moda*) Empire (*attr.*): **stile i.**, Empire style.

imperscrutàbile, *a.* inscrutable; impenetrable.

imperscrutabilità, *f.* inscrutability; inscrutableness; impenetrableness.

impersonàle, *a.* ***1*** (*gramm.*) impersonal ***2*** (*generico*) impersonal; general ***3*** (*distaccato*) impersonal; businesslike; dispassionate ***4*** (*senza carattere*) banal; non-descript; unoriginal.

impersonalità, *f.* ***1*** impersonality; impersonal nature; impersonalism ***2*** (*assenza di originalità*) lack of originality; unoriginality.

impersonàre, A *v. t.* ***1*** to personify ***2*** (*interpretare*) to play; to act the part (of). **B impersonàrsi,** *v. rifl.* (*di attore*) to live one's part. **C impersonàrsi,** *v. i. pron.* to take* bodily form; to embody.

impertèrrito, *a.* ***1*** (*impavido*) undaunted; fearless ***2*** (*imperturbabile*) unperturbed; undeterred; unruffled; regardless (*pred.*): **Tutti sbadigliavano, ma lui i. seguitava**, everyone was yawning, but he went on undeterred (*o* regardless).

impertinènte, A *a.* impertinent; bold; pert; cheeky (*fam.*); saucy (*fam.*); sassy (*fam. USA*): **Non essere i.!**, don't be cheeky!; **risposta i.**, impertinent (*o* bold) answer; **rispondere in modo i.**, to answer back; to give an impertinent answer; to sass (*fam. USA*); **un nasetto i.**, a pert little nose. **B** *m.* e *f.* impertinent person; cheeky one (*fam.*).

impertinènza, *f.* ***1*** impertinence; boldness; cheek (*fam.*); sauciness (*fam.*) ***2*** (*parole o azione impertinenti*) impertinence; (*parole*) cheeky (*o* impertinent) remark (*o* words), sass (*fam. USA*). ● **Che i. chiedermi l'età**, how impertinent to ask my age! □ **dire impertinenze**, to be cheeky; to answer back; to sass (*fam. USA*).

imperturbàbile, *a.* imperturbable; unperturbed; cool; unflappable (*fam.*).

imperturbabilità, *f.* imperturbability; unperturbedness; coolness; poise.

imperturbàto, *a.* unperturbed; unruffled; calm; cool.

imperversàre, *v. i.* ***1*** (*infuriare*) to rage: **Il temporale imperversa**, the storm is raging ***2*** (*inveire*) to rail; to inveigh; to rave ***3*** (*scherz., di mode, costumi*) to be (all) the rage; to be rife.

impervietà, *f.* inaccessibility; imperviousness.

impèrvio, *a.* ***1*** (*di percorso*) impassable, rough; (*di luogo*) inaccessible ***2*** (*med.*) obstructed.

impestàre, *V.* **appestare**.

impetìgine, *f.* (*med.*) impetigo*.

impetiginóso, *a.* (*med.*) impetiginous.

ìmpeto, *m.* ***1*** (*forza, veemenza*) impetus, vehemence, violence, force; (*assalto*) rush, assault: **L'i. del vento mi buttò a terra**, the force of the wind hurled me to the ground; **l'i. del nemico**, the assault of the enemy ***2*** (*impulso*) impulse, surge, transport; (*foga*) heat; (*accesso*) outburst, fit: **un i. di ottimismo**, a surge of optimism; **un i. d'ira**, a fit of temper; **agire d'i.** to act on impulse; **nell'i. della corsa** [**del momento**], in the heat of the race [of the moment]. ● **con i.**, impetuously; vehemently; (*con forza*) violently.

impetràre, *v. t.* ***1*** (*ottenere supplicando*) to impetrate ***2*** (*domandare*) to implore; to beseech*; to beg.

impetrazióne, *f.* (*lett.*) impetration.

impettìrsi, *v. i. pron.* to throw* out one's chest.

impettìto, *a.* with one's chest thrown out; (*rigido*) stiff, straight. ● **camminare i.**, to strut.

impetuosità, *f.* ***1*** (*violenza*) violence; force ***2*** (*veemenza*) vehemence; impetuousness; impetuosity; rashness.

impetuóso, *a.* ***1*** (*violento*) violent; (*del vento, anche*) blustering; (*di fiume*) rushing ***2*** (*veemente*) vehement; impetuous; impulsive; rash. ● **Il torrente scorreva i.**, the torrent flowed rapidly.

impiallacciàre, *v. t.* to veneer.

impiallacciatóre, *m.* veneerer.

impiallacciatùra, *f.* ***1*** veneering ***2*** (*legno per impiallacciare*) veneer.

impiantàre, *v. t.* ***1*** (*installare*) to install; to fit up; to set* up ***2*** (*fondare*) to set* up; to start; to found; to establish ***3*** (*fig.*) to formulate; to define the terms of: **i. un dibattito**, to define the terms of a debate ***4*** (*chir.*) to implant ***5*** (*agric.*) to plant. ● (*comm.*) **i. un conto**, to open an account.

impiantista, *m.* e *f.* installer.

impiantìstica, *f.* (*ind.*) plant engineering.

impiantìto, *m.* floor; flooring: **i. di legno**, wooden (*o* parquet) floor.

impiànto, *m.* ***1*** plant; system; installation; (*attrezzatura fissa*) fixture; (*attrezzature*) equipment, facility; (*industriale*) works (*pl.*): **i. di riscaldamento**, heating system; **i. idrico**, waterworks; water system; **i. radio**, radio equipment; **impianti sanitari**, sanitary fixtures; **i. elettrico**, electrical system; wiring; **i. del gas**, gas installation; **i. idraulico**, plumbing; **impianti e attrezzature**, fixtures and fittings; **impianti sportivi**, sports facilities ***2*** (*l'impiantare*) installation; setting up; establishment: **l'i. di un motore**, the installation of a motor; **l'i. d'una nuova fabbrica**, the setting up of a new factory; **spese d'i.**, preliminary expenses; initial outlay ***3*** (*struttura*) framework; structure: **l'i. filosofico di un'opera**, the philosophical framework of a work ***4*** (*chir.*) implant. ● **i. antifurto**, burglar alarm □ **i. viario**, road network.

impiastràre, A *v. t.* ***1*** to smear; to daub; (*sporcare*) to dirty ***2*** (*dipingere male*) to daub. ● **impiastrarsi la faccia** (*truccarsi troppo*), to paint one's face. **B impiastràrsi,** *v. i. pron.* to (be)smear oneself; (*imbrattarsi*) to dirty oneself, to get* dirty.

impiastricciàre, *V.* **impiastrare**.

impiàstro, *m.* ***1*** (*med.*) poultice; plaster: **i. di semi di lino**, linseed poultice ***2*** (*fig.*: *persona noiosa*) bore; nuisance ***3*** (*fig.*: *persona malaticcia*) sickly person; weakling.

impiccagióne, *f.* hanging. ● **condannare all'i.**, to sentence to be hanged.

impiccàre, A *v. t.* ***1*** to hang: **i. q. per la gola**, to hang sb. by the neck; **i. q. alla forca** [**a un albero**], to hang sb. on the gallows [from a tree]; **Non ci torno neanche se m'impiccano!**, I'm hanged if I'm going back there; **Neanche a impiccarlo!**, not if you hanged him! ***2*** (*fig.*: *stringere al collo*) to choke; to strangle ***3*** (*fig.*: *vincolare*) to strangle: **Siamo impiccati dalle scadenze**, we are strangled by deadlines. **B impiccàrsi,** *v. rifl.* ***1*** to hang oneself ***2*** (*fig.*: *vincolarsi*) to tie oneself up: **i. con un mutuo**, to tie oneself up to a mortgage. ● **Impiccati!**, go hang yourself! □ **Che s'impicchi!**, hang him [her]!; let him [her] go hang!

impiccàto, A *a.* hanged. ● **morire i.**, to die by hanging; to be hanged; to swing (*fam.*) □ **Mi sento i. in questa giacca**, this jacket is too tight □ **Siamo impiccati in questo appartamento**, we are cramped in this flat. **B** *m.* (*f.* **-a**) hanged man* (*f.* woman*). ● (*prov.*) **Non parlare di corda in casa dell'i.**, name not a rope, in his house that hanged himself.

impicciàre, A *v. t.* to be (*o* to get*) in sb.'s way; to be a nuisance; to encumber. **B impicciàrsi,** *v. i. pron.* to interfere; to meddle: **Non impicciarti dei fatti altrui**, don't interfere in other people's business; mind your own business.

impicciàto, *a.* (*fam.*) ***1*** (*imbarazzato*) embarrassed; in difficulty ***2*** (*intricato, difficile*) entangled; awkward; tricky.

impiccinìre, A *v. t.* ***1*** to make* smaller ***2*** (*sminuire*) to depreciate; to belittle. **B impiccinìrsi,** *v. i. pron.* to get* smaller.

impìccio, *m.* ***1*** (*ostacolo*) hindrance; obstacle: **essere d'i.**, to be a hindrance; to be in the way ***2*** (*seccatura*) trouble; bother; snag; bind (*fam.*) ***3*** (*situazione difficile*) trouble; mess; tight corner; fix (*fam.*): **Sono in un grosso i.**, I'm in a terrible mess; I'm in a real fix; **cacciarsi in un brutto i.**, to get into a mess; **cavare q. dagli impicci**, to help sb. out of a tight corner ***4*** (*imbarazzo*) embarrassment.

impicciolìre, *V.* **rimpicciolire**.

impiccióne, *m.* (*f.* **-a**) meddler; busybody; nosyparker.

impiccolìre, *V.* **rimpicciolire**.

impidocchiàre, A *v. t.* to infest with lice. **B impidocchiàrsi,** *v. i. pron.* to become* lousy (*o* infested with ice).

impiegàbile, *a.* (*di persona*) employable; (*di cosa*) usable; (*di capitale*) that can be invested. ● **non i.**, unemployable.

impiegàre, A *v. t.* ***1*** (*usare*) to use; to employ: **i. la forza**, to use force; **i. materiali inquinanti**, to use polluting materials ***2*** (*spendere*) to spend*: **i. la giornata a pulire la casa**, to spend the day cleaning the house; **i. denaro in vestiti e divertimenti**, to spend one's money on clothes and entertainments; **Come impieghi il tempo libero?**, how do you spend your spare time? ***3*** (*di tempo*: *metterci*) to take* (*anche impers.*): **Il treno impiega un'ora**, the train takes an hour; **Quanto ci si impiega di qui a Firenze?**, how long does it take (from here) to Florence? ***4*** (*assumere*) to take* on, to hire, to engage; (*avere alle proprie dipendenze*) to employ: **L'ho impiegato come autista**, I have taken him on as a driver; **La ditta impiega venti persone**, the firm employs ten people; **essere impiegato da q.**, to be employed by sb.; to be in sb.'s employ *5* (*fin.*: *investire*) to invest: **i. denaro in titoli**, to invest money in securities. ● **i. male il proprio denaro [il proprio tempo]**, to waste one's money [one's time]. **B impiegàrsi**, *v. rifl.* (*ottenere un impiego*) to get* a job, to get* employment; (*trovare un impiego*) to find* a job, to find* work.

impiegatìzio, *a.* clerical; white-collar (*attr.*): **lavoro i.**, clerical work; **la classe impiegatizia**, white-collar workers (*pl.*).

impiegàto, *m.* (*f.* **-a**) clerical worker; clerk; office worker; (*dipendente*) employee, member of the staff (*USA*: personnel), (*al pl., collett.*) staff (*sing.*), personnel (*sing., USA*): **Lavora come i.**, he works as a clerk; he has a clerical job; **Sono i. in una ditta commerciale**, I work in a commercial firm; **È un i. dell'ospedale**, he is on the staff of the hospital; **i. di banca**, bank clerk; **i. delle poste**, post-office clerk; **i. statale**, state employee; (*in G.B.*) civil servant; **i. d'ordine**, line employee; **i. allo sportello** (*in banca e sim.*), teller; **facilitazioni per gli impiegati**, special terms for members of staff; **Ho cinque impiegati**, I have a staff of five (*o* five people in my employ).

impiègo, *m.* *1* (*posto di lavoro*) (regular) job; position; post; situation: **Ha un buon i.**, he has a good job; **avere un buon i. come dirigente**, to have a good position as a manager; **essere senza i.**, to be out of a job (*o* out of work); to be unemployed; **essere in cerca di un i.**, to be looking for a job; to be job-hunting (*fam.*); **trovare i. come segretaria**, to get a job as a secretary; **un i. statale**, a job in the public administration (*in G.B.*: in the Civil Service); **una domanda d'i.**, an application for a job *2* (*occupazione*) employment: **trovare i.**, to find employment; **una politica di pieno i.**, a policy of full employment *3* (*uso*) use; employment: **fare i. di q.c.**, to make use of st.; **un saggio i. del tempo**, a wise use of one's time; **l'i. di nuove tecnologie**, the employment of new technology *4* (*investimento*) investment: **un largo i. di capitali**, a considerable investment of money. ● (*nella pubblicità*) **domande [offerte] d'i.**, situations wanted [vacant] □ **le categorie del pubblico i.**, state employees; (*in G.B.*) civil servants.

impietosire, **A** *v. t.* to move to pity. **B impietosìrsi**, *v. i. pron.* to be moved to pity.

impietóso, *a.* pitiless.

impietrìre, **A** *v. t.* (*anche fig.*) to petrify. **B** *v. i.* e **impietrìrsi**, *v. i. pron.* (*anche fig.*) to be petrified; to become* petrified.

impietrìto, *a.* turned to stone (*pred.*); petrified (*anche fig.*).

impigliàre, **A** *v. t.* to entangle; to ensnare; to catch*. **B impigliàrsi**, *v. i. pron.* *1* to get* caught; to get* entangled: **i. in una siepe**, to get caught in a hedge *2* (*fig.*) to get* trapped; to get* caught up (*o* tangled up).

impignoràbile, *a.* (*leg.*) undistrainable: **beni impignorabili**, undistrainable goods.

impignorabilità, *f.* (*leg.*) exemption from distraint.

impigrìre, **A** *v. t.* to make* lazy. **B impigrìrsi**, *v. i. pron.* to grow* lazy.

impilàggio, *m.* piling; stacking.

impilàre, *v. t.* to pile (up); to stack.

impillaccheràre, *v. t.* to splash with mud.

impinguaménto, *m.* fattening.

impinguàre, **A** *v. t.* *1* (*ingrassare*) to fatten *2* (*riempire*) to fill: **i. le casse dello Stato**, to fill the coffers of the state. ● **i. la borsa**, to line one's purse. **B impinguàrsi**, *v. i. pron.* (*anche fig.*) to grow* fat.

impinzàre, *V.* **rimpinzare**.

impiombàre, *v. t.* *1* *V.* **piombare** *2* (*naut.*) to splice.

impiombatùra, *f.* *1* *V.* **piombatura** *2* (*naut.*) splice: **i. di gassa**, eye splice.

impiotaménto, *m.* (*agric.*) turfing.

impiotàre, *v. t.* (*agric.*) to turf.

impipàrsi, *v. i. pron.* (*pop.*) not to care; not to give* a damn: **Io me ne impipo delle loro proteste**, I don't give a damn about their protests; **Vadano pure, me ne impipo**, let them go, I don't care one bit (*o* I couldn't care less).

impiumàre, **A** *v. t.* *1* (*coprire di piume*) to feather *2* (*ornare di piume*) to trim with feathers. **B impiumàrsi**, *v. i. pron.* (*di uccelli*) to grow* feathers; to become* fledged.

implacàbile, *a.* implacable; relentless; unrelenting: **un i. nemico**, an implacable foe.

implacabilità, *f.* implacability; relentlessness.

implantologìa, *f.* (*chir.*) *1* (*di capelli*) hair graft *2* – **i. orale**, implantation.

implementàre, *v. t.* (*elab.*) to implement.

implementazióne, *f.* (*elab.*) implementation.

implicànza, *V.* **implicazione**.

implicàre, **A** *v. t.* *1* (*comportare*) to imply, to entail; (*significare*) to mean*: **Questo implicherà una perdita di denaro**, this will imply a loss of money *2* (*coinvolgere*) to involve; (*specialm. in azione criminosa*) to implicate: **Ormai sono implicato in questa faccenda**, I am involved in this matter now; **essere implicato in uno scandalo**, to be implicated in a scandal. **B implicàrsi**, *v. i. pron.* to get* involved (in st.).

implicazióne, *f.* implication.

implìcito, *a.* *1* implicit; tacit; understood; implied: **i. assenso**, implicit (*o* tacit) agreement; **È i. nella clausola**, it is implied in the clause; **È i.!**, that is understood!; that goes without saying! *2* (*ling., mat.*) implicit.

implòdere, *v. i.* to implode.

implorànte, *a.* imploring; beseeching; begging.

imploràre, *v. t.* to implore; to beg; to plead; to beseech*; to entreat: **i. aiuto**, to beg for help; **i. il perdono di q.**, to implore sb. for forgiveness; **Implorò i soldati di lasciarlo libero**, he pleaded with the soldiers to set him free.

implorazióne, *f.* entreaty; supplication.

implosióne, *f.* (*fis., fon.*) implosion.

implosìva, *f.* (*fon.*) implosive.

implosìvo, *a.* (*fis., fon.*) implosive: **consonante implosiva**, implosive consonant.

implùme, *a.* unfledged.

implùvio, *m.* *1* (*archeol.*) impluvium* *2* (*edil.*) valley; gutter. ● (*geogr.*) **linea d'i.**, watershed.

impoètico, *a.* unpoetical.

impoliticità, *f.* *1* unpolitical quality *2* (*non opportunità*) inexpediency; impoliticness.

impolìtico, *a.* *1* (*non politico*) unpolitical *2* (*non opportuno*) inexpedient; impolitic; unwise.

impollinàre, *v. t.* (*bot.*) to pollinate; to pollen.

impollinatóre, (*bot.*) **A** *a.* pollinating. **B** *m.* pollinator.

impollinazióne, *f.* (*bot.*) pollination: **i. autogama**, self-pollination; **i. anemofila**, wind pollination; **i. idrofila**, water pollination; hydrophilia.

impolpàre, **A** *v. t.* *1* to fill out *2* (*fig.*) to flesh out; to pad. **B impolpàrsi**, *v. i. pron.* to put* on weight.

impoltronìre, **A** *v. t.* to make* lazy. **B** *v. i.* e **impoltronìrsi**, *v. i. pron.* to grow* lazy.

impolveràre, **A** *v. t.* to cover with dust; to make* dusty. **B impolveràrsi**, *v. i. pron.* to get* dusty.

impolveràto, *a.* dusty; covered with dust (*pred.*).

impolveratrìce, *f.* (*tecn.*) duster.

impolverazióne, *f.* (*agric., tecn.*) dusting.

impomatàre, **A** *v. t.* *1* (*i capelli*) to put* ointment (*o* cream) (on one's hair); to pomade; to plaster with brilliantine *2* (*i baffi*) to wax. **B impomatàrsi**, *v. rifl.* to pomade one's hair; to put* brilliantine on one's hair.

impomatàto, *a.* *1* (*di capelli*) pomaded *2* (*di baffi*) waxed *3* (*di uomo*) with pomaded hair.

impomiciàre, *v. t.* to pumice.

imponderàbile, *a.* e *m.* imponderable.

imponderabilità, *f.* *1* imponderability *2* (*mancanza di peso*) weightlessness.

imponènte, *a.* imposing; grand; impressive; stately.

imponènza, *f.* grandeur; impressiveness; stateliness.

imponìbile, (*fin.*) **A** *a.* taxable; rateable; assessable: **valore i.**, rateable value; **reddito i.**, taxable (*o* assessable) income. **B** *m.* taxable (*o* assessable) income.

imponibilità, *f.* (*fin.*) taxability.

impopolàre, *a.* unpopular.

impopolarità, *f.* unpopularity.

impoppàre, *V.* **appoppare**.

impoppàta, *f.* (*naut.*) gust of stern wind.

imporporàre, **A** *v. t.* to redden; to flush: **Il freddo le aveva imporporato le guance**, cold had flushed her cheeks; **La timidezza le imporporò il viso**, she flushed with shyness. **B imporporàrsi**, *v. i. pron.* *1* to redden; to turn red *2* (*arrossire*) to blush; to flush.

imporràre, *v. i.* to rot; to mildew.

impórre, **A** *v. t.* *1* to impose; to lay*; to set*; (*infliggere*) to inflict: **i. la propria volontà**, to impose one's will; **i. un compito a q.**, to impose a task on sb.; to set sb. a task; **Mi sono imposto di tradurre dieci pagine al giorno**, I have set myself the task of translating ten pages a day; **i. la propria compagnia a tutti**, to impose one's company upon everybody; **i. le mani su q.** (*in un rito*), to lay one's hands on sb.; (*lett.*) **i. un peso sulle spalle di q.**, to lay a burden on sb.'s shoulders *2* (*comandare*) to order, to command, to dictate; (*costringere*) to make*, to force, to compel: **i. il silenzio**, to order silence; **i. le condizioni di resa**, to dictate the terms of surrender; **Mi imposero di firmare**, they ordered me to sign; (*e lo feci*) they made me sign, they forced me to sign *3* (*richiedere, esigere*) to call for: **La situazione impone prudenza**, the situation calls for caution. ● **i. un nome a q.**, to give sb. a name □ **i. rispetto a q.**, to command sb.'s respect. **B impórsi**, *v. rifl.* *1* (*imporre la propria presenza*) to impose oneself; to force oneself: **Non devi importi a quelli che non ti vogliono**, you shouldn't impose yourself on people who don't want you *2* (*farsi valere*) to assert oneself (*o* one's authority), to be assertive, to speak* for oneself; (*farsi rispettare*) to make* oneself respected, to command respect *3* (*emergere sugli altri*) to stand* out; to surpass (sb.); to outdistance (sb.) *4* (*avere successo*) to be successful, to establish oneself; (*acquistare popolarità*) to become* popular, to make* a name for oneself: **È una moda che finirà per imporsi**, it's a fashion which will become very popular; **i. come decoratore d'interni**, to make a name for oneself as an interior decorator; **Si è imposta come la migliore Aida degli ultimi anni**, she has established herself as the best Aida in recent years *5* (*farsi notare*) to attract attention [interest] *6* (*vincere*) to beat (sb.); (*assol.*) to win*: **i. agli avversari**, to beat one's opponents; **La Lazio si è imposta facilmente**, Lazio won hands down. ● **i. sul mercato**, to dominate the market. **C impórsi**, *v. i. pron.* (*rendersi necessario*) to become* necessary (*o* inevitable); to be called for: **Si impongono ormai nuove regole**, new rules have become necessary.

importàbile (1), *a.* (*comm.*) importable: **merci importabili**, importable goods.

importàbile (2), *a.* (*non indossabile*) that cannot be worn; that no one could possibly wear.

importànte, **A** *a.* *1* important; (*grave*) serious; (*molto i.*) momentous: **È i. per me capire**, it's important for me to understand; **poco i.**, unimportant; immaterial; of little consequence *2* (*formale, elegante*) formal:

serata i., formal evening *3* (*che si nota*; *grosso*) prominent; big: **naso i.**, big nose *4* (*di persona*) important; eminent; (*elevato*) high-ranking; (*di primo piano*) leading. **B** *m.* important (*o* main) thing; the main point; what is important: **L'i. è capire**, the important thing (*o* what is important) is to understand. ● (*iron.*) **fare l'i.**, to throw one's weight about.

importànza, *f.* importance; consequence: **una faccenda di nessuna [di una certa] i.**, a matter of no [of a certain] importance (*o* consequence); **della massima i.**, of the utmost importance; **dare i. a q.c.**, to attach importance to st. ● **una persona di grande i.**, a very important person □ **darsi dell'i.**, to throw one's weight about; to show off; to give oneself airs □ **di grandissima i.**, momentous; of great moment (*lett.*) □ **di nessuna i.**, of no importance; immaterial □ **Non ha i.**, it doesn't matter; it is not important; it is immaterial.

importàre, **A** *v. t.* *1* (*comm.*) to import: **i. grano dal Canada**, to import corn from Canada *2* (*fig.*: *introdurre*) to introduce: **i. idee nuove**, to introduce new ideas *3* (*implicare*) to entail, to imply, to involve; (*significare*) to mean*: **Questo importa una grande spesa**, this involves great expenditure. ● **i. illegalmente**, to smuggle in. **B** *v. i.* *1* (*avere importanza*) to matter, to be of importance; (*stare a cuore*) to care (*costr. pers.*): **Non importa**, it doesn't matter; **Non importa quello che ha fatto**, what he did does not matter (*o* is of no importance); **M'importa molto**, it matters to me very much; **Non m'importa che cosa tu abbia detto**, I don't care what you said; **A lui non importa di me**, he doesn't care about me; **Cosa importa?**, what does it matter?; who cares?; so what? (*fam.*) *2* (*essere necessario*) to be necessary; to need (*costr. pers.*): **Non importa che tu venga**, it isn't necessary for you to come; you needn't come; **Non importa che tu me lo renda**, don't bother (*o* don't trouble) to return it. ● (*fam.*) **Che t'importa?**, what business is it of yours? □ (*fam.*) **Che t'importa se non lo trovi?**, so what if you don't find it? □ (*fam.*) **Non me ne importa un fico (secco)**, I don't give a toss (for it); it doesn't matter a brass farthing.

importatóre, **A** *m.* (*f.* **-trice**) importer. **B** *a.* importing: **paesi importatori**, importing countries.

importazióne, *f.* *1* importation; import (*specialm. attr.*): **L'i. della carne è aumentata**, the importation of meat has increased; **dazio [licenza] d'i.**, import duty [licence]; **ditta di importazioni ed esportazioni**, import-export firm *2* (*fig.*: *introduzione*) introduction □ **i. illegale**, smuggling in □ **merci d'i.**, imports.

impòrto, *m.* *1* (*ammontare*) amount; sum: **l'i. di una fattura**, the amount of an invoice; **i. globale**, (sum) total; **un conto per un i. di 100.000 lire**, a bill amounting to (*o* totalling) 100,000 lire *2* (*somma di denaro*) sum (of money).

importunàre, *v. t.* to bother; to annoy; (*tormentare*) to pester, to nag, to pick on (*USA*); (*assillare con domande, ecc.*) to importune; (*una donna per strada*) to accost.

importunità, *f.* importunity; insistence.

importùno, **A** *a.* *1* (*fastidioso, noioso*) annoying, boring, tiresome, troublesome; (*assillante*) importunate, pestering *2* (*inopportuno*) inopportune; intruding. **B** *m.* (*f.* **-a**) troublesome person; intruder.

imposizióne, *f.* *1* imposition: **l'i. di nuove tasse**, the imposition (*o* levy) of new taxes; **l'i. delle mani** (*in un rito*), the imposition (*o* the laying on) of hands; **l'i. di un nome a q.**, the naming of sb. *2* (*ordine*) order; command; dictation *3* (*fin.*: *tassa, imposta*) tax, duty; (*tassazione*) taxation: **doppia i. fiscale**, double taxation.

impossessaménto, *m.* appropriation: **i. illecito**, illegal appropriation.

impossessàrsi, *V.* **impadronirsi**.

impossìbile, **A** *a.* *1* impossible: **di i. soluzione**, impossible to solve; **materialmente i.**, physically impossible; **Mi è i. andare**, I can't go; it's impossible for me to go *2* (*assurdo*) absurd; inconceivable; outrageous: **un progetto i.**, an absurd plan; **un vestito i.**, an outrageous dress *3* (*insopportabile*) impossible; unbearable: **È una persona i.!**, he's an impossible person! ● **Pare i.!**, it doesn't seem true!; you wouldn't think it possible, would you? **B** *m.* (the) impossible: **pretendere l'i.**, to expect the impossible. ● **fare l'i.**, to do one's best (*o* one's utmost) □ **Farei l'i. per saperlo**, I'd do anything to know it.

impossibilità, *f.* impossibility; (*incapacità*) inability: (*leg.*) **i. della prestazione**, impossibility of performance. ● **Mi trovo nell'i. di accettare**, I cannot accept; it is impossible for me to accept □ **L'ho messo nell'i. di rifiutare**, I have made it impossible for him to refuse.

impossibilitàre, *v. t.* to make* impossible; to prevent: **i. i movimenti**, to make movement impossible; **i. q. a fare q.c.**, to make it impossible for sb. to do st.; to prevent sb. from doing st.

impossibilitàto, *a.* unable (to); prevented (from): **Sono i. ad intervenire**, I am unable to be present; it is impossible for me to be present.

impòsta (1), *f.* *1* (*persiana*) shutter *2* (*archit.*) impost; (*di arco*) springer.

impòsta (2), *f.* (*fin.*) tax; (*doganale, ecc.*) duty: **imposte dirette [indirette]**, direct [indirect] taxes; **i. alla fonte**, tax at source; **i. di successione**, inheritance tax; death (*o* succession) duty; **i. fondiaria**, land tax; **i. locale**, local tax; rate; **i. personale [reale]**, personal [real property] tax; **i. progressiva**, progressive (*o* graduated) tax; **i. sul reddito**, income tax; tax on income; **abolire un'i.**, to lift a tax; **evadere un'i.**, to evade (*o* to dodge) a tax; **pagare le imposte**, to pay taxes; **stabilire un'i.**, to levy a tax. ● **i. complementare sul reddito**, income surtax □ **i. generale sull'entrata**, purchase tax; sales tax (*USA*); (*nel commercio estero*) turnover tax □ **i. sugli utili d'impresa**, business tax □ **i. sull'incremento di valore degli immobili**, property-increment tax □ **i. sul reddito delle persone fisiche**, personal income-tax □ **i. sul reddito delle persone giuridiche**, corporate income tax □ **i. sul valore aggiunto (IVA)**, value-added tax (VAT) □ **aliquota d'i.**, rate of taxation □ **al lordo [al netto] delle imposte**, before [after] tax □ **esente da i.**, tax-free; duty-free □ **esenzione dalle imposte**, tax exemption □ **soggetto a i.**, taxable □ **Ufficio delle Imposte Dirette**, Internal Revenue Office.

impostàre (1), **A** *v. t.* *1* (*stabilire, progettare*) to set* out; to draw*; to plan; to lay* out: **i. un lavoro**, to plan a piece of work; (*tipogr.*) **i. una pagina**, to lay out a page *2* (*un problema, ecc.*) to state; to define (the terms of); to set* out; to formulate *3* (*un'azienda*) to set* up *4* (*rag.*: *un conto*) to open; to set* out *5* (*naut.*) to lay* down: **i. una nave [una chiglia]**, to lay down a ship [the keel of a ship] *6* (*archit.*) to build* *7* (*mus.*) to place: **i. la voce**, to place one's voice. **B impostàrsi**, *v. rifl.* to position oneself.

impostàre (2), *v. t.* to post; to mail (*specialm. USA*); (*assol.*) to post a letter (*o* some letters).

impostazióne (1), *f.* *1* setting out; planning out; laying out; layout *2* (*definizione delle premesse*) statement; definition; formulation: **l'i. di un problema**, the definition of a problem; **l'i. della difesa**, the formulation of a line of defence; **l'i. di un articolo**, the general lines of a paper *3* (*di un'azienda*) setting up *4* (*rag.*: *di un conto*) opening (of an account) *5* (*naut.*) laying down *6* (*mus.*: *della voce*) placement.

impostazióne (2), *f.* (*spedizione per posta*) posting; mailing (*specialm. USA*).

impósto, *a.* forced; imposed; enforced; (*fisso*) fixed: **prezzo i.**, manufacturer's price; fixed retail price.

impostóre, *m.* (*f.* **-a**) impostor; fraud.

impostùra, *f.* *1* (*abitudine all'inganno*) deception, imposture *2* (*imbroglio*) fraud, deception; trick; (*menzogna*) lie.

impotènte, **A** *a.* *1* impotent; powerless; unable (to): **rabbia i.**, impotent rage; **sentirsi i.**, to feel impotent; **i. ad aiutare**, powerless to help; **Senza il suo appoggio, io sono i.**, without his support, I am powerless *2* (*med.*) impotent. **B** *m.* (*med.*) impotent man*.

impotènza, *f.* *1* impotence, impotency; powerlessness; inability: **ridurre q. all'i.**, to reduce sb. to impotence *2* (*med.*) impotence.

impoveriménto, *m.* impoverishment.

impoverìre, **A** *v. t.* to impoverish: **i. il terreno**, to impoverish land. **B impoverìrsi**, *v. i. pron.* to grow* (*o* to become*) poor.

impraticàbile, *a.* *1* (*di strada*) impassable; (*bloccato*) blocked; (*di campo sportivo*) unplayable *2* (*non realizzabile*) impractical; unfeasible; unviable.

impraticabilità, *f.* (*di strada*) impassability. ● **La partita fu sospesa per i. del campo**, the match was stopped due to the adverse conditions of the pitch.

impratichìre, **A** *v. t.* to train; to exercise. **B impratichìrsi**, *v. i. pron.* to practise; to get* practice; to get* to know; to familiarize oneself with; to get* the hang of (*fam.*): **Devi impratichirti**, you must get some practice; **i. nella lingua inglese**, to practise the English language; **i. di un luogo**, to get to know a place; **i. di un lavoro**, to get the hang of a job; to learn the ropes (*fam.*).

imprecàre, *v. i.* to curse (sb., st.); to imprecate against (*lett.*); (*assol.*) to curse, to swear*: **i. contro la sfortuna**, to curse one's luck.

imprecatìvo, *a.* imprecatory; maledictory. ● **formula imprecativa**, curse.

imprecazióne, *f.* curse; oath; imprecation.

imprecișàbile, *a.* indeterminable.

imprecișàto, *a.* indeterminate; indefinite; undefined; unsettled.

imprecișióne, *f.* inaccuracy; imprecision; inexactness; want of precision.

imprecìșo, *a.* inaccurate; imprecise; inexact; vague.

impregiudicàto, *a.* *1* (*leg.*) unprejudiced *2* open.

impregnàre, **A** *v. t.* *1* to impregnate; (*imbevere*) to soak, to saturate: **i. uno straccio di benzina**, to soak a rag with petrol; **L'odore impregnava l'aria**, the smell saturated the air *2* (*ingravidare*) to impregnate; to fecundate *3* (*fig.*) to imbue; to impregnate: **È impregnato di odio**, he is imbued with hatred. **B impregnàrsi**, *v. i. pron.* *1* to become* impregnated (*o* saturated) *2* (*fig.*) to become* imbued.

impregnazióne, *f.* *1* impregnation; saturation *2* (*fecondazione*) impregnation; fecundation.

impremeditàto, *a.* unpremeditated.

imprendìbile, *a.* *1* (*inafferrabile*) elusive; uncatchable *2* (*inespugnabile*) impregnable; (*invincibile*) invincible.

imprenditóre, *m.* (*f.* **-trice**) (*econ.*) entrepreneur; (*appaltatore*) contractor: **i. edile**, building contractor. ● **i. agricolo**, farmer □ **i. commerciale**, trader □ **i. di trasporti**, carrier; haulage contractor.

imprenditorìa, *f.* *1* (*categoria*) entrepreneurs (*pl.*) *2* (*attività*) entrepreneurial activity.

imprenditoriàle, *a.* entrepreneurial. ● **capacità i.**, entrepreneurship □ **classe i.**, entrepreneurs (*pl.*).

imprenditorialità, *f.* *1* entrepreneurship *2* (*gli imprenditori*) entrepreneurs (*pl.*).

impreparàto, *a.* *1* (*non pronto*) unprepared; unready *2* (*che non ha studiato*) not prepared; (*inesperto*) untrained, not properly trained.

impreparazióne, *f.* ***1*** unpreparedness; unreadiness ***2*** lack of preparation; lack of training.

imprésa, *f.* ***1*** enterprise; undertaking; venture: **accingersi a un'i.**, to embark on an enterprise; **riuscire nell'i.**, to succeed in the enterprise; **abbandonare l'i.**, to abandon the undertaking; **i. coronata di successo** (*o* **felicemente completata, ecc.**), successful undertaking; achievement ***2*** (*azione gloriosa, ecc.*) exploit; feat; deed: **le imprese di Rolando**, the exploits of Roland ***3*** (*azienda, ditta*) firm; concern; business; undertaking: **i. edile** (*o* **di costruzioni**), building firm; building contractors (*pl.*); builders (*pl.*); **i. commerciale**, business; **le piccole e medie imprese**, the small and medium concerns; **un'i. bene avviata**, a going concern ***4*** (*appalto*) contract ***5*** (*arald.*) device; motto*. ● **È un'i.** (*una cosa difficile*), it's no easy task; it's not at all easy; it's no joke (*fam.*) □ **È un'i. inutile**, it's a waste of time □ **accingersi a una nuova i.**, to undertake something new □ (*prov.*) **È più la spesa che l'i.**, it's more trouble than it's worth; it doesn't pay.

impresàrio, *m.* ***1*** entrepreneur; (*appaltatore*) contractor ***2*** (*teatr.*) manager; impresario*; producer (*USA*). ● **i. di pompe funebri**, undertaker; funeral director; mortician (*USA*).

imprescindìbile, *a.* not to be set aside; not to be ignored; unescapable; unavoidable.

imprescrittìbile, *a.* (*leg.*) indefeasible; imprescriptible: **diritto i.**, indefeasible right.

imprescrittibilità, *f.* (*leg.*) indefeasibility; imprescriptibility.

impreṣentàbile, *a.* unpresentable.

impressionàbile, *a.* ***1*** impressionable; sensitive; (*emotivo*) excitable, highly-strung ***2*** (*che si spaventa facilmente*) easily frightened ***3*** (*fotogr.*) sensitive.

impressionabilità, *f.* ***1*** impressionability; sensitivity; sensitiveness ***2*** (*fotogr.*) sensitivity.

impressionànte, *a.* (*che colpisce*) striking, staggering, stunning, dramatic; (*che spaventa*) shocking, frightening, appalling, awful; (*che fa orrore*) horrifying, lurid.

impressionàre, **A** *v. t.* ***1*** to make* an impression on; to impress; to strike*: **Il suo discorso impressionò molto l'uditorio**, his speech made a strong impression on the audience; **Il progetto mi ha bene impressionato**, the plan impressed (*o* struck) me favourably ***2*** (*turbare*) to upset*; to come* as a shock: **La notizia della sua morte ci ha molto impressionato**, the news of his death came as a great shock to us ***3*** (*impaurire*) to frighten; to scare ***4*** (*scuotere*) to shake*; to shock: **i. l'opinione pubblica**, to shake public opinion ***5*** (*fotogr.*) to expose: **i. una pellicola**, to expose a film. **B** **impressionàrsi,** *v. i. pron.* ***1*** to be upset: **Ti impressioni troppo facilmente**, you are too easily upset ***2*** (*impaurirsi*) to be frightened; to be scared ***3*** (*fotogr.*) to be exposed.

impressionàto, *a.* ***1*** impressed: **Rimarrà favorevolmente i.**, he will be favourably impressed ***2*** (*scosso*) shocked, shaken, upset, disturbed; (*impaurito*) frightened: **Rimasi i. alla vista di tutto quel sangue**, I was shocked when I saw all that blood ***3*** (*fotogr.*) exposed.

impressióne, *f.* ***1*** impression; (*sensazione*) feeling, (*fisica, anche*) sensation: **fidarsi della prima i.**, to trust one's first impression; **un'i. di freddo [di spavento]**, a sensation of cold [of fear]; **un'i. gradevole**, a pleasant feeling (*o* sensation); **La mia i. è che voglia tirarsi indietro**, my impression (*o* feeling) is (*o* I have a feeling) that he wants to back down; **Mi interessa sentire le tue impressioni**, I am interested to know your impressions; **Avevo l'i. che tu non sapessi nulla**, I was under the impression (*o* I had a feeling, I had a notion) that you didn't know anything; **Ho l'i. che non voglia venire**, I have the impression (*o* it is my impression) that he doesn't want to come; **fare (una) buona [cattiva] i. a q.**, to make a good [bad] impression on sb.; to impress sb. favourably [unfavourably]; **La sua sveltezza mi fece una grande i.**, I was greatly impressed by his quickness; **Che i. ti ha fatto il progetto [Napoli]?**, how did the plan [Naples] strike you?; **Non voglio che tu ti faccia un'i. sbagliata**, I don't want you to get the wrong impression ***2*** (*clamore*) sensation; (*turbamento*) shock: **l'i. creata dall'avvenimento**, the sensation caused by the fact; **L'omicidio suscitò una profonda i. in paese**, the murder shocked the village ***3*** (*impronta*) impression; impress; imprint; mark: **l'i. del sigillo sulla cera**, the impression of the seal on the wax; **l'i. di un piede sulla rena**, the imprint (*o* mark) of a foot on the sand ***4*** (*tipogr.*) impression; printing: **Il libro è alla sesta i.**, the book is at its sixth impression; **seconda i.: 1992**, reprinted 1992. ● **Che i. tutto quel sangue!**, all that blood, what a shocking sight (*o* how horrible)! □ **dare a q. l'i. di**, to give sb. the impression of; to strike sb. as; to look: **Mi dà l'i. di una cosa del tutto insolita**, it strikes me as being quite unusual; **Mi diede l'i. che non dicesse la verità**, I had a feeling (*o* I had a sensation, I felt) he was not telling the truth; **Mi dà l'i. di essere timido**, he looks shy to me □ **fare i.**, (*colpire*) to make an impression (on), to be impressive; (*turbare*) to shock, to disturb, to upset; (*fare paura*) to be frightening, to be scaring, to be a frightening thought; (*assol.*: *fare riflettere*) to be a solemn (*o* sobering) thought: **una vista che fa i.**, an impressive sight; **Il sangue mi fa i.**, blood upsets me; I cannot stand the sight of blood; **Le fa i. il vuoto**, she's frightened of heights; **Fa impressione pensare che siamo sei miliardi sul pianeta**, it is a sobering thought that there are six billion people on this planet.

impressioniṣmo, *m.* (*arte*) impressionism.

impressionìsta, (*arte*) **A** *m.* e *f.* impressionist. **B** *a.* impressionistic.

impressionìstico, *a.* (*arte*) impressionistic.

imprèsso, *a.* ***1*** impressed; imprinted; stamped ***2*** (*fig.*) stamped; printed; engraved: **Ce l'ho i. nella memoria**, it is stamped in my memory; **rimanere i. a q.**, to stay in sb.'s memory; **Mi è rimasto impresso**, I can still remember it.

imprestàre, *v. t.* (*fam.*) to lend*; to loan (*specialm. USA*).

imprevedìbile, *a.* unforeseeable; unpredictable: **evento i.**, unforeseeable event; **comportamento i.**, unpredictable behaviour.

imprevedibilità, *f.* unforeseeability; unpredictability.

imprevedùto, *V.* **imprevisto**.

imprevidènte, *a.* improvident; short-sighted; unforeseeing; thoughtless; imprudent.

imprevidènza, *f.* improvidence; short-sightedness; thoughtlessness; imprudence.

imprevìsto, **A** *a.* unforeseen; unexpected; unthought-of; unlooked-for; unplanned: **spese impreviste**, unforeseen expenses; **ritorno i.**, unexpected return; **aiuto i.**, unlooked-for help. **B** *m.* unforeseen (*o* unexpected) event (*o* occurrence); contingency: **Non è potuto venire a causa di un i.**, he was prevented from coming by an unexpected occurrence. ● **salvo imprevisti**, circumstances permitting; all being well; barring accidents.

impreziosìre, *v. t.* to make* precious; (*ornare*) to adorn, to embellish.

imprigionaménto, *m.* imprisonment.

imprigionàre, *v. t.* ***1*** (*mettere in prigione*) to put* in prison; to imprison; to jail, to gaol (*GB*) ***2*** (*rinchiudere*) to confine, to shut* in, to lock up (*fam.*); (*in gabbia*) to cage ***3*** (*bloccare, intrappolare*) to catch*; to trap: **La macchina gli imprigionò la mano**, his arm was caught in the machine; **i. nella rete**, to catch in a net; **i. tra i ghiacci**, to trap in ice.

imprigionàto, *a.* ***1*** (*in prigione*) imprisoned; captive; jailed, gaoled (*GB*): **tenere q. i.**, to hold sb. captive; to hold sb. imprisoned ***2*** (*bloccato*) bound; (*preso*) caught, trapped: **rimanere i. nella neve [nel ghiaccio]**, to be snow-bound [ice-bound]; **un braccio i. sotto una ruota**, an arm caught under a wheel.

imprimatur (*lat.*), *m.* ***1*** (*eccles.*) imprimatur ***2*** (*fig.*) (seal of) approval.

imprimé (*franc.*), (*ind. tess.*) **A** *m. invar.* printed fabric; print. **B** *a. invar.* printed.

imprìmere, **A** *v. t.* ***1*** (*anche fig.*) to stamp; to mark; to print; to imprint; to impress; (*solo fig.*) to engrave: **i. il sigillo a q.c.**, to impress (*o* to stamp) a seal on st., to imprint st. with a seal; to seal st.; **i. q.c. nella mente di q.**, to impress st. on sb.'s mind; **i. q.c. nella propria memoria**, to imprint st. on one's memory ***2*** (*comunicare*) to give*; to impart: **i. una spinta a q.c.**, to give st. a push; **i. un movimento a q.c.**, to set st. in motion; **i. un impulso**, to give an impulse ***3*** (*stampare*) to print. ● **Imprimiti bene in mente ciò che ti dico**, remember (*o* bear in mind) what I am going to say; mark my words □ **i. forza a q.c.**, to exert force on st. □ **i. velocità a q.c.**, to speed st. up. **B** **imprìmersi,** *v. i. pron.* to be (*o* to remain) impressed (*o* engraved, printed, etc.): **Le sue parole si sono impresse nella mia mente**, his words are impressed on my mind.

imprimitùra, *f.* (*pitt.*) priming.

imprinting, *m. invar.* (*biol.*) imprinting.

improbàbile, *a.* improbable; unlikely: **È i. che lo scoprano**, it is unlikely that he will be found out, he is unlikely to be found out.

improbabilità, *f.* improbability; unlikelihood.

improbità, *f.* (*lett.*) improbity; dishonesty; wickedness.

ìmprobo, *a.* ***1*** (*lett.*) dishonest; wicked ***2*** (*faticoso, duro*) arduous; tough; toilsome: **una fatica improba**, arduous work; a tough job.

improcedìbile, *a.* (*leg.*) that cannot be proceeded with.

improcedibilità, *f.* (*leg.*) lapse.

improcrastinàbile, *a.* that cannot be postponed.

improcrastinabilità, *f.* impossibility to postpone.

improducìbile, *a.* unproducible.

improduttività, *f.* unproductiveness.

improduttìvo, *a.* unproductive; unfruitful. ● (*econ.*) **capitale i.**, idle money.

improferìbile, *a.* unrepeatable.

imprónta (1), *f.* ***1*** (*anche fig.*) imprint; impression; print; mark; stamp; sign; trace: **l'i. di un piede**, a footprint; the imprint of a foot; **l'i. del sigillo**, the impression of the seal; **Lasciò sul muro l'i. della mano sporca**, he left the imprint of his dirty hand on the wall; **impronte digitali**, fingerprints; **i. di dita**, finger marks (*pl.*); **i. del pollice**, thumb mark (*o* print); **impronte di zoccoli**, hoof prints; **cancellare tutte le impronte**, to wipe out (*o* to remove) all traces; **l'i. del genio**, the mark (*o* imprint) of genius; **C'era dappertutto l'i. della miseria**, everywhere poverty had left its mark ***2*** (*di fossile*) mould ***3*** (*numism.*) impression; stamp.

imprónta (2), *f.* – **all'i.**, at sight (*avv.*); impromptu (*agg.* e *avv.*); extempore (*avv.* e *agg.*): **tradurre all'i.**, to translate extempore (*o* at sight); **traduzione all'i. in inglese**, extempore translation into English.

improntàre, **A** *v. t.* ***1*** to impress; to imprint ***2*** (*fig.*: *lasciare un'impronta*) to leave* (*o* to set*) one's mark on ***3*** (*imprimere una nota*) to give a stamp of; to mark; to strike* a note of: **i. un discorso a solennità**, to give a stamp of solemnity to a speech; to strike a note of solemnity in a speech; **i. il viso a severità**, to put on a severe look. **B** **improntàrsi,** *v. i. pron.* to take* on a look [a note] of.

improntàto, *a.* (*fig.*) marked (by); full (of): **parole improntate a benevolenza**, words marked by (*o* full of) benevolence; **un rapporto i. al sospetto**, a relationship marked by suspicion; **Il suo viso era i. a tristezza**, she had a sorrowful expression on her face.

improntitùdine, *f.* effrontery; impudence; gall; nerve (*fam.*).

imprónto, *V.* **impronta (2)**.

impronunciàbile, *a.* **1** (*che è proibito pronunciare*) unutterable; unrepeatable **2** (*difficile da pronunciare*) unpronounceable.

impropèrio, *m.* insult; abuse (*sing. collett.*): **coprire q. d'improperi**, to heap abuse on sb.; to abuse sb.

improponìbile, *a.* **1** that cannot be propounded (*o* suggested) **2** (*leg.*) not actionable.

improprietà, *f.* inaccuracy; imprecision.

impròprio, *a.* **1** (*scorretto*) inaccurate; incorrect; imprecise: **locuzione impropria**, incorrect phrase; **termine i.**, inaccurate term; misnomer **2** (*non appropriato*) illegitimate; (*non adatto*) unfit, unsuitable: **uso i.**, illegitimate use; **vestito i. all'occasione**, dress unfit for the occasion **3** (*sconveniente*) improper; unseemly; unbecoming **4** (*mat.*) improper: **frazione impropria**, improper fraction. ● **arma impropria**, blunt instrument □ (*gramm.*) **dittongo i.**, improper diphthong.

improrogàbile, *a.* that cannot be postponed (*o* delayed, put off); unalterable; (*di termine*) not to be extended.

improrogabilménte, *avv.* without any possible delay; with no possibility of an extension.

improvvidènza, *f.* (*lett.*) improvidence; lack of foresight (*o* of forethought).

impròvvido, *a.* (*lett.*) improvident; lacking in foresight (*o* in forethought).

improvvişaménte, *avv.* unexpectedly; suddenly; all of a sudden; out of the blue (*fam.*).

improvvişàre, A *v. t.* **1** to improvise (*anche mus.*); to extemporize; to ad lib; (*inventare*) to make* up (on the spur of the moment); (*agire senza un programma*) to play it by ear (*fam.*), to wing it (*fam.*): **i. un discorso**, to extemporize a speech; to speak extempore (*o* off the cuff); **i. al piano**, to improvise on the piano; **Non ricordavo la battuta e cominciai a i.**, I had forgotten my lines, so I began to ad lib (*o* to extemporize); **Non voglio fare piani, preferisco i.**, I don't want to plan ahead, I prefer to play it by ear; **i. una scusa**, to make up an excuse **2** (*preparare in fretta*) to improvise; to whip up; to knock up (*GB*); to slap together (*USA*): **i. un letto**, to improvise a bed; **i. una cena**, to whip up a meal. **B improvvişàrsi,** *v. i. pron.* to play; to turn; to act as; to extemporize as: **i. pittore**, to play the painter; **i. cuoco**, to act as a cook; to turn cook; to do the cooking.

improvvişàta, *f.* surprise: **fare un'i. a q.**, to give sb. a surprise.

improvvişàto, *a.* **1** improvised; extempore; impromptu; unprepared; off the cuff (*avv.*); off-the-cuff (*attr.*): **un discorso i.**, an extempore speech; a speech given off the cuff **2** (*preparato in fretta*) improvised; (*di fortuna*) makeshift, make-do; (*abborracciato*) slapdash: **pranzo i.**, improvised meal; **letto i.**, makeshift bed; shakedown.

improvvişatóre, *m.* (*f.* **-trice**) improviser; (*mus.*) improvisator.

improvvişazióne, *f.* improvisation (*anche mus.*); extemporization; ad libbing.

improvvìşo, A *a.* (*inaspettato*) unexpected; (*repentino*) sudden; (*imprevisto*) unforeseen. **B** *m.* (*mus.*) impromptu. ● **all'i.**, suddenly.

imprudènte, A *a.* imprudent; incautious; unwary; careless; (*temerario, audace*) rash: **guidatore i.**, careless driver. **B** *m.* e *f.* imprudent person.

imprudènza, *f.* **1** imprudence; incautiousness; unwariness; carelessness; (*temerarietà*) rashness: **incidente frutto di i.**, accident due to carelessness **2** (*atto, comportamento imprudente*) imprudent (*o* incautious, etc.) act (*o* behaviour, etc.): **È un'i. partire con questa nebbia**, it is imprudent to leave with such a fog; **È stata un'i. dell'autista**, it was a careless manoeuvre on the part of the driver; **commettere un'i.**, to act imprudently; to do something rash; **Non fare imprudenze**, don't do anything rash!; be careful!

impubblicàbile, *a.* unpublishable.

impùbe, *a.* (*lett.*) *V.* **impubere**.

impùbere, *a.* under the age of puberty.

impudènte, A *a.* insolent; impudent; shameless; cheeky (*fam.*); brazen-faced; nervy (*USA*). **B** *m.* e *f.* impudent (*o* shameless) person; brazen-face.

impudènza, *f.* effrontery; impudence; gall; cheek (*fam.*); nerve (*fam.*).

impudicìzia, *f.* immodesty; indecency; shamelessness.

impudìco, *a.* immodest; indecent; shameless.

impugnàbile, *a.* (*leg.*) impugnable; exceptionable; (*di decisione, sentenza*) appealable.

impugnabilità, *f.* (*leg.*) impugnability; contestability.

impugnàre (1), *v. t.* (*afferrare*) to seize, to grasp, to grip; (*stringere in pugno*) to hold*, to grasp, to grip: **i. un bastone**, to grasp a stick; **Come si impugna la racchetta?**, how do you hold the racket?; **Impugnai il coltello**, I seized the knife; **Impugnava un coltello**, he was gripping a knife; he had a knife in his hand. ● **i. le armi**, to take up arms □ **i. la spada** (*sguainarla*), to draw one's sword.

impugnàre (2), *v. t.* **1** (*contestare*) to contest; to dispute; to challenge **2** (*leg.*) to impugn, to contest; (*una sentenza*) to appeal against: **i. la validità di un contratto**, to impugn the validity of a contract; **i. un testamento**, to contest a will.

impugnatìva, *f.* (*leg.*) act of impugnation.

impugnatìvo, *a.* (*leg.*) impugnating; contesting.

impugnatóre, *m.* (*leg.*) impugner; contestant.

impugnatùra, *f.* **1** (*manico*) handle; (*di spada, pugnale, ecc.*) hilt; (*di coltello*) handle, haft; (*di arnese, leva, ecc.*) handgrip **2** (*modo di impugnare*) grip; grasp.

impugnazióne, *f.* (*leg.*) impugnment; impugnation; contest.

impulciàre, A *v. t.* to infest with fleas. **B impulciàrsi,** *v. i. pron.* to become* infested (*o* covered) with fleas.

impulsàre, *v. t.* (*tecn.*) to pulse.

impulsatóre, *m.* (*elettron.*) pulse generator; pulser.

impulsióne, *f.* impulsion; impulse.

impulsività, *f.* impulsiveness; impulsivity; impetuousness.

impulsìvo, *a.* **1** impulsive; (*avventato*) rash, unreflecting: **un carattere i.**, an impulsive nature **2** (*fis., mecc.*) impelling; propulsive: **forza impulsiva**, impelling force.

impùlso, *m.* **1** (*urto, spinta*) impulse; thrust; push **2** (*istinto; moto irriflessivo*) impulse; drive: **agire d'i.**, to act on impulse; **fatto per i.**, done on an impulse; impulse (*attr.*) **3** (*fig.*: *stimolo, spinta*) impulse, impetus, drive, stimulus*; (*incremento*) boost: **i. vitale**, vital impetus; **Le vendite hanno ricevuto un notevole i.**, sales have been given a substantial boost; **dare i. a q.c.**, to stimulate st.; to boost st. **4** (*fis.*) impulse; (*elettr.*) pulse **5** (*mecc.*) impulse **6** (*fisiol.*) impulse: **i. nervoso**, nerve impulse **7** (*telef.*) (time) unit.

impùne, *a.* (*lett.*) unpunished.

impuneménte, *avv.* **1** (*senza punizione*) with impunity; scot-free (*pred.*): **infrangere la legge i.**, to break the law with impunity; **cavarsela i.**, to get off scot-free; to get away with it **2** (*senza danno*) safely: **Attraversò i. le linee nemiche**, he safely crossed the enemy lines.

impunìbile, *a.* (*anche leg.*) unpunishable.

impunibilità, *f.* (*leg.*) unpunishability.

impunità, *f.* (*anche leg.*) impunity.

impunìto, A *a.* unpunished: **Il delitto restò i.**, the crime went unpunished. **B** *m.* (*f.* **-a**) (*region.*) impudent (*o* insolent, shameless) person; brazenface: **Sei un bell'i.!**, you are insolent!; you do have a nerve! (*fam.*).

impuntàrsi, *v. i. pron.* **1** (*rifiutare di muoversi*: *di animale*) to jib, to balk; (*di bambino*) to stop dead **2** (*arrestarsi nel parlare*) to get* stuck; (*balbettare*) to stutter **3** (*fig.*: *mettersi in testa*) to get* st. into one's head; (*ostinarsi*) to dig* one's heels in (*fam.*).

impuntatùra, *f.* obstinacy; stubbornness.

impuntìre, *v. t.* **1** (*cucire*) to stitch (together) **2** (*trapuntare*) to quilt.

impuntitùra, *f.* **1** (*cucitura*) stitching (together) **2** (*trapuntatura*) quilting.

impuntùra, *f.* **1** (*cucito*) backstitch; (*ornamentale*) stitching; (*grossa*) saddle-stitch **2** (*naut.*: *di vela quadra*) upper corner; (*di vela aurica*) luff corner.

impunturàre, *v. t.* to backstitch.

impupàrsi, *v. rifl.* (*zool.*) to pupate.

impurézza, *f.* (*scient.*) impurity.

impurità, *f.* **1** impurity **2** (*fig.*: *impudicizia*) impurity; unchastity.

impùro, *a.* **1** impure: **acqua impura**, impure water; **lingua impura**, impure language; **razza impura** (*ibrida*), mongrel race **2** (*ling.*) impure: **esse impura**, impure S **3** (*fig.*: *impudico*) impure; unchaste: **desideri impuri**, impure desires **4** (*relig.*: *contaminato*) impure; unclean.

imputàbile, *a.* **1** imputable; ascribable; attributalble; due: **L'incidente è i. a distrazione**, the accident is due (*o* attributable) to carelessness **2** (*responsabile*) responsible: **Io non sono i. per quello che è successo**, I am not responsible for what happened **3** (*leg.*: *accusabile*) chargeable: **i. di omicidio**, chargeable with murder.

imputabilità, *f.* (*anche leg.*) imputability; chargeability.

imputàre, *v. t.* **1** (*attribuire*) to impute; to attribute; to ascribe; to put* down: **i. l'incidente a errore umano**, to attribute the accident to human error **2** (*attribuire una responsabilità*) to hold* (sb.) responsible; to blame (sb. for st.); to accuse: **Imputarono a lui la sconfitta**, he was held responsible for the defeat; **Imputarono l'incidente all'autista**, the driver was accused of having caused the accident; **Questo non gli si può i. a colpa**, he cannot be blamed for this **3** (*leg.*: *accusare*) to charge; to accuse: **i. q. di omicidio**, to charge sb. with murder **4** (*rag.*) to charge.

imputàto, *m.* (*f.* **-a**) (*leg.*) accused person; defendant; prisoner at the bar.

imputazióne, *f.* **1** (*leg.*) charge; accusation; (*capo d'i.*) count (of indictment): **rispondere dell'i. di omicidio**, to answer to the charge of murder **2** (*rag.*) charging.

imputridiménto, *m.* putrefaction; rotting.

imputridìre, A *v. i.* to putrefy; to rot; to decay; to go* bad. **B** *v. t.* to rot; to cause (st.) to decay.

imputridìto, *a.* putrefied; rotten; gone bad (*pred.*).

impuzzolentìre, *v. t.* to cause (st.) to stink; to make* (st.) stink.

in (1), *prep.* **1** (*stato in luogo, anche fig.*) in; at; (*dentro*) inside: **in una [nella] scatola**, in a [in the] box; inside a [the] box; **essere in città [in campagna, in Italia]**, to be in town (in the country, in Italy); **Sono in bagno**, I am in the bathroom; **Frugò nella borsetta**, she fumbled in her handbag; **È qui nell'edificio**, it's here in the building; **rimanere [essere] in casa**, to stay [to be] at home; to be [to stay] indoors; **Sei in casa stasera?**, will you be in tonight?; **Aspettami in macchina**, wait (for me) in (*o* inside) the car; **essere in lutto [in maniche di camicia]**, to be in mourning [in one's shirt-sleeves]; **Non vorrei essere in lui (*o* nei suoi panni)**, I wouldn't like to be in his place (*o* in his shoes); **un'anima in pena**, a soul in torment; **essere in cattive acque**

(*o* **nei guai**), to be in a bad way; to be in trouble; **essere in uno stato terribile [in lacrime, in difficoltà]**, to be in a terrible state [in tears, in difficulties]; **in cima a**, at the top of; **in fondo a**, at the bottom of; (*anche fig.*) **essere in alto mare**, to be at sea; **nel periodo di Natale**, at Christmas; **in punto di morte**, at the point of death **2** (*moto a luogo, anche fig.*) to: **andare in Italia**, to go to Italy; **andare in montagna**, to go to the mountains; **tornare in Inghilterra**, to go back to England; **di giorno in giorno**, from day to day; day by day; **di male in peggio**, from bad to worse **3** (*penetrazione in luogo chiuso*) into; in: **Entrai nel negozio**, I went into the shop; **Lo misi nella scatola**, I put it in(to) the box; **salire in treno**, to get into (*o* on) a train; **entrare in relazioni di affari con q.**, to enter into business relations with sb.; (*fig.*) **ficcarsi in testa q.c.**, to get st. into one's head **4** (*moto per luogo*) in; round; throughout: **passeggiare in giardino [nel parco]**, to walk in (*o* round) the garden [the park]; **viaggiare in Francia**, to travel in (*o* round) France; **in tutto il mondo**, throughout (*o* all over) the world; the world over **5** (*su, sopra*) on; upon: **mettersi un cappello in testa**, to put a hat on one's head; **in bicicletta**, on a bicycle; **in tavola**, on the table **6** (*tempo*) in; at; on; (*nel corso di*) in the course of: **in maggio**, in May; **nel 1981**, in 1981; **nel ventesimo secolo**, in the 20th century; **in estate**, in (the) summer; **Siamo in estate**, it's summertime; **in gioventù**, in one's youth; **in quel giorno**, (on) that day; **in questo momento**, at this time (*o* moment); **in una notte d'inverno**, on a winter night; one winter night; **In un'ora si va e si torna**, in one hour you can go there and come back; **Lo feci in un mese**, I did it in a month; **È il quarto dipendente che si licenzia in due mesi**, he is the fourth employee to resign in the last two months; **Lo saprò in giornata**, I'll know today (*o* before tonight, in the course of today); **in serata**, in the course of the evening; **in pace e in guerra**, in war and peace; **arrivare in tempo**, (*puntualmente*) to arrive on time; (*in tempo utile*) to arrive in time; **nello stesso tempo**, at the same time **7** (*mezzo*) by: **Andrò in automobile [in treno, in aeroplano, in nave]**, I shall go by car [by train, by plane, by boat]; **viaggiare in macchina [in treno, in aereo]**, to travel by road [by rail, by air] (*ma anche*: in a car, in a train, in an aeroplane) **8** (*trasformazione*) into; in: **cambiare lire in sterline**, to change lire into pounds; **Il rospo fu mutato in principe**, the toad was changed into a prince; **dividere una somma in quattro parti**, to divide a sum in(to) four parts **9** (*modo, condizione*) in: **Il nome era dipinto in rosso**, the name was painted in red; **in fretta**, in a hurry; **in confidenza**, in confidence; **in breve**, in short; **in cambio**, in exchange; **in segreto**, in secret; **in lode di**, in praise of; **in tuo onore**, in your honour; **in astratto**, in the abstract; **parlare in dialetto**, to speak in dialect; **vestire in bianco**, to dress in white; **scritto in tedesco**, written in German; **essere in condizione di fare q.c.**, to be in a position to do st. **10** (*limitazione*) at; in: **bravo in francese [nello sci]**, good at French [at skiing]; **debole in matematica**, weak in maths; **laureato in legge**, with a degree in law (*o* a law degree) **11** (*modo, qualità*) as: **avere [dare] q.c. in dono**, to have [to give] st. as a gift **12** (*materia*) – **una statua in bronzo**, a bronze statue; **un vestito in seta**, a silk dress; **una borsa in pelle**, a leather bag; **fatto in legno**, made of wood **13** (*quantità*) – **Eravamo in pochi**, there were only a few of us; **Eravamo in quattro**, there were four of us; **Si gioca in undici per parte**, you play it (with) eleven on a side (*o* eleven each side); **accorrere in folla**, to crowd in **14** (*davanti a un avv.*) – **in su**, up; **in giù**, down; **più in là**, further down; further on **15** (*davanti a un inf.*) – **L'ho rivisto nell'andare a scuola**, I saw him again as I was going (*o* while going, on my way to) to school; **Nell'aprire la scatola ho rotto il coperchio**, on (*o* in) opening the box, I broke the lid; **Nel dire così, mi porse il biglietto**, as he said that, he handed me the note. • **in apparenza**, on the surface; apparently □ **in attesa**, waiting □ **in coscienza**, in all conscience □ **in fede mia**, upon my word □ (*mecc.*) **in folle**, out of gear; in neutral gear □ **in forse**, in doubt □ **in mezzo a**, in the middle of □ **in nome di Dio**, in the name of God □ **in piedi**, standing □ (*cucina*) **in umido**, stewed (*agg.*) □ **in verità**, to be true; (*nei Vangeli*) verily □ **alzarsi in piedi**, to stand up □ **credere in Dio**, to believe in God □ **Se fossi in te**, if I were you □ **essere in preda al terrore**, to be a prey to terror □ **stare in piedi**, to stand □ **Lucia Bianchi in Neri**, Lucia Neri, née Bianchi □ **Tim non è nel numero**, Tim is not among them.

in (**2**) (*ingl.*), avv. e a. (*alla moda, in voga, ecc.*) fashionable; trendy; in (*fam.*); with it (*fam.*).

inabbordàbile, a. unapproachable.

inàbile, a. **1** unable (to); incapable (of); (*anche mil.*) unfit (for); (*per invalidità*) disabled: **i. al lavoro**, unable to work; unfit for work; (*mil.*) **i. al servizio militare**, unfit for military service **2** (*leg.*) disabled: **i. a stipulare un contratto**, disabled to contract.

inabilità, f. **1** incapacity; inability; (*anche mil.*) unfitness **2** (*leg.*) disablement.

inabilitànte, a. disqualifying; incapacitating.

inabilitàre, v. t. **1** to disable; to render unfit **2** (*leg.*) to disqualify; to incapacitate.

inabilitàto, m. (*leg.*) disabled person.

inabilitaziòne, f. **1** unfitness; disability **2** (*leg.*) disqualification; incapacitation.

inabissamènto, m. sinking; engulfment.

inabissàre, A v. t. to sink*; to engulf. **B inabissàrsi,** v. i. pron. to sink*; to be swallowed up; to be engulfed.

inabitàbile, a. uninhabitable.

inabitabilità, f. uninhabitableness.

inabitàto, a. (*lett.*) uninhabited.

inabrogàbile, a. unrepealable.

inaccessìbile, a. **1** (*inavvicinabile*) inaccessible, unapproachable; (*impervio*) impervious; (*non scalabile*) unscalable: **un luogo i.**, an inaccessible place; **montagna i.**, unscalable mountain **2** (*di persona*: *inavvicinabile*) unapproachable; (*insensibile*) inaccessible, impervious: **Il direttore è i.**, the director is unapproachable; **i. alle lusinghe [alla pietà]**, inaccessible (*o* impervious) to flattery [to pity] **3** (*incomprensibile*) incomprehensible; impenetrable; beyond (sb.'s) grasp; a closed book (*pred., fam.*): **mistero i.**, impenetrable mystery; **Il computer per me è i.** computers are a closed book to me **4** (*troppo caro*) unaffordable.

inaccessibilità, f. **1** (*inavvicinabilità*) inaccessibility; unapproachableness **2** (*di concetto, ecc.*) incomprehensibility.

inaccettàbile, a. **1** unacceptable **2** (*inammissibile*) inadmissible; intolerable **3** (*incredibile*) incredible.

inaccettabilità, f. **1** unacceptableness **2** (*inammissibilità*) inadmissibility **3** (*incredibilità*) incredibility.

inaccordàbile, a. **1** ungrantable **2** (*mus.*) untunable.

inaccòrto, a. (*lett.*) unwary; incautious.

inaccostàbile, a. unapproachable (*anche fig.*); (*di prezzo*) unaffordable.

inaccuràto, a. inaccurate; imprecise; inexact.

inacerbire, A v. t. to embitter; to exacerbate. **B inacerbirsi,** v. i. pron. to become* exacerbated (*o* embittered); to turn sour.

inacetire, A v. t. to turn into vinegar. **B** v. i. to turn to vinegar

inacidimènto, m. **1** acidification; souring **2** (*fig.*) embitterment; souring.

inacidire, A v. t. **1** to make* acid; to turn sour; to sour; to acidify **2** (*fig.*) to embitter; to sour. **B** v. i. e **inacidirsi,** v. i. pron. **1** to go* (*o* to turn) sour; to sour; to acidify **2** (*fig.*) to become* embittered; to be soured.

inacidito, a. **1** sour **2** (*fig.*) soured; sour; embittered.

inacutire, A v. t. to sharpen; to make* more acute. **B inacutirsi,** v. i. pron. to become* more acute; to become* sharper.

inadattàbile, a. unadaptable; inadaptable.

inadattabilità, f. unadaptability.

inadàtto, a. **1** (*fuori luogo*) unsuitable (for), inappropriate (to, for); (*inopportuno*) wrong, inopportune, inconvenient: **un abbigliamento i. all'occasione**, clothes unsuitable for the occasion; **il momento più i.**, the most inopportune moment **2** (*non idoneo*) unsuited (to); unfit (for): **i. alla vita militare**, unsuited to military life **3** (*incapace*) unable; incapable: **È i. a comandare**, he is unable to command.

inadeguatézza, f. **1** (*inidoneità*) unsuitability **2** (*insufficienza*) inadequacy; insufficiency **3** (*scarsità*) scarsity; scantiness.

inadeguàto, a. **1** (*inidoneo*) unfit; unsuitable **2** (*insufficiente*) inadequate; insufficient **3** (*scarso*) scarce; scanty.

inadempìbile, a. that cannot be fulfilled.

inadempiènte, (*leg.*) **A** a. defaulting; in default (*pred.*): **parte i.**, defaulting party; **essere i.**, to default. **B** m. e f. defaulter; defaulting party.

inadempiènza, f. **inadempimènto,** m. non-fulfilment; default; breach: **i. contrattuale**, breach of contract; **i. di un compito**, non-fulfilment of a task; **i. di un obbligo**, default; **i. del proprio dovere**, dereliction of duty.

inadèmpito, inadempiùto, a. unfulfilled; broken: **compito i.**, unfulfilled task; **un voto i.**, a broken vow.

inadopràbile, a. unserviceable; not fit for use (*pred.*); no use (*pred.*).

inafferràbile, a. **1** elusive; unseizable; uncatchable **2** (*fig.*) elusive; slippery.

inafferrabilità, f. (*anche fig.*) elusiveness.

inaffidàbile, a. unreliable; untrustworthy.

inaffondàbile, a. (*naut.*) unsinkable.

inagìbile, a. unfit for use.

inagibilità, f. unfitness for use.

inagrestire, v. i. (*agric.*) **1** (*di uva*) to remain unripe **2** (*inacidire*) to sour.

inagrire, v. t. to turn sour.

inalàre, v. t. (*med.*) to inhale.

inalatóre, m. (*med.*) inhaler.

inalatòrio, a. (*med.*) inhalant; inhaling. • **per via inalatoria**, by inhalation.

inalaziòne, f. (*med.*) inhalation.

inalberaménto, m. (*di bandiera, ecc.*) hoisting; raising.

inalberàre, A v. t. **1** (*bandiera, ecc.*) to hoist, to raise; (*naut., anche*) to run* up **2** (*piantare ad alberi*) to plant with trees. **B inalberàrsi,** v. i. pron. **1** (*di cavallo*) to rear **2** (*adirarsi*) to get* angry; to bristle; to flare up.

inalberàta, f. (*di cavallo*) rearing.

inalienàbile, a. (*leg.*) inalienable.

inalienabilità, f. (*leg.*) inalienability.

inalteràbile, a. **1** unalterable; unchangeable; lasting; (*irrestringibile*) unshrinkable; (*di colore*) fast **2** (*durevole*) lasting; constant; enduring **3** (*del carattere*) even-tempered. • **i. buonumore**, unshakable good humour.

inalterabilità, f. unalterability; (*di colore*) fastness.

inalteràto, a. unchanged; unaltered.

inalveàre, v. t. to canalize.

inalveaziòne, f. canalization.

inalveolàre, v. i. e i. pron. to grow* in the alveolus.

inamàbile, a. (*lett.*) unamiable; unlovable.

inamèno, a. (*lett.*) dreary; dismal.

inamidàre, v. t. to starch.

inamidàto, a. **1** starched **2** (*fig.*) starchy; stiff.

inamidatùra, f. starching.

inammissibile, *a.* **1** unacceptable; unjustifiable; intolerable **2** (*leg.*) inadmissible: **prova i.**, inadmissible evidence.
inammissibilità, *f.* **1** unacceptability; unjustifiability **2** (*leg.*) inadmissibility.
inamovibile, *a.* **1** (*di persona*) irremovable **2** (*di oggetto*) unmovable; fixed.
inamovibilità, *f.* irremovability; irremovableness.
inàne, *a.* (*lett.*) vain; useless; empty: **un tentativo i.**, a vain attempt.
inanellaménto, *m.* (*zootecnia*) ringing.
inanellàre, A *v. t.* **1** (*arricciare*) to curl **2** (*fig.*: *produrre una serie di*) to string* together; to spin* out: **i. battute**, to spin out quips **3** (*zootecnia*) to ring. **B** *v. i. pron.* to curl.
inanellàto, *a.* **1** (*arricciato*) curly **2** (*ornato di anelli*) ringed; covered with rings.
inanimàto, *a.* **1** (*senza vita, anche fig.*) inanimate **2** (*esanime*) lifeless.
inanità, *f.* (*lett.*) inanity; uselessness; emptiness.
inanizióne, *f.* (*med.*) inanition.
inanònimo, A *a.* not anonymous; named. **B** *m.* – (*negli annunci economici*) **rispondesi solo inanonimi**, only signed letters will be answered; no anonymous replies.
inappagàbile, *a.* unsatisfiable; insatiable.
inappagaménto, *m.* (sense of) dissatisfaction; discontentment; discontentedness.
inappagàto, *a.* unfulfilled; unsatisfied; dissatisfied.
inappannàbile, *a.* non-misting.
inappellàbile, *a.* **1** (*leg.*) not open to appeal; unappealable; inappellable **2** (*fig.*) final; ultimate: **giudizio i.**, final judgment.
inappellabilità, *f.* (*leg.*) inappellability.
inappellabilménte, *avv.* without appeal; irrevocably; inappellably.
inappetènte, *a.* inappetent; lacking appetite (*pred.*).
inappetènza, *f.* inappetence; lack of appetite.
inapplicàbile, *a.* inapplicable.
inapplicabilità, *f.* inapplicability.
inapprendibile, *a.* that cannot be learnt; difficult to learn.
inapprezzàbile, *a.* **1** (*inestimabile*) inestimable; invaluable **2** (*insignificante*) negligible; inappreciable.
inapprezzàto, *a.* unappreciated; unvalued.
inappuntàbile, *a.* faultless; impeccable; irreproachable.
inappuntabilità, *f.* faultlessness; impeccability; irreproachability.
inappuràbile, *a.* unascertainable; unverifiable.
inaràto, *a.* (*lett.*) unploughed.
inarcaménto, *m.* **1** arching; bending **2** (*tecn.*) cambering **3** (*naut.*) hogging.
inarcàre, A *v. t.* **1** to arch; to bend*: **i. la schiena**, to arch one's back **2** (*tecn.*) to camber. ● **i. le sopracciglia**, to raise one's eyebrows. **B inarcàrsi,** *v. i. pron.* **1** to arch; to bend* **2** (*naut.*) to hog.
inargentàre, A *v. t.* **1** to silver-plate **2** (*fig.*) to silver; to turn silver. **B inargentàrsi,** *v. i. pron.* to become* silvery; to take* on a silvery lustre; (*di capelli, ecc.*) to silver, to turn white.
inargentàto, *a.* **1** silver-plated **2** (*fig.*) silver; silvery.
inargentatùra, *f.* silver-plating.
inaridiménto, *m.* (*anche fig.*) drying up; withering.
inaridire, A *v. t.* **1** to dry up; to parch; (*disseccare*) to wither **2** (*fig.*) to dry up; to wither: **i. l'ispirazione**, to dry up sb.'s inspiration; **La morte del figlio la inaridì**, her son's death withered her heart. **B** *v. i.* e **inaridirsi,** *v. i. pron.* **1** to dry up; to wither; to become* arid; to become* barren: **La sorgente è inaridita**, the spring has dried up; **I campi inaridirono**, the fields became barren **2** (*fig.*) to dry up: **La sua vena compositiva si inaridì**, his musical vein dried up.
inarmònico, *a.* (*lett.*) inharmonious.
inarrestàbile, *a.* unstoppable; (*irrefrenabile*) unrestrainable; (*inesorabile*) unrelenting, relentless, inexorable: **pianto i.**, unrestrainable tears; **avanzata i.**, relentless advance.
inarrivàbile, *a.* **1** unreachable; unattainable **2** (*fig.*: *impareggiabile*) incomparable; unparalleled; unequalled; matchless; surpassing.
inarticolàto, *a.* inarticulate: **grida inarticolate**, inarticulate cries.
inascoltàbile, *a.* unlistenable; impossible to listen to.
inascoltàto, *a.* unheard; unheeded: **rimanere i.**, to go unheeded.
inasinire, *v. i.* **inasinirsi,** *v. i. pron.* to grow* stupid; to grow* dull.
inaspettàto, *a.* unexpected; (*improvviso*) sudden; (*non cercato*) unlooked-for; (*imprevisto*) unforeseen: **visita inaspettata**, unexpected visit; **aiuto i.**, unlooked-for help; **difficoltà inaspettate**, unforeseen difficulties.
inaspriménto, *m.* **1** embitterment; exacerbation **2** (*aggravamento*) worsening; sharpening; increase in tension; tightening up.
inasprire, A *v. t.* **1** (*amareggiare*) to embitter; to exacerbate; to exasperate **2** (*acuire, aggravare*) to sharpen; to aggravate; to worsen: **i. l'odio**, to sharpen hatred **3** (*rendere più aspro*) to make* harsher (*o* stricter); to tighten up. **B** *v. i.* e **inasprirsi,** *v. i. pron.* **1** to turn sour **2** (*fig.*: *aggravarsi*) to worsen, to grow* worse, to become* harsher; (*rafforzarsi*) to become* more severe, to grow* more bitter **3** (*di persona*) to become* embittered; to become* sour.
inasprito, *a.* **1** soured: **vino i.**, soured wine **2** (*fig.*) soured; embittered: **carattere i.**, soured temperament.
inastàre, *v. t.* **1** (*una bandiera, ecc.*) to hoist **2** (*la baionetta*) to fix.
inattaccàbile, *a.* **1** unassailable (*anche fig.*); impregnable: **fortezza i.**, impregnable fortress; **reputazione i.**, unassailable reputation; **ragionamento i.**, unassailable argument **2** (*fig.*: *irreprensibile*) beyond all criticism; irreprehensible **3** (*resistente*) -proof (*suff.*): **i. dalle tarme**, moth-proof.
inattaccabilità, *f.* **1** unassailableness; impregnability **2** (*fig.*) irreprehensibility.
inattendibile, *a.* unreliable: **informazioni inattendibili**, unreliable information; (*leg.*) **teste i.**, unreliable witness.
inattendibilità, *f.* unreliability.
inattènto, *a.* inattentive.
inattenzióne, *f.* inattention.
inattéso, *V.* **inaspettato**.
inattingibile, *a.* unattainable; unreachable.
inattìnico, *a.* (*fotogr., fis.*) adiactinic.
inattitùdine, *f.* inaptitude; inaptness; unfitness.
inattivàre, *v. t.* (*scient.*) to inactivate.
inattivazióne, *f.* (*scient.*) inactivation: (*biol.*) **i. di un virus**, inactivation of a virus.
inattività, *f.* inactivity; inaction; stagnation; (*di vulcano*) inactivity, dormancy.
inattivo, *a.* **1** inactive; idle; stagnant: **starsene i.**, to lie idle **2** (*mecc.*) standing **3** (*chim.*) inactive **4** (*di vulcano*) inactive; dormant. ● (*comm.*) **capitale i.**, unemployed (*o* idle) capital.
inattuàbile, *a.* impracticable; unfeasible.
inattuabilità, *f.* impracticability; unfeasibility.
inattuàle, *a.* not topical; dated; outdated; old-fashioned.
inattualità, *f.* lack of topical interest; outdatedness.
inaudito, *a.* unheard-of; unprecedented.
inauguràle, *a.* inaugural; opening: **discorso i.**, inaugural address; **cerimonia i.**, opening ceremony; (*naut.*) **viaggio i.**, maiden voyage.
inauguràre, *v. t.* **1** to inaugurate; (*una mostra, un edificio, ecc.*) to open; (*un monumento, ecc.*) to unveil **2** (*fig.*: *iniziare*) to inaugurate; (*avviare*) to launch, to get* under way, to get* going; (*segnare l'inizio di*) to mark the beginning of, to usher in **3** (*usare per la prima volta*) to use for the first time; to christen (*fam.*). ● **una festa per i. la nuova casa**, a housewarming party.
inauguratóre, *m.* (*f.* **-trice**) inaugurator.
inaugurazióne, *f.* inauguration; (*di una mostra, ecc.*) opening; (*di un monumento, ecc.*) unveiling; (*di una casa*) housewarming: **discorso di i.**, opening speech.
inauspicàto, *a.* (*lett.*) inauspicious; ill-omened; unlucky.
inautenticità, *f.* inauthenticity.
inautèntico, *a.* inauthentic; not genuine; fake.
inavvedutaménte, *avv.* inadvertently; carelessly; unintentionally.
inavvedutézza, *f.* inadvertence; carelessness; inattention.
inavvedùto, *a.* inadvertent; careless; inattentive.
inavvertènza, *f.* **1** inadvertence; carelessness **2** (*azione*) oversight. ● **avere l'i. di fare q.c.**, to be careless enough to do st. ◻ **È stata un'i. da parte mia**, it was careless of me.
inavvertitaménte, *avv.* inadvertently; unintentionally.
inavvertito, *a.* unnoticed; unobserved; overlooked: **passare i.**, to go unnoticed.
inavvicinàbile, *a.* **1** unapproachable **2** (*fig.*: *troppo costoso*) unaffordable.
inazióne, *f.* inaction; idleness.
inazzurràre, A *v. t.* to dye blue. **B inazzurràrsi,** *v. i. pron.* to become* (*o* to turn) blue.
inca, A *m.* e *f.* Inca. **B** *a.* Inca; Incan.
incacchiàrsi, *v. i. pron.* (*pop.*) to get* worked up; to get* peeved (*fam.*); to get* hot under the collar (*fam.*). ● **fare incacchiare**, to irritate; to peeve (*fam.*); to rile (*fam.*); to bug (*fam.*).
incadaverire, *v. i.* **1** to take* on a corpse-like appearance **2** (*fig.*) to become* fossilized.
incagliaménto, *m.* **1** breakdown; stoppage **2** (*naut.*) running aground (*o* ashore); stranding.
incagliàre, A *v. t.* to hinder; to hamper; to slow down; to hold* up. **B** *v. i.* e **incagliàrsi,** *v. i. pron.* **1** (*naut.*) to run* aground (*o* ashore); to strand **2** (*fig.*) to get* stuck, to come* to a stop (*o* to a standstill), to reach a deadlock; (*nel parlare*) to stumble and stop: **i. davanti a una difficoltà**, to get stuck at a difficulty; **Il traffico si incaglia sempre verso le sei**, traffic regularly comes to a standstill at around six; **Le trattative si sono incagliate**, talks have reached a deadlock.
incagliàto, *a.* (*naut.*) aground; stranded.
incàglio, *m.* **1** (*ostacolo*) obstacle; hindrance; impediment; snag **2** (*naut.*) running aground (*o* ashore); stranding.
incàico, *a.* Incaic; Incan: **l'impero i.**, the Incaic Empire.
incalcinàre, *v. t.* **1** (*coprire con calcina*) to plaster (*o* to cover) with lime **2** (*agric.*) to dress with lime; to spread* lime on.
incalcinatùra, *f.* **1** plastering (with lime) **2** (*agric.*) dressing with lime.
incalcolàbile, *a.* incalculable.
incalliménto, *m.* **1** hardening; callousness **2** (*med.*) callosity.
incallire, A *v. t.* **1** to make* callous; to make* horny **2** (*fig.*: *indurire*) to harden. **B** *v. i.* e **incallirsi,** *v. i. pron.* **1** to grow* callous (*o* horny); to grow* horns; to harden **2** (*fig.*) to become* hardened: **i. nel vizio**, to become hardened to vice; to become a hardened sinner.
incallito, *a.* **1** calloused; horny; hardened: **mani incallite**, horny hands **2** (*fig.*) hardened; inveterate: **un fumatore** [**un giocatore**] **i.**, an inveterate smoker [gambler]; **criminale i.**, hardened criminal.
incaloriménto, *m.* (*med.*) inflammation.
incalorire, A *v. t.* **1** to inflame; to heat **2** (*fig.*) to heat up. **B incalorirsi,** *v. i. pron.* (*infervorarsi*) to get* heated.

incalzànte, *a.* **1** (*urgente*) pressing; urgent; insistent **2** (*imminente*) imminent; impending.

incalzàre, A *v. t.* **1** (*inseguire*) to chase; to follow closely; to follow hard on (sb.'s) heels; to be in hot pursuit of **2** (*fig.*) to press upon; to urge; (*assol.*) to be pressing, to be imminent, to be close behind: **Il momento incalza**, time presses (*o* is pressing); **Il pericolo incalza**, danger is imminent. **B incalzàrsi,** *v. rifl. recipr.* to follow hard on each other; to follow one another in rapid succession.

incameràbile, *a.* (*leg.*) that can be appropriated; confiscable.

incameraménto, *m.* (*leg.*) appropriation; confiscation.

incameràre, *v. t.* (*leg.*) to appropriate; to confiscate.

incamiciàre, *v. t.* **1** (*mecc.*) to line; to jacket **2** (*un muro*) to plaster.

incamiciatùra, *f.* **1** (*l'incamiciare*) covering, coating; (*mecc.*) lining, jacketing; (*di muro*) plastering **2** (*il rivestimento*) coat; (*mecc.*) lining, jacket; (*di muro*) plastering; (*mil.*, *di proiettile*) jacket.

incamminàre, A *v. t.* **1** to put* (sb.) on (his) way; to send* off **2** (*fig.*) to start off; to get* going. **B incamminàrsi,** *v. i. pron.* to set* out (*o* off); to make* one's way; to start; to get* under way; to be on one's way: **Mi incamminai verso il paese**, I set out towards the village; **Dobbiamo incamminarci presto**, we must start (*o* be on our way) early. ● **i. bene nella vita**, to have a good start in life.

incanaglìre, *v. i.* **incanaglìrsi,** *v. i. pron.* (*diventare canaglia*) to become* a bad lot (*fam.*), to go* to the bad (*fam.*); (*confondersi con la canaglia*) to mix with the riff-raff, to sink* low.

incanalaménto, *m.* **1** canalization **2** (*fig.*) canalization, channelling; (*avviamento*) starting, directing.

incanalàre, *v. t.* **1** to canalize **2** (*fig.*: *dirigere*) to canalize, to channel; (*avviare*) to start, to direct.

incanalatùra, *f.* **1** canalization **2** (*canale*) canal.

incancellàbile, *a.* (*anche fig.*) indelible.

incancrenìre, *v. i.* **incancrenìrsi,** *v. i. pron.* **1** (*med.*) to gangrene; to become* gangrenous **2** (*fig.*) to become* inveterate; to become chronic.

incandescènte, *a.* **1** incandescent; white-hot **2** (*fig.*) heated; burning; fiery; white-hot.

incandescènza, *f.* incandescence; white heat. ● (*autom.*) **candela a i.**, glow-plug □ **lampada a i.**, incandescent lamp.

incannàggio, *m.* *V.* **incannatura**.

incannàre, *v. t.* (*ind. tess.*) to wind*; to spool.

incannàta, *f.* (*ind. tess.*) reelful; spindleful.

incannatóio, *m.* (*ind. tess.*) winder; spooler.

incannatóre, *m.* (*f.* **-trice**) winder; spooler.

incannatùra, *f.* (*ind. tess.*) winding; spooling: **i. a filo incrociato**, cross winding.

incannicciàta, *f.* (*edil.*) lathwork; lathing.

incannicciatùra, *f.* (*edil.*) lathing.

incannucciàre, *v. t.* **1** (*coprire con cannucce*) to cover with reeds **2** (*sostenere con cannucce*) to stake.

incannucciàta, *f.* trelliswork.

incannucciatùra, *f.* **1** caning: **i. di un sedile**, caning of a chair **2** (*agric.*) staking with canes.

incantaménto, *m.* enchantment; charm; spell.

incantàre (1), A *v. t.* (*anche fig.*) to cast* a spell on; to bewitch; to enchant; to charm; (*solo fig.*) to hold* spellbound: **Sembravano incantati da quella donna**, they seemed to be bewitched by that woman; **L'oratore ci incantò tutti**, the speaker held us all spellbound; **una voce che incanta**, a marvellous voice. **B incantàrsi,** *v. i. pron.* **1** (*restare estatico*) to be enchanted (*o* charmed, bewitched), to stand* as if spellbound, to seem spellbound, to be carried away; (*rimanere immobile, come intontito*) to stand* (*o* to be) in a daze, to stop and stare **2** (*incepparsi*) to get* stuck; to jam; to break* down: **L'ascensore si è incantato fra due piani**, the lift has stuck between two storeys.

incantàre (2), *v. t.* (*mettere all'incanto*) to auction; to put* up for auction.

incantàto, *a.* **1** (*anche fig.*) enchanted; bewitched; spellbound: **l'isola incantata**, the enchanted island; **Maria ascoltava incantata**, Maria listened spellbound **2** (*intontito*) in a daze (*pred.*); stunned.

incantatóre, A *m.* enchanter; (*mago*) magician, wizard, sorcerer. ● **i. di serpenti**, snake-charmer. **B** *a.* enchanting; bewitching.

incantatrìce, *f.* enchantress; (*maga*) witch, sorceress.

incantésimo, *m.* spell; charm; incantation; enchantment; (*magia*) magic: **fare un i.**, to cast a spell; to put a spell (on st., sb.); **rompere l'i.**, to break the spell; **essere sotto un i.**, to be under a spell.

incantévole, *a.* enchanting; delightful; charming.

incànto (1), *m.* **1** *V.* **incantesimo 2** (*fig.*) spell; incantation; enchantment; fascination; charm; (*magia*) magic: **rompere l'i.**, to break the spell; **Chi può resistere all'i. di quella voce?**, who can resist the fascination of that voice?; **come per i.**, as if by magic **3** (*cosa incantevole*) something marvellous (*o* enchanting, delightful, charming, etc.): **Il posto è un i.**, the place is heavenly; **Il suo giardino è un i.**, his garden is marvellous; **La ragazza è un i.**, the girl is enchanting; **È un i. ascoltarlo**, it's delighful to listen to him **4** (*fis.*) charm. ● **Ti sta d'i.!**, (*ti va bene*) it fits you like a glove; (*ti dona*) it looks perfect on you.

incànto (2), *m.* (*asta*) auction: **mettere q.c. all'i.**, to put up st. for auction; to auction st.; **vendita all'i.**, sale by auction; **venduto all'i.**, sold by auction; auctioned; **comprare all'i.**, to buy at an auction.

incantucciàrsi, *V.* **rincantucciarsi**.

incanutiménto, *m.* turning white.

incanutìre, A *v. t.* to cause to turn white. **B** *v. i.* to turn white.

incanutìto, *a.* (*di capelli*) white, hoary; (*di persona*) white-haired, hoary-haired.

incapàce, A *a.* **1** incapable (of); (*non all'altezza*) unfit (to); (*inetto*) incompetent, inadequate, hopeless (*fam.*): **i. di decidere**, incapable of deciding; **i. di odio [di rancore]**, incapable of hatred [of bearing a grudge]; **Si rivelò i. di amministrare la società**, he proved unfit to manage the company; **un direttore i.**, an incompetent manager; **Come insegnante è del tutto i.**, he is totally inadequate as a teacher **2** (*leg.*) incompetent; disabled; disqualified; incapacitated: **i. di intendere e di volere**, mentally incompetent; of unsound mind. **B** *m.* e *f.* **1** incompetent; bungler; dead loss (*fam.*) **2** (*leg.*) incompetent.

incapacità, *f.* **1** incapacity; inability; (*inettitudine*) incompetence, inefficiency, ineptitude: **confessare la propria i.**, to admit one's incapacity; **Fu licenziato per i.**, he was dismissed on grounds of incompetence **2** (*leg.*) incompetence; incompetency; incapacity; disability; disqualification: **i. a testimoniare**, incompetency to testify; **i. d'intendere e di volere**, incapability **3** (*med.*) incompetence.

incaparbìre, *v. i.* **incaparbìrsi,** *v. i. pron.* to be obstinate; to insist.

incaparbìto, *a.* obstinate; stubborn.

incapatùra, *f.* hat size.

incapestràre, *v. t.* to put* a halter on.

incapocchiàre, *v. t.* to put* a head on.

incapocchiatrìce, *f.* header.

incaponiménto, *m.* stubborness; obstinacy; mulishness.

incaponìrsi, *v. i. pron.* to be stubborn (*o* mulish); to take* (it) into one's head (to do st.); to be pig-headed; to dig* in one's heels.

incaponìto, *a.* stubborn; pigheaded; mulish.

incappàre, *v. i.* to run* into; to run* up against; to get* into; to fall* into: **Sono incappato nell'ispettore**, I ran (straight) into the inspector; **i. in un ostacolo**, to run up against an obstacle; **i. in un mare di guai**, to run into trouble; to get oneself into a mess (*fam.*); (*fig.*) **i. nella rete**, to fall into a trap.

incappellàggio, *m.* (*naut.*) masthead rigging.

incappellàre, A *v. t.* (*naut.*) to rig (a mast). **B incappellàrsi,** *v. i. pron.* (*fig. fam.*) to take* offence (*o* umbrage); to get* into a huff (*fam.*).

incappellàta, *f.* (*naut.*) heavy sea; green sea.

incappiàre, *v. t.* to tighten with a slip-knot.

incappottàre, A *v. t.* to wrap up in an overcoat. **B incappottàrsi,** *v. i. pron.* to put* on an overcoat; to wrap oneself up in an overcoat.

incappucciàre, A *v. t.* **1** to put* a hood on; to hood **2** (*fig.*) to cap; to cover: **La neve incappucciava i monti**, the mountains were capped with snow. **B incappucciàrsi,** *v. i. pron.* **1** to put* on one's hood **2** (*fig.*) to be capped; to be covered.

incappucciàto, A *a.* **1** hooded **2** (*fig.*) capped; covered: **i. di neve**, snow-capped. **B** *m.* (*f.* **-a**) one wearing a hood. ● **gli Incappucciati**, Ku-Klux Klan adherents; ku-kluxers.

incapricciàrsi, *v. i. pron.* to take* a fancy to; (*innamorarsi*) to fall* in love with, to become* infatuated with.

incapsulaménto, *m.* encapsulation; incapsulation; capsulation; (*di dente*) crowning.

incapsulàre, *v. t.* **1** (*rivestire di capsula*) to encapsulate, to encapsule, to capsule; (*un dente*) to crown **2** (*munire di capsula*) to capsule: **i. una bottiglia**, to capsule a bottle. ● (*tecn.*) **materiale per i.**, encapsulant.

incapsulatóre, *m.* (*f.* **-trice**) capper.

incarbonchìre, *v. t.* (*agric.*) to get* black rot; to get* smutty.

incarceraménto, *m.* **1** imprisonment; incarceration **2** (*med.*) incerceration.

incarceràre, *v. t.* to imprison; to jail, to gaol (*GB*); to put* in prison; to incarcerate.

incardinàre, A *v. t.* **1** to hinge **2** (*fig.*) to found; to ground; to base **3** (*eccles.*) to incardinate. **B incardinàrsi,** *v. i. pron.* to be founded; to be grounded; to be based.

incardinazióne, *f.* (*eccles.*) incardination.

incaricàre, A *v. t.* to charge (sb. with st.); to entrust (st. to sb., sb. with st.); to give* the task of; to ask; to instruct; to direct; to tell*: **Lo incaricai della traduzione**, I gave him the translation to do; I entrusted the translation to him (*form.*); **Mi hanno incaricato di trovare i finanziamenti**, I have been given the task of finding the funds; **La incaricai di badare al bambino**, I asked her to look after the child; I entrusted the child to her (*form.*); **Sono stato incaricato di comunicarvi che...**, I have been istructed to inform you that...; **Mi ha incaricato di dirtelo**, he asked me to tell you; (*polit.*) **i. q. di formare il nuovo governo**, to call upon (*o* to ask) sb. to form a new government. **B incaricàrsi,** *v. i. pron.* to take* (it) upon oneself (to do st.); to see* to; to undertake* (st.); to take* care (*o* charge) of: **Si incaricò lui di avvertire i parenti**, he took it upon himself to inform the family; **M'incaricherò io di tutto**, I'll take care of (*o* I'll see to) everything.

incaricàto, A *a.* entrusted (with); charged (with); appointed (to); in charge (of); responsible (for). ● **il Presidente del Consiglio i.**, the premier designate □ **Ero i. di rispondere alle lettere**, it was my job to answer the letters. **B** *m.* (*f.* **-a**) **1** appointee; (*rappresentante*) representative, delegate, agent; (*responsabile*) person in charge, person responsible; (*funzionario*) officer; (*impiegato*) employee: **un i. del comune**, a council officer; **Manderemo un i. a controllare**, we will send someone to check **2** (*scuola*) teacher with a temporary appointment; (*università*) temporary (*o* non-tenured) lecturer. ● **i. d'affari**, chargé d'affaires (*franc.*).

incàrico, *m.* ***1*** (*compito assegnato*) task; job; assignment; mandate; brief: **affidare un i. a q.**, to entrust sb. with a task; to give sb. a job; **ricevere l'i. di organizzare la mensa**, to be given the task of organizing the canteen; **Che i. ha nell'organizzazione?**, what is his job in the organization?; **avere l'i. di**, to have the job (*o* task) of; to be in charge of ***2*** (*incombenza*) errand; thing to do (*fam.*): **Se vai a Londra, ho due o tre incarichi per te**, if you're going to London, there are a couple of things I would like you to do for me ***3*** (*nomina*) appointment; (*polit.*) nomination, post; (*scuola*) (temporary) appointment; (*università*) temporary (*o* non-tenured) lectureship. ● (*comm.*) **i. di vendita**, listing. ● **per i. di**, on behalf of □ (*polit.*) **ricevere l'i. di formare un nuovo governo**, to be called upon (*o* to be asked) to form a new government.

incarnàre, A *v. t.* to embody; to incarnate; to epitomize: **i. un'idea**, to embody (*o* to incarnate) an idea; **i. un'epoca**, to epitomize an epoch. **B incarnàrsi,** *v. rifl.* e *i. pron.* ***1*** to become* incarnate; to take* bodily form; to be epitomized ***2*** (*relig.*) to become* incarnate; to be made flesh ***3*** (*di unghia*) to grow* in.

incarnàto (1), *a.* ***1*** incarnate (*posposto*); personified: **È l'onestà incarnata**, he is honesty incarnate ***2*** (*relig.*) incarnate (*posposto*); made flesh (*pred.*): **Dio i.**, God incarnate; **il Verbo i.**, the Word made flesh ***3*** (*di unghia*) ingrowing.

incarnàto (2), A *a.* (*che ha colore rosa carne*) flesh-coloured; rosy. **B** *m.* rosy complexion.

incarnazióne, *f.* ***1*** (*relig.*) incarnation ***2*** (*fig.*) incarnation; embodiment.

incarnìre, incarnìrsi, *V.* **incarnarsi**, *def. 3.*

incarnìto, *V.* **incarnato (1)**, *def. 3.*

incarognìre, *v. i.* **incarognìrsi,** *v. i. pron.* ***1*** (*incattivire*) to get* nasty; to become* bloody-minded ***2*** (*impigrire*) to rot in idleness; (*sprofondare in q.c.*) to sink* ***3*** (*ostinarsi*) to insist perversely ***4*** (*radicarsi*) to become chronic.

incarognìto, *a.* ***1*** nasty ***2*** (*radicato*) chronic; deeply-rooted ***3*** (*ostinato*) stubborn; perverse; bloody-minded.

incarrucolàre, A *v. t.* (*tecn.*) to reeve. **B incarrucolàrsi,** *v. i. pron.* to get* tangled; to be entangled: **La corda si è incarrucolata**, the rope has got tangled in the pulley.

incartaménto, *m.* file; dossier; papers (*pl.*); documents (*pl.*).

incartapecorìre, *v. i.* **incartapecorìrsi,** *v. i. pron.* to become* wizened; to shrivel.

incartapecorìto, *a.* wizened; shrivelled.

incartàre, A *v. t.* to wrap (up) (in paper). **B incartàrsi,** *v. i. pron.* ***1*** (*giochi di carte*) to be left with useless cards ***2*** (*fig.*) to get* flustered; to be bogged down.

incartatrìce, *f.* (*tecn.*) wrapping machine.

incàrto, *m.* ***1*** *V.* **incartamento** ***2*** (*involucro*) wrapper; package.

incartocciàre, *v. t.* to put* into a paper bag; to wrap up (in paper).

incartonàre, *v. t.* ***1*** to pack in a carton [in cartons] ***2*** (*legatoria*) to bind* in boards.

incartonatùra, *f.* (*legatoria*) binding in boards.

incasellaménto, *m.* (*fig.*) pigeonholing.

incasellàre, *v. t.* ***1*** to put* in mailboxes; to put* in pigeonholes ***2*** (*fig.*) to classify; to pigeonhole; to label.

incasellatóre, *m.* (*f.* **-trice**) (mail) sorter.

incasermàre, *v. t.* to quarter in barracks.

incasinaménto, *m.* (*fam.*) mess; chaos; foul-up (*fam.*); balls-up (*pop. GB*).

incasinàre, *v. t.* (*fam.*) ***1*** (*sconvolgere, pasticciare*) to mess up; to bungle; to foul up; to make* a hash of (*fam.*); to goof up (*fam. USA*); to balls (*USA*: to ball) up (*pop.*) ***2*** (*mettere in disordine*) to mess up; to muss up (*fam. USA*); to muck up (*pop.*).

incasinàto, *a.* (*fam.*) ***1*** (*sconvolto*) messed up; fouled up; ballsed up (*pop. GB*); bollixed (*pop. USA*) ***2*** (*caotico*) messy; shambolic ***3*** (*di persona*) in a mess (*pred.*); in a fix (*pred.*).

incassàbile, *a.* (*comm.*) cashable; collectable.

incassaménto, *m.* packing; boxing.

incassàre, A *v. t.* ***1*** to pack in a case [in cases]; to box; (*in gabbie*) to crate ***2*** (*incastonare*) to set* ***3*** (*mecc., edil.*) to embed; to build* in; to sink*; to house ***4*** (*comm.*: *riscuotere*) to cash; to collect; (*presso una banca*) to bank: **i. un assegno**, to cash (*o* to collect) a cheque ***5*** (*boxe*) to take* (a blow); (*assol.*) to take* punishment ***6*** (*calcio*) to let* through ***7*** (*fig.*) to take*; to swallow; to pocket: **i. un insulto**, to swallow an insult; **saper i.**, to take st. well. **B incassàrsi,** *v. i. pron.* (*di fiume*) to be (deeply) embanked; (*di strada*) to be enclosed.

incassàto, *a.* ***1*** packed; boxed; crated ***2*** (*incastonato*) set ***3*** (*mecc., edil.*) embedded; built-in; sunk; flush ***4*** (*di fiume*) embanked; (*di strada*) enclosed ***5*** (*infossato*) deep-set; (deep-)sunken.

incassatóre, *m.* ***1*** (*f.* **-trice**) packer; boxer ***2*** (*boxe*) boxer who can take a lot of punishment ***3*** (*fig.*) person who can take it.

incassatrìce, *f.* (*legatoria*) casing machine.

incassatùra, *f.* ***1*** casing; boxing; crating ***2*** (*di gioiello*) setting ***3*** (*mecc., edil.*: *l'operazione*) embedding, housing, chasing; (*il vano*) embedment, housing, recess, socket; (*solco*) groove, chase ***4*** (*legatoria*) casing.

incàsso, *m.* ***1*** (*riscossione*) collection: **presentare q.c. all'i.**, to present st. for collection ***2*** (*somma incassata*) takings (*pl.*); receipts (*pl.*); proceeds (*pl.*); returns (*pl.*): **Oggi l'i. è stato magro**, we've had poor takings today ***3*** (*edil.*) *V.* **incassatura**. ● **elettrodomestici da i.**, built-in household appliances.

incastellaménto, *m.* (*mil.*) battlements (*pl.*).

incastellatùra, *f.* ***1*** (*armatura*) frame; framework ***2*** (*mecc.*) casing ***3*** (*edil.*) scaffolding. ● (*edil.*) **i. a colonna**, pillar □ (*mecc.*) **i. di appoggio** (*o* **di base**), sole-plate □ (*ind. min.*) **i. di estrazione**, head-frame.

incastonàre, *v. t.* to set*.

incastonatóre, *m.* setter.

incastonatùra, *f.* setting.

incastràre, A *v. t.* ***1*** to insert; to fit in; to embed; to drive* in ***2*** (*edil.*) to fix ***3*** (*falegn.*) to mortise ***4*** (*oreficeria*) to set* ***5*** (*fig.*: *mettere nei guai*) to put* in a spot, to catch*; (*impegolare*) to involve, to mix up; (*con un'accusa falsa*) to set* up, to frame. ● **i. a linguetta**, to tongue. **B incastràrsi,** *v. i. pron.* ***1*** (*adattarsi*) to fit in ***2*** (*rimanere bloccato*) to get* stuck; to be jammed.

incastràto, *a.* ***1*** (*falegn.*) mortised: **serratura incastrata nell'uscio**, mortised lock ***2*** (*edil.*) fixed ***3*** (*bloccato*) stuck; jammed ***4*** (*fig.*) trapped; jammed; stuck: **trovarsi i. in una situazione difficile**, to be trapped in a difficult situation.

incastratrìce, *f.* (*ind. min.*) slabbing machine.

incastratùra, *f.* ***1*** fitting ***2*** (*edil.*) fixing ***3*** (*falegn.*) mortising ***4*** (*incastro*) joint ***5*** (*vano*) cavity; hollow; recess.

incàstro, *m.* ***1*** (*collegamento*) joint; (*edil.*) fixed joint: **i. a coda di rondine**, dovetail (joint); **i. a dente**, cogging; **i. a linguetta**, tonguing; **i. a maschio e femmina**, groove-and-tongue joint ***2*** (*vano*) gain; mortise; notch; groove; slot; indent; rabbet.

incatenaménto, *m.* chaining.

incatenàre, A *v. t.* ***1*** to chain; to put* in chains; (*ai piedi, anche*) to fetter: **i. un prigioniero**, to put a prisoner in chains; **i. al muro**, to chain to the wall; **i. un cane**, to chain a dog ***2*** (*edil.*) to reinforce with tie-rods ***3*** (*annodare*) to knot ***4*** (*fig.*: *vincolare*) to tie; to tie down; to keep* tied: **i. q. a un contratto**, to tie sb. down to a contract ***5*** (*inceppare*) to shackle; to fetter ***6*** (*avvincere*) to captivate: **i. i cuori**, to captivate hearts. **B incatenàrsi,** *v. rifl.* to chain oneself. **C incatenàrsi,** *v. rifl. recipr.* to be linked to each other (*o* one another).

incatenàto, *a.* ***1*** chained; in chains; (*ai piedi, anche*) fettered ***2*** (*fig.*) tied down; shackled; fettered. ● (*naut., stor.*) **palla incatenata**, chain-shot □ (*poesia*) **rima incatenata**, interlocking rhyme.

incatenatùra, *f.* (*edil.*) reinforcement with tie-rods [with chains].

incatramàre, *v. t.* to tar.

incattivìre, A *v. t.* to make* bad (*o* wicked). **B** *v. i.* **incattivìrsi,** *v. i. pron.* ***1*** (*diventare cattivo*) to become* wicked, (*anche del tempo, di situazione*) to turn nasty; (*di bambini*) to become* naughty ***2*** (*arrabbiarsi*) to get* cross; to lose* one's temper ***3*** (*di cibo, ecc.*) to go* bad.

incattivìto, *a.* nasty; sour.

incàuto, *a.* incautious; imprudent; unwary; rash. ● (*leg.*) **i. acquisto**, purchase of goods suspected to be stolen.

incavalcàre, *v. t.* (*mil.*) to mount.

incavallatùra, *f.* (*edil.*) truss.

incavàre, *v. t.* to hollow out; to scoop out; to groove.

incavàto, *a.* hollow; sunken; deep-set: **guance incavate**, hollow cheeks; **occhi incavati**, sunken (*o* deep-set) eyes.

incavatùra, *f.* hollow; scoop; (*scanalatura*) groove. ● **i. di vita**, waistline.

incavernàre, A *v. t.* to put* in caves. **B incavernàrsi,** *v. i. pron.* (*di fiumi*) to disappear underground; to flow underground.

incavezzàre, *v. t.* to halter; to put* a halter on.

incavicchiàre, *v. t.* to peg down; to fasten with pegs.

incavigliàre, *v. t.* to peg; to dowel; to pin.

incavigliatùra, *f.* pegging; dowelling; (*naut.*) treenailing.

incàvo, *m.* ***1*** hollow; cavity; bowl; recess ***2*** (*scanalatura*) groove; gouge ***3*** (*mecc.*) notch ***4*** (*anat.*) socket.

incavogràfico, *a.* intaglio (*attr.*).

incavolàrsi, *v. i. pron.* (*fam.*) to get* irritated; to get* furious; to be peeved (*fam.*); to get* sore (*fam. USA*). ● **fare incavolare**, to ruffle; to hassle; to get* in (sb.'s) hair (*fam.*); to get (sb.'s) back up (*fam.*).

incavolàto, *a.* (*fam.*) irritated; in a huff (*pred., fam.*); miffed (*fam.*); peeved (*fam.*); sore (*pred., fam. USA*).

incavolatùra, *f.* (*fam.*) fit (of temper). ● **prendersi un'i.**, *V.* **incavolarsi**.

incazzàrsi, *v. i. pron.* (*volg.*) to get* furious; to get* mad (*fam. USA*); to get* sore (*fam. USA*); to get* hot under the collar (*fam.*); to blow* one's top (*o* stack) (*fam.*); to flip one's lid (*pop.*); to get* pissed off (*volg.*). ● **fare incazzare**, to madden; to infuriate; to incense; to rile (*fam.*); to raise (sb.'s) hackles (*fam.*); to piss off (*volg.*).

incazzàto, *a.* (*volg.*) furious; incensed; mad (*fam. USA*); sore (*fam. USA*); pissed off (*volg.*).

incazzatùra, *f.* (*volg.*) (fit of) anger: **prendersi un'i.**, *V.* **incazzarsi**.

incazzóso, *a.* (*volg.*) easily angered; crabby; bitchy (*fam.*); mean (*fam.*).

incazzottàre, *v. t.* (*naut.*) to make* up.

incèdere, A *v. t.* to advance; to pace forth; to march; to walk with an air of dignity. **B** *m.* (solemn) gait.

incedìbile, *a.* (*leg.*) non-transferable.

incelebràto, *a.* obscure; unknown; unsung.

incellofanàre, *v. t.* to wrap in plastic; to plastic-wrap.

incendiàre, A *v. t.* ***1*** to set* fire to; to set* on fire; to ignite ***2*** (*fig.*: *entusiasmare*) to inflame; to fire. **B incendiàrsi,** *v. i. pron.* ***1*** to take* (*o* to catch*) fire; to burst* into flames; (*con fiammata improvvisa*) to flare up: **Il fabbricato s'incendiò**, the building burst into flames **2** (*fig.*) to flare up; to flame up.

incendiàrio, **A** *a.* **1** incendiary: **bomba incendiaria**, incendiary bomb; incendiary **2** (*fig.*) inflammatory; incendiary: **discorso i.**, inflammatory speech; (*scherz.*) **bionda incendiaria**, incendiary blonde. **B** *m.* (*f.* **-a**) incendiary; arsonist; firebug (*fam.*).

incèndio, *m.* **1** fire; blaze: **circoscrivere un i.**, to limit a fire; **domare un i.**, to get a fire under control; **estinguere un i.**, to put out a fire; **provocare un i.**, to start a fire; to set fire (to st.); **Scoppiò un i.**, a fire broke out; **L'i. si estese a tutto il quartiere**, the fire spread to the whole district; **Nell'i. morirono sei persone**, six people died in the fire (*o* in the blaze); **i. di un bosco**, forest fire; **i. doloso**, arson: **provocare un i. doloso**, to commit arson; **assicurato contro gli incendi**, insured against fire; **assicurazione contro l'i.**, fire insurance; **rischio d'i.**, fire risk **2** (*fig.*) fire; flames (*pl.*); ardour.

incenerimènto, *m.* incineration.

incenerire, **A** *v. t.* **1** to burn* (*o* to reduce) to ashes (*o* to cinders); to burn* down; to incinerate **2** (*fig.*) to crush; to annihilate: **Lo incenerì con lo sguardo**, she gave him a withering glance **3** (*chim.*) to ash. **B incenerirsi**, *v. i. pron.* to be burnt (*o* reduced) to ashes (*o* to cinders); to burn* down; to burn* to the ground.

inceneritóre, *m.* incinerator.

incensaménto, *m.* **1** incensing; incensation **2** (*fig.*) adulation; flattering.

incensàre, **A** *v. t.* **1** to burn* incense (before); to cense **2** (*fig.*: *adulare*) to flatter, to adulate; (*lodare esageratamente*) to overpraise. **B incensàrsi**, *v. rifl.* e *rifl. recipr.* **1** to praise oneself **2** to flatter each other (*o* one another).

incensàta, *f.* **1** censing **2** *V.* **incensatura**.

incensatóre, *m.* (*f.* **-trice**) (*adulatore*) flatterer; adulator.

incensatùra, *f.* (*adulazione*) adulation, flattery; (*lode esagerata*) overpraising.

incensazióne, *f.* (*eccles.*) censing.

incensière, *m.* censer; thurible.

incènso, *m.* **1** incense **2** (*fig.*) flattery; adulation.

incensuràbile, *a.* above criticism (*pred.*); beyond reproach (*pred.*); irreproachable.

incensurabilità, *f.* irreproachability.

incensuràto, *a.* **1** uncensured; blameless **2** (*leg.*) – **essere i.**, to have a clean record; (*di chi è in giudizio*) to be a first offender, to have no previous convictions.

incentivàre, *v. t.* **1** (*dare incentivi*) to provide incentives for **2** (*stimolare*) to stimulate; to boost **3** (*motivare*) to motivate; to spur.

incentivazióne, *f.* **1** stimulation; (*promozione*) promotion: (*comm.*) **i. delle vendite**, sales promotion **2** *V.* **incentivo**.

incentìvo, *m.* **1** incentive; inducement; stimulus*; stimulant; boost; (*motivazione*) motivation, spur: (*comm.*) **incentivi di vendita**, sales incentives; **incentivi agli investimenti**, inducements to invest; **fornire a q. l'i. per fare q.c.**, to motivate sb. to do st.; **Il suo i. è l'ambizione**, he is spurred (*o* egged on) by ambition **2** (*premio*) premium: **salario a i.**, premium pay.

incentràre, **A** *v. t.* to centre, to center (*USA*); to concentrate: **i. una discussione su un argomento**, to centre a debate around a topic. **B incentràrsi**, *v. i. pron.* to centre; to base; to revolve; to hinge: **Tutto s'incentra in questo**, it all centres around this; **La loro attenzione si incentrò su un solo punto**, their attention centred on one point only.

incèntro, *m.* (*geom.*) incentre.

inceppaménto, *m.* **1** (*mecc.*) jamming; jam **2** (*ostacolo*) block; snag.

inceppàre, **A** *v. t.* **1** (*ostacolare*) to obstruct; to hamper; to hinder: **i. il commercio**, to obstruct trade; **i. i movimenti**, to hamper movements **2** (*naut.*: *un'ancora*) to foul. **B incepparsi**, *v. i. pron.* **1** (*mecc.*) to jam; to stick*; to get* jammed; to get* stuck; to lock **2** (*fig.*) to get* stuck; (*smettere di funzionare*) to go* wrong **3** (*nel parlare*) to falter; to stammer **4** (*naut.*: *di ancora*) to foul; to get* fouled.

inceppàto, *a.* **1** (*mecc.*) jammed; stuck; locked: **arma inceppata**, jammed weapon; **meccanismo i.**, jammed mechanism **2** (*intralciato*) hindered; hampered: **i. nei movimenti**, hampered in one's movements **3** (*fig.*: *goffo*) awkward; stiff **4** (*nel parlare*) tongue-tied, faltering **5** (*naut.*: *di ancora*) fouled.

inceralaccàre, *v. t.* to seal with wax.

inceràre, *v. t.* to wax; to polish.

inceràta, *f.* **1** oil-cloth; oilskin; tarpaulin **2** (*indumento*) oilskins (*pl.*).

inceratìno, *m.* (*di cappello*) sweat-band.

inceràto, *a.* waxed; polished. • **tela incerata**, oil-cloth; oilskin; tarpaulin.

inceratùra, *f.* waxing.

incerchiàre, *v. t.* to hoop.

incernieràre, *v. t.* (*tecn.*) to hinge.

inceronàre, (*teatr.*) **A** *v. t.* to apply grease-paint to. **B inceronàrsi**, *v. i. pron.* to put* on grease-paint.

incerottàre, *v. t.* to apply a (sticking) plaster to; (*con bende e cerotto*) to strap (*GB*), to tape (*USA*).

incerottàto, *a.* covered with a (sticking) plaster; (*coperto di bende e cerotti*) strapped up (*GB*), taped up (*USA*).

incerottatùra, *f.* **1** application of a (sticking) plaster **2** (sticking) plasters (*pl.*).

incertézza, *f.* **1** uncertainty; doubt: **l'i. di un esito**, the uncertainty of a result; **avere qualche i.**, to have some doubts; **dissipare ogni i.**, to remove any uncertainty (*o* all doubts) **2** (*indecisione*) indecision, perplexity, irresolution; (*esitazione*) hesitation: **essere nell'i.**, to be in a state of uncertainty; (*essere indeciso*) to be irresolute, to hesitate; **un attimo di i.**, a moment's hesitation. • **Nell'i., decisi di restare**, things being uncertain, I decided to stay; I decided to stay, just in case □ **tenere q. nell'i.**, to keep sb. in suspense; to keep sb. on tenterhooks.

incèrto, **A** *a.* **1** uncertain; doubtful; dubious: **tempo i.**, uncertain (*o* changeable) weather; **esito i.**, uncertain (*o* doubtful, dubious) result; **vittoria incerta**, doubtful victory; **È una cosa molto incerta**, it's all very uncertain; it'a toss-up (*fam.*) **2** (*indeciso*) undecided, hesitating, irresolute; (*dubbioso*) doubtful, dubious; (*che non sa*) not sure: **È ancora i. se partiremo**, it's still undecided whether we shall leave (or not); **Sono i. sul da farsi**, I am dubious (as to) (*o* I am not sure) what to do; **Sono i. se venire o no**, I haven't decided (*o* I am not sure) whether I'll come or not; I am in two minds whether to come or not **3** (*esistante*) hesitant; (*malsicuro*) insecure, faltering, unsteady, shaky: **con voce incerta**, (*esitante*) in a hesitant voice; (*tremante*) in an unsteady voice; **passo i.**, unsteady steps (*pl.*); **camminare con passo i.**, to walk unsteadily; **scrittura incerta**, shaky handwriting; **È i. nella guida**, he is insecure in his driving **4** (*non definito*) uncertain; indefinite; vague: **colori incerti**, indefinite colours; **luce incerta**, uncertain light; half-light. **B** *m.* **1** (*l'imprevedibile*) (the) uncertain **2** (*caso imprevisto*) uncertainty; (*rischio*) risk: **gli incerti della vita**, the uncertainties of life; **gli incerti del mestiere**, the risks inherent in one's job **3** (*pl.*) (*guadagni occasionali*) casual earnings: **Vive d'incerti**, he lives on casual earnings; he earns a living by doing odd jobs.

incespicàre, *v. i.* to stumble; to trip; to trip up (*GB*): **Incespicò e cadde**, he stumbled (*o* tripped) and fell; **i. in un sasso**, to trip (*o* to stumble) over a stone; (*fig.*) **i. nel parlare**, to stumble over one's words. • **far i. q.**, to trip sb. up.

incessàbile, **incessànte**, *a.* incessant; ceaseless; unceasing; never-ending; perpetual.

incèsso, *m.* (*lett.*) gait.

incèsto, *m.* incest.

incestuóso, *a.* **1** incestuous **2** (*nato da incesto*) born of incest.

incètta, *f.* buying up; cornering; regrating; (*anche fig.*) hoarding. • **fare i. di q.c.**, to buy up st.; to corner st.; to make a corner in st.; (*anche fig.*) to hoard st.

incettàre, *v. t.* to buy* up; to corner; to regrate; to hoard.

incettatóre, *m.* (*f.* **-trice**) cornerer; buyer-up; regrater.

inchiappettàre, *v. t.* (*volg.*) **1** to sodomize; to bugger **2** (*fig.*: *imbrogliare*) to trick; to cheat; to screw (*volg.*).

inchiavardàre, **inchiavistellàre** *v. t.* to bolt; to fasten with a bolt.

inchièsta, *f.* **1** (*leg.*: *investigazione*) investigation; inquiry: **fare un'i.**, to hold an inquiry (into st.); to investigate (st.); **aprire [condurre, chiudere] un'i.**, to set up [to carry out *o* to conduct, to close] an inquiry; **un'i. per stabilire le cause del disastro**, an inquiry into the causes of the disaster; **i. di polizia**, police investigation; **i. giudiziaria**, judicial inquiry; **commissione d'i.**, committee of inquiry **2** (*ricerca*) survey; (*sondaggio d'opinioni*) poll **3** (*giorn.*) report **4** (*stat.*) survey.

inchinàre, **A** *v. t.* to bow; to bend*; (*abbassare*) to lower: **i. il capo**, to bow one's head; **i. gli occhi**, to lower one's eyes. **B inchinàrsi**, *v. i. pron.* **1** (*piegarsi*) to bow; to bend*; to stoop **2** (*fare un inchino*) to bow; (*fare la riverenza*) to curtsey **3** (*fig.*) to yield; to bow: **i. al volere di Dio**, to bow to the will of God.

inchìno, *m.* bow; (*riverenza*) curtsey: **un leggero [profondo] i.**, a slight [a deep] bow; **fare un i.**, to bow; to curtsey; **accennare un i.**, to bow slightly; **salutare q. con un i.**, to bow to sb. • **con inchini e salamelecchi**, with much bowing and scraping □ **fare grandi inchini**, to bow right and left □ **sprofondarsi in inchini**, to bow and scrape.

inchiodàre, **A** *v. t.* **1** to nail; (*un coperchio, ecc.*) to nail down; (*per affiggere*) to nail up: **i. a una parete [alla croce]**, to nail to a wall [to the cross] **2** (*mil.*: *un cannone*) to spike **3** (*fig.*) to nail, to tie, to bind*, to pin; (*di attenzione, occhi, ecc.*) to rivet: **essere inchiodato all'ufficio**, to be tied to (*o* stuck in) the office; **La malattia lo ha inchiodato a letto**, illness has confined him to his bed; **essere inchiodato dalle prove**, to be nailed by the evidence; **Il suo sguardo era inchiodato sulla scena**, his eyes were riveted on the scene. • (*fig.*) **i. l'auto**, to jam on the brakes; to screech to a halt □ (*fig.*) **i. un negoziante**, to leave a debt with a shopkeeper □ (*fig.*) **i. q. alle sue responsabilità**, to pin sb. down. **B inchiodàrsi**, *v. rifl.* e *i. pron.* **1** (*fig. fam.*: *indebitarsi*) to run* (*o* to get*) into debt **2** (*fermarsi di colpo*) to stop dead; to freeze* **3** (*bloccarsi*) to jam; to stick* **4** (*fissarsi*) to stick*; to remain fixed.

inchiodàta, *f.* (*autom., fam.*) sudden braking; screeching halt.

inchiodàto, *a.* **1** nailed **2** (*fig.*) fixed, tied, stuck; (*di attenzione, occhi, ecc.*) riveted. • **i. a letto**, confined to one's bed.

inchiodatóre, *m.* (*f.* **-trice**) nailer.

inchiodatrìce, *f.* (*mecc.*) box-nailing machine; nailer.

inchiodatùra, *f.* **1** nailing **2** (*insieme di chiodi*) nails (*pl.*).

inchiostràre, **A** *v. t.* (*anche tipogr.*) to ink: **inchiostrarsi le dita**, to ink one's fingers. **B inchiostràrsi**, *v. i. pron.* to become* blotted (with ink).

inchiostratóre, **A** *a.* inking. **B** *m.* inker; (*tipogr., anche*) inking roller.

inchiostratùra, **inchiostrazióne**, *f.* (*tipogr.*)

inking.

inchiòstro, *m.* (*anche zool.*) ink: **i. stilografico [indelebile]**, fountain-pen [indelible] ink; **i. copiativo**, copying ink; **i. da stampa**, printing ink; printer's ink; **i. di China**, China (*o* Chinese, Indian) ink; India ink (*USA*); **i. simpatico**, invisible (*o* sympathetic) ink; **nero come l'i.**, as black as ink; **gomma da i.**, ink eraser; **macchia d'i.**, ink spot; ink stain; (*zool.*) **sacca dell'i.**, ink bag; **sporco d'i.**, inky; ink-stained; **scrivere in i.**, to write in ink; **ripassare un disegno a i.**, to ink in a drawing. ● **opera d'i.**, (piece of) writing □ **sprecare i.**, to waste one's time (writing about st.) □ **stampante a getto d'i.**, ink-jet printer □ (*psic.*) **test delle macchie d'i.**, ink-blot (*o* Rorschach) test □ **versare fiumi d'i. su un argomento**, to write volumes (*o* reams) on a subject.

inciampàre, *v. i.* **1** to trip; to trip up (*GB*); to stumble: **i. in un sasso**, to stumble (*o* to trip) over a stone; **Inciampai e caddi**, I stumbled (*o* tripped) and fell; **fare i.**, to trip up **2** (*fig.*: *imbattersi*) to stumble upon (*o* across st.); to bump into (sb.); to run* into (*o* across sb.) **3** (*nel parlare o nello scrivere*) to stumble; to get* stuck. ● **i. nel codice penale**, to come up against the law.

inciampicàre, *v. i.* to trip; to stumble.

inciampicóne, *m.* **1** (*urto*) trip; stumble **2** (*persona*) clumsy person; bull in a China shop (*fam.*).

inciàmpo, *m.* **1** obstacle **2** (*fig.*: *difficoltà*) difficulty; (*intoppo*) snag; (*incidente*) mishap. ● (*fig.*) **essere d'i. a q.**, to be in sb.'s way.

incidentàle, *a.* **1** (*casuale*) accidental; casual; occasional; incidental **2** (*accessorio*) incidental **3** (*leg.*) interlocutory: **sentenza i.**, interlocutory judgment **4** (*gramm.*) parenthetic(al).

incidentalménte, *avv.* **1** (*a titolo di parentesi*) incidentally; by the way; en passant (*franc.*) **2** (*per caso*) accidentally; incidentally; casually; by chance.

incidentàto, *a.* (*bur.*) involved in an accident; (*danneggiato*) damaged.

incidènte, A *a.* **1** incident: (*fis.*) **raggio i.**, incident ray **2** (*gramm.*) parenthetic(al). **B** *m.* **1** (*evento inatteso*) incident; fact; episode: **senza incidenti**, without incident **2** (*disgrazia*) accident; crash: **i. automobilistico**, car accident; car crash; **i. ferroviario**, train accident; **i. aereo**, plane crash; **un grosso i.**, a serious accident; a smash-up (*fam.*); **i. mortale**, fatal accident **3** (*disputa*) incident; clash: **un i. diplomatico**, a diplomatic incident; **chiudere l'i.**, to declare the incident closed **4** (*leg.*) objection: **sollevare un i.**, to raise an objection. ● (*fig.*) **i. di percorso**, snag; setback □ **i. sul lavoro**, (industrial) injury □ **i. tecnico**, technical fault (*o* hitch).

incidènza, *f.* **1** incidence; impact: (*fis.*) **angolo d'i.**, angle of incidence **2** (*mecc.*) clearance **3** (*effetto*) influence; effect.

incìdere (1), *v. i.* **1** (*gravare*) to weigh on: **Questa tassa incide sul consumatore**, this tax weighs on the consumer **2** (*influire*) to affect (st.); to influence (st.); to have repercussions on; to leave* a mark on: **L'ambiente incide sul carattere**, environment affects character **3** (*fis.*) to strike* (st.) **4** (*mat.*) to cut* (st.).

incìdere (2), *v. t.* **1** to cut* in **2** (*med.*) to incise; to lance **3** (*marmo, pietra, legno*) to carve, to engrave; (*il rame con acidi, ecc.*) to etch; (*intagliare*) to inlay*: **i. un nome su una lapide**, to engrave a name on a tombstone; **i. un'iscrizione**, to carve an inscription; **i. in marmo**, to carve in marble **4** (*fig.*) to engrave; to impress: **i. q.c. nella memoria**, to impress st. on one's memory **5** (*un albero per ricavarne la resina, ecc.*) to tap **6** (*registrare*) to record; to cut*: **i. un'opera**, to record an opera; **i. un disco**, to make (*o* to cut) a record; **i. un nastro**, to make a tape **7** (*fig.*: *intaccare*) to draw* on; to tap: **i. i propri risparmi**, to draw on one's savings.

incìle, *m.* (*idraul.*) inlet.

incimurrìre, *v. i.* **1** (*vet.*) to get* distemper **2** (*scherz.*: *raffreddarsi*) to get* a bad cold.

incineràre, *v. t.* **1** (*chim.*) to incinerate **2** (*cremare*) to cremate.

incinerazióne, *f.* **1** (*chim.*) incineration **2** (*cremazione*) cremation.

incìnta, *a. f.* pregnant; expectant; with child (*pred.*): **una donna i.**, a pregnant woman; a woman with child; an expectant mother; **i. di sei mesi**, six months pregnant; **È i. del terzo figlio**, she is pregnant with her third child; **mettere i. q.**, to make sb. pregnant; **rimanere i.**, to become pregnant.

incipiènte, *a.* incipient.

incipit (*lat.*), *m. invar.* **1** (*su opere antiche*) incipit **2** (*estens.*) beginning, opening words (*pl.*); (*di poesia*) first lines (*pl.*); (*mus.*) opening bars (*pl.*).

incipollìre, *v. i.* to peel off.

incipriàre, A *v. t.* to powder: **incipriarsi il naso**, to powder one's nose. **B incipriàrsi,** *v. rifl.* to use powder; (*sui capelli*) to powder one's hair.

incìrca, *avv.* – **all'i.**, about; approximately; more or less; roughly: **Ci vorrà un mese all'i.**, it'll take about a month; **all'i. dieci miglia**, roughly ten miles.

incirconcìso, *a.* uncircumcised.

incircoscrittìbile, *a.* (*teol.*) uncircumscribable.

incisióne, *f.* **1** cut; incision (*specialm. med.*) **2** (*arte*: *su metallo, legno, pietra, ecc.*) engraving; (*a tratto*) line-engraving; (*ad acquaforte*) etching; (*su rame*) copperplate engraving; (*su linoleum*) linocut; (*su legno*: *il procedimento*) wood-engraving, (*la stampa*) woodcut **3** (*di gioielli*) intaglio **4** (*di tronco d'albero per ottenere la resina, ecc.*) tapping **5** (*registrazione*) recording; (*di disco*) cutting: **l'i. di una sinfonia**, the recording of a symphony; **l'i. di un disco**, the making (*o* cutting) of a record; **i. su nastro**, tape-recording; **sala d'i.**, recording studio.

incisività, *f.* incisiveness.

incisìvo, A *a.* (*anche fig.*) incisive; sharp: **stile i.**, incisive style. **B** *m.* (*anat.*) incisor.

incìso, A *a.* engraved; incised. **B** *m.* (*gramm.*) parenthesis*; interpolated clause. ● **per i.**, incidentally.

incisóre, *m.* engraver; (*di acqueforti*) etcher; (*di gioielli*) intaglio artist.

incisorìa, *f.* engraver's establishment.

incisòrio, *a.* **1** engraving **2** (*med.*) dissecting: **sala incisoria**, dissecting room; anatomical theatre.

incistaménto, *m.* (*biol., med.*) encystment.

incistàrsi, *v. i. pron.* (*biol., med.*) to encyst; to form a cyst.

incisùra, *f.* (*anat.*) incisure.

incitaménto, *m.* incitement; incentive; spur; stimulus*; instigation; egging on: **i. alla rivolta**, incitement to rebellion; (*leg.*) **i. a delinquere**, instigation to commit a crime.

incitàre, *v. t.* to incite; to stir up; to spur; to urge; to stimulate; to instigate; to egg on; (*con grida, ecc.*) to cheer: **i. alla rivolta**, to incite to rebellion; **i. all'azione**, to urge to action; **i. la propria squadra**, to cheer one's team.

incitatóre, A *m.* (*f.* **-trice**) inciter; instigator. **B** *a.* spurring; urging; instigative.

incitazióne, *V.* **incitamento**.

incitrullìre, A *v. t.* to make* dull (*o* stupid); to stultify. **B** *v. i.* **incitrullìrsi,** *v. i. pron.* to become* silly (*o* stupid); to stultify oneself; (*rimbambire*) to go* gaga (*fam.*).

inciuccàre, (*fam.*) **A** *v. t.* **1** to make* drunk **2** (*fig.*) to drive* sb. silly. **B inciuccàrsi,** *v. i. pron.* to get* drunk; to get* high (*o* soused, boozed) (*fam.*).

inciuchìre, *v. i.* to become* an ignoramus.

incivìle, A *a.* **1** (*non civilizzato*) uncivilized **2** (*indegno di società civile*) barbaric **3** (*maleducato*) uncivil; impolite; rude. **B** *m. e f.* rude person.

incivilimènto, *m.* civilizing; civilization.

incivilìre, A *v. t.* **1** to civilize **2** (*estens.*) to refine. **B incivilìrsi,** *v. i. pron.* **1** to become* civilized **2** (*estens.*) to become* (*o* to grow*) refined.

inciviltà, *f.* **1** barbarism **2** (*maleducazione*) incivility; lack of manners.

inclassificàbile, *a.* **1** unclassifiable **2** (*fig.*: *pessimo*) dreadful; disgraceful; (*di compito, ecc.*) too poor for a mark.

inclemènte, *a.* **1** (*severo*) severe, harsh, stern, inclement; (*spietato*) merciless, ruthless, pitiless; (*crudele*) cruel **2** (*del clima*) inclement; harsh.

inclemènza, *f.* **1** (*severità*) severity, harshness, sternness, inclemency; (*spietatezza*) mercilessness, ruthlessness, pitilessness; (*crudeltà*) cruelty **2** (*del clima*) inclemency; harshness.

inclinàbile, *a.* reclining; that can be tilted: **schienale i.**, reclining back.

inclinàre, A *v. t.* **1** to tilt; to tip; to incline; (*piegare in giù*) to bend*, to bow: **i. un fiasco per vedere se è vuoto**, to tilt a flask to see if it is empty; **i. la testa**, to bow (*o* to bend) one's head **2** (*fig.*: *rendere incline*) to dispose, to incline, to bend*; (*indurre*) to induce: **i. q. a fare q.c.**, to induce sb. to do st. **3** (*mecc.*) to rake. **B** *v. i.* **1** (*propendere*) to be inclined; to tend; to be on the verge (of st.): **Inclino a credere che non sia vero**, I am inclined to believe it isn't true; **Inclino all'ozio**, I tend to be lazy **2** (*pendere*) to lean*; to slope **3** (*mecc.*) to rake. **C inclinàrsi,** *v. i. pron.* **1** to incline; to slope; to slant; to tilt; to tip; (*pendere*) to lean*; (*piegarsi*) to bend*: **una pianura che s'inclina dolcemente verso il mare**, a plain gently sloping to the sea; **L'asse si inclinò e io caddi**, the plank tipped up (*o* tilted) and I fell down; **I cipressi s'inclinavano al vento**, the cypresses were bending to the wind **2** (*naut.*: *sbandare*) to list **3** (*dell'ago magnetico*) to dip. ● (*aeron.*) **i. in curva** (*o* **in virata**), to bank.

inclinàto, *a.* **1** sloping; slanting; inclined; (*chinato*) bowed: **piano i.**, inclined plane **2** (*fig.*: *propenso, disposto*) disposed; inclined. ● (*di nave*) **i. su un fianco**, listing.

inclinazióne, *f.* **1** inclination; slope; slant; tilt; (*angolo d'inclinazione*) angle; (*pendenza di una strada*) gradient: **l'i. di un piano**, the inclination of a plane; **l'i. di un tetto**, the slope of a roof; (*astron.*) **l'i. di un'orbita**, the inclination of an orbit; (*astron.*) **l'i. dell'asse terrestre**, the inclination (*o* the tilt) of the earth's axis; (*fis.*) **i. magnetica**, magnetic inclination; dip **2** (*fig.*: *propensione*) inclination, disposition, tendency, propensity; (*simpatia*) liking: **i. alla malinconia**, an inclination to melancholy; a tendency to be melancholic; **i. all'obesità**, an inclination to stoutness (*o* to grow fat); **seguire le proprie inclinazioni**, to follow one's inclinations; **avere un'i. per q.**, to have a liking for sb. **3** (*attitudine*) bent; aptitude **4** (*mecc., archit.*) camber **5** (*naut.*: *degli alberi*) rake; (*sbandamento*) list. ● (*aeron.*) **i. trasversale** (*per virata*), bank.

inclìne, *a.* inclined; prone: **i. all'ira**, prone to anger.

inclinòmetro, *m.* (*aeron., fis.*) inclinometer.

ìnclito, *a.* (*lett.*) illustrious; famous.

inclùdere, *v. t.* **1** (*comprendere*) to include; to comprise; to count in: **Non fu incluso nella lista**, he was not included in the list; **Includete anche me**, count me in **2** (*implicare*) to imply **3** (*allegare*) to enclose; to attach: **i. q.c. in una lettera**, to enclose st. in a letter.

inclusióne, *f.* (*anche mat., miner.*) inclusion.

inclusìvo, *a.* inclusive.

inclùso, *a.* **1** (*compreso*) inclusive; included: **da lunedì a giovedì i.**, from Monday to

Thursday inclusive; Monday through Thursday (*USA*); **prezzo tutto i.**, all-round (*o* all-in) price; inclusive terms (*o* price) **2** (*accluso*) enclosed; attached: **qui i.**, herewith enclosed.

incoagulàbile, *a.* incoagulable; uncoagulable.

incoativo, *a.* (*gramm.*) inchoative: **verbo i.**, inchoative verb.

incoccàre, *v. t.* to nock; to notch.

incocciàre, A *v. t.* **1** (*naut.*) to reeve **2** (*region.*: *imbattersi in q.*) to bump into; to run* into (*o* across); (*urtare q.c.*) to bump against (*o* into). **B** *v. i.* (*region.*) – **i. bene**, to be lucky; **i. male**, to be unlucky. **C incocciàrsi,** *v. i. pron.* (*fam.*) to persist; to be stubborn; to be mulish.

incocciatùra, *f.* (*fam.*) stubborness; mulishness.

incoercìbile, *a.* **1** (*fis.*) incoercible **2** (*fig.*) irrepressible; invincible; incoercible.

incoercibilità, *f.* **1** (*fis.*) incoercibility **2** (*fig.*) irrepressibility; invincibility.

incoerènte, *a.* **1** (*sconclusionato*) disjointed, incoherent; (*contraddittorio*) inconsistent: **fare discorsi incoerenti**, to say incoherent things; to talk incoherently; **Il suo comportamento è del tutto i.**, his behaviour is totally inconsistent **2** (*geol.*) loose: **roccia i.**, loose rock **3** (*fis.*) incoherent.

incoerènza, *f.* **1** (*confusione*) confusion, lack of logic, incoherence; (*contraddizione*) inconsistency **2** (*parola o atto contraddittorio*) inconsistency **3** (*geol.*) looseness **4** (*fis.*) incoherence.

incògliere, *v. i.* to befall* (sb.); to happen to. ● **Mal gliene incolse**, it turned out badly for him □ **Mal te ne incoglierà**, you shall rue for it.

incògnita, *f.* **1** (*mat.*) unknown **2** (*fig.*: *elemento non prevedibile*) uncertainty; unknown factor; (*anche di persona*) unknown quantity: **una fase politica piena di incognite**, a political period full of uncertainties; **Dobbiamo tener conto dell'i. del tempo**, the weather is an unknown quantity we must take into account; **L'avvenire è pieno d'incognite**, we don't know what the future has in store for us.

incògnito, A *a.* unknown. **B** *m.* **1** incognito; incog (*fam.*): **viaggiare in i.**, to travel incognito; **serbare l'i.**, to preserve one's incognito **2** (*ignoto*) (the) unknown: **temere l'i.**, to dread the unknown.

incollàggio, **incollaménto,** *m.* gluing; pasting.

incollàre, A *v. t.* to stick*; (*legno, ceramica, ecc.*) to glue; (*carta*) to paste; (*ind. tess., cartaria*) to size: **i. un'etichetta su una scatola**, to stick a label on a box; **i. una busta**, to seal up an envelope; **i. ritagli di giornale in un album**, to paste (*o* to stick) press cuttings in an album; **i. insieme due pezzi**, to glue two pieces together. **B incollàrsi,** *v. i. pron.* e *rifl.* **1** to stick* **2** (*fig.*) to stick*; to cling*: **La camicia bagnata mi si incollava addosso**, the wet shirt clung to my body **3** (*fig.*: *stare vicini*) to cling*; to plant oneself; to be glued: **Mi si incollò per tutta la visita**, he clung to me throughout the visit; **i. davanti alla TV**, to plant oneself in front of the TV set; to be glued to the TV set.

incollàto, *a.* **1** stuck; glued on; pasted on: **I due fogli sono incollati insieme**, the two sheets are stuck together; **È solo i.**, it's only glued on **2** (*fig.*) glued (to, on); clinging (to): **i. alla TV**, glued to the TV set; **Aveva gli occhi incollati sulla scena**, his eyes were glued on the scene; **Si teneva i. al padre**, he was clinging to his father; **i. alle gonne della madre**, tied to his mother's apron strings.

incollatóre, *m.* (*f.* **-trice**) sticker; poster.

incollatrice, *f.* **1** (*mecc.*) gluing machine **2** (*ind. tess.*) sizing machine **3** (*cinem.*) splicer.

incollatùra (1), *f.* sticking; (*di legno, ceramica, ecc.*) gluing; (*di carta*) pasting; (*ind. tess.*) sizing.

incollatùra (2), *f.* (*ippica*) neck: (*anche fig.*) **vincere di un'i.**, to win by a neck.

incollerìre, *v. i.* **incollerìrsi,** *v. i. pron.* to get* angry (*o* furious); to lose* one's temper; to get* (*o* to fly*) into a temper. ● **far i.**, to infuriate; to enrage.

incollerito, *a.* angry; furious; enraged.

incolmàbile, *a.* **1** (*non riempibile*) that cannot be filled: **lasciare un vuoto i.**, to leave a gap that cannot be filled **2** (*non recuperabile*) that cannot be closed: **un distacco i.**, a gap too big to be closed.

incolonnaménto, *m.* **1** (*l'incolonnare*) lining up **2** (*l'essere incolonnato*) column formation **3** (*di cifre*) writing in column; (*a macchina*) tabulation.

incolonnàre, A *v. t.* **1** to draw* up; to line up **2** (*cifre*) to write* in column, to write* one below the other; (*a macchina*) to tabulate **3** (*mil.*) to form into columns. **B incolonnàrsi,** *v. i. pron.* to form columns; (*mettersi in fila*) to file up, to queue up, to line up.

incolonnàto, *a.* lined-up; in a column (*pred.*): **i soldati incolonnati**, the lined-up soldiers; **Le macchine procedevano incolonnate**, the cars were moving in a column.

incolonnatóre, *m.* tabulator.

incolóre, **incolóro,** *a.* **1** colourless **2** (*fig.*) dull; characterless; plain: **vita i.**, dull life.

incolpàbile, *a.* chargeable; that can be accused.

incolpàre, A *v. t.* to blame (sb. for st.); to accuse (sb. of st.); to charge (sb. with st.). **B incolpàrsi,** *v. rifl.* e *rifl. recipr.* **1** to accuse oneself **2** to accuse each other (*o* one another).

incolpévole, *a.* guiltless.

incolpevolézza, *f.* guiltlessness.

incólto, *a.* **1** (*di terreno, campo*) uncultivated; untilled **2** (*fig.*: *non istruito*) uneducated; uncultured; uncultivated **3** (*fig.*: *non curato*) untidy; unkempt; neglected: **barba incolta**, unkempt (*o* straggling) beard.

incòlume, *a.* unhurt; unharmed; unscathed; safe and sound; whole; intact: **uscire i. da un incidente**, to survive an accident unhurt; **passare i. attraverso molti pericoli**, to come through many dangers unscathed; **La casa è i.**, the house is undamaged; **conservare i. la propria reputazione**, to preserve one's reputation unharmed.

incolumità, *f.* safety.

incombènte, *a.* **1** impending; overhanging; imminent **2** (*che spetta*) incumbent.

incombènza, *f.* duty; charge; task; office; errand; job (*fam.*).

incómbere, *v. i.* **1** to impend; to hang* over: **Una minaccia incombe su di noi**, a threat is hanging over us; **un pericolo che incombe**, an impending danger **2** (*spettare*) to be up to; to be (sb.'s) duty; to be incumbent on: **Il metterli in guardia incombe a te**, it is up to you (*o* your duty) to warn them.

incombustìbile, *a.* incombustible; non-flammable; fireproof: **sostanza i.**, non-flammable substance; **materiale i.**, fireproof material.

incombustibilità, *f.* incombustibility.

incombùsto, *a.* unburnt.

incominciaménto, *m.* (*lett.*) commencement; beginning.

incominciàre, *v. t.* e *i.* to begin*; to start; to commence (*form.*): **Incominciò a piovere**, it began to rain; **Incominciò a piangere**, she began (*o* started) crying; **i. un libro**, to begin a book; **i. a pagina dieci**, to begin at (*o* to start from) page ten; **Hai incominciato bene**, you have started well; **Come incominciò l'incendio?**, how did the fire start?; **i. a lavorare**, to start work; **i. un lavoro nuovo**, to start on (*o* to begin) a new job; **i. un viaggio**, to begin a journey; to start on a journey. ● **a i. da domani**, beginning from tomorrow □ **tanto per i.**, to begin with; for a start.

incommensuràbile, *a.* **1** (*mat.*) incommensurable **2** (*smisurato*) measureless; immeasurable **3** (*incalcolabile*) incalculable; inestimable **4** (*eccezionale*) extraordinary; incomparable.

incommensurabilità, *f.* incommensurability.

incommerciàbile, *a.* unmarketable.

incommerciabilità, *f.* unmarketability.

incommestìbile, *a.* inedible.

incommutàbile, *a.* (*leg.*) incommutable.

incommutabilità, *f.* (*leg.*) incommutability.

incomodàre, A *v. t.* to inconvenience; to bother; to trouble; to disturb: **Incomodo?**, (*disturbo?*) am I disturbing you?; (*sono d'impaccio?*) am I in the way?; (*posso entrare?*) may I (come in)? **B incomodàrsi,** *v. rifl.* to disturb oneself; to put* oneself out; to trouble; to bother; to take* the trouble of: **Non t'incomodare, ci vado da solo**, you needn't trouble, I'll go myself; **Non s'incomodi, la prego**, please, don't disturb yourself; **Si è incomodato a venire fin qui**, he took the trouble of coming all the way here; **Non dovevi incomodarti**, you shouldn't have bothered.

incomodàto, *a.* **1** bothered; put out **2** (*indisposto*) unwell; indisposed.

incòmodo, A *a.* inconvenient; awkward: **un'ora incomoda**, an inconvenient (*o* awkward) time. **B** *m.* **1** (*fastidio*) inconvenience; bother; disturbance: **gli incomodi di un lungo viaggio in treno**, the inconveniences of a long journey by train; **Lo posso fare senza i.**, I can do it, it's no bother (*o* trouble) at all; **essere d'i. per q.**, to be an inconvenience to sb.; (*di persona*) to disturb sb., to be in the way; **recare i.**, to cause inconvenience **2** (*indisposizione*) slight ailment; indisposition **3** (*compenso*) charge: **Quant'è il vostro i.?**, what is your charge? ● **terzo i.**, unwanted third party; odd man out (*detto anche di donna*) □ **fare il terzo i.** (*tra innamorati*), to play gooseberry □ **togliere l'i.** (*andarsene*), to take one's leave; to be off □ **Scusi l'i.!**, sorry to trouble you □ **Se non ti è d'i.**, if it isn't inconvenient to you; if it doesn't put you out.

incomparàbile, *a.* incomparable; peerless; matchless.

incomparabilità, *f.* incomparableness; peerlessness; matchlessness.

incompatìbile, *a.* **1** incompatible (*anche leg.*); inconsistent **2** (*inammissibile*) unacceptable; inadmissible.

incompatibilità, *f.* **1** (*anche leg.*) incompatibility: **i. di carattere**, incompatibility of character; (*med.*) **i. di gruppo sanguigno**, blood group incompatibility **2** (*inammissibilità*) unacceptableness; inadmissibility.

incompenetràbile, *a.* (*anche fig.*) impenetrable.

incompenetrabilità, *f.* (*anche fig.*) impenetrability; impenetrableness.

incompetènte, A *a.* **1** (*anche med.*) incompetent: **un insegnante i.**, an incompetent teacher; (*med.*) **collo uterino i.**, incompetent cervix **2** (*leg.*) lacking jurisdiction; without jurisdiction. ● **Sono i. in fatto di balletto**, I know nothing about ballet; I am no judge of ballet. **B** *m.* e *f.* incompetent. ● **È un i. in materia di tennis**, he does not know the first thing about tennis.

incompetènza, *f.* incompetence. ● (*leg.*) **i. di un tribunale**, lack of jurisdiction.

incompiànto, *a.* (*lett.*) unwept; unregretted.

incompiutézza, *f.* unfinished state; incompleteness.

incompiùto, *a.* unfinished; incomplete.

incompletézza, *f.* incompleteness.

incomplèto, *a.* incomplete; imperfect; unfinished: **serie incompleta**, incomplete series; (*bot.*) **fiore i.**, imperfect flower; **un romanzo i.**, an unfinished novel.

incompósto, *a.* **1** (*disordinato*) untidy; disorderly; dishevelled **2** (*sconveniente*) unbecoming; unseemly.

incomprensìbile, *a.* incomprehensible.
incomprensibilità, *f.* incomprehensibility.
incomprensióne, *f.* incomprehension; lack of understanding.
incompréso, *a.* (*non compreso*) not understood; (*compreso male*) misunderstood; (*non apprezzato*) unappreciated.
incompressìbile, *a.* (*fis.*) incompressible.
incompressibilità, *f.* (*fis.*) incompressibility.
incomprimìbile, *a.* ***1*** *V.* **incompressibile** ***2*** *V.* **incontenibile**.
incomputàbile, *a.* incomputable; incalculable.
incomunicàbile, *a.* incommunicable; (*inesprimibile*) inexpressible.
incomunicabilità, *f.* incommunicability.
inconcepìbile, *a.* inconceivable; unthinkable; unimaginable; (*incredibile, anche*) incredible.
inconcepibilità, *f.* inconceivability.
inconciliàbile, *a.* irreconcilable; incompatible.
inconciliabilità, *f.* irreconcilability; incompatibility.
inconcludènte, A *a.* ***1*** inconclusive; unsuccessful; leading nowhere (*pred.*): **uno sforzo i.**, an unsuccessful effort ***2*** (*di parole, ecc.*) ineffectual; vague; rambling; (*sconnesso*) disjointed; (*inutile*) vain ***3*** (*di persona*) ineffectual; feckless; drifting; inefficient. **B** *m.* e *f.* ineffectual person; drifter.
inconcludènza, *f.* ***1*** inconclusiveness: **l'i. dei suoi discorsi**, the inconclusiveness of his speeches ***2*** (*inefficacia*) ineffectiveness; (*inutilità*) uselessness, pointlessness: **l'i. dei suoi sforzi**, the ineffectiveness of his efforts.
inconcùsso, *a.* (*lett.*) firm; unshaken; unshakable; unswerving.
incondizionataménte, *avv.* unconditionally; without reservation; without reserve.
incondizionàto, *a.* unreserved; unqualified; unconditional; unconditioned: **appoggio i.**, unreserved (*o* unqualified) support; (*mil.*) **resa incondizionata**, unconditional surrender; (*med.*) **riflesso i.**, unconditioned reflex.
inconfessàbile, *a.* unavowable; unmentionable.
inconfessàto, *a.* unconfessed; unavowed.
inconfèsso, *a.* (*leg.*) pleading not guilty.
inconfondìbile, *a.* unmistakable; unique.
inconfutàbile, *a.* irrefutable; incontestable; incontrovertible.
inconfutabilità, *f.* irrefutability; incontestability; incontrovertibility.
inconfutàto, *a.* unrefuted.
incongelàbile, *a.* unfreezable; non-freezing. ● (*autom.*) **miscela i.**, anti-freeze.
incongruènte, *a.* inconsistent; contradictory; incongruous; incoherent; inconsequent: **una risposta i.**, an inconsequent reply; **un uomo i.**, an inconsistent man.
incongruènza, *f.* inconsistency; contradictoriness; incongruity; incoherence; inconsequence.
incongruità, *f.* disproportion; disparity; inadequacy.
incòngruo, *a.* disproportionate; inadequate.
inconoscìbile, *a.* e *m.* unknowable.
inconoscibilità, *f.* unknowability; unknowableness.
inconsapévole, *a.* ***1*** (*ignaro*) unaware; ignorant: **i. del pericolo**, unaware of the danger; **Era i. dell'accaduto**, he was ignorant of the fact (*o* unaware of what had happened) ***2*** (*inconscio*) unconscious; unwitting.
inconsapevolézza, *f.* ***1*** (*ignoranza*) unawareness; ignorance ***2*** (*l'essere inconscio*) unconsciousness; unwittingness.
inconsapevolménte, *avv.* unawares; unconsciously; unwittingly.
incònscio, A *a.* unconscious. **B** *m.* (*psic.*) unconscious: **l'i. collettivo**, the collective unconscious.
inconseguènte, *a.* inconsequent.
inconseguènza, *f.* inconsequence.
inconsideratézza, *f.* ***1*** thoughtlessness; (*avventatezza*) rashness ***2*** (*azione sconsiderata*) rash action.
inconsideràto, *a.* thoughtless; (*avventato*) rash.
inconsistènte, *a.* ***1*** insubstantial; flimsy ***2*** (*fig.*) insubstantial, tenuous, flimsy; (*infondato*) unfounded, groundless.
inconsistènza, *f.* ***1*** insubstantiality; flimsiness ***2*** (*fig.*) insubstantiality, tenuousness, flimsiness; (*infondatezza*) groundlessness.
inconsolàbile, *a.* inconsolable; inconsolate (*lett.*).
inconsuèto, *a.* unusual; unaccustomed.
inconsùlto, *a.* ill-advised; unadvised; rash: **movimento i.**, rash (*o* erratic) movement.
inconsumàbile, *a.* (*leg.*) inconsumable.
inconsùnto, *a.* (*lett.*) unconsumed.
inconsùtile, *a.* (*lett.*) seamless.
incontaminàbile, *a.* (*lett.*) incorruptible; incontaminate.
incontaminàto, *a.* ***1*** uncontaminated; unpolluted ***2*** (*fig.*) pure; uncontaminated; unblemished.
incontenìbile, *a.* uncontainable; irrepressible; uncontrollable.
incontentàbile, *a.* ***1*** insatiable ***2*** (*esigente*) hard (*o* difficult, impossible) to please; exacting. ● **sempre i.**, never satisfied.
incontentabilità, *f.* ***1*** insatiability ***2*** (*l'essere esigente*) exactingness.
incontestàbile, *a.* incontestable (*anche leg.*); indisputable; incontrovertible.
incontestabilità, *f.* incontestability (*anche leg.*); indisputability; incontrovertibility.
incontestàto, *a.* undisputed.
incontinènte, A *a.* ***1*** incontinent; unrestrained ***2*** (*med.*) incontinent. **B** *m.* e *f.* ***1*** incontinent person ***2*** (*med.*) person suffering from incontinence.
incontinènza, *f.* (*anche med.*) incontinence.
incontràre, A *v. t.* ***1*** to meet*; (*per caso*) to come* across, to run* into, to bump into (*fam.*): **Lo incontro tutte le mattine**, I meet him every morning; **Vado a incontrarlo al treno**, I'm going to meet him at the train; I'm going to meet his train; **L'ho incontrata proprio ora**, I've just run into her; **Sai chi ho incontrato ieri in centro?**, do you know who I came across (*o* I bumped into) in town yesterday? ***2*** (*trovare*) to find*, to come* across, to meet* with; (*ostacoli, rifiuti, ecc.*) to run* into, to come* up against, to encounter, to meet* with: **Ho incontrato la citazione che volevi**, I came across the quotation you wanted; **Non credevo d'i. tanta gentilezza**, I didn't expect to meet with so much kindness; **i. il favore di q.**, to find favour with sb.; to meet with sb.'s approval; **i. la morte**, to find death; **i. spese**, to meet with (*o* to run into) expenses; **i. difficoltà**, to run into difficulties ***3*** (*assol.*: *avere successo*) to be popular (*o* successful); to be a success: **È un modello che incontra molto**, it's a very popular model; **La commedia non ha incontrato**, the play has not been a success ***4*** (*sport: calcio, ecc.*) to play; (*boxe*) to fight*: **Il Torino incontrerà la Lazio**, Turin will play Lazio. ● **i. il gusto di q.**, to appeal to sb. **B incontràrsi,** *v. rifl. recipr.* ***1*** to meet*: **Incontriamoci sotto l'orologio**, let's meet under the clock; **Ci incontrammo da Betty**, we met at Betty's ***2*** (*trovarsi d'accordo*) to agree; (*andare d'accordo*) to get* on well. ● (*spesso iron.*) **I geni s'incontrano**, great minds think alike. **C incontràrsi,** *v. i. pron.* ***1*** (*trovarsi d'accordo*) to see* eye to eye with; (*andare d'accordo*) to get* on well with: **Non s'incontra col nuovo capo**, she doesn't get on well with her new boss ***2*** (*di idee, opinioni*) to meet* (with).
incontràrio, *avv.* – **all'i.**, (*nel modo sbagliato*) the wrong way; (*nel modo opposto*) the opposite way; (*capovolto*) upside down, wrong side up; (*con l'interno all'esterno*) inside out; (*con davanti dietro*) the wrong way round.
incontrastàbile, *a.* indisputable; incontestable; unquestionable.
incontrastàto, *a.* uncontested; unopposed; undisputed.
incóntro (1), *m.* ***1*** meeting; (*generalm. inatteso o non gradito*) encounter: **i. casuale**, chance meeting (*o* encounter); **breve i.**, brief encounter; **avere un i. con q.**, to meet sb.; **fare un brutto i.**, to have a nasty encounter; **luogo d'i.**, meeting place ***2*** (*riunione*) meeting: (*polit.*) **i. al vertice**, summit meeting; **i. bilaterale**, bilateral meeting ***3*** (*sport*) match: **i. di calcio**, football match; **i. di boxe**, boxing match; (*di professionisti, anche*) prizefight (*USA*); **i. amichevole**, friendly match; **i. di spareggio**, playoff; **disputare un i.**, to play a match; (*boxe*) to fight ***4*** (*accoglienza*) success; good reception: **avere molto i.**, to meet with success; to be well received; to be popular. ● **i.-scontro**, encounter □ **punto d'i.**, point of contact; interface; (*mat.*) point of intersection: **cercare un punto d'i.**, to look for a point of contact □ (*come saluto*) **Che bel-l'i.!**, how lovely to see you!
incóntro (2), A *avv.* opposite. ● **all'i.**, on the contrary. **B incóntro a,** *locuz. prep.* ***1*** (*verso*) toward(s); to: **Andiamo i. all'inverno**, we are going towards winter; **Il ragazzo mi si fece i.**, the boy came towards me; **Gli corsi i.**, I ran up to him; I ran to meet him; **andare [venire] i. a q.** (*per accoglierlo*), to meet sb.; to go [to come] to meet sb.: **Nessuno mi era venuto i.**, no one had come to meet me ***2*** (*contro*) against: **i. al nemico**, against the enemy. ● **andare i. a difficoltà**, to come up against difficulties □ **andare i. a spese**, to incur (*o* to run into, to meet with) expenses □ **andare i. alla morte**, to go to one's death; to meet one's fate □ **andare i. ai desideri di q.**, to satisfy sb.'s desire; to try to please sb. □ **andare i. a seccature**, to be heading for trouble; to be in for trouble □ (*fig.*) **Cercheremo di venirvi i.**, we'll try to meet you half-way.
incontrollàbile, *a.* ***1*** uncontrollable; unrestrainable ***2*** (*non verificabile*) uncheckable; unverifiable.
incontrollàto, *a.* ***1*** (*privo di controllo*) uncontrolled; unchecked; unrestrained: **reazioni incontrollate**, uncontrolled reactions ***2*** (*non accertato*) unverified; unconfirmed. ● **voce incontrollata**, rumour.
incontrovèrso, *a.* undisputed.
incontrovertìbile, *a.* incontrovertible; indubitable.
inconveniènte, A *a.* unsuitable. **B** *m.* ***1*** (*svantaggio*) drawback; disadvantage; handicap; liability ***2*** (*problema*) problem, snag, hitch; (*incidente*) mishap; (*guasto*) fault.
inconveniènza, *f.* unsuitability; unsuitableness.
inconvertìbile, *a.* (*econ.*) inconvertible.
inconvertibilità, *f.* (*econ.*) inconvertibility.
inconvincìbile, *a.* inconvincible; impossible to convince.
incoordinazióne, *f.* (*anche med.*) incoordination.
incoraggiaménto, *m.* encouragement; cheering: **parole d'i.**, words of encouragement. ● **premio d'i.**, consolation prize.
incoraggiànte, *a.* encouraging; cheering.
incoraggiàre, *v. t.* ***1*** to encourage; to cheer: **i. le truppe**, to encourage the troops; **Lo incoraggiai a proseguire**, I encouraged him to persevere ***2*** (*fig.*: *favorire*) to encourage; (*promuovere*) to promote, to foster: **i. la violenza**, to encourage violence; **i. la ripresa economica**, to encourage economic recovery.
incoràre, *V.* **incuorare**.
incordàre, A *v. t.* to string*. **B incordàrsi,** *v. i. pron.* (*di muscolo*: *irrigidirsi*) to stiffen.

incordatùra, *f.* **1** (*anche mus.*) stringing **2** (*med.*) stiffness.

incordonàre, *v. t.* (*naut.*) to splice.

incornàre, *v. t.* **1** to gore **2** (*calcio*) to head (the ball) **3** (*fig. pop.*) to be unfaithful to; (*il marito, anche*) to cuckold.

incornàta, *f.* goring.

incorniciàre, *v. t.* (*anche fig.*) to frame.

incorniciàto, *a.* (*anche fig*) framed.

incorniciatùra, *f.* **1** framing **2** (*cornice*) frame.

incoronaménto, *m.* (*anche fig.*) crowning.

incoronàre, *v. t.* **1** to crown: **Fu incoronato re**, he was crowned king; **i. di alloro**, to crown with laurel **2** (*fig.*: *cingere*) to encircle.

incoronazióne, *f.* coronation.

incorporàle, *a.* (*leg.*) incorporeal; intangible: **beni incorporali**, intangible property (*sing.*).

incorporaménto, *m.* *V.* **incorporazione**.

incorporànte, *a.* (*ling.*) incorporating; polysynthetic: **lingue incorporanti**, incorporating (*o* polysynthetic) languages.

incorporàre, **A** *v. t.* **1** to incorporate; to include; to build* in **2** (*mescolare*) to blend; to blend in **3** (*un territorio*) to annex **4** (*fin.*) to amalgamate; to combine; to merge. **B incorporàrsi,** *v. rifl. rec.* **1** (*di sostanze*) to blend **2** (*di territori*) to join **3** (*fin.*) to amalgamate; to combine; to merge.

incorporazióne, *f.* **1** incorporation **2** (*di territori*) annexation **3** (*fin.*) amalgamation; combination; merger.

incorporeità, *f.* incorporeity.

incorpòreo, *a.* incorporeal; bodiless.

incorreggìbile, *a.* **1** uncorrectable; beyond correction; (*di compito, ecc.*) that cannot be marked **2** (*non emendabile*) incorrigible; inveterate; hardened: **un bugiardo i.**, an incorrigible liar; **donnaiolo i.**, inveterate philanderer.

incorreggibilità, *f.* uncorrectability; incorrigibility.

incórrere, *v. i.* to run* into; to incur (st.): **i. in debiti**, to run into debts; to incur debts; **i. nel pericolo**, to run into danger; **i. in una punizione**, to incur punishment.

incorrótto, *a.* **1** (*intatto*) uncorrupted; incorrupt **2** (*puro*) incorrupt; pure **3** (*onesto*) incorrupt; honest.

incorruttìbile, *a.* **1** (*inalterabile*) incorruptible; imperishable **2** (*onesto*) incorruptible; honest.

incorruttibilità, *f.* incorruptibility.

incorsàre, *v. t.* (*ind. tess.*) to pass.

incorsatóio, *m.* (*falegn.*) rabbeting plane; chamfer plane; fillister.

incorsatóre, *m.* (*ind. tess.*) passer.

incorsatùra, *f.* (*ind. tess.*) pass.

incosciènte, **A** *a.* **1** (*privo di sensi*) unconscious **2** (*inconsapevole*) unconscious **3** (*irresponsabile*) irresponsible; reckless; foolhardy; crazy (*fam.*); mad (*fam.*). **B** *m.* e *f.* irresponsible person: **Sei un i.!**, you are totally irresponsible!; you must be mad! (*fam.*); **comportarsi da i.**, to behave irresponsibly.

incosciènza, *f.* **1** unconsciousness: **in stato di i.**, in a state of unconsciousness; unconscious (*agg.*): **rimanere in stato di i.**, to remain unconscious; **uscire dall'i.**, to regain consciousness; to come round **2** (*irresponsabilità*) irresponsibility; recklessness; foolhardiness.

incostànte, *a.* inconstant; changeable; unsteady; variable; shifty; erratic; (*discontinuo*) uneven, unequal, erratic; (*volubile*) inconstant, fickle, flighty: **un innamorato i.**, an inconstant lover; **tempo i.**, changeable weather; **rendimento i.**, uneven performance.

incostànza, *f.* inconstancy; changeableness; variableness; unsteadiness; erraticity; (*discontinuità*) unevenness, erraticity; (*volubilità*) fickleness, flightiness.

incostituzionàle, *a.* (*leg.*) unconstitutional.

incostituzionalità, *f.* (*leg.*) unconstitutionality.

incravattàre, **A** *v. t.* to put* a tie on. **B incravattàrsi,** *v. rifl.* to put* on a tie.

incravattàto, *a.* wearing a tie; (*estens.*: *elegante*) dressed up.

increàto, *a.* (*relig.*, *filos.*) uncreated; uncreate.

incredìbile, *a.* incredible; unbelievable; beyond belief (*pred.*); (*assurdo*) absurd, preposterous.

incredibilità, *f.* incredibility; unbelievableness.

incredulità, *f.* **1** incredulity; disbelief **2** (*relig.*) unbelief.

incrèdulo, **A** *a.* **1** incredulous; disbelieving **2** (*relig.*) unbelieving. **B** *m.* (*f.* **-a**) (*relig.*) unbeliever.

incrementàle, *a.* (*mat.*) incremental.

incrementàre, *v. t.* to increase; to boost; to step up; (*promuovere*) to promote, to foster: **i. il commercio**, to boost trade; **i. la produzione**, to step up production; **i. la ricerca scientifica**, to promote (*o* to foster) scientific research.

increménto, *m.* increase; growth; increment (*anche ling.*, *mat.*): **i. demografico**, increase in population; **i. produttivo**, growth of productivity.

incréscere, (*lett.*) *V.* **rincrescere**.

incresciόso, *a.* regrettable; unpleasant; (*seccante*) annoying; (*poco felice*) unfortunate: **un avvenimento i.**, a regrettable occurrence; **un i. ritardo**, an annoying delay; **commento i.**, unfortunate remark.

increspaménto, *m.* **1** (*di acqua*) rippling **2** (*di stoffa*) gathering; (*per difetto*) puckering **3** (*della fronte*) wrinkling; (*della pelle*) puckering, wrinkling **4** (*dei capelli*) curling; (*artificiale*) frizzing.

increspàre, *v. t.* **increspàrsi,** *v. i. pron.* **1** (*di acqua*) to ripple **2** (*di stoffa*) to gather; (*per difetto*) to pucker **3** (*della fronte*) to wrinkle; (*della pelle*) to pucker, to wrinkle; (*della bocca*) to pucker, to pout **4** (*dei capelli*) to curl.

increspàto, *a.* **1** (*di acqua*) rippled; ripply; (*di mare*) choppy **2** (*di stoffa*) gathered; (*per difetto*) puckered **3** (*della fronte*) wrinkled; (*della pelle*) puckered, wrinkled; (*della bocca*) puckered, pouting **4** (*di carta*) crinkled; crepe (*attr.*).

increspatùra, *f.* **1** (*di acqua*) ripple **2** (*pl.*) (*di stoffa*) gathers; (*gala*) frill (*sing.*) **3** (*della pelle, della fronte*) wrinkles (*pl.*) **4** (*dei capelli*) frizz.

incretiniménto, *m.* stultification.

incretinìre, **A** *v. t.* (*istupidire*) to dull (sb.'s) mind, to stultify; (*di lavoro, rumore, ecc.*) to drive* insane, to drive* potty (*fam.*). **B** *v. i.* e **incretinìrsi,** *v. i. pron.* to become* stupid; to grow* into an idiot; to go* soft in the head (*fam.*); to go* crazy; to go* potty (*fam.*).

incrèto, *m.* (*fisiol.*) incretion.

incriminàbile, *a.* (*leg.*) indictable; chargeable.

incriminàre, *v. t.* (*leg.*) to charge (sb. with st.); to indict (sb. for st.); to accuse (sb. of st.); to incriminate.

incriminàto, *a.* **1** (*leg.*) charged; indicted; under indictment (*pred.*) **2** (*fig.*: *criticato*) offending; controversial.

incriminazióne, *f.* (*leg.*) charge; indictment; accusation; incrimination.

incrinàre, **A** *v. t.* **1** to crack **2** (*fig.*: *guastare*) to deteriorate; to mar; to damage; to spoil*. **B incrinàrsi,** *v. i. pron.* **1** to crack **2** (*fig.*: *guastarsi*) to deteriorate: **I rapporti fra le due nazioni si sono incrinati**, relations between the two countries have deteriorated; **La loro amicizia s'incrinò**, their friendship became strained.

incrinatùra, *f.* **1** crack; (*della ceramica*) craze **2** (*fig.*: *screzio*) disagreement; dissent; rift.

incrociàre, **A** *v. t.* **1** to cross: **i. le gambe**, to cross one's legs; **i. le braccia**, to cross (*o* to fold) one's arms; (*fig.*: *scioperare*) to down tools; **i. le spade**, to cross swords **2** (*di strada*) to cross; to intersect **3** (*incontrare*) to meet*; to run* into: **Sull'autostrada abbiamo incrociato molti camion**, we met a lot of oncoming lorries on the motorway; **L'ho incrociato davanti al teatro**, I ran into him outside the theatre **4** (*zool.*) to cross; to crossbreed*; to interbreed* **5** (*bot.*) to hybridize. ● (*naut.*) **i. un pennone**, to traverse a yard □ (*naut.*) **i. la rotta di q.**, to cross sb.'s bows. **B** *v. i.* (*naut.*, *aeron.*) to cruise; (*naut.*: *davanti a una costa*) to stand* off and on. **C incrociàrsi,** *v. rifl. rec.* **1** (*intersecarsi*) to cross; to intersect **2** (*incontrarsi*) to meet*; to run* into each other: **I nostri sguardi si incrociarono**, our eyes met **3** (*passare uno accanto all'altro*) to meet* **4** (*di lettere e sim.*) to cross **5** (*zool.*) to cross; to crossbreed*; to interbreed* **6** (*bot.*) to crossbreed*; to cross-fertilize.

incrociàto, *a.* **1** crossed; cross: **tiro i.**, crossfire; **parole incrociate**, crossword (puzzle) (*sing.*) **2** (*biol.*) crossbred; cross; hybridized: (*bot.*) **fecondazione incrociata**, cross-fertilization.

incrociatóre, *m.* (*naut.*) cruiser: **i. leggero**, light cruiser; **i. da battaglia**, battle cruiser.

incrociatùra, *f.* **1** (*l'incrociare*) crossing **2** (*punto d'incrocio*) cross.

incrócio, *m.* **1** (*l'incrociare, l'incrociarsi*) crossing **2** (*intersezione di strade*) crossing; junction; intersection; crossroads: **i. pericoloso**, dangerous crossing; **i. a quadrifoglio**, cloverleaf junction **3** (*zool.*: *l'accoppiamento*) crossing, cross, crossbreeding; (*la razza che ne deriva*) crossbreed **4** (*bot.*) crossbreeding, hybridization; (*varietà incrociata*) hybrid **5** (*ling.*) portmanteau word.

incrodàrsi, *v. i. pron.* (*alpinismo*) to get* stuck half-way up [down].

incrollàbile, *a.* indestructible; firm; unshakeable: **essere i.**, to stand firm; **fede i.**, unshakeable faith.

incrostaménto, *a.* encrusting; crusting.

incrostàre, **A** *v. t.* to crust over; to encrust. **B incrostàrsi,** *v. i. pron.* to encrust; to become* encrusted; to be caked; (*di caldaia*) to scale: **i. di ruggine**, to become encrusted with rust; **i. di fango**, to become caked in mud.

incrostatùra, incrostazióne, *f.* encrustment; incrustation, encrustation; deposit; (*di caldaia*) scale, fur; (*di tartaro*) scale, argol: **togliere l'i. di una caldaia**, to scale a boiler.

incrudelìre, *v. i.* **1** to become* cruel (*o* pitiless) **2** (*infierire*) to be pitiless (towards sb.); to treat (sb.) ruthlessly; (*assol.*) to pile cruelty upon cruelty **3** (*fig.*: *infuriare*) to rage; (*inasprirsi*) to become* cruel.

incrudiménto, *m.* (*metall.*) work-hardening.

incrudìre, **A** *v. t.* **1** to sharpen; to aggravate **2** (*metall.*) to work-harden. **B** *v. i.* e **incrudìrsi,** *v. i. pron.* **1** to grow* worse; to worsen; (*del tempo*) to become* (more) severe **2** (*metall.*) to be work-hardened.

incruènto, *a.* bloodless; without bloodshed.

incrunàre, *v. t.* to thread.

incruscàre, *v. t.* to cover with bran.

incubàre, *v. t.* to incubate.

incubatóio, *m.* incubating room; hatchery.

incubatrìce, *f.* incubator.

incubazióne, *f.* **1** incubation; (*cova*) hatching: **i. artificiale**, artificial incubation **2** (*med.*) incubation: **periodo d'i.**, incubation period **3** (*fig.*) hatching; incubation: **essere in i.**, to be hatching; to incubate.

ìncubo, *m.* **1** nightmare; incubus*: **i. notturno**, nightmare **2** (*fig.*) nightmare; obsession; constant threat; constant anxiety.

incùdine, *f.* **1** anvil **2** (*anat.*) incus*. ● (*fig.*) **essere fra l'i. e il martello**, to be between the devil and the deep blue sea.

inculàre, *v. t.* (*volg.*) **1** to bugger; to arse-fuck (*volg.*) **2** (*fig.*) to cheat; to screw (*volg.*).

inculàta, *f.* (*volg.*) **1** act of buggery; buggering; arse-fucking (*volg.*) **2** (*fig.*)

cheat; swindle; con (*fam.*).

inculcàre, *v. t.* to inculcate (st. in sb., sb. with st.); to instil (st. into sb.); to drill (st. into sb.).

incultùra, *f.* lack of education; lack of culture.

inculturazióne, *f.* (*sociol.*) socialization; enculturation.

incunabolista, *m.* e *f.* incunabulist.

incunàbolo, *m.* incunabulum*.

incuneàre, A *v. t.* (*anche fig.*) to wedge in. **B incuneàrsi,** *v. i. pron.* to be wedged in; (*fig., anche*) to penetrate in, to wedge oneself in.

incuoràre, *v. t.* (*lett.*) to encourage; to hearten.

incupìre, A *v. t.* ***1*** to darken ***2*** (*fig.*) to depress; to oppress; to make* gloomy. **B** *v. i.* e **incupìrsi,** *v. i. pron.* ***1*** to grow* (*o* to become*, to get*) dark (*o* gloomy) ***2*** (*fig.*) to grow* depressed; to grow* gloomy; to darken: **Si incupì in volto**, his face darkened.

incuràbile, *a., m.* e *f.* incurable: **malattia i.**, incurable disease; **mali incurabili**, incurable evils.

incurabilità, *f.* incurability.

incurànte, *a.* ***1*** heedless; careless; regardless: **i. delle mie parole**, heedless of (*o* ignoring) my words ***2*** (*indifferente*) indifferent; unconcerned.

incurànza, *f.* ***1*** heedlessness; carelessness ***2*** (*indifferenza*) indifference; lack of concern.

incùria, *f.* carelessness; negligence; (*sciatteria*) slovenliness; (*abbandono*) dereliction.

incuriosìre, A *v. t.* to make* curious; to excite (sb.'s) curiosity; to intrigue. **B incuriosìrsi,** *v. i. pron.* to become* curious.

incuriosìto, *a.* made curious (*pred.*); curious; intrigued.

incursióne, *f.* ***1*** raid; incursion; foray: **i. aerea**, air raid; **un'i. di pirati**, a pirate raid; **fare un'i.**, to make a raid ***2*** (*fig.*: *arrivo inatteso*) invasion ***3*** (*breve attività estranea*) foray: **un musicista che ama fare incursioni nel campo del romanzo**, a musician who enjoys the occasional foray into fiction.

incursóre, A *a.* raiding. **B** *m.* raider; commando*.

incurvaménto, *m.* ***1*** bending; curving; (*di lamiera*) bulging; (*di piastra*) buckling; (*di asse*) warping ***2*** (*curva*) bend; curve; curvature; (*di lamiera*) bulge.

incurvàre, A *v. t.* to bend*; to curve; (*in dentro*) to incurvate: **i. la schiena**, to bend one's back; to stoop. **B incurvàrsi,** *v. i. pron.* to bend*; to curve; (*di lamiera*) to bulge; (*di piastra*) to buckle; (*di asse*) to warp: **i. per l'età**, to bend (*o* to become bent) with age.

incurvatùra, *f.* ***1*** bend; curve; curvature; (*di lamiera*) bulge: (*med.*) **i. della spina dorsale**, curvature of the spine ***2*** (*l'incurvare*) bending; curving.

incustodìto, *a.* unattended; unguarded: **lasciare il bagaglio i.**, to leave one's luggage unattended; **passaggio a livello i.**, unattended level crossing.

incùtere, *v. t.* to strike*; to inspire; to arouse; to excite: **i. terrore a q.**, to strike terror into sb.; to strike sb. with terror; **i. rispetto**, to inspire (*o* to command) respect; **i. soggezione**, to awe.

ìndaco, *m.* indigo.

indaffaràto, *a.* busy: **È i. a organizzare il convegno**, he is busy organizing the conference; **i. in q.c.**, busy with st.

indagàre, *v. t.* e *i.* to investigate (st.); to inquire into; to look into; to conduct (*o* to hold*) an inquiry on; to make* inquiries (*o* enquiries) into (*o* about); to probe (st.): **i. le cause di q.c.**, to inquire into the causes of st.; **i. su un omicidio**, to investigate a murder; **La polizia sta indagando**, the police are investigating (*o* are making inquiries); **essere indagato**, to be investigated; to be under investigation.

indagàto, A *a.* under (police) investigation (*pred.*). **B** *m.* (*f.* **-a**) person under (police) investigation.

indagatóre, A *m.* (*f.* **-trice**) investigator; inquirer. **B** *a.* inquiring; searching: **uno sguardo i.**, an inquiring look.

indàgine, *f.* ***1*** investigation; inquiry, enquiry; probe: **fare delle indagini su q.c.**, to make inquires about st.; to investigate st.; **i. sul campo**, field investigation; **i. ufficiale**, official inquiry; **i. di polizia**, police investigation; police inquiries (*pl.*); **un'i. su alcuni casi di corruzione**, a probe into cases of graft ***2*** (*ricerca*) research; search; searching: **i. di mercato**, market (*o* marketing) research ***3*** (*stat.*) survey; poll: **i. demoscopica**, (opinion) poll; opinion survey.

indantrène, *m.* (*marchio*: *chim.*) indant(h)rene.

indantrènico, *a.* (*chim.*) indant(h)rene (*attr.*): **colori indantrenici**, indant(h)rene dyes.

indantróne, *m.* (*chim.*) indanthrone.

indàrno, *avv.* (*lett.*) in vain; to no avail.

indebitaménte, *avv.* (*in modo non dovuto*) unduly; (*ingiustamente*) wrongfully. ● **appropriarsi i. di q.c.**, to misappropriate st.; to embezzle st.

indebitaménto, *m.* (*l'indebitarsi*) getting into debt, making (*o* running up) debts, borrowing; (*l'essere indebitato*) indebtedness, debt: **i. con l'estero**, borrowing abroad; external indebtedness; **i. statale**, state borrowing; national debt; (*comm.*) **i. d'impresa**, gearing; leverage (*USA*).

indebitàre, A *v. t.* to get* into debt; to plunge into debts. **B indebitàrsi,** *v. rifl.* to run* (*o* to get*) into debt; to run* up debts.

indebitàto, *a.* in debt; indebted: **essere i. fin sopra i capelli**, to be up to one's ears in debt; **fortemente i. con le banche**, heavily indebted to the banks.

indébito, A *a.* ***1*** undue; (*immeritato*) undeserved: **pagamento i.**, undue payment ***2*** (*leg.*) unjust: **arricchimento i.**, unjust enrichment. ● (*leg.*) **appropriazione indebita**, misappropriation; embezzlement. **B** *m.* undue payment; unduly paid sum.

indeboliménto, *m.* ***1*** weakening; enfeeblement; failing ***2*** (*debolezza*) weakness; feebleness ***3*** (*ling.*) weakening.

indebolìre, A *v. t.* ***1*** to weaken; to enfeeble; to debilitate ***2*** (*fotogr.*) to reduce. **B indebolìrsi,** *v. i. pron.* ***1*** to grow* weak (*o* feeble, faint); to weaken; to fail ***2*** (*di suoni, colori*) to fade.

indecènte, *a.* ***1*** (*contrario alla morale*) indecent; improper; obscene ***2*** (*vergognoso*) disgraceful, shocking; (*sfacciato*) outrageous ***3*** (*sciatto*) indecent, untidy, shabby; (*sporco*) dirty, filthy.

indecènza, *f.* ***1*** indecency; obscenity; (*parole indecenti*) filth (*sing. collett.*) ***2*** (*vergogna*) disgrace; shame; outrage ***3*** (*sporcizia*) filth; (*disordine*) mess.

indecidìbile, *a.* (*logica*) indecidable.

indecifràbile, *a.* ***1*** indecipherable; illegible ***2*** (*incomprensibile*) unintelligible; incomprehensible.

indecifràto, *a.* indeciphered.

indeciṣióne, *f.* ***1*** (*irresolutezza*) indecision; indecisiveness; wavering ***2*** (*esitazione*) indecision; hesitation; uncertainty: **un momento d'i.**, a moment's indecision (*o* hesitation).

indeciṣo, *a.* ***1*** (*irresoluto*) indecisive; irresolute; wavering: **un uomo i.**, an indecisive man ***2*** (*esitante*) hesitant; uncertain; in two minds (*pred.*): **Sono i. se andare o no**, I am uncertain (*o* in two minds) whether to go or not; **i. su come comportarsi**, uncertain how to behave ***3*** (*non deciso*) undecided; unsettled; unresolved: **tempo i.**, unsettled weather; **questione indecisa**, unresolved issue.

indeclinàbile, *a.* (*gramm.*) indeclinable.

indeclinabilità, *f.* (*gramm.*) indeclinableness.

indecomponìbile, *a.* (*chim.*) indecomposable.

indecompósto, *a.* (*chim.*) indecomposed.

indecoróso, *a.* indecorous; unseemly; undignified; infra dig.

indefèsso, *a.* tireless; indefatigable; untiring: **un lavoratore i.**, an indefatigable worker.

indefettìbile, *a.* (*lett.*) indefectible; unfailing.

indefettibilità, *f.* (*lett.*) indefectibility.

indefinìbile, *a.* indefinable; impalpable; vague; (*indescrivibile*) indescribable: **un'impressione i.**, an indefinable sensation.

indefinibilità, *f.* indefinability; indefinableness.

indefinitézza, *f.* indefiniteness; indefinitude.

indefinìto, A *a.* ***1*** indefinite; indeterminate; vague: **una sensazione indefinita**, an indefinite sensation; (*gramm.*) **modo i.**, indefinite mood ***2*** (*non risolto*) undefined, unresolved; (*non giudicato*) sub judice: **La vertenza è ancora indefinita**, the controversy is still sub judice. ● **rimandare a tempo i.**, to put off indefinitely. **B** *m.* indefiniteness.

indeformàbile, *a.* non-deformable; crush-proof (*attr.*); (*irrestringibile*) unshrinkable.

indeformabilità, *f.* non-deformability.

indegnità, *f.* ***1*** unworthiness ***2*** (*atto indegno*) indignity; disgrace.

indégno, *a.* ***1*** (*immeritevole*) unworthy; undeserving: **Sono i. di tutto ciò**, I am unworthy of all this ***2*** (*che non si addice*) unworthy: **È i. di lui**, it is unworthy of him ***3*** (*vergognoso*) disgraceful, shameful, disgusting; (*spregevole*) contemptible, despicable: **È riuscito grazie a un trucco i.**, he succeeded thanks to a disgusting trick; **È una cosa indegna!**, it's disgusting!; **un individuo i.**, a contemptible (*o* despicable) individual ***4*** (*leg.*) disqualified; debarred: **i. a succedere**, disqualified from succession.

indeiscènte, *a.* (*bot.*) indehiscent.

indeiscènza, *f.* (*bot.*) indehiscence.

indelèbile, *a.* ***1*** indelible: **inchiostro i.**, indelible ink ***2*** (*fig.*) indelible; lasting.

indeliberàto, *a.* unpremeditated.

indelicatézza, *f.* ***1*** indiscretion; tactlessness ***2*** (*atto indelicato*) tactless action; (*parole indelicate*) tactless words (*pl.*), tactless remark.

indelicàto, *a.* indiscreet; tactless; indelicate.

indemagliàbile, *a.* ladder-proof.

indemaniàre, *v. t.* (*leg.*) to escheat.

indemoniàto, A *a.* ***1*** possessed ***2*** (*fig.*: *furibondo*) frenzied; furious ***3*** (*molto vivace*) wild. **B** *m.* (*f.* **-a**) ***1*** person possessed; demoniac ***2*** (*fig.*) maniac; one possessed: **gridare come un i.**, to shout like one possessed ***3*** (*chi è molto vivace*) live wire; (*bambino*) little terror.

indènne, *a.* ***1*** uninjured; unhurt; unharmed; unscathed; (*che non ha subito danno*) undamaged, intact, whole ***2*** (*non infetto*) immune; (*di latte, ecc.*) attested, certified.

indennità, *f.* ***1*** (*risarcimento*) compensation; consideration (money); (*ass., leg.*) indemnity ***2*** (*rimborso spese*) allowance; expenses (*pl.*): **i. di rappresentanza** [**di viaggio, di trasferta**], entertainment [travelling, subsistence] allowance ***3*** (*compenso*) payment, pay, emoluments (*pl.*); (*gratifica*) benefit, bonus: **i. di liquidazione** (*o* **di fine rapporto**), retirement bonus (*o* allowance); **i. di licenziamento**, severance pay; dismissal pay; **i. parlamentare**, emoluments of a member of parliament; **i. di disoccupazione**, unemployment benefit.

indennizzàre, *v. t.* to indemnify; to compensate.

indennìzzo, *m.* indemnification; compensation; (*per danni*) damages (*pl.*); (*il denaro*) indemnity, allowance: **avere diritto a un i.**, to be entitled to compensation; **chiedere un i.**, to claim compensation (*o* damages); **domanda d'i.**, claim for damages.

indentàre, *v. i.* (*mecc.*) to engage; to mesh.

indentazióne, *f.* (*geol.*) indentation.

indéntro, A *avv.* in; (*verso l'interno*)

inwards: **spingere i.**, to push in; **Si apre all'i.**, it opens inwards; **più i.**, further in. **B** *a. invar.* – **occhi i.**, deep-set eyes; **camminare con i piedi i.**, to turn in one's toes.

inderogàbile, *a.* unbreakable; intransgressible; (*indifferibile*) final, that cannot be put off: **un impegno i.**, an unbreakable commitment; **norma i.**, unbreakable rule; **scadenza i.**, final date; deadline.

inderogabilità, *f.* unbreakability.

inderogabilménte, *avv.* without fail.

indescrivìbile, *a.* indescribable; beyond description.

indesideràbile, *a.* undesirable; unwelcome. ● **persona i.**, persona non grata (*lat.*).

indesideràto, *a.* unwelcome; undesired.

indeterminàbile, *a.* indeterminable.

indeterminabilità, *f.* indeterminableness.

indeterminatézza, *f.* **1** indeterminateness; vagueness **2** (*indecisione*) indecision; uncertainty.

indeterminativo, *a.* (*gramm.*) indefinite.

indeterminàto, *a.* indeterminate (*anche mat.*); indefinite; (*vago*) vague, indefinite. ● **a tempo i.**, with no time limit; indefinitely.

indeterminazióne, *f.* **1** indetermination; vagueness **2** (*indecisione*) indecision; uncertainty. ● (*fis.*) **principio di i.**, uncertainty (*o* indeterminacy) principle.

indeterminìsmo, *m.* (*filos.*) indeterminism.

indeterminìstico, *a.* (*filos.*) indeterministic.

indetonànte, *a.* (*chim.*) antiknock.

indetraìbile, *a.* non-deductible.

indeuropèo, *V.* **indoeuropeo**.

ìndi, *avv.* (*lett.*) **1** (*di tempo*) then; afterwards **2** (*di luogo*) (from) thence.

Ìndia, *f.* (*geogr.*) India. ● **le Indie Occidentali**, the West Indes.

india, *f. V.* **indio (1)**.

indiàna, *f.* (*tessuto*) printed calico.

indianista, *m. e f.* Indianist; Indologist.

indianìstica, *f.* Indian studies (*pl.*); Indology.

indiàno, *a. e m.* **1** (*d'Asia*) Indian **2** (*d'America*) (American) Indian; (Red) Indian. ● **in fila indiana**, in single file; in Indian file □ (*fig.*) **fare l'i.**, to pretend not to know; to feign ingorance; to turn a deaf ear.

indiavolàrsi, *v. i. pron.* to get* furious; to fly* into a rage. ● **far indiavolare**, to drive mad; to drive potty (*fam.*); (*di bambino, anche*) to be a handful.

indiavolàto, *a.* **1** possessed **2** (*molto vivace o agitato*) wild; frenzied; frantic; furious: **ragazzino i.**, wild little boy; **ritmo i.**, frenzied rhythm; **vento i.**, furious wind; **una fretta indiavolata**, a frantic (*o* tearing) hurry **3** (*intollerabile*) unbearable: **caldo i.**, unbearable heat; **fare un chiasso i.**, to make a devil of a racket.

indicàre, *v. t.* **1** (*con l'indice, per fare notare*) to point to (*o* at); (*per individuare*) to point out: **Indicai il fumo all'orizzonte**, I pointed to the smoke on the horizon; **Mi indicò l'uomo che cercavo**, he pointed out the man I was looking for **2** (*mostrare, dimostrare, provare*) to show*; (*significare*) to mean*; (*essere segno, sintomo di*) to be indicative of, to point to, to denote; (*accennare*) to hint at: **i. la strada a q.**, to show sb. the way; to direct sb.; **La banderuola indica la direzione del vento**, the weather-vane shows the direction of the wind; **Questo indica che il ladro è passato di qui**, this shows the thief passed this way; **Ciò indica che intendono attaccare**, it means (*o* shows) that they intend to attack; **parole che indicano il suo disprezzo**, words that show (*o* that are indicative of) his contempt; **Le parole di Sonia sembravano i. una gelosia repressa**, Sonia's words seemed to hint at repressed jealousy **3** (*con cartelli indicatori*) to signpost; (*con un segno*) to mark: **La strada di Siena è indicata chiaramente**, the Siena road is well signposted; **Una croce indicava il punto esatto**, an X marked the exact place **4** (*fig.: illustrare, sottolineare*) to point out: **Indicai le difficoltà che ci aspettavano**, I pointed out the difficulties that awaited us **5** (*spiegare per sommi capi*) to outline; to suggest: **Indicò le linee generali del progetto**, he outlined his plan **6** (*dire*) to indicate; to state: **Indicate la vostra preferenza**, indicate your preference **7** (*consigliare*) to recommend, to advise; (*richiedere*) to need; (*prescrivere*) to prescribe: **Mi sai i. un buon parrucchiere?**, can you recommend a good hairdresser?; **Per talune malattie sono indicate cure energiche**, some illnesses need severe treatment.

indicativaménte, *avv.* approximately; roughly.

indicativo, A *a.* **1** (*significativo*) indicative; significant **2** (*approssimato*) approximate; rough: **costo i.**, approximate cost; **a titolo puramente i.**, purely as an indication **3** (*gramm.*) indicative. **B** *m.* **1** (*gramm.*) indicative **2** (*telef.*) routing indicator; (*prefisso*) code number.

indicàto, *a.* **1** (*additato*) pointed out; (*mostrato*) shown; (*segnato*) marked **2** (*adatto*) indicated; suitable; right: **rimedio i.**, indicated remedy; **la persona più indicata**, the most suitable (*o* the best) person **3** (*consigliabile*) advisable.

indicatóre, A *m.* **1** (*tecn.*) indicator; gauge: **i. del carburante**, fuel idicator; **i. della pressione**, pressure gauge; (*autom.*) **i. della velocità**, speedometer; **i. di carica**, charge indicator; (*autom.*) **i. di direzione**, indicator; **i. di livello**, level gauge; **i. ottico**, optical indicator **2** (*cartello*) sign: **i. stradale**, signpost; road sign; guide-post; direction board; **i. di direzione**, fingerpost **3** (*guida, prontuario*) directory: **i. commerciale**, commercial directory; **i. telefonico**, telephone directory **4** (*econ.*) indicator **5** (*chim.*) indicator **6** (*fis. nucl.*) tracer. **B** *a.* indicative; indicating (*attr.*): **ago i.**, indicating needle; **Il suo comportamento è i. di un disagio**, his behaviour is indicative of uneasiness; **cartello i.**, signpost; road sign; direction board.

indicazióne, *f.* **1** (*segno*) indication; sign; mark: **L'uomo non dava nessuna i. di aver capito**, the man gave no indication (*o* no sign) of having understood; **indicazioni stradali**, (*cartelli*) road signs; (*per terra*) road markings; **i. di provenienza**, mark of origin **2** (*istruzione, spiegazione*) direction, instruction; (*informazione*) information (*collett.*); (*rimando*) reference: **Ci hanno dato indicazioni sbagliate**, they gave us wrong directions; they misdirected us; **indicazioni per l'uso**, directions for use; **i. di pagina**, page reference **3** (*consiglio*) recommendation, advice (*collett.*); (*suggerimento*) suggestion **4** (*med.*) indication. ● **i. del contenuto**, description of contents □ **i. del prezzo**, price tag □ (*med.*) **Che indicazioni ha questa medicina?**, what is this medicine for?

ìndice, A *m.* **1** (*dito i.*) forefinger; index finger: **stringere q.c. tra pollice e i.**, to hold st. between forefinger and thumb **2** (*econ., stat.*) index*; rate; rating: **i. del costo della vita**, cost-of-living index; (*radio, TV*) **i. di gradimento**, popularity rating; **i. di mortalità**, index of mortality; mortality (*o* death) rate; **i. di produttività**, productivity index **3** (*nei libri, ecc.: di capitoli*) (table of) contents; (*di illustrazioni, ecc.*) index*: **i. delle cartine**, index of maps; **i. dei nomi**, index of names; **i. analitico**, index; **i. per materie**, subject index **4** (*fis., mat.*) index*: **i. di rifrazione**, index of refraction; refractive index **5** (*lancetta*) indicator; pointer; hand **6** (*indizio*) indication; sign: **Questo è un i. dei suoi veri sentimenti**, this is an indication of (*o* this is indicative of) his real feelings. ● (*eccles.*) **I. dei libri proibiti**, Index: **essere all'I.**, to be on the Index □ **i. di Borsa**, Stock Exchange index □ (*econ.*) **i. guida**, leading indicator □ (*tecn.*) **i. mobile**, cursor □ **alzare l'i.** (*per farsi notare*), to lift a finger □ (*anche fig.*) **mettere l'i. su q.**, to point out st. **B** *a.* index; indicative: (*stat.*) **numero i.**, index number.

indicìbile, *a.* inexpressible; unutterable; unspeakable; (*indescrivibile*) indescribable.

indicizzàre, *v. t.* (*econ.*) to index-link; to index: **i. i redditi**, to index-link incomes; to link incomes to the cost-of-living index.

indicizzàto, *a.* **1** (*econ.*) index-linked; indexed **2** (*fin.*) floating-rate (*attr.*).

indicizzazióne, *f.* (*econ.*) indexation; index-linking; indexing: **i. dei salari**, wage indexation.

indietreggiàre, *v. i.* **1** (*farsi indietro*) to draw* back; to step back; (*bruscamente*) to shrink* back, to recoil: **i. di pochi passi**, to step back a little; to take* a few steps backwards **2** (*mil.: ripiegare*) to fall* back; (*ritirarsi*) to withdraw*.

indiètro, *avv.* **1** (*nello spazio*) back; behind; (*all'i., moto all'i.*) back, backwards: **tornare i.**, to go back; **guardare i.**, to look back; **I.!**, stand back!; **fare un passo i.**, to take a step backwards; (*fig.*) to go back a little; (*anche fig.*) **tirarsi** (*o* **farsi**) **i.**, to draw back; **rimanere i.**, to fall (*o* to lag) behind; **avanti e i.**, backwards and forwards; back and forth; to and fro; **non andare né avanti né i.**, to go neither backwards nor forwards; (*essere bloccato*) to be stuck; (*fig., anche*) to have come to a standstill **2** (*nel tempo*) behind: **essere i. col lavoro**, to be (*o* to have fallen) behind with one's work; **essere i. col programma**, to be behind with the programme; **essere i. con i pagamenti**, to be in arrears (*o* behind) with one's payments **3** (*in restituzione*) back: **dare i.**, to give back; to return; **riportare i.**, to take back; **volere i. q.c.**, to want st. back **4** (*naut.*) astern: **I. tutta!**, full speed astern! ● **i. di cottura**, undercooked □ **all'i.**, backwards: **cadere** [**camminare**] **all'i.**, to fall [to walk] backwards □ (*di orologio*) **essere i.** (**di dieci minuti**), to be (ten minutes) slow □ (*fam., di persona*) **essere i.**, to be slow □ **Sarò i. alle cinque**, I'll be back at five □ **fare marcia i.**, to back; to reverse; (*fig.*) to go back (on what one has said), to backtrack, to backpedal □ (*ricamo*) **punto i.**, backstitch □ (*di orologio*) **restare i.**, to lose: **Il mio orologio resta i. di tre minuti al giorno**, my watch loses three minutes a day.

indifendìbile, *a.* indefensible.

indifèso, *a.* undefended; unprotected; helpless.

indifferènte, A *a.* **1** indifferent; uninterested; (*freddo*) cold, unmoved (*pred.*): **essere i. a q.c.**, to be indifferent to st.; to be uninterested in st.; **La notizia mi lasciò i.**, the news left me cold; **i. davanti alle sofferenze altrui**, unmoved by the suffering of other people; **rimanere i.**, to be unmoved **2** (*che non ha importanza*) unimportant, immaterial; (*uguale*) (the) same: **parlare di cose indifferenti**, to speak of unimportant things (*o* of this and that); **L'uno o l'altro, per me è i.**, one or the other, it's the same to me; **Che venga pure, per me è i.**, let him come if he wants, I don't care; **Ti assicuro che lui mi è i.**, I tell you I feel nothing for him. ● **non i.**, appreciable; considerable; substantial: **una crescita non i.**, an appreciable growth; **una somma non i.**, a considerable sum. **B** *m. e f.* indifferent. ● **fare l'i.**, to pretend not to care; to feign indifference.

indifferenteménte, *avv.* (*senza fare distinzione*) indifferently; without distinction.

indifferentìsmo, *m.* indifferentism.

indifferènza, *f.* indifference; lack of concern; apathy; (*freddezza*) coldness, aloofness.

indifferenziàto, *a.* undifferentiated.

indifferìbile, *a.* that cannot be deferred (*o* put off); undelayable.

indìgeno, A *a.* native; indigenous; local. **B** *m.* (*f.* **-a**) native.

indigènte, A *a.* very poor; needy; indigent;

poverty-stricken; destitute. **B** *m.* e *f.* needy person; (*pl.*) (*collett.*) (the) needy.

indigènza, *f.* indigence; poverty; penury; destitution.

indigeribile, *a.* indigestible (*anche fig.*).

indigeribilità, *f.* indigestibility.

indigestióne, *f.* indigestion: **fare i. di q.c.**, to get indigestion from st.; (*fig.*: *mangiarne in eccesso*) to eat a lot of st., to gorge on st. (*fam.*). ● (*fig.*) **fare un'i. di film**, to see lots of films; to go on a film spree (*fam.*) □ **fare un'i. di gialli**, to read loads of detective novels.

indigèsto, *a.* ***1*** (*di cibo*) indigestible; heavy: **cibi indigesti**, heavy food ***2*** (*fig.*: *di persona*) unbearable, intolerable; (*di cosa*) boring, tedious.

indignàre, A *v. t.* to arouse the indignation of; to shock; to outrage. **B indignàrsi,** *v. i. pron.* to be indignant; to be shocked; to be outraged; (*adirarsi*) to get* angry; (*offendersi*) to be offended, to take* offence.

indignàto, *a.* indignant; shocked; outraged; (*irato*) angry; (*offeso*) offended.

indignazióne, *f.* indignation; (*generale*) outrage; (*ira*) anger: **suscitare l'i. di q.**, to arouse sb.'s indignation; **suscitare vasta i.**, to arouse widespread indignation; to cause outrage.

indigòfera, *f.* (*bot., Indigofera*) indigo plant.

indigotìna, *f.* (*chim.*) indigotin; indigo-blue.

indilatàbile, *a.* non-dilatable; inexpansible.

indilazionàbile, *a.* (*anche comm.*) that cannot be deferred (*o* put off); undelayable.

indimenticàbile, *a.* unforgettable; never-to--be-forgotten; memorable.

indimostràbile, *a.* indemonstrable; that cannot be proved.

indimostrabilità, *f.* indemonstrability.

indimostràto, *a.* unproven; unproved; undemonstrated: **teorie indimostrate**, unproven theories.

indio (**1**), *a.* e *m.* (*f.* **-a**) Indian (*f.* Indian woman*).

indio (**2**), *m.* (*chim.*) indium.

indipendènte, A *a.* ***1*** independent; free: **uno Stato i.**, an independent (*o* a free) state; **un ragazzo i.**, an independent boy; **essere i. da**, to be independent of; **rendersi i.**, to make oneself independent ***2*** (*senza connessione*) unrelated; unconnected: **avvenimenti tra loro indipendenti**, unrelated events ***3*** (*elab.*) off--line; stand-alone. ● (*gramm.*) **proposizione i.**, independent clause □ (*mat.*) **variabile i.**, independent variable. **B** *m.* e *f.* (*polit.*) independent.

indipendentemènte, *avv.* independently (of); (*prescindendo*) apart (from), aside (from).

indipendentismo, *m.* (*polit.*) advocacy of national independence; independence movement.

indipendentista, A *m.* e *f.* (*polit.*) supporter of national independence. **B** *a.* V. **indipendentistico**.

indipendentìstico, *a.* independence (*attr.*); of independence: **movimento i.**, independence movement.

indipendènza, *f.* independence: **i. politica** [**economica**], political [economic] independence; **lottare per l'i.**, to fight for independence; **guerra d'i.**, war of independence; **dichiarazione d'i.**, declaration of independence.

indire, *v. t.* to call; to summon; (*proclamare*) to proclaim: **i. una conferenza stampa**, to call a press conference; **i. una riunione parlamentare**, to summon Parliament; **i. le elezioni**, to call a general election; to go (*o* to appeal) to the country; **i. un referendum**, to hold a referendum; **i. una votazione**, to call a ballot; **i. una crociata**, to proclaim a crusade .

indirètto, *a.* indirect: (*gramm.*) **complemento i.**, indirect object; (*gramm.*) **discorso i.**, indirect speech; (*leg.*) **prova indiretta**, indirect (*o* circumstantial) evidence; (*fisc.*) **tassazione indiretta**, indirect taxation; (*mil.*) **tiro i.**, indirect fire. ● **per vie indirette**, indirectly.

indirizzàre, A *v. t.* ***1*** (*mettere l'indirizzo a*) to address; (*spedire*) to send*: **i. una lettera a q.**, to address a letter to sb.; **busta indirizzata e affrancata**, stamped addressed envelope; **i. un pacco a q.**, to send a parcel to sb.'s address ***2*** (*rivolgere*) to direct; to address: **i. i propri sforzi verso q.c.**, to direct one's efforts towards st.; **i. la parola** (*o* **il discorso, ecc.**) **a q.**, to address sb.; **La sua osservazione era indirizzata a me**, his remark was meant for me ***3*** (*dirigere*) to turn: **i. i passi** [**il pensiero**] **a**, to turn one's steps [one's thoughts] to ***4*** (*mandare q. da q. altro*) to send*; to direct; to refer: **Lo indirizzai al direttore del personale**, I sent him to the staff manager; **M'indirizzarono all'ufficio informazioni**, I was referred to the Enquiry Office ***5*** (*avviare, instradare*) to make (sb.) study (st.); to have (sb.) educated as; to have (sb.) trained as: **Il padre lo indirizzò all'avvocatura**, his father made him study law; **i. q. alla carriera del cantante**, to have sb. trained as a singer. **B indirizzàrsi,** *v. rifl.* ***1*** (*dirigersi*) to direct one's steps; to make* one's way ***2*** (*rivolgersi*) to apply; to turn: **A chi dovrei indirizzarmi per informazioni?**, whom should I apply to for information?

indirizzàrio, *m.* mailing list; (*rubrica*) address book.

indirizzatrice, *f.* addressing machine.

indirizzo, *m.* ***1*** (*postale*) address: **i. del mittente**, sender's address; **lettera senza i.**, unaddressed letter ***2*** (*messaggio o discorso ufficiale*) address; speech ***3*** (*direzione, piega*) direction, turn; (*corso*) course, line, tack; (*tendenza*) trend; (*politica*) policy: **Le cose hanno preso un cattivo i.**, things have taken a bad turn; **mutare i.**, to follow a new course; to change tack; **i. di studi**, (line of) studies: **Ha preso un i. di studi classici**, he has taken up (*o* opted for) classics; **i. di governo**, government's policy; **i. economico**, economic policy. ● **all'i. di**, at; against: **gridare insulti all'i. dell'oratore**, to shout abuse at the speaker; **Quella frase era detta al tuo i.**, that was aimed at you; that was meant for you □ **scuola a i. tecnologico** [**professionale**], technological [vocational] school.

indiscernìbile, *a.* (*lett.*) indiscernible; indistinguishable.

indisciplina, *f.* indiscipline; lack of discipline; (*comportamento indisciplinato*) unruliness. ● **atto d'i.**, breach of discipline.

indisciplinàbile, *a.* indisciplinable.

indisciplinatézza, *f.* unruliness; indiscipline.

indisciplinàto, *a.* ***1*** undisciplined; unruly; insubordinate ***2*** (*disordinato*) disorderly; undisciplined.

indiscréto, *a.* indiscreet; tactless; impertinent; (*invadente*) intrusive, meddlesome, pushing (*fam.*); (*curioso*) inquisitive, prying: **domanda indiscreta**, indiscreet question; **Spero di non essere i.**, I hope I'm not inquisitive.

indiscrezióne, *f.* ***1*** indiscretion; tactlessness; impertinence; (*curiosità*) inquisitiveness, prying; (*invadenza*) intrusiveness ***2*** (*atto indiscreto*) indiscretion; (*pettegolezzo*) gossip: **commettere un'i.**, to be guilty of an indiscretion ***3*** (*fuga di notizie*) leak; leaked report: **i. alla stampa**, leak to the press; press leak. ● **Secondo alcune indiscrezioni...**, according to well-informed sources...

indiscriminàto, *a.* indiscriminate.

indiscùsso, *a.* undiscussed; undisputed.

indiscutìbile, *a.* indisputable; unquestionable.

indiscutibilità, *f.* indisputability; unquestionableness

indiscutibilménte, *avv.* indisputably; unquestionably; without dispute; beyond dispute.

indispensàbile, A *a.* indispensable; essential; necessary; crucial; vital: **La tua presenza è i.**, your presence is essential; **credersi i.**, to believe oneself indispensable; **requisito i.**, essential requirement; prerequisite. **B** *m.* what is necessary: **lo stretto i.**, what is strictly necessary; the bare essentials (*pl.*).

indispensabilità, *f.* indispensability.

indispettìre, A *v. t.* to vex; to pique; to nettle. **B indispettirsi,** *v. i. pron.* to get* vexed; to be piqued; to be nettled.

indispettìto, *a.* vexed; piqued; nettled.

indisponènte, *a.* irritating; annoying.

indisponìbile, A *a.* ***1*** (*di cosa*) unavailable ***2*** (*di persona*) not available (for); unwilling (to do st.): **È i. per una vera collaborazione**, he is unwilling to collaborate in a concrete manner ***3*** (*leg.*: *di bene*) that cannot be disposed of. **B** *f.* (*leg., anche* **quota i.**) portion of estate that the testator cannot dispose of freely; (*in Scozia*) legitim; (*in G.B., stor.*) reasonable part.

indisponibilità, *f.* ***1*** (*di cosa*) unavailability ***2*** (*di persona*) unwillingness ***3*** (*leg.*: *di un bene*) impossibility to dispose of.

indispórre, *v. t.* to put* off; to irritate; to antagonize: **Basta quell'ingresso per i. il cliente**, that entrance is enough to put off any customer; **Cerca di non indisporlo**, try not to antagonize him.

indisposizióne, *f.* indisposition; slight ailment.

indispósto, *a.* unwell; indisposed; out of sorts (*pred.*); poorly (*pred., fam.*).

indisputàbile, *a.* indisputable; incontestable; undeniable.

indisputàto, *a.* (*lett.*) undisputed; unquestioned.

indissociàbile, *a.* indissociable; inseparable.

indissolùbile, *a.* indissoluble.

indissolubilità, *f.* indissolubility.

indistinguìbile, *a.* indistinguishable.

indistintaménte, *avv.* ***1*** (*senza fare distinzioni*) without distinction; indiscriminately ***2*** (*in modo confuso*) indistinctly; vaguely.

indistìnto, *a.* indistinct; vague; blurred; faint.

indistruttìbile, *a.* indestructible; imperishable.

indistruttibilità, *f.* indestructibility; imperishability; imperishableness.

indisturbàto, *a.* undisturbed.

indivia, *f.* (*bot., Cichorium endivia*) endive.

individuàle, *a.* ***1*** (*personale*) individual; personal ***2*** (*separato*) individual; single; separate; several ***3*** (*particolare, originale*) individual; original; idiosyncratic. ● (*sport*) **gara i.**, individual event.

individualismo, *m.* individualism.

individualista, *m.* e *f.* individualist.

individualìstico, *a.* individualistic.

individualità, *f.* individuality.

individualizzàre, *v. t.* to individualize.

individualizzazióne, *f.* individualization.

individualménte, *avv.* ***1*** individually ***2*** (*uno per uno*) one by one; singly; separately; severally.

individuàre, A *v. t.* ***1*** (*caratterizzare*) to individualize; to characterize ***2*** (*localizzare*) to locate; to determine; to spot ***3*** (*distinguere*) to single out; to pick out; to identify. **B individuàrsi,** *v. i. pron.* to be characterized.

individuazióne, *f.* ***1*** (*caratterizzazione*) individualization ***2*** (*localizzazione*) location; determination ***3*** (*riconoscimento*) individuation; singling out; spotting.

individuo, *m.* ***1*** (*persona*) individual ***2*** (*uomo*) man*; fellow; guy (*USA*); individual; chap (*fam. GB*); bloke (*fam. GB*): **È un i. strano**, he is a strange man; **C'è un i. che chiede di te**, there's a man looking for you; **Chi è quell'i.?**, who is that fellow (*USA*: guy)? ***3*** (*biol.*) individual.

indivisìbile, *a.* ***1*** indivisible: (*leg.*) **cosa i.**, indivisible property ***2*** (*inseparabile*) inseparable: **amici indivisibili**, inseparable friends

3 (*di libri e sim.*) that cannot be sold separately; not to be sold separately.

indivisibilità, f. indivisibility.

indiviso, a. undivided; joint: **quote indivise**, undivided shares; (*leg.*) **proprietà indivisa**, joint ownership.

indiziare, v. t. to throw* suspicion on.

indiziario, a. (*leg.*) circumstantial; presumptive: **prova indiziaria**, circumstantial evidence; **processo i.**, trial based on circumstantial evidence.

indiziato, (*leg.*) **A** a. suspected. **B** m. (f. **-a**) suspect.

indizio, m. **1** sign; (*sintomo*) symptom; (*indicazione*) indication: **un i. di miglioramento**, a sign of improvement; **un i. di debolezza**, a sign of weakness; **un i. di quel che ci aspetta**, an indication of what is in store for us **2** (*traccia per scoprire q.c.*) clue: **Non posso risponderti, ma ti darò qualche i.**, I can't answer that, but I can give you a few clues; **non lasciare nessun i.**, to leave no clues; **Quell'i. portò all'arresto di tutta la banda**, that clue led to the arrest of the whole gang **3** (*leg.*) (circumstantial) evidence (*collett.*): **Non vi sono indizi per incriminarlo**, there is no evidence to incriminate him; **Non bastano alcuni indizi**, circumstantial evidence is not enough; **valutare gli i.**, to weigh the evidence.

indizionale, a. indictional

indizione, f. **1** calling: **l'i. delle elezioni**, the calling of the election **2** (*stor.*) indiction.

Indo, m. (*geogr.*) (the) Indus.

indoario, a. e m. Indo-Aryan.

indocile, a. unruly; recalcitrant; rebellious; untamed.

indocilire, A v. t. to render docile; to tame; to discipline. **B indocilirsi,** v. i. pron. to become* docile.

indocilità, f. unruliness; indocility.

Indocina, f. (*geogr.*) Indo-China.

indocinese, a., m. e f. Indo-Chinese (f. Indo-Chinese woman*): **gli Indocinesi**, the Indo-Chinese.

indoeuropeo, a. e m. Indo-European.

indogermanico, a. e m. Indo-Germanic.

indoiranico, a. e m. Indo-Iranian.

indolcire, A v. t. to sweeten. **B** v. i. e **indolcirsi,** v. i. pron. to sweeten; to become* sweet(er).

indole, f. nature; disposition; character: **essere di i. romantica**, to have a romantic nature; to be romantic (by nature); **l'i. degli italiani**, the Italian character; **pigro per i.**, lazy by nature; **essere d'i. buona [cattiva]**, to be good-natured [ill-natured]; **contrario all'i. degli inglesi [degli americani, ecc.]**, un-English [un-American, etc.]; **considerazioni d'i. generale**, observations of a general nature.

indolente, a. indolent; slothful; lazy; sluggish; slack.

indolenza, f. indolence; slothfulness; laziness; sluggishness; slackness.

indolenzimento, m. **1** (*dolore*) soreness; ache **2** (*intorpidimento*) stiffening; stiffness; numbness. ● **Avevo un i. a un braccio**, my arm was sore [stiff].

indolenzire, A v. t. **1** to make* sore **2** (*intorpidire*) to stiffen, to benumb. **B** v. i. e **indolenzirsi,** v. i. pron. to stiffen; to be become* numb.

indolenzito, a. **1** (*dolente*) aching; sore **2** (*intorpidito*) stiff; numb.

indolo, m. (*chim.*) indole.

indolore, a. painless: **parto i.**, painless childbirth; **in modo i.**, painlessly.

indomabile, a. **1** untamable **2** (*fig.*) indomitable.

indomani, m. (the) following day; (the) next day; (the) day after: **L'i. ricominciammo**, the following day we began again; **l'i. di buon'ora**, early the next day; **l'i. della riunione**, the day after the meeting; **rimandare q.c. all'i.**, to put st. off till the next day.

indomato, a. (*lett.*) untamed; wild.

indomito, a. (*lett.*) indomitable: **con coraggio i.**, with indomitable courage.

indonesiano, a. e m. (f. **-a**) Indonesian (f. Indonesian woman*).

indoramento, m. gilding.

indorare, A v. t. **1** to gild **2** (*fig.*) to touch with gold; to gild **3** (*cucina*) to fry to a golden brown. ● (*fig.*) **i. la pillola**, to gild the pill. **B indorarsi,** v. i. pron. to take* on a golden hue; (*cucina*) to become* golden brown.

indoratore, m. (f. **-trice**) gilder.

indoratura, f. gilding.

indorsare, v. t. (*legatoria*) to round.

indorsatura, f. (*legatoria*) rounding; (*dorso*) round spine.

indossare, v. t. **1** (*avere indosso*) to wear*; to have on **2** (*mettere indosso*) to put* on **3** (*di indossatrice*) to model.

indossatore, m. **1** (male) model **2** (*mobile*) valet.

indossatrice, f. model: **i. volante**, free-lance model.

indosso, avv. on: **avere i.**, to have on; to wear*: **Non mi resta che quello che ho i.**, I've got nothing left but what I have on (*o* what I am wearing); **mettere (*o* mettersi) i.**, to put on.

Indostan, m. (*geogr.*) Hindustan.

indostano, A a. Hindustani. **B** m. **1** (*ling.*) Hindustani **2** V. **indù**.

indotto (1), a. (*lett.*) illiterate; unlearned.

indotto (2), A a. (*econ., fis.*) induced: (*econ.*) **consumi indotti**, induced consumption; (*fig.*) **magnetismo i.**, induced magnetism. **B** m. **1** (*elettr.*) armature; rotor: **corpo dell'i.**, armature spider; **montare un i.**, to armature **2** (*econ.*) allied (*o* linked) activities (*pl.*); allied (*o* linked) industries (*pl.*): **l'i. dell'auto**, (the) industries linked to car manufacturing.

indottrinamento, m. indoctrination.

indottrinare, v. t. to indoctrinate.

indovinabile, a. guessable.

indovinare, v. t. **1** to guess: **Indovina chi ho visto!**, guess who(m) I saw!; **i. giusto**, to guess right; **i. alla prima**, to guess straight off; **Indovina un po'!**, guess what! **2** (*con arte divinatoria*) to divine **3** (*prevedere*) to foresee*; to foretell* **4** (*colpire nel segno, indovinarla*) to hit* the mark; to hit* the nail on the head; to get it right; to guess right. ● (*iron.*) **Chi l'indovina è bravo**, your guess is as good as mine; it's anybody's guess □ **Non ne indovina mai una**, he never does anything right; everything he does turns out wrong □ **tirare a i.**, to make (*o* to venture) a guess; to guess.

indovinato, a. successful; (*ben scelto*) felicitous, well-chosen.

indovinello, m. riddle; puzzle; conundrum; (*enigma, anche fig.*) enigma: **risolvere un i.**, to answer (*o* to solve) a riddle; **parlare per indovinelli**, to speak in riddles; **Quell'uomo è un i.**, that man is an enigma.

indovino, A a. prophetic. **B** m. (f. **-a**) fortune-teller; soothsayer. ● **Non sono mica un i.!**, I'm not a prophet; I haven't got a crystal ball.

indù, a., m. e f. Hindu (f. Hindu woman*): **gli i.**, the Hindus.

indubbiamente, avv. undoubtedly; without any (*o* a) doubt; certainly.

indubbio, a. undoubted; sure; certain.

indubitabile, a. indubitable; unquestionable.

indubitabilità, f. indubitableness; unquestionability.

indubitato, a. undisputed.

inducente, a. (*elettr.*) inductive.

inducibile, a. (*biol.*) inducible: **enzima i.**, inducible enzyme.

indugiare, A v. i. (*tardare*) to linger, to tarry, to be long, to take* long, to be slow; (*differire*) to delay; (*esitare*) to hesitate; (*fare una pausa*) to pause: **Indugiò a lungo prima di allontanarsi**, he lingered long before leaving; **Non ha indugiato**, he didn't take long; he wasn't long about it; **L'albergo indugiava a rispondermi**, the hotel delayed in answering me; **Indugiò un attimo prima di parlare**, he paused a second before speaking; **senza i.**, without delay; without hesitation. **B indugiarsi,** v. i. pron. (*trattenersi*) to linger; to stay behind: **Mi sono indugiato a parlare al vicino**, I lingered to talk to the neighbour.

indugio, m. delay; hesitation: **senza i.**, without delay; **senza altri indugi**, without further delay; **frapporre i.**, to delay; to hesitate; **troncare gli indugi**, to hesitate no longer; to act; to take the plunge (*fam.*).

induismo, m. (*relig.*) Hinduism.

induista, m. e f. (*relig.*) Hindu.

induistico, a. (*relig.*) Hindu.

indulgente, a. indulgent; lenient; tolerant; understanding; easy-going: **madre i.**, indulgent mother; **giudice i.**, lenient judge; **sorriso i.**, indulgent smile; **superiore i.**, easy-going boss.

indulgenza, f. **1** indulgence; leniency; forbearance; tolerance; understanding: **per i. del pubblico**, thanks to the forbearance of the audience **2** (*eccles.*) indulgence: **i. plenaria**, plenary indulgence.

indulgere, v. i. **1** (*assecondare*) to indulge: **Indulge a ogni suo capriccio**, she indulges his every whim; she humours him in everything **2** (*essere incline*) to overindulge: **i. al bere**, to overindulge in drink.

indulto, m. **1** (*leg.*) pardon **2** (*eccles.*) indult.

indumento, m. garment; (*pl., anche*) clothes, wear (*sing. collett., solo nei comp. o con attr.*): **indumenti vecchi**, old clothes; **indumenti da sci**, skiwear; **indumenti intimi**, underwear.

indurente, A a. hardening. **B** m. hardener.

indurimento, m. (*anche med.*) hardening.

indurire, A v. t. (*anche fig.*) to harden. **B indurirsi,** v. i. pron. **1** (*anche fig.*) to grow* hard; to harden **2** (*del cemento, ecc.*) to set*.

indurre, A v. t. **1** to induce; to persuade; to lead*; to prompt: **Tutto m'induce a credere che sia autentico**, everything leads me to believe that it is genuine; **Cerca d'indurlo a venire**, try to persuade him to come; **i. in errore**, to mislead; (*fig.*) to lead astray; **i. in tentazione**, to tempt; to lead into temptation (*lett.*) **2** (*filos.*) to infer; to induce **3** (*elettr.*) to induce. **B indursi,** v. i. pron. (*decidersi*) to make* up one's mind; to resolve; to decide: **Non sapeva i. a darci la brutta notizia**, he couldn't make up his mind to tell us the bad news.

indusio, m. (*bot.*) indusium*.

industre, a. (*lett.*) industrious.

industria, f. **1** industry; manufacture; trade: **l'i. pesante**, the heavy industry; **le industrie leggere**, light industries; **lavorare nell'i.**, to work in industry; **l'i. alimentare**, the food-processing industry; **l'i. automobilistica**, the car industry; **l'i. cotoniera**, the cotton trade; **l'i. editoriale**, the publishing trade; publishing; **i. estrattiva**, mining industry; **i. manifatturiera**, manufacturing industry; **i. siderurgica**, iron and steel industry; **i. tessile**, textile industry; **i. dello spettacolo**, show business; **i. protetta**, sheltered industry; **i. sovvenzionata**, subsidized industry **2** (*fabbrica*) factory; manufacture **3** (*operosità*) industry, labour, hard work; (*ingegnosità*) ingeniousness; (*diligenza*) diligence, zeal.

industriale, A a. industrial: **chimica i.**, industrial chemistry; **ciclo i.**, industrial cycle; **rivoluzione i.**, industrial revolution, **zona i.**, industrial estate. **B** m. e f. industrialist; manufacturer: **piccolo i.**, small manufacturer; **grosso i.**, big industrialist; magnate; **i. del petrolio**, oil magnate.

industrialismo, m. industrialism.

industrializzare, v. t. to industrialize.

industrializzazione, f. industrialization.

industriarsi, v. i. pron. to try (hard); to do* all one can; to do* one's best: **Per quanto m'industriassi, non riuscivo a sapere cos'era successo**, try as I might, I couldn't get to know what had happened; **M'industriai di fare come voleva lui**, I did my best to do as he wanted.

industrióso, *a.* (*laborioso*) industrious, hard-working; (*ingegnoso*) ingenious.

induttànza, *f.* (*elettr.*) inductance.

induttivo, *a.* (*filos., elettr.*) inductive: **il metodo i.**, the inductive method.

induttòmetro, *m.* (*elettr.*) inductometer.

induttóre, (*elettr.*) **A** *m.* inductor: **i. a nucleo magnetico**, iron-core inductor. **B** *a.* inductive.

induzióne, *f.* (*filos., fis.*) induction.

inebetire, A *v. t.* to make* stupid (*o* dull); to dull (sb.'s brain); (*stordire*) to stun, to daze. **B** *v. i.* e **inebetirsi,** *v. i. pron.* to become* stupid; to grow* dull; to be stupefied. ● **Si inebetisce davanti alla televisione**, he lets his brain rot (*o* he vegetates) watching TV □ **i. col bere**, to drink oneself senseless.

inebetito, *a.* stupefied; stunned; dazed; in a stupor: **essere i. dal dolore**, to be stunned by grief. ● **sguardo i.**, blank look.

inebriaménto, *m.* inebriation; intoxication; drunkenness.

inebriànte, *a.* intoxicating; heady; (*fig., anche*) stirring: **profumo i.**, heady scent; **ritmo i.**, stirring rhythm.

inebriàre, A *v. t.* **1** to intoxicate; to inebriate (*lett.*) **2** (*fig.*) to intoxicate; to make* heady with joy; (*affascinare*) to ravish. **B inebriarsi,** *v. i. pron.* **1** to get* drunk **2** (*fig.*) to go* into raptures.

ineccepibile, *a.* unexceptionable; exemplary: **vita i.**, examplary life; **condotta i.**, unexceptionable conduct.

ineccepibilità, *f.* unexceptionableness; exemplarity.

inèdia, *f.* **1** starvation; inanition: **morire d'i.**, to die of starvation; to starve (to death) **2** (*fig.*) boredom.

inedificàbile, *a.* that cannot be built on; under a buinding ban.

inèdito, A *a.* **1** unpublished **2** (*fig.*) new, fresh, never seen before (*pred.*), unheard-of; (*insolito*) unsuspected, unprecedented: **notizia inedita**, fresh news. **B** *m.* unpublished work.

ineducàbile, *a.* ineducable; unteachable; difficult to educate.

ineducàto, *a.* **1** (*maleducato*) impolite; ill-mannered; rude **2** (*rozzo*) rough; uncultivated; unpolished.

ineducazióne, *f.* impoliteness; ill-breeding; bad manners (*pl.*); rudeness.

ineffàbile, *a.* **1** ineffable; inexpressible; unutterable **2** (*iron.*) incomparable; priceless.

ineffabilità, *f.* ineffability; inexpressibility.

ineffettuàbile, *a.* impracticable; unfeasible.

inefficàce, *a.* inefficacious; ineffectual; ineffective.

inefficàcia, *f.* inefficacy; ineffectualness; ineffectiveness.

inefficiènte, *a.* inefficient; ineffective; (*di cosa*) ineffectual.

inefficiènza, *f.* inefficiency; ineffectiveness.

ineguagliàbile, *a.* matchless; peerless; without equal.

ineguagliànza, *f.* **1** inequality **2** (*di superficie*) unevenness.

ineguàle, *a.* **1** unequal: **triangoli ineguali**, unequal triangles; **di condizione sociale i.**, of unequal social status **2** (*irregolare*) irregular; (*di superficie, ecc.*) uneven: **fondo stradale i.**, uneven road surface; **tessitura i.**, uneven weaving; (*med.*) **polso i.**, irregular pulse; **a intervalli ineguali**, at irregular intervals **3** (*variabile*) changeable; inconstant: **umore i.**, changeable mood.

ineguaglità, *V.* **ineguaglianza.**

inelasticità, *f.* inelasticity.

inelàstico, *a.* inelastic.

inelegànte, *a.* inelegant; unpolished; unrefined; ungraceful; (*di abito*) not elegant, not smart: **maniere ineleganti**, unrefined manners.

inelegànza, *f.* inelegance; lack of elegance; lack of refinement; ungracefulness.

ineleggibile, *a.* ineligible.

ineleggibilità, *f.* ineligibility.

ineludibile, *a.* unavoidable; unescapable.

ineluttàbile, *a.* inevitable; ineluctable.

ineluttabilità, *f.* inevitability; ineluctability.

inenarràbile, *a.* untellable; indescribable; (*indicibile*) unspeakable.

inequivocàbile, *a.* unequivocal; unambiguous.

inerbire, *v. t.* to turf; to cover with turf.

inerènte, *a.* (*attinente*) concerning (st.), regarding (st.), related (to), connected (with); (*pertinente*) pertaining (to); (*che inerisce*) inherent (in), intrinsic (to).

inerènza, *f.* inherence; inherency.

inerire, *v. i.* to be inherent in; to be intrinsic to; to pertain to.

inèrme, *a.* unarmed; (*indifeso*) defenceless, helpless.

inerpicàrsi, *v. i. pron.* to climb (up); to clamber (up).

inerpicàto, *a.* perched: **un paesino i. su un colle**, a little village perched on a hill.

inèrte, *a.* **1** (*immobile*) inert; motionless; still; stagnant: **materia i.**, inert matter; **giacere i.**, to lay inert; **acqua i.**, stagnant water **2** (*pigro*) inactive; indolent; sluggish **3** (*chim.*) inert: **gas i.**, inert gas. ● (*fig.*) **peso i.**, dead weight.

inèrzia, *f.* **1** inactivity; (*pigrizia*) inertia, sluggishness: **La frattura lo condanna all'i. forzata**, his fracture condemns him to a forced inactivity **2** (*fis.*) inertia: **forza d'i.**, inertia force. ● (*fig.*) **per forza d'i.**, by force of habit; through sheer inertia.

inerziàle, *a.* (*fis.*) inertial.

inesattaménte, *avv.* inexactly; incorrectly.

inesattézza, *f.* **1** inexactitude; inexactness; inaccuracy **2** (*errore*) inaccuracy; mistake; error: **pieno d'inesattezze**, full of inaccuracies; very inaccurate; **un'i. di calcolo**, a mistake in the calculations.

inesàtto (1), *a.* inaccurate; incorrect: **citazione inesatta**, inaccurate quotation; **un indirizzo i.**, an incorrect address.

inesàtto (2), *a.* (*non riscosso*) uncollected.

inesaudibile, *a.* that cannot be granted.

inesaudito, *a.* ungranted; unsatisfied: **desiderio i.**, unsatisfied wish.

inesauribile, *a.* inexhaustible.

inesauribilità, *f.* inexhaustibility; inexhaustibleness.

inesàusto, *a.* inexhausted.

inescusàbile, *a.* (*lett.*) inexcusable.

ineseguibile, *a.* **1** (*di ordine*) that cannot be carried out **2** (*non fattibile*) impracticable; unrealizable **3** (*di opera teatrale*) unperformable; unactable **4** (*di musica*) unplayable.

ineseguito, *a.* **1** not carried out; not executed **2** (*di opera teatrale*) unperformed.

inesigibile, *a.* irrecoverable; uncollectible: **credito i.**, irrecoverable debt (*o* credit); bad debt.

inesigibilità, *f.* irrecoverableness.

inesistènte, *a.* inexistent; non-existent.

inesistènza, *f.* inexistence; non-existence. ● (*leg.*) **i. di un contratto**, contract null and of no effect □ (*leg.*) **prosciogliere per i. di reato**, to acquit for non-existence of a crime.

inesoràbile, *a.* **1** (*inflessibile*) inexorable; relentless; unrelenting; unbending **2** (*ineluttabile*) inexorable, inevitable, inescapable; (*mortale*) fatal.

inesorabilità, *f.* **1** (*inflessibilità*) inexorability; inexorableness; relentlessness **2** (*ineluttabilità*) inexorable nature; inevitability.

inesperiènza, *f.* inexperience; lack of experience.

inespèrto, *a.* **1** (*non abile*) inexpert; unpractised; unskilled: **un cuoco i.**, an inexpert cook; **un dottore i.**, an unpractised doctor **2** (*senza esperienza*) inexperienced, raw; (*della vita, del mondo*) innocent, unsophisticated.

inespiàbile, *a.* that cannot be expiated; that cannot be atoned; inexpiable.

inespiàto, *a.* unexpiated; inexpiate; unatoned.

inesplicàbile, *a.* inexplicable; unaccountable.

inesplicabilità, *f.* inexplicability; unaccountableness.

inesplicàto, *a.* unexplained.

inesploràbile, *a.* **1** that cannot be explored **2** (*fig.*) unfathomable; impenetrable.

inesploràto, *a.* unexplored; (*di mare*) uncharted.

inesplòso, *a.* unexploded; live: **proiettile i.**, live shell.

inespressivo, *a.* inexpressive; expressionless; (*vuoto*) blank; (*piatto*) dull, flat: **viso i.**, expressionless face; **sguardo i.**, blank look; **stile i.**, dull style.

inesprèsso, *a.* **1** unexpressed **2** (*fig.*) unspoken; tacit.

inesprimibile, *a.* inexpressible; unutterable; indescribable.

inespugnàbile, *a.* **1** impregnable; inexpugnable **2** (*fig.*) incorruptible.

inespugnabilità, *f.* **1** impregnability **2** (*fig.*) incorruptibility; incorruptibleness.

inespugnàto, *a.* unconquered.

inessenziàle, *a.* unessential; unimportant; immaterial.

inessiccàbile, *a.* (*lett.*) inexhaustible; ever-flowing.

inestensibile, *a.* inextensible.

inestensibilità, *f.* inextensibility.

inestetismo, *m.* imperfection; blemish.

inestimàbile, *a.* inestimable; invaluable; priceless: **valore i.**, inestimable value.

inestinguibile, *a.* **1** inextinguishable; unquenchable: **sete i.**, unquenchable thirst **2** (*perenne*) undying; eternal: **odio i.**, eternal hatred.

inestirpàbile, *a.* inextirpable; ineradicable.

inestricàbile, *a.* inextricable.

inettitùdine, *f.* **1** (*mancanza di attitudine*) lack of aptitude; unfitness **2** (*incompetenza*) ineptitude, ineptness; (*dappocaggine*) worthlessness, hopelessness.

inètto, A *a.* **1** (*non atto*) unfit (for); unsuited (to, for); not up (to): **i. alla politica**, unsuited to politics; **un uomo i. al suo lavoro**, a man not up to (*o* unfit for) his job **2** (*incompetente*) incapable, incompetent; (*dappoco*) hopeless, worthless. **B** *m.* (*f.* **-a**) incompetent (person); bungler; botcher; (*buonanulla*) good-for-nothing.

inevàso, *a.* (*bur.*) unanswered; outstanding: **lettere inevase**, unanswered letters; **pratica inevasa**, outstanding case; **lavoro i.**, backlog.

inevitàbile, A *a.* inevitable; unavoidable: **pericolo i.**, unavoidable danger; **Era i. che accadesse**, it was inevitable; it was bound to happen. **B** *m.* (the) inevitable: **rassegnarsi all'i.**, to bow to the inevitable.

inevitabilità, *f.* inevitableness; unavoidableness.

in extremis (*lat.*), *locuz. avv.* **1** (*in punto di morte*) on one's death-bed; close to death **2** (*fig.*) at the last moment (*o* minute); last-minute (*attr.*); in extremis; at the eleventh hour.

inèzia, *f.* trifle; nothing; (*cosa facile*) child's play: **adombrarsi per un'i.**, to get angry over a trifle; **Mi è costato un'i.**, it cost next to nothing; **comprare q.c. per un'i.**, to get st. for a song.

infacóndo, *a.* (*lett.*) not eloquent.

infagottàre, A *v. t.* **1** to wrap up; to bundle up; to muffle **2** (*di vestito*) to make* (sb.) look bulky. **B infagottàrsi,** *v. rifl.* **1** to wrap oneself up; to muffle **2** (*vestire male*) to wear* shapeless clothes.

infaldàre, *v. t.* (*ind. tess.*) to fold.

infaldatùra, *f.* (*ind. tess.*) folding.

infallibile, *a.* infallible.

infallibilità, *f.* infallibility.

infamànte, *a.* defamatory; slanderous;

disgraceful. ● (*leg.*) **pena i.**, infamous punishment.

infamàre, A *v. t.* to defame; to disgrace; (*con calunnie*) to slander. **B infamàrsi,** *v. i. pron.* to disgrace oneself.

infamatòrio, *a.* defamatory; (*calunnioso*) slanderous.

infàme, A *a.* **1** (*ignobile*) infamous; shameless; disgraceful **2** (*orribile*) awful; rotten; vile; abominable; appalling: **un pranzo i.**, a rotten (*o* vile) dinner; **tempo i.**, appalling weather **3** (*malfamato*) infamous; of ill-repute. **B** *m.* **1** villain; rascal **2** (*pop.*) informer; grass (*pop.*).

infàmia, *f.* **1** infamy; disgrace; shame **2** (*azione infame*) infamy; infamous (*o* shameful, disgraceful) action; disgrace **3** (*scherz.*: *lavoro mal fatto*) wretched job; disgrace; abomination.

infanatichire, *v. i.* **infanatichirsi,** *v. i. pron.* to become* fanatical (*o* a fanatic); to be crazy (about st.) (*fam.*).

infangàre, A *v. t.* **1** to cover with mud; (*inzaccherare*) to spatter with mud **2** (*fig.*) to throw* (*o* to fling*, to sling*) mud at; to drag through mud; to disgrace; to besmirch: **i. il nome della famiglia**, to disgrace the family name. **B infangàrsi,** *v. rifl.* o *i. pron.* **1** to get* muddy; to get* spattered with mud **2** (*fig.*) to disgrace oneself.

infangàto, *a.* **1** muddy; bespattered with mud: **scarpe infangate**, muddy shoes **2** (*fig.*) disgraced; besmirched.

infànta, *f.* (*titolo spagnolo*) infanta.

infànte (1), A *m. e f.* infant (*lett.*); baby. **B** *a.* (*lett.*) infant (*attr.*).

infànte (2), *m.* (*titolo spagnolo*) infante.

infanticida, *m. e f.* infanticide.

infanticìdio, *m.* infanticide.

infantile, *a.* **1** (*dell'infanzia*) children's; infant (*attr.*); infantile: **malattie infantili**, children's diseases; **mortalità i.**, infant mortality **2** (*per bambini*) children's (*attr.*); (*da bambino piccolo*) baby (*attr.*), childish: **giochi infantili**, children's games; **letteratura i.**, children's literature; **linguaggio i.**, baby talk; **una voce i.**, a childish voice **3** (*puerile*) childish; babyish; puerile; infantile. ● **asilo i.**, nursery school; kindergarten.

infantilismo, *m.* **1** (*med.*) infantilism **2** (*fig.*) childishness.

infantilità, *f.* **1** infantility; childishness **2** (*osservazione infantile*) childish remark.

infànzia, *f.* **1** childhood; (*i primi mesi di vita*) babyhood; (*med., psic.*) infancy **2** (*bambini in generale*) children (*pl.*) **3** (*fig.*) infancy. ● **i. abbandonata**, foundlings (*pl.*) □ **giardino d'i.**, nursery school; kindergarten.

infarciménto, *m.* **1** (*cucina*) stuffing **2** (*fig.*) stuffing; cramming.

infarcire, *v. t.* **1** (*cucina*) to stuff **2** (*fig.*) to stuff; to cram: **i. un saggio di citazioni**, to cram an essay with quotations.

infarinàre, A *v. t.* **1** to flour; to cover (*o* to dredge) with flour **2** (*fig.*: *imbiancare*) to whiten. ● (*scherz.*) **infarinarsi il viso**, to powder one's face. **B infarinàrsi,** *v. i. pron.* **1** to get* covered with flour **2** (*scherz.*: *incipriarsi*) to powder one's face.

infarinatùra, *f.* **1** flouring **2** (*fig.*) smattering.

infàrto, *m.* (*med.*) infarct; infarction: **i. cardiaco**, cardiac infarction; (*com.*) heart attack.

infartuàto, A *a.* infarcted. **B** *m.* (*f.* **-a**) infarcted patient; (*com.*) heart attack patient.

infastidire, A *v. t.* (*irritare*) to annoy, to vex, to irritate; (*disturbare*) to bother, to trouble; (*annoiare*) to bore, to tire. **B infastidirsi,** *v. i. pron.* (*irritarsi*) to get* (*o* to feel*) annoyed (*o* irritated); (*stancarsi*) to get* bored, to get* tired.

infaticàbile, *a.* tireless; indefatigable; untiring.

infaticabilità, *f.* tirelessness; indefatigability.

infàtti, A *cong.* **1** (*in effetti*) indeed; actually: **Dissero che venivano e i. sono venuti**, they said they would come and (indeed) they have; **Mi pareva di conoscerlo e i. quando lessi il suo nome mi ricordai**, I thought I knew him, and when I read his name I remembered; **«Credevo che il pollo ti piacesse» «I. mi piace»**, «I thought you liked chicken» «I do» **2** (*antifrastico*) but: **Promise di restituirmi tutto, e i. sto ancora aspettando**, he said he would pay me back in full, but I'm still waiting. **B** *inter.* that's right; exactly; precisely; of course: **«Non dovevate incontrarvi?» «I.»**, «weren't you supposed to meet?» «that's right, we were».

infatuàre, A *v. t.* to infatuate. **B infatuàrsi,** *v. i. pron.* to become* (*o* to get*) infatuated (with).

infatuàto, *a.* **1** (*innamorato*) infatuated; besotted (with); crazy (about) (*fam.*) **2** (*eccessivamente entusiasta*) crazy (*o* nuts) (about) (*fam.*). ● **i. di se stesso**, full of oneself.

infatuazióne, *f.* infatuation.

infàusto, *a.* **1** inauspicious; unpropitious; ill-omened; unlucky **2** (*mortale*) mortal; fatal: **prognosi infausta**, fatal prognosis.

infecondità, *f.* sterility; barrenness; infecundity; infertility; unproductiveness.

infecóndo, *a.* sterile; barren; infecund; infertile; unproductive.

infedéle, A *a.* **1** unfaithful; faithless; false: **marito i.**, unfaithful husband; **amico i.**, false (*o* faithless) friend **2** (*fig.*) unfaithful; inaccurate; inexact. **B** *m. e f.* (*stor., relig.*) infidel.

infedeltà, *f.* **1** unfaithfulness; faithlessness **2** (*fig.*) unfaithfulness; inaccuracy.

infelice, A *a.* **1** unhappy; wretched; (*triste*) sad: **Ti ha reso i.**, he mad you unhappy; **avere l'aria i.**, to look unhappy **2** (*sfortunato*) unhappy, unlucky; (*sventurato*) unfortunate; (*di cosa*: *che non riesce bene*) unfortunate, unsuccessful: **un matrimonio i.**, an unhappy (*o* unsuccessful) marriage; **un esito [una scelta] i.**, an unfortunate outcome [choice] **3** (*mal fatto*) bad, poor; (*mal scelto*) ill-chosen, inappropriate: **una traduzione i.**, a bad (*o* poor) translation; **un termine i.**, an inappropriate word **4** (*inopportuno*) ill-timed; untimely; unfortunate; inappropriate: **un'osservazione i.**, an unfortunate remark **5** (*imbarazzante*) awkward; (*scomodo, mal disposto*) uncomfortable, inconvenient: **una situazione i.**, an awkward situation; **una casa i.**, an inconvenient house. **B** *m. e f.* **1** unhappy person **2** (*sventurato*) unfortunate person; poor wretch: **L'i. fu truffato**, the poor wretch was cheated **3** (*chi ha una menomazione*) disabled person.

infelicemènte, *avv.* **1** (*senza felicità*) unhappily; wretchedly; sadly **2** (*senza successo*) unsuccessfully.

infelicità, *f.* **1** unhappiness; wretchedness; misery **2** (*inopportunità*) untimeliness; inappropriateness **3** (*scomodità*) awkwardness; inconvenience.

infeltriménto, *m.* felting.

infeltrire, *v. t. e i.* **infeltrirsi,** *v. i. pron.* to felt.

inferènza, *f.* (*filos., stat.*) inference.

inferióre, A *a.* **1** (*che sta più in basso*) lower; (*che è sottostante*) bottom (*attr.*): **La metà i. era in ombra**, the lower half was in shadow; **la parte i. di q.c.**, the underside (*o* the bottom part) of st.; (*anat.*) **mascella i.**, lower jaw; (*anat.*) **le estremità inferiori**, the lower extremities; **arti inferiori**, legs; lower limbs; **grado i.**, lower degree; **gli animali inferiori**, the lower animals; **le classi inferiori**, the lower classes **2** (*sotto, di sotto*) below (*prep.* o *avv.*): **L'ascensore si fermò al piano i.**, the lift stopped at the floor below; **essere i. alla media**, to be below average (*o* standard); to be sub-standard **3** (*meno*) less; (*minore*) lesser; (*di prezzo, anche*) cheaper: **a velocità i. alla solita**, with less speed than usual; **a un prezzo i.**, at a cheaper (*o* lower) price **4** (*più basso per quantità o qualita*) lower; inferior (*oppure il compar. dell'agg. corrispondente*): **i. per intelligenza**, inferior in intelligence; less clever; **i. per costi**, cheaper; lower in cost; **i. per statura**, shorter; **i. di forze**, weaker; inferior in strength **5** (*meno buono*) inferior; (*non all'altezza*) not up to: **essere i. a q.**, to be inferior to sb.; **di qualità i.**, of inferior quality; **i. alle aspettative**, inferior to expectations; not up to what one had expected; **essere i. alla propria fama**, not to be up to one's reputation **6** (*in una gerarchia*) lower-ranking; junior; subordinate: **ufficiale i.**, subordinate officer; junior officer; subaltern **7** (*nella scuola*) junior: **corso i.**, junior course; **scuola media i.**, junior high school **8** (*geogr.*) southern. **B** *m. e f.* inferior; (*spreg.*) underling; (*subordinato*) subordinate.

inferiorità, *f.* inferiority: **i. di numero**, inferiority in numbers; **una condizione d'i.**, a condition of inferiority; (*psic.*) **complesso d'i.**, inferiority complex.

inferiorménte, *avv.* lower down; at the bottom.

inferire, *v. t.* **1** (*dedurre*) to infer; to deduce **2** (*infliggere*) to inflict; to deal*; to level: **i. una ferita**, to inflict a wound; **i. un colpo a q.**, to deal sb. a blow; **Il colpo è stato inferto con un sasso**, the blow was dealt with a stone; **i. una coltellata**, to knife; to stab; **i. perdite al nemico**, to inflict losses upon the enemy **3** (*naut.*: *una vela*) to bend*; (*un bozzello*) to reeve.

inferitóio, inferitóre, *m.* (*naut.*) earing.

inferitùra, *f.* (*naut.*: *di vela*) bending; (*di bozzello*) reeving. ● **angolo d'i.**, *V.* **impuntura,** *def.* 2.

infermeria, *f.* infirmary; sickroom; (*di bordo*) sick-bay.

infermìccio, *a.* sickly.

infermièra, *f.* (hospital) nurse: **i. diplomata**, trained nurse; **capo i.**, matron. ● **fare da i. a q.**, to nurse sb.

infermière, A *m.* male nurse. **B** *a.* – **suora i.**, sister of a nursing order.

infermieristica, *f.* nursing.

infermieristico, *a.* nursing (*attr.*): **assistenza infermieristica**, nursing service.

infermità, *f.* **1** infirmity; illness **2** (*fig.*: *debolezza*) weakness. ● (*leg.*) **i. mentale**, insanity.

infèrmo, A *a.* invalid; ill (*pred.*); infirm: **essere i.**, to be ill; to be an invalid; **Ha il marito i.**, her husband is an invalid; **i. di mente**, mentally ill; insane. **B** *m.* (*f.* **-a**) invalid; (*paziente*) patient; (*pl.*) (*collett.*) (the) sick: **visitare gli infermi**, to visit the sick.

infernàle, *a.* **1** infernal; hellish: **regione i.**, infernal region; **spirito i.**, hellish spirit; **le divinità infernali**, the infernal gods **2** (*maligno*) diabolical; devilish; fiendish: **un ghigno i.**, a diabolical grin **3** (*fam.*: *terribile*) infernal; dreadful; awful; terrible; (a) hell of a (*fam.*); (a *o* the) devil of a (*fam.*): **Fanno un chiasso i.**, they are making an infernal noise (*o* a hell of a racket); **C'è un vento i.**, there's a hell of a wind; **Ho una premura i.**, I'm in a terrible hurry; **caldo i.**, awful heat. ● **pietra i.**, lunar caustic; silver nitrate.

infèrno, *m.* **1** hell: **il Paradiso e l'I.**, Heaven and Hell; **andare all'I.**, to go to Hell; **un diavolo dell'i.**, a devil out of hell; **Va' all'i.!**, go to hell!; the hell with you!; **Digli che vada all'i.**, tell him to go to hell **2** (*fig.*) hell; (*luogo caldo*; *grosso incendio*) inferno: **La sua vita diventò un i.**, his life became a living hell; **La nave era un i. galleggiante**, the ship was a floating hell. ● **un baccano d'i.**, an infernal racket; a hell of a racket □ **una giornata d'i.**, a hellish day □ **le pene dell'i.**, the torments of hell □ (*fig.*) **soffrire le pene dell'i.**, to suffer like a soul in hell □ **Era una vita d'i.**, it was a hell of a life; life was hell □ **far fare una vita d'i. a q.**, to make sb.'s life hell; to give sb. hell □ (*prov.*) **La via dell'i. è lastricata di buone intenzioni**, the road to hell is paved with good intentions.

infero, A *a.* (*lett.*) inferior; lower; nether. **B** *m. pl.* **1** (*regno dei morti*) Hades; (the) underworld (*sing.*); (the) nether world (*sing.*) **2** (*dèi infernali*) gods of the underworld.

inferocìre, A *v. t.* to make* ferocious; (*far infuriare*) to enrage, to make* furious. **B** *v. i.* **1** *V.* **inferocirsi** **2** (*infierire*) to behave cruelly (with). **C inferocìrsi,** *v. i. pron.* to grow* ferocious; (*infuriarsi*) to get* furious.

inferocìto, *a.* furious; enraged; mad

inferriàta, *f.* iron bars (*pl.*); grille; grating.

infertilità, *f.* (*med.*) infertility.

infervoraménto, *m.* excitement; zeal; enthusiasm; fervour.

infervoràre, A *v. t.* to arouse enthusiasm in; to excite; to stir. **B infervoràrsi,** *v. i. pron.* to be filled with enthusiasm; to get* excited; to be carried away; to get* worked up (*fam.*): **i. nella discussione**, to be carried away by an argument.

infervoràto, *a.* fervent; excited; animated; impassioned; worked up (*fam.*).

inferzàre, *v. t.* (*naut.*) to sew* together (a sail).

infestaménto, *m.* infestation.

infestànte, *a.* infesting. ● **piante infestanti**, weeds.

infestàre, *v. t.* to infest; to overrun.

infestàto, *a.* infested (by); overrun (by) (*pred.*); alive (with) (*pred.*): **i. di pulci**, infested by fleas; alive with fleas; **i. di topi**, overrun by mice.

infestazióne, *f.* infestation.

infèsto, *a.* (*lett.*) harmful; detrimental.

infettàre, A *v. t.* **1** to infect; (*inquinare*) to pollute, to contaminate **2** (*fig.*) to corrupt; to taint. **B infettàrsi,** *v. i. pron.* **1** (*med.*) to become* infected; to go* septic **2** (*fig.*) to become* corrupt; to become* tainted.

infettìvo, *a.* **1** (*di infezione*) of infection (*pred*); infective; infectant: **germe i.**, germ of infection; **processo i.**, infective process **2** (*che si trasmette per infezione*) infectious; infective; catching (*pred.*): **malattia infettiva**, infectious disease.

infettivologìa, *f.* (*med.*) study of infective diseases.

infètto, *a.* **1** (*med.*) infected; septic: **ferita i.**, infected (*o* septic) wound **2** (*contaminato*) polluted; contaminated; tainted **3** (*fig.*) corrupt; tainted.

infeudaménto, *m.* (*stor.*) enfeoffment; infeudation.

infeudàre, A *v. t.* **1** (*stor.*) to enfeoff **2** (*assoggettare*) to subject; to subdue. **B infeudàrsi,** *v. rifl.* **1** (*stor.*) to become* a vassal **2** (*fig.*) to subject oneself.

infeudazióne, *V.* **infeudamento**.

infezióne, *f.* **1** infection: **propagare un'i.**, to spread an infection; **fare i.**, to become infected (*o* septic) **2** (*fig.*) corruption; taint.

infiacchiménto, *m.* weakening; enfeeblement; enervation.

infiacchìre, A *v. t.* to weaken; to enfeeble; to enervate. **B** *v. i.* e **infiacchìrsi,** *v. i. pron.* to grow* weak; to lose* one's vigour.

infiacchìto, *a.* weak; feeble.

infialàre, *v. t.* to put* into phials.

infialatrice, *f.* phial filler.

infialettàre, *V.* **infialare**.

infiammàbile, A *a.* **1** inflammable; flammable: **sostanza i.**, inflammable (substance); **non i.**, non-inflammable; flameproof **2** (*fig.*) quick-tempered; irascible: **essere i.**, to be quick-tempered; to flare up easily. **B** *m.* inflammable.

infiammabilità, *f.* inflammability; flammability.

infiammàre, A *v. t.* **1** to set* on fire; to set* ablaze; to kindle **2** (*fig.*: *eccitare*) to inflame; to excite; to kindle; to stir **3** (*colorare di rosso*) to inflame; (*il viso*) to flush (scarlet) **4** (*med.*) to inflame. **B infiammàrsi,** *v. i. pron.* **1** to catch* fire; to burst* into flames; to flare up **2** (*fig.*: *eccitarsi*) to get* excited; (*adirarsi*) to flare up **3** (*diventare rosso*) to be inflamed; (*di viso*) to flush (scarlet), to get* flushed **4** (*med.*) to become* inflamed. ● **i. d'amore per q.**, to fall passionately in love with sb.

infiammatòrio, *a.* (*med.*) inflammatory.

infiammazióne, *f.* (*med.*) inflammation.

infiascàre, *v. t.* to put* into flasks.

infiascatrice, *f.* flask filler; bottler.

infiascatùra, *f.* putting in flasks.

infibulazióne, *f.* infibulation.

inficiàre, *v. t.* **1** (*leg.*) to invalidate **2** (*estens.*) to invalidate; to nullify; to undermine.

infido, *a.* treacherous; untrustworthy: **alleato i.**, untrustworthy (*o* treacherous) ally; **acque infide**, treacherous waters.

in fieri (*lat.*), *locuz. avv.* in the making; in embryo; still to come.

infierìre, *v. i.* **1** (*imperversare con violenza*) to rage; to be (*o* to run*) rampant: **Infieriva la tempesta [la battaglia]**, the storm [the battle] was raging; **La peste infieriva**, the plague was rampant **2** (*agire crudelmente*) to treat (sb.) cruelly; to be pitiless towards; to hit* (sb.) when he is down; to put* the boot in (*fam.*): **i. contro i prigionieri**, to treat (the) prisoners cruelly; **Infierirono su di lui con pugni e calci**, they hit and kicked him when he was already down; **Non i. contro di lui!**, leave him alone!; don't hit a man when he's down!; **Va bene, non i,!**, all right, no need to put the boot in!

infìggere, A *v. t.* **1** to drive*; to plunge; to thrust: **i. una lama nella porta**, to drive a blade into the door **2** (*fig.*) to drive*; to stamp: **i. q.c. nella mente a q.**, to drive st. into sb.'s head; **i. q.c. nella memoria**, to stamp st. on one's memory. **B infìggersi,** *v. i. pron.* **1** to penetrate; to sink* (deeply) **2** (*fig.*) to sink* (into); to be driven (into); to be stamped (*o* deeply impressed) (on).

infilacàpi, infilaguaine, infilanàstri, *m. invar.* bodkin.

infilàre, A *v. t.* **1** to thread; to string*; (*far passare*) to run* (through): **i. un ago**, to thread a needle; **i. perle**, to thread (*o* string) pearls together; **i. una corda in un anello**, to run a rope through a ring; **i. cubetti di carne su uno spiedino**, to thread cubes of meat on a skewer **2** (*introdurre*) to insert, to put*, to run*, to stick* (*fam.*); (*far scivolare*) to slip; (*con delicatezza*) to insinuate; (*velocemente*) to pop; (*con forza*) to thrust*, to drive*, to force, to wedge: **Infilai la chiave nella toppa**, I inserted the key into the key-hole; **i. una mano in tasca**, to slip one's hand into one's pocket; **Infilai il mio braccio nel suo**, I slipped my arm through his; **i. un anello a un dito**, to slip a ring on to a finger; **infilarsi una pistola nella cintura**, to thrust (*o* to wedge) a pistol under one's belt; **Infilalo in una busta e dammelo**, just stick it in an envelope and give it to me; **i. un sigaro fra le labbra**, to stick a cigar in one's mouth; **S'infilò in bocca una pastiglia**, he popped a pill into his mouth **3** (*indossare*) to put* on; to slip on; to slip into; to get* into; to pull on: **(Mi) infilai una vestaglia**, I slipped on (*o* into) a dressing-gown; **infilarsi il cappotto**, to put on (*o* to get into) one's coat; **infilarsi le calze**, to pull on one's stockings; **Infilai una manica**, I slipped (*o* pulled) on one sleeve **4** (*imboccare*) to take*, to enter; (*svoltare in*) to turn into; (*passare per*) to take*, to get* through, to slip through: **i. un sentiero**, to take a path; **Infilai l'autostrada**, I turned into the motor-way; **i. l'uscio**, (*entrando*) to slip in; (*uscendo*) to slip out; (*andarsene*) to leave, to take off **5** *V.* **infilzare** **6** (*imbroccare*) to strike*; to hit* on; to get*: **i. la strada giusta**, to strike the right way; **i. la risposta giusta**, to hit on the right answer; **i. sei centri uno dopo l'altro**, to hit the bull's-eye six times in a row; **Non ne infilò una giusta**, he got everything wrong; **Abbiamo infilato una serie di giornate calde**, we've struck a hot spell **7** (*dire*) to tell*; (*fare*) to make*: **i. una bugia dopo l'altra**, to tell a series of lies; **i. una serie di errori**, to make a series of mistakes **8** (*mil.*: *battere d'infilata*) to enfilade; to rake. **B infilàrsi,** *v. rifl.* **1** (*introdursi*) to slip; to pop (*fam.*): **M'infilai a letto**, I slipped into bed **2** (*farsi largo*) to thread one's way: **M'infilai tra la folla**, I threaded my way through the crowd.

infilàta, *f.* **1** string; row; suite; enfilade: **un'i. d'insulti [di errori]**, a string of insults [of mistakes]; **un'i. di stanze**, a suite (*o* an enfilade) of rooms **2** (*mil.*) enfilade: **battere d'i.**, to enfilade; to rake; **tiro d'i.**, enfilade.

infilatrice, *f.* threader.

infilatùra, *f.* threading; stringing. ● (*ind. tess.*) **i. automatica**, self-threading.

infiltraménto, *m.* filtering; filtration.

infiltràre, A *v. t.* to infiltrate. **B infiltràrsi,** *v. rifl.* **1** to infiltrate (st.); to penetrate into; to filter into; to seep through; to percolate **2** (*fig.*: *insinuarsi*) to worm one's way into; (*in un'organizzazione*) to infiltrate (st.).

infiltràto, A *a.* (*med.*) infiltrated. **B** *m.* e *f.* **1** (*med.*) infiltrate **2** (*fig.*) infiltrator.

infiltrazióne, *f.* **1** infiltration (*anche med*); penetration; seepage; percolation **2** (*fig.*) infiltration.

infilzaménto, *m.* (*il trafiggere*) piercing; spiking; spitting.

infilzàre, A *v. t.* **1** (*infilare insieme*) to string* together; to thread together: **i. bottoni**, to string buttons together **2** (*trafiggere*) to pierce; to run* through; (*con un ferro a punta*) to spike, to spit, to skewer: **La freccia gl'infilzò una gamba**, the arrow pierced his leg; **i. una farfalla con uno spillo**, to run a pin through a butterfly; to pin a butterfly; **i. q. con una spada**, to run a sword through sb.; to run sb. through with a sword **3** (*conficcare*) to stick*: **i. un palo nel terreno**, to stick a pole in the ground; **i. una forchetta in una patata**, to stick a fork into a potato; **Mi sono infilzato l'ago in un dito**, I stuck a needle through my finger. ● **i. bugie**, to tell a string of lies □ **i. imprecazioni**, to let out a string of curses. **B infilzàrsi,** *v. rifl.* e *i. pron.* **1** to run* oneself through; to impale oneself **2** (*conficcarsi*) to stick*: **La punta mi s'infilzò nella mano**, the point stuck in (*o* pierced) my hand.

infilzàta, *f.* **1** (*filza*) string; row **2** (*fig.*) string; series.

infilzatùra, *f.* stringing together.

ìnfimo, *a.* **1** lowest: **d'infima qualità**, of the lowest quality; **d'i. ordine**, of the lowest degree **2** (*pessimo*) very bad; inferior; (the) worst; (the) poorest.

infine, *avv.* **1** in the end; finally; (*finalmente*) at last **2** (*dopo tutto*) after all **3** (*insomma*) in short; well then: **I., che cosa vuoi?**, in short, what do you want?

infingardàggine, *f.* sloth; laziness; sluggishness.

infingardìre, A *v. t.* to make* lazy. **B** *v. i.* e **infingardìrsi,** *v. i. pron.* to sink* into sloth; to become* lazy.

infingàrdo, A *a.* slothful; lazy; sluggish. **B** *m.* (*f.* **-a**) lazy person; sluggard; slacker.

infìngersi, *v. i. pron.* (*lett.*) to feign; to simulate.

infingiménto, *m.* (*lett.*) feigning; simulation.

infinità, *f.* **1** infinity; infinitude; infiniteness **2** (*moltitudine*) infinite number; infinity; no end (of) (*fam.*): **un'i. di pianeti**, an infinity (*o* infinite number) of planets; **un'i. di modi**, an infinite number of ways; infinite ways; **un'i. di guai**, no end of trouble; **un'i. di gente**, swarms of people; **un'i. di tempo**, ages (*pl.*).

infinitaménte, *avv.* **1** infinitely; endlessly; (*senza limiti*) boundlessly **2** (*fam.*) awfully; terribly: **Mi dispiace i.**, I'm awfully sorry.

infinitesimàle, *a.* (*mat.*) infinitesimal: **calcolo i.**, infinitesimal calculus.

infinitèsimo, *a.* e *m.* (*anche mat.*) infinitesimal.

infinitivo, *a.* (*gramm.*) infinitive.

infinito, A *a.* **1** infinite: **spazio i.**, infinite space, **Dio è i.**, God is infinite **2** (*interminabile*) endless; (*innumerevole*) countless, innumerable, endless, numberless: **infinite qualità di dalie**, innumerable varieties of dahlia; **infiniti ritardi**, endless delays; **infinite volte**, countless times **3** (*senza limiti*) boundless, unbounded, unlimited; (*che non si può misurare*) measureless, immeasurable: **l'oceano i.**, the boundless ocean; **i. amore**, infinite love **4** (*gramm.*) infinitive. ● **ringraziamenti infiniti**, a thousand (*o* many many) thanks □ **infinite scuse**, a thousand apologies. **B** *m.* **1** infinity (*anche mat., fis., fotogr.*); endlessness **2** (*gramm.*) infinitive. ● **all'i.**, endlessly; without end; (*per sempre*) forever; (*gramm.*) in the infinitive; (*mat.*) to infinity □ (*fig.*) **continuare all'i.**, to go on forever; to go on and on (and on) □ **ripetere q.c. all'i.**, to repeat st. countless times; to repeat st. over and over.

infino, *V.* **fino** (2).

infinocchiàre, *v. t.* (*fam.*) to hoodwink; to bamboozle; to diddle (*fam.*); to con (*fam.*); to gyp (*pop.*).

infioccàre, *v. t.* to adorn with tassels.

infiocchettàre, A *v. t.* **1** to decorate with ribbons **2** (*fig.*) to embellish. **B infiocchettàrsi,** *v. rifl.* to deck oneself out; to do oneself up.

infiochìre, A *v. t.* **1** (*la voce*) to make* hoarse **2** (*una luce*) to dim **3** (*un suono*) to muffle. **B infiochìrsi,** *v. i. pron.* **1** (*di voce*) to become* (*o* to get*) hoarse; to hoarsen **2** (*di luce*) to grow* dim; to grow* faint **3** (*di suono*) to grow* faint.

infioràre, A *v. t.* **1** to deck (*o* to decorate, to adorn) with flowers **2** (*cospargere di fiori*) to strew* with flowers **3** (*fig.*) to embellish. **B infioràrsi,** *v. rifl.* e *i. pron.* (*lett.*) **1** to deck oneself with flowers **2** to get* covered with flowers.

infioràta, *f.* **1** decking of flowers **2** (*decorazione di fiori*) flower decorations.

infioràto, *a.* **1** covered (*o* decked, adorned) with flowers; flowered **2** (*fig.*) flowery; florid: **stile i.**, flowery style.

infiorescènza, *f.* (*bot.*) inflorescence.

infiorettàre, *v. t.* (*fig.*) to embellish (with flowery expressions); to ornate.

infiorettàto, *a.* **1** flowery; (excessively) ornate **2** (*iron.*: *cosparso*) strewn (with): **una traduzione infiorettata di errori**, a translation strewn with mistakes.

infiorettatùra, *f.* flourish; (florid) embellishment; (*mus.*) fioritura*, embellishment.

infirmàre, *v. t.* **1** (*invalidare*) to invalidate; to nullify **2** (*indebolire*) to weaken; to undermine.

infischiàrsi, *v. i. pron.* (*fam.*) not to care; not to give* a damn (*pop.*); (*non curarsi di*) to make light of, to shrug off (st., sb.): **Lui se ne infischia**, he doesn't care; (*più forte*) he couldn't care less, he doesn't give a damn; **Io me ne infischio dei suoi consigli**, I don't give a damn for his advice; **i. del pericolo**, to shrug off danger.

infisso, A *m.* **1** (*edil.*) fixture; (*di porta*) frame; (*di finestra*) casing **2** (*ling.*) infix. **B** *a.* fixed; (*di chiodo*) nailed in, driven in.

infistolire, *v. i.* **infistolirsi,** *v. i. pron.* (*med.*) to form a fistula.

infittire, A *v. t.* **1** (*rendere più denso*) to thicken **2** (*rendere più frequente*) to increase the number of; to make* more frequent. **B** *v. i.* e **infittirsi,** *v. i. pron.* **1** (*diventare più fitto*) to thicken; (*di lana*) to mat **2** (*diventare più frequente*) to become* more frequent.

inflativo, *a.* (*econ.*) inflationary; inflative.

inflazionàre, *v. t.* **1** (*econ.*) to inflate **2** (*fig.*: *una parola, ecc.*) to overwork.

inflazionàto, *a.* **1** (*econ.*) inflated **2** (*fig.*: *di parola, ecc.*) overworked; hackneyed **3** (*eccessivamente diffuso*) too common.

inflazióne, *f.* (*econ.* e *fig.*) inflation: **i. galoppante**, galloping (*o* runaway) inflation; hyperinflation; **i. strisciante**, creeping inflation; **contenere [frenare] l'i.**, to restrain [to curb] inflation.

inflazionismo, *m.* (*econ.*) inflationism.

inflazionista, *m.* e *f.* (*econ.*) inflationist.

inflazionistico, *a.* (*econ.*) inflationary; inflation (*attr.*): **tendenze** (*o* **spinte**) **inflazionistiche**, inflationary tendencies; **tasso i.**, inflation rate.

inflessibile, *a.* inflexible; unbending; rigid.

inflessibilità, *f.* inflexibility.

inflessióne, *f.* inflexion.

inflèttere, *v. t.* to inflect; to modulate.

infliggere, *v. t.* to inflict (st. on sb.); to impose (st. on sb.); (*somministrare*) to administer (st. to sb.); (*condannare*) to sentence (sb. to st.): **i. gravi perdite al nemico**, to inflict heavy losses on the enemy; **i. una multa a q.**, to impose a fine on sb.; **i. un castigo a q.**, to administer a punishment to sb.; **i. a q. tre anni di prigione**, to sentence sb. to three years' inprisonment; **i. un danno a q.**, to cause harm to sb.; **i. una sonora sconfitta a q.**, to trounce sb.

inflizióne, *f.* infliction; imposition.

influènte, *a.* influential.

influènza, *f.* **1** influence: **l'i. della luna**, the influence of the moon; **essere sotto** (*o* **subire**) **l'i. di q.c.**, to be under the influence of st.; **esercitare la propria i. su q.**, to exert one's influence on sb. **2** (*autorità*) influence; (*potere*) leverage, clout (*fam.*): **avere molta i. su [presso] q.**, to have a lot of influence on [with] sb.; **un uomo che ha molta i. in ambienti politici**, a man with a lot of political clout **3** (*med.*) influenza; flu (*fam.*): **prendersi l'i.**, to catch flu; **tre giorni a letto con l'i.**, three days in bed with influenza (*o* the flu). ● **i. reciproca**, interaction □ (*polit.*) **zona d'i.**, sphere of influence.

influenzàbile, *a.* easily influenced.

influenzàle, *a.* (*med.*) influenza (*attr.*): **bacillo i.**, influenza bacillus.

influenzàre, A *v. t.* to influence; to affect. **B influenzàrsi,** *v. i. pron.* to have an attack of influenza. **C influenzàrsi,** *v. rifl. recipr.* to influence each other (*o* one another).

influenzàto, *a.* **1** influenced **2** (*ammalato d'influenza*) ill with influenza (*o, fam.*, the flu): **essere i.**, to be ill with the flu; to have got the flu; **essere a letto i.**, to be down with the flu.

influire, *v. i.* to influence (sb., st.); to have influence on; to affect (st., sb.); (*contribuire*) to be a (contributing) factor to: **L'amicizia non ha influito sulla nostra decisione**, friendship did not influence our decision; **Hanno influito anche il freddo e la stanchezza**, cold and exhaustion were also contributing factors.

inflùsso, *m.* influence: **l'i. degli astri**, the influence of the stars; **i. benefico [malefico]**, good [evil] influence; **i. reciproco**, interaction.

infocàre, A *v. t.* **1** to make* red-hot **2** (*fig.*) to inflame; to excite; to kindle **3** (*il viso*) to flush scarlet. **B infocàrsi,** *v. i. pron.* **1** to become* red-hot **2** (*fig.*) to be inflamed; to get* excited **3** (*di viso*) to flush scarlet; to go* bright red.

infocàto, *a.* **1** red-hot **2** (*fig.*: *caldissimo*) hot; burning **3** (*fig.*: *infiammato*) heated; fiery; impassioned: **parole infocate**, fiery words **4** (*di viso*) flushed.

infognàrsi, *v. i. pron.* (*fam.*) to get* bogged down; to get* deeply into: **i. in un lavoro difficile**, to get bogged down in a difficult job; **i. nei debiti**, to get deeply into debt.

infoiàre, A *v. t.* (*pop.*) to arouse sexually; to get* (sb.) hot (*pop.*); to make* horny (*pop.*). **B infoiàrsi,** *v. i. pron.* to become* sexually aroused; to get* the hots (*pop.*); to get* horny (*pop.*).

infoiàto, *a.* sexually aroused; hot (*pop.*); horny (*pop.*).

in folio (*lat.*), **A** *locuz. a.* folio (*attr.*); in folio (*pred.*): **un volume i.**, a folio volume; a volume in folio. **B** *m.* folio.

infoltire, A *v. t.* to make* (st.) grow thick(er). **B** *v. i.* to grow* thick (*o* thicker); to thicken.

infondatézza, *f.* groundlessness; baselessness.

infondàto, *a.* groundless; unfounded; baseless: **timori infondati**, baseless fears; **voci infondate**, groundless rumours.

infóndere, *v. t.* to infuse; to inspire; to imbue: **i. coraggio nei soldati**, to infuse courage into soldiers (*o* soldiers with courage); **i. la speranza in q.**, to inspire sb. with hope (*o* hope into sb.); **i. alti ideali in q.**, to imbue sb. with great ideals.

inforcàre, *v. t.* **1** (*pigliare con la forca*) to pitchfork **2** (*un cavallo, una bicicletta, ecc.*) to mount; to get* on **3** (*gli occhiali*) to put* on.

inforcàta, *f.* (pitch)forkful.

inforcatùra, *f.* fork; forking.

informàle, *a.* **1** (*non ufficiale*) informal; unofficial: **un colloquio i.**, an informal talk **2** (*arte*) non-objective; non-representational.

informàre, A *v. t.* **1** (*dare notizie, ragguagliare*) to inform; to tell*; to acquaint; to notify; to report; to advise: **i. q. di q.c.**, to inform sb. of st.; to acquaint sb. with st.; **Ci informarono che il prigioniero era fuggito**, we were informed that the prisoner had escaped; **Sono stato informato del vostro arrivo solo un'ora fa**, I was told of your arrival only an hour ago; **i. la polizia di q.**, to report st. to the police **2** (*improntare*) to imbue; (*pervadere*) to inform, to pervade, to permeate: **un ideale che informò la sua vita**, an ideal that informed his life; **un'opera informata a una sorprendente originalità**, a work imbued with a surprising originality; **Queste idee informano tutta la sua opera**, these ideas pervade (*o* permeate) all his work **3** (*plasmare*) to shape; to mould; to form: **i. le menti dei giovani**, to mould the minds of the young; **Informò la sua vita a un ideale di giustizia sociale**, the ideal of social justice shaped his whole life. **B informàrsi,** *v. i. pron.* **1** to inquire; to ask; to find* out; (*verificare*) to check up: **i. sui voli per Londra**, to inquire about the flights to London; **i. della salute di q.**, to inquire after sb.'s health; **Non mi sono ancora informato**, I haven't inquired (*o* asked, found out) yet; **Informatevi se è vero**, find out if it is true; **i. presso q.**, to inquire of sb. **2** (*essere improntato, pervaso*) to be imbued with; to be pervaded with **3** (*prendere forma*) to take* on a form (*o* a shape).

informàtica, *f.* information science and technology; computer science; informatics (*pl. col verbo al sing.*).

informàtico, A *a.* information (*attr.*); computer (*attr.*); data processing (*attr.*). **B** *m.* (*f.* **-a**) computer scientist.

informativa, *f.* (*bur.*) **1** information **2** (*relazione*) (informative) report.

informativo, *a.* informative. ● **a titolo i.**, for information □ **note informative**, personal report (*sing.*); personal notes.

informatizzàre, *v. t.* to computerize.

informatizzazióne, *f.* computerization.

informàto, *a.* informed; (*edotto*) acquainted: **bene i.**, well-informed; **male i.**, ill-informed; misinformed; **essere i. dei fatti**, to be acquainted with the facts; **Ne ero già i.**, I had already been informed about it; I knew about it already; **È sempre molto i.**, he is always well-informed. ● **da fonte ben informata**, from a reliable source □ **i bene informati**, those in the know (*fam.*).

informatóre, A *m.* (*f.* **-trice**) informer: **i. della polizia**, police informer; nark (*pop. GB*); stool pigeon (*pop. USA*). ● **i. scientifico**, pharmaceutical representative. **B** *a.* informing: **il principio i. di un'opera**, the principle informing a work.

informazióne, *f.* ***1*** information (*collett.*); (*richiesta di informazioni*) inquiry: **Mi hanno dato le informazioni che volevo**, I have been given the information I wanted; **Questa è un'i. utile**, that's a useful piece of information; **Ho avuto un'i. sbagliata** (*o* **informazioni sbagliate**), my information was wrong; **assumere informazioni su q.**, to inquire (*o* to make inquiries) about sb.; **chiedere informazioni su q.c.**, to ask about st.; **i. riservata**, confidential information; **richiesta d'informazioni**, inquiry; (*se scritta*) letter of inquiry; **ufficio informazioni**, information bureau; inquiry office; inquiries (*pl.*); **ultime informazioni**, up-to-date information; update; (*elab.*) **teoria dell'i.**, information theory ***2*** (*mil.*) intelligence: **Servizio Informazioni Militari**, Intelligence (Service); **Il nemico non disponeva di un buon servizio informazioni**, the enemy intelligence was not good. ● (*leg.*) **i. di garanzia**, warning that one is under investigation □ (*telef.*) **informazioni elenco abbonati**, directory inquiry □ (*biol.*) **i. genetica**, genetic information.

infórme, *a.* formless; shapeless; amorphous: **una massa i.**, a shapeless mass.

informicolaménto, **informicoliménto,** *m.* pins and needles (*pl.*); tingling.

informicolìrsi, *v. i. pron.* to have pins and needles; to tingle: **Mi s'è informicolita una gamba**, I have pins and needles in my leg.

infornaciàre, *v. t.* to put* into a furnace (*o* into a kiln).

infornaciàta, *f.* batch; kilnful.

infornapàne, *m.* baker's shovel; oven peel.

infornàre, *v. t.* to put* into the oven; (*cuocere al forno*) to bake.

infornàta, *f.* ***1*** batch; baking ***2*** (*fig.*) batch; crop ***3*** (*gergo teatr.*) full house.

infortìre, *v. i.* **infortirsi,** *v. i. pron.* to turn sour.

infortunàrsi, *v. i. pron.* to get* injured; to have an accident: **i. sul lavoro**, to get injured at work.

infortunàto, **A** *a.* injured (in an accident). **B** *m.* (*f.* **-a**) injured person; accident victim; (*sul lavoro*) injured worker.

infortùnio, *m.* accident: **i. sul lavoro**, industrial accident; industrial injury; accident at work; **assicurazione contro gli infortuni**, personal accident insurance.

infortunìstica, *f.* (*leg.*) study of accidents.

infortunìstico, *a.* (*leg.*) concerning industrial accidents (*o* injuries); industrial accidents (*attr.*); industrial injuries (*attr.*); accident (*attr.*); injury (*attr.*): **legislazione infortunistica**, industrial injuries legislation.

infoscàre, **A** *v. t.* to darken. **B** **infoscàrsi,** *v. i. pron.* ***1*** to grow* dark ***2*** (*fig.*) to grow* gloomy.

infossaménto, *m.* hollow depression.

infossàre, **A** *v. t.* to put* in a ditch (*o* a pit). **B** **infossàrsi,** *v. i. pron.* ***1*** (*di terreno*) to sink*; to cave in ***2*** (*di guance, occhi*) to become* hollow (*o* sunken); to hollow out.

infossàto, *a.* ***1*** (*nascosto nel terreno*) sunk in; embedded ***2*** (*di guance*) hollow, sunken; (*di occhi*: *per natura*) deep-set, (*per malattia*) sunken, hollow.

infracidìre, *v. i.* to go* bad; to rot.

infradiciaménto, *m.* rot; rotting; decay.

infradiciàre, **A** *v. t.* ***1*** to drench; to soak ***2*** (*rendere marcio*) to rot; to make* (st.) go bad. **B** **infradiciàrsi,** *v. i. pron.* ***1*** to get* drenched (*o* soaked); to get* wet through ***2*** (*diventare marcio*) to rot; to go* bad.

infradiciàta, *f.* drenching; soaking: **prendersi una bella i.**, to get a good drenching; to get drenched (*o* soaked) to the skin.

infradiciàto, *a.* wet through; dripping wet; drenched; soaked.

infradiciatùra, *V.* **infradiciata.**

infradito, *m.* o *f. invar.* flipflop; thong (*USA* e *Austr.*).

infragalàttico, *a.* (*astron.*) intragalactic.

inframmettènte, *a.* interfering; officious; meddlesome; (*invadente*) pushing.

inframmettènza, *f.* interference; meddling; officiousness.

inframméttere, **A** *v. t.* to interpose. **B** **inframméttersi,** *v. i. pron.* to interfere; to meddle.

inframmezzàre, *v. t.* to interpolate.

infrancesàre, **A** *v. t.* to Frenchify. **B** **infrancesàrsi,** *v. i. pron.* to become* Frenchified.

infràngere, **A** *v. t.* ***1*** (*rompere*) to break*; to shatter; to smash: **i. il vetro di una finestra**, to shatter a window-pane ***2*** (*fig.*) to break*; (*una legge, ecc.*) to break*, to infringe, to violate; (*diritti altrui, ecc.*) to infringe, to invade, to trespass on; (*speranze, illusioni, ecc.*) to shatter; (*opposizione, ostilità*) to overcome*. **B** **infràngersi,** *v. i. pron.* to break*; (*anche fig.*) to be shattered: **Il bicchiere s'infranse**, the glass broke (*o* was shattered): **Le onde s'infrangono sugli scogli**, the waves break on the rocks; **Le mie speranze s'infransero**, my hopes were shattered.

infrangìbile, *a.* (*anche fig.*) unbreakable, infrangible; (*di vetro temprato*) shatterproof.

infrànto, *a.* (*anche fig.*) broken: **cuore i.**, broken heart. ● (*fig.*) **idolo i.**, fallen idol.

infrarósso, (*fis.*) *a.* e *m.* infrared: **raggi infrarossi**, infrared rays; **fotografia all'i.**, infrared photography; **filtro per i.**, infrared filter.

infrascàre, **A** *v. t.* ***1*** to cover with branches ***2*** (*puntellare*) to prop up with a branch ***3*** (*fig.*) to overburden with ornaments. **B** **infrascàrsi,** *v. i. pron.* to hide* in the underwood.

infrascàto, *m.* shelter made of branches.

infrascritto, *a.* undermentioned.

infrasettimanàle, *a.* midweek (*attr.*).

infrasonòro, *a.* (*fis.*) infrasonic.

infrastruttùra, *f.* (*econ., ind.*) infrastructure.

infrastrutturàle, *a.* infrastructural.

infrasuòno, *m.* (*fis.*) infrasonic wave.

infrattàre, (*region.*) **A** *v. t.* to hide*. **B** **infrattàrsi,** *v. i. pron.* ***1*** to hide* ***2*** (*di innamorati*) to have a roll in the hay.

infravisìbile, *a.* (*scient.*) ultramicroscopic; submicroscopic.

infrazióne, *f.* infringement; infraction; offence; breach; violation: **i. di contratto**, breach of contract; **i. della legge**, breach of law; **i. disciplinare**, breach of discipline; **i. stradale**, traffic offence; **commettere un'i.**, to commit an offence; to infringe a regulation.

infreddàrsi, *v. i. pron.* to catch* a cold.

infreddàto, *a.* having a cold. ● **essere i.**, to have a cold.

infreddatùra, *f.* cold; chill: **prendersi un'i.**, to catch a cold.

infreddoliménto, *m.* chill; feeling of cold.

infreddolìre, *v. i.* **infreddolirsi,** *v. i. pron.* to get* cold; to feel* cold (*o* chilly).

infreddolito, *a.* cold; chilly: **essere i.**, to feel chilly.

infrenàbile, *a.* unrestrainable; uncontrollable.

infrequentàbile, *a.* (*di posto*) where one would not wish to be seen, where one cannot possibly go; (*di persona*) that one would not wish to be seen with.

infrequènte, *a.* infrequent; rare; uncommon.

infrequenteménte, *avv.* infrequently; rarely; seldom.

infrequènza, *f.* infrequency; rarity.

infrigidìre, **A** *v. t.* to render frigid. **B** *v. i.* e **infrigidirsi,** *v. i. pron.* to become* frigid.

infrolliménto, *m.* ***1*** (*di selvaggina*) hanging ***2*** (*fig.*) softening; weakening.

infrollìre, *v. i.* **infrollirsi,** *v. i. pron.* ***1*** (*di selvaggina*) to hang*; to become* high ***2*** (*di persona*) to go* soft; to weaken.

infrollito, *a.* ***1*** (*di selvaggina*) high ***2*** (*di persona*) soft; weak.

infruttescènza, *f.* (*bot.*) infructescence.

infruttìfero, *a.* unfruitful. ● **capitale i.**, idle capital.

infruttuosità, *f.* ***1*** unfruitfulness; fruitlessness ***2*** (*inutilità*) uselessness; futility.

infruttuóso, *a.* ***1*** (*sterile*) fruitless; unfruitful; barren ***2*** (*inutile*) vain; unsuccessful ***3*** (*econ.*) unproductive; idle.

infula, *f.* (*archeol., eccles.*) infula*.

infundibulifórme, *a.* (*bot.*) infundibular.

infundibulo, *m.* (*anat., bot.*) infundibulum*.

infungibile, *a.* (*leg.*) non-fungible.

infungibilità, *f.* (*leg.*) non-fungibility.

infuocàre, *V.* **infocare.**

infuòri, **A** *avv.* out; outwards: **sporgersi i.**, to lean out; **Petto i.!**, chest out!; **aprirsi (all')i.**, to open outwards. **B** *a. invar.* protruding; bulging: **denti i.**, protruding teeth; **occhi i.**, bulging eyes. **C** **all'infuori di,** *locuz. prep.* except; but; apart from: **tutti i giorni all'i. della domenica**, every day except Sunday; **Non mangia niente all'i. della frutta**, he eats nothing but fruit.

infurbìre, *v. i.* **infurbirsi,** *v. i. pron.* to become* shrewd; to sharpen one's wits.

infuriàre, **A** *v. t.* to infuriate; to incense; to madden; to make* furious; to raise (sb.'s) hackles (*fam.*). **B** *v. i.* to rage: **Il vento infuriava**, the wind was raging. **C** **infuriàrsi,** *v. i. pron.* to lose* one's temper; to fly* into a rage; to get* incensed; to get* mad (*fam. USA*); to get* hot under the collar (*fam.*).

infuriàto, *a.* ***1*** (*furibondo*) furious; enraged; incensed; mad (*fam. USA*) ***2*** (*furioso*) raging; wild: **un toro i.**, a raging bull.

infusìbile, *a.* (*fis.*) infusible.

infusibilità, *f.* (*fis.*) infusibility.

infusióne, *f.* ***1*** (*l'infondere*) infusion ***2*** (*macerazione*) infusion; brewing ***3*** *V.* **infuso** ***4*** (*med.*) infusion.

infùso, **A** *a.* infused. ● (*fig.*) **scienza infusa**, supernatural (*o* innate) knowledge. **B** *m.* infusion; brew; (*tisana*) tisane, tea: **Il tè è un i.**, tea is an infusion (*o* a brew); **i. d'erbe**, herbal tea.

infusóre (1), *m.* (*med.*) infusing device.

infusóre (2), *m.* (*zool.*) infusorian.

Infusòri, *m. pl.* (*zool., Infusoria*) Infusoria.

ingabbiàre, *v. t.* ***1*** to shut* in a cage; to cage ***2*** (*imballare in gabbie*) to crate ***3*** (*fig.*) to enclose; to shut* in; (*intrappolare*) to entrap, to coop up ***4*** (*edil.*) to erect the framework of ***5*** (*naut.*) to lay* down.

ingabbiatùra, *f.* (*edil.*) framework.

ingaggiàre, *v. t.* ***1*** (*assumere*) to hire; to engage; to sign on; to enlist: **i. una guida**, to engage (*o* to hire) a guide; **i. manodopera**, to engage labour ***2*** (*sport, naut.*) to sign up; to sign on ***3*** (*mil.*: *reclutare*) to recruit; to enlist ***4*** (*dare inizio a*) to start; to join: **i. una lotta**, to start a fight; **i. battaglia**, to join battle; to engage the enemy.

ingaggiatóre, *m.* (*mil.*) recruiting officer; recruiter.

ingàggio, *m.* ***1*** engagement; employment; hiring; hire ***2*** (*sport, naut.*) signing up; signing on ***3*** (*mil.*) recruitment; enlistment; enrolment ***4*** (*hockey*) face-off. ● (*naut.*) **clausole d'i.**, ship's articles □ (*sport*) **premio d'i.**, sign-on bonus.

ingagliardire, **A** *v. t.* ***1*** to invigorate; to strengthen ***2*** (*fig.*) to embolden; to strengthen. **B** *v. i.* e **ingagliardirsi,** *v. i. pron.* ***1*** to become* stronger ***2*** (*fig.*) to grow* bold(er); to pluck up courage.

ingalluzzìre, *V.* **ringalluzzire.**

ingannàbile, *a.* deceivable.

ingannàre, **A** *v. t.* ***1*** to deceive; to take* in; to trick; to fool; to dupe; (*fuorviare*) to mislead*; (*essere ingannevole*) to be deceptive: **i. il nemico con un falso attacco**, to deceive the enemy by a false attack; **La loro somiglianza m'ingannò**, I was taken in by their likeness; **Le apparenze ingannano**, appearances are deceptive ***2*** (*truffare*) to swindle; to cheat: **i. i clienti**, to cheat one's customers ***3*** (*essere infedele*) to be unfaithful to ***4*** (*deludere*) to betray; to let* down: **i. la fiducia di q.**, to betray sb.'s trust; to let sb.

down **5** (*eludere*) to evade; to elude; to dodge: **i. la sorveglianza**, to evade supervision; **Ingannarono la nostra vigilanza**, they gave us the slip (*fam.*). ● **i. la fame**, to beguile one's hunger □ **i. i sospetti di q.**, to allay sb.'s suspicions □ **i. l'attesa**, to pass the time while waiting □ **i. il tempo**, to while the time away. **B ingannàrsi**, *v. i. pron.* to be mistaken; to be wrong: **Se non m'inganno**, if I am not mistaken; **M'ingannerò, ma...**, I may be wrong, but...

ingannatóre, A *m.* (*f.* **-trice**) deceiver; (*truffatore*) swindler, cheat. **B** *a.* deceiving; deceptive; misleading.

ingannévole, *a.* deceptive; deceitful; misleading.

ingànno, *m.* **1** deception; trick; ruse; (*l'ingannare*) deceit, deception, trickery: **essere vittima di un i.**, to be the victim of a deception; **un i. della luce**, a trick of light; **ricorrere all'i.**, to resort to deception (*o* to trickery) **2** (*illusione*) delusion; fallacy; self-deception **3** (*frode*) fraud; cheat; swindle: **con l'i.**, by fraud. ● **cadere in i.**, to be taken in; to fall into the trap; (*sbagliarsi*) to be mistaken □ **far fare q.c. a q. con l'i.**, to deceive (*o* to trick) sb. into doing st. □ **pietoso i.**, compassionate lie □ **tendere un i. a q.**, to lay a trap for sb. □ **togliere q.c. a q. con l'i.**, to trick (*o* to cheat) sb. out of st. □ **trarre q. dall'i.**, to undeceive sb.; to open sb.'s eyes □ **trarre in i.**, to deceive.

ingarbugliàre, A *v. t.* **1** to entangle; to tangle; to tangle up **2** (*fig.*) to confuse; to muddle; to mix up. **B ingarbugliàrsi**, *v. i. pron.* **1** to tangle; to become (*o* to get*) entangled (*o* tangled) **2** (*fig.*) to get* mixed up, to get* into a muddle; (*impappinarsi*) to stumble, to flounder.

ingarbugliàto, *a.* **1** tangled **2** (*fig.*) confused; muddled; (*complicato*) involved, intricate.

ingavonàrsi, *v. i. pron.* (*naut.*) to list.

ingavonàto, *a.* (*naut.*) listing.

ingegnàccio, *m.* (*fig.*) rough talent; uncultivated genius.

ingegnàrsi, *v. i. pron.* **1** (*sforzarsi*) to do* one's best; to do* all one can; to strive* **2** (*arrabattarsi*) to contrive; to manage. ● **i. per vivere**, to live by one's wits.

ingegnère, *m.* engineer: **i. civile [minerario, navale]**, civil [mining, naval] engineer.

ingegneria, *f.* engineering: **i. chimica [civile, elettrotecnica, idraulica, meccanica, militare, mineraria, navale]**, chemical [civil, electrical, hydraulic, mechanical, military, mining, naval] engineering; **i. dei sistemi**, systems engineering; (*biol.*) **i. genetica**, genetic engineering.

ingegnerizzazióne, *f.* product engineering.

ingégno, *m.* **1** (*intelligenza, genialità*) intelligence; mind; brains (*pl.*); brain (*sempre con un agg.*); brilliance: **i. vivace [versatile]**, lively [versatile] mind (*o* intelligence); **Non manca d'i.**, he's got his share of brains; **avere un bell'i.**, to have a fine brain; **prontezza d'i.**, quickness of mind; quick-wittedness **2** (*ingegnosita, abilità*) ingenuity; wits (*pl.*): **aguzzare l'i.**, to sharpen one's wits; **dare prova d'i.**, to show ingenuity **3** (*talento*) talent; gift; flair; **avere i. per la musica**, to have a talent (*o* a gift) for music; **avere i.**, to be talented; **un uomo di grande i.**, a man of great talent **4** (*indole naturale*) cast of mind: **avere un i. critico [poetico]**, to have a critical [poetical] cast of mind **5** (*persona di talento*) mind; (*al pl., anche*) brains: **i migliori ingegni del secolo**, the best minds (*o* brains) of the century **6** (*della chiave*) bit. ● (*anche iron.*) **alzata d'i.**, stroke of genius; brainwave □ **opera dell'i.**, work of the intellect; intellectual work.

ingegnosità, *f.* cleverness; ingenuity.

ingegnóso, *a.* clever; ingenious.

ingelosire, A *v. t.* to make* jealous; to arouse (sb.'s) jealousy. **B ingelosirsi**, *v. i. pron.* to become* (*o* to get*) jealous.

ingemmaménto, *m.* (*miner.*) bejewelling.

ingemmàre, A *v. t.* **1** to adorn (*o* to deck) with jewels; to stud with jewels; to bejewel **2** (*fig.*) to adorn. **B ingemmàrsi**, *v. i. pron.* **1** to adorn oneself with jewels **2** (*bot.*) to bud.

ingeneràre, A *v. t.* to generate; to give* rise to; to produce; to cause; to give* birth to; to spawn: **i. odio**, to generate hatred; **i. confusione**, to cause (*o* to give rise to) confusion. **B ingeneràrsi**, *v. i. pron.* to be caused by; (*avere origine*) to originate from, to arise* from.

ingenerosità, *f.* lack of generosity.

ingeneróso, *a.* ungenerous; illiberal.

ingènito, *a.* inborn; innate.

ingènte, *a.* great; considerable; enormous: **somme ingenti**, considerable sums; **perdite ingenti**, great losses.

ingentiliménto, *m.* refinement.

ingentilire, A *v. t.* to refine; to polish; to prettify. **B ingentilirsi**, *v. rifl.* to become* (more) refined.

ingènua, *f.* **1** *V.* **ingenuo**, *m.* **2** (*teatr.*) ingénue (*franc.*).

ingenuità, *f.* **1** naivety; naiveté (*franc.*); ingenuousness; artlessness; (*innocenza*) candour, innocence; (*dabbenaggine*) gullibility **2** (*osservazione ingenua*) naive remark; naive thing.

ingènuo, A *a.* naive; ingenuous; artless; (*innocente*) candid, innocent; (*semplicione*) gullible. ● (*iron.*) **avere l'aria ingenua**, to look as if butter wouldn't melt in one's mouth. **B** *m.* (*f.* **-a**) naive person; (*sempliciotto*) simpleton. ● **fare l'i.**, to feign innocence □ **Non è un i.**, he wasn't born yesterday.

ingerènza, *f.* interference; meddling: **i. indebita**, unwarranted interference.

ingeriménto, *m.* ingestion; swallowing.

ingerire, A *v. t.* to ingest; to swallow. **B ingerirsi**, *v. i. pron.* to interfere; to meddle.

ingessàre, *v. t.* **1** (*med.*) to put* in plaster; to put* in a (plaster) cast: **Gli hanno ingessato la gamba**, they've put his leg in plaster **2** (*fig.*) to fossilize.

ingessàto, *a.* **1** (*med.*) in plaster (*pred.*); in a (plaster) cast: **Come faccio, con la gamba ingessata?**, how can I with my leg in plaster? **2** (*fig. spreg.*) fossilized; hidebound.

ingessatùra, *f.* (*med.*: *l'ingessare*) plastering; (*il gesso*) (plaster) cast.

ingestióne, *f.* ingestion; swallowing.

inghiaiàre, *v. t.* **1** (*viale, ecc.*) to cover with gravel; to gravel **2** (*ferr.*) to ballast.

inghiaiatùra, *f.* **1** (*di viale, ecc.*) gravelling **2** (*ferr.*) ballasting.

Inghiltèrra, *f.* (*geogr.*) England.

inghiottiménto, *m.* (*anche fig.*) swallowing.

inghiottire, *v. t.* **1** to swallow; to get* down: **i. la saliva**, to swallow saliva; **i. una medicina**, to swallow (*o* to get down) a medicine; **Non riesco a i.**, I can't swallow; **i. aria**, to swallow (*o* to gulp) air **2** (*fig.*: *sopportare*) to swallow; to put* up with **3** (*fig.*: *far scomparire, far sprofondare*) to swallow up: **Fu inghiottito dalla nebbia [da una valanga]**, he was swallowed up by the fog [by an avalanche]; **Il mare inghiottì la nave**, the sea swallowed up the ship. ● **i. le lacrime**, to hold back one's tears □ **i. in fretta**, to gulp down □ **i. in un boccone**, to gobble up.

inghiottitóio, *m.* (*geol.*) swallow-hole.

inghippo, *m.* (*region.*: *espediente astuto*) trick, dodge (*fam.*), wheeze (*fam.*); (*trucco*) trick, catch; (*imbroglio*) swindle, cheat: **escogitare un i.**, to think up a dodge (*o* a clever trick); **Dev'esserci un i.**, there must be some catch; **Tutto filò senza inghippi**, it all went off without a snag.

inghirlandàre, A *v. t.* **1** to wreathe; to garland **2** (*fig.*) to surround; to circle. **B inghirlandàrsi**, *v. rifl.* to put* garlands on one's head.

ingialliménto, *m.* yellowing.

ingiallire, A *v. t.* to make* yellow; to yellow. **B** *v. i.* e **ingiallirsi**, *v. i. pron.* to go* yellow; to turn yellow; to yellow.

ingiallito, *a.* yellowed; yellow: **i. dal tempo**, yellow with age. ● **denti ingialliti dalla nicotina**, nicotine-stained teeth.

ingigantire, A *v. t.* **1** to magnify; (*fotogr.*) to blow* up **2** (*fig.*) to magnify; to exaggerate; to dramatize: **i. un pericolo**, to magnify a danger. **B ingigantirsi**, *v. i. pron.* to become* enormous (*o* gigantic).

ingigliàre, *v. t.* to decorate with lilies.

inginocchiaménto, *m.* **1** kneeling **2** (*med.*) kink.

inginocchiàrsi, *v. i. pron.* to kneel*; to kneel* down; to fall* (*o* to go*) on one's knees: **i. davanti a q.**, to kneel before sb.

inginocchiàto, *a.* kneeling; on one's knees (*pred.*).

inginocchiatóio, *m.* prie-dieu (*franc.*); kneeling-stool.

ingioiellàre, A *v. t.* **1** to adorn with jewels; to bejewel **2** (*fig.*) to embellish; to adorn. **B ingioiellàrsi**, *v. rifl.* to put* on one's jewels; to adorn oneself with jewels.

ingiù, *avv.* (*anche* **all'i.**) down; downwards; downward (*agg.* e *avv.*): **mettere q.c. faccia i.**, to lay st. face down(wards); **guardare i.**, to look down(wards); **appeso a testa (all')i.**, hanging head down(wards); **una pendenza all'i.**, a downward slope; a down grade; **rivolto all'i.**, turned down. ● **baffi all'i.**, drooping moustache.

ingiudicàto, *a.* (*leg.*) sub judice.

ingiùngere, *v. t.* to enjoin; to order; to command: **i. a q. di uscire**, to order sb. to leave; to order sb. out; **i. a q. il pagamento di una multa**, to enjoin sb. to pay a fine; **i. il silenzio**, to enjoin silence; to order to keep silent.

ingiuntivo, *a.* (*anche leg.*) injunctive.

ingiunzióne, *f.* (*anche leg.*) injunction.

ingiùria, *f.* **1** insult; abuse (*collett.*); (*affronto*) affront: **lanciare un'i.**, to hurl an insult at sb.; to insult sb.; **coprire q. di ingiurie**, to cover sb. with insults (*o* with abuse) **2** (*leg.*) offence (to a person's dignity) **3** (*torto*) wrong; injustice: **recare i. a q.**, to do sb. wrong **4** (*danno*) damage; ravages (*pl.*): **le ingiurie del tempo**, the ravages of time. ● **le ingiurie della sorte**, Fortune's blows.

ingiuriàre, A *v. t.* to insult; to abuse; to revile. **B ingiuriàrsi**, *v. rifl. recipr.* to insult (*o* to abuse, to revile) each other (*o* one another).

ingiurióso, *a.* insulting; offensive; abusive.

ingiustificàbile, *a.* unjustifiable; inexcusable.

ingiustificàto, *a.* unjustified; (*non motivato*) unwarranted.

ingiustizia, *f.* **1** (*l'essere ingiusto*) injustice; unfairness; inequity **2** (*torto*) injustice; wrong: **fare un'i. a q.**, to do sb. an injustice; to wrong sb.; **riparare a un'i.**, to remedy an injustice; to redress a wrong. ● **È un'i.!**, it's unfair; it's not fair!

ingiùsto, A *a.* **1** unjust; unfair; inequitable; iniquitous: **essere i. con q.**, to be unfair to sb.; **critiche ingiuste**, unfair criticism; **una guerra ingiusta**, an unjust war; **Sei stato i. con me**, you have been unfair to me; you behaved unfairly towards me **2** (*ingiustificato*) unjustified; (*non meritato*) undeserved, unjust; (*non motivato*) unwarranted, groundless: **ira ingiusta**, unjustified anger; **rimprovero i.**, underserved rebuke; **un attacco i.**, an unwarranted attack; **accusa ingiusta**, groundless charge **3** (*leg.*) wrongful; wrong. **B** *m.* **1** (*persona ingiusta*) unjust person **2** (*ingiustizia*) wrong; injustice: **la differenza fra il giusto e l'i.**, the difference between right and wrong.

inglése, A *a.* English; (*britannico*) British: **eleganza i.**, English elegance; **cittadino i.**, British citizen; **l'esercito i.**, the British army; **un giardino all'i.**, an English garden. ● (*tipogr.*) **carattere i.**, italics (*pl.*) □ **chiave i.**, spanner □ **filare** (*o* **andarsene**) **all'i.**, to take

French leave; to slip away □ **riso all'i.**, boiled rice □ (*chim.*) **sali inglesi**, Epsom salts □ **zuppa i.**, trifle. **B** *m.* e *f.* Englishman* (*m.*); Englishwoman* (*f.*): **gli inglesi**, English (*o* British) people; the English; the British. **C** *m.* (*lingua*) English: **parlare i.**, to speak English; **l'i. americano**, American English; **insegnante d'i.**, English teacher; **corso d'i.**, English course.

inglesìsmo, *m.* Anglicism.

inglesizzàre, *V.* **anglicizzare**.

inglobaménto, *m.* incorporation; absorption.

inglobàre, *v. t.* to incorporate; to absorb; to include.

ingloriόso, *a.* ***1*** (*senza gloria*) inglorious; obscure: **una vita ingloriosa**, an inglorious life ***2*** (*disonorevole*) inglorious; dishonourable; ignominious: **una sconfitta ingloriosa**, an inglorious defeat.

inglùvie, *f.* (*zool.*) ingluvies*; crop.

ingobbiàre, *v. t.* to apply engobe (*o* slip) to.

ingòbbio, *m.* engobe; slip.

ingobbìre, *v. i.* **ingobbìrsi**, *v. i. pron.* to become* hunchbacked; to develop a stoop; to hunch: **ingobbirsi sui libri**, to hunch over books.

ingobbìto, *a.* bent (*anche di cosa*); hunched up; round-shouldered; stooping.

ingoffàre, *V.* **ingoffire**.

ingoffìre, **A** *v. t.* to make* (sb.) look ungainly (*o* dowdy). **B** *v. i.* e **ingoffìrsi**, *v. i. pron.* to become* ungainly; to become awkward (*o* clumsy).

ingoiàre, *v. t.* ***1*** to swallow; to gulp down: **i. la minestra**, to gulp down one's soup; **i. una medicina**, to gulp down a medicine ***2*** (*fig.*: *sopportare*) to swallow; to put* up with: **i. umiliazioni**, to put up with humiliations; **i. un insulto**, to swallow an insult ***3*** (*fig.*: *far affondare*, *far scomparire*) to swallow up; to engulf: **La terra lo ingoiò**, the earth swallowed him up. ● **i. un boccone amaro**, to swallow a bitter pill □ **i. le lacrime**, to hold back one's tears.

ingolfaménto, *m.* engulfing; engulfment.

ingolfàre, **A** *v. t.* ***1*** (*un motore*) to flood ***2*** (*fig.*) to plunge into. **B** **ingolfàrsi**, *v. i. pron.* ***1*** to form a gulf ***2*** (*fig.*) to get* involved in; to get* mixed up with; (*in un'impresa difficile*) to embark upon ***3*** (*autom.*) to flood. ● **i. nei debiti**, to run up debts.

ingollàre, *v. t.* to gulp down; to down; (*mangiare voracemente*) to gobble up.

ingolosìre, **A** *v. t.* ***1*** to make* (sb.'s) mouth water; to tempt ***2*** (*fig.*: *allettare*) to entice; to tempt; to lure. **B** *v. i.* e **ingolosìrsi**, *v. i. pron.* ***1*** to water at the mouth ***2*** (*fig.*) to take* a fancy to.

ingombrànte, *a.* ***1*** cumbersome; bulky ***2*** (*fig.*) awkward; troublesome.

ingombràre, *v. t.* ***1*** (*riempire*) to clutter (up); (*dare fastidio*) to be in the way; (*ostruire*) to block, to obstruct: **Tutte queste sedie ingombrano la stanza**, all these chairs clutter up the room; **Carte e libri ingombravano la tavola**, the table was cluttered with papers and books; **Spostalo, ingombra il passaggio**, move it, it is in the way; **Il muro ingombra la vista**, the wall obstructs the view ***2*** (*impacciare*) to hamper; to encumber: **Non potevo correre perchè la valigia m'ingombava**, I couldn't run because I was hampered by the suitcase ***3*** (*fig.*: *occupare*) to encumber; (*riempire*) to stuff.

ingómbro, **A** *a.* ***1*** cluttered; (*ostruito*) blocked, obstructed ***2*** (*fig.*: *occupato*) encumbered. **B** *m.* ***1*** encumbrance; obstruction; impediment ***2*** (*cosa ingombrante*) bulky object ***3*** (*volume occupato*) bulk; (*spazio occupato*) space occupied. ● **essere d'i.**, to be in the way; to be cumbersome □ **dimensioni d'i.**, overall dimensions.

ingommàre, *v. t.* ***1*** (*spalmare di gomma*) to gum ***2*** (*incollare*) to gum; to stick*.

ingommatùra, *f.* ***1*** gumming ***2*** (*strato di gomma*) layer of gum.

ingordìgia, *f.* (*anche fig.*) greed; greediness; gluttony; voracity; voraciousness: **i. di denaro**, greed for money; **mangiare con i.**, to eat greedily (*o* ravenously); to gobble up (*o* to wolf down) one's food.

ingórdo, **A** *a.* (*anche fig.*) greedy; gluttonous; voracious. **B** *m.* (*f.* **-a**) greedy person; (*ghiottone*) glutton.

ingorgàre, **A** *v. t.* to clog; to choke; to block up: **i. il lavandino**, to block the sink; **i. le strade**, to clog (*o* to block up) the roads. **B** **ingorgàrsi**, *v. i. pron.* to get* clogged; to be chocked; to be blocked up. ● **Il traffico s'ingorga spesso a questo semaforo**, there is often a traffic jam at these lights.

ingórgo, *m.* ***1*** block; blockage ***2*** (*del traffico*) (traffic) jam; gridlock (*USA*) ***3*** (*med.*) engorgement.

ingovernàbile, *a.* ungovernable.

ingovernabilità, *f.* ungovernability.

ingozzaménto, *m.* (*del pollame*) force-feeding.

ingozzàre, **A** *v. t.* ***1*** (*ingoiare avidamente*) to gobble; to guzzle ***2*** (*pollame*) to force-feed ***3*** (*costringere a mangiare*) to stuff ***4*** (*fig.*: *sopportare*) to swallow; to put* up with. **B** **ingozzàrsi**, *v. rifl.* ***1*** (*mangiare avidamente*) to gorge oneself; to stuff oneself; to cram oneself ***2*** (*fam.*: *deglutire male*) to choke.

ingracilìre, **A** *v. t.* to make* frail; to weaken; to enfeeble. **B** *v. i.* e **ingracilìrsi**, *v. i. pron.* to become* (*o* to grow*) delicate (*o* frail); to weaken.

ingranàggio, *m.* ***1*** (*mecc.*) gear; (*sistema d'ingranaggi*) gearing: **i. conico**, bevel gear; **i. elicoidale**, worm gear; **i. a corona**, crown gear ***2*** (*fig.*) mechanism; workings (*pl.*); system; wheels (*pl.*): **gli i. del sistema**, the workings of the system; **essere preso nell'i.**, to be caught up in the wheels. ● **catena d'i.**, gearing-chain □ **dente d'i.**, cog; tooth □ **dente d'i. a catena**, sprocket □ **ferrovia a i.**, rack(-and-pinion) railway □ **ruota d'i.**, cog wheel □ **ruota d'i. a catena**, sprocket wheel □ **senza ingranaggi**, gearless.

ingranaménto, *m.* ***1*** (*mecc.*) engaging; meshing ***2*** (*mecc.*: *grippaggio*) seizing; seizure ***3*** (*fig.*) getting going; getting under way.

ingranàre, **A** *v. t.* (*mecc.*) to put* into gear; to interlock; to engage; to mesh: **i. la marcia**, to put into gear; **i. la terza**, to put into third gear. **B** *v. i.* ***1*** (*mecc.*) to engage; to come* into gear ***2*** (*mecc.*: *grippare*) to seize ***3*** (*fig.*: *incominciare bene*) to get* going, to get* off to a good start; (*di attività, ecc.*) to get* off the ground, to get* under way; (*ambientarsi*) to fit in, to settle down; (*andare d'accordo*) to get* on (*o* along) well.

ingranchìre, **ingranchìrsi**, *V.* **aggranchire**, **aggranchirsi**.

ingrandiménto, *m.* ***1*** enlargement; (*crescita*) growth, increase; (*espansione*) expansion; (*in potenza*) aggrandizement ***2*** (*di casa*) extension ***3*** (*fotogr.*) enlargement; blow-up ***4*** (*ottica*) magnification. ● **lente d'i.**, magnifying glass.

ingrandìre, **A** *v. t.* ***1*** to enlarge; to make* larger; (*in scala*) to scale up; (*estendere*) to extend; (*aumentare*) to increase ***2*** (*fotogr.*) to enlarge; to blow* up ***3*** (*di lente d'ingrandimento*) to magnify ***4*** (*esagerare*) to exaggerate; to magnify; to overstate: **i. i pericoli**, to exaggerate dangers ***5*** (*aumentare la potenza di*) to aggrandize: **i. uno Stato**, to aggrandize a state. **B** *v. i.* e **ingrandìrsi**, *v. i. pron.* ***1*** to become* larger; to grow* bigger; (*crescere*) to grow*, to increase; (*espandersi*) to expand, to extend ***2*** (*diventare più importante*) to become* more important ***3*** (*comm.*) to expand; to spread*: **La nostra ditta si è ingrandita di recente**, we have expanded our business lately.

ingranditóre, **A** *m.* (*fotogr.*) enlarger. **B** *a.* enlarging; magnifying.

ingrassàggio, *m.* (*autom.*) greasing.

ingrassaménto, *m.* ***1*** fattening ***2*** (*concimazione*) manuring; fertilizing.

ingrassàre, **A** *v. t.* ***1*** to fatten; to make* fat ***2*** (*concimare*) to manure; to fertilize ***3*** (*lubrificare*) to grease; to lubricate; to oil: **i. gli ingranaggi**, to lubricate the gears; **i. scarponi**, to grease boots ***4*** (*far apparire più grasso*) to make* (sb.) look fatter: **Quel vestito la ingrassa**, that dress makes her look fatter. ● (*fig. fam.*) **essere andato a i. i cavoli** (*morire*), to be pushing up daisies □ (*autom.*) **far lavare e i. una macchina**, to have a car washed and serviced. **B** *v. i.* e **ingrassàrsi**, *v. i. pron.* ***1*** to grow* fat; to put* on weight; to fatten ***2*** (*fig.*) to get* fat: **i. sulla pelle degli altri**, to get fat on other people's misfortunes.

ingrassatóre, **A** *m.* ***1*** (*operaio*) greaser; oiler ***2*** (*mecc.*) lubricator; (*a pompa, a pressione*) grease gun. ● **i. per cuscinetti**, grease cup. **B** *a.* fattening.

ingràsso, *m.* ***1*** fattening ***2*** (*di terreno*) manuring; fertilizing ***3*** (*concime animale*) manure. ● **animali da i.**, fattening animals □ **dare l'i.** (**alla terra**), to manure; to fertilize □ **mettere** (*o* **tenere**) **animali all'i.**, to fatten animals.

ingraticciàre, *v. t.* to trellis.

ingraticciàta, *f.* trelliswork.

ingraticolàre, *v. t.* to close with a grating.

ingratitùdine, *f.* ungratefulness; ingratitude.

ingràto, **A** *a.* ***1*** ungrateful; unthankful: **i. verso q.**, ungrateful to sb.; **dimostrarsi i.**, to prove ungrateful ***2*** (*di cosa*) thankless, unrewarding; (*sgradevole*) unpleasant, miserable, off-putting (*fam.*); (*ostico*) difficult, up-hill (*fam.*); (*povero*) poor: **un compito i.**, a thankless task; **terreno i.**, poor (*o* sterile) soil; **aspetto i.**, unpleasant (*o* off-putting) looks; **È un lavoro i. che vorrei cambiare**, it's an unrewarding job, and I'd like to change it; **È un lavoro i. cercare di decifrarlo**, it's up-hill work trying to decipher it. **B** *m.* (*f.* **-a**) ungrateful person.

ingravidàre, **A** *v. t.* to make* pregnant. **B** *v. i.* e **ingravidàrsi**, *v. i. pron.* to become* pregnant.

ingrazïàre, *v. t.* to ingratiate oneself with; to get* on the right side of; to get* into sb.'s good books (*fam.*): **ingraziarsi i superiori**, to ingratiate oneself with one's superiors; **Devo cercare di ingraziarmi la portinaia**, I must try to get on the right side of my concierge; **ingraziarsi il pubblico [gli elettori, le masse]**, to play to the gallery (*fam.*).

ingrediènte, *m.* ingredient.

ingressìvo, *a.* ***1*** (*ling.*) ingressive; inchoative ***2*** (*fon.*) ingressive.

ingrèsso, *m.* ***1*** (*punto di entrata*) entrance; (*atrio*) hall: **La casa ha due ingressi**, the house has two entrances; **l'i. principale**, the front entrance; **Ti aspetterò all'i.**, I shall wait for you at the entrance; **i. di servizio**, back entrance; back door; **Ho lasciato l'ombrello nell'i.**, I left my umbrella in the hall ***2*** (*l'entrare*) entry; entrance: **l'i. delle truppe nella capitale**, the entry (*o* entrance) of the troops into the capital; **fare un i. trionfale**, to make a triumphal entry; **l'i. del primo attore**, the entrance of the leading man; **il mio i. in diplomazia**, my entrance into the diplomatic service ***3*** (*facoltà di entrare*) admission; (*biglietto d'ingresso*) ticket: **L'i. costa 10.000 lire**, admission is 10,000 lire; **Prendi due ingressi**, get two tickets; **i. libero**, admission free; no charge for admission ***4*** (*elab.*) input. ● **prezzo d'i.**, entrance-fee □ **Vietato l'i.**, no admittance.

ingrippàrsi, *v. i. pron.* (*mecc.*) to seize.

ingrommàre, *v. t.* **ingrommàrsi**, *v. i. pron.* to encrust with tar (*o* with argol).

ingrossaménto, *m.* ***1*** (*aumento di spessore*) thickening; (*rigonfiamento*) swelling; (*aumento*) increase, growth: **i. del fegato [di un fiume]**, swelling of the liver [of a river] ***2***

(*sporgenza*) bulge; (*gonfiore*) swelling.

ingrossàre, A *v. t.* (*aumentare di spessore*) to thicken; (*aumentare*) to increase; (*allargare*) to broaden, to widen; (*gonfiare, accrescere*) to swell*; (*ingrandire*) to enlarge: **Le piogge hanno ingrossato il fiume**, the rain has swollen (*o* raised the level of) the river; **andare a i. le file degli scontenti**, to go to swell the ranks of the dissatisfied; **Questo vestito ti ingrossa sui fianchi**, this dress broadens you on the hips; **i. un debito**, to increase a debt. ● **i. la voce**, to raise one's voice. **B** *v. i.* e **ingrossàrsi**, *v. i. pron.* **1** to become* (*o* to grow*) bigger **2** (*aumentare*) to increase, to grow*; (*gonfiarsi*) to swell*; (*crescere*) to rise* **3** (*ingrassare*) to become* fat; to grow* stout; to put* on weight.

ingròsso, *avv.* – **all'i,** (*comm.*) wholesale; (*all'incirca*) approximately, roughly: **vendere all'i.**, to sell wholesale; **prezzi all'i.**, wholesale prices; **Saranno all'i. dieci metri**, it should be roughly ten metres; **fare le cose all'i.**, to do things anyhow.

ingrugnàre, *v. i.* **ingrugnàrsi,** *v. i. pron.* to sulk; to pout; to be grumpy.

ingrugnàto, *a.* sulky; grumpy.

inguadàbile, *a.* unfordable.

inguaiàre, (*fam.*) **A** *v. t.* to get* into trouble; to get* into a fix (*o* a tight spot) (*fam.*): (*eufem.*) **i. una ragazza**, to get a girl into trouble. **B inguaiàrsi,** *v. rifl.* to get* into trouble; to land oneself in a pickle (*fam.*).

inguaiàto, *a.* in trouble; in a fix (*fam.*); in a pickle (*fam.*).

inguainàre, *v. t.* (*anche fig.*) to sheathe: **inguainata in raso nero**, sheathed in black satin.

inguàlcibile, *a.* non-crease; crease-resistant; uncrushable.

ingualcibilità, *f.* non-crease quality.

inguantàre, A *v. t.* to put* gloves on. **B inguantàrsi,** *v. rifl.* to put* on gloves.

inguantàto, *a.* gloved; wearing gloves.

inguaribile, *a.* (*anche fig.*) incurable; terminal.

inguinàle, *a.* (*anat.*) inguinal.

inguine, *m.* (*anat.*) groin.

ingurgitàre, *v. t.* **1** (*trangugiare*) to swallow; to gulp down; to ingurgitate **2** (*mangiare con foga*) to gobble; to scoff (*fam. GB*).

inibìre, A *v. t.* **1** (*proibire*) to forbid*; to prohibit **2** (*anche psic.*) to inhibit. **B inibìrsi,** *v. rifl.* e *i. pron.* **1** (*frenarsi*) to restrain oneself **2** (*bloccarsi*) to become* inhibited.

inibìto, (*psic.*) **A** *a.* inhibited. **B** *m.* (*f.* **-a**) inhibited person.

inibitóre, A *a.* inhibiting; inhibitive: **influenza inibitrice**, inhibiting influence. **B** *m.* (*chim.*) inhibiter; depressor.

inibitòrio, *a.* (*anche psic.*) inhibitory.

inibizióne, *f.* **1** (*proibizione*) prohibition **2** (*anche psic.*) inhibition **3** (*chim.*) inhibition; depression.

inidoneità, *f.* unfitness; unsuitability. ● **i. alla navigazione**, unseaworthiness.

inidòneo, *a.* unfit (for); unsuitable (for).

iniettàbile, *a.* injectable.

iniettàre, A *v. t.* **1** (*med.*) to inject: **Le iniettò qualcosa nel braccio**, he injected something into her arm; **iniettarsi un sonnifero**, to inject oneself with a sleeping drug; **i. per via intramuscolare** [**endovenosa**], to inject intramuscularly [intravenously] **2** (*tecn.*) to inject. **B iniettàrsi,** *v. i. pron.* – (*di occhi*) **i. di sangue**, to become* bloodshot.

iniettàto, *a.* **1** injected **2** – (*di occhi*) **i. di sangue**, bloodshot.

iniettìvo, *a.* (*mat.*) injective.

iniettóre, *m.* (*mecc.*) injector.

iniezióne, *f.* **1** injection; shot (*fam.*); jab (*fam.*): **i. intramuscolare** [**endovenosa, ipodermica**], intramuscular [intravenous, hypodermic] injection; **fare un'i.**, to give an injection; **i. di richiamo**, booster; **siringa per iniezioni**, hypodermic syringe **2** (*fig.*) injection; boost: **un'i. di capitali**, an injection of capital; **un'i. di ottimismo**, an injection of optimism; **un'i. di fiducia**, a boost of confidence **3** (*mecc., tecn.*) injection: **i. di cemento** [**di combustibile**], grout [fuel] injection; **motore a i.**, fuel-injection engine; **stampaggio a i.**, injection moulding **4** (*mat.*) injection; injective mapping.

inimicàre, A *v. t.* to alienate; to estrange; to make* an enemy of: **i. un collega**, to make an enemy of a colleague. **B inimicàrsi,** *v. i. pron.* to fall* out with.

inimicìzia, *f.* **1** enmity; hostility; animosity; bad blood: **sentimenti d'i.**, feelings of hostility; **C'è i. tra di loro**, there is bad blood between them **2** (*nemico*) enemy: **procurarsi inimicizie**, to make enemies.

inimitàbile, *a.* inimitable; incomparable.

inimmaginàbile, *a.* unimaginable; inconceivable.

inincròcio, *m.* (*biol.*) inbreeding.

ininfiammàbile, *a.* uninflammable; fireproof; non-flammable.

ininfluènte, *a.* irrelevant; unimportant.

ininfluènza, *f.* irrelevance; unimportance.

inintellìgibile, *a.* unintelligible; (*inudibile*) inaudible; (*di scritto*) incomprehensible, illegible, indecipherable.

inintelligibilità, *f.* unintelligibility; (*di scritto*) illegibility, indecipherableness.

inintermediàri, *locuz. avv.* (*negli avvisi economici*) no agents.

ininterròtto, *a.* uninterrupted; continuous; incessant; solid; non-stop: **pianto i.**, continuous weeping; **pioggia ininterrotta**, continuous (*o* incessant, solid) rain; **un viavai i.**, an incessant coming-and-going; **per sei ore ininterrotte**, for six whole hours; for six hours solid (*o* non-stop).

iniquità, *f.* **1** (*ingiustizia*) iniquity; injustice **2** (*atto iniquo*) iniquity, iniquitous action; (*cosa indegna*) disgrace, shame **3** (*malvagità*) iniquity; wickedness.

inìquo, A *a.* **1** iniquitous; unjust: **iniqua sorte**, unjust fate; **È stata un'azione iniqua togliere il bambino alla madre**, it was an iniquitous thing to do, to take the child away from his mother **2** (*malvagio*) wicked; evil. **B** *m.* wicked person.

iniziàle, A *a.* initial; beginning; starting; opening; first: **fase i.**, initial stage; **capitolo i.**, opening chapter; **le pagine iniziali**, the initial (*o* the first few) pages; **stipendio i.**, beginning (*o* starting) salary; **velocità i.**, starting speed; (*comm.*) **capitale i.**, starting capital. **B** *f.* **1** initial (letter): **scrivere q.c. con l'i. maiuscola**, to write st. with a capital letter **2** (*pl.*) (*di un nome*) initials: **siglare con le iniziali**, to sign with one's initials.

inizialménte, *avv.* initially; at first; at the beginning.

iniziàre, A *v. t.* **1** (*cominciare*) to begin*; to start; to start on; to take* up; to enter into; to initiate (*form.*): **i. il lavoro**, to begin working; to begin to work; to start work; **i. un nuovo lavoro**, to start on a new job; **i. a parlare**, to start speaking; **i. la pubblicazione di un giornale**, to start a newspaper; **i. la conversazione con q.**, to enter into (*o* to strike up a) conversation with sb.; **i. le trattative con q.**, to enter into (*o* to start) negotiations with sb.; **i. le ostilità**, to open hostilities; **i. un viaggio**, to start on a journey; **i. una carriera**, to take up a career; **i. un piano di riforma**, to initiate a plan of reform **2** (*avviare*) to open; to start: **i. un dibattito**, to open a debate; **i. un'attività**, to start a business; **i. un commercio**, to open up a trade; to go into business **3** (*una persona*) to initiate: **i. q. ai misteri di una nuova religione**, to initiate sb. into the mysteries of a new religion; **i. q. in una società segreta**, to initiate sb. into a secret society; **i. q. a una scienza**, to initiate sb. in a science. **B** *v. i.* e **iniziàrsi,** *v. i. pron.* to begin*; to start: **Il concerto inizierà alle cinque**, the concert will begin at five o'clock.

iniziàtico, *a.* **1** initiation (*attr.*): **rito i.**, initiation ritual **2** (*fig.*) obscure; esoteric.

iniziatìva, *f.* **1** initiative; drive; enterprise: **avere i.**, to have initiative; to be enterprising; **non avere i.**, to have no initiative; to be lacking in drive; **fare q.c. di propria i.**, to do st. on one's own initiative (*o* of one's own accord; *fam.*: off one's own bat); **prendere l'i.**, to take the initiative; **spirito d'i.**, spirit of enterprise; drive; **per i. di q.**, on the initiative of sb.; thanks to sb.'s initiative **2** (*attività*) activity; (*impresa*) enterprise, venture: **iniziative culturali**, cultural activities. ● (*econ.*) **i. privata**, private enterprise □ **libera i.**, free enterprise.

iniziàto, A *a.* initiated. ● **a riunione iniziata**, when the meeting has [had] already begun □ **non i.**, uninitiated. **B** *m.* (*f.* **-a**) initiate. ● **linguaggio per iniziati**, esoteric language.

iniziatóre, *m.* (*f.* **-trice**) initiator.

iniziazióne, *f.* initiation.

inìzio, *m.* beginning; start; commencement (*form.*): **l'i. del film**, the beginning (*o* the start) of the film; **Questo è solo l'i.**, this is only the beginning (*o* the start); **l'i. della fine**, the beginning of the end; **all'i.**, at the beginning; at the outset; (*dapprima*) at first; **sin dall'i.**, from the (very) beginning; right from the start; all along; from the word go (*fam.*). ● **Il progetto è solo agli inizi**, the plan is still in its early stages □ **dare i. a q.c.**, to begin st.; to start st. off □ **Siamo solo agli inizi**, this is only the beginning (*anche iron.*); it's early days yet (*fam.*).

innacquàre, *V.* **annacquare**.

innaffiàre, e *deriv. V.* **annaffiare**, e *deriv.*

innalzaménto, *m.* **1** (*elevazione*) raising; elevation: **i. al trono**, elevation to the throne **2** (*aumento*) rise, increase: **i. dei prezzi**, rise in prices.

innalzàre, A *v. t.* **1** (*levare, sollevare*) to raise (*anche fig.*); to lift up: **i. q. al trono**, to raise sb. to the throne; **i. gli occhi al cielo**, to lift up (*o* to raise) one's eyes to heaven; **i. la mente** [**il cuore**] **a Dio**, to lift up one's mind [heart] to God; **i. una preghiera**, to lift up one's voice (*o* one's heart, etc.) in prayer; to utter a prayer; **i. un inno**, to raise a hymn; **i. una bandiera**, to raise a flag **2** (*promuovere*) to raise; (*più solenne*) to elevate: **i. q. a una carica più alta**, to raise (*o* to elevate) sb. to a higher rank **3** (*erigere*) to erect; to raise; to put* up; to build*; to set* up: **i. una statua**, to put up (*o* to erect) a statue; **i. una cattedrale**, to erect (*o* to build) a cathedral; **i. un monumento**, to raise (*o* to erect) a monument **4** (*rendere più alto*) to make* higher: **i. di un piano un palazzo**, to make a building one storey higher **5** (*fig.*: *rendere più elevato*) to elevate: **i. lo stile**, to elevate one's style. ● **i. q. agli onori degli altari**, to make sb. a saint □ (*fig.*) **i. q.** [**q.c.**] **al settimo cielo**, to praise sb. [st.] to the skies. **B innalzàrsi,** *v. i. pron.* **1** to rise*; (*di cosa statica, anche*) to stand*: **Una catena di monti s'innalzava alla nostra destra**, a range of mountains rose on our right; **La vetta s'innalzava azzurra sull'orizzonte**, the peak stood blue against the horizon **2** (*esaltarsi*) to exalt (*o* to extol) oneself. ● **i. col proprio lavoro**, to work one's way up.

innamoraménto, *m.* **1** (*l'innamorarsi*) falling in love **2** (*amore*) love. ● **L'i. avvenne così**, this is how they fell in love □ **essere facile agli innamoramenti**, to fall in love easily.

innamoràre, A *v. t.* **1** (*suscitare amore in q.*) to make* (sb.) fall in love; to make* (sb.) love: **Seppe innamorarlo**, she made him love her **2** (*incantare, sedurre*) to enchant; to charm; to captivate; to fascinate: **una casetta che innamora**, a charming (*o* adorable) little house; **una bellezza che innamora**, a fascinanting beauty; **Innamora tutti con la sua allegria**, she captivates everyone with her high spirits. **B innamoràrsi,** *v. i. pron.* to fall* in love with: **Non innamorarti di lei**, don't fall in love with her; **S'è innamorato**, he has fallen in love; **i. di una casa**, to fall in love with a house. **C innamoràrsi**, *v. rifl. recipr.* to fall* in love (with each other): **S'innamorarono subito**, they fell in love at once.

innamoràta, *f. V.* **innamorato B**.

innamoràto, A *a.* ***1*** loving; in love (*pred.*): **È molto i.**, he is very much in love ***2*** (*entusiasta*) fond (of); in love (with); crazy (about): **È i. del nuoto**, he's crazy about swimming; **È i. di Siena**, he is in love with Siena; **i. cotto** (*o* **innamoratissimo**), madly (*o* head over heels) in love. **B** *m.* (*f.* **-a**) lover; boyfriend (*f.* girlfriend); sweetheart: **un i. timido**, a shy lover; **avere l'i.**, to have a boyfriend.

innànzi, A *avv.* ***1*** (*di luogo*) forward; on; onward(s): **andare i.**, to go on; **farsi i.**, to come [to go] forward; **più i.**, further on ***2*** (*di tempo*) on; onward(s): **d'ora i.**, from now on; henceforth (*form.*); **da quel momento i.**, from then on; thenceforth (*form.*); **più i.**, later on. ● **essere i. con il lavoro**, to be ahead with one's work □ **essere i. negli anni**, to be getting on in years. **B** *prep.* ***1*** (*prima di*) before: **i. sera**, before evening ***2*** – **i. a**, before; in front of; in sb.'s presence: **Fu portato i. al giudice**, he was brought before the judge; **Camminava i. a me**, he was walking in front of me; **i. al re**, in the presence of (*o* before) the king. ● **i. tempo**, prematurely; too early; before one's time □ **i. tutto**, *V.* **innanzitutto**. **C** *a.* previous; before: **l'anno i.**, the previous year; the year before. **D** *m.* – **per l'i.**, (*in passato*) before, previously, formerly; (*in futuro*) in the future.

innanzitùtto, *avv.* in the first place; first of all.

innàrio, *m.* (*eccles.*) hymn book; hymnal.

innatìsmo, *m.* (*filos.*) nativism.

innatista, *m.* e *f.* (*filos.*) nativist.

innatìstico, *a.* (*filos.*) nativistic.

innàto, *a.* innate; inborn; native; inherent; congenital: **abilità innata**, innate (*o* native) skill; (*filos.*) **idee innate**, innate ideas; **difetto i.**, inherent (*o* congenital) defect; **È i. in lui il senso della giustizia**, he has an innate (*o* inborn) sense of justice.

innaturàle, *a.* unnatural.

innavigàbile, *a.* unnavigable.

innavigabilità, *f.* unnavigableness.

innegàbile, *a.* undeniable.

inneggiàre, *v. i.* ***1*** to sing* hymns ***2*** (*fig.*: *lodare*) to sing* the praises of; to extol; to exalt; (*celebrare*) to celebrate: **i. alla vittoria**, to celebrate victory ***3*** (*acclamare*) to cheer; to hail: **i. alla squadra vincitrice**, to cheer the winning team.

inneità, *f.* (*filos.*) innateness.

innervàre, *v. t.* (*anat.*) to innervate.

innervazióne, *f.* (*anat.*) innervation.

innervosìre, A *v. t.* ***1*** (*irritare*) to get* on (sb.'s) nerves; to irritate; to rattle (*fam.*) ***2*** (*rendere nervoso*) to make* nervous; to fluster; to agitate. **B innervosìrsi**, *v. i. pron.* ***1*** (*irritarsi*) to become* irritable ***2*** (*agitarsi*) to get* nervous; to get* agitated; to start fussing.

innervosìto, *a.* ***1*** (*irritato*) annoyed; rattled (*fam.*) ***2*** (*agitato*) nervous; agitated.

innescaménto, *m.* ***1*** (*di amo*) baiting ***2*** (*armi da fuoco, ecc.*) priming.

innescàre, A *v. t.* ***1*** (*ami*) to bait ***2*** (*armi da fuoco, ecc.*) to prime ***3*** (*chim., fis.*) to trigger: (*anche fig.*) **i. una reazione a catena**, to trigger a chain reaction ***4*** (*fig.*) to set* off; to spark off; to trigger (off): **i. una rivolta**, to set (*o* to spark) off a rebellion. **B innescàrsi**, *v. i. pron.* (*fig.*) to be sparked off; to be triggered off.

innésco, *m.* ***1*** primer ***2*** (*chim., fis.* e *fig.*) trigger.

innestàre, A *v. t.* ***1*** (*agric.*) to graft: **i. viti americane sulle vecchie**, to graft American vines on to the old stocks ***2*** (*med.*) to graft; (*inoculare*) to inoculate: **i. sul viso pelle presa dal braccio**, to graft skin from the arm on to the face; **i. il vaiolo a q.**, to inoculate sb. with small-pox ***3*** (*inserire*) to insert ***4*** (*elettr.*: *una spina*) to plug in ***5*** (*autom.*) to engage: **i. la frizione**, to engage (*o* to let in) the clutch. **B innestàrsi**, *v. i. pron.* to be inserted into; to be grafted on.

innestatóio, *m.* (*agric.*) grafting knife; grafter.

innestatóre, *m.* (*f.* **-trice**) (*agric.*) grafter.

innestatùra, *f.* (*agric.*) ***1*** (*l'innestare*) grafting; graftage ***2*** (*punto d'innesto*) graft.

innèsto, *m.* ***1*** (*agric.*) graft; grafting ***2*** (*med.*) graft; (*inoculazione*) inoculation: **i. epidermico**, skin graft ***3*** (*elettr.*) connection; (*spina*) plug ***4*** (*mecc.*) clutch; coupling; joint: **i. a frizione**, friction clutch; **i. di sicurezza**, slip clutch; **i. meccanico**, positive clutch; **i. a baionetta**, bayonet joint ***5*** (*fig.*: *inserimento*) insertion; junction. ● (*fis.*) **i. femmina**, receptacle; socket (*USA*).

innevaménto, *m.* (*neve caduta*) snowfall; (*presenza di neve*) snow conditions (*pl.*). ● **i. artificiale**, artificial snow.

innevàre, A *v. t.* to cover with snow. **B innevàrsi** *v. i. pron.* to be covered with snow.

innevàto, *a.* covered with snow (*pred.*); snow-covered.

ìnno, *m.* ***1*** hymn; song; anthem: **i. religioso**, religious hymn (*o* song); **l'i. nazionale**, the national anthem; **inni omerici**, Homeric hymns; **intonare un i.**, to sing a hymn ***2*** (*fig.*: *celebrazione*) celebration; praise; song of praise; extolment: **Il suo discorso è stato un i. alla pace**, his speech was a celebration of peace; **i. di lode**, song of praise.

innocènte, A *a.* ***1*** innocent; (*senza colpa*) guiltless; (*leg.*) not guilty: **sangue i.**, innocent blood; **dichiararsi i.**, to protest one's innocence; (*leg.*) to plead not guilty; **Fu riconosciuto i.**, he was found to be innocent; (*leg.*) he was found not guilty; **essere i. di q.c.**, to be innocent (*o* guiltless) of st. ***2*** (*innocuo*) innocent; harmless: **divertimento i.**, innocent pastime ***3*** (*schietto*) innocent, candid, artless; (*ingenuo*) naive: **giovane e i.**, young and innocent; **domanda i.**, candid question; **occhi innocenti**, innocent eyes. **B** *m.* e *f.* ***1*** (*non colpevole*) innocent man* (*f.* woman*) ***2*** (*bambino*) innocent: **la strage degli innocenti**, the massacre of the innocents ***3*** (*pl.*) (*trovatelli*) foundlings: **ospedale degli Innocenti**, Foundling Hospital.

innocentìno, *m.* (*f.* **-a**) (*fam. iron.*) innocent: **fare l'i.**, to play the innocent; (*di donna, anche*) to play the ingenue; **avere l'aria da innocentina**, to look as if butter wouldn't melt in one's mouth.

innocentìsmo, *m.* upholding of an accused person's innocence.

innocentista, *m.* e *f.* upholder of an accused person's innocence.

innocènza, *f.* innocence: **dichiarare la propria i.**, to protest one's innocence; (*leg.*) to plead not guilty; **Beata i.!**, bless his [her, etc.] innocence!

Innocènzo, *m.* Innocent.

innocuità, *f.* innocuousness; harmlessness.

innòcuo, *a.* innocuous; harmless; inoffensive: **una bevanda cattiva ma innocua**, a nasty but innocuous drink; **battute innocue**, harmless jokes.

innodìa, *f.* hymnody.

innografìa, *f.* ***1*** hymnography ***2*** (*raccolta di inni religiosi*) hymnal.

innògrafo, *m.* hymnographer.

innologìa, *f.* hymnology.

innòlogo, *m.* (*f.* **-a**) hymnologist.

innominàbile, *a.* unnam(e)able; unmentionable.

innominàto, A *a.* ***1*** unnamed; unmentioned; (*senza nome*) nameless ***2*** (*anat.*) innominate: **osso i.**, innominate bone. **B** *m.* – (*nei «Promessi Sposi»*) **l'I.**, the Unnamed.

innovaménto, *V.* **innovazione**.

innovàre, *v. t.* to introduce innovations into; to innovate in; to change; to reform.

innovatìvo, *a.* innovative; innovatory

innovatóre, A *a.* innovating; innovative; innovatory. **B** *m.* (*f.* **-trice**) innovator.

innovazióne, *f.* innovation; change.

in nuce (*lat.*), **A** *locuz. avv.* in a nutshell; in brief. **B** *locuz. a.* embryonic; in embryo.

innumeràbile, *a.* (*lett.*) innumerable; numberless; uncountable.

innumerabilità, *f.* (*lett.*) innumerability.

innùmere, **innumerévole**, *a.* innumerable; countless; numberless: **una folla i. di visitatori**, innumerable visitors.

ìno, *a.* (*fam.*) tiny; teeny-weeny (*fam.*); teensy-weensy (*fam.*).

inobliàbile, *a.* (*lett.*) unforgettable.

inobliàto, *a.* (*lett.*) unforgotten.

inoccultàbile, *a.* unconcealable; that cannot be concealed.

inoccupàto, A *a.* unemployed; jobless. **B** *m.* (*f.* **-a**) unemployed person; jobless person.

inoccupazióne, *f.* (youth) unemployment; joblessness.

inoculàbile, *a.* inoculable.

inoculàre, *v. t.* ***1*** (*med.*) to inoculate ***2*** (*fig.*) to sow* the seeds of; to inoculate.

inoculazióne, *f.* (*med.*) inoculation.

inodóre, **inodóro**, *a.* odourless; inodorous; (*di fiore*) scentless.

inoffensìvo, *a.* harmless; inoffensive.

inoltràre, A *v. t.* to send* on; to forward. ● **i. per posta**, to post; to mail □ **i. una domanda**, to send in (*o* to submit) an application □ **i. un reclamo a q.**, to lodge a complaint with sb. **B inoltràrsi**, *v. i. pron.* (*procedere, anche fig.*) to advance; to penetrate; to enter: **i. nell'interno**, to penetrate into the interior; **i. nei particolari**, to enter into details.

inoltràto, *a.* (*del tempo*) late (*agg.* e *avv.*): **a stagione inoltrata**, late in the season; well into the season; **a luglio i.**, late in July; in late July; well into July; **a pomeriggio i.**, late in the afternoon; **a notte inoltrata**, late at night; **fino a notte inoltrata**, late into the night. ● **essere i. negli anni**, to be advanced in years.

inóltre, *avv.* besides; also; moreover (*form.*); furthermore (*form.*): **Il tappeto è troppo grande, e i. non mi piace**, the carpet is too large; besides, I don't like it; **Parla francese e inglese**; **i. sa battere a macchina**, he speaks French and English; he can also type; **I costi sono elevati**; **bisogna i. tener presente l'elemento tempo**, the costs are high; furthermore (*o* moreover), we must take the time factor into account.

inóltro, *m.* forwarding. ● **Con preghiera d'i.**, please forward.

inombràre, *v. t.* (*lett.*) to cast* a shadow on to; to shade.

inondàre, *v. t.* ***1*** to flood; to inundate: **Il fiume ha inondato la campagna**, the river has flooded the countryside ***2*** (*fig.*: *invadere*) to flood, to inundate, to deluge, to submerge, to swamp; (*riempire*) to fill: **La plastica ha inondato il mercato**, plastics have flooded the market; **essere inondato di telefonate**, to be inundated (*o* swamped) with phonecalls; **Il sollievo le inondò il petto**, relief filled her heart ***3*** (*fig.*: *bagnare*) to pour down (*o* over, on to, into): **Le lacrime le inondavano il viso**, tears poured down her cheeks.

inondàto, *a.* flooded (with); filled (with): **i. di gioia**, filled with joy.

inondazióne, *f.* ***1*** (*l'inondare*) flooding; (*la piena*) flood ***2*** (*fig.*) flood; deluge; inundation.

inonoràto, *a.* (*lett.*) unhonoured.

inoperàbile, *a.* (*med.*) inoperable.

inoperànte, *a.* inoperative; ineffective; (*leg.*) not in force: **rimanere i.**, to be ineffective; to remain a dead letter.

inoperosità, *f.* ***1*** inactivity; idleness ***2*** (*ind.*: *di un macchinario*) outage.

inoperóso, *a.* ***1*** (*inattivo*) inactive; idle; at a standstill (*pred.*): **L'industria è inoperosa da giugno**, the industry has been at a standstill since June; **capitale i.**, idle capital *2* (*ozioso*) idle; slack; lazy.

inòpia, *f.* (*lett.*) destitution; indigence; penury.

inopinàbile, *a.* (*lett.*) *1* (*imprevedibile*) unforeseeable *2* (*impensabile*) unimaginable; unthinkable.

inopinàto, *a.* unforeseen; unexpected.

inopportunità, *f.* inopportunity; inappropriateness.

inopportùno, *a.* *1* (*che avviene al momento sbagliato*) inopportune; untimely; ill-timed *2* (*fuori luogo*) inappropriate; inconvenient; ill-timed; out of place (*pred.*): **una domanda inopportuna**, an ill-timed question; **un momento i.**, an inconvenient time; a bad moment.

inoppugnàbile, *a.* *1* incontrovertible *2* (*leg.*) indefeasible.

inoppugnabilità, *f.* *1* incontrovertibility *2* (*leg.*) indefeasibility.

inorganicità, *f.* *1* inorganic nature *2* (*mancanza di unità organica*) incoherency; disjointedness; disorganization; unsystematicity.

inorgànico, *a.* *1* inorganic: **chimica inorganica**, inorganic chemistry *2* (*privo di organicità*) disjointed; disorganized; unsystematic.

inorgoglire, A *v. t.* to make* proud. **B** *v. i.* e **inorgoglirsi,** *v. i. pron.* to become* proud; to pride oneself (upon st., upon doing st.); to take* a pride (in st., in doing st.).

inorgoglito, *a.* proud (of).

inorpellàre, *v. t.* (*fig.*) to gild over.

inorridire, A *v. t.* to horrify; to strike* with horror; to appal; to shock: **Il solo pensiero mi inorridisce**, the mere thought of it horrifies me. **B** *v. i.* to be horrified; to be horror-struck; to be shocked; to be appalled: **Inorridii alla vista [all'idea]**, I was horrified at the sight [by the idea].

inorridito, *a.* horrified; shocked; appalled.

inoșàbile, (*lett.*) **A** *a.* unattemptable; that should not be attempted. **B** *m.* – **osare l'i.**, to dare the impossible.

inoșina, **inoșite,** *f.* (*chim.*) inosite.

inoșitòlo, *m.* (*chim.*) inositol.

inospitàle, *a.* inhospitable.

inospitalità, *f.* inhospitality.

inosservàbile, *a.* (*non adempibile*) that cannot be complied with.

inosservànte, *a.* *1* failing to comply (with) *2* (*delle leggi, ecc.*) non-observant (of).

inosservànza, *f.* *1* non-compliance (with); failure to comply (with) *2* (*delle leggi, ecc.*) non-observance.

inosservàto, *a.* *1* (*non visto*) unobserved; unnoticed: **passare i.**, to go unnoticed *2* (*non rispettato*) not observed, not respected; (*inadempiuto*) unfulfilled.

inossidàbile, *a.* *1* stainless; (*chim.*) inoxidizable: **acciaio i.**, stainless steel *2* (*fig.*: *resistente*) indestructible; hardy; tough.

inossidabilità, *f.* stainlessness.

in ottàvo, *locuz. a.* (*tipogr.*) octavo (*attr.*).

inottemperànza, *f.* non-fulfilment; (*di legge, ecc.*) non-observance.

inòx, *a. invar.* stainless steel (*attr.*).

in primis (*lat.*), *locuz. avv.* first of all; firstly.

input (*ingl.*), *m. invar.* *1* (*elab.*) input *2* (*fig.*) start; go-ahead.

inquadraménto, *m.* *1* framing *2* (*disposizione*) arrangement *3* (*mil., bur.*) organization; assignation.

inquadràre, A *v. t.* *1* (*mettere in cornice*) to frame *2* (*mil., bur.*) to organize; to assign *3* (*fig.*: *inserire*) to set*: **i. uno scrittore nel suo tempo**, to set an author in his historical background *4* (*descrivere*) to describe; (*avere presente alla mente*) to picture: **In questo momento non riesco a inquadrarlo**, I can't quite picture him just now *5* (*fotogr., cinem.*) to frame. **B inquadràrsi,** *v. i. pron.* to fit into; to form part of; to be set in.

inquadratùra, *f.* *1* framing *2* (*fotogr., cinem.*: *l'inquadrare*) framing; (*il risultato*) shot.

inqualificàbile, *a.* disgraceful; contemptible; despicable.

inquartàre, A *v. t.* (*arald.*) to quarter. **B inquartàrsi,** *v. i. pron.* to grow* stout.

inquartàta, *f.* (*scherma*) quarte, quart.

inquartàto (1), *a.* (*arald.*) quartered.

inquartàto (2), *a.* (*robusto*) well-set; sturdy; robust; stout.

inquartatùra, *f.* (*arald.*) quartering.

inquietànte, *a.* disturbing; disquieting; worrying; alarming.

inquietàre, A *v. t.* to worry; to make uneasy. **B inquietàrsi,** *v. i. pron.* *1* to get* worried; to worry *2* (*stizzirsi*) to get* angry (*o* cross).

inquièto, *a.* *1* (*agitato*) restless; agitated; fidgety *2* (*preoccupato*) uneasy; anxious; worried *3* (*crucciato*) vexed; cross.

inquietùdine, *f.* *1* (*agitazione*) restlessness; unrest *2* (*preoccupazione*) anxiety; worry: **destare i.**, to be cause of anxiety; to be worrying; **essere fonte d'i.**, to be a source of worry (*o* of anxiety).

inquilinàto, *m.* tenancy.

inquilinișmo, *m.* (*biol.*) inquilinism.

inquilino, *m.* (*f.* **-a**) *1* tenant; (*pigionante*) lodger *2* (*zool.*) inquilin.

inquinaménto, *m.* pollution: **i. atmosferico [termico, acustico]**, air [thermal, noise] pollution. ● (*leg.*) **i. delle prove**, tampering with evidence

inquinànte, *a.* (*anche fig.*) polluting: **sostanza i.**, polluting substance; pollutant.

inquinàre, *v. t.* *1* to pollute *2* (*fig.*: *corrompere*) to corrupt; (*guastare*) to spoil*, to mar. ● (*leg.*) **i. le prove**, to tamper with evidence.

inquinàto, *a.* foul; polluted.

inquirènte, A *a.* examining; investigating; fact-finding: **magistrato i.**, examining (*o* investigating) magistrate; **commissione i.**, committee of enquiry; fact-finding committee. **B** *m.* e *f.* enquirer.

inquișire, *v. t.* e *i.* (*indagare*) to investigate; to inquire into.

inquișitivo, *a.* probing.

inquișitóre, A *a.* inquiring; searching; probing: **sguardo i.**, searching look. **B** *m.* (*f.* **-trice**) inquisitor: (*stor.*) **il Grande I.**, the Inquisitor.

inquișitòrio, *a.* inquisitional; inquisitorial: (*leg.*) **sistema i.**, inquisitional system; **voce inquisitoria**, inquisitorial voice.

inquișizióne, *f.* inquisition: (*stor.*) **la Santa I.**, the Inquisition.

insabbiaménto, *m.* *1* sanding up; silting up *2* (*fig.*: *di una pratica e sim.*) shelving; (*occultamento*) cover-up.

insabbiàre, A *v. t.* *1* to cover with sand; to sand; to silt up *2* (*fig.*: *una pratica e sim.*) to shelve; (*occultare*) to cover up. **B insabbiàrsi,** *v. i. pron.* *1* to be covered with sand; to be sanded up; to silt up *2* (*arenarsi*) to run* aground *3* (*fig.*: *di una pratica e sim.*) to be shelved.

insaccaménto, *V.* **insaccatura**.

insaccàre, A *v. t.* *1* to put* (*o* to pack) into a sack; to sack *2* (*carne di maiale*) to make* into sausages *3* (*intascare*) to pocket *4* (*vestire goffamente*) to dress in bulky clothes *5* (*fig.*: *pigiare*) to pack; to cram. ● **i. il collo**, to draw in one's neck □ (*calcio*) **i. il pallone**, to slam the ball into the net. **B insaccàrsi,** *v. rifl.* e *i. pron.* *1* (*rientrare in se stesso*) to telescope; to concertina; to crush *2* (*vestirsi goffamente*) to wear* shapeless clothes *3* (*pigiarsi*) to pack; to squeeze *4* (*naut.*: *di vele*) to be taken aback. ● (*calcio*) **Il pallone s'insaccò nella rete**, the ball was slammed into the net.

insaccàta, *f.* *1* (*scossa data a un sacco*) shaking down *2* (*urto che si riceve cadendo*) impact; (*scossone, anche in equitazione*) jolt.

insaccàto, *m.* (*salume*) sausage.

insaccatóre, *m.* (*f.* **-trice**) packer: **i. di grano**, wheat packer.

insaccatrice, *f.* (*tecn.*) bagging machine.

insaccatùra, *f.* *1* (*confezionamento in sacchi*) packing into sacks *2* (*di salumi*) sausage-making.

insacchettàre, *v. t.* to put* into bags; to bag.

insacchettatrice, *f.* (*tecn.*) bagging machine.

insalàta, *f.* *1* salad: **i. di lattuga**, lettuce salad; **i. di mare**, sea food salad; **i. di riso**, rice salad; **i. mista**, vegetable salad; **i. russa**, Russian salad; **pomodori in i.**, tomato salad; **condire l'i.**, to dress the salad *2* (*fig.*) mixture; jumble; mess: **fare un'i.**, to make a mess (of st.). ● (*scherz.*) **Quelli come lui io me li mangio in i.!**, I eat people like him for breakfast!

insalatièra, *f.* salad bowl.

insaldàre, *v. t.* to starch.

insalivàre, *v. t.* to insalivate.

insalivazióne, *f.* insalivation.

insalùbre, *a.* unhealthy; insalubrious.

insalubrità, *f.* unhealthiness; insalubrity.

insalutàto, *a.* – **partire i. ospite**, to leave without saying good-bye; to take French leave; (*eufem.*: *scappare*) to make oneself scarce, to do a bunk (*pop. GB*).

insalvàbile, *a.* not savable; unsavable; not rescuable.

insanàbile, *a.* *1* incurable *2* (*implacabile*) undying; relentless.

insanguinàre, A *v. t.* (*coprire di sangue*) to cover with blood; (*macchiare*) to stain with blood; (*di guerra, ecc.*) to fill with blood, to cause bloodshed. **B insanguinàrsi,** *v. i. pron.* (*macchiarsi di sangue*) to become* blood-stained; (*di persona*) to get* blood over oneself, to cover oneself with blood.

insanguinàto, *a.* (*coperto di sangue*) covered in blood; (*macchiato*) blood-stained: **un fazzoletto i.**, a blood-stained handkerchief.

insània, *f.* insanity (*med.*); madness; folly: **Che i.!**, what folly!

insanire, *v. i.* (*lett.*) to become* insane; to go* mad.

insàno, *a.* insane; mad: **gesto i.**, insane gesture. ● (*leg.*) **di mente insana**, of unsound mind; insane.

insaponàre, *v. t.* *1* to soap; (*con sapone da barba*) to lather *2* (*fig.*) to soft-soap; to suck up to.

insaponàta, *f.* (quick) soaping; (*con sapone da barba*) (quick) lathering.

insaponatùra, *f.* *1* soaping; (*con sapone da barba*) lathering *2* (*fig.*) soft-soaping.

insapóre, *V.* **insaporo**.

insaporire, A *v. t.* to season; to flavour; to make* tasty. **B insaporirsi,** *v. i. pron.* to become* tasty.

insapóro, *a.* tasteless; flavourless.

insapùta, *f.* – **all'i. di q.**, without the knowledge of sb.; without sb.'s knowing; unbeknown(st) to sb. (*form.*); **a mia i.**, without my knowledge (*o* my knowing); **all'i. del padre**, without his father's knowing.

insaturàbile, *a.* (*chim.*) unsaturable.

insaturazióne, *f.* (*chim.*) unsaturation.

insàturo, *a.* (*chim.*) unsaturated.

insaziàbile, *a.* insatiable; unappeasable; (*di sete e fig.*) unquenchable.

insaziabilità, *f.* insatiability.

insaziàto, *a.* insatiate.

inscatolaménto, *m.* *1* (*in scatole*) boxing; packing *2* (*in latte o lattine*) tinning; canning (*USA*).

inscatolàre, *v. t.* *1* (*mettere in scatola*) to box; to pack *2* (*mettere in latte o lattine*) to tin; to can (*USA*).

inscatolatrice, *f.* (*tecn.*) *1* (*per scatole*) boxing machine *2* (*per latte o lattine*) tinning machine; canning machine (*USA*).

inscenàre, *v. t.* *1* (*teatr.*) to stage; to put* on *2* (*fig.*) to stage; to mount.

insciènte, *a.* (*lett.*) ignorant.

inscindìbile, *a.* inseparable.
inscindibilità, *f.* inseparability; inseparableness.
inscrittìbile, *a.* (*geom.*) inscribable.
inscritto, *a.* (*geom.*) inscribed.
inscrìvere, *v. t.* (*geom.*) to inscribe.
inscrizióne, *f.* (*geom.*) inscription.
inscrutàbile, *a.* inscrutable.
inscrutabilità, *f.* inscrutability; inscrutableness.
insecchìre, A *v. t.* to dry up. **B** *v. i.* ***1*** to become* dry; to dry up ***2*** (*diventare magro*) to grow* thin (*o* thinner).
insediaménto, *m.* ***1*** (*in una carica, ecc.*) installation (in office); taking over; (*con giuramento*) swearing in ***2*** (*in un luogo*) settlement. ● **cerimonia d'i.**, inaugural ceremony; (*in U.S.A., del presidente*) inaugural.
insediàre, A *v. t.* to install; (*con giuramento*) to swear* in: **i. q. in carica**, to install sb. in office; (*leg.*) **i. una giuria**, to swear in a jury. **B insediàrsi,** *v. i. pron.* ***1*** to take* office; to take* over: **Arriva oggi e s'insedierà domani**, he arrives today and takes over tomorrow ***2*** (*stabilirsi*) to settle; (*installarsi*) to establish oneself.
inségna, *f.* ***1*** (*segno, emblema*) sign, mark, badge; (*al pl.*) insignia; (*stemma*) coat of arms: **le insegne reali**, the insignia of royalty; **insegne episcopali**, episcopal insignia; **insegne cavalleresche**, badges of knighthood ***2*** (*impresa*) motto* ***3*** (*vessillo*) ensign, banner; (*bandiera*) flag; (*stendardo*) standard; (*al pl., mil., anche*) colours: **i. d'ammiraglio**, admiral's flag; **abbandonare le insegne** (*disertare*), to desert one's colours ***4*** (*di negozio, locale*) sign: **insegne al neon**, neon signs; **all'i. del Leone Rosso**, at the sign of the Red Lion. ● **cibi all'i. della genuinità**, wholesome food □ **proposte all'i. del compromesso**, proposals dictated by a will to compromise □ **La riunione si svolse all'i. del più completo caos**, the meeting was chaotic.
insegnàbile, *a.* teachable.
insegnaménto, *m.* ***1*** (*l'insegnare; la professione d'insegnante*) teaching: **darsi all'i.**, to take up teaching; **essere abilitato all'i.**, to be qualified to teach; to be a qualified teacher; **metodi d'i.**, teaching methods; **programma d'i.**, teaching programme; syllabus; curriculum; **i. privato**, tuition ***2*** (*istruzione*) education: **i. primario [secondario, superiore]**, primary [secondary, higher] education; **i. privato**, private education ***3*** (*precetto, norma*) precept, teaching; (*lezione*) lesson, warning: **gli insegnamenti dell'esperienza**, the lessons of experience; **Questo gli servirà d'i.!**, that will teach him a lesson!; **Che ti sia d'i.**, let that be a lesson to you.
insegnànte, A *a.* teaching: **corpo i.**, teaching staff. **B** *m.* e *f.* teacher; master (*m., GB*); mistress (*f., GB*): **insegnanti e allievi**, teachers and pupils; **i. di fisica**, physics teacher; **i. di francese**, French teacher; **i. di liceo**, high school teacher; **i. di sostegno**, remedial teacher; assistant teacher (for handicapped children).
insegnàre, A *v. t.* ***1*** to teach*; (*addestrare; abituare*) to train: **i. musica**, to teach music; **Ti insegnerò a leggere**, I shall teach you to read (*o* how to read); **ciò che ci insegna la storia**, what history teaches us; **È una canzone che mi ha insegnato la nonna**, it's a song that my grandmother taught me; **Chi ti ha insegnato a cucinare?**, who taught you how to cook?; **Insegnai al cane a portarmi la sua spazzola**, I trained the dog to bring me his brush; **i. a q. a fare il falegname**, to train sb. as a carpenter; **Ti insegno io a origliare!**, I'll teach you to eavesdrop! ***2*** (*spiegare*) to tell*; (*mostrare*) to show*, to indicate: **Insegnami come ci si arriva**, tell me how to get there; **Insegnami come si fa**, show me how to do it; tell me how to do it. **B** *v. i.* (*essere insegnante*) to teach*; to be a teacher; (*all'università*) to teach*, to lecture, to be a lecturer; (*fare lezione*) to teach*: **i. a Oxford**, to teach at Oxford; **Insegno ai bambini piccoli**, I teach young children; **i. dalle nove all'una**, to teach (*o* to have classes) from nine to one; **Sono stanco d'i.**, I'm tired of teaching.
inseguiménto, *m.* ***1*** pursuit; chase: **essere all'i. di q.**, to be in pursuit of sb.; to be chasing sb., to be running after sb.; **lanciarsi all'i. di q.**, to set off in pursuit of sb.; to run after sb.; **lanciato all'i. di**, in hot pursuit of; chasing ***2*** (*sport*) pursuit: **i. a squadre**, team pursuit; team race ***3*** (*scient.*) tracking: **i. radar**, radar tracking.
inseguìre, *v. t.* ***1*** to chase; to run* after; to pursue; to be in pursuit of; (*naut.*) to give chase to: **i. un borsaiolo**, to run after (*o* to chase) a pickpocket; **i. una lepre**, to chase (*o* to run after) a hare; **i. il nemico**, to pursue the enemy ***2*** (*fig.*) to chase; to pursue; to strive* after: **i. il succcesso**, to chase success; **i. un sogno**, to pursue a dream; **i. la gloria**, to strive after glory ***3*** (*scient.*) to track.
inseguitóre, A *m.* (*f.* **-trice**) ***1*** pursuer; chaser; follower ***2*** (*scient.*) follower; tracker. **B** *a.* pursuing; following.
insellaménto, *m.* (*di nave, aeroplano*) sag.
insellàre, A *v. t.* ***1*** (*sellare*) to saddle ***2*** (*far incurvare*) to sag. **B insellàrsi,** *v. i. pron.* ***1*** (*montare in sella*) to get* into the saddle ***2*** (*incurvarsi*) to sag.
insellatùra, *f.* ***1*** (*di animali*) hollow of the back ***2*** (*geogr.*) saddle ***3*** (*naut.*) sheer.
inselvatichìre, A *v. t.* ***1*** to make* wild ***2*** (*una persona*) to make* unsociable. **B** *v. i.* e **inselvatichìrsi,** *v. i. pron.* ***1*** to grow* (*o* to run*) wild ***2*** (*di persona*) to grow* unsociable.
inseminàre, *v. t.* (*biol.*) to inseminate.
inseminazióne, *f.* (*med., vet.*) insemination.
insenatùra, *f.* inlet; cove; creek (*GB*); small bay.
insensatézza, *f.* ***1*** senselessness; foolishness: **La sua i. li ha portati all'orlo della rovina**, his foolishness has brought them to the brink of disaster; **L'i. di quell'atto mi lasciò perplessa**, the senselessness of such an act puzzled me ***2*** (*azione insensata*) foolish act, folly; (*parole insensate*) senseless words, nonsense.
insensàto, A *a.* senseless; foolish; crazy: **Nel delirio diceva parole insensate**, in his delirium he uttered senseless words; **un'impresa insensata**, a crazy scheme; **comportamento i.**, foolish behaviour. **B** *m.* (*f.* **-a**) senseless (*o* foolish) person; fool: **agire da i.**, to act foolishly.
insensìbile, *a.* ***1*** (*impercettibile*) imperceptible; slight ***2*** (*che non ha sensazione*) insensitive: **un braccio reso i. dall'anestesia locale**, an arm made insensitive by local anaesthetic; **i. al freddo**, insensitive to cold ***3*** (*che non prova sentimenti*) insensitive; (*indifferente*) indifferent; (*che non si commuove*) callous, unfeeling: **i. alla pietà**, insensitive to pity; **i. alle sofferenze altrui**, indifferent to other people's suffering.
insensibilità, *f.* ***1*** (*fisica*) insensitiveness ***2*** (*freddezza*) insensitiveness; (*indifferenza*) indifference; (*durezza*) callousness ***3*** (*impercettibilità*) slightness; imperceptibility.
inseparàbile, A *a.* inseparable. **B** *m.* (*zool., Agapornis*) lovebird.
inseparabilità, *f.* inseparability; inseparableness.
insepólto, *a.* unburied.
insequestràbile, *a.* unseizable.
insequestrabilità, *f.* immunity from seizure.
inserìbile, *a.* which can be inserted; insertable.
inseriménto, *m.* ***1*** insertion; introduction; fitting in ***2*** (*inclusione*) inclusion; (*inserto*) insertion, insert ***3*** (*fig.: integrazione*) fitting in; settling in ***4*** (*elettr.*) connection, plugging in; (*in derivazione*) shunting.
inserìre, A *v. t.* ***1*** (*infilare, far entrare*) to insert; to fit in; to put* in; to get* in (*fam.*): **i. una bietta nella crepa [un tubo in un altro]**, to insert a wedge in the crack [one pipe in another]; **i. un foglio nella macchina da scrivere**, to insert a sheet in the typewriter; **i. una moneta nella fessura**, to insert a coin in the slot; **i. la chiave nelle serratura**, to fit the key into the lock ***2*** (*allegare*) to enclose ***3*** (*includere*) to include; to insert; to put* in: **Inseriremo l'articolo nel giornale di domani**, we'll include the article in tomorrow's paper; **i. un nome in un elenco**, to include a name in a list; **i. un annuncio sul giornale**, to put a notice in the paper; **i. una clausola**, to put in (*o* to insert) a clause ***4*** (*fig.: far entrare*) to introduce; to integrate ***5*** (*elettr.*) to connect; to plug in; (*accendere*) to switch on; (*in derivazione*) to shunt: **i. la spina**, to insert the plug; **i. la spina della lampada nella presa**, to plug in the lamp; **i. l'allarme**, to switch on the alarm. ● (*elab.*) **i. dati**, to input □ (*autom.*) **i. la chiave nell'accensione**, to turn on the ignition □ (*autom.*) **i. la marcia**, to engage the gear; to put the car into gear. **B inserìrsi,** *v. i. pron.* ***1*** (*entrare*) to enter, to get* in; (*intervenire*) to intervene: **i. in una discussione**, to intervene in a debate ***2*** (*entrare a far parte*) to become* part of; (*integrarsi*) to fit in, to settle in: **i. nella società**, to fit into society; **Ha avuto qualche difficoltà a i. nella nuova scuola**, he had some difficulties settling in at his new school ***3*** (*incastrarsi*) to fit in: **Questo pezzo si inserisce qui**, this piece fits in here.
inserìto, *a.* ***1*** (*integrato*) integrated; well accepted ***2*** (*acceso, in funzione*) switched on, on, connected; (*autom.: di marcia*) in: **L'allarme è i.**, the alarm is on; **Il freno è inserito**, the brake is on.
inseritóre, *m.* (*elettr.*) connector; switch: **i. automatico**, automatic connector.
insèrto, *m.* ***1*** file; dossier ***2*** (*giorn.*) insert, inset; (*staccabile*) pullout; (*centrale*) centrefold, centerfold (*USA*) ***3*** (*cinem.*) insert: **i. commerciale**, ad insert; spot; **i. filmato**, clip.
inservìbile, *a.* unserviceable; useless; (of) no use. ● **una bicicletta i.**, a broken-down old bicycle □ **rendere i. q.c.**, to put st. out of action.
inservibilità, *f.* uselessness.
inserviènte, *m.* e *f.* ***1*** attendant; (*in uffici e sim.*) odd-job man* (*m.*) ***2*** (*eccles.*) server; altar boy.
inserzióne, *f.* ***1*** insertion ***2*** (*annuncio pubblicitario*) advertisement; ad (*fam.*); announcement; insertion: **mettere un'i. su un giornale**, to put an ad in the paper; **fare inserzioni**, to advertise ***3*** (*elettr.*) connection, plugging in; (*in derivazione*) shunting.
inserzionista, *m.* e *f.* advertiser.
inserzionìstico, *a.* advertising; advertisement (*attr.*). ● **pubblicità inserzionistica**, newspaper advertising.
insessóre, *a.* (*zool.*) inessorial.
insettàrio, *m.* insectarium; insectary.
insettìcida, A *m.* insecticide; pesticide. **B** *a.* insecticidal. ● **polvere i.**, insect-powder.
insettìfugo, A *m.* insectifuge. **B** *a.* insect-repelling (*attr.*).
Insettìvori, *m. pl.* (*zool., Insectivora*) Insectivora.
insettìvoro, A *a.* (*zool., bot.*) insectivorous. **B** *m.* (*zool.*) insectivore.
insètto, *m.* ***1*** (*zool.*) insect; bug (*fam.*) ***2*** (*fig.: persona spregevole*) louse*; worm. ● (*zool.*) **i. stecco**, stick insect.
insicurézza, *f.* ***1*** insecurity ***2*** (*incertezza*) uncertainty.
insicùro, A *a.* ***1*** insecure ***2*** (*incerto*) uncertain; unsure ***3*** (*non stabile*) unsafe; insecure; **ponte i.**, unsafe bridge. **B** *m.* (*f.* **-a**) insecure person; person unsure of himself [herself].
insìdia, *f.* ***1*** (*trappola*) trap, snare; (*inganno*) trick, deceit, deception: **Sospettavo un'i.**, I suspected a trick; **Gli tesero un'i.**, they laid a

trap for him; **Elusi le insidie**, I didn't fall into the trap ***2*** (*pericolo*) peril; (insidious) danger: **le insidie del mare**, the dangers (*o* perils) of the sea; **Ero circondato da insidie**, I was beset by dangers ***3*** (*fig.*: *allettamento*) allurement; temptation.

insidiàre, *v. t.* e *i.* to lay* a trap for; to lay* a snare for. ● **i. all'onore di q.**, to try to tarnish sb.'s honour □ **i. alla vita di q.**, to make an attempt on sb.'s life □ **i. una ragazza**, to try to seduce a girl.

insidiatóre, *m.* (*f.* **-trice**) tempter; (*di donna, lett.* o *scherz.*) temptress.

insidióso, *a.* dangerous; insidious; tricky; treacherous; deceitful: **una domanda insidiosa**, a tricky question; **un terreno i.**, a treacherous terrain; **malattia insidiosa**, insidious illness.

insième (1), A *avv.* ***1*** together: **stare i.**, to be together; (*non separarsi*) to keep together; (*fig.*: *sostenersi a vicenda*) to stick together; (*concordare*) to go together: **Le due cose non possono stare i.**, the two things don't go together; you can't have it both ways; **Usciamo tutti i.!**, let's all go out together!; **Forza, tutti i.!**, all together now! ***2*** (*contemporaneamente*) at the same time: **Ero arrabbiata e divertita i.**, I was angry and amused at the same time; **Pagherò tutto i.**, I shall pay it all together; I shall pay everything at the same time. ● (*region.*) **Il latte è andato i.**, the milk has curdled □ **mettere i. una cena**, to improvise a meal; to whip up (*o* throw together) a meal (*fam.*) □ **mettere i. un esercito**, to muster an army □ **mettere i. una fortuna**, to make (*o* to amass) a fortune □ **mettere i. una frase**, to make up a sentence □ **mettere i. un gruppetto di amici**, to get a few friends together □ **mettere i. i pezzi di una macchina**, to put a machine together; to assemble a machine □ **mettere i. i soldi per il viaggio**, to put together (*a fatica*: to scrape together) the money for the journey □ **tutti i.**, all together; in a body: **Si presentarono all'aeroporto tutti i.**, they turned up at the airport in a body □ **tutto i.**, (*in blocco*) as a unit; as a whole. **B insième a, insième con,** *locuz. prep.* with; (*unitamente a*) together with, along with: **Verrò i. con gli altri**, I shall come with the others; **Vi spediamo, i. con alcuni campioni, gli articoli che ci ordinaste**, we are sending you the articles you ordered, together with a few samples.

insième (2), *m.* ***1*** whole; body; ensemble; (the) whole thing: **l'i. di q.c.** (*o* **q.c. nel suo i.**), st. as a whole; **Esaminiamo l'i. degli edifici**, let us consider the buildings all together (*o* the buildings as a group); **L'i. mi lascia perplesso**, I'm not convinced by the thing as a whole; **l'i. degli indizi**, the evidence as a whole; all the clues put together; **l'i. degli attori**, the (whole) cast; **l'i. degli elettori**, the whole electorate; the electorate as a whole ***2*** (*di un'opera d'arte*) unity; composition: **I particolari sono buoni, ma è debole l'i.**, the detail is good, but the composition is weak ***3*** (*servizio, necessaire*) set: **i. da viaggio**, travelling set ***4*** (*moda*) ensemble; outfit: **i. da pesca**, fishing outfit ***5*** (*mat.*) set: **i. vuoto**, empty set; **i. chiuso**, closed set; **i. finito**, finite set; **teoria degli insiemi**, set theory ***6*** (*mus.*) ensemble: **musica d'i.**, ensemble music. ● **d'i.** (*o* **dell'i.**), overall (*agg.*): **il significato dell'i.**, the overall meaning; **l'effetto d'i.**, the overall (*o* general) effect □ **gioco d'i.**, teamwork □ **nell'i.**, on the whole; as a whole; all in all: **Mi piace poco nell'i.**, I don't like it as a whole; **Bisogna considerarlo nel suo i.**, it should be considered as a whole; **preso nell'i.**, taken all in all □ **uno sguardo d'i.**, a comprehensive (*o* general) view.

insiemìstica, *f.* (*mat.*) set theory.

insiemìstico, *a.* (*mat.*) set (*attr.*): **trattazione insiemistica**, set (theory) treatment.

insigne, *a.* great; renowned; distinguished; famous: **un uomo i.**, a great man; **un i. scienziato**, a distinguished scientist; **un artefice i.**, a great craftsman; **città i.**, famous (*o* renowned) city.

insignificànte, *a.* ***1*** (*privo di significato*) meaningless ***2*** (*trascurabile*) insignificant; negligible; unimportant; minor; petty; trifling: **La differenza è i.**, the difference is negligible; **un particolare i.**, a minor detail ***3*** (*senza personalità*) insignificant; nondescript; dull; grey, gray (*USA*).

insignire, *v. t.* (*di medaglia al valore, ecc.*) to decorate; (*di onorificenza, ecc.*) to bestow (st. on sb.), to confer (st. on sb.). ● **i. del q. titolo di barone**, to make sb. a baron □ **i. del q. titolo di cavaliere**, to dub sb. a knight.

insilàggio, insilaménto, *m.* ensilage.

insilàre, *v. t.* to ensile; to silo.

insilatrice, *f.* ensilage cutter; (*ad aria*) ensilage (*o* forage) blower.

insincerità, *f.* insincerity; falsity; disingenuousness.

insincèro, *a.* insincere; false; disingenuous.

insindacàbile, *a.* unquestionable; unappealable; final: **decisione i.**, unappealable (*o* final) decision.

insindacabilità, *f.* unquestionableness; finality.

insino, *V.* **fino (1)**.

insinuànte, *a.* insinuating; (*che cerca d'ingraziarsi*) ingratiating; (*carezzevole*) wheedling.

insinuàre, A *v. t.* ***1*** (*far penetrare*) to insert; to introduce; to slip in: **Insinuai la lama nella fessura**, I inserted the blade into the crack; **Mi insinuò una mano sotto il braccio**, he slipped a hand under my arm; **L'albero ha insinuato le radici nelle fessure**, the tree's roots have penetrated into the cracks ***2*** (*fig.*) to insinuate; to hint; to suggest: **Cerchi di i. che lei mi tradisce?**, are you trying to insinuate that she is unfaithful to me?; **i. dubbi in q.**, to insinuate (*o* to instil) doubts into sb.'s mind; **Che cosa vuoi i.?**, what are you hinting at? ● (*leg.*) **i. un credito in un fallimento**, to prove a debt in a bankruptcy. **B insinuàrsi,** *v. rifl.* ***1*** to insinuate oneself; to work one's way in; (*subdolamente*) to worm one's way in ***2*** (*entrare furtivamente*) to creep* in; (*in un'apertura stretta*) to squeeze in, to squeeze through ***3*** (*fig.*) to creep* in: **Un dubbio s'insinuò nella mia mente**, a doubt crept into my mind ***4*** (*di un liquido*) to seep; to penetrate.

insinuatóre, *m.* (*f.* **-trice**) insinuator.

insinuazióne, *f.* (*fig.*) insinuation; (*allusione*) hint, suggestion. ● (*leg.*) **i. di un credito in un fallimento**, proof of a debt in a bankruptcy.

insipidézza, insipidità, *f.* ***1*** tastelessness; insipidity, insipidness ***2*** (*fig.*) insipidness; dullness; blandness.

insìpido, A *a.* ***1*** tasteless; insipid ***2*** (*fig.*) insipid; characterless; dull; bland. **B** *m.* insipid taste; tastelessness.

insipiènte, *a.* foolish; (*ignorante*) ignorant.

insipiènza, *f.* foolishness; (*ignoranza*) ignorance.

insistènte, *a.* ***1*** persistent; (*assillante, tormentoso*) nagging (*attr.*): **richieste insistenti**, persistent requests; **È molto i. quel tuo amico**, that friend of yours is very persistent; **un dubbio i.**, a nagging doubt; **mal di denti i.**, nagging toothache; **troppo i.**, too insistent; importunate ***2*** (*che non cessa, continuo*) persistent; incessant; unceasing; relentless: **tosse i.**, persistent cough; **pioggia i.**, persistent (*o* incessant) rain.

insistènza, *f.* ***1*** insistence: **La sua i. è irritante**, his insistence is irritating ***2*** (*pl.*) repeated requests; urging (*sing.*): **Cedetti alle sue insistenze**, I gave in to his repeated requests ***3*** (*continuità*) persistence: **l'i. del cattivo tempo**, the persistence of bad weather. ● **chiedere con i.**, to ask insistently; to insist (on st., on doing st.) □ **su i. di**, at the urging of.

insìstere, *v. i.* ***1*** (*continuare ostinatamente*) to go* on (doing st.); to keep* on (doing st.); to keep* at (st.); to persevere (in, with st.); to persist (in doing st.); to stick* to (*fam.*): **Devi aver pazienza e i.**, you must be patient and persevere; **Insisterò nella mia domanda**, I shall keep on asking; **Insisterò nel mio tentativo**, I shall go on trying; **L'uomo insiste nel negare**, the man sticks to his denial; **i. in una richiesta**, to press a claim ***2*** (*dire, chiedere con insistenza*) to insist (on st.), to press (sb. to do st.); (*sottolineare*) to stress, to emphasize; (*trattare a lungo di*) to dwell (on st.): **A forza di i. ottenni quello che volevo**, I got what I wanted by dint of insisting; **D'accordo, non insisto**, all right, I won't insist; (*a chi rifiuta di accettare q.c.*) all right, I won't press you; **È inutile che tu insista, non te lo compro!**, I won't buy it, so it's no use going on about it; **Insistette perché restassi**, he insisted on my staying; he pressed me to stay; **Insisteva nel voler parlare al direttore**, he insisted he wanted to speak to the manager; **Insistette a volermi mostrare i suoi quadri**, he wanted to show me his paintings at all costs; **Insisteva perché accettassi dei soldi**, he tried to press money on me; **C'è un punto su cui voglio i.**, there is an aspect that I would like to stress ***3*** (*edil.*) to stand* on; to rest on ***4*** (*geom.*) to be subtended by. ● **i. con le richieste**, to be importunate □ **i. nelle proprie posizioni**, to stand firm; to stick to one's guns (*fam.*).

insito, *a.* inherent; congenital; inborn.

in situ (*lat.*), *locuz. avv.* in situ; in position; on the spot.

insociàbile, *a.* ***1*** (*non socievole*) unsociable ***2*** (*incompatibile*) incompatible.

insociàle, *a.* unsocial.

insociévole, *a.* unsociable.

insocievolézza, *f.* unsociability; unsociableness.

insoddisfacènte, *a.* unsatisfactory.

insoddisfàtto, *a.* ***1*** (*inappagato*) unsatisfied; (*irrealizzato*) unfulfilled: **desiderio i.**, unsatisfied (*o* unfulfilled) wish; **Sono i. delle sue risposte**, I am unsatisfied with his answers ***2*** (*scontento*) dissatisfied; disappointed: **Sono i., mi aspettavo qualcosa di diverso**, I am dissatisfied (*o* disappointed), I had expected something different; **Sono i. dei risultati**, I am dissatisfied with (*o* disappointed by) the results; **Sei sempre i.**, you are always dissatisfied.

insoddisfazióne, *f.* dissatisfaction; discontent; disgruntlement.

insofferènte, *a.* ***1*** (*impaziente*) impatient; irritable; fretful; restless ***2*** (*intollerante*) impatient (of); intolerant (of): **i. a ogni indugio**, impatient of all delay; **i. di ogni coercizione**, intolerant of any form of coercion.

insofferènza, *f.* ***1*** (*impazienza*) impatience; restlessness; restiveness ***2*** (*intolleranza*) impatience; intolerance.

insoffrìbile, *a.* unbearable; intolerable; insufferable.

insolazióne, *f.* ***1*** (*scient.*) insolation ***2*** (*med.*) sunstroke: **prendere un'i.**, to get sunstroke.

insolènte, *a.* insolent; impudent; (*a parole*) abusive; (*sfacciato*) impertinent, pert; (*villano*) rude.

insolentire, A *v. i.* to be insolent to; to be abusive to. **B** *v. t.* to abuse.

insolènza, *f.* ***1*** insolence; impudence; (*sfacciataggine*) impertinence, pertness ***2*** (*detto insolente*) insolent (*o* rude) remark; word of abuse; (*al pl., anche*) abuse (*sing. collett.*) ***3*** (*comportamento insolente*) insolent behaviour.

insòlito, *a.* unusual; out of the ordinary; (*raro*) uncommon; (*strano*) strange; (*non tipico*) uncharacteristic, unaccustomed: **un i. silenzio**, an unusual (*o* a strange) silence; **È i. da parte sua**, it's unusual (*o* uncharacteristic) of him; **Mi parlò con insolita gentilezza**, he spoke to me with unaccustomed kindness.

insolùbile, *a.* **1** (*chim.*) undissolvable; insoluble **2** (*non risolvibile*) insoluble; unsolvable **3** *V.* **indissolubile**.

insolubilità, *f.* **1** (*chim.*) undissolvability; insolubility **2** insolubility; unsolvability **3** *V.* **indissolubilità**.

insolùto, *a.* **1** (*non risolto*) unsolved; unresolved; unsettled; open; unexplained: **un problema i.**, an unsolved (*o* an unresolved) problem; **una questione insoluta**, an unsettled (*o* an open) matter **2** (*non pagato*) unpaid; outstanding; unsettled; undischarged **3** (*chim.*) undissolved.

insolvènte, *a.* (*leg.*) insolvent.

insolvènza, *f.* (*leg.*) insolvency.

insolvìbile, *a.* **1** (*di debito*) unpayable; bad **2** (*di debitore*) insolvent.

insolvibilità, *f.* insolvency.

insómma, A *avv.* **1** (*in conclusione*) in short; in conclusion; in a word; the fact is: **I., non ne ho voglia**, the fact is, I don't want to; **L'affitto è alto, non c'è vista, la cucina è scomoda, i. ci sono molti inconvenienti**, the rent is high, there's no view, the kitchen is inconvenient; in short, there are a good many drawbacks; **Bisogna i. decidere una sistemazione diversa**, in conclusion, we should consider a different arrangement **2** (*dunque*) then, well; (*dopo tutto*) after all: **È vero, i.?**, is it true, then? **B** *inter.* well; well then (*o idiom.*): **I., si fa tardi**, well, it's getting late; **I., sì o no?**, well then, is it yes or no?; **I., deciditi!**, do make up your mind; **I., finiscila!**, do stop it, for heaven's sake!; **«Come vanno le cose?» «I...»**, «how are things?» «oh, well...» (*o* «so-so»).

insommergìbile, *a.* unsinkable.

insondàbile, *a.* (*anche fig.*) unfathomable.

insònne, *a.* **1** sleepless **2** (*fig.*: *instancabile*) tireless; indefatigable.

insònnia, *f.* insomnia (*anche med.*); sleeplessness.

insonnolìto, *a.* sleepy; drowsy; half asleep.

insonorizzàre, *v. t.* (*tecn.*) to sound-proof.

insonorizzazióne, *f.* (*tecn.*) acoustical treatment; sound-proofing.

insopportàbile, *a.* **1** unendurable; unbearable; intolerable; insufferable: **dolore i.**, unendurable pain; **freddo i.**, unbearable cold; **caldo i.**, intolerable heat; **Fa un freddo i.**, it's unbearably cold; **i. sciatteria**, intolerable slovenliness; **un uomo i.**, an insufferable man; a nuisance; **Sei i.!**, you are insufferable! **2** (*di costo, ecc.*) unaffordable; **La spesa per noi è i.**, we cannot afford the cost; the cost is more than we can sustain.

insopportabilità, *f.* unbearableness; intolerability; intolerableness.

insopprimìbile, *a.* unsuppressible.

insorgènte, *a.* arising; initial; incipient.

insorgènza, *f.* beginning; onset.

insórgere, *v. i.* **1** (*ribellarsi*) to rise* (up); to revolt; to rebel: **La popolazione insorse contro l'oppressore**, the population rose up (*o* rebelled) against the oppressor; **i. in armi**, to rise up in arms **2** (*protestare*) to protest: **Insorsero tutti contro quella proposta**, they all protested against that proposal **3** (*manifestarsi all'improvviso*) to arise*, to turn up, to crop up; (*di tempesta e sim.*) to arise*: **Insorgevano continuamente nuove difficoltà**, new difficulties arose (*o* turned up) continually; **Una bufera insorse durante la notte**, a gale arose in the night.

insormontàbile, *a.* unsurmountable.

insórto, A *a.* rebellious; rebel (*attr.*); insurgent. **B** *m.* (*f.* **-a**) insurgent; rebel.

insospettàbile, *a.* **1** above (*o* beyond) suspicion **2** (*impensato*) unsuspected; unexpected.

insospettàto, *a.* **1** unsuspected **2** (*imprevisto*) unexpected.

insospettìre, A *v. t.* to make* suspicious; to arouse (sb.'s) suspicions; to put* on the alert. **B** *v. i.* e **insospettìrsi,** *v. i. pron.* to become* suspicious: **Mi ero insospettito**, I had become suspicious; my suspicions were aroused.

insostenìbile, *a.* **1** (*indifendibile*) untenable; indefensible **2** (*insopportabile*) unendurable; unbearable; intolerable **3** (*non affrontabile*) that cannot be met.

insostenibilità, *f.* **1** (*indifendibilità*) untenability; untenableness; indefensibility **2** (*insopportabilità*) unbearableness; intolerability; intolerableness.

insostituìbile, *a.* irreplaceable.

insostituibilità, *f.* irreplaceability.

insozzàre, A *v. t.* **1** to soil; to dirty **2** (*fig.*) to sully; to besmirch; to disgrace. **B insozzàrsi,** *v. rifl.* **1** to dirty oneself **2** (*fig.*) to degrade oneself.

insperàbile, *a.* not to be hoped for.

insperàto, *a.* **1** unhoped-for: **un successo i.**, an unhoped-for success **2** (*inaspettato*) unexpected; unlooked-for.

inspessìre, e *deriv. V.* **ispessire**, e *deriv.*

inspiegàbile, *a.* inexplicable; unaccountable.

inspiegàto, *a.* unexplained.

inspiràre, *v. t.* to inhale; to breathe in: **i. aria [un gas tossico]**, to inhale air [a poisonous gas]; **Inspiri forte!**, breathe in deeply!

inspiratóre, (*anat.*) **A** *a.* inspiratory. **B** *m.* inspiratory muscle.

inspiratòrio, *a.* inspiratory.

inspirazióne, *f.* inhalation; inspiration.

instàbile, *a.* **1** (*malfermo*) unstable; unsteady: **carico i.**, unsteady load **2** (*variabile*) changeable; variable: **tempo i.**, unsettled (*o* changeable) weather **3** (*di persona*: *incostante*) inconstant, fickle, unstable; (*su cui non si può contare*) unreliable, undependable; **un temperamento i.**, an unstable (*o* undependable, unreliable) temperament; **umore i.**, inconstant mood **4** (*chim., fis.*) unstable: **equilibrio i.**, unstable equilibrium.

instabilità, *f.* **1** (*mancanza di stabilità*) unstableness; unsteadiness; (*anche fig.*) instability: **l'i. del carico**, the unsteadiness of the load; **i. politica**, political instability; (*psic.*) **i. emotiva**, emotional instability **2** (*mutevolezza*) changeableness; variability: **l'i. del tempo**, the changeableness of the weather **3** (*di persona*: *incostanza*) inconstancy; fickleness; instability **4** (*chim., fis.*) instability.

installàre, A *v. t.* **1** (*insediare*) to install; to place **2** (*collocare e montare*) to install, to fit up, to put* in, to set* up; (*porre*) to place: **i. il telefono**, to install (*o* to put in) the telephone; **i. le telecamere**, to set up the TV cameras **3** (*alloggiare*) to find* accommodation for; to settle; to accommodate. **B installàrsi,** *v. rifl.* to install oneself; to settle; to settle down.

installatóre, *m.* (*f.* **-trice**) installer; fitter; contractor.

installazióne, *f.* **1** installation; placing **2** (*collocazione e montaggio*) installation; fitting up; putting in **3** (*impianto*) installation; plant.

instancàbile, *a.* indefatigable; untiring; tireless: **un lavoratore i.**, an indefatigable worker; **con pazienza i.**, with untiring patience.

instancabilità, *f.* indefatigability; tirelessness.

instàre, *v. i.* (*lett.*) **1** (*incombere*) to impend over **2** (*chiedere con insistenza*) to insist.

instauràre, A *v. t.* to found; to establish; to set* up. **B instauràrsi,** *v. i. pron.* to be established; (*avere inizio*) to begin*, to start.

instauratóre, *m.* (*f.* **-trice**) founder; establisher.

instaurazióne, *f.* foundation; establishment.

insterilìre, *V.* **isterilire**.

instillàre, *v. t.* **1** to instil, to instill (*USA*) **2** (*fig.*) to instil; to insinuate: **i. il dubbio in q.**, to instil doubt in sb.

instillazióne, *f.* instilment; instillation.

institóre, *m.* (*leg.*) institor; agent.

institòrio, *a.* (*leg.*) institorial.

instradaménto, *m.* routing (*anche elab.*); setting (of sb.) on his way.

instradàre, A *v. t.* to route; (*fig., anche*) to direct, to set* (*o* to put*) sb. on his way. **B instradàrsi,** *v. i. pron.* to take* up (a profession, etc.).

insù, *avv.* (*anche* **all'i.**) up; upwards; upward (*agg.* e *avv.*): **mettere q.c. a faccia i.**, to lay st. face upwards; **con la faccia rivolta all'i.**, looking up; **voltato (all')i.**, turned up; **naso all'i.**, turned-up nose; retroussé nose; **spinta all'i.**, upward thrust; **con i piedi all'i.**, feet up(wards).

insubordinatézza, *f.* insubordination.

insubordinàto, *a.* e *m.* insubordinate.

insubordinazióne, *f.* **1** insubordination **2** (*atto di i.*) act of insubordination.

insuccèsso, *m.* **1** (*fallimento*) failure: **destinato all'i.**, destined to failure; doomed **2** (*fiasco*) failure; fiasco; (*specialm. teatr.*) flop (*fam.*).

insudiciàre, A *v. t.* **1** to dirty; to soil: (*anche fig.*) **i. le mani**, to dirty (*o* to soil) sb.'s hands; **i. i vestiti**, to soil sb.'s clothes **2** (*fig.*) to sully; to defile: **i. il nome di q.**, to sully sb.'s good name. **B insudiciàrsi,** *v. rifl.* **1** to dirty oneself; to get* dirty **2** (*fig.*) to demean oneself; to lower oneself.

insufficiènte, *a.* **1** (*per quantità*) insufficient; inadequate; not enough; scanty: **I bicchieri sono insufficienti**, there are not enough glasses; **I quattrini sono insufficienti**, the money is not enough; **alimentazione i.**, inadequate diet; **risorse insufficienti**, insufficient (*o* scanty) resources **2** (*non soddisfacente, inadeguato*) inadequate; unfit; not equal to: **una spiegazione i.**, an inadequate explanation; **i. a un compito**, unfit for a task **3** (*nella valutazione scolastica*) unsatisfactory; poor; below the pass mark; (*come voto*) low mark: **È i. in italiano**, his work in Italian is unsatisfactory; **Ha preso i. in storia**, he got a low mark in history.

insufficiènza, *f.* **1** insufficiency; (*mancanza*) deficiency, shortage, want, lack, scantiness: **un i. di dati**, an insufficiency of data; **i. di vitamina C**, insufficiency of Vitamin C; **alcune gravi insufficienze**, several serious deficiencies; **i. di posti di lavoro**, shortage of jobs **2** (*inadeguatezza*) inadequacy; unfitness **3** (*votazione scolastica*) mark below standard; low mark; (*agli esami*) fail **4** (*med.*) insufficiency; failure: **i. cardiaca**, cardiac insufficiency; heart failure; **i. renale**, kidney failure. ● (*leg.*) **i. di prove**, lack of evidence.

insufflàre, *v. t.* to blow*; (*specialm. med.*) to insufflate.

insufflatóre, *m.* (*med.*) insufflator.

insufflazióne, *f.* (*med.*) insufflation.

insulàre, A *a.* insular; island (*attr.*). **B** *m.* e *f.* islander. ● (*anat.*) **lobo i.**, insula*.

insularità, *f.* insularity; insularism.

insulìna, *f.* (*chim.*) insulin.

insulìnico, *a.* insulin (*attr.*): (*med.*) **shock i.**, insulin shock.

insulinìsmo, *m.* (*med.*) intolerance to insulin therapy.

insulinoterapìa, *f.* (*med.*) insulin therapy.

insulsàggine, *f.* **1** insipidity; vapidity; silliness; foolishness **2** (*cosa insulsa*) foolish thing; nonsense.

insùlso, *a.* insipid; vapid; dull; silly; foolish.

insultànte, *a.* insulting; offensive.

insultàre, *v. t.* to insult; to abuse; to offend: **i. il ricordo di q.**, to insult sb.'s memory.

insultatóre, A *m.* (*f.* **-trice**) insulter. **B** *a.* insulting; offensive.

insùlto, *m.* **1** insult; abuse (*collett.*): **un i. alla memoria di q.**, an insult to sb.'s memory; **lanciare insulti contro q.**, to hurl abuse at sb.; **patire un i. da parte di q.**, to be insulted by sb.; **ricoprire q. d'insulti**, to heap insults (*o* abuse) on sb. **2** (*danno*) ravage: **gli insulti del tempo**, the ravages of time **3** (*med.*)

insult; attack; stroke: **i. cardiaco**, heart attack; **i. apoplettico**, stroke.

insuperàbile, *a.* **1** (*insormontabile*) insuperable; unsurmountable **2** (*incomparabile*) insuperable; unsurpassable; incomparable; unmatchable.

insuperàto, *a.* unsurpassed; unequalled; unrivalled; unparalleled.

insuperbire, **A** *v. t.* to make* proud (*o* haughty). **B** *v. i.* e **insuperbirsi,** *v. i. pron.* to become* proud; to put* on airs; to be proud (of st.); to boast (about st.): **Non c'è da i.**, there's nothing to be proud of (*o* to boast about).

insurrezionàle, *a.* insurrectional; insurrectionary; of revolt (*pred.*): **moti insurrezionali**, insurrectionary movements.

insurrezióne, *f.* insurrection; rising; revolt: **reprimere un'i.**, to suppress (*o* to put down) a revolt; **È scoppiata l'i.**, an insurrection has broken out.

insussistènte, *a.* inexistent; groundless; baseless: **timori insussistenti**, baseless fears; **pericolo i.**, inexistent danger.

insussistènza, *f.* inexistence; groundlessness; baselessness: **l'i. di un fatto**, the inexistence of a fact; **l'i. di un'accusa**, the groundlessness of an accusation.

intabarràre, **A** *v. t.* to wrap up (in a cloak); to muffle up. **B** **intabarràrsi,** *v. rifl.* to wrap oneself up (in a cloak); to muffle oneself up.

intaccàbile, *a.* **1** corrodible **2** (*fig.*) vulnerable.

intaccàre, **A** *v. t.* **1** (*fare una tacca*) to make* a notch (*o* notches) in; to notch; to dent **2** (*una lama*) to blunt **3** (*corrodere*) to corrode; to eat* into; to eat* away: **Gli acidi intaccano i metalli**, acids eat into metals **4** (*consumare in parte*) to draw* on, to make a dent in, to dip into, to bite* into; (*consumare fortemente*) to make* inroads into; (*cominciare a consumare*) to start (*o* to begin*) upon: **i. il capitale**, to draw on one's capital; **i. i risparmi**, to dip into one's savings; **i. le provviste**, to start on one's provisions **5** (*fig.*: *ledere*) to damage; to dent; to impair; to injure **6** (*med.*) to affect. **B** *v. i.* (*tartagliare*) to stutter; to stammer.

intaccatùra, *f.* **1** notching; nicking; indentation **2** (*tacca*) notch; nick; indentation; dent.

intagliàre, *v. t.* **1** (*il legno, l'avorio*) to carve; (*pietra o metallo*) to engrave, to incise, to intaglio: **l'arte dell'i.**, the art of carving (*o* of engraving) **2** (*nel ricamo*) to cut* out.

intagliatóre, *m.* (*f.* **-trice**) carver; engraver; inciser.

intàglio, *m.* (*su legno, avorio*) carving; (*su pietra o metallo*) engraving, incision, intaglio*.

intanàrsi, *V.* **rintanarsi**.

intangìbile, *a.* **1** untouchable; intangible **2** (*fig.*: *inviolabile*) inviolable.

intangibilità, *f.* **1** untouchability; intangibility; intangibleness **2** (*fig.*) inviolableness.

intànto, **A** *avv.* **1** (*nel frattempo*) in the meantime; (in the) meanwhile; (*mentre*) while: **Tu telefona, io i. prendo i posti**, you telephone, while I get seats (*o* in the meantime I'll get seats); **I., a poche miglia da lì...**, meanwhile, a few miles away...; **Sarà un ottimo affare, ma i. mi costa una fortuna**, it may be an excellent idea, but in the meantime it is costing me a fortune; **Mi ascoltava e i. faceva ghirigori su una busta**, as he listened to me (*o* while listening to me), he kept doodling on an envelope; **E i. anche questa è fatta!**, well, that's something out of the way! **2** (*ad ogni buon conto*) anyhow: **Non saranno condizioni ideali, ma i. cominciamo**, conditions may not be ideal, but let's start anyhow **3** (*per dirne una, per cominciare*) for one thing; for one; to begin with: **«Cosa vuoi di più?» «Be', i. vorrei essere consultato più spesso»**, «what more do you want?» «well, for one thing, I should like to be consulted more often» **4** (*resta il fatto che*) the fact remains that: **Può dire quello che vuole, ma i. documenti sono spariti**, he can say what he likes, the fact remains that the papers have disappeared **5** (*avversativo*) but: **Lui fa presto a dire, ma i. chi fatica sono io**, it's easy for him to speak, but I'm the one who does the donkey's work. ● (*fam.*) **per i.**, for the moment; for the time being. **B** **intànto che,** *locuz. cong.* while; as: **I. che parlavo, lui mi guardava trasecolato**, while (*o* as) I spoke, he kept staring at me in amazement.

intarlàre, *v. i.* **intarlàrsi,** *v. i. pron.* to become* worm-eaten.

intarlatùra, *f.* worm-hole.

intarmàre, *v. i.* **intarmàrsi,** *v. i. pron.* to become* moth-eaten.

intarsiàre, *v. t.* **1** to inlay* **2** (*fig.*) to embellish.

intarsiatóre, *m.* (*f.* **-trice**) inlayer.

intarsiatùra, *f.* inlaying.

intàrsio, *m.* inlaid work; inlay; marquetry.

intasaménto, *m.* stoppage; clogging; block; obstruction; (*di traffico*) traffic jam, gridlock (*USA*).

intasàre, **A** *v. t.* to stop up; to clog; to block; to obstruct; to choke: **Le foglie hanno intasato lo scarico**, the leaves have blocked the drain; **Il traffico intasava tutta via Manzoni**, the whole length of via Manzoni was blocked by traffic. **B** **intasàrsi,** *v. i. pron.* to become* blocked (*o* obstructed).

intasàto, *a.* blocked; stopped up; obstructed; clogged: **scarico intasato**, blocked drain; **Il lavandino è intasato**, the kitchen sink is stopped up; **Ho il naso intasato**, my nose is stopped up; **L'apertura è intasata dalle foglie**, the aperture is choked up (*o* clogged) with leaves.

intasatùra, *f.* *V.* **intasamento**.

intascàre, *v. t.* **1** to pocket: **Intascai l'assegno e me ne andai**, I pocketed the cheque and left **2** (*fig.*: *guadagnare*) to make*; to gross: **Quanto avrà intascato con quell'affare?**, how much can he have made (*se illecito*: how much went into his pocket) with that deal?

intàtto, *a.* **1** (*integro*) intact; (*senza difetti*) unblemished, untouched; (*non rotto*) unbroken; (*intero*) whole; (*illeso*) uninjured; (*non danneggiato*) undamaged; (*non calpestato*) untrodden; (*non assaggiato*) uneaten, untasted: **Il sigillo è i.**, the seal is unbroken (*o* intact); **patrimonio i.**, intact fortune; **mele intatte**, unblemished apples; **I bicchieri sono ancora intatti per fortuna**, the glasses are still whole, thank God; **neve intatta**, untrodden snow; **Tutto era i.**, nothing had been touched; **Il letto era i.**, the bed had not been slept in **2** (*puro*) unsullied; unblemished: **fama intatta**, unsullied fame.

intavolàre, *v. t.* **1** (*dare inizio a*) to start; to begin*; to open: **i. trattative**, to begin negotiations; **i. una discussione**, to start a debate; to bring up a subject for discussion **2** (*nel gioco degli scacchi*) to set* out; to put* on the board.

intavolàto, *m.* planking.

intavolatùra, *f.* (*mus.*) tablature.

intavolazióne, *f.* (*stat.*) tabulation.

intedescàre, **A** *v. t.* to Germanize. **B** **intedescàrsi,** *v. i. pron.* to become* Germanized.

integèrrimo, *a.* of the utmost integrity (*pred.*); scrupulously honest.

integràbile, *a.* integrable.

integrabilità, *f.* integrability.

intègrafo, *m.* (*mat.*) integraph.

integràle (**1**), *a.* **1** (*completo*) total; complete; entire; full; general; comprehensive: **cambiamento i.**, complete (*o* full) change; **una riforma i. dell'amministrazione**, a general reform of administration **2** (*di farina, ecc.*) wholemeal (*attr.*): **pane i.**, wholemeal (*o* wholewheat, brown) bread **3** *V.* **integrante**. ● **abbronzatura i.**, all-over tan □ **un cretino i.**, a regular idiot □ **edizione i.**, unabridged edition □ **pagamento i.**, payment in full □ **versione i. di un film**, uncut version of a film.

integràle (**2**), *a.* e *m.* (*mat.*) integral: **calcolo i.**, integral calculus; **i. definito** [**indefinito**], definite [indefinite] integral.

integralìsmo, *m.* fundamentalism.

integralista, *m.* e *f.* **integralistico,** *a.* fundamentalist.

integralménte, *avv.* in full; integrally.

integrànte, *a.* integral: **È parte i. del mio programma**, it is an integral part of my programme.

integràre, **A** *v. t.* **1** (*completare*) to integrate; to complete **2** (*arrotondare, arricchire*) to supplement: **i. una dieta con vitamine**, to supplement a diet with vitamines; **i. lo stipendio**, to supplement one's salary **3** (*inserire in un ambiente*) to integrate **4** (*mat.*) to integrate. **B** **integràrsi,** *v. rifl. recipr.* to combine; to become* integrated. **C** **integràrsi,** *v. i. pron.* to become* integrated; to integrate; to fit in.

integrativo, *a.* supplementary; additional.

integràto, *a.* integrated: **un sistema economico e politico più strettamente i.**, a more closely integrated economic and political system; **corsi integrati**, integrated courses; (*elab.*) **circuito i.**, integrated circuit.

integratóre, **A** *m.* (*f.* **-trice**) integrator. **B** *a.* integrating.

integrazióne, *f.* integration: **i. razziale**, racial integration; **i. dietetica**, diet integration; **i. economica**, economic integration. ● **cassa i.**, redundancy fund.

integrazionìsmo, *m.* doctrine of (racial) integration; racial integration movement.

integrazionista, **A** *m.* e *f.* integrationist. **B** *a.* integration (*attr.*).

integrazionistico, *a.* integration (*attr.*); integrationist.

integrità, *f.* **1** (*interezza*) integrity; wholeness; entirety: **l'i. territoriale di una nazione**, the territorial integrity of a nation; **salvaguardare l'i. del patrimonio artistico nazionale**, to protect the integrity of a country's artistic heritage **2** (*onestà*) uprightness; integrity; honesty.

intègro, *a.* **1** (*intero*) integral; entire; whole; intact **2** (*di un testo*) full; unabridged **3** (*onesto, incorruttibile*) upright; honest.

integuménto, *m.* (*bot., zool.*) integument.

intelaiàre, *v. t.* **1** (*montare su telaio*) to frame, to mount on a frame; (*stendere su un telaio*) to stretch on a frame **2** (*mecc.*) to assemble.

intelaiatùra, *f.* **1** (*l'intelaiare*) framing **2** (*mecc.*) framework, trestle; (*di finestra*) sash **3** (*edil.*) framework; fabric **4** (*fig.*: *struttura*) framework; structure. ● (*edil.*) **i. di fondazione**, grillage □ **i. di sostegno**, (*aeron.*) outrigger; (*naut.*) cradle.

intelàre, *v. t.* (*sartoria*) to interface.

intellettivo, *a.* intellective; intellectual: **la facoltà intellettiva**, the intellectual faculty.

intellètto, *m.* **1** intellect; understanding; mind: **l'i. umano**, the human intellect; human understanding: **cose che trascendono l'i. umano**, things that transcend human understanding; **illuminare l'i.**, to enlighten the mind **2** (*intelligenza*) mind; intellect; brain: **un i. vigoroso**, a vigorous mind; **un uomo di grande i.**, a man of great intellect **3** (*persona*) mind; intellect; brain: **uno dei migliori intelletti d'Italia**, one of the best brains in Italy. ● **perdere il bene dell'i.**, to lose one's wits.

intellettuàle, **A** *a.* **1** (*dell'intelletto*) intellectual: **capacità intellettuali**, intellectual powers; **lavoro i.**, intellectual work **2** (*cerebrale*) cerebral; highbrow; bookish: **Legge solo roba molto i.**, he only reads highbrow stuff. **B** *m.* e *f.* intellectual; highbrow; (*spreg.*) egghead (*m.*), bluestocking (*f.*).

intellettualìsmo, *m.* (*anche filos.*) intellectualism.

intellettualista, *m.* e *f.* (*anche filos.*)

intellectualist.

intellettualìstico, *a.* intellectualistic.

intellettualità, *f.* ***1*** intellectuality ***2*** (*élite intellettuale*) intellectual élite; intelligentsia.

intellettualizzàre, *v. t.* to intellectualize.

intellettualòide, (*spreg.*) **A** *m. e f.* would-be intellectual; pseudo-intellectual; culture vulture (*m., fam.*); bluestocking (*f.*). **B** *a.* pseudo-intellectual; highbrow (*attr.*).

intellezióne, *f.* intellection.

intelligènte, *a.* ***1*** intelligent; clever; bright; brainy (*fam.*); smart (*fam.*): **un uomo i.**, an intelligent (*o* a clever) man; **un medico i.**, a clever doctor; **un suggerimento i.**, an intelligent (*o* clever) suggestion; **Non è molto i.**, he is not very intelligent (*o* very bright, very smart) ***2*** (*elab.*) intelligent; smart: **terminale i.**, intelligent terminal; (*mil.*) **missile i.**, smart missile.

intelligènza, *f.* ***1*** intelligence; brain (*spesso pl.*); (*perspicacia, anche*) cleverness: **un'i. vivace**, a lively intelligence; **dimostrare scarsissima i.**, to show very little intelligence; **L'i. del candidato era indiscutibile**, the candidate's intelligence was beyond question; **Non basta la memoria; ci vuole i.**, memory is not enough; you need brains; **Con tutta la tua i. non hai capito nulla**, for all your cleverness, you didn't understand a thing ***2*** (*persona intelligente*) intelligence; mind; brain: **Le migliori intelligenze del paese erano in prigione**, the best brains in the country were in prison; **È una bella i.**, he has a fine brain (*o* mind) ***3*** (*comprensione*) understanding: **note utili per una migliore i. del testo**, notes useful for a better understanding of the text ***4*** (*naut.*) answering pennant. ● **i. artificiale**, artificial intelligence (*abbr.*: AI) □ **quoziente d'i.**, intelligence quotient □ **studiare con i.**, to study in a methodical way.

intellighènzia, *f.* intelligentsia.

intelligìbile, A *a.* (*anche filos.*) intelligible. **B** *m.* (*filos.*) intelligible.

intelligibilità, *f.* intelligibility.

intemeràta, *f.* (*fam.*) scolding; lecture: **fare un'i. a q.**, to give sb. a lecture.

intemeràto, *a.* unblemished; irreproachable; spotless.

intemperànte, *a.* ***1*** (*smodato*) intemperate; immoderate: **essere i. nel bere**, to be an intemperate drinker; to drink to excess; to overindulge in drinking; **essere i. nel mangiare**, to eat to excess; to overeat ***2*** (*aggressivo*) violent; uncontrolled.

intemperànza, *f.* ***1*** intemperance; incontinence; excess: **i. nel bere**, intemperance; **i. nel mangiare**, overeating ***2*** (*comportamento esagerato*) excess.

intempèrie, *f. pl.* severe weather conditions; bad weather; inclemency of the weather; weather: **ripararsi dalle i.**, to take shelter from the bad weather; **esposto alle i.**, exposed to the inclemency of the weather; **i danni causati dalle i.**, the havoc caused by the weather; **uscire anche sotto le i.**, to go out in all weathers; **Questa pianta non può essere esposta alle i.**, this plant can't be out in all weathers; (*di oggetto*) **resistente alle i.**, weather-proof; **volto solcato dalle i.**, weather-beaten face.

intempestività, *f.* untimeliness; unseasonableness.

intempestìvo, *a.* untimely; ill-timed; unseasonable; coming at the wrong moment (*pred.*): **Evidentemente il mio arrivo era i.**, obviously my arrival was untimely; **osservazione intempestiva**, ill-timed remark; **Le decisioni furono giudicate intempestive**, the decisions were judged to be ill-timed (*o* to come at the wrong moment). ● **neve intempestiva**, snow out of season.

intendènte, *m.* ***1*** superintendent; intendant; (*di proprietà terriera*) land agent ***2*** (*mil.*) Quartermaster: **i. generale**, Quartermaster general. ● **i. di finanza**, revenue officer.

intendènza, *f.* ***1*** superintendency; intendancy ***2*** (*mil.*) commissariat. ● **i. di finanza**, revenue office.

intèndere, A *v. t.* ***1*** (*capire*) to understand*; to grasp; to see*: **i. il significato di q.c.**, to understand (*o* to see) the meaning of st. ***2*** (*udire*) to hear*: **Ho inteso dire che è venuto su a gomitate**, I have heard it said that he elbowed his way up; **Non osate tornare qui: m'intendete?**, don't dare come back here, do you hear me? ***3*** (*ascoltare*) to listen to; to heed: **non i. ragione**, not to listen to reason; **Non intende consigli**, he won't heed advice; **Intendimi bene!**, now listen to me! ***4*** (*significare*) to mean*; to intend: **Non intendevo questo**, that is not what I meant; **Che cosa intendi per «novità»?**, what do you mean by «novelty»?; **Che cosa intendi dire?**, what do you mean by that? ***5*** (*avere intenzione*) to mean*; to propose; to plan; (*con ferma volontà*) to intend: **Non intendeva offendere**, he meant no offence; **Intendo fermarmi almeno sei giorni**, I mean (*o* I'm planning) to stay at least six days; **Intendo essere obbedito**, I intend to be obeyed; **Non intendo essere preso in giro**, I don't want (*o* intend) to be made a fool of ***6*** (*lett.*: *badare*) to attend to. ● **i. a rovescio**, to misunderstand; to get it all wrong; to get hold of the wrong end of the stick (*fam.*) □ **i. al volo**, to grasp immediately □ **intendersela con q.**, (*avere una relazione amorosa*) to have an affair with sb.; (*essere grandi amici*) to be hand in glove with sb. (*fam.*), to be buddy-buddy with sb. (*fam. USA*); (*essere in combutta con q.*) to be in cahoots with sb. (*fam.*) □ **dare a i. a q. che...**, to give sb. to understand (*o* to believe) that...; to lead sb. to believe that... □ **darla a i. a q.**, to fool sb.; to have sb. on □ **far i.**, to hint; to intimate: **Mi fece i. che non ne sapeva nulla**, he hinted that he did not know anything about it □ **farsi i.**, to make oneself understood □ **Non la intendo come lei**, I don't agree with you □ **Non la intendo così**, that's not the way I look at it □ **lasciare i.**, to drop the hint □ **S'intende!**, of course!; that's understood; it goes without saying! □ **S'intende** (*o* **ben inteso**) **che io...**, I, of course...; I, naturally... □ **Chi ha orecchie per i. intenda**, a word to the wise (is enough). **B intèndersi**, *v. rifl. recipr.* ***1*** (*capirsi*) to understand* each other (*o* one another): **Ci siamo subito intesi**, we understood each other at once ***2*** (*raggiungere un accordo, la comprensione reciproca*) to come* to an understanding, to come* to terms, to reach an agreement; (*raggiungere una soluzione, ecc.*) to arrange matters, to fix things up ***3*** (*andare d'accordo*) to get* on well; to hit* it off: **i. subito con q.**, to hit it off immediately with sb. ● **Intendiamoci, io non ho niente contro di lui**, mind you, I've got nothing against him □ **Intendiamoci bene!**, let's be quite clear about it □ **tanto per intenderci**, (*tanto per dare un esempio*) just to give you an idea; (*tanto per chiarire*) just to make things clear between us. **C intèndersi**, *v. i. pron.* (*essere esperto di q.c.*) to know* a lot about; to be a good judge of; to be an expert in; to be a connoisseur of; to be well up in; (*assol.*) to be knowledgeable, to be an expert: **i. di giardinaggio**, to know a lot about gardening; **i. di pittura [di vini]**, to be a connoisseur of painting [of wine]; **Io non m'intendo molto di musica**, I don't know much about music; I am no music expert; **Tu te ne intendi di motori d'automobile?**, do you understand how a car engine works?; **Mi dispiace, non me ne intendo**, I'm sorry, I don't know anything about it; **È uno che se ne intende**, he is very knowledgeable.

intendiménto, *m.* ***1*** understanding; knowledge; intelligence ***2*** (*intenzione*) intention.

intenditóre, *m.* (*f.* **-trice**) connoisseur; expert; judge: **un i. di vini**, an expert on wines; a wine connoisseur (*o* expert); **Io non sono un i.**, ma..., I certainly am no judge, but... ● (*prov.*) **A buon i., poche parole**, a word to the wise (is enough).

intenériménto, *m.* ***1*** softening ***2*** (*tenerezza*) tenderness.

intenerìre, A *v. t.* ***1*** (*ammorbidire*) to soften ***2*** (*commuovere*) to move, to touch; (*impietosire*) to move to pity. **B intenerìrsi**, *v. i. pron.* (*commuoversi*) to be moved (*o* touched) (*impietosirsi*) to be moved to pity.

intenerìto, *a.* moved; touched.

intensificàre, A *v. t.* ***1*** to intensify; to increase; to step up ***2*** (*rendere più frequente*) to make* more frequent. **B intensificàrsi**, *v. i. pron.* ***1*** to become* more intense; to intensify to increase ***2*** (*diventare più frequente*) to become* more frequent.

intensificazióne, *f.* intensification; increase; escalation.

intensìmetro, *m.* (*radio*) intensitometer.

intensionàle, *a.* (*filos.*) intensional.

intensióne, *f.* (*filos.*) intension.

intensità, *f.* ***1*** intensity; intenseness: **l'i. di un desiderio**, the intensity of a desire; **desiderare q.c. con i.**, to desire st. with great intensity; to long for st.; **guardare con i.**, to look intently (at) ***2*** (*della luce*) power ***3*** (*del vento*) force ***4*** (*fis.*) intensity; strength: **i. acustica**, sound intensity; **i. luminosa**, luminous intensity; **i. del segnale**, signal intensity; **i. di campo magnetico**, magnetic field strength; **i. di radiazione**, radiation intensity.

intensitòmetro, *V.* **intensimetro.**

intensìvo, *a.* intensive: (*agric.*) **coltura intensiva**, intensive farming; (*gramm.*) **suffisso i.**, intensive suffix; (*med.*) **terapia intensiva**, intensive care; (*econ.*) **a uso i. di capitale**, capital-intensive.

intènso, *a.* ***1*** intense; strong; (*profondo*) deep: **freddo i.**, intense cold; **gioia intensa**, deep joy; **verde i.**, deep green; **sguardo i.**, intense look ***2*** (*continuo*) intensive; (*concentrato*) concentrated; (*indaffarato*) busy; (*ricco di avvenimenti*) eventful: **studio i.**, intensive study; **sforzo i.**, concentrated effort; **un'intensa attività economica**, thriving economic activity; **giornate intense**, busy (*o* eventful) days.

intentàbile, *a.* (*leg.*) that can be proceeded upon; that can be taken to court.

intentàre, *v. t.* – (*leg.*) **i. un'azione giudiziaria contro q.**, to bring an action against sb.; to sue sb.

intentàto, *a.* unattempted. ● **non lasciare nulla d'i.**, to leave no stone unturned.

intènto (**1**), *a.* intent (on); concentrating (on); entirely taken up (with, by); (*occupato*) busy (at, with): **Aveva uno sguardo i.**, he had an intent look; **Ero i. al lavoro [a risolvere un problema]**, I was intent (*o* concentrating) on my work [on solving a problem]; **Sembrava tutto i. al suo calcolo**, he seemed to be entirely taken up with (*o* absorbed in) his calculations; **Era i. a scrivere**, he was busy writing.

intènto (**2**), *m.* ***1*** (*scopo, meta*) purpose; aim; goal; object: **conseguire** (*o* **ottenere, raggiungere**) **l'i.**, to reach one's goal; to achieve one's object (*o* purpose, goal); **riuscire [fallire] nell'i.**, to succeed [to fail] in one's object ***2*** (*intenzione*) intention; design; intent (*specialm. leg.*): **con l'i. di fare q.c.**, with the intention of doing st.

intenzionàle, *a.* ***1*** (*filos.*) intentional ***2*** (*deliberato*) intentional; deliberate; wilful: (*sport*) **fallo i.**, deliberate foul ***3*** (*leg.*) wilful; intentional: **torto i.**, intentional wrong.

intenzionalità, *f.* ***1*** (*filos.*) intentionality ***2*** deliberation ***3*** (*leg.*) wilfulness; intentionality.

intenzionalménte, *avv.* ***1*** purposely; intentionally; on purpose ***2*** (*leg.*) wilfully; scienter.

intenzionàto, *a.* disposed; inclined; determined: **Sono i. a farlo**, I am determined to do it; I intend to do st; **bene i.**, well-disposed; **male i.**, ill-disposed.

intenzióne, *f.* intention; intent (*specialm. leg.*); purpose; (*idea*) mind, notion; (*desiderio*) wish: **Le sue intenzioni sono buone**, his intentions are good; he means well; **Non ha cattive intenzioni**, his intentions aren't bad; he means no harm; **mutare i.**, to alter one's purpose; to change one's mind; **È mia i. convocare un'assemblea**, it is my intention to call a meeting; **avere i. di fare q.c.**, to intend to do st. (*o* doing st.); to mean to do st.; (*nell'iniziare un lavoro*) to set out to do st.: **Ho i. di riprovare**, I intend (*o* I mean, my intention is) to try again; **Non ha i. di sposarla**, he has no intention of marrying her; **Non ha la minima i. d'aiutarmi**, he hasn't the least intention of helping me; **Avevo i. di fare da sola, ma poi ho dovuto chiedere aiuto**, I set out to do it all on my own, but in the end I had to ask for help; **nascondere le proprie intenzioni da q.**, to hide one's intentions from sb; to hold out on sb. (*fam.*); **L'ha fatto con l'i. di irritarti**, he did it with the intention of irritating you; (*leg.*) **sparare con l'i. di uccidere q.**, to shoot with intent to kill sb.; **Ho una mezza i. di dirglielo**, I have half a mind to tell him; (*leg.*) **con buone [con cattive] intenzioni**, with good [with evil] intent. ● **andare oltre le proprie intenzioni**, to overshoot the mark □ (*iron.*) **buone intenzioni**, wishful thinking □ **con i.**, on purpose; intentionally; deliberately □ **fare il processo alle intenzioni**, to judge sb. by his intentions □ **senza i.**, without intention; unintentionally □ (*prov.*) **La via dell'inferno è lastricata di buone intenzioni**, the road to Hell is paved with good intentions.

intepidire, *V.* **intiepidire**.

interagènte, *a.* (*chim., fis.*) interactive: **sistemi interagenti**, interactive systems.

interagire, *v. i.* to interact.

interalleàto, *a.* interallied.

interaménte, *avv.* wholly; entirely; completely; quite.

interàrme, interàrmi *a.* interservice.

interàsse, *m.* (*autom.*) wheelbase.

interatòmico, *a.* (*fis.*) interatomic.

interattività, *f.* interactivity.

interattivo, *a.* interactive.

interaziendàle, *a.* (*econ.*) intercompany (*attr.*); between firms (*pred.*).

interazióne, *f.* (*anche fis.*) interaction: (*fis. nucl.*) **i. debole [forte]**, weak [strong] interaction.

interbancàrio, *a.* interbank (*attr.*).

interbàse, *f.* (*baseball*) shortstop.

interbèllico, *a.* between the wars (*pred.*).

interbinàrio, *m.* (*ferr.*) six-foot way.

interblòcco, *m.* (*ing.*) interlock.

intercalàre (1), *v. t.* to intercalate; to insert; to interpolate.

intercalàre (2), **A** *a.* intercalary: **giorno i.**, intercalary day; (*agric.*) **coltura i.**, intercrop. **B** *m.* **1** (*espressione ripetuta*) stock (*o* pet) phrase **2** (*poesia*) refrain.

intercalazióne, *f.* interpolation; intercalation.

intercambiàbile, *a.* interchangeable.

intercambiabilità, *f.* interchangeability.

intercapèdine, *f.* **1** (*edil.*) air space; hollow space **2** (*naut.*) cofferdam; (*di sommergibile*) interspace.

intercèdere, *v. i.* to intercede: **i. presso q. per q. altro**, to intercede with sb. for sb. else.

interceditrice, *f.* intercessor; interceder.

intercellulàre, *a.* (*biol.*) intercellular.

intercessióne, *f.* intercession: **per i. di**, by intercession of.

intercessóre, *m.* intercessor; interceder.

intercettaménto, *m. V.* **intercettazione**.

intercettàre, *v. t.* to intercept; (*telef., anche*) to tap.

intercettatóre, **A** *m.* (*f.* **-trice**) intercepter, interceptor. **B** *a.* interceptive.

intercettazióne, *f.* interception: **i. telefonica**, telephone interception; wire-tapping.

intercettóre, *m.* (*aeron.*) interceptor.

interclassismo, *m.* (*polit.*) interclass collaboration.

interclassista, **A** *m. e f.* (*polit.*) supporter of interclass collaboration. **B** *a.* interclass (*attr.*).

interclassìstico, *a.* (*polit.*) interclass (*attr.*).

intercolùnnio, *m.* (*archit.*) intercolumn.

intercompartimentàle, *a.* interdepartmental.

intercomunàle, *a.* intermunicipal. ● **telefonata i.**, long-distance telephone call.

intercomunicànte, **A** *a.* communicating: **stanze intercomunicanti**, communicating rooms. **B** *m.* **1** (*ferr.*) connecting corridor **2** (*telef.*) intercom.

interconfessionàle, *a.* (*eccles.*) interdenominational.

interconfessionalismo, *m.* (*eccles.*) interdenominationalism.

interconfessionalìstico, *a.* (*eccles.*) interdenominational.

interconnessióne, *f.* interconnection.

interconnèttere, *v. t.* to interconnect.

interconsonàntico, *a.* (*ling.*) interconsonantal.

intercontinentàle, *a.* intercontinental.

intercorrènte, *a.* (*med.*) intercurrent: **malattia i.**, intercurrent illness.

intercórrere, *v. i.* **1** (*di tempo*) to elapse; to pass; to intervene: **Intercorsero dieci anni tra i due incontri**, ten years elapsed between the two meetings **2** (*di spazio*) to lie* between **3** (*esistere*) to exist; to be: **i rapporti che intercorrono tra i due paesi**, the relationship existing between the two countries.

intercostàle, *a.* (*anat.*) intercostal.

intercruràle, *a.* (*anat.*) intercrural.

interculturàle, *a.* intercultural.

interculturalismo, *m.* interculturalism.

interdétto (1), **A** *a.* **1** (*proibito*) forbidden; prohibited **2** (*leg.*) debarred; disqualified; (*per infermità mentale, ecc.*) incapacitated: **i. dai pubblici uffici**, debarred from holding public offices **3** (*eccles.*) under interdict; interdicted. **B** *m.* (*f.* **-a**) **1** (*leg.*) person disqualified (*o* debarred) (from st.); (*per infermità mentale, ecc.*) person legally incapacitated, interdict **2** (*fam.*) idiot.

interdétto (2), *a.* (*sorpreso, turbato*) dumbfounded; bewildered; nonplussed.

interdétto (3), *m.* (*eccles.*) interdict.

interdigitàle, *a.* (*anat.*) interdigital.

interdipendènte, *a.* interdependent.

interdipendènza, *f.* interdependence.

interdire, *v. t.* **1** (*proibire*) to prohibit; to forbid* **2** (*leg.*) to deprive (sb. of st.), to disqualify, to debar; (*per infermità mentale, ecc.*) to incapacitate, to place under judicial interdict **3** (*eccles.*) to interdict; to lay* under an interdict **4** (*mil.*) to interdict.

interdisciplinàre, *a.* interdisciplinary; cross-disciplinary.

interdizióne, *f.* **1** (*proibizione*) prohibition; ban **2** (*leg.*) disqualification; debarment; deprivation; interdiction: **i. dalle cariche pubbliche**, disqualification from holding public offices; **i. dai diritti civili**, deprivation of civil rights; **i. giudiziale**, judicial interdiction **3** (*eccles.*) interdiction. ● (*mil.*) **tiro d'i.**, barrage fire.

interessaménto, *m.* **1** (*interesse*) interest **2** (*intervento*) good offices (*pl.*): **Il suo i. fu provvidenziale**, his good offices were crucial; **avere un posto per l'i. di un amico**, to have a job through the good offices of a friend; **La ringrazio del suo i. per la mia pratica**, thank you for the trouble you have taken over my case **3** (*sollecitudine*) concern, interest; (*partecipazione*) sympathy: **Sono commosso dal tuo i.**, I am touched by your concern.

interessànte, *a.* interesting: **un libro [un uomo] i.**, an interesting book [man]. ● **essere in stato i.**, to be expecting a baby; to be in the family way (*fam.*).

interessàre, **A** *v. t.* **1** (*essere interessante per*) to be interesting for, to be of interest to, to interest; (*tenere desto l'interesse*) to hold* (sb.'s) interest: **È un libro che può i. i filatelici**, the book may be of interest to stamp collectors; **Vieni alla conferenza, ti interesserà**, come to the lecture, you will find it interesting; **Interessa il lettore dalla prima pagina all'ultima**, it holds the reader's interest from the first page to the last **2** (*destare interesse*) to arouse (sb.'s) interest; (*coinvolgere*) to get* (sb.) interested, to involve: **M'interessò fin dalla prima pagina**, it aroused my interest from the first page; **Cercai di interessarlo al nostro progetto**, I tried to get him interested (*o* to involve him) in our project **3** (*riguardare q.*) to concern, to involve, to be of interest to; (*riguardare q.c.*) to affect: **La questione interessa la polizia oltre che la compagnia d'assicurazione**, the matter concerns the police (*o* it's a matter for the police) as well as the insurance company; **Le nuove disposizioni interessano il settore artigianale**, the new measures will affect the craft industry **4** (*essere nell'interesse di*) to be in the interest of; to be the concern of: **Interessa tutti che le ferrovie funzionino bene**, efficient railways are in everybody's interest (*o* are everybody's concern) **5** (*econ.*) to give* (sb.) a financial interest (in st.); (*al passivo*: *essere interessato*) to have a share (in st.), to be a shareholder (in st.): **Mi hanno interessato nell'azienda**, they have given me a financial interest in the firm **6** (*indurre q. a occuparsi di q.c.*) to draw* (sb.'s) attention (to st.); to get* (sb.) to take an interest (in st.): **Il giornale riuscì a interessare il governo al caso**, the newspaper managed to draw the Government's attention to the case (*o* to get the Government to take an interest in the case, to get the Government to take up the case). **B** *v. i.* **1** (*essere interessante per*) to be of interest to; to be interested in (*costr. pers.*): **La cosa interessa solo a poche persone**, the matter is of interest only to a small number of people; **L'archeologia t'interessa?**, are you interested in archaeology?; **Non mi interessa sapere che cosa hai fatto**, I am not interested in what you did; **Grazie, non m'interessa** (*come rifiuto*), thank you, but no; not for me, thank you **2** (*premere, importare*) to be in the interest of; to be the concern of; to matter to; to be important for: **Interessa a tutti che questa legge sia fatta rispettare**, it is everybody's concern that this law should be enforced; **Ciò non interessa**, that doesn't matter. **C interessàrsi,** *v. i. pron.* **1** (*provare interesse per*) to be interested in; to take* an interest in: **M'interesso di storia del teatro**, I'm interested in the history of the theatre; **Non s'interessa di quello che succede nel mondo**, he takes no interest in what goes on in the world **2** (*occuparsi di q.c.*) to take* care of; to see* to; to look into; to go* into; to take* up: **Sta' tranquillo, me ne interesso io**, don't worry, I'll take care of it (*o* I'll see to it); **Non ho ancora avuto tempo d'interessarmene**, I haven't had time to go into the matter yet; **Ora la stampa s'interessa del caso**, now the press has taken up the case; **M'interesserò io stesso presso l'ambasciata**, I shall take the matter up myself with the embassy **3** (*curarsi di*) to care about (*o* for): **Non m'interesso di queste inezie**, I don't care about these trifles; **Nessuno s'interessa di lui**, nobody cares for him **4** (*badare a*) to mind, to look after; (*fare qualcosa per*) to do* something for, to take* care of: **Interessati degli affari tuoi!**, mind your own business!; **M'interesserò io dei bambini**, I will look after the children **5** (*chiedere notizie*) to ask after.

interessataménte, *avv.* out of self-interest; opportunistically; (*con un secondo fine*) with ulterior motives.

interessàto, **A** *a.* ***1*** interested ***2*** (*coinvolto, colpito*) concerned; affected; involved: **le parti interessate**, the parties concerned; **essere i. in un'azienda**, to be interested (*o* to have a share) in a firm ***3*** (*mosso da interesse personale*) interested, with a personal interest (*pred.*), self-serving, selfish, with an axe to grind (*pred.*); (*opportunista*) with an eye to the main chance (*pred.*). ● **amore i.**, cupboard love. **B** *m.* (*f.* **-a**) person interested; person concerned; interested party: **Gli interessati si rivolgano in segreteria**, people interested should inquire with the secretary; **Le lezioni avranno frequenza settimanale. Gli interessati possono...**, classes will be held once a week. Those wishing to attend may...

interèsse, *m.* ***1*** interest; concern: **L'i. del dramma è tutto in questo conflitto**, the interest of the play rests entirely on this conflict; **prendere i. a q.c.**, to take an interest in st.; **È nel tuo i. accettare**, it's in your interest to accept; **È una faccenda di nessun i. per chiunque**, it's a matter of no interest (*o* concern) to anyone; **I tuoi veri interessi mi stanno a cuore**, I have your true interests at heart; **Faccio il tuo i.**, I'm acting in your interest; **interessi settoriali**, vested interests ***2*** (*econ.*) interest (*spesso al sing.*): **il capitale e gli interessi accumulatisi**, the capital and accumulated interest; (*econ.*) **i. semplice [composto]**, simple [compound] interest; **interessi passivi**, interest payable; **l'i. degli interessi**, the interest on the interest; (*econ.*) **fruttare un i. del 9%**, to yield 9% interest; **prendere [prestare] denaro a i.**, to borrow [to lend] money at interest ***3*** (*pl.*) (*affari privati*) affairs; business (*sing.*); economic considerations (*pl.*): **badare ai propri interessi**, (*curarli*) to attend to (*o* to look after) one's affairs; (*non intromettersi negli affari altrui*) to mind one's business; **Sono in gioco grossi interessi**, considerable economic interests are involved ***4*** (*desiderio di lucro*) money, money-making, love of gain; (*a svantaggio degli altri*) self-interest: **C'è di mezzo l'i.**, there is money involved; **mirare solo all'i.**, to think of nothing but money-making; **essere dominato dall'i.**, to be ruled by economic considerations (*o* by self-interest); **Si sono bisticciati per questioni d'i.**, they've quarrelled over money. ● **Hanno i. a che l'accordo non vada in porto**, they have a vested interest in the deal falling through □ **Non ha nessun i. a tacere**, he has nothing to gain from keeping silent □ **avere un i. nascosto (in q.c.)**, to have an axe to grind □ **conflitto d'interessi**, conflict of interest □ **di grande i.**, extremely interesting □ **Non è nel mio i.**, I have nothing to get out of it □ **matrimonio d'i.**, marriage of convenience □ **fare un matrimonio d'i.**, to marry money □ **mettere denaro a i.**, to invest money □ **sapere far bene i propri interessi**, to know how to take care of oneself; (*spreg.*) to know how to look after number one, to know how to paddle one's own canoe.

interessènza, *f.* (*comm.*) profit-sharing, share (in the profits); (*sulle vendite*) percentage on sales: **Oltre allo stipendio ho un'i.**, besides my salary I get a share in the profits (*o* a percentage on all sales).

interètnico, *a.* interethnic.

interézza, *f.* wholeness; entirety; totality: **Dobbiamo esaminare il problema nella sua i.**, we must examine the question in its entirety (*o* as a whole).

interfaccia, *f.* (*fis., elab.*) interface.

interfacciàre, *v. t.* (*elab.*) to interface.

interfacoltà, **A** *a.* inter-faculty (*attr.*); between faculties (*pred.*). **B** *f.* students' council.

interfemoràle, *a.* (*anat.*) interfemoral.

interferènza, *f.* ***1*** (*fis., radio*) interference ***2*** (*fig.*) interference; meddling.

interferenziàle, *a.* (*fis.*) interferential; interference (*attr.*): **filtro i.**, interference filter.

interferìre, *v. i.* ***1*** (*fis.*) to interfere ***2*** (*fig.: sovrapporsi*) to interfere; (*intromettersi*) to interfere, to meddle; (*interloquire*) to butt in (*fam.*).

interferometrìa, *f.* (*fis.*) interferometry.

interferòmetro, *m.* (*fis.*) interferometer.

intèrferon, interferóne, *m.* (*biol., chim.*) interferon.

interfèrro, *m.* (*fis.*) air gap.

interfertilità, *f.* (*biol.*) capacity of interbreeding.

interfogliàre, *v. t.* (*tipogr.*) to interleave; to slip-sheet.

interfogliatùra, *f.* (*tipogr.*) interleaving; slip-sheeting.

interfòglio, *m.* interleaf*.

interfònico, *a.* intercom (*attr.*).

interfòno, *m.* (*telef.*) intercom; interphone.

intergalàttico, *a.* (*astron.*) intergalactic: **spazio i.**, intergalactic space.

intergenerazionàle, *a.* between generations (*pred.*).

interglaciàle, *a.* (*geol.*) interglacial.

interiettìvo, *a.* (*gramm.*) interjectional.

interiezióne, *f.* (*gramm.*) interjection.

interim (*lat.*), *m. invar.* interim. ● **assumere l'i.**, to carry on (during a vacancy).

interinàle, *a.* temporary; pro tempore (*lat.*); caretaker (*attr.*): **un governo i.**, a caretaker Government.

interinàto, *m.* interim; temporary (*o* pro tempore) office.

interìno, **A** *a.* temporary, pro tempore (*lat.*); caretaker (*attr.*). **B** *m.* deputy; substitute; (*specialm. di medico*) locum (tenens*) (*lat.*).

interióra, *f. pl.* entrails; bowels; (*rigaglie*) giblets.

interióre, *a.* ***1*** (*interno*) internal (*attr.*); interior (*attr.*): **locale i.**, interior room; **monologo i.**, interior monologue; **parte i.**, inside; (*archit.*) interior ***2*** (*intimo*) inner (*attr.*); inward (*attr.*); interior (*attr.*): **la vita i.**, the inner life; **lotta i.**, inner struggle; **convincimento i.**, inward conviction.

interiorità, *f.* ***1*** inwardness ***2*** (*vita spirituale*) inner life; (*pensieri intimi*) intimate thoughts.

interiorizzàre, *v. t.* to internalize; to interiorize.

interiorizzazióne, *f.* internalization; interiorization.

interleuchìna, *f.* (*biol.*) interleukin.

interlìnea, *f.* ***1*** space between the lines; line space; spacing: **i. doppia**, double spacing ***2*** (*tipogr.*) lead.

interlineàre (1), *a.* interlinear: **una traduzione i.**, an interlinear translation.

interlineàre (2), *v. t.* ***1*** to interline; to space ***2*** (*tipogr.*) to lead*.

interlineatùra, *f.* ***1*** interlineation; spacing ***2*** (*tipogr.*) leading.

interlìngua, *f.* (*ling.*) interlingua.

interlinguìstica, *f.* interlinguistics (*pl. col verbo al sing.*).

interlinguìstico, *a.* interlinguistic.

interlocutóre, *m.* (*f.* **-trice**) interlocutor (*f.* interlocutress, *form.*); person one is talking to.

interlocutòrio, *a.* ***1*** provisional; open: **risposta interlocutoria**, open answer ***2*** (*leg.*) interlocutory; **sentenza interlocutoria**, interlocutory judgment.

interloquìre, *v. i.* to intervene; to interject; to join in; to chip in (*fam.*).

interlùdio, *m.* (*anche mus.*) interlude.

interlùnio, *m.* interlunation.

intermascellàre, *a.* (*anat.*) intermaxillary: **osso i.**, intermaxillary bone.

intermediàrio, **A** *a.* intermediary; intermediate. **B** *m.* (*f.* **-a**) ***1*** intermediary; go-between: **fare da i.**, to act as go-between; **agire senza intermediari**, to act without intermediaries ***2*** (*comm.*) middleman* (*m.*); broker.

intermediazióne, *f.* ***1*** intermediation ***2*** (*econ.*) broking; brokerage.

intermèdio, *a.* intermediate; intermediary; in-between; mean; middle: **stadio i.**, intermediate stage; **una sfumatura intermedia**, an in-between shade; **scalo i.**, intermediate port of call; stop-over; (*chim.*) **coloranti intermedi**, intermediate dyestuffs.

intermestruàle, *a.* (*med.*) intermenstrual.

intermèstruo, *m.* (*med.*) menstrual interval; interval between two periods.

intermetàllico, *a.* (*chim.*) intermetallic.

intermèzzo, *m.* ***1*** (*teatr., mus.*) intermezzo* ***2*** (*intervallo*) interval; break.

interminàbile, *a.* interminable; endless; never-ending.

interminàto, *a.* boundless; infinite; without end.

interministeriàle, *a.* interdepartmental; intragovernmental.

intermissióne, *f.* (*lett.*) intermission; pause: **senza i.**, without a pause; ceaselessly.

intermittènte, *a.* intermittent; periodic(al); (*irregolare*) irregular, fitful: **febbre i.**, intermittent fever; (*fis.*) **corrente i.**, intermittent current.; (*med.*) **polso i.**, irregular (*o* erratic) pulse.

intermittènza, *f.* intermittence. ● **a i.**, intermittent (*agg.*); intermittently (*avv.*).

intermodàle, *a.* (*trasporti*) intermodal.

intermolecolàre, *a.* (*fis.*) intermolecular.

internaménte, *avv.* internally; inside; within.

internaménto, *m.* internment.

internàre, **A** *v. t.* ***1*** to intern: **i. i cittadini stranieri**, to intern aliens ***2*** (*in un manicomio*) to place in (*o* to commit to) a mental home. **B** **internàrsi,** *v. i. pron.* ***1*** (*addentrarsi*) to penetrate; to go* in (*o* further, deeper) ***2*** (*fig.*) to go* deeply in.

internàto (1), **A** *a.* interned. **B** *m.* (*polit.*) internee.

internàto (2), *m.* ***1*** boarding; (*collegio*) boarding-school ***2*** (*periodo di pratica professionale*) internship.

internazionàle, **A** *a.* international: **diritto [esposizione] i.**, international law [exhibition]. **B** *f.* ***1*** (*associazione socialista*) Internationale ***2*** – **l'I.** (*inno*), the Internationale.

internazionalìsmo, *m.* internationalism.

internazionalìsta, **A** *m.* e *f.* (*anche leg.*) internationalist. **B** *a.* internationalist(ic).

internazionalìstico, *a.* internationalistic.

internazionalità, *f.* internationality.

internazionalizzàre, *v. t.* to internationalize.

internazionalizzazióne, *f.* internationalization.

internìsta, *m.* e *f.* (*med.*) internist.

intèrno, **A** *a.* ***1*** inside (*attr.*); internal; inner (*attr.*); interior; (*al chiuso*) indoor: **parete interna**, inside wall; **stanza interna**, inner room; **lato i.**, inner side; **la parte più interna del tempio**, the innermost part of the temple; **tasca interna**, inside pocket; **Volevo un posto i.**, I wanted an inside seat (*o* a seat inside); **regolamento i.**, internal regulations; **cerchio i.** (*dentro un altro*), inner circle; (*mat.*) **angolo i.**, interior angle; **medicina interna**, internal medicine; (*med.*) **emorragia interna**, internal haemorrhage; (*med.*) **lesioni interne**, internal injuries; **una piscina interna**, an indoor swimming-pool ***2*** (*geogr.*) inland: **mare i.**, inland sea; **navigazione interna**, inland navigation ***3*** (*opposto di «estero»*) home; domestic; inland: (*econ.*) **mercato i.**, home market; **commercio i.**, home (*o* inland) trade; **prodotto i. lordo**, gross domestic product; **trasporti interni**, inland transports; **politica interna**, home politics; **voli interni**, domestic flights ***4*** (*fig.*: *intimo*) inner; inward; interior: **gioia interna**, inner (*o* inward) joy; **una voce interna**, an inner voice; the voice of conscience; **monologo i.**, interior monologue. ● **alunno i.**, boarder □ (*ind.*) **commissione interna**, shop committee □ **impianto telefonico i.**, intercom; intercommunication system □ **medico i.**, intern □ (*telef.*) **numero i.**, extension. **B** *m.* ***1*** (*il di dentro di q.c.*) inside; interior: **L'i. della scatola era foderato di seta**, the inside of the box was lined with silk; **L'i. è stato restaurato**, the interior (*fam.*: the inside) has been restored **2** (*ambiente chiuso*) interior: **È troppo buio per fotografare gli interni**, it is too dark to take the interiors; **pittore d'interni**, painter of interiors; **arredatore d'interni**, interior decorator; **all'i.** (*al chiuso*), indoors **3** (*geogr.*) interior; hinterland: **viaggiare verso l'i.** (*del paese*), to travel towards the interior; to travel inland **4** (*alunno i.*) boarder **5** (*medico i.*) intern **6** (*interiorità, intimo*) inner self; heart of hearts: **leggere nel proprio i.**, to examine one's inner self; **Nell'i. dell'animo** (*o* **nel mio i.**) **gli davo ragione**, deep down inside me (*o* in my heart of hearts) I knew he was right **7** (*fodera*) lining; (*rivestimento*) upholstery: **un cappotto con un i. di pelliccia**, a coat with fur lining; a fur-lined coat; **un'auto con interni in pelle**, a car with leather upholstery **8** (*telef.*) extension: **Vorrei parlare con l'i. 34**, can you put me through to extension 34, please? **9** (*appartamento*) flat; apartment: **Abito al 7, i. 15**, I live at No. 7, apartment 15 **10** (*polit.*) home; Interior (*sing.*): **notizie dall'i.**, home news; **Ministero dell'I.**, Ministry of the Interior; (*in G.B.*) Home Office; (*in U.S.A. e Can.*) Department of the Interior; **Ministro dell'I.**, Minister of the Interior; (*in G.B.*) Secretary of State for Home Affairs, (*com.*) Home Secretary; (*in U.S.A. e Can.*) Secretary of the Interior **11** (*calcio*) inside forward **12** (*cinem., TV*) interior shot; interior.

internòdio, internòdo, *m.* (*bot.*) internode.

internografàto, *a.* non-transparent: **busta internografata**, non-transparent envelope.

inter nos (*lat.*), *locuz. avv.* between ourselves; (*in confidenza*) in confidence, confidentially.

internùnzio, *m.* (*eccles.*) internuncio.

intéro, A *a.* **1** (*tutto, al completo*) whole; entire: **bere un'intera bottiglia**, to drink a whole bottle; **vaccinare l'intera famiglia**, to vaccinate the whole (*o* the entire) family; **Non si saprà mai l'intera verità**, the whole truth will never be known; **rifare l'i. pavimento**, to do over the entire floor; **Piovve una settimana intera**, it rained the whole (*o* for one whole) week; **perdere un'intera giornata**, to waste a whole (*o* an entire) day **2** (*in un sol pezzo*) whole (*pred.*): **inghiottire intera la pastiglia**, to swallow the tablet whole; **Non pagherò quel prezzo per il vaso se non è i.**, I won't pay that price for the vase if it's not whole **3** (*intatto*) intact: **Il manoscritto ci è pervenuto i.**, the manuscript has reached us intact; **conservare intera la propria freschezza**, to keep one's freshness intact **4** (*completo, totale*) complete; total; full: **La vittoria sarà intera**, the victory will be total (*o* complete, sweeping); **Hai la mia intera fiducia**, you have my full confidence. ● (*archit.*) **arco i.**, round (*o* full-centre) arch □ (*ferr., ecc.*) **biglietto i.** (*non ridotto*), full fare □ **latte i.** (*non scremato*), whole (*o* full cream) milk □ **50.000 lire intere**, a 50,000 lire note □ (*mat.*) **numero i.**, integer. **B** *m.* **1** whole **2** (*mat.*) integer. ● **nel suo i.**, in its entirety; as a whole □ **per i.**, in full; wholly; in its entirety: **La storiella non si può raccontare per i.**, the story can't be told in full; **pubblicare le lettere per i.**, to publish the letters in full.

interoceànico, *a.* interoceanic.

interoculàre, *a.* (*anat.*) interocular.

interòsseo, *a.* (*anat.*) interosseous.

interparietàle, *a.* (*anat.*) interparietal.

interparlamentàre, *a.* interparliamentary (*attr.*).

interpartìtico, *a.* interparty (*attr.*): **un accordo i.**, an interparty agreement.

interpellànte, *m.* e *f.* (*polit.*) interpellant.

interpellànza, *f.* (*polit.*) interpellation; question.

interpellàre, *v. t.* **1** to ask; to consult **2** (*polit.*) to interpellate; to question.

interpellàto, A *a.* asked; questioned. **B** *m.* (*f.* **-a**) person questioned.

interpersonàle, *a.* interpersonal; personal: **rapporti interpersonali**, interpersonal relations.

interpiàno, *m.* **1** (*aeron.*) gap **2** (*pianerottolo*) (intermediate) landing.

interplanetàrio, *a.* interplanetary.

interpolàbile, *a.* capable of interpolation.

interpolaménto, *m.* interpolating; interpolation.

interpolàre, *v. t.* (*anche mat.*) to interpolate.

interpolatóre, *m.* (*f.* **-trice**) interpolator.

interpolazióne, *f.* interpolation.

interpónte, *m.* (*naut.*) between-decks.

interpórre, A *v. t.* **1** to interpose: **i. la propria influenza**, to interpose one's influence **2** (*frapporre*) to put* in the way: **i. ostacoli a q.c.**, to put obstacles in the way of st. **3** (*leg.*) to lodge: **i. appello**, to lodge an appeal; to appeal. ● **senza i. tempo**, without waiting. **B interporsi,** *v. i. pron.* **1** (*mettersi in mezzo*) to interpose **2** (*intervenire*) to intervene; (*fare da intermediario*) to mediate.

interpoṣizióne, *f.* interposition; (*a favore di q.*) intervention.

interpósto, *a.* – **per interposta persona**, through a third party; vicariously.

interpretàbile, *a.* interpretable.

interpretàre, *v. t.* **1** (*spiegare*) to interpret; to explain: **i. un passo difficile di un libro**, to interpret a difficult passage in a book; **i. i sogni**, to interpret dreams; **i. una legge**, to interpret a law; **i. le Scritture**, to interpret the Scriptures **2** (*capire*) to interpret; to understand*; to take*: **Interpretò il mio silenzio come un rifiuto**, he interpreted (*o* took) my silence as a refusal; **Come devo i. le tue parole?**, how should I understand (*o* take) your words?; **Per come la interpreto io...**, the way I understand it is...; **i. male**, to misinterpret **3** (*rappresentare*) to express; to give* voice to; to speak* for **4** (*teatr., cinem.*) to play; to star: **i. Amleto**, to play Hamlet; to star as Hamlet; **i. una parte**, to play a part; to interpret a role; **i. un film**, to star in a film **5** (*mus.*) to interpret; to execute; to play.

interpretariàto, *m.* interpreting.

interpretatìvo, *a.* interpretative; explanatory.

interpretazióne, *f.* **1** interpretation: **La loro i. di questa clausola mi pare errata**, I don't agree with their interpretation of this clause; **l'i. dei sogni [della legge]**, the interpretation of dreams [of the law] **2** (*teatr., cinem., mus.*) interpretation; rendition; performance; (*cinem., anche*) starring (in).

intèrprete, *m.* e *f.* **1** (*traduttore*) interpreter; **lavorare come i. per l'ONU**, to work as an interpreter for UNO; **parlare per mezzo di un i.**, to talk through an interpreter; **fare da i.**, to act as an interpreter; **i. simultaneo**, simultaneous interpreter **2** (*teatr., cinem.*) actor (*m.*), actress (*f.*); (*al pl., anche*) cast (*sing. collett.*) **3** (*mus.*) interpreter **4** (*commentatore*) commentator. ● **farsi i. delle richieste di q.**, to voice sb.'s claims □ **farsi i. dei sentimenti di q.**, to express sb.'s feelings: **Mi sono fatto i. della riconoscenza che noi tutti sentiamo per lei,** I wish to express the gratitude we all feel for you □ (*scherz.*) **Qui ci vuole un i.!**, it's double-Dutch to me!.

interprovinciàle, *a.* interprovincial.

interpsicologìa, *f.* social psychology.

interpùngere, *v. t.* to punctuate.

interpunzióne, *f.* punctuation: **segni d'i.**, punctuation marks.

interraménto, *m.* **1** (*seppellimento*) burial; interment **2** (*il riempire di terra*) filling with earth.

interràre, A *v. t.* **1** (*mettere nella terra*) to bury; (*piantare*) to plant **2** (*riempire di terra*) to fill with earth; to fill in **3** (*sistemare sotto terra*: *cavi e sim.*) to lay* underground. **B interràrsi,** *v. i. pron.* (*riempirsi di terra*) to get* silted up; to silt up.

interràto, A *a.* **1** filled in; (*sotto terra*) underground **2** (*ostruito*) silted up. ● **piano i.**, basement. **B** *m.* basement.

interrazziàle, *a.* interracial.

interregionàle, *a.* interregional.

interrégno, *m.* interregnum*.

interrelàto, *a.* mutually related; connected.

interrelazióne, *f.* interrelation; mutual relation.

interriménto, *m.* (*geogr.*) silting up.

interrogànte, *m.* e *f.* interrogator; questioner.

interrogàre, *v. t.* **1** (*fare domande*) to ask questions; (*in modo serrato*) to question: **Mi interrogò intorno al mio lavoro**, he asked me questions about my work **2** (*a scuola, in un esame*) to test orally; to give* an oral test to; to examine: **Sono stato interrogato in chimica**, I had an oral test in chemistry **3** (*rif. alla polizia, a una commissione d'inchiesta*) to question **4** (*leg.*: *un imputato*) to interrogate; (*un testimone*) to examine; (*in contraddittorio*) to cross-examine, to cross-question. ● **i. la coscienza**, to appeal to one's conscience; to look into one's conscience □ **i. il proprio cuore**, to look into one's heart □ **i. q. con lo sguardo**, to look at sb. questioningly.

interrogativaménte, *avv.* interrogatively; questioningly; inquiringly.

interrogatìvo, A *a.* interrogative (*anche gramm.*); questioning; inquiring: **frase interrogativa**, interrogative sentence; **sguardo i.**, questioning glance; (*gramm.*) **pronome i.**, interrogative pronoun; (*gramm.*) **punto i.**, question (*o* interrogation) mark. **B** *m.* **1** interrogative; (*domanda*) question; (*dubbio*) doubt **2** (*fig.*: *di persona o cosa*) unknown quantity, mystery, enigma; (*di cosa, anche*) open question.

interrogatóre, *m.* (*f.* **-trice**) **1** interrogator; questioner **2** (*esaminatore*) examiner.

interrogatòrio, A *a.* interrogatory. **B** *m.* **1** interrogation **2** (*leg.*) interrogation, questioning; (*di testimoni*) examination; (*in contraddittorio*) cross-examination: **essere sottoposto a i.**, to undergo an interrogation [an examination]; to be interrogated; to be examined; to be cross-examined; **i. serrato**, close questioning; grilling (*fam.*). ● (*fam.*) **fare l'i. a q.**, to cross-examine sb. □ (*fam.*) **Mi hanno fatto un i. di terzo grado**, I was given the third-degree.

interrogazióne, *f.* **1** (*domanda*) question; query; interrogation: (*gramm.*) **i. retorica**, rhetorical question **2** (*parlamentare*) question **3** (*scolastica*) oral test **4** (*leg.*) interrogation, questioning; (*di testimoni*) cross-examination.

interrómpere, A *v. t.* **1** (*troncare*) to break* off, to cut* off; (*mettere fine a*) to break* up, to break*, to cut* short; (*spezzare una continuità*) to interrupt, to break*; (*sospendere*) to interrupt, to stop; (*fare una pausa in*) to break*, to make* a break in, (*assol.*) to have a break: **i. le trattative**, to break off negotiations; **i. i rapporti diplomatici**, to break off diplomatic relations; **i. una conversazione telefonica**, to cut off a phone call; **Non vorrei i. la festa, ma dobbiamo andarcene**, I don't want to break up the party, but we've got to be going; **i. una vecchia consuetudine**, to break an old habit; **i. gli studi**, to leave school; **i. il viaggio**, (*mettervi fine*) to cut short one's journey; (*fare soste*) to break one's journey; **i. la monotonia**, to break monotony; **Nulla interruppe la calma di quei giorni**, nothing interrupted the peace of those days; **La monotonia del deserto era qua e là interrotta da qualche palma**, the monotony of the desert was interrupted (*o* relieved) here and there by a palm; **Ho dovuto i. le lezioni di tennis,** I've had to stop my tennis lessons; **Un rumore interruppe il mio sonno**, a noise broke in upon my sleep; **Possiamo i. per dieci minuti**, we can have a ten-minute break **2** (*bloccare*) to block; to hold* up: **Una frana ha interrotto la strada**, a landslide has blocked the road: **i.**

il traffico, to block (*o* to hold up) the traffic **3** (*chi parla*) to interrupt: **Scusa se t'interrompo**, sorry to interrupt you; excuse my interrupting (*form.*); **Non i.!**, don't interrupt!; **i. seccamente q.** (*per farlo tacere*), to cut sb. short; **i. una conversazione**, to interrupt a conversation; to break in; (*villanamente*) to cut* in, to barge in (*fam.*), to butt in (*fam.*) **4** (*elettr.*) to disconnect, to cut* off; (*spegnere con un interruttore*) to switch off: **i. la corrente**, to switch (*o* to cut) off the current. ● **i. una gravidanza**, to terminate pregnancy; to have an abortion □ **i. il filo dei pensieri di q.**, to break in upon (*o* to interrupt) sb.'s train of thought □ **i. una partita**, to stop a match □ **i. la pubblicazione di un giornale**, to suspend publication of a newspaper. **B interrómpersi**, *v. i. pron.* **1** to stop; to break* off: **i. a metà di una frase**, to stop (*o* to break off) in mid sentence: **La strada si interrompe più avanti**, the road stops (*o* comes to an end) further on **2** (*essere interrotto*) to be cut* off; to be disconnected: **La comunicazione si interruppe**, the line was cut off.

interrótto, *a.* interrupted; cut off; (*bloccato*) blocked: **La strada è interrotta**, the road is blocked (*o* closed to traffic, impassable); **«Strada interrotta»**, «road up»; **Le comunicazioni con la capitale sono interrotte**, communications with the capital are (temporarily) cut off. ● **riprendere il discorso i.**, to resume what one was saying □ **belle giornate interrotte da qualche pioggerella**, fine weather with occasional showers □ **sonno breve e i.**, fitful sleep.

interruttóre, *m.* switch; interrupter; circuit breaker: **l'i. della luce**, the light switch; **i. a pulsante [a pressione, a scatto]**, push-button [pressure, snap] switch; **i. a tempo**, time switch; **i. acceso-spento**, on-off switch; **girare l'i.**, to turn (*o* to throw) the switch; (*per accendere*) to switch on; (*per spegnere*) to switch off.

interruzióne, *f.* **1** interruption; cut; stoppage; breakdown: **Ci scusiamo per l'i.**, we apologize for the interruption; **i. di corrente**, power cut; **i. del lavoro**, interruption of work; (*ind.*) stoppage; **i. delle comunicazioni**, breakdown in communication **2** (*piccolo intervallo*) break; pause: **lavorare diverse ore senza i.**, to work several hours without a break **3** (*sospensione*) suspension; discontinuation: **i. delle trattative**, suspension of talks; **i. dei pagamenti**, suspension of payments; **i. di un servizio**, discontinuation of a service **4** (*blocco*) block: **i. stradale**, road block; **Di qua non si passa, c'è un'i.**, you can't get through here, the road is blocked. ● **i. della gravidanza**, miscarriage; termination of pregnancy; abortion.

interscambiàbile, *a.* interchangeable; that can be changed round.

interscàmbio, *m.* **1** (*comm.*) import-export movements (*pl.*) **2** (*opere stradali*) cloverleaf.

interscapolàre, *a.* interscapular.

interscolàstico, *a.* interscholastic; inter-school.

interscuòla, *f.* lunch break.

intersecàre, *v. t.* **intersecàrsi**, *v. i. pron.* (*anche geom.*) to intersect.

intersecazióne, *f.* intersection.

intersessuàle, *a.* (*biol.*) intersexual.

intersessualità, *f.* intersexuality.

intersettoriàle, *a.* interdisciplinary.

intersezióne, *f.* (*anche mat.*) intersection: **punto d'i.**, point of intersection.

intersideràle, *a.* interstellar.

intersindacàle, *a.* inter-union.

intersoggettività, *f.* (*filos.*) intersubjectivity.

intersoggettivo, *a.* intersubjective.

interspecìfico, *a.* (*biol.*) interspecific.

interspinóso, *a.* (*anat.*) interspinal: **muscoli interspinosi**, interspinal muscles.

interstellàre, *a.* interstellar: **materia i.**, interstellar matter; **righe interstellari**, interstellar lines; **spazio i.**, interstellar space; outer space.

interstiziàle, *a.* (*anche anat.*) interstitial.

interstìzio, *m.* interstice; (*fessura, anche*) crack.

intertèmpo, *m.* (*sport*) partial time; half-time.

intertrìgine, *f.* (*med.*) intertrigo.

intertropicàle, *a.* intertropical.

interurbàna, *f.* (*telef.*) long-distance call.

interurbàno, *a.* **1** interurban; between cities (*pred.*) **2** (*telef.*) long-distance: **telefonata interurbana**, long-distance call.

intervallàre, *v. t.* to space (out); to stagger; (*con q.c.*) to alternate (with st.).

intervallàto, *a.* spaced (out); (*con q.c.*) alternating (with st.).

intervàllo, *m.* **1** (*di tempo*) interval; (*pausa*) pause, break, intermission (*USA*); (*a scuola*) break, recess (*USA*): **un i. di tre giorni**, a three-day interval; **i. di lucidità**, lucid interval; **a brevi intervalli**, at short intervals; **a intervalli di due mesi**, at two-month intervals; at intervals of two months; **l'i. tra il primo e il secondo atto**, the interval (*USA*: intermission) between the first and second acts; **Facciamo un i.**, let's have a pause (*o* a break); **i. per il tè**, tea break; **i. di mezzogiorno**, midday break; lunch break **2** (*di spazio*) space; interval: **lasciare un i.**, to leave a space; **a intervalli di due metri**, at intervals of two metres **3** (*mus.*) interval: **i. di un tono**, whole-tone interval; **i. diminuito**, diminished interval; **i. di terza minore**, minor third; **i. di ottava**, octave **4** (*mat.*) interval.

intervenire, *v. i.* **1** to intervene; (*intromettersi*) to interfere, to meddle: **Dovetti i. per impedire una rissa**, I had to intervene to prevent a fight; **Intervenne il caso**, chance intervened; **Il Governo dovrebbe intervenire**, the Government ought to intervene; **Non volevo i. in cose che non mi riguardavano**, I didn't want to interfere in what was not my business **2** (*in una conversazione*) to intervene; to interject; to say*; to chip in (*fam.*); (*parlare*) to speak* **3** (*assistere*) to be present, to attend, to come*, to go*; (*partecipare*) to take* part (in st.): **Spero che interverrà anche lei alla nostra festa**, I hope you will come to our party too; **Intervenne tutto il corpo diplomatico**, all the members of the diplomatic corps were present; **i. in un dibattito**, to take part in a discussion **4** (*lett.*: *accadere*) to happen; to occur **5** (*chir.*) to operate.

interventismo, *m.* (*polit.*) interventionism.

interventista, (*polit.*) **A** *a.* interventionist (*attr.*). **B** *m. e f.* interventionist.

interventìstico, *a.* (*polit.*) interventionist (*attr.*); interventional.

intervènto, *m.* **1** intervention: **Il suo i. salvò la situazione**, his intervention saved the situation; **Si rese necessario l'i. dei vigili del fuoco**, the firemen had to intervene; **i. armato**, armed intervention; **i. statale**, state intervention; (*polit.*) **non i.**, non-intervention **2** (*presenza*) presence, attendance; (*partecipazione*) participation **3** (*chir.*) operation; surgery: **subire un i.**, to undergo an operation; to undergo surgery **4** (*discorso*) speech; (*relazione*) paper **5** (*cosa detta*) remark; things said (*pl.*); comment **6** (*leg.*) intervention. ● (*sport*) **i. falloso**, tackle □ **senza i. umano**, without human agency □ **squadra di pronto i.** (*della polizia*), flying squad.

intervenùto, **A** *a.* present. **B** *m.* (*f.* **-a**) person present. ● **gli intervenuti**, the people present; those present; the audience.

intervertebràle, *a.* intervertebral.

intervideo, *V.* **videocitofono**.

intervista, *f.* interview: **chiedere un'i.**, to ask for an interview; **rilasciare un'i.**, to give an interview; (*org. az.*) **i. di assunzione**, interview.

intervistàre, *v. t.* to interview.

intervistàto, *m.* (*f.* **-a**) interviewee.

intervistatóre, *m.* (*f.* **-trice**) interviewer.

intervocàlico, *a.* (*fon.*) intervocalic.

interzàto, *a.* (*arald.*) tiercé; tierced.

interzonàle, *a.* interzonal; interzone (*attr.*).

intésa, *f.* **1** (*accordo*) agreement; understanding: **agire d'i.**, to act in agreement; **essere d'i.**, to be in agreement; to agree; **con l'i. che**, on the understanding that **2** (*armonia di vedute*) mutual understanding **3** (*polit.*) entente (*franc.*): **la Triplice I.**, the Triple Entente **4** (*sport*) teamwork. ● (*leg.*) **i. fraudolenta**, covin.

intéso, *a.* **1** (*mirante*) intended (to); designed (to); meant (to): **misure intese ad alleviare il carico fiscale**, measures intended to relieve taxation **2** (*convenuto*) understood; agreed upon: **Siamo intesi** (*o* **resta i.**) **che...**, it is understood that... **3** (*compreso*) understood (*pred.*); (*concepito*) considered, meant: **una domanda intesa bene [male]**, a clearly understood [a misunderstood] question; **un'attività intesa come hobby**, an activity meant as a hobby. ● **Intesi?**, understand?; is that understood? □ **Intesi!**, good!; right!; fine!; O.K.! □ **non darsene per i.**, to pay no heed (to st.); to turn a deaf ear (to st.).

intèssere, *v. t.* **1** to interweave*; to weave* (*anche fig.*): **i. fili d'argento in q.c.**, to interweave st. with silver threads; **i. la trama di un romanzo intorno a un fatto vero**, to weave the plot of a novel around a true story **2** (*fig.*: *ordire*) to contrive; to scheme; to hatch. ● **i. una ghirlanda**, to twine flowers into a garland; to make a garland □ **i. le lodi di q.**, to sing sb.'s praises.

intessùto, *a.* **1** interwoven; woven through **2** (*fig.*) full (of): **i. di citazioni**, full of quotations; **i. di menzogne**, full of lies; **un racconto i. di bugie**, a tissue of lies.

intestàbile, *a.* (*di proprietà, ecc.*) that may be registered (under sb.'s name); (*di assegno, ecc.*) that can be made out (to).

intestardirsi, *v. i. pron.* to insist (on doing st.); to persist (in doing st.); to set* one's mind (on st.); (*assol.*) to get* (st.) into one's head.

intestàre, **A** *v. t.* **1** (*lettere, ecc.*) to head **2** (*comm., leg.*: *una proprietà*) to register; (*un conto*) to open in sb.'s name; (*un assegno*) to make* out: **La casa fu intestata al figlio**, the house was registered in his son's name; **i. azioni a q.**, to register shares in sb.'s name; **i. un conto a q.**, to open an account in sb.'s name; **L'assegno era intestato al mio socio**, the cheque was made out to my partner **3** (*tecn.*) to join end-to-end; to butt. **B intestarsi**, *v. i. pron. V.* **intestardirsi**.

intestatàrio, *m.* (*f.* **-a**) (*comm.*) holder; registered holder.

intestàto (1), *a.* **1** (*di lettera, ecc.*) headed **2** (*comm., leg.*: *di proprietà*) registered in sb.'s name; (*di conto*) in sb.'s name; (*di assegno*) made out to **3** (*incaponito*) obstinate; stubborn.

intestàto (2), *a. e m.* (*f.* **-a**) (*leg.*) intestate: **morire i.**, to die intestate.

intestatùra, *f.* (*tecn.*) butting; (*il punto*) butted joint.

intestazióne, *f.* **1** (*di libro, ecc.*) heading **2** (*di lettera, ecc.*) letterhead **3** (*di proprietà, ecc.*) registration **4** (*di conto, ecc.*) name (of the account holder).

intestinàle, *a.* (*anat.*) intestinal; bowel (*attr.*): **occlusione i.**, intestinal occlusion; **disturbo i.**, bowel upset.

intestino (1), *a.* internal; civil; intestine (*lett.*): **lotta intestina per il potere**, internal power struggle.

intestino (2), *m.* (*anat.*) intestine; bowel; gut; (*com., anche*) bowels (*pl.*): **i. tenue**, small intestine; **i. crasso**, large intestine; **La frutta cotta mi disturba l'i.**, stewed fruit upsets my bowels; **liberarsi l'i.**, to relieve one's bowels.

intiepidire, A *v. t.* **1** (*scaldare un po'*) to warm (up); (*raffreddare un po'*) to cool (down) **2** (*fig.*) to cool; to dampen; to damp: **Tutto ciò aveva intiepidito il mio entusiasmo**, all this had cooled (*o* dampened) my enthusiasm. B *v. i.* e **intiepidirsi**, *v. i. pron.* **1** (*scaldarsi un po'*) to grow* warm (*o* warmer); (*raffreddarsi un po'*) to cool down, to become* lukewarm: **Aspetto che le giornate intiepidiscano**, I'm waiting for the days to grow warmer **2** (*fig.*) to cool off (*o* down).

intièro, *V.* **intero**.

intignàre, *v. i.* **intignàrsi**, *v. i. pron.* **1** (*intarlare*) to be (*o* to become*) worm-eaten **2** (*ammalarsi di tigna*) to catch* ringworm.

intima, *f.* (*anat.*) intima*.

intimaménte, *avv.* **1** intimately **2** (*in stretta relazione*) closely.

intimàre, *v. t.* **1** (*ordinare*) to order; to enjoin; to command: **i. il silenzio**, to enjoin silence; **i. l'alt**, to order (sb.) to stop **2** (*imporre, anche leg.*) to summon; to enjoin; to serve: **Gli fu intimato di pagare**, he was summoned to pay; **i. a q. di presentarsi in tribunale**, to summon sb. to appear before the magistrate; **i. lo sfratto a q.**, to serve sb. with an order of eviction; **i. la resa a q.**, to summon sb. to surrender **3** (*dichiarare*) to declare: **i. la guerra**, to declare war.

intimazióne, *f.* **1** injunction; order; command; summons: **i. di pagamento**, injunction to pay **2** (*leg.*) summons; intimation; formal notice; order: **i. di sfratto**, eviction order **3** (*dichiarazione*) declaration.

intimidatòrio, *a.* intimidatory; threatening.

intimidazióne, *f.* intimidation; threat: **Vi fu costretto con l'i.**, he was intimidated (*o* threatened) into doing it.

intimidire, A *v. t.* **1** (*rendere timido*) to make* shy **2** (*impaurire*) to frighten; to overawe **3** (*minacciare*) to intimidate; to threaten. B *v. i.* e **intimidirsi**, *v. i. pron.* to grow* shy.

intimidito, *a.* **1** (*reso timido*) shy; self--conscious; overawed **2** (*impaurito*) frightened; nervous; intimidated.

intimismo, *m.* (*arte*) intimism.

intimista, *a.*, *m.* e *f.* (*arte*) intimist.

intimistico, *a.* (*arte*) intimist (*attr.*).

intimità, *f.* **1** (*privatezza*) privacy: **l'i. della propria casa**, the privacy of one's home; **disturbare l'i. di q.**, to intrude upon sb.'s privacy **2** (*familiarità*) intimacy; familiarity: **avere** (*o* **essere in**) **i. con q.**, to be on terms of intimacy (*o* on intimate terms) with sb.; **non gradire le i.**, to dislike intimacies. ● **nell'i.**, (*tra amici*) among friends; (*nella vita privata*) at home, in one's private life.

intimo, A *a.* **1** (*in rapporto di intimità*) intimate; close: **un amico i.**, an intimate (*o* a close) friend; **rapporti intimi**, close relationship; (*eufem.*) intimacies **2** (*privato, dell'animo*) intimate, private; (*riposto, segreto*) innermost, inmost; (*radicato, sentito*) deep--set, deep-seated, heart-felt: **sentimenti [pensieri] intimi**, intimate (*o* innermost) feelings [thoughts]; **un convincimento i.**, an intimate conviction; **cause intime**, deep-set (*o* deep--seated) causes; **dolore i.**, heart-felt sorrow **3** (*accogliente, raccolto*) intimate; cosy, cozy (*USA*): **un localino i.**, an intimate little place; **una stanza intima**, a cosy room **4** (*per intimi*) tête-à-tête (*franc.*), informal; (*privato*) private: **un pranzo i.**, an informal dinner; **una cena intima**, a tête-a-tête dinner; **cerimonia intima**, private ceremony **5** (*profondo*) innermost: **fin nelle intime profondità**, down to the innermost depths. ● **biancheria intima**, underwear (*collett.*) □ (*eufem.*) **parti intime**, private parts. B *m.* **1** (*f.* **-a**) intimate; (*amico i.*) close friend; (*parente i.*) close relation: **Saranno invitati solo pochi intimi**, only a few close friends and relations will be invited; **un i. di casa**, a friend of the family **2** (*parte più interna*) innermost part; heart (of hearts): **nel mio i.** (*o* **nell'i. del mio cuore, del mio animo, ecc.**), in my heart of hearts; at heart **3** (*biancheria intima*) underwear. ● **nell'i.**, (*intimamente*) intimately, inwardly, privately; (*in fondo*) at bottom, fundamentally, deep down: **gioire nell'i.**, to rejoice inwardly; **Nell'i. è un buon uomo**, he's a good man at bottom.

intimorire, A *v. t.* to frighten; to intimidate; to cow. ● **costringere q. a fare q.c. intimorendolo**, to cow sb. into doing st. B **intimorirsi**, *v. i. pron.* to get* frightened; to be cowed.

intingere, *v. t.* to dip; (*nel tè, ecc.*) to dunk: **i. la penna nell'inchiostro**, to dip one's pen into the ink; **i. un biscotto nel latte**, to dunk a biscuit in milk.

intingolo, *m.* **1** (*salsa*) sauce; (*sugo di carne*) gravy **2** (*pietanza con molto sugo*) rich dish.

intirizziménto, *m.* benumbment; numbness.

intirizzire, A *v. t.* to benumb; to numb. B **intirizzirsi**, *v. i. pron.* to grow* numb.

intirizzito, *a.* benumbed; numb: **essere i. dal freddo**, to be numb with cold.

intisichire, A *v. t.* to make* consumptive. B *v. i.* **1** to become* consumptive **2** (*fig.*) to languish; to grow* weak **3** (*di pianta*) to wilt.

intitolàre, A *v. t.* **1** (*dare un titolo*) to entitle; to give* a title to; to call: **un libro intitolato «Senilità»**, a book entitled «Senility» **2** (*dedicare*) to dedicate; (*una strada, ecc.*) to name: **La chiesa fu intitolata a S. Paolo**, the church was dedicated to St Paul; **La piazza è intitolata a Tommaseo**, the square is named after Tommaseo. B **intitolàrsi**, *v. i. pron.* to be entitled; to be called: **Come s'intitola il libro?**, what is the title of the book?; what is the book called?

intitolazióne, *f.* **1** entitling **2** (*titolo*) title **3** (*dedica*) dedication.

intoccàbile, *a.*, *m.* e *f.* untouchable.

intollerabile, *a.* **1** (*inammissibile*) intolerable; inadmissible: **intromissione i.**, intolerable interference **2** (*insopportabile*) unendurable; unbearable; insufferable: **dolore i.**, unendurable (*o* unbearable) pain; **caldo i.**, unbearable heat; **uno scocciatore i.**, an insufferable (*o* unbearable) bore.

intollerabilità, *f.* intolerability; intolerableness; (*insopportabilità*) unbearableness.

intollerante, A *a.* **1** (*allergico*) allergic: **i. della penicillina**, allergic to penicillin **2** (*insofferente*) intolerant; impatient: **i. dei rumori**, intolerant of noise; **i. delle cerimonie**, impatient of formalities; **Sono i. del freddo**, I can't stand the cold **3** (*di idee altrui*) intolerant; (*assol.*) hidebound, bigoted. B *m.* e *f.* **1** (*insofferente*) impatient person **2** (*chi non tollera le idee altrui*) intolerant person; bigot.

intolleranza, *f.* **1** (*allergia*) allergy **2** (*insofferenza*) impatience; intolerance **3** (*verso le idee altrui*) intolerance; bigotry.

intonacàre, *v. t.* to plaster; to parget; (*a spruzzo*) to spray with plaster.

intonacatóre, *m.* plasterer.

intonacatrice, *f.* (*edil.*) plaster sprayer.

intonacatura, *f.* (*edil.*) **1** (*l'operazione*) plastering **2** (*intonaco*) plaster; parget: **i. a spruzzo**, gun plastering.

intonachino, *m.* (*edil.*) plaster finish.

intònaco, *m.* plaster; parget.

intonàre, A *v. t.* **1** (*accordare*) to tune: **i. gli strumenti**, to tune one's instruments; to tune up **2** (*incominciare a cantare*) to start singing, to intone; (*dare l'attacco*) to lead*; (*incominciare a suonare*) to start to play, to strike* up **3** (*fig.: armonizzare*) to harmonize; to match: **i. le scarpe alla borsa**, to match shoes and handbag. ● (*fig.*) **i. le lodi di q.**, to sing sb.'s praises. B **intonàrsi**, *v. i. pron.* to harmonize; to tone in; to fit in; to match: **Le tende si intonano con la tappezzeria**, the curtains tone in with the wallpaper; **Si intona con l'arredamento**, it fits in with the furniture; **non i.**, to clash; to jar.

intonàto, *a.* **1** (*di persona*) able to sing in tune; (*di voce*) well-tuned, on pitch; (*di strumento*) tuned **2** (*di colori*) matching; well--matched: **calzini intonati alla cravatta**, tie and matching socks **3** (*fig.: in armonia*) harmonizing (with); (*adatto*) suitable (for).

intonazióne, *f.* **1** (*anche ling.*) intonation: **i. sarcastica**, sarcastic intonation; **i. cantilenante**, sing-song intonation **2** (*mus.: altezza dei suoni*) intonation; pitch **3** (*mus.: l'intonare*) tuning; (*la nota per accordare*) tone: **dare l'i.**, to set the tone **4** (*fig.: tono*) tone: **un articolo di i. polemica**, an article with a polemical tone **5** (*fig.: armonia*) harmony.

intónso, *a.* (*lett.*) **1** (*non tagliato*) uncut **2** (*non raso*) unshaven; (*di animale*) unshorn.

intontiménto, *m.* daze; stupor; trance.

intontire, A *v. t.* to daze; to stun. B *v. i.* e **intontirsi**, *v. i. pron.* to be dazed; to be stunned.

intoppàre, *v. i.* **intoppàrsi**, *v. i. pron.* **1** to run* into; to bump into (*o* against): **i. negli scogli**, to run into the rocks **2** (*in un ostacolo*) to come* up against: **i. in difficoltà burocratiche**, to come up against red tape **3** (*inciampare*) to stumble over; (*fig.*) to stumble on (*o* upon): **i. nella verità**, to stumble upon the truth.

intòppo, *m.* obstacle; delaying red tape (*sing*); difficulty; snag; hitch (*fam.*); glitch (*fam.*): **intoppi burocratici**, bureaucratic obstacles; delaying red tape (*sing.*); **filare senza intoppi**, to go smoothly.

intorbidaménto, *m.* turbidity; clouding.

intorbidàre, **intorbidire**, A *v. t.* **1** to make* turbid; (*di terra*) to make* muddy, to muddy, to cloud **2** (*turbare, guastare*) to cloud; to mar: **Una cosa sola intorbidava la nostra gioia**, only one thing clouded our joy **3** (*fig.: confondere*) to confuse; to cloud; to trouble: **Il vino intorbida il cervello**, wine clouds your mind; **i. le acque**, to trouble the waters. B *v. i.* e **intorbidàrsi**, *v. i. pron.* **1** to become* turbid; (*di terra*) to become* muddy **2** (*divenire confuso*) to become* troubled **3** (*offuscarsi*) to cloud over; to grow* dim: **La mia vista s'intorbida**, my eyesight is clouding over.

intorcinàre, *v. t.* **intorcinarsi** *v. i. pron.* (*region.*) to twist.

intormentire, A *v. t.* to benumb. B **intormentirsi**, *v. i. pron.* to grow* numb.

intórno, A *avv.* round; (*specialm. USA*) around; about; roundabout: **guardarsi i.**, to look round (*o* around, about); **dare un'occhiata i.**, to have a look round; **per miglia i.**, for miles round; **Ha sempre molti amici i.**, he always has a lot of friends around; **andare i.** (*a zonzo*), to go around; to walk around (*o* about); **lì i.**, round about there, thereabouts; **qui i.**, round about here; hereabouts; **tutt'i.** (*o* **i. i.**), all around; right round. B *a.* surrounding (*attr.*); nearby; around (*pred.*): **il paesaggio i.**, the surrounding countryside. C **intórno a**, *locuz. prep.* **1** round; (*specialm. USA*) around: **viaggiare i. al mondo**, to travel round the world; **La luna gira i. alla terra**, the moon turns round the earth; **Aveva un foulard i. al collo**, she wore a scarf round her neck; **tutt'i. a noi**, all round us; **la gente i. a lui**, the people round him; the people surrounding him; **Non voglio nessuno i. a me**, I don't want anyone around me **2** (*circa*) about; around; round about: **L'opera fu composta i. al 1900**, the opera was composed around 1900; **i. alle sei**, at about six; **È intorno ai sessanta** (*d'età*), he is about sixty **3** (*riguardo a*) about; on: **Lavoravo i. a un progetto di un ponte**, I was working on a project for a bridge; **La discussione verteva intorno alla nuova legge**, the debate was about (*o* concerned) the new law; **discutere i. a q.c.**, to discuss st. D *m.* (*mat.*) neighbourhood, neighborhood (*USA*).

intorpidiménto, *m.* numbness; torpor.

intorpidire, A *v. t.* **1** to make* torpid; to benumb **2** (*fig.*) to dull; to make* sluggish. B *v. i.* e **intorpidirsi**, *v. i. pron.* **1** to become* torpid; (*di arto*) to become* numb, to go* to sleep (*fam.*): **Mi si è intorpidito un braccio**, my arm has gone to sleep **2** (*fig.*) to become* sluggish.

intorpidito, *a.* torpid; dull; numb; gone to sleep (*pred., fam.*): **cervello i.**, dull mind; **i. dal freddo**, numb with cold; **Ho una gamba intorpidita**, my leg has gone numb (*o, fam.*: has gone to sleep).

intortàre, *v. t.* (*pop.*) to cheat; to bamboozle (*fam.*); to take* in (*fam.*).

intossicàre, **A** *v. t.* (*med.* e *fig.*) to poison: **i. il sangue**, to poison the blood; **idee che intossicano i giovani**, ideas that poison the mind of the young. **B intossicàrsi**, *v. i. pron.* to be poisoned.

intossicazióne, *f.* (*med.*) poisoning; intoxication: **i. da cibi avariati**, food poisoning.

intracardìaco, *a.* (*anat.*) intracardiac.

intracellulàre, *a.* (*biol.*) intracellular.

intracerebràle, *a.* (*anat.*) intracerebral.

intracomunitàrio, *a.* within the community (*pred.*).

intracrànico, *a.* (*anat.*) intracranial.

intradèrmico, *a.* (*anat., med.*) intradermal.

intradermoreazióne, *f.* (*med.*) intradermal reaction. ● **i. alla istoplasmina**, histoplasmin test.

intradòsso, *m.* **1** (*archit.*) intrados* **2** (*aeron.*) face.

intraducìbile, *a.* untranslatable.

intraducibilità, *f.* untranslatability; untranslatableness.

intralciàre, **A** *v. t.* to hamper; to hinder; to get* in the (*o* in sb.'s) way; to impede; to handicap: **essere intralciato nel lavoro**, to be hindered in one's work; **Quel pesante cappotto m'intralcia**, that heavy overcoat hampers me; **Vedo che qui intralcio**, I see I'm in the way here; **i. le operazioni di soccorso**, to hold up the rescue work. **B intralciàrsi**, *v. i. pron. recipr.* to get* in each other's way.

intràlcio, *m.* hindrance; obstacle; impediment; handicap.

intralicciatùra, *f.* lattice work; bracing.

intrallazzàre, *v. i.* **1** (*svolgere attività equivoche*) to have shady dealings; to wheel and deal (*fam.*) **2** (*intrigare*) to manoeuvre, to scheme; (*darsi da fare*) to try every trick in the book (*fam.*).

intrallazzatóre, *m.* (*f.* **-trice**) **1** (*faccendiere*) wheeler-dealer (*fam.*) **2** (*intrigante*) intriguer; schemer.

intrallàzzo, *m.* **1** (*attività equivoca*) shady deal; (*al pl., anche*) wheeling and dealing (*sing., fam.*) **2** (*intrigo*) intrigue, manoeuvre; (*imbroglio*) swindle, jiggery-pokery (*fam.*). ● **Ha intrallazzi un po' con tutti**, he has a finger in every pie.

intramezzàre, *v. t.* **1** to interpose; to sandwich (*fam.*) **2** (*alternare*) to alternate.

intramolecolàre, *a.* (*fis.*) intramolecular.

intramontàbile, *a.* **1** (*perpetuo*) undying; everlasting; eternal **2** (*sempre in voga*) ever-popular; evergreen.

intramuràle, *a.* (*anat.*) intramural.

intramuscolàre, *a.* intramuscular.

intransigènte, **A** *a.* intransigent; uncompromising; unbending; strict; hardline; (*spreg.*) intolerant, hidebound. **B** *m.* e *f.* intransigent person; uncompromising person; hardliner.

intransigènza, *f.* intransigence; strictness; (*spreg.*) intolerance.

intransitàbile, *a.* impracticable: **una strada i.**, an impracticable road.

intransitabilità, *f.* impracticability; impracticableness.

intransitivo, *a.* e *m.* (*gramm.*) intransitive: **verbo i.**, intransitive verb.

intraoculàre, *a.* (*anat.*) intraocular.

intrapèlvico, *a.* (*anat.*) intrapelvic.

intrapolmonàre, *a.* (*anat.*) intrapulmonary; intrapulmonic.

intrappolàre, *v. t.* **1** to trap **2** (*fig.*) to trap; to entrap; to corner.

intraprendènte, *a.* (*che ha iniziativa*) enterprising, resourceful, go-ahead; (*audace*) bold; (*spreg.: che si prende delle libertà*) forward, fresh (*fam.*). ● **essere i. con le donne**, to be a lady-killer; to be a bit of a lad (*scherz.*).

intraprendènza, *f.* enterprise; initiative.

intraprèndere, *v. t.* to undertake*; to embark on (*o* upon); to launch into; to enter on (*o* upon); to set* out (to do* st.); (*dedicarsi a*) to go* in for, to take* up: **i. una nuova carriera**, to enter upon a new career; **i. un programma di riforme**, to embark on a programme of reforms; **i. un lavoro**, to start a job; **i. un viaggio**, to set out on a journey.

intrapsìchico, *a.* (*psic.*) intrapsychic.

intrasferìbile, *a.* (*leg.*) non-transferable.

intrasferibilità, *f.* (*leg.*) non-transferability.

intraspecìfico, *a.* (*biol.*) intraspecific.

intrasportàbile, *a.* not transportable; that cannot be moved: **Il paziente è i.**, the patient cannot be moved.

intratellùrico, *a.* (*geol.*) intratelluric.

intratoràcico, *a.* (*anat.*) intrathoracic.

intrattàbile, *a.* **1** (*anat.*) (*di persona*) intractable; unmanageable; impossible (*fam.*) **2** (*di argomento*) undiscussable; unmentionable **3** (*di materiale*) intractable; refractory.

intrattabilità, *f.* intractability; intractableness; (*di materiale, anche*) refractoriness.

intrattenére, **A** *v. t.* to entertain; (*divertire*) to amuse: **Non so come intrattenerli**, I don't know how to entertain them. ● **i. buoni rapporti con q.**, to be on good terms with sb. □ **i. una corrispondenza con q.**, to correspond with sb. **B intrattenérsi**, *v. i. pron.* **1** (*trattenersi*) to stay on; to linger on **2** (*parlare di*) to talk (about st.); (*indugiare su*) to dwell* (on, upon st.).

intratteniménto, *m.* entertainment.

intrattenitóre, *m.* (*f.* **-trice**) entertainer.

intrauterino, *a.* (*anat.*) intrauterine.

intravascolàre, *a.* (*anat.*) intravascular.

intravedére, *v. t.* **1** (*vedere di sfuggita*) to glimpse, to catch* a glimpse of, to half see*; (*vedere a fatica*) can [could] just see (*o* make out) (*difett.*): **Lo intravidi nella folla**, I caught a glimpse of him in the crowd; **Intravedevo la punta della coda che si muoveva**, I could just see the tip of its tail twitching; **Li intravedevo appena nella nebbia**, I could just make them out in the fog **2** (*fig.: intuire*) to sense, to guess, to have a feeling (that); (*fig.: presagire*) to foresee*: **Intravedo difficoltà**, I sense difficulties ahead. ● **L'incontro di oggi lascia i. una possibilità di accordo**, after today's meeting there are (some) indications that an agreement may be reached.

intravertebràle, *a.* (*anat.*) intravertebral.

intravisto, *a.* glimpsed; half-seen.

intrecciaménto, *m.* interlacement.

intrecciàre, **A** *v. t.* **1** to interlace; to intertwine; to twist; to twine (*lett.*); (*capelli, nastri, ecc.*) to plait, to braid; (*intessere*) to weave*, to interweave*: **i. fiori per farne una ghirlanda**, to twist flowers into a garland; **i. due funi**, to twist two ropes together; **i. la paglia**, to plait straw; **i. canestri**, to weave baskets; **i. rami**, to intertwine branches **2** (*stringere, allacciare*) to interlace; to clasp: **i. le dita**, to interlace one's fingers; **i. le mani**, to clasp one's hands. ● **i. le danze**, to dance □ **i. una relazione amorosa**, to embark on a love affair. **B intrecciàrsi**, *v. rifl. recipr.* to interlace; to intertwine; to be interwoven; to grow* intertwined: **I due problemi si intrecciano sempre più**, the two problems are growing ever more intertwined.

intrecciàto, *a.* interwoven; interlaced; (*di capelli, nastri, ecc.*) plaited, braided: **A e C intrecciate in cifra**, A and C interwoven in a monogram.

intrecciatùra, *f.* **1** (*l'intrecciare*) weaving, interweaving, interlacing, intertwining; (*di capelli*) plaiting, braiding **2** (*treccia*) plait; braid.

intréccio, *m.* **1** (*l'intrecciare*) weaving; plaiting; interlacement **2** (*tessitura*) weave; web **3** (*trama*) web, network; (*viluppo*) tangle **4** (*trama di un'opera*) plot; intrigue: **dipanare l'i.**, to unravel the plot; **L'i. si complica**, the plot thickens; **commedia d'i.**, comedy of intrigue. ● **lavori d'i.**, basketwork; basketry.

intregnàre, *v. t.* (*naut.*) to worm.

intrepidézza, **intrepidità**, *f.* bravery; intrepidity; undauntedness; fearlessness.

intrèpido, *a.* brave; intrepid; undaunted; fearless.

intricàre, **A** *v. t.* to entangle; to mix up; to confuse. **B intricàrsi**, *v. i. pron.* to get* entangled (*o* involved).

intricàto, *a.* intricate; involved; entangled; mixed up; confused.

intrico, *m.* **1** tangle; entanglement; knot: **un i. di rami**, a tangle of branches; **l'i. del sottobosco**, the tangle of brushwood; **un i. di vicoli**, a maze of alleys **2** (*fig.*) jumble, tangle; (*situazione intricata*) predicament, mess, fix (*fam.*): **un i. di sensazioni**, a jumble of sensations.

intridere, *v. t.* **1** (*inzuppare*) to soak **2** (*farina e sim.*) to mix (with water, milk, etc.).

intrigànte, **A** *a.* **1** intriguing; scheming; meddling **2** (*che stuzzica*) intriguing. **B** *m.* e *f.* intriguer; schemer; meddler.

intrigàre, **A** *v. t.* **1** *V.* **intricare 2** (*stuzzicare*) to intrigue. **B** *v. i.* to intrigue; to scheme; to manoeuvre; to plot: **i. per ottenere una nomina**, to scheme to be appointed. **C intrigàrsi**, *v. i. pron.* (*fam.*) to interfere; to stick* one's nose (into st.); to get* mixed up: **Non me ne voglio i.**, I don't want to get mixed up in it.

intrigàto, *V.* **intricato**.

intrigo, *m.* **1** (*situazione confusa*) tangle; mess **2** (*manovra*) intrigue; manoeuvre; plot; scheme.

intrinseco, **A** *a.* **1** intrinsic; inherent **2** (*intimo*) intimate; inner (*attr.*): **un amico i.**, an intimate friend. **B** *m.* **1** (*valore reale*) intrinsic value; (*l'essenziale*) essence **2** (*amico intimo*) intimate **3** (*sé intimo*) inner self.

intrinsichézza, *f.* familiarity; intimacy.

intrișo, **A** *a.* soaked (in); drenched (with); sodden (with): **I nostri vestiti erano intrisi di pioggia**, our clothes were sodden with rain; **i. di sangue**, blood-soaked. **B** *m.* dough.

intristiménto, *m.* pining away; languishing.

intristire, *v. i.* **1** (*di pianta*) to wilt; to droop; to wither **2** (*di persona: deperire*) to pine away; to languish.

introdótto, *a.* **1** (*conosciuto, con relazioni*) well-known; well-established; (*anche comm.*) with good contacts: **È i. nell'alta società**, he is well-known in high society **2** (*esperto*) well-acquainted (with); well versed (in); knowledgeable (about).

introducìbile, *a.* introducible; introduceable.

introdurre, **A** *v. t.* **1** (*inserire*) to insert, to put* in; (*con cautela*) to ease in: **i. la chiave nella toppa**, to insert (*o* to put) the key in the key-hole; **Lo vidi i. una moneta e prendere delle sigarette**, I saw him put a coin in the slot and take some cigarettes **2** (*far entrare*) to bring in; to take* in; to show* in; to lead* in; to usher in: **Lo introdussi nella sala d'aspetto**, I took (*o* I showed) him into the waiting-room; **Il maggiordomo m'introdusse in salotto**, the butler ushered me into the drawing-room; **Fu introdotto al cospetto del re**, he was shown into the presence of the King **3** (*mettere in uso*) to introduce, to bring* in; (*importare*) to import: **i. parole nuove in una lingua**, to introduce new words into a language; **i. una moda**, to introduce (*o* to bring in) a fashion; **I gelsi furono introdotti in Inghilterra da Guglielmo III**, mulberry trees were introduced into England by William

III; **i. merci in un paese**, to bring (*o* to import) goods into a country ***4*** (*iniziare q.*) to initiate: **i. q. ai segreti di un mestiere**, to initiate sb. to the secrets of a craft ***5*** (*dare inizio a*) to introduce; to preface; to begin*; to open: **i. il discorso dicendo...**, to preface one's remarks by saying...; to open one's speech by saying...; (*gramm.*) **i. una proposizione**, to introduce a clause. ● **i. con la forza**, to push (*o* to thrust) in □ **i. di contrabbando**, to smuggle in □ **i. di soppiatto**, to sneak in □ **i. piano piano**, to slip in □ **i. un argomento**, to bring up a subject □ **i. una modifica**, to make an alteration. **B introdursi**, *v. rifl.* o *i. pron.* to get* in; to manage to get in: **Si sono introdotti da quella finestra**, they got in by that window. ● **i. con la forza**, to break; to force one's way in □ **i. con molta difficoltà**, to struggle in □ **i. di soppiatto**, to sneak in; to slip in □ **i. strisciando**, to creep in □ **i. subdolamente**, to worm one's way in.

introduttivo, *a.* introductory; opening; preliminary. ● (*leg.*) **atto i.** (**del giudizio**), summons; complaint.

introduttóre, *m.* (*f.* **-trice**) introducer.

introduttòrio, *a.* introductory.

introduzióne, *f.* ***1*** introduction ***2*** (*inserimento*) insertion ***3*** (*preliminare*) preliminary.

introflessióne, *f.* introflection, introflexion.

introflèsso, *a.* introflexed.

introflèttersi, *v. i. pron.* to introflex.

introiettàre, *v. t.* (*psic.*) to introject.

introiezióne, *f.* (*psic.*) introjection.

introitàre, *v. t.* (*comm.*) to collect; to cash; to take* in.

intròito, *m.* ***1*** (*eccles.*) introit ***2*** (*comm.*: *entrata*) income, revenue; (*incasso*) receipts (*pl.*), takings (*pl.*), proceeds (*pl.*).

introméttere, A *v. t.* to insert; to interpose. **B intromèttersi,** *v. i. pron.* ***1*** (*intervenire*) to intervene; to interpose: **i. in una lite**, to interpose in a dispute ***2*** (*in una conversazione*) to cut* in; to barge in (*fam.*); to butt in (*fam.*) ***3*** (*ingerirsi*) to interfere with; to intrude upon: **i. nella vita privata di q.**, to intrude upon sb.'s privacy; **Non intrometterti!**, don't interfere!

intromissióne, *f.* intervention; (*ingerenza*) interference, intrusion.

intronaménto, *m.* ***1*** (*assordamento*) deafening ***2*** (*intontimento*) daze.

intronàre, *v. t.* ***1*** (*assordare*) to deafen ***2*** (*intontire*) to daze; to stun.

intronàto, *a.* ***1*** (*assordato*) deafened ***2*** (*intontito*) dazed; in a daze; stunned.

intróne, *m.* (*biol.*) intron.

intronizzàre, *v. t.* to enthrone.

intronizzazióne, *f.* enthronement.

intròrso, *a.* (*bot.*) introrse.

introspettìvo, *a.* (*psic.*) introspective.

introspezióne, *f.* (*psic.*) introspection.

introvàbile, *a.* that cannot be found; not to be found; unobtainable: **un libro i.**, a book that cannot be found; an unobtainable book; **Marisa era i.**, Marisa was nowhere to be found.

introversióne, *f.* (*psic.*) introversion.

introvèrso, *a.* e *m.* (*f.* **-a**) (*psic.*) introvert.

introvèrtere, A *v. t.* to introvert. **B introvèrtersi,** *v. i. pron.* (*psic.*) to become* introverted.

introvertìto, *V.* **introverso.**

intrufolàre, A *v. t.* to slip in; to slide* in. **B intrufolàrsi,** *v. rifl.* to slip in; to sneak in: **Mi intrufolai nella stanza**, I sneaked into the room; **i. tra i presenti**, to slip in among the people.

intrugliàre, A *v. t.* to mix; to concoct. ● **intrugliarsi lo stomaco**, to ruin one's stomach. **B intrugliàrsi,** *v. rifl.* ***1*** (*insudiciarsi*) to get* dirty ***2*** (*fig.*) to get* oneself into a mess.

intrùglio, *m.* ***1*** concoction; strange mixture; strange brew; (*broda*) slop, swill ***2*** (*fig.*: *pasticcio*) muddle; hotchpotch ***3*** (*imbroglio*) shady business; shenanigan (*fam.*).

intruppaménto, *m.* trooping.

intruppàrsi, *v. rifl.* ***1*** (*unirsi in gruppo*) to flock together, to bunch together, to herd together; (*spreg.*) to gang up ***2*** (*accodarsi*) to troop after; to join the crowd of.

intruppàto, *a.* in a group; herded together.

intrușióne, *f.* intrusion (*anche geol.*); interference.

intrușìvo, *a.* (*geol.*) intrusive.

intrùșo, *m.* (*chi si è insinuato in un gruppo*) intruder; (*chi non appartiene a un gruppo*) outsider; (*a una festa*) gatecrasher: **allontanare gli intrusi**, to get rid of intruders; **Tra di loro mi sentivo un i.**, I felt like an outsider among them.

intubàre, *v. t.* ***1*** (*med.*) to intubate ***2*** (*tecn.*) to duct.

intubàto, *a.* ***1*** (*med.*) intubated ***2*** (*tecn.*) ducted: **elica intubata**, ducted fan engine; **ventilatore i.**, ducted fan.

intubazióne, *f.* (*med.*) intubation.

intubettàre, *v. t.* to put* into tubes.

intugliàre, *v. t.* (*naut.*) to knot together.

intuìbile, *a.* intuitable; guessable. ● **facilmente i.**, easy to guess.

intuìre, *v. t.* to understand* (intuitively, immediately); to sense; to feel*; to perceive; to know* (by intuition, immediately); to intuit (*form.*); (*rendersi conto*) to realize, to see*; (*indovinare*) to guess: **Intuii che c'erano difficoltà**, I sensed (*o* perceived, felt) there were some difficulties; I realized there were difficulties; **Intuii subito quello che era successo**, I knew immediately what had happened; **L'avevo intuito che non sarebbe tornato**, I knew he wouldn't come back; **Come l'hai intuito?**, how did you guess? ● **lasciare i.**, to indicate; to intimate; to hint; to give some indication of: **Mi lasciò i. un suo interesse nell'affare**, he hinted he was interested in the deal; he indicated (*o* intimated) his interest in the deal; **Tutto lascia i. che...**, everything points to...; there are many indications that...

intuitivaménte, *avv.* intuitively; by intuition.

intuitivișmo, *m.* (*filos.*) intuitivism.

intuitività, *f.* intuitiveness.

intuitìvo, *a.* intuitive; intuitional: **la facoltà intuitiva**, the intuitive faculty; **verità i.**, intuitive truth. ● **È i.!**, it is evident!

intùito (1), *m.* ***1*** intuition: **sapere q.c. per i.**, to know st. by intuition ***2*** (*acume, fiuto*) insight; instinct; sixth sense.

intuìto (2), *a.* intuitively sensed; guessed. ● **una verità intuita**, a truth intuitively recognized.

intuizióne, *f.* ***1*** (*filos.*) intuition ***2*** intuition; (*percezione immediata*) perception; (*intuito*) insight; (*il rendersi conto*) realization ***3*** (*psic.*) insight.

intuizionișmo, *m.* (*filos.*) intuitionism; intuitionalism.

intuizionista, *m.* e *f.* (*filos.*) intuitionist.

intumescènte, *a.* (*med.*) intumescent.

intumescènza, *f.* (*med.*) intumescence.

intumidìre, *v. i.* (*med.*) to swell* up; to become* tumid.

inturbantàto, *a.* turbaned.

inturgidiménto, *m.* swelling (up); turgescence.

inturgidìre, *v. i.* **inturgidirsi,** *v. i. pron.* to swell* up; to become* turgid.

inturgidìto, *a.* turgid; swollen.

inuguàle, e *deriv. V.* **ineguale,** e *deriv.*

inuit, *a., m.* e *f. invar.* Innuit, Inuit.

inula, *f.* (*bot.*. *Inula*) inula.

inulàși, *f.* (*chim.*) inulase.

inulìna, *f.* (*chim.*) inulin.

inumanità, *f.* inhumanity; cruelty.

inumàno, *a.* inhuman; (*crudele, anche*) cruel, unfeeling: **punizione inumana**, inhuman (*o* cruel) punishment; **sforzo i.**, inhuman effort.

inumàre, *v. t.* to bury; to inter.

inumazióne, *f.* burial; interment.

inumidiménto, *m.* dampening; moistening.

inumidìre, A *v. t.* to dampen; to moisten: **Inumidite il telo prima di stirare**, dampen the cloth before ironing; **inumidito dalla rugiada**, moistened by dew; **S'inumidì le labbra**, he moistened his lips. **B inumidirsi,** *v. i. pron.* to become* damp; to grow* moist; to moisten.

inurbaménto, *m.* urban migration.

inurbanità, *f.* inurbanity; incivility.

inurbàno, *a.* inurbane; uncivil; impolite.

inurbàrsi, *v. rifl.* ***1*** to move to town ***2*** (*fig. lett.*) to become* citified; to acquire polish.

inușàto, *a.* (*lett.*) unaccustomed; unusual.

inușitàto, *a.* unusual; uncommon; out-of-the--way.

inùtile, *a.* ***1*** (*che non serve*) useless, (of) no use (*pred.*); (*senza scopo*) pointless: **un oggetto i. benché decorativo**, a useless though decorative object; **proteste inutili**, useless complaints; **È i. affrettarsi, sarà già uscito**, it's pointless to hurry (*o* there is no point in hurrying), he'll have left by now; **È i. insistere, ho già scelto**, it's no use (*o* no good) insisting, I've already chosen; **perdersi in inutili discussioni**, to waste time in pointless discussions; **Mi sentivo i.**, I felt useless; I felt I was of no use; **È tutto così i!**, it's all so pointless!; **Tutto fu i.**, it was all in vain ***2*** (*non necessario*) unnecessary; superfluous: **Mi dispiace del litigio**: **è stato così i.**, I'm sorry about the quarrel, it was so unnecessary; **Mi pare i. dirglielo**, I think it's unnecessary to tell him.

inutilità, *f.* uselessness; pointlessness.

inutilizzàbile, *a.* unusable; unserviceable; no good (*pred., fam.*).

inutilizzàre, *v. t.* to make* unserviceable; to put* out of use.

inutilizzàto, *a.* ***1*** unused ***2*** (*di denaro*) unemployed; idle.

invadènte, A *a.* intrusive; pushing; pushy; officious; interfering; meddlesome. **B** *m.* e *f.* intruder; busy-body; meddler.

invadènza, *f.* intrusiveness; pushiness.

invàdere, *v. t.* ***1*** to invade; to overrun*: **Il nemico invase il nostro territorio**, the enemy invaded our territory; **D'estate il paese è invaso dai turisti**, in the summer the village is invaded by tourists; **La stanza fu invasa dalle mosche**, the room was invaded by flies; **I tifosi invasero il campo**, the supporters invaded (*o* swarmed onto) the pitch ***2*** (*delle acque*) to flood ***3*** (*di un'epidemia, ecc.*) to spread* (all over) ***4*** (*di uno stato d'animo*) to overcome*; to sweep* over; to seize; to take* possession of: **Lo invase un senso di sfiducia**, a sense of discouragement took possession of (*o* swept over) him; **Lo invase il rimorso**, he was overcome by remorse ***5*** (*usurpare*) to encroach upon; to trespass upon: **i. la terra di q.**, to encroach upon sb.'s land. ● (*fig.*) **i. il campo altrui**, to poach on someone else's preserve.

invaghiménto, *m.* (*lett.*) infatuation; fancy.

invaghìre, A *v. t.* (*lett.*) to enchant; to charm. **B invaghirsi,** *v. i. pron.* ***1*** to take* a fancy to ***2*** (*innamorarsi*) to fall* in love with; to become* infatuated with.

invaginàrsi, *v. i. pron.* (*med.*) to invaginate.

invaginazióne, *f.* (*med.*) intussusception; invagination.

invaiàre, *v. i.* to go* dark.

invalére, *v. i.* to become* established; to take* root; to catch* on (*fam.*): **È invalsa la moda di...**, the fashion of... has become established; **un uso che è invalso da qualche anno**, a habit that first caught on a few years ago; **È invalsa l'opinione che...**, it is now thought that...; the opinion is now current that...

invalicàbile, *a.* ***1*** impassable ***2*** (*fig.*) insurmountable.

invalicabilità, *f.* ***1*** impassability ***2*** (*fig.*) insurmountability; insurmountableness.

invalidàbile, *a.* (*leg.*) voidable.

invalidaménto, *m.* (*leg.*) invalidation; invalidating.

invalidànte, *a.* ***1*** invalidating ***2*** (*med.*) disabling.

invalidàre, *v. t.* **1** (*leg.*) to invalidate; to nullify; to void **2** (*dimostrare privo di valore*) to disprove; to invalidate.

invalidazióne, *f.* (*leg.*) invalidation.

invalidità, *f.* **1** (*di una tesi*) invalidness **2** (*med.*: *per incidente, ferita*) disablement, disability, inability; (*per vecchiaia*) (chronic) infirmity: **i. permanente**, permanent disability; **assicurazione per l'i.**, insurance against invalidity **3** (*leg.*) invalidity.

invàlido, **A** *a.* **1** (*med.*: *per incidente, ferite, ecc.*) disabled; (*per vecchiaia*) infirm, chronically ill: **rimanere i.**, to be disabled **2** (*leg.*) invalid; void. **B** *m.* (*f.* **-a**) disabled person: **gli invalidi**, the disabled; **i. civile**, disabled person; **i. di guerra**, disabled serviceman; **i. del lavoro**, person disabled by an industrial accident; **grande i.**, seriously disabled person.

invallàrsi, *v. i. pron.* to run* through a valley.

invàlso, *a.* widespread; established.

invàno, *avv.* in vain; uselessly; to no purpose; to no avail; with no result: **Telefonai, telegrafai: fu tutto i.**, I telephoned and telegraphed, all in vain (*o* all to no avail); **lottare i.**, to struggle in vain; **Ho cercato i. di spiegargli quello che era successo**, I tried in vain to explain to him what had happened.

invariàbile, *a.* **1** invariable; steady; constant; unfailing **2** (*gramm.*) indeclinable; uninflected.

invariabilità, *f.* invariability; steadiness; constancy.

invariànte, *a.* (*mat., fis.*) invariant.

invariantivo, *a.* – (*mat.*) **proprietà invariantiva**, invariance property.

invariànza, *f.* (*mat., fis.*) invariance.

invariàto, *a.* unchanged; stationary: **Le condizioni del malato sono invariate**, the patient's condition is unchanged.

invaṣaménto, *m.* (*ossessione*) obsession, infatuation; (*esaltazione*) excitement.

invaṣàre (**1**), *v. t.* **1** to possess: **essere invasato dal demonio**, to be possessed (by the devil) **2** (*ossessionare*) to obsess.

invaṣàre (**2**), *v. t.* **1** (*mettere in vaso*) to pot **2** (*naut.*) to cradle.

invaṣàto, **A** *a.* **1** (*indemoniato*) possessed **2** (*fig.*) crazy; mad; wild: **invasato dalla rabbia**, mad with anger; fuming (*o* seething) with rage. **B** *m.* (*f.* **-a**) person possessed.

invaṣatùra, *f.* **1** potting **2** (*naut.*) launching cradle.

invaṣióne, *f.* **1** invasion; overrunning; (*di insetti, anche*) plague: **le invasioni germaniche**, the German invasions; **un'i. di cavallette**, an invasion of locusts; (*sport*) **i. di campo**, invasion of the pitch **2** (*di acque*) flood **3** (*contagio*) widespread contagion; epidemic.

invaṣivo, *a.* (*med., chir.*) invasive: **tecniche operatorie non invasive**, non-invasive operating techiniques.

invàṣo (**1**), *a.* invaded; overrun (with).

invàṣo (**2**), *m.* **1** (*invasatura*) potting **2** (*capacità di un serbatoio*) storage.

invaṣóre, **A** *m.* invader. **B** *a.* invading.

invecchiaménto, *m.* **1** ag(e)ing; getting old; growing old: **È conseguenza dell'i.**, it's a consequence of aging; **temere l'i.**, to be afraid of getting old; **i. precoce**, premature aging **2** (*metall.*; *enologia*) ageing.

invecchiàre, **A** *v. i.* **1** to grow* old; to get* old; (*anche di alimenti*) to age: **È invecchiato al nostro servizio**, he has grown old in our service; **l'arte d'i. bene**, the art of growing old gracefully; **S'invecchia!**, we are all getting old; **un vino che invecchia bene**, a wine that ages well **2** (*perdere l'aspetto giovanile*) to look old (*o* older); to age: **Com'è invecchiato!**, how old he looks!; **Non sei invecchiato per niente!**, you don't look a day older!; **i. di dieci anni in un mese**, to age ten years in one month **3** (*fig.*: *passare di moda*) to become* old-fashioned, to go* out of date, to be dated; (*di un mobile, un vestito ecc., ormai un po' logoro*) to become* old and shabby. ● **Invecchiando, si era addolcito**, he had mellowed with age ◻ **opere che non invecchiano**, timeless works ◻ **Il cuore non invecchia**, the heart is ever young. **B** *v. t.* **1** to age; to make* old: **i. il vino**, to age wine **2** (*far apparire più vecchio*) to age; (*di abiti e sim.*) to make* (sb.) look older, to put* years on: **La vita che fa lo ha invecchiato prima del tempo**, the life he leads has aged him prematurely; **La barba lo invecchia**, his beard makes him look older.

invecchiàto, *a.* **1** aged; old: **L'ho trovata molto invecchiata**, I found her greatly aged **2** (*superato*) old; dated; old-fashioned.

invéce, **A** *avv.* (*al contrario*) instead, on the contrary, but, on the other hand; (*mentre, laddove*) whereas; (*di fatto*) in fact: **Doveva andarci mia moglie, e i. ci andai io**, my wife was supposed to go, but I went instead; **Aveva detto che non veniva, i. è venuto**, he had said he wasn't coming, but he came; **Io penso i. che sia pericoloso**, well, I think it's dangerous; **«Hai l'aria di non stare bene» «No, i., sto benissimo»**, «you look out of sorts» «on the contrary, I feel fine»; **Il modello nuovo è di plastica, i. il vecchio era di vetro**, the new model is plastic, whereas the old one was glass; **«Tu non vieni» «E i. sì»** «you are not coming» «yes I am!». **B invéce di**, *locuz. prep.* instead of: **I. di brontolare, potresti darci una mano**, instead of grumbling, you might give us a hand; **Vengo io i. di Bob**, I'm coming instead of Bob. **C invéce che**, *locuz. prep.* rather than: **I. che al cinema, perché non andiamo in discoteca?**, why don't we go to a disco rather than to the cinema?; **Preferisco il gelato i. che la frutta**, I'd rather have an icecream than fruit.

invedìbile, *a.* not worth seeing (*pred.*); unwatchable.

inveire, *v. i.* to rail at (*o* against); to lash out at (*o* against); to inveigh against.

invelàre, (*naut.*) **A** *v. t.* to supply with sails. **B** *v. i.* to spread* sail.

invelàto, *a.* (*naut.*) under sail; under canvas: **tutto i.**, under full sail.

invelenire, **A** *v. t.* to embitter; to envenom. **B** *v. i.* e **invelenirsi**, *v. i. pron.* to get* embittered; to be embittered; (*contro q. o q.c.*) to get* furious with.

invelenito, *a.* **1** embittered; envenomed **2** (*furioso*) furious; livid.

invendìbile, *a.* unsal(e)able.

invendibilità, *f.* unsal(e)ability.

invendicàto, *a.* unavenged; unrevenged.

invendùto, **A** *a.* unsold. **B** *m.* unsold goods (*pl.*).

inventàre, *v. t.* **1** (*escogitare*) to invent; to devise; to think* up: **Chi inventò la macchina a vapore?**, who invented the steam-engine?; **i. un metodo nuovo**, to invent (*o* to devise) a new method; **i. un sistema per pagare meno tasse**, to think up a way of paying fewer taxes **2** (*creare con la fantasia*) to invent; to create; to come* up with: **i. un personaggio**, to invent a character; **Ogni giorno inventa qualcosa di nuovo**, he comes up with something new every day **3** (*raccontare cose non vere*) to invent; to make* up; to fabricate: **Ha inventato lui la notizia**, he invented the news himself; **i. una scusa**, to make up (*o* to invent) an excuse; **L'ha inventato di sana pianta**, he made it all up; it's all invented from start to finish.

inventariàre, *v. t.* to make* an inventory of; to inventory; to take* stock of.

inventàrio, *m.* **1** inventory; stock-taking: **fare l'i.**, to take an inventory; to inventory; (*comm.*) to take stock; **Voglio fare un i. dei miei libri**, I want to take an inventory of my books; **i. delle giacenze**, stock inventory; **i. di fine anno**, year-end inventory; (*naut.*) **i. di bordo**, ship's inventory **2** (*fig.*) inventory; list; catalogue: **Mi ha fatto l'i. dei suoi mali**, he read me a list of all his ailments. ● **beneficio d'i.**, (*leg.*) benefit of inventory; (*fig.*) reservation.

inventàto, *a.* invented; made up; (*immaginario*) fictitious, imaginary: **notizie inventate**, invented news; **spiegazione inventata**, made up explanation; **personaggio i.**, fictituous character.

inventiva, *f.* inventiveness; imagination; creativity. ● **ricco d'i.**, imaginative; inventive.

inventivo, *a.* inventive; imaginative; creative.

inventóre, **A** *m.* (*f.* **-trice**) inventor: **l'i. della radio**, the inventor of the radio; **Chi è stato l'i. del barometro?**, who invented the barometer? **B** *a.* inventive.

invenzióne, *f.* **1** invention: **l'i. della stampa**, the invention of printing **2** (*creazione della fantasia*) creation; **i. artistica**, artistic creation; **i. narrativa**, fiction; **opera d'i.**, fictional work; **personaggio d'i.**, fictional character; **Lo sfondo è storico ma la vicenda è un'i. del romanziere**, the background is historical but the story has been invented by the novelist **3** (*frottola*) lie; story; tale **4** (*trovata*) idea; thought; notion **5** (*lett.*: *ritrovamento*) finding **6** (*mus., retor.*) invention. ● (*leg.*) **i. brevettata**, patent ◻ **di nuova i.**, newly invented.

inveràre, **A** *v. t.* to make* true. **B inverarsi**, *v. i. pron.* to prove true; to come* true.

inverdire, **A** *v. t.* to make* green. **B** *v. i.* e **inverdirsi**, *v. i. pron.* to become* (*o* to turn) green.

inverecóndia, *f.* immodesty; shamelessness; impudence.

inverecóndo, *a.* shameless; disgraceful.

invergàre, *v. t.* **1** (*naut.*: *vele*) to bend*; (*bandiere*) to hoist **2** (*ind. tess.*) to lease.

invergatùra, *f.* (*ind. tess.*) lease.

inverificàbile, *a.* unverifiable.

inverminire, *v. i.* **inverminirsi**, *v. i. pron.* to become* infested with worms.

invernàle, **A** *a.* winter (*attr.*); wintry: **abiti invernali**, winter clothes; **una giornata i.**, a wintry day; **sport invernali**, winter sports. ● **la stagione i.**, wintertime ◻ **mortalità i.**, overwinter mortality. **B** *f.* (*alpinismo*) winter ascent.

invernàta, *f.* winter.

inverniciàre, *V.* **verniciare**.

inverniciàta, *V.* **verniciata**.

inverniciatùra, *f.* **1** *V.* **verniciatura** **2** (*fig.*) varnish, veneer; (*conoscenza superficiale*) smattering.

invèrno, *m.* winter: **un i. rigido**, a harsh winter; **nel cuore dell'i.**, in the depth of winter; **un giardino d'i.**, a winter garden; (*mil.*) **quartieri d'i.**, winter quarters.

invéro, *avv.* (*lett.*) in truth; indeed.

inverosimigliànza, *f.* improbability; unlikelihood; implausibility.

inverosìmile, **A** *a.* **1** (*poco probabile*) improbable, unlikely; (*poco credibile*) hardly believable, scarcely creditable, implausible: **un intreccio i.**, an improbable plot; **È i. che nessuno l'abbia visto**, it's hardly believable (*o* highly unlikely) that no one saw him **2** (*incredibile*) incredible; unbelievable: **una folla i.**, an incredibly large crowd. **B** *m.* – **avere dell'i.** (*o* **rasentare l'i.**), to be scarcely believable.

inversaménte, *avv.* **1** inversely; in an inverse order **2** (*per converso*) conversely. ● (*mat.*) **i. proporzionale**, inversely proportional; in inverse relation.

inversióne, *f.* **1** inversion (*anche gramm.*); (*anche mecc., fis., fotogr.*) reversal: **l'i. di una tendenza**, the reversal of a trend; **i. delle immagini**, reversal process **2** (*scambio*) exchange: **un'i. delle parti**, an exchange of roles. ● (*leg.*) **i. dell'onere della prova**, shifting of the burden of proof ◻ (*sport*) **i. di campo**, changing ends ◻ **i. di flusso**, backflow ◻ **i. di marcia**, (*autom.*) U-turn, reversing; (*mecc.*) reversion; (*mil.*) about-turn ◻ (*naut.*) **i. di rotta**, turn-about; alteration of course ◻ (*psic.*) **i. sessuale**, inversion ◻ (*meteor.*) **i. termica**, inversion ◻ (*mecc.*) **a i. di marcia**, reversible ◻ (*fotogr.*) **bagno d'i.**, reversing bath.

inversìvo, *a.* (*ling.*) inversive.

invèrso, A *a.* ***1*** inverted; reverse: (*gramm.*) **costruzione inversa**, inverted order; **arco i.**, inverted arch; **in ordine i.**, in the reverse order ***2*** (*opposto*) opposite; contrary: **in senso i.**, in the opposite direction; **Ora consideriamo il caso i.**, now let us consider the opposite case ***3*** (*fis., mat.*) inverse: **proporzione [funzione] inversa**, inverse proportion [function]; (*elettr.*) **corrente i.**, inverse current ***4*** (*region.*: *di cattivo umore*) in a bad mood (*pred.*); grumpy. **B** *m.* ***1*** (the) opposite; (the) contrary: **È vero l'i.**, the opposite is true; **fare l'i.**, to do the opposite ***2*** (*mat.*) reciprocal. ● **all'i.**, (*in modo i.*) the opposite way; (*in direzione inversa*) in the opposite direction: **Le cose sono andate all'i.**, things went the opposite way □ (*fis.*) **legge dell'i. dei quadrati**, inverse-square law.

inversóre, *V.* **invertitore**.

invertàṣi, *f.* (*biol.*) invertase.

Invertebràti, *m. pl.* (*zool.*: *Invertebrata*) Invertebrata.

invertebràto, A *a.* ***1*** (*zool.*) invertebrate ***2*** (*fig. spreg.*) spineless; weak-kneed; wimpish. **B** *m.* ***1*** (*zool.*) invertebrate ***2*** (*fig. spreg.*) wimp.

invertìbile, *a.* reversible: (*fotogr.*) **pellicola i.**, reversible film; (*elettr.*) **motore i.**, reversible motor.

invertibilità, *f.* reversibility.

invertìre, *v. t.* ***1*** to reverse; to invert: **i. l'ordine**, to invert (*o* to reverse) the order; **i. una proposizione**, to invert a proposition; (*fis.*) **i. la corrente**, to reverse the current; (*chim.*) **i. uno zucchero**, to invert a sugar ***2*** (*cambiare*) to exchange; to change round; to switch round: **i. le parti**, to exchange roles; **i. l'ordine di q.c.**, to change st. round ***3*** (*capovolgere*) to turn upside down. ● **i. il cammino**, to go back □ (*autom.*) **i. la marcia**, to do a U-turn □ (*naut.*) **i. la rotta** (*di nave*), to turn about; to put about; to alter course.

invertìto, A *a.* ***1*** reverse; inverted ***2*** (*chim.*) invert: **zucchero i.**, invert sugar ***3*** (*ling.*) inverted. **B** *m.* invert; homosexual.

invertitóre, *m.* ***1*** (*fis.*) inverter; reverser ***2*** (*mecc.*) reversing gear.

invescaménto, *m.* (*lett.*) ***1*** catching; liming ***2*** (*fig.*) enticement.

invescàre, (*lett.*) **A** *v. t.* ***1*** to lime; to catch* with bird-lime ***2*** (*fig.*) to entice. **B invescàrsi,** *v. i. pron.* (*fig.*) to get* ensnared.

investìbile, *a.* (*comm.*) that can be invested.

investigàre, A *v. t.* to investigate; to inquire into; to look into; to research into. ● (*leg.*) **essere investigato**, to be under judicial investigation. **B** *v. i.* to investigate; to make* inquiries: **La polizia investiga**, the police are making inquiries.

investigatìvo, *a.* investigative; investigating; detective (*attr.*): **agenzia investigativa**, detective agency; **nucleo i.**, detective branch; **agente i.**, investigator; detective.

investigàto, *a.* under judicial investigation (*pred.*).

investigatóre, A *m.* (*f.* **-trice**) investigator; detective: **i. privato**, private detective. **B** *a.* investigating.

investigazióne, *f.* investigation; inquiry; research.

investiménto, *m.* ***1*** (*fin.*) investment: **un i. sicuro [redditizio]**, a sound [a profitable] investment; **i. in ipoteche**, mortgage investment; **fondo comune di i.**, investment fund (*o* trust); unit trust (*GB*); mutual fund (*USA*); **fare investimenti**, to invest ***2*** (*tra automobili, ecc.*) collision, crash; (*di persona, che viene buttata a terra*) knocking down, (*che viene travolta*) running over; (*incidente stradale*) road (*o* street) accident: **Morì in un i.**, he died in a road accident; **subire un i.**, to be run down (*o* run over) (by a car, by a bus, etc.) ***3*** (*mil.*) siege; blockade; investment.

investìre, A *v. t.* ***1*** (*conferire*) to invest: **i. q. di un feudo**, to invest sb. with a fief; to enfeoff sb.; **i. q. di pieni poteri**, to invest sb. with full powers ***2*** (*fin.* e *fig.*) to invest: **i. del denaro in buoni del Tesoro**, to invest money in Treasury bonds; **i. in azioni**, to invest in shares; **i. i profitti nella società**, to plough the profits back into the company; **Ho investito molto su di te**, I've invested a lot on you ***3*** (*urtare contro*) to collide with, to run* into, to crash into; (*di mezzi*: *buttare a terra una persona*) to knock down, to run* down, (*travolgerla*) to run* over: **Un camion investì la nostra macchina all'incrocio**, a lorry ran into our car at the intersection; **i. un ciclista**, to knock down a man on a bicycle; **Fu investita su un passaggio pedonale**, she was run over on a pedestrian crossing ***4*** (*naut.*: *di navi*) to collide with; to foul; to fall* foul of ***5*** (*assalire*) to attack, to assault; (*fig.*) to assail: **i. le posizioni nemiche**, to attack the enemy positions; **Fummo investiti da ogni parte**, we were attacked on all sides; **i. q. con domande [con ingiurie]**, to assail sb. with questions [with insults]. **B investìrsi,** *v. rifl.* to invest oneself with. ● (*teatr.*) **i. della parte**, to live a part; to enter into the character □ **i. delle proprie responsabilità**, to be fully conscious of one's responsibilities. **C investìrsi,** *v. rifl. recipr.* to collide; to run* into each other (*o* into one another): **Due treni [due navi] s'investirono nella nebbia**, two trains [two ships] collided (*o* ran into each other) in the fog.

investìto, A *a.* ***1*** (*fin.*) invested ***2*** (*di persona*: *buttata a terra*) run down (*pred.*), (*travolta*) run over (*pred.*); (*di mezzo*) collided with (*pred.*), run into (*pred.*). **B** *m.* (*f.* **-a**) person run down (*o* run over); victim of a road accident.

investitóre, A *a.* ***1*** that knocked (sb.) down (*o* ran sb. over) ***2*** (*fin.*) investing **B** *m.* (*f.* **-trice**) ***1*** person who knocked (sb.) down (*o* ran sb. over); driver ***2*** (*fin.*) investor.

investitùra, *f.* (*stor.*) investiture: **la lotta per le investiture**, the Investiture Conflict.

inveteràto, *a.* inveterate; deep-rooted; confirmed: **abitudine inveterata**, inveterate (*o* deep-rooted) habit; **odio i.**, inveterate hatred; **uno scapolo i.**, a confirmed bachelor.

invetriàre, *v. t.* to glaze.

invetriàta, *f.* (*finestra*) glass window; (*porta a vetri*) glass door.

invetriàto, *a.* glazed: **terracotta invetriata**, glazed earthenware.

invetriatùra, *f.* glaze; glazing.

invettìva, *f.* invective; tirade: **scagliare un'i. contro q.**, to assail sb. with an invective; to lash out against sb.

inviàbile, *a.* dispatchable.

inviàre, *v. t.* to send*; to dispatch; to forward; (*per nave*) to ship: **i. un pacco [gli auguri, i ringraziamenti]**, to send a parcel [good wishes, many thanks]; **i. la merce**, to forward the goods; **i. denaro**, to send (*o* to remit) money; **i. istruzioni [un messaggio]**, to dispatch instructions [a message]; **i. squadre di soccorso**, to dispatch rescue teams; **i. un corpo di spedizione**, to send (*o* to dispatch) an expeditionary force.

inviàto, *m.* ***1*** (*diplomazia*) envoy: **i. straordinario**, envoy extraordinary ***2*** (*giorn.*) correspondent: **i. speciale**, special correspondent ***3*** (*agente, incaricato*) agent; man*. ● (*fig.*) **un i. dal cielo**, a messenger from heaven.

invìdia, *f.* envy: **morire d'i.**, to be green with envy; **essere l'i. di tutta la scuola**, to be the envy of the whole school; **provare i. per q.**, to envy sb. ● **da fare i.**, enviable: **una memoria da fare i.**, an enviable memory □ **fare i. a tutti**, to make everybody envious □ **Non mi fa i. quella tua casa enorme**, I don't envy you your huge house □ **rodersi dall'i.**, to eat one's heart out.

invidiàbile, *a.* enviable.

invidiàre, *v. t.* to envy: **Mi invidia perché mi hanno dato la promozione**, he envies me because I've been promoted; he envies me my promotion; **Se gli devi parlare oggi, non t'invidio**, I don't envy you, if you've got to speak to him today; **Gli invidio il suo lavoro**, I envy him his job; **È meglio essere invidiati che compatiti**, better envied than pitied. ● (*fig.*) **non avere nulla da i. a**, to be in no way inferior to; to be just as good as: **Il nuovo modello non ha nulla da i. alle migliori marche straniere**, the new model is in no way inferior to the best foreign brands □ **Non ho nulla da i. a nessuno**, I'm just as good as the next man; I'm second to none.

invidióso, A *a.* envious: **essere i. di q.**, to be envious of sb. **B** *m.* (*f.* **-a**) envious person.

invigliacchìre, *v. i.* **invigliacchìrsi,** *v. i. pron.* to grow* cowardly.

invigoriménto, *m.* invigoration; bracing.

invigorìre, A *v. t.* to invigorate; to strengthen: **i. la muscolatura**, to strengthen the muscles; **L'aria di montagna invigorisce**, mountain air is bracing. **B invigorìrsi,** *v. i. pron.* to gain strength.

invilìre, A *v. t.* ***1*** (*avvilire*) to depress; to dishearten ***2*** (*far perdere stima*) to lower; to debase. **B** *v. i.* e **invilìrsi,** *v. i. pron.* ***1*** to lose* heart ***2*** (*diminuire di pregio*) to be debased.

inviluppaménto, *m.* wrapping up; enveloping.

inviluppàre, A *v. t.* ***1*** to wrap up; to envelop: **Lo inviluppàrono in una coperta**, they wrapped him up in a blanket ***2*** (*fig.*) to snare; to trap; to inveigle. **B inviluppàrsi,** *v. rifl.* e *i. pron.* ***1*** to wrap oneself up; to envelop oneself ***2*** (*fig.*) to get* involved (*o* mixed up).

invilùppo, *m.* ***1*** (*intrico*) tangle ***2*** (*mat.*) envelope.

invincìbile, *a.* invincible; unconquerable.

invincibilità, *f.* invincibility; unconquerableness.

invìo, *m.* ***1*** sending; dispatching; forwarding; (*per posta*) posting, mailing; (*di merce*) consignment, delivery, (*specialm. per nave*) shipment; (*di denaro*) remittance: **l'i. di un pacco**, the sending of a parcel; **l'i. di truppe**, the dispatching (*o* sending) of troops; **Sono sospesi tutti gli invii di armi**, all shipments (*o* deliveries) of arms are suspended; **fare un i.**, to send a consignment ***2*** (*poesia*) envoy.

inviolàbile, *a.* inviolable: **È mio diritto i.**, it is my inviolable right.

inviolabilità, *f.* inviolability.

inviolàto, *a.* inviolate; untouched; unprofaned; (*puro*) pure: **vette inviolate**, untouched peaks; **fede inviolata**, pure faith. ● (*calcio*) **La partita si concluse a reti inviolate**, the match ended in a goalless draw.

inviperìre, *v. i.* **inviperìrsi,** *v. i. pron.* to become* furious; to get* mad (*fam.*); to be livid (*fam.*).

inviperìto, *a.* furious; mad (*fam.*); livid (*fam.*).

invischiàre, A *v. t.* ***1*** to catch* with bird-lime; to lime ***2*** (*fig.*) to entangle; to embroil; to entice. **B invischiàrsi,** *v. rifl.* to get* entangled (*o* involved); to become* embroiled.

inviscidìre, *v. i.* to become* slimy (*o* viscid).

invìṣibile, *a.* invisible: **stella i.**, invisible star; **i. a occhio nudo**, invisible to the naked eye.

inviṣibilità, *f.* invisibility.

invìṣo, *a.* unpopular; disliked; hated: **i. a q.**, unpopular with (*o* disliked, hated by) sb.

invitànte, *a.* inviting; tempting; attractive.

invitàre (1), A *v. t.* ***1*** to invite; to ask; (*a casa, informalmente, anche*) to ask round: **i. q. a pranzo [a rimanere per la notte]**, to invite (*o* to ask) sb. to dinner [to stay the night]; **i. q. ad entrare**, to invite sb. in; to ask sb.in; **Quante persone inviterai al tuo matrimonio?**, how many people are you going to invite to your wedding?; **i. amici a bere qualcosa dopo cena**, to ask friends round for drinks after dinner; **i. q. al cinema**, to ask sb. out to see a film; **Non lo inviterò mai più**, I won't ask him back; **L'ho invitato a venire**

a stare da me, I asked him to stay with me; **Siamo invitati da Barbara**, we are invited to Barbara's *2* (*chiedere cortesemente*) to invite, to ask, to request kindly; (*esortare*) to ask; (*chiedere formalmente*) to request: **Mi invitò a ballare**, he invited me to dance; **Vi invito a riflettere mentre c'è ancora tempo**, I ask (*o* I invite) you to reflect while there is still time; **Fui invitato a esprimere un'opinione**, I was asked to express an opinion; **Fui invitato ad andarmene**, I was kindly asked to leave; **I passeggeri sono invitati a rimanere seduti**, passengers are kindly requested to remain seated *3* (*convocare*) to summon; to call; to convoke *4* (*invogliare*) to make* one (*o* you) feel like (doing st.); to be conducive to (*form.*); to induce: **L'acqua limpida invitava a un tuffo**, the clear water made you feel like diving in; **Il caldo invitava alla pigrizia**, the heat made you lazy; the heat was conducive to laziness (*form.*) *5* (*assol.*: *essere invitante*) to look [to sound] inviting; to beckon: **Quel sentierino invitava** (*gli occhi, o a percorrerlo*), the little path looked inviting (*o* was beckoning) *6* (*a carte*) to call; to bid*: **i. a cuori**, to call for hearts. ● (*fig.*) **i. q. a nozze**, not to have to ask sb. twice (to do st.). **B invitàrsi**, *v. rifl.* to come* unasked (*o* uninvited); to invite oneself; (*a una festa*) to gatecrash (a party) (*fam.*), to crash (a party) (*fam. USA*). **C invitàrsi**, *v. rifl. recipr.* to invite each other (*o* one another).

invitàre (2), *V.* **avvitare**.

invitàto, *m.* (*f.* **-a**) guest.

invitatòrio, *a. e m.* (*eccles.*) invitatory.

invitatùra, *V.* **avvitatura**.

invito, *m.* *1* invitation: **rispondere a un i.**, to answer an invitation; **accettare [declinare] un i.**, to accept [to turn down] an invitation; **spedire gli inviti**, to send out the invitations; **solo per i.**, by invitation only; **biglietto d'i.**, invitation card *2* (*richiesta*) request; call: **i. a presentarsi in questura**, request to report to the police; **i. all'ordine**, a call to order *3* (*richiamo, allettamento*) call, invitation, inducement; (*fascino*) charm: **Tutto in quella stanza era un i. a studiare**, everything in that room was an inducement to study; **Non resistetti all'i. di quella bella neve**, I couldn't resist (the invitation of) that beautiful snow *4* (*poker*) ante *5* (*scherma*) invitation *6* (*archit.*) first step. ● (*eccles.*) **i. sacro**, church notice.

in vitro (*lat.*), *locuz. agg. invar.* (*biol.*) in vitro: **fecondazione i.**, in vitro fertilization.

invitto, *a.* (*lett.*) *1* (*mai sconfitto*) unconquered; undefeated: **un guerriero i.**, an unconquered warrior *2* (*indomito*) indomitable; unswerving; unbated: **invitta lealtà**, unswerving loyalty; **con animo i.**, with unabated courage.

invivibile, *a.* unlivable; (*insopportabile*) unbearable.

in vivo (*lat.*), *locuz. agg. invar.* (*biol.*) in vivo.

invocàre, *v. t.* *1* to invoke; to entreat: **i. Dio**, to invoke God *2* (*chiedere a gran voce*) to invoke; to call for; to cry out for: **i. aiuto**, to call for help; **i. la grazia**, to invoke pardon; (*fig.*) **La terra inaridita invoca la pioggia**, the parched earth cries out for rain *3* (*fare appello a*) to call upon; to appeal to: **i. la testimonianza di q.**, to call upon sb. to give evidence; **i. la legge**, to appeal to the law *4* (*come scusa, ecc.*) to plead: (*leg.*) **i. un alibi**, to plead an alibi.

invocativo, *a.* (*lett.*) invocative; invocatory.

invocatóre, **A** *m.* (*f.* **-trice**) invoker. **B** *a.* invoking.

invocatòrio, *a.* invocatory.

invocazióne, *f.* invocation; entreaty; appeal; call: **un'i. a Dio**, an invocation to God; **i. d'aiuto**, call for help.

invogliànte, *a.* appealing; appetizing; tempting.

invogliàre, **A** *v. t.* to make* (sb.) want (to do st.); to tempt; to induce: **Niente potrebbe invogliarmi ad andare al cinema**, nothing would tempt me to go to the cinema. **B invogliàrsi**, *v. i. pron.* to take* a fancy to.

invogliàto, *a.* tempted (to); interested (in); attracted (by).

involàre, **A** *v. t.* (*lett.*) to steal*. **B involàrsi**, *v. i. pron.* to vanish; to fly* away; to take* flight.

involgarìre, **A** *v. t.* to render vulgar; to vulgarize; to coarsen; to cheapen. **B** *v. i.* e **involgarìrsi**, *v. i. pron.* to become* vulgar.

invòlgere, **A** *v. t.* to wrap up; to envelop. ● **carta da i.**, wrapping-paper. **B invòlgersi**, *v. i. pron.* to get* entangled.

invólo, *m.* (*aeron.*) take-off.

involontariaménte, *avv.* unintentionally; involuntarily; inadvertently; accidentally; (*inconsapevolmente*) unwittingly.

involontàrio, *a.* unintentional; involuntary; inadvertent; accidental; (*inconsapevole*) unwitting: **causa involontaria**, unintentional cause; **movimento i.**, involuntary movement; (*anat.*) **muscolo i.**, involuntary muscle.

involtàre, **A** *v. t.* (*fam.*) to wrap up; to envelop. **B involtàrsi**, *v. rifl.* (*fam.*) to wrap oneself up.

involtino, *m.* (*cucina*) roulade.

invòlto, *m.* *1* (*fagotto*) bundle; (*pacco*) parcel, package *2* *V.* **involucro**.

invòlucro, *m.* *1* covering; (*di carta e sim.*) wrapping(s), wrapper; (*rigido*) case; (*imballo*) packaging; (*fodero*) sheath; (*struttura esterna*) shell *2* (*bot.*) involucre *3* (*aeron.*: *di dirigibile*) envelope.

involutivo, *a.* involutional.

involùto, *a.* *1* involved; intricate; complex: **una spiegazione involuta**, an involved explanation; **uno stile i.**, a complex style *2* (*bot., zool.*) involute.

involuzióne, *f.* *1* (*anche med.*) involution *2* (*regresso*) regression; (*declino*) decline, decay.

invulneràbile, *a.* invulnerable.

invulnerabilità, *f.* invulnerability.

invulneràto, *a.* unscathed; unhurt; unwounded.

inzaccheràre, **A** *v. t.* to splash (*o* to spatter) with mud. **B inzaccheràrsi**, *v. i. pron.* to get* splashed (*o* spattered) with mud.

inzavorràre, *v. t.* to load with ballast; to ballast.

inzeppàre (1), *v. t.* (*riempire*) to stuff; to cram; to fill to bursting point

inzeppàre (2), *v. t.* (*mettere una zeppa*) to wedge; to fix with a wedge.

inzeppatùra, *f.* wedging.

inzoccolàto, *a.* wearing clogs.

inzolfaménto, *m.* sulphuring.

inzolfàre, *v. t.* (*agric.*) to fumigate (*o* to spray) with sulphur; to sulphur.

inzolfatóio, *m.* (*agric.*) sulphur bellows (*pl.*).

inzolfatùra, *f.* (*agric.*) sulphuration.

inzotichìre, **A** *v. t.* to make* boorish. **B** *v. i.* e **inzotichìrsi**, *v. i. pron.* to become* boorish.

inzuccàre, **A** *v. t.* (*fam.*: *ubriacare*) to make* drunk; to go* to (sb.'s) head. **B inzuccàrsi**, *v. i. pron.* *1* (*fam.*: *ubriacarsi*) to get* drunk *2* (*ostinarsi*) to be obstinate; to get* it into one's head (that).

inzuccheràre, *v. t.* *1* to put* sugar in; to sugar; (*cospargere di zucchero*) to sprinkle (*o* to dredge) with sugar: **i. il tè**, to put sugar into the tea *2* (*fig.*: *lusingare, ecc.*) to flatter; to butter up *3* (*addolcire*) to sweeten. ● **i. la pillola**, to gild the pill.

inzuccheràta, *f.* sugaring.

inzuccheratùra, *f.* sprinkling (*o* dredging) with sugar.

inzuppàre, **A** *v. t.* *1* (*infradiciare*) to soak; to drench *2* (*immergere*) to soak; to dunk: **i. il pane nel vino**, to soak bread in wine; **i. un biscotto nel caffè**, to dunk a biscuit in coffee. **B inzuppàrsi**, *v. i. pron.* to get* soaked (*o* drenched, wet through).

inzuppàto, *a.* soaked; drenched; wet through: **pane i. nel latte**, bread soaked in milk; **i. di pioggia**, drenched with rain; **Sono tutto i.**, I'm wet through (*o* drenched).

io, **A** *pron. pers. m.* e *f.* *1ª pers. sing.* I: **io sottoscritto**, I the undersigned; **Ci andremo io e lui**, he and I, we're both going; **Non ci andremo né io né lui**, neither of us is going; **Io, dunque, non ti avevo avvertito?**, oh, so I hadn't warned you?; **Sono qua io**, I am here; **Vengo io**, I'll come; **Sono stato io**, I did it; **Sono stato io a parlargliene**, it was I (*o* I was the one) who mentioned it to him; **Io per me non ci vedo nessun inconveniente**, personally, I have no objection; **So ben io di che si tratta**, I know very well what it's all about; **Io, no!**, not I!; **Lo farò io stesso**, I'll do it myself; **Io stesso penso che si potrebbe provare**, I too think we might try; **Io imbrogliarti?**, I cheat you?; **«Lo trovo noioso» «Anch'io»**, «I find it boring» «so do I» (*fam.* «me too»); **E io a lui**: **non ci credo**, and I said to him, I don't believe it; **«Chi è?» «Sono io»**, «who is it?» «it's me» (*form.*: «it is I»); (*al telef.*) **«Posso parlare col sig. Rossi?» «Sono io»**, «may I speak to Mr Rossi?» «speaking»; **Chi deve venire, io o Giovanni?**, who's to come, John or I ? (*fam.*: me or John?); **E io non prendo nulla?**, what about me?; don't I get anything?; **Da quel giorno non sono stato più io**, since then I haven't been myself. **B** *m.* *1* (the) self; ego: **l'io e il non io**, the ego and the non-ego; **un forte senso dell'io**, a strong sense of self; **pensare solo al proprio io**, to think only of oneself; **È tutto gonfio del suo io**, he is full of himself *2* (*psic.*) ego.

iodàre, *v. t.* (*med., fotogr.*) to iodize; to iodate.

iodàto, *m.* (*chim.*) iodate.

iòdico, *a.* (*chim.*) iodic: **acido i.**, iodic acid.

iodìdrico, *a.* (*chim.*) hydriodic.

iòdio, *m.* (*chim.*) iodine: **tintura di i.**, tincture of iodine.

iodìșmo, *m.* (*med.*) iodism.

iodofòrmio, *m.* (*chim.*) iodoform.

iodóso, *a.* (*chim.*) iodous.

iodoterapìa, *f.* (*med.*) iodotherapy.

ioduràre, *v. t.* (*chim.*) to iodinate.

iodùro, *m.* (*chim.*) iodide.

iòga, *m.* (*filos.*) yoga.

iògurt, e *deriv.* *V.* **yogurt**, e *deriv.*

iòide, *m.* (*anat.*) hyoid (bone).

ioidèo, *a.* (*anat.*) hyoid; hyoidal; hyoidean.

iòle, *f.* (*naut.*) gig; (*del comandante*) captain's gig.

ióne, *m.* (*fis.*) ion. ● **i. idrogeno**, hydrogen ion.

Iòni, *m. pl.* (*stor.*) Ionians.

iònico (1), *a. e m.* (*stor., archit.*) Ionic: **ordine [dialetto] i.**, Ionic order [dialect].

iònico (2), *a.* (*geogr.*) Ionian.

iònico (3), *a.* (*fis., chim.*) ionic.

Iònio, *m.* (*geogr.*) (the) Ionian Sea.

iònio (1), *a.* (*stor., geogr.*) Ionian: **le coste ionie**, the Ionian coasts; **il Mare I.**, the Ionian Sea.

iònio (2), *m.* (*chim.*) ionium.

ionizzànte, *a.* (*fis.*) ionizing.

ionizzàre, *v. t.* (*fis.*) to ionize.

ionizzazióne, *f.* (*fis.*) ionization.

ionoforèși, *f.* (*med.*) ionophoresis*.

ionosfèra, *f.* (*scient.*) ionosphere.

ionoterapìa, *f.* (*med.*) ionotherapy.

iòșa, *vc.* – **a i.**, in plenty; in great quantity; in abundance; galore (*sempre posposto a un sost.*): **Ha dischi a i.**, he has records in plenty; **Erano arrivati i rifornimenti e ora c'era whisky a i.**, supplies had arrived and now there was whisky galore.

iosciamìna, *f.* (*chim.*) hyoscyamine.

iòta, *m.* o *f.* (*nona lettera dell'alfabeto greco*) iota. ● (*fig.*) **Non m'importa un i.**, I don't care an iota (*o* a jot).

iotacìșmo, *m.* (*filol.*) iotacism.

ipàllage, *f.* (*retor.*) hypallage.

ipecacuàna, *f.* (*bot., Cephaëlis ipecacuanha*;

med.) ipecacuanha.
iperacidità, *V.* **ipercloridria**.
iperacușia, *f.* (*med.*) hyperac(o)usia; hyperac(o)usis.
iperaffaticaménto, *f.* over-exertion; fatigue; overstraining.
iperalgeșia, *f.* (*med.*) hyperalgesia; hyperalgesis.
iperalimentazióne, *f.* (*med.*) hyperalimentation; hypernutrition; supernutrition.
iperattivo, *a.* ***1*** very active; restless ***2*** (*psic.*) hyperactive.
iperazotemia, *f.* (*med.*) hyperazotemia.
iperbàrico, *a.* hyperbaric: **camera iperbarica**, hyperbaric chamber.
ipèrbato, *m.* (*retor.*) hyperbaton*.
ipèrbole, *f.* ***1*** (*retor.*) hyperbole ***2*** (*estens.*) hyperbole; exaggeration ***3*** (*mat.*) hyperbola*.
iperboleggiàre, *v. i.* to hyperbolize.
iperbolicità, *f.* hyperbolism.
iperbòlico, *a.* ***1*** (*retor.*) hyperbolic(al) ***2*** (*estens.*) hyperbolic; exaggerated; extravagant ***3*** (*mat.*) hyperbolic(al).
iperbolòide, *m.* (*mat.*) hyperboloid.
iperbòreo, *a.* (*lett.*) hyperborean.
ipercalòrico, *a.* hypercaloric; high-calory (*attr.*).
ipercàrica, *f.* (*fis. nucl*) hypercharge.
ipercatalèttico, *a.* (*poesia*) hypercatalectic.
ipercinèși, **ipercineșia**, *f.* (*med.*) hyperkinesis, hyperkinesia.
ipercloridria, *f.* (*med.*) hyperchlorhydria; hyperacidity.
ipercolesterolemia, *f.* (*med.*) hypercholesterol(a)emia.
ipercorrettișmo, *m.* (*ling.*) hypercorrectness.
ipercorrètto, *a.* hypercorrect.
ipercorrezióne, *f.* hypercorrection.
ipercritica, *f.* **ipercriticișmo**, *m.* hypercriticism.
ipercritico, **A** *a.* hypercritical. **B** *m.* (*f.* **-a**) hypercritic.
iperdattilia, *f.* (*med.*) hyperdactyly.
iperdulia, *f.* (*teol.*) hyperdulia.
ipereccitàbile, *a.* hyperexcitable; overexcitable.
ipereccitabilità, *f.* hyperexcitability; overexcitability.
iperemèși, *f.* (*med.*) hyperemesis.
iperemia, *f.* (*med.*) hyper(a)emia.
iperèmico, *a.* (*med.*) hyper(a)emic.
iperesteșia, *f.* (*med.*) hyper(a)esthesia.
iperfocàle, *a.* (*ottica*) hyperfocal.
iperfunzionànte, *a.* (*med.*) hyperfunctioning.
iperglicemia, *f.* (*med.*) hyperglyc(a)emia.
iperglicèmico, *a.* (*med.*) hyperglyc(a)emic.
iperglobulia, *f.* (*med.*) hyperglobulia.
ipergòlo, *m.* hypergolic fuel.
iperidròși, *f.* (*med.*) hyper(h)idrosis.
iperinflazióne, *f.* (*econ.*) hyperinflation.
Iperióne, *m.* (*mitol.*) Hyperion.
ipermercàto, *m.* hypermarket.
ipermetria, *f.* (*poesia*) hypermetry.
ipèrmetro, *a.* (*poesia*) hypermetric(al).
ipermètrope, (*med.*) **A** *a.* hypermetropic; long-sighted. **B** *m. e f.* hypermetrope; long-sighted person.
ipermetropia, *f.* (*med.*) hypermetropia; long-sightedness.
ipermneșia, *f.* (*med.*) hypermnesia.
ipernutrìto, *a.* overfed.
ipernutrizióne, *f.* (*med.*) hypernutrition; overfeeding.
iperóne, *m.* (*fis.*) hyperon.
iperonimia, *f.* (*ling.*) hypernymy.
iperònimo, *m.* (*ling.*) hypernym.
iperoșmia, *f.* (*med.*) hyperosmia.
iperossiemia, *f.* (*med.*) hyperox(a)emia.
iperpiressia, *f.* (*med.*) hyperpyrexia.
iperplașia, *f.* (*med., biol.*) hyperplasia.
iperpnèa, *f.* (*med.*) hyperpnoea.
iperprotèico, *a.* high-protein (*attr.*).
iperprotettivo, *a.* overprotective.
iperrealișmo, *m.* (*arte*) hyper-realism.
ipersecrezióne, *f.* (*fisiol.*) hypersecretion.
ipersensibile, *a.* hypersensitive.
ipersensibilità, *f.* hypersensitivity; hypersensitiveness.
ipersònico, *a.* (*aeron.*) hypersonic; supersonic.
ipersostentatòre, *m.* (*aeron.*) (wing) flap lift.
iperspàzio, *m.* (*mat.*) hyperspace.
iperstenìa, *f.* hypersthenia.
ipersurrenalișmo, *m.* (*med.*) hyperadrenalism.
ipertensióne, *f.* (*med.*) hypertension; high blood pressure.
ipertensivo, *m.* (*farm.*) hypertensive drug.
ipertermàle, *a.* hyperthermal.
ipertermia, *f.* (*med.*) hyperthermia.
ipertéso, *a. e m.* (*med.*) hypertensive.
ipertèsto, *m.* hypertext.
ipertestuàle, *a.* hypertextual.
ipertiroidèo, *a. e m.* (*med.*) hyperthyroid.
ipertiroidișmo, *m.* (*med.*) hyperthyroidism.
ipertonia, *f.* (*med.*) hypertonia; hypertonicity.
ipertònico, *a.* hypertonic.
ipertòssico, *a.* (*med.*) hypertoxic.
ipertricòși, *f.* (*med.*) hypertrichosis*.
ipertrofia, *f.* (*med., biol.*) hypertrophy.
ipertròfico, *a.* ***1*** (*med., biol.*) hypertrophic ***2*** (*fig.*) overgrown.
ipertrofizzàrsi, *v. i. pron.* (*biol.*) to hypertrophy.
iperuricemia, *f.* (*med.*) hyperuric(a)emia.
iperventilazióne, *f.* hyperventilation.
ipervitaminico, *a.* vitamin-rich.
ipervitaminòși, *f.* (*med.*) hypervitaminosis*.
ipnagògico, *a.* (*psic.*) hypnagogic.
ipnoanàliși, *f.* (*med.*) hypnoanalysis.
ipnògeno, *a.* hypnogenetic; hypnogenous; hypnogenic.
ipnologia, *f.* hypnology.
ipnopedia, *f.* hypnop(a)edia.
ipnòși, *f.* hypnosis*.
ipnoterapia, *f.* (*psic.*) hypnotherapy.
ipnoterapista, *m. e f.* hypnotherapist.
ipnòtico, **A** *a.* hypnotic. **B** *m.* (*farm.*) hypnotic.
ipnotișmo, *m.* hypnotism.
ipnotizzàre, *v. t.* to hypnotize.
ipnotizzatóre, *m.* (*f.* **-trice**) hypnotist.
ipoacușia, *f.* (*med.*) hypoac(o)usia.
ipoalgeșia, *f.* hypalgesia; hypalgia.
ipoalimentazióne, *f.* (*med.*) hypoalimentation.
ipoallergènico, *a.* hypoallergenic.
ipoazotide, *f.* (*chim.*) nitrogen tetroxide.
ipoblàsto, *m.* (*biol.*) hypoblast.
ipocalòrico, *a.* hypocaloric; low-calory (*attr.*).
ipocàusto, *m.* (*archeol.*) hypocaust.
ipocèntro, *m.* (*geol.*) focus.
ipociclòide, *m.* (*mat.*) hypocycloid.
ipocloridria, *f.* (*med.*) hypochlorhydria.
ipoclorito, *m.* (*chim.*) hypochlorite.
ipocloróso, *a.* (*chim.*) hypochlorous.
ipocondria, *f.* (*psic.*) hypochondria; hypochondriasis*.
ipocondriaco, *a. e m.* (*f.* **-a**) (*psic.*) hypochondriac.
ipocòndrico, *a.* (*anat.*) hypochondriac; hypochondrial.
ipocòndrio, *m.* (*anat.*) hypochondrium*.
ipocoristico, (*ling.*) **A** *a.* hypocoristic(al). **B** *m.* hypocorism; hypocorisma*.
ipocòtile, *a.* (*bot.*) hypocotyl.
ipocrișia, *f.* hypocrisy; cant.
ipocristallino, *a.* (*geol.*) hypocristalline.
ipòcrita, **A** *a.* hypocritical; false. **B** *m. e f.* hypocrite.
ipodattilia, *f.* (*med.*) hypodactyly.
ipodèrma, *m.* (*anat.*) hypoderm; hypodermis.
ipodèrmico, *a.* hypodermic: (*med.*) **iniezione ipodermica**, hypodermic injection.
ipodermocliși, *f.* (*med.*) hypodermoclysis*.
ipodòrico, *a.* (*mus.*) hypodorian.
ipofișàrio, *a.* (*anat.*) hypophysial, hypophyseal.
ipòfiși, *f.* (*anat.*) hypophysis*.
ipofosfàto, *m.* (*chim.*) hypophosphate.
ipofosfito, *m.* (*chim.*) hypophosphite.
ipofosfòrico, *a.* (*chim.*) hypophosphoric.
ipofosforóso, *a.* (*chim.*) hypophosphorous.
ipofrigio, *a.* (*mus.*) hypophrygian.
ipogàstrico, *a.* (*anat.*) hypogastric.
ipogàstrio, *m.* (*anat.*) hypogastrium*.
ipogèo, **A** *a.* (*biol.*) hypogeous; hypogean. **B** *m.* (*archeol.*) hypogeum*.
ipògino, *a.* (*bot.*) hypoginous.
ipoglicemia, *f.* (*med.*) hypoglyc(a)emia.
ipoglicèmico, *a.* (*med.*) hypoglycemic.
ipoglicidico, *a.* low-sugar (*attr.*).
ipoglobulia, *f.* (*med.*) hypoglobulia.
ipoglòsso, *a. e m.* (*anat.*) hypoglossal.
ipoglòttide, *f.* (*anat.*) hypoglottis.
ipolidio, *a.* (*mus.*) hypolydian.
ipolimnio, *m.* hypolimnion.
ipolipidico, *a.* low-fat (*attr.*).
ipomèa, *f.* (*bot., Ipomoea*) ipomoea.
ipomenorrèa, *f.* (*med.*) hypomenorrh(o)ea.
ipomètrope, **A** *a.* myopic; short-sighted. **B** *m. e f.* myopic person; short-sighted person.
ipometropia, *f.* (*med.*) hypometropia; short-sightedness.
iponimia, *f.* (*ling.*) hyponymy.
ipònimo, *m.* (*ling.*) hyponym.
iponutrizióne, *f.* hyponutrition.
ipoplașia, *f.* (*med.*) hypoplasia; hypoplasty.
ipoplàstico, *a.* (*med.*) hypoplastic.
ipoprotèico, *a.* low-protein (*attr.*).
iposcòpio, *m.* (*mil.*) hyposcope.
iposolfito, *m.* (*chim.*) hyposulphite.
iposolforóso, *a.* (*chim.*) hyposulphurous.
ipospadia, *f.* (*med.*) hypospadias*.
ipossia, *f.* (*med.*). hypoxia.
ipossiemia, *f.* (*med.*) hypox(a)emia.
ipòstași, *f.* (*filos., teol., med.*) hypostasis*.
ipostàtico, *a.* (*filos., teol., med.*) hypostatic.
ipostatizzàre, *v. t.* to hypostatize.
ipostenia, *f.* (*med.*) hyposthenia.
ipostènico, *a.* (*med.*) hyposthenic.
ipòstilo, *a.* (*archit.*) hypostyle.
iposurrenalișmo, *m.* (*med.*) hypoadrenia.
ipotalàmico, *a.* (*anat.*) hypothalamic.
ipotàlamo, *m.* (*anat.*) hypothalamus*.
ipotàssi, *f.* (*gramm.*) hypotaxis.
ipotàttico, *a.* (*gramm.*) hypotactic.
ipotèca, *f.* ***1*** (*leg.*) mortgage: **accendere [estinguere] un'i.**, to raise [to redeem] a mortgage; **garantito da i.**, secured by a mortgage; **gravato da i.**, mortgaged; **i. di primo grado**, first mortgage ***2*** (*fig.*) claim; stake: **mettere un'i. su q.c.**, to lay (*o* to stake) a claim to st.
ipotecàbile, *a.* mortgageable.
ipotecàre, *v. t.* ***1*** to mortgage ***2*** (*fig.*) to lay* (*o* to stake) a claim on.
ipotecàrio, *a.* (*leg.*) mortgage (*attr.*): **certificato i.**, mortgage deed; **debito i.**, mortgage debt. ● **creditore i.**, mortgagee □ **debitore i.**, mortgagor.
ipotènar, *a.* (*anat.*) hypothenar; hypothenal.
ipotensióne, *f.* (*med.*) hypotension; low blood pressure.
ipotensivo, *m.* (*farm.*) hypotensive drug.
ipotenùșa, *f.* (*mat.*) hypotenuse.
ipotermàle, *a.* hypothermal.
ipotermia, *f.* (*med.*) hypothermia.
ipòteși, *f.* ***1*** hypothesis*: **formulare un'i.**, to formulate a hypothesis ***2*** (*supposizione*) hypothesis*; conjecture; supposition; surmise; assumption; guess; explanation: **un'i. ragionevole**, a reasonable assumption; **L'i. mi sembra poco probabile**, it doesn't seem to me a likely explanation; **La mia i. è che...**, my guess if that...; **azzardare un'i.**, to venture a conjecture ***3*** (*eventualità*) event; case; possibility: **Le i. sono due**, there are two possibilities. ● **i. di lavoro**, working hypothesis □ **i. informata**, educated guess □ **Facciamo l'i. che...** (*o* **Ammettiamo per i. che..**), let's

suppose that...; supposing that... □ **nell'i. che...**, supposing that □ **nell'i. di**, in the event of □ **nella migliore delle i.**, at best □ **nella peggiore delle i.**, at worst; if the worst comes to the worst.

ipotéso, *a.* e *m.* (*f.* **-a**) (*med.*) hypotensive.

ipotètico, *a.* hypothetical. ● (*gramm.*) **periodo i.**, conditional clause.

ipotipòsi, *f.* (*retor.*) hypotyposis*.

ipotiroidèo, *a.* e *m.* (*f.* **-a**) (*med.*) hypothyroid.

ipotiroidişmo, *m.* (*med.*) hypothyroidism.

ipotizzàbile, *a.* conjecturable; that can be surmised.

ipotizzàre, *v. t.* to suppose; to conjecture; to hypothesize; to assume.

ipotonia, *f.* (*med.*) hypotonia; hypotonicity.

ipotònico, *a.* (*med.*) hypotonic.

ipotricòsi, *f.* (*med.*) hypotrichosis.

ipotrofia, *f.* (*med., bot.*) hypotrophy.

ipotròfico, *a.* (*bot., med.*) hypotrophic.

ipovitaminòsi, *f.* (*med.*) hypovitaminosis*.

ipovolemia, *f.* (*med.*) hypovol(a)emia.

ipoxantina, *f.* (*chim.*) hypoxanthine.

ippàrco, *m.* (*stor. greca*) hipparch.

ippàrio, *m.* (*paleont.*) Hipparion.

ippica, *f.* horse-racing. ● (*scherz.*) **Datti all'i.!**, take up knitting!

ippico, *a.* horse (*attr.*): **concorso i.**, horse show.

ippocàmpo, *m.* **1** (*zool., Hippocampus*) hippocampus*; sea-horse **2** (*anat.*) hippocampus*.

ippocastàno, *m.* (*bot., Aesculus hippocastanum*) horse-chestnut.

Ippòcrate, *m.* (*stor. med.*) Hippocrates.

ippocràtico, *a.* Hippocratic(al): **giuramento i.**, Hippocratic oath.

ippòdromo, *m.* **1** race-course **2** (*archeol.*) hippodrome.

ippòfago, **A** *a.* hippophagous. **B** *m.* e *f.* hippophagist.

ippòfilo, *a.* hippophile.

ippoglòsso, *m.* (*zool., Hippoglossus hippoglossus*) halibut*; butt.

ippogrifo, *m.* (*mitol.*) hippogriff, hippogryph.

Ippòlita, *f.* Hippolyta.

Ippòlito, *m.* Hippolytus.

ippologia, *f.* hippology.

ippopòtamo, *m.* (*zool., Hippopotamus amphibius*) hippopotamus*; hippo (*fam.*).

ippòtrago, *m.* (*zool., Hippotragus equinus*) roan antelope.

ippotrainàto, *a.* (*mil.*) horse-drawn.

iprite, *f.* (*chim.*) mustard-gas; yperite.

ìpsilon, *m.* o *f.* **1** (*lettera*) Y, y **2** (*ventesima lettera dell'alfabeto greco*) upsilon.

ipsodónte, *a.* (*zool.*) hypsodont.

ipso facto (*lat.*), *locuz. avv.* thereby; ipso facto.

ipsometria, *f.* (*geofisica*) hypsometry.

ipsomètrico, *a.* hypsometric(al).

ipsòmetro, *m.* hypsometer.

ira, *f.* anger; rage; fury; wrath (*lett.*): **L'i. lo accecava**, anger blinded him; **l'i. di Dio**, the wrath of God; **l'i. del vento**, the fury of the wind; **fremere d'i.**, to tremble with anger (*o* rage); **suscitare l'i. di q.**, to arouse sb.'s anger; **placare l'i. di q.**, to assuage sb.'s wrath (*o* anger); **frenare la propria i.**, to curb one's anger; **covare la propria i.**, to nurse one's anger. ● (*fig.*) **fare un'ira di Dio**, to create havoc; to raise Cain □ **È successa l'ira di Dio**, all hell broke loose □ **sguardo d'i.**, angry (*o* furious) look.

irachèno, *a.* e *m.* (*f.* **-a**) Iraqi, Iraki (*f.* Iraqi woman*): **gli Iracheni**, the Iraqis.

iracóndia, *f.* irascibility; quick temper.

iracóndo, *a.* irascible; choleric; quick-tempered.

iraniàno, *a.* e *m.* (*f.* **-a**) Iranian (*f.* Iranian woman*): **gli Iraniani**, the Iranians.

irànico, *a.* e *m.* Iranian.

iranista, *m.* e *f.* specialist in Iranian (*o* Persian) studies.

iranistica, *f.* Iranian (*o* Persian) studies (*pl.*).

irascibile, *a.* irascible; irritable; quick-tempered; cantankerous.

irascibilità, *f.* irascibility; quick temper; irritability; cantankerousness.

iràto, *a.* angry; furious; irate; enraged.

irbis, *m.* (*zool., Panthera uncia*) ounce; snow-leopard; mountain-panther.

ircàno, *a.* (*lett.*) Hyrcanian.

ircocèrvo, *m.* (*fig.*) chim(a)era; wild fancy; monster.

ire, (*poet.*) *V.* **andare**.

irènico, *a.* (*anche relig.*) irenical.

irenişmo, *m.* (*relig.*) irenics (*pl. col verbo al sing.*).

irenista, *m.* e *f.* (*relig.*) proponent of an irenic theology.

ireos, *V.* **iris**.

Iridàcee, *f. pl.* (*bot., Iridaceae*) Iridaceae.

iridàre, *v. t.* to colour with the colours of the rainbow; to make iridescent; to iridize.

iridàto, *a.* rainbow-coloured; iridescent; iridized. ● (*sport*) **campione i.**, world cycling champion.

Ìride, *f.* Iris.

iride, *f.* **1** (*anat.*) iris* **2** (*bot., Iris*) iris* **3** (*arcobaleno*) rainbow **4** (*cinem.*) iris*.

iridèo, *a.* (*anat.*) iridic; iridian; iridial.

iridescènte, *a.* iridescent.

iridescènza, *f.* **1** iridescence **2** (*fotogr.*) fringe.

iridico, *a.* (*chim.*) iridic.

iridio, *m.* (*chim.*) iridium.

iridociclite, *f.* (*med.*) iridocyclitis.

iridologia, *f.* iridology.

iridòlogo, *m.* (*f.* **-a**) iridologist.

iris, *f.* (*bot., Iris*) iris*.

irite, *f.* (*med.*) iritis.

Irlànda, *f.* **1** (*geogr.*) Ireland **2** (*polit.*: *la Repubblica Irlandese*) Eire; the Irish Republic.

irlandése, **A** *a.* Irish. **B** *m.* e *f.* Irishman* (*m.*); Irishwoman* (*f.*): **gli Irlandesi**, the Irish. **C** *m.* (*lingua*) Irish.

irochése, **A** *a.* Iroquoian. **B** *m.* e *f.* Iroquois*: **gli Irochesi**, the Iroquois. **C** *m.* (*lingua*) Iroquoian.

iròko, *m. invar.* (*bot., Chlorophora excelsa*; *il legno*) iroko.

ironeggiàre, *V.* **ironizzare**.

ironia, *f.* irony: **l'i. della sorte**, the irony of fate; **fare dell'i.**, to speak [to write] ironically; to be ironical (about).

ironicaménte, *avv.* ironically.

irònico, *a.* ironic(al).

ironista, *m.* e *f.* ironist.

ironizzàre, **A** *v. t.* to be ironical about; to ironize; to mock. **B** *v. i.* to be ironical; to speak* ironically.

iróso, *a.* **1** (*facile all'ira*) prone to anger; irascible **2** (*irato*) angry; furious; wrathful (*lett.*).

irradiaménto, *m.* radiation; irradiation (*solo fis.*).

irradiàre, **A** *v. t.* **1** (*mandare luce*) to shine* upon; to shed* one's light on; to irradiate; to radiate: **Il sole irradia le vette**, the sun shines upon the peaks; **La gioia le irradiava il viso**, her face radiated joy (*o* was irradiated with joy); **i. calore**, to radiate heat; **i. felicità**, to radiate happiness **2** (*radio*) to broadcast* **3** (*fis., med.*) to irradiate. **B** *v. i.* **1** to emanate **2** (*fig.*) to shine*. **C** **irradiàrsi**, *v. i. pron.* to radiate; to spread* out: **I viali s'irradiano dalla piazza**, the boulevards radiate from the square; **Il dolore si irradiava lungo la gamba**, the pain radiated down the leg.

irradiazióne, *f.* irradiation (*anche fis., med.*); radiation.

irraggiaménto, *m.* radiation.

irraggiàre, *V.* **irradiare**.

irraggiungibile, *a.* **1** (*inaccessibile*) inaccessible; unreachable **2** (*fig.*: *non ottenibile*) unattainable; unreachable; unrealizable **3** (*fig.*: *ineguagliabile*) unmatchable; unparalleled.

irraggiungibilità, *f.* **1** inaccessibility **2** (*fig.*) unattainableness.

irragionévole, *a.* **1** (*irrazionale*) irrational; unreasoning: **un impulso i.**, an irrational impulse; **paura i.**, irrational fear **2** (*contro ragione*) unreasonable; (*assurdo*) absurd; (*eccessivo*) exorbitant, extravagant: **Non è i. concludere che l'autore è lui**, it is not unreasonable to conclude that he is the author; **Non essere i.**, don't be unreasonable; **un'opinione i.**, an unreasonable opinion; **prezzo i.**, unreasonable (*o* exorbitant) price.

irragionevolézza, *f.* irrationality; unreasonableness; absurdity.

irrancidiménto, *m.* growing rancid.

irrancidire, *v. i.* to grow* rancid.

irrappreşentàbile, *a.* **1** (*di spettacolo*) unsuitable for the stage; unperformable **2** (*alla fantasia, ecc.*) unimaginable.

irrazionàle, *a.* e *m.* **1** (*anche filos., mat.*) irrational **2** (*non pratico*) impractical; inconvenient; not functional: **un arredamento i.**, impractical furniture.

irrazionalişmo, *m.* (*filos.*) irrationalism.

irrazionalista, *m.* e *f.* (*filos.*) irrationalist.

irrazionalìstico, *a.* (*filos.*) irrationalist (*attr.*); irrationalistic.

irrazionalità, *f.* **1** irrationality **2** (*scarsa praticità*) impracticableness.

irreàle, *a.* **1** (*non reale*) unreal **2** (*immaginario*) imaginary; (*fantastico*) dream-like, dream (*attr.*); (*misterioso*) unearthly, eerie: **personaggi irreali**, imaginary characters; **paesaggio i.**, dreamscape; **luce i.**, eerie light **3** (*non realistico*) unrealistic; absurd.

irrealìstico, *a.* unrealistic.

irrealizzàbile, *a.* unattainable; impracticable; unrealizable: **L'accordo fra le due parti sembra i.**, agreement between the two sides seems unattainable; **un progetto i.**, an impracticable scheme.

irrealizzabilità, *f.* impracticability; impracticableness.

irrealizzàto, *a.* unrealized; unaccomplished.

irrealtà, *f.* unreality.

irreconciliàbile, *a.* irreconcilable.

irreconciliabilità, *f.* irreconcilability.

irrecuperàbile, *a.* irrecoverable; irretrievable.

irrecuperabilità, *f.* irrecoverableness; irretrievability.

irrecușàbile, *a.* irrecusable; irrefutable.

irredentişmo, *m.* (*polit.*) irredentism.

irredentista, *m.* e *f.* (*polit.*) irredentist.

irredentìstico, *a.* irredentist (*attr.*).

irredènto, *a.* unredeemed.

irredimibile, *a.* (*anche fin.*) irredeemable; unredeemable.

irredimibilità, *f.* (*anche fin.*) irredeemability; irredeemableness.

irreducibile, *V.* **irriducibile**.

irrefragàbile, *a.* irrefragable; indisputable.

irrefragabilità, *f.* indisputableness; irrefutability.

irrefrenàbile, *a.* uncontrollable; unarrestable; irresistible: **un impulso i.**, an uncontrollable impulse; **riso i.**, uncontrollable (*o* helpless) laughter.

irrefrenabilità, *f.* uncontrollableness; irresistibleness.

irrefutàbile, *a.* irrefutable; indisputable; uncontrovertible.

irrefutabilità, *f.* irrefutability; indisputability; indisputableness.

irreggimentàre, *v. t.* (*mil.* e *fig.*) to regiment.

irreggimentazióne, *f.* regimentation.

irregolàre, **A** *a.* **1** (*non conforme alle regole*) irregular; incorrect; against the rules: (*gramm.*) **verbo i.**, irregular verb; **La concessione è del tutto i.**, the concession is highly irregular **2** (*di forma inconsueta*) irregular: **tratti irregolari**, irregular features; (*geom.*) **poligono i.**, irregular polygon **3** (*non uniforme, ineguale*) irregular; uneven; erratic: (*med.*) **polso i.**, irregular (*o* erratic) pulse; **respiro i.**, uneven breathing; **terreno i.**, uneven ground; **La stagione è stata molto i.**, the weather has been very erratic **4** (*disordinato*) disorderly: **vita i.**, disorderly life **5** (*leg.*: *illegale*) illegal; unlawful. ● (*sport*) **azione i.**, foul □ **milizie irregolari**, irregulars; irregular troops. **B** *m.* **1** (*anticonformista*) rebel; maverick **2** (*mil.*) irregular.

irregolarità, *f.* **1** (*non conformità alle regole*; *anomalia*) irregularity; (*infrazione delle regole*) breach of the rules **2** (*non uniformità*) irregularity; unevenness **3** (*disordine*) disorderliness **4** (*leg.*: *illegalità*) illegality; unlawfulness **5** (*sport*) foul; fouling.

irrelàto, *a.* unrelated.

irreligióne, *f.* irreligion.

irreligiosità, *f.* irreligiousness; irreligiosity.

irreligióso, *a.* irreligious.

irremissìbile, *a.* irremissible.

irremissibilità, *f.* inflexible; irremissibility; irremissibleness.

irremovìbile, *a.* inflexible; adamant; unshakable; streadfast; unyielding: **posizione i.**, unshakable position; **i. nelle proprie idee**, steadfast in one's ideas; **Cercai di convincerlo ma si dimostrò i.**, I tried to convince him, but he was adamant.

irremovibilità, *f.* inflexibility; unshakableness.

irreparàbile, *a.* irreparable; irretrievable; irrecoverable: **danno i.**, irreparable damage; **perdita i.**, irrecoverable loss.

irreparabilità, *f.* irreparability; irretrievability; irrecoverability.

irreperìbile, *a.* untraceable; unavailable; that cannot be found; nowhere to be found: **un prodotto i. sul mercato**, a product unavailable on the market; **L'uomo è per il momento i.**, the man is untraceable (*o* nowhere to be found) for the time being. ● **rendersi i.**, to disappear; (*leg.*) to abscond (from justice); (*scherz.*) to make oneself scarce □ (*leg.*) **testimone i.**, unavailable witness.

irreperibilità, *f.* untraceableness; unavailability; (*scomparsa*) disappearance.

irreprensìbile, *a.* faultless; irreproachable.

irreprensibilità, *f.* faultlessness; irreproachability.

irreprimìbile, *a.* irrepressible.

irrequietézza, *f.* restlessness; uneasiness; fidgetiness.

irrequièto, *a.* restless; uneasy; fidgety: **Il suo camminare i. in su e in giù mi dava ai nervi**, his restless walking up and down was getting on my nerves; **sonno i.**, uneasy sleep; **un bambino i.**, a restless child; **Sempre i.! Stai un po' fermo**, always fidgeting! keep still for a bit! **I bambini cominciano a essere irrequieti**, the children are starting to fidget.

irrequietùdine, *f.* restlessness; uneasiness.

irresistìbile, *a.* irresistible.

irresistibilità, *f.* irresistibility; irresistibleness.

irresolùbile, *a.* (*anche fig.*) insoluble.

irresolubilità, *f.* (*anche fig.*) insolubility.

irresolutézza, *f.* irresoluteness; irresolution; indecision.

irresolùto, *a.* **1** (*di persona*) irresolute, undecided, in two minds (*pred.*); (*tentennante*) vacillating, dithering: **essere i.**, to be irresolute; to vacillate **2** (*lett.*: *non risolto*) unsolved.

irresoluzióne, *f.* irresolution; indecision.

irrespiràbile, *a.* **1** unbreathable; (*che sa di rinchiuso*) stuffy; (*afoso*) sultry, close **2** (*fig.*) oppressive; stifling.

irresponsàbile, **A** *a.* not responsible; irresponsible. **B** *m.* e *f.* irresponsible person.

irresponsabilità, *f.* irresponsibility.

irrestringìbile, *a.* unshrinkable; non-shrink.

irrestringibilità, *f.* unshrinkability.

irretìre, *v. t.* (*fig.*) **1** (*sedurre*) to ensnare; to entice; to inveigle **2** (*ingannare*) to trap; to deceive **3** (*impacciare*) to impede; to trammel.

irretroattività, *f.* (*leg.*) non-retroactivity.

irretroattìvo, *a.* (*leg.*) non-retroactive.

irreverènte, e *deriv.* *V.* **irriverente**, e *deriv.*

irreversìbile, *a.* **1** irreversible **2** (*di pensione*) non-transferable.

irreversibilità, *f.* **1** irreversibility **2** (*di pensione*) non transferability.

irrevocàbile, *a.* irrevocable: **una sentenza i.**, an irrevocable judgment; **decisione i.**, irrevocable decision.

irrevocabilità, *f.* irrevocability.

irrevocàto, *a.* unrevoked.

irricevìbile, *a.* (*leg.*) unreceivable.

irriconoscìbile, *a.* unrecognizable; beyond recognition (*pred.*).

irriconoscibilità, *f.* unrecognizableness.

irrìdere, *v. t.* (*lett.*) to deride; to mock.

irriducìbile, *a.* **1** (*anche mat.*, *med.*) irreducible **2** (*fermo*) unshakable; unyielding **3** (*che non desiste*) confirmed; hardened.

irriducibilità, *f.* **1** (*anche mat.*, *med.*) irreducibility **2** (*fermezza*) unshakableness.

irriferìbile, *a.* unrepeatable.

irriflessióne, *f.* thoughtlessness; unheedingness.

irriflessìvo, *a.* unthinking; unreflecting; unheeding.

irrigàre, *v. t.* **1** (*artificialmente*) to irrigate; to water **2** (*di fiume, ecc.*) to flow through **3** (*med.*) to irrigate; to douche.

irrigatóre, **A** *a.* irrigational; irrigation (*attr.*). **B** *m.* **1** irrigator; (*a pioggia*) sprinkler **2** (*med.*) irrigator; douche

irrigatòrio, *a.* irrigational; irrigation (*attr.*); irrigative.

irrigazióne, *f.* **1** irrigation: **canale d'i.**, irrigation canal **2** (*med.*) irrigation; douche. ● **i. a pioggia**, sprinkling □ **i. per allagamento**, flooding.

irrigidiménto, *m.* **1** stiffening; (*di cadavere*) rigor mortis (*lat.*) **2** (*di clima*) increasing cold **3** (*fig.*: *maggiore severità*) tightening **4** (*fig.*: *inflessibilità*) hardening, inflexibility; (*ostinazione*) persistence, obstinacy.

irrigidìre, **A** *v. t.* to make* (more) rigid; to make* stiff; to stiffen. **B** **irrigidìrsi**, *v. i. pron.* **1** to become* rigid (*o* stiff); to stiffen: **i. per il freddo**, to become stiff from the cold; **A quell'insulto s'irrigidì**, he stiffened at that insult **2** (*di clima*) to become* (*o* to turn) colder **3** (*fig.*: *diventare inflessibile*) to become* inflexible, to harden, to refuse to budge; (*ostinarsi*) to stick* obstinately to, to be stubborn.

irriguardóso, *a.* disrespectful; irreverent.

irrìguo, *a.* **1** (*irrigato*) (well-)watered; (well-)irrigated **2** (*che irriga*) irrigation (*attr.*).

irrilevànte, *a.* insignificant; unimportant; trifling.

irrilevànza, *f.* insignificance.

irrimediàbile, *a.* irremediable; irreparable; irretrievable.

irrimediabilità, *f.* irremediableness; irreparability; irreparableness.

irrinunciàbile, *a.* **1** that cannot be given up (*o* renounced, resigned); irremissible **2** (*leg.*) inalienable.

irrinunciabilità, *f.* **1** irremissibility **2** (*leg.*) inalienability

irripetìbile, *a.* **1** unrepeatable **2** (*unico*) unique; one-off.

irripetibilità, *f.* **1** unrepeatability **2** (*unicità*) uniqueness.

irriproducìbile, *a.* irreproducible; unreproducible.

irrișióne, *f.* derision; mockery.

irrișo, *a.* (*lett.*) derided; mocked.

irrisòlto, *a.* unsolved; unresolved.

irrișòrio, *a.* **1** derisory; derisive **2** (*insignificante*) ridiculous; trifling; paltry; piffling (*fam.*): **somma irrisoria**, ridiculous (*o* paltry) amount; **prezzo i.**, ridiculously low price.

irrispettóso, *a.* disrespectful.

irritàbile, *a.* **1** irritable; testy; crabby; crotchety; peevish; feisty (*fam. USA*) **2** (*med.*) irritable; sensitive.

irritabilità, *f.* **1** irritability; peevishness; testiness **2** (*med.*) irritability; sensitiveness.

irritànte, *a.* **1** irritating; annoying; vexatious; provoking; pesky (*fam. USA*) **2** (*med.*) irritating.

irritàre, **A** *v. t.* **1** to irritate; to vex; to provoke; to get on sb.'s nerves; to bug (*fam.*) **2** (*med.*) to irritate; to inflame. **B** **irritàrsi**, *v. i. pron.* **1** to become* irritated; to get* annoyed; to get* angry; to get* peeved (*fam.*) **2** (*med.*) to be irritated; to be inflamed.

irritatìvo, *a.* (*med.*) irritative.

irritàto, *a.* **1** irritated; vexed; annoyed; peeved (*fam.*) **2** (*med.*) irritated; inflamed: **avere la gola irritata**, to have a sore throat.

irritazióne, *f.* **1** irritation; vexation; annoyance **2** (*biol.*, *med.*) irritation.

ìrrito, *a.* (*leg.*) void; null and void; of no effect.

irrituàle, *a.* (*leg.*) irregular. ● (*leg.*) **transazione i.**, amicable composition.

irritualità, *f.* (*leg.*) irregularity.

irriverènte, *a.* irreverent; disrespectful.

irriverènza, *f.* irreverence; disrespect.

irrobustìre, **A** *v. t.* to strengthen. **B** **irrobustìrsi**, *v. i. pron.* to grow* stronger.

irrogàre, *v. t.* (*leg.*) to inflict; to impose.

irrogazióne, *f.* (*leg.*) imposition; infliction.

irrompènte, *a.* impetuous; bursting (forth).

irrómpere, *v. i.* to storm in; to burst* in; to break* in; to pour in; to flood in: **La folla irruppe nel castello**, the mob stormed into the castle; **I bambini irruppero nella stanza**, the children burst into the room; **Irruppe nel mio ufficio**, he stormed (*o* stomped) into my office; **Gli invasori irruppero nella valle**, the invaders poured into the valley; **Abbattuto l'argine, l'acqua irruppe nei campi**, the dyke burst and water poured into the fields.

irroràre, *v. t.* **1** to sprinkle **2** (*agric.*) to spray **3** (*biol.*) to supply.

irroratóre, *m.* (*f.* **-trice**) (*agric.*) sprayer.

irrorazióne, *f.* **1** sprinkling **2** (*agric.*) spraying.

irrotazionàle, *a.* (*fis.*) irrotational.

irruènte, *a.* vehement; impetuous.

irruènza, *f.* vehemence; impetuousness.

irrugginìre, *V.* **arrugginire**.

irruvidiménto, *m.* roughening.

irruvidìre, *v. t.* e *i.* **irruvidìrsi**, *v. i. pron.* to roughen.

irruzióne, *f.* **1** irruption **2** (*della polizia, ecc.*) raid; bust (*fam.*). ● **fare i.**, to make an irruption; to burst into (a place); (*della polizia, ec.*) to raid, to bust (*fam.*).

irsùto, *a.* hairy; shaggy; hirsute.

irto, *a.* **1** (*ispido*) bristly; shaggy **2** (*pieno di sporgenze acuminate*) bristling; spiked: **Lo stretto è i. di scogli**, the straits are spiked with jagged rocks **3** (*fig.*) bristling; fraught: **un passo i. di citazioni**, a passage bristling with quotations.

Ișabèlla, *f.* Isabel; Isobel; Isabella.

ișabèlla (1), *a.* e *m.* (*colore*) isabel; isabella.

ișabèlla (2), *f.* (*bot.*, *Vitis labrusca*) Isabella; fox grape.

ișabellìno, *a.* isabelline.

Ișàcco, *m.* Isaac.

ișagòge, *f.* (*lett.*) isagoge.

ișagògico, *a.* (*lett.*) isagogic.

Ișaìa, *m.* Isaiah.

ișallòbara, *f.* (*geogr.*) isallobar.

ișallotèrma, *f.* (*geogr.*) isallotherm.

ișatìna, *f.* isatin(e).

ìșba, *f.* isba, izba.

iscariòta, *m.* **1** Iscariot **2** (*estens.*: *traditore*) Judas.

ischeletrìre, **A** *v. t.* to reduce to a skeleton. **B** *v. i.* e **ischeletrìrsi**, *v. i. pron.* to be reduced to a skeleton.

ischemìa, *f.* (*med.*) isch(a)emia.

ischèmico, *a.* (*med.*) isch(a)emic.

ischemizzàre, *v. t.* (*med.*) to induce isch(a)emia.

ischialgìa, *f.* (*med.*) ischialgia; sciatica.

ischiàtico, *a.* (*anat.*) ischiatic; ischial.

ischio, *m.* (*anat.*) ischium*.

iscritto (1), **A** *a.* **1** (*a una scuola, a un corso*) enrolled **2** (*registrato*) registered; entered **3** (*geom.*) inscribed. ● **essere i. a un partito** [**a un sindacato**], to be a member of (*o* to belong to) a party [a union]. **B** *m.* (*f.* **-a**) **1** (*a una scuola*) pupil; (*all'università*) student; (*a un corso*) person enrolled **2** (*a una gara, a un concorso*) competitor; entrant **3** (*a un partito, un sindacato, un club*) member: **un i. al partito repubblicano**, a Republican party member; a member of the Republican party; **gli iscritti al sindacato**, trade union members; **numero degli iscritti**, membership.

iscritto (2), *p. p.* – **per i.**, in writing; in black and white (*fam.*): **mettere q.c. per i.**, to put st. (down) in writing.

iscrivere, **A** *v. t.* **1** (*a una gara, una scuola, un club, ecc.*) to enter (sb., sb.'s name); to put* (sb.'s) name down; to enrol, to enroll (*USA*): **i. q. a una gara** [**a un esame**], to enter sb. for a competition [for an exam]; **i. q. a un corso**, to enrol sb. in a course; **i. q. al liceo**, to enrol sb. at a Liceo; **i. q. a un club**, to enrol sb. as a member of a club **2** (*includere, registrare*) to enter; to register; to record; to set* down: **i. un nome in un elenco**, to enter a name on a list; (*leg.*) **i. una causa a ruolo**, to enter a suit in the list of cases; (*leg.*) **i. un'ipoteca**, to register a mortgage; **i. un'impresa negli annali**, to record a deed in the annals **3** (*incidere*) to inscribe; to engrave: **i. un nome su una lapide**, to inscribe a name on a tombstone **4** (*geom.*) to inscribe. **B** **iscriversi**, *v. rifl.* to enrol, to enroll (*USA*); to enter (st.); to join (st.); to enter one's name for; to put* one's name (*o* oneself) down for: **i. a una scuola**, to enrol in a school; **i. all'università**, to enter university; to matriculate; **i. all'Università di Urbino**, to enrol at the University of Urbino; **i. alla facoltà di lettere**, to enrol in Arts; **i. a un corso**, to enrol for a course; **i. a un club**, to join (*o* to enrol in, to become a member of a) club; **fare domanda per i. a un club**, to apply for membership of a club; **i. a una biblioteca**, to join a library; **i. a un partito** [**un'associazione**], to join a party [an organization]; **i. a una gara**, to enter a competition; **i. alla gara di salto in lungo**, to enter one's name for the long jump; **i. un cavallo a una corsa**, to enter a horse in a race.

iscrizióne, *f.* **1** (*a una scuola, una gara, un'associazione, ecc.*) enrolment, enrollment (*USA*); entrance; entry; admission: **i. all'università**, enrolment at the university; matriculation; **i. a un corso**, enrolment in a course **2** (*pl.*) (*numero degli iscritti: a una scuola, un corso, ecc.*) enrolments, entry (*sing.*); (*a un partito, un club, ecc.*) membership (*sing.*); (*a una gara*) entry (*sing.*) **3** (*registrazione, anche leg.*) registration; entry: **i. anagrafica**, registration (*o* entry) of a birth [of a death]; **i. di una causa a ruolo**, entry of a suit in the list of cases; **i. ipotecaria**, registration of a mortgage **4** (*scritto inciso*) inscription: **un'i. latina**, a Latin inscription. ● **all'atto dell'i.**, upon enrolling; upon joining □ **certificato d'i.**, certificate of enrolment (*o* of registration) □ **domanda d'i.**, application for admission (*o* for membership, etc.) □ **fare domanda d'i.**, (*a un corso, ecc.*) to apply for admission; (*a un circolo, ecc.*) to apply for membership; (*a una gara, ecc.*) to ask (*o* to apply) to be entered; (*generico, bur.*) to submit an application □ **fare l'i.**, *V.* **iscrivere, iscriversi** □ **modulo d'i.**, application form □ **tassa d'i.**, (*a un corso, ecc.*) enrolment fee; (*all'università*) matriculation fee; (*a un circolo, ecc.*) membership fee, entrance fee; (*a una gara, ecc.*) entrance fee.

iscùria, *f.* (*med.*) ischuria; retention of urine.

iṣiaco, *a.* (*mitol.*) of Isis; Isiac(al).

Iṣide, *f.* (*mitol.*) Isis.

Iṣidòro, *m.* Isidor(e).

Iṣlàm, *V.* **islamismo**.

iṣlàmico, **A** *a.* Islamic. **B** *m.* Muslim; Moslem.

iṣlamiṣmo, *m.* (*stor., relig.*) Islamism; Islam.

iṣlamista, *m.* e *f.* Islamicist.

iṣlamìstica, *f.* Islamic studies (*pl.*).

iṣlamiẓẓàre, *v. t.* to Islamize.

iṣlamiẓẓazióne, *f.* Islamization.

Iṣlànda, *f.* (*geogr.*) Iceland.

iṣlandése, **A** *a.* Icelandic. **B** *m.* e *f.* Icelander.

Iṣmaèle, *m.* (*Bibbia*) Ishmael.

iṣmaeliàno, iṣmaelita, *a., m.* e *f.* Ishmaelite.

iṣmailiṣmo, *m.* (*relig.*) Ismailism.

iṣmailìta, *m.* e *f.* (*relig.*) Ismaili; Ismailian.

iṣoalìna, *f.* (*geogr.*) isohaline.

iṣoamìle, *m.* (*chim.*) isoamyl.

iṣòbara, *f.* (*geogr.*) isobar.

iṣobàrico, *a.* (*geogr.*) isobaric: **carta isobarica**, isobaric chart; **linea isobarica**, isobar.

iṣòbaro, *a.* (*chim.*) isobaric: **atomi isobari**, isobars.

iṣòbata, *f.* (*meteor.*) isobath.

iṣobutàno, *m.* (*chim.*) isobutane.

iṣobutène, *m.* (*chim.*) isobutylene.

iṣochimèna, *f.* (*meteor.*) isocheim; isochime.

iṣocianàto, *m.* (*chim.*) isocyanide.

iṣociànico, *a.* (*chim.*) isocyanic.

iṣoclìna, *f.* (*geogr.*) isoclinal (line); isoclinic (line).

iṣoclinàle, *a.* (*geogr.*) isoclinal; isoclinic.

iṣocòra, *f.* (*meteor.*) isochor(e).

iṣocrìma, *f.* (*meteor.*) isocryme.

iṣocromàtico, *a.* (*fis.*) isochromatic.

iṣòcrona, *f.* isochrone.

iṣocroniṣmo, *m.* (*fis.*) isochronism.

iṣòcrono, *a.* (*fis.*) isochronous; isochronal.

iṣodinàmica, *f.* (*fis.*) isodynamic (line).

iṣodinàmico, *a.* (*fis.*) isodynamic.

iṣoelèttrico, *a.* (*fis.*) isoelectric.

iṣoenẓìma, *m.* (*chim.*) isoenzyme.

iṣogamète, *m.* (*biol.*) isogamete.

iṣogamìa, *f.* (*biol.*) isogamy.

iṣògamo, *a.* (*biol.*) isogamous.

iṣoglòssa, *f.* (*ling.*) isogloss.

iṣògona, *f.* (*fis.*) isogonic (*o* isogonal) line; isogone.

iṣogonàle, *V.* **isogonico**.

iṣogonìa, *f.* (*biol.*) isogony.

iṣogònico, iṣògono, *a.* (*geom., fis.*) isogonal; isogonic.

iṣoièta, *f.* (*meteor.*) isohyet.

iṣoìpsa, *f.* (*geogr.*) contour line.

ìṣola, *f.* **1** (*geogr.*) island; (*lett. e in alcuni nomi, anche*) isle: **i. corallina**, coral island; **l'i. d'Elba**, the Island of Elba; **l'i. di Man**, the Isle of Man; **l'I. di Pasqua**, Easter Island; **le Isole Britanniche**, the British Isles; **le Isole Vergini**, the Virgin Islands **2** (*fig.*) island; oasis: **i. linguistica**, linguistic island; **un'i. di pace**, an oasis of peace **3** (*isolato*) block **4** (*anat.*) island: **isola di Langerhans**, island of Langerhans. ● **i. pedonale**, pedestrian precinct □ **i. spartitraffico**, traffic island.

iṣolàbile, *a.* isolable.

iṣolaménto, *m.* **1** isolation; seclusion; (*solitudine*) loneliness; (*segregazione*) segregation, confinement; (*in carcere*) solitary confinement: **cella d'i.**, isolation cell; **chiudersi nell'i.**, to isolate oneself; (*stor.*) **splendido i.**, splendid isolation; **vivere in i.**, to live in isolation **2** (*med.*) isolation: **reparto di i.**, isolation ward; **mettere in i.**, to isolate **3** (*mecc., elettr.*) insulation: **verificatore di i.**, insulation tester; **i. termico**, heat insulation; **i. acustico**, sound-proofing; (*edil.*) deadening; **i. dall'umidità**, damp-proofing.

iṣolàno, **A** *a.* island (*attr.*); insular. **B** *m.* (*f.* **-a**) islander.

iṣolànte, (*fis.*) **A** *a.* **1** (*mecc., elettr.*) insulating; insulation (*attr.*): **nastro i.**, insulating tape; friction tape (*USA*); **pannello i.**, insulating board **2** (*ling.*) isolating; analytic. **B** *m.* insulator.

iṣolàre, **A** *v. t.* **1** to isolate; to cut* off; to separate; (*segregare*) to segregate; (*limitare*) to confine: **La piena isolò il paese**, the flood isolated (*o* cut off) the village; **i. un incendio**, to confine a fire; **i. un problema**, to isolate a problem; **i. una frase dal contesto**, to isolate a sentence from its context; to take a sentence out of context **2** (*med.*) to isolate **3** (*mecc., elettr.*) to insulate; (*acustica*) to soundproof **4** (*biol., chim.*) to isolate: **i. un virus**, to isolate a virus. **B** **iṣolàrsi**, *v. rifl.* to isolate oneself; to seclude oneself; to keep* oneself to oneself (*fam.*).

iṣolàto (1), **A** *a.* **1** (*appartato*) isolated, secluded; (*separato*) cut off, separated: **vita isolata**, isolated (*o* secluded) life; **i. dal mondo**, isolated from the world; cut off from the world; **i. dall'alluvione**, cut off by the flood; **i. da una nevicata**, snowed up **2** (*lontano*) remote; (*fuori mano*) out-of-the-way; (*solitario*) lonely **3** (*unico*) isolated: **caso i.**, isolated example **4** (*mecc., elettr.*) insulated; (*acustica*) sound-proof **5** (*telef.*) dead **6** (*mat.*) isolated. **B** *m.* (*f.* **-a**) **1** (*chi vive in solitudine*) hermit; recluse **2** (*chi non è accettato da un gruppo*) outsider **3** (*ciclismo*) independent racer.

iṣolàto (2), *m.* (*blocco di case*) block.

iṣolatóre, **A** *m.* (*elettr.*) insulator: **i. passante**, lead-in insulator; **i. portante**, stand-off insulator. **B** *a.* insulating; insulation (*attr.*).

iṣolazioniṣmo, *m.* (*polit.*) isolationism.

iṣolazionista, *a., m.* e *f.* (*polit.*) isolationist.

iṣolazionìstico, *a.* (*polit.*) isolationist (*attr.*).

iṣolétta, *f.* **iṣolòtto,** *m.* islet.

iṣoleucìna, *f.* (*chim.*) isoleucin.

iṣomerìa, *f.* (*chim.*) isomerism: **i. nucleare**, nuclear isomerism.

iṣomèrico, *a.* (*chim.*) isomeric.

iṣomeriẓẓazióne, *f.* (*chim.*) isomerization.

iṣòmero, (*chim.*) **A** *a.* isomeric. **B** *m.* isomer.

iṣomètrica, *f.* (*geogr.*) isometric (line).

iṣomètrico, *a.* isometric.

iṣomorfiṣmo, *m.* (*miner., mat.*) isomorphism.

iṣomòrfo, *a.* (*miner., mat.*) isomorphous; isomorphic.

iṣoniaẓide, *f.* (*chim.*) isoniazid(e).

iṣonomìa, *f.* (*stor.*) isonomy.

iṣoottàno, *m.* (*chim.*) isooctane.

iṣòpode, *m.* (*zool.*) isopod.

Iṣòpodi, *m. pl.* (*zool., Isopoda*) Isopoda.

iṣoprène, *m.* (*chim.*) isoprene.

iṣòscele, *a.* (*geom.*) isosceles.

iṣosiṣmica, *f.* (*geol.*) isoseismal.

iṣòstasi, iṣostasìa, *f.* (*geol.*) isostasy.

iṣostàtico, *a.* (*fis.*) isostatic.

iṣotàttico, *a.* (*chim.*) isotactic.

iṣòtera, *f.* (*meteor.*) isothere.

iṣotèrma, *f.* (*meteor., fis.*) isotherm; isothermal.

iṣotèrmico, *a.* (*fis.*) isothermal.

iṣotèrmo, *a.* (*geogr., fis.*) isothermal: **linea isoterma**, isothermal line; isotherm.

iṣotonìa, *f.* (*chim.*) isotonicity.

iṣotònico, *a.* (*chim.*) isotonic.

iṣòtono, *a.* (*fis.*) - **nuclei isotoni**, isotones.

iṣotopìa, *f.* (*chim.*) isotopy.

iṣotòpico, *a.* (*chim.*) isotopic.

iṣòtopo, (*chim.*) **A** *a.* isotopic. **B** *m.* isotope: **i. radioattivo**, radioisotope.

iṣotropìa, *f.* (*fis.*) isotropy.

iṣotròpico, iṣòtropo, *a.* (*fis.*) isotropic; isotropous.

Iṣòtta, *f.* Iseult; Isolde.

ispànico, *a.* **1** (*della Spagna*) Hispanic; Spanish **2** (*latino-americano*) Hispanic.

ispaniṣmo, *m.* Hispanicism.

ispanista, *m.* e *f.* Hispanist.

ispanìstica, *f.* Hispanic studies (*pl. col verbo al sing.*).

ispanità, *f.* Spanish-speaking peoples (*pl.*).

ispaniẓẓàre, *v. t.* to Hispanicize.

ispaniẓẓazióne, *f.* Hispanicization.

ispàno, *a.* Hispanic.

ispàno-americàno, *a.* e *m.* (*f.* **-a**) Hispano-American; Spanish-American.

ispanòfono, A *a.* Spanish-speaking. **B** *m.* (*f.* **-a**) Spanish speaker.
ispàno-morésco, *a.* Hispano-Moresque.
ispècie, *V.* **specie.**
ispessiménto, *m.* thickening.
ispessire, A *v. t.* to thicken. **B ispessirsi,** *v. i. pron.* to thicken; to become* thicker.
ispettivo, *a.* inspection (*attr.*); inspectorial.
ispettoràto, *m.* ***1*** (*ufficio e grado*) inspectorate ***2*** (*durata in carica*) inspectorship ***3*** (*sede dell'ispettore*) inspector's office.
ispettóre, *m.* (*f.* **-trice**) inspector; surveyor; overseer; supervisor: **i. di polizia**, detective inspector; **i. scolastico**, school inspector; **i. generale**, inspector general; **i. doganale**, surveyor of customs; (*comm.*) **i. alle vendite**, sales supervisor. ● (*cinem.*) **i. di produzione**, casting director; executive producer.
ispezionàre, *v. t.* to inspect; to survey; (*controllare*) to check; (*revisionare*) to overhaul.
ispezióne, *f.* inspection; examination; (*controllo*) check; (*revisione*) overhaul: **fare un'i.**, to make an inspection; **passare un'i.**, to undergo an inspection; to be inspected; **sottoporre a i.**, to submit to inspection; to inspect; to check; **i. completa**, thorough check; going-over (*fam.*); **i. doganale**, customs examination; **i. medica**, medical examination.
ispidézza, *f.* ***1*** bristliness; prickliness; roughness ***2*** (*fig.*) intractability.
ispido, *a.* ***1*** bristly; prickly; rough; wiry: **guance ispide di barba**, cheeks rough with beard; **barba ispida**, rough (*o* prickly) beard; **capelli ispidi**, wiry hair; **cespuglio i.**, prickly bush; **cane a pelo i.**, wire-hair dog ***2*** (*fig.*) intractable; grumpy; crotchety.
ispiràre, A *v. t.* ***1*** to inspire: **Il quadro lo ispirò**, the picture inspired him; **i. fiducia**, to inspire confidence; **i. a q. il desiderio di scrivere**, to inspire sb. with the desire to write ***2*** (*dare l'idea*) to give* inspiration, to give the idea; (*suggerire*) to suggest, to prompt: **La sua storia ispirò un famoso regista che ne fece un film**, his story gave a famous director the inspiration for a film; **i. un'idea**, to give an idea; **i. una risposta**, to prompt an answer. **B ispiràrsi,** *v. i. pron.* ***1*** (*trarre ispirazione*) to draw* inspiration from; to be inspired by; (*assol.*) to seek* inspiration: **Mi sono ispirato ai colori del paesaggio umbro**, I drew inspiration from the colours of the Umbrian landscape; **per i.**, to seek inspiration; in search of inspiration; for inspiration ***2*** (*fig.*: *seguire, conformarsi*) to follow; to be guided by.
ispiràto, *a.* ***1*** inspired: **parole ispirate**, inspired words; **un articolo i. dal governo**, a government-inspired article ***2*** (*dettato da*) prompted: **una decisione ispirata dall'emergenza**, a decision prompted by the emergency.
ispiratóre, A *a.* inspiring. **B** *m.* (*f.* **-trice**) inspirer; (*promotore*) instigator.
ispirazióne, *f.* ***1*** inspiration: **i. poetica**, poetic inspiration; **cercare l'i.**, to seek inspiration; to search for inspiration; **trarre i. da q.**, to draw (one's) inspiration from st.; to be inspired by st.; **quando mi viene l'i.**, when I get the inspiration ***2*** (*idea felice*) good idea; happy thought; inspiration (*fam.*). ● **di i. neoclassica**, derived from neoclassicism; with neoclassic overtones □ **di i. socialista**, influenced by socialistic ideas.
ispirito, *V.* **spirito.**
Israèle, *m.* Israel.
israeliàno, *a.* e *m.* (*f.* **-a**) Israeli (*f.* Israeli woman*): **gli Israeliani**, the Israelis.
israelita, A *a. V.* **israelitico. B** *m.* e *f.* Israelite; Jew (*f.* Jewess); Hebrew.
israelitico, *a.* Israelite; Jewish; Hebrew.
issa, *inter.* heave (ho)!; heave away!
issàre, A *v. t.* to hoist; to heave*; to lift: **i. la bandiera**, to hoist the flag; (*naut.*) **i. una vela**, to hoist a sail; **i. una valigia sul portabagagli**, to lift a suitcase on to the luggage rack; **i. a bordo**, to haul in; to hoist aboard. **B issàrsi,** *v. rifl.* to pull oneself up.
issòpo, *m.* (*bot., Hyssopus officinalis; Bibbia*) hyssop.
istallàre, e *deriv. V.* **installare,** e *deriv.*
istamina, *f.* (*biol.*) histamin(e).
istaminico, *a.* (*biol., farm.*) histaminic.
istantànea, *f.* snapshot; snap (*fam.*).
istantaneaménte, *avv.* instantly; immediately; at once; immediately.
istantaneità, *f.* instantaneousness.
istantàneo, *a.* instantaneous; instant.
istànte (1), *m.* instant; moment; (*al pl. più comune*) second, minute: **in questo stesso i.**, this very instant (*o* moment); **all'i.**, immediately; at once; **Torno fra un i.**, I shall be back in a second; **fra qualche i.**, in a few seconds; in a minute or two; **Un i.!**, just a moment!; just a sec! (*fam.*); **È stato un i.**, it was a matter of seconds.
istànte (2), *m.* e *f.* (*leg.*) petitioner.
istànza, *f.* ***1*** (*richiesta*) request; application; instance (*form.*): **viva i.**, urgent request; **su vostra i.**, at your request (*o, form.*, instance) ***2*** (*esigenza, aspirazione*) need; demand; expectation; aspiration: **istanze sociali**, social expectations ***3*** (*bur.*) application: **accogliere [respingere] un'i.**, to grant [to reject] an application ***4*** (*leg.*) instance; petition; application: **presentare un'i.**, to file an application; to lodge a petition; to petition; **i. di fallimento**, bankruptcy petition; **in prima istanza**, in the first instance; **in seconda i.**, on appeal; **tribunale di prima i.**, court of first instance; **tribunale di seconda i.**, court of appeal.
istauràre, e *deriv. V.* **instaurare,** e *deriv.*
isterectomia, *f.* (*med.*) hysterectomy.
isterèsi, *f.* (*fis.*) hysteresis*.
isteria, *f.* hysteria: **i. collettiva**, collective hysteria.
istèrico, (*psic.*) **A** *a.* hysteric(al): **comportamento i.**, hysterical behaviour; **crisi isterica**, fit of hysteria (*o* of hysterics); **gravidanza isterica**, hysterical pregnancy. ● **avere un attacco i.**, to go into hysterics. **B** *m.* (*f.* **-a**) hysteric.
isteriliménto, *m.* sterilization.
isterilire, A *v. t.* ***1*** to render sterile; to sterilize ***2*** (*fig.*) to dry up; to kill the vitality of. **B** *v. i.* e **isterilirsi,** *v. i. pron.* ***1*** to become* barren (*o* sterile, unproductive) ***2*** (*fig.*) to dry up; to lose* vitality.
isterismo, *m.* (*psic.*) hysteria; hysterics (*pl. col verbo al sing.*): **attacco d'i.**, fit of hysteria (*o* of hysterics).
isterografia, *f.* (*med.*) hysterography.
isterotomia, *f.* (*med.*) hysterotomy.
istidina, *f.* (*chim.*) histidine.
istigaménto, *V.* **istigazione.**
istigàre, *v. t.* to incite; to instigate; to induce; to egg on (*fam.*): **i. il popolo alla ribellione**, incite the people to rebellion; **i. q. al male**, to incite sb. to do wrong; **i. q. a commettere un delitto**, to induce sb. to commit a crime; **È sua moglie che lo istiga**, his wife is egging him on.
istigatóre, A *m.* (*f.* **-trice**) instigator. **B** *a.* instigating; inciting.
istigazióne, *f.* instigation; incitement: (*leg.*) **i. a delinquere**, inducement; incitement.
istillàre, e *deriv. V.* **instillare,** e *deriv.*
istintivaménte, *avv.* instinctively; on instinct; (*per istinto*) by instinct; (*senza riflessione*) without reflection, impulsively, involuntarily.
istintività, *f.* instinctivity.
istintivo, A *a.* instinctive; unthinking; involuntary. **B** *m.* (*f.* **-a**) impulsive person.
istinto, *m.* instinct: **l'i. sessuale [materno]**, the sexual [maternal] instinct; **i. di difesa**, instinct of defence; **i. di conservazione**, instinct of self-preservation; **gli istinti animali** (*nell'uomo*), animal instincts; **fare q.c. per i.**, to do st. by instinct; **agire d'i.**, to act on instinct; **seguire l'i.**, to follow one's instinct.
istintuàle, *a.* instinctual.
istiocita, istiocito, *m.* (*biol.*) histiocyte.
istituire, *v. t.* ***1*** to found; to establish; to institute; to set* up; (*dare inizio a*) to initiate: **i. un ordine religioso [una società, una scuola, una borsa di studio]**, to found a religious order [a company, a school, a scholarship]; **i. una tradizione**, to initiate a tradition; **i. una commissione d'inchiesta**, to institute a board of enquiry ***2*** (*leg.*) to appoint; to nominate: **i. q. erede [successore]**, to appoint sb. heir [successor]. ● (*leg.*) **i. un procedimento legale**, to prosecute an action.
istitutivo, *a.* institutive.
istitùto, *m.* ***1*** (*ente*) institute; institution: **i. di carità**, charitable institution; **i. per le malattie mentali**, mental institution; **i. di pena**, penal institution ***2*** (*scuola*) institute, school; (*universitario*) institute, department; (*collegio*) boarding school; (*residenza universitaria*) college: **i. magistrale**, teacher training college; **i. professionale**, vocational school; **i. tecnico**, technical high school; **I. di Economia Politica**, Department of Economics; **i. di ricerca**, research institute ***3*** (*banca*) bank; house: **i. di credito**, credit institution; bank; **i. d'emissione**, note-issuing bank ***4*** (*leg.*) institution: **l'i. del matrimonio**, the institution of marriage. ● **i. di bellezza**, beauty parlour □ (*leg.*) **i. giuridico**, legal institute.
istitutóre, *m.* ***1*** (*fondatore*) founder ***2*** (*precettore*) tutor.
istitutrice, *f.* ***1*** (*fondatrice*) founder ***2*** (*governante*) governess.
istituzionàle, *a.* ***1*** institutional ***2*** (*fondamentale*) elementary; basic.
istituzionalizzàre, *v. t.* ***1*** to make* an institution of; to establish; to institutionalize ***2*** (*mettere in un'istituzione*) to institutionalize.
istituzionalizzazióne, *f.* institutionalization.
istituzióne, *f.* ***1*** (*l'istituire*) setting up; establishing; foundation; establishment: **l'i. di una cattedra**, the setting up of a chair; **l'i. di un premio**, the foundation of a prize ***2*** (*struttura sociale*) institution: **le istituzioni repubblicane**, the institutions of the republic ***3*** (*istituto*) institution; institute ***4*** (*pl.*) (*principi fondamentali*) institutes; elements: **le istituzioni di Giustiniano**, the Institutes of Justinian; **istituzioni di diritto**, institutes in law. ● (*leg.*) **i. di erede**, appointment of an heir □ (*fig.*) **essere [diventare] un'i.**, to be [to become] an institution.
istmico, *a.* isthmian. ● (*stor.*) **giochi istmici**, Isthmian games.
istmo, *m.* (*geogr., anat.*) isthmus*.
istochimica, *f.* (*chim.*) histochemistry.
istocompatibilità, *f.* (*biol.*) histocompatibility.
istogènesi, *f.* (*biol.*) histogenesis.
istogràmma, *m.* (*stat.*) histogram.
istologia, *f.* histology.
istològico, *a.* histological.
istòlogo, *m.* (*f.* **-a**) histologist.
istóne, *m.* (*biol.*) histone.
istopatologia, *f.* histopathology.
istoriàre, *v. t.* to decorate with historical (*o* legendary) scenes; to ornament with figures; (*un libro*) to illustrate.
istoriàto, *a.* (*arte*) historiated; storiated; decorated; (*di libro*) illustrated.
istoriografia, e *deriv. V.* **storiografia,** e *deriv.*
istradàre, *V.* **instradare.**
Istria, *f.* (*geogr.*) Istria.
istriàno, *a.* e *m.* (*f.* **-a**) Istrian.
istrice, *m.* ***1*** (*zool., Hystrix cristata*) porcupine; hedgehog (*USA*) ***2*** (*fig.*) prickly person.
istrióne, *m.* ***1*** (*teatr.*) actor, Thespian, histrion; (*spreg.*) ham (actor) (*fam.*), ranter (*fam.*) ***2*** (*fig.*) play-actor, melodramatic person; (*ciarlatano*) humbug, mountebank: **Non fare l'i.**, don't be melodramatic; stop play-acting; cut the drama (*fam.*).
istrionésco, *a.* (*spreg.*) histrionic; stag(e)y; melodramatic.

istriònico, *a.* histrionic; theatrical; stage (*attr.*): **talento i.**, theatrical talent; stagecraft.
istrionişmo, *m.* theatricality; staginess; play-acting.
istruìre, A *v. t.* **1** to educate; (*in una particolare scienza o tecnica, ecc.*) to instruct; (*insegnare*) to teach*; (*addestrare*) to train: **L'ho istruito in latino**, I taught him Latin; **i. con l'esempio**, to teach by example; **S'è istruito da sé**, he is self-taught **2** (*dare istruzioni*) to direct; to give* directions to **3** (*informare*) to inform (sb. of st.). ● (*bur.*) **i. una pratica**, to open a file □ (*leg.*) **i. un processo**, to prepare a case for trial. **B istruirsi,** *v. rifl.* **1** to educate oneself; to improve one's education; to learn*; to study **2** (*assumere informazioni*) to inquire; to find* out.
istruìto, *a.* educated; cultured. ● **i. da sé**, self-taught.
istruttìvo, *a.* instructive.
istruttóre, A *m.* (*f.* **-trice**) **1** instructor; teacher: **i. di volo**, flying instructor **2** (*sport*) trainer; coach. **B** *a.* **1** instructing **2** (*leg.*) investigating; examining: **giudice i.**, investigating judge. ● (*mil.*) **sergente i.**, drill-sergeant.
istruttòria, *f.* (*leg.*) judicial inquiry; preliminary investigation.
istruttòrio, *a.* (*leg.*) preliminary. ● **atti istruttori**, documentation of a preliminary investigation □ **processo i.**, inquiry □ **segreto i.**, secrecy concerning a preliminary investigation.
istruzióne, *f.* **1** education; schooling; (*insegnamento*) teaching; (*addestramento*) training: **i. obbligatoria [elementare, secondaria, tecnica]**, compulsory [elementary, secondary, technical] education; **i. pubblica [privata]**, state [independent] education; **i. militare**, military training; **periodo d'i.**, training period; **Ministero della Pubblica I.**, Ministry of Education; **ricevere una buona i.**, to be given a sound education; **essere senza i.**, to be uneducated **2** (*cultura*) education; learning **3** (*direttiva*) instruction, direction (*spesso pl.*); (*al pl., mil.*) orders: **Fu mandato con istruzioni segrete per negoziare un prestito**, he was sent with secret instructions to negotiate a loan; **Le mie istruzioni sono di aspettare qui**, my instructions are to wait here; **secondo le** (*o* **come da**) **vostre istruzioni**, according to your instructions; **attenersi alle istruzioni**, to follow the instructions; **istruzioni per l'uso**, directions; instructions; **leggere attentamente le istruzioni**, read the directions carefully **4** (*leg.*) *V.* **istruttoria 5** (*elab.*) instruction; statement. ● (*bur., mil.*) **foglio d'istruzioni**, directive □ **secondo le istruzioni**, as instructed.
istupidiménto, *m.* **1** (*intontimento*) daze **2** (*stupidità*) stupidity.
istupidìre, A *v. t.* **1** to make* stupid **2** (*intontire*) to daze; to stun. **B** *v. i.* e **istupidirsi,** *v. i. pron.* to become* stupid; to stultify oneself.
istupidìto, *a.* (*intontito*) stupefied; dazed; in a daze; stunned.
Ìtaca, *f.* (*geogr.*) Ithaca.
itacéșe, A *a.* of Ithaca. **B** *m.* e *f.* citizen of Ithaca.
itacișmo, *m.* itacism.
Itàlia, *f.* (*geogr.*) Italy.
italianaménte, *avv.* in the Italian way; like an Italian.
italianeggiàre, *v. i.* to imitate the Italians (*o* Italian ways).
italianișmo, *m.* Italianism.
italianista, *m.* e *f.* Italianist.
italianìstica, *f.* Italian studies (*pl.*).
italianità, *f.* Italian spirit; Italian character; Italian nature.
italianiz̧z̧àre, *v. t.* **italianiz̧z̧arsi,** *v. i. pron.* to Italianize.
italianiz̧z̧azióne, *f.* Italianization.
italiàno, *a.* e *m.* (*f.* **-a**) Italian (*f.* Italian woman*). ● **all'italiana**, Italian-style; the Italian way □ (*fig.*) **Questo si chiama parlare i.**, this is plain speaking.
itàlico, A *a.* **1** (*stor.*) Italic **2** (*geogr.*) Italian: **la penisola italica**, the Italian peninsula. **B** *m.* (*tipogr.*) italic(s).
italiòta, *a.* e *m.* (*stor.*) Italiot(e).
ìtalo, *a.* Italian.
italo-americàno, *a.* e *m.* (*f.* **-a**) Italo-American.
italo-britànnico, *a.* Anglo-Italian; Italo-British.
italòfilo, *a.* e *m.* (*f.* **-a**) Italophile.
italòfono, A *a.* Italian-speaking. **B** *m.* (*f.* **-a**) Italian speaker.
italo-inglése, *a.* Anglo-Italian; Italo-English.
iter (*lat.*), *m. invar.* procedure; routine: **seguire il solito i.**, to follow the usual procedure; **i. burocratico**, bureaucratic procedure; **l'i. parlamentare di una legge**, the procedure to enact a bill.
iteràre, *v. t.* (*lett.*) to iterate; to repeat.
iterataménte, *avv.* repeatedly; iteratively.
iterativo, *a.* **1** iterative; repetitive **2** (*gramm.*) iterative; frequentative.
iteràto, *a.* repeated.
iterazióne, *f.* (*lett.*) iteration; repetition.
itifàllico, *a.* (*poesia*) ithyphallic.
itifàllo, *m.* (*poesia*) ithyphallus.
itineràнte, *a.* itinerant; travelling; wandering; roving: **mostra i.**, travelling exhibition; **predicatore i.**, wandering preacher.
itineràrio, A *m.* itinerary; route: **cambiare i.**, to change the itinerary; **l'i. di un corteo**, the route of a procession; **i. turistico**, tourist route. **B** *a.* itinerary (*attr.*).
ittèrbio, *m.* (*chim.*) ytterbium.
ittèrico, (*med.*) **A** *a.* icteric; suffering from jaundice. **B** *m.* (*f.* **-a**) jaundice patient.
itterìzia, *f.* (*med.*) jaundice. ● (*fig. fam.*) **Questo gli farà venire l'i.!**, he'll be green with envy; he'll be eating his heart out.
ìttero, *m.* (*med.*) icterus; jaundice.
ìttico, *a.* ichthyic; fish (*attr.*); fishing (*attr.*): **allevamento [mercato] i.**, fish farming [market]; **fauna ittica**, fish fauna; **industria ittica**, fishing industry.
ittiocòlla, *f.* ichthyocolla; isinglass; fish glue.
ittiocoltùra, *f.* fish farming.
ittiòfago, A *a.* ichthyophagous. **B** *m.* (*f.* **-a**) ichthyophagist.
ittiofàuna, *f.* ichthy(o)fauna; fish fauna.
ittiòlo, *m.* (*farm.*) ichthyol.
ittiologìa, *f.* ichthyology.
ittiològico, *a.* ichthyologic(al).
ittiòlogo, *m.* (*f.* **-a**) ichthyologist.
ittiosàuro, *m.* (*paleont.*) ichthyosaur(us).
ittiòși, *f.* (*med.*) ichthyosis*.
ittiòtico, *a.* (*med.*) ichthyotic.
ittita, *a., m.* e *f.* Hittite.
ìttrio, *m.* (*chim.*) yttrium.
iùcca, *V.* **yucca**.
iùgero, *m.* (*archeol.*) juger.
Iugoslàvia, *f.* (*geogr.*) Yugoslavia; Jugoslavia.
iugoșlàvo, *a.* e *m.* (*f.* **-a**) Yugoslav; Jugoslav; Yugoslavian; Jugoslavian.
iugulàre, *a.* (*anat.*) jugular.
iùrta, *f.* yurt.
iussìvo, *a.* (*ling.*) jussive.
iùta, *f.* jute: **un sacco di i.**, a jute bag.
iutièro, *a.* jute (*attr.*).
iutifìcio, *m.* jute factory.
Iùtland, *m.* (*geogr.*) Jutland.
IVA, *f.* (*Imposta sul Valore Aggiunto*) VAT (Value Added Tax).
Ivànoe, *m.* Ivanhoe.
ivi, *avv.* **1** (*lett.*) there; (*bur.*) therein: **ivi incluso**, enclosed therein; **ivi compreso**, including **2** (*nelle citazioni*) ibidem (*lat.*) (*abbr.* ibid).
ivoriàno, *a.* Ivory Coast (*attr.*).
izba, *V.* **isba**.

j, J

J, j, *f.* o *m.* J, j. ● (*telef.*) **j come jolly**, j for Jack; j for Juliet (*USA*).

jaboràndi, *m.* (*bot.*, *Pilocarpus jaborandi*) jaborandi.

jabot (*franc.*), *m. invar.* jabot; frill.

jacarànda, *f.* (*bot.*) jacaranda.

Jàcopo, *m.* James.

jacquard (*franc.*), *m.* e *a. invar.* (*ind. tess.*) jacquard.

jainiṣmo, *V.* **giainismo**.

jais (*franc.*), *m. invar.* (*miner.*) jet.

jazz, *m.* e *a.* jazz: **un'orchestra j.**, a jazz band.

jazzista, *m.* e *f.* jazz player.

jazzìstico, *a.* jazz (*attr.*): **un complesso j.**, a jazz band.

jeans, A *m. invar.* (*tessuto*) denim: **una gonna di j.**, a denim skirt. **B** *a. invar.* – **tela j.**, denim; jean. **C** *m. pl.* jeans; denims.

jeanserìa, *f.* (*fam.*) jeans shop.

jeep, *f. invar.* jeep.

Jèova, *m.* (*Bibbia*) Jehovah.

jersey (*ingl.*), *m. invar.* (*stoffa*) jersey: **una gonna in j.**, a jersey skirt.

jet, *m. invar.* (*aeron.*) jet.

jet-society, *locuz. f. invar.* jet set.

jògging (*ingl.*), *m. invar.* jogging.

jojoba, *f.* (*bot.*, *Simmondsia chinensis*; *il frutto*) jojoba.

jòlly (*ingl.*), **A** *m. invar.* ***1*** (*carte da gioco*) joker ***2*** (*fig.*) jack-of-all-trades. **B** *a. invar.* all-purpose (*attr.*).

joule, *m. invar.* (*fis.*) joule.

joyciàno, *a.* (*letter.*) Joycean.

judò, *m.* (*sport*) judo.

judoìsta, judòka, *m.* e *f.* (*sport*) judoist; judoka*.

jugoṣlàvo, *V.* **iugoslavo**.

jujitsu, *m. invar.* jujitsu.

juke-bòx (*ingl.*), *m. invar.* jukebox.

jùmbo, jùmbo jet (*ingl.*), *m. invar.* (*aeron.*) jumbo; jumbo jet.

junghiàno, *a.* Jungian.

junior (*lat.*), *a.* (*anche sport*) junior: **Carlo Rossi j.**, Carlo Rossi, Junior (*abbr.*: Jun., Jr.).

jùta, *V.* **iuta**.

juventino, A *a.* of Juventus (football club); Juventus (*attr.*). **B** *m.* (*f.* **-a**) ***1*** (*giocatore*) Juventus player ***2*** (*tifoso*) Juventus supporter.

k, K

K, k, *f.* o *m.* K, k. ● (*telef.*) **k come Kursaal**, k for King.
kafkiàno, *a.* ***1*** (*letter.*) of Kafka; Kafka's; Kafkaesque ***2*** (*fig.*) Kafkaesque.
kainìte, *f.* (*miner.*) kainite.
kàki, *V.* **cachi** (**1**) e (**2**).
kamikàẓe (*giapponese*), *m. invar.* kamikaze.
kantiàno, *a.* e *m.* (*f.* **-a**) (*filos.*) Kantian.
kantiṣmo, *m.* (*filos.*) Kantianism; Kantism.
kaóne, *m.* (*fis. nucl.*) kaon.
kapòk, *m.* kapok.
kappaò, (*fam.*) *V.* **knockout**.
kaput(t) (*ted.*), *a.* kaput (*fam.*).
karakìri, *m.* hara-kiri.
karakùl, *m.* (*zool.*) karakul, caracul.
karaoke, *m. invar.* karaoke.
karate, *m.* (*sport*) karate.
karité, *m.* (*bot., Butyrospermom parkii*) karite; shea-tree.
karkadè, *V.* **carcadè**.
kàrma, kàrman, *m.* karma.
kart, *m. invar.* (*sport*) go-kart.
kartiṣmo, *m.* (*sport*) (go-)karting.
kartòdromo, *m.* (*sport*) go-kart track.
kasher, *a. invar.* kosher.
katiùscia, *f.* (*mil.*) Kathyusha.
kayàk, *m. invar.* kayak.
kayakista, *m.* e *f.* kayaker.
kaẓàko, *m.* Kazak(h).
kedivè, *m.* khedive.
kèfir, *m. invar.* kefir, kephir.
kefiyeh, *f. invar.* keffiyeh; kufiyah.
kellerìna, *f.* barmaid.
kèlvin, *m.* e *a. invar.* (*fig.*) kelvin.
keniàno, *V.* **keniota**.
keniòta, *a., m.* e *f.* Kenyan.
Kent, *m.* (*geogr.*) Kent. ● **del Kent**, Kentish (*agg.*).
képi (*franc.*), *m. invar.* kepi.
kepleriàno, *a.* (*astron.*) Keplerian.
Keplèro, *m.* Kepler.
kermesse (*franc.*), *f. invar.* ***1*** kermess; kermis; village fair ***2*** (*estens.*) celebration; festivities (*pl.*); merry-making.
keroṣène, *m.* (*chim.*) kerosene, kerosine.
keynesiàno, *a.* Keynesian.
khamsin, *m. invar.* (*meteor.*) khamsin, kamsin, kamseen.
khan, *m. invar.* khan.
khmer, *a.* e *m. invar.* Khmer: **K. rossi**, Khmer Rouge.
kibbùtz (*ebraico*), *m. invar.* kibbutz*.
kilìm, *m. invar.* kilim.
killer (*ingl.*), **A** *m. invar.* killer; (*sicario*) hitman*; (*omicida*) murderer. **B** *a. invar.* deadly; lethal.
kilo, *V.* **kilogrammo**.
kilocalorìa, *f.* (*fis.*) kilocalorie.
kilocìclo, *m.* (*fis.*) kilocycle: **k. al secondo**, kilocycle per second.
kilogràmmetro, *m.* kilogram-metre, kilogram-meter (*USA*).
kilogràmmo, *m.* kilogram(me); kilo: **k. forza**, kilogram force; **k. massa**, kilogram mass.
kilohèrtz, *m.* kilohertz.
kilòlitro, *m.* kilolitre, kiloliter (*USA*).
kilolometràggio, *m.* ***1*** distance in kilometres ***2*** (*distanza in miglia*) mileage.
kilometràre, *v. t.* to measure (a distance in kilometres).
kilomètrico, *a.* ***1*** kilometric(al); in kilometres: **distanza kilometrica**, distance in kilometres ***2*** (*fig.*) endless; interminable: **un discorso k.**, an interminable speech.
kilòmetro, *m.* kilometre, kilometer (*USA*): **andare a [fare i] 200 kilometri all'ora**, to travel at [to do] 200 km an hour. ● (*sport*) **k. da fermo**, kilometre standing start □ (*sport*) **k. lanciato**, kilometre flying start.
kiloton, *m.* kiloton.
kilovòlt, *m.* kilovolt.
kilovoltampère, *m. invar.* kilovolt-ampere.
kilowatt, *m.* kilowatt.
kilowattòra, *m. invar.* kilowatt-hour.
kimòno, *m. invar.* kimono: **maniche a k.**, kimono sleeves.
Kinderheim (*ted.*), *m.* crèche (*franc.*); day nursery.
kineṣiterapìa, *f.* (*med.*) kinesitherapy.
Kippùr (*ebraico*), *m.* Yom Kippur; Day of Atonement.
kirghìṣo, *a.* e *m.* (*f.* **-a**) Kirghiz, Kirgiz.
Kirsch (*ted.*), *m. invar.* kirsch; kirschwasser.
kit (*ingl.*), *m. invar.* kit.
Kitsch (*ted.*), **A** *m. invar.* kitsch. **B** *a. invar.* kitsch; kitschy.
kivi, kiwi, *m.* ***1*** (*zool., Apteryx*) kiwi ***2*** (*bot., Actinidia chinensis*) kiwi (fruit).
kleenex (*ingl.*), *m. invar.* (*marchio*) Kleenex.
klystron, *m. invar.* (*elettr.*) klystron.
knickerbockers (*ingl.*), *m. pl.* ***1*** (*calzoni*) knickerbockers; knickers (*USA*) ***2*** (*calzettoni*) chequered knee-length stockings.
knockout (*ingl.*), *m.* e *avv.* (*boxe*) knockout (*abbr. fam.*: KO, k.o.): **andare k.**, to be knocked out; **essere k.**, to be knocked out; **mettere k.**, to knock sb. out; to KO sb.; **vittoria per k.**, knockout victory; **vincere per k. tecnico**, to win on a technical knockout (*o* KO). ● (*fig.*) **essere k.**, (*essere esausto*) to be washed out (*o* done in); (*essere a terra*) to be finished, to be kaput □ **L'influenza mi ha messo k. per una settimana**, I was laid down with the flu for a week.
koàla, *m. invar.* (*zool., Phascolarctos cinereus*) koala.
koinè (*greco*), *f. invar.* (*ling.*) koine.
kolchoz (*russo*), *m. invar.* kolkhoz.
kolchoziàno, *V.* **colcosiano**.
kolòssal, *V.* **colossal**.
kore, *f.* (*arte greca*) kore.
kosher, *a. invar.* kosher.
kràpfen (*ted.*), *m. invar.* (*cucina*) doughnut.
kriss (*malese*), *m. invar.* kris; creese.
kulak (*russo*), *m.* kulak*.
kümmel (*ted.*), *m. invar.* kümmel.
kumquat, *m. invar.* (*bot.*) kumquat.
kùrsaal (*ted.*), *m. invar.* kursaal.
kuskùs, *V.* **cuscus**.
kuwaitiàno, *a.* e *m.* (*f.* **-a**) Kuwaiti.
kvas, *m. invar.* kvass.
K-way (*ingl.*), *f. invar.* (*marchio*) K-Way; wind jacket.
kylix, *m. invar.* (*archeol.*) kylix; cylix.
kyriàle, *m.* (*eccles.*) kyrial(e).
Kyrie, *m.* (*eccles.*) Kyrie: **k. eleison**, Kyrie eleison.

l, L

L, l, *f.* o *m.* (*decima lettera dell'alfabeto ital.*) L, l. ● (*telef.*) **l come Livorno**, l for Lucy; l for Love (*USA*) □ **a** (**forma di**) **L**, L-shaped.

la (1), *art. determ. f. sing.* ***1*** the: **Apri la porta, per favore**, open the door, please; **Dammi la spazzola**, give me the (*o* that) brush; **la prima** [**l'ultima**] **settimana**, the first [the last] week; **la rivista che leggevo**, the magazine I was reading; **l'ardesia di quel tetto**, the slate of that roof; **la bellezza di quel paesaggio**, the beauty of that landscape; **l'Italia del passato**, the Italy of the past; **l'estate del '54**, the summer of '54; **la regina**, the Queen; **la terra**, the earth; **la luna**, the moon; **la Crimea**, the Crimea; **la vedova Brown**, the widow Brown; **la Vergine Maria**, the Virgin Mary; **la «Queen Elizabeth»** (*la nave*), the «Queen Elizabeth» ***2*** (*idiom., assente in ingl.*) – **la prossima volta**, next time; **L'ardesia è fragile**, slate is breakable; **Non mi piace la marmellata**, I don't like jam; **L'estate è calda qui**, summer is hot here; **la stazione Vittoria**, Victoria Station; **la Francia**, France; **l'Italia**, Italy; **la regina Anna**, Queen Anne; **la signora Brown**, Mrs Brown; **la zia Alice**, Aunt Alice; **la contessa Naldi**, Countess Naldi; **la Duse**, Duse; **la vigilia di Natale**, Christmas Eve; **la** (**domenica di**) **Pasqua**, Easter (Sunday); **Dillo alla mamma**, tell mother; **Non è la mia**, it isn't mine; **la zia di Tom**, Tom's aunt; **La bellezza non dura**, beauty does not last ***3*** (*idiom., agg. poss. in ingl.*) – **Prestami la penna**, lend me your pen; **Mettiti la giacca**, put on your jacket; **Bevi la limonata**, drink your lemonade; **Lo dirò alla mamma** (*a tua madre*), I'll tell your mother; **La zia vive con noi**, our aunt lives with us; **Ho perso la corriera**, I've missed my (*o* the) coach ***4*** (*idiom., art. indeterm. in ingl.*) a, an: **La tigre è un animale feroce**, a tiger is a wild animal; tigers are wild animals; **Ha la bocca larga**, she has a wide mouth; **Fumo la pipa**, I smoke a pipe; **So guidare l'automobile**, I can drive a car; **Ha la febbre alta**, he has a high fever ***5*** (*idiom., agg. partitivo in ingl.*) some; any: **Va' a comprare la farina**, go and buy some flour; **Chi vuole la panna?**, who would like some cream?; **Non c'è la carne**, there is no meat ***6*** (*con valore distributivo*) a, an: **tre volte la settimana**, three times a week; **cento miglia l'ora**, a hundred miles an hour ***7*** (*con valore di «nella», in espressioni temporali*) in; on (*o idiom.*): **Viene sempre la domenica**, he always comes on Sundays; **Cosa fai la sera?**, what do you do in the evening?; **Torno la settimana prossima**, I'll be back next week.

la (2), *pron. pers. f. 3ª pers. sing.* ***1*** (*compl. ogg.: rif. a persona*) her; (*a cosa o animale*) it; (*a imbarcazione*) her: **Quella ragazza mi piace e la vedo spesso**, I like that girl and I see her often; **Devi mescolarla bene**, you must mix it thoroughly; **Chiamala!**, call her!; **Leggila!**, read it! ***2*** (*compl. ogg.: pron. di cortesia*) you: **La ringrazio**, thank you; **Posso aiutarla?**, can I help you? ***3*** (*con valore neutro*) it (*o idiom.*): **Piantala!**, stop it!; **Me la sono vista brutta**, I had a narrow escape.

la (3), *m.* (*mus.*) A; lah, la: **un la bemolle** [**diesis**], an A flat [sharp]; **la minore**, A minor: **sonata in la minore**, sonata in A minor; **dare il la**, to give (*o* to sound) the A. ● (*fig.*) **dare il la alla conversazione**, to set the tone of the conversation.

là, *avv.* ***1*** there; over there: **qua e là**, here and there; **Vai là!**, go there!; **Mettilo là su quella panca**, put it (over) there on that bench; **È rimasto là**, he stayed there; **«Dov'è Paolo?» «Eccolo là!»**, «where's Paolo?» «there he is!»; **Voglio quello là**, I want that one (there); **quei libri là**, those books (over) there; **là dentro**, in there; **là fuori**, out there; **là sopra**, up there; **là sotto**, under there; **Sono partiti di là**, they left from there; **Zitti là!**, quiet there!; **Chi è là?**, who's there?; **Chi va là?**, who goes there?; **Il libro era proprio là dove l'avevo lasciato**, the book was just where I had left it ***2*** (*nella locuz. avv.* **in là**: *è idiom.*) – **Più in là c'è un ponte**, further on there's a bridge; **Decideremo più in là**, we'll decide later on; **tirarsi in là**, to step to one side; **farsi in là**, to step aside; to make way; (*da seduti*) to move over; **essere in là con gli anni**, to be getting on in years; **andare troppo in là** (*anche fig.*: *esagerare*), to go too far; **Se aspettiamo il 27, andiamo troppo in là**, if we wait till the 27th, it will be too late; **da quel giorno in là**, from that day on; **di qui in là** (*d'ora innanzi*), from now on; **guardare** (**in**) **qua e** (**in**) **là**, to look here and there; to look around; **spostare in là** (*posticipare*), to defer; to put off ***3*** (*nella locuz. avv.* **di là**: *nell'altra stanza*) in the other room, in there, over there; (*in quella direzione*) that way: **Se cerchi il giornale, è di là**, if you're looking for the paper, it's in the other room (*o* in there); **Piero dev'essere di là**, Piero must be in there; **Portalo di là**, take it into the other room; **Sono andati** (**per**) **di là**, they went that way; **Preferisco non passare di là**, I'd rather not go that way ***4*** (*con valore rafforzativo o enfatico è idiom.*) – **Hai visto là che roba?**, did you see that?; **Là, ecco fatto**, there, that's done; **Là, adesso basta!**, all right, stop it, now!; **Ma va là!**, go on (with you)!; come off it!; you don't say so! ● **là per là**, (*sui due piedi*) there and then, on the spot, on the spur of the moment; (*a tutta prima*) at first □ **l'al di là**, the after life; the hereafter; the other world □ **al di là di** (*o* **di là da**), beyond; on the other side of: **di là dal fiume**, on the other side of the river; **di là dai monti**, beyond the hills; on the other side of the hills; **Che cosa c'è al di là?**, what is there on the other side?; **al di là della mia comprensione**, beyond my understanding □ **Alto là!**, halt! □ **di qua e di là**, this way and that □ **essere di là da venire**, to be yet to come □ (*fig.*) **essere più di là che di qua**, to be more dead than alive.

làbaro, *m.* ***1*** (*stor.*) labarum* ***2*** (*insegna, anche fig.*) standard; banner.

làbbo, *V.* **stercorario**.

làbbro, *m.* (*pl.* **labbra,** *f., nelle def. 1 e 3*; **labbri**, *m., nella def. 2*) ***1*** lip: **il l. superiore** [**inferiore**], the upper [lower] lip; **mordersi le labbra**, to bite one's lips; **leccarsi le labbra**, to lick one's lips; (*fig.*) to smack one's lips; **labbra sottili** [**grosse**], thin [thick] lips; **dalle labbra sottili** [**grosse**], thin-lipped [thick-lipped] (*agg.*); **labbra screpolate**, chapped lips; (*med.*) **l. leporino**, hare-lip; **morire col nome di q. sulle labbra**, to die with sb.'s name on one's lips; **Accostai il bicchiere alle labbra** (*o* **le labbra al bicchiere**), I put the glass to my lips; **Dal suo l. non uscì una parola**, not a word escaped his lips; **Le parole le morirono sulle labbra**, the words died on her lips ***2*** (*orlo*) edge; lip; brim; rim: **il l. d'un vaso**, the brim of a vase; **i labbri di una ferita**, the lips (*o* edges) of a wound ***3*** (*anat.*) labium*: **grandi** [**piccole**] **labbra**, labia maiora [minora]. ● **a fior di labbra**, (*mormorando*) murmuring; (*controvoglia*) half-heartedly (*avv.*), half-hearted (*agg.*): **dire q.c. a fior di labbra**, to murmur st.; **scusarsi a fior di labbra**, to make a half-hearted apology; **un invito a fior di labbra**, a half-hearted invitation □ **dire bene di q.c. a fior di labbra**, to pay lip service to st. □ **sorridere a fior di labbra**, to force a smile; to give a thin-lipped smile □ (*fig.*) **avere il cuore sulle labbra**, to wear one's heart on one's sleeve □ (*fig.*) **bagnarsi le labbra**, to have a drink □ (*fig.*) **pendere dalle labbra di q.**, to hang on sb.'s lips □ **Come si chiama? Ce l'ho sulle labbra...**, what is it called? it's on the tip of my tongue.

labdacìşmo, *V.* **lambdacismo**.

labellàto, *a.* (*bot.*) labellate.

labèllo, *m.* (*bot.*) labellum*.

labiàle, A *a.* (*anat., fon.*) labial. **B** *f.* (*fon.*) labial (consonant).

labializzàre, A *v. t.* (*fon.*) to labialize. **B labializzàrsi,** *v. i. pron.* to become* labial; to be labialized.

labializzazióne, *f.* (*fon.*) labialization.

labiàta, *f.* (*bot.*) labiate.

Labiàte, *f. pl.* (*bot., Labiatae*) Labiatae.

labiàto, *a.* ***1*** (*bot.*) labiate(d) ***2*** (*fon.*) labialized.

làbile, *a.* ***1*** (*fugace*) fleeting; transient; transitory; short-lived; ephemeral ***2*** (*debole*) weak; faint: **una memoria l.**, a weak memory ***3*** (*chim., psic.*) labile.

labilità, *f.* ***1*** (*fugacità*) fleetingness; transience; transitoriness ***2*** (*debolezza*) weakness; faintness ***3*** (*chim., psic.*) lability.

labiodentàle, *a.* e *f.* (*fon.*) labiodental.

labiolettùra, *f.* lip-reading.

labionasàle, *a.* e *f.* (*fon.*) labionasal.

labiopalatàle, *a.* e *f.* (*fon.*) labiopalatal.

labiovelàre, *a.* e *f.* (*fon.*) labiovelar.

labirìntico, *a.* ***1*** labyrinthine; maze-like ***2*** (*anat.*) labyrinthine.

labirintìte, *f.* (*med.*) labyrinthitis.

labirìnto, *m.* ***1*** labyrinth; maze ***2*** (*anat.*) labyrinth: **l. membranoso**, membranous labyrinth.

labirintòşi, *f.* (*med.*) labirinthine disease.

laboratòrio, *m.* ***1*** laboratory; lab (*fam.*): **l. chimico**, chemical laboratory; **l. linguistico**, language laboratory ***2*** (*di artigiano*) workshop; (*annesso a un negozio*) workroom.

laboratorista, *m.* e *f.* laboratory technician.

laboriosaménte, *avv.* ***1*** (*con fatica*) laboriously ***2*** (*con operosità*) industriously.

laboriosità, *f.* ***1*** (*difficoltà*) laboriousness; arduousness ***2*** (*operosità*) industriousness.

laborióso, *a.* ***1*** (*difficile, faticoso*) difficult; laborious; toilsome; arduous: **parto l.**, difficult delivery; **ricerca laboriosa**, laborious search; **avere una digestione laboriosa**, not to digest easily; to suffer from dyspepsia ***2*** (*industrioso*) hard-working, industrious;

(*denso di lavoro*) busy: **una vita laboriosa**, an industrious life; **una città laboriosa**, a busy town; **una giornata laboriosa**, a busy day; **una donna laboriosa**, a hard-working woman.
labradòr, **labrador**, *m. invar.* Labrador (dog); Labrador retriever.
labradorite, *f.* (*miner.*) labradorite.
làbro, *m.* (*zool., Labrus*) wrasse.
laburismo, *m.* (*polit.*) labourism, laborism (*USA*).
laburista, (*polit.*) **A** *a.* Labour (*attr.*): **il Partito l.**, the Labour Party; the Labor Party (*Austr.*). **B** *m.* e *f.* member of the Labour Party; Labourite; (*parlamentare*) Labour M.P.
laburistico, *a.* (*polit.*) Labour (*attr.*).
labùrno, *m.* (*bot., Laburnum anagyroides*) laburnum.
lacaniàno, *a.* (*psic.*) Lacanian.
làcca, **A** *f.* **1** (*pigmento*) lake; (*vernice*) lacquer **2** (*colore*) lake **3** (*per capelli*) (hair) lacquer **4** (*per unghie*) nail varnish **5** (*oggetto laccato*) lacquer. ● **l. a tampone** (*per il legno*), French polish □ **l. giapponese**, japan □ **colori a l.**, lakes. **B** *a. invar.* lake (*attr.*): **rosso l.**, lake red; bright red.
laccamùffa, *f.* (*chim.*) litmus.
laccàre, *v. t.* **1** to lacquer; to japan **2** (*con vernice a smalto*) to enamel **3** (*i capelli*) to spray with lacquer **4** (*le unghie*) to varnish.
laccàto, *a.* **1** lacquered; japanned **2** (*con vernice a smalto*) enamelled **3** (*di capelli*) lacquered **4** (*di unghie*) varnished.
laccatóre, *m.* (*f.* **-trice**) lacquerer.
laccatùra, *f.* **1** lacquering; japanning **2** (*smaltatura*) enamelling **3** (*strato di lacca*) lacquer **4** (*dei capelli*) spraying with lacquer **5** (*delle unghie*) varnishing.
lacchè, *m.* **1** lackey; footman*; flunkey; valet **2** (*fig. spreg.*) lackey; flunkey.
làccia, *V.* **alosa**.
làccio, *m.* **1** (*cappio*) noose **2** (*trappola, anche fig.*) snare; trap: **cadere nel l. di q.**, to fall into sb.'s trap; **prendere al l.**, to ensnare; to trap; **tendere un l.**, to lay a snare **3** (*legaccio*) string: **l. per busto**, stay lace; **l. da scarpe**, shoe-string; shoe-lace **4** (*fig.: legame*) tie, bond; (*impedimento*) fetter, shackle. ● (*med.*) **l. emostatico**, tourniquet.
lacciòlo, *m.* snare (for small birds).
laccolite, *m.* e *f.* (*geol.*) laccolith.
lacedèmone, *a.* e *m.* (*stor. greca*) Lacedaemonian; Spartan.
laceràbile, *a.* that can be torn; lacerable.
laceraménto, *m.* tearing; rending; lacerating.
lacerànte, *a.* **1** tearing; rending **2** (*fig.*) lacerating; rending; piercing: **rimorso l.**, lacerating remorse; **un grido l.**, a piercing cry.
laceràre, **A** *v. t.* (*anche fig.*) to tear*; to rend*; to lacerate: **l. un lenzuolo**, to tear a sheet; **l. il cuore**, to tear (sb.'s) heart; **Alte grida lacerarono l'aria**, loud cries rent the air. **B** **laceràrsi**, *v. i. pron.* to tear*.
lacerazióne, *f.* **1** tearing; rending **2** (*strappo*) rent; tear **3** (*med.*) laceration; (lacerated) wound: **l. del collo dell'utero**, laceration of the cervix **4** (*fig.: strazio*) tearing grief; heart-ache.
làcero, *a.* **1** (*di vestito*) torn; rent; in shreds (*pred.*) **2** (*di persona*) ragged; tattered; in rags (*pred.*) **3** (*med.*) lacerated.
lacero-contùso, *a.* (*med.*) lacerated and contused.
lacèrto, *m.* **1** (*anat.*) biceps **2** (*fig. lett.*) fragment **3** (*region., zool.*) *V.* **sgombro.**
Làchesi, *f.* (*mitol.*) Lachesis.
lacinia, *f.* (*bot., zool.*) lacinia*.
laciniàto, *a.* (*bot., zool.*) laciniate(d).
laconicità, *f.* laconicism; laconism; brevity; terseness; conciseness.
lacònico, *a.* **1** (*della Laconia*) Laconian; Laconic **2** (*fig.: stringato, conciso*) laconic; concise; terse: **una persona laconica**, a laconic person; **risposta laconica**, laconic answer; **stile l.**, terse style.
laconismo, *m.* laconism; laconicism.
làcrima, *f.* **1** tear; tear-drop: **scoppiare in lacrime**, to burst into tears; **essere in lacrime**, to be in tears; **non versare una l.**, not to shed a single tear; **Una l. le scese sulla guancia**, a tear-drop ran down her cheek; **commuoversi fino alle lacrime**, to be moved to tears; **avere le lacrime agli occhi**, to have tears in one's eyes; **un viso rigato di lacrime**, a tear-stained face; **asciugarsi le lacrime**, to dry one's tears; **frenare** [**ingoiare**] **le lacrime**, to choke [to swallow] one's tears; **lacrime di gioia**, tears of joy **2** (*goccia, piccola quantità*) drop: **una l. di vino**, a drop of wine **3** (*oggetto a forma di l.*) tear. ● (*fig.*) **lacrime di coccodrillo**, crocodile tears □ (*fig.*) **asciugare le lacrime a q.**, to comfort sb. □ (*fig.*) **avere le lacrime in tasca**, to cry easily; to be very emotional □ **con voce piena di lacrime**, in a tearful voice □ **costare sudore, lacrime e sangue**, to cost blood, sweat and tears □ **non avere più lacrime**, to be past crying □ **piangere a calde lacrime**, to shed scalding tears □ **ridere fino alle lacrime**, to laugh till one cries □ **sciogliersi in lacrime**, to cry one's heart out □ (*fig.*) **questa valle di lacrime**, this vale of tears.
lacrimàbile, (*lett.*) *V.* **lacrimevole.**
lacrimàle, *a.* (*anat.*) lachrymal: **ghiandola** [**sacco**] **l.**, lachrymal gland [sac]. ● (*archeol.*) **vaso l.**, *V.* **lacrimatoio.**
lacrimàre, *v. i.* to shed* tears; to weep*; to cry; to water: **Il fumo mi fa l. gli occhi**, smoke makes my eyes water.
lacrimatóio, *m.* (*archeol.*) lachrymatory; lachrimal urn; tear-bottle.
lacrimatòrio, **A** *a.* lacrimatory, lachrymatory. **B** *m.* *V.* **lacrimatoio.**
lacrimazióne, *f.* (*anche med.*) lacrimation, lachrymation.
lacrimévole, *a.* sad; moving; pitiful; lamentable: **vicenda l.**, sad (*o* moving) story; (*scherz.*) sob story; **film** [**canzone, ecc.**] **l.**, tear-jerker (*fam.*).
lacrimògeno, **A** *a.* **1** lacrimatory, lachrymatory; tear (*attr.*): **bomba lacrimogena**, tear bomb; **gas l.**, tear gas **2** (*scherz.: commovente*) tear-jerking (*fam.*). **B** *m.* (*chim.*) tear gas; lachrymator.
lacrimóso, *a.* **1** (*pieno di lacrime*) tearful: **occhi lacrimosi**, tearful eyes; **voce lacrimosa**, tearful voice **2** (*patetico*) *V.* **lacrimevole.**
lacrosse (*ingl.*), *m.* (*sport*) lacrosse.
lacuàle, *a.* lake (*attr.*): **porto l.**, lake harbour.
lacùna, *f.* **1** (*in un testo*) lacuna* **2** (*scient.*) hiatus*; lacuna*; hole **3** (*fig.*) gap; hole; hiatus* (*lett.*); blank: **colmare una l.**, to fill a gap; **lacune culturali**, gaps in (sb.'s) education; **Ebbi una l. della memoria**, I had a lapse of memory; there was a blank in my memory; my mind was a blank **4** (*tipogr.*) blank.
lacunàre, *m.* (*archit.*) lacunar.
lacunosità, *f.* incompleteness; sketchiness; defectiveness.
lacunóso, *a.* full of gaps (*o* blanks); (*di manoscritto, ecc.*) full of lacunae; (*incompleto*) defective, incomplete, sketchy: **cultura lacunosa**, incomplete education; **descrizione lacunosa**, sketchy description.
lacùstre, *a.* lake (*attr.*); lacustrine: **abitazione l.**, lake dwelling; **il periodo l.**, the lacustrine period.
làdano, *m.* la(b)danum.
laddóve, (*lett.*) **A** *avv.* where. **B** *cong.* **1** (*mentre*) whereas; while; whilst **2** (*se*) if; in case of: **l. vi fossero rimostranze**, if there should be any complaints; should there be any complaints (*form.*); in case of complaints.
ladino, *a.* e *m.* (*f.* **-a**) Ladin.
ladreria, *f.* robbery; theft.
ladrésco, *a.* thievish; thieving. ● **impresa ladresca**, theft □ **gergo l.**, thieves' cant.
làdro, **A** *m.* (*f.* **-a**) thief*; (*rapinatore*) robber; (*svaligiatore*) burglar; (*taccheggiatore*) pilferer: **l. di professione**, professional thief; **Abbiamo avuto i ladri in casa**, we've had burglars; we have been burglared; **dare del l. a q.**, to call sb. a thief; **Quel salumiere è un l.**, that grocer is a thief. ● **l. acrobata**, cat burglar; cat (*fam.*) □ **l. di bestiame**, cattle thief; rustler (*USA*) □ **l. di cuori**, lady-killer □ (*fig.*) **l. di galline**, petty thief □ **l. di strada**, street robber; (*stor.*) highwayman □ **l. in guanti gialli**, gentleman thief □ **l. internazionale**, international crook □ **«Al l.!»**, «stop thief!» □ **buio da ladri**, pitch dark □ **cacciare q. come un l.**, to send sb. away with a flea in his [her] ear □ **tempo da ladri**, foul (*o* dirty) weather □ **vergognarsi come un l.**, to be terribly ashamed □ **vestito come un l.**, dressed like a tramp. **B** *a.* thieving; (*disonesto*) dishonest: **un cassiere l.**, a thieving cashier; **gatto l.**, thieving cat; **negoziante l.**, dishonest shopkeeper. ● (*fam.*) **avere una sete ladra**, to be dying of thirst; to be as thirsty as the devil (*fam.*) □ **occhi ladri**, bewitching (*o* killing) eyes □ **tempo l.**, foul (*o* dirty) weather □ **Faceva un freddo l.**, it was freezing □ (*prov.*) **L'occasione fa l'uomo l.**, opportunity makes the thief.
ladrocinio, *m.* theft; robbery; (*leg., anche*) larceny.
ladróne, *m.* **1** robber; thief **2** (*bandito*) highwayman*; bandit. ● (*nel Vangelo*) **i due ladroni**, the good thief and the bad thief.
ladronéccio, *m.* (*lett.*) theft; robbery.
ladroneggiàre, *v. i.* (*lett.*) to live by theft; to rob.
ladroneria, *f.* **1** (*l'essere ladro*) thievishness **2** (*furto*) theft; thievery; robbery.
ladronésco, *a.* thievish; dishonest.
ladrùncolo, *m.* (*f.* **-a**) **1** (*ragazzo che ruba*) young thief* **2** (*ladro da poco*) petty thief*; (*taccheggiatore*) pilferer; (*borseggiatore*) pickpocket.
Laèrte, *m.* Laertes.
lagèna, *f.* (*archeol.*) lagena.
lagenària, *f.* **1** (*bot., Lagenaria vulgaris*) bottle gourd **2** (*il frutto*) bottle gourd; calabash.
làger (*ted.*), *m. invar.* concentration camp; death camp.
laggiù, *avv.* **1** (*in basso*) down there; down below: **l. a valle**, down below, in the valley **2** (*lontano*) over there: **Vedi quell'uomo l.?**, do you see that man over there?; **l. in fondo alla strada**, down at the end of the street **3** (*al sud*) down (South): **l. in Marocco**, down in Morocco.
laghétto, *m.* small lake; pond; (*di montagna, anche*) tarn.
laghista, *a.* – (*letter. ingl.*) **i poeti laghisti**, the Lake poets.
làgna, *f.* (*fam.*) **1** (*piagnisteo*) whining; whine; whimpering; whimper **2** (*cosa o persona noiosa*) bore; drag (*fam.*).
lagnànza, *f.* complaint; protest; grievance; grumbling: **fare le proprie lagnanze**, to make complaints; to complain; **sporgere l.**, to lodge a complaint; **essere motivo di l.**, to give cause for (*o* to be the ground of) complaints.
lagnàrsi, *v. i. pron.* **1** to complain; to gripe (*fam.*); (*brontolare*) to grumble, to moan: **l. dei costi alti**, to complain about the high costs; **l. per l'ascensore che non va**, to complain about the lift not working; **l. di un dolore al fianco**, to complain of a pain in one's side; **Ha sempre da l.**, he's always grumbling (*o* moaning) about something; **Non mi posso lagnare**, I can't complain **2** (*gemere*) to moan; to groan; to whimper.
lagnóne, *m.* (*f.* **-a**) (*fam.*) grumbler; moaner.
lagnóso, *a.* **1** (*lamentoso*) moaning; complaining; grumbling **2** (*fam.: noioso*) boring; (*di storia, ecc., anche*) interminable, that drags on and on (*pred.*).
làgo, *m.* **1** lake: **il l. Maggiore**, Lake Maggiore; **un l. chiuso**, a lake with no outlet;

l. vulcanico, volcanic lake; **l. artificiale**, artificial lake; reservoir; **l. salato**, salt lake; (*in G.B.*) **la regione dei laghi**, the Lake District ***2*** (*fig.*: *pozzanghera*) (huge) puddle ***3*** (*fig.*) lake; pool; sea: **un l. di sangue**, a pool of blood. ● **essere in un l. di sudore**, to be in a sweat □ **Ha fatto un l. in bagno**, he has flooded the whole bathroom.

lagoftàlmo, *m.* (*med.*) lagophthalmus; lagophthalmia.

làgrima, e *deriv. V.* **lacrima**, e *deriv.*

lagùna, *f.* lagoon.

lagunàre, *a.* lagoon (*attr.*).

lài (1), *m.* (*stor. letter.*) lay.

lài (2), *m. pl.* (*poet.*) lamentations.

làica, *f. V.* **laico, B**.

laicàle, *a.* lay (*attr.*); laic(al); secular.

laicàto, *m.* ***1*** (*condizione*) lay status ***2*** (*i laici*) laity.

laicismo, *m.* laicism; secularism.

laicista, **A** *a. V.* **laicale**. **B** *m.* e *f.* supporter of laicism.

laicìstico, *a.* secularistic; secularist.

laicità, *f.* lay status; laicality.

laicizzàre, *v. t.* to laicize; to secularize.

laicizzazióne, *f.* laicization; secularization.

làico, **A** *a.* ***1*** (*secolare*) secular; lay (*attr.*), laic(al) ***2*** (*ispirato al laicismo*) lay (*attr.*), laic(al); (*non confessionale*) non-denominational; (*non ideologico*) non-ideological: **uno Stato l.**, a lay state; **scuola laica**, non-denominational school ***3*** (*che non appartiene a una professione*) lay (*attr.*): (*leg.*) **giudice l.**, lay judge. **B** *m.* (*f.* **-a**) ***1*** layman* (*f.* laywoman*) ***2*** (*converso*) lay brother (*f.* lay sister).

laidézza, *f.* ***1*** (*bruttezza*) ugliness ***2*** (*sporcizia*) filth; foulness ***3*** (*turpitudine*) turpitude; foulness ***4*** (*azione oscena*) obscenity.

làido, *a.* ***1*** (*brutto*) ugly ***2*** (*sporco*) dirty; filthy; foul ***3*** (*turpe, osceno*) dirty; obscene; filthy.

laidùme, *m.* filth; dirt.

lallazióne, *f.* (*med.*) lallation.

lalofobia, *f.* (*psic.*) lalophobia.

lalopatia, *f.* (*med.*) lalopathy.

laloplegia, *f.* (*med.*) laloplegia.

làma (1), *f.* (*anche tecn.*) blade: **l. di rasoio**, razor-blade; **la l. di un pattino**, the blade of a skate; **l. a doppio taglio**, two-edged blade; (*fig.*) double-edged weapon; **l. circolare**, circular blade; **l. dentata**, toothed (*o* serrated) blade; **l. fissa**, fixed blade; **arrotare una l.**, to sharpen a blade; **il filo della l.**, the blade's edge. ● (*naut.*) **l. di deriva**, fin of a centre board □ **una l. di ghiaccio**, a sheet of ice □ **una l. di luce**, a blade of light □ (*fig.*) **una buona l.**, a good swordsman (*o* blade).

làma (2), *m. invar.* (*zool.*, *Auchenia lama*) llama.

làma (3), *m. invar.* (*sacerdote buddista*) Lama.

làma (4), *f.* (*terreno paludoso*) swamp.

lamàico, *a.* (*relig.*) lamaistic.

lamaismo, *m.* (*relig.*) Lamaism.

lamaìstico, *a.* (*relig.*) lamaistic.

lamantìno, *m.* (*zool.*, *Trichechus manatus*) manatee; lamantin.

lamarckismo, *m.* Lamarckism.

lamàre, *v. t.* (*falegn.*) to plane; to sand.

lamasserìa, *f.* lamasery.

lamatùra, *f.* ***1*** (*ind. mecc.*) spot-facing ***2*** (*falegn.*) planing; sanding.

làmbda, *m.* o *f.* (*undicesima lettera dell'alfabeto greco*) lambda.

lambdacismo, *m.* (*med.*) la(m)bdacism.

làmbdico, *a.* (*fis.*) lambda (*attr.*).

lambdoidèo, *a.* (*anat.*) lambdoid(al).

lambèllo, *m.* (*arald.*) label; file.

Lambèrto, *m.* Lambert.

lambiccaménto, *m.* (*fig.*) racking of one's brains; pondering.

lambiccàre, **A** *v. t.* ***1*** to distil ***2*** (*fig.*) to think* over carefully; to ponder. ● **lambiccarsi il cervello**, to rack one's brains. **B lambiccàrsi**, *v. i. pron.* to rack one's brains; to puzzle over st.

lambiccàto, *a.* (*fig.*: *studiato*) overelaborate, affected; (*arzigogolato*) far-fetched.

lambicco, *m.* alembic; retort.

lambire, *v. t.* ***1*** (*leccare*) to lick; (*un liquido*) to lap ***2*** (*fig.*: *sfiorare*) to brush, to touch; (*di fuoco*) to lick; (*di onde*) to lap against: **Le fiamme lambivano già le pareti**, the flames were already licking the walls; **Le onde lambivano il fianco della barca**, the waves lapped against the side of the boat; **Il fiume lambisce il paese**, the river flows close to the village.

lambrecchìni, *m. pl.* (*arald.*) lambrequins.

lambrì, **lambris**, *m. invar.* (*archit.*) dado.

lambrùsca, *f.* (*bot.*, *Vitis labrusca*) labrusca grape; fox-grape (*USA*).

lamé (*franc.*), *a.* e *m. invar.* lamé.

lamèlla, *f.* ***1*** thin plate; thin layer ***2*** (*scient.*) lamella*.

lamellàre, *a.* lamellar; lamellate(d).

Lamellibrànchi, *m. pl.* (*zool.*, *Lamellibranchia*) Lamellibranchia.

lamellibrànchio, *m.* (*zool.*) lamellibranch; lamellibranchiate.

lamellifórme, *a.* lamelliform.

lamentàre, **A** *v. t.* ***1*** (*piangere*) to lament; to mourn: **l. la morte di un amico**, to lament (*o* to mourn) the death of a friend; to mourn for a friend ***2*** (*dover segnalare*) to report (*spesso al passivo*): **Si lamentano alcune vittime**, some casualties are reported; **Non si sono lamentati disordini**, no disturbances were reported. **B lamentàrsi**, *v. i. pron.* ***1*** (*gemere*) to groan; to moan: **Il ferito si lamentava**, the wounded man was moaning ***2*** (*fare rimostranze*) to complain; (*brontolare*) to grumble: **Mi lamenterò col direttore**, I shall complain to the manager; **l. del rumore**, to complain about the noise; **Si lamenta di non essere stata avvertita**, she is complaining that she was not warned; **Di che ti lamenti?**, what are you complaining about?; **Non posso lamentarmi**, I have nothing to complain about; I can't complain; (*fam.*) **«Come stai?» «Non mi lamento»**, «how are you?» «I can't complain».

lamentazióne, *f.* lamentation; wailing. ● (*Bibbia*) **le Lamentazioni di Geremia**, the Lamentations of Jeremiah.

lamentèla, *f.* (*lagnanza*) complaint.

lamentévole, *a.* ***1*** (*degno di compianto*) lamentable; pitiful; deplorable ***2*** (*che esprime lamento*) complaining; plaintive; mournful: **con voce l.**, in a plaintive (*o* mournful) voice.

lamentìo, *m.* wailing; lamentations (*pl.*).

laménto, *m.* ***1*** lamentation; lament; (*gemito*) moan, groan; (*al pl.*, *spesso*) moaning (*sing.*), groaning (*sing.*), wailing (*sing.*): **Udivo i lamenti dei feriti**, I could hear the moaning of the wounded ***2*** (*fig.*: *suono lamentoso*) wailing; plaintive sound ***3*** (*letter.*) lament; (*mus.*) lament, dirge: **l. funebre**, funeral lament; dirge ***4*** (*lagnanza*) complaint.

lamentóso, *a.* mournful; plaintive: **voce lamentosa**, plaintive voice.

lamétta, *f.* (*di rasoio*) razor-blade.

làmia, *f.* ***1*** (*mitol.*) lamia* ***2*** (*strega*) witch.

lamièra, *f.* (*metall.*) plate; sheet: **l. bugnata**, buckle-plate; **l. di acciaio**, sheet-steel; **l. di zinco**, sheet-zinc; **l. liscia**, smooth plate; **l. ondulata**, corrugated sheet-iron; **l. zincata**, galvanized sheet-iron. ● **Fu estratto vivo dalle lamiere dell'auto**, he was extracted alive from the wreck of the car.

lamierino, *m.* (*metall.*) sheet (metal); latten: **l. di acciaio**, sheet-steel; **l. di ottone**, sheet-brass; **l. di stagno**, sheet-tin; (*elettr.*) **l. magnetico**, stamping; (*fis.*) **l. per trasformatori**, transformer core plate.

lamierista, *m.* sheet-metal worker.

làmina, *f.* lamina* (*anche anat.*, *geol.*, *bot.*); thin plate; thin layer; thin sheet; (*scaglia*) scale: **lamine di ardesia**, slate laminae; **l. di metallo**, thin layer (*o* sheet) of metal; **rompersi** (*o* **sfaldarsi**) **in lamine**, to split into laminae; to foliate. ● **l. d'oro**, gold leaf □ **l. di ottone**, brass foil □ (*fis.*) **l. magnetica**, magnetic shell □ **a lamine**, laminated.

laminàre (1), *a.* laminar: (*mecc.*) **corrente** (*o* **flusso, moto**) **l.**, laminar flow; (*geol.*) **strato l.**, laminar layer.

laminàre (2), *v. t.* ***1*** (*metall.*) to roll; (*in fogli sottili*) to laminate: **l. a caldo**, to hot-roll; **l. a freddo**, to cold-roll ***2*** (*coprire con lamine*) to laminate.

laminària, *f.* (*bot.*, *Laminaria*) sea-tangle.

laminàto (1), **A** *a.* (*metall.*) rolled: **ferro l.**, rolled iron. **B** *m.* rolled section: **l. di acciaio**, rolled steel section; **l. di ferro**, rolled iron section. ● **l. plastico**, laminated plastic.

laminàto (2), *m.* (*tessuto*) lamé.

laminatóio, *m.* (*mecc.*) rolling-mill: **l. per barre**, bar rolling-mill; **l. per lamiere**, plate rolling-mill; **l. per lamiere sottili**, sheet rolling-mill; **l. per profilati**, section rolling-mill; **l. per tubi**, tube rolling-mill.

laminatóre, *m.* (*mecc.*) roller; laminator.

laminatùra, *f.* (*metall.*) lamination; rolling.

laminazióne, *f.* ***1*** (*geol.*) lamination ***2*** (*metall.*) rolling: **l. a caldo**, hot-rolling; **l. a freddo**, cold-rolling.

làmio, *m.* (*bot.*, *Lamium*) dead-nettle.

làmpada, *f.* lamp; light: **l. a olio [a incandescenza, al neon, ad acetilene, fluorescente]**, oil [incandescent, neon, acetylene, fluorescent] lamp (*o* light); **l. a braccio regolabile**, adjustable lamp; **l. a muro**, wall lamp; bracket lamp; **l. a pila**, flashlight; torch; **l. a raggi ultravioletti**, sunlamp; **l. a sospensione**, swinging lamp; **l. a stelo**, standard lamp (*GB*); floor lamp (*USA*); **l. alogena**, halogen lamp; **l. da tavolo [da scrivania]**, table [desk] lamp; **l. di sicurezza**, safety lamp. ● **lampade e lampadari**, lighting equipment (*o* fittings).

lampadàrio, *m.* chandelier.

lampadìna, *f.* (electric) bulb: **una l. da 100 watt**, a 100-watt bulb; **l. smerigliata**, frosted bulb; **La l. è bruciata**, the bulb has gone. ● (*fotogr.*) **l. da flash**, flash bulb □ **l. di fase**, phase lamp □ **l. tascabile**, pocket torch □ **l. spia**, warning light.

lampànte, *a.* (*chiaro*) crystal clear; self-evident; obvious: **una verità l.**, a self-evident truth; **prova l.**, clear (*o* positive) proof; **È l. che...**, it is glaringly obvious that... ● **olio l.**, lamp oil.

lampàra, *f.* (*naut.*) fishing light.

lampàsso, *m.* (*ind. tess.*) lampas.

lampàzza, *f.* (*naut.*) fish.

lampeggiaménto, *m.* ***1*** flashing; (*nelle segnalazioni*) blinking, winking ***2*** (*lampi*) lightning.

lampeggiànte, *V.* **lampeggiatore**.

lampeggiàre, **A** *v. i.* ***1*** (*di luce* e *fig.*) to flash: **Lampeggiano le spade**, swords are flashing; **I suoi occhi lampeggiarono d'ira [di gioia]**, his eyes flashed with anger [shone with joy] ***2*** (*di segnalazioni*) to blink; to wink; to flash: **Il faro lampeggiava**, the lighthouse was blinking; (*autom.*) **l. agli incroci**, to flash one's light at junctions; (*autom.*) **La freccia lampeggia**, the light is flashing. **B** *v. i. impers.* – **Tuonava e lampeggiava**, there was thunder and lightning; **Lampeggiò a oriente**, there was a flash of lightning in the east.

lampeggiatóre, *m.* ***1*** (*autom.*) indicator; (*di polizia, ecc.*) flashing light ***2*** (*di semaforo*) flashing amber light ***3*** (*fotogr.*) – **l. elettronico**, electronic flash; flash gun.

lampéggio, *m.* flashing.

lampionàio, *m.* lamp-lighter.

lampioncìno, *m.* Chinese lantern.

lampióne, *m.* streetlamp; streetlight; (*il palo*) lamp-post. ● **l. a gas**, gaslight.

lampista, *m.* (*ferr.*, *ind. min.*) lampman*.

lampisterìa, *f.* (*ferr., ind. min.*) lamp room.

làmpo, A *m.* ***1*** lightning (*sing. collett.*); flash of lightning: **lampi e tuoni**, thunder and lightning; **Ci fu un l.**, there was a flash of lightning; **tre lampi**, three flashes of lightning; **un bagliore di lampi**, flashes of lightning; **lampi a zigzag**, forked lightning; **lampi diffusi**, sheet lightning ***2*** (*guizzo di luce*; *anche fig.*) flash; (*bagliore*) flashing: **il l. delle spade** [**degli occhi**], the flashing of swords [of eyes]; (*fig.*) **un l. di speranza**, a flash of hope; **mandare lampi**, to flash: **occhi che mandano lampi di collera**, eyes flashing with anger. • (*fotogr.*) **l. al magnesio**, magnesium flash □ **un l. di genio**, a stroke of genius; a brainwave □ **correre come un l.**, to run like lightning (*o* as quick as lightning; *fam.*: like greased lightning) □ (*fig.*) **in un l.**, in a flash; in a trice; in no time □ **passare** (**davanti**) **come un l.**, to flash by; to whizz by (*fam.*). **B** *f.* (*fam.*: *chiusura l.*) zip (fastener); zipper (*USA*): **aprire la l. di un abito**, to unzip a dress; **chiudere la l. di un abito**, to zip up a dress. **C** *a. invar.* (*velocissimo*) lightning (*attr.*); instant (*attr.*): **decisione l.**, instant decision; **visita l.**, lightning visit. • **chiusura l.**, zip fastener □ **guerra l.**, blitzkrieg (*ted.*); lightning attack □ **matrimonio l.**, whirlwind wedding □ **telegramma l.**, express telegram.

lampóne, *m.* ***1*** (*bot., Rubus idaeus*) raspberry bush ***2*** (*frutto*) raspberry.

lamprèda, *f.* (*zool., Petromyzon*) lamprey.

làna, *f.* ***1*** wool: **gomitolo** [**matassa**] **di l.**, ball [skein] of wool; **cardare** [**pettinare**] **la l.**, to card [to comb] wool; **di l.**, woollen, woolen (*USA*); wool (*attr.*): **golf** [**coperta**] **di l.**, woollen cardigan [blanket]; **stoffa di l.**, woollen cloth ***2*** (*laniccio*) fluff. • **l. a fibra corta**, mungo □ **l. a fibra lunga**, long-stapled wool □ **l. agnellina**, lamb's wool □ **l. da carda**, carding (*o* clothing) wool □ (*ind.*) **l. d'acciaio**, steel wool □ **l. da concia**, pulled wool □ **l. da rammendo**, darning wool □ (*edil.*) **l. di legno**, wood wool □ (*ind.*) **l. di vetro**, glass wool; fibreglass □ **l. greggia**, raw wool □ **l. ordinaria**, broad wool □ **l. per lavori a maglia**, knitting wool □ **l. pettinata**, combed wool; worsted □ **l. rigenerata**, shoddy (wool) □ (*fig.*) **buona l.**, rascal; scamp □ **fare questioni di l. caprina**, to use captious arguments; to split hairs □ (*tessuto*) **pettinato di l.**, worsted (cloth) □ **pura l. vergine**, pure virgin wool.

lanaiòlo, *m.* (*mercante di lana*) wool merchant; dealer in wool.

lanàrio, *m.* (*zool., Falco biarmicus feldeggi*) lanner.

lanatoṣide, *f.* (*chim.*) lanatoside.

lànca, *f.* (*geol.*) oxbow (lake).

lanceolàto, *a.* (*anche bot.*) lanceolate; lance-shaped.

lancétta, *f.* ***1*** (*med.*) lancet ***2*** (*di orologio*) hand: **la l. dei minuti**, the minute hand ***3*** (*di bussola*) needle; (*di altro strumento*) pointer.

lància (1), *f.* ***1*** spear; (*di cavaliere*) lance: **scagliare una l.**, to throw (*o* to hurl) a spear ***2*** (*lanciere*) lance ***3*** (*becco di estintore*) nozzle. • **l. termica**, oxygen lance □ (*fig.*) **una buona l.**, a good soldier □ (*fig.*) **partire a l. in resta contro q.**, to go full tilt against sb. □ (*fig.*) **spezzare una l. in favore di q.**, to strike a blow for sb.: to take sb.'s defence.

lància (2), *f.* (*naut.*) ship's boat, launch; (*di parata*) barge: **l. di bordo**, ship's boat; **l. a vapore**, steam launch; **mettere in mare le lance**, to lower the boats. • (*mil.*) **l. armata**, cutter □ **l. di salvataggio**, lifeboat.

lanciàbile, *a.* that can be thrown.

lanciabómbe, *m. invar.* (*mil.*) bomb-thrower; (*naut.*) depth-charge thrower.

lanciafiàmme, *m. invar.* (*mil.*) flame-thrower.

lanciagranàte, *m. invar.* (*mil.*) mortar.

lanciamìssili, (*mil.*) **A** *a. invar.* rocket (*o* missile) launching. **B** *m. invar.* rocket (*o* missile) launcher.

lanciapiattèllo, *m.* (*sport*) trap.

lanciaràẓẓi, A *m. invar.* ***1*** (*mil.*) rocket launcher ***2*** (*per segnalazione*) rocket gun. **B** *a.* – **pistola l.**, Very pistol.

lanciàre, A *v. t.* ***1*** (*gettare*) to throw* (*anche sport*); to toss; to pitch; to cast*; (*con forza*) to hurl, to fling*: **l. una palla a q.**, to throw a ball to sb.; **Mi lanciò il cappello**, he tossed me my hat; **l. sassi contro q.**, to throw (*o* to fling, to cast) stones at sb.; **l. minacce contro q.**, to hurl threats at sb.; (*sport*) **l. il disco** [**il giavellotto**], to throw the discus [the javelin]; (*sport*) **l. il peso**, to put the shot; **l. un'occhiata a q.**, to cast a glance at sb.; to glance at sb. ***2*** (*lasciar cadere*) to drop: **l. bombe**, to drop bombs; **Cento paracadutisti furono lanciati nella zona**, a hundred parachutists were dropped in the area ***3*** (*siluri*) to fire; to discharge; to launch ***4*** (*miss.*) to launch: **l. un razzo**, to launch a rocket ***5*** (*fig.*: *avviare*) to set* up: **l. un giovane negli affari**, to set up a young man in business ***6*** (*far conoscere*) to launch: **l. un'attrice**, to launch an actress; **l. un prodotto**, to launch a product; **l. una moda**, to launch (*o* to set) a fashion ***7*** (*elab.*: *un programma*) to activate; to call. • **l. un'accusa contro q.**, to lay a charge at sb.'s door □ **l. un'automobile**, to drive at full speed; to step on the gas □ **l. una campagna**, to launch a campaign □ **l. un cavallo al galoppo**, to start a horse off at full gallop □ **l. un grido**, to let out a cry; to cry out □ **l. un'imprecazione**, to let out an oath; to swear □ **l. un'idea** [**un suggerimento**], to come up with an idea [a suggestion] □ **l. in aria una moneta**, to toss up a coin □ (*mecc.*) **l. un motore**, to speed up an engine □ **l. un prestito**, to float a loan □ **l. una sottoscrizione**, to launch an appeal. **B lanciàrsi,** *v. rifl.* ***1*** to throw* oneself; to hurl oneself; to dash; to rush: **Il pompiere si lanciò tra le fiamme**, the fireman threw himself (*o* dashed) into the flames; **La donna si lanciò fuori della stanza**, the woman dashed (*o* rushed) out of the room; **Si lanciarono contro il nemico**, they hurled themselves at (*o* upon) the enemy ***2*** (*col paracadute*) to drop, to jump; (*automaticamente*) to bale out, to bail out ***3*** (*fig.*) to launch; to launch out: **l. in una discussione**, to launch into a discussion; **Si sta lanciando ora** (*negli affari, ecc.*), he is launching out now. • **l. all'inseguimento di q.**, to dash off in pursuit of sb. □ **l. in avanti**, to dash (*o* to rush) forward □ (*anche fig.*) **l. nella mischia**, to hurl oneself into the fray.

lanciarpióne, *m. invar.* (*naut.*) harpoon gun.

lanciasàbbia, *m. invar.* (*ferr.*) sander.

lanciasàgola, *m. invar.* (*naut.*) line-throwing gun.

lanciasilùri, *m. invar.* (*mil.*) torpedo-tube.

lanciàto, *a.* ***1*** (*di veicolo*) speeding (*o* racing) along; going at full speed; belting along (*fam.*); barreling along (*fam. USA*) ***2*** (*sport*) flying: **kilometro l.**, flying kilometre ***3*** (*fig.*: *infervorato*) off: **Cercai d'interromperlo, ma ormai era l.**, I tried to interrupt him, but he was already off; **Quando è l. non lo fermi più**, when he gets going, there's no stopping him.

lanciatóre, *m.* (*f.* **-trice**) ***1*** thrower ***2*** (*sport*: *atletica*) thrower; (*del peso*) shot-putter ***3*** (*baseball*) pitcher; (*cricket*) bowler.

lancière, *m.* ***1*** (*mil.*) lancer ***2*** (*pl.*) (*ballo*) lancers.

Lancillòtto, *m.* Lancelot.

lancinànte, *a.* piercing; shooting; acute: **dolore l.**, acute (*o* shooting) pain.

làncio, *m.* ***1*** (*il lanciare*) throwing, flinging, hurling; (*singolo l.*) throw, fling, hurl: **un l. di dadi**, a throw (*o* a fling) of the dice ***2*** (*sport*: *il lanciare*) throwing, pitching; (*singolo l.*) throw, pitch: **l. del disco**, discus throwing; **l. del giavellotto**, javelin throwing; **l. del peso**, putting the shot; **un buon l.**, a good throw; (*cricket, baseball*) a good pitch ***3*** (*l. dall'alto*) dropping, drop; (*con paracadute*) parachuting, drop: **l. di rifornimenti**, air-drop; **l. di bombe**, dropping of bombs; **l. notturno**, night drop; **l. con apertura ritardata** (*del paracadute*), delayed drop ***4*** (*di siluri*) firing; discharge; launching ***5*** (*miss.*) launching; launch: **il l. di un missile**, the launching of a rocket; **rampa di l.**, launching pad ***6*** (*pubblicitario*) launching; advertising campaign: **il l. di un prodotto**, the launching of a product; **il l. di un libro** [**di un attore**], the launching of a book [of an actor]. • (*naut.*) **cabina di l.**, torpedo compartment □ (*comm.*) **offerta di l.**, introductory offer.

lanciòla, *f.* (*bot.*) plantain.

lànda (1), *f.* ***1*** (*brughiera*) moor; heath ***2*** (*pianura sterile*) barren land.

lànda (2), *V.* **landra.**

landau (*franc.*), **landò,** *m. invar.* landau.

làndra, *f.* (*naut.*) chain plate.

lanerìa, *f.* woollen goods (*pl.*); woollens (*pl.*).

lanétta, *f.* ***1*** (*lana leggera*) light wool ***2*** (*lana mista*) mixed wool.

Lanfrànco, *m.* Lanfranc.

langràvio, *m.* (*stor.*) landgrave.

languènte, *a.* languishing.

languidézza, *f.* languor; listlessness; weakness; faintness.

lànguido, *a.* ***1*** (*debole*) languid; listless; languorous; weak; faint: **con voce languida**, in a languid voice ***2*** (*svenevole*) languishing; amorous: **una posa languida**, a languishing attitude; **guardare q. con occhi languidi**, to look at sb. with languishing (*o* amorous) eyes; to make sheep's eyes at sb. (*fam.*) ***3*** (*di luce*) dim; faint.

languìre, *v. i.* ***1*** to languish; to pine: **l. in prigione** [**in miseria**], to pine in prison [in poverty]; **l. d'amore**, to languish for love ***2*** (*di una pianta*) to droop ***3*** (*della luce*) to grow* dim (*o* faint) ***4*** (*di una fiamma*) to die down ***5*** (*diminuire, indebolirsi*) to languish, to slacken, to drag; (*comm.*) to be slack: **La conversazione languiva**, the conversation languished (*o* was dragging); **Gli affari stanno languendo**, business is slack; **lasciar l. q.c.**, to leave st. to languish.

languóre, *m.* ***1*** (*debolezza*) languor; listlessness; weakness; faintness ***2*** (*struggimento*) languor ***3*** (*pl.*) (*svenevolezze*) languishing looks; simpering ways. • **l. di stomaco**, pangs of hunger.

languoróso, *a.* languorous.

lanìccio, *m.* fluff.

lanière, *m.* woollen manufacturer.

lanièro, *a.* wool (*attr.*); woollen (*attr.*): **industria laniera**, wool industry.

lanifìcio, *m.* wool(len) mill; wool(len) factory.

lanolina, *f.* (*chim.*) lanolin(e); wool-fat.

lanosità, *f.* woolliness.

lanóso, *a.* ***1*** woolly; wool (*attr.*); woollen (*attr.*) ***2*** (*simile alla lana*) woolly; wool-like.

lantàna, *f.* (*bot., Viburnum lantana*) wayfaring-tree.

lantànide, *m.* (*chim.*) lanthanide; lanthanon.

lantànio, *m.* (*chim.*) lanthanum.

lantèrna, *f.* ***1*** lantern: **l. cieca**, dark lantern; **l. cinese**, Chinese lantern; **l. controvento**, hurricane lamp; **l. magica**, magic lantern; **lo sportellino della l.**, the lantern shutter ***2*** (*faro*) lighthouse; (*fanale*) light, beacon ***3*** (*di diascopio*) lamphouse head ***4*** (*archit.*) lantern; (*lucernario*) skylight. • (*fig.*) **prendere lucciole per lanterne**, to misunderstand st. grossly; to get hold of the wrong end of the stick (*fam.*).

lanternino, *m.* small lantern. • (*fig.*) **cercare q.c. col l.**, to search high and low for st. □ (*fig.*) **cercarsele col l.**, to be asking for trouble.

lanùgine, *f.* down.

lanuginóso, *a.* downy.

lanùto, *a.* (*lett.*) wool-covered.
lanzichenécco, *m.* (*stor.*) lansquenet.
lào, *a.* e *m.* Lao.
Laocoónte, *m.* (*mitol.*) Laocoon.
laónde, *cong.* (*lett.*) therefore; wherefore.
laotiàno, *a.* e *m.* (*f.* **-a**) Laotian.
lapalissiàno, *a.* obvious; self-evident.
laparatomìa, *V.* **laparotomìa.**
laparocèle, *m.* (*med.*) ventral hernia.
laparoscopìa, *f.* (*med.*) laparoscopy.
laparoscòpio, *m.* (*med.*) laparoscope.
laparotomìa, *f.* (*chir.*) laparotomy.
lapicìda, *m.* stone-cutter.
lapidàre, *v. t.* **1** to stone (to death); to pelt with stones; to lapidate **2** (*fig.*) to slate; to lambaste; to tear* into.
lapidària, *f.* **1** (*arte dell'incisione delle iscrizioni*) art of inscriptions **2** (*epigrafia*) epigraphy **3** (*arte di molare le pietre preziose*) lapidary art.
lapidàrio, **A** *a.* **1** lapidary: **iscrizioni lapidarie**, lapidary inscriptions **2** (*fig.*: *sentenzioso*) lapidary, sententious, aphoristic; (*conciso*) concise. **B** *m.* **1** (*incisore di lapidi*) stone-cutter **2** (*chi lavora pietre preziose*) lapidary **3** (*museo*) epigraphic museum **4** (*trattato medievale*) lapidary.
lapidatóre, *m.* (*f.* **-trice**) stoner.
lapidatrìce, *f.* (*tecn.*) honing machine.
lapidatùra, *f.* (*tecn.*) honing.
lapidazióne, *f.* stoning; lapidation.
làpide, *f.* **1** (*funeraria*) tombstone; gravestone **2** (*commemorativa*) memorial tablet; plaque.
lapidèllo, *m.* (*tecn.*) hone.
lapideo, *a.* stony; stone (*attr.*).
lapidificàre, *v. t.* **lapidificàrsi,** *v. i.* to petrify.
lapillo, *m.* (*geol.*) lapillus*.
lapin (*franc.*), *m. invar.* rabbit fur.
làpis, *m. invar.* pencil: **l. copiativo**, indelible pencil.
lapiṣlàẓẓuli, *m.* (*miner.*) lapis lazuli.
làppa, *f.* (*bot.*) bur.
lappàre (1), *v. t.* e *i.* to lap; to lap up: **Il gatto lappa il latte**, the cat is lapping the milk.
lappàre (2), *v. t.* (*metall.*) to lap.
lappatrìce, *f.* lapping machine.
lappatùra, *f.* (*metall.*) lapping.
làppola, *f.* (*bot.*, *Xanthium strumarium*) cocklebur.
làppone, **A** *a.* Lappish; Lapp. **B** *m.* e *f.* Laplander; Lapp. **C** *m.* (*lingua*) Lappish; Lap.
Lappònia, *f.* (*geogr.*) Lapland.
lapsus (*lat.*), *m. invar.* slip (of the tongue): **l. freudiano**, Freudian slip: **l. calami**, slip of the pen; **l. linguae**, slip of the tongue.
laràrio, *m.* (*archeol.*) lararium*.
lardàceo, *a.* lardaceous; lard-like.
lardellàre, *v. t.* **1** (*cucina*) to lard **2** (*fig.*) to interlard; to cram; to fill.
lardèllo, *m.* strip of bacon; lardon; lardoon.
làrdo, *m.* lard; bacon fat. ● (*fig.*) **nuotare nel l.**, to be rolling in money □ (*fig.*) **palla di l.**, fat lump.
lardóso, *a.* fat; fatty.
làre, *m.* **1** (*mitol.*) Lar* **2** (*pl.*) (*famiglia*) lares; home (*sing.*). ● (*fig.*, *scherz.*) **tornare ai patri lari**, to return home.
largàre, *v. i.* **largàrsi,** *v. i. pron.* (*naut.*) to sheer off.
largheggiàre, *v. i.* to be free (*o* generous); to be profuse; to be lavish: **l. in consigli**, to be free (*o* lavish) with advice; **l. in mance**, to be a generous tipper; to tip lavishly; **l. in ringraziamenti**, to be profuse in one's thanks.
larghétto, *a.* e *m.* (*mus.*) larghetto.
larghézza, *f.* **1** width; (*anche fig.*) breadth: **la l. della strada [della bocca]**, the width of the road [of the mouth]; **l. del torace**, breadth of chest; **la stanza ha una l. di dieci piedi**, the room is ten feet wide (*o* in breadth); **l. d'idee [d'interessi]**, breadth of mind [of interests] **2** (*fig.*: *abbondanza*) largeness; abundance: **l. di mezzi**, largeness of means; **con l. di particolari**, with an abundance (*o* a lot) of details **3** (*fig.*: *generosità*) generosity; liberality: **mostrare grande l.**, to show great liberality; **donare con l.**, to give generously. ● **l. di vedute**, broad-mindedness □ **l. eccessiva nello spendere**, extravagance □ (*naut.*) **l. massima** (*di una nave*), beam □ **intendere q.c. con una certa l.**, to take st. broadly (*o* with a grain of salt).
largìre, *v. t.* (*lett.*) to bestow (st. upon sb.); to grant (st. to sb.); to give* liberally.
largitóre, *m.* (*f.* **-trice**) bestower.
largizióne, *f.* **1** (*atto del largire*) donation; bestowal **2** (*dono*) gift; donation.
làrgo, **A** *a.* **1** broad; wide: **La strada è larga e alberata**, the road is broad and lined with trees; **La porta non è larga abbastanza**, the door isn't wide enough; **un fiume l.**, a broad (*o* wide) river; **attraversare un fiume nel punto più l.**, to cross a river at its widest point; **spalle larghe**, broad shoulders; **fronte larga**, broad forehead; **un l. sorriso**, a broad smile; **pantaloni larghi**, wide trousers; **un risvolto l.**, a wide lapel; **una tavola larga un metro**, a table one metre wide; **un fosso l. sessanta piedi**, a ditch sixty feet wide; **un cappello a tesa larga**, a wide-brimmed (*o* a broad-brimmed) hat **2** (*ampio, capace, anche fig.*) ample; wide; large: **C'è l. spazio per tutti**, there's ample room for everyone; **avere larghi interessi**, to have wide-ranging interests; **larghi poteri**, ample (*o* large) powers; **una larga parte dell'elettorato**, a large section (*o* proportion) of the electorate; **un l. margine di guadagno**, a wide margin of profit; **nel più l. significato**, in the widest sense **3** (*di abiti*: *abbondante*) loose-fitting; (*eccessivamente*) too loose, oversize(d), (*di scarpe, cappelli, ecc.*) too big: **giacca larga**, loose-fitting jacket; **gonna larga**, full skirt; **Mi è l. in vita**, it's too loose in the waist; **Portava un cappotto troppo l. per lui**, he wore an oversize coat (*o* a coat that was too big for him); **Gli scarponi mi stanno larghi**, the boots are too big for me **4** (*non stretto, allentato*) loose: **fasciatura larga**, loose bandage **5** (*fig.*: *generoso*) generous, free, liberal; (*nello spendere*) open-handed: **essere l. nelle mance**, to be a generous tipper; to tip lavishly; **essere l. nel promettere**, to be free with one's promises. ● **a gambe larghe**, with legs wide apart □ **a larghi intervalli**, at wide intervals □ **accento l.**, broad accent □ (*fig.*) **di manica larga**, easy-going; indulgent □ **di vedute larghe**, broad-minded □ **fare larghe concessioni**, to make big concessions □ **gesto l.**, sweeping gesture □ **in larga misura**, to a great extent □ **pennellate larghe**, broad brushstrokes; bold brushwork □ **più l. che lungo**, broader than it is long; (*di persona*) roly-poly □ **prenderla alla larga**, to approach a subject in a roundabout way □ **prendere una curva larga**, to take a bend wide □ **stare alla larga da q.**, to keep out of sb.'s way; to keep one's distance from sb.; to give sb. a wide berth: **Sta' alla larga da me!**, keep out of my way! □ **stare l.**, to have plenty of room (*o* a lot of space) □ **su larga scala**, on a large scale; large-scale (*agg.*) □ (*fig.*) **tenersi l.**, (*abbondare*) to allow a bit more; (*lasciare spazio*) to allow plenty of room. **B** *m.* **1** (*larghezza*) breadth; width **2** (*mare aperto*) open sea; (*in vista della terra*) offing: **al l.**, offshore; out at sea; in the open sea; in the offing: **La corrente lo portò al l.**, the current dragged him out to sea; **Scorsi una nave al l.**, I saw a ship in the offing; **prendere il l.**, to put (out) to sea; to make an offing; **portarsi al l.**, to stand out to sea; to bear off; **al l. di**, off: **al l. di Genova**, off Genoa; **passare al l. di q.c.**, to steer clear of st.; **vento dal l.**, onshore wind **3** (*mus.*) largo* **4** (*piazza*) largo: **L. Bandiera**, Largo Bandiera. ● **L.!** (*fate l.!*), make way!; gangway! □ (*fig.*) **L. ai giovani!**, let the young have a chance □ **fare l. a q.**, to make way for sb. □ **farsi l. tra la folla**, to make (*o* to push) one's way through the crowd □ **farsi l. per entrare**, (*a gomitate*) to elbow one's way in; (*con forza*) to force one's way in; (*con prepotenza*) to muscle one's way in □ **farsi l. nella vita**, to get on in life □ **in lungo e in l.**, in all directions; far and wide □ **Ho girato la Francia in lungo e in l.**, I have toured the whole of France (*o* the length and breadth of France) □ **per il l.** (*o* **sul lato l.**), broadways □ (*fig.*) **prendere il l.**, to make oneself scarce; to hop it (*pop.*) □ (*fig.*) **tenersi al l. da q.c.**, to keep away (*o* to keep clear, to steer clear) from st.; to give st. a wide berth: **Tieniti al l.!**, keep clear of the whole business!
làrice, *m.* (*bot.*, *Larix eyuropaea*) larch.
laricéto, *m.* larch grove.
laringàle, *a.* (*fon.*) laryngal; laryngeal.
larìnge, *f.* (*anat.*) larynx*.
laringectomìa, *f.* (*chir.*) laryngectomy.
laringectomiẓẓàre, *v. t.* (*chir.*) to subject to laryngectomy; to laryngectomize.
laringectomiẓẓàto, **A** *a.* laryngectomized. **B** *m.* (*f.* **-a**) laryngectomee.
laringèo, *a.* (*anat.*) laryngal; laryngeal.
laringiṣmo, *m.* (*med.*) laryngismus.
laringìte, *f.* (*med.*) laryngitis*.
laringofaringìte, *f.* (*med.*) laryngopharyngitis.
laringòfono, *m.* throat microphone.
laringoiàtra, *m.* e *f.* throat specialist; laryngologist.
laringoiatrìa, laringologìa, *f.* laryngology.
laringopatìa, *f.* (*med.*) laryngopathy; throat disease.
laringoscopìa, *f.* (*med.*) laryngoscopy.
laringoscòpio, *m.* (*med.*) laryngoscope.
laringospàṣmo, *m.* (*med.*) laryngospasm.
laringotomìa, *f.* (*chir.*) laryngotomy.
laringotracheìte, *f.* (*med.*) laryngotracheitis*.
làrva, *f.* **1** (*zool.*) larva*; (*d'insetto*) grub **2** (*fig.*: *parvenza*) shadow; (mere) semblance: **essere la l. di se stesso**, to be the shadow of one's former self **3** (*fig.*: *persona sparuta*) skeleton: **larva umana**, mere skeleton; **essere ridotto una l.**, to be reduced to a skeleton **4** (*lett.*: *fantasma*) ghost.
larvàle, *a.* (*zool.*) larval.
larvàto, *a.* masked; hidden; concealed; latent.
larvicìda, **A** *a.* larvicidal. **B** *m.* larvicide.
larvifórme, *a.* larviform.
larvìparo, *a.* (*zool.*) larviparous.
larvìvoro, *a.* (*zool.*) larvivorus.
laṣàgne, *f. pl.* (*cucina*) lasagne (*sing. collett.*).
làsca, *f.* (*zool.*, *Chondrostoma genei*) roach.
lascàre, *v. t.* (*naut.*) to slacken.
lasciapassàre, *m. invar.* **1** pass; permit; (*salvacondotto*) safe-conduct **2** (*fig.*) passport. ● **l. doganale**, clearance certificate.
lasciàre, **A** *v. t.* e *i.* **1** to leave*: **l. una macchia [un'orma, una buona impressione, una mancia]**, to leave a stain [a footprint, a good impression, a tip]; **A che ora ha lasciato l'ufficio?**, what time did he leave the office?; **Lascia moglie e due figli** (*morendo*), he leaves a wife and two children; **Lascialo aperto**, leave it open; **Lascia del posto per il termos**, leave room for the thermos; **Ti lascio la chiave [il bambino]**, I'm leaving the key for you [the child with you]; **Lasciami un po' di dolce**, leave me some cake; **Lasciammo la città sulla destra**, we left the town on our right; **L'ho lasciato di ottimo umore**, I left him in excellent spirits; **Lascia (dietro di sé) un ricordo duraturo**, he leaves a lasting memory behind him **2** (*l. per sempre*) to leave*; (*abbandonare*) to leave* behind, to abandon, to desert; (*rinunciare*) to give* up; (*studi, ecc.*) to give* up, to drop out of: **l. Londra [la propria casa, il posto di lavoro]**, to leave London [home, one's job]; **Suo marito l'ha lasciata dopo dieci anni**, her husband left her after ten years; **Mio padre ci lasciò quando**

eravamo piccoli, my father deserted us when we were children; **l. ogni speranza**, to abandon (*o* to give up) all hope; **I marinai dovettero l. la nave**, the sailors had to abandon the ship; **Diede ordine di l. i feriti**, he gave orders to leave the wounded behind; **l. la scuola**, to drop out of school; **Il suo ottimismo non lo lascia mai**, his optimism never leaves him ***3*** (*dimenticare, non portare con sé*) to leave* behind; to leave*; to forget*: **Lasciai il libro in treno**, I left the book behind on the train; **l. a casa le chiavi**, to leave one's keys at home ***4*** (*permettere*) to let*: **Lasciami andare!**, let me go!; **Lasciami entrare!**, let me in!; **l. uscire q.**, to let sb. out; **l. passare l'aria**, to let the air through; **Lascialo dire**, let him say what he likes; **Lasciati vedere!**, let me have a look at you! ***5*** (*interrompere*) to break* off; (*mettere da parte*) to lay* aside; (*desistere*) to stop, to leave* off: **l. la carriera**, to break off one's career; **l. di brontolare**, to stop grumbling ***6*** (*liberare*) to release, to free; (*l. la presa*) to let* go of: **Mi prese la mano e non me la lasciò più**, he took my hand and didn't release it; **Lascia (andare) la corda!**, let go of the rope!; **Tieni il manico e non lasciarlo**, hold the handle and don't let go ***7*** (*mettere da parte, serbare*) to keep*: **l. q.c. per usarlo in futuro**, to keep st. for future use; **Lascia il pollo per il pranzo di domani**, keep the chicken for tomorrow's dinner ***8*** (*dare, concedere*) to give*; to let* (sb.) have: **Me lo lasciò per cinquanta sterline**, he let me have it for fifty pounds; **Te lo lascerò per poco**, you may have it for little ***9*** (*in eredità*) to leave*; to will; to bequeath (*form.*): **l. un patrimonio**, to leave a fortune; **l. per testamento**, to leave in one's will; to bequeath; **Lasciò tutto a un ospizio**, he left everything to a home; **La zia lo lasciò erede universale**, his aunt left him her sole heir ***10*** (*anche* **lasciarci**: *perdere*) to lose*; (*rimetterci*) to cost* (*costr. impers.*): **Lasciò la vita in quell'avventura**, he lost his life in that adventure; **Ci lasciai un braccio**, I lost an arm in it ***11*** (**lasciarsi** + *inf.*: *è idiom.*) – **Alla fine si lasciò persuadere**, at last he let himself be persuaded; **Non si lascia avvicinare**, he won't let anyone near him; **Si lasciò cadere nella poltrona**, he sank (*o* dropped) into the armchair; **Non mi lascerò ingannare!**, I'm not going to be cheated!; **lasciarsi andare**, to let oneself go; (*rilassarsi*) to relax; **lasciarsi indietro q.** (*superarlo in velocità, ecc., anche fig.*), to leave sb. far behind; to outstrip sb. ● (*fig.*) **l. q. a bocca asciutta**, to disappoint sb.; to leave sb. empty-handed □ (*di dipendenti, ecc.*) **l. a casa q.**, to lay off sb. □ **l. andare** (*trascurare*), to neglect □ **l. andare un colpo**, (*un pugno*) to hit out; (*uno sparo*) to fire a shot □ **l. cadere q.c.**, to drop st. □ **l. capire** (*o* **intendere**) **q.c.**, to hint at st. □ (*fig.*) **l. correre**, to let it go; to turn a blind eye (on st.) □ **l. detto a q.**, to leave word with sb. □ **l. fuori**, to leave out; (*omettere*) to leave out, to skip; (*aggirare*) to bypass □ **l. in forse**, to leave in doubt □ **l. libero q.** (*rilasciarlo*), to set sb. free □ **l. libero q. di fare q.c.**, to leave sb. free to do st. □ **l. molto a desiderare**, to leave much to be desired □ **l. q. in asso** (*o* **nelle peste**), to leave sb. in the lurch (*o* high and dry) □ **l. q. perplesso**, to puzzle sb. □ **l. stare q.c.** (*non toccare*), not to touch st.; to leave st. alone □ **l. stare q.**, to leave sb. alone; to let sb. be □ **Lascia andare** (*o* **perdere**)!, forget it! □ **Lasciamo fare a Dio!**, let's leave it in the hands of God! □ **Lasciamo fare al tempo**, time will take care of it □ **Lascia fare a me!**, leave it to me! □ **Lasciategli il suo segreto**, let him keep his secret □ **Questo lascia il tempo che trova**, it makes no difference; it leaves things as they were □ **Lascia o raddoppia**, double or quit(s) □ **Lasciamo stare!** (*meglio non parlarne*), the least said about it the better! □ **Prendere o l.!**, take it or leave it! □ **Vivi e lascia vivere!**, live and let live! □ **Questa tosse non mi lascia**, I can't get rid of this cough □ **La minestra si lasciava (appena) mangiare**, the soup was (barely) eatable □ (*prov.*) **Chi lascia la via vecchia per la nuova sa quel che lascia ma non sa quel che trova**, better the devil you know than the devil you don't know. **B lasciàrsi**, *v. rifl. recipr.* ***1*** to leave* each other (*o* one another); to part; to separate: **Chiacchierammo fino a mezzanotte e poi ci lasciammo**, we talked until midnight and then separated ***2*** (*di una coppia*) to separate; to split* up: **Laura e Giorgio si sono lasciati**, Laura and Giorgio have separated (*o* have split up).

lasciàta, *f.* – (*prov.*) **Ogni l. è persa**, opportunity seldom knocks twice.

làscito, *m.* (*leg.*) legacy; bequest: **Fece lasciti in denaro a tutti i suoi domestici**, he left bequests of money to all his servants.

lascivia, *f.* lasciviousness; lewdness; wantonness.

lascivo, *a.* lascivious; lewd; wanton.

làsco, **A** *a.* ***1*** (*mecc.*) loose ***2*** (*naut.*) slack. **B** *m.* (*naut.*) slack. ● (*naut.*) **andare al gran l.**, to run free □ (*naut.*) **andatura al gran l.**, free-reaching; running free.

làser, *a.* e *m. invar.* (*fis.*) laser: **raggio l.**, laser beam; **stampante l.**, laser printer.

laserchirurgìa, *f.* (*chir.*) laser surgery.

laserterapìa, *f.* (*med.*) laser therapy.

lassa, *f.* (*poesia*) laisse.

lassativo, *a.* e *m.* (*farm.*) laxative.

lassismo, *m.* ***1*** (*relig.*) laxism ***2*** (*permissività*) laxity; permissivism.

lassista, **A** *m.* e *f.* laxist; permissivist; permissionist. **B** *a.* permissive.

làsso (1), *a.* ***1*** (*lett.*) weary ***2*** (*poet.*) woebegone; unhappy. ● **Ahi l.!**, alas!

làsso (2), *a.* ***1*** (*allentato*) loose; slack ***2*** (*fig.*) lax; indulgent.

làsso (3), *m.* lapse of time; period; interval: **un lungo l. di tempo**, a long lapse of time; **dopo un certo l. di tempo**, after a certain period of time (*o* a lapse of time); **in quel l. di tempo**, during that time (*o* interval).

làsso (4), *m.* (*laccio*) lasso.

lassù, *avv.* ***1*** up there ***2*** (*in cielo*) up above; in heaven ***3*** (*al nord*) up North. ● **di l.** (*dal cielo*), from above.

làstra, *f.* ***1*** slab; (*di metallo*) plate, sheet: **l. di marmo**, slab of marble; **l. di pietra**, slab of stone; (*per selciato*) flagstone, paving stone; **l. di ardesia**, slate; **l. di ottone**, brass plate; **l. di rame**, copper plate; **l. di ghiaccio**, sheet of ice; (*galleggiante*) ice-floe; **l. di vetro**, sheet of glass; pane ***2*** (*fotogr.*) plate: **l. fotomeccanica**, process plate ***3*** (*pellicola radiografica*) X-ray (photograph): **farsi una l.**, to have an X-ray. ● (*tipogr.*) **l. stereotipa**, stereotype.

lastricàre, *v. t.* to pave; to flag.

lastricàto, **A** *a.* paved; flagged. **B** *m.* (stone) pavement; paving.

lastricatóre, *m.* paver.

lastricatùra, *f.* paving; flagging.

làstrico, *m.* (stone) paving (*o* pavement). ● (*fig.*) **essere sul l.**, to have no money left; to be ruined; to be on one's uppers □ (*fig.*) **gettare** (*o* **ridurre**) **q. sul l.**, to reduce sb. to poverty; to ruin sb. □ **lasciare q. sul l.**, to leave sb. without a penny.

lastróne, *m.* ***1*** large slab ***2*** (*alpinismo*) sheer face of rock.

latèbra, *f.* (*lett.*) ***1*** secret place ***2*** (*fig.*) innermost recess.

latènte, *a.* latent; dormant; hidden: (*fis.*) **calore l.**, latent heat; **difetto l.**, latent defect; (*fotogr.*) **immagine l.**, latent image; **intenzione l.**, hidden intention.

latènza, *f.* latency; dormancy: **periodo di l.**, (*psic.*) latency period; (*med.*) latent period.

lateràle, **A** *a.* side (*attr.*); (*anche fon.*) lateral: **navata l.**, side aisle; **porta l.**, side door; **una vista l.**, a side view; **via l.**, side street. ● **linea l.**, (*calcio*) touchline; (*tennis*) sideline □ (*calcio*) **fallo l.**, (ball in) touch. **B** *m.* (*sport*) half-back.

lateralità, *f.* (*anche fisiol.*) laterality.

lateralizzazióne, *f.* (*psic.*) lateralization.

lateralménte, *avv.* laterally; sideways.

lateranènse, *a.* Lateran (*attr.*): **concilio l.**, Lateran Council; **i Patti lateranensi**, the Lateran Treaty.

Lateràno, *m.* Lateran. ● **la basilica di S. Giovanni in L.**, the basilica of St John Lateran.

laterite, *f.* (*geol.*) laterite.

laterìzio, **A** *a.* brick (*attr.*). **B** *m.* (*specialm. al pl.*) brick; tile: **fabbrica di laterizi**, brickworks.

laterizzazióne, *f.* (*geol.*) laterization.

lateroaddominàle, *a.* (*anat.*) latero-abdominal.

laterocervicàle, *a.* (*anat.*) latero-cervical.

laterodorsàle, *a.* (*anat.*) latero-dorsal.

lateroflessióne, *f.* (*med.*) lateroflexion.

lateroventràle, *a.* (*anat.*) latero-ventral.

lateroversióne, *f.* (*med.*) lateroversion.

làtice, *m.* (*bot.*) latex*.

laticlàvio, *m.* (*stor. romana*) laticlave.

latifòglio, *a.* (*bot.*) broad-leaved.

latifondiàrio, *a.* of a large estate; landowning (*attr.*).

latifondista, *m.* e *f.* big landowner.

latifóndo, *m.* ***1*** large landed estate ***2*** (*stor., econ.*) latifundium*.

latineggiànte, *a.* Latinizing; Latinate.

latineggiàre, *v. i.* to Latinize; to use Latinisms.

latinismo, *m.* Latinism.

latinista, *m.* e *f.* Latin scholar; Latinist.

latinità, *f.* ***1*** (*l'essere latino*) Latinity ***2*** (*tradizione culturale latina*) Latin civilization; (*età*) Latin period: **l'aurea [la bassa] l.**, the golden [the late] Latin period; **autore della tarda l.**, a late Latin author.

latinizzàre, **A** *v. t.* to Latinize. **B latinizzarsi**, *v. i. pron.* to become* Latinized.

latinizzatóre, *m.* Latinizer.

latinizzazióne, *f.* Latinization.

latìno, **A** *a.* Latin: **la civiltà latina**, the Latin civilization; **popoli latini**, Latin peoples; **paesi latini**, Latin countries; **America Latina**, Latin America. ● (*relig.*) **chiesa latina**, Latin Church □ **croce latina**, Latin cross □ **Quartiere l.**, Latin Quarter □ (*naut.*) **vela latina**, lateen (sail). **B** *m.* ***1*** (*f.* **-a**) (*stor.*) Latin ***2*** (*ling.*) Latin: **l. classico [tardo, basso, medioevale]**, classical [late, low, Mediaeval] Latin; **l. maccheronico**, dog Latin. ● **Per me è l.**, it's Greek to me.

latìno-americàno, *a.* e *m.* (*f.* **-a**) ***1*** Latin American ***2*** (*statunitense di origine latino-americana*) Hispanic; Latino.

latinòrum, *m.* (*scherz.*) mumbo-jumbo; hocus-pocus.

latipede, *a.* (*zool.*) broad-footed.

latirismo, *m.* (*med.*) lathyrism.

làtiro, *m.* (*bot.*: *Lathyrus pratensis*) vetchling.

latiròstro, *a.* (*zool.*) latirostral; broad-billed.

latitànte, **A** *a.* (*leg.*) absconding; at large; in hiding. **B** *m.* e *f.* absconder; fugitive from justice.

latitànza, *f.* ***1*** (*leg.*) absence to avoid arrest ***2*** (*fig.*) evasion of responsibility; inaction. ● (*leg.* e *fig.*) **darsi alla l.**, to abscond.

latitàre, *v. i.* to abscond.

latitudinàle, *a.* latitudinal.

latitudinàrio, *a.* (*relig.*) latitudinarian.

latitudinarismo, *m.* (*relig.*) latitudinarianism.

latitùdine, *f.* latitude: **alte [basse] latitudini**, high [low] latitudes; **l. nord [sud]**, latitude north [south]; **l. osservata**, latitude by observation; **l. stimata**, estimated latitude; latitude by dead reckoning; **alle nostre latitudini**, in our latitudes; **grado di l.**, degree of latitude;

a 40° di l. nord, at a latitude of 40° North.

làto (1), *m.* ***1*** side: **il l. soleggiato della valle**, the sunny side of the valley; (*mat.*) **i tre lati di un triangolo**, the three sides of a triangle; **i lati di una moneta**, the sides of a coin; **su un l. della strada**, on one side of the street; **Lo minacciavano da ogni l.**, they threatened him on all sides; **Si abbottona sul l. destro**, it buttons up on the right (side); **dormire sul l. sinistro**, to sleep on one's left side; **vedere i due lati di una questione**, to see both sides of a question; **il l. buffo**, the funny side; **il l. negativo**, the negative aspect; the downside ***2*** (*punto di vista*) point of view; standpoint: **dal l. religioso**, from the religious standpoint ***3*** (*parte, estremità*) end: **all'altro l. del negozio [della stanza]**, at the other end of the shop (room). ● **il l. che non taglia** (*di una lama*), the safe edge □ (*naut.*) **l. sopravvento**, weather side □ **a l. di**, beside; by (*o* at) the side of: **Era sempre a l. di suo marito**, she was always at her husband's side □ **da un l..., dall'altro l...**, on the one hand..., on the other hand... □ **dal l. di madre [di padre]**, on the mother's [father's] side □ **farsi da un l.**, to stand aside □ **mutare l.**, to change sides □ **pendere da un l.**, to lean to one side □ **Per un l. è bene**, in one way it's a good thing.

làto (2), *a.* broad; wide: **in senso l.**, broadly speaking; in a broad sense; **nel senso più l.**, in the broadest sense.

latomìa, latòmia, *f.* ***1*** (*archeol.*) latomia; stone quarry ***2*** (*estens.*) prison.

latóre, *m.* (*f.* **-trice**) bearer: **il l. della presente**, the bearer of this letter.

latràre, *v. i.* to bark; to bay; (*ululare*) to howl.

latràto, *m.* bark; barking; baying; howl.

latrìa, *f.* (*relig.*) latria.

latrìna, *f.* lavatory; (*mil.*) latrine; (*naut.*) heads (*pl.*).

latrocìnio, *V.* **ladrocinio**.

làtta, *f.* ***1*** (*lamiera*) tinplate: **foglio di l.**, tin sheet; **rivestito di l.**, tin-plated; tinned ***2*** (*recipiente*) can; tin: **una l. di benzina**, a can of petrol; **in latte**, tinned; canned.

lattàio, *m.* (*f.* **-a**) milkman* (*f.* milkwoman*).

lattàme, *m.* (*chim.*) lactam.

lattànte, **A** *a.* breast-fed; (*di animali*) sucking; (*non svezzato*) unweaned. **B** *m.* e *f.* baby. ● (*scherz.*) **È ancora un l.!**, (*è piccolo*) he's still a baby!; (*è inesperto*) he is still wet behind the ears!

Lattànzio, *m.* (*letter.*) Lactantius.

lattàṣi, *f.* (*biol.*) lactase.

lattàto (1), *a.* milk-white.

lattàto (2), *m.* (*chim.*) lactate.

lattazióne, *f.* lactation.

làtte, *m.* ***1*** milk: **l. di mucca [di pecora, di asina]**, cow's [sheep's, ass's] milk; **l. materno**, mother's milk; **l. a lunga conservazione**, long-life (*o* UHT) milk; **l. cagliato**, curdled milk; **l. condensato [in polvere]**, condensed [powdered] milk; **l. intero**, whole (*o* full-cream) milk; **l. macchiato**, hot milk with a drop of coffee; **l. pastorizzato**, pasteurized milk; **l. scremato** (*o* **magro**), skim milk ***2*** (*sostanza simile al l.*) milk: **l. detergente**, cleansing milk; **l. di calce**, milk of lime; lime-wash; **l. di cocco**, coconut milk; **l. di magnesia**, milk of magnesia; **l. di mandorle**, milk of almonds. ● (*cucina*) **l. alla portoghese**, crème caramel; caramel cream □ **l. di gallina**, (*bot.*, *Ornithogalum umbellatum*) star of Bethlehem; (*cucina*) egg-flip, eggnog; (*fig.*) rare delicacy □ (*zool.*) **l. di pesce**, milt; soft roe □ (*fig.*) **l. e miele**, *V.* **lattemiele** □ (*fam. fig.*) **avere ancora il l. alla bocca**, to be still wet behind the ears (*fam.*) □ **balia da l.**, wet-nurse □ **bidone da l.**, churn; (*più piccolo*) milk-can □ **caffè e l.**, white coffee; cappuccino □ **centrale del l.**, central dairy □ **cioccolato al l.**, milk chocolate □ **dare il l.** (*allattare*), to breast-feed; to suckle □ **dente di l.**, milk-tooth □ (*fig.*) **far venire il l. alle ginocchia a q.**, to bore sb. to death (*o* to tears) □ **febbre del l.**, milk fever □ **figlio di l.**, foster son □ **fratello di l.**, foster brother □ **mucca da l.**, milch cow; dairy cow □ (*fig.*) **piangere sul l. versato**, to cry over spilt milk □ (*fig.*) **succhiare un principio col l.**, to be brought up with a principle □ **togliere il l. a un bambino** (*svezzarlo*), to wean a baby □ **vitello di l.**, sucking calf.

lattemièle, **A** *m.* whipped cream. **B** *a.* (*fig.*) all sweetness (*pred.*); sweetness and light (*pred.*).

làtteo, *a.* ***1*** (*di latte*) milk (*attr.*): **dieta lattea**, milk diet ***2*** (*simile al latte*) milky, milk-like; (*color latte*) milk-white: **carnagione lattea**, milk-white complexion; (*astron.*) **la Via Lattea**, the Milky Way. ● (*med.*) **crosta lattea**, cradle cap □ **farina lattea**, mixed-cereals flour and milk proteins □ (*med.*) **febbre lattea**, milk fever □ **montata lattea**, beginning of lactation.

latterìa, *f.* ***1*** (*negozio*) dairy; milk-shop ***2*** (*locale per il deposito del latte*) dairy ***3*** (*stabilimento*) dairy (factory).

lattescènte, *a.* lactescent; milky.

lattescènza, *f.* lactescence; milkiness.

làttice, *V.* **latice**.

latticèllo, *m.* buttermilk; churn-milk.

latticìni, *m. pl.* dairy (*o* milk) products.

làttico, *a.* (*chim.*) lactic: **acido l.**, lactic acid; **fermenti lattici**, milk enzymes.

lattièra (1), *f.* (*recipiente*) milk jug.

lattièra (2), *f.* (*fabbrica di latta*) tinplate factory.

lattièro, *a.* dairy (*attr.*); milk (*attr.*).

lattìfero, *a.* ***1*** (*anat., bot.*) lactiferous: **canali lattiferi**, lactiferous ducts ***2*** (*zool.*) milch (*attr.*): **mucca lattifera**, milch cow.

lattìfugo, *a.* lactifuge.

lattiginóso, *a.* ***1*** milky; (*color latte*) milky-white ***2*** (*bot.*) laticiferous; lactescent.

lattìme, *m.* (*pop., med.*) cradle cap.

làttimo, *m.* milk glass.

lattìna, *f.* tin; can (*USA*).

lattivéndolo, *V.* **lattaio**.

lattoalbumìna, *f.* (*chim.*) lactalbumin.

lattobacìllo, *m.* (*biol.*) lactobacillus*.

lattodensìmetro, *m.* lactometer.

lattoflavìna, *f.* (*chim.*) lactoflavin; riboflavin.

lattogènesi, *f.* (*fisiol.*) beginning of lactation.

lattogenètico, lattògeno, *a.* (*farm.*) lactogenic.

lattóne (1), *V.* **lattonzolo**.

lattóne (2), *m.* (*chim.*) lactone.

lattonière, *m.* tinsmith; tinman*.

lattónzolo, *m.* sucker; (*maialino*) sucking pig; (*vitellino*) sucking calf.

lattoscòpio, *m.* lactoscope.

lattòṣio, *m.* (*chim.*) lactose; milk-sugar.

lattùga, *f.* ***1*** (*bot., Lactuca sativa*) lettuce ***2*** (*bot.*) – **l. cappuccina** (*Lactuca sativa capitata*), cabbage lettuce; **l. di mare** (*Ulva lactuca*), sea lettuce; green laver; **l. romana** (*Lactuca sativa longifolia*) cos; romaine (*USA*) ***3*** (*moda, stor.*) ruff.

làuda, *f.* (*letter.*) laud.

laudanìna, *f.* (*chim.*) laudanine.

làudano, *m.* (*farm.*) laudanum.

laudanoṣìna, *f.* (*chim.*) laudanosine.

laudàrio, *m.* (*letter.*) laud-book.

laudatìvo, *a.* laudative; laudatory; of praise.

laudése, *m.* (*stor.*) ***1*** singer of lauds ***2*** (*scrittore di laude*) composer of lauds.

làura, *f.* (*relig.*) laura; lavra.

Lauràcee, *f. pl.* (*bot., Lauraceae*) Lauraceae; (the) laurel family.

làurea, *f.* (university) degree: **l. in lettere**, arts degree; **l. in medicina**, degree in medicine; medical degree; **l. ad honorem**, honorary degree; **conseguire una l.**, to take a degree; to graduate; **conferire una l. a q.**, to confer a degree on sb.; **esame di l.**, degree examination; (*discussione di una tesi*) disputation of a thesis, viva (voce) (*lat.*); **tesi di l.**, graduation (*o* degree) thesis.

laureàndo, *m.* (*f.* **-a**) final-year student; graduand.

laureàre, **A** *v. t.* ***1*** to confer a degree on ***2*** (*sport*) to award (sb.) the title of; to crown. **B** **laureàrsi**, *v. i. pron.* ***1*** to take* a degree; to take* one's degree; to graduate: **l. in fisica**, to take a degree in physics; **Si è laureato da poco**, he has just graduated; he has recently taken his degree; **l. a pieni voti**, to graduate with full marks; (*in G.B.*) to take a first-class honours degree, to get a first (*fam.*); (*in U.S.A.*) to graduate cum laude ***2*** (*sport*) to be awarded the title of; to be crowned: **l. campione**, to be crowned champion.

laureàto, **A** *a.* graduated. ● **essere l.**, to have a degree: **È l. in lettere**, he has an arts degree □ **poeta l.**, (poet) laureate. **B** *m.* (*f.* **-a**) graduate.

laurenziàno, *a.* Laurentian.

laurènzio, *m.* (*chim.*) lawrencium.

laurèola, *f.* (*bot., Daphne laureola*) spurge laurel; daphne.

lauretàno, *a.* Loreto (*attr.*).

lauréto, *m.* laurel grove.

làurico, *a.* – (*chim.*) **acido l.**, lauric acid.

làuro, *m.* ***1*** (*bot., Laurus nobilis*) laurel; bay-tree ***2*** (*fig.*) laurels (*pl.*): **l. poetico**, poetic laurels; **il l. della vittoria**, the laurels of victory.

laurocèraṣo, *m.* (*bot., Prunus laurocerasus*) cherry laurel.

làuto, *a.* (*abbondante*) abundant, rich, lavish; (*sontuoso*) sumptuous; (*generoso*) handsome: **un l. pranzo**, a lavish meal; **lauti guadagni**, large (*o* rich) profits; **lauta ricompensa**, handsome (*o* generous) reward; **l. stipendio**, high (*o* handsome) salary.

làva, *f.* lava: **una colata di l.**, a stream of lava; **l. basaltica**, basaltic lava.

lavaàuto, *m.* e *f. invar.* car-washer.

lavabiancheria, *f. invar.* washing machine.

lavàbile, *a.* washable.

lavabilità, *f.* washability.

lavàbo, *m.* ***1*** (*lavandino*) washbasin ***2*** (*catino su treppiede*) washstand ***3*** (*eccles.*) lavabo*.

lavabottìglie, **A** *m. invar.* bottle washer. **B** *a.* bottle(-washing): **spazzola l.**, bottle brush.

lavacristàllo, *m.* (*autom.*) windscreen washer (*GB*); windshield washer (*USA*).

lavàcro, *m.* (*lett.*) bath; lavacre. ● **santo l.**, laver; (*battesimo*) baptism.

lavadìta, *m. invar.* finger bowl.

lavàggio, *m.* ***1*** washing; wash: **l. e ingrassaggio**, washing and greasing; **l. a immersione**, immersion washing; **l. di automobile**, car wash; **Si è sbiadito al primo l.**, it faded in the first wash; (*di lavatrice*) **ciclo di l.**, washing cycle; wash ***2*** (*ind.*) washing; wash; cleaning ***3*** (*chim.*: *di gas*) scrub; scrubbing ***4*** (*mecc.*: *di gas di scarico*) scavenge; scavenging ***5*** (*ind. tess.*) scouring; scour ***6*** (*fotogr.*) washing; wash. ● **l. a secco**, dry-cleaning □ (*chir.*) **l. antisettico**, scrub-up □ (*fig.*) **l. del cervello**, brainwashing □ **fare il l. del cervello a q.**, to brainwash sb.

lavàgna, *f.* ***1*** (*miner.*) slate ***2*** (*per scrivere*) blackboard, board; (*portatile*) slate: **cancellare la l.**, to wipe the blackboard; **scrivere alla l.**, to write on the blackboard. ● **l. bianca**, whiteboard □ **l. di panno**, feltboard □ **l. luminosa**, overhead projector □ **l. magnetica**, magnetic blackboard.

lavallière (*franc.*), *f. invar.* (*moda*) lavallière.

lavamacchìne, *m.* e *f. invar.* car-washer.

lavamàno, *m. invar.* washstand.

lavamoquette, *f. invar.* carpet cleaner.

lavànda (1), *f.* ***1*** washing; wash ***2*** (*med.*) lavage: **l. gastrica**, gastric lavage; **fare la l. gastrica a q.**, to pump out sb.'s stomach. ● (*eccles.*) **l. dei piedi**, washing of the feet; Maundy.

lavànda (2), *f.* (*bot.*) ***1*** (*Lavandula officinalis*) lavender ***2*** (*Lavandula latifolia*) spike lavander; aspic.

lavandàia, *f.* ***1*** washerwoman*; laundress ***2***

(*fig.*: *donna volgare*) fishwife*. ● (*anche fig.*) **lista della l.**, laundry list.

lavandàio, *m.* ***1*** washerman* ***2*** (*candeggiatore*) bleacher.

lavanderìa, *f.* ***1*** (*in una casa*) laundry (room); scullery ***2*** (*negozio*) laundry: **mandare q.c. in l.**, to send st. to the laundry. ● **l. a gettone**, laund(e)rette; laundromat (*USA*) □ **l. a secco**, dry-cleaner's. ● **titolare di l.**, launderer.

lavandìno, *m.* ***1*** (*acquaio*) sink ***2*** (*lavabo*) washbasin. ● (*spreg.*) **essere come un l.**, to be a pig; to pig oneself.

lavapaviménti, *f. invar.* floor-washing machine; floor washer.

lavapiàtti, A *m.* e *f. invar.* (*persona*) dishwasher; scullery maid (*f.*). **B** *f. V.* **lavastoviglie**.

lavàre, A *v. t.* ***1*** to wash; (*pulire*) to clean: **l. i panni sporchi [il bambino, l'automobile]**, to wash the dirty clothes [the baby, the car]; **lavarsi le mani**, to wash one's hands; **l. i piatti**, to do the washing up; to wash up; to wash the dishes; **l. l'insalata**, to rinse the salad; **l. per terra**, to wash the floor; (*sfregando*) to scrub the floor; **l. le finestre**, to clean the windows; **lavare (via) lo sporco**, to wash away the dirt; **pulire q.c. lavandolo**, to wash st. clean; **mandare q.c. a l.**, to send st. to the laundry (*o* to the cleaner's); **mettere q.c. a l.**, to put st. in the wash; **La tua camicia è a l.**, your shirt is in the wash; **Mi tocca l. e stirare**, I have to do the washing and ironing ***2*** (*fig.*: *purificare*) to cleanse; to wash; to wash away: **l. l'anima**, to cleanse one's soul; **l. un peccato**, to wash away a sin ***3*** (*med.*) to wash; to bathe: **l. una ferita**, to wash (*o* to bathe) a wound ***4*** (*mecc.*) to scavenge ***5*** (*chim.*) to scrub. ● **l. a mano**, to handwash □ **l. a secco**, to dry-clean □ **l. con un getto d'acqua**, to flush □ **l. con una pompa**, to hose down □ **l. con una spugna**, to sponge □ **l. in lavanderia**, to launder □ **l. un'offesa col sangue**, to wipe out an insult with blood □ **l. in lavatrice**, to wash in the washing-machine; to machine-wash □ (*naut.*) **l. il ponte**, to wash down (*o* to sluice) the deck □ (*fig.*) **l. la testa all'asino**, to waste one's time □ (*fig.*) **lavarsene le mani**, to wash one's hands of st. □ **Questa stoffa si lava bene**, this material washes easily □ (*prov.*) **I panni sporchi si lavano in famiglia**, you don't wash your dirty linen in public. **B lavàrsi**, *v. rifl.* to wash; (*mani e faccia, anche*) to have a wash, to wash up (*USA*): **Si lava poco**, he doesn't wash often; **l. e vestirsi**, to wash and get dressed.

lavarèllo, *m.* ***1*** (*zool.*, *Coregonus lavaretus*) lake whitefish ***2*** (*naut.*) manger.

lavascàle, *m.* e *f. invar.* stair washer; concierge.

lavasciugatrìce, *f.* wash-drier.

lavasécco, *m.* o *f. invar.* ***1*** (*lavanderia a secco*) dry-cleaner's ***2*** (*macchina*) dry-cleaning machine (*o* washer).

lavastoviglie, *f. invar.* (*elettrodomestico*) dishwasher; dishwashing machine.

lavàta, *f.* wash: **darsi una veloce l.**, to have a quick wash; to wash up (*USA*); **Ho tempo per una l. prima di cena**? have I got time for a wash before supper? ● (*fig.*) **l. di capo**, dressing down; talking-to; telling-off: **dare una l. di capo a q.**, to give sb. a dressing down; to tick sb. off (*fam.*); to have sb. on the carpet (*fam.*); to chew sb. out (*fam. USA*).

lavatergifàro, *m. invar.* (*autom.*) headlight wiper.

lavatèsta, *m. invar.* shampoo basin.

lavativo, *m.* ***1*** (*pop.*: *clistere*) enema* ***2*** (*fig.*) idler; shirk(er); malingerer; skiver (*pop. GB*); goldbrick (*pop. USA*); scrimshanker (*gergo mil., GB*).

lavatóio, *m.* ***1*** (*locale*) wash-house ***2*** (*recipiente*) washing trough; washtub ***3*** (*asse per lavare*) washboard.

lavatóre, *m.* ***1*** washer ***2*** (*di lana, ecc.*) scourer ***3*** (*chim.*: *di gas*) scrubber.

lavatrìce, *f.* ***1*** washer ***2*** (*lavabiancheria*) washing machine ***3*** (*ind. min.*) washer ***4*** (*ind. tess.*) scouring machine. ● (*ind.*) **l. ultrasonica**, ultrasonic cleaning machine.

lavatùra, *f.* ***1*** *V.* **lavaggio** ***2*** (*acqua in cui si è lavato*) washing water: **l. di panni**, washing water; **l. di piatti**, dishwater; washing-up water; (*fig.*) slops (*pl.*).

lavavétri, *m. invar.* ***1*** (*chi lava i vetri*) window cleaner; (*di auto*) windscreen (*USA*: windshield) washer ***2*** (*spatola*) squeegee.

lavèllo, *m.* sink.

làvico, *a.* lava (*attr.*); lavic.

lavina, *V.* **slavina**.

lavoràbile, *a.* ***1*** workable; (*malleabile*) malleable, soft ***2*** (*coltivabile*) arable; tillable.

lavorabilità, *f.* ***1*** workability; (*malleabilità*) malleability, softness ***2*** (*di terreno*) arability.

lavoracchiàre, *v. i.* to work half-heartedly; to potter around.

lavorànte, *m.* e *f.* worker; workman* (*m.*); man* (*m.*); workwoman* (*f.*); (*in una fabbrica, anche*) operative. ● **l. a domicilio**, outworker □ **una l. di sartoria**, a dressmaker's assistant.

lavoràre, A *v. i.* ***1*** to work: **l. molto** (*o* **sodo**), to work hard; **l. troppo**, to work too hard; to overwork oneself; to overdo it; **l. da sarto [da muratore]**, to work as a tailor [as a bricklayer]; to be a tailor [a bricklayer]; **l. a un romanzo [a un problema]**, to work (*o* to be at work) on a novel [on a problem]; **l. a ore [a giornata]**, to work by the hour [by the day]; **l. a tempo pieno**, to work full-time; **l. in proprio**, to work on one's own; to be self-employed; **l. presso q.**, to be in the employ of sb.; **l. sotto q.**, to work under sb.; **l. nell'industria**, to work in industry; **l. nel cinema**, to work in the film industry ***2*** (*di una ditta, ecc.*) to do* business: **l. molto [poco]**, to do [not to do] good business; to be [not to be] busy; **l. con q.**, to do (*o* to carry on) business with sb. ***3*** (*funzionare*) to work; to operate; to run*: **La fabbrica lavora a pieno ritmo**, the factory is working full-scale; **Il mio intestino non lavora bene**, my bowels aren't working well ***4*** (*agire*) to be at work: **Il male intanto lavorava dentro**, meanwhile the disease was at work inside. ● **l. a cottimo**, to do piece-work □ **l. come un cane [come un negro]**, to work like a dog [like a slave] □ **l. come un pazzo**, to work like fury □ **l. d'ago**, to do needlework □ **l. di bastone**, to beat; to cane □ **l. di cervello**, (*fare un lavoro intellettuale*) to do intellectual work; (*usare la testa*) to use one's head □ **l. di fantasia**, (*sognare*) to day-dream; (*esagerare*) to let one's imagination run away with one; (*inventare*) to imagine things □ **l. di ganasce**, to eat voraciously □ **l. di gomiti**, to elbow one's way □ **l. d'intarsio**, to inlay □ (*fam.*) **l. di mano**, (*rubare*) to steal; (*rubacchiare*) to pinch, to pilfer □ **l. in coloniali**, to deal in groceries □ **l. in nero**, to work unofficially; (*fare un secondo lavoro*) to moonlight □ **l. per la gloria**, to work for love □ **l. sott'acqua**, to scheme; to plot □ **dare da l. a**, to employ; to give* work to □ **far l.** (*tenere occupato*), to keep* busy: **Questa epidemia mi fa l. molto**, this epidemic is keeping me (very) busy □ **far l. troppo**, to overwork □ **Ha una fantasia che lavora troppo**, he has too lively an imagination; his imagination is working overtime □ **l'Italia che lavora**, the working population of Italy □ (*prov.*) **Chi non lavora non mangia**, no work, no pay □ (*prov.*) **Chi è svelto a mangiare è svelto a l.**, quick at meat, quick at work. **B** *v. t.* ***1*** to work; to do* ...-work; (*scolpire*) to carve; (*trattare*) to process: **l. il ferro [il cuoio]**, to work iron [leather]; to do iron-work [leather-work]; **l. il legno [la pietra]**, to carve wood [stone]; to do wood [stone] carving ***2*** (*cucina*) to work; (*impastare, anche*) to knead: **l. il burro**, to work the butter; **l. la pasta**, to knead the dough. ● (*metall.*) **l. a freddo [a caldo]**, to cold-work [to hot-work] □ **l. a macchina**, to machine □ **l. a mano**, to work by hand □ **l. a maglia** (*o* **ai ferri**), to knit □ **l. a uncinetto**, to crochet □ (*boxe*) **l. l'avversario sui fianchi**, to work away at one's opponent's ribs □ (*teatr.*) **lavorarsi la piazza**, to advertize one's show □ **l.** (*o* **lavorarsi**) **q.** (*per convincerlo*), to work on sb. □ **l. la terra**, to till (*o* to plough) the land.

lavoràta, *f.* work; stint: **Oggi ho fatto una bella l.**, I've done a good day's work today; **una l. di dieci ore**, a ten-hour stint; **dare una prima l. a q.c.**, to rough st. out.

lavorativo, *a.* ***1*** working: **capacità lavorativa**, working ability; **ciclo l.**, working cycle; **giorno l.**, working day; workday; week-day; ***2*** (*di terreno*) tillable; arable.

lavoràto, *a.* ***1*** worked; (*confezionato*) manufactured, made; (*di metallo*) wrought; (*di pietra, marmo, legno*) carved; (*di pellame*) tooled; (*sottoposto a processo industriale*) machined, processed; (*non grezzo*) finished: **articoli lavorati**, manufactured articles; **l. a mano [a macchina]**, handmade [machine-made] ***2*** (*coltivato*) cultivated; tilled ***3*** (*decorato*) decorated ***4*** (*elaborato*) elaborate.

lavoratóre, A *m.* (*f.* **-trice**) ***1*** worker; workman* (*m.*); working woman* (*f.*): **l. qualificato [specializzato]**, qualified [skilled] workman; **l. non specializzato**, unskilled worker; labourer; **l. agricolo**, agricultural labourer; farm worker; farmhand ***2*** (*chi lavora con lena*) hard worker. ● **l. a cottimo**, piece worker; job worker □ **l. a domicilio**, outworker □ **l. a giornata**, day-labourer □ **l. autonomo**, self-employed worker □ **l. dipendente**, employee □ **l. salariato**, wage-earner □ **sindacato dei lavoratori**, trade union. **B** *a.* working: **le classi lavoratrici**, the working classes.

lavorazióne, *f.* ***1*** working; work; manufacturing; manufacture; (*produzione*) manufacture, production; (*metodo di l.*) processing; (*esecuzione*) make, workmanship: **la l. dei metalli**, metal working; **l. a pieno ritmo**, full-scale production; **ciclo di l.**, operation (*o* working) schedule; **costi di l.**, manufacturing costs; **processo di l.**, manufacturing process; **una coppa di squisita l.**, a goblet of exquisite workmanship ***2*** (*agric.*) cultivation; tillage ***3*** (*cinem.*) production; (*riprese*) shooting, filming. ● (*metall.*) **l. a caldo [a freddo]**, hot-working [cold-working] □ (*ind.*) **l. a catena**, line (*o* belt) production □ (*mecc.*) **l. a macchina**, machining □ (*ind.*) **l. a mano**, hand-work □ **l. a maglia**, knitting □ (*mecc.*) **l. al maglio**, machine hammering □ **prodotti in l.**, products in the course of manufacture □ **La cucina che ho ordinato è in l.**, the kitchen furniture I ordered is being made □ **Il progetto è in l.**, the plan is being worked on (*o* is in progress).

lavorétto, *m.* (*lavoro facile*) easy job; (*lavoro da poco*) small job, minor job; (*lavoro occasionale*) odd job: **Vive di lavoretti**, he lives by doing odd jobs. ● **un l. che rende bene**, a nice little earner (*fam.*).

lavoricchiàre, *v. i.* to do* very little work; to work desultorily; to potter about; (*di ditta, ecc.*) to do* very little business.

lavorìo, *m.* ***1*** intense activity; hustle and bustle ***2*** (*fig.*) intrigue.

lavóro, *m.* ***1*** (*attività*) work: **Ho parecchio l. da fare**, I've got a lot of work to do; **l. manuale**, manual work; labour; **l. della mente** (*o* **intellettuale**), intellectual work; **l. faticoso**, hard work; hard labour; **l. monotono e ingrato**, drudgery; **l. specializzato**, skilled work; **l. a contratto**, contract work; **l. a cottimo**, piece-work; **l. dei campi**, farm (*o* agricultural) work; **abile [inabile] al l.**, fit [unfit] for work; **i frutti del proprio l.**, the fruits of one's labours; **essere sovraccarico di l.**, to be snowed under with work; to be over-worked; **eccesso di l.**, overwork; **giorno di l.**, working day; workday; **tavolo da l.**, work-table; **turno di l.**, work-shift; **mettersi al l.**, to set to work; **essere al l.**, to be at work; to be working; **cominciare [cessare] il l.**, to start [to stop] work ***2*** (*occupazione, impiego, ramo di attività*) job; employment; work; post; position: **cercare l.**, to look for a job (*o* for work); **avere un buon l.**, to have a good job; **un l. stabile** (*o* **fisso**), a regular (*o* steady) job; **Che l. fai?**, what is your job?; what do you do?; **In che cosa consiste il tuo l.?**, what does your job entail?; **un l. a tempo pieno [a metà tempo]**, a full-time [part-time] job; **l. dipendente**, subordinate job; subordinate employment; **l. in proprio**, self-employment; **un l. sgradevole**, an unpleasant job; **essere al [andare al] l.**, to be at [to go to] work; **essere senza l.**, to be jobless; to be out of work; **i senza l.**, the jobless ***3*** (*opera singola*) piece of work; job: **È un bel l.**, it's a fine piece of work; **Hai fatto un bel l.**, you've done a very good piece of work (*o* a very good job); you've made a good job of it; (*iron.*) now you've done it! ***4*** (*opera d'arte*) work: **È uno dei suoi lavori migliori**, it's one of his best works; **l. teatrale**, play; **l. cinematografico**, film ***5*** (*manodopera, classe dei lavoratori*) labour, labor (*USA*): **il conflitto fra capitale e l.**, the conflict between Capital and Labour; **costo del l.**, cost of labour; **mercato del l.**, labour market ***6*** (*pl.*) (*opere tecniche, ecc.*) works: **il responsabile dei lavori**, the person in charge of the works; **lavori di restauro**, restoration works ***7*** (*pl.*) (*attività di un gruppo*) work (*sing.*); proceedings: **i lavori di un congresso**, the proceedings of a conference; **i lavori di una commissione**, the work of a committee; **Il parlamento riprenderà fra quindici giorni i suoi lavori**, Parliament will reopen (*o* will resume) in a fortnight ***8*** (*impresa, compito*) task; job: **Non è l. mio**, it is not my job ***9*** (*mecc.*) work: **l. di attrito**, work due to friction; **l. di deformazione**, deformation (*o* strain) work. ● **l. a casa** (*compiti scolastici*), homework □ **l. a mano**, handwork □ **l. arretrato**, backlog □ (*geol.*) **il l. dei venti e delle acque**, the action of the wind and the water □ **lavori di casa** (*le faccende*), housework (*sing.*); chores: **fare i lavori di casa**, to do the housework □ **l. di cucito**, needlework □ (*mil.*) **lavori di difesa**, defences □ **l. di gruppo** (*o* **d'équipe**), team-work; group work □ **lavori di scavo**, digging; (*ind. min.*) mining □ **un l. facilissimo**, a piece of cake (*fam.*) □ **lavori femminili**, needlework and knitting □ (*leg.*) **lavori forzati**, hard labour (*sing.*) □ **lavori in corso**, work in progress; (*cartello stradale*) roadworks ahead, men at work, men working (*USA*) □ **l. in legno**, woodwork □ **l. in pietra**, stonework; masonry □ **un l. ingrato**, labour; toil; drudgery □ (*econ.*) **l. nero**, unofficial work; (*secondo l.*) moonlighting □ **l. sporco**, (*illegale*) dirty work; (*trucco disonesto*) dirty trick □ **l. sul campo**, fieldwork □ (*econ.*) **l. straordinario**, overtime □ (*econ., mecc.*) **l. utile**, output □ **abiti da l.**, working clothes □ **ambiente di l.**, working environment □ **ammazzarsi di l.**, to work oneself to death; to work one's fingers to the bone □ **cestino da l.** (*per il cucito*), workbasket; sewing basket □ **condizioni di l.**, working conditions □ **dare l. a q.**, to employ sb.; to hire sb. □ **datore di l.**, employer □ (*leg.*) **diritto del l.**, labour law □ (*nelle inserzioni*) **domande [offerte] di l.**, situations wanted [vacant] □ **forza l.**, workforce □ **medicina del l.**, industrial medicine □ **Ministero dei Lavori Pubblici**, Ministry of Public Works; Office of Works □ **Ministero del L.**, Ministry of Labour □ **orario di l.**, working hours □ **posto di l.**, job; workplace □ **fare un secondo l.** (*non dichiarato*), to moonlight □ **sul l.**, in the workplace; on the job □ **strumenti di l.**, tools □ **vivere del proprio l.**, to earn one's living.

laziàle, *a.* of Latium.

Làzio, *m.* (*geogr.*) Latium.

làẓo (*spagn.*), *m. invar.* lasso*.

laẓulìte, *f.* (*miner.*) lazulite.

laẓurìte, *f.* (*miner.*) lazurite.

lazzarétto, *m.* ***1*** quarantine station; (*ospedale*) isolation hospital ***2*** (*stor.*) lazaretto*; lazaret.

lazzarista, *m.* (*eccles.*) Lazarist.

Làzzaro, *m.* Lazarus.

lazzaronàta, *f.* dirty trick.

lazzaróne, *m.* ***1*** (*mascalzone*) rascal; scoundrel ***2*** (*f.* **-a**) (*poltrone*) idler, sluggard; (*scansafatiche*) slacker, shirker ***3*** (*spreg.*: *popolano meridionale*) lazzarone*.

lazzeruòla, *f.* (*bot.*) azarole.

lazzeruòlo, *m.* (*bot.*, *Crataegus azarolus*) azarole; Neapolitan medlar.

làzzo, *m.* joke; jest.

le (1), *art. determ. f. pl.* ***1*** the: **le stagioni**, the seasons; **le stelle**, the stars; **le tre Grazie**, the three Graces; **le chiese che visitammo**, the churches we visited; **le tigri che uccisi**, the tigers I shot; **le mele di questo albero**, the apples on this tree; **le ultime notizie**, the latest news; **Apri le finestre!**, open the windows!; **le Alpi**, the Alps; **le Montagne Rocciose**, the Rocky Mountains; **le (isole) Ebridi**, the Hebrides; **le Nazioni Unite**, the United Nations; **le signorine Brown**, the Miss Browns ***2*** (*idiom., assente in ingl.*) – **le chiese inglesi**, English churches; **Le tigri sono animali feroci**, tigers are wild animals; **Non mi piacciono le mele**, I don't like apples; **Dove sono le nostre valigie?**, where are our suitcases?; **Porta le calze bianche**, he wears white socks; **le sorelle di Andrea**, Andrea's sisters; **Tom ha le gambe lunghe**, Tom has long legs; **le Fiandre**, Flanders (*sing.*); **tutte le domeniche**, every Sunday ***3*** (*idiom., agg. poss. in ingl.*) – **Fammi vedere le mani**, show me your hands; **Mettiti le calze!**, put on your stockings!; **Chiama le sorelline!**, call your sisters! ***4*** (*idiom., agg. partitivo in ingl.*) some; any: **Va' a comprare le sigarette!**, go and buy some cigarettes; **Non ho comprato le banane**, I haven't bought any bananas.

le (2), *pron. pers. f. 3ª pers.* ***1*** (*sing., compl. indir.*) to her; her: **Chi le parlò?**, who spoke to her?; **Le spiegai la difficoltà**, I explained the difficulty to her; **Le diedi la lettera**, I gave her the letter; **Le dissi di andarsene**, I told her to leave ***2*** (*sing., compl. indir.*: *forma di cortesia*) to you; you: **Chi le parlò?**, who spoke to you?; **Le darò la lettera**, I'll give you the letter; **Posso dirle quello che penso di lui?**, may I tell you what I think of him?; **Posso parlarle un momento?**, may I have a word with you? ***3*** (*pl., compl. ogg.*) them: **Le conosco appena**, I hardly know them; **Le vidi correre via**, I saw them run away; **Dammele tutte**, give them all to me; give me all of them.

leader (*ingl.*), **A** *m.* e *f. invar.* ***1*** leader: **il l. del partito**, the party leader ***2*** (*sport* e *fig.*) front-runner; leader: **il l. della gara**, the front-runner in the race; the race leader. **B** *a. invar.* leading: **industria l.**, leading industry.

leàle, *a.* ***1*** (*fedele*) loyal; faithful: **un l. sostenitore**, a loyal supporter ***2*** (*onesto*) fair; honest: **avversario l.**, fair opponent; **Non è l.!**, it isn't fair!

lealiṣmo, *m.* (*polit.*) loyalism.

lealìsta, *m.* e *f.* (*polit.*) loyalist.

lealtà, *f.* ***1*** (*fedeltà*) loyalty; faithfulness ***2*** (*onestà*) fairness; honesty.

Leàndro, *m.* Leander.

leàrdo, *a.* (*grigio*) grey.

lease-back (*ingl.*), *m. invar.* (*econ.*) (sale and) leaseback.

leaṣing (*ingl.*), *m. invar.* (*fin.*) lease; leasing: **l. di impianti**, equipment leasing; **l. finanziario**, finance lease; **l. immobiliare**, (sale and) leaseback; **prendere q.c. in l.**, to lease st.; **I nostri computer sono tutti in l.**, we lease all our computers; **acquisto in l.**, lease-purchase.

lébbra, *f.* (*med.* e *fig.*) leprosy.

lebbrosàrio, *m.* leper hospital (*o* colony); leprosarium.

lebbróso, (*med.*) **A** *a.* leprous. **B** *m.* (*f.* **-a**) leper.

leccacùlo, *m.* e *f. invar.* (*volg.*) toady; arse-licker (*volg.*); brown-nose (*volg.*).

lécca lécca, *locuz. m. invar.* lollipop; lolly (*fam.*).

leccapiàtti, *m.* e *f. invar.* ***1*** (*ghiottone*) guzzler ***2*** (*scroccone*) scrounger; cadger.

leccapièdi, *m.* e *f. invar.* toady; crawler; lick-spittle; bootlicker.

leccàrda, *f.* (*cucina*) dripping-pan.

leccàre, **A** *v. t.* ***1*** to lick; (*per bere*) to lap ***2*** (*fig.*: *adulare*) to fawn on; to toady to; to butter up; to suck up to (*fam.*) ***3*** (*fig.*: *rifinire con eccessiva cura*) to overpolish. ● (*volg.*) **l. il culo a q.**, to arse-lick sb. (*volg.*); to brown-nose sb. (*volg.*) □ (*fig.*) **leccarsi le ferite**, to lick one's wounds □ (*fig.*) **leccarsi le labbra** (*o* **i baffi**), to smack one's lips □ **buono da leccarsi le dita**, mouth-watering; finger-licking (*pop.*). **B** **leccàrsi**, *v. rifl.* ***1*** to lick oneself ***2*** (*fig.*: *lisciarsi, ecc.*) to titivate (oneself); to preen oneself.

leccàta, *f.* lick.

leccàto, *a.* ***1*** (*eccessivamente rifinito*) overpolished; overelaborate ***2*** (*affettato*) affected.

leccatùra, *f.* ***1*** licking ***2*** (*fig.*: *adulazione*) toadying; crawling; bootlicking ***3*** (*fig.*: *eccessiva rifinitura*) overpolishing; overelaboration.

leccéto, *m.* ilex grove.

léccio, *m.* (*bot.*, *Quercus ilex*) ilex; holm-oak.

leccóne, *m.* (*f.* **-a**) (*pop.*) ***1*** (*ghiottone*) glutton; guzzler ***2*** *V.* **leccapiedi**.

leccornìa, *f.* dainty; delicacy; titbit.

lecitaménte, *avv.* lawfully; legitimately.

lecitìna, *f.* (*chim., biol.*) lecithin.

lécito, **A** *a.* (*permesso*) permitted; (*legittimo*) legitimate, right; (*ammissibile*) permissible, allowable; (*legale*) licit, lawful: **Sarà l., ma non è bello**, it may be permissible, but it's not a good thing; **usare tutti i mezzi leciti**, to use all lawful means. ● **Crede che tutto gli sia l.**, he thinks he can do what he likes (*o* he can get away with anything) □ **È sempre l. tentare**, one (*o* you) can always try □ **Mi sia l. osservare...**, allow me to point out... □ **Se mi è l.**, if I may □ **Che intenzioni hai, se è l.?**, what are your intentions, if one may ask? **B** *m.* right: **il l. e l'illecito**, right and wrong; **oltre i confini del l.** beyond what is right.

lèdere, *v. t.* ***1*** (*danneggiare*) to damage; to harm; to injure: **l. un edificio.** to damage a building; (*med.*) **l. un organo**, to damage (*o* to injure) an organ; **l. la reputazione di q.**, to damage (*o* to harm) sb.'s reputation; (*med.*) **l. la vista**, to impair (sb.'s) eyesight ***2*** (*intaccare*) to be detrimental to; to be prejudicial to; to prejudice: **l. un diritto altrui**, to be detrimental to (*o* to prejudice) a right someone has; **l. gli interessi di q.**, to be prejudicial (*o* to prejudice) to sb.'s interests.

léga (1), *f.* ***1*** (*polit.*) league; alliance: **stringere [sciogliere] una l.**, to form [to dissolve] an alliance; (*stor.*) **la L. delle Nazioni**, the League of Nations ***2*** (*associazione*) association; union; combination: **l. dei consumatori**, consumers' union (*o* association); **l. operaia**, combination of workers; **l. sindacale**, trade union association ***3*** (*metall.*) alloy: **l. d'acciaio**, alloy steel; **l. fusibile**, fusible alloy; **l. leggera [pesante]**, light [heavy] alloy; **l. antifrizione**, antifriction alloy; babbit; **l. per saldature a stagno**, soft solder. ● (*fig.*) **di buona l.**, genuine; sterling; good honest (*attr.*) □ (*fig.*) **di bassa l.**, coarse; vulgar; in bad taste □ (*fig.*) **di cattiva l.**, of inferior quality; cheap;

shoddy □ **essere in l. con q.**, to be in league with sb.; (*per affari loschi*) to be in cahoots with sb. (*fam.*) □ **fare l. con q.**, to gang up with sb.

léga (2), *f.* (*misura*) league. ● **gli stivali delle sette leghe**, the seven-league boots.

legàccio, *m.* string; lace. ● (*lavoro a maglia*) **punto l.**, garter stitch.

legàle, A *a.* ***1*** legal; law (*attr.*): **documento l.**, legal paper; **battaglia l.**, legal battle; **azione l.**, law suit; **interesse l.**, legal interest; legal rate of interest; **spese legali**, legal costs; **studio l.**, legal firm; lawyer's office; **ufficio l.**, legal department ***2*** (*legittimo*) lawful; legitimate: **Il loro matrimonio è l.**, their marriage is lawful ***3*** (*giuridico*) juridical; juristic(al). ● (*di moneta*) **avere corso l.**, to be current; to be legal tender □ **carta l.**, stamped paper □ (*med.*) **medicina l.**, forensic medicine □ **numero l.**, quorum □ **ora l.**, summer-time; daylight saving time □ **procedere per vie legali**, to take legal proceedings (*o* steps) □ **prova l.**, conclusive evidence □ **termini legali**, prescribed times. **B** *m.* e *f.* lawyer; legal adviser; attorney (*USA*): **rivolgersi a un l.**, to consult a lawyer; to seek legal advice.

legalismo, *m.* legalism.

legalista, *m.* e *f.* legalist.

legalìstico, *a.* legalistic.

legalità, *f.* lawfulness; legality: **principio di l.**, rule of law; principle of legality. ● **agire con l.**, to act within the law (*o* legally) □ **rimanere nella l.**, to keep within the law.

legalitàrio, *a.* respectful of legality; legalistic.

legalizzàre, *v. t.* ***1*** (*rendere legale*) to legalize; to make* legal ***2*** (*autenticare*) to authenticate, to certify; (*di notaio*) to notarize.

legalizzazióne, *f.* ***1*** legalization ***2*** (*autenticazione*) authentication, certification; (*notarile*) notarization.

legalménte, *avv.* legally; lawfully.

legàme, *m.* ***1*** (*vincolo*) tie; bond: **Non sono libero di partire, ho troppi legami**, I'm not free to go away, I've got too many ties; **troncare ogni l.**, to sever all ties; **l. di affetto**, bond of affection; **un l. d'amicizia**, a bond of friendship; **legame di parentela**, family relationship; kinship; **Non ho legami di parentela con lui**, I am not related to him; we are not related; we are not kin; **legami di consanguineità**, blood-ties; **l. sentimentale**, relationship; attachment ***2*** (*rapporto, nesso*) link; connection: **Non c'è nessun l. fra i due episodi**, there is no connection between the two episodes; **stabilire un l. fra due fatti**, to establish a link betweent two facts ***3*** (*chim.*) bond; binding; link: **l. covalente**, covalent bond; **l. ionico**, ionic bond; **l. molecolare**, molecular binding; **energia di l.**, binding energy. ● (*psic.*) **doppio l.**, double bind.

legaménto, *m.* ***1*** bind ***2*** (*anat.*) ligament ***3*** (*fon.*) liaison (*franc.*) ***4*** (*naut.*) binding ***5*** (*scherma*) engagement ***6*** (*mus.*) *V.* **legatura**.

legamentóso, *a.* (*anat.*) ligamental; ligamentous.

legànte (1), *m.* (*chim., edil.*) binder.

legànte (2), *m.* e *f.* (*leg.*: *di beni mobili*) legator; (*di beni immobili*) devisor.

legàre (1), A *v. t.* ***1*** (*avvolgere con corda e sim.*) to tie; to tie up; to bind*: **l. un pacco con dello spago**, to tie (up) a parcel with string; **l. strettamente**, to bind fast; **legarsi i capelli**, to tie one's hair; **l. q. mani e piedi**, to tie sb. hand and foot; **l. e imbavagliare q.**, to gag sb. and tie him hand and foot; (*fig.*) **Ho le mani legate**, my hands are tied ***2*** (*assicurare*) to tie, to tie up, to fasten, to fasten up; (*l. insieme*) to tie together: **l. un animale a un albero**, to tie (up) an animal to a tree; **l. un cartellino a una valigia**, to tie a label on to a suitcase; **l. due chiavi**, to tie two keys together ***3*** (*fig.*) to bind*; to tie; to unite; to link: **essere legato da una promessa**, to be bound by a promise; **l'affetto che mi lega a lei**, the affection that binds me to her; **essere molto legato a q.**, to be very fond of (*o* deeply attached to, very close to) sb.; **Sono legati dal comune impegno politico**, a common political commitment unites them; **Sono legati da una lunga consuetudine**, they have known each other (*o* have been friends) for long time ***4*** (*collegare*) to connect; to link: **l. un'idea con un'altra**, to connect an idea with another ***5*** (*chim.*) to bind* ***6*** (*metall.*) to alloy ***7*** (*un libro*) to bind* ***8*** (*gemme*) to set*; to mount ***9*** (*med.*) to ligate; to tie up ***10*** (*naut.*) to bend*; to reeve*; to seize ***11*** (*cucina*) to thicken ***12*** (*mus.*) to tie; (*nell'esecuzione*) to play [to sing*] legato. ● (*fig. fam.*) **l. la bocca** (*o* **i denti**) (*allappare*), to dry out sb.'s mouth; to set sb.'s teeth on edge □ **l. le campane**, to silence the bells □ **l. q. come un salame**, to truss up sb. □ (*fig.*) **l. la lingua a q.**, to tie sb.'s tongue □ **l. un braccio al collo**, to put one's arm in a sling □ (*fig.*) **Questa me la lego al dito**, I won't forget that □ (*fig.*) **Se l'è legata al dito**, he took it badly □ **È pazzo da l.**, he's stark raving mad; he's a raving lunatic. **B** *v. i.* ***1*** (*andare d'accordo*) to get* on well; (*fare amicizia*) to make* friends, to hit* it off (*fam.*): **Non riesco a l. coi colleghi**, I don't get on well with my colleagues; **Non lega facilmente**, he doesn't make friends easily; **Hanno legato subito**, they hit it off immediately ***2*** (*essere collegato*) to be connected; to connect: **Le due parti del racconto non legano bene**, the two parts of the story do not connect properly ***3*** (*armonizzare*) to go* well; to fit in: **Quel cappello lega bene col vestito**, that hat goes well with your suit ***4*** (*cucina*) to thicken ***5*** (*metall.*) to alloy. ● (*eccles.*) **la facoltà di sciogliere e di l.**, the power to bind and loose. **C legàrsi**, *v. rifl.* ***1*** to tie oneself; to bind* oneself: **l. con una promessa**, to bind oneself with a promise ***2*** (*fig.*: *fare amicizia*) to make* friends; to strike* up a friendship; (*affezionarsi*) to become* attached (to sb.); (*per affari, interesse*) to form a connexion. ● **l. in matrimonio** (**con q.**), to get married (to sb.).

legàre (2), *v. t.* (*leg.*: *beni mobili*) to bequeath, to leave*, to will; (*beni immobili*) to devise.

legàta, *f.* tying up. ● **dare una l. a q.c.**, to tie up st.

legatàrio, *m.* (*leg.*: *di beni mobili*) legatee; (*di beni immobili*) devisee.

legatìzio, *a.* (*eccles.*) legatine.

legàto (1), A *a.* ***1*** bound; tied ***2*** (*fig.*) bound, united; (*affezionato*) attached (to), fond (of), close (to) ***3*** (*fig.*: *impacciato*) stiff, awkward; (*di stile e sim.*) stilted, stiff ***4*** (*mus.*) tied; slurred. **B** *m.* (*mus.*) legato.

legàto (2), *m.* ***1*** (*eccles.*) legate: **L. Apostolico** (*o* **Pontificio**), Apostolic Legate ***2*** (*ambasciatore*) ambassador; envoy.

legàto (3), *m.* (*leg.*: *di beni mobili*) legacy, bequest; (*di beni immobili*) devise: **fare un l.**, to make a bequest; to leave a legacy.

legatóre, *m.* (*f.* **-trice**) bookbinder.

legatorìa, *f.* ***1*** (*attività*) bookbinding ***2*** (*azienda*) bookbinding establishment; bookbinder's; bookbindery (*USA*).

legatùra, *f.* ***1*** tying; binding ***2*** (*di libro*) (book)binding: **l. in vitello**, calf binding ***3*** (*tipogr.*) ligature ***4*** (*mus.*) ligature; slur ***5*** (*med.*) ligature ***6*** (*di gemme*) setting; mounting.

legazióne, *f.* legation.

légge, *f.* ***1*** law; (*scritta, anche*) statute; (*atto del Parlamento, anche*) act (of Parliament): **Occorre una nuova l.**, a new law is necessary; **la nuova l. finanziaria**, the new financial law (*o* act); **la l. antiterrorismo**, the Anti-Terrorism Act; **l. di stanziamento**, appropriation act; **l. sulle società**, companies act; **l. valutaria**, currency act; **l. locale**, local law; bylaw; ordinance (*USA*); **fare leggi**, to make laws; **varare una l.**, to pass a law; to get a law through Parliament; **abrogare** [**modificare, promulgare**] **una l.**, to abrogate [to amend, to promulgate] a law; **infrangere** (*o* **violare**) **una l.**, to break a law; to offend against a law ***2*** (*complesso di norme giuridiche*) law: **l. civile** [**penale**], civil [criminal] law; **La l. è uguale per tutti**, all are equal before the law; **osservare la l.**, to abide by the law; **rimanere entro i confini della l.**, to remain within the law; **al di sopra della l.**, above the law; **contrario alla l.**, illegal; law-breaking ***3*** (*scienza giuridica*) law; jurisprudence: **studiare l.**, to study (*o* to read) law; to read for the Bar; **facoltà di l.**, faculty of law; **Sono laureato in l.**, I have a law degree; **dottore in l.**, doctor of (*o* at) law ***4*** (*autorità giudiziaria*) law; Law: **ricorrere alla l.**, to go to law (*o* to court); to have recourse to the law ***5*** (*principio, regola*) law; rule; principle: **la l. divina** [**naturale**], the divine [natural] law; **le leggi di natura**, the laws of nature; **le leggi della buona educazione**, the rules of good manners; etiquette; **le leggi della fisica**, the laws of physics; **la l. di Avogadro**, Avogadro's law; **la l. della domanda e dell'offerta**, the law of supply and demand. ● **la l. antica** (*la religione ebraica*), the Old Law □ (*fis.*) **l. dei quadrati**, inverse-square law □ **l. delega**, law made under delegate power □ **la l. della giungla** (*o* **del più forte**), the law of the jungle □ **l. marziale**, martial law □ (*Bibbia*) **la l. mosaica**, the Mosaic law □ **l. ponte**, interim law □ **l. quadro**, general policy law □ **a norma** (*o* **a termini**) **di l.**, by law; according to the law; as by law enacted □ **articolo di l.**, article of law; section (of a statute) □ **avere forza di l.**, to have the binding force of a law □ **il braccio della l.**, the long arm of the law □ **disegno** (*o* **progetto**) **di l.**, bill: **presentare** [**discutere, votare, approvare, respingere**] **un disegno di l.**, to introduce [to debate, to vote, to pass, to reject] a bill □ **dettare l.**, to lay down the law □ **in nome della l.**, in the name of the law □ **in virtù della l.**, in force of the law □ **la lettera della l.**, the letter of the law □ **La sua parola è l.**, his word is law □ **mettere fuori l.**, to outlaw; to ban □ **nel rispetto della l.**, within the law; legally □ **per l.**, by law; by act of Parliament □ **proibito per l.**, forbidden by the law; illegal □ **proposta di l.**, draft bill □ **rispettoso delle leggi**, law-abiding (*agg.*) □ **lo spirito della l.**, the spirit of the law □ (*Bibbia*) **le Tavole della L.**, the Tables of the Law □ **uomo di l.**, lawyer □ (*prov.*) **Fatta la l., trovato l'inganno**, every law has a loop-hole.

leggènda, *f.* ***1*** legend: **la l. arturiana**, the Arthurian legend; **entrare nella l.**, to enter into legend ***2*** (*fig.*: *diceria*) tale; story ***3*** (*iscrizione*) inscription; legend ***4*** (*didascalia*) caption. ● **È una l. vivente**, he is a legend in his own lifetime.

leggendàrio, A *a.* (*anche fig.*) legendary: **una bellezza leggendaria**, a legendary beauty. **B** *m.* (*relig.*) legendary.

lèggere, *v. t.* e *i.* ***1*** to read*: **l. un libro** [**una carta geografica**], to read a book [a map]; **l. ad alta voce**, to read aloud; **Gli lessi la lettera**, I read out the letter to him ***2*** (*fig.*) to read*; to tell*: **l. nell'animo** [**nei pensieri**] **di q.**, to read sb.'s mind [thoughts]; **l. il futuro**, to read into the future; **Gli lessi la paura sul volto**, I read fear in his face; **l. negli occhi di q.**, to read in sb.'s eyes; to tell (st.) from sb.'s expression (*o* face): **Te lo si legge negli occhi che non lo sai**, I can tell from your face you don't know ***3*** (*fig.*: *interpretare*) to interpret, to read*; (*analizzare*) to analyze: **l. un fatto alla luce di q.c.**, to interpret an event in the light of st.; **l. q.c. in chiave politica**, to interpret st. politically; **Che cosa ci leggi nella sua decisione?**, what do you read into (*o* how do you interpret) his decision?; **l. un film**, to analyze a film *4* (*elab.*) to read*. ● (*mus.*) **l. a prima vista**, to sight-read; to read at sight □ **l. q.c. da capo a fondo**, to read st. through; (*un libro*) to read st. from cover to cover □ **l. fra le righe**, to read between the lines □ **l. la mano a q.**, to read sb.'s hand □ **l. per addormentarsi**, to read oneself to sleep □ **l. sulle labbra**, to lip-read □ **a chi legge**, to the reader □ (*comm.*) **nell'attesa di leggerVi**, awaiting to hear from you □ **Di Santa Brigida si legge che...**, it is said that St Bridget... □ **un libro che si fa l.**, a very readable book □ **qualcosa da l.**, something to read □ **roba da l.**, reading matter □ **un uomo che ha letto molto**, a well-read man.

leggerézza, *f.* *1* lightness: **la l. di un vino**, the lightness of a wine; **l. di tocco**, lightness of touch *2* (*agilità*) nimbleness; agility *3* (*fig.*: *spensieratezza*) thoughtlessness; (*mancanza di serietà*) irresponsibility *4* (*incostanza*) fickleness; (*tendenza a civettare*) flirtatiousness *5* (*fig.*: *atto di l.*) thoughtless action. ● **È stata una l. da parte tua**, it was thoughtless of you □ **agire con l.**, to act thoughtlessly.

leggerménte, *avv.* *1* (*con tocco leggero*) lightly; gently *2* (*lievemente*) slightly *3* (*agilmente*) lightly; nimbly.

leggèro, *a.* *1* (*non pesante*) light; (*di stoffa o moneta, anche*) light-weight: **l. come una piuma**, as light as a feather; **un cappotto l.**, a light-weight coat; **una coperta leggera**, a light-weight blanket; **vino** [**sonno, tocco**] **l.**, light wine [sleep, touch]; **passi** [**cibi**] **leggeri**, light steps [food]; **avere la mano leggera**, to have a light hand; **avere il sonno l.**, to be a light sleeper *2* (*lieve, non grave*) slight; mild: **un l. accento francese**, a slight French accent; **un disturbo l.**, a slight (*o* mild) indisposition; **un l. aumento**, a slight increase; **una ferita leggera**, a slight wound *3* (*non forte*) light; weak: **vento l.**, light wind; **tè l.**, weak tea *4* (*agile*) nimble; light-footed; light on one's feet (*pred.*): **dita leggere**, nimble fingers; **È molto l. quando balla**, when he dances he's very light on his feet *5* (*fig.*: *frivolo*) light, thoughtless; (*che ha poco cervello*) feather-brained; (*incostante*) fickle; (*incline alla civetteria*) flirtatious: **condotta leggera**, thoughtless (*o* fickle) behaviour; **una donna leggera**, a flirtatious (*o, più forte*: a loose) woman; **una ragazza leggera**, a flirt. ● **a cuor l.**, with a light heart; light-heartedly □ **alla leggera**, lightly: **prendere q.c. alla leggera**, to make light of st.; to take st. lightly □ (*sport*) **atletica leggera**, track-and-field sports (*o* events) (*pl.*); athletics (*pl. col verbo al sing.*) □ (*mil.*) **cavalleria leggera**, light horse; light cavalry □ **droghe leggere**, soft drugs □ **musica leggera**, light music; pop music □ (*naut.*) **nave leggera** (*non carica*), light (*o* unladen) ship □ (*boxe*) **peso l.**, lightweight □ (*aeron.*) **più l. dell'aria**, lighter-than-air (*attr.*) □ (*mil.*) **reparti con armamento l.**, light-armed troops □ (*fig.*) **sentirsi l.** (*sollevato*), to feel relieved; (*più forte*) to feel one is walking on air □ **tenersi l.** (*nel mangiare*), to eat lightly □ **essere vestito l.**, to be lightly dressed □ **È una salita leggera**, the road [the path, etc.] rises slightly (*o* is not steep).

leggeróne, *m.* (*f.* **-a**) frivolous person; scatterbrain.

leggiadria, *f.* loveliness; gracefulness.

leggiadro, *a.* lovely; graceful; fair.

leggìbile, *a.* *1* legible *2* (*che merita di essere letto*) readable; worth reading.

leggibilità, *f.* *1* (*di scrittura*) legibility *2* (*di libro e sim.*) readability.

leggicchiàre, *v. t.* *1* (*leggere distrattamente*) to glance at *2* (*leggere svogliatamente*) to read* in a desultory manner *3* (*leggere a fatica*) to read* with difficulty; barely to read*.

leggièro, *V.* **leggero**.

leggina, *f.* (*leg.*) bylaw, bye-law.

leggìo, *m.* *1* reading desk; (*da tavolo*) bookrest, bookstand *2* (*mus.*) music stand *3* (*eccles.*) lectern.

leggiucchiàre, *V.* **leggicchiare**.

leghìsta, **A** *m.* e *f.* *1* (*stor.*: *operaio*) member of a workers' association; (*contadino*) member of a farm-workers' association *2* (*polit.*) member of a political league; league member. **B** *a.* (*polit.*) of a political league; league (*attr.*).

legiferànte, *a.* lawmaking (*attr.*); lawgiving (*attr.*).

legiferàre, *v. i.* *1* to legislate; to make* laws *2* (*fig. scherz.*) to lay* down the law.

legiferatóre, *m.* (*f.* **-trice**) legislator; lawmaker; lawgiver.

legionàrio, **A** *m.* *1* (*stor.*) legionary *2* (*della Legione straniera*) legionnaire. ● (*med.*) **morbo del l.**, Legionnaire's disease. **B** *a.* legionary.

legióne, *f.* *1* legion *2* (*fig.*) legion; multitude; host. ● (*onorificenza*) **la Legion d'onore**, the Legion of Honour □ **la L. Straniera**, the Foreign Legion.

legionellòṣi, *f.* (*med.*) Legionnaire's disease.

legiṣlativo, *a.* legislative; (*legiferante*) lawgiving, lawmaking: **assemblea legislativa**, legislative assembly; **il potere l.**, the legislative power (*o* branch); the legislature.

legiṣlatóre, **A** *m.* (*f.* **-trice**) legislator; lawmaker; lawgiver. **B** *a.* lawmaking; legislative.

legiṣlatùra, *f.* *1* (*attività*) legislation *2* (*assemblea legislativa*) legislature *3* (*periodo*) period of office of a legislature.

legiṣlazióne, *f.* *1* (*il fare leggi*) legislation; lawmaking; lawgiving *2* (*ordinamento giuridico*) legislation; law; laws (*pl.*) *3* (*insieme di norme*) regulations (*pl.*).

legista, *m.* jurist; legist.

legìttima, *f.* (*leg.*) portion of estate of which a testator cannot dispose freely; (*della moglie*) wife's portion; (*dei figli*) children's portion.

legittimàre, *v. t.* *1* (*leg.*) to legitimate; to legitimize *2* (*giustificare*) to justify.

legittimàrio, *m.* (*leg.*) heres necessarius (*lat.*); forced heir.

legittimazióne, *f.* (*leg.*) legitimation: **la l. d'un figlio**, the legitimation of a child.

legittimiṣmo, *m.* (*polit.*) legitimism.

legittimista, *m.* e *f.* (*polit.*) legitimist.

legittimìstico, *a.* (*polit.*) legitimist (*attr.*).

legittimità, *f.* *1* (*leg.*, *polit.*) legitimacy; rightfulness: **una questione di l. costituzionale**, a question of constitutional legitimacy *2* (*giustezza*) legitimacy; validity; rightfulness: **la l. di una richiesta**, the legitimacy of a claim.

legìttimo, *a.* *1* (*conforme alla legge*) legitimate; lawful; legal; rightful: **erede l.**, legal heir; rightful heir; heir at law; **figlio l.**, legitimate child; **sovrano l.**, legitimate monarch; **re l. d'Inghilterra**, rightful king of England; **matrimonio l.**, legal marriage; **il l. proprietario**, the rightful owner *2* (*lecito, valido, giusto*) legitimate; rightful; proper: **dubbio l.**, legitimate doubt; **pretese legittime**, legitimate (*o* rightful) claims; **uso non l. di un termine**, improper use of a term; **Le tue opinioni sono del tutto legittime**, you are perfectly entitled to your opinions. ● **legittima difesa**, self-defence.

légna, *f.* wood; (*da ardere*) firewood; (*ciocco, ramo grosso*) log: **comprare l. e carbone**, to buy wood and coal; **spaccare la l.**, to chop wood; **fare l.**, to gather firewood; **catasta di l.**, wood-pile; **fuoco di l.**, log-fire. ● **l. minuta**, kindling □ (*fig.*) **aggiungere l. al fuoco**, to add fuel to the flames □ (*fig.*) **portare l. alla selva** (*o* **al bosco**), to take coals to Newcastle.

legnàceo, *a.* woody; ligneous.

legnàia, *f.* woodshed.

legnaiòlo, *m.* carpenter.

legnàme, *m.* wood; (*per costruzioni o falegnameria*) timber, lumber (*USA*): **l. piallato**, surfaced timber; **l. stagionato**, seasoned timber; **commerciante di l.**, timber merchant; **deposito di l.**, timber yard; lumber yard; **commercio di l.**, timber (*USA*: lumber) trade; lumbering (*USA*).

legnàre, *v. t.* to beat*; to thrash; to cudgel.

legnàta, *f.* blow with a stick; blow with a cudgel. ● (*anche fig.*) **dare a q. un fracco di legnate**, to give sb. a good thrashing □ **prendersi delle legnate**, to be beaten up; (*anche fig.*) to be given a thrashing.

legnàtico, *m.* (*leg.*, *stor.*) right to gather firewood.

légno, *m.* *1* wood: **l. dolce** [**duro, stagionato**], soft [hard, seasoned] wood; **lavorare il l.**, to do woodwork; **scolpire il l.**, to carve wood; **l. di quercia**, oak wood; **l. di rosa**, rosewood; **l. di pino**, pinewood; deal; **l. di sequoia**, redwood; **l. compensato**, plywood *2* (*nave*) vessel, ship, boat; (*in composizione*) man*: **un l. mercantile**, a merchantman *3* (*carrozza*) carriage *4* (*pl.*) (*mus.*) woodwinds; woodwind (*collett.*): **Il tema è ripreso dai legni**, the theme is taken up by the woodwind. ● (*relig.*) **l. della croce**, rood □ **di l.**, wooden; wood (*attr.*): **cavallo di l.**, wooden horse; **pasta di l.**, wood pulp; **pavimento di l.**, wooden floor; **gamba di l.**, wooden leg □ **lavoro in l.**, woodwork; (*scultura*) wood carving □ (*edil.*) **rivestimento in l.**, wainscot □ (*fig.*) **testa di l.**, blockhead.

legnòlo, *m.* strand (of a rope).

legnosità, *f.* *1* woodiness; woodenness *2* (*della carne*) toughness *3* (*fig.*: *rigidità*) stiffness; woodenness.

legnóso, *a.* *1* woody; wooden *2* (*della carne*) tough *3* (*fig.*: *rigido*) stiff; wooden.

legulèio, *m.* (*spreg.*) pettifogger.

legùme, *m.* (*bot.*) *1* (*baccello*) pod; legume *2* (*pl.*) pulses; legumes.

legumièra, *f.* vegetable dish.

legumìna, *f.* (*chim.*) legumin.

leguminósa, *f.* (*bot.*) pulse vegetable.

Leguminóse, *f. pl.* (*bot.*, *Leguminosae*) Leguminosae.

lèi, **A** *pron. pers. f. 3ª pers. sing.* *1* (*compl. ogg. e indir.*) her: **Vidi lei, non lui**, I saw her, not him; **Dallo a lei**, give it to her; **Eri con lei?**, were you with her?; **il padre di lei**, her father; **Se fossi in lei...**, if I were her (*o* in her shoes); **Nemmeno lei lo vuole**, she doesn't want either *2* (*pred. nominale*) her; she: **È lei**, it's her; **Eccola, è lei**, there she is; here she comes; **Era lei che voleva venire, non lui**, it was she who wanted to come, he didn't; **Speravo fosse lei**, I hoped it was her (*form.*: it was she) *3* (*fam.*, *sogg.*) she (*o idiom.*): **Viene anche lei?**, is she coming too?; **Lei stessa lo disse**, she said so herself; **Ci vada lei, se vuole**, let her go, if she wants to; **Beata lei!**, lucky her! *4* (*forma di cortesia*: *sogg.*, *compl. ogg. e indir.*) you: **Buon giorno a lei!**, good morning to you!; **È stata lei a chiamare, signora?**, was it you who called, madam? ● **dare del lei a q.**, to address sb. using the «lei» form; not to be on first-name terms □ **Non è da lei dire cose simili**, it's not like her to say such things □ **«Vuoi dire Piera?» «Proprio lei»**, «you mean Piera?» «that's right» □ **Non sembrava più lei**, she looked a different person; she was a changed woman □ **Lei dare una mano? Ma figurati!**, she give a hand? never! □ **Contenta lei, contenti tutti**, as long as she's happy, everyone else is □ **Tornata lei, le cose cambiarono**, after she came back, things changed. **B** *f.* (*fam.*) girlfriend.

leibniziano, *a.* Leibnitzian.

Lèida, *f.* (*geogr.*) Leyden, Leiden. ● (*elettr.*) **bottiglia di L.**, Leyden jar.

leiṣhmaniòṣi, *f.* (*med.*) leishmaniosis*, leishmaniasis*.

Leitmotiv (*ted.*), *m. invar.* (*mus. e fig.*) leitmotiv; leitmotif.

Lemàno, *m.* (*geogr.*) (Lake) Leman.

lémbo, *m.* *1* (*falda*) hem; flap; tail: **il l. di una gonna**, the hem of a skirt; **Lo trattenne per il l. della giacca**, he held him by the tail of his jacket *2* (*estremità, orlo*) edge; border: **i lembi di una ferita**, the edges (*o* lips) of a wound *3* (*striscia*) strip, ribbon; (*pezzetto*) patch, shred: **un l. di terra**, a strip of land; **un l. di cielo**, a ribbon of sky *4* (*bot.*) blade.

lèmma, *m.* *1* (*filos., mat.*) lemma* *2* (*di dizionario*) headword; entry.

lemmàrio, *m.* word list; list of entry words.

lemmatizzàre, *v. t.* to list (*o* to enter) (a word) as a headword; to insert (a word) in a dictionary.

lemmatizzazióne, *f.* entering of a word as a headword.

lèmme lèmme, *locuz. avv.* (*fam.*) very slowly; leisurely; at an easy (*o* leisurely) pace; in one's own good time: **Se ne veniva l.**, he was coming along leisurely (*o* at an easy pace).

lemming (*ingl.*), *m. invar.* (*zool., Lemmus lemmus*) lemming.

lèmna, *f.* (*bot.*) lemna.

lemniscàta, *f.* (*mat.*) lemniscate.

lemnìsco, *m.* (*anat.*) lemniscus*.

lèmure (1), *m.* (*mitol.*) lemur*.

lèmure (2), *m.* (*zool., Lemur*) lemur.

léna, *f.* *1* (*vigore*) vigour, energy, enthusiasm; (*resistenza*) stamina *2* (*lett.*: *respiro*) breath. ● **lavorare di (buona) l.**, to work with a will.

lènci, *m.* (*marchio*: *ind. tess.*) fine felt.

lèndine, *m.* nit.

lendinóso, *a.* nitty.

lène, *a.* (*lett.*) soft; gentle; mild. ● (*ling.*) **consonante l.**, lenis consonant.

leniménto, *m.* softening; mitigation; soothing; allaying.

Leningràdo, *m.* (*geogr.*) Leningrad.

leninìano, *a.* of Lenin; Lenin's; Lenin (*attr.*).

leninìsmo, *m.* (*polit.*) Leninism.

leninìsta, *a., m. e f.* (*polit.*) Leninist; Leninite.

lenìre, *v. t.* to soften; to mitigate; to allay; to assuage; to soothe.

lenitìvo, **A** *a.* *1* (*farm.*) lenitive *2* (*fig.*) soothing; mitigating; palliative; palliating. **B** *m.* *1* (*farm.*) lenitive; palliative *2* (*fig.*) palliative.

lenizióne, *f.* (*ling.*) lenition.

lenocìnio, *m.* *1* (*leg.*) procuring; procuration (and connivance) *2* (*fig.*) blandishment; artifice.

lenóne, *m.* *1* (*stor. romana*) slave dealer *2* (*lett.*) pander (*lett.*); procurer.

lentàggine, *f.* (*bot., Viburnum tinus*) laurustine; laurustinus.

lentaménte, *avv.* *1* slowly *2* (*pigramente*) lazily; sluggishly *3* (*mus.*) lentamente.

lènte, *f.* *1* (*fis.*) lens: **l. biconcava**, biconcave lens; **l. convergente**, converging lens; **l. divergente**, diverging lens; **l. fotocromatica**, photochromic lens *2* (*pl.*) (*occhiali*) glasses; spectacles *3* *V.* **lenticchia** *4* (*di orologio a pendolo*) bob. ● **lenti a contatto**, contact lenses □ **l. d'ingrandimento**, magnifying glass; magnifier.

lentézza, *f.* slowness. ● **con l.**, slowly.

lentìcchia, *f.* *1* (*bot., Lens esculenta*) lentil *2* (*pop.*) *V.* **lentiggine**. ● (*bot.*) **l. d'acqua** (*Lemna minor*), duckweed □ (*fig.*) **per un piatto di lenticchie**, for next to nothing; for a song.

lenticèlla, *f.* (*bot.*) lenticel.

lenticolàre, *a.* lenticular; lentiform.

lentìggine, *f.* freckle.

lentigginóso, *a.* freckled; freckly.

lentìschio, **lentìsco**, *m.* (*bot., Pistacia lentiscus*) lentisk; mastic tree.

lentivirus, *m.* (*biol.*) lentivirus.

lènto, *a.* *1* slow: **passi lenti**, slow steps; **ritmo l.**, slow rhythm; (*med.*) **un polso l.**, a slow pulse; **l. di movimenti**, slow in one's movements *2* (*pigro*) sluggish, lazy; (*tardo*) slow, slow-witted, dull, stupid, tardy: **una mente lenta**, a dull mind; **l. a capire**, slow to understand; slow on the uptake (*fam.*) *3* (*allentato*) slack; loose: **corda lenta**, slack rope; **vite lenta**, loose screw; **abiti lenti**, loose-fitting clothes *4* (*mus.*) lento. ● (*med.*) **ad azione lenta**, slow-acting (*agg.*) □ (*cucina*) **cuocere a fuoco l.**, to cook on a slow fire □ **Sei l. come una lumaca!**, you are a real slowcoach! □ **veleno l.**, slow-acting poison.

lentocrazìa, *f.* (*scherz.*) bureaucratic delays (*pl.*); red tape.

lènza, *f.* *1* fishing line *2* (*fig.*: *persona astuta*) wily old fox. ● **pesca alla l.**, angling.

lenzuòlo, *m.* (*pl.* **lenzuola**, *f.*; **lenzuoli**, *m.*) *1* sheet: **l. singolo [matrimoniale]**, single [double] sheet; **sei lenzuoli**, six sheets; **cambiare le lenzuola**, to change the sheets *2* (*fig.*: *strato*) blanket; layer: **l. di neve**, blanket of snow. ● **l. da bagno**, bath-towel □ **lenzuola e coperte**, sheets and blankets; bedclothes; bedding (*sing.*) □ **l. funebre**, shroud □ **bianco come un l.**, as white as a sheet □ **cacciarsi sotto le lenzuola**, to slip under the blankets; to dive into bed □ **grande come un l.**, as big as a sheet □ **rimboccare le lenzuola a q.**, to tuck sb. in (*o* up in bed).

leonardésco, *a.* in (*o* after) the manner of Leonardo; Leonardesque.

Leonàrdo, *m.* Leonard.

leoncìno, *m.* (*zool.*) lion cub.

Leóne, *m.* Leo.

leóne, *m.* *1* (*zool., Felis leo*) lion *2* (*astron.*) Leo; the Lion *3* (*astrol.*) Leo. ● **il l. di S. Marco**, the lion of St. Mark □ (*zool.*) **l. marino** (*Otaria*), sea-lion □ **l'asino nella pelle del l.**, the ass in the lion's skin □ **combattere come un l.**, to fight like a lion □ **avere un cuor di l.**, to be lion-hearted; to be a lion-heart □ **fare la parte del l.**, to take the lion's share □ **una forza da l.**, the strength of a lion □ **Riccardo Cuor di l.**, Richard Coeur de Lion (*o* the Lion-Heart) □ **sentirsi un l.**, to feel full of energy □ (*fig.*) **vecchio l.**, old lion.

leonéssa, *f.* lioness.

Leónida, *m.* (*stor.*) Leonidas.

leonìno (1), *a.* (*di, da leone*) of a lion; leonine; lion-like (*attr.*): **una forza leonina**, the strength of a lion; **avere un coraggio l.**, to be as brave as a lion. ● **chioma leonina**, mane of hair □ (*leg.*) **patto l.**, leonine partnership.

leonìno (2), *a.* (*di Leone*) Leonine: **Città leonina**, Leonine City.

leonìno (3), *a.* (*poesia*) Leonine: **versi leonini**, Leonine verse (*sing.*); leonines.

leontìași, *f.* (*med.*) leontiasis*.

leopàrdo, *m.* *1* (*zool., Panthera pardus*) leopard; panther *2* (*pelliccia*) leopard skin *3* (*zool.*) – **l. americano** (*Panthera onca*), jaguar; **l. delle nevi** (*Felis uncia*), snow leopard; ounce. ● (*arald.*) **l. in maestà**, leopard; lion passant gardant □ **a pelle** (*o* **a macchie**) **di l.**, spotted (*agg.*); (*fig.*) patchy (*agg.*), uneven (*agg.*), patchily (*avv.*), unevenly (*avv.*).

Leopòldo, *m.* Leopold.

lèpade, *f.* (*zool., Lepas anatifera*) goose barnacle.

lepidézza, *f.* *1* wit; facetiousness *2* (*detto lepido*) witticism.

Lèpido, *m.* (*stor.*) Lepidus.

lèpido, *a.* facetious; witty.

lepidolìte, *f.* (*miner.*) lepidolite.

Lepidòtteri, *m. pl.* (*zool., Lepidoptera*) Lepidoptera.

lepidòttero, *m.* (*zool.*) lepidopteran, lepidopteron.

lepìșma, *f.* (*zool., Lepisma saccharina*) silver-fish.

leporìno, *a.* leporine. ● (*med.*) **labbro l.**, hare-lip.

lèpre, *f.* (*zool., Lepus*) hare. ● (*zool.*) **l. di mare** (*Aplysia punctata*), sea hare □ (*cucina*) **l. in salmì**, jugged hare □ **l. meccanica**, electric hare □ **correre come una l.**, to run like a hare.

lepròma, *m.* (*med.*) leproma*.

lepròtto, *m.* leveret.

leptocèfalo, *m.* (*zool.*) leptocephalus*.

leptomenìnge, *f.* (*anat.*) leptomeninges (*pl.*).

leptóne, *m.* (*fis.*) lepton.

leptosòmico, *a.* leptosomic; leptosomatic.

leptospiròși, *f.* (*med.*) leptospirosis.

leptotène, *f.* (*biol.*) leptotene.

lerciàre, **A** *v. t.* to dirty; to soil. **B** **lerciàrsi**, *v. rifl.* to dirty oneself.

lèrcio, **A** *a.* *1* filthy; dirty; grimy: **mani lerce**, filthy (*o* grimy) hands *2* (*fig.*) filthy; foul; squalid: **vizio l.**, foul vice; **l. individuo**, squalid individual. **B** *m.* filth; dirt.

lerciùme, *m.* *1* filth; dirt *2* (*fig.*) filth; squalor; ordure.

lèșbica, *f.* lesbian.

lèșbico, **A** *a.* *1* (*di Lesbo*) Lesbian *2* (*relativo al lesbismo*) lesbian. ● **amore l.**, lesbianism. **B** *m.* (*ling.*) Lesbian.

lèșbio, *a. e m.* (*f.* **-a**) (*lett.*) Lesbian.

leșbìșmo, *m.* lesbianism.

Lèsbo, *f.* (*geogr.*) Lesbos.

leșèna, *f.* (*archit.*) pilaster.

léșina, *f.* *1* awl: **l. a occhiello**, sewing awl *2* (*fig.*: *taccagneria*) stinginess; miserliness *3* (*fig.*: *persona taccagna*) miser; skinflint.

leșinàre, **A** *v. t.* to be sparing with; to be stingy with; to grudge; to skimp on: **l. le lodi**, to be sparing with one's praise; **l. q.c. a q.**, to grudge sb. st.; to dole out st. grudgingly to sb.; **l. il centesimo**, to be stingy with one's money; to count the pennies; **Mi lesina perfino il centesimo**, he grudges me every penny; **l. il cibo a q.**, to skimp on sb.'s food. **B** *v. i.* to skimp on: **l. sul cibo**, to skimp on the food; **l. sul prezzo**, to haggle (over the price).

leșionàre, **A** *v. t.* to damage. **B** **leșionàrsi**, *v. i. pron.* to be damaged.

leșióne, *f.* *1* (*danno*) damage; (*crepa*) crack: **le lesioni causate dal terremoto**, the damage caused by the earthquake; **riportare lesioni**, to be damaged *2* (*med.*) lesion; injury; wound: **lesioni interne**, internal lesions (*o* injuries) *3* (*offesa*) offence; (*violazione*) infringment. ● **l. personale**, bodily harm; personal injury □ (*leg.*) **l. personale aggravata**, grievous bodily harm.

leșìvo, *a.* prejudicial (to); detrimental (to).

léșo, *a.* injured; damaged: (*med.*) **l'arto l.**, the injured limb; **un edificio l.**, a damaged building; (*leg.*) **parte lesa**, injured party; (*leg.*) **lesa maestà**, lese-majesty; high treason.

lessàre, *v. t.* to boil; (*lentamente*) to stew.

lessàta, *f.* boiling. ● **dare una l. a q.c.**, to boil st. briefly.

lessatùra, *f.* boiling; stewing.

lessèma, *m.* (*ling.*) lexeme.

lessicàle, *a.* (*ling.*) lexical.

lessicalizzàre, *v. t.* (*ling.*) to lexicalize.

lessicalizzazióne, *f.* (*ling.*) lexicalization.

lèssico, *m.* *1* (*dizionario*) dictionary; lexicon *2* (*insieme di vocaboli*) vocabulary; lexicon.

lessicografìa, *f.* lexicography.

lessicogràfico, *a.* lexicographic(al).

lessicògrafo, *m.* (*f.* **-a**) lexicographer.

lessicologìa, *f.* lexicology.

lessicològico, *a.* lexicologic(al).

lessicòlogo, *m.* (*f.* **-a**) lexicologist.

lessicostatìstica, *f.* lexicostatistics (*pl. col verbo al sing.*).

lésso, **A** *a.* boiled; stewed. **B** *m.* boiled meat; (*taglio di carne*) boiling meat: **l. di manzo**, boiled beef. ● **fare a l.**, to boil.

lestézza, *f.* quickness; swiftness; (*agilità*) nimbleness.

lèsto, **A** *a.* quick; swift; (*agile*) nimble, agile; (*sbrigativo*) hasty, hurried. ● **l. di mano**, light-fingered □ **alla lesta**, hastily; quickly □ **Su, l.!**, hurry up!; be quick! **B** *avv.* quickly; in a hurry.

lestofànte, *m. e f.* swindler; cheat.

letàle, *a.* lethal; deadly; fatal; mortal: **dose l.**, lethal dose; **veleno l.**, deadly poison; **avere un esito l.**, to be fatal; to end in death.

letalità, *f.* **1** lethality **2** (*stat.*) death-rate; mortality.

letamàio, *m.* **1** dunghill; manure-heap **2** (*fig.*) pigsty; hovel.

letamazióne, *f.* manuring.

letàme, *m.* **1** manure; dung **2** (*fig.*) dirt; filth.

letargia, *f.* (*med.*) lethargy.

letàrgico, *a.* **1** (*med.*) lethargic **2** (*di animali*) hibernating; hibernation (*attr.*): **in stato l.**, in a state of hibernation; hibernating.

letàrgo, *m.* **1** (*med.*) lethargy: **cadere in l.**, to fall into a state of lethargy **2** (*di animali*) hibernation; (*estivo*) aestivation: **andare in l.**, to go into hibernation; **essere in l.**, to hibernate; to be hibernating; **uscire dal l.**, to come out of hibernation; (*fig.*) to wake up **3** (*biol.*) dormancy **4** (*fig.*) lethargy, torpor; (*scherz.*: *sonno profondo*) deep sleep.

Lète, *m.* (*mitol.*) Lethe.

letèo, *a.* (*mitol.* e *fig.*) Lethean.

Letizia, *f.* Letitia.

letìzia, *f.* joy; happiness. ● **vivere in l.**, to live happily.

lètta, *f.* glance through; quick look (at): **dare una l. a q.c.**, to give st. a glance through; to glance through st.; to have a quick look at st.; to read through st. quickly.

lèttera, *f.* **1** (*dell'alfabeto*) letter: **l. maiuscola**, capital (*tipogr.*: upper case) letter; **l. minuscola**, small (*tipogr.*: lower case) letter; **l. a stampatello**, block letter; block capital; **lettere gotiche**, Gothic letters **2** (*missiva*) letter: **l. d'amore [anonima, aperta, d'affari, minatoria]**, love [anonymous, open, business, threatening] letter; **l. di condoglianze [di presentazione, di raccomandazione, di ringraziamento]**, letter of condolence [of introduction, of recommendation, of thanks]; **le lettere di Cicerone**, Cicero's letters **3** (*pl.*, *anche* **belle lettere**) literature (*sing.*), letters; (*studi umanistici*) humanities, arts: **umane lettere**, humanities; **uomo di lettere**, man of letters; **laurearsi in lettere**, to take an arts degree; **facoltà di lettere**, Arts Faculty; **studente in lettere**, arts student **4** (*Borsa*) offer; ask: **prezzo l.**, ask price. ● **lettere antiche**, classical studies; Classics □ **la l. della legge**, the letter of the law □ (*comm.*) **l. di avviso**, letter of advice □ (*comm.*) **l. di credito**, letter of credit □ **l. d'intenti**, letter of intention □ (*naut.*) **l. di marca**, letter of marque □ (*comm.*) **l. di sollecito**, reminder □ (*comm.*) **l. di vettura**, waybill □ **lettere cubitali**, block capitals □ **lettere moderne**, arts □ **lettere patenti**, letters patent □ **alla l.**, literally (*avv.*); literal (*agg.*); to the letter: **tradurre alla l.**, to translate literally (*o* word for word); **eseguire un ordine alla l.**, to carry out an order to the letter; **prendere q.c. alla l.**, to take st. literally □ **avanti l.**, ahead of time; avant la lettre (*franc.*) □ **buca delle lettere**, letter box; postbox (*GB*); pillar box (*GB*); mailbox (*USA*) □ **carta da lettere**, writing paper □ **dire q.c. a chiare lettere**, to spell st. out □ **dottore in lettere**, Bachelor of Arts (*abbr.* BA) □ **la repubblica delle lettere**, the commonwealth (*o* republic) of letters □ **rimanere l. morta**, to remain a dead letter □ **scrivere una somma in lettere**, to write an amount in words (*fam.*: in full) □ **scrivere q.c. in lettere dorate**, to write st. in gold letters; to letter st. in gold □ **scritto a lettere dorate**, in gold lettering □ (*fig.*) **un giorno da scrivere a lettere d'oro**, a red-letter day □ (*di giornale*) **titolo a lettere cubitali**, banner headline.

letteràle, *a.* literal: **senso l.**, literal meaning; **traduzione l.**, literal translation.

letteralménte, *avv.* **1** (*alla lettera*) literally; to the letter **2** (*in senso letterale*) literally.

letterariaménte, *avv.* from a literary point of view.

letterarietà, *f.* literariness.

letteràrio, *a.* literary: **critica letteraria**, literary criticism; **termine l.**, literary word. ● **proprietà letteraria**, copyright.

letteràto, **A** *a.* well-read; cultured. **B** *m.* (*f.* **-a**) literary man* (*f.* woman*); man* (*f.* woman*) of letters.

letteratùra, *f.* **1** literature: **la l. italiana**, Italian literature; **l. in prosa**, prose literature; **storia della l.**, history of literature **2** (*bibliografia*) bibliography; (*insieme di pubblicazioni*) literature **3** (*fam.*) information leaflet.

letterìsta, *m.* e *f.* **1** letter engraver **2** letter designer.

lettièra, *f.* **1** bedstead **2** (*strame*) litter.

lettìga, *f.* **1** stretcher; litter **2** (*portantina*) litter.

lettighière, *m.* **1** (*barelliere*) stretcher-bearer **2** (*di portantina*) litter-bearer.

lettino, *m.* **1** small bed **2** (*per bambini*) cot; crib.

lettistèrnio, *m.* (*archeol.*) lectisternium*.

lètto, *m.* **1** bed: **l. a una piazza**, single bed; **l. a una piazza e mezza**, three-quarter bed; **l. a due piazze** (*o* **matrimoniale**), double bed; **l. di piume**, feather bed; **l. di ferro**, iron bedstead; **un l. di foglie**, a bed of leaves; **andare a l.**, to go to bed; **essere a l.**, to be in bed; **alzarsi dal l.**, to get up; **balzare [cascare, scendere] dal l.**, to jump [to fall, to get] out of bed; **rifare [disfare] un l.**, to make [to strip] a bed; **mandare [mettere] q. a l.**, to send [to put] sb. to bed; **mettersi a l.** (*per malattia*), to take to one's bed; **costretto a l.**, confined to one's bed; (*di invalido, ecc.*) bedridden; **ora d'andare a l.**, time to go to bed; bedtime **2** (*lettiera*) litter **3** (*di fiume*) riverbed. ● **l. a baldacchino**, canopy bed □ **l. a castello**, bunk bed □ **l. a quattro colonne**, four-poster; four-post bed □ **l. a scomparsa**, recess bed; rollaway bed □ **l. ad armadio**, box bed □ **l. coniugale**, marriage bed □ **l. da campo**, camp bed; cot □ (*naut.*) **il l. del vento**, the teeth of the wind □ (*anat.*) **l. dell'unghia**, nail-bed □ **l. di dolore**, sick-bed □ **l. di morte**, death-bed: **sul l. di morte**, on one's death-bed □ **l. improvvisato**, makeshift bed; shakedown □ **l. di Procruste**, Procrustes' bed □ (*fig.*) **l. di rose**, a bed of roses □ (*fig.*) **l. di spine**, bed of thorns □ **letti gemelli**, twin beds □ **l. pieghevole**, folding bed □ (*eufem.*) **andare a l. con q.**, to sleep with sb. □ **biancheria da l. e coperte**, bedclothes □ **camera a un l. [a due letti]**, single [double *o* twin] bedroom (*o* room) □ **camera da l.**, bedroom □ (*ferr.*) **carrozza con letti** (*o* **vagone l.**), sleeping-car; sleeper (*fam.*) □ **colonna di l.**, bedpost □ **compagno di l.**, bedfellow □ **figlio** (*o* **figlia**) **di primo [di secondo] l.**, child of the first [of the second] marriage □ **fusto di l.**, bedstead □ (*fig.*) **essere in un l. di rose**, to be in clover (*fam.*) □ **gettare q. giù dal l.**, to get (*USA*: to roll) sb. out of bed □ **numero di letti** (*in albergo, ecc.*), bedspace □ (*eufem.*) **portare a l. q.**, to get sb. into bed □ **rincalzare il l. a q.**, to tuck sb. in (*o* up in bed) □ **rivoltarsi nel l.**, to toss about (in one's bed); to toss and turn.

lèttone, **A** *m.* Latvian; Lettish. **B** *m.* e *f.* Latvian; Lett (*f.* Latvian woman*). **C** *m.* (*lingua*) Lettish.

Lettònia, *f.* (*geogr.*) Latvia.

lettoràto, *m.* **1** (*d'università*) language tutorship; language assistantship **2** (*eccles.*) lectorate.

lettóre, *m.* (*f.* **-trice**) **1** reader: **un gran l. di romanzi**, a keen reader of novels; **il comune l.**, the general reader; **il pubblico dei lettori** (*o* **i lettori**), the reading public **2** (*d'università*) language tutor, language assistant; (*stor.*) lecturer **3** (*eccles.*) lector **4** (*dispositivo di lettura*) reader; scanner; player: **l. ottico**, optical character reader (*abbr.*: OCR); optical scanner; **l. per microfilm**, film reader; **l. di codice a barre**, bar code reader (*o* scanner); **l. di compact disc**, compact disc player.

lettùra, *f.* **1** (*atto, modo di leggere*) reading: **amante della l.**, fond of reading; **brani di l.**, reading passages; **una l. di versi**, a poetry reading; **la l. del verbale**, the reading of the minutes; **l. del contatore**, meter reading **2** (*pl.*) (*ciò che si legge*) reading (*sing.*); reading matter (*sing.*); books; literature (*sing.*): **troppe letture**, too much reading; **Che letture fai?**, what sort of books do you read?; **letture adatte per i bambini**, reading matter (*o* books) suitable for children; **letture amene**, light literature **3** (*interpretazione*) reading; interpretation: **la l. delle radiografie**, the reading of the X-ray; **Tu che l. ne dai?**, what do you read in it? **4** (*conferenza*) lecture: **l. dantesca**, lecture on Dante's Comedy; Dante lecture **5** (*elab.*) reading; scanning. ● **dare l. di q.c.**, to read st. out □ (*a scuola*) **libro di l.**, primer; reader □ **La commedia è più bella alla l. che sul palcoscenico**, the play reads better than it acts □ **persona di buone letture**, well-read person □ **sala di l.**, reading room.

letturìsta, *m.* e *f.* meter reader; meter inspector. ● **l. del gas**, gasman.

leucemìa, *f.* (*med.*) leuk(a)emia.

leucèmico, (*med.*) **A** *a.* leuk(a)emic. **B** *m.* (*f.* **-a**) person suffering from leuk(a)emia; leuk(a)emic patient.

leucina, *f.* (*chim.*) leucine.

leucisco, *m.* (*zool.*, *Leuciscus rutilus*) roach.

leucite, *f.* (*miner.*) leucite.

leucoaferèṣi, *f.* (*med.*) leuco-aph(a)eresis.

leucocita, *m.* (*biol.*) leucocyte, leukocyte.

leucocitàrio, *a.* (*biol.*) leucocytic, leukocytic; leucocytal, leukocytal.

leucocito, *V.* **leucocita**.

leucocitolìṣi, *f.* (*med.*) leucocytolysis*, leukocytolysis*.

leucocitopoièṣi, *V.* **leucopoiesi**.

leucocitòṣi, *f.* (*med.*) leucocytosis*, leukocytosis*.

leucòma, *m.* (*med.*) leucoma, leukoma.

leucoplachìa, **leucoplaṣìa**, *f.* (*med.*) leucoplakia, leukoplakia.

leucoplàsto, *m.* (*bot.*) leucoplast; leucoplastid.

leucopoièṣi, *f.* (*biol.*) leucopoiesis*, leukopoiesis*.

leucorrèa, *f.* (*med.*) leucorrhoea, leukorrhea.

leucorròico, *a.* (*med.*) leucorrh(oe)al, leukorrheal.

leucòṣi, *f.* (*vet.*) (avian) leucosis (*o* leukosis).

lèva (1), *f.* (*mecc.* e *fig.*) lever: **l. a forcella**, forked lever; **l. a mano**, hand lever; **l. a pedale**, foot (control) lever; **l. articolata**, toggle lever; **l. del freno**, brake lever; **l. del cambio**, gear lever; gearshift (*USA*); **l. di arresto**, cut-off lever; **l. di avviamento**, starting lever. ● (*autom.*) **l. del cambio di direzione**, indicator switch □ (*fig.*) **le leve del comando**, control levers □ (*aeron.*) **l. di comando**, cloche; control stick; joystick (*gergo aeron.*) □ **l. di disinnesto**, release lever □ **l. di disinnesto a scatto**, trip lever □ **l. di innesto**, engaging lever □ **l. di manovra**, operating lever □ **l. di sgancio**, uncoupling lever □ **l. liberacarrello** (*di macchina da scrivere*), carriage release □ **far l.**, to lever □ (*fig.*) **far l. su q.c.**, to appeal to st.; to play on st.

lèva (2), *f.* (*mil.*) **1** (*chiamata alle armi*) call-up; conscription; draft (*USA*) **2** (*soldati di leva*) those called up; conscripts (*pl.*): **la l. del 1994**, those called up in 1994. ● **chiamare alla l.**, to call up; to draft □ **essere di l.**, to be liable to call-up; to be liable for National Service □ (*fig.*) **le nuove leve**, the new (*o* rising) generation □ **visita di l.**, army medical visit.

levacàpsule, *m. invar.* bottle opener.

levachiòdi, *m. invar.* nail puller.

levanòccioli, *m. invar.* stoner.

Levànte, *m.* (*geogr.*) Levant (*lett.*); Near East.

levànte, A *m.* ***1*** east ***2*** (*vento*) East wind; (*nel Mediterraneo, anche*) levanter. **B** *a.* rising: **sol l.**, rising sun; **Impero del Sol L.**, Empire of the Rising Sun.

levantino, *a.* e *m.* Levantine.

levàre, A *v. t.* ***1*** (*togliere*) to take*, to take* away, to remove; (*da sopra a q.c., anche*) to take* off; (*dall'interno di q.c., anche*) to take* out of; (*spostare*) to move away; (*estrarre*) to pull out; (*svellere*) to pull up: **l. i mobili dal corridoio**, to take away (*o* to remove) the furniture from the passage; **Leva la lampada dal tavolo e portala qui**, take the lamp from the table and bring it here; **Leva di lì quel libro**, move away that book; **Lo levarono da una scuola e lo mandarono ad un'altra**, they took him away from one school and sent him to another; **l. ogni dubbio**, to remove all doubts; **Me l'hai levato di bocca**, you have taken the words out of my mouth; **Leva il coperchio!**, take the lid off!; **uno spettacolo che leva il fiato**, a sight that takes one's breath away; a breath-taking sight; **l. il 10%**, to take off 10%; **l. q.c. da una tasca [da una borsa]**, to take st. out of a pocket [out of a bag]; **l. una macchia**, to remove (*o* to take out) a stain; **l. un dente**, to pull out a tooth; **l. le erbacce**, to pull up the weeds ***2*** (*togliersi di dosso*) to take* off; to remove: **levarsi il cappello [le scarpe]**, to take off one's hat [shoes] ***3*** (*con un'operazione chirurgica*) to have (st.) out: **Devo levarmi un dente [l'appendice]**, I've got to have a tooth [my appendix] out ***4*** (*alzare, sollevare*) to raise; to put* up; to lift: **l. gli occhi al cielo**, to raise one's eyes to heaven; **l. la mano**, to raise (*o* to put up) one's hand; **l. il bicchiere alla salute di q.**, to raise one's glass to sb.; **non avere la forza di l. un dito**, not to have the strength to lift a finger; **Dovettero levarmi di peso dai rottami**, they had to lift me bodily out of the wreck ***5*** (*abolire*) to lift; to abolish: to remove: **l. una tassa**, to abolish a tax; **l. una restrizione**, to lift a restriction; **l. un embargo**, to lift an embargo ***6*** (*nella caccia: stanare, far alzare*) to flush; to put* up ***7*** (*eccettuare*) to except; to make* allowance(s) for: **Se si levano un paio di libri, il resto non vale nulla**, if you except a couple of books, the rest isn't worth anything; **senza levarne nessuno**, none excepted. ● (*fig.*) **l. q. al cielo**, to praise sb. to the skies □ (*naut.*) **l. l'ancora**, to weigh anchor □ **l. un assedio**, to raise a siege □ **l. il bollore**, to come to the boil □ **l. il campo**, to strike camp □ **levarsi un capriccio**, to satisfy a whim □ **l. q. dai guai**, to get sb. out of trouble □ **l. di mezzo q.**, to get rid of sb.; (*pop.*: *ucciderlo*) to eliminate sb., to kill off sb. □ **l. di mezzo q.c.**, to get st. out of the way; (*fig.*) to get rid of st.: **Leva di mezzo tutte quelle biciclette**, get all those bicycles out of the way; **Hanno levato di mezzo gli oppositori**, they got rid of the opponents □ **levarsi di torno q.**, to get rid of sb. □ (*fig.*) **l. il disturbo**, to leave; to take one's leave □ **levarsi la fame**, to appease one's hunger □ **l. un grido**, to utter a cry □ **l. il latte a un bambino**, to wean a baby □ (*fig.*) **levarsi la maschera**, to drop the mask □ **l. la pelle a q.**, to skin sb.; to flay sb.; (*fig.*) to flay sb. alive □ **l. il saluto a q.**, to cut sb. □ **l. una seduta**, to close a sitting; to adjourn a meeting □ **levarsi la sete**, to quench one's thirst □ **l. le tende**, to strike tents; (*fig.*) to pack up (and go), to decamp; (*scherz.*: *andare via*) to make tracks (*fam.*) □ **l. un vizio a q.**, to break sb. of a bad habit □ **l. la voce**, to raise one's voice □ **l. una voglia**, to satisfy a wish □ **Lo levarono di lì a stento**, they got him away with difficulty □ **Levati dalla testa di poter fare da te**, get it out of your head that you can manage on your own □ **Levatelo dalla testa!**, forget it! □ **Mi leverei il pane di bocca per lui**, I'd give him the shirt off my back □ **Se non la smetti, due sberle non te le leva nessuno**, you'll get what's coming to you, if you don't stop it. **B levàrsi**, *v. rifl.* e *i. pron.* ***1*** (*alzarsi in piedi*) to get* up, to stand* (up); (*alzarsi dal letto*) to get* up: **Al suo ingresso si levarono tutti**, everyone stood (up) when he came in; **Si levò alle sei**, he got up at six ***2*** (*in volo*: *d'uccello*) to take* flight, to take* wing; (*di aereo*) to take* off ***3*** (*togliersi da un luogo*) to get* out of: **Levati di lì!**, get out of the way (*o* of my way)! ***4*** (*insorgere*) to rise* up: **Il popolo si levò contro il tiranno**, the people rose up against the tyrant ***5*** (*sorgere, innalzarsi*) to rise*: **Il sole si leva alle cinque**, the sun rises at five; **S'è levato un vento gelido**, an icy wind has risen; **Un urlo si levò dalla folla**, a shout rose from the crowd; **In lontananza si levavano montagne innevate**, snow-capped mountains rose in the distance. ● **l. da tavola**, to leave the table □ **l. di torno**, to go away; to get off. **C** *m.* ***1*** rise; rising: **al levar del sole**, at sunrise ***2*** (*mus.*) upbeat: **in l.**, on the upbeat.

levàta, *f.* ***1*** rise; rising: **la l. della luna**, the rising of the moon; **La l. della luna è alle nove**, the moon rises at nine; **la l. del sole**, sunrise ***2*** (*della posta*) collection ***3*** (*l'alzarsi dal letto*) getting up (*o* out of bed) ***4*** (*ora di alzarsi*) getting-up time; (*mil.*) reveille; (*in collegio*) rising-bell, first bell ***5*** (*acquisto all'ingrosso*) wholesale purchase ***6*** (*agric.*) germination; sprouting. ● (*fig.*) **l. di scudi**, strong opposition; revolt; uproar □ (*fig.*) **di prima l.**, first thing in the morning.

levatàccia, *f.* very early rising. ● **Domani dovrò fare una l.**, I shall have to get up very early tomorrow.

levatàrtaro, *m. invar.* scaler.

levàto, *a.* ***1*** (*alzato dal letto*) up; out of bed: **È già l.**, he is already up (*o* out of bed); **Rimasi l. fino a mezzanotte**, I stayed up till midnight ***2*** (*in costr. assol.*: *salvo, eccetto*) except for; apart from: **L. quello del fumare, non ha altri vizi**, apart from smoking he has no other bad habits. ● **andare a gambe levate**, to fall flat on one's back □ **fuggire a gambe levate**, to run away as fast as one's legs will take one; to take to one's heels.

levatóio, *a.* – **ponte l.**, drawbridge.

levatrice, *f.* midwife*.

levatùra, *f.* stature; calibre: **un uomo della sua l.**, a man of his calibre; **un uomo di grande l. intellettuale**, a man of great intellectual stature.

leveràggio, *m.* (*mecc.*) compound lever.

leviatàno, *m.* ***1*** (*Bibbia*) Leviathan ***2*** (*fig.*) leviathan.

levigàre, *v. t.* ***1*** to smooth; (*carteggiare*) to sandpaper; (*lucidare*) to polish ***2*** (*mecc.*: *smerigliare*) to lap; (*un metallo*) to face; (*un cilindro*) to hone ***3*** (*una pietra*) to face, to dress; (*pomiciare*) to rub down ***4*** (*fig.*) to polish; to hone.

levigatézza, *f.* smoothness; smooth finish.

levigatóre, *m.* (*f.* **-trice**) polisher; grinder.

levigatrice, *f.* (*mecc.*) lapping machine; (*di cilindri*) honing machine.

levigatùra, levigazióne, *f.* ***1*** smoothing; (*carteggiatura*) sandpapering; (*lucidatura*) polishing ***2*** (*mecc.*: *smerigliatura*) lapping; (*di un cilindro*) honing: **l. degli ingranaggi**, gear lapping ***3*** (*di una pietra*) facing; dressing ***4*** (*fig.*) polishing; honing.

leviràto, *m.* (*stor. ebraica*) levirate.

levìstico, *m.* (*bot.*, *Levisticum officinale*) lovage.

levita, *m.* (*Bibbia*) Levite.

levità, *f.* (*lett.*) lightness; levity.

levitàre, *v. i.* to levitate. ● **far l.**, to levitate.

levitazióne, *f.* levitation.

levìtico, A *a.* Levitical. **B** *m.* (*Bibbia*: **il L.**) Leviticus.

levogìro, *a.* (*fis.*) l(a)evorotatory; l(a)evogyrate.

levrière, levrièro, *m.* greyhound. ● **l. afgano**, Afghan hound □ **l. scozzese**, deer-hound.

levulòsio, *m.* (*chim.*) l(a)evulose.

lewisite, *f.* (*chim.*, *miner.*) lewisite.

lezióne, *f.* ***1*** lesson; (*collettiva*) class; (*universitaria*) lecture: **una l. di francese**, a French lesson; **una l. di musica**, a lesson in music; a music lesson; **una l. privata**, a private lesson; **prendere lezioni private**, to take private lessons; to be coached privately; **Domani riprendono le lezioni**, classes start again tomorrow; **Ho cinque lezioni stamattina**, I have five classes this morning; **A che ora comincia la l.?**, what time does the class begin?; **studiare [ripassare] la l.**, to study [to revise] one's lesson; **fare l.**, (*a scuola*) to take a class; (*all'università*) to give a lecture, to lecture: **Mr Smith sta facendo l.**, Mr Smith is taking a class; Mr Smith is lecturing; **ora di l.**, period; **saltare le lezioni**, to miss classes; to play truant; to play hookey (*USA*) ***2*** (*di un testo*) reading; variant ***3*** (*ammonimento*) lesson, warning; (*rimprovero*) lecture, telling-off: **una meritata l.**, a well-deserved lesson; **Gli servirà di l.**, it will be a lesson to him; that'll teach him (*fam.*); **dare una l. a q.c.**, to teach sb. a lesson.

leziosàggine, *f.* affectedness; affectation; mawkishness.

leziosaménte, *avv.* affectedly; with affectation.

leziosità, *f.* affectedness; mawkishness.

lezióso, *a.* affected; mawkish; (*smanceroso*) simpering, mincing: **stile l.**, affected style; **una ragazza leziosa**, a simpering girl; **modi leziosi**, mincing ways.

lézzo, *m.* ***1*** stench; stink ***2*** (*fig.*: *sudiciume*) filth.

li (1), *pron. pers. m. 3ª pers. pl.* (*compl. ogg.*) them: **Non li conosco**, I don't know them; **Mandameli per posta aerea**, send them to me by air mail; **Guardali!**, look at them! ● **Eccoli!**, here they are!

li (2), *art. determ. m. pl.* – (*bur.*) **li 7 agosto 1993**, 7th August (*o* August 7th), 1993.

lì, *avv.* there: **qui e lì**, here and there; **Posalo lì**, put it there; **L'ho lasciato lì**, I left it there; **Resta lì!**, stay there; stay where you are; **lì dentro [fuori, intorno]**, in [out, round] there; **«Dov'è Enzo?» «Eccolo lì!»**, «where's Enzo?» «there he is!»; **«Dov'è l'ago?» «Eccolo lì!»**, «where's the needle?» «there it is!»; **Tu, lì, portami il libro**, you there, bring me your book; **quei libri lì**, those books there; **uno lì e uno là**, one there and the other over there; **Voglio quello lì**, I want that one (there); **salire su di lì**, to go up there; **Scendi giù di lì!**, get down from there; **Era proprio lì dove l'avevo lasciato**, it was just where I had left it. ● **lì per lì**, (*sui due piedi*) off hand; on the spur of the moment; (*senza aspettare*) there and then, on the spot; (*dapprima*) at first □ **Ero lì lì per rispondere**, I was on the point of answering □ **essere lì lì per piangere**, to be on the verge of tears □ **Fui lì lì per dire di no, ma mi trattenni**, I was about to say no, but I thought better of it □ **di lì a un anno**, a year later; after a year □ **di lì a poco**, soon after; after a while □ **fin lì**, as far as there; (*fig.*) up to that point, so far: **Fin lì, aveva ragione lui**, so far, he was right □ **La cosa è finita lì**, that was the end of it □ **o giù di lì** (*pressappoco*), or so; or thereabouts □ **(per) di lì** (*da quella parte*), that way: **Sono andati (per) di lì**, they went that way □ **Fermo lì!**, stop! □ **Guarda lì che confusione!**, just look at the mess! □ **Se non sono cento miglia, saremo lì**, it should be around a hundred miles □ **Se non hai speso centomila lire, siamo lì**, you must have spent close to a hundred thousand lire □ **Zitto lì!**, shut up!; hold it!

liaison (*franc.*), *f. invar.* ***1*** (*ling.*) liaison ***2*** (*fig.*) (love) affair.

liàna, *f.* (*bot.*) liana; liane.
Lias, *m.* (*geol.*) Lias.
liàssico, *a.* (*geol.*) Liassic.
libagióne, *f.* ***1*** libation ***2*** (*fig. scherz.*) libation; potation.
libanése, *a., m.* e *f.* Lebanese (*f.* Lebanese woman*): **i libanesi**, the Lebanese.
Libano, *m.* (*geogr.*) Lebanon.
libàno, *m.* (*naut.*) esparto rope.
libàre, *v. t.* ***1*** to libate ***2*** (*gustare*) to sip; to taste.
libatòrio, *a.* libatory.
libbra, *f.* ***1*** (*stor.*) libra* ***2*** (*nel sistema anglosassone*) pound.
libecciàta, *f.* south-westerly gale; south-wester; sou'-wester (*fam.* e *naut.*).
libéccio, *m.* ***1*** (*vento*) south-west wind ***2*** (*punto cardinale*) south-west.
libellìsta, *m.* e *f.* (*panflettista*) pamphleteer, lampooner; (*diffamatore*) libeller.
libèllo, *m.* ***1*** (*scritto diffamatorio*) libellous pamphlet; (*leg.*) libel ***2*** (*pasquinata*) satyrical pamphlet; lampoon.
libèllula, *f.* ***1*** (*zool.*) dragonfly ***2*** (*fig.*) sylph. • **leggero come una l.**, as light as a feather.
liberàle, A *a.* ***1*** liberal: **educazione l.**, liberal education; (*stor.*) **arti liberali**, liberal arts ***2*** (*generoso*) liberal; generous; open-handed; large ***3*** (*ispirato al liberalismo*) liberal; liberalistic: **idee liberali**, liberal ideas; **Stato l.**, liberal state; **il partito l.**, the Liberal Party. **B** *m.* e *f.* ***1*** (*fautore del liberalismo*) liberal ***2*** (*polit.*) Liberal.
liberaleggiànte, *a.* liberalistic.
liberalìsmo, *m.* (*polit.*) liberalism. • **l. economico**, free trade.
liberalìstico, *a.* (*polit.*) liberalist (*attr.*); liberalistic.
liberalità, *f.* liberality; generosity; open-handedness. • (*leg.*) **atti di l.**, gifts.
liberalizzàre, *v. t.* ***1*** to liberalize; to free: **l. l'aborto**, to liberalize abortion ***2*** (*econ.*) to liberalize; (*prezzi, affitti, ecc.*) to decontrol, to unfreeze*; (*eliminare restrizioni*) to deregulate: **l. il commercio con l'estero**, to liberalize foreign trade; **l. i trasporti pubblici**, to deregulate public transport.
liberalizzazióne, *f.* ***1*** liberalization ***2*** (*econ.*) liberalization; (*di prezzi, affitti, ecc.*) decontrol, unfreezing; (*eliminazione di restrizioni*) deregulation.
liberalménte, *avv.* liberally; freely; generously; with open hands.
liberalòide, *m.* (*spreg.*) would-be Liberal.
liberalsocialìsmo, *m.* Liberal Socialism.
liberalsocialista, *a., m.* e *f.* Liberal Socialist.
liberamàrgine, *m.* (*di macchina da scrivere*) margin release.
liberaménte, *avv.* ***1*** freely ***2*** (*francamente*) freely; frankly; plainly. • **usare l. di q.c.**, to make free use of st.
liberàre, A *v. t.* ***1*** to free; to set* free; to release; (*rendere libero*) to deliver, to liberate: **l. uno schiavo**, to set a slave free; **I terroristi liberarono un ostaggio**, the terrorists released (*o* freed) a hostage; **Aprì la gabbia e liberò il canarino**, he opened the cage and set the canary free; **l. un paese oppresso**, to liberate (*o* to free, to deliver) a country from oppression; **l. un paese dal nemico**, to free a country from the enemy; **l. il proprio estro**, to give free rein to one's creativity; **l. q. dalle catene**, to free sb. from his chains; **«E non indurci in tentazione, ma liberaci dal male»**, «and lead us not into temptation, but deliver us from evil»; (*leg.*) **l. q. da un'obbligazione**, to free (*o* to release) sb. from an obligation ***2*** (*sbarazzare*) to free; to rid*: **l. un paese dai banditi [una regione dalle zanzare]**, to rid a country of bandits [a district of mosquitoes] ***3*** (*salvare*) to save; to rescue: **l. q. dalla morte**, to save sb. from death; **l. q. da un pericolo**, to rescue (*o* to save) sb. from a danger ***4*** (*sgombrare*) to clear, to free; (*lasciare libero*) to vacate: **l. una stanza**, to clear a room; **l. un appartamento**, to vacate a flat; **l. la mente da un sospetto**, to clear sb.'s mind from suspicion; **l. un tubo intasato**, to clear (*o* to free) a choked-up pipe; (*ferr.*) **l. un binario**, to clear a track ***5*** (*sbrogliare*) to disentangle; to untangle; to free; to loosen: **l. una corda**, to disentangle a rope ***6*** (*mecc.*) to release; to trip ***7*** (*chim.*) to liberate ***8*** (*fin., leg.*) to redeem. • **l. alle stampe**, to release for publication □ **l. una corda con uno strattone**, to pull (*o* to wrench) a rope free □ **Dio ce ne scampi e liberi!**, God forbid! □ **Dio ci liberi dai bene intenzionati!**, God save us from those who mean well! **B liberàrsi,** *v. rifl.* e *i. pron.* ***1*** to free oneself; to break* free; to shake* off (st.): **Mi liberai dalle corde**, I freed myself from the ropes; **l. da impegni**, to free oneself from one's commitments; **l. dai debiti**, to free oneself from debt; to pay off one's debts; **l. da un vizio**, to shake off a bad habit ***2*** (*sbarazzarsi*) to rid* oneself of; to get* rid of; to shake* off (st., sb.); to get shot of (*fam.*): **l. di un visitatore sgradito**, to get rid of an unwelcome visitor; **l. di un debito**, to rid oneself of a debt; **liberarsi dal giogo straniero**, to shake off the foreign yoke; **l. degli inseguitori**, to shake off one's pursuers ***3*** (*diventare libero*) to become* free; to become* vacant: **L'appartamento si libererà in marzo**, the flat will become vacant in March. • **l. a fatica dei vestiti**, to struggle out of one's clothes □ **l. con uno strattone**, to wrench free.
liberatìvo, *a.* freeing; liberating.
liberatóre, A *m.* (*f.* **-trice**) liberator. **B** *a.* liberating.
liberatòria, *f.* (*leg.*) acquittance.
liberatòrio, *a.* (*fin., leg.*) releasing; redeeming: **pagamento l.**, releasing payment; **dichiarazione liberatoria**, acquittance.
liberazióne, *f.* ***1*** liberation; freeing; release; (*leg.: di un fondo, di un titolo azionario*) redemption: **la l. degli schiavi**, the liberation (*o* freeing) of slaves; **l. dalla schiavitù**, release from bondage; **guerra di l.**, war of liberation; **movimento per la l. della donna**, women's liberation movement (*fam.*: women's lib); **ottenere la l. degli ostaggi**, to obtain the release of the hostages; **l. da un'ipoteca**, redemption of a mortgage; **l. da un'obbligazione**, release from an obligation ***2*** (*il salvare*) rescue: **l. dal pericolo [dalla morte]**, rescue from danger [from death] ***3*** (*sgombero*) clearing: (*ferr.*) **la l. di un binario**, the clearing of a track ***4*** (*sollievo*) relief; release: **provare un senso di l.**, to feel a sense of release (*o* relief); **Ho passato l'esame, che l.!**, I passed the exam, what a relief! (*o* what a weight off my mind!); **Finalmente se n'è andato: che l.!**, he's gone at last, what a relief! (*fam.*: good riddance!).
libèrcolo, *m.* cheap (*o* worthless) book.
Libèria, *f.* (*geogr.*) Liberia.
liberiàno, *a.* e *m.* (*f.* **-a**) Liberian (*f.* Liberian woman*).
liberìsmo, *m.* (*econ.*) free trade; free enterprise; laissez faire (*franc.*).
liberìsta (1), (*econ.*) **A** *m.* e *f.* free trader **B** *a.* free-trade (*attr.*); laissez-faire (*attr.*).
liberìsta (2), *m.* e *f.* ***1*** (*nuoto*) crawl swimmer ***2*** (*sci*) downhill skier.
lìbero, A *a.* ***1*** free: **l. da preoccupazioni**, free from care; carefree; **l. da legami**, free from constrictions (*o* ties); **l. da pregiudizi**, free from prejudice; **l. arbitrio**, free will; **l. pensatore**, free-thinker; **versi liberi**, free verse; **entrata libera**, admission free; **l. adattamento**, free adaptation; (*econ.*) **l. scambio**, free trade; Free Trade; **l. come l'aria**, as free as the wind; **l. di fare come si vuole**, free (*o* at liberty) to do as one likes; **lasciar l. q.**, (*liberare*) to set sb. free, to let sb. go free; (*permettere*) to leave sb. free (to do st.) ***2*** (*non impegnato*) free; not engaged: **Il direttore non è l.**, the manager is busy; **Ora è l. di riceverla**, he is free to see you now ***3*** (*di posto, ecc.: non occupato*) free, empty; (*disponibile*) available; (*vacante*) vacant: **Questo posto è l.**, this seat is free; **Non ci sono posti liberi**, there are no seats available; **C'è un posto l. nella ditta**, there is a vacant position (*o* a vacancy) in the firm; **appartamento l.**, vacant flat; **lasciare l. un appartamento**, to vacate a flat ***4*** (*rif. al tempo: non impegnato*) free; spare; off (*avv.*): **tempo l.**, spare time; free time; leisure: **Che fai nel tempo l.?**, how do you spend your spare time?; **non avere un minuto l.**, not to have a moment to spare; **Qual è il tuo giorno l.?**, which is your day off?; (*di un dipendente, ecc.*) **L'ho lasciato l. nel pomeriggio**, I've given him the afternoon off ***5*** (*non ostruito*) clear: **La strada è libera da qui in avanti**, the road is clear from here on; **l. dai ghiacci**, clear of ice ***6*** (*licenzioso, ecc.*) free; loose; broad; licentious; uninhibited: **discorsi (troppo) liberi**, free (*o* loose) talk; **comicità alquanto libera**, broad humour; **liberi costumi**, loose morals; **La conversazione era molto libera**, the conversation was very uninhibited ***7*** (*telef.*) free; unengaged: **La linea è libera**, the line is free; **suono di l.**, dialling (*USA*: dial) tone ***8*** (*mecc.*) free; clear: **ruota l.**, freewheel ***9*** (*chim.*) free: **elemento l.**, free element; **allo stato l.**, loose ***10*** (*di tassi*) for hire (*pred.*). • **l. da dazio o dogana**, duty-free □ **l. da imposta**, tax-free □ (*leg.*) **l. da ipoteche**, unencumbered □ **l. professionista**, professional □ **l. su cauzione**, out on bail □ (*leg.*) **essere a piede l.**, not to be detained in custody □ **all'aria libera**, in the open air □ **avere campo l.**, to have freedom of action □ (*bur.*) **carta libera**, ordinary paper; unstamped paper □ **avere [dare] mano libera**, to have [to give] a free hand □ **disegno a mano libera**, free-hand drawing □ (*ginnastica*) **esercizi a corpo l.**, free exercises □ (*mil.*) **essere in libera uscita**, to be off duty □ **essere l. di sé**, to be free to do what one likes; to be one's own master □ (*sport*) **lotta libera**, all-in wrestling; freestyle; catch-as-catch-can □ (*nuoto*) **stile l.**, crawl □ **sentirsi finalmente l.** (*dopo un periodo di costrizione morale*), to be one's own man at last □ **spiaggia libera**, public beach □ (*bur.*) **stato l.**, unmarried state □ (*sport*) **tiro ad arma libera**, free-rifle (range) □ **traduzione libera**, free translation □ **(segnale di) via libera**, all-clear (signal); go-ahead (signal). **B** *m.* (*calcio*) sweeper; libero*.
liberoscambìsmo, *m.* (*econ.*) free trade.
liberoscambista, (*econ.*) **A** *a.* free-trade (*attr.*). **B** *m.* e *f.* free trader.
libertà, *f.* ***1*** freedom; liberty: **combattere per la l.**, to fight for freedom; **perdere la l.**, to lose one's freedom; **vivere in l.**, to live in freedom; **l. individuale**, individual liberty; **l. dal bisogno**, freedom from want; **l. di culto**, freedom of worship (*o* of religion); **l. di parola**, freedom of speech; **l. di stampa**, freedom (*o* liberty) of the press; **l. di opinione (*o* di pensiero)**, freedom (*o* liberty) of thought; freedom to express one's opinions; **l. di movimenti**, freedom of movement; **avere la l. di dire [di fare]**, to be at liberty (*o* to be free) to say [to do]; **concedere molta l. a q.**, to give plenty of freedom to sb.; **dare a q. piena l. di fare q.c.**, to give sb. complete freedom to do st.; **prendersi la l. di fare q.c.**, to take the liberty of doing st. ***2*** (*licenziosità, ecc.*) looseness: **l. di costumi**, looseness of conduct; loose morals. • **l. constituzionali**, constitutional liberties (*o* rights) □ **l. d'azione**, freedom to act; leeway; latitude: **avere l. di azione**, to be given freedom to act; to be free to do as one wants □ (*leg.*) **l. provvisoria**, release on bail: **in l. provvisoria**, out on bail; **accordare a q. la l. provvisoria**, to let sb. out

on bail □ (*leg.*) **l. vigilata**, probation: **in l. vigilata**, on probation □ **avere due ore di l.**, to be free for two hours; (*dal lavoro*) to be off duty for two hours □ **combattente per la l.**, freedom fighter □ **giorno di l.** (*dal lavoro*), day off □ **in l.**, at liberty; free; at large; (*a proprio agio*) comfortable, at home, at ease □ **in tutta l.**, freely; frankly; plainly □ **mettere q. in l.**, to set sb. free; to release sb. □ **mettersi in l.**, to make oneself at home; to let one's hair down (*fam.*) □ **prendersi delle l. con q.**, to take liberties with sb.; to get too familiar with sb.; (*fare delle avances*) to make passes at sb. □ **trattare q. con troppa l.**, to be too familiar with sb.

libertàrio, *a.* e *m.* (*f.* **-a**) libertarian.

libertarismo, *m.* libertarianism.

liberticida, A *a.* liberticidal. **B** *m.* e *f.* liberticide.

liberticìdio, *m.* liberticide.

libertinàggio, *m.* libertinism; libertinage; rakishness; licentiousness.

libertinismo, *m.* ***1*** (*filos.*) free-thinking; libertinism ***2*** (*spreg.*) libertinism.

libertino, A *a.* ***1*** (*filos.*) free-thinking ***2*** (*spreg.*) licentious; rakish. **B** *m.* ***1*** (*f.* **-a**) (*filos.*) free-thinker; libertine ***2*** (*spreg.*) libertine, rake; (*donnaiolo*) philanderer, womanizer ***3*** *V.* **liberto.**

libertismo, *m.* (*filos.*) libertarianism.

libèrto, *m.* (*stor. romana*) freedman*.

liberty (*ingl.*), **A** *m.* Art Nouveau. **B** *a.* Art-Nouveau: **una lampada l.**, an Art-Nouveau lamp.

Libia, *f.* (*geogr.*) Libya.

libico, *a.* e *m.* (*f.* **-a**) Libyan (*f.* Libyan woman*).

libìdico, *a.* (*psic.*) libidinal.

libìdine, *f.* ***1*** lechery; lasciviousness; libidinousness ***2*** (*fig.*) lust: **l. del potere**, lust for power. ● (*leg.*) **atti di l.**, indecent behaviour; indecency.

libidinóso, *a.* lewd; lecherous; libidinous.

libido (*lat.*), *f. invar.* (*psic.*) libido.

libito, *m.* (*lett.*) will; pleasure; caprice.

lib-làb, *a.* e *m. invar.* (*polit.*) Lib-Lab.

Libra, *f.* (*astron.*) Libra.

libràio, *m.* (*f.* **-a**) bookseller.

libràle, *a.* weighing a pound; (one) pound (*attr.*).

libràrio, *a.* book (*attr.*): **commercio l.**, book trade.

libràrsi, *v. i. pron.* to hover. ● **l. in volo**, to soar.

libràta, *f.* blow given with a book.

libràto, *a.* – (*aeron.*) **volo l.**, gliding.

libratóre, *m.* (*aeron.*) glider.

librazióne, *f.* (*astron.*) libration.

libreria, *f.* ***1*** (*negozio*) bookshop; bookseller's (shop); bookstore (*USA*): **l. antiquaria**, antiquarian bookshop; **l. editrice**, booksellers and publishers (*pl.*) ***2*** (*mobile*) bookcase; bookshelves (*pl.*) ***3*** (*raccolta di libri*) library.

librésco, *a.* bookish.

librettista, *m.* e *f.* librettist.

librettìstica, *f.* ***1*** libretto-writing ***2*** (*studio*) study of librettos.

librétto, *m.* ***1*** (small) book; booklet: **l. d'istruzioni**, instruction booklet; **un l. di banca**, a bankbook; a passbook (*USA*); **l. degli assegni**, chequebook, checkbook (*USA*); (*autom.*) **l. di circolazione**, registration document; (*mil.*) **l. di matricola**, pay-book; **l. di deposito a risparmio**, savings book; **l. di lavoro**, employment card; **l. universitario**, undergraduate's record book ***2*** (*mus.*) libretto*.

libro, *m.* ***1*** book: **l. rilegato**, hardback; bound book; **l. in brossura**, paperback; paperbound book; **l. tascabile**, pocketbook; paperback; **l. usato**, second-hand book; **l. illustrato**, illustrated (*o* picture) book; **l. intonso**, uncut book; **l. di storia**, history book; **l. di cucina**, cookery book; cookbook; **l. di consultazione**, reference book; book of reference; **l. di testo**, textbook; (*lettura prescritta*) set book; **l. di preghiere**, prayer-book; **l. sacro**, sacred text ***2*** (*registro*) book; register: **libri contabili**, books of account; business books; **l. dei conti di cassa**, account book; cashbook; (*eccles.*) **l. delle anime**, parish register; (*eccles.*) **l. battesimale**, baptismal register; **l. catastale**, real estate register; property register ***3*** (*parte di un'opera*) book: **il terzo l. dell'Iliade**, the third book of the Iliad ***4*** (*bot.*) liber. ● (*comm.*) **l. a madre e figlia**, counterfoil book □ (*eccles.*) **l. proibito** (*o* **all'Indice**), book on the Index □ **l. bianco**, report; (*del Governo*) white book □ **l. canonico**, sacred book □ (*eccles.*) **l. da messa**, missal □ (*relig.*) **l. dei morti**, book of the dead □ (*relig.*) **l. delle ore**, book of Hours □ (*naut.*) **l. di bordo**, logbook; log □ **l. di lettura**, reader □ (*anche fig.*) **l. d'oro**, roll of honour □ **l. giallo**, thriller; detective story □ **l.-gioco**, activity book □ (*comm.*) **l. giornale**, book of entries □ **l. manoscritto**, manuscript □ (*comm.*) **l. mastro**, ledger □ **l. nero**, black book; black list; (*della polizia*) police records (*pl.*): (*fig.*) **essere nel l. nero di q.**, to be in sb.'s black book □ (*comm.*) **l. paga**, payroll: **essere a l. paga**, to be on (sb.'s) payroll □ (*leg.*) **libri sociali**, company's books □ **a l. aperto**, at sight: **suonare [cantare] a l. aperto**, to read at sight; to sight-read □ (*fig.*) **essere un l. chiuso per q.**, to be a closed book to sb. □ **fiera del l.**, book fair □ **immerso nei libri**, buried in books □ (*fig.*) **leggere nel l. del futuro**, to read into the future □ (*comm.*) **mettere a l.**, to book; to enter □ (*scherz.*) **parlare come un l. stampato**, to talk like a book.

licantropia, *f.* (*anche psic.*) lycanthropy.

licàntropo, *m.* ***1*** werewolf* ***2*** (*psic.*) lycanthrope.

Licaóne, *m.* (*mitol.*) Lycaon.

licaóne, *m.* (*zool., Lycaon pictus*) hyena-dog; (African) hunting dog.

licciaiòla, *f.* saw-set; saw-wrest.

liccio, *m.* (*ind. tess.*) heddle; heald. ● **barra dei licci**, harness □ **pettine l.**, rigid heddle.

licciòlo, *m.* (*ind. tess.*) harness.

liceàle, A *a.* of a liceo; at a liceo; secondary-school (*attr.*): **licenza l.**, secondary-school diploma; **studente l.**, *V.* **B**. **B** *m.* e *f.* student at a liceo; secondary-school student.

liceità, *f.* (*leg.*) lawfulness.

licènza, *f.* ***1*** (*permesso*) leave; permission: **con vostra l.**, by your leave; **chiedere [ottenere] l. di**, to ask [to obtain] leave to ***2*** (*autorizzazione ufficiale*) licence, license (*USA*); permit; permission: **chiedere [ottenere, concedere] una l.**, to apply for [to be granted, to grant] a licence; **togliere la l. a q.**, to take away sb.'s licence; **l. di pesca**, fishing licence; **l. di porto d'armi**, licence to carry arms; gun licence; **l. di vendere [di stampare] q.c.**, licence to sell [to print] st.; (*leg.*) **l. di esercizio**, licence to carry on a business; **l. d'importazione**, import permit; **avere regolare l.**, to be licenced ***3*** (*mil.*) leave (of absence); furlough: **andare [essere] in l.**, to go [to be] on leave; **l. premio**, special leave; **l. per malattia**, sick leave ***4*** (*diploma*) school-leaving certificate; diploma: **esame di l.**, diploma (*o* school-leaving) examination ***5*** (*libertà*) licence; liberty: **l. poetica**, poetic licence; **prendersi la l. di**, to take the liberty of; **prendersi troppe licenze**, to take too many liberties ***6*** (*letter.*) envoy.

licenziàbile, *a.* dismissible; dischargeable; sackable (*fam.*).

licenziaménto, *m.* dismissal; discharge; sacking (*fam.*); sack (*fam.*); firing (*fam.*): (*leg.*) **l. per giusta causa**, dismissal (*o* discharge) for cause; **l. in tronco**, dismissal without notice; **minacciare q. di l.**, to threaten sb. with the sack.

licenziàndo, *m.* (*f.* **-a**) student about to take his school-leaving examination.

licenziàre, A *v. t.* ***1*** (*dal lavoro*) to dismiss; to discharge; to fire (*fam.*); to sack (*fam.*); to give* the sack (*fam.*); to turn out (*fam.*): **l. in tronco**, to dismiss without notice; to fire on the spot ***2*** (*dare un diploma*) to grant a diploma (*o* a school-leaving certificate) ***3*** (*congedare*) to dismiss; to send* away. ● **l. le bozze** (**per la stampa**), to pass proofs (for the press). **B licenziarsi,** *v. rifl.* ***1*** to give* notice; to resign; to leave* one's job ***2*** (*ottenere un diploma*) to take* a diploma (*o* a school-leaving certificate); to graduate from secondary school ***3*** (*congedarsi*) to take* one's leave.

licenziatàrio, *m.* (*f.* **-a**) (*leg.*) licensee.

licenziàto, A *a.* (*dal lavoro*) dismissed; discharged; sacked (*fam.*); fired (*fam.*). **B** *m.* e *f.* ***1*** (*da una scuola*) school-leaver ***2*** (*dal lavoro*) dismissed person.

licenziosità, *f.* licentiousness; dissoluteness.

licenzióso, *a.* licentious; dissolute.

licèo, *m.* ***1*** liceo; secondary school: **l. artistico**, art school; **l. classico [scientifico]**, secondary school with an emphasis on humanities [on sciences]; **l. musicale**, conservatory ***2*** (*stor. greca*) Lyceum.

lichen, *m.* (*med.*) lichen.

lichène, *m.* (*bot.*) lichen. ● **l. d'Islanda** (*Cetraria islandica*), Iceland moss □ **l. delle renne** (*Cladonia rangifernia*) reindeer moss □ **l. pissidato** (*Cladonia pyxidata*), cup lichen; cup moss.

lichenina, *f.* (*chim.*) lichenin.

lichenografia, *f.* lichenology.

lichenòide, *a.* (*med.*) lichenoid.

lichenologia, *f.* lichenology.

lichenóso, *a.* lichenous, lichenose.

Licia, *f.* (*geogr., stor.*) Lycia.

licio, *a.* e *m.* (*f.* **-a**) (*stor.*) Lycian.

licitàre, *v. i.* (*a un'asta, al bridge*) to bid*.

licitazióne, *f.* ***1*** (*offerta a un'asta*) bid ***2*** (*offerta a una gara d'appalto*) tender ***3*** (*vendita all'asta*) auction (sale) ***4*** (*bridge*) bid; bidding. ● **l. privata**, private treaty.

licnide, *f.* (*bot., Lychnis*) lychnis.

licopène, *m.* (*chim.*) lycopene.

licopòdio, *m.* (*bot., Lycopodium clavatum*) lycopod; club moss. ● (*farm.*) **polvere di l.**, lycopodium; vegetable brimstone.

licoressia, *f.* (*med.*) bulimia; canine hunger.

Licùrgo, *m.* (*stor. greca*) Lycurgus.

lidar, *m. invar.* (*tecn.*) lidar.

Lidia, *f.* (*geogr., stor.*; *nome proprio*) Lydia.

lidio, *a.* e *m.* (*f.* **-a**) (*stor.*) Lydian. ● (*mus.*) **modo l.**, Lydian mode □ (*miner.*) **pietra lidia**, Lydian stone.

lidite, *f.* (*miner.*) Lydian stone.

lido, *m.* ***1*** (*spiaggia*) shore, beach; (*attrezzata*) lido* ***2*** (*fig. lett.*) shore (*lett.*); country; region: **i patri lidi**, one's native country; one's native shores; **altri lidi**, foreign parts; far-away countries: **prendere il volo per altri lidi**, to leave for far-away countries. ● **il L. di Venezia**, the Lido.

Lied (*ted.*), *m. invar.* (*mus.*) lied*.

liederista, *m.* e *f.* ***1*** (*compositore*) composer of lieder ***2*** (*cantante*) lied singer.

liederìstica, *f.* lieder (*ted., pl.*).

liederìstico, *a.* (*mus.*) in the style of a lied; lied (*attr.*).

Liégi, *f.* (*geogr.*) Liège.

lièto, *a.* ***1*** (*felice*) happy; (*di buon umore, allegro*) cheerful; (*contento*) glad, pleased, delighted: **Sono l. di accettare il vostro invito**, I am glad to accept your invitation; **Sono l. che tu sia venuto**, I'm glad you've come; **Era sempre l.**, he was always cheerful; **di umore l.**, in a happy mood; **una lieta canzone**, a cheerful song; **L. [Lietissimo] di conoscerla**, how do you do?; pleased [delighted] to meet you; **«Bruno Bianchi» «Molto l.»**, «Bruno Bianchi» «how do you do?» ***2*** (*che dà gioia*) happy; joyful; joyous; good: **un l. evento**, a happy event; **un l. fine**, a happy ending; **Hai sentito la lieta notizia?**, have you heard the good news?; (*relig.*) **lieta novella**, good tidings (*pl.*) ***3*** (*poet.*: *ameno*) serene; smiling: **lieti colli**, smiling hills.

liève, *a.* ***1*** (*leggero*) light: **l. come una piuma**, as light as a feather; **un peso l.**, a light burden; **passo l.** light step ***2*** (*delicato*) light; gentle; delicate: **un tocco l.**, a light (*o* gentle, delicate) touch; **una l. brezza**, a gentle breeze ***3*** (*tenue*) slight; faint: **una l. vena d'umorismo**, a slight touch of humour; **un l. sorriso**, a faint smile ***4*** (*non grave*) slight; minor: **una malattia l.**, a slight illness; **ferite lievi**, minor injuries; **colpa l.**, minor fault ***5*** (*facile*) light; easy: **compito l.**, easy task; light duty.

lieveménte, *avv.* ***1*** lightly; gently; delicately ***2*** (*appena, un po'*) slightly.

lievità, *f.* ***1*** (*leggerezza*) lightness ***2*** (*delicatezza*) lightness; gentleness ***3*** (*tenuità*) slightness; faintness.

lievitàre, A *v. i.* ***1*** to rise*; to prove; to ferment ***2*** (*fig.*: *aumentare*) to rise*, to grow*, to swell; (*di prezzi*) to rise*, to soar. • **far l. i costi**, to increase costs □ **far l. la pasta**, to leaven the dough □ **far l. i prezzi**, to cause prices to rise; to send up prices. **B** *v. t.* to leaven.

lievitazióne, *f.* ***1*** leavening; rising ***2*** (*fig.*: *dei prezzi*) rise; increase.

lièvito, *m.* ***1*** yeast; leaven: **l. del pane**, baker's yeast; **l. di birra**, brewer's yeast; **l. in polvere**, baking powder ***2*** (*fig.*) leaven.

lifo, *m. invar.* (*rag.*) LIFO.

lift (*ingl.*), *m. invar.* ***1*** liftman*; liftboy; elevator attendant (*USA*) ***2*** (*tennis*) top spin.

liftàre, *v. t.* (*tennis*) to hit* with a top spin.

liftàto, *a.* ***1*** that has had a face-lift ***2*** (*tennis*) – **palla liftata**, ball with a top spin.

lìfting (*ingl.*), *m. invar.* face-lift: **fare un l.**, to have a face-lift.

lìgio, *a.* ***1*** (*fedele*) faithful, loyal; (*obbediente*) observant: **l. al proprio re**, loyal to one's king; **l. al dovere**, faithful to one's duty; **l. alle regole**, observant of rules; **l. alla legge**, law-abiding (*agg.*) ***2*** (*stor.*) liege.

lignàggio, *m.* lineage; ancestry; pedigree; descent; stock: **di antico l.**, of ancient lineage (*o* stock); **di alto l.**, of noble birth (*o* descent); highborn (*agg.*).

lìgneo, *a.* (*di legno*) wooden, ligneous; (*simile al legno*) woody: **soffitto l.**, wooden ceiling; **consistenza lignea**, woody consistency.

lignificàre, *v. t.* e **lignificàrsi,** *v. i. pron.* (*bot.*) to lignify.

lignificazióne, *f.* (*bot.*) lignification.

lignìna, *f.* (*bot.*) lignin.

lignìte, *f.* lignite; brown coal.

ligroìna, *f.* (*chim.*) ligroin.

lìgula, *f.* ***1*** (*zool.*) ligula* ***2*** (*bot.*) ligule; ligula*.

ligulàto, *a.* (*bot.*) ligulate.

lìgure, *a., m.* e *f.* Ligurian (*f.* Ligurian woman*).

ligùstro, *m.* (*bot., Ligustrum vulgare*) privet.

liliàcea, *f.* (*bot.*) liliaceous plant.

Liliàcee, *f. pl.* (*bot., Liliaceae*) Liliaceae.

liliàceo, *a.* (*bot.*) liliaceous.

lilìale, *a.* lily-like (*attr.*).

Liliàna, *f.* Lil(l)ian.

lilla, lillà, A *m. invar.* (*bot., Syringa vulgaris*) lilac. **B** *m.* e *a. invar.* (*colore*) lilac.

lillipuziàno, *a.* e *m.* (*f.* **-a**) Lilliputian.

lima, *f.* file: **l. a coltello**, knife file; **l. a grana grossa [piccola]**, rough [smooth] file; **l. a losanga**, lozenge file; **l. a taglio doppio**, crosscut file; **l. a taglio semplice**, float; **l. bastarda**, bastard file; **l. da legno**, rasp file; **l. piatta**, flat file; **l. tonda [mezzo tonda]**, round [half-round] file; **l. triangolare**, three-square (*o* triangular) file; **l. per unghie**, nail file; **l. di cartone**, emery board; **l. sorda**, silent file; (*fig.*: *pensiero angoscioso*) gnawing worry; (*persona che agisce copertamente*) sly (*o* underhand) fellow. • (*fig.*) **lavorare di l. a q.c.**, to polish st. □ (*fig.*) **lavoro di l.**, polishing; finishing touches (*pl.*).

limàccia, *f.* (*zool.*) snail.

limaccióso, *a.* (*anche fig.*) muddy; murky.

limàcide, *m.* (*zool.*) limax*; slug.

Limàcidi, *m. pl.* (*zool., Limacidae*) Limacidae.

limacografìa, limacologìa, *f.* limacology.

limànda, *f.* (*zool., Pleuronectes limanda*) dab.

limàre, *v. t.* ***1*** to file; (*con la raspa*) to rasp: **limarsi le unghie**, to file one's nails ***2*** (*fig.*: *rifinire*) to polish; to hone ***3*** (*fig.*: *rodere*) to gnaw; to eat*.

limatóre, *m.* (*f.* **-trice**) ***1*** filer ***2*** (*fig.*) polisher; perfectionist.

limatrìce, *f.* (*mecc.*) shaping-machine; shaper: **l. da banco**, bench shaping-machine; **l. universale**, universal shaping-machine.

limatùra, *f.* ***1*** (*il limare*) filing ***2*** (*polvere*) filings (*pl.*).

lìmbo, *m.* (*anche fig.*) limbo.

limétta (1), *f.* (*per unghie*) nail file; (*di cartone*) emery board.

limétta (2), *f.* (*bot., Citrus aurantifolia*) lime.

limìcolo, *a.* (*zool.*) limicolous.

liminàle, *a.* (*psic.*) liminal.

liminàre, *a.* (*scient.*) threshold (*attr.*).

lìmine, *m.* (*lett.*) limen (*lett.*); threshold. • (*eccles.*) **visita ai limini**, visit «ad limina».

limitàbile, *a.* limitable.

limitabilità, *f.* limitableness.

limitàneo, *a.* border (*attr.*); frontier (*attr.*).

limitàre (1), *m.* ***1*** (*soglia, anche fig.*) threshold: **essere sul l. della vita**, to be on the threshold of life ***2*** (*fig.*: *margine*) margin; edge: **il l. del bosco**, the edge of the wood.

limitàre (2), A *v. t.* ***1*** (*ridurre*) to limit, to restrict; (*porre un limite a*) to set* a limit to; (*specialm. con l'autorità o la forza*) to restrict: **l. le spese**, to limit one's expenditure; **Gli alberi limitavano la visuale**, the trees restricted the view; **l. il tempo per le risposte**, to set a time-limit for the answers; **l. le proprie ambizioni**, to set a limit to one's ambitions; **l. i commerci**, to restrict trade ***2*** (*moderare*) to limit, to restrict, to moderate; (*frenare*) to curb: **l. le pretese [lo zelo]**, to moderate (*o* to curb) one's demands [one's zeal] ***3*** (*segnare il limite*) to bound; to surround: **Il campo era limitato dalla strada e dal fiume**, the field was bounded by the road and the river. **B limitàrsi,** *v. rifl.* ***1*** to confine (*o* to limit) oneself: **Mi limiterò a parlare della prima fase**, I shall confine myself to the first phase; **Si limitò a fare piccoli cambiamenti**, he limited himself to making minor alterations; **Si sono limitati a dare un'occhiata**, they merely had a look round; **Si limitò a un'alzata di spalle**, he just (*o* merely) shrugged ***2*** (*ridursi*) to limit oneself, to cut* down; (*non eccedere*) to be moderate, not to exaggerate: **Voglio limitarmi a dieci sigarette al giorno**, I want to limit myself (*o* to cut down) to ten cigarettes a day; **l. nelle spese**, to cut down expenses; **l. nel bere**, to be moderate in drinking; to drink moderately; **Bisogna imparare a l.**, one should learn not to exaggerate.

limitataménte, *avv.* ***1*** (*entro certi limiti*) to a limited extent; within (certain) limits: **spendere l.**, to spend within limits ***2*** (*nei limiti di*) as far as; as regards: **l. alle mie possibilità**, as far as I can; to the extent of my possibilities; **l. alla questione in esame**, as regards the question under examination.

limitatézza, *f.* narrowness; exiguousness.

limitatìvo, *a.* restrictive; limitative; limiting.

limitàto, *a.* ***1*** limited; (*esiguo*) restricted, narrow; (*scarso*) scanty: **un reddito l.**, a limited income; **un uomo di mezzi limitati**, a man with scanty means; **Abbiamo un tempo l.**, our time is limited; **La loro libertà è limitata**, their freedom is restricted; **intelligenza limitata**, limited intelligence ***2*** (*fig.*: *ristretto*) narrow-minded: **vedute limitate**, narrow-minded ideas; **mentalità limitata**, narrow-mindedness. • (*comm.*) **responsabilità limitata**, limited liability.

limitatóre, *m.* (*mecc.*) limiting device; (*elettr.*) limiter: **l. di carico**, load limiting device; **l. di corrente**, current limiter; **l. di velocità**, speed limiting device; **l. di tensione**, aerial discharger.

limitazióne, *f.* limitation; limit; (*restrizione*) control, restraint, restriction; (*freno*) curb: **porre una l. di tempo**, to impose a time limit; **porre limitazioni al commercio con l'estero**, to place restrictions on foreign trade; **l. delle spese**, curb on expenditure; **l. degli armamenti**, arms control; **l. delle nascite**, birth control. • (*leg.*) **l. della concorrenza**, restraint of trade □ (*leg.*) **l. di responsabilità**, limited liability.

lìmite, A *m.* ***1*** limit; limitation; (*al pl., anche*) bounds: **stabilire** (*o* **porre**) **un l.**, to fix (*o* to set) a limit; **Non c'è l. di età**, there is no age limit; **La mia pazienza ha un l.**, there is a limit to my patience; **Tutto ha un l.**, there's a limit to everything; **La sua insolenza non conosce limiti**, his insolence knows no bounds; **restare entro i limiti della buona creanza**, to keep within the bounds of propriety; **entro certi limiti**, within (certain) limits; within bounds; **fuori dai limiti**, out of bounds; **i limiti della conoscenza umana**, the limits of human knowledge; **Ha coscienza dei suoi limiti**, he knows his limitations ***2*** (*confine*) boundary; border: **Una siepe segna i limiti della proprietà**, a hedge marks the boundaries of the estate; **definire i limiti di un nuovo Stato**, to define the boundaries of a new state; **arrivare ai limiti del territorio svizzero**, to go as far as the Swiss border ***3*** (*mat.*) limit ***4*** (*geogr.*) line: **l. delle nevi perenni**, snow-line; **l. della vegetazione arborea**, treeline; timberline (*USA*); **il l. dell'olivo**, the olive-tree line. • **l. di carico**, weigh (*o* load) limit □ (*banca*) **l. di credito**, credit limit; ceiling □ (*edil.*) **l. di elasticità**, limit of elasticity; elastic limit □ (*metall.*) **l. di elasticità convenzionale**, proof-stress □ **limiti d'età**, retirement (*o* pensionable) age: **per raggiunti limiti d'età**, having reached the retirement age □ (*anche fig.*) **l. di guardia**, danger point □ **l. di sopravvivenza**, death point □ **l. kilometrico**, kilometre marker □ (*edil.*) **l. di rottura**, breaking point □ (*autom.*) **l. di velocità**, speed limit □ **al l.**, (*tutt'al più*) at most; (*alla peggio*) at worst □ **al l. delle proprie possibilità**, as much as one can □ **essere al l. della sopportazione**, to be at the end of one's tether □ (*ferr.*) **indicazione del l. di portata**, marked capacity □ **nei limiti del possibile**, as far as possible □ **passare i limiti**, to exceed the limits; (*esagerare*) to go too far, to overstep the mark; (*essere esagerato*) to pass all bounds: **Passa i limiti della probabilità**, it's beyond the bounds of probability; **Questo passa ogni l.!**, that's the limit! □ **senza limiti**, without limit; limitless (*agg.*); boundless (*agg.*): **cortesia senza limiti**, boundless kindness. **B** *a.* extreme; borderline (*attr.*): **caso l.**, borderline case; **ipotesi l.**, extreme hypothesis. • (*mat.*) **punto l.**, cluster point.

limìtrofo, *a.* neighbouring; bordering; adjacent: **i paesi limitrofi**, the neighbouring countries.

limnètico, *a.* limnetic.

limnìmetro, *m.* limnimeter.

limnologìa, *f.* limnology.

limnòlogo, *m.* (*f.* **-a**) limnologist.

lìmo, *m.* ***1*** slime; mud; mire ***2*** (*geol.*) silt.

limòla, *f.* rotary file.

limolatrìce, *f.* rotary filing machine.

limonàia, *f.* lemon-house.

limonàre, *v. i.* (*fam.*) to pet; to neck (*fam.*); to snog (*fam. GB*).

limonàta, *f.* lemonade; (*spremuta*) lemon juice.

limóne, A *m.* **1** (*albero*) lemon tree **2** (*frutto*) lemon: **succo di l.**, lemon juice; **scorza di l.**, lemon peel. ● **essere giallo come un l.** (*essere pallido*), to look green □ (*scherz.*) **garantito al l.**, dead certain; sure thing (*fam.*) □ **sentirsi come un l. spremuto**, to feel drained. **B** *a. invar.* lemon (*attr.*): **color l.**, lemon-coloured; **giallo l.**, lemon yellow.

limonéto, *m.* lemon-orchard.

limonicolo, *a.* lemon (*attr.*).

limonicoltóre, *m.* (*f.* **-trice**) lemon grower.

limonicoltùra, *f.* lemon growing.

limonite, *f.* (*miner.*) limonite.

limonitizzazióne, *f.* (*geol.*) limonitization.

limoṣino, *a.* of Limoges; Limoges (*attr.*): **ceramiche limosine**, Limoges ware. ● (*zool.*) **razza limosina**, Limousin.

limosità, *f.* sliminess.

limóso, *a.* slimy; muddy; miry.

limpidézza, *f.* transparency; limpidity; limpidness; clearness.

limpido, *a.* clear; limpid; transparent: **acqua limpida**, clear water; **una mente limpida**, a clear mind; **prosa limpida**, limpid prose.

linaiòla, *V.* **linaria**.

linaiòlo, *m.* **1** (*chi lavora il lino*) flax dresser **2** (*venditore*) linen draper.

linària, *f.* (*bot.*, *Linaria vulgaris*) toadflax.

lince, *f.* **1** (*zool.*, *Lynx*) lynx: **l. rossa** (*Lynx rufus*), bay lynx; bobcat **2** (*fig.*) sharp-witted person. ● (*fig.*) **dagli occhi di l.**, lynx-eyed.

linceo (1), *a.* lynx-like; lynx (*attr.*); lyncean.

lincèo (2), *m.* – **Accademia dei Lincei**, Academy of the Lincei.

linciàggio, *m.* lynching.

linciàre, *v. t.* to lynch.

linciatóre, *m.* (*f.* **-trice**) lyncher.

lindo, *a.* **1** (*pulito e ordinato*) clean and tidy; neat; spic(k) and span (*pred.*), spic(k)-and--span (*attr.*) **2** (*di persona*) neat; trim **3** (*fig.*) clean; spotless.

lindùra, *f.* neatness; cleanliness.

linea, *f.* **1** (*segno tracciato*) line; (*nell'alfabeto Morse*) dash: **l. grossa**, thick line; **l. sottile**, fine (*o* thin, narrow) line; **l. tratteggiata**, dotted line; (*mat.*) **l. retta [curva]**, straight [curved] line; (*mat.*) **linee convergenti [divergenti, parallele]**, converging [diverging, parallel] lines; **tirare una l.**, to draw a line; **le linee della mano**, the lines of the hand; **le linee del pentagramma**, the lines of the stave **2** (*geogr.*) line: **l. altimetrica**, contour line; **l. equinoziale**, equinoctial line; **l. del cambiamento di data**, International Date Line; **l. delle nevi perpetue**, snow-line; **l. di spartiacque**, watershed; **la l. equatoriale**, the Line; the Equator **3** (*contorno, profilo*) line, profile, contour; (*forma, modello*) design; (*di abito, anche*) line, cut; (*al pl.*: *di viso*) features: **la l. di un'automobile**, the line of a car; **semplicità di linee**, simplicity of line; **Non mi piace la l. della giacca**, I don't like the cut of the jacket; **cappotto di l. classica**, classic coat; **le linee severe del suo volto**, his stern features **4** (*del corpo*) figure: **mantenere la l.**, to keep one's figure; **rovinarsi la l.**, to ruin one's figure **5** (*condotta, comportamento*) line: **l. di condotta**, line of conduct; **la l. ufficiale del partito**, the official party line; **seguire una certa l.**, to take a certain line; **Che l. devo tenere con loro?**, what line should I take with them? **6** (*di trasporti*) line; route: **le grandi linee di comunicazione**, the main lines of communication; the great travel routes; **l. ferroviaria [di navigazione]**, railway [shipping] line; **l. tranviaria**, tramline; **l. aerea**, airline; **servizio di l.**, regular service; **volo di l.**, scheduled flight; **viaggiare sulla l. Calais--Basilea**, to travel by the Calais-Basel route (*o* line) **7** (*mil.*) line: **l. di battaglia**, line of battle; **l. di tiro**, line of fire; **l. del fuoco**, firing line; **essere sulla l. del fuoco**, to be in the firing line; **la l. Gotica [Maginot]**, the Gothic [Maginot] line; **prima l.**, front line; **truppe di prima l.**, front-line troops; (*stor.*) **soldati di l.**, infantry **8** (*telef.*) line: **stendere una l.**, to lay a line; **La l. è occupata**, the line is engaged (*USA*: busy); **essere in l.**, to be through (*GB*), to be connected (*USA*); **prendere la l.**, to get through; **Non riesco ad avere la l. con Sydney**, I can't get through to Sydney; **È caduta la l.**, I've been cut off; **Resti in l.**, hold the line (*o* hold on), please **9** (*comm.*, *ind.*) line: **l. di prodotti**, line of products; **una nuova l. di bellezza**, a new line of cosmetics **10** (*sport*) line: **l. d'arrivo**, finishing line; **l. d'attacco**, forward line; **l. di partenza**, starting line; **l. di fondo**, end line; back line; (*calcio*) goal line; (*tennis*) baseline; **l. laterale**, touchline; byline. ● (*fig.*) **l. calda**, hot line □ (*elettr.*) **la l. dell'alta tensione**, high-tension line □ (*chiromanzia*) **la l. del cuore**, the line of the heart □ **l. di confine**, (*tra paesi*) border; (*tra proprietà*) boundary line; (*fig.*) borderline □ (*edil.*) **l. di displuvio**, ridge; crest □ **l. di febbre**, degree of temperature: **avere qualche l. di febbre**, to have a slight temperature; **La febbre è scesa di qualche l.**, the temperature has dropped slightly □ (*elab.*) **l. di flusso**, flowline □ (*naut.*) **l. di galleggiamento**, (*a pieno carico, normale*) load water-line; (*a vuoto*) light water-line □ (*naut.*) **l. di massima immersione**, Plimsoll line □ (*elettr.*) **l. di raccordo**, connecting line □ (*naut.*) **l. di rispetto**, limit of territorial waters □ (*naut.*) **l. di rotta**, (ship's) course □ (*fig.*) **l. dura**, hard line □ **descrivere q.c. a grandi linee**, to outline st.; to give au outline of st. □ **tracciare q.c. a grandi linee**, to trace the broad outline of st.; to trace st. with a few broad strokes (*o* lines) □ **in l.**, (*autom.*, *mecc.*) in-line; (*elab.*) on line: **un motore in l.**, an in-line engine; **motore a otto cilindri in l.**, eight cylinder in-line (*o* straight-eight) engine □ **Non è in l. con le nostre decisioni**, it is not in line with our decisions □ **mettersi in l.**, to line up; to form a line; to queue up; (*naut.*) to take up station □ (*fig.*) **mettersi in l. con le tendenze attuali**, to get into line with current trends □ **In l. d'aria è lontano sei kilometri**, it's six kilometres away as the crow flies □ **in l. di massima**, (*in genere*) as a rule, mostly, generally speaking; (*nel complesso*) on the whole □ **in l. di principio**, in principle □ **in l. diretta [collaterale] di successione**, in the direct [collateral] line of succession □ **muoversi in l. retta**, to move in a straight line □ **procedere in linee parallele**, to follow parallel lines □ (*fig.*) **essere in prima l.**, to be in the front line; to be on the sharp end □ (*fig.*) **passare in seconda l.**, to take second place; to fade into the background □ **su tutta la l.**, all along the line □ (*naut.*, *stor.*) **un vascello di l.**, a ship of the line; a line-of-battle ship.

lineaménti, *m. pl.* **1** (*di viso*) features; lineaments **2** (*fig.*: *elementi principali*) outlines; main features: **l. di matematica**, outlines of mathematics.

lineàre, *a.* **1** (*anche mat.*) linear; lineal: **equazione l.**, linear equation; **misure lineari**, linear measures; **polimero l.**, linear polymer **2** (*fig.*) straightforward; consistent. ● (*archeol.*) (**scrittura**) **l. A [B]**, linear A [B].

linearismo, *m.* (*arte*) linear stile.

linearità, *f.* **1** linearity **2** (*fig.*) straightforwardness; consistency.

lineétta, *f.* (*tratto d'unione*) hyphen; (*tratto lungo*) dash.

lineria, *f.* linen goods (*pl.*).

linéto, *m.* flax field.

linfa, *f.* **1** (*bot.*) sap **2** (*biol.*) lymph **3** (*fig.*) sap; nourishment; food.

linfadenia, *V.* **linfadenopatia**.

linfadenite, *f.* (*med.*) lymphadenitis.

linfadenòma, *m.* (*med.*) lymphadenoma*.

linfadenopatia, *f.* (*med.*) lymphadenopathy.

linfangiòma, *m.* (*med.*) lymphangioma*.

linfangite, *f.* (*med.*) lymphangitis*. ● (*vet.*) **l. epizootica**, epizootic lymphangitis.

linfàtico, A *a.* (*anat.*, *med.*) lymphatic; lymph (*attr.*): **vaso l.**, lymphatic vessel; **ghiandole linfatiche**, lymph nodes (*o* glands); **sistema l.**, lymphatic system. **B** *m.* (*f.* **-a**) lymphatic person.

linfatiṣmo, *m.* (*med.*) lymphatism.

linfoblàsto, *m.* (*biol.*) lymphoblast.

linfochina, *f.* (*biol.*) lymphokine.

linfocita, **linfocito**, *m.* (*biol.*) lymphocyte.

linfocitàrio, *a.* (*biol.*) lymphocytic.

linfocitopenia, *f.* (*med.*) lymphocytopenia.

linfocitopoièṣi, *f.* (*biol.*) lymphopoiesis.

linfocitòṣi, *f.* (*med.*) lymphocytosis*.

linfoghiàndola, *f. V.* **linfonodo**.

linfogranulòma, *m.* (*med.*) lymphogranuloma*.

linfòide, *a.* (*anat.*) lymphoid: **tessuto l.**, lymphoid tissue.

linfòma, *m.* (*med.*) lymphoma*.

linfonòdo, *m.* (*anat.*) lymph node.

linfopenia, *f.* (*med.*) lymphocytopenia.

linfopoièṣi, *f.* (*biol.*) lymphopoiesis*.

linfosarcòma, *m.* (*med.*) lymphosarcoma*.

lingerie (*franc.*), *f.* women's underwear.

lingottièra, *f.* (*metall.*) ingot mould.

lingòtto, *m.* **1** ingot; bar **2** (*tipogr.*) reglet. ● **oro in lingotti**, bullion.

lingua, *f.* **1** (*anat.* e *fig.*) tongue: **la punta della l.**, the tip of the tongue; **tirare fuori la l.**, to put out (*o* to stick out) one's tongue; **avere la l. bianca [sporca]**, to have a coated [furred] tongue; **avere la l. mordace**, to have a caustic (*o* sharp) tongue; **sciogliere la l. a q.**, to loosen sb.'s tongue; **tenere a posto** (*o* **frenare**) **la l.**, to hold one's tongue **2** (*linguaggio*) language; tongue: **la l. italiana**, the Italian language; **l. straniera [viva, morta]**, foreign [living, dead] language; **l. artificiale**, artificial language; **l. parlata [scritta]**, spoken [written] language; **la l. madre** (*o* **materna**), one's mother tongue; **l. volgare**, vulgar tongue; (*stor.*) early Italian; **l. franca**, lingua franca; **lo studio delle lingue**, the study of languages; **il dono delle lingue**, the gift of languages; (*Bibbia*) **la confusione delle lingue**, the confusion of tongues; **avere attitudine per le lingue**, to have a flair for languages; **sapere bene le lingue**, to be a good linguist; **di l. inglese**, English-speaking (*agg.*) **3** (*striscia*) tongue; strip; neck: **l. di terra**, strip of land **4** (*cucina*) tongue: **l. di bue**, ox-tongue; **l. affumicata**, smoked tongue; **l. salmistrata**, corned tongue **5** (*bot.*) – **l. cervina** (*Phyllitis scolopendrium*), hart's-tongue; **l. d'acqua** (*Potamogeton natans*), pond-weed; **l. di bue** (*Anchusa*), bugloss; alkanet; **l. di cane** (*Plantago lanceolata*), ribwort plantain; **l. di serpe** (*Ophioglossum vulgatum*), adder's-tongue. ● (*anche fig.*) **l. biforcuta**, forked tongue □ (*fig.*) **l. blasfema** (*bestemmiatore*), blasphemous person □ (*fig.*) **l. che taglia e cuce**, scalding tongue □ **lingue di gatto** (*biscotti*), finger biscuits □ **l. furbesca**, thieves' cant □ (*fig.*) **arrivare con un palmo di l. di fuori**, to arrive puffing and panting □ (*fig.*) **avere la l. sciolta**, to have a glib (*o* ready) tongue; to have the gift of the gab □ (*fig.*) **avere il cuore sulla l.**, to wear one's heart upon one's sleeve □ (*fig.*) **L'avevo sulla punta della l.**, I had it on the tip of my tongue □ **Che l.!**, (*che chiacchierone*) what a chatterbox!; (*che maligno*) he has a wicked tongue! □ **in l.**, in Italian: **scrivere in l.**, to write in Italian; not to write in dialect; **tradotto in l. dal siciliano**, translated from Sicilian into Italian □ (*fig.*) **in l. povera**, in plain words; not to put too fine a point on it □ **mala l.**, *V.* **malalingua** □ (*fig.*) **mettere l.**, to interfere; to stick one's oar in □ (*anche fig.*) **mordersi la l.**, to bite one's tongue □ (*fig.*) **non aver peli sulla l.**, not to mince one's words; to speak bluntly □ **Parla solo perchè ha la l. (in bocca)**, he talks just for the sake of talking □ **Hai perso la l.?**, have you lost your tongue?; has the cat got your tongue? □ (*prov.*) **Ne uccide più la l. che la spada**, words cut more than swords □ (*prov.*) **La l. batte dove il dente duole**, the tongue ever turns to the aching tooth.

linguàccia, *f.* (*persona maldicente*) evil tongue; slanderer; backbiter. ● **essere una l.**, to have a wicked tongue.

linguacciùto, *a.* (*chiacchierone*) chatty, petulant; (*pettegolo*) gossipy.

linguàggio, *m.* **1** (*facoltà di parlare*) speech: **l. umano**, human speech; **l'origine del l.**, the origin of speech; **difetti del l.**, speech defects **2** (*lingua*) language; (*di un gruppo particolare*) special language, parlance; (*l. tecnico*) terms (*pl.*), jargon, (*spreg.*) lingo: **il l. dei segni**, sign language; **il l. degli occhi**, the language of the eyes; **il l. delle api**, the language of bees; **in l. corrente**, in common parlance; in everyday speech; **per usare il l. dei medici**, in medical parlance; **Imparai il l. delle redazioni giornalistiche**, I learnt the special language of the newspaper world; **evitare il l. tecnico**, to avoid technical terms (*o* jargon, language); **l. legale**, legal jargon; (*spreg.*) legal lingo **3** (*elab.*) language: **l. di alto [basso] livello**, high-level [low-level] language; **l. di programmazione**, programming language; **l. macchina**, machine language. ● **l. cifrato**, cipher language □ **l. da bettola**, coarse language □ **l. infantile**, baby-talk □ **Che l.!**, what a way to talk! □ (*fig.*) **parlare lo stesso l.**, to speak the same language

linguaiòlo, *m.* (*f.* **-a**) (*spreg.*) linguistic pedant.

linguàle, *a.* (*anat., fon.*) lingual.

linguàta, *f.* lick.

linguèlla, *f.* (*filatelia*) stamp hinge.

linguétta, *f.* **1** (*di scarpa*) tongue **2** (*mus.*) reed **3** (*mecc.*) tang; spline; tongue **4** (*di busta*) flap **5** (*di cartelletta, ecc.*) tab.

linguifórme, *a.* tongue-shaped; linguiform.

linguista, *m.* e *f.* linguist.

linguistica, *f.* linguistics (*pl. col verbo al sing.*): **l. generale [storica, strutturale]**, general [historical, structural] linguistics.

linguistico, *a.* linguistic(al).

lingula, *f.* **1** (*anat.*) lingula **2** (*zool.*) Lingula.

linicoltùra, *f.* flax cultivation.

linièro, *a.* linen (*attr.*): **industria liniera**, linen industry.

linificio, *m.* (*ind. tess.*) flax-mill.

liniménto, *m.* (*farm.*) liniment; embrocation.

linnèa, *f.* (*bot., Linnaea borealis*) twinflower.

linneàno, *a.* (*bot.*) Linn(a)ean.

Linnèo, *m.* (*stor., bot.*) Linnaeus.

lino, *m.* **1** (*bot., Linum usitatissimum*; *fibra*) flax: **filatura del l.**, flax spinning; **pettinatura del l.**, flax hackling; **l. scotolato**, scutched flax **2** (*tessuto*) linen: **l. d'Irlanda**, Irish linen; **tovaglia di l.**, linen tablecloth. ● **olio di l.**, linseed oil □ **seme di l.**, flaxseed; linseed.

linolèico, *a.* (*chim.*) linoleic.

linoleìna, *f.* (*chim.*) linolein.

linolènico, *a.* (*chim.*) linolenic.

linòleum, *m.* (*ind.*) linoleum; lino (*fam.*).

linóne, *m.* (*ind. tess.*) lawn.

linósa, *f.* linseed.

linotipia, *f.* **1** (*procedimento*) linotyping **2** (*stabilimento*) linotype shop.

linotipista, *m.* e *f.* linotypist; linotyper.

linotype (*ingl.*), *f. invar.* (*marchio*: *tipogr.*) Linotype.

linséme, *m.* linseed.

liocòrno, *m.* (*mitol.*) unicorn.

liofilizzàre, *v. t.* (*fis.*) to lyophilize; (*ind.*) to freeze-dry.

liofilizzàto, *a.* (*fis.*) lyophilized; (*ind.*) freeze-dried.

liofilizzatóre, *m.* (*fis., ind.*) lyophilizer.

liofilizzazióne, *f.* (*fis.*) lyophilization; (*ind.*) freeze-drying.

liòfilo, *a.* (*fis.*) lyophilic; lyophile.

liòfobo, *a.* (*fis.*) lyophobic; lyophobe.

lionàto, *a.* (*lett.*) tawny.

Lióne, *f.* (*geogr.*) Lyon; Lyons.

Lionèllo, *m.* Lionel.

liparite, *f.* (*miner.*) liparite.

lipàṣi, *f.* (*chim.*) lipase. ● **l. pancreatica**, steapsin.

lipectomia, *f.* (*chir.*) lipectomy.

lipemia, *f.* (*med.*) lip(a)emia.

lipèmico, *a.* (*med.*) lip(a)emic.

lipide, *m.* (*chim.*) lipid(e).

lipìdico, *a.* (*chim.*) lipidic.

lipizzàno, *a.* e *m.* Lip(p)izaner: **cavallo di razza lipizzana**, Lip(p)izaner horse.

lipoaspirazióne, *V.* **liposuzione**.

lipogràmma, *m.* lipogram.

lipogrammàtico, *a.* lipogrammatic.

lipogrammatiṣmo, *m.* lipogrammatism.

lipòide, *m.* (*chim.*) lipoid.

lipòliṣi, *f.* (*fisiol.*) lipolysis.

lipolitico, *a.* (*chim.*) lipolytic.

lipòma, *m.* (*med.*) lipoma*.

lipomatòṣi, *f.* (*med.*) lipomatosis*.

lipomatóso, *a.* (*med.*) lipomatous.

lipoproteina, *f.* (*chim.*) lipoprotein.

liposarcòma, *m.* (*med.*) liposarcoma*.

liposolùbile, *a.* (*chim.*) liposoluble.

liposòma, *m.* (*biol.*) liposome.

liposuzióne, *f.* (*med.*) liposuction.

lipotimia, *f.* (*med.*) lipothymia; lipothymy.

lipotìmico, *a.* (*med.*) lipothymic.

lipòtropo, *a.* (*farm.*) lipotropic.

lippa, *f.* (*gioco*) tip-cat.

Lipsia, *f.* (*geogr.*) Leipzig.

liquàme, *m.* (liquid) sewage.

liquazióne, *f.* (*metall.*) liquation.

liquefàre, A *v. t.* **1** to liquefy; (*fondere*) to melt: **l. un gas**, to liquefy a gas; **l. il burro**, to melt butter **2** (*fig.*: *dilapidare*) to dissipate; to squander. **B liquefàrsi,** *v. i. pron.* **1** to liquefy; (*fondersi*) to melt **2** (*fig.*) to melt away; to dissolve.

liquefattìbile, *a.* liquefiable.

liquefàtto, *a.* liquefied; (*fuso*) melted: **gas l.**, liquefied gas; **neve liquefatta**, melted snow.

liquefazióne, *f.* liquefaction; (*fusione*) melting.

liquerìzia, *V.* **liquirizia**.

liquescènte, *a.* (*fis.*) liquescent.

liquescènza, *f.* (*fis.*) liquescence.

liquida, *f.* (*fon.*) liquid.

liquidàbile, *a.* (*comm.*) that can be liquidated; that can be settled.

liquidàmbar, liquidàmbra, *m.* (*bot.*) liquidambar.

liquidàre, *v. t.* **1** (*leg., fin.*) to liquidate, to wind* up; (*pagare*) to pay* off, to settle; (*naut., ass.*) to adjust: **l. una società**, to liquidate (*o* to wind up) a company; **l. un debito**, to pay off (*o* to settle) a debt; **l. i danni**, to liquidate damages; **l. un fallimento**, to liquidate a bankrupcy; **l. un impiegato**, to pay off an employee **2** (*merce*) to sell* off, to clear off; (*merce invenduta*) to remainder: **l. le scorte**, to sell off the stock **3** (*sbarazzarsi di*) to get* rid of, to dispose of, to make* short work of (st.); (*licenziare*) to pay off, to dismiss, to sack (*fam.*), to fire (*fam.*) **4** (*risolvere*) to solve, to settle, to explain away; (*accantonare*) to dismiss **5** (*uccidere*) to kill off; to eliminate; to dispatch; to liquidate **6** (*sconfiggere*) to trash; to lick.

liquidatóre, *m.* (*f.* **-trice**) (*leg.*) liquidator; (*ass.*) adjuster; (*d'avaria*) average adjuster; (*di fallimento*) official receiver. ● **perito l.**, loss adjuster.

liquidazióne, *f.* **1** (*leg., fin.*) liquidation, winding-up; (*pagamento*) payment, settlement, paying off: **l. di una società**, winding up of a company; **ditta in l.**, firm in liquidation; **mettere in l. una società**, to wind up a company; **essere messo in l.**, to go into liquidation; to be wound up; **l. coatta**, compulsory winding-up; **l. di una pensione**, payment of a pension; **l. di un debito**, settlement (*o* paying off) of a debt **2** (*di merce*) clearance sale; selling off sale: **prezzi di l.**, sale prices; **l. di fine stagione**, end-of-season sale; **articoli in l.**, sale articles **3** (*indennità di fine rapporto*) severance pay, gratuity, golden handshake (*fam.*); (*per pensionamento*) retirement bonus **4** (*banca*) settlement **5** (*uccisione*) killing off; elimination; liquidation. ● (*naut., ass.*) **l. di avaria**, average adjustment.

liquidità, *f.* **1** liquidness; liquidity **2** (*econ.*) liquidity; (*capitali liquidi*) liquid assets (*pl.*): **l. bancaria**, bank liquidity; **l. finanziaria**, monetary liquidity; **l. di cassa**, cash on hand; **convertire in l.**, to liquidate; **indice di l.**, liquidity (*o* liquid assets) ratio.

lìquido, A *a.* **1** liquid; fluid; (*fuso*) melted, (*di metallo*) molten: **sostanza liquida**, fluid substance; **allo stato l.**, in a liquid state; **rendere l.**, to reduce to a liquid state; to fluidify; **L'inchiostro non è abbastanza l.**, the ink isn't fluid enough; **colla liquida**, liquid glue; **cristallo l.**, liquid crystal; **burro l.**, melted butter; **dieta liquida**, liquid diet; **lava liquida**, molten lava **2** (*econ.*) liquid; ready; available: **capitale l.**, liquid assets (*pl.*); **denaro l.**, ready cash; **riserva liquida**, liquid reserve; **fondi liquidi**, available funds **3** (*fon.*) liquid. **B** *m.* **1** liquid; fluid: **Versò un po' del l. nel bicchiere**, he poured some liquid into the glass; **l. infiammabile**, inflammable fluid; (*anat.*) **l. amniotico**, amniotic fluid; (*autom.*) **l. per freni**, brake fluid **2** (*econ.*) ready money; cash.

liquirìzia, *f.* (*bot., Glycyrrhiza glabra*; *i suoi derivati*) liquorice; licorice (*USA*).

liquor (*lat.*), *m. invar.* (*anat.*) cerebrospinal fluid.

liquóre, *m.* **1** liqueur; (*superalcolico*) liquor; (*pl.*) (*alcolici in genere*) spirits: **l. digestivo**, digestive liqueur; **Non bevo liquori**, I don't drink spirits; **tassa sui liquori**, tax on spirits **2** (*lett.*: *sostanza liquida*) liquid.

liquorerìa, *f.* **1** (*negozio*) wine-and-spirits shop; off-licence (*GB*); package (*o* liquor) store (*USA*) **2** (*fabbrica*) liquor distillery.

liquorino, *m.* (*fam.*) small glass of liqueur; tot; snifter (*fam.*).

liquorista, *m.* e *f.* **1** (*commerciante*) dealer in spirits **2** (*fabbricante*) liquor distiller.

liquoristico, *a.* liquor (*attr.*); liqueur (*attr.*); spirits (*attr.*).

liquorìzia, *V.* **liquirizia**.

liquoróso, *a.* liqueur-like; (*specialm. di vino*) sweet.

lira (1), *f.* **1** (*unità monetaria italiana*) lira*: **diecimila lire**, ten thousand lire; **un biglietto da mille lire**, a thousand-lira note; **cambiare lire in sterline**, to change lire (*o* liras) into pounds **2** (*unità monetaria di vari paesi*) pound: **l. egiziana**, Egyptian pound; **l. libanese**, Lebanese pound; **l. sterlina**, pound (sterling); **l. turca**, Turkish lira. ● **l. verde**, green lira □ **È costato due lire**, it cost next to nothing □ **non avere una l.**, to be penniless; to be broke (*fam.*) □ **non valere una l.**, to be worthless □ (*prov.*) **Una l. risparmiata è una l. guadagnata**, a penny saved is a penny gained.

lira (2), A *f.* **1** (*mus.*) lyre **2** (*lett.*: *poesia lirica*) lyric poetry **3** (*astron.*) Lyra; Lyre; Harp. **B** *a.* – **uccello l.**, *V. sotto* **uccello**.

lìrica, *f.* **1** (*genere*) lyric poetry **2** (*componimento lirico*) lyric; lyrical poem **3** (*mus.*) opera: **un amante della l.**, an opera lover.

liricità, *V.* **lirismo**.

liricizzàre, *v. t.* to make* lyrical.

lìrico, A *a.* **1** lyric; (*d'intonazione lirica*) lyrical: **poesia lirica**, lyric poetry; **descrizione lirica**, lyrical description; **descrivere q.c. in toni lirici**, to wax lyrical about st. **2** (*mus.*) opera (*attr.*): **teatro l.**, opera house; **cantante l.**, opera singer; **la stagione lirica**, the opera season. **B** *m.* (*f.* **-a**) lyric poet; lyrist.

liriodèndro, *m.* (*bot., Liriodendron tulipifera*) tulip-tree.

lirişmo, *m.* ***1*** lyricism ***2*** (*iron.*) high-flown style; high-flown sentiments (*pl.*).

lirista, *m. e f.* lyre player; lyrist.

liróne, *m.* (*mus., stor.*) lira-viol.

lişàre, *v. t.* (*biol.*) to lyse.

Lisbóna, *f.* (*geogr.*) Lisbon.

lisca (1), *f.* (*parte legnosa della canapa*) hards (*pl.*); hurds (*pl.*).

lisca (2), *f.* ***1*** (*di pesce*) fish-bone ***2*** (*fam.*: *difetto di pronuncia*) lisp: **avere la l.** (*o* **parlare con la l.**), to have a lisp; to lisp.

liscia, *f.* (*strumento da calzolaio*) slicker.

lisciaménto, *m.* ***1*** smoothing ***2*** (*fig.*) flattery; blandishment.

lisciàre, A *v. t.* ***1*** (*rendere liscio*) to smooth; (*di animali*: *leccare*) to lick: **l. un abito [un lenzuolo]**, to smooth (down) a dress [a sheet]; **lisciarsi i capelli**, to smooth one's hair; **lisciarsi il pelo**, to lick one's fur ***2*** (*accarezzare*) to stroke: **l. un cane**, to stroke a dog ***3*** (*fig.*: *adulare*) to flatter, to toady; (*lusingare*) to butter up, to sweet-talk (*fam.*) ***4*** (*fig.*: *levigare*) to polish: **l. il proprio stile**, to polish one's style ***5*** (*brunire*) to burnish ***6*** (*ind. cartaria*) to glaze ***7*** (*conceria*) to slick; to sleek. ● (*edil.*) **l. un muro**, to finish (*o* to dress, to trowel off, to strike off) a wall □ (*fig.*) **l. il pelo a q.**, to give sb. a good drubbing. **B lisciàrsi,** *v. rifl.* ***1*** (*agghindarsi*) to smarten oneself; to prink oneself ***2*** (*di animale*) to lick oneself; to groom oneself ***3*** (*d'uccello*) to preen oneself.

lisciàta, *f.* ***1*** smoothing down; (*carezza*) stroke ***2*** (*fig.*: *adulazione*) flattery; sweet-talk (*fam.*). ● **darsi una l. ai capelli**, to smooth down one's hair.

lisciàto, *a.* ***1*** sleek; smooth ***2*** (*fig.*: *di persona*) smartly dressed; dressed up ***3*** (*fig.*: *raffinato*) polished.

lisciatóio, *m.* slicker; sleeker.

lisciatóre, *m.* (*f.* **-trice**) smoother; polisher.

lisciatrice, *f.* (*mecc.*) polisher.

lisciatùra, *f.* ***1*** smoothing ***2*** (*tecn.*) polishing, honing, sleeking; (*piallatura*) planing; (*brunitura*) burnishing; (*di muro*) finishing, dressing, striking ***3*** (*fig.*: *levigatura*) polishing.

liscio, A *a.* ***1*** smooth; (*e lucido*) sleek; (*levigato*) polished: **pelle [superficie] liscia**, smooth skin [surface]; **capelli lisci**, smooth hair; sleek hair; (*non ricciuto*) straight hair; **Il mare è l. come un olio**, the sea is as smooth as glass; **fucile a canna liscia**, smooth-bore rifle; **cane a pelo l.**, smooth-haired dog; **tutto l. e impomatato**, all sleek and brilliantined ***2*** (*di alcolico*) neat; straight ***3*** (*fig.*) simple; clear; plain; straightforward. ● **ballo l.**, ballroom dancing; ballroom dance □ **caffè l.**, coffee without milk or sugar □ (*anat.*) **muscolo l.**, smooth muscle □ **passarla liscia**, to get away with it; to get off scot-free: **Non la passerà liscia!**, he won't get away with it □ (*fig.*) **L'affare non è l.**, the affair is rather tricky. **B** *m.* ***1*** (*ballo*) ballroom dancing; ballroom dance ***2*** (*sport*) miss; bad shot; bad kick. **C** *avv.* smoothly: **andare** (*o* **filare**) **l.**, to go smoothly.

lisciva, (*pop.*) *V.* **liscivia**.

liscivia, *f.* lye. ● **l. bianca**, white liquor.

lisciviàre, *v. t.* to leach; (*anche chim.*) to lixiviate.

lisciviatóre, *m.* ***1*** (*chim.*) leacher; lixiviating-tub ***2*** (*ind. cartaria*) boiler; kier; digester.

lisciviatùra, *f.* (*ind. cartaria*) boiling.

lisciviazióne, *f.* (*chim.*) leaching; lixiviation.

liscóso, *a.* full of bones.

lişèrgico, *a.* – (*chim.*) **acido l.**, lysergic acid.

liseuse (*franc.*), *f. invar.* ***1*** (*indumento*) bed jacket ***2*** (*mobile*) revolving bookcase.

lişi, *f.* (*chim., biol., med.*) lysis*.

lişièra, *f.* (*ind. tess.*) selvage.

Lisìmaco, *m.* (*stor.*) Lysimachus.

lişina, *f.* (*chim.*) lysin.

Lisìppo, *m.* (*stor.*) Lysippus.

lişo, *a.* worn; threadbare; mangy.

lişofòrmio, *m.* (*chim.*) lysoform.

lişogenìa, *f.* (*biol.*) lysogeny.

lişògeno, *a.* (*biol.*) lysogenic.

lişòlo, *m.* (*ind. chim.*) lysol.

lişosòma, *m.* (*biol.*) lysosome.

lişozima, *m.* (*biol.*) lysozyme.

lissa, *f.* (*med.*) lyssa; rabies.

lista, *f.* ***1*** (*striscia*) strip; (*larga*) band, stripe; (*riga*) line: **una l. di cuoio**, a strip of leather; **un disegno a liste bianche e rosse**, a pattern of red and white stripes ***2*** (*elenco*) list: **l. dei vini**, wine list; **l. degli invitati [dei passeggeri]**, guest [passenger] list; **fare una l.**, to make (*o* to draw up) a list; **essere in l.**, to be on the list; **essere il primo della l.**, to be the first on the list; **mettere in l.**, to include in (*o* to add to) a list ***3*** (*elab.*) list. ● **l. civile**, civil list □ **l. d'attesa**, waiting list □ **l. delle vivande**, menu □ **l. di nozze**, list of wedding presents □ (*polit.*) **l. elettorale**, (*registro*) electoral register, register of voters; (*di candidati*) list of candidates, ticket (*USA*), slate (*USA*) □ (*fig.*) **l. nera**, blacklist: **mettere q. nella l. nera**, to put (*o* to place) sb. on the blacklist; to blacklist sb.

listàre, *v. t.* ***1*** to border; to edge ***2*** (*elab.*) to list.

listàto, A *a.* (*bordato*) bordered, edged; (*a righe*) striped: **l. a lutto**, black-edged. ● (*fam.*) **unghie listate a lutto**, dirty fingernails. **B** *m.* (*elab.*) listing.

listatùra, *f.* ***1*** (*il bordare*) bordering; edging ***2*** (*l'elencare*) listing.

listèllo, *m.* ***1*** strip; (*assicella*) lath, splint, spline ***2*** (*edil.*: *per tegole*) batten ***3*** (*archit.*: *di modanatura*) fillet, listel; (*di colonna*) cincture.

listèria, *f.* (*biol.*) listeria.

listeriòşi, *f.* (*med.*) listeriosis.

listino, *m.* list: **l. (dei) prezzi**, price list; **prezzo di l.**, list price; **l. di Borsa**, Stock-Exchange list; **l. dei cambi** exchange list.

listóne, *m.* ***1*** long list ***2*** (*edil.*) plank ***3*** (*naut.*) rail

litanìa, *f.* ***1*** (*relig.*) litany ***2*** (*fig.*: *sfilza*) litany; string: **una l. d'ingiurie**, a string of insults ***3*** (*fig.*: *lunga storia*) long story: **la solita l.**, the same old story.

litànico, *a.* of a litany.

litantràce, *m.* (*miner.*) low-grade anthracite; bituminous coal.

litargìrio, *m.* (*chim.*) litharge.

litchi, *m. invar.* (*bot., Litchi chinensis*; *il frutto*) lychee; leechee.

lite, *f.* ***1*** quarrel; furious argument; row; altercation; wrangle; (*rissa*) fight, brawl, punch-up (*fam.*): **attaccare l.**, to start (*o* to pick) a quarrel; **La l. è nata per un malinteso**, the quarrel came about through a misunderstanding; **Scoppiò una l. furibonda**, a furious row broke out ***2*** (*leg.*) suit; lawsuit: **vincere [perdere] una l.**, to win [to lose] a lawsuit (*o* one's case); **muovere** (*o* **intentare**) **l. a q.**, to bring a suit (*o* an action) against sb.; to sue sb.; **l. pendente**, pending suit.

litìaşi, *f.* (*med.*) lithiasis.

litiàşico, *a.* (*med.*) lithiasic.

litico (1), *a.* (*di pietra*) lithic; stone (*attr.*).

litico (2), *a.* (*chim.*) lithic; lithium (*attr.*).

litigànte, *m. e f.* ***1*** quarreller; brawler ***2*** (*leg.*) litigant. ● (*prov.*) **Fra due litiganti il terzo gode**, two dogs strive for a bone, and a third runs away with it.

litigàre, A *v. i.* ***1*** to quarrel; to fight; to have a row; to wrangle; (*con un amico, anche*) to fall* out; (*per motivi futili*) to squabble, (*tra innamorati*) to have a tiff; (*fare una rissa*) to brawl: **l. per questioni di denaro**, to quarrel over money matters; **l. per una sciocchezza**, to squabble over a trifle; **I vicini non fanno che l.**, our neighbours are always fighting (*o* have endless rows); **«E Giorgio?» «Abbiamo litigato»**, «what about Giorgio?» «we've fallen out» ***2*** (*leg.*) to litigate. **B litigàrsi,** *v. rifl. recipr.* to quarrel (over, about st.); to contend (for st.); to dispute (over, about st.); to wrangle (over st.): **Si litigano l'automobile**, they are wrangling over the car.

litigàta, *f.* quarrel; row; furious argument.

litighino, *m.* (*f.* **-a**) quarrelsome person; troublemaker.

litigio, *m.* quarrel; row; altercation (*form.*); (*per motivi futili*) squabble, spat (*USA*), (*tra innamorati*) tiff.

litigiosità, *f.* ***1*** quarrelsomeness ***2*** (*leg.*) litigiousness.

litigióso, *a.* ***1*** quarrelsome; argumentative: **bambino l.**, quarrelsome child ***2*** (*leg.*) litigious.

litigóne, *m.* (*f.* **-a**) quarrelsome person; troublemaker.

litio, *m.* (*chim.*) lithium.

litióso, *a.* (*chim.*) lithic; lithium (*attr.*).

litisconsòrte, *m. e f.* (*leg.*) co-litigant; co-party.

litisconsòrzio, *m.* (*leg.*) joinder of parties.

litispendènza, *f.* (*leg.*) simultaneous pendency of two identical suits.

litoceràmica, *f.* stoneware; stone china.

litòclaşi, *f.* (*geol.*) lithoclase.

litoclàsto, *m.* (*med.*) lithoclast.

litòdomo, *m.* **litofaga,** *f.* (*zool., Lithodomus lithophaga*) lithodomous; date mussel; stone borer.

litòfago, *a.* (*zool.*) lithophagous; stone-boring.

litofanìa, *f.* (*decorazione*) lithophane.

litòfita, *f.* (*bot.*) lithophyte.

litogèneşi, *f.* (*geol.*) lithogenesis.

litòglifo, *m.* lithoglyph.

litografàre, *v. t.* to lithograph.

litografìa, *f.* ***1*** (*procedimento*) lithography ***2*** (*riproduzione*) lithograph ***3*** (*stabilimento*) lithographic printing works.

litogràfico, *a.* lithographic(al).

litògrafo, *m.* (*f.* **-a**) lithographer.

litòide, *a.* lithoid(al).

litolàtra, *a.* litholatrous.

litolatrìa, *f.* litholatry.

litologìa, *f.* (*geol., med.*) lithology.

litològico, *a.* (*geol., med.*) lithologic(al).

litòlogo, *m.* (*f.* **-a**) (*med.*) lithologist.

litopèdio, *m.* (*med.*) lithopedion.

litopóne, *m.* (*chim.*) lithopone.

litoràle, A *a.* coastal; coast (*attr.*); littoral. **B** *m.* shore; coast; littoral: **il l. adriatico**, the Adriatic coast.

litorànea, *f.* (*strada l.*) coast road.

litoràneo, *a.* shore (*attr.*); coast (*attr.*); littoral: **strada litoranea**, coast road.

litorina, *f.* (*zool., Litorina neritoides*) periwinkle; winkle.

litosfèra, *f.* (*geol.*) lithosphere.

litostratigrafìa, *f.* (*geol.*) lithostratigraphy.

litostròto, *m.* (*archeol.*) tessellated pavement.

litòte, *f.* (*retor.*) litotes*.

litotèca, *f.* collection of minerals.

litotomìa, *f.* (*chir.*) lithotomy.

litotòmico, *a.* (*chir.*) lithotomic(al).

litòtomo, *m.* (*chir.*) lithotome.

litotripsìa, *f.* (*chir.*) lithotripsy; lithotrity.

litotritóre, *m.* (*chir.*) lithotriptor; lithotrite.

litro, *m.* litre, liter (*USA*): **mezzo l.**, half a litre.

littóre, *m.* (*stor. romana*) lictor.

littorina (1), *V.* **litorina**.

littorina (2), *f.* (*ferr.*) Diesel-powered rail-car.

littòrio, A *a.* ***1*** (*stor. romana*) of the lictors; lictorian: **fascio l.**, fasces (of the Roman lictors) ***2*** (*fascista*) Fascist. **B** *m.* Fascist Party; Fascism. ● **Gioventù del L.**, Fascist youth organization.

Lituània, *f.* (*geogr.*) Lithuania.

lituàno, *a. e m.* (*f.* **-a**) Lithuanian (*f.* Lithuanian

woman*).
lituo, *m.* (*stor.*) lituus*.
liturgia, *f.* *1* (*eccles.*) liturgy; ritual; rites (*pl.*) *2* (*fig.*) ceremony; ritual.
litùrgico, *a.* liturgical: **anno l.**, liturgical year. ● **dramma l.**, mystery play □ **musica liturgica**, church (*o* sacred) music.
liturgista, *m.* e *f.* liturgist.
liutàio, *m.* (*fabbricante di liuti*) lute-maker; (*di strumenti a corda*) maker of stringed instruments.
liuterìa, *f.* *1* art of making stringed instruments *2* (*laboratorio di liutaio*) lute-maker's workshop; workshop of a maker of string instruments.
liutista, *m.* e *f.* lutenist, lutanist; lutist (*USA*); lute-player.
liùto, *m.* lute.
livèlla, *f.* level: **l. a bolla d'aria**, spirit level; **l. a cannocchiale**, surveyor's level; dumpy level; **l. ad acqua**, water level; **l. a ferrovia**, railroad track-level.
livellaménto, *m.* *1* levelling, leveling (*USA*); levelling out (*o* off); flattening out *2* (*fig.*) levelling; levelling out (*o* off); equalization; equation: **l. dei prezzi**, levelling off of prices *3* (*fin.*) adjustment.
livellàre (1), **A** *v. t.* *1* (*spianare*) to level; to level out (*o* off); to flatten out *2* (*fig.*) to level; to level out (*o* off); to smooth; to equalize; (*pareggiare*) to balance, to even out. **B** **livellàrsi,** *v. i. pron.* to level out; to find* a common level; to even out.
livellàre (2), *a.* level (*attr.*).
livellàre (3), *v. t.* (*leg.*) to lease by emphyteusis.
livellàre (4), *a.* (*leg.*) emphyteutical.
livellatóre, **A** *m.* (*f.* **-trice**) leveller, leveler (*USA*). **B** *a.* levelling, leveling (*USA*).
livellatrice, *f.* (*mecc.*) bulldozer; grader.
livellatùra, **livellazióne,** *f.* levelling, leveling (*USA*).
livèllo (1), *m.* *1* level: **l. del mare**, sea level: **sopra [sotto] il l. del mare**, above [below] sea level; **a l. del terreno**, at ground level *2* (*piano*) level; tier: **struttura a due livelli**, two-tier structure *3* (*fig.*) level; standard; grade: **Il l. generale è molto basso**, the general standard is very low; **il l. di vita [d'istruzione]**, the standard of living [of education]; **livelli salariali**, wage levels; **l. energetico**, energy level; **sotto al l. normale**, below standard; **essere allo stesso l. di**, to be on a level (*o* on a par) with; **impiegato di basso l.**, low-grade clerk *4* (*strumento*) level: **l. a cannocchiale**, surveyor's level; dumpy level; **indicatore di l.**, level gauge *5* (*elab.*) layer: **l. rete**, network layer; **l. di collegamento dati**, data link layer. ● **l. di guardia**, (*di fiume*) danger level; (*fig.*) danger point □ (*naut.*) **l. di scarico**, unladen immersion line □ (*fis.*) **l. elettronico**, shell □ **l. massimo**, peak; high; (*di prezzi*) ceiling □ **l. minimo**, low; (*di prezzi*) floor □ **È una decisione da prendersi a l. tecnico**, it is a technical decision □ **un incontro a l. di ministri degli esteri**, a meeting of foreign ministers □ **Non voglio cadere a quei livelli!**, I do not want to sink so low □ (*fig.*) **ad alto l.**, high-level (*attr.*); top-level (*attr.*): **conferenza ad alto l.**, top-level (*o* summit) meeting □ (*cartografia*) **linea di l.**, contour line □ (*ferr.*) **passaggio a l.**, level crossing □ **segno del l. dell'alta marea**, high-water mark.
livèllo (2), *m.* (*leg.*) emphyteusis. ● **libero da livelli e censi**, freehold.
lividézza, *f.* lividness; leaden colour; (*pallore*) ghastly pallor, ashen colour.
lìvido, **A** *a.* *1* (*bluastro*) livid; blue: **mani livide dal gelo**, hands blue with cold *2* (*plumbeo*) livid; leaden: **cielo l.**, livid (*o* leaden) sky *3* (*fig.*) livid; pale: **l. di rabbia**, livid (*o* pale) with rage; **l. di paura**, pale with fear; **l. d'invidia**, green with envy. **B** *m.* bruise: **coperto di lividi**, covered with bruises; bruised all over; black and blue (*pred.*); **farsi un l. sulla gamba**, to bruise one's leg; (*fam.*) **riempire q. di lividi**, to beat sb. black and blue.
lividóre, *m.* *V.* **lividezza**.
lividùra, *f.* *V.* **livido**.
living (*ingl.*), *m. invar.* living-room; lounge.
Livio, *m.* (*stor., letter.*) Livy.
livóre, *m.* spite; envy; malice.
livornése, **A** *a.* of Leghorn; from Leghorn; Leghorn (*attr.*). ● (*zool.*) **razza l.**, Leghorn. **B** *m.* e *f.* inhabitant of Leghorn; native of Leghorn.
Livórno, *f.* (*geogr.*) Leghorn.
livrèa, *f.* *1* livery *2* (*zool.*) plumage. ● (*fig.*) **non portare la l. di nessuno**, to be one's own master; to be nobody's flunkey □ **portare la l. di q.**, to be sb.'s servant (*o* flunkey) □ **servitore in l.**, liveried (*o* livery) servant; flunkey □ (*fig.*) **uomo di due livree**, servant of two masters.
lizza, *f.* (*stor.* e *fig.*) lists (*pl.*): **scendere** (*o* **entrare**) **in l.**, to enter the lists.
lo (1), *art. determ. m. sing.* the (*V. anche* **il**).
lo (2), *pron. pers. m. 3ª pers. sing.* *1* (*compl. ogg.*: *rif. a persona*) him; (*rif. a cosa o animale*) it; (*rif. a imbarcazione*) her: **Lo amo**, I love him; **Chiamalo**, call him; **Lo bevo spesso**, I often drink it; **Fallo!**, do it!; **L'autore? eccolo!**, the author? here he is!; **Il copione? eccolo!**, the script? here it is! *2* (*nel senso di «ciò», «questo», è idiom.*) – **Lo so**, I know; **Dillo a me!**, tell me!; **Non lo credi?**, (*non pensi?*) don't you think so?; (*non ci credi?*) don't you believe it?; **Lo si dice**, so they say; **Lo dicevo, io!**, what did I tell you?; I told you so! *3* (*rif. a un'intera frase, è idiom.*) – **Si capirebbe se fossi ghiotta, ma non lo sono**, it would be understandable if I were greedy, but I am not; **«È intelligente?» «Certo che lo è»**, «is he clever?» «of course he is».
lobàto, *a.* (*bot., zool.*) lobed; lobate.
lòbbia, *f.* e *m.* Homburg (hat).
lobbismo, *m.* lobbying.
lobbista, *m.* e *f.* lobbyist.
lobbìstico, *a.* lobby (*attr.*).
lobby (*ingl.*), *f. invar.* (*banca, polit.*) lobby.
lobectomìa, *f.* (*chir.*) lobectomy.
lobèlia, *f.* (*bot., Lobelia*) lobelia.
lobelina, *f.* (*farm.*) lobeline.
lòbo, *m.* (*anat.*) lobe: **il l. dell'orecchio**, the lobe of the ear; the earlobe; **l. frontale**, frontal lobe.
lobotomìa, *f.* (*chir.*) lobotomy.
lobotomizzàre, *v. t.* (*chir.*) to lobotomize.
lobotomizzàto, (*chir.*) **A** *a.* lobotomized. **B** *m.* (*f.* **-a**) lobotomized patient.
lobulàre, *a.* (*anat.*) lobular.
lobulàto, *a.* (*anat.*) lobulate.
lòbulo, *m.* (*anat.*) lobule.
locàle (1), *a.* local: **anestesia l.**, local anaesthesia; **autorità locali**, local authority; **colore l.**, local colour; **la stampa l.**, the local press; **treno l.**, slow (*o* stopping) train.
locàle (2), *m.* *1* room; apartment (*GB*): **un appartamento con tre locali più servizi**, a flat with three rooms, kitchen and bathroom; **l. di servizio**, utility room *2* (*spesso pl.*) (*sede di q.c.*) premises (*pl.*); (*per uso temporaneo*) venue (*sing.*): **trasferirsi in locali nuovi**, to move to new premises; **Non hanno trovato un l. adatto per la riunione**, they didn't find a suitable venue for the meeting *3* (*ritrovo pubblico*) place; haunt: **un l. alla moda**, a fashionable place; **un l. frequentato da giornalisti**, a favourite haunt of newspapermen *4* (*treno l.*) slow (*o* stopping) train. ● **l. delle caldaie**, boiler room; (*naut.*) stokehold □ **l. macchine**, engine room □ **l. notturno**, night-club.
localismo, *m.* local policies (*pl.*).
località, *f.* place; locality; (*di villeggiatura*) resort: **l. balneare**, seaside (*o* bathing) resort. ● **in l. Montebello**, at Montebello.
localizzàbile, *a.* *1* locatable *2* (*che si può circoscrivere*) localizable.
localizzàre, **A** *v. t.* *1* (*determinare una posizione*) to locate: **l. un relitto**, to locate a wreck *2* (*circoscrivere*) to localize: **l. un'epidemia**, to localize an epidemic *3* (*situare*) to locate; to place. **B** **localizzàrsi,** *v. i. pron.* to be localized; to localize.
localizzàto, *a.* *1* (*situato*) located; situated; placed *2* (*circoscritto*) localized; local.
localizzatóre, *m.* detector; finder; locator; localizer: **l. di guasti**, fault finder; **l. ultrasonico**, eco-ranging sonar.
localizzazióne, *f.* *1* location; finding; detection *2* (*delimitazione*) localization *3* (*psic.*) localization.
locànda, *f.* inn. ● **La mia casa non è una l.**, my house is not a hotel.
locandière, *m.* (*f.* **-a**) innkeeper; landlord (*f.* landlady).
locandina, *f.* playbill.
locàre, *v. t.* (*leg.*) to let*; to rent.
locatàrio, *m.* (*f.* **-a**) lessee; (*inquilino*) tenant, renter.
locativo (1), *a.* (*leg.*) rental: **valore l.**, rental value.
locativo (2), *a.* e *m.* (*gramm.*) locative.
locatìzio, *a.* relating to a lease. ● **canone l.**, leasing rental (*o* rent).
locatóre, *m.* (*f.* **-trice**) (*leg.*) lessor; landlord (*f.* landlady).
locatòrio, *a.* of the lessor; of the landlord.
locazióne, *f.* (*leg.*) location, lease; (*di bene immobile*) tenancy, occupancy; (*di macchinari e sim.*) hiring: **l. a lungo termine**, long-term lease: **l. a vita**, tenancy for life; **l. con clausola di riscatto**, lease option; **l. finanziaria**, leasing; finance lease. ● **contratto di l.**, lease □ **dare in l.**, to lease; (*una casa*) to let □ **prendere in l.**, to rent; to lease.
lòchi, *m. pl.* (*med.*) lochia.
lòco, *m.* (*lett.*) place: (*lett.*) **il l. natio**, one's birthplace. ● **una decisione presa in alto l.**, a decision from on high □ **persone in alto l.**, people in high places □ **in l.**, in situ; on the premises.
locomòbile, *m.* (*mecc.*) portable steam-engine.
locomotiva, *f.* locomotive; (railway) engine: **l. articolata**, articulated locomotive; **l. a vapore**, steam-engine; **l. con serbatoio**, tank locomotive; **l. elettrica**, electric locomotive. ● (*fig.*) **fare da l.**, to be a driving force □ **sbuffare come una l.**, to puff and pant.
locomotóre, **A** *m.* (electric) locomotive; (electric) engine. **B** *a.* locomotor.
locomotòrio, *a.* (*fisiol.*) locomotor: **atassia locomotoria**, locomotor ataxia.
locomotorista, *m.* locomotive driver; engineer (*USA*).
locomotrice, *f.* (electric) locomotive.
locomozióne, *f.* locomotion. ● **mezzi di l.**, vehicles; means of transport.
lòculo, *m.* *1* burial niche *2* (*archeol.*) loculus*.
locus, *m.* (*biol.*) locus*.
locùsta, *f.* (*zool., Locusta migratoria*) locust.
locuzióne, *f.* phrase; expression; locution; (*espressione idiomatica*) idiomatic phrase, idiom.
lodàbile, *a.* praiseworthy.
lodabilità, *f.* praiseworthiness.
lodàre, **A** *v. t.* *1* (*elogiare*) to praise; to commend: **l. q. per avere fatto q.c.**, to praise sb. for doing st.; **Lo lodai per il suo coraggio**, I commended him for his courage *2* (*glorificare*) to praise; to laud (*lett.*): **Sia lodato Dio!**, praise be to God!; God be praised!; **Sia lodato il cielo!**, thank heaven! **B** **lodàrsi,** *v. rifl.* (*vantarsi*) to praise oneself; to boast; to brag. ● (*prov.*) **Chi si loda s'imbroda**, self-praise is no recommendation.
lodativo, *a.* laudatory; eulogistic.
lodàto, *a.* praised; commended.
lodatóre, *m.* (*f.* **-trice**) praiser; (*adulatore*)

flatterer.

lòde, *f.* ***1*** (*elogio*) praise (*sing. collett.*); commendation: **meritare una l.**, to deserve praise; **un coro di lodi**, a chorus of praise; **una poesia in l. di q.**, a poem in praise of sb.; **degno di l.**, praiseworthy ***2*** (*glorificazione*) praise; glory; laud (*lett.*): **dare** (*o* **rendere**) **l. a Dio**, to praise God; to give praise unto God (*lett.*); **Sia l. a Dio**, praise be to God; God be praised ***3*** (*merito*) merit; credit: **commemorare le lodi di q.**, to celebrate sb.'s merits; **tornare a l. di q.**, to be to sb.'s credit. ● **a l. del vero**, to tell the truth; truth to tell □ **cantare** (*o* **tessere, fare**) **le lodi di**, to sing the praises of □ **cantare** (*o* **tessere**) **le proprie lodi**, to blow one's own trumpet □ **dieci e l.**, ten out of ten; full marks □ **una laurea con la l.**, a degree taken summa cum laude; (*in G.B.*) a first-class honours degree; a first (*fam.*) □ **senza infamia e senza l.**, without praise or blame; middling; average.

lòden (*ted.*), *m. invar.* ***1*** (*panno*) loden (cloth) ***2*** (*cappotto*) loden coat.

lodévole, *a.* praiseworthy; commendable; laudable.

lodevolménte, *avv.* laudably; commendably; admirably.

lòdo, *m.* (*leg.*) (arbitrator's) award.

lòdola, *V.* **allodola**.

lodolàio, *m.* (*zool., Falco subbuteo*) hobby.

Lodovìco, *m.* Ludovic.

Loess (*ted.*), *m. invar.* (*geol.*) loess; löss.

lòffio, *a.* (*region.*: *insignificante*) dull; insipid; feeble.

lòfio, *m.* (*zool., Lophius piscator*) angler; fishing-frog.

lofòtrico, *a.* (*biol.*) lophotricous.

loft (*ingl.*), *m. invar.* converted warehouse; converted loft (*USA*).

logaèdico, *a.* (*poesia*) logaoedic.

logaèdo, *m.* (*poesia*) logaoedic.

logarìtmico, *a.* (*mat.*) logarithmic(al): **curva** [**spirale**] **logaritmica**, logarithmic curve [spiral].

logaritmo, *m.* (*mat.*) logarithm (*abbr.*: log): **tavole dei logaritmi**, tables of logarithms; **l. decimale**, common logarithm; **l. naturale**, natural (*o* hyperbolic) logarithm; **l. addizionale**, addition logarithm; **l. di sottrazione**, subtraction logarithm.

lòggia, *f.* ***1*** (*archit.*) loggia* ***2*** (*massonica*) lodge ***3*** (*anat.*) cavity ***4*** (*bot.*) loculus*.

loggiàto, *m.* portico; open gallery; open arcade.

loggióne, *m.* (*teatr.*) gallery; (the) gods (*fam.*). ● (*anche fig.*) **recitare per il l.**, to play to the gallery.

loggionista, *m.* e *f.* (*teatr.*) spectator in the gallery.

lògica, *f.* logic: **l. aristotelica**, Aristotelian logic; **l. formale**, formal logic; **l. simbolica**, symbolic logic; **la l. dei fatti**, the logic of events; **l. stringente**, strict logic. ● **a fil** (*o* **a rigor**) **di l.**, logically speaking □ **al di fuori di tutte le logiche**, outside all logic □ **essere di una l. spietata contro gli altri**, to be remorselessly logical where others are concerned □ **privo di l.**, illogical; inconsistent □ **Ciascuno ha la sua l.**, every man is reasonable according to his own lights.

logicaménte, *avv.* ***1*** logically ***2*** (*naturalmente*) naturally; obviously; of course.

logicismo, *m.* (*filos.*) logicism.

logicista, *m.* e *f.* (*filos.*) logicist.

logicità, *f.* logicality; logicalness.

lògico, A *a.* ***1*** logical; (*coerente*) consistent: **princìpi logici**, logical principles; **conseguenza logica**, logical consequence; **Siamo logici!**, let's be logical! ***2*** (*naturale*) natural; (*ovvio*) obvious: **La cosa più logica sarebbe parlargli**, the obvious thing would be to speak to him; **com'è l.**, as is natural; as well might be ***3*** (*elab.*) logic; logical: **circuito l.**, logic circuit; **errore l.**, logical error; **istruzione logica**, logical instruction. **B** *m.* (*f.* **-a**) logician.

logista, *m.* (*stor.*) logistician.

logistica, *f.* ***1*** (*mil.*) logistics (*pl. col verbo al sing.*) ***2*** (*filos.*) logistic.

logistico, *a.* (*mil.*) logistic(al); supply (*attr.*). ● **servizi logistici**, supply and transport; supplies and communications.

loglierèlla, *f.* (*bot., Lolium perenne*) rye-grass.

lòglio, *m.* (*bot., Lolium temulentum*) darnel. ● (*fig.*) **separare il grano dal l.**, to separate the grain from the chaff.

lògo, *V.* **logotipo**.

logografìa, *f.* logography.

logògrafo, *m.* logographer.

logogràmma, *m.* logogram; logograph.

logogrifo, *m.* logogriph.

logomachìa, *f.* (*letter.*) logomachy.

logòmetro, *m.* (*elettr.*) ratio metre.

logopatìa, *f.* (*med.*) logopathy; speech disorder.

logopedìa, *f.* (*med.*) logop(a)edics (*pl. col verbo al sing.*); speech therapy.

logopedista, *m.* e *f.* speech therapist.

logoplegìa, *f.* (*med.*) logoplegia.

logoràbile, *a.* subject to wear.

logorabilità, *f.* liability to wear.

logoraménto, *m.* ***1*** wear; wearing out; wear and tear ***2*** (*fig.*) deterioration; wear and tear; attrition: **l. della salute**, deterioration of health; **guerra di l.**, war of attrition.

logorànte, *a.* ***1*** wearing ***2*** (*fig.*) wearing; taxing; exausting.

logoràre, A *v. t.* ***1*** to wear* out; to wear* down: **l. le suole** [**i gomiti**], to wear out (*o* through) one's soles [one's elbows]; **l. scarpe** [**vestiti**], to wear out shoes [clothes]; **l. i tacchi**, to wear down the heels ***2*** (*fig.*) to wear* out, to wear* down; (*danneggiare*) to impair, to damage, to ruin: **essere logorato dall'ansia**, to be worn out with anxiety; **l. la resistenza di q.**, to wear down sb.'s resistance; **logorarsi la vista**, to ruin (*o* to impair) one's sight; **Questi avvenimenti hanno logorato la mia fiducia**, these events have undermined my confidence; **La malattia lo ha logorato**, his illness has taken it out of him; **l. i nervi a q.c.**, to fray sb.'s nerves. **B logoràrsi,** *v. i. pron.* ***1*** (*di cosa*) to wear* out (*o* down); to wear* thin: **Questa stoffa si logora presto**, this material wears out quickly; **Questi tacchi si stanno logorando**, the heels of these shoes are wearing down ***2*** (*di persona*) to wear* oneself out: **Si logora con tutto quel duro lavoro**, he is wearing himself out with all that hard work.

logoràto, *a.* ***1*** worn-out; worn-down; worn ***2*** (*fig.*) worn-out; wasted away.

logorìo, *m.* ***1*** wear and tear ***2*** (*fig.*) strain; stress: **il l. della vita moderna**, the strain and stress of modern life; **il l. dei nervi**, the stress on the nerves.

lógoro (**1**), *a.* worn; worn-down; worn-out; (*liso*) threadbare; (*malconcio*) battered: **scarpe logore**, worn-down shoes; **abiti logori**, worn-out (*o* threadbare) clothes; **un cappellaccio l.**, a battered old hat; **un golf l. sui gomiti**, a jumper worn out at the elbows.

lógoro (**2**), *m.* (*falconeria*) lure.

logorrèa, *f.* ***1*** (*med.*) logorrh(o)ea ***2*** (*fig.*) incessant talking; garrulity.

logorròico, *a.* ***1*** (*med.*) logorrh(o)eic ***2*** (*chiacchierone*) loquacious; garrulous; voluble.

lògos, *m.* (*filos., relig.*) logos.

logoterapèuta, *m.* e *f.* speech therapist.

logoterapìa, *f.* (*med., psic.*) speech therapy.

logotèta, *m.* (*stor.*) logothete.

logotipo, *m.* ***1*** (*tipogr.*) logotype ***2*** (*pubblicità*) logo.

lolita, *f.* nymphet.

lolla, *f.* husk (*generalm. al pl.*); chaff.

lombàggine, *f.* (*med.*) lumbago.

Lombardìa, *f.* (*geogr.*) Lombardy.

lombàrdo, *a.* e *m.* (*f.* **-a**) Lombard (*f.* Lombard woman*).

lombàre, *a.* (*anat.*) lumbar: **la regione l.**, the lumbar region; (*med.*) **puntura l.**, lumbar puncture.

lombàta, *f.* (*macelleria*) loin; chine.

lómbo, *m.* ***1*** (*anat.*) loin ***2*** (*di animale macellato*) loin; (*di manzo*) sirloin ***3*** (*fianco*) hip ***4*** (*fig. iron.*: *stirpe*) line; stock. ● **avere buoni lombi**, to be strong and healthy.

lombosacràle, *a.* (*anat.*) lumbo-sacral.

lombricàio, *m.* ***1*** soil full of earthworms ***2*** (*fig.*) hovel; den.

lombricàle, *a.* lumbrical: (*anat.*) **muscolo l.**, lumbrical (muscle).

lombricicoltóre, *m.* earthworm breeder.

lombricicoltùra, *f.* earthworm breeding.

lombrìco, *m.* (*zool., Lumbricus*) worm; earthworm; rainworm (*USA*).

loménto, *m.* (*bot.*) loment; lomentum*.

lómpo, *m.* (*zool., Cyclopterus lumpos*) lumpfish.

londinése, A *a.* from London; London (*attr.*): **un ragazzo l.**, a boy from London; **un albergo l.**, a London hotel. **B** *m.* e *f.* Londoner.

Lóndra, *f.* (*geogr.*) London.

longànime, *a.* longanimous; forbearing; tolerant.

longanimità, *f.* longanimity; forbearance; tolerance.

longarina, *V.* **longherina**.

longaróne, *V.* **longherone**.

longevità, *f.* longevity.

longèvo, *a.* long-lived. ● **Siamo di famiglia longeva**, all the people in my family live to a ripe old age.

longherina, *f.* ***1*** (*edil.*) iron girder ***2*** (*ferr.*) sleeper; tie (*USA*). ● (*edil.*) **l. di fondazione**, mudsill.

longheróne, *m.* ***1*** (*autom.*) side-member ***2*** (*aeron.*: *di fusoliera*) longeron; (*di ala*) spar: **l. a cassone**, box-type spar; **l. anteriore**, front spar; **l. inferiore**, sub-spar.

longilineo, *a.* long-limbed.

longitipo, *m.* (*anat.*) long-limbed type.

longitudinàle, *a.* ***1*** lengthwise; running lengthwise (*pred.*); longitudinal ***2*** (*geogr.*) longitudinal.

longitudinalménte, *avv.* longitudinally; lengthwise.

longitùdine, *f.* (*geogr.*) longitude: **l. est** [**ovest**], longitude east [west]; **l. in ore e minuti** [**in gradi**], longitude in time [in arc]; **a 22° di l. est**, at longitude 22° East; **l. osservata**, longitude by observation; **l. stimata**, estimated longitude; longitude by dead reckoning; **l. celeste**, celestial longitude; **grado di l.**, degree of longitude.

longobàrdico, *a.* Longobardic; Longobard.

longobàrdo, *a.* e *m.* Longobard; Lombard.

long playing (*ingl.*), **A** *a. invar.* long-playing (*abbr.*: LP). **B** *m. invar.* long-playing record; long-player; LP.

lontanaménte, *avv.* ***1*** distantly; remotely ***2*** (*vagamente*) vaguely; slightly. ● **neanche l.**, not (even) for a moment □ **non immaginare neppure l.**, to have no notion (of) □ **Non ci penso neppure l.**, I haven't got the slightest intention of doing it; I wouldn't dream of it.

lontanànza, *f.* ***1*** (*distanza*) distance; remoteness: **in l.**, in the distance ***2*** (*assenza*; *l'essere lontano*) absence; being away: **La sua l. durò anni**, his absence lasted for years; **La l. da casa mi rattrista**, being away from home makes me sad; **Dobbiamo rassegnarci alla nostra l.**, we must resign ourselves to being far away from one another; **Quando avrà fine la nostra l.?**, when will our separation end?; when shall we see each other again?

lontàno, A *a.* ***1*** (*nello spazio*) far-off, far-away, far, distant, remote; (*spesso all'agg. ital. fa riscontro un avv. o una locuz. avv. ingl.*) far away, far off, far, a long way off; (*lontano da qui*) far from here; (*in lontananza*) in the distance; (*lontano dal centro, dalla* *città*) far out; (*con una misura precisa*) away: **una città lontana**, a far-off city; **in un paese l.**, in a far-off (*o* distant) country; **in una terra lontana**, in a distant (*o* far-away) land; **il l. Oriente**, the Far East; **Mia madre è lontana**, my mother is far away; **Parigi è lontana**, Paris is far away (*o* far from here); **La scuola è lontana**, the school is a long away off; it's a long way to the school; **La scuola è lontana tre miglia**, the school is three miles away (*o* from here); **È lontana la scuola?**, is the school far away?; is it far to the school?; **La loro casa è troppo lontana** (*dal centro, dalla città*), their house is too far out; **Vedevo la nave lontana**, I could see the ship in the distance; **una città lontana dal mare**, a town a long way from the sea ***2*** (*nel tempo*) distant; remote; far-off; far off (*avv.*); early: **un l. antenato**, a remote ancestor; **nel l. passato [in un l. futuro]**, in the distant (*o* remote, far-off) past [future]; **in tempi lontani**, in far-off times; **un l. ricordo**, a distant memory; **i miei ricordi più lontani**, my earliest recollections; **Gli esami erano ancora lontani**, exams were still far off ***3*** (*fig.*) distant; far: **un parente l.**, a distant relative; **È l. dalla perfezione**, it is far from perfect; **molto l. dal vero**, far from the truth; **Sono l. dal credere tutto quello che sento**, I am far from believing everything I hear ***4*** (*vago*) remote; faint; slight; dim; foggy (*fam.*): **un l. sospetto**, a faint suspicion; **una lontana somiglianza**, a remote (*o* faint, distant) resemblance; **un l. ricordo**, a remote (*o* dim, distant) memory; **Lo sentivo l.**, he seemed remote; **Non ho la più lontana idea di dove siano**, I haven't the remotest (*o* faintest, slightest) idea where they are ***5*** (*assente*) absent: **Brindiamo agli amici lontani!**, let's drink a toast to absent friends! • **conoscere q. alla lontana**, to have a slight acquaintance with sb. □ **essere parenti alla lontana**, to be distant relatives □ **più l.**, farther; further: **il lato più l. della tavola**, the farther side of the table □ **il più l.**, the farthest (*o* furthest); the farthermost: **nel punto più l.**, on the farthest point □ (*fig.*) **prenderla alla lontana**, to approach a subject in a roundabout way □ (*al telef.*) **Ti sento l.!**, I can hardly hear you □ **tenere q. l. da q.c.**, to keep sb. away from st. □ **tenere l. q.c.**, to stave off st. □ **tenersi l. da q.c.**, to keep away from st. □ (*fig.*) **tenersi l. da q.**, to give sb. a wide berth □ **Ora viviamo lontani**, now we are living far apart (*o* a long way from each other) □ **Siamo molto lontani da quel mondo ingenuo**, it's a far cry from that innocent world □ **Siamo ancora lontani da una soluzione**, we're still no nearer a solution. **B** *avv.* far from here [there]; far away; far off; away; a long way (away); (*solo nelle frasi interr. e neg.*) far: **Abito l. (di qui)**, I live far from here (*o* a long way away); **Lo stadio non è l.**, the stadium isn't far (from here); **Siete andati l.?**, did you go far?; **Non siamo andati molto l.**, we didn't go very far; we went only a short way; **È andato l., chissà dove**, he went away, who knows where; **Dobbiamo andare l.?**, have we got a long way to go?; **andare più l.**, to go further off; **andare il più l. possibile**, to go as far away as possible; **Non stare così l.**, don't stay so far away; **da l. e da vicino**, from far and near. • **l. nel futuro**, in the distant future □ **l. nel passato**, far back in the past □ (*fig.*) **andare l.**, to go far: **Quel ragazzo andrà l.**, that boy will go far □ (*fam.*) **che ci vede bene da l.**, far-sighted □ **di** (*o* **da**) **l.**, from a distance; from far away; from afar (*lett.*) □ **al di là dei monti, l. l.**, over the hills and far away □ **L. l. vide una luce**, far away in the distance he saw a light □ (*fig.*) **mirare l.**, to aim high □ **più l.**, farther; further □ **il più l.** (*nel punto più l.*), the farthest; the furthest □ **tenere l. q.**, to keep sb. at a distance □ **tenersi l. da tutti**, to keep away from everybody □ (*fig.*) **vedere l.**, to be far-sighted □ **Così l. non ci vedo**, I can't see as far as that □ (*prov.*) **L. dagli occhi l. dal cuore**, out of sight, out of mind.

lóntra, *f.* (*zool., Lutra lutra*) otter. • **l. marina** (*Enhydra lutris*), sea otter.

lónza (1), *f.* (*zool., stor.*) leopard; panther.

lónza (2), *f.* (*cucina*) ***1*** loin (of pork) ***2*** (*tipo di salume*) pork sausage (made from the loin).

look (*ingl.*), *m. invar.* look; appearance: **il nuovo l. per l'inverno**, the new winter look; **cambiare il l.**, to change one's appearance; **curare il proprio l.**, to be careful about one's appearance.

lòppa, *f.* ***1*** chaff ***2*** (*metall.*) slag; dross.

lòppio, *m.* (*bot.*) maple(-tree).

loppóne, *m.* (*bot.*) sycamore.

loquàce, *a.* ***1*** loquacious; talkative; garrulous ***2*** (*fig.: eloquente*) eloquent.

loquacità, *f.* loquacity; talkativeness; garrulity.

loquèla, *f.* (power of) speech; way of talking.

lòran, *m.* (*naut., aeron.*) loran.

lorànto, *m.* (*bot., Loranthus europaeus*) mistletoe.

lord (*ingl.*), *m. invar.* ***1*** lord: **il l. cancelliere**, the Lord Chancellor ***2*** (*fig. fam.*) lord; gentleman. • **vestirsi come un l.**, to be extremely elegant □ **Sembra il piccolo L.**, he looks like Little Lord Fauntleroy.

lordàre, A *v. t.* to dirty; to soil. **B lordàrsi,** *v. rifl.* to dirty oneself.

lordézza, *V.* **lordume.**

lórdo, *a.* ***1*** dirty; filthy; stained: **l. di sangue**, blood-stained ***2*** (*comm.*) gross: **peso l.**, gross weight. • (*fin.*) **al l. delle ritenute**, pretax; before tax: **stipendio al l. delle ritenute**, before-tax salary □ **coscienza lorda**, guilty (*o* heavy) conscience.

lordòṣi, *f.* (*med.*) lordosis*.

lordòtico, *a.* (*med.*) lordotic.

lordùme, *m.* **lordùra,** *f.* filth.

Lorèna, *f.* (*geogr.*) Lorraine.

lorenése, A *a.* of Lorraine; from Lorraine; Lorraine (*attr.*). **B** *m.* e *f.* Lorrainer.

Lorènzo, *m.* Laurence, Lawrence.

lorgnette (*franc.*), *f. invar.* lorgnette; (*estens.*) opera-glass.

lòri, *m.* (*zool., Loris*) loris.

lorìca, *f.* (*stor., zool.*) lorica*.

loricàto, *a.* (*zool.*) loricate.

lorichétto, *m.* (*zool., Lorius domicella*) lorikeet.

lóro (1), *pron. pers. m.* e *f. 3ª pers. pl.* ***1*** (*compl. ogg. e indir.*) them: **Diedi l. un regalo**, I gave them a present; I gave a present to them; **Dallo a l.**, give it to them; **Andai con l.**, I went with them; **Invita anche l.**, invite them too; **secondo l.**, according to them; **Viene uno di l.**, one of them is coming; **Fortunati l.!**, lucky them!; **Sta a l. decidere**, it's up to them to decide; **Cercavo (proprio) l.**, I was looking for them; they are the ones [the people, etc.] I was looking for ***2*** (*pred. nominale*) them; they: **Non sono l.**, it isn't them; **Non sembrano l.**, it doesn't look like them; **Sono l. (che sono) da biasimare**, it's they who are to blame ***3*** (*sogg.*) they: **Vengono anche l.**, they are coming too; **Lo desideriamo quanto l.**, we want it as much as they do; **Tu parli come l.**, you talk as they do; **L. non vogliono**, they don't want to; **L'hanno inventato proprio l.**, it was they who invented it ***4*** (*forma di cortesia*) – **L.**, you: **L. cosa prendono?**, what will you have? • **l. due [l. tre]**, the two of them [the three of them] □ **da l.** (*in sostituzione di «da sé»*), on their own; by themselves: **L'hanno fatto da l.**, they did it by themselves □ **Non sembrano più l.**, they are not what they were; they have changed so much, I shouldn't have recognized them.

lóro (2), A *a. poss.* ***1*** their; (*loro proprio*) their own; (*come pred. nominale*) theirs, their own: **il l. campo**, their field; **i l. campi**, their fields; **la l. barca**, their boat; **le l. barche**, their boats; **C'erano alcuni amici l.**, some of their friends were present; there were some friends of theirs; **La colpa è l.**, the fault is theirs; **Questi libri sono l.**, these books are their own ***2*** (*forma di cortesia*) your; (*pred. nominale*) yours: **Grazie per la l. gentile lettera**, thank you for your kind letter; **Signori miei, la colpa è l.**, gentlemen, the fault is yours. • **È una l. abitudine**, it's a habit of theirs □ **Le L. Maestà apparvero sullo schermo**, their Majesties appeared on the screen □ **Io sto dalla l. (parte)**, I'm on their side □ **Hanno un panfilo l., non è vero?**, they've got a yacht of their own, haven't they? □ **Ho appena ricevuto la l. del 1° settembre**, I have just received their letter of 1st September □ **Non hanno niente che sia l.**, they have nothing of their own □ **Ora vivono per conto l.** (*da soli*), now they are (living) on their own. **B** *pron. poss.* ***1*** theirs: **i miei e i l.**, mine and theirs; **Abitano in una grande casa, ma non è la l.**, they live in a big house, but it isn't theirs (*o* their own) ***2*** (*forma di cortesia*) yours: **Questa valigia è la l.?**, is this suitcase yours? **C** *m.* ***1*** (*il loro, i loro averi*) their own; what is theirs; their income: **Hanno riavuto il l., finalmente**, at last they've got their own back; **Non fanno che difendere il l.**, they're only defending what is theirs anyway; **Vivono del l.**, they live on their income (*o* on what they have, on what they earn) ***2*** (*pl.*) (*familiari*) their relatives, their family (*sing.*); (*seguaci*) their followers, their supporters, their people.

loṣànga, *f.* ***1*** lozenge; diamond ***2*** (*geom.*) rhombus*; lozenge ***3*** (*arald.*) lozenge.

loṣangàto, *a.* ***1*** diamond-shaped ***2*** (*arald.*) lozengy.

Losànna, *f.* (*geogr.*) Lausanne.

lósco, *a.* ***1*** (*bieco*) sinister; louche: **un viso l.**, a sinister face ***2*** (*di dubbia onestà*) shady; shady-looking; suspicious; underhand: **un affare l.**, a shady deal; **un tipo l.**, a shady-looking fellow; **avere un'aria losca**, to look suspicious; **C'è sotto qualcosa di l.**, there is something suspicious (*o* fishy) going on here; **mene losche**, underhand dealings; skulduggery (*sing.*).

lossodromìa, *f.* (*naut.*) rhumb-line; loxodromic curve.

lossodròmico, *a.* (*naut.*) loxodromic(al): **linea lossodromica**, *V.* **lossodromia**; **rotta lossodromica**, rhumb(-line); loxodromic course.

lotarìngio, *a.* e *m.* Lotharingian.

Lotàrio, *m.* (*stor.*) Lothair; (*letter.*) Lothario.

lòto (1), *m.* (*bot., Lotus*) lotus: **l. bianco** (*o* **egiziano**), white lotus. • (*mitol.*) **mangiatore di l.**, Lotus-eater.

lòto (2), *m.* (*lett.: fango*) mud; mire.

lotòfago, *m.* (*mitol.*) Lotus-eater; (*al pl., anche*) Lotophagi.

lòtta, *f.* ***1*** (*contro un'opposizione, per liberarsi*) struggle; (*combattimento*) fight, combat: **la l. per la vita [per la sopravvivenza]**, the struggle for survival; **l. per il potere**, struggle for power; **l. accanita**, dogfight; **l. impari**, uneven struggle; **una l. continua**, a never-ending struggle (*o* fight); **ingaggiare una l.**, to engage in (*o* to start) a fight; **sostenere una l. con q.**, to have (*o* to put up) a fight with (*o* against) sb. ***2*** (*sport*) wrestling: **l. greco-romana**, Graeco-Roman wrestling; **l. libera**, all-in wrestling; freestyle; catch-as-catch-can; **l. giapponese**, jujitsu; sumo ***3*** (*fig.: conflitto*) conflict, dispute, fight; (*guerra*) war: **la l. fra il desiderio e il senso del dovere**, the conflict between duty and desire; (*polit.*) **l. di classe**, class war; class struggle; **la l. contro l'inflazione**, the fight against inflation; **la l. contro la droga [contro il cancro]**, the war (*o* fight) against drugs [against cancer]; **essere in l. con q.**, to be in conflict (*o* in dispute, at odds) with sb. • (*fig.*) **l. a coltello**, cut-throat fight □ **una l. contro il tempo**, a race against time

□ **l. corpo a corpo**, hand-to-hand fight □ **lotte interne** [**intestine**], internal conflicts; infighting □ **l. senza quartiere**, fight to the death □ **fare alla l.**, to wrestle □ (*fig.*) **Le sue passioni contrastanti erano in l.**, conflicting passions were struggling within him □ **essere pronto alla l.** (*a battersi*), to be ready for a fight.

lottàre, *v. i.* **1** (*anche fig.*: *combattere*) to fight*; (*senza dare colpi*) to wrestle, to grapple; (*contro un'opposizione, per liberarsi*) to struggle: **l. per la libertà**, to fight for freedom; **l. per l'indipendenza**, to fight (*o* to struggle) for independence; **l. contro un forte avversario**, to fight against a strong opponent; **l. contro la miseria** [**le avversità**], to struggle against poverty [against adversities]; **Il quadro mostra Laocoonte che lotta col serpente**, the painting shows Laocoon struggling (*o* grappling) with the serpent; **I medici lottano contro le malattie**, doctors fight disease **2** (*sport*) to wrestle. ● **l. col sonno**, to struggle to keep awake; to try to fight off sleep □ **l. con la morte**, to fight against death; to fight for one's life □ **l. contro il tempo**, to work against time □ **l. con coraggio**, to put up a fight □ (*fig.*) **farsi strada nella vita lottando**, to fight one's way through life □ **Non ce la faccio più a l.**, I haven't any fight left in me.

lottatóre, *m.* (*f.* **-trice**) **1** (*chi combatte*) fighter; struggler **2** (*sport*) wrestler.

lotteria, *f.* lottery (*anche fig.*); raffle; draw; (*abbinata a cavalli, ecc.*) sweepstake: **la l. di Merano**, the Merano Sweepstake; **l. di beneficenza**, charity raffle; tombola (*GB*); **vincere alla l.**, to win in a lottery; **biglietto della l.**, lottery ticket; raffle ticket; **giocare alla l.**, to take part in a lottery; to buy a lottery ticket.

lottistico, *a.* lottery (*attr.*).

lottizzàre, *v. t.* **1** (*dividere in lotti*) to lot; to parcel out; to apportion; to divide up **2** (*polit.*) to carve up; to share out as spoils: **l. gli enti pubblici**, to carve up the spoils.

lottizzatóre, *m.* (*f.* **-trice**) **1** allotter **2** (*polit.*) allotter (of the spoils).

lottizzatòrio, *a.* (*polit.*) of the spoils system.

lottizzazióne, *f.* **1** (*divisione in lotti*) lotting; parcelling out; apportionment **2** (*polit.*) political carve-up; (*il sistema*) division of the spoils, spoils system: **la l. delle banche**, the carve-up of banks.

lotto, *m.* **1** (state) lottery: **estrazione del l.**, drawing of the lottery; **giocare al l.**, to put one's money on the lottery; **vincere al l.**, to win a prize at the lottery; **banco del l.**, state lottery office; **l. clandestino**, unlicenced lottery; number game (*o* racket) **2** (*appezzamento*) lot; allotment: **un l. fabbricabile**, a building lot; **dividere in lotti**, to divide into lots; to lot; to parcel out **3** (*comm.*) lot; batch; parcel: **un l. di merci**, a lot of goods **4** (*Borsa*) round lot. ● (*fig.*) **dare i numeri del l.**, to talk nonsense □ (*fig.*) **vincere un terno al l.**, to have a stroke of luck; to hit the jackpot □ **È come indovinare un terno al l.**, it's mere guesswork.

lozióne, *f.* lotion: **l. per i capelli**, hair lotion; **l. astringente**, astringent lotion.

LP, *m. invar.* LP; long-player.

LSD, *m.* (*chim.*, *dietilammide dell'acido lisergico*) LSD (Lysergic Acid Diethylamide).

Lubècca, *f.* (*geogr.*) Lübeck.

lubricità, *f.* (*fig.*) lewdness; bawdiness; lubricity (*lett.*).

lùbrico, *a.* **1** (*lett.*: *scivolosa*) slippery **2** (*fig.*) lewd; obscene; bawdy; lubricous (*lett.*).

lubrificànte, **A** *a.* lubricating; lubricant: **olio l.**, lubricating oil. **B** *m.* lubricant: **l. per ingranaggi**, gear lubricant. ● **l. per imbutitura**, drawing compound □ **l. per ponti**, axle grease.

lubrificàre, *v. t.* to lubricate; to grease; to oil.

lubrificativo, *a.* lubricative; lubricant; lubricating.

lubrificatóre, **A** *m.* lubricator. **B** *a.* lubricatory.

lubrificazióne, *f.* lubrication; greasing; oiling: **l. a circuito chiuso**, loop lubrication; **l. ad anello**, ring lubrication; **l. a olio**, oiling; **l. a sbattimento**, splash lubrication. ● **siringa per l.**, oil gun.

Lùca, *m.* Luke.

Lucàno, *m.* (*stor. letter.*) Lucan.

lucàno, **A** *a.* **1** (*stor.*) of Lucania **2** of Basilicata. **B** *m.* (*f.* **-a**) **1** (*stor.*) inhabitant of Lucania **2** inhabitant of Basilicata. **C** *m.* Basilicata dialect.

lucchése, **A** *a.* of Lucca; from Lucca; Lucca (*attr.*). **B** *m.* e *f.* inhabitant of Lucca; native of Lucca.

lucchétto, *m.* padlock: **mettere un l. a q.c.**, to put a padlock on st.; to padlock st.; **chiuso da un** (**grosso**) **l.**, (heavily) padlocked. ● (*fig.*) **mettere il l. alla bocca di q.**, to silence sb.; to muzzle sb.; to gag sb.

luccicànte, *a.* glittering; sparkling; twinkling; shiny; gleaming: **mare l.**, glittering sea; **occhi luccicanti**, sparkling eyes; **scarpe luccicanti**, shiny shoes; **un biancore l.**, a gleaming white; **stelle luccicanti**, twinkling stars.

luccicàre, *v. i.* (*mandare barbagli*) to glitter, to sparkle; (*occhieggiare*) to twinkle; (*splendere*) to shine*, to gleam: **Il brillante luccicava**, the diamond sparkled; **L'acqua luccicava sotto la luna**, the water glittered under the moon; **La spada luccicava al sole**, the sword shone in the sun; **Le stelle luccicano in cielo**, the stars are twinkling in the sky; **I suoi occhi luccicavano di gioia** [**di ilarità**], his eyes sparkled with joy [twinkled with merriment].

luccichìo, *m.* glittering; sparkling; twinkling; glimmering.

luccicóne, *m.* (big) tear: **Le vennero i lucciconi**, tears welled up in her eyes; **Aveva i lucciconi**, her eyes were brimming with tears.

luccicóre, *V.* **luccichìo**.

lùccio, *m.* (*zool.*, *Esox lucius*) luce; pike.

lùcciola, *f.* **1** (*zool.*, *Luciola*; *Lampyris*) firefly; glow-worm; lightning bug (*USA*) **2** (*teatr.*) usherette **3** (*pop.*) prostitute; streetwalker. ● (*fig.*) **dare a intendere lucciole per lanterne**, to throw dust in (sb.'s) eyes; to lead sb. up the garden path □ (*fig.*) **prendere lucciole per lanterne**, to get hold of the wrong end of the stick.

lùce, **A** *f.* **1** (*anche fig.*) light: **l. diretta** [**riflessa, rifratta, debole, diffusa**], direct [reflected, refracted, faint, diffuse] light; **l. elettrica** [**artificiale, a gas**], electric [artificial, gas] light; **mezza l.**, half light; **l. della luna**, moonlight; (*scient.*) lunar light; **l. del sole**, sunlight; (*scient.*) solar light; **l. diurna** (*o* **del giorno**), daylight; **raggio di l.**, ray of light; **La l. si spense**, the light went out; **lavorare con la l. artificiale**, to work in artificial light; **accendere** [**spegnere**] **la l.**, to put on [to put out] the light; (*con interruttore, anche*) to turn (*o* to switch) the light on [off]; **prendere l.**, to get (enough) light; **mettere alla l.**, to put in the light; **lasciar passare la l.**, to let the light through; **La dispensa prende l. da un lucernario** [**dal cortile**], the light comes into the storeroom through a skylight [through a window opening on to the courtyard]; (*fig.*) **fare l. su q.c.**, to shed light upon st.; **Tu sei la l. dei miei occhi**, you are the light of my eyes **2** (*sistema d'illuminazione*) lighting: **installare la l. al neon**, to put in neon lighting **3** (*fam.*: *elettricità*) electricity; power: **la bolletta della l.**, the electricity bill; **essere senza l.**, to be without electricity (*o* power); **Ieri sera è andata via la l.**, the electricity (*o* the power) was cut off last night; **È tornata la l.**, the electricity (*o* the power) has come back **4** (*apertura*) opening; aperture **5** (*archit.*: *di ponte*) archway; span: **un ponte a tre luci**, a three-span bridge **6** (*finestra, vetrina*) window: **un negozio con quattro luci**, a shop with four windows **7** (*specchio*) mirror: **un armadio a tre luci**, a wardrobe with three mirrors **8** (*pl.*) (*poet.*: *occhi*) eyes. ● (*autom.*) **luci abbaglianti**, headlights on full (*USA*: on high) beam; brights (*fam. USA*) □ (*autom.*) **luci anabbaglianti**, dipped (*o* low-beam) headlights □ (*astron.*) **l. cinerea**, earthshine; earthlight □ (*autom.*) **luci d'arresto**, brakelights; stop-lights □ **luci dell'albero di Natale**, fairy lights □ **luci della ribalta**, (*teatr.*) footlights; (*fig.*) limelight (*sing.*) □ (*autom.*) **luci di direzione**, indicator lights □ **luci di posizione**, (*naut.*) navigation lights; (*autom.*) parking lights, sidelights □ (*teatr.*) **luci di sala**, houselights □ (*arte*) **luci e ombre**, light and shade □ (*autom.*) **l. interna**, courtesy light □ (*fis.*) **l. monocromatica**, monochromatic light □ (*fis.*) **l. polarizzata**, polarized light □ **luci psichedeliche**, psychedelic lights □ (*fig.*) **a luci rosse**, porno; blue: **cinema a luci rosse**, porno cinema; **film a luci rosse**, blue movie □ **alla l. del giorno**, in broad daylight □ **alla l. del sole**, by the light of the sun; (*fig.*) openly, frankly, publicly □ (*fig.*) **alla l. delle informazioni più recenti**, in the light of the latest information □ **Ho la l. negli occhi**, the light is shining into my eyes; I am dazzled by the light □ (*fig.*) **brillare di l. riflessa**, to bask in sb.'s glory □ **chiaro come la l. del sole**, as clear as daylight □ **dare alla l. un bambino**, to give birth to a child □ **gettare una l. diversa su q.c.**, to cast new light on st.; to put a different complexion on st. □ **giochi** (*o* **effetti**) **di l.**, light effects □ **Vedevo i giochi di l. sotto il ponte**, I could see the light dancing (*o* playing) under the bridge □ **mettere in l.** (*far notare, far risaltare*), to point out; to emphasize □ (*fig.*) **mettere q. in buona** [**in cattiva**] **l.**, to show sb. in a good [in a bad] light; (*di situazione, ecc.*) to reflect well [badly] on sb. □ **mettersi in l.**, to draw attention to oneself □ (*anche fig.*) **portare alla l.**, to dig out; to unearth; to bring to light □ **prendere l. da q.c.**, to be lit by st. □ **togliere la l. a q.** (*fargli ombra*), to stand in sb.'s light □ **vedere la l.**, (*nascere*) to be born; (*fig.*) to see the light of day □ **venire alla l.**, (*nascere*) to be born; (*fig.*) to come to light. **B** *a. invar.* – **anno l.**, light-year; **punto l.**, light spot.

lucènte, *a.* shining; bright; glossy; gleaming.

lucentézza, *f.* brilliance; brightness; glossiness; gloss; lustre.

Lucèrna, *f.* (*geogr.*) Lucerne.

lucèrna, *f.* **1** (*lume*) oil-lamp **2** (*pop.*: *cappello dei carabinieri*) cocked hat; (*berretta dei preti*) biretta. ● (*fig.*) **sapere di l.**, to smell of the lamp.

lucernàrio, *m.* skylight.

lucernière, *m.* lampstand.

lucèrtola, *f.* (*zool.*, *Lacerta*) lizard: **pelle di l.**, lizard-skin. ● **essere come una l.**, to love basking in the sun.

lucertolóne, *m.* **1** big lizard **2** (*iguana*) iguana **3** (*ramarro*) green lizard.

lucherino, *m.* (*zool.*, *Carduelis spinus*) siskin.

Lucia, *f.* Lucy.

Luciàno, *m.* Lucian.

lucidalàbbra, *m. invar.* lip-gloss.

lucidàre, *v. t.* **1** to polish; (*a cera*) to wax **2** (*mecc.*: *con pulitrice a disco*) to buff; (*brunire*) to burnish **3** (*ricalcare disegni*) to trace.

lucidatóio, *m.* tracing table.

lucidatóre, *m.* (*f.* **-trice**) **1** polisher; (*di pavimenti*) floor polisher; (*di mobili*) furniture polisher **2** *V.* **lucidista**.

lucidatrice, *f.* (*macchina*) floor polisher.

lucidatùra, *f.* **1** polishing; (*a cera*) wax finishing **2** (*mecc.*: *con pulitrice a disco*) buffing; (*brunitura*) burnishing **3** (*ricalco di disegno*) tracing.

lucidézza, *f.* brightness; shine; sheen; lustre; gloss.

lucidista, *m.* e *f.* tracer.

lucidità, *f.* *1* (*fig.*) lucidity; clearness: **esprimersi con l.**, to express oneself clearly (*o* with lucidity); **l. di mente**, clearness of mind; clear-headedness; clear-sightedness; **Ne riparleremo con più l. domani**, we'll come back to it tomorrow when our minds are clearer; **momenti di l.**, moments of lucidity; lucid intervals *2* *V.* **lucidezza**.

lùcido, **A** *a.* *1* (*che è stato lucidato*) polished; (*che risplende*) bright, shining, gleaming, shiny, glossy; (*come il raso*) satiny: **ottone [marmo, pavimento, legno] l.**, polished brass [marble, floor, wood]; **scarpe lucide**, polished shoes; **naso rosso e l.**, red and shiny nose; **carta lucida**, shiny (*o* glossy) paper; **occhi lucidi di pianto**, eyes bright with tears; (*di un animale*) **mantello** (*o* **pelo**) **l.**, glossy coat; **foglie di un verde l.**, glossy green leaves; **non l.** (*di vernice e sim.*), matt; flat; **l. come uno specchio**, bright; (*pulito*) spick and span *2* (*fig.*) lucid; clear; clear-eyed: (*med.*) **intervalli lucidi**, lucid intervals; **avere idee lucide**, to have clear ideas; to be clear-headed; **Ha fatto un lucido esame della situazione**, he gave a clear account of the situation; **mente lucida**, clear mind. **B** *m.* *1* (*materia che dà il l.*) polish; polishing cream: **l. da scarpe [da mobili]**, shoe polish [furniture polish] *2* (*lucidezza*) gloss; brightness; shine; shininess (*fam.*): **il l. della seta**, the gloss of silk *3* (*ricalco*) tracing: **fare il l. di un disegno**, to make the tracing of a drawing; **carta da lucidi**, tracing paper *4* (*per lavagna luminosa*) transparency. ● **l. nero** (*da scarpe, ecc.*), blacking □ **dare il l. alle scarpe**, to polish (one's) shoes □ **tirare a l.**, to polish; to make (st.) spick and span; to use spit and polish (*GB*) □ **tirato a l.**, (*pulitissimo*) spick and span, squeaky-clean (*fam.*); (*elegante*) very smart, spruce, natty.

luciferino, *a.* *1* (*di Lucifero*) Luciferian *2* (*fig.*) diabolic; fiendish; satanic.

Lucìfero, *m.* (*relig.*, *astron.*) Lucifer.

lucìfero, *a.* (*lett.*) light-bearing; light-giving.

lucìfugo, *a.* (*zool.*) lucifugous; lucifugal.

lucìgnola, *V.* **luscengola**.

lucìgnolo, *m.* wick.

Lùcio, *m.* Lucius.

lucioperca, *f.* (*zool.*, *Lucioperca lucioperca*) zander.

lucivago, *a.* (*bot.*) light-seeking.

lucóre, *m.* (*lett.*) (diffused) light.

lucràbile, *a.* to be gained; obtainable.

lucràre, *v. t.* to make* (money); to earn; to gain; to make* a profit: **l. grosse somme**, to make a lot of money; **Che cosa ne ha lucrato?**, what profit did he make (*o* what did he gain) out of it? ● (*eccles.*) **l. indulgenze**, to gain indulgences.

lucrativo, *a.* lucrative; profitable; remunerative; profit-bearing; moneymaking.

Lucrèzia, *f.* Lucrece; Lucretia.

Lucrèzio, *m.* (*stor.*) Lucretius.

lùcro, *m.* profit; gain; (*spreg.*) lucre: **a scopo di l.**, for profit; for money; to make money; **ricavare un l. da q.c.**, to make a profit out of st.; **l. illecito**, illicit gain; **associazione senza fini di l.**, non-profit organization. ● (*leg.*) **l. cessante e danno emergente**, loss of profit and accruing damage.

lucróso, *a.* lucrative; profitable.

luculliàno, *a.* Lucull(i)an. ● **pranzo l.**, lavish meal; sumptuous banquet; gourmet's delight.

Lucùllo, *m.* (*stor.*) Lucullus.

lucumóne, *m.* (*stor.*) lucumo(n).

lucumonìa, *f.* (*stor.*) lucumony.

luddismo, *m.* (*stor.*) Luddism.

luddista, *m.* e *a.* Luddite.

ludibrio, *m.* *1* (*scherno*) mockery; scorn; derision: **esposto al l. della gente**, held up to everybody's mockery (*o* to public scorn) *2* (*oggetto di scherno*) butt; laughing-stock. ● **farsi l. di q.c.**, to mock st. □ **mettere in l. q.**, to mock sb.

lùdico, *a.* *1* (*del gioco*) playing (*attr.*); play (*attr.*) *2* (*giocoso*) playful; ludic. ● **attività ludiche**, play (*sing.*); games.

ludióne, *m.* Cartesian devil (*o* diver).

lùdo, *m.* (*stor.*) game: **ludi circensi**, circus games; **ludi scenici**, theatrical performances.

ludotèca, *f.* playroom; children's recreation centre.

ludoterapìa, *f.* (*psic.*) play therapy.

lùe, *f.* (*med.*) lues; syphilis.

luètico, (*med.*) **A** *a.* luetic; syphilitic. **B** *m.* (*f.* -*a*) syphilitic.

lùffa, *f.* *1* (*bot.*, *Luffa cylindrica*) loofah; dishcloth gourd *2* (*spugna che se ne ricava*) loofah; luffa (*USA*).

lugliàtico, *a.* (*agric.*) ripening in July.

lùglio, *m.* July.

lùgubre, *a.* lugubrious; (*luttuoso*) mournful, funereal; (*tetro*, *cupo*) gloomy, dismal, grim.

lùi, **A** *pron. pers. m. 3ª pers. sing.* *1* (*compl. ogg. e indir.*) him: **Rivolgiti a lui**, turn to him; **Voglio lui, non lei**, I want him, not her; **Fui visto con lui**, I was seen with him; **il padre di lui**, his father; **Se fossi in lui...**, if I were him (*o* in his shoes)...; **Cercavo proprio lui**, he is the man I was looking for *2* (*pred. nominale*) him; he: **È lui**, it's him; **Eccolo, è lui**, there he is; there he comes; **È lui (che è) da biasimare**, it's he who is to blame; **Non lo sapeva nemmeno lui**, he didn't know either *3* (*fam.*, *sogg.*) he (*o idiom.*): **Lui vuole partire e lei rimanere**, he wants to go and she wants to stay; **Lo saprà lui**, he should know; **Venga lui se ne ha il coraggio**, let him come if he dares; **Beato lui!**, lucky him!; lucky devil! ● **Contento lui...**, as long as he's happy... □ **Partito lui, tirarono un sospiro di sollievo**, everyone felt relieved when he left □ **Non è da lui** (*non è cosa degna di lui*), it's not like him □ (*di ritratto*) **È tutto lui**, it's just like him □ **Non sembra più lui**, he looks a different person; he is a changed man. **B** *m.* (*fam.*) boyfriend.

luì, *m.* (*zool.*, *Phylloscopus*) warbler. ● **luì piccolo** (*Phylloscopus collybita*), chiff-chaff.

Luìgi, *m.* Lewis; Louis.

luìgi, *m.* (*moneta*) louis (d'or).

Luìsa, *f.* Louise; Louisa.

Luisiàna, *f.* (*geogr.*) Louisiana.

lumàca, *f.* *1* (*zool.*, *Limax*) slug; (*com.*: *chiocciola*) snail *2* (*fig.*: *di persona*) slowcoach (*fam.*) *3* (*fig.*: *di mezzo di trasporto*) slow [train, bus, etc.]. ● (*zool.*) **l. di mare**, sea slug □ (*mat.*) **l. di Pascal**, limacon □ **a passo di l.**, at a snail's pace □ **camminare come una l.**, to crawl along like a snail.

lumacóne, *m.* *1* (*zool.*) slug *2* (*fig.*) slowcoach (*fam.*).

lùme, *m.* *1* (*lampada*) lamp, light; (*candela*) candle: **l. a olio**, oil-lamp; **l. a gas**, gaslight; **Avvicina il l.!**, bring the light (*o* the lamp) nearer; **accendere un l. alla Madonna**, to light a candle to Our Lady; (*fig.*) to thank one's lucky stars *2* (*luminosità*, *luce*) light (*anche in parole composte*): **Vidi un l. in lontananza**, I saw a light in the distance; **La lampada faceva poco l.**, the lamp didn't give off much light; **al l. di luna [delle stelle, di candela]**, by moonlight [by starlight, by candlelight] *3* (*spesso pl.*) (*delucidazione*) light, enlightenment; (*consiglio*) advice: **ricorrere a q. per avere lumi**, to turn to sb. for enlightenment; **Può darmi dei lumi su questo punto?**, can you shed any light (*o* can you enlighten me) on this point?; **ricorrere ai lumi di un avvocato**, to seek legal advice; **ricorrere ai lumi di un medico**, to consult a doctor *4* (*pl.*) (*stor.*: *Illuminismo*) Enlightenment: **il secolo dei lumi**, the Age of Enlightenment *5* (*pl.*) (*poet.*) eyes *6* (*biol.*) lumen*. ● **l. ad acetilene**, acetylene burner □ (*fig.*) **il l. della fede**, the light of Faith □ (*fig.*) **il l. della ragione**, the light of reason □ **il l. degli occhi**, one's eyesight □ (*fig.*) **a l. di naso**, at a guess; by (sheer) intuition □ (*fig.*) **con questi lumi di luna**, in these difficult times; the way things are now □ **fare l. a q.** (*accompagnare q. con un l.*), to show sb. the way with a pocket-torch [a lantern, a candle, etc.]; to light sb.'s way □ (*fig.*) **fare l. su q.c.**, to shed light on st. □ (*fig.*) **perdere il l. degli occhi**, to be blind with rage; to see red (*fam.*) □ (*fig.*) **perdere il l. della ragione**, (*infuriarsi*) to be beside oneself with anger; (*impazzire*) to lose one's reason □ (*fig.*) **reggere il l.**, to play gooseberry.

lumeggiaménto, *m.* *1* (*pitt.*) heightening *2* (*fig.*) illumination.

lumeggiàre, *v. t.* *1* (*pitt.*) to heighten *2* (*fig.*: *chiarire*) to throw* light upon; (*dare rilievo*) to highlight *3* (*illuminare*) to illuminate.

lùmen, *m.* (*fis.*) lumen*.

lumenòmetro, *m.* (*fis.*) photometer.

lumenóra, *m. invar.* (*fis.*) lumen-hour.

lumicìno, *m.* small light; small lamp. ● (*fig.*) **cercare q.c. col l.**, to search for st. high and low; to go through everything with a fine-tooth comb □ (*fig.*) **cercare i guai col l.**, to go looking for trouble □ (*fig.*) **essere [ridursi] al l.**, to be on one's last legs; to be at death's door.

lumièra, *f.* (*lampadario*) chandelier; (*reggitorcia*) torch holder; (*reggilanterna*) lantern holder.

luminànza, *f.* (*fis.*) luminance.

luminàre, *m.* (*astron.*, *fig.*) luminary.

luminària, *f.* illuminations (*pl.*); lights (*pl.*).

luminèllo (1), *m.* (*barbaglio*) glare.

luminèllo (2), *m.* (*di lucerna*) wick-holder.

luminescènte, *a.* (*fis.*) luminescent.

luminescènza, *f.* (*fis.*) luminescence. ● **lampada a l.**, gas (*o* glow-)lamp.

luminismo, *m.* (*pitt.*) luminarism.

luminìsta, *m.* e *f.* (*pitt.*) luminarist.

luminìstica, *f.* (*teatr.*) stage lighting.

lumìno, *m.* *1* small oil-lamp; (*da notte*) night-light, night-lamp *2* (*candela*) candle; (*funebre*) grave light.

luminosità, *f.* *1* brightness; luminosity; luminousness; brilliance: **la l. di un colore**, the brightness of a colour; **la l. del cielo**, the luminosity of the sky; (*astron.*) **l. stellare**, stellar luminosity; (*fis.*) **fattore di l.**, luminosity factor *2* (*fotogr.*) f-number. ● (*TV*) **eccessiva l.** (*dello schermo*), over-brilliance.

luminóso, *a.* *1* bright; full of light; luminous; shining; (*di luce*) of light: **colore l.**, bright colour; (*astron.*) **corpo l.**, luminous body; **stanza luminosa**, well-lit room; room full of light; sunny room; **sorgente luminosa**, source of light; **raggio l.**, ray of light; (*di orologio*) **lancette luminose**, luminous hands; **occhi luminosi**, bright eyes *2* (*fig.*) bright; (*chiaro*) obvious, clear: **idea luminosa**, bright idea; **verità luminosa**, obvious truth.

lùmpo, *V.* **lompo**.

lùna, *f.* *1* moon: **La l. sorge [tramonta, cresce, scema]** the moon rises [sets, waxes, wanes]; **l. nuova [piena, falcata]** new [full, crescent] moon; **primo [ultimo] quarto di l.**, moon's first [last] quarter; **C'è la l. stasera?**, is there a moon tonight?; **Non c'è la l.**, there is no moon; **le lune di Giove**, Jupiter's moons; **chiaro di l.**, moonlight; moonshine; **falce di l.**, crescent; **al lume della l.**, by moonlight; in the moonlight; **una notte di l.**, a moonlit night; **raggio di l.**, moon-beam; **il disco [la faccia, i corni, l'orbita, la rotazione, la rivoluzione, le fasi] della l.**, the moon's disk [face, horns, orbit, rotation, revolution, phases]; **un paesaggio illuminato dalla l.**, a moonlit landscape *2* (*mese lunare*) lunar month, moon(-month); (*lunazione*) lunation. ● **l. di miele**, honeymoon □ **abbaiare alla l.**, to bay at the moon □ (*fig.*) **andare a lune**, to be moody □ (*fig.*) **avere la l. (di traverso** *o* **storta)**, to be in a bad mood; to have got out of bed on the wrong side □ (*fig.*) **chiedere** (*o* **volere**) **la l.**, to ask for the moon □ **con questi**

chiari di l., in these difficult times; the way things are now □ (*fig.*) **una faccia di l. piena**, a face like a full-moon; a moon-face □ (*fig.*) **fare vedere la l. nel pozzo a q.**, to lead sb. up the garden path □ (*miss.*) **lancio sulla l.**, moon shot □ **mal di l.**, lycanthropy □ (*fig.*) **essere** (*o* **vivere**) **nel mondo della l.**, to live in a world of one's own; to live in cloud-cuckoo-land □ (*fig.*) **essere ancora nel mondo della l.**, not to be born yet □ (*miner.*) **pietra di l.**, moonstone □ (*fig.*) **promettere la l.**, to promise the moon □ (*fig.*) **sotto la l.**, under the moon.

lunàle, *f.* (*anat.*) lunula*, lunule; (*com.*) half-moon.

lùna park, *locuz. m. invar.* funfair; amusement park; fair ground; carnival (*USA*).

lunàre, *a.* **1** lunar; moon (*attr.*): **luce l.**, moonlight; moonshine; **mese l.**, lunar month; (*miss.*) **modulo l.**, lunar module; **paesaggio l.**, lunar landscape; moonscape; (*miss.*) **passeggiata l.**, moon walk **2** (*fig.*: *diafano*) diaphanous; (*etereo*) ethereal.

lunària (1), *f.* **1** (*bot., Botrychium lunaria*) moonwort **2** (*bot., Lunaria annua*) honesty; satinpod.

lunària (2), *f.* (*miner.*) moonstone.

lunàrio, *m.* almanac. ● (*fam.*) **sbarcare il l.**, to eke out a living; to make both ends meet.

lunàtico, A *a.* moody; whimsical; changeable. **B** *m.* (*f.* **-a**) moody person; changeable person.

lunàto, *a.* crescent-shaped.

lunàuta, *m.* e *f.* (*miss.*) lunarnaut.

lunazióne, *f.* (*astron.*) lunation.

lunedì, *m.* Monday: **l. pomeriggio**, Monday afternoon; **chiuso il l.**, closed on Mondays; **Verrà l.**, he'll come on Monday; **il l. di Pasqua**, Easter Monday; **l. grasso**, Shrove Monday.

lunétta, *f.* **1** (*archit., eccles.*) lunette **2** (*mecc.*: *di tornio*) steady rest **3** (*di orologio*) bezel **4** (*pallacanestro*) free-throw area. ● (*archit.*) **l. a ventaglio**, fanlight (*GB*); transom (*USA*).

lùnga, *f.* (*fon.*) long (vowel).

lungàdige, *m. invar.* (the) Adige embankment.

lungàggine, *f.* **1** (*lentezza*) slowness; delay: **lungaggini burocratiche**, bureaucratic delays; red tape (*sing.*) **2** (*prolissità*) prolixity; long-windedness.

lungagnàta, *f.* **1** long-winded speech; rigmarole **2** (*faccenda che va per le lunghe*) long-drawn-out affair; dragged-out affair.

lungagnóne, *m.* (*f.* **-a**) (*fam.*) **1** (*persona allampanata*) beanpole; long drink of water (*fam.*) **2** (*persona lenta*) slowcoach.

lungaménte, *avv.* for a long time; at (great) length.

lungàrno, *m.* (the) Arno embankment.

lunghézza, *f.* **1** length: **la l. di un tavolo**, the length of a table; **Misura due metri di l.**, it is two metres long (*o* in length); **Che l. ha?**, how long is it?; **prendere la l. di q.c.**, to measure the length of st.; **nel senso della l.**, lengthwise; **la l. di un film**, the length of a film; **l. complessiva**, overall length; (*sport*) **vincere per mezza l.**, to win by half a length **2** (*estensione, anche*) extent: **Il fiume non è ancora stato esplorato in tutta la sua l.**, the full extent of the river has not yet been explored. ● (*mecc.*) **l. di contatto**, length of contact □ (*fis.*) **l. di diffusione**, diffusion length □ (*radio*) **l. d'onda**, wavelength □ (*fon.*) **l. di una sillaba**, length of a syllable □ (*fotogr.*) **l. focale**, focal length □ (*naut.*) **l. fuori tutto**, overall length □ **l. in iarde**, yardage □ **l. in piedi**, footage □ **l. utile**, working length.

lunghìsta, *m.* e *f.* (*sport*) competitor in the long jump.

lùngi, A *avv.* (*lett.*) far; far off: **da l.**, from afar. **B lùngi da,** *locuz. prep.* (*anche fig.*) far from: **non l. da qui**, not far from here; **Quello che mi dissero era (ben) l. dalla verità**, what they told me was far from being true; **Ero l. dal credere che...**, I was far from believing that...; **Ero l. dal pensare che lo avrei rivisto**, little did I think I should see him again; **L. da me il biasimarlo**, far be it from me to blame him; **L. da me l'idea!**, I would never think of it!

lungimirànte, *a.* far-seeing; far-sighted; far-reaching.

lungimirànza, *f.* far-sightedness.

lùngo, A *a.* **1** long: **una strada lunga e stretta**, a long, narrow street; **manica [commedia, estate] lunga**, long sleeve [play, summer]; **gambe lunghe**, long legs; **l. un miglio**, one mile long; (*fon.*) **vocale lunga**, long vowel **2** (*diluito*) diluted; weak; watery; watered-down; thin: **caffè l.**, weak coffee; **vino l.**, watered-down wine; **brodo l.**, thin (*o* watery) soup **3** (*fam.*: *alto*) tall: **un ragazzo l. l.**, a tall, thin boy; **l. come un palo** (*o* **come una pertica**), as tall as a lamp-post (*o* pikestaff) **4** (*nel tempo*: *protratto*) lengthy; long-drawn-out: **una lunga disquisizione**, a lengthy disquisition; **una visita lunga**, a long-drawn-out visit **5** (*fam.*: *lento*) (very) slow; long-drawn-out: **Sono sempre lunghi in quell'ufficio**, they are always very slow (*o* they always take a long time) at that office; **Quanto sei l.! spicciati!**, how slow you are! hurry up!; **essere l. a fare q.c.**, to take a long time doing st. ● **l. come la fame** (*o* **come la quaresima**), interminable; endless □ **l. disteso**, stretched out; flat on one's back [on one's face]; sprawling: **cadere l. disteso**, to fall flat on one's back [on one's face]; to tumble the length of one's body □ **lunga esperienza**, long years of experience □ **l. studio**, long years of study; hard study □ **a l.**, (*per molto tempo*) (for) a long time; (*con tutti i particolari*) at (great, considerable) length: **aspettare a l.**, to wait a long time; **Parlai a l. della nostra organizzazione**, I spoke at great length about our organization □ **a l. andare** (*o* **alla lunga**), in the long run; with the passing of time □ **a lunga scadenza**, long-term (*attr.*); (*di latte, ecc.*) long-life (*attr.*) □ **alla più lunga** (*al più tardi*), at the latest □ **andare per le lunghe**, to take (a long) time; to drag on: **L'assicurazione pagherà, ma si andrà per le lunghe**, the insurance will pay, but it's bound to take time □ **avere la vista lunga**, to be far-sighted □ **calzoni lunghi**, (long) trousers □ (*comm.*) **cambiale a lunga scadenza**, long-dated bill □ (*mil.*) **cannone a lunga gittata** (*o* **di lunga portata**), long-range cannon □ **di gran lunga**, (*davanti a un compar.*) far, much; (*davanti a un superl.*) by far, far and away, (very) much: **Il motore nuovo è di gran lunga più potente del vecchio**, the new engine is far (*o* much) more powerful than the old one; **Questo è di gran lunga il migliore**, this is by far the best; this is much the best □ **di lunga durata**, long-lasting □ **dirla lunga**, to speak volumes □ (*fam.*) **fare il muso l.**, to pull a long face □ **fare progetti di lunga scadenza**, to plan far ahead □ (*fam.*) **farla lunga**, to keep on; to go on and on (and on); to drag it on: **Non farla lunga**, don't drag it on; **Come la fai lunga!**, how you keep on!; **Quanto l'hai fatta lunga!**, I thought you were never going to finish! □ **mandare per le lunghe**, to postpone; to defer; to put off □ (*fig.*) **con il muso l.**, with a long face □ (*fig.*) **non guardare q. quant'è l.**, not to give sb. so much as a glance □ **saperla lunga**, to know a thing or two; to know what's what □ **tirare di l.**, to keep going □ **tirarla in l.**, to spin (*o* to draw) it out. **B** *m.* length: **Dev'essere dieci metri per il l.**, it must be ten metres in length. ● **in l. e in largo**, far and wide; high and low; everywhere □ **Ho girato la Spagna in l. e in largo**, I've travelled all over Spain; I've been everywhere in Spain □ **per il l.** (*per il verso della lunghezza*), lengthwise; lengthways □ (*sport*) **salto in l.**, broad jump; long jump. **C** *prep.* **1** along; by (the side of): **Navigammo l. la costa**, we sailed along the coast; **C'erano alberi l. la strada**, the road was lined (*o* flanked) with trees; there were trees by the side of the road (*o* by the road-side); **La folla si era assiepata l. le strade**, crowds had lined the streets **2** (*di tempo*) during; (*per l'intera durata*) throughout; (*nel corso di*) over: **L'ho perso l. il tragitto**, I lost it during the journey; I lost it on my way here [there]; **l. i secoli**, over the centuries; **l. tutto il Duecento**, during the whole of the 13th century.

lungodegènte, *m.* e *f.* long-stay patient; long-term patient.

lungodegènza, *f.* long stay in hospital.

lungofiùme, *m.* riverside; embankment.

lungolàgo, *m.* lakeside; promenade.

lungomàre, *m.* seafront; promenade.

lungometràggio, *m.* (*cinem.*) feature film.

lungopò, *m. invar.* (the) Po embankment.

lungosènna, *m. invar.* (the) Seine embankment.

lungotévere, *m.* (the) Tiber embankment.

lunòtto, *m.* (*autom.*) back (*o* rear) window; backlight. ● **l. laterale**, quarter window □ **l. termico**, heated rear window.

lùnula, *f.* **1** (*anat.*) lunula*, lunule; (*com.*) half-moon **2** (*geom.*) lune.

luògo, *m.* **1** place; (*località*) locality; (*scena*) scene; (*l. particolare o ristretto*) spot: **l. di nascita**, birth-place; **l. di provenienza**, place of origin; **l. d'affari**, place of business; **luoghi di divertimento**, places of amusement; **i Luoghi Santi**, the Holy Places; **Erano luoghi malfamati**, the locality had a bad reputation; **il l. del delitto**, the scene of the crime; **Questo è proprio il l. in cui avvenne l'assassinio**, this is the very spot where the murder was committed; **sul l.**, on the spot; **in nessun l.**, nowhere; **in ogni l.**, everywhere; **in qualche l.**, somewhere; **in qualsiasi l.**, anywhere; (*nelle frasi concessive*) wherever: **Puoi trovarlo in qualsiasi l.**, you can find it anywhere; **In qualsiasi l. si trovi, mi manda sempre una cartolina**, wherever he is, he always sends me a postcard **2** (*letter.*: *passo d'autore*) passage: **un l. difficile del «Paradiso» dantesco**, a difficult passage in Dante's «Paradise» **3** (*geom.*) locus*. ● **l. citato** (*abbr.*: **loc. cit.**), loco citato (*abbr.*: loc. cit.) □ (*ling.*) **l. comune**, commonplace; platitude; cliché □ **l. di decenza**, lavatory □ **l. di pena**, penitentiary □ **l. pio**, charitable institution □ **a tempo e l.**, at the right time and place □ **avere l.**, (*svolgersi*) to take place, to be held; (*verificarsi*) to occur: **Le nozze ebbero l. in maggio**, the wedding took place in May; **La riunione avrà l. a Ginevra**, the meeting is to be held in Geneva □ **lo scambio di corrispondenza che ha avuto l. fra di noi**, the correspondence that has passed between us □ **C'è l. a sperare che...**, there is reason to hope that... □ (*fig.*) **dare l. a**, (*causare*) to cause, to give cause for, to give rise to; (*condurre a*) to lead to, to be conducive to: **dare l. a dubbi**, to give rise to doubts; **dare l. a lagnanze**, to give cause for complaint; to lead to complaints; **dare l. a critiche**, to give rise (*o* to be open to) criticism □ **del l.** (*del paese, ecc.*), of the town; local: **il sindaco del l.**, the mayor of the town; **secondo l'uso del l.**, according to local usage; **È uno del l.**, he is a local □ **fuori l.**, out of place □ **in l. di**, in the place of; instead of □ **in primo [in secondo] l.**, in the first [in the second] place □ **in ultimo l.**, lastly; last of all □ (*leg.*) **non l. a procedere**, nonsuit: **pronunciare un non l. a procedere**, to enter a nonsuit □ **tenere l. di segretario [di consigliere]**, to act as secretary [as advisor].

luogotenènte, *m.* **1** deputy; representative; locum tenens **2** (*mil.*) lieutenant.

luogotenènza, *f.* **1** deputyship **2** (*mil.*) lieutenancy.

lùpa, *f.* ***1*** she-wolf* ***2*** (*bot.*: *carie dell'olivo*) dry-rot. ● (*stor.*) **figli della l.**, Fascist youth organization □ **mal della l.**, bulimia.

lupacchiòtto, *m.* wolf-cub.

lupanàre, *m.* (*lett.*) brothel.

lupàra, *f.* ***1*** (*fucile*) sawn-off shotgun ***2*** (*cartuccia*) buckshot.

lupària, *f.* (*bot., Aconitum lycoctonum*) wolf's bane.

lupercàle, *a.* Lupercalian.

Lupercàli, *m. pl.* Lupercalia.

lupésco, *a.* wolfish; lupine.

lupétto, *m.* ***1*** wolf-cub ***2*** (*nell'associazione dei giovani esploratori*) cub.

lupinàio, *m.* lupin seller.

lupinèlla, *f.* (*bot., Onobrychis sativa*) sainfoin.

lupìno (1), *a.* wolfish; lupine.

lupìno (2), *m.* (*bot., Lupinus*) lupin(e).

lupinòși, *f.* (*vet.*) lupinosis*; lupin poisoning.

lùpo, *m.* ***1*** wolf* ***2*** (*ind. tess.*) willow: **l. cardatore**, carding-willow; **l. sfibratore**, teasing machine. ● **l. alsaziano**, Alsatian; German shepherd □ **l. delle praterie**, coyote □ **l. di mare** (*vecchio marinaio*), old sea dog; old salt □ (*fig.*) **un l. vestito da agnello**, a wolf in sheep's clothing □ **l. mannaro**, werewolf; (*spauracchio infantile*) bogeyman □ (*fig.*) **l. solitario**, lone wolf □ (*fig.*) **cadere in bocca al l.**, to go into the lion's den □ **cane l.**, wolf dog; wolfhound □ **Ho una fame da l.!**, I'm ravenous!; I could eat a horse! □ (*fig.*) **gridare al l.**, to cry wolf □ **mangiare come un l.**, to eat like a horse □ **tempo da lupi**, foul weather □ **In bocca al l.!**, good luck! □ (*prov.*) **Il l. perde il pelo, ma non il vizio**, the leopard cannot change his spots.

luppolèto, *m.* hop-field.

luppolìno, *m.* (*bot.*) lupulin.

luppolizzàre, *v. t.* (*la birra*) to hop.

luppolizzazióne, *f.* hopping.

lùppolo, *m.* (*bot., Humulus lupulus*) hop: **raccolta del luppolo**, hop picking.

lupus, *m.* (*med.*) lupus: **l. eritematoso**, lupus erythematosus; **l. volgare**, lupus vulgaris.

lupus in fabula (*lat.*), *locuz. inter.* speak of the devil...

lùrco, *a.* (*lett.*) gluttonous.

lùrex, *m. invar.* (*marchio*) lurex.

luridézza, *f.* filth; filthiness.

lùrido, *a.* filthy; grimy.

luridùme, *m.* filthy mess; filth.

luscéngola, *f.* (*zool., Chalcides chalcides*) seps*.

lùsco, *m.* – **tra il l. e il brusco**, at dusk.

lușìnga, *f.* ***1*** blandishment; cajolery; (*attrattiva*) allurement, lure; (*adulazione*) flattery: **cedere alle lusinghe di q.**, to give in to sb.'s blandishments (*o* cajolery); **le lusinghe del successo**, the allurements (*o* lures) of success; **Non farti ingannare dalle sue lusinghe**, don't be deceived by his flattery ***2*** (*lett.*: *speranza illusoria*) fallacious hope; illusion; delusion.

lușingàre, **A** *v. t.* ***1*** (*allettare*) to blandish; to cajole; to allure ***2*** (*compiacere, soddisfare*) to flatter: **Mi sento lusingato dal suo invito**, I feel flattered by her invitation ***3*** (*illudere*) to deceive; to delude: **Non cercare di lusingarmi**, don't try to deceive me. **B** **lușingàrsi,** *v. i. pron.* ***1*** (*illudersi*) to entertain illusions; to delude oneself ***2*** (*sperare*) to hope; to trust.

lușingatóre, **A** *m.* (*f.* **-trice**) flatterer. **B** *a.* flattering.

lușinghévole, *a.* blandishing; cajoling; alluring.

lușinghièro, *a.* ***1*** (*allettante*) alluring; tempting: **sguardi lusinghieri**, alluring glances ***2*** (*che soddisfa, che gratifica*) flattering; gratifying: **complimenti lusinghieri**, gratifying compliments.

Lusitània, *f.* (*geogr., stor.*) Lusitania.

lușitàno, *a.* e *m.* (*f.* **-a**) Lusitanian; Portuguese.

lușòfono, (*ling.*) **A** *a.* Portuguese-speaking. **B** *m.* (*f.* **-a**) Portuguese-speaker.

lussàre, *v. t.* (*med.*) to dislocate; to luxate.

lussazióne, *f.* (*med.*) dislocation; luxation.

lussemburghése, **A** *a.* of Luxemb(o)urg; Luxemb(o)urgian. **B** *m.* e *f.* Luxemb(o)urger. **C** *m.* (*lingua*) Luxemb(o)urgian.

Lussembùrgo, *m.* (*geogr.*) Luxemb(o)urg.

lùsso, *m.* luxury; sumptuousness; (*lo spendere troppo*) extravagance: **vivere nel l.**, to live in (the lap of) luxury; **fare una vita di l.**, to lead a life of luxury; **È un l. che non posso permettermi**, it's a luxury I can't afford; **prendersi il l. di**, to allow oneself the luxury of; (*fig.*) **colpire il l.**, to discourage luxury; to tax luxury articles. ● (*fam.*) **Gli è andata di l.**, he's been very lucky; he can thank his lucky stars □ **un articolo con gran l. di citazioni**, an article with a wealth of quotations □ **Che l.!**, what luxury!; how splendid!; how very grand! □ **di l.**, luxury (*attr.*); de luxe (*franc.*): **articoli di l.**, luxury articles; **hotel di l.**, luxury hotel; **edizione di l.**, limited edition; de luxe edition □ (*ferr.*) **treno di l.**, special express train; pullman (train) □ **Era vestita con l.**, she was richly dressed □ **arredato con l.**, sumptuously furnished.

lussuóso, *a.* luxurious; luxury (*attr.*); sumptuous; (*sfarzoso*) grand.

lussureggiànte, *a.* ***1*** (*rigoglioso*) luxuriant; lush: **vegetazione l.**, luxuriant (*o* lush) vegetation ***2*** (*fig.*) rich; flamboyant: **stile l.**, flamboyant style.

lussureggiàre, *v. i.* (*essere rigoglioso*) to grow* luxuriantly; to be luxuriant (*o* lush).

lussùria, *f.* lust; lechery; lewdness; lasciviousness.

lussurióso, *a.* lustful; lecherous; lewd; lascivious.

lustràle (1), *a.* (*relig., stor.*) lustral. ● (*eccles.*) **acqua l.**, holy water.

lustràle (2), *a.* (*lett.*: *quinquennale*) quinquennial; five-year (*attr.*).

lustràre (1), **A** *v. t.* to polish; (*metalli, anche*) to burnish: **l. le scarpe**, to polish shoes; **l. l'argenteria**, to polish the silver. ● (*fig.*) **l. le scarpe a q.c.**, to lick sb.'s boots □ (*fig. fam.*) **lustrarsi gli occhi con q.c.**, to take an eyeful of st. **B** *v. i.* to shine*; to be glossy: **Le lustravano gli occhi**, her eyes shone.

lustràre (2), *v. t.* (*stor.*) to lustrate.

lustrascàrpe, *m.* e *f. invar.* ***1*** shoeblack; shoe-shine (*USA*) ***2*** (*macchina*) shoe polisher ***3*** (*fig.*) *V.* **lustrastivali**.

lustrastivàli, *m.* e *f. invar.* (*spreg.*) bootlicker; lick-spittle.

lustràta, *f.* polish; shine.

lustratùra, *f.* ***1*** polishing; (*di metalli, anche*) burnishing ***2*** (*di tessuti*) lustring.

lustrazióne, *f.* (*stor.*) lustration.

lustrìno, *m.* sequin; spangle.

lùstro (1), **A** *a.* shiny; bright; lustrous; (*di pelo, pelliccia, ecc.*) glossy; (*lucidato*) polished: **una superficie lustra**, a shiny (*o* polished) surface; **capelli lustri**, glossy hair; **piumaggio l.**, lustrous feathers; **scarpe lustre**, polished shoes; **argenteria lustra**, (well-)polished silver; **occhi lustri (di lacrime)**, eyes bright with tears. **B** *m.* ***1*** (*lucentezza*) lustre; polish; gloss; sheen: **il l. della seta**, the lustre of silk ***2*** (*fig.*: *merito, prestigio*) lustre (*lett.*); prestige; distinction; renown; (*spesso iron.*) illustriousness: **dare l. a q.**, to bring prestige to sb.; to make sb. famous; to impart lustre to sb. (*lett.*); **acquistare nuovo l.**, to add lustre to one's name. ● (*fig.*) **tirato a l.**, spick and span: **La sua stanza è sempre tirata a l.**, her room is always spick and span.

lùstro (2), *m.* ***1*** (*quinquennio*) five-year period; lustre; half a decade ***2*** (*stor. romana*) lustrum*.

lutàre, *v. t.* (*tecn.*) to lute.

lutatùra, *f.* (*tecn.*) luting.

luteìna, *f.* (*chim.*) lutein.

luteìnico, *a.* ***1*** (*anat.*) luteal ***2*** (*biol.*) – **ormone l.**, luteininzing hormone; progesterone.

lùteo, *a.* (*lett.*) luteous. ● (*fisiol.*) **corpo l.**, corpus luteum; yellow body □ (*anat.*) **macchia lutea**, macula lutea.

luteòla, *f.* (*bot., Reseda luteola*) dyer's rocket; dyer's mignonette; weld.

luteolìna, *f.* (*chim.*) luteolin.

luteranèșimo, **luteranișmo,** *m.* (*relig.*) Lutheranism.

luteràno, *a.* e *m.* (*f.* **-a**) (*relig.*) Lutheran.

Lutèro, *m.* (*stor.*) Luther.

lutèzio, *m.* (*chim.*) lutetium.

lùto, *m.* (*tecn.*) lute.

lutoterapìa, *f.* (*med.*) mud baths (*pl.*).

lutrèola, *f.* (*zool., Mustela lutreola*) mink.

lùtto, *m.* ***1*** mourning: **essere in l. per q.**, to be in mourning for sb.; **prendere [portare] il l.**, to go into [to wear] mourning; **smettere il l.**, to come out of mourning; **mezzo l.**, half-mourning; **l. stretto**, full (*o* deep) mourning; **giorno di l. (nazionale)**, day of (national) mourning ***2*** (*perdita*) loss, bereavement; (*dolore*) grief: **partecipare al l. di q.**, to take part in sb.'s loss; to share sb.'s grief; **un grave l. per tutta la nazione**, a great loss for the whole nation ***3*** (*decesso*) death: **un l. in famiglia**, a death in the family; **chiuso per l.**, closed: death in the family. ● **carta listata a l.**, black-edged paper □ (*psic.*) **elaborazione di un l.**, working-through of a bereavement □ **fascia da l.**, mourning band □ **parato a l.**, draped in black.

luttuóso, *a.* ***1*** (*doloroso*) sad; woeful; mournful: **tempi luttuosi**, sad times ***2*** (*che causa lutto*) tragic; distressing: **notizie luttuose**, distressing news; **evento l.**, tragic event.

lutulènto, *a.* (*lett.*) muddy; turbid.

lùvaro, *m.* (*zool., Luvarus imperialis*) louvar.

lux, *m. invar.* (*fis.*) lux*.

lùxmetro, *m.* (*fis.*) lux meter.

lycra, *f. invar.* (*marchio*) lycra.

m,M

M, m, *f.* o *m.* (*undicesima lettera dell'alfabeto ital.*) M, m. ● (*telef.*) **m come Milano**, m for Mary; m for Mike (*USA*).

ma, A *cong.* **1** (*con valore avversativo*) but: **non per lui, ma per me**, not for him, but for me; **Credevo di potere andare, ma non posso**, I thought I could go, but I can't **2** (*tuttavia*) but, yet; (*comunque*) however: **giovane ma abilissimo**, young but (*o* yet) highly skilled; **Sarà, ma come dico, io l'ho vista**, maybe, but as I said, I saw her; **È strano, ma vero**, it is strange, but (*o* yet) true; **Stava male, ma non si lamentò**, he was not well, and yet he did not complain; **Era stanco, ma continuò a lavorare**, he was tired, but, he went on working **3** (*quando si passa ad altro argomento*) and now; well; and then: **Ma ora passiamo a un altro punto**, and now, let us move to another item; **Ma lasciamo perdere**, well, let's forget about it; **Ma ecco che mi ricordai che...**, and then I remembered that... **4** (*al contrario*) on the contrary: **Non è stupido, ma intelligente**, he isn't a fool; on the contrary, he's rather clever **5** (*con valore rafforzativo, è idiom.*) – **Non è bella, ma bellissima**, she isn't just pretty, she's beautiful; **Ha risposto bene, ma proprio bene**, he answered very well indeed; **Mi occorre un bel vestito, ma qualcosa di proprio elegante**, I need a new dress, something really very smart; **non solo... ma anche**, not only... but also. ● (*iron.*) **Ma bene!**, ah, that's fine! □ (*iron.*) **Ma bravo!**, that's clever (of you)! □ **Ma che!**, *V.* **macché** □ **Ma che bello!**, how beautiful! □ **Ma che farabutto!**, what a scoundrel! □ **Ma che hai?**, what's the matter with you? □ **Ma finitela!**, do stop it!; have done once for all! □ **Ma insomma, piantala**, for heaven's sake, stop it! □ **Ma no!**, (*neg. enfatica*) certainly not!, of course not!; (*davvero?*) really?, you don't say so! □ **Ma no che non lo devi fare!**, of course you mustn't do it! □ **Ma sì!**, (*certamente*) why, of course!; (*e va bene*) all right, then!; (*e invece sì*) yes, it is! [he does, I am, etc.] □ **Ma sì che ci vado!**, of course I'm going! □ (*fam.*) **Ma va!** (*non ci credo*), go on!; go along with you!; come off it. **B** *m.* (*obiezione*) but (*usato al pl.*); (*problema*) problem: **Coi suoi ma e se, non fa mai niente**, with all his ifs and buts, he never gets anything done; **Non c'è ma che tenga!**, no buts about it!; **D'accordo, ma c'è un ma**, all right, but there is a problem.

màcabro, A *a.* macabre; gruesome: **un racconto m.**, a macabre tale; **una scena macabra**, a gruesome sight. ● **danza macabra**, dance of death □ **Hai gusti macabri!**, you have morbid tastes! **B** *m.* macabre element; the macabre.

macàco, *m.* **1** (*zool.*, *Macacus*) macaque **2** (*fig.*: *uomo goffo e sciocco*) fool; dunce; twit (*fam.*); goof (*pop.*).

macadàm, *m.* (*rivestimento stradale*) macadam.

macadàmia, *f.* **1** (*bot.*, *Macadamia*) macadamia **2** (*il frutto*) macadamia nut.

macadamizzàre, *v. t.* to macadamize.

macào (1), *m.* (*zool.*, *Ara*) macaw.

macào (2), *m.* (*gioco d'azzardo*) macao.

macaóne, *m.* (*zool.*, *Papilio machaon*) swallow-tail.

Macàrio, *m.* Macarius.

Maccabèo, *m.* – (*Bibbia*) **Giuda M.**, Judas Maccabaeus. ● **i Maccabei**, the Maccabees.

maccabèo, *m.* (*region.*, *spreg.*) fool; booby.

maccalùba, *f.* (*geol.*) mud cone; mud volcano.

maccarèllo, *m.* (*zool.*, *Scomber scombrus*) mackerel.

maccartismo, *m.* (*polit.*) McCarthyism.

maccartista, *m.* e *f.* (*polit.*) McCarthyist.

macché, *inter.* (*certo che no*) of course not!; (*per niente*) certainly not!, not at all!, not a bit of it!; (*neanche per sogno*) not on your life!, not a chance! (*fam.*).

maccheronàta, *f.* **1** large dish of macaroni **2** (*cena fra amici*) macaroni party **3** (*fig.*: *errore grossolano*) gross mistake; blunder; howler.

maccheróne, *m.* **1** (*specialm. al pl.*) macaroni **2** (*fig.*: *persona stupida*) blockhead; dolt. ● (*fam.*) **cascare come il cacio sui maccheroni**, to come just at the right moment; to be just the job; to be the very thing one wants.

maccheronèa, *f.* (*letter.*) macaronic work.

maccherònico, *a.* (*letter.*) macaronic: **poesia maccheronica**, macaronic poetry. ● **latino m.**, dog Latin.

màcchia (1), *f.* **1** stain; (*di inchiostro, vernice, anche*) blot; (*piccola*) spot, speck, speckle, fleck; (*confusa*) blur; (*sbaffo*) smear: **La m. non è andata via**, the stain is still there; **levare una m.**, to remove (*o* to take out) a stain; **fare una m. su q.c.**, to leave a stain on st.; to stain st.; to make a spot upon st.; to spot st.; **una cravatta tutta macchie**, a tie covered with stains; **una m. di caffè**, a coffee stain; **m. d'unto**, grease spot; grease stain; **m. di vino**, wine stain; **m. di sangue**, blood stain; smear of blood; **macchie di fango**, spots of mud; **una m. d'inchiostro**, an inkspot; a blot **2** (*fig.*: *colpa, peccato*) stain; spot; blot; defect; blemish; flaw: **una m. sul proprio buon nome**, a stain on one's reputation; a blot on one's character; **un nome senza m.**, a reputation without blemish; a spotless reputation **3** (*astron.*) spot; patch: **macchie solari**, sunspots; **le macchie della luna**, the patches on the moon **4** (*zool.*) spot; (*ocellata*) eye: **le macchie del leopardo**, the spots on a leopard; **m. bianca** (*sul muso*), blaze **5** (*anat.*, *med.*) macula*; spot; mark: **m. cieca**, blind spot; **m. della pelle**, spot; blemish; (*voglia*) birth-mark **6** (*pittura*) sketch (in outline). ● **una m. di colore**, a splash of colour □ **una m. di latte** (*nel caffè*), a dash of milk □ (*arti grafiche*) **m. di luce**, hot spot □ **m. di petrolio** (*sul mare*), oil slick □ (*bot.*) **macchie fogliari**, leaf scorch □ (*bot.*) **macchie nere**, black spot (*sing.*) □ **a macchie bianche**, white-spotted; white-speckled □ **aggiungere una m. di colore**, to add a splash of colour □ **allargarsi a m. d'olio**, to spread in all directions; (*fig.*) to spread like wildfire □ (*fig.*) **fare m.**, to stand out □ **senza m.**, (*anche fig.*) stainless, spotless; (*solo fig.*) unblemished, flawless □ **un cavaliere senza m. e senza paura**, a fearless, blameless knight □ **Non ho macchie sulla coscienza**, I have a clear conscience.

màcchia (2), *f.* (*boscaglia*) bush; scrub; maquis (*franc.*); thicket: **la m. mediterranea**, the Mediterranean scrub; the maquis; **la m. africana** [**australiana**], the African [Australian] bush; **m. bassa**, undergrowth; underwood. ● (*fig.*) **alla m.**, clandestine (*agg.*); clandestinely (*avv.*): **stampare un libro alla m.**, to print a book clandestinely □ (*fig.*) **darsi** (*o* **buttarsi**) **alla m.**, to take to the bush; (*darsi al brigantaggio*) to become an outlaw; (*nascondersi*) to go into hiding; (*polit.*) to become a partisan, to go underground □ **vivere alla m.** (*da bandito*), to be an outlaw; to be a bushranger (*Austr.*).

macchiaiòlo (1), *m.* (*pitt.*) macchiaiolo (Florentine impressionist painter).

macchiaiòlo (2), *a.* wild: **un suino m.**, a wild hog.

macchiàre, A *v. t.* **1** to stain; to spot; (*d'inchiostro, di vernice, anche*) to blot; (*di fango*) to spatter, to bespatter; (*in seguito a sfregamento*) to smear, to besmear; (*sporcare*) to dirty, to soil; (*tipogr.*) to blur, to mackle; (*assol.*: *lasciare una macchia*) to leave* a stain, to stain, to spot: **m. la tovaglia di vino**, to stain the cloth with wine; **m. di sangue**, to stain (*o* to smear) with blood; **macchiarsi le dita d'inchiostro**, to stain one's fingers with ink; (*anche fig.*) **macchiarsi le mani**, to soil one's hands; **Mi sono macchiato la cravatta**, I've stained my tie; **Ho macchiato la camicia di unto**, I've got a grease stain on my shirt; **Ti sei macchiato di vino**, you've spilt wine on yourself; **Hai macchiato tutto il vestito**, you have dirtied your dress; **L'automobile ci macchiò di fango**, the car spattered us with mud; **La pagina è macchiata**, the page is blotted; **Il testo era tutto macchiato e di difficile lettura**, the text was all blurred and difficult to read **2** (*fig.*) to stain; to soil; to blemish; to foul; to sully: **m. il nome** [**l'onore, la coscienza**] **di q.**, to stain (*o* to soil, to sully) sb.'s reputation [honour, conscience]; **macchiarsi la reputazione**, to sully one's reputation **3** (*pitt.*) to sketch. ● **m. il caffè**, to add a dash of milk to one's coffee. **B macchiarsi,** *v. i. pron.* **1** (*di persona*) to stain (oneself); (*sporcarsi*) to dirty oneself, to get* dirty, to get* soiled: **m. tutto**, to get all dirty **2** (*di cosa*) to get* stained; to get* dirty; to stain: **Si è macchiato il divano**, the sofa has got stained; **Questo tessuto si macchia facilmente**, this material stains easily **3** (*fig.*) to be guilty: **m. di un delitto**, to be guilty of a crime.

macchiàto, *a.* **1** stained; (*schizzato*) spattered; (*chiazzato*) spotted, mottled; (*variegato*) variegated: **m. di sangue**, blood-stained; **m. di fango**, spattered with mud; **marmo m.**, spotted (*o* variegated) marble; **legno m.**, mottled wood **2** (*di cavallo*) dappled; dapple **3** (*ind. cartaria*) foxed. ● **caffè m.**, coffee with a dash of milk □ **latte m.**, hot milk with a drop of coffee □ **un pelame nero m. di bianco**, a black coat with white spots.

macchiétta, *f.* **1** (*piccola macchia*) little spot; speckle; fleck **2** (*pitt.*) sketch; (*caricatura*) caricature **3** (*teatr.*: *personaggio comico*) comic character; (*caricatura*) impersonation, send-up **4** (*tipo originale*) eccentric person; character; oddball (*fam.*).

macchiettàre, *v. t.* to spot; to speckle; to dapple; to mottle.

macchiettàto, *a.* spotted; speckled; dappled; mottled.

macchiettatùra, *f.* (*macchie*) spots (*pl.*);

specks (*pl.*).

macchiettista, *m. e f.* **1** caricaturist **2** (*teatr.*) character actor (*f.* actress).

màcchina, *f.* **1** (*produttrice di lavoro*) machine; (*produttrice di energia*) engine: **l'età delle macchine**, the age of machines; **cervelli e macchine**, minds and machines; **m. composta**, compound machine; **m. semplice**, simple machine; **m. calcolatrice**, calculating machine; **m. elettrica**, electric machine; **la m. a vapore**, the steam engine; **m. pneumatica**, pneumatic engine; **m. ad acqua** (*o* **idraulica**), hydraulic engine; **m. a gas**, gas engine; (*ind., naut.*) **sala macchine**, engine room; **fare andare una m.**, (*metterla in moto*) to start a machine (*o* an engine); (*manovrarla*) to work a machine (*o* an engine); **montare una m.**, to assemble a machine (*o* an engine); **smontare una m.**, to take a machine (*o* an engine) to pieces; (*ind., naut.*) **fermare le macchine**, to stop the engines **2** (*pl.*) (*macchinario*) machinery (*sing.*): **attrezzare una fabbrica con macchine nuove**, to equip a factory with new machinery **3** (*automobile*) car, motor (car); (*locomotiva*) engine: **una m. da corsa**, a racing car; **Ci vogliono due macchine per questo treno**, this train needs two engines; **m. ferroviaria**, railway engine; (*fam.*) **farsi la m.**, to buy a car; to get oneself a car (*fam.*); **andare in m. in un posto**, to drive to a place; **Ti accompagno in m.**, I'll drive you; **Sei in m.?**, did you drive here? **4** (*teatr.*) machine; (*al pl.*) stage machinery (*sing.*) **5** (*fig.*: *struttura*) frame; structure; machine: **la m. del mondo**, the universal frame; **la m. elettorale**, the electoral machine; **la m. della giustizia**, the wheels of justice **6** (*macchinazione*) machination; plot **7** (*edificio grandioso*) huge building. ● **m. automatica a gettone** (*o* **a moneta**), slot machine □ (*tipogr.*) **m. compositrice**, composing (*o* typesetting) machine □ (*med.*) **m. cuore-polmoni**, heart-lung machine □ **m. da cucire**, sewing machine □ (*mil.*) **m. da guerra**, military engine □ (*cinem.*) **m. da presa**, (cine) camera; (movie) camera (*USA*) □ (*cinem.*) **m. (da presa) a mano**, hand-held camera □ (*cinem.*) **m. da proiezione**, projector □ **m. da scrivere**, typewriter □ **m. da stampa**, printing press; printing machine □ **m. della verità**, lie detector □ (*naut.*) **m. di governo**, steering engine □ (*cinem.*) **m. di registrazione sonora**, sound camera □ (*stor.*) **m. filatrice**, spinning jenny □ **m. fotografica**, camera □ **m. fotografica a lastre**, plate camera □ **m. fotografica a soffietto**, folding camera □ **m. idrostatica**, hydrostatic press □ **m. lavastoviglie**, dishwasher □ **m. mangiasoldi** (*apparecchio a gettone*), fruit machine; slot machine (*USA*); one-armed bandit (*pop.*) □ **m. per battere il grano**, threshing machine; thresher □ **m. per maglieria**, knitting machine; knitter □ (*tipogr.*) **m. rotativa**, rotary printing press □ **m. tipografica**, printing press □ (*fig.*) **la m. umana**, the human body (*o* frame) □ **m. utensile**, machine tool □ (*tipogr.*) **andare in m.**, to go to press □ **battere a m.**, to type; to typewrite □ **fare m. indietro**, to reverse (the engine); (*fig.*) to back, to backpedal □ **fatto a m.**, machine-made □ (*tipogr.*) **essere in m.**, to be in the press □ **lavorazione a m.**, machine-work □ **Non è un uomo, è una m.**, he is no man, he is a robot □ **scrivere a m.**, to type; to typewrite.

macchinàle, *a.* mechanical; automatic: **un movimento m.**, a mechanical movement.

macchinàre, *v. t.* to plot; to hatch; to contrive; to scheme: **m. un tradimento**, to plot treason; **m. inganni**, to contrive stratagems; **m. la rovina di q.**, to plot (*o* to conspire) sb.'s ruin. ● **Cosa stai macchinando?**, what are you up to?

macchinàrio, *m.* machinery; equipment.

macchinàta, *f.* (*fam.*: *di lavatrice e sim.*) load: **una m. di lenzuola**, a load of sheets; **Mi ci sono volute due macchinate**, I had to load the washing machine twice.

macchinatóre, *m.* (*f.* **-trice**) plotter; schemer; intriguer.

macchinazióne, *f.* machination; plot; intrigue; scheme: **sventare le macchinazioni dei propri nemici**, to frustrate (*o* to baffle) the machinations of one's enemies.

macchinerìa, *f.* (*teatr.*) stage machinery; theatre machines (*pl.*).

macchinétta, *f.* **1** small machine; small engine **2** (*fam.*: *accendisigari*) lighter **3** (*fam.*: *caffettiera*) coffee percolator; espresso machine **4** (*fam.*: *apparecchio ortodontico*) braces (*pl.*). ● **parlare come una m.**, (*velocemente*) to speak very fast; (*senza sosta*) to rattle away, to talk nineteen to the dozen.

macchinismo, *m.* (*filos.*) mechanism.

macchinista, *m.* **1** (*ferr.*) engine driver; engineer (*USA*) **2** (*ind.*) machine operator **3** (*naut.*) engineer **4** (*teatr.*) stagehand; scene-shifter **5** (*cinem.*) grip.

macchinosaménte, *avv.* in a complicated manner.

macchinosità, *f.* complexity; intricacy; involution: **la m. di una trama**, the intricacy of a plot.

macchinóso, *a.* complicated; complex; intricate; involved: **un intreccio m.**, an intricate (*o* complicated) plot; **uno stile m.**, an involved style.

macchióne, *m.* dense scrub; thick brushwood.

macèdone, *a., m. e f.* (*stor., geogr.*) Macedonian. ● **Filippo il M.**, Philip of Macedon.

Macedònia, *f.* (*geogr.*) Macedonia; (*stor.*) Macedon, Macedonia.

macedònia, *f.* (*cucina*) fruit salad.

macedònico, *a.* (*stor., geogr.*) Macedonian.

macedonite, *f.* (*miner.*) macedonite.

macellàbile, *a.* fit for slaughtering.

macellàio, *m.* (*f.* **-a**) (*anche fig.*) butcher.

macellàre, *v. t.* (*anche fig.*) to butcher; to slaughter.

macellatóre, *m.* (*f.* **-trice**) butcher; slaughterer.

macellazióne, *f.* butchery; slaughter.

macellerìa, *f.* butcher's (shop).

macèllo, *m.* **1** (*mattatoio*) slaughterhouse; abattoir **2** (*il macellare*) butchery; slaughtering; slaughter: **bestie da m.**, animals for slaughter **3** (*fig.*: *massacro*) slaughter; butchery; massacre **4** (*fig.*: *disastro*) disaster; (*disordine*) mess, shambles (*pl. col verbo al sing.*); (*chiasso*) racket, rumpus: **L'esame fu un m.**, the exam was a disaster; **La stanza era un m.**, the room was a shambles; **Che m.!**, what a mess!; what a shambles! ● (*fig.*) **mandare al m.**, to send to one's death □ (*fig.*) **carne da m.**, cannon fodder.

maceràbile, *a.* fit for maceration.

maceraménto, *m. V.* **macerazione**, *def. 2.*

maceràre, **A** *v. t.* **1** to macerate; to steep; (*ind. tess.*) to ret; (*pelli*) to bate: **m. la creta**, to macerate clay **2** (*fig.*) to macerate; to mortify: **m. le proprie carni**, to mortify one's body. **B** **maceràrsi,** *v. rifl. e i. pron.* **1** to waste away; to wear* away: **m. con i digiuni**, to waste (*o* wear) away by fasting; **m. di dolore**, to pine away **2** (*rodersi*) to be consumed; to be racked: **m. d'odio**, to be consumed with hatred; **m. nel rimorso**, to be racked with remorse; **m. d'invidia**, to be consumed with envy; to eat one's heart out **3** (*subire macerazione*) to macerate.

maceràto, *a.* **1** macerated; steeped; (*ind. tess.*) retted; (*di pelli*) bated **2** (*fig.*) worn out; consumed; racked; anguished: **m. dal rimorso**, racked by remorse; **un cuore m.**, an anguished heart.

maceratóio, *m.* (*ind. tess.*) retting-pit; rettery.

maceratóre, **A** *m.* (*f.* **-trice**) (*ind. cartaria*) macerator. **B** *a.* macerating; consuming.

macerazióne, *f.* **1** maceration (*anche med.*); steeping; (*ind. tess.*) retting; (*di pelli*) bating **2** (*fig.*) mortification: **le macerazioni del corpo**, the mortifications of the body.

macèrie, *f. pl.* rubble (*sing.*); ruins; debris (*sing.*): **La casa era un cumulo di m.**, the house was a heap of rubble; **Il paese era ridotto in m.**, the village was a heap of ruins; **estrarre q. di sotto alle m.**, to extract sb. from the ruins (*o* the debris); **frugare tra le m.**, to search among the rubble; **sgombrare le m.**, to clear the rubble.

màcero, **A** *a. V.* **macerato**. **B** *m.* **1** (*macerazione*) macerating; (*di carta*) pulping **2** (*maceratoio*) retting-pit; rettery. ● **carta da m.**, pulp paper □ **mandare un libro al m.**, to pulp a book □ **tenere in m.**, to macerate.

Mach (*ted.*), *m. invar.* (*fis.*) Mach number.

machete (*spagn.*), *m. invar.* machete; matchet.

machiavelliàno, *a.* Machiavellian.

machiavellicaménte, *avv.* according to Machiavelli's principles; in a Machiavellian way; cunningly.

machiavèllico, *a.* (*fig.*) Machiavellian; cunning; crafty.

machiavellismo, *m.* Machiavellianism; Machiavellism.

machiavellista, *m. e f.* **1** expert on Machiavelli; Machiavelli scholar **2** (*fig.*) Machiavellist.

machiavèllo, *m.* **1** (*persona astuta*) Machiavel **2** (*stratagemma*) cunning device; ruse.

machismo (*spagn.*), *m.* machismo; male chauvinism.

màchmetro, *m.* (*aeron.*) Machmeter.

macho (*spagn.*), **A** *a. invar.* macho. **B** *m. invar.* macho man*.

macigno, *m.* **1** (*miner.*) (siliceous) sandstone; gritstone **2** (*grosso masso*) boulder; rock. ● **dal cuore di m.**, flint-hearted; stony-hearted □ **duro come un m.**, as hard as a rock; (*fig.*: *ostinato*) as stubborn as a mule □ **pesante come un m.**, that weights a ton; (*fig.*: *di libro*) boring, dull, heavy reading (*pred.*).

macilènto, *a.* emaciated; gaunt; lean.

macilènza, *f.* emaciation; gauntness; leanness.

màcina, *f.* millstone; grindstone; (*a mano*) quern: **m. inferiore [superiore]**, nether [upper] millstone. ● **Mi pareva di avere una m. addosso**, I felt as if I had a millstone round my neck.

macinàbile, *a.* capable of being ground (*o* milled); pulverizable. ● **grano m.**, grist □ **orzo m.**, grinding barley.

macinacaffè, *m. invar.* coffee grinder.

macinacolóri, *m. invar.* (*pitt.*) muller.

macinapépe, *m. invar.* pepper mill.

macinàre, *v. t.* **1** to grind*; to mill: **m. grano**, to grind (*o* to mill) corn; **m. il caffè**, to grind coffee; **m. fino**, to grind small (*o* fine) **2** (*tritare*) to mince; (*schiacciare*) to crush, to press: **m. la carne**, to mince meat; **m. olive**, to press olives **3** (*polverizzare*) to powder, to pulverize; (*col pestello*) to pound. ● (*fig.*) **m. a due palmenti**, to eat greedily; to gobble □ (*fig.*) **m. kilometri**, to eat up the miles □ (*fig.*) **m. numeri**, to crunch numbers □ (*prov.*) **Acqua passata non macina più**, what's past is past.

macinàta, *f.* **1** grinding: **dare una m. a q.c.**, to give st. a (quick) grinding; to grind st. (quickly) **2** (*quantità macinata*) quantity ground; (*di grano*) grist.

macinàto, **A** *a.* **1** ground; milled: **caffè m.**, ground coffee **2** (*tritato*) minced; (*pestato*) crushed, pressed: **carne macinata**, minced meat; mincemeat; mince (*GB*) **3** (*polverizzato*) pulverized; (*col pestello*) pounded. **B** *m.* meal; grist; (*farina*) flour. ● (*fisc.*) **tassa sul m.**, tax on meal; grist tax.

macinatóio, *m.* mill; press; (*per olive*) oil-press; (*per minerali*) ore-grinding machine.

macinatóre, *m.* (*f.* **-trice**) grinder; miller.

macinatùra, **macinazióne,** *f.* grinding;

milling; (*col pestello*) pounding.

macinèllo, *m.* (*pitt.*) muller.

macinìno, *m.* **1** mill; grinder: **m. da caffè**, coffee grinder; **m. da pepe**, pepper mill **2** (*scherz.*: *automobile malridotta*) old crock, heap, jalopy; (*rumorosa*) banger.

macinìo, *m.* continuous grinding.

màcis, *m.* e *f.* (*bot.*) mace.

macìste, *m.* (*scherz.*) colossus; Hercules; hulk.

maciùlla, *f.* (*ind. tess.*) brake; scutch; swingle.

maciullaménto, *m.* (*ind. tess.*) braking; scutching.

maciullàre, *v. t.* **1** (*ind. tess.*) to brake; to scutch: **m. canapa [lino]**, to brake hemp [flax] **2** (*schiacciare*) to crush; (*stritolare*) to mangle, to reduce to a pulp.

macramè, *m.* macramé.

màcro (1), *m. invar.* (*fotogr.*) macro lens.

màcro (2), *f. invar.* (*elab.*) macro; macroinstruction.

macrobiòtica, *f.* macrobiotics (*pl. col verbo al sing.*).

macrobiòtico, *a.* macrobiotic.

macrocefalìa, *f.* (*med.*) macrocephaly.

macrocèfalo, *a.* (*med.*) macrocephalic; macrocephalous.

macrochirìa, *f.* (*med.*) macrocheiria.

macrocìto, *m.* (*biol.*) macrocyte.

macrocitòṣi, *f.* (*med.*) macrocytosis.

macroclìma, *m.* (*geogr.*) macroclimate.

macrocòṣmo, *m.* macrocosm.

macrocristallìno, *a.* (*miner.*) macrocrystalline.

macrodattilìa, *f.* (*med.*) macrodactyly.

macrodàttilo, *a.* (*med.*) macrodactyl; macrodactylic; macrodactylous.

macrodistribuzióne, *f.* (*econ.*) macrodistribution.

macrodónte, *a.* (*med.*) macrodont.

macrodontiṣmo, *m.* (*med.*) macrodontism.

macroeconomìa, *f.* (*econ.*) macroeconomics (*pl. col verbo al sing.*).

macroeconòmico, *a.* (*econ.*) macroeconomic.

macroevoluzióne, *f.* (*biol.*) macroevolution.

macròfago, *m.* (*biol.*) macrophage.

macrofotografìa, *f.* macrophotography.

macroftalmìa, *f.* (*med.*) macrophthalmy.

macroftàlmo, *m.* (*f.* **-a**) (*med.*) person affected with macrophthalmy.

macrogamète, *m.* (*biol.*) macrogamete.

macroistruzióne, *f.* (*elab.*) macroinstruction.

macrolinguìstica, *f.* (*ling.*) macrolinguistics (*pl. col verbo al sing.*).

macromelìa, *f.* (*med.*) macromelia.

macromolècola, *f.* (*chim.*) macromolecule.

macromolecolàre, *a.* (*chim.*) macromolecular.

macronùcleo, *m.* (*biol.*) macronucleus.

macronutriènte, *m.* (*biol.*) macronutrient.

macropòdide, *m.* (*zool.*) macropod.

Macropòdidi, *m. pl.* (*zool.*, *Macropodidae*) Macropodidae.

macropsìa, *f.* (*med.*) macropsia.

macroscòpico, *a.* **1** macroscopic **2** (*fig.*) glaring; gross: **un errore m.**, a glaring (*o* gross) mistake.

macrosistèma, *m.* (*elab.*) macrosystem.

macrosociologìa, *f.* macrosociology.

macrosociològico, *a.* macrosociological.

macrosomìa, *f.* (*med.*) macrosomia; gigantism.

macrosòmico, *a.* (*med.*) macrosomatic.

macrospòra, *f.* (*bot.*) macrospore; megaspore.

macrostruttùra, *f.* macrostructure.

macròttero, *a.* (*zool.*) macropterous.

màcula, *f.* **1** (*anat.*) macula*; (*cutanea*) spot, blemish: **m. lutea**, macula lutea; yellow spot **2** *V.* **macchia (1)**.

maculàre (1), *V.* **macchiare**.

maculàre (2), *a.* (*anat.*) macular.

maculàto, *a.* spotted; speckled; dappled.

maculatùra, *f.* (*biol.*) maculation.

madàma, *f.* **1** (*titolo*) madam **2** (*scherz.*) ma'am: **Prego, m.**, after you, ma'am **3** (*gergo*: *polizia*) police; (the) Old Bill (*fam. GB*); fuzz (*pop.*).

madamigèlla, *f.* **1** miss; mademoiselle **2** (*scherz.* o *iron.*) miss; madam.

madapolàm, *m.* madapollam.

madaròṣi, *f.* (*med.*) madarosis.

Maddaléna, *f.* Magdalene.

maddaléna (1), *f.* repentant woman.

maddaléna (2), *f.* (*dolce*) madelaine.

Madèra, *f.* (*geogr.*) Madeira.

madèra, *m.* Madeira (wine).

màdia, *f.* **1** kneading trough **2** (*credenza*) kitchen cupboard.

màdido, *a.* wet; moist; damp; drenched: **erba madida di rugiada**, grass wet with dew; **viso m. di sudore**, face damp with sweat; **una camicia madida di sudore**, a sweat-drenched shirt.

madière, *m.* (*naut.*) floor; (*di nave di legno*) floor timber; (*di nave di ferro*) floor plate: **m. obliquo** (*o* **deviato**), cant floor. ● **per m.**, athwartships.

madònna, *f.* **1** (*la Vergine Maria*) Our Lady; (the) Virgin Mary; (the) Madonna: **M. Addolorata**, Our Lady of Sorrows **2** (*lett.*: *titolo*) my lady; (*seguito dal nome*) madonna, lady **3** (*arte*) Madonna: **una M. di Cimabue**, a Madonna by Cimabue. ● **M. (santa)!**, good Lord!; goodness!; heavens!: **Oh, M. santa!, che è successo?**, Good Lord, what happened?; **M., che orrore!**, goodness, how awful! □ (*pop.*) **avere le madonne**, to be in a bad mood □ (*pop.*) **Fa un freddo della m.**, it's perishing cold (*fam.*) □ (*pop.*) **prendersi una paura della m.**, to be scared out of one's wits (*fam.*) □ (*fig.*) **viso da m.**, angelic face.

madonnàro, *m.* (*f.* **-a**) **1** (*artista*) pavement artist (who paints religious subjects) **2** (*nelle processioni*) bearer of the image of the Virgin.

madonnìna, *f.* (*fig.*) demure young lady; (*iron.*) goody-goody. ● **avere un viso di m.**, to look demure □ **Fa la m.** (*o* **Pare una m. infilzata**), she looks as though butter wouldn't melt in her mouth.

madòqua, *f.* (*zool.*, *Madoqua*) dik-dik.

madóre, *m.* slight perspiration.

madornàle, *a.* enormous; huge; gross: **errore m.**, gross mistake; (*gaffe*) blunder, clanger (*fam.*); (*svarione*) howler (*fam.*).

madornalità, *f.* enormousness; hugeness; grossness.

madòsca, *inter.* (*pop.*) damn!; blow it!

madràs, *m. invar.* (*tessuto*) madras (muslin).

màdre, A *f.* **1** mother: **m. di famiglia**, mother of a family; **m. di quattro figli**, mother of four children; **m. amorosa [snaturata]**, loving [unnatural] mother; **m. naturale [adottiva]**, natural [adoptive] mother; **essere m.**, to be a mother; **amor di m.**, maternal love; a mother's love **2** (*d'animali*) mother; dam **3** (*eccles.*) Mother: **M. Superiora**, Mother Superior; **M. Badessa**, Mother (*o* Lady) Abbess **4** *V.* **madrevite 5** (*feccia*) dregs (*pl.*); lees (*pl.*) **6** (*anat.*) mater: **dura [pia] m.**, dura [pia] mater **7** (*bot.*: *pianta m.*) stock **8** (*comm.*: *matrice*) counterfoil: **registro a m. e figlia**, counterfoil register **9** (*chim.*) mother: **m. dell'aceto**, mother of vinegar. ● **m. natura**, Mother Nature □ **m. patria**, *V.* **madrepatria** □ (*eccles.*) **m. spirituale**, godmother □ **la m. terra**, Mother Earth □ (*fig.*) **la comune m.**, Mother Earth □ **da parte di m.**, maternal; on one's mother's side; on the maternal side: **un mio prozio da parte di m.**, a maternal grand-uncle; a grand-uncle on my mother's side; **antenati da parte di m.**, ancestors on the maternal side □ **divenire m.**, to give birth to a child □ **fare da m. a q.**, to be a mother to sb. □ **non aver cuore di m.**, to be an unnatural mother □ **rendere m. una donna**, to give a woman a child □ **senza m.**, motherless □ (*fig.*) **viscere di m.**, mother's love □ (*prov.*) **La m. dei cretini è sempre incinta**, there's one born every minute. **B** *a.* **1** mother (*attr.*): **lingua m.**, mother tongue; **chiesa m.**, mother church **2** (*fig.*: *principale*) fundamental; basic; chief: **idea m.**, fundamental idea. ● (*chim.*) **acqua m.**, mother-water □ **casa m.**, (*eccles.*) mother house; (*econ.*) parent (*o* head) company □ **ragazza m.**, unmarried mother □ **regina m.**, Queen Mother □ **scena m.**, (*teatr.*) crucial scene; (*fig.*) scene, song and dance (*fam.*).

madrecicàla, *f.* (*zool.*) larval case (of a cicada).

madrefórma, *f.* (*tecn.*) mold.

madreggiàre, *v. i.* **1** (*somigliare alla madre*) to take* after one's mother **2** (*comportarsi da madre*) to act like a mother; to play the mother.

madrelìngua, *f.* mother tongue.

madrepàtria, *f.* motherland; mother country; native land.

madrepèrla, A *f.* mother-of-pearl; nacre. **B** *a.* pearly; nacreous. ● **color m.**, pearl-coloured.

madreperlàceo, *a.* pearly; nacreous.

madreperlàto, *a.* pearl (*attr.*): **smalto m.**, pearl nail varnish.

madrèpora, *f.* (*zool.*, *Madrepora*) madrepore.

madrepòrico, *a.* (*zool.*) madreporic; madreporitic.

madreporìte, *f.* (*zool.*) madreporite; madreporic plate.

madresélva, *f.* (*bot.*, *Lonicera caprifolium*) honeysuckle.

madrevìte, *f.* (*mecc.*) **1** nut screw; female thread: **m. di tornio**, lead screw **2** (*filiera*) die: **m. per bulloni**, bolt die; **m. per tubi**, pipe die.

madrigàle, *m.* (*poesia*, *mus.*) madrigal.

madrigaleggiàre, *v. i.* (*lett.*) **1** (*comporre madrigali*) to compose madrigals **2** (*cantare madrigali*) to sing* madrigals.

madrigalésco, *a.* madrigal (*attr.*); of madrigals.

madrigalìsta, *m.* madrigalist.

madrigalìstico, *a.* madrigal (*attr.*); of madrigals.

madrilèno, A *a.* of Madrid; Madrilenian. **B** *m.* (*f.* **-a**) inhabitant of Madrid; native of Madrid.

madrìna, *f.* **1** (*relig.*: *di battesimo*) godmother, sponsor; (*di cresima*) sponsor: **fare da m. a un bambino**, to be godmother [sponsor] to a child **2** (*di nave*) sponsor **3** (*di cerimonie*) patroness. ● **m. di guerra**, soldier's pen friend.

madrinàggio, *m.* being a godmother; duties of a godmother.

madrinàto, *m.* charitable work; charity.

maestà, *f.* **1** majesty; stateliness; loftiness; dignity: **la m. dell'impero romano**, the majesty of the Roman Empire; **la m. d'un edificio**, the majesty (*o* stateliness) of a building; **m. di portamento**, dignity of bearing **2** (*titolo*) Majesty: **Vostra M.**, Your Majesty; **le Loro M.**, Their Majesties; **Sua M. il Re [la Regina]**, His Majesty the King [Her Majesty the Queen]; **Sua M. Britannica**, His [Her] Britannic Majesty (*abbr.*: H.B.M.) **3** (*arte*) Majesty. ● (*fig.*) **delitto di lesa m.**, lese-majesty; high treason.

maestosaménte, *avv.* majestically; solemnly; grandly.

maestosità, *f.* majesty; stateliness; loftiness; imposingness; grandeur (*franc.*).

maestóso, *a.* **1** majestic; stately; solemn; imposing; lofty; grand: **un edificio m.**, a stately building; **un canto m.**, a solemn song; **un aspetto [un portamento] m.**, a dignified mien [bearing]; **incedere m.**, solemn gait; **uno stile m.**, a lofty (*o* an elevated, a sublime) style; **panorama m.**, imposing view; **montagne maestose**, lofty mountains **2** (*mus.*) maestoso.

maèstra, *f.* ***1*** teacher; schoolteacher: **Fa la m.**, she is a schoolteacher; **m. elementare**, primary-school teacher; **m. d'asilo**, nursery--school teacher; **m. di musica**, music teacher; **Buon giorno, signora m.**, good morning, miss ***2*** (*fig.*) expert: **È una m. in cucina**, she is an expert cook; **una m. nell'arte di ricevere**, an excellent host ***3*** (*naut.*) mainsail. • (*naut.*) **albero di m.**, mainmast □ (*naut.*) **coffa di m.**, maintop □ (*naut.*) **pennone di m.**, main yard □ (*naut.*) **straglio di m.**, mainstay.

maestràle, *m.* ***1*** (*vento*) north-west wind; (*in Francia*) mistral ***2*** (*direzione*) north-west.

maestrànza, *f.* (*specialm. al pl.*) workers (*pl.*); hands (*pl.*): **Le maestranze scesero in sciopero**, the workers went on strike; **le maestranze di un cantiere navale**, the shipyard hands; **maestranze portuali**, dockers.

maestrìa, *f.* mastery; skill: **con grande [rara] m.**, with masterly [consummate] skill.

maèstro, **A** *m.* ***1*** (*di scuola*) teacher, schoolmaster; (*istruttore*) master, instructor: **m. elementare**, primary-school teacher; **m. di musica**, music teacher; music master; **m. di ginnastica**, gym teacher; **m. di scherma**, fencing-master; **m. d'equitazione**, riding--master; **m. di ballo**, dancing instructor; **m. di sci**, ski instructor; **Buongiorno, signor m.**, good morning, sir ***2*** (*persona da cui si hanno ammaestramenti*) master; teacher: **il divino M.**, the divine Master; **sommo m.**, supreme master; **Tra i suoi maestri c'è Croce**, Croce, among others, had a great influence on him ***3*** (*uomo abile*) (past) master; paragon; expert: **un m. dell'ironia**, a master of irony; **un m. di eleganza**, a paragon of elegance; **un m. nell'arte dell'allusione**, a past master in the art of dropping a hint ***4*** (*artigiano provetto*) master: **m. muratore**, master mason ***5*** (*mus.*) Maestro ***6*** *V.* **maestrale.** • **m. cantore**, mastersinger; Meistersinger* (*ted.*) □ (*mus.*) **m. compositore**, composer □ (*naut.*) **m. d'ascia**, carpenter; shipwright □ (*mus.*) **m. del coro**, chorus master □ **m. delle cerimonie**, master of ceremonies (*abbr. fam.*: m.c., emcee) □ **m. di campane**, founder □ **m. di casa**, steward □ **m. di cappella**, Kapellmeister (*ted.*); maestro di cappella □ (*canottaggio*) **m. d'equipaggio**, boatswain □ (*mus.*) **m. direttore d'orchestra**, conductor □ (*stor.*) **m. di palazzo**, majordomo □ **colpo da m.**, masterstroke □ **Gran M.**, Grand Master □ **lavoro da m.**, masterwork □ (*prov.*) **L'esercizio è buon m.**, practice makes perfect. **B** *a.* ***1*** (*principale*) main; chief: (*edil.*) **ingresso m.**, main entrance; **muro m.**, main wall ***2*** (*magistrale*) master (*attr.*); masterly; skilful: **mano maestra**, master-hand; skilful hand. • (*naut.*) **albero m.**, mainmast □ (*zool.*) **penne maestre**, quills □ **strada maestra**, high-road; highway.

màfia, *f.* ***1*** Mafia; Mob ***2*** (*estens.*: *gruppo occulto che opera a propri fini*) mafia.

mafiosità, *f.* mafioso nature.

mafióso, **A** *a.* of the Mafia; affiliated to the Mafia; mafioso (*attr.*); Mafia-like: **metodi mafiosi**, Mafia-like (*o* mafioso) methods. **B** *m.* (*f.* **-a**) member of the Mafia; mafioso; mobster.

màga, *f.* ***1*** sorceress; enchantress; witch ***2*** (*fig.*) enchantress; charmer.

magàgna, *f.* ***1*** (*difetto*) defect; (*vizio*) vice; (*manchevolezza*) imperfection, flaw: **coprire le proprie magagne**, to hide one's defects ***2*** (*acciacco*) infirmity; ailment: **le magagne della vecchiaia**, the infirmities of old age.

magagnàre, *v. t.* to spoil; to mar; to damage.

magàri, **A** *inter.* ***1*** (*certamente*) of course!, I should say so!, and how! (*fam.*), you bet! (*fam.*); (*mi piacerebbe molto*) I'd love it ***2*** (*volesse il cielo*) if only!, would to God (*o* Heaven)!; (*iron.*) no such luck! **B** *cong.* ***1*** (*anche se*) even if: **Ci arriverò, m. dovessi fare a piedi tutta la strada**, I'll get there, even if I have to walk all the way ***2*** (*volesse il cielo che*) if only; how I wish...: **M. tornasse!**, if only he would come back!; how I wish he would come back! **C** *avv.* (*perfino*) even; (*forse*) perhaps, maybe: **È capace m. di fare lo gnorri**, he is even (*o* quite) capable of pretending not to know; **M. lui non lo sa**, perhaps he doesn't know; **E se m...?**, what if...?

magatèllo, *m.* (*region.*, *macelleria*) round.

magazzinàggio, *m.* (*comm.*) storage; warehousing. • **spese di m.**, storage (charges).

magazzinière, *m.* (*f.* **-a**) storekeeper; storeman* (*m.*); warehouseman* (*m.*).

magazzino, *m.* ***1*** storehouse; store; warehouse: **magazzini militari**, military stores; **m. doganale**, customs warehouse (*o* store); (*ind.*) **m. pezzi finiti**, finished goods storehouse; (*ind.*) **m.** (**prodotti**) **semilavorati**, goods-in-process storehouse; **ricevuta di m.**, warehouse receipt ***2*** (*negozio*) shop; store (*USA*): **grande m.**, department store ***3*** (*comm.*: *insieme di merci*) stock: **in m.**, in stock; on hand ***4*** (*fotogr.*, *tipogr.*) magazine ***5*** (*elettron.*) memory. • **magazzini di bacino**, docks □ (*ferr.*) **m. merci**, goods shed □ (*ind. mecc.*) **m. utensili**, tool crib □ (*naut.*) **m.** (**per**) **viveri**, victualling yard □ **in m. doganale**, in bond.

magdaleniàno, *a.* (*paletnologia*) Magdalenian.

Magdebùrgo, *f.* (*geogr.*) Magdeburg.

Magellàno, *m.* (*stor.*) Magellan. • (*geogr.*) **lo Stretto di M.**, the Straits of Magellan.

magènta, *a.* e *m.* (*colore*) magenta.

maggéngo, *a.* – **fieno m.**, May hay.

maggesàre, *v. t.* (*agric.*) to fallow.

maggése, **A** *a.* May (*attr.*); of May: **olive maggesi**, May olives. **B** *m.* fallow; fallow land: **tenere in m.**, to lay fallow; **m. intero**, a year's fallow; **mezzo m.**, six months' fallow; **m. produttivo**, cropped fallow.

màggio, *m.* ***1*** May: **il primo m.**, the 1st of May; May 1st; (*Calendimaggio*) May Day; (*festa dei lavoratori*) Labour Day ***2*** (*fig.*) bloom; prime; heyday: **il m. della vita**, the prime of life. • **un'acqua di m.**, a beneficent rain □ **bella come una rosa di m.**, as lovely as a rose in May.

maggiociòndolo, *m.* (*bot.*, *Cytisus laburnum*) laburnum.

maggiolàta, *f.* ***1*** (*canzone*) May song ***2*** (*festa*) May Day celebrations.

maggiolino (1), *m.* ***1*** (*zool.*, *Melolontha melolontha*) cockchafer; May-bug ***2*** (*automobile*) beetle.

maggiolino (2), *m.* maggiolino (piece of furniture with inlaid decoration).

maggioràna, *f.* (*bot.*, *Origanum majorana*) sweet marjoram.

maggiorànza, *f.* ***1*** majority; greater number; greater part; most (*agg.* e *pron.*): **la m. degli uomini**, the majority of men; most men; **nella m. dei casi**, in most cases; **La m. fu favorevole**, the majority was (*o* were) favourable; **la m. silenziosa**, the silent majority; **essere in m.**, to be the majority ***2*** (*polit.*) majority: **essere eletto a m. di voti**, to be elected by a majority (of votes); **a grande m.**, by a large majority; **stretta m.**, narrow (*o* bare) majority; **m. schiacciante**, sweeping majority; **ottenere la m.** (*dei voti*), to get the majority; **m. assoluta**, absolute majority; **m. relativa**, relative majority; plurality (*USA*); **m. semplice**, simple majority; **governo della m.**, majority rule.

maggioràre, *v. t.* (*comm.*) to increase; to raise. • **m. il prezzo di q.c.**, to surcharge st.

maggiorascàto, **maggiorasco,** *m.* (*leg.*, *stor.*) majorat; right of primogeniture.

maggioràta, *f.* curvaceous woman*.

maggioràto, *a.* ***1*** (*comm.*) increased; raised ***2*** (*mecc.*) oversize.

maggiorazióne, *f.* (*comm.*) ***1*** increase; raise ***2*** (*di prezzo*) surcharge.

maggiordòmo, *m.* butler; house-steward; (*di corte*) majordomo.

maggióre, **A** *a.* ***1*** (*più grande*) (*compar.*) greater, larger, bigger; (*superl. relat.*: *fra due*) (the) greater, (the) larger, (the) bigger; (*fra più di due*) (the) greatest, (the) largest, (the) biggest: **Il tuo bisogno è m. del mio**, your need is greater than mine; **con m. diligenza**, with greater diligence; **Dei due artisti, Jones è il m.**, of the two artists, Jones is the greater; **il bene m.**, the greatest good; **il m. pericolo** (**fra tutti**), the greatest danger (of all); **Dante è il nostro m. poeta**, Dante is our greatest poet; **Il tutto è m. di ciascuna delle parti**, the whole is bigger (*o* larger) than each of its parts; **Quale delle due somme è la m.?**, which amount is (the) bigger?; **Questa è la spesa m. che possa sostenere**, this is the biggest expenditure I can afford; **una somma m. del previsto**, a larger sum than expected; **la maggior parte**, the greater part; most: **La maggior parte del ricavato andrà in beneficenza**, most of the takings will go to charity; **la maggior parte della propria vita**, most of one's life; **la maggior parte dei presenti**, most of the people there; the majority of those present ***2*** (*più alto*) (*compar.*) higher, taller; (*superl. relat.*: *fra due*) (the) higher, (the) taller; (*fra più di due*) (the) highest, (the) tallest: **la torre m. della città**, the highest tower in the town ***3*** (*di età*) (*compar.*) older, (*specialm. fra parenti*) elder; (*superl. relat.*: *fra due*) (the) older, (the) elder; (*fra più di due*) (the) oldest, (the) eldest: **Il mio amico [Mio fratello] è m. di me**, my friend [my brother] is older than I (am); **Chi è il m. di voi due?**, which of you is (the) older (*o* the elder)?; **mio fratello m.**, my elder (*o* eldest, *se ho più di due fratelli*) brother; **la figlia m.**, the elder (*o* eldest, *se le figlie sono più di due*) daughter; **Catone m.**, Cato the Elder ***4*** (*di grado superiore*) senior; top: **i maggiori dirigenti**, the top (*o* senior) management ***5*** (*mus.*) major: **scala m.**, major scale; **la chiave di do m.**, the key of C major; **accordo m.**, major chord; **una terza m.**, a major third. • **la m. età**, majority; full age: **raggiungere la m. età**, to come of age; to reach (*o* to attain) one's majority □ **il maggior numero**, the majority; the major part; most □ **il m. offerente**, the highest bidder □ (*mil.*) **aiutante m.**, adjutant □ (*eccles.*) **altare m.**, high altar □ **andare per la m.**, to be (very) popular; to be very successful; to be in (*fam.*) □ **le arti maggiori**, the major arts □ (*mat.*) **asse m.**, major axis □ (*astron.*) **astri maggiori**, major stars □ **caso di forza m.**, uncontrollable event; act of God □ **forza m.**, the force of circumstances; (*leg.*) force majeure (*franc.*) □ (*eccles.*) **ordini maggiori**, major orders □ **per la maggior parte**, mostly; mainly □ **la piazza m.**, the main square □ **la porta m.** (*d'una città*), the main gate □ (*filos.*) **premessa m.**, major premiss □ (*astron.*) **Orsa M.**, Great Bear □ **sempre m.**, ever-increasing □ (*mil.*) **sergente m.**, sergeant-major □ (*mil.*) **Stato M. Generale**, General Staff □ **Il Po è il m. fiume d'Italia**, the Po is the longest river in Italy. **B** *m.* ***1*** (*di grado*) superior ***2*** (*d'età*) elder: **i propri maggiori**, one's elders ***3*** (*mil.*: *esercito*) major; (*aeron.*) squadron leader (*GB*), major (*USA*) ***4*** *V.* **maggiorente** ***5*** (*pl.*) (*antenati*) forefathers; ancestors.

maggiorènne, **A** *a.* of age: **divenire m.**, to come of age; **essere m.**, to be of age. **B** *m.* e *f.* major; adult; person who is of age.

maggiorènte, *m.* (*specialm. al pl.*) leading figure, notable person; (*di una città*) city elder.

maggiorità, *f.* (*mil.*) staff office.

maggioritàrio, *a.* (*polit.*) majority (*attr.*): **sistema m.**, majority system.

maggiorménte, *avv.* ***1*** (*di più*) more; to a greater extent ***2*** (*tanto più*) all the more ***3*** (*più di tutto*) most; chiefly; mainly.

maghrebino, *V.* **magrebino.**

màgi, *V.* **magio.**

magìa, *f.* ***1*** magic; (*stregoneria*) witchcraft; (*incantesimo*) spell, charm: **m. nera**, black magic (*o* art); **m. bianca**, white magic; **per m.**, by magic; **opera di m.**, work of magic; **fare una m.**, to cast a spell ***2*** (*fig.*) magic; charm; enchantment: **la m. dei boschi in autunno**, the magic of the woods in autumn; **la m. del chiaro di luna**, the enchantment of moonlight.

magiàro, *a.* e *m.* (*f.* **-a**) Magyar.

magicaménte, *avv.* ***1*** magically; by magic ***2*** (*fig.*: *come per m.*) as if by magic.

màgico, *a.* ***1*** magic; magical: **arte magica**, magic art; **specchio m.**, magic glass (*o* mirror); **parole magiche**, magic words; **un potere m.**, a magical power; **tappeto m.**, magic carpet ***2*** (*fig.*: *affascinante*) bewitching; enchanting; fascinating: **un sorriso m.**, a bewitching smile; **bellezza magica**, fascinating beauty ***3*** (*fig.*: *straordinario*) extraordinary; magical. • **bacchetta magica**, magic wand □ **lanterna magica**, magic lantern □ (*fis.*) **occhio m.**, visual tuning indicator; magic eye (*fam.*) □ (*mat.*) **quadrato m.**, magic square.

màgio, *m.* Magus*. • **i re Magi**, the three Magi; the three Wise Men; the three Kings.

magióne, *f.* (*lett.*) house; abode; mansion; dwelling: **la m. di Dio**, the house of the Lord; (*scherz.*) **la mia umile m.**, my humble dwelling.

magiostrìna, *f.* (*paglietta*) straw hat.

magiṣmo, *m.* (*stor.*) Magism; Magianism.

magistèro, *m.* ***1*** (*insegnamento*) teaching; education: **dedicarsi al m.**, to devote oneself to teaching; **esercitare il m.**, to be a teacher; to teach; **Facoltà di m.**, Faculty of Education ***2*** (*ammaestramento*) teachings (*pl.*): **il m. di Croce**, the teachings of Croce; **il m. della vita**, life's teachings ***3*** (*maestria*) mastery; skill; command: **m. di stile**, mastery of style; **m. della lingua**, command of language ***4*** (*negli ordini cavallereschi*) magistery; mastership: **gran m. dell'Ordine di Malta**, Grand Magistery of the Order of Malta.

magistràle, *a.* ***1*** (*di maestro*) teachers' (*attr.*); magistral: **congresso m.**, teachers' conference (*o* congress); **istituto m.**, teachers' (training) college ***2*** (*da maestro*) masterly; magisterial: **un discorso m.**, a masterly speech; **un'esecuzione m. del trio**, a masterly execution of the trio ***3*** (*professorale*) professorial; authoritative: **un tono m.**, a professorial tone. • (*mil.*) **linea m.**, magistral line.

magistralménte, *avv.* magisterially; in a masterly manner; with masterly skill: **un libro scritto m.**, a book written with masterly skill.

magistràto, *m.* ***1*** magistrate; (*giudice*) judge; (*pubblico ministero*) public prosecutor: **comparire davanti al m.**, to appear before the judge; **m. inquirente**, investigating magistrate; **m. di corte d'appello**, judge of the Court of Appeal ***2*** (*funzionario*) magistrate; officer; official: **Il sindaco è il primo m. della città**, a mayor is the chief magistrate of a city. • **essere giudicato dal m. competente**, to be judged by the competent tribunal (*o* court).

magistratùra, *f.* ***1*** (*la carica*) magistrature; magistracy ***2*** (*insieme di magistrati*) (the) magistracy, (the) judiciary, (the) Bench; (*collegio giudicante*) court; (*la legge*) (the) law: **Il caso è di competenza della m.**, the case falls under the law; **M. del Lavoro**, Labour Court. • **entrare in m.**, to become a magistrate □ **esercitare la m.**, to be a magistrate (*o* judge).

màglia, *f.* ***1*** (*punto di lavoro a m.*) stitch: **m. a diritto**, plain stitch; **m. a rovescio**, purl stitch; **m. doppia**, double stitch; **m. lenta**, loose stitch; (*uncinetto*) **m. bassa [alta]**, double [treble] crochet; **accavallare una m.**, to pass over a stitch; **avviare le maglie**, to cast on; **chiudere le maglie**, to cast off; **lasciare cadere una m.**, to drop a stitch; **riprendere una m.**, to take (*o* to pick) up a stitch ***2*** (*di rete e sim.*) mesh: **rete a maglie grosse**, large-meshed net; **Il pesce sfuggì attraverso le maglie**, the fish escaped through the meshes ***3*** (*di catena*) link: **le maglie della catena d'un orologio**, the links of a watch-chain; **m. a molinello**, swivel-link; **m. per cingoli da trattore**, tractor track-link ***4*** (*lavoro a maglia*) knitting ***5*** (*tessuto*) jersey; tricot ***6*** (*canottiera*) vest (*GB*), undershirt (*USA*); (*golf aperto*) cardigan; (*golf chiuso con colletto*) jersey; (*maglione leggero*) pullover ***7*** (*sport*) shirt; (*ciclismo*) jersey: **I nostri giocano in m. bianca**, our side is playing in white shirts; **conquistare la m. gialla**, to win the yellow jersey ***8*** (*parte dell'armatura*) mail: **cotta di m.**, coat of mail. • (*sport*) **m. azzurra**, blue shirt; (*atleta*) member of the Italian national team: **indossare la m. azzurra**, to become a member of the Italian national team □ (*ciclismo*) **m. gialla**, yellow jersey; (*l'atleta*) race leader in the Tour de France □ (*ciclismo*) **m. iridata**, striped jersey; (*l'atleta*) race leader in the Wold Championship □ (*ciclismo*) **m. rosa**, pink jersey; (*l'atleta*) race leader in the Tour of Italy □ **di m.** (*o* **fatto a m.**), knitted: **cravatta di m.**, knitted tie □ **indumenti di m.**, knitwear (*sing.*) □ **lavorare a** (*o* **fare la**) **m.**, to knit.

magliàia, *f.* professional knitter.

magliàro, *m.* ***1*** travelling clothier ***2*** (*spreg.*) swindler; con man* (*fam.*).

maglierìa, *f.* ***1*** (*articoli*) knitwear; knitted goods (*pl.*); woollens (*pl.*), woolens (*pl.*, *USA*) ***2*** (*negozio*) hosier's (shop). • **m. intima**, knitted underwear; hosiery □ **macchina per m.**, knitting-machine.

magliétta, *f.* ***1*** (*intima*) vest (*GB*); undershirt (*USA*) ***2*** (*esterna*: *di cotone*) tee-shirt, T-shirt; (*di lana*) knitted shirt, (light) jersey ***3*** (*asola*) eye; loop: **gancio e m.**, hook and eye ***4*** (*anello metallico*) ring ***5*** (*per la cinghia del fucile*) sling swivel.

maglificio, *m.* knitwear factory.

maglìna, *f.* (*tessuto*) light jersey.

màglio, *m.* ***1*** (*martello grande di legno*) maul, mall; (*mazzapicchio*) beetle; (*mazzuolo*) mallet; (*battipalo*) monkey, rammer ***2*** (*mecc.*) hammer; (*a comando meccanico*) power hammer: **m. a caduta libera**, drop hammer; drop forge; **m. ad aria compressa**, (compressed-)air hammer; **m. a leva**, helve hammer; trip hammer; **m. a vapore**, steam-hammer; **m. pneumatico**, pneumatic hammer ***3*** (*pallamaglio*) pall-mall. • **stampaggio al m.**, drop-forging.

magliòlo, *m.* (*agric.*) shoot (of a vine).

maglióne, *m.* sweater; pullover; jumper (*GB*).

maglista, *m.* hammerman*.

màgma, *m.* ***1*** (*geol.*) magma* ***2*** (*fig.*) confused mass; chaos; jumble.

magmàtico, *a.* ***1*** (*geol.*) magmatic ***2*** (*fig.*) confused; chaotic; jumbled.

magmatiṣmo, *m.* (*geol.*) magmatism.

magnàccia, *m.* (*region. spreg.*) pimp; ponce (*GB*).

magnàlio, *m.* (*metall.*) magnalium.

magnanimaménte, *avv.* magnanimously; with magnanimity.

magnanimità, *f.* magnanimity; generosity; loftiness of spirit; nobility of feeling; high-mindedness.

magnànimo, *a.* magnanimous; noble; generous; high-souled; high-minded; lofty: **Siate magnanimi!**, be generous!; **propositi magnanimi**, lofty aims; **un cuore m.**, a noble (*o* generous) heart; **magnanime imprese**, noble (*o* heroic) deeds. • (*scherz.*) **i magnanimi lombi**, one's noble ascendants.

magnanìna, *f.* (*zool.*, *Sylvia undata*) Dartford warbler.

magnàno, *m.* (*region.*) locksmith.

magnàte, *m.* ***1*** (*stor.*) magnate ***2*** (*personaggio influente*) magnate; tycoon; mogul; baron (*USA*): **un m. della finanza**, a financial magnate; **m. della stampa**, newspaper tycoon; press baron; **m. del petrolio**, oil baron.

magnatìzio, *a.* ***1*** (*stor.*) of a magnate; of magnates ***2*** of a magnate (*o* a tycoon, a baron).

magneṣìa, *f.* (*chim.*) magnesia; magnesium oxide. • **m. effervescente**, magnesium citrate □ **m. usta**, magnesia usta; calcined magnesia □ **latte di m.**, milk of magnesia.

magneṣìaco, magnèṣico, *a.* (*chim.*) magnesian; magnesic.

magnèṣio, *m.* (*chim.*) magnesium: **solfato di m.**, magnesium sulphate; (*fotogr.*) **lampo al m.**, magnesium light (*o* flash).

magneṣìte, *f.* (*miner.*) magnesite.

magnète, *m.* ***1*** (*fis.*) magnet: **m. artificiale**, artificial magnet; **m. permanente [temporaneo]**, permanent [temporary] magnet ***2*** (*mecc.*) magneto: **m. d'accensione**, ignition magneto; **m. schermato**, screened (*o* shielded) magneto.

magnètico, *a.* ***1*** (*fis.*) magnetic; magnetical: **ago m.**, magnetic needle; **campo m.**, magnetic field; **curve magnetiche**, magnetic curves; **deviazione magnetica**, magnetic deviation; **equatore m.**, magnetic equator; (*mil.*) **mina magnetica**, magnetic mine ***2*** (*fig.*) magnetic: **occhi magnetici**, magnetic eyes; **un fluido m.**, a magnetic fluid.

magnetiṣmo, *m.* ***1*** (*fis.*) magnetism: **m. terrestre**, terrestrial magnetism ***2*** (*fig.*) magnetism; attractive power: **Ha un grande m. personale**, he has strong personal magnetism (*o* personal charm); (*stor.*) **m. animale**, animal magnetism; mesmerism.

magnetista, *m.* e *f.* magnetist.

magnetite, *f.* (*miner.*) magnetite; lodestone, loadstone.

magnetiẓẓàbile, *a.* (*fis.*) magnetizable.

magnetiẓẓàre, **A** *v. t.* ***1*** (*fis.*) to magnetize ***2*** (*fig.*) to magnetize; to hypnotize; to mesmerize; to fascinate. **B magnetiẓẓàrsi,** *v. i. pron.* (*fis.*) to magnetize.

magnetiẓẓatóre, *m.* ***1*** (*fis.*) magnetizer ***2*** (*f.* **-trice**) (*fig.*) mesmerizer; hypnotist.

magnetiẓẓatrice, *f.* (tecnol.) magnetizing device.

magnetizzazióne, *f.* (*fis.*) magnetization: **m. residua**, residual magnetization.

magnetochìmica, *f.* (*chim.*) magnetochemistry.

magnetoelasticità, *f.* (*fis.*) magnetoelasticity.

magnetoelèttrico, *a.* (*fis.*) magnetoelectric(al).

magnetofluidodinàmica, *f.* magnetofluid dynamics (*pl. col verbo al sing.*).

magnetofònico, *a.* ***1*** (*di magnetofono*) tape-recorder (*attr.*) ***2*** (*registrato*) tape-recorded.

magnetòfono, *m.* (*marchio*) Magnetophon; tape recorder. • **m. a filo**, wire-recorder.

magnetògrafo, *m.* (*fis.*) magnetograph.

magnetoidrodinàmica, *f.* (*fis.*) magnetohydrodynamics (*pl. col verbo al sing.*).

magnetoidrodinàmico, *a.* (*fis.*) magnetohydrodynamic.

magnetolettóre, *m.* magnetic character reader.

magnetolettùra, *f.* magnetic character recognition.

magnetomeccànico, *a.* (*fis.*) magnetomechanic.

magnetometrìa, *f.* (*scient.*) magnetometry.

magnetòmetro, *m.* (*elettr.*) magnetometer.

magnetomotóre, *a.* (*fis.*) magnetomotive.

magnetóne, *m.* (*fis.*) magneton.

magnetoòttica, *f.* (*fis.*) magneto-optics (*pl. col verbo al sing.*).

magnetopàuṣa, *f.* (*astron.*) magnetopause.

magnetosfèra, *f.* (*astron.*) magnetosphere.

magnetostàtica, *f.* (*fis.*) magnetostatics (*pl.*

col verbo al sing.).

magnetostrittìvo, a. (*fis.*) magnetostrictive.

magnetostriziòne, f. (*fis.*) magnetostriction.

magnetoterapìa, f. (*med.*) magnetotherapy.

magnetoteràpico, a. (*med.*) magnetotherapeutic.

màgnetron, m. (*fis.*) magnetron.

magnificàre, A v. t. **1** (*glorificare*) to glorify; to exalt; to extol; to praise highly: **m. Iddio**, to glorify God; **m. le bellezze del creato**, to exalt the beauty of all created things **2** (*vantare*) to extol; to vaunt; to boast of: **m. le proprie imprese**, to extol one's exploits. **B magnificàrsi,** v. rifl. to praise oneself; to boast.

magnificat, m. invar. (*relig.*) Magnificat.

magnificatóre, m. (f. **-trice**) extoller; praiser; vaunter.

magnificazióne, f. exaltation; glorification; extolment.

magnificènza, f. **1** magnificence; (*grandezza*) greatness; (*splendore*) splendour; (*grandiosità*) grandeur (*franc.*), grandiosity; (*sfarzo*) pomp: **la m. dell'ingegno umano**, the greatness of human intellect; **la m. delle Alpi**, the grandeur of the Alps; **Il ricevimento fu fatto con grande m.**, the reception was held with great pomp **2** (*liberalità*) liberality; munificence **3** (*cosa magnifica*) magnificent thing; marvel: **un quadro che è una m.**, a really magnificent picture; **Che m.!**, how wonderful!

magnìfico, a. **1** magnificent; (*grandioso*) grand, grandiose, majestic; (*splendido*) splendid; (*sontuoso*) sumptuous: **Lorenzo il M.**, Lorenzo the Magnificent; **una casa magnifica**, a magnificent (*o* splendid) house; **una festa magnifica**, a sumptuous feast **2** (*liberale, generoso*) liberal; munificent: **doni magnifici**, liberal (*o* munificent) gifts **3** (*bellissimo*) marvellous, wonderful, splendid, excellent, fantastic (*fam.*); (*del tempo atmosferico*) glorious: **un'idea magnifica**, a splendid (*o* great) idea; **Che tempo m.!**, what glorious weather! ● **fare il m.**, to spend (*o* to give) lavishly; to throw one's money about (*fam.*).

magniloquènte, a. (*lett.*) magniloquent; grandiloquent; (*spreg.*) bombastic.

magniloquènza, f. (*lett.*) magniloquence; grandiloquence; (*spreg.*) bombast.

magnitùdine, f. (*astron.*) magnitude: (*astron.*) **m. apparente [assoluta]**, apparent [absolute] magnitude.

magnitùdo, f. invar. (*fis., geol.*) (earthquake) magnitude.

màgno, a. **1** great: **gli spiriti magni**, the great souls **2** (*appellativo*) the Great; Magnus: **Alessandro M.**, Alexander the Great; **Pompeo M.**, Pompey the Great; **Alberto M.**, Albertus Magnus; **Carlo M.**, Charlemagne. ● (*stor.*) **Magna Carta**, Magna C(h)arta □ (*stor.*) **Magna Grecia**, Magna Graecia □ **aula magna**, main hall □ (*scherz.*) **in pompa magna**, with great pomp.

magnòlia, f. (*bot., Magnolia*) magnolia.

màgnum (*lat.*), m. invar. **1** (*bottiglia*) magnum **2** (*cartuccia*) magnum (cartridge) **3** (*arma*) magnum (firearm).

màgo, m. **1** magician; wizard; (*stregone*) sorcerer, conjuror; (*specialm. orientale*) magus: **il m. Merlino**, Merlin the Wizard; **Simon M.**, Simon Magus **2** (*illusionista*) magician **3** (*fig. fam.: persona abilissima*) genius; wizard; wonder-worker.

magóna, f. (*ferriera*) iron foundry; ironworks.

magóne, m. (*region.*) **1** (*ventriglio*) gizzard **2** (*fig.: dolore*) grief; (*nodo alla gola*) lump in one's throat: **avere il m.**, to have a lump in one's throat; **far venire il m.**, to bring tears to sb.'s eyes; to upset sb.

Magónza, f. (*geogr.*) Mainz.

màgra, f. **1** (*di fiume*) low water: **essere in m.**, to be low **2** (*fig.*) scarcity; shortage **3** (*fam.: brutta figura*) sorry figure; poor show: **Ho fatto una m.**, I made a fool of myself; I cut a sorry figure. ● (*fig.*) **essere in m.**, to be going through a hard time □ (*fig.*) **tempi di m.**, lean (*o* hard) times.

magrebino, A a. Maghrebi, Maghribi. **B** m. (f. **-a**) Maghrebi, Maghribi (*f.* Maghrebi, Maghribi woman*).

magrézza, f. **1** thinness; leanness; (*sparutezza*) gauntness: **Mi colpì la sua m.**, I was struck by his thinness; **È di una m. impressionante**, he is terribly thin **2** (*del terreno*) poorness, aridity; (*di acque*) low level **3** (*scarsità*) scarcity; scantiness; shortage; poorness.

màgro, A a. **1** thin; lean; (*smilzo*) spare, slim; (*sottile*) slender; (*sottile e muscoloso*) wiry; (*sparuto*) gaunt: **una faccia magra**, a thin face; **dita magre e nervose**, thin, nervous fingers; **una figura alta e magra**, a tall, lean figure; **Come ti sei fatto m.!**, how thin you have got! **2** (*di carni*) lean; (*di latticini, ecc.*) low-fat: **carne magra**, lean meat; **prosciutto m.**, lean ham; **formaggio m.**, low-fat cheese **3** (*povero, scarso*) meagre; poor; scarce; scanty; lean: **un pasto m.**, a poor (*o* meagre, scanty) meal; **un m. stipendio**, a poor salary; **un raccolto m.**, a scanty crop; **pascoli magri**, scanty pastures; **annate magre**, lean years; **magri risultati**, poor results; **magra ricompensa**, poor reward; **una magra consolazione**, a meagre (*o* poor) consolation; cold comfort **4** (*debole*) weak, lame; (*meschino*) paltry: **una magra scusa**, a lame (*o* thin, paltry) excuse; **una magra difesa**, a weak defence **5** (*sterile*) poor; arid: **terra magra**, poor soil (*o* land). ● **m. come un chiodo** (*o* **come un'acciuga**), as thin as a rake □ **acque magre**, low water □ **argilla magra**, lean clay □ **fare una magra figura**, to look a fool; to cut a poor (*o* sorry) figure □ (*eccles.*) **giorno di m.**, day of abstinence; maigre day □ **mangiare di m.**, to eat no meat; to abstain from meat □ **minestra di m.**, vegetable soup □ **pranzo di m.**, meal without meat □ **ravioli di m.**, ravioli with a vegetable [a cheese] filling □ (*Bibbia*) **le sette vacche magre**, the seven lean cows. **B** m. **1** (*parte magra*) lean part **2** (*carne magra*) lean (meat): **un bel pezzo di m.**, a nice bit of lean (meat).

magróne, m. **1** (*suino*) fattening hog **2** (*edil.*) lean concrete.

mah, inter. **1** (*per esprimere dubbio*) who knows!; goodness knows!; heaven knows!; no idea!: search me!: **«Quando tornerà?» «Mah!»**, «when is he coming back?» «who knows!» (*o* «search me!»); **«Chi è quello?» «Mah!»**, «who is that man?» «no idea!»; **Mah, non lo so**, I really don't know; I have no idea **2** (*per esprimere rassegnazione*) well: **Mah, forse hai ragione tu**, well, you might be right after all.

maharajàh, m. invar. maharajah.

maharàni, f. invar. maharani, maharanee.

maharàtto, V. **maratto**.

mahatma, a. invar. mahatma: **il m. Gandhi**, Mahatma Gandhi.

mahdi, m. invar. (*relig.*) Mahdi.

mahdìsmo, m. (*relig., polit.*) Mahd(i)ism.

mahdìsta, m. e f. (*relig., polit.*) Mahd(i)ist.

mài, avv. **1** (*nessuna volta, in nessun tempo*) never; (*in presenza di altra negazione*) ever: **Non lo dimenticherò mai**, I shall never forget it; **Non dire mai una bugia!**, never tell a lie; **Non ho mai visto niente** (*o* **una cosa**) **del genere**, I've never seen anything like it; **Mai sentito!**, never heard of it!; **Non succede mai niente in questo paese**, nothing ever happens in this village; **Nessuno lo seppe mai**, no one ever knew; **mai più**, never again; never more; **Non lo rividi mai più**, I never saw him again; **Non li voglio vedere mai più**, I don't want to see them ever again; **Mai ero stato tanto felice**, never had I been so glad; **Mai una volta che aiuti!**, he never ever gives a hand!; **Non è mai troppo tardi per correggersi**, it is never too late to mend; **«Rinunci?» «Mai!»**, «do you want to give up?» «never!» **2** (*una volta, talvolta, in qualsiasi tempo*) ever: **Se mai ha detto questo, è bugiardo**, if he ever said that, he is a liar; **L'hai mai incontrato?**, have you ever met him?; **L'hai mai incontrato quando eri a Londra?**, did you ever meet him while you were in London?; **Vedi mai Elena?**, do you ever see Elena?; **Hai mai sentito simili sciocchezze?**, did you ever hear such nonsense?; **Dove mai l'ho perduto?**, wherever did I lose it?; where can I have lost it?; **Quando mai l'ho detto?**, when did I ever say so?; **Se mai lo vedrò, glielo dirò**, if I ever (*o* if I happen to) see him, I'll tell him. ● **mai e poi mai**, (*rafforzativo*) never ever; (*niente affatto*) on no account, absolutely not, not in a month of Sundays (*fam.*) □ **Mai più!** (*macché*), certainly not; of course not □ **Prendi l'ombrello, caso mai piovesse**, take an umbrella, (just) in case it rains (*o* it should rain) □ **Gli voglio un bene che mai**, I do love him so; I love him with all my heart □ **Che dite mai?**, what on earth are you saying? □ **Come mai l'hai venduto?**, how come you sold it?; how is it that you sold it? □ **Sarei pronto a tutto, ma fare questo, mai!**, I would be prepared to do anything but that! □ **meglio [peggio] che mai**, better [worse] than ever □ **meno [più] che mai**, less [more] than ever □ **Non si sa mai!**, you never can tell! □ **Non sia mai!**, God forbid! □ **Non sia mai detto che...**, never let it said that...; God forbid that... □ **Perché mai?**, why on earth? □ **quanto mai interessante**, infinitely (*o* extremely) interesting □ **Il ragazzo è stato buono quanto mai**, the boy has been as good as ever □ **Quant'è mai sciocca, quella ragazza!**, how silly that girl is! □ **Quante mai volte gliel'ho ripetuto!**, how many times did I tell him!; I told him so many times! □ **quasi mai**, hardly ever □ **Se mai telefonasse**, if he should phone (*più form.*: should he phone) □ (*prov.*) **Meglio tardi che mai**, better late than never.

Màia, f. (*mitol.*) Maia.

maiàla, f. **1** (*fam.: scrofa*) sow **2** (*fig. spreg.*) immoral woman*; whore.

maialàta, f. (*fam.*) **1** (*comportamento disgustoso*) piggish behaviour **2** (*azione moralmente riprovevole*) mean thing to do; dirty trick **3** (*oscenità*) obscenity; smut.

maiàle, m. **1** pig; hog; (*verro*) boar; (*suino*) swine*: **un branco di maiali**, a herd of swine; **ammazzare il m.**, to kill the pig **2** (*la carne*) pork: **braciole di m.**, pork chops **3** (*spreg.: persona ingorda*) pig; (*uomo o ragazzo sporco*) dirty man* [child*, boy]; (*uomo riprovevole*) swine*; (*uomo licenzioso*) lecher, dirty-minded man*, dirty old man* **4** (*naut.*) human torpedo*. ● **grasso come un m.**, as fat as a pig □ **guardiano di maiali**, swineherd □ **mangiare quanto un m.**, to make a pig of oneself.

maialésco, a. piggish; pig-like; hoggish; swinish.

maìdico, a. maize (*attr.*).

maiestàtico, a. (*lett.*) of majesty; royal: **il plurale m.**, a plural of majesty; the royal «We».

maièutica, f. **1** (*med.*) obstetrics (*pl. col verbo al sing.*); midwifery **2** (*filos.*) maieutics (*pl. col verbo al sing.*).

maièutico, a. (*filos.*) maieutic(al).

mainàte, m. (*zool., Gracula religiosa*) hill mynah.

maiòlica, f. majolica: **un vaso [una piastrella] di m.**, a majolica vase [tile]; **oggetti di m.**, majolicaware (*sing.*).

maiolicàio, m. **1** (*fabbricante*) maker of majolicaware **2** (*venditore*) seller of majolicaware.

maiolicàre, v. t. **1** (*smaltare*) to glaze **2** (*piastrellare*) to cover with majolica tiles; to tile with majolica.

maiolicàto, A a. **1** (*smaltato*) glazed;

majolica (*attr.*) **2** (*piastrellato*) covered with majolica tiles; majolica-tiled. **B** *m.* majolica--tiled wall.

maionése, *f.* (*cucina*) mayonnaise.

Maiòrca, *f.* (*geogr.*) Majorca.

màis, *m.* (*bot., Zea mays*) maize; Indian corn; corn (*USA*).

maître (*franc.*), *m. invar.* **1** (*direttore di sala*) maître d'hôtel (*abbr. fam.*: maître d') **2** (*maggiordomo*) butler; house steward.

maîtresse (*franc.*), *f. invar.* (*eufem.*) madam.

maiùscola, *f.* capital (letter); (*tipogr.*) upper--case letter: **scritto in maiuscole**, written in capitals; upper-case.

maiuscolétto, *m.* (*tipogr.*) small capitals (*pl.*); small caps (*fam.*).

maiùscolo, *a.* **1** (*di lettera*) capital; (*tipogr.*) upper-case (*attr.*): **lettere maiuscole**, capital letters; capitals **2** (*fig.*: *enorme*) big; huge; enormous: **un errore m.**, a big mistake; a blunder. ● (*fig.*) **parlare a lettere maiuscole**, to speak very clearly □ (*fig.*) **scrivere q.c. a lettere maiuscole**, to write st. explicitly.

maizèna, *f.* maize starch; cornflour.

majorette, *f. invar.* (drum) majorette.

màki, *m.* (*zool., Lemur*) maki; lemur.

makò, *m. invar.* maco; Egyptian cotton.

màla, *f.* (*pop.*) (the) underworld; gangsters (*pl.*); gangland (*fam.*).

malàcca, *f.* Malacca (cane).

malaccètto, *a.* unwelcome.

malàccio, *m.* dangerous illness. ● **Non c'è m.!**, that's not too bad!

malaccòlto, *a.* not welcome; unwelcome.

malaccortézza, *f.* (*imprudenza*) imprudence; (*poca cautela*) incautiousness, unwariness; (*avventatezza*) rashness; (*sconsideratezza*) heedlessness, carelessness.

malaccòrto, *a.* (*imprudente*) imprudent; (*incauto*) incautious, unwary; (*avventato*) rash; (*sconsiderato*) heedless, careless.

Malachìa, *m.* (*Bibbia*) Malachi.

malachìte, *f.* (*miner.*) malachite. ● **verde m.**, malachite-green.

malacìa, *f.* (*med.*) malacia.

malacologìa, *f.* malacology.

malacòlogo, *m.* (*f.* **-a**) malacologist.

malacreànza, *f.* bad manners (*pl.*); rudeness; incivility; ill-breeding.

malafàtta, *V.* **malefatta.**

malafède, *f.* bad faith: **agire in m.**, to act in bad faith.

malafémmina, *f.* (*region. spreg.*) woman* of ill repute; whore; prostitute.

malaffàre, *m.* – **persona di m.**, shady character; crook; **donna di m.**, whore; prostitute; **casa di m.**, brothel.

màlaga, A *m.* (*vino*) Malaga (wine). **B** *f.* (*uva*) Malaga (grapes).

malagévole, *a.* difficult; hard; rough: **salita m.**, hard climb; **un sentiero m.**, a rough path; **tempi malagevoli**, hard times.

malagevolézza, *f.* difficulty; hardness; roughness.

malagiàto, *a.* **1** (*scomodo*) uncomfortable; comfortless; hard: **una vita malagiata**, a hard life **2** (*in difficoltà*) in difficulty; hard-up.

malagràzia, *f.* bad grace; ill grace; (*villania*) rudeness: **fare q.c. con m.**, to do st. with (a) bad grace; **trattare q. con m.**, to be rude to sb.

malalingua, *f.* (*persona pettegola*) gossip; (*persona maligna*) backbiter; (*maldicente*) slanderer; (*persona che semina zizzania*) mischief-maker.

malaménte, *avv.* **1** (*in modo non soddisfacente*) badly; carelessly **2** (*in modo sbagliato*) wrongly **3** (*in modo maldestro*) clumsily **4** (*villanamente*) rudely. ● **cadere m.**, to have a nasty fall □ **morire m.**, to die a miserable death.

malammìde, *f.* (*chim.*) malic acid amide.

malandàto, *a.* in bad (*o* poor) condition (*o* shape); battered; (*in salute*) in poor health, in bad shape, in a bad way; (*finanziariamente*) badly off; (*nel vestire*) shabbily dressed. ● **cuore m.**, weak heart; dicky heart (*fam. GB*).

malandrinàggio, *m.* highway robbery; brigandage. ● **darsi al m.**, to become a bandit.

malandrinàta, *f.* dirty trick; shabby trick.

malandrinésco, *a.* brigandish; (*disonesto*) scoundrelly.

malandrìno, A *a.* **1** (*disonesto*) disonest; crooked **2** (*birichino*) roguish; mischievous: **occhi malandrini**, roguish eyes. ● **tempaccio m.**, nasty weather. **B** *m.* **1** (*brigante*) brigand; highwayman*; highway robber **2** (*persona disonesta*) crook; (*criminale*) criminal **3** (*scherz.*) rascal; rogue.

malànimo, *m.* ill-will; malevolence. ● **di m.**, unwillingly; reluctantly; against one's will.

malànno, *m.* **1** (*malattia*) illness, disease; (*acciacco*) infirmity, ailment; (*disturbo*) trouble: **Si è preso un brutto m. in Africa**, he caught some nasty disease in Africa; **Se esci con questo tempo, ti buscherai un m.**, you'll catch something (*o* your death of cold), if you go out in this weather; **i malanni dell'età**, the infirmities (*o* ailments) of old age **2** (*disgrazia*) mishap, misfortune; (*gran danno*) calamity; (*sfortuna*) ill fortune, bad (*o* ill) luck: **Mi capitò un altro m.**, another misfortune befell me; **sopportare i propri malanni coraggiosamente**, to bear one's misfortunes bravely; **Quella grandinata è stata un vero m.**, that hailstorm was a real calamity **3** (*fig.*: *persona noiosa*) nuisance; pain in the neck (*fam.*). ● **Che ti colga il m.!**, (the) devil take you! □ (*prov.*) **Un m. non viene mai solo**, it never rains but it pours; misfortunes never come singly.

malaparàta, *f.* danger; predicament; ill plight. ● **Vista la m., se la squagliò**, seeing the turn things were taking, he made scarce.

malapéna, *f.* – **a m.**, hardly; scarcely; (*di stretta misura*) barely, only just: **Lo capisco a m.**, I can hardly understand him; **So a m. chi sei**, I hardly know who you are; **Riesce a m. ad arrivare alla fine del mese**, they can barely make ends meet.

malària, *f.* (*med.*) malaria.

malàrico, A *a.* malarial; malarious: **febbre malarica**, malarial fever; **zona malarica**, malarial region. **B** *m.* (*f.* **-a**) malarial patient.

malariologìa, *f.* (*med.*) malariology.

malariòlogo, *m.* (*f.* **-a**) (*med.*) malariologist.

malarioterapìa, *f.* (*med.*) malariotherapy.

malasòrte, *f.* bad (*o* ill) luck; misfortune; mishap. ● **per m.**, unluckily.

malassàre, *v. t.* (*mescolare, impastare*) to malaxate; to knead: **m. argilla**, to knead clay. ● **m. burro**, to churn butter.

malassazióne, *f.* malaxation; softening; kneading.

malassorbiménto, *m.* (*med.*) malabsorption.

malatestiàno, *a.* of the Malatesta family; Malatesta (*attr.*).

malatìccio, *a.* sickly; ailing; in poor health; delicate; peaky (*fam.*): **un bambino m.**, a sickly child; **avere l'aria malaticcia**, to look delicate.

malàto, A *a.* **1** ill (*pred.*); sick (*attr.*); (*indisposto*) unwell; (*di parte del corpo*: *dolente*) sore, (*colpito da un male*) affected: **Il ragazzo è m. da una settimana**, the boy has been ill for a week; **Non sono mai stato m. in vita mia**, I've never been ill in my life; **Suo padre è molto m.**, his father is seriously ill (*o* is a very sick man); **essere gravemente m.**, to be seriously ill; **un bambino m.**, a sick child; **È a letto m.**, he is ill in bed; **Carlo non viene oggi, è a casa m.**, Carlo won't be in today, he's at home sick; **È m. di bronchite**, he is ill with bronchitis; he's got bronchitis; **avere l'aria malata**, to look ill; **cadere m.**, to fall ill; to be taken ill; **avere un dito m.**, to have a sore finger; **l'organo m.**, the affected organ; **avere gli occhi malati**, to have eye troubles **2** (*fig.*) sick (with); tormented (by): **m. di gelosia**, sick with jealousy; **m. d'amore**, love--sick; **m. di dubbi**, tormented with doubt **3** (*fig.*: *disturbato, morboso*) unsound; morbid; unhealthy; sick: **una mente malata**, an unsound mind; a diseased (*o* sick) mind; **fantasia malata**, morbid imagination **4** (*di piante*) diseased; languishing: **Quella rosa è malata**, that rose bush is languishing. ● **essere m. di stomaco**, to have stomach-trouble; to have something wrong with one's stomach □ **essere m. di cancro**, to have cancer □ **essere m. di cuore**, to have heart troubles □ **Ha il cuore m.**, he has a weak (*fam. GB*: dicky) heart; (*fig.*) he is love-sick □ **essere m. di fegato**, to have liver trouble □ **essere m. di mente**, to be mentally ill □ **essere m. di petto**, to suffer from consumption; to be consumptive □ **essere m. di polmonite**, to be ill with pneumonia □ **darsi m.**, to say one is ill; (*mil.*) to report (*fam.*: to go) sick, to malinger □ **darsi m. per telefono**, to call in sick (*fam.*). **B** *m.* (*f.* **-a**) patient; sick person; invalid: **un m. cronico**, a chronic invalid; **m. terminale** (*o* **incurabile**), terminally ill patient; **un m. di petto**, a consumptive patient; **Il m. dormiva**, the sick man was sleeping; **Ci sono molti malati in questo ospedale**, there are many patients in this hospital. ● **un m. di mente**, a lunatic; an insane person □ **i malati**, the sick □ **clinica per malati incurabili**, home for the terminally ill.

malattìa, *f.* **1** (*stato patologico*) illness, sickness; (*affezione specifica*) disease; (*disturbo leggero*) ailment: **una m. grave**, a serious (*o* dangerous) illness; **m. mortale**, deadly (*o* fatal, hopeless) disease; **i sintomi d'una m.**, the symptoms of a disease; **m. cronica**, chronic illness; **m. infettiva**, infectious disease; **m. cardiaca**, heart disease; **m. cerebrale**, cerebral (*o* brain) disease; **m. mentale**, mental illness; **m. cutanea**, skin disease; **malattie del lavoro**, occupational diseases; **avere** (*o* **essere affetto da**) **una m.**, to suffer from (*o* to be affected with) a disease; **buscarsi una m.**, to catch a disease; **curare una m.**, to treat an illness; **guarire di** (*o* **superare**) **una m.**, to recover from an illness; **Fu colpito da una m. misteriosa**, he was taken ill with a mysterious disease **2** (*di piante*) disease: **m. della vite**, vine-disease **3** (*fig.*: *male*) ailment; trouble; evil: **le malattie della società moderna**, the ailments of modern society. ● **m. del sonno**, sleeping sickness □ **m. diplomatica**, convenient indisposition □ **essere in m.**, to be on sick leave; to be off sick (*fam.*) □ (*fig.*) **farne una m.**, to make oneself ill over st.; to take st. very badly □ **Di che m. è morto?**, what did he die of? □ (*fig.*) **La fame è una gran brutta m.**, hunger is a bad monster.

malaugurataménte, *avv.* unfortunately; unluckily.

malauguràto, *a.* inauspicious; ill-omened; ominous; (*sfortunato*) unfortunate, unlucky: **stelle malaugurate**, inauspicious stars; **un inizio m.**, an ill-omened beginning; **da quel m. giorno**, since that unfortunate day; **un'ora malaugurata**, an unlucky hour.

malaugùrio, *m.* bad (*o* evil, ill) omen: **uccello del m.**, bird of ill omen; (*di persona*) Jonah, jinx.

malauguróso, *a.* inauspicious; ill-omened; ominous.

malavita, *f.* **1** (the) underworld; gangsters (*pl.*); racketeers (*pl.*); (the) world of crime; gangland (*fam.*): **m. organizzata**, organized crime **2** (*vita criminosa*) life of crime. ● **appartenere alla m.**, to be a gangster □ **darsi alla m.**, to become a gangster □ **gergo della m.**, underworld slang; (*stor.*) thieves' cant.

malavitóso, A *a.* criminal; underworld. **B** *m.* (*f.* **-a**) gangster; criminal.

malavòglia, *f.* unwillingness; reluctance. ● **di m.**, unwillingly; reluctantly; against one's will; against the grain: **fare q.c. di m.**, to do st. against one's will.

malavvedùto, *a.* (*imprudente*) imprudent, incautious; (*avventato*) rash; (*sconsigliato*) unwary, unwise.

malavventuràto, *a.* (*lett.*) unlucky; unfortunate; unhappy.

malavvézzo, *V.* **maleducato**.

malavviṣàto, *a.* (*lett.*) ill-advised; injudicious.

malayṣiàno, *a.* e *m.* (*f.* **-a**) Malaysian.

malbiànco, *m.* (*agric.*) powdery mildew.

malcadùco, *m.* (*med., pop.*) epilepsy; falling sickness.

malcapitàto, A *a.* unlucky; unfortunate. **B** *m.* (*f.* **-a**) unfortunate (*o* unlucky) person; poor person; (*vittima*) victim.

malcàuto, *a.* incautious; heedless; unwary; rash.

malcelàto, *a.* ill-concealed.

malcóncio, *a.* ***1*** battered; knocked-about; bedraggled; in a sorry (*o* sad) state; in a bad way; the worse for wear: **un cappello m.**, a battered hat; **auto malconcia**, knocked-about car; **Aveva i pantaloni malconci**, his trousers were in a sorry state ***2*** (*di persona*) battered, in a sorry state, in a bad way; (*pieno di lividi*) bruised all over; (*fig.*) beaten (*pred.*).

malconsigliàto, *a.* ill-advised; imprudent; unwise.

malcontènto, A *a.* displeased; dissatisfied; not satisfied; discontented: **un aspetto m.**, a discontented look; **essere m. di q.**, to be displeased with sb.; **È sempre m.**, he is never satisfied. **B** *m.* ***1*** (*f.* **-a**) malcontent ***2*** (*insoddisfazione*) discontent; dissatisfaction: **mostrare il proprio m.**, to show one's dissatisfaction; **Ci fu un generale m.**, there was a general discontent.

malcopèrto, *a.* (*mezzo nudo*) half naked; scantily dressed. ● **casa malcoperta**, badly roofed house.

malcorrispósto, *a.* unreturned; ill-requited; unrequited: **amore m.**, unrequited love.

malcostumàto, *a.* (*maleducato*) ill-bred; uncivil.

malcostùme, *m.* ***1*** (*immoralità*) immoral behaviour; immorality: **leggi contro il m.**, laws against immorality ***2*** (*disonestà*) dishonesty; corruption: **m. politico**, political corruption ***3*** (*cattiva abitudine*) bad habit.

malcreàto, *a.* ill-bred; ill-mannered.

maldèstro, *a.* ***1*** (*goffo*) clumsy; awkward ***2*** (*inesperto*) inexperienced; inexpert; green.

maldicènte, A *a.* (*pettegolo*) gossipy; (*maligno*) backbiting; (*diffamatore*) slanderous. **B** *m.* e *f.* gossip; backbiter; slanderer.

maldicènza, *f.* (*pettegolezzo*) gossip; (*malignità*) backbiting; (*diffamazione*) slander: **dare luogo a maldicenze**, to stir gossip.

maldispósto, *a.* ***1*** (*ostile*) ill-disposed ***2*** (*poco propenso*) unwilling.

maldistribuìto, *a.* badly distributed; ill--organized.

Maldive, *f. pl.* (*geogr.*) (the) Maldives.

maldiviàno, *a.* e *m.* (*f.* **-a**) Maldivian; Maldivan.

màle (1), *m.* ***1*** (*morale*) evil, ill, wrong; (*danno morale o fisico*) harm: **il bene e il m.**, good and evil; **saper distinguere il bene dal m.**, to know good from evil; **non saper distinguere fra il bene e il m.**, not to know the difference between right and wrong; **i mali del mondo**, the evils (*o* ills) of the world; **la via del m.**, the path of evil; **fare il m.**, to do evil; **rendere bene per m.**, to return good for evil; **Non c'è niente di m. a fare ciò**, there is no harm in doing that; **Non c'è niente di m. in un po' di divertimento**, there is nothing wrong with (*o* no harm in) a bit of fun; **Di due mali, scegli il minore!**, of two evils choose the lesser ***2*** (*malattia*) disease, illness; (*indisposizione*) sickness; (*infermità*) infirmity; (*dolore*) trouble, pain, ache: **un m. contagioso**, a contagious disease; **m. ereditario**, hereditary disease; **m. infettivo**, infectious disease; **avere m. a un fianco**, to have a pain in one's side; **avere m. a un occhio**, to have a sore eye; **Ho m. alla gamba**, my leg hurts (*o* is sore); **Ho m.**, (*sto male*) I am (*o* I feel) ill; (*sento dolore*) it hurts, it's sore; **mal d'aria**, air-sickness; **mal d'auto**, car-sickness; **mal di denti**, toothache; **mal di fegato**, liver trouble; **mal di gola**, a sore throat; **mal di mare**, sea-sickness; **avere il mal di mare**, to be sea-sick; **mal di montagna**, mountain sickness; **mal di testa**, headache; **avere mal di testa**, to have a headache ***3*** (*disgrazia, calamità, ecc.*) misfortune; calamity; adversity; woe; trouble: **i mali della guerra**, the calamities of war; **La vita è piena di mali**, life is full of troubles; **la miseria, la malattia e altri mali**, poverty, illness and other woes; **la causa di tutti i nostri mali**, the cause of all our woes; **I mali non vengono mai soli**, misfortunes never come alone; **Mal gliene incolga!**, woe to him! ● **mal caduco**, epilepsy □ (*fig.*) **un m. da poco**, a matter of no importance □ (*fig.*) **il mal della noia**, tedium; ennui (*franc.*); weariness □ **il mal del paese**, homesickness □ (*miss.*) **mal dello spazio**, space--sickness □ **il mal francese**, syphilis; the French disease; the pox (*fam.*) □ **mal sottile**, consumption □ **andare a m.**, (*guastarsi*) to go bad; (*diventare acido*) to go sour: **Il pesce va subito a m. col caldo**, fish soon goes bad in hot weather; **Il latte è andato a m.**, the milk has gone sour □ **aversi a m.**, to take offence (at st.); to feel offended; to take (st.) amiss: **Non te ne avere a m.**, don't take it amiss □ **di m. in peggio**, from bad to worse □ **far m.**, (*in senso morale e fisico*) to hurt; (*dispiacere*) to hurt, to upset; (*recare danno*) to do harm; (*di parte del corpo*: *dolere*) to ache; (*del cibo*) to be bad for one's health; (*agire male*) to make a mistake, to be wrong, to do the wrong thing: **Mi fanno m. le scarpe**, my shoes are hurting me; **Non ho mai fatto m. a nessuno**, I never did any harm to anybody; **Mi fa m. l'orecchio**, my ear aches; **Mi fa molto m. la testa**, my head aches badly; I have a bad headache; **Il caffè mi fa m.**, coffee is bad for me; **Ho fatto m. a lasciarli andare**, I made a mistake in letting them go; I was wrong to let them go; **Hai fatto m. a farlo**, it was wrong of you to do that; you shouldn't have done it □ **farsi m.**, to hurt oneself; to get hurt: **Bada che i bambini non si facciano m.!**, mind the children don't hurt themselves!; **Potresti farti m.**, you might get hurt; **Si fece m. a un piede nel cadere**, he hurt his foot when he fell; **Ti sei fatto m.?**, did you hurt yourself?; are you hurt? □ **mandare a m.**, to spoil □ **meno m.**, (*per fortuna*) it's just as well, it's a good thing (*o* job); (*almeno*) at least; (*grazie a Dio*) thank God □ **mettere m.**, to sow discord; to make mischief □ **una vista che fa m. (al cuore)**, a painful (*o* distressing) sight □ **Non c'è m.!**, not (so) bad!; pretty good!; fine! □ **«Come stai?» «Non c'è m., grazie»**, «how are you?» «fine, thanks» □ **Per minor m., tacqui**, not to make things worse, I didn't say anything □ **poco m.**, it doesn't matter; never mind □ **Le venne m. all'improvviso**, she had a sudden faint; she fainted suddenly □ **voler m. a q.**, to bear ill-will to sb.; to hate sb. □ (*prov.*) **Un m. tira l'altro**, it never rains but it pours □ (*prov.*) **A mali estremi, estremi rimedi**, desperate diseases must have desperate remedies □ (*prov.*) **Chi m. semina, m. raccoglie**, sow thin and mow (*o* shear) thin □ (*prov.*) **Chi è causa del suo mal pianga se stesso**, as you make your bed, so you must lie on it □ (*prov.*) **M. non fare e paura non avere**, do well and have well □ (*prov.*) **Non tutto il m. viene per nuocere**, it's an ill wind that blows nobody any good; every cloud has a silver lining.

màle (2), *avv.* badly; not well; ill; wrong; wrongly; incorrectly: **Le cose vanno m.**, things are going badly; **Il mio orologio va m.**, my watch is wrong; **comportarsi m.**, to behave badly; **fare tutto m.**, to do everything wrong; **funzionare m.**, not to work properly; **Parla l'inglese molto m.**, he speaks English very badly; he speaks very bad English; **parlare m. dei vicini**, to speak ill of one's neighbours; **passarsela m.**, to be in a bad way; **pronunziare m.**, to pronounce incorrectly; to mispronounce; **rispondere m.**, (*sbagliare*) to answer incorrectly; to give a wrong answer; (*essere villano*) to give a rude answer, to answer back (*fam.*); **riuscire m.**, to turn out badly; **scrivere m.**, to write badly; **stare m.**, (*essere malato*) to be ill, to be unwell, to feel ill (*o* unwell); (*essere cosa malfatta*) not to be well done; (*non adattarsi*) not to suit (sb., st.), not to look well (on sb.); (*non accordarsi*) not to go well (with st.): **Il bambino sta molto m.**, the child is very ill; **Quel cappello ti sta m.**, that hat does not suit you; **Il viola sta m. col rosso**, purple does not go (well) with red; **trattare m. q.**, to treat sb. badly (*o* unkindly, unjustly). ● **M.!**, that's bad! □ **abituarsi m.**, to get into a bad habit □ **Dici m.!**, you are wrong! □ **camminare m.** (*zoppicare*), to walk with a limp □ **capire m.**, to misunderstand; to get st. wrong: **Hai capito m.**, you did not understand; you've misunderstood □ **finire m.**, (*avere un cattivo esito*) to turn out badly; (*fare una brutta fine*) to come to no good; (*morire male*) to die a bad death □ **mettersi m.**, to take a turn for the worse □ **né bene, né m.**, so so □ **Non sarebbe m. se...**, it wouldn't hurt if... □ **pensare m. di q.**, to suspect sb.'s motives □ **per mal che vada**, at worst □ **rimanere** (*o* **restarci**) **m.**, (*deluso, dispiaciuto*) to be disappointed, to feel let down; (*offeso*) to be hurt, to be upset, to take it amiss □ **stare m. a quattrini**, to be badly off; to be short of money □ **Di qui vedo m.**, I cannot see from here □ **Mio padre vede m. che io lo sposi**, my father does not approve of my marrying him □ (*prov.*) **Chi tardi arriva m. alloggia**, first come, first served.

maleavviàto, *a.* ***1*** got off to a bad start ***2*** (*fig.*: *sviato*) mislead; led astray.

maledettaménte, *avv.* awfully; dreadfully; terribly; damn: **stare m. male**, to be awfully ill; **essere m. stanco**, to be terribly tired; to be worn out; **Fa m. caldo**, it's damn hot. ● **piovere m.**, to rain in torrents; to pour with rain □ **studiare m.**, to study very hard; to swot (*fam.*).

maledettiṣmo, *m.* (*letter.*) defiance of social conventions.

maledétto, A *a.* ***1*** cursed; damned: **Caino, m. da Dio**, Cain, cursed by God; **Questo luogo è m.**, this spot is cursed ***2*** (*orribile*) horrible; abominable; awful: **Che tempo m.!**, what horrible weather we are having!; **fare un chiasso m.**, to make an awful noise ***3*** (*fig.*: *insopportabile*) damned; blasted: **una maledetta seccatura**, a blasted nuisance; **Quel m. idraulico non s'è visto**, the damned plumber hasn't turned up ***4*** (*nelle imprecazioni*) – **M.!**, damn him!; damn it!; **M. quel giorno!**, damn (*o* curse) the day!; (*lett.*) **Che tu sia m.!**, may your soul be damned! ● **avere una fame maledetta**, to be starving □ **avere una paura maledetta**, to be scared stiff □ (*letter.*) **i poeti maledetti**, the poètes maudits (*franc.*). **B** *m.* (*f.* **-a**) damned soul; (*pl.*) (*collett.*) (the) damned.

malèdico, *a.* (*lett.*) slanderous.

maledire, *v. t.* to curse; to execrate: **Dio maledì il serpente**, God cursed the serpent; **m. il giorno in cui si è nati**, to curse the day when one was born; **m. il proprio destino**, to curse one's fate; **m. il tiranno**, to curse (*o* to execrate) the tyrant; **Che Dio mi maledica se ci vado!**, I'll be damned if I go.

maledizióne, *f.* ***1*** curse; malediction: **la m. di Dio**, God's curse; (*anche fig.*) **avere la m. addosso**, to be under a curse; **La m. pesa su questa casa**, there is a curse on this house ***2*** (*imprecazione*) curse; oath ***3*** (*fig.*: *rovina*) curse; disaster; calamity; ruin. ● **M.!**, damn (it)!; curse it!; blast (it)! □ **per sua m.**, unfortunately for him.

maleducataménte, avv. rudely; impolitely.

maleducàto, A a. rude; rough; impolite; ill-bred; ill-mannered: **una risposta maleducata**, a rude reply; **un ragazzo m.**, an ill-bred boy; **modi maleducati**, rough manners. **B** m. (f. **-a**) ill-bred (*o* ill-mannered) person.

maleducazióne, f. rudeness; bad manners (*pl.*); ill-breeding.

malefàtta, f. (*specialm. al pl.*) wrongdoing; (*marachella*) (piece of) mischief: **rimediare alle malefatte di q.**, to remedy sb.'s wrongdoings.

maleficio, m. (evil) spell; curse; work of witchcraft: **lanciare un m. su q.**, to cast a spell on sb.; **accusare q. di operare malefici**, to accuse sb. of witchcraft.

malèfico, a. ***1*** evil; malign; baleful: **stelle malefiche**, evil stars; **influsso m.**, baleful (*o* evil) influence ***2*** (*dannoso*) harmful; bad.

malefìzio, V. **maleficio**.

maleodorànte, a. evil-smelling; stinking.

maleolènte, a. (*lett.*) malodorous; evil-smelling.

malèrba, f. weed. ● **La m. cresce presto**, ill weeds grow apace.

malése, a., m. e f. Malay; Malayan (*f.* Malay *o* Malayan woman*).

Malèsia, f. (*geogr.*) Malaysia.

malèssere, m. ***1*** (*indisposizione*) slight illness; indisposition; ailment; malaise ***2*** (*inquietudine*) uneasiness; disquiet; malaise: **i malesseri della società moderna**, the malaise of modern society. ● **avere un m. generale**, to feel unwell; to be out of sorts □ **provare un senso di m.**, (*non sentirsi bene*) to feel unwell; (*avere nausea*) to feel queasy (*o* sick); (*essere a disagio*) to feel uneasy.

malèstro, m. mischief: **Non dovete fare malestri**, you must keep out of mischief; **Hanno combinato qualche m.**, they have been up to some mischief.

malevolènza, f. malevolence; malice; ill-will; spite: **Lo disse per m.**, he said so out of spite; **senza m.**, without malice.

malèvolo, A a. malevolent; malicious; spiteful: **un'osservazione malevola**, a spiteful (*o* malicious) remark; **chiacchiere malevole**, spiteful gossip; **con intenzione malevola**, with malicious intention. **B** m. (f. **-a**) malicious person; gossip; (*pl.*) (*collett.*) evil tongues.

malfamàto, a. disreputable; ill-famed; with a bad reputation; infamous; of bad (*o* ill) repute: **un locale m.**, a place with a bad reputation; **quartiere m.**, disreputable district.

malfàre, v. i. (*lett.*) to do* evil; to do* wrong. ● **uomini usi a m.**, evil-doers.

malfàtto, A a. ill-done; ill-made; (*deforme*) misshapen, deformed; (*sproporzionato*) ill-proportioned; (*sgraziato*) ungainly. **B** m. wrong; misdeed: **riparare il m.**, to remedy a wrong.

malfattóre, m. (f. **-trice**) malefactor (*f.* malefactress); evil-doer; wrong-doer; (*farabutto*) scoundrel (*m.*); (*criminale*) criminal: **una banda di malfattori**, a gang of criminals; **Ha ucciso per difesa: non è un m.**, he killed in self-defence, he is no criminal.

malférmo, a. unsteady; shaky; wobbly; (*debole*) feeble, weak: **passo m.**, unsteady steps; **m. sulle gambe**, shaky on one's legs; **una salute malferma**, a weak constitution; **propositi malfermi**, unsteady purposes.

malfidàto, a. distrustful; mistrustful.

malfido, a. unreliable; untrustworthy: **un amico m.**, an unreliable (*o* untrustworthy) friend.

malfondàto, a. ill-founded; ill-grounded: (*fig.*) **speranza malfondata**, ill-founded hope.

malformàto, a. ill-formed; misshapen.

malformazióne, f. anomalous formation; (*med.*) malformation, deformity. ● **avere una m. a una gamba**, to have a malformed leg.

màlga, f. shepherd's hut (on the Alps).

malgàrbo, m. rudeness; bad grace; discourtesy: **con m.**, with (a) bad grace; rudely.

malgàscio, a. e m. (f. **-a**) (*geogr.*) Malagasy.

malgiudicàre, v. t. to misjudge; to form a wrong opinion of.

malgovèrno, m. misgovernment; maladministration; misconduct; mismanagement.

malgràdo, A prep. ***1*** (*nonostante*) in spite of; despite; notwithstanding: **m. le nostre proteste**, in spite of (*o* despite) our protests; **m. le molte difficoltà**, notwithstanding (*o* despite) the many difficulties; **m. tutto**, in spite of everything ***2*** – **mio [nostro, ecc.] m.**, against my [our, etc.] will. **B** cong. although; though: **m. sia tardi**, although it is late.

malguardàto, a. unguarded; ill-protected.

malìa, f. ***1*** (*incantesimo*) spell, incantation, enchantment; (*stregoneria*) witchcraft, sorcery ***2*** (*fig.*: *fascino*) charm; fascination.

maliàrda, f. ***1*** sorceress; enchantress; witch ***2*** (*fig.*) charmer; vamp (*fam.*).

maliàrdo, a. bewitching; enchanting; ravishing: **un sorriso m.**, a bewitching smile.

malignàre, v. i. to malign (sb., st.); to vilify (sb., st.); to speak* ill of; to bad-mouth (sb., st.) (*USA*): **m. su tutti**, to speak ill of everybody.

malignità, f. ***1*** (*perfidia*) malice; malignity: **m. diabolica**, diabolic malignity; **pieno di m.**, full of malice ***2*** (*malevolenza*) malice; ill-will; bitchiness (*fam.*): **per m.**, out of malice; **Nelle mie parole non c'era m.**, there was no ill-will in my words ***3*** (*atto maligno*) nasty thing; (*parole maligne*) malicious remark, nasty (*fam.*: bitchy) thing: **È stata una vera m., la sua**, that was a nasty thing to do [to say]; **dire m.**, to say nasty things; to make malicious remarks ***4*** (*di malattia*) malignancy. ● **con m.**, maliciously.

malìgno, A a. ***1*** (*perfido*) evil; wicked; malign; malignant: **pensieri maligni**, evil thoughts; **un potere m.**, a malignant power; **influsso m.**, malign (*o* evil) influence; **spirito m.**, evil (*o* malign) spirit; demon ***2*** (*malevolo*) malicious, spiteful, malevolent, bitchy (*fam.*); (*generalm. di donna*) catty (*fam.*): **commenti maligni**, malicious remarks; **allusione maligna**, malicious (*o* spiteful, catty) allusion; **essere d'animo m.**, to be spiteful; **occhiate maligne**, malevolent glances ***3*** (*di malattia*) malignant: **un tumore m.**, a malignant tumour; **febbre maligna**, malignant fever ***4*** (*di clima*) inclement. **B** m. (f. **-a**) ***1*** malicious person; spiteful person; (*generalm. di donna*) bitch (*fam.*) ***2*** – **il M.**, the Evil One; the Devil.

malinconìa, f. ***1*** melancholy; gloom; gloominess; (*abbattimento*) dejection; (*tristezza*) sadness; (*dolce m.*) wistfulness: **scacciare la m.**, to chase one's gloom away; **la m. di un paesaggio**, the sadness of a landscape; **la m. di una musica**, the wistfulness of a tune; **Quel ricordo mi riempì di m.**, that memory filled me with melancholy ***2*** (*psic.*) melancholia. ● **far venire la m.**, to make (sb.) melancholy □ **Bando alle malinconie!**, let's leave these gloomy thoughts!; (*detto a q.*) cheer up! □ **Che m. questa pioggia!**, how depressing this rain is!

malincònico, a. melancholy; melancholic; gloomy; (*abbattuto*) dejected; (*triste*) sad, pensive; (*dolcemente m.*) wistful: **umore m.**, melancholy mood; **un temperamento m.**, a melancholic temperament; **un sorriso m.**, a melancholy (*o* sad, wistful) smile; **una poesia malinconica**, a pensive poem; **una canzone malinconica**, a sad song; **tempo m.**, gloomy (*o* depressing) weather.

malinconióso, a. (*lett.*) V. **malinconico**.

malincuòre, m. – **a m.**, reluctantly; against one's will; unwillingly.

malinformàto, a. misinformed.

malintenzionàto, A a. ill-intentioned. **B** m. (f. **-a**) suspicious-looking person; suspicious character.

malintéso, A a. misunderstood; misinterpreted; mistaken. **B** m. misunderstanding: **chiarire un m.**, to clear up a misunderstanding; **far nascere malintesi**, to cause misunderstandings; **a scanso di malintesi**, to avoid misunderstandings.

malióso, a. (*lett.*) bewitching; enchanting; alluring; ravishing: **sorrisi maliosi**, bewitching smiles.

malìzia, f. ***1*** (*malvagità, cattiveria*) malice; malevolence; evil intent: **Dove non è m., non è peccato**, no malice, no sin ***2*** (*contrario di «innocenza»*) knowingness; slyness; naughtiness ***3*** (*voglia di prendere in giro*) mischievousness; mischief: **occhi pieni di m.**, eyes full of mischief ***4*** (*astuzia*) cunning; artfulness ***5*** (*inganno astuto*) guile, ruse; (*espediente*) trick; cunning device. ● **privo di m.**, innocent; artless.

maliziosità, f. mischievousness, artfulness; slyness.

malizióso, a. ***1*** mischievous; arch; naughty: **occhi maliziosi**, mischievous eyes; **uno sguardo m.**, a mischievous (*o* arch) look; **un pensiero m.**, a naughty thought ***2*** (*astuto*) artful; cunning; sly: **una domanda maliziosa**, an artful question.

malleàbile, a. ***1*** (*metall.*) malleable ***2*** (*fig.*) pliable; malleable; yielding: **un carattere m.**, a yielding disposition; **Furono scelti giurati malleabili**, a pliable jury was chosen.

malleabilità, f. ***1*** (*metall.*) malleability; malleableness ***2*** (*fig.*) pliability; malleability; yieldingness.

malleolàre, a. (*anat.*) malleolar.

mallèolo, m. (*anat.*) malleolus*: **m. esterno [interno]**, external [internal] malleolus.

mallevadóre, m. (f. **-drice**) surety; sponsor; guarantor: **offrirsi m.**, to offer oneself as surety; **rendersi m. di q.**, to stand surety for sb.

mallevadorìa, malleverìa, f. security; surety; guarantee: **dare m.**, to give security; to go bail; **prendere per m.**, to take as security.

màllo, m. (*bot.*) hull.

Mallòfagi, m. pl. (*zool.*, *Mallophaga*) Mallophaga.

mallòfago, m. (*zool.*) mallophagan.

mallòppo, m. ***1*** (*fagotto*) bundle ***2*** (*fig.*: *peso*) load; (*preoccupazione*) worry ***3*** (*pop.*: *refurtiva*) booty; loot; boodle (*pop.*); swag (*pop.*) ***4*** (*aeron.*) trail rope.

malmaritàta, f. unhappily married woman*.

malmenàre, v. t. ***1*** (*picchiare*) to beat*, to beat* up, to rough up (*fam.*); (*strapazzare*) to manhandle, to knock about (*fam.*) ***2*** (*fig.*: *bistrattare*) to ill-treat. ● (*fig.*) **m. una lingua**, to murder a language □ (*fig.*) **m. il violino**, to play the violin atrociously.

malmésso, a. ***1*** (*vestito poveramente*) poorly dressed; (*vestito male*) ill-dressed, shabbily dressed; (*trasandato*) shabby ***2*** (*male arredato*) ill-furnished ***3*** (*fig.*: *in difficoltà*) badly-off, in a fix (*fam.*); (*senza soldi*) hard up.

malmignàtta, f. (*zool.*, *Latrodectes tredecimguttatus*) malmignatte.

malmostóso, a. (*region.*) intractable; sulky; surly.

malnàto, a. (*fig.*) ***1*** (*villano*) uncouth; unmannerly ***2*** (*cattivo*) evil; wicked ***3*** (*sciagurato*) wretched.

malnòto, a. little (*o* poorly) known.

malnutrìto, a. undernourished; ill-fed.

malnutrizióne, f. malnutrition; undernourishment.

màlo, a. (*lett.*) bad, ill, evil; (*malvagio*) wicked: **una mala azione**, a wicked action; **mala sorte**, ill luck; **con mala grazia**, with (a) bad grace; **una mala lingua**, an evil tongue; **fare una mala morte**, to die a miserable death; **mala parola**, bitter word.

malòcchio, m. evil eye; jinx; hex (*USA*): **gettare il m. su q.**, to cast an evil eye on sb.; to put a jinx on sb.; to hex sb. ● **guardare di m.**, to look askance at; to turn one's nose up at (*fam.*).

malonàto, m. (*chim.*) malonate.

malònico, a. – (*chim.*) **acido m.**, malonic acid.

malóra, f. ruin: **andare in m.** (*in rovina*), to go to the dogs; (*di edificio*) to go to rack and ruin; **mandare in m.**, to ruin; to wreck. ● **Alla m. tutto quanto!**, damn it all!; devil take everything! □ **della m.**, damned: **Spegni quella radio della m.!**, turn off the damned radio!; **Fa un gelo della m.**, it's damned cold □ **Va' in m.!**, go to hell! □ **Che vadano in m.!**, damn them!; to hell with them!

malóre, m. sudden indisposition; illness; (*svenimento*) fainting fit. ● **essere colto da improvviso m.**, to be suddenly taken ill; to faint.

malpagàto, a. badly paid.

malpartito, V. **mal partito**, *sotto* **partito**.

malpélo, a. – **rosso m.**, redhead; carrot-top.

malpensànte, a. *1* (*che ha idee non convenzionali*) wrong-minded *2* (*che pensa male degli altri*) ill-thinking; nasty-minded.

malpensàto, a. ill-conceived; badly thought out: **progetto m.**, ill-conceived project.

malpighiàno, a. (*anat.*) Malpighian.

malpìglio, m. (*lett.*) frowning look; resentment; disdain.

malpreparàto, a. unprepared; badly prepared.

malprocèdere, m. underhand ways (*pl.*).

malridótto, a. in a poor condition; in a bad state; battered; the worse for wear (*fam.*); (*di salute*) in a bad state, run down: **libro m.**, battered book; **scarpe malridotte**, worn-out shoes; **Questa cappotto è alquanto m.** this coat is rather the worse for wear. ● **finanziariamente m.**, hard up.

malriuscito, a. *1* unsuccessful *2* (*eseguito male*) badly done; botched.

malsàno, a. *1* unhealthy; (*insalubre*) insalubrious; (*di cibo*) unwholesome: **abitudini malsane**, unhealthy habits; **un luogo m.**, an insalubrious place *2* (*fig.*) unsound, unwholesome; (*morboso*) morbid, sick: **consigli malsani**, unsound advice; **idee malsane**, unsound ideas.

malsicùro, a. *1* (*non solido, instabile*) unsteady, shaky; (*poco sicuro*) unsafe: **una scala malsicura**, an unsteady ladder; **un pavimento m.**, an unsafe floor *2* (*pericoloso*) dangerous; unsafe; risky: **luoghi malsicuri**, unsafe places *3* (*incerto*) uncertain; dubious: **tempo m.**, uncertain weather; **testimonianze malsicure**, dubious evidence.

malsoddisfàtto, a. dissatisfied (with).

malsofferènte, a. (*lett.*) intolerant.

mälström, m. invar. maelstrom.

màlta, f. (*edil.*) mortar. ● **m. di cemento**, grout □ **m. liquida**, larry.

maltàggio, m. (*ind.*) malting.

maltàṣi, f. (*biol.*) maltase.

maltatóre, m. (f. **-trice**) (*ind.*) malter.

maltèmpo, m. bad weather; weather: **Abbiamo trovato m. per strada**, we ran into a patch of bad weather on the way; **i danni del m.**, the damage caused by the weather.

maltenùto, a. badly kept; (*disordinato*) in disorder, untidy, messy.

malterìa, f. (*ind.*) malthouse.

maltése, a., m. e f. Maltese (*f.* Maltese woman*): **i Maltesi**, the Maltese. ● **cane m.**, Maltese (dog) □ **febbre m.**, Malta fever; brucellosis.

malthuṣianiṣmo, e *deriv. V.* **maltusianismo**, e *deriv.*

màlti, m. (*lingua*) Maltese.

maltina, f. (*biol.*) maltin.

màlto, m. malt. ● **caffè m.**, barley coffee.

maltolleràbile, a. intolerable; insufferable.

maltollerànte, a. intolerant; impatient.

maltòlto, **A** a. ill-gotten; stolen. **B** m. ill-gotten gains (*pl.*); stolen things (*pl.*); (*bottino*) loot: **restituire il m.**, to give back the loot.

maltòṣio, m. (*chim.*) maltose.

maltrattaménto, m. maltreatment; ill-treatment; misusage; abuse; cruelty: **sopportare ogni m.**, to endure all abuse; **subire i maltrattamenti di q.**, to suffer abuse at the hands of sb.; to be maltreated by sb.; **m. di minore**, child abuse

maltrattàre, v. t. *1* to maltreat; to ill-treat; to treat cruelly (*o* unkindly); to ill-use; to abuse: **m. un bambino**, to maltreat (*o* to abuse) a child; **m. i prigionieri**, to ill-treat prisoners; **Suo marito la maltratta**, her husband maltreats her; **m. la propria salute**, to abuse one's health; **Non posso veder m. le bestie**, I cannot stand seeing animals treated cruelly *2* (*un oggetto*) to mistreat; to handle roughly; to knock about (*fam.*). ● (*fig.*) **m. un autore**, to misinterpret an author □ (*fig.*) **m. una lingua**, to murder a language.

maltuṣianiṣmo, m. (*econ.*) Malthusianism.

maltuṣiàno, a. e m. (f. **-a**) (*econ.*) Malthusian.

malùccio, avv. not very (*o* too) well: **Sta m. di salute**, he is not feeling very well; **Gli affari vanno m.**, business is not doing very well (*o* is rather slack).

malumóre, m. *1* bad mood; bad (*o* ill) humour; bad temper: **essere di m.**, to be in a bad mood (*o* humour); **mettere q. di m.**, to put (*o* to throw) sb. into a bad mood; **in un momento di m.**, in a fit of bad temper *2* (*rancore*) bitterness; (*dissapore*) bad feeling, friction: **Tra loro c'è stato del m.**, there has been some frictions between them *3* (*malcontento*) discontent; resentment; unrest. ● **sfogare il proprio m. su q.**, to take it out on sb.

màlva, f. (*bot.*, *Malva sylvestris*) mallow. ● **colore m.**, mauve.

malvàceo, a. (*bot.*) malvaceous.

malvàgio, **A** a. wicked; evil; bad; iniquitous: **azioni malvagie**, wicked (*o* evil) deeds; **intenzione malvagia**, evil intent; **gioia malvagia**, wicked joy; **Non è un'idea malvagia!**, that's not a bad idea! **B** m. (f. **-a**) wicked person; (*pl.*) (*collett.*) (the) wicked. ● **il M.**, the Wicked One; Satan.

malvagità, f. *1* wickedness; evilness; iniquity: **la m. di Nerone**, Nero's wickedness; **la m. della sorte**, the iniquity of fortune *2* (*azione malvagia*) wicked (*o* evil) deed: **commettere una m.**, to commit a wicked deed.

malvaṣia, f. *1* (*uva*) malvasia *2* (*vino*) malmsey.

malvavischio, m. (*bot.*, *Althaea officinalis*) marsh mallow.

malversàre, v. t (*leg.*) to embezzle; to misappropriate.

malversatóre, m. (f. **-trice**) (*leg.*) embezzler.

malversazióne, f. (*leg.*) embezzlement; misappropriation.

malvestito, a. *1* (*vestito poveramente*) poorly dressed; shabbily dressed; shabby *2* (*vestito senza gusto*) badly dressed.

malvézzo, m. (bad) habit: **Ha il m. di leccarsi le labbra**, he has a habit of licking his lips.

malvissùto, a. dissolute; profligate.

malvisto, a. disliked; unpopular: **essere m. dai colleghi**, to be unpopular with (*o* disliked by) one's colleagues.

malvivènte, m. e f. (*delinquente*) criminal; delinquent; crook (*fam.*).

malvivènza, f. crime; (*malviventi*) criminals (*pl.*), delinquents (*pl.*): **La m. è in aumento**, crime is on the increase.

malvìzzo, m. (*zool.*, *Turdus musicus*) red-winged thrush; redwing.

malvolentièri, avv. against one's will; unwillingly; (*con riluttanza*) reluctantly, grudgingly. ● **Parto m.**, I'm not happy (*o* I'm reluctant) to leave; I don't like the idea of leaving □ **Studia m.**, he is not too keen on studying.

malvolére (1), v. t. to dislike. ● **essere malvoluto da tutti**, to be unpopular with everybody □ **prendere q. a m.**, to take a dislike to sb.

malvolére (2), m. *1* ill-will; animosity; malevolence *2* (*malavoglia*) unwillingness.

malvóne, m. (*bot.*, *Althaea rosea*) hollyhock.

màmba, m. (*zool.*, *Dendraspis*) mamba.

màmbo, m. invar. (*mus.*, *ballo*) mambo*: **ballare il m.**, to dance the mambo; to mambo.

mamertino, a. Mamertine: **il Carcere M.**, the Mamertine Prison.

màmma, f. mother; mum (*fam. GB*), mom (*fam. USA*); ma (*fam.*); mummy (*infant. GB*); mommy (*infant. USA*); momma (*infant. USA*): **Dov'è la tua m.?**, where is your mother?; **Lo dirò alla m.**, I'll tell mum; **Voglio la m.!**, I want mummy!; **È sempre attaccato alle gonnelle della m.**, he is tied to his mother's apron-strings; **cocco di m.**, mother's darling; mummy's darling. ● **M. mia!**, dear me!; goodness gracious! □ **la Festa della m.**, Mother's Day □ **nudo come m. l'ha fatto**, stark naked; in his birthday suit.

mammalogìa, f. mammalogy.

mammalògico, a. mammalogical.

mammàlogo, m. (f. **-a**) mammalogist.

mammalùcco, m. *1* (*stor.*) Mameluke *2* (f. **-a**) (*fam.*) fool; idiot.

mammàna, f. (*region.*) *1* (*levatrice*) midwife*; (*procuratrice di aborti clandestini*) backstreet abortionist *2* (*mezzana*) procuress.

mammàrio, a. (*anat.*) mammary: **ghiandola m.**, mammary gland.

mammasantìssima, m. invar. (*region. pop.*) big Mafia boss.

mammèlla, f. *1* breast; (*anat.*) mamma*; (*di femmina d'animale*) udder *2* (*altura tondeggiante*) knoll.

mammellonàre, a. (*geol.*) mam(m)illary.

mammellonàto, a. (*geol.*) mam(m)illated.

mammellóne, m. (*geol.*) mamelon; knoll.

Mammìferi, m. pl. (*zool.*, *Mammalia*) Mammalia.

mammìfero, (*zool.*) **A** a. mammalian. **B** m. mammal.

mammillàre, a. *1* (*della mammella*) mammary *2* (*a forma di mammella*) mam(m)illary: (*anat.*) **corpo m.**, mamillary body.

mammiṣmo, m. *1* (*di un figlio*) excessive dependence on one's mother; momism (*USA*) *2* (*di una madre*) doting maternal love.

mammista, m. e f. son doting on his mother (*m.*); mother's boy (*m.*); daughter doting on her mother (*f.*).

mammografìa, f. (*med.*) *1* (*esame*) mammography *2* (*lastra*) mammogram; mammograph.

mammogràfico, a. (*med.*) mammographic.

màmmola, f. *1* (*bot.*, *Viola odorata*) violet *2* (*fig.*) bashful person.

mammóna, m. (*Bibbia* e *fig.*) Mammon.

mammóne (1), m. – (*pop.*) **gatto m.**, bogy, bogey.

mammóne (2), m. (*fam.*) child tied to its mother's apron-strings; mummy's boy (*m.*).

mammùt, m. (*zool.*, *Elephas primigenius*) mammoth.

màna, m. invar. (*etnol.*) mana.

manachino, m. (*zool.*) manakin.

manager (*ingl.*), m. e f. invar. manager.

manageriàle, a. managerial.

managerialità, f. managerial ability.

manaiuòla, f. (*piccola scure*) hatchet.

manàle, m. leather mitten.

manàta, f. *1* *V.* **manciata** *2* (*colpo con la mano*) slap. ● **dare una m. a q.**, to slap sb.

manàto, m. (*zool.*, *Trichechus manatus*) manatee, manati.

mànca, f. *1* (*mano sinistra*) left hand *2* (*parte sinistra*) left-hand side; left side; left: **voltare a m.**, to turn to the left; to turn left; **a dritta e a m.**, left and right; on all sides.

mancaménto, m. *1* (*svenimento*) faint; fainting fit; (momentary) blackout; swoon: **avere un m.**, to faint; to have a blackout; to pass out briefly (*fam.*); to fall off in a swoon *2* (*difetto*) failing, defect, flaw; (*colpa*) fault.

mancànte, **A** a. *1* (*sprovvisto*) lacking (in), wanting (in), in need (of), (*a corto di*) short (of): **m. di coraggio**, lacking in courage; **m. di denaro**, in need of money; short of money **2** (*incompleto, mutilo*) defective **3** (*che non si trova più*) missing; (*assente*) absent, unaccounted for: **Alcuni libri sono mancanti**, some books are missing; **Si ritrovò il foglio m.**, the missing page was found again; **Quanti alunni sono mancanti?**, how many pupils are absent?; **m. all'appello**, unaccounted for. **B** *m.* e *f.* (*chi è assente*) absent person; (*chi non si trova*) missing person.

mancànza, *f.* **1** (*scarsità*) lack, want; (*deficienza*) shortage, deficiency: **m. di affetto**, lack of affection; **m. di fantasia**, lack of imagination; **m. di fiducia**, lack of confidence; **m. di denaro**, want (*o* lack) of money; **m. di buon senso**, want of common sense; **m. di prudenza**, want of prudence; imprudence; **m. di tempo**, lack of time; **m. d'acqua**, lack (*o* shortage) of water; **m. di personale**, shortage of staff; **m. di alloggi**, housing shortage; **C'è m. di spazio**, there isn't enough room **2** (*assenza*) absence: **durante la sua m.**, during his absence; **In m. del direttore, la responsabilità è mia**, I am responsible, in the absence of the manager **3** (*fallo*) fault, mistake; (*piccolo*) slip: **commettere una m.**, to make a mistake; to commit a fault; to make a slip; to slip up **4** (*difetto*) defect, failing, shortcoming; (*imperfezione*) imperfection: **Con tutte le sue mancanze, lo amo ugualmente**, I love him with all (*o* in spite of) his defects. ● (*comm.*) **m. di copertura**, absence of consideration; insufficient cover □ **m. d'educazione**, bad manners; ill-breeding □ **m. di prove**, lack of evidence □ **m. di tatto**, tactlessness □ **m. di testimoni**, absence of witnesses □ **in m. d'altro**, failing all else □ **in m. di meglio**, since there is nothing better □ **sentire la m. di q.**, to miss sb. □ **Il bambino sente la m. di una figura paterna**, the child suffers from the lack of a father-figure.

mancàre, A *v. i.* **1** (*non avere a sufficienza*) to want (st.), to lack (st.), to be wanting in, to be lacking in, to be in want of, to be in need of; (*essere sprovvisto*) to be short of, to need (st.): **m. di buon senso**, to lack common sense; **m. di coraggio**, to be lacking in courage; **m. di denaro**, to be short of money; **m. di saggezza**, to lack wisdom; **Gli mancavano le parole per esprimere la sua gratitudine**, he lacked words with which to express his thanks; **Mi manca un buon dizionario**, I want (*o* I need) a good dictionary; **Il tempo [Il denaro] non gli manca**, he is not short of time [money]; **Non gli manca l'umorismo**, he is not short of a sense of humour **2** (*essere irreperibile*) to be missing; (*essere assente*) to be absent; (*essere lontano*) to be away: **Mancano due coltelli**, two knives are missing; **Mancano due pagine da questo libro**, two pages are missing from this book; **Mi mancano due denti**, I have two teeth missing; **Gli mancavano due dita alla mano destra**, his right hand had two fingers missing; **Mancavano alcuni alunni**, some pupils were absent; **Manco dall'Italia da tre mesi**, I have been away from Italy three months; **Mancavo da casa da una settimana**, I had been away from home for a week **3** (*non esserci*) – **Manca il pane in tavola**, there is no bread on the table; **Mancano notizie**, there is no news; **Mancano le prove**, there is no evidence; **Manca la firma**, there is no signature **4** (*per completare q.c.*) to be wanting, to be needed (*o* required), to take* (*costr. impers.*), to need (*costr. pers.*); (*rif. a una piccola quantità*) to be... short (*costr. pers.*): **Mancavano ancora tre sterline**, three pounds were still wanting; we were still three pounds short; **Mancavano altri cinque operai**, five more workmen were needed (*o* required); **Manca un giocatore alla squadra**, the team is one short; **Mancano solo gli ultimi tocchi**, it only needs a few finishing touches; **Ti manca molto per finire il lavoro?**, will it take you long to finish your work? **5** (*per indicare l'ora*) to be... to: **Manca un quarto alle sette**, it is a quarter to seven (*USA, anche*: of seven); **Mancano dieci [sette] minuti alle otto**, it is ten [seven minutes] to eight; **Manca poco alle undici**, it's nearly eleven o'clock **6** (*agire male*) to do* wrong; (*sbagliare*) to be wrong, to be mistaken: **Hai mancato a non dirglielo**, it was wrong of you not to tell him; **Ho mancato nei tuoi confronti**, I have wronged you; **Tutti possiamo mancare**, we may all make mistakes **7** (*omettere, trascurare*) to omit; to fail: **Non mancare d'avvertirlo**, don't fail to let him know; **Non mancherò di scriverti appena arriverò**, I shall not fail to write to you as soon as I arrive **8** (*venire meno*) to fail: **Gli mancarono le forze**, his strength failed him; **Gli mancarono le parole**, words failed him; **m. al proprio dovere**, not to do one's duty; to fail in the fulfilment of one's duty (*form.*) **9** (*morire*) to die; to pass away: **Mancò il sette aprile**, he died on the 7th of April. ● **m. ai vivi**, to pass away; to depart from this life; to die □ **m. di mezzi**, to lack means; to be hard up □ **m. di parola**, to break one's word □ **m. di rispetto a q.**, to be rude to sb. □ **Poco mancò ch'egli svenisse**, he nearly fainted □ **Ci mancò poco che non lo schiaffeggiassi**, I nearly slapped him □ **Se non è un milione, poco ci manca**, if it isn't a million, it's not far off it □ (*fig.*) **Che cosa gli manca?**, what's the matter with him? □ **Mi mancano i miei amici**, I miss my friends □ **È mancata la luce**, the light's gone; (*l'elettricità*) the power's gone □ **Mi mancò il piede e caddi**, I lost my footing (*o* I slipped) and fell □ (*fam.*) **Gli manca una rotella** (*o* **un venerdì**), he's got a screw loose □ **Quanto manca alla (nostra) partenza?**, how long is it (*o* will it be) before we leave? □ **Mancano tre settimane al Natale**, there are still three weeks (to go) before Christmas □ **non far m. nulla a q.**, to make sure that sb. lacks for nothing □ **non farsi m. nulla**, to want for nothing □ **non m. di niente**, to have plenty of everything □ **(Non) ci mancherebbe altro!**, that's all we need!; that would just crown it! □ **Non ci mancava che questo!**, that crowns it all!; that's all we needed!; what next? □ **Il film non mancherà di avere successo**, the film is bound to be a success □ **Questa poesia non manca di fascino**, this poem has a certain charm □ **A chi vuole non mancano i modi**, where there's a will, there's a way (*prov.*) □ **A quella scoperta mi sentii m.**, my heart sank at that discovery □ **sentirsi m. il terreno sotto i piedi**, to feel the ground sliding from under one □ **Ci vennero a m.** (*o* **Ci mancarono**) **le munizioni**, we ran short of ammunition. **B** *v. t.* to miss: **m. il bersaglio**, to miss (the mark); **m. un'opportunità**, to miss a chance; **m. il colpo**, to misfire; **m. la coincidenza**, to miss the connection.

mancàto, *a.* **1** (*non centrato, perduto*) missed: **un'occasione mancata**, a missed opportunity; **un colpo m.**, a missed shot **2** (*fallito, che non si è affermato*) unsuccessful; failed: **un suicidio m.**, an unsuccessful suicide attempt; **un romanzo m.**, a failed novel **3** (*che avrebbe potuto avere successo*) manqué: **un poeta m.**, a poet manqué; **Sei proprio un attore m.!**, you should have been an actor! **4** (*non avvenuto*) non- (*pref.*): **mancata accettazione**, non-acceptance; **mancata consegna**, non-delivery; **m. intervento**, non-interference; **m. pagamento**, non-payment; **mancata partenza**, non-departure ● (*leg.*) **mancata comparizione**, default □ **m. funzionamento**, failure □ **m. ritorno**, failure to return □ **Il loro m. ritorno ha messo in allarme la famiglia**, their family started to worry when they didn't come back.

mancatóre, *m.* (*f.* **-trice**) – **m. di parola**, false person; faithless person.

mancése, A *a.* **1** (*della Manciuria*) Manchurian **2** *V.* **manciù**. **B** *m.* e *f.* **1** (*abitante della Manciuria*) Manchurian (*f.* Manchurian woman*) **2** *V.* **manciù**. **C** *m.* (*lingua*) Manchu.

mancétta, *f.* pocket money.

manche (*franc.*), *f. invar.* **1** (*sport*) round, set; (*sci*) run; (*atletica*) heat, preliminary trial **2** (*nelle carte*) hand.

manchette (*franc.*), *f. invar.* **1** (*su giornale*) boxed article; boxed advertisment **2** (*di libro*) book band.

manchévole, *a.* defective; faulty; imperfect; inadequate. ● **essere m. ai propri doveri**, to be negligent of one's duties.

manchevolézza, *f.* **1** (*l'essere manchevole*) defectiveness; faultiness; inadequacy: **le manchevolezze della legislazione**, the deficiencies of legislation **2** (*difetto*) defect; fault; imperfection; shortcoming (*generalm. al pl.*).

mància, *f.* tip; gratuity; (*ricompensa*) reward: **una lauta m.**, a generous tip; **m. di Capodanno**, New Year's gratuity; **Sono proibite le mance**, no tips (are) allowed; **m. competente**, adequate (*o* suitable) reward. ● **dare a q. mille lire di m.**, to tip sb. one thousand liras □ **Il resto m.!**, (*tienilo*) keep the change!; (*me lo tengo io*) I'll keep the change!

manciàta, *f.* (*anche fig.*) handful: **una m. di riso**, a handful of rice; **a manciate**, by the handful; in handfuls.

mancìna, *f.* (*mano sinistra*) left hand; (*parte sinistra*) left side, left: **scrivere con la m.**, to write with the left hand; **a m.**, on the left; to the left; **girare a m.**, to turn left; **un colpo dato con la m.**, a left-hand blow.

mancinèlla, *f.* (*bot., Hippomane mancinella*) manchineel.

mancinìsmo, *m.* left-handedness.

mancìno, A *a.* **1** (*che usa la mano sinistra*) left-handed: **essere m.**, to be left-handed; **un tennista m.**, a left-handed tennis player **2** (*di sinistra*) left: **il lato m.**, the left side **3** (*fig.*) underhand; unfair; treacherous; dirty: **un colpo m.**, a treacherous blow; **un tiro m.**, a dirty trick. ● **pugile m.**, southpaw. **B** *m.* (*f.* **-a**) left-handed person; left-hander; lefty (*USA*); southpaw (*fam.*).

manciù, *a.*, *m.* e *f.* Manchu (*f.* Manchu woman*).

Manciùria, *f.* (*geogr.*) Manchuria.

manciuriàno, *V.* **mancese**.

mànco, A *a.* left: **mano manca**, left hand. **B** *avv.* (*pop.*: *nemmeno*) not even: **Non ce n'è m. uno**, there is not even one. ● **M. a dirlo**, needless to say □ **M. a parlarne!**, no question of it! □ **M. male!**, it's just as well! □ **M. per idea** (*o* **per sogno, per niente**)**!**, not in the least!; not one bit! (*fam.*).

mancorrènte, *V.* **corrimano**.

màndala, *m. invar.* (*induismo*) mandala.

mandamentàle, *a.* of the district; district (*attr.*): **carcere m.**, district prison.

mandaménto, *m.* district.

mandànte, *m.* e *f.* (*leg.*) mandant, mandator, principal; (*di reato*) principal, instigator, person behind a crime.

mandaràncio, *m.* (*bot.*) clementine; temple orange.

mandàre, *v. t.* **1** to send*; (*spedire, anche*) to forward, to dispatch; (*spedire per via mare*) to ship; (*trasmettere*) to transmit: **Ho mandato mio figlio alla posta**, I have sent my son to the post-office; **Ti mandai i libri per mezzo di mio fratello**, I sent you the books through my brother; **m. in galera**, to send to jail; **m. una lettera a mano [per posta]**, to send a letter by hand [by post]; **Manderemo la merce prima della fine del mese**, the goods will be forwarded (*o* shipped) by the end of the month **2** (*emettere*) to send* out (*o* off), to give* off, to emit; (*esalare*) to exhale; (*un grido, ecc.*) to utter: **m. calore**, to send out heat; **m. luce**, to send out light; **m. fumo**, to send out smoke; **m. un grido**, to utter a cry; to cry out; **m. un'imprecazione**, to curse; to utter a curse *3* (*gettare*) to cast*; to throw*: **m. un bacio a q.**, to throw sb. a kiss *4* (*azionare*) to drive*: **L'acqua manda la ruota del mulino**, the mill-wheel is driven by water. • **m. acqua in un canale**, to make water flow into a canal □ **m. a chiamare q.**, to send for sb.: **m. a chiamare il dottore**, to send for the doctor □ **m. a dire q.c. a q.**, to send word to sb. □ **m. ad effetto** (*o* **a compimento**), to carry out □ **m. a fondo una nave**, to sink a ship □ **m. q. a gambe levate**, to send sb. sprawling □ **m. a memoria**, to learn by heart □ **m. all'altro mondo**, to kill; to dispatch □ **m. all'aria**, to upset; to wreck; to spoil □ (*pop.*) **m. q. al diavolo** (*o* **all'inferno**), to tell sb. to go to hell (*o* to the devil); to tell sb. to get lost □ **m. a monte**, (*annullare*) to call off, to break off; (*far fallire*) to upset □ **m. a morte**, to send (*o* to put) to death □ (*anche fig.*) **m. a picco**, to scuttle □ **m. a prendere q.c.**, to send for st. □ (*fig.*) **m. q. a spasso**, to send sb. packing (*fam.*); to give sb. his marching orders (*USA*: his walking papers) (*fam.*); (*licenziarlo*) to fire sb. (*fam.*), to give sb. the sack (*fam.*), to sack sb. (*fam.*) □ (*fam.*) **m. avanti la baracca**, to keep things going; to keep the ball rolling □ **m. q. da Erode a Pilato**, to send sb. from pillar to post (*fam.*) □ (*comm.*) **m. circolari**, to send out circulars □ **m. due righe a q.**, to drop sb. a line □ **m. fuori**, to send out (*o* forth); (*cacciare*) to throw (*o* to turn) out □ **m. gemiti**, to moan □ **m. giù**, (*inghiottire*) to swallow, to gulp down, to down; (*fig.*: *credere*) to swallow; (*fig.*: *sopportare*) to swallow, to put up with: **L'olio di ricino non lo mando giù**, I can't swallow castor-oil; **Quella panzana non la mando giù**, I can't swallow that tale; **Questa è dura da m. giù**, that's hard to swallow; **È stato un boccone amaro, ma m'è toccato mandarlo giù**, I didn't like it (*o* it was a bitter pill to swallow), but I had to put up with it □ **m. in esilio**, to send into exile; to exile; to banish □ **m. in onda**, to broadcast □ **m. in pezzi**, to break to (*o* into) pieces; to smash (up); to shatter □ (*fig.*) **m. in porto**, to see through □ **m. in rovina** (*o* **a rotoli, in malora**), to ruin; to wreck □ **m. per le lunghe**, to protract; to put off □ (*di campana*) **m. rintocchi**, to toll; to chime □ **m. ruggiti**, to roar □ **m. sangue**, to bleed □ **m. un sospiro**, to sigh □ **m. via**, to send away; (*mettere alla porta*) to show (sb.) the door; (*spedire*) to send off, to dispatch □ **Ogni giorno che Dio manda sulla terra**, every day that dawns upon the earth □ **Che Dio gliela mandi buona!**, God help him! □ (*fam.*) **Non gliele mandai a dire**, I gave him a bit of my mind (*o* the rough edge of my tongue) □ **Non mi hanno ancora mandato nessuna notizia**, I have not heard from them yet □ **Pioveva come Dio la mandava**, the rain was coming down in sheets □ (*prov.*) **Chi vuole vada, e chi non vuole mandi**, if you wish a thing done, go; if not, send.

mandarina, *f.* (*zool.*) mandarin duck.

mandarinàto, *m.* (*stor. cinese*) mandarinate.

mandarinétto, *m.* (*liquore*) mandarin-flavoured liqueur; mandarin.

mandarinìsmo, *m.* *1* (*letter.*) mandarin attitudes (*pl.*) *2* oppressive bureaucracy.

mandarino (1), *m.* (*stor. cinese*) mandarin.

mandarino (2), *m.* (*bot., Citrus nobilis*; *il frutto*) tangerine (orange); mandarin(e).

mandàta, *f.* *1* (*il mandare*) sending; (*quantità che si manda in una volta*) lot; batch: **a piccole mandate**, in small lots; **a più mandate**, in several lots; **Ricevettero, in tre mandate, più di mille volumi**, they received over a thousand volumes in three lots *2* (*giro di chiave*) turn (of the key): **dare una m.**, to turn the key once (in the lock); (*chiudere a chiave*) to lock (up): **chiudere (la porta) con due mandate** (*o* **a doppia m.**), to double-lock the door *3* (*idraul.*) delivery.

mandatàrio, *m.* (*leg.*) mandatary, mandatory, mandatee; (*agente*) agent; (*procuratore*) proxy, assignee, attorney.

mandàto, *m.* *1* (*incarico*) mandate, charge, task, commission; (*istruzioni*) brief: **eseguire un m.**, to carry out a commission (*o* task); **Questo non rientra nel mio m.**, this lies outside my brief; **m. elettorale**, electoral mandate; **m. parlamentare**, Parliamentary mandate *2* (*leg.*) warrant, order, writ; (*citazione*) summons, mandate: **m. d'arresto** (*o* **di cattura**), warrant of arrest; **m. di perquisizione**, search warrant; **m. di procura**, warrant (*o* power) of attorney; **m. di comparizione**, summons; writ of subpoena *3* (*comm.*) order; warrant: **m. di riscossione**, collection order; **m. di pagamento**, order for payment; **pagare un m.**, to pay an order; **riscuotere un m.**, to collect an order *4* (*stor.*) mandate. • (*eccles.*) **m. papale**, papal mandate; rescript □ (*polit.*) **durata del m.**, term of office.

mànde, *a.* e *m.* (*lingua*) Mande.

mandèlico, *a.* – (*chim.*) **acido m.**, mandelic acid.

mandìbola, *f.* *1* (*anat.*) mandible; lower jaw *2* (*zool.*) mandible.

mandibolàre, *a.* (*anat.*) mandibular; mandibulary.

mandingo, *a. m.* e *f.* Mandingo (*f.* Mandingo woman*).

mandòla, *f.* (*mus.*) mandola; mandora.

mandolinàta, *f.* mandolin playing; mandolin music.

mandolinista, *m.* e *f.* mandolinist; mandolin player.

mandolìno, *m.* (*mus.*) mandolin(e).

màndorla, *f.* *1* almond: **mandorle amare**, bitter almonds; **mandorle sgusciate**, shelled almonds; **olio di mandorle**, almond oil; **latte di mandorle**, almond milk *2* (*seme di pesca, ecc.*) kernel *3* (*archit.*) mandorla. • **a m.**, almond-shaped; lozenge-shaped □ **occhi a m.**, almond-shaped (*o* slanting) eyes □ **con gli occhi a m.**, almond-eyed □ **pasta di mandorle**, marzipan □ **torrone di mandorle**, nougat.

mandorlàto, **A** *a.* with almonds; almond (*attr.*): **cioccolato m.**, chocolate with almonds. **B** *m.* (*cucina*) almond cake.

mandorléto, *m.* almond grove.

mandorlicoltùra, *f.* almond growing.

mandorlièro, *a.* almond-growing (*attr.*); almond (*attr.*).

màndorlo, *m.* (*bot., Amygdalus communis*) almond tree.

mandràgola, mandràgora, *f.* (*bot., Mandragora*) mandrake; mandragora (*lett.*).

màndria, *f.* *1* herd; (*in movimento*) drove: **una m. di buoi**, a herd of cattle; **una m. di cervi**, a herd of deer *2* (*fig.*) herd; gang: **una m. di ragazzotti**, a herd of youths; **una m. di farabutti**, a gang of rascals. • (*fig.*) **a mandrie**, in droves.

mandriàno, *m.* herdsman*; cowboy; cowhand; stockman* (*Austr.*).

mandrillo, *m.* *1* (*zool., Mandrillus sphinx*) mandrill *2* (*fig.*) lecher.

mandrinàggio, *m.* (*mecc.*) expanding.

mandrinàre, *v. t.* (*mecc.*) to expand: **m. l'estremità del tubo**, to expand the tube end.

mandrinatùra, *f.* (*mecc.*) expanding.

mandrino, *m.* (*mecc.*) *1* mandrel, mandril *2* (*albero porta-utensile di fresatrice, ecc.*) spindle *3* (*piatto rotante*) chuck *4* (*med.*) stylet.

mandritta, *f.* right hand: **a m.**, on the right-hand side; on the right; to the right; **voltare a m.**, to turn (to the) right.

manducàre, *v. t.* (*scherz.*) to eat*.

màne, *f.* (*lett.*) morning: **da m. a sera**, from morning to night; all day long.

maneggévole, *a.* *1* handy; easy to handle: **arnese m.**, handy tool; **barca m.**, handy boat *2* (*fig.*: *malleabile*) malleable; yielding; compliant. • **poco m.**, unwieldy; unhandy.

maneggevolézza, *f.* *1* handiness; ease of handling *2* (*fig.*) tractability; compliance. • **scarsa m.**, unwieldiness; unhandiness.

maneggiàbile, *V.* **maneggevole.**

maneggiàre, *v. t.* *1* to handle; to work; to manage; (*adoperare*) to use, to wield; (*manipolare*) to manipulate: **m. una spada**, to handle (*o* to wield) a sword: **m. un fucile**, to handle a gun; **m. un remo**, to manage an oar; **m. la penna**, to wield the pen; **m. un cavallo**, to manage a horse; **m. gli uomini**, to manipulate men; **l'arte di m. il denaro**, the art of managing (*o* manipulating) money *2* (*impastare*) to mould: **m. la creta**, to mould clay. • **m. la frusta**, to crack a whip □ **m. una lingua**, to master a language □ **saper m. i numeri**, to be good with figures.

maneggiatóre, *m.* (*f.* **-trice**) handler; wielder; manager.

manéggio, *m.* *1* handling; managing; management; mastery: **il m. degli affari**, the handling of business; the management of affairs; **il m. d'una lingua**, the mastery of a language; **il m. d'una spada**, the wielding of a sword *2* (*fig.*) intrigue, scheming, scheme; (*al pl., collet.*) wheeling-and-dealing (*sing.*): **È un esperto in maneggi**, he has a talent for intrigue; he is a wheeler-dealer; **maneggi occulti**, secret schemes; underhand plotting *3* (*galoppatoio*) riding ground; (*scuola*) riding school, manège (*franc.*).

maneggióne, *m.* (*f.* **-a**) (*intrigante*) intriguer, wirepuller, wheeler-dealer; (*trafficante*) trafficker, hustler.

manésco, *a.* free with one's hands; rough; aggressive; brutal: **Sei un po' troppo m.**, you are a bit too free with your hands; **un bambino m.**, an aggressive child; **marito m.**, brutal husband.

manétta, *f.* *1* (*al pl.*) handcuffs: **con le manette ai polsi**, handcuffed; **mettere le manette a q.**, to handcuff sb. *2* (*impugnatura*) handle; hand lever: (*autom.*) **m. del gas**, throttle lever. • **a tutta m.**, (*autom.*) at full throttle; (*fig.*) at full speed.

manfòrte, *f.* help; aid; assistance; backup: **dare** (*o* **prestare**) **m. a q.**, to back sb. up.

Manfrédi, *m.* Manfred.

manfrìna, *f.* (*fig.*) act; wheedling: **Era tutta una m. per convincermi**, it was all an act to convince me; he tried to wheedle me into it; **Ha fatto un sacco di manfrine**, he went on and on about it.

manganàre, *v. t.* (*ind. tess.*) to mangle.

manganàto, *m.* (*chim.*) manganate.

manganatóre, *m.* (*f.* **-trice**) (*ind. tess.*) mangler.

manganatùra, *f.* (*ind. tess.*) mangling.

manganèlla, *f.* *1* (*mil., stor.*) mangonel *2* *V.* **manganello.**

manganellàre, *v. t.* to club; to cudgel.

manganellàta, *f.* blow with a club.

manganèllo, *m.* club; cudgel; (*di poliziotto*) truncheon (*GB*), night stick (*USA*), blackjack (*USA*).

manganése, *m.* (*chim.*) manganese.

manganesìfero, *a.* manganiferous.

mangànico, *a.* (*chim.*) manganic.

manganina, *f.* (*metall.*) manganin.

mànganite, *f.* (*miner.*) manganite.

màngano, *m.* *1* (*ind. tess.*) mangle *2* (*mil., stor.*) mangonel.

manganóso, *a.* (*chim.*) manganous.

mangeréccio, *a.* edible: **fungo m.**, edible mushroom. • **cose mangerecce**, edibles; eatables (*fam.*).

mangeria, *f.* (*fam.*: *ruberia*) graft.

mangiabambìni, *m.* e *f. invar.* bogey; bogeyman*.

mangiàbile, *a.* eatable.

mangiacàrte, *m.* (*spreg.*) pettifogger.

mangiacassétte, *m. invar.* cassette player.

mangiacristiàni, *m.* e *f. invar.* bully; blusterer.

mangiadischi, *m. invar.* portable record-player.

màngia-e-bévi, *locuz. m. invar.* icecream with fruit and liqueur.

mangiafùmo, *a. invar.* smoke-eating. ● **candela m.**, smoke candle.

mangiamòccoli, *V.* **bacchettone**.

mangianàstri, *m. invar.* cassette player.

mangiapàne, *m.* e *f. invar.* (*fig.*) good-for-nothing; drone; loafer. ● **m. a tradimento**, scrounger.

mangiapolènta, *m.* e *f. invar.* (*fig.*) idler; lounger; lazybones (*fam.*).

mangiaprèti, *m.* e *f. invar.* rabidly anticlerical person.

mangiàre, A *v. t.* e *i.* ***1*** to eat*; (*consumare i pasti*) to have one's meals; (*divorare*) to eat* up, to devour: **m. due uova**, to eat two eggs; **m. con appetito** (*o* **di gusto**), to eat heartily; **m. di malavoglia**, to pick at one's food; **m. avidamente**, to eat greedily; to gorge; **m. in fretta**, to gobble; **m. di tutto**, to eat anything; **Il lupo mangiò l'agnello**, the wolf ate up (*o* devoured) the lamb; **Finisci di m. la minestra**, eat up your soup; **m. in casa [fuori]**, to eat in [out]; **Dove mangiamo?**, where shall we eat?; **Dove mangi di solito?**, where do you usually eat (*o* have your meals)?; **Gli piace m. bene**, he likes to eat well; he enjoys a good meal; **m. alla carta**, to eat «à la carte» ***2*** (*corrodere*) to eat* away, to eat* into, to corrode, to gnaw; (*distruggere*) to destroy: **Il fiume aveva mangiato le rive**, the river had eaten away the banks; **La ruggine mangia il ferro**, rust eats into (*o* corrodes) iron ***3*** (*sperperare*) to waste; to squander; to go* through (*fam.*): **mangiarsi un patrimonio**, to squander a fortune; **Si è mangiato tutto lo stipendio**, he's gone through the whole salary ***4*** (*fig.*: *consumare*) to eat* up; to consume: **Lo mangia l'orgoglio**, he is eaten up (*o* consumed) with pride ***5*** (*nei giochi*) to take*; to win*; to capture: **m. una pedina**, (*a dama*) to take (*o* to win) a draught; (*a scacchi*) to take (*o* to capture) a pawn ***6*** (*fig.*: *fare guadagni illeciti*) to make* an illicit profit; to line one's pockets (*fam.*). ● **m. a crepapelle** (*o* **m. per tre, per quattro**), to overeat (oneself); to gorge oneself with food □ **m. a quattro ganasce** (*o* **palmenti**), to eat heartily; to tuck in (*fam.*) □ **m. a sazietà**, to eat one's fill □ **m. alle spalle di q.**, to sponge on sb. □ **m. a ufo** (*o* **a sbafo**), to sponge a meal off sb. □ **m. come un lupo**, to eat like a horse □ **m. come un uccellino**, to eat like a bird □ **m. di grasso**, to eat meat □ **m. di magro**, to abstain from eating meat; to eat no meat □ **m. fino alla nausea**, to eat oneself sick □ (*fig.*) **m. la foglia**, to get the message; to see through st.; to suss it out (*pop.*) □ **m. in bianco**, to follow a bland diet □ **m. in mano a q.** (*di animali mansueti*), to eat out of sb.'s hand □ (*fig.*) **m. pan pentito**, to eat humble pie □ (*fig.*) **m. (il pane) a tradimento**, to eat unearned bread □ (*fig.*) **m. la pappa in testa a q.**, to be much taller than sb. □ (*fig.*) **m. la strada**, to eat up the miles □ (*fig.*) **m.** (*o* **mangiarsi**) **q.c. con gli occhi**, to devour st. with one's eyes □ (*fig.*) **mangiarsi il cuore [il fegato]**, to eat one's heart out □ (*fig.*) **m. le mani**, to kick oneself: **Mi sarei mangiato le mani!**, I could have kicked myself! □ (*fam.*) **mangiarsi la parola**, to break one's word □ **mangiarsi le parole**, to swallow one's words; to gabble; to mumble □ (*fig.*) **mangiarsi q.** (*o* **m. q. vivo**), to bite sb.'s head off □ (*fig.*) **mangiarsi q. di baci**, to smother sb. with kisses □ **mangiarsi le unghie**, to bite one's nails □ **avere appena da m.**, to have hardly anything to eat □ **avere mangiato a sazietà**, to have eaten one's fill; to be full up (*fam.*) □ **cose** (*o* **roba**) **da m.**, food; edibles; eatables □ **dare da m.**, to feed: **Hai dato da m. alle galline?**, did you feed the hens? □ **dare da m. a q.**, to give sb. st. to eat; (*nutrire*) to feed sb.; (*mantenerlo a proprie spese*) to provide for sb. □ **far da m.**, to cook □ **non avere da m.**, to have nothing to eat; (*essere in miseria*) to have nothing, to be destitute □ **In quel ristorante si mangia molto bene**, the food is excellent in that restaurant □ (*prov.*) **Chi più mangia, meno mangia**, he who eats most will eat least □ (*prov.*) **Si mangia per vivere, non si vive per m.**, eat to live. **B** *m.* ***1*** (*atto del m.*) eating: **m. e bere**, eating and drinking; **essere temperati nel m.**, to be moderate in eating ***2*** (*cibo*) food; (*cucina*) cooking; (*piatto*) dish: **essere difficile nel m.**, to be fussy about one's food (*o* what one eats); **Qui il m. è sempre molto buono**, the food (*o* the cooking) is always excellent here; **Gli piace il m. casalingo**, he likes home cooking; **un m. saporito**, a tasty dish ***3*** (*pasto*) meal; (*pranzo*) lunch; (*cena*) supper, dinner: **È pronto il m.?**, is lunch [supper] ready?

mangiarìno, *m.* (*fam.*) dainty; delicacy.

mangiasòldi, *a. invar.* – **attività m.**, a drain on sb.'s resources; **macchina m.**, fruit machine; slot machine (*USA*); one-armed bandit (*pop.*).

mangiàta, *f.* (*lauto pranzo*) hearty meal, blow-out (*fam.*); (*scorpacciata*) binge (*fam.*): **farsi una bella m.**, to have a good hearty meal; **fare una gran m. d'uva**, to gorge oneself on grapes.

mangiatóia, *f.* ***1*** manger; fodder-trough ***2*** (*scherz.*: *tavola*) table; board ***3*** (*fig.*: *fonte di guadagno*) goldmine.

mangiatóre, *m.* (*f.* **-trice**) eater: **un buon [gran] m.**, a hearty [heavy] eater; **essere un (gran) m. di**, to eat a lot of. ● **m. di fuoco**, fire-swallower □ **m. di spade**, sword-swallower.

mangiatùra, *f.* (*fam.*: *morso di insetto*) insect bite.

mangiatùtto, A *m.* e *f. invar.* ***1*** (*chi è di bocca buona*) hearty eater ***2*** (*fig.*: *sprecone*) spendthrift. **B** *a. invar.* – **fagioli [piselli] m.**, mangetout beans [peas].

mangiaùfo, *m.* e *f. invar.* good-for-nothing; (*scroccone*) sponger, scrounger.

mangiavènto, *m.* (*naut.*) storm staysail.

mangìme, *m.* feed; feedstuff; (*foraggio*) fodder; (*per pollame*) poultry feed, chicken-feed; (*per uccelli*) birdseed.

mangimifìcio, *m.* feedstuff factory.

mangióne, *m.* (*f.* **-a**) (*fam.*) great eater; (*ghiottone*) glutton, gormandizer.

mangiucchiàre, *v. t.* to nibble; to pick at: **Non aveva appetito e mangiucchiava appena**, he had no appetite and just picked at his food; **Mangiucchia tutto il giorno**, he nibbles this thing and that all day long.

màngo, *m.* (*bot.*, *Mangifera indica*) mango*.

mangósta, *V.* **mangusta**.

mangostàno, *m.* (*bot.*, *Garcinia mangostana*) mangosteen.

mangròvia, *f.* (*bot.*) mangrove.

mangùsta, *f.* (*zool.*, *Herpestes*) mongoose.

màni, *m. pl.* (*mitol.*) manes.

manìa, *f.* ***1*** (*psic.*) mania: **m. di persecuzione**, persecution mania ***2*** (*fig.*: *fissazione*) mania, idiosynchrasy, thing (*fam.*); (*ossessione*) obsession, fixation: **la m. delle diete**, a mania for diets; **Ha la m. del pulito**, he has a thing about cleanliness; **È una delle mie piccole manie**, it's one of my pet manias; **Ha la m. della bicicletta**, he thinks of nothing but bicycles; he is mad about bicycles ***3*** (*fig.*: *abitudine*) habit: **Ha la m. di guardare l'orologio ogni due minuti**, he has a habit of looking at his watch every two minutes. ● **m. dei libri**, bibliomania.

maniacàle, *a.* (*psic.* e *fig.*) maniacal; maniac: **precisione m.**, maniacal precision.

manìaco, A *a.* ***1*** maniac; maniacal; mad; insane: **furore m.**, maniacal fury; **amore m.**, insane love ***2*** (*fig.*) crazy; mad: **essere m. della musica**, to be crazy about music. **B** *m.* (*f.* **-a**) (*psic.*) maniac. ● **È un m. dell'ordine**, he is obsessed with tidiness; he's got a thing about tidiness (*fam.*) □ **È un m. del jogging**, he is a jogging enthusiast (*fam.*: fiend, freak) □ **un m. della puntualità**, a stickler for punctuality □ **un m. del rugby**, a rugby fan.

manìaco-depressìvo, *a.* – (*psic.*) **psicosi m.**, manic-depressive psychosis.

Mànica, *f.* (*geogr.*) (the) (English) Channel.

mànica, *f.* ***1*** sleeve: **maniche lunghe [corte]**, long [short] sleeves; **una camicetta con le maniche corte**, a short-sleeved bouse; **maniche a tre quarti**, three-quarter-length sleeves; **senza maniche**, without sleeves; sleeveless; **m. di camicia**, shirt-sleeve: **in maniche di camicia**, in one's shirt-sleeves ***2*** (*metall.*: *di alto forno*) downtake; (*di pompa*) suction hose ***3*** (*fig. spreg.*: *branco*) set; pack; gang: **una m. di ladri**, a pack of thieves. ● **m. a chimono**, kimono sleeve □ **m. a giro**, fitted (*o* tailored) sleeves □ **m. a sbuffo**, puff sleeve □ **m. a vento**, (*aeron.*) windsock, windcone; (*naut.*) ventilator, air (*o* wind) scoop □ **m. raglan**, raglan sleeve □ (*fig.*) **È un altro paio di maniche**, that's another pair of shoes (*o* another kettle of fish) □ (*anche fig.*) **avere un asso nella m.**, to have an ace up one's sleeve □ (*fig.*) **essere di m. larga**, to be very indulgent; to be easy-going; to be a softie (*fam.*); (*di larghe vedute*) to be broad-minded □ (*fig.*) **essere di m. stretta**, to be severe (*o* strict); (*di vedute ristrette*) to be narrow-minded □ (*fig.*) **essere nella m. di q.**, to be in sb.'s good books □ **mezza m.**, (*manica corta*) short sleeve; (*di protezione*) oversleeve □ **prendersi una m. di botte**, to get a thrashing □ (*anche fig.*) **rimboccarsi le maniche**, to tuck up (*o* to roll up) one's sleeves.

manicàio, *m.* (*zool.*, *Solen ensis*) razor-shell; razor-clam.

manicarètto, *m.* delicacy; dainty; delicious dish.

manicheìsmo, *m.* (*stor.*, *relig.*) Manich(a)eism.

manichèo, (*stor.*, *relig.*) **A** *a.* Manich(a)ean. **B** *m.* (*f.* **-a**) Manichee; Manich(a)eist.

manichétta, *f.* ***1*** (*soprammanica*) oversleeve ***2*** (*tubo*) hose: **m. antincendio**, fire hose; **m. di aspirazione**, suction hose.

manichétto (1), *m.* ***1*** (*risvolto di manica*) cuff ***2*** (*polsino inamidato*) starched cuff.

manichétto (2), *m.* (*gesto volgare*) forearm jerk.

manichìno (1), *m.* ***1*** (*polsino*) cuff ***2*** (*pl.*) (*manette*) manacles.

manichìno (2), *m.* ***1*** (*da sarta*) dressmaker's dummy (*o* model) ***2*** (*da vetrina*) life-size dummy ***3*** (*da pittore, scultore*) lay figure; mannequin ***4*** (*modello anatomico*) manikin. ● (*fig.*) **sembrare un m.**, to look very smart; to look like a fashion plate □ **stare come un m.**, to be stock-still.

mànico, *m.* ***1*** handle: **il m. di una pentola**, the handle of a saucepan; **m. di coltello [d'ombrello, di paniere]**, knife [umbrella, basket] handle; **tenere q.c. per il m.**, to hold st. by the handle ***2*** (*impugnatura*) grip ***3*** (*di strumento mus. a corda*) neck. ● **m. dell'accetta**, helve □ **m. di scopa**, broomstick □ (*fig.*) **Il difetto è nel m.**, the fault lies at the top.

manicomiàle, *a.* ***1*** of a mental hospital; (lunatic) asilum (*attr.*) ***2*** (*fig.*: *pazzesco*) mad; crazy.

manicòmio, *m.* ***1*** mental hospital (*o* home); lunatic asylum; madhouse (*fam.*) ***2*** (*fig.*) madhouse; bedlam: **La casa sembrava un m.**, the house was bedlam (*o* a madhouse). ● **Mi farai finire in un m.!**, you will drive me mad! □ **Roba da m.!**, this is completely crazy!

manicòtto, *m.* ***1*** muff ***2*** (*mecc.*) sleeve; coupling: **m. di accoppiamento**, coupling box; box coupling. ● **m. a forcella**, yoke □ (*autom.*) **m. del radiatore**, radiator hose □ (*ind. tess.*) **m. di filatura**, spinning cot □ (*autom.*) **m. di riscaldamento**, heating muff.

manicùre, *f.* e *m. invar.* ***1*** (*persona*) manicurist; manicure ***2*** (*trattamento*) manicure.

manièra, *f.* ***1*** manner; way; (*costume*) custom, habit, usage; (*metodo*) method; (*moda*) fashion; (*stile*) style; (*nell'arte*) manner, style: **la tua m. di parlare**, your way of speaking; the way you speak; **la m. di vivere degli inglesi**, the English way of living; **Che bella m. di ragionare!**, that's a fine way of talking!; **secondo la mia m. di vedere**, to my way of thinking; in my opinion; **trovare la m. di fare q.c.**, to find a way of doing st.; **conoscere la m. di fare q.c.**, to know the way (*o* how) to do st.; **alla m. di**, after the manner of; **un quadro alla m. del Tiziano**, a picture after the manner of Titian; **alla propria m.**, one's own way ***2*** (*di solito al pl.*) (*modo di comportarsi*) manners: **avere belle [brutte] maniere**, to have good [bad] manners; to be well-mannered [ill-mannered]; **non avere maniere**, to have no manners; **Che maniere!**, what manners!; that's not the way to behave; **maniere gentili**, kindness (*sing.*) ***3*** (*affettazione*) mannerism; (*ricercatezza*) affectation. ● **maniere forti**, strong-arm tactics □ **con le cattive maniere**, unpleasantly; roughly □ **di m.**, mannered; affected: **uno stile di m.**, a mannered style; **uno scrittore di m.**, an affected writer □ **di (*o* in) m. che**, so that □ **fare alla propria m.**, to have one's own way; to do as one likes □ **in una certa (qual) m.**, in a way; after a fashion; somehow □ **in m. appropriata**, properly □ **in m. da**, so as to □ **in una m. o nell'altra**, (in) one way or another; somehow or other; anyhow; by hook or by crook (*fam.*) □ **in nessuna m.**, in no way; in no circumstances □ **in ogni m.**, (in) any way; in any case; at any rate □ **in qualche m.**, somehow; (in) some way (or other) □ **In quale m.?**, how? □ **in questa m.**, in this manner (*o* way); so; thus □ **in qualunque m.**, anyhow; (in) any way whatever □ **in tal m.**, in such a manner (*o* way) □ **in tutte le maniere** (*a ogni costo*), at any cost; by all means □ **in ugual m.**, in like manner □ **nella solita m.**, in the usual manner (*o* way); (*come di solito*) as usual □ **trattare q. con bella m.**, to treat sb. kindly □ **Si può dir tutto con buona m.**, it all depends on the way you say things.

manierataménte, *avv.* in an affected manner (*o* way); with affectation; affectedly.

manieràto, *a.* ***1*** affected; studied: **modi manierati**, affected ways; **eleganza manierata**, studied elegance ***2*** (*convenzionale*) mannered; artificial: **uno stile m.**, a mannered style; **un pittore m.**, a mannered painter.

manierismo, *m.* (*arte, letter.*) mannerism.

manierista, *a.*, *m.* e *f.* (*arte, letter.*) mannerist.

manieristico, *a.* (*arte, letter.*) manneristic(al).

manièro, *m.* ***1*** (*castello feudale*) castle ***2*** (*dimora signorile*) country house; mansion; (*scherz.*) mansion, pile (*fam.*).

manieróso, *a.* affected; genteel; ceremonious.

manifattùra, *f.* ***1*** manufacture: **m. dei cuoiami**, leather manufacture; **m. dei tabacchi**, tobacco manufacture; **m. della seta**, silk manufacture; **m. nazionale [estera]**, domestic [foreign] manufacture; **di m. inglese**, of English manufacture; made in England; **prezzo di m.**, manufacture price ***2*** (*fattura*) workmanship; make ***3*** (*fabbrica*) factory; manufactory ***4*** (*manufatto*) manufactured article.

manifatturàre, *v. t.* to manufacture.

manifatturière, *m.* (*f.* **-a**) ***1*** (*proprietario*) factory owner ***2*** (*operaio*) factory worker.

manifatturièro, *a.* manufacturing; factory (*attr.*): **industrie manifatturiere**, manufacturing industries.

manifestaménte, *avv.* clearly; openly.

manifestànte, *m.* e *f.* demonstrator.

manifestàre, **A** *v. t.* to manifest; (*mostrare*) to show*; (*esporre*) to display; (*rivelare*) to reveal, to disclose; (*esprimere*) to express; (*dichiarare*) to declare: **m. la propria gioia**, to manifest (*o* to express, to show) one's joy; **m. un segreto**, to disclose (*o* to reveal) a secret; **Manifestai il desiderio di conoscerlo**, I expressed my desire to meet him; **Le sue risposte manifestavano la sua ingenuità**, his answers showed (*o* displayed) his naiveness. **B** *v. i.* to demonstrate. **C manifestàrsi**, *v. rifl.* e *i. pron.* to manifest oneself; to show* oneself; to reveal oneself; to prove oneself: **Si manifestò un vero amico**, he proved to be a true friend; he proved that he was a true friend; **Il male si manifestò troppo tardi**, when the disease revealed itself it was too late. ● **al primo m. di**, at the first sign of.

manifestazióne, *f.* ***1*** (*espressione*) display: **m. di gioia [d'amore]**, display (*o* effusion) of joy [of love]; **Fu accolto con grandi manifestazioni di gioia**, he was welcomed with great joy ***2*** (*di un fenomeno*) manifestation; emergence: **La prima m. del pensiero è la parola**, the first manifestation of thought is speech; **la prima m. dei sintomi**, the first emergence of symptoms ***3*** (*dimostrazione, prova*) demonstration; evidence: **Le molte lettere ricevute sono una m. dell'interesse dei nostri lettori**, the many letters we received are a demonstration of (*o* are evidence of, witness to) our readers' interest ***4*** (*dimostrazione pubblica*) demonstration; protest; rally ***5*** (*cerimonia*) ceremony, celebration; (*spettacolo pubblico*) show, display. ● **m. musicale**, festival.

manifestino, *m.* leaflet; handout; handbill.

manifèsto, **A** *a.* (*palese*) manifest, apparent; (*evidente*) evident, obvious; (*noto*) well-known: **una verità manifesta**, a manifest truth; **con gioia manifesta**, with evident joy; **i suoi manifesti difetti**, his obvious defects; **per cause non ancora ben manifeste**, for reasons not yet evident. ● **rendere m.**, to reveal; to announce; to make known. **B** *m.* ***1*** (*scritto programmatico*) manifesto*: **m. letterario**, literary manifesto; **il M. del partito comunista**, the Communist Manifesto ***2*** (*murale*) poster, placard, bill; (*avviso*) notice; (*volantino*) leaflet: **m. elettorale**, electoral poster; **attaccare un m.**, to put up a placard ***3*** (*teatr.*: *cartellone*) playbill; (*programma*) programme, program (*USA*): **il m. della stagione teatrale**, the programme for the opera season ***4*** (*naut.*) manifest: **m. di carico**, manifest; **registrare sul m. di carico**, to manifest.

manìglia, *f.* ***1*** handle; (*a pomello*) knob: **m. di porta**, door handle; doorknob; **la m. del cassetto**, the drawer's handle ***2*** (*naut.*) shackle; (*del timone*) spoke ***3*** (*sostegno sui mezzi di trasporto*) strap; handhold ***4*** (*ginnastica*: *del cavallo*) pommel ***5*** (*fam. fig.*: *appoggio importante*) friend in high places: **avere qualche m.**, to have friends in high places; to know someone who has pull.

maniglióne, *m.* (*naut., di catena*) clevis, shackle; (*di ancora*) ring.

manigóldo, *m.* rascal; rogue; scoundrel; bad lot; (*scherz., di bambino*) little rascal, little terror.

manila, *f.* (*fibra*) Manil(l)a (hemp): **cavo di m.**, Manil(l)a rope.

manilla, *m. invar.* (*sigaro*) Manila cigar.

manilùvio, *m.* (*med.*) hand bath.

manina, *f.* ***1*** (*tipogr.*) index (mark) ***2*** (*grattaschiena*) backscratcher ***3*** (*bot., Clavaria*) club fungus*; fairy club.

manióca, *f.* (*bot., Manihot utilissima*) cassava; manioc.

manipolàre (1), *a.* (*stor. romana*) manipular.

manipolàre (2), *v. t.* ***1*** (*lavorare*) to work, to manipulate; (*impastare*) to knead, to mix; (*maneggiare*) to handle, to operate, to work, to manipulate: **m. sostanze pericolose**, to handle dangerous substances; **m. i comandi**, to work (*o* to operate) the controls; **m. la pasta**, to knead the dough ***2*** (*adulterare*) to adulterate: **m. vini**, to adulterate wines ***3*** (*fig.*: *alterare*) to manipulate; to tamper with; to fiddle with; to doctor; to rig: **m. dei dati**, to manipulate data; **m. un testo**, to tamper with a text; **m. le cifre**, to fiddle (*o* to doctor) the figures; **m. i conti**, to fiddle (with) the accounts; to cook the books (*fam.*); **m. le elezioni**, to rig an election ***4*** (*fig.*: *condizionare*) to manipulate; to manoeuvre; to handle: **m. le coscienze**, to manipulate minds; **m. la folla**, to handle the crowd.

manipolatóre, **A** *m.* (*f.* **-trice**) ***1*** manipulator; handler: **m. di sostanze radioattive**, manipulator of radioactive substances; **m. di coscienze**, manipulator of minds ***2*** (*adulteratore*) adulterator ***3*** (*fig.*: *maneggione*) intriguer; plotter; schemer. **B** *m.* (*tel.*) Morse key. **C** *a.* manipulating.

manipolatòrio, *a.* manipulating.

manipolazióne, *f.* ***1*** manipulation; manipulating; handling: **manipolazioni chimiche**, chemical manipulations ***2*** (*adulterazione*) adulteration ***3*** (*fig.*: *alterazione*) manipulation; tampering (with); fiddling (with); doctoring; rigging ***4*** (*fig.*: *intrigo*) intrigue; manoeuvre; scheme ***5*** (*tel.*) keying ***6*** (*med.*) manipulation.

manipolo, *m.* ***1*** (*fascio*) bundle; (*covone*) sheaf*; (*di lino, di canapa, ecc.*) strick ***2*** (*stor. romana*) maniple ***3*** (*drappello*) small company; band; handful: **un m. d'eroi**, a band of heroes ***4*** (*eccles.*) maniple.

maniscàlco, *m.* ***1*** farrier; horseshoer; shoeing-smith ***2*** (*stor.*) marshal.

manismo, *m.* (*relig.*) manism; ancestor cult.

manitù, *m.* (*etnol.*) manitou; manitu; manito.

manizza, *f.* ***1*** (*ciclismo*) cyclist's mitt ***2*** (*naut.*) helm grip.

mànna, *f.* ***1*** (*Bibbia*) manna ***2*** (*fig.*: *bene inaspettato*) godsend; blessing (from heaven); manna: **essere una m.**, to be a godsend; to be a (real) blessing; to be like manna from heaven ***3*** (*fig.*: *cibo squisito*) delicious food, manna; (*bevanda*) nectar ***4*** (*sostanza purgativa*) manna. ● (*fig.*) **aspettare la m. dal cielo**, to wait for things to fall into one's lap.

mannàggia, *inter.* (*region. fam.*) damn!; blast!

mannàia, *f.* ***1*** (*del boia*) axe ***2*** (*lama della ghigliottina*) blade of the guillotine ***3*** (*del macellaio*) cleaver ***4*** (*del taglialegna*) axe.

mannàro, *a.* – **lupo m.**, (*mostro*) bogy, bogey; (*licantropo*) werewolf*.

mannèllo, *m.* (*agric.*) sheaf*.

mannequin (*franc.*), *f. invar.* mannequin; model.

mannite, *f.* (*chim.*) mannitol; mannite; manna sugar.

mannitòlo, *m.* (*chim.*) mannitol.

mannòsio, *m.* (*chim.*) mannose.

màno, *f.* ***1*** hand: **la m. destra [sinistra]**, the right [left] hand; **m. callosa [affusolata, tozza]**, horny [slender, blunt] hand; **mani giunte**, (*a dita intrecciate*) clasped hands; (*per pregare*) hands joined in prayer; **una m. maestra**, a master hand; **a mani aperte [chiuse]**, with one's hands open [closed]; **con le mani in tasca**, with one's hands in one's pockets; **con m. pesante**, with a heavy hand; **alzare la m.**, to raise (*o* to lift) one's hand; **aprire (*o* allargare) la m.**, to open one's hand; **Aveva in m. un biglietto**, he had a note in his hand; **baciare la m. a q.**, to kiss sb.'s hand; **battere le mani**, to clap (hands); **cambiare m.**, to change hands; (*anche fig.*) **sporcarsi le mani**, to dirty one's hands; **stringere (*o* giungere) le mani** (*intrecciando le dita*), to clasp one's hands; **stropicciarsi (*o* fregarsi) le mani**, to rub one's hands; **tendere (*o* stendere) la m.**, to hold out one's hand; (*chiedere l'elemosina*) to beg; **afferrare q.c. a due mani**, to grasp st. with both hands; **passare da una m. all'altra**, to pass from hand to hand; **prendere q. per (la) m.**, to take sb. by the hand; **prendersi per m.**, to join hands; **tenere in m. q.c.**, to hold st. (in one's hand); **tenere [condurre] q. per (la) m.**, to hold [to lead] sb. by the hand; **tenersi per m.**, to hold hands; to be hand in hand; **Toglimi le mani di dosso**, take your hands off me **2** (*potere, balìa*) hand; power: **L'isola cadde in m. ai Turchi**, the island fell into the hands of the Turks; **Tutta l'azienda è nelle sue mani**, the whole business is in his hands; **Il tiranno è ormai in nostra m.**, the tyrant is now in our power **3** (*parte, lato, direzione*) hand; side; direction: **a m. destra**, on the right (hand); **da m. sinistra**, from the left (hand); (*di veicoli*) **contro m.**, on the wrong side of the road; (*nella circolazione stradale*) **tenere la propria m.**, to keep to one's own side of the road **4** (*scrittura*) hand; handwriting: **una lettera di sua m.**, a letter in his own hand (*o* handwriting) **5** (*tocco*) hand; touch: **Riconosco la tua m.**, I recognize your hand; **Ci si vede la sua m.**, you can see his hand in it; you can see he had a hand in it; **Si nota la m. di un maestro**, you can see the hand of a master (*o* the master touch) **6** (*di tinta, di vernice*) coat; layer: **dare la prima m. (di vernice)**, to give the first coat (of paint); **dare un'altra m.**, to put on another coat; **Le porte hanno bisogno di una m. di vernice**, the doors need painting **7** (*nei giochi di carte*) hand: **fare un'altra m.**, to play another hand; **vincere in tre mani una partita**, to win a game in three hands (*o* rounds); **avere la m.**, to have the lead; to be the first to play; **La m. tocca a te**, now it's your lead. ● **m. d'opera**, *V.* **manodopera** □ (*fig.*) **mani di fata** (*o* **d'oro**), magic fingers □ **man m.** (*o* **a m. a m.**), little by little; gradually; by degrees □ **la M. Nera**, the Black Hand □ **consegnare q.c. a m.**, to deliver st. by hand □ **a m. a m. che** (*o* **di m. in m. che**), as; while: **Scrissi i nomi a m. a m. che erano dettati**, I wrote the names down as they were dictated □ **a m. armata**, armed: **assalto [rapina] a m. armata**, armed assault [robbery] □ **disegno a m. libera**, free-hand drawing □ **a man salva**, with impunity; (*liberamente*) freely □ **a mani piene**, with one's hands full; full-handed □ **a mani vuote**, with one's hands empty; empty-handed: **tornare a mani vuote**, to come back empty-handed □ **a piene mani** (*o* **a larga m.**), profusely □ **a portata di m.**, within reach; to hand; at hand; handy; convenient □ (*mus.*) **a quattro mani**, for four hands □ **suonare a quattro mani**, to play piano duets □ **alla m.** (*affabile*), easy-going, affable, friendly; (*pronto*) ready: **avere i documenti alla m.**, to have one's papers ready □ (*fig.*) **allungare le mani**, (*rubacchiare*) to be light fingered; (*toccare le donne*) not to be able to keep one's hands to oneself □ **alzare la m.** (*o* **le mani**) **su q.**, to lift one's hand against sb. □ (*fig.*) **andare per le mani di tutti**, to pass through everyone's hands □ **avere la m. a q.c.** (*saperlo fare*), to have a hand for st. □ **Hai avuto la m. felice**, you chose well □ (*fig.*) **avere la m. larga**, to be open-handed □ **avere la m. leggera**, to have a light hand (at st.) □ (*fig.*) **avere la m. stretta**, to be close-fisted □ (*fig.*) **avere le mani bucate**, to be a spendthrift □ (*fig.*) **avere le mani di burro**, to be butter-fingered □ (*fig.*) **avere le mani lunghe**, to be light-fingered □ (*fig.*) **Ho le mani legate**, my hands are tied □ **avere le mani occupate**, to have one's hands full □ (*fam.*) **avere le mani in pasta**, to be involved in st.; to have a finger in the pie □ **Abbiamo in m. abbastanza da mandarlo in galera**, we have enough evidence in our hands to send him to jail □ **avere m. libera**, to have a free hand □ **avere m. in q.c.** (*avervi parte*), to have a hand in st. □ **avere per** (*o* **tra**) **le mani un lavoro**, to have a job in hand □ **averci la m.** (*essere pratico*), to know how to do st. □ **azionato a m.**, hand-operated □ **bagaglio a m.**, hand luggage □ **calcare** (*o* **caricare**) **la m.** (*esagerare*), to exaggerate; to overdo it □ (*fam.*) **Mi caschino le mani se...**, may I be struck dead if... □ **chiedere la m. di q.**, to ask for sb.'s hand □ (*fig.*) **col cuore in m.**, in all sincerity □ **colpo di m.**, coup de main (*franc.*); sudden action; sudden (and vigorous) attack □ **cucito a m.**, hand-sewn; (*d'abito*) hand-tailored □ **dare la m. a q.**, to shake sb.'s hand; to shake hands with sb. □ **darsi la m.**, to shake hands □ (*fig.*) **Possono darsi la m. quei due**, they are well matched; they are birds of a feather □ **dare una m. a q.**, to lend (*o* to give) a hand to sb.; to help sb.: **Vuoi darmi una m. col bagaglio?**, will you please help me with the luggage? □ **denaro alla m.**, ready money; ready cash; cash in hand: **pagare con denaro alla m.**, to pay cash in hand □ **di prima m.**, at first hand; eyewitness (*attr.*): **resoconto di prima m.**, eyewitness account □ **di seconda m.**, (*indirettamente*) at second hand, indirectly; (*usato*) second-hand: **ricevere notizie di seconda m.**, to get some news second hand; **cose di seconda m.**, second-hand things □ (*fig.*) **di sotto m.**, secretly; on the sly □ (*sport*) **fallo di m.**, hands □ **Ci farai presto la m.**, (*ti impratichirai*) you'll soon get the hang of it (*o* get your hand in); (*ti ci abituerai*) you'll soon get used to it □ **fare man bassa**, to plunder; to loot; to clean up: **I ragazzi hanno fatto man bassa di cioccolatini**, the children have cleaned up all the chocolates □ **fare man bassa di voti [di punti]**, to sweep the board □ (*fig.*) **farsi prendere la m. da q.**, to lose control over sb. □ **frenare le mani** (*frenarsi*), to control oneself □ **fuori m.**, out of the way; off the beaten track (*fam.*) □ **gioco di m.** (*di prestigio*), legerdemain (*franc.*); sleight of hand □ **Giù le mani!**, hands off! □ **governare con m. ferrea**, to rule with a heavy hand (*o* with a rod of iron) □ **in buone mani**, in [into] good hands □ **in m. sicura**, in [into] good hands □ **lasciar m. libera**, to give (*o* to allow) a free hand □ **Me ne lavo le mani!**, I'm going to wash my hands of it!; I'll have nothing to do with it!; □ **lavorato** (*o* **fatto**) **a m.**, hand-made □ (*fig.*) **legare le mani a q.**, to thwart sb. □ **legare q. mani e piedi**, to bind sb. hand and foot □ **Mani in alto!**, hands up! □ **menare le mani**, to fight □ **mettere le mani addosso a q.**, to lay hands on sb. □ (*fig.*) **mettere le mani avanti**, to safeguard oneself □ **mettere la m.** (*o* **le mani**) **sopra q.c.**, to lay hands on st. □ (*fig.*) **Metterei la m. sul fuoco!**, I'd swear on it! □ **Metterei la m. sul fuoco per lui**, I'd stake my life on him □ **mettere m. a q.c.**, (*accennare a prendere*) to reach for st.; (*cominciare q.c.*) to start on st., to put (*o* to set) one's hand to st.; (*prendere parte*) to have a hand in st. □ (*fig.*) **mettere m. alla borsa**, to open (*o* to untie) the purse-strings; to pay □ **mettere m. alla penna**, to set pen to paper □ **mettere m. alla spada**, to draw one's sword □ (*fig.*) **mettersi le mani nei capelli**, to be desperate; not to know which way to turn □ **mettersi in m. d'un buon medico**, to put oneself into the hands of a good doctor □ (*fig.*) **mettersi una m. sulla coscienza**, to lay one's hand upon one's heart □ **Mi sarei morso le mani**, I could have kicked myself □ **opera delle proprie mani**, one's handiwork □ **ottenere la m. d'una fanciulla**, to win a young lady's hand □ **voto per alzata di mani**, voting by show of hands □ **per m. di** (*tramite*), through □ **perdere la m. (a q.c.)** (*perdervi la pratica*), to be out of practice □ **portare la m. al cappello**, to touch one's hat □ **portare q. in palma di m.**, to praise sb. to the skies □ **prendere il coraggio a due mani**, to take one's courage in both hands □ **prendere la m.** (*di cavalli*), to get out of hand □ (*fig.*) **prendere la m. a q.**, to get out of sb.'s control □ **prendere in m. q.c.** (*occuparsi di q.c.*), to take st. in hand □ **Guarda che mi prudono le mani!**, you're going to catch it if you are not careful! □ **Qua la m.!**, let's shake hands! □ **ricamo a m.**, hand embroidery □ **rimanere** (*o* **stare**) **con le mani in m.**, not to lift a hand (*o* a finger); to twiddle one's thumbs □ **rimanere con un pugno di mosche in m.**, to be left empty-handed □ **sfuggire di m.**, to slip out of one's hand □ **La situazione gli sfuggì di m.**, he lost control of the situation □ **lasciarsi scappare di m. un'occasione**, to let an opportunity slip trough one's fingers; to miss an opportunity □ **sotto m.**, to hand □ **una stretta di m.**, a hand-shake □ (*leg.*) **tenere m. a q.**, to aid and abet sb. □ **Tenga a posto le mani!**, keep your hands to yourself! □ **toccare con m. q.c.** (*rendersene pienamente conto*), to realize st.; to learn st. by experience □ **Voglio toccarlo con m.**, I want to see for myself □ (*fig.*) **dare l'ultima m. a q.c.**, to give st. the finishing touch □ **venire alle mani**, to come to blows; to start to fight □ **vincere a mani basse**, to win hands down □ **La m. sinistra non sappia quello che fa la destra**, do not let thy left hand know what thy right hand is doing □ (*prov.*) **Una m. lava l'altra**, you scratch my back and I'll scratch yours; roll my log and I'll roll yours (*USA*).

manodòpera, *f.* (*econ.*) **1** labour, labor (*USA*); manpower: **m. femminile**, female labour; **m. qualificata [non qualificata]**, skilled [unskilled] labour; **m. straniera**, foreign manpower **2** (*costo*) cost of labour. ● **a corto di m.**, (*di datore di lavoro*) short-handed; (*di fabbrica*) underhanded, undermanned □ **ad alto impiego di m.**, labour-intensive.

manolèsta, A *a.* light-fingered. **B** *m.* e *f.* light-fingered person.

manoméssso, *a.* **1** tampered with (*pred.*); (*aperto indebitamente*) unduly opened; (*rotto*) broken; (*rovistato*) searched **2** (*violato*) violated; infringed **3** (*stor. romana*) manumitted; set free.

manòmetro, *m.* (*fis.*) manometer; pressure gauge (*USA*): **m. del carburante [dell'olio]**, fuel [oil] pressure gauge; **m. a mercurio**, mercury manometer; **m. campione**, master gauge.

manomèttere, *v. t.* **1** to tamper with; (*aprire indebitamente*) to open unduly; (*aprire con la forza*) to break* open; (*rovistare*) to search, to rummage: **m. le prove**, to tamper with the evidence; **m. una lettera**, to open a letter unduly; **m. un cassetto**, to rummage (in) a drawer; **m. un documento**, to tamper with a document; **m. una porta**, to break open a door **2** (*violare*) to violate; to infringe: **m. un diritto**, to violate a right **3** (*falsificare*) to alter; to falsify **4** (*stor. romana*) to manumit; to set* free: **m. uno schiavo**, to manumit a slave.

manomissióne, *f.* **1** tampering (with); (*di lettera e sim.*) unduly opening; (*rottura*) breaking **2** (*violazione*) violation; infringement **3** (*stor. romana*) manumission.

manomissóre, *m.* (*stor. romana*) manumitter.

manomòrta, *f.* **1** (*leg.*) mortmain **2** – **fare la m.**, to paw (sb.).

manonéra, *f.* (*associazione segreta*) Black Hand.

manòpola, *f.* **1** (*di strumento*) knob; hand grip; ball grip: **la m. del volume**, the volume knob **2** (*di manubrio*) handlebar grip **3** (*guanto*) mitten **4** (*di armatura*) gauntlet **5** (*risvolto*) cuff **6** (*sostegno*) handhold; strap.

manoscritto, A *a.* handwritten. **B** *m.* manuscript (*abbr.*: MS.).

manovalànza, *f.* **1** (*l'insieme dei manovali*) labourers (*pl.*), laborers (*USA*); unskilled workers (*pl.*) **2** (*la loro opera*) (unskilled) labour: **il costo della m.**, the cost of labour; labour cost.

manovàle, *m.* unskilled worker; labourer, laborer (*USA*); hand; (*nell'edilizia*) hodman*, hod carrier.

manovèlla, *f.* crank; handle: **m. di avviamento**, starting (*o* starter) handle; **m. motrice**, driving handle. ● (*cinem.*) **dare il primo giro di m.**, to start shooting; to begin filming.

manovellismo, *m.* (*mecc.*) crank gear (*o* mechanism).

manòvra, *f.* **1** (*azione, operazione, mossa*)

manoeuvre, maneuver (*USA*); manoeuvring, maneuvering (*USA*); move: **manovre politiche**, political manoeuvres; **Con una brillante m., risolse il problema**, with a brilliant manoeuvre, he solved the problem; **astute manovre finanziarie**, clever financial manoeuvrings **2** (*mecc., autom.*) manoeuvring (*sing.*): **Dopo una lunga m. riuscì a posteggiare**, he managed to park the car after much manoeuvring; **La m. era resa difficile dal ghiaccio**, ice made manoeuvring difficult; **fare m.**, to manoeuvre **3** (*ferr.*) shunting; marshalling: **locomotiva di m.**, shunting engine; **stazione di m.**, marshalling yard; sorting siding; sorting depot; **Il treno sta facendo m.**, the train is shunting **4** (*mil.*) manoeuvre: **grandi manovre**, manoeuvres; field-practice (*sing.*); **manovre terrestri [navali]**, land [naval *o* sea] manoeuvres; **eseguire manovre**, to perform manoeuvres; to manoeuvre; **m. di aggiramento**, circling manoeuvre **5** (*fig.: maneggio, raggiro*) manoeuvre; scheme; move; ploy; machination; trick: **È stata solo una m. per farsi pubblicità**, it was just a manoeuvre (*o* ploy) to get some publicity; **una m. politica**, a political move; **accorgersi delle manovre di q.**, to realize sb.'s tricks; **manovre losche**, crooked schemes; crookery (*sing.*); shenanigans (*fam.*); skulduggery (*sing., scherz.*) **6** (*naut.*) manoeuvre: **m. d'attracco**, docking manoeuvre **7** (*naut.: cima, cavo*) rope; (*al pl.*) ropes, rigging (*sing. collett.*): **manovre correnti [dormienti *o* fisse]**, running [standing] rigging **8** (*polit., econ.*) measure: **m. di bilancio**, budgetary measure (*o* measures); **una m. restrittiva per difendere la lira**, restrictive measures to defend the lira; **una m. da seimila miliardi**, a six-thousand-billion budgetary measure; budget cuts for six thousand billion lire. ● (*ferr.*) **m. a spinta**, pushing off □ (*ferr.*) **m. dello scambio**, throwing over the points □ (*fin.*) **manovre di borsa**, stock market speculation (*sing.*) □ (*fig.*) **manovre di corridoio**, backstairs manoeuvres (*o* manoeuvring); (*polit., anche*) lobbying □ (*naut.*) **m. del timone**, rudder control □ (*naut.*) **camera di m.**, control room □ (*polit.*) **fare manovre di corridoio**, to lobby □ (*fig.*) **libertà di m.**, freedom to act; leeway □ **posto di m.**, (*di veicolo*) controls (*pl.*); (*naut.*) station: **Uomini ai posti di m.!**, all hands to their stations! □ (*anche fig.*) **spazio di m.**, room for manoeuvre; leeway.

manovràbile, *a.* manoeuvrable, maneuverable (*USA*).

manovrabilità, *f.* manoeuvrability, maneuverability (*USA*); (*di aereo*) controllability.

manovràre, **A** *v. t.* **1** (*fare manovre*) to manoeuvre, to maneuver (*USA*); (*guidare*) to steer, to handle; (*azionare*) to operate: **m. una nave**, to steer a ship; **m. una barca**, to handle a boat; **m. un meccanismo**, to operate a machine **2** (*ferr.*) to shunt: **m. lo scambio**, to shunt a train **3** (*fig.*) to conduct; to manage; to control; to handle **4** (*fig.: manipolare*) to manoeuvre; to influence; to manipulate. ● (*fig.*) **m. q. come si vuole**, to have sb. in one's pocket (*fam.*). **B** *v. i.* **1** to manoeuvre, to maneuver (*USA*) **2** (*fig.: brigare*) to manoeuvre; to scheme; to plot.

manovràto, *a.* **1** manoeuvred, maneuvered (*USA*) **2** (*fig.*) influenced; manipulated **3** (*calcio*) tactical. ● (*mil.*) **guerra manovrata**, open warfare.

manovratóre, *m.* (*f.* **-trice**) **1** operator; (*di tram*) (tram) driver **2** (*ferr.*) signalman*; (*scambista*) pointsman* (*GB*), shunter, switchman* (*USA*) **3** (*fig.*) manoeuvrer, maneuverer (*USA*).

manovrièro, **A** *a.* **1** (*di manovra*) manoeuvring, maneuvering (*USA*) **2** (*che si manovra bene*) manoeuvrable; (*anche naut.*) easy, handy. **B** *m.* (*fig.*) manoeuvrer, maneuverer (*USA*); schemer.

manrovèscio, *m.* **1** (*ceffone*) backhander **2** (*colpo di spada*) back-handed blow; backstroke.

mansàlva, *V.* **a man salva**, *sotto* **mano**.

mansàrda, *f.* **1** (*archit.*) mansard: **tetto a m.**, mansard roof **2** (*appartamento*) attic; top-floor flat.

mansionàrio, *m.* job description.

mansióne, *f.* (*spesso pl.*) (*incarico*) office, capacity, function; (*istruzioni, specialm. polit.*) brief; (*compito*) task, job; (*dovere*) duty: **Ho partecipato al progetto con mansioni consultive**, I was involved with the project in an advisory capacity; **Non conosco ancora le mie mansioni**, I still don't know what my duties are (*o* what my job entails); **svolgere le proprie mansioni**, to perform one's duty; to do one's job; **nella mia m. di tesoriere...**, in my capacity as a treasurer...; **mansioni impiegatizie [direttive]**, clerical [managerial] duties. ● **avere le mansioni di presidente**, to act as chairman □ **avere mansioni direttive**, to be an executive.

mànso, *m.* (*stor.*) manse; hide of land.

mansuefàre, **A** *v. t.* (*anche fig.*) to tame. **B** **mansuefàrsi**, *v. i. pron.* to become* tame (*o* docile); to grow* submissive.

mansuèto, *a.* **1** (*addomesticato*) tame **2** (*mite, docile*) tame; meek; gentle; docile.

mansuetùdine, *f.* **1** tameness **2** (*mitezza, docilità*) mildness; tameness; meekness; gentleness; docility.

mànta, *f.* (*zool., Manta birostris*) manta (ray); devilfish.

mantèca, *f.* (*pomata*) pomade; (*impasto*) paste.

mantecàre, *v. t.* to cream; (*addensare*) to thicken.

mantecàto, **A** *a.* creamed; (*cremoso*) creamy; (*reso denso*) thickened. **B** *m.* soft ice-cream.

mantèlla, *f.* (*corta*) cape; (*lunga*) cloak.

mantellina, *f.* cape.

mantèllo, *m.* **1** (*lungo*) cloak, mantle; (*corto*) cape; (*soprabito*) overcoat, coat: **un m. col cappuccio**, a hooded cloak; **m. da sera**, opera cloak; **il nero m. della notte**, Night's black mantle **2** (*fig.*) *V.* **manto**, *def. 2* **3** (*di animali a pelo corto*) coat; (*di animali a pelo lungo*) fur **4** (*mecc.*) shell **5** (*geol.*) mantle.

mantenére, **A** *v. t.* **1** to maintain; to keep*; (*reggere*) to hold*; (*continuare*) to keep* up: **m. immobile**, to keep steady; **m. il silenzio**, to hold one's tongue; to keep silent; **m. la pace e l'ordine**, to maintain peace and order; (*mil.*) **m. una posizione**, to hold a position; **m. un segreto**, to keep a secret; **m. fermi i propri propositi**, to stick (*o* to hold fast) to one's intentions; **m. q. in vita**, to keep sb. alive; **m. viva la memoria di q.**, to keep sb.'s memory alive (*o* green); to keep up the memory of sb. **2** (*sostenere*) to support; to maintain; to keep*: **m. una famiglia**, to support (*o* to maintain, to keep) a family; **m. un figlio all'università**, to maintain a son at university; **m. un'amante**, to keep a mistress **3** (*adempiere*) to keep*, to carry out; (*soddisfare*) to fulfil: **m. i propri propositi**, to carry out one's plans; **m. la parola data**, to keep one's word; **non m. la parola (data)**, to go back on (*o* upon) one's word; **m. una promessa**, to keep (*o* to fulfil) a promise **4** (*sostenere*) to maintain; to uphold*; (*difendere*) to support, to defend; (*conservare*) to preserve: **m. un'asserzione**, to maintain a statement; **m. il proprio buon nome**, to maintain one's reputation. ● **m. una corrispondenza con q.**, to keep up a correspondence with sb. □ **m. le strade** (*in buono stato*), to maintain roads □ (*naut.*) **m. la rotta**, to stand on □ **m. le proprie idee**, to stick to one's guns (*fam.*) □ **non m. un appuntamento**, to break an appointment □ **Lo dico e lo mantengo**, I mean what I say. **B** **mantenersi**, *v. rifl.* **1** to keep* (oneself); to maintain oneself; (*serbarsi*) to remain: **m. libero**, to keep oneself free; **m. sano**, to keep (oneself) in good health; **m. uniti**, to keep (together); **m. calmo**, to keep (*o* to remain) calm; to keep one's (*o* a level) head (*fam.*); to keep one's wits about one (*fam.*); **m. fedele a q.**, to be (*o* to remain) loyal (*o* faithful) to sb.; to hold true to sb.; **m. in forma** (*o* **in gamba**), to keep fit; **m. in contatto con q.**, to keep in touch with sb.; **m. a galla**, to keep afloat **2** (*sostentarsi*) to earn one's living; to keep* oneself; to live: **m. col proprio lavoro**, to earn one's living; **Non ha di che m.**, he has no means; **Si mantiene facendo lavori saltuari**, he earns his living by doing odd jobs; **non avere da m.**, not to have enough to live on; **Si mantiene lautamente**, he lives in luxury. ● **m. bene** (*avere un aspetto giovanile*), to look very well (for one's age) □ **m. di pari passo con q.**, to keep up with sb. □ **m. in corrispondenza con q.**, to keep up a correspondence with sb. □ **m. in equilibrio**, (*essere in equilibrio*) to be balanced; (*non perdere l'equilibrio*) to keep one's balance □ **m. in forze**, to keep up one's strength. **C** **mantenérsi**, *v. i. pron.* to keep*; to remain: **Il tempo si mantenne bello**, the weather kept fine; **In frigo si manterrà per una settimana**, it will keep for a week in the fridge; **I prezzi si mantennero bassi**, prices remained low.

manteniménto, *m.* **1** maintenance; keeping; (*conservazione*) preservation: **il m. dell'ordine pubblico**, the maintenance of public order; **il m. delle istituzioni democratiche**, the preservation of democratic institutions **2** (*osservanza*) keeping, observance; (*adempimento*) fulfilment: **il m. d'una promessa**, the keeping (*o* fulfilment) of a promise **3** (*sostentamento*) maintenance; support; keep: **il m. di una famiglia**, the support of a family; **provvedere al m. di q.**, to support sb.; **provvedere al proprio m.**, to earn one's keep **4** (*leg.: alimenti*) alimony **5** (*manutenzione*) maintenance; upkeep: **il m. degli edifici pubblici**, the upkeep of public buildings. ● (*med.*) **dose di m.**, maintenance dose.

mantenitóre, *m.* (*f.* **-trice**) **1** maintainer; keeper; preserver: : **m. della parola data**, word-keeper **2** (*sostenitore*) supporter.

mantenùta, *f.* (*spreg.*) kept woman*; mistress.

mantenùto, *m.* (*spreg.*) gigolo.

màntica, *f.* (art of) divination.

màntice, *m.* **1** bellows (*sing.* o *pl.*): **un m.**, a (pair of) bellows; **azionare un m.**, to pump (*o* to work) a bellows **2** (*di strumenti mus.*) set of bellows **3** (*di carrozza, auto, ecc.*) hood; (folding) top (*USA*) **4** (*fotogr.*) bellows (*pl.*) **5** (*ferr.*) diaphragm. ● **a m.**, folding; accordion (*attr.*); concertina (*attr.*) □ (*fam.*) **soffiare come un m.**, to puff and blow; to puff (*o* to blow) like a grampus.

màntico, *a.* divinatory.

manticora, *f.* (*mitol.*) manticore; manticora.

màntide, *f.* (*zool., Mantis religiosa*) (praying) mantis*.

mantiglia, *f.* mantilla.

mantiglio, *V.* **amantiglio**.

mantissa, *f.* (*mat.*) mantissa.

mànto, *m.* **1** mantle: **il m. reale**, the royal mantle **2** (*fig.: coltre*) mantle; blanket: **un m. di neve**, a blanket (*o* mantle) of snow; **un m. di vegetazione**, a mantle of vegetation **3** (*fig.: superficie*) surface: **m. d'asfalto**, asphalt surface; **m. stradale**, road surface **4** (*fig.: apparenza*) cloak; disguise; pretence: **sotto il m. dell'amicizia**, under the cloak of friendship **5** (*fig.: protezione*) mantle; wings (*pl.*) **6** (*arald.*) mantling.

Màntova, *f.* (*geogr.*) Mantua.

mantovàna, *f.* **1** (*archit.*) gableboard **2** (*di tendaggio*) pelmet; valance.

mantovàno, *a.* e *m.* (*f.* **-a**) Mantuan (*f.* Mantuan woman*).

màntra, *m. invar.* (*induismo*) mantra.

manuale (1), *a.* manual: **arti manuali**,

manual arts; **lavoro m.**, manual work; **comando m.**, manual control; **abilità m.**, manual skill; deftness; dexterity.

manuàle (2), *m.* **1** handbook; (*elementare*) primer; (*d'istruzioni*) manual, workbook: **un m. di storia**, a history handbook; **un manualetto di latino**, a Latin primer; **un m. di stenografia**, a shorthand manual **2** (*tastiera d'organo*) manual; keyboard. ● (*fig.*) **da m.**, perfect; copybook (*attr.*): **un caso da m.**, a copybook case; a perfect example; **un atterraggio da m.**, a copybook landing.

manualista, *m.* e *f.* manualist; compiler (of manuals, of handbooks).

manualistica, *f.* manuals (*pl.*); handbooks (*pl.*).

manualistico, *a.* **1** of a handbook; manual-like **2** (*fig.*: *superficiale*) superficial; sketchy; derivative.

manualità, *f.* **1** manual character **2** (*abilità manuale*) manual ability; dexterity; deftness: **avere una buona m.**, to have manual ability; to be deft (*o* manually skilled); to be clever with one's hands (*fam.*).

manualizzàre, *v. t.* **1** to render manual **2** (*compendiare in un manuale*) to put* into manual form.

manualménte, *avv.* manually; by hand.

manùbrio, *m.* **1** handle **2** (*di bicicletta, motocicletta*) handlebar **3** (*ginnastica*) dumbbell; barbell **4** (*anat.*) manubrium*.

manufàtto, **A** *a.* handmade. **B** *m.* manufactured article (*o* product); manufacture; (*artigianale*) artefact; (*ind. tess.*) textile: **esportare manufatti**, to export manufactured products; **manufatti di cotone**, cotton textiles.

manùl, *m.* (*zool.*, *Felis manul*) manul.

manulateralità, *f.* handedness.

manu militari (*lat.*), *locuz. avv.* by (*o* with recourse to) military force.

manutèngolo, *m.* (*f.* **-a**) **1** (*complice*) accomplice; sidekick (*pop.*) **2** (*mezzano*) go-between.

manutentivo, *a.* maintenance (*attr.*); upkeeping.

manutentóre, **A** *a.* maintenance; servicing. **B** *m.* maintenance (*o* service) man*; (*ditta*) maintenance firm.

manutenzióne, *f.* maintenance; upkeep; (*riparazione*) repair; (*di macchine e sim.*) service, servicing: **la m. d'un edificio**, the upkeep of a building; **m. ordinaria**, routine maintenance; ordinary repairs (*pl.*); (*mecc.*) periodical servicing; **m. straordinaria**, extraordinary (*o* extra) repairs (*pl.*); **costi di m.**, maintenance costs; **costi di m. di un'auto**, upkeep of a car; **servizio di m.**, maintenance service; **stato di m.**, state of repair; **eseguire la m. di q.c.** (*o* **sottoporre q.c.**) **a m.**, to service st.

manutèrgio, *m.* (*eccles.*) manutergium*.

mànẓa, *f.* heifer.

manẓanìglio, *m.* (*bot.*) manzanillo.

manzanilla (*spagn.*), *f. invar.* manzanilla.

mànẓo, *m.* **1** (*zool.*) steer **2** (*carne macellata*) beef: **m. arrosto**, roast beef; **brodo di m.**, beef stock; beef-tea; **lesso di m.**, boiled beef.

manẓonìano, **A** *a.* of Manzoni; Manzoni's. **B** *m.* (*f.* **-a**) follower of Manzoni; imitator of Manzoni.

maoiṣmo, *m.* (*polit.*) Maoism.

maoista, *m.* e *f.* (*polit.*) Maoist.

maoistico, *a.* Maoist.

maomettàno, *a.* e *m.* (*f.* **-a**) Mohammedan.

maomettiṣmo, *m.* Mohammedanism.

Maométto, *m.* Mohammed.

maóna (1), *f.* (*naut.*) lighter; barge.

maóna (2), *f.* (*stor.*) guild.

maònia, *f.* (*bot.*, *Mahonia aquifolia*) mahonia.

maòri, *a.*, *m.* e *f.* Maori (*f.* Maori woman*).

màppa, *f.* **1** map; (*di città o zona*) plan; (*carta naut.*) chart: **m. catastale**, cadastral map; **m. geologica**, geological map; **una m. del cielo**, a map of the heavens; (*biol.*) **m. cromosomica**, genetic map **2** (*fig.*) map: **una m. del volontariato**, a map of volunteer organizations **3** (*di chiave*) bit.

mappàle, (*bur.*) **A** *a.* of a cadastral map. **B** *m.* cadastral map.

mappamóndo, *m.* **1** map of the world **2** (*globo*) globe: **m. celeste**, celestial globe.

mappàre, *v. t.* to map.

mappatùra, *f.* mapping.

maquette (*franc.*), *f. invar.* maquette.

maquillage (*franc.*), *m. invar.* **1** (*trucco*) make-up **2** (*fig.*) cosmetic treatment.

maquis (*franc.*), *m. invar.* (*polit.*, *stor.*) Maquis.

marabù (1), *m.* (*zool.*, *Leptoptilus crumeniferus*) marabou.

marabù (2), *m.* (*tessuto*) marabou.

marabùtto, *m.* (*in tutti i sensi*) marabout.

maraca (*portoghese*), *f. invar.* (*mus.*) maraca.

marachèlla, *f.* prank; escapade; mischief (*sing. collett.*): **Chissà che marachelle stanno combinando**, I wonder what pranks (*o* what kind of mischief) they are up to; **una m. di ragazzi**, a childish escapade; **fare marachelle**, to get into mischief.

maracujá (*portoghese*), *m. invar.* (*bot.*) passion-fruit.

maragià, *m.* maharaja(h).

maramaldeggiàre, *v. i.* to hit* a man when he is down; to bully people.

maramàldo, *m.* person who attacks the defenceless; bully. ● **fare il m.**, *V.* **maramaldeggiare**.

maramào, **maramèo**, *inter.* (*fam.*) sucks to you!; forget it! ● **fare m.**, to cock a snook (at sb.); to thumb one's nose (at sb.).

marangóne, *m.* (*zool.*, *Phalacrocorax carbo*) cormorant. ● **m. dal ciuffo** (*Phalacrocorax aristotelis*), green cormorant; shag.

maràsca, *f.* (*bot.*) morello (cherry).

maraschino, *m.* maraschino.

maràsco, *m.* (*bot.*, *Prunus cerasus*) morello tree.

maràṣma, *m.* **1** (*med.*) marasmus: **m. senile**, senile marasmus; senility **2** (*fig.*: *decadenza*) decay; (progressive) decline: **m. intellettuale**, intellectual decay **3** (*fig.*: *confusione*) total chaos; total shambles (*sing.*).

maràsso, *m.* (*zool.*, *Vipera berus*) viper.

Maratóna, *f.* (*geogr.*) Marathon.

maratóna, *f.* **1** (*sport*) Marathon (race) **2** (*estens.*: *camminata*) long walk; trek; long haul **3** (*gara di resistenza*) marathon: **m. di ballo**, dance marathon **4** (*fig.*: *lavoro lungo*) long haul.

maratonèta, *m.* e *f.* (*sport*) Marathon runner; long-distance runner.

maràtto, **A** *a.* Marathi. **B** *m.* **1** Maratha **2** (*lingua*) Marathi.

maravìglia, e *deriv. V.* **meraviglia**, e *deriv.*

màrca (1), *f.* **1** (*ind.*) brand (name); trademark; (*fabbricazione*) make: **m. depositata**, registered trademark; **una m. sconosciuta**, an unknown brand; **le migliori marche**, the best brands; **una nota m. di orologi**, a well-known make of watches; **Di che m. è la tua auto?**, what make is your car?; **di m.**, branded; high-quality; first-class; **articoli di m.**, branded goods; **una bicicletta di m.**, a first-class bicycle **2** (*scontrino*) check; token **3** (*bollo*) stamp: **m. da bollo**, revenue stamp **4** (*marchio*) brand **5** (*fig.*: *impronta*) nature; character; stamp: **un attentato di chiara m. terroristica**, an attack with the terrorist stamp on it. ● (*naut.*) **m. di bordo libero**, Plimsoll mark.

màrca (2), *f.* (*stor.*) march; marchland.

marcaménto, *m.* (*sport*) marking.

Marcantònio, *m.* (*stor.*) Mark Antony.

marcantònio, *m.* (*fam.*) **1** (*uomo*) big (*o* hefty) man*; bruiser (*fam.*) **2** (*donna*) tall big woman*.

marcapèzzi, *m.* e *f. invar.* (*tecn.*) marker.

marcapiàno, *m.* (*archit.*) string-course.

marcapùnto, *m.* (*strumento da calzolaio*) pricker; pricking wheel.

marcàre, *v. t.* **1** (*contrassegnare*) to mark; (*a fuoco*) to brand: **m. la biancheria**, to mark the linen; **m. il bestiame**, to brand the cattle **2** (*fig.*: *far spiccare*) to stress; to underscore; to emphasize: **m. una linea**, to emphasize a line **3** (*sport*: *un avversario*) to mark; (*segnare*) to score: **m. a uomo**, to mark man to man; **m. un goal**, to score a goal **4** (*chim.*) to mark. ● **m. i punti**, to keep the score □ (*mil. e estens.*) **m. visita**, to report sick; (*fingersi malato*) to malinger.

marcaṣite, **marcassite**, *f.* (*miner.*) marcasite.

marcatèmpo, *m. invar.* **1** (*persona*) time-keeper **2** (*strumento*) time-recorder.

marcàto, *a.* **1** marked; (*a fuoco*) branded **2** (*ben distinto*) marked; pronounced; prominent: **lineamenti marcati**, marked features; **un m. accento straniero**, a marked foreign accent **3** (*ling.*) marked.

marcatóre, *m.* (*f.* **-trice**) **1** marker; (*a fuoco*) brander **2** (*sport*: *chi marca un avversario*) marker; (*chi segna un punto*) scorer **3** (*penna*) marker **4** (*chim.*, *med.*) marker.

marcatrìce, *f.* (*tecn.*) marking machine.

marcatùra, *f.* **1** (*il marcare*) marking; (*a fuoco*) branding **2** (*sport*: *marcamento*) marking; (*punto*) point; (*totale dei punti*) score.

Marcèllo, *m.* Marcellus.

marcescènte, *a.* (*lett.*) decaying; rotting; marcescent (*lett.*).

marcescènza, *f.* (*lett.*) decay; marcescence (*lett.*).

Màrche, *f. pl.* (*geogr.*) (the) Marches.

marchéṣa, *f.* marchioness; (*non inglese*) marquise.

marcheṣàto, *m.* marquisate.

marchéṣe, *m.* marquess; (*non inglese*) marquis.

Marchési, *f. pl.* (*geogr.*) (the) Marquesas (Islands).

marcheṣina, *f.* daughter of a marquis.

marcheṣino, *m.* son of a marquis.

marchétta, *f.* **1** (*marca assicurativa*) (insurance) stamp **2** (*nelle case di tolleranza*) (prostitute's) token **3** (*pop.*: *prostituta*) prostitute, streetwalker, working girl (*pop.*); (*prostituto*) male prostitute, rent boy (*pop.*): **fare marchette**, to be a prostitute; to turn tricks (*pop.*).

marchettàra, *f.* **marchettàro**, *m.* (*region.*) *V.* **marchetta**, *def. 3.*

marchiàno, *a.* enormous; huge; gross: **spropositi marchiani**, gross mistakes.

marchiàre, *v. t.* **1** to mark; to stamp; (*a fuoco*) to brand; (*oggetti di metallo*) to hallmark: **m. il bestiame**, to brand the cattle **2** (*fig.*) to brand; to label: **m. q. come traditore**, to brand sb. traitor; **m. d'infamia**, to brand with infamy.

marchigiàno, **A** *a.* of the Marches; from the Marches. **B** *m.* (*f.* **-a**) inhabitant of the Marches; native of the Marches.

marchingégno, *m.* **1** contraption; gadget **2** (*fig.*) expedient; ruse; dodge (*fam.*).

màrchio, *m.* **1** mark; (*bollo*) stamp: **m. di fabbrica**, trademark; (*su ceramiche*) factory mark; (*su argenti*) hallmark **2** (*ind.*) brand (name), trademark; (*fabbricazione*) make **3** (*per animali*) brand **4** (*strumento per marchiare a fuoco*) brand(ing) iron **5** (*fig.*) brand; label; mark: **il m. del traditore**, the brand of a traitor; **un m. d'infamia**, a brand (*o* mark) of infamy.

marchionàle, *a.* of a marquis (*o* marquess).

màrcia (1), *f.* **1** (*anche mil.*) march: **una m. di dieci miglia**, a ten-mile march; **m. forzata**, forced march; **una giornata di m.**, a day's march; **essere in m.**, to be on the march; **aprire la m.**, to lead the march; **chiudere la m.**, to bring up the rear; **m. della pace [di protesta]**, peace [protest] march; (*stor.*) **la m. su Roma**, the march on Rome **2** (*autom.*) gear; speed: **mettere la m.**, to put the car in gear; **m. avanti**, forward gear (*o* speed): **andare a**

m. avanti, to go in forward gear; **m. indietro**, reverse (gear): **mettere la m. indietro**, to go into reverse; **In che m. sei?**, what gear are you in?; **cambio a quattro marce**, four-speed gearbox ***3*** (*sport*) walk ***4*** (*mus.*) march: **m. funebre**, dead (*o* funeral) march; **m. militare**, military march; **m. nuziale**, wedding march. ● (*mecc.*) **m. sovramoltiplicata**, overdrive □ **procedere a marce forzate**, (*mil.*) to proceed by forced marches; (*fig.*) to put on extra speed □ (*fig.*) **avere una m. in più**, to have an edge on (*o* over) sb.; to be a cut above □ (*autom.*) **cambio di m.**, shift □ **fare m. indietro**, (*autom.*) to reverse, to back; (*naut.*) to go astern; (*fig.*) to back out (on what one has said), to back down, to backtrack, to back-pedal, to climb down □ (*fig.*) **fare una veloce m. indietro** (*per paura*), to beat a hasty retreat □ (*autom.*) **inversione di m.**, U-turn □ (*autom.*) **mettere in m.**, to start up □ **mettersi in m.**, to set off □ (*autom.*) **tirare le marce**, to get the maximum out of the gears □ **uscire a m. indietro**, to back out.

màrcia (2), *f.* (*pop.*) pus; matter.

marcialónga, *f.* ***1*** (*sci*) cross-country ski race ***2*** (*podismo*) marathon walk.

marciàno, *a.* St. Mark's (*attr.*): **biblioteca marciana**, St. Mark's Library; **codice m.**, codex in St. Mark's Library.

marciapiède, *m.* ***1*** pavement; sidewalk (*USA*) ***2*** (*ferr.*) platform ***3*** (*naut.*) footrope. ● **battere il m.** (*fare la prostituta*), to walk the streets (*pop.*) □ **donna da m.**, prostitute; streetwalker.

marciàre, *v. i.* ***1*** (*mil.*) to march: **m. quaranta miglia al giorno**, to march forty miles a day; **m. in coda**, to bring up the rear; **m. in testa**, to lead the march ***2*** (*sport*) to walk ***3*** (*fam.*: *di veicolo*) to go*, to run*; (*funzionare*) to work. ● (*fig.*) **m. diritto**, to behave properly; to toe the line □ (*fam. region.*) **Lui ci marcia**, he makes capital out of it.

marciatóre, *m.* (*f.* **-trice**) ***1*** marcher ***2*** (*atleta*) walker.

màrcio, **A** *a.* ***1*** rotten; putrid; bad (*attr.*); gone bad (*pred.*); decayed: **acqua marcia**, putrid water; **legname m.**, rotten wood; **terra marcia**, rotten ground; **un dente m.**, a decayed (*o* bad) tooth; **un uovo m.**, a rotten (*o* bad) egg; **carne marcia**, rotten (*o* putrid) meat ***2*** (*fig.*) rotten; corrupt; depraved: **avere il cuore m.**, to be rotten to the core; to be rotten at heart; **una società marcia**, a corrupt society; **gente marcia**, depraved people. ● **a tuo m. dispetto**, in spite of you □ **avere torto m.**, to be dead wrong. **B** *m.* ***1*** rottenness; badness; (*parte marcia*) rotten part, rot, (the) bad: **tagliare via il m.**, to cut out the rotten part (*o* the rot); **Ci dev'essere qualcosa di m. in frigo**, there must be something rotten (*o* gone bad) in the fridge ***2*** (*fig.*: *corruzione, depravazione*) rottenness; rot; corruption; depravity: **Il m. cominciava ad affiorare dovunque**, the rot began to show up everywhere; **il m. della società**, the corruption of society ***3*** (*pus*) pus; matter. ● **C'è del m. in quella storia**, there is something very wrong with that story □ **puzzare di m.**, to smell rotten □ **sapere di m.**, to taste rotten.

marcire, *v. i.* ***1*** to rot; to decay; to putrefy; (*di cibo*) to go* bad: **Il legno marcisce presto in questo clima**, wood rots easily in this climate; **Queste mele stanno marcendo**, these apples are going bad ***2*** (*di ferita, piaga*) to suppurate; to fester ***3*** (*della canapa e sim.*: *macerare*) to macerate; to ret ***4*** (*fig.*) to rot; to waste away: **essere lasciato a m. in prigione**, to be left to rot in jail; **m. nell'ozio**, to waste away in idleness.

marcita, *f.* water-meadow.

marcitóio, *m.* macerating vat; retting pit.

marciùme, *m.* ***1*** rot; rottenness ***2*** (*pus*) pus; matter ***3*** (*fig.*) corruption; depravity; rottenness.

Màrco, *m.* Mark; (*nome romano*) Marcus.

màrco, *m.* (*moneta*) mark.

Màrco Aurèlio, *m.* (*stor.*) Marcus Aurelius.

marcofilìa, *f.* hobby of collecting duty stamps.

marconigrafia, *f.* wireless telegraphy.

marconigràmma, *m.* marconigram; radiogram.

marconista, *m. e f.* wireless (*o* radio) operator.

marconiterapia, *f.* (*med.*) diathermy.

marcorèlla, *f.* *V.* **mercuriale (3)**.

màre, *m.* ***1*** sea: **Il m. è calmo come l'olio**, the sea is as still as a millpond; **il fondo del m.**, the bottom of the sea; the sea bottom; **al di là dei mari**, beyond the seas; **in balìa del m.**, at the mercy of the sea; **saltare in m.**, to jump into the sea; **m. chiuso**, inland (*o* landlocked) sea ***2*** (*geogr.*) sea: **il M. Adriatico**, the Adriatic Sea; **il Mar Baltico**, the Baltic Sea; **il Mar dei Caraibi**, the Caribbean Sea; **il Mar Caspio**, the Caspian Sea; **il Mar della Cina**, the China Sea; **il Mar del Giappone**, the Japan Sea; **il M. del Nord**, the North Sea; **il M. d'Irlanda**, the Irish Sea; **il M. Mediterraneo**, the Mediterranean Sea; **il Mar Morto**, the Dead Sea ***3*** (*naut.*) sea: **m. agitato**, rough sea; **m. calmo**, calm sea; **m. corto** (*o* **rotto**), choppy sea; **m. di poppa**, following sea; **m. di prua**, head sea; **m. di traverso**, sea abeam; **m. grosso**, heavy (*o* very rough) sea; **m. in bonaccia**, calm (*o* smooth) sea; **m. in burrasca**, stormy sea; **m. leggermente mosso**, slight sea; **m. libero**, open sea; **m. lungo**, long sea; **m. mosso**, moderate sea; **m. piatto**, smooth sea; **m. tempestoso**, very high sea; **m. vecchio** (*o* **morto**), hollow sea; swell; **calare in m. le scialuppe**, to lower the boats; **mettersi in m.**, to take to the sea; **prendere il m.**, to put (out) to sea; **tenere il m.**, to keep the sea ***4*** (*luogo al mare*) seaside: **andare al m.**, to go to the seaside; **luogo di villeggiatura al m.**, seaside resort ***5*** (*astron.*) mare*; sea: **m. lunare**, lunar sea ***6*** (*fig.*: *grande estensione*) sea; ocean: **un m. d'erba**, a sea of grass ***7*** (*fig.*: *grande quantità*) sea; flood; multitude; crowd: **un m. di guai**, a sea of troubles; deep trouble: **essere in un m. di guai**, to be in deep trouble; **un m. di gente**, a crowd of people; a multitude; **un m. di lacrime**, a flood of tears; **un m. di luce**, a flood of light; **un m. di roba**, heaps of things; **un m. di sangue**, a sea (*o* seas) of blood; **un m. di volti**, a sea of faces. ● **un m. di scienza**, a well of learning □ (*fig. scherz.*) **m. magno**, great confusion; bustle: **nel m. magno della metropoli**, in the bustle of the metropolis □ (*fig.*) **un m. senza fondo**, a bottomless pit □ **acqua di m.**, sea-water; salt water □ **andare per m.**, to go to sea; (*come professione*) to take up seafaring □ **aria di m.**, sea-air □ **atto a tenere il m.**, seaworthy □ **azzurro come il m.**, sea-blue □ **bagni di m.**, sea-bathing □ **battere i mari**, to scour the seas □ **brezza di m.**, sea breeze □ **braccio di m.**, inlet □ **cadere in m.**, to fall into the sea; (*da una nave*) to fall overboard □ (*fig.*) **cercare per terra e per m.**, to search high and low; to look all over the place □ **circondato dal m.**, surrounded by the sea; sea-girt □ **città di m.**, sea(side) town □ **colpo di m.**, sea; green sea □ **correre il m.** (*dei corsari*), to rove the sea □ **avere il dominio dei mari**, to rule the seas □ **frutti di m.**, sea-food (*sing.*); shell-fish □ **gente di m.**, seafaring people; seamen □ (*naut.*) **gettare in m.**, to throw overboard; (*per diminuire il carico*) to jettison □ (*fig.*) **una goccia nel m.**, a drop in the ocean □ **in alto m.**, at sea; on the open sea □ **Le trattative sono ancora in alto m.**, the talks are far from a solution □ (*fig.*) **Siamo ancora in alto m.**, we have still a long way to go □ **in m. aperto**, off shore □ **il livello del m.**, the sea-level □ **lupo di m.**, sea-dog □ **mal di m.**, seasickness □ **nato dal m.**, sea-born □ **nave di alto m.**, seagoing ship □ **per mari e per monti**, high and low; up hill and down dale □ **pesci di m.**, sea-fish □ (*fig.*) **portare acqua al m.**, to carry coals to Newcastle □ **porto di m.**, seaport □ (*fig.*) **La nostra casa è un porto di m.**, our house is like a railway station □ **promettere mari e monti**, to promise the moon (*o* the earth) □ **la riva del m.**, the seaside; (*litorale*) the seashore □ **sbattuto dal m.**, sea-tossed □ **scendere in m.** (*di nave che si vara*), to take the sea □ **sepoltura in m.**, burial at sea □ **solcare i mari**, to plough the seas (*o* the waves) □ **spedire via m.**, to send by sea; (*comm.*) to ship □ **spuma di m.**, sea-foam □ **uccello di m.**, sea-bird; sea-fowl □ **uomo di m.**, seaman; sailor; seafarer; mariner (*lett.*) □ **Uomo in m.!**, man overboard! □ **vento di m.**, sea breeze □ **verde m.**, sea-green □ **la vita del m.**, a seafaring life □ **viaggiare per terra e per m.**, to travel by land and sea □ (*prov.*) **Loda il m. e tienti alla terra** (*o* **alla riva**), praise the sea, but keep on land.

marèa, *f.* ***1*** (*naut.*) tide: **alta [bassa] m.**, high [low] tide; **m. crescente [discendente]**, flood [ebb] tide; **m. massima [minima]**, spring [neap] tide; **acque di m.**, tide waters; **altezza della m.**, height of the tide; tidal rise; **linea di m.**, tidemark; water mark; **livello dell'alta m.**, high-water level; **onda di m.**, tidal wave; (*alla foce di un fiume*) bore; **stretta di m.**, tide gate; **tavola della m.**, tide table; **La m. è favorevole**, the tide serves; **partire con la m.**, to sail with the tide ***2*** (*massa fluida*) sea: **una m. di fango**, a sea of mud ***3*** (*fig.*) sea; (*flusso*) stream; (*folla*) crowd; (*grande quantità*) mass: **una m. di ombrelli**, a sea of umbrellas; **una m. di gente**, a stream of people.

mareggiàre, *v. i.* ***1*** to surge; to swell ***2*** (*fig.*) to fluctuate: **il m. della folla**, the fluctuating of the crowd.

mareggiàta, *f.* sea storm.

maréggio, *m.* undulation.

marémma, *f.* maremma*; seaside marshland: **la M.**, the Maremma.

maremmàno, **A** *a.* maremma (*attr.*); of the Maremma. ● **febbre maremmana**, marsh fever; malaria fever. **B** *m.* (*f.* **-a**) inhabitant of the Maremma; native of the Maremma.

maremòto, *m.* (*non scient.*) submarine earthquake; seaquake. ● **onda di m.**, tsunami; tidal wave.

mareogràfico, *a.* marigraphic.

mareògrafo, *m.* marigraph.

mareogràmma, *m.* marigram.

mareòmetro, *m.* tide gauge.

marescià̀lla, *f.* ***1*** marshal's wife ***2*** (*scherz.*) formidable woman*; sergeant-major; dragon.

marescià̀llo, *m.* ***1*** (*sottufficiale*) warrant officer ***2*** (*ufficiale*) field marshal; marshal: **m. di Francia**, Marshal of France ***3*** (*stor.*) marshal. ● **m. d'alloggio**, quartermaster □ **m. di campo**, field-marshal □ **bastone di m.**, field marshal's baton □ (*fig.*) **ottenere il bastone di m.**, to rise to the highest rank.

marétta, *f.* ***1*** choppy (*o* short) sea: **C'è m. oggi**, the sea (*o* it) is choppy today ***2*** (*fig.*) tension; friction: **C'è m. nella coalizione di governo**, there is friction in the government coalition; **C'è m. in ufficio oggi**, tempers are running short in the office today. ● (*fig.*) **fare m.**, to stir the waters; to rock the boat.

marezzàre, *v. t.* to marble; to vein; (*stoffe*) to water; (*vetri*) to wave.

marezzàto, *a.* marbled; veined; (*di stoffe*) watered, moiré; (*di vetri*) waved: **carta marezzata**, marbled paper; **marmo m.**, veined marble; **seta marezzata**, watered silk; moire.

marezzatùra, *f.* marbling; (*di stoffe*) watering.

marézzo, *m.* marbling; (*di stoffe*) watering; (*di vetri*) wave, waving.

margàrico, *a.* (*chim.*) margaric.

margarina, *f.* (*cucina*) margarine; marge (*fam.*).

margarinàre, *v. t.* to mix with margarine.

margarite, *f.* (*miner.*) margarite.

Margherita, *f.* Margaret.

margherita, A *f.* **1** (*bot.*, *Chrysanthemum leucanthemum*) (oxeye) daisy; marguerite; moonflower: **cospargere di margherite**, to cover with daisies; **sfogliare una m.**, to pluck the petals of a daisy **2** (*di macchina da scrivere*) daisy wheel. **B** *a. invar.* – **pasta m.**, sponge; **torta m.**, sponge cake; **pizza m.**, pizza with tomato and mozzarella cheese.

margheritina, *f.* **1** (*bot.*, *Bellis perennis*) daisy **2** (*perlina*) coloured glass bead.

marginàle, *a.* **1** marginal: **note marginali**, marginal notes; marginalia **2** (*fig.*, *anche econ.*) fringe (*attr.*); secondary; incidental: **costo m.**, marginal cost; **questione m.**, marginal (*o* incidental) question; **zona m.**, fringe area

marginalismo, *m.* (*econ.*) marginalism.

marginalista, *m.* e *f.* (*econ.*) marginalist.

marginalità, *f.* marginality.

marginalizzàre, *v. t.* to marginalize.

marginalizzazióne, *f.* marginalization.

marginalménte, *avv.* marginally; incidentally.

marginàre, *v. t.* **1** to edge; to border **2** (*tipogr.*) to margin.

marginàto, *a.* (*bot.*) marginate(d).

marginatóre, *m.* margin(al) stop.

marginatùra, *f.* **1** margining; edging **2** (*margine*) margination; border; edge **3** (*tipogr.*: *i regoli*) furniture; (*spazio*) margins (*pl.*).

màrgine, *m.* **1** margin; (*di un disegno*) border; (*orlo, ciglio*) edge, side, brink; (*sponda*) bank; (*labbro*) lip: **i margini di un libro**, the margins of a book; **lasciare un m.**, to leave a margin; **annotare q.c. in m.** (**a un libro**), to enter st. in the margin of a page; **il m. della strada**, the side of the road; **il m. d'un fosso**, the edge of a ditch; **il m. d'un precipizio**, the brink of a precipice; **il m. di una foglia**, the edge of a leaf; **il m. d'un fiume**, the bank of a river; the river-side; **i margini d'una ferita**, the lips of a wound **2** (*tipogr.*: *regolo*) furniture **3** (*comm.*) margin: **un m. di guadagno**, a margin of profit; **prezzi che offrono un buon m.**, prices affording a fair margin (of profit). ● (*sport*) **ai margini del campo**, on the sidelines □ **ai margini della legalità**, just inside the law □ **ai margini della società**, on the fringes of society □ (*fig.*) **in m.**, secondarily; collaterally □ **lasciare m. alla fantasia**, to give free play to one's imagination □ **postille in m.**, marginal notes; marginalia □ **vincere con largo m.**, to win by a wide margin.

margóne (1), *m. V.* **marna**.

margóne (2), *m.* (*gora di mulino*) millpond.

margòtta, *f.* (*agric.*) **1** (*ramo trapiantato*) layer **2** (*il metodo*) layerage; layering. ● **fare una m.**, to make a layer.

margottàre, *v. t.* (*agric.*) to layer.

margraviàto, *m.* (*stor.*) margraviate.

margràvio, *m.* (*stor.*) margrave.

Marìa, *f.* Mary; Maria.

Mariànna, *f.* Marian; Marianne; Mary Ann.

mariàno, *a.* (*relig.*) of Mary; Marian: **il mese m.**, the month of Mary; May.

maricoltóre, *m.* (*f.* **-trice**) mariculturist.

maricoltùra, *f.* mariculture.

marijuana (*spagn.*), *f. invar.* marijuana, marihuana; grass (*pop.*); weed (*pop.*); mary jane (*pop. USA*).

marimba, *f.* (*mus.*) marimba.

marina, *f.* **1** marine; navy: **m. mercantile**, merchant navy; mercantile marine; **la m. militare italiana**, the Italian Navy; **la m. inglese**, the British Navy; the Royal Navy; **prestar servizio in m.**, to serve in the Navy; **entrare** (*o* **arruolarsi**) **in m.** to join the Navy **2** (*costa*) marina, sea-coast; (*riva del mare*) seashore, seafront: **navigare lungo la m.**, to sail along the shore **3** (*lett.*: *mare*) sea; ocean; main (*lett.*) **4** (*pitt.*) marine; seascape. ● **fanteria di m.**, marines (*pl.*) □ **ufficiale di m.**, naval officer; officer in the Navy.

marinàio, *m.* **1** seaman*; sailor; mariner (*lett.*); seafarer (*lett.*) **2** (*pl.*) (*equipaggio*) crew (*sing.*); hands. ● (*mil.*) **m. comune di 1ª classe**, (*in G.B.*) ordinary seaman; (*in U.S.A.*) seaman apprentice □ (*mil.*) **m. comune di 2ª classe**, (*in G.B.*) junior seaman; (*in U.S.A.*) seaman recruit □ **m. scelto**, able seaman □ (*spreg.*) **m. d'acqua dolce**, landlubber □ **promessa da m.**, dicer's oath.

marinàra, *f.* **1** (*vestito*) sailor suit **2** (*cappello*) sailor hat. ● **colletto alla m.**, sailor collar □ **vestire alla m.**, to wear a sailor suit □ **nuotare alla m.**, to swim on one side □ **spaghetti alla m.**, spaghetti marinara; spaghetti with sea-food □ (*cucina*) **zuppa alla m.**, fish-soup.

marinàre, *v. t.* **1** (*cucina*) to marinade; to marinate; to pickle **2** (*fig.*) – **m. la scuola**, to play truant; to skive (off); to play hookey (*o* hooky) (*USA*); **m. una lezione**, to cut a class. ● (*scherz.*) **tenere q. [q.c.] a m.**, to keep sb. [st.] in pickle.

marinarésco, *a.* sailor-like; seaman-like; sailors' (*attr.*); naval; sea (*attr.*): **canzoni marinaresche**, sea songs; sea shanties; **gergo m.**, sailors' (*o* naval) jargon; **vita marinaresca**, seafaring life.

marinàro, A *a.* sea (*attr.*); maritime; naval; (*che va per mare*) seafaring; (*che è lungo il mare*) seaside: **le repubbliche marinare**, the maritime republics; **una nazione marinara**, a seafaring nation; **amare la vita marinara**, to love a seafaring life; **citta marinara**, seaside town. **B** *m. V.* **marinaio**.

marinàta, *f.* (*cucina*) marinade.

marinàto, (*cucina*) **A** *a.* marinated; pickled: **pesce m.**, pickled fish. ● (*fig.*) **fritto e m.**, quite settled. **B** *m.* (*vivanda marinata*) marinade.

marinerìa, *f.* (*marina mercantile*) marine; (*marina militare*) navy.

marinismo, *m.* (*letter.*) Marinism.

marinista, *m.* e *f.* (*letter.*) Marinist.

marinìstico, *a.* (*letter.*) of Marinism.

marinizzàre, *v. t.* (*tecn.*) to sea-waterproof.

marino, *a.* marine; sea (*attr.*); seaside (*attr.*): **acqua marina**, sea water; salt water; **animali marini**, sea (*o* marine) animals; **aria marina**, sea air; **brezza marina**, sea breeze; **correnti marine**, sea currents; **località marina**, seaside town; **piante marine**, sea (*o* marine) vegetation; **uccelli marini**, sea birds; **mostro m.**, sea monster; **alga marina**, seaweed; **un paesaggio m.**, a seascape; **blu m.**, navy blue; **verde m.**, sea green.

Màrio, *m.* Marius.

mariolerìa, *f.* **1** rascality; (*scherz.*) naughtiness **2** (*azione da mariolo*) swindle; (*scherz.*) prank.

mariòlo, *m.* **1** scoundrel; rascal; (*truffatore*) swindler; (*ladruncolo*) pilferer **2** (*scherz.*) rascal; naughty boy; scamp.

mariologìa, *f.* (*teol.*) Mariology.

mariológico, *a.* (*teol.*) of Mariology.

mariòlogo, *m.* (*f.* **-a**) (*teol.*) Mariologist.

marionétta, *f.* **1** marionette; puppet: **teatro delle marionette**, puppet theatre **2** (*fig.*) puppet; tool: **È una m. nelle loro mani**, he is a tool in their hands. ● **camminare come una m.**, to walk stiffly.

marionettìsta, *m.* e *f.* marionette player; puppet player.

marionettìstico, *a.* marionette (*attr.*); puppet (*attr.*).

marista, *a.* e *m.* (*eccles.*) Marist.

maritàbile, *a.* marriageable.

maritàle, *a.* **1** (*del marito*) marital: **autorità m.**, marital authority **2** (*del matrimonio*) conjugal.

maritalménte, *avv.* **1** (*da marito*) maritally **2** (*da coniuge*) conjugally; as if married.

maritàre, A *v. t.* **1** to marry; to marry off; to give* in marriage: **m. la propria figlia a un uomo ricco**, to marry one's daughter to a rich man; **m. tutte le figliole**, to marry off all one's daughters **2** (*fig.*) to mate; to join; to unite: **m. le viti agli olmi**, to mate the vines with the elms. **B maritàrsi,** *v. i. pron.* to get* married; to marry: **Si maritò con un francese**, she married (*o* got married to) a Frenchman; **m. bene**, to make a good match.

maritàta, *f.* married woman*.

marito, *m.* husband: **cercare [trovare] m.**, to look for [to find] a husband; **prendere per m.**, to take as a husband; to marry. ● **m. dominato dalla moglie**, henpecked husband □ **avere per m.**, to be married to □ (**in età**) **da m.**, of marriageable age □ **una perla di m.**, the best of husbands □ **prendere m.**, to get married □ (*prov.*) **Tra moglie e m. non mettere il dito**, never interfere between husband and wife.

maritòzzo, *m.* (*cucina*) currant bun.

marittimo, A *a.* maritime; sea (*attr.*); naval; nautical; marine: **assicurazione marittima**, marine insurance; **commercio m.**, sea trade; shipping business; **leggi marittime**, maritime laws; **trasporti marittimi**, sea transportation; **una città marittima**, a seatown; **miglio m.**, nautical mile; **una potenza marittima**, a naval power. ● (*geogr.*) **le Alpi Marittime**, the Maritime Alps □ **Società di Navigazione Marittima**, Steamship Company. **B** *m.* seaman*; sailor.

mariuòlo, *V.* **mariolo**.

màrket (*ingl.*), *m. invar.* supermarket.

màrketing (*ingl.*), *m. invar.* (*econ.*) marketing.

markhòr, *m. invar.* (*zool.*, *Capra falconeri*) markhor.

marmàglia, *f.* **1** rabble; riff-raff; mob **2** (*scherz.*) mob.

marmellàta, *f.* jam; (*di agrumi*) marmalade: **m. di pesche**, peach jam; **un vasetto di m.**, a pot of jam.

marmétta, *f.* (*edil.*) marble-chip floor tile.

marmìfero, *a.* **1** rich in marble: **una regione m.**, an area rich in marble **2** marble (*attr.*): **cava marmifera**, marble quarry; **industria marmifera**, marble industry.

marmista, *m.* marble cutter; marble worker; (*per cimiteri*) monumental mason.

marmitta, *f.* **1** (*pentola*) pot **2** (*autom.*) silencer; muffler (*USA*) **3** (*geol.*) pothole. ● (*autom.*) **m. catalitica**, catalytic converter.

marmittóne, *m.* raw recruit; rookie (*fam.*); yardbird (*gergo mil. USA*).

màrmo, *m.* marble: **una colonna di m.**, a marble pillar; **una statua di m.**, a marble statue; **una lastra di m.**, a slab of marble; **una cava di m.**, a marble quarry; **m. di Carrara**, Carrara marble; **una raccolta di marmi greci**, a collection of Greek marbles. ● (*fig.*) **avere il cuore di m.**, to have a heart of stone □ (*fig.*) **diventare di m.** (*impietrire*), to freeze □ (*fig.*) **essere diventato un pezzo di m.** (*dal freddo*), to be stiff with cold; to be like a block of ice □ **duro come il m.**, as hard as stone; marble-hard □ (*fig.*) **faccia di m.**, stony face.

marmòcchio, *m.* (*scherz.*) kid; (*spreg.*) brat: **Mia sorella ha già tre marmocchi**, my sister has already three kids; **Dove sono i marmocchi?**, where are the kids?; **quell'orribile m.**, that horrible brat.

marmòreo, *a.* **1** marble (*attr.*); marmoreal (*lett.*): **una statua marmorea**, a marble statue **2** (*fig.*) marble-like; rock-like: **pallore m.**, marble-like pallor.

marmorizzàre, *v. t.* to marble.

marmorizzàto, *a.* marbled; marble (*attr.*): **carta marmorizzata**, marble-paper.

marmorizzazióne, *f.* marbling.

marmòtta, *f.* **1** (*zool.*, *Marmota*) marmot **2** (*zool.*) – **m. americana** (*Marmota monax*), groundhog; woodchuck; **m. comune** (*o* **delle Alpi**) (*Marmota marmota*), Alpine marmot **3** (*fig.*) lazybones **4** (*ferr.*) dwarf signal. ● **dormire come una m.**, to sleep like a log.

Màrna, *f.* (*geogr.*) Marne.

màrna, *f.* (*geol.*) marl; loam rock.

marnàre, *v. t.* (*agric.*) to fertilize (with marl); to marl.

marnièra, *f.* (*geol.*) marl pit.

marnóso, *a.* marly.
marò, *m.* (*gergo mil.*) sailor (in the navy); bluejacket.
maròcca, *f.* (*geol.*) moraine.
marocchinàre, *v. t.* to tan (goatskin) into morocco leather.
marocchinatùra, *f.* tanning (of goatskin) into morocco leather.
marocchinerìa, *f.* (*specialm. al pl.*) morocco leather goods (*pl.*).
marocchìno (1), A *a.* of Morocco; Moroccan. **B** *m.* (*f.* **-a**) Moroccan (*f.* Moroccan woman*).
marocchìno (2), *m.* (*cuoio*) morocco (leather): **rilegatura in m.**, morocco binding.
Maròcco, *m.* (*geogr.*) Morocco.
maronìta, *m.* (*eccles.*) Maronite.
maróso, *m.* large wave; sea; surge; roller; billow (*lett.*).
marpióne, *m.* (*f.* **-a**) crafty one; fly one; sly one.
màrra, *f.* **1** (*agric.*) hoe; mattock **2** (*per la calcina*) hoe **3** (*di ancora*) fluke.
marràncio, *m.* (butcher's) cleaver; chopper.
marràno, *m.* **1** (*stor.*) Marrano **2** (*fig.*: *traditore*) renegade **3** (*scherz.*) traitor.
marranzàno, *m.* (*mus.*, *region.*) jew's harp.
marron, A *a. invar.* brown. **B** *m. invar.* **1** (*castagna*) chestnut **2** (*colore*) brown.
marronàta, *f.* (*pop.*) blunder; boob (*fam. GB*); boo-boo (*fam. USA*): **fare una m.**, to make a boob; to put one's foot in it.
marróne (1), A *a.* brown: **guanti marroni**, brown gloves. **B** *m.* **1** (*bot.*) chestnut(-tree) **2** (*castagna*) chestnut; marron: **marroni canditi**, marrons glacés **3** (*colore*) brown: **vestire di m.**, to dress in brown **4** (*volg.*: *testicolo*) ball; bollock; nut.
marróne (2), *m.* **1** (*capobranco*) leader **2** (*guida alpina*) mountain guide.
marronéto, *m.* chestnut grove.
marron glacé (*franc.*), *locuz. m. invar.* marron glacé.
marrùbio, *m.* (*bot.*, *Marrubium vulgare*) horehound.
marrùca, *f.* (*bot.*, *Paliurus spina-Christi*) Christ's-thorn. ● **m. bianca**, hawthorn.
marsàla, *m. invar.* Marsala (wine).
marsalàre, *v. t.* to give* (a wine) the taste and bouquet of Marsala.
marsc', *inter.* **1** march: **Avanti m.!**, forward march! **2** (*scherz.*) jump to it: **Al lavoro, m.!**, to work, now, and jump to it!
Marsìglia, *f.* (*geogr.*) Marseilles, Marseille.
marsigliése, A *a.* of Marseilles; from Marseilles. ● (*edil.*) **tegola m.**, (French) gutter tile. **B** *m.* e *f.* inhabitant of Marseilles; native of Marseilles. **C** *f.* **1** (*inno*) (the) Marseillaise **2** (*edil.*) (French) gutter tile.
marsìna, *f.* tail coat; tails (*pl.*).
marsovìno, marsuìno, *m.* (*zool.*, *Phocaena phocaena*) porpoise.
marsupiàle, *a.* e *m.* (*zool.*) marsupial.
Marsupiàli, *m. pl.* (*zool.*, *Marsupialia*) Marsupialia.
marsupializzazióne, *f.* (*chir.*) marsupialization.
marsùpio, *m.* **1** (*zool.*) marsupium*; pouch **2** (*portabambini*) baby-sling **3** (*borsa*) belt bag; bum bag (*fam. GB*); fanny pack (*fam. USA*).
Màrta, *f.* Martha.
martagóne, *m.* (*bot.*, *Lilium martagon*) martagon (lily); Turk's-cap (lily).
Màrte, *m.* (*mitol.*, *astron.*) Mars. ● **campo di M.**, field of Mars; drill ground; parade ground.
martedì, *m.* Tuesday: **Torno m.**, I'll be back on Tuesday; **chiuso il m.**, closed on Tuesdays; **il m. grasso**, Shrove Tuesday.
martellaménto, *m.* **1** hammering; beating **2** (*pulsazione*) throbbing **3** (*fig.*) pounding; bombardment.
martellànte, *a.* **1** hammering; beating; pounding; thumping: **rumore m.**, hammering sound; pounding noise **2** (*fig.*: *insistente*) incessant; repeated; continuous: **domande martellanti**, continuous questioning **3** (*di dolore*) throbbing.
martellàre, A *v. t.* **1** to hammer; to hammer into shape: **m. il ferro**, to hammer iron **2** (*battere*) to beat*; (*picchiare*) to strike*, to thump, to pound: **m. l'uscio** (*o* **all'uscio**), to hammer at the door **3** (*mil.*) to pound: **m. una posizione**, to pound a position **4** (*fig.*: *incalzare*) to bombard; to fire: **m. q. di domande**, to bombard sb. with questions; to fire questions at sb. ● **m. a freddo**, to cold-hammer □ **m. a penna**, to peen □ (*fig.*) **m. il ferro finché è caldo**, to strike the iron while it is hot □ **Dagli, picchia e martella, ha ottenuto quanto voleva**, he spared no efforts (*o* pains), and at last he got what he wanted; by dint of insisting he got what he wanted. **B** *v. i.* (*pulsare*) to pound; to thump: **Le tempie mi martellano**, my temples are throbbing; **Il cuore mi martellava forte**, my heart was thumping away.
martellàta, *f.* **1** hammer blow **2** (*fig. fam.*) heavy blow; terrible shock; body-blow (*fam.*).
martellàto, *a.* **1** hammered: **ferro m.**, hammered ironwork; **cristallo m.**, hammered crystal **2** (*mus.*) martellato: **note martellate**, martellato notes. ● **m. a freddo**, cold-hammered □ **m. a penna**, peened.
martellatóre, *m.* (*operaio*) hammerer.
martellatùra, *f.* hammering.
martellétto, *m.* **1** (*di pianoforte*) hammer **2** (*di presidente d'assemblea, ecc.*) gavel **3** (*di macchina da scrivere*) type bar **4** (*med.*) percussion hammer.
martelliàno, *m.* (*poesia*) line of fourteen syllables.
martellìna, *f.* (*di muratore*) pick, mason's hammer; (*per rifinire pietre sbozzate*) hack hammer, facing hammer; (*di scultori, scalpellini*) marteline.
martellinàre, *v. t.* (*edil.*) to stab.
martellìo, *m.* **1** (incessant) hammering **2** (*pulsazione*) throbbing.
martellìsta, *m.* **1** (*ferr.*) tamper **2** (*atletica*) hammer thrower **3** (*min.*) rock-drill operator.
martèllo, *m.* **1** hammer: **battere col m.**, to beat (*o* to strike) with a hammer; to hammer; **colpo di m.**, hammer stroke; **testa del m.**, hammer head; **bocca d'un m.**, pane (*o* face) of a hammer (head); **la penna** (*o* **il taglio**) **d'un m.**, the peen of a hammer (head); **m. da vetraio** (*o* **da idraulico**), glazier's [plumber's] hammer **2** (*battente di porta*) (door) knocker **3** (*di campana*) hammer; (*d'orologio*) striker **4** (*sport*) hammer: **lancio del m.**, hammer throw **5** (*anat.*) malleus*; hammer **6** (*di banditore d'asta*) gavel. ● **m. a ribadire**, riveting hammer □ **m. a spianare**, planishing hammer □ (*stor.*) **m. d'arme** (*o* **ferrato**), martel □ **m. da carpentiere**, claw hammer □ **m. da maniscalco**, shoeing hammer □ (*alpinismo*) **m. da roccia**, hammer axe; piton hammer □ **m. da scultore**, marteline □ **m. piano** (*da fabbro*), set hammer □ (*med.*) **m. percussore**, percussion hammer □ **m. perforatore** (*da minatore*), hammer-drill □ **m. pneumatico**, pneumatic hammer □ **a forma di m.**, hammer-shaped □ (*med.*) **dito a m.**, hammertoe □ (*fig.*) **essere fra l'incudine e il m.**, to be between the devil and the deep blue sea □ (*zool.*) **pesce m.** (*Sphyrna zygaena*), hammer-headed shark; hammerhead □ **suonare le campane a m.**, to ring the tocsin □ **Le campane suonavano a m.**, the bells were tolling □ (*stor.*) **torre m.**, martello tower.
martensìte, *f.* (*meteor.*) martensite.
martensìtico, *a.* (*meteor.*) martensitic.
martinèllo, martinétto, *m.* (*mecc.*) screw jack; jack; jackscrew: **m. idraulico**, hydraulic jack. ● (*ferr.*) **m. piegarotaie**, jim crow □ **sollevare col m.**, to jack.
martingàla, *f.* **1** (*cintura*) half-belt **2** (*finimento*) martingale **3** (*nei giochi d'azzardo*) martingale.
Martìnica, *f.* (*geogr.*) Martinique.
martinìcca, *f.* skid.
Martìno, *m.* Martin.
martin pescatóre, *locuz. m.* (*zool.*, *Alcedo atthis*) kingfisher.
màrtire, *m.* e *f.* **1** martyr: **i primi martiri cristiani**, the early Christian martyrs **2** (*fig.*) martyr; victim: **un m. della scienza**, a martyr in the name of science; **un m. del dovere**, a martyr to duty; **essere m. di q.**, to be the victim of sb. ● **faccia da m.**, martyred expression □ **fare il** (*o* **atteggiarsi a**) **m.**, to be a martyr; to play the victim □ **fare vita da m.**, to make a martyr of oneself.
martìrio, *m.* **1** martyrdom: **la palma del m.**, the palm of martyrdom; **ricevere il m.**, to suffer martyrdon; to be martyred **2** (*fig.*: *tormento*) torture, torment; (*sofferenza*) suffering: **una vita di m.**, a life of suffering; **Fu un'ora di m.!**, it was sheer torture for an hour.
martirizzàre, *v. t.* **1** to martyrize; to martyr **2** (*fig.*) to torture; to torment.
martirològio, *m.* **1** martyrology **2** (*i martiri*) martyrs (*pl.*) **3** (*celebrazione*) celebration; eulogy. ● **M. romano**, Martyrs' calendar.
màrtora, *f.* (*zool.*, *Martes*) marten: **m. comune** (*Martes martes*), pine marten.
martoriàre, A *v. t.* to torture; to torment; (*di dolori, anche*) to rack. **B martoriàrsi,** *v. i. pron.* to torture oneself.
marxiàno, *a.* (*econ.*) Marxian.
marxìsmo, *m.* (*polit.*) Marxism.
marxìsmo-leninìsmo, *m.* (*polit.*) Marxism-Leninism.
marxìsta, *a.*, *m.* e *f.* (*polit.*) Marxist.
marxìsta-leninìsta, *a.*, *m.* e *f.* (*polit.*) Marxist-Leninist.
marxìstico, *a.* (*polit.*) Marxist.
màrza, *f.* (*agric.*) graft; scion.
marzaiòla, *f.* (*zool.*, *Anas querquedula*) garganey.
marzapàne, *m.* (*cucina*) marzipan; marchpane.
Marziàle, *m.* (*stor. letter.*) Martial.
marziàle, *a.* **1** martial; (*militare*) military; (*guerriero*) warlike: **un'aria m.**, a martial air; **un contegno m.**, a military bearing; **un suono m. di tromba**, the warlike sound of a trumpet; **corte m.**, court martial; **legge m.**, martial law; (*sport*) **arti marziali**, martial arts **2** (*chim.*) ferruginous; iron (*attr.*).
marzialità, *f.* martialism; bellicosity; warlike qualities (*pl.*).
marziàno, A *a.* **1** Martian **2** (*fig.*) strange; odd. **B** *m.* (*f.* **-a**) **1** Martian **2** (*fam. fig.*: *estraneo*) total stranger; outsider **3** (*fam. fig.*: *persona strana*) oddball.
màrzio, *a.* **1** (*di Marte*) of Mars **2** (*marziale*) martial; warlike. ● **Campo M.**, field of Mars.
màrzo, *m.* March: **il 24 m.**, the 24th of March; March 24th; **le idi di m.**, the ides of March. ● (*fig.*) **essere nato di m.**, to be as mad as a March hare; to be screwy.
marzolìno, *a.* of March; March (*attr.*).
Mas, *m. invar.* (*naut.*) motor torpedo-boat (*abbr.*: M.T.B.).
mascalcìa, *f.* farriery.
mascalzonàta, *f.* dirty trick; nasty trick.
mascalzóne, *m.* scoundrel; rascal; bastard (*fam.*).
mascàra, *m. invar.* (*cosmetica*) mascara.
mascarpóne, *m.* mascarpone (a rich Italian cream cheese).
mascè, (*cucina*) **A** *a.* mashed. **B** *m.* mashed potatoes (*pl.*); mash (*fam.*).
mascèlla, *f.* **1** (*anat.*) jaw; jawbone: **m. inferiore**, lower jaw; mandible; **m. superiore**, upper jaw; maxilla*; **slogarsi le mascelle**, to dislocate one's jaws **2** (*mecc.*) jaw: **m. da frantoio**, crushing jaw. ● (*scherz.*) **lavorare di mascelle**, to chew; (*mangiare*) to tuck in.
mascellàre, (*anat.*) **A** *a.* maxillary; jaw (*attr.*): **osso m.**, maxillary bone; jawbone. ● **dente m.**, molar tooth; grinder □ **muscolo m.**,

masseter; masticatory muscle. **B** *m.* jawbone.

maschera, *f.* ***1*** (*da viso: per gioco, rito, ecc.*) mask: **una m. di velluto**, a velvet mask; (*teatr.*) **la m. tragica [comica]**, the tragic [comic] mask; **portare [indossare] la m.**, to wear [to put on] a mask; (*anche fig.*) **gettare** (*o* **levarsi**) **la m.**, to throw (*o* to pull) off one's mask; (*fig.*) **Giù la m.!**, drop your mask! ***2*** (*travestimento*) fancy dress, masquerade (*USA*); (*costume*) fancy-dress costume: **mettersi in m.**, to put on fancy dress; **ballo in m.**, masked ball; fancy-dress ball ***3*** (*persona mascherata*) masker; masquerader ***4*** (*copertura di protezione*) mask; face guard; face shield: **m. antigas**, gas mask; **m. da scherma**, fencing mask; face guard; **m. subacquea**, underwater mask; **m. da saldatore**, face shield helmet ***5*** (*fig.: finzione*) mask; cloak; disguise: **sotto la m. dell'amicizia**, under the mask (*o* the cloak) of friendship ***6*** (*espressione del viso*) expression, features (*pl.*); (*viso*) face: **una m. severa**, stern features; **avere una m. molto espressiva**, to have a very expressive face ***7*** (*calco del viso d'un defunto*) death mask ***8*** (*inserviente teatrale*) usher; (*donna*) usherette ***9*** (*personaggio della commedia dell'arte*) stock character ***10*** (*archit.*) mask ***11*** (*autom.*) grille; louver: **m. per radiatore**, radiator grille ***12*** (*mecc.*) jig: **m. a sagoma**, clamp jig ***13*** (*med.*) facies. ● **m. di bellezza**, face pack; face mask □ **una m. di sangue**, a mask of blood □ (*med.*) **m. per anestesia**, mask for anaesthesia □ (*med.*) **m. per ossigeno**, oxygen mask □ **avere il viso come una m.** (*essere molto truccato*), to be heavily made-up □ **in m.**, masked; (*travestito*) in disguise □ **mezza m.**, half mask; domino □ (*fig.*) **strappare la m. a q.**, to unmask sb.

mascheraménto, *m.* ***1*** masking ***2*** (*fig.*) disguise ***3*** (*mil.*) camouflage ***4*** (*TV*) blanking; blackout (*USA*).

mascheràre, A *v. t.* ***1*** (*coprire con una maschera*) to mask; to cover with a mask ***2*** (*vestire in maschera*) to dress up; (*camuffare*) to disguise: **m. un bambino da principe**, to dress up a little boy as a prince ***3*** (*nascondere*) to screen; to cloak; to hide*: **m. la faccia con un fazzoletto**, to hide one's face with a handkerchief ***4*** (*fig.: celare*) to mask; to conceal; to hide*; to veil: **m. la propria ambizione**, to mask (*o* to hide) one's ambition; **m. i propri sentimenti**, to conceal (*o* to hide) one's feelings ***5*** (*mil.*) to camouflage. **B mascheràrsi,** *v. rifl.* ***1*** (*vestirsi in maschera*) to dress up; (*camuffarsi*) to disguise oneself, to masquerade: **Ti mascheri per la festa?**, are you going to dress up for the party?; **m. da diavolo**, to dress up as a devil ***2*** (*fig.*) to masquerade; to pass oneself off: **m. da gentiluomo**, to masquerade as a gentleman.

mascheràta, *f.* (*anche fig.*) masquerade.

mascheràto, *a.* ***1*** masked: **un viso m.**, a masked face; **ballo m.**, masked ball ***2*** (*vestito in maschera*) dressed-up, wearing fancy dress; (*camuffato*) disguised: **bambini mascherati**, dressed-up children; **Era m. da pirata**, he was dressed up as a pirate; **m. da monaco**, disguised as (*o* masquerading as) a monk ***3*** (*fig.*) masked; disguised; in disguise: **ipocrisia mascherata**, masked hypocrisy ***4*** (*nascosto*) masked; concealed; hidden ***5*** (*mil.*) masked; camouflaged. ● **corso m.**, procession of masks.

mascheratùra, *f.* masking.

mascherìna, *f.* ***1*** (*mezza maschera*) half mask ***2*** (*ragazza mascherata*) girl in fancy dress; (*bambino mascherato*) child* in fancy dress ***3*** (*macchia sul muso di un animale*) patch ***4*** (*di calzatura*) toe-cap ***5*** (*mecc.*) template ***6*** (*autom.*) grille. ● **Ti conosco, m.!**, you can't fool me!

mascherìno, *m.* (*cinem.*) matte.

mascheróne, *m.* ***1*** (*archit.*) mask; (*di grondaia*) gargoyle ***2*** (*volto deformato*) disfigured face; (*volto grottesco*) grotesque mask.

maschétta, *f.* (*naut.*) cheek (of the mast).

maschiàccio, *m.* ***1*** wild boy ***2*** (*ragazza con modi mascolini*) tomboy; hoyden; romp.

maschiàre, *v. t.* (*mecc.*) to tap.

maschiatrice, *f.* (*mecc.*) tapping machine.

maschiatùra, *f.* (*mecc.*) tapping.

maschiétta, *f.* boyish girl. ● **capelli alla m.**, bobbed hair; shingle.

maschiettàre, *v. t.* (*mecc.*) to hinge.

maschiétto, *m.* ***1*** (*neonato*) baby boy ***2*** (*ragazzino*) little boy ***3*** (*mecc.*) hinge.

maschiézza, *f.* manliness; masculinity; virility.

maschile, A *a.* ***1*** masculine; male: **sesso m.**, male sex; **linea m.**, male line; **coro m.**, male choir ***2*** (*virile*) virile; manly: **un aspetto m.**, a virile aspect; **una voce m.**, a manly voice ***3*** (*per uomini*) men's; (*per ragazzi*) boys': **abiti maschili**, men's clothes; **scuola m.**, school for boys; boys' school; **gara m.**, men's race ***4*** (*gramm.*) masculine: **il genere m.**, the masculine gender. **B** *m.* (*gramm.*) masculine.

maschilismo, *m.* male chauvinism; belief in men's superiority.

maschilista, *a.*, *m.* e *f.* male chauvinist; believer in men's superiority.

maschilistico, *a.* male chauvinist (*attr.*).

màschio, A *a.* ***1*** (*di sesso maschile*) male; masculine: **un animale m.**, a male animal; **una tigre m.**, a male tiger; **elefante [balena] m.**, male (*o* bull) elephant [whale]; **fiore m.**, male flower; **figlio m.**, male child; son; boy ***2*** (*virile*) virile; manlike; manly; manful: **un aspetto m.**, a virile aspect; **con voce maschia**, in a manly voice ***3*** (*fig.: vigoroso*) vigorous; powerful: **uno stile m.**, a vigorous style; **maschia eloquenza**, powerful eloquence. **B** *m.* ***1*** male; (*ragazzo*) boy; (*uomo*) man*; (*figlio*) son: **il m. della specie umana**, the male of the human species; **Ho tre figli piccoli: un m. e due femmine**, I have three small children, a boy and two girls; **Gli è nato un m.**, he's had a son; **A scuola non gioca coi maschi**, she doesn't play with boys at school; **il m. di casa**, the man in the house ***2*** (*di animale: generico*) male; (*di bovino, elefante, balena*) bull; (*di volatile*) cock; (*di asino*) jack; (*di cervo, lepre, coniglio, antilope*) buck: **il m. della vipera**, the male of the viper; **il m. del fagiano**, the cock pheasant ***3*** (*mecc.*) male; (*per filettare le viti*) tap ***4*** (*di castello*) keep; donjon.

maschiòtta, *f.* (*fam.*) buxom girl.

mascolinità, *f.* masculinity.

mascolinizzàre, A *v. t.* to masculinize. **B mascolinizzàrsi,** *v. i. pron.* to become* masculine; to assume masculine ways.

mascolinizzazióne, *f.* masculinization.

mascolìno, *a.* ***1*** masculine; manly; manlike ***2*** (*di donna*) mannish; masculine: **aria mascolina**, mannish air; **voce mascolina**, masculine voice.

mascon, *m. invar.* (*astron.*) mascon.

mascóne, *m.* (*naut.*) bow: **m. di dritta [di sinistra]**, starboard [port] bow.

mascotte (*franc.*), *f. invar.* mascot.

maṣer, *m. invar.* (*fis.*) maser.

maṣnàda, *f.* ***1*** (*banda*) gang; band: **una m. di ladri**, a gang of thieves ***2*** (*scherz.: gruppo*) band; bunch; tribe: **una m. di ragazzini**, a bunch of kids; **una m. di amici**, a band of friends; **una m. di nipoti**, a tribe of grandchildren.

maṣnadière, maṣnadièro, *m.* ***1*** bandit; robber; highwayman* ***2*** (*fig.*) villain.

màṣo, *m.* holding; farmstead; homestead.

maṣochiṣmo, *m.* (*psic.*) masochism.

maṣochista, *m.* e *f.* (*psic.*) masochist.

maṣochìstico, *a.* (*psic.*) masochistic; masochist (*attr.*).

maṣonite, *f.* (*marchio: edil.*) Masonite.

masòra, *f.* Masora(h).

masorèta, *m.* Masorete.

masorètico, *a.* Masoretic.

màssa, *f.* ***1*** mass; (*volume, ingombro*) bulk; (*grande quantità*) large number, multitude, mass, masses (*pl.*); (*mucchio*) heap, lot(s): **una m. d'argilla**, a mass of clay; **una m. d'aria**, an air mass; (*pitt.*) **masse di luce e d'ombra**, masses of light and shade; **una m. di cose**, a heap of things; **una m. di libri**, a heap of books; masses of books; **una m. di corbellerie**, a lot of nonsense ***2*** (*combriccola*) set; pack; bunch: **una m. di cretini**, a pack of fools ***3*** (*sociol.*) mass: **educare le masse**, to educate the masses; **cultura di m.**, mass education; **studio dei fenomeni di m.**, mass observation; **mezzi di comunicazione di m.**, mass media ***4*** (*fis.*) mass: **la m. d'un corpo**, the mass of a body; **m. atomica**, atomic mass; **m. critica**, critical mass; **m. di riposo**, rest mass; **m. inerziale**, inertial mass; **m. isotopica**, isotopic mass ***5*** (*elettr.*) earth (*GB*); ground (*USA*) ***6*** (*mil.*) force ***7*** (*arte*) volume. ● (*comm.*) **m. attiva**, assets □ (*geogr.*) **una m. d'acqua**, a great body of water □ **la m. della popolazione**, the majority of the population □ (*ind. siderurgica*) **m. di minerale parzialmente cotto**, slug □ (*leg.*) **m. ereditaria**, legal assets; hereditament □ (*comm.*) **m. fallimentare**, bankrupt's estate □ (*comm.*) **m. passiva**, liabilities □ **adunata in m.**, mass meeting □ **dimostrazioni di m.**, mass demonstrations □ **far m.**, to mass □ **in m.**, en mass; all together; as a whole: **insorgere in m.**, to rise en mass; **scioperare in m.**, to come out in a body; **accorrere in m.**, to rush all together; (*a uno spettacolo, ecc.*) to turn up in droves □ **privo di** (*o* **senza**) **m.**, massless □ (*ind.*) **produzione in m.**, mass production.

massacrànte, *a.* (*estenuante*) exhausting.

massacràre, *v. t.* ***1*** to massacre; to slaughter; to butcher ***2*** (*rovinare*) to ruin; to spoil; to murder ***3*** (*malmenare*) to beat*; to beat* up ***4*** (*fig.: stremare*) to exhaust.

massacratóre, *m.* (*f.* **-trice**) massacrer; slaughterer.

massàcro, *m.* ***1*** massacre; slaughter; (*carneficina*) carnage, butchery ***2*** (*fig.: scempio*) disaster; ruin; mess.

massaggiagengive, *m. invar.* teething ring.

massaggiàre, *v. t.* to massage.

massaggiatóre, *m.* ***1*** masseur; massager ***2*** (*apparecchio*) massager.

massaggiatrice, *f.* masseuse.

massàggio, *m.* massage. ● (*med.*) **m. cardiaco**, cardiac massage.

massàia, *f.* housewife*; housekeeper.

massàio, massaro *m.* steward; (farm) manager; farmer.

massellàre, *v. t.* (*metall.*) to beat* out.

massellatùra, *f.* (*metall.*) beating out.

massèllo, *m.* ***1*** (*metall.*) ingot; lump ***2*** (*edil.*) block (of stone) ***3*** (*bot.*) duramen; heartwood ***4*** (*legno*) solid wood: **m. di noce**, solid walnut. ● **oro di m.**, solid gold.

Massènzio, *m.* (*stor.*) Maxentius.

massería, *f.* farm.

masserìzie, *f. pl.* household goods; chattels.

massetère, *m.* (*anat.*) masseter.

massicciàre, *v. t.* to metal; (*ferr.*) to ballast.

massicciàta, *f.* roadbed; (*ferr.*) ballast.

massìccio, A *a.* ***1*** (*solido*) massive, solid, compact; (*grosso*) bulky: **oro m.**, massive gold; **un edificio m.**, a massive building; **massiccia erudizione**, solid learning ***2*** (*tozzo*) stocky; square-built: **fisico m.**, stocky physique; **spalle massicce**, square shoulders ***3*** (*intenso, abbondante*) massive: **dosi massicce**, massive doses; **massicci bombardamenti**, massive bombing ***4*** (*grossolano*) gross; enormous; glaring: **spropositi massicci**, gross mistakes. **B** *m.* ***1*** (*geogr.*) massif: **il m. dell'Himalaia**, the Himalayan Massif ***2*** (*naut.*) deadwood.

màssico, *a.* (*fis.*) mass (*attr.*).

massicot (*franc.*), *m. invar.* (*chim.*) massicot.

massificàre, *v. t.* to standardize.

massificàto, *a.* standardized.

massificazióne, *f.* standardization.

màssima, *f.* **1** (*principio, norma*) principle; rule; norm: **stabilire come m.**, to establish as a principle; **Ho come m. di non fare mai debiti**, my personal rule is never to make debt; **m. giuridica**, juridical norm **2** (*sentenza*) maxim; precept: **massime morali**, moral maxims **3** (*detto*) saying, saw; (*motto*) motto; (*aforisma*) aphorism: **una m. cinese**, a Chinese saying **4** (*grado massimo di temperatura*) maximum (temperature). ● **di m.** (*in linee generali*), broad (*agg.*); provisional (*agg.*): **un accordo di m.**, a broad (*o* provisional) agreement □ **in linea di m.**, (*in genere*) as a general rule; generally speaking; (*nel complesso*) on the whole □ **principi di m.**, general rules.

massimàle, **A** *a.* maximal; maximum; highest. **B** *m.* **1** limit; ceiling: **m. di reddito**, income limit **2** (*ass.*) limit of liability; maximum rate.

massimalìșmo, *m.* (*polit.*) maximalism.

massimalìsta, *m.* e *f.* (*polit.*) maximalist.

massimalìstico, *a.* (*polit.*) maximalist (*attr.*).

massimaménte, *avv.* chiefly; principally; (*per la maggior parte*) mostly; (*soprattutto*) above all; (*specialmente*) especially, particularly.

massimàre, *v. t.* (*mat.*) to maximize.

massimàrio, *m.* collection of maxims.

màssime, *avv.* (*lett.*) mainly; (*soprattutto*) chiefly, particularly.

Massimiliàno, *m.* Maximilian.

massimiẓẓàre, *v. t.* (*anche mat.*) to maximize.

massimiẓẓazióne, *f.* (*anche mat.*) maximization.

Màssimo, *m.* Maximus.

màssimo, **A** *a.* the greatest; the largest; (*estremo*) utmost, ultimate; (*il più elevato*) maximum; (*il più alto*) the highest, top (*attr.*), peak (*attr.*); (*il più lungo*) the longest; (*il migliore*) the best; (*il peggiore*) the worst: **il m. effetto**, the greatest effect; **il prezzo m.**, the highest (*o* top) price; **il voto m.**, the highest mark; **coi massimi voti**, with full (*o* top) marks; **il punto m.**, the highest point; **fino a un punto m. di**, up to a peak of; **la temperatura massima**, the highest temperature; (*comm.*) **la cifra [l'offerta] massima**, the highest figure [bid]; **il m. poeta**, the greatest poet; **il m. sforzo**, the greatest (*o* utmost) effort; **la massima soddisfazione**, the utmost (*o* ultimate) satisfaction; **il pericolo m.**, the utmost (*o* the worst) danger; **il m. danno**, the worst damage; **la distanza massima**, the longest distance; **una distanza massima di 30 km**, a maximum distance of 30 km; **il tempo m.**, the maximum time; (*sport*) the time-limit; **con il m. rendimento**, with maximum efficiency; **con la massima cura**, with the greatest (*o* with utmost) care; **alla massima velocità**, at the greatest speed; at top speed; at maximum speed; **al m. grado**, to the highest degree; **la massima parte**, the largest part; **in massima parte**, for the most part; mostly; largely: **Sono in massima parte adolescenti**, they are mostly (*o* for the most part, largely) teenagers; most of them are teenagers; (*mat.*) **il m. comun divisore**, the greatest common divisor. ● (*mat.*) **cerchio m.**, great circle □ **il Pontefice M.**, the Pontifex Maximus. **B** *m.* **1** the utmost; the most; (*culmine*) height, peak; (*il meglio*) the best; (*limite*) (upper) limit; (*ma se seguito da un compl. di specificazione, corrisponde più spesso a un agg.*) maximum, top, full: **Questo è il m. che io possa fare**, this is the most I can do; **raggiungere un m.**, to reach a peak; **un m. storico**, an all-time peak; **il m. della fama**, the height of fame; **il m. della pena**, the maximum sentence (*o* penalty); **il m. di densità**, the maximum density; **il m. della pensione**, a full pension; **il m. della generosità**, the height of generosity; **col m. della cortesia**, with utmost kindness; **col m. dei voti**, with full marks; (*iron.*) **È il m.!**, it's the (absolute) limit! **2** (*sport*: *peso m.*) heavyweight. ● **al m.**, (*al più*) at (the) most; (*al più tardi*) at the latest: **Al m. tarderò di dieci minuti**, I'll be ten minutes late at most; **Avrà al m. trent'anni**, he must be thirty at most; **Torno al m. giovedì**, I'll be back on Thursday at the latest □ **lanciare un'auto al m.**, to drive a car at full speed □ **sfruttare q.c. al m.**, to use st. to the utmost; (*di denaro, riserve, ecc.*) to make st. go as far as possible.

massimoleggèro, *a.* e *m.* (*sport*) light heavyweight.

massìvo, *a.* (*anche med.*) massive.

mass media (*ingl.*), *locuz. m. pl. invar.* mass media; media.

massmediàle, **massmediàtico,** *a.* media (*attr.*).

massmediologìa, *f.* study of mass media.

massmediològico, *a.* media (*attr.*).

massmediòlogo, *m.* (*f.* **-a**) media expert.

màsso, *m.* mass of stone; block; rock; boulder; stone: (*geol.*) **m. erratico**, erratic block; boulder; **una casa fondata sul m.**, a house built upon rock; **duro come un m.**, as hard as rock; **immobile come un m.**, as firm as a rock. ● **Caduta massi!** (*cartello*), beware: falling rocks! □ **dormire come un m.**, to sleep like a log; to be dead to the world (*fam.*).

massóne, *m.* Freemason; Mason.

massonerìa, *f.* Freemasonry.

massònico, *a.* Masonic; Freemason (*attr.*): **una loggia massonica**, a Masonic lodge.

massoterapìa, *f.* massotherapy; osteopathy.

massoteràpico, *a.* massotherapeutic.

massoterapìsta, *m.* e *f.* massotherapist; ostheopath.

màstaba, *f.* (*archeol.*) mastaba.

mastalgìa, *f.* (*med.*) mastodynia.

mastcèllula, *f.* (*biol.*) mast cell.

mastectomìa, *f.* (*chir.*) mastectomy.

mastectomiẓẓàre, *v. t.* (*chir.*) to subject to mastectomy.

mastectomiẓẓàto, *a.* that has undergone mastectomy.

mastèllo, *m.* tub; vat: **m. del bucato**, wash tub.

màster (*ingl.*), *m. invar.* **1** (*laurea*) master's degree **2** (*sport*) masters' tournament **3** (*tecn.*) master.

masticàbile, *a.* masticable.

masticabilità, *f.* masticability.

masticàre, *v. t.* **1** to chew; to masticate; (*facendo rumore*) to crunch, to munch: **Mastícalo bene**, chew it well; **m. tabacco**, to chew tobacco; **Il cane masticava un osso**, the dog was crunching a bone; **inghiottire q.c. senza m.**, to swallow st. hole **2** (*fig.*: *borbottare*) to mutter; (*biascicare*) to mumble, to stammer; (*storpiare*) to mangle: **m. le parole**, (*fra i denti*) to mumble one's words; (*storpiarle*) to mangle one's words; **m. delle scuse**, to stammer out an apology **3** (*fig.*: *rimuginare*) to brood over; to chew over. ● (*fig.*) **m. amaro** (*o* **veleno**), to feel bitter about st.; to seeth with indignation □ **m. male la matematica**, to be a poor mathematician; to be weak at maths □ **m. male l'inglese**, to speak broken English □ **m. un po' d'inglese**, to know some English; to have a smattering of English □ **gomma da m.**, chewing-gum.

masticàto, *a.* **1** chewed: **cibo ben m.**, well-chewed food **2** (*biascicato*) stammered (out), muttered, mumbled; (*storpiato*) mangled. ● **lezioni mal masticate**, half-understood lessons.

masticatóre, *m.* (*f.* **-trice**) masticator; chewer: **m. di tabacco**, tobacco chewer.

masticatòrio, *a.* e *m.* masticatory.

masticatùra, *f.* what has been chewed.

masticazióne, *f.* mastication; chewing.

màstice, *m.* mastic; rubber solution; adhesive; (*per vetri, ecc.*) putty: **m. all'ossido di ferro**, iron putty; **m. al minio**, red-lead putty.

mastìno, *m.* (*zool.*) mastiff.

mastìte, *f.* (*med.*) mastitis*.

mastocìta, *m.* (*biol.*) mast cell.

mastodinìa, *f.* (*med.*) mastodynia.

mastodónte, *m.* **1** (*zool.*, *Mastodon*) mastodon **2** (*fig.*) colossus; giant.

mastodòntico, *a.* mastodontic; mammoth (*attr.*); colossal; gigantic; humungous (*fam. USA*).

mastòide, *f.* (*anat.*) mastoid (bone).

mastoidectomìa, *f.* (*med.*) mastoidectomy.

mastoidèo, *a.* (*anat.*) mastoid (*attr.*).

mastoidìte, *f.* (*med.*) mastoiditis*.

mastopatìa, *f.* (*med.*) mastopathy.

mastoplàstica, *f.* (*chir.*) mammoplasty.

màstra, *f.* (*naut.*) partners (*pl.*); coamings (*pl.*): **m. d'albero**, mast partners; **m. dell'argano**, capstan partners; **m. di boccaporto**, hatch(way) coamings.

mastrìno, *m.* (*rag.*) total account.

màstro, **A** *m.* **1** (*artefice, artigiano*) master: **m. muratore**, master mason **2** (*appellativo*) Master **3** (*comm.*) ledger. ● **registrare a m.**, to post □ **registrazione a m.**, posting. **B** *a.* – (*comm.*) **libro m.**, ledger.

masturbàre, *v. t.* **masturbàrsi,** *v. rifl.* to masturbate.

masturbatóre, **A** *a.* masturbatory. **B** *m.* (*f.* **-trice**) masturbator.

masturbazióne, *f.* masturbation.

maṣùrio, *m.* (*chim.*) masurium; technetium.

maṣùt, *m. invar.* maz(o)ut.

matafióne, *m.* (*naut.*) gasket; point; earing: **m. di terzarolo**, reef point; **m. d'inferitura**, (reef) earing; **m. per serrare le vele**, gasket.

matàllo, *m.* (*bot.*) mountain ash.

matamàta, *f.* (*zool.*, *Chelus fimbriatus*) matamata.

matamòro, *m.* braggart; braggadocio*.

matàssa, *f.* **1** skein; hank: **una m. di cotone**, a skein of cotton; **una m. di spago**, a hank of cord; **una m. ingarbugliata**, a tangled skein; **ravviare una m.**, to disentangle a skein **2** (*fig.*) tangle; muddle **3** (*elettr.*) coil. ● (*fig.*) **dipanare la m.**, to unravel a difficulty □ (*fig.*) **imbrogliare** (*o* **arruffare**) **la m.**, to make things more muddled □ **bandolo della m.**, *V.* **bandolo** □ **È una m. intricata**, it's a Chinese puzzle.

matassatóre, *m.* (*f.* **-trice**) (*ind. tess.*) skeiner; hank winder.

matassatùra, *f.* (*ind. tess.*) skeining; hank winding.

match (*ingl.*), *m. invar.* (*sport*) match. ● **fare m. nullo**, to draw.

màte (*spagn.*), *m. invar.* **1** (*bot.*, *Ilex paraguayensis*) mate; Paraguay **2** (*bevanda*) mate; Paraguay tea.

matelassé (*franc.*), *a. invar.* (*ind. tess.*) matelassé.

matemàtica, *f.* mathematics; maths (*fam. GB*); math (*fam. USA*): **m. applicata**, applied (*o* mixed) mathematics; **m. finanziaria**, financial mathematics; **m. pura**, pure mathematics; **m. superiore**, higher mathematics; **Sono stato bocciato in m.**, I failed maths; **il mio professore di m.**, my maths teacher; **La m. non è un'opinione**, mathematics is an exact science; (*fig.*) facts are facts.

matemàtico, **A** *a.* (*anche fig.*) mathematical: **logica matematica**, mathematical (*o* symbolic) logic; **verità matematiche**, mathematical truths; **precisione matematica**, mathematical accuracy. ● **sapere con certezza matematica**, to know for certain. **B** *m.* (*f.* **-a**) mathematician.

matematiẓẓàre, *v. t.* to mathematicize; to mathematize.

materassàbile, *a.* (*fam. scherz.*) bedworthy.

materassàio, *m.* (*f.* **-a**) mattress maker.

materassìno, *m.* **1** (*sport*) mat **2** (*gonfiabile*) airbed; inflatable mattress.

materàsso, *m.* mattress: **m. di crine**, horse-hair mattress; **m. a molle**, spring mattress; **rivoltare un m.**, to turn over a mattress.

matèria, *f.* ***1*** (*sostanza*) matter, substance, stuff; (*materiale*) material: **m. e spirito**, matter and spirit; (*filos.*) **m. prima**, first matter; **m. di fede**, matter of faith; (*chim.*) **m. organica [inorganica]**, organic [inorganic] substance; **m. colorante**, dye-stuff; dye; **le materie prime**, raw materials; (*ind.*) **m. plastica**, plastic material; (*ind.*) **materie tessili**, textile materials ***2*** (*sostanza organica*) matter: (*anche fig.*) **m. grigia**, grey matter; **m. cerebrale**, cerebral matter; **La ferita è piena di m.**, the wound is full of matter ***3*** (*argomento*) subject-matter, subject, topic, theme; (*motivo*) ground, cause: **una m. troppo ampia**, too vast a subject; **essere profondo conoscitore d'una m.**, to be well-acquainted with a subject (*o* a topic); **m. di riflessione**, matter (*o* food) for thought; **dare m. a nuove argomentazioni**, to provoke further debate; **offrire m. alla critica**, to offer grounds for criticism; **C'è m. per intentare un processo**, there are grounds for legal action ***4*** (*disciplina scolastica*) subject: **materie facoltative [obbligatorie]**, optional [compulsory] subjects; **La storia è la mia m. preferita**, history is my favourite subject. ● **in m. di**, (*sull'argomento di*) on, in... matters; (*per quanto riguarda*) about, as to, as regards, as far as (st.) is concerned; (*assol.*) on [about, in] the matter: **Sa tutto in m. d'etnologia**, he knows everything on ethnology; **È un esperto in m. di finanza**, he is an expert in financial matters; **In m. di pensioni, vorrei fare osservare che...**, as regards pensions, I'd like to point out that...; **I tribunali non si sono mai pronunciati in m.**, law-courts have never passed judgment on the matter; **Sono stati presi provvedimenti in m.**, steps have been taken in the matter; **Che avete da dire in m.?**, what do you have to say on this matter (*o* subject)? □ (*leg.*) **in m. di legge**, in point of law □ **indice per materie**, subject index □ **nomi di m.**, material nouns.

materiàle, **A** *a.* ***1*** material; (*fisico*) physical, bodily: **benessere m.**, material comfort; **piaceri materiali**, material pleasures; **il mondo m.**, the material (*o* physical) world; (*econ.*) **beni materiali**, material goods ***2*** (*rozzo*) uncouth, rough; (*volgare*) coarse: **un modo d'esprimersi m.**, an uncouth way to express oneself; **un uomo molto m.**, a very rough (*o* a coarse) man ***3*** (*effettivo*) – **Non ho il tempo m. di farlo**, I just haven't time to do it; **Era nell'impossibilità m. di aiutarmi**, he simply couldn't help me. ● **amore m.**, sensual love □ **un errore m.**, careless mistake; oversight □ **lavoro m.**, manual work. **B** *m.* ***1*** material; stuff: (*ind.*) **m., mano d'opera e spese generali**, material, labour, and overhead charges; (*ind.*) **m. greggio**, raw material; staple; **m. da costruzione**, building material; (*edil.*) **m. coibente**, insulating material; (*ind.*) **m. di scarto**, discarded material (*o* scrap); (*pubblicità*) **m. illustrativo**, illustrative material; literature; **il m. per una biografia**, the material for a biography ***2*** (*strumenti necessari*) materials (*pl.*); equipment: **il m. per scrivere**, writing materials; **m. scolastico** (*o* **didattico**), teaching equipment ***3*** (*persona rozza*) rough (*o* uncouth) person. ● (*geol.*) **m. alluvionale**, alluvium □ **m. didattico**, teaching aids (*pl.*) □ (*ind.*) **m. di recupero**, salvage □ (*edil.*) **m. di riporto**, filling □ **m. di rivestimento**, lining □ **m. giornalistico**, copy □ **m. lavorato**, machined products (*pl.*) □ **m. per pavimenti**, flooring □ (*ferr.*) **m. rotabile**, rolling stock □ (*geol.*) **m. sedimentato**, silt □ (*fig.*) **m. umano**, manpower.

materialismo, *m.* materialism: **m. storico**, historical materialism.

materialista, **A** *a.* materialistic. **B** *m.* e *f.* materialist.

materialìstico, *a.* materialistic.

materialità, *f.* ***1*** materiality: **la m. dei fatti**, the materiality of facts ***2*** (*rozzezza*) roughness, uncouthness; (*volgarità*) coarseness ***3*** (*sensualità*) sensuality.

materializzàre, **A** *v. t.* to materialize. **B materializzàrsi,** *v. i. pron.* ***1*** (*apparire*) to materialize; to appear out of nowhere (*fam.*: out of the blue) ***2*** (*concretizzarsi*) to take* shape.

materializzazióne, *f.* materialization.

materialménte, *avv.* ***1*** materially; (*corporalmente*) corporeally, bodily ***2*** (*in maniera rozza*) roughly; uncouthly ***3*** (*effettivamente*) really; simply; quite: **È m. impossibile**, it's quite impossible.

materialóne, *m.* (*f.* **-a**) clumsy person; bear (*fam.*).

materiàre, (*lett.*) **A** *v. t.* to make* up; to underscore. **B materiàrsi,** *v. i. pron.* to become* steeped in.

materiàto, *a.* (*lett.*) made (of); full (of); rich (in).

matèrico, *a.* of matter (*pred.*).

maternaménte, *avv.* maternally; like a mother.

maternità, *f.* ***1*** maternity; motherhood: **congedo per m.**, maternity leave; **le gioie della m.**, the joys of motherhood ***2*** (*ospedale*) maternity hospital; (*reparto*) maternity ward ***3*** (*nome della madre*) mother's name. ● **essere alla prima m.**, to be a mother for the first time.

matèrno, *a.* maternal; motherly; mother (*attr.*): **affetto m.**, motherly love; **cure materne**, maternal cares; **sorriso m.**, maternal smile; **lingua materna**, mother (*o* native) language; **terra materna**, mother country; **zio m.**, maternal uncle; uncle on one's mother's side. ● **scuola materna**, nursery school.

materòzza, *f.* (*metall.*) feedhead; deadhead.

matètico, *a.* mathetic.

Matilde, *f.* Mathilda; Matilda.

matinée (*franc.*), *f. invar.* (*teatr.*) matinée; afternoon performance.

matita, *f.* pencil; (*colorata, anche*) crayon: **m. nera**, lead pencil; **m. rossa**, red pencil; red crayon; **m. a scatto** (*o* **a mine**), propelling pencil; **matite colorate**, crayons; **m. copiativa**, copying pencil; **disegnare a m.**, to draw in pencil; **scrivere a m.**, to write with a pencil; to pencil. ● **m. elettronica**, data pen □ **m. emostatica**, styptic pencil □ **m. contornalabbra**, lipliner □ **m. per le sopracciglia**, eyebrow pencil □ (*fig.*) **segnare a m. rossa e blu**, to blue-pencil.

matràccio, *m.* (*chim.*) flask; matrass: **m. graduato**, volumetric flask.

matriàrca, *f.* matriarch.

matriarcàle, *a.* matriarchal.

matriarcàto, *m.* matriarchate; matriarchy.

matrice, *f.* ***1*** (*anat., biol.*) matrix* ***2*** (*mat., elab., tecn.*) matrix*; array ***3*** (*comm.*) counterfoil; stump; stub (*USA*): **registro a m.**, counterfoil register ***4*** (*per ciclostile*) stencil ***5*** (*fig.*: *base*) basis*, foundation; (*origine, formazione*) roots (*pl.*), background. ● (*mecc.*) **m. a tranciare**, blanking die □ (*mecc.*) **m. per piega**, forming die □ (*mecc.*) **m. per trafila**, drawplate.

matriciàle, *a.* (*mat.*) matrix* (*attr.*): **calcolo m.**, matrix calculus.

matricida, **A** *m.* e *f.* matricide. **B** *a.* matricidal.

matricidio, *m.* matricide.

matricina, *f.* (*bot.*) sapling.

matricinàre, *v. t.* (*agric.*) to sap.

matricola, *f.* ***1*** (*registro*) roll, list, register, matricula; (*numero*) number ***2*** (*studente*) first-year student; freshman* (*USA*); fresher (*fam. GB*) ***3*** (*novellino*) rookie (*fam.*) ***4*** (*mil.*: *ufficio*) roll office. ● **certificato di m.**, matricula; certificate of enrolment □ (*fam.*) **fare la m. a q.**, to play tricks on a fresher (*GB*); to haze a freshman (*USA*) □ **inserire nella m.**, to matriculate; to enrol □ **numero di m.**, (*di studente*) matriculation number; (*di motore*) chassis number; (*di arma*) serial number; (*mil.*) number.

matricolàre, *a.* matriculation (*attr.*); registration (*attr.*).

matricolàto, *a.* (*fig.*) downright; thorough; out-and-out; perfect: **un briccone m.**, a downright rascal; a thorough scoundrel.

matricolazióne, *V.* **immatricolazione**.

matrigna, *f.* ***1*** stepmother ***2*** (*fig.*) cruel (*o* bad) mother. ● **La natura gli fu m.**, nature was cruel to him.

matrilineàre, *a.* (*etnol.*) matrilineal; matrilinear.

matrilinearità, *f.* (*etnol.*) matrilineal descent.

matrilocàle, *a.* (*etnol.*) matrilocal.

matrilocalità, *f.* (*etnol.*) matrilocality.

matrimoniàbile, *a.* of marriageable age.

matrimoniàle, *a.* matrimonial; marriage; conjugal; nuptial; wedding (*attr.*): **anello m.**, wedding ring; **diritto m.**, marriage law; **contratto m.**, marriage settlement; **certificato m.**, marriage certificate; **il vincolo m.**, the nuptial tie; **vita m.**, married life. ● **camera m.**, double room □ **letto m.**, double bed □ **pubblicazioni matrimoniali**, banns.

matrimonialista, *m.* e *f.* lawyer specialized in marriage law.

matrimònio, *m.* ***1*** marriage; matrimony; match: **il sacramento del m.**, the sacrament of matrimony; **fare un buon m.**, to make a good match; **combinare un m.**, to bring about a marriage; to make a match; **m. civile [religioso]**, civil [church] marriage; **un m. d'amore**, a love-match; **m. di convenienza**, marriage of convenience; **Il m. gli si addice**, married life suits him; **dare in m.**, to give in marriage; to marry; (*leg.*) **promessa di m.**, marriage promise; (*leg.*) **certificato di m.**, marriage certificate; (marriage) lines; **Il loro m. andò a rotoli**, their marriage broke up ***2*** (*cerimonia*) wedding: **celebrare un m.**, to celebrate a wedding; **il giorno del mio m.**, my wedding day. ● **compare di m.**, best man □ **contrarre un nuovo m.**, to remarry □ **pubblicazioni di m.**, banns □ **sensale di m.**, matchmaker □ **unire in m.**, to marry □ **unirsi in m.**, to get married.

matriòsca, matriòska, *f.* set of Russian dolls.

matrizzàre, *v. i.* to take* after one's mother.

matròna, *f.* ***1*** (*stor. romana*) matron ***2*** (*fig.*: *donna formosa*) matronly woman* ***3*** (*donna importante*) matron; great dame.

matronàle, *a.* matronal; matronly; matron-like: **dignità m.**, matronal dignity; **fisico m.**, matronly build.

matronèo, *m.* (*archit.*) women's gallery.

matronimico, *a.* e *m.* metronymic, matronymic.

màtta, *f.* (*carta da gioco*) joker.

mattacchióne, *m.* (*f.* **-a**) wag; jolly person; joker.

mattàna, *f.* (*fam.*) ***1*** (*accesso di collera*) fit of bad temper; tantrum: **Quando gli salta la m.**, when he flies into a temper; when he throws a tantrum; **Lasciamogli passare la m.**, let's wait until he gets over his bad temper ***2*** (*capriccio*) freak; whim ***3*** (*accesso di allegria*) burst of hilarity; fit of laughter.

mattànza, *f.* tunny killing.

mattàre, *v. t.* (*scacchi*) to checkmate.

mattàta, *f.* (*pop.*) madcap act.

mattatóio, *m.* slaughterhouse; abattoir; shambles (*sing.* o *pl.*).

mattatóre, *m.* (*f.* **-trice**) ***1*** slaughterer; butcher ***2*** (*teatr.*) actor who steals the show; spotlight chaser.

Mattèo, *m.* Matthew.

matterèllo, *m.* rolling pin.

matterìa, *f.* craziness; crazy behaviour; (*azione da matto*) crazy act.

Mattia, *m.* Matthias.

mattina, *f.* morning: **le lezioni della m.**, the morning classes; **dalla m. alla sera**, from morning till night; **di m.**, in the morning; **do-**

mani m., tomorrow morning; **lunedì m.**, on Monday morning; **la m. alle nove**, at nine in the morning; **la m. del primo d'aprile**, on the morning of the first of April; **di prima m.**, early in the morning; **una fredda m. d'inverno**, a cold winter morning. ● (*fig.*) **una bella m.**, one fine morning □ **dalla sera alla m.**, overnight; (*fig.*) without warning, all of a sudden □ (*fig.*) **durare dalla m. alla sera**, to be short-lived □ **farsi m.**, to be dawning.

mattinàle, A *a.* (*lett.*: *mattutino*) morning (*attr.*). **B** *m.* (*bur.*) (morning) report.

mattinàta (1), *f.* **1** morning; forenoon: **una m. piovosa**, a rainy morning; **una dura m. di lavoro**, a hard morning's work; **tutta la m.**, the whole morning; all morning **2** (*mus.*) mattinata; dawn song; aubade (*franc.*); morning serenade: **fare la m. a q.**, to sing an aubade for sb.

mattinàta (2), *f.* (*teatr.*) matinée; afternoon performance.

mattinièro, *a.* early-rising. ● **essere m.**, to be an early riser (*fam.*: an early bird).

mattino, *m.* **1** morning: **i giornali del m.**, the morning newspapers; **la stella del m.**, the morning star; **di buon m.**, early in the morning; **dare il buon m. a q.**, to say «good morning» to sb. **2** (*levante*) east. ● (*fig.*) **il m. della vita**, the dawn of life □ **fare m.**, to stay up all night □ **sul m.**, at daybreak □ (*prov.*) **Il buon dì si conosce dal m.**, well begun is half done.

màtto (1), A *a.* **1** mad; crazy; daft (*fam.*); off one's head (*fam.*); round the bend (*fam.*); barmy (*pop.*); nuts (*pop.*): **diventare m.**, to go mad; **far diventare m. q.**, to drive sb. mad; to drive sb. round the bend; **C'è da diventare m.!**, it's enough to drive one mad!; **Fossi m.!**, I'm not so daft!; **Sei m.?**, are you crazy?; are you off your head? **2** (*opaco*) mat; dull **3** (*falso*) false; imitation (*attr.*): **una moneta matta**, a false (*fam.*: dud) coin; **gioielli matti**, imitation (*o* costume) jewelry. ● **m. da legare**, (stark) raving mad; as mad as a hatter (*fam.*); as mad a March hare (*fam.*); completely bonkers (*pop. GB*); bananas (*pop. USA*) □ **m. di gioia**, mad with joy □ (*fig.*) **andare m. per q.c.**, to be crazy about st.; to be mad about st.; (*rif. al cibo*) to love st. □ **Si vogliono un bene m.**, they are mad about each other; they are head over heels in love with each other □ (*fam.*) **dare fuori di m.**, to flip one's lid (*pop.*) □ **una gamba matta**, a game leg □ **Ci ho un gusto m.!**, I am very glad of it! □ **È mezzo m.**, he is not all there; he has a screw loose (*fam.*) □ **essere quel che si dice m.**, to be dotty; to have a tile missing (*fam.*) □ **farsi matte risate**, to laugh like mad; to roll with laughter □ **È una testa matta!**, he's a hot-headed fool! □ **avere una voglia matta di q.c. [di fare q.c.]**, to be dying for st. [to do st.]. **B** *m.* (*f.* **-a**) **1** madman* (*f.* madwoman*); insane man* (*f.* insane woman*); lunatic: **Gridava come un m.**, he shouted like a madman; **m. furioso**, raving lunatic **2** (*persona bizzarra*) eccentric; oddball **3** (*teatr.*) fool. ● **correre come un m.**, to run like mad □ **discorsi da matti**, ravings □ **fare discorsi da matti**, to rave; to talk nonsense □ **fare il m.**, to behave like a madman; to play the fool □ **gabbia di matti**, madhouse □ **Mi piace da matti**, I'm mad about it □ **quel m. di Tommaso**, that crazy Tommaso □ **ridere come un m.**, to roar with laughter □ **Roba da matti!**, it's unbelievable!; it's sheer madness!

màtto (2), *a.* (*scacchi*) – **scacco m.**, checkmate; (*anche fig.*) **dare scacco m.**, to checkmate.

mattòide, A *a.* half-crazy; dotty (*fam.*); wacky (*fam. USA*). **B** *m.* e *f.* oddball; screwball (*USA*).

mattonàia, *f.* brickyard; brickfield.

mattonàio, *m.* brick maker.

mattonàre, *v. t.* to pave with bricks.

mattonàta, *f.* **1** blow with a brick **2** *V.* **mattone,** *def.* 2.

mattonàto, A *a.* paved with bricks. **B** *m.* brick surface; brick floor.

mattóne, A *m.* (*edil.*) **1** brick: **m. crudo**, green brick; **m. forato**, perforated brick; hollow tile; **m. refrattario**, fire-brick; **m. smaltato**, glazed brick; **cuocere mattoni**, to burn (*o* to bake) bricks; **muro di mattoni**, brick wall **2** (*fig.*: *cosa o persona noiosa*) bore, drag (*fam.*), yawn (*fam.*); (*peso*) weight: **Sei un m.!**, you are a bore!; **Quel libro è un m.**, that book is very boring (*o* makes heavy reading). ● **m. a cuneo**, arch brick; wedge-shaped brick □ **m. ornamentale**, flare header □ **m. tenero**, cutter □ (*fig. fam.*) **avere un m. sullo stomaco**, to have st. lying (heavy) on one's stomach □ (*fam.*) **fare tre passi su un m.**, to drag oneself along. **B** *a.* – **rosso m.**, brick red.

mattonèlla, *f.* **1** tile: **m. per pavimenti**, floor tile; **m. per rivestimenti**, wall tile **2** (*sponda del biliardo*) cushion. ● **m. di carbone**, briquette; coal brick □ **una parete a mattonelle**, a tiled wall □ **posa in opera di mattonelle**, tiling.

mattonellificio, *m.* tile factory.

mattonièra, *f.* brick-moulding machine.

mattonificio, *m.* brickyard; brickfield.

mattutino, A *a.* morning (*attr.*): **la stella mattutina**, the morning star; **una passeggiata mattutina**, a morning walk. **B** *m.* **1** (*eccles.*) matins (*pl.*): **cantare il m.**, to sing matins **2** (*suono della campana*) morning bell.

maturàndo, *m.* (*f.* **-a**) student in his [her] final year; school-leaver; student about to sit for his [her] diploma examination.

maturàre, A *v. i.* to mature; to grow*; (*di frutti e fig.*, *anche*) to ripen, to come* to maturity; (*med.*) to come* to a head; (*comm.*) to fall* due, to be due; (*d'interessi*) to accrue: **Il ragazzo è molto maturato quest'anno**, the boy has matured a lot this year; **Il vino matura col tempo**, wine matures with age; (*fig.*) **I tempi maturano**, times are ripening; **Questo ascesso sta maturando**, this abscess is coming to a head; **Maturò in lui l'idea di lasciare il paese**, the idea of leaving the country gradually took hold of him. **B** *v. t.* **1** (*rendere maturo*) to mature, to bring* to maturity (*o* to ripeness); (*med.*) to bring* to a head: **L'esperienza lo ha maturato**, that experience has matured him (*o* has made him grow up); **m. un ascesso con impiastri caldi**, to bring an abscess to a head with poultices; **lasciare m. il vino**, to let wine age (*o* mature) **2** (*meditare*) to ponder, to consider at length, to mull over; (*perfezionare*) to work out, to perfect: **m. un piano**, to work out (*o* to perfect) a plan **3** (*bur.*: *completare*) to complete: **m. trent'anni di contributi**, to complete thirty years of contributions **4** (*scolastico*) to grant a secondary-school diploma. **C maturarsi**, *v. i. pron.* to ripen; to become* ripe; to mature.

maturàto, *a.* **1** matured; ripened **2** (*decorso*) completed **3** (*a scadenza*) due, fallen due; (*di interessi*) accrued **4** (*meditato*) pondered.

maturazióne, *f.* **1** maturation; maturing; ripening: **una m. tarda**, a slow maturation **2** (*maturità*) maturity; (*scadenza*) expiry: (*comm.*) **alla m.**, at maturity. ● (*med.*) **portare a m.**, to bring to a head.

maturità, *f.* **1** maturity; (*stato di m.*) ripeness: **m. di giudizio**, maturity of judgment; **venire a m.**, to come (*o* to grow) to maturity; to mature **2** (*scuola*) – **diploma di m.**, school-leaving certificate; **esame di m.**, school-leaving examination.

matùro, A *a.* **1** (*agric.*) mature; ripe: **grano m.**, ripe corn; **vino m.**, well-matured (*o* mellow) wine; **L'uva non è matura**, the grapes are not ripe (*o* are unripe); **troppo m.**, overripe **2** (*di persona*) mature, (*adulto*) grown-up: **un ragazzo m.**, a mature boy; **in età matura**, in mature age; in one's middle age; **m. d'anni**, of mature years; middle-aged **3** (*fig.*) mature; ripe: **un piano m.**, a mature plan; **I tempi sono maturi**, the times are ripe; **dopo matura riflessione**, after mature (*o* careful) deliberation; **d'esperienza matura**, ripe in experience **4** (*med.*) mature; (*di foruncolo, ecc.*) that has come to a head **5** (*comm.*) mature, due; (*d'interessi*) accrued. **B** *m.* (*f.* **-a**) student who has obtained his school-leaving certificate.

matuṣa, *m.* e *f. invar.* (*fam. scherz.*) fossil; old fogey.

Matuṣalèmme, *m.* (*Bibbia*) Methuselah. ● **vecchio quanto M.**, as old as the hills.

mauritàno, *a.* e *m.* (*f.* **-a**) Mauritanian.

mauriziàno, *a.* of the Order of St. Maurice and St. Lazarus.

Maurizio, *m.* Maurice.

màuro, *m.* Moor.

mauṣolèo, *m.* mausoleum.

mauve (*franc.*), *a. invar.* mauve.

màxi, A *a.* maxi. **B** *m.* (*cappotto*) maxicoat; maxi. **C** *f.* (*gonna*) maxiskirt; maxi.

maxicappòtto, *m.* maxicoat.

maxigónna, *f.* maxiskirt.

maxillofacciale, *a.* (*anat.*) maxillofacial.

maxillolabiale, *a.* (*anat.*) maxillolabial.

maximum (*lat.*), *m. invar.* (*econ.*) maximum price; ceiling price.

màxwell (*ingl.*), *m. invar.* (*fis.*) maxwell.

màya, A *a. invar.* Mayan. **B** *m.* e *f. invar.* Maya*; Mayan.

mazdàico, *a.* (*stor. relig.*) Mazdean; Zoroastrian.

mazdaiṣmo, *m.* (*stor. relig.*) Mazdaism; Mazdeism; Zoroastrianism.

mazùrca, *f.* mazurka.

mazùt, *V.* **masut.**

màzza, *f.* **1** (*bastone*) cudgel, club, truncheon; (*bastone di comando*) mace, baton; (*bastone da passeggio*) walking-stick, cane **2** (*grosso martello*) sledgehammer; (*di legno*) mallet **3** (*pitt.*) maulstick, mahlstick **4** (*sport*: *golf*) club; (*cricket, baseball*) bat; (*polo*) mallet. ● (*mecc.*) **m. battente**, ram; tup □ (*bot.*) **m. d'oro** (*Lysimachia vulgaris*), (golden) loosestrife □ (*bot.*) **m. da tamburo** (*Lepiota procera*), parasol mushroom □ (*mil., stor.*) **m. ferrata**, mace.

mazzacavàllo, *m.* **1** (*per attingere acqua*) well sweep **2** (*battipalo*) pile driver.

mazzafiónda, *f.* (*region.*) sling.

mazzafrùsto, *m.* cat-o'-nine-tails.

mazzagàtti, *m.* pocket gun.

mazzapicchio, *m.* **1** cooper's mallet; beetle; (*maglio del macellaio*) pole axe **2** (*per assestamento stradale*) tamper.

mazzàta, *f.* **1** hammer blow **2** (*fig.*) terrible blow; shock; body-blow (*fam.*): **La notizia fu per lui una m.**, the news was a terrible blow to him (*o* came to him as a shock); **L'ultima bolletta del telefono è stata una m.**, the last telephone bill was a blow (*o*, *fam.*, knocked me for six).

mazzerànga, *f.* (*per assestamento stradale*) tamper.

mazzétta (1), *f.* **1** (*di biglietti di banca*) wad; bundle **2** (*di campioni di tessuto*) bunch of samples **3** (*pop.*: *in cambio d'un favore*) kickback; (*per corrompere*) bribe.

mazzétta (2), *f.* **1** (*mazza con manico corto*) mallet; beetle **2** (*martello da roccia*) piton hammer.

mazzétto, *m.* **1** (*di fiori*) (little) bunch; bouquet; nosegay **2** (*cucina*) bouquet garni (*franc.*). ● (*bot.*) **fiori a m.**, corymb.

mazzière (1), *m.* **1** (*stor.*) mace-bearer **2** (*di banda*) drum major.

mazzière (2), *m.* (*nei giochi di carte*) dealer.

mazziniàno, A *a.* Mazzinian. **B** *m.* (*f.* **-a**) Mazzinian; Mazzinist.

màzzo (1), *m.* **1** (*fascio*) bunch; bundle: **un m. di fiori**, a bunch of flowers; **un m. di carote**, a bundle of carrots **2** (*insieme di oggetti*) bunch; (*pila*) pile, pack: **un m. di chiavi**, a bunch of keys; **un m. di matite**, a bunch of pencils; **un m. di fazzoletti**, a pile of handkerchiefs; **un m. di carte**, a pack (*USA*: a deck) of cards **3** (*fig.*: *gruppo*) bunch; set. ● **a mazzi**, in bundles; in bundles □ (*alle carte*) **fare il m.**, to shuffle □ (*alle carte*) **Chi è di m.?**, whose turn is it to shuffle? □ (*fig.*) **mettere tutto in un m.**, to lump everything together.

màzzo (2), *m.* (*volg.*: *sedere*) backside (*fam.*); ass (*volg.*); bum (*pop. GB*); can (*pop. USA*). ● (*fig.*) **fare il m. a q.**, (*far faticare*) to slavedrive sb.; (*rimproverare*) to carpet sb. (*fam.*), to chew out sb. (*fam. USA*); (*bocciare*) to plough (*fam.*), to flunk (*fam. USA*) □ (*fig.*) **farsi il m.**, to slave away; to bust one's ass (*volg.*).

mazzòcchio, *m.* **1** (*di insalata*) shoot **2** (*ciuffo di capelli*) tuft (of hair).

mazzolàre, *v. t.* **1** (*colpire*) to club **2** (*uccidere*) to club to death.

mazzolàta, *f.* **1** blow with a mallet **2** (*fig.*) blow; shock.

mazzolìno, *m.* little bunch; bouquet; nosegay.

mazzuòla, *f.* mallet.

mazzuòlo, *m.* **1** mallet; (*da scalpellino*) stonemason's hammer **2** (*mus.*: *per timpani*) drumstick.

me, *pron. pers. m. e f. 1ª pers. sing.* **1** (*compl. ogg. e indir.*) me; (*me stesso*) myself: **Volevano vedere me, non te**, they wanted to see me, not you; **Non si curano di me**, they don't care about me; **Povero me!**, dear me!; oh dear!; **A me non importa**, it doesn't matter to me; I don't care; **Voleva proprio me**, it was me he wanted; **Lascia fare a me!**, leave it to me; **una stanza tutta per me**, a bedroom to myself; **L'ho fatto da me**, I did it by myself; **Sono fuori di me dalla gioia**, I am beside myself with joy; **Se tu fossi in me**, if you were me (*o* in my shoes); **Suvvia, dimmelo**, do tell me **2** (*in funzione di sogg.*) I: **Ne sai quanto me**, you know as much as I do; **È bravo quanto me**, he is as clever as I (am); **È più forte di me**, he is stronger than I am; **Fate come me**, do as I do; do like me (*fam.*) **3** (*pleonastico*) – **Me lo auguro!**, I certainly hope so!; **Me lo sono mangiato**, I ate it. ● **la ragazza che fa per me**, the girl I've been looking for; just the girl for me □ **per me** (*o* **in quanto a me**), for my part; as far as I am concerned □ **secondo me**, in my opinion; I think that... □ **tra me (e me)**, to myself □ (*prov.*) **Oggi a me, domani a te**, I today, you tomorrow.

mea culpa (*lat.*), *locuz. m. invar.* **1** (*relig.*) mea culpa **2** (*fig.*) owning up; breast-beating. ● **recitare il m.**, to confess one's sins; (*fig.*) to beat one's breast.

meàndrico, *a.* meandering; winding.

meàndro, *m.* **1** (*di fiume*) meander; bend **2** (*pl.*) (*labirinto*) maze (*sing.*); (*anche fig.*) twists and turns: **i meandri delle fogne**, the maze of sewers; **i meandri del suo ragionamento**, the twists and turns of his reasoning; **i meandri della burocrazia**, red tape.

meàto, *m.* (*anat.*) meatus*.

mècca, *f.* **1** (*posto che attrae*) Mecca, mecca **2** (*vernice*) gilt.

meccànica, *f.* **1** mechanics (*pl. col verbo al sing.*): **m. applicata**, applied mechanics; **m. celeste**, celestial mechanics; gravitational astronomy; **m. dei solidi**, mechanics of solids; **m. quantistica**, quantum mechanics; **m. razionale**, rational mechanics **2** (*meccanismo*) mechanism, works (*pl.*), workings (*pl.*); (*di un veicolo*) mechanicals (*pl.*); (*di pianoforte, fucile, orologio, anche*) action **3** (*fig.*: *funzionamento*) process; workings (*pl.*): **la m. della digestione**, the digestive process **4** (*fig.*: *modo di svolgimento*) the way (*o* how) st. happened: **ricostruire la m. dell'incidente**, to establish how the accident happened; **la m. del rapimento del giovane**, how the young man was kidnapped; **la m. dei fatti**, the sequence of events.

meccanicìsmo, *m.* (*filos.*) mechanism.

meccanicista, *m. e f.* (*filos.*) mechanist.

meccanicìstico, *a.* (*filos.*) mechanistic.

meccanicità, *f.* mechanicalness.

meccànico, A *a.* mechanical; (*automatico*) automatic: **arti meccaniche**, mechanical arts; **movimenti meccanici**, mechanical movements; **energia meccanica**, mechanical energy; **ingegneria meccanica**, mechanical engineering; **lavoro m.**, mechanical work. ● **stampa meccanica**, power press □ (*ind. tess.*) **telaio m.**, power loom. **B** *m.* (*f.* **-a**) mechanic; (*tecnico*) engineer; (*macchinista*) machinist.

meccanìsmo, *m.* **1** (*tecn.*) mechanism; machinery; gear; works (*pl.*); workings (*pl.*): **il m. d'un orologio**, the mechanism of a watch; (*mecc.*) **m. della distribuzione**, valve gear; (*naut.*) **m. di governo**, steering gear; (*mecc.*) **m. a cremagliera**, rack-work; (*mecc.*) **m. di disinnesto**, throw-out **2** (*fig.*) mechanism; process; workings (*pl.*); the way st. works; machinery: (*psic.*) **m. di difesa**, defence mechanism; **il m. della memoria**, the way memory works; the memorizing process; **il m. della digestione**, the digestive process; **m. processuale**, procedural machinery.

meccanizzàre, A *v. t.* to mechanize. **B meccanizzarsi,** *v. i. pron.* to be mechanized; to become* mechanized.

meccanizzàto, *a.* **1** mechanized **2** (*motorizzato*) motorized.

meccanizzazióne, *f.* mechanization.

Meccàno, *m.* (*marchio*: *gioco*) Meccano.

meccanocettóre, *V.* **meccanorecettore**.

meccanografia, *f.* machine accounting.

meccanogràfico, *a.* data processing (*attr.*): **centro m.**, data processing centre.

meccanorecettóre, *m.* (*fisiol.*) mechanoreceptor.

meccanoterapia, *f.* (*med.*) mechanotherapy.

meccatrònica, *f.* (*elettr.*) mechathronics (*pl. col verbo al sing.*).

meccatrònico, *a.* (*elettr.*) mechathronic.

Mecenàte, *m.* **1** (*stor.*) Maecenas **2** (*fig.*) patron; Maecenas.

mecenatìsmo, *m.* Maecenatism; patronage.

mèche (*franc.*), *f. invar.* streak. ● **farsi le m.**, to have one's hair streaked.

mechitarista, *m.* (*eccles.*) Mekhitarist, Mechitarist.

mèco, *pron. pers.* (*lett.*) with me. ● **m. stesso** (*o* **medesimo**), to myself.

mecòmetro, *m.* (*med.*) mecometer.

meconàto, *m.* (*chim.*) meconate.

mecònico, *a.* (*chim.*) meconic.

mecònio, *m.* **1** (*oppio*) opium; meconium **2** (*fisiol.*) meconium.

meconìsmo, *m.* (*med.*) opium addiction; meconism.

mèda, *f.* (*naut.*) seamark; beacon: **m. luminosa**, light beacon.

medàglia, *f.* **1** medal: **una m. d'oro**, a gold medal; **m. commemorativa**, commemorative medal; **m. olimpica**, Olympic medal; **il diritto della m.**, the obverse (*o* face) of the medal; **il rovescio della m.**, (*anche fig.*) the reverse of the medal; (*fig.*) the other side of the coin; **conferire una m. al valore militare**, to award a medal for military valour **2** (*vincitore di m.*) medallist, medalist (*USA*); (*decorato*) person awarded a medal: **È stato tre volte m. d'oro**, he was three times gold medallist; **È m. d'oro al valore**, he was awarded a gold medal for valour **3** (*bot.*, *Lunaria annua*) satin-flower; honesty. ● (*prov.*) **Ogni m. ha il suo rovescio**, every medal has its reverse.

medaglière, *m.* **1** collection of medals; numismatic collection **2** (*vetrina*) medal showcase **3** (*mil.*) medals awarded; (*sport*) medals won.

medagliétta, *f.* **1** small medal; (*relig.*, *anche*) medalet **2** (*contrassegno dei deputati*) deputy's badge **3** (*di cane*) dog-tag.

medaglióne, *m.* **1** (*grossa medaglia*) medallion **2** (*gioiello*) locket **3** (*archit.*) medallion **4** (*letter.*) literary-biographical portrait **5** (*cucina*) médaillon (*franc.*).

medaglista, *m. e f.* **1** (*collezionista*) collector of medals **2** (*incisore*) medallist, medalist (*USA*); designer of medals.

medaglìstica, *f.* **1** (*scienza*) numismatics (*pl. col verbo al sing.*) **2** (*incisione*) medal design.

medeṣimaménte, *avv.* likewise; in the same way.

medéṣimo, A *a.* **1** (*lo stesso*) same; identical: **nel m. giorno**, on the same day; **nel m. tempo**, at the same time; (*insieme*) together; (*inoltre*) moreover, besides; **la stessa e medesima cosa**, the very same thing; just the same (thing); **dare la medesima risposta di prima**, to give the same answer as before; **essere della medesima idea**, to be of the same opinion; **Anche a me capita la medesima cosa**, it's the same with me **2** (*proprio quello*) very: **Furono quelle medesime parole a convincermi**, it was those very words that convinced me **3** (*in persona*) himself [herself, etc.]; (*personificato*) itself, personified: **il Papa m.**, the Pope himself; **È la bontà medesima**, he's kindness itself **4** (*rafforzativo di pron. pers.*) myself [yourself, himself, etc.]: **Verrò io m.**, I shall come myself. **B** *pron.* (*rif. a persona*) the same man* [woman*, etc.]; (*rif. a cosa*) the same (thing): **È il m. che ho incontrato ieri**, he's the same man I met yesterday.

mèdia, *f.* **1** average; (*mat.*) mean: **m. approssimativa**, approximate average; **m. matematica**, arithmetic(al) mean; **m. geometrica**, geometric(al) mean; **m. oraria**, average per hour; hourly average; **m. proporzionale**, proportional mean; **la m. mensile**, the month's average; **alla m. di**, on an average of **2** (*scuola m.*) secondary school; junior high school (*USA*) **3** (*votazione scolastica*) average marks (*pl.*): **la m. trimestrale**, the term's (proficiency) marks; **È stato promosso in terza con una buona m.**, he went up into the third form with good (average) marks; **fare le medie**, to check the term's marks. ● (*mat.*) **m. armonica**, harmonic mean □ **la m. dei prezzi**, the average (*o* middle) price □ (*meteor.*) **m. giornaliera**, daily mean □ (*stat.*) **m. ponderata**, weighted mean (*o* average) □ (*mat.*) **m. quadratica**, root mean square value □ **fare la m. tra una serie di cifre**, to average a series of figures □ **fare** (*o* **raggiungere**) **una m. di**, to average: **Facemmo una m. di 300 km al giorno**, we averaged 300 km a day; **La piovosità raggiunge una m. di 50 pollici l'anno**, the rainfall averages 50 inches a year □ **in m.**, on an (*o* on the) average; on average: **Quanto li hai pagati in m.?**, how much did you pay for them on an average?; **Dormo in m. sei ore per notte**, I sleep six hours per night on an average □ **Costano in m. diecimila lire l'uno**, the average cost is ten thousand lire each □ **Mi sono costati in m. tremila lire l'uno**, I paid an average of three thousand lire each □ **pari alla m.**, up to the average □ **sopra la m.**, above the average □ **sotto la m.**, below the average.

medìale (1), *a.* (*anat.*) medial.

medìale (2), *a.* (*fon.*) medial.

medìale (3), *a.* (*dei mass media*) media (*attr.*).

mediaménte, *avv.* on an (*o* on the) average; on average.

mediàna, *f.* **1** (*mat.*, *stat.*) median **2** (*calcio*) halfback line.

medianicità, *f.* mediumistic nature.

mediànico, *a.* mediumistic; psychic.

medianìsmo, *m.* mediumistic phenomena (*pl.*); spiritualism.

medianità, *f.* medium powers (*pl.*); ESP (*abbr. di* extrasensory perception).

mediàno, A *a.* median; medial; medium; mean; middle: (*geom.*) **linea mediana**, median (line); (*anat.*) **il nervo m.**, the median (nerve); **il punto m.**, the median (*o* mid) point; the mean. **B** *m.* **1** (*calcio, football*) halfback **2** (*rugby, hockey*) half: **m. di mischia**, scrum-half.

mediànte (1), *f.* (*mus.*) mediant.

mediànte (2), *prep.* **1** by; by means of; through; per; via: **I pensieri si esprimono m. le parole**, thoughts are expressed by means of words; **riuscire m. grossi sforzi**, to succeed through much effort; **pagamento m. assegno**, payment by cheque **2** (*con l'aiuto di*) with the help of.

mediàre, A *v. t.* **1** to mediate **2** (*mat.*) to average. **B** *v. i.* (*fare da mediatore*) to mediate.

mediastìnico, *a.* (*anat.*) mediastinal.

mediastìno, *m.* (*anat.*) mediastinum*.

mediatèca, *f.* video and tape library.

mediàtico, *a.* media (*attr.*).

mediàto, *a.* mediate; (*indiretto*) indirect.

mediatóre, A *m.* (*f.* **-trice**) **1** mediator (*f. lett.*: mediatress, mediatrix*); intermediary; middleman*; go-between: **fare da m.**, to act as a mediator **2** (*comm.*) agent; broker: **m. di affari**, business agent; **m. di case**, estate agent; realtor (*USA*); **m. di noli marittimi**, ship broker; **m. per conto del compratore**, buying broker; **m. per conto del venditore**, selling broker. ● (*biochim.*) **m. chimico**, neurohumour. **B** *a.* intermediary.

mediazióne, *f.* **1** mediation; mediatorship: **con la m. della Gran Bretagna**, through the mediation of Great Britain; **offrire la propria m.**, to offer one's mediation **2** (*comm.*) brokerage; (broker's) commission: **diritti di m.**, brokerage rates; **esercitare la m.**, to be a broker.

medicàbile, *a.* medicable; treatable; (*curabile*) healable.

medicàle, *a.* medical.

medicalizzàre, *v. t.* to medicalize.

medicalizzazióne, *f.* medicalization.

medicamentàrio, *a.* medicamental.

medicaménto, *m.* medicament; medicine.

medicamentóso, *a.* medicinal; curative; healing.

medicàre, A *v. t.* **1** to treat; to medicate; (*una ferita*) to dress: **m. una piaga**, to treat a sore; **m. una ferita**, to dress a wound **2** (*fig. lett.*) to heal; to cure: **m. gli animi**, to heal souls. **B medicàrsi,** *v. rifl.* to treat oneself; to medicate oneself; (*rif. a ferite*) to dress one's wounds.

medicàstro, *m.* (*spreg.*) quack; medicaster.

medicàto, *a.* medicated; treated; (*di ferita*) dressed: **cerotto m.**, medicated plaster.

medicazióne, *f.* **1** medication; treatment; (*di ferita*) dressing **2** (*medicamento applicato*) medicament; (*su ferita*) dressing. ● (*mil.*) **pacchetto di m.**, medication kit □ (*mil.*) **posto di m.**, dressing station; first-aid post.

medicèo, *a.* (*stor.*) Medicean.

medichéssa, *f.* (*scherz.*) lady doctor.

medicìna, *f.* **1** (*scienza*) medicine: **m. interna [legale, spaziale]**, internal [forensic, space] medicine; **dottore in m.**, doctor of medicine; **esercitare la m.**, to practise medicine; **studiare m.**, to study medicine **2** (*farmaco*) medicine, drug, medication; (*rimedio*) remedy: **prendere la m.**, to take one's medicine; **prendere troppe medicine**, to take too many medicines (*o* drugs); **prescrivere medicine**, to prescribe medicines **3** (*fig.*) medicine, remedy; (*balsamo*) balsam. ● **m. del lavoro**, industrial (*o* occupational) medicine □ **m. omeopatica**, homeopathic medicine □ **m. preventiva**, preventive medicine □ **facoltà di m.**, faculty of medicine □ **laurea in m.**, medical degree □ **libri di m.**, medical books □ **studente di m.**, medical student.

medicinàle, A *a.* medicinal; (*curativo*) healing, curative: **erba m.**, medicinal herb; **sostanza m.**, medicinal substance; **virtù medicinali**, healing properties. **B** *m.* medicine; drug; remedy: **armadietto dei medicinali**, medicine cabinet.

mèdico, A *m.* **1** doctor; G.P. (*abbr. di* general practitioner); physician; medical man* (*fam.*): **È il nostro m.**, he is our doctor; **mandare a chiamare un m.**, to send for a doctor; **consultare un m.**, to see a doctor; **seguire i consigli del m.**, to follow the doctor's advice; **m. di famiglia**, family doctor; G.P.; **m. convenzionato**, panel doctor **2** (*fig.*) healer: **Il tempo è un gran m.**, time is a great healer. ● **m. chirurgo**, surgeon □ **m. condotto**, medical officer □ **m. curante**, doctor in charge (of a case) □ **m. dentista**, dentist □ (*naut.*) **m. di bordo**, ship's doctor; surgeon □ **m. generico**, general practitioner; G.P. □ **m. legale**, police doctor; medical examiner (*USA*) □ **m. militare**, medical officer □ **M., cura te stesso!**, physician, heal thyself! **B** *a.* medical: **un'accurata visita medica**, a thorough medical examination; a check-up; **un consulto m.**, a medical consultation; **patologia medica**, medical pathology; **ufficiale m.**, medical officer. ● **certificato m.**, health certificate □ (*bot.*) **erba medica** (*Medicago sativa*), lucerne; alfalfa □ **ricetta medica**, prescription.

mèdico-chirùrgico, *a.* medico-surgical.

medicóne, *m.* (*f.* **-a**) (*pop.*) quack.

medievàle, *a.* medi(a)eval; of the Middle Ages.

medievalìsmo, *m.* medi(a)evalism.

medievalìsta, *m.* e *f.* medi(a)evalist.

medievalìstica, *f.* medi(a)eval studies.

medievìsta, *V.* **medievalista**.

medìna, *f.* medina.

mèdio, A *a.* **1** (*di mezzo*) middle; medium: **il ceto m.**, the middle class(es); **il dito m.**, the middle finger; **prezzo m.**, medium price; **di qualità media**, of middling quality; **il Medio Evo**, the Middle Ages (*pl.*); **il M. Oriente**, the Middle East; **di grandezza media**, medium-sized; **un uomo d'altezza media**, a man of medium height **2** (*calcolato fra un massimo e un minimo*; *conforme alla media*) average; mean: **temperatura media**, average (*o* mean) temperature; **valore m.**, mean value; **ragazzi d'intelligenza media**, boys of average intelligence; (*sport*) **tempo m.**, average time **3** (*ling.*) middle: **verbo m.**, middle verb. ● **campo m.**, (*pitt.*) middle distance; (*cinem.*) medium shot □ **corso m. di lingua inglese**, intermediate course of English □ **di media età**, middle-aged □ **istruzione media**, secondary education □ (*radio*) **onde medie**, medium waves □ (*sport*) **peso m.**, middleweight □ **scuola media**, secondary school; junior high school (*USA*) □ (*elettr.*) **tensione media**, medium voltage □ (*filos.*) **il termine m. di un sillogismo**, the middle term of a syllogism □ **l'uomo m.**, the average man; the man in the street. **B** *m.* **1** (*dito m.*) middle finger **2** (*mat.*) mean (term) **3** (*ling.*) middle verb.

mediòcre, A *a.* **1** (*non eccellente*) mediocre, middling, run-of-the-mill; (*comune*) commonplace, ordinary: **una persona di m. abilità**, a person of mediocre (*o* middling) ability; **uno stile m.**, a commonplace style; **una commedia m.**, a run-of-the-mill play **vino m.**, ordinary wine **2** (*scadente*) very mediocre; second-rate; poor; shoddy: **lavoro m.**, second-rate job; **un drammaturgo m.**, a second-rate playwright; **Questa traduzione è piuttosto m.**, this translation is rather shoddy; **guadagni mediocri**, poor earnings. ● **men che m.**, very poor. **B** *m.* e *f.* mediocre person; mediocrity: **È un m.**, he is a mediocrity.

mediocrédito, *m.* (*econ.*) medium-term credit.

mediocreménte, *avv.* moderately; middling.

mediocrità, *f.* mediocrity; mean: **il trionfo della m.**, the triumph of mediocrity; **l'aurea m.**, the golden (*o* happy) mean; **essere una m.**, to be a mediocrity; **al di sotto della m.**, below mediocrity.

medioevàle, e *deriv. V.* **medievale**, e *deriv.*

Medioèvo, *m.* Middle Ages (*pl.*): **Alto [Basso] M.**, High [Low] Middle Ages. ● **usanze da M.**, medieval customs.

medioleggèro, *a.* e *m.* (*sport*) welterweight.

mediologìa, *f.* media studies (*pl.*).

mediològico, *a.* of media studies.

mediòlogo, *m.* (*f.* **-a**) media expert.

mediomàssimo, *a.* e *m.* (*sport*) light heavyweight.

mediometràggio, *m.* (*cinem.*) medium-length film.

mediopalatàle, *a.* (*fon.*) mid-palatal.

mediorientàle, *a.* Middle Eastern.

mediotèca, *V.* **mediateca**.

meditabóndo, *a.* meditative; thoughtful; pensive; brooding; cogitative.

meditàre, A *v. t.* to meditate; to ponder; to mull over; to turn over in the mind; (*progettare*) to plan: **m. vendetta**, to meditate revenge; **m. la fuga**, to plan an escape. **B** *v. i.* to meditate; to ponder; to brood; to muse: **m. sull'immortalità dell'anima**, to meditate upon the immortality of the soul; **m. sulle proprie sventure**, to brood over one's misfortunes; **m. sulle memorie del passato**, to muse over memories of the past; **m. sul proprio infelice destino**, to ponder on one's unhappy lot.

meditataménte, *avv.* **1** meditatively; after due consideration **2** (*apposta*) deliberately; on purpose.

meditatìvo, *a.* meditative; cogitative; reflective: **una mente meditativa**, a meditative mind.

meditàto, *a.* meditated; thought-out; well-considered; (*premeditato*) deliberate.

meditazióne, *f.* **1** meditation; cogitation; (*riflessione*) reflection; (*considerazione*) consideration: **un argomento che richiede profonda m.**, a subject which requires deep meditation; **degno di m.**, worthy of consideration **2** (*pratica ascetica*) meditation.

mediterràneo, *a.* **1** (*interno*) mediterranean; land-locked; inland: **un mare m.**, a land-locked sea **2** Mediterranean: **il Mare M.**, the Mediterranean Sea; **clima m.**, Mediterranean climate. ● (*med.*) **febbre mediterranea**, Malta (*o* Mediterranean) fever □ **macchia m.**, maquis □ **razza m.**, Mediterranean race.

mèdium (1), *m.* e *f. invar.* (*spiritismo*) medium; psychic.

medium (2), *m.* (*mezzo di comunicazione*) medium*.

mèdo, A *a.* Median. **B** *m.* Mede.

medùṣa, *f.* **1** (*mitol.*) Medusa **2** (*zool.*) medusa*; jellyfish.

meduṣèo, *a.* **1** Medusan **2** (*zool.*) medusan.

meduṣòide, *a.* medusoid; medusiform.

mefìsto, *m.* close-fitting woollen cap (for skiers or mountain-climbers).

Mefistòfele, *m.* Mephistopheles.

mefistofèlico, *a.* Mephistophelean; Mephistophelian; (*fig., anche*) satanic, sardonic: **un sorriso m.**, a satanic smile.

mefìte, *f.* mephitis.

mefìtico, *a.* **1** mephitic; mephitical: **aria mefitica**, mephitic air; **esalazioni mefitiche**, mephitic exhalations **2** (*fig.*) corrupt.

megabyte, *m. invar.* (*elab.*) megabyte.

megacardìa, *f.* (*med.*) megalocardia.

megacìclo, *m.* (*fis.*) megacycle.

megaconcèrto, *m.* megaconcert.

megadìna, *f.* megadyne.

megafonìsta, *m.* e *f.* man* (*f.* woman*) with the loud-hailer; announcer.

megàfono, *m.* megaphone; (*elettrico*) loud-hailer, bullhorn (*USA*).

megagalàttico, *a.* (*scherz.*: *enorme*) mega- (*pref.*), humongous (*USA*); (*bellissimo*) super, fabulous; (*molto importante*) mega- (*pref.*).

megahèrtz, *m.* (*fis.*) megahertz.

megalìte, *m.* megalith.

megalìtico, *a.* megalithic.

megaloblàsto, *m.* (*biol.*) megaloblast.

megalocardìa, *f.* (*med.*) megalocardia; cardiomegaly.

megalocefalìa, *f.* (*med.*) megacephaly; megalocephalia.

megalocèfalo, *a.* (*med.*) megacephalic; megacephalous.
megalòmane, *a., m. e f.* megalomaniac.
megalomanìa, *f.* megalomania.
megalòpoli, *f.* megalopolis*.
megaòhm, *m.* (*elettr.*) megohm.
megaòhmmetro, *m.* (*elettr.*) megohmmeter.
megàpode, *m.* (*zool.*) megapode; mound-builder.
Megàpodi, *m. pl.* (*zool., Megapodiidae*) Megapodiidae.
megàrico, *a.* of Megara; Megara (*attr.*).
mègaron, *m. invar.* (*archeol.*) megaron.
megaspòra, *f.* (*bot.*) megaspore.
megatèrio, *m.* (*zool., Megatherium*) megatherium; megathere.
megatèrmo, *a.* (*bot.*) megathermal; megathermic. • **pianta megaterma**, megatherm.
mègaton, megatóne, *m.* (*fis. nucl., mil.*) megaton.
megàttera, *f.* (*zool., Megaptera nodosa*) humpback whale.
megavòlt, *m.* (*elettr.*) megavolt.
megawàtt, *m.* (*elettr.*) megawatt.
megèra, *f.* hag; harridan; shrew; vixen.
mèglio, A *avv.* **1** (*compar.*) better: **Farei m. a partire**, I had better leave; **Faresti m. ad andar via**, you had better go away; **sentirsi** (*o* **stare**) **m.**, to feel (*o* to be) better; **Ti senti un po' m.?**, are you feeling any better?; **molto m.**, much (*o* far) better; **sempre m.**, better and better; **cento volte m.**, a hundred times better; **Non puoi fare m. di così?** can't you do any better than that?; **M. di così non può andare**, it couldn't be any better; **Il cappello sta m. a te che a me**, the hat suits you better (than me) **2** (*superl. relat.*) (the) best: **Chi lo fece m. (di tutti)?**, who did it best?; **Fa come m. credi**, do as you think best; **È l'impiegato pagato m. della nostra ditta**, he is the best-paid employee in our firm. • **M. che niente**, better this than nothing at all □ **m. che si può**, as best one can □ **amare m.** (*preferire*), to like better; to prefer □ **cambiare in m.**, to change for the better □ **di bene in m.**, better and better □ **o m.**, (*ovvero, per meglio dire*) or rather; (*anzi*) in fact □ **Pensaci m.!**, think it over! □ (*fam.*) **Stanno m. di noi** (*a quattrini*), they are better off than we are □ **Stavo m. sul divano**, I was more comfortable on the sofa □ **Tanto m.!**, so much the better! □ (*prov.*) **M. soli che male accompagnati**, better alone than in bad company □ (*prov.*) **M. un asino vivo che un dottore morto**, a living dog is better than a dead lion □ (*prov.*) **M. tardi che mai**, better late than never □ (*prov.*) **M. un uovo oggi che una gallina domani**, a bird in the hand is worth two in the bush. **B** *a. invar.* (*compar.*) better; (*superl. relat.*: *fra due*) (the) better, (*fra più di due*) (the) best: **Tu sei m. di me**, you are better than I am (*fam.*: than me); **Ne abbiamo avuti di m.**, we have had better ones; (*fam.*) **la m. gioventù**, the best youths. • **M. così!**, things are better like that; that was for the best □ **M. per lui**, so much the better for him! □ **alla m.** (*o* **alla bell'e m.**), as well as one can; somehow (or other): **Facemmo alla m.**, we did as well as we could; **adattarsi alla m.**, to make do (with things as they are); **campare alla m.**, to scrape a living; to manage somehow; **provvedere alla m.**, to do as well as one can; to manage somehow. **C** *m.* (*la cosa migliore*) (the) best (thing); (*la parte migliore*) (the) best part: **Questo è il m. che possiamo fare** (*o* **è quanto possiamo fare di m.**), it's the best we can do; **prendere il m.**, to take the best (part); **Dimenticavo di dirti il m.**, I was forgetting the best part of it; **Ciò che vi è di m. sul mercato**, the best things on the market; **nel m. del racconto**, when the story was at its very best. • **il m. dell'eleganza**, the pink of elegance □ **Il m. sarebbe che...**, ideally one should... □ **al m.**, at one's best □ **fare del proprio m.**, to do one's best (*o* utmost); to do everything in one's power □ **in mancanza di m.**, as there is nothing better □ **per il m.**, for the best: **Tutto va per il m.**, everything is turning out for the best; everything is going very well; **Tutto andrà per il m.**, it will all be for the best; **agire per il m.**, to act for the best □ **per il vostro m.**, for your best □ (*prov.*) **Il m. è nemico del bene**, leave well (enough) alone. **D** *f.* – **avere la m. su q.**, to have (*o* to get) the better of sb.
mehàri, *m. invar.* (*zool.*) mehari.
meharista, *m.* meharist.
meiòṣi, *f.* (*biol.*) meiosis*.
meiòtico, *a.* (*biol.*) meiotic.
méla, *f.* apple: **mele cotte**, stewed apples; **mele al forno**, baked apples; **una m. acerba**, an unripe apple; (*anche fig.*) **m. marcia**, bad apple; **torta di mele**, apple tart; apple pie; **torsolo di m.**, apple core; **sbucciare una m.**, to peel an apple. • **m. cotogna**, quince □ **m. renetta**, rennet □ **m. selvatica**, crab □ **m. verde**, greening; green apple.
melàfiro, *m.* (*geol.*) melaphyre.
melagràna, *f.* pomegranate.
melagràno, *V.* **melogrLano**.
melammìna, *f.* (*chim.*) melamine.
melammìnico, *a.* (*chim.*) – **resina melamminica**, melamine resin.
melampiro, *m.* (*bot., Malempyrum pratense*) cow-wheat.
melanconìa, e *deriv. V.* **malinconia**, e *deriv.*
melaneṣiàno, *a.* e *m.* (*f.* **-a**) Melanesian (*f.* Melanesian woman*).
mélange (*franc.*), **A** *m. invar.* **1** (*mescolanza di colori*) mélange **2** (*caffè e panna*) coffee with whipped cream. **B** *a. invar.* variegated; multicoloured: **filato m.**, multicoloured yarn.
melangiàto, *a.* variegated; multicoloured.
melàngola, *f.* bitter (*o* Seville) orange.
melàngolo, *m.* (*bot., Citrus aurantium*) bitter (*o* Seville) orange-tree.
melànico, *a.* (*biol.*) melanic.
melanìna, *f.* (*biol.*) melanin.
melaniṣmo, *m.* melanism.
melanite, *f.* (*miner.*) melanite.
melanoblàsto, *m.* (*biol.*) melanoblast.
melanòforo, *m.* (*biol.*) melanophore.
melanòma, *m.* (*med.*) melanoma*.
melanòṣi, *f.* (*med.*) melanosis*.
melanùria, *f.* (*med.*) melanuria.
melanẓàna, *f.* (*bot., Solanum esculentum; il frutto*) aubergine; eggplant (*USA*).
melarància, *f.* sweet orange.
melaràncio, *m.* (*bot., Citrus sinensis*) sweet orange-tree.
melàrio, *m.* honeycomb.
melaròṣa, *f.* (*bot, Eugenia jambos*) rose apple.
melàssa, *f.* molasses (*pl. col verbo al sing.*); treacle.
melàta, *f.* honeydew.
melàto, *a.* **1** honeyed **2** (*fig.*) honeyed; bland; suave.
melatonina, *f.* (*him*) melatonin.
Melchiòrre, *m.* Melchior.
Melchisedèc, *m.* (*Bibbia*) Melchizedek.
melchita, *a. m.* e *f.* (*eccles.*) Melchite.
meleagrina, *f.* (*zool., Meleagrina margaritifera*) pearl oyster.
melèna, *f.* (*med.*) mel(a)ena.
melensàggine, *f.* **1** (*l'essere melenso*) dullness; silliness **2** (*azione melensa*) silly thing (to do); (*discorso melenso*) silly thing (to say), inanity.
melènso, A *a.* **1** (*stupido*) dull; stupid; silly **2** (*insulso*) inane; fatuous. **B** *m.* (*f.* **-a**) dullard; simpleton.
meléto, *m.* apple orchard.
mèlica (**1**), *f.* (*letter.*) melic poetry.
mèlica (**2**), *f.* (*bot., Zea mays*) maize; Indian corn; corn (*USA*).
mèlico, *a.* (*letter.*) melic: **poesia melica**, melic poetry.
melìfaga, *f.* (*zool., Meliphaga*) honey eater.
mèliga, *V.* **melica** (**2**).
melilite, *f.* (*miner.*) melilite.
melilòto, *m.* (*bot., Melilotus officinalis*) yellow melilot.
melìna, *f.* **1** (*gergo sportivo*) possession: **fare m.**, to keep possession **2** (*fig.*) obstructionism.
melinite, *f.* (*esplosivo*) melinite.
meliṣma, *m.* (*mus.*) melisma*.
meliṣmàtico, *a.* (*mus.*) melismatic.
melissa, *f.* (*bot., Melissa officinalis*) lemon balm; balm-mint.
melissòfago, *a.* bee-eating.
melitòṣio, *m.* (*chim.*) melitose.
mellìfero, *a.* (*lett.*) melliferous; yielding (*o* producing) honey; honey (*attr.*): **api mellifere**, honeybees.
mellificàre, *v. i.* to make* honey.
mellificazióne, *f.* honey-making.
mellifluità, *f.* mellifluousness.
mellìfluo, *a.* **1** (*lett.*) mellifluous; honey-sweet; sweet **2** (*fig.*) honeyed; honey-sweet; sugary; insinuating: **parole melliflue**, honeyed words; **con fare m.**, in an insinuating manner.
mellitàto, *m.* (*chim.*) mellitate.
mellito, A *a.* – (*med.*) **diabete m.**, diabetes mellitus. **B** *m.* (*farm.*) mellite.
mellìvora, *f.* (*zool., Mellivora capensis*) ratel.
mélma, *f.* **1** mud; slime; ooze; sludge; slush **2** (*fig.*) dirt; filth.
melmosità, *f.* muddiness; sliminess; ooziness.
melmóso, *a.* muddy; slimy; oozy; sludgy; slushy.
mélo, *m.* (*bot.*) apple-tree. • **m. selvatico**, crab.
melodìa, *f.* **1** (*mus.*) melody **2** (*aria*) melody; tune; air; song: **m. popolare**, folk tune; **una m. spagnola**, a Spanish melody; **la m. del ruscello**, the song of the brook **3** (*musicalità*) melodiousness; musicality; musicalness; tunefulness: **la m. della lingua italiana**, the musicality of the Italian language. • **poesia ricca di m.**, melodious (*o* harmonious) poetry.
melodicaménte, *avv.* melodically; musically.
melòdico, *a.* **1** (*mus.*) melodic: **scala minore melodica**, melodic minor scale **2** (*melodioso*) melodious; musical.
melodióso, *a.* melodious; musical; tuneful: **parole melodiose**, melodious words; **una voce melodiosa**, a musical voice.
melodista, *m.* e *f.* melodist.
melodràmma, *m.* **1** (*mus.*) (serious) opera: **il m. romantico**, Romantic operas; **un amante del m.**, an opera lover **2** (*fig.*) melodrama.
melodrammàtico, *a.* **1** (*mus.*) operatic **2** (*fig.*) melodramatic(al); theatrical.
mèloe, *m.* (*zool., Meloe*) oil beetle.
melòfago, *m.* (*zool., Melophagus ovinus*) sheep tick; ked.
melòfobo, *m.* (*f.* **-a**) music hater.
melogràno, *m.* (*bot., Punica granatum*) pomegranate.
melòmane, *m.* e *f.* music lover; melomaniac.
melomanìa, *f.* love of music; melomania.
melóne, *m.* (*bot., Cucumis melo*) musk melon; melon. • **m. cantalupo**, canteloupe □ **m. d'acqua**, water melon.
melopèa, *f.* (*mus.*) melopoeia.
melopsìttaco, *m.* (*zool., Melopsittacus undulatus*) budgerigar; budgie (*fam.*).
mèlos, *m. invar.* (*lett.*) melody; poetic song.
meloterapìa, *f.* (*med.*) melotherapy.
mèlton, *m. invar.* (*ind. tess.*) melton (cloth).
membràna, *f.* **1** (*anat., bot.*) membrane: **m. cellulare**, cellular membrane; cell wall; **m. sierosa**, serous membrane; **la m. nasale**, the nasal membrane; **la m. del timpano**, the tympanic membrane **2** (*mecc., radio*) diaphragm; (*sottile lamina*) membrane, film: **la m. d'un altoparlante**, the diaphragm of a loudspeaker.
membranàceo, *a.* **1** (*biol.*) membranaceous; membranous **2** (*di pergamena*) parchment: **codice m.**, parchment manuscript.

membranifórme, a. membranous.
membranòfono, m. (*mus.*) membranophone.
membranóso, a. membranous.
membratùra, f. *1* (*le membra*) limbs (*pl.*); frame *2* (*archit.*) framework; frame; structure.
mèmbro, m. (*pl.* **membra**, *f., nella def. 1*; **membri**, *m., nelle altre*) *1* (*arto*) limb: **le membra delicate d'un bambino**, the delicate limbs of a child; **di membra robuste**, strong-limbed *2* (*componente di un gruppo*) member: **i membri di una famiglia**, the members of a family; **m. del Parlamento**, member of Parliament (*abbr.*: MP); **m. del personale**, member of staff *3* (*gramm., mat., archit.*) member: **i membri di una frase [di un'equazione]**, the members of a sentence [of an equation] *4* (*anat.*: *pene*) male member. ● **m. del consiglio d'amministrazione**, (*di società*) director; (*di ente, scuola, ecc.*) trustee □ **m. della commissione interna** (*di un sindacato*), shop steward □ (*naut.*) **m. dell'equipaggio**, hand □ (*leg.*) **m. di giuria**, juryman; juror □ (*leg.*) **essere m. di un'assemblea**, to sit on an assembly □ **diventare m. di un circolo**, to join a club.
membrùto, a. strong-limbed; sturdy-limbed.
memento (*lat.*), m. invar. *1* (*eccles.*) Memento* *2* (*fig.*) memento*; reminder *3* (*scherz.*: *ammonizione*) reminder; something to remember. ● **M. mori**, remember you must die.
memoràbile, a. memorable; unforgettable: **parole memorabili**, memorable words; **una giornata m.**, an unforgettable day; a day to remember; **Fu un fiasco m.**, it was a major fiasco.
memorando, a. (*lett.*) not to be forgotten.
memorandum (*lat.*), m. invar. *1* (*nota informativa*) memorandum*; memo (*fam.*) *2* (*libretto di appunti*) memorandum book; memo book; memo (*fam.*) *3* (*bur.*) small-sized writing paper.
mèmore, a. mindful (of); (*riconoscente*) grateful (for), obliged (for): **essere m. dei propri doveri**, to be mindful of one's duties; **essere m. dei benefici ricevuti**, to be grateful for the benefits received.
memòria, f. *1* (*la funzione*) memory: **perdere [riacquistare] la m.**, to lose [to recover] one's memory; **una m. labile**, a slippery (*o* unreliable) memory; **m. corta**, short memory; **m. pronta [di ferro]**, ready [excellent] memory; **una lacuna di m.**, a lapse of memory; **avere molta m.**, to have a retentive memory; **non avere m.**, to have no (*o* a bad) memory *2* (*sede dei ricordi, mente*) mind; memory: **richiamare q.c. alla m.**, to call st. back to one's memory; to recall st. to mind; to recollect st.; **ritornare alla m.**, to come back to mind: **Mi è uscito di m.**, it's gone out of my mind; it escapes my memory; **frugare nella m.**, to search one's memory; **cancellare dalla m.**, to efface from the memory; to consign to oblivion (*lett.*); **Ho una m. come un colabrodo**, my memory is like a sieve *3* (*ricordo*) memory, remembrance, recollection; (*reminiscenza*) reminiscence: **tenere viva la m.**, to keep the memory alive (*o* green); **Conservo molte belle memorie di quei tempi**, I have many fond memories of those days; **memorie degli anni di scuola**, recollections of one's school days; **La scena ridesta memorie della mia giovinezza**, the scene awakens reminiscences of my youth; **Ormai se n'è persa la m.**, the memory of it is now lost *4* (*oggetto conservato per ricordo*) souvenir, keepsake; (*di famiglia*) heirloom *5* (*annotazione*) note; memo: **tenere m. di tutto**, to make a note of everything *6* (*memorandum*) memorial; written record; report *7* (*pl.*) (*opera autobiografica*) memoirs: **le Memorie di Goldoni**, Goldoni's Memoirs *8* (*elab.*) memory; store; storage: **m. a nuclei**, core memory; **m. a sola lettura**, read-only memory (*abbr.*: ROM); **m. ad accesso casuale**, random-access memory (*abbr.*: RAM); **m. centrale**, main store; **m. rapida** (*o* **ad accesso immediato**), fast-access memory; **m. ausiliaria**, secondary store; **m. di massa**, mass storage; bulk memory; **m. tampone**, buffer storage. ● **m. artificiale**, artificial memory □ (*biol.*) **m. genetica**, genetic memory □ **imparare** (*o* **mandare**) **a m.**, to learn by heart; to memorize; to commit to memory; (*meccanicamente*) to learn by rote □ **dipingere [suonare, citare] a m.**, to paint [to play, to quote] from memory □ **fare un calcolo a m.**, to calculate mentally □ **a m. d'uomo**, within living memory □ **a mia m.**, within my memory □ **degno di m.**, memorable □ **di felice [gloriosa, triste] m.**, of happy [glorious, infamous] memory □ **esercizi di m.**, mnemonic exercises □ **in m. di**, in memory of; in remembrance of □ **lasciare buona m. di sé**, to leave a good name (behind one) □ **libro di memorie**, book of memories; memoirs (*pl.*) □ **medaglia alla m.**, posthumously awarded medal □ **Riandai con la m. a quei giorni**, my thoughts went back to those days; I thought back to those days □ **sapere a m.**, to know by heart □ **scrittore di memorie**, memorialist □ **Se non mi tradisce la m.**, if I remember well; if my memory does not fail me.
memorial (*ingl.*), m. invar. memorial match; memorial performance.
memoriàle (1), m. *1* (*libro di memorie*) memoirs (*pl.*) *2* (*scritto espositivo*) written record; report; memorandum* *3* (*petizione*) memorial; petition.
memoriàle (2), m. (*monumento commemorativo*) memorial.
memorialista, m. e f. (*letter.*) memorialist; writer of memoirs.
memorialistica, f. (*letter.*) memoir writing; memoirs (*pl.*).
memorizzàre, v. t. *1* to memorize *2* (*elab.*) to store.
memorizzatóre, m. (*elab.*) recorder.
memorizzazióne, f. *1* memorization *2* (*elab.*) storage; recording.
ména, f. intrigue; manoeuvre; scheme; underhand dealing: **mene politiche**, political intrigues.
menabò, m. (*editoria*) dummy; mock-up; layout.
menabrida, menabriglia, f. (*mecc.*) driving plate.
mènade, f. (*lett.*) maenad; bacchante.
menadito, vc. – **a m.**, perfectly; thoroughly: **conoscere q.c. a m.**, to know st. perfectly (*o* thoroughly); to have st. at one's fingertips.
ménage (*franc.*), m. invar. *1* (*matrimonio*) marriage; life in common *2* (*vita di famiglia*) family life. ● **m. a tre**, ménage à trois (*franc.*).
menagràmo, m. e f. invar. (*fam.*) jinx, Jonah; (*guastafeste*) wet blanket, spoilsport.
menàide, f. drift net (for sardine fishing).
Menàndro, m. (*stor.*) Menander.
menàrca, m. (*fisiol.*) menarche.
menàre, A v. t. *1* (*condurre*) to lead*; to take*; to bring*: **m. al pascolo**, to lead to pasture; **m. la danza**, to lead the dance; **il sentiero che mena al castello**, the path leading to the castle *2* (*trascorrere*) to lead*; to live; to spend*: **m. una vita tranquilla**, to live a peaceful life *3* (*agitare*) to shake*; to wave; to wag: **m. la coda**, to wag one's tail *4* (*assestare*) to deal*; to fetch (*fam.*); to land (*fam.*): **m. un colpo**, to deal (*o* to fetch) a blow; **m. un pugno**, to land a punch; **m. un calcio**, to kick *5* (*fam.*: *picchiare*) to beat*; to hit*: **m. q. di santa ragione**, to beat the living daylights out of sb. (*fam.*); **È uno che mena**, he is very free with his hands. ● **m. buono**, to bring good luck □ (*fig.*) **m. il cane per l'aia**, to beat about the bush (*fam.*) □ **m. la frusta**, to crack the whip; to whip; to lash out □ **m. le gambe**, (*camminare*) to walk; (*ballare*) to dance □ **m. gramo**, to bring bad luck □ **m. la lingua**, to prattle; (*sparlare*) to gossip □ **m. le mani**, to fight □ (*fig.*) **m. q. per il naso**, to lead sb. by the nose; to lead sb. up the garden path □ **m. q.c. per le lunghe**, to drag st. out □ **m. vanto di q.c.**, to boast of st. **B menàrsi**, v. rifl. recipr. (*picchiarsi*) to fight*. ● **m. di santa ragione**, to have a good fight.
menaròla, f. (*tecn.*) brace; wimble; breast borer: **m. a cricco**, carpenter's ratchet brace; **m. ad angolo**, angle brace.
menàta, f. (*fam.*) *1* (*bastonata*) good (*o* sound) beating (*o* thrashing) *2* (*fig.*: *cosa noiosa*) bore, drag (*fam.*), yawn (*fam.*); (*seccatura*) pain in the neck (*fam.*); (*lamentela*) moaning; (*sciocchezza*) rubbish, shit (*volg.*).
mènda, f. defect; fault; flaw; blemish.
mendàce, a. mendacious; lying; untruthful; false; (*fallace*) fallacious; (*ingannatore*) misleading: **parole mendaci**, mendacious words; **una speranza m.**, a fallacious hope; **un testimone m.**, a false witness.
mendàcia, f. mendacity; falsity; lying.
mendàcio, m. (*lett.*) mendacity; lie; falsehood; untruth.
mendacità, f. (*lett.*) mendacity; falsity.
mendelèvio, m. (*chim.*) mendelevium.
mendeliàno, a. (*biol.*) Mendelian; Mendel's (*attr.*): **leggi mendeliane**, Mendel's laws.
mendelismo, m. (*biol.*) Mendelism; Mendelianism.
mendicànte, A a. mendicant; begging: **ordine m.**, mendicant order; **frati mendicanti**, mendicant friars. **B** m. e f. beggar.
mendicàre, A v. t. *1* to beg (for): **m. il pane**, to beg (for) one's bread; **m. un po' d'acqua**, to beg for a drink of water *2* (*fig.*) to beg (for), to implore, to beseech*; (*chiedere con insistenza*) to solicit: **m. aiuto**, to implore help; **m. un favore**, to solicit a favour *3* (*cercare*) to seek*: **m. conforto**, to seek consolation; **m. un pretesto**, to seek a pretext; **m. complimenti**, to fish for compliments. **B** v. i. to beg: **m. per vivere**, to beg (for) one's bread; to make a living by begging.
mendicità, f. *1* mendicity; mendicancy; beggary: **essere ridotto alla m.**, to be reduced to beggary *2* (*mendicanti*) beggars (*pl.*). ● **ricovero di m.**, poorhouse.
mendico, A m. (*f.* **-a**) beggar; mendicant. **B** a. mendicant.
menefreghismo, m. indifference; couldn't-care-less attitude (*fam.*); so-what attitude (*fam.*).
menefreghista, A m. e f. person who couldn't care less; person who couldn't give a damn. **B** a. indifferent; couldn't-care-less (*attr., fam.*): **atteggiamento m.**, couldn't-care-less (*o* so-what) attitude.
meneghino, A a. Milanese. **B** m. *1* (*f.* **-a**) Milanese *2* (*dialetto milanese*) Milanese dialect.
Menelào, m. (*letter.*) Menelaus.
menestrèllo, m. *1* (*stor.*) minstrel *2* (*scherz.*) strolling singer.
menhir, m. invar. (*archeol.*) menhir.
meniàno, m. *1* (*archit.*) balcony *2* (*archeol.*) diazoma.
menìnge, f. *1* (*anat.*) meninx* *2* (*pl.*) (*fam.*: *cervello*) brains: **spremersi le meningi**, to cudgel (*o* to rack, to puzzle) one's brains.
meningèo, a. (*anat.*) meningeal.
meningismo, m. (*med.*) meningism.
meningite, f. (*med.*) meningitis.
meningocèle, m. (*med.*) meningocele.
meningocòcco, m. (*med.*) meningococcus*.
meningoencefalite, f. (*med.*) meningoencephalitis.
menippèo, a. (*letter.*) Menippean.
menisco, m. *1* (*anat.*) meniscus*: *2* (*fis.*) meniscus*; convexo-concave lens.
Mèno, m. (*geogr.*) (the) Main.
méno, A avv. *1* (*compar.*) less; not... so (much); not as: **Dovresti mangiare (di) m.**,

you should eat less; you should not eat so much; **Questo mi piace m.**, I don't like this one so much; **Ieri dovetti aspettare (di) m.**, I didn't have to wait so long yesterday; **molto m.**, much less; **Sua moglie è m. ricca di lui**, his wife is less rich than he (is); his wife is not as rich as he (is); **La campagna è m. bella in estate che in primavera**, the country is not as beautiful in summer as in spring; **Vale solo un milione o anche m.**, it is only worth a million lire or even less; **Tom non è m. bravo di te**, Tom is no less clever than you; Tom is just as clever as you; **Ho dieci anni m. di lui**, I am ten years younger than he (is); **Non per questo la situazione è m. difficile**, the situation is none the less difficult for that; **M. si studia, m. s'impara**, the less you study, the less you learn; **Io ne ho uno di m.**, I have one less; **Uno più, uno m.**, one more or one less **2** (*superl. relat.*: *fra due*) the less; (*fra più di due*) the least: **Dei due libri, questo è il m. interessante**, of the two books, this is the less interesting; **Il m. preoccupato di tutti era Carlo**, Carlo was the least worried of all; **Questi articoli sono i m. costosi che abbiamo**, these are the least expensive (*o* the cheapest) articles we have; **Nessuno dovrebbe lagnarsi, tu m. di tutti**, nobody ought to complain; you least of all **3** (*no*) not: **Ti saprò dire se veniamo o m.**, I'll let you know whether we are coming or not **4** (*mat.*) minus; less: **Sei m. quattro fa due**, six minus (*o* less) four is two **5** (*nell'indicazione delle ore*) – **Sono le dieci m. cinque**, it is five to (*USA*, *anche*: of) ten; **Sono le due m. un quarto**, it is a quarter to (*USA*, *anche*: of) two. ● **m. che mai**, less than ever □ **men che m.**, even less; let alone: **Questo non mi interessa, e quell'altro m. che m.**, I'm not interested in this one, and even less in the other one; **Non legge il francese, e men che m. lo parla**, he cannot read French, let alone speak it □ **M. se ne parla, meglio è**, the less said the better □ **M. siamo, meglio è**, the fewer, the better □ **una differenza in m. di sette punti**, seven points less □ **essere da m. di q.**, to be inferior to sb.; to be less than sb. □ **fare a m. di q.c.**, (*rinunciare a*) to give up st., (*fare senza*) to do without st., (*astenersi da*) to refrain from st.: **Dice che non può fare a m. di fumare**, he says he cannot give up smoking; **Non posso fare a m. di lui [del dizionario]**, I cannot do without him [without a dictionary] □ **Puoi fare a m. di venire**, you needn't come □ **Potevo fare a m. di venire**, I needn't have come □ **Non posso fare a m. di ridere**, I cannot help laughing □ **Non poté fare a m. di dirmelo**, he could not help telling me □ **Né più né m. che se fosse un ladro!**, just as if he were a thief! □ **Niente m.!**, just imagine that! □ **niente m. che**, no less than □ **più o m.**, more or less: **Sono tutti così, più o m.**, more or less, they are all like that □ **Se non è un ladro, poco m.**, he is all but a thief; if he is not a thief, he is not far from it □ **quanto m.**, at least □ **sempre m.**, less and less □ **senza m.** (*immancabilmente*), without fail □ **venire m.** (*svenire*), to faint □ **venire m. a**, (*abbandonare*) to fail, to default; (*non mantenere*) to fail to keep, to break; (*trascurare*) to neglect; (*restare senza*) to run short of: **venire m. a un amico nel bisogno**, to fail a friend in need; **Gli vennero m. tutte le speranze**, all his hopes failed him; **venir m. alle promesse**, to fail to keep one's promises; **venir m. alla parola data**, to break one's word; **venire m. al proprio dovere**, to neglect one's duty; **Ci vennero m. le munizioni**, we ran short of ammunition □ **Lui non andò e tanto m. io**, he didn't go and I certainly didn't either. **B** *a. invar.* **1** (*compar.*: *con sost. sing.*) less, not as much; (*con sost. pl.*) fewer, not as many: **Ci vuole m. tempo a piedi**, it takes less time on foot; **Oggi c'è m. gente**, there are fewer people today; **Ho m. denaro di lui**, I have less money than he (has); I haven't as much money as he (has); **Ho m. amici di lui**, I have fewer friends than he (has); I haven't as many friends as he (has); **M. chiasso, per favore!**, less noise, please!; **C'erano nón m. di cento persone**, there were no fewer than a hundred people present; **Mi ci vollero non m. di tre ore**, it took me no less than three hours; **M. chiacchiere!**, less of your chatter!; **M. sciocchezze!**, less nonsense! **2** (*superl. relat.*: *con sost. sing.*) (the) least; (*con sost. pl.*) (the) fewest: **Chi ha ricevuto m. denaro sono io**, I am the one who got the least money; **Chi ne ha avuti m. di tutti?**, who got the fewest?; **Chi ha fatto m. errori?**, who made the fewest mistakes? ● **M. male!**, thank goodness! □ **m. male che**, it's just as well; it's a good thing (*o* job) that; thank goodness: **M. male che hai preso l'ombrello**, it's just as well you took an umbrella; **M. male che sei venuto**, it's a good job you've come; **M. male che non ti sei fatto niente**, thank goodness, you didn't get hurt □ **M. si dice, meglio è**, the least said, the better □ **È m. che nulla**, it's as good as nothing □ **Hai m. anni di me**, you are younger than I (am) □ **in men che non si dica**, in less than no time; in the twinkling of an eye; before one could say Jack Robinson (*fam.*) □ **Non lo trovi per m.**, you cannot get it cheaper □ **Prendi m. valigie che puoi**, take as few suitcases as you can (*o* as possible). **C** *m.* **1** least; smallest part: **Il m. che possa fare è di scusarmi**, the (very) least I can do is apologize; **Il m. è toccato a me**, the smallest part has come to me; **fare il m. possibile**, to do as little as possible (*o* as little as one can) **2** (*mat.*) minus (sign) **3** (*pl.*) – **i m.**, the minority. ● **dal più al m.**, more or less; about; approximately □ **parlare del più e del m.**, to talk of this and that □ **Questo sarebbe il m.**, this would not matter so much □ **per lo m.**, at least: **Ci vuole per lo m. un'ora**, it will take at least an hour; **Potresti per lo m. chieder scusa**, you might at least say you are sorry. **D** *prep.* (*eccetto*) except; but: **Li conosco tutti m. due o tre**, I know them all except two or three; **Tutti i giorni m. il sabato**, every day except Saturday; **Ci invitarono tutti m. lui**, they invited all (of us) except him; **Tutti (o chiunque) m. Jones!**, anyone but Jones! **E** *nella locuz. cong.* – **a m. che non** (*o* **a m. di**), unless: **Sarò respinto agli esami, a m. che non studi molto**, I shall fail in my exams unless I study hard; **Dovrò fare un mutuo per la casa, a m. di non riuscire a farmi prestare i soldi dallo zio**, I'll have to take out a mortgage for that house, unless I can get my uncle to lend me the money.

menomaménte, (*lett.*) *V.* **minimamente**.

menomàre, **A** *v. t.* **1** (*diminuire*) to diminish, to lessen; (*indebolire*) to impair; (*denigrare*) to disparage: **m. la reputazione di q.**, to lessen sb.'s reputation; **m. i pregi di q.**, to disparage sb.'s good qualities **2** (*danneggiare*) to damage, to impair; (*un arto*) to maim; (*una persona*) to disable: **m. la vista**, to impair (*o* to damage) sb.'s sight; **m. l'uso delle gambe**, to impair the use of the legs; **m. un braccio**, to maim an arm; **L'incidente l'ha menomato**, he was maimed as a result of the accident. **B menomàrsi**, *v. i. pron.* to be reduced; to diminish.

menomàto, **A** *a.* **1** (*diminuito*) diminished, lessened; (*indebolito*) impaired; (*denigrato*) disparaged **2** (*danneggiato*) damaged, impaired; (*di arto*) maimed; (*di persona*) disabled. **B** *m.* (*f.* **-a**) disabled person.

menomazióne, *f.* **1** (*diminuzione*) diminution, lessening; (*indebolimento*) impairment; (*denigrazione*) disparagement **2** (*danno*) impairment, damage; (*m. fisica*) disability, disablement; (*m. psichica*) mental defectiveness (*o* deficiency).

mènomo, (*lett.*) *V.* **minimo**.

menopàuşa, *f.* (*fisiol.*) menopause.

menoràh, *f. invar.* menorah.

menorragìa, *f.* (*med.*) menorrhagia.

menorrèa, *f.* (*fisiol.*) menorrh(o)ea.

mènsa, *f.* **1** table: **i piaceri della m.**, the pleasures of the table; **una m. ricca [parca]**, a bountiful [poor] table; **imbandire la m.**, to lay the table; **mettersi a m.**, to sit down at table; **essere seduti a m.**, to be at table **2** (*mil.*) mess; (*refettorio*) refectory; (*di fabbrica, azienda, università, ecc.*: *self-service*) canteen, cafeteria; (*ristorante*) restaurant: **m. ufficiali**, officers' mess. ● **m. comunale**, town soup-kitchen □ (*leg.*) **la m. vescovile**, the bishop's revenue □ **fare m. comune**, to eat at the same table □ **far m. insieme**, to take one's meals together □ (*eccles.*) **la Sacra M.**, Holy Communion □ **Al levare delle mense, facemmo un brindisi**, at the end of the dinner, we drank a toast.

menscevìco, (*stor.*) **A** *a.* Menshevist. **B** *m.* (*f.* **-a**) Menshevik.

menscevişmo, *m.* (*stor.*) Menshevism.

mensìle, **A** *a.* monthly: **una rivista m.**, a monthly magazine; **un abbonamento m.**, a monthly subscription. **B** *m.* **1** (*rivista m.*) monthly **2** (*retribuzione*) monthly pay; (*salario*) monthly wages (*pl.*); (*stipendio*) monthly salary.

mensilità, *f.* **1** (*periodicità mensile*) monthly character (*o* nature) **2** (*retribuzione mensile*) monthly pay; (*stipendio mensile*) monthly salary **3** (*rata mensile*) monthly instalment. ● **tredicesima m.**, Christmas bonus.

mensilménte, *avv.* monthly; every month; once a month.

mènsola, *f.* **1** (*archit.*) bracket; console **2** (*ripiano*) shelf* **3** (*di camino*) mantelpiece.

mensolóne, *m.* (*archit.*) corbel.

mensuràle, *a.* (*mus.*) mensural; measurable.

mensuralişmo, *m.* (*mus.*) mensurable (*o* mensural) music.

ménta, *f.* **1** (*bot., Mentha*) mint: **m. acquatica** (*Mentha aquatica*), water mint; **m. piperita** (*Mentha piperita*), peppermint **2** (*sciroppo*) mint syrup; (*bibita*) mint drink; (*pasticca*) peppermint, mint.

mentàle (1), *a.* (*della mente*) mental: **calcolo m.**, mental calculation; **le facoltà mentali**, the mental faculties; **età m.**, mental age; **malattia m.**, mental illness (*o* disease); **riserva m.**, mental reservation; **alienazione m.**, mental alienation; insanity; **crudeltà mentale**, mental cruelty.

mentàle (2), *a.* (*del mento*) mental; of the chin.

mentalişmo, *m.* (*filos.*) mentalism.

mentalità, *f.* mentality; outlook: **la m. dei popoli primitivi**, the mentality of primitive peoples; **m. borghese**, middle-class mentality; **m. infantile**, childish mentality; **m. retrograda [avanzata]**, old-fashioned [progressive] outlook; **m. aperta**, open-mindedness; **m. ristretta**, narrow-mindedness; **avere una m. ristretta**, to be narrow-minded.

mentalménte, *avv.* mentally; (*dentro di sé*) to oneself.

mentàstro, *m.* (*bot., Mentha aquatica*) water mint.

ménte, *f.* **1** mind; (*intelletto*) intellect; (*intelligenza*) intelligence, understanding; (*memoria*) memory; (*testa*) head: **qualità della m.**, qualities of the mind; mental qualities; intellectual qualities; **m. ristretta**, narrow mind; **m. acuta**, sharp mind; **una m. sconvolta dal dolore**, a mind overwhelmed by grief; **aprire la m. a q.**, to open sb.'s mind; **balenare alla m.**, to flash through one's mind; **rivolgere la m. a q.c.**, to turn one's mind to st.; **richiamare alla m.**, to call back (*o* to recall) to one's mind; to recollect; **sfuggire di m.**, to pass (*o* to go) out of one's mind; to slip one's memory **2** (*fig.*: *persona particolarmente dotata*) mind; intellect; brain: **È una delle migliori menti del nostro secolo**, he is one of the best minds (*o* brains) of the century **3** (*attenzione*) attention; mind: **porre m. a q.c.**, to pay attention to st.; to keep one's mind on st.; **volgere la m. a q.c.**, to turn one's attention (*o* one's mind) to st.; **avere la m. a q.c.**, to have one's mind on st. ● **a m.**, (*a memoria*) by heart; (*mentalmente*) mentally: **imparare a m.**, to learn by heart; **sapere una poesia a m.**, to know a poem by heart, **fare calcoli a m.**, to calculate mentally □ (*leg.*) **a m. dell'articolo 38**, in conformity (*o* accordance) with article 38 □ **a m. fredda**, coldly; calmly □ **a m. fresca**, with a fresh (*o* clear) mind □ **aguzzare** (*o* **acuire**) **la m.**, to sharpen one's wits □ **avere in m.**, to have in mind; to be thinking of; (*progettare*) to plan; (*macchinare*) to be up to □ **dire quel che si ha in m.**, to speak one's mind □ **Dove sei con la m.?**, what are you thinking of?; a penny for your thoughts (*fam.*) □ **Dove l'hai visto l'ultima volta? Cerca di fare m. locale**, where did you last see it? think hard (*o* try and concentrate) □ **È un nome che ho già sentito, ma non riesco a fare m. locale**, I've heard that name before, but I can't remember in what connection □ **far venire in m. q.c. a q.**, to remind sb. of st. □ **ficcarsi in m. di fare q.c.**, to take it into one's head to do st.; to be hell-bent on st. (*fam.*) □ (*leg.*) **infermità di m.**, insanity □ **malato di m.**, mentally ill; insane □ **mettere in m. q.c. a q.**, to put an idea into sb.'s head; to give sb. an idea □ **mettersi in m. di voler fare q.c.**, to take it into one's head to do st. □ **Mettitelo bene in m.!**, get that into your head □ **gli occhi della m.**, the mind's eye (*sing.*) □ **Che ti salta in m.?**, what's the idea? □ **Ma che cosa ti è saltato in m.?**, why on earth did you do that?; what possessed you (to do such a thing)? □ **Tieni bene a m. quel che ti dico**, keep (*o* bear) in mind what I say □ **togliersi q.c. dalla m.**, to put st. out of one's mind □ **Mi è uscito di m.**, it went out of my mind; I clean forgot it (*fam.*) □ **venire in m.**, to occur (to sb.); to cross one's mind; (*d'idea improvvisa*) to strike (sb.); (*ricordare*) to remember (*costr. pers.*): **Non mi venne in m. che poteva offendersi**, it didn't cross my mind (*o* it didn't occur to me) he might be upset; **A un tratto, mi venne in m. un'idea**, suddenly an idea occurred to me (*o* I was struck by an idea); **Non mi viene in m. il suo nome**, I can't remember his name □ (*prov.*) **M. sana in corpo sano**, a sound mind in a sound body.

mentecàtto, A *a.* mad; imbecile. **B** *m.* (*f.* **-a**) madman* (*f.* madwoman*); lunatic; idiot.

mentìna, *f.* peppermint.

mentìre, *v. i.* to lie; to tell* stories (*fam.*); to be a liar: **Tu menti**, you are lying; **Non m.!**, don't lie to me; don't tell stories (*fam.*); **Se egli dice questo, mente**, if he says so, he is a liar; **m. spudoratamente**, to lie shamelessly; **Mentiva sapendo di m.**, he was lying and he knew it; he told a deliberate lie; **m. per la gola**, to lie in one's teeth.

mentìto, *a.* false; sham: **sotto mentite spoglie**, under false pretences.

mentitóre, A *m.* (*f.* **-trice**) liar. **B** *a.* lying; mendacious; false.

ménto, *m.* chin: **col m. fra le mani**, with one's chin in one's hands; **fino al m.**, up to the chin; **m. in fuori**, protruding chin; **m. sfuggente**, receding chin. ● (*fig.*) **avere quattro peli sul m.**, to be still young; to be still wet behind the ears (*fam.*) □ (*scherz.*) **l'onor del m.**, the beard □ **senza m.**, chinless.

mentòlo, *m.* (*chim.*) menthol.

mentonièra, *f.* (*mus.*) chin rest.

Mèntore, *m.* (*mitol.*) Mentor.

mèntore, *m.* (*fig.*) mentor; adviser; trusted counsellor.

mentovàre, *v. t.* (*lett.*) to mention.

méntre, A *cong.* **1** (*temporale*) while; as: **Ho avuto un incidente m. venivo qui**, I had an accident while I was coming here; **Canta sempre m. si fa la barba**, he always sings while shaving; **Mi fermò m. stavo entrando**, he stopped me as I was going in; **M. io affettavo i pomodori, lui tirò fuori il formaggio**, while I sliced the tomatoes, he took out the cheese **2** (*avversativo*) while, whilst; whereas: **Io sono rimasto povero, m. lui ha fatto fortuna**, I have remained poor while he has made a fortune; **A me piace il mare, m. a lei piace la montagna**, I like the sea, whereas she likes the mountains **3** (*finché*) while, whilst; (*per tutto il tempo che*) as long as: **Fallo m. c'è tempo**, do it while there is still time. **B** *m.* – **in questo m.**, at this moment; in the meantime; meanwhile; **in quel m.**, in the meantime; meanwhile; (*fam.*) **nel m. che**, as; the moment.

mentùccia, *f.* (*bot.*, *Satureia nepeta*) field balm.

menu, menù (*franc.*), *m. invar.* (*anche elab.*) menu.

menzionàbile, *a.* mentionable.

menzionàre, *v. t.* to mention; to refer to; to make* mention of (*generalm. al neg. o al passivo*): **Dante lo menziona due volte**, Dante mentions him twice.

menzionàto, *a.* mentioned: **m. sopra**, mentioned above; above-mentioned (*attr.*).

menzióne, *f.* mention: **fare m. di**, to mention; to make mention of (*generalm. al neg. o al passivo*): **Non ne fece m.**, he didn't mention it; he made no mention of that; **m. onorevole**, honourable mention; **degno di m.**, worth mentioning.

menzógna, *f.* lie; falsehood; untruth: **una spudorata m.**, a shameless lie; **una m. innocente**, a white lie; **una m. pietosa**, a compassionate lie; **un cumulo di menzogne**, a pack of lies.

menzognèro, *a.* lying; untrue; false; mendacious; (*ingannevole*) deceitful: **un testimone m.**, a false witness; **lodi menzognere**, false praises; **speranze menzognere**, deceitful hopes.

meònio, *a.* (*lett.*) Maeonian.

meprobamàto, *m.* (*chim.*) meprobamate.

mèraklon, *m. invar.* (*marchio*: *ind. tess.*) meraklon.

meravìglia, *f.* **1** wonder; astonishment; amazement; (*sorpresa*) (great) surprise: **con m.**, in wonder; in amazement: **Mi guardò con m.**, he looked at me in wonder; **con mia grande m.**, to my great surprise; **con m. di tutti**, to the surprise of everybody; **destare m.**, to cause surprise (*o* amazement); to rouse astonishment **2** (*cosa meravigliosa*) wonder; marvel: **le meraviglie della scienza**, the marvels of science; **le sette meraviglie del mondo**, the seven wonders of the world; **fare meraviglie**, to work (*o* to do, to perform) wonders; **È una m.!**, it's a wonder!; it's wonderful!; that's marvellous!; **Che m.!**, how wonderful! ● **una m. di ragazza**, a wonderful (*o* marvellous) girl □ (*anche iron.*) **a m.**, wonderfully well; marvellously; splendidly: **Le cose vanno a m.**, things are getting on marvellously; **La cena è andata a m.**, the dinner went off splendidly □ **La giacca ti sta a m.**, the jacket fits you to a T □ **dire meraviglie di q.**, to sing sb.'s praises; to praise sb. to the skies □ **Non mi fa m.**, that doesn't surprise me; I am not surprised □ **fare le meraviglie**, to show surprise; to be amazed □ **Nessuna m. che...**, it is not surprising that...; no wonder that... □ **il paese delle meraviglie**, wonderland □ **pieno di m.**, astonished; amazed; surprised; shocked □ **raccontare meraviglie**, to tell of wonderful things □ **Sento con m. che...**, I am surprised to hear that... □ **Funziona che è una m.**, it works beautifully □ **Suona che è una m.**, he plays beautifully □ (*prov.*) **La m. dell'ignoranza è figlia**, wonder is the daughter of ignorance.

meravigliàre, A *v. t.* to surprise; to astonish; to amaze: **m. tutti con il proprio comportamento**, to surprise everybody with one's behaviour; **Mi meraviglia saperlo qui**, I'm surprised he is here. **B** *v. i.* to cause surprise (*o* amazement): **La cosa non può m.**, such a thing cannot cause surprise. **C meravigliàrsi,** *v. i. pron.* to be surprised; to be astonished; to wonder; to marvel: **Mi meraviglio che lei abbia detto una cosa simile**, I'm surprised she said that; **Mi meraviglio di lui**, I'm surprised at him; **Te ne meravigli?**, can you wonder at it?; **Non mi meraviglierei affatto se...**, I should not be surprised if...; **Non mi meraviglio di niente**, nothing surprises me; **«Lei l'ha piantato» «Non mi meraviglia, col modo in cui la trattava!»**, «she left him» «no wonder, considering the way he treated her!».

meravigliàto, *a.* surprised; astonished; amazed: **restare m.**, to be surprised.

meraviglióso, A *a.* wonderful; marvellous; splendid; glorious; wondrous (*lett.*); (*mirabile*) admirable; (*straordinario*) extraordinary: **uno spettacolo m.**, a wonderful sight; **Sei m.!**, you are wonderful!; **Abbiamo passato una giornata meravigliosa**, we had a splendid day **B** *m.* (the) marvellous; (the) supernatural.

mercànte, *m.* **1** merchant; trader; dealer: **m. di cavalli**, horse dealer; **m. di grano**, corn dealer; **m. d'arte**, art dealer; **m. di vino**, wine merchant; **m. di schiavi**, slave trader; slaver; **«Il M. di Venezia»**, «the Merchant of Venice» **2** (*negoziante*) tradesman*; salesman*; shopkeeper. ● **fare orecchi da m.**, to turn a deaf ear.

mercanteggiaménto, *m.* bargaining; haggle; haggling.

mercanteggiàre, A *v. i.* **1** (*contrattare*) to bargain; to haggle: **Non mi piace star lì a m.**, I don't like haggling **2** (*commerciare*) to deal*; to trade: **m. in grano**, to deal in corn; to be a corn dealer. **B** *v. t.* to sell*; to prostitute; to traffic in: **m. l'onore**, to prostitute one's honour; **m. voti**, to traffic in votes.

mercantésco, *a.* (*spreg.*) mercenary.

mercantéssa, *f.* **1** tradeswoman* **2** (*moglie di mercante*) merchant's wife*.

mercantìle, A *a.* merchant (*attr.*); mercantile; commercial: **nave m.**, merchant ship; merchantman; trading vessel; **marina m.**, mercantile marine; merchant navy; **spirito m.**, commercial spirit. **B** *m.* (*nave*) merchant ship; merchantman*; trading vessel.

mercantilìsmo, *m.* (*econ.*) mercantilism.

mercantilìsta, *m. e f.* (*econ.*) mercantilist.

mercantilìstico, *a.* (*econ.*) mercantilistic; mercantilist (*attr.*).

mercanzìa, *f.* **1** (*merce*) merchandise; goods (*pl.*); wares (*pl.*); commodities (*pl.*): **mettere in mostra la propria m.**, to display one's wares **2** (*fam.*: *roba*) things (*pl.*); stuff; gear. ● (*fig.*) **saper vendere la propria m.**, to blow one's own trumpet □ (*prov.*) **Ogni mercante loda la sua m.**, no man cries stinking fish.

mercaptàno, *m.* (*chim.*) mercaptan.

mercatìno, *m.* **1** local street market **2** (*Borsa non ufficiale*) over-the-counter market; unlisted market; street market.

mercatìstica, *f.* (*econ.*) marketing.

mercàto, *m.* **1** market; (*il luogo, anche*) market-place: **m. all'aperto**, open-air market; **m. coperto**, covered market; **il m. del pesce**, the fish market; **m. di frutta e verdura**, fruit and vegetable market; **m. rionale**, district (*o* local) market; **giorno di m.**, market day; **fare la spesa al m.** to do one's shopping at the market **2** (*econ.*) market: **m. libero**, open market; **m. unico**, single market; **m. monetario**, money market; **m. nazionale**, home market; **m. sul posto**, spot market; **il m. del caffè**, the coffee market; **fluttuazioni del m.**, market fluctuations; **gettare sul m.**, to throw upon (*o* to put on) the market; **la situazione del m.**, the situation (*o* state) of the market; **sovraccaricare il m.**, to overstock the market **3** (*Borsa*) market: **m. dei titoli**, stock-market; **m. animato** (*o* **attivo**), brisk market; **m. debole** (*o* **fiacco**), dull market; **m. fermo** (*o* **sostenuto**), steady market; **m. con tendenza al rialzo** [**al ribasso**], bullish [bearish] market;

m. oscillante, unsteady market. ● **m. delle pulci**, flea market □ **M. Comune Europeo**, European Common Market □ (*fig.*) **m. nero**, black market: **comprare q.c. a m. nero**, to buy st. on the black market □ **a buon m.**, cheaply (*avv.*); cheap (*agg.*); low-priced (*agg.*); inexpensive (*agg.*): **comprare q.c. a buon m.**, to buy st. cheap; **Questo articolo è più a buon m. di quello**, this article is cheaper than that one; (*fig.*) **cavarsela a buon m.**, to get off cheaply (*o* lightly) □ **analisi di m.**, market analysis □ **città sede di m.**, market town □ **fare m. dell'onore**, to prostitute one's honour □ **fare m. di sé**, to prostitute oneself □ **Pare d'essere al m.!**, what confusion!; what a noise! □ **piazza del m.**, market-place □ **prezzo di m.**, market price □ **ricerche di m.**, market (*o* marketing) research □ **valore sul m.**, market value.

mercatùra, *f.* (*lett.*) commerce; trading; trade: **darsi alla m.**, to go into commerce; to become a merchant.

mèrce, *f.* goods (*pl.*); wares (*pl.*); merchandise; commodities (*pl.*): **m. avariata**, damaged goods; **m. d'esportazione**, export goods; **m. di contrabbando**, smuggled goods; **m. fine**, first-rate goods; **m. scadente**, goods of inferior quality; **merci esenti da dogana**, free commodities; **merci estere**, foreign goods; **merci in deposito**, goods in consignment; **m. in magazzino**, goods in stock (*o* on hand); **inventariare la m. in magazzino**, to take stock; **merci nazionali**, national (*o* home-made) goods; **merci sdoganate**, duty-paid goods; **Borsa merci**, Commodities Exchange; **treno merci**, goods train; freight train (*USA*); (*ferr.*) **scalo merci**, goods yard; depot.

mercé, **A** *f.* mercy: **la m. di Dio**, God's mercy; **chiedere m.**, to ask for mercy; **essere [trovarsi] alla m. di q.**, to be [to be left] to the mercy of sb.; **gridare m.**, to cry for mercy; **M. di noi!**, mercy upon us!. **B** *prep.* thanks to; through; by means of: **m. il suo aiuto**, thanks to (*o* through) his help; **m. mia [tua, ecc.]**, thanks to me [to you, etc.]; **m. il proprio lavoro**, by means of one's own work.

mercéde, *f.* ***1*** (*paga*) pay; (*salario*) wages (*pl.*); (*stipendio*) salary: **la m. dell'operaio**, the workman's wages ***2*** (*lett.*: *ricompensa*) reward; recompense; requital: **senza speranze di m.**, without hope of reward; **Ogni opera buona avrà la sua m.**, every good action will have its reward.

mercenàrio, **A** *a.* hired; paid; (*anche spreg.*) mercenary: **aiuto m.**, paid help; **gente mercenaria**, mercenary people; **soldato m.**, mercenary (soldier). ● **amore m.**, prostitution □ **una penna mercenaria**, a hired pen □ **scrittore m.**, hack writer. **B** *m.* ***1*** hireling; mercenary ***2*** (*soldato m.*) mercenary.

mercenarismo, *m.* mercenary system; employment of mercenary troops.

merceologia, *f.* commodity economics (*pl, col verbo al sing.*).

merceològico, *a.* commodity (*attr.*); product (*attr.*): **analisi merceologica**, product analysis.

merceòlogo, *m.* (*f.* **-a**) expert in commodity economics.

merceria, *f.* ***1*** (*negozio*) haberdasher's (*GB*); shop selling notions (*USA*) ***2*** (*articoli di merceria*) haberdashery (*GB*); notions (*pl., USA*).

mercerizzàre, *v. t.* (*ind. tess.*) to mercerize.

mercerizzàto, *a.* (*ind. tess.*) mercerized.

mercerizzatrice, *f.* (*macchina*) mercerizer.

mercerizzazióne, *f.* (*ind. tess.*) mercerization; mercerizing.

merciàio, *m.* (*f.* **-a**) haberdasher (*GB*); dealer in notions (*USA*). ● **m. ambulante**, pedlar; hawker.

mercificàre, *v. t.* to commercialize.

mercificazióne, *f.* commercialization.

mercimònio, *m.* illicit trade; trafficking. ● **fare m. della giustizia**, to prostitute justice.

mercoledì, *m.* Wednesday: **Verrò m.**, I'll come on Wednesday; **È aperto il m.**, it is open on Wednesdays; **M. delle Ceneri**, Ash Wednesday.

mercuriàle (1), *a.* (*farm.*) mercurial: **unguento m.**, mercurial ointment.

mercuriàle (2), *f.* (*listino dei prezzi di mercato*) market report; market list.

mercuriàle (3), *f.* (*bot., Mercurialis annua*) (annual) mercury.

mercurialismo, *m.* (*med.*) mercurialism; hydrargyrism.

mercuriàno, *a.* Mercurian.

mercùrico, *a.* (*chim.*) mercuric.

Mercùrio, *m.* (*mitol., astron.*) Mercury.

mercùrio, *m.* (*chim.*) mercury; quicksilver.

mercurocròmo, *m.* (*marchio*: *farm.*) Mercurochrome.

mercuróso, *a.* (*chim.*) mercurous.

Mercùzio, *m.* (*letter.*) Mercutio.

mèrda, *f.* (*volg., anche fig.*) shit: (*fig. pop.*) **essere nella m.**, to be in the shit; **M.!**, shit! ● **di m.**, shitty: **Che film di m.!**, what a shitty film! □ **lasciare q. nella m.**, to leave sb. in deep shit □ **Ci rimasi di m.**, I felt really let down; I felt cheated (*fam.*) □ **Sei una m.!**, you are a bastard!

merdàio, *m.* (*volg.*) ***1*** dunghill ***2*** (*fig.*) filthy place; pigsty.

merdàta, *f.* (*volg.*) shit; crap.

merdóso, *a.* (*volg.*) shitty; crappy.

merènda, *f.* afternoon tea; (*spuntino*) snack; (*m. all'aperto*) picnic: **fare m.**, to have a snack; **l'ora della m.**, tea-time. ● (*fam.*) **C'entra come i cavoli a m.**, that's totally beside the point.

merendina, *f.* snack.

mereologia, *f.* (*filos.*) mereology.

meretrice, *f.* (*lett.*) prostitute; whore.

meretricio, *m.* prostitution; soliciting.

mèrgo, *V.* **smergo**.

mericismo, *m.* (*med.*) rumination.

meridiàna (1), *f.* sundial.

meridiàna (2), *f.* (*geogr.*) meridian.

meridiàno, **A** *a.* ***1*** (*di mezzogiorno*) meridian; noonday (*attr.*); noon (*attr.*); midday (*attr.*): **luce meridiana**, meridian light; noon-light; **sole m.**, midday sun ***2*** (*astron.*) – **cerchio m.**, meridian circle. **B** *m.* (*geogr.*) meridian: **m. celeste**, celestial meridian; **m. magnetico**, magnetic meridian; **il m. fondamentale** (*o* **di Greenwich**), the prime meridian.

meridionàle, **A** *a.* southern; south; southerly; meridional: **la costa m.**, the south coast; **venti meridionali**, south winds; **carattere [accento] m.**, southern temperament [accent]; **l'Italia m.**, Southern Italy; **l'America M.**, South America. **B** *m.* e *f.* southerner.

meridionalismo, *m.* ***1*** (*ling.*) southern-Italian idiom ***2*** concern for the problems of Southern Italy.

meridionalista, *m.* e *f.* expert on the problems of Southern Italy.

meridionalìstica, *f.* study of the culture and problems of Southern Italy.

meridionalìstico, *a.* ***1*** (*del meridione*) southern ***2*** (*del meridionalismo*) concerning the culture and problems of Southern Italy.

meridionalizzàre, **A** *v. t.* to southernize. **B** **meridionalizzàrsi**, *v. i. pron.* to be southernized.

meridióne, *m.* ***1*** south ***2*** (*Italia meridionale*) Southern Italy.

meriggiàre, *v. i.* (*lett.*) to rest at noon (in the shade).

meriggio, *m.* (*lett.*) noon; noonday; midday: **sul m.**, at noon; **in pieno m.**, at high noon; **dopo il m.**, in the afternoon.

meringa, *f.* (*cucina*) meringue.

meringàta, *f.* (*cucina*) meringue cake. ● **m. al limone**, lemon meringue.

meringàto, *a.* (*cucina*) made with meringues; meringue (*attr.*).

merino, **A** *m.* ***1*** (*zool.*) merino ***2*** (*tessuto*) merino. **B** *a.* merino (*attr.*): **lana m.**, merino (wool); **pecora m.**, merino sheep.

meristèma, *m.* (*bot.*) meristem.

meristemàtico, *a.* (*bot.*) meristematic; merismatic: **cellule meristematiche**, meristematic cells.

meritàre, *v. t.* ***1*** to deserve; to merit; to be deserving of; to be worthy of: **m. biasimo**, to deserve blame; **m. lode**, to merit praise; **m. una punizione**, to deserve punishment; to deserve to be punished; **m. una sorte migliore**, to deserve a better fate; **m. un premio**, to merit (*o* to deserve) a reward; (*anche*) to be entitled to a reward; **È più di quanto io meriti**, it is more than I deserve; **meritarsi uno schiaffo**, to deserve to be slapped ***2*** (*valere*) to be worth: **Non merita che se ne parli**, it is not worth mentioning it; **Il film merita**, the film is worth seeing; **Non merita**, it's not worth the trouble (*o* worth seeing, reading, etc.); **Non merita la pena**, it is not worth it (*o* worthwhile); **Non merita la pena di leggere questo libro**, this book is not worth reading; **per quel che merita**, for what it is worth ***3*** (*procurare*) to earn: **Il suo gesto gli meritò il plauso generale**, his gesture earned him general praise; **Che cosa gli meritò la promozione?**, what earned him his promotion? ● **ben m. della patria**, to deserve well of one's country □ **Ha avuto quel che si merita** (*è stato punito*), he got what he deserved (*o* his just deserts); he got his comeuppance (*fam.*) □ **Se l'è meritata**, he deserved it; (*iron.*) (it) serves him right!

meritataménte, *avv.* ***1*** (*secondo il merito*) according to one's deserts ***2*** (*a buon diritto*) rightly; justly; deservedly.

meritàto, *a.* deserved: **una ricompensa meritata**, a deserved reward.

meritévole, *a.* deserving; (*degno*) worthy (*spesso in composizione*): **Il suo contegno è m. della più alta lode**, his conduct is deserving of the highest praise; **m. di biasimo**, blameworthy; **m. di fiducia**, trustworthy; **m. di lode**, praiseworthy; **Egli è pienamente m. della nostra fiducia**, he fully deserves our trust.

mèrito, *m.* ***1*** merit; credit; (*valore*) worth: **un uomo di m.**, a man of merit; **di nessun m.**, of no merit; worthless; **di scarso m.**, of little merit; of small worth; **non avere alcun m.**, to be devoid of merit; **apprezzare i meriti di q.**, to appreciate sb.'s merits; **essere premiato secondo il m.**, to be rewarded according to one's merits; **La modestia è un gran m.**, modesty is a great merit; **A chi va il m. di questo successo?**, who should take the credit for this success?; **Si è preso il m. del mio lavoro**, he took the credit for my work; **promozione per m.**, promotion by merit ***2*** (*sostanza, anche leg.*) merits (*pl.*): **il m. d'una causa**, the merits of a case. ● **Il film italiano ha vinto a pari m. con quello francese**, the Italian and French films shared the prize □ **classificarsi secondo a pari m. con q.**, to come second together with sb.; to share second prize with sb. □ (*di persona*) **avere qualche m.**, to be of some merit □ **entrare nel m. d'una questione**, to come (*o* to go) to the heart of the matter □ **Si fa m. dei suoi difetti**, he makes a merit of his faults □ **farsi m. del lavoro di un altro**, to take credit for someone else's work □ **in m. a**, as to; about: **parlare in m. a q.c.**, to talk about st.; **Non so niente in m.**, I don't know anything about it □ **per m. tuo [suo, ecc.]**, thanks to you [to him, etc.]; through you [him, etc.] □ **Dio ve ne renda m.!**, may God reward you! □ (*prov.*) **Il ben fare non porta m.**, virtue is its own reward.

meritocràtico, *a.* meritocratic.

meritocrazìa, *f.* meritocracy.

meritòrio, *a.* meritorious; praiseworthy; deserving: **un'azione meritoria**, a meritorious action.

mèrla, *f.* (*zool.*) hen blackbird. ● **i giorni della m.**, the last three days in January.

merlàngo, m. (*zool.*, *Gadus merlangus*) whiting.
merlàre, v. t. (*archit.*) to embattle; to crenellate, to crenelate (*USA*).
merlàto, a. (*archit.*) embattled; battlemented; crenellated, crenelated (*USA*).
merlatùra, f. (*archit.*) battlement; crenellation, crenelation (*USA*).
merlettàia, f. **1** (*chi fa merletti*) lace maker **2** (*chi vende merletti*) lace seller.
merlettàre, v. t. to trim with lace; to lace.
merlétto, m. lace: **m. ad ago**, point lace; needlepoint; **m. a tombolo**, pillow lace; bobbin lace.
Merlìno, m. (*letter.*) Merlin.
merlìno, m. (*naut.*) marline; marling.
mèrlo (1), m. **1** (*zool.*, *Turdus merula*) blackbird **2** (*fig.*: *sciocco*) fool; booby; dolt: **Bravo m.!**, you are a fool!; that was clever! • (*zool.*) **m. acquaiolo** (*Cinclus cinclus*), dipper.
mèrlo (2), m. (*archit.*) merlon: **m. ghibellino [guelfo]**, swallow-tailed [flat-topped] merlon.
merlòtto, m. **1** (*zool.*) young blackbird **2** (*fig.*) fool; booby; simpleton.
merlùzzo, m. (*zool.*, *Gadus morrhua*) cod*. • **olio di fegato di m.**, cod-liver oil.
mèro, a. (*lett.*) mere; pure; sheer: **una mera ipotesi**, a mere hypothesis; **per m. caso**, by sheer chance.
meroblàstico, a. (*biol.*) meroblastic.
mèrope, f. (*zool.*, *Merops apiaster*) bee-eater.
Merovìngi, m. pl. (*stor.*) Merovingians.
merovìngico, merovìngio, a. (*stor.*) Merovingian.
merozoìte, m. (*biol.*) merozoite.
mesàta, f. (*paga di un mese*) monthly pay; monthly wages (*pl.*): **una m. di anticipo**, a month's pay in advance.
mescàl, m. invar. (*bevanda*) mescal.
mescalìna, f. (*chim.*) mescaline.
méscere, v. t. **1** (*versare*) to pour; to pour out: **m. il vino**, to pour out the wine **2** (*lett.*: *mescolare*) to mix.
meschinerìa, meschinità, f. **1** (*l'essere meschino*) meanness, shabbiness; (*futilità*) pettiness; (*pochezza*) paltriness: **la m. del suo comportamento**, the meanness of his behaviour; **la m. della somma**, the paltriness of the sum **2** (*azione meschina*) mean action; shabby trick **3** (*parole meschine*) mean thing (to say), petty remark.
meschìno, A a. **1** (*che vale poco, misero*) petty, miserable, wretched, poor, paltry, cheap (*USA*); (*futile*) petty; (*non convincente*) lame: **uno stipendio m.**, a miserable salary; **ragioni meschine**, petty reasons; **scuse meschine**, lame (*o* poor) excuses; **fare una figura meschina**, to look a fool; to cut a poor figure **2** (*squallido, che mostra povertà di idee*) petty; mean; shabby; cheap (*USA*): **meschini rancori**, petty animosities; **uno scherzo m.**, a shabby trick; **un'osservazione meschina**, a mean remark **3** (*di persona*) mean; petty: **Non essere così m. con tuo fratello!**, don't be so mean to your brother! **4** (*infelice*) unhappy; unlucky; wretched; poor: **M. me!**, poor me! **B** m. (f. **-a**) wretch.
méscita, f. **1** (*il mescere*) pouring out **2** (*spaccio di bevande*) wine shop; bar; tavern. • **banco di m.**, bar.
mescitóre, m. (f. **-trice**) barman* (*f.* barwoman*).
mescolàbile, a. mixable; blendable.
mescolaménto, m. mixing; blending; mingling.
mescolànza, f. mixture; (*armonica*) blend; (*disparata*) medley; (*confusa*) hotchpotch, hodgepodge (*USA*): **una m. di stili**, a mixture of styles; **una m. perfetta**, a perfect blend; **una m. di razze**, a medley of races; **fare una m.**, to make a mixture.
mescolàre, A v. t. **1** (*mettere insieme*) to mix, to mix up; (*in modo armonico*) to blend*, to mingle: **m. zucchero e cacao**, to mix sugar and cocoa; **Non si può m. l'olio con l'acqua**, you cannot mix oil with water; **m. i colori**, to mix colours; **Mescolate tutti gli ingredienti fino a ottenere una crema**, blend in all the ingredients to a smooth cream; **m. differenti qualità di tè**, to blend different kinds of tea; **Più a sud i due fiumi mescolano le loro acque**, further south the two rivers mingle their waters **2** (*confondere*) to mingle; to confuse; to muddle; to shuffle **3** (*rimestare*) to stir: **m. la crema**, to stir the custard; **Mise un cucchiaio di zucchero nel caffè e mescolò**, he stirred a spoonful of sugar into his coffee **4** (*carte da gioco*) to shuffle. **B mescolàrsi,** v. i. pron. e rifl. **1** to mix; to mix up; to get* mixed up; to blend*; to mingle: **m. tra la folla**, to mingle with (*o* in) the crowd; **Non ti mescolare con quella gente**, don't mingle with those people; **L'olio e l'acqua non si mescolano**, oil and water do not mix; **Agli applausi si mescolava qualche fischio**, a few boos mingled with the cheering **2** (*fig.*: *immischiarsi*) to meddle in (*o* with); to interfere with: **m. nei fatti altrui**, to meddle in other people's affairs.
mescolàta, f. **1** mixing; mix **2** (*di carte da gioco* e *sim.*) shuffle; shuffling: **Da' una buona m. al mazzo**, give the pack a good shuffle **3** (*rimestata*) stirring.
mescolatóre, A m. (*anche ind.*) mixer; blender. **B** a. mixing.
mescolatrìce, f. (*macchina*) mixer; blender.
mescolatùra, f. mixing; blending.
mescolìo, m. mixing; mingling.
mése, m. **1** month: **il m. passato**, last month; **il m. prossimo** (*o* **venturo**), next month; **il corrente m.**, this month; **nel m. di maggio**, in May; **un m. di tempo**, a month's time; **ai primi del m.**, early in the month; **agli ultimi del m.**, late in the month; **per la fine del m.**, by the end of the month; **di m. in m.**, from month to month; month after (*o* by) month; **ogni m.**, every month; monthly; **per mesi e mesi**, for months and months **2** (*mesata*) month's pay; month's wages (*pl.*): **pagare il m. alla domestica**, to pay the maid her month's wages. • **m. lunare**, lunar month; lunation □ **m. sidereo**, sidereal month □ **m. sinodico**, synodical month □ **È al sesto m.** (*di gravidanza*), she is in her sixth month; she is six-months pregnant □ (*comm.*) **scadenza a tre mesi**, maturity at three months.
meṣencefàlico, a. (*anat.*) mesencephalic.
meṣencèfalo, m. (*anat.*) mesencephalon.
meṣènchima, m. (*biol.*) mesenchyme.
meṣenchimàle, a. (*biol.*) mesenchymal.
meṣentère, m. (*anat.*) mesentery.
meṣentèrico, a. (*anat.*) mesenteric.
meṣentèrio, V. **mesentere**.
meṣenterìte, f. (*med.*) mesenteritis.
mesétto, m. about a month; a month or thereabouts.
meṣitilène, m. (*chim.*) mesitylene.
meṣmèrico, a. (*psic.*) mesmeric; mesmerical; mesmerian.
meṣmerìṣmo, m. (*psic.*) mesmerism.
meṣmerizzàre, v. t. (*psic.*) to mesmerize.
meṣmerizzazióne, f. (*psic.*) mesmerization.
meṣocardìa, f. (*med.*) mesocardia.
meṣocàrpo, m. (*bot.*) mesocarp.
meṣocefalìa, f. mesocephaly; mesocephalism.
meṣocèfalo, m. mesocephal.
meṣocòlon, m. (*anat.*) mesocolon.
meṣodèrma, m. (*anat.*) mesoderm.
meṣodèrmico, a. (*anat.*) mesodermal; mesodermic.
meṣofàṣe, f. (*chim.*) mesophase.
meṣofìllo, m. (*bot.*) mesophyll.
meṣòfita, (*bot.*) A f. mesophyte. **B** a. mesophytic.
meṣogàstrico, a. (*anat.*) mesogastric.
meṣogàstrio, m. (*anat.*) mesogaster; mesogastrium*.
meṣoglèa, f. (*zool.*) mesoglea.
meṣolìte, f. (*miner.*) mesolite.
meṣolìtico, a. e m. Mesolithic.
meṣomerìa, f. (*chim.*) mesomerism.
meṣòmero, a. (*chim.*) mesomeric.
meṣomòrfico, V. **mesomorfo**, *def.* 2.
meṣomòrfo, a. **1** (*zool.*) mesomorphic **2** (*chim.*) mesomorphic; mesomorphous.
meṣóne, m. (*fis. nucl.*) meson.
meṣònico, a. (*fis. nucl.*) mesonic.
meṣopàuṣa, f. (*meteor.*) mesopause.
meṣopotàmico, a. Mesopotamian.
meṣosfèra, f. (*meteor.*) mesosphere.
meṣotèlio, m. (*anat.*) mesothelium*.
meṣotèrmo, a. (*bot.*) mesothermal. • **pianta mesoterma**, mesotherm.
meṣotoràce, m. (*anat.*, *zool.*) mesothorax*.
meṣotòrio, m. (*chim.*) mesothorium.
Meṣozòi, m. pl. (*zool.*, *Mesozoa*) Mesozoa.
meṣozòico, a. e m. (*geol.*) Mesozoic.
Méssa, f. Mass: **andare alla M.**, to go to Mass; **andare alla prima M.**, to go to early Mass; **ascoltare la M.**, to attend (*o* to hear) Mass; **dire la M.**, to say Mass; **servire M.**, to serve Mass; **far dire una M. per q.**, to have a Mass offered for the soul of sb.; **M. grande** (*o* **solenne**), High Mass; **M. cantata**, sung Mass; **M. letta** (*o* **piana**), Low Mass; **M. da requiem** (*o* **da morto**), Mass for the dead; (*anche mus.*) Requiem; **M. vespertina**, evening Mass; **elemosina della M.**, Mass-money; **libro da M.**, missal.
méssa, f. **1** (*il mettere*) putting; setting; laying **2** (*mecc.*) – **m. a punto**, setting-up; **m. a punto del motore**, engine tuning; **m. in fase**, setting; **m. in fase del motore**, engine timing; **m. in fase dell'accensione**, ignition timing; **m. in moto**, (*di motorino d'avviamento*) starter; (*avviamento*) starting **3** – (*fis.*, *fotogr.*) **m. a fuoco**, focusing **4** – (*tipogr.*) **m. in macchina**, imposing **5** (*agric.*: *pollone*) sprout, shoot; (*germoglio*) bud. • (*agric.*) **m. a dimora**, planting □ (*elettr.*) **messa a terra** (*o* **terra**), grounding (*GB*); earthing (*USA*) □ (*tecn.*) **m. a zero**, zero adjusting □ (*naut.*) **m. in cantiere**, laying-down □ (*naut.*) **m. in disarmo**, lay-up □ **m. in opera** (*di impianto*), installation □ (*miss.*) **m. in orbita**, putting into orbit □ **m. in piega** (*di capelli*), set; wave □ **m. in scena**, V. **messinscena** □ **m. in stato di accusa**, indictment; (*di uomo politico*) impeachment □ **la m. in vendita di un prodotto**, the offering on the market of a product.
messaggerìa, f. (*generalm. al pl.*) transport and distribution service; transport company; forwarding agency.
messaggèro, A m. (f. **-a**) **1** messenger; (*nunzio*) harbinger, herald **2** (*addetto al servizio di messaggeria*) carrier. **B** a. (*poet.*) heralding.
messàggio, m. **1** message: **portare un m.**, to bring a message; (*radio*) **m. intercettato**, intercepted message; **m. lanciato da un aeroplano**, drop message **2** (*discorso*) address: **il m. del Presidente**, the President's address **3** (*fig.*) message: **il m. cristiano**, the Christian message; **un m. di pace**, a message of peace; **il m. di un film**, the message of a film.
messàle, m. missal.
mèsse, f. **1** (*mietitura*) harvest, reaping; (*biade*) wheat, corn; (*raccolto*) crop: **il tempo della m.**, harvest time; **le messi biondeggianti**, the golden wheat; **La m. è matura**, the corn is ripe; **raccogliere la m.**, to gather crops; to reap the harvest **2** (*fig.*) crop: **una buona m. di lodi**, a good crop of praises.
messère, m. (*stor.*) Sir; (*accompagnato dal nome*) Master.
Messìa, m. **1** (*relig.*) Messiah **2** (*fig.*) messiah; (expected) deliverer; saviour. • (*fig.*) **aspettare q. come il m.**, to await sb.'s coming eagerly.
messianicità, f. (*relig.*) Messianic character.

messiànico, a. (*relig.*) Messianic.
messianiṣmo, m. (*relig.*) Messianism.
messicàno, a. e m. (*f.* **-a**) Mexican (*f.* Mexican woman*).
Mèssico, m. (*geogr.*) Mexico. ● **Città del M.**, Mexico City.
Messidòro, m. (*stor. francese*) Messidor (*franc.*).
messinése, **A** a. of Messina; from Messina. **B** m. e f. inhabitant of Messina; native of Messina.
messinscèna, f. **1** (*teatr.*) staging; production; mise-en-scène (*franc.*) **2** (*fig.*) pretence; put-up affair; show; put-on; sham; act (*fam.*).
mésso (1), a. **ben m.**, (*ben vestito*) well-dressed; (*robusto*) sturdy, vigorous, strong; **mal m.**, (*mal vestito*) poorly dressed; (*di salute*) low, in poor shape.
mésso (2), m. (*messaggero*) messenger; (*inviato*) envoy; (*legato*) legate. ● (*leg.*) **m. di tribunale**, usher □ **m. pontificio**, legate.
mestàre, **A** v. t. to stir; (*mescolare*) to mix; (*agitare*) to shake*. **B** v. i. (*fig.*) to meddle.
mestatóio, m. mixer; stirrer; shaker.
mestatóre, m. (*f.* **-trice**) (*fig.*) meddler; intriguer.
mèstica, f. (*pitt.*) priming.
mesticàre, v. t. (*pitt.*) to prime.
mesticherìa, f. (*region.*) paint shop.
mestichìno, m. (*pitt.*) palette knife*; (*spatola*) spatula.
mestierànte, m. e f. (*spreg.*) money-grubber; profit-seeker; (*di scrittore*) hack.
mestière, m. **1** trade; craft; (*professione*) profession; (*impiego*) job, occupation; (*lavoro*) work: **arti e mestieri**, arts and crafts; **esercitare un m.**, to carry on a trade; **sapere il proprio m.**, to know one's trade; **non gli piace il suo m.**, he doesn't like his work; **il m. del muratore**, the bricklayer's craft; **Fa il m. del sarto**, he is a tailor by trade; **Il m. dell'insegnante non è facile**, a teacher's job (*o* being a teacher) isn't easy; **È chimico di m.**, he is a chemist by profession; **Che m. fa?**, what's his job (*o* occupation, line)?; what does he do for a living? **2** (*spreg.*: *attività lucrativa*) business; trade: **Della pittura ha fatto un m.**, he has made a business out of painting **3** (*abilità, tecnica*) skill, expertise, experience; (*spreg.*) mere skill: **Non è arte, è m.**, it isn't art, it's mere skill **4** (*pl.*) (*fam.*: *lavori di casa*) housework (*sing.*); (house) chores: **fare i mestieri**, to do the housework (*o* the chores). ● **il m. delle armi**, being a soldier; soldiering; military life □ **il m. del poeta**, the poet's craft □ **il m. del vagabondo**, the vagrant's life □ **avere m.**, to know one's job; to be experienced; to possess expertise □ **essere del m.**, (*fare lo stesso m.*) to be in the same business; (*conoscere il proprio m.*) to know the tricks of the trade □ **i ferri del m.**, the tools of one's trade □ **gli incerti del m.**, the ups and downs of one's trade □ **È il mio m.**, it's my job; (*scherz.*) I'm an old hand at it □ **Non è il mio m.**, it's not my job (*o* line); (*non mi riguarda*) it's not my business □ **i trucchi del m.**, the tricks of the trade □ **essere vecchio del m.**, to be an old hand.
mestièri, m. (*lett.*) – **è** (*o* **fa**) **m.**, it is necessary; **non è m.**, it is needless.
mestìzia, f. sadness; melancholy.
mèsto, a. sad; melancholy: **mesti pensieri**, sad (*o* melancholy) thoughts; **una mesta canzone**, a sad song.
méstola, f. **1** ladle; dipper **2** (*cazzuola*) trowel **3** V. **mestolaccia**.
mestolàccia, f. (*bot.*, *Alisma plantago aquatica*) water plantain.
mestolàme, m. spoons and ladles (*pl.*).
mestolàta, f. **1** (*quantità*) ladleful **2** (*colpo di mestolo*) blow with a ladle.
méstolo, m. ladle. ● (*fig.*) **avere il m. in mano**, to call the tune.
mestolóne, m. **1** (*fig.*) oaf; clumsy fool **2** (*zool.*, *Spatula clypeata*) shoveller; spoonbill duck.
mestruàle, a. menstrual.
mestruàre, v. i. to menstruate.
mestruàto, a. (*di donna*) menstruating.
mestruazióne, f. menstruation; period (*fam.*).
mèstruo, m. menses (*pl.*).
mèta (1), f. **1** (*destinazione*) destination: **una m. lontana**, a far-off destination; **arrivare alla m.**, to reach one's destination (*o* the end of one's journey) **2** (*scopo, traguardo*) goal, purpose, object, target; (*fine*) aim, end: **la m. della vita**, one's goal (*o* aim) in life; **una m. ambiziosa**, an ambitious aim; **prefiggersi una m.**, to set oneself an aim; **avere una m.**, to have an object (*o* an aim) in view; **non avere una m. precisa**, not to have a definite end in view (*o* purpose in mind); **raggiungere la m.**, to reach one's goal (*o* end); to attain one's aim; **senza m.**, aimless (*agg.*); aimlessly (*avv.*) **3** (*archeol.*: *nel circo romano*) meta* **4** (*rugby*) try: **andare in m.** (*o* **segnare una m.**), to score a try.
méta (2), f. **1** (*mucchio di paglia*) pile of straw; (*di fieno*) haystack **2** (*grosso escremento animale*) piece of dung; (*di vacca*) cowpat; (*di cavallo*) horse-apple.
mèta (3), m. (*marchio*: *chim.*) metaldehyde.
metà, f. **1** half*: **La m. di 6 è 3**, half of 6 is 3; **Due metà fanno un intero**, two halves make a whole; **le due m. d'una mela**, the two halves of an apple; **m. mela**, half an apple; **Ho letto m. del libro**, I have read half the book; **la prima m. del secolo**, the first half of the century; **Solo la m. delle macchine è in uso**, only half the machines are being used; **Hai la m. dei miei anni**, you are half my age; **sprecare la m. del proprio tempo**, to waste half (of) one's time; **dividere [tagliare] a m.**, to divide [to cut] in half; **a m. prezzo**, at half price; **un'offerta a m. prezzo**, a half-price offer **2** (*punto di mezzo*) middle: **piegare un foglio a m.**, to fold a sheet down the middle (*o* in half); **verso la m. del mese**, by the middle of the month **3** (*scherz.*: *compagna*) ideal partner; (*moglie*) better half: **trovare la propria m.**, to find one's ideal partner. ● (*sport*) **la m. campo**, (*centro campo*) midfield; (*linea*) halfway line □ (*sport*) **la m. campo avversaria**, the opponent's half □ **Sono a m. libro**, I'm halfway through the book □ **a m. settimana**, by midweek □ **a m. strada**, halfway; midway: **fermarsi a m. strada**, to stop halfway; **a m. strada fra Roma e Napoli**, midway between Rome and Naples □ **A m. anno decise di partire**, halfway through the year he decided to leave □ **Abbiamo una casa al mare a m. con amici**, we own a house at the seaside in common with some friends □ **una buona m.**, a good half □ **dire le cose a m.**, to leave some things unsaid; to hint at things □ **fare le cose a m.**, to do things by halves □ **fare a m. di q.c. con q.**, to go halves (*o* fifty-fifty) with sb. in (*o* on) st.; to share st. with sb. □ **lasciare q.c. a m.**, to leave st. half done; (*interrompere*) to leave st. halfway through it, to drop st. □ **cotto solo a m.**, only half cooked □ **giusto solo a m.**, only half right □ **vero solo per m.**, only half true □ **vuoto per m.**, half empty □ **vuotare una bottiglia a m.**, to half-empty a bottle.
metàbaṣi, f. metabasis*.
metabiologìa, f. (*biol.*) metabiology.
metabiòṣi, f. (*bot.*) metabiosis.
metabisolfìto, m. (*chim.*) metabisulphite.
metàbole, f. (*retor.*) metabole.
metabòlico, a. (*fisiol.*) metabolic.
metaboliṣmo, m. (*fisiol.*) metabolism: **m. basale**, basal metabolism; **m. dei lipidi**, lipid metabolism.
metabolìta, m. (*fisiol.*) metabolite.
metaboliẓẓàre, v. t. (*fisiol.*) to metabolize.
metacarpàle, a. (*anat.*) metacarpal.
metacàrpo, m. (*anat.*) metacarpus.
metacèntrico, a. (*fis.*) metacentric.
metacèntro, m. (*fis.*) metacentre.
metacrilàto, m. (*chim.*) methacrylate.
metacrìlico, a. – (*chim.*) **acido m.**, methacrylic acid.
metacrìtica, f. (*filos.*) metacriticism.
metacromaṣìa, f. (*biol.*) metachromasia.
metacromàtico, a. (*biol.*) metachromatic.
metacromatiṣmo, m. (*biol.*) metachromatism.
metacroniṣmo, m. metachronism.
metadìnamo, f. (*fis.*) metadyne.
metadóne, m. (*farm.*) methadon(e).
metadònico, a. (*farm.*) mathadon(e) (*attr.*).
metaemoglobìna, f. meth(a)emoglobin; ferrih(a)emoglobin.
metaètica, f. (*filos.*) meta-ethics (*pl. col verbo al sing.*).
metafàṣe, f. (*biol.*) metaphase.
metafìṣica, f. (*filos.* e *fig.*) metaphysics (*pl. col verbo al sing.*).
metafìṣico, **A** a. (*filos.* e *fig.*) metaphysical. **B** m. (*f.* **-a**) metaphysician.
metafonèṣi, V. **metafonia**.
metafonètico, a. (*ling.*) metaphonetic.
metafonìa, f. (*ling.*) metaphony; Umlaut.
metàfora, f. metaphor. ● **fuor di m.** (*chiaramente*), explicitly; plainly; in plain terms □ **parlare sotto m.**, to speak metaphorically; to be allusive (*fam.*).
metaforeggiàre, v. i. to speak* metaphorically; to use metaphors.
metafòrico, a. metaphoric; metaphorical; figurative: **espressioni metaforiche**, metaphorical expressions; **linguaggio m.**, figurative language.
metaforiṣmo, m. use of metaphors; imagery.
metàfraṣi, f. metaphrase.
metafràste, m. metaphrast.
metagalàssia, f. (*astron.*) metagalaxy.
metagalàttico, a. (*astron.*) metagalactic.
metagèneṣi, f. (*biol.*) metagenesis.
metagiurìdico, a. juridically unimportant.
metaldèide, f. (*chim.*) metaldehyde.
metalèpsi, f. (*ling.*) metalepsis.
metalinguàggio, m. metalanguage.
metalinguìstica, f. metalinguistics (*pl. col verbo al sing.*).
metalinguìstico, a. metalinguistic.
metallàro, **A** m. (*f.* **-a**) heavy-metal freak. **B** a. heavy-metal.
metàllico, a. metal (*attr.*); metallic: **rivestimento m.**, metal plating; **oggetto m.**, metal object; **lucentezza metallica**, metallic lustre; **voce metallica**, metallic voice; (*fin.*) **valuta metallica**, metallic currency. ● **filo m.**, wire □ **suono m.**, clang.
metallìfero, a. metalliferous; metal-bearing.
metallìna, f. metalline.
metalliẓẓàre, v. t. **1** (*ricoprire di uno strato metallico*) to metallize **2** (*verniciare*) to spray with metallic paint **3** (*dare una lucentezza metallica*) to give* a metallic sheen.
metalliẓẓàto, a. **1** (*metall.*) metallized **2** (*contenente metalli*) metallic; metalline: **vernice metallizzata**, metal (*o* metallic) paint.
metalliẓẓazióne, f. (*metall.*) metallization. ● **m. a spruzzo**, metal spraying.
metàllo, m. metal: **m. base**, base (*o* parent) metal; **m. delta**, delta metal; **m. dolce [duro]**, soft [hard] metal; **m. fragile**, brittle metal; **m. fuso**, molten metal; **m. grezzo**, raw metal; **m. in lamiere**, sheet metal; **m. lavorato**, wrought metal; **m. leggero [pesante]**, light [heavy] metal; **m. prezioso** (*o* **nobile**), noble metal; **una scatola di m.**, a metal box. ● (*fig.*) **il vile m.**, filthy lucre.
metalloceràmica, f. powder metallurgy.
metallocromìa, f. metallochromy.
metallòfono, m. (*mus.*) metallophone.
metallografìa, f. metallography.
metallogràfico, a. metallographic.
metallògrafo, m. metallographer.

metallòide, *m.* (*chim.*) metalloid.
metallòidico, *a.* (*chim.*) metalloid; metalloidal.
metallorgànico, *a.* metallo-organic.
metalloscòpio, *m.* magnetic flux tester.
metallotermia, *f.* metallothermy.
metallurgia, *f.* metallurgy; metalworking.
metallùrgico, **A** *a.* metallurgic(al): **industria metallurgica**, metallurgical industry. **B** *m.* metalworker.
metallurgista, *m.* e *f.* metallurgist.
metalmeccànico, **A** *a.* metal and mechanical (*attr.*); engineering (*attr.*): **industria metalmeccanica**, engineering industry. **B** *m.* metalworker; steelworker; engineering worker.
metalògico, *a.* metalogical.
metamatemàtica, *f.* metamathematics (*pl. col verbo al sing.*).
metamerìa, *f.* (*zool., chim.*) metamerism.
metamèrico, *a.* (*zool.*) metameric.
metamerismo, *m. V.* **metameria**.
metàmero, *m.* **1** (*zool.*) metamere **2** (*chim.*) metamer.
metamittico, *a.* (*miner.*) metamict.
metamòrfico, *a.* metamorphic.
metamorfismo, *m.* (*geol.*) metamorphism.
metamorfizzàre, *v. t.* **metamorfizzàrsi**, *v. i. pron.* to metamorphose.
metamorfosàre, *v. t.* **metamorfosàrsi**, *v. i. pron.* to metamorphose.
metamòrfosi, *f.* metamorphosis* (*anche zool.*); transformation; (*fig., anche*) radical change: **subire una m.**, to undergo a metamorphosis; to metamorphose.
metanàle, *m.* (*chim.*) methanal.
metanièra, *f.* (*naut.*) methane tanker.
metanière, *m.* methane worker.
metanièro, *a.* (*ind.*) methane (*attr.*).
metanìfero, *a.* (*ind.*) methane-producing.
metanizzàre, *v. t.* **1** (*fornire metano a*) to supply with methane **2** (*convertire al metano*) to convert to methane.
metàno, *m.* (*chim.*) methane; marsh (*o* natural) gas: **serie del m.**, methane series.
metanodótto, *m.* (*ind.*) methane pipeline.
metànoia, *f.* metanoia.
metanòlo, *m.* (*chim.*) methanol; methyl alcohol.
metaplasìa, *f.* (*med.*) metaplasia.
metaplàsma, *m.* (*biol.*) metaplasm.
metaplàsmo, *m.* (*gramm.*) metaplasm.
metaplàstico, *a.* metaplastic.
metapsichica, *f.* metapsychics (*pl. col verbo al sing.*).
metapsìchico, *a.* metapsychic(al).
metastàbile, *a.* (*fis., chim.*) metastable.
metàstasi, *f.* (*med.*) metastasis*.
metastàtico, *a.* (*med.*) metastatic.
metastatizzàre, *v. i.* (*med.*) to metastasize.
metastòria, *f.* metahistory.
metastòrico, *a.* metahistorical.
metatarsàle, *a.* (*anat.*) metatarsal.
metatàrso, *m.* (*anat.*) metatarsus*.
metateorìa, *f.* (*filos.*) metatheory.
metateòrico, *a.* (*filos.*) metatheoretical.
metàtesi, *f.* (*gramm., chim.*) metathesis*.
metatètico, *a.* (*ling., chim.*) metathetic(al).
metatoràce, *m.* (*zool.*) metathorax*.
Metazòi, *m. pl.* (*zool., Metazoa*) Metazoa.
metazòo, *m.* (*zool.*) metazoan.
metèco, *m.* (*stor.*) metic.
Metedrìna, *f.* (*marchio*: *farm.*) Methedrine.
Metèllo, *m.* (*stor.*) Metellus.
metempìrico, *a.* (*filos.*) metempirical.
metempsicòsi, *f.* metempsychosis*.
metencèfalo, *m.* (*anat.*) metencephalon*.
meteoecologìa, *f.* meteorological ecology.
metèora, *f.* **1** (*geogr.*) meteor **2** (*astron.*) meteor; falling (*o* shooting) star **3** (*fig.*) short-lived phenomenon*; nine days' wonder (*fam.*); flash in the pan (*fam.*): **Il suo successo fu una m.**, his success was short-lived (*o* was a flash in the pan); **passare come una m.**, to be a nine days' wonder.
meteòrico (1), *a.* **1** (*geogr., astron.*) meteoric; meteor (*attr.*): **fenomeno m.**, meteoric phenomenon; **ferro m.**, meteoric iron; **pietra meteorica**, meteoric stone; **sciame m.**, meteor swarm **2** (*fig.*) meteoric: **ascesa meteorica**, meteoric rise.
meteòrico (2), *a.* (*med.*) affected by meteorism.
meteorismo, *m.* (*med.*) meteorism.
meteorite, *m.* e *f.* meteorite. ● **m. litoide**, meteoric stone.
meteoritica, *f.* meteoritics (*pl. col verbo al sing.*).
meteoritico, *a.* meteoritic; meteorital; meteor (*attr.*): **cratere m.**, meteor crater.
meteorobiologìa, *f.* meteorobiology.
meteorodinàmica, *f.* dynamic meteorology.
meteorografìa, *f.* meteorography.
meteorògrafo, *m.* meteorograph.
meteorogràmma, *m.* meteorogram.
meteoròide, *m.* (*astron.*) meteoroid.
meteorologìa, *f.* meteorology.
meteorològico, *a.* meteorological; meteorologic weather (*attr.*): **le condizioni meteorologiche della regione**, the meteorological (*o* the weather) situation of the region; **previsioni meteorologiche**, weather forecast; **bollettino m.**, weather report; **carta meteorologica**, meteorological (*o* weather) chart; **satellite m.**, meteorological satellite; **stazione meteorologica**, weather station.
meteoròlogo, *m.* (*f.* **-a**) meteorologist.
meteoropatìa, *f.* (*med.*) meteoropathy.
meteoropatologìa, *f.* (*med.*) meteoropathology.
metèssi, *f.* (*filos.*) methexis.
meticcio, *m.* (*f.* **-a**) **1** (*biol.*) hybrid; cross; mongrel **2** mestizo (*spagn.*; *f.* mestiza); half-caste; half-breed.
meticolosàggine, *f.* fastidiousness; fussiness; pernicketiness (*fam.*).
meticolosità, *f.* meticulousness; meticulosity; scrupulousness; (*pignoleria*) fastidiousness, fussiness (*fam.*).
meticolóso, *a.* meticulous; scrupulous; (*pignolo*) fastidious, (over)particular, fussy, pernickety (*fam.*): **prestare la più meticolosa attenzione**, to give the most scrupulous attention (to); **Non essere così m.!**, don't be so particular (*o* pernickety)!
metilammina, *f.* methylamine.
metilaràncio, *m.* (*marchio*: *chim.*) methyl orange.
metilàre, *v. t.* (*chim.*) to methylate.
metilazióne, *f.* (*chim.*) methylation.
metilcellulósa, *f.* methyl cellulose.
metìle, *m.* (*chim.*) methyl.
metilène, *m.* (*chim.*) methylene. ● **blu di m.**, methylene blue.
metìlico, *a.* (*chim.*) methylic; methyl (*attr.*): **alcool m.**, methyl alcohol.
metionìna, *f.* (*chim.*) methionine.
metòdica, *f.* methodology.
metodicità, *f.* methodicalness.
metòdico, *a.* methodical; methodic; (*sistematico*) systematic: **lavoro m.**, methodical work; **un uomo molto m.**, a very methodical man.
metodismo, *m.* (*relig.*) Methodism.
metodista, *a., m.* e *f.* (*relig.*) Methodist.
metodìstico, *a.* (*relig.*) Methodistic(al).
metodizzàre, *v. t.* to methodize; to systematize.
mètodo, *m.* **1** method; system; technique: **un discorso sul m.**, a treatise on method; **non avere m.**, to lack method; to be unmethodical; **seguire un m. pratico**, to follow a practical method; **mancanza di m.**, lack of method; **m. d'insegnamento**, teaching method; **m. di lavoro**, working method; **m. di lavorazione**, processing technique **2** (*modo, comportamento*) way: **un m. di vita**, a way of living; **metodi sbrigativi**, brisk ways; **Che metodi sono questi?**, what sort of behaviour is this?; **Segui il m. mio**, do it my way **3** (*manuale*) handbook; tutor **4** (*teatr.*) method acting; method ● **m. di cura**, treatment □ **m. tecnico**, technique.
metodologìa, *f.* **1** methodology **2** (*metodo*) method.
metodològico, *a.* methodological.
metodòlogo, *m.* (*f.* **-a**) methodologist.
metòlo, *m.* (*marchio*: *fotogr.*) metol.
metonimìa, *f.* (*retor.*) metonymy.
metonìmico, *a.* (*retor.*) metonymic(al).
metònimo, *m.* (*retor.*) metonym.
metonomàsia, *f.* (*ling.*) metonomasy.
mètopa, **mètope**, *f.* (*archit.*) metope.
metòpico, *a.* (*anat.*) metopic.
metossìlico, *a.* – (*chim.*) **radicale m.**, methoxyl.
metràggio, *m.* **1** length (in metres); metres (*pl.*): **un m. abbondante**, a generous length; **Che m. devo comprare?**, how many metres should I buy?; **vendere a m.**, to sell by the metre **2** (*cinem.*) footage; film length.
metralgìa, *f.* (*med.*) metralgia.
metratùra, *f.* **1** (*lunghezza in metri*) length (in metres) **2** (*area in metri*) width (in square metres) **3** (*misurazione in metri*) measurement (in metres). ● **appartamenti di varie metrature**, flats of various measurements □ **vendere a m.**, to sell by the metre [by the square metre].
mètrica, *f.* metrics (*pl. col verbo al sing.*); prosody; metrical system; versification: **la m. classica**, classical metrics (*o* prosody); **m. quantitativa [accentuativa]**, quantitative [accentual] metrical system; **la m. di Pascoli**, Pascoli's prosody (*o* metres).
metricista, *m.* e *f.* metricist.
mètrico, *a.* **1** (*mat.*) metric; metrical: **il sistema m. decimale**, the decimal metric system **2** (*poesia*) metric; metrical: **prosa metrica**, metrical prose.
metrite, *f.* (*med.*) metritis.
métro (*franc.*), *m. invar. V.* **metropolitana**.
mètro (1), *m.* **1** (*poesia*: *unità metrica*) metre, meter (*USA*), measure; (*struttura metrica*) metrical structure: **il m. della ballata**, the ballad metre; the ballad measure; **il m. elegiaco**, the elegiac metre; **metri oraziani**, Horace's metres **2** (*verso, poesia*) verse **3** (*fig.*: *tono*) tone.
mètro (2), *m.* **1** metre, meter (*USA*): **m. quadrato [cubo]**, square [cubic] metre; **misurare a metri**, to measure in metres; **comprare a metri**, to buy by the metre; **È alto un m. e ottanta**, he is one metre eighty (tall); **un nastro lungo due metri**, a two-metre long ribbon; **un appartamento di sessanta metri quadri**, a sixty-square-metre flat **2** (*strumento per misurare*: *rigido*) rule; (*a nastro*) tape measure, measuring tape: **m. pieghevole**, folding rule; **m. da sarto**, tape measure; **m. a nastro d'acciaio**, steel tape **3** (*fig.*: *criterio di valutazione*) yardstick; criterion; standard: **misurare tutti secondo lo stesso m.**, to use the same yardstick for everybody; **m. di giudizio**, criterion.
metrologìa, *f.* (*fis.*) metrology.
metrològico, *a.* (*fis.*) metrological.
metròlogo, *m.* (*f.* **-a**) metrologist.
metrònomo, *m.* (*mus.*) metronome.
metronòtte, *m. invar.* night watchman*.
metròpoli, *f.* metropolis.
metropolita, *m.* (*eccles.*) metropolitan.
metropolitàna, *f.* underground; tube (*fam. GB*); subway (*USA*); metro (*specialm. in città straniere*). ● **m. leggero**, rapid surface transit system.
metropolitàno, **A** *a.* **1** (*di metropoli*) metropolitan; urban; city (*attr.*): **trasporti metropolitani**, urban transport; **traffico m.**, city traffic **2** (*nazionale*) national; home (*attr.*) **3** (*eccles.*) metropolitan. **B** *m.* (*vigile urbano*) policeman*.
metrorragìa, *f.* (*med.*) metrorrhagia.

metroscopia, *f.* (*med.*) hysteroscopy.

metrotomìa, *f.* (*med.*) hysterotomy.

méttere, A *v. t.* ***1*** to put*; (*porre*) to set*; (*in posizione orizzontale*) to lay*; (*in posizione verticale*) to stand*; (*collocare*) to place; (*disporre*) to arrange: **Metti della legna sul fuoco**, put some wood on the fire; **Misi i bambini a letto**, I put the children to bed; **m. q.c. sulla tavola**, to put st. on the table; **m. lo zucchero nel caffè**, to put sugar in one's coffee; **m. le manette a q.**, to put handcuffs on sb.; to handcuff sb.; **mettersi le mani in tasca**, to put one's hands in (*o* into) one's pockets; **Mi mise la mano sulla spalla**, he laid his hand on my shoulder; (*anche fig.*) **m. le mani su q.c.**, to lay one's hands on st.; **m. le fondamenta**, to lay the foundations; **Mettili nell'ordine giusto**, put them in the right order; **Fu messo a comandare il battaglione**, he was placed in command of the battalion; **Metti la scala contro il muro**, stand the ladder against the wall; **Mise dieci uomini a tagliare la legna**, he set ten men to chop the wood ***2*** (*anche* **mettersi**: *indossare*) to put* on, (*infilarsi anche*) to slip on; (*portare*) to wear*: **Metti il cappello**, put on your hat; **Mettiti il soprabito**, put on your overcoat; **Mi misi le scarpe**, I put on (*o* slipped on) my shoes; **Si mise un quarto anello al dito**, she slipped a fourth ring onto her finger; **Perché non ti sei messa i guanti nuovi?**, why didn't you put on (*o* why aren't you wearing) your new gloves?; **Si mette sempre dei buffi cappellini**, she always wears funny hats; **Non so che cosa mettermi stasera**, I don't know what to wear tonight ***3*** (*causare, incutere*) to cause; to put*; to make* (sb.) feel (+ *agg.*); to make* (sb. + *agg.*); to inspire: **m. ribrezzo**, to cause disgust; **m. soggezione a q.**, to make sb. feel uneasy; **m. sete a q.**, to make sb. thirsty; **m. fame a q.**, to make sb. hungry; **m. fiducia**, to inspire trust; **m. paura a q.**, to frighten sb.; to scare sb. ***4*** (*appendere*) to put* up: **Metti un avviso sul tabellone**, put up a notice on the board ***5*** (*nella forma* **metterci**: *impiegare*) to take*: **Quanto tempo ci metterai?**, how long will it take you?; **Ci metterò un'ora**, it will take me an hour; **Quanto ci si mette?**, how long does it take?; **Non metterci tanto (tempo)!**, don't take too long! ***6*** (*installare*) to install; to lay* on: **m. il telefono**, to instal the telephone; to have the telephone installed; **m. la luce [il gas]**, to lay on the electricity [the gas] ***7*** (*rendere, volgere*) to put*, to set*, to turn; (*tradurre*) to translate: **m. in versi**, to put (*o* to turn) into verse; to versify; **m. in musica**, to set to music; **m. un brano in latino**, to translate a passage into Latin ***8*** (*investire*) to put*, to sink*; (*scommettere*) to bet*, to stake: **Misi tutti i miei risparmi in quell'impresa**, I put (*o* sunk) all my savings in that undertaking; **Ho messo diecimila lire su quel cavallo**, I've put (*o* bet) ten thousand lire on that horse ***9*** (*far pagare*) to charge: **Quanto ti hanno messo per la mezza pensione?**, how much did they charge you for bed and breakfast? ***10*** (*imporre un tributo, una multa, ecc.*) to levy; to lay*: **Hanno messo forti tasse sugli articoli di lusso**, they have laid heavy taxes on luxury articles; **m. una multa**, to levy a fine ***11*** (*supporre*) to suppose: **Mettiamo che abbia ragione**, let's suppose he is right; **Metti che io vada via**, suppose I go away ***12*** (*paragonare*) to compare: **Non vorrai m. la tua automobile con la mia**, how can you compare your car with mine?; **La mia è molto più veloce, vuoi m.**, mine is much faster, there's no comparison ***13*** (*versare*) to pour: **m. dell'acqua in un bicchiere**, to pour some water into a glass ***14*** (*accostare, portare*) to bring*: **m. il bicchiere alla bocca**, to bring (*o* to raise) one's glass to one's mouth ***15*** (*germogliare*) to put* forth: **A primavera le piante mettono foglie e germogli**, in spring plants put forth leaves and buds. ● **m. a confronto** (*o* **a paragone**), to compare; (*leg.*) to confront □ **m. q. a dieta**, to put sb. on a diet □ **m. a ferro e a fuoco**, to put to fire and sword □ (*comm.*) **m. a frutto**, to put out; to lay out to profit □ (*fis., fotogr.*) **m. a fuoco**, to focus □ **m. ai voti una questione**, to put a question to the vote □ **m. q. al bando**, to banish sb. □ **m. q.c. al bando**, to ban st. □ **m. q. al corrente di q.c.**, to inform sb. of st.; to acquaint sb. with st.; to notify sb. of st.; to put sb. in the picture (*fam.*) □ **m. le ali ai piedi di q.**, to lend wings to sb.'s heels □ (*comm.*) **m. q.c. all'asta**, to put st. up for auction □ **m. q. alla porta**, to show sb. the door □ **m. q. alle strette** (*o* **con le spalle al muro**), to put sb. with his [her] back to the wall (*fam.*) □ **m. al mondo q.**, to give birth to sb. □ (*fis.*) **m. a massa**, to ground □ **m. a morte**, to put to death □ **m. a nudo**, to lay bare □ **m. q. a parte di q.c.**, to inform sb. of st. □ **m. a posto q.c.**, to put st. in its proper place; (*ripararla*) to repair st., to fix st. □ (*fig.*) **m. a posto le cose**, to put things straight; to set things right □ **m. a posto q.**, (*trovargli un lavoro*) to find a job for sb.; (*dargli una lezione*) to put sb. in his place, to fix sb. □ **m. q.c. a profitto**, to turn st. to profit □ **m. alla prova**, to put to the test □ **m. a punto q.c.**, to set st.; to get st. ready; (*motore*) to tune up: **m. a punto un orologio**, to set a watch □ **m. a sacco**, to sack; to plunder; to loot □ **m. a servizio una ragazza**, to put a girl out to service □ **m. q. [q.c.] a terra**, to lay sb. [st.] down □ **m. avanti [indietro] un orologio**, to put a watch (*o* a clock) forward [back] □ (*fig.*) **m. il bastone fra le ruote a q.**, to put a spoke in sb.'s wheel □ **m. una buona parola per un amico**, to put in a word for a friend □ **m. un campo a granturco**, to plant a field with maize; to put a field under maize □ (*fig.*) **m. il carro davanti ai buoi**, to put the cart before the horse □ **m. cervello** (*o* **giudizio**), to see the error of one's ways; to turn over a new leaf □ **m. un chiodo**, to drive in a nail □ (*fig.*) **m. q. contro q. altro**, to set sb. against sb. else; (*a proprio vantaggio*) to play sb. off against sb. else □ (*fam.*) **mettersi q. contro**, to make an enemy of sb. □ **mettersi il cuore in pace**, to set one's mind at rest; (*lasciare perdere*) to drop the matter; (*lasciare ogni speranza*) to give up all hope □ **m. da parte**, (*m. via, risparmiare q.c.*) to put aside, to put away, to lay by; (*trascurare q.*) to put by □ **m. i denti**, to cut one's teeth □ **m. dentro** (*in prigione*), to send to prison; to lock up (*fam.*) □ **m. di mezzo q.**, to involve sb.; to drag sb. in □ **m. fine a q.c.**, to put an end to st. □ (*di fiume*) **m. foce**, to flow (into) □ **m. forza**, to give strength □ **m. fuori denaro per q.c.**, to lay out money on st. □ **m. fuori un manifesto**, to put up a poster □ **m. giù due righe**, to write a line; to scribble a line □ (*fam.*) **m. giù la pasta**, to put the spaghetti on □ **m. giù un peso**, to put (*o* to set) a load down □ **m. la firma**, to put one's signature (to st.); to sign (st.) □ **m. un'idea in testa a q.**, to put an idea into sb.'s head □ (*fig.*) **mettersi in testa q.c.**, to take st. into one's head □ **m. q. in ansia**, to put sb. in a state of anxiety □ **m. q.c. in assetto**, to settle st. □ **mettersi in bocca una caramella**, to put (*fam.*: to pop) a sweet into one's mouth □ **m. in carcere**, to put in (*o* into) prison; to imprison □ **m. in chiaro q.c.**, to make st. clear □ (*telef.*) **m. q. in comunicazione**, to put sb. through (to sb.); to connect sb. (with sb.) □ **m. q.c. in conto a q.**, (*addebitare*) to charge st. to sb.'s account; (*attribuire*) to put st. down to st. □ **m. in dubbio** (*o* **in forse**), to question; to doubt □ **m. in evidenza**, to point out; to stress; to emphasize □ **m. in fase**, (*cinem.*) to phase; (*un motore*) to time □ **m. in fila**, to line up □ **m. in fuga**, to put to flight □ **m. in funzione**, (*una macchina, ecc.*) to start; (*una linea ferroviaria, ecc.*) to open up □ **m. in giro una voce**, to spread a rumour □ **m. q. in grado di fare q.c.**, to enable sb. to do st. □ **m. in guardia**, to warn (sb. against st.); to alert (sb. to st.) □ **m. in libertà**, to set free □ (*telef.*) **m. in linea**, *V.* **m. in comunicazione** □ (*tipogr.*) **m. in macchina**, to impose □ (*naut.*) **m. in mare una nave**, to launch a ship □ **m. q.c. in mente a q.**, to give sb. an idea □ **mettersi in mente q.c.**, to get st. into one's head □ **m. in mostra**, to display; to exhibit □ **m. in moto**, to set in motion; to start; (*autom., assol.*) to start the engine □ **m. in ordine**, to put (*o* to set) in order; to tidy up □ **m. in pericolo**, to endanger; to put in jeopardy □ **m. in programma**, to programme; to schedule (*specialm. USA*) □ (*cinem.*) **m. in quadro**, to frame □ **m. q. in ridicolo**, to hold sb. up to ridicule; to pour ridicule on sb. □ **m. in rilievo**, to stress; to emphasize □ (*mil.*) **m. in rotta**, to put to rout; to rout □ (*teatr.*) **m. in scena**, to put on the stage; to produce; to perform □ **m. in serbo**, to put by □ **m. in vendita**, to put up for sale □ **m. insieme**, to put together; to clap together (*fam.*); (*unire*) to join; (*radunare*) to gather, to get together; to whip up (*fam.*), (*accumulare*) to amass, to make; (*improvvisare*) to improvise, to throw together, to whip up (*fam.*), to concoct □ **m. insieme un esercito**, to muster an army □ **m. male fra due persone**, to cause bad feeling between two people □ **m. le mani agli orecchi**, to cover one's ears with one's hands □ **m. mano a q.c.**, to start on st.; to put (*o* to set) one's hand to st.; (*accennare a prendere*) to reach for st.; (*prendere parte*) to have a hand in st. □ **m. il naso dappertutto**, to poke one's nose everywhere; to be a noseyparker (*fam.*) □ **m. nome a q.**, to call (*o* to name) sb. □ **m. gli occhi addosso a q.**, to set one's eyes upon sb. □ **m. per iscritto**, to put in writing; to put down; to write down □ **m. piede**, to set foot □ (*fig.*) **m. i puntini sulle i**, to dot one's i's; to be very clear about st. □ (*fig.*) **m. (le) radici**, to take roots □ (*fam.*) **m. sotto q.**, (*investirlo*) to run sb. over; (*farlo lavorare*) to put sb. to work □ **m. sotto sequestro**, to sequester; to sequestrate; to seize □ **m. su bottega**, to set up (in business) □ **m. su casa**, to set up house; to locate (*USA*) □ (*fam.*) **m. su la minestra**, to put the soup on □ **m. su un negozio**, to set up a shop □ **m. su un negozio di droghiere**, to set up as a grocer □ **m. sul tavolo una proposta**, to advance a proposal □ **m. superbia**, to put on airs □ **m. tavola**, to lay the table □ **m. tempo in mezzo**, to delay □ **m. la testa a partito** (*o* **a posto**), to settle down; to turn over a new leaf □ **m. tra parentesi**, to put in brackets; to bracket □ **m. una toppa a q.c.**, to patch st. (up) □ (*fig.*) **m. troppa carne al fuoco**, to have too many irons in the fire □ **m. via**, to put away □ **m. zizzania**, to sow discord □ (*fam.*) **mettercela tutta**, to do one's very best; to work hard □ (*fam.*) **Come la mettiamo?**, what are we going to do about it? □ **Non mette conto**, it is not worth it □ **Non mette conto che vi disturbiate**, you don't need to trouble □ **Non ci mette niente a dire quel che pensa**, he doesn't think twice about speaking his mind □ (*fig.*) **Mettiamoci una pietra sopra**, let us think no more of it; let bygones be bygones □ **Bisogna metterci un po' di buona volontà**, it takes some good will (to do it). **B** *v. i.* ***1*** (*sboccare*) to lead*: **Il sentiero metteva su una radura**, the path led to a clearing ***2*** (*sfociare*) to flow: **Il Ticino mette nel Po**, the Ticino flows into the Po. **C méttersi,** *v. rifl. e rifl. recipr.* ***1*** (*porsi*) to put* oneself; to place oneself; to set* oneself; to get*: **La sentinella si mise davanti alla porta**, the sentry placed himself in front of the door; **m. al posto di q.**, to put oneself in sb.'s place; **m. in una situazione terribile**, to put oneself in a terrible situation; to get into hot water (*fam.*) ***2*** (*unirsi*) to joing (sb.); to go* over to; to associate with

3 (*fam.*: *iniziare una relazione amorosa*) to take* up with. ● **m. a letto**, to go to bed; (*per malattia*) to take to one's bed □ **m. al rischio di**, to run the risk of □ **m. a sedere**, to take a seat; to sit down □ **m. alla testa di**, to take the lead of; to lead □ **m. d'accordo con q.**, to come to an agreement with sb.; to agree with sb. □ **m. d'accordo con q. che...**, to arrange with sb. that... □ **m. dalla parte del più forte**, to join the stronger side □ **m. in cammino**, to set off □ **m. in contatto con q.**, to get into touch with sb.; to contact sb. □ **m. in ginocchio**, to kneel down □ **m. nei guai** (*o* **nei pasticci**), to get into trouble □ **m. in un impiccio**, to get into a scrape □ (*fig.*) **m. in mezzo**, to intervene; to come between □ **m. in moto**, to set out; (*anche di una macchina, di un motore*) to start □ **m. in sciopero**, to go on strike □ (*comm.*) **m. in società con q.**, to go into (*o* to form a) partnership with sb. □ **m. in sospetto**, to become suspicious □ **m. in viaggio**, to set out upon a journey □ **m. in vista**, to call attention to oneself; to show off □ **m. insieme** (*iniziare una relazione amorosa*), to start going steady □ (*fig.*) **m. sotto** (*sgobbare*), to get down to it □ **Ci mettemmo in dieci per fargli un regalo**, ten of us got together to buy him a present. **D méttersi**, *v. i. pron.* *1* (*cominciare*) to start; to begin*; to set* to; to get* down to; to set* about; to turn to: **Si mise a piangere**, she started crying; **Mi misi a ridere**, I began to laugh; **Si mise a nevicare**, it started to snow; **m. a fare il buffone**, to start playing the fool; **Devo mettermi a fare le valigie**, I must set about my packing; **m. al lavoro**, to set to work; to turn to (*o* to set about) one's work; (*mettersi all'opera*) to get down to business *2* (*volgere*) to turn out; to shape up; to take* a turn for: **Il tempo si mise al bello**, the weather turned out fine; **Speriamo che le cose si mettano bene**, let's hope everything will turn out well; **da come si mettono le cose**, the way things are shaping up; (*della situazione*) **m. bene [male]**, to take a turn for the better [for the worse]. ● **m. a mangiare di buon appetito**, to fall to with a hearty appetite □ **stare a vedere come si mettono le cose**, to wait to see which way the wind is blowing (*fam.*: which way the cat jumps).

mettibócca, *m. e f. invar.* (*fam.*) busybody; butter-in.

mettifòglio, *m.* (*tipogr.*) feeder.

mettilòro, *m.* gilder.

mettimàle, *m. e f. invar.* mischief maker.

mettiscàndali, *m. e f.* scandalmonger.

meublé (*franc.*), *m. invar.* hotel with bed and breakfast.

mèzza, *f.* *1* (*mezz'ora*) half-hour: **Questo orologio non suona le mezze**, this clock does not strike the half-hours *2* (*mezzogiorno e mezzo*) half past twelve; half twelve (*GB*): **Si pranza alla m.**, lunch is at half past twelve.

mezzacalzétta, *f.* (*spreg.*) mediocrity; light-weight; second-rater.

mezzacartùccia, *f.* (*spreg.*) pipsqueak; squirt.

mezzacòsta, *f.* hillside; mountainside: **camminare a m.**, to walk along the side of the mountain.

mezzadria, *f.* métayage (*franc.*); métayer system; sharecropping.

mezzadrile, *a.* métayage (*franc.*) (*attr.*); métayer (*franc.*) (*attr.*).

mezzàdro, *m.* métayer (*franc.*); sharecropper.

mezzàla, *f.* (*calcio*) inside forward: **m. destra [sinistra]**, inside right [left].

mezzalàna, *f.* linsey-woolsey.

mezzalùna, *f.* *1* half-moon; crescent *2* (*emblema islamico*) crescent *3* (*stor.*: *il potere turco*) Crescent *4* (*cucina*) (crescent-shaped) chopping knife* *5* (*mil.*) demilune. ● **a m.**, half-moon shaped; crescent-shaped; (*bot., zool.*) semi-lunar □ (*archit.*) **finestra a m.** (*divisa da raggi*), fanlight (*GB*); transom (*USA*).

mezzamànica, *f.* *1* (*soprammanica*) oversleeve *2* (*manica corta*) short sleeve *3* (*fig. spreg.*) pen-pusher.

mezzàna, *f.* *1* (*naut.*: *vela*) miz(z)en; miz(z)en course: **albero di m.**, miz(z)en-mast; miz(z)en; **pennone di m.**, miz(z)en yard *2* (*ruffiana*) procuress; bawd.

mezzanàve, *f.* (*naut.*) beam: **a m.**, on the beam; **avere il vento a m.**, to have the wind on the beam; **vento a m.**, beam wind.

mezzanèlla, *f.* (*naut.*) *1* (*vela di strallo*) miz(z)en staysail *2* (*alberetto a poppa*) jigger mast.

mezzania, *f.* (*naut.*) waist.

mezzanino, *m.* (*archit.*) mezzanine (floor); entresol.

mezzàno, **A** *a.* (*medio*) medium; mean; middle; middling; average: **di grandezza mezzana**, of medium size; middle-sized; **un panno di qualità mezzana**, a cloth of middling quality; **essere di statura mezzana**, to be of middling (*o* medium) height. **B** *m.* *1* (*mediatore*) intermediatory; mediator; go-between *2* (*ruffiano*) procurer; pimp.

mezzanòtte, *f.* *1* midnight: **a m.**, at midnight; **sole di m.**, midnight sun *2* (*nord*) north.

mezzaquarésima, *f.* (*eccles.*) Mid-Lent.

mèzzaro, *V.* **mezzero**.

mezzatéla, *f.* mixed linen.

mezzatinta, *f.* *1* half shade; half tone; (*anche pitt.*) half-tint *2* (*fig.*) subtle tone; undertone *3* (*tipogr.*) mezzotint.

mezzavéla, *f.* (*naut.*) jib.

mezzèna, *f.* (*macelleria*) side: **m. di bue**, side of beef.

mezzeria, *f.* *1* (*di strada*) centre line *2* (*naut.*) waist.

mèzzero, *m.* printed cotton spread.

mezzétta, *f.* half-litre; half a litre.

mézzo (1), *a.* *1* (*di frutto*) overripe *2* (*fig.*) rotten.

mèzzo (2), **A** *a.* *1* (*metà dell'intero*) half: **mezza dozzina**, half a dozen; **mezza mela**, half an apple; **mezz'ora**, half an hour; half-hour; **fra mezz'ora**, in half an hour; **la mezz'ora che passammo assieme**, the half-hour we spent together; **mezza libbra**, half a pound; (*all'incirca*) a half pound; **mezza giornata**, half a day; **m. pane**, half a loaf; **mezza corona**, (*la moneta*) half-crown; (*il valore*) half a crown; **un m. sorriso**, a half-smile; **due mezzi fogli**, two half-sheets; **un m. migliaio**, about half a thousand; **Avevo già letto m. libro**, I had already read half the book; **una bandiera a mezz'asta**, a flag at half-mast; **rilegatura in mezza pelle** (*di libro*), half-binding; **un libro rilegato in mezza pelle**, a half-bound book; **ritratto a m. busto**, half-length portrait; **m. lutto**, half-mourning; **un m. verso**, a half-line; a hemistich *2* (*medio*) middle; mean: **un uomo di mezza età**, a middle-aged man; **un uomo di mezza statura**, a man of average height. ● **mezz'e m.**, half-and-half; (*così così*) so-so; (*fig.*: *non molto bene di salute*) not very well, middling, out of sorts □ **mezze maniche**, short sleeves □ **mezze misure**, half-measures □ **una mezza parola** (*un suggerimento*), a hint □ **a m. novembre**, in the middle of November □ **a mezza paga**, on half-pay □ **a mezza via**, half-way □ **C'era mezza città**, half the town was there □ **avere una mezza idea di fare q.c.**, to have half a mind to do st. □ **non perdere m. minuto**, to lose no time □ **L'avevano detto a m. mondo**, they had told all and sundry □ **È stata una mezza sconfitta**, it was a half-defeat; it was as good as a flop □ **È stato un m. trionfo**, it was a half-victory. **B** *avv.* *1* half; (*quasi*) almost; (*pressoché*) nearly, all but: **m. addormentato**, half asleep; **m. aperto**, half open; **m. cotto**, half cooked; **m. matto**, half mad; crazy; **m. morto**, half dead; (*stanco*) exhausted, worn out; **m. nudo**, half naked *2* (*mus.*) mezzo: **m. forte**, mezzo forte. **C** *m.* *1* (*metà*) half*: **un m. di sei**, a half of six; **Due mezzi fanno un intero**, two halves make a whole; **due bicchieri e m.**, two and a half glasses; **avere ventun anni e m.**, to be twenty-one and a half; **Sono le cinque e m.**, it is half past five *2* (*parte centrale*) middle, midst; (*centro*) centre; (*giusto m.*) mean: **nel m. del racconto**, in the middle of the story; **nel m. della stanza**, in the middle of the room; **nel m. dell'inverno**, in the midst (*o* heart) of winter; **nel bel m. di**, right (*fam.*: plumb, smack) in the middle of; **il giusto m.**, the golden mean; **C'è un giusto m. in tutte le cose**, there is a mean in all things *3* (*espediente, strumento*) means (*sing. o pl.*); (*modo*) way; (*alternativa*) alternative: **con mezzi onesti**, by fair means; honestly; **con ogni m.**, by all means; at all costs; **con qualsiasi m.**, by any means; **con questo m.**, by this means; in this way; **Non c'è m. di saperlo**, there is no way of knowing; **Questo è l'unico m.**, this is the only alternative; **Il fine giustifica i mezzi**, the end justifies the means *4* (*fis., biol.*) medium*; (*conduttore*) conductor *5* (*pl.*) (*denaro*) means: **una persona che ha mezzi**, a person of means; **avere molti mezzi**, to be well off; **vivere al di sopra dei propri mezzi**, to live beyond one's means; **non avere mezzi**, to be hard up *6* (*m. di trasporto*) means (*o* form) of transport (*o* of conveyance); (*veicolo*) vehicle; (*al pl.*) transport (*sing. collett.*); (*aeron., naut.*) craft: **i mezzi pubblici**, public transport (*sing.*); (*mil.*) **un m. da sbarco**, a landing craft; (*mil.*) **m. anfibio**, amphibious vehicle; (*mil.*) **mezzi corazzati**, armoured vehicles; **viaggiare con mezzi di fortuna**, to travel by whatever form of transport is available; **Prenderò un m.**, I'll take a bus or something. ● **mezzi audiovisivi**, (*di comunicazione*) media; (*per l'insegnamento*) audiovisual aids □ **mezzi di comunicazione**, (*trasporti*) means of transport; (*di informazione*) media □ (*leg.*) **m. di prova**, piece of evidence; element of proof □ **a m. ferrovia**, by rail □ **andare** (*o* **andarci**) **di m.**, to be involved (in st.); (*scapitarci*) to be a loser (by st.); (*essere a rischio*) to be at stake □ **l'età di m.** (*il Medioevo*), the Middle Ages □ **fare a m. con q.**, to go halves (*o* fifty-fifty) with sb. (in, on st.) □ **fare le cose a m.**, to do things by halves; to leave things half done □ **in m. a**, in the middle of; in the midst of; amid; among: **in m. alla folla**, in the midst of the crowd; **in m. a tanti sconosciuti**, among so many strangers □ **in m. all'oscurità**, in the dark □ (*lett.*) **in quel m.**, meanwhile; in the meantime □ **l'Italia di m.**, Central Italy □ **mettere tempo in m.**, to delay □ **mettersi in m.**, to come between; to intervene □ **per m. di**, by means of; by; through: **mandare per m. della posta**, to send by post; **per m. di q.**, through sb. □ **il punto di m.**, the middle point; the centre □ (*leg.*) **ricorrere ai mezzi legali**, to take legal steps □ **tentare ogni m.**, to do everything in one's power; to do one's utmost □ **togliere** (*o* **levare**) **di m.**, to get rid of □ **togliersi di m.**, to get out of the way □ **via di m.**, *V. sotto* **via**.

mezzobùsto, *m.* *1* (*scult.*) bust *2* (*fam., TV*) talking head.

mezzodì, *V.* **mezzogiorno**.

mezzofondista, *m. e f.* (*sport*) middle-distance runner (*o* racer).

mezzofóndo, *m.* (*sport*) middle-distance race.

mezzofòrte, *m.* (*mus.*), mezzo-forte.

mezzogiórno, *m.* *1* midday; noon; (*le dodici*) twelve (a.m.): **il pasto di m.**, the midday meal; **a m.**, at noon; **È m.**, it is midday; it's twelve o'clock; **m. e un quarto**, a quarter past twelve *2* (*sud*) south: **Si levò un gran vento da m.**, a strong wind blew from the south *3* – **il M.**, the South; (*della Francia*) the Midi.

mezzoguànto, *m.* mitt; mitten.

mezzolitro, *m.* (*bottiglia*) half-litre (bottle);

(*quantità*) half a litre.
mezzomarinàro, *m.* (*naut.*) boat hook.
mèzzo pùnto, mèzzopùnto *m.* (*ricamo*) tent stitch.
mezz'óra, *f.* half an hour; half-hour.
mezzorilièvo, *m.* (*scult.*) mezzo-relievo; mezzo-rilievo.
mezzosàngue, *m.* e *f. invar.* ***1*** half-caste; half-breed ***2*** (*animale*) half-breed.
mezzoservizio, *m.* part-time (domestic) service.
mezzosopràno, *m.* (*mus.*) mezzo-soprano*; mezzo*.
mezzotitolo, *m.* (*tipogr.*) half-title.
mezzotóndo, *m. invar.* (*scult.*) mezzo-tondo.
mezzùccio, *m.* (*spreg.*) mean expedient; low trick.
mezzùle, *m.* opening (of a cask).
mho, *m. invar.* (*elettr.*) mho.
mi (1), *pron. pers. m.* e *f. 1ª pers. sing.* ***1*** (*compl. ogg.*) me; (*compl. indir.*) (to) me (*o idiom.*): **Mi vide**, he saw me; **Egli mi scrisse una lettera**, he wrote me a letter; **Non mi scrisse**, he did not write to me; **Porgimi quel libro, per favore**, please hand me that book; **Dimmi**, tell me; **Eccomi**, here I am; **Mi sono fatto male a una gamba**, I've hurt my leg; **Mi misi il cappello**, I put on my hat; **Mi batteva forte il cuore**, my heart was pounding ***2*** (*coi verbi rifl.*) myself (*o idiom.*): **Non mi diverto mai**, I never enjoy myself; **Mi lavai prima di cena**, I washed before dinner; **Mi devo pettinare**, I must comb my hair; **Mi riposai per qualche ora**, I rested for a few hours ***3*** (*coi verbi i. pron.*) – **Mi sono dimenticato**, I forgot; **Non mi pento**, I'm not repentant ***4*** (*con valore rafforzativo*: *è idiom.*) – **Stammi bene!**, keep well!; **Mi farò un panino**, I'll have a roll.
mi (2), *m.* (*mus.*) E; mi*, me: **mi bemolle**, E flat.
mi (3), *m.* o *f.* (*dodicesima lettera dell'alfabeto greco*) mu.
miagolaménto, *m.* ***1*** mewing; miaowing ***2*** (*fig.*) mewl, mewling.
miagolàre, *v. i.* ***1*** to mew; to miaow; (*di gatto in amore*) to caterwaul ***2*** (*fig.*: *piagnucolare*) to mewl, to whine; (*sibilare*) to whine ***3*** (*fig.*: *cantare con voce stridula*) to wail; (*di violino e sim.*) to squeak, to wail.
miagolàta, *f.* mewing; miaowing.
miagolatóre, *m.* (*f.* **-trice**) ***1*** mewer; miaower ***2*** (*fig.*) mewler.
miagolìo, *m.* ***1*** mewing; miaowing; (*di gatto in amore*) caterwaul ***2*** (*fig.*: *piagnucolio*) mewling, whining; (*sibilo*) whining ***3*** (*di voce che canta*) wailing; (*di violino e sim.*) squeaking, wailing.
mialgìa, *f.* (*med.*) myalgia.
miàlgico, *a.* (*med.*) myalgic.
miào, *inter.* e *m.* miaow; mew.
miàsi, *f.* (*med.*) myasis.
miàsma, *m.* miasma*.
miasmàtico, *a.* miasmal; miasmatical; miasmatic; miasmous.
miastenìa, *f.* (*med.*) myasthenia.
miastènico, *a.* (*med.*) myasthenic.
miatonìa, *f.* (*med.*) myatony.
miatrofìa, *f.* (*med.*) myatrophy.
mica (1), **A** *f.* (*briciola*) crumb; scrap; bit. **B** *avv.* (*region.*) ***1*** (*rafforzativo della neg.*) at all; in the least; one bit (*fam.*): **Non costa m. tanto**, it is not dear at all; **Non sono m. stanco**, I am not in the least tired; **Non mi piace m.**, I don't like it at all; **Non è m. cambiato**, he (*o* it) hasn't changed one bit; **Non è m. uno scherzo!**, it's no joke; **M. male!**, not bad!; **«Ti piace?» «M. tanto»**, «do you like it?» «not much, really» ***2*** (*con valore di «per caso»*) by any chance: **Hai m. trovato le mie chiavi?**, have you found my keys, by any chance?; do you happen to have found my keys?
mica (2), *f.* (*miner.*) mica.
micàceo, *a.* (*miner.*) micaceous.
micanite, *f. invar.* (*marchio*: *elettr.*) micanite.
micascisto, *m.* (*miner.*) mica-schist.
miccia, *f.* ***1*** fuse; slow match; (*a combustione rapida*) quick match: **m. di sicurezza**, safety fuse ***2*** (*naut.*) heel tenon.
micèlio, *m.* (*bot.*) mycelium*.
micella, *f.* (*chim.*) micelle; micella*.
Micène, *f.* (*geogr.*) Mycenae.
micenèo, **A** *a.* Mycenaean; Mycenian. **B** *m.* (*f.* **-a**) Mycenaean.
micète (1), *m.* (*bot.*) fungus*.
micète (2), *m.* (*zool., Alouatta caraya*) howling monkey; howler.
micetologìa, *V.* **micologia**.
micetòma, *m.* (*med.*) mycaetoma*.
michelàccio, *m.* loafer; lounger; idler. ● **fare la vita del m.**, to be a loafer; to loaf about.
michelangiolésco, *a.* Michelangelesque; after the manner of Michelangelo.
Michèle, *m.* Michael. ● **la festa di San M.**, Michaelmas.
michétta, *f.* (*region.*) roll.
micia, *f. V.* **micio**.
micidiàle, *a.* deadly (*anche fig.*); mortal; fatal: **un colpo m.**, a deadly blow; a fatal stroke; **un potere m.**, a fatal influence; **veleno m.**, deadly poison.
micino, *m.* (*f.* **-a**) (*fam.*) kitten; pussycat; pussy.
micio, *m.* (*fam.*) cat; pussycat; pussy; puss: **Abbiamo due mici**, we have two cats; **M., vieni qua!**, come here, pussy!; (*richiamo*) **M. m.!**, puss, puss!; **Che bel m.!**, what a lovely cat!
micobattèrio, *m.* mycobacterium*.
micologìa, *f.* mycology.
micològico, *a.* mycologic(al).
micòlogo, *m.* (*f.* **-a**) mycologist.
micoplàsma, *m.* (*biol.*) mycoplasma*.
micorriza, *f.* (*bot.*) mychor(r)hiza.
micòsi, *f.* (*med.*) mycosis*.
micòtico, *a.* (*med.*) mycotic.
micotossina, *f.* (*scient.*) mycotoxin.
micràgna, *f.* (*region.*) ***1*** (*povertà*) penury; poverty ***2*** (*avarizia*) stinginess; niggardliness.
micragnóso, *a.* (*region.*) ***1*** (*povero*) penniless; hard-up ***2*** (*avaro*) stingy; niggling.
microampère, *m. invar.* (*fis.*) microampere.
microamperòmetro, *m.* microammeter.
microanàlisi, *f.* (*chim.*) microanalysis*.
microbibliografìa, *f.* (technique of) microfilm reproduction.
microbicida, **A** *a.* microbicidal. **B** *m.* microbicide.
micròbico, *a.* (*biol.*) microbial; microbian; microbic: **fermentazione microbica**, microbial fermentation.
microbilància, *f.* microscale.
micròbio, *m.* (*biol.*) microbe; micro-organism.
microbiologìa, *f.* microbiology.
microbiològico, *a.* (*biol.*) microbiologic(al).
microbiòlogo, *m.* (*f.* **-a**) microbiologist.
micròbo, *V.* **microbio**.
microcalcolatóre, *V.* **microcomputer**.
microcàmera, *f.* (*fotogr.*) miniature camera.
microcassétta, *f.* microcassette.
microcèbo, *m.* (*zool., Microcebus*) microcebus.
microcefalìa, *f.* (*med.*) microcephalia; microcephaly.
microcefàlico, *a.* (*med.*) microcephalic.
microcèfalo, **A** *a.* (*med.*) microcephalic; microcephalous. **B** *m.* (*f.* **-a**) ***1*** microcephalus* ***2*** (*fig.*) idiot; imbecile.
microchìmica, *f.* microchemistry.
microchip, *m. invar.* (*elettron.*) microchip.
microchirurgìa, *f.* microsurgery.
microchirùrgico, *a.* microsurgical.
microcircuito, *m.* (*tecn.*) microcircuit. ● **m. integrato**, integrated circuit □ **insieme di microcircuiti**, microcircuitry.
microcita, *m.* (*med.*) microcyte.
microcitemìa, *f.* (*med.*) microcythemia.
microcito, *V.* **microcita**.
microclima, *m.* (*meteor.*) microclimate.
microclimatologìa, *f.* (*meteor.*) microclimatology.
microclino, *m.* (*miner.*) microcline.
micrococco, *m.* (*biol.*) micrococcus*.
microcomponènte, *f.* (*elettr.*) microcomponent.
microcomputer, *m. invar.* microcomputer.
microconflittualità, *f.* microconflict.
microcontèsto, *m.* microcontext.
microcòsmico, *a.* microcosmic(al).
microcòsmo, *m.* microcosm.
microcriminalità, *f.* petty crime.
microcristallino, *a.* (*miner.*) microcrystalline.
microcurie, *m. invar.* microcurie.
microdattilìa, *f.* (*med.*) microdactyly.
microeconomìa, *f.* microeconomics (*pl. col verbo al sing.*).
microeconòmico, *a.* microeconomic.
microelaboratóre, *m.* microcomputer.
microeleménto, *m.* microelement.
microelettrònica, *f.* microelectronics (*pl. col verbo al sing.*).
microelettrònico, *a.* microelectronic.
microevoluzióne, *f.* microevolution.
micròfago, *a.* (*zool.*) microphagous.
microfàrad, *m.* (*fis.*) microfarad.
microfibra, *f.* (*chim.*) microfibre.
microfiche (*franc.*), *f. invar.* microfiche.
microfilaménto, *m.* (*biol.*) microfilament.
microfilm, *m. invar.* microfilm.
microfilmàre, *v. t.* to microfilm.
microflòra, *f.* microflora.
microfònico, *a.* microphonic.
microfonista, *m.* e *f.* microphone technician.
micròfono, *m.* microphone; mike (*fam.*): **m. a condensatore**, condenser microphone; **m. a nastro**, ribbon microphone; **parlare al m.**, to speak into a microphone. ● (*telef.*) **m. ricevitore**, receiver.
microfotografìa, *f.* ***1*** microphotography ***2*** (*riproduzione*) microphotograph.
microfotogràfico, *a.* microphotographic; photomicrographical.
microftàlmo, *m.* (*med.*) microphthalmia; microphthalmy.
micrognatìa, *f.* (*med.*) micrognathia.
microgràmmo, *m.* microgram.
microgravità, *f.* (*fis.*) microgravity.
microinfusóre, *m.* (*med.*) micropipette.
microinterruttóre, *m.* (*elettr.*) microswitch.
microistruzióne, *f.* (*elab.*) microinstruction.
microlettóre, *m.* microfilm reader.
microlinguìstica, *f.* microlinguistics (*pl. col verbo al sing.*).
micròlito, *m.* (*med.*) microlite.
microlitro, *m.* microlitre, microliter (*USA*).
micromanìa, *f.* (*psic.*) micromania.
micromelìa, *f.* (*med.*) micromelia.
micrometeorologìa, *f.* micrometeorology.
micrometrìa, *f.* (*fis., ind.*) micrometry.
micromètrico, *a.* micrometric(al).
micròmetro (1), *m.* (*strumento*) micrometer; micrometer gauge: **m. oculare**, eyepiece micrometer; **m. per profondità**, micrometer depth-gauge.
micromètro (2), *m.* (*unità di lunghezza*) micrometre, micrometer (*USA*).
micromillimetro, *m.* micromillimetre, micromillimeter (*USA*).
microminiaturizzàre, *v. t.* to microminiaturize.
microminiaturizzazióne, *f.* microminiaturization.
micromotóre, *m.* ***1*** (*motore*) small motor ***2*** (*veicolo*) moped.
micron, *m. invar.* micrometre, micrometer (*USA*); micron.
micronesiàno, *a., m.* e *f.* Micronesian.
micronizzàre, *v. t.* (*tecn.*) to micronize.
micronutriènte, *m.* (*biol.*) micronutrient.
microónda, *f.* (*fis.*) microwave.

microorganișmo, *V.* **microrganismo**.
micropaleontologìa, *f.* micropaleontology.
micropàlo, *m.* (*ind. costr.*) micropile.
micròpilo, *m.* (*bot.*) micropyle.
microporosità, *f.* microporosity.
microporóso, *a.* microporous.
microprocessóre, *m.* (*elab.*) microprocessor.
microprogràmma, *m.* (*elab.*) microprogram.
microprogrammazióne, *f.* (*elab.*) microprogramming.
microproiettóre, *m.* (*fis.*) microprojector.
microproiezióne, *f.* (*fis.*) microprojection.
micropsìa, *f.* (*med.*) micropsia; micropsy.
microrganișmo, *m.* micro-organism.
microriproduttóre, *m.* microcopier.
microsaldatùra, *f.* micro-soldering.
microschèda, *f.* microfiche.
microscopìa, *f.* (*fis.*) microscopy.
microscòpico, *a.* (*fis.* e *fig.*) microscopic(al).
microscòpio, *m.* (*fis.*) microscope: **m. semplice [composto]**, simple [compound] microscope; **visibile al m.**, visible under a microscope; (*anche fig.*) **osservare q.c. al m.**, to osberve st. under a microscope; **m. elettronico [polarizzante]**, electronic [polarizing] microscope; **m. elettronico a scansione**, scanning electron microscope; **m. spettroscopico**, spectromicroscope.
microscopista, *m.* e *f.* microscopist.
microsecóndo, *m.* microsecond.
microsìșma, **microsìșmo**, *m.* (*geol.*) microseism.
microsìșmico, *a.* (*geol.*) microseismic(al).
microsișmògrafo, *m.* microseismograph.
microsociologìa, *f.* microsociology.
microsólco, *m.* *1* microgroove *2* (*disco a 33 giri*) long-playing record (*abbr.*: L.P.); (*a 45 giri*) single.
microsomìa, *f.* (*med.*) nanism.
microsónda, *f.* microprobe.
microspìa, *f.* bug. ● **neutralizzare elettronicamente una m.**, to debug.
microspòra, *f.* (*bot.*) microspore.
microsporàngio, *m.* (*bot.*) microsporangium*.
microsporofillo, *m.* (*bot.*) microsporophyll.
microstòria, *f.* microhistory.
microstruttùra, *f.* microstructure.
microtelèfono, *m.* handset.
microtèrmo, *a.* (*bot.*) microthermal. ● **pianta microterma**, microtherm.
micròtomo, *m.* (*biol.*) microtome.
microtòno, *m.* (*mus.*) microtone.
microtùbulo, *m.* (*biol.*) microtubule.
microvillo, *m.* (*biol.*) microvillus*.
microvòlt, *m.* (*elettr.*) microvolt.
Mida, *m.* (*mitol.*) Midas.
midi, **A** *a.* (*moda*) midi: **un cappotto m.**, a midi coat. **B** *f.* (*gonna*) midi (skirt).
midólla, *f.* crumb.
midollàre, *a.* (*anat.*) medullary; medullar.
midóllo, *m.* (*pl.* **midolla**, *f.*) *1* (*anat.*) medulla*; marrow: **m. spinale**, spinal marrow; **m. osseo**, bone marrow; **m. allungato**, medulla oblongata *2* (*bot.*) pith *3* (*fig.*) pith; pith and marrow; backbone; core: **il m. d'un argomento**, the backbone of a subject; **il m. d'un discorso**, the pith of a speech; **repubblicano fino al m.**, republican to the backbone (*o* to the core). ● **essere bagnato fino alle midolla**, to be soaked to the skin □ **un freddo che arriva alle midolla**, a cold that gets into your bones.
midrìași, *f.* (*med.*) mydriasis*.
midriàtico, *a.* (*farm.*) mydriatic.
mielàto, *V.* **melato**.
mièle, *m.* (*anche fig.*) honey: **m. selvatico [vergine]**, wild [virgin] honey; **dolce come il m.**, as sweet as honey; honey-sweet; (*fig.*) **paroline di m.**, honeyed words. ● **color m.**, honey (yellow) □ **luna di m.**, honeymoon □ **essere tutto m.**, to be all kindness.
mielencèfalo, *m.* (*anat.*) myelencephalon.
mielina, *f.* (*anat.*) myelin(e).
mielìnico, *a.* (*anat.*) myelinic.
mielìte, *f.* (*med.*) myelitis*.
mieloblàsto, *m.* (*biol.*) myeloblast.
mielocito, *m.* (*anat.*, *biol.*) myelocyte.
mielografìa, *f.* myelography.
mielòma, *m.* (*med.*) myeloma*.
mielopatìa, *f.* (*med.*) myelopathy.
mieloplegìa, *f.* (*med.*) myeloplegia; spinal paralysis.
mielosclerò̀și, *f.* (*med.*) myelosclerosis.
mielòși, *f.* (*med.*) myelosis*.
mielóso, *a.* *1* honey-tasting; honey-like; sugary; (*stucchevolmente dolce*) sickly sweet *2* (*fig.*) honeyed; sugary.
miètere, *v. t.* *1* to reap; to mow; to harvest: **m. il raccolto**, to reap the crop; **m. il grano**, to harvest the wheat; **m. un campo d'orzo**, to reap a field of barley *2* (*fig.*: *raccogliere*) to reap; to win*: **m. allori**, to reap (*o* to win) laurels; **m. vasti consensi**, to win general approval *3* (*fig.*: *abbattere*) to mow down; (*uccidere*) to kill, to cut* down: **I nostri uomini furono mietuti dalle mitragliatrici nemiche**, our men were mown down by the enemy's machine-guns; **L'epidemia mieté molte vittime**, the epidemic killed many people (*o* caused many deaths).
mietiléga, **mietilegatrice**, *f.* (*agric.*) reaper and binder.
mietitóre, *m.* (*f.* **-trice**) reaper; mower; harvester.
mietitrébbia, **mietitrebbiatrice**, *f.* (*agric.*) combine harvester.
mietitrice, *f.* (*mecc.*) reaper; reaping machine; harvester.
mietitùra, *f.* *1* (*il mietere*) reaping; mowing; harvesting *2* (*periodo*) harvest (time) *3* (*messe*) harvest; crop.
migale, *f.* (*zool.*, *Mygale avicularia*) mygale.
migliàccio, *m.* *1* (*sanguinaccio*) black pudding; blood pudding; blood sausage (*USA*) *2* (*castagnaccio*) chestnut cake.
migliàio, *m.* (*pl.* **migliaia**, *f.*) thousand: **un m. di persone**, about a thousand people; **migliaia di uccelli**, thousands of birds; **poche migliaia di lire**, a few thousand lire; **alcune migliaia**, a few (*o* some) thousands; **centinaia di migliaia**, hundreds of thousands; **a migliaia**, in thousands.
migliarino (1), *m.* (*spesso al pl.*: *pallini da schioppo*) small shot; dust shot.
migliarino (2), *m.* (*bot.*, *Lithospermum officinale*) gromwell.
migliarino (3), *m.* (*zool.*, *Emberiza*) bunting: **m. di palude** (*Emberiza schoeniclus*), reed bunting; reed sparrow.
miglio (1), *m.* (*pl.* **miglia**, *f.*) *1* (*misura lineare*) mile: **m. geografico**, geographical mile; **m. marino**, sea mile; nautical mile; **una passeggiata di tre miglia**, a three-mile walk; **È lontano di qui mezzo m.** (*o* **a mezzo m. da qui**), it is half a mile from here; **Si sentiva il rumore a un m. di distanza**, the noise could be heard a mile away *2* (*pietra miliare*) milestone. ● (*fig.*) **un discorso lungo un m.**, an endless speech □ (*fig.*) **farla lunga un m.**, to be interminable; to drag it on (*fam.*) □ (*fig.*) **essere lontano mille miglia**, (*rif. a un luogo*) to be miles and miles away; (*rif. a opinioni e sim.*) to be miles apart □ **Ero lontano (le) mille miglia dal sognare che...**, I was far from imagining that... □ **Lo si vede lontano un m. che lei gli piace**, you can see a mile off that he likes her.
miglio (2), *m.* (*bot.*, *Panicum miliaceum*) millet: **semi di m.**, millet seed(s).
miglioràbile, *a.* improvable; susceptible of improvement.
miglioraménto, *m.* improvement; betterment; amelioration: **un m. del tempo**, an improvement in the weather; **Un segno di m. c'è**, there is an improvement; **Non c'è alcun m.**, there is no improvement; **fare qualche m.**, to make improvements; to improve; to get better; **Il podere ha bisogno di vari miglioramenti**, the farm needs a number of improvements. ● **m. economico** (*di stipendio, ecc.*), rise in (one's) pay.
miglioràre, **A** *v. t.* to improve; to better; (*emendare*) to mend: **m. le proprie condizioni**, to improve one's circumstances; to better oneself; **m. un podere**, to improve a farm; **Non c'è speranza di m. la sua situazione**, there is no hope of bettering his situation; **m. i propri modi**, to mend one's manners (*o* ways). **B** *v. i.* to improve; to become* (*o* to get*) better; to make* progress: **Quel ragazzo è migliorato**, that boy has improved; **Il nostro malato migliora**, our patient is improving (*o* is getting better); **È assai migliorato di salute**, his health has greatly improved; he is much better; **Se il tempo non migliora, non parto**, if the weather does not improve, I shall not leave; **Le cose stanno migliorando**, things are looking up; **m. negli studi**, to make progress in one's studies.
migliorativo, *a.* ameliorative; for the better (*pred.*).
miglióre, **A** *a.* *1* (*compar.*) better: **Questo è buono, ma quello è m.**, this one is good, but that one is better; **Non è m. di sua sorella**, she's no better than her sister; **È un uomo m. di te**, he is a better man than you; **Non potresti trovare un uomo m.**, you could not find a better man; **molto m.**, much better; **un po' m.**, a little better; **di qualità m.**, of better (*o* higher) quality; better in quality *2* (*superl. relat.*) the best: **gli uomini migliori del paese**, the best men in the country; **Questo è il modo m.**, this is the best way; **ingegnarsi nel m. modo possibile**, to do one's best; **il m. in assoluto**, the very best; far and away the best. ● **a (un) tempo m.**, at a more suitable (*o* convenient) time □ (*fig.*) **aver visto tempi migliori**, to have seen better days □ **fare q.c. con le migliori intenzioni**, to do st. for the best □ **fare q.c. nel modo m.** (*o* **nel m. dei modi**), to do st. in the best (possible) way □ (*eufem.*) **passare a miglior vita**, to breathe one's last □ **rendere m.**, to make better; to better; to improve □ **È in condizioni finanziarie migliori delle mie**, he is better off than I am □ **Siamo i migliori amici del mondo**, we are the best of friends □ **sperare in tempi migliori**, to hope things will improve. **B** *m.* e *f.* (the) best.
migliorìa, *f.* *1* betterment; improvement *2* (*bonifica*) reclamation. ● **apportare delle migliorie**, to make improvements □ **opere di m.**, improvements.
migliorișmo, *m.* (*filos.*) meliorism.
migliorista, *m.* e *f.* (*filos.*) meliorist.
migma, *m.* (*geol.*) migma.
migmatite, *f.* (*geol.*) migmatite.
mignàtta, *f.* *1* (*zool.*, *Hirudo medicinalis*) leech; bloodsucker *2* (*fig.*: *persona importuna*) clinging person; limpet *3* (*spreg.*: *usuraio*) bloodsucker *4* (*naut.*, *mil.*) limpet mine.
mignattàio, *m.* (*zool.*, *Plegadis falcinellus*) glossy ibis*.
mignattino, *m.* (*zool.*, *Chlidonias nigra*) small black tern.
mignola, *f.* (*bot.*) olive-blossom.
mignolo, *m.* *1* (*della mano*) little finger; pinkie (*USA*) *2* (*del piede*) little toe.
mignon (*franc.*), *a. invar.* tiny; miniature: **bottiglia m.**, miniature bottle.
mignonnette (*franc.*), *f.* miniature bottle.
mignòtta, *f.* (*region.*, *volg.*) (*prostituta*) prostitute, hooker (*pop.*); (*sgualdrina*) whore, slut.
migrànte, *a.* *1* migrant; migrating; migratory: **tribù m.**, migrant (*o* nomadic) tribe; **uccelli m.**, migratory birds *2* (*med.*) floating; wandering: **rene m.**, floating kidney.
migràre, *v. i.* to migrate.

migratóre, A *m.* (*f.* **-trice**) migrator; migrant. **B** *a.* migratory; migrant: **uccelli migratori**, migratory birds; migrators; migrants; **popolo m.**, migrant people.
migratòrio, *a.* migratory; migrant.
migrazióne, *f.* migration: **le grandi migrazioni dell'antichità**, the great migration of ancient times; **m. stagionale**, seasonal migration; **area di m.**, migration area; (*fis.*) **m. degli ioni**, ion migration; (*astron.*) **m. dei poli**, polar wandering.
mikàdo (*giapponese*), *m. invar.* mikado.
mila, *a. num. card. invar.* thousand: **ventimila**, twenty thousand; **quarantacinquemila**, forty--five thousand.
milanése, *a.*, *m.* e *f.* Milanese: **i milanesi**, the Milanese. • **cotoletta alla m.**, Wiener schnitzel (*ted.*) □ **risotto alla m.**, risotto with saffron.
Milàno, *f.* (*geogr.*) Milan.
milèṣio, *a.* Milesian.
miliardàrio, *m.* (*f.* **-a**) billionaire.
miliardèṣimo, *a. num. ord.* billionth.
miliàrdo, *m.* ***1*** billion: **un m. di lire**, one billion lire; **un appartamento che vale un m.** a flat worth one billion (lire); **La popolazione mondiale supera i sei miliardi**, the world population is over six billion people ***2*** (*fig.*: *grande quantità*) million; thousands: **Te l'ho detto un m. di volte!**, I've told you a million times!
miliàre (1), *a.* mile (*attr.*): **pietra m.**, milestone (*anche fig.*); **colonna m.**, mile post.
miliàre (2), *a.* (*med.*) miliary: **febbre m.**, miliary fever.
miliàrio, *m.* mile post.
milieu (*franc.*), *m. invar.* milieu; environment.
milio, *m.* (*med.*) milium*.
miliòbate, *f.* (*zool.*, *Myliobatis aquila*) eagle ray.
milionàrio, *a.* e *m.* (*f.* **-a**) millionaire (*f.* millionairess).
milióne, *m.* million: **un m. e trecentomila**, one million three hundred thousand; **un m. d'abitanti**, a million inhabitants; **mettere da parte qualche m.**, to save a few million lire; **C'erano milioni di persone**, there were millions of people; **un m. di volte**, a million times; **un m. di scuse**, a thousand apologies. • **fare i milioni a palate**, to make money hand over fist.
milionèṣimo, *a. num. ord.* e *m.* millionth: **la milionesima parte**, the millionth part; **un m. di secondo**, one millionth of a second.
militànte, A *a.* militant: **la Chiesa m.**, the Church militant; **le forze militanti**, the powers militant. **B** *m.* e *f.* militant; activist.
militànza, *f.* (*polit.*) militancy.
militàre (1), A *a.* military: **disciplina m.**, military discipline; **la vita m.**, military life; **scuola m.**, military school; **ospedale m.**, military hospital; **servizio m.**, national (*o* military) service. • **l'arte m.**, the art of war □ **marina m.**, navy. **B** *m.* military man*; soldier. • **m. di leva**, young man doing his national service □ **m. di truppa**, private; ranker; man; (*al pl.*, *anche*) rank and file □ **i militari**, the armed forces; (the) soldiers □ **fare il m.**, to serve in the army; (*essere di leva*) to do one's national service.
militàre (2), *v. i.* ***1*** to serve (in the army); to militate: **m. sotto q.**, to serve under sb. ***2*** (*fig.*: *aderire*) to be a militant member of; to be an active supporter of: **m. nelle file socialiste**, to be an active supporter of the Socialist Party; to be an active Socialist ***3*** (*sport*) to play: **m. nella locale squadra di rugby**, to play in the local rugby team ***4*** (*fig.*: *essere di appoggio*) to support: **A mio favore militano i seguenti argomenti**, the following arguments support my case (*o* are in my favour).
militarésco, *a.* military; army (*attr.*); (*da soldato*) soldierly, soldier-like: **disciplina militaresca**, military (*o* army) discipline; **gergo m.**, army slang; **un aspetto m.**, a soldierly aspect.
militarìṣmo, *m.* militarism.
militarìsta, A *m.* e *f.* militarist. **B** *a.* militarist (*attr.*); militaristic.
militarìstico, *a.* militarist (*attr.*); militaristic.
militariẓẓàre, *v. t.* to militarize: **m. la manodopera**, to militarize labour.
militariẓẓazióne, *f.* militarization.
militarménte, *avv.* militarily: **essere m. forti**, to be militarily strong; **occupare m. un paese**, to occupy a country militarily. • **salutare m.**, to salute; to give the military salute.
militassòlto, (*bur.*) **A** *a.* that has completed one's national service. **B** *m.* person who has completed his national service.
mìlite, *m.* militiaman*; (*soldato*) soldier; (*guerriero*) warrior: **il M. Ignoto**, the Unknown Warrior. • **m. della Croce Rossa**, Red Cross worker □ **m. della scienza**, scientist □ **militi di Cristo**, Soldiers of Christ.
militeṣénte, (*bur.*) **A** *a.* exempt from national service. **B** *m.* person exempt from national service.
milìzia, *f.* ***1*** force; (*al pl.*: *truppa*) troops, forces: **milizie terrestri e navali**, sea and land forces; **la m. aerea**, the air force; **la m. terrestre**, the army; **le milizie regolari**, the regular army; **milizie mercenarie**, mercenary troops ***2*** (*esercizio del mestiere delle armi*) soldiering; (*vita militare*) military life. • **m. civile**, militia □ **m. territoriale**, Home Guard.
miliziàno, *m.* militiaman*.
millànta, *a. num. card.* e *m. invar.* (*scherz.*) zillion.
millantàre, A *v. t.* to boast of (*o* about); to brag about; (*lodare esageratamente*) to extol, to magnify: **m. le proprie ricchezze**, to boast of one's riches. **B millantarsi,** *v. rifl.* to boast; to brag: **Si millantava invincibile**, he boasted of being invincible.
millantàto, *a.* – (*leg.*) **m. credito**, false pretences.
millantatóre, *m.* (*f.* **-trice**) boaster; braggart; swaggerer; braggadocio*.
millanterìa, *f.* ***1*** (*il millantare*) boasting; bragging; swaggering; braggadocio* ***2*** (*detto o azione*) boast; brag.
mille, *a. num. card.* e *m. invar.* thousand: **m. sterline**, a thousand pounds; **m. e cento sterline**, one thousand one hundred pounds; **m. e m. volte**, thousands of times; **sapere contare sino a m.**, to be able to count up to one thousand; **Come lui ce n'è uno su m.**, there is one in a thousand like him. • (*stor.*) **i M.**, the Thousand □ **il M.**, (*anno*) the year 1000; (*secolo*) the 1st century A.D. □ (*letter.*) **«Le m. e una notte»**, «The Thousand and One Nights»; «The Arabian Nights» □ **M. grazie!**, thanks a lot!; thank you very much!; a thousand thanks! □ **a m. a m.**, in thousands □ **avere m. cose da fare**, to have a thousand and one things to do □ **avere m. pensieri**, to have to worry about a thousand things; to be full of worries □ **avere m. ragioni**, to have a thousand good reasons; to have a good many reasons □ **diventare di m. colori**, to turn all the colours of the rainbow □ **Mi par m. anni che non lo vedo**, it seems ages since I saw him last; I can't wait to see him □ **Gliel'ho detto m. volte**, I told him a thousand times □ **l'otto per m.**, 0.8 percent.
millecinquecènto, *m. pl.* (*sport*) (the) fifteen hundred metres.
millefióri, *m.* ***1*** (*liquore*) liqueur (made from flower essences) ***2*** (*vetro*) millefiori (glass).
millefòglie, *m. invar.* ***1*** (*bot.*, *Achillea millefolium*) milfoil; yarrow ***2*** (*cucina*) millefeuille(s) (*franc.*); napoleon (*USA*).
millefòglio, *V.* **millefoglie,** *def. 1.*
millenàrio, A *a.* millenary; a thousand years old; (*millenne*) millenial, millenian, millenarian: **querce millenarie**, millenary oaks. **B** *m.* millenary.
millenarìṣmo, *m.* (*relig.*) millenarianism.
millenarìsta, *m.* e *f.* (*relig.*) millenarist; millenarian.
millenarìstico, *a.* (*relig.*) millenarian.
millènne, *a.* millennial; millenary; millenarian.
millènnio, *m.* millennium*: **il primo m.**, the first millennium. • (*fig.*) **Sembra un m.**, it seems an aeon.
millepièdi, *m. invar.* (*zool.*) millepede, milliped(e).
millerìghe, *m. invar.* (*tessuto*) ribbed piqué.
milleṣimàle, *a.* millesimal; thousandth.
milleṣimàto, *a.* (*di bottiglia di vino o liquore*) carrying the year.
millèṣimo, A *a. num. ord.* e *m.* thousandth; millesimal: **la millesima parte**, the thousandth part; **un m. di secondo**, one thousandth of a second. **B** *m.* (*anno*) year.
milleùṣi, *a. invar.* multipurpose (*attr.*).
milliampère, *m. invar.* (*fis.*) milliampere.
milliamperòmetro, *m.* (*fis.*) milliammeter.
millibàr, *m.* (*fis.*) millibar.
milligràmmo, *m.* milligram, milligramme.
millilitro, *m.* millilitre, milliliter (*USA*).
millimetràre, *v. t.* to divide into millimetres.
millimetràto, *a.* divided into millimetres. • **carta millimetrata**, graph paper.
millimètrico, *a.* millimetric.
millìmetro, *m.* millimetre, millimeter (*USA*).
millimìcron, *m.* millimicron.
millisecóndo, *m.* millisecond.
millivòlt, *m.* (*fis.*) millivolt.
miloioidèo, *m.* (*anat.*) mylohyoid.
milonite, *f.* (*geol.*) mylonite.
milza, *f.* (*anat.*) spleen. • (*fam.*) **avere male alla m.**, to have a stitch in the side.
Milzìade, *m.* (*stor.*) Miltiades.
mimàre, *v. t.* e *i.* to mime.
mimeografàre, *v. t.* to mimeograph.
mimeògrafo, *m.* mimeograph.
mimésco, *a.* (*spreg.*) histrionic.
mimèṣi, *f.* (*filos.*, *letter.*) mimesis.
mimètico, *a.* ***1*** mimic; mimetic ***2*** (*zool.*) mimetic: **coloratura mimetica**, mimetic colouring ***3*** (*che mimetizza*) camouflage (*attr.*): (*mil.*) **tuta mimetica**, camouflage combat suit; **telo m.**, camouflage sheet; **vernice mimetica**, camouflage paint.
mimetìṣmo, *m.* ***1*** (*zool.*) mimicry; camouflage: **m. protettivo**, protective mimicry ***2*** (*fig.*) camouflage.
mimetite, *f.* (*miner.*) minetite.
mimetiẓẓàre, A *v. t.* to camouflage. **B mimetiẓẓàrsi,** *v. rifl.* ***1*** to camouflage oneself ***2*** (*fig.*) to pass unobserved.
mimetiẓẓazióne, *f.* ***1*** (*zool.*) camouflage; mimicry ***2*** camouflage.
mìmica, *f.* ***1*** (*il gesticolare*) gesticulation, dumb show; (*gesti*) gestures: **esprimersi con la m.**, to express oneself by gestures; to mime what one wants to say ***2*** (*teatr.*) mime; (*movimenti di scena*) business. • **m. facciale**, facial expressions (*pl.*).
mimicaménte, *avv.* mimically; by gestures.
mìmico, *a.* mimetic; miming; mimic. • (*teatr.*) **arte mimica**, mime.
mìmo, *m.* ***1*** (*teatr.*) mime ***2*** (*attore*) mime (artist) ***3*** (*zool.*, *Mimus polyglottus*) mockingbird ***4*** (*zool.*: *animale imitatore*) mimic.
mimodràmma, *m.* (*teatr.*) pantomime with music.
mimògrafo, *m.* mimographer.
mimósa, *f.* (*bot.*, *Mimosa*) mimosa.
mìna, *f.* ***1*** (*mil.*, *naut.*) mine: **m. anticarro**, anti-tank mine; **m. antiuomo**, anti-personnel mine; **m. galleggiante**, floating mine; **m. subacquea**, submarine (*o* torpedo) mine; **m. vagante**, drifting mine; **collocare una m.**, to lay a mine; **disinnescare una m.**, to defuse a mine; **far brillare una m.**, to explode a mine ***2*** (*di matita*) lead. • (*fig.*) **mina vagante**, loose cannon.
minàccia, *f.* threat; menace: **la m. della guer-**

ra, the menace (*o* threat) of war; **minacce di morte**, threats of death; **una m. per la democrazia**, a threat to democracy; **fare delle minacce**, to utter threats; to threaten; to menace; **Questa è una mezza m.**, this sounds like a menace. ● **lettera di m.**, threatening letter □ **parole di m.**, threatening words □ **un silenzio pieno di m.**, a threatening (*o* ominous) silence □ **tenere q. sotto la m. di un coltello [di una pistola]**, to keep sb. at knifepoint [at gunpoint].

minacciàre, *v. t.* to threaten; to menace: **m. vendetta**, threaten vengeance; **m. una punizione**, to threaten punishment; **m. d'uccidere q.**, to threaten to kill sb.; **una conferenza che minaccia d'essere eterna**, a lecture which threatens to be endless; **Le nuvole minacciavano pioggia**, the clouds threatened rain; **Minaccia di piovere**, it looks like rain. ● (*leg.*) **m. un testimone**, to intimidate a witness.

minacciàto, *a.* threatened; under threat.

minacciosaménte, *avv.* threateningly; menacingly. ● (*di edificio, montagna, ecc.*) **ergersi m.**, to loom above.

minaccióso, *a.* ***1*** threatening; menacing: **uno sguardo m.**, a menacing look; **fermare q. con piglio m.**, to stop sb. in a threatening manner; **nuvole minacciose**, threatening clouds; **Il tempo è m.**, it looks like rain ***2*** (*fig.*: *che si preannuncia dannoso*) threatening; ominous; portentous: **un rombo m.**, a threatening rumble; **un silenzio m.**, an ominous silence ***3*** (*fig.*: *che incute paura*) threatening; grim; looming: **un m. castello**, a grim castle; **ergersi m.**, to loom above; **Il mare era m.**, the sea looked threatening.

minàre, *v. t.* ***1*** to mine; to undermine: **m. l'ingresso d'un porto**, to mine the entrance to a harbour; **m. una fortezza**, to undermine a fortress ***2*** (*fig.*) to undermine; to injure; to ruin: **m. la reputazione di q.**, to undermine (*o* to ruin) sb.'s reputation; **m. la salute**, to undermine one's health.

minaréto, *m.* minaret.

minàto, *a.* ***1*** mined: **Il terreno è minato**, the ground is mined; **zona minata**, mined area; (*anche fig.*) **terreno m.**, minefield ***2*** (*fig.*) undermined.

minatóre, *m.* ***1*** miner; pitman*; (*di carbone*) collier ***2*** (*mil.*) sapper.

minatòrio, *a.* minatory; menacing; threatening: **una lettera minatoria**, a minatory letter.

minchiàta, *f.* (*region., volg.*) bullshit; crap.

minchionàggine, *f.* (*pop.*) gullibility; credulity; simple-mindedness.

minchionàre, *v. t.* (*pop.*) to mock; to make* fun of.

minchionatùra, *f.* (*pop.*) mocking.

minchióne, A *m.* (*f.* **-a**) (*pop.*) simpleton; ninny; noodle. **B** *a.* gullible; credulous.

minchionerìa, *f.* (*pop.*) ***1*** *V.* **minchionaggine** ***2*** (*cretinata*) rubbish; rot; bullshit (*volg.*).

mineràle, A *a.* mineral: **acqua m.**, mineral water; **carbone m.**, mineral coal; pit coal; **il regno m.**, the mineral kingdom. **B** *m.* mineral; (*da cui si può estrarre un metallo*) ore: **m. di ferro [di rame]**, iron [copper] ore; **arricchimento del m.**, ore beneficiation; **giacimento di m.**, ore body; **trattamento del m.**, ore dressing. ● **m. polverizzato**, smitham; smeddum □ **m. stratificato**, shale □ **estrazione del m.**, mining. **C** *f.* (*bottiglia di acqua m.*) bottle of mineral water.

mineralista, *m.* e *f.* mineralogist.

mineralizzàre, *v. t.* **mineralizzàrsi,** *v. i. pron.* to mineralize.

mineralizzazióne, *f.* mineralization.

mineralogìa, *f.* mineralogy.

mineralògico, *a.* mineralogical.

mineralogista, *m.* e *f.* mineralogist.

mineràrio, *a.* ***1*** (*delle miniere*) mining: **regione mineraria**, mining region; **industria mineraria**, mining industry; **leggi minerarie**, mining legislation ***2*** (*dei minerali*) mineral; ore (*attr.*): **risorse minerarie**, mineral resources; **giacimento m.**, ore deposit. ● **scienza mineraria**, science of minerals; mineralogy.

Minèrva, *f.* (*mitol.*) Minerva.

minèrva (1), *m. pl.* matches: **una bustina di m.**, a book of matches.

minèrva (2), *f.* (*med.*) neck brace.

minèstra, *f.* soup: **un piatto di m.**, a bowl of soup; **m. brodosa**, thin soup; **m. di magro**, vegetable soup; **scodellare la m.**, to ladle out the soup. ● (*fig.*) **m. riscaldata**, rehash □ (*fig.*) **È sempre la stessa m.!**, it is always the same (old) story! □ (*fig.*) **O mangi questa m. o salti dalla finestra**, you have no choice (at all) □ (*fig.*) **trovare la m. bell'e pronta**, to have st. offered on a silver plate.

minestrina, *f.* thin soup.

minestróne, *m.* ***1*** minestrone; thick vegetable soup ***2*** (*fig.*) hotchpotch; jumble.

mìngere, *v. i.* to urinate; to micturate.

mingherlìno, *a.* slight; skinny; thin; (*debole*) puny, delicate, gracile.

mini, A *a.* mini: **un cappotto m.**, a minicoat. **B** *f.* miniskirt.

miniàbito, *m.* minidress.

miniallòggio, miniappartaménto, *m.* flatlet; bedsitter.

miniàre, *v. t.* ***1*** to miniature; (*codici*) to miniate, to illuminate ***2*** (*fig.*) to describe to perfection.

miniàto, *a.* illuminated; miniated: **manoscritto m.**, illuminated manuscript.

miniatóre, *m.* (*f.* **-trice**) miniaturist; (*di codici*) miniator, illuminator.

miniatùra, *f.* ***1*** (*l'arte, il dipinto*) miniature ***2*** (*di codici*) illumination. ● (*fig.*) **in m.**, miniature (*attr.*); (*piccolissimo*) minute, tiny, pint-sized (*fam.*).

miniaturista, *m.* e *f.* miniaturist.

miniaturìstico, *a.* of a miniature; miniature (*attr.*).

miniaturizzàre, *v. t.* to miniaturize.

miniaturizzazióne, *f.* miniaturization.

minibàr, *m. invar.* minibar.

minibàsket, *m.* (*sport*) minibasket.

minibus, *m. invar.* minibus.

minicalcolatóre, minicomputer, *m.* minicomputer.

minidisco, *m.* (*elab.*) minidisk; mini-floppy.

minielaboratóre, *m.* minicomputer.

minièra, *f.* ***1*** mine: **m. a cielo aperto**, opencast mine; strip mine (*USA*); open-cut mine (*Austr.*); **m. di carbone**, coal mine; colliery; pit; **m. di rame**, copper mine; **m. d'oro**, goldmine; **sfruttare una m.**, to work a mine ***2*** (*fig.*) mine; treasure-trove: **una m. di notizie**, a mine of information. ● **locomotiva da m.**, mule □ **pozzo di m.**, mine shaft.

minigòlf, *m. invar.* (*gioco*) miniature golf.

minigónna, *f.* miniskirt.

mìnima, *f.* ***1*** (*mus.*) minim; half-note (*USA*) ***2*** (*meteor.*) minimum* (temperature).

minimàle, A *a.* minimal. **B** *m.* minimum.

minimalismo, *m.* (*polit., letter.*) minimalism.

minimalista, *m.* e *f.* (*polit., letter.*) minimalist.

minimalìstico, *a.* (*polit., letter.*) minimalist.

minimaménte, *avv.* (*per rinforzare la negazione*) in the least; at all: **Non lo conosco m.**, I don't know him at all; **Non sono m. contento di te**, I am not in the least satisfied with you.

minimàssimo, minimax, *m.* (*mat.*) minimax.

minimercàto, *m.* minimarket.

minimissile, *m.* (*mil.*) minirocket.

minimizzàre, *v. t.* ***1*** to minimize ***2*** (*far apparire poco importante*) to minimize; to play down; to shrug off: **m. un dissenso**, to play down a disagreement.

mìnimo, A *a. superl.* ***1*** (*il più piccolo*) (the) least, (the) smallest, (the) slightest; (*il più basso*) (the) lowest, minimum (*attr.*): **Non c'è la minima differenza**, there isn't the least (*o* the slightest) difference; **senza il m. sforzo**, without the least effort; **Non ne ho la minima idea**, I haven't the slightest (*o* faintest) idea; **ogni m. errore**, the slightest mistake; **il prezzo m.**, the lowest price; **la temperatura minima**, the lowest (*o* minimum) temperature; **l'altezza minima consentita**, the minimum height allowed ***2*** (*piccolissimo*) very small (*o* little), tiny, minute; (*bassissimo*) very low; (*ridottissimo*) minimum: **La differenza è minima**, there is very little (*o* there is hardly any) difference; **a un prezzo m.**, at a very low price; **tempo m.**, minimum time; **con minima spesa**, very cheaply. ● (*mat.*) **m. comun denominatore**, lowest (*o* least) common denominator (*abbr.*: L.C.D., l.c.d.) □ (*mat.*) **m. comune multiplo**, lowest (*o* least) common multiple (*abbr.*: L.C.M., l.c.m.). **B** *m.* ***1*** minimum*; the least; (*seguito da un compl. di specificazione è idiom.*): **ridurre al m.**, to reduce to a minimum; to minimize; **È il m. che io possa fare**, it is the (very) least I can do; **Abbi un m. di rispetto!**, show at least some respect!; **Con un m. di pazienza ci si riesce**, with just a bit of patience you can do it; **il m. della pena**, the minimum sentence; **un m. di buonsenso**, a modicum of common sense ***2*** (*di motore*) lowest gear; idling; idle speed: **motore al m.**, idling engine; (*aeron.*) **m. di volo**, flight idling; **girare al m.**, to tick over; to idle. ● (*eccles.*) **i Minimi** (*frati mendicanti*), the Minims □ **il m. dell'età**, the minimum age □ **il m. di paga**, the minimum wage(s); a living wage □ (*econ., stat.*) **m. vitale**, bare subsistence level; subsistence □ **come m.** (*o* **al m.**), at (the very) least □ **Quant'è il m. (prezzo)?**, what's the lowest price?

minimósca, *m. invar.* (*sport*) light flyweight.

minimum, *m.* minimum*.

minio, *m.* (*chim.*) minium; red lead: **vernice al m.**, red-lead paint.

minipetrolièra, *f.* (*naut.*) minitanker.

miniriförma, *f.* partial reform; minireform.

minisottomarino, *m.* (*naut.*) minisubmarine; minisub.

ministeriàle, *a.* ***1*** (*di un ministero*) ministerial; departmental ***2*** (*governativo*) ministerial; governmental; cabinet (*attr.*): **crisi m.**, ministerial (*o* cabinet) crisis.

ministèro, *m.* ***1*** (*ufficio nobile ed elevato*) ministry, office; (*funzione*) function(s): **il m. sacerdotale**, the office (*o* function) of a priest; priesthood; **l'esercizio del proprio m.**, the exercise of one's functions; **essere sospeso dal proprio m.**, to be suspended from office ***2*** (*settore amministrativo dello Stato*) ministry; board; office; department (*USA*) ***3*** (*complesso di ministri*) ministry; (*gabinetto*) cabinet; (*governo*) government: **sotto il m. Crispi**, during Crispi's ministry; **Fece parte del m. Giolitti**, he served in Giolitti's ministry; he served as a minister under Giolitti; **un m. di coalizione**, a coalition government; **la formazione del nuovo m.**, the formation of the new government ***4*** (*sede d'un m.*) ministry. ● **M. degli (affari) esteri**, Ministry of Foreign Affairs; (*in G.B.*) Foreign and Commonwealth Office; (*in U.S.A.*) Department of State □ **M. degli (affari) interni**, Ministry of the Interior (*o* of Internal Affairs); (*in G.B.*) Home Office; (*in U.S.A.*) Department of the Interior □ **M. dell'agricoltura**, Ministry of Agriculture; (*in G.B.*) Ministry of Agriculture, Fisheries and Food; (*in U.S.A.*) Department of Agriculture □ **M. dell'ambiente**, Ministry of the Environment; (*in G.B.*) Department of the Environment □ **M. per le aree urbane**, Ministry of Urban Development □ (*stor.*) **M. dell'aviazione**, Ministry of the Air Force; (*in G.B.*) Air Ministry; (*in U.S.A.*) Department of the Air Force □ **M. dei beni culturali e ambientali**, Ministry of Cultural Heritage and Environmental Conservation □ **M. del bilancio**,

Ministry of the Budget; (*in G.B.*) Treasury; (*in U.S.A.*) Office of Management and Budget □ **M. del commercio con l'estero**, Ministry of Foreign Trade; (*in G.B.*) Overseas Trade Board; (*in U.S.A.*) International Trade Commission □ **M. della difesa**, Ministry of Defence; (*in G.B.*) Ministry of Defence; (*in U.S.A.*) Department of Defense □ **M. delle finanze**, Ministry of Finance; (*in G.B.*) Exchequer; (*in U.S.A.*) Department of the Treasury □ **M. della funzione pubblica**, Ministry for the Civil Service □ **M. di grazia e giustizia**, Ministry of Justice; (*in G.B. vi corrispondono due uffici*) Home Office, Lord Chancellor's Department; (*in U.S.A.*) Department of Justice □ **M. dell'industria e commercio**, Ministry of Industry and Trade; (*in G.B.*) Department of Trade and Industry; (*in U.S.A.*) Department of Commerce □ **M. dei lavori pubblici e ambiente**, Ministry of Public Works and the Environment □ **M. del lavoro e della previdenza sociale**, Ministry of Labour and Social Security; (*in G.B. vi corrispondono due dicasteri*) Department of Employment, Department of Social Security; (*in U.S.A.*) Department of Labor □ (*stor.*) **M. della marina**, Ministry of the Navy; (*in G.B.*) Admiralty; (*in U.S.A.*) Navy Department □ **M. della marina mercantile**, Ministry of the Merchant Navy □ **M. per le politiche comunitarie**, Ministry for EEC Policies □ **M. delle poste e telecomunicazioni**, Ministry of Post and Telecommunications; (*in G.B.*) Post Office Board; (*in U.S.A.*) Post Office Department □ **M. della protezione civile**, Ministry for Civil Defence □ **M. della pubblica istruzione**, Ministry of Education; (*in G.B.*) Department of Education and Science; (*in U.S.A.*) Department of Education □ **M. per i rapporti col parlamento**, Ministry for Parliamentary Affairs □ **M. dell'università e della ricerca scientifica**, Ministry of University and Scientific Research □ **M. della sanità**, Ministry of Health; (*in G.B.*) Department of Health; (*in U.S.A.*) Department of Health and Human Services □ **M. del tesoro**, Ministry of the Treasury; (*in G.B.*) Treasury; (*in U.S.A.*) Department of the Treasury □ **M. dei trasporti e dell'aviazione civile**, Ministry of Transport and Civil Aviation; (*in G.B.*) Department of Transport; (*in U.S.A.*) Department of Transportation □ (*leg.*) **Pubblico M.**, Public Prosecutor; Prosecuting Attorney (*USA*).

ministra, *V.* **ministressa.**

ministrànte, *m.* (*eccles.*) altar server.

ministréssa, *f.* (*scherz.*) woman* (*o* lady) minister.

ministro, *m.* **1** (*polit.*) minister; (*in G.B.*) secretary of state; (*in U.S.A.*) secretary: **Primo M.**, Prime Minister; (*in G.B., anche*) Premier; **m. senza portafoglio**, minister without portfolio; **consiglio dei ministri**, Council of Ministers; (*in G.B.*) Cabinet **2** (*eccles.*) minister, priest, clergyman*; (*titolo*) minister, pastor: **m. del culto**, minister of religion **3** (*amministratore*) administrator; (*eccles.*) **m. dei sacramenti**, administrator of Sacrament; **un m. della giustizia**, an administrator of justice **4** (*esecutore di ordini*) instrument **5** (*diplomazia*) minister: **m. plenipotenziario**, minister plenipotentiary; **m. residente**, minister resident. ● **M. degli (affari) esteri**, Minister for Foreign Affairs; Foreign Minister; (*in G.B.*) Foreign Secretary (*propriamente*: Secretary of State for Foreign and Commonwealth Affairs); (*in U.S.A.*) Secretary of State □ **M. degli (affari) interni**, Minister of the Interior; Interior Minister; (*in G.B.*) Home Secretary (*propriamente*: Secretary of State for the Home Department); (*in U.S.A.*) Secretary of the Interior □ **M. dell'agricoltura**, Minister of Agriculture; (*in G.B.*) Minister of Agriculture, Fisheries and Food; (*in U.S.A.*) Secretary of Agriculture □ **M. dell'ambiente**, Minister of the Environment; (*in G.B.*) Secretary of State for the Environment □ **M. per le aree urbane**, Minister of Urban Development □ (*stor.*) **M. dell'aviazione**, Minister of the Air Force; (*in G.B.*) Air Minister; (*in U.S.A.*) Secretary of the Air Force □ **M. dei beni culturali e ambientali**, Minister of Cultural Heritage and Environmental Conservation □ **M. del bilancio**, Minister of the Budget □ **M. del commercio con l'estero**, Minister of Foreign Trade □ **M. della difesa**, Minister of Defence; Defence Minister; (*in G.B.*) Defence Secretary, Secretary of State for Defence; (*in U.S.A.*) Secretary of Defense □ **M. delle finanze**, Minister of Finance; Finance Minister; (*in G.B.*) Chanchellor of the Exchequer; (*in U.S.A.*) Secretary of the Treasury □ **M. della funzione pubblica**, Minister for the Civil Service □ **M. di grazia e giustizia**, Minister of Justice; (*in G.B. vi corrispondono due figure*) Home Secretary, Lord Chancellor; (*in U.S.A.*) Attorney General □ **M. dell'industria e commercio**, Minister of Industry and Trade; (*in G.B.*) Secretary of State for Trade and Industry; (*in U.S.A.*) Secretary of Commerce □ **M. dei lavori pubblici e ambiente**, Minister of Public Works and the Environment □ **M. del lavoro e della previdenza sociale**, Minister of Labour and Social Security; (*in G.B. vi corrispondono due ministri*) Secretary of State for Employment, Secretary of State for Social Security; (*in U.S.A.*) Secretary of Labor □ (*stor.*) **M. della marina**, Minister of the Navy; (*in G.B.*) First Lord of the Admiralty; (*in U.S.A.*) Secretary of the Navy □ **M. della marina mercantile**, Minister of the Merchant Navy □ **M. per le politiche comunitarie**, Minister for EEC Policies □ **M. delle poste e telecomunicazioni**, Minister for Post and Telecommunications; (*in G.B.* e *U.S.A.*) Postmaster General □ **M. della protezione civile**, Minister for Civil Defence □ **M. della pubblica istruzione**, Minister of Education; (*in G.B.*) Secretary of State for Education and Science; (*in U.S.A.*) Secretary for Education □ **M. per i rapporti col parlamento**, Minister for Parliamentary Affairs □ **M. dell'università e della ricerca scientifica**, Minister of University and Scientific Research □ **M. della sanità**, Minister of Health; (*in G.B.*) Secretary of State for Health; (*in U.S.A.*) Secretary of Health and Human Services □ **M. del tesoro**, Minister of the Treasury; (*in G.B.*) Chancellor of the Exchequer; (*in U.S.A.*) Secretary of the Treasury □ **M. dei trasporti e dell'aviazione civile**, Minister of Transport and Civil Aviation; (*in G.B.*) Secretary of State for Transport; (*in U.S.A.*) Secretary of Transportation.

minòico, *a.* (*stor.*) Minoan: **civiltà minoica**, Minoan civilization.

minorànza, *f.* minority: **la m. dei votanti**, the minority of voters; **m. parlamentare**, parliamentary minority; **una m. etnica [religiosa]**, an ethnic [a religious] minority; **essere in m.**, to be in a minority; **governo di m.**, minority government.

minoràsco, *m.* (*leg.*) trust in favour of a younger son.

minoràto, A *a.* disabled; handicapped: **un soldato m.**, a disabled soldier; **i bambini minorati**, handicapped children. **B** *m.* (*f.* **-a**) disabled (*o* handicapped) person: **m. fisico**, physically disabled (*o* handicapped) person; **m. psichico**, mentally disabled (*o* handicapped) person; mentally defective person; **la rieducazione dei minorati**, the rehabilitation of the physically handicapped.

minorazióne, *f.* **1** (*diminuzione*) diminution, depreciation; (*riduzione*) curtailment: **m. del valore**, depreciation of value **2** (*invalidità*) disability, (physical) handicap; (*psichica*) mental handicap, defectiveness.

minóre, A *a.* **1** (*più piccolo*: *compar.*) smaller, lesser (*attr.*), less; (*superl. relat.*: *fra due*) (the) smaller, (*fra più di due*) (the) smallest; (*inferiore*) inferior (to): **La parte è m. del tutto**, a part is smaller than the whole; **in misura m.**, to a smaller extent; **il cerchio di raggio m.** (*fra più di due*), the circle with the smallest radius; **di m. peso**, of lesser weight; **con m. attenzione**, with less attention; **una somma m.**, a smaller amount **2** (*più basso*: *compar.*) lower; (*superl. relat.*: *fra due*) (the) lower, (*fra più di due*) (the) lowest: **a m. prezzo**, at a lower price; cheaper; **al m. prezzo**, at the lowest price; cheapest; **la m. di tutte queste cifre**, the lowest of all these figures **3** (*più breve*: *compar.*) shorter; (*superl. relat.*: *fra due*) (the) shorter, (*fra più di due*) (the) shortest: **il percorso m.** (*fra due*), (the) shorter way; **la distanza m.** (*fra tutte*), the shortest distance **4** (*più lento*: *compar.*) slower; (*superl. relat.*: *fra due*) (the) slower, (*fra più di due*) (the) slowest: **a una velocità m.**, at a slower speed **5** (*più giovane*: *compar.*) younger; (*superl. relat.*: *fra due*) (the) younger, (*fra più di due*) (the) youngest: **mia sorella m.**, my younger sister; **la figlia m.** (*fra due*), the younger daughter; (*fra più*) the youngest daughter; **Nino è m. di me di tre anni**, Nino is three years younger than I am (*fam.*: than me); Nino is my junior by three years **6** (*meno importante, meno grave*) lesser; minor: **scegliere il male m.**, to choose the lesser evil; **un poeta m.**, a minor poet; **le opere minori di Calvino**, Calvino's minor works **7** (*mus.*) minor: **intervallo m.**, minor interval; **intervallo di terza m.**, minor third; **una sonata in la m.**, a sonata in A minor. ● (*leg.*) **m. età**, minority: **essere di (*o* in) età m.**, to be under age; **uscire dalla m. età**, to come of age □ **arti minori**, decorative arts; (*nel Medioevo*) (the) Lesser Arts □ (*astron.*) **astri minori**, minor stars □ **edizione m.**, shorter edition □ (*eccles.*) **Frate M.**, *V.* **minorita** □ **Catone il M.**, Cato the Younger □ (*eccles.*) **ordini minori**, minor orders □ (*astron.*) **l'Orsa M.**, the Lesser (*o* Little) Bear □ (*filos.*) **premessa m.**, minor premiss. **B** *m.* e *f.* **1** (*chi è più giovane di età*) younger; youngest: **È la m. delle due**, she is the younger of the two; **Sposò il m. dei fratelli**, she married the youngest of the brothers **2** *V.* **minorenne.** ● **L'ingresso è vietato ai minori di anni diciotto**, entrance is forbidden to people under eighteen (years of age) □ **film vietato ai minori**, X-rated film.

minorènne, A *a.* under (full) age; (*leg., anche*) juvenile: **essere m.**, to be under age; **delinquente m.**, juvenile offender. **B** *m.* e *f.* minor; (*leg., anche*) young person. ● (*leg.*) **corruzione di m.**, corruption of a minor □ (*leg.*) **tribunale dei minorenni**, juvenile court.

minorile, *a.* juvenile: **la delinquenza m.**, juvenile delinquency.

minorita, *m.* (*eccles.*) Friar Minor (*pl.*: Friars Minor); Minorite.

minorità, *f.* minority; nonage. ● **uscire di m.**, to reach one's majority.

minoritàrio, *a.* of the minority; minority (*attr.*).

minoritico, *a.* (*eccles.*) Minorite.

Minòsse, *m.* (*mitol.*) Minos.

Minotàuro, *m.* (*mitol.*) Minotaur.

minuèndo, *m.* (*mat.*) minuend.

minuètto, *m.* (*mus.*) minuet: **a tempo di m.**, in minuet time.

minùgia, *f.* **1** (*pl.*) (*interiora*) entrails; guts **2** (*per strumenti musicali*) gut; catgut **3** (*med.*) urethral catheter.

minùscola, *f.* small letter; (*tipogr.*) lower-case letter: **scrivere un nome con la m.**, to begin a name with a small letter.

minùscolo, A *a.* **1** very small; tiny; minute:

una porzione minuscola, a very small (*o* tiny) portion **2** (*tipogr.*) lower-case (*attr.*). **B** *m.* (*tipogr.*) lower-case letters (*pl.*).

minuṣvalènza, *f.* (*econ.*) capital loss.

minùta, *f.* draft; rough copy.

minutàggio, *m.* duration in minutes; minute count.

minutàglia, *f.* **1** bits and pieces (*pl.*); odds and ends (*pl.*) **2** (*fig.*: *dettagli*) small details (*pl.*) **3** (*pesciolini da friggere*) (small) fry.

minutaménte, *avv.* **1** (*in pezzettini*) finely; into very small pieces **2** (*nei particolari*) minutely; in detail.

minutànte, *m.* e *f.* (*chi scrive le minute*) drafter.

minutàre, *v. t.* (*bur.*) to draft.

minuterìa, *f.* **1** (*ninnoli*) trinkets (*pl.*); gewgaws (*pl.*); trinketry **2** (*mecc.*) small parts (*pl.*). • **lavoro di m.**, fine work.

minutézza, *f.* minuteness; smallness.

minùto (1), **A** *a.* **1** (*molto piccolo*) minute, very small; (*minuscolo*) tiny; (*sottile*) slender, fine; (*delicato*) fine, delicate: **gocce minute**, minute (*o* very small, fine) drops; **minuti frammenti**, minute fragments; **pioggia minuta**, fine rain; drizzle; **carbone m.**, small coal; **denaro m.** (*spiccioli*), small change; **lineamenti minuti**, delicate features; **di ossatura minuta**, fine-boned **2** (*particolareggiato*) minute, detailed, circumstantial; (*preciso*) precise; (*accurato*) accurate, careful: **una descrizione minuta**, a minute (*o* detailed, careful) description; **una minuta relazione**, a full and particular account **3** (*di poco conto*; *non importante*) small; petty; trifling. • **legna minuta**, sticks (*pl.*); kindling □ **il popolo m.**, the common people. **B** *m.* (*parte minuta*) small quantity; (*comm.*) retail: **al m.**, in small quantities; (*al dettaglio*) (by) retail; **vendere al m.**, to sell retail; **prezzi al m.**, retail prices; **vendita al m.**, retail sale. • **guardare** (**troppo**) **per il m.**, to be too particular (*o* over-particular).

minùto (2), *m.* minute: **la lancetta dei minuti**, the minute hand; **mezzo m.**, half a minute; **cinque minuti e venti secondi**, five minutes and twenty seconds; **È una cosa di pochi minuti**, it's a matter of (a few) minutes; **Mancano dieci minuti alle sei**, it is ten to (*USA*, *anche*: of) six; **Sono le sei e dieci** (**minuti**), it is ten (minutes) past (*USA*, *anche*: *after*) *six*; **Torno tra un m.**, I'll be back in a minute; **avere un ritardo di dieci minuti**, to be ten minutes late; **Abito a cinque minuti da qui**, I live five minutes from here. • **arrivare al m.**, to arrive on the dot □ **Presto, abbiamo i minuti contati!**, quick, there is no time to lose! □ **Scappo, ho i minuti contati**, I must dash □ (*fig.*) **contare i minuti**, to count the minutes □ **non avere un m. di pace**, not to have a moment's peace □ **Dovrebbe arrivare da un m. all'altro** (*o* **di m. in m.**), he should be here any minute □ **Il livello dell'acqua cresceva di m. in m.**, the water level was rising by the minute □ **spaccare il m.**, (*di orologio*) to keep perfect time; (*fig.*: *essere puntuale*) (always) to be dead on time.

minùzia, *f.* minutia*; minute detail; trivial (*o* minor) detail; (*bagatella*) trifle, bagatelle: **perdere il proprio tempo in minuzie**, to waste one's time on trifles; **La vita è fatta di minuzie**, trifles make life.

minuziosàggine, *f.* (*spreg.*) **1** fastidiousness; nitpicking **2** (*cavillo*) quibble; cavil.

minuziosaménte, *avv.* minutely; in great detail; (*meticolosamente*) meticulously, scrupulously; (*in modo pignolo*) fussily, fastidiously.

minuziosità, *f.* minuteness; (*meticolosità*) meticulousness, scrupulousness; (*pignoleria*) fastidiousness, fussiness.

minuzióso, *a.* very careful; minute; highly detailed; (*meticoloso*) meticulous, scrupulous; (*pignolo*) particular, fastidious, fussy: **esame m.**, very careful examination; **una descrizione minuziosa**, a minute (*o* very detailed) description; **un osservatore m.**, a minute observer; **indagini minuziose**, meticulous inquiries.

minuzzàglia, *f.* odds and ends (*pl.*).

minùzzolo, *m.* scrap; bit; (*briciola*) crumb; (*pezzetto*) morsel, bit; (*frammento*) fragment, shred.

minzióne, *f.* (*fisiol.*) urination; micturition.

mìo, **A** *a. poss.* my; (*mio proprio*) my own; (*come pred.*) mine, my own: **mio padre**, my father; **mia madre**, my mother; **i miei pensieri**, my thoughts; **le mie speranze**, my hopes; **i miei occhi**, my eyes; **L'ho visto con i miei occhi**, I saw it with my own eyes; **un mio amico**, a friend of mine; one of my friends; **tre miei amici**, three friends of mine; three of my friends; **quei miei libri**, those books of mine; **questa mia lettera**, this letter of mine; **Amico mio!**, my dear friend!; **Senti, mia cara**, listen, my dear; **Vado a casa mia**, I am going home; **Vorrei avere una casa** (**tutta**) **mia**, I wish I had a house of my own; **Questa casa è mia**, this house is mine (*o* my own); this is my own house. • **la mia** (**lettera**) **del 10 u.s.**, my letter of the 10th last □ **Ho avuto le mie** (*disgrazie*), I've had to put up with a great deal (*fam.*) □ (*vocat.*) **cara mia**, my dear girl; (*col nome proprio*) my dear Ann [Joan, etc.] □ (*vocat.*) **caro mio**, my dear boy; old man (*o* chap) (*fam.*); (*col nome proprio*) my dear Jack [Bill, etc.] □ **dalla mia parte** (*o* **da parte mia**), on my side □ **Tom è dalla mia** (**parte**), Tom is on my side □ **Se siete tutti dalla mia...**, if you all agree with me (*o* share my view)... □ **Faccio mia la richiesta dei colleghi**, I endorse my colleagues' request □ **Fallo per amor mio!**, do it for my sake! □ **Ora vivo per conto mio**, I am (living) on my own now □ **Voglio dire la mia**, I want to have my say. **B** *pron. poss.* mine; my own: **Questo è il libro tuo**: **voglio il mio**, this is your book, I want mine (*o* my own); **i vostri libri e i miei**, your books and mine; **Non ho niente di mio**, I have nothing of my own. **C** *m.* **1** (*denaro, averi, ecc.*) my own (money), what is mine; (*tutto quel che ho*) everything I have: **Spendo del mio**, I'm spending my own money; **Non faccio che difendere il mio**, I'm only defending what is mine; **Il mio è mio**, what is mine is mine; **Vivo del mio**, I live on my income (*o* on what I have, I earn, etc.) **2** (*pl.*) – **i miei**, (*genitori*) my parents; (*parenti*) my relations, my relatives; (*famiglia*) my family, my folk (*fam.*); (*seguaci, sostenitori*) my followers, my supporters.

miocardìa, *f.* (*med.*) myocardia.

miocàrdico, *a.* (*anat.*) myocardial.

miocàrdio, *m.* (*anat.*) myocardium*.

miocardiopatìa, *f.* (*med.*) myocardiopathy.

miocardìte, *f.* (*med.*) myocarditis.

miocèle, *m.* (*med.*) myocele.

miocène, *m.* (*geol.*) Miocene.

miocènico, (*geol.*) **A** *a.* Miocene; Miocenic. **B** *m.* Miocene.

mioclonìa, *f.* (*med.*) myoclonia.

miodistrofìa, *f.* (*med.*) muscular dystrophy.

miofibrìlla, *f.* (*anat.*) myofibrill.

miògale, *m.* (*zool.*, *Desmana moschata*) desman.

miògeno, **A** *a.* (*med.*) myogenic. **B** *m.* (*biochim.*) myogen.

mioglobìna, *f.* (*biol.*) myoglobin.

miografìa, *f.* (*med.*) myography.

miògrafo, *m.* (*med.*) myograph.

miòide, *a.* (*anat.*) myoid.

miologìa, *f.* (*med.*) myology.

miològico, *a.* (*med.*) myologic.

miòma, *m.* (*med.*) myoma*.

miomètrio, *m.* (*anat.*) myometrium.

miopatìa, *f.* (*med.*) myopathy.

miopàtico, *a.* (*med.*) myopathic.

miope, **A** *a.* **1** short-sighted; near-sighted; myopic **2** (*fig.*) short-sighted; myopic; narrow. **B** *m.* e *f.* short-sighted (*o* near-sighted) person.

miopìa, *f.* **1** myopia; (*com.*) short-sightedness, near-sightedness **2** (*fig.*) short-sightedness.

miòpico, *a.* (*med.*) myopic.

mioressìa, *f.* (*med.*) myorrhexis*.

miorilassànte, (*farm.*) **A** *a.* myorelaxing. **B** *m.* myorelaxant.

miosclerò̦si, *f.* (*med.*) myosclerosis.

miòṣi, *f.* (*med.*) myosis.

mioṣìna, *f.* (*biochim.*) myosin.

mioṣìte, *f.* (*med.*) myositis.

mioṣòtide, *f.* (*bot.*, *Myosotis palustris*) myosotis; myosote; forget-me-not.

miòtico, *a.* e *m.* (*med.*) miotic, myotic.

miotonìa, *f.* (*med.*) myotonia.

miotònico, *a.* (*med.*) myotonic.

mìra, *f.* **1** aim: **abbassare** [**alzare, aggiustare, spostare**] **la m.**, to lower [to raise, to adjust, to shift] one's aim; **prendere la m.**, to take aim; **prendere di m. q.c.**, to take aim at st.; to aim at st.; to train one's sight on st.; **prendere di m. q. con la pistola**, to aim one's revolver at sb. **2** (*bersaglio*) target, butt; (*segno*) mark: **cogliere la m.**, to hit the target (*o* the mark) **3** (*fig.*: *scopo*) aim, end, goal; objective; (*disegno*) design; (*intenzione*) intention; (*proponimento*) purpose: **mire ambiziose**, ambitious aims (*o* goals); **soddisfare le proprie mire**, to carry out one's designs; **avere mire troppo elevate**, to aim too high; **avere delle mire su q.**, to have designs on sb. **4** (*mirino*) sight. • **avere buona m.**, to be a good shot □ **congegno di m.**, sight □ (*fig.*) **prendere di m. q.**, to pick on sb. □ **tacca di m.**, rear sight.

mirabèlla, *f.* (*bot.*) mirabelle.

miràbile, *a.* admirable; (*meraviglioso*) wonderful, marvellous: **con m. diligenza**, with admirable care; **con m. sangue freddo**, with admirable coolness; **m. a dirsi**, wonderful to say.

mirabìlia, *f. pl.* (*scherz.*) mirabilia; wonders: **fare m.**, to work (*o* to do) wonders. • **dire m. di q.**, to praise sb. to the skies □ **promettere m.**, to promise the moon.

mirabilìte, *f.* (*miner.*) mirabilite.

mirabolàno, *m.* (*bot.*, *Prunus cerasifera*) cherry plum; myrobalan.

mirabolànte, *a.* (*scherz.*) astonishing; astounding; amazing.

miracolàre, *v. t.* to perform a miracle on; (*salvare*) to save through a miracle; (*guarire*) to heal through a miracle.

miracolàto, **A** *a.* saved through a miracle; healed through a miracle. **B** *m.* (*f.* **-a**) miraculously saved person; miraculously healed person.

miracolìstico, *a.* miracle (*attr.*); miracle-working.

miràcolo, *m.* **1** (*relig.*) miracle: **il m. dei pani e dei pesci**, the miracle of the loaves and fishes; **non credere ai miracoli**, not to believe in miracles; **fare un m.**, to perform (*o* to work) a miracle **2** (*fig.*) miracle; (*meraviglia*) wonder, marvel; (*prodigio*) prodigy: **i miracoli della scienza moderna**, the miracles of modern science; **il m. economico**, the economic miracle; **La mia guarigione fu un vero m.**, my recovery was a miracle itself; **un m. d'ingegnosità**, a miracle (*o* a prodigy) of ingenuity; **Per puro m. passavo di là**, by sheer miracle I happened to pass that way **3** (*teatr.*) miracle play. • (*fig.*) **conoscere vita, morte e miracoli di q.**, to know all about sb. □ **gridare al m.**, to hail st. as a miracle; (*fig.*) to make great clamour over st. □ (*fig.*) **raccontare miracoli di q.**, to praise sb. to the skies □ **uscirne vivo per m.**, to escape by the skin of one's teeth; to have a narrow escape (*o* a close shave).

miracolosaménte, *avv.* miraculously; by a

miracle.

miracolóso, A *a.* miraculous; (*prodigioso*) prodigious, portentous; (*mirabile*) wonderful, marvellous; (*sorprendente*) astonishing, surprising; (*specialm. iron.*) wonder (*attr.*), miracle (*attr.*): **guarigione miracolosa**, miraculous recovery; **cura miracolosa**, miracle (*o* wonder) cure; panacea. **B** *m.* – **avere del m.**, to have something miraculous about it; to be miraculous.

miràggio, *m.* (*anche fig.*) mirage.

miràglio, *m.* (*naut.*) topmark.

miràre, A *v. t.* (*lett.*) to admire; to gaze at (*o* on, upon): **m. un quadro**, to admire a picture; **La mirava incantato**, he gazed at her in wonder. **B** *v. i.* **1** to sight; to take* aim; to aim: **Mirarono insieme e insieme spararono**, together they sighted, and together they fired; **m. accuratamente**, to take careful aim; **Mirò al leone**, he aimed (his gun) at the lion **2** (*fig.*) to aim: **m. alla presidenza [al successo]**, to aim at the presidency [at success]; **Mira a diventare il proprietario unico**, he is aiming to become the sole owner; **m. in alto**, to aim high. ● (*fig.*) **non m. ad altro**, to have no other aim (*o* object). **C mirarsi,** *v. rifl.* (*lett.*) to look at oneself: **m. allo specchio**, to look at oneself in a mirror.

miràto, *a.* aimed at (*pred.*); targeted: **misure mirate a migliorare la produzione**, measures aimed at improving production; **una campagna pubblicitaria mirata ai ragazzi**, an advertising campaign aimed at teenagers; **terapia mirata**, targeted therapy.

miriade, *f.* myriad; multitude; a thousand; a million: **una m. di stelle**, a myriad stars; **una m. di guai**, endless trouble; a multitude of troubles; **a miriadi**, by the thousand; by the million.

miriagràmmo, *m.* myriagram, myriagramme.

miriàmetro, *m.* myriametre, myriameter (*USA*).

miriàpode, *m.* (*zool.*) myriapod.

Miriàpodi, *m. pl.* (*zool., Myriapoda*) Myriapoda.

mirica, mirice, *f.* (*bot., Myrica*) tamarisk.

mirifico, *a.* (*lett.*) marvellous; mirific (*lett.*).

miringe, *f.* (*anat.*) myringa.

miringite, *f.* (*med.*) myringitis.

mirino, *m.* **1** (*di arma da fuoco, di strumento ottico*) sight: **m. anteriore**, foresight; front sight; **m. posteriore**, backsight **2** (*fotogr., cinem.*) viewfinder. ● **essere nel m. di q.**, to be in sb.'s sight.

miristica, *f.* (*bot., Myristica fragrans*) nutmeg(-tree).

miristico, *a.* (*chim.*) myristic: **acido m.**, myristic acid.

mirliton, *m. invar.* (*mus.*) mirliton.

mirmecòfago, *m.* (*zool.*) anteater.

mirmecofilia, *f.* (*bot., zool.*) myrmecophily.

mirmecòfilo, *a.* (*bot., zool.*) myrmecophilous.

mirmecologia, *f.* myrmecology.

mirmecòlogo, *m.* (*f.* **-a**) myrmecologist.

mirmidone, *m.* (*mitol.*) Myrmidon.

mirobolàno, *V.* **mirabolano.**

Miróne, *m.* (*stor. arte*) Myron.

mirra, *f.* myrrh.

mirride, *f.* (*bot., Myrrhis odorata*) myrrh; sweet cicely.

mirtèo, *a.* myrtaceous.

mirtéto, *m.* myrtle grove.

mirtillo, *m.* (*bot., Vaccinium myrtillus; il frutto*) bilberry; whortleberry.

mirto, *m.* (*bot., Myrtus communis*) myrtle.

mișandria, *f.* (*psic.*) misandry.

mișantropia, *f.* misanthropy.

mișantròpico, *a.* misanthropic; misanthropical.

mișàntropo, A *m.* (*f.* **-a**) misanthrope; misanthropist. **B** *a.* misanthropic(al).

miscèla, *f.* **1** mixture; (*di caffè, tè, tabacco*) blend; (*alimentare*) mix: (*chim.*) **m. bordolese**, Bordeaux mixture; **m. esplosiva**, explosive mixture; **m. frigorifera**, freezing mixture; **m. per pizza**, pizza mix **2** (*surrogato di caffè*) coffee substitute **3** (*carburante*) mixture: **m. grassa [povera]**, rich [lean] mixture. ● (*autom.*) **m. anticongelante**, antifreeze.

miscelaménto, *m.* mixing; blending.

miscelàre, *v. t.* to mix; (*caffè, tè, tabacco*) to blend.

miscelàto, *a.* mixed; blended. ● **caffè m.**, a coffee blend □ **tabacco m.**, a tobacco blend; a smoking mixture.

miscelatóre, A *m.* mixer; blender: **m. di gas**, gas mixer; (*TV*) **m. video**, mixer. **B** *a.* mixing; blending: **rubinetto m.**, mixing tap (*USA*: faucet); mixer; (*ind.*) mixing valve.

miscelatùra, miscelazióne, *f.* mixing; blending.

miscellànea, *f.* **1** (*letter.*) miscellany **2** (*mescolanza*) medley; mixture; miscellany.

miscellàneo, *a.* miscellaneous.

mischia, *f.* **1** (*combattimento*) fight; fray (*anche fig.*); (*zuffa*) scuffle; (*rissa*) brawl: **nel cuore della m.**, in the thick of the fight; **nel furore della m.**, in the heat of the fray; **gettarsi nella m.**, to join the fight; to enter the fray; **tenersi al di sopra della m.**, to keep above the fray; **C'è stata una m. generale**, there was a free-for-all **2** (*rugby*) scrum; scrummage **3** (*ind. tess.*) mixing; blending.

mischiàre, A *v. t.* **1** (*mescolare per ottenere un composto*) to mix, to mingle; (*miscelare, amalgamare*) to blend: **m. vino e acqua**, to mix wine with water; **m. diverse qualità di tè**, to blend different kinds of tea **2** (*mescolare confondendo*) to mix up; to jumble; to shuffle: **Chi ha mischiato questi fogli?**, who mixed up these papers?; **m. le carte** (*da gioco*), to shuffle the cards. **B mischiarsi,** *v. rifl.* e *i. pron.* **1** to mix; to mingle; (*amalgamarsi*) to blend: **m. alla** (*o* **tra la**) **folla**, to mingle with the crowd **2** (*immischiarsi*) to meddle in (*o* with); to interfere with: **m. nelle faccende altrui**, to meddle in other people's affairs.

mischiàta, *f.* (quick) mix; (*di carte da gioco*) (quick) shuffle.

miscibile, *a.* miscible.

miscibilità, *f.* (*fis., chim., metall.*) miscibility.

misconoscènte, *a.* ungrateful.

misconóscere, *v. t.* **1** (*disconoscere*) not to acknowledge; to deny **2** (*non apprezzare*) to underestimate; to underrate; to disregard: **m. i meriti di q.**, to underestimate sb.'s merits.

misconosciùto, *a.* unacknowledged; underestimated; unappreciated; underrated; misunderstood.

miscredènte, A *a.* misbelieving; (*non credente*) unbelieving; (*empio*) impious, irreligious, godless, ungodly. **B** *m.* e *f.* misbeliever; (*non credente*) unbeliever; (*empio*) godless person.

miscredènza, *f.* misbelief; (*mancanza di fede religiosa*) unbelief.

miscùglio, *m.* **1** mixture: **un m. di molti ingredienti**, a mixture of many ingredients **2** (*fig.*) mixture, jumble, hotchpotch, hodgepodge (*USA*); (*mescolanza*) medley: **un m. confuso di timori e di speranze**, a confused mixture of fears and hopes; **un m. d'idee**, a jumble (*o* muddle) of ideas; **un m. di parole**, a jumble of words; **un m. di razze**, a medley of races.

mise (*franc.*), *f. invar.* outfit; get-up (*fam.*).

mișeràbile, A *a.* **1** (*disgraziato*) wretched, miserable; (*poverissimo*) squalid, poverty-stricken; (*infelice*) poor, unhappy, unfortunate; (*pietoso*) pitiable, pitiful, abject, sorry: **un m. tugurio**, a miserable (*o* squalid) hovel; **condurre una vita m.**, to lead a miserable (*o* wretched) existence; **essere in uno stato m.**, to be in a pitiful (*o* sorry) state; **un m. destino**, a pitiful fate; **un m. peccatore**, a poor sinner; **dall'aspetto m.**, wretched-looking **2** (*molto scarso*) poor; scanty; miserable; paltry: **un raccolto m.**, a poor crop; **una paga m.**, a miserable (*o* paltry) salary **3** (*meschino*) mean; petty: **m. orgoglio**, petty pride **4** (*spregevole*) despicable; abject; vile; mean; damned: **un m. bugiardo**, an abject liar; **È un essere m.**, he is a despicable individual. **B** *m.* e *f.* **1** (*povero*) poor person; wretch **2** (*spreg.*) despicable person.

mișerabilità, *f.* wretchedness; miserable (*o* wretched) condition.

mișeraménte, *avv.* **1** (*in modo disgraziato*) miserably; wretchedly; pitifully **2** (*nella miseria*) in poverty: **vivere m.**, to live in poverty **3** (*in modo meschino*) poorly; meanly.

mișeràndo, *a.* pitiable; pitiful; abject: **una condizione miseranda**, a pitiable (*o* abject) condition; **una morte miseranda**, a pitiful death.

miserere (*lat.*), *m. invar.* (*eccles.*) miserere. ● (*fig.*) **cantare il m. a q.**, to write sb. off □ (*fig.*) **essere al m.**, to be on one's last legs □ (*fig.*) **avere una faccia da m.**, to look glum; to be down in the mouth.

mișerévole, *V.* **miserando, miserabile.**

mișèria, *f.* **1** (*povertà*) poverty; indigence; destitution: **cadere in m.**, to fall into poverty; **essere nella più squallida m.**, to live in extreme poverty (*o* in total squalor); **ridursi in m.**, to be reduced to poverty; **m. nera**, dire poverty **2** (*meschinità*) poverty; meanness; baseness: **m. intellettuale**, intellectual poverty; **m. d'animo**, meanness; **nascondere le proprie miserie**, to conceal one's baseness **3** (*spesso al pl.*) (*infelicità*) trouble, suffering; (*male*) evil: **le miserie della vita**, the troubles of life; **le miserie del mondo**, the evils of this world **4** (*somma esigua*) pittance; paltry sum; trifle; next to nothing: **guadagnare una m.**, to earn a pittance; **Che cosa pretendono con la m. che lo pagano?**, what do they expect for the pittance they give him?; **costare una m.**, to cost a trifle; **comprare q.c. per una m.**, to buy st. for next to nothing (*o* for a song) **5** (*sciocchezza, inezia*) trifle; nonsense **6** (*bot., Tradescantia*) spiderwort. ● **pianger m.**, to plead poverty; to poor-mouth (*fam.*) □ **senza m.** (*senza risparmio*), unsparingly □ **Per la m.!**, good heavens! □ (*pop.*) **Porca m.!**, damn (it)!

mișericòrde, *V.* **misericordioso.**

mișericòrdia, *f.* **1** mercy; (*compassione*) pity, compassion: **la m. di Dio**, God's mercy; **opere di m.**, works of mercy; **avere m. di q.**, to have mercy on (*o* upon) sb.; **affidarsi alla m. di q.**, to throw oneself on sb.'s mercy; **usare m. a q.**, to take mercy (*o* pity) on sb.; to show mercy to sb. **2** (*stor.: pugnale*) misericord. ● **M.!**, goodness gracious!; good heavens! □ **fare q.c. per m.**, to do st. out of charity □ **senza m.**, merciless (*agg.*); pitiless (*agg.*); ruthless (*agg.*); mercilessly (*avv.*); pitilessly (*avv.*); ruthlessly (*avv.*).

mișericordióso, *a.* merciful; (*compassionevole*) compassionate.

mìșero, *a.* **1** (*povero*) poor; miserable: **un m. tugurio**, a miserable slum **2** (*infelice*) unhappy, wretched; (*sventurato*) poor, unfortunate; (*penoso*) sorry, pitiful, abject: **La misera donna continuava a gemere**, the poor woman kept moaning; **M. me!**, poor me!; **ridotto in m. stato**, in a sorry (*o* pitiful, wretched) state **3** (*meschino*) mean; petty; paltry; shabby **4** (*scarso*) poor, miserable, scanty, paltry; (*gretto*) mean, stingy; (*inadeguato*) lame: **una misera paga**, a miserable pay; **una misera cena**, a poor dinner; **un regalo m.**, a skimpy present; **fare una figura misera**, to cut a poor figure; **una misera scusa**, a lame (*o* paltry) excuse.

mișèrrimo, *superl. di* **misero.**

misfatto, *m.* misdeed; (*delitto*) crime, offence: **commettere un m.**, to commit a crime.

misirìzzi, *m. invar.* **1** (*giocattolo*) tumbler **2** (*fig., di persona*) weathercock.

misofobìa, *f.* (*psic.*) mysophobia.

misòfobo, (*psic.*) **A** *a.* mysophobic. **B** *m.* (*f.* **-a**) mysophobic person.

misogamìa, *f.* misogamy.

misoginìa, *f.* misogyny.

misògino, **A** *a.* misogynic; misogynous. **B** *m.* misogynist.

misoneìsmo, *m.* misoneism.

misoneìsta, *m.* e *f.* misoneist.

misoneìstico, *a.* misoneistic.

miss (*ingl.*), *f. invar.* Miss: **m. Mondo**, Miss World.

missàggio, *m.* (*cinem., TV*) mixing. ● **tecnico del m.**, sound mixer; vision mixer.

missàre, *v. t.* (*cinem., TV*) to mix.

missile, **A** *a.* missile: **armi missili**, missile weapons. **B** *m.* missile: **m. a corto raggio**, short-range missile; **m. antimissile**, antimissile missile; **m. aria-aria**, air-to-air missile; **m. aria-terra**, air-to-ground missile; **m. balistico**, ballistic missile; **m. guidato**, guided missile; **m. intercontinentale**, intercontinental missile; **m. terra-aria**, ground-to-air (*o* surface-to-air) missile; **m. tattico**, tactical missile.

missilìstica, *f.* rocketry; missilry; missilery.

missilìstico, *a.* missile (*attr.*): **base missilistica**, missile base.

missino, (*polit.*) **A** *a.* **1** of the Movimento Sociale Italiano (Italian right-wing party) **2** (*estens.*) neofascist. **B** *m.* (*f.* **-a**) member of the Movimento Sociale Italiano.

missionàrio, **A** *a.* missionary: **suora missionaria**, missionary nun; **spirito m.**, missionary spirit. **B** *m.* (*f.* **-a**) **1** (*eccles.*) missionary **2** (*fig.*) missionary; envoy: **m. di pace**, missionary of peace; peace envoy.

missióne, *f.* **1** (*eccles.*) mission: **Lasciò i suoi soldi alle missioni africane**, he left his money to the African missions; **la scuola della m.**, the mission school **2** (*incarico, anche mil.*) mission: **affidare a q. una m.**, to entrust sb. with a mission; **mandare in m.**, to send on a mission; **essere in m.**, to be on a mission **3** (*bur.*: *trasferta*) secondment: **in m.**, on secondment; **È in missione presso la sede di Verona**, he has been seconded to the Verona branch **4** (*compito*) duty, task; (*attività scelta come vocazione*) duty in life, mission, calling: **la m. formativa della scuola**, the duty of a school to educate; **Per lei l'insegnamento è una m.**, she sees teaching as her duty in life **5** (*gruppo di inviati*) mission: **m. diplomatica**, diplomatic mission. ● **M. compiuta!**, mission accomplished! □ (*bur.*) **indennità di m.**, travel allowance.

missionologìa, *f.* (*eccles.*) missiology.

missìva, *f.* (*lett.*) letter; message; missive.

mistagogìa, *f.* (*relig.*) mystagogy.

mistagògico, *a.* (*relig.*) mystagogic; mystagogical.

mistagògo, *m.* (*relig.*) mystagogue.

mister (*ingl.*), *m. invar.* **1** Mister (*abbr.*: Mr): **m. universo** (*o* **m. muscolo**), Mr Universe; **m. allegria**, Mr Funny Man **2** (*sport*: *direttore tecnico*) (team) manager; (*allenatore*) coach, boss (*fam.*).

mistèrico, *a.* (*relig.*) mystery (*attr.*): **culto m.**, mystery cult.

misteriosità, *f.* mysteriousness.

misterióso, **A** *a.* mysterious; (*segreto*) secret, occult; (*enigmatico*) enigmatic, puzzling: **malattia misteriosa**, mysterious illness; **morte misteriosa**, mysterious (*o* puzzling) death; **di aspetto m.**, mysterious-looking. **B** *m.* (*f.* **-a**) **1** (*persona*) enigmatic person; enigma **2** (*elemento m.*) mystery: **avere del m.**, to have a touch of mystery. ● **fare il m.**, to be enigmatic.

mistèro, *m.* **1** mystery; (*segreto*) secret; (*enigma*) enigma, puzzle: (*stor.*) **i misteri eleusini**, the Eleusinian mysteries; **i misteri della natura**, the secrets of nature; (*relig.*) **i misteri del rosario**, the Mysteries of the Rosary; **avvolto nel m.**, wrapped (*o* shrouded, enveloped) in mystery; **fare m. di q.c.**, to make a mystery (*o* a secret) of st.; **svelare un m.**, to solve (*o* to disclose, to reveal) a secret; **Qui c'è un m.!**, it's a real enigma!; **uomo del m.**, mystery man **2** (*teatr.*) mystery play: **i misteri di Chester**, the Chester Mysteries.

mìstica, *f.* **1** (*relig.*) mystical theology; (*misticismo*) mysticism **2** (*letteratura mistica*) mystical literature (*o* writings, *pl.*) **3** (*rif. a ideologia, partito, ecc.*) dogma; beliefs (*pl.*).

misticheggiànte, *a.* **1** (*che inclina al misticismo*) tending to mysticism **2** (*spreg.*: *arcano*) arcane; esoteric.

misticìsmo, *m.* mysticism.

misticità, *f.* mysticalness; mystical nature.

mìstico, **A** *a.* **1** (*relig.*) mystical; mystic: **esperienza mistica**, mystical experience; **il corpo m. di Cristo**, the mystical body of Christ **2** (*fig.*) mystic; spiritual; pure: **amore m.**, spiritual love. **B** *m.* (*f.* **-a**) mystic.

mistificànte, *a.* misleading; distorting; false; deceiving.

mistificàre, *v. t.* to misrepresent; to distort; to falsify; (*ingannare*) to deceive.

mistificatóre, *m.* (*f.* **-trice**) (*falsificatore*) falsifier, impostor, sham; (*ingannatore*) deceiver, hoaxer.

mistificazióne, *f.* (*falsificazione*) falsification, distortion, imposture; (*inganno*) deception, hoax.

mistilìneo, *a.* (*geom.*) mixtilinear.

mistilìngue, *a.* multilingual: **regione m.**, multilingual region; **iscrizione m.**, multilingual inscription.

mistióne, *V.* **mescolanza.**

misto, **A** *a.* **1** mixed; (*assortito*) assorted: **un matrimonio m.**, a mixed marriage; **fritto m.**, mixed fry; **economia mista**, mixed economy; **treno m.**, mixed train; **biscotti misti**, assorted biscuits **2** (*mescolato con altri elementi*) mixed; mingled: **vino m. con acqua**, wine mixed with water; **dolore m. a rabbia**, sorrow mingled with anger; mingled feelings of sorrow and anger **3** (*di scuola, ecc.*) coeducational; coed (*fam.*); mixed: **una scuola mista**, a coeducational (*o* coed) school; a mixed school; **classe mista**, mixed class. ● **commissione mista**, joint committee □ (*tennis*) **doppio m.**, mixed doubles (*pl.*) □ **governo m.**, coalition government □ **lingua mista**, hybrid language □ **pioggia mista a grandine**, sleet. **B** *m.* **1** mixture: **un m. di timidezza e di audacia**, a mixture of shyness and boldness; **un m. di sapori**, a mixture of flavours; **fare tutt'un m.**, to make a mixture **2** (*ind. tess.*) blend: **m. lana**, wool blend; **m. seta**, silk blend. ● (*cucina*) **m. di carne ai ferri** (*o* **alla griglia**), mixed grill □ **m. di pesce fritto**, mixed fry.

mistrà, *m.* anisette.

mistral (*franc.*), *m. invar.* mistral.

mistùra, *f.* mixture; blend; (*spreg.*) concoction.

misùra, *f.* **1** measure; measurement: **m. normale**, standard measure; **misure lineari**, linear measures; **pesi e misure**, weights and measures; **unità di m.**, unit (of measurement); **la m. del tempo**, the measurement of time; **L'uomo è m. di tutte le cose**, man is the measure of all things; **prendere le m. di un armadio**, to measure a wardrobe; **prendere le misure a q.**, to take sb.'s measurements; to measure sb. (for st.) **2** (*taglia*) size: **guanti di tutte le misure**, all sizes of gloves; **Che m. desidera?**, what size do you want?; **Sono tutti e due della stessa m.**, they are both of a size (*o* both the same size) **3** (*strumento per misurare*) measure; (*metro*) metre, meter (*USA*); gauge, gage (*USA*) **4** (*fig.*: *grado*) degree; (*limite*) limit, extent, bound, mark: **non conoscere m.**, to know no limits (*o* bounds); **passare la m.**, to overstep all limits (*o* the mark); to go too far; **oltre ogni m.**, beyond all bounds; excessively; **sino a una certa m.**, to a certain extent; **in larga m.**, to a large degree (*o* extent) **5** (*fig.*: *criterio*) criterion*; standard; test **6** (*fig.*: *moderazione*) moderation; restraint **7** (*fig.*: *provvedimento*) measure, step; (*precauzione*) precaution: **prendere le misure necessarie**, to take the necessary measures (*o* steps); **misure precauzionali**, precautionary steps; precautions; **misure drastiche**, drastic measures; **misure di sicurezza**, safety measures **8** (*poesia*) measure; metre **9** (*mus.*) measure, time; (*battuta*) beat: **m. binaria** [**ternaria**], duple [triple] time **10** (*sport*: *scherma*) measure, reach, limit of distance; (*boxe*) reach. ● (*chim., fis.*) **m. della densità**, hydrometry □ (*telemetria*) **m. della distanza**, ranging □ **A m. che passavano le ore, il nervosismo cresceva**, as the hours went by, the agitation grew □ **a m. d'uomo**, built for people; on a human scale □ **colmare la m.**, to go too far □ **con m.**, moderately; with measure; within limits □ **di stretta m.**, by a narrow margin: **vincere di (stretta) m.**, to win by a narrow margin □ **di m. inferiore al normale**, undersize (*agg.*) □ **di m. media**, medium-sized □ **di stretta m.**, narrowly □ **(fatto) su m.**, custom-made; (*di abiti, scarpe, ecc.*) made to measure, tailor-made, bespoke (*GB*) □ (*fig.*) **fuor di m.**, beyond measure □ **fuori m.**, outsize (*agg.*); (*fig.*) excessive (*agg.*) □ **in una certa m.**, in a measure; in some measure; to some extent □ **in uguale m.**, in the same measure; to the same extent □ (*fig.*) **mezze misure**, half-measures □ (*fig.*) **La m. è colma**, that's the last straw (*fam.*) □ **contribuire nella m. delle proprie forze**, to do what one can □ **donare nella m. delle proprie possibilità**, to donate what one can □ **nella m. in cui**, to the extent that; insofar as □ **senza m.**, without measure; measureless (*agg.*); measurelessly (*avv.*) □ **spendere senza m.**, to be extravangant with one's money; to be a spendthrift □ **tornare a m. a q.**, to be the right size for sb.; to fit sb. □ (*fig.*) **usare due pesi e due misure**, to use different criteria; to be unfair.

misuràbile, *a.* measurable; that can be measured.

misurabilità, *f.* measurableness.

misuràre, **A** *v. t.* **1** to measure; to measure out (*o* off); (*tecn.*) to gauge, to gage (*USA*); (*un terreno*) to survey: **m. una distanza**, to measure a distance; **m. la pressione**, to measure the pressure; **m. le proprie forze**, to measure (*o* to try) one's strength; **m. una stoffa**, to measure a piece of cloth; **m. due metri di stoffa**, to measure off two metres of cloth; **m. (la capacità di) un barile**, to gauge a cask **2** (*valutare*) to value, to estimate, to appraise, to gauge; (*calcolare*) to calculate; (*giudicare*) to judge: **m. le difficoltà** [**gli ostacoli**], to estimate the difficulties [the obstacles]; **m. la capacità dei propri alunni**, to appraise the ability of one's pupils; **m. la distanza a occhio**, to gauge the distance with one's eye **3** (*limitare*) to limit; to ration; to keep* (sb.) short of: **m. le spese**, to limit one's expenses; **m. il cibo a q.**, to ration sb.'s food; **m. il pane a q.**, to keep sb. short of bread **4** (*provare*) to try on; (*di sarto*) to fit (sb. for st.): **misurarsi una giacca**, to try on a jacket; **È a misurarsi il vestito di nozze**, she is being fitted for her wedding dress. ● **m. q.c. a occhio**, to give a rough estimate of st. □ **Misurava la stanza a grandi passi**, he was striding up and down the room □ **m. un ceffone a q.**, to slap sb.'s face □ (*fig.*) **m. le proprie parole**, to weigh one's words □ (*fig.*) **m. i passi**, to pace with slow steps □ **m. il peso di q.c.**, to weigh st. □ (*fig.*) **m. le scale**, to tumble down the stairs □ (*fig.*) **m. la stanza**, to fall flat on one's face □ **m. la temperatura**

a q., to take sb.'s temperature □ **m. il valore di q.c.**, to value st. **B** *v. i.* to measure; to be... long [wide, etc.]: **Misurava dieci metri quadrati**, it measured ten square metres; **Misura sei metri**, it's six metres long. **C misuràrsi**, *v. rifl.* **1** (*contenersi*) to limit oneself; to restrain oneself; to limit (st.): **m. nelle spese**, to limit one's expenses **2** (*cimentarsi*) to measure one's strength [one's skill, etc.] against; (*gareggiare*) to compete with: **m. con un degno avversario**, to measure one's strength against (*o* to compete with) a worthy opponent; **m. in una gara**, to compete in a race.

misurataménte, *avv.* with measure; (*con moderazione*) in moderation, moderately.

misuratézza, *f.* moderation.

misuràto, *a.* measured; (*moderato*) moderate, sober; (*parco*) sparing, scanty; (*prudente*) cautious: **con passi misurati**, with measured steps; **parole misurate**, measured words; **un discorso m.**, a measured speech; **essere m. nel bere**, to be moderate in one's drinking; **essere m. nel parlare**, to weigh one's words.

misuratóre, *m.* **1** (*f.* **-trice**) measurer; gauger, gager (*USA*); (*di terreni*) surveyor **2** (*strumento*) meter; gauge, gage (*USA*): **m. del gas**, gas-meter; **m. di pressione**, pressure gauge; **m. di umidità**, moisture meter; hygrometer. ● (*naut.*) **m. della velocità**, log □ (*topogr.*) **m. di livello**, hypsometer □ (*naut.*) **m. di profondità**, depthometer.

misurazióne, *f.* measurement; measuring; gauging, gaging (*USA*); (*di terreni*) surveying.

misurino, *m.* (small) measure.

mite, *a.* **1** (*mansueto*) meek; mild; gentle: **m. come un agnello**, as meek as a lamb; **m. come una colomba**, as mild as a dove; **dal cuore m.**, meek-hearted; **un'indole m.**, a meek disposition **2** (*di clima*) mild: **tempo m.**, mild weather; **un inverno m.**, a mild winter **3** (*moderato*) moderate; reasonable: **prezzi miti**, moderate prices; **miti pretese**, reasonable charges; (*nelle inserzioni*) money no question **4** (*non severo*) mild; lenient; light; clement: **sentenza m.**, mild (*o* light) sentence.

mitèna, *f.* **1** (*guanto*) mitten; mitt **2** (*stor.*: *manopola*) gauntlet.

mitézza, *f.* **1** (*mansuetudine*) meekness **2** (*di clima, ecc.*) mildness **3** (*moderazione*) moderation **4** (*indulgenza*) mildness; leniency.

miticità, *f.* mythical nature; mythical quality.

miticizzàre, *v. t.* to mythicize.

mitico, *a.* **1** mythical **2** (*fig.*: *favoleggiato*) mythical; legendary; fabled; fabulous: **i mitici anni sessanta**, the fabulous sixties **3** (*fig.*: *immaginario*) mythical, imaginary, fantasy; (*utopistico*) ideal, utopian.

mitigàbile, *a.* mitigable.

mitigaménto, *m.* mitigation; alleviation.

mitigàre, **A** *v. t.* to mitigate; (*alleviare*) to alleviate, to allay, to relieve; (*placare*) to appease, to soothe, to mollify; (*attenuare*) to moderate; (*diminuire*) to abate: **m. il dolore**, to mitigate (*o* to relieve) pain; **m. l'ira di q.**, to mitigate (*o* to appease) sb.'s anger; **m. una pena**, to mitigate a punishment. **B mitigàrsi**, *v. i. pron.* **1** (*calmarsi*) to calm down, to relent, to abate, to relax; (*placarsi*) to subside **2** (*del clima*) to become* mild (*o* milder).

mitigativo, *a.* mitigative.

mitigatóre, **A** *m.* (*f.* **-trice**) mitigator. **B** *a.* mitigatory; mitigating.

mitigazióne, *f.* mitigation; (*lenimento*) alleviation, relief.

mitilicoltóre, *m.* (*f.* **-trice**) mussel farmer.

mitilicoltùra, *f.* mussel farming.

mitilo, *m.* (*zool.*, *Mytilus edulis*) mussel.

mitizzàre, **A** *v. t.* to mythicize; to turn into a legend. **B** *v. i.* to create myths.

mitizzazióne, *f.* mythicizing.

mito, *m.* (*anche fig.*) myth: **il m. di Teseo**, the myth of Theseus; **far crollare un m.**, to destroy (*o* to explode) a myth.

mitocondriàle, *a.* (*biol.*) mitochondrial.

mitocòndrio, *m.* (*biol.*) mitochondrion*.

mitogenètico, *a.* (*biol*). mitogenic.

mitografia, *f.* (*letter.*) mythography.

mitògrafo, *m.* (*letter.*) mythographer.

mitologèma, *m.* (*letter.*) mythologem.

mitologia, *f.* mythology.

mitològico, *a.* mythologic(al).

mitologista, *m.* e *f.* mythologist.

mitòlogo, *m.* (*f.* **-a**) mythologer; mythologist.

mitòmane, *a.*, *m.* e *f.* (*med.*) mythomaniac.

mitomania, *f.* (*med.*) mythomania.

mitopoièsi, *f.* mythopoeia.

mitopoiètico, *a.* mythopoeic; mythopoetic.

mitòsi, *f.* (*biol.*) mitosis*.

mitòtico, *a.* (*biol.*) mitotic.

Mitra, *m.* (*mitol.*) Mithras; Mithra.

mitra (1), *f.* **1** (*eccles.*) mitre, miter (*USA*). ● **conferire la m.**, to mitre; to make (sb.) a bishop **2** (*copertura di canna fumaria*) chimney cap.

mitra (2), *m.* (*mil.*) sub-machine-gun.

mitràglia, *f.* **1** (*munizione*) grapeshot **2** (*colpi di mitragliatrice*) machine-gun fire **3** (*pop.*: *mitragliatrice*) machine-gun.

mitragliaménto, *m.* machine-gun fire. ● **un m. di domande**, a bombardment of questions.

mitragliàre, *v. t.* to machine-gun. ● **m. q. di domande**, to fire questions at sb.

mitragliàta, *f.* machine-gunning.

mitragliatóre, (*mil.*) **A** *m.* machine-gunner. **B** *a.* – **fucile m.**, light machine-gun; **pistola mitragliatrice**, sub-machine-gun.

mitragliatrice, *f.* machine-gun: **m. a nastro**, belt-fed machine-gun; **mitragliatrici abbinate**, machine-guns in pairs; **nido di mitragliatrici**, machine-gun nest. ● **parlare come una m.**, to speak very fast; (*chiacchierare*) to rattle away nineteen to the dozen.

mitraglièra, *f.* heavy machine-gun.

mitraglière, *m.* (*mil.*) machine-gunner.

mitragliétta, *f.* light machine-gun.

mitràico, *a.* Mithraic; Mithraistic.

mitraismo, *m.* Mithraism.

mitràle, *a.* (*anat.*) mitral: **valvola m.**, mitral valve.

mitràlico, *a.* (*anat., med.*) mitral: **stenosi mitralica**, mitral stenosis.

mitràre, *v. t.* (*eccles.*) to mitre; to make* (sb.) a bishop.

mitràto, (*eccles.*) **A** *a.* mitred: **un abate m.**, a mitred abbot. **B** *m.* prelate.

mitria, *V.* **mitra (1)**.

mitrìaco, *V.* **mitraico**.

Mitridàte, *m.* (*stor.*) Mithridates.

mitridàtico, *a.* (*med.*) mithridatic.

mitridatismo, *m.* (*med.*) mithridatism.

mitridatizzàre, *v. t.* to mithridatize.

mitridatizzazióne, *f.* mithridatization.

Mitteleuròpa, *f.* Central Europe.

mitteleuropèo, *a.* e *m.* (*f.* **-a**) Central European.

mittèna, *V.* **mitena**.

mittènte, *m.* e *f.* **1** sender: **firma e indirizzo del m.**, sender's signature and address; **respingere al m.**, to return to the sender **2** (*di merce*) consigner, consignor; forwarder.

mix, *m. invar.* mix; mixture.

mixage, *V.* **missaggio**.

mixàre, *V.* **missare**.

mixedèma, *m.* (*med.*) myx(o)edema.

mixedematóso, *a.* (*med.*) myx(o)edematous.

mixer (*ingl.*), *m. invar.* **1** (*recipiente per cocktail*) mixer **2** (*parte del frullatore*) mixer; blender; beater **3** (*cinem., TV*: *l'apparecchio e il tecnico*) (sound) mixer; (vision) mixer.

mixeràggio, *V.* **missaggio**.

mixòma, *m.* (*med.*) myxoma*.

mixomatòsi, *f.* (*vet.*) myxomatosis*.

mixomicète, *m.* (*biol.*) myxomycete.

mixovirus, *m. invar.* (*biol.*) mixovirus.

mnemònica, *V.* **mnemotecnica**.

mnemònico, *a.* **1** mnemonic; mnemonical: **esercizio m.**, mnemonic exercise **2** (*spreg.*: *meccanico*) mechanical; rote (*attr.*): **apprendimento m.**, rote-learning.

mnemonismo, *m.* stress placed on rote-learning.

mnemotècnica, *f.* mnemotechnics (*pl. col verbo al sing.*); mnemonics (*pl. col verbo al sing.*).

mnèsico, *a.* (*psic.*) mnestic; mnemic.

mo', *m.* – **a mo' d'esempio**, by way of example; **Lo usai a mo' di martello**, I used it as a hammer.

mòa, *m.* (*zool.*, *Diornis*) moa.

moabita, *m.* (*stor.*) Moabite.

mòbile, **A** *a.* **1** (*che si può muovere*) movable: **una parete m.**, a movable wall; (*tipogr.*) **caratteri mobili**, movable type; (*eccles.*) **festa m.**, movable feast **2** (*in movimento*) moving; (*che si muove facilmente*) mobile: **scala m.**, moving staircase; escalator; **bersaglio m.**, moving target; **lineamenti mobili**, mobile features **3** (*mutevole*) changeable, mutable; (*incostante*) inconstant; (*volubile*) fickle; (*instabile*) unstable: **essere di natura m.**, to be fickle-minded. ● (*leg.*) **beni mobili**, personal property (*sing.*); movables; chattels □ (*mecc.*) **piattaforma m.**, travelling platform □ (*med.*) **rene m.**, floating kidney □ **sabbie mobili**, quicksand (*sing.*) □ (*econ.*) **scala m.**, sliding scale □ (*polizia*) **squadra m.**, flying squad. **B** *m.* **1** piece of furniture; (*pl.*) (*collett.*) furniture (*sing.*): **un vecchio m.**, an old piece of furniture; **un m. francese**, a piece of French furniture; **Ha qualche bel m. intarsiato**, he has some fine inlaid pieces; **rinnovare qualche m.**, to replace part of the furniture; **i mobili di casa**, the household furniture; **Vendette i mobili vecchi**, he sold the old furniture; **m. guardaroba**, wardrobe; **m. bar**, cocktail cabinet **2** (*astron., stor.*) – **il Primo m.**, the Primum Mobile (*lat.*); prime mover. **C** *f.* (*squadra m.*) flying squad.

mobilia, *f.* furniture: **rinnovare tutta la m.**, to replace all the furniture. ● (*fig. scherz.*) **fare da m.**, to be a wallflower.

mobiliàre (1), *a.* (*econ., fin.*) movable; personal: **proprietà m.**, personal property; movables (*pl.*); chattels (*pl.*).

mobiliàre (2), *v. t.* to furnish.

mobilière, *m.* **1** (*fabbricante*) furniture maker **2** (*venditore*) furniture seller.

mobilificio, *m.* furniture factory.

mobilio, *m. V.* **mobilia**.

mobilità, *f.* **1** mobility; movability; movableness: **la m. della fisionomia**, the mobility of one's features; (*fis.*) **la m. di uno ione**, ion mobility; (*fin.*) **m. degli investimenti**, mobility of investments; (*econ.*) **m. del lavoro**, job mobility; fluidity of labour; (*econ.*) **m. della manodopera**, labour mobility; **m. sociale**, social mobility; **m. verso l'alto**, upward mobility **2** (*fig.*: *mutevolezza*) mutability, changeableness; (*incostanza*) inconstancy, fickleness, instability: **la m. delle cose umane**, the instability of human things; **m. d'animo**, inconstancy.

mobilitàre, **A** *v. t.* **1** (*mil.*) to mobilize: **m. l'esercito**, to mobilize the army **2** (*fig.*: *chiamare a raccolta*) to mobilize; to marshal; to rally: **m. tutte le risorse d'un paese**, to mobilize all the resources of a country **3** (*fig. econ.*) to mobilize: **m. il capitale**, to mobilize capital. **B mobilitàrsi**, *v. rifl.* **1** (*mil.*) to mobilize **2** (*fig.*) to rally.

mobilitazióne, *f.* mobilization: **m. civile**, civil mobilization; (*mil.*) **m. generale**, general mobilization.

mòca, **A** *m. invar.* mocha (coffee). **B** *f. invar.* espresso coffee machine.

mocassino, *m.* moccasin; loafer (*USA*).

moccicàre, *v. i.* **1** (*colare moccio*) to run*: **Ti moccica il naso**, your nose is running **2** (*frignare*) to snivel; to snotter.

moccichìno, *m.* (*pop.*) *1* (*fazzoletto*) handkerchief *2* (*bambino*) snivelling child; snotty child.

moccicóso, *a.* (*pop.*) snotty; snotty-nosed.

móccio, *m.* (nasal) mucus; snot.

mocciósa, *f.* (*spreg.*) little missy.

moccióso, A *a.* snotty: **un bambino m.**, a snotty child. **B** *m.* (*spreg.*) *1* (*bambino*) brat; urchin *2* (*giovincello*) snotty-nosed youth; pup.

moccolàia, *f.* snuff.

mòccolo, *m.* *1* (*piccola candela*) small candle; (*sottile*) taper *2* (*mozzicone di candela*) candle-end *3* (*moccolaia*) snuff *4* (*pop.*: *moccio*) snot *5* (*pop.*: *bestemmia*) oath. ● (*fig.*) **reggere** (*o* **tenere**) **il m.**, to play gooseberry ▫ **tirare moccoli**, to swear.

mòda, *f.* *1* (*foggia del vestire*) fashion; style: **la m. francese**, the French fashion (*o* style); **la m. dell'anno scorso**, last year's fashion; **Le mode cambiano**, fashions change; **la m. delle gonne lunghe**, the fashion of long skirts *2* (*modelli*) fashions (*pl.*): **la m. primaverile**, spring fashions *3* (*industria della m.*) fashion industry: **lavorare nella m.**, to work in the fashion industry *4* (*costume passeggero*) vogue; (passing) fashion; fad *5* (*maniera*) fashion; style; custom; manner; way: **alla m. di**, in the manner (*o* style) of *6* (*mat., stat.*) mode. ● **alla m.**, fashionable; up-to-date; in fashion; in vogue: **abiti alla m.**, fashionable clothes; **un sarto alla m.**, a fashionable tailor ▫ **all'ultima m.**, in the latest fashion (*o* style); trendy ▫ **alta m.**, haute couture (*franc.*): **modello d'alta m.**, haute couture model ▫ **casa di mode**, fashion house ▫ **essere di m.**, to be in fashion (*o* fashionable); to be the fashion: **Quest'anno sono di m. gli stivali**, boots are in fashion (*fam.*: in) this year; **Pare che sia di m. l'essere sgarbati**, it seems to be fashionable to be rude; **colori di m.**, fashionable colours; in-colours ▫ **essere di gran m.**, to be all the fashion; to be all the rage ▫ **fuori m.**, out of fashion; dated; outmoded ▫ **lanciare una m.**, to set a fashion; to set a trend ▫ **negozio di mode**, fashion shop; dress shop; fashion house ▫ **Quel modello non è più di m. da anni**, that model went out of fashion years ago ▫ **passare di m.**, to go out of fashion; to go out (*fam.*); to become unfashionable ▫ **rivista di moda**, fashion magazine ▫ **seguire la m.**, to follow the fashion ▫ **sfilata di m.**, fashion show ▫ **tenere dietro alla m.**, to follow the current fashion (*o* the current vogue) ▫ **tornare di m.**, to come back into fashion ▫ **venire di m.**, to come into fashion; to come in (*fam.*).

modaiòlo, (*spreg.*) **A** *a.* *1* (*della moda*) of fashion; fashion (*attr.*) *2* (*alla moda*) trendy; with-it (*fam.*). **B** *m.* (*f.* **-a**) trendy person.

modàle, *a.* modal: (*filos.*) **proposizione m.**, modal proposition; (*mus.*) **sistema m.**, modal system; (*gramm.*) **verbo m.**, modal verb.

modalismo, *m.* (*relig.*) modalism.

modalità, *f.* *1* (*modo, maniera*) way, manner, mode; (*metodo*) method; (*condizione*) condition, formality, modality: **m. di pagamento**, mode (*o* method) of payment; **le m. di un accordo**, the conditions of an agreement; **seguire le m. richieste**, to comply with all the necessary formalities *2* (*ling.*) mode; modality *3* (*filos., leg., mus.*) modality *4* (*elab.*) mode.

modanàre, *v. t.* (*edil.*) to mould, to mold (*USA*).

modanatóre, *m.* moulder, molder (*USA*).

modanatùra, *f.* (*archit.*) moulding, molding (*USA*).

mòdano, *m.* *1* (*edil.*) template; mould, mold (*USA*); model; pattern: **m. del mattone**, brick mould *2* (*legnetto per fare le maglie delle reti*) netting needle *3* (*trina*) filet.

modèlla, *f.* (*moda, arte*) model: **fare la m.**, to work as a model; to model; **fare da m.**, to act (*o* to pose) as a model.

modellàbile, *a.* mouldable.

modellaménto, *m.* modelling; moulding.

modellàre, A *v. t.* to model (*anche fig.*); to mould, to mold (*USA*); to fashion; to shape: **m. dal vero**, to model from life; **m. una testa in creta**, to model (*o* to mould) a head in clay; **m. il proprio stile su quello di Gadda**, to model one's style on Gadda's. ● (*ind. ceramica*) **m. al tornio**, to throw ▫ **un vestito che modella la figura**, a close-fitting dress. **B modellàrsi,** *v. rifl.* to model oneself on (*o* upon, after).

modellàto, (*scult.*) **A** *a.* modelled. **B** *m.* modelling.

modellatóre, *m.* (*f.* **-trice**) modeller.

modellatùra, modellazióne, *f.* modelling; moulding.

modellismo, *m.* modelling; model-making.

modellista, *m.* e *f.* *1* (*operaio che fa i modelli*) model maker; pattern maker *2* (*appassionato di modellismo*) modelling enthusiast.

modellistica, *f.* construction of models; modelling.

modèllo, A *m.* *1* (*esemplare*) model; pattern; paragon: **un m. di gentilezza**, a pattern of kindness; **un m. di stile**, a model of style; **un m. di perfezione**, a paragon; **attenersi al m.**, to stick to the model; **prendere q. per m.**, to take sb. as one's model *2* (*fonderia*) pattern: **m. in più pezzi**, sectional pattern; **modelli sciolti**, loose patterns *3* (*stampo*) mould, mold (*USA*) *4* (*forma, tipo*) model; style; fashion; shape: **avere diversi modelli**, to have a variety of models; **essere di nuovo m.**, to be a new model *5* (*riproduzione, modellino*) model: **m. di creta**, clay model; **m. in grandezza naturale**, life-size model; **m. in scala ridotta**, miniature *6* (*sartoria: m. in carta*) pattern; (*abito*) model: **il m. di un vestito**, the pattern of a dress; **un m. nuovo**, a new model; **una sfilata di modelli**, a fashion parade *7* (*mat.; econ.*) model *8* (*modulo*) form *9* (*moda, arte*) (male) model. ● (*aeron.*) **m. a razzo**, rocket-powered model ▫ (*ind., comm.*) **m. fuori serie**, special model ▫ (*aeron.*) **m. in scala**, flying-scale model ▫ (*ind., comm.*) **m. di serie**, current model ▫ (*aeron.*) **m. per volo libero**, free-flight model ▫ (*aeron.*) **m. radiocomandato**, radiocontrolled model ▫ (*aeron.*) **m. volante**, model aircraft ▫ (*mecc.*) **numero del m.**, pattern number ▫ (*aeron., naut.*) **prove con m.**, model testing. **B** *a. invar.* model (*attr.*); perfect; exemplary: **una moglie m.**, a model wife; **una casetta m.**, a model cottage; **È una ragazza m.**, she is an exemplary girl.

mòdem, *m. invar.* (*elab.*) modem.

modenése, A *a.* Modenese; of Modena; from Modena. ● **pozzi modenesi**, artesian wells. **B** *m.* e *f.* Modenese: **i Modenesi**, the Modenese.

moderàbile, *a.* that can be moderated; limitable; controllable.

moderàre, A *v. t.* *1* to moderate; (*frenare*) to check, to curb, to restrain; (*contenere*) to control: **m. la lingua**, to curb one's tongue; **m. l'entusiasmo**, to moderate (*o* to control) one's enthusiasm; **m. l'ira**, to check (*o* to curb) one's anger; **m. le parole**, to moderate one's language; **m. le passioni**, to check (*o* to curb) one's passions; **m. le proprie esigenze**, to moderate one's demands *2* (*ridurre*) to reduce, to limit, to cut* down; (*abbassare*) to lower, to soften: **m. la velocità**, to reduce speed; **m. la voce**, to lower one's voice; **m. le spese**, to limit (*o* to cut down) expenses. **B moderàrsi,** *v. rifl.* to moderate oneself; (*frenarsi*) to control oneself; (*frenare la propria collera*) to keep* one's temper. ● **m. nel cibo**, to eat moderately ▫ **m. nelle spese**, to keep down expenses.

moderataménte, *avv.* moderately; temperately; in a moderate manner; (*senza eccessi*) in moderation, to a moderate extent.

moderatézza, *f.* moderateness; moderation; temperance.

moderatismo, *m.* (*polit.*) moderatism.

moderàto, A *a.* *1* moderate; temperate; (*parco*) frugal; (*equilibrato*) self-controlled: **ambizioni moderate**, moderate ambitions; **prezzi moderati**, moderate prices; **un uomo d'idee moderate**, a man of moderate views; **guidare a velocità moderata**, to drive at a moderate speed; **essere m. nel bere**, to be moderate in drinking; to drink in moderation; **essere m. nelle proprie esigenze**, to be moderate in one's demands *2* (*mus.*) moderato: **allegro m.**, allegro moderato. **B** *m.* (*f.* **-a**) (*polit.*) moderate.

moderatóre, A *m.* *1* (*f.* **-trice**) (*chi presiede*) moderator; chairman* (*f.* chairwoman*) *2* (*fis.*) moderator. **B** *a.* moderating.

moderazióne, *f.* moderation; (*temperanza*) temperance: **m. nelle esigenze**, moderation in one's demands; **mangiare con m.**, to eat in moderation (*o* moderately); **bere senza m.**, to drink without moderation. ● **avere** (*o* **usare**) **m.**, to be moderate.

modernaménte, *avv.* *1* in a modern manner *2* (*in tempi moderni*) in modern times.

modernariàto, *m.* *1* (*collezionismo*) modern antique collecting *2* (*insieme di oggetti*) modern antiques (*pl.*).

modernismo, *m.* modernism.

modernista, *m.* e *f.* modernist.

modernìstico, *a.* modernistic; modernist (*attr.*).

modernità, *f.* modernity.

modernizzàre, A *v. t.* to modernize; to make* (*o* to render) modern; to update: **m. un testo**, to modernize a text; **m. lo smistamento della posta**, to modernize mail sorting. **B modernizzàrsi,** *v. rifl.* to bring* oneself up-to-date.

modèrno, A *a.* modern; (*di oggi*) today's; (*recente*) recent; (*aggiornato*) up-to-date: **arte moderna**, modern art; **storia moderna**, modern history; **idee moderne**, modern ideas; **lingue moderne**, modern languages; **alla moderna**, in the modern manner. **B** *m.* *1* (*persona d'oggi*) modern *2* (*ciò che è m.*) what is modern; modern things.

modèstia, *f.* *1* modesty; (*semplicità*) unpretentiousness; (*riservatezza*) demureness; (*umiltà*) humility: **m. nel parlare**, modesty in speech; **arrossire per m.**, to blush out of modesty; **m. a parte**, although I say so myself *2* (*mediocrità*) modesty: **la m. dei propri mezzi**, the modesty of one's means. ● **non peccare di m.**, to have a high opinion of oneself ▫ **peccare di m.**, to be over-modest ▫ **senza m.**, immodest (*agg.*).

modèsto, *a.* *1* modest; (*semplice*) unpretentious, plain, unassuming; (*riservato*) demure, reserved; (*umile*) humble: **Nonostante i successi, è rimasto molto m.**, he remained very modest, despite his success; **Andiamo, non essere m.!**, come on, don't be too modest!; **contegno m.**, unassuming behaviour (*o* manner); **un pranzo m.**, a plain dinner *2* (*mediocre*) modest; moderate; indifferent; meagre: **prezzi modesti**, moderate prices; **una casetta modesta**, a modest little house; **una rendita modesta**, a modest income; **un desiderio m.**, a moderate request; **Le mie esigenze sono modestissime**, my demands are quite modest.

modicità, *f.* moderateness; (*basso prezzo*) cheapness.

mòdico, *a.* moderate; reasonable; slight: **prezzi modici**, moderate (*o* reasonable) prices; **un m. aumento**, a slight rise.

modìfica, *V.* **modificazione**.

modificàbile, *a.* modifiable; alterable; (*emendabile*) amendable.

modificabilità, *f.* modifiability; modifiableness; alterableness.

modificàre, A *v. t.* to modify; (*mutare*) to change; (*variare*) to vary; (*ritoccare*) to alter; (*emendare*) to amend: **m. le condizioni**

d'un contratto, to modify the terms of a contract; **m. il proprio modo di vivere**, to change one's way of living; **m. il proprio punto di vista**, to change one's point of view; **m. una legge**, to amend a law. **B modificàrsi**, *v. i. pron.* to change; to alter; to modify: **Certe abitudini si modificano col tempo**, certain habits (*o* customs) change with the passing of time.

modificativo, *a.* modifying; modificative.

modificatóre, **A** *m.* (*f.* **-trice**) modifier. **B** *a.* modifying; modificatory.

modificazióne, *f.* modification; change; alteration; (*piccola m.*) adjustment; (*a una legge, ecc.*) amendment: **soggetto a m.**, subject to alteration; **una m. in meglio**, a change for the better; **apportare una m. a q.c.**, to make changes (*o* alterations) in st.; to change st.; to alter st.; **Ci vorrà qualche m.**, some modifications will be required; (*leg.*) **m. dello statuto di una società**, alteration in the articles of a company.

modiglióne, *m.* (*archit.*) modillion; truss.

modiolo, *m.* (*anat.*) modiolus*.

modìsmo, *m.* (*ling.*) idiom; locution.

modìsta, *f.* milliner; modiste (*franc.*).

modisteria, *f.* ***1*** millinery ***2*** (*negozio*) milliner's (shop).

mòdo, *m.* ***1*** (*maniera*) way, manner, mode (*form.*); (*costume*) custom, habit; (*stile*) style; (*metodo*) method, system: **Non c'è m. di persuaderlo**, there is no way of convincing him; **m. di agire**, way of acting; behaviour; **m. di parlare [di scrivere]**, way of speaking [of writing]; **m. di vedere**, way of thinking; point of view; opinion; **m. di vivere**, way of life (*o* of living); mode of life (*form.*); **Che m. di parlare!**, what a way to speak!; **in m. particolare**, particularly; **a un m.** (*o* **allo stesso m.**), in the same way; similarly; **in m. singolare**, in an unusual way; **fare a m. proprio**, to have one's (own) way; to do as one likes; (*comm.*) **m. di pagamento**, method (*o* mode) of paying ***2*** (*mezzo*) means (*sing. e pl.*), way; (*occasione*) opportunity, chance: **Non c'è m. di scoprire quel che sta succedendo**, there is no means of finding out what is happening; **trovare m. di fare q.c.**, to find a way of doing st.; **Non ho avuto m. di parlargli**, I hadn't a chance to speak to him ***3*** (*pl.*) (*maniera di fare*) manners: **avere bei modi**, to have good manners; to be well-mannered; **avere brutti modi**, to have bad manners; to be ill-mannered ***4*** (*gramm.*) mood: **i modi del verbo**, the moods of the verb; **m. indicativo**, indicative mood ***5*** (*locuzione*) phrase, locution, turn of phrase, expression: **un m. improprio**, an incorrect expression; **un m. letterario**, a literary expression; a literary turn of phrase; **m. di dire**, idiom; **m. avverbiale**, adverbial phrase ***6*** (*misura*) measure: **oltre m.**, beyond measure (*o* excessively) ***7*** (*mus.*) mode: **m. dorico**, Dorian mode; **m. maggiore e minore**, major and minor modes ***8*** (*elab.*) mode: **m. conversazionale [interattivo]**, conversational [interactive] mode. ● **a m.**, (*come si deve*) properly; (*bene*) well; (*con cura*) carefully: **fare q.c. a m.**, to do st. properly □ **una persona a m.**, a well-bred person □ **a ogni m.**, anyhow; in any case □ **a quel m.**, that way; like that □ **a questo m.**, this way; like this □ **al m. di**, like; after the fashion of □ **avere m. di fare q.c.**, (*essere in grado*) to be able to do st.; (*avere l'opportunità*) to have a chance to do st.: **Non ho m. di pagare i miei debiti**, I am unable to (*o* I cannot) pay my debts; **Ho avuto m. di vedere il nuovo progetto**, I had a chance to see the new plan □ (*gramm.*) **avverbio di m.**, adverb of manner □ **con bel m.**, kindly; politely □ **dare a q. m. di fare q.c.**, to enable sb. to do st.; to allow sb. to do st.: **Gli diedi m. di far fronte ai suoi impegni**, I enabled him to meet his engagements; **Spero mi daranno m. di difendermi**, I hope they will allow me to defend myself □ **dare a q. m. di pensare q.c.**, to give sb. cause to think st. □ **di m. che**, (*affinché*) so that; (*e così*) (and) so: **Arrivai tardi, di m. che non trovai posto**, I arrived late, so I couldn't find a seat □ **C'è m. e m. di fare le cose**, there are more ways than one to do things; there is a right way and a wrong way of doing things; (*escl. di rimprovero*) that is not the way to do things □ **Date retta a me, fate a m. mio**, listen to me and do as I tell you □ **fare q.c. a m. proprio**, to do st. (in) one's own way □ **Feci in m. di arrivare alle sette**, I arranged things so as to arrive at seven □ **Devi fare in m. di venire**, you must try and come □ **Devi fare in m. che torni per le sei**, you must get him (*o* convince him) to come back by six; you must see to it that he comes back by six □ **Fece in m. di farsi assegnare quell'incarico**, he manoeuvred in such a way as to be given that task □ **essere fatti tutti a un m.**, to be cast in the same mould □ **in che m.**, how: **Non so in che m. farlo**, I don't know how to do it □ **in malo m.**, unkindly; rudely; roughly: **trattare q. in malo m.**, to treat sb. unkindly □ **in m. da**, in such a way as to; so as to; so that: **Si comportarono in m. da farsi biasimare da tutti**, they behaved in such a way as to be blamed by everybody; **Mi affrettai in m. da non fare tardi**, I hurried so as not to be late; **Sistemarono le cose in m. da accontentare tutti**, they arranged matters so as to suit everybody □ **in un m. o nell'altro**, some way or other; one way or another; somehow □ **in nessun m.**, in no way; by no means; under no circumstances □ **in ogni** (*o* **qualunque**) **m.**, anyway; anyhow □ **in qualche m.**, somehow; (in) some way; after a fashion □ **in tutti i modi** (*comunque*), anyway; in any case; at any rate □ **nel solito m.**, as usual □ **pensare allo stesso m.**, to think alike; to be of one mind □ **per m. di dire**, so to say; as it were; in a manner of speaking □ **una persona senza modi**, an ill-mannered (*o* ill-bred) person □ **secondo il mio m. di vedere**, in my opinion; as I see it □ (*prov.*) **A chi vuole, non mancano modi**, where there's a will there's a way.

modulàbile, *a.* capable of being modulated.

modulàre (1), *v. t.* (*anche mus., fis.*) to modulate: **m. la voce**, to modulate one's voice.

modulàre (2), *a.* ***1*** (*ind., tecn.*) modular: **struttura m.**, modular structure; **mobili modulari**, modular furniture ***2*** (*di modulo stampato*) of a form.

modulàrio, *m.* set of forms.

modularità, *f.* (*ind., tecn.*) modularity.

modulatóre, *m.* (*radio*) modulator: **m. di fase**, phase modulator; **m. di frequenza**, frequency modulator.

modulazióne, *f.* (*anche fis., mus.*) modulation: **la stessa m. di voce**, the same modulation of voice; (*TV*) **m. della luce**, light modulation; (*radio*) **m. di ampiezza**, amplitude modulation (*abbr.*: A.M.); (*radio*) **m. di fase**, phase modulation; (*radio*) **m. di frequenza**, frequency modulation (*abbr.*: F.M.).

mòdulo, *m.* ***1*** form; blank (*USA*): **m. di domanda**, application form; **m. in bianco**, blank form; **m. stampato**, printed form; **m. per telegramma**, telegraph form; **m. di versamento**, paying-in slip; deposit slip (*USA*); **riempire un m.**, to fill up (*o* in) a form ***2*** (*archit., elab., miss.*) module: **m. lunare**, lunar module; **m. di caricamento**, load module; **m. di controllo**, control module ***3*** (*mat., mecc.*) modulus*: **m. di elasticità**, coefficient (*o* modulus) of elasticity; **m. di continuità**, modulus of continuity ***4*** (*numism.*) diameter ***5*** (*elemento singolo di una struttura*) module: **m. scolastico**, school module.

modulòmetro, *m.* (*tel.*) modulation meter.

modus operandi (*lat.*), *locuz. m.* modus operandi.

modus vivendi (*lat.*), *locuz. m.* modus vivendi.

moféta, *f.* (*geol.*) mofette.

moffétta, *f.* (*zool., Mephitis mephitis*) striped skunk.

mògano, **A** *m.* (*bot., Swietenia mahagoni; il legno*) mahogany: **mobili di m.**, mahogany furniture. **B** *a.* mahogany; (*di capelli*) dark red: **color m.**, mahogany.

mòggio, *m.* ***1*** (*misura di capacità*) modius*; peck ***2*** (*misura di superficie*) one third of a hectare. ● (*fig.*) **mettere la fiaccola sotto il m.**, to hide one's light under a bushel.

mogigrafia, *f.* (*med.*) writer's cramp.

mògio, *a.* downcast; crestfallen; downhearted; in low spirits; in the dumps (*fam.*).

móglie, *f.* wife*: **la m. di Giorgio**, Giorgio's wife; **È mia m.**, she is my wife; **avere per m.**, to have for a wife; to be married to; **avere m. e figli**, to have a wife and children; to be married with family; **Sarà una buona m. per te**, she will make you a good wife; **cercare [trovare] m.**, to seek [to find] a wife. ● **chiedere in m.**, to ask in marriage □ **dare m. a q.**, to find a wife for sb. □ **prendere m.**, to marry; to get married □ **riprendere m.**, to marry again; to remarry □ **senza m.**, wifeless; unmarried □ (*prov.*) **M. e buoi dei paesi tuoi**, better wed over the mixen than over the moor □ (*prov.*) **La buona m. fa il buon marito**, a good wife makes a good husband □ (*prov.*) **Fra m. e marito non mettere il dito**, never interfere between wife and husband.

mogòl, *m.* (*stor.*) Mogul.

mohair (*franc.*), *m. invar.* (*ind. tess.*) mohair.

mòho, *f. invar.* (*fis.*) Moho.

moicàno, *a.* e *m.* (*f.* **-a**) Mohican.

moiétta, *f.* metal strip; metal band.

moìna, *f.* ***1*** (*carezza, lusinga*) caress; blandishment; (*al pl., anche*) coaxing (*sing.*), wheedling (*sing.*) ***2*** (*pl.*) (*modi leziosi*) simpering ways. ● **fare le moine a q.**, to caress (*o* to coax) sb. □ **persuadere q. con le moine a fare q.c.**, to coax (*o* to wheedle) sb. into doing st.

mòira, *f.* (*mitol.*) Moira.

moire (*franc.*), *m.* o *f. invar.* (*ind. tess.*) moire.

moiré (*franc.*), *a.* moiré.

mòka, *V.* **moca**.

mòla (1), *f.* ***1*** (*macina da mulino*) millstone ***2*** (*mecc.*) (grinding) wheel; grindstone: **m. a disco**, cut-off wheel; **m. a smeriglio**, lapping wheel; emery wheel; **m. diamantata**, diamond wheel; **arrotondare una m.**, to round off a grinding wheel. ● **m. da gioielliere**, lap.

mòla (2), *f.* (*zool., Mola mola*) ocean sunfish.

molàle, *a.* (*chim.*) molal.

molalità, *f.* (*chim.*) molality.

molàre (1), **A** *a.* ***1*** (*anat.*) molar: **dente m.**, molar tooth; grinder ***2*** – **pietra m.**, buhrstone. **B** *m.* (*anat.*) molar; grinder.

molàre (2), *v. t.* ***1*** (*mecc.*) to grind*; to cut*: **m. il vetro [una lente]**, to grind glass [a lens]; **m. il cristallo [un diamante]**, to cut crystal [a diamond]; **m. il marmo**, to grind marble ***2*** (*affilare*) to whet: **m. una lama**, to whet a blade.

molàre (3), *a.* (*chim.*) molar: **soluzione m.**, molar solution; **volume m.**, molar volume.

molarità, *f.* (*chim.*) molarity.

molàssa, *f.* (*geol.*) molasse.

molàto, *a.* ground; cut: **vetro m.**, ground glass; **cristallo m.**, cut crystal.

molatóre, *m.* (*f.* **-trice**) grinder.

molatrìce, *f.* (*mecc.*) grinder: **m. monoposto**, single-stand grinder; **m. oscillante**, swing-frame grinder; **m. portatile elettrica**, portable electric grinder; **m. per carda**, card grinder.

molatùra, *f.* (*mecc.*) grinding. ● **m. a smusso** (*del vetro*), bevelling.

molàzza, *f.* ***1*** (*fonderia*) muller; pan mill: **m. portatile**, portable muller ***2*** (*edil.*) mixing-

-machine. ● **m. a ruote**, edge runner □ (*ind. gomma*) **m. mescolatrice**, mixing-mill.

mólcere, *v. t.* (*lett.*) to soothe; to assuage.

moldàvo, *a.* e *m.* (*f.* **-a**) Moldavian.

móle (1), *f.* **1** (*massa*) mass, bulk, volume; (*dimensioni*) size, dimensions (*pl.*), proportions (*pl.*); (*peso*) weight: **la m. di un edificio**, the mass of a building; **la m. di un libro**, the bulk (*o* size) of a book; **la m. delle acque**, the mass of the waters; **una nave di grandiosa m.**, a ship of majestic proportions; **la m. di un ippopotamo**, the bulk of a hippopotamus; **Mi si buttò addosso con tutta la sua m.**, he threw himself on me with all his weight **2** (*edificio grandioso*) massive structure. ● **la m. Adriana**, the Mole of Adrian □ **di gran m.**, bulky; massive; voluminous; (*enorme*) huge; (*imponente*) mighty, imposing, towering; (*pesante*) ponderous, heavy: **statue di gran m.**, towering statues; **un lavoro di gran m.**, a ponderous task □ **di piccola m.**, small-sized; of small proportions.

móle (2), *f.* (*fis.*) mole.

molècola, *f.* **1** (*chim.*) molecule **2** (*fig.*) particle.

molecolàre, *a.* (*chim.*) molecular: **peso m.**, molecular weight.

molecolarità, *f.* (*chim.*) molecularity.

molestàre, *v. t.* (*infastidire*) to annoy, to vex; (*disturbare*) to disturb, to trouble; (*seccare*) to bother; (*irritare*) to pester; (*stuzzicare*) to tease; (*tormentare*) to torment, to plague; (*infastidire sessualmente*) to molest: **m. il sonno di q.**, to disturb sb.'s rest; **La minima cosa lo molesta**, the slightest thing annoys him; **m. q. con le proprie richieste**, to pester sb. with demands; **Non m. il gatto!**, don't tease the cat!; **Ho una tosse stizzosa che mi molesta**, I am tormented by a dry cough; **Fu molestata da due giovinastri**, she was molested by two yobs.

molestatóre, *m.* (*f.* **-trice**) annoyer; vexer; disturber; molester.

molèstia, *f.* **1** (*disagio, irritazione*) annoyance; vexation; nuisance; bother; trouble: **dare m. a q.**, to be a nuisance to sb.; to cause bother to sb.; **piccole molestie**, small troubles **2** (*azione molesta*) teasing; tormenting; plaguing; molestation. ● (*leg.*) **molestie sessuali**, sexual harassment; (*di minore*) child molestation.

molèsto, *a.* (*fastidioso*) troublesome, bothersome; (*seccante*) annoying, bothering, irritating, vexatious; (*insistente*) importunate; (*sgradevole*) unpleasant, disagreeable, nasty; (*tormentoso*) harassing: **insetti molesti**, troublesome (*o* bothersome, irritating) insects; **un bambino m.**, a troublesome child; **un rumore m.**, an irritating noise; **pensieri molesti**, irritating thoughts. ● **essere m. a q.**, to annoy sb.; to be a nuisance to sb.

molettàre, *v. t.* (*ind. tess.*) to roll.

molibdàto, *m.* (*chim.*) molybdate.

molibdenite, *f.* (*miner.*) molybdenite.

molibdèno, *m.* (*chim.*) molybdenum.

molinèllo, molinétto, *V.* **mulinello.**

molinismo, *m.* (*stor. relig.*) Molinism.

molinista, *m.* e *f.* (*stor. relig.*) Molinist.

molino, *V.* **mulino.**

molito, *a.* ground; crushed; (*di olive*) pressed.

molitóre, *m.* miller.

molitòrio, *a.* molinary; milling (*attr.*).

molitùra, *f.* grinding; milling; (*di olive*) pressing.

mòlla, *f.* **1** (*mecc.*) spring: **la m. d'un orologio**, the spring of a watch; **le molle d'un letto**, the springs of a bed; **la spira d'una m.**, the coil of a spring; **lo scatto d'una m.**, the release of a spring; **materasso a molle**, spring mattress; **caricare una m.**, to load a spring; **caricato a m.**, spring-loaded; **comprimere una m.**, to compress a spring; **scaricare una m.**, to release a spring; **tendere una m.**, to stretch a spring; **togliere il carico a una m.**, to relieve a spring **2** (*pl.*) (*arnese*) tongs; pair of tongs (*sing.*): **molle per il fuoco**, fire tongs **3** (*fig.*) spring(s); mainspring; incentive: **le molle della condotta umana**, the springs of human conduct; **Il profitto è la m. principale del commercio**, profit is the mainspring of business. ● **m. a balestra**, leaf spring □ **m. a spirale**, coil spring □ **m. a spirale conica**, volute spring □ **m. a trazione**, extension spring □ **m. del bilanciere** (*dell'orologio*) hairspring □ **m. di richiamo**, return spring □ **m. laminata**, flat spring □ **molla d'arresto**, stop-spring □ **m. di compressione**, compression spring □ **m. di torsione**, torsion spring □ **bilancia a m.**, spring balance □ **calibro a m.**, spring gauge □ (*fig.*) **da prendersi con le molle**, intractable; difficult □ (*fig.*) **prendere q. con le molle**, to watch one's step with sb.; to tread carefully with sb. □ **serratura a m.**, spring lock; latch □ **scattare come una m.**, to spring up □ **senza molle**, springless.

mollaccióne, *m.* (*f.* **-a**) lazybones; slowcoach.

mollàre, A *v. t.* **1** (*lasciar andare*) to let* go of, to release; (*lasciar cadere*) to drop; (*allentare*) to slacken, to ease off; (*posare con malagrazia*) to dump: **m. la presa**, to let go; to release one's hold; to relax one grip; **m. le redini**, to drop the reins; **m. una corda**, to slacken (*o* to ease off) a rope; **Mi mollò il braccio**, he released (*o* let go of) my arm; **Molla!**, let go!; **Mollalo!**, let go of it!; **Mi mollò in braccio il bambino e se ne andò**, she dumped the child into my arms and left **2** (*fam.*: *lasciare*) to leave*, to drop; (*lasciar andare*) to let* go; (*abbandonare*) to leave*, to quit*, to dump, (*l'innamorato*) to jilt: **Ha m. il marito**, she's left her husband; **m. il lavoro**, to quit one's job; **Lui l'ha mollata**, he dumped her; he jilted her; **Ha cominciato a raccontarmi del viaggio e non mi mollava più**, she started telling me about her journey and wouldn't let me go **3** (*fam.*: *appioppare*) to give*; to land (*fam.*); to fetch (*fam. GB*): **m. un pugno a q.**, to land sb. a punch; to punch sb.; **m. un calcio a q.**, to give sb. a kick; to kick sb.; **m. uno schiaffo a q.**, to slap sb.; to give sb. a slap **4** (*naut.*) – **m. le vele**, to let fall (*o* to loose, to unfurl) one's sails; **m. gli ormeggi**, to cast off moorings; **m. una scotta**, to let a sheet fly; **m. un terzarolo**, to let out (*o* to shake out) a reef; **Molla!**, ease off!; let go!; let fall!; cast off! **B** *v. i.* **1** (*cedere*) to give* in; to give* up: **Non m.!**, don't give in!; stick at it! **2** (*smettere*) to stop; to give* up.

mòlle, A *a.* **1** (*tenero, morbido*) soft; tender: **legno m.**, soft wood; **pietra m.**, soft stone; **terreno m.**, soft ground; **un materasso m.**, a soft mattress; **m. come la cera**, as soft as wax **2** (*bagnato*) wet; (*umido*) moist, damp, dank; (*fradicio*) soggy, soaked, wet through: **m. di sudore**, wet with sweat; in a sweat; **terreno m.**, soggy (*o* waterlogged) ground; **essere tutto m.**, to be wet through; to be soaked (*o* wet) to the skin; **occhi molli di pianto**, eyes wet with tears **3** (*pieghevole*) supple, flexible; (*floscio*) flabby, limp: **carne m.**, flabby flesh; **stretta di mano m.**, limp handshake **4** (*fig.*: *debole*) soft, weak, feeble; (*fiacco*) flabby, flaccid, limp; (*senza nerbo*) spineless; (*cedevole*) yielding; (*rilassato*) lax, loose; (*languido*) languid; (*effeminato*) effeminate, unmanly: **costumi molli**, lax morals; **una vita m.**, a loose life; **una volontà m.**, a flabby will; **un carattere m.**, a limp character; **un governo m.**, a weak government; **una posa di m. abbandono**, a posture of languid abandon **5** (*fig.*: *mite*) soft, mild, gentle; (*blando*) bland; (*dolce*) sweet: **molli paroline**, soft (*o* gentle) words **6** (*fon.*) soft. ● (*anat.*) **palato m.**, soft palate □ (*anat.*) **parti molli**, fleshy parts. **B** *m.* **1** (*cosa m.*) something soft: **dormire sul m.**, to sleep on something soft **2** (*parte m.*) soft part; (*del corpo*) fleshy part **3** (*terreno bagnato*) soggy (*o* waterlogged) ground.

molleggiaménto, *m.* **1** (*atto del molleggiare*) springing **2** (*elasticità*) spring; springiness; elasticity **3** (*di veicoli*: *sistema di molleggio*) springing (system); suspension.

molleggiàre, A *v. i.* to be springy; to be elastic. **B** *v. t.* to spring; to fit with springs. **C** **molleggiàrsi,** *v. rifl.* **1** to walk with a springy step **2** (*negli esercizi ginnici*) to do* knee-bends.

molleggiàto, *a.* **1** (*fornito di molle*) sprung: **vettura (ben) molleggiata**, well-sprung car **2** (*elastico, anche fig.*) springy; elastic: **letto m.**, springy bed; **passo m.**, springy step.

mollèggio, *m.* **1** (*di veicoli*) suspension; springs (*pl.*) **2** (*di divano, ecc.*) springing **3** (*elasticità*) springiness **4** (*esercizio ginnico*) knee-bend.

molleménte, *avv.* softly; gently; tenderly; (*languidamente*) languidly, listlessly.

mollétta, *f.* **1** (*per bucato*) clothes peg **2** (*per capelli*) hairgrip (*GB*); bobby pin (*USA*) **3** (*pl.*) tongs: **mollette per il ghiaccio**, ice tongs; **mollette per lo zucchero**, sugar tongs **4** (*morsetto*) clip; clamp **5** (*mus.*) peg.

mollettièra, *f.* (*fascia*) puttee.

mollettóne, *m.* (*ind. tess.*) thick flannel; silence cloth (*USA*).

mollézza, *f.* **1** softness; tenderness; (*flaccidezza*) flabbiness, limpness **2** (*fig.*: *debolezza*) weakness, feebleness; (*fiacchezza*) flabbiness, flaccidity; (*mancanza di nerbo*) spinelessness; (*rilassatezza*) laxity, looseness; (*effeminatezza*) effeminacy: **m. d'animo**, weakness of character **3** (*pl.*) (*comodità*) luxury: **vivere nelle mollezze**, to live in luxury (*o* in the lap of luxury).

mollica, *f.* **1** crumb; soft part (of bread) **2** (*pl.*) (*briciole*) crumbs: **raccogliere le molliche**, to pick up the crumbs.

mollìccio, A *a.* **1** (*molle*) softish; (*floscio*) rather flabby, limpish **2** (*bagnato*) wettish; moist; dampish: **labbra mollice**, moist lips **3** (*fig.*: *debole*) weak; ineffectual; soft; spineless; wimpish. **B** *m.* damp (*o* soggy) ground.

mollificàre, *v. t.* to soften.

mòllo, A *a. V.* **molle**. **B** *m.* **1** *V.* **molle** **2** – **mettere q.c. a m.**, to soak st.; to put st. to soak □ **tenere q.c. a m.**, to let st. soak.

molluschicoltóre, *m.* (*f.* **-trice**) mollusc farmer.

molluschicoltùra, *f.* mollusc farming.

mollùsco, *m.* **1** (*zool.*) mollusc, mollusk (*USA*); shellfish **2** (*fig.*) spineless person; wimp. ● (*zool.*) **m. bivalve**, clam □ (*zool.*) **m. univalve**, univalve.

mòlo, *m.* mole; jetty; pier; (*banchina*) quay, wharf*, dock.

mòloc, moloch, *m.* **1** (*mitol.* e *fig.*) Moloch **2** (*zool., Moloch horridus*) moloch.

molòsso (1), *m.* (*zool.*) Molossian (hound).

molòsso (2), *m.* (*metrica*) molossus*; moloss.

mòlotov, *f. invar.* Molotov cocktail.

moltéplice, *a.* **1** manifold; several; multifarious; numerous; various: **molteplici doveri**, multifarious (*o* many and various) duties; **molteplici errori**, numerous (*o* several) mistakes; **per molteplici ragioni**, for various reasons; **Ci sono molteplici aspetti nella questione**, there are many aspects to this question; this is a many-sided question **2** (*vario*) varied, multifarious; (*multiforme*) multiform, variform: **le molteplici scene della vita**, the varied scenes of life **3** (*che consta di parecchie parti*) manifold, many-sided; (*complesso*) complex: **un genio m.**, a many-sided genius.

molteplicità, *f.* multiplicity; variety; plurality: **una m. di pensieri**, a multiplicity of thoughts; **per una m. di ragioni**, for a variety of reasons.

moltìplica, *f.* **1** (*mecc.*) gear ratio **2** (*pop.*:

moltiplicazione) multiplication.

moltiplicàbile, *a.* multipliable; multiplicable.

moltiplicàndo, *m.* (*mat.*) multiplicand.

moltiplicàre, A *v. t.* ***1*** (*mat.*) to multiply: **m. tre per cinque**, to multiply three by five; **m. un numero per se stesso**, to multiply a number by itself ***2*** (*aumentare di numero*) to multiply; to increase; to augment; to redouble: **m. gli esempi**, to multiply examples; **m. gli sforzi**, to redouble one's efforts; **m. la velocità**, to increase speed. **B moltiplicàrsi,** *v. i. pron.* ***1*** to multiply; to increase: **Certe piante si moltiplicano con rapidità**, some plants multiply rapidly; **Le nostre difficoltà si moltiplicarono**, our difficulties increased; **m. per dieci**, to increase tenfold ***2*** (*prodigarsi*) to spare no efforts (*o* pains); to do* one's best (*o* utmost). ● **Dovrei moltiplicarmi per farcela in tempo**, there should be ten of me to make it in time.

moltiplicativo, *a.* (*mat.*) multiplicative: **numeri moltiplicativi**, multiplicative numbers.

moltiplicàto, *a.* ***1*** multiplied: **Due m. tre fa sei**, two multiplied by three equals six; two times three is six ***2*** (*autom.*) multiplied ***3*** (*aumentato*) increased; multiplied.

moltiplicatóre, A *m.* multiplier: (*radio*) **m. di frequenza**, frequency multiplier; (*fis.*) **m. elettronico**, (electron) multiplier. ● (*fotogr.*) **m. di focale**, tele-converter □ (*mecc.*) **m. di velocità**, overdrive. **B** *a.* multiplying; multiplier (*attr.*).

moltiplicazióne, *f.* ***1*** (*mat.*) multiplication: **fare una m.**, to do a multiplication; **segno di m.**, multiplication sign ***2*** (*riproduzione*) multiplication; (*aumento*) increase, redoubling, augmentation: **la m. degli insetti**, the multiplication of insects; **la m. della specie umana**, the multiplication of the human species; **una m. delle difficoltà**, an increase in the number of difficulties; **una m. dei nostri sforzi**, a redoubling of our efforts. ● (*mecc.*) **m. di giri**, gearing-up □ (*nel Vangelo*) **la m. dei pani e dei pesci**, the miracle of the loaves and fishes.

moltissimo, A *a. indef.* ***1*** (*sing.*) very much, (*specialm. in frasi afferm.*) a good (*o* a great) deal of, an awful lot of (*fam.*); (*pl.*) very many, (*specialm. in frasi afferm.*) a great many, a large number of, an awful lot of (*fam.*), lots of (*fam.*): **Non ho m. tempo per gli svaghi**, I haven't very much leisure time; **m. denaro**, a great deal of money; lots of money; **Carlo ha m. coraggio**, Carlo has an awful lot of courage; **C'era moltissima gente**, there were quite a lot of people; **Non ha moltissimi amici**, he hasn't (got) very many friends; **Ha moltissimi libri**, he has a great many (*o* a large number of) books ***2*** (*rif. a tempo*: *lunghissimo*) very long: **Ho aspettato m. tempo**, I waited a very long time; **Non lo vedo da m. tempo**, I haven't seen him for a very long time (*fam.*: for ages) ***3*** (*grandissimo*) very great; very large: **moltissima distanza**, a very great distance; **con moltissima cura**, with very great (*o* the utmost) care; very carefully. **B** *pron. indef.* ***1*** very much; (*specialm. in frasi afferm.*) a good (*o* a great) deal, a lot of things, a lot, an awful lot (*fam.*): **Non posso dire m. di lui**, I cannot say very much about him; **M. di quel che dici è vero**, very much of what you say is true; **Ho m. da fare**, I have a lot of things (*o* an awful lot) to do; **Ho imparato m. da lui**, I learnt a lot from him; **sapere m.**, to know quite a lot (of things); **Ho fatto m. per lui**, I did a great deal for him ***2*** (*pl.*) very many (people); (*specialm. in frasi afferm.*) a great many (people), quite a lot of people, lots and lots of people (*fam.*): **Non erano in moltissimi alla riunione**, there weren't very many (people) at the meeting; **Moltissimi la pensano così**, very many people think so; **Ci furono moltissimi che scapparono**, there were lots of people who ran away ***3*** (*rif. a tempo*) a very long time, ages (*pl.*) (*fam.*); (*solo in frasi interr. e neg.*) very long: **Ho aspettato m.**, I waited a very long time; **È m. che non lo vedo**, it's a very long time (*fam.*: it's ages) since I saw him last; **Non è rimasto m.**, he didn't stay for very long ***4*** (*molta distanza*) – **Non c'è m.**, it isn't very (*o* too) far; **Non c'è m. di qui alla scuola**, it isn't too far from here to the school. **C** *avv.* ***1*** very much; (*solo in frasi interr. e neg.*) quite a lot, an awful lot (*fam.*): **Non lavora m.**, he doesn't work very much; **Mi piace m.**, I like it very much; I love it; **Ti ringrazio m.**, thank you very much; **Gioco m. a tennis**, I play tennis quite a lot ***2*** (*molto a lungo*) a very long time; (*in frasi neg., sempre*) very long: **Non ho aspettato m.**, I didn't wait very long; **Aspettai m.**, I waited (for) a very long time. ● **divertirsi m.**, to have a great time; to have the time of one's life (*fam.*) □ **lavorare [studiare] m.**, to work [to study] very hard.

moltitùdine, *f.* multitude; (*folla*) crowd; (*gran numero*) great number, lot: **una m. di animali diversi**, a multitude of different animals; **una m. di gente**, a large crowd; **una m. di guai**, an infinite number of troubles.

mólto, A *a. indef.* ***1*** a great (*o* a good) deal of; a lot of; a great (*o* a large) quantity of; lots of (*fam.*); (*solo in frasi afferm. e non con un sogg.*) plenty of; (*specialm. in frasi neg.*) much: **Ha m. denaro**, he has a good deal of (*o* plenty of, a lot of, lots of) money; **Ha m. denaro?**, has he got much money?; **Non ha molta fantasia**, he hasn't got much imagination; **Non ha molta libertà**, he hasn't got much freedom; **M. denaro fu sprecato in spese inutili**, a lot of money was wasted in futile expenses; **C'era ancora m. tempo**, there was plenty of time; **C'era molta neve**, there was a lot of snow; **«C'è del pane?» «Ce n'è m.»**, «is there any bread?» «there's plenty (*o* a lot)»; **«Non ce n'è m.»**, «there isn't much» ***2*** (*rif. a tempo*: *lungo*) long: **Ho aspettato m. tempo**, I waited a long time; **Non lo vedo da m. tempo**, I haven't seen him for a long time (*o* for long); **fra non m. tempo**, before long; soon ***3*** (*pl.*) many, a lot of, a large number of, lots of (*fam.*); (*solo in frasi afferm. e non con un sogg.*) plenty of: **Ha molti amici**, he has a lot (*o* lots) of friends; **Molte persone la pensano così**, many (*o* a lot of) people think so; **Ho molti libri**, I have a large number (*o* lots) of books; **Ha molti amici?**, has he (got) many friends?; **Non ha molti amici**, he hasn't (got) many friends; **Ha molti quattrini**, he has a lot of money; **«Hai amici?» «Ne ho molti» [«Non ne ho molti»]**, «have you (got) any friends?» «yes, a lot (*o* lots)» [«not many»]; **Ne conosci molti o pochi?**, do you know many of them or only a few? ***4*** (*grande*) great; large: **molta distanza**, a great distance; **con molta cura**, with great care; carefully; **prendersi molta cura di q.**, to take great care of sb. ● **avere molta fame [sete]**, to be very hungry [thirsty] □ **avere m. freddo [caldo]**, to be very cold [warm] □ **avere molta fretta**, to be in a great hurry □ **avere m. sonno**, to be very sleepy □ **avere molta vergogna**, to be much ashamed □ **dopo molti e molti anni**, after a very long time; after years and years. **B** *pron. indef.* ***1*** (*molta parte, molte cose, grande quantità*) much, a great (*o* a good) deal, a lot; (*come ogg. in frasi neg.*) much: **M. di quel che dici è vero**, much (*o* a lot) of what you say is true; **Non posso dire m. di lui**, I cannot say much about him; **Ho m. da fare**, I have a lot to do; **sapere m.**, to know a lot (of things); **Ho fatto m. per lui**, I did a lot (*o* a great deal) for him; **Non ci vuole m. a capirlo**, it doesn't take much to understand it ***2*** (*molto tempo*) a long time; (*in frasi interr. e neg.*) long: **Ho aspettato m.**, I waited a long time; **Aspetti da m.?**, have you been waiting long?; **Ti ci vorrà m. a finire il lavoro?**, will it take you long to finish your work?; **È m. che non lo vedo** (*o* **non lo vedo da m.**), it's a long time since I saw him last; I haven't seen him for a long time; **Non ha m. da vivere**, he won't live long; he hasn't long to live; **Non metterci m., ho fretta**, don't be long, I'm in a hurry; **fra non m.**, before long ***3*** (*pl.*) (*molte persone*) many (people); a lot (of people); quite a few (people); lots (of people) (*fam.*): **Non è lodato da molti**, he isn't praised by many; **Molti la pensano così**, many (*o* a lot of) people think so; **Ci furono molti che scapparono**, lots of people ran away; **Ce n'erano molti**, there were lots of them; **Molti dei bambini avevano con sé la merenda**, many children had snacks with them; **Siamo in molti ad appoggiarlo**, there are quite a few of us backing him; **Vennero in molti**, lots of people came. ● **a dir** (*o* **far**) **m.**, at the most □ **Ci corre m.** (*molta differenza*), there is a great difference □ **Ci vuole m. a farlo** (*è difficile, laborioso*), it takes a lot of doing □ **Ci vuole m. per vivere in questa città?**, does it cost a lot to live in this town? □ **Non ci vuole m. a farlo**, (*è facile*) it doesn't take much skill to do it; (*è veloce*) it doesn't take long to do it □ **Non c'è m. di qui alla scuola**, it isn't far from here to the school. **C** *avv.* ***1*** (*con agg. e avv. di grado positivo*; *con part. pres. e talora con part. pass. usati come agg.*) very: **La mia casa è m. grande**, my house is very large; **m. piccolo**, very small; **Mi alzo m. presto**, I get up very early; **m. tardi**, very late; **m. poco**, very little; **È un libro m. interessante**, it's a very interesting book; **Si comportò m. bene**, he behaved very well; **Sono m. spiacente**, I am very sorry; **m. volentieri**, with great pleasure; very willingly; **essere m. lieto**, to be very glad (*o* pleased); **un attore m. famoso**, a very famous (*o* a celebrated) actor; **essere m. malato**, to be very (*o* quite) ill; **essere m. affezionato a q.**, to be very fond of sb. ***2*** (*con agg. e avv. di grado compar.*) much; a lot; a great (*o* a good) deal; far: **m. migliore** (*o* **meglio**), much (*o* a lot, far) better; **m. più**, much more; **m. meno**, much less; **È stato m. prima**, it happened much earlier; **m. più interessante**, much (*o* far) more interesting; **stare m. meglio** (*di salute*), to be much ***3*** (*con un part. pass.*) much; very much; greatly: **m. apprezzato**, much (*o* widely) appreciated; **m. amato**, much loved; beloved; **m. seccato**, much (*o* greatly) annoyed; **Fu m. sorpreso**, he was much (*o* greatly) surprised; **una decisione m. criticata**, a much-criticized decision ***4*** (*con verbi, in frase afferm.*) very much, a lot (*fam.*); (*in frase neg.*) much: **Mi piace m.**, I like it very much; **Ti ringrazio m.**, thank you very much; thanks a lot (*fam.*); **Gioco m. a tennis**, I play tennis a lot; **Non lavora m.**, he doesn't work much; **Non cambierà m.**, it won't change much ***5*** (*a lungo*) long; (*in frasi afferm., sempre*) a long time: **Hai aspettato m.?**, did you wait long?; **Non ho aspettato m.**, I didn't wait long; **Aspettai m.**, I waited a long time. ● **essere m. amico di q.**, to be a great friend of sb. □ **m. conosciuto**, well-known; widely-known □ **il M. Reverendo...**, the Very Reverend... □ **divertirsi m.**, to have a wonderful time □ **lavorare [studiare] m.**, to work [to study] hard □ **né m. né poco**, not at all: **Non fumo né m. né poco**, I don't smoke at all □ **uno scrittore m. letto**, a widely-read writer □ **Questa medicina ti farà m. bene**, this medicine will do you a lot of good □ (*iron.*) **Te ne importa m.!**, a lot you care! **D** *m.* – **il m.**, the lot of (*o* the many) things: **il m. che mi resta da fare**, the many things I still have to do.

Molùcche, *f. pl.* (the) Moluccas.

mòlva, *f.* (*zool., Molva molva*) ling.

momentaneaménte, *avv.* (*al momento*: *rif. al presente*) at the moment, at present, right now; (*rif. al passato*) at the moment, right then; (*temporaneamente*) temporarily: **È m. assente**, he is not in at the moment; **m. non funzionante**, temporarily out of order.

momentàneo, *a.* momentary; (*temporaneo*) temporary; (*transitorio*) transitory; (*di breve durata*) short-lived: **gioie momentanee**, short-lived joys; **un timore m.**, a momentary fear.

moménto, *m.* ***1*** moment; (*attimo*) instant; (*tempo*) time: **Aspetta un m.**, wait a moment; **fermarsi un m.**, to stop a moment; **essere l'uomo del m.**, to be the man of the moment; **in qualunque m.**, at any moment (*o* time); **in quel m.**, at that moment; just then; **in questo m.**, this moment; at the moment; just now; **per qualche m.** (*o* **per pochi momenti**), for a few moments; **senza un m. d'esitazione**, without a moment's hesitation; **non avere un m. di tempo per fare q.c.**, to have no time to do st.; **non avere un m. libero**, to have no spare time; **momenti difficili**, hard times; **passare momenti terribili**, to go through a terrible experience; **Un m., per favore!**, just a moment, please!; **Un m.!**, one moment!; just a bit! (*fam.*); hang on! (*fam.*) ***2*** (*opportunità*) opportunity, chance, moment; (*m. giusto*) right time: **trovare il m. per fare q.c.**, to find an opportunity (*o* to get a chance) to do st.; **non trovare il m. per fare q.c.**, to have no opportunity to do st.; **cogliere il m. opportuno**, to choose the right moment; to seize the opportunity; **Era il m. che attendevo**, it was the chance I had been waiting for; **Non è ora il m. di parlargliene**, this is not the right time to speak to him about it ***3*** (*lett.*: *importanza*) moment; importance ***4*** (*fis., mecc.*) moment; (*quantità di moto*) momentum: (*mecc.*) **m. del contrappeso**, counterbalance moment; (*mecc.*) **m. di una coppia**, moment of a couple; (*fis.*) **m. di una forza**, torque; (*naut., aeron.*) **m. di evoluzione**, rudder moment; (*mecc.*) **m. d'inerzia**, moment of inertia; (*aeron.*) **m. di picchiata**, nose-dive moment; (*aeron.*) **m. di rollio**, rolling moment; (*fis.*) **m. magnetico**, magnetic moment; (*mecc.*) **m. positivo**, right-handed moment; (*mecc.*) **m. resistente**, moment of resistance; resisting moment; (*edil.*) **m. statico**, static moment. ● **il m. culminante** (*di un dramma, romanzo, ecc.*), the climax □ **a momenti**, (*a volte*) sometimes; (*fra poco*) any moment, soon; (*quasi, per poco*) nearly: **A momenti è gentile, a momenti è sgarbato**, sometimes he is kind, sometimes he is rude; **A momenti arriverà**, he will be here any moment; **A momenti cadevo**, I nearly fell □ **al m.**, (*rif. al presente*) at the moment, at present, right now; (*rif. al passato*) at the moment, at the time, right then: **Non ho soldi al m.**, I have no money at present; **il nostro maggior problema al m.**, our biggest problem at the moment (*o* right now); **Al m. non ci pensai**, I didn't think about it at the time □ **al primo m.**, at first: **Al primo m. restai sorpreso**, I was surprised at first □ **all'ultimo m.**, at the last moment; (*senza preavviso*) at short notice □ **i bisogni del m.**, the most urgent needs □ **un capriccio del m.**, a passing whim □ **da un m. all'altro**, suddenly □ **dal m. che**, (*fin dal m. che*) as soon as; (*dato che*) since, as: **Se ne innamorò dal m. che la vide**, he fell in love with her as soon as he saw her; **Dal m. che non abbiamo denaro, non possiamo comprarlo**, since we have no money, we cannot buy it □ **in un m.**, in a moment; in no time: **Finì in un m.**, it was all over in a moment □ **Lo disse in un m. di collera**, he said so in a fit of anger (*o* while he was angry) □ **Non vedo il m. di...**, I can't wait to... □ **per il m.**, for the time being; just now: **Per il m. mi basta**, it's enough for the time being; **Per il m. non ne ho**, I have none just now □ **proprio in quel m.**, at that very moment; right then □ **sul m.**, (*subito*) at once, immediately, right now; (*a tutta prima*) at the moment, at the time □ **tra un m.**, in a moment; shortly □ **tutti i momenti** (*o* **ogni m.**), every moment; continually; always.

móna, (*region., volg.*) **A** *f.* (*vulva*) pussy; beaver. ● **Va' in m.!**, fuck you! **B** *m.* (*stupido*) asshole.

mònaca (1), *f.* nun: **farsi m.**, to become a nun; to enter a convent; **fare una vita da m.**, to live a nun's life; to lead a very secluded life.

mònaca (2), *f.* (*zool.*) ***1*** (*Mergus albellus*) nun; smew ***2*** (*Lymantria monacha*) nun moth.

mònaca (3), *f.* (*scaldaletto*) bed-warmer.

monacàle, *a.* monachal; monastic: **vita m.**, monastic life; **abito m.**, habit.

monacàndo, *m.* (*f.* **-a**) novice.

monacàrsi, *v. rifl.* (*farsi monaco*) to become* a monk; (*farsi monaca*) to become* a nun.

monacàto, *m.* ***1*** (*stato relig.*) monastic condition; (*vita monastica*) monastic life ***2*** (*monaci e monache*) monks and nuns.

monacazióne, *f.* taking of monastic vows; profession.

monachèlla, *f.* (*zool.*) ***1*** (*pop.*: *mantide religiosa*) praying mantis* ***2*** (*Oenanthe hispanica*) black-throated wheatear.

monachésimo, *m.* monachism; monasticism.

monachétto, *m.* ***1*** (*mecc.*) catch ***2*** (*naut.*) kevel head.

monachìna, *f.* ***1*** (*fig., iron.*) innocent-looking girl ***2*** (*zool., Recurvirostra avosetta*) avocet, avoset; scooper ***3*** (*pl.*) (*faville*) sparks. ● **avere un'aria da m.**, to look as if butter wouldn't melt in one's mouth □ **con fare da m.**, demurely.

monachìno, *m.* (*zool., Pyrrhula pyrrhula*) bullfinch.

monachìsmo, *V.* **monachesimo**.

Mònaco, (*geogr.*) **A** *f.* (*di Baviera*) Munich. **B** *m.* (*il Principato*) Monaco.

mònaco (1), *m.* monk: **farsi m.**, to become a monk; to enter a monastery. ● (*prov.*) **L'abito non fa il m.**, the cowl does not make the monk.

mònaco (2), *m.* (*archit.*) king post; queen post.

mònaco (3), *m.* (*scaldaletto*) bed-warmer.

mònaco (4), *m.* (*zool., Monachus albiventer*) monk seal.

mònade, *f.* (*filos., biol., chim.*) monad.

monadèlfo, *a.* (*bot.*) monadelphous.

monàdico, *a.* (*filos., scient.*) monadic.

monadìsmo, *m.* (*filos.*) monadism.

monadìsta, *m.* e *f.* (*filos.*) monadist.

monadologìa, *f.* (*filos.*) monadology.

monàndria, *f.* (*bot.*) monandry.

monàndro, *a.* (*bot.*) monandrous.

monàrca, *m.* monarch.

monarchìa, *f.* monarchy: **m. assoluta [costituzionale]**, absolute [constitutional] monarchy; **abbattere [restaurare] la m.**, to overthrow [to restore] the monarchy.

monarchianìsmo, *m.* (*relig.*) Monarchianism.

monàrchico, **A** *a.* ***1*** (*della monarchia*) monarchic: **stato m.**, monarchic state ***2*** (*fautore della monarchia*) monarchic; royalist: **partito m.**, monarchic party. **B** *m.* (*f.* **-a**) monarchist; royalist.

monastèro, *m.* (*di monaci*) monastery; (*di monache*) convent, nunnery: **entrare in m.**, to enter a monastery [a convent].

monàstico, *a.* ***1*** monastic: **regola monastica**, monastic rule; **vita monastica**, monastic life; **voti monastici**, monastic vows ***2*** (*fig.*: *austero*) sober; Spartan.

monazìte, *f.* (*miner.*) monazite.

moncherìno, *m.* stump.

mónco, **A** *a.* ***1*** (*mozzato*) missing: **una mano monca**, a missing hand ***2*** (*di persona*) – **m. di un braccio**, one-armed; **m. di una mano**, one-handed; **m. di entrambe le mani**, with both hands missing ***3*** (*fig.*: *incompleto*) incomplete; (*imperfetto*) imperfect, deficient; (*insufficiente*) inadequate; (*tronco*) truncated: **una risposta monca**, an incomplete answer; **verso m.**, truncated verse. **B** *m.* (*f.* **-a**) maimed person; cripple.

moncóne, *m.* ***1*** stump ***2*** (*fig.*) fragment.

mónda, *f.* (*delle risaie*) weeding.

mondàna, *f.* (*eufem.*) prostitute.

mondanità, *f.* ***1*** worldliness ***2*** (*piacere mondano*) worldly pleasure ***3*** (*l'alta società*) high society; jet set.

mondàno, **A** *a.* ***1*** (*del mondo materiale*) worldly; earthly; mundane (*lett.*): **beni mondani**, worldly goods; **cose mondane**, worldly matters; mundane affairs; **convenzioni mondane**, worldly conventions; **gioie mondane**, earthly joys; **vanità mondana**, mundane vanity; **una persona dedita alle cose mondane**, a worldly-minded person ***2*** (*di società*) social, society (*attr.*); (*alla moda*) fashionable: **la gente mondana**, society people; **una signora mondana**, a society (*o* fashionable) lady; **riunione mondana**, social gathering; **vita mondana**, society (*o* fashionable) life. ● **scrittore m.**, gossip writer □ **uomo m.**, man about town. **B** *m.* socialite; man* about town.

mondàre, **A** *v. t.* ***1*** (*sbucciare*) to peel, to husk; (*scortecciare*) to strip; (*sgranare*) to shell, to hull; (*togliere i fili*) to string*; (*separare dalla pula*) to winnow: **m. le patate**, to peel potatoes; **m. una mela [un'arancia]**, to peel an apple [an orange]; **m. i fagiolini**, to string beans; **m. il grano**, to winnow wheat; **m. i piselli**, to shell peas; **m. un albero**, to strip a tree ***2*** (*agric.*: *diserbare*) to weed: **m. l'orzo**, to weed barley ***3*** (*pulire*) to clean ***4*** (*fig.*) to purify; to cleanse: **m. l'animo dal peccato**, to purify the soul from sin. **B mondàrsi,** *v. rifl.* (*fig. lett.*) to purify oneself.

mondarìso, *m.* e *f. invar.* rice weeder.

mondatóio, *m.* (*agric.*) sieve.

mondatóre, *m.* (*f.* **-trice**) (*chi sbuccia*) peeler; (*chi sfronda*) stripper; (*chi spula*) winnower.

mondatrìce, *f.* (*mecc.*) ***1*** cleaner ***2*** (*per il cotone*) peeling machine; cotton gin (*USA*).

mondatùra, *f.* ***1*** peeling; husking; hulling; (*dalla pula*) winnowing; (*dalle erbacce*) weeding ***2*** (*bucce*) peelings (*pl.*); (*baccelli*) pods (*pl.*); (*pula*) chaff ***3*** (*fig.*) purifying; cleansing.

mondézza (1), *f.* (*lett.*) ***1*** (*nettezza*) cleanliness; cleanness ***2*** (*fig.*: *purezza*) purity.

mondézza (2), *f.* (*fam.*: *spazzatura*) rubbish; garbage (*USA*); trash (*USA*).

mondezzàio, *m.* ***1*** rubbish (*USA*: garbage) heap; (*letamaio*) dunghill, manure heap, dung heap; (*luogo sporco*) pigsty ***2*** (*fig.*) sink.

mondiàle, *a.* ***1*** world (*attr.*); (*diffuso in tutto il mondo*) worldwide; (*universale*) universal: **esposizione m.**, world exhibition; **la prima guerra m.**, the First World War; **campionati m.**, world championship; **una potenza m.**, a world power; **fama m.**, worldwide fame; **di fama m.**, world famous (*pred.*); world-famous (*attr.*) ***2*** (*fam.*) fantastic; fabulous.

mondìglia, *f.* refuse; (*metall.*) dross; (*ind.*) tailings (*pl.*).

mondìna (1), *f.* (*mondariso*) rice weeder.

mondìna (2), *f.* (*castagna lessa*) boiled chestnut.

móndo (1), *m.* ***1*** world; (*universo*) universe; (*terra*) earth: **tutto il m.**, the whole world; all the world; **in tutto il m.**, all over the world; all the world over; throughout the world; worldwide (*agg.* e *avv.*); **la fine del m.**, the end of the world; **le cinque parti del m.**, the five parts of the world; **il M. Antico**, the Old World; **il M. Nuovo**, the New World; (*polit.*) **il terzo M.**, the Third World; **l'altro m.** (*o* **il m. di là**), the other world; the next world; the world to come; **fare il giro del m.**, to go round the world ***2*** (*regno*) world; kingdom: **il m.**

animale [**minerale, vegetale**], the animal [mineral, vegetable] world (*o* kingdom); **il m. dell'arte**, the world of art; **il m. dei libri**, the world of books; **il m. dei sogni**, the world of dreams; dreamland ***3*** (*ambito, particolare complesso di fenomeni*) world: **il m. esterno**, the external world; **il m. fisico**, the physical world; **il m. ideale**, the ideal world; **il m. soprannaturale**, the supernatural world ***4*** (*l'esistenza umana*) world; life: **un m. migliore**, a better world; **stanco del m.**, world-weary; weary of life; **mettere al m. q.**, to give birth to sb.; to bring sb. into the world (*lett.*); **pigliare il m. come viene**, to take the world as it is; **tornare al m.**, to come back to life; **venire al m.**, to be born; to come into the world (*lett.*); **Così va il m.!**, that's the way it is!; such is life! ***5*** (*totalità degli uomini*) world; (*genere umano*) mankind, human society; (*la gente*) people (*pl.*); (*ognuno*) everybody: **agli occhi del m.**, in the eyes of the world; **Che dirà il m.?**, what will the world (*o* poeple) say?; **dire male di tutto il m.**, to speak ill of everybody; **far paura a tutto il m.**, to frighten everybody; **Mi par d'avere tutto il m. contro**, the whole world seems to be against me ***6*** (*complesso di un ordine sociale, umano*) world: **il m. cristiano**, the Christian world; **il m. pagano**, the heathen world; **il m. politico**, the political world ***7*** (*ambiente*) world; set: **il m. della moda**, the world of fashion; **il m. degli affari**, the business world; **il m. dello spettacolo**, show business; showbiz (*fam.*); **il bel m.**, the smart set; high (*o* fashionable) society ***8*** (*fig.: grandissima quantità*) world; crowd; lots (*fam.*): **un m. di guai**, a world of troubles; **un m. di dolori**, a world of woes; **un m. di gente**, a crowd (of people); an awful lot of people (*fam.*); **un m. di libri**, a world of books; lots of books; **fare un m. di bene**, to do a world of good. ● **M. birbone!** (*o* **cane!**), blast!; damn!; hell! □ (*polit.*) **abitante del terzo M.**, Third Worlder □ **andare all'altro m.**, to die □ **essere al m.**, to be alive: **Quand'era al m. mio nonno**, when my grandfather was alive □ (*fig.*) **caschi il m.**, no matter what happens; come what may □ **Com'è piccolo il m.!**, it's a small world! □ **Sono cose dell'altro m.!**, it's unbelievable!; it's the limit! □ **da che m. è m.**, from time immemorial □ **divertirsi un m.**, to have a wonderful time; to have a great time (*fam.*) □ **una donna di m.**, a society (*o* a fashionable) woman □ **Non è poi la fine del m.!**, it's not the end of the world! □ **Pareva la fine del m.!**, it was a real disaster! □ **mandare q. all'altro m.**, to kill sb. □ **Lo sa mezzo m.**, everybody knows □ **non sapere stare al m.**, not to know how to behave □ **per nessuna cosa al m.**, not for the world; not for anything in the world; on no account: **Non lo farei per nessuna cosa al m.**, I would not do it for anything in the world □ **per tutti i tesori** (*o* **tutto l'oro**) **del m.**, for the (whole) world □ **prendere il m. come viene**, to take things as they come □ **rinunziare** (*o* **dire addio**) **al m.**, to renounce the world □ **un uomo di m.**, a man of the world □ **vecchio quanto il m.**, as old as the hills □ **vivere fuori del m.**, to live in a world of one's own □ **andare in capo al m.**, to go to the end of the earth □ **vivere in capo al m.**, to live at the back of beyond □ (*fig.*) **vivere nel m. della luna**, to have one's head in the clouds □ **volere un m. di bene a q.**, to love sb. □ (*prov.*) **Il m. non fu fatto in un giorno**, Rome was not built in a day □ (*prov.*) **Il m. è bello perché è vario**, variety is the spice of life □ (*prov.*) **Questo m. è fatto a scale, chi le scende e chi le sale**, the world is a ladder for some to go up and some down □ (*prov.*) **Tutto il m. è paese**, it's the same the whole world over.

móndo (2), *a.* ***1*** (*sbucciato*) peeled; (*sgusciato*) shelled: **patate monde**, peeled potatoes ***2*** (*netto*) clean ***3*** (*fig.*) pure; spotless: **un'anima monda**, a pure soul.

mondovișióne, *f.* (*TV*) worldwide telecast. ● **trasmettere in m.**, to broadcast worldwide.

monegàsco, *a.* e *m.* (*f.* **-a**) Monegasque; Monacan.

monèl, *m.* (*marchio: metall.*) Monel metal.

monèlla, *f.* tomboy; hoyden; romp.

monellerìa, *f.* prank; mischievous trick; mischief (*sing. collett.*): **Stanno macchinando qualche nuova m.**, they are up to some new prank; **I ragazzi amano le monellerie**, children are fond of mischief.

monellésco, *a.* mischievous; naughty; rompish; prankish.

monèllo, *m.* ***1*** (*ragazzo di strada*) (street) urchin ***2*** (*ragazzino vivace*) rascal; little scoundrel; little rogue: **È un vero m.**, he's a real rascal; **Ti darò uno scapaccione, brutto m.!**, I'll slap you, you little scoundrel!

monèma, *m.* (*ling.*) moneme.

monéta, *f.* ***1*** (*metallica*) coin; piece: **monete d'argento**, silver coins; **una m. d'oro**, a gold coin; **una m. da cento lire**, a hundred-lira piece; **m. falsa**, counterfeit coin; **in m.**, in coins ***2*** (*collett.: denaro*) money: **il valore della m.**, the value of money; **m. cartacea**, paper money; **m. metallica**, coin money; specie; **battere** [**coniare**] **m.**, to mint [to coin] money ***3*** (*valuta*) currency: **La m. francese è il franco**, the French currency is the franc; **m. unica**, single currency ***4*** (*spiccioli*) (small) change: **Hai m.?**, have you got any change? ● **m. circolante**, currency □ **m. legale**, legal tender □ **m. sonante**, hard cash □ **m. spicciola**, ready money; change □ (*fig.*) **pagare di mala m.**, to repay with ingratitude □ (*fig.*) **pagare q. di pari m.**, to pay sb. back in his own coin □ (*fig.*) **prendere q.c. per m. buona**, not to question st.; to take st. at face value.

monetàbile, *a.* ***1*** coinable ***2*** (*fig.*) that can be estimated: **difficilmente m.**, difficult to estimate.

monetàggio, *m.* mintage.

monetàle, *a.* monetary; coin (*attr.*); of coins.

monetàre, *v. t.* ***1*** (*battere moneta*) to mint; to coin ***2*** (*monetizzare*) to monetize.

monetàrio, *a.* monetary: **sistema m.**, monetary system; **unità monetaria**, monetary unit; **stretta monetaria**, monetary squeeze. ● **circolazione monetaria**, currency □ **mercato m.**, money market.

monetarișmo, *m.* (*econ.*) monetarism.

monetarìsta, *m.* e *f.* monetarist.

monetarìstico, *a.* monetarist.

monetazióne, *f.* ***1*** (*il battere moneta*) minting; coining; mintage; coinage ***2*** (*monetizzazione*) monetization.

monetière, *m.* ***1*** (*coniatore*) minter ***2*** (*falsificatore*) counterfeiter ***3*** (*mobile*) coin cabinet.

monetìna, *f.* (small) coin; penny; cent: **lanciare la m.**, to toss a coin.

monetizzàre, *v. t.* (*econ., fin.*) to monetize.

monetizzazióne, *f.* (*econ., fin.*) monetization.

mongolfièra, *f.* hot-air balloon; montgolfier.

mongòlico, *a.* Mongolian; Mongolic.

mongòlide, *a., m.* e *f.* ***1*** (*etnol.*) Mongol ***2*** (*med.*) mongoloid.

mongolișmo, *m.* (*med.*) mongolism; Down's syndrome.

mòngolo, **A** *a.* Mongolian; Mongol. **B** *m.* ***1*** (*f.* **-a**) Mongol (*f.* Mongol woman*) ***2*** (*lingua*) Mongolian.

mongolòide, **A** *a.* ***1*** (*etnol.*) Mongoloid ***2*** (*med.*) mongoloid; related to [affected by] Down syndrome. **B** *m.* e *f.* (*med.*) mongoloid; person affected by Down syndrome.

monile, *m.* (*collana*) necklace; (*gioiello*) jewel.

moniliași, *f.* (*med.*) moniliasis.

monișmo, *m.* (*filos.*) monism.

monista, *m.* e *f.* (*filos.*) monist.

monistico, *a.* (*filos.*) monistic(al).

mònito, *m.* warning; admonition: **Questo sia un m. per tutti voi**, let this be a warning to all of you.

mònitor (*ingl.*), *m. invar.* (*tecn., TV*) monitor; monitor screen.

monitoràggio, *m.* monitoring.

monitoràre, *v. t.* to monitor.

monitóre, *m.* ***1*** (*titolo di giornali*) monitor ***2*** (*naut.*) monitor.

monitòrio, **A** *a.* monitory; (of) warning. **B** *m.* (*eccles.*) monitory (letter).

monitorizzàre, *v. t.* (*tecn., TV*) to monitor.

mònna, (*lett.*) V. **madonna**, *def.* 2.

monoàlbero, *a. invar.* (*autom.*) single-camshaft.

monoàsse, *a.* (*autom.*) single-axe.

monoatòmico, *a.* (*chim.*) monatomic.

monoauràle, *a.* (*fis.*) monaural.

monobàsico, *a.* (*chim.*) monobasic.

monoblòcco, **A** *a.* (*mecc.*) monobloc (*attr.*). **B** *m.* ***1*** (*mecc.*) monobloc (engine): **getto del m.**, monobloc casting ***2*** (*di cucina*) combined sink and dishwasher; built-in kitchen unit.

monocàlibro, *a.* (*naut.*) single-calibre.

monocameràle, *a.* (*polit.*) unicameral.

monocameralișmo, *m.* (*polit.*) unicameralism.

monocànna, (*armi*) **A** *m.* single barrel. **B** *a.* single-barreled: **fucile m.**, single-barreled rifle.

monocarbossilico, *a.* (*chim.*) monocarboxylic.

monocàrpico, *a.* (*bot.*) monocarpic; monocarpous.

monocàsio, *m.* (*bot.*) monochasium*.

monocèfalo, *a.* (*med.*) monocephalous.

monocellulàre, *a.* (*biol.*) unicellular.

monocilindrico, *a.* (*mecc.*) single-cylinder.

monocita, monocito, *m.* (*fisiol.*) monocyte.

monoclamidàto, monoclamideo, *a.* (*bot.*) monochlamideous.

monoclàsse, *a.* one-class (*attr.*).

monoclinàle, *a.* e *f.* (*geol.*) monoclinal.

monoclino, *a.* ***1*** (*bot.*) monoclinous ***2*** (*miner.*) monoclinic.

monoclonàle, *a.* (*biol.*) monoclonal.

monòcolo, **A** *a.* one-eyed (*attr.*). **B** *m.* ***1*** (*chi ha un occhio solo*) one-eyed person ***2*** (*lente*) monocle.

monocolóre, **A** *a.* ***1*** monochrome ***2*** (*polit.*) one-party (*attr.*): **governo m.**, one-party government. **B** *m.* (*polit.*) one-party government.

monocoltùra, *f.* (*agric.*) single-crop system (of farming); monoculture.

monocomàndo, (*aeron.*) **A** *a.* single-control. **B** *m.* single-control plane.

monocomponènte, *a.* single-component (*agg.*).

monocòrde, *a.* (*lett., fig.*) monotonous; dull.

monocòrdo, *m.* (*mus.*) monochord.

monocoriàle, *a.* (*biol.*) monochorial.

monocotilèdone, (*bot.*) **A** *a.* monocotyledonous. **B** *f.* monocotyledon.

Monocotilèdoni, *f. pl.* (*bot., Monocotyledones*) Monocotyledones.

monocottùra, *f. invar.* (*tecn.*) ***1*** (*tecnica*) single firing ***2*** (*piastrella*) single-fired tile.

monocràtico, *a.* monocratic.

monocrazìa, *f.* monocracy.

monocristallino, *a.* (*miner.*) monocrystalline.

monocristàllo, *m.* (*miner.*) monocrystal.

monocromaticità, *f.* (*fis.*) monochromaticity.

monocromàtico, *a.* (*fis.* e *med.*) monochromatic.

monocromatișmo, *m.* ***1*** (*med.*) monochromatism ***2*** (*arte*) monochromatic style.

monocromatizzàre, *v. t.* (*fis.*) to make* monochromatic.

monocromàto, *a.* monochromatic.

monocromatóre, *m.* (*fis.*) monochromator.

monocromìa, f. (*arte*) monochrome.
monocròmo, a. monochromatic.
monoculàre, a. monocular.
monocultùra, f. single culture.
monodìa, f. (*mus.*) monody.
monodico, a. (*mus.*) monodic.
monodisco, a. (*autom.*) single-plate (*attr.*): **frizione m.**, single-plate friction.
monodòse, a. (*farm.*) single-dose.
monoèlica, a. *1* (*naut.*) single-screw (*attr.*) *2* (*aeron.*) single-propellor (*attr.*): **aereo m.**, single-propellor plane.
monofagìa, f. monophagy.
monofamiliàre, a. one-family (*attr.*).
monofàse, a. (*fis.*) monophasic; single-phase (*attr.*): **sistema m.**, single-phase system.
monofilètico, a. (*biol.*) monophyletic.
monofiletismo, m. monophyletic theory.
monofillo, a. (*bot.*) monophyllous.
monofiodónte, a. (*zool.*) monophyodont.
monofisismo, m. (*relig.*) Monophysitism; Monophysism.
monofisita, (*relig.*) **A** m. e f. Monophysite. **B** a. Monophysitic.
monofisitico, a. (*relig.*) Monophysitic.
monofobìa, f. (*med.*) monophobia.
monofonditrice, f. Monotype (caster).
monofonemàtico, a. (*ling.*) monophonemic.
monofònico, a. (*fis.*) monophonic.
monòfora, f. (*archit.*) window with one light.
monofùne, a. invar. (*tecn.*) monocable.
monogamìa, f. monogamy.
monogàmico, a. monogamic.
monògamo, **A** a. monogamous. **B** m. monogamist.
monogènesi, f. (*biol.*) monogenesis.
monogenètico, a. (*biol.*) monogenetic.
monogenismo, m. (*biol.*) monogenism.
monoginìa, f. (*zool.*) monogyny.
monoglòttico, a. (*ling.*) monolingual.
monogonìa, f. (*biol.*) monogony.
monografìa, f. monograph; treatise.
monogràfico, a. monographic(al): **studio m.**, monographic study.
monogràmma, m. monogram.
monoicismo, m. (*bot.*) monoecism.
monoìco, a. (*bot.*) monoecious.
monoideismo, m. (*psic.*) monoideism.
monokini, m. invar. (*moda*) monokini.
monolatrìa, f. monolatry.
monolìngue, a. monolingual: **dizionario m.**, monolingual dictionary; **persona m.**, monolingual (person); monolinguist.
monolinguismo, m. monolingualism.
monolite, V. **monilito**.
monolitico, a. monolithic.
monolitismo, m. monolithic quality.
monolìto, m. *1* monolith *2* (*alpinismo*) needle of rock.
monolocàle, m. one-roomed flat; bedsitting room; bedsitter; bedsit; efficiency (apartment) (*USA*).
monologàre, v. i. *1* (*parlare da solo*) to talk to oneself *2* (*recitare un monologo*) to monologize; to recite a monologue.
monòlogo, m. monologue; (*soliloquio*) soliloquy: **il m. di Amleto**, Hamlet's soliloquy; **m. interiore**, interior monologue.
monomandatàrio, a. (*comm.*) – **agente m.**, one-firm agent.
monòmane, V. **monomaniaco**.
monomanìa, f. (*psic.*) monomania.
monomaniacàle, a. (*psic.*) monomaniacal.
monomanìaco, (*psic.*) **A** a. monomaniac; monomaniacal. **B** m. monomaniac.
monòmero, m. (*chim.*) monomer.
monometallismo, m. (*econ.*) monometallism; single standard.
monomètrico, a. (*miner.*) monometric; isometric.
monòmetro, a. e m. (*poesia*) monometer.
monomiàle, a. (*mat.*) monomial.
monòmio, m. (*mat.*) monomial.
monomotóre, (*aeron.*) **A** a. single-engine (*attr.*). **B** m. single-engine plane.
mononucleàre, **mononucleàto**, a. (*biol.*) mononuclear.
mononucleòsi, f. (*med.*) mononucleosis.
monoovulàre, V. **monovulare**.
monopàla, a. (*aeron.*) single-bladed: **elica m.**, single-bladed propellor.
monoparentàle, a. single-parent (*attr.*).
monopartitico, a. (*polit.*) single-party (*attr.*).
monopartitismo, m. (*polit.*) single-party rule.
monopàttino, m. scooter.
monopètalo, a. (*bot.*) monopetalous.
monopètto, **A** a. invar. single-breasted: **giacca m.**, single-breasted coat. **B** m. invar. single-breasted suit.
monopèzzo, **A** a. invar. one-piece. **B** m. invar. one-piece bathing-suit.
monoplàno, m. (*aeron.*) monoplane.
monoplegìa, f. (*med.*) monoplegia.
monopòdico, a. (*bot.*) monopodial.
Monòpoli, m. (*marchio*: *gioco*) Monopoly.
monopòlio, m. *1* monopoly: **m. della Corona [dello Stato]**, Crown [State] monopoly; **In Italia il tabacco è un m. dello Stato**, in Italy tobacco is a government monopoly; **in regime di m.**, under a monopoly system; **avere il m. di q.c.**, to have a monopoly over (*o* of) st.; **concedere il m. di q.c.**, to grant the monopoly of st.; **esercitare un m.**, to exercise a monopoly; **m. bilaterale**, bilateral monopoly; **m. imperfetto**, near-monopoly; **m. perfetto**, absolute (*o* pure) monopoly *2* (*fig.*) monopoly; privilege *3* (*consorzio*) trust. ● **far m. d'una merce**, to monopolize a commodity.
monopolista, m. e f. monopolist; monopolizer.
monopolìstico, a. monopolistic.
monopolizzàre, v. t. (*anche fig.*) to monopolize.
monopolizzatóre, m. (*f.* **-trice**) (*anche fig.*) monopolizer.
monopolizzazióne, f. (*anche fig.*) monopolization.
monoporzióne, a. single-portion (*attr.*).
monopósto, (*autom., aeron.*) **A** a. invar. single-seat (*attr.*). **B** m. invar. single-seater.
monoprogrammazióne, f. (*elab.*) monoprogramming.
monopropellènte, m. (*chim.*) monopropellant.
monopsònio, m. (*econ.*) monopsony.
monòptero, a. (*archit.*) monopteral.
monoptòto, m. (*ling.*) monoptote.
monòrchide, a. e m. (*med.*) monorchid.
monorchidìa, f. **monorchidismo**, m. (*med.*) monorchism.
monoreattóre, (*aeron.*) **A** a. single-jet (*attr.*). **B** m. single-jet.
monoreddito, a. invar. one-income (*attr.*).
monorifrangènte, a. (*fis.*) monorefringent.
monorifrangènza, f. (*fis.*) monorefringence.
monorìmo, a. (*poesia*) monorhyme(d). ● **serie di versi monorimi**, monorhyme.
monorìtmico, **monorìtmo**, a. (*letter.*) monorhythmic; monorhythmical.
monorotàia, f. (*ferr.*) monorail.
monorotóre, a. single-rotor (*attr.*).
monosaccàride, m. (*chim.*) monosaccharide.
monoscì, m. invar. snowboard.
monoscòcca, a. e f. invar. (*autom.*) monocoque.
monoscòpio, m. (*TV*) test pattern.
monosemìa, f. (*ling.*) monosemy.
monosèmico, a. (*ling.*) monosemic.
monosessuàle, a. (*biol.*) unisexual.
monosillàbico, a. monosyllabic.
monosìllabo, **A** m. monosyllable: **parlare a monosillabi**, to speak in monosyllables. **B** a. monosyllabic.
monosomìa, f. (*biol.*) monosomic character.
monospermìa, f. (*biol.*) monospermy.
monospèrmo, a. (*bot.*) monospermous.
monòssido, m. (*chim.*) monoxide: **m. di carbonio**, carbon monoxide.
monostàbile, a. (*elettron.*) monostable.
monostàdio, a. (*miss.*) single-stage (*attr.*).
monòstico, (*poesia*) **A** m. monostich. **B** a. monostichous.
monostròfico, a. (*poesia*) monostrophic
monoteismo, m. (*relig.*) monotheism.
monoteista, (*relig.*) **A** m. e f. monotheist. **B** a. monotheistic(al).
monoteistico, a. (*relig.*) monotheistic(al).
monotelismo, m. (*stor. relig.*) Monothelism; Monotheletism.
monotelita, m. (*stor. relig.*) Monothelete.
monotemàtico, a. *1* (*mus.*) monothematic *2* on one subject; single-theme (*attr.*): **un libro m.**, a book on one subject.
monotipìa, f. (*tipogr.*) monotype system.
monotipista, m. e f. (*tipogr.*) monotypist.
monotipo (1), m. (*naut.*) one-design boat.
monotipo (2), V. **monotype**.
monòtipo (3), m. (*stampa*) monotype.
monotonìa, f. monotony; dullness; tediousness; humdrum: **la m. del paesaggio**, the monotony of the landscape; **la m. della vita d'ogni giorno**, the humdrum of everyday life; **rompere la m.**, to break (the) monotony.
monòtono, a. monotonous; dull; tedious; humdrum: **una storia monotona**, a dull story; **un libro m.**, a dull book; **uno stile m.**, a monotonous style; **vivere una vita monotona**, to live a humdrum life; **voce monotona**, monotonous (*o* dull) voice; drone.
Monotrèmi, m. pl. (*zool.*, *Monotremata*) Monotremata.
monotrèmo, m. (*zool.*) monotreme.
monòtrofo, a. (*biol.*) monotrophic.
monottongàre, (*ling.*) **A** v. t. to monophthongize. **B** v. i. to become* a monophthong.
monottòngo, m. (*ling.*) monophthong.
monotype (*ingl.*), f. e a. invar. (*marchio*: *tipogr.*) Monotype.
monoùso, a. invar. disposable; throwaway (*attr.*): **siringa m.**, disposable syringe.
monovalènte, a. *1* (*chim.*) univalent; monovalent *2* (*farm.*) monovalent.
monovolùme, m. o f. invar. (*autom.*) passenger van; minivan.
monovulàre, a. (*biol.*) monovular.
monòxilo, a. monoxylous. ● **imbarcazione monoxila**, monoxylon*.
monozigòte, **A** a. monozygotic. **B** m. monozygotic twin.
monozigòtico, a. monozygotic.
monsignóre, m. (*eccles.*) monsignor*.
monsóne, m. monsoon: **il m. estivo [invernale]**, the wet [dry] monsoon.
monsònico, a. monsoon (*attr.*); monsoonal.
mónta, f. *1* (*accoppiamento*) covering; leap; service *2* – (**stazione di**) **m.**, breeding farm; (*per equini*) stud farm *3* (*modo di cavalcare*) riding; mount *4* (*archit.*: *di arco*) rise. ● **cavallo da m.**, stud horse □ **tempo della m.**, breeding-season □ **toro da m.**, breeding bull.
montacàrichi, m. *1* goods lift; hoist; elevator (*USA*) *2* (*in miniera*) elevator hoist.
montàggio, m. *1* (*mecc.*) assembly; assemblage; fitting up: **catena di m.**, assembly line; **reparto di m.**, assembly (*o* assembling) bay *2* (*cinem.*) editing, montage; (*alla moviola*) cutting: **sala di m.**, cutting room *3* (*tipogr.*) mounting. ● **m. dei vetri**, glazing.
montaggista, m. (*tipogr.*) mounter.
montàgna, f. *1* mountain: **L'Everest è la m. più alta del mondo**, Everest is the highest mountain in the world; **scalare una m.**, to climb a mountain; **grande come una m.**, as big as a mountain; **alto quanto una m.**, mountain-high; **andare in m.**, to go to the mountains; **preferire la m. al mare**, to prefer the

mountains to the sea; **venire dalla m.**, to come from the mountains; **catena di montagne**, mountain chain (*o* range); **luogo di villeggiatura in m.**, mountain resort ***2*** (*fig.*) mountain; heap; pile; lot (*fam.*): **una m. di debiti**, a mountain of debts; **una m. di libri**, a heap of books; **una m. di soldi**, a pile (of money) (*fam.*). ● (*geogr.*) **le Montagne Rocciose**, the Rocky Mountains □ (*al luna park*) **montagne russe**, switchback (*sing.*); rollercoaster (*sing., USA*) □ **m. sottomarina**, seamount □ **di m.**, mountain (*attr.*); alpine: **aria di m.**, mountain air; **artiglieria di m.**, mountain artillery; **fiori di m.**, alpine flowers; **mal di m.**, mountain sickness □ **fare della m.**, to practice mountain sports □ (*Bibbia*) **il sermone della m.**, the Sermon on the Mount.

montagnàrdo, *m.* (*stor. francese*) Montagnard.

montagnòla, *f.* mound; knoll; hillock.

montagnóso, *a.* mountainous; hilly: **un paese m.**, a mountainous country.

montanàro, A *a.* of the mountains; mountain (*attr.*): **popolazione montanara**, mountain population; **costumi montanari**, traditions of mountain people. **B** *m.* (*f.* **-a**) mountain dweller; mountaineer.

montanèllo, *m.* (*zool., Carduelis cannabina*) linnet; redpoll.

montanino, *a.* mountain (*attr.*): **aria montanina**, mountain air; **uva montanina**, mountain grapes.

montanișmo, *m.* (*stor. relig.*) Montanism.

montanista, *m., f.* e *a.* (*stor. relig.*) Montanist.

montanistico, *a.* (*stor. relig.*) Montanistic; Montanist.

montàno, *a.* mountain (*attr.*); alpine: **una regione montana**, a mountain district; **paesaggio m.**, mountain landscape; **un piccolo villaggio m.**, a little village on the mountains.

montànte, *m.* ***1*** (*mecc., edil.*) standard, upright, stud, stanchion; (*pilastro*) post; (*di porta*) jamb; (*di finestra*) window-post: **i montanti di una libreria**, the uprights of a set of shelves ***2*** (*aeron.*) strut ***3*** (*boxe*) uppercut ***4*** (*econ.*) total amount. ● (*calcio*) **colpire il m.**, to hit the upright □ (*edil.*) **legname per montanti**, studding □ (*edil.*) **provvedere (un edificio) di montanti**, to stud.

montàre, A *v. i.* ***1*** (*salire*) to mount; to climb; to go* up; to get* on to; to ascend (*lett.*): **m. a cavallo** (*o* **in sella**), to mount one's horse; to get on to one's horse; **m. sulle spalle di q.**, to mount (*o* to climb) on sb.'s shoulders; **m. su un albero**, to climb a tree; **m. su una sedia**, to climb on a chair; **m. su un autobus [un treno]**, to get on a bus [a train] ***2*** (*fig.*) to mount; to rise*; to go*; to get*: **Il sangue le montò alla testa**, the blood rose to her head; **Il vino gli montò alla testa**, the wine went to his head ***3*** (*crescere*) to rise*; to go* up: **La marea monta**, the tide is rising ***4*** (*prendere servizio*) to go* on duty. ● (*fig.*) **m. in cattedra**, to pontificate □ **m. in collera**, to get angry □ **m. in superbia**, to put on (*o* to give oneself) airs □ **m. su tutte le furie** (*o* **in bestia**), to get into a rage; to fly into a passion; to see red (*fam.*). **B** *v. t.* ***1*** (*salire*) to mount; to climb: **m. le scale**, to mount (*o* to climb) the stairs ***2*** (*cavalcare*) to ride*: **m. un cavallo**, to ride a horse ***3*** (*di animale*: *accoppiarsi con*) to cover; to mount ***4*** (*mecc.*) to assemble: **m. una macchina**, to assemble a machine ***5*** (*incastonare*) to mount; to set*: **m. un rubino in oro**, to mount (*o* to set) a ruby in gold ***6*** (*incorniciare*) to frame: **m. un quadro**, to frame a picture ***7*** (*installare*) to mount: **m. un cannone**, to mount a gun ***8*** (*sbattere, frullare*) to whip; to whisk; to beat*: **m. la panna**, to whip the cream; **m. le chiare a neve**, to beat (*o* to whisk) egg whites stiff ***9*** (*mil.*) to mount: **m. la guardia**, to mount guard ***10*** (*cinem.*) to edit; to cut* ***11*** (*fig.*: *esagerare*) to exaggerate; to blow* up. ● **m. una tenda**, to put up a tent □ (*fig.*) **m. la testa a q.**, to turn sb.'s head □ (*fig.*) **montarsi la testa**, to let st. go to one's head; to get a swollen head; to be puffed up; to get too big for one's boots (*fam.*) □ **Il successo l'ha montato**, success has gone to his head. **C montàrsi**, *v. i. pron.* to grow* (*o* to get*) excited; to work oneself up.

montascàle, *m. invar.* chair lift.

montàta, *f.* mounting; ascent; rise. ● (*fisiol.*) **m. lattea**, beginning of lactogenesis.

montàto, *a.* ***1*** (*cucina*) whipped; whisked: **panna montata**, whipped cream; **albumi montati a neve**, stiffly whisked egg whites ***2*** (*fig.*: *di persona*) swollen-headed; big-headed ***3*** (*fig.*: *esagerato*) exaggerated; inflated; puffed up; hyped (*pop.*) ***4*** – (*di cavaliere*) **ben montato**, well-mounted.

montatóio, *m.* footboard; step; (*autom.*) running board; (*per montare a cavallo*) mounting block, horse block.

montatóre, *m.* (*f.* **-trice**) ***1*** (*mecc.*) fitter; assembler ***2*** (*cinem.*) editor.

montatùra, *f.* ***1*** (*il montare*) *V.* **montaggio** ***2*** (*di occhiali*) frame(s) ***3*** (*di gemma*) setting ***4*** (*di cappello e sim.*) trimming ***5*** (*intelaiatura*) frame ***6*** (*fig.*: *esagerazione*) exaggeration; inflation; ballyhoo (*pop.*). ● **m. pubblicitaria**, advertising stunt; hype (*pop.*).

montavivànde, *m. invar.* food lift; dumb waiter.

mónte, *m.* ***1*** (*geogr.*) mountain; (*davanti a nome proprio* o *lett.*) mount (*abbr.*: Mt., Mt): **salire su un m.**, to climb a mountain; **valicare un m.**, to cross a mountain; **il m. Everest**, Mount Everest; **il M. Bianco**, Mount Blanc; **il M. degli Olivi**, the Mount of Olives; **una catena di monti**, a mountain chain (*o* range); **il piede** (*o* **la radice**) **d'un m.**, the foot of a mountain; **ai piedi d'un m.**, at the foot of a mountain; **la cima** (*o* **vetta, cresta**) **d'un m.**, the top of a mountain; a mountain top ***2*** (*fig.*) mountain; heap; pile; lot; load (*fam.*); a great many; plenty of: **un m. di debiti**, a mountain of debts; **un m. di guai**, a lot of troubles; deep trouble; **un m. di libri**, a heap (*o* pile) of books; **un m. di sciocchezze**, a lot (*o* a load) of nonsense; **avere un m. di debiti**, to be up to one's ears in debt; **avere un m. di ragioni**, to have a great many (*o* plenty of) reasons ***3*** (*istituto bancario*) bank ***4*** (*nei giochi di carte*: *gli scarti*) discards (*pl.*); cards discarded (*pl.*). ● **m. di credito su pegno**, pawn agency; pawnshop; pawnbroker's □ **m. di pietà**, pawnshop; pawnbroker's: **portare q.c. al m. di pietà**, to pawn st. □ (*anat.*) **m. di Venere**, mount of Venus □ **m. premi**, money pool; jackpot □ **a m.**, (*del corso d'un fiume*) upstream, upriver; (*fig.*) earlier in the process, at the source □ (*fig.*) **andare a m.**, to fail; to fall through; to come to nothing; to end in smoke (*fam.*) □ **dire un m. di bene di q.**, to speak in high terms of sb.; to sing the praises of sb. □ (*fig.*) **mandare a m.**, (*annullare*) to cancel, to call off, to scrap, to break* off; (*sconvolgere*) to upset, to wreck: **La riunione fu mandata a m.**, the meeting was called off; **Se continuano a seccarmi, mando a m. tutto**, if they keep pestering me, I'll scrap everything; **m. a monte un fidanzamento**, to break off an engagement; **Ha mandato a m. tutti i miei progetti**, he has upset all my plans □ **per valli e per monti**, up hill and down dale □ **promettere mari e monti**, to promise the moon (*o* the earth).

montebiànco, *m.* (*cucina*) montebianco (chestnut pudding with a whipped cream topping).

Montècchi, *m. pl.* (*letter.*) (the) Montagues.

montenegrino, *a.* e *m.* (*f.* **-a**) Montenegrin.

montepremi, *m. invar.* money pool; jackpot.

montessoriano, *a.* Montessorian.

montgomery (*ingl.*), *m. invar.* (*moda*) duffel coat.

monticàre, *v. i.* to be in summer pasture.

monticellite, *f.* (*miner.*) monticellite.

monticèllo, *m.* hillock; rise; mound.

montmorillonite, *f.* (*miner.*) montmorillonite.

montonàta, *f.* (*equitazione*) bucking.

montóne, *m.* (*zool.*) ram; tup. ● **carne di m.**, mutton □ **pelle di m.**, sheepskin □ (*equitazione*) **salto del m.**, bucking.

montuosità, *f.* ***1*** hilliness ***2*** (*altura*) hillock; mound.

montuóso, *a.* mountainous; hilly: **regione montuosa**, mountainous region; highlands (*pl.*).

montùra, *f.* (*mil.*) regimentals (*pl.*); military uniform.

monumentàle, *a.* monumental: **un'iscrizione m.**, a monumental inscription; **una cappella m.**, a monumental chapel; **un'opera m.**, a monumental work; **un letto m.**, a monumental bed.

monumentalità, *f.* monumentality.

monuménto, *m.* ***1*** (*commemorativo*) monument; memorial: **un m. marmoreo**, a marble monument; **un m. a Dante**, a monument to Dante; **m. sepolcrale**, sepulchral monument; **m. ai caduti**, war memorial ***2*** (*opera architettonica*) monument, important work; (*edificio*) historic building; (*al pl., specialm. in una città*) sights: **i monumenti dell'antica Grecia**, the monuments of ancient Greece; **visitare i monumenti d'una città**, to see the sights of a town. ● **m. nazionale**, national monument; (*fig.*) institution □ (*di persona*) **un m. di sapere**, a monument of learning □ (*scherz.*) **Si merita un m.!**, he deserves a medal!

moplèn, *m. invar.* (*marchio*: *chim.*) moplen.

moquette (*franc.*), *f. invar.* (*rivestimento*) fitted carpet, wall-to-wall carpet(ing), carpet; (*il tessuto*) moquette: **passare l'aspirapolvere sulla m.**, to vacuum the carpet; **posa in opera di m.**, carpet fitting; **specialista in m.**, carpet fitter.

mòra (1), *f.* (*bot.*: *del gelso*) mulberry; (*del rovo*) blackberry, bramble. ● **andare per** (*o* **a cogliere**) **more**, to go blackberrying.

mòra (2), *f.* (*leg.*: *ritardo*) delay, mora*; (*inadempienza*) default; (*di pagamento*) arrears (*pl.*); (*somma dovuta per il ritardo*) interest on arrears; (*dilazione*) respite, extension: **essere in m.**, to be in arrears; **cadere** (*o* **andare**) **in m.**, to fall into arrears; **interessi di m.**, interests on arrears; **concedere una m.**, to grant a respite.

mòra (3), *f.* ***1*** (*donna di razza nera*) negro woman*; black woman* ***2*** (*donna bruna*) brunette; (*donna di carnagione scura*) dark-skinned woman*.

moràle, A *a.* moral: **diritti morali**, moral rights; **effetti morali**, moral effects; **filosofia m.**, moral philosophy; ethics (*pl. col verbo al sing.*); **forza m.**, moral courage; **legge m.**, moral law; **senso m.**, moral sense □ **vivere una vita m.**, to live (*o* to lead) a moral life. ● **aiuto m.**, moral support □ **certezza m.**, moral certainty □ **ente m.**, non-profit organization □ **novelle morali**, moral tales □ **schiaffo m.**, humiliation □ **vittoria m.**, moral victory. **B** *m.* morale; spirits (*pl.*): **Il m. delle truppe è altissimo**, the morale of the troops is excellent; **La squadra ha il m. alle stelle**, the team is in high spirits; **tenere alto il m.**, to keep up morale; to keep spirits up; **sollevare il m.**, to boost morale; to raise (sb.'s) spirits; (*rallegrare*) to cheer up, to buck up; **La notizia mi sollevò il m.**, the news cheered me up (*o* raised my spirits); **essere giù di m.**, to be in low spirits; to be down (*o* depressed); **essere su di m.**, to be in high spirits; **Su col m.!**, cheer up!; buck up! **C** *f.* ***1*** (*filosofia m.*) ethics (*pl. col verbo al sing.*); moral philosophy ***2*** (*moralità*) morals (*pl.*); morality; ethics (*pl.*): **la m. cristiana**, Christian morality; **la m. civile [politica]**, civil [political] morals; **gente senza m.**, people without morals;

immoral (*o* dissolute) people; **i dettami della m.**, the dictates of morality **3** (*insegnamento m.*) moral: **trarre la m.**, to draw a moral; **Ogni favola ha la sua m.**, every tale has its moral. ● (*fam.*) **M. della favola, ho dovuto pagare**, to cut a long story short, I had to pay.

moraleggiànte, a. moralizing.

moraleggiàre, v. i. to moralize.

moralìsmo, m. **1** moralism **2** (*pl.*) (*spreg.*) moralizing (*sing.*).

moralìsta, m. e f. moralist: (*iron.*) **fare il m.**, to play the moralist.

moralìstico, a. moralistic(al).

moralità, f. **1** morality; morals (*pl.*): **la m. di un'azione**, the morality of an action; **un uomo di dubbia m.**, a man of doubtful morality; **un uomo di pessima m.**, a man of loose morals **2** (*teatr.*) morality (play).

moralizzàre, v. t. to moralize.

moralizzatóre, A m. (f. **-trice**) moralizer. **B** a. moralizing.

moralizzazióne, f. moralization.

moratòria, f. **1** (*leg.*) moratorium*: **concedere una m.**, to grant a moratorium **2** (*sospensione*) moratorium*; suspension: **una m. sulla costruzione di nuovi missili**, a moratorium on building new missiles; **una m. nei combattimenti**, a suspension of fighting.

moratòrio, a. (*leg.*) moratory.

moràvo, a. e m. (f. **-a**) Moravian.

mòrbida, f. (*geogr., di fiume*) moderate flow.

morbidézza, f. **1** softness; (*tenerezza*) tenderness: **la m. d'un letto**, the softness of a bed; **la m. del filetto**, the tenderness of fillet steak; **la m. della pelle**, the softness (*o* smoothness) of the skin **2** (*di colori, luci, suoni*) softness; mellowness **3** (*fig.*: *arrendevolezza*) tractability; pliancy; docility **4** (*pl.*) (*lett.*: *agi*) luxury: **vivere tra le morbidezze**, to live in luxury.

mòrbido, A a. **1** (*soffice, molle*) soft; (*tenero*) tender: **cera morbida**, soft wax; **terreno m.**, soft ground; **tessuto m.**, soft material; **atterraggio m.**, soft landing; **una bistecca morbida**, a tender steak; **la morbida erba**, the soft grass; **capelli morbidi**, soft hair; **pelle morbida**, soft skin; **mani morbide**, soft hands **2** (*fig.*: *di colore, sapore*) mellow; (*di suoni*) soft: **vino m.**, mellow wine; **dai colori morbidi**, mellow-coloured **3** (*fig.*: *arrendevole*) docile; compliant: **carattere m.**, docile character **4** (*med.*: *morboso*) morbid. ● (*di abito*) **di linea morbida**, loose-fitting □ (*fig.*) **trovare il terreno m.**, to find sb. favourably inclined. **B** m. something soft; soft place: **dormire sul m.**, to sleep on something soft.

morbìgeno, a. morbific.

morbilità, f. (*med.*) morbidity.

morbìllo, m. (*med.*) measles (*pl. col verbo al sing.*).

morbillóso, (*med.*) **A** a. **1** (*del morbillo*) morbillous; morbilliform **2** (*malato di morbillo*) affected by measles. **B** m. (f. **-a**) person affected by measles; measles patient.

morbìno, m. (*pop.*) overexcitement, ebulliency. ● **avere il m.**, to be a live wire.

mòrbo, m. disease; (*epidemia*) epidemic: **la violenza del m.**, the virulence of the disease; **Il m. infierisce**, the epidemic is raging; **m. di Parkinson**, Parkinson's disease. ● **m. asiatico**, Asiatic (*o* epidemic) cholera; cholera morbus □ **m. blu**, congenital cyanosis □ **m. di Addision**, Addison's disease □ **m. di Basedow**, Graves' disease; exophthalmic goitre □ **m. sacro**, epilepsy.

morbosità, f. morbidness; morbidity: **m. di interessi**, morbidity of interests; (*med.*) **quoziente di m.**, morbidity (rate).

morbóso, a. **1** (*med.*) morbid: **sintomo m.**, morbid symptom **2** (*fig.*) morbid, sick, unhealthy, unwholesome; (*patologico*) pathological: **una fantasia morbosa**, a morbid (*o* sick) imagination; **particolari morbosi**, morbid detail; **gelosia morbosa**, pathological jealousy.

morchèlla, f. (*bot., Morchella esculenta*) morel.

mòrchia, f. **1** (*deposito*) dregs (*pl.*) **2** (*mecc.*) dirt; (*di olio lubrificante*) sludge **3** (*della pipa*) dottle.

mordàcchia, f. gag-bit. ● (*fig.*) **mettere la m. a q.**, to gag sb.

mordàce, a. **1** (*che morde facilmente*) snapping: **cane m.**, snapping dog **2** (*fig.*) biting; cutting; scathing; sharp-tongued; pungent; caustic; mordant; incisive: **battuta m.**, caustic (*o* biting, scathing) remark; **parole mordaci**, biting (*o* cutting) words; **una lingua m.**, a sharp tongue; **critico m.**, sharp-tongued critic; **una satira m.**, a pungent satire.

mordacità, f. mordacity; scathingness; pungency; incisiveness; sharpness.

mordènte, A m. **1** (*chim.*) mordant **2** (*mus.*) mordent **3** (*fig.*) bite; edge; push; drive: **privo di m.**, lacking edge (*o* bite); uninspiring. **B** a. **1** biting: **freddo m.**, biting cold **2** V. **mordace**, *def. 2*.

mordenzàre, v. t. (*chim.*) to mordant.

mordenzatùra, f. (*chim.*) mordanting.

mòrdere, v. t. **1** to bite*: **Il cane lo ha morso**, the dog bit him; **Il tuo cane morde?**, does your dog bite?; **Mi morse la mano**, it bit my hand; **m. una mela**, to bite into an apple; **essere tutto morso dalle zanzare**, to be badly bitten by mosquitoes **2** (*fig.*) to bite*; to nip; to pinch; to prick: **Il freddo mordeva**, the cold pinched; **Il vento morde stamane**, there is a biting wind this morning; **La coscienza mi mordeva**, my conscience pricked me **3** (*fig.*: *intaccare, corrodere*) to bite* into; to eat* into; to corrode; to attack: **La lima morse il ferro**, the file bit into the iron **4** (*fig.*: *fare presa*) to grip: (*di pneumatico*) **m. l'asfalto**, to grip the road. ● (*anche fig.*) **m. il freno**, to champ at the bit □ (*anche fig.*) **mordersi le labbra**, to bite one's lips □ (*fig.*) **mordersi le mani** (*o* **le dita**), to regret st.; to kick oneself (*fam.*): **Mi sarei morso le mani**, I could have kicked myself □ (*fig.*) **m. la polvere** [**il terreno**], to bite the dust [the ground] □ (*prov.*) **Can che abbaia non morde**, barking dogs seldom bite.

mordicchiàre, v. t. to nibble (at); to gnaw (at). ● **mordicchiarsi le unghie**, to bite one's nails.

mordigallìna, f. (*bot., Anagallis arvensis*) (scarlet) pimpernel.

mordiglióne, m. (*edil.*) rod bender.

morèlla, f. (*bot., Solanum nigrum*) black nightshade; morel.

morèllo, A a. blackish. **B** m. (*cavallo*) black (*o* dark) horse.

morèna, f. (*geol.*) moraine: **m. centrale**, medial moraine; **m. frontale**, terminal moraine; **m. laterale**, lateral moraine; **m. profonda**, ground moraine.

morèndo, m. invar. (*mus.*) morendo.

morènico, a. (*geol.*) morainal; morainic.

morènte, A a. dying; (*fig.*) moribund: **Ha la mamma m.**, his mother is dying. ● **il sole m.**, the sinking sun. **B** m. e f. dying person.

morésca, f. (*danza*) Moresco; Moorish dance.

morésco, a. Moorish; Moresque: **architettura moresca**, Moorish architecture; **alla moresca**, in the Moorish style; Moresque.

morétta, f. **1** (*ragazza di razza nera*) black girl **2** (*ragazza bruna*) brunette; (*di colorito scuro*) dark-skinned girl **3** (*zool., Aythya fuligula*) tufted duck.

morétto, m. **1** (*ragazzo di razza nera*) black boy **2** (*ragazzo bruno*) dark-haired boy; (*di colorito scuro*) dark-skinned boy.

more uxorio (*lat.*), **A** locuz. avv. as husband and wife: **vivere m.**, to cohabit as husband and wife. **B** locuz. agg. – **convivenza m.**, common law marriage; de facto marriage.

morfallàssi, f. (*biol.*) morphallaxis.

morfèma, m. (*ling.*) morpheme.

morfemàtico, a. (*ling.*) morphemic.

Morfèo, m. (*mitol.*) Morpheus.

morfìna, f. morphine; morphia.

morfinìsmo, m. (*med.*) morphinism.

morfinòmane, m. e f. (*med.*) morphine addict.

morfinomania, f. (*med.*) morphine addiction; morphinomania.

morfìsmo, m. (*mat.*) morphism.

morfofonèma, m. (*ling.*) morphophoneme.

morfofonemàtica, morfofonologia, f. (*ling.*) morphophonemics (*pl. col verbo al sing.*).

morfogènesi, f. (*biol.*) morphogenesis.

morfogenètico, a. (*biol.*) morphogenetic.

morfolìna, f. (*chim.*) morpholine.

morfologia, f. (*biol., geogr., ling.*) morphology.

morfològico, a. morphologic(al).

morfonèma, e *deriv.* V. **morfofonema,** e *deriv.*

morfòsi, f. (*biol.*) morphosis.

morfosintàssi, f. (*ling.*) morphosyntax.

morfosintàttico, a. (*ling.*) morphosyntactic.

Morgàna, f. Morgan. ● **la Fata M.**, Morgan le Fay.

morganàtico, a. morganatic: **matrimonio m.**, morganatic (*o* left-handed) marriage.

morganite, f. (*miner.*) morganite.

morgue (*franc.*), f. invar. morgue.

moria, f. **1** (*di animali*) pestilence, plague; (*di bovini*) cattle-plague, murrain: **una m. di pesci** a fish-plague **2** (*bot.*) blight; rot.

moribóndo, A a. dying; (*fig.*) moribund: **Lo trovarono m.**, they found him dying; **una civiltà moribonda**, a moribund civilization. **B** m. (f. **-a**) dying person. ● **assistere i moribondi**, to assist the dying.

morigeratézza, f. **1** moderation; temperance; sobriety **2** (*buoni costumi*) good morals (*pl.*).

morigeràto, a. moderate; sober; sober-minded: **vita morigerata**, sober lifestyle; **un giovane m.**, a sober-minded young man.

morigliόne, m. (*zool., Aythya ferina*) pochard; dun-bird.

morióne (1), m. (*stor.*) morion.

morióne (2), m. (*miner.*) morion.

morire, A v. i. **1** to die: **Morì nel 1874**, he died in 1874; **Mio nonno è morto a novant'anni**, my grandfather died at ninety; **È morto un mese fa**, he died a month ago; **Tutti dobbiamo m.**, we all must die; death comes to us all; **Gli è morta la madre**, he has lost his mother; **Ha visto m. tutti i figli**, he outlived all his children; **m. giovane**, to die young; **m. povero**, to die poor; **m. tisico**, to die of consumption; **m. martire**, to die a martyr; **m. di cancro**, to die of cancer; **m. di ferite**, to die from wounds; **m. di vecchiaia**, to die of old age; **m. di morte improvvisa**, to die suddenly; **m. di morte naturale** [**violenta**], to die a natural [a violent] death; **m. in battaglia**, to die on the battle-field; **m. in miseria**, to die in poverty; **lasciarsi m.**, to let oneself die; **Credevo di m.**, I thought I was going to die **2** (*cessare a poco a poco, spegnersi*) to die away, to pass away, to draw* to a close; (*estinguersi*) to die* out: **Le nostre speranze muoiono**, our hopes are dying away; **Il suono moriva allontanandosi**, the sound was dying away; **Moriva il giorno**, the day was drawing to its close; it was growing dark; **lasciare m. il fuoco**, to let the fire die (*o* go out); **un'usanza che sta morendo**, a dying custom **3** (*di luce, di colore*) to fade **4** (*terminare*) to end; to terminate: **La strada muore qui**, the road ends here; **Il treno m. a Milano**, the train terminates at (*o* only goes as far as) Milan. ● **m. al mondo**, to renounce the world □ **m. ammazzato**, to be killed □ **m. annegato**, to drown □ **m. avvelenato**, to die of poison; to be poisoned □ **m. civilmente**, to suffer civil death; to lose civil rights □ **m. come un cane**, to die a dog's death □ (*fam.*) **m. come le mosche**, to die like flies □ (*fig.*) **m. dalla voglia di q.c.** (*o* **di fare q.c.**), to be dying for st. (*o* to do st.); to itch (to do st.): **Muoio dalla voglia di vederli**, I'm dying to see them; I can't wait to see them □ (*fig.*) **m. dalla curiosità**, to be dying with curiosity □ (*fig.*) **m. dalle risa**, to die with laughter; to be in stitches (*fam.*) □ (*fig.*) **m. dal sonno**, to be asleep on one's feet □ **m. di crepacuore**, to die of a broken heart (*o* broken-hearted) □ **m. di fame**, to die of hunger; to starve to death; (*fig.*) to be starving □ **m. di freddo**, to freeze to death; (*fig.*) to be freezing □ (*fig.*) **m. di noia**, to be bored to death (*o* to tears) □ **m. di paura** (*o* **dallo spavento**), to die of fright; (*fig.*) to be frightened to death, to be scared out of one's wits (*fam.*) □ **m. dissanguato**, to bleed to death □ **m. impiccato**, to be hanged; to hang □ (*fig.*) **m. in piedi**, to die with one's boots on □ **m. male** (*o* **di mala morte**), to come to a bad end □ (*lett.*) **m. nel bacio del Signore**, to die in the grace of God □ **m. nel fiore degli anni**, to die in the prime of life □ **m. prematuramente**, to die before one's time □ **m. santamente**, to die a holy death □ **m. solo come un cane**, to die alone □ **m. suicida**, to commit suicide □ (*fam.*) **Chi non muore si rivede!**, fancy meeting you again!; look who is here!; long time no see (*fam.*)! □ **Lo farò a costo di m.**, I'll do it even if it kills me □ **Fa un freddo da m.**, it's bitterly cold □ **Fa un caldo da m.**, it's boiling hot □ **Mi fa un male da m.**, it hurts badly; it's terribly painful □ **Mi piace da m.**, I simply love it [him, etc.]; I'm mad about it [him, etc.] □ **bello da m.**, incredibly beautiful; gorgeous □ **stanco da m.**, dead tired; exhausted; dog-tired □ **voler bene da m. a q.**, to be terribly fond of sb. □ **duro a m.**, persistent □ **far m.**, to kill; (*mettere a morte*) to put to death: **Il gelo ha fatto m. i miei fiori**, the frost has killed my flowers □ **Tu mi farai m.!**, you'll be the death of me! □ **Mi fa m. con le sue battute!**, his jokes just kill me! □ **lasciare m. il discorso**, to let the conversation drop □ **La parola le morì sulle labbra**, the word froze on her lips □ **La protesta morì sul nascere**, the protest was over almost before it had begun □ **Meglio di così si muore**, it couldn't be any better; you can't have it better than that □ **Peggio di così si muore**, it couldn't be worse; that's the very worst thing that could happen; it's the pits! (*fam. USA*) □ **Piuttosto m.!**, over my dead body! □ **Piuttosto m. che...!**, I had rather die than...! □ **Che io possa m. se lo so!**, may I drop down dead if I know! □ **Mi sento m. all'idea di un altro trasloco!**, the very idea of yet another move makes my heart sink □ (*prov.*) **Chi muore giace, e chi vive si dà pace**, let the dead bury the dead □ (*prov.*) **Morto un papa, se ne fa un altro**, the King is dead: long live the King. **B** *v. t.* (*lett.*) to die: **m. una morte onorata**, to die an honourable death. **C morirsi**, *v. i. pron.* (*lett.*) to die (away).

moritùro, **A** *a.* (*lett.*) doomed (*o* about) to die; (*fig.*, *anche*) moribund. **B** *m.* (*f.* **-a**) person about to die.

mormóne, *m.* e *f.* (*relig.*) Mormon.

mormònico, *a.* (*relig.*) Mormon.

mormonismo, *m.* (*relig.*) Mormonism.

mórmora, *f.* (*zool.*, *Lythognatus mormyrus*) striped bream.

mormoraménto, *m.* **1** murmuring **2** (*diceria*) rumour; gossip.

mormoràre, **A** *v. i.* **1** to murmur; (*bisbigliare*) to whisper; (*borbottare*) to mutter, to mumble; (*brontolare*) to grumble: **un ruscello che mormora**, a murmuring (*o* babbling) brook; **m. fra sé**, to mutter (away) to oneself **2** (*lamentarsi*) to complain (of st.); to grumble (about st.); (*sparlare*) to speak* ill (of st.), to gossip (about st.): **Ha sempre da m.**, he is always complaining about something; **m. sul conto di q.**, to speak ill of sb.; **La gente mormora**, people talk. ● **Si mormora molto sul tuo conto**, there is a lot of talk going around about you □ **Si mormora che...**, there is a rumour that...; it is rumoured that... **B** *v. t.* to murmur; to say* under one's breath; to whisper; (*borbottare*) to mutter, to mumble: **m. una preghiera**, to say a prayer under one's breath; to mutter a prayer; **m. q.c. all'orecchio di q.**, to whisper st. in sb.'s ear; **m. q.c. tra i denti**, to mutter st. between one's teeth.

mormoratóre, *m.* (*f.* **-trice**) **1** (*chi brontola*) mumbler; grumbler **2** (*maldicente*) gossip; backbiter.

mormorazióne, *f.* **1** (*lamentela*) complaining; grumbling **2** (*maldicenza*) gossiping.

mormorìo, *m.* murmur; murmuring; (*bisbiglio*) whispering; (*fruscio*) rustling; (*di ruscello*) babbling; (*borbottio*) mumbling, grumbling: **il m. della folla**, the murmur of the crowd; **un m. di approvazione**, a murmur of approval; **il m. del vento**, the whispering of the wind; **il m. delle foglie**, the rustling of leaves.

mòro (**1**), **A** *a.* **1** (*stor.*) Moorish **2** (*di pelle nera*) black **3** (*di capelli scuri*) dark-haired; (*di colorito bruno*) dark-skinned **4** (*nero*) black. **B** *m.* **1** (*stor.*) Moor **2** (*uomo di razza nera*) negro; black man* **3** (*uomo bruno*) dark-haired man*; (*uomo di colorito bruno*) dark-skinned man*. ● **il M. di Venezia**, the Moor of Venice.

mòro (**2**), *m.* (*bot.*, *Morus*) mulberry(-tree).

morósa, *f.* V. **moroso**.

morosità, *f.* arrearage; delay in payment: **sfratto per m.**, eviction for non-payment of rent.

moróso (**1**), **A** *a.* in arrear(s) (*pred.*); in default (*pred.*); defaulting; tardy: **debitore m.**, defaulting debtor. **B** *m.* (*f.* **-a**) defaulter; defaulting debtor; person in arrear(s).

moróso (**2**), *m.* (*f.* **-a**) (*fam.*) boyfriend (*f.* girlfriend); sweetheart.

mòrra, *f.* mor(r)a: **giocare alla m.**, to play mor(r)a.

morrò, *1ª pers. sing. indic. fut. di* **morire**.

mòrsa, *f.* **1** (*mecc.*) vice, vise (*USA*): **stringere in una m.**, to clamp in a vice; **le ganasce di una m.**, the jaws of a vice; **m. a ganasce parallele**, parallel-jaw vice; **m. girevole**, swivel vice; **m. per trapano**, drill vice; **m. per tubi**, pipe vice; **stringere come in una m.**, to hold as if in a vice **2** (*edil.*) toothing **3** (*fig.*) (vicelike) grip: **la m. del freddo**, the grip of cold; (*econ.*) **la m. dei tassi**, the grip of interest rates; **Mi liberai dalla m. delle sue braccia**, I struggled free of his vicelike grip.

Morse (*ingl.*), *a. invar.* Morse: **alfabeto M.**, Morse code; **trasmettere in M.**, to transmit in Morse code.

morsettièra, *f.* **1** (*elettr.*) terminal board **2** (*tel.*) terminal block.

morsétto, *m.* **1** (*mecc.*) clamp, holdfast; (*elettr.*) terminal: **m. a mano**, screw (*o* adjustable) clamp; **m. portautensili**, tool clamp; **m. d'attacco**, connecting terminal; (*elettr.*) **m. di carica**, charging clip; **i morsetti della batteria**, the battery terminals **2** (*stringinaso*) nose-peg.

morsicàre, V. **mordere**, *def. 1*.

morsicatùra, *f.* bite: **morsicature d'insetti**, insect bites.

morsicchiàre, *v. t.* to nibble at; (*rodere*) to gnaw at: **m. un pezzo di pane**, to nibble at a piece of bread; **Il cane morsicchia un osso**, the dog is gnawing at a bone.

mòrso, *m.* **1** bite: **il m. d'un cane**, a dogbite; **m. di serpente**, snakebite; **m. di pulce**, fleabite; **Mi ha dato un m.**, it bit me; **Diedi un m. alla mela**, I bit into the apple; **staccare con un m.**, to bite off **2** (*boccone*) bite, morsel, mouthful; (*pezzetto*) small piece, bit: **un m. di pane**, a morsel of bread; **Dammene un m.!**, let me have a bite! **3** (*fig.*) sting; pangs (*pl.*): **il m. della fame**, the sting (*o* the pangs) of hunger; **il m. della gelosia**, the sting of jealousy; **il m. del vento**, the sting of the wind **4** (*sapore aspro*) sharp flavour; (*sapore piccante*) hot taste: **il m. del pepe**, the hot taste of pepper **5** (*finimento del cavallo*) bit; (*snodato*) snaffle: (*anche fig.*) **allentare il m.**, to slacken the bit; (*anche fig.*) **stringere il m.**, to tighten the bit **6** (*delle tenaglie*) jaws (*pl.*). ● **difendersi a morsi**, to defend oneself by biting; to bite back in self-defence □ **mangiare q.c. a morsi**, to take bites out of st. □ (*fig.*) **mettere il m. a q.**, to curb sb.; to subdue.

morsùra, *f.* (*tipogr.*) etching.

mòrta, *f.* **1** V. **morto**, **B**, *def. 1* **2** (*di alveo fluviale*) old river-bed **3** (*fig.*: *stasi*) standstill.

mortadèlla, *f.* (*cucina*) mortadella (Bologna sausage).

mortàio, *m.* **1** mortar **2** (*mil.*) mortar. ● (*fig.*) **pestare l'acqua nel m.**, to speak to the winds; to talk to deaf ears.

mortàle, **A** *a.* **1** mortal; (*caduco*) transient, transitory: **Gli uomini sono mortali**, man is mortal; **cose mortali**, transitory things; **la vita m.**, mortal life; **le spoglie mortali**, the mortal remains; **nemico m.**, mortal (*o* deadly) enemy; **combattimento m.**, mortal fight; **odio m.**, deadly hatred **2** (*che cagiona morte*) mortal; deadly; deathly; fatal; lethal: **una ferita m.**, a mortal wound; a death-wound; **un colpo m.**, a deadly (*o* fatal) blow; **veleno m.**, deadly (*o* lethal) poison; **incidente m.**, fatal accident; **tristezza m.**, mortal sadness **3** (*simile alla morte, di morte*) deadly; deathly; deathlike: **pallore m.**, deadly pallor; **silenzio m.**, deathlike (*o* deadly) silence **4** (*relig.*) mortal; deadly: **peccato m.**, mortal (*o* deadly) sin. ● **una noia m.**, a dreadful bore; a drag (*fam.*) □ (*fig.*) **Sarebbe un peccato m. se...**, it would be a great pity if... □ **salto m.**, somersault. **B** *m.* e *f.* mortal: **noi poveri mortali**, we poor mortals; **Fortunato m.!**, lucky fellow!

mortalétto, V. **mortaretto**.

mortalità, *f.* **1** mortality **2** (*stat.*) mortality (rate); death-rate: **m. antenatale**, antenatal mortality; **m. infantile**, infant mortality; **m. per incidenti stradali**, road toll; highway toll (*USA*).

mortalménte, *avv.* mortally; fatally; (*come la morte*) deathly: **ferito m.**, mortally wounded; fatally injured; **offeso m.**, mortally offended; **m. pallido**, deathly pale. ● **Mi annoio m.**, I'm bored to death.

mortarétto, *m.* firecracker.

mortàsa, *f.* (*falegn.*) mortise, mortice: **giunto a tenone e m.**, mortise and tenon joint. ● **congiungere a m.**, to mortise □ **connessione a m.**, mortising.

mortasàre, *v. t.* (*falegn.*) to mortise, to mortice.

mortasatrice, *f.* (*falegn.*) mortising machine; mortiser: **m. combinata**, boring-and--mortising machine; **m. a catena**, chain (and chisel) mortiser.

mortasatùra, *f.* (*falegn.*) slotting.

mòrte, *f.* **1** death: **la m. di mio zio**, my uncle's death; **Ci sono state molte morti in paese**, there have been several deaths in the village; **m. immatura**, premature death; untimely end; **m. improvvisa**, sudden death; **m. naturale**, natural death; **m. violenta**, violent death; **m. per annegamento**, death by drowning; **m. per avvelenamento**, death by poison; **affrontare la m.**, to face death; **fare una buona m.**, to die a good death; to die well; **bastonare q. a m.**, to beat sb. to death; **condannare q. a m.**, to sentence sb. to death; **essere ferito a m.**, to be mortally wounded; **certificato di m.**, death certificate; **sentenza di m.**, death sentence **2** (*fig.*: *fine*) death; end: **la m. di un regno**, the death of a kingdom; **la m. di tutte le mie speranze**, the end of all my hopes. ● **m. bianca**, (*per asfissia*) death by asphyxia; (*per assideramento*) death from exposure □ (*med.*) **m. cerebrale**, brain death □ (*leg.*) **m. civile**, civil death; loss of civil rights □ (*leg.*) **m. presunta**, presumptive death □ **A m. il traditore!**, death to the traitor! □ **andare incontro a sicura m.**, to face certain death □ **essere annoiato a m.**, to be bored to death (*o* to tears) □ **augurare la m. a q.**, to hope sb. may die □ (*fig.*) **avere la m. in cuore**, to be heavy-hearted □ **avercela a m. con q.**, to hate sb.; to have it in for sb. □ **dare la m. a q.**, to put sb. to death □ **darsi la m.**, to take one's own life; to kill oneself □ (*scherz.*) **Dimmi subito di che morte devo m.**, tell me the bad news (*o* the worst) at once □ **un discorso in m. di q.**, a speech on the death of sb. □ **Sarai la mia m.!**, you'll be the death of me! □ **fare la m. del topo**, to be caught like a rat in a trap □ **finché m. non ci separi**, till death us do part □ **fino** (*o* **sino**) **alla m.**, till death; until one dies; all one's life; for life; for ever (and ever): **fedele fino alla m.**, faithful till death; **combattere fino alla m.**, to fight to the death; **È vissuto qui fino alla m.**, he lived here all his life (*o* for the rest of his life) □ **in punto di m.**, at the point of death; at death's door; near one's end □ **letto di m.**, deathbed: **essere sul letto di m.**, to be on one's deathbed; **parole dette sul letto di m.**, deathbed words □ **mettere a m. q.**, to put sb. to death; to execute sb. □ (*fam.*) **La m. del tacchino è arrosto**, the best way of cooking a turkey is to roast it □ **un pallore di m.**, a deathly pallor □ **pena di m.**, capital punishment; death penalty □ **È questione di vita o di m.**, it's a matter of life or death □ **scherzare con la m.**, to gamble with death □ (*relig.*) **la seconda m.**, the second death □ (*scherz.*) **sembrare la m. in vacanza**, to look deadly (*o* ghastly); to look like death warmed up (*fam.*) □ **sfidare la m.**, to risk one's life □ **un silenzio di m.**, a deathlike silence □ **spaventato a m.**, frightened to death □ **essere tra la vita e la m.**, to be between life and death □ **trovare la m.**, to find one's death □ **trovarsi faccia a faccia con la m.**, to come face to face with death; to stare death in the face.

mortèlla, *f.* (*bot., Myrtus communis*) myrtle.

morticino, *m.* dead child*.

mortìfero, *a.* (*lett.*) deadly; lethal.

mortificànte, *a.* mortifying; humiliating.

mortificàre, **A** *v. t.* ***1*** to mortify (*generalm. al passivo*); (*umiliare*) to humble, to humiliate; (*svilire*) to demean: **Il suo rimprovero mi mortificò**, I felt mortified by his reproach; **m. i propri nemici**, to humble one's enemies; **m. il proprio talento**, to demean one's talent ***2*** (*reprimere*) to mortify: **m. la carne [le proprie passioni]**, to mortify the flesh [one's passions] ***3*** (*med.*) to mortify. **B mortificàrsi**, *v. rifl.* to mortify oneself. **C mortificàrsi**, *v. i. pron.* (*provare mortificazione*) to be (*o* to feel*) mortified.

mortificàto, *a.* ***1*** (*umiliato*) mortified; humiliated ***2*** (*dispiaciuto*) very sorry; regretful; chagrined: **Sono m., ma purtroppo...**, I'm very sorry, but...; I regret it very much, but... ***3*** (*represso*) repressed ***4*** (*med.*) mortified.

mortificazióne, *f.* ***1*** (*umiliazione*) mortification; humiliation: **È stata per me una terribile m.**, it was a great mortification (*o* humiliation) for me; **Che m.!**, what a humiliation! ● **ricevere una m.**, to be mortified; to feel humiliated ***2*** (*relig.*) mortification: **la m. del corpo**, the mortification of the body ***3*** (*med.*) mortification.

mortìṣa, *V.* **mortasa**.

mòrto, **A** *a.* ***1*** dead: **un soldato m.**, a dead soldier; **un albero m.**, a dead tree; **foglie morte**, dead leaves; **Lo trovarono m.**, they found him dead; **È morta da cinque ore**, she has been dead for five hours; she died five hours ago; **«Hai ancora i genitori?» «No, sono morti»**, «are your parents still alive?» «no, they are dead»; **un corpo m.**, a dead body; a corpse; **più m. che vivo**, more dead than alive; half-dead; **cadere m.**, to drop down dead ***2*** (*smorto, cupo*) dead; dull: **un colore m.**, a dull colour ***3*** (*fig.*: *inattivo, di stasi*) dead; (*comm.*) slack: **una città m.**, a dead town; **la stagione morta**, the dead (*o* the off) season; **Siamo nella stagione morta** (*per gli affari*), trade is slack just now. ● (*fig.*) **m. di fame**, starving □ (*fig.*) **m. di freddo**, freezing □ **m. di sonno**, half asleep □ **m. e sepolto**, dead and buried □ **m. stecchito**, as dead as a door-nail; stone-dead □ **acqua morta**, dead (*o* stagnant) water □ (*mil.*) **angolo m.**, dead ground □ (*ferr.*) **binario m.**, dead-end track; siding □ **braccio m.**, paralyzed arm □ **denaro m.**, dead (*o* unemployed) capital □ **leggi morte**, dead laws □ **lingue morte**, dead languages □ **mare m.**, hollow sea; swell □ (*geogr.*) **il Mar M.**, the Dead Sea □ **mezzo m. dalla paura**, half dead with fright; scared stiff (*fam.*) □ (*anche fig.*) **nato m.**, stillborn □ **natura morta**, still life □ **peso m.**, dead weight □ **un punto m.**, a deadlock; a standstill □ **stanco m.**, exhausted; dead tired; tired out; deadbeat (*fam. USA*) □ **terreno m.**, waste land □ **È un uomo m.** (*è spacciato*), he is a dead man; he is done for (*fam.*); he is a goner (*pop.*). **B** *m.* ***1*** (*f.* **-a**) (*uomo*) dead man* (*f.* woman*); (*pl.*) (*collett.*) (the) dead; (*cadavere*) (dead) body, corpse: **C'erano diversi morti per strada**, there were several dead people lying in the street; **Hanno trovato un m.**, they've found a body; **Ci sono stati sei morti nell'incidente**, six people died in the accident; **Si pensa che i morti siano più di 200**, the dead are thought to number more than 200; **i morti e i vivi**, the living and the dead; **piangere i morti**, to mourn for the dead ***2*** (*fam.*: *denaro nascosto*) hoard ***3*** (*alle carte*) dummy ***4*** (*scherz.*: *bottiglia vuota*) dead man*. ● (*fam.*) **un m. di fame**, a good-for-nothing □ (*fig.*) **un m. di sonno**, a zombie □ **cassa da m.**, coffin □ **fare il m.**, (*fingersi m.*) to pretend to be dead; (*nel nuoto*) to float on one's back, to do the dead man's float (*USA*) □ **il giorno dei morti**, All Souls' Day □ **pallido come un m.**, deathly pale; as pale as a ghost □ **sembrare un m. che cammina**, to look like a walking corpse (*o* a zombie) □ **suonare a m.**, to toll □ **ufficio dei morti**, dead-office; burial service □ **Qui ci scappa il m.**, someone is going to get killed.

mortòrio, *m.* – **La festa era un m.**, the party was deadly dull (*o* as dull as ditchwater); **Che m. questo posto!**, what a dull place this is!; this place is a morgue!

mortuàrio, *a.* mortuary: **regolamenti mortuari**, mortuary rules; **camera mortuaria**, mortuary. ● **annunzio m.**, obituary □ **carro m.**, hearse □ **lapide mortuaria**, gravestone; tombstone.

mòrula, *f.* (*biol.*) morula*.

mòrva, *f.* (*vet.*) glanders.

Mòṣa, *f.* (*geogr.*) (the) Meuse.

moṣaicàto, *a.* mosaic (*attr.*).

moṣaicista, *m.* e *f.* mosaicist.

moṣàico (1), *m.* ***1*** mosaic: **lavoro a m.**, mosaic work; **m. a smalto**, glazed mosaic; **pavimentazione a m.**, mosaic flooring; Venetian paving; terrazzo; (*irregolare*) crazy paving ***2*** (*fig.*) mosaic; patchwork; pastiche ***3*** (*bot.*) mosaic (disease).

moṣàico (2), *a.* (*relig.*) Mosaic: **la legge mosaica**, the Mosaic law.

moṣaiṣmo, *m.* (*relig.*) Mosaism.

Mósca, *f.* (*geogr.*) Moscow.

mósca, **A** *f.* ***1*** (*zool.*) fly: **acchiappare le mosche**, to catch flies; **morire come le mosche**, to die like flies ***2*** (*zool.*) – **m. tsè tsè** (*Glossina palpalis*), tsetse fly; **m. cavallina** (*Hippobosca equina*), horsefly; **m. carnaria** (*o* **della carne**) (*Sarcophaga carnaria*), flesh fly; **m. della frutta**, fruitfly; **m. domestica** (*Musca domestica*), housefly; **m. olearia** (*Dacus oleae*), olive fly ***3*** (*finto neo*) patch; beauty spot ***4*** (*barbetta*) imperial; goatee ***5*** (*esca*) fly; buzz: **pescare con la m.**, to fish with a fly; to go fly-fishing ***6*** (*naut.*) flyboat. ● (*fig.*) **m. bianca**, rara avis (*lat.*); rarity □ **m. cieca**, *V.* **moscacieca** □ (*fig.*) **m. cocchiera**, officious person; busybody (*fam.*) □ (*fig.*) **avere paura d'una m.**, to be afraid of one's own shadow □ **fare d'una m. un elefante**, to make a mountain out of a molehill □ **Non farebbe male a una m.**, he wouldn't hurt a fly □ **essere più fastidioso d'una m.**, to be a pest; to be a pain in the neck □ (*fig.*) **restare con un pugno di mosche in mano**, to be left empty-handed □ **Mi saltò la m. al naso**, I lost my temper; I flew off the handle (*fam.*) □ **far saltare la m. al naso a q.**, to raise sb.'s hackles; to ruffle sb. □ (*fig.*) **Non si sentiva volare una m.**, you could have heard a feather (*o* a pin) drop □ (*scherz.*) **(Zitto e) m.!**, hush!; mum's the word! □ (*prov.*) **In bocca chiusa non entran mosche**, a closed mouth catches no flies. **B** *a.* – (*lotta, boxe*) **peso m.**, flyweight.

moscacièca, *f.* blindman's buff: **giocare a m. cieca**, to play blindman's buff.

moscàio, *m.* ***1*** (*sciame di mosche*) swarm of flies ***2*** (*luogo pieno di mosche*) place full of flies.

moscaiòla, *f.* ***1*** (*protezione*) flynet; meat-safe ***2*** (*trappola per mosche*) flytrap.

moscardino, *m.* ***1*** (*zool., Muscardinus avellanarius*) dormouse* ***2*** (*fig.*: *zerbinotto*) dandy; fop.

moscatèllo, *a.* e *m.* muscatel.

moscàto (1), **A** *a.* ***1*** muscat (*attr.*): **uva moscata**, muscat grapes (*pl.*) ***2*** (*di frutti o piante aromatiche*) musk (*attr.*). **B** *m.* (*vino*) muscat (wine); muscatel.

moscàto (2), *a.* (*del mantello equino*) dappled.

moscatùra, *f.* dapple; dappling.

moscerino, *m.* ***1*** midge; gnat ***2*** (*fig.*) shrimp.

moschèa, *f.* mosque.

moschettàta, *f.* musket-shot.

moschettàto, *a.* speckled; spotted; dotted.

moschetteria, *f.* musketry.

moschettièra, *f.* – **cappello alla m.**, plumed hat; **guanti alla moschettiera**, mousquetaire gloves.

moschettière, *m.* musketeer.

moschétto, *m.* musket.

moschettóne, *m.* ***1*** (*mil.*) musketoon ***2*** (*gancio*) spring catch ***3*** (*alpinismo*) karabiner; snap link; crab.

moschicìda, **A** *a.* fly-killing. ● **carta m.**, flypaper. **B** *m.* insecticide.

móscio, *a.* ***1*** soft; flaccid; flabby (*anche fig.*): **un cappello m.**, a soft hat; **muscoli mosci**, flabby muscles ***2*** (*fig.*: *fiacco*) lifeless; dull; wishy-washy. ● **parlare con l'erre moscia**, to speak with a French r.

mòsco, *m.* (*zool., Moschus moschiferus*) musk deer*.

moscóne, *m.* ***1*** (*zool.*) bluebottle; blowfly ***2*** (*fig.*) suitor ***3*** (*naut.*) twin-hull pleasure boat ***4*** (*giorn.*) announcement. ● (*zool.*) **moscon d'oro**, goldsmith beetle; rose chafer.

Moscòvia, *f.* (*stor.*) Muscovy.

moscovita, **A** *a.* of Moscow; Moscow (*attr.*); Muscovite. **B** *m.* e *f.* Muscovite.

Mosè, *m.* Moses.

Moṣèlla, *f.* (*geogr.*) (the) Moselle.

mosquito (*spagn.*), *m. invar.* (*zool.*) mosquito.

mòssa, *f.* ***1*** (*gesto, movimento*) movement; move: **una m. brusca**, a brusque movement; **vigilare le mosse di q.**, to watch sb.'s movements; **Fece una m. improvvisa**, he made a sudden move; he started; **fare una m. con la spalla**, to shrug one's shoulders ***2*** (*azione, in-*

tervento) move: **un'abile m.**, a clever (*o* shrewd) move; **una m. falsa**, a false move; **una m. felice**, a lucky move; **La m. venne da lui**, he made the first move; he took the first step ***3*** (*nei giochi da tavolino*) move: **fare una m.**, to make a move; **scacco in tre mosse**, checkmate in three moves; **La prima m. spetta al nero**, black moves first ***4*** (*sport*) starting post. ● **m. iniziale**, beginning □ **dare la m. a q.c.**, to give a start to st.; to give an impulse to st. □ (*fam.*) **darsi una m.**, to get going □ **Datti una m.!**, get a move on! □ **essere sulle mosse di**, to be about to □ (*di ballerina*) **fare la m.**, to wiggle one's pelvis □ **Fece la m. di tirarmi un libro**, he made as if to throw a book at me □ **prendere le mosse**, to begin; to start; (*avere origine*) to arise □ **stare sulle mosse**, to be ready to start.

mossière, *m.* (*sport*) starter.

mòsso, *a.* ***1*** moved ***2*** (*mus.*) mosso. ● **capelli mossi**, wavy hair □ **fotografia mossa**, blurred photograph □ **mare mosso**, choppy sea □ **paesaggio m.**, varied landscape □ **ritmo m.**, lively rhythm □ **terreno m.**, ploughed land.

mostàccio, *m.* (*spreg.*) ugly face; ugly mug (*fam.*).

mostàrda, *f.* mustard. ● **m. di Cremona**, fruit mustard; fruit pickles (*pl.*).

mostardièra, *f.* mustard pot.

mósto, *m.* must. ● **m. del malto**, wort.

mostóso, *a.* abounding in must.

móstra, *f.* ***1*** show; display: **essere in m.**, to be on show (*o* on display) ***2*** (*esposizione*) show; exhibition; fair: **una m. d'arte**, an art exhibition; **una m. di bestiame**, a cattle show; **m. canina**, dog show; **m. di fiori**, flower show; **m. dell'artigianato**, arts and crafts exhibition; **m. campionaria**, trade fair; **m. itinerante**, travelling exhibition ***3*** (*vetrina*) shop-window; (*bacheca*) showcase ***4*** (*apparenza*) show; (*finzione*) pretence ***5*** (*saggio di mercanzia*) sample ***6*** (*risvolto di abito*) facing ***7*** (*di orologio*) dial. ● **far m. (di)**, to pretend: **Fece m. d'andarsene**, he pretended to leave □ **fare bella m. di sé** (*o* **essere in bella m.**), to make a fine show; to take pride of place □ **fare q.c. per m.**, to do st. for show □ **mettere in m.**, to display; to exhibit; (*ostentare*) to make a display of, to show off, to parade: **mettere in m. la propria merce**, to display one's merchandise; **mettere in m. i propri quadri in una galleria d'arte**, to exhibit one's paintings in an art gallery; (*fig.*) **mettere in m. il proprio sapere**, to show off one's learning □ **mettersi in m.**, to show off; to make oneself conspicuous; to advertise oneself.

mostràbile, *a.* showable; exhibitable; displayable.

mostra-mercàto, *f.* fair.

mostràre, **A** *v. t.* ***1*** to show*; (*esporre*) to exhibit, to display; (*far vedere*) to let* (sb.) see: **Mostrami il tuo anello**, show me your ring; let me see your ring; **Mostrò il quadro a tutti gli amici**, he showed the picture to all his friends; **m. a q. come fare q.c.**, to show sb. how to do st.; **m. la propria abilità**, to display one's skill; (*fig.*) **m. i denti**, to show one's teeth; **m. la lingua al medico**, to show one's tongue to the doctor; **m. q.c. con un esempio**, to make st. clear with an example; **non avere il coraggio di m. la faccia** (*o* **il viso**), not to have the courage to show one's face ***2*** (*indicare*) to show*; to point: **m. la strada**, to show the way: **Mostrami la strada per andare a casa**, show me the way home; **Mi mostrò il mio posto**, he showed me my seat ***3*** (*manifestare*) to show, to display; (*rivelare*) to reveal; (*dimostrare*) to prove: **m. paura**, to show fear; **non m. paura**, to show no fear; **m. incertezza**, to hesitate; **m. la propria viltà**, to reveal one's cowardice; **m. le proprie intenzioni**, to show (*o* to reveal, to disclose) one's designs; to show one's hand (*fam.*) ***4*** (*fingere*) to pretend: **Mostrò di non vedermi**, he pretended not to see me. ● **m. i pugni a q.**, to shake one's fist at sb. □ **m. q. a dito**, to point at sb. □ **non m. i propri anni**, not to look one's age. **B** *v. i.* (*dare a vedere*) to pretend; to make* (a) show of: **m. di non saperne nulla**, to pretend not to know anything; **m. di non curarsi di q.c.**, to pretend not to care about st. **C** **mostràrsi**, *v. rifl.* ***1*** to show* oneself: **m. in pubblico**, to show oneself in public ***2*** (*dimostrarsi*) to show oneself; to prove oneself; to seem to be: **m. all'altezza del compito**, to show oneself (*o* to show one is) up to the task; **m. crudele**, to behave cruelly; **Non si mostrò molto contento**, he didn't seem to be very happy. **D** **mostràrsi**, *v. i. pron.* (*apparire*) to appear.

mostravènto, *m. invar.* (*naut.*) vane.

mostrina, *f.* (*mil.*) badge; insignia; (*gallone*) chevron.

mostrino, *m.* (*di orologio*) second dial.

móstro, *m.* ***1*** (*creatura fantastica*) monster: **m. marino**, sea monster ***2*** (*creatura anomala*) monster; freak; monstrosity ***3*** (*fig.*: *persona eccezionale*) monster; paragon; prodigy: **un m. d'iniquità [di egoismo]**, a monster of wickedness [of egoism]; **un m. di perfezione**, a paragon of perfection; **un m. di sapere**, a prodigy of learning ***4*** (*criminale*) monster. ● **m. di natura**, freak □ (*fig.*) **m. sacro**, mythical figure □ **È un m. con quel trucco!**, she looks dreadful with that make-up! □ **Sei un m.!**, you are a monster!

mostruosità, *f.* ***1*** (*l'essere mostruoso*) monstrosity; monstrousness: **la m. di un edificio**, the monstrosity of a building ***2*** (*cosa mostruosa*) monstrosity; horror ***3*** (*azione mostruosa*) enormity; (*atrocità*) horror: **le m. della guerra**, the horrors of the war.

mostruóso, *a.* ***1*** monstrous: **un parto m.**, a monstrous birth ***2*** (*orribile*) monstrous; horrible; hideous: **un delitto m.**, a monstrous (*o* horrible, hideous) crime; **un volto m.**, a hideous face; **vizi mostruosi**, horrible vices; **È m.!**, that's horrible (*o* awful)! ***3*** (*prodigioso*) prodigious, tremendous; (*colossale*) monstrous, colossal, huge, gigantic: **un'abilità mostruosa**, a prodigious ability; **di mostruosa grandezza**, of monstrous (*o* colossal) size.

mòta, *f.* mud; mire; sludge; slime. ● **pieno di m.**, muddy.

motèl, *m.* motel.

motilità, *f.* (*biol.*) motility.

motivàbile, *a.* justifiable.

motivàre, *v. t.* ***1*** (*addurre i motivi*) to justify; to ground; to give* (*o* to state, to allege) reasons for: **m. una richiesta**, to justify a request; (*leg.*) **m. una sentenza**, to state reasons for a judgment ***2*** (*causare*) to cause; to motivate: **m. un dissenso**, to cause a difference of opinion; **Un nonnulla ha motivato la lite**, a matter of no importance caused the quarrel ***3*** (*stimolare*) to motivate: **m. q. al lavoro**, to motivate sb. to do a job.

motivàto, *a.* ***1*** (*giustificato*) justified; grounded ***2*** (*stimolato*) motivated.

motivazionàle, *a.* motivational; motive (*attr.*): (*comm.*) **ricerca m.**, motivational research.

motivazióne, *f.* ***1*** (*spiegazione*) explanation; (*motivo*) motive, reason: **Non ha offerto motivazioni del suo gesto**, he offered no explanation for his gesture ***2*** (*psic.*) motivation ***3*** (*leg.*) reason (for a decision); grounds (*pl.*): **la m. di una sentenza**, the grounds of a judgment.

motivétto, *m.* (catchy) tune.

motivico, *a.* (*mus.*) motif (*attr.*); of a motif.

motivo, *m.* ***1*** (*ragione*) reason, ground; (*causa*) cause: **motivi impellenti**, urgent reasons; **Non c'è m. di preoccuparsi**, there is no ground (*o* cause) for anxiety; **Non era un m. per insultarlo**, that was no good reason for insulting him; **avere buoni motivi per credere q.c**, to have good grounds for believing st.; **Ho i miei buoni motivi per restare**, I have my reasons for staying; **non avere m. di lagnarsi**, to have no reason for complaining (*o* to complain); **dare** (*o* **essere**) **m. di**, to be the cause of; to cause; to give rise to: **dare m. di sospettare**, to cause suspicion; to give rise to suspicion; **essere m. di preoccupazione**, to cause worry; to be a source of worry; **essere il m. d'una lite**, to be the cause of a quarrel; **per motivi di famiglia [di salute]**, for family [health] reasons; **Con che m.?**, for what reason?; on what grounds?; **Ecco il m. per cui non è venuto**, that's (the reason) why he didn't come; **Ti dirò il m.**, I'll tell you why; **Rifiutò adducendo come m. un mal di testa**, he refused on the grounds of a headache ***2*** (*motivazione, movente*) motive ***3*** (*letter.*: *tema*) theme ***4*** (*mus.*) motif; (*aria*) tune, melody: **m. conduttore**, leitmotiv; **un m. allegro**, a cheerful tune ***5*** (*elemento decorativo*) pattern; motif: **un m. geometrico**, a geometrical pattern. ● **m. di contrasto**, quarrel □ **a m. di**, owing to; on account of; because of □ **per quel m.**, for that reason; on that account □ **senza m.**, for no reason; motiveless (*agg.*); groundless (*agg.*); senseless (*agg.*): **ridere senza m.**, to laugh for no reason; **un gesto senza m.**, a motiveless gesture.

mòto (1), *m.* ***1*** (*fis., mecc.*) motion: **m. rotatorio**, rotatory motion; **m. alternativo**, reciprocating motion; **m. apparente**, apparent motion; **m. perpetuo**, perpetual motion; **m. uniformemente accelerato [ritardato]**, uniformly accelerated [retarded] motion ***2*** (*movimento*) motion, movement; (*di fluido*) flow: **il m. d'una nave**, the motion of a ship; **m. proprio**, proper motion; **m. ondoso**, wave motion; swell; surge; **m. turbolento**, eddy flow; turbulent flow; **m. vorticoso**, whirling flow ***3*** (*gesto*) gesture: **un m. di stizza**, a gesture of irritation ***4*** (*esercizio fisico*) exercise: **avere bisogno di m.**, to need exercise; **fare del m.**, to take some exercise; to exercise ***5*** (*impulso*) sudden feeling; impulse: **un m. di affetto**, a sudden feeling of affection; **i moti del cuore**, feelings; **un m. di rabbia**, an angry impulse; a sudden anger; **moti dell'animo**, feelings; emotions ***6*** (*sommossa*) rising; rebellion; revolt ***7*** (*mus.*) motion: **m. retto [obliquo, contrario]**, similar [oblique, contrary] motion. ● (*fis.*) **m. browniano**, Brownian movement □ **di m. proprio**, of one's own accord □ **essere in m.**, to be in motion; (*agire*) to be on the move, to be in action; (*di meccanismo*) to be turning, to be working, to be operating; (*darsi da fare*) to be on the go, to bustle about □ (*fig., di bambino*) **È un m. perpetuo**, he is never still; he has quicksilver in his veins □ **mettere in m.**, to set in motion; (*mecc.*) to start □ **mettersi in m.**, (*partire*) to start, to set out; (*fig.*: *cominciare ad agire*) to start, to get going; (*avere inizio*) to get off the ground □ (*gramm.*) **verbi di m.**, verbs of motion.

mòto (2), *f. invar.* (*motocicletta*) motorcycle; motorbike (*fam.*); bike (*fam.*).

motoaliànte, *m.* powered glider.

motoaratóre, *m.* motor-plough driver.

motoaratrìce, *f.* motor plough, motor plow (*USA*).

motoaratùra, *f.* motor-ploughing.

motobàrca, *f.* motorboat; powerboat.

motocampèstre, *a.* (*di motocross*) cross-country (*attr.*): **una corsa m.**, a cross-country motorcycle race.

motocannonièra, *f.* (*mil.*) motor gunboat.

motocarrèllo, *m.* power-operated trolley (*o* truck).

motocarriòla, *f.* power barrow.

motocarrista, *m.* three-wheeler driver.

motocàrro, *m.* three-wheeler.

motocarrozzètta, *f.* motorcycle with sidecar.

motociclétta, *f.* motorcycle; motorbike (*fam.*); (*sotto i 50cc*) moped (*GB*).
motociclismo, *m.* motorcycling.
motociclista, **A** *m.* e *f.* motorcyclist. **B** *a.* motorcycling; motorcycle (*attr.*): **corridore m.**, motorcycle racer; racing motorcyclist.
motociclìstico, *a.* motorcycling; motorcycle (*attr.*).
motocìclo, *m. V.* **motocicletta**.
motocistèrna, *f.* (*naut.*) tanker.
motocolónna, *f.* motorized column; motor column.
motocoltivatóre, *m.* (*agric.*) powered cultivator.
motocoltùra, *f.* (*agric.*) mechanized (*o* power) farming.
motocompressóre, *m.* engine compressor.
motocorazzàto, *a.* (*mil.*) armoured: **reparto m.**, armoured unit.
motocròss, *m.* (*sport*) motocross; cross-country motorcycle racing.
motocrossista, *m.* e *f.* (*sport*) cross-country motorcycle racer.
motòdromo, *m.* (*sport*) motordrome; speedway.
motoèlica, *f.* engine-driven propeller.
motofàlce, motofalciatrìce, *f.* (*agric.*) power mower.
motofurgóne, *m.* (three-wheeled delivery) van.
motogeneratóre, *m.* (*elettr.*) motor generator.
motolància, *f.* (*naut.*) motor launch.
motoleggèra, *f.* light motorcycle; (*motoretta*) motor scooter.
motomeccanizzàre, *v. t.* (*mil.*) to mechanize.
motomèzzo, *m.* motor vehicle.
motonàuta, *m.* motorboat pilot.
motonàutica, *f.* motor boating. ● **m. agonistica**, speedboat racing.
motonàutico, *a.* motorboat (*attr.*); speedboat (*attr.*): **gara motonautica**, speedboat race.
motonàve, *f.* motorship (*abbr.*: M/S). ● **m. costiera da carico**, motor coaster.
motoneuróne, *m.* (*anat.*) motor neurone.
motopàla, *f.* (*mecc.*) power shovel.
motopescheréccio, *m.* motor trawler.
motopìsta, *f.* motorcycle track.
motopómpa, *f.* motor pump.
motopropulsóre, *a.* (*mecc.*) power (*attr.*): **gruppo m.**, power unit.
motoradùno, *m.* motorcycle rally.
motorcaravan (*ingl.*), *f.* o *m. invar.* (*autom.*) motor caravan; motor home (*USA*).
motóre, **A** *a.* motor; motory; motive; propellent; propelling; driving; moving; power (*attr.*): **forza motrice**, motive (*o* propellent) power; **il principio m.**, the moving cause; (*anat.*) **muscoli motori**, motor (*o* motory) muscles; (*anat.*) **nervi motori**, motor nerves; (*mecc.*) **albero m.**, driving shaft; (*mecc.*) **gruppo m.**, power plant; (*mecc.*) **impulso m.**, motor impulse. **B** *m.* **1** (*mecc.*) engine; (*a benzina, anche*) motor; (*elettr.*) motor: **m. a benzina**, petrol engine (*GB*); gasoline motor (*USA*); **m. diesel**, Diesel engine; **m. elettrico**, electrical motor; electromotor; **m. termico**, heat engine; **m. a combustione interna** (*o* **a scoppio**), internal combustion engine; **m. a corrente alternata [continua]**, alternating [direct] current motor; **m. a due [a quattro] tempi**, two-stroke [four-stroke] engine; (*aeron.*) **m. a stella**, radial engine; **m. a turbina**, turbine engine; **m. a valvole in testa**, overhead-valve engine; **m. raffreddato ad aria**, air-cooled engine; (*naut.*) **m. del timone**, steering engine; **m. di comando**, work-driving motor; **m. di riserva**, spare engine; **m. veloce**, high-speed engine; (*aeron.*) **comandi del m.**, engine controls; **messa in fase del m.**, (engine) timing; **numero (di fabbricazione) del m.**, engine serial number; **avviare [spegnere] un m.**, to start [to stop] an engine **2** (*lett.*: *movente*) mover; motive; drive: (*filos.*) **il Primo M.**, the Prime Mover.
motorétta, *f.* motor scooter.
motoriduttóre, *m.* (*tecn.*) motor reducer.
motorìno, *m.* **1** (*ciclomotore*) light motorcycle; moped (*GB*) **2** – (*autom., elettr.*) **m. d'avviamento**, starter (motor).
motòrio, *a.* (*scient.*) motor (*attr.*); motory.
motorismo, *m.* (*sport*) motor sports (*pl.*).
motorista, *m.* engineer: (*aeron.*) **m. di bordo**, flight engineer.
motoristica, *f.* mechanical engineering.
motoristico, *a.* motor (*attr.*).
motorizzàre, **A** *v. t.* to motorize. **B** **motorizzàrsi,** *v. rifl.* (*fam.*) to get* oneself a car [a motorcycle].
motorizzàto, *a.* motorized: **truppe motorizzate**, motorized troops. ● (*fam.*) **essere m.**, to have a car.
motorizzazióne, *f.* motorization. ● **Ispettorato della m.**, traffic control authority.
motorsailer (*ingl.*), *m. invar.* (*naut.*) motor sailer; cruising yacht; fifty-fifty cruiser.
motoscafista, *m.* e *f.* motorboat pilot.
motoscàfo, *m.* motorboat. ● **m. da competizione**, speedboat □ **m. da crociera**, cruiser □ **m. silurante a doppia elica**, twin-screw torpedo boat.
motoscùter, *m.* motor scooter.
motoscuterista, *m.* e *f.* motor-scooter rider; scooterist.
motoséga, *f.* chain saw.
motoseminatrìce, *f.* mechanical seeder.
moto-sidecar, *m. invar. V.* **motocarrozzetta**.
motosilurànte, *m.* (*mil.*) motor torpedo boat.
motoslitta, *f.* motorized sleigh; snowmobile.
motóso, *a.* muddy; miry; slimy; sludgy; slushy.
mototorpedinièra, *f.* (*naut.*) motor torpedo boat.
mototrazióne, *f.* motor traction.
motovariatóre, *m.* (*tecnol.*) power-operated variable-speed drive.
motovedétta, *f.* (*naut.*) patrol boat.
motoveìcolo, *m.* motor vehicle.
motovelièro, *m.* (*naut.*) sailing vessel with auxiliary engine; motor sailer.
motovelòdromo, *m.* motordrome.
motovettùra, *f.* **1** three-wheeled motor vehicle; three-wheeler **2** (*autoveicolo leggero*) light motor vehicle.
motozàppa, *f.* (*agric.*) powered cultivator.
motozàttera, *f.* (*naut.*) landing craft.
motrìce, *f.* (*mecc.*) engine; (*per rimorchio*) tractor: (*naut.*) **m. di poppa**, after engine.
motricità, *f.* (*biol.*) motility.
motteggiaménto, *m.* raillery; banter.
motteggiàre, **A** *v. i.* to make* quips; to joke; to banter; to jest. **B** *v. t.* (*canzonare*) to make* fun of, to tease; (*schernire*) to mock, to jeer at.
motteggiatóre, *m.* (*f.* **-trice**) (*persona arguta*) wit, quipper; (*burlone*) joker, jester, wag; (*schernitore*) mocker.
mottéggio, *m.* **1** raillery; banter **2** (*parole di scherno*) scoff.
mottettista, *m.* e *f.* (*mus.*) motettist.
mottettistico, *a.* (*mus.*) motet (*attr.*).
mottétto, *m.* (*mus.*) motet.
mòtto, *m.* **1** (*detto arguto, anche*: **m. di spirito**) witticism; witty remark; quip **2** (*detto sentenzioso*) motto*; maxim; saying: **«Mai aspettare» è il mio m.**, «never wait» is my motto **3** (*lett.*: *parola*) word: **senza far m.**, without a word; **senz'aggiungere m.**, without adding a word; **Non fece m.**, he didn't say a word; **Non ne fate m. con alcuno**, don't say a word about it to anybody **4** (*pubblicitario*) slogan; catchword; catch phrase.
motulèso, (*med.*) **A** *a.* disabled. **B** *m.* (*f.* **-a**) disabled person.
motupròprio (*lat.*), *m. invar.* motu proprio. ● **di m.**, motu proprio; of one's own accord.
mouliné (*franc.*), *m. invar.* twisted cotton.
mousse (*franc.*), *f. invar.* (*cucina*) mousse.
movènte, *m.* **1** motive; reason; cause: **il m. di un delitto**, the motive of a crime; **non avere altro m.**, to have no other reason **2** (*mecc.*) driver.
movènza, *f.* movement; motion; (*gesto*) gesture; (*atteggiamento*) attitude: **le movenze d'una danza**, the movements of a dance; **movenze aggraziate [goffe]**, graceful [clumsy] movements; **essere garbato nelle movenze**, to move gracefully.
movìbile, *a.* movable.
movière, *m.* traffic controller.
movimentàre, *v. t.* **1** to liven up; to animate: **m. una festa**, to liven up a party **2** (*econ.*) to revive; to stimulate; (*un conto*) to operate (upon).
movimentàto, *a.* (*animato*) animated, lively, full of life, bustling; (*pieno di eventi*) eventful; (*affollato*) busy, crowded: **La discussione era movimentata**, the discussion was animated; **vita movimentata**, eventful (*o* chequered) life; **strada movimentata**, busy street; **Nel secondo atto l'azione è poco movimentata**, the second act lacks movement.
movimentazióne, *f.* (*comm.*) handling.
movimentismo, *m.* (*polit.*) grass-roots policy.
movimentista, (*polit.*) **A** *a.* grass-roots (*attr.*). **B** *m.* e *f.* grass-roots political activist.
movimentìstico, *a.* (*polit.*) grass-roots (*attr.*).
moviménto, *m.* **1** movement; (*moto*) motion; (*mossa*) move; (*gesto*) gesture; (*flusso*) flow: **m. volontario [involontario]**, voluntary [involuntary] movement; **m. improvviso**, sudden movement; start; jerk; **il m. dei turisti**, the flow of tourists; **il m. d'un treno**, the movement of a train; **eseguire un m.**, to perform a movement; **fare un m. col braccio**, to move one's arm; **fare un m. col capo**, to shake one's head; **fare un m. con la mano**, to move one's hand; to gesture; **Con un m. della mano indicò il quadro**, he gestured to the painting; **essere in m.**, to be in motion; **fare un m. falso**, to make an awkward movement; (*fig.*) to make a false move; **mettere q.c. in m.**, to set st. in motion; to start st. **2** (*traffico*) traffic: **il m. ferroviario**, railway traffic; **il m. stradale**, road traffic; **un gran m.**, a lot of traffic **3** (*animazione*) activity; animation; life; bustle; hustle and bustle; action (*fam. USA*): **il m. d'una metropoli**, the (hustle and) bustle of a metropolis; **pieno di m.**, full of animation; animated; lively **4** (*corrente culturale, politico*) movement: **il m. romantico**, the Romantic movement; **m. operaio**, workers' movement; **m. per la pace**, peace movement; **m. studentesco**, student movement **5** (*mil.*) movement; evolution; manoeuvre: **il m. delle truppe**, the movement of the troops **6** (*mus.*) movement **7** (*comm.*) movement: **il m. delle merci**, the movement of goods; **il m. dei prezzi**, the movement of prices; **m. con tendenza al rialzo [al ribasso]**, upward [downward] movement **8** (*mecc.*) movement; (*moto*) motion; (*trazione*) traction, drive; (*meccanismo*) mechanism, movement, action: **m. a scatto**, trigger action; **m. di andata e ritorno**, forward and reverse motion; **m. trasversale**, crosswise movement; **m. di rotazione** (*o* **rotatorio**), rotatory motion; **m. laterale**, traverse movement; **m. parallelo**, parallel motion; **il m. d'un orologio**, the movement of a watch (*o* clock); **invertire il m.**, to reverse. ● (*comm.*) **m. di cassa**, cashflow □ (*comm.*) **m. d'affari**, turnover □ **m. del traffico**, traffic circulation □ (*ferr.*) **m. per inerzia**, coasting □ (*aerodinamica, idrodinamica*) **m. turbinoso**, whirl □ **essere in gran m.**, to be on the go; to be in full swing □ **senza m.**, motionless; (*senza vita*) lifeless, inanimate.

moviòla, *f.* (*cinem.*) moviola. ● (*TV*) **rivedere q.c. alla m.**, to see st. in slow motion.
mòxa, *f.* (*bot.*) moxa.
moxibustióne, *f.* (*med.*) moxibustion.
moẓambicàno, *a.* e *m.* (*f.* **-a**) Mozambican.
Moẓambìco, *m.* (*geogr.*) Mozambique.
moẓaràbico, *a.* Mozarabic.
mozartiàno, *a.* Mozartian, Mozartean.
mozióne, *f.* motion: **presentare una m.**, to propose a motion; **approvare una m.**, to carry a motion; **La m. fu respinta**, the motion was rejected; **m. di fiducia** [**sfiducia**], motion of confidence [no-confidence]; **m. d'ordine**, point of order.
mozzafiàto, *a.* breathtaking; staggering.
mozzàre, *v. t.* to cut*; to cut* off; to cut* short; to dock; to crop; (*ridurre*) to curtail: **m. il capo a q.**, to cut off sb.'s head; to behead sb.; **m. un ramo da un albero**, to cut off a branch from a tree; **m. la coda a un animale**, to dock an animal's tail; to dock an animal; **m. un discorso**, to curtail a speech; **far m. le orecchie a q.**, to have sb.'s ears cropped. ● (*fig.*) **m. il fiato a q.**, to take sb.'s breath away ▫ (*fig.*) **m. le parole in bocca a q.**, to cut sb. short; to choke sb. off.
mozzarèlla, *f.* mozzarella.
mozzatùra, *f.* cutting-off; cropping; (*di coda*) docking.
mozzétta, *f.* (*eccles.*) moz(z)etta.
mozzicàre, (*region.*) *V.* **mordere.**
mozzicóne, *m.* stump; stub; butt; end: **un m. di candela**, a candle-end; **un m. di matita**, the stub of a pencil; **un m. di ramo**, the stub of a branch; **m. di sigaretta**, cigarette end; **m. di sigaro**, cigar end; **m. di coda**, docked tail; stumpy tail.
mózzo (1), *a.* cut-off; docked; cropped: **una coda mozza**, a docked tail; **orecchie mozze**, cropped ears. ● **con le orecchie mozze**, crop-eared ▫ **fucile a canne mozze**, sawn-off shotgun.
mózzo (2), *m.* (*naut.*) ship boy; cabin boy. ● **m. di stalla**, stable boy; groom.
mòẓẓo (3), *m.* (*mecc.*) hub: **m. della ruota**, wheel hub; **m. dell'elica**, (*aeron.*) screw-propeller hub; (*naut.*) screw boss.
mùcca, *f.* cow: **m. da latte**, milch (*o* dairy) cow; milker; **latte di m.**, cow's milk. ● **allevatore di mucche da latte**, dairy farmer.
mùcchio, *m.* heap; pile; stack; mass; (*fascio*) bundle; (*fam.*: *gran quantità*) load, heap, pile, lots (*pl.*) (*fam.*), load (*fam.*): **un m. di libri**, a heap of books; **un m. di sabbia**, a heap of sand; a sand heap; **un m. di sassi**, a heap (*o* a pile) of stones; **un gran m. di lettere**, a pile of letters; **un m. di cose**, a mass (*o* a lot) of things; loads of things; **un m. di gente**, a lot of people; a crowd; **un m. di quattrini**, a lot of money; heaps (*o* stacks) of money (*fam.*); **un m. di sciocchezze**, a load of nonsense; **un m. di bugie**, a pack of lies. ● **a mucchi**, plenty of; galore ▫ (*fig.*) **mettere tutti in un m.**, to treat everyone in the same way ▫ **sparare nel m.**, to shoot into the crowd; (*fig.*) to level accusations indiscriminately.
mùcico, *a.* – (*chim.*) **acido m.**, mucic acid.
mùcido, A *a.* mouldy; musty; (*stantio*) stale. **B** *m.* mould.
mucillàgine, *f.* (*bot., farm.*) mucilage.
mucillaginóso, *a.* mucilaginous.
mucìna, *f.* (*chim.*) mucin.
mucìparo, *a.* (*anat.*) muciferous; mucous: **ghiandole mucipare**, muciferous glands.
mùco, *m.* mucus.
mucolìtico, *a.* (*farm.*) mucolytic.
mucopolisaccàride, *m.* (*chim.*) mucopolysaccharide.
mucoproteìna, *f.* (*chim.*) mucoprotein.
mucósa, *f.* (*anat.*) mucosa*; mucous membrane.
mucosità, *f.* **1** (*l'essere mucoso*) mucosity **2** (*sostanza mucosa*) mucous substance; mucus.
mucóso, *a.* mucous.
mucoviscidòṣi, *f.* (*med.*) mucoviscidosis.
mucronàto, *a.* (*biol.*) mucronate(d): **foglia mucronata**, mucronate leaf.
mucróne, *m.* (*biol.*) mucro*.
mùda, *f.* **1** (*zool.*) moult, molt (*USA*) **2** (*luogo della muda*) mew.
mudàre, *v. i.* to moult, to molt (*USA*).
mueẓẓìn, *m. invar.* muezzin.
mùffa, *f.* mould, mold (*USA*); mildew. ● **avere odore di m.**, to smell mouldy; to be fusty ▫ **fare** (*o* **prendere**) **la m.**, to mould; (*anche fig.*) to grow mouldy (*o* musty) ▫ **sapere di m.**, to taste mouldy; to have a musty taste.
muffìre, *v. i.* **1** to mould, to mold (*USA*); to grow* mouldy (*o* musty) **2** (*fig.*) to grow* stale; to stagnate; to rot.
mùffola, *f.* **1** (*guanto*) mitten **2** (*di forno*) muffle: **forno a m.**, (*metall.*) muffle furnace; (*ceramica*) muffle kiln **3** (*elettr.*) box: **m. di derivazione**, dividing box.
muffolista, *m.* (*ind. ceramica*) (muffle) kilnman*.
muflóne, *m.* (*zool.*, *Ovis musimon*) mouf(f)lon.
muftì, *m. invar.* mufti.
mugghiàre, *v. i.* **1** (*muggire*) to moo; to bellow; to low: **La mucca mugghiava**, the cow was mooing **2** (*urlare, ruggire*) to bellow, to roar; (*ululare*) to howl; (*tuonare*) to thunder: **m. dal dolore**, to howl (*o* to bellow) with pain; **Il mare mugghiava**, the sea was roaring; **Il vento aveva cessato di m.**, the wind had ceased howling.
mùgghio, *V.* **muggito.**
mùggine, *m.* (*zool.*, *Mugil*) mullet*.
muggìre, *v. i.* to moo; to bellow; to low.
muggìto, *m.* **1** (*di bovini*) moo; bellowing; lowing **2** (*ululato*) howl; (*urlo, ruggito*) bellow; roar: **il m. delle onde**, the roar (*o* roaring) of the waves; **un m. di dolore**, a howl of pain.
mughétto, *m.* **1** (*bot.*, *Convallaria majalis*) lily of the valley **2** (*med.*) thrush; parasitic stomatitis.
mugìc, mugìk, *m. invar.* muzhik, moujik.
mugnàia, *f.* **1** miller **2** (*moglie del mugnaio*) miller's wife.
mugnaiàccio, *m.* (*zool.*, *Larus marinus*) great black-backed gull.
mugnàio, *m.* miller.
mùgo, *m.* (*bot.*, *Pinus mugho*) Swiss mountain pine; mug(h)o pine.
mugolaménto, *V.* **mugolio.**
mugolàre, *v. i. e t.* **1** (*di animali*) to whimper; to whine **2** (*di persona*: *gemere*) to whimper, to moan, to groan; (*borbottare*) to mutter, to mumble: **m. di piacere**, to moan with pleasure; **Mugolò alcune parole, poi se ne andò**, he muttered some words and then left **3** (*del vento, ecc.*) to wail; to moan: **Il vento mugolava**, the wind was moaning.
mugòlio (1), *m.* resin oil.
mugolìo (2), *m.* **1** (*di animale*) whimpering; whining **2** (*di persona*: *gemiti*) moaning, groaning; (*borbottio*) muttering, mumbling **3** (*di vento, ecc.*) wailing; moaning.
mugugnàre, *v. i.* (*fam.*) to grumble; to whine; to grouse (*fam.*); to gripe (*fam.*); to whinge (*fam.*).
mugùgno, *m.* (*fam.*) **1** grunt **2** (*brontolio*) grumbling; whining; grousing (*fam.*); griping (*fam.*); whingeing (*fam.*).
mugugnóne, *m.* (*f.* **-a**) (*fam.*) whiner.
mujaheddìn, *m. pl.* mujahed(d)in.
mùla, *f.* (*zool.*) mule.
mulàggine, *f.* mulishness; stubbornness.
mulattièra, *f.* mule track.
mulattière, *m.* muleteer; mule driver.
mulattièro, *a.* mule (*attr.*): **strada mulattiera**, mule track.
mulàtto, *a.* e *m.* (*f.* **-a**) mulatto*.
mulésco, *a.* mulish.
muliebre, *a.* womanly; feminine; female: **il sesso m.**, the female sex; **modestia m.**, womanly modesty; **occupazioni muliebri**, feminine pursuits; **una statua m.**, the statue of a woman.
mulinàre, A *v. i.* **1** (*fare mulinello*) to eddy; to whirl; to mill around: **Le foglie morte mulinavano nell'aria**, the dead leaves whirled in the air; **In testa gli mulinava un nuovo progetto**, a new plan was milling around in his head **2** (*fantasticare*) to brood. **B** *v. t.* **1** (*far girare attorno*) to twirl; to whirl; to swirl: **m. un bastone**, to twirl a stick; **Il vento mulinava le foglie morte**, the wind whirled the dead leaves about **2** (*fig.*: *rimuginare*) to revolve (in one's mind), to brood on (*o* over), to mull over; (*macchinare*) to scheme.
mulinèllo, *m.* **1** (*vortice*) eddy, whirl; (*d'acqua*) whirlpool; (*di vento*) whirlwind **2** (*di canna da pesca*) (fishing) reel **3** (*giocattolo*) windmill **4** (*ventilatore*) ventilating fan **5** (*naut.*) windlass; (*di catena*) swivel **6** (*scherma*) moulinet **7** (*gioco da tavolino*) merels (*pl.*); (the) mill. ● **fare m.**, to eddy; to whirl ▫ **fare m. col bastone**, to twirl one's stick.
mulìno, *m.* mill: **m. ad acqua**, water mill; (*mecc.*) **m. a martelli**, hammer mill; **m. a palmenti**, burr mill; **m. a vapore**, steam mill; **m. a vento**, windmill; **m. da olio**, oil mill; **m. elettrico**, electric mill; **macina di m.**, millstone; **ruota del m.**, millwheel. ● (*fig.*) **combattere contro i mulini a vento**, to tilt at windmills ▫ (*fig.*) **essere un m. a vento**, to be a weathercock ▫ (*fig.*) **parlare come un m. a vento**, to talk non-stop ▫ (*fig.*) **tirare l'acqua al proprio m.**, to have an axe to grind; to bring grist to one's mill ▫ (*prov.*) **Chi va al m., s'infarina**, he that touches pitch shall be defiled.
mullàh, *m. invar.* mullah, mollah.
mùlo, *m.* **1** (*zool.*) mule: **a dorso di m.**, on a mule; **tirare calci come un m.**, to kick like a mule **2** (*spreg.*: *bastardo*) bastard **3** (*fig.*) obstinate person: **fare il m.**, to be obstinate; to be pig-headed. ● (*mil.*) **m. meccanico**, mechanical mule.
mùlta, *f.* fine; penalty; (*autom.*: *la contravvenzione*) ticket, (*la somma*) fine: **una grossa m.**, a heavy fine; **m. per divieto di parcheggio**, parking fine; parking ticket; **pagare una m.**, to pay a fine; **prendere una m.**, to be fined; (*autom.*, *anche*) to get a ticket; **infliggere una m.**, to fine; **Mi hanno dato centomila lire di m.**, I was fined one hundred thousand lire.
multàre, *v. t.* to fine: **essere multato per sosta vietata**, to be fined (*o* to get a ticket) for illegal parking.
multicanàli, *a.* (*elettron.*, *TV*) multichannel.
multicàule, *a.* (*bot.*) multicauline.
multicellulàre, *a.* multicellular; pluricellular.
multicèntrico, *a.* multicentral; multicentric.
multicolóre, *a.* many-coloured; multi-coloured; variegated; motley.
multicomponènte, *a.* (*scient.*) multicomponent.
multiculturàle, *a.* multicultural.
multiculturalìṣmo, *m.* multiculturalism.
multidisciplinàre, *a.* multidisciplinary.
multidisciplinarità, *f.* multidisciplinary character.
multiètnico, *a.* multiethnic.
multìfido, *a.* (*zool.*) multifid.
multiflash, *a.* (*fotogr.*) multiflash.
multiflòro, *a.* (*bot.*) multiflorous.
multifórme, *a.* multiform; varied; many-sided: **un genio m.**, a many-sided genius.
multifunzionàle, *a.* multipurpose; versatile.
multifunzionalità, *f.* versatility.
multifunzióne, *V.* **multifunzionale.**
multigrade (*ingl.*), *a. invar.* (*autom.*, *chim.*) multigrade.
multilaterale, *a.* **1** (*geom.*) multilateral; many-sided **2** (*fig.*) multilateral.
multilateralìṣmo, *m.* **multilateralità,** *f.* multilateralism.

multilàtero, m. (*mat.*) multilateral figure.
multilìngue, a. multilingual; polyglot.
multilinguìsmo, m. multilingualism.
multilobàto, multìlobo, a. (*bot.*) multilobar; multilobate.
multilùstre, a. (*lett.*) old; of long standing.
multimediàle, a. multimedia.
multimedialità, f. combined use of media.
multìmetro, m. (*elettr.*) multimeter.
multimiliardàrio, a. e m. (f. **-a**) multibillionaire.
multimilionàrio, a. e m. (f. **-a**) multimillionaire.
multimodàle, a. multimodal.
multimòdo, a. (*elettr.*) multimode.
multinazionàle, a. e f. (*comm.*) multinational.
multinomiàle, a. (*stat.*) multinomial.
multinucleàre, a. (*bot.*) multinuclear; multinucleate(d).
multìpara, (*biol.*) **A** a. multiparous. **B** f. multipara.
multiparità, f. (*biol.*) multiparity.
multipartitìsmo, m. multipartitism.
multipiàno, a. invar. multistorey, multistory (*USA*).
multiplàno, a. e m. (*aeron.*) multiplane.
multiplatóre, V. **multiplexer.**
multiplaziόne, f. (*tel.*) multipling.
multiplétto, m. (*fis.*) multiplet.
mùltiplex (*lat.*), a. e m. invar. (*tel.*) multiplex.
multiplexer (*ingl.*), m. invar. (*tel.*) multiplexer.
mùltiplo, A a. multiple: (*bot.*) **frutto m.**, multiple fruit; (*astron.*) **stelle multiple**, multiple stars. **B** m. (*mat.*) multiple: **il minimo comune m.**, the least common multiple.
multipolàre, a. *1* (*fis.*) multipolar *2* (*fig.*) many-centred.
multipolarità, f. *1* (*fis.*) multipolarity *2* (*fig.*) many-centredness.
multipòlo, a. e m. multipole.
multiprocessóre, m. (*elab.*) multiprocessor.
multiprogrammaziόne, f. (*elab.*) multiprogramming.
multiproprietà, f. (*leg.*) time-sharing. ● **appartamento in m.**, time-share flat.
multirazziàle, a. multiracial.
multiruòlo, a. invar. multirole.
multisàla, A m. invar. multiscreen cinema; multiplex. **B** a. invar. multiscreen.
multiscàfo, a. e m. invar. (*naut.*) multihull.
multisecolàre, a. centuries old; multicentennial; multicentenary.
multistàdio, a. invar. multistage.
multistràto, a. invar. (*tecn.*) multilayer.
multiterminàle, a. (*elab.*) multiterminal.
multiùso, a. invar. multipurpose.
multivibratóre, m. (*elettron.*) multivibrator.
multivideo, m. multiscreen.
mùmmia, f. *1* mummy: **una m. egiziana**, an Egyptian mummy *2* (*fig.*: *persona rinsecchita*) wizened old person *3* (*fig.*: *persona retriva*) fossil; old fogey.
mummificàre, A v. t. to mummify; to embalm. **B mummificàrsi,** v. i. pron. *1* to mummify; to become* mummified *2* (*fig.*) to fossilize.
mummificaziόne, f. mummification; embalmment.
mùngere, v. t. *1* to milk: **m. una mucca**, to milk a cow *2* (*fig.*) to milk; to squeeze: **m. (la borsa di) q.**, to milk sb.'s purse; to squeeze money from (*o* out of) sb.
mungitóio, m. milking shed.
mungitóre, m. milker. ● (*fig.*) **m. di borse**, extortioner.
mungitrice, f. *1* milker; milkmaid *2* (*macchina*) milking machine.
mungitùra, f. milking: **m. meccanica**, machine milking.
mùngo, m. (*zool.*, *Herpestes mungo*) Indian mongoose.
municipàle, a. municipal; town (*attr.*); city (*attr.*); local government (*attr.*): **amministrazione m.**, municipal (*o* local government) administration; **banda m.**, town band; **consiglio m.**, town (*USA*: city) council; **diritti municipali**, municipal rights; **palazzo m.**, town (*USA*: city) hall.
municipalìsmo, m. municipalism.
municipalista, m. e f. municipalist.
municipalità, f. municipality.
municipalizzàre, v. t. to municipalize.
municipalizzàto, a. municipal.
municipalizzaziόne, f. municipalization.
municìpio, m. *1* (*comune*) municipality *2* (*amministrazione municipale*) municipality; town (*USA*: city) council *3* (*sede del m.*) town (*USA*: city) hall.
munificènte, a. munificent.
munificènza, f. munificence; (*liberalità*) liberality; (*generosità*) generosity.
munìfico, a. munificent; (*liberale*) liberal, bounteous, bountiful; (*generoso*) generous.
munìre, A v. t. *1* (*fortificare*) to fortify: **m. una città di mura**, to fortify a town with walls *2* (*provvedere*) to provide; (*fornire*) to supply, to furnish: **m. di vettovaglie**, to supply with provisions (*o* victuals); **m. q. di denaro**, to provide sb. with money; **m. q. di un salvacondotto**, to provide sb. with a safe-conduct; **essere munito d'una serratura**, to be provided with a lock. ● **m. un documento della firma [del bollo]**, to sign [to seal] a document. **B munìrsi,** v. rifl. *1* (*premunirsi*) to fortify oneself; to protect oneself: **m. contro il freddo**, to fortify (*o* to protect) oneself against the cold; **m. contro le insidie della regione**, to protect oneself against the dangers of the region *2* (*provvedersi*) to provide oneself; to supply oneself; to equip oneself: **m. di viveri**, to supply oneself with provisions; **m. di pazienza**, to arm oneself with patience; to muster all one's patience.
munìto, a. *1* (*fortificato*) fortified *2* (*fornito*) equipped (with); fitted (with).
munizionaménto, m. (*mil.*) *1* munitioning *2* (*munizioni*) munitions (*pl.*); ammunition (*sing. collett.*).
munizióne, f. (*generalm. al pl.*) munitions (*pl.*); ammunition (*sing. collett.*; *abbr. fam.*: ammo): **esaurire le munizioni**, to run out of ammunition; **munizioni da caccia**, (*cartucce*) cartridges; (*pallini*) shot (*sing. collett.*); (*polvere*) gunpowder (*sing.*). ● **deposito munizioni**, magazine □ (*mil.*) **rifornire di munizioni**, to ammunition.
muòio, 1ª pers. sing. indic. pres. di **morire**.
muóne, m. (*fis. nucl.*) muon.
muòri, 2ª pers. sing. indic. pres. di **morire**.
muòvere, A v. t. *1* (*mettere in moto*) to move; to drive*: **un congegno mosso da una molla**, a device moved by a spring; **La ruota del mulino è mossa dall'acqua**, the mill-wheel is driven by water *2* (*spostare*) to move; to shift; to draw*: **m. il tavolino**, to move (*o* to shift) the table; **m. la sedia più vicino al fuoco**, to move (*o* to draw) the chair nearer to the fire; **m. truppe**, to move troops; **m. una pedina**, (*a dama*) to move a man; (*negli scacchi*) to move a pawn; (*fig.*) to make a move; **Tocca a te m.**, it's your turn to move; it's your move; **Lasciate tutto così: non muovete nulla!**, leave everything as it is, don't move (*o* touch) anything *3* (*agitare leggermente*) to move, to stir; (*scuotere*) to shake*: **Il vento muoveva la tenda**, the wind stirred the curtain; **Il vento muoveva i rami**, the wind shook the branches *4* (*una parte del corpo*) to move; (*generalm. in frasi neg.*) to stir; (*dimenare*) to wag: **m. il capo**, to move one's head; **m. le gambe**, to move one's legs; (*fam.*: *fare del moto*) to take exercise; **m. le labbra**, to move one's lips; (*fig.*) **non m. un dito**, not to stir (*o* to lift) a finger: **Non muoverebbe un dito per aiutarmi**, he wouldn't stir a finger to help me; **Il cane muove la coda quando è contento**, a dog wags his tail when it is pleased *5* (*fig.*: *eccitare, suscitare*) to move; to excite; to rouse; to arouse; to stir up; to provoke: **m. il pianto**, to move (sb.) to tears; **m. il riso**, to provoke laughter; **m. l'invidia**, to excite envy; **m. l'odio**, to stir up hatred; **m. q. a pietà**, to move sb. to pity; to arouse sb.'s pity; **Il racconto mosse la fantasia del ragazzo**, the story stirred up (*o* roused) the boy's imagination *6* (*fig.*: *commuovere*) to move; to stir: **m. l'animo**, to stir the heart *7* (*fig.*: *indurre, incitare*) to move; to stir; to induce; to prompt: **m. q. a fare q.c.**, to move (*o* to induce) sb. to do st.; **m. q. alla rivolta**, to stir sb. to revolt; **essere mosso da motivi oscuri**, to be prompted by obscure motives *8* (*sollevare*) to raise: **m. un dubbio [un'obiezione]**, to raise a doubt [an objection]; **m. critiche a q.**, to criticize sb. *9* (*lett.*: *emettere*) to utter; to heave*; to send* out: **m. un grido**, to utter a cry; **m. un sospiro**, to heave a sigh. ● (*mecc.*) **m. a intermittenza**, to jog □ (*leg.*) **m. un'accusa a** (*o* **contro**) **q.**, to bring a charge against sb. □ (*mecc.*) **m. avanti e indietro**, to reciprocate □ (*leg.*) **m. causa a q.**, to bring a suit against sb.; to sue sb. □ **m. guerra a q.**, to wage war on (*o* against) sb. □ (*fig.*) **m. mari e monti**, to move heaven and earth □ **m. un passo**, to take a step □ **m. i primi passi**, to start toddling; to take one's first steps; (*fig.*) to be in one's infancy □ **m. un rimprovero a q.**, to reproach sb. **B** v. i. *1* (*andare*) to move; to go*; to set* off; to advance: **m. incontro a q.**, to go to meet sb.; **m. contro il nemico**, to advance against the enemy; **m. sulla capitale**, to advance on the capital; **m. alla volta di**, to set off (*o* out) for *2* (*avere origine*) to originate, to rise*, to proceed; (*partire*) to start (from); (*incominciare*) to begin*: **Tutta l'opposizione muoveva da lui**, all opposition originated with him; **i fiumi che muovono dalle Alpi**, the rivers rising from the Alps; **Il treno muove da Milano**, the train starts from Milan; **m. da un'idea sbagliata**, to start from a wrong idea. **C muòversi,** v. rifl. e v. i. pron. *1* (*spostarsi*) to move, to shift; (*fare un piccolo movimento*) to stir; (*spostarsi*) to budge: **La terra si muove intorno al sole**, the earth moves (*o* turns) round the sun; **Non si muoveva una foglia**, not a leaf stirred; **Sta' dove sei, non ti muovere!**, stay where you are, don't move!; **Spinsi ancora, ma l'armadio non si mosse**, I pushed again, but the wardrobe didn't budge; **m. da un posto all'altro**, to move about; to shift about; **non avere la forza di m. di qui a lì**, to be unable to stir (*o* to lift) a foot *2* (*andare*) to go*; (*partire, lasciare q.c.*) to leave*: **m. a incontrare q.**, to go to meet sb.; **m. per soccorrere q.**, to go to sb.'s rescue; **m. dal proprio paese**, to leave one's village (*o* one's country); **Non posso muovermi da casa**, I can't leave the house; **I ragazzi non si sono mai mossi da casa**, the children have never stirred out (of the house); **Non s'è mossa un minuto dal letto del figlio**, she has not left her son's bed one moment *3* (*agire*) to act, to take* action; (*sbrigarsi*) to hurry, to hurry up, to get* on (with st.), to get cracking (*fam.*); (*venire*) to come*: **Muoviti: è tardi**, hurry up, it's late; **Ti muovi?**, are you coming? ● **m. a compassione**, to be moved to pity □ (*mecc.*) **m. avanti e indietro**, to reciprocate □ **non potere m. dal letto**, to be confined to one's bed; to be bedridden.
mùra (1), f. (*naut.*) tack: **con le mure a dritta [a sinistra]**, on the starboard [the port] tack; **cambiare le mure**, to change tack.
mùra (2), f. pl. V. **muro.**
muràglia, f. *1* wall: **la M. cinese**, the Great Wall of China; **le muraglie d'un castello**, the walls of a castle *2* (*fig.*: *barriera*) wall; barrier. ● **fermo come una m.**, as firm as a rock.
muragliόne, m. *1* massive wall; retaining

wall *2* (*argine*) embankment.
muraiòla, *f.* (*bot., Parietaria officinalis*) pellitory of the wall.
muraiòlo, *a.* wall (*attr.*); (*di pianta*) wall-climbing.
muràle (1), *a.* mural; wall (*attr.*): **una carta m.**, a wall map; **giornale m.**, wall newspaper; **pittura m.**, mural; wall painting.
muràle (2), *m.* mural.
muralìsta, *m. e f.* muralist.
muràre, A *v. t.* *1* (*chiudere con un muro*) to wall up; to brick up: **m. una finestra [una porta]**, to wall up a window [a doorway] *2* (*conficcare nel muro*) to embed (*o* to immure) in a wall *3* (*nascondere in un muro*) to wall up; to immure: **m. un tesoro**, to wall up a treasure; **m. q. vivo**, to wall up sb. alive. **B** *v. i.* to build* a wall: **m. a secco**, to build a dry wall. ● (*fig.*) **m. la bocca a q.**, to seal sb.'s lips □ (*fig.*) **m. q. in casa**, to shut sb. up (in the house). **C muràrsi,** *v. rifl.* (*fig.*: *chiudersi*) to shut* oneself up; to immure oneself; to seclude oneself: **Da quel giorno si murò in casa**, from that day he shut himself up in the house.
muràrio, *a.* building (*attr.*); wall (*attr.*). ● **arte muraria**, masonry □ **cinta muraria**, walls □ **lavoro m.**, brickwork; stonework; masonry.
muràta, *f.* (*naut.*) ship's side; bulwarks (*pl.*): **m. di sinistra [di dritta]**, port [starboard] side; **la m. maestra**, the main bulwarks.
muràto, *a.* walled; (*chiuso con un muro*) walled-up, immured; (*cinto da un muro*) walled-in, enclosed: **una città murata**, a walled city; **una finestra murata**, a walled-up window; **un grande giardino m.**, a large walled-in garden.
muratóre, *m.* bricklayer; mason (*USA*): **fare il m.**, to be a bricklayer; **maestro m.**, master mason. ● **franco m.** (*massone*), Freemason □ **martello da m.**, bricklayer's hammer.
muratùra, *f.* *1* (*il murare*) walling *2* (*lavoro murario*) masonry; brickwork; stonework: **m. a opera incerta**, stonework; **m. a secco**, dry masonry; **m. di getto**, cast masonry; **m. di mattoni**, brickwork; **m. di sostegno**, bulkhead; **m. refrattaria**, firebrick masonry; **ponte in m.**, masonry (*o* stone) bridge.
murèna, *f.* (*zool., Muraena helena*) moray.
muriàtico, *a.* – (*chim.*) **acido m.**, muriatic acid; hydrochloric acid.
muricciòlo, *m.* low wall.
mùrice, *m.* (*zool., Murex*) murex*.
murìcolo, *a.* wall (*attr.*): **piante muricole**, wall plants.
murino, *a.* (*lett.*) murine.
mùrmure, *m.* *1* (*poet.*) murmur *2* (*med.*) murmur.
mùro, *m.* (*pl.* **muri**, *m., nelle def. 1, 3, 4,* **mura**, *f., nella def. 2*) *1* wall: **lungo il m.**, along the wall; **rasente al m.**, close to the wall; **il m. d'un giardino**, a garden wall; **i muri d'una stanza**, the walls of a room; **m. in mattoni**, brick wall; **m. in pietrame**, stone wall; **m. maestro**, main wall; **abbattere un m.**, to knock down a wall; **attaccare q.c. a un m.**, to put up st. on a wall; **costruire un m.**, to build a wall *2* (*pl.*) (*complesso di opere murarie*) walls: **le mura d'una città**, the walls of a city; **una cinta di mura**, surrounding walls *3* (*fig.*) wall; (*barriera*) barrier: **un m. di nebbia**, a wall of fog; **un m. di silenzio**, a wall of silence; **Tra di noi c'è un m.**, there is a wall (*o* a barrier) between us *4* (*aeron.*) barrier: **m. del calore**, heat barrier; **m. del suono**, sound barrier. ● **le mura domestiche**, home □ **m. a cassa vuota**, hollow wall □ **m. a secco**, dry (*o* dry-stone) wall □ **m. d'ala**, wing wall □ **il M. del pianto**, the Wailing Wall □ **m. della scala**, stair(case) wall □ **m. di chiusura**, panel wall □ **m. di cinta**, boundary (*o* enclosure) wall □ **m. di confine**, party wall □ **m. di fondazione**, foundation wall □ (*archit.*) **m. di frontone**, gable wall □ **m. di rivestimento**, protection wall □ **m. di sostegno**, retaining wall; breast wall □ **m. divisorio**, partition wall □ **m. esterno**, outer wall □ **un telefono a m.**, a wall-mounted telephone □ **armadio a m.**, built-in wardrobe; wall cupboard □ (*fig.*) **battere il capo nel m.**, to bang one's head against the wall □ **chiudere con un m.**, to wall up □ **chiudersi fra quattro mura**, to shut oneself up; to seclude oneself □ **cingere con un m.**, to wall in □ (*fig.*) **con le spalle al m.**, with one's back to the wall □ (*fig.*) **È come urtare contro un m.**, it's like banging your head against a brick wall □ (*fig.*) **finire al m.**, to be shot □ **mettere q. al m.**, to drive (*o* to push) sb. to the wall; (*fucilare*) to shoot sb. □ (*fig.*) **mettersi con le spalle al m.**, to put oneself on the safe side □ (*fig.*) **parlare al m.**, to speak to deaf ears (*o* to the wind) □ (*fig.*) **puntare i piedi nel m.**, to dig one's toes in □ **stare a uscio e m. con q.**, to live next-door to sb. □ (*prov.*) **I muri hanno orecchie**, walls have ears.
mùrra, *f.* (*miner.*) murr(h)a.
murrino, *a.* murrhine: **vasellame m.**, murrhine glass.
mùṣa, *f.* *1* (*mitol.*) Muse: **le nove Muse**, the nine Muses *2* (*fig.*) muse; inspiration: **la m. tragica**, the tragic muse.
muṣàico, *V.* **mosaico**.
muṣànga, *f.* (*zool., Paradoxurus hermaphroditus*) musang.
muṣaràgno, *f.* (*zool., Sorex araneus*) shrew; shrewmouse*.
muṣàta, *f.* *1* (*colpo dato col muso*) blow with the muzzle (*o* with the snout) *2* (*fam.*: *colpo sul naso*) blow on the nose. ● **dare una m.**, (*di animale*) to muzzle; (*fam., di persona*) to bang one's nose (into st.).
muscarina, *f.* (*chim.*) muscarine.
muschiàto, *a.* *1* (*che odora di muschio*) musky; musk (*attr.*): **profumo m.**, musky perfume; **rosa muschiata**, musk rose *2* (*che secerne muschio*) musk: **bue m.**, musk ox.
mùschio (1), *m.* (*profumeria*) musk.
mùschio (2), *m.* (*bot.*) moss: **raccogliere m.**, to gather moss; to go mossing; **ricoperto di m.**, overgrown with moss; moss-grown; mossy.
muscolàre, *a.* muscular; muscle (*attr.*): **dolori muscolari**, muscular pain (*sing.*); **forza m.**, muscular strength; **movimenti muscolari**, muscular movements; **tessuto m.**, muscle tissue.
muscolatùra, *f.* (*anat.*) *1* musculature; muscular system *2* (*muscoli*) muscles (*pl.*).
muscolina, *f.* (*chim.*) myosin.
mùscolo, *m.* *1* (*anat.*) muscle: **i muscoli della gamba**, the leg muscles; **muscoli flaccidi**, flabby muscles; **muscoli gonfi**, bulging muscles; **muscoli vigorosi**, strong (*o* well-developed) muscles; **contrazione dei muscoli**, contraction of the muscles; cramp; **flettere [tendere] i muscoli**, to flex [to stretch] one's muscles; **non muovere un m.**, not to move a muscle; **m. adduttore**, adductor; **m. elevatore**, elevator; **m. estensore**, extensor; **m. flessore**, flexor; **m. rotatore**, rotator; **m. tensore**, tensor; **m. volontario**, voluntary muscle *2* (*pl.*) (*fig.*: *forza*) muscles; brawn (*sing.*): **muscoli e cervello**, brawn and brain *3* (*di carne macellata*) shin (of beef) *4* (*zool., Mytilus edulis*) mussel. ● **a forza di muscoli**, by sheer muscle power □ (*fig.*) **mostrare i muscoli**, to flex one's muscles □ (*sport*) **sciogliere (*o* scaldare) i muscoli**, to warm up; to limber up □ **essere tutto muscoli**, to be muscular (*o* sinewy).
muscolocutàneo, *a.* musculocutaneous.
muscolosità, *f.* muscularity; brawniness.
muscolóso, *a.* muscular; sinewy; brawny: **braccia muscolose**, muscular (*o* sinewy, brawny) arms.
muscóne, *m.* (*chim.*) muskone, muscone.
muscóso, *a.* mossy; moss-grown.
muscovite, *f.* (*miner.*) muscovite; common mica.
muṣeàle, *a.* museum (*attr.*); of museums.
muṣèo, *m.* museum: **m. archeologico [navale, zoologico]**, archeological [naval, zoological] museum; **m. delle cere**, waxwork museum. ● (*scherz.*) **pezzo da m.**, museum-piece; old fossil □ (*spreg.*) **roba da m.**, worthless old stuff; rubbish; junk.
muṣeografìa, *f.* museology.
muṣeogràfico, *a.* museological.
muṣeologìa, *f.* museology.
muṣeruòla, *f.* muzzle. ● **mettere la m. a un cane**, to muzzle a dog □ (*fig.*) **mettere la m. a q.**, to muzzle sb.; to gag sb.; to shut sb. up.
muṣétta, *f.* (*sacchetto per la biada*) nose bag; feed bag (*USA*).
musette (*franc.*), *f. invar.* (*mus.*: *strumento e danza*) musette.
muṣétto, *m.* pretty little face.
mùṣica, *f.* *1* music: **m. classica**, classical music; **m. moderna**, modern music; **m. strumentale [vocale]**, instrumental [vocal] music; **m. da ballo**, dance music; **m. da camera**, chamber music; **studiare m.**, to study music; **leggere la m.**, to read music; **Che bella m.!**, what lovely music!; **Questa m. non mi piace**, I don't like this kind of music; **lezioni di m.**, music lessons; **maestro di m.**, music teacher (*o* master); **un pezzo di m.**, a piece of music *2* (*banda*) band: **la m. del reggimento**, the regimental band *3* (*fig.*: *suono melodioso*) music: **la m. della sua voce**, the music of her voice *4* (*fig. fam.*) tune; story: **cambiare m.**, to change one's tune; **Sempre la solita m.!**, it's always the same old tune (*o* story)!; **Questa è un'altra m.**, this is a different tune. ● **m. antica** (*medievale, rinascimentale*), early music □ **m. concreta**, concrete music □ **la m. delle sfere**, the music of the spheres □ **musiche di scena**, incidental music □ **m. elettronica**, electronic music □ **avere talento per la m.**, to have a bent for music; to be musical □ **avere passione per la m.**, to be fond of music □ **carta da m.**, music paper □ **fare m.**, to play □ **mettere in m.**, to set to music □ (*scherz.*) **Devo dirtelo in m.?**, do you want me to spell it out for you? □ **Questa è m. per le mie orecchie**, this is music to my ears □ (*iron.*) **Sentirai che m.!**, wait and see!
muṣicàbile, *a.* apt to be set to music.
musical (*ingl.*), *m. invar.* musical (comedy).
muṣicàle, *a.* *1* musical; music (*attr.*): **composizione m.**, musical composition; **strumento m.**, musical instrument; **commedia m.**, musical comedy; **associazione m.**, music club; **conservatorio m.**, academy of music; music school; **doti musicali**, musicianship (*sing.*) *2* (*melodioso*) musical: **voce [lingua] m.**, musical voice [language]. ● (*fon.*) **accento m.**, pitch accent □ **avere orecchio m.**, to have an ear for music.
muṣicalità, *f.* *1* (*melodiosità*) musicality; musicalness *2* (*doti musicali*) musicianship.
muṣicalménte, *avv.* musically.
muṣicànte, A *m. e f.* *1* (*suonatore*) musician; (*di banda*) bandsman* (*m.*); bandswoman* (*f.*) *2* (*spreg.*) third-rate musician. **B** *a.* playing.
muṣicàre, *v. t.* to set* to music: **m. un libretto**, to set a libretto to music.
muṣicassétta, *f.* pre-recorded cassette; musicassette.
music-hall (*ingl.*), *m. invar.* *1* (*teatro*) music-hall; variety theatre; vaudeville theater (*USA*) *2* (*spettacolo*) music-hall show; variety show; vaudeville (*USA*).
muṣichétta, *f.* (easy) tune.
muṣicista, *m. e f.* musician.
mùṣico, A *a.* (*lett.*) musical. **B** *m.* musician.
muṣicòfilo, *m.* (*f.* **-a**) music lover.
muṣicògrafo, *m.* musicographer.
muṣicologia, *f.* musicology.

muṣicològico, *a.* musicological.
muṣicòlogo, *m.* (*f.* **-a**) musicologist.
muṣicòmane, *m.* e *f.* music fan.
muṣicomanìa, *f.* passion for music.
muṣicoterapìa, *f.* (*med.*) musicotherapy.
muṣivo, *a.* mosaic (*attr.*): **arte musiva**, mosaic art; **oro m.**, mosaic gold; **un'opera musiva**, a piece of mosaic work; a mosaic.
mùṣo, *m.* **1** (*di animale*) muzzle; snout: **il m. d'un cane**, a dog's muzzle (*o* snout); **il m. d'un maiale**, a pig's snout; **il m. d'un cavallo**, a horse's muzzle **2** (*scherz.*: *faccia*) face, mug (*fam.*); (*naso*) nose, snout (*fam.*): **Hai il m. sporco**, you have a dirty face; **Lavati il m.**, wash your face; **Non voglio più vedere il suo brutto m.**, I don't want to see his ugly mug again; **rompere** (*o* **spaccare**) **il m. a q.**, to smash sb.'s face in; **torcere il m.**, to make a wry face; **dire q.c. a q. sul m.**, to say st. to sb.'s face; **ridere sul m. a q.**, to laugh in sb.'s face; **un pugno sul m.**, a punch on the nose; **mettere il m. fuori**, to put one's nose outside **3** (*fig.*: *broncio*) face: **avere il m.**, to wear a long face; to sulk; to mope; **mettere il m.**, to pull (*o* to draw) a long face; **tenere il m. a q.**, to be cross with sb. **4** (*aeron.*) nose. ● **a m. duro**, resolutely; bluntly.
muṣóne, *m.* (*f.* **-a**) (*fam.*) sulker; moper; surly person.
muṣonerìa, *f.* (*fam.*) sulkiness; surliness; (fit of the) sulks.
mussàre, *v. i.* (*di vino e sim.*) to sparkle.
mussitazióne, *f.* (*psic.*) mussitation.
mùssola, **mussolìna**, *f.* muslin; mousseline (*franc.*): **m. a disegni**, figured muslin; **m. stampata**, printed muslin; **m. di lana**, all-wool muslin; mousseline-de-laine; **m. di seta**, silk muslin; mousseline-de-soie.
mussoliniàno, *a.* of Mussolini; Mussolini's.
mussulmàno, *V.* **musulmano**.
mustàcchi, *m. pl.* **1** (long) moustache (*sing.*), mustache (*USA*): **avere [portare] i m.**, to have [to wear] a moustache; **arricciarsi i m.**, to twirl one's moustache **2** (*naut.*) bobstays.
mustàng, *m. invar.* mustang.
mustèla, *f.* (*zool.*, *Mustela*) marten.
musulmaneṣimo, *m.* Islamism.
musulmàno, *a.* e *m.* (*f.* **-a**) Moslem; Muslim.
mùta (1), *f.* **1** (*cambio*) change, changing; (*di sentinella*) relief **2** (*zool.*: *di penne e pelo*) moult, molt (*USA*), moulting, molting (*USA*), (*della pelle*) shedding, casting-off; (*di insetti e crostacei*) ecdysis* **3** (*del vino*) decantation; decanting **4** (*di indumenti*) change **5** (*serie*) set: **una m. di sacchi**, a set of bags; (*naut.*) **una m. di vele**, a set of sails **6** (*tuta subacquea*) wetsuit. ● (*mil.*) **dare la m.**, to relieve (*o* to change) the guard.
mùta (2), *f.* (*di cani*) pack (of hounds).
mutàbile, *a.* **1** changeable; mutable; variable **2** (*incostante*) inconstant; changeable; fickle.
mutabilità, *f.* **1** changeableness; mutability; variableness **2** (*incostanza*) inconstancy; changeableness; mutability; fickleness.
mutaciṣmo (1), *m.* (*med.*) mytacism.
mutaciṣmo (2), *m.* (*psic.*) mutism.
mutagèneṣi, *f.* (*biol.*) mutagenesis.
mutàgeno, **A** *a.* (*biol.*) mutagenic. **B** *m.* mutagen.
mutaménto, *m.* change; variation; transformation: **un m. d'aria**, a change of air; **un m. di programma [di clima]**, a change in the programme [in the climate]; **un m. di governo**, a change of government, **un m. di temperatura**, a variation of temperature; **un m. in meglio [in peggio]**, a change for the better [for the worse]; **fare un gran m.**, to make a great change.
mutànde, *f. pl.* (*da uomo*) pants, briefs, shorts, underpants (*USA*); (*da donna*) panties, knickers; (*da bambino*) briefs, pants. ● (*scherz.*) **mettere in m.**, to strip (sb.) of his trousers; to debag (*pop. GB*).
mutandìne, *f. pl.* (*da donna*) panties; (*da bambino*) briefs, pants. ● **m. da bagno**, bathing shorts (*o* slips); trunks □ **m. da ginnastica**, (gym) shorts.
mutandóni, *m. pl.* **1** (*lunghi*) long underpants; long johns (*fam.*) **2** (*stor.*, *da donna*) knickers.
mutànte, *a.* e *m.* (*biol.*) mutant.
mutàre, **A** *v. t.* to change; (*trasformare*) to transform, to turn (st. into st.); (*modificare*) to alter, to modify: **m. direzione**, to change direction; **m. idea**, to change one's mind; **m. indirizzo**, to change one's address; **m. posto con q.**, to change (*o* to swap) places with sb.; **m. vita**, to change one's ways. ● (*fig.*) **m. aria**, to change air □ (*fig.*) **m. le carte in tavola**, to shift one's ground □ **m. casa**, to move (house) □ **m. città**, to move to another town □ **m. colore**, to change colour; (*impallidire*) to turn pale □ **m. la pelle**, to cast off one's skin; (*dei rettili*) to slough off □ **m. le penne**, to moult □ **m. il vino**, to decant wine □ **m. viso** (*per l'emozione*), to change countenance □ (*prov.*) **Il lupo muta il pelo, ma non il vizio**, can the leopard change its spots? **B** *v. i.* to change; (*modificarsi*) to alter; (*variare*) to vary: **Sei mutato dall'ultima volta che ti vidi**, you've changed since I saw you last; **La situazione è mutata**, the situation has changed; **L'aspetto della città è del tutto mutato**, the appearance of the town is quite altered; **m. di colore**, to change colour; **m. di parere**, to change one's mind; **m. di posto**, to change one's seat. **C** **mutàrsi**, *v. i. pron.* to change: **m. in meglio [in peggio]**, to change for the better [for the worse]; **Il vento s'è mutato**, the wind has changed. ● **m. d'abito**, to change □ **Pare che il tempo si muti**, it looks as if there's going to be a change in the weather □ **S'è mutato in un altro uomo** (*è cambiato*), he is a totally different man now; he is a changed man □ **Come s'è mutato!**, how he's changed!
mutatóre, *m.* (*elettr.*) mercury vapour rectifier.
mutazionàle, *a.* (*biol.*) mutational.
mutazióne, *f.* **1** change; mutation; (*modifica*) alteration, variation: **Non ci sono mutazioni**, there are no changes; **fare alcune mutazioni**, to make some alterations **2** (*biol.*, *mus.*) mutation: **m. genetica**, genetic mutation **3** (*elab.*) change-over.
mutazioniṣmo, *m.* (*biol.*) mutationism.
mutazionista, *m.* e *f.* mutationist.
mutazionìstico, *a.* mutationism (*attr.*).
mutévole, *a.* **1** changeable; variable; mutable; (*instabile*) unsettled **2** (*incostante*) inconstant; fickle.
mutevolézza, *f.* **1** mutability: **la m. delle cose umane**, the mutability of human things **2** (*volubilità*) inconstancy; fickleness.
mutevolménte, *avv.* mutably; variably.
mùtico, *a.* (*agric.*) muticous.
mutilàre, *v. t.* **1** to mutilate; to maim; to cripple; (*tagliare*) to cut* off, to sever: **Fu mutilato in guerra**, he was maimed (*o* crippled) in the war; **m. un corpo**, to mutilate a body; **m. q. d'un braccio**, to cut off sb.'s arm **2** (*fig.*) to mutilate; (*statua e sim.*) to disfigure, to deface: **m. un articolo**, to mutilate an article.
mutilàto, **A** *a.* mutilated; maimed; crippled. **B** *m.* (*f.* **-a**) cripple; disabled person: **m. del lavoro**, disabled workman; **m. di guerra**, (*soldato*) disabled ex-serviceman; (*civile*) person disabled in the war.
mutilazióne, *f.* **1** mutilation; maiming: **m. volontaria**, self-mutilation; **subire una m.**, to be maimed; to be disabled **2** (*fig.*) mutilation; (*di statua e sim.*) disfigurement, defacement.
mùtilo, *a.* (*letter.*) mutilated: **un codice m.**, a mutilated codex.
mutiṣmo, *m.* **1** mutism; muteness **2** (*silenzio*) (obstinate) silence: **chiudersi nel più rigido m.**, to maintain the most absolute silence.
mùto, **A** *a.* **1** (*affetto da mutismo*) dumb; mute: **essere sordo e m.**, to be deaf and dumb; **È m. dalla nascita**, he has been dumb from birth; **Uno spavento lo rese m. a due anni**, a fright left him dumb when he was two years old **2** (*che non parla*) silent, taciturn; (*senza parole*) mute, dumb, speechless; (*per l'imbarazzo*) tongueless, tongue-tied: **m. dallo stupore**, mute with wonder; speechless with amazement; **restare m.**, to remain dumb; to be silent; **restare m. per l'orrore**, to be struck dumb with horror; **m. come una tomba**, as silent as the grave; **m. come un pesce**, as mute as a fish; **Intorno a quel fatto era m. con tutti**, he was silent about the matter with everybody **3** (*silenzioso*) silent, soundless; (*non espresso*) mute, speechless, voiceless: **una casa [una strada] muta**, a silent house [road]; **una gioia muta**, a speechless joy; **una muta protesta**, a mute protest; **una muta preghiera**, a voiceless prayer; **con m. stupore**, in mute amazement **4** (*gramm.*) mute; silent; voiceless: **una lettera muta**, a mute (*o* silent) letter; a mute; **acca muta**, silent aitch. ● **alla muta**, silently; in silence; without uttering a word □ **carta geografica muta**, skeleton map □ **il cinema m.**, silent films (*pl.*); the silents (*pl.*) □ **una scena muta**, a dumb show □ (*fig.*) **fare scena muta**, not to answer a single question; to be tongue-tied □ (*cinem.*) **film m.**, silent film. **B** *m.* **1** (*f.* **-a**) dumb person; mute **2** (*cinema muto*) silent films (*pl.*); (the) silents (*pl.*). ● **il linguaggio dei muti**, sign language.
mutóne, *m.* (*biol.*) muton.
mùtria, *f.* surly face; haughty expression.
mùtua, *f.* **1** (*società di mutuo soccorso*) mutual aid association **2** (*per l'assistenza medica*) health insurance association: **m. nazionale**, National Health Service; **m. privata**, private health insurance. ● **essere in m.**, to be on sick leave □ **medico della m.**, National Health doctor □ **mettersi in m.**, to ask for sick leave; to go sick (*fam.*).
mutuàbile (1), *a.* (*med.*) that can be prescribed under the National Health Service.
mutuàbile (2), *a.* (*econ.*) loanable.
mutualìṣmo, *m.* (*biol.*) mutualism.
mutualìstico, *a.* **1** (*relativo alla mutualità*) mutualist; mutualistic **2** (*relativo alla mutua*) National Health (*attr.*); health insurance (*attr.*): **assistenza mutualistica**, National Health assistance; **ente m.**, health insurance institute. ● (*biol.*) **simbiosi mutualistica**, mutualism.
mutualità, *f.* mutuality; mutual aid (*o* assistance).
mutualménte, *avv.* mutually; (*reciprocamente*) reciprocally.
mutuànte, *m.* e *f.* (*leg.*) lender.
mutuàre, *v. t.* **1** (*prendere a mutuo*) to borrow **2** (*dare in mutuo*) to lend*; to loan (*USA*) **3** (*fig.*: *derivare*) to borrow.
mutuatàrio, *m.* (*leg.*) borrower.
mutuàto, *m.* (*f.* **-a**) (*chi è assistito da una mutua*) person insured against illness; (*chi beneficia del servizio sanitario nazionale*) National Health patient.
mùtuo (1), *a.* mutual; (*reciproco*) reciprocal: **m. affetto**, mutual love; **m. consenso**, mutual agreement; (*fis.*) **mutua induttanza**, mutual inductance; **m. soccorso**, mutual aid; **società di m. soccorso**, mutual aid association. ● **cassa mutua malattia**, health insurance scheme; sickness benefit fund.
mùtuo (2), *m.* (*leg.*) loan: **m. ipotecario**, mortgage loan; **chiedere [concedere] un m.**, to apply for [to grant] a loan. ● **m. a breve scadenza [a lunga scadenza]**, short-term [long-term] loan □ **m. garantito**, secured loan □ **m. per prima casa**, home loan □ **m. senza interessi**, interest-free loan □ **capitale a m.**, borrowed capital □ **dare a m.**, to lend; to loan (*USA*) □ **fare un m.** (*per comprare una casa*), to take out a mortgage □ **prendere a m.**, to borrow (st. from sb.).

n,N

N, n, f. o m. (*dodicesima lettera dell'alfabeto ital.*) N, n. ● (*telef.*) **n come Napoli**, n for Nellie; n for Nan (*USA*).

nabàbbo, m. ***1*** nawab; nabob ***2*** (*fig.*) rich man. ● (*fig.*) **vivere come un n.**, to live in the lap of luxury.

Nabuccodònosor, m. (*stor.*) Nebuchadnezzar.

nàcchera, f. ***1*** (*generalm. al pl., mus.*) castanet ***2*** (*zool.*) nacre.

nacrite, f. (*miner.*) nacrite.

nadir, m. (*astron.*) nadir.

nadiràle, a. (*astron.*) nadiral; nadir (*attr.*).

nàfta, f. ***1*** (*chim.*) naphtha: **n. greggia**, crude naphtha ***2*** (*olio combustibile*) fuel oil; (*per motori diesel*) Diesel oil: **n. di alta qualità**, high-test Diesel oil; **a n.**, oil-fired; **bruciatore per** (*o* **a**) **n.**, oil burner; **riscaldamento a n.**, oil-fired (central-)heating.

naftalène, m. (*chim.*) naphthalene.

naftàlico, a. (*chim.*) naphthalic.

naftalina, f. ***1*** (*chim.*) naphthalene ***2*** (*in palline*) naphthalene balls (*pl.*); moth balls (*pl.*); (*a scaglie*) naphthalene flakes (*pl.*).

naftenàto, m. (*chim.*) naphthenate.

naftène, m. (*chim.*) naphthene.

naftènico, a. (*chim.*) naphthenic.

naftilammina, f. (*chim.*) naphthylamin(e).

naftile, m. (*chim.*) naphthyl.

naftochinóne, m. (*chim.*) naphthoquinone.

naftòlo, m. (*chim.*) naphthol.

nagàna, f. (*vet.*) nagana; ngana.

nàia (1), f. (*zool., Naja*) Naja; cobra.

nàia (2), f. (*gergo mil.*) ***1*** (*servizio militare*) national service; call-up; draft (*USA*) ***2*** (*vita militare*) military life. ● **essere sotto la n.**, to be doing one's national service.

nàiade, f. ***1*** (*mitol.*) naiad; water nymph ***2*** (*zool.*) naiad ***3*** (*bot.*) Naias.

naïf (*franc.*), **A** a. invar. (*arte*) naive; naïf: **pittori n.**, naive painters. **B** m. e f. invar. naive painter.

nàilon, V. **nylon**.

naloxóne, m. (*chim.*) naloxone.

namibiàno, a. e m. (f. **-a**) Namibian (*f.* Namibian woman*).

nàna, f. ***1*** (*med.*) (female) dwarf* ***2*** (*donna di piccola statura*) midget; dwarfish woman* ***3*** (*astron.*) dwarf: **n. bianca** [**rossa**], white [red] dwarf.

Nanchino, f. (*geogr.*) Nanking.

nanchino, m. (*ind. tess.*) nankeen.

nandù, m. (*zool., Rhea americana*) nandu; rhea.

naneròttolo, m. (f. **-a**) (*spreg.*) dwarf; pygmy.

nanismo, m. (*med.*) dwarfism; nanism.

nànna, f. (*infant.*) sleep. ● **andare a n.**, to go to bye-byes (*GB*); to go to beddy-byes (*USA*) □ **mettere a n.**, to put to bed □ **ora della n.**, time for bye-byes (*GB*); time for beddy-byes (*USA*) □ **fare la n.**, to sleep.

nannùfero, V. **nenufaro**.

nàno, A a. dwarfish; dwarf (*attr.*); miniature (*attr.*): **geranio n.**, dwarf geranium; (*astron.*) **stella nana**, dwarf star; **razza nana**, dwarfish race; **barboncino n.**, miniature poodle. **B** m. ***1*** (*med.*) dwarf* ***2*** (*uomo di piccola statura*) midget; manikin ***3*** (*mitol.*) dwarf ***4*** (*fig.: uomo intellettualmente mediocre*) intellectual pygmy.

nanocurie, m. invar. (*fis.*) nanocurie.

nanomètro, m. (*fis.*) nanometre, nanometer (*USA*).

nanosecóndo, m. (*fis.*) nanosecond.

nàos, m. (*archit.*) naos.

nàpalm, m. (*marchio: chim.*) napalm. ● **bomba al n.**, napalm bomb □ **distruggere col n.**, to napalm.

napèa, f. (*mitol.*) wood nymph.

napèllo, m. (*bot., Aconitum napellus*) aconite; monk's-hood, monkshood.

Napoleóne, m. Napoleon.

napoleóne, m. ***1*** (*numism.*) napoleon ***2*** (*solitario*) Napoleon solitaire ***3*** (*bicchiere per cognac*) brandy glass.

napoleònico, a. (*stor.*) Napoleonic.

napoleònide, m. member of Napoleon's family.

napoletàna, f. (reversibile) coffee percolator.

napoletàno, a. e m. (f. **-a**) Neapolitan (*f.* Neapolitan woman*).

Nàpoli, f. (*geogr.*) Naples.

nàppa, f. ***1*** (*fiocco*) tassel ***2*** (*pellame*) Napa (leather); soft leather ***3*** (*pop. scherz.: grosso naso*) big nose; conk (*pop.*); schnozzle (*pop. USA*).

nappàre, v. t. to soften (leather).

nàppo, m. (*lett.*) goblet; beaker; drinking cup.

narceina, f. (*chim.*) narceine.

narcisismo, m. (*psic.*) narcissism.

narcisista, m. e f. (*psic.*) narcissist.

narcisistico, a. (*psic.*) narcissistic.

Narciso, m. (*mitol.*) Narcissus.

narciso (1), m. (*bot., Narcissus poeticus*) narcissus*.

narciso (2), m. (*fig.*) narcissist; vain (*o* self-centred) man*.

narcoanàlisi, f. (*med.*) narcoanalysis.

narcoanalitico, a. (*med.*) narcoanalytic.

narcodòllaro, m. narcodollar.

narcoipnòsi, f. narcohypnosis.

narcolessìa, f. (*med.*) narcolepsy.

narcolira, f. narcolira*.

narcòsi, f. (*med.*) narcosis; general anaesthesia.

narcosintesi, f. (*psic.*) narcosynthesis.

narcoterapia, f. (*med.*) narcotherapy.

narcoterrorismo, m. narcoterrorism.

narcoterrorista, m. e f. narcoterrorist.

narcotèst, m. invar. drug test.

narcòtico, (*farm.*) **A** a. narcotic: **sostanza narcotica**, narcotic (substance); drug. **B** m. narcotic; drug: **squadra narcotici**, drug squad.

narcotina, f. (*chim.*) narcotine.

narcotizzàre, v. t. (*med.*) to narcotize.

narcotizzazióne, f. (*med.*) narcotization.

narcotrafficànte, m. e f. drug trafficker; drug dealer; drug baron (*m.*).

narcotràffico, m. drug dealing.

nàrdo, m. – (*bot.*) **n. comune** (*Lavandula officinalis*), lavender; **n. celtico** (*Valeriana celtica*), nard; **n. indiano** (*Nardostachys jatamans*), spikenard; nard; **n. sottile** (*Nardus stricta*) nard; matgrass.

narghilè, m. hookah; water pipe; narghile(h).

nàri, f. pl. (*lett.*) nostrils.

narìce, f. (*anat.*) nostril.

narràbile, a. tellable; that can be told.

narràre, A v. t. to tell*; to narrate; to relate: **n. l'accaduto**, to tell (*o* to relate) the facts; **n. una fiaba**, to tell a tale. **B** v. i. to tell* (about): **Mi narrò di sé**, he told me about himself.

narratage (*franc.*), m. invar. (*cinem.*) voice-over.

narrativa, f. ***1*** fiction: **opere di n.**, works of fiction; **scrivere n.**, to write fiction ***2*** (*leg.*) narrative.

narrativo, a. narrative: **poema n.**, narrative poem; **procedimento n.**, narrative method; **genere n.**, fiction.

narratologìa, f. (*letter.*) narratology.

narratològico, a. (*letter.*) narratological.

narratóre, m. (f. **-trice**) ***1*** narrator; teller; storyteller: **un buon n.**, a good storyteller ***2*** (*scrittore*) writer, author; (*romanziere*) novelist.

narrazióne, f. ***1*** narration; telling ***2*** (*racconto*) tale; story ***3*** (*leg.*) narrative.

nartèce, m. (*archit.*) narthex.

narvàlo, m. (*zool., Monodon monoceros*) narwhal; sea unicorn.

nasàle, A a. (*anat., fon.*) nasal: **cavità n.**, nasal cavity; **setto n.**, nasal septum; (*fon.*) **suono n.**, nasal sound. **B** f. (*fon.*) nasal. **C** m. (*parte dell'elmo*) nosepiece.

nasalità, f. (*fon.*) nasality.

nasalizzàre, v. t. (*fon.*) to nasalize.

nasalizzazióne, f. (*fon.*) nasalization.

nasàrdo, m. (*mus.*) nasard, nazard.

nasàta, f. (*colpo dato col naso*) blow with the nose; (*colpo preso sul naso*) blow on the nose. ● **dare** (*o* **picchiare**) **una n.**, to bang one's nose □ **dare una n.** (*di animale*), to nuzzle.

nascènte, a. ***1*** (*che cresce*) growing; (*che sorge*) rising, dawning: **erba n.**, growing grass; **il sole** [**la generazione**] **n.**, the rising sun [generation]; (*anche fig.*) **astro n.**, rising star; **il giorno n.**, the dawning day ***2*** (*chim.*) nascent: **idrogeno** [**ossigeno**] **n.**, nascent hydrogen [oxygen].

nàscere, A v. i. ***1*** (*di esseri umani: venire al mondo*) to be born; (*trarre origine*) to come* (out of): **n. libero** [**cieco, fortunato**], to be born free [blind, lucky]; **n. uomo** [**donna**], to be born a man [a woman]; **I bambini strillano quando nascono**, babies scream when they are born; **Sono nato qui**, I was born here; **Nacque nel 1930**, he was born in 1930; **Era nato e cresciuto in Francia**, he had been born and brought up in France; **Vorrei non essere mai nato**, I wish I had never been born; **Le nacque un maschio**, she had (*o* gave birth to) a baby-boy; **Gli è nato un figlio**, he has become a father; **L'ho visto n.**, I saw him being born; (*fig.*) I've known him ever since he was born; **n. da genitori poveri**, to be born of poor parents; **n. da buona famiglia**, to come from a good family; to be well born; **È n. per fare l'editore**, he was born to be a publisher ***2*** (*di animali*) to be born; (*di ovipari*) to be hatched, to hatch, to hatch out: **Ieri sono nati sei gattini**, six kittens were born yesterday; **Sono nati i pulcini**, the chicks have hatched ***3*** (*di piante: dalla terra*) to come* up, to come* out, to begin* to grow; (*germogliare*) to bud, to come* into bud, to sprout: **fiori che nascono spontanei**, flowers that come up by themselves (*o* that grow wild); **Sono nate dopo la pioggia**, they've come up after the rain; **Le viole non sono ancora nate**, the violets are not out yet; **I tulipani nascono in primavera**, tulips come out in spring; **È nata una nuova fogliolina**, a new leaf has sprouted *4* (*di capelli, unghie, corna, ecc.*) to grow*, to begin* to grow; (*di denti*) to come* through: **Al bambino stanno nascendo i capelli**, the baby's hair is beginning to grow; **Il dente nacque storto**, the tooth came through crooked; **A Paolino stanno nascendo due dentini**, Paolino is cutting two new teeth *5* (*di astri*) to rise*; (*di fiumi*) to rise*, to have one's source; (*scaturire*) to well up: **Il sole nasce dal mare**, the sun rises (*o* comes up) from the sea; **Il fiume nasce nelle Alpi [da quel monte]**, the river rises (*o* has its source) in the Alps [on that mountain] *6* (*di edifici, quartieri, ecc.*) to be built; to spring* up *7* (*di dubbi, idee, ecc.*) to be born; to arise*; to grow*; to occur: **Nacque un dubbio circa la sua validità**, a doubt arose as to its validity; **Mi nacque un sospetto**, I began to suspect something; **Nacque una nuova speranza**, a fresh hope was born *8* (*cominciare ad operare*) to begin*, to be started; (*essere aperto*) to be opened; (*essere varato*) to be launched; (*essere costituito*) to be formed, to be set up *9* (*avere inizio*) to be born, to begin*, to start, to arise*, to grow*, to originate, to come* into being, to come* out; (*essere causato*) to result, to spring*, to come* about (*o* through), to be due to: **La nostra amicizia nacque a scuola**, our friendship began at school; **Non so cosa nascerà da questa decisione**, I don't know what will result from this decision; **Ne nacque un'accesa discussione**, a heated discussion ensued; **Il treno nasce a Roma**, the train starts from Rome; **È nata una nuova professione**, a new profession has come into existence; **Il romanticismo nacque in Germania**, Romanticism was born in Germany; **Il progetto era nato da un equivoco**, the plan was the result of a misunderstanding; **Da un male è nato un bene**, good has come out of evil. ● (*fam.*) **n. bene**, to come from a very good family □ **n. come funghi**, to sprout like mushrooms □ **n. di sette mesi**, to be a seven months' child □ **n. nella famiglia giusta**, to be born into the right family □ **n. prematuro**, to be born prematurely □ **n. sotto buona [cattiva] stella**, to be born under a lucky [unlucky] star □ **Deve ancora n. l'uomo che può imbrogliarmi**, the man that can fool me hasn't been born yet □ **far n. dei disordini**, to stir up trouble □ **far n. dei dubbi**, to give rise to doubts □ **far n. un'idea**, to give (sb.) an idea; to give birth to an idea □ **far n. un sorriso**, to provoke a smile □ **far n. un sospetto**, to arouse suspicion □ **far n. la speranza**, to give rise to hope □ **far n. la speranza che...**, to awaken the hope that... □ (*fig. fam.*) **È nato con gli occhi aperti**, there are no flies on him □ **Nacque prima l'uovo o la gallina?**, which came first, the hen or the egg? □ **Nasce spontanea una domanda**, a question springs to mind □ (*di donna sposata*) **Come nasce?**, what is her maiden name? □ **Non sono nato per queste cose**, I am not cut out for these things □ **Non sono n. ieri**, I wasn't born yesterday □ **Pianisti si nasce, non si diventa**, pianists are born, not made □ (*prov.*) **Da cosa nasce cosa**, one thing leads to another □ (*prov.*) **Nessuno nasce esperto**, experts are not found in the cradle □ (*prov.*) **Si sa come si nasce, non come si muore**, men know where they were born, not where they shall die. **B** *m.* *1* rise; start; outset; inception: **il n. e il propagarsi di una moda**, the rise and spread of a fashion; **Il progetto era stato osteggiato sin dal n.**, the plan had met with opposition right from the start *2* (*di piante, di foglie*) sprouting; bursting into flower [into leaf]. ● **il n. del giorno**, daybreak □ **il n. del sole**, sunrise; sunup (*USA*) □ **sul n.**, at birth; in the bud: **stroncare q.c. sul n.**, to nip st. in the bud.

nasciménto, *m.* (*lett.*) birth.

nàscita, *f.* *1* birth: **la n. di un bambino**, the birth of a child; **alla n.**, at birth; **certificato di n.**, birth certificate; **luogo di n.**, birthplace; **muto dalla n.**, dumb from birth; born dumb; **francese di n.**, French by birth *2* (*origine*) origin; (*discendenza*) descent; (*lignaggio*) extraction, birth: **di buona n.**, of good birth (*o* extraction); **di nobile n.**, of noble birth; high-born *3* (*di astro*) rising; rise: **la n. del sole**, sunrise; sunup (*USA*). ● **n. gemellare**, twin birth □ **controllo delle nascite**, birth control □ **per (diritto di) n.**, by right of birth.

nascitùro, **A** *a.* *1* about to be born; as yet unborn *2* (*fig.*) future; forthcoming. **B** *m.* (*f.* **-a**) (future) baby; (*anche leg.*) unborn child: **i diritti del n.**, the rights of an unborn child.

nascóndere, **A** *v. t.* *1* to hide*; to conceal; (*n. alla vista*) to hide* (st.) from (sb.'s) view: **Nascose i soldi sotto un vaso**, he hid the money under a vase; **n. un evaso**, to hide an escapee; **n. q.c. sulla propria persona**, to conceal st. about one's person; **n. il viso fra le mani**, to hide (*o* to bury) one's face in one's hands; **Una nuvola nascose il sole**, a cloud hid the sun; **La collina ci nasconde il golfo**, the hill hides the bay from our view; **I cespugli ci nascondevano**, the bushes hid us from view *2* (*tenere celato*) to hide*, to conceal, to keep* (st. from sb.); (*mascherare*) to diguise; (*tenere segreto*) to keep* secret: **n. i propri sentimenti**, to hide one's feelings; **n. q.c. a q.**, to hide st. from sb.; **n. le proprie intenzioni a q.**, to conceal one's intentions from sb.; to hold out on sb. (*fam.*); **n. la propria identità**, to keep one's identity secret; **n. il proprio odio**, to disguise one's hatred; **Cercai di nascondergli la verità**, I tried to keep the truth from him. ● **Non nascondo che sono deluso**, I can't pretend I am not disappointed □ **È uno che non nasconde le sue opinioni**, he doesn't make a secret of his views. **B nascóndersi**, *v. rifl.* e *i. pron.* *1* to hide* (oneself): **Presto, nasconditi!**, quick, hide yourself!; **Non so dove nascondermi**, I don't know where to hide; **Dove ti eri nascosto?**, where were you hiding? *2* (*essere nascosto*) to be hidden; to be concealed: **Che cosa si nasconde in quella stanza**, what is hidden in that room? ● **giocare a n.**, to play hide-and-seek □ **Qui sotto si nasconde qualcosa di poco chiaro**, there is something fishy going on here.

nascondìglio, *m.* hiding place; hideout (*fam.*).

nascondìno, *m.* hide-and-seek.

nascostaménte, *avv.* hiddenly; (*segretamente*) secretly, covertly; (*furtivamente*) surreptitiously, stealthily, on the quiet; (*sottobanco*) under the counter.

nascósto, *a.* hidden; secret; concealed; in hiding (*pred.*): **È n. in questa stanza**, it's hidden in this room; **una verità nascosta**, a hidden (*o* secret) truth; **Rimase n. sei mesi**, he was six months in hiding. ● **di n.**, *V.* **nascostamente** □ **di n. a q.**, behind sb.'s back.

nasèllo (1), *m.* (*zool.*, *Merluccius merluccius*) hake.

nasèllo (2), *m.* *1* (*mecc.*) nib *2* (*nasiera*) nose-ring. ● **n. di porta**, catch.

nasétto, *m.* *1* (*mus.*) nut; frog *2* (*di saliscendi*) catch.

nashi, *m. invar.* (*bot.*) Asian pear; nashi.

nasica, *m. invar.* (*zool.*, *Nasalis larvatus*) proboscis monkey.

nasièra, *f.* nose-ring.

nàso, *m.* *1* nose; (*di animali, anche*) snout, muzzle: **avere il n. rosso**, to have a red nose; **arricciare il n.**, to wrinkle one's nose; **soffiarsi il n.**, to blow one's nose; **n. affilato**, sharp nose; **n. aquilino**, Roman nose; **n. a becco (o adunco)**, hooked nose; beak; **n. a patata**, bulbous nose; **n. alla francese**, retroussé (*o* upturned) nose; **n. all'insù**, upturned nose; **n. camuso**, snub nose; **n. rincagnato**, pug nose; **n. che cola**, runny nose; **n. che gocciola**, dripping nose; **n. intasato**, stopped-up (*o* stuffed-up) nose; **la punta del n.**, the tip of one's nose; **parlare col (o nel) n.**, to speak through one's nose; **turarsi il n.**, to hold one's nose *2* (*mecc.*) catch. ● **a lume di n.**, by guess-work; at a guess □ **torcere il n. di fronte a q.c.**, to turn up one's nose at st. □ **avere buon n. per q.c.**, to have an eye (*o* a feel) for st. □ **col n. all'aria**, looking up in the air □ **fazzoletto da n.**, pocket handkerchief □ **fidarsi del proprio n.**, to follow one's nose □ (*fig.*) **menare q. per il n.**, to lead sb. by the nose □ **mettere (o ficcare, cacciare) il n. negli affari altrui**, to poke (*o* to stick) one's nose into other people's business □ **mettere il n. fuori di casa**, to poke one's nose out of doors □ **mettersi le dita nel n.**, to pick one's nose □ **non ricordarsi dalla bocca al n.**, to have a memory like a sieve □ **non vedere più in là del proprio n.**, to see no farther than the end of one's nose □ **Gli misi la lettera sotto il n.**, I thrust the letter under his nose □ **Ce l'hai lì sotto il n.!**, it's there under your very nose! □ **restare con un palmo di n.**, to be badly disappointed □ **sbattere l'uscio sul n. a q.**, to slam the door in sb.'s face □ **tabacco da n.**, snuff.

nasofaringèo, *a.* (*anat.*) nasopharyngeal.

nasolabiale, *a.* (*anat.*) nasolabial.

nasóne, *m.* *1* (*grosso naso*) big nose; proboscis (*fam.*); conk (*pop.*); schnozzle (*pop. USA*) *2* (*f.* **-a**) (*scherz.*: *persona con un grosso naso*) person with a big nose.

nàspo, *V.* **aspo**.

nàssa, *f.* (wicker-work) fish trap; (*per aragoste*) lobster pot (*o* trap); (*per anguille*) eel basket.

Nàsso, *f.* (*geogr.*) Naxos.

nastìa, *f.* (*bot.*) nastic movement.

nàstico, *a.* (*bot.*) nastic.

nastràre, *v. t.* (*tecn.*) to tape; to band.

nastratrìce, *f.* (*tecn.*) taping machine.

nastratùra, *f.* (*tecn.*) taping.

nastrifórme, *a.* ribbon-like.

nastrìno, *m.* (*mil.*) ribbon.

nàstro, *m.* *1* ribbon; (*fascia*) band: **n. di seta [di velluto]**, silk [velvet] ribbon; **n. per capelli**, hair ribbon; **n. da cappello**, hat band; **ornato di nastri**, ribboned *2* (*tecn.*) tape; band; strap; ribbon: **n. adesivo**, adhesive tape; sticky tape; Sellotape (*marchio*); **n. d'acciaio [di ferro]**, steel strip; **n. di macchina per scrivere**, typewriter ribbon; **n. isolante**, insulating tape; friction tape (*USA*); (*elab.*) **n. perforato**, punched tape. ● (*sport*) **n. del traguardo**, finishing tape □ **n. di lutto**, mourning band □ (*mil.*) **n. di mitragliatrice**, machine-gun belt □ (*mat.*) **n. di Möbius**, Möbius strip □ (*ippica*) **nastri di partenza**, starting barrier (*sing.*); starting gate (*sing., USA*) □ **n. magnetico**, magnetic tape □ **n. stradale**, asphalt ribbon; ribbon of road □ (*tecn.*) **n. trasportatore**, conveyer belt □ (*fig.*) **essere al n. di partenza**, to be lined up ready to start □ **incidere su n.**, to record on tape □ (*mecc.*) **sega a n.**, band-saw; endless saw □ **metro a n.**, tape measure □ **registratore a n.**, tape recorder.

nastrotèca, *f.* tape library.

nastùrzio, *m.* (*bot.*, *Nasturtium officinale*) nasturtium; watercress.

nasùto, *a.* big-nosed; (*dal naso lungo*) long-nosed; (*dal naso a becco*) hook-nosed.

natàbile, *a.* navigable.

Natàle (1), *m.* (*festa*) Christmas; (*abbr. scritta fam.*: Xmas): **il giorno di N.**, Christmas Day; **a N.**, (*il giorno di N.*) on Christmas Day; (*sotto N.*) at Christmas; **albero di N.**, Christmas tree; **la vigilia di N.**, Christmas Eve; **tempo di N.**, Christmastime; **Buon N.!**, merry (*o* happy) Christmas!

Natàle (2), *m.* (*nome*) Noel.

natàle, **A** *a.* native; birth (*attr.*): **Bari è la mia città n.**, Bari is my native town; **paese n.**, native country; **giorno n.**, birthday. **B** *m.* *1* (*giorno n.*) birthday *2* (*pl.*) (*nascita*) birth (*sing.*): **di illustri [oscuri] natali**, of noble [obscure] birth; **di bassi natali**, of humble birth; baseborn. ● **il n. di Roma**, the foundation of Rome □ **dare i natali a q.**, to be sb.'s birthplace.

Natalia, *f.* Natalie; Natalia.

natalità, *f.* (*stat.*) natality; birthrate.

natalizio, A *a.* **1** (*di Natale*) Christmas (*attr.*): **biglietto n.**, Christmas card; **doni natalizi**, Christmas presents **2** (*del giorno di nascita*) birth (*attr.*); natal: **giorno n.**, birthday. **B** *m.* birthday.

Nàtan, *m.* (*Bibbia*) Nathan.

Nataniele, *m.* Nathaniel.

natànte, A *a.* floating. **B** *m.* (*naut.*) craft*; boat.

natatóia, *f.* (*zool.*) fin.

natatòrio, *a.* swimming (*attr.*); natatory: **vescica natatoria**, swimming bladder.

nàtica, *f.* (*anat.*) buttock.

natimortalità, *f.* (*stat.*) stillbirth rate.

natìo, *a.* (*lett.*) native; home (*attr.*). ● **il tetto n.**, home.

nativismo, *m.* (*filos.*) nativism.

nativista, *m.* e *f.* (*filos.*) nativist.

natività, *f.* nativity.

natìvo, A *a.* **1** (*di nascita*) native; home (*attr.*): **terra nativa**, native land; home country; **idioma n.**, native language; **parlante n. di una lingua**, native speaker of a language **2** (*innato*) native **3** (*oriundo*) – **Sono n. di Pisa**, I was born in Pisa. **B** *m.* (*f.* **-a**) native.

nàto, A *a.* born: **un attore n.**, a born actor; **n. da povera gente**, born of poor parents; **n. per grandi cose**, born to great things. ● (*fig.*) **n. con la camicia**, born with a silver spoon in one's mouth □ (*fig.*) **n. ieri**, born yesterday □ (*anche fig.*) **n. morto**, stillborn □ **un bambino appena n.**, a new-born baby □ **ben n.**, well-born □ **essere n. di sette mesi**, to be a seven months' child □ **Luisa Bini nata Motta**, Luisa Bini née Motta □ (*fam.*) **È suo padre n. e sputato**, he is the spitting image of his father. **B** *m.* (*f.* **-a**) (*figlio*) child*: **il mio primo n.**, my eldest child; my first born. ● **i nati nel 1980**, those born in 1980.

natremìa, natriemìa, *f.* (*biochim.*) natremia.

nàtron, *m.* (*miner.*) natron.

nàtta, *f.* (*med.*) wen.

natùra, *f.* **1** nature; (*se personificata, anche*) Nature: **la n. umana**, human nature; **madre n.**, Mother Nature; **le bellezze [le leggi, la voce] della n.**, the beauties [the laws, the voice] of nature; **i doni della n.**, Nature's gifts; **vivere secondo n.**, to live according to nature; **Lascia fare alla n.**, leave it to nature; **La n. aborre dal vuoto**, nature abhors a vacuum **2** (*istinto*) natural instinct: **Lascialo seguire la sua n.**, let him follow his natural instinct **3** (*qualità, tipo*) nature; sort; type; kind: **libri di varia n.**, different kinds of books; **Non sappiamo di che n. fossero i loro rapporti**, we do not know the nature of their relationship **4** (*indole*) character; disposition; temper. ● (*pitt.*) **n. morta**, still life □ **allo stato di n.**, in the natural state □ **contro n.**, against nature; unnatural: **un delitto contro n.**, an unnatural crime □ **buono di (o per) n.**, naturally good □ **di n. impulsiva**, impulsive by nature; naturally impulsive □ **problemi di n. tecnica**, technical problems □ **un dono di n.**, a natural gift □ **È nella n. delle cose**, it is in the nature of things □ **pagare in n.**, to pay in kind □ **È per lui una seconda n.**, it's second nature for him.

naturàle, *a.* **1** (*della natura, innato, spontaneo*) natural: **scienze naturali**, natural science (*sing.*); **risorse naturali**, natural resources; **storia n.**, natural history; **religione n.**, natural religion; **abilità naturali**, natural (*o* innate) abilities; **morire di morte n.**, to die a natural death; **parlare in modo n.**, to speak in a natural way; (*leg.*) **diritto n.**, natural law **2** (*non artefatto*) real; natural; genuine: **fiori naturali**, real flowers; **capelli naturali**, hair of their natural colour; **I suoi capelli sono di un biondo n.**, she is natural blonde; **denti naturali**, one's own teeth **3** (*ovvio*) natural; obvious: **una n. conseguenza**, a natural consequence; **cose naturali**, obvious things; **È più che n.**, it's only too natural **4** *V.* **naturalmente**, *def. 3.* ● (*cucina*) **al n.**, uncooked □ **un figlio n.**, a natural (*o* an illegitimate) son □ (*mat.*) **numero n.**, natural number □ **riserva n.**, nature reserve □ **ritratto di grandezza n.** (*o* **al n.**), life-size (*o* life-sized) portrait □ **vita natural durante**, for the whole of one's life; for the rest of one's days.

naturalézza, *f.* naturalness; natural way (*o* manner). ● **con n.**, naturally; unaffectedly □ **mancare di n.**, to be stilted (*o* affected).

naturalismo, *m.* naturalism.

naturalìsta, *m.* e *f.* naturalist.

naturalìstico, *a.* naturalistic.

naturalizzàre, A *v. t.* (*leg.*) to naturalize. **B naturalizzàrsi,** *v. rifl.* e *i. pron.* **1** (*ottenere la cittadinanza*) to become* naturalized **2** (*biol.*) to naturalize.

naturalizzazióne, *f.* (*leg.*) naturalization.

naturalménte, *avv.* **1** (*con naturalezza*) naturally; unaffectedly **2** (*per natura*) naturally; by nature **3** (*certo, beninteso*) of course; naturally; sure (*USA*): **«Gli hai scritto?» «N.!»**, «did you write to him?» «of course (I did)».

naturamortista, *m.* e *f.* (*pitt.*) still-life painter.

naturismo, *m.* **1** naturism; back-to-nature movement **2** (*med.*) naturopathy **3** (*relig.*) nature worship.

naturista, A *m.* e *f.* **1** naturist **2** (*med.*) naturopath. **B** *a.* **1** naturistic **2** (*med.*) naturopathic.

naturìstico, *a.* naturistic.

naufragàre, *v. i.* **1** (*di persona*) to be shipwrecked; (*di nave*) to be wrecked: **Naufragammo su un'isola deserta**, we were shipwrecked on a desert island; **Il brigantino naufragò in una tempesta [sugli scogli]**, the brig was wrecked in a storm [on the reef] **2** (*fig.*) to be wrecked; to fall* through; to founder; to fail: **Le mie speranze naufragarono**, my hopes were wrecked; **Il piano naufragò**, the plan fell through (*o* failed).

naufràgio, *m.* **1** shipwreck; wreck **2** (*fig.*) wreck; failure. ● **fare n.**, to be shipwrecked; (*fig.*) to be wrecked.

nàufrago, *m.* (*f.* **-a**) shipwrecked person; survivor (from a wreck): **I naufraghi furono raccolti da un peschereccio**, the survivors were picked up by a fishing vessel.

naumachìa, *f.* (*stor.*) naumachia*; naumachy.

naupatìa, *f.* (*med.*) naupathia; sea-sickness.

nàuplio, *m.* (*biol.*) nauplius*.

nàusea, *f.* **1** (*med.*) nausea **2** (*fig.*) nausea; disgust; revulsion; loathing. ● **avere la n.**, to feel sick (*o* queasy) □ (*anche fig.*) **dare la n.**, to make sb. sick; to disgust □ **fare n. a q.**, to disgust sb.; to revolt sb. □ **fino alla n.**, until one is sick; (*fig.*) «ad nauseam» (*lat.*): **mangiare fino alla n.**, to eat oneself sick □ **senso di n.**, sick feeling; queasiness □ **provare un senso di n.**, to feel nauseous; to feel queasy; to feel sick.

nauseabóndo, nauseànte, *a.* **1** nauseating; nauseous; sickening: **cibo n.**, nauseating food **2** (*fig.*) nauseating; revolting; disgusting; loathsome: **una vista nauseabonda**, a nauseating sight.

nauseàre, *v. t.* e *i.* to nauseate; to make* (sb.) sick; to disgust.

nauseàto, *a.* nauseated; sick; disgusted.

nàuta, *m.* (*lett.*) **1** (*marinaio*) mariner (*lett.*); seaman*; sailor **2** (*nocchiero*) pilot; helmsman*.

nàutica, *f.* **1** (*scienza*) (art of) navigation; nautical science **2** (*attività*) boating; sailing **3** (*imbarcazioni*) boats (*pl.*); sailing craft. ● **negozio di n.**, marine shop □ **salone della n.**, boat show.

nàutico, *a.* nautical; naval; marine: **carte nautiche**, nautical charts; **strumenti nautici**, nautical instruments; **scienza nautica**, nautical science. ● **sala nautica**, charthouse □ **sci n.**, water skiing □ **sport nautici**, aquatic sports.

nàutilo, *m.* (*zool., Nautilus pompilius*) (pearly) nautilus*.

navaho, navajo, *a.* e *m.* (*f.* **-a**) Navaho, Navajo.

navàle, *a.* naval; nautical; marine; sea (*attr.*): **accademia n.**, naval academy; **battaglia n.**, naval (*o* sea) battle; **ingegnere n.**, naval (*o* marine) engineer; **cantiere n.**, shipyard.

navalismo, *m.* navalism.

navalmeccànica, *f.* shipbuilding.

navalmeccànico, A *a.* shipbuilding (*attr.*). **B** *m.* worker in a shipyard.

navàrca, navàrco, *m.* (*stor.*) navarch.

Navàrra, *f.* (*geogr.*) Navarre.

navàta, *f.* (*archit.*: *n. centrale*) nave; (*n. laterale*) aisle: **una chiesa a tre navate**, a church with nave and two aisles; **una chiesa a cinque navate**, a church with nave and double aisles; **una chiesa a una sola n.**, an aisleless church.

nàve, *f.* ship; vessel; boat (*fam.*): **n. a vapore**, steamship; steamer; **n. a vela**, sailing ship; **n. ammiraglia**, flagship; **n. da carico**, cargo boat; freighter; (*non di linea*) tramp; **n. da guerra**, warship; man-of-war; **n. mercantile**, cargo; merchant ship; merchantman; **n. passeggeri**, passenger ship; **n. scorta**, convoy ship; escort; **varare una n.**, to launch a ship; **trasportare per n.**, to ship; **viaggiare per n.**, to travel by boat (*o* ship); to sail; **viaggio per n.**, voyage. ● **n. a un ponte [a due, a tre ponti]**, single-decker [double-decker, three-decker] □ **n. appoggio**, mother-ship; tender □ **n. cisterna**, tanker □ **n. civetta**, decoy (ship) □ **n. corsara**, corsair; letter-of-marque □ **n. da cabotaggio**, coaster □ (*fig.*) **la n. dello Stato**, the ship of state □ **n. (in servizio) di linea**, liner □ **n. dragamine**, minesweeper □ **n. fattoria**, factory ship □ **n. officina**, repair ship □ **n. per trasporto truppe**, troopship □ **n. per ricerche petrolifere**, drill ship □ **n. ospedale**, hospital ship □ **n. petroliera**, oil tanker □ **n. portaerei**, aircraft carrier □ **n. portacontainer**, container ship □ **n. posamine**, minelayer □ **n. scuola**, training ship □ (*aeron.*) **n. spaziale**, space ship (*o* craft) □ **n. traghetto**, ferry; ferryboat.

navétta, A *f.* **1** (*pietra preziosa*) navette **2** (*mecc.*) shuttle. ● **n. spaziale**, space shuttle. **B** *a.* shuttle (*attr.*): **treno n.**, shuttle train.

navicèlla, *f.* **1** small ship; bark (*poet.*) **2** (*aeron.*: *di pallone*) basket; (*di dirigibile*) gondola, car, nacelle **3** (*mecc.*) shuttle **4** (*per incenso*) incense boat.

navicèllo, *m.* (*naut.*) two-masted sailing coaster.

navicolàre, *a.* (*anat.*) navicular. ● **osso n.**, navicular.

navigàbile, *a.* **1** navigable: **fiume n.**, navigable river **2** (*di imbarcazione*) seaworthy **3** (*di aereo*) airworthy.

navigabilità, *f.* **1** (*di fiume, ecc.*) navigability **2** (*di imbarcazione*) seaworthiness **3** (*di aereo*) airworthiness.

navigànte, A *m.* sailor; voyager; seafarer (*lett.*). ● **avviso ai naviganti**, weather warning □ **bollettino per i naviganti**, weather report. **B** *a.* **1** (*naut.*) sailing; seafaring; maritime **2** (*aeron.*) flying; flight (*attr.*). ● **personale n.**, (*naut.*) crew; (*aeron.*) flight crew.

navigàre, *v. i.* e *t.* **1** (*naut.*) to sail; (*come professione*) to be at sea: **n. intorno al mondo [lungo la costa]**, to sail round the world [along the coast]; **n. i mari**, to sail the seas; **n. lungo un fiume**, (*risalendo*) to sail up a river; (*scendendo*) to sail down a river; **Naviga da vent'anni**, he has been at sea for twenty years; **Si mise a n.**, he went to sea; he took up seafaring **2** (*procedere*) to navigate; to proceed: **In queste acque si deve n. con cautela**, you have to navigate with caution in these waters **3** (*aeron.*) to fly*. ● **n. a vela**, to sail □ **n. di conserva**, to sail in company □

n. in carico, to sail laden □ (*fig.*) **n. in cattive acque**, to be in low water; to be hard up; (*di una ditta*) to be in difficulties, to be going down-hill □ **n. in superficie**, to sail on the surface □ (*fig.*) **n. secondo il vento**, to trim one's sails according to the wind.

navigàto, *a.* (*fig.*) experienced, wordly-wise, expert, seasoned; (*furbo*) cunning: **un uomo n.**, an experienced man; a man who knows his way about.

navigatóre, A *m.* (*f.* **-trice**) **1** navigator; sailor: **I grandi navigatori del passato**, the great navigators of the past; **n. solitario**, lone sailor **2** (*aeron.*) navigating officer; navigator **3** (*autom.*) navigator **4** (*marinaio*) sailor; seaman*. ● **n. spaziale** (*astronauta*), astronaut; spaceman. **B** *a.* seafaring: **un popolo n.**, a seafaring people.

navigazióne, *f.* **1** (*naut.*: *arte, azione del navigare*) navigation; (*l'andare per mare*) sailing; (*viaggio per mare*) voyage; (*traversata*) crossing: **n. fluviale** [**interna**], river [inland] navigation; **n. astronomica**, celestial navigation; **n. a vela**, sailing; **n. a vapore**, steam navigation; **Siamo in n. verso Rio**, we are sailing towards Rio; **una lunga n.**, a long voyage; **La n. durò tre mesi**, the crossing took (*o* the voyage lasted) six months; **n. in superficie**, surface navigation; **n. in immersione**, submerged navigation **2** (*aeron.*) navigation; (*volo*) flight: **n. aerea**, air navigation; **n. cieca** [**a reticolo, a mezzo radio**], blind air [grid, radio] navigation; **n. ad alta quota**, flying at high altitude. ● **n. spaziale**, astronautics (*pl. col verbo al sing.*) □ **atto alla n.**, (*di nave*) seaworthy; (*d'aeroplano*) airworthy □ **compagnia di n.**, shipping company; shipping line; (*aerea*) airline □ **strumenti di ausilio alla n.**, navigational aids.

navìglio, *m.* **1** (*complesso di imbarcazioni*) shipping, ships (*pl.*), craft (*pl.*); (*flotta*) fleet: **n. d'alto mare**, sea-going craft; **n. da carico**, freighters (*pl.*); **n. da pesca**, fishing fleet; **n. leggero**, small craft; **n. silurante**, torpedo craft **2** (*canale*) (ship) canal; shipway **3** (*imbarcazione*) boat; ship; vessel; craft*.

navimodellìsmo, *m.* (*il costruire*) model-ship building; (*il collezionare*) model-ship collecting.

navóne, *m.* (*bot.*, *Brassica napus*) coleseed; rape.

nazarèno, *a.* e *m.* (*anche pitt.*) Nazarene. ● **capelli alla nazarena**, flowing locks.

nàzi, *m.* e *f.* Nazi.

nazifascìsmo, *m.* Nazi-Fascism.

nazifascìsta, *a.*, *m.* e *f.* Nazi-Fascist.

nazificàre, *v. t.* to Nazify.

nazionalcomunìsmo, *m.* National Communism.

nazionalcomunista, *m.* e *f.* National Communist.

nazionalcomunìstico, *a.* National Communism (*attr.*).

nazionàle, A *a.* national; domestic; home (*attr.*): **lingua n.**, national language; **festa n.**, national holiday; **inno n.**, national anthem; **prodotti nazionali**, home products; **voli nazionali**, domestic flights; **economia n.**, home (*o* domestic) economy; **banca n.**, national bank; **su tutto il territorio n.**, nationwide; countrywide. **B** *m.* e *f.* (*sport*: *atleta*) member of a national team. **C** *f.* (*sport*: *squadra*) national team.

nazionalìsmo, *m.* nationalism.

nazionalista, A *m.* e *f.* nationalist. **B** *a.* nationalist(ic).

nazionalìstico, *a.* nationalist(ic).

nazionalità, *f.* **1** national character **2** (*cittadinanza*) nationality: **cambiare n.**, to change one's nationality; **invocare la n. svizzera**, to claim Swiss nationality **3** (*nazione*) nationality: **delegati di diverse n.**, delegates of various nationalities. ● (*polit.*) **principio di n.**, principle of the self-determination of nations.

nazionalizzàre, *v. t.* to nationalize.

nazionalizzazióne, *f.* nationalization.

nazionalpopolàre, *a.* national-popular.

nazionalsocialìsmo, *m.* National Socialism.

nazionalsocialista, *a.*, *m.* e *f.* National Socialist.

nazionalsocialìstico, *a.* National Socialist.

nazióne, *f.* nation; people; (*paese*) country: **la n. araba**, the Arab nation; **per il bene della n.**, for the good of the country; **gente di ogni n.**, people from all countries; **l'Organizzazione delle Nazioni Unite**, the United Nations Organization; **in tutta la n.**, nationwide (*agg.* e *avv.*).

nazìsmo, *m.* Nazi(i)sm.

nazìsta, *a.*, *m.* e *f.* Nazi.

nazzarèno, *V.* **nazareno.**

'ndràngheta, *f.* 'ndrangheta (secret criminal organization in Calabria).

ne (1), A *particella pron. m.* e *f.* **1** (*di ciò, di lui, di lei, ecc.*) of (*o* about, by, with) it [him, her, etc.] (*ma spesso non ha equivalente o vi corrisponde un agg. poss.*): **Cerca di parlargliene**, try and talk to him about it; **L'ha fatto da sé e ne è fiero**, he made it himself and he is proud of it; **L'ho conosciuto e non ne sono entusiasta**, I've met him, and I wasn't impressed; **Non ha il libro; che cosa ne ha fatto?**, he hasn't got his book; what has he done with it?; **Fanne una lista**, make a list (of them); **Gliene devo dare una parte**, I must give him some of it; **Ne ho bisogno**, I need it; **Non ne dubito**, I don't doubt it; **Non ne vedo la necessità**, I don't see the need for it; **Se ne pentirà**, he will be sorry for it; he will regret it; **La conosco ma non ne so il nome**, I know her but I don't know her name; **Prese il fiore e ne spezzò il gambo**, he took the flower and snapped its stalk; **Cosa me ne faccio di un calamaio d'argento?**, what use to me is a silver inkstand?; **Ne ha fatte di tutti i colori**, he has been up to all sorts of tricks **2** (*partitivo*: *nelle frasi afferm. e nelle interr. quando si offre q.c. o il sogg. è un pron. interr.*) some; (*in frasi dubit., interr. e neg. in presenza di un'altra negazione*) any; (*in frasi neg. quando non vi sia altra negazione*) none; (*non ha equivalente se accompagnato da un numero o da un agg. indef.*; *ma se questi sono seguiti da un agg. qualificativo, allora si rende con* one, ones): **Ho molte sigarette; ne vuoi?**, I have a lot of cigarettes; would you like some?; **No, grazie; ne ho**, no, thank you; I've got some; **Chi ne vuole?**, who wants some?; **Prendine, ne ho degli altri**, take some, I have (some) more; **«Hai spiccioli?» «Non ne ho»**, «have you got any change?» «no, I haven't any»; **Dammi delle mele, se ne sono rimaste**, give me some apples, if there are any left; **Te ne darei se ne avessi**, I would give you some if I had any; **Eccone due**, here are two (of them); **Mandane due scatole**, send two boxes; **Non ne ho**, I have none; **Ne avevo dieci**, I had ten; **Ne ho molti**, I have a lot (of them); **Ne ho due molto belli**, I have two beautiful ones; **Ne devo comprare uno nuovo**, I must buy a new one; **Quanto** [**quanti**] **ne vuoi?**, how much [how many] do you want?; **Ne ho a sufficienza**, I've got enough **3** (*da ciò*) from it; out of it (*o idiom.*): **Non ne ricavai niente**, I didn't get anything out of it; **Ne segue che l'accordo è invalido**, it follows that the agreement is not valid. **B** *avv.* **1** (*di moto da luogo*) from there; from here; out of it; out of there: **Riuscì a uscirne**, he managed to get out of there; **Arriviamo a Pisa alle 7 e ne ripartiamo alle 8**, we'll get to Pisa at 7 and leave at 8; **Andiamocene**, let's go; let's leave; **Andiamocene da qui**, let's get away from here; let's leave this place; **Me ne vado**, I'm going; I'm leaving **2** (*pleonastico*) – **Se ne veniva pian piano**, he was coming along slowly; **starsene da solo**, to be by oneself; **Non startene lì impalato!**, don't just stand there!; **Ce ne andammo a spasso**, we went for a walk.

ne (2), *prep.* in: **come scrive Moravia ne «Il conformista»**, as Moravia writes in «The Conformist».

né, *cong. neg.* **1** (*negando due termini*) neither... nor; (*più di due termini*) neither... nor... nor; (*in presenza di altra negazione*) either... or: **né carne né pesce**, neither fish nor fowl; **né lunedì, né martedì, né mercoledì**, neither Monday, nor Tuesday, nor Wednesday; **Non voglio né tè né caffè**, I want neither tea nor coffee; I don't want either tea or coffee; **Se n'è andato senza dire addio né lasciare un biglietto**, he left without (either) saying good-bye or leaving a note **2** (*e non*) nor (*con inversione del sogg. e del verbo*); and not: **Non l'ho visto né voglio vederlo**, I haven't seen it nor do I want to see it (*o* and I don't want to see it either); **Non è la prima né sarà l'ultima volta**, it is not the first time, nor will it be (*o* and it won't be) the last; **né tocca a me condannarlo**, nor is it for me to condemn him. ● **né da una parte né dall'altra**, on neither side □ **né l'uno né l'altro**, neither (of them): **Non voglio né l'uno né l'altro**, I want neither (of them); I don't want either (of them) □ **Non c'erano né l'uno né l'altro**, neither (of them) was present.

neànche, A *avv.* **1** nor; neither; not... either: **Non li conosco e n. voglio conoscerli**, I haven't met them and I don't want to meet them either (*o* nor do I want to): **Non sa giocare a tennis e n. io**, he can't play tennis, nor (*o* neither) can I; **«Non fumo» «N. io»**, «I don't smoke» «neither (*o* nor) do I»; **«Non l'ho letto» «N. io»**, «I have not read it» «neither (*o* nor) have I»; **«Tu vieni?» «No» «E tua moglie?» «N.»**, «are you coming?» «no, I'm not» «what about your wife?» «she isn't either»; **N. Lisa è venuta**, Lisa hasn't come either **2** (*rafforzativo di una neg.*) even: **Non so n. se mi faranno entrare**, I don't even know if they'll let me in; **L'uomo se ne andò senza n. salutare**, the man went away without even saying goodbye (*o* without so much as saying goodbye); **N. un bambino ci passerebbe**, not even a child would get through. ● **N. per sogno!**, not at all!; certainly not!; not a chance! (*fam.*); no way! (*fam.*). **B** *cong.* not even: **Non lo rifarei n. se fossi pagato**, I wouldn't do it again, not even if I were paid (to do it); **Non potrei farlo n. se volessi**, I couldn't do it, even if I wanted to.

neandertalìano, *a.* Neanderthal (*attr.*).

nébbia, *f.* **1** (*densa*) fog; (*leggera*) mist; (*mista a fumo*) smog; (*foschia*) haze: **La n. si dileguò**, the fog cleared away (*o* rolled away, melted away); **La n. si diradava**, the fog was lifting; **Si sta alzando la n.**, fog is coming in (*o* rolling in, forming); **C'è un po' di n. oggi**, it's a bit misty today; **la n. del primo mattino**, early morning mists; **n. fitta**, thick fog; **n. rada**, thin mist; **n. bassa**, ground fog; **una n. da tagliare col coltello**, a fog you could cut with a knife; **n. densa e giallognola**, peasouper (*fam.*); **avvolto dalla n.**, shrouded in fog; **bloccato dalla n.**, fog-bound; **banco di n.**, fog bank; **corno da n.**, foghorn **2** (*fig.*) mist; haze; cloud: **Avevo come una n. davanti agli occhi**, I saw everything through a mist; **le nebbie del passato**, the mists of the past; **le nebbie dell'ignoranza**, the cloud of ignorance **3** (*bot.*) blight **4** (*med.*) nebula. ● (*fis.*) **camera a n.**, Wilson's cloud chamber □ (*mil.*) **cortina di n.**, smokescreen.

nebbiògeno, A *a.* smoke-making. **B** *m.* smoke discharger.

nebbióne, *m.* dense (*o* thick) fog; peasouper (*fam.*).

nebbiosità, *f.* mistiness; fogginess; (*anche fig.*) haziness.

nebbióso, *a.* **1** misty; foggy: **una mattina nebbiosa**, a misty morning **2** (*fig.*) hazy; vague; clouded.

nèbride, *f.* (*relig. greca*) nebris.

nèbula, *f.* (*astron.*) nebula*.
nebulàre, *a.* (*astron.*) nebular.
nebulizzàre, *v. t.* (*chim.*) to nebulize; to vaporize; to atomize.
nebulizzatóre, *m.* (*chim.*) nebulizer; vaporizer; atomizer.
nebulizzazióne, *f.* (*chim.*) nebulization; vaporization; atomization; aerosol.
nebulósa, *f.* (*astron.*) nebula*: **n. a emissione**, emission nebula; **n. anulare**, ring nebula; **n. diffusa**, diffuse nebula; **n. extragalattica**, extragalactic nebula; **nebulose gassose**, gaseous nebulae; **la n. di Orione**, the Orion Nebula.
nebulosità, *f.* **1** nebulosity **2** (*fig.*) haziness; vagueness; cloudiness; obscurity.
nebulóso, *a.* **1** nebulous **2** (*fig.*) hazy; clouded; obscure; vague; woolly: **ricordo n.**, hazy (*o* vague) memory; **ragionamento n.**, clouded reasoning.
nécessaire (*franc.*), *m. invar.* – **n. da toeletta**, toilet case; **n. da scrivania**, writing set; **n. per il trucco**, vanity bag; make-up case; **n. per la barba**, shaving set; **n. per cucire**, sewing case; sewing kit; **n. per manicure**, manicure set.
necessariaménte, *avv.* necessarily; of necessity; inevitably.
necessàrio, **A** *a.* **1** necessary: **un viaggio lungo ma n.**, a long but necessary journey; **una conseguenza necessaria**, a necessary consequence **2** (*indispensabile*) indispensable: **rendersi n. a q.**, to make oneself indispensable to sb.; **Il provvedimento è divenuto n.**, the measure has become a necessity **3** (*inevitabile*) inevitable: **È una conseguenza necessaria del lavorare qui**, it's an inevitable consequence of working here **4** (*che si richiede, che si esige*) requisite; required: **i documenti necessari**, the requisite (*o* required) documents **5** (*che occorre, sufficiente*) – **il tempo n. per finire**, the time needed to finish; the time it takes to finish; **Non ho il denaro n.**, I haven't the money; **Non c'è lo spazio n.**, there isn't enough space **6** (*quando è pred. corrisponde a costr. verbali diverse*) – **È n. il tuo aiuto**, your help is needed; **È n. che tu vada di persona**, you must go personally; **È n. che io lo sappia subito**, it is necessary (*o* essential) for me to know at once; I must be told at once; **È n. far presto**, we must hurry; **Non è n. che vengano**, they needn't come; it isn't necessary that they should come; **È n. che qualcuno li avverta**, they must be warned; someone must warn them; **È n. molto tempo per fare ciò**, it takes a long time to do that; **È proprio n.?**, is it really necessary?; is there really a need for it?; **È proprio n. dirglielo?**, does he have to be told?; **Non è n.**, there is no need (for it). ● (*leg.*) **erede n.**, heir at law. **B** *m.* **1** necessary; necessity (*spesso pl.*); essentials (*pl.*); (what is) necessary; what is needed: **Portate solo lo stretto n.**, take only what is absolutely necessary (*o* the bare necessities); **il n. per vivere**, the necessities of life; the bare essentials; **La casa è piena di cose inutili e poi manca il n.**, the house is full of useless things and yet lacks the essentials; **Manca il n. per impiantare un'officina**, we lack the essential (*o* basic) equipment to set up a workshop; **Avevo con me tutto il n.**, I had everything I needed (*o* all that was necessary) with me **2** (*strumenti necessari*) material; materials (*pl.*): **il n. per disegnare [per scrivere]**, drawing [writing] materials (*pl.*); **il n. per cucire**, sewing material.
necessità, *f.* **1** necessity: **La n. non conosce leggi**, necessity knows no law; **n. fisica [logica]**, physical [logical] necessity; **spinto dalla n.**, driven by necessity **2** (*bisogno, mancanza*) need: **in caso di n.**, in case of need; if necessary; if needed; **non sentire la n. di q.c.**, not to feel the need of st.; **una n. spirituale**, a spiritual need; **una n. urgente**, an urgent need; **Dimmi le tue n.**, tell me what you need **3** (*miseria, strettezze*) straitened circumstances (*pl.*): **Vive in n.**, he lives in straitened circumstances. ● (*leg.*) **atto compiuto in stato di n.**, act done under necessity □ **avere n. di q.c.**, to need st.; to be in need of st. □ **avere n. di dormire**, to need sleep □ **di** (*o* **per**) **n.**, out of necessity; from necessity; necessarily □ **fare di n. virtù**, to make a virtue of necessity □ **oggetti di prima n.**, indispensable articles □ **secondo la n.**, as needed; as required □ **trovarsi nella n. di fare q.c.**, to be compelled (*o* forced, constrained) to do st. □ **Non c'è n. che tu venga**, you needn't come.
necessitàre, **A** *v. t.* (*rendere necessario*) to require; to need; to call for: **Questo lavoro necessita tutta la nostra attenzione**, this work requires (*o* calls for) all our attention. **B** *v. i.* **1** (*essere necessario*) to be necessary: **Necessitano cambiamenti urgenti**, urgent changes are necessary **2** (*aver bisogno*) to require (st.); to need (st.); to be in need of: **L'edificio necessita di riparazioni**, the building requires (*o* is in need of) repairs; **n. un finanziamento**, to need funding.
necessitàto, *a.* obliged; forced: **n. a intervenire**, forced to intervene.
necessitismo, *m.* (*filos.*) necessitarianism.
necrobacillòsi, *f.* (*vet.*) necrobacillosis.
necrobiòsi, *f.* (*med.*) necrobiosis*.
necrofagia, *f.* necrophagia; necrophagy.
necròfago, *a.* (*zool.*) necrophagous.
necrofilia, *f.* (*psic.*) necrophilia; necrophilism.
necròfilo, (*psic.*) **A** *a.* necrophiliac. **B** *m.* (*f.* **-a**) necrophile; necrophiliac.
necrofobia, *f.* (*psic.*) necrophobia.
necròforo, *m.* **1** gravedigger; sexton **2** (*zool., Necrophorus*) burying beetle; sexton beetle.
necrologia, *f.* **1** (*annuncio*) obituary **2** (*orazione*) funeral oration.
necrològico, *a.* necrologic(al); obituary (*attr.*).
necrològio, *m.* **1** (*annuncio*) obituary: **la pagina dei necrologi**, the obituary page **2** (*registro*) necrology.
necrologista, *m.* e *f.* writer of obituary notices; necrologist.
necròpoli, *f.* necropolis*.
necropsia, necroscopia, *f.* (*med.*) necroscopy; postmortem examination; autopsy; necropsy.
necrosàre, *V.* **necrotizzare**.
necroscòpico, *a.* (*med.*) necroscopic; postmortem (*attr.*): **esame n.**, necroscopy; postmortem examination; autopsy.
necròsi, *f.* (*med.*) necrosis*.
necròtico, *a.* (*med.*) necrotic.
necrotizzàre, *v. t.* **necrotizzàrsi,** *v. i. pron.* (*med.*) to necrose.
necrotomia, *f.* necrotomy.
nècton, *m.* (*biol.*) nekton.
nederlandése, neerlandése, **A** *a.* Netherland; Netherlandish; Dutch. **B** *m.* e *f.* Netherlander. **C** *m.* (*ling.*) Dutch.
nefandézza, *f.* **1** iniquity; infamy; turpitude; abomination; wickedness; nefariousness **2** (*azione turpe*) foul deed; wicked deed; iniquity.
nefàndo, *a.* iniquitous; infamous; abominable; wicked; foul; nefarious.
nefàsto, *a.* (*infausto*) inauspicious, unpropitious, ominous, ill-omened; (*malefico*) baleful, evil; (*funesto*) fatal.
nefelina, *f.* (*miner.*) nepheline; nephelite.
nefèlio, *m.* (*med.*) nebula*.
nefelometria, *f.* (*chim.*) nephelometry.
nefelomètrico, *a.* (*chim.*) nephelometric.
nefelòmetro, *m.* (*chim.*) nephelometer.
nefoscopia, *f.* (*meteor.*) nephoscopy; cloud observation.
nefoscòpio, *m.* (*meteor.*) nephoscope.
nefralgia, *f.* (*med.*) nephralgia.
nefrectomia, *f.* (*med.*) nephrectomy.
nefridio, *m.* (*zool.*) nephrisium*.
nefrite (1), *f.* (*med.*) nephritis.
nefrite (2), *f.* (*miner.*) nephrite.
nefritico, (*med.*) **A** *a.* nephritic. **B** *m.* (*f.* **-a**) nephritic person; nephritic patient.
nefròide, *a.* (*anat.*) nephroid.
nefrolitiasi, *f.* (*med.*) nephrolithiasis.
nefròlito, *m.* (*med.*) nephrolith.
nefrologia, *f.* (*med.*) nephrology.
nefrològico, *a.* (*med.*) nephrological.
nefròlogo, *m.* (*f.* **-a**) nephrologist.
nefróne, *m.* (*anat.*) nephron.
nefropatia, *f.* (*med.*) nephropathy.
nefropessia, *f.* (*chir.*) nephropexy.
nefroplegia, *f.* (*med.*) nephroplegy.
nefroptòsi, *f.* (*med.*) nephroptosis*.
nefroscleròsi, *f.* (*med.*) nephrosclerosis*.
nefròsi, *f.* (*med.*) nephrosis*.
nefròsico, nefròtico, *a.* (*med.*) nephrotic.
nefrotomia, *f.* (*chir.*) nephrotomy.
nefrotòssico, *a.* (*med.*) nephrotoxic.
negàbile, *a.* deniable; refusable.
negàre, **A** *v. t.* **1** (*dire che non è vero*) to deny: **Negai tutto**, I denied everything; **Negai di esserci stato**, I denied that I had been there (*o* having been there); **Non si può n. che sia una buona idea**, it can't be denied that the idea is good **2** (*assol.: rispondere di no*) to deny (*seguito da compl. oggetto*); to say* no: **Alla domanda se aveva visto qualcosa, egli negò**, questioned whether he had seen anything, he denied it (*o* he said he hadn't); **ostinarsi a n.**, to persist in denying everything [the charges, etc.]; to persist in one's denial **3** (*non concedere*) to deny; (*rifiutare*) to refuse: **n. l'accesso a q.**, to deny sb. access; **Non gli posso n. nulla**, I can't deny him anything; **Mi fu negata l'autorizzazione**, I was refused permission; **n. obbedienza a q.**, to refuse to obey sb. **4** (*negare l'esistenza di*) to negate. ● **n. un'accusa**, to deny a charge □ **n. una possibilità**, to rule out a possibility □ **n. l'evidenza dei fatti**, to deny the facts □ **farsi n.** *V.* **negarsi**, *def. 1.* **B** **negàrsi,** *v. rifl.* **1** (*al telefono*) to pretend one is not in; to get sb. to say one is not in **2** (*non concedersi sessualmente*) to refuse to have sex (with sb.).
negativa, *f.* **1** denial: **mantenersi sulla n.**, to keep saying no; to persist in denying (*o* in one's denial) **2** (*fotogr.*) negative: **n. a contatto**, contact negative.
negativaménte, *avv.* in the negative; negatively: **rispondere n.**, to reply in the negative; to say no.
negativismo, *m.* **1** negativism; negative attitude **2** (*psic.*) negativism.
negatività, *f.* negativeness; negativity.
negativizzàrsi, *v. i.* (*med.*) to become* negative.
negativo, **A** *a.* **1** (*che nega*) negative: **risposta negativa**, negative answer; answer in the negative; (*rifiuto*) refusal; **La risposta fu negativa**, the reply was in the negative; he [they, etc.] said no **2** (*sfavorevole, contrario*) negative; unfavourable; adverse: **critica negativa**, negative (*o* unfavourable) criticism; **aspetto n.**, negative aspect; drawback; **esperienza negativa**, negative experience; **esito n.**, negative result; failure; **avere esito n.**, to be unsuccessful; **parere n.**, negative opinion **3** (*gramm., mat., fis., fotogr., med.*) negative: **proposizione negativa**, negative clause; **elettricità negativa**, negative electricity; **carica negativa**, negative charge; **polo n.**, negative pole; **pellicola [lastra] negativa**, negative film [plate]; **quantità negativa**, negative quantity; **segno n.**, negative sign; minus; **test n.**, negative test. **B** *m.* (*fotogr.*) negative.
negàto, *a.* no good (at); hopeless (at); not cut out (for): **n. per la fisica**, no good at physics; **Sono n. per il disegno**, I'm hopeless at drawing; I'm a poor draughtsman.
negatóre, **A** *m.* (*f.* **-trice**) denier. **B** *a.* negatory; denying.
negatoscòpio, *m.* (*med.*) negatoscope.
negatróne, *m.* (*fis.*) negatron; electron.

negazióne, *f.* **1** negation; denial; (*rifiuto*) refusal: **la n. d'un diritto**, the denial of a right **2** (*gramm.*) negative **3** (*cosa o azione contraria a un'altra*) negation; opposite: **Questa è la n. della solidarietà**, that is the negation of solidarity.

neghittosità, *f.* laziness; indolence; slothfulness.

neghittóso, *a.* lazy; indolent; slothful.

neglètto, *a.* **1** (*trascurato*) neglected; derelict **2** (*trasandato*) untidy; slovenly; unkempt.

négligé (*franc.*), *m. invar.* negligée, neglige; (loose) dressing gown.

negligènte, **A** *a.* **1** (*trascurato*) negligent, neglectful, careless, inattentive; (*pigro*) lazy: **n. nel lavoro**, negligent (*o* careless) in one's work; **uno studente n.**, a lazy student **2** (*sciatto*) slovenly; untidy. **B** *m.* e *f.* negligent (*o* careless) person.

negligènza, *f.* **1** negligence; carelessness; lack of attention: **un errore dovuto a n.**, a mistake due to carelessness; (*leg.*) **lieve [grave] n.**, slight [gross] negligence **2** (*atto negligente*) oversight; act of negligence (*o* of carelessness). ● (*leg.*) **n. colposa**, criminal negligence □ (*leg.*) **n. professionale**, malpractice.

negoziàbile, *a.* (*comm.*) negotiable; dealable; marketable.

negoziabilità, *f.* (*comm.*) negotiability; marketability.

negoziàle, *a.* (*leg.*) of (*o* concerning) a legal transaction; contractual.

negoziànte, *m.* e *f.* **1** (*commerciante*) dealer; trader; merchant: **n. all'ingrosso**, wholesale dealer; wholesaler; **n. al minuto**, retail dealer; retailer **2** (*esercente*) shopkeeper; storekeeper (*USA*); tradesman* (*m.*): **I negozianti della zona hanno protestato**, the local tradesmen lodged a protest. ● **n. di ferramenta**, ironmonger; hardware dealer □ **n. di mobili**, furniture dealer □ **n. di stoffe**, draper.

negoziàre, **A** *v. t.* **1** to transact (business); (*trattare*) to negotiate: **n. un affare con q.**, to negotiate a deal with sb.; **n. una cambiale**, to negotiate a bill; **n. un prestito**, to negotiate a loan; **n. un accordo commerciale**, to negotiate a trade agreement **2** (*condurre trattative*) to negotiate: **n. la pace**, to negotiate peace; **n. con i rapitori**, to negotiate with the kidnappers. **B** *v. i.* (*commerciare*) to deal* in; to trade in: **n. in cosmetici**, to deal in cosmetics.

negoziàto, *m.* negotiation; talks (*pl.*): **i negoziati di pace**, peace negotiations (*o* talks); **intavolare negoziati**, to enter into negotiations; **interrompere [riprendere] i negoziati**, to interrupt [to resume] negotiations; **tavolo dei negoziati**, bargaining table.

negoziatóre, *m.* (*f.* **-trice**) negotiator; (*comm.*) transactor.

negoziazióne, *f.* negotiation; transaction; deal.

negòzio, *m.* **1** (*bottega*) shop; store (*USA*): **n. di libri**, bookshop; bookstore (*USA*); **n. di abbigliamento**, clothes shop; **n. di giocattoli**, toyshop; **n. di drogheria**, grocer's shop; grocery; **n. di macellaio**, butcher's shop; butcher's; **n. di biciclette**, cycle shop; cyclery; **n. di articoli vari** (*o* **di generi diversi**), general store; **aprire un n.**, to set up (*o* to open up) a shop; **Il n. all'angolo ha chiuso**, the corner shop has closed down; **dirigere un n.**, to run a shop; **commesso di n.**, shop assistant **2** (*affare*) bargain; (piece of) business; deal. ● (*leg.*) **n. giuridico**, legal transaction (*o* deed).

negra, *f.* black woman* [girl]; Negro woman* (*scient.* o *considerato spreg.*); Negress (*considerato spreg.*).

negrétto, *m.* young black boy; Negro boy (*considerato spreg.*).

négride, *a.* (*etnol.*) Negritic.

negrière, *V.* **negriero, B.**

negrièro, **A** *a.* slave (*attr.*): **nave negriera**, slave ship. **B** *m.* **1** slave trader; slave dealer; slave merchant **2** (*f.* **-a**) (*fig.*) slave driver.

negrità, *V.* **negritudine.**

negritos, *m. pl.* Negrillos, Negrilloes.

negritùdine, *f.* negritude; nigritude.

négro, **A** *a.* Negro; black; (*in U.S.A., anche*) Afro-American: **razza negra**, Negro (*o* black) race; **la popolazione negra di Haiti**, Haiti's Negro (*o* black) population; **poesia negra**, black poetry. **B** *m.* **1** black man* [boy]; black; (*in U.S.A., anche*) Afro-American; Negro (*scient.* o *considerato spreg.*); nigger (*spreg.*) **2** (*fig.*: *chi scrive per contro di altri*) ghostwriter; ghost. ● (*fig.*) **lavorare come un n.**, to work like a slave; to slave away □ **mercante di negri**, *V.* **negriero, B** □ **tratta dei negri**, slave trade.

negroafricàno, *a.* African Negro.

negroamericàno, *a.* e *m.* (*f.* **-a**) Afro-American.

negròide, *a., m.* e *f.* Negroid.

negromànte, *m.* e *f.* necromancer; sorcerer (*m.*); sorceress (*f.*).

negromàntico, *a.* necromantic.

negromanzìa, *f.* necromancy; sorcery.

nègus, *m.* (*stor.*) Negus.

neh, *inter.* isn't that so? ● **È bravo, neh?**, he's clever, isn't he? □ **Gli hai scritto, neh?**, you have written to him, haven't you? □ **Sta' attento, neh?**, be careful, won't you?

nèkton, *V.* **necton.**

nelson, *f.* (*lotta*) nelson.

nelùmbo, nelùmbio, *m.* (*bot.*, *Nelumbium*) nelumbo; nelumbium*.

nematelmìnti, *m. pl.* (*zool.*) nemathelminths.

nemàtico, *a.* (*chim.*) nematic.

nematocìsti, *f.* (*zool.*) nematocyst.

nematòde, *m.* (*zool.*) nematode.

Nematòdi, *m. pl.* (*zool.*, *Nematoda*) Nematoda.

nembìfero, *a.* (*lett.*) cloud-bearing; storm-gathering.

némbo, *m.* **1** nimbus*; rain-cloud; storm-cloud **2** (*fig.*) cloud: **un n. di polvere**, a cloud of dust.

nembostràto, *m.* (*meteor.*) nimbostratus.

nemèo, *a.* (*di Nemea*) Nemean: **feste nemee**, Nemean games (*o* festival); **leone n.**, Nemean lion.

nèmeṣi, *f.* **1** (*mitol.*) Nemesis **2** (*fig.*) nemesis; retribution: **n. storica**, nemesis of history.

nemìco, **A** *a.* **1** (*ostile*) hostile (to); (*avverso*) adverse (to), opposed (to): **un giornale n. del governo**, a newspaper hostile to the Government; an anti-Government paper; **Sono n. della menzogna**, I am opposed to (*o* I hate) falsehood **2** (*dannoso*) harmful; noxious: **Il gelo è n. delle piante**, frost is harmful to plants **3** (*del nemico*) enemy (*attr.*): **l'attacco n.**, the enemy attack; **nave nemica**, enemy ship. ● **essere n. dell'acqua e sapone**, to hate soap and water □ **essere n. di se stesso**, to be one's worst enemy □ **farsi n. q.**, to make an enemy of sb. □ **La sorte gli fu nemica**, luck was against him. **B** *m.* (*f.* **-a**) **1** enemy; foe (*lett.*): **avere molti nemici**, to have many enemies; **Il n. era più forte di noi**, the enemy was stronger than we were; **n. giurato [mortale]**, sworn [mortal] enemy; **passare al n.**, to go over to the enemy; **La pigrizia è la sua peggiore nemica**, laziness is his worst enemy **2** – **il N.** (*Satana*), the Enemy. ● (*prov.*) **A n. che fugge ponti d'oro**, for a flying enemy make a golden bridge.

nemméno, *V.* **neanche.**

nemoràle, *a.* (*bot.*) nemoral.

nènia, *f.* **1** (*canto funebre*) dirge **2** (*canto monotono*) singsong; (*ninnananna*) lullaby **3** (*fig.*: *discorso monotono*) tedious speech; drone.

nenùfaro, nenùfero, *m.* (*bot.*, *Nuphar luteum*) nenuphar; yellow water-lily.

nèo, *m.* **1** mole; (*posticcio*) beauty spot, patch **2** (*piccola imperfezione*) flaw.

neoaccadèmico, *a.* (*filos.*) of the Middle Academy; of the New Academy.

neoassùnto, **A** *a.* newly-engaged. **B** *m.* (*f.* **-a**) newly-engaged person; new recruit.

neoavanguàrdia, *f.* (*arte, letter.*) neo-avant-garde.

neobarócco, **A** *a.* neobaroque. **B** *m.* neobaroque style.

neocapitaliṣmo, *m.* neo-capitalism.

neocapitalista, *a., m.* e *f.* neo-capitalist.

neocapitalistico, *a.* neo-capitalistic.

neoclassiciṣmo, *m.* neoclassicism.

neoclassicista, *m.* e *f.* neoclassicist.

neoclàssico, **A** *a.* neoclassic(al). **B** *m.* **1** (*stile*) neoclassicism **2** (*seguace*) neoclassicist.

neocolonialiṣmo, *m.* (*polit.*) neocolonialism.

neocolonialista, *a., m.* e *f.* (*polit.*) neocolonialist.

neoconiazióne, *f.* (*ling.*) neologism.

neocorporativiṣmo, *m.* neo-corporatism.

neocortéccia, *f.* (*anat.*) neocortex*.

neodarviniṣmo, neodarwiniṣmo, *m.* Neo-Darwinism.

neodìmio, *m.* (*chim.*) neodymium.

neodiplomàto, **A** *a.* newly-graduated. **B** *m.* (*f.* **-a**) new graduate.

neoebràico, *a.* e *m.* (*ling.*) modern Hebrew.

neoegiziàno, *a.* e *m.* (*ling.*) new Egyptian.

neoelètto, **A** *a.* newly-elected. **B** *m.* (*f.* **-a**) newly-elected person.

neoellènico, *a.* e *m.* (*ling.*) modern Greek.

neofasciṣmo, *m.* Neofascism.

neofascista, *a., m.* e *f.* Neofascist.

neofascistico, *a.* Neofascist.

neofilìa, *f.* neophilia; love of novelty.

neòfita, neòfito, *m.* **1** neophyte; novice **2** (*fig.*) beginner; novice.

neofobìa, *f.* neophobia; dread of novelty.

neoformazióne, *f.* **1** (*med.*) neoformation **2** (*ling.*) neologism.

neofreudianiṣmo, *m.* (*psic.*) Neo-Freudianism.

neofreudiàno, *a.* (*psic.*) Neo-Freudian.

neògene, *m.* (*geol.*) Neocene, Neogene.

neogòtico, (*archit.*) **A** *m.* Gothic Revival; Neo-Gothic. **B** *a.* Neo-Gothic.

neogrèco, *a.* e *m.* (*ling.*) modern Greek.

neohegeliàno, *a.* e *m.* (*f.* **-a**) (*filos.*) Neo-Hegelian.

neohegeliṣmo, *m.* (*filos.*) Neo-Hegelianism.

neoidealiṣmo, *V.* **neohegelismo.**

neoidealista, *V.* **neohegeliano.**

neoimpressioniṣmo, *m.* (*arte*) neoimpressionism.

neokantiàno, *a.* (*filos.*) Neo-Kantian.

neolalìa, *f.* (*med.*) neolalia.

neolamarckiṣmo, *m.* Neo-Lamarckism.

neolatino, *a.* Neo-Latin; Romance.

neolaureàto, **A** *a.* newly-graduated (from a university). **B** *m.* (*f.* **-a**) recent university graduate.

neoliberaliṣmo, neoliberiṣmo, *m.* (*econ.*) neoliberalism.

neolinguistica, *f.* areal linguistics (*pl. col verbo al sing.*); neolinguistics (*pl. col verbo al sing.*).

neolitico, *a.* e *m.* (*geol.*) Neolithic.

neològico, *a.* (*ling.*) neologic(al).

neologiṣmo, *m.* (*ling.*) neologism; neology.

neologista, *m.* e *f.* neologist; neologian.

neomaltuṣianiṣmo, *m.* Neo-Malthusianism.

neomercantiliṣmo, *m.* neo-mercantilism.

neomicina, *f.* (*farm.*) neomycin.

nèon, *m.* (*chim.*) neon: **un'insegna al n.**, a neon sign; **lampada al n.**, neon lamp; **illuminazione al n.**, neon lighting.

neonatàle, *a.* neonatal.

neonàto, **A** *a.* new-born (*attr.*). **B** *m.* (*f.* **-a**) new-born child*; baby: **La madre e il n. stanno bene**, mother and baby are doing well.

neonatologìa, *f.* neonatology.

neonatòlogo, *m.* (*f.* **-a**) neonatologist.

neonaziṣmo, *m.* neo-Nazism.

neonazìsta, *a., m. e f.* neo-Nazi.
neopaganéṣimo, *m.* neopaganism.
neopàllio, *m.* (*anat.*) neopallium.
neopitagòrico, *a.* (*filos.*) Neo-Pythagorean.
neopitagoriṣmo, *m.* (*filos.*) Neo-Pythagoreanism.
neoplaṣìa, *f.* (*med.*) neoplasia.
neoplàṣico, *a.* (*med.*) neoplastic.
neoplàṣma, *m.* (*med.*) neoplasm.
neoplasticiṣmo, *m.* (*arte*) neoplasticism.
neoplàstico, *a.* (*med.*) neoplastic.
neoplatònico, (*filos.*) **A** *a.* Neoplatonic. **B** *m.* (*f.* **-a**) Neoplatonist.
neoplatoniṣmo, *m.* (*filos.*) Neoplatonism.
neopoṣitiviṣmo, *m.* (*filos.*) logical positivism; neopositivism.
neopoṣitivista, *m. e f.* (*filos.*) logical positivist; neopositivist.
neopoṣitivìstico, *a.* (*filos.*) of logical positivism; neopositivistic.
neoprène, *m.* (*marchio*: *chim.*) neoprene.
neorealiṣmo, *m.* (*letter., cinem.*) neorealism.
neorealista, (*letter., cinem.*) **A** *m. e f.* neorealist. **B** *a.* neorealistic.
neorealìstico, *a.* (*letter., cinem.*) neorealistic.
neoromanticiṣmo, *m.* (*letter.*) neoromanticism.
neoscolàstica, *f.* (*filos.*) neo-scholasticism.
neoscolàstico, *a.* (*filos.*) neo-scholastic.
neostomìa, *m.* (*chir.*) neostomy.
neotenia, *f.* (*biol.*) neoteny.
neotènico, *a.* (*biol.*) neotenic.
neotèrico, *a. e m.* (*letter.*) neoteric.
neoteriṣmo, *m.* (*letter.*) neoterism.
neotestamentàrio, *a.* (*Bibbia*) of the New Testament; New Testament (*attr.*).
neotomiṣmo, *m.* (*filos.*) neo-Thomism.
neotomìsta, (*filos.*) **A** *m.* (*f.* **-a**) neo-Thomist. **B** *a.* neo-Thomist (*attr.*); neo-Thomistic.
neotomìstico, *a.* (*filos.*) neo-Thomistic; neo-Thomist (*attr.*).
neòtrago, *m.* (*zool.*) neotragus.
Neottòlemo, *m.* (*letter.*) Neoptolemus.
neoẓelandése, **A** *a.* of New Zealand; New Zealand (*attr.*). **B** *m. e f.* New Zealander.
neoẓòico, *a. e m.* (*geol.*) Neozoic.
nèpa, *f.* (*zool., Nepa rubra*) water scorpion.
nepalése, **A** *a.* Nepalese; Nepali. **B** *m. e f.* Nepalese* (*f.* Nepalese woman*); Nepali (*f.* Nepali woman*): **i nepalesi**, the Nepalese; the Nepalis. **C** *m.* (*ling.*) Nepali.
nepènte, *m.* **1** (*bot., Nepenthes*) nepenthe(s); pitcher plant **2** (*bevanda*) nepenthe.
nèper, *m. invar.* (*fis.*) neper.
neperiàno, *a.* – (*mat.*) **logaritmo n.**, Napierian logarythm.
nepitèlla, *f.* (*bot., Satureia calamintha*) calamint.
nepotiṣmo, *m.* nepotism.
nepotista, *m. e f.* nepotist.
nepotìstico, *a.* nepotistic(al).
neppùre, *V.* **neanche**.
nequìzia, *f.* (*lett.*) wickedness; iniquity.
neràstro, *a.* blackish.
neraẓẓurro, *a.* blue-black.
nerbàta, *f.* lash (of the whip). ● **prendere q. a nerbate**, to whip sb.; to flog sb.; (*estens.*) to beat sb.
nèrbo, *m.* **1** (*staffile*) scourge; whip **2** (*fig.*: *parte più forte*) backbone; core: **il n. dell'esercito**, the backbone of the army **3** (*fig.*: *forza*) strength; vigour; punch (*fam.*). ● **stile senza n.**, flaccid style □ **stile tutto n.**, sinewy style.
nerborùto, *a.* (*muscoloso*) muscular, brawny; (*robusto*) sturdy.
nereggiàre, *v. i.* (*lett.*: *apparire nero*) to be black (*o* blackish); (*diventare nero*) to turn black: **Il cielo nereggiava di nubi**, the sky was black with clouds; **In basso nereggiavano forme indistinte**, black shapes were visible below; **Era come un punto che nereggiava all'orizzonte**, it was like a black dot on the horizon.
nerèide, *f.* **1** (*mitol.*) Nereid* **2** (*zool.*) nereid.
nerétto, *m.* **1** (*tipogr.*) boldface; bold-faced type; bold: **parola in n.**, boldface word; **caratteri in n.**, bold-faced type **2** (*giorn.*) article (printed) in boldface.
nerézza, *f.* blackness.
nericcio, *a.* blackish; (*di stoffa usata*) rusty black.
néro, **A** *a.* **1** black; (*scuro*) dark, brown: **occhi neri**, black eyes; **fumo n.**, black smoke; **un vestito n.**, a black dress; **n. come la pece [come il carbone, l'inchiostro]**, pitch-black [coal-black, ink-black]; **pelle nera**, black (*o* brown) skin; **razza nera**, black race; **foto in bianco e n.**, black-and-white photo; **caffè n.**, black coffee; **un occhio n.** (*pesto*), a black eye; **pane n.**, brown bread **2** (*sporco*) black; dirty: **un colletto n.**, a dirty collar; **unghie nere**, black fingernails **3** (*cupo*) gloomy, black, grim; (*negativo*) bad: **pensieri neri**, gloomy thoughts; **giornata nera**, (*triste*) gloomy day; (*negativa*) bad day, off day; **un quadro n. della situazione**, a black (*o* grim) picture of the situation; **attraversare un periodo n.**, to be going through a bad patch; **umor n.**, bad (*o* black) mood; **essere n. in volto**, to look black (*o* grim) **4** (*disonesto, malvagio*) black; wicked: **pecora nera**, black sheep; **anima nera**, wicked soul; (*malvagio*) archvillain **5** (*estremo*) black; dire; extreme: **miseria nera**, extreme (*o* dire) poverty; **nera ingratitudine**, black ingratitude **6** (*polit.*) Fascist **7** (*macabro*) black; macabre; gothic; horror (*attr.*): **umorismo n.**, black humour; **romanzo n.**, gothic (*o* horror) novel. ● **aristocrazia nera**, Papal (*o* clerical) aristocracy □ (*fig.*) **bestia nera**, bête noire (*franc.*); bugbear □ (*stor.*) **camicia nera**, Blackshirt □ **il Continente n.**, the Dark Continent □ **cronaca nera**, crime news (*pl. col verbo al sing.*); crime page (*o* pages) □ **fondi neri**, slush fund □ **lavoro n.**, illegal (*o* off-the-books) work; (*secondo lavoro*) moonlighting □ (*fig.*) **libro n.**, black books (*pl.*) □ **listato di n.**, black-edged □ **il Mar N.**, the Black Sea □ **magia nera**, black magic □ **mercato n.**, black market □ **messa nera**, black mass □ **pozzo n.**, cesspool □ **punto n.**, (*comedone*) blackhead; (*difetto*) drawback □ (*fig.*) **vedere tutto n.**, to look on the dark side of things; to have a gloomy outlook on things □ **vino n.**, red wine. **B** *m.* **1** (*colore*) black: **vestirsi di n.**, to dress in black; **n. animale [di anilina, d'avorio, di platino]**, bone [aniline, ivory, platinum] black **2** (*scacchi, roulette*) black **3** (*persona di pelle nera*) black: **i neri d'America**, the American blacks; the Afro-Americans **4** (*polit.*: *fascista*) Fascist **5** (*clericale*) clerical **6** (*nerezza*) blackness. ● **n. da scarpe**, black shoe-polish; blacking □ **n. di fonderia**, blacking; facing □ **n. minerale**, mineral coal □ **chiamare n. il n. e bianco il bianco**, to call a spade a spade □ **dare il n. alle scarpe**, to black shoes □ **in n.**, (*banca*: *in credito*) in the black; (*illegalmente*) illegally, off the books, on the side □ **lavorare in n.**, to work illegally (*o* off the books); (*a un secondo lavoro*) to moonlight □ **mettere n. su bianco** (*per iscritto*), to put it down in black and white.
nerofùmo, *m.* (*chim.*) lampblack, gas black; (*fuliggine*) soot.
neróg nolo, *a.* blackish.
nèroli, *m.* (*chim.*) neroli (oil).
Neróne, *m.* (*stor.*) Nero.
neroniàno, *a.* (*stor.*) Neronian; Neronic.
nerùme, *m.* **1** (*sudiciume*) dirt, grime; (*patina nera*) dirty film, layer of grime **2** (*insieme di cose nere*) black mass **3** (*bot.*) rot.
nervàto, *a.* (*bot.*) nervate; nerved.
nervatùra, *f.* **1** (*anat.*) nervous system; nerves (*pl.*) **2** (*archit., mecc.*) rib(s); ribbing: **n. di rinforzo**, stiffening rib(s) **3** (*tipogr.*: *costola di libro*) (raised) band **4** (*bot.*) nervation; nervature; venation **5** (*zool.*) nervure.
nervìno, *a.* nerve (*attr.*); nervine: **gas n.**, nerve gas.
nèrvo, *m.* **1** (*anat.* e *fig.*) nerve: **il n. ottico**, the optic nerve; **nervi vasomotori [motori]**, vasomotor [motor] nerves; **Ti aiuterà a calmare i nervi**, it will help you to calm your nerves; **nervi saldi**, strong nerves; **n. d'acciaio**, nerves of steel; **un attacco di nervi**, a fit of nerves **2** (*fam.*: *tendine*) tendon; sinew **3** (*bot.*) vein; nerve; nervure; rib **4** (*corda dell'arco*) bow-string **5** (*mus.*) string. ● **andare avanti a forza di nervi**, to live on one's nerves □ **avere i nervi**, to be in a bad mood □ **avere i nervi a fior di pelle** (*o* **scoperti**), to be irritable; to be on edge; to be nervy (*fam. GB*); to be highly-strung □ **avere i nervi fragili**, to be short-tempered; to get easily irritated □ **avere i nervi a pezzi**, to be a nervous wreck □ **Che nervi!**, what a nuisance!; how infuriating!; damn! (*fam.*) □ **con i nervi tesi**, highly-strung (*agg.*); high-strung (*agg.*) □ **dare sui nervi a q.**, to get on sb.'s nerves □ **essere tutto nervi**, to be full of nervous energy □ **fagiolini senza nervi**, stringless (French) beans □ (*fig.*) **fascio di nervi**, bundle of nerves □ **guerra dei nervi**, war of nerves □ **essere malato di nervi**, to have a nervous illness □ **Gli reggeranno i nervi?**, will he be able to keep a cool head? □ **Mi sono saltati i nervi**, I blew up; I blew my cool □ **far saltare i nervi a q.**, to blow sb.'s cool □ **Tutto questo chiasso mi urta i nervi**, all this noise gets on my nerves.
nervoṣiṣmo, *m.* (*tensione*) tension, agitation, irritability, nerves (*pl.*); (*apprensione*) nervousness; (*irritazione*) irritation: **C'è molto n. in paese oggi**, tension in running high in town today; **dare segni di n.**, to show signs of agitation; **essere in preda al n.**, to be agitated; to be very tense.
nervoṣità, *f.* **1** irritability; restlessness; edginess (*fam.*) **2** (*fig.*: *incisività*) incisiveness; nervousness; vigour.
nervóso, **A** *a.* **1** (*anat., med.*) nervous; nerve (*attr.*): **il sistema n.**, the nervous system; **malattie nervose**, nervous disorders (*o* diseases); **esaurimento n.**, nervous breakdown; **centro n.**, nerve centre; **tensione nervosa**, nervous tension **2** (*irritabile*) irritable, short-tempered, touchy; (*di cattivo umore*) in a bad mood, cross, crotchety **3** (*teso*) tense, highly-strung, high-strung, of a nervous disposition (*form.*); (*per q.c. di specifico*) nervous, on edge (*pred.*), edgy, jittery (*fam.*), jumpy (*fam.*): **È un tipo piuttosto n.**, he is a rather tense sort of person; **un bambino n.**, a highly-strung child: **È sempre n. prima di un esame**, he is always nervous before an exam; **Calmati, non essere così n.**, take it easy, don't be so edgy **4** (*che rivela tensione*) nervous: **un risolino n.**, a nervous giggle; **dita lunghe e nervose**, long, nervous fingers **5** (*asciutto, vigoroso*) sinewy; spare: **braccia nervose**, sinewy legs; **fisico n.**, spare frame **6** (*fig.*: *efficace, stringato*) incisive; nervous; vigorous: **scrittura nervosa**, vigorous style. **B** *m.* (*fam.*) irritability; bad mood. ● **avere il n.**, to be cross; to be in a bad mood □ **far venire il n. a q.**, to irritate sb.; to make sb. cross.
nèsci, *m.* – **fare il n.**, to pretend not to know (*o* not to understand); to play dumb.
nèspola, *f.* **1** (*bot.*) medlar **2** (*fam.*: *botta*) blow; cuff; rap. ● **n. del Giappone**, loquat □ **Nespole!**, heavens! □ (*fig. fam.*) **dare le nespole a q.**, to give sb. a good hiding □ (*prov.*) **Col tempo e con la paglia maturano le nespole**, everything comes to him who waits.
nèspolo, *m.* (*bot.*) **1** (*Mespilus germanica*) medlar(-tree) **2** – **n. del Giappone** (*Eriobotrya japonica*), loquat.
Nèsso, *m.* (*mitol.*) Nessus.
nèsso, *m.* **1** (*collegamento*) connection; link; relation; nexus: **stabilire un n.**, to find a connection (*o* a link); **il n. causale**, the causal nexus; **n. logico**, logical connection **2** (*lega-*

me) nexus; bond. ● **senza n.**, unconnected; unrelated.

nessùno, A *a. indef.* **1** no; (*in presenza di altra neg.*) any: **di nessun valore**, of no value; not of any value; **Il ragazzo non ha nessuna istruzione**, the boy has had no education (*o* had is quite uneducated); **Non ho fatto nessun errore**, I didn't make any mistakes; **nessuna cosa**, nothing; **in n. posto** (*o* **da nessuna parte**), nowhere; not... anywhere; **in nessun caso**, in no case; not in any case; **in nessun modo**, on no account; not at all **2** (*qualche*) any: **C'è nessuna novità?**, is there any news? **B** *pron. indef.* **1** (*rif. a persona*) nobody, no one; (*partitivo*) none; (*in presenza di altra neg.*) anybody, anyone: **N. lo conosceva**, no one knew him; **Qui non c'è n.**, there's nobody (*o* no one) here; there isn't anybody here; **Non lo sa n.**, no one (*o* nobody) knows; **Non è venuto n.**, no one (*o* nobody) came; **N. mi dice mai niente**, nobody ever tells me anything; **N. di loro sopravvisse**, none of them survived; **N. dei miei amici è stato bocciato**, none of my friends was failed; **Non parlai con n.**, I spoke to no one; I didn't speak to anyone; **Non dirlo a n.**, don't tell anybody; **Non parlo mai con n.**, I never speak to anybody; **n. in particolare**, no one in particular; **N. si muova!**, let nobody make a move! **2** (*rif. a cosa, anche partitivo*) none; (*in presenza di altra neg.*) any: **«Quanti punti hai fatto?» «N.»**, «how many points did you score?» «none»; **Mi mostrò delle stoffe, ma non me ne piacque nessuna**, he showed me some materials, but I liked none of them; **Non mi ha portato nessuna delle cose che gli avevo chiesto**, he didn't bring me any of the things I had asked him **3** (*qualcuno, alcuno*) anyone; anybody; (*partitivo*) any: **C'è n.?**, is anyone in?; **N. viene con me?**, is anyone coming with me?; **Guarda se viene n.**, see if anyone is coming; **L'ha visto n.?**, has anyone seen him?; **N. ha visto i miei occhiali?**, has anyone seen my glasses? ● **n. n.**, no one at all; definitely (*o* absolutely) no one □ **nessun altro**, nobody (*o* no one) else; not anybody... else □ **nessun altro che** (*o* **n. se non**), nobody but; not... anybody but: **Nessun altro che lui può farlo**, nobody but him can do it □ **n. escluso**, no one excepted; bar none. **C** *m.* (*persona di nessun valore*) nobody; nonentity: **non essere n.**, to be a nobody. ● **figlio di n.**, unwanted child □ **roba di n.**, common property □ (*mil.*) **terra di n.**, no man's land □ **Ed io, non sono n.?**, what about me? don't I count for anything?

nèsto, *m.* (*bot.*) scion.

Nèstore, *m.* (*letter.*) Nestor.

nèstore, *m.* (*zool., Nestor notabilis*) kea.

nestorianèṣimo, *m.* (*relig.*) Nestorianism.

nestoriàno, *a.* e *m.* (*relig.*) Nestorian.

net (*ingl.*), *m. invar.* (*tennis*) net.

nettaménte, *avv.* (*chiaramente*) clearly, distinctly; (*decisamente*) decidedly, definitely.

nettapénne, *m. invar.* pen wiper.

nettapièdi, *m. invar.* doormat.

nettapìpe, *m. invar.* pipe cleaner.

nèttare (1), *m.* (*mitol., fig., bot.*) nectar.

nettàre (2), *v. t.* to clean; to clean up.

nettàreo, *a.* (*lett.*) nectareous; nectarean.

nettarino, *a.* – **pesca nettarina**, nectarine.

nettàrio, *m.* (*bot.*) nectary.

nettarovìa, *f.* (*bot.*) nectar guide.

nettatóia, *f.* (*arnese del muratore*) mortarboard.

nettatóio, *m.* cleaner.

nettatùra, *f.* cleaning.

nettézza, *f.* **1** (*pulizia*) cleanliness; cleanness **2** (*ordine, precisione*) neatness; precision **3** (*chiarezza*) clarity; sharpness. ● **n. urbana**, removal of house refuse and street cleaning service □ **camion della n. urbana**, dustcart (*GB*); garbage truck (*USA*).

nétto, A *a.* **1** (*pulito*) clean: **una casa netta**, a clean house; (*anche fig.*) **mani nette**, clean hands **2** (*chiaro, preciso*) clean; clear; clear-cut; clean-cut; sharp; distinct: **i contorni netti della costa**, the sharp outline of the coast; **un colpo n.**, a clean blow; **un taglio n.**, a clean cut; **profilo n.**, (*di un viso*) clean-cut features (*pl.*); (*di un oggetto*) sharp outline; **una risposta n.**, a clear-cut answer **3** (*reciso, secco*) flat; downright: **opporre un n. rifiuto**, to give a flat refusal **4** (*comm.*) net: **prezzo [peso, guadagno] n.**, net price [weight, profit]. ● **al n.**, net: **al n. mille dollari**, a thousand dollars net □ (*econ., fin.*) **al n. delle imposte**, after tax □ **coscienza netta**, clear conscience □ **un anno n.**, exactly one year. **B** *avv.* clearly; plainly; openly: **parlare chiaro e n.**, to speak plainly; to make it quite clear.

nettuniàno, *a.* (*mitol., geol.*) Neptunian.

nettùnio, *m.* (*chim.*) neptunium.

nettuniṣmo, *m.* (*geol.*) Neptunism.

nettunista, *m.* e *f.* (*geol.*) Neptunist

Nettùno, *m.* (*mitol., astron.*) Neptune.

netturbino, *m.* dustman* (*GB*); garbage collector (*o* man*) (*USA*); (*spazzino*) street sweeper.

nèuma, *m.* (*mus.*) neum(e).

neumàtico, *a.* (*mus.*) neumic.

neuràle, *a.* (*anat.*) neural.

neuralgìa, e *deriv.* *V.* **nevralgia**, e *deriv.*

neuràsse, *V.* **nevrasse**.

neurastenìa, e *deriv.* *V.* **nevrastenia**, e *deriv.*

neurectomìa, *f.* (*chir.*) neurectomy.

neurina, *f.* (*anat.*) neurine.

neurite, *f.* (*anat.*) neurite.

nèuro, *f.* (*fam.: clinica neurologica*) clinic for nervous diseases; (*di ospedale*) neurological ward. ● (*fam.*) **finire alla n.**, to end up in a lunatic asylum (o, *pop.*, in a loony bin, in a nuthouse).

neuroanatomìa, *f.* neuroanatomy.

neurobiologìa, *f.* neurobiology.

neurobiològico, *a.* neurobiological.

neurobiòlogo, *m.* (*f.* **-a**) neurobiologist.

neuroblàsto, *m.* (*biol.*) neuroblast.

neurochìmica, *f.* neurochemistry.

neurochirurgìa, *f.* neurosurgery.

neurochirùrgico, *a.* neurosurgical.

neurochirùrgo, *m.* (*f.* **-a**) neurosurgeon.

neurocito, *m.* (*anat.*) neurocyte.

neurocrànio, *m.* (*anat.*) neurocranium.

neurocrinìa, *f.* (*med.*) neurocrinism.

neurodeliri, *m. invar.* (*fam.*) lunatic asylum; loony bin (*pop.*); nuthouse (*pop.*).

neurodermatite, **neuridermite**, *f.* (*med.*) neurodermatitis.

neuroendòcrino, *a.* (*biol.*) neuroendocrine.

neuroendocrinologìa, *f.* (*biol.*) neuroendocrinology.

neurofarmacologìa, *f.* (*farm.*) neuropharmacology.

neurofibrilla, *f.* (*anat.*) neurofibril.

neurofibromatòṣi, *f.* (*med.*) neurofibromatosis.

neurofiṣiologìa, *f.* neurophysiology.

neurofiṣiològico, *a.* neurophysiological.

neurofiṣiòlogo, *m.* (*f.* **-a**) neurophysiologist.

neuroipòfiṣi, *f.* (*anat.*) neurohypophysis.

neurolàbile, A *a.* neuropathic. **B** *m.* e *f.* neuropath.

neurolèttico, *a.* e *m.* (*farm.*) neuroleptic.

neurolinguìstica, *f.* neurolinguistics (*pl. col verbo al sing.*).

neurologìa, *f.* neurology.

neurològico, *a.* neurologic(al).

neuròlogo, *m.* (*f.* **-a**) neurologist.

neuròma, *m.* (*med.*) neuroma*.

neuròmero, *m.* (*anat.*) neuromere.

neuromotòrio, *a.* (*fisiol.*) neuromotor.

neuromuscolàre, *a.* (*anat.*) neuromuscular.

neuronàle, *a.* (*anat.*) neuronal; neuronic.

neuróne, *m.* (*anat.*) neuron(e).

neuropatìa, *f.* (*med.*) neuropathy.

neuropàtico, (*med.*) **A** *a.* neuropathic. **B** *m.* (*f.* **-a**) neuropath.

neuropatologìa, *f.* (*med.*) neuropathology.

neuropatòlogo, *m.* (*f.* **-a**) neuropathologist; neuropathist.

neuroplègico, *a.* (*farm.*) nerve-inhibiting: **farmaco n.**, nerve-inhibiting drug.

neuropsichiàtra, *m.* e *f.* neuropsychiatrist.

neuropsichiatrìa, *f.* neuropsychiatry.

neuropsìchico, *a.* neuropsychic(al).

neuropsicologìa, *f.* neuropsychology.

neurormonàle, *a.* (*biol.*) neurohormonal.

neurormóne, *m.* (*biol.*) neurohormone.

neuroscìenze, *f. pl.* neuroscience (*sing.*).

neurosecernènte, *a.* (*biol.*) neurosecreting.

neurosecrèto, *m.* (*biol.*) neurosecretion.

neurosecrezióne, *f.* (*biol.*) neurosecretion.

neurosedativo, *m.* (*farm.*) nerve depressant; neurodepressive drug.

neuròṣi, e *deriv.* *V.* **nevrosi**, e *deriv.*

neurospàṣmo, *m.* (*med.*) nervous spasm.

neurospòra, *f.* (*bot.*) neurospora.

neurotomìa, *f.* (*chir.*) neurotomy.

neurotònico, *a.* e *m.* (*farm.*) neurotonic.

neurotòssico, *a.* (*farm.*) neurotoxic.

neurotossina, *f.* neurotoxin.

neurotraṣmettitóre, *m.* (*biol.*) neurotransmitter.

neurotraṣmissióne, *f.* (*fisiol.*) neurotransmission.

neurotròfico, *a.* (*med., biol.*) neurotrophic.

neurotropiṣmo, *m.* (*med.*) neurotropism.

neuròtropo, (*farm.*) **A** *a.* neurotropic. **B** *m.* neurotrope.

Neuròtteri, *m. pl.* (*zool., Neuroptera*) Neuroptera.

neuròttero, *m.* (*zool.*) neuropteran.

neurovegetativo, *a.* (*anat.*) neurovegetative.

nèurula, *f.* (*biol.*) neurula*.

nèuston, *m.* (*biol.*) neuston.

neutràle, *a.* e *m.* (*polit., leg., chim.*) neutral.

neutraliṣmo, *m.* (*polit.*) neutralism.

neutralista, (*polit.*) **A** *m.* e *f.* neutralist. **B** *a.* neutralistic.

neutralìstico, *a.* (*polit.*) neutralistic.

neutralità, *f.* (*polit., leg., chim.*) neutrality.

neutraliẓẓànte, *m.* (*chim.*) neutralizer.

neutraliẓẓàre, *v. t.* **1** (*mil., chim., ling.*) to neutralize **2** (*rendere vano, annullare*) to neutralize; to counteract; to nullify; to thwart: **n. l'azione di un farmaco**, to neutralize the action of a drug; **n. uno sforzo**, to thwart an effort; **n. gli effetti di un veleno**, to counteract a poison **3** (*sport*) not to count.

neutraliẓẓàto, *a.* **1** (*leg., ling.*) neutralized **2** (*sport*) not counted.

neutraliẓẓazióne, *f.* neutralization.

neutrino, *m.* (*fis. nucl.*) neutrino.

nèutro, A *a.* **1** (*intermedio, indeciso, neutrale*) neutral: **territorio n.**, neutral ground; (*mil.*) no-man's-land; (*sport* e *fig.*) **campo n.**, neutral ground; **colore n.**, neutral colour; (*fon.*) **vocale neutra**, neutral vowel; **zona neutra**, neutral zone **2** (*fis., chim.*) neutral: (*elettr.*) **conduttore n.**, neutral conductor; (*chim.*) **soluzione neutra**, neutral solution; (*chim.*) **sostanza neutra**, neutral substance **3** (*biol.*) neuter: **una formica neutra**, a neutral ant **4** (*gramm.*) neuter: **il genere n.**, the neuter gender; **pronome n.**, neuter pronoun. **B** *m.* **1** (*gramm.*) neuter **2** (*elettr.*) neutral wire.

neutrofilìa, *f.* (*med.*) neutrophilia.

neutròfilo, *a.* (*biol.*) neutrophil.

neutróne, *m.* (*fis. nucl.*) neutron. ● **bomba al n.**, neutron bomb □ **stella di neutroni**, neutron star.

neutrònico, *a.* (*fis. nucl.*) neutron (*attr.*).

neutropenìa, *f.* (*med.*) neutropenia.

nevàio, *m.* snowfield.

nevàto, A *a.* **1** (*coperto di neve*) snow-covered, snow-clad, snowy; (*di vetta*) snow-capped **2** (*bianco come la neve*) snowy; snow-white. **B** *m.* névé (*franc.*); firn.

néve, A *f.* **1** snow: **Cade la n.**, the snow is falling; **La n. era alta un metro**, the snow was one metre deep; **La n. ci arrivava alle ginocchia**, we were knee-deep in snow; **n. fa-**

rinosa, powdery snow; **n. bagnata e sporca**, slush; **bianco come la n.**, as white as snow; snow-white; snowy; **campo di n.**, snowfield; **fiocco di n.**, snowflake; **la regione delle nevi perpetue**, the region of eternal snows ***2*** (*pop.*: *eroina*) snow. ● **n. artificiale**, artificial snow □ **n. carbonica**, dry ice □ **l'abominevole uomo delle nevi**, the abominable snowman □ **battaglia a palle di n.**, snow fight □ **bloccato** (*o* **isolato**) **dalla n.**, snow-bound □ **limite delle nevi perpetue**, snow line □ **macchina per fare la n. artificiale**, snowmaker; snow-making machine □ (*cucina*) **montare** (*o* **sbattere**) **le chiare a n.**, to whisk (*o* to beat) egg whites stiff □ **paesaggio coperto di n.**, snow-scape □ **palla di n.**, snowball □ **pneumatici da n.**, snow tyres □ **pupazzo di n.**, snowman □ **tempesta di n.**, snowstorm □ **valanga di n.**, avalanche; snowslide. **B** *a.* – (*TV, radar*) **effetto n.**, snow.

nevicàre, *v. i. impers.* to snow: **Nevica**, it's snowing; **n. fitto**, to snow heavily; **Nevica a larghe falde**, the snow is falling in large flakes.

nevicàta, *f.* snowfall: **n. abbondante**, heavy snowfall.

nèvico, *a.* (*med.*) of a mole; mole (*attr.*).

nevischiàre, *v. i. impers.* to sleet.

nevischio, *m.* sleet.

nevòmetro, *V.* **nivometro**.

nevosità, *f.* snowiness.

Nevóso, *m.* (*stor. franc.*) Nivôse (*franc.*).

nevóso, *a.* ***1*** snowy: **stagione nevosa**, snowy season ***2*** (*coperto di neve*) snow-covered, snowy, snow-clad; (*di vetta*) snow-capped.

nevralgia, *f.* (*med.*) neuralgia.

nevràlgico, *a.* (*med.*) neuralgic. ● **punto n.**, (*med.*) centre of pain, sore spot; (*fig.*) nerve centre, crucial point: **il punto n. dell'organizzazione**, the nerve centre of the organization; **Abbiamo toccato il punto n.**, we have come to the crucial point.

nevràsse, *m.* (*anat.*) neuraxis; cerebrospinal axis.

nevrastenìa, *f.* (*med.*) neurasthenia.

nevrastènico, **A** *a.* ***1*** (*med.*) neurasthenic ***2*** (*fig.*) irritable; hysterical; jittery (*fam.*). **B** *m.* (*f.* **-a**) ***1*** (*med.*) neurasthenic ***2*** (*fig.*) irritable person; hysterical person: **Non fare il n.!**, don't be so hysterical!

nevrìte, *f.* (*med.*) neuritis*.

nevrìtico, *a.* (*med.*) neuritic.

nevroglia, *f.* (*biol.*) neuroglia.

nevropatìa, e *deriv. V.* **neuropatia**, e *deriv.*

nevròṣi, *f.* (*psic.*) neurosis*.

nevròtico, *a.* e *m.* (*f.* **-a**) (*psic.* e *estens.*) neurotic.

nevrotiẓẓànte, *a.* neurotogenic.

nevrotiẓẓàre, **A** *v. t.* to cause neurosis. **B** **nevrotiẓẓàrsi,** *v. i. pron.* to become* neurotic.

nevvéro, *inter.* isn't that so? ● **Sei stanco, n.?**, you're tired, aren't you? □ **È arrivato, n.?**, he has arrived, hasn't he? □ **Ti piace, n.?**, you like it, don't you?

newton (*ingl.*), *m. invar.* (*fis.*) newton.

newtoniàno, *a.* e *m.* Newtonian.

ni (1), (*scherz.* o *iron.*) **A** *avv.* neither yes nor no; yes, but...; no, but...: **Ha risposto ni**, he didn't say either yes or no; he shilly-shallied. **B** *m.* (*risposta incerta*) shilly-shallying.

ni (2), *m.* o *f.* (*tredicesima lettera dell'alfabeto greco*) nu.

niacina, *f.* (*chim.*) niacin.

Niàssa, *m.* (*geogr.*) ***1*** Nyasaland ***2*** – **il lago N.**, Lake Nyas(s)a.

nìbbio, *m.* (*zool.*, *Milvus milvus*) (red) kite.

nibelùngico, *a.* ***1*** (*letter.*) of the Nibelungs (*o* Nibelungen) ***2*** (*fig.*: *cupo*) grim; fierce; darkly tragic.

Nibelùngo, *m.* (*letter.*) Nibelung*. ● **la Saga dei Nibelunghi**, the Nibelungenlied.

nicaraguégno, **nicaraguése,** *a.*, *m.* e *f.* Nicaraguan (*f.* Nicaraguan woman*).

nìcchia, *f.* (*archit.* e *fig.*) niche: **aprire una n. nel muro**, to open a niche in the wall; **n. ecologica**, ecological niche; **ritagliarsi una n. di mercato**, to carve oneself a niche in the market.

nicchiàre, *v. i.* to hesitate; to shilly-shally; to demur.

nìcchio, *m.* ***1*** (*conchiglia*) shell ***2*** (*tricorno*) cocked hat ***3*** (*berretta di prete*) biretta.

nicciané̩ṣimo, nicciàno, *V.* **nietzschianesimo, nietzschiano**.

niccolìte, *f.* (*miner.*) niccolite.

Niccolò, *V.* **Nicola**.

Nicèa, *f.* (*geogr.*, *stor.*) Nicaea.

nicèno, *a.* Nicene; Nicaean: (*relig.*) **il credo n.**, the Nicene Creed.

nìchel, *m.* (*chim.*) nickel.

nichelàre, *v. t.* (*ind.*) to nickel; to nickel-plate; to nickelize.

nichelatóre, *m.* nickel-plater.

nichelatùra, *f.* (*ind.*) nickel-plating; nickel(l)ing.

nichelcròmo, *m.* nickel-chromium (alloy).

nichèlico, *a.* (*chim.*) nickelic.

nichelìna, *f.* (*metall.*) nickeline.

nichelìno, *m.* small coin; nickel coin; nickel (*USA*).

nichèlio, *m.* (*chim.*) nickel.

nichelóso, *a.* (*chim.*) nickelous.

nichilìṣmo, *m.* (*filos.*) nihilism.

nichilìsta, (*filos.* e *estens.*) **A** *m.* e *f.* nihilist. **B** *a.* nihilist(ic).

nichilìstico, *a.* (*filos.* e *estens.*) nihilistic; nihilist.

nicodemìta, *m.* (*relig.*) Nicodemite.

Nicodèmo, *m.* Nicodemus.

nìcol, *m.* (*fis.*) nicol; Nicol prism.

Nicòla, *m.* Nicholas.

Nicolétta, *f.* Nicola.

nicotìna, *f.* (*chim.*) nicotine.

nicotinammìde, *f.* (*chim.*) nicotinamide.

nicotìnico, *a.* (*chim.*) nicotinic.

nicotiniṣmo, *m.* (*med.*) nicotinism.

nictàlope, *V.* **nictalopo**.

nictalopìa, *f.* (*med.*) nyctalopia; nyctalopy; night blindness.

nictàlopo, *a.* e *m.* (*med.*) nyctalope.

nictitazióne, *V.* **nittitazione**.

nictofobìa, *f.* (*med.*) nyctophobia.

nictògrafo, *m.* noctograph.

nictùria, *f.* (*med.*) nycturia; nocturia.

nidiàceo, *a.* (*zool.*) unfledged.

nidiàndolo, *m.* (*zool.*) nest-egg.

nidiàta, *f.* ***1*** (*di uccelli*) clutch, nestful; (*di rapaci*) eyrie, aerie (*USA*); (*covata*) brood ***2*** (*di altri animali*) litter ***3*** (*fig.*) brood; swarm: **l'ultimo della n.**, the last of the brood; **una n. di bambini**, a swarm of children.

nidìcolo, *a.* (*zool.*) nidicolous.

nidificàre, *v. i.* to nest; to build* a nest; to nidificate.

nidificazióne, *f.* nest-building; nidification.

nidìfugo, *a.* (*zool.*) nidifugous.

nìdo, **A** *m.* ***1*** (*di uccelli*) nest; (*di rapaci*) eyrie, aerie (*USA*) ***2*** (*di altri animali*) nest; (*covo*) lair, den: **n. di vespe**, wasps' nest; vespiary; **n. di topi**, rats' nest; (*anche fig.*) **n. di vipere**, a nest of vipers ***3*** (*fig.*) home; nest: **abbandonare il n.**, to leave home (*o* the nest); **farsi il proprio n.**, to make one's home; **tornare al proprio n.**, to return home ***4*** (*fig. spreg.*: *covo*) den; lair; nest: **un n. di ladri**, a den of thieves; **un n. di briganti**, a robbers' den ***5*** (*giardino d'infanzia*) crèche (*GB*); day-care center (*USA*); nursery (*USA*). ● **n. d'ape**, (*ricamo*) honeycomb stitch; (*tessuto*) cellular fabric □ (*mil.*) **n. di mitragliatrici**, machine-gun nest □ **andare a cercare nidi d'uccelli**, to go nesting □ **uccello di n.**, fledgling; nestling. **B** *a. invar.* – **asilo n.**, *V.* **A**, *def.* 5.

niellàre, *v. t.* to niello; to decorate with niello.

niellatóre, *m.* (*f.* **-trice**) niellist.

niellatùra, *f.* niello-work.

nièllo, *m.* niello*.

niènte, **A** *pron. indef.* ***1*** nothing; (*in presenza di altra neg.*) anything: **N. mi trattiene qui**, nothing keeps me here; **Qui non succede mai n. di nuovo**, nothing new ever happens here; **non sapere n.**, to know nothing; not to know anything; **Non sai mai n.**, you never know anything; **Non è n.**, it's nothing; **n. di grave** [**di importante**], nothing serious [important]; **n. di nuovo sotto il sole**, nothing new under the sun; **Non posso farci n.**, I can do nothing about it; **non avere n. in contrario**, to have nothing against it [him, her, etc.]; to have no objection; **Questo è n., rispetto a...**, this is nothing, compared to... (*o* in comparison with); **lavorare per n.**, to work for nothing; **non mancare di n.**, to lack for nothing; **E a me n.?**, what about me? don't I get anything? ***2*** (*qualcosa*) anything: **Avete n. da dire?**, have you anything to say?; **Ti occorre n. in città?**, do you need anything in town?; **Domandagli se sa n.**, ask him if he knows anything about it. ● **n. altro**, nothing else; (*in presenza di altra neg.*) anything else □ **n. altro che**, nothing but; (*in presenza di altra neg.*) anything but: **Non posso darti n. altro che pane**, I can't give you anything but bread □ **n. di n.**, absolutely nothing; nothing at all □ **n. meno, n. di meno,** *V.* **nientedimeno** □ **come n.**, as easy as anything □ **come se n. fosse**, as if nothing had happened; as if nothing was the matter; (*senza scomporsi*) without turning a hair, without batting an eyelid; (*iron.*, *rif. a persona*) as fresh as a daisy □ **una cosa da n.**, a matter of no importance; a mere nothing; a trifle □ **un uomo da n.**, a nothing; a zero □ **«Grazie tante» «Di n.!»**, «thank you very much» «don't mention it» (*o* «it's all right»!) □ **il dolce far n.**, dolce far niente; sweet idleness □ **far finta di n.**, to pretend nothing has happened; to pretend not to see anything; (*chiudere un occhio*) to turn a blind eye (to st.) □ **Nessuno fa n. per n.**, no one does anything for nothing □ **È meglio che** (*o* **di**) **n.**, it's better than nothing; every little helps □ **Non cambia n.** (*fa lo stesso*), it doesn't make any difference; it makes no odds; same thing (*fam.*) □ **Non fa n.** (*non importa*), it doesn't matter; never mind □ **Non per n., ma potevi anche telefonare**, you could have phoned, at least □ **Non per n., ma i soldi sono miei**, the money is mine, after all □ **Non serve a n.** (*è inutile*), it's no use; there's no point □ **parlare per n.**, to waste one's breath; to waste words □ **per n.**, (*gratis*) free (*agg.*); gratis; for nothing; (*per pochissimo*) for a song: **ottenere un biglietto per n.**, to get a free ticket; **lavorare per n.**, to work gratis; **Ci sono andato per n.**, I went for nothing; I needn't have gone □ **sapere di n.** (*di cibo, ecc.*), to be tasteless. **B** *m.* ***1*** nothing: **finire in n.**, to come to nothing; **Non hanno fatto un bel n.**, they've done absolutely nothing; they haven't done a thing; **Non ti do un bel n.**, I won't give you a single thing; I won't give you anything, and that's that ***2*** (*filos.*) nothingness: **la contemplazione del n.**, the contemplation of nothingness ***3*** (*cosa o quantità piccolissima*) slightest thing, fraction; (*differenza*) tiny (*o* tiniest) difference; (*accenno*) hint: **Si offende per un n.**, he takes offence at the slightest thing; **Basta un n. per farla ridere**, she laughs at the slightest joke; **Basta un n. per far pencolare la bilancia**, a tiny (*o* the tiniest, the smallest) difference in weight is enough to turn the scales; **un n. di noce moscata**, a hint of nutmeg. ● **La riunione finì in un n. di fatto**, the meeting led nowhere; nothing concrete came out of the meeting □ **in men che n.**, in less than no time; in an instant □ **ridursi al n.**, to lose everything □ **ridursi a un n.**, to dwindle to nothing; to peter out; (*logorarsi*) to waste away □ (*fig.*) **essere venuto dal n.**, to be a self-made man. **C** *a.* no; (*in presenza di altra neg.*) any: **Non abbiamo n. pane**, we have no bread; we haven't any bread; **N. caffè per me**, no coffee for me, please; **Non ho n.**

fame, I'm not at all hungry; **N. paura!**, never fear!; don't be afraid! **D** *avv.* ***1*** *(poco, punto)* nothing; *(in presenza di altra neg.)* anything: **Non gli importa n. dei miei consigli**, he cares nothing for my advice; **Non ci metto n. a farlo**, it won't take me a second; I'll do it in no time ***2*** *(rafforzativo di «non»: affatto)* at all; in the least: **Non è (per) n. vero**, it's not true at all; **N. male!**, not bad at all!; **Non mi piace (per) n. quel film**, I don't like that film at all; **nient'affatto**, not at all; not in the slightest; not in the least: **«Sei stanca?» «Nient'affatto!»**, «are you tired?» «not in the slightest». ● **Ho cercato di farla ragionare, ma n.**, I tried to make her see some reason, but she wouldn't listen □ **Gli gridai di tornare indietro, ma lui n.**, I shouted to him to come back, but he didn't □ **Se n. n. si fa vedere, avrà una bella sorpresa**, if he so much as shows his face around, he'll have quite a surprise.

nientediméno, nienteméno, *avv.* ***1*** *(rif. a persona)* no less; *(rif. a cosa)* no less, nothing less: **n. che il Presidente**, the President, no less; no less than the the President himself; **Vuole n. che un collier d'oro**, she wants nothing less than a gold choker ***2*** *(inter.: addirittura)* you don't say so!; go on! *(fam.)*.

nientepopodiméno, *(scherz.) V.* **nientediméno.**

nientòlogo, *m.* *(f.* **-a**) *(iron.)* jack-of-all-trades.

nietzschianeṣimo, *m.* *(filos.)* Nietzscheanism.

nietzschiàno, *a.* e *m.* *(filos.)* Nietzschean.

nife, *m.* *(geol.)* nife.

nigèlla, *f.* *(bot., Nigella sativa)* fennel flower; black cumin.

nigeriàno, *a.* e *m.* *(f.* **-a**) Nigerian *(f.* Nigerian woman*).

night *(ingl.)*, *m. invar.* *(fam.: locale notturno)* nightclub.

nihiliṣmo, *V.* **nichilismo.**

nilgài, nilgàu, *m.* *(zool.. Boselaphus tragocamelus)* nilgai; nilgau.

niliaco, *a.* *(geogr.)* on the Nile; of the Nile.

Nilo, *m.* *(geogr.)* Nile.

nilòta, *m.* e *f.* Nilot(e).

nilòtico, *a.* *(geogr.)* Nilotic.

nimbàto, *a.* *(lett.)* nimbused; haloed.

nimbo, *m.* *(lett.)* nimbus*; *(aureola)* halo*.

ninfa, *f.* *(mitol., zool.)* nymph. ● *(fig.)* **Era la sua n. Egeria**, she was his Egeria.

ninfàle, **A** *a.* ***1*** nymphlike ***2*** *(zool.)* nymphean; nymphal. **B** *m.* *(letter.)* poem *(o* story) about nymphs.

ninfèa, *f.* *(bot., Nymphaea alba)* water lily.

ninfèo, *m.* *(archeol.)* nymphaeum*.

ninfétta, *f.* nymphet.

ninfòmane, *f.* *(med.)* nymphomaniac.

ninfomania, *f.* *(med.)* nymphomania.

ninfòṣi, *f.* *(zool.)* nymphosis*.

Nìnive, *f.* *(geogr., stor.)* Nineveh.

nìnna, *f.* *(fam.)* sleep. ● **fare la n.**, *(dormire)* to sleep; *(andare a dormire)* to go to bye-byes *(GB)*; to go to beddy-byes *(USA)*.

ninnanànna, *f.* lullaby; cradle song: **cantare una n.**, to sing a lullaby; **Per farlo addormentare gli cantai una n.**, I tried to sing him to sleep.

ninnàre, *v. t.* ***1*** *(cantare una ninnananna)* to sing* a lullaby (to sb.); to lull (sb.) to sleep ***2*** *(cullare)* to rock (to sleep).

nìnnolo, *m.* ***1*** *(balocco)* plaything; toy ***2*** *(gingillo)* knick-knack; bauble; gewgaw.

Nìobe, *f.* *(mitol.)* Niobe.

niòbio, *m.* *(chim.)* niobium; columbium.

nipóte, **A** *m.* e *f.* ***1*** *(di zii)* nephew *(m.)*; niece *(f.)* ***2*** *(di nonni)* grandchild*; grandson *(m.)*; grand-daughter *(f.)*. **B** *m. pl.* *(discendenti)* grandchildren; progeny *(sing.)*; posterity *(sing.)*.

nìpplo, *m.* *(mecc.)* nipple.

nippònico, *a.* Japanese*. ● **i nipponici**, the Japanese.

nipponiṣmo, *m.* *(ling.)* Japanese word; Japanese expression.

nirvàna, *m.* *(relig.* e *fig.)* nirvana.

nirvànico, *a.* *(relig.* e *fig.)* nirvanic.

nìsba, *avv.* *(pop.)* nothing; nix *(pop.)*.

nistàgmo, *m.* *(med.)* nystagmus.

nistatina, *f.* *(farm.)* nystatin.

nit, *m.* *(fis.)* nit.

nitidézza, *f.* ***1*** *(chiarezza)* clearness, clarity, distinctness, sharpness; *(lucentezza)* brightness; *(limpidezza)* limpidity: **la n. d'un ricordo**, the clarity *(o* sharpness) of a memory; **n. di contorni**, sharpness of contours; **n. di pensiero**, clarity of thought ***2*** *(fotogr., tipogr.)* clearness; sharpness.

nìtido, *a.* ***1*** *(pulito)* clean; shiny *(fam.)* ***2*** *(chiaro)* clear, distinct, sharp; *(luminoso)* bright; *(limpido)* limpid ***3*** *(fotogr.)* clear; sharp: **stampa nitida**, clear print; **contorni nitidi**, sharp contours ***4*** *(di stile, ecc.)* clarity; lucidity.

nitóre, *m.* ***1*** *(pulizia)* cleanness; brightness; shininess *(fam.)* ***2*** *(chiarezza)* clarity; lucidity: **n. di stile**, clarity of style.

nitràre, *v. t.* *(chim.)* to nitrate.

nitratàre, *v. t.* *(agric.)* to fertilize with nitrates.

nitratazióne, *f.* *(agric.)* fertilization with nitrates.

nitratina, *f.* *(miner.)* nitratine.

nitràto, *m.* *(chim.)* nitrate: **n. d'argento**, silver nitrate.

nitratóre, *m.* *(chim.: tecnico; recipiente)* nitrator.

nitratùra, *V.* **nitratazione.**

nitrazióne, *f.* *(chim.)* nitration.

nìtrico, *a.* *(chim.)* nitric: **acido n.**, nitric acid.

nitrièra, *f.* nitriferous deposit.

nitrificànte, *a.* *(biol.)* nitrifying.

nitrificàre, *v. t.* *(biol.)* to nitrify.

nitrificazióne, *f.* *(biol.)* nitrification.

nitrile, *m.* *(chim.)* nitrile.

nitrire, *v. i.* to neigh; to whinny.

nitrito (1), *m.* *(verso del cavallo)* neigh, whinny; *(il nitrire)* neighing, whinnying.

nitrito (2), *m.* *(chim.)* nitrite.

nitro, *m.* *(chim.)* nitre; potassium nitrate; saltpetre.

nitrobattèri, *m. pl.* *(biol.)* nitrobacteria.

nitrobenzène, nitrobenzòlo, *m.* *(chim.)* nitrobenzene.

nitrocellulósa, *f.* *(chim.)* nitrocellulose.

nitroderivàto, *m.* *(chim.)* nitroderivative; nitrocompound.

nitrofilìa, *f.* *(bot.)* condition of being nitrophilous.

nitrofosfàto, *m.* *(chim.)* nitrophosphate.

nitroglicerina, *f.* *(chim.)* nitroglycerin(e).

nitroglicol, *m.* *(chim.)* nitroglycol.

nitròmetro, *m.* *(chim.)* nitrometer.

nitrònio, *f.* *(chim.)* nitronium.

nitrosazióne, *f.* *(chim.)* nitrosation.

nitrosile, *m.* *(chim.)* nitrosyl.

nitróso, *a.* *(chim.)* nitrous: **acido n.**, nitrous acid.

nitrosònio, *m.* *(chim.)* nitrosyl.

nitrurazióne, *f.* *(metall.)* nitriding.

nitrùro, *m.* *(chim.)* nitride.

nittalopìa, e *deriv.* *V.* **nictalopia,** e *deriv.*

nitticora, *f.* *(zool., Nycticorax nycticorax)* night heron.

nittitànte, *a.* – *(zool.)* **membrana n.**, nictitating membrane.

nittitazióne, *f.* *(med.)* nictitation.

niùno, *(poet.) V.* **nessuno.**

nivàle, *a.* ***1*** *(relat. alle nevi)* nival ***2*** *(lett.: nevoso)* niveous; snowy.

nivazióne, *f.* *(geol.)* nivation

nìveo, *a.* snow-white; snowy; niveous.

nivologìa, *f.* *(meteor.)* study of snowfalls.

nivòmetro, *m.* snow gauge.

nix, *avv.* *(scherz.)* no; nothing; nix *(pop.)*.

Nìzza, *f.* *(geogr.)* Nice.

nizzàrdo, **A** *a.* of Nice; from Nice; Nice *(attr.)*. **B** *m.* *(f.* **-a**) native of Nice; inhabitant of Nice.

no, **A** *avv.* ***1*** *(risposta neg.)* no: **No, non te lo dirò**, no, I won't tell you; **No, grazie**, no, thank you; **Mille volte no**, a thousand times no; **Li vuoi, sì o no?**, do you want them, or not?; do you want them, or don't you?; **«Ti piace il posto?» «Sì e no»**, «do you like the place?» «yes and no» *(o* «well, I do and I don't»); **«Sei stanco?» «No»**, «are you tired?» «no, I'm not»; **«Gli hai scritto?» «No»**, «have you written to him?» «no, I haven't»; **dire di no**, to say no; to refuse: **Non so dire di no**, I can't say no; **votare no**, to vote no; to vote against ***2*** *(con un avv. o una cong.)* not: **no davvero** *(o* **di certo**), certainly not; **certo che no**, of course not; **veramente no**, not really; **ora no**, not now; **ancora no**, not yet; **Pare di no**, apparently not; **Perché no?**, why not?; **No, no, quello no**, no, no, not that one; **Ma no che non ce l'ho!**, I haven't got it, I tell you! ***3*** *(con valore ellittico)* not: **«Perché non vieni?» «Perché no»**, «why aren't you coming?» «because I'm not»; **C'è chi voterà per lui e chi no**, some will vote for him and some will not; **se no**, if not; otherwise; or else *(anche come minaccia)*: **Se lo trovo ti telefono, se no no**, if I find it, I'll phone you, otherwise I won't; **Scrivilo, se no lo dimenticherai**, write it down, otherwise you'll forget it; **Porta i denari a mezzanotte, se no...**, bring the money at midnight, or else; **Andremo in Sardegna, o se no in Corsica**, we shall go to Sardinia or else to Corsica; **Da un occhio ci vede, dall'altro no**, he can see with one eye but not with the other one; **Intelligente o no, Berti ha avuto il posto**, clever or not, Berti got the job ***4*** *(usato interrogativamente)* – **Ti piace, no?**, you like it, don't you?; **È questo il posto, no?**, this is the place, isn't it?; **Sono dimagrita, no?**, I have lost weight, haven't I?; **Puoi venire, no?**, you can come, can't you? ● **anzi che no**, rather: **È carina anzi che no**, she is rather pretty □ **«Ma allora non lo vuoi fare questo viaggio?» «Come no!»**, «so you don't really want to go on this journey?» «of course I do!» □ **Credo [suppongo] di no**, I don't think [I don't suppose] so; I think [I suppose] not □ **far cenno di no**, *(con la testa)* to shake one's head; *(con un dito)* to wag one's finger in denial □ **più sì che no**, yes rather than no □ **stare per il no**, to be against (st.) □ **È difficile, non dico di no**, it's difficult, I must admit; I won't say it isn't difficult □ **No e poi no**, no, I tell you; a thousand times no □ **Penso di no**, I don't think so; I think not □ **Preferisco di no**, I'd rather not □ **sì e no** *(a malapena)*, barely; hardly more than: **Ci saranno state sì e no dieci persone**, there must have been barely *(o* there can't have been more than) ten people □ **Spero di no**, I hope not □ **uno sì e uno no**, every other (person, thing, etc.); every second (person, thing, etc.): **Le pere erano bacate una sì e una no**, every other pear had maggots; **un giorno sì e uno no**, every other day; **Aveva una scarpa sì e una no**, he had only one shoe on. **B** *m.* no; *(rifiuto)* refusal; *(diniego)* denial; *(voto negativo)* no*, black ball: **La risposta fu un bel no** *(o* **un no chiaro e tondo**), the answer was a flat no *(o* a flat refusal); **Non voglio sentire un no** *(non accetto un rifiuto)*, I won't take «no» for an answer; **sette no e tre sì**, seven noes and three yeses; **La proposta fu accettata con otto sì contro due no**, the proposal was adopted with eight for and two against. ● **essere per il no**, to be against (st.) □ **essere tra il sì e il no**, to hesitate between accepting and refusing.

nō *(giapponese)*, *m. invar.* No, Noh: **il teatro nō**, the Noh.

nòa, *m. invar.* *(etnol.)* noa.

Nòbel, *m. invar.* ***1*** *(premio)* Nobel prize: **Ha avuto il N. per la biologia**, he won the Nobel prize for biology ***2*** *(vincitore)* Nobel prize winner: **un N. per la medicina**, a Nobel prize winner for medicine; **È stato N. per la fisica nel 1962**, he won the Nobel prize for physics in 1962.

nobèlio, *m.* (*chim.*) nobelium.

nobildònna, *f.* noblewoman*; aristocratic woman*; gentlewoman*.

nòbile, A *a.* **1** (*aristocratico*) aristocratic; noble; of noble birth; high-born; titled: **famiglia n.**, aristocratic (*o* noble) family; **di nascita n.**, of noble birth; high-born; **sangue n.**, noble (*o* blue) blood; **Ha sposato una ragazza n.**, he married a titled girl **2** (*elevato, magnanimo*) noble; lofty: **un n. sentimento [gesto]**, a noble sentiment [gesture]; **n. ingegno**, lofty mind; **di animo n.**, noble-minded; high-minded **3** (*chim.*) noble: **metallo [gas] n.**, noble metal [gas]. ● (*mil.*) **guardia n.**, (*del sovrano*) sovereign's guard; (*del papa*) papal guard □ **piano n.**, first floor (*GB*); second floor (*USA*); (*di un palazzo ital., anche*) piano nobile. **B** *m.* aristocrat; nobleman*; noble; lord. **C** *f.* noblewoman*; noble.

nobilésco, *a.* (*spreg.*) noble; aristocratic. ● **signorotto n.**, petty nobleman □ **con albagia nobilesca**, with the high-handedness of the high-born.

nobiliàre, *a.* nobiliary; of (the) nobility; aristocratic: **titolo n.**, title of nobility; aristocratic title; **almanacco n.**, almanac of the nobility; (*in G.B.*) peerage.

nobilitàre, A *v. t.* **1** to raise to the nobility; to bestow a title (upon); (*in G.B.*) to raise to the peerage **2** (*fig.*) to ennoble; to dignify. **B nobilitàrsi,** *v. rifl.* to ennoble oneself.

nobilitazióne, *f.* ennobling; ennoblement; (*in G.B.*) elevation to the peerage.

nobiltà, *f.* **1** (*aristocrazia*) nobility, aristocracy; (*in G.B., anche*) peerage; (*i nobili, anche*) nobles (*pl.*), aristocrats (*pl.*), lords (*pl.*): **antica [recente] n.**, old [new] aristocracy; **n. terriera**, landed aristocracy; **la n. siciliana**, the Sicilian nobility (*o* nobles) **2** (*eccellenza*) excellence; nobility; (*elevatezza*) loftiness, grandeur: **n. d'ingengo**, nobility of mind; **n. di sentimenti**, loftiness of feeling; **n. d'animo**, noble-mindedness; high-mindedness; **comportarsi con n.**, to behave nobly. ● **n. di spada**, title earned for military prowess □ **n. di toga**, title earned for political or administrative services.

nobilùccio, *m.* (*spreg.*) lordling.

nobilùme, *m.* (*spreg.*) lordlings (*pl.*).

nobiluòmo, *m.* nobleman*; noble; aristocrat; lord.

nòcca, *f.* knuckle.

nocchière, nocchièro, *m.* **1** (*naut.*) boatswain, bosun, bo's'n; quartermaster **2** (*poet.*: *pilota*) pilot, helmsman*; (*traghettatore*) boatman*, ferryman*.

nòcchio, *m.* node; knot.

nocchiùto, *a.* full of knots; knotty.

nocciòla, A *f.* (*bot.*) hazelnut; filbert. **B** *m.* (*colore n.*) light brown; hazel. **C** *a. invar.* light brown; hazel (brown): **un completo n.**, a light-brown suit; **occhi n.**, hazel eyes.

nocciolàia, *f.* (*zool., Nucifraga caryocatactes*) nutcracker.

nocciolàio, *m.* (*f.* **-a**) nut seller.

nocciolàto, *m.* (hazel)nut chocolate.

noccioléto, *m.* hazel grove.

nocciolìna, *f.* – **n. americana**, peanut; **noccioline salate**, salted peanuts.

nòcciolo (1), *m.* **1** stone; pit (*USA*): **un n. di pesca [di ciliegia]**, a peach stone [a cherry stone]; **sputare il n.**, to spit out the stone **2** (*fig.*: *la parte centrale, il cuore*) kernel, heart, core, point, (the) nitty-gritty (*fam.*); (*il succo*) gist, essence: **il n. della questione**, the heart of the matter; **Veniamo al n.!**, let's come to the point!; **Quando si viene al n. ci si accorge che la cosa è un po' diversa**, when it comes to the nitty-gritty, things turn out to be rather different; **il n. del suo discorso**, the gist of his speech **3** (*fis. nucl.*) core.

nocciòlo (2), *m.* (*bot., Corylus avellana*) hazel; filbert.

noccolière, *m.* (*tirapugni*) knuckle-duster.

nóce, A *m.* **1** (*bot., Juglans regia*) walnut-tree **2** (*legno*) walnut: **un tavolo di n.**, a walnut table. **B** *f.* **1** walnut; nut: **sgusciare [schiacciare] noci**, to shell [to crack] nuts; **bacchiare le noci**, to shake down nuts; **olio di n.**, nut oil; **guscio di n.**, nutshell; **gusto di n.**, nutty flavour; **torta di noci**, walnut cake **2** (*bot.*: *di vari frutti*) nut: **n. di acagiù**, cashew (nut); **n. del Brasile**, Brazil nut; **n. di cocco**, coconut; **n. moscata**, nutmeg; **n. pecan**, pecan nut; **n. vomica**, nux vomica **3** (*macelleria*) rumpsteak; best end (of veal). ● (*anat.*) **n. del piede**, ankle bone □ (*cucina*) **n. di burro**, knob of butter □ (*bot.*) **n. di galla**, gallnut.

nocèlla, *f.* **1** (*anat.*) wrist bone **2** (*parte del compasso*) pivot.

nocepèsca, *f.* (*bot.*) nectarine.

nocepèsco, *m.* (*bot., Prunus persica nectarina*) nectarine.

nocéto, *m.* walnut grove (*o* orchard).

noch, *m. invar.* (*Borsa*) – **n. per consegnare**, option to double; put of more; **n. per ritirare**, call of more; buyer's option to double.

nocicettivo, *a.* (*biol.*) nociceptive.

nocicettóre, *m.* (*biol.*) nocireceptor.

nocino, *m.* (*liquore*) walnut liqueur.

nocività, *f.* harmfulness; noxiousness.

nocivo, *a.* harmful; bad; injurious; noxious; malign: **n. alla salute**, bad for one's health; injurious to one's health; **una sostanza nociva**, a noxious substance; **influsso n.**, malign influence. ● **insetti nocivi**, pests.

nòcqui, *1ª pers. sing. pass. rem. di* **nuocere**.

noctilùca, *f.* (*zool., Noctiluca*) noctiluca*.

nocuménto, *m.* (*lett.*) injury; harm; damage.

nodàle, *a.* **1** (*scient.*) nodal: **linea [punto] n.**, nodal line [point] **2** (*astron.*) nodical **3** (*fig.*) crucial; key (*attr.*): **il punto n. di una questione**, the crucial point of a question; **aspetto n.**, key aspect.

nodèllo, *m.* **1** (*zool.*) fetlock **2** (*bot.*) joint; node.

nòdo, *m.* **1** knot: **fare un n.**, to tie (*o* to make) a knot; **disfare un n.**, to untie (*o* to undo) a knot; **stringere [allentare] un n.**, to tighten [to loosen] a knot; **farsi il n. alla cravatta**, to knot one's tie; **un n. al fazzoletto**, a knot in one's handkerchief **2** (*in molti nomi di nodi*) knot, hitch; (*a cappio*) noose; (*con passaggio attraverso un anello*) bend: **n. a bocca di lupo**, boat knot; **n. a piè di pollo**, wall knot; **n. comune** (*o* **semplice**), overhand knot; **n. del boia**, hangman's noose; **n. falso**, granny's bend; **n. delle guide**, overhand loop; **n. margherita**, sheepshank; **n. parlato**, clove hitch; **n. piano**, reef knot; square knot; **n. di Prusik**, prusik (knot); **n. di Savoia**, figure-of-eight knot; true-love knot; **n. scorsoio**, running bowline knot; slipknot; noose; **n. vaccaio**, carrick bend **3** (*punto d'intersezione*) knot, junction; (*di rete di distribuzione*) branch point: **n. ferroviario**, railway junction; **n. stradale**, road junction **4** (*bot.*) node; knob; gnarl **5** (*astron., geom., fis., elab.*) node: (*dell'equinozio*) **n. ascendente [discendente]**, ascending [descending] node; **linea dei nodi**, nodal line **6** (*groppo*) tangle; knot; kink **7** (*di capelli*: *crocchia*) bun; (hair done up in a) knot **8** (*fig.*: *vincolo d'affetto, legame*) tie; bond; knot: **il n. coniugale**, the marriage tie; **n. d'amicizia**, bond of friendship **9** (*fig.*: *nocciolo*) heart, core, point; (*punto cruciale*) crux: **il n. della faccenda**, the crux of the matter **10** (*fig.*: *intreccio*) plot: **lo scioglimento del n.**, the unravelling of the plot; the dénouement (*franc.*) **11** (*fig.*: *difficoltà*) knotty problem; puzzle; nodus*: **Bisogna sciogliere questo n.**, we must unravel (*o* solve) this knotty problem **12** (*naut*: *unità di misura di velocità*) knot: **filare sette nodi**, to do seven knots. ● **un n. alla gola**, a lump in one's throat □ **un n. allo stomaco**, a knot in the pit of one's stomach □ **n. di Salomone**, Solomon's seal □ **n. di vento**, whirlwind □ **n. gordiano**, Gordian knot □ (*med.*) **n. isterico**, globus hystericus □ **fare n. in gola**, to stick in one's throat □ **groviglio di nodi**, tangle □ **I nodi sono venuti al pettine**, the day of reckoning has come □ (*prov.*) **Tutti i nodi vengono al pettine**, sooner or later your sins will find you out.

nodosità, *f.* **1** knottiness; nodosity **2** (*nodo, anche med.*) node.

nodóso, *a.* knotty; knobbed; gnarly; gnarled; (*scient.*) nodose, nodous: **bastone n.**, knotty stick; **tronco n.**, knotty trunk; **mani nodose**, gnarled hands.

nodulàre, *a.* (*geol., anat., med.*) nodular.

nòdulo, *m.* (*geol., anat., med.*) nodule.

noduloso, *a.* (*scient.*) nodulose; nodulous.

Noè, *m.* (*Bibbia*) Noah.

noèma, *m.* **1** (*filos.*) noema* **2** (*ling.*) noem.

noemàtico, noemico, *a.* (*filos.* e *ling.*) noemic.

noèṣi, *f.* (*filos.*) noesis.

noètico (1), *a.* (*filos.*) noetic.

noètico (2), *a.* (*di Noè*) Noachian; Noáchic.

nói, *pron. pers. m.* e *f. 1ª pers. pl.* **1** (*sogg.*) we: **Noi andiamo, e voi?**, we are going, what about you?; **E noi, che facciamo?**, what are we going to do?; **noi italiani**, we Italians; **Nemmeno noi lo crediamo**, we don't believe it either; **Tutti noi ne fummo contenti**, we were all glad of it; **Siamo noi le vittime**, it is we who are the victims (*form.*); we are the real victims; **«Chi è?» «Siamo noi»**, «who is it?» «it's us» (*form.*: «it is we») **2** (*compl. ogg. e indir.*) us: **È venuto con noi**, he came with us; **Nessuno di noi l'ha letto**, none of us has read it; **Fu dipinto per noi**, it was painted for us; **una lettera indirizzata a noi**, a letter addressed to us; **una lettera da noi a loro**, a letter from us to them; **È rivolto a tutti noi**, it is addressed to us all (*o* to all of us); **Tocca a noi decidere**, it is for us to decide **3** (*plurale maiestatico*) we: **Noi, Filippo, sovrano di questo paese...**, we, Philip, king of this country... **4** (*con valore impers.*: *sogg.*) one, you, we; (*compl. ogg. e indir.*) one, you, us: **È pericoloso guidare quando siamo stanchi**, it's dangerous to drive when when you are (*o* one is) tired; **Ricordiamoci di chi soffre**, let us remember those that suffer. ● **noi stessi**, ourselves: **L'abbiamo fatto noi stessi**, we did it ourselves; **Non dobbiamo lodare noi stessi**, we must not praise ourselves □ **da noi**, (*a casa nostra*: *moto a luogo*) to our house, to our place; (*stato in luogo*) with us, at our place, at home; (*nel nostro paese*) in our country: **Venite da noi a prendere il caffè**, come and have coffee with us; **Ha lasciato gli occhiali da noi**, he left his glasses at our place; **Puoi dormire da noi**, you can sleep at our place; we can put you up for the night □ **da noi** (*da soli*), (all) by ourselves □ **Beati noi!**, aren't we lucky? □ **Veniamo a noi!**, let's go back to what we were saying!

nòia, *f.* **1** boredom; tediousness; tedium; ennui (*lett.*): **la n. del viaggio**, the boredom of the journey; **ammazzare la n.**, to relieve boredom; **morire di n.**, to die of boredom; to be bored to tears; **n. mortale**, deadly boredom; yawn (*fam.*) **2** (*cosa o persona noiosa*) bore; drag (*fam.*); yawn (*fam.*): **Sarà una bella n. quella cerimonia**, that ceremony is going to be a great bore (*o* very boring); **Che n. questo film!**, this film is really boring; what a drag this film is! **3** (*cosa o persona seccante*) nuisance; pain in the neck (*fam.*) **4** (*seccatura, fastidio*) nuisance; bother; trouble; hassle (*fam.*): **Che n., ora mi tocca riscrivere tutto!**, what a nuisance! (*o* bother!) now I'll have to write it all over again; **Non voglio avere noie**, I don't want any trouble (*sing.*); **avere noie con la polizia**, to run into trouble with the police **5** (*disturbo, guasto*) trouble: **noie al motore**, engine trouble (*sing.*). ● **avere q.c. a n.**, to be fed up with st.; to find st. tedious □ **dare n. a q.**, to bother sb.; to irritate: **Mi dà n. il rumore**, noise bothers me □ **far morire q. dalla n.**, to bore sb. stiff □ **prendere a n. q.** [**q.c.**], to be fed up with sb. [st.] □ **ripetere sino alla n.**, to repeat ad nauseam □ **Tutta la faccenda mi è venuta a n.**, I'm tired of the whole thing.

noiàltri, *m. pl.* **noiàltre**, *f. pl.* **1** (*sogg.*) we **2** (*compl. ogg. e indir.*) us.

noiosità, *f.* boringness; tedium.

noióso, **A** *a.* **1** boring; tedious; tiresome; dull: **una conferenza noiosa**, a boring lecture; **L'attesa fu lunga e noiosa**, the wait was long and tedious; **una giornata noiosa**, a dull day **2** (*che dà fastidio*) troublesome; annoying; irritating; bothersome: **una tosse noiosa**, a troublesome cough; **un brusio n.**, an annoying buzz; **Sono cose noiose**, it's all very annoying. **B** *m.* (*f.* **-a**) **1** bore **2** (*seccatore*) annoying person; nuisance; pest; pain in the neck (*fam.*).

noisette (*franc.*), *a.* e *m. invar.* hazel.

noleggiànte, *m.* e *f.* hirer; (*aeron.*) charterer; (*naut.*) freighter, charterer.

noleggiàre, *v. t.* **1** (*prendere a noleggio*) to hire, to rent; (*aeron.*) to charter; (*naut.*) to charter, to affreight: **n. un'auto** [**una bicicletta**], to hire a car [a bicycle]; **n. un film**, to rent a film **2** (*dare a noleggio*) to hire out, to rent out, to let* out; (*aeron.*) to charter; (*naut.*) to freight, to charter. ● (*cartello*) **Si noleggiano barche**, boats for hire.

noleggiatóre, *m.* (*f.* **-trice**) hirer; hire contractor; (*aeron.*) charterer; (*naut.*) charterer, affreighter.

noléggio, *m.* **1** hiring; hire; renting; (*aeron.*) charter(ing); (*naut.*) charter(ing), affreightment, freight: **il n. d'un auto**, the hiring of a car; **n. di un film**, renting of a film **2** (*costo*) hire; (*aeron.*) charterage; (*naut.*) charterage, freightage **3** (*negozio*) hire firm: **un n. di auto**, a car-hire. ● **dare** [**prendere**] **a n.**, *V.* **noleggiare**.

nolènte, *a.* (*lett.*) unwilling. ● **volente o n.**, whether sb. likes it or not; willy-nilly.

noli me tangere, *locuz. f. invar.* (*bot.*, *Impatiens noli-tangere*) noli-me-tangere.

nolo, *m.* **1** hire; (*naut.*, *aeron.*) charter, charterage; (*naut.*, *anche*) freight: **costo, assicurazione e n.**, cost, insurance and freight **2** (*affitto di macchinario*) rent. ● **dare** [**prendere**] **a n.**, *V.* **noleggiare**.

nòma, *m.* (*med.*) noma.

nòmade, **A** *a.* **1** (*etnol.*) nomadic; nomad: **popoli nomadi**, nomadic peoples **2** (*estens.*) nomadic; roaming; wandering. **B** *m.* e *f.* **1** (*etnol.*) nomad **2** (*estens.*) wanderer; drifter (*spreg.*).

nomadismo, *m.* nomadism.

nóme, *m.* **1** name: **Porta il n. del nonno**, he bears his grandfather's name; he was named after his grandfather; **Che n. ha?**, what's his name?; **n. di battesimo**, Christian name; first name; **n. di famiglia**, family name; surname; **n. intero**, full name; **n. e cognome**, first name and surname; **n. e indirizzo**, name and address; **scrivere il proprio n. per esteso**, to write one's name in full; **mettere** (*o* **imporre, dare**) **il n. di Laura a una bambina**, to give a child the name of Laura; to name a child Laura; **un tale di n. Leo**, a man by the name of Leo; **Scrive sotto il n. di...**, he writes under the name of...; his nom-de-plume is...; **i più bei nomi di Francia**, the greatest names in France **2** (*gramm.*) noun: **n. astratto** [**concreto, comune, collettivo**], abstract [concrete, common, collective] noun; **n. proprio**, proper noun (*o* name). ● (*leg.*) **n. commerciale**, trade name □ **n. d'arte**, stage name □ **n. da ragazza**, maiden name □ **n. da sposata**, married name □ **n. di battaglia**, nom de guerre (*franc.*); code name □ **una prenotazione a n. di Martini**, a reservation in the name of Martini □ **Parlo a n. di tutti**, I'm speaking for everyone □ **Digli pure a n. mio che la scorta è quasi finita**, tell him from me that stocks are low □ **Vai pure a n. mio**, you can use my name □ (*fig.*) **avere un n.**, to be a name; to have a reputation □ (*fig.*) **chiamare le cose col proprio n.**, to call a spade a spade □ **chiamare q. per n.**, to call sb. by his name □ **conoscere q. di n.**, to know sb. by name □ **essere conosciuto sotto il n. di**, to go by the name of □ **di fatto se non di n.**, in all but name □ **essere padrone soltanto di n.**, to be master in name only □ **di n. e di fatto**, in name and in fact □ **Il giovane, di n. Marco Landi, ha dichiarato che...**, the youth, whose name is Marco Landi, said that... □ **falso n.**, alias: **sotto falso n.**, under an alias □ (*fam.*) **Di n. fa Gino**, his name is Gino □ **fare il n. di q.**, to mention sb.'s name; to name sb.; (*denunciare*) to inform on sb. □ **farsi un n.**, to make a name for oneself □ **Fuori i nomi!**, we want the names! □ **godere di un buon n.**, to have a good reputation □ **un grosso n.** (*una persona importante*), a big name; a name to conjure with □ (*leg.*) **in n. di** (*a favore di*), on behalf of □ **in n. della legge**, in the name of the law □ **In n. di Dio!** (*inter.*), for God's sake! □ **mettere in lista il proprio n.**, to put one's name down (for st.) □ **Porto un n. onorato**, my name is respected □ **La Colombia prende il suo n. da Colombo**, Columbia is called after Columbus □ **senza n.**, nameless; (*anonimo*) anonymous □ **La pietà era per lui solo un n.**, pity meant nothing to him.

noméa, *f.* notoriety; reputation.

nomenclatóre, *m.* (*f.* **-trice**) nomenclator.

nomenclatùra, *f.* nomenclature.

nomignolo, *m.* nickname. ● **Gli hanno dato il n. di Smilzo**, they have nicknamed him Slim.

nòmina, *f.* **1** nomination; appointment; (*elezione*) election: **una n. governativa**, a government appointment; **n. a giudice**, appointmens as judge; **ricevere la n. a direttore**, to be appointed director; (*leg.*) **decreto di n.**, decree of appointment **2** (*assegnazione*) assignment; constitution. ● **di fresca n.**, newly-appointed □ **Il giovane era di prima n.**, it was the young man's first post.

nominàbile, *a.* mentionable. ● **non n.**, unmentionable.

nominàle, *a.* **1** nominal: **essere il capo n. di un'impresa**, to be the nominal head of an enterprise; **affitto n.**, nominal rent; peppercorn rent **2** (*gramm.*) noun (*attr.*); nominal: **suffisso n.**, noun suffix. ● **appello n.**, roll call □ (*econ.*) **valore n.**, nominal (*o* face) value; nominal par.

nominalismo, *m.* (*filos.*) nominalism.

nominalista, *m.* e *f.* (*filos.*) nominalist.

nominalistico, *a.* (*filos.*) nominalistic.

nominalizzàre, *v. t.* (*ling.*) to nomimalize.

nominalizzazióne, *f.* (*ling.*) nominalization.

nominalménte, *avv.* nominally.

nominàre, *v. t.* **1** (*dare un nome*) to name; to call: **n. una nuova specie**, to name a new species **2** (*menzionare*) to mention; (*elencare*) to recite the names of: **Certe cose è meglio non nominarle**, some things are best not mentioned; **Non n. il genero davanti a lei!**, don't mention her son-in-law's name in her presence!; **n. tutti i re di Roma**, to recite the names of all the kings of Rome **3** (*conferire una carica*) to designate, to nominate, to appoint; (*eleggere*) to elect: **È stato nominato direttore generale**, he has been appointed general manager **4** (*designare*) to assign, to constitute; (*insediare*) to institute, to establish: (*leg.*) **n. erede**, to designate as heir. ● **Mai sentito n.!**, never heard of it [him]!

nominataménte, *avv.* **1** (*per nome*) by name **2** (*espressamente*) expressly; particularly.

nominativaménte, *avv.* by name.

nominatività, *f.* (*comm.*) registration: **n. dei titoli**, registration of securities.

nominativo, **A** *a.* **1** (*gramm.*) nominative: **caso n.**, nominative case **2** (*comm.*) registered: **titoli nominativi**, registered securities (*o* stock). ● (*econ.*) **libretto n. di risparmio**, personal savings-book □ (*comm.*) **ruolo n. dei contribuenti**, roll of contributors' names. **B** *m.* **1** (*gramm.*) nominative **2** (*nome*) name **3** (*naut.*) ship's number, ship's pennants (*pl.*); (*radio*: *naut.* e *aeron.*) call sign (*o* signal): (*naut.*) **alzare il n.**, to hoist ship's pennants.

nominàto, *a.* **1** named **2** (*noto*) renowned. ● **non n.**, unnamed.

nomogràmma, *m.* (*mat.*) nomogram; nomograph.

non, *avv.* **1** (*con nomi, pron., agg., avv.*) not: **non Marco, ma Mario**, not Marco, but Mario; **non quello**, not that one; **non bella, ma gentile**, not good-looking, but kind; (*leg.*) **non colpevole**, not guilty; **non qui** [**non lontano, non tardi**], not here [not far, not late]; **non senza rimpianto**, not without regret; **non invincibile**, not invincible **2** (*con verbi*) not (*spesso contratto in* n't): **Non l'ho letto**, I haven't read it; **No davvero, non approvo la tua decisione**, certainly not, I don't approve your decision; **Non posso andare**, I cannot (*o* can't) go; **Non glielo dirò**, I won't tell him; **Non glielo dirai vero?**, you won't (*o* will not) tell him, will you?; **Non è giusto**, it is not fair; it isn't fair; it's not fair; **Per piacere, non far rumore**, please, don't make a noise; **Temo che non sarà pronto**, I'm afraid it won't be ready; **Non vedo che cosa ci sia di sbagliato**, I can't see (*o* I fail to see) what's wrong with it; **Fu multato per non aver pagato la tassa del cane**, he was fined for not paying (*o* for failing to pay) the dog licence **3** (*in presenza di altra neg.*) – **Non gli diedi nulla**, I gave him nothing; **Non l'ha visto nessuno**, nobody saw him; **Non vidi nessuno**, I didn't see anyone; I saw no one; **Non ho mai detto questo**, I never said that **4** (*con i verbi «avere» e «esserci»*) no (*agg. pron.*): **Non abbiamo libri**, we have no books; we haven't (got) any books; **Non c'è vino**, there is no wine; **Non ci sono né luce né gas**, there is neither electricity nor gas **5** (*davanti a sost. o agg., con funzione di quasi pref.*) non; un-: **non belligerante**, non belligerent; **non conformista**, non-conformist; **non intervento**, non--intervention; **non violenza**, non-violence; (*leg.*) **non luogo a procedere**, non-suit; **i non credenti**, the unbelievers **6** (*idiom., pleonastico*) – **Non posso, finché non sarà finito**, I can't until it is finished; **Non appena usciva un cliente, ne entrava un altro**, no sooner had one customer left than another came in; as soon as a customer left, another came in; **Per poco non caddi**, I nearly fell down; **Poco mancò che non ci lasciassi la pelle**, I was almost killed: it was a near thing. ● **Non c'è di che**, don't mention it; not at all; it's a pleasure; you're welcome (*USA*) □ **non oltre**, (*rif. a spazio*) no farther than; not beyond; (*rif. a tempo*) no later than □ **non più**, (*rif. a tempo*) no longer; (*rif. a quantità*) no more □ **non più tardi di**, no later than □ **Non posso non lagnarmi**, I cannot but complain □ **un non so che** (*sost.*), an indefinable something: **Ha un non so che, che attrae gli uomini**, she has an indefinable something about her that attracts men; **un non so che di esotico**, something vaguely exotic; **un certo non so che**, a certain «je ne sais quoi» (*franc.*); an inexpressible something □ **in men che non si dica**, in a trice; before you could say Jack Robinson (*fam.*) □ **piaccia o non piaccia**, whether you like it or not □ **Se non fosse per lei...**, but for her...

nòna, *f.* **1** (*mus.*) ninth **2** (*relig.*) none.

nonagenàrio, *a.* e *m.* (*f.* **-a**) nonagenarian.

nonagèsimo, *a. num. ord.* e *m.* (*lett.*) ninetieth.

non aggressióne, *locuz. f.* non-aggression.

nonàgono, *m.* (*geom.*) nonagon.

non allineaménto, *locuz. m.* (*polit.*) nonalignment.

non allineàto, *locuz. a.* (*polit.*) nonaligned.

nonàno, *m.* (*chim.*) nonane.

nonàrio, *a.* (*mat.*) nonary: **sistema n.**, nonary

scale.

non belligerànte, *locuz. a.* e *m.* nonbelligerent.

nonchalance (*franc.*), *f.* nonchalance; unconcern; indifference; casualness.

nonché, *cong.* ***1*** (*tanto meno*) still less; let alone; and even less: **Non vorrei parlarne, n. scriverne**, I wouldn't talk about it, let alone (*o* still less) write about it ***2*** (*e inoltre*) as well as; and also: **È lungo n. difficile**, it is difficult as well as long; it is long and also difficult; **C'era il vice-presidente, n. il presidente**, the chairman was there, as well as the vice--chairman.

nonconformismo, *m.* nonconformism.

nonconformista, *a., m.* e *f.* nonconformist.

non credènte, *locuz. m.* e *f.* unbeliever; atheist.

noncurànte, *a.* unconcerned (with); careless (of); indifferent (to).

noncurànza, *f.* carelessness; indifference; lack of concern.

non deambulànte, *locuz. a.* unable to walk; disabled.

nondiméno, *cong.* nevertheless; however; still.

nòne, *f. pl.* (*stor.*) Nones.

non-èssere, *m.* (*filos.*) nonbeing.

nonétto, *m.* (*mus.*) nonet.

non fumatóre, A *locuz. a.* non-smoking. **B** *locuz. m.* (*f.* **-a**) non-smoker. ● (*ferr.*) **carrozza per non fumatori**, non-smoker.

non intervènto, *locuz. m.* (*polit.*) nonintervention.

nònio, *m.* (*scient.*) nonius.

non-io, *m.* (*filos.*) other-than-I.

non marcàto, *locuz. a.* (*ling.*) unmarked.

non menzióne, *locuz. f.* (*leg.*) benefit of non registration of one's conviction on one's criminal record.

non-metàllo, *m.* (*chim.*) non-metal.

nònna, *f.* ***1*** grandmother; granny (*fam.*); grandma (*fam.*) ***2*** (*vecchietta*) granny; dear old lady.

nonnismo, *m.* (*gergo mil.*) bullying (of young recruits).

nònno, *m.* ***1*** grandfather; grandpa (*fam.*); grand(d)ad (*fam.*) ***2*** (*pl.*) (*nonno e nonna*) grandparents ***3*** (*pl.*) (*antenati*) forefathers; ancestors ***4*** (*vecchietto*) old man; grand(d)dad ***5*** (*gergo mil.*) senior recruit. ● (*scherz.*) **Sì, mio n.!**, tell that to the marines!

nonnùlla, *m.* trifle; bagatelle; (a) mere nothing; (the) slightest thing: **litigare per un n.**, to quarrel over a trifle (*o* for the slightest thing); **Si offende per un n.**, he takes offence for the slightest thing.

nòno, *a. num. ord.* e *m.* ninth.

nonostànte, A *prep.* in spite of; despite; in the face of; notwithstanding: **n. la sua proibizione**, despite his prohibition; **Partirono n. la neve**, they left, despite the snow; **n. tutto**, in spite of everything; **È riuscito n. il suo handicap**, he succeeded in the face of his disability. **B** *cong.* – **n. che**, (even) though; although; **n. ciò**, all the same; anyway (*USA*).

nonpertànto, *cong.* (*lett.*) nevertheless; however.

non plus ultra, *locuz. m. invar.* ne plus ultra; height (of st.); acme; (the) last word (in st.): **Questo è il n.**, this is the ne plus ultra; **il n. della villania**, the height of bad manners; **il n. della tecnologia**, the last word in technology.

non possumus (*lat.*), *locuz. m.* absolute refusal.

non professionàle, *locuz. a.* non-professional.

non proliferazióne, *locuz. f.* non-proliferation.

nonsense (*ingl.*), *m. invar.* ***1*** nonsense ***2*** (*poesiola*) nonsense rhyme.

nonsènso, *m.* (piece of) nonsense; absurdity.

non stop, *locuz. a.* e *avv.* nonstop: **volo n.**, nonstop flight; **Abbiamo lavorato n. tutta la notte**, we worked nonstop through the night.

non tessùto, *locuz. m.* disposable fabric.

nontiscordardimé, *m.* (*bot., Myosotis palustris*) forget-me-not.

non udènte, *locuz. a., m.* e *f.* (*eufem.*) deaf.

nònuplo, A *a.* nine times greater. **B** *m.* – **27 è il n. di 3**, 27 is nine times greater than 3.

non valóre, *locuz. m.* (*filos.*) non-value.

non vedènte, *locuz. a., m.* e *f.* (*eufem.*) blind.

non violènto, *locuz. a.* nonviolent.

nonviolenza, *f.* nonviolence.

noologia, *f.* (*filos.*) noology.

noradrenalina, *f.* (*biochim.*) noradrenaline.

norcineria, *f.* (*region.*) pork butchery; (*bottega*) pork butcher's (shop).

norcino, *m.* ***1*** (*chi castra i maiali*) swine gelder ***2*** (*chi ammazza e vende maiali*) pork butcher.

nord, A *m.* north: **un vento freddo proveniente dal n.**, a cold wind from the north; **n. geografico [magnetico]**, geographical [magnetic] north; **n.-ovest**, north-west; **n.--est**, north-east; **America del N.**, North America; **il Mare del N.**, the North Sea; **il conflitto N.-Sud**, the North-South conflict. ● **a** (*o* **verso**) **n.**, northwards; north; in a northern direction ◻ **dirigersi a n.**, to head north ◻ **nebbie del n.**, northern mists ◻ (*in G.B. e in U.S.A.*), **uomo del n.**, northerner ◻ **vento di n.-ovest [di n.-est]**, north-wester [north-easter]. **B** *a.* north; northern; northerly: **il Polo N.**, the North Pole; **parete n.**, north wall; **zona n.**, northern (*o* north) zone; **direzione n.**, northern (*o* northerly direction).

nordafricàno, *a.* e *m.* (*f.* **-a**) North African (*f.* North African woman*).

nordamericàno, *a.* e *m.* (*f.* **-a**) North American (*f.* North American woman*).

nordatlàntico, *a.* North Atlantic.

nordèst, *m.* north-east. ● **dirigersi a n.**, to head north-east ◻ **vento di n.**, north-easterly wind ◻ **verso n.**, northeastward(s); in a north--easterly direction.

nordeuropèo, *a.* e *m.* (*f.* **-a**) North European (*f.* North European woman*).

nòrdico, A *a.* ***1*** northern: **clima n.**, northern climate ***2*** (*dell'Europa del Nord*) Northern European; Nordic: **paesi nordici**, Northern European countries; **leggende nordiche**, Nordic legends; **sci n.**, Nordic skiing. **B** *m.* (*f.* **-a**) (*europeo del Nord*) Northern European (*f.* Northern European woman*).

nordista, *a., m.* e *f.* (*stor. USA*) Federal; Unionist.

nordoccidentàle, *a.* north-west; north--western; north-westerly.

nordorientàle, *a.* north-east; north-eastern; north-easterly.

nordòvest, *m.* ***1*** north-west ***2*** (*cappello*) nor'wester. ● **dirigersi a n.**, to head north--west ◻ **il passaggio a n.**, the North-West Passage ◻ **vento di n.**, north-westerly wind ◻ **verso n.**, northwestward(s); in a north--westerly direction.

nordvietnamita, *a., m.* e *f.* North-Vietnamese. ● **i Nordvietnamiti**, the North-Vietnamese.

norepinefrina, *f.* (*biochim.*) norepinephrine.

nòria, *f.* noria; water wheel.

Norimbèrga, *f.* (*geogr.*) Nuremberg.

nòrma, *f.* ***1*** rule; precept; norm; standard; (*regolamento*) regulation: **È buona n. non discutere**, it's a good rule not to argue; **applicare [infrangere] una n.**, to apply [to break] a rule; **norme di sicurezza**, safety regulations; **le norme vigenti**, the regulations in force; **norme e regolamenti**, rules and regulations; **una n. di vita**, a rule of life; **n. di legge**, rule of law ***2*** (*avvertenza*) instruction; direction: **norme per l'uso**, instructions (for use); directions for use ***3*** (*consuetudine*) rule; custom: **di n.**, as a rule; usually. ● **a n. di legge**, according to law ◻ **per tua n. (e regola)**, for your information.

normàle, A *a.* ***1*** normal; usual; standard; regular: **lo stipendio n.**, the usual salary; **in condizioni normali**, under normal conditions; **procedura n.**, standard procedure; **tariffa n.**, standard tariff; (*alpinismo*) **via n.**, regular route; **Cominciò come una giornata n.**, it began like any other day; **Non è n. che si comporti così**, it isn't normal for him to behave like that; he doesn't usually behave like that; **È n. che piova in marzo**, it usually rains in March; **È n. che tu voglia sapere**, it's understandable that you should want to know; **La vita riprese n. in paese**, life got back to normal in the village ***2*** (*che dà una regola*) standard (*attr.*): **il peso n.**, the standard weight ***3*** (*geom.*) normal; perpendicular. **B** *f.* ***1*** (*geom.*) normal; perpendicular ***2*** (*alpinismo*) regular (*o* normal) route.

normalità, *f.* normality; normalcy (*USA, specialm. econ., polit.*): **ristabilire la n.**, to re--establish normality; **tornare alla n.**, to get back to normality; **Siamo tornati alla n.**, we are back to normal.

normalizzàre, A *v. t.* ***1*** to bring* back to normal; to normalize ***2*** (*standardizzare*) to standardize. **B normalizzàrsi,** *v. i. pron.* to be normalized; to get* back to normal: **La situazione nel paese si sta normalizzando**, things in the country are getting back to normal.

normalizzàto, *a.* (*bur.*) standard.

normalizzazióne, *f.* ***1*** normalization ***2*** (*standardizzazione*) standardization.

normalménte, *avv.* usually; normally; as a rule.

Normandìa, *f.* (*geogr.*) Normandy.

normànno, *a.* e *m.* Norman: **la conquista normanna**, the Norman Conquest. ● (*geogr.*) **le Isole Normanne**, the Channel Islands.

normativa, *f.* (*insieme di norme*) set of rules; provisions (*pl.*).

normativo, *a.* prescriptive; normative; establishing a norm (*pred.*).

normoblàsto, *m.* (*biol.*) normoblast.

normocito, *m.* (*biol.*) normocyte.

normodotàto, (*psic.*) **A** *a.* normally intelligent. **B** *m.* (*f.* **-a**) normally intelligent person.

normodotazióne, *f.* (*psic.*) normal intelligence.

normògrafo, *m.* lettering stencil.

normolineo, *V.* **normotipo.**

normopéso, (*med.*) **A** *a.* with a normal weight. **B** *m.* person with a normal weight.

normotensióne, *f.* (*med.*) normal blood pressure.

normotermia, *f.* (*fisiol.*) normal body temperature.

normotéso, (*med.*) **A** *a.* normotensive. **B** *m.* normotensive person.

normotipo, (*med.*) **A** *m.* with a normal structure. **B** *m.* person with a normal structure.

Nòrna, *f.* (*mitol.*) Norn.

norrèno, *a.* Old Norse.

norvegése, A *a.* Norwegian; Norway (*attr.*): **pino n.** (*Pinus resionosa*), Norway pine. **B** *m.* e *f.* Norwegian (*f.* Norwegian woman*). **C** *m.* (*ling.*) Norwegian.

Norvègia, *f.* (*geogr.*) Norway.

nosocomiàle, *a.* nosocomial.

nosocòmio, *m.* hospital.

nosofobia, *f.* (*psic.*) nosophobia.

nosogènesi, *f.* (*med.*) pathogenesis.

nosografia, *f.* (*med.*) nosography.

nosogràfico, *a.* (*med.*) nosographic(al).

nosologia, *f.* (*med.*) nosology.

nosològico, *a.* (*med.*) nosological.

nosomania, *f.* (*psic.*) nosomania.

nossignóre, *avv.* (*f.* **-a**) ***1*** no, Sir (*f.* Madam) ***2*** (*neg. enfat.*) not in the least; not at all; certainly not.

nostalgia, *f.* (*di casa*; *del proprio paese*) homesickness; (*del passato*) nostalgia. ● **Hai n. di Ferrara?**, do you miss Ferrara? ◻ **Ho n. dei miei amici**, I miss my friends ◻ **Ricordo quei giorni lontani con n.**, I feel nostalgia for those distant days ◻ **riempire q. di n.**, to make sb. feel nostalgic ◻ **sentire n. di casa** (*o* **soffrire di n.**), to be homesick.

nostalgicaménte, *avv.* with nostalgia;

nostalgically; wistfully.

nostàlgico, A *a.* **1** (*che sente la mancanza della casa, del paese*) homesick **2** nostalgic; wistful: **ricordi nostalgici**, nostalgic memories; **una melodia nostalgica**, a nostalgic tune. **B** *m.* (*f.* **-a**) person who feels nostalgic (for st.); person who looks back nostalgically (on st.).

nòstoc, *m.* (*bot.*) nostoc.

no-stop, *V.* **non-stop**.

nostràle, nostràno, *a.* home-grown; home--made; home (*attr.*); local; regional; national.

nostràtico, *a.* (*ling.*) Nostratic.

nòstro, A *a. poss.* our; (*pred.*) ours; (*n. proprio*) our own: **n. padre**, our father; **la parte nostra**, our share; **i nostri figli**, our children; **Sono arrivati i nostri amici**, our friends have arrived; **Che ne dice il n. Luigi?**, what does (our friend) Luigi have to say about it?; **un n. amico**, a friend of ours; one of our friends; **Vorremmo avere una casa (tutta) nostra**, we should like to have a house of our own; **Padre n., che sei nei cieli**, Our Father who art in Heaven; **Questo libro non è n.**, this book isn't ours. **B** *pron. poss.* ours: **Il tuo divano assomiglia al n.**, your sofa looks like ours; **La nostra è una storia curiosa**, ours is a curious story. **C** *m.* **1** our own; what is ours; (*il nostro reddito*) our income; (*i nostri guadagni*) our earnings (*pl.*); (*tutto ciò che abbiamo*) all we have: **qualcosa [niente] di n.**, something [nothing] of our own; **Viviamo del n.**, we live on our (own) income; **Perdemmo tutto il n.**, we lost all we had; **Non vogliamo rimetterci del n.**, we don't want to lose by it (*o* to lose on the deal) **2** (*pl.*) (*i nostri parenti*) our relatives, our family; (*i nostri amici*) our friends; (*i nostri fautori*) our side (*sing.*); (*i nostri soldati, alleati, ecc.*) our soldiers [allies, etc.]: **Vuoi essere dei nostri?**, will you join our side?; will you throw in your lot with us?; **Volete essere dei nostri stasera?**, will you join us tonight?; **È dei nostri**, he is on our side; **Arrivano i nostri!**, reinforcements are here; our troops (*o* soldiers, people, etc.) are here; help is on the way

nostròmo, *m.* (*naut.*) boatswain, bosun, bo's'n: **il fischio del n.**, the bosun's pipe.

nòta, *f.* **1** (*appunto*; *annotazione*) note: **prendere delle note**, to take notes; **Prendi n. di questo**, make a note of this; **prendere n. mentalmente di q.c.**, to make a mental note of st.; **parlare aiutandosi con delle note**, to speak from notes **2** (*commento scritto*) note; mark: **Le note sono in fondo al libro**, the notes are at the end of the book; **n. a piè di pagina** (*o* **in calce**), footnote; **n. dell'editore**, publisher's note; **corredare un testo di note**, to provide a text with notes; to annotate a text; **testo con note**, annotated text; **n. diplomatica**, diplomatic note **3** (*fattura, conto*) bill: **Lo metta in n.**, put it down on the bill **4** (*elenco*) list: **la n. della spesa**, the shopping list; **mettersi in n.**, to add one's name to the list; **mettere in n.**, to put down (on the list): **Mi misi in n. per giovedì**, I put myself down for Thursday **5** (*mus.*) note: **le sette note**, the seven notes; **n. fondamentale**, tonic; **alzare troppo una n.**, to sharpen a note; to be sharp (*USA*); **Non so leggere una n. di musica**, I can't read a note of music **6** (*fig.*: *accento*) note: **C'era una n. di vanità nella sua voce**, there was a note of vanity in his voice; **una n. allegra**, a note of gaiety. ● **note caratteristiche**, distinguishing marks; distinguishing features; description; (*di dipendente*) report (*sing.*), evaluation (*sing.*) □ (*comm.*) **n. di accredito**, credit note □ (*comm.*) **n. di addebito**, debit note □ **n. di biasimo**, reprimand □ (*aeron., naut.*) **n. di carico**, manifest □ **n. d'infamia**, note of infamy □ (*comm.*) **n. di pegno**, warrant □ (*fig.*) **n. falsa**, false note □ (*fig.*) **n. stonata**, jarring (*o* discordant) note □ (*stor.*) **note tironiane**, notae Tironianae □ **a chiare note**, frankly; bluntly; in no uncertain terms □ **degno di n.**, worthy of note; noteworthy □ (*fig.*) **le dolenti n.**, the bad bit; the bad news □ (*comm.*) **prendere n. di un'ordinazione**, to book an order □ (*fig.*) **trovare la n. giusta**, to strike the right note.

nòta bène, *locuz. m.* nota bene (*abbr.*: N.B.).

notabilàto, *m.* notables (*pl.*); worthies (*pl.*).

notàbile, A *a.* notable; remarkable; noteworthy; worthy of note. **B** *m.* notable; worthy (*scherz.*): **un'assemblea di notabili**, an assembly of notables.

notabilità, *f.* notability.

notacànto, *m.* (*zool.*) notacanth.

notàio, *m.* notary (public).

notàre, *v. t.* **1** (*prendere nota*) to note, to make* a note of, to write* down; (*registrare*) to record: **n. le spese**, to make a note of expenses **2** (*segnare*) to mark: **n. un errore con la matita blu**, to mark a mistake in blue pencil **3** (*osservare*) to note; to notice; to observe: **n. i difetti di q.**, to note sb.'s faults; **È da n. che...**, it should be noted that...; **Nota bene che nessuno aveva detto niente**, no one had said anything, mind you; **La sua assenza non fu notata**, his absence went unnoticed **4** (*commentare*) to observe. ● **Nota Bene**, nota bene (*abbr.*: N.B.) □ **far n. q.c. a q.**, to point st. out to sb. □ **farsi n.**, to attract attention; to draw attention to oneself; to attract notice; (*segnalarsi*) to distinguish oneself: **Farebbe qualunque cosa per farsi n.**, he would do anything to attract attention (to himself); **Giovanissimo si era fatto n. nella campagna d'Egitto**, while still very young, he had distinguished himself in the Egyptian campaign.

notarésco, *a.* notarial.

notariàto, *m.* office of a notary (public).

notarìle, *a.* **1** notarial; notary's: **un atto n.**, a notarial deed; **studio n.**, notary's chambers (*o* office); **consiglio n.**, board of notaries **2** (*fig.*) formal. ● **copia n.**, certified copy □ **procura n.**, power of attorney.

notàro, *V.* **notaio**.

notaziòne, *f.* **1** (*annotazione*) annotation; note **2** (*numerazione*) numbering: **la n. delle pagine**, the numbering of the pages **3** (*osservazione*) observation; remark **4** (*mus.*) notation **5** (*mat.*) notation.

notes, *m. invar.* notebook; notepad.

notévole, *a.* **1** notable; remarkable; noteworthy: **un dipinto n.**, a remarkable painting **2** (*considerevole*) considerable; sizeable: **un n. ritardo**, a considerable delay; **una somma n.**, a sizeable sum.

notìfica, *V.* **notificazione**.

notificàbile, *a.* notifiable.

notificàre, *v. t.* **1** (*leg.*) to notify; to serve: **n. un atto**, to serve a paper; **n. un mandato d'arresto**, to serve a warrant of arrest; **n. un mandato di comparizione a q.**, to subpoena sb. **2** (*informare*) to give* notice of; to inform (sb. of st.); to report: **n. una data**, to give notice of a date; **n. un furto alla polizia**, to report a theft to the police **3** (*comm.*) to advise.

notificaziòne, *f.* **1** notification **2** (*leg.*) service; summons: **n. di un decreto [di una sentenza]**, service of a decree [of a judgment]; **n. di comparire**, summons to appear. ● **dare n. di q.c.**, to notify st. □ **ricevere n. di q.c.**, to be notified of st.

notìsta, *m.* e *f.* (*giorn.*) columnist; (political) commentator.

notìzia, *f.* **1** news (*sing. collett*); (*singolo annuncio*) piece (*o* bit) of news, news item (*giorn.*): **Che notizie ci sono?**, what's the news?; **Ho una buona n. per te**, I've got good news (*o* a good piece of news) for you; **È una cattiva n.?**, is it bad news?; **le ultime notizie che ebbi di lui**, the last news I had about him; **notizie recenti**, recent news; **le ultime notizie**, the latest news; (*giorn.*) **notizie recentissime**, stop-press news; **una n. in quarta pagina**, a news item on the fourth page; **Oggi le notizie sono catastrofiche**, the news is appalling today; **Dammi tue notizie**, let me hear from you; **Hai notizie recenti di Vanna?**, have you heard from Vanna recently?; **Siamo senza sue notizie da un mese**, we haven't heard from him for a month; (*non si è fatto vivo, anche*) we haven't had news of him for a month; **Siamo senza notizie da lunedì**, we've had no news since Monday **2** (*informazione*) information (*sing. collett.*); data (*pl.*): **Scarseggiano le notizie storiche di quel periodo**, we have very scarce historical data for that period; **notizie biografiche**, biographical notes (*o* information). ● (*giorn.*) **n. in esclusiva**, scoop □ (*giorn.*) **n. lampo**, flash □ **chiedere notizie di q.**, to ask about sb. □ **Corre n. che...**, there is a rumour that... □ **dare n. di q.c. a q.**, to inform sb. about st. □ **fare n.**, to be news; to create a stir; to hit the headlines (*fam.*): **Non fa n.**, that's no news □ **Giunse n. che...**, word came that... □ (*formula epistolare*) **Restiamo in attesa di vostre notizie**, we are looking forward to hearing from you.

notiziàrio, *m.* **1** (*radio, TV*) news bulletin; (the) news **2** (*cinem.*) newsreel **3** (*specialm. comm.*) newsletter **4** (*giorn.*) report.

nòto, A *a.* well-known; known; famous; (*familiare*) familiar; (*in senso sfavorevole*) notorious: **una persona a me nota**, a person known to me; **Sentii una voce a me nota**, I heard a familiar voice; **n. alla Questura**, (well-)known to the Police; **un n. scienziato**, a well-known scientist. ● **essere n. a tutti**, to be of common knowledge □ **La cosa non mi era nota**, I didn't know about that □ **rendere n.**, to notify; to inform □ **Com'è n.**, as everybody knows. **B** *m.* (the) known: **procedere dal n. all'ignoto**, to proceed from the known to the unknown.

notocòrda, *f.* (*zool.*) notochord.

notonètta, *f.* (*zool.*, *Notonecta glauca*) water boatman*.

notoriaménte, *avv.* as everyone knows; (*spreg.*) notoriously: **n. disonesto**, notoriously dishonest; **Ero n. amico dei Berni**, it was well-known that I was (*o* I was known to be) a friend of the Bernis; **È n. un buongustaio**, he is a well-known gourmet; **n. ospitale**, well-known for being hospitable (*o* for his hospitality).

notorietà, *f.* fame; renown; (*spreg.*) notoriety. ● (*leg.*) **atto di n.**, attested affidavit.

notòrio, *a.* well-known; (*spreg.*) notorious: **un fatto n.**, a well-known fact; **È n. che...**, it is well-known that... ● (*leg.*) **atto n.**, attested affidavit.

nottambulìsmo, *m.* night-wandering.

nottàmbulo, A *m.* (*f.* **-a**) (*chi va in giro di notte*) night wanderer; (*chi fa schiamazzi notturni*) late-night reveller; (*chi sta alzato fino a tardi*) night bird (*fam.*), night owl (*fam.*). **B** *a.* night-wandering.

nottàta, *f.* night: **le nottate d'inverno**, winter nights; **una n. di viaggio**, a night's journey; **passare una n. insonne**, to have a sleepless night. ● **fare n.**, to sit up all night.

nòtte, *f.* night: **una n. buia [stellata]**, a dark [starry] night; **la n. di sabato**, Saturday night; **ieri n.**, last night; **questa n.**, (*futura*) tonight; (*la n. scorsa*) last night; **Calava** (*o* **scendeva, cadeva**) **la n.**, night was falling; **di n.**, at (*o* by) night; during the night; at night-time: **lavorare [guidare] di n.**, to work [to drive] at night; **viaggiare di n.**, to travel by night; **I ladri sono entrati di n.**, the burglars got in during the night; **Lo faremo di n., mentre la gente dorme**, we'll do it at night-time, while people are asleep; **a n. avanzata**, far (*o* late) into the night; **nel cuore della n.**, at dead of night; **fino a tarda n.**, until late at night; **Il malato non passerà la n.**, the patient won't last the night (*o* won't see this night out); **giorno e n. senza interruzione**, day and night without stopping; round the clock; **Il cane ha**

abbaiato tutta la n., the dog barked all night long. • **n. bianca** (*o* **in bianco**), sleepless night: **passare la n. in bianco**, to have a sleepless night; not to sleep a wink □ **n. brava**, riotous night; night of revelry □ **la n. dell'ultimo dell'anno**, New Year's Eve □ **una n. di mezza estate**, a midsummer night □ **la n. di Natale**, Christmas Eve □ **a n. fatta**, when it is (*o* was) completely dark; after nightfall □ **Buona n.!**, good night!; **dare la buona n.**, to say good-night □ **camicia da n.**, nightshirt □ **Ci corre come dal giorno alla n.**, they are as different as chalk and cheese (*o* as night is from day) □ **far baldoria tutta la n.**, to make a night of it □ **fare di n. giorno**, to turn night into day □ **Quella farmacia fa servizio di n.**, that chemist is open at night □ **col favore della n.**, under cover of darkness □ **montare la n.** (*fare il turno di notte*), to be on night-duty □ **nella n. dei tempi**, in the mists of times; in times immemorial □ (*letter.*) **«Le mille e una n.»**, «The Arabian Nights»; «The Thousand and One Nights» □ **una casa da mille e una n.**, a house that looks like something out of the Arabian Nights; a fabulous house □ **sul far della n.**, at nightfall □ **passare la n.** (*in un luogo*), to stay overnight □ **Peggio che andar di n.!**, worse than ever! □ **portiere di n.**, night porter □ (*prov.*) **La n. porta consiglio**, night is the mother of counsel.

nottetèmpo, *avv.* by (*o* at) night; during the night; at night-time.

nottilùca, *V.* **nocțiluca**.

nottilucènte, *a.* (*meteor.*) noctilucent.

nottivago, *a.* (*lett.*) night-wandering; noctivagant; noctivagous.

nòttola, *f.* ***1*** (*zool., Nyctalus noctula*) noctule ***2*** (*saliscendi*) latch; catch.

nottolìno, *m.* ***1*** door latch ***2*** (*mecc.*) pallet. • (*mecc.*) **n. di arresto**, ratchet (*o* pawl) □ **n. di inversione**, reverse dog.

nottolóne, *m.* (*zool., Caprimulgus europaeus*) goatsucker; night hawk.

nòttua, *f.* (*zool., Noctua*) noctuid; owlet moth.

nottùrna, *f.* (*sport*) evening match; evening game.

nottùrno, **A** *a.* nocturnal; night (*attr.*): **animale n.**, nocturnal animal; **guardiano n.**, nightwatchman; **locale n.**, nightclub; **servizio n.**, night duty; night shift. • **Lo spettacolo è n.**, the show is on at night. **B** *m.* ***1*** (*eccles.*) early morning service; nocturn ***2*** (*mus., arte*) nocturne.

nòtula, *f.* (*parcella*) fee; honorarium*.

notulàre, *v. t.* (*bur., comm.*) to bill.

noumènico, *a.* (*filos.*) noumenal.

noùmeno, *m.* (*filos.*) noumenon*.

nòva, *f.* (*astron.*) nova*.

novàle, *m.* (*agric.*) newly-ploughed field.

novànta, *a. num. card.* e *m.* ninety. • **gli anni n.**, the nineties □ **essere sui n.**, to be pushing ninety □ (*fig.*) **pezzo da n.**, (*capo mafioso*) big mafia boss; (*estens.*) big shot, big gun (*USA*) □ (*scherz.*) **La paura fa n.**, fear is an ugly beast.

novantamìla, *a. num. card.* e *m.* ninety thousand.

novantènne, **A** *a.* ninety-year-old (*attr.*); ninety years old (*pred.*). **B** *m.* e *f.* ninety-year-old man* (*m.*); ninety-year-old woman* (*f.*).

novantènnio, *m.* (period of) ninety years: **l'ultimo n.**, the last ninety years.

novantèșimo, *a. num. ord.* e *m.* ninetieth. • **al n. minuto**, (*calcio*) during the last minute of play; (*fig.*) at the eleventh hour, in the nick of time.

novantìna, *f.* about ninety: **una n. di libri**, about ninety books. • **aver superato la n.**, to be over ninety; to be in one's nineties.

novarése, **A** *a.* of Novara; from Novara. **B** *m.* e *f.* inhabitant of Novara; native of Novara.

novatóre, (*lett.*) **A** *m.* (*f.* **-trice**) innovator. **B** *a.* innovating.

novazióne, *f.* (*leg.*) novation.

nòve, *a. num. card.* e *m.* nine: **n. volte su dieci**, nine times out of ten; **un bambino di n. anni**, a nine-year-old (child); **il n. di Aprile**, the 9th of April; April (the) 9th; **Tutto è pronto per il n.**, everything is ready for the ninth. • (*fig.*) **prova del n.**, crucial test □ **Sono le n.**, it's nine (o'clock).

novecentésco, *a.* twentieth-century (*attr.*); 20th-century (*attr.*).

novecentèșimo, *a. num. ord.* e *m.* nine-hundredth.

novecentìșmo, *m.* modernism.

novecentista, **A** *a. V.* **novecentistico**. **B** *m.* e *f.* twentieth-century artist [writer, etc.].

novecentìstico, *a.* twentieth-century (*attr.*); contemporary.

novecènto, **A** *a. num. card.* ***1*** nine hundred ***2*** (*del ventesimo secolo*) twentieth-century (*attr.*); 20th-century (*attr.*): **un palazzo n.**, a 20th-century building. **B** *m.* ***1*** nine hundred ***2*** – **il N.**, the twentieth century.

novela, *V.* **telenovela**.

novèlla, *f.* ***1*** tale; story; (*per bambini*) children's story, tale; (*letter.*) short story: **raccontare novelle intorno al fuoco**, to tell stories by the fireside; **una raccolta di novelle**, a collection of short stories; **scrittore di novelle**, short-story writer ***2*** (*lett.*: *notizia*) news (*sing. collett.*); tidings (*pl.*) (*lett.*). • (*relig.*) **la Buona N.**, the Gospel.

novellàme, *m.* (*zool.*) fry.

novellàre, *v. i.* to tell* tales (*o* stories).

novellatóre, *m.* (*f.* **-trice**) story-teller.

novellétta, *f.* (*mus.*) novelette.

novellière, *m.* (*f.* **-a**) ***1*** (*scrittore*) short-story writer ***2*** (*raccontatore*) story-teller ***3*** (*raccolta di novelle*) collection of short stories.

novellìno, **A** *a.* ***1*** (*primaticcio*) new; early ***2*** (*inesperto*) young and inexperienced; callow; raw; green; wet behind the ears (*fam.*). **B** *m.* (*f.* **-a**) beginner; tyro; raw recruit (*fam.*); greenhorn (*fam.*).

novellìsta, *m.* e *f.* short-story writer.

novellìstica, *f.* short-story writing; (*novelle*) short stories (*pl.*).

novellìstico, *a.* short-story (*attr.*).

novellizzazióne, *f.* novelization.

novèllo, *a.* ***1*** new; early; spring (*attr.*): **patate novelle**, new potatoes; **asparagi novelli**, early (*o* the first) asparagus; **pollo n.**, spring chicken ***2*** (*recente*) newly (*seguito da agg. o p.p.*): **un sacerdote n.**, a newly-ordained priest; **la sposa novella**, the newly-wed bride ***3*** (*secondo*) second; another: **un n. Attila**, a second Attila. • **l'età novella**, the early years; youth □ **la stagione novella**, the spring.

novèmbre, *m.* November: **il 30 n.**, the 30th of November; November 30th.

novembrìno, *a.* of November; November (*attr.*): **pioggia novembrina**, November rain.

novemìla, *a. num. card.* e *m.* nine thousand.

novèna, *f.* (*relig.*) novena*.

novenàrio, (*metrica*) **A** *a.* of nine syllables. **B** *m.* nine-syllable line.

novendiàle, **A** *a.* nine-day (*attr.*); lasting nine days. **B** *m.* (*stor.*) novendial.

novennàle, *a.* ***1*** (*che ricorre ogni nove anni*) recurring every ninth year ***2*** (*che dura nove anni*) nine-year (*attr.*); lasting nine years: **un piano n.**, a nine-year plan.

novènne, *a.* nine-year-old (*attr.*); nine years old (*pred.*).

novènnio, *m.* nine-year period; nine years (*pl.*).

noveràre, *v. t.* to count; to enumerate.

nòvero, *m.* (*lett.*) number; list. • **entrare nel n. di**, to become one of □ **porre q. nel n. degli amici**, to number (*o* to count) sb. among one's friends.

novilùnio, *m.* new moon: **al n.**, at the new moon.

novìssimo, (*lett.*) **A** *a. superl.* (*ultimo*) last: (*relig.*) **il n. bando**, the Last Judgment **B** *m.* – (*relig.*) **i Novissimi**, Death, Judgment, Heaven, Hell.

novità, *f.* ***1*** (*l'essere nuovo, originale*) novelty; originality; newness: **la n. del suo stile**, the novelty of his style ***2*** (*innovazione*) innovation; (*mutamento*) change: **introdurre delle n.**, to make some changes (*o* innovations); **odiare le n.**, to hate change ***3*** (*cosa nuova*) new thing, something new; (*esperienza nuova*) new experience; (*articolo nuovo*) novelty: **un desiderio di n.**, a longing for something new; **L'ho comprato al banco delle novità**, I bought it at the novelty counter; **l'ultima n.**, the latest novelty ***4*** (*notizia*) news (*sing. collett.*): **N.?**, any news?; anything up? (*USA*); **Che n. ci sono?**, what's the news?; what's up?; **Grosse n.!**, big news! • **le n. della moda**, the latest fashions □ **n. discografica**, new release □ **n. letteraria** (*o* **libraria**), new book □ **n. teatrale**, new play □ **Che n. sono queste?**, what's the meaning of this?; what's the big idea? (*fam.*) □ **correre dietro alle n.**, to follow all the latest trends □ **Questo libro è una n.**, this book is just out □ (*iron.*) **Sai che novità!**, yes, and Queen Anne is dead!; so what else is new?

novìzia, *f. V.* **novizio, A.**

noviziàto, *m.* ***1*** (*eccles.*) novitiate: **fare il n.**, to serve one's novitiate ***2*** (*tirocinio*) apprenticeship. • (*fig.*) **pagare il n.**, to learn the hard way.

novìzio, **A** *m.* (*f.* **-a**) ***1*** (*eccles.*) novice ***2*** (*fig.*) apprentice; novice. **B** *a.* inexperienced.

novocaìna, *f.* (*marchio*: *farm.*) novocain.

nozionàle, *a.* notional.

nozióne, *f.* ***1*** (*filos.*) notion; idea ***2*** (*senso*) sense: **la n. del tempo**, the sense of time; **non avere la n. del bene e del male**, to have no sense of good and evil ***3*** (*conoscenza*) element; (*al pl., anche*) knowledge (*sing.*): **prime nozioni**, basic (*o* elementary) knowledge; rudiments; basics; first elements; **le nozioni elementari di matematica**, some basic knowledge (*o* fundamentals, rudiments) of mathematics.

nozionìșmo, *m.* superficial factual knowledge; sciolism.

nozionìstico, *a.* sciolistic.

nòzze, *f. pl.* wedding (*sing.*); marriage (*sing.*); nuptials (*lett.* o *scherz.*): **celebrare le n.**, to celebrate the marriage; **n. d'oro [d'argento]**, gold [silver] wedding; **seconde n.**, second marriage. • **andare a n.** (*sposarsi*), to get married □ (*fig.*) **Lui in questo ci va a n.**, he is more than willing to do it; it's music to his ears □ **convolare a (giuste) n.**, to get married; to tie the knot (*scherz.*) □ (*fig.*) **fare le n. coi fichi secchi**, to do things on a shoestring □ **invito a n.**, wedding invitation □ **Chiedergli di suonare in pubblico è come invitarlo a n.**, he loves to be asked to play in public □ **passare a seconde n.**, to get married for the second time □ **pranzo di n.**, wedding breakfast; wedding reception □ **regalo di n.**, wedding present □ **torta di n.**, wedding cake □ **viaggio di n.**, honeymoon.

nuance (*franc.*), *f. invar.* nuance; (*di significato, anche*) shade of meaning.

nùbe, *f.* ***1*** (*meteor.* e *scient.*) cloud: **nubi alte [basse]**, high [low] clouds; **nubi passeggere**, passing clouds (*anche fig.*); **n. madreperlacea**, nacreous cloud; **un cielo senza nubi**, a cloudless sky; (*fis.*) **n. elettronica**, electron cloud; (*fis.*) **n. radioattiva**, radioactive cloud; (*astron.*) **n. stellare**, star cloud; (*geol.*) **n. vulcanica**, volcanic cloud ***2*** (*estens.* e *fig.*) cloud; veil: **una n. di polvere**, a cloud of dust; **una n. di tristezza**, a veil of sadness; **felicità senza nubi**, unclouded happiness.

nubècola, *f.* (*astron., med.*) nubecula*.

nubiàno, *a.* e *m.* (*f.* **-a**) Nubian (*f.* Nubian woman*): **il deserto n.**, the Nubian Desert.

nubifràgio, *m.* cloudburst; downpour; storm.

nubilàto, *m.* (*leg.*) spinsterhood.

nùbile, **A** *a.* single; unmarried: **lo stato n.**, the unmarried state; **donna n.**, single (*o* unmarried) woman; **stato civile**: **n.**, marital status single. **B** *f.* single (*o* unmarried) woman*;

(*leg.*) spinster.

nùca, *f.* (*anat.*) nape (of the neck); nucha* (*scient.*).

nucàle, *a.* (*anat.*) nuchal.

nucleàre, *a.* *1* (*fis.*) nuclear: **arma n.**, nuclear weapon; **centrale n.**, nuclear power station; **energia n.**, nuclear energy; **fisica n.**, nuclear physics; **medicina n.**, nuclear medicine; **potenza n.**, nuclear power *2* (*biol.*) nuclear: **membrana n.**, nuclear membrane *3* (*antropol.*) nuclear: **famiglia n.**, nuclear family *4* (*ling.*) nuclear: **frase n.**, nuclear sentence.

nuclearìsta, *m.* e *f.* person in favour of the use of nuclear power.

nuclearizzàre, *v. t.* to nuclearize.

nuclearizzazióne, *f.* nuclearization.

nucleàsi, *f.* (*chim.*) nuclease.

nucleàto, *a.* (*biol.*) nucleate.

nucleazióne, *f.* (*miner.*) nucleation.

nuclèico, *a.* (*chim.*) nucleic: **acido n.**, nucleic acid.

nucleìna, *f.* (*chim.*) nuclein.

nùcleo, *m.* *1* (*scient.*) nucleus*; core; kernel: (*fis.*) **n. atomico**, atomic nucleus; (*fis.*) **n. composto**, compound nucleus; (*elettr.*) **n. magnetico**, magnetic core; (*mat.*) **n. risolvente**, resolvent kernel *2* (*parte centrale*) core; hard core; kernel *3* (*gruppo*) group; (*squadra*) team, squad: **il n. iniziale dal quale nacque l'associazione**, the original group which started the club; **un n. di ricercatori**, a team of researchers; **n. antincendi**, fire squad; **n. investigativo**, detective team. ● **n. abitativo**, residential complex; settlement □ **n. familiare**, family unit; family.

nucleòfilo, *a.* (*chim.*) nucleophilic.

nuclèolo, *m.* (*biol.*) nucleolus*.

nucleóne, *m.* (*fis. nucl.*) nucleon.

nucleònica, *f.* (*fis. nucl.*) nucleonics (*pl. col verbo al sing.*).

nucleoplàsma, *m.* (*biol.*) nucleoplasm.

nucleoproteìna, *f.* (*chim.*) nucleoprotein.

nucleosìde, *m.* (*chim.*) nucleoside.

nucleotermoelèttrico, *a.* (*fis.*) nuclear power (*attr.*): **centrale nucleotermoelettrica**, nuclear power plant.

nucleotìde, *m.* (*chim.*) nucleotide.

nuclìde, *m.* (*fis.*) nuclide.

nuculiàno, *m.* (*bot.*) nuculianum*.

nude-look (*ingl.*), *locuz. m. invar.* see-through clothes (*pl.*).

Nudibrànchi, *m. pl.* (*zool.*, *Nudibranchia*) Nudibranchiata.

nudibrànchio, *m.* (*zool.*) nudibranch; sea slug.

nudicàule, *a.* (*bot.*) nudicaul.

nudìsmo, *m.* nudism.

nudìsta, *a.*, *m.* e *f.* nudist: **un campo di nudisti**, a nudist camp.

nudità, *f.* *1* (*l'essere nudo*) nakedness, nudity; (*l'essere spoglio*) bareness *2* (*pl.*) (*parti nude del corpo*) naked parts; nakedness (*sing.*) *3* (*fig.*: *semplicità*) plainness; simplicity.

nùdo, **A** *a.* *1* (*svestito*) naked; bare; nude: **dormire n.**, to sleep naked; **n. dalla vita in su**, bare from the waist up; **donne nude**, naked (*o* nude) women; **braccia nude**, naked (*o* bare) arms; **mezzo n.**, half-naked; **fare il bagno n.**, to bathe naked (*o* in the nude); to skinny-dip (*USA*); **con i piedi nudi**, barefoot; bare-footed (*agg.*); **andare a piedi nudi**, to go barefoot; **a torso n.**, bare-chested (*agg.*); **a testa nuda**, bare-headed (*agg.*) *2* (*spoglio, scoperto*) bare; naked: **montagne [pareti] nude**, bare mountains [walls]; **una stanza nuda**, a bare room; (*naut.*) **albero** (*o* **pennone**) **n.**, bare pole; (*naut.*) **scafo n.**, bare hull; **dormire sulla nuda terra**, to sleep on the bare earth; **spada nuda**, naked sword *3* (*fig.*: *semplice, schietto*) plain; simple; bare; unadorned: **i nudi fatti**, the plain facts; **la nuda verità**, the plain (*o* naked, unadorned) truth; **la verità nuda e cruda**, the plain unvarnished truth. ● (*fam.*) **n. come mamma l'ha fatto** (*o* **come un verme**), stark naked; in his birthday suit; in the altogether (*fam.*) □ **n. e crudo**, (*agg.*) plain, blunt; (*avv.*) plainly, bluntly, without mincing words □ (*leg.*) **nuda proprietà**, residuary right of ownership □ **cavalcare a dorso n.**, to ride bare-back □ (*anche fig.*) **mettere a n. q.c.**, to lay st. bare □ **visibile a occhio n.**, visible to the naked eye. **B** *m.* (*specialm. arte*) nude: **disegnare dal n.**, to draw from the nude; **lezioni di n.**, nude classes; **un n. di marmo**, a marble nude.

nùgolo, *m.* swarm; cloud: **nugoli di frecce**, clouds of arrows.

nùlla, **A** *pron. indef. invar.* nothing; (*in presenza di altra neg.*) anything: **N. gli sfugge**, nothing escapes him; **non accorgersi di n.**, not to notice anything; **Non presi n.**, I didn't take anything; I took nothing; **n. di più facile**, nothing easier; **n. di n.**, nothing at all; absolutely nothing. ● **come se n. fosse**, as if nothing was the matter; without batting an eyelid; without turning a hair □ **una cosa da n.**, (*di lieve entità*) nothing; a trifle; a minor thing; (*facile*) a very simple thing, a doddle (*fam.*), a piece of cake (*fam.*) □ **non mancare di n.**, to lack nothing; (*essere benestante*) to be well-off □ **Non ci vedo n. di male**, I see no harm in it □ **È un buono a n.**, he's a good-for-nothing. **B** *m. invar.* *1* nothing: **finire in n.**, to come to nothing; **meglio che n.**, better than nothing *2* (*filos.*) nothingness; nothing: **creare dal n.**, to create from nothing *3* (*cosa minima*) slightest (*o* tiniest) thing: **Si offende per un n.**, he gets offended at the slightest thing. **C** *avv.* *1* nothing; (*in presenza di altra neg.*) anything: **Non gli importa n. dei miei consigli**, he cares nothing for my advice *2* (*rafforzativo di «non»*: *affatto*) at all; in the least: **non contare n.**, not to count; to count for nothing; **per n.**, not at all; not in the least.

nullafacènte, **A** *a.* doing nothing; unemployed; idle. **B** *m.* e *f.* idle person.

nullàggine, *f.* nothingness; worthlessness.

nullaòsta, *m.* authorization; permission; (*documento*) permit: **dare il n.**, to give permission; to give the go-ahead (*fam.*).

nullatenènte, **A** *a.* with no property; propertyless. **B** *m.* e *f.* person with no property.

nullatenènza, *f.* lack of property; propertylessness.

nullificàre, **A** *v. t.* to nullify; to make* void. **B** **nullificàrsi,** *v. i. pron.* to be nullified.

nullificazióne, *f.* nullification.

nullìpara, *f.* (*med.*) nullipara.

nulliparità, *f.* (*med.*) nulliparity.

nullìsmo, *m.* (*filos.*) nihilism.

nullìsta, *m.* e *f.* (*filos.*) nihilist.

nullità, *f.* *1* (*assenza di valore*) worthlessness; vacuity; nonentity; insignificance *2* (*leg.*) nullity; voidness: **la n. del contratto [del testamento]**, the nullity of the contract [of the will] *3* (*persona che non vale nulla*) nonentity; zero.

nùllo, *a.* *1* (*leg.*) null (and void); void; invalid: **contratto n.**, void contract; **matrimonio n.**, invalid marriage; **dichiarare n.**, to declare null and void; **rendere n.**, to invalidate *2* (*inutile*) useless; pointless; of no use (*pred.*): **aiuto n.**, useless help; **rendere nulli tutti gli sforzi**, to render all effort useless (*o* vain). ● (*tennis*) **colpo n.**, net □ (*calcio*) **rete nulla**, disallowed goal □ (*sport*) **risultato n.** (*pareggio*), draw □ **scheda nulla**, spoiled vote.

nùme, *m.* god; numen; deity: **n. tutelare**, tutelary deity. ● **Santi numi!**, my goodness!; heavens above!

numeràbile, *a.* countable.

numerabilità, *f.* countability.

numeràle, *a.* e *m.* numeral.

numeràre, *v. t.* *1* (*segnare con numeri progressivi*) to number: **n. le pagine di un libro**, to number the pages of (*o* to page, to paginate) a book *2* (*contare*) to count.

numeràrio, *m.* (*fin.*: *contante*) ready cash; cash; specie.

numeràto, *a.* numbered: **pagine numerate**, numbered pages; **posti numerati**, numbered seats.

numeratóre, **A** *m.* *1* (*mat.*) numerator *2* (*macchina*) numbering machine; counter. **B** *a.* numerating; numbering.

numeratrìce, *f.* numbering machine.

numerazióne, *f.* *1* (*mat.*) numeration; notation: **n. decimale [binaria]**, decimal [binary] numeration (*o* notation); **n. romana**, Roman notation *2* (*sequenza di numeri*) numbering; numbers (*pl.*): **la n. delle pagine**, the numbering of pages; the paging; **n. stradale**, street numbers.

numericaménte, *avv.* numerically: **n. superiore**, numerically superior.

numèrico, *a.* numerical; numeric; digital: **serie numerica**, numerical series; **valore n.**, numerical value; **calcolatore n.**, digital computer; (*elab.*) **tastierino n.**, numeric keypad.

nùmero, *m.* *1* (*mat.*) number; figure: **n. pari [dispari]**, even [odd] number; **n. astratto [intero, primo]**, abstract [whole, prime] number; **n. frazionale [razionale, irrazionale, reale, immaginario]**, fractional [rational, irrational, real, imaginary] number; **n. fisso**, fixed number; **n. decimale**, decimal number (*o* figure) *2* (*segno del n.*) numeral; (*cifra*) figure, digit: **numeri arabi [romani]**, Arab [Roman] numerals; **una pagina piena di numeri**, a page full of figures *3* number; (*davanti a una cifra si abbrevia più spesso che in ital.*) No.: **n. del telefono**, telephone number; (*telef.*) **formare un n.**, to dial a number; **n. di matricola** (*o* **d'ordine**), serial number; (*mecc.*) **n. di giri**, number of revolutions; **Le scarpe sono troppo piccole di mezzo n.**, the shoes are half a number too small; **È uscito il n. 27**, number 27 was drawn; **Il n. 16 deve essere medicato**, number 16 needs a new dressing; **Abitiamo al n. 14**, we live at No. 14; **vendere a n.**, to sell by the number *4* (*di rivista, ecc.*) number; issue: **n. arretrato**, back number; **il n. di Natale**, the Christmas issue; **il prossimo n.**, the next issue; **n. unico**, single number (*o* issue) *5* (*misura, taglia*) size: **Che n. di scarpe porti?**, what size of shoe do you take? *6* (*gruppo, quantità*) number: **un certo n. di persone**, a number of people; **un gran n. di trattori**, a large number of tractors; **Un piccolo n. di cavie morì**, a small number of guinea-pigs died; **Tu non eri del nostro n.**, you were not of our number; **Tu non entri nel n. di quelli che criticano ogni novità**, you are not one of those who criticize anything new; **senza n.** (*innumerevole*), without number; innumerable; countless *7* (*gramm.*) number *8* (*teatr.*) number; act; item: **un n. di ballo**, a dance number; **fare un n. con q.**, to partner sb. (in a variety act) *9* (*fam.*: *persona estrosa*) character; scream; fun (*pred.*). ● (*fis.*) **n. atomico**, atomic number □ **n. chiuso**, restricted entry □ (*chim.*) **n. di Avogadro**, Avogadro's number □ (*fis.*) **n. di Mach**, Mach number □ (*fis.*) **n. di massa**, mass number □ (*autom.*) **n. di targa**, plate number; number □ (*telef.*) **n. interno**, extension □ (*leg.*) **n. legale**, quorum □ (*fis.*) **n. quantico**, quantum number □ **n. uno**, (*il più importante*) number one; (*il migliore*) first-class (*attr.*), A1 (*fam.*): **nemico pubblico n. uno**, public enemy number one; **un atleta [un cervello] n. uno**, a first-class athlete [brain]; **un cretino n. uno**, a total fool; **È il n. uno del tennis italiano**, he is the No. 1 Italian tennis player □ (*telef.*) **n. verde**, Freefone (*marchio, GB*); 800 number (*o* line) (USA) □ (*fig.*) **avere dei numeri**, to have the right qualities; to have much to recommend one □ (*fig.*) **avere molti numeri**, to be very gifted (*o* versatile) □ **avere i numeri per riuscire**, to have what it takes to succeed □ (*fig.*) **dare i numeri**, to be off one's mind □ **Erano dieci di n.**, they were ten in number □ **Ne ho man-**

giati tre di **n.**, I ate three and not one more □ (*fig.*) **essere nel n. dei più**, to have joined the great majority □ **far n.**, to swell the crowd □ (*mat.*) **legge dei grandi numeri**, law of large numbers □ (*Bibbia*) **il Libro dei Numeri**, the Book of Numbers □ (*fig.*) **Gli manca qualche n.**, he is not quite all there □ **Arrivano al n. di 90**, there are as many as 90 □ **Il loro n. era di trecento**, they numbered (*o* they were) three hundred □ **Oltrepassano il n. di 90**, there are over 90 □ **Se tu sapessi il n. di quelli che mi hanno telefonato**, if you knew how many rang me up □ (*fig.*) **uscire dal n.**, to emerge from the crowd □ (*prov.*) **Tutto fa n.**, every little helps.

numerologìa, *f.* numerology.

numeròlogo, *m.* (*f.* **-a**) numerologist.

numerosità, *f.* numerousness.

numeróso, *a.* numerous; (*solo davanti a sost. sing.*) large, big; (*solo davanti a sost. plur.*) many, several: **una famiglia numerosa**, a numerous (*o* large) family; **una folla numerosa**, a large crowd; **un equipaggio n.**, a big crew; **Abbiamo avuto numerosi incontri**, we had numerous meetings; **i suoi numerosi nipoti**, his many grandchildren; **Numerosi passeggeri protestarono**, several passengers protested.

nùmida, *a.*, *m.* e *f.* Numidian.

numìdico, *a.* Numidian.

numinosità, *f.* numinousness.

numinóso, *a.* numinous.

numișmàtica, *f.* numismatics (*pl. col verbo al sing.*).

numișmàtico, **A** *a.* numismatic(al). **B** *m.* (*f.* **-a**) numismatist.

nummolària, **nummulària**, *f.* (*bot.*, *Lysimachia nummularia*) moneywort; creeping Jennie.

nummulite, *f.* (*paleont.*) nummulite.

nummulìtico, *a.* (*paleont.*) nummulitic.

nuncupativo, *a.* (*leg.*) nuncupative; oral: **testamento n.**, nuncupative will.

nuncupazióne, *f.* (*leg.*) nuncupation.

nundinàle, *a.* (*stor.*) nundinal.

nùndine, *f. pl.* (*stor.*) nundinae.

nunziatùra, *f.* (*eccles.*) nunciature.

nùnzio, *m.* **1** (*eccles.*) nuncio: **n. pontificio**, (papal) nuncio; **n. apostolico**, apostolic delegate **2** (*lett.*: *messaggero*) messenger.

nuòcere, *v. i.* to damage; to harm; to be bad; to be noxious: **n. al prestigio di q.**, to damage sb.'s prestige; **n. allo stomaco [alla disciplina]**, to be bad for the stomach [for discipline]; **Un po' di lavoro manuale non gli nuocerà**, a bit of manual work won't do him any harm; **Non volevo nuocergli**, I didn't mean to do him any harm (*o* to harm him).

nuòra, *f.* daughter-in-law. ● **essere come suocera e n.**, to be like cat and dog.

nuorése, **A** *a.* of Nuoro; from Nuoro. **B** *m.* e *f.* inhabitant of Nuoro; native of Nuoro.

nuotàre, **A** *v. i.* **1** to swim*: **n. come un pesce [sott'acqua]**, to swim like a fish [under water]; **n. sul dorso [sul fianco]**, to swim on one's back [on one's side]; **n. bene**, to be a good swimmer; **andare a n.**, to go swimming **2** (*galleggiare*) to swim; to float: **carne che nuota nel sugo**, meat swimming in gravy. ● **n. a crawl [a farfalla, a rana, a delfino, a dorso]**, to do the crawl [the butterfly stroke, breaststroke, the dolfin, backstroke] □ **n. nell'oro**, to be rolling in money □ **n. nella contentezza**, to be beside oneself with joy; to tread on air □ **Ci nuoto dentro** (*rif. a un vestito*), it's far too big for me. **B** *v. t.* to swim*: **n. cento metri**, to swim a hundred metres.

nuotàta, *f.* swim: **una bella n.**, a good swim.

nuotatóre, *m.* (*f.* **-trice**) swimmer.

nuòto, *m.* swimming: **una gara di n.**, a swimming race; **campione di n.**, swimming champion; **stile di n.**, swimming stroke. ● **n. a delfino**, dolphin stroke □ **n. a dorso**, backstroke □ **n. a farfalla**, butterfly stroke □ **n. a rana**, breaststroke □ **n. sincronizzato**, synchronized swimming; synchro (swimming) (*fam.*) □ **Andiamo a n. fino all'isola**, let's swim to the island □ **gettarsi a n.**, to throw oneself into the water and swim □ **salvarsi a n.**, to swim to safety □ **cercare di salvarsi a n.**, to swim for it □ **traversare a n. un fiume**, to swim across a river □ **Ha attraversato a n. la Manica**, he swam the Channel.

nuòva, *f.* news (*sing. collett.*). ● (*prov.*) **Nessuna n., buona n.**, no news is good news.

Nuòva Caledònia, *f.* (*geogr.*) New Caledonia.

Nuòva Guinèa, *f.* (*geogr.*) New Guinea.

Nuòva Inghiltèrra, *f.* (*geogr.*) New England.

nuovaménte, *avv.* (*di nuovo*) again.

Nuòva Scòzia, *f.* (*geogr.*) Nova Scotia.

Nuòva York, *f.* (*geogr.*) New York.

nuovayorkése, **A** *a.* New York (*attr.*). **B** *m.* e *f.* New Yorker.

Nuòva Zelànda, *f.* (*geogr.*) New Zealand.

nuòvo, **A** *a.* **1** new: **un cappello n.**, a new hat; **la casa nuova**, the new house; **il n. preside**, the new headmaster; **luna nuova**, new moon; **sembrare n.**, to look new; (*di cosa non nuova*) to look as good as new; **i nuovi arrivi**, the new arrivals; **l'anno n.**, the new year; **essere n. di un luogo [di un mestiere]**, to be new to a place [to a job] **2** (*altro, ulteriore*) other, further, new; (*diverso*) different: **Seguì una nuova pausa**, another pause followed; **fino a n. ordine**, till further orders; **Tutte le sere mette un abito n.**, she wears a different dress every night **3** (*intatto*) fresh: **Prendi un foglio n. e scrivi!**, take a fresh sheet and write **4** (*fig.*: *novello, secondo*) second: **un n. Mozart**, a second Mozart. ● **i nuovi arrivati**, the newly arrived people [guests, etc.]; the newcomers □ **n. di zecca**, brand-new □ **il N. Mondo**, the New World □ **il N. Testamento**, the New Testament □ **i nuovi venuti**, the newcomers □ **Che c'è di n.?**, what's the news?; what's happened now? □ **di bel n.**, once (*o* over) again □ **di n.**, again; (*come formula di commiato*) goodbye □ **di n. conio**, new-coined □ **Mi giunge n.**, that's news to me □ **Il suo nome mi è** (*o* **mi giunge**) **n.**, I've never heard of him □ **Il nome non mi giunge n.**, the name rings a bell □ **rimettere a n.**, to do over; to renovate. **B** *m.* **1** new; novelty; new things (*pl.*): **il vecchio e il n.**, the old and the new; **amante del n.**, lover of novelty; **niente di n. sotto il sole**, nothing new under the sun; **qualcosa di n.**, something new **2** (*f.* **-a**) (*persona nuova*) new man* [boy, woman*, colleague, etc.] **3** (*articoli nuovi*) new articles.

Nuòvo Mèssico, *m.* (*geogr.*) New Mexico.

nuràghe, *m.* (*archeol.*) nuraghe*; nuragh.

nuràgico, *a.* (*archeol.*) nuraghic.

nutazionàle, *a.* (*astron., med.*) nutational.

nutazióne, *f.* (*astron., med.*) nutation.

nùtria, *f.* **1** (*zool.*, *Myocastor coypus*) coypu; nutria **2** (*pelliccia*) nutria.

nutrìce, *f.* wet nurse.

nutriènte, *a.* nourishing.

nutriménto, *m.* nourishment; nutriment; food: **trarre n. da q.c.**, to draw nourishment from st.; (*fig.*) **n. dello spirito**, food for the spirit.

nutrìre, **A** *v. t.* **1** to feed*; to nourish: **n. i propri figli**, to feed one's children; **Come nutri il tuo cane?**, what do you feed your dog on?; **n. la pelle**, to nourish the skin; **Mi ha nutrito e vestito**, he clothed and fed me **2** (*assol.*: *essere nutriente*) to be nourishing: **Il latte nutre molto**, milk is very nourishing **3** (*allattare*) to breast-feed; to nurse **4** (*fig.*: *arricchire spiritualmente*) to nourish; to feed* **5** (*fig.*: *sentimenti*) to nourish; to harbour; to bear*; to entertain; to cherish; to foster: **n. un sentimento d'odio**, to nourish a feeling of hatred; **n. affetto per q.**, to feel affection for sb.; **n. cattivi pensieri**, to foster evil thoughts; **n. dubbi**, to have (*o* to entertain) doubts; **n. molta stima per q.**, to hold sb. in great esteem; **n. una speranza**, to have (*o* to cherish) a hope; **n. timori**, to have (*o* to entertain) fears; **Si nutrono gravi timori per la loro salvezza**, grave fears are felt for their safety. **B nutrìrsi**, *v. rifl.* to feed*; to eat*: **Le pecore si nutrono d'erba**, sheep feed on grass; **Non ti nutri abbastanza**, you don't eat enough nourishing food.

nutritivo, *a.* **1** (*della nutrizione*) nutritional; nutritive **2** (*nutriente*) nourishing; nutritious.

nutritìzio, *a.* (*biol.*) nutritional; nutritious.

nutrìto, *a.* **1** fed; nourished: **ben n.**, well-fed; well-nourished **2** (*fig.*: *numeroso*) large; considerable; substantial; solid: **un n. gruppo di giornalisti**, a large group of journalists; **una nutrita serie di obiezioni**, a considerable number of objections; **nutriti applausi**, loud applause (*sing.*).

nutritóre, *m.* **1** (*f.* **-trice**) nourisher **2** (*zootecnia*) feeding trough.

nutrizionàle, *a.* nutritional.

nutrizióne, *f.* **1** (*il nutrire*) nutrition; nourishing; feeding **2** (*alimento, cibo*) nourishment; nutrition; nutriment; food.

nutrizionista, *m.* e *f.* nutritionist.

nùvola, *f.* **1** cloud: **una n. che passa**, a passing cloud; **nuvole che minacciano pioggia**, storm clouds; **Le nuvole si addensavano**, the clouds were piling up; **cime avvolte nelle nuvole**, cloud-capped peaks; **un cielo coperto di nuvole**, a sky covered with clouds; an overcast sky; **senza nuvole**, cloudless **2** (*estens.* e *fig.*) cloud; mist; fog: **una n. di fumo [di polvere]**, a cloud of smoke [of dust]. ● (*fig.*) **avere la testa tra le nuvole**, to have one's head in the clouds □ (*fig.*) **cascar dalle nuvole**, to be astounded (*o* dumbfounded) □ **Scendi dalle nuvole!**, come down on earth! □ **vivere nelle nuvole**, to live in cloud-cuckoo-land.

nuvolàglia, *f.* mass of clouds.

nuvolétta, *f.* **1** little cloud **2** (*di fumetti*) balloon.

nùvolo, **A** *a.* cloudy; overcast: **Oggi è n.**, it's cloudy today. **B** *m.* **1** (*tempo nuvoloso*) cloudy weather **2** (*lett.*: *nuvola*) cloud **3** (*fig.*: *moltitudine*) swarm; crowd: **un n. di moscerini**, a swarm of midges.

nuvolosità, *f.* cloudiness.

nuvolóso, *a.* cloudy; overcast.

nuziàle, *a.* wedding (*attr.*); nuptial (*lett.*): **anello [giorno, dono] n.**, wedding ring [day, present]; **cerimonia n.**, wedding; **torta n.**, wedding cake; **velo n.**, bridal veil.

nuzialità, *f.* (*stat.*) marriage rate.

nylon, *m.* (*marchio*) nylon: **calze di n.**, nylon stockings; nylons; **filato di n.**, nylon yarn.

o,O

O (1), o, *f. o m.* (*tredicesima lettera dell'alfabeto ital.*) O, o. ● (*telef.*) **o come Otranto**, o for Oliver; o for Oboe (*USA*) □ **l'o di Giotto**, Giotto's O □ **a forma di o**, O-shaped.

o (2), od, *cong.* ***1*** or: **due o tre giorni**, two or three days; **Lo vuoi rosso o azzurro?**, do you want it red or blue?; **La porta è aperta o chiusa?**, is the door open or shut?; **Non so se dire di sì o di no**, I don't know whether to say yes or no; **Che tu rimanga o vada, non fa differenza**, it doesn't matter whether you stay or go; **Puoi rimanere o venire con noi, come preferisci**, you can either stay or come with us, as you choose ***2*** (*correl.*: **o... o**) either... or...: **o questo o niente**, either this one or nothing; **Devi o dire la verità o tacere**, you must either tell the truth or say nothing; **O ti scrivo o ti telefono**, I'll either write to you or phone you; **o l'uno o l'altro** (*non importa quale*), either: **Andrà bene o l'uno o l'altro**, either will do; **Puoi prendere o l'una o l'altra strada**, you may go by either road ***3*** (*altrimenti*) or; or else; otherwise: **Paga o ti faccio causa**, pay or I'll sue; **Sbrigati o farai tardi**, hurry up or else you'll be late ***4*** (*ossia, ovvero*) or: **la filosofia, o amore di sapienza**, philosophy, or love of wisdom.

o (3), *inter.* ***1*** (*vocat.*) O: **O Signore!**, O Lord! ***2*** (*region.*) – **O che fai?**, what are you doing?; **O che credevi?**, what did you think?

òaşi, *f.* ***1*** oasis* ***2*** (*fig.*) oasis*; haven: **un'o. di silenzio**, an oasis of silence; **un'o. di pace**, a haven of peace.

obbedire, e *deriv. V.* **ubbidire**, e *deriv.*

obbiettàre, e *deriv. V.* **obiettare**, e *deriv.*

obbligànte, A *a.* ***1*** (*che vincola*) binding ***2*** (*cortese*) obliging. **B** *m.* (*leg.*) obliger; obligator.

obbligàre, A *v. t.* ***1*** (*imporre un obbligo*) to oblige; to compel; to require: **Lo Stato obbliga a pagare le tasse**, the state obliges citizens to pay taxes; **La sua coscienza lo obbligò a confessare**, his conscience compelled him to confess ***2*** (*costringere*) to oblige; to force; to make*: **o. q. a fare q.c.**, to oblige (*o* to compel, to force) sb. to do st.; to make sb. do st.; **Nessuno ti obbliga a restare**, no one obliges you to stay; **Lo obbligarono a dire la verità**, they made him tell the truth; **Mi obbligarono a firmare il documento**, they forced me to sign the paper; **La malattia lo obbligava a letto**, his illness confined him to his bed ***3*** (*leg.*) to bind*: **o. q. con giuramento**, to bind sb. by oath; **o. q. per contratto a fare q.c.**, to bind sb. (by an agreement) to do st. ***4*** (*rendere debitore*) to oblige: **Voi mi obbligate**, I am obliged to you. **B obbligàrsi,** *v. rifl.* ***1*** (*prendere impegno*) to undertake*: **o. a fare q.c.**, to bind oneself (*o* to engage) to do st.; **Mi obbligai a restituire il denaro entro un anno**, I undertook to pay back the money within a year ***2*** (*leg.*) to bind* oneself: **o. in solido**, to bind oneself jointly and severally ***3*** (*farsi mallevadore*) to stand* surety ***4*** (*rendersi debitore*) to place oneself under an obligation (to sb.).

obbligatàrio, *m.* (*leg.*) obligee.

obbligàto, A *a.* ***1*** (*costretto*) obliged; under obligation; compelled; constrained; forced: **Sono o. a farlo**, I'm obliged to do so; I must do so; **Non sono o. ad accettare**, I am under no obligation to accept; I am not obliged to accept; **essere o. per legge a fare q.c.**, to have a legal obligation to do st. ***2*** (*vincolato*) under obligation; bound ***3*** (*relegato*) confined: **essere o. a rimanere a letto**, to be confined to bed ***4*** (*legato da gratitudine*) obliged; indebted; beholden (*lett.*): **Vi sono molto o.**, I am much obliged to you ***5*** (*imposto*) unavoidable; forced; obligatory: **scelta obbligata**, unavoidable choice ***6*** (*fissato*) set; fixed: **percorso o.**, fixed course; **rime obbligate**, set rhymes; **schema o.**, set pattern ***7*** (*mus.*) obbligato: **con violino o.**, with violin obbligato. **B** *m.* (*f.* **-a**) (*leg.*) obligor; obligator.

obbligatorietà, *f.* ***1*** compulsoriness; obligatoriness ***2*** (*obbligo*) compulsion; obligation.

obbligatòrio, *a.* ***1*** compulsory; obligatory: **materie obbligatorie**, compulsory subjects; **servizio militare o.**, compulsory military service; **istruzione obbligatoria**, compulsory education; **L'uso delle cinture di sicurezza è o.**, wearing seat belts is compulsory; **La frequenza è obbligatoria**, attendance is compulsory (*o* obligatory); **Non è o. acquistare**, you do (*o* one does) not have to buy; you are under no obligation to buy (*form.*); **fermata obbligatoria**, regular stop ***2*** (*leg.*) binding; mandatory: **contratto o.**, binding agreement.

obbligazionàrio, *a.* (*fin.*) debenture (*attr.*); bond (*attr.*).

obbligazióne, *f.* ***1*** (*anche leg.*) obligation: **contrarre un'o.**, to contract an obligation; **soddisfare un'o.**, to meet (*o* to fulfil) an obligation ***2*** (*fin.*) bond; debenture bond; debenture: **o. al portatore**, bond to bearer; bearer bond; **obbligazioni dello Stato**, Government (*o* Treasury) bonds; **obbligazioni negoziabili**, negotiable bonds; **o. nominativa**, registered debenture; **obbligazioni redimibili a scadenze fisse**, debentures redeemable at fixed dates; **obbligazioni garantite da ipoteca**, mortgage debentures; **obbligazioni ferroviarie**, railway debentures; **denaro investito in obbligazioni**, bond-money.

obbligazionista, *m.* e *f.* (*fin.*) bondholder; debenture holder.

òbbligo, *m.* ***1*** obligation; (*dovere*) duty: **o. morale**, moral obligation; **o. reciproco**, mutual obligation; **gli obblighi del proprio stato**, the obligations of one's position; **obblighi di padre**, fatherly duties; **È o. del padre provvedere all'educazione dei figli**, it is a father's duty to provide his children with an education; **adempiere un o.**, to fulfil (*o* to meet) an obligation (*o* a duty); **non avere obblighi con nessuno**, to be under no obligation to anybody; **sciogliere q. da un o.**, to release sb. from an obligation; **È mio o. (*o* sono in o. di) avvertirvi che...**, it is my duty to warn you that...; I must inform you that...; **venire meno ai propri obblighi**, to neglect one's duties; (*specialm. leg.*) to default; **senza o. di acquisto**, with no obligation to buy ***2*** (*condizione*) condition: **Te lo do con l'o. di restituirlo**, I'll let you have it on condition that (*o* provided that) you return it. ● **o. di fornire le prove**, burden of proof □ **o. di leva** (*o* **militare**), military (*o* national) service □ **o. di soggiorno**, compulsory residence □ **o. scolastico**, compulsory education □ **d'o.**, obligatory; de rigueur (*franc.*): **una festa d'o.**, a day of obligation; **È d'o. l'abito da sera**, evening dress is de rigueur □ **fare o. a q. di fare q.c.**, to make it compulsory for sb. to do st.; to request sb. to do st.: **Si fa o. ai partecipanti di osservare le regole**, participants are requested to observe the rules □ **farsi un o. di fare q.c.**, to feel it is one's duty to do st. □ **frasi d'o.**, set phrases □ **essere [sentirsi] in o. verso q.**, to be [to feel] obliged (*o* indebted, under an obligation) to sb. □ **scuola dell'o.**, compulsory education.

obbròbrio, *m.* ***1*** opprobrium; infamy; dishonour; disgrace; ignomy: **essere l'o. della famiglia**, to be a disgrace to one's family ***2*** (*fig.*: *cosa orribile*) horror, dreadful (*o* ghastly, awful) thing; (*cosa che indigna*) disgrace; (*di spettacolo*) ghastly sight; (*di edificio e sim.*) eyesore, monstrosity: **La nuova autostrada è un o.**, the new motorway is a disgrace; **Quel libro è un o.**, that book is awful.

obbrobriosità, *f.* opprobriousness; disgracefulness; ignominiousness.

obbrobrióso, *a.* ***1*** opprobrious; infamous; dishonourable; disgraceful; ignominious: **contegno o.**, disgraceful behaviour ***2*** (*fam.*: *orribile*) dreadful; ghastly; awful; **uno spettacolo o.**, a dreadful scene; **un edificio o.**, a ghastly building; an eyesore (*fam.*).

obcordàto, *a.* (*bot.*) obcordate.

obduzióne, *f.* (*med.*) obduction; postmortem examination.

obelìsco, *m.* (*archit.*) obelisk.

oberàre, *v. t.* to overburden; to overload: **o. q. di lavoro**, to overburden sb. with work.

oberàto, *a.* overburdened; overloaded; overwhelmed; up to one's ears (*o* eyes) (in st.) (*fam.*): **o. di lavoro**, overburdened (*o* overloaded) with work; snowed under (*fam.*); **o. di debiti**, deep in debt; up to one's ears in debt (*fam.*); **o. di richieste**, beset (*o* pressed) by requests; (*leg.*) **o. da ipoteca**, mortgaged.

obeşità, *f.* obesity.

obèşo, A *a.* obese. **B** *m.* (*f.* **-a**) obese person.

òbice, *m.* (*mil.*) howitzer.

obiettàre, *v. t.* e *i.* to object: **Obiettai che i fondi non erano sufficienti**, I objected there wasn't enough money; **Devo o. su una cosa**, I must object to one thing; **Che cos'hai da o.?**, what have you got against it?

obiettivaménte, *avv.* (*imparzialmente*) impartially; with fairness; in an objective (*o* impartial, unbiassed) manner; from an objective point of view.

obiettivàre, A *v. t.* ***1*** to objectify; to objectivate ***2*** (*med.*) to reveal. **B obiettivàrsi,** *v. i. pron.* to be objective; to consider st. objectively.

obiettività, *f.* (*imparzialità*) impartiality; fairness: **giudicare con o.**, to be an impartial (*o* unbiassed) judge.

obiettivo, A *a.* (*imparziale*) impartial; unbias(s)ed; unprejudiced; fair: **giudice o.**, impartial judge; **dare un giudizio o.**, to give an unbiassed opinion; **Voglio essere o.**, I want to be fair. **B** *m.* ***1*** (*ottica*) objective; object glass ***2*** (*fotogr.*) lens; objective: **o. a fuoco fisso**, fixed-focus lens; **o. con lente speculare**, mirror lens; **o. da proiezione**, projection lens; **o. grandangolare**, wide-angle lens; **o. di grande [piccola] lunghezza focale**, long--focus [short-focus] lens ***3*** (*mil.*) objective (point) ***4*** (*fig.*: *fine, scopo*) aim; goal; objective; target. ● (*nel microscopio*) **o. doppio**, doublet.

obiettóre, *m.* (*f.* **-trice**) objector: **o. di coscienza**, conscientious objector.

obiezióne, *f.* objection: **un'o. futile**, a futile objection; **fare** (*o* **muovere**) **un'o.**, to raise (*o* to make) an objection; **rispondere a un'o.**, to meet an objection; **La proposta non incontrò obiezioni**, the proposal met with no objections; **Hai qualche o. da fare se vado?**, do you object to my going?; **Obiezioni?**, any objection?; (*leg.*) **accogliere [respingere] un'o.**, to sustain [to deny] an objection; **o. di coscienza**, conscientious objection.

obitòrio, *m.* mortuary; morgue.

obituàrio, *m.* (*stor.*) register of deaths.

obiurgàre, *v. t.* (*lett.*) to objurgate; to reprimand.

obiurgazióne, *f.* (*lett.*) objurgation; reprimand.

oblàre, *v. t.* (*leg.*) to settle (a penalty) by payment of a fine.

oblàta, *f.* (*eccles.*) oblate; lay sister

oblatività, *f.* (*psic.*) altruism; disinterestedness.

oblativo, *a.* (*psic.*) altruistic; disinterested.

oblàto, *m.* (*eccles.*) oblate; lay brother.

oblatóre, *m.* (*f.* **-trice**) (*donatore*) donor; giver.

oblatòrio, *a.* (*eccles.*) oblatory; oblational.

oblazióne, *f.* ***1*** (*offerta*) donation; offering ***2*** (*eccles.*) oblation; offertory ***3*** (*leg.*) cash settlement (of a fine).

obliàbile, *a.* (*lett.*) forgettable.

obliàre, A *v. t.* (*lett.*) to forget*. **B obliàrsi,** *v. rifl.* to forget* oneself: **o. in q.c.**, to be engrossed in st.

oblìo, *m.* (*lett.*) oblivion; forgetfulness: **cadere nell'o.**, to fall (*o* to sink) into oblivion; **sottrarre all'o.**, to rescue from oblivion; **sepolto nell'o.**, buried (*o* sunk) in oblivion; past recollection; **morire nell'o.**, to die forgotten by all; **il fiume dell'o.**, the waters of forgetfulness.

obliόso, *a.* (*lett.*) oblivious; forgetful.

obliquaménte, *avv.* ***1*** obliquely; sideways; slantwise; at an angle; aslant; (*di traverso*) askance, askew: **muoversi o.**, to move sideways; **tagliare o.**, to cut slantwise; **guardare q. o.**, to look askance at sb. ***2*** (*fig.*: *indirettamente*) in a roundabout way ***3*** (*subdolamente*) deviously; in an underhand manner.

obliquàngolo, *m.* (*mat.*) oblique angle.

obliquàre, *v. i.* to oblique; to advance obliquely.

obliquità, *f.* ***1*** obliquity; obliqueness: (*astron.*) **o. dell'eclittica**, obliquity of the ecliptic ***2*** (*fig.*) deviousness; obliqueness.

oblìquo, *a.* ***1*** oblique (*anche geom.*); bent; slanting; slantwise; sidelong; at an angle (*pred.*); skew: **retta obliqua**, oblique line; **in direzione obliqua**, in a slanting direction; obliquely; sideways; slantwise; **sguardo o.**, sidelong glance ***2*** (*fig.*: *indiretto*) indirect; circuitous; roundabout: **Me lo disse in modo o.**, he told me in a roundabout way ***3*** (*fig.*: *subdolo*) devious; underhand: **andare per vie oblique**, to act in an underhand manner; **metodi obliqui**, devious methods ***4*** (*gramm.*) oblique: **caso o.**, oblique case ***5*** (*anat.*) oblique; obliquus: **muscolo o.**, oblique (muscle).

obliteràre, *v. t.* ***1*** to obliterate; to efface; to stamp out: **o. ogni ricordo**, to efface all memories ***2*** (*annullare*: *con timbro*) to stamp; (*francobolli*) to cancel, to obliterate; (*con foro*) to punch ***3*** (*med.*) to obliterate; to occlude.

obliteratóre, *a.* stamping; punching: **macchina obliteratrice**, stamping machine; punching machine; (*di francobolli*) obliterator.

obliterazióne, *f.* ***1*** obliteration; effacement ***2*** (*di biglietto*: *con timbro*) stamping; (*con foro*) punching ***3*** (*di francobolli*) cancelling; cancellation ***4*** (*med.*) obliteration; occlusion.

oblò, *m.* (*naut.*) porthole.

oblomovișmo, *m.* Oblomovism.

oblùngo, *a.* ***1*** oblong ***2*** (*bot., zool.*) elongate.

obnubilaménto, *m.* ***1*** clouding; obfuscation ***2*** (*psic.*) torpor.

obnubilàre, *v. t.* (*lett.*) to cloud; to obscure; to obfuscate; to obnubilate (*lett.*).

obnubilàto, *a.* clouded; obscured; obfuscated; obnubilated (*lett.*).

obnubilazióne, *V.* **obnubilamento**.

òboe, *m.* (*mus.*) oboe; (*stor.*) hautboy.

oboista, *m. e f.* (*mus.*) oboist.

òbolo, *m.* ***1*** offering; (*piccolo*) mite: **dare l'o.**, to make one's offering ***2*** (*archeol.*) obolus*; obol. ● **l'o. di S. Pietro**, Peter's pence (*pl.*).

obsolescènte, *a.* obsolescent.

obsolescènza, *f.* (*anche econ.*) obsolescence.

obsolèto, *a.* ***1*** (*lett.*) obsolete; outdated: **parole obsolete**, obsolete words; **uso o.**, obsolete (*o* outdated) custom ***2*** (*econ.*) obsolete; out--of-date.

oc, *avv.* – **lingua d'oc**, langue d'oc.

òca, *f.* ***1*** goose*: **oca giovane**, gosling; **oca maschio**, gander; **oca selvatica** (*Anser anser*), wild (*o* graylag) goose; **oca canadese** (*Branta canadensis*), grey goose; **oca delle nevi** (*Chen hyperboreus*), snow-goose; **oca colombaccio** (*Branta bernicla*), brent (goose); brant (*USA*); **oca faccia bianca** (*Branta leucopsis*), barnacle goose ***2*** (*fig.*) goose*; fool: **Quella ragazza è un'oca**, that girl is a silly goose; **Non fare l'oca**, don't be a goose; don't be silly. ● (*stor. romana*) **le oche capitoline**, the Capitoline geese □ (*fig.*) **oca giuliva**, silly goose □ **a becco d'oca**, S--shaped □ **in fila come le oche**, in single (*o* Indian) file □ (*mecc.*) **collo d'oca**, gooseneck; crankshaft □ **fegato d'oca**, goose liver □ **gioco dell'oca**, snakes and ladders □ (*mil.*) **passo dell'oca**, goose step □ **pelle d'oca**, goose flesh (*V. anche sotto* **pelle**) □ **penna d'oca**, goose--quill □ (*bot.*) **piè d'oca** (*Chenopodium urbidum*), goosefoot □ **piumino d'oca**, down □ (*scherz.*) **Ecco fatto il becco all'oca**, there, that's done!; here you are! □ (*fam.*) **Porca l'oca!**, damn it!; blast!

ocàggine, *f.* stupidity; foolishness; silliness.

ocarina, *f.* (*mus.*) ocarina; sweet potato (*fam. USA*).

ocarinista, *m. e f.* ocarina player.

occamișmo, *m.* (*filos.*) Ockhamism; Occamism.

occamista, *m.* (*filos.*) Ockhamist; Occamist.

occamìstico, *a.* (*filos.*) Ockhamistic; Occamistic.

occașionàle, *a.* ***1*** (*che è l'occasione*) immediate: **causa o.**, immediate cause ***2*** (*fortuito*) fortuitous; incidental; chance (*attr.*): **incontro o.**, chance meeting ***3*** (*saltuario*) odd; occasional; casual: **lavori occasionali**, odd jobs; **cliente o.**, occasional customer; **visite occasionali**, occasional visits.

occașionalìșmo, *m.* (*filos.*) occasionalism.

occașionalménte, *avv.* ***1*** (*casualmente*) fortuitously; by chance ***2*** (*saltuariamente*) occasionally; now and then.

occașionàre, *v. t.* to cause; to occasion; to bring* about; to give* rise to.

occașióne, *f.* ***1*** opportunity; chance; occasion: **una buona o.**, a good opportunity; **approfittare dell'o.**, to take advantage of the opportunity; **cogliere l'o.**, to seize the opportunity; **lasciarsi sfuggire un'o.**, to miss an opportunity; **quando si presenta l'o.**, when the opportunity arises; **aspettare l'o. giusta**, to wait for the right moment ***2*** (*circostanza*) occasion; circumstance: **in o. del nostro primo incontro**, on the occasion of our first meeting; **in diverse occasioni**, on several occasions; **a seconda delle occasioni**, depending on the circumstances ***3*** (*buon affare*) bargain: **il banco delle occasioni**, the bargain counter; **Compralo, è un'o.!**, buy it, it's a real bargain! ***4*** (*causa, motivo*) occasion; cause: **dare o. a lagnanze**, to give cause for complaint. ● (*calcio*) **o. da goal**, chance to score a goal □ **all'o.** (*se necessario*), should the need arise; when necessary □ **d'o.**, (*a prezzo vantaggioso*) bargain (*attr.*); (*usato*) second-hand (*attr.*): **auto d'o.**, second-hand car; **prezzo d'o.**, bargain price; **vestiti d'o.**, second-hand clothes; **comprare q.c. d'o.**, (*in saldo*) to buy st. at a bargain price (*o* in a sale); (*di seconda mano*) to buy st. second--hand □ **frasi d'o.**, stock phrases □ **poesie d'o.**, occasional poems □ (*prov.*) **L'o. fa l'uomo ladro**, opportunity makes the thief.

occàșo, *m.* (*lett.*) ***1*** (*occidente*) west ***2*** (*tramonto*) setting; (*del sole*) sunset.

occhiàccio, *m.* – **fare gli occhiacci a q.**, to frown at sb.; to glare at sb.; to look daggers at sb.

occhiàia, *f.* ***1*** (*orbita dell'occhio*) eye socket; orbit ***2*** (*pl.*) (*lividi sotto gli occhi*) shadows under (*o* round) the eyes; rings under the eyes.

occhialàio, *m.* (*f.* **-a**) optician.

occhiàle, *V.* **occhiali**.

occhialeria, *f.* ***1*** (*negozio*) optician's (shop) ***2*** (*assortimento di occhiali*) glasses (*pl.*); spectacles (*pl.*).

occhialétto, *m.* lorgnette.

occhiàli, *m. pl.* glasses; spectacles; specs (*fam.*); (*protettivi*) goggles: **Non ci vedo senza o.**, I can't see without glasses; **usare [portare] gli o.**, to use [to wear] glasses; **mettersi** (*o* **inforcare**) **gli o.**, to put on one's glasses; **togliersi gli o.**, to take off one's glasses; **un paio d'o.**, a pair of glasses; **o. a stringinaso**, pince-nez (*franc.*); **o. bifocali**, bifocal glasses; bifocals; **o. da miope**, glasses for short-sightedness; **o. da motociclista**, goggles; **o. da neve**, snow goggles; **o. da presbite**, glasses for long-sightedness; **o. da vista**, reading glasses; **o. da sole**, sunglasses; shades (*fam. USA*).

occhialino, *m.* lorgnette.

occhialóne, *m.* ***1*** (*zool.*, *Pagellus centrodontus*) sea bream ***2*** (*pl.*) (*occhiali protettivi*) goggles.

occhialùto, *a.* (*scherz.*) bespectacled; wearing glasses.

occhiàta (1), *f.* look; (*rapida*) glance, glimpse, peep: **dare un'o. a q.c.**, to have a look at st.; to take a glance at st.; **Diede un'o. intorno**, he looked around; **Fammi dare un'o. al giornale**, let me have a look at the paper; **lanciare un'o. a q.**, to cast a glance at sb.; to glance at sb.; **scambiarsi un'o.**, to exchange glances; **Con un'o. capì la situazione**, he took in the situation in one glance; **Gli basta un'o. per identificare un quadro**, he can identify a painting at a single glance; **Mi fulminò con un'o.**, he gave me a withering look; **o. d'intesa**, meaningful (*o* knowing) look; **o. fredda**, cold look; **o. scrutatrice**, searching look.

occhiàta (2), *f.* (*zool.*, *Oblada melanura*) saddled bream.

occhiàto, *a.* ocellated; with eye-like spots.

occhiazzùrro, occhicerùleo, *a.* (*lett.*) blue--eyed.

occhieggiàre, A *v. t.* to eye; (*amorosamente, anche*) to eye up, to make* eyes at, to ogle: **o. le vetrine**, to eye the shop windows; **Passavano il tempo a o. le ragazze**, they spent their time eyeing (*o* making eyes at) the girls. **B** *v. i.* (*far capolino*) to peep; to show. **C occhieggiàrsi,** *v. rifl. recipr.* to eye each other.

occhiellàia, *f.* (*artigiana*) buttonholer.

occhiellatrìce, *f.* ***1*** (*asolatrice*) buttonhole machine ***2*** (*ind.*) eyelet punch.

occhiellatùra, *f.* ***1*** (*il fare occhielli*) buttonholing ***2*** (*fila di occhielli*) line of buttonholes.

occhièllo, *m.* ***1*** (*asola*) buttonhole; (*per laccio o corda*) eyelet: **fare occhielli**, to sew buttonholes; to buttonhole ***2*** (*mecc.*, *naut*) eyelet; eye: **o. metallico**, metal eyelet; grommet ***3*** (*di giornale*) subheading, subhead; (*di libro*) half-title, bastard title. ● (*scherz.*) **fare un o. nel ventre a q.**, to run sb. through.

occhiétto, *m.* – **fare l'o. a q.**, to wink at sb.

occhìno, *m.* (*med.*) eyeglass; eyecup (*USA*).

òcchio, *m.* ***1*** eye: **occhi incavati** (*o* **infossati**), sunken eyes; **occhi sporgenti**, protruding (*o* bulging) eyes; **occhi a mandorla**, almond-shaped (*o* slanting) eyes; **o. storto**, squint; cast in one eye; walleye; **avere gli occhi storti**, to be cross-eyed; to have a squint; **o. artificiale** [**di vetro**], artificial [glass] eye; **a occhi aperti**, with one's eyes open; (*fig.*) with open eyes; **Non riuscivo a tenere gli occhi aperti**, I couldn't keep my eyes open; **a occhi chiusi**, with closed eyes; with one's eyes closed; (*fig.*: *alla cieca*) with one's eyes shut, blindfold, (*ciecamente*) blindly: **potrei farlo a occhi chiusi**, I could do it blindfold; **fidarsi di q. a occhi chiusi**, to trust sb. blindly; **il bianco dell'o.**, the white of the eye; **cieco da un o.**, blind in one eye; **dagli occhi neri** [**azzurri, ecc.**], black-eyed [blue-eyed, etc.]; **con le lacrime agli occhi**, with tears in one's eyes; **abbassare gli occhi**, to lower one's eyes; to look down; **affaticarsi** (*o* **consumarsi, logorarsi**) **gli occhi**, to strain one's eyes; **distogliere gli occhi**, to avert one's eyes; to look away; **sollevare gli occhi**, to raise one's eyes; to look up; **spalancare gli occhi**, to open one's eyes wide; to stare; **guardare q. dritto negli occhi**, to look at sb. straight in the eye; **guardarsi negli occhi**, to look into each other's eyes; **Voglio vederlo coi miei occhi**, I want to see it with my own eyes ***2*** (*sguardo*) eye; look; glance; stare: **con o. esperto**, with a practised eye; **con o. assente**, with a glassy stare; absently; blankly; **Mi cadde l'o. su un titolo**, my eye fell on a headline; **Lo cercai con gli occhi**, I looked round for him; **gettare l'o. su q.c.**, to cast an eye (*o* to run one's eye) over st.; **sotto gli occhi di q.**, under (*o* before) sb.'s eyes; **o. fisso**, staring eye; stare; **avere l'o. vitreo**, to have a glassy stare ***3*** (*tecn.*) eye; hole: (*mecc.*) **o. della molla**, spring eye; **o. del martello**, eye of the hammer ***4*** (*tipogr.*) typeface; face ***5*** (*zool.*: *segno a forma d'o.*) eye; ocellus* ***6*** (*bot.*) eye; eyespot; bud: **fagioli con l'o.**, black-eyed beans. ● **O.!**, watch out!; careful! □ **O. al portafoglio!**, watch your wallet! □ (*fam. fig.*) **O. alla penna!**, watch out!; keep a sharp lookout! □ **o. clinico**, experienced (*o* discerning) eye □ (*zool.*) **o. composto**, compound eye □ (*anche fig.*) **l'o. del ciclone**, the eye of the storm □ **gli occhi del brodo**, the rings of fat on the broth □ **gli occhi del formaggio**, the holes in gruyère cheese □ **gli occhi della mente**, the mind's eye (*sing.*) □ **o. di bue**, (*archit.*, *fotogr.*, *naut.*) bull's eye; (*bot.*, *Buphtalmum salicifolium*) oxeye (daisy) □ (*naut.*) **o. di coperta**, deck light □ (*naut.*) **o. di cubia**, hawsehole □ (*miner.*) **o. di gatto**, cat's eye □ (*fig.*) **occhi di lince**, eagle eye (*sing.*): **avere occhi di lince**, to have an eagle eye □ (*med.*) **o. di pernice** (*o* **o. pollino**), corn (between two toes) □ (*fotogr.*) **o. di pesce**, fisheye (lens) □ (*fig.*) **occhi di pesce lesso**, cod-fish eyes □ (*miner.*) **o. di tigre**, tiger's eye □ (*radio*) **o. magico**, magic eye □ **o. nero**, black eye; shiner (*pop.*): **fare un o. nero a q.**, to give sb. a black eye □ **a o.**, roughly: **A o., direi che è lungo due metri**, I'd say it's roughly two metres long; **misurare a o.**, to measure roughly □ **a o. e croce**, roughly; approximately; at a (rough) guess □ **a o. nudo**, with (*o* to) the naked eye: **vedere q.c. a o. nudo**, to see st. with the naked eye; **visibile a o. nudo**, visible to the naked eye □ **a perdita d'o.**, as far as the eye can see □ **a vista d'o.**, (*visibile*) within sight; (*velocemente*) visibly, under one's very eyes: **Cresce a vista d'o.**, it's growing under my very eyes □ **a quattr'occhi**, in private; privately: **conversazione a quattr'occhi**, private conversation; tête-à-tête □ **agli occhi del mondo** [**della legge**], in the eyes of the world [of the law] □ **agli occhi miei**, in (*o* to) my eyes; in my opinion □ (*delle uova*) **all'o. di bue**, fried on one side; sunny side up (*USA*) □ **aprire gli occhi su q.c.**, to open one's eyes to st.; to awake to st.; to get wise (*o* to wise up) to st. (*fam.*) □ **aprire gli occhi a q. su q.c.**, to open sb.'s eyes to st.; to bring st. home to sb.; to wise sb. up to st. (*fam.*) □ **aprire gli occhi alla luce**, to see the light; to be born □ (*fig.*) **avere la benda agli occhi**, to be blind to what's going on □ (*fig.*) **avere gli occhi**, to be able to see: **Dove hai gli occhi?**, are you blind?; can't you see? □ (*fig.*) **avere gli occhi dappertutto**, to have eyes in the back of one's head □ (*fig.*) **avere gli occhi foderati di prosciutto**, to be blind to facts (*o* to evidence, to reality) □ **Hai gli occhi più grandi dello stomaco**, your eyes are too big for your stomach □ **avere gli occhi pesanti**, to be sleepy (*o* drowsy) □ **avere o. per q.c.**, to have an eye for st. □ **avere occhi solo per q.**, to have eyes only for sb. □ **cavare gli occhi a q.**, to pull out (*o* to gouge) sb.'s eyes; (*fig.*) to scratch sb.'s eyes out □ (*fam.*) **cavo dell'o.**, eyesocket □ (*eufem.*) **chiudere gli occhi** (*morire*), to die □ (*fig.*) **chiudere un o.**, (*fare un'eccezione*) to stretch a point; (*far finta di non vedere*) to turn a blind eye □ **non chiudere o.**, not to sleep a wink □ **Mi si chiudono gli occhi**, I can't keep my eyes open □ **guardare q. con la coda dell'o.**, to look at sb. out of the corner of one's eye □ (*fig.*) **colpire gli occhi**, to strike; to catch sb.'s eye □ **colpo d'o.**, (*vista*) sight, vista; (*occhiata*) glance: **a colpo d'o.**, at a glance; at first sight □ (*fig.*) **con gli occhi fuori dalla testa**, with one's eyes popping (out of one's head); pop-eyed □ **costare un o.** (**della testa**), to cost a fortune (*fam.*: a packet, a bomb, a mint) □ **dare nell'o.**, to attract attention; to be striking; to be showy □ **non dare troppo nell'o.**, to pass unobserved; to keep a low profile □ **Darei un o. per conoscerlo**, I'd give my right arm (*o* my eyeteeth) to meet him □ (*fig.*) **dormire a occhi aperti**, to sleep with one eye open □ **fare l'o. a q.c.**, to get used to (the sight of) st. □ **fare l'o. di triglia** (*o* **gli occhi dolci**) **a q.**, to make sheep's eyes at sb.; to give sb. the glad eye □ **A quella vista fece tanto d'occhi**, his eyes popped (*o* he stood there gaping) at that sight □ **Ne ho fino** (*o* **fin sopra**) **agli occhi**, I'm fed up to the back teeth with it □ **avere debiti fin sopra gli occhi**, to be up to one's eyes in debt □ (*fig.*) **gettare fumo** (*o* **polvere**) **negli occhi a q.**, to pull the wool over sb.'s eyes □ (*anat.*) **fondo dell'o.**, eye ground □ (*naut.*) **impiombatura a o.**, eye-splice □ **in un batter d'o.**, in the twinkling of an eye; in a split second; in a flash □ **lontano dagli o. di q.**, away from the gaze of sb. □ **mangiarsi q.** [**q.c.**] **con gli occhi**, to devour sb. [st.] with one's eyes □ **avere messo gli occhi su** (*o* **addosso a**) **q.** [**q.c.**], to have set one's eyes on sb. [st.]; to have one's sights set on sb. [st.] □ **Non l'ha fatto per i tuoi begli occhi**, he didn't do it for love (*o* for nothing) □ **perdere d'o.**, to lose sight of □ **perdere il lume degli occhi**, to fly into a rage □ **Mi piangono** (*o* **lacrimano**) **gli occhi**, my eyes are watering □ (*scherz.*) **quattr'occhi**, four-eyes □ (*fig.*) **rifarsi gli occhi**, to feast one's eyes (on) □ **sgranare gli occhi**, to open one's eyes wide; to stare; to goggle □ (*fig.*) **saltare agli occhi**, (*attirare l'attenzione*) to catch (*o* to strike) the eye; (*essere evidente*) to be glaring, to leap to the eye, to jump out (*o* leap) at sb.; to stare sb. in the face: **La differenza salta agli occhi**, the difference leaps to the eye □ **saltare agli occhi di q.** (*aggredire*), to jump at sb.; (*verbalmente*) to jump down sb.'s throat (*fam.*) □ **sbattere gli occhi**, to blink □ **sognare a occhi aperti**, to daydream □ **strizzare gli occhi**, to screw up one's eyes; to squint □ **strizzare l'o. a q.**, to wink at sb.; □ **Me lo tieni d'o.?**, could you keep an eye on it for me? □ **Ti sto tenendo d'o. da un po'**, I've had my eye on you for some time □ (*fig.*) **tenere gli occhi aperti**, to keep one's eyes open; to keep a sharp lookout (*o* one's weather eye open); to keep one's eyes peeled (*o* skinned) (*fam.*) □ **essere tutt'occhi**, to be all eyes □ **Le carote mi escono dagli occhi**, I'm thoroughly fed up with carrots; I don't want to see another carrot for a long time □ **vedere di buon** [**mal**] **o.**, to look favourably [with disfavour] upon □ **vedere q.** [**q.c.**] **come il fumo negli occhi**, to hate the sight of sb. [st.] □ (*prov.*) **O. non vede, cuore non duole**, what the eye sees not, the heart rues not □ (*prov.*) **L'o. del padrone ingrassa il cavallo**, the master's eye maketh the horse fat □ (*prov.*) **L'o. vuole la sua parte**, you should also please the eye □ (*prov.*) **O. per o., dente per dente**, an eye for an eye, a tooth for a tooth □ (*prov.*) **Quattro occhi vedono meglio di due**, two heads work better than one.

occhiocòtto, *m.* (*zool.*, *Sylvia malanocephala*) Sardinian warbler.

occhiolino, *m.* – **fare l'o. a q.**, to wink at sb.

occhióne, *m.* (*zool.*, *Burhinus oedicnemus*) stone curlew; stone plover.

occhiùto, *a.* ***1*** (*lett.*: *dai molti occhi*) many-eyed ***2*** (*pieno di macchie simili ad occhi*) ocellated; oculate ***3*** (*fig.*: *astuto*) keen-eyed; sharp-eyed; eagle-eyed; shrewd.

occidentàle, **A** *a.* ***1*** (*a ovest, dell'ovest*) west (*attr.*); western; westerly; occidental (*lett.*): **costa o.**, west coast; **vento o.**, west (*o* westerly) wind; westerly; **i quartieri occidentali della città**, the western districts of the city; **l'emisfero o.**, the western hemisphere; **l'Europa o.**, Western Europe; **le Indie Occidentali**, the West Indies ***2*** (*dell'Occidente*) Western; Occidental: **paesi occidentali**, Western countries; **usanze occidentali**, Western customs; **vestire all'o.**, to dress in the Western fashion. **B** *m.* e *f.* Westerner; Occidental.

occidentalìsmo, *m.* Occidentalism.

occidentalìsta, *m.* e *f.* Occidentalist.

occidentalizzàre, **A** *v. t.* to westernize; to occidentalize. **B** **occidentalizzàrsi,** *v. rifl.* to westernize; to become* occidentalized.

occidentalizzazióne, *f.* westernization; occidentalization.

occidènte, *m.* west; occident (*lett.*): **Il vento soffiava da o.**, the wind was blowing from the west; **venti da o.**, westerly winds; **da oriente a o.**, from east to west; **posto a o.**, situated in the west; westerly (*agg.*); **esposto a o.**, looking (*o* facing) west; **L'Italia è a o. della Grecia**, Italy is to the west of Greece; **A o. c'erano montagne invalicabili**, to the west there were impassable mountains; **verso o.**, towards the west; westward (*agg.*); westward(s) (*avv.*); westerly (*agg.* e *avv.*); **l'O.**, the West; (*i paesi occidentali*) the Western countries. ● **l'Impero Romano d'O.**, the Western Roman Empire.

occìduo, *a.* (*lett.*) westering; setting.

occipitàle, *a.* (*anat.*) occipital: **osso o.**, occipital bone.

occìpite, *m.* (*anat.*) occiput*.

occitànico, *a.* Provençal: **la poesia occitanica**, old Provençal poetry.

occlùdere, *v. t.* to occlude; to obstruct; to stop up.

occlusióne, *f.* occlusion (*anche med.*, *fon.*);

obstruction; stoppage.

occluṣiva, *f.* (*fon.*) occlusive (consonant).

occluṣivo, *a.* (*specialm. fon.*) occlusive: **consonante occlusiva**, occlusive (consonant).

occlùṣo, *a.* occluded; obstructed.

occorrènte, **A** *a.* necessary; needful; required; requisite: **il denaro o. per l'impresa**, the money necessary (*o* required) for the enterprise; **le qualità occorrenti per occupare un posto**, the qualities required to fill a post. **B** *m.* what is necessary (*o* needed, required); everything necessary (*o* requisite): **l'o. per un lungo viaggio**, everything necessary (*o* requisite) for a long journey; **l'o. per scrivere** [**disegnare**], writing [drawing] materials (*pl.*); **l'o. per vivere**, the necessities of life.

occorrènza, *f.* ***1*** (*bisogno*) necessity, need; (*evenienza*) eventuality: **all'o.**, if need be; in case of need; when required ***2*** (*circostanza*) circumstance; event; occurence: **le occorrenze della vita**, the events of life ***3*** (*ling.*, *stat.*) occurence.

occórrere, *v. i.* ***1*** (*impers.*: *essere necessario*) must (*al pres.*) (*costr. pers.*); to need (*costr. pers.*); to be necessary: **Occorre farlo**, it must be done; it needs to be done; it has to be done; **Occorre far presto**, we must hurry; there is not a moment to lose; **Occorre che tu parta subito**, you must leave at once; it is necessary for you to leave at once; **Occorreva che tu fossi più prudente**, you should (*o* ought to) have been more careful; **Non occorre che tu venga**, you needn't come; there's no need for you to come; **Non occorreva**, there was no need for it; (*come formula di ringraziamento*) you shouldn't have ***2*** (*rif. a tempo*) to take* (*costr. impers.*): **Per arrivarci occorrono due ore**, it takes two hours to get there ***3*** (*pers.*: *essere necessario*) to be needed; to be necessary; to be required; to be wanted: **Occorrono più operai**, more workers are needed (*o* required); **Occorrono altri milioni**, further millions are needed (*o* necessary) ***4*** (*abbisognare*) to need; to require; to want: **Mi occorre molto denaro**, I need a lot of money; **Ti occorre altro?**, do you need (*o* want) anything else? ***5*** (*accadere*) to occur; to happen.

occultàbile, *a.* concealable; that may be hidden.

occultaménte, *avv.* secretly.

occultaménto, *m.* hiding; (*anche leg.*) concealment.

occultàre, **A** *v. t.* ***1*** (*nascondere*) to hide*, to conceal; (*mantenere segreto*) to keep* secret: **o. la refurtiva**, to hide the stolen goods; **o. un segreto**, to hide a secret; **o. un cadavere**, to conceal a corpse ***2*** (*astron.*) to occult. **B occultàrsi,** *v. rifl.* ***1*** to hide*; to conceal oneself ***2*** (*astron.*) to occult.

occultatóre, *m.* (*f.* **-trice**) hider; concealer.

occultazióne, *f.* ***1*** (*astron.*) occultation ***2*** *V.* **occultamento.**

occultiṣmo, *m.* occultism.

occultista, *m.* e *f.* occultist.

occultìstico, *a.* occultist (*attr.*).

occùlto, **A** *a.* (*nascosto*) hidden, concealed; (*segreto*) secret, occult: **pensiero o.**, secret thought; (*leg.*) **vizi occulti**, hidden defects; **le scienze occulte**, the occult sciences; (*econ.*) **riserve occulte**, secret reserves. ● **in o.**, secretly □ (*leg.*) **socio o.**, sleeping partner. **B** *m.* occult.

occupàbile, *a.* occupiable.

occupànte, **A** *a.* occupying. **B** *m.* e *f.* occupant; occupier.

occupàre, **A** *v. t.* ***1*** (*prendere possesso*) to occupy, to take* possession of; to take* over; (*abitare illegalmente*) to squat in: **o. il territorio del nemico**, to occupy the enemy's territory; **o. le fabbriche**, to occupy the factories; **o. un posto a sedere**, to occupy (*o* to take) a seat; **Hanno occupato una casa abbandonata**, they are squatting in an abandoned house ***2*** (*riempire uno spazio*) to occupy; to take* up; to fill: **Il tavolo occupa troppo posto**, the table takes up too much room; **Il camion occupava l'intera corsia**, the lorry occupied the whole lane; **Occupano tre stanze**, they occupy three rooms ***3*** (*posti, cariche*) to occupy; to hold*; to fill: **o. una posizione di rilievo**, to hold an important post; to occupy an important position; **o. la cattedra d'inglese**, to hold the chair of English; **Che posizione occupa nella ditta?**, what is his position in the firm?; **o. un posto vacante**, to fill a vacancy ***4*** (*impegnare, assorbire*) to occupy; to take* up; to fill: **Questo lavoro mi occupa troppo tempo**, this work takes up too much of my time; **Ho bisogno di occuparmi la mente**, I need to occupy my mind; **Un pensiero mi occupava la mente**, a thought filled my mind ***5*** (*impiegare, rif. al tempo*) to occupy; to fill; to spend*: **Come occupi il tempo libero?**, how do you occupy (*o* spend) your spare time?; **tanto per o. il tempo**, just to fill the time ***6*** (*dare lavoro a*) to employ: **La ditta occupa duecento persone**, the firm employs two hundred people ***7*** (*trovare lavoro a*) to find* (sb.) a job: **L'hanno occupato in banca**, they have found him a job in a bank ***8*** (*tenere occupato*) to keep* busy; to occupy. **B occupàrsi,** *v. i. pron.* ***1*** (*come attività di lavoro*) to be in, to deal* with, to be involved in, to attend to, to look after, to handle; (*essere a capo di*) to be in charge of, to be responsible for; (*giorn.*) to cover: **Lei di che cosa si occupa?**, what do you do?; what's your line? (*fam.*); **Mi occupo di farmacologia**, I'm a pharmacologist; I'm in pharmacology; **o. del lato vendite**, to look after the sales part of a business; to be in charge of sales; **Si occupa della cronaca cittadina**, he covers the local news ***2*** (*interessarsi*) to be interested in; to occupy oneself with; to busy oneself with; to engage in; to be involved in; to be active in: **o. di politica**, to be interested in politics; (*attivamente*) to be involved in politics; **Si occupa degli immigrati**, he works with immigrants; **Del fatto si occuparono tutti i giornali**, all the papers covered the fact ***3*** (*prendersi cura di*) to see* to, to take* care of, to care for; (*badare a*) to look after, to mind, to attend to: **Io mi occuperò del vino e dei dolci**, I'll see to the wine and sweets; **Tu occupati dei bambini**, you look after the children; **La moglie si occupa del negozio**, his wife minds the shop; **o. dei clienti**, to attend to the customers ***4*** (*impicciarsi*) to interfere with; to mind; to meddle in: **Occupati dei fatti tuoi!**, mind your own business!; **o. dei fatti altrui**, to meddle in (*o* to interfere with) other people's affairs ***5*** (*dedicarsi*) to devote oneself to ***6*** (*trovare lavoro*) to find* work (*o* a job): **Non s'è ancora occupato**, he hasn't found a job yet.

occupàto, *a.* ***1*** (*affaccendato, impegnato*) occupied; busy; taken up (with); engaged: **tenere occupati i bambini**, to keep the children occupied; **Era o. a scrivere lettere**, he was busy writing letters; **Era o. a parlare**, he was busy talking; he was engaged in conversation; **È tutto o. dai suoi problemi**, he's entirely taken up with his own problems; **È un uomo molto o.**, he's a very busy man; **Stasera non posso venire, sono o.**, I cannot come tonight, I have an engagement ***2*** (*in uso*) occupied, taken (*pred.*); (*telef.*) engaged (*GB*), busy (*USA*): **Il gabinetto era o.**, the toilet was occupied (*GB, anche*: engaged); **Tutti i posti erano occupati**, all the seats were occupied; **Questo posto è o.**, this seat is taken; **posto non o.**, free (*o* vacant) seat; **La linea è occupata**, the line is engaged (*USA*: busy); **Il numero è o.**, the number is engaged ***3*** (*sottoposto a occupazione*) occupied: **fabbrica occupata**, occupied factory.

occupatóre, **A** *m.* (*f.* **-trice**) ***1*** occupant; occupier: **i primi occupatori del Lazio**, the first occupants of Latium ***2*** (*abusivo*) squatter. **B** *a.* occupying.

occupazionàle, *a.* occupational; employment (*attr.*).

occupazióne, *f.* ***1*** (*atto d'occupare*) occupation: **l'o. delle fabbriche**, the occupation of factories; **esercito d'o.**, occupying army; **o. abusiva**, squatting ***2*** (*attività*) occupation, activity; (*impiego*) employment, business, job, work, trade: **Cerca un'o. adatta alle sue capacità**, he is looking for an occupation suited to his abilities; **una politica di piena o.**, a policy of full employment; **l'o. giovanile**, youth employment; **senza o.**, jobless; unemployed; out of work (*pred.*); **Qual è la sua o.?**, what is his job? ***3*** (*leg.*) occupancy.

oceanàuta, *m.* e *f.* oceanaut.

Oceània, *f.* (*geogr.*) Oceania.

oceanìano, *a.* e *m.* (*f.* **-a**) (*geogr.*) Oceanian.

oceànico, *a.* ***1*** (*dell'oceano*) oceanic; ocean (*attr.*): **uccello o.**, oceanic bird; **corrente oceanica**, ocean current; **un'isola oceanica**, an oceanic island ***2*** (*di nave*) ocean-going ***3*** (*fig.*) huge; vast; immense: **una folla oceanica**, an immense crowd. ● **scienze oceaniche**, oceanics (*pl. col verbo al sing.*).

Oceanìna, *f.* (*mitol.*) Oceanid*.

oceanìno, *a.* (*lett.*) of the ocean; ocean (*attr.*). ● (*mitol.*) **le ninfe oceanine**, the Oceanids.

ocèano, *m.* ***1*** (*geogr.*) ocean: **Il sole sorse dall'o.**, the sun rose from the ocean; **l'O. Atlantico**, the Atlantic Ocean ***2*** (*fig.*) ocean; sea; vast expanse: **un o. d'erba**, a sea of grass; **un o. di guai**, a sea of troubles; **un o. di spropositi**, lots of mistakes. ● (*fig.*) **una goccia nell'o.**, a drop in the ocean □ **vasto come l'o.**, ocean-wide.

oceanografìa, *f.* oceanography.

oceanogràfico, *a.* oceanographic(al).

oceanògrafo, *m.* (*f.* **-a**) oceanographer.

ocellàto, *a.* (*zool.*) ocellated.

ocèllo, *m.* (*zool.*) ocellus*.

ocelòt, *V.* **ozelot.**

ochétta, *f.* ***1*** young goose; gosling ***2*** (*del mare*) ripple: **Il mare faceva le ochette**, there were ripples on the water.

oclocràtico, *a.* (*polit.*) ochlocratic(al).

oclocrazìa, *f.* (*polit.*) ochlocracy; mob-rule.

òcra, *f.*, *m.* e *a.* ochre, ocher (*USA*): **giallo o.**, ochre yellow; **color o.**, ochre.

ocràceo, *a.* ochreous; ochraceous.

òctopus, *m. invar.* (*zool.*) octopus.

ocular̀e, **A** *a.* ocular; eye (*attr.*); ophthalmic: **bulbo o.**, eyeball; **nervo o.**, ophthalmic nerve; **ispezione o.**, ocular inspection; **prova o.**, ocular proof; **testimone o.**, eye witness. **B** *m.* (*fis.*) eyepiece; ocular: **o. fisso**, fixed eyepiece.

oculataménte, *avv.* (*avvedutamente*) shrewdly; (*cautamente*) cautiously, prudently; (*con circospezione*) with circumspection, warily.

oculatézza, *f.* (*avvedutezza*) shrewdness; (*cautela*) caution, prudence; (*circospezione*) circumspection, wariness.

oculàto, *a.* (*avveduto*) shrewd, sharp-witted, keen-witted; (*cauto*) cautious, prudent; (*circospetto*) circumspect, wary.

oculista, *m.* e *f.* (*med.*) ophthalmologist.

oculìstica, *f.* (*med.*) ophthalmology.

oculìstico, *a.* (*med.*) ophthalmologic(al); (*di oculista*) ophthalmologist's: **fare un esame o.**, to have one's eyes examined; **gabinetto o.**, ophthalmologist's surgery.

oculomotóre, *a.* (*anat.*) oculomotor: **nervo o.**, oculomotor (nerve).

od, *V.* **o (2).**

odalisca, *f.* odalisque, odalisk.

oddìo, *inter.* ***1*** (*di sorpresa, spavento, ecc.*) oh, dear!; oh, my God! ***2*** (*di dubbio, ecc.*) well.

òde, *f.* (*letter.*) ode: **le Odi di Pindaro**, the

Odes of Pindar; **o. saffica**, Sapphic ode.
odèon, *m.* (*stor.*) odeum*.
odiàbile, *a.* hateful; detestable; loathsome.
odiàre, A *v. t.* to hate; to detest; to loathe: **Odio i pregiudizi**, I hate prejudices; **Il mio cane odia i gatti**, my dog hates cats; **Odio i ficcanaso**, I can't stand nosyparkers; **farsi o.**, to make oneself hated; **o. q. a morte**, to hate sb.; to hate sb.'s guts (*pop.*). **B odiàrsi,** *v. rifl. recipr.* to hate each other; to detest each other.
odiàto, *a.* hated; hateful; detested; loathed.
odièrno, *a.* **1** (*di oggi*) of today; today's (*attr.*): **la seduta odierna**, today's meeting; **in data odierna**, today; on this day **2** (*attuale*) present; present-day; today's; of the day: **il governo o.**, the present government; **la moda odierna**, today's fashion **3** (*moderno*) modern: **gli studi odierni**, modern studies.
Odìno, *m.* (*mitol.*) Odin; Woden.
odinofagìa, *f.* (*med.*) odynophagia.
odinofobìa, *f.* (*psic.*) odynophobia; algophobia.
òdio, *m.* **1** hatred; hate: **o. di classe**, class hatred; **odii razziali**, racial hatred; **o. ereditario**, (family) feud; **Era pieno d'o. per il nemico**, he was filled with hatred for the enemy; **covare o.**, to harbour hatred **2** (*avversione, ripugnanza*) loathing; strong aversion; detestation. ● **attirarsi** (*o* **tirarsi**) **l'o. di q.**, to make sb. hate one □ **avere in o.**, to hate; to loathe; to abhor □ **Ha un o. particolare per le moto**, motorbikes are his pet hate (*fam.*) □ **fare q.c. in o. a q.**, to do st. out of hatred for sb. □ **in o. alla legge**, in defiance of the law □ **portare o. a q.**, to bear hatred towards sb. □ **prendere in o.**, to conceive a strong aversion for □ **Mi è venuto in o. quel posto**, I've come to hate that place.
odiosità, *f.* **1** (*l'essere odioso*) hatefulness; odiousness; loathsomeness **2** (*azione odiosa*) hateful action (*o* behaviour).
odióso, *a.* hateful; odious; loathsome; (*detestabile*) detestable, unpleasant, beastly (*fam.*): **una verità odiosa**, a hateful truth; **un delitto o.**, a hateful (*o* hideous) crime; **una faccia odiosa**, a loathsome face; **vizi odiosi**, detestable vices; **rendersi o. a q.**, to make oneself odious to sb.; **Lei è simpatica, ma suo marito è o.**, she is very nice, but her husband is detestable.
odissèa, *f.* **1** (*letter.*) Odyssey: **l'O. di Omero**, Homer's Odyssey **2** (*fig.*) odyssey.
Odissèo, *m.* (*letter.*) Odysseus.
òdo, *1ª pers. sing. indic. pres. di* **udire**.
odògrafo, *m.* (*fis.*) hodograph.
odòmetro, *m.* mileometer (*GB*); odometer (*USA*).
odònimo, *m.* (*ling.*) street name.
odonomàstica, *f.* **1** street names (*pl.*) **2** (*disciplina*) study of street names.
odontalgìa, *f.* (*med.*) odontalgia; (*com.*) toothache.
odontàlgico, *a.* e *m.* (*farm.*) odontalgic.
odontoblàsto, *m.* (*biol.*) odontoblast.
odontogènesi, *f.* (*anat.*) odontogenesis*.
odontoiàtra, *m.* e *f.* (*med.*) dental surgeon; dentist; odontologist.
odontoiatrìa, *f.* (*med.*) dentistry.
odontoiàtrico, *a.* (*med.*) dental; (*di dentista*) dentist's.
odontologìa, *f.* (*med.*) odontology.
odontològico, *a.* (*med.*) odontologic(al).
odontòma, *m.* (*med.*) odontoma*.
odontòmetro, *m.* (*filatelia*) perforation gauge.
odontopatìa, *f.* (*med.*) toothache.
odontoscòpio, *V.* **odontometro**.
odontotècnica, *f.* dental mechanics (*pl. col verbo al sing.*); dental technology (*USA*).
odontotècnico, A *a.* of dental mechanics. **B** *m.* (*f.* **-a**) dental mechanic; dental technician (*USA*).
odoràre, A *v. t.* **1** to smell*: **È buono!, odoralo!**, it's good; smell it! **Odora questo e dimmi se ti piace**, smell (*o* have a smell at) this and tell me if you like it **2** (*fig.*: *intuire*) to smell*; (*presentire*) to scent: **o. un imbroglio**, to smell a trick (*fam.*: a rat); **o. il vento infido**, to smell danger; **o. un buon affare**, to scent a bargain **3** (*rendere odoroso*) to scent; to perfume. **B** *v. i.* **1** (*mandare odore*) to smell*: **Come odora!**, it does smell!; **o. di mandorle**, to smell of almonds; **o. di buono [di acido, di muffa]**, to smell good [sour, mouldy] **2** (*fig.*) to smell*; to smack: **o. d'imbroglio**, to smell (*o* to smack) of trickery.
odoràto (1), *a.* (*lett.*) odorous; sweet-smelling; fragrant.
odoràto (2), *m.* (sense of) smell: **l'organo dell'o.**, the organ of smell; the olfactory organ; **avere l'o. fino**, to have a keen sense of smell.
odóre, *m.* **1** smell; odour, odor (*USA*); scent; (*fragranza*) fragrance, aroma: **buon o.**, good (*o* pleasant, nice, sweet) smell; **brutto o.**, unpleasant (*o* bad, nasty, offensive) smell; (*puzzo*) stench; **l'o. delle rose**, the scent of roses; **o. d'incenso**, smell (*o* perfume) of incense; **o. di muffa**, mouldy smell; **o. di letame**, stench of manure; **l'o. della preda**, the scent of the prey; **C'è o. di cucina**, there's a smell of cooking; **Nella stanza c'è o. di chiuso**, the room smells musty; **Che o. ha?**, what does it smell of?; **mandare o.**, to smell: **mandare buon o.**, to smell good (*o* nice); **mandare cattivo o.**, to smell bad; to be smelly (*fam.*); (*puzzare*) to stink; **Sento o. di gas**, I can smell gas; **Non sento nessun o.**, I can't smell anything; **Sento o. di pericolo**, I can smell danger; **senza o.**, without odour; odourless; scentless: **un fiore senza o.**, a scentless flower **2** (*essenza odorosa*) perfume; scent **3** (*pl.*) (*in cucina*) herbs. ● **in o. di eresia**, smacking of heresy □ **morire in o. di santità**, to die in the odour of sanctity □ **sentire o. di bruciato**, to smell st. burning; (*fig.*) to smell a rat.
odorìfero, *a.* (*lett.*) odoriferous; odorous; sweet-smelling.
odorìmetro, *V.* **olfattometro**.
odorìno, *m.* good (*o* nice, pleasant) smell: **Che o.!**, what a nice smell!
odorizzànte, *a.* odorizing.
odorizzàre, *v. t.* to odorize.
odorizzatóre, *m.* odorant; warning agent.
odorizzazióne, *f.* odorization.
odoróso, *a.* sweet-smelling; sweet-scented; fragrant; odorous; (*profumato*) perfumed: **fieno o.**, fragrant hay; **fiori odorosi**, sweet-smelling flowers.
Ofèlia, *f.* Ophelia.
ofelimità, *f.* (*econ.*) ophelimity.
off (*ingl.*), *a. invar.* **1** (*non operante*) off **2** (*alternativo*) alternative; experimental: **teatro off**, experimental theatre.
òffa, *f.* **1** (*focaccia di farro*) spelt cake **2** (*fig.*) sop; bribe: **dare** (*o* **gettare**) **l'o. a q.**, to give (*o* to throw) sb. a sop.
offèndere, A *v. t.* **1** to offend; to give* offence; (*ferire*) to hurt*; (*insultare*) to insult; (*andare contro*) to offend, to go* against, to outrage: **Mi spiace averlo offeso**, I am sorry I offended him; **o. Dio**, to offend God; **Accettai l'invito per non offenderla**, I accepted her invitation so as not to hurt her; **o. il buon senso**, to offend commonsense; **o. il senso di giustizia**, to outrage (sb.'s) sense of justice; **o. la modestia** (*o* **il pudore**) **di q.**, to offend sb.'s sense of propriety; **o. la vista**, to offend the eye **2** (*danneggiare*) to damage, to harm; (*far male a*) to hurt*; (*ferire*) to injure; (*con un'arma*) to wound: **La ferita ha offeso il fegato**, the wound has damaged the liver; **o. q. nel patrimonio**, to damage sb.'s property; **una luce che offende gli occhi**, a light that hurts the eyes **3** (*violare*) to break*; to infringe: **o. la legge**, to break the law; **o. i diritti di q.**, to infringe sb.'s rights. ● **o. q. nell'onore**, to offend sb.'s honour □ **o. q. nella persona**, to assault sb. □ **Non c'era intenzione d'o.**, no offence was meant □ **Non per offenderti, ma...**, excuse my saying so, but... **B offèndersi,** *v. i. pron.* to take* offence (at st.); to feel* hurt (by st.); to be offended (at, by st.): **Si offende per un nonnulla**, he is quick to take offence; **Si offese per le mie osservazioni**, he was hurt by my remarks; **Non offenderti, ma devo proprio andare**, don't be offended, but I really must go. **C offèndersi,** *v. rifl. recipr.* to insult each other (*o* one another).
offenditrìce, *f. V.* **offensore**.
offensìva, *f.* **1** (*mil.* e *fig.*) offensive; attack: **sferrare l'o.**, to launch the offensive **2** (*azione energica*) drive; campaign: **o. di pace**, peace drive; **o. pubblicitaria**, advertising campaign. ● **passare all'o.**, to take (*o* to go on) the offensive.
offensivìsmo, *m.* (*sport*) attack strategy.
offensìvo, *a.* **1** (*ingiurioso*) offensive; insulting: **comportamento o.**, offensive behaviour; **parole offensive**, offensive (*o* abusive) words **2** (*mil.*) offensive: **armi offensive**, offensive weapons; **guerra offensiva**, war of attack; **lega offensiva**, offensive alliance.
offensóre, *m.* (*f.* **offenditrice**) **1** offender **2** (*mil.*) attacker; aggressor.
offerènte, *m.* e *f.* **1** offerer **2** (*comm.*) tenderer, bidder; (*a un'asta*) bidder: **il miglior o.**, the highest bidder.
offèrta, *f.* **1** offer; offering; (*proposta*) proposal: **o. d'aiuto**, offer of (*o* to) help; **offerte di lavoro**, job offers; vacancies; (*sul giornale*) situations vacant; **o. di matrimonio**, offer of marriage; proposal; **o. di pace**, peace offering; **fare un'o.**, to make (*o* to come up with) an offer; **respingere** (*o* **rifiutare**) **un'o.**, to decline (*o* to turn down) an offer **2** (*donazione*) offering; donation: **le offerte per la chiesa**, the offerings for the church; **raccogliere le offerte** (*in chiesa*), to take the collection; **Si ricevono offerte**, donations are gratefully received; **fare un'o.**, to make a donation **3** (*comm.*) offer, quotation; (*per appalti*) tender, bid; (*all'asta*) bid, bidding: **Ho ricevuto un'o. di trecento milioni per la casa**, I had an offer of three hundred million lire for the house; **o. promozionale**, deal; **o. risparmio**, saving offer; **o. speciale**, special offer: **Questo caffè è in o. speciale**, this coffee is on a special offer **4** (*econ.*) supply: **la legge della domanda e dell'o.**, the law of supply and demand; **o. di manodopera**, labour supply; **economia dell'o.**, supply-side economy. ● **o. in denaro**, donation □ (*fin.*) **o. pubblica d'acquisto**, takeover bid; acquisition offer □ (*leg.*) **o. reale**, tender of payment □ **fare un'o.**, (*all'asta*) to make a bid, to bid; (*per un appalto*) to make a tender, to tender: **fare offerte superiori a quelle di q.**, to bid against sb. □ **far salire le offerte** (*in un'asta*), to force up the bidding (*sing.*); to bid up.
offertoriàle, *a.* (*eccles.*) Offertory (*attr.*).
offertòrio, *m.* (*eccles.*) Offertory.
offésa, *f.* **1** offence, offense (*USA*); outrage; (*insulto*) affront, insult; (*torto*) wrong: **recare o. a q.**, to give offence to sb.; **un'o. al pudore**, an offence against decency; **un'o. al buon gusto**, an offence against good taste; **perdonare le offese**, to pardon wrongs; **ingoiare un'o.**, to swallow an insult; **patire** (*o* **subire**) **un'o.**, to suffer a wrong **2** (*danno*) damage, harm, injury; (*ferita*) lesion; (*con un'arma*) wound: **le offese del tempo**, the injuries (*o* ravages) of time **3** (*mil.*) offence, offensive; (*attacco*) attack: **La miglior difesa è l'o.**, the best method of defence is attack. ● (*leg.*) **o. al pudore**, indecent behaviour □ **armi di o.**, offensive weapons □ (**Sia detto**) **senza o.**, no offence meant; no harm intended.
offéso, A *a.* **1** offended; hurt; injured; af-

fronted; angry: **sentirsi o. per q.c.**, to feel offended at (*o* by) st.; to feel hurt by st.; to resent st.; **Sono o. con te**, I am angry with you **2** (*danneggiato*) damaged; (*ferito*) injured; (*da un'arma*) wounded: **il braccio o.**, the injured arm. ● (*leg.*) **la parte offesa**, the plaintiff. **B** *m.* (*f.* **-a**) offended person: **fare l'o.**, to go into a huff; to be in a huff.

office (*ingl.*), *m. invar.* pantry.

officiànte, (*eccles.*) **A** *a.* officiating. **B** *m. e f.* officiant.

officiàre, (*eccles.*) **A** *v. i.* to officiate. **B** *v. t.* – **o. una chiesa**, to serve a church.

officìna, *f.* **1** (*mecc.*) shop; workshop: **o. di montaggio**, assembly (*o* erecting) shop; **o. di riparazione**, repair shop; (*autom.*) garage; **o. di fabbro**, smithery; smithy; **o. meccanica**, machine shop; **capo o.**, shop foreman; **aprire un'o.**, to open a workshop **2** (*fig.*) workshop.

officinàle, *a.* (*bot., farm.*) officinal; medicinal: **erbe officinali**, officinal herbs.

offìcio, *V.* **ufficio.**

officiosità, *f.* courtesy; kindness; obligingness.

officióso, *a.* (*cortese*) courteous; kind; obliging.

offìzio, *V.* **ufficio.**

off-limits (*ingl.*), *locuz. a.* **1** (*proibito all'accesso*) off limits; out of bounds **2** (*non accettabile*) unacceptable; uncountenable.

offrìre, A *v. t.* **1** to offer; to give*; to tender (*form.*): **Mi offrì il suo aiuto**, he offered me his help; **Le offrii di sposarla**, I offered to marry her; **o. vantaggi**, to offer advantages; **Questo mi offre l'occasione per fargli visita**, this gives me the opportunity to visit him; **o. i propri servigi**, to offer one's services; **o. le proprie scuse**, to proffer (*o* to tender) one's apologies; **o. le proprie dimissioni**, to tender one's resignation; **o. un posto a q.**, to offer sb. a job; **Posso offrirvi un caffè?**, will you have cup of coffee?; (*form.*) may I offer you a cup of coffee?; **o. da bere a tutti**, to pay for a round of drinks; **Offro io**, I'll pay; it's on me; **Offre la casa**, it's on the house **2** (*dedicare*) to offer (up); to dedicate: **o. preghiere a Dio**, to offer prayers to God; **o. un sacrificio**, to offer up a sacrifice **3** (*comm.*) to offer, to tender; (*all'asta*) to bid* **4** (*presentare*) to present; to offer; to give*: **Questo lavoro offre molte difficoltà**, this piece of work presents a lot of difficulties; **Lo spettacolo non offre nessun interesse**, the show offers no interest; **o. il destro**, to offer the opportunity **5** (*esporre*) to expose; to offer: **o. il viso alla luce del sole**, to expose one's face to the sunlight **6** (*invitare*) to invite: **Mi offrì di andare con lui**, he invited me to go with him. ● **o. a q. ospitalità per la notte**, to put sb. up for the night □ **o. la mano**, to offer one's hand; (*proporre il matrimonio*) to propose □ **o. q.c. in dono**, to give (*o* to present) st. as a gift □ **o. il fianco alle critiche**, to lay oneself open to criticism □ **o. resistenza al nemico**, to offer resistance to the enemy □ **Il programma è offerto dalla ditta X**, the programme is sponsored by X. **B offrìrsi**, *v. rifl. e i. pron.* **1** to offer (oneself); to volunteer: **Si offrì di aiutarmi**, he offered to help me; **Si offrì per quel lavoro**, he offered himself (*o* he volunteered) for that job; **Si offrirono dieci volontari**, ten people volunteered; ten volunteers came forward; **o. volontario**, to volunteer **2** (*esporsi*) to expose oneself; to face: **o. al pericolo**, to face danger **3** (*presentarsi*) to offer; to arise*; to occur; to present oneself: **Coglierò la prima occasione che si offre**, I'll take the first opportunity that arises; **Mi si è offerta l'occasione di andare in Messico**, I've been given the opportunity (*o* a chance) to go to Mexico; **Un'idea mi s'offrì alla mente**, an idea occurred to me; **Uno strano spettacolo s'offrì ai miei occhi**, a strange sight presented itself to my eyes.

offset (*ingl.*), *m. e a. invar.* (*tipogr.*) offset: **stampa o.**, offset printing; **stampare in o.**, to offset.

off-shore (*ingl.*), **A** *a. invar.* **1** (*naut.*) powerboat (*attr.*): **gara o.**, powerboat race; **imbarcazione o.**, powerboat **2** (*ind. min.*) offshore: **piattaforma o.**, offshore platform **3** (*fin.*) offshore. **B** *m. invar.* **1** powerboat racing **2** (*motoscafo*) powerboat.

offuscaménto, *m.* darkening; dimming; blurring; obscuring; (*di metalli*) tarnish: **l'o. del sole**, the darkening of the sun; **o. della vista**, dimming (*o* blurring) of sight; **o. della ragione**, dulling of reason.

offuscàre, A *v. t.* **1** to darken; (*di metalli*) to tarnish: **Le nubi offuscano il cielo**, clouds darken the sky **2** (*fig.*: *oscurare*) to obscure; to darken; to tarnish: **o. la gloria di q.**, to obscure sb.'s glory **3** (*fig.*: *annebbiare*) to dim; to blur; to bedim; to cloud: **Le lacrime mi offuscavano gli occhi**, tears dimmed (*o* blurred) my eyes; **o. la vista**, to blur sb.'s sight; **o. la mente**, to cloud the mind. **B offuscàrsi,** *v. i. pron.* **1** to darken; to grow* (*o* to become*, to get*) dark: **Il cielo s'offuscò**, the sky darkened (*o* clouded over) **2** (*fig.*) to become* (*o* to be) obscured: **La tua fama si offuscherà**, your fame will be obscured **3** (*fig.*: *annebbiarsi*) to dim; to grow* (*o* to become*, to get*) dim: **La vista mi si offusca**, my sight is growing (*o* getting) dim; **Gli si è offuscata la memoria**, his memory has grown dim **4** (*intorbidirsi*) to cloud over.

offuscàto, *a.* **1** darkened **2** (*fig.*) darkened, obscured; (*annebbiato*) dimmed, dim; (*intorbidito*) cloudy, clouded: **occhi offuscati dalle lacrime**, eyes dim with tears; **una mente offuscata dal troppo vino**, a mind clouded with too much wine.

oficàlce, *f.* (*miner.*) ophicalcite.

oficlèide, *m.* (*mus.*) ophicleide.

Ofìdi, *m. pl.* (*zool.*, *Ophidia*) Ophidia; ophidians.

ofidìsmo, *m.* (*med.*) venom poisoning.

ofiolatrìa, *f.* ophiolatry.

ofiolìte, *f.* (*miner.*) ophiolite.

ofiologìa, *f.* ophiology.

ofisàuro, *m.* (*zool.*, *Ophisaurus apodus*) ophisaurus; glass snake.

ofìte, *f.* (*miner.*) ophite.

ofìtico, *a.* (*miner.*) ophitic.

oftalmìa, *f.* (*med.*) ophthalmia; ophthalmitis*.

oftàlmico, *a.* (*med.*) ophthalmic.

oftalmìte, *V.* **oftalmia.**

oftalmologìa, *f.* (*med.*) ophthalmology.

oftalmòlogo, *m.* (*f.* **-a**) (*med.*) ophthalmologist.

oftalmometrìa, *f.* (*med.*) ophthalmometry.

oftalmòmetro, *m.* (*med.*) ophthalmometer.

oftalmoscopìa, *f.* (*med.*) ophthalmoscopy.

oftalmoscòpio, *m.* (*med.*) ophthalmoscope.

oggettìstica, *f.* gifts and fancy goods (*pl.*).

oggettivaménte, *avv.* **1** objectively; from an objective standpoint **2** (*con obiettività*) with impartiality; impartially; unbias(s)edly; in fairness.

oggettivàre, A *v. t.* to objectify; to represent concretely. **B oggettivàrsi,** *v. i. pron.* to take* a concrete form; to be expressed.

oggettivazióne, *f.* objectification.

oggettivìsmo, *m.* (*filos.*) objectivism.

oggettivìsta, *m. e f.* (*filos.*) objectivist.

oggettivìstico, *a.* (*filos.*) objectivistic.

oggettività, *f.* objectivity; objectiveness.

oggettìvo, *a.* **1** (*che concerne l'oggetto*) objective: **realtà oggettiva**, objective reality; **dati oggettivi**, objective data **2** (*obiettivo*) objective; impartial; fair; unbias(s)ed; unprejudiced: **un'analisi oggettiva**, an objective analysis; **dare un giudizio o.**, to give an unbiassed opinion **3** (*gramm.*) objective; object (*attr.*): **il caso o.**, the objective case; **proposizione oggettiva**, object clause.

oggètto, *m.* **1** (*filos.*) object **2** (*cosa*) object, thing, article; (*manufatto*) artifact: **gli oggetti posti sul tavolo**, the objects on the table; **un o. rotondo e liscio**, a round, smooth object; **oggetti inutili**, useless things; **oggetti preziosi**, precious things; (*valori*) valuables; **oggetti di vetro**, glass things; glassware; **oggetti personali**, personal belongings; **oggetti d'artigianato**, artifacts; handcrafted goods **3** (*argomento*) subject; theme; subject-matter: **l'o. della lettera [della conversazione]**, the subject of the letter [of the conversation]; **l'o. di una discussione**, the theme of a debate; **l'o. di un contratto**, the subject-matter of a contract **4** (*materia, motivo*) object; subject: **È o. di pietà**, he is an object of pity; **l'o. delle nostre cure**, the object of our care: **o. di scherno**, object of scorn; laughing-stock **5** (*fine, scopo*) object; purpose; reason: **l'o. della mia venuta**, the purpose of my coming; **l'o. delle nostre ricerche**, the object of our search **6** (*gramm.*) object: **o. diretto [indiretto]**, direct [indirect] object. ● (*bur.*) **O.: domanda di trasferimento**, Re: Application for Transfer □ **in o.**, under discussion; in hand; (*bur.*) in re □ **ufficio oggetti smarriti**, lost property office.

oggettuàle, *a.* object (*attr.*).

òggi, A *avv.* **1** today: **O. ho molto da fare**, I am very busy today; **L'ho fatto o.**, I've done it today; I did it today; **Ora non posso, lo farò o.**, I can't just now, I'll do it later on; **o. pomeriggio**, in the afternoon; **O. è un anno che è partito**, it's a year today since he left **2** (*attualmente*) today, nowadays; (*adesso*) now: **O. tutti la pensano così**, everybody thinks so nowadays; **Mi fidavo di lui, ma o. non più**, I trusted him once, but I no longer do now. ● **o. a otto**, today week; a week today □ **o. a quindici**, today fortnight; a fortnight today □ **o. a un anno**, a year from today □ **o. come o.**, at present; for the time being; right now □ **o. o domani**, today or tomorrow; one day or other □ **O. qui domani là**, here today, gone tomorrow □ **o. stesso**, this very day □ (*prov.*) **O. a me, domani a te**, I today, you tomorrow. **B** *m.* **1** (*il giorno attuale*) today: **il giornale [le notizie] di o.**, today's paper [news]; **O. è domenica [il mio compleanno]**, today is Sunday [my birthday]; **in risposta alla tua lettera di o.**, in answer to your letter of today; **quest'o.**, today; **prima d'o.**, before today; **fino a o.**, until (*o* up to) today; **da o. innanzi** (*o* **in poi**), from today onwards; after today; **Per o. basta**, that's enough for today **2** (*il presente*) the present; today: **gli scrittori d'o.**, the writers of today; **Pensa solo all'o.**, he only thinks of the present. ● **al giorno d'o.**, nowadays; at present □ **a tutt'o.**, till today; up to now; so far □ **dall'o. al domani**, between today and tomorrow; overnight: **Il tempo può cambiare dall'o. al domani**, the weather may change between today and tomorrow (*o* overnight); **Ha cambiato idea dall'o. al domani**, he changed his mind overnight; **rimandare dall'o. al domani**, to put things off from day to day.

oggidì, oggigiórno, A *avv.* nowadays; these days; today. **B** *m.* today.

ogìva, *f.* **1** (*archit.*) ogive, pointed (*o* lancet) arch; (*finestra*) lancet window: **a o.**, ogival **2** (*mil.*) ogive; nose.

ogivàle, *a.* (*archit.*) ogival; pointed: **stile o.**, pointed style: **arco o.**, ogive; pointed (*o* lancet) arch; **finestra o.**, lancet window.

ógni, *a. indef.* **1** every; each; (*tutti, tutte*) all: **o. giorno [anno, settimana, volta]**, every day [year, week, time]; **O. ragazzo ha un libro**, every (*o* each) boy has a book; **C'erano sedie lungo ogni parete**, chairs were lined against each wall; **Conosce il nome di o. studente della scuola**, he knows the name of every student in the school; **Mi telefona o. giovedì**, he phones me every Thursday; **O. giorno c'è una novità**, there's something new every day;

sotto o. aspetto, (in) every way; from all points of view; **o. sorta di doni**, all sorts of presents; **O. animale deve mangiare per vivere**, all animals must eat to live **2** (*distributivo*) every: **o. due giorni**, every other (*o* second) day; every two days; **o. tre [quattro] giorni**, every [three, four] days; every third [fourth] day; **O. tre case c'era un negozio**, at every third house there was a shop; **Lo vedo una volta o. cinque anni**, I see him once every five years **3** (*qualsiasi*) any: **ad o. modo**, (*tuttavia*) anyhow; anyway; **in o. caso**, in any case; (*comunque*) at any rate; **ad o. costo**, at all costs. ● **o. altra persona**, everybody else ◻ **o. altra cosa**, everything else ◻ **o. ben di Dio**, all sorts of good things; all one could desire ◻ **o. cosa**, everything ◻ **o. tanto**, every now and then (*o* again); every so often ◻ **o. uomo**, each man; everyman; everybody ◻ **o. volta**, every time; whenever: **O. volta che lo vedo corre per prendere l'autobus**, every time I see him, he is running to catch the bus; **O. volta che lo vedo, finge di non conoscermi**, whenever I see him, he pretends he doesn't know me ◻ **l'inglese d'o. giorno**, everyday English ◻ **in o. luogo**, everywhere ◻ **oltre o. credere**, beyond belief ◻ **la vita d'o. giorno**, everyday life.

ogniqualvòlta, *cong.* whenever; every time (that): **riposarsi o. lo si desideri**, to rest whenever one wishes to.

Ognissànti, *m.* (*eccles.*) All Saints' Day.

ognóra, *avv.* (*lett.*) always; at all times.

ognùno, *pron. indef.* **1** everybody; everyone; each (one); (*tutti, tutte*) all: **O. lo sa**, everybody (*o* everyone) knows that; **O. lo ammirava**, everybody (*o* all) admired him; **O. ricevette due libri**, they were given two books each; **Ne diede due a o.**, he gave two to each of them **2** (*seguito dal partitivo*) each; every one; (*tutti, tutte*) all: **O. di noi ha due libri**, each of us has two books; **O. di loro se n'era andato**, every one of them had left; **In ognuna delle buste c'era un biglietto d'aereo**, in each of the envelopes (*o* in each envelope) there was an air ticket. ● **o. di loro, nessuno escluso**, each and everyone of them ◻ (*prov.*) **O. per sé e Dio per tutti**, every man for himself, and God for us all.

oh, *inter.* oh!: **Oh povero me!**, oh dear me!; **Oh che felicità vederti!**, oh, I'm so pleased to see you!; **Oh che vergogna!**, oh, how shameful!; **Oh no!**, oh no!

óhe, ohé, *inter.* ho!; hey there!

òhi, *inter.* oh!; ah!; (*di richiamo*) hey!; (*di dolore*) ow!, ouch!

ohibò, *inter.* **1** (*di indignazione*) tut tut!; pshaw! **2** (*di sorpresa*) now then!

ohimè, *inter.* oh dear!; (*lett.*) alas!

ohm, *m.* (*fis.*) ohm.

òhmico, *a.* (*fis.*) ohmic.

òhmmetro, *m.* (*fis.*) ohmmeter.

oibò, *V.* **ohibò**.

oidio, *m.* (*bot.*) oidium*.

oïl (*franc.*), *avv.* – **lingua d'oïl**, langue d'oïl.

O.K., OK, *V.* **okay**.

okàpi, *f.* (*zool., Okapia johnstoni*) okapi.

okay (*ingl.*), **A** *inter.* okay; OK. **B** *m.* OK; go-ahead; green light: **dare l'o. a q.c.**, to give st. the go-ahead (*o* the OK); **Il capo mi ha dato l'o.**, my boss told me to go ahead. **C** *pred.* okay; OK: **È tutto o.**, everything is OK.

olà, *inter.* ho!; hallo (there)!; hi! (*USA*).

Olànda, *f.* (*geogr.*) Holland; (the) Netherlands.

olànda, *f.* (*tela*) Holland cloth; holland.

olandése, **A** *a.* Dutch: **formaggio o.**, Dutch cheese; **vacca o.**, Frisian (cow). **B** *m. e f.* (*abitante dell'Olanda*) Dutchman* (*m.*); Dutch woman* (*f.*); Hollander. **C** *m.* **1** (*lingua*) Dutch **2** (*formaggio*) Dutch cheese; Edam; Gouda. **D** *f.* (*ind. della carta*) hollander.

Oleàcee, *f. pl.* (*bot., Oleaceae*) Oleaceae.

oleàceo, *V.* **oleoso**.

oleàndro, *m.* (*bot., Nerium oleander*) oleander; rose-bay.

oleàrio, *a.* oil (*attr.*): **il mercato o.**, the oil market.

oleàstro, *m.* (*bot., Olea europaea oleaster*) oleaster; wild olive.

oleàto (1), *a.* oiled. ● **carta oleata**, grease-proof paper.

oleàto (2), *m.* (*chim.*) oleate.

olecràno, *m.* (*anat.*) olecranon.

olefìna, *f.* (*chim.*) olefin(e).

olefìnico, *a.* (*chim.*) olefinic.

olèico, *a.* (*chim.*) oleic: **acido o.**, oleic acid.

oleicoltóre, oleicoltùra, *V.* **olivicoltore, olivicoltura**.

oleìfero, *a.* oleiferous; oil-yielding (*attr.*).

oleificio, *m.* (*ind.*) oil mill.

oleìna, *f.* (*chim.*) olein.

oleobromìa, *f.* (*fotogr.*) bromoil process.

oleochìmica, *f.* chemistry of fats.

oleodinàmico, *a.* (*tecn.*) oil-pressure (*attr.*).

oleodótto, *m.* (*ind.*) oil pipeline.

oleografìa, *f.* **1** oleography **2** (*quadro*) oleograph.

oleogràfico, *a.* **1** oleographic **2** (*fig.*) unoriginal; conventional.

oleografìsmo, *m.* (*spreg.*) unoriginality; conventionality.

oleomargarìna, *f.* (*chim.*) oleomargarine.

oleòmetro, *m.* (*fis.*) oil-gauge; oleometer.

oleorèsina, *f.* (*chim.*) oleoresin.

oleosità, *f.* oiliness.

oleóso, *a.* **1** (*che contiene olio*) oily; oiled; oleaginous: **sostanza oleosa**, oily substance **2** (*oleifero*) oleiferous; oil-yielding (*attr.*); oil (*attr.*): **semi oleosi**, oleiferous seeds; oil seeds **3** (*che ha le caratteristiche dell'olio*) oily; oil-like: **un liquido o.**, an oily liquid.

òleum, *m.* (*chim.*) oleum*.

olezzànte, *a.* **1** sweet-smelling; odorous; fragrant; balmy **2** (*iron.*) smelly; stinking.

olezzàre, *v. i.* **1** (*lett.*) to be fragrant (*o* balmy); to smell* sweet **2** (*iron.*) to smell*; to stink*.

olézzo, *m.* **1** (*lett.*) sweet smell; scent; fragrance **2** (*iron.*) smell; stink.

olfattìvo, *a.* olfactory.

olfàtto, *m.* sense of smell; smelling; olfaction. ● **organo dell'o.**, olfactory (organ).

olfattòmetro, *m.* olfactometer.

olfattòrio, *a.* olfactory.

oliàre, *v. t.* to oil: **o. un motore**, to oil an engine.

oliàrio, *m.* oil store-room.

oliàto, *a.* **1** (*lubrificato*) oiled **2** (*condito con olio*) (dressed) with oil.

oliatóre, *m.* **1** (*recipiente*) oilcan; oiler: **o. a sfera**, ball oiler; **o. a gocce**, drip-feed oiler **2** (*mecc.*) oil feeder; lubricator.

oliatùra, *f.* oiling.

olìbano, *m.* (*lett.*) olibanum; (*incenso*) incense.

olièra, *f.* oil cruet.

olifànte, *m.* oliphant.

oligàrca, *m.* oligarch.

oligarchìa, *f.* oligarchy.

oligàrchico, *a.* oligarchic(al).

oligìsto, *m.* (*miner.*) oligist.

oligocène, *m.* (*geol.*) Oligocene (epoch).

oligocitemìa, *f.* (*med.*) oligocythemia.

oligoclàsio, *m.* (*miner.*) oligoclase.

oligodendrocìta, *m.* (*biol.*) oligodendrocyte.

oligodinàmico, *a.* (*biol.*) oligodynamic.

oligoeleménto, *m.* (*biol.*) trace element.

oligoemìa, *f.* (*med.*) olig(a)emia.

oligoèmico, *a.* (*med.*) olig(a)emic.

oligofrenìa, *f.* (*med.*) oligophrenia.

oligofrènico, *m.* (*psic.*) oligophrenic.

oligomenorrèa, *f.* (*med.*) oligomenorrhea.

oligomèrico, *a.* (*chim.*) oligomer (*attr.*).

oligòmero, *m.* (*chim.*) oligomer.

oligominerale, *a.* low in mineral content.

oligopòlio, *m.* (*econ.*) oligopoly.

oligopolìsta, *m.* (*econ.*) oligopolist.

oligopolìstico, *a.* (*econ.*) oligopolistic.

oligopsònio, *m.* (*econ.*) oligopsony.

oligopsonìsta, *m.* (*econ.*) oligopsonist.

oligopsonìstico, *a.* (*econ.*) oligopsonistic.

oligosaccàride, *m.* (*chim.*) oligosaccharide.

oligospermìa, *f.* (*med.*) oligospermia.

oligotrofìa, *f.* (*biol.*) oligotrophy.

oligotròfico, *a.* (*biol.*) oligotrophic.

oligùria, *f.* (*med.*) oliguria.

Olìmpia, *f.* (*geogr.*) Olympia.

olimpìaco, *a.* (*lett.*) Olympic.

olimpìade, *f.* **1** (*stor.*: *i giochi*) Olympic (*o* Olympian) games (*pl.*); (*periodo fra due olimpiadi*) Olympiad **2** (*pl.*) (*sport*) Olympic games; Olympics: **le olimpiadi di Barcellona**, the Barcelona Olympics; **olimpiadi invernali**, winter Olympics.

olimpicità, *f.* Olympian detachment.

olìmpico, *a.* **1** (*di Olimpia, delle olimpiadi*) Olympian; Olympic: **i giochi olimpici**, the Olympic games; **atleta o.**, Olympic athlete; Olympian (*USA*); **stadio o.**, Olympic stadium **2** (*dell'Olimpo*) Olympian; of Olympus: **Giove o.**, Olympian Jove **3** (*fig.*: *imperturbabile*) Olympian.

olìmpio, *a.* (*lett.*) Olympian: **gli dèi olimpi**, the Olympian gods; the Olympians; **Zeus o.**, Olympian Zeus.

olimpiònico, **A** *a.* Olympic: **primato o.**, Olympic record; **squadra olimpionica**, Olympic team. **B** *m.* (*f.* **-a**) (*campione*) Olympic champion; (*atleta*) Olympic athlete; Olympian (*USA*).

Olìmpo, *m.* (*geogr.*) Olympus.

olìmpo, *m.* **1** (*élite*) high circle; élite; aristocracy **2** (*iron.*) – **È sceso dal suo o. per consigliarci**, he deigned to give us advice.

òlio, *m.* oil: **oli animali e vegetali**, animal and vegetable oils; **o. combustibile** (*o* **pesante**), fuel oil; **o. da ardere**, lamp oil; **o. da cucina**, cooking oil; **o. da tavola**, salad oil; **o. di catrame**, tar oil; **o. di fegato di merluzzo**, cod-liver oil; **o. di lino**, linseed oil; **o. d'oliva**, olive oil; **o. di paraffina**, paraffin oil; **o. di ricino**, castor oil; **o. essenziale** (*o* **volatile**), essential (*o* volatile) oil; **o. fisso**, fixed oil; **o. leggero**, light oil; **o. lubrificante**, lubricating oil; **o. minerale**, mineral oil. ● (*fig.*) **o. di gomito**, elbow-grease ◻ **o. di vetriolo**, oleum ◻ (*eccles.*) **o. santo**, holy oil; Extreme Unction: **dare l'o. santo**, to give Extreme Unction ◻ **o. solare**, sun oil ◻ **colori a o.**, oil paints (*o* colours); oils ◻ **dipingere a o.**, to paint in oils ◻ (*fig.*) **essere all'o. santo**, to be at death's door; to be at one's last gasp ◻ (*fig.*) **gettare o. sulle fiamme**, to add fuel to the flames ◻ **lampada a o.**, oil-lamp ◻ **liscio come l'o.**, (*del mare*) as calm as a millpond, as smooth as glass; (*di situazione*) like a dream ◻ **quadro a o.**, oil painting ◻ (*cucina*) **sott'o.**, in oil ◻ **verniciatura a o.**, oil painting ◻ **Oggi il mare è un o.**, today the sea is like a millpond.

olióso, e *deriv.* *V.* **oleoso**, e *deriv.*

olìsmo, *m.* (*biol.*) holism.

olìstico, *a.* (*biol.*) holistic.

olìva, **A** *f.* olive: **olive verdi [nere]**, green [black] olives; **olive snocciolate**, stoned olives; **olio d'o.**, olive oil; **a forma d'o.**, olive-shaped. **B** *a.* olive (*attr.*); olive-green: olive-coloured: **un vestito verde o.**, an olive-green dress.

olivàceo, *a.* olive-coloured.

olivàre, *a.* (*anat.*) olivary.

olivàstro (1), *a.* olive (*attr.*): **carnagione olivastra**, olive complexion; **dalla pelle olivastra**, olive-skinned.

olivàstro (2), *m.* (*bot., Olea europaea oleaster*) oleaster; wild olive.

olivèlla, *f.* (*bot., Daphne laureola*) spurge laurel.

olivenìte, *f.* (*miner.*) olivenite.

olivetàno, *a. e m.* (*eccles.*) Olivetan.

olivéto, *m.* olive grove.

olivétta, *f.* (*bottone di alamaro*) toggle.

Olìvia, *f.* Olive; Olivia.
olivìcolo, *a.* olive (*attr.*); olive-growing (*attr.*).
olivicoltóre, *m.* (*f.* **-trice**) olive grower.
olivicoltùra, *f.* olive-growing.
Olivièro, *m.* Oliver.
olivigno, *V.* **olivastro (1).**
olivina, *f.* (*miner.*) olivin(e).
olivo, *m.* (*bot., Olea europaea*) olive (tree): **ramoscello d'o.**, olive branch: (*fig.*) **offrire un ramoscello d'o.**, to hold out the olive branch. ● (*bot.*) **o. di Boemia** (*Elaeagnus angustifolia*), wild olive; oleaster □ **la Domenica degli Olivi**, Palm Sunday □ **il Monte degli Olivi**, the Mount of Olives.
òlla, *f.* (*archeol.*) vase; jar: **o. cineraria**, cinerary vase (*o* urn).
olmàia, *f.* elm grove.
olmària, *V.* **ulmaria.**
olmèco, *a. e m.* Olmec.
olméto, *m.* elm grove.
òlmio, *m.* (*chim.*) holmium.
ólmo, *m.* **1** (*bot., Ulmus campestris*) elm: **o. riccio** (*o* **montano**) (*Ulmus montana*), wych-elm, witch-elm **2** (*legno*) elm(-wood).
oloblàstico, *a.* (*biol.*) holoblastic.
olocàusto, *m.* **1** holocaust **2** (*sacrificio*) sacrifice: **fare o. di q.c.**, to sacrifice st.; **offrire in o.**, to sacrifice; to immolate **3** (*sterminio*) holocaust; mass murder; mass destruction: (*stor.*) **l'O.**, the Holocaust.
olocène, *m.* (*geol.*) Holocene (epoch); Recent (epoch).
olocènico, *a.* (*geol.*) Holocene; Recent.
olocristallino, *a.* (*miner.*) holocrystalline.
oloèdrico, *a.* (*miner.*) holohedral.
Olofèrne, *m.* (*Bibbia*) Holofernes.
olofràstico, *a.* (*ling.*) holophrastic.
olografia, *f.* (*fotogr.*) holography.
olográfico, *a.* holographic.
ològrafo, *a.* (*leg.*) holograph (*attr.*): **testamento o.**, holograph will.
ologràmma, *m.* (*fis.*) hologram.
olometàbolo, *a.* (*zool.*) holometabolous.
olóna, *f.* (*tela*) sailcloth; duck; canvas.
olostèrico, *a.* (*fis.*) holosteric.
olotùria, *f.* (*zool., Holothuria*) holothurian; sea cucumber; bêche-de-mer* (*franc.*).
oltracotànte, *a.* arrogant; overbearing; high-handed.
oltracotànza, *f.* arrogance; high-handedness.
oltraggiàre, *v. t.* **1** (*offendere*) to offend, to outrage; (*insultare*) to insult, to abuse, to affront **2** (*profanare*) to violate; to desecrate: **o. una tomba**, to violate a tomb.
oltraggiatóre, *m.* (*f.* **-trice**) outrager; (*chi offende*) offender; (*chi insulta*) insulter; (*chi profana*) violator.
oltràggio, *m.* **1** (*offesa*) offence, outrage; (*insulto*) insult, abuse, affront: **recare o. a q.**, to offend sb.; **subire un o.**, to suffer an affront; **o. all'umanità**, an outrage against humanity; **o. al buon senso**, an outrage against common sense; **o. alla miseria**, insult to poverty **2** (*leg.*) contempt; disrespect: **o. alla corte**, contempt of court; **o. a pubblico ufficiale**, insulting a public officer; **o. al pudore**, indecent behaviour **3** (*lett.: guasto*) ravage (*generalm. al pl.*): **gli oltraggi del tempo**, the ravages of time.
oltraggióso, *a.* (*offensivo*) offensive, outrageous, outraging; (*ingiurioso*) insulting, abusive: **parole oltraggiose**, offensive words; **azione oltraggiosa**, outrageous action.
oltràlpe, A *avv.* beyond the Alps; on the other side of the Alps; north [east, west] of the Alps; (*all'estero*) abroad: **emigrare o.**, to migrate abroad. **B** *m.* transalpine countries (*pl.*): **gente d'o.**, transalpine people; people on the other side of the Alps; **idee d'o.** foreign ideas; **paesi d'o.**, transalpine countries; foreign countries.
oltramontàno, *a.* (from) beyond the mountains; ultramontane.
oltrànza, *f.* – **ad o.**, to the utmost; to the bitter end; all-out (*attr.*): **combattere ad o.**, to fight to the bitter end; **guerra ad o.**, all-out (*o* total) war; **lotta ad o.**, fight to the death; **sciopero ad o.**, extended (*o* all-out) strike.
oltranzismo, *m.* (*polit.*) extremism.
oltranzista, *m. e f.* (*polit.*) extremist.
oltranzìstico, *a.* (*polit.*) extremistic; extremist.
óltre, A *avv.* **1** (*di luogo*) farther; further; past; on: **Non voglio andare o.**, I don't want to go any further (*o* farther); **Passò o. senza salutare**, he went past (*o* by, on) without saying hello; **Non lessi o.**, I read no further; I didn't read on; **andare troppo o.**, (*anche fig.*) to go too far **2** (*di tempo*) longer; more: **Non possiamo trattenerci o.**, we cannot stay any longer; **vent'anni e o.**, twenty years and more; over twenty years; **entro maggio e non o.**, by the end of May and no later; **Vedremo più o.**, we shall see later on **3** (*di età, ecc.*) upward; over; above: **ragazzi di otto anni e o.**, children of eight and upward. ● **essere ben o. negli anni**, to be well on in years. **B** *prep.* **1** (*di luogo*) beyond; on the other side of; over: **Il lago è o. quelle colline**, the lake is beyond those hills; **La Svizzera è o. quelle montagne**, Switzerland lies on the other side of those mountains; **O. quel punto non ci sono più case**, there are no houses beyond that point; **Saltai o. il muro**, I jumped over the wall **2** (*più di*) more than; over; above: **Costa o. un milione di lire**, it costs over (*o* more than) a million lire; **distare o. tre kilometri**, to be more than (*o* over) three kilometres away; **da o. due anni**, for over two years; **Starò via non o. un mese**, I won't be away for more than a month; **(ben) o. i settanta**, (well) over (*o* past) seventy; **bambini di o. otto anni**, children above (*o* over) eight **3** (*di tempo*) beyond; after: **Non stare fuori o. le dieci**, don't stay out after (*o* later than) ten **4** (*anche* **o. a, o. che**: *in aggiunta*) besides; in addition to; (*anche, pure*) as well as: **C'erano molte altre persone o. a lui**, there were many others, besides him; **o. a quello che ti dissi**, in addition to what I told you; **o. il suo stipendio**, in addition to his salary; **O. all'averlo incoraggiato, gli ho anche prestato denaro**, besides encouraging him, I also lent him some money; **O. che attore è anche pittore**, besides being an actor, he is also a painter; he is a painter, as well as an actor **5** (*all'infuori di*) except; beyond; apart from: **O. me non c'era nessuno**, no one except me was present; **O. a te non l'ho detto a nessuno**, I haven't told anyone apart from you. ● **o. confine** (*o* **frontiera**), *V.* **oltreconfine** □ **o. misura**, beyond measure □ **o. ogni dire**, beyond description (*o* belief) □ **o. ogni limite**, beyond all limits □ **o. ogni speranza**, beyond all expectations: **andare o. ogni speranza**, to exceed all expectations □ **o. tutto**, besides □ **andare o. le proprie intenzioni**, to overshoot the mark.
oltreconfine, A *agg.* across the border (*pred.*); (*straniero*) foreign. **B** *avv.* across the border; (*all'estero*) abroad. **C** *m.* foreign countries (*pl.*). ● **d'o.**, foreign (*agg.*).
oltrecortina, A *avv. e a.* (*polit.*) beyond the Iron Curtain. **B** *m.* Iron Curtain countries (*pl.*).
oltrefrontièra, *V.* **oltreconfine.**
oltremànica, *avv. e agg.* across the (English) Channel; beyond the (English) Channel: **andare o.**, to cross the Channel.
oltremàre, A *avv.* beyond the sea; overseas: **emigrare o.**, to migrate overseas. **B** *m.* **1** overseas lands (*pl.*): **paesi [costumi] d'o.**, overseas countries [customs]; **terre d'o.**, overseas lands; **commercio d'o.**, overseas trade; **venire d'o.**, to come from overseas **2** (*colore*) ultramarine (blue).
oltremarino, *a.* **1** overseas; from beyond the sea; ultramarine **2** – **azzurro o.**, ultramarine blue.
oltremişùra, **oltremòdo,** *avv.* beyond measure; exceedingly; extremely.
oltremondàno, *a.* ultramundane; beyond this world.
oltremontàno, *V.* **oltramontano.**
oltreocèano, A *avv.* across the ocean; overseas; in [North, South] America: **emigrare o.**, to migrate to America. **B** *m.* (*paesi d'o.*) overseas countries (*pl.*); (*le Americhe*) the Americas: **d'o.**, from overseas; (*americano*) American, from America: **costumi d'o.**, American customs.
oltrepassàbile, *a.* surpassable.
oltrepassàre, *v. t.* **1** (*passare oltre, anche fig.*) to go* beyond, to surpass, to overstep; (*eccedere*) to exceed; (*varcare*) to cross; (*salire sopra*) to rise* above: **o. la soglia**, to cross the threshold (*o* the door); **o. il confine**, to cross the frontier; **o. il limite di velocità**, to exceed the speed limit; **Il livello del fiume ha oltrepassato la soglia di sicurezza**, the river has risen above the safety line **2** (*superare*) to pass; to overtake*; to outstrip (*anche fig.*): **o. un'automobile**, to overtake a car; **o. un concorrente**, to overtake a competitor **3** (*naut.: doppiare*) to round; to double. ● (*leg.*) **o. illegalmente un confine di proprietà**, to trespass □ (*leg.*) **o. i propri diritti**, to strain one's rights □ (*fig.*) **o. tutti i limiti**, to overstep (*o* to pass, to exceed) all limits; to go too far.
oltretómba, *m.* hereafter; afterlife; life to come: **il mistero dell'o.**, the mystery of the afterlife; **pensare all'o.**, to think of the life to come. ● (*fig.*) **voce d'o.**, hollow voice; gloomy voice.
oltretùtto, *avv.* apart from everything else; moreover; on top of it.
oltreumàno, *a.* more than human; superhuman.
omaccióne, *m.* big hefty man*; hulk; (*spreg.*) ugly brute.
omàggio, A *m.* **1** homage: **rendere o. a q.**, to pay homage to sb.; to salute sb.; to honour sb. **2** (*offerta, dono*) gift; present **3** (*comm.*) free sample; giveaway; premium; freebie (*USA*) **4** (*pl.*) (*saluti*) regards; compliments: **omaggi a Sua moglie**, my regards to your wife; **con gli omaggi dell'autore**, with the author's compliments **5** (*stor.*) homage. ● (*scherz.*) **O. della ditta**, it's on the house □ **fare o. a q. di q.c.**, to present sb. with st. □ **in o.**, free of charge; free; gratis; complimentary (*agg.*): **Ordinando due libri ne riceverete un terzo in o.**, if you order two books you will be sent a third one free of charge; **copia in o.**, complimentary copy □ **in o. alla legge**, in observance of the law □ **in o. alla tradizione**, following tradition. **B** *a. invar.* free; complimentary; gratis; gift (*attr.*): **buono o.**, gift coupon; gift voucher; **biglietto o.**, complimentary ticket; **campione o.**, free sample; **confezione o.**, gift pack.
omài, (*lett.*) *V.* **ormai.**
omanita, *a., m. e f.* Omani.
omarino, *m.* little man; (*spreg.*) shrimp of a man.
òmaro, *m.* (*zool., Homarus vulgaris*) (European) lobster.
omàşo, *m.* (*zool.*) omasum*.
ombelicàle, *a.* (*anat.*) umbilical: (*anche fig.*) **cordone o.**, umbilical cord; **ernia o.**, umbilical hernia.
ombelicàto, *a.* (*scient.*) umbilicate.
ombelico, *m.* (*anat. e fig.*) umbilicus*; (*com.*) navel, belly button (*fam.*). ● (*bot.*) **o. di Venere** (*Cotyledon umbilicus*), pennywort.
ómbra, A *f.* **1** (*zona d'o.*) shade; shadow: **Le palme fanno poca o.**, palm trees give little shade; **piante che amano l'o.**, plants that thrive in the shade; **Un po' d'o. finalmente!**, a little shade, at last!; **Ero seduta all'o.**, I was sitting in the shade; **Mettiamoci all'o. di quella quercia**, let's move into the shade of

that oak; **La valle era in o.**, the valley was in shadow; **il lato in o. della casa**, the side of the house that is in shadow; **Il suo viso era in o.**, his face was in shadow; **senza un palmo d'o.**, without a spot of shade ***2*** (*sagoma proiettata*) shadow: **Il fuoco gettava ombre strane sul muro**, the fire cast odd shadows on the wall; **le ombre della sera**, the shadows of evening; **Ero seduto all'o. di un albero**, I was sitting in the shadow of a tree; (*astron.*) **l'o. della terra**, the earth's shadow; **Un'o. si mosse nell'angolo**, a shadow moved in the corner ***3*** (*oscurità*) shadows (*pl.*); darkness; dark: **Avanzammo protetti dall'o.**, we advanced under the cover of darkness; **nell'o. della notte**, in the dark of the night; **dileguarsi nell'o.**, to melt into the shadows ***4*** (*traccia, parvenza*) shade; shadow; trace; touch; hint: **senza l'o. di un sospetto**, without a shade of suspicion; **Non c'è (un')o. di dubbio**, there is not a shadow of doubt; **senz'o. di malizia**, without a trace of spitefulness; **un'o. di mal di testa**, a slight headache; **un'o. di tristezza**, a touch of sadness; **La nostra amicizia fu turbata da un'o.**, something clouded our friendship ***5*** (*spettro, spirito*) shade; ghost: **le ombre dei morti**, the shades of the dead; **il regno delle ombre**, the shades (*pl.*); **l'o. di Tiresia**, the shade (*o* ghost) of Tiresias ***6*** (*piccola quantità*) just a bit; dash; spot: **un caffè con un'o. di latte**, a cup of coffee with a dash of milk ***7*** (*pl.*) (*pitt.*: *toni scuri*) shading (*sing.*); shade (*sing.*): **Queste ombre sono troppo forti**, this shading is too dark; **luci e ombre**, light and shade ***8*** (*alone*) trace; stain ***9*** (*psic.*) Shadow ***10*** (*zool.*) *V.* **ombrina.** ● **ombre cinesi**, shadow theatre; shadow play □ **all'o. della legge**, under shelter of the law □ **Crebbe all'o. della fama del padre**, he grew up in the shadow of his famous father □ (*boxe*) **allenamento contro l'o.**, shadow boxing □ **un'amicizia senza ombre**, a perfect friendship □ (*fig.*) **aver paura della propria o.**, to be afraid of one's own shadow □ (*astron.*) **cono d'o.**, umbra □ (*fig.*) **correre dietro alle ombre**, to catch at shadows □ (*fig.*) **dare corpo alle ombre**, to give substance to shadows; to imagine things □ (*fig.*) **essere diventato** (*o* **ridotto a**) **un'o.**, to be worn to a shadow □ (*fig.*) **essere l'o. di q.**, to be the shadow of sb. □ (*fig.*) **essere diventato l'o. di se stesso**, to be the shadow of one's former self □ **fare o. a q.**, to stand in sb.'s light; to keep the sun off sb. □ **fare o. a q.c.**, to cast one's shade on st.; to shadow st. □ **farsi o. con q.c.**, to shade oneself with st. □ (*fig.*) **mettere q. [q.c.] in o.**, to put (*o* to throw, to cast) sb. [st.] in (*o* into) the shade; to outshine sb. □ **essere nato all'o. della cupola di S. Pietro**, to be a Roman born and bred □ (*fig.*) **nell'o.** (*segretamente*), secretly; on the quiet; furtively □ **non avere l'o. di un quattrino**, not to have a penny left; to be broke (*fam.*) □ **prendere o.**, (*di persona*) to take umbrage; (*di cavallo*) to shy □ (*fig.*) **restare nell'o.**, to remain unknown; to keep in the background □ **seguire q. come un'o.**, to stick to sb. like a shadow □ **sotto l'o. dell'amicizia**, under pretence of friendship; pretending to be sb.'s friend □ (*fig.*) **tenersi nell'o.**, to keep in the shade (*o* in the background); to keep out of the limelight □ **tramare nell'o.**, to plot secretly □ (*fig.*) **trarre q. dall'o.**, to bring sb. into the limelight □ (*fig.*) **vivere nell'o.**, to live a secluded life □ **zona d'o.**, (*radar*) blind area; (*radio*) radio blackout. **B** *a. invar.* shadow: **governo o.**, shadow cabinet; **ministro o. del commercio**, Shadow Secretary of Trade; (*naut.*) **bandiera o.**, flag of convenience.

ombràre, *v. t.* (*anche pitt., disegno*) to shade.

ombràtile, *V.* **umbratile**.

ombratùra, *f.* **ombreggiaménto**, *m. V.* **ombreggiatura**.

ombreggiàre, *v. t.* ***1*** to shade; to cast* one's shade on: **i platani che ombreggiano la piazza**, the plane-trees shading the square ***2*** (*pitt.*: *un disegno*) to shade; (*tratteggiare*) to hatch.

ombreggiàto, *a.* ***1*** shaded; shady; shadowy: **luogo o.**, shady place ***2*** (*pitt.*: *di disegno*) shaded.

ombreggiatùra, *f.* (*pitt.*: *di disegno*) shading; (*tratteggio*) hatching.

ombrèlla, *f.* (*bot.*) umbel.

ombrellàio, *m.* ***1*** (*fabbricante*) umbrella maker ***2*** (*aggiustatore*) umbrella mender ***3*** (*venditore*) umbrella seller.

ombrellàta, *f.* blow with an umbrella.

ombrellìfera, *f.* (*bot.*) umbellifer.

Ombrellìfere, *f. pl.* (*bot., Umbelliferae*) Umbelliferae.

ombrellificio, *m.* umbrella factory.

ombrellifórme, *a.* (*bot.*) umbrella-shaped.

ombrellìno, *m.* parasol; sunshade.

ombrèllo, *m.* ***1*** umbrella: **Non porto mai l'o.**, I never carry an umbrella; **aprire [chiudere] l'o.**, to open [to close] one's umbrella; **o. da sole**, parasol; sunshade; **o. pieghevole**, telescopic umbrella; **a forma d'o.**, umbrella-shaped; **fodera dell'o.**, umbrella cover; **manico d'o.**, umbrella handle; **stecche dell'o.**, umbrella ribs ***2*** (*mil.*) umbrella: **o. aereo**, umbrella; **o. nucleare**, nuclear umbrella ***3*** (*zool.*: *di meduse, ecc.*) umbrella.

ombrellóne, *m.* beach umbrella.

ombrétto, *m.* eyeshadow.

ombrìfero, *a.* (*lett.*) shady.

ombrìna, *f.* (*zool., Umbrina cirrhosa*) umbrine.

ombrinàle, *m.* (*naut.*) scupper.

ombròfilo, *a.* (*bot.*) ombrophilous.

ombròfobo, *a.* (*bot.*) ombrophobous.

ombròmetro, *m.* ombrometer; rain gauge (*USA*: gage).

ombrosità, *f.* ***1*** (*l'essere pieno d'ombra*) shadiness; shadowiness ***2*** (*di cavallo*) skittishness ***3*** (*suscettibilità*) touchiness.

ombróso, *a.* ***1*** (*che dà ombra, pieno d'ombra*) shady; shadowy: **alberi ombrosi**, shady trees; **bosco o.**, shadowy wood; **sentiero o.**, shadowy (*o* shaded) lane ***2*** (*che si adombra*) skittish: **cavallo o.**, skittish horse ***3*** (*suscettibile*) touchy.

ombudsman, *m. invar.* (*leg.*) ombudsman.

omèga, *m.* o *f. invar.* (*ultima lettera dell'alfabeto greco*) omega. ● (*fig.*) **dall'alfa all'o.**, from beginning to end.

omelette (*franc.*), *f. invar.* (*cucina*) omelette, omelet (*USA*).

omelìa, *f.* (*eccles.* e *fig.*) homily; sermon.

omeliàrio, *m.* (*eccles.*) homiliary; book of homilies.

omelìsta, *m.* homilist; preacher.

omentàle, *a.* (*anat.*) omental.

oménto, *m.* (*anat.*) omentum*; caul.

omeomorfìsmo, *m.* (*mat.*) homeomorphism.

omeomòrfo, *a.* (*mat.*) homeomorphic.

omeòpata, *m.* e *f.* hom(o)eopath; hom(o)eopathist.

omeopatìa, *f.* (*med.*) hom(o)eopathy.

omeopàtico, (*med.*) **A** *a.* (*anche fig.*) hom(o)eopathic: **dose omeopatica**, homeopathic dose. **B** *m.* (*f.* **-a**) hom(o)eopath.

omeopatìsta, *m.* e *f.* (*med.*) hom(o)eopathist.

omeopolàre, *a.* (*chim.*) homopolar; covalent.

omeostàsi, **omeòstasi**, *f.* hom(o)eostasis.

omeostàtico, *a.* hom(o)eostatic.

omeostàto, *m.* hom(o)eostatic organism.

omeotermìa, *f.* (*biol.*) homo(io)thermy.

omeotèrmo, (*biol.*) **A** *a.* homo(io)thermic; homo(io)thermal. **B** *m.* homo(io)therm.

omeràle, **A** *a.* (*anat.*) humeral. **B** *m.* (*eccles.*) humeral veil.

omèrico, *a.* ***1*** (*letter.*) Homeric: **i poemi omerici**, the Homeric poems; Homer's poems; **la questione omerica**, the Homeric question ***2*** (*fig.*) Homeric; huge; vast: **risate omeriche**, Homeric (*o* roaring) laughter; **appetito o.**, vast appetite.

Omèro, *m.* Homer.

òmero, *m.* ***1*** (*anat.*) humerus* ***2*** (*lett.*: *spalla*) shoulder.

omertà, *f.* (*della malavita*) «omertà»; (*estens.*) conspiracy of silence.

omertóso, *a.* obeying to «omertà».

omèttere, *v. t.* to omit; to leave* out; not to insert; (*saltare*) to skip: **Questa frase può essere omessa**, this sentence may be omitted; **Non omisi nulla**, I did not leave out anything; **o. di fare q.c.**, to omit to do st.; (*per trascuratezza*) to neglect to do st.

ométto, *m.* ***1*** (*uomo piccolo*) little man*, little fellow; (*spreg.*) shrimp, squirt ***2*** (*uomo da nulla*) nonentity; pipsqueak (*fam.*) ***3*** (*scherz., di bambino*) little man* ***4*** (*birillo di biliardo*) pin ***5*** (*region.*: *gruccia per abiti*) clothes-hanger ***6*** (*archit.*: *monaco*) king post.

omiciàttolo, *m.* (*spreg.*) ***1*** shrimp; pygmy ***2*** (*uomo da poco*) nonentity; pipsqueak (*fam.*).

omicìda, **A** *a.* ***1*** (*da omicida*) homicidal; murderous: **furia o.**, homicidal rage; **pazzo o.**, homicidal maniac; **occhiata o.**, murderous look; **tendenze omicide**, homicidal (*o* murderous) tendencies ***2*** (*di omicida*) murderer's: **mani omicide**, murderer's hands. **B** *m.* e *f.* murderer; murderess (*f.*); homicide.

omicìdio, *m.* homicide; murder; manslaughter: **punire il furto e l'o.**, to punish theft and homicide; **commettere un o.**, to commit homicide; to murder somebody; **colpevole d'o.**, guilty of murder; **essere accusato d'o.**, to be charged with murder; **essere condannato per o.**, to be convicted of murder; **o. colposo**, culpable homicide; manslaughter; **o. per legittima difesa**, murder in self-defence; **o. premeditato**, murder (with malice aforethought); murder in the first degree (*USA*); first-degree murder (*USA*); **o. preterintenzionale**, manslaughter; murder in the second degree (*USA*); second-degree murder (*USA*); **o. volontario**, wilful murder; **tentato o.**, attempted murder.

òmicron, *m.* o *f. invar.* (*quindicesima lettera dell'alfabeto greco*) omicron, omikron.

omilèta, *m.* homilist.

omilètica, *f.* homiletics (*pl. col verbo al sing.*).

omilètico, *a.* (*relig.*) homiletic(al).

omiliàrio, *V.* **omeliario**.

ominazióne, *f.* (*biol.*) hominization.

omìnide, *m.* (*antropol.*) hominid.

Omìnidi, *m. pl.* (*antropol.*) Hominidae.

omìno, *m.* little man*; little fellow; midget; manikin.

omissìbile, *a.* omissible; that may be omitted (*o* left out).

omissióne, *f.* ***1*** omission; leaving out: **l'o. d'una parola**, the omission of a word; **o. volontaria**, intentional omission ***2*** (*leg.*) failure; default; neglect: **o. d'atti d'ufficio**, neglect of an official duty; **o. di soccorso**, failure to assist. ● (*relig.*) **peccati di o.**, sins of omission □ (*comm.*) **salvo errori e omissioni**, errors and omissions excepted.

omissis (*lat.*), *m. invar.* (deliberate) omission.

ommatìdio, *m.* (*zool.*) ommatidium*.

omnibus (*lat.*), **A** *m.* ***1*** horse-drawn omnibus (*o* bus) ***2*** (*treno locale*) local (*o* slow) train. **B** *a.* (*leg.*) omnibus.

omnidirezionàle, *a.* (*tecn.*) omnidirectional: **antenna o.**, omnidirectional antenna.

omnium (*lat.*), *m.* (*sport*) open race.

omnìvoro, *V.* **onnivoro**.

omocèntrico, *a.* (*fis.*) homocentric.

omocìclico, *a.* (*chim.*) homocyclic.

omocinètico, *a.* (*mecc.*) constant-velocity (*attr.*).

omocromìa, *f.* (*biol.*) homochromy.

omocròmo, *a.* (*biol.*) homocromous.

omodónte, *a.* (*zool.*) homodont.

omoerotìsmo, *m.* homoeroticism.

omofagia, *f.* (*etnol.*) homophagy.

omofilìa, *f.* homophyly.

omòfilo, *a.* homophylic.

omofobìa, *f.* homophobia.

omofonìa, *f.* (*mus., ling.*) homophony.

omofònico, *a.* (*mus., ling.*) homophonic.

omòfono, **A** *a.* (*mus., ling.*) homophonous; homophonic. **B** *m.* (*ling.*) homophone.

omogamìa, *f.* (*bot.*) homogamy.

omogenàto, *V.* **omogeneizzato**.

omogeneità, *f.* homogeneity; homogeneousness.

omogeneizzàre, *v. t.* to homogenize.

omogeneizzàto, **A** *a.* homogenized. **B** *m.* homogenized food.

omogeneizzatóre, *m.* homogenizer.

omogeneizzazióne, *f.* homogenization.

omogèneo, *a.* **1** homogeneous; uniform; well-blended; (*armonico*) harmonious: **elementi omogenei**, homogeneous elements; **un impasto o.**, a well-blended mixture; **rendere o.**, to make homogeneous; to homogenize; to make uniform **2** (*mat.*) homogeneous: **equazione omogenea**, homogeneous equation.

omografìa, *f.* **1** (*ling.*) homography **2** (*mat.*) collineation.

omogràfico, *a.* **1** (*ling.*) homographic **2** (*mat.*) collinear.

omògrafo, (*ling.*) **A** *a.* homographic. **B** *m.* homograph.

omolişi, *f.* (*chim.*) homolysis.

omolìtico, *a.* (*chim.*) homolytic.

omologàre, *v. t.* **1** (*leg.*) to homologate; to confirm; (*ratificare*) to ratify, to validate; (*oggetti, veicoli*) to approve: **o. un trattato**, to validate a treaty; **o. un testamento**, to prove a will; to grant probate; **o. un prototipo**, to approve a prototype **2** (*sport*) to recognize: **o. un record**, to recognize a record **3** (*fig.*: *standardizzare*) to standardize.

omologàto, *a.* **1** (*leg.*) homologated, confirmed; (*ratificato*) ratified, validated; (*di testamento*) proved; (*di oggetti, veicoli*) approved, type-tested **2** (*sport*) recognized **3** (*fig.*: *standardizzato*) standardized.

omologazióne, *f.* (*leg.*) **1** homologation; confirmation; (*ratificazione*) ratification, validation; (*di testamento*) probate; (*di oggetti, veicoli*) approval **2** (*sport*) recognition **3** (*fig.*: *standardizzazione*) standardization.

omologìa, *f.* (*anche mat.*) homology.

omològico, *a.* (*anche mat.*) homological; homologous.

omòlogo, **A** *a.* **1** (*biol., mat.*) homologous **2** (*corrispondente*) corresponding. **B** *m.* (*f.* **-a**) counterpart; opposite number.

omomorfìa, *f.* (*biol.*) homomorphy; homomorphism.

omomorfişmo, *m.* (*bot., mat.*) homomorphism.

omomòrfo, *a.* (*biol., mat.*) homomorphic; homomorphous.

omomorfòşi, *f.* (*biol.*) homomorphosis.

omonimìa, *f.* **1** (the fact of) having the same name: **La nostra o. ci crea problemi**, having the same name is rather inconvenient for us; **un caso di o.**, a coincidence of names **2** (*ling.*) homonymy.

omònimo, **A** *a.* **1** having the same name; homonymous: **monti omonimi**, mountains with the same name **2** (*ling.*) homonymous. **B** *m.* **1** (*f.* **-a**) (*di persona*) homonym; namesake **2** (*ling.*) homonym.

omoplaşìa, *f.* (*biol.*) homoplasy.

omoplàta, *m.* (*anat.*) omoplate; scapula*; shoulder-blade.

omosessuàle, *a., m.* e *f.* homosexual; gay.

omosessualità, *f.* homosexuality.

omosèx, *a., m.* e *f.* homosexual; gay; homo (*fam.*).

omotipìa, *f.* (*anat.*) homeotypy.

omotonìa, *f.* (*mus.*) uniform tone.

Omòtteri, *m. pl.* (*zool., Homoptera*) Homoptera.

omòttero, *m.* (*zool.*) homopteron*.

omozigòşi, *f.* (*biol.*) homozygosis.

omozigòte, *m.* (*biol.*) homozygote.

omozigòtico, *a.* (*biol.*) homozygous.

omùncolo, *m.* **1** *V.* **omiciattolo** **2** (*alchimia*) homunculus*.

ònagro, **onàgro**, *m.* **1** (*zool., Equus onager*) onager*; wild ass **2** (*mil.*) onager*.

onanìşmo, *m.* onanism; self-abuse.

onanìsta, *m.* e *f.* onanist.

óncia, *f.* **1** (*misura di peso*) ounce (*abbr.*: oz.): **sei once di zucchero**, six ounces of sugar; 6 oz. sugar; **un pacchetto da tre once**, a three-ounce packet **2** (*fig.*: *minima quantità*) bit, ounce; (*minimo spazio*) inch: **Quel ragazzo non ha un'o. di giudizio**, that boy hasn't an ounce of common sense; **non avere un'o. di cervello**, to have no brains at all; **non cedere di un'o.**, not to yield an inch **3** (*moneta e misura di peso romana*) uncia*.

oncìale, **A** *a.* uncial: **scrittura o.**, uncial writing; **lettera o.**, uncial (letter); **manoscritto a caratteri onciali**, uncial. **B** *f.* uncial writing.

oncocercòşi, *f.* (*med.*) onchocerciasis*; (*com.*) river blindness.

oncogène, *m.* (*biol.*) oncogene.

oncogèneşi, *f.* (*med.*) oncogenesis*.

oncògeno, *a.* (*med.*) oncogenic; oncogenous.

oncologìa, *f.* (*med.*) oncology.

oncològico, *a.* (*med.*) oncologic(al).

oncòlogo, *m.* (*f.* **-a**) (*med.*) oncologist.

oncoterapìa, *f.* (*med.*) oncotherapy.

ónda, *f.* **1** wave: **o. grossa**, big wave; billow; **o. lunga**, long wave; roller: **o. morta**, swell; **fendere** (*o* **tagliare**) **le onde**, to breast the waves; **essere in balìa delle onde**, to be tossed the waves; to be at the mercy of the waves; **cresta dell'o.**, wave crest; **gola dell'o.**, wave trough **2** (*fig.*) wave; surge: **Un'o. di popolo irruppe nella piazza**, a wave of people rushed into the square; **un'o. d'entusiasmo**, a wave (*o* surge) of enthusiasm; **l'o. dei sentimenti**, the surge of emotions; **un'o. montante di indignazione**, a mounting wave of indignation **3** (*linea o forma sinuosa*) wave: **un disegno a onde**, a wave pattern; **le onde dei capelli**, the waves in one's hair; **dare l'o. ai capelli**, to wave one's hair; **capelli a onde**, wavy hair **4** (*fis., radio*) wave: **onde medie [corte, lunghe]**, medium [short, long] waves; **o. portante**, carrier wave; **o. sonora**, sound wave; **o. termica**, heat wave; **lunghezza d'o.**, wavelength; **onde elettromagnetiche**, electromagnetic waves; **onde hertziane**, Hertzian waves; **treno d'onde**, wave train. ● **o. di marea**, tidal wave; (*alla foce di un fiume*) bore □ **o. di maremoto**, tsunami; (*non scient.*) tidal wave □ **o. d'urto**, shock wave; blast wave □ **o. nera**, oil slick □ **o. verde**, synchronized traffic lights (*pl.*) □ **andare a onde**, to zig-zag; to sway □ (*radio*) **andare in o.**, to be broadcast □ (*fig.*) **cavalcare l'o. di q.c.**, to catch the current wave of st. □ (*radio*) **essere [non essere] in o.**, to be on [off] the air □ (*fig.*) **Siamo sulla stessa lunghezza d'o.**, we are on the same wavelength □ (*radio*) **mandare** (*o* **mettere**) **in o.**, to broadcast □ (*fig.*) **seguire l'o.**, to follow the crowd; to go with the fashion □ (*fig.*) **sulla cresta dell'o.**, on the crest of the wave.

ondàmetro, *m.* (*fis.*) wavemeter.

ondàta, *f.* **1** wave, billow; (*frangente*) breaker, comber **2** (*fig.*) wave; surge: **o. di caldo [di freddo]**, heat [cold] wave; **o. d'entusiasmo**, wave (*o* surge) of enthusiasm; **o. di panico**, wave of panic; **ondate di folla**, a surging crowd; (*comm.*) **o. di ribasso**, wave of falling prices; **a ondate**, in waves.

ondàtra, *f.* (*zool., Ondatra zibethica*) muskrat; musquash.

ónde, (*lett.*) **A** *cong.* **1** (*finale*: *affinché*) in order that; so that; that: **Ti avverto o. tu possa decidere**, I'm telling so that you may decide **2** (*finale*: *per*) in order to; so as to; to: **Bisogna lavorare sodo o. raggiungere lo scopo**, we must work hard in order to gain our ends **3** (*consecutiva*: *perciò*) therefore; and so: **L'uomo non mi rispondeva, o. io mi rivolsi a un altro**, the man didn't answer, and so I turned to another one. **B** *avv. interr.* (*di luogo*) where... from; from where; whence (*lett.*): **O. vieni?**, where do you come from? **C** *avv.* **1** (*di luogo*) from where; where... from; whence (*lett.*): **Nessuno sa o. venisse**, no one knows whence he came (*o* where he came from) **2** (*di mezzo*) whereby: **Escogitò un piano o. potesse fuggire**, he devised a plan whereby he might escape. **D** *pron. relat.* from which; with which; by which: **un prezioso metallo o. si fanno gioielli**, a precious metal from which jewellery is made; **le vesti o. era coperta**, the clothes with which she was covered; **i mali o. egli è afflitto**, the evils by which he is beset.

ondeggiaménto, *m.* **1** (*sull'acqua*) rocking; rolling **2** (*oscillamento*) waving, swaying; (*di bandiere e sim.*) fluttering, waving; (*di fiamma*) flickering; (*di capelli*) blowing; (*di folla*) swaying **3** (*fig.*: *esitazione*) wavering; hesitation.

ondeggiànte, *a.* **1** rocking; rolling: **andatura o.**, rolling gait **2** (*oscillante*) waving, swaying; (*di bandiere e sim.*) fluttering, waving; (*di erba, messi*) waving, rippling; (*di fiamma*) flickering; (*di capelli*) blowing, tossed; (*di folla*) swaying **3** (*fig.*: *esitante*) wavering; hesitating; dithering.

ondeggiàre, *v. i.* **1** (*di barche e sim.*) to rock; to roll: **Il battello ondeggiava dolcemente**, the boat was rocking gently **2** (*lett.*: *di acqua*) to ripple: **La superficie del lago ondeggiava al vento**, the surface of the lake was rippling in the wind **3** (*fluttuare, oscillare*) to wave, to waver, to sway; (*di bandiere e sim.*) to flutter, to wave; (*di erba, messi*) to ripple, to wave; (*di fiamma*) to flicker; (*di capelli*) to blow*: **La linea dei soldati ondeggiò e poi si ruppe**, the line of troops wavered and then broke; **Le tende ondeggiano alla brezza**, the curtains are fluttering in the breeze; **La fiamma ondeggiò e si spense**, the flame flickered and went out; **I suoi capelli ondeggiavano al vento**, her hair was blowing in the wind (*o* was tossed by the wind); **Camminava ondeggiando sui tacchi alti**, she swayed on her high heels; **Il vento faceva o. i rami**, the branches swayed in the wind **4** (*fig.*: *esitare, titubare*) to waver; to hesitate; to dither: **o. fra due soluzioni**, to waver between two solutions.

ondìna, *f.* **1** (*mitol.*) undine **2** (*fig.*) good swimmer.

ondìvago, *a.* **1** (*lett.*) sea-roving **2** (*fig.*) wavering; time-serving.

ondògrafo, *m.* (*fis.*) ondograph.

ondoscòpio, *m.* (*fis.*) ondoscope.

ondosità, *f.* waviness; undulation.

ondóso, *a.* **1** (*pieno di onde, mosso dalle onde*) wavy; agitated; surging; billowy (*lett.*) **2** (*pertinente alle onde*) wave (*attr.*): **moto o.**, wave motion **3** (*ondeggiante*) undulating; (*ondulato*) wavy.

ondulànte, *a.* undulant. ● (*med.*) **febbre o.**, undulant fever; Malta fever.

ondulàre, **A** *v. i.* to undulate; to wave (gently); to ripple. **B** *v. t.* **1** to wave: **farsi o. i capelli**, to have one's hair waved **2** (*tecn.*) to corrugate.

ondulàto, *a.* **1** undulated; wavy; wave-like: **terreno o.**, undulating ground; **capelli ondulati**, wavy hair **2** (*tecn.*) corrugated: **cartone o.**, corrugated cardboard; **lamiera ondulata**, corrugated iron.

ondulatóre, *m.* (*elettr.*) **1** inverter **2** (*apparecchio registratore*) ondograph.

ondulatòrio, *a.* undulatory; wave-like: **terremoto o.**, undulatory earthquake; **movimento o.**, wave-like movement; undulation.

ondulazióne, *f.* **1** (*moto ondulatorio*)

undulation; wave-like motion: **l'o. dell'aria**, the undulation of the air *2* (*disposizione a onde*) undulation; waving: **le ondulazioni del terreno**, the undulations of the ground *3* (*dei capelli*) wave: **o. permanente**, permanent (wave); perm (*fam.*) *4* (*elettr.*) ripple *5* (*metall.*) buckle *6* (*tecn.*) corrugating.

ondurégno, *V.* **honduregno**.

oneràre, *v. t.* to burden; to weigh down: **o. di tasse**, to burden with taxes.

oneràrio, *a.* – **nave oneraria**, cargo ship.

ònere, *m.* *1* (*peso, carico*) burden; load; weight: **o. gravoso**, heavy load (*o* burden) *2* (*responsabilità*) responsibility, burden, onus; (*obbligo*) obligation: **addossarsi un o.**, to shoulder (*o* to take upon oneself) a responsibility; **Gli onori sono oneri**, honour brings responsibility *3* (*spesa*) charge: **oneri bancari**, bank charges. ● (*leg.*) **l'o. della prova**, the burden of proof □ **oneri previdenziali**, welfare contributions □ **oneri salariali**, labour costs □ **o. tributario**, tax burden; taxation.

onerosità, *f.* onerousness; burdensomeness.

oneróso, *a.* onerous; burdensome; (*pesante*) heavy, hard: **contratto o.**, onerous contract; **condizioni onerose**, hard terms. ● **a titolo o.**, for a valuable (*o* a money) consideration.

onestà, *f.* *1* (*integrità, rettitudine*) honesty; integrity; probity; uprightness: **un uomo di specchiata o.**, a man of unblemished honesty (*o* integrity); **o. di vita**, probity of life; upright life; **o. pubblica**, uprightness in public life; **o. commerciale**, honourable dealing *2* (*decenza, decoro*) decency; decorum; propriety: **comportarsi con o.**, to behave with decorum; **offesa all'o.**, offence against decency; breach of propriety *3* (*castità, pudore*) chastity; virtue; modesty.

onestaménte, *avv.* *1* (*rettamente*) honestly; uprightly: **Si guadagna da vivere o.**, he earns an honest living *2* (*sinceramente*) frankly; honestly: **O., non so che fare**, I honestly don't know what to do *3* (*in coscienza*) in all honesty; in all fairness.

onèsto, **A** *a.* *1* (*retto*) honest; honourable, honorable (*USA*); upright: **un uomo o.**, an honest (*o* an upright) man; **propositi onesti**, honest (*o* honourable) intentions; **un viso o.**, an honest face; **guadagno o.**, honest profits (*o* earnings) *2* (*giusto, equo*) just; fair; decent; reasonable: **peso o.**, honest weight; **gioco o.**, fair play; **giudice o.**, fair (*o* just) judge; **prezzo o.**, fair (*o* reasonable) price *3* (*franco*) frank; straightforward: **una spiegazione onesta**, a straightforward (*o* frank) explanation *4* (*onorevole*) honourable *5* (*decente, discreto*) honest; decent: **piacere o.**, decent (*o* honest) pleasure; **linguaggio o.**, decent language *6* (*casto, pudico*) honest; chaste; virtuous; modest. **B** *m.* *1* (*f.* **-a**) honest person *2* (*ciò che è o.*) what is honest [just, fair, etc.]; honourableness: **nei limiti dell'o.**, within the bounds of honourableness; (*del decoro*) within the bounds of decency.

onestuòmo, *m.* honest man*; decent man*.

onfalite, *f.* (*med.*) omphalitis*.

onfalocèle, *f.* (*med.*) umbilical hernia.

ònice, *f.* (*miner.*) onyx.

onicofagìa, *f.* (*med.*) onychophagy; (*com.*) nail-biting.

onicòsi, *f.* (*med.*) onychosis*.

onìrico, *a.* *1* dream (*attr.*); oneiric: **attività onirica**, dream activity *2* (*fig.*) dream-like; visionary: **atmosfera onirica**, dream-like atmosphere.

onirismo, *m.* (*med.*) oneirism.

onirologìa, *f.* (*psic.*) oneirology.

oniromanzìa, *f.* oneiromancy.

onìsco, *m.* (*zool., Oniscus asellus*) wood-louse*; sow-bug.

onnicomprensìvo, *a.* all-embracing; all-inclusive.

onnipossènte, **onnipotènte**, **A** *a.* *1* (*di divinità*) omnipotent; almighty: **Dio o.**, God omnipotent; the Almighty God *2* (*di uomo*) omnipotent; all-powerful: **ministro o.**, all-powerful minister; **Si crede o.**, he thinks he is omnipotent. **B** *m.* (*Dio*) (the) Almighty.

onnipotènza, *f.* omnipotence; almightiness: **l'infinita o. di Dio**, the infinite omnipotence of God; **l'o. del denaro**, the omnipotence of money; (*psic.*) **delirio d'o.**, delusion of omnipotence; megalomania.

onnipresènte, *a.* omnipresent; ubiquitous. ● **Ma quello lì è o.!**, that fellow turns up everywhere!

onnipresènza, *f.* omnipresence; ubiquity.

onnisciènte, *a.* omniscient; all-knowing: **Nessuno è o.**, no man is omniscient; you can't know everything; **l'o. Dio**, the omniscient God. ● **l'O.**, the Omniscient.

onniscienza, *f.* omniscience.

onniveggènte, *a.* all-seeing.

onniveggènza, *f.* all-embracing vision.

onnìvoro, *a.* omnivorous: **persona** [**animale**] **o.**, omnivore.

onomanzìa, *f.* onomancy.

onomasiologìa, *f.* (*ling.*) onomasiology.

onomàstica, *f.* onomastics (*pl. col verbo al sing.*); onomatology.

onomàstico, **A** *m.* name-day; saint's day. **B** *a.* onomastic: **ricerche onomastiche**, onomastic researches; **lessico o.**, onomasticon.

onomatopèa, *f.* (*ling.*) onomatopoeia.

onomatopèico, *a.* (*ling.*) onomatopoeic; onomatopoetic: **termine o.**, onomatopoeic word; onomatope.

onoràbile, *a.* honourable, honorable (*USA*).

onorabilità, *f.* honourableness, honorableness (*USA*); (*buon nome*) reputation: **mettere in dubbio l'o. di q.**, to question sb.'s reputation.

onoràndo, *a.* (*lett.*) honourable, honorable (*USA*).

onorànza, *f.* (*generalm. al pl.*) honour, honor (*USA*): **onoranze militari**, military honours; **onoranze funebri**, last (*o* funeral) honours; **tributare solenni onoranze a q.**, to bestow (*o* to confer) solemn honours upon sb.

onoràre, **A** *v. t.* *1* to honour, to honor (*USA*); to hold* in honour; (*rispettare*) to respect: **Onora il padre e la madre**, honour thy father and mother; **o. la memoria di q.**, to honour the memory of sb. *2* (*dare onore, lustro*) to do* honour (*o* credit) to; to bring* honour to; to be an honour to: **La sua diligenza lo onora**, his industry does him credit; **o. la propria famiglia** [**il proprio paese**], to be an honour to one's family [one's country] *3* (*conferire un onore*) to honour; to bestow (*o* to confer) honour upon: **Egli mi onora della sua amicizia**, he honours me with his friendship; I have the honour of his friendship; **Ha voluto onorarmi d'una sua visita**, he did me the honour of a visit *4* (*comm.*) to honour; to meet*: **o. una cambiale**, to honour a bill of exchange; **o. la propria firma**, to honour one's signature; **o. i propri obblighi**, to meet (*o* to fulfil) one's obligations. **B** **onoràrsi**, *v. i. pron.* to feel* (*o* to be) highly honoured; to be proud: **o. dell'amicizia di q.**, to be proud of sb.'s friendship; **Mi onoro di chiamarlo amico**, I am proud to call him my friend.

onoràrio (**1**), *a.* *1* honorary: **presidente o.**, honorary president; **socio o.**, honorary member *2* (*non effettivo*) titular; honorary: **carica onoraria**, titular office.

onoràrio (**2**), *m.* fee; honorarium*: **l'o. di un medico**, a doctor's fee; **pagare l'o. a q.**, to pay sb.'s fee.

onorataménte, *avv.* honourably, honorably (*USA*); in an honourable manner; with honour. ● **vivere o.**, to live an honourable life.

onoratézza, *f.* honourableness, honorableness (*USA*); honour, honor (*USA*).

onoràto, *a.* *1* honoured, honored (*USA*): **sentirsi o.**, to feel honoured *2* (*onorevole*) honourable, honorable (*USA*); (*dignitoso*) respectable, dignified: **di umile, ma onorata famiglia**, of a poor, but honoured family; **povertà onorata**, dignified poverty; **morte onorata**, honourable death; **Sarò o. se lei accetta il mio aiuto**, I will be honoured if you accept my help; you will honour me by accepting my help. ● **l'onorata Società**, the Camorra; the Mafia.

onóre, *m.* *1* honour, honor (*USA*): **un uomo d'o.**, a man of honour; an honourable man; **debito d'o.**, debt of honour; **parola** [**punto, questione**] **d'o.**, word [point, question] of honour; **dare la propria parola d'o.**, to give one's word of honour; **Ne va del mio o.**, my honour is at stake; **impegnarsi** (*o* **garantire**) **sul proprio o.**, to give one's word of honour; **tener alto l'o. del proprio paese**, to uphold the honour of one's country *2* (*gloria, vanto*) honour, glory; (*distinzione*) credit, distinction: **l'o. della vittoria**, the honour (*o* glory) of victory; **Questi sentimenti ti fanno o.**, these feelings do you credit (*o* honour); **Quel ragazzo fa o. alla sua famiglia**, that boy is a credit (*o* does honour) to his family; **avere l'o. di fare q.c.**, to have the honour of doing (*o* to do) st.; **Mi fece l'o. di essere testimone alle mie nozze**, he did me the honour of being my best man; **Posso avere l'o. di questo ballo?**, may I have the honour of this dance? *3* (*atto di omaggio*) honour; homage; ceremony: **onori funebri** [**militari**], funeral [military] honours; **Fu ricevuto con tutti gli onori**, he was received with great ceremony; he was given the red carpet treatment (*fam.*); **fare** (*o* **rendere**) **o. a un sovrano**, to pay homage to a sovereign; **in o. di q.**, in sb.'s honour *4* (*di donna*) honour; virtue chastity; virginity: **insidiare l'o. di una donna**, to assail a woman's virtue *5* (*ufficio, dignità*) office; dignity: **raggiungere i più alti onori**, to achieve the highest dignity *6* (*pl.*) (*bridge*) honours. ● (*scherz.*) **l'onor del mento**, the beard □ **l'o. delle armi**, the honours of war □ **a o. del vero**, to tell the truth; truth to tell □ (*leg.*) **causa d'o.**, motive of honour □ **dama d'o.**, lady-in-waiting □ **damigella d'o.** (*di una sposa*), bridesmaid; maid of honor (*USA*) □ **delitto d'o.**, crime committed to vindicate one's honour □ **fare gli onori di casa**, to welcome [to entertain] the guests □ **fare o. a un pasto**, to do justice to a meal □ **fare o. alla propria firma**, to honour one's signature □ **fare o. ai propri impegni**, to meet one's obligations □ **farsi o.**, to distinguish oneself □ **farsi o. in q.c.**, to excel in st. □ (*sport*) **giro d'o.**, lap of honour □ **posto d'o.**, place of honour □ **rendere o. a q.**, to honour sb. □ **rendere o. al merito**, to give honour (*o* praise) where it is due □ **salire agli onori degli altari**, to be raised to the altars □ **scorta d'o.**, guard of honour □ **serata d'o.**, gala evening □ **tenere q.c. in grande o.**, to hold sb. in great esteem □ **tribuna d'o.**, saluting stand □ **Troppo o.!**, you do me too much honour! □ **uscirne con o.**, to come off honourably (*o* creditably) □ (*a un giudice*) **Vostro O.**, your Honor (*USA*); my Lord (*GB*).

onorévole, **A** *a.* *1* (*degno di onore, che fa onore*) honourable, honorable (*USA*): **È uomo o.**, he is an honourable man; **imprese onorevoli**, honourable deeds; **sepoltura o.**, honourable burial; **menzione onorevole**, honourable mention; **concludere una pace o.**, to conclude an honourable peace *2* (*titolo di deputato*) Honourable: **l'o. Bianchi**, the Honourable Mr Bianchi. **B** *m.* e *f.* (*parlamentare*) Member of Parliament (*abbr.*: MP).

onorevolézza, *f.* honourableness, honorableness (*USA*).

onorificènza, *f.* honour, honor (*USA*); dignity; (*decorazione*) decoration: **conferire un'o. a q.**, to confer an honour upon sb.

onorìfico, *a.* honorific; of honour; honorary: **carica onorifica**, honorary appointment; **titolo o.**, honorary title; honorific.

ónta, *f.* ***1*** (*vergogna, disonore*) shame; dishonour, dishonor (*USA*); disgrace; ignominy; infamy: **arrecare o. alla propria famiglia**, to bring shame upon one's family; to disgrace (*o* to dishonour) one's family; **vivere nell'o.**, to live in dishonour ***2*** (*ingiuria, offesa*) insult; offence: **cancellare un'o. col sangue**, to wipe out an insult with blood. ● **ad o. di**, in spite of; notwithstanding: **ad o. del tempo cattivo**, in spite of the bad weather.

ontanéta, *f.* **ontanéto**, *m.* alder wood.

ontàno, *m.* (*bot.*, *Alnus glutinosa*) alder.

òntico, *a.* (*filos.*) ontic.

ontogènesi, *f.* (*biol.*) ontogenesis; ontogeny.

ontogenètico, *a.* (*biol.*) ontogenetic.

ontologìa, *f.* (*filos.*) ontology.

ontològico, *a.* (*filos.*) ontologic(al).

ontologismo, *m.* (*filos.*) ontologism.

ontologista, *m.* e *f.* (*filos.*) ontologist.

onùsto, *a.* (*lett.*) laden (with); burdened (with): **o. d'anni**, burdened with years; **o. di allori**, wreathed with laurel; **o. di gloria**, covered with glory.

ooblàsto, *m.* (*biol.*) ooblast.

oocisti, *f.* (*biol.*) oocyst.

oocita, *m.* (*biol.*) oocyte.

ooforite, *f.* (*med.*) oophoritis.

oòforo, **A** *a.* oophoric. **B** *m.* oophore.

oogamìa, *f.* (*biol.*) oogamy.

oogènesi, *f.* (*biol.*) oogenesis*.

oogònio, *m.* (*bot.*) oogonium.

oolite, *f.* (*miner.*) oolite; roestone.

ooplàsma, *m.* (*biol.*) ooplasm.

oosfèra, *f.* (*bot.*) oosphere.

oospòra, *f.* (*bot.*) oospore.

ootèca, *f.* (*biol.*) ootheca.

Òpa, *f. invar.* (*Borsa*: *iniziali di «offerta pubblica d'acquisto»*) take-over bid; acquisition offer.

opacìmetro, *m.* (*tecn.*) opacimeter.

opacità, *f.* ***1*** opacity; opaqueness ***2*** (*fig.*) dullness.

opacizzàre, **A** *v. t.* ***1*** to opacify ***2*** (*ind. tess.*) to delustre, to deluster (*USA*). **B opacizzàrsi**, *v. i. pron.* to opacify.

opacizzazióne, *f.* ***1*** opacification ***2*** (*ind. tess.*) delustring.

opàco, *a.* ***1*** (*che non lascia passare la luce*) opaque; non-transparent: **corpo o.**, opaque body; **vetro o.**, opaque (*o* non-transparent) glass ***2*** (*senza lucentezza*) dull; opaque; lustreless; flat; mat: **colori opachi**, dull colours; **vernice opaca**, flat paint; **carta patinata opaca**, mat paper ***3*** (*fig.*: *spento, attenuato*) dull; muffled; veiled; glazed: **suoni opachi**, muffled sounds; **sguardo o.**, glazed eyes ***4*** (*fig.*: *poco vivace*) dull; lacklustre; flat: (*sport*) **prestazione opaca**, lacklustre performance.

opàle, *m.* (*miner.*) opal: **o. comune**, common opal; **o. nobile**, noble (*o* precious) opal; **o. di fuoco**, fire opal; girasol.

opalescènte, *a.* opalescent.

opalescènza, *f.* opalescence.

opalina, *f.* ***1*** (*vetro*) opaline; opal glass; milk glass ***2*** (*cartoncino*) opalescent-finished paper ***3*** (*tessuto*) light cotton.

opalino, *a.* opaline; opal (*attr.*): **azzurro o.**, opal blue.

opalizzàto, *a.* (*tecn.*) opalized.

op art (*ingl.*), *locuz. f. invar.* (*pitt.*) op art.

ope legis (*lat.*), *locuz. agg.* e *avv.* by law; by statute.

open space (*ingl.*), *locuz. m. invar.* (*archit.*) open-plan office.

òpera, *f.* ***1*** (*attività, azione, lavoro*) work; action; deed: **continuare l'o. di q.**, to carry on sb.'s work; **compiere l'o.**, to complete one's work; **mettersi all'o.**, to get down (*o* to go) to work; to go (*o* to set) about one's work; **essere all'o.**, to be at work (on st.); **Mi piacerebbe vederti all'o.**, I should like to see you at work (*o* at it); **All'o.!**, to work!; **parole e opere**, words and deeds; **opere di carità**, charitable works; **un'o. buona**, a good action (*o* deed); **fare opere buone**, to do good works; **un'o. santa**, a virtuous action; **Faresti o. utile se apparecchiassi**, it would be a help if you laid the table ***2*** (*prodotto di un'attività, di un lavoro*) work; piece of work: **o. d'arte**, work of art; **le opere di Dio**, the works of God; **È un'o. straordinaria**, it's an extraordinary work; **Quelle caverne sono o. della natura**, those caves are the work of nature; **È o. dei nostri avversari**, it's the work of our opponents; **La mia bocciatura è o. del professor Y**, it was Mr Y who failed me; **L'affresco è o. di Masolino**, the fresco is by Masolino; **opere difensive**, defensive works; **opere pubbliche**, public works; **opere di fortificazione**, fortifications; **opere di bonifica**, land reclamation works; **o. delle mie mani**, my handiwork; **un'o. scientifica [letteraria, filosofica]**, a scientific [literary, philosophical] work; **le opere di Bach**, Bach's works; **tutte le opere di Shakespeare**, Shakespeare's complete works; **Ho letto tutte le sue opere**, I've read all his books ***3*** (*mus.*, *abbr.*: **op.**) opus* (*abbr.*: op.): **sonata in la minore op. 113**, sonata in A minor op. 113; **l'op. 90**, Op. 90 ***4*** (*mus.*: *melodramma*) opera: **o. lirica**, opera; **o. buffa**, comic opera; **cantante d'o.**, opera singer; **stagione dell'o.**, opera season; **teatro dell'o.**, opera house ***5*** (*mezzo*) means; (*aiuto*) help; (*servigi*) services (*pl.*): **per o. di q.**, by means of sb.; through the action of sb.; thanks to sb.; **Hai bisogno della mia o.?**, do you need my help?; **valersi dell'o. di q.**, to avail oneself of sb.'s services ***6*** (*organizzazione, istituto, ente*) organization; institution; institute; society: **o. pia**, charitable institution ***7*** (*lavoro a giornata*) day-labour; (*lavoratore a giornata*) day-labourer, hand ***8*** (*naut.*) works (*pl.*): **o. morta**, upper works; topside; **o. viva**, (ship's) bottom; quickwork. ● (*edil.*) **o. d'arte** (*ponte, ecc.*), structure □ **o. dei pupi**, Sicilian marionette theatre □ **l'o. del duomo**, the construction of the cathedral □ **o. dell'ingegno**, original work □ **o. di muratura**, (*in pietra*) stonework; (*in mattoni*) brickwork □ (*edil.*) **opere fluviali**, river works □ **fare o. di pace**, to act as a peacemaker □ **fare o. di persuasione presso q.**, to try to convince sb. □ **mano d'o.**, *V.* **manodopera** □ **mettere in o.**, (*dare inizio*) to get under way; (*mettere in azione*) to set going (*o* running); (*installare*) to install □ (*iron.*) **per compiere l'o.**, to top (*o* to crown) it all □ **prestare la propria o.**, to work; to be employed; to collaborate □ **prestatore d'o.**, workman; employee □ (*ind. tess.*) **raso a o.**, worked (*o* patterned) satin.

operàbile, *a.* (*med.*) operable.

operabilità, *f.* ***1*** workability ***2*** (*med.*) operability.

operàio, **A** *m.* (*f.* **-a**) worker; workman*; working man* (*f.* woman*); hand: **operai e operaie**, working men and women; male and female workers; **È un buon o.**, he is a good workman; **La fabbrica ha bisogno d'altri duecento operai**, the factory needs two hundred extra hands; **o. tessile**, textile worker; **o. metallurgico**, steel worker; **o. a cottimo**, pieceworker; **o. a giornata**, day-labourer; **o. di fabbrica**, factory worker; **o. addetto a una macchina**, operator; **o. disoccupato**, unemployed worker; **o. specializzato [non specializzato]**, skilled [unskilled] worker; **case per operai**, workmen's houses; **la paga di un o.**, a worker's wages. ● (*mecc.*) **o. addetto alla punzonatrice**, piercer □ **o. finitore**, finisher □ **o. formatore**, former □ **o. montatore**, fitter □ **o. sgrossatore**, rougher □ **o. tornitore**, turner; lathe worker □ **ora di o.**, man-hour. **B** *a.* ***1*** (*che lavora*) working; worker: **ape operaia**, worker bee; **formica operaia**, worker ant; **prete o.**, worker priest ***2*** (*di, per operai*) working; workers'; workmen's; labour (*attr.*): **la classe operaia**, the working class; **partito o.**, workers' party; **case operaie**, workmen's houses; **lotte operaie**, labour conflicts; **la componente operaia**, the shop-floor; **maestranze operaie**, workers; hands; **società operaia**, trade union.

operaìsmo, *m.* (*polit.*) labourism, laborism (*USA*).

operaìsta, *m.* e *f.* labourite, laborite (*USA*).

operaìstico, *a.* (*polit.*) labouristic, laboristic (*USA*).

operàndo, *m.* ***1*** (*f.* **-a**) (*med.*) patient who is going to be operated ***2*** (*elab.*) operand.

operànte, *a.* operating; acting; working; (*anche leg.*) operative, effective: **diventare o.**, to become operative; to go into effect; **rendere o. una misura**, to put a measure into operation (*o* into effect). ● **medico o.**, operating surgeon.

opera omnia (*lat.*), *locuz. f. invar.* opera omnia; complete works.

operàre, **A** *v. i.* ***1*** (*agire*) to operate; to work; to act; to be active: **un esercito che opera su larga scala**, an army operating on a large scale; (*comm.*) **o. su un mercato**, to operate on a market; (*di medicina, veleno, ecc.*) **o. in fretta [lentamente]**, to work quickly [slowly]; **o. bene**, to act well ***2*** (*chir.*) to operate ***3*** (*lavorare*) to work: **Leonardo operò a Milano**, Leonardo worked in Milan. **B** *v. t.* ***1*** to work; to do*; to perform; to carry out; to bring* about: **o. miracoli**, to work miracles; **Il tempo operò grandi mutamenti**, time worked great changes; **o. il bene**, to do good; **o. una riforma**, to carry out a reform; **o. un cambiamento**, to bring about a change ***2*** (*chir.*) to operate on: **o. q. a caldo**, to operate on sb. in the acute stage; **o. q. a freddo**, to operate on sb. between attacks; **o. q. al fegato**, to operate on sb.'s liver; **Fui operato allo stomaco**, I had a stomach operation; **Mi hanno operato di tonsille**, I had my tonsils removed; **farsi o.**, to undergo (*o* to have) an operation; **farsi o. di ernia**, to have a hernia operation ***3*** (*ind. tess.*) to work with a design; to diaper; to damask. **C operàrsi**, *v. i. pron.* ***1*** (*verificarsi*) to come* about; to take* place; to occur ***2*** (*subire un'operazione chirurgica*) to have an operation; to be operated on: **Quando ti operi?**, when are you going to have your operation (*fam.*: op)?

operativismo, *m.* (*filos.*) operationalism.

operatività, *f.* operativeness.

operativo, *a.* ***1*** (*in vigore, in azione*) operative; effective: **La disposizione è già operativa**, the norm is already effective ***2*** (*che riguarda l'operare*) operating; operational; practical: **ricerca operativa**, operational research; **costi operativi**, operational costs; **sul piano o.**, in practice; **centro o.**, operations centre; (*mil.*) **piano o.**, plan of operation; (*elab.*) **sistema o.**, operating system.

operàto, **A** *a.* (*ind. tess.*) diapered; (*damascato*) damask (*attr.*). **B** *m.* ***1*** action(s); conduct; work done ***2*** (*f.* **-a**) (*med.*) operated patient.

operatóre, **A** *m.* (*f.* **-trice**) ***1*** (*chi opera*) operator; worker; agent: **o. sanitario**, health worker; **o. sociale**, social worker; **o. turistico**, tour operator ***2*** (*chir.*) operator; operating surgeon ***3*** (*addetto a una macchina, ecc.*) operator: **o. cinematografico [televisivo]**, camera operator; cameraman*; **o. fonico** (*o* **del suono**), recordist ***4*** (*mat.*) operator: **o. differenziale**, differential operator. ● **o. di Borsa**, stockbroker □ (*comm.*) **o. economico**, transactor; dealer; businessman; entrepreneur (*franc.*). **B** *a.* operating; operative; working.

operatòrio, *a.* operating: **sala operatoria**, operating theatre; **tavola operatoria**, operating table; **intervento o.**, operation.

operazionàle, *a.* (*mat.*, *elettron.*) operational.

operazionalismo, *m.* (*filos.*) operationalism.

operazióne, *f.* ***1*** (*azione*) operation; action; effort: **un'o. di polizia**, a police operation; **operazioni di carico e scarico**, loading and unloading operations; **o. congiunta**, joint effort ***2*** (*mil.*) operation: **operazioni navali**, naval operations; **teatro delle operazioni**, theatre ***3*** (*mat.*) operation: **le quattro operazioni**, the four operations; **fare un'o.**, to do an operation ***4*** (*chir.*) operation; op (*fam.*): **o. allo stomaco**, stomach operation; **eseguire un'o. su q.**, to perform an operation on sb.; to operate on sb.; **eseguire un'o. di appendicite**, to remove an appendix; **subire un'o.**, to undergo (*o* to have) an operation; to be operated on ***5*** (*comm.*) transaction; deal; dealing (*generalm. al pl.*): **operazioni di banca**, banking transactions; **operazioni di Borsa**, Stock-Exchange transactions; **operazioni attive** [**passive**], lending [borrowing] transactions; **operazioni di ribasso** [**di rialzo**], bearish [bullish] transactions; **operazioni a credito**, credit transactions; **fare operazioni di borsa**, to trade; **o. commerciale**, business deal.

operazionişmo, *m.* (*filos.*) operationalism.

opercolàto, *a.* (*bot., zool.*) operculate.

opèrcolo, *m.* (*bot., zool.*) operculum*.

operétta, *f.* (*mus.*) operetta*; light opera. ● (*fig.*) **da o.**, frivolous; comedy (*attr.*).

operettista, *m.* e *f.* (*mus.*) operettist.

operettìstico, *a.* ***1*** (*mus.*) operetta (*attr.*) ***2*** (*fig.*) frivolous; comedy (*attr.*).

operista, *m.* e *f.* (*mus.*) composer of operas; opera composer.

operìstico, *a.* (*mus.*) opera (*attr.*); operatic.

operóne, *m.* (*biol.*) operon.

operosaménte, *avv.* laboriously; industriously; actively. ● **vivere o.**, to live an active life.

operosità, *f.* laboriousness; industriousness; industry; activity.

operóso, *a.* laborious; industrious; active; hard-working: **gente operosa**, laborious (*o* industrious) people; **un uomo o.**, an active (*o* a hard-working, busy) man; **vita operosa**, active life.

opificio, *m.* works (*pl. col verbo al sing. o al pl.*); factory; plant; mill.

opimo, *a.* (*lett.*) fertile; fruitful; rich: **terra opima**, fertile (*o* rich) soil. ● (*stor.* e *fig.*) **spoglie opime**, spolia opima; honourable spoils.

opinàbile, *a.* opinable; disputable; debatable; (*pensabile*) thinkable, conceivable: **una questione o.**, a debatable point; **È o.**, it's a matter of opinion.

opinàre, *v. t.* e *i.* to opine (*per lo più scherz.*); to deem; to think*.

opinióne, *f.* opinion; mind; notion; view; attitude: **l'o. pubblica** [**generale**], public [general] opinion; **opinioni politiche**, political opinions; views on politics; **secondo la mia o.**, in my opinion; **È o. comune che...**, it's a common notion that...; **Sono dell'o. che...**, I am of the opinion that...; **essere di o. diversa**, to hold different views; to disagree; **essere della stessa o. di q.**, to agree with sb.; to share sb.'s view; **avere una buona** [**cattiva**] **o. di q.**, to have a good [poor] opinion of sb.; **avere grande o. di sé**, to have a high opinion of oneself; **avere il coraggio delle proprie opinioni**, to have the courage of one's convictions; **formarsi un'o. su q.** [**q.c.**], to form an opinion on sb. [st.]; **cambiare o.**, to change one's opinion; **vacillare continuamente nelle proprie opinioni**, not to know one's own mind; to blow hot and cold (*fam.*). ● **godere buona o.**, to enjoy everybody's esteem □ **La matematica non è un'o.**, mathematics is not a matter of opinion □ **scadere nell'o. di q.**, to fall in sb.'s esteem □ **scambio di opinioni**, discussion.

opinionista, *m.* e *f.* (*giorn.*) leader writer; columnist.

opistòtono, *m.* (*med.*) opisthotonos.

oplà, *inter.* ***1*** (*per incitare a saltare*) jump!; over you go! ***2*** (*a un bambino*) oops-a-daisy!; up you go! ***3*** (*nei giochi di destrezza*) hey presto!

oplita, oplite, *m.* (*stor. greca*) hoplite.

opopònaco, *m.* ***1*** (*bot., Opopanax chironium*) opopanax (tree); Hercules' allheal (*USA*) ***2*** (*gommoresina*) opopanax, opoponax.

opòssum, *m. invar.* (*zool., Didelphis virginiana*) opossum*.

opoterapia, *f.* (*med.*) organotherapy; opotherapy.

opoteràpico, *a.* (*med.*) organotherapeutic.

oppiàceo, *a.* opiate; opium (*attr.*).

oppiàre, *v. t.* to opiate.

oppiàto, *a.* e *m.* (*farm.*) opiate.

òppio, *m.* (*anche fig.*) opium: **fumatore d'o.**, opium smoker; **mangiatore d'o.**, opium eater.

oppiofagia, *f.* opium eating.

oppiòfago, *m.* (*f.* **-a**) opium eater.

oppiòide, *m.* (*farm.*) opioid.

oppiòmane, **A** *m.* e *f.* opium addict. **B** *a.* opium addicted.

oppiomania, *f.* (*med.*) opiomania; opium addiction.

opponènte, **A** *a.* opponent; opposing. **B** *m.* e *f.* opponent; opposer; adversary. **C** *m.* (*anat.*) opponens.

opponibile, *a.* opposable.

oppórre, **A** *v. t.* ***1*** (*contrapporre*) to oppose: **o. la persuasione alla forza**, to oppose force with persuasion; **Egli oppose la sua volontà alla mia**, he pitched his will against mine ***2*** (*obiettare*) to object; to raise: **Si può o. che...**, one can object that...; **Non ho nulla da o.**, I have nothing to object. ● **o. dubbi**, to raise doubts □ (*leg.*) **o. un'eccezione**, to raise an objection □ **o. un ostacolo**, to raise an obstacle □ **o. resistenza al nemico**, to offer resistance to the enemy □ **o. un netto rifiuto**, to refuse categorically. **B oppórsi,** *v. i. pron.* ***1*** to oppose; to set* oneself against; to be opposed (to st.); to make* a stand (against st.); to stand* up to: **o. a q. con tutte le proprie forze**, to oppose sb. with all one's strength; **o. a un progetto**, to oppose (*o* to set oneself against) a scheme; **o. al sistema**, to buck the system (*fam.*) ***2*** (*fare obiezioni*) to object; to raise objections: **Mi oppongo a questi sistemi**, I object to these methods; **Mi oppongo**, I object; **Nessuno si oppone?**, does anybody object?; any objections?

opportunaménte, *avv.* opportunely; in proper time; at the right moment; timely.

opportunişmo, *m.* opportunism; time-serving.

opportunista, *m.* e *f.* opportunist; timeserver.

opportunìstico, *a.* opportunistic (*anche med.*); opportunist (*attr.*); time-serving (*attr.*).

opportunità, *f.* ***1*** (*l'essere opportuno*) expediency; advisability; timeliness; opportuneness ***2*** (*circostanza favorevole*) opportunity; chance; occasion: **cogliere l'o. del momento**, to seize the opportunity (*o* the chance); **lasciarsi sfuggire l'o.**, to let the opportunity slip; **avere l'o. di fare q.c.**, to have the opportunity (*o* the chance) of doing st.; **Mi manca l'o. di vederlo**, I have no opportunity to see him; **avere il senso dell'o.**, to have a sense of the right moment ***3*** (*prospettiva, sbocco*) opportunity; prospect; opening; scope: **o. di carriera**, career opportunity; **un lavoro che non offre o.**, a job offering no prospects. ● **politica di o.**, opportunism; time-serving.

opportùno, *a.* opportune; well-timed; timely; expedient; (*adatto*) suitable, fit, proper, appropriate; (*consigliabile*) advisable; (*giusto*) right, proper: **un'osservazione opportuna**, a timely remark; **la cura più opportuna**, the most advisable treatment; **ritenere o. di...**, to think it right (*o* advisable, proper) to...; **scegliere un momento più o.**, to choose a better (*o* more suitable) moment; **a tempo o.**, at the right (*o* proper) time; when the time comes.

oppoşitivo, *a.* opposition (*attr.*).

oppoşitóre, *m.* (*f.* **-trice**) opposer; opponent.

oppoşizióne, *f.* ***1*** (*l'opporre, l'opporsi*) opposition; (*resistenza*) resistance: **Il progetto suscitò un'immediata o.**, the plan met with instant opposition; **Per sposarla dovette vincere l'o. della famiglia**, he had to overcome his family's opposition to marry her; **vincere l'o. del nemico**, to break down the enemy's resistance; **vincere ogni o.**, to overcome all resistance; **trovarsi in o. con q.**, to find oneself in opposition to sb. ***2*** (*contraddizione*) opposition; contradiction: **l'evidente o. di due affermazioni**, the manifest contradiction between two statements; **due tesi in netta o.**, two clashing views ***3*** (*obiezione*) objection: **muovere o.**, to raise an objection (*o* objections); to object; **fare o. a q.c.**, to object to st.; **rispondere a tutte le opposizioni**, to meet all objections ***4*** (*polit.*) opposition: **partito d'o.**, opposition party; **deputato dell'o.**, a Member of the Opposition; **giornale d'o.**, Opposition newspaper; **passare all'o.**, to pass over to the Opposition ***5*** (*astron., fis.*) opposition: **l'o. della luna col sole**, the opposition of the moon to the sun; (*fis.*) **o. di fase**, phase opposition; antiphase ***6*** (*leg.*) opposition; challenge: **o. di terzo**, third party's appeal.

oppósto, **A** *a.* ***1*** (*di fronte*) opposite; facing: **il lato o.**, the opposite side; **Sedevano l'uno o. all'altro**, they sat facing each other ***2*** (*contrapposto*) opposed, opposing, opposite; (*contrario*) contrary, opposite; (*inverso*) reverse: **opposti fra loro**, opposite; **ai lati opposti della sala**, on the opposite sides of the room; **diametralmente o.**, diametrically opposed; **in direzioni opposte**, in opposite directions; **punti di vista opposti**, opposing points of view; **l'effetto o.**, the opposite effect; **guardare dalla parte opposta**, to look the other way ***3*** (*biol., mat.*) opposite. **B** *m.* opposite; contrary; reverse: **conciliare gli opposti**, to reconcile opposites; **l'o. di buono**, the opposite of good; **È vero l'o.**, the reverse is true; **Fece tutto l'o. di quello che gli chiesi**, he did the exact opposite of what I asked him; **all'o.**, on the contrary; **all'o. di quanto pensavo**, contrary to what I thought.

oppressióne, *f.* ***1*** (*atto, effetto dell'opprimere*) oppression; (*giogo*) yoke: **l'o. degli invasori**, the oppression of the invaders; **le vittime dell'o.**, the victims of oppression; **l'o. della famiglia**, the family yoke ***2*** (*fig.: senso di prostrazione*) oppression, depression; (*peso*) weight, heaviness: **un senso di o.**, a sense of oppression; **sentire come un'o.**, to have a feeling of oppression; **Il tempo piovoso mi dà un senso d'o.**, the rainy weather depresses me (*o* makes me feel depressed); **un'o. allo stomaco**, (a sense of) heaviness on one's stomach; **o. di respiro**, difficulty in breathing.

oppressivo, *a.* oppressive: **leggi oppressive**, oppressive laws; **un caldo o.**, oppressive heat.

opprèsso, **A** *a.* ***1*** oppressed; downtrodden: **un popolo o.**, an oppressed (*o* downtrodden) people; **o. da tirannia**, oppressed by tyranny; **o. dal caldo**, oppressed with the heat; **sentirsi o.**, to feel oppressed ***2*** (*sopraffatto*) weighed down; crushed down; overwhelmed: **o. dal dolore**, overwhelmed with grief; **o. dalle preoccupazioni**, weighed down by cares ***3*** (*oberato*) encumbered; overloaded; overburdened: **o. dai debiti**, encumbered with debts; **o. dal lavoro**, overburdened (*o* overloaded) with work; **o. dalle tasse**, overtaxed. ● **respiro o.**, laboured breathing. **B** *m.* (*f.* **-a**) victim of oppression; (*pl. collett.*) (the) oppressed; (the) downtrodden.

oppressóre, **A** *m.* oppressor: **o. del popolo**, oppressor of the people. **B** *a.* oppressive.

opprimènte, *a.* ***1*** (*che abbatte*) oppressive;

overwhelming: **un dolore o.**, an oppressive grief; an overwhelming sorrow; **un caldo o.**, oppressive heat; **fatica o.**, grinding toil **2** (*che stanca*) tiresome; (*che annoia*) boring: **compagnia o.**, tiresome company; **un lavoro o.**, a tiresome job (*o* occupation); **una persona o.**, a tiresome (*o* boring) person; a bore; **Non essere o.!**, don't be so tiresome!; stop pestering me!

opprìmere, *v. t.* **1** (*tiranneggiare*) to oppress: **o. un popolo**, to oppress a people; **o. i deboli**, to oppress the weak **2** (*gravare su*) to oppress; to weigh on (*o* upon); to lie* heavy on: **o. la mente**, to weigh on one's mind; **3** (*sopraffare*) to weigh down; to crush down; to overwhelm: **o. q. di lavoro**, to load sb. down with work; to overwork sb. **4** (*deprimere*) to oppress; to depress: **o. lo spirito**, to oppress sb.'s mind; **Il tempo piovoso mi opprime sempre**, rainy weather always depresses me (*o* makes me feel depressed).

oppugnàbile, *a.* (*confutabile*) confutable; refutable.

oppugnàre, *v. t.* **1** (*confutare*) to confute, to refute; (*impugnare*) to impugn: **o. un'opinione**, to confute an opinion **2** (*lett.*: *assalire*) to assail; to attack.

oppugnatóre, *m.* (*f.* **-trice**) (*chi confuta*) confuter; (*avversario*) opposer, opponent, antagonist.

oppugnazióne, *f.* (*confutazione*) confutation, refutation; (*impugnazione*) impugnation.

oppùre, *cong.* **1** (*o invece*) or: **Vuoi questo o. quell'altro?**, do you want this one or the other one? **2** (*altrimenti*) otherwise; or else.

òpra, opràre, *V.* **opera, operare**.

opsonìna, *f.* (*biol.*) opsonin.

optàre, *v. i.* to opt (for st., to do st.); to decide (for st., to do st.); to choose (st., to do st.): **o. per la facoltà di medicina**, to opt for medicine at university; **Optammo per il ristorante**, we chose the restaurant.

optimum (*lat.*), *m. invar.* optimum; (highest) peak: **o. produttivo**, production optimum; **essere all'o. della forma**, to be in peak form.

optional (*ingl.*), **A** *a. invar.* optional. **B** *m. invar.* optional extra.

optoelettrònica, *f.* optoelectronics (*pl. col verbo al sing.*).

optoelettrònico, *a.* optoelectronic.

optogràmma, *m.* (*med.*) optogram.

optometrìa, *f.* (*med.*) optometry.

optomètrico, *a.* optometric.

optometrista, *m.* e *f.* (*med.*) optometrist.

optòmetro, *m.* (*med.*) optometer.

opulènto, *a.* **1** (*abbondante, ricco*) opulent; rich; wealthy; affluent: **società opulenta**, affluent society; **stile di vita o.**, opulent lifestyle **2** (*fig.*) opulent; florid; rich; flamboyant; overelaborate; (*rif. alle forme*) voluptuous, well-built: **stile o.**, opulent (*o* ornate) style; **forme opulente**, voluptuous forms; (*femminili, anche*) Junoesque body; **donna opulenta**, voluptuous woman; curvaceous woman (*scherz.*).

opulènza, *f.* **1** (*ricchezza*) opulence; wealth **2** (*fig.*) floridness; flamboyance; richness; (*di forme*) voluptuousness.

opùnzia, *f.* (*bot., Opuntia*) opuntia; prickly pear.

opus (*lat.*), *m. invar.* (*archeol., mus.*) opus*.

opùscolo, *m.* booklet; (*politico, scientifico*) pamphlet; (*religioso*) tract; (*pubblicitario*) brochure.

opzionàle, *a.* optional.

opzióne, *f.* option (*anche comm., fin.*); (*scelta*) choice: **esercitare un'o.**, to exercise (*o* to take up) an option; **o. d'acquisto**, option to purchase; (*Borsa*) call (option); **o. di vendita**, option to sell; (*Borsa*) put (option); (*Borsa*) **o. doppia**, double option; put and call; spread; **pagare il premio di o.**, to pay down the option-money; **diritto d'o.**, first refusal; (*fin.*) pre-emptive right.

ór, *V.* **ora (2)**.

óra (1), *f.* **1** (*unità di tempo*) hour: **un'ora e mezza**, an hour and a half; **una gita di tre ore**, a three-hour trip; **un'ora di lezione**, an hour's lesson; **una lezione di un'o.**, an hour-long lesson; **un'ora di automobile**, an hour's drive; **È a un'ora di strada**, (*a piedi*) it's an hour's walk; (*in auto*) it's an hour's drive; **ore di scuola [di ufficio]**, school [office] hours; **ore di lavoro**, (*lavorative*) working hours; (*lavorate*) hours of work; **un'ora buona**, a full (*o* good) hour; **pagare all'ora**, to pay by the hour; **noleggiare una bicicletta a ore**, to hire a bicycle by the hour; **andare a 100 km all'ora**, to do 100 km an hour; **le ore più felici della mia vita**, the happiest hours of my life; **Quest'orologio batte le ore e le mezz'ore**, this clock strikes the hours and half-hours; **L'ora è suonata**, the hour has struck; **Sarò di ritorno fra due ore**, I'll be back in two hours' time; **Leggevo da due ore**, I had been reading for two hours **2** (*nel computo del tempo*) time (*o idiom.*): **ora astronomica**, sideral time; **ora estiva** (*o* **legale**), summer (*o* daylight-saving) time; **ora locale**, local time; **ora media di Greenwich**, Greenwich Mean Time (*abbr.*: GMT); **ora ufficiale**, standard time; **Che ora è** (*o* **che ore sono**)**?**, what time is it?; **Che ora fai?**, what time do you make it?; **Sai l'ora giusta?**, do you know the right time?; **A che ora comincia?**, what time does it start?; **Sono le (ore) sei e mezzo**, it is half past six; **Sono le (ore) sei e tre quarti**, it is a quarter to seven; **Sono le (ore) due in punto**, it is two o' clock exactly; **Il treno parte alle (ore) dieci in punto**, the train leaves at ten sharp; **alle (ore) tre**, at three; **imparare a leggere le ore**, to learn to tell the time **3** (*tempo*) time; (*momento*) moment: **l'ora di accendere le luci**, lighting-up time; **l'ora di chiusura**, closing time; **l'ora di pranzo**, lunchtime; **l'ora del tè**, teatime; **all'ora dei pasti**, at meal times; **ora di andare a letto**, bedtime; **ora dell'alta [della bassa] marea**, time of high [of low] tide: **Era l'ora dell'alta marea**, the tide was at high water; **ora di bordo**, ship's time; **a quest'ora**, at this time; (*ormai*) by now: **domani a quest'ora**, tomorrow at this time; **A quest'ora sarà arrivato**, he should be there by now; **Non puoi telefonargli a quest'ora!**, you can't phone him at this time of day [night]; **Per quell'ora sarò a casa**, I'll be at home by that time; **È giunta l'o.**, the time has come; **ore rubate**, odd moments (of leisure); **È ora di andare**, it's time to go; **Sarebbe ora che me ne andassi**, it's (high) time I left; **È ora che tu vada a letto**, it's time for you to go to bed; **Era ora che qualcuno protestasse!**, it was high time someone complained about it!; **«Ho finito» «Era ora!»**, «I've finished» «about time too!»; **all'ora fissata [solita]**, at the appointed [usual] time; (*fig.*) **Attendo la mia ora**, I am biding my time; **La mia ora s'avvicina**, my time is drawing near; **Morì prima della sua ora**, he died before his time; **Non ho mai un'ora di pace**, I never have a minute's rest. ● (*eccles.*) **ore canoniche**, canonical hours □ (*in prigione*) **ora d'aria**, exercise □ **l'ora della verità**, the crucial moment; the crunch □ **ora di operaio**, man-hour □ **ore di punta**, peak (*o* rush) hours □ **un'ora d'orologio**, a whole hour; exactly one hour □ **le ore piccole**, the small hours: **fare le ore piccole**, to stay up very late □ **ore straordinarie** (*di lavoro*), overtime □ (*mil.* e *fig.*) **ora zero** (*o* **ora X**), zero hour; H-hour □ **Alla buon'ora!**, at last!; high time too! □ **andare a ore**, to depend on the time of day; (*fig.*: *essere mutevole*) to be changeable: **«Hai molto daffare in ufficio?» «Va a ore»**, «are you very busy at work?» «it depends on the time of day»; **Quella ragazza va a ore**, that girl is changeable like the weather □ **a tarda ora**, late □ **Puoi venire a tutte le ore**, you may come at any time □ **a una cert'ora**, at a certain moment □ **all'ultima ora**, at the very last minute; at the eleventh hour □ **da un'ora all'altra**, (*fra poco*) soon; (*improvvisamente*) suddenly □ **di buon'ora**, at an early hour; early □ **di ora in ora**, hourly □ **domestica a ore**, part-time domestic help □ **Leggo per fare l'ora del pranzo**, I'm reading to kill time till dinner □ **Viene sempre fuori ora**, he never comes at the right time □ **in ogni ora della giornata**, at any hour of the day; at any time of day □ **lancetta delle ore**, hour-hand □ (*eccles.*) **libro d'ore**, Book of Hours □ **nell'ora del pericolo**, in the hour of danger □ **È uno che non ha ore**, he doesn't keep regular hours □ **non avere ore fisse**, to have no fixed time; to come at odd times; (*rif. al lavoro*) to work irregular hours □ **Non vedo l'ora di andarmene**, I can't wait to leave; I'm itching to leave □ **notizie dell'ultima ora**, the latest news; stop-press news □ **Passammo un brutto quarto d'ora**, we spent a few unpleasant minutes; it was very unpleasant while it lasted □ **le prime ore del giorno**, early morning □ **24 ore su 24**, 24 hours a day; round the clock □ (*prov.*) **Le ore del mattino hanno l'oro in bocca**, the early bird catches the worm.

óra (2), **A** *avv.* **1** (*adesso*) now; (*in questo momento*) just now, at present: **Dobbiamo partire ora**, we must leave now; **Che fai ora?**, what are you doing now?; **Fallo ora**, do it now; **Ora sto meglio**, I feel better now; **Ora siamo pari**, we're quits now; **Ora ho da fare**, I'm busy just now; **ora o mai più**, now or never; **ora più che mai**, now more than ever; **d'ora in avanti** (*o* **in poi**), from now on (*o* onwards); **per ora**, for now; for the present; for the time being; **proprio ora**, right now; at this very moment; **E ora?**, what now?; **Ora sì che mi piace!**, I like it now! **2** (*poco fa*) just; just now; **Sono arrivati ora**, they've just arrived; **L'ho visto ora**, I've just seen him; I saw him just now **3** (*fra poco*) now; in a moment; in a minute; any minute (now); presently: **Ora vedremo quel che succede**, now we shall see what happens; **Ora te lo dico**, I'll tell you in a minute; **D'accordo, ora vedo che si può fare**, allright, I'll see what can be done about it; **Ora vengo**, I'm coming; **Ora torna**, he'll be back in a minute; **Dovrebbe arrivare ora**, he should be here any minute (now). ● **ora... ora**, now... now; now... then; one moment... the next: **Ora dice una cosa ora un'altra**, now he says one thing, now another; **Ora piove, ora c'è il sole**, one moment it rains, the next the sun is shining □ **ora come ora**, at present; for the time being: **Ora come ora siamo a posto**, we are all right for the time being; **Ora come ora non saprei**, I don't really know off hand □ **or non è molto**, not long ago □ **or ora**, just now; a moment ago: **L'ho visto or ora**, I saw him just now □ **or è un anno**, a year ago: **Or è un anno che l'incontrai**, I met him a year ago; it's a year now since I met him □ **or sono**, ago: **due anni or sono**, two years ago □ **fin** (*o* **sin**) **d'ora**, (*a partire da ora*) from now on; (*subito*) right now, here and now; (*in anticipo*) in advance: **Voglio cominciare fin d'ora a ridurre lo zucchero**, I want to cut down on sugar from now on; **Te lo dico sin d'ora: non lo voglio in casa mia**, I'm telling you here and now: I don't want him in my house; **Vi ringrazio fin d'ora**, I want to thank you in advance □ **prima d'ora**, before: **Non sono mai stato qui prima d'ora**, I've never been here before. **B** *cong.* now: **Ora avvenne che...**, now it happened that...; **Ora, ascoltami!**, now, listen to me!; **Ora, se consideriamo che...**, now (then), if we consider that... ● **ora che**, now that: **Ora che hai finito puoi uscire**, now (that) you have finished, you can go out; **Ora che ci penso**, now that I think of it; come to think of it (*fam.*) □ **ora dunque**, now then □ **or via**, now,

now: **Or via, smettila!**, now, now, stop it!
oracolàre, *a.* oracular.
oracoleggiàre, *v. i.* (*iron.*) to speak* like an oracle.
oracolìstico, *a.* oracular.
oràcolo, *m.* (*anche fig.*) oracle: **l'o. delfico**, the Delphic oracle; **i responsi dell'o.**, the responses of the oracle; **consultare l'o.**, to consult the oracle.
òrafo, A *a.* goldsmith's: **l'arte orafa**, the goldsmith's art. **B** *m.* (*f.* **-a**) goldsmith.
oràle, A *a.* **1** (*rif. alla bocca*) oral; mouth (*attr.*): **la cavità o.**, the oral cavity; (*psic.*) **fase o.**, oral phase; **contraccettivo o.**, oral contraceptive **2** (*a voce*) oral; verbal: **tradizione o.**, oral tradition; **esame o.**, oral examination; oral (*fam.*); **comunicazione o.**, verbal communication **3** (*ling.*) oral. • **per via o.**, by mouth; orally. **B** *m.* oral (examination).
oralità, *f.* oral (*o* verbal) character.
oralménte, *avv.* orally; (*a voce*) verbally.
oramài, *V.* **ormai**.
oràngo, orangutàn, *m.* (*zool., Pongo pygmaeus*) orang-outang, orang-utan; pongo.
orànte, (*lett.*) **A** *a.* praying. **B** *m.* e *f.* prayer.
oràre, *v. t.* e *i.* (*lett.*) to pray.
oràrio, A *a.* **1** (*delle ore, del tempo*) time (*attr.*): **fuso o.**, time zone; **fascia oraria**, time slot; **segnale o.**, time signal **2** (*per ora*) hourly; (*rif. alla velocità*) per hour: **paga oraria**, hourly pay; **tariffa oraria**, hourly tariff; **velocità oraria**, speed per hour; **alla media oraria di 100 km**, at an average speed of 100 km per hour. • **senso o.**, clockwise direction: **in senso o.**, clockwise; in a clockwise direction. **B** *m.* **1** (*tabella oraria*) timetable; schedule (*USA*): **o. delle ferrovie**, railway timetable; train schedule (*USA*); **o. delle lezioni**, school timetable; **o. estivo [invernale]**, summer [winter] timetable; **Questa coincidenza non è segnata sull'o.**, this connection is not in the timetable; **consultare l'o.**, to consult the timetable **2** (*tempo assegnato per fare q.c.*) time; hours (*pl.*): **o. d'apertura**, opening time; (*di musei e sim.*) visiting hours; **o. di banca**, banking hours; **o. d'ufficio**, office hours; **o. di lavoro**, working hours (*o* time); **fuori dell'o. di lavoro**, after hours; **o. di visita**, (*per visitare*) visiting hours; (*per consultare*) consulting hours; **o. continuato**, continuous working day; (*di negozi e sim.*) continuous business hours; all-day opening; **fare o. continuato**, to be open all day; **o. flessibile** (*di lavoro*), flexitime; flextime; **o. ridotto**, short time: **fare l'o. ridotto**, to be on short time; to work short time; **impiego a o. intero**, full-time job; **fare o. notturno [diurno]**, to work on the night [day] shift; **avere un o. pesante**, to have heavy hours; to work long hours; **in o.**, on time: **essere in perfetto o.**, to be dead (*o* sharp) on time; **in anticipo sull'o.**, ahead of time (*o* of schedule).
oràta, *f.* (*zool., Sparus auratus*) gilthead.
oratóre, *m.* (*f.* **-trice**) (public) speaker; orator; (*di conferenza*) lecturer: **un brillante o.**, a brilliant speaker; **Cicerone fu un grande o.**, Cicero was a great orator; **o. sacro**, preacher.
oratòria, *f.* oratory; rhetorical skill.
oratoriàle, *a.* (*mus.*) oratorio (*attr.*).
oratoriàno, *m.* (*eccles.*) Oratorian.
oratòrio (1), *a.* oratorical; of an orator: **lo stile o.**, the oratorical style; **l'arte oratoria**, oratory; the art of public speaking.
oratòrio (2), *m.* **1** (*edificio sacro*) oratory **2** (*ordine relig.*) Oratory: **i Padri dell'O.**, the Fathers of the Oratory; the Oratorians **3** (*presso una parrocchia*) parish recreation centre.
oratòrio (3), *m.* (*mus.*) oratorio*.
oraziàno, *a.* (*letter.*) Horatian; Horace's: **lo stile o.**, the Horatian style; **le satire oraziane**, Horace's Satires.
Oràzio, *m.* Horace.
orazióne, *f.* **1** (*preghiera*) prayer: **l'o. domenicale**, the Lord's Prayer; **recitare** (*o* **dire**) **le orazioni**, to say one's prayers **2** (*discorso*) oration; speech: **le orazioni di Demostene**, the orations of Demosthenes; **o. funebre**, funeral oration; **pronunciare un'o.**, to deliver an oration.
orbàce, *m.* **1** (Sardinian) coarse woollen fabric **2** (*divisa fascista*) fascist uniform.
orbàre, *v. t.* (*lett.*) to bereave*; to deprive.
òrbe, *m.* (*lett.*) **1** (*sfera*) orb; globe: **l'o. terrestre**, the globe; the earth **2** (*mondo*) world: **l'o. cattolico**, the Catholic world.
orbène, *cong.* (*dunque*) so; well (then); now then.
orbettìno, *m.* (*zool., Anguis fragilis*) slowworm; blindworm.
orbicolàre, (*anat.*) **A** *a.* orbicular. **B** *m.* orbicularis.
orbicolàto, *a.* (*biol.*) orbiculate(d).
òrbita, *f.* **1** (*anat.*) orbit; (*com.*) eye-socket: **occhi che sporgono dalle orbite**, bulging (*o* protruding) eyes; (*fig.*) **con gli occhi fuori dalle orbite**, with one's eyes popping out of one's head; pop-eyed; with staring eyes; aghast **2** (*astron., fis., miss.*) orbit: **il piano dell'o.**, the plane of the orbit; **l'o. della terra intorno al sole**, the orbit of the earth round the sun; **o. di parcheggio**, parking orbit; **entrare in o.**, to go into orbit; **andare fuori o.**, to leave one's orbit; to deorbit **3** (*fig.*) orbit, sphere, range (of action, of influence); (*limite*) limit: **mantenersi nella propria o.**, to keep within one's limits.
orbitàle, *a.* orbital.
orbitànte, *a.* orbitating.
orbitàre, *v. i.* (*astron., miss.*) to orbit.
orbitàrio, *a.* (*anat.*) orbital.
òrbo, A *a.* **1** (*lett.*) bereaved; bereft; deprived: **o. della vista**, bereft of sight **2** (*cieco*) blind: **o. da un occhio**, blind in one eye. **B** *m.* (*f.* **-a**) blind man* (*f.* woman*). • **botte da orbi**, whacking blows □ **menare botte da orbi**, to hit out wildly; to beat the living daylights out of sb. (*fam.*).
òrca, *f.* **1** (*zool., Orcinus orca*) orca; killer whale **2** (*mostro marino*) sea-monster.
Òrcadi (le), *f. pl.* (*geogr.*) (the) Orkney Islands; (the) Orkneys.
orchéssa, *f.* (*anche fig.*) ogress.
orchèstica, *f.* (*lett.*) orchestics (*pl. col verbo al sing.*).
orchèstico, *a.* (*lett.*) orchestic.
orchèstra, *f.* **1** (*mus.*) orchestra; (*da ballo*) band: **o. d'archi**, string orchestra; **o. da camera**, chamber orchestra; **o. sinfonica**, symphony orchestra; **dirigere un'o.**, to conduct an orchestra; **direttore d'o.**, conductor; **professore d'o.**, member of an orchestra; orchestra player **2** (*archeol.*) orchestra **3** (*fig. scherz.*) chorus; cats' concert (*pop.*).
orchestràle, A *a.* (*mus.*) orchestral; orchestra (*attr.*): **un'esecuzione o.**, an orchestral performance; **musica o.**, orchestral music; music for orchestra; **il corpo o.**, the orchestra players. **B** *m.* e *f.* member of (an) orchestra; orchestra player.
orchestràre, *v. t.* (*mus.*) to orchestrate (*anche fig.*); to score.
orchestratóre, *m.* (*f.* **-trice**) (*mus.* e *fig.*) orchestrator.
orchestrazióne, *f.* **1** (*mus.*) orchestration; scoring **2** (*fig.*) orchestration.
orchestrìna, *f.* light orchestra; band.
Orchidàcee, *f. pl.* (*bot., Orchidaceae*) Orchidaceae; (the) orchid family.
orchidèa, *f.* (*bot.*) orchid; orchis.
orchiectomìa, *f.* (*chir.*) orchidectomy.
orchiopessìa, *f.* (*chir.*) orchidopexy.
orchìte, *f.* (*med.*) orchitis*.
orciàio, *m.* potter.
órcio, *m.* pitcher; pot; jar; jug.
òrco, *m.* **1** (*mitol.*) Orcus **2** (*mostro malvagio*) ogre; (*spauracchio per bambini*) bugaboo*, bugbear, boogieman* **3** (*uomo brutto*) monster. • **voce d'o.**, deep (*o* hollow) voice □ **Non aver paura, non sono mica l'o.!**, don't be afraid; I'm not going to eat you!
òrda, *f.* (*anche fig.*) horde: **orde di Tartari**, hordes of Tartars; **un'o. di ragazzini**, a horde of kids.
ordàlia, *f.* (*stor.* e *fig.*) ordeal.
ordàlico, *a.* (*stor.*) ordeal (*attr.*).
ordìgno, *m.* **1** (*congegno*) contrivance; device; machine: **o. esplosivo**, explosive device; **o. diabolico**, infernal machine **2** (*fam.*: *arnese strano*) contraption, gadget; (*aggeggio*) whatsit, thingummy (*fam.*).
ordinàbile, *a.* orderable; that may be ordered.
ordinàle, A *a.* (*mat.*) ordinal: **numero o.**, ordinal number. **B** *m.* **1** (*mat.*) ordinal (number) **2** (*eccles.*) ordinal; service-book.
ordinaménto, *m.* **1** (*disposizione*) order, arrangement; (*organizzazione*) organization: **l'o. dell'universo**, the order of the universe; **o. in tabelle**, tabulation; **o. per colonne**, column order; **l'o. delle scuole**, the organization of schools **2** (*complesso di leggi, regolamenti*) regulations (*pl.*), rules (*pl.*); (*compagine*) system, order: **gli ordinamenti ecclesiastici [militari]**, ecclesiastical [military] regulations; **non previsto dall'o. scolastico**, not in the school regulations; (*leg.*) **l'o. giudiziario**, the judicial system; (*leg.*) **l'o. giuridico**, the legal system **3** (*elab.*) sort: **o. in sequenza**, sequencing.
ordinàndo, *m.* (*eccles.*) ordinand.
ordinànte, *m.* (*eccles.*) ordinant; ordainer.
ordinànza, *f.* **1** (*comando, per lo più leg.*) ordinance, order, injunction; (*mandato*) warrant, writ; (*legge*) law, rule: **le ordinanze del consiglio comunale**, the ordinances of the City Council; **annullare un'o.**, to vacate a warrant; **emettere un'o.**, to issue an order (*o* an injunction); **o. del tribunale**, order; decree; injunction; **o. di amministrazione**, letter of administration; **o. di amnistia**, amnesty ordinance; **o. di non luogo a procedere**, nonsuit: **emettere un'o. di non luogo a procedere**, to direct a nonsuit; **o. di rinvio a giudizio**, committal for trial; **o. interlocutoria**, preliminary injunction **2** (*mil.*) order: **marciare in o.**, to march in order; **d'o.**, regulation (*attr.*); **fuori o.**, non-regulation (*attr.*); **soldato d'o.**, orderly; **tenuta d'o.**, regimentals (*pl.*); **ufficiale d'o.**, orderly officer.
ordinàre, A *v. t.* **1** (*mettere in ordine*) to put* (*o* to set*) in order; (*disporre*) to arrange; (*riordinare*) to tidy (up): **Dovresti o. i tuoi libri**, you should put your books in order; **o. una stanza**, to tidy up a room; **o. i propri affari**, to set one's affairs in order; **o. le idee**, to put one's ideas in order; to marshal one's ideas; **o. nomi alfabeticamente [per autore]**, to arrange names in alphabetical order [by author] **2** (*mil.*) to array; to draw* up (in order): **Il capitano ordinò le sue truppe per la battaglia**, the captain drew up his troops for the battle **3** (*comandare*) to order; to command; to tell*; to direct; to bid* (*lett.*): **Gli ordinai di andarsene**, I ordered him to go away; **Mi fu ordinato di entrare [uscire]**, I was ordered in [out]; **L'insegnante ci ordinò di tacere**, the teacher told us to keep quiet **4** (*comm.*: *commissionare*) to order; to send* for; to commission: **Ho ordinato un vestito nuovo**, I've ordered a new suit; **Abbiamo ordinato la merce alla Ditta Jones e C.**, we have ordered the goods from Messrs. Jones & Co.; **gli articoli che Vi abbiamo ordinato**, the articles we ordered (from you); **o. la colazione [un caffè]**, to order lunch [a coffee]; **Avete già ordinato?**, have you ordered yet?; **Desiderano o.?**, may I take your orders? **5** (*prescrivere*) to order; to prescribe: **o. medicine a un malato**, to prescribe medicines for a patient; **Il dottore gli ha ordinato assoluto riposo**, the doctor ordered him total rest **6** (*eccles.*) to ordain: **o. q. sacerdote**, to ordain

sb. priest *7* (*elab.*) to sort. ● **o. uno sciopero**, to call a strike □ **Dio ordina e provvede**, God sees to everything. **B ordinàrsi**, *v. rifl. e i. pron.* (*mettersi in ordine*) to tidy oneself up; (*prepararsi*) to get* ready; (*disporsi*) to draw* up.

ordinariaménte, *avv.* ordinarily; (*di solito*) usually, normally; (*di regola*) as a rule; (*per lo più*) generally, in most cases, mostly.

ordinariàto, *m.* *1* (*universitario*) (full) professorship *2* (*eccles.*) status of ordinary.

ordinàrio, **A** *a.* *1* ordinary; standard; (*medio*) average; (*abituale*) usual, customary, habitual; (*comune*) common, everyday; (*normale*) normal: **spese ordinarie**, ordinary charges; recurring expenditure (*sing.*); **ordinaria amministrazione**, ordinary business; **tariffa ordinaria**, standard rate; **telegramma o.**, ordinary telegram; **misura ordinaria**, ordinary (*o* average) size; **il prezzo o. di un articolo**, the average price of an article; **seduta ordinaria**, ordinary meeting; **espressioni ordinarie**, everyday phrases; (*mat.*) **frazione ordinaria**, common fraction *2* (*spreg.*: *grossolano*) common, coarse; (*solito*) run-of-the-mill; (*insignificante*) plain; (*dozzinale*) cheap, of poor quality; (*volgare*) common, vulgar: **aspetto o.**, common appearance; **modi ordinari**, common manners; **un vestito o.**, a plain dress; **stoffa ordinaria**, cheap material; **di qualità ordinaria**, of poor quality; cheap *3* (*di docente*) regular; (*universitario*) tenured, full. **B** *m.* *1* (*ciò che è solito*) ordinary; common run of things: **fuori dell'o.**, out of the ordinary; unusual; extraordinary; exceptional; **un uomo fuori dell'o.**, an extraordinary man; a man above the common run; **uscire dall'o.**, to be out of the ordinary; **come d'o.**, as usual; **d'o.**, usually; ordinarily; as a rule; **più dell'o.**, more than usual; **secondo l'o.**, according to custom; as usual *2* (*f.* **-a**) (*professore o.*) regular teacher; (*universitario*) (full) professor: **l'o. di fisica**, the professor of Physics; **È o. di inglese**, he has the chair of English *3* (*relig.*) ordinary.

ordinàta (1), *f.* putting in order; tidying up: **Ci vuole una bella o.**, it needs a good tidying up.

ordinàta (2), *f.* *1* (*mat.*) ordinate *2* (*naut., aeron.*) frame: **o. di paratia**, bulkhead frame.

ordinatàrio, *m.* (*f.* **-a**) (*comm.*) payee.

ordinatìvo, **A** *a.* regulating; governing: **principi ordinativi**, regulating principles. **B** *m.* (*comm.*) order: **passare un o. a q.**, to place an order with sb.; (*mar.*) **o. d'imbarco**, shipping order.

ordinàto, *a.* *1* tidy; neat; trim; orderly: **una stanza pulita e ordinata**, a clean, tidy room; a neat room; **tenere una stanza ordinata**, to keep a room tidy; **un ragazzo o.**, a tidy boy; **una folla ordinata**, an orderly crowd; **in modo o.**, in an orderly manner; neatly; **dall'aspetto o.**, tidy-looking *2* (*regolato*) orderly, regular; (*metodico*) methodical, systematic: **un piano o.**, an orderly plan; **condurre una vita ordinata**, to live a regular life *3* (*eccles.*) ordained.

ordinatóre, **A** *m.* *1* orderer; regulator; (*organizzatore*) organizer *2* (*catalogatore*) cataloguer *3* (*elab.*) sorter: **o. in sequenza**, sequencer; (*elaboratore*) computer. **B** *a.* regulating; regulative; ordering; organizing: **leggi ordinatrici**, regulating laws; **una potenza ordinatrice**, a regulating power; **mente ordinatrice**, tidy mind; methodical mind.

ordinatòrio, *a.* (*leg.*) regulative; fixed by order.

ordinazióne, *f.* *1* (*comm.*) order; (*in G.B., se inviata dall'estero*) indent: **Furono annullate tutte le ordinazioni in corso**, all outstanding orders were cancelled; **avere numerose ordinazioni in corso**, to have plenty of orders in hand; **passare [eseguire, annullare] un'o.**, to place [to carry out, to cancel] an order; **o. di prova**, trial order; **o. su catalogo**, order from catalogue; **fatto su o.**, made to order; specially made; custom-made *2* (*ricetta del medico*) prescription *3* (*eccles.*) ordination.

órdine, *m.* *1* (*sequenza*) order; (*disposizione*) arrangement: **o. di arrivo**, order of arrival; **o. di partenza**, starting order; **cambiare l'o. dei libri**, to change the arrangement of the books; **in o. alfabetico [cronologico, numerico]**, in alphabetical [chronological, numerical] order; **in o. ascendente [discendente]**, in ascending [descending] order; **in o. di età [di altezza, di merito]**, in order of age [of height, of merit] *2* (*serie*) series, sequence; (*fila*) row, rank: **un lungo o. di stanze**, a long sequence of rooms; **due ordini di denti**, two rows of teeth *3* (*assetto ordinato*) order; ordeliness; tidiness: **l'o. dell'universo**, the order in the universe; **Io sono amante dell'o.**, I like order (*o* tidiness); **una parvenza d'o.**, some semblance of order; **I documenti non sono in o.**, the papers are not in order; **mettere [lasciare] q.c. in o.**, to put [to leave] st. in order; **Metti in o. la tua camera**, tidy up your room; **fare** (*o* **mettere**) **o. sulla scrivania**, to tidy up one's desk; **mettere o. fra le proprie carte**, to sort out one's papers; **Che o. in casa tua!**, what a tidy house you have!; **mettersi in o.**, to tidy oneself up; **raccontare q.c. con o.**, to tell st. in an orderly manner; **Procediamo con o.!**, let's proceed in order; first things first *4* (*mil.*) order; array; alignment; **o. sparso [chiuso]**, open [close] order; **in o. di battaglia**, in battle order (*o* array) *5* (*disciplina*) order; orderliness: **o. pubblico**, public order; **mantenere [ristabilire] l'o.**, to keep [to restore] order; **richiamare all'o.**, to call to order *6* (*comando*) order; command: **obbedire agli ordini**, to obey orders; **eseguire un o.**, to carry out an order; **Eseguivo degli ordini**, I was acting under orders; **Ha avuto l'o. di partire**, he is under orders to leave; **Ho l'o. di non lasciare entrare nessuno**, I have orders (*o* my orders are) to let no one in; **Diede o. che si portasse il prigioniero**, he gave orders for the prisoner to be brought; **essere agli ordini di q.**, (*mil.*) to be under sb.'s orders; (*fig., iron.*) to be at sb.'s beck and call; **prendere ordini da q.**, to take orders from sb.; **fino a nuovo o.**, until further orders; **ordini dall'alto**, orders from above (*o* from high up); **per o. di**, by order of; on the orders of; (*mil.*) **Agli ordini!**, yes, sir! *7* (*leg.*) order, injunction; (*norma*) rule; (*decreto*) decree; (*mandato*) warrant, writ: **o. di custodia**, custody order; **o. di sequestro**, writ of attachment; **o. di comparizione**, summons; citation; **o. di non luogo a procedere**, nonsuit *8* (*comm.*: *ordinazione*) order: **un o. di duecento tonnellate di carbone**, an order for two hundred tons of coal; **o. di prova**, trial order; **ordini inevasi**, unfilled (*o* back) orders; backlog (*sing. collett.*); **accusare ricevimento di un o.**, to acknowledge an order; **annullare un o.**, to cancel an order; **confermare un o.**, to confirm an order; **evadere un o.**, to deal with (*USA*: to fill) an order; **inoltrare un o.**, to send in an order; **passare un o. a q.**, to pass an order on sb.; **assegno all'o.**, cheque to order; **pagabile all'o.**, payable to order *9* (*comm., Borsa, banca*: *disposizione*) order; authorization: **o. di pagamento**, authorization of payment; **dare o. di pagamento**, to authorize payment; **o. di bonifico**, payment order *10* (*comunità, associazione*) order; association; society; fraternity: **o. cavalleresco**, order of chivalry; **l'O. della Giarrettiera**, the Order of the Garter; **l'O. dei Cavalieri di Malta**, the Order of the Knights of Malta; (*eccles.*) **ordini maggiori [minori]**, major [minor] orders; **l'o. dei Benedettini**, the Order of St. Benedict; the Benedictine Order; **O. degli Avvocati**, Bar Association; Roll of Solicitors: **essere ammesso all'o. degli avvocati**, to be called to the Bar; **O. dei medici**, Medical Association *11* (*categoria, classe*) order; class; rank; degree: **tutti gli ordini sociali**, all social ranks; **l'o. dei senatori**, the order of senators; **di prim'o.**, of the highest order; first-class; first-rate; topnotch (*fam.*): **un pittore di prim'o.**, a first-rate painter; **un ristorante di prim'o.**, a first-class restaurant; **di second'o.**, second-rate; second-class; **di terz'o.**, third-rate; **d'infimo o.**, of the lowest degree *12* (*ambito, genere*) kind; nature: **problemi d'o. tecnico**, problems of a technical nature; technical problems; **È un altro o. di cose**, it's quite a different matter *13* (*pl.*) (*eccles.*) holy orders: **avere [ricevere] gli ordini sacri**, to be in [to take] holy orders *14* (*biol., archit.*) order: **o. dorico [ionico, corinzio]**, Doric [Ionian, Corinthian] order. ● **o. del giorno**, agenda: **o. del giorno definitivo**, approved agenda; **questioni all'o. del giorno**, items on the agenda; **passare all'o. del giorno**, to proceed with the business on the agenda (*o* of the day) □ (*leg.*) **o. delle ipoteche**, rank of mortgages □ (*zool.*) **o. di beccata**, pecking order □ **o. di grandezza**, (*dimensioni*) size; (*fis.*) order □ **o. d'idee**, way of thinking; scheme of things: **Ciò non rientra nel mio o. d'idee**, that doesn't fall in with my way of thinking; **entrare nell'o. di idee di fare q.c.**, to come round to the idea of doing st. □ **l'o. soprannaturale**, the supernatural □ (*fig.*) **cosa all'o. del giorno** (*normale*), normal thing; the rule; an everyday occurrence □ **un argomento all'o. del giorno**, a matter of topical interest □ **impiegato d'o.**, junior clerk □ **Il teatro era esaurito in ogni o. di posti**, the theatre was sold out □ **in o. a**, with regard to; concerning; following; as to: **in o. alla Sua richiesta**, with regard to your request □ **nell'o. naturale delle cose**, in the natural order of things □ **numero d'o.**, serial number □ (*mil.*) **parola d'o.**, password □ **partito d'o.**, law and order party □ **ritirarsi in buon o.**, (*mil.*) to retire in good order; (*fig.*) to back down □ (*comm.*) **sempre ai Vostri ordini**, yours faithfully.

ordìre, *v. t.* *1* (*ind. tess.*) to warp *2* (*fig.*: *tramare*) to plot; to plan; to scheme; to contrive; to intrigue; to hatch: **o. un complotto**, to hatch a plot; **o. una congiura**, to plot (a conspiracy); to conspire; **o. un imbroglio**, to plot something *3* (*fig.*: *abbozzare*) to sketch out; to work out.

ordìto, *m.* *1* (*ind. tess.*) warp: **filo dell'o.**, warp yarn; **preparare l'o.**, to lay the warp *2* (*fig.*) web; tissue: **un o. di menzogne**, a tissue of lies.

orditóio, *m.* (*ind. tess.*) warping machine; warping mill.

orditóre, *m.* (*f.* **-trice**) *1* (*ind. tess.*) warper: **o. di seta**, silk warper *2* (*fig.*) plotter; schemer; intriguer: **o. di intrighi**, intriguer.

orditùra, *f.* *1* (*ind. tess.*) warping; (*ordito*) warp: **o. a macchina**, mill-warping *2* (*fig.*: *macchinazione*) plot; intrigue *3* (*fig.*: *trama*) plot: **l'o. di un romanzo**, the plot of a novel *4* (*edil.*) frame: **o. del tetto**, roof frame.

Ordoviciàno, *m.* (*geol.*) Ordovician.

orèade, *f.* (*mitol.*) oread; mountain nymph.

orécchia, *f.* *1* *V.* **orecchio** *2* (*piega all'angolo d'una pagina*) dog-ear: **fare un'o. a una pagina**, to dog-ear a page *3* (*mus., di strumenti ad arco*) F-hole. ● (*zool.*) **o. di mare** (*Haliotis*), sea-ear.

orecchiàbile, *a.* (*fam.*) catchy: **un motivo o.**, a catchy tune.

orecchiabilità, *f.* tunefulness; catchiness.

orecchiàle, *m.* (*tecn.*) earphone.

orecchiànte, **A** *a.* *1* (*che suona a orecchio*) able to play by ear; (*che canta a orecchio*) able to sing by ear *2* (*fig.*) amateurish; superficial. **B** *m. e f.* *1* (*chi suona a orecchio*) one who plays by ear; (*chi canta a orecchio*) one who sings by ear *2* (*fig.*) amateur.

orecchiàre, *v. i.* to pick up: **Avevo orecchiato**

un po' di russo, I had picked up some Russian; **o. un motivo**, to pick up a tune.

orecchiétta, *f.* (*anat.*) auricle.

orecchino, *m.* earring; (*pendente*) eardrop: **un paio d'orecchini**, a pair of earrings.

orécchio, *m.* (*pl.* **orecchi**, *m.*, o **orecchie**, *f.*, *nella def. 1*) **1** ear; (*udito*) hearing: **o. esterno [medio, interno]**, external [middle, internal] ear; **orecchie a sventola**, ears that stick out; **dalle orecchie lunghe**, long-eared; **È sordo da un o.**, he is deaf in one ear; **essere duro d'o.**, to be hard of hearing; **dolore** (*o* **male**) **all'o.**, earache; **Entra da un o. ed esce dall'altro**, in at one ear and out the other; **Mi fischiano le orecchie**, my ears are ringing; (*fig.*) my ears are burning; **Mi ronzano le orecchie**, my ears are buzzing; **dire una parola all'o. di q.**, to say something in sb.'s ear; **Ho ancora le sue parole nelle orecchie**, I can still hear his words; **Da quell'o. non ci sente**, he's deaf in that ear; (*fig.*) he won't listen; (*fig.*) **allungare le orecchie**, to prick up one's ears; **avere o. per la musica**, to have an ear (*o* a good ear) for music; **dare** (*o* **prestare**) **o. a q.c.**, to give ear to st.; to listen to st.; **Il cane rizzò gli orecchi**, the dog cocked its ears; **tendere l'o.**, to listen intently; **tirare gli orecchi a q.**, to pull (*o* to tweak) sb.'s ears; (*fig.*) to give sb. a ticking off; **turarsi le orecchie**, to stop one's ears **2** (*d'aratro*) mould board **3** (*d'ancora*) fluke **4** *V.* **orecchia**, *def. 2* **5** (*zool.*: *o. esterno*) auricle. ● (*fis., mus.*) **o. assoluto**, absolute pitch; (*com.*) perfect pitch □ (*naut.*) **o. d'asino**, kevel □ (*bot.*) **o. di Giuda** (*Auricularia auricula-judae*), jelly fungus; jew's ear □ (*naut.*) **o. di lepre**, leg-of-mutton sail □ (*bot.*) **o. d'orso** (*Primula auricula*), auricula; bear's-ear □ **a forma d'o.**, ear-shaped □ **a portata d'o.**, within earshot □ **Apri bene le orecchie**, mark what I say □ (*fig.*) **avere gli orecchi foderati di prosciutto**, (*non sentire*) to be hard of hearing; (*non voler sentire*) not to want to listen □ (*fig.*) **avere le orecchie lunghe** (*essere ignorante*), to be a blockhead □ **cantare [suonare] a o.**, to sing [to play] by ear □ (*fig.*) **con l'o. teso**, with one's ear pricked □ (*fig.*) **con le orecchie basse**, crestfallen □ **fare l'o. a q.c.**, to get used to (hearing) st. □ **fare orecchi da mercante**, to turn a deaf ear to st. □ **Mi è giunto all'o. che...**, it has come to my ear that... □ **non avere o.**, to have a tin ear □ (*fig.*) **mettere una pulce nell'o. a q.**, to drop a hint; to arouse sb.'s suspicions □ (*fig.*) **stare con le orecchie tese**, (*stare all'erta*) to keep one's ears to the ground; (*stare in ascolto*) to be all ears □ **stordire le orecchie**, to be deafening; **un rumore che stordisce le orecchie**, a deafening (*o* ear-splitting) noise □ **essere tutt'orecchi**, to be all ears □ **Chi a orecchie per intendere intenda**, a word to the wise.

orecchióne, *m.* **1** (*mil.*) trunnion (*per lo più al pl.*) **2** (*pl.*) (*med.*) mumps (*generalm. col v. al sing.*) **3** (*zool., Plecotus auritus*) long-eared bat **4** (*region., spreg.*) homosexual; fairy (*spreg.*); fag (*spreg. USA*).

orecchionièra, *m.* (*mil.*) trunnion bearing.

orecchiùto, *a.* big-eared; long-eared.

oréfice, *m.* (*orafo*) goldsmith; (*gioielliere*) jeweller, jeweler (*USA*).

oreficerìa, *f.* **1** (*arte dell'orefice*) goldsmith's (*o* jeweller's) art **2** (*laboratorio dell'orefice*) goldsmith's workshop **3** (*negozio dell'orefice*) goldsmith's (shop); jeweller's (shop) **4** (*lavori dell'orefice*) jewellery.

Orèste, *m.* (*mitol.*) Orestes.

Orestiade, *f.* (*letter.*) Oresteia.

òrfano, **A** *a.* orphan: **rimanere o.**, to be left an orphan; to be orphaned; **rendere o.**, to make an orphan of; to orphan: **bambini resi orfani dalla guerra**, children orphaned by war; **È o. di madre**, his mother died; he lost his mother. **B** *m.* (*f.* **-a**) (*anche fig.*) orphan: **o. di guerra**, war orphan; **asilo per orfani**, orphanage; **Povere orfanelle!**, poor little orpans (*o* orphan girls)!

orfanotròfio, *m.* orphanage.

Orfèo, *m.* (*mitol.*) Orpheus.

òrfico, **A** *a.* (*letter., relig.*) Orphean; Orphic (*anche fig.*): **inni orfici**, Orphic hymns; Orphics. **B** *m.* (*relig.*) Orphic.

orfiṣmo, *m.* Orphism.

organàio, *V.* **organaro**.

organàrio, *a.* organ (*attr.*): **arte organaria**, organ building.

organàro, *m.* organ maker.

organdi, organdis, *m.* (*ind. tess.*) organdie.

organétto (1), *m.* **1** (*a manovella*) barrel organ; hand organ: **o. di Barberia**, hurdy-gurdy; **suonatore d'o.**, organ-grinder **2** (*pop.*: *armonica a bocca*) mouth organ **3** (*pop.*: *fisarmonica*) accordion; concertina.

organétto (2), *m.* (*zool., Carduelis linaria*) redpoll.

orgànica, *f.* (*mil.*) organization of the armed forces.

organiciṣmo, *m.* (*filos., biol., med.*) organicism.

organicista, *m.* e *f.* organicist.

organicìstico, *a.* organicist(ic).

organicità, *f.* organicity; organic unity.

orgànico, **A** *a.* **1** (*costituito da organi, che si riferisce a organi*) organic: **la vita organica**, organic life; **malattia organica**, organic disease; **chimica organica**, organic chemistry; **deperimento o.**, physical decline **2** (*fig.*: *composto di parti coordinate*) organic; organized; systematic: **un complesso o. di leggi**, an organic body of laws; **un tutto o.**, an organic whole; **lavoro o.**, systematic work. **B** *m.* **1** (*ruolo o.*) roll: **essere in o.**, to be on the roll **2** (*complesso del personale*) personnel; staff; (*mil.*) cadre.

organigràmma, *m.* **1** (*bur.*) organization chart **2** (*elab.*) flow chart.

organino, *V.* **organetto**.

organiṣmo, *m.* **1** organism: **un o. vivente**, a living organism (*o* being) **2** (*corpo umano*) body; system: **un o. sano**, a healthy body; **deperimento dell'o.**, physical decline **3** (*fig.*) (organized) body; organization; structure; authority; agency (*USA*): **o. amministrativo**, administrative body.

organista, *m.* e *f.* organist.

organìstico, *a.* (*mus.*) organ (*attr.*): **musica organistica**, organ music.

organiẓẓàre, **A** *v. t.* to organize; to arrange; to set* up; to lay* on; to make* preparations for: **o. un partito politico**, to organize a political party; **o. un esercito**, to organize an army; **o. una corsa [un concerto]**, to organize a race [a concert]; **o. una spedizione al Polo Nord**, to organize an expedition to the North Pole; **o. un viaggio**, to make preparations for a journey; **o. le idee**, to get one's ideas into order; to marshal one's thoughts; (*ind.*) **o. scientificamente**, to rationalize. **B** **organiẓẓàrsi,** *v. rifl.* to organize; to get* organized; to get one's act together (*fam.*): **Organizziamoci**, let's get organized; **o. in un sindacato**, to organize into a trade union.

organiẓẓativo, *a.* organizational; organizing: **struttura organizzativa**, organizational structure; **metodi organizzativi**, organizational methods; **comitato o.**, organizing committee; **fase organizzativa**, organizing phase.

organiẓẓàto, **A** *a.* **1** organized **2** (*turismo*) package (*attr.*): **viaggio o.**, package tour. **B** *m.* member (of an organization).

organiẓẓatóre, **A** *a.* organizing. **B** *m.* **1** (*f.* **-trice**) organizer; promoter; arranger **2** (*biol.*) organizer.

organiẓẓazióne, *f.* **1** (*l'organizzare*) organization, arrangement, planning; (*gestione*) management, administration: **l'o. di un congresso**, the organization of a conference; **mancanza di o.**, lack of organization; **o. aziendale**, business management; **o. del personale**, staff (*USA*: personnel) administration; (*elab.*) **o. dei dati**, data organization; **avere una buona o.**, to be well-organized **2** (*complesso organizzato*) organization; (*gli organizzatori, anche*) organizers (*pl.*): **o. criminale**, criminal organization; crime syndicate; **o. economica**, trading organization; **o. internazionale**, international organization; **o. sindacale**, union organization.

òrgano, *m.* **1** (*anat.*) organ: **o. della vista**, organ of sight; sight organ; **gli organi della digestione**, the organs of digestion: **organi genitali**, sex organs; **trapianto d'organi**, organ transplant; **o. trapiantato**, transplant **2** (*mecc.*) member: **o. d'una macchina**, machine member; **o. motore**, mover **3** (*centro di funzioni*) organ; body: **gli organi del parlamento**, the organs of Parliament; **o. collegiale**, collegiate body; **o. di controllo**, controlling body **4** (*pubblicazione*) organ: **o. di partito**, party organ; **o. di propaganda**, organ of propaganda **5** (*mus.*) organ; pipe organ: **o. a bocca**, mouth organ; **o. a due tastiere**, two-manual organ; **o. elettrico**, electric organ; **o. idraulico**, hydraulic organ; **o. portatile**, reed-organ; harmonium; (*stor.*) **o. portativo [positivo]**, portative [positive] organ; **canna d'o.**, organ pipe; **mantici dell'o.**, organ bellows; **registri dell'o.**, organ stops. ● (*bot.*) **o. auricolato**, auricle □ (*bot.*) **o. campanulato**, bell □ (*elettr.*) **o. di presa**, current collector.

organogèneṣi, *f.* (*biol.*) organogenesis.

organògeno, *a.* (*geol.*) organogenic.

organografìa, *f.* (*biol.*) organography.

organogràfico, *a.* (*biol.*) organographic(al).

organolèttico, *a.* organoleptic.

organologìa, *f.* **1** (*biol.*) organology **2** (*mus.*) study of musical instruments.

organològico, *a.* **1** (*biol.*) organologic(al) **2** (*mus.*) relating to the study of musical instrument.

organòlogo, *m.* (*f.* **-a**) **1** (*biol.*) organologist **2** (*mus.*) student of musical instruments.

organometàllico, *a.* (*chim.*) organometallic.

organometàllo, *m.* (*chim.*) organometallic compound.

organopatìa, *f.* (*med.*) organopathy.

organoscopìa, *f.* (*med.*) organoscopy.

organoterapìa, *f.* (*med.*) organotherapy.

organum, *m. invar.* (*mus.*) organum*.

orgànẓa, *f.* (*ind. tess.*) organza.

organẓino, *m.* (*ind. tess.*) organzine.

orgàṣmico, *a.* orgasmic.

orgàṣmo, *m.* **1** (*fisiol.*) orgasm: **avere un o.**, to have an orgasm; **raggiungere l'o.**, to reach an orgasm **2** (*fig.*: *agitazione*) excitement; anxiety; fever; flutter: **nell'o. della partenza**, in the excitement of leaving; **essere in o.**, to be in a state of excitement; to be in a fever (*o* a flutter); to be in a stew (*fam.*); **mettere q. in o.**, to put sb. into a flutter; **mettersi in o.**, to get excited; to get all flustered; to get into a stew (*fam.*).

òrgia, *f.* **1** (*stor., relig.*) orgy: **o. bacchica**, Bacchic orgy **2** (*estens.*) orgy; debauch: **orge notturne**, nocturnal orgies; **orge di sesso**, sex orgies **3** (*fig.*: *profusione*) orgy; riot; carnival; splurge: **un'o. di sangue**, an orgy of blood; **un'o. di colori**, a riot (*o* carnival) of colours; **un'o. di luci**, a riot of lights; **un'o. di spese**, a splurge.

orgiàsta, *m.* e *f.* orgiast.

orgiàstico, *a.* **1** orgiastic **2** (*fig.*) riotous; wild.

orgóglio, *m.* pride: **È l'o. della nazione**, he is the pride of his country; **È l'o. di sua madre**, he is his mother's pride and joy; **essere pieno d'o.**, to be full of pride; (*essere altezzoso*) to be haughty; **ferire q. nell'o.**, to wound sb.'s pride.

orgogliósо, *a.* proud; (*altezzoso*) haughty: **un uomo o.**, a proud man; **una risposta or-**

gogliosa, a proud (*o* haughty) answer; **essere** (*o* **andare**) **o. di q.c.**, to be proud of st.; to take (*o* to have) pride in st.; **essere o. di q.**, to be proud of sb.; **essere troppo o. per fare q.c.**, to be too proud to do st.

orgóne, *m.* (*psic.*) orgone.

òribi, *m.* (*zool.*, *Ourebia ourebi*) oribi*.

oricàlco, *m.* ***1*** (*lega*) orichalc ***2*** (*ottone*) brass.

òrice, *m.* (*zool.*, *Oryx*) oryx. ● **o. gazzella** (*Orix gazella*), gemsbok*.

oricèllo, *m.* ***1*** (*bot.*, *Roccella tinctoria*) orchil; archil ***2*** (*colorante*) orchil; cudbear.

orientàbile, *a.* (*mecc.*) adjustable; rotary; revolving; swinging.

orientàle, A *a.* ***1*** (*a est, dell' est*) eastern; east (*attr.*); easterly: **le Indie Orientali**, the East Indies; **Africa O.**, East Africa; **costa o.**, east coast; **i quartieri orientali**, the eastern districts; **l'emisfero o.**, the eastern hemisphere; **vento o.**, easterly wind; easterly; ***2*** (*dell'Oriente*) Oriental, Eastern; (*asiatico*) Asian: **la Chiesa O.**, the Oriental (*o* Eastern) Church; **la cultura** [**l'arte**] **o.**, Oriental culture [art]; **lingue orientali**, Oriental (*o* Eastern) languages; **paesi orientali**, Eastern [Asian] countries; **tappeto o.**, Oriental carpet; **vestire all'o.**, to dress in the Eastern fashion. **B** *m.* e *f.* Oriental; Asian; Asiatic.

orientaleggiànte, *a.* oriental; orientalizing.

orientalismo, *m.* Orientalism.

orientalista, *m.* e *f.* Orientalist.

orientalistica, *f.* Oriental studies (*pl.*).

orientalizzànte, *a.* (*stor. arte*) orientalizing.

orientalizzàre, *v. t.* to orientalize.

orientalizzazióne, *f.* orientalization.

orientaménto, *m.* ***1*** orientation (*anche fis.*, *miner.*, *chim.*); bearings (*pl.*): **o. mediante radio**, radio orientation; **perdere l'o.**, to lose one's bearings; **senso di o.**, sense of direction ***2*** (*fig.*: *indirizzo, guida*) guidance; guideline; guide: **o. professionale**, vocational guidance (*o* counselling) ***3*** (*fig.*: *tendenza*) trend: **l'o. del mercato**, the market trend.

orientàre, A *v. t.* ***1*** to orient; to orientate; to set*; to position; to turn; to point: **o. una carta geografica**, to orient (*o* to set) a map; **o. q.c. verso sud**, to turn st. to face south; **Il riflettore fu orientato verso la porta**, the search-light was pointed towards the door ***2*** (*fig.*: *indirizzare*) to steer; to guide; to encourage: **o. q. allo studio dei classici**, to guide sb. towards the study of classics ***3*** (*naut.*) to trim: **o. i pennoni**, to trim the yards. **B orientàrsi,** *v. i. pron.* ***1*** to get* (*o* to find*) one's bearings; to orientate oneself; to find* one's way about: **Lascia che mi orienti**, let me get my bearings; let me see where I am ***2*** (*fig.*: *raccapezzarsi*) to see* one's way; to find* one's way about; to make* head or tail (of st.) (*fam.*, *sempre in frasi neg.*): **Mi sono orientato subito nel nuovo lavoro**, I quickly found my way about (*fam.*: got to know the ropes) in my new job; **Non mi oriento in questa faccenda**, I can't make head or tail of this matter ***3*** (*fig.*: *indirizzarsi*) to opt (for st.); to choose* (st.); to take* up (st.): **Penso di orientarmi su una tre porte**, I think I'll opt for a hatchback ***4*** (*fig.*: *tendere*) to tend.

orientativo, *a.* indicative; preliminary; guiding: **esame o.**, preliminary examination.

orientàto, *a.* ***1*** (*volto*) facing: **una finestra orientata verso est**, a window facing east ***2*** (*fig.*: *incline*) thinking of: **È o. verso una facoltà scientifica**, he is thinking of enrolling in a science faculty; **È o. all'acquisto di una casa**, he is thinking of buying a flat ***3*** (*mat.*) directed. ● (*Borsa*) **o. al rialzo**, bullish □ (*Borsa*) **o. al ribasso**, bearish.

orientatóre, *m.* (*tecn.*) guider; director.

orientazióne, *f.* (*scient.*) orientation.

oriènte, *m.* ***1*** east; orient (*lett.*): **una finestra rivolta a o.**, a window facing east; **guardare a o.**, to look (to the) east; **da o. a occidente**, from east to west; **posto a o.**, situated in the east; eastern; easterly; **La Grecia è a o. dell'Italia**, Greece is to the east of Italy; **La Spagna confina a o. col mare**, Spain is bounded by the sea to the east; **A o. c'era il mare**, to the east there was the sea; **verso o.**, towards the east; eastward (*agg.*); eastward(s) (*avv.*): **navigare verso o.**, to sail eastward(s) ***2*** (*paesi orientali*) East; Eastern countries (*pl.*); Orient (*lett.*): **il commercio con l'O.**, trade with the East; **la saggezza dell'O.**, the wisdom of the East; **il Vicino** [**Medio, Estremo**] **O.**, the Near [Middle, Far] East; (*stor.*) **l'Impero d'O.**, the Eastern Empire ***3*** (*loggia massonica*) lodge: **Grande O.**, Grand Lodge ***4*** (*di perla*) orient.

orifiàmma, *f.* (*stor.*) oriflamme.

orificio, orifizio, *m.* ***1*** orifice (*anche anat.*); opening; aperture; vent: **l'o. d'un cannello**, the orifice of a pipe; **l'o. dello stomaco**, the orifice of the stomach ***2*** (*zool.*: *per la respirazione*) spiracle.

origàmi, *m. invar.* origami; Japanese paper folding.

origamista, *m.* e *f.* paper folder.

origano, *m.* (*bot.*, *Origanum vulgare*) oregano; origanum; wild marjoram.

Origene, *m.* (*stor. filos.*) Origen.

originàle, A *a.* ***1*** original: **il peccato o.**, the original sin; **idioma o.**, original language; **il testo o.**, the original text; **la partitura o.**, the original score; **un documento o.**, an original document; (*cinem.*) **edizione o.**, original version; **in lingua o.**, in the original language ***2*** (*autentico, genuino*) genuine; pure: **tappeto o. cinese**, genuine Chinese carpet ***3*** (*fig.*: *nuovo*) original, new, novel, unusual, fresh; (*individuale*) individual, idiosyncratic; (*ingegnoso*) ingenious; (*creativo*) inventive, creative: **idee originali**, original (*o* novel) ideas; **un pensiero o.**, an original thought; **metodi originali**, original (*o* unusual) methods; **uno scrittore o.**, an inventive writer ***4*** (*fig.*: *bizzarro*) eccentric; bizarre; odd; queer: **una condotta o.**, eccentric behaviour; **pettinatura o.**, bizarre hairstyle; **un tipo o.**, an odd type; a character; an odd bird (*o* fish) (*fam.*). **B** *m.* ***1*** (*opera o.*, *anche leg.*) original: **collazionare con l'o.**, to collate with the original; **copia conforme all'o.**, faithful copy ***2*** (*persona o cosa ritratta*) original: **Il ritratto è più bello dell'o.**, the portrait is better than the original ***3*** (*radio, TV*) – **o. radiofonico**, radioplay; **o. televisivo**, teleplay; film made for TV ***4*** (*lingua o.*) original (language): **leggere un libro in o.**, to read a book in the original. **C** *m.* e *f.* (*persona bizzarra*) character; odd person; odd fish (*o* bird) (*fam.*); oddball (*fam.*): **È un bel-l'o.!**, he's quite a character!; he's an odd one!

originalità, *f.* ***1*** originality: **Il tuo lavoro rivela o.**, your work shows originality; **l'o. di un'opera d'arte**, the originality of a work of art; **o. d'idee**, originality of ideas ***2*** (*genuinità*) genuineness; pureness: **Il marchio garantisce l'o. del prodotto**, the mark is a guarantee of the genuineness of the product ***3*** (*novità*) novelty ***4*** (*bizzarria*) originality; eccentricity; oddness; oddity; vagary: **le o. della moda**, the vagaries of fashion; **una vecchia famosa per le sue o.**, an old woman noted for her eccentricities.

originalménte, *avv.* ***1*** originally; in an original way ***2*** *V.* **originariamente**.

originàre, A *v. t.* to originate; to give* origin to; to give* rise to; to bring* about; to cause. **B** *v. i.* e **originàrsi,** *v. i. pron.* to originate (from, in st.; with, from sb.).

originariaménte, *avv.* originally; at first; in the beginning.

originàrio, *a.* ***1*** (*nativo*) native; (*primo*) first, original, former: **gli abitanti originari dell'isola**, the first (*o* original) inhabitants of the island; **È o. dell'Austria**, he is of Austrian extraction (*o* origin); he is a native of Austria; **È o. di Roma**, he is Roman by birth; he comes from Rome; **un popolo o. del Medio Oriente**, a people that came from the Middle East; **Il canguro è animale o. dell'Australia**, the kangaroo is native (*o* indigenous) to Australia ***2*** (*primitivo, autentico*) original; primitive: **la facciata originaria**, the original façade; **La statua ha perso i colori originari**, the statue has lost its original colours ***3*** (*che dà origine*) original; primary; first: **la causa originaria**, the originary (*o* primary) cause; **le fonti originarie**, the originary sources; **la fonte originaria di tutti i peccati**, the original fountain of all sin; **paese o.**, country of origin.

origine, *f.* ***1*** (*principio, inizio*) origin, beginning, commencement, genesis*, birth, starting-point, initial point; (*fonte*) source; (*radice*) root; (*causa*) cause: **l'o. del mondo**, the origin of the world; **l'o. dell'uomo**, the origin of man; **l'o. e la storia delle parole**, the origin and history of words; **le origini della civiltà**, the origins of civilization; **l'o. del peccato**, the origin (*o* root) of sin; **Quella parola fu l'o. della lite**, that word was the cause of the quarrel; **l'o. di un male**, the cause of an illness; **l'o. di tutti i miei guai**, the origin (*o* source) of all my troubles; (*fis.*) **l'o. d'una traiettoria**, the initial point of a trajectory; **l'o. di un fiume**, the source of a river; **risalire alle origini di q.c.**, to trace st. back to its origin(s); **in o.**, in the beginning; originally; initially; **all'o.**, originally; **avere o. da q.c.**, to originate from (*o* in) st.; to arise from st.; to stem from st.; **dare o. a q.c.**, to originate st.; to give rise to st.; to cause st. ***2*** (*nascita*) origin, birth; (*stirpe*) extraction; (*discendenza*) descent: **d'umile o.**, of humble origin; of low extraction; **di nobile o.**, of noble birth (*o* extraction); **una famiglia d'o. italiana**, a family of Italian origin; **un italiano di o. francese**, an Italian of French extraction; **Sono orgoglioso delle mie origini**, I am proud of my origins ***3*** (*provenienza*) origin, provenance; (*derivazione*) derivation: **il luogo d'o.**, the place of origin; (*comm.*) **certificato d'o.**, certificate of origin; **merce di dubbia o.**, goods of doubtful provenance; **parole di o. latina**, words of Latin derivation; words derived from Latin.

origliàre, *v. t.* e *i.* to eavesdrop (on st.).

origlière, *m.* (*lett.*) pillow.

orìna, *f.* urine; water (*fam.*): **analisi dell'o.**, urine test.

orinàle, *m.* chamber pot; urinal.

orinàre, A *v. i.* to urinate; to pass water (*fam.*). **B** *v. t.* to urinate; to pass (*fam.*).

orinàrio, *a.* urinary.

orinatóio, *m.* (public) urinal.

oriòlo, *m.* (*zool.*, *Oriolus oriolus*) golden oriole.

Orióne, *m.* (*mitol.*, *astron.*) Orion.

oritteropo, *m.* (*zool.*, *Orycteropus afer*) aardvark.

orittognosia, *f.* (*geol.*) oryctognosy.

orittologia, *f.* (*geol.*) oryctology.

oriùndo, A *a.* – **essere o. italiano**, to have Italian origins; to be of Italian extraction; **Suo marito è o. di Enna**, her husband's family comes from Enna; **piante oriunde del Brasile**, plants coming from Brasil. **B** *m.* (*sport*) foreign-born player (of Italian extraction).

orizzontàle, A *a.* ***1*** horizontal; level: **linea** [**piano**] **o.**, horizontal line [plane]; (*sport*) **sbarra o.**, horizontal (*o* high) bar; (*sociol.*) **mobilità o.**, horizontal mobility; **in posizione o.**, in a horizontal position; horizontally; **portare in posizione o.**, to bring to a horizontal position; **mettere in posizione o.**, to place in a horizontal position; to put horizontally; to lay down; **mettersi in posizione o.**, to lie down ***2*** (*dell'orizzonte*) horizontal; of the horizon; on the horizon. **B** *f.* (*nei cruciverba*) across.

orizzontalità, *f.* horizontalness; horizontality;

horizontal position.

orizzontaménto, *m.* orientation.

orizzontàre, A *v. t.* to orient. **B orizzontàrsi,** *v. rifl.* ***1*** to get* (*o* to find*) one's bearings; to find* one's way; to orientate oneself: **Non riesco a orizzontarmi,** I can't make out where I am; I can't find my bearings ***2*** (*fig.*: *raccapezzarsi*) to find* one's way about; to make* head or tail (of st.) (*fam., sempre in frasi neg.*).

orizzónte, *m.* (*anche fig., geol.*) horizon: **Il sole sorgeva sull'o.,** the sun was rising above the horizon; **Il sole tramontò all'o.,** the sun sank below the horizon; **profilarsi all'o.,** to loom on the horizon; **scrutare l'o.,** to scan the horizon; **alto sull'o.,** high above the horizon; **o. visibile,** apparent (*o* visible) horizon; **o. astronomico [celeste],** the celestial horizon; **l'o. politico,** the political horizon; (*aeron.*) **o. artificiale,** attitude indicator; **i nuovi orizzonti della scienza,** the new horizons in science. ● (*fig.*) **fare un giro d'o.,** to make a general survey of st. □ **un uomo di orizzonti limitati,** a man of limited horizons; a narrow-minded man.

Orlàndo, *m.* Roland.

orlàre, *v. t.* ***1*** (*fare l'orlo a*) to hem; (*bordare*) to border, to edge; (*con un'applicazione*) to trim: **o. un fazzoletto,** to hem a handkerchief; **o. di pizzo,** to trim (*o* to border) with lace; **o. a giorno,** to hemstitch ***2*** (*circondare*) to rim; to be along the edge of.

orlatóre, *m.* (*operaio, macchina*) hemmer.

orlatrìce, *f.* ***1*** (*operaia*) hemmer ***2*** (*mecc.*) hemming-machine.

orlatùra, *f.* ***1*** (*l'orlare*) hemming; bordering; edging ***2*** (*orlo*) hem; (*bordo*) border, edge: **o. a giorno,** hemstitch.

orleanìsta, *m. e f.* Orleanist.

órlo, *m.* ***1*** (*estremità, margine*) border, edge, margin, verge, brink; (*di cosa rotonda*) brim, rim, lip: **l'o. d'un tappeto,** the border of a rug; **l'o. d'un tavolo,** the edge of a table; **sedere sull'o. d'una sedia,** to sit on the edge of a chair; **l'o. dell'acqua,** the water's edge; **l'o. d'un fosso,** the margin of a ditch; **o. del marciapiede,** kerb, curb (*USA*); **l'o. d'un tetto,** the edge of a roof; **l'o. d'un precipizio,** the brink of a precipice; **l'o. d'un bicchiere,** the brim of a glass; **un bicchiere pieno fino all'o.,** a glass full to the brim; **l'o. d'una scodella,** the rim (*o* lip) of a bowl; **l'o. d'una brocca,** the lip of a jug; **l'o. d'una ruota,** the rim of a wheel; (*mecc.*) **doppio o.,** double edge (*o* flange) ***2*** (*di abito, ecc.*) hem, hemline; (*bordura*) border, trimming, edging: **o. di pizzo,** lace border; **fare un o.,** to make a hem; to hem: **fare l'o. a una gonna,** to hem a skirt; **allungare [accorciare] l'o.,** to lower [to raise] the hemline; **pantaloni senza o.,** unhemmed trousers; **o. di pizzo,** lace border; **o. a festone,** scalloping; **o. a giorno,** hemstitch; **fare l'o. a giorno a q.c.,** to hemstitch st. ***3*** (*fig.*) edge; verge; brink: **sull'o. della rovina [della guerra],** on the brink of disaster [of war]; **sull'o. della disperazione,** on the verge of despair; **sull'o. della pazzia,** on the brink of madness; **essere sull'o. della fossa,** to have one foot in the grave; to be at death's door.

òrlon, *m.* (*marchio*: *ind. tess.*) Orlon.

órma, *f.* ***1*** track; (*traccia*) mark, trace; (*di piede*) footprint, footmark; (*passo*) footstep, step: **orme lasciate da animali,** tracks made by animals; **orme sulla neve,** tracks (*o* footprints) in the snow; **ritornare sulle proprie orme,** to go back on one's tracks; to retrace one's steps; (*fig.*) **seguire** (*o* **calcare**) **le orme di q.,** to tread (*o* to walk) in sb.'s footsteps ***2*** (*fig.*: *segno, traccia*) mark; trace; impression: **Quell'esperienza lasciò in lei un'o. indelebile,** that experience left an indelible impression on her; **imprimere la propria o. nella scienza,** to make one's mark in science ***3*** (*pl.*) (*fig.*: *vestigia*) traces; vestiges: **le orme d'una antica civiltà,** the traces (*o* vestiges) of an ancient civilization.

ormài, *avv.* ***1*** by now; by this time; (*adesso*) now; (*a questo punto*) at this point; (*rif. al passato*) by then, by that time: **Dovrebbe essere qui o.,** he should be here by now; **O. è tempo di concludere,** it is now time to conclude; **O. sei grande!,** you're a big boy [girl] now!; **È un mese o. che è partito,** it's a month now since he left; **O. non possiamo più fare niente,** it's too late to do anything now; **O. non posso più dire niente,** at this point I can't add a single word; **O. era tardi,** by then it was late; **Lo cercai ma o. se n'era andato,** I looked for him, but he had already gone ***2*** (*quasi*) almost; nearly: **O. siamo arrivati,** we're nearly there now.

ormeggiàre, *v. t.* **ormeggiàrsi,** *v. i. pron.* (*naut.*) to moor; to make* fast; (*a una banchina*) to berth, to dock; (*a un molo*) to wharf: **o. a una banchina,** to berth at a quay; **o. a ruota,** to ride to a single anchor; **o. di prua [di poppa],** to moor head on [stern on].

orméggio, *m.* (*naut.*) ***1*** (*manovra*) mooring, berthing, docking, wharfing; (*luogo*) moorings (*pl.*), berth: **o. a ruota,** single mooring; **o. di prua [di poppa],** head-on [stern-on] mooring; **o. in quattro,** fore-and-aft (*o* head and stern) moorings; **o. in rada,** open berth; **all'o.,** moored; **catena d'o.,** mooring chain; **cima d'o.,** mooring line; **diritti d'o.,** moorage; **pilone d'o.,** mooring post ***2*** (*pl.*) (*cavi e catene che servono per ormeggiare*) moorings: **mollare gli ormeggi,** to slip (*o* to cast off) moorings.

ormonàle, *a.* (*med.*) hormone (*attr.*); hormonal; hormonic: **equilibrio o.,** hormonal balance; **terapia o.,** *V.* **ormonoterapia.**.

ormóne, *m.* (*biol.*) hormone.

ormònico, *V.* **ormonale.**

ormonoterapìa, *f.* (*med.*) hormonal therapy; (*in menopausa*) hormone replacement therapy (*abbr.*: HRT).

ornamentàle, *a.* ornamental; decorative: **fregio o.,** decorative frieze; **pianta o.,** ornamental plant.

ornamentazióne, *f.* ***1*** (*l'ornamentare*) ornamentation; decorating ***2*** (*ornamenti*) ornamentation; ornaments (*pl.*); decorations (*pl.*).

ornaménto, *m.* ***1*** (*l'ornare*) ornamentation; adornment; decorating ***2*** (*ciò che orna*) ornament (*anche fig.*); adornment; decoration: **ricco di ornamenti,** rich in ornaments; **sovraccarico di ornamenti,** overdecorated; overadorned; **La virtù è o. dell'anima,** virtue is an ornament of the soul; **essere di o. (a),** to be an ornament (to); to adorn ***3*** (*mus.*) ornament; embellishment; grace note ***4*** (*archit.*) ornament: **o. a dentelli,** denticular ornament; **o. a fogliami,** foliation; **o. a ovoli e lancette,** egg-and-dart ornament; **o. a rosone,** rosette; **ornamenti floreali,** floral ornaments; **con o. floreale,** decorated with floral ornaments; floriated.

ornàre, A *v. t.* ***1*** to adorn; to embellish; to deck; to deck out; to decorate; to ornament; (*guarnire*) to trim: **ornarsi i capelli con un fiore,** to adorn one's hair with a flower; **o. un abito con pizzi,** to adorn (*o* to trim) a dress with lace; **o. le vie di bandierine,** to decorate the streets with bunting; **o. una stanza di fiori,** to deck a room (out) with flowers ***2*** (*fig.*) to adorn; to embellish: **o. lo stile,** to embellish one's style; **o. l'anima di virtù,** to adorn one's soul with virtues. **B ornàrsi,** *v. rifl.* to adorn oneself; to deck oneself out: **o. di gioielli,** to adorn oneself with jewels.

ornatézza, *f.* ornateness; elegance.

ornatìsta, *m. e f.* ornamentalist.

ornatìvo, *a.* decorative; ornamental.

ornàto (1), *a.* ***1*** (*adorno*) adorned; embellished; decked (out); (*decorato*) decorated: **un salotto o. di dipinti,** a drawing-room adorned (*o* hung) with paintings; **una chiesa ornata di fiori,** a church decorated with flowers; **una finestra ornata di fiori,** a window decked out with flowers ***2*** (*fig.*) adorned; embellished; (*dotato*) endowed: **un racconto o. di particolari,** a story embellished with details; **o. di virtù,** endowed with virtues ***3*** (*dello stile*) ornate; flowery; florid: **stile o.,** ornate (*o* flowery) style; **uno scrittore o.,** an ornate writer.

ornàto (2), *m.* ***1*** (*disegno*) ornamental design ***2*** (*insieme di motivi ornamentali*) ornamentation; decoration.

ornatóre, *m.* (*f.* **-trice**) ornamenter; adorner; decorator.

ornatùra, *f.* ***1*** ornamentation ***2*** (*ornamenti*) ornaments (*pl.*); decorations (*pl.*).

orneblènda, *f.* (*miner.*) hornblend(e).

ornèllo, ornièllo, *m.* (*bot., Fraxinus ornus*) manna (*o* flowering) ash.

ornìtico, *a.* (*zool.*) ornithic.

Ornitìschi, *m. pl.* (*zool., Ornithischia*) Ornithischia.

ornitìschio, *m.* (*zool.*) ornithischian.

ornitòfilo, *a.* (*bot.*) ornitophilous.

ornitògalo, *m.* (*bot., Ornithogalum*) ornithogalum; (*com.*) star-of-Bethlehem.

ornitologìa, *f.* ornithology.

ornitològico, *a.* ornithologic(al); bird-watching: **stazione ornitologica,** bird-watching post.

ornitòlogo, *m.* (*f.* **-a**) ornithologist.

ornitomanzìa, *f.* ornithomancy.

ornitorìnco, *m.* (*zool., Ornithorhynchus anatinus*) ornithorhynchus; (*com.*) duck-billed platypus.

ornitòsi, *f.* (*med.*) ornithosis*.

órno, *V.* **ornello.**

òro, *m.* ***1*** gold: **oro bianco [rosso],** white [red] gold; **oro di coppella,** 24-carat gold; **oro greggio,** unrefined gold; **oro in foglia,** gold foil; **oro in verghe,** bullion; **oro laminato,** rolled gold; **oro lavorato,** wrought gold; **oro massiccio,** solid gold; **oro tipo,** standard gold; **oro vecchio,** old gold; **oro zecchino** (*o* **fino**), fine gold; **È d'oro,** it's (made of) gold; **miniera d'oro,** gold mine; **orologio d'oro,** gold watch; **occhiali d'oro,** gold-rimmed glasses; **pepita d'oro,** gold nugget; **polvere d'oro,** gold dust; **dare l'oro,** to gilt; **legare** (*o* **montare**) **in oro,** to set in gold; **placcare in oro,** to gold-plate; **pagare in oro,** to pay in gold ***2*** (*pl.*) things made of gold; (*gioielli*) jewellery (*sing.*), jewels; (*posate*) gold plate (*sing.*) ***3*** (*pl.*) (*seme delle carte da gioco*) diamonds. ● (*fig.*) **oro colato,** gospel truth: **prendere tutto per oro colato,** to take everything as gospel truth □ **oro matto,** Dutch gold; pinchbeck □ **oro musivo,** mosaic gold □ **oro nero** (*petrolio*), black gold □ **oro sonante,** real gold □ **cercare oro,** (*nei fiumi*) to pan for gold; (*sotto terra*) to dig for gold, to prospect □ **cercatore d'oro,** golddigger □ (*fig.*) **comperare q.c. a peso d'oro,** to pay a fortune for st. □ **corsa all'oro,** gold rush □ (*fig.*) **un cuore d'oro,** a heart of gold □ **d'oro,** (*dorato*) gold, golden; (*color dell'oro*) golden; (*fig.*: *ottimo*) golden, excellent, wonderful, super (*fam.*): **scritto in lettere d'oro,** written in gold letters; **capelli d'o.,** golden hair; **un affare d'oro,** a wonderful bargain; **occasione d'oro,** golden opportunity; **un anno d'oro per l'industria,** a golden year for industry; **parole d'oro,** golden words; **un marito d'oro,** a gem of a husband; **un bambino d'oro,** a child as good as gold; **una persona d'oro,** a wonderful person □ **età dell'oro,** golden age □ **febbre dell'oro,** gold fever □ **giallo oro,** gold yellow □ **medaglia d'oro,** (*mil.*) gold medal for bravery; (*sport*) gold medal, gold (*fam.*) □ **nozze d'oro,** golden wedding □ (*fig.*) **nuotare nell'oro,** to be rolling in money □ **Non lo farei per tutto l'oro del mondo,** I wouldn't do it for all (the money in) the world □ **sete dell'o-**

ro, thirst for gold □ (*mitol.*) **il vello d'oro**, the golden fleece □ **Quell'uomo vale tanto oro quanto pesa**, that man is worth his weight in gold □ (*fig.*) **vendere q.c. a peso d'oro**, to sell st. at a very high price □ (*prov.*) **Non è tutt'oro quel che riluce**, all that glitters is not gold.

orobànche, *f.* (*bot.*, *Orobanche*) broomrape.

orofaringe, *f.* (*anat.*) oropharynx*.

orofaringèo, *a.* (*anat.*) oropharyngeal.

orogènesi, *f.* (*geol.*) orogeny; orogenesis.

orogenètico, *a.* (*geol.*) orogenic; orogenetic.

orografia, *f.* orography; orology.

orogràfico, *a.* orographic; orological.

oroidrografia, *f.* orohydrography.

oroidrogràfico, *a.* orohydrographic(al).

orologeria, *f.* **1** watchmaking; clockmaking; horology **2** (*negozio*) watchmaker's (shop) **3** (*meccanismo*) clockwork. ● **a o.**, time (*attr.*): **bomba a o.**, time-bomb; **congegno a o.**, timing device; timer.

orologiàio, *m.* (*f.* **-a**) **1** (*fabbricante, riparatore*) watchmaker; clockmaker **2** (*venditore*) watch seller; clock seller.

orologièro, *a.* watch (*attr.*); clock (*attr.*).

orològio, *m.* (*indossabile*) watch (*attr.*); (*da muro, ecc.*) clock; (*tecn.* o *stor.*) timepiece: **Il mio o. è avanti [indietro] di due minuti**, my watch is two minutes fast [slow]; **Il mio o. va avanti [resta indietro] due minuti al giorno**, my watch gains [loses] two minutes a day; **L'o. s'è fermato**, the clock has stopped; **L'o. del campanile suonò le tre**, the clock on the belltower struck three; **caricare un o.**, to wind up a clock [a watch]; **mettere un o. all'ora esatta**, to set a clock [a watch]; **mettere avanti un o.**, to put a watch [clock] forward; **mettere indietro un o.**, to set a watch [clock] back; **regolare un o.**, to regulate a watch [clock]; **cassa dell'o.**, watchcase; **catena dell'o.**, watch-chain; **lancette dell'o.**, watch [clock] hands; **vetro dell'o.**, watch-glass; **o. a carica automatica**, self-winding watch; **o. a carillon** (*o* **con soneria**), chiming clock; **o. a cronometro**, stopwatch; timer; **o. a cucù**, cuckoo clock; **o. a pendolo**, pendulum clock: **o. a peso**, weight clock; **o. a ripetizione**, repeater; **o. a sabbia**, hourglass; sandglass; **o. a sveglia**, alarm clock; alarm (*fam.*); **o. ad acqua**, water clock; **o. al quarzo**, quartz watch [clock]; **o. astronomico**, astronomical clock; **o. atomico**, atomic clock; **o. da polso**, wrist-watch; **o. da tasca**, pocket-watch; **o. da taschino**, vest-pocket watch; **o. da tavolo**, table-clock; **o. di precisione**, chronometer; **o. marcatempo**, time clock; **o. [digitale]**, digital watck [clock]; **o. solare**, sundial; **o. subacqueo**, waterproof watch. ● (*zool.*) **o. della morte** (*Anobium punctatum*), death-watch □ (*biol.*) **o. biologico**, biological clock □ (*fig.*) **avere l'o. in testa**, to have a good sense of time □ (*fig.*) **essere un o.**, to be as regular as clockwork; (*essere metodico*) to keep regular hours; (*essere puntuale*) to be always on the dot □ **funzionare come un o.**, to run like clockwork □ **nel senso contrario alle lancette dell'o.**, counter-clockwise; anticlockwise □ **nel senso delle lancette dell'o.**, clockwise □ **un'ora d'o.**, a whole hour; exactly one hour □ (*fig.*) **stare con l'o. in mano**, to be a stickler for punctuality.

oronasàle, *a.* (*anat.*) oronasal; mouth-and-nose (*attr.*).

Orónte, *m.* (*geogr.*) Orontes.

oroscopìa, *f.* horoscopy.

oroscòpico, *a.* horoscopic(al).

oròscopo, *m.* horoscope: **trarre l'o.**, to cast a horoscope.

orosolùbile, *a.* (*farm.*) that melts in the mouth.

orpellàre, *v. t.* **1** to cover (*o* to adorn) with pinchbeck **2** (*fig.*) to tinsel.

orpellatùra, *f.* **1** covering with pinchbeck **2** (*fig.*) tinselling.

orpèllo, *m.* **1** (*metall.*) pinchbeck; Dutch gold **2** (*fig.*) tinsel; show: **La sua cortesia è solo un o.**, his politeness is just tinsel (*o* a show) **3** (*pl.*) (*fronzoli*) frills; showy decoration(s); gewgaws.

orpiménto, *m.* (*miner.*) orpiment.

orrèndo, *a.* horrible; horrid; horrific; hideous; dreadful; ghastly: **dire cose orrende**, to say horrid things; **musica orrenda**, horrible music; **un o. mostro**, a horrible (*o* hideous) monster; **una scena orrenda**, a horrific (*o* dreadful, ghastly) scene; **un delitto o.**, a hideous crime.

orrìbile, *a.* **1** (*che fa orrore*) horrible; horrid; hideous; dreadful: **una morte o.**, a horrible death; **una prigione o.**, a horrible prison; **un o. delitto**, a horrible (*o* hideous) crime; **un volto o.**, a hideous face **2** (*terribile*) terrible; awful; dreadful; horrid: **un o. frastuono**, an awful noise; a terrible din; **un puzzo o.**, a horrid smell **3** (*pessimo*) awful; shocking; horrendous; lousy (*fam.*); **scrittura o.**, awful handwriting; **un pranzo o.**, an awful dinner; **tempo o.**, dreadful weather; **maniere orribili**, shockingly bad manners.

orribilità, *f.* horribleness; dreadfulness; awfulness; hideousness.

òrrido, **A** *a.* horrid; dreadful; hideous: **un o. precipizio**, a horrid precipice; **un o. delitto**, a hideous crime; **lineamenti orridi**, hideous features. **B** *m.* ravine; precipice.

orripilànte, *a.* horrifying; hair-raising.

orripilazióne, *f.* (*med.*) horripilation.

orróre, *m.* **1** horror; (*terrore*) dread, terror; (*ripugnanza*) disgust, repugnance, abhorrence: **l'o. della guerra**, the horror of war; **destare o.**, to fill (sb.) with horror; **una vista che desta o.**, a horror-inspiring (*o* horrifying) sight; **arretrare per l'o.**, to step back in horror; **rabbrividire d'o.**, to shudder with horror; **Mi faceva o.**, it filled me with horror; it horrified me; **Ho o. del sangue**, I hate the sight of blood; **Ho o. dei ragni**, I have a horror of spiders; I am terrified by spiders; **avere q.c. in o.**, to abominate st.; to abhor st.; **preso** (*o* **colto**) **da o.**, struck with horror (*o* terror); horror-stricken; horror-struck **2** (*atrocità, cosa orribile*) horror; atrocity; abomination: **gli orrori della guerra**, the atrocities of war; **un luogo pieno di orrori**, a place full of horrors; a chamber of horrors; **Che o.!**, that's horrible!; **Che o. di donna!**, what a horrible woman!; what a monster! ● **film dell'o.**, horror film □ **sacro o.** (*timore reverenziale*), awe.

órsa, *f.* **1** she-bear **2** (*astron.*) – **l'O. maggiore**, Ursa Major; the Great Bear; the Plough; the Dipper (*USA*); **l'O. minore**, Ursa Minor; the Lesser (*o* Little) Bear.

orsacchiòtto, *m.* **1** (*orso giovane*) bear cub; young bear **2** (*giocattolo*) teddy bear; teddy.

orsàggine, *f.* (*scarsa socievolezza*) surliness; bearish manners (*pl.*).

orsàtto, *m.* bear cub; young bear.

orsétto, *m.* **1** little bear; (*cucciolo*) bear cub **2** (*pelliccia*) wildcat fur. ● (*zool.*) **o. lavatore** (*Procyon lotor*), rac(c)oon; coon (*fam.*).

orsìno, *a.* ursine; bear's; bear-like.

órso, *m.* **1** (*zool.*) bear: **o. bruno** (*Ursus arctos*), brown (*o* cinnamon) bear; **o. dell'Alaska** (*Ursus arctos middendorffi*), kodiak; (*paleont.*) **o. delle caverne**, cave bear; **o. giocoliere** (*Melursus ursinus*), sloth bear; **o. grigio** (*Ursus horribilis*), grizzly (bear); **o. polare** (*o* **bianco**) (*Thalarctos maritimus*), polar (*o* white, sea) bear; **caccia all'o.**, bear-hunting; **pelle d'o.**, pelt of a bear; bear's skin; (*specialm. come tappeto*) bearskin **2** (*fig.*: *persona poco socievole*) bear; (*persona goffa*) clumsy person, bull in a china shop, bear: **Non fare l'o.!**, don't be such a bear!; **ballare come un o.**, to dance like an elephant **3** (*gergo di Borsa*) bear. ● (*prov.*) **Non vendere la pelle dell'o. prima di averlo preso**, don't count your chickens before they're hatched.

Órsola, *f.* Ursula.

orsolina, *a.* e *f.* (*eccles.*) Ursuline.

orsù, *inter.* come on!; come now!: **O., andiamo!**, come on, let's go!

ortàggio, *m.* (*agric.*) vegetable: **Le carote, i cavoli e i piselli sono ortaggi**, carrots, cabbages and peas are vegetables.

ortàglia, *f.* (*agric.*) **1** (*orto*) vegetable garden; kitchen garden **2** *V.* **ortaggio**.

ortènse, *a.* (*bot.*) garden (*attr.*).

Ortènsia, *f.* Hortense; Hortensia.

ortènsia, *f.* (*bot.*, *Hydrangea hortensia*) hydrangea.

ortèsi, *f.* (*med.*) orthesis.

ortìca, *f.* (*bot.*, *Urtica*) (stinging) nettle: **pungersi con le ortiche**, to be stung by nettles; **Avevo le mani tutte punte dalle ortiche**, my hands were badly stung by nettles; **fibra di o.**, nettle fibre; **puntura di o.**, nettle sting. ● (*fig.*) **gettare alle ortiche**, to throw away □ (*fig.*) **gettare la tonaca alle ortiche**, to unfrock oneself.

orticàio, *m.* nettle-bed.

orticànte, *a.* urticant; urticating.

orticària, *f.* (*med.*) urticaria; (*com.*) nettle-rash.

ortìcolo, *a.* horticultural; vegetable: **mostra orticola**, horticultural show; **prodotti orticoli**, vegetable produce.

orticoltóre, *m.* (*f.* **-trice**) horticulturist.

orticoltùra, *f.* horticulture.

òrticon, **orticonoscòpio**, *m.* (*TV*) (image) orthicon.

ortìvo (1), *a.* (*agric.*) vegetable (*attr.*); garden (*attr.*): **terreno o.**, vegetable garden; garden land.

ortìvo (2), *a.* (*astron.*) rising: **punto o.**, rising point.

òrto (1), *m.* (*agric.*) vegetable garden, kitchen garden; (*di orticoltore*) market garden, truck farm (*USA*). ● **o. botanico**, botanical gardens □ **l'o. di Getsemani**, the Garden of Gethsemane □ (*bot.*) **o. secco**, herbarium; hortus siccus (*lat.*) □ (*fig.*) **coltivare il proprio o.**, to tend one's garden □ (*fam.*) **Non è la via dell'o.**, it's not the easiest of ways □ (*fig.*) **star coi frati a zappare l'o.**, to swim with the tide.

òrto (2), *m.* (*poet.*) **1** (*oriente*) east; orient (*lett.*) **2** (*sorgere del sole*) sunrise; dawn.

ortocèntro, *m.* (*mat.*) orthocentre, orthocenter (*USA*).

ortoclàsio, *m.* (*miner.*) orthoclase; common feldspar.

ortocromàtico, *a.* (*fotogr.*) orthochromatic.

ortodontia, *V.* **ortodonzia**.

ortodòntico, *a.* (*med.*) orthodontic.

ortodontista, *m.* e *f.* orthodontist.

ortodonzìa, *f.* (*med.*) orthodontics (*pl. col verbo al sing.*).

ortodossìa, *f.* (*relig.* e *fig.*) orthodoxy.

ortodòsso, *a.* e *m.* (*f.* **-a**) (*relig.* e *fig.*) orthodox: **la chiesa Ortodossa**, the Orthodox Church; **dottrine ortodosse**, orthodox doctrines; **un rigido o. in politica**, a strict orthodox in politics; **gli Ortodossi**, the members of the Orthodox Church.

ortodromìa, *f.* (*naut.*) great circle arc.

ortodròmico, *a.* (*naut.*) great circle (*attr.*): **linea ortodromica**, great circle arc; **navigazione ortodromica**, great circle sailing; **rotta ortodromica**, great circle course.

ortoepìa, *f.* (*ling.*) orthoepy.

ortoèpico, *a.* (*ling.*) orthoepic(al).

ortofloricoltùra, *f.* horticulture and flower growing.

ortofonìa, *f.* **1** (*ling.*) correct speech; correct pronounciation **2** (*med.*) speech therapy.

ortofonista, *m.* e *f.* (*med.*) speech therapist.

ortofrenìa, *f.* (*psic.*) orthopsychiatry.

ortofrènico, *a.* (*psic.*) orthopsychiatric(al).

ortofrutticolo, *a.* fruit and vegetable (*attr.*): **mercato o.**, fruit and vegetable market.

ortofrutticoltóre, *m.* (*f.* **-trice**) market

gardener.
ortofrutticoltùra, f. market gardening; truck farming (*USA*).
ortogènesi, f. (*biol.*) orthogenesis.
ortogenètico, a. (*biol.*) orthogenic; orthogenetic.
ortognatismo, m. (*antropol.*) orthognathism; orthognathy.
ortognàto, a. (*antropol.*) orthognathous.
ortogonàle, a. (*geom.*) orthogonal; right-angled: **proiezione o.**, orthogonal projection; (*mat.*) **vettore o.**, orthogonal vector; **I raggi sono ortogonali al piano di proiezione**, the rays are at right angles to the plane of projection.
ortogonalità, f. (*geom.*) orthogonality.
ortogonalménte, avv. (*geom.*) orthogonally; at right angles.
ortografia, f. (correct) spelling; orthography: **errori d'o.**, spelling mistakes.
ortogràfico, a. *1* of spelling; spelling (*attr.*); orthographic(al): **regole ortografiche**, the rules of spelling; **errore o.**, spelling mistake; (*elab.*) **controllore o.**, spelling checker *2* – **proiezione ortografica**, orthographic projection.
ortolàno, m. (f. **-a**) *1* (*agric.*) market gardener; truck farmer (*USA*) *2* (*negoziante*) greengrocer *3* (*zool.*, *Emberiza hortulana*) ortolan.
ortomercàto, m. fruit and vegetable market.
ortomètrico, a. (*scient.*) perpendicular; orthogonal.
ortopedia, f. (*med.*) orthop(a)edics (*pl.*) (*col verbo al sing.*).
ortopèdico, (*med.*) **A** a. orthop(a)edic(al): **apparecchio o.**, orthopaedic appliance; **busto o.**, corset; **chirurgia ortopedica**, orthopaedic surgery; **collare o.**, neck collar; **scarpa ortopedica**, surgical boot. **B** m. orthop(a)edist.
ortopnèa, f. (*med.*) orthopnaea.
ortoròmbico, a. (*miner.*) orthorhombic.
ortoscòpico, a. (*fis.*, *fotogr.*) orthoscopic.
ortoscòpio, m. (*med.*) orthoscope.
ortòsio, m. (*miner.*) orthoclase.
ortostàtico, a. (*med.*) orthostatic; erect.
ortòtono, m. (*med.*) orthotonus.
Ortòtteri, m. pl. (*zool*, *Orthoptera*), Orthoptera.
ortòttero, A a. (*zool.*) orthopterous. **B** m. *1* (*zool.*) orthopteran; orthopteron *2* (*aeron.*) orthopter; ornithopter.
ortòttica, f. (*med.*) orthoptics (*pl. col verbo al sing.*).
ortòttico, a. (*med.*) orthoptic.
ortottista, m. e f. (*med.*) orthoptist.
òrza, f. (*naut.*) *1* (*fianco della nave sopravvento*) luff; weather (*o* windward) side *2* (*canapo*) luff-tackle; bowline. ● **andare [venire] all'o.**, to haul up; to luff (up) □ **tenersi all'o.**, to keep close to the wind; to keep one's luff.
orzaiòlo, m. (*med.*) sty(e).
orzàre, v. t. e i. (*naut.*) to haul up; to luff (up): **O.!**, down the helm!; luff (the helm)! □ **O. tutto!**, helm's alee!
orzàta (1), f. (*naut.*) luff; luffing.
orzàta (2), f. *1* (*acqua d'orzo*) barley water *2* (*sciroppo di mandorle*) orgeat.
orzàto, a. (made) with barley; barley (*attr.*).
orzièro, a. (*naut.*) griping.
òrzo, m. (*bot.*, *Hordeum*) barley: **o. mondato**, hulled barley; **o. perlato**, pearl barley; **acqua d'o.**, barley water; **chicco d'o.**, grain of barley; barleycorn; **farina d'o.**, barley meal; **zucchero d'o.**, barley sugar.
osànna, inter. e m. invar. *1* (*relig.*) hosanna: **cantare o.**, to sing hosanna *2* (*acclamazione*) cheer: **gli o. della folla**, the cheers of the crowd; **Si alzò un o.**, a cheer rose.
osannàre, A v. i. *1* (*relig.*) to sing* hosanna *2* (*acclamare*) to cheer; to acclaim; to applaud: **la folla che osannava**, the cheering crowd. **B** v. t. (*acclamare, lodare*) to cheer; to acclaim; to applaud; to hail: **o. il vincitore**, to hail the winner; **È stato osannato dalla critica**, he was acclaimed by the critics.
osannàto, a. applauded; praised: **un romanzo molto o.**, a highly praised novel.
osàre, v. t. e i. *1* to dare*; to venture: **Mi chiedo come hai osato dire cose simili**, I wonder how you dared to say such things; **Come osi dire una cosa simile?**, how dare you say such a thing?; **Non o. farlo ancora**, don't (you) dare (to) do it again!; **Non ho mai osato chiederglielo**, I never dared (to) ask him; **Non oso farlo [crederlo]**, I daren't do it [believe it]; **Vorrebbe ma non osa**, she'd love to, but she daren't (*o* doesn't dare); **Non osai andare**, I did not dare to go; I dared not go; **Nessuno osò rispondere**, no one dared to answer; **Se posso osare dire la mia opinione...**, if I may venture my opinion...; **Oso dire che...**, I venture to say that...; **Oso sperare che...**, I would hope that... *2* (*arrischiare*) to risk; to attempt; to venture: **o. l'impossibile**, to attempt the impossible; **o. il tutto per tutto**, to risk one's all.
òscar, m. *1* (*cinem.*) Oscar: **vincere l'O. come miglior attore**, to win the Oscar for Best Actor *2* (*primo premio*) first prize; award.
oscenità, f. *1* (*l'essere osceno*) obsceneness; obscenity; indecency; lewdness *2* (*detto osceno*) obscenity; filth (*sing. collett.*): **dire o.**, to utter obscenities *3* (*atto osceno*) obscene act; (*al pl.*) obscene things, filthy things, filth (*sing.*): **Non voglio che i bambini vedano queste o.**, I don't want the children to see such filth *4* (*opera brutta*) monstrosity, abortion (*fam.*); (*specialm. di edificio*) eyesore: **Il monumento è un'o.**, the monument is a monstrosity; **Il suo nuovo film è un'o.**, his new film is total rubbish.
oscèno, a. *1* (*che offende il pudore*) obscene; indecent; filthy; lewd; bawdy: **danze oscene**, obscene dances; **libro o.**, obscene book; **parole oscene**, obscene (*o* filthy) words; (*leg.*) **atti osceni**, indecent behaviour (*sing.*) *2* (*ripugnante*) abominable; loathsome: **un mostro o.**, an abominable monster *3* (*fam.*: *pessimo*) horrible; awful; ghastly; monstrous.
oscillànte, a. *1* swinging; oscillating; rocking; vibrating *2* (*variabile*) fluctuating; unsteady: **prezzi oscillanti**, fluctuating (*o* unsteady) prices *3* (*fig.*: *incerto*) uncertain; (*tentennante*) wavering, dithering *4* (*elettr.*, *radio*) oscillating; oscillatory: **corrente o.**, oscillating current; (*radio*) **circuito o.**, oscillatory circuit.
oscillàre, v. i. *1* (*ondeggiare*) to swing*, to sway, to oscillate, to move to and fro; (*dondolare*) to rock: **La corda oscillava**, the rope was swinging; **I rami oscillavano piano**, the branches were swaying gently; **L'ago oscillò per qualche secondo e si fermò**, the needle oscillated for a few seconds, then stopped; **fare o.**, to swing; to set* swinging; to dangle; to rock: **Il terremoto fece o. tutti i lampadari**, the tremor set all the chandeliers swinging; **Mi fece o. l'orologio sotto il naso**, he dangled the watch under my nose; **Non fate o. la barca**, don't rock the boat *2* (*traballare*) to totter; to wobble: **Il vaso oscillò e cadde**, the vase tottered and fell *3* (*essere variabile*) to fluctuate; to be unsteady: **La lira continua a o.**, the lira keeps fluctuating; **I prezzi oscillano**, prices are unsteady; (*fin.*) **o. liberamente**, to float independently *4* (*fig.*: *essere dubbioso*) to vacillate; to alternate; to waver; to dither: **o. fra la speranza e il timore**, to vacillate between hope and fear; **o. fra due opinioni diverse**, to waver between two different opinions *5* (*elettr.*, *radio*) to oscillate.
oscillatóre, m. (*elettr.*, *radio*) oscillator: **o. a battimenti**, beat-frequency oscillator; **o. a rilassamento**, blocking oscillator; **o. a valvola**, valve oscillator; **o. acustico**, audio-oscillator; **o. di Hertz**, Hertzian oscillator; **o. in controfase**, push-pull oscillator; **o. pilota**, master (*o* pilot) oscillator.
oscillatòrio, a. (*fis.*, *mecc.*) oscillatory; oscillating: **moto o.**, oscillatory motion.
oscillazióne, f. *1* oscillation; oscillating; swinging; swaying; swing; moving to and fro; (*dondolio*) rocking: **le oscillazioni d'un pendolo**, the oscillations of a pendulum; **le oscillazioni di una nave**, the rocking of a ship *2* (*variazione*) fluctuation; fluctuating: **le oscillazioni della temperatura [dei prezzi]**, the fluctuations of temperature [of prices]; **o. dei cambi**, fluctuation of the exchange rates *3* (*elettr.*, *fis.*, *radio*, *TV*, *aeron.*) oscillation; (*mecc.*, *anche*) vibration: **o. a battimenti**, beat-frequency oscillation; **o. a lungo periodo**, long-period oscillation; **o di torsione**, torsional vibration; **o. persistente**, sustained oscillation; **o. smorzata**, damped oscillation; **ampiezza dell'o.**, oscillation amplitude *4* (*ginnastica*) leg circle. ● (*cinem.*) **o. dell'immagine**, unsteady picture □ (*cinem.*) **o. del suono**, flutter □ (*geol.*) **oscillazioni glaciali**, glacier oscillations.
oscillografia, f. (*fis.*) oscillography.
oscillogràfico, a. (*fis.*) oscillographic.
oscillògrafo, m. (*fis.*) oscillograph: **o. a ferro dolce**, soft-iron oscillograph; **o. a raggi catodici**, cathode-ray oscillograph.
oscillogràmma, m. (*elettr.*) oscillogram.
oscillometria, f. (*med.*) oscillometry.
oscillòmetro, m. (*med.*, *naut.*) oscillometer.
oscilloscòpio, m. (*fis.*) cathode-ray oscilloscope: **o. a doppia traccia**, dual-trace oscilloscope; **o. catodico**, oscillograph tube.
Òscini, m. pl. (*zool.*, *Oscines*) Oscines.
òsco, a. e m. (*stor.*) Oscan.
òsco-ùmbro, a. e m. Osco-Umbrian.
osculàre, v. t. **osculàrsi,** v. rifl. recipr. (*mat.*) to osculate.
osculatóre, a. (*mat.*) osculating.
osculazióne, f. (*mat.*) osculation.
òsculo, m. (*zool.*) osculum*.
oscuraménte, avv. obscurely; darkly; (*misteriosamente*) mysteriously. ● **vivere o.**, to live in obscurity.
oscuraménto, m. (*l'oscurare, l'oscurarsi*) obscuration; obscuring; darkening; dimming; (*in guerra*) blackout.
oscurantismo, m. obscurantism.
oscurantista, m. e f. obscurantist.
oscurantistico, a. obscurantist.
oscuràre, A v. t. *1* to obscure; to darken; to dim; to black out; to cloud; to overshadow; (*schermare*) to screen, to shade: **Il sole era oscurato dalle nuvole**, the sun was obscured by clouds; **o. un locale**, to darken (*o* to black out) a room; **o. una fotografia**, to darken a photo; (*TV*) **o. un progamma**, to black out a programme; **o. una lampada**, to screen a lamp; **o. la mente**, to cloud the mind *2* (*fig.*) to obscure; to dim; to overshadow: **o. il trionfo di q.**, to obscure (*o* to dim) sb.'s triumph; **o. la fama di q.**, to eclipse sb. **B** v. i. (*lett.*) to become* (*o* to grow*, to get*) dark. **C oscuràrsi,** v. i. pron. *1* (*diventare scuro*) to become* (*o* to grow*, to get*) dark; to become* (*o* to grow*, to get*) dim; to cloud over; to darken: **Il cielo si oscurò**, the sky clouded over; **La vista mi si oscura**, my sight is growing dim; **Si oscurò in volto**, his face darkened (*o* clouded over); he frowned *2* (*fig.*) to be obscured: **La sua fama non tarderà ad o.**, his fame will soon be obscured.
oscuratóre, m. *1* (*di sala, teatro*) dimmer *2* (*naut.*) deadlight.
oscurazióne, V. oscuramento.
oscurità, f. *1* darkness; obscurity: **l'o. della notte [delle strade]**, the darkness of the night [of the streets]; **l'o. della stanza**, the darkness of the room; (*fig.*) **vivere nell'o.**, to live in obscurity *2* (*fig.*: *non intelligibilità*) obscurity: **l'o. d'un passo [di uno stile]**, the obscurity of a passage [of a style].

oscùro, A *a.* **1** (*buio, scuro, anche fig.*) dark; sombre: **una stanza oscura**, a dark (*o* sombre) room; **foresta oscura**, dark wood; **cielo o.**, dark (*o* overcast) sky; **una notte oscura, senza luna**, a dark, moonless night; **nuvole oscure**, dark clouds; **il lato o. delle cose**, the dark side of things; **Il suo viso si fece o.**, his face darkened; **oscuri pensieri**, dark thoughts **2** (*difficile*) hard; difficult: **tempi oscuri**, hard times; **futuro o.**, difficult future **3** (*difficile a comprendersi*) obscure, dark; (*misterioso*) mysterious: **parole oscure**, obscure words; **o. presagio**, dark omen; **passi oscuri**, obscure passages; obscurities; **stile o.**, obscure style; **circostanze oscure**, mysterious circumstances; **i punti oscuri di una vicenda**, the obscure aspects of a story **4** (*non conosciuto*) obscure; unknown: **un o. villaggio**, an obscure village; **un o. pittore**, an obscure painter; **una morte oscura**, an obscure death **5** (*umile*) humble; lowly: **di origini oscure**, of humble birth. **B** *m.* dark: **rimanere all'o.**, to be left in the dark; **essere completamente all'o. di q.c.**, to be entirely in the dark about st.; **tenere q. all'o. di q.c.**, to keep sb. in the dark about st.

osé (*franc.*), *a. invar.* risqué; improper; naughty; racy.

Osìride, *m.* (*relig.*) Osiris.

oṣmànico, *a.* Osmanli; Ottoman.

oṣmànli, *a.* e *m.* Osmanli; Ottoman.

oṣmiàto, *m.* (*chim.*) osmate.

oṣmidròṣi, *f.* (*med.*) osmidrosis.

òṣmio, *m.* (*chim.*) osmium.

oṣmòforo, *a.* (*chim.*) osmophoric.

oṣmòmetro, *m.* osmometer.

oṣmòṣi, *f.* (*fis.*) osmosis* (*anche fig.*): **sottoporre a o.**, to subject to osmosis; to osmose.

oṣmotattiṣmo, *m.* **osmotàssi**, *f.* (*biol.*) osmotaxis.

oṣmòtico, *a.* (*fis.*) osmotic: **pressione osmotica**, osmotic pressure.

oṣmùnda, *f.* (*bot.*, *Osmunda regalis*) osmunda; royal fern.

ospedàle, A *m.* hospital: **Mia sorella è ancora in o.**, my sister is still in hospital; **Fui portato all'o.**, I was taken to hospital; **Andai a trovarla all'o.**, I went to see her in hospital; **morire all'o.**, to die in hospital; **Lavora in un o.**, he works at a hospital; **o. da campo**, field hospital; **o. psichiatrico**, psychiatric hospital; **infermiera d'o.**, hospital nurse. ● (*scherz.*) **o. ambulante**, hospital case □ **o. delle bambole**, dolls' hospital □ (*fig.*) **mandare q. all'ospedale**, to beat sb. up. **B** *a.* hospital (*attr.*): **nave o.**, hospital ship; **treno o.**, hospital train.

ospedalière, ospedalièro, A *a.* of a hospital; hospital (*attr.*): **assistenza ospedaliera**, hospital care; **personale o.**, hospital staff; **istituto o.**, hospital; **ricovero o.**, hospitalization; stay in hospital; **suora ospedaliera**, nun working in a hospital. ● **Cavalieri Ospedalieri**, Knights Hospitallers. **B** *m.* (*f.* **-a**) **1** hospital worker **2** (*eccles.*) Hospitaller.

ospedaliṣmo, *m.* (*med.*) hospitalism.

ospedaliẓẓàre, *v. t.* to admit [to send*] to hospital; to hospitalize.

ospedaliẓẓazióne, *f.* admission to hospital; hospitalization.

ospitàle, *a.* hospitable: **accoglienza o.**, hospitable reception; friendly welcome; **una città o.**, a hospitable town; **una signora o.**, a hospitable lady.

ospitalità, *f.* hospitality: **l'o. inglese**, English hospitality; **dare** (*o* **offrire**) **o. a q.**, to offer sb. hospitality; (*alloggiare*) to accommodate, to lodge sb.; (*per pochi giorni*) to put sb. up (*fam.*); (*su giornali, ecc.*) to accept for publication: **abusare dell'o. di q.**, to outstay one's welcome; **i doveri dell'o.**, a host's duties.

ospitànte, *a.*, *m.* e *f.* **1** host **2** (*sport*) home (*attr.*); host: **squadra o.**, home team.

ospitàre, *v. t.* **1** to give* hospitality to; to have as a guest; (*dare rifugio*) to give* shelter to, to take* in; (*dare alloggio*) to lodge, to accommodate, to house, to put* up (*fam.*): **Saremo felici di ospitarti**, we look forward to having you as a guest; **Mi ospita un amico**, I'm staying with a friend; **o. rifugiati politici**, to take in political refugees; **I superstiti furono ospitati in una scuola**, the survivors were lodged in a school; **L'albergo può o. 500 persone**, the hotel can accommodate 500 guests; **Per qualche giorno ti posso o. io**, I can put you up for a few days **2** (*contenere*) to contain; to house; to hold*; to have: **Il nostro museo ospita quadri famosi**, our museum contains some famous pictures **3** (*pubblicare*) to publish; to carry. ● (*sport*) **o. una squadra**, to play at home.

òspite, A *m.* e *f.* **1** (*chi ospita*) host (*m.*); hostess (*f.*) **2** (*chi è ospitato*) guest: **un o. gradito [sgradito]**, a welcome [an unwelcome] guest; **ricevere gli ospiti**, to welcome one's guests; **o. pagante**, paying guest; **essere o. da q.c.**, to be a guest at sb.'s place; to stay with sb.; (*anche radio, TV*) **o. d'onore**, special guest **3** (*biol.*) host. ● **camera degli ospiti**, guest room □ **partirsene insalutato o.**, to leave without saying goodbye; (*fig.*) to disappear, to decamp □ (*prov.*) **L'o. è come il pesce, dopo tre giorni puzza**, fish and guests smell in three days. **B** *a.* **1** (*che ospita*) host (*attr.*): **la nazione o.**, the host nation **2** (*che è ospite*) visiting: (*sport*) **la squadra o.**, the visiting team.

ospìzio, *m.* **1** home; charitable institution: **o. di mendicità**, poor people's home; (*un tempo*) poorhouse, almshouse; **o. per i ciechi**, home for the blind; **o. per i trovatelli**, foundling hospital; **o. per vecchi**, old people's home; **finire all'o.**, to end up in a home **2** (*stor.*) pilgrim hospice.

ospodàro, *m.* (*stor.*) hospodar.

ossalàto, *m.* (*chim.*) oxalate.

ossàlico, *a.* (*chim.*) oxalic: **acido o.**, oxalic acid.

ossalìte, *f.* (*bot.*) oxalis.

ossàme, *m.* **1** (*lett.*) heap of bones **2** (*naut.*) carcass; carcase.

ossàrio, *m.* ossuary; charnel house.

ossatùra, *f.* **1** (*anat.*) skeleton; bone structure; bones (*pl.*): **l'o. del corpo umano**, the human skeleton; **l'o. del braccio**, the bones of the arm; **di ossatura robusta**, big-boned; **di esile o.**, small-boned; **avere una solida o.**, to be strongly-built: **un uomo dall'o. solida**, a strongly-built (*o* sturdy) man **2** (*tecn.*) framework; frame; structure; shell; skeleton; carcass: **un ponte con l'o. in acciaio**, a bridge with a steel framework; **l'o. d'un edificio**, the skeleton (*o* the building-frame) of a building; **l'o. d'un grattacielo**, the skeleton (*o* the cage) of a skyscraper; **l'o. d'una nave**, the framework (*o* the structure) of a ship; **l'o. d'un aeroplano**, the framework (*o* the chassis) of an aeroplane **3** (*fig.*: *di testo letter.*) structure; framework: **l'o. d'una commedia**, the framework of a comedy. ● (*aeron.*) **o. di forza**, hull □ **o. in legno**, scaffolding.

osseìna, *f.* (*biol.*) ossein.

òsseo, *a.* bony; osseous: **tessuto o.**, bony tissue; **escrescenza ossea**, bony excrescence; **formazione ossea**, ossification.

ossequènte, *a.* respectful; deferential; submissive: **un figlio o.**, a respectful son; **o. alla tradizione**, respectful of tradition; **o. alla legge**, law-abiding.

ossequiàre, *v. t.* to pay* one's respects to; to do* homage to. ● **essere ossequiato da tutti**, to be treated with great respect (*o* with deference) by everybody.

ossequiènte, *V.* **ossequente**.

ossèquio, *m.* **1** respect; regard; (*deferenza*) deference, consideration: **in o. a**, in deference to; out of respect for **2** (*obbedienza*) obedience; observance; compliance: **in o. alla legge**, in obedience to (*o* compliance with) th law **3** (*omaggio*) homage **4** (*pl.*) (*saluti* respects; regards: **i miei migliori ossequi**, m best regards; **porgere i propri ossequi a q.** to pay one's respects to sb. (*form.*); to gree sb.; **Porga i miei ossequi a sua moglie**, pleas give my regards to your wife.

ossequiosaménte, *avv.* **1** deferentially respectfully **2** (*con servilismo*) obsequiously

ossequiosità, *f.* **1** (*deferenza*) deference respectfulness **2** (*cerimoniosità*) ceremoni ousness **3** (*servilismo*) obsequiousness.

ossequióso, *a.* **1** (*deferente*) deferential respectful **2** (*cerimonioso*) ceremonious (*servile*) obsequious.

osservàbile, *a.* noticeable; visible observable; perceptible: **o. a occhio nudo** visible to the naked eye; **differenze osservabili**, perceptible differences.

osservànte, A *a.* **1** observing; observant (*relig.*) practising; (*di cristiano, anche*) churgh-going. ● **o. delle leggi**, law-abiding. **B** *m.* e *f.* (*relig.*) practising Christian [Jew, etc.] (*di cristiano, anche*) regular church-goer. **C** *m. pl.* (*eccles.*) Observants.

osservànza, *f.* **1** observance; compliance conformity: **l'o. della legge**, the observance o the law; **in o. alla legge**, in compliance (*o* conformity) with the law **2** (*ossequio*) regards (*pl.*); respects (*pl.*). ● (*nelle lettere*) **con o.** Jours respectfully □ **di stretta o.**, strict; rigorous.

osservàre, *v. t.* **1** to observe; to watch; to study; (*esaminare*) to examine, to look closely at: **o. i costumi degli insetti**, to observe the behaviour of insects; **Lo osservai mentre si accendeva la pipa**, I watched (*o* studied) him as he was lighting his pipe; **o. q.c. al microscopio**, to look at st. through a microscope; **Osservate bene questo graffio**, look closely at this scratch; **Osservai i due documenti**, I looked through the two papers; **Osservate quel che faccio**, watch what I'm doing **2** (*rilevare*) to observe, to remark; (*far notare*) to point out; (*notare*) to notice, to note; (*obiettare*) to object: **Osservò che il vestito mi donava**, he observed (*o* remarked) that the dress suited me; **Osservò che mancavano tre giorni alla scadenza**, he pointed out that the deadline was three days away; **Hai osservato com'è invecchiato?**, did you notice how much he's aged?; **Osservò che era troppo tardi**, he objected that it was too late **3** (*mantenere, rispettare*) to observe; to keep*; to keep* to; to comply with; to respect; to abide by: **o. le feste**, to observe (*o* to keep) the feasts of the Church; **o. la domenica**, to observe the Sabbath; to keep Sunday; **o. un giuramento [una promessa]**, to keep an oath [a promise]; **o. la legge [i regolamenti]**, to observe (*o* to abide by) the law [the rules]; **o. una dieta rigorosa**, to keep to (*o* to follow) a strict diet; **o. il digiuno**, to fast; **o. il silenzio**, to observe silence; to keep silent. ● **fare o. q.c. a q.**, to point out st. to sb.; to draw sb.'s attention to st. □ **senza farsi o.**, without attracting any attention □ **Nulla da o.**, no remarks.

osservàto, *a.* – **sentirsi o.**, to feel under observation.

osservatóre, A *a.* observing: **poco o.**, unobservant. **B** *m.* (*f.* **-trice**) **1** observer; (*spettatore*) onlooker, looker-on: **o. astronomico**, astronomical observer; **un acuto o. politico**, an acute political observer **2** (*polit.*) observer; watcher: **un o. dell'ONU**, a UNO observer **3** (*mil.*) observer; spotter. ● **o. esterno**, outsider.

osservatòrio, *m.* **1** (*astron., meteor.*) observatory **2** (*mil.*) observation post; look-out.

osservazióne, *f.* **1** observation: **l'o. dei fenomeni della natura**, the observation of natural phenomena; **tenere q. sotto o.**, to keep sb. under observation; **posto d'o.**, observation (*o* look-out) post; **Il malato è in o.**, the patient is under observation; **spirito d'o.**, power of observation; **che ha [non ha] spirito di o.**, observant [unobservant] *2* (*nota, commento*) observation, note, remark, comment; (*obiezione*) objection; (*rimprovero*) reproach, reprimand, criticism: **fare un'o.**, to make a remark; to raise an objection; **permettersi un'o.**, to venture a remark; **Fammi sapere le tue osservazioni**, let me know your comments; **fare o. a q.**, to criticize sb.; to reproach sb.; to reprimand sb.

ossèssa, *V.* ossesso, B.

ossessionànte, *a.* obsessive; obsessing; haunting.

ossessionàre, *v. t.* *1* to obsess; to haunt: **Cominciò ad ossessionarla il pensiero della morte**, the thought of death began to haunt her; **Quell'idea orribile lo ossessionava**, that dreadful idea obsessed him; he was obsessed with that idea; **Il ricordo l'ossessionava**, that memory kept haunting him *2* (*esasperare*) to pester; to torment; to dog: **Smetti di ossessionarmi con le tue domande**, stop pestering me with your questions.

ossessionàto, *a.* obsessed; haunted.

ossessióne, *f.* *1* (*psic.*) obsession: **La pulizia era diventata per lei un'o.**, cleanliness had become an obsession with her; **Ha l'o. della puntualità**, punctuality is an obsession with him *2* (*assillo*) nagging thought; constant worry *3* (*invasamento*) possession.

ossessività, *f.* (*psic.*) obsessiveness.

ossessìvo, *a.* *1* (*psic.*) obsessive; obsessing; obsessional *2* obsessing; haunting.

ossèsso, **A** *a.* possessed. **B** *m.* (*f.* **-a**) *1* (*indemoniato*) possessed man* (*f.* woman*) *2* (*pazzo*) madman* (*f.* madwoman*). ● **urlare come un o.**, to yell like a madman (*o* like a man possessed).

ossèta, **A** *a.* Ossetic. **B** *m.* e *f.* Osset(e); Ossetian.

ossètico, *a.* e *m.* Ossetic.

Ossèzia, *f.* (*geogr.*) Ossetia.

ossìa, *cong.* (*ovvero*) or; (*cioè*) that is, namely: **la filologia, o. la scienza delle lingue**, philology, or the science of languages.

ossiacetilènico, *a.* (*chim.*) oxyacetylene (*attr.*): **cannello o.**, oxyacetylene blowpipe (*USA*: blow torch).

ossiàcido, *m.* (*chim.*) oxyacid.

ossiànico, *a.* (*letter.*) Ossianic: **canti ossianici**, Ossianic poems.

ossicìno, **ossìcolo**, *m.* (*anat.*) ossicle.

ossidàbile, *a.* (*chim.*) oxidizable; oxidable.

ossidabilità, *f.* (*chim.*) oxidizability; oxidability.

ossidànte, (*chim.*) **A** *a.* oxidizing; oxidative. **B** *m.* oxidizer; oxidator.

ossidàre, **A** *v. t.* (*chim.*) to oxidize: **o. il ferro**, to oxidize iron. **B** **ossidàrsi**, *v. i. pron.* (*chim.*) to oxidize; to become* oxidized.

ossidàṣi, *f.* (*biol.*) oxidase.

ossidàto, *a.* (*chim.*) oxidized: **argento ossidato**, oxidized silver.

ossidazióne, *f.* (*chim.*) oxidization; oxidation: **o. anodica**, anodic oxidation (*o* treatment); anodizing; **o. frazionata**, fractional oxidation.

ossidiàna, *f.* (*miner.*) obsidian.

ossidimetrìa, *f.* (*chim.*) oxidimetry.

òssido, *m.* (*chim.*) oxide: **o. di calcio**, calcium oxide; **o. di ferro**, iron oxide; **o. di rame**, copper oxide; **o. di zinco**, zinc oxide; zinc-white; **o. ferrico**, ferric oxide.

ossidoriduzióne, *f.* (*chim.*) oxidation-reduction; (*abbr.*) redox.

ossìdrico, *a.* (*chim.*) oxyhydrogen: **cannello o.**, oxyhydrogen blowpipe; **fiamma ossidrica**, oxyhydrogen flame; **saldatura ossidrica**, oxyhydrogen welding.

ossidrìle, *m.* (*chim.*) hydroxyl.

ossidrìlico, *a.* (*chim.*) hydroxylic.

ossìdulo, *m.* (*chim.*) protoxide.

ossiemoglobìna, *f.* (*biol.*) oxyh(a)emoglobin.

ossìfero, *a.* (*geol.*) ossiferous.

ossificàre, *v. t.* **ossificàrsi**, *v. i. pron.* (*anche fig.*) to ossify.

ossificazióne, *f.* ossification.

ossìfraga, *f.* (*zool.*, *Macronectes giganteus*) giant petrel; glutton; nelly.

ossigenàre, **A** *v. t.* *1* to oxygenate: **o. il sangue**, to oxygenate the blood; **o. una stanza**, to oxygenate a room *2* (*trattare con acqua ossigenata*) to peroxide; to bleach: **ossigenarsi i capelli**, to bleach one's hair *3* (*fig.*) to reinvigorate; to revive; to revitalize. **B** **ossigenàrsi**, *v. rifl.* *1* to get* some (*o* a breath of) fresh air *2* (*rif. ai capelli*) to bleach one's hair.

ossigenàto, *a.* *1* oxygenated; oxygenized: **acqua ossigenata**, hydrogen peroxide; **aria ossigenata**, oxygenated air *2* (*decolorato*) peroxided; bleached: **capelli ossigenati**, bleached hair; **bionda ossigenata** peroxyde blonde.

ossigenatóre, *m.* oxygenator.

ossigenatùra, *f.* (*rif. a capelli*) peroxiding; bleaching.

ossigenazióne, *f.* (*chim.*) oxygenation.

ossìgeno, *m.* *1* (*chim.*) oxygen: **o. pesante**, heavy oxygen; **bombola d'o.**, oxygen bottle; **tenda a o.**, oxygen tent; **dare l'o. a un malato**, to give oxygen to a patient *2* (*aria fresca*) fresh air: **ho bisogno di o.**, I need some (*o* a breath of) fresh air *3* (*fig.*: *aiuto finanziario*) financial help: **dare o. a q.**, to give sb. financial help; to help sb. out of his financial difficulties; **dare o. a una ditta**, to give financial assistance to a firm. ● (*fig.*) **essere all'o.**, to be on one's last gasp.

ossigenoterapìa, *f.* (*med.*) oxygen therapy.

ossìmetro, *m.* (*med.*) oximeter.

ossimòro, **ossìmoro**, *m.* (*retor.*) oxymoron*.

ossìna, *f.* (*chim.*) oxine.

ossitonizzàre, *v. t.* (*ling.*) to stress the last syllable.

ossìtono, *a.* (*ling.*) oxytone.

ossiurìaṣi, *f.* (*med.*) oxyuriasis*.

ossiùro, *m.* (*zool.*, *Enterobius vermicularis*) pinworm.

òsso, *m.* (*pl.* **òssa**, *f.*, *rif. a quelle umane e con sign. collett.*; **òssi**, *m.*, *rif. a parti ossee di animali e con sign. traslato*) *1* bone: **le ossa della mano**, the bones of the hand; **ossa del polso**, wrist bones; **o. del collo**, collar bone; **Si è fratturato l'o. della gamba**, he has broken a bone in his leg; **Questo bottone è d'o.**, this button is made of bone; **Ha le ossa grosse**, he is big-boned; **Il freddo mi penetrava nelle ossa**, I was frozen to the bone; **Ho bisogno di riposare le mie povere ossa**, I need to rest my weary bones *2* (*nocciolo*) stone; pit (*USA*): **o. di ciliegia [di pesca]**, cherry [peach] stone. ● **o. buco**, *V.* ossobuco □ **o. di balena**, whalebone □ **o. di seppia**, cuttlebone □ (*fig.*) **o. duro (da rodere)**, hard nut to crack; (*di problema e sim.*, *anche*) headache, beast (*fam.*) □ (*anat.*) **o. sacro**, sacrum □ (*fig.*) **essere all'o.**, to have nothing left □ (*fig.*) **avere le ossa rotte**, to be aching all over □ **bagnato fino alle ossa**, soaked to the skin; wet through □ (*fig.*) **buttare un o. a q.**, to throw a sop to sb. □ **essere di carne e ossa**, to be made of flesh and blood; to be human □ (*fig.*) **fare l'o. a q.c.** (*abituarsi*), to get used to st. □ **economia all'o.**, very strict economy □ (*fig.*) **farsi le ossa**, to gain experience; to cut one's teeth (*fam.*): **Si è fatto le ossa in politica negli anni '60**, he cut his political teeth in the sixties □ **freddo che penetra nelle ossa**, biting (*o* bitter) cold □ **in carne e ossa**, in the flesh; in flesh and blood; in person □ (*fig.*) **marcio fino all'o.**, rotten to the core □ (*scherz.*) **Posa** (*o* **molla**) **l'o.!**, give it back!; drop it!; put it down! □ **essere ridotto pelle e ossa**, to be (only) skin and bone □ (*fig.*) **ridurre all'o.**, to cut back mercilessly (on st.); (*personale e sim.*) to skeletonize □ (*fig.*) **rimetterci l'o. del collo** (*rovinarsi*), to ruin oneself □ (*fig.*) **rompere le ossa a q.**, to give sb. a sound beating (*o* a good thrashing); to break every bone in sb.'s body □ **rompersi l'o. del collo**, to break one's neck □ (*fig.*) **un sacco d'ossa**, a bag of bones □ **sentirselo nelle ossa**, to feel it in one's bones (*o*, *fam.*: in one's water) □ (*fig.*) **uscirne con le ossa rotte**, to have the worst of it; to take a licking (*fam.*) □ **tutt'ossa**, nothing but skin and bone.

ossobùco, *m.* (*cucina*) marrow-bone; osso buco.

ossuàrio, *m.* (*archeol.*) ossuary.

ossùto, *a.* bony: **mani ossute**, bony hands.

ostacolàre, *v. t.* to hinder; (*intralciare*) to hamper, to impede, to interfere with, to stand* in the way of; (*impedire*) to thwart, to prevent, to put obstacles in the way of; (*mettere in svantaggio*) to handicap; (*ostruire*) to obstruct, to block: **essere ostacolato nel proprio lavoro**, to be hindered in one's work; **o. i movimenti**, to hamper sb.'s movements; **o. le riforme**, to hinder reform; **Cercherà di ostacolarmi**, he'll try to stand in my way (*o* to put a spoke in my wheel); **o. i piani di q.c.**, to interfere with sb.'s plans; **essere ostacolato dalla poca salute**, to be handicapped by ill-health; **o. il traffico**, to obstruct the traffic; **o. il passaggio**, to block the way.

ostacolista, *m.* e *f.* *1* (*atletica*) hurdler *2* (*equitazione*) steeplechaser; jumper.

ostàcolo, *m.* *1* obstacle; hindrance; handicap; obstruction; impediment; bar; stumbling-block; drawback; snag (*pop.*): **È un grave o.**, it's a serious obstacle; it's a bad handicap; **il principale o. alla pace mondiale**, the chief obstacle to world peace; **essere di o.**, to form an obstacle to; to be a bar (*o* a hindrance, a check) to; to be a handicap to; to be (*o* to stand) in the way of; **opporre un o.**, to raise an obstacle; **scavalcare un o.**, to climb over an obstacle; (*anche fig.*) **corsa a ostacoli**, obstacle race; **superare tutti gli ostacoli**, to overcome (*o* to surmount) all obstacles (*o* difficulties); to win through (*fam.*) *2* (*atletica*) hurdle: **corsa a ostacoli**, hurdle race; **i 110 ostacoli**, the 110 metres hurdles; **saltare un o.**, to jump (over) a hurdle *3* (*equitazione*) obstacle: **corsa a ostacoli**, steeplechase.

ostàggio, *m.* hostage: **prendere [tenere] q. in o.**, to take [to hold] sb. (as a) hostage; **i prigionieri tenuti in o.**, the prisoners held hostage (*o* as hostages); **liberare gli ostaggi**, to release the hostages; **scambio degli ostaggi**, exchange of hostages.

ostàre, *v. i.* to hinder (st.); to prevent (st.); to be opposed to; to be of impediment to: **Nulla osta alla sua nomina**, nothing prevents (*o* there is no impediment to) his appointment.

ostatìvo, *a.* impedimental.

òste (1), *m.* host; innkeeper; landlord. ● (*scherz.*) **domandare all'o. se ha buon vino**, to ask a silly question □ (*fig.*) **fare i conti senza l'o.**, to count one's chickens before they are hatched.

òste (2), *m.* e *f.* (*lett.*) host; army.

osteggiàre, *v. t.* to be hostile to; to be opposed to; to thwart; to oppose; to be against: **o. un progetto**, to oppose (*o* to be against) a plan; **Mi hai sempre osteggiato**, you have always been hostile to me; you have always thwarted me.

osteggiatóre, **A** *a.* opposing. **B** *m.* (*f.* **-trice**) opposer.

osteìte, *f.* (*med.*) ost(e)itis*.

ostèllo, *m.* *1* (*lett.*: *alloggio*) abode, dwelling; (*rifugio*) refuge, sanctuary *2* (*albergo per la gioventù*) (youth) hostel.

Ostènda, *f.* (*geogr.*) Ostend.

ostensìbile, *a.* that may be shown.

ostensióne, *f.* (*lett.*) ostension.

ostensìvo, *a.* ostensive; demonstrative.

ostensòrio, *m.* (*eccles.*) monstrance; ostensory.

ostentàre, *v. t.* **1** (*esibire*) to parade, to show* off, to flaunt; (*sfoggiare*) to flourish: **o. la propria bravura**, to parade (*o* to show off) one's skill; **o. un anello di brillanti**, to flourish a diamond ring **2** (*fingere*) to feign, to pretend, to put* on, to make* a show (*o* a parade) of; (*affettare*) to affect, to parade: **o. coraggio**, to make a parade of courage; **o. interesse**, to pretend to be interested; to feign interest; **o. indifferenza**, to feign (*o* to put on an air of) indifference.

ostentataménte, *avv.* ostentatiously; pretentiously.

ostentàto, *a.* **1** (*esibito*) ostentatious, flaunted; (*vantato*) boasted: **ricchezze ostentate**, ostentatious (*o* flaunted) wealth; **la sua ostentata superiorità**, his boasted superiority **2** (*affettato*) feigned; affected; put-on: **ostentata indifferenza**, affected indifference.

ostentatóre, *m.* (*f.* **-trice**) boaster; show-off (*fam.*).

ostentazióne, *f.* ostentation; showing off (*fam.*); parade; show; (pretentious) display: **l'o. dei nuovi ricchi**, the ostentation of the nouveaux-riches; **o. di ricchezza**, parade of wealth; **o. di coraggio**, display of courage; **L'ha fatto per pura o.**, he did it purely to show off (*o* only for show); **Non mi piace tutta quella sua o.**, I don't like all that showing off (*o* the way he shows off); **con o.**, ostentatiously; in an ostentatious manner; pointedly.

osteoartrìte, *f.* (*med.*) osteoarthritis.

osteoblàsto, *m.* (*biol.*) osteoblast.

osteocita, osteocìto, *m.* (*biol.*) osteocyte.

osteoclaṣìa, *f.* (*med.*) osteoclasis*.

osteoclàsto, *m.* (*biol.*) osteoclast.

osteocondrìte, *f.* (*med.*) osteochondritis*.

osteodistrofìa, *f.* (*med.*) osteodystrophy.

osteòfita, osteofìto, *m.* (*med.*) osteophyte.

osteogèneṣi, *f.* (*biol.*) osteogenesis.

osteologìa, *f.* osteology.

osteològico, *a.* osteological.

osteòlogo, *m.* (*f.* **-a**) (*med.*) osteologist.

osteòma, *m.* (*med.*) osteoma*.

osteomalacìa, *f.* (*med.*) osteomalacia.

osteomielìte, *f.* (*med.*) osteomyelitis.

osteomielìtico, *a.* (*med.*) osteomyelitic.

osteóne, *m.* (*anat.*) osteon.

osteopatìa, *f.* (*med.*) osteopathy.

osteoporòṣi, *f.* (*med.*) osteoporosis.

osteoporòtico, *a.* (*med.*) osteoporotic.

osteoscleròṣi, *f.* (*med.*) osteosclerosis.

osteòṣi, *f.* (*med.*) osteosis*.

osteosìnteṣi, *f.* (*med.*) osteosynthesis.

osteotomìa, *f.* (*med.*) osteotomy.

osterìa, *f.* tavern; public house; (*locanda*) inn. ● (*fig.*) **fermarsi alla prima o.**, to take the first thing one sees.

osteriggio, *m.* (*naut.*) skylight.

ostéssa, *f.* hostess; landlady; innkeeper; (*moglie dell'oste*) innkeeper's wife*.

ostètrica, *f.* **1** (*levatrice*) midwife*; accoucheuse (*franc.*) **2** (*medico*) obstetrician.

ostetrìcia, *f.* (*med.*) obstetrics (*pl. col verbo al sing.*); midwifery.

ostètrico, A *a.* obstetric(al). ● **clinica ostetrica**, maternity home. **B** *m.* obstetrician; accoucheur (*franc.*).

òstia, *f.* **1** (*relig.*) Host **2** (*disco di farina*) wafer **3** (*lett.*: *vittima espiatoria*) sacrifice; sacrificial victim.

ostiariàto, *m.* (*eccles.*) ostiary.

ostiàrio, *m.* (*eccles.*) porter; ostiary.

òstico, *a.* **1** (*lett.*: *di sapore sgradevole*) disgusting, unpleasant, nasty; (*amaro*) bitter **2** (*fig.*: *duro*) harsh, hard; (*spiacevole*) unpleasant; (*difficile*) difficult, hard, knotty: **parole ostiche**, harsh (*o* hard) words; **un clima o.**, a harsh climate; **una materia ostica**, a difficult subject.

ostìle, *a.* **1** (*del nemico*) hostile; enemy (*attr.*): **l'esercito o.**, the hostile (*o* enemy) army **2** (*avverso*) hostile, unfriendly; (*contrario*) contrary, adverse, opposed: **assumere un atteggiamento o.**, to assume a hostile attitude; **essere o. a q.c.**, to be hostile (*o* contrary, opposed) to st.; **la stampa o. al governo**, the papers opposed to the government; **È ostile a ogni cambiamento**, he is against any form of change; **sguardi ostili**, hostile (*o* unfriendly) looks; **atti ostili**, acts of hostility; hostilities.

ostilità, *f.* **1** hostility **2** (*pl.*) (*mil.*) hostilities: **incominciare [sospendere] le o.**, to open [to suspend] hostilities; **le o. continuarono per due anni**, hostilities continued for two years.

ostinàrsi, *v. i. pron.* to be obstinate; (*persistere*) to persist, to persevere; (*insistere*) to insist: **Non ostinarti così!**, don't be so obstinate!; don't insist!; **o. nell'errore**, to persevere in error; **o. a dire che...**, to persist in saying that...; **Si ostinò a voler fare a modo suo**, he insisted on doing things his way; **o. a volere l'ultima parola**, to insist on having the last word.

ostinataménte, *avv.* (*caparbiamente*) obstinately, stubbornly, doggedly, mulishly; (*continuamente*) persistently.

ostinatézza, *f.* obstinacy; stubbornness; mulishness; (*pertinacia*) pertinaciousness, persistency.

ostinàto, A *a.* **1** obstinate; stubborn; dogged; (*testardo*) headstrong, mulish, pig-headed (*fam.*); (*pertinace*) persistent, pertinacious, determined; hard-nosed (*fam.*): **un ragazzo o.**, a stubborn (*o* a headstrong) boy; **una malattia ostinata**, an obstinate disease; **resistenza ostinata**, obstinate (*o* dogged) resistance; **perseveranza ostinata**, dogged perseverance; **silenzio o.**, stubborn silence; **febbre ostinata**, persistent fever; **assalti ostinati**, persistent attacks **2** (*mus.*) ostinato: **basso o.**, ground (bass). **B** *m.* **1** (*f.* **-a**) obstinate (*o* stubborn) person; mule (*fam.*) **2** (*mus.*) ground (bass).

ostinazióne, *f.* obstinacy; stubbornness; doggedness; (*testardaggine*) mulishness, pig-headedness (*fam.*); (*pertinacia*) persistence, persistency, pertinacity.

òstio, *m.* (*biol.*) ostium*.

ostraciṣmo, *m.* **1** (*stor.*) ostracism; exile: **condannare all'o.**, to ostracize **2** (*esclusione*) ostracism; (*boicottaggio*) boycott, boycotting: **dare l'o. a q.**, to ostracize sb.; **fare o. a q. [q.c.]**, to boycott sb. [st.].

ostracizzàre, *v. t.* (*lett.*) to ostracize.

òstrica, *f.* (*zool., Ostrea edulis*) oyster: **allevamento di ostriche**, oyster farm (*o* park); **banco di ostriche**, oyster bank (*o* bed). ● **o. perlifera** (*Meleagrina margaritifera*), pearl oyster.

ostricàio, *m.* **1** (*f.* **-a**) (*venditore di ostriche*) oyster seller; oysterman* (*f.* oyster woman*) **2** (*banco d'ostriche*) oyster bank (*o* bed) **3** (*allevamento d'ostriche*) oyster farm (*o* park).

ostricoltóre, *m.* (*f.* **-trice**) oyster culturist; oyster farmer.

ostricoltùra, *f.* oyster breeding; oyster culture; oyster farming.

òstro, *m.* (*lett.*) **1** (*porpora*) purple **2** (*stoffa color porpora*) purple cloth.

ostrogòtico, *a.* (*stor.*) Ostrogothic.

ostrogòto, A *a.* (*stor.*) Ostrogothic. **B** *m.* **1** (*stor.*) Ostrogoth **2** (*fig.*) barbarian. ● (*fig.*) **parlare o.**, to speak Greek (*o* double Dutch) □ **Questo è o. per me**, it's Greek to me.

ostruènte, *a.* (*ling.*) obstructive.

ostruìre, A *v. t.* (*bloccare*) to obstruct, to block; (*occludere*) to stop, to occlude, to close up; (*intasare*) to clog, to choke, (*con melma, sabbia, ecc.*) to silt up: **o. il traffico**, to block (*o* to obstruct) the traffic; **o. una strada**, to obstruct (*o* to block) a road; **o. un passaggio**, to obstruct (*o* to occlude) a passage; **o. un canale**, to block a channel; **o. la vista**, to block (*o* to obstruct) the view; **o. un tubo**, to obstruct (*o* to clog) a pipe. **B ostruirsi,** *v. i. pron.* to become* (*o* to get*) obstructed; to get* clogged; to clog; (*di melma, sabbia ecc.*) to silt up.

ostruttìvo, *a.* obstructive; obstructing.

ostruzióne, *f.* **1** obstruction; blocking up; (*occlusione*) occlusion, stopping up, stoppage; (*intasamento*) clogging, choking: **l'o. d'un tubo**, the clogging (*o* stoppage) of a pipe; **l'o. d'una strada**, the obstruction of a road; **un'o. di traffico**, an obstruction of the traffic; a traffic block **2** (*impedimento*) obstruction; impediment; hindrance **3** (*naut.*) barrage: **o. con rete**, net barrage; **ostruzioni parasiluri**, anti-torpedo defence **4** (*med.*) obstruction; stoppage: **o. intestinale**, intestinal obstruction.

ostruzioniṣmo, *m.* obstructionism; (*polit. anche*) stonewalling (*GB*), filibustering (*USA*); (*sindacale*) go-slow tactics, work-to-rule: **fare o. parlamentare**, to stonewall (*GB*); to filibuster (*USA*).

ostruzionista, *m.* e *f.* obstructionist; (*polit. anche*) stonewaller (*GB*), filibuster (*USA*): **fare l'o.**, to be obstructive.

ostruzionìstico, *a.* obstructionist(ic) obstructive; (*polit, anche*) stonewalling (*GB*), filibustering (*USA*): **tattica ostruzionistica**, obstructionist tactic; filibuster (*USA*).

Osvàldo, *m.* Oswald.

otalgìa, *f.* (*med.*) otalgia; (*com.*) earache.

otàlgico, *a.* (*med.*) otalgic.

otàrda, *f.* (*zool., Otis tarda*) great bustard. ● **o. minore** (*Otis tetrax*), little bustard.

otària, *f.* (*zool., Otaria*) sea lion.

Otèllo, *m.* Othello.

òtico, *a.* (*anat.*) otic.

otìte, *f.* (*med.*) otitis*.

otocióne, *m.* (*zool., Otocyon megalotis*) long-eared fox.

otocìsti, *f.* (*anat.*) otocyst.

otoiàtra, *m.* e *f.* (*med.*) otologist; ear specialist.

otoiatrìa, *f.* (*med.*) otology.

otolìte, *f.* (*med.*) otolith.

otopatìa, *f.* (*med.*) otopathy.

otoplàstica, *f.* (*med.*) otoplasty.

otorìno, (*fam.*) *V.* **otorinolaringoiatra**.

otorinolaringoiàtra, *m.* e *f.* (*med.*) otolaryngologist; otorhinolaryngologist; (*com.*) ear, nose and throat specialist.

otorinolaringoiatrìa, *f.* (*med.*) otolaryngology; otorhinolaryngology.

otorinolaringoiàtrico, *a.* otolaryngological; otorhinolaryngological; (*com.*) ear-throat-and-nose (*attr.*).

otorrèa, *f.* (*med.*) otorrhoea.

otoscleròṣi, *f.* (*med.*) otosclerosis*.

otoscopìa, *f.* (*med.*) otoscopy.

otoscòpio, *m.* (*med.*) otoscope.

òtre, *m.* leather bag (*o* bottle); goatskin; (*per vino*) wineskin. ● (*fig.*) **o. di vento**, stuffed shirt (*fam.*); windbag (*fam.*) □ (*fam.*) **pieno come un o.**, as full as an egg; full up; bloated □ (*fig.*) **È un o. di vino**, he drinks like a fish.

otricolàre, *a.* utricular; utriculate.

otrìcolo, *m.* (*anat., bot.*) utricle.

ottacòrdo, *m.* (*mus.*) octachord.

ottaèdrico, *a.* (*geom., miner.*) octahedral.

ottaèdro, *m.* (*geom., miner.*) octahedron*.

ottagonàle, *a.* (*geom.*) octagonal.

ottàgono, *m.* (*geom.*) octagon.

ottàmetro, *m.* (*poesia*) octameter.

ottangolàre, *a.* octagonal.

ottànico, *a.* (*chim.*) octane (*attr.*).

ottàno, *m.* (*chim.*) octane: **numero di o.**, octane number; **ad alto numero di o.**, high-octane.

ottànta, *a. num. card.* e *m.* eighty: **un uomo di o. anni**, an eighty-year-old man; **avere superato gli o. (anni)**, to be over eighty; to be in one's eighties; **pagina o.**, page eighty; **gli anni o.**, the eighties.

ottànte, *m.* (*geom., astron., naut.*) octant.

ottantènne, A *a.* eighty years old (*pred.*);

eighty-year-old (*attr.*). **B** *m.* e *f.* eighty-year--old man* (*f.* woman*); octogenarian.

ottantènnio, *m.* period of eighty years; eighty-year period.

ottantèṣimo, *a. num. ord.* e *m.* eightieth.

ottantìna, *f.* ***1*** (*complesso di ottanta*) group of eighty; four score ***2*** (*circa ottanta*) some (*o* about) eighty: **un'o. di anni [di persone]**, some eighty years [people]. ● **avere passato l'o.**, to be over eighty; to be in one's eighties □ **un uomo sull'o.**, a man in his eighties.

ottàstilo, *a.* e *m.* (*archit.*) octastyle.

ottatìvo, (*gramm.*) **A** *a.* optative: **modo o.**, optative mood; **proposizione ottativa**, optative clause. **B** *m.* optative (mood).

ottàva, *f.* ***1*** (*eccles.*) octave ***2*** (*poesia*) octave; ottava rima ***3*** (*mus.*) octave; (*l'intervallo, anche*) ottava: **all'o.**, an octave higher (*abbr.*: 8va) ***4*** (*Borsa*) Stock Exchange week ***5*** (*scherma*) octave.

ottavàrio, *m.* (*eccles.*) octave(s).

Ottàvia, *f.* Octavia.

Ottavianò, *m.* (*stor.*) Octavian.

ottavìno, *m.* ***1*** (*mus.*) piccolo* ***2*** (*comm.*) one eighth of one percent commission.

Ottàvio, *m.* Octavius.

ottàvo, **A** *a. num. ord.* eighth: **l'ottava meraviglia**, the eighth wonder; **Carlo o.**, Charles the Eighth. **B** *m.* ***1*** eighth ***2*** (*tipogr.*) octavo*; eightvo (*abbr.*: 8vo, 8°): **in o.**, in octavo; **volume in o.**, volume in octavo; octavo. ● (*sport*) **ottavi di finale**, qualifying heats □ (*mat.*) **sei all'ottava**, six to the power of eight.

ottemperànte, *a.* obedient; compliant.

ottemperànza, *f.* obedience; compliance: **in o. alle regole**, in compliance (*o* conformity) with the regulations.

ottemperàre, *v. i.* to obey; to comply with: **o. a un ordine**, to obey an order.

ottenebraménto, *m.* darkening; obscuring; clouding.

ottenebràre, *v. t.* **ottenebràrsi,** *v. i. pron.* (*anche fig.*) to darken; to obscure; to cloud: **o. la mente**, to cloud the mind.

ottenére, *v. t.* ***1*** to obtain; to get*; to achieve; to attain; to gain; to reach; (*vincere*) to win*: **o. un permesso**, to obtain permission; **o. un impiego**, to get a job; **o. un premio**, to win a prize; **o. una riduzione**, to get a reduction; **o. un prestito**, to raise a loan; **Ho ottenuto quel che volevo**, I got what I wanted; **Non otterrai niente da lui**, you won't get anything out of him; **o. il proprio scopo**, to reach one's goal; to achieve one's objective; **o. un buon risultato**, to get (*o* to obtain, to achieve) a good result; **La commedia ottenne un grosso successo**, the play was a great success; **o. una grande vittoria**, to gain (*o* to win) a great victory; **o. informazioni**, to get (*o* to gain) information; **o. il divorzio**, to get a divorce; **o. il plauso generale**, to be universally applauded; **o. il riconoscimento dei propri diritti**, to see one's rights recognized ***2*** (*ricavare, estrarre*) to obtain; to extract: **L'olio si può o. dai semi di molte piante**, oil can be obtained from the seeds of several plants ***3*** (*comm.*: *realizzare*) to realize; to earn: **o. un utile**, to realize a profit. ● (*prov.*) **Chi vuole, ottiene**, where there's a will, there's a way.

ottenìbile, *a.* obtainable; gettable; (*conseguibile*) attainable, achievable.

otteniménto, *m.* obtainment; getting; (*conseguimento*) attainment, achievement.

ottènne, **A** *a.* eight years old (*pred.*); eight--year-old (*attr.*); aged eight (*pred.*). **B** *m.* e *f.* eight-year-old child*.

ottentòtto, **A** *m.* (*f.* **-a**) ***1*** Hottentot ***2*** (*spreg.*) boor; oaf. **B** *m.* (*lingua*) Hottentot.

ottétto, *m.* ***1*** (*mus.*) octet; octette ***2*** (*chim.*) octet.

òttica, *f.* ***1*** (*fis.*) optics (*pl. col verbo al sing.*): **o. a fibre**, fiber optics; **o. degli specchi**, mirror optics; **o. di proiezione**, projection optics; **o. elettronica**, electron optics ***2*** (*insieme di lenti*) optical system ***3*** (*fig.*: *punto di vista*) point of view; viewpoint; way of looking at st.: **in un'o. nuova**, from a new point of view; **Ha un'o. tutta particolare**, he has a very personal way of looking at things.

òttico, **A** *a.* ***1*** (*rif. alla vista*) optic: **nervo o.**, optic nerve ***2*** (*rif. all'ottica*) optical: **asse o.**, optical axis; **illusione ottica**, optical illusion; **esperimento [fenomeno] o.**, optical experiment [phenomenon]; **fibre ottiche**, optical fibres; **sistema o.**, optical system; **strumento o.**, optical instrument. ● (*elab.*) **lettore o.**, optical character reader (*abbr.* OCR); optical scanner. **B** *m.* (*f.* **-a**) (dispensing) optician.

ottìle, *m.* (*chim.*) octyl.

ottimàle, *a.* optimum (*attr.*); optimal: **condizioni ottimali**, optimum conditions.

ottimalizzàre, *v. t.* (*econ.*) to optimize.

ottimalizzazióne, *f.* (*econ.*) optimization.

ottimaménte, *avv.* very well; extremely well; (*eccellentemente*) excellently, beautifully, splendidly, brilliantly: **«Come stai?» «O., grazie!»**, «how are you keeping?» «very well, thank you»; **Si è comportato o.**, he behaved excellently.

ottimàre, *V.* **ottimizzare**.

ottimàte, *m.* (*stor. romana*) optimate.

ottimiṣmo, *m.* optimism: **vedere le cose con o.**, to take an optimistic view of things.

ottimìsta, **A** *m.* e *f.* optimist. **B** *a.* optimistic(al): **Cerca di essere o.**, try and be optimistic about it; **Io sono o. di natura**, I'm an optimist by nature.

ottimìstico, *a.* optimistic(al); positive; sanguine; confident: **atteggiamento o.**, optimistic attitude.

ottimizzàre, *v. t.* to optimize.

ottimizzazióne, *f.* optimization.

òttimo, **A** *a.* very good; very fine; (*eccellente*) excellent, first-rate, splendid; (*perfetto*) perfect: **un o. giovane**, an excellent young man; **Il viaggio è stato o.**, the journey went very well; the journey was excellent; **ottenere ottimi risultati**, to get very good (*o* excellent) results; **un o. whisky**, a very fine whisky; **un rimedio o.**, an excellent remedy; **L'auto è in o. stato**, the car is in perfect condition (*o* repair); **Sono notizie ottime!**, this is splendid news!; **Hai un o. aspetto**, you are looking splendid; **Il cibo è o.**, the food is first-rate; **godere ottima salute**, to enjoy perfect (*o* the best of) health. **B** *m.* ***1*** (*la cosa migliore*) (the) best ***2*** (*condizione ottimale*) optimum ***3*** (*qualifica massima*) top marks (*pl.*); (*come giudizio*) excellent.

òtto, *a. num. card.* e *m.* eight: **l'o. e il dieci sono numeri pari**, eight and ten are even numbers; **una bambina di o. anni**, an eight-year-old girl; **il numero o.**, the number eight; **l'otto (di) marzo**, the eighth of March; March the eighth; **descrivere un o. sul ghiaccio**, to describe a figure-of-eight on the ice; **l'o. di cuori**, the eight of hearts; **Sono le o.**, it's eight (o'clock); **fare colazione alle o.**, to have breakfast at eight; **prendere o. in fisica**, to get eight (out of ten) in physics. ● **o. volante**, roller coaster; big dipper □ **con o. lati**, eight--sided □ (*tipogr.*) **corpo o.**, 8 point; brevier □ **dare gli o. giorni**, to give a week's notice □ **oggi a o.**, today week □ (*fam.*) **martedì o.**, a week on (*USA*: from) Tuesday; Tuesday week (*fam.*) □ **ogni o. giorni**, once a week; every week.

ottobràta, *f.* (*fam.*) outing in October.

ottóbre, *m.* October: **Oggi è il 5 di o.**, today is the fifth of October (*o* October the fifth); **in o.**, in October.

ottobrìno, *a.* of October; October (*attr.*).

ottocentésco, *a.* of the nineteenth century; nineteenth-century (*attr.*).

ottocentèṣimo, *a. num. ord.* e *m.* eight hundredth.

ottocentìsta, *m.* e *f.* ***1*** (*scrittore*) nineteenth--century writer; (*artista*) nineteenth-century artist ***2*** (*studioso dell'Ottocento*) nineteenth--century specialist ***3*** (*sport*) eight-hundred--metre runner.

ottocentìstico, *a.* of the nineteenth century; nineteenth-century (*attr.*).

ottocènto, *a. num. card.* e *m.* eight hundred. ● **l'O.** (*il secolo XIX*), the nineteenth century □ (*sport*) **gli o.**, the eight-hundred metres.

ottomàna, *f.* ottoman; sofa; settee.

ottomàno, *a.* e *m.* Ottoman.

ottomìla, *a. num. card.* e *m.* eight thousand.

ottonàme, *m.* brassware.

ottonàre, *v. t.* to coat with brass; to plate in brass.

ottonàrio, *m.* (*poesia*) octosyllable; octosyllabic line.

ottonatùra, *f.* brass coating; brass plating.

ottóne, *m.* ***1*** (*ind., metall.*) brass: **o. crudo**, hard-drawn brass; **o. giallo**, cartridge brass; **filo d'o.**, brass wire; **lamiera d'o.**, brass sheet; **targa d'o.**, brass plate; (*ind.*) **saldatura a o.**, brazing; hard-soldering ***2*** (*pl.*) (*mus.*) brass (*sing.*): **una banda di ottoni**, a brass band ***3*** (*pl.*) (*oggetti e applicazioni d'o.*) brass (*sing.*): **lucidare gli ottoni**, to polish the brass.

Ottóne, *m.* (*stor.*) Otto; Otho.

ottonianò, *a.* Othonian.

ottòpode, *m.* (*zool.*) octopod.

Ottòpodi, *m. pl.* (*zool., Octopoda*) Octopoda

ottosìllabo, *m.* (*poesia*) octosyllable.

ottòtipo, *m.* (*med.*) optotype(s).

ottriàto, *a.* (*stor.*) octroyed; granted by a sovereign.

ottuagenàrio, **A** *a.* eighty years old (*pred.*); eighty-year-old (*attr.*); octogenarian. **B** *m.* (*f.* **-a**) octogenarian; eighty-year-old man* (*f.* woman*).

ottùndere, **A** *v. t.* ***1*** (*smussare*) to blunt ***2*** (*fig.*) to dull: **o. la mente**, to dull the mind. **B** **ottùndersi,** *v. i. pron.* to blunt.

ottundiménto, *m.* ***1*** blunting ***2*** (*fig.*) dulling.

ottuplicàre, *v. t.* to multiply by eight.

ottùplice, *a.* eightfold.

òttuplo, **A** *a.* octuple; eightfold; eight times as much. **B** *m.* eight times (*pl.*).

otturaménto, *m.* ***1*** stopping; filling; closing up ***2*** (*tamponamento*) plugging ***3*** (*intasamento*) clogging; choking ***4*** (*ostruzione*) obstruction; obstructing; blocking.

otturàre, **A** *v. t.* ***1*** (*chiudere*) to stop; to fill; to close up: **o. un buco**, to stop (*o* to fill) a hole; **o. un dente**, to fill (*o* to stop) a tooth; (*naut.*) **o. una falla**, to stop a leak ***2*** (*tamponare*) to plug ***3*** (*intasare*) to clog, to choke up; (*ostruire*) to obstruct, to stop up, to block: **o. un filtro**, to clog (*o* to choke) a filter; **o. un tubo**, to stop up a pipe; **Le foglie hanno otturato lo scarico**, the leaves have choked up the drain. **B** **otturàrsi,** *v. i. pron.* to clog; to get* blocked (*o* chocked) up.

otturatóre, **A** *a.* (*anat.*) obturator: **muscolo o.**, obturator muscle. **B** *m.* ***1*** (*fotogr., cinem.*) shutter: **o. a tendina**, focal-plane shutter; **o. centrale**, interlens shutter; **o. per dissolvenza**, dissolving shutter; **o. rotante**, rotary shutter; **caricare l'o.**, to wind up the shutter ***2*** (*d'arma da fuoco*) breechblock; lock; obturator.

otturazióne, *f.* ***1*** (*l'otturare*) stopping; filling; plugging: **l'o. d'una falla**, the stopping of a leak; **Per questo dente basta l'o.**, this tooth only needs filling ***2*** (*amalgama dentistico*) filling: **Mi è saltata l'o.**, the filling has come out of my tooth ***3*** (*ostruzione*) obstruction; blocking; clogging: **l'o. del lavandino**, the blocking of the sink.

ottuṣaménte, *avv.* obtusely.

ottuṣàngolo, *a.* (*geom.*) obtuse-angled.

ottuṣità, *f.* ***1*** (*mancanza di punta o di filo*) bluntness ***2*** (*geom.*) obtuseness ***3*** (*fig.*: *lentezza di mente*) obtuseness; dullness; slowness.

ottùṣo, *a.* ***1*** (*smussato, privo di filo*) blunt; obtuse ***2*** (*geom.*) obtuse: **angolo o.**, obtuse angle **3** (*fig.*: *lento di mente*) dull; dull-brained; obtuse; dense; thick; slow: **una persona ottusa**, a dull person; a dullard; **uno scolaro o.**, a dull pupil; **una mente ottusa**, a dull mind; **essere o. di mente**, to be dull-witted; **essere troppo o. per capire**, to be too obtuse to understand **4** (*non acuto, sordo*) dull; flat; muffled: **suono o.**, dull (*o* flat, muffled) sound; **voce ottusa**, dull voice.

ouverture (*franc.*), *f. invar.* (*mus.*) overture.

ovàia, *f.* **ovàio**, *m.* (*anat.*) ovary; ovarium*.

ovaiòlo, *a.* (*di gallina*) laying.

ovalàre, *a.* (*biol., med.*) oval

ovàle, *a.* e *m.* oval: **foglia o.**, oval leaf; **un o. perfetto**, a perfect oval; **di forma o.**, oval; **dal volto o.**, oval-faced. ● (*sport*) **palla o.**, rugby

ovalizzàre, *v. t.* (*mecc.*) to ovalize; to make* oval.

ovalizzàto, *a.* (*mecc.*) ovalized; (*ovale*) oval: **pistone o.**, oval piston.

ovalizzazióne, *f.* (*mecc.*) ovalization.

ovàrico, *a.* **1** (*anat.*) ovarian; ovarial: **cisti ovarica**, ovarian cyst; **funzione ovarica**, ovarial function **2** (*bot.*) ovarian.

ovariectomia, *f.* (*chir.*) ovariectomy.

ovariectomizzàre, *v. t.* (*chir.*) to perform an ovariectomy (on).

ovàrio, *m.* (*bot., anat.*) ovary.

ovariotomìa, *f.* (*chir.*) ovariotomy.

ovarite, *f.* (*med.*) ovaritis*.

ovàtta, *f.* **1** (*ind. tess.*) wadding; (*per imbottire*) padding **2** (*cotone idrofilo*) cotton wool; cotton (*USA*). ● (*fig.*) **tenere q. nell'o.**, to mollycoddle sb.

ovattàre, *v. t.* **1** (*imbottire*) to pad; to stuff with wadding; to wad **2** (*fig.*: *attutire*) to soften, to tone down; (*suoni*) to muffle, to mute.

ovattàto, *a.* **1** (*imbottito*) padded; wadded **2** (*fig.*) softened; (*di suoni*) muffled, faint, muted.

ovazióne, *f.* ovation: **fare un'o. a q.**, to cheer sb.; **Lo accolsero con un'o.**, he received an ovation.

óve, (*lett.*) **A** *avv.* (*di luogo*) where: **Ove è?**, where is it?; **ove crescono le rose**, where roses grow. ● **ove che sia**, (*in qualsiasi luogo*) anywhere; (*dappertutto*) everywhere. **B** *cong.* **1** (*se*) if; in case: **ove lo preferiate**, if you prefer; (*form.*) should you prefer so **2** (*purché*) on condition that; provided (that): **Te lo dirò, ove tu prometta di mantenere il segreto**, I will tell you, provided you promise to keep the secret. ● **ove che**, wherever.

overdòse, *f. invar.* overdose: **prendere un'o.**, to take an overdose; to overdose; **morire di o.**, to die for an overdose.

òvest, *m.* west: **ad o.**, in the west; to the west; **La Francia si trova ad o. dell'Italia**, France lies to the west of Italy; **Biella è a o. di Milano**, Biella is (to the) west of Milan; **verso o.**, westward (*agg.*); west, westwards (*avv.*): **navigare verso o.**, to sail west (*o* westwards); **diretto a o.**, westbound (*agg.*); **nord-o.**, north-west; **più a o.**, further west; **in direzione o.**, in a westerly direction; **il lato o. della casa**, the side of the house facing west; **il vento dell'o.**, the west wind; **venti da o.**, westerly winds; **i paesi dell'o.**, the Western countries.

ovidiàno, *a.* (*letter.*) Ovidian; Ovid's.

Ovìdio, *m.* (*letter.*) Ovid.

ovidótto, *m.* (*anat.*) oviduct.

ovifórme, *a.* (*lett.*) egg-shaped; oviform.

ovìle, *m.* sheepfold; sheep pen; sheep cote (*GB*). ● (*fig.*) **ritornare all'o.**, to return to the fold.

ovìno, **A** *a.* ovine; sheep (*attr.*): **allevamento o.**, sheep farm; **carni ovine**, mutton. **B** *m.* sheep*: **trecento ovini**, three hundred sheep.

oviparità, *f.* (*zool.*) oviparity.

ovìparo, (*zool.*) **A** *a.* oviparous. **B** *m.* oviparous animal.

òvo, *m.* **1** *V.* **uovo 2** – **ab ovo**, from the beginning.

ovocèllula, *f.* (*biol.*) oosphere.

ovocita, *m.* (*biol.*) oocyte.

ovodonazióne, *f.* (*biol.*) egg donation.

ovogamìa, *f.* (*biol.*) oogamy.

ovogènesi, *f.* (*biol.*) oogenesis.

ovoidàle, *a.* ovoidal; ovoid; egg-shaped.

ovòide, *a.* e *m.* ovoid.

ovolàccio, *m.* (*bot., Amanita muscaria*) fly agaric.

òvolo, *m.* **1** (*bot., Amanita caesarea*) royal agaric **2** (*bot.*: *germe di pianta*) ovule **3** (*archit.*) ovolo*. ● **o. malefico**, *V.* **ovolaccio.**

ovopositóre, (*zool.*) **A** *m.* ovipositor. **B** *a.* ovipositing.

ovovia, *f.* cable car; gondola.

ovoviparità, *f.* ovoviparity.

ovovivìparo, *a.* (*zool.*) ovoviviparous.

ovulàre (1), *a.* **1** (*biol.*) ovular **2** *V.* **ovale.**

ovulàre (2), *v. i.* to ovulate.

ovulazióne, *f.* (*biol.*) ovulation.

òvulo, *m.* **1** (*anat.*) ovum*; egg cell **2** (*bot.*) ovule **3** (*farm.*) pessary; vaginal suppository.

ovùnque, *avv.* (*lett.*: *dovunque*) wherever, anywhere; (*dappertutto*) everywhere.

ovvéro, *cong.* or; or rather.

ovverosìa, *V.* **ossia.**

ovvìa, *inter.* (*region.*) come on.

ovviaménte, *avv.* **1** obviously **2** (*evidentemente*) evidently; manifestly **3** (*naturalmente*) naturally; of course.

ovviàre, *v. t.* to obviate; to remedy; to get* round (st.): **o. a una difficoltà**, to get round a difficulty; **o. a un errore**, to remedy an error.

ovvietà, *f.* **1** (*l'essere ovvio*) obviousness; self-evidence **2** (*cosa ovvia*) truism; triviality.

òvvio, *a.* obvious; (*evidente*) self-evident, manifest; (*naturale*) natural: **supposizioni ovvie**, obvious suppositions; **una verità ovvia**, a manifest truth; **È o. che...**, it's evident that...; **Mi sembra o. che non ce la farà da solo**, he obviously won't manage on his own; **È più che o.**, it's only too natural; it goes without saying; **«Ci sarete anche voi?» «O.!»**, «will you be there too?» «of course».

oxer (*ingl.*), *m. invar.* (*equitazione*) oxer.

oxitocìa, *f.* (*med.*) oxitocia.

oxitòcico, *a.* e *m.* (*farm.*) oxytocic.

oxitocìna, *f.* (*fisiol.*) oxytocin.

oxonìano, **oxonìense**, *a.* Oxonian.

ozelòt, *m.* (*zool., Felis pardalis*) ocelot; tiger cat.

ozèna, *f.* (*med.*) oz(a)ena.

oziàre, **ozieggiàre**, *v. i.* to be idle; to idle about; to laze about; to loaf: **Ho oziato tutto il pomeriggio**, I've been lazing about all afternoon; **Non o.!**, don't idle about!; **perdere il tempo oziando**, to be an idler; to idle away one's time.

òzio, *m.* **1** idleness; indolence; sloth; (*inattività*) inactivity: **vivere nell'o.**, to live in idleness; **stare in o.**, to be idle; to idle about; to laze about; to loaf about; **tanto per non stare in o.**, just to keep oneself occupied; **trascorrere la vita in o.**, to live a life of idleness; **trascorrere le giornate nell'o.**, to idle away one's days; **o. forzato**, forced inactivity **2** (*tempo libero*) leisure: **ore d'o.**, leisure hours (*o* time). ● (*prov.*) **L'o. è il padre dei vizi**, idleness is the root of all vice.

oziosàggine, *f.* idleness; laziness; indolence.

oziosaménte, *avv.* idly; in idleness; indolently.

oziosità, *f.* **1** idleness **2** (*inutilità*) futility; idleness **3** (*pl.*) (*parole oziose*) idle talk (*sing.*).

ozióso, **A** *a.* **1** idle; indolent; sluggish; slothful; (*inoperoso*) inactive: **una vita oziosa**, an idle life; **starsene o.**, *V.* **oziare 2** (*inutile, vano*) idle; futile; useless; vain: **parole oziose**, idle words; **una domanda oziosa**, a futile question. **B** *m.* (*f.* **-a**) idler; loafer; layabout.

ozocerite, *f.* (*miner.*) ozocerite.

ozònico, *a.* (*chim.*) ozonic; ozonous; ozone (*attr.*).

ozonizzàre, *v. t.* (*chim.*) to ozonize.

ozonizzatóre, *m.* (*chim., ind.*) ozonizer; ozone generator.

ozonizzazióne, *f.* (*chim.*) ozonization.

ozòno, *m.* (*chim.*) ozone. ● **il buco nell'o.**, the hole in the ozone layer.

ozonometrìa, *f.* ozonometry.

ozonomètrico, *a.* ozonometric.

ozonòmetro, *m.* ozonometer.

ozonosfèra, *f.* (*meteor.*) ozone layer; ozonosphere.

ozonoterapìa, *f.* ozonotherapy.

p, P

P, p, *f. o m.* (*quattordicesima lettera dell'alfabeto ital.*) P, p. ● (*telef.*) **p come Palermo**, p for Peter.

pàca, *m. invar.* (*zool., Cuniculus paca*) paca.

pacatézza, *f.* calmness; calm; peacefulness.

pacàto, *a.* calm; even-tempered; relaxed: **con voce pacata**, in a calm voice; **carattere p.**, even temper; **Mi fece un discorso p.**, he talked to me calmly.

pàcca, *f.* ***1*** slap ***2*** (*schiaffo*) slap; smack; blow. ● **dare una p. a q. sulle spalle**, to slap sb. on the back.

pacchétto, *m.* ***1*** packet; package; parcel: **un p. di sigarette [di caramelle]**, a packet (*USA*: package) of cigarettes [of sweets]; **p. postale**, parcel; **È arrivato un p. per te**, a parcel came for you ***2*** (*fascio*) bundle: **un p. di lettere**, a bundle of letters ***3*** (*fig.*) package; (*fin.*) parcel: **un p. di misure**, a package deal; **p. di proposte**, package of proposals; **p. d'aiuti**, aid package; **p. di riforme**, reform package; **p. azionario**, parcel (*o* block) of shares; **p. di maggioranza**, majority stake ***4*** (*rugby*) pack ***5*** (*elab.*) package: **p. applicativo**, application package ***6*** (*tipogr.*) block.

pàcchia, (*fam.*) *f.* ***1*** (*cosa piacevole*) fun; great time: **Due mesi di vacanza? Che p.!**, a two-month holiday? that's great!; **Non è mica una p.!**, it's no fun! ***2*** (*cosa facile*) piece of cake (*fam.*).

pacchianàta, *f.* something garish; something showy; something vulgar.

pacchianerìa, *f.* garishness; showiness; flashiness; vulgarity.

pacchiàno, *a.* garish; showy; flashy; vulgar: **eleganza pacchiana**, showy (*o* flashy) elegance.

pacciamàre, *v. t.* (*agric.*) to mulch.

pacciàme, *m.* (*agric.*) mulch.

pacciùme, *V.* **pacciame**.

pàcco, *m.* ***1*** parcel; package: **un p. di libri**, a parcel of books; **p. postale**, parcel; **confezionare [legare, disfare] un p.**, to make up [to tie up, to unwrap] a parcel ***2*** (*involto*) bundle; (*pila*) deck: **un p. di giornali**, a bundle of papers; **un p. di schede**, a deck of cards ***3*** (*pop.*: *imbroglio*) swindle; con (*fam.*): **fare** (*o* **tirare**) **il p. a q.**, to con sb. ● **p. dono**, gift parcel □ **p. di medicazione**, medication kit □ (*comm.*) **p. offerta**, bargain pack □ **p. viveri**, food parcel □ **a mezzo p. postale**, by parcel post □ **carta da pacchi**, brown (*o* wrapping) paper □ **fare un p. regalo**, to gift-wrap (st.) □ **servizio pacchi postali**, parcel post.

paccottìglia, *f.* (*merce scadente*) shoddy goods (*pl.*); (*oggetti di nessun valore*) trash, junk, worthless knickknacks (*pl.*).

pàce, *f.* ***1*** peace: **una p. con onore** (*o* **onorevole**), peace with honour; **proposta [trattato] di p.**, peace proposal [treaty]; **forze di p.**, peace-keeping force; **firmare la p.**, to sign the peace treaty; **La Svizzera è in p. da secoli**, Switzerland has been at peace for centuries; **fare la p.**, to make peace; to make it up (with sb.) ***2*** (*quiete, tranquillità*) peace, peace and quiet, quietness, tranquillity; (*riposo*) rest: **la p. dello spirito**, peace of mind; **la p. della sera**, the peace of the evening: **la p. eterna**, eternal rest; **lasciare q. in p.**, to leave sb. in peace; to leave sb. alone; **Lasciami un po' in p.!**, just leave me alone!; **vivere in p.**, to live in peace; **Vattene in p.!**, go in peace!; **Che p. c'è qui!**, how peaceful (*o* how quiet) it is here! ***3*** (*eccles.*) kiss of peace. ● **P. agli uomini di buona volontà**, peace to men of good will □ **P. all'anima sua!**, peace be with him! □ (*stor.*) **la p. di Dio**, the truce of God □ **andarsene in p.** (*morire*), to die □ **Dio l'abbia in p.!**, God rest his soul! □ **con vostra buona p.**, with your permission; by your leave □ **darsi p.**, to resign oneself; to accept □ **non dare p.**, not to give (sb.) a moment's peace; (*infastidire*) to pester, to plague; (*tormentare*) to nag, to go on at □ **non darsi p.**, (*essere agitato*) to be restless; (*preoccuparsi*) to keep worrying; (*non rassegnarsi*) not to be able to resign oneself (*o* to accept st.) □ (*leg.*) **giudice di p.**, justice of the peace □ **mettere p. tra due amici**, to make peace between two friends □ **mettersi il cuore in p.**, to set one's mind at rest □ **per amor di p.**, for the sake of peace and quiet □ **Riposa in p.!**, rest in peace! (*abbr.*: R.I.P.) □ **Santa p.!**, oh dear!

pacemaker (*ingl.*), *m. invar.* (*anat., med.*) pacemaker.

pachidèrma, *m.* ***1*** (*zool.*) pachyderm ***2*** (*fig.*: *persona grassa*) elephant; (*persona poco sensibile*) pachyderm, thick-skinned person.

pachidermìa, *f.* (*med.*) pachydermia.

pachidèrmico, *a.* ***1*** (*zool.*) pachydermatous; pachydermal ***2*** (*fig.*) pachydermic.

pachimenìnge, *f.* (*anat.*) pachymeninx; dura mater.

pachimeningìte, *f.* (*med.*) pachymeningitis.

pachistàno, *V.* **pakistano**.

pacière, *m.* (*f.* **-a**) peacemaker: **fare da p.**, to act as a peacemaker.

pacificàbile, *a.* pacifiable; appeasable.

pacificaménte, *avv.* peacefully; peaceably; in peace: **vivere p.**, to live peacefully; to lead a peaceful life; **convivere p.**, to live together in peace.

pacificaménto, *m.* pacification; reconciliation.

pacificàre, A *v. t.* ***1*** (*riconciliare*) to make* peace between ***2*** (*mettere in pace*) to pacify; to appease; to pour oil on troubled waters (*fam.*): **p. un paese**, to pacify a country. **B pacificàrsi,** *v. rifl. recipr.* to make* peace; to be reconciled; to make* it up. **C pacificàrsi,** *v. i. pron.* ***1*** (*calmarsi*) to calm down; to die down ***2*** (*fare pace*) to make* peace with; to make* it up with.

pacificàto, *a.* at peace; pacified.

pacificatóre, A *m.* (*f.* **-trice**) peacemaker; conciliator. **B** *a.* (*lett.*) pacificatory; peacemaking.

pacificazióne, *f.* pacification; reconciliation; reconcilement.

pacìfico, A *a.* ***1*** (*di indole calma*) pacific; peaceable; good-natured; peaceful: **un uomo p.**, a pacific man; a good-natured man; **un'indole pacifica**, a peaceful disposition ***2*** (*tranquillo, in pace*) peaceful; (*amante della pace*) peace-loving; (*non ostile*) peaceful: **vita pacifica**, peaceful life; **un paese p.**, a peaceful country; **manifestazione pacifica**, peaceful demonstration; **intenzioni pacifiche**, peaceful intent; (*mil.*) **occupazione pacifica**, peaceful occupation; **l'Oceano P.**, the Pacific (Ocean) ***3*** (*ovvio*) obvious; self-evident. **B** *m.* (*f.* **-a**) pacific person; good-natured person. ● (*Bibbia*) **Beati i pacifici!**, blessed are the peacemakers!

pacifìşmo, *m.* pacifism; pacificism; peace-mongering (*spreg.*).

pacifista, A *m. e f.* pacifist; pacificist; peace-monger (*spreg.*). **B** *a.* pacifistic.

pacifìstico, *a.* pacifism (*attr.*).

paciocóne, (*fam.*) **A** *m.* (*f.* **-a**) jovial roly-poly person. **B** *a.* ***1*** (*bonario*) easy-going; jovial; placid ***2*** (*grassoccio*) plump; chubby.

pacióne, A *m.* (*f.* **-a**) (*fam.*) placid person; easy-going person. **B** *a.* placid; easy-going.

pacióso, *a.* (*fam.*) peaceful; peaceable; placid; easy-going.

paciugàre, *v. t.* (*region.*) to muck up (*fam.*).

paciùgo, *m.* ***1*** (*region.*) mess ***2*** (*gelato*) icecream with fruit syrup.

paciulì, *V.* **patchouli**.

pack (*ingl.*), *m. invar.* (*geogr.*) pack ice.

packfóng, *m. invar.* packfong; paktong.

padàno, *a.* (*geogr.*) of the Po; Po (*attr.*); of the Po Valley: **la Pianura padana**, the Po Valley.

pàdda, *f.* (*zool., Padda oryzivora*) paddy-bird.

padèlla, *f.* ***1*** frying pan; skillet (*USA*): **cuocere in p.**, to cook in a frying pan; (*friggere*) to fry: **pesce in p.**, fried fish; **pentole e padelle**, pots and pans ***2*** *V.* **padellata** ***3*** (*per gli infermi*) bedpan ***4*** (*scaldaletto*) warming pan ***5*** (*fam.*: *macchia*) stain ***6*** (*anat.*) kneepan; kneecap; patella*. ● (*fig.*) **dalla p. nella brace**, out of the frying pan into the fire □ (*di un cacciatore*) **fare p.**, to miss (the target).

padellàre, A *v. t.* (*cucina*) to sauté. **B** *v. i.* (*fam.*) to miss (the target).

padellàta, *f.* ***1*** (*quantità*) panful: **una p. di cipolle**, a panful of onions ***2*** (*colpo*) blow with a pan.

padellóne, *m.* ***1*** (*teatr., cinem.*) sky pan ***2*** (*f.* **-a**) (*fam.*) messy eater.

padiglióne, *m.* ***1*** (*edificio isolato*) pavilion; (*d'ospedale, anche*) block, wing: **i padiglioni di un'esposizione**, the pavilions of an exhibition ***2*** (*tenda da campo*) pavilion; (large) tent ***3*** (*baldacchino*) canopy ***4*** (*anat.*) – **p. auricolare**, auricle ***5*** (*di pietra preziosa*) pavilion ***6*** (*mus.*) bell. ● (*archit.*) **tetto a p.**, pavilion roof.

padiscià, *m.* (*stor.*) padishah.

Pàdova, *f.* (*geogr.*) Padua.

padovanèlla, *f.* ***1*** (*calessino*) sulky ***2*** (*gergo teatr.*) hamming; playing to the gallery.

padovàno, A *a.* Paduan; of Padua; from Padua. **B** *m.* (*f.* **-a**) Paduan; inhabitant of Padua; native of Padua.

pàdre, *m.* ***1*** (*anche fig.*) father: **È p. di tre figli**, he is the father of three children; **Ti parlo come se fossi tuo p.**, I'm talking to you as a father; **Sua moglie lo rese p. di un bel bambino**, his wife made him the father of (*o* bore him) a beautiful baby; **trasmesso di p. in figlio**, handed down from father to son; **Dio P.**, God the Father; **p. di famiglia**, father of a family; **p. adottivo**, adoptive father; foster father; **p. putativo**, putative father; **fare da p. a q.**, to be a father to sb.; **fare le veci del p.**, to act as a father; **Dante è il p. della lingua italiana**, Dante is the father of the Italian language ***2*** (*eccles.*) Father: **P. Mattia**, Father Mattia; **p. conciliare**, council father; **il Santo P.**, the Holy Father; **i Padri della Chiesa**, the

Fathers of the Church; **Reverendo p.**, Reverend Father *3* (*pl.*) (*antenati*) forefathers; ancestors: **i nostri padri**, our forefathers *4* (*di animale*) sire. ● (*stor. romana*) **Padri coscritti**, Conscript Fathers; senators □ **p. della patria**, father of the country □ **padri fondatori**, founding fathers □ (*teatr.*) **p. nobile**, heavy father □ **P. nostro che sei nei cieli**, our Father who art in Heaven □ **p. padrone**, tyrannical father □ (*stor.*) **i Padri Pellegrini**, the Pilgrim Fathers □ **p. spirituale**, (*eccles.*) father confessor; (*fig.*) teacher, mentor □ (*comm.*) **il signor Bianchi p.**, Mr Bianchi senior □ **cugino da parte di p.**, cousin on the father's side □ (*leg.*) **diligenza del buon p. di famiglia**, ordinary (*o* reasonable) diligence □ **ragazzo p.**, single father □ (*prov.*) **Quale il p., tale il figlio**, like father, like son.

padreggiàre, *v. i.* to take* after one's father.

Padrenòstro, *V.* **paternostro**.

Padretèrno, *m.* *1* (*relig.*) God the Father *2* (*fig.*) God Almighty: **Si crede un p.**, he thinks he is God Almighty; **fare il p.**, to lord it; to throw one's weight about.

padrigno, *V.* **patrigno**.

padrino, *m.* *1* (*eccles.*) godfather; **fare da p. a q.**, to stand godfather to sb.; **il p. e la madrina**, the godparents *2* (*in un duello*) second *3* (*capo mafioso*) mafia boss; godfather.

padróna, *f.* *1* mistress (*anche fig.*); (*di casa*) lady of the house: **La p. è fuori**, the mistress (*o* Madam) is out; **Chi di loro è la p. di casa?**, which of them is the lady of the house?; **La p. di casa ci accolse sull'uscio**, our hostess welcomed us at the door; **È una brava p. di casa**, (*sa ricevere*) she is an expert hostess; (*tiene bene la casa*) she is house-proud; **p. della situazione**, mistress of the situation; **Non è più p. in casa sua**, she is no longer mistress in her own house *2* (*proprietaria*) owner; (*di casa, albergo, ecc.*) landlady *3* (*datrice di lavoro*) employer. *V. anche la fraseologia sotto* **padrone**.

padronàle, *a.* *1* owner's; proprietor's; master's: **l'autorità p.**, the master's (*o* owner's) authority; (*di proprietà terriera*) **casa p.**, manor; hall *2* (*principale*) main (*attr.*): **bagno [ingresso] p.**, main bathroom [entrance] *3* (*privato*) private: **carrozza p.**, private coach *4* (*imprenditoriale*) employer's (*attr.*); managerial: **associazione p.**, employers' association; **la classe p.**, the managerial class.

padronànza, *f.* *1* (*proprietà*) ownership *2* (*controllo, potere*) control; command; mastership: **perdere la p. di sé**, to lose one's self-control; **avere la piena p. delle proprie facoltà**, to have full command of one's faculties; **la p. del mare**, the command (*o* mastery) of the seas *3* (*fig.*: *piena conoscenza*) mastery; command; thorough knowledge: **avere la p. d'un argomento**, to have a thorough knowledge of a subject; **avere una buona p. d'una lingua straniera**, to have a good command of a foreign language.

padronàto, *m.* *1* ownership *2* (*i padroni*) owners (*pl.*); (*i datori di lavoro*) employers (*pl.*).

padroncino, *m.* *1* (*giovane padrone*) young master; (*figlio del padrone*) boss's son *2* (*tassista proprietario*) self-employed taxi driver *3* (*piccolo trasportatore*) lorry owner-driver; truck owner-operator.

padróne, **A** *m.* *1* master (*anche fig.*); boss (*fam.*): **Dov'è il p.?**, where's the master (*o* the boss)?; **p. e servitore**, master and man; **servire due padroni**, to serve two masters; **Il cane difese il p.**, the dog defended its master; **p. di casa**, master of the house; (*anfitrione*) host; **Voglio essere p. in casa mia**, I want to be master in my own house; **essere p. della materia [della situazione]**, to be master of the subject [of the situation]; **rimanere p. del campo**, to remain master of the field *2* (*proprietario*) owner, proprietor; (*terriero o di immobile*) landlord: **È p. di tutti questi poderi**, he is the owner of all these farms; **il mio p. di casa**, my landlord *3* (*datore di lavoro*) employer; boss (*fam.*) *4* (*naut.*) ship's master. ● **essere a p. da q.**, to have been apprenticed to sb.; to be in sb.'s employment □ **essere p. di fare q.c.**, to be free to do st.; to have a right to do st. □ **non essere p. di sé**, to have no self-control □ **non essere più p. di sé**, to have lost one's self-control □ **Non è p. delle sue azioni**, he is not responsible for his actions □ **Non è p. delle sue passioni**, he has no control over his passions □ **farla da p.**, to play the lord and master; to lord it □ **lavorare sotto p.**, to be employed. **B** *a.* – **padre p.**, tyrannical father; **serva padrona**, bossy housemaid.

padroneggiàre, **A** *v. t.* *1* (*usare con padronanza*) to have a good command of; (*arrivare a p.*) to master: **p. una materia [una lingua]**, to have a good command a subject [a language] *2* (*dominare*) to control; to rule; to handle: **p. la folla**, to control the crowd; **p. le proprie emozioni**, to control (*o* to rule) one's emotions; **p. una situazione**, to handle a situation. **B** *v. i.* to play the master (*f.* the mistress); to be bossy (*fam.*). **C padroneggiàrsi**, *v. rifl.* to control oneself; to retain one's self-control. ● **non saper p.**, to lack self-control.

padronésco, *a.* (*spreg.*) bossy.

padronissimo, *m.* (*f.* **-a**) – **Sei p. di andare dove vuoi**, you're free to go anywhere you like; **P. di chiedermi, ma io non ti rispondo**, you're free to ask, but I won't answer; **Vuoi rinunciare? P.!**, you want to give up? suit yourself! (*o* go ahead!).

padùle, *m.* (*region.*) bog; swamp; marsh.

paeṣàggio, *m.* *1* landscape; (*panorama*) view, panorama: **difesa del p.**, conservation of the landscape; **rovinare un p.**, to spoil a landscape; **Ammirai il p.**, I admired the view *2* (*arte*) landscape: **dipingere un p.**, to paint a landscape; **p. marino**, seascape.

paeṣaggiṣmo, *m.* (*arte*) landscape painting.

paeṣaggista, *m.* e *f.* *1* (*arte*) landscape painter; landscapist *2* (*architetto di giardini*) landscape architect.

paeṣaggìstica, *f.* landscape painting.

paeṣaggìstico, *a.* landscape (*attr.*).

paeṣaniṣmo, *m.* localism; provincialism; provinciality.

paeṣàno, **A** *a.* *1* (*della campagna, rustico*) country (*attr.*), of (*o* from) the country, rural, rustic; (*provinciale*) provincial: **la vita paesana**, country life; **danze paesane**, country dances; **usanze paesane**, rural customs *2* (*di villaggio*) village (*attr.*): **festa paesana**, village festival. ● **alla paesana**, after the country fashion; country-style; rustic; (*semplice*) simple: **un vestito alla paesana**, a country-style dress; **cucina alla paesana**, simple cooking; rustic fare. **B** *m.* (*f.* **-a**) *1* villager; countryman* (*f.* countrywoman*) *2* (*region.*) person coming from the same village: **Siamo paesani**, we come from the same village. ● **i paesani**, country people (*o* folk).

paéṣe, *m.* *1* (*nazione*) country; nation: **Il mio p. è l'Italia**, Italy is my country; **amare il proprio p.**, to love one's country; **p. d'origine**, country of origin; **paesi d'oltremare**, overseas countries; **paesi di lingua inglese**, English-speaking countries; **paesi in via di sviluppo**, developing countries (*o* nations) *2* (*regione, terra*) country, land; (*luogo*) place: **p. fertile [sterile]**, fertile [barren] country; **p. montuoso [piano]**, mountainous [flat] country; **visitare paesi lontani**, to visit distant lands; **Scoprirono paesi nuovi**, they discovered new lands *3* (*villaggio*) village; (*cittadina*) town: **il p. natio**, one's native village [town]; **Accorsero dai paesi vicini**, they rushed from the neighbouring villages; **al mio p.**, in the town [village] where I live; in my hometown; at home. ● **il P. dei Balocchi**, Toy-land □ **il P. della Cuccagna**, the Land of Cockaigne □ **i Paesi Bassi**, the Low Countries □ **il bel P.**, Italy □ **gente di p.**, country people; provincials □ (*fam.*) **mandare q. a quel p.**, to tell sb. to go to hell □ (*prov.*) **Tutto il mondo è p.**, it's the same the whole world over □ (*prov.*) **P. che vai, usanza che trovi**, when in Rome, do as the Romans do.

paeṣista, *V.* **paesaggista**, *def. 1.*

paeṣìstico, *a.* landscape (*attr.*).

paf, **pàffete**, *inter.* (*fam.*) flop; crash; bang.

paffutézza, *f.* chubbiness; plumpness.

paffùto, *a.* plump; chubby: **un bambino p.**, a plump baby; **guance paffute**, chubby cheeks.

pàga, *f.* pay; (*salario*) wage(s); (*stipendio*) salary: **La p. è buona**, the pay is good; **la p. settimanale**, weekly pay (*o* wage); **p. intera**, full wages (*o* salary); **mezza p.**, half pay; **minimo di p.**, minimum wage; **busta p.**, pay packet (*GB*); pay envelope (*USA*); **foglio p.**, pay sheet; pay list; **giorno di p.**, payday; **tabella base delle paghe**, wage scale; **ufficio p.**, pay office; **riscuotere la p.**, to draw one's pay. ● (*fig.*) **Ecco quello che ho ricevuto per tutta p.**, that's what I've got for my pains (*o* in return, as thanks).

pagàbile, *a.* (*comm.*) payable: **cambiale p. a vista [a richiesta]**, bill payable at sight [on demand]; **p. al portatore [all'ordine]**, payable to bearer [to order]; **p. in anticipo**, payable in advance; **p. alla consegna**, payable on delivery; **p. contro fattura**, payable against invoice; **p. il 1° settembre**, payable on September 1st.

pagàia, *f.* (*naut.*) paddle.

pagaiàre, *v. i.* to paddle.

pagaménto, *m.* (*comm.*) payment; (*saldo*) settlement; (*compenso*) fee, consideration; (*somma pagata*) amount paid: **p. anticipato**, payment in advance; **p. a rate** (*o* **rateale**), payment by instalments; **p. completo**, payment in full; **p. in natura**, payment in kind; **p. per intervento** (*o* **per l'onore di firma**), payment for honour (*o* supra protest); **avviso di p.**, notice of payment; **condizioni di p.**, terms of payment; **fare un p.**, to make a payment; **far fronte a un p.**, to meet a payment; **dilazionare un p.**, to grant an extension of payment; **richiedere il p. immediato**, to demand prompt payment. ● **p. alla consegna** (*o* **contro assegno**), cash on delivery (*abbr.*: C.O.D.) □ **dietro p. di**, against (*o* for) payment of □ **fare q.c. a p.**, to do st. for a fee □ **paziente a p.**, fee-paying patient □ **fino a p. totale**, until fully paid □ **mancato p.**, non-payment; (*d'una cambiale, ecc.*) dishonour (by non-payment) □ **mandato di p.**, money order.

paganeggiànte, *a.* inclined towards paganism; paganish.

paganeggiàre, *v. i.* (*lett.*) to act as a pagan; to live like a pagan.

paganéṣimo, *m.* paganism; heathenism.

paganità, *f.* *1* *V.* **paganesimo** *2* (*il mondo pagano*) (the) pagan world; heathendom.

paganiẓẓàre, *v. t.* to paganize; to convert to paganism.

paganiẓẓazióne, *f.* paganization.

pagàno, *a.* e *m.* (*f.* **-a**) pagan (*anche fig.*); heathen: **il mondo p.**, the pagan world; heathendom; **una terra pagana**, a heathen land; **superstizioni pagane**, pagan superstitions; **usanze pagane**, pagan (*o* heathen) customs; **predicare il Cristianesimo ai pagani**, to preach Christianity to the heathen.

pagànte, **A** *a.* paying: **socio p.**, paying member. **B** *m.* e *f.* payer, payor.

pagàre, *v. t.* *1* to pay*; (*una cosa acquistata e fig.*) to pay* for; (*saldare*) to settle: **p. il sarto**, to pay the tailor; **p. i creditori**, to pay (off) one's creditors; **p. un conto**, to pay (*o* to settle) a bill; **p. un debito**, to pay off a debt; **p. un salario a q.**, to pay sb. his wages; **p. la**

nerce, to pay for the goods; **Quanto l'hai pagato?**, how much did you pay for it?; **Ho pagato sei milioni di riparazioni**, I paid six million for repairs; **p. una cambiale**, to pay (*o* to honour) a bill (of exchange); **non p. una cambiale**, to dishonour a bill (of exchange); **Ti ho già pagato 30 dollari**, I've already paid you 30 dollars; **Ha pagato la sua imprudenza con la vita**, he paid for his rashness with his life **2** (*ricompensare*) to repay*; to reward: **È così che paga il mio aiuto**, that's how he repays me for my goodness **3** (*offrire*) to stand*; to treat: **p. da bere a q.**, to stand sb. a drink; **Le ho pagato un gelato**, I treated her to an ice-cream; **Stasera pago io!**, it's my turn to pay tonight!; it's on me tonight! ● **p. q. a parole**, to put sb. off with fine words □ **p. a rate**, to pay in instalments □ **p. a tamburo battente**, to pay on the nail; to pay spot cash □ **p. alla consegna**, to pay cash on delivery □ **p. alla romana**, to go Dutch □ **p. con un assegno**, to pay by cheque □ **p. caro q.c.**, to pay a lot for st.; (*fig.*) to pay (dearly) for st.: **La pagherai (cara)!**, you'll pay for it! □ (*eufem.*) **p. il debito alla natura**, to die □ (*fig.*) **p. q. della stessa moneta**, to repay (*o* to pay back) sb. in his own coin □ (*fig.*) **p. q. di mala moneta**, to show ingratitude to sb. □ (*fig.*) **p. di persona**, to face the consequences; to face the music (*fam.*) □ **p. il fio** (*o* **la pena**), to pay the penalty □ **p. in contanti**, to pay cash (down) □ **p. in natura**, to pay in kind □ **p. q.c. per nuovo**, to buy st. thinking it is new □ **p. un occhio della testa**, to pay through the nose □ **p. lo scotto**, to pay the reckoning □ **Quanto te l'hanno fatto p.?**, how much did they charge you for it? □ **far p. q.c. salato**, to charge a lot for st. □ **farsi p.**, to enforce payment □ **Fatti p.!**, make sure you get paid!; make him [her, them, etc.] pay you!; insist on your due! □ **Me la pagherai!**, you'll pay for it! □ **Non so cosa pagherei** (*o* **Pagherei un occhio**) **per...**, I would give anything (*o* the world) to be able to...

pagatóre, **A** *m.* (*f.* **-trice**) payer, payor: **un cattivo p.**, a bad (*o* slow) payer. **B** *a.* paying; pay (*attr.*): **agente p.**, pay clerk; **ufficiale p.**, paymaster.

pagatorìa, *f.* treasury paying office.

pagèlla, *f.* (school) report; report card.

pagèllo, *m.* (*zool.*, *Pagellus centrodontus*) sea bream.

paggétto, *m.* pageboy; (*anche di nozze*) page.

pàggio, *m.* page. ● **pettinatura alla p.**, pageboy style.

paghèrò, *m.* (*comm.*) I owe you (*abbr.*: IOU). ● **p. cambiario**, promissory note (*abbr.*: PN, P/N); note of hand.

paghétta, *f.* (*fam.*) pocket money.

pàgina, *f.* **1** page; (*foglio*) leaf: **un libro di duecento pagine**, a book of two hundred pages; **p. bianca [stampata]**, blank [printed] page; **una lettera di otto pagine**, an eight-page long letter; **strappare una p. da un libro**, to tear a page from a book; **Sfogliai le pagine del manoscritto**, I turned the leaves of the manuscript; **sfogliare le pagine di un libro**, to leaf through a book; **le pagine migliori di un libro**, the best parts (*o* passages) of a book; (*fig.*) **le pagine della storia**, the pages of history; **una p. eroica nella storia del paese**, a heroic page in the history of the country **2** (*bot.*) pagina*; blade **3** (*elab.*) page. ● (*tipogr.*) **p. dispari**, verso □ (*telef.*) **le pagine gialle**, the yellow pages □ (*tipogr.*) **p. pari**, recto □ **pagine pianistiche**, piano pieces □ **a piè di p.**, at the foot of the page; (*in nota*) in a footnote □ **numerare le pagine d'un libro**, to number the pages of a book; to page a book □ (*fig.*) **notizia da prima p.**, headline-hitting news □ **in prima p.** (*di giornale*), on the front page □ (*giorn.*) **la terza p.**, the literary page □ **voltare p.**, to turn over the page; (*fig.*) to turn over a new leaf □ **le sacre pagine**, the (Holy) Scriptures.

paginatùra, **paginazióne**, *f.* pagination; paging; page numbering.

paginóne, *m.* **1** large page **2** (*giorn.*) double-page spread, double spread; (*in riviste*) centrefold, centre spread

pàglia, *f.* **1** straw: **una balla di p.**, a bale of straw; **cappello di p.**, straw hat; (*di Firenze*) leghorn; **dormire sulla p.**, to sleep on straw; **imbottito di p.**, stuffed with straw; **un filo** (*o* **un fuscello**) **di p.** (*o* **una p.**), a (single) straw; **letto di p.**, straw bed **2** (*per tetti*) thatch: **una casetta col tetto di p.**, a thatched cottage; **tetto di p.**, thatched roof **3** (*metall.*) seam. ● **p. di ferro**, steel wool □ **p. di legno** (*trucioli*), shavings (*pl.*) □ **p. di riso**, rice straw □ (*fig.*) **avere la coda di p.**, to have a guilty conscience □ **color p.**, straw colour (*sost.*); straw-coloured (*agg.*) □ (*fig.*) **essere come la p. al vento**, to be changeable (*o* inconstant) □ (*fig.*) **un fuoco di p.**, a flash in the pan; a nine-days wonder □ (*fig.*) **mettere la p. vicino al fuoco**, to tempt providence (*o* fate) □ (*fig.*) **un uomo di p.**, a man of straw.

pagliaccésco, *a.* (*spreg.*) clownish; clown-like.

pagliaccétto, *m.* **1** (*abitino per bambini*) romper suit; rompers (*pl.*) **2** (*indumento intimo femminile*) camiknickers (*pl.*).

pagliaccìata, *f.* **1** (*comportamento da pagliaccio*) tomfoolery; (piece of) buffoonery: **Basta con queste pagliacciate!**, enough of this tomfoolery!; stop being a fool!; stop clowning around! **2** (*cosa poco seria*) joke; farce.

pagliàccio, *m.* **1** clown **2** (*fig.*) clown; buffoon; fool: **fare il p.**, to play the fool; to clown around; **È solo un p.**, he is a buffoon.

pagliàio, *m.* **1** (*ammasso di paglia*) straw rick; straw stack **2** (*locale per la paglia*) barn **3** (*capanna*) straw hut. ● **È come cercare un ago in un p.**, it's like looking for a needle in a haystack □ **cane da p.**, mongrel; mutt (*USA*).

pagliaréccia, *f.* (*zool.*, *Emberiza*) bunting.

pagliaròlo, *m.* (*zool.*, *Acrocephalus paludicola*) marsh warbler.

pagliàto, *a.* straw-coloured; straw-yellow. ● **giallo p.** (*il colore*), straw yellow.

paglierìccio, *m.* straw mattress; pallet; palliasse.

paglierino, *a.* straw-coloured; straw-yellow; pale yellow.

pagliétta, *f.* **1** (*cappello*) straw hat **2** (*di ferro*) steel wool **3** (*trucioli di legno*) shavings (*pl.*) **4** (*bot.*) palea* **5** (*elettr.*) connecting lug (*o* tag).

pagliétto, *m.* (*naut.*) mat.

paglìno, **A** *m.* straw bottom (of a chair). **B** *a.* straw-coloured; straw-yellow.

pagliolàto, *m.* (*naut.*) bottom boards (*pl.*).

pagliòlo, *m.* (*naut.*) dunnage; platform; ceiling.

paglióne, *m.* (*region.*) palliasse. ● (*fig.*) **bruciare il p.**, (*mancare di parola*) to go back on one's word; (*mancare a un appuntamento*) not to turn up, to stand (sb.) up (*fam.*); (*andarsene di nascosto*) to clear out, to do a bunk (*pop. GB*).

pagliùzza, *f.* **1** blade of straw; bit of straw **2** (*di metallo*) minute particle; sliver; speck: **pagliuzze d'oro**, minute particles (*o* specks) of gold; gold dust. ● (*Bibbia*) **la p. nell'occhio del fratello**, the mote in one's brother's eye.

pagnòtta, *f.* **1** (round) loaf* **2** (*fig.*) living; bread and butter (*fam.*): **lavorare per la p.**, to work for one's bread and butter.

pàgo (1), *a.* content (with); satisfied (with): **essere p. della propria sorte**, to be content with one's lot; **Non si ritiene ancora p.**, he does not consider himself satisfied yet.

pàgo (2), *m.* (*archeol.*) pagus*; rural district.

pagòda, *f.* **1** (*archit.*) pagoda **2** (*moneta indiana*) pagoda.

pàgro, *m.* (*zool.*, *Pagrus pagrus*) porgy.

pagùro, *m.* (*zool.*, *Pagurus*) pagurian; hermit crab.

paidologìa, *V.* **pedologia (1)**.

paillard (*franc.*), *f. invar.* (*cucina*) grilled sirloin.

paillette (*franc.*), *f. invar.* (*moda*) sequin; paillette; spangle.

paino, *m.* (*region.*) fop; dandy.

pàio, *m.* (*pl.* **paia**, *f.*) **1** (*di oggetti da usare accoppiati*) pair: **un p. di guanti [d'occhiali, di forbici, di pantaloni]**, a pair of gloves [of spectacles, of scissors, of trousers]; **un p. di scarpe nuove**, a new pair of shoes; **centinaia di paia**, hundreds of pairs **2** (*due o tre*) couple; two or three; a few: **un p. di libri**, a couple of books; two or three books; **tra un p. d'ore**, in a couple of hours; in an hour or two; **Inviterò un p. di amici**, I'll invite a few friends **3** (*coppia*) pair, couple, towosome (*fam.*); (*di selvaggina*) brace*; (*di buoi*) yoke*: **formare un p.**, to make a pair; **un p. di pernici**, a brace of partridges; **tre paia di lepri**, three brace of hares; **un p. di buoi**, a yoke of oxen; **cinque paia di buoi**, five yoke of oxen. ● **fare il p.**, to be well-matched □ (*fig.*) **È un altro p. di maniche**, that's quite a different story; that's a different kettle of fish.

paiolàta, *f.* potful; pot.

paiòlo, *m.* **1** (copper) pot; (*calderone*) ca(u)ldron: **essere nero come un p.**, to be as black as a tinker's pot **2** (*mil.*) emplacement.

paisà, *m.* (*region.*) fellow contryman*; fellow villager.

pakistàno, *a.* e *m.* (*f.* **-a**) Pakistani (*f.* Pakistani woman*).

pàla (1), *f.* **1** shovel: **raccattare con la p.**, to take up with a shovel **2** (*di remo, elica, ventilatore*) blade, vane; (*di ruota*) paddle: **p. smontabile**, detachable blade; **la p. d'un remo**, the blade of an oar; **p. dell'elica**, propeller blade (*o* vane); **p. d'un mulino a vento**, wind-vane; sail of a windmill; **ruota a pale**, paddle wheel; **battello a p.**, paddle steamer **3** (*arte, anche* **p. d'altare**) ancona; altar-piece. ● (*agric.*) **p. caricatrice**, (power) loader □ (*mecc.*) **p. meccanica**, mechanical shovel.

pàla (2), *f.* (*roccia*) wide cliff.

palacongrèssi, *m.* conference building.

paladìno, *m.* **1** paladin **2** (*fig.*) paladin; champion: **un p. della libertà**, a champion of liberty. ● **farsi p. di un'idea**, to champion an idea □ **farsi p. di q.**, to take up the cause of sb.

palafitta, *f.* **1** (*edil.*) pilework; piles (*pl.*): **abitazione su palafitte**, dwelling built on piles; **ponte su palafitte**, pile bridge **2** (*archeol.*) lake dwelling; palafitte: **un villaggio di palafitte**, lake-dwellings (*pl.*).

palafittàre, *v. t.* (*edil.*) to pile; to support with piles.

palafitticolo, **A** *m.* (*f.* **-a**) lake-dweller. **B** *a.* lake (*attr.*); lake-dwelling (*attr.*). ● **villaggio p.**, lake-dwellings.

palafrenière, *m.* groom.

palafréno, *m.* palfrey; saddle-horse.

palaghiàccio, *m. invar.* ice rink.

palàia, *f.* coppice (for pole timber).

palamedèa, *f.* (*zool.*, *Anhima cornuta*) screamer.

palaménto, *m.* (*naut.*) oarage; outfit of oars.

palamidóne, *m.* (*scherz.*) long frock coat.

palamìta, *f.* (*zool.*, *Pelamys*) pelamyd.

palàmite, **palàmito**, *m.* (*arnese da pesca*) trawl line; trawl; setline; trotline.

palànca (1), *f.* **1** (*trave*) beam; girder **2** (*naut.*: *passerella*) gangway.

palànca (2), *f.* **1** (*antica moneta di rame*) copper **2** (*pl.*) (*pop.*) money; bread (*fam.*); brass (*fam. GB*); bucks (*fam. USA*). ● **non avere una p.**; to be penniless; not to have a cent; to be broke (*fam.*).

palancàto, *m.* palisade; stockade.

palanchino (1), *m.* (*mecc.*) crowbar; pinch bar.

palanchino (2), *m.* (*portantina*) palanquin, palankeen.

palànco, *m.* (*argano*) winch.

palàncola, *f.* ***1*** plank; footbridge ***2*** (*edil.*) sheet pile.

palàndra, *f.* (*naut., stor.*) bilander.

palandràna, *f.* ***1*** man's dressing-gown ***2*** (*scherz.*) long coat; long, loose garment.

palàre, *v. t.* to pile; to support with piles.

palaspòrt, *m. invar.* indoor stadium.

palàta, *f.* ***1*** (*contenuto di una pala*) shovelful: **una p. di neve**, a shovelful of snow ***2*** (*colpo di pala*) blow with a shovel ***3*** (*colpo di remo*) stroke. ● (*fig.*) **a palate**, in plenty; plentifully; lots of (*fam.*); loads of (*fam.*); heaps of (*fam.*): **denaro a palate**, loads (*o* lots, piles) of money; **errori a palate**, heaps of mistakes □ **fare denaro a palate**, to make a mint of money (*fam.*) □ (*fig.*) **spendere soldi a palate**, to spend money like water (*fam.*).

palatàle, A *a.* ***1*** (*anat.*) palatal; palatine; of the palate ***2*** (*fon.*) palatal: **suono p.**, palatal sound. **B** *f.* (*fon.*) palatal.

palatalizzàre, (*fon.*) **A** *v. t.* to palatalize. **B palatalizzàrsi,** *v. i. pron.* to be palatalized.

palatalizzazióne, *f.* (*fon.*) palatalization.

Palatinàto, *m.* (*stor.*) Palatinate.

Palatìno, *m.* (*geogr.*) Palatine (Hill).

palatìno (1), *a.* (*anat.*) palatine; palatal; of the palate: **ossa palatine**, palatine (*o* palate) bones; palatines; **velo p.**, soft palate; velum.

palatìno (2), *a.* ***1*** (*di palazzo*) palatine: **la guardia palatina**, the Palatine Guard ***2*** (*stor.*) Palatine: **conte p.**, Count Palatine.

palatìno (3), *a.* (*del Palatino*) Palatine.

palàto (1), *m.* ***1*** (*anat.*) palate: **p. duro [molle]**, hard [soft] palate ***2*** (*senso del gusto*) palate; (sense of) taste: **avere il p. fine**, to have a delicate palate. ● **che stuzzica il p.**, appetizing □ **gradevole al palato**, palatable.

palàto (2), *a.* (*arald.*) paled.

palatoalveolàre, *a.* (*fon.*) palato-alveolar.

palatoglòsso, *a.* (*anat.*) glossopalatine: **arco p.**, glossopalatine arch.

palatogràmma, *m.* palatogram.

palatoplàstica, *f.* (*chir.*) palatoplasty.

palatoschìsi, *f.* (*med.*) cleft palate; palatoschisis.

palatùra, *f.* (*agric.*) staking.

palazzìna, *f.* house; (*di appartamenti*) small block of flats.

palazzinàro, *m.* (*spreg.*) building speculator.

palàzzo, *m.* ***1*** (*residenza reale, nobiliare, ecc.*) palace; (*se italiano, anche*) palazzo*; (*grande casa privata*) large house: **il P. Reale**, the Royal Palace; **p. vescovile**, bishop's palace; **P. Litta**, Palazzo Litta; the Litta Palace; **congiura di p.**, palace plot ***2*** (*estens.*: *corte*) court: **un ballo a p.**, a court ball; **dama di p.**, court lady ***3*** (*edificio*) building; (*di appartamenti*) block of flats, apartment block (*USA*): **Abita nel mio p.**, he lives in my block of flats ***4*** (*sede di uffici pubblici*) building; hall: **il P. dell'ONU**, the UN Building; **il P. Municipale**, the Town (*o* City) Hall; **il P. di Giustizia**, the Hall of Justice; the Law Courts ***5*** (*estens.*: *potere politico centrale*) halls of power (*pl.*). ● **p. del ghiaccio**, ice rink □ **il P. della Borsa**, the Stock Exchange □ **il P. della Zecca**, the Mint □ **p. dello sport**, indoor stadium □ **il P. Ducale** (*a Venezia*), the Doge's Palace.

palazzóne, *m.* (*di abitazione o di uffici*) high-rise building; tower block (*GB*).

palchettìsta, *m.* e *f.* (*teatr.*) box holder.

palchétto, *m.* ***1*** (*ripiano*) shelf* ***2*** (*teatr.*) upper-tier box ***3*** (*min.*) stull ***4*** (*giorn.*) box.

palchìsta, *m.* e *f.* (*teatr.*) box holder.

pàlco, *m.* ***1*** (*pedana, tribuna*) platform, stand; (*palcoscenico*) stage: **il p. della banda musicale**, the bandstand; **alzare** (*o* **rizzare**) **un p.**, to raise a platform ***2*** (*teatr.*) box: **una fila di palchi**, a tier of boxes; **p. di prima fila**, first-tier box; **p. di proscenio**, stage box ***3*** (*edil.*: *tavolato*) flooring, boarding; (*impalcatura*) scaffolding, stage ***4*** (*strato*) layer; (*livello, piano*) tier ***5*** (*scaffale*) shelf ***6*** (*patibolo*) scaffold ***7*** (*naut.*) bridge ***8*** (*zool.*) antler.

palcoscènico, *m.* (*teatr.*) stage; (*fig.*, *anche*) theatre, boards (*pl.*): **amare il p.**, to love the theatre; **calcare il p.**, to tread the boards.

paleàntropo, *m.* (*antropol.*) Palaeanthropus.

paleàrtico, *a.* (*geogr.*) Pal(a)earctic.

paleìno, *m.* (*bot.*, *Anthoxanthum odoratum*) vernal grass.

palèlla, *f.* ***1*** (*incastro*) dovetail joint ***2*** (*naut.*: *scalpello*) caulking iron.

palèmone, *m.* (*zool.*, *Palaemonetes varians*) prawn

palèo (1), *m.* (*bot.*, *Festuca pratensis*) fescue grass. ● **p. odoroso**, *V.* **paleino**.

palèo (2), *m.* ***1*** (*trottola*) top ***2*** (*hockey*) puck.

paleoàntropo, *V.* **paleantropo**.

paleoantropologìa, *f.* pal(a)eoanthropology.

paleoàrtico, *V.* **paleartico**.

paleoavanguàrdia, *f.* early avant-garde movement.

paleobiologìa, *f.* pal(a)eobiology.

paleobotànica, *f.* pal(a)eobotany.

paleobotànico, *a.* pal(a)eobotanic(al).

paleocapitalìsmo, *m.* early capitalism; (*spreg.*) old-fashioned capitalism.

paleocapitalista, *m.* e *f.* early capitalist; (*spreg.*) old-fashioned capitalist.

paleocapitalìstico, *a.* early capitalist; (*spreg.*) old-fashioned capitalist.

Paleocène, *m.* (*geol.*) Pal(a)eocene.

paleoclimatologìa, *f.* (*geol.*) pal(a)eoclimatology.

paleocristiàno, *a.* early Christian.

paleoecologìa, *f.* (*geol.*) pal(a)eoecology.

paleoecològico, *a.* (*geol.*) pal(a)eoecologic(al).

paleoetnologìa, *V.* **paletnologia**.

Paleògene, *m.* (*geol.*) Pal(a)eogene.

paleogeografìa, *f.* pal(a)eogeography.

paleogeogràfico, *a.* pal(a)eogeographic(al).

paleografìa, *f.* pal(a)eography.

paleogràfico, *a.* pal(a)eographic(al).

paleògrafo, *m.* (*f.* **-a**) pal(a)eographer; pal(a)eographist.

paleoindustriàle, *a.* early industrial.

paleolìtico, A *a.* Pal(a)eolithic. **B** *m.* Pal(a)eolithic period.

paleomagnetìsmo, *m.* (*geol.*) pal(a)eomagnetism.

paleontogràfico, *a.* (*geogr.*) pal(a)eontographic.

paleontologìa, *f.* pal(a)eontology.

paleontològico, *a.* pal(a)eontologic(al).

paleontòlogo, *m.* (*f.* **-a**) pal(a)eontologist.

paleopàllio, *m.* (*anat.*) pal(a)eopallium.

paleopatologìa, *f.* (*biol.*) pal(a)eopathology.

paleoslàvo, *m.* (*ling.*) Old Church Slavonic (*o* Slavic).

paleozòico, *a.* e *m.* (*geol.*) Pal(a)eozoic.

paleozoologìa, *f.* pal(a)eozoology.

paleozoòlogo, *m.* (*f.* **-a**) pal(a)eozoologist.

palermitàno, A *a.* of Palermo; from Palermo; Palermo (*attr.*). **B** *m.* (*f.* **-a**) inhabitant of Palermo; native of Palermo.

palesaménto, *m.* revelation; revelaling; disclosure.

palesàre, A *v. t.* (*rivelare*) to reveal; to disclose; to lay* open; to divulge; to make* known: **p. un segreto**, to reveal (*o* to disclose, to tell) a secret. **B palesàrsi,** *v. rifl.* e *i. pron.* ***1*** (*rivelarsi*) to reveal (*o* to show*) oneself ***2*** (*apparire*) to look; to appear: **La situazione si palesa difficile**, the situation looks difficult; **p. per quello che si è**, to appear as one truly is; to show one's colours.

palése, *a.* manifest; clear; (*noto*) wel -known; (*evidente*) evident, obvious: **una v rità p.**, a manifest truth; **fatti palesi**, wel -known facts; **È ormai p. che...**, it is no evident that...; **È un fatto p. a tutti**, it's well-known fact; it's an open secret; every body knows about it (*fam.*); **rendere p.**, t manifest; to show; to make known; (*rivelare* to reveal, to disclose, to lay open.

paleseménte, *avv.* manifestly; clearly; obv ously.

Palestìna, *f.* (*geogr.*) Palestine.

palestinése, *a.*, *m.* e *f.* Palestinian (*f.* Palestir ian woman*).

palèstra, *f.* ***1*** gymnasium*; gym: **Vado in p due volte la settimana**, I work out in the gyr twice a week ***2*** (*ginnastica*) gymnastics (*pl.* exercise; workout (*fam.*): **Gli farebbe ben un po' di p.**, some gymnastics (*o* exercise would be good for him; he should work out (*stor.*) pal(a)estra. ● **p. di roccia**, practic wall □ (*fig.*) **La scuola è la p. della vita** school is life's training ground.

paletnologìa, *f.* pal(a)eoethnology.

paletnològico, *a.* pal(a)eoethnologic(al).

paletnòlogo, *m.* (*f.* **-a**) pal(a)eoethnologist.

paletot (*franc.*), *m. invar.* overcoat.

palétta, *f.* ***1*** (*giocattolo*) spade ***2*** (*utensile a cucina*) slice; spatula: **p. per dolci**, cake slice **p. per gelato**, icecream slice ***3*** (*mecc.*: *di tur bina, ventilatore*) blade: **p. fissa**, guide blade **p. mobile**, turbine blade ***4*** (*agric.*) trowel: **p da giardiniere**, garden trowel ***5*** (*per il foco lare*) (fireside) shovel ***6*** (*ferr.*) signal stick disc signal ***7*** (*anat.*: *scapola*) blade bone shoulder bone; (*rotula*) kneecap. ● **p. per l spazzatura**, dustpan.

palettàre, *v. t.* (*agric.*) to stake.

palettàta, *f.* ***1*** (*contenuto*) shovelful: **una p di carbone**, a shovelful of coal ***2*** (*colpo* blow with a shovel.

palettatùra, *f.* (*mecc.*) blading: **p. ad azione** impulse blading; **p. a reazione**, reactio blading; **p. a vortice libero**, vortex blading.

palettizzàre, *v. t.* (*ind.*) to palletize.

palettizzazióne, *f.* (*ind.*) palletization.

palétto, *m.* ***1*** stake; pole; post ***2*** (*chiavistello* bolt: **mettere [togliere] il p. alla porta**, t bolt [to unbolt] the door.

paletuvière, *m.* (*bot.*) mangrove.

pàli, *m.* (*ling.*) Pali.

palificàre, *v. i.* to drive* piles into the ground

palificazióne, *f.* (*edil.*) piling.

palilalìa, *f.* (*med.*) palilalia.

palilàlico, *a.* (*med.*) palilalic.

palilogìa, *f.* (*retor.*) palillogy.

palimpsèsto, *V.* **palinsesto**.

palìna, *f.* surveyor's stake; ranging rod: **p graduata**, level rod.

palindròmico, *a.* palindromic.

palìndromo, A *m.* palindrome. **B** *a* palindromic.

palingènesi, *f.* ***1*** (*relig., geol.*) palingenesis ***2*** (*estens.*: *rinnovamento*) renewal.

palingenètico, *a.* palingenetic.

palinodìa, *f.* ***1*** (*letter.*) palinode ***2*** (*ritrattazione*) recantation; retraction.

palinologìa, *f.* (*bot.*) palynology.

palinsèsto, *m.* ***1*** (*filol.*) palimpsest ***2*** (*TV* programme schedule.

palinùro, *m.* (*zool.*, *Palinurus*) palinurus.

pàlio, *m.* ***1*** (*drappo*) banner ***2*** (*gara*) contest; competition ***3*** (*premio*) prize; trophy. ● **il P. (di Siena)**, the Palio □ **correre il p.**, to enter the lists □ **È in p. il titolo di campione mondiale**, the prize is the world title □ **i premi in p.**, the prizes to be won □ **mettere in p.**, to offer as a prize.

paliòtto, *m.* (*eccles.*) antependium*; frontal.

palischérmo, *m.* (*naut.*) rowboat; rowing boat; skiff.

palissàndro, *m.* rosewood.

palizzàta, *f.* palisade; paling; fence: **rinchiudere con una p.**, to enclose (*o* to surround)

ith a fence; to fence in. ● (*edil.*) **p. di pro-zione**, starling □ (*edil.*) **p. di sostegno**, pile aisson; sheet piling.
lla (1), *f.* ***1*** ball: **lanciare una p. a q.**, to row a ball at sb.; **afferrare una p. (al volo)**, catch a ball; **giocare a p.**, to play ball; **p. a biliardo**, billiard ball; **p. da tennis**, tennis all; **p. di gomma**, rubber ball; **p. di neve**, nowball: **giocare a palle di neve**, to throw nowballs ***2*** (*tiro di p.*) shot: **p. smorzata**, rop shot; **p. tagliata**, sliced shot ***3*** (*proietti-*) bullet; shell; shot; (*di arma antica*) ball: **. di cannone**, shell; (*stor.*) cannonball; **p. di ucile**, bullet; **p. di schioppo**, lead pellet; **spa-are a p.**, to fire live shot ***4*** (*per votazioni*) allot; ball: **p. bianca [nera]**, white [black] allot ***5*** (*pl.*) (*arald.*) balls ***6*** (*pl.*) (*volg.*: *te-ticoli*) balls ***7*** (*volg.*: *frottola*) tall story *fam.*); (*al pl.*) balls, bollocks, bullshit, crap: **; una p.,!**, that's just balls!; **raccontare palle**, talk a load of balls; to talk crap ***8*** (*volg.*: *osa noiosa*) drag (*fam.*), yawn (*fam.*); (*per-ona noiosa*) pain in the neck (*fam.*): **Che alle!**, what a drag! ● (*fig.*) **p. al piede**, (*osta-olo*) hindrance; (*seccatura, seccatore*) uisance, drag □ (*sport*) **p. basca**, pelota □ *fam.*) **p. dell'occhio**, eyeball □ **p. di cavol-ore**, head of cauliflower □ (*spreg.*) **p. di lar-lo**, fat lump □ (*bot.*) **p. di neve** (*Viburnum pulus*), snowball; guelder rose □ (*fig.*) **p. di iombo**, st. [sb.] weighing a ton □ (*sport*) **p. vale**, rugby ball; (*il gioco*) rugby, football *USA*) □ (*fig.*) **essere in p.**, to be in good form (*fig.*) **mettere la p. al piede a q.** (*ostaco-arlo*), to thwart sb. □ **prendere la p. al balzo**, o catch the ball on the rebound; (*fig.*) to seize he opportunity □ (*volg.*) **rompere le palle a .**, (*infastidire*) to get on sb.'s back (*o* in sb.'s air) (*fam.*), to gripe sb.'s balls (*volg.*); (*an-oiare*) to bore the pants off sb. (*pop.*), to be pain in the ass (*volg.*) □ (*volg.*) **rompersi e palle**, to get pissed off □ (*volg.*) **rottura di palle**, pain in the arse (*USA*: ass).
àlla (2), *f.* (*stor.*: *veste*) palla*.
àlla (3), *f.* (*eccles.*) pall.
allabàșe, *f.* (*sport*) baseball.
allacanèstro, *m.* (*sport*) basketball.
allacórda, *f.* (*sport, stor.*) real (*o* royal) ennis.
allade, *f.* (*mitol.*) Pallas.
alladiàna, *f.* flagstone paving.
alladiàno, *a.* (*archit.*) Palladian.
allàdico, *a.* (*chim.*) palladic.
allàdio (1), *m.* (*chim.*) palladium.
allàdio (2), *m.* ***1*** (*mitol.*) Palladium ***2*** (*fig. lett.*) defence; bulwark.
allamàglio, *m.* o *f.* (*stor.*) pall-mall.
allamàno, *f.* (*sport*) handball.
allamùro, *f.* (*sport*) handball; fives.
allanuotista, *m.* e *f.* (*sport*) water polo player.
allanuòto, *f.* (*sport*) water polo.
allàta, *f.* blow from a ball. ● **fare a pallate di neve**, to throw snowballs □ **prendere una p. in testa**, to be hit on the head by a ball.
allavolista, *m.* e *f.* (*sport*) volleyball player.
allavólo, *f.* (*sport*) volleyball.
alleggiaménto, *V.* **palleggio**.
alleggiàre, **A** *v. i.* ***1*** to bounce a ball; (*get-tarsi la palla a vicenda*) to toss a ball ***2*** (*cal-cio*) to dribble; to exchange passes ***3*** (*tennis*) to knock up. **B** *v. t.* (*far oscillare*) to toss; to bounce: **p. l'asta**, to toss the spear; **p. un bambino in braccio**, to bounce a baby. **C pal-leggiàrsi**, *v. rifl. recipr.* to shift (st.) onto one another: **palleggiarsi una responsabilità**, to pass the buck (*fam.*).
palleggiatóre, *m.* (*calcio*) dribbler.
palléggio, *m.* ***1*** (*tennis*) knock-up ***2*** (*calcio*) dribbling; dribble; exchange of passes ***3*** (*fig.*) shifting: **p. di responsabilità**, passing the buck (*fam.*).
pallestesìa, *f.* (*fisiol.*) pallesthesia.
pallet (*ingl.*), *m. invar.* (*ind.*) pallet.
pallettizzàre, e *deriv.* *V.* **palettizzare**, e *deriv.*
pallettóne, *m.* (*specialm. al pl.*) (big) shot (*collett.*).
palliàle, *a.* (*anat.*) pallial.
palliàre, *v. t.* (*lett.*) ***1*** to cover with a pallium ***2*** (*fig.*: *celare*) to disguise; to conceal.
palliàta, *f.* (*letter. lat.*) (fabula*) palliata*.
palliativo, *a.* e *m.* (*farm.* e *fig.*) palliative.
pallidaménte, *avv.* palely; dimly; faintly.
pallidézza, *f.* paleness; pallor; pallidity (*lett.*).
pàllido, *a.* ***1*** pale; colourless; wan: **un viso p.**, a pale face; **un rosa [un giallo] p.**, a pale pink [yellow]; **luce pallida**, pale (*o* dim) light; **diventare** (*o* **farsi**) **p.**, to turn (*o* to grow) pale; to lose colour; to go white (*fam.*); **p. come un morto**, as pale as death (*o* a ghost); as white as a sheet (*fam.*) ***2*** (*fig.*) pale; dim; faint: **una pallida immagine del vero**, a pale image of truth; **Non ne ho la più pallida idea**, I haven't the faintest (*o* the slightest) idea; I know nothing about it; **un p. ricordo**, a dim recollection.
pallina, *f.* ***1*** (*piccola palla*) little ball ***2*** (*bilia*) marble.
pallino, *m.* ***1*** (*piccola palla*) small ball ***2*** (*alle bocce*) jack; (*al biliardo*) cue ball ***3*** (*sferetta*) pellet; globule: **pallini da caccia**, pellets; shot (*sing. collett.*); **pallini di piombo**, lead shot ***4*** (*pl.*) (*disegno di stoffa e sim.*) (polka) dots; spots: **a pallini**, spotted; (*di tessuto*) polka--dott (*attr.*) ***5*** (*fig.*: *idea fissa*) mania, idiosyncrasy; (*passione*) craze, bug (*fam.*): **Ha il p. delle sciarpe**, he's got a mania for scarves; **il p. dei francobolli**, a craze for stamp collecting; **Gli è venuto il p. del jog-ging**, he's got the jogging bug. ● (*fam.*) **an-dare a p.**, to fail; to go up in smoke (*fam.*) □ (*fam.*) **mandare a p.**, to put paid to; to blow: **Il ritardo mandò a p. i miei progetti**, the delay blew all my plans.
pàllio, *m.* ***1*** (*stor., relig.*) pallium* ***2*** (*anat.*) pallium; mantle.
pallonàio, *m.* ***1*** (*fabbricante*) balloon maker ***2*** (*venditore*) balloon seller ***3*** (*fig.*: *bugiardo*) liar, storyteller (*fam.*); (*spaccone*) boaster.
pallonàta, *f.* ***1*** (*colpo di pallone*) blow with a ball ***2*** (*fig.*: *fandonia*) lie, tall story; (*spac-conata*) boast, boasting. ● **prendere una p. in testa**, to be hit on the head by a ball.
palloncino, *m.* ***1*** (*per bambini*) balloon ***2*** (*lampioncino*) Chinese lantern ***3*** (*fam.*: *etilo-metro*) breathalyzer. ● (*autom.*) **prova del p.**, breath test.
pallóne, *m.* ***1*** ball: **dare un calcio al p.**, to kick the ball; **p. da rugby**, rugby ball; **p. da basket**, basketball ***2*** (*gioco del calcio*) foot-ball (*GB*); soccer (*USA*): **giocare a p.**, to play football ***3*** (*aeron.*) balloon: **p. da osservazio-ne**, observation balloon; **p. dirigibile**, airship; dirigible; **p. drago**, kite balloon; **p. frenato**, captive balloon; **p. libero**, free balloon; **p. stratosferico**, stratospheric balloon; **p. sonda**, sounding balloon ***4*** (*chim.*) flask: **p. per di-stillazione frazionata**, distilling flask; **p. ta-rato**, volumetric flask. ● (*bot.*) **p. di maggio** (*o* **di neve**) (*Viburnum opulus*), snowball □ (*fig.*) **p. gonfiato**, stuffed shirt; bighead; puffed up person □ (*edil.*) **p. pressostatico**, airhouse; bubble □ (*fig.*) **andare nel p.**, to get flustered; to get muddled up □ (*fig.*) **essere nel p.**, to be thoroughly confused (*o* flustered) □ (*fig.*) **fare la testa come un p. a q.**, to give someone a headache (with one's talking); to bend sb.'s ear (*fam.*) □ (*fig.*) **mandare nel p.**, to fluster; to rattle (*fam.*) □ **sentirsi la testa come un p.**, to feel dazed.
pallonétto, *m.* (*sport*) lob.
pallóre, *m.* pallor; paleness; whiteness: **un p. mortale**, a deadly pallor; **un p. malsano**, a sickly pallor; **coprirsi di p.**, to turn pale.
pallosità, *f.* (*fam.*) boringness; dullness.
pallóso, *a.* (*fam.*: *noioso*) deadly boring, dull; (*seccante*) tiresome: **lavoro p.**, boring work; drag (*fam.*); **libro p.**, dull book; yawn (*fam.*); **Come sei p.!**, (*noioso*) you are a bore!; (*sec-cante*) you are a pain in the neck!
pallòttola, *f.* ***1*** (small) ball; pellet: **una p. di vetro**, a small glass ball; **p. di cera**, wax pellet; **pallottole di carta**, paper pellets; (*ma-sticata*) spitball (*USA*) ***2*** (*proiettile*) bullet: **p. esplosiva**, explosive bullet; dumdum bullet; **p. incendiaria**, incendiary bullet; **p. morta**, spent bullet; **p. tracciante**, tracer bullet ***3*** (*del pallottoliere*) bead; counter. ● (*scherz.*) **naso a p.**, snub nose.
pallottolière, *m.* abacus*.
pallovàle, *f.* (*sport*) rugby.
pàlma (1), *f.* ***1*** (*della mano*) palm: **giungere le palme**, to join one's hands ***2*** (*di remo*) palm; blade. ● (*fig.*) **tenere** (*o* **portare**) **q. in p. di mano**, to make much of sb.
pàlma (2), *f.* ***1*** (*bot.*) palm (tree): **p. da dat-teri** (*Phoenix dactylifera*), date palm; **p. da sagù** (*Metroxylon rumphii*), sago (palm); **p. delle Ande** (*Ceroxylon andicola*), wax palm; **p. da vino** (*Mauritia vinifera*), wine palm; **p. del cocco** (*Cocos nucifera*), coconut palm; **p. dum** (*Hyphaene thebaica*), doum (palm); **p. palmetto** (*Sabal palmetto*), cabbage palmet-to; **olio di p.**, palm oil; **vino di p.**, palm wine ***2*** (*foglia o ramo di p.*; *fig.*) palm: **la dome-nica delle Palme**, Palm Sunday; **la benedizio-ne delle palme**, the blessing of the palms; **la p. del martirio [della vittoria]**, the palm of martyrdom [of victory]; **riportare la p.**, to carry off the palm; **cedere la p. a q.**, to yield the palm to sb.; **La p. è andata a un giovane regista belga**, a young Belgian director carried off the palm.
palmàre, *a.* ***1*** (*anat.*) palmar: **muscolo p.**, palmar (muscle); **arcata p.**, palmar arch ***2*** (*fig.*) evident; patent; palpable; obvious; glaring: **un errore p.**, a palpable error; **prova p.**, evident proof; **contraddizione p.**, obvious (*o* glaring) contradiction.
palmarès (*franc.*), *m. invar.* ***1*** (*elenco dei vin-citori*) (list of) prizewinners ***2*** (*gruppo ri-stretto*) top group; élite ***3*** (*elenco dei ricono-scimenti ottenuti*) prize record.
palmàto, *a.* ***1*** (*bot.*) palmate; palmated: **una foglia palmata**, a palmate leaf ***2*** (*zool.*) palmate(d); webbed: **piedi palmati**, palmate (*o* webbed) feet; **dai piedi palmati**, web--footed.
palménto, *m.* millstone. ● (*fig.*) **mangiare** (*o* **macinare**) **a quattro palmenti**, to eat heartily; to tuck into one's food; to wolf down one's food.
pàlmer, *m. invar.* (*fis.*) micrometer.
palméto, *m.* palm grove.
palmétta, *f.* ***1*** (*archit.*) palmette ***2*** (*agric.*) fan training.
palmétto, *m.* (*bot., Sabal palmetto*) palmetto.
palmifero, *a.* palm-bearing.
palminèrvio, *a.* (*bot.*) diadromous.
palmìpede, (*zool.*) **A** *a.* palmiped; web--footed. **B** *m.* palmiped; web-footed bird.
palmisti, *m.* palmiste. ● **olio di p.**, palm--kernel oil.
palmitàto, *m.* (*chim.*) palminate.
palmìtico, *a.* (*chim.*) palmitic.
palmitìna, *f.* (*chim.*) palmitin.
palmìzio, *m.* ***1*** (*palma da datteri*) palm (tree); date palm ***2*** (*foglie di palma intreccia-te*) palm.
pàlmo, *m.* ***1*** (*spanna*) (hand's) span; (*estens.*: *alcuni centimetri*) a few inches: **lar-go un p.**, a span in width; **più corto di un p.**, a hand's span shorter; **a un p. dal muro**, a few inches from the wall; **Nella stanza c'era-no due palmi d'acqua**, there were several inches of water in the room ***2*** (*palma della mano*) palm. ● **a p. a p.**, (*a poco a poco*) inch by inch; (*bene, in ogni particolare*) thor-oughly, in every detail: **conquistare un terri-torio a p. a p.**, to conquer a territory inch by

inch; **contendere il terreno a p. a p.**, to fight for every inch of the ground; **esplorare un luogo a p. a p.**, to explore a place inch by inch; **conoscere un luogo a p. a p.**, to know every inch of a place; to know a place like the back of one's hand □ (*scherz.*) **essere alto un p. da terra**, to be knee-high to a grasshopper □ (*fig.*) **avere il muso lungo un p.**, to wear (*o* to have) a long face □ (*fig.*: *di notizia vecchia*) **avere un p. di barba**, to be stale □ (*fig.*) **avere un p. di lingua fuori**, to be gasping for breath; to be puffing and panting □ **non cedere di un p.**, not to yield an inch □ (*fig.*) **restare con un p. di naso**, to be badly disappointed.

pàlmola, f. (*agric.*) pitchfork.

pàlo, m. **1** pole; post; (*per fondamenta, ecc.*) pile; (*di sostegno, ecc.*) stake: **p. del telegrafo**, telegraph pole; **p. di confine**, boundary post; (*naut.*) **p. d'ormeggio**, mooring post; (*sport*) **p. di partenza**, starting post; (*sport*) **p. d'arrivo**, winning post; (*sport*) **p. della porta**, goal post; **conficcare un p.**, to drive in a pole; **p. a mensola**, bracket pole; (*edil.*) **p. a vite**, screw pile (*o* stake); (*edil.*) **p. di calcestruzzo**, concrete pile **2** (*arald.*) pale **3** (*gergo crim.*) lookout: **fare il p.**, to be on the lookout; to keep watch. ● **p. a traliccio**, pylon □ **p. della cuccagna**, greasy pole □ **p. indicatore**, signpost □ (*naut.*) **albero a p.**, jigger mast □ (*naut.*) **brigantino a p.**, barque □ **restare fermo al p.**, (*ippica*) to be left at the post; (*fig.*) to be at a standstill □ (*naut.*) **goletta a p.**, fore-and-aft schooner □ (*stor.*) **supplizio del p.**, impalement □ **ritto come un p.**, as straight as a post □ **rigido come un p.**, as stiff as a poker (*o* a ramrod) □ (*fig.*) **saltare di p. in frasca**, to jump from one subject to another; to ramble on.

palómba, V. **colombella**.

palombàccio, V. **colombaccio**.

palombàro, m. (*naut.*) diver.

palombèlla, f. (*pallanuoto*) lob.

palómbo, m. (*zool.*, *Mustelus mustelus*) smooth dogfish.

palpàbile, a. **1** palpable **2** (*fig.*: *evidente*) palpable; obvious; patent; evident: **errori palpabili**, palpable errors; **verità palpabili**, patent truths.

palpabilità, f. **1** palpability; palpableness **2** (*fig.*) palpability; obviousness.

palpaménto, m. feeling; touching; fingering; (*med.*) palpation.

palpàre, v. t. to feel*; to touch; to finger; to squeeze; (*con compiacimento sessuale*) to fondle, (*spreg.*) to grope; (*med.*) to palpate: **Palpò il muro alla ricerca dell'interruttore**, he felt the wall for the switch; **p. una stoffa**, to finger a fabric.

palpàta, f. feel; squeeze; (*con compiacimento sessuale*) fondling, (*spreg.*) grope.

palpazióne, f. feel; (*med.*) palpation.

pàlpebra, f. (*anat.*) eyelid: **p. superiore [inferiore]**, upper [lower] eyelid. ● **battere le palpebre**, to blink.

palpebràle, a. (*anat.*) palpebral; of the eyelids.

palpeggiaménto, m. feeling; touching; squeezing; (*con compiacimento sessuale*) fondling, (*spreg.*) groping.

palpeggiàre, V. **palpare**.

palpitànte, a. **1** palpitating; palpitant; beating; throbbing; (*tremante*) trembling; (*vibrante*) vibrating, vibrant: **un cuore p.**, a throbbing heart; **p. di gioia**, trembling with joy **2** (*fig.*: *vivo*) alive (*pred.*). ● **un argomento di p. attualità**, a burning (*o* higly topical) issue □ **un tema di p. interesse**, a fascinating subject.

palpitàre, v. i. to palpitate; to beat* (fast); to throb; to go* pit-a-pat (*fam.*); (*pulsare*) to pulsate; (*tremare*) to tremble: **Mi palpitava forte il cuore**, my heart was beating fast; my heart was going pit-a-pat; **p. d'ansia**, to tremble with apprehension; to be in a flutter (*fam.*); **p. di paura**, to tremble with fear; **p. per q.**, to tremble for sb.; (*essere innamorato*) to be in love with sb.

palpitatìvo, a. (*med.*) palpitation (*attr.*).

palpitazióne, f. **1** (*med.*) palpitation: **soffrire di palpitazioni**, to suffer from palpitations **2** (*pulsazione*) throbbing; pulsation; beating. ● (*fig.*) **dare le palpitazioni**, to make one's heart beat fast.

pàlpito, m. palpitation; beat; throb; thrill: **palpiti del cuore**, heartbeats; **palpiti d'amore**, throbs of love; **un p. di gioia**, a thrill of joy.

pàlpo, m. (*zool.*) palp; palpus*.

pàlta, f. (*region.*) mud; mire; slime.

paltò, V. **paletot**.

paltoncìno, m. (*cappotto per bambino*) child's overcoat; (*soprabito da donna*) woman's overcoat.

paludaménto, m. **1** (*stor.*) paludamentum*; paludament **2** (*abito regale*) sumptuous robe; mantle **3** (*spreg.*: *abito di cattivo gusto*) get-up **4** (*spreg.*: *ornamento eccessivo*) embellishment; flourish.

paludàre, **A** v. t. **1** (*stor.*) to wrap in a paludament **2** (*spreg.*) to overdress; to dress up **3** (*spreg.*: *addobbare*) to deck up; to overembellish. **B** **paludàrsi**, v. rifl. (*spreg.*) to overdress; to dress up.

paludàto, a. **1** (*stor.*) wearing a paludament **2** (*vestito*) dressed up; richly dressed **3** (*fig.*: *solenne*) solemn; (*ampolloso*) pompous.

palùde, f. marsh; bog; swamp; (*anche fig.*) quagmire: **le Paludi Pontine**, the Pontine Marshes; **prosciugare [bonificare] una p.**, to drain [to reclaim] a marsh; **La pioggia trasformò il campo in una p.**, the rain turned the field into a quagmire.

paludìcolo, a. **1** (*zool.*) paludicolous; marsh-dwelling **2** (*bot.*) paludicolous; growing in marshes.

paludismo, m. (*med.*) paludism; malaria (fever); marsh fever.

paludóso, a. marshy; boggy; swampy: **regioni paludose**, marshy districts; swampy regions; **terreno p.**, marshland; bog.

palùstre, a. marsh (*attr.*); swamp (*attr.*): **erba p.**, fen grass; **quercia p.**, swamp oak; **uccelli palustri**, marsh birds; waders; **miasmi palustri**, marsh miasmata; **febbre p.**, marsh fever; malaria (fever).

pam, inter. (*suono di sparo*) bang; (*colpo violento*) thump; (*caduta per terra*) thud, crash.

pamèla, f. broad-brimmed straw hat.

pàmfete, V. **pam**.

pàmpa, f. (*geogr.*) pampas (*sing.* o *pl.*).

pampeàno, a. pampean.

pamphlet (*franc.*), m. invar. satiric pamphlet; satire.

pampìneo, a. (*lett.*) leafy.

pàmpino, m. (*bot.*) vine leaf*. ● **un tralcio con pampini**, a vine shoot.

pampinóso, a. (*lett.*) leafy.

pampsichismo, V. **panpsichismo**.

panacèa, f. panacea; cure-all.

panafricanismo, m. (*polit.*) Pan-Africanism.

panafricanista, a., m. e f. (*polit.*) Pan-Africanist.

panafricàno, a. (*polit.*) Pan-African.

pànama, m. panama hat; panama.

panamènse, a., m. e f. Panamanian.

panamericanismo, m. (*polit.*) Pan-Americanism.

panamericàno, a. (*polit.*) Pan-American.

panarabismo, m. (*polit.*) Pan-Arabism.

panàrabo, a. (*polit.*) Pan-Arab.

panàre, V. **impanare**.

panàrio, a. (*del pane*) bread (*attr.*); panary.

panasiàtico, a. (*polit.*) Pan-Asiatic.

panasiatismo, m. (*polit.*) Pan-Asianism.

panàta, f. (*cucina*) savoury bread soup.

panatenàico, a. (*stor. greca*) Panathenaic.

Panatenèe, f. pl. (*stor. greca*) Panathenaea.

panàtica, f. (*naut.*) board wages (*pl.*); board money.

panàto, a. (*cucina*) covered with breadcrumbs; breaded.

panbiscòtto, m. dry bread.

pànca, f. bench; (*senza spalliera*) form: **p. di legno**, wooden bench; **p. di scuola**, school bench (*o* form); **p. ribaltabile**, folding bench; **p. di chiesa**, pew. ● (*fig.*) **scaldare le panche**, to waste one's time at school.

pancàccio, m. plank bed.

pancardite, f. (*med.*) pancarditis.

pancarrè, m. invar. rectangular loaf* (of bread).

pancèra, V. **panciera**.

pancétta, f. **1** potbelly; paunch **2** (*cucina*) bacon. ● (*scherz.*) **metter su p.**, to put on weight.

panchétta, f. **panchétto**, m. stool; (*per i piedi*) footstool.

panchìna, f. **1** garden seat; (*di parco*) park bench **2** (*sport*) (trainer's) bench; (*fig.*: *luogo*) sidelines (*pl.*), bench; (*le riserve*) substitute players (*pl.*), substitutes (*pl.*); (*l'allenatore*) trainer, coach: **fare p.**, to remain on the bench; to warm the bench (*fam.*); **lasciare in p.**, to leave on the sidelines; to bench (*USA*); **le decisioni della p.**, the trainer's decisions; **giocatore che fa p.**, bench warmer (*USA*).

panchinàro, m. (*gergo sportivo*) player who seldom plays; bench warmer (*USA*).

pància, f. **1** (*fam.*) stomach; tummy (*fam.*); (*ventre*) belly; (*p. grossa*) paunch: **Teneva le mani incrociate sulla p.**, his hands were folded on his stomach; **tirare in dentro la p.**, to draw in one's stomach; **avere la p. piena [vuota]**, to have a full [empty] stomach; **una gran p.**, a big belly; a paunch; **mal di p.**, stomachache: (*di bambino*) pain in one's tummy, tummy-ache **2** (*di fiasco, di vela, ecc.*) belly **3** (*di muro, ecc.*) bulge. ● **dormire a p. in giù [in su]**, to sleep on one's stomach [on one's back] □ (*pop.*) **mangiare a crepa p.**, to eat to bursting point; to gorge oneself □ (*fig.*) **grattarsi la p.**, to do nothing at all; to sit on one's hands □ (*fam.*) **mettere su p.**, to develop a paunch; to put on weight □ **pensare solo alla p.**, to think only of one's stomach; to make a god of one's belly □ **rimanere a p. vuota**, to go without food □ **starsene a p. all'aria**, to lie on one's back; (*fig.*) to take life easy □ **tenersi la p. per le risa**, to hold one's sides with laughter.

panciafichismo, m. (*spreg.*) pacifism; neutralism.

panciafichista, m. e f. (*spreg.*) pacifist; neutralist.

panciàta, f. **1** (*scorpacciata*) big feed; blow-out (*fam.*) **2** – **dare una p.**, (*tuffandosi*) to do a belly flop; (*cadendo*) to fall flat on one's stomach.

pancièra, f. **1** (*ventriera*) body belt; (*elastica, per donna*) girdle, roll-on **2** (*corazza*) breastplate; cuirass.

panciòlle, vc. – (*region.*) **in p.**, idly: **stare in p.**, to lounge about; to loll about; to laze about.

pancióne, m. **1** (*grossa pancia*) fat stomach; paunch, big belly; (*specialm. di bevitore di birra*) beer belly; (*di donna incinta*) big tummy **2** (*fam.*: *persona con una grossa pancia*) fatty. ● (*fam., di donna incinta*) **avere il p.**, to be pregnant.

panciòtto, m. waistcoat (*GB*); vest (*USA*).

panciùto, a. **1** (*di persona*) potbellied; big-bellied **2** (*di cosa*: *gonfio*) bulging, bulgy; (*rotondo*) rounded: **un borsellino p.**, a bulging purse; **un vaso p.**, a rounded vase.

panclastite, f. (*chim.*) panclastite.

pancóne, m. **1** (*asse di grosso spessore*) plank **2** (*banco di lavoro*) (work)bench: **p. da falegname**, carpenter's bench.

pancòtto, m. bread soup; pap. ● (*fig.*) **avere del p. al posto del cervello**, to be soft in the head □ (*fig.*) **essere di p.**, to have no backbone; to be a wimp (*fam.*).

pancràtico, *a.* (*ottica*) pancratic.

Pancràzio, *m.* Pancras.

pancràzio, *m.* (*stor.*) pancratium.

pàncreas, *m.* (*anat.*) pancreas.

pancreàtico, *a.* (*anat.*) pancreatic; of the pancreas: **il succo p.**, the pancreatic juice.

pancreatina, *f.* (*biol.*) pancreatin.

pancreatite, *f.* (*med.*) pancreatitis.

pancristiàno, *a.* Pan-Christian.

pancromàtico, *a.* (*fotogr.*) panchromatic.

pancronìa, *f.* (*ling.*) panchrony.

pancrònico, *a.* (*ling.*) panchronic.

pànda, *m.* (*zool.*, *Ailurus fulgens*) panda. ● (*zool.*) **p. gigante** (*Ailuropoda melanoleuca*), giant panda.

pandàno, *m.* (*bot.*) Pandanus; screw-pine.

pandemìa, *f.* (*med.*) pandemic; pandemia.

pandèmico, *a.* (*med.*) pandemic.

pandemònio, *m.* (*fig.*) pandemonium; uproar; bedlam; hell: **Scoppiò un p.**, pandemonium (*o* all hell) broke loose; **scatenare un p.**, to raise hell.

pandètte, *f. pl.* (*leg.*, *stor.*) Pandects.

pandettista, *m.* (*leg.*) pandectist.

pandiculazióne, *f.* (*med.*) pandiculation.

pandispàgna, *m.* (*cucina*) sponge (cake).

Pandòra, *f.* (*mitol.*) Pandora. ● (*anche fig.*) **il vaso di P.**, Pandora's box.

pandòra, *V.* **pandura**.

pandòro, *m.* (*cucina*) pandoro (Veronese cake).

pandùra, *f.* (*mus.*) pandora; pandore; bandore.

pandùro, *m.* (*stor.*) pandour.

pàne (1), *m.* ***1*** bread: **p. fresco**, fresh bread; **p. duro** (*o* **secco**, **raffermo**), dry (*o* stale) bread; **p. casereccio** (*o* **casalingo**), home-made bread; **p. bianco [nero, integrale]**, white [brown, wholemeal] bread; **p. azzimo**, unleavened bread; **p. di segala [di miglio]**, rye [millet] bread; **p. con l'uvetta**, currant bread (*o* loaf) (*GB*); raisin bread (*USA*); **p. grattato**, breadcrumbs (*pl.*); grated bread; **p. di semola**, refined (*o* extrafine) bread; **p. quotidiano**, daily bread; **un filone di p.**, a French loaf; **una forma di p.**, a loaf; **una fetta di p.**, a slice of bread; **un tozzo di p.**, a hunk of bread ***2*** (*pagnotta*) loaf*: **il miracolo dei pani e dei pesci**, the miracle of the loaves and fishes ***3*** (*fig.*: *sostentamento*) daily bread, bread and butter, living, livelihood; (*lavoro*) job: **Ne va del mio p.**, it's my bread and butter that is at risk; **avere il p. sicuro**, to have a steady job; **Si guadagna il p. facendo il calzolaio**, he earns his living as a cobbler; **togliere il p. di bocca a q.**, to take the bread out of sb.'s mouth ***4*** (*massa a forma di parallelepipedo*) loaf*; pat; lump; cake: **p. di zucchero**, sugar loaf; **p. di burro**, pat of butter; **p. di cera**, cake (*o* lump) of wax. ● (*bot.*) **p. di cuculo** (*Orchis morio*), dead man's finger (*o* hand) □ **p. di ferro**, pig iron □ (*bot.*) **pan di serpe** (*Arum maculatum*), cuckoo pint □ (*cucina*) **pan di Spagna**, sponge cake □ **p. di zenzero**, gingerbread □ (*cucina*) **p. in cassetta**, rectangular loaf □ (*fig.*) **p. sudato**, hard-earned (*o* well-earned) bread □ (*cucina*) **p. tostato**, toast □ (*fig.*: *di persona*) **essere buono come il p.**, to be as good as gold □ **essere come p. e cacio**, to be hand in glove □ **dire p. al p. e vino al vino**, to call a spade a spade □ **mangiare p. pentito**, to eat humble pie □ **mangiare p. a tradimento** (*o* **a ufo**), to eat unearned bread; to be a layabout (*o* an idler) □ **mettere q. a p. e acqua**, to put sb. on bread and water □ **Non è p. per i miei denti**, I'm not cut out for it □ (*fig.*) **per un pezzo di p.**, for next to nothing; for a song: **Lo comprai per un pezzo di p.**, I bought it for a song □ **rendere p. per focaccia**, to give tit for tat □ **spezzare il p. con q.**, to break bread with sb. □ **spezzare il p. della scienza**, to teach; to spread knowledge □ **trovare p. per i propri denti**, to meet one's match □ **Se non è zuppa è pan bagnato**, it's six of one and half a dozen of the other; it's much of a muchness (*fam.*) □ **Non si vive di solo p.**, man cannot live on bread alone □ (*prov.*) **Pan rubato ha buon sapore**, stolen fruit is sweetest.

pàne (2), *m.* (*mecc.*: *della vite*) (screw) thread.

panegìrico, *m.* (*letter.*) panegyric; (*encomio*) encomium*, eulogy: **pronunciare il p. di q.**, to pronounce (*o* to deliver) a panegyric (up)on sb.; to panegyrize sb.; to eulogize sb.; **scrivere un p.**, to write a panegyric. ● **fare il p. di se stesso**, to sing one's own praises.

panegirista, *m.* e *f.* (*letter.*) panegyrist; (*encomiatore*) encomiast, eulogist.

panel (*ingl.*), *m. invar.* panel: **un p. di esperti**, a panel of experts.

panellènico, *a.* (*polit.*) Panhellenic.

panellenismo, *m.* (*polit.*) Panhellenism.

panèllo, *m.* oilcake.

panettatrice, *f.* butter-packaging machine.

panetterìa, *f.* ***1*** (*forno*) bakery ***2*** (*rivendita di pane*) baker's (shop).

panettière, *m.* (*f.* **-a**) baker: **Vado dal p.**, I'm going to the baker's.

panétto, *m.* ***1*** (*panino*) roll ***2*** (*di burro*) pat ***3*** (*gergo teatr.*) applause in the middle of a scene.

panettóne, *m.* (*cucina*) panettone (spiced brioche with sultanas).

paneuropèo, *a.* Pan-European.

pànfilo, *m.* (*naut.*) yacht.

panflettista, *m.* e *f.* pamphleteer.

panflettìstica, *f.* pamphlet writing.

panflettìstico, *a.* pamphleteering.

panfòrte, *m.* (*cucina*) panforte (Sienese cake made with honey and almonds).

pangermanésimo, pangermanismo, *m.* (*polit.*) Pan-Germanism.

pangermanista, (*polit.*) **A** *m.* e *f.* upholder of Pan-Germanism. **B** *a.* Pan-Germanic.

pangermanìstico, *a.* (*polit.*) Pan-Germanic.

pangolino, *m.* (*zool.*, *Manis*) pangolin; scaly anteater.

pangrattàto, *m.* (*cucina*) breadcrumbs (*pl.*).

pània, *f.* ***1*** birdlime ***2*** (*fig.*) snare; trap: **cadere nella p.**, to fall into the trap; to be limed; to be ensnared.

panicàto, *a.* (*di carne macellata*) measly.

panicatùra, *f.* (*vet.*) measles (*pl. col verbo al sing. o al pl.*).

pànico (1), A *a.* panic (*attr.*): **timor p.**, panic fear. **B** *m.* panic; alarm; sudden fright: **creare (il) p.**, to create a panic; **creare del p. inutilmente**, to raise a false alarm; **essere in preda al p.**, to be panic-stricken; to be panicky (*fam.*); **farsi prendere dal p.**, to get into a panic; to panic; **Calma, niente p.!**, don't panic! ● **p. dell'attore**, stage fright.

panico (2), *m.* (*bot.*, *Setaria italica*) foxtail millet; Italian millet.

panicolàto, *a.* (*bot.*) panicled; paniculate(d).

panièra, *f.* (large) basket.

panieràio, *m.* ***1*** (*fabbricante*) basket maker ***2*** (*venditore*) basket seller.

panieràta, *f.* basketful.

panière, *m.* ***1*** basket; (*con coperchio*) hamper: **un p. d'uva**, a basket of grapes; **un p. da picnic**, a picnic hamper ***2*** (*econ.*) basket: **p. della spesa**, shopping basket; **p. di monete**, basket of currencies. ● (*fig.*) **fare la zuppa nel p.**, to waste one's efforts □ (*ricamo*) **punto p.**, basket stitch □ (*fig.*) **rompere** (*o* **guastare**) **le uova nel p. a q.**, to upset sb.'s plans; to upset sb.'s applecart (*fam.*).

panierino, *m.* (small) basket; (*della colazione*) lunch box.

panificàre, A *v. t.* to make* into bread. **B** *v. i.* to make* bread.

panificatóre, *m.* (*f.* **-trice**) (bread) baker.

panificazióne, *f.* bread-making; bread-baking; panification.

panificio, *m.* ***1*** (*luogo dove si fa il pane*) bakery; bakehouse ***2*** (*negozio*) baker's (shop); bakery.

panifòrte, *m.* (*tecn.*) laminboard.

paninàro, *m.* (*f.* **-a**) young boy (*f.* girl) frequenting sandwich bars and wearing fashionable clothes.

paninerìa, *V.* **paninoteca**.

panino, *m.* roll: **p. imbottito**, roll with a filling: **p. al prosciutto**, ham roll; **p. alla piastra**, toasted roll; **p. dolce**, bun.

paninotèca, *f.* (*fam.*) sandwich bar.

panislàmico, *a.* (*polit.*) Pan-Islamic.

panislamismo, *m.* (*polit.*) Pan-Islamism.

panismo, *m.* nature worship.

panlògico, *a.* (*filos.*) panlogical.

panlogismo, *m.* (*filos.*) panlogism.

pànna (1), *f.* cream: **p. montata**, whipped cream; **caffè con p.**, coffee with cream; **tortellini alla p.**, tortellini with cream.

pànna (2), *f.* (*naut.*) state of being hove to: **essere** (*o* **trovarsi**) **in p.**, to be hove to; **mettersi in** (*o* **prendere la**) **p.**, to heave to.

pànna (3), *V.* **panne**.

pannàre, *v. i.* (*del latte*) to cream; to form cream.

panne (*franc.*), *f. invar.* (*mecc.*) breakdown: **rimanere in p.**, to have a breakdown.

panneggiaménto, *m.* draping; (*anche in arte*) drapery.

panneggiàre, *v. i.* (*anche in arte*) to drape.

pannéggio, *m.* draping; (*anche in arte*) drapery.

pannellàre, *v. t.* to furnish with panels; to panel.

pannellatùra, *f.* panelling.

pannellista, *m.* panel installer.

pannèllo, *m.* ***1*** panel; board: **p. isolante**, insulating panel (*o* board); **p. solare**, solar panel; **p. radiante**, radiating panel (*o* surface); **riscaldamento a pannelli radianti**, panel (*o* radiant) heating; **rivestire con pannelli**, to fit with panels; to panel ***2*** (*di vetro*) pane: **p. di finestra**, window pane. ● (*archit.*) **p. arabescato**, diaper □ (*cinem.*) **p. antisonoro**, gobo □ **p. compensato**, plywood □ (*edil.*) **p. di cartone** (*per tramezzi*), wallboard □ (*elettr.*) **p. di controllo**, testboard □ (*elettr.*) **p. interruttori**, switchboard □ **p. truciolare**, particle board.

pannicèllo, *m.* (*piccolo panno*) piece (*o* scrap) of cloth. ● **pannicelli caldi**, (*impacchi*) hot packs; (*fig.*) inadequate remedies.

pannìcolo, *m.* (*anat.*) panniculus*: **p. adiposo**, panniculus adiposus.

pànno, *m.* ***1*** (*tessuto*) cloth: **un rotolo di p.**, a roll of cloth; **p. di lana [di lino]**, woollen [linen] cloth ***2*** (*pezzo di stoffa destinato a qualche uso*) cloth: **un p. per lavare i piatti**, a dish cloth; **coprire con un p.**, to cover with a cloth ***3*** (*pl.*) (*abiti*) clothes; clothing (*sing.*): **panni pesanti [leggeri]**, heavy [light] clothes; **panni laceri**, tattered clothes. ● **panni da lavare**, laundry; wash □ **essere bianco come un p. lavato**, to be as white as a sheet □ (*fig.*) **mettersi nei panni di q.**, to put oneself in sb.'s place □ (*fig.*) **essere** (*o* **trovarsi**) **nei panni di q.**, to be in sb.'s shoes: **Non vorrei essere nei tuoi panni**, I shouldn't like to be in your shoes □ (*fig.*) **non stare nei panni**, to be beside oneself with joy □ (*fig.*) **tagliare i panni addosso a q.**, to gossip about sb.; to find fault with sb. □ (*prov.*) **I panni sporchi si lavano in famiglia**, don't wash your dirty linen in public.

pannòcchia (1), *f.* ***1*** (*bot.*) panicle ***2*** (*spiga del granturco*) ear of corn; corncob (*USA*).

pannòcchia (2), *f.* (*zool.*, *Squilla mantis*) squill; mantis shrimp.

pannocchina, *f.* (*bot.*, *Dactylis glomerata*) cocksfoot.

pannolàno, *m.* woollen cloth.

pannolino (1), *m.* ***1*** (*per bambini*) nappy (*GB*); diaper (*USA*) ***2*** (*assorbente igienico*) sanitary towel (*GB*); sanitary napkin (*USA*).

pannolino (2), *m.* linen (cloth).
pannolóne, *m.* ***1*** (*per bambini*) nappy (*GB*); diaper (*USA*) ***2*** (*per adulti*) incontinence pad.
pannònico, *a.* of Pannonia.
panòplia, *f.* ***1*** panoply; complete suit of armour ***2*** (*trofeo*) trophy.
panoràma, *m.* ***1*** view; panorama: **un p. di Napoli**, a view of Naples; **Di qui si gode un bel p.**, the view is beautiful from here ***2*** (*fig.*) survey; outline: **un p. della letteratura inglese**, an outline of English literature; **fare un p. della situazione**, to give an outline of (*o* to outline) the situation ***3*** (*teatr.*) cyclorama.
panoràmica, *f.* ***1*** (*fotogr.*) panorama; panoramic picture ***2*** (*cinem.*, *TV*: *l'azione*) panning; (*la ripresa singola*) pan shot ***3*** (*strada p.*) panoramic drive.
panoramicàre, *v. i.* (*cinem.*, *TV*) to pan.
panoramicità, *f.* panoramic nature.
panoràmico, *a.* panoramic(al): **una vista panoramica**, a panoramic (*o* bird's-eye) view. ● (*cinem.*, *TV*) **schermo p.**, wide screen.
panormita, *a.* of Palermo.
panòrpa, *f.* (*zool.*, *Panorpa communis*) scorpion fly.
panpepàto, *m.* (*cucina*) panpepato (cake made with flour, honey, almonds and candied fruit).
panporcino, *m.* (*bot.*) sowbread; cyclamen.
panpsichiṣmo, *m.* (*filos.*) panpsychism.
panromànzo, *a.* (*ling.*) common to all Romance languages.
pansé, *f.* (*bot.*, *Viola tricolor*) pansy.
pansessuàle, *a.* pansexual.
pansessualiṣmo, *m.* (*psic.*) pansexualism; pansexuality.
panṣlaviṣmo, *m.* (*polit.*) Pan-Slavism.
panṣlavista, **A** *m.* e *f.* (*polit.*) Pan-Slavist; Pan-Slav. **B** *a.* Pan-Slavic; Pan-Slavonic.
pantacàlza, *f.* **pantacollànt**, *m. invar.* leggings (*pl.*).
pantagònna, *f.* divided skirt.
pantagruèlico, *a.* ***1*** (*letter.*) Pantagruelian ***2*** (*estens.*: *enorme*) gigantic; huge: **un appetito p.**, a huge appetite; **un pasto p.**, a gigantic meal.
pantalonàio, *m.* (*f.* **-a**) trouser maker.
pantaloncìni, *m. pl.* shorts.
Pantalóne, *m.* Pantaloon. ● (*scherz.*) **Tanto, paga P.!**, of course, muggins will pay!
pantalóni, *m. pl.* (*calzoni*) trousers, pants (*USA*); (*anche da donna*) slacks: **un paio di p.**, a pair of trousers; **piega dei p.**, trouser crease; **risvolto dei p.**, turn-up; cuff (*USA*); **tasche dei p.**, trouser pockets. ● **p. a tre quarti**, pedal pushers □ **p. alla zuava**, knickerbockers; knickers (*USA*) □ **p. corti**, shorts □ **p. stretti a vita bassa**, hip-huggers □ **in p.**, wearing trousers □ (*anche fig.*) **farsela nei p.**, to shit in one's pants (*volg.*) □ (*fig.*) **portare i p.**, to wear the breeches (*USA*: britches) (*fam.*).
pantàna, *f.* (*zool.*, *Tringa nebularis*) greenshanks.
pantàno, *m.* quagmire (*anche fig.*); swamp; bog; slough; (*fango*) mire, mud, sludge. ● (*fig.*) **trovarsi in un bel p.**, to be in a fine mess; to be in a fix; to be in hot water (*fam.*).
pantanóso, *a.* swampy; boggy; (*fangoso*) miry, muddy, sludgy: **terreno p.**, boggy soil; swampy ground; bog; **una strada pantanosa**, a muddy road.
pantedésco, *a.* Pan-German.
pantegàna, *f.* (*region.*) sewer rat.
panteiṣmo, *m.* (*filos.*) pantheism.
panteista, *m.* e *f.* (*filos.*) pantheist.
panteìstico, *a.* (*filos.*) pantheistic(al).
pànteon, *V.* **pantheon**.
pantèra, *f.* ***1*** (*zool.*, *Panthera pardus*) panther ***2*** (*fam.*: *automobile della polizia*) police car. ● (*polit.*: *in U.S.A.*) **P. nera**, Black Panther.
pàntheon, *m.* ***1*** (*tempio di Roma*) (Roman) Pantheon ***2*** (*chiesa contenente le tombe di uomini illustri*) pantheon.
pantocràtore, *a.* e *m.* Pantocrator.
pantòfago, *a.* (*zool.*) pantophagous.
pantofobìa, *f.* (*psic.*) pantophobia.
pantòfola, *f.* slipper; (*aperta dietro*) mule. ● **in pantofole**, slippered (*agg.*); wearing slippers; (*fig.*) at one's ease, informally □ (*fig.*) **viaggiatore in pantofole**, armchair traveller.
pantofolàio, *m.* (*f.* **-a**) ***1*** (*fabbricante*) slipper maker ***2*** (*venditore*) slipper seller ***3*** (*fig.*: *chi ama il quieto vivere*) easy-going (*o* pacific) person; (*persona pigra*) lazybones (*fam.*).
pantofolerìa, *f.* ***1*** (*fabbrica*) slipper factory ***2*** (*negozio*) slipper shop.
pantogràfico, *a.* (*arti grafiche*) pantographic.
pantografista, *m.* e *f.* (*tecn.*) pantographer.
pantògrafo, *m.* (*arti grafiche*, *ferr.*) pantograph: **p. tridimensionale**, tridimensional pantograph; **p. di locomotore**, pantograph current collector; **asta di presa a p.**, pantograph trolley. ● **p. per incisioni elettroniche**, electric etcher.
pantomima, *f.* ***1*** (*teatr.* e *estens.*) pantomime; dumb show ***2*** (*fig.*: *finzione*) playacting; show: **È tutta una p.**, it's nothing but show.
pantomìmico, *a.* (*teatr.*) pantomimic(al); pantomime (*attr.*).
pantomimo, *m.* (*teatr.*) ***1*** pantomime; dumb show ***2*** (*mimo*) mime.
pantotènico, *a.* – (*chim.*) **acido p.**, pantothenic acid.
pànza, e *deriv.* *V.* **pancia**, *e deriv.*
panzàna, *f.* lie; tall story; cock-and-bull story (*fam.*); whopper (*fam.*).
panzer (*ted.*), *m. invar.* (*mil.*) panzer; tank.
Pàola, *f.* Paula.
paoliniṣmo, *m.* (*relig.*) Paulinism.
paolino, *a.* ***1*** (*di san Paolo*) Pauline ***2*** (*di papa Paolo*) (Pope) Paul's (*attr.*).
Pàolo, *m.* Paul.
pàolo, *m.* (*numism.*) paolo*.
paolòtto, *m.* ***1*** (*eccles.*) Pauline; Vincentian ***2*** (*fig. spreg.*) sanctimonious person.
paonàzzo, **A** *a.* purple; (*per il freddo*) blue, livid: **un manto p.**, a purple robe; **diventare p. per la collera**, to become (*o* to turn) purple with rage; **essere p. per il freddo**, to be blue (*o* livid) with cold; **rendere p.**, to make purple; to purple. **B** *m.* ***1*** (*colore p.*) purple ***2*** (*veste paonazza*) purple dress.
pàpa, *m.* pope: **la successione dei papi**, the succession of popes; the papal line; **p. Gregorio**, Pope Gregory. ● (*fig.*) **a ogni morte di p.**, once in a blue moon □ (*fig.*) **andare a Roma e non vedere il p.**, to leave out the most important thing □ **stare** (*o* **vivere**) **come un p.**, to live like a lord; to be (*o* to live) in clover (*fam.*) □ (*prov.*) **Morto un p., se ne fa un altro**, the king is dead: long live the king.
papà, *m.* dad; daddy; pa; pop (*USA*): **Chiama il p.**, call Dad; **P. torna domani**, Dad is coming back tomorrow; **Sono il tuo p.**, I am your daddy. ● **figlio di p.**, spoilt boy.
papàbile, *a.* ***1*** eligible to the papacy; papable ***2*** (*estens.*) likely to be elected: **candidato p.**, likely candidate; front-runner.
papàia, *f.* (*bot.*, *Carica papaya*) papaw.
papaìna, *f.* (*chim.*) papain.
papàle, *a.* ***1*** papal; of the Pope; pontifical: **benedizione p.**, papal benediction ***2*** – **p. p.**, openly; bluntly; without mincing words.
papalìna, *f.* skullcap.
papalìno, **A** *a.* papal; of the Pope; (*spreg.*) popish **B** *m.* (*fautore del potere temporale dei papi*) papalist.
paparàzzo, *m.* paparazzo* (free-lance photographer).
papàsso, *m.* ***1*** (*eccles.*) papa; pope ***2*** (*scherz.*: *caporione*) leader; ringleader.
papàto, *m.* papacy; popedom; pontificate: **il p. di Pio IX**, the pontificate of Pius IX; **essere eletto al p.**, to be raised to the papacy.
Papaveràcee, *f. pl.* (*bot.*, *Papaveraceae*) Papaveraceae; (the) poppy family.
papaveràceo, *a.* (*bot.*) papaveraceous.
papavèrico, *a.* (*anche fig.*) papaverous.
papaverìna, *f.* (*chim.*) papaverine.
papàvero, *m.* ***1*** (*bot.*, *Papaver*) poppy: **p. selvatico** (*Papaver rhoeas*), corn (*o* field) poppy; wild poppy; **p. sonnifero** (*Papaver somniferum*), opium poppy ***2*** (*bot.*) – **p. messicano** (*Argemone mexicana*), prickly poppy □ **p. della California** (*Eschscholtzia californica*), California poppy. ● **rosso p.**, poppy-red (*agg.*); poppy red (*sost.*) □ **semi di p.**, poppy seed: **olio di semi di p.**, poppy-seed oil □ (*fig.*) **gli alti papaveri**, the bigwigs; the bigshots; the heavies; the high-and-mighty (*mil.*) the top brass.
papàya, *V.* **papaia**.
pàpera, *f.* ***1*** (*zool.*: *oca giovane*) young goose*; gosling ***2*** (*fig. fam.*: *donna stupida*) goose*; simpleton ***3*** (*fig.*: *errore involontario nel parlare*) slip of the tongue; (*estens.*: *errore*) blunder, mistake: **prendere una p.**, to make a slip; (*di attore e sim.*) to fluff one's lines.
paperìna, *f.* (*scarpa*) pump.
Paperìno, *m.* (*fumetti*) Donald Duck.
pàpero, *m.* (*zool.*) young goose*; gosling; gander.
Paperóne, *m.* (*fumetti*) Uncle Scrooge.
papésco, *a.* (*spreg.*) popish; papistic(al).
papéssa, *f.* ***1*** woman* pope: **la p. Giovanna**, Pope Joan ***2*** (*fig.*) rich woman.
Papilionàcee, *f. pl.* (*bot.*, *Papilionaceae*) Papilionaceae; (the) pea family.
papilionàto, *a.* (*bot.*) papilionaceous.
papilla, *f.* (*anat.*, *bot.*) papilla*. ● (*anat.*) **papille gustative**, taste buds □ (*anat.*) **p. ottica**, optic disk; blind spot □ **ricoperto [a forma di] p.**, papillate.
papillàre, *a.* (*anat.*, *bot.*) papillar; papillary: **prominenze papillari**, papillary protuberances.
papillòma, *m.* (*med.*) papilloma*.
papillomatòṣi, *f.* (*med.*) papillomatosis.
papillon (*franc.*), *m. invar.* bow tie.
papiràceo, *a.* papyrus (*attr.*).
papìro, *m.* ***1*** (*bot.*, *Cyperus papyrus*) papyrus; paper reed ***2*** (*foglio, manoscritto*) papyrus*: **i papiri egiziani**, the Egyptian papyri; **rotolo di p.**, scroll of papyrus ***3*** (*fig. scherz.*: *documento*) paper; (*lettera*) long letter.
papirologìa, *f.* papyrology.
papirològico, *a.* papyrological.
papiròlogo, *m.* (*f.* **-a**) papyrologist.
papiṣmo, *m.* papism.
papista, *m.* e *f.* papist. ● **essere più papisti del Papa**, to be more royalist than the king.
papìstico, *a.* papistic(al).
papòcchio, *m.* (*region. fam.*: *pasticcio*) mess, imbroglio; (*imbroglio*) trick, con (*fam.*).
pàppa, *f.* ***1*** pap; gruel; (*pancotto*) bread soup; (*poltiglia*) mush ***2*** (*infant.*) food; din-dins (*infant.*): **l'ora della p.**, time to eat: **la p. del cane**, the dog's food ***3*** – **p. reale**, royal jelly. ● (*fig.*) **p. molle**, *V.* **pappamolle** □ (*fig.*) **essere p. e ciccia con q.**, to be thick with sb.; to be as thick as thieves (with sb.) □ (*fig.*) **mangiare la p. in capo a q.**, (*essere più alto*) to be taller than sb.; (*trovarsi in posizione di vantaggio*) to have the whip-hand of sb. □ (*fig.*) **scodellare la p. a q.**, to spoon-feed sb. □ (*fig.*) **trovare la p. fatta**, to find everything ready; to find all problems solved □ (*fig.*) **volere la p. fatta** (*o* **scodellata**), to expect everything handed to one on a silver plate.
pappafico, *m.* ***1*** (*naut.*) fore topgallant (sail) ***2*** (*region.*: *pizzo della barba*) Van Dyke.
pappagallescaménte, *avv.* parrot fashion: **ripetere q.c. p.**, to repeat st. parrot fashion; to parrot st.
pappagallésco, *a.* parrot (*attr.*); parrot-like:

comportamento p., parrot-like behaviour; **in modo p.**, parrot fashion.

pappagallino, *m.* – (*zool.*) **p. ondulato** (*Melopsittacus undulatus*), budgerigar; budgie (*fam.*).

pappagallismo, *m.* (*fam.*) importuning (women in the street); making passes (at women).

pappagallo, *m.* ***1*** (*zool.*) parrot: **p. cinerino** (*Psittacus erythacus*), grey parrot ***2*** (*fig.*: *chi ripete le parole*) parrot; (*chi imita pedissequamente*) copy-cat: **ripetere q.c. come un p.** (*o* **a p.**), to repeat st. parrot fashion; to parrot st.; **imparare a p.**, to learn parrot fashion ***3*** (*fig.*: *chi molesta le donne*) man* who importunes women in the street ***4*** (*orinale da letto*) urinal.

pappagorgia, *f.* double chin.

pappamolla, *V.* **pappamolle.**

pappamolle, *m.* e *f.* ***1*** (*persona fisicamente debole*) weakling ***2*** (*persona senza nerbo*) spineless person; milksop; wimp (*fam.*).

pappardella, *f.* ***1*** (*pl.*) (*cucina*) pappardelle (wide ribbon noodles) ***2*** (*fig.*: *discorso lungo*) long rigmarole, long, boring talk; (*scritto lungo*) screed.

pappare, *v. t.* ***1*** (*fam.*) to eat* up; to gobble up (*fam.*): **papparsi tutto**, to gobble (*o* to eat) up everything ***2*** (*fig.*) to pocket.

pappata, *f.* ***1*** (*fam.*: *mangiata*) square (*o* hearty) meal; good feed (*fam.*): **farsi una p.**, to have a square meal (*o* a good feed) ***2*** (*fig.*) rake-off; loot.

pappataci, *m.* (*zool.*, *Phlebotomus papatasii*) sandfly: **febbre da p.**, sandfly fever.

pappatore, *m.* (*f.* **-trice**) big eater; glutton.

pappatoria, *f.* ***1*** (*fam.*) feeding; (*cibo*) food, feed, eats (*fam.*), grub (*fam.*) ***2*** (*fig.*) rake-off; loot.

pappina, *f.* (*impiastro*) (linseed) poultice (*o* plaster).

pappo, *m.* (*bot.*) pappus*.

pappolata, *f.* ***1*** slop; pap; mush; swill ***2*** (*fig. spreg.*) rambling talk; rigmarole.

pappone, *m.* ***1*** (*f.* **-a**) (*fam.*: *gran mangiatore*) glutton; guzzler ***2*** (*region.*: *protettore*) pimp.

papposo (1), *a.* (*bot.*) pappose; pappous.

papposo (2), *a.* (*molle*) sloppy; pap-like; slushy.

paprica, *f.* paprika.

papua, papuano, *a.* e *m.* (*f.* **-a**) Papuan.

Papuasia, *f.* (*geogr.*) Papua.

papula, *f.* (*med.*) papula*; papule.

papulare, *a.* (*med.*) papular.

papuloso, *a.* (*med.*) papulose, papulous.

par, *m. invar.* (*golf*) par.

para, *f.* (*comm.*) Pará rubber.

parà, *m.* (*mil.*) paratrooper; para (*fam.*).

parabasi, *f.* (*teatr. greco*) parabasis*.

parabellum, *m. invar.* (*mil.*) Parabellum.

parabile, *a.* that can be parried; (*calcio, ecc.*) savable: **tiro p.**, savable shot.

parabiosi, *f.* (*zool.*) parabiosis.

parabola (1), *f.* parable: **la p. del seminatore**, the parable of the sower; **parlare per parabole**, to speak in parables.

parabola (2), *f.* ***1*** (*mat.*) parabola ***2*** (*fig.*) course; rise and fall. ● (*fig.*) **aver compiuto la propria p.**, to be going downhill □ (*fig.*) **toccare il vertice della propria p.**, to reach one's peak.

parabolico, *a.* (*geom.*) parabolic(al): **curva parabolica**, parabolic curve; **specchio p.**, parabolic mirror; **antenna parabolica**, parabolic aerial; dish aerial.

paraboloide, *m.* ***1*** (*mat.*) paraboloid: **p. di rotazione**, paraboloid of revolution ***2*** (*tel.*) paraboloid antenna.

paraboloidico, *a.* (*mat.*) paraboloid(al).

parabolone, *m.* (*chiacchierone*) storyteller (*fam.*); windbag (*fam.*).

parabordo, *m.* (*naut.*) fender.

parabrace, *m.* (fireplace) fender.

parabrezza, *m.* (*autom.*) windscreen (*GB*); windshield (*USA*).

paracadutare, *v. t.* to parachute.

paracadute, *m.* ***1*** (*aeron.*) parachute: **p. ad apertura automatica**, automatic (opening) parachute; **p. di emergenza**, emergency parachute; **p. di riserva**, reserve parachute; **p. per aerorifornitori**, supply(-dropping) parachute; **p. piano [quadrato, sagomato]**, flat [square, shaped] parachute; **lanciarsi col p.**, to parachute; (*nelle emergenze*) to bale out ***2*** (*miss.*: *di un razzo, ecc.*) paraglider. ● (*fig.*) **fare da p. a q.**, to shield sb.

paracadutismo, *m.* parachuting. ● **p. acrobatico**, skydiving.

paracadutista, *m.* e *f.* ***1*** (*aeron.*) parachutist ***2*** (*mil.*) paratrooper. ● **p. acrobatico**, skydiver □ (*mil.*) **reparti di paracadutisti**, paratroops.

paracadutistico, *a.* parachuting.

paracalli, *m. invar.* ***1*** (*cerotto emolliente*) corn-plaster; corn-pad ***2*** (*anello protettore*) corn protector.

paracamino, *m.* fireguard.

paracarro, *m.* kerbstone.

paracenere, *m. invar.* fender.

paracentesi, *f.* (*med.*) paracentesis*; tapping.

paracinesia, *f.* (*med.*) parakinesia.

paracistite, *f.* (*med.*) paracystitis*.

Paracleto, Paraclito, *m.* (*teol.*) Paraclete.

paracolpi, *m. invar.* bumper; buffer: **p. per porta**, doorstop; (*autom.*) door bumper; (*mecc.*) **p. di gomma**, rubber buffer (*o* bumper).

paracomunista, **A** *a.* sympathizing with communism. **B** *m.* e *f.* communist sympathizer; fellow-traveller.

paracqua, *m. invar.* (*region.*) umbrella; brolly (*fam. GB*).

paraculo, *m.* (*region. volg.*) clever bastard; smart aleck.

paracusi, paracusia, *f.* (*med.*) paracusis*; paracusia.

paradenite, *f.* (*med.*) paradenitis.

paradentale, *a.* (*anat.*) paradental.

paradenti, *m.* (*boxe*) gumshield; mouthpiece.

paradenzio, e *deriv.* *V.* **periodonzio,** e *deriv.*

paradigma, *m.* ***1*** (*gramm.*) paradigm; (inflected) forms (*pl.*) ***2*** (*schema, prospetto*) paradigm ***3*** (*filos.*) paradigm.

paradigmatico, *a.* (*gramm.*) paradigmatic.

paradisea, *f.* (*zool.*, *Paradisea*) bird of paradise.

paradisiaco, *a.* paradisiac(al); paradisial; paradisian; celestial; heavenly: **una pace paradisiaca**, a celestial (*o* a heavenly) peace.

paradiso, *m.* ***1*** (*relig.*) heaven; paradise: **i santi del p.**, the saints in heaven; **la via del p.**, the path to heaven ***2*** (*fig.*: *luogo delizioso*) paradise; heaven: **un giardino che è un p.**, a garden that's like heaven; **Questo posto è un p.**, this place is sheer paradise ***3*** (*fig.*: *luogo che gode di privilegi*) haven: (*fin.*) **p. fiscale**, tax haven. ● **p. artificiale**, opium den □ **«Il P. perduto» di Milton**, Milton's «Paradise Lost» □ (*Bibbia*) **il P. terrestre**, the Earthly Paradise; the Garden of Eden □ **andare in p.**, to die and go to heaven □ (*fig.*) **di p.**, heavenly; celestial; divine (*fam.*): **una giornata di p.**, a heavenly day; a glorious day (*fam.*); **una musica di p.**, a heavenly (*o* a divine) music; **una pace di p.**, a heavenly (*o* a celestial) peace □ **Mi sembra d'essere in p.!**, this is just like paradise! □ **sentirsi in p.**, to be in paradise; to be in the seventh heaven □ (*zool.*) **uccello del p.** (*Paradisea*), bird of paradise.

paradontologia, *f.* periodontology.

paradossale, *a.* paradoxical: **idee paradossali**, paradoxical ideas. ● **in modo p.**, paradoxically.

paradossalità, *f.* paradoxicality; paradoxicalness.

paradosso (1), *m.* paradox: **Sembra un p.**, it sounds like a paradox; **parlare per paradossi**, to speak by paradox.

paradosso (2), *m.* ***1*** (*mil.*) parados ***2*** (*edil.*) rafter.

paradossuro, *m.* (*zool.*, *Paradoxurus*) paradoxure.

parafa, *f.* (*bur.*) paraph.

parafango, *m.* (*autom.*) wing (*GB*), fender (*USA*); (*di bicicletta*) mudguard, fender (*USA*); (*di carrozza*) splashboard.

parafare, *v. t.* (*bur.*) to initial; to paraph.

parafarmaceutico, *a.* over-the-counter: **prodotto p.**, over-the-counter product.

parafarmaco, *a.* over-the-counter drug.

parafasia, *f.* (*med.*) paraphasia.

parafernale, *a.* (*leg.*) paraphernal. ● **beni parafernali**, paraphernalia.

paraffina, *f.* (*chim.*) paraffin wax; paraffin (*USA*): **olio di p.**, liquid paraffin. ● **guanto di** (*o* **prova della**) **p.**, paraffin test.

paraffinare, *v. t.* to paraffin; to waterproof (with paraffin); to wax.

paraffinato, *a.* paraffinized; paraffin (*attr.*); waterproofed. ● **carta paraffinata**, wax paper.

paraffinatura, *f.* paraffinizing; waterproofing; waxing.

paraffinico, *a.* (*chim.*) paraffinic: **idrocarburi paraffinici**, paraffinic hydrocarbons.

parafiamma, **A** *a. invar.* fireproof. **B** *m. invar.* ***1*** fireproof partition ***2*** (*di arma automatica*) flame damper ***3*** (*aeron., naut.*) fireproof bulkhead.

parafilia, *f.* (*psic.*) paraphilia.

parafimosi, *f.* (*med.*) paraphimosis.

parafisi, *f.* (*bot.*) paraphysis*.

paraflying (*ingl.*), *m. invar.* (*sport*) parasailing.

parafrasare, *v. t.* to paraphrase.

parafrasi, *f.* paraphrase: **fare una p.**, to make a paraphrase; to paraphrase.

parafrasia, *f.* (*psic.*) paraphrasia.

parafrastico, *a.* paraphrastic.

parafrenia, *f.* (*psic.*) paraphrenia.

parafulmine, *m.* lightning conductor; lightning rod (*USA*): **agire** (*o* **fare**) **da p.**, to act as a lightning conductor; (*fig.*) to act as a shield.

parafuoco, *m.* firescreen; fireguard.

parageusia, *f.* (*psic.*) parageusia.

paraggio, *m.* ***1*** (*specialm. al pl.*) (*zona*) parts; (*quartiere*) neighbourhood (*sing.*); (*vicinanze*) environs: **Sono uno sconosciuto in questi paraggi**, I'm a stranger in these parts; **Abitano in questi paraggi**, they live somewhere around here; **C'è un bar in questi paraggi?**, is there a bar around here?; **Come mai ti trovi in questi paraggi?**, how do you happen to be here?; **nei paraggi della nostra casa**, in our neighbourhood; **nei paraggi di Firenze**, in the environs of Florence ***2*** (*specialm. al pl.*) (*naut.*) (coastal) waters: **i paraggi di Liverpool**, Liverpool waters.

paragocce, *m. invar.* drip catcher.

paragoge, *f.* (*gramm.*) paragoge.

paragogico, *a.* (*gramm.*) paragogic(al).

paragonabile, *a.* comparable (to); that can be compared (to); (*pari a*) that compares (with), that stands (*o* bears) comparison (with), on a par (with): **I due fatti non sono paragonabili**, the two facts are not comparable (*o* cannot be compared); **La mia casa non è p. alla sua** (*è molto meno bella*), my house does not compare with hers; **È un buon dizionario, ma non è p. a questo**, it's a good dictionary, but it won't stand comparison with this one; **un film di culto p. a «Casablanca»**, a cult film that stands comparison (*o* is on a par) with «Casablanca».

paragonare, **A** *v. t.* ***1*** (*mettere a confronto*) to compare, to confront; (*collazionare*) to collate: **p. i prezzi di quest'anno con quelli dell'anno scorso**, to compare this year's prices with those of last year ***2*** (*ritenere simile* *o analogo*) to compare; to liken; to parallel: **I poeti hanno paragonato il sonno alla morte**, poets have compared sleep to death; **Il tuo caso non si può p. al mio**, your case cannot be compared to mine. **B paragonàrsi**, *v. rifl.* to compare oneself.

paragóne, *m.* **1** comparison; (*parallelo*) parallel: **Il p. non regge**, the comparison won't stand; **Non c'è p. tra te e lui**, there is no comparison between you and him; **fare un p. fra** (*o* **mettere a p.**) **due cose**, to make a comparison (*o* to draw a parallel) between two things; to compare two things; **reggere al p.**, to bear (*o* to stand) comparison; **a p. di** (*o* **in p. a**), in comparison with (*o* to); compared to; **senza p.**, beyond comparison; past all comparison; incomparable (*agg.*); matchless (*agg.*); unequalled (*agg.*): **d'una bellezza senza p.**, of incomparable beauty **2** (*esempio*) example; (*analogia*) analogy: **portare un p.**, to give an example. ● (*fig.*) **pietra di p.**, touchstone; bench mark.

paragonite, *f.* (*miner.*) paragonite.

paragrafare, *v. t.* to paragraph.

paragrafia, *f.* (*psic.*) paragraphia.

paràgrafo, *m.* **1** (*partizione, suddivisione*) paragraph (*anche fig.*); section **2** (*tipogr.*) section (mark). ● **dividere in paragrafi**, to paragraph.

paragràmma, *m.* (*ling.*) paragram.

paraguaiàno, *a.* e *m.* (*f.* **-a**) Paraguayan (*f.* Paraguayan woman*).

parainfluenzàle, *a.* (*med.*) parainfluenza (*attr.*): **virus p.**, parainfluenza virus.

paraipotàssi, *f.* (*ling.*) parahypotaxis.

paralalìa, *f.* (*psic.*) paralalia.

paraldèide, *f.* (*chim.*) paraldehyde.

paralèssi, *f.* (*retor.*) paraleipsis*, paralipsis*.

paralessìa, *f.* (*psic.*) paralexia.

paraletteràrio, *a.* light-literature (*attr.*); escapist.

paraletteratùra, *f.* light (*o* escapist) literature.

paralinguìstica, *f.* paralinguistics (*pl. col verbo al sing.*).

paralipòmeni, *m. pl.* (*letter.*), paralipomena. ● (*Bibbia*) **i P.**, the Paralipomena; the Books of Chronicles.

paralìşi, *f.* **1** (*med.*) paralysis*; palsy: **p. motrice [sensoria]**, motor [sensory] paralysis; **p. parziale** (*o* **locale**), partial paralysis; **p. progressiva**, general paresis; **p. cerebrale**, cerebral palsy; **p. infantile**, poliomyelitis; **p. agitante**, paralysis agitans; Parkinson's disease; **colpito da p.**, affected with paralysis; paralytic; palsied **2** (*fig.*) paralysis: **p. economica**, economic paralysis; **La nevicata ha portato alla p. totale del traffico**, the snowfall caused total paralysis in the city.

paralìtico, **A** *a.* (*med.*) paralytic; palsied: **un vecchio p.**, a paralytic old man. **B** *m.* (*f.* **-a**) paralytic.

paralizẓàre, *v. t.* **1** (*med.*) to paralyse **2** (*fig.*) to paralysed; to cripple; to disable; to freeze*.

paralizẓàto, *a.* **1** (*med.*) paralysed **2** (*fig.*) paralysed; frozen; crippled; at a standstill: **L'attività economica è paralizzata**, economic activity is paralysed (*o* at a standstill).

paralizẓazióne, *f.* paralysis.

parallàsse, *f.* (*astron., fis.*) parallax: **p. eliocentrica [geocentrica]**, heliocentric [geocentric] parallax; **p. in quota**, parallax in altitude; (*fotogr.*) **p. residua**, residual parallax.

parallàttico, *a.* (*astron., fis.*) parallactic.

parallèla, *f.* **1** (*geom.*) parallel (line) **2** (*pl.*) (*sport*) parallel bars: **parallele asimmetriche**, asymmetrical bars **3** (*pl.*) (*strumento per tracciare linee parallele*) parallel ruler(s).

parallelaménte, *avv.* parallelly; in parallel.

parallelepipedo, *m.* (*geom.*) parallelepiped; parallelepipedon*. ● (*mecc.*) **p. di spessore**, raising block □ **a forma di p.**, parallelepipedal (*agg.*).

parallelinèrvio, *a.* (*bot.*) parallelinervate.

parallelìşmo, *m.* **1** (*mat., biol.*) parallelism **2** (*fig.*) parallelism; analogy; similarity **3** (*psic.*) – **p. psicofisico**, psychophysical parallelism **4** (*retor.*) parallelism.

parallèlo, **A** *a.* (*geom.* e *fig.*) parallel: **linee parallele**, parallel lines; **piani paralleli**, parallel planes; **una linea parallela a un'altra**, a line parallel to another; **due materie parallele**, two parallel subjects; **un caso p.**, a parallel case **B** *m.* **1** (*confronto*) parallel; comparison: **fare** (*o* **istituire**) **un p. fra due poeti**, to draw a parallel between two poets **2** (*geogr.*) parallel (of latitude): **città poste sullo stesso p.**, cities on the same parallel **3** (*elettr.*) parallel: **batterie in p.**, batteries in parallel; **marciare in p.**, to run in parallel (*o* in multiple); **messa in p.**, paralleling.

parallelogràmma, **parallelogràmmo**, *m.* (*geom.*) parallelogram: (*fis.*) **p. delle forze**, parallelogram of forces.

paralogia, *f.* (*psic.*) paralogia.

paralogişmo, *m.* (*filos.*) paralogism.

paralogistico, *a.* (*filos.*) paralogistic.

paralogizẓàre, *v. i.* (*filos.*) to paralogize.

paralùce, *m. invar.* (*fotogr.*) lens screen; lens hood.

paralùme, *m.* lampshade.

paramagnètico, *a.* (*fis.*) paramagnetic.

paramagnetişmo, *m.* (*fis.*) paramagnetism.

paramàno, *m.* **1** (*polsino*) cuff **2** (*edil.*) facing brick.

paramècio, *m.* (*zool., Paramecium*) paramecium*.

paramèdico, **A** *a.* paramedical: **personale p.**, paramedical personnel. **B** *m.* paramedic.

paraménto, *m.* **1** (*eccles.*) vestment **2** (*pl.*) (*addobbo*) hangings **3** (*edil.*) face.

parametrazióne, *f.* (*amm.*) distribution into levels.

paramètrico, *a.* (*mat., stat.*) parametric; parametral.

paramètrio, *m.* (*anat.*) parametrium*.

parametrite, *f.* (*med.*) parametritis*.

parametrizẓàre, *v. t.* to parameterize.

parametrizẓazióne, *f.* parameterization.

paràmetro, *m.* **1** (*mat., stat.*) parameter **2** (*fig.*) parameter; criterion*; bench mark; yardstick **3** (*amm., econ.*) level: **p. salariale**, wages level.

paramezẓàle, *m.* (*naut.*) keelson; kelson.

paramilitàre, *a.* paramilitary.

paramìne, *m. invar. m.* (*naut., mil.*) paravane.

paramneşìa, *f.* (*psic.*) paramnesia.

paramontùra, *f.* (lapel) facing.

paramorfişmo, *m.* (*med.*) paramorphism.

paramósche, *m. invar.* fly net.

paranasàle, *a.* (*anat.*) paranasal.

parancàre, *v. i.* (*naut.*) to bowse.

parànco, *m.* (*mecc., naut.*) hoist; tackle; purchase: **p. a coda**, jigger; **p. differenziale**, differential tackle; **p. semplice [doppio]**, single [two-fold] tackle. ● (*comm.*) **sotto p.**, alongside.

paranefrite, *f.* (*med.*) paranephritis*.

paranéve, *m. invar.* **1** (*barriera*) snow fence; (*copertura*) snowshed **2** (*cavigliera*) snow gaiter.

paranìnfo, *m.* (*lett.*) paranymph.

paranòia, *f.* **1** (*psic.*) paranoia **2** (*fig. pop.*: *depressione*) depression; (*problema*) hang-up (*fam.*). ● (*pop.*) **andare in p.**, to flip (one's lid) (*pop.*) □ (*pop.*) **essere in p.**, to be down in the dumps (*fam.*) □ (*pop.*) **mandare in p.**, to turn off; to bum out (*pop.*) □ (*pop.*) **Che p. questo disco!**, what a drag this disco is! (*fam.*).

paranòico, *a.* e *m.* (*f.* **-a**) (*med.*) paranoiac.

paranòide, *a.*, *m.* e *f.* (*med.*) paranoid.

paranormàle, **A** *a.* **1** (*parapsicologia*) paranormal **2** (*estens.*) not quite normal. **B** *m.* paranormal.

paranormalità, *f.* paranormality.

parànza, *f.* (*naut.*) (fishing) smack; trawler

paraòcchi, *m. invar.* blinkers (*pl.*). ● (*fig.*) **avere i p.**, to wear blinkers; to be blinkered

paraòcchio, *m.* (*tecn.*) eyecup.

paraòlio, *m.* (*mecc.*) oil seal.

paraónde, *m.* (*naut.*) breakwater.

paraorécchie, *m. invar.* **1** (*casco*) helmet (*ala di berretto*) earflap; (*coppette*) earmuff (*pl.*).

parapàlle, *m. invar.* (*mil.*) butt.

paraparèşi, *f.* (*med.*) paraparesis.

parapendio, *m. invar.* **1** (*paracadute*) paraglider **2** (*sport*) paragliding.

parapètto, *m.* **1** (*edil.*) parapet **2** (*mil.*) parapet; breastwork **3** (*naut.*) rail; (*di murata*) bulwark.

parapìglia, *m. invar.* turmoil; confusion; commotion; (*corsa disordinata*) stampede: **Scoppiò un p.**, there was a commotion; **Ci fu un p. per i posti**, there was a general stampede for seats.

parapiòggia, *m. invar.* umbrella; brolly (*fam. GB*).

paraplegìa, *f.* (*med.*) paraplegia.

paraplègico, *a.* e *m.* (*f.* **-a**) (*med.*) paraplegic

parapòdio, *m.* (*zool.*) parapodium*.

parapolitico, *a.* parapolitical.

parapsìchico, *a.* parapsychic(al).

parapsicologìa, *f.* parapsychology.

parapsicològico, *a.* parapsychological.

parapsicòlogo, *m.* (*f.* **-a**) parapsychologist.

paràre, **A** *v. t.* **1** (*coprire con paramenti*) to adorn; to deck; to decorate; to dress: **La chiesa era parata di fiori**, the church was decorated (*o* adorned) with flowers; **p. a festa**, to dress **2** (*riparare, proteggere*) to protect, to shelter; (*schermare*) to shield **3** (*tenere lontano, a bada*) to keep* off; to keep* out **4** (*neutralizzare*) to parry; (*scansare*) to ward off, to avoid: (*scherma*) **p. un colpo**, to parry a blow; **Parai il colpo con l'ombrello**, I warded off (*o* avoided) the blow with my umbrella **5** (*sport*) to save; (*fermare*) to stop: **p. un rigore**, to save on a penalty kick; **p. un tiro difficile**, to stop a difficult shot. **B** *v. i.* – **andare a p.**, to lead up to; to drive at; to get at (*fam.*): **Non so dove voglia andare a p.**, I don't know what he's leading up to (*o* driving at, getting at). **C paràrsi**, *v. rifl.* e *i. pron.* **1** (*abbigliarsi*) to dress up, to deck oneself out, to get* oneself up (*fam.*); (*di sacerdote*) to vest oneself **2** (*presentarsi*) to appear; to come*; to present oneself: **Gli si parò davanti un poliziotto**, a policeman appeared before him; **Dietro l'angolo mi si parò dinnanzi un muro**, I turned the corner and found a wall rising before me; **Spazza via tutto ciò che gli si para davanti**, he sweeps away everything that comes in his way.

paraşànga, *f.* (*stor.*) parasang.

parasàrtie, *m. invar.* (*naut.*) channel; chain wale.

parascènio, *m.* (*archeol.*) parascenium*.

parascève, *f.* **1** (*relig. ebraica*) parasceve **2** (*relig. cattolica*) Good Friday.

paraschégge, *m. invar.* gun shield.

parascientìfico, *a.* pseudoscientific.

parascintille, *m. invar.* (*ferr.*) spark arrester.

parascolàstico, *a.* educational; extracurricular.

paraselène, *m.* (*astron.*) paraselene*.

parasimpàtico, (*anat.*) **A** *a.* parasympathetic. **B** *m.* parasympathetic nervous system.

parasimpaticolìtico, *a.* (*farm.*) parasympatholitic.

parasimpaticomimètico, *a.* (*farm.*) parasympathomymetic.

parasintètico, *a.* (*ling.*) parasynthetic.

parasìnteto, *m.* (*ling.*) parasyntheton*.

parasóle, *m. invar.* **1** (*ombrellino*) parasol; sunshade **2** (*fotogr.*) lens screen; lens hood. ● (*autom.*) **aletta p.**, sun visor.

paraspàlle, *m. invar.* (*hockey*) shoulder guard;

shoulder pad.

paraspìgolo, *m.* (*edil.*) staff angle.

parassìta, **A** *a.* parasitic(al). • (*fis.*) **correnti parassite**, eddy currents □ (*radio*) **rumori parassiti**, interference. **B** *m.* **1** (*biol.*) parasite **2** (*fig.*) parasite; drone; hanger-on; (*scroccone*) scrounger.

parassitàre, *v. i.* (*biol.*) to parasite.

parassitàrio, *a.* (*biol.* e *fig.*) parasitic(al).

parassiticìda, **A** *a.* parasiticidal; parasiticidic. **B** *m.* parasiticide.

parassìtico, *a.* (*biol.* e *fig.*) parasitic(al): **animali parassitici**, parasitic animals; **piante parassitiche**, parasitic plants.

parassitìṣmo, *m.* (*biol.* e *fig.*) parasitism.

parassitologìa, *f.* (*biol.*) parasitology.

parassitològico, *a.* parasitological.

parassitòlogo, *m.* (*f.* **-a**) parasitologist.

parassitòṣi, *f.* (*med.*) parasitosis*.

paràsta, *f.* (*archit.*) pilaster.

parastatàle, **A** *a.* state-controlled; parastatal; para-state: **ente p.**, state-controlled body (*o* agency); state-controlled enterprise; parastatal agency. **B** *m.* e *f.* employee of a state-controlled body (*o* enterprise).

parastàto, *m.* **1** (*gli enti*) state-controlled bodies and enterprises (*pl.*) **2** (*i dipendenti*) employees of state-controlled bodies and enterprises (*pl.*).

parastìnchi, *m. invar.* (*sport*) shin guard.

parastràppi, *m. invar.* (*mecc.*) (torsion) flexible coupling.

paràta (**1**), *f.* **1** (*mil.*) parade; review: **ordine di p.**, parade order; review order; **sfilare in p. davanti a q.**, to march past sb. (on parade) **2** (*sfoggio*) parade; display; show. • **abito di p.**, full dress □ **pranzo di p.**, full-dress dinner □ (*fig.*) **vedere la mala p.**, to see that things are taking a bad turn: **Vista la mala p., si eclissò**, seeing the turn things were taking, he made scarce.

paràta (**2**), *f.* **1** (*scherma*) parry: **fare una p.**, to parry a blow **2** (*calcio*) save: **fare una p.**, to make a save; to save; **p. di testa**, head save; **p. a tuffo**, diving save.

paratàsca, *f.* pocket flap.

paratàssi, *f.* (*ling.*) parataxis.

paratassìa, *f.* (*psic.*) parataxis.

paratàttico, *a.* (*ling.*) paratactic(al).

paratìa, *f.* (*naut.*) bulkhead: **p. parafiamma**, fireproof bulkhead; **p. stagna**, watertight bulkhead; **p. trasversale**, athwartship bulkhead; **p. di collisione**, collision bulkhead.

paràtico, *m.* (*stor.*) guild.

paratìfico, *a.* (*med.*) paratyphoid.

paratìfo, *m.* (*med.*) paratyphoid (fever).

paratiròide, *f.* (*anat.*) parathyroid gland.

paràto, **A** *m.* **1** (*drappo*) hangings (*pl.*); (*arazzo*) tapestry: **i parati del letto**, the bed hangings (*o* curtains) **2** (*pl.*) (*tappezzeria*) wallhangings; wallpaper (*sing.*): **carta da parati**, wallpaper. **B** *a.* (*addobbato*) hung; decorated; adorned: **chiesa parata a lutto**, church hung with black.

paratóia, *f.* sluice gate; sluice valve. • **p. a settore cilindrico**, drum dam □ **p. di presa**, inlet sluice.

paratormóne, *m.* (*biol.*) parathormone.

paraùrti, *m. invar.* (*tecn.*) shock absorber; (*autom.*) bumper; (*ferr.*) buffer: **p. a molla**, spring-loaded bumper.

paravalànghe, *m. invar.* avalanche barrier; snowshed.

paravènto, *m. invar.* **1** screen **2** (*fig.*) screen; cover; cloak; front. • **far da p. a q.**, to shield sb.

Pàrca, *f.* (*mitol.*) Parca*: **le tre Parche**, the three Parcae (*o* Fates).

parcàre, *v. t.* e *i.* (*mil.*) to park.

parcèlla, *f.* **1** (*onorario*) fee, bill; (*nota spese*) note of fees: **p. dell'avvocato**, counsel's fees; lawyer's bill; **presentare la p.**, to give one's note of fees **2** (*piccola area di terreno*) lot; plot.

parcellàre, *a.* (*di terreno*) **1** in lots (*pred.*) **2** (*med.*) localized; local.

parcellazióne, *f.* parcelling out.

parcelliẓẓàre, *v. t.* to fragment.

parcelliẓẓazióne, *f.* fragmentation.

parcheggiàre, *v. t.* to park.

parcheggiatóre, *m.* (*f.* **-trice**) **1** person that parks **2** (*custode di parcheggio*) car park attendant.

parchéggio, *m.* **1** (*il parcheggiare*) parking: **divieto di p.**, no parking; **area di p.**, parking area; parking lot (*USA*); **fare un p.**, to park; **Odio i parcheggi**, I hate parking; **multa per divieto di p.**, parking ticket; (*miss.*) **orbita di p.**, parking orbit **2** (*posteggio*) parking place; car park (*GB*); parking lot (*USA*): **p. a pagamento**, paying car park; **p. incustodito**, unattended car park; **addetto al p.**, car park attendant.

parchettatùra, *f.* parqueting.

parchettìsta, *m.* parquetry layer.

parchìmetro, *m.* parking meter.

pàrco (**1**), *m.* **1** park; (*di casa privata, anche*) garden: **p. nazionale**, national park; **p. naturale**, nature park; **p. di divertimenti**, amusement park; funfair (*GB*); carnival (*USA*); **p. attrezzato**, park with recreational facilities; **p. con animali in libertà**, safari park **2** (*complesso di macchinari o mezzi*) – (*mil.*) **p. d'artiglieria**, artillery park; **p. macchine**, fleet of cars; (*comm.*) **p. di deposito**, stockyard; (*cinem.*) **p. lampade**, lighting equipment and accessories; (*ferr.*) **p. rotabile**, rolling stock. • **P. della Rimembranza**, War Memorial (Park) □ (*mil.*) **p. d'assedio**, siege train; battering train.

pàrco (**2**), *a.* (*moderato*) frugal, temperate, moderate; (*scarso*) sparing, chary: **essere p. nel mangiare** [**nel bere**], to be a moderate eater [drinker]; **essere p. nello spendere**, to be parsimonious (*o* thrifty); to be careful with one's money; **essere p. di lodi**, to be sparing (*o* chary) of praise; **un uomo p. di parole**, a man of few words.

parcòmetro, *V.* **parchimetro**.

pardalòto, *m.* (*zool.*, *Pardalotus punctatus*) pardalote; diamond bird.

pàrdo, *V.* **leopardo**.

pardon (*franc.*), *inter.* **1** (*per scusarsi*) sorry; I beg your pardon **2** (*per chiedere permesso*) excuse me.

parécchio, **A** *a. indef.* **1** quite (*o* rather) a lot of; quite a bit of (*fam.*); a fair bit of (*fam.*): **C'è parecchia gente**, there are quite a lot of people; **Ha perso p. denaro**, he's lost quite a bit of money **2** (*rif. a tempo*) (quite *o* rather) a long time; quite a while; rather a while; long (*solo in frasi interr.*): **Ti ho aspettato p. (tempo)**, I waited quite a while for you; **È p. tempo che non lo vedo**, I haven't seen him for a long time; **Hai aspettato p. (tempo)?**, did you wait long? **3** (*pl.*) several; many; quite a lot of (*fam.*): **Ci sono parecchi libri sul tavolo**, there are quite a lot of books on the table; **Hai parecchi esemplari di questo libro?**, have you many copies of this book? **B** *pron. indef.* **1** quite a lot; rather a lot; a fair bit (*fam.*): **Non otterrai tutto, ma p.**, you won't get everything, but you'll get quite a lot **2** (*pl.*) several; quite a lot; quite a few; a good few; rather a lot: **Eravamo in parecchi**, there were a good few of us; there were several of us; **parecchi altri**, a good few more; quite a lot more. **C** *avv.* **1** (*con agg.*) really; rather: **È p. bravo a riparare le automobili**, he's really good at repairing cars; **Sono stanco, e p., di sentire le sue lagne**, I'm rather tired of hearing his moaning **2** (*con verbo*) quite a lot; quite a bit (*fam.*); rather a lot: **Ho dormito p. stanotte**, I slept quite a bit (*o* a lot) last night; **Cammino p.**, I walk quite a lot; I do quite a lot of walking; **Manca p. alla città**, it's quite a long way to the city.

pareggiàbile, *a.* **1** that can be equalized (*o* equalled) **2** (*comm.*) that can be balanced (*o* settled).

pareggiaménto, *m.* **1** (*pareggio*) equalization **2** (*livellamento*) levelling **3** (*comm.*) balancing; settlement; settling; squaring.

pareggiàre, **A** *v. t.* **1** (*rendere pari*) to equalize, to make* equal; (*spuntare tagliando*) to trim: **p. i redditi**, to equalize incomes; **p. l'erba**, to trim the grass; **p. i capelli a q.**, to trim sb.'s hair; to give sb. a trim **2** (*uguagliare*) to equal; to match: **Non c'è chi lo pareggi**, no one can match him; no one can compare with him; he has no equal **3** (*livellare*) to level; to make* level (*o* equal); to square: **p. una tavola**, to make a table level; **p. il terreno**, to level the ground **4** (*comm.*) to balance; to settle; to square: **p. il bilancio**, to balance accounts; **p. il bilancio pubblico**, to balance the budget; **p. i conti**, to square accounts; (*fig.*) **p. i conti con q.**, to square accounts with sb.; to settle old scores **5** (*sport*) to draw: **p. un incontro**, to draw. **B** *v. i.* (*nel gioco*: *segnare il punto del pareggio*) to tie the score, to equalize (*GB*); (*finire in pareggio*) to draw*, to tie: **Le due squadre pareggiarono**, the two teams drew; **Il Milan ha pareggiato con la Lazio**, Milan drew with Lazio. **C** **pareggiàrsi**, *v. i. pron.* to be equal; to balance out.

pareggiàto, *V.* **parificato**.

pareggiatùra, *f.* **1** (*il rendere pari*) equalization, equalizing; (*spuntatura*) trimming **2** (*il livellare*) levelling.

paréggio, *m.* **1** (*il rendere pari*) equalization **2** (*dei conti*) balance; settlement **3** (*dei punti in una gara*) draw; tie: **La gara finì con un p.**, the contest ended in a draw (*o* in a tie); **in caso di p.**, in the event of a tie. • (*comm.*) **chiudere in p.**, to balance □ (*sport*) **essere in p.**, to break even; to be level □ (*sport*) **fare p.**, to draw □ (*sport*) **il goal del p.**, the goal that ties the score; the equalizer (*GB*) □ (*sport*) **una partita finita in p.**, a drawn game; a tie.

parèlio, *m.* (*astron.*) parhelion*.

paremìa, *f.* paroemia.

paremiografìa, *f.* paroemiography.

paremiògrafo, *m.* paroemiographer.

paremiologìa, *f.* paroemiology.

paremiòlogo, *m.* (*f.* **-a**) paroemiologist.

parènchima, *m.* (*anat.*, *bot.*) parenchyma*; parenchym(e).

parenchimàtico, *a.* (*anat.*, *bot.*) parenchymatic; parenchymal.

parenchimatóso, *a.* (*anat.*, *bot.*) parenchymatous.

parèneṣi, *f.* (*lett.*) par(a)enesis; exhortation.

parenètico, *a.* (*lett.*) par(a)enetic(al); hortatory.

parentàdo, *m.* **1** (*insieme dei parenti*) relatives (*pl.*); relations (*pl.*); kinsfolk (*pl.*); kindred (*pl.*) (*form.*): **C'era tutto il nostro p.**, all our relatives were there; **il p. più stretto**, one's nearest relatives **2** (*vincolo di parentela*) relationship; kinship; kindred.

parentàle, *a.* parental: **autorità p.**, parental authority.

parentàli, *m. pl.* **1** (*commemorazione*) memorial celebrations **2** (*stor. romana*) Parentalia.

parènte, *m.* e *f.* **1** relative; relation; (*lett.* o *leg.*) kinsman* (*m.*), kinswoman* (*f.*): **Con lui sono p.**, I am a relative of his; I'm related to him; **È tuo p.?**, is he related to you?; is he any relation to you?; **Siamo parenti**, we are related; **È mio p. da parte di madre**, we are related on my mother's side; **un p. stretto** (*o* **prossimo**), a near relation; a close relative; **i parenti più stretti**, one's nearest (*o* closest) relatives; one's next of kin (*form.*); **p. lontano** (*o* **alla lontana**), distant relation; **p. acquisito**, relative (*o* relation) by marriage; **p. povero**, poor relation; **non avere parenti**, to have no relatives **2** (*lett.*: *genitore*) parent **3** (*fig.*:

cosa affine o simile) – **Le api sono parenti delle vespe**, bees are related to wasps; **Il sonno è p. della morte**, sleep is akin to death.

parentèla, *f.* ***1*** (*vincolo tra i parenti*) relationship; kinship; kindred: **Tra loro non c'è p.**, there is no relationship between them; they are not related; **p. stretta [lontana]**, a near [distant] relationship; **avanzare diritti di p.**, to claim relationship; **grado di p.**, degree of relationship ***2*** (*i parenti*) relatives (*pl.*); relations (*pl.*); kinsfolk (*pl.*); kindred (*pl.*) (*form.*): **avere una numerosa p.**, to have numerous relations; **invitare tutta la p.**, to invite all one's relations ***3*** (*fig.*) relationship; relation; connection; connexion.

parenteràle, *a.* (*med.*) parenteral.

parèntesi, *f.* ***1*** (*parole interposte nel discorso*) parenthesis*; aside; digression: **una lunga p.**, a long parenthesis; **dire q.c. fra p.**, to say st. in parenthesis; to say st. as an aside; **fare una p.**, to make a digression; **fine della p.**, end of the digression ***2*** (*segno grafico*) brackets; parenthesis*: **p. tonde**, round brackets; parentheses; **p. quadre**, square brackets; **p. graffe**, braces; **Aperta [chiusa] p.**, open [close] brackets; **mettere fra p.**, to put in (*o* within) brackets; to bracket; (*mat.*) to put brackets round st.; **un commento fra p.**, a comment in brackets; (*mat.*) **togliere le p.**, to remove the brackets ***3*** (*fig.*) interval; interlude; pause: **una breve p.**, a short pause; **una p. felice**, a happy interlude. ● **(detto) tra p.**, incidentally; by the way.

parentètico, *a.* parenthetic(al).

parèo, *m.* (*abbigliamento*) pareu; wraparound skirt.

parére (1), *v. i.* ***1*** (*sembrare all'aspetto*) to look (+ *agg.*), to look like (+ *sost.*), to seem, to appear; (*al gusto*) to taste, to taste like; (*al suono*) to sound, to sound like: **Pareva un morto**, he looked like a dead man; **Quell'uomo mi pare sospetto**, that man looks suspicious to me; **Mi è parso molto interessato**, he seemed to be very interested; **Gli parve una buona idea**, it looked like a good idea to him; **Pare zucchero**, it tastes like sugar; **far p. bianco il nero**, to make black seem white; to pass one thing off as another ***2*** (*nelle costr. impers.*) to seem, to appear (*entrambi anche con costr. pers.*), to think* (*costr. pers.*); (*avere l'aria di*) to look: **Pare che non sia vero**, it doesn't seem to be true; **Pare che non ci sia niente di nuovo**, there doesn't seem to be anything new; **Parrebbe che tu lo abbia aiutato**, it would seem that you helped him; you would appear to have helped him; **Pare di sì**, it seems so; **Pare di no**, it doesn't seem so; **Pare che le cose si stiano mettendo bene**, it looks as if things are taking a turn for the better; **Pare proprio che vogliano aprire quella strada**, it appears they want to build that road; **Pare che voglia piovere [nevicare]**, it looks like rain [snow]; **Che ti pare di quel ragazzo?**, what do you think of that boy?; **Mi pare che non si dica così**, I don't think it is said this way; **Mi pare di averlo già bocciato una volta**, I think I've already failed him once; **Non mi pare che ci sia molta gente oggi**, there don't seem to be many people around today; **Mi pare di ricordare che faceva il fornaio**, I seem to remember he was a baker; **Ha torto, o almeno mi pare**, he is wrong, or at least I think so (*o* I think he is); **Non ti pare?**, don't you think so?; **Mi pare di sì**, I think so; **Mi pare di no**, I don't think so; **Mi pareva!**, I thought as much! ***3*** (*piacere, volere*) to like; to please; to think* fit; to want (*tutti con costr. pers.*): **Vuol fare quel che gli pare**, he wants to do what he likes; **Fatelo, se vi pare**, do it, if you like; **Fa' come ti pare**, do as you like (as you please); (*più brusco*) suit yourself; **Partirò quando mi parrà**, I'll go when I think fit (*o* I please); **Faccio quel che mi pare e piace**, I do just as I like; I do as I please. ● **a quanto pare**, apparently □ **Mi par di sognare**, I can scarcely believe my eyes □ **Ma ti pare!**, don't mention it! □ **Mi par mill'anni**, it seems ages to me □ **«Si è offeso?» «Pare»**, «was he upset?» «so it seems (*o* apparently)» □ **Per non p. ricco, si veste male**, to dissimulate his wealth, he dresses very poorly.

parére (2), *m.* opinion; advice: **a mio p.**, in my opinion; **se vuoi il mio p.**, if you want my advice; **secondo il p. del mio legale**, according to my lawyer's advice; **dare un p. su q.c.**, to give an opinion on st.; **Voglio sentire il suo p.**, I want to hear his opinion; **sentire il p. di un avvocato [di un medico]**, to consult a lawyer [a doctor]; **essere dello stesso p.**, to be of one mind; **mutare p.**, to change one's mind.

parèrgo, *m.* parergon*.

pàresi, parèsi, *f.* (*med.*) paresis*.

parestesìa, *f.* (*med.*) par(a)esthesia.

paretàio, *m.* (bird) nets (*pl.*).

paréte, *f.* ***1*** (*edil.*) wall: **p. interna [esterna]**, inside [outside] wall; **p. divisoria**, partition (wall); **p. in mattoni**, brick wall; **attaccare un quadro alla p.**, to hang a picture on the wall ***2*** (*superficie interna o esterna*) side; surface; wall: **le pareti d'una caldaia**, the walls of a boiler ***3*** (*anat.*) paries*; wall: **le pareti del cuore**, the walls of the heart ***4*** (*alpinismo*) face; wall: **p. rocciosa**, rock face. ● **le pareti domestiche**, one's own home □ **a doppia p.**, double-walled □ **tra le pareti domestiche**, at home; within one's own four walls (*fam.*).

parètico, *a.* e *m.* (*f.* **-a**) (*med.*) paretic.

paretimologìa, *f.* (*ling.*) popular etymology.

paretimològico, *a.* (*ling.*) concerning popular etymology; derived by popular etymology.

pargoleggiàre, *v. i.* (*lett.*) to behave like a child.

pàrgolo, *m.* (*f.* **-a**) (*lett.*) little child*; baby.

pàri, A *a. invar.* ***1*** equal; same; like; similar; (*di forza*) evenly matched: **Sono p. di età**, they are the same age; **a p. condizioni**, under the same conditions; **in p. tempo**, at the same time; **un libro p. a questo**, a book similar to (*o* like) this one; **essere p. in bellezza**, to be equally beautiful; **Siamo p. grado**, we have the same rank; **Nessuno è p. a lui per astuzia**, he has no equal in cunning; **I due avversari erano p.**, the two opponents were evenly matched ***2*** (*sullo stesso piano*) level; even: **La strada corre tutta p.**, the road runs (*o* is) completely level ***3*** (*mat.*) even: **numeri p.**, even numbers; **i giorni p.**, the even-numbered days ***4*** (*atto a, all'altezza di*) equal (to): **Egli non era p. alla situazione**, he wasn't equal to (*o* wasn't up to) the situation ***5*** (*in un punteggio*) level, even; (*di punteggio*) all: **Le due squadre sono p. per ora**, the two teams are level (*o* are breaking even) so far; **punteggio p.**, even score; **due p.**, two all; (*tennis*) **quaranta p.**, deuce. ● **p. e patta**, quits; square □ **a piè p.**, with feet together □ **saltare a piè p.**, to make a standing jump □ (*fig.*) **saltare a piè p. q.c.**, to skip over (*o* to skim over, to by-pass) st. □ **alla p.** (*presso una famiglia*), au pair: **vivere alla p. presso una famiglia**, to live au pair with a family; **ragazza alla p.**, au pair (girl) □ **di p. passo**, at the same rate (*o* pace); **procedere di p. passo con**, to proceed at the same rate as □ **andare di p. passo con q. [q.c.]**, to keep up with sb. [st.]; (*fig.*) to go hand in hand □ **E con questo siamo p.**, now we're quits; now we're (all) square □ **trattare q. alla p.**, to deal with sb. on an equal footing; to treat sb. as one's equal □ **vincere a p. merito con q.**, to share the victory with sb. **B** *avv.* – **copiare p. p.**, to copy word for word; to crib (*fam.*); **Te lo riferisco p. p.**, I'm telling you exactly as I heard it; **La partita è finita p.**, the match ended in a draw; the two teams drew; **Marco ed io siamo finiti p. nella gara**, I tied with Marco in the competition. **C** *m. invar.* ***1*** (*uguaglianza, parità*) evenness; (*sport*) draw, tie ***2*** (*numero pari*) even number; (*insieme di numeri pari*) even numbers (*pl.*) ***3*** (*in G.B.: membro della camera alta del Parlamento*) peer (*m.*); peeress (*f.*); lord (*m.*): **i p. del regno**, the peers of the Realm; **p. a vita**, life peer; **la camera dei P.**, the House of Lords; **dignità di p.**, peerage ***4*** (*stor. francese*) peer: **i p. di Carlomagno**, Charlemagne's peers. ● **al p. di**, as... as; just like; in the same way as: **Sei intelligente al p. di lei**, you're as intelligent as she (is); **al p. di un bambino**, just like a child □ **del p.**, equally well; as well; too: **Tu potresti del p. negarlo**, you could equally well deny it □ **Le squadre fecero p.**, the two teams drew □ **mettere in p. due cose** (*allo stesso livello*), to level two things □ **mettersi in p. con i pagamenti**, to pay the arrears □ **mettersi in p. col lavoro**, to catch up with one's work; to work through one's backlog (*fam.*). **D** *f.* (*econ., fin.*) par: (*Borsa*) **sopra [sotto] la p.**, above [below] par; **alla p.**, at par; at face value; **emettere azioni alla p.**, to issue stock at par; (*comm.*) **vendere alla p.**, to sell at cost price. **E** *m.* e *f. invar.* (*persona di pari grado*) equal; peer: **essere giudicato dai propri p.**, to be judged by one's peers; **È un mio p.**, he is my equal; **i p. tuoi**, your equals; people like you; the likes of you. ● **Si è comportato da p.** (*o* **da par**) **suo**, he behaved as expected □ **parlarsi da p. a p.**, to speak (*o* to talk) man to man (*o* as equals) □ **senza p.**, unequalled, peerless, matchless □ **trattare q. da p. a p.**, to treat sb. as one's equal.

pària (1), *m.* e *f. invar.* ***1*** pariah ***2*** (*fig.*) pariah; (social) outcast.

paria (2), *f.* ***1*** (*dignità di pari*) peerage; peerdom; rank (*o* dignity) of a peer ***2*** (*ceto dei pari*) peerage; body of peers.

Pàride, *m.* (*mitol.*) Paris.

parietàle, A *a.* ***1*** wall (*attr.*); mural; parietal: **iscrizione p.**, wall inscription ***2*** (*anat.*) parietal: **ossa parietali**, parietal bones. **B** *m.* (*anat.*) parietal.

parietària, *f.* (*bot., Parietaria officinalis*) (wall) pellitory.

parifica, (*bur.*) *V.* **parificazione**.

parificàre, *v. t.* ***1*** (*rendere pari*) to equalize; to make* equal ***2*** (*una scuola*) to recognize officially.

parificàto, *a.* (*di scuola*) officially recognized.

parificazióne, *f.* ***1*** equalization; equalizing ***2*** (*di scuola*) official recognition.

Parigi, *f.* (*geogr.*) Paris.

parigina, *f.* ***1*** Parisian woman*; Parisienne ***2*** (*stufa*) slow-combustion stove ***3*** (*ferr.*) hump.

parigino, *a.* e *m.* Parisian.

pariglia, *f.* pair: **una p. di cavalli**, a pair of horses. ● (*fig.*) **rendere la p. a q.**, to give sb. tit for tat (*fam.*); to pay sb. back in his own coin (*fam.*).

parigràdo, *m.* e *f. invar.* equal (in rank).

pariménti, *avv.* likewise; in like manner; in the same way.

pàrio, *a.* Parian; of Paros: **marmo p.**, Parian marble.

paripennàto, *a.* (*bot.*) paripinnate.

parisillabo, (*gramm.*) **A** *a.* parisyllabic. **B** *m.* parisyllabic noun.

parità, *f.* ***1*** parity; (*uguaglianza*) equality: **p. fra due tassi di cambio**, parity between two rates of exchange ***2*** (*sport*) draw; tie: **chiudere in p.**, to end in a draw; to tie; **punteggio di p.**, even score; draw. ● **p. di diritti**, equal rights (*pl.*) □ **a p. di condizioni**, conditions being equal □ **a p. di meriti**, merits being equal □ **a p. di prezzo**, for the same price □ **a p. di voti**, with an equal number of votes.

paritàrio, *a.* equal.

pariteticità, *f.* joint nature.
paritètico, *a.* joint (*attr.*): **commissione paritetica**, joint committee.
pàrka, *m. invar.* (*indumento*) parka.
parkerizzàre, *v. t.* (*chim.*) to parkerize; to rust-proof.
parkerizzazióne, *f.* (*chim.*) parkerizing.
parkinsoniàno, (*med.*) **A** *a.* parkinsonian. **B** *m.* (*f.* **-a**) Parkinson patient.
parkinsonismo, *m.* (*med.*) parkinsonism; Parkinson's disease.
parlamentàre (1), **A** *a.* **1** parliamentary; of Parliament: **il sistema p.**, the parliamentary system; **una discussione p.**, a parliamentary debate; **commissione p.**, parliamentary committee; **regole parlamentari**, rules of Parliament **2** (*fig.*) civil; diplomatic; proper. **B** *m.* e *f.* parliamentarian; Member of Parliament (*abbr.*: MP): **p. europeo**, Member of the European Parliament.
parlamentàre (2), *v. i.* to parley; to hold* a parley; to negotiate; to arrange terms.
parlamentarismo, *m.* parliamentarism; parliamentarianism.
parlamentarista, *m.* e *f.* upholder of Parliament.
parlamentaristico, *a.* of parliamentarianism.
parlaménto, *m.* **1** (*polit.*) Parliament: **i due rami del p.**, the two branches of Parliament; **convocare [riaprire] il p.**, to summon [to open] Parliament; **sciogliere il p.**, to dissolve Parliament **2** (*stor.*) assembly; parley.
parlànte, **A** *a.* **1** speaking; talking **2** (*fig.*) speaking, lifelike, faithful; (*evidente*) clear, evident: **una copia p.**, a lifelike reproduction; **un ritratto p.**, a lifelike portrait; a speaking likeness. • **occhi parlanti**, expressive eyes □ **essere il ritratto p. di q.**, to be the very (*o* the spitting) image of sb. **B** *m.* e *f.* speaker: **i ben [i mal] parlanti**, good [bad] speakers; **un buon p. inglese**, a good speaker of English.
parlantina, *f.* (*fam.*) talkativeness; loquaciousness; loquacity. • **avere la p. sciolta**, to have a glib tongue; to be a glib talker; to have the gift of the gab (*fam.*) □ **Che p. che hai!**, you do talk a lot!
parlàre, **A** *v. i.* **1** to speak*; to talk: **Parlo a voi!**, I'm speaking to you!; **p. al telefono**, to speak on the phone; **«Pronto, chi parla?» «Parla Rossi»**, «hello, who's speaking?» «this is Rossi speaking»; **Bada con chi parli!**, watch who(m) you're speaking to!; **p. forbito**, to speak carefully; to choose one's words; **p. in dialetto**, to talk dialect; **Il piccolo ha già cominciato a p.**, the baby has already started to talk; **Il direttore vuole parlarti**, the director wants to speak to you; **Non mi ha parlato per tutta la sera**, he didn't talk (*o* speak) to me for the whole evening; **Non parlo più con lui dopo quello che mi ha fatto**, I'm no longer on speaking terms with him, after what he did to me; **Mi fermai a p. con la vicina**, I stopped to talk to my neighbour; **Non capisco niente se parlano tutti**, I can't understand a thing if everybody talks at the same time; **Dovresti parlargli tu, che lo conosci meglio**, you should talk to him, since you know him better; **Di che cosa stai parlando?**, what are you talking about? **2** (*trattare parlando*) to speak*; (*trattare scrivendo*) to write*; (*menzionare*) to mention: **Ne parla Sciascia in un suo libro**, Sciascia writes about it (*o* mentions it) in one of his books; **Il prof. Verri parlerà del ruolo dell'informatica nella scuola**, Prof. Verri will speak on the role of computers in education; **Il giornale di oggi parla di te**, today's paper mentions you; you are mentioned in today's paper; **Si parla di lui come del più probabile successore**, his name is mentioned as that of the most likely successor; **Ne ho sentito p.**, I've heard it [him, her, etc.] mentioned **3** (*discutere*) to discuss; to talk; to debate: **Ne parleremo domani**, we'll discuss (*o* talk about) it tomorrow; **Non p. dei miei affari con estranei**, don't discuss (*o* talk about) my business with strangers; **Parlavamo fra noi se andare a Firenze o a Siena**, we were discussing (*o* debating) whether to go to Florence or to Siena; **p. di affari**, to talk business; **p. di lavoro**, to talk shop **4** (*p. a un pubblico*) to address: **Il Primo Ministro parlerà alle due Camere domani**, the Premier will address both Houses tomorrow **5** (*ricordare*) to remind; to bring* back memories: **Questo parco mi parla della mia infanzia**, this park reminds me of my childhood **6** (*confessare*) to talk; to sing* (*pop.*): **La spia ha parlato**, the spy has talked. • **p. ad alta voce**, to speak aloud (*o* in a loud voice) □ **p. a gesti**, to use sign-language □ **p. a vanvera**, to talk at random; to talk nonsense; to talk through one's hat (*fam.*) □ (*fig.*) **p. al deserto** (*o* **al muro, al vento**), to talk to the wall; to waste one's breath; to speak to deaf ears: **P. a lui è come p. al muro**, talking to him is like talking to a blank wall □ **p. al plurale**, to use the majestic «we» □ **p. a quattr'occhi con q.**, to speak privately (*o* in private) to sb.; to have a tête-à-tête with sb. □ **p. bene**, (*usare bene una lingua*) to speak well, to be very articulate; (*essere un buon oratore*) to be a good speaker □ **p. bene di q.**, to speak well of sb.; (*elogiare*) to praise, to commend □ (*fig.*) **p. chiaro**, to be plain; not to mince words; not to beat about the bush: **Parliamoci chiaro!**, let's be plain about it! □ **p. come un libro stampato**, to talk like a book □ **p. del più e del meno**, to talk about this and that; to chat □ **p. fra i denti**, to mutter □ **p. fra sé**, to talk to oneself □ **p. in punta di forchetta**, to speak affectedly □ **p. male di q.**, to speak badly of sb.; to criticize sb.; (*sparlare*) to run down sb., to badmouth sb. (*USA*) □ **p. nel naso**, to speak through one's nose □ **p. per esperienza**, to speak from experience □ **p. più forte**, to speak up □ **p. senza peli sulla lingua** (*o* **fuori dai denti**), to be outspoken; not to mince one's words □ **p. sottovoce**, to speak (*o* to talk) in a whisper (*o* in an undertone); to whisper □ **Hai un bel p.! non mi convinci**, no matter what you say, you won't convince me □ **con rispetto parlando**, if you don't mind my saying so; pardon my French (*fam. scherz.*) □ **Fammi p.!**, let me say a word!; let me have my say! □ **Farai p. di te**, people will talk (about you) □ **far p. di sé tutta la città**, to set the whole town buzzing □ **Meno se ne parla meglio è**, the least said the better □ **Per ora non se ne parla** (*non c'è niente da fare*), there's nothing doing for the moment □ **Non se ne parla nemmeno!**, that's completely out of the question □ **«Ho un mare di lavoro» «Non me ne p.!»**, «I'm up to my ears in work» «same here» (*fam.*) □ **Basta, non parliamone più**, let's forget about it! □ **Non voglio più sentirne p.**, I don't want to hear any more about it □ **Non vale la pena di parlarne**, it's not worth mentioning □ (*mus.*) **parlando**, parlando (*anche agg.*) □ **Parli sul serio?**, do you mean it?; are you serious? □ **per non p. di**, not to mention; let alone: **È stato villano con me, per non p. di quello che ha detto a mio marito**, he was rude to me, not to mention what he said to my husband □ **Senti chi parla!**, look who's talking! □ (*prov.*) **Altro è p. di morte, altro è morire**, it's one thing to say something, another to do it. **B** *v. t.* to speak*: **Io parlo inglese**, I speak English; **Parla un russo perfetto**, he speaks perfect Russian; **Qui si parla italiano**, Italian is spoken here. • (*fig. fam.*) **p. ostrogoto** (*o* **arabo, turco**), to talk double-Dutch. **C parlàrsi,** *v. rifl. recipr.* **1** to speak* to each other; (*essere in buoni rapporti*) to be on speaking terms: **Ci siamo parlati ieri**, we spoke to each other yesterday; **Non si parlano più**, they are no longer on speaking terms **2** (*pop.*: *amoreggiare*) to go* out **D** *m.* **1** speech; talk; (*parole*) words (*pl.*): **Il p. è proprio dell'uomo**, speech is proper to man; speech is a human attribute; **Ci sarà un gran p. in paese**, there will be a lot of talk in the village; people will talk a lot in the village **2** (*parlata*) language; dialect: **il p. romanesco**, the Roman dialect; **il p. popolare**, the vernacular **3** (*modo di parlare*) (way of) speaking: **Il suo p. non è elegante**, he hasn't an elegant way of speaking; **Il suo p. è sempre forbito**, he is always very refined in the way he speaks.
parlàta, *f.* (*modo di parlare*) way of speaking; (*accento*) accent; (*dialetto*) dialect: **Lo riconobbi alla p.**, I recognized him by his accent (*o* by the way he spoke); **la p. lombarda**, the Lombard dialect.
parlàto (1), **A** *a.* spoken: **lingua parlata**, spoken language; **film p.**, talking film; talkie (*fam.*). **B** *m.* **1** (*la lingua comune*) spoken language; everyday language **2** (*mus.*) spoken part **3** (*cinem.*: *colonna sonora*) dialogue **4** (*fam.*: *cinema p.*) talking films (*pl.*); talkies (*pl.*) (*fam.*).
parlàto (2), *a.* – (*naut.*) **nodo p.**, clove hitch.
parlatóre, *m.* (*f.* **-trice**) **1** speaker; talker **2** (*oratore*) speaker; orator. • **È un buon p.**, he speaks well; he is very articulate; he is a good speaker □ **È un gran p.**, he speaks a lot.
parlatòrio, *m.* parlatory; (convent) parlour.
parlottàre, *v. i.* to mutter.
parlottìo, *m.* muttering; whispered words (*pl.*).
parmènse, **A** *a.* Parmesan; of Parma; Parma (*attr.*). **B** *m.* e *f.* inhabitant of Parma; native of Parma.
parmigiàno, **A** *a.* Parmesan; of Parma; Parma (*attr.*): **formaggio p.**, Parmesan cheese. **B** *m.* **1** (*f.* **-a**) *V.* **parmense, B** **2** (*formaggio p.*) Parmesan. • (*cucina*) **alla parmigiana**, Parma style.
parnàsio, *a.* (*geogr.*, *mitol.*, *letter.*) Parnassian; of Parnassus.
Parnàso, *m.* (*geogr.*, *mitol.*, *letter.*) Parnassus: **il P. italiano**, the Italian Parnassus.
parnàssia, *f.* (*bot.*, *Parnassia palustris*) grass of Parnassus.
parnassianésimo, *m.* (*letter.*) Parnassianism.
parnassiàno, *a.* e *m.* (*letter.*) Parnassian: **la scuola parnassiana**, the Parnassian school (of poets).
parodìa, *f.* **1** (*letter.*, *mus.*) parody: **mettere in p.**, to make a parody of **2** (*caricatura*) caricature; burlesque; spoof; send-up (*GB*); take-off (*fam.*): **fare la p. di**, to parody; to burlesque; to send up (*GB*); to spoof **3** (*contraffazione grottesca*) travesty; farce: **una p. della giustizia**, a parody (*o* travesty) of justice; **una p. di processo**, a trial that is a farce.
parodiàre, *v. t.* to parody; to burlesque; to spoof; to send* up (*fam.*).
paròdico, *a.* (*letter.*) parodic(al); burlesque.
parodista, *m.* e *f.* (*letter.*) parodist.
parodìstico, *a.* (*letter.*) parodistic.
pàrodo, *m.* **1** (*letter. greca*) parodos*; parode **2** (*archeol.*) parodos*.
parodònto, e *deriv.* *V.* **periodonzio**, e *deriv.*
paròla, *f.* **1** word: **una p. composta**, a compound word; **tradurre p. per p.**, to translate word for word; **nel vero senso della p.**, in the true sense of the word; **Mi giunse p. che avevano bisogno di me**, word came that they needed me; **È un uomo di poche parole**, he is a man of few words; **Non ho parole per ringraziarti**, I have no words to express my gratitude; **Non credetti a una sola p. della sua versione dei fatti**, I didn't believe a single word of his story; **Queste erano le parole esatte**, these were the exact words; (*la dicitura*) this was the exact wording; **Vorrei dirti una p.**, I should like (to have) a word with you; **cavare una p. di bocca a q.**, to get a word out of sb.; **Non ti lasciare scappare una**

p. di ciò con nessuno, don't say a word about this to anyone; **mettere una buona p. a favore di q.**, to say (*o* to put in) a good word for sb.; **Ci vogliono fatti e non parole**, action is needed, not words ***2*** (*facoltà di parlare, favella*) speech: **L'uomo è dotato di p.**, man is endowed with speech; **avere la p.**, to be able to speak; to have the gift of speech; **perdere la p.**, to lose the power (*o* the faculty) of speech ***3*** (*promessa, impegno*) word, promise; (*accordo*) agreement, understanding; (*specialm. mil.*) parole: **Sono uomo di p.**, I am a man of my word; I am as good as my word; **fidarsi della p. di q.**, to take sb. at his word; to trust sb.'s word; **credere a q. sulla p.**, to take (*o* to accept) sb.'s word (for st.); **mantenere [non mantenere] la propria p.**, to keep [to break] one's word (*o* promise); (*mil.*) **sulla p.**, on parole: **un prigioniero sulla p.**, a prisoner on parole; a parolee (*USA*); **prendere q. in p.**, to take sb. at his word; **rimangiarsi la p.**, to go back on one's word; **p. d'onore**, word of honour ***4*** (*modo di esprimersi*) speech; tongue: **avere la p. facile**, to be very articulate; to have a glib (*o* a ready) tongue; to have the gift of the gab (*fam.*); **non avere la p. facile**, to be hesitant in one's speech; not to be very articulate; to be tongue-tied ***5*** (*al pl.*: *testo di canzone*) lyrics: **musica di Rodgers, parole di Hart**, music by Rodgers, lyrics by Hart. ● **p. chiave**, keyword □ (*elab.*) **p. d'accesso**, password □ **p. d'ordine**, (*mil.*) password; (*per estens.*) watchword □ **p. del momento**, buzzword □ **parole di fuoco**, scathing words □ **parole grosse**, insults; words of abuse □ **parole incrociate**, crossword (puzzle) (*sing.*) □ **p. magica**, magic word □ **parole vuote**, empty words; hot air (*fam.*) □ **Ha la p. il signor Rossi**, it is Mr. Rossi's turn to speak; (*nelle riunioni, ecc.*) Mr Rossi is being called upon to address the meeting (*o* assembly) □ **Non ho parole!** (*per ringraziare*), you overwhelm me!; I can't thank you enough! □ **avere l'ultima p.**, to have the last word □ **chiedere la p.**, to ask leave to speak □ **con parole semplici**, in simple language; in words of one syllable (*fam.*): **Devi spiegarmelo con parole semplici**, you must explain it to me in words of one syllable □ **dare la p. a q.**, to give sb. leave to speak; to call upon sb. to speak □ **La Corte dà la p. alla difesa**, the court calls upon the defence □ **dire brutte parole a q.**, to call sb. names □ **dire q.c. senza mezze parole**, to spell st. out □ **dire l'ultima p.**, to have the last word □ **Non è detta l'ultima p.**, the last word has not been said □ (*fig.*) **È una p.!**, it's easier said than done □ **fare p. di q.c. a q.**, to mention st. to sb. □ **gioco di parole**, pun; play on words □ **giro di parole**, circumlocution □ **Ho cercato di dirglielo con un giro di parole**, I tried to tell him in a roundabout way □ **Smettila con i giri di parole!**, stop beating about the bush! □ **essere in p. con q.**, to be negotiating with sb. □ **in parole povere**, to put it simply; to put it bluntly; not to mince patters □ **in una p.** (*o* **in tre parole**), in a (*o* one) word; briefly □ **libertà di p.**, freedom of speech □ **masticare le parole**, to mumble; to swallow one's words □ **mettere le parole in bocca a q.**, to prompt sb.; to suggest st. to sb. □ **non far p.**, to keep silent □ **passare p. a q.**, to pass the word on to sb.; (*mettere q. a conoscenza di q.c.*) to let sb. know st.: **Passagli p. che domani non si viene in ufficio**, let him know (*o* pass the word on to him) that the office is closed tomorrow □ **Passa p.!**, pass the word!; pass it on! □ **passare dalle parole ai fatti**, to pass from words to deeds; (*alle percosse*) to resort to blows (*o* to violence) □ **prendere la p.**, to begin to speak; (*polit.*) to take the floor □ **rimanere senza p.**, to be struck dumb; to be dumbfounded; to be left (*o* to remain) speechless □ **rivolgere la p. a q.**, to speak to sb.; to address sb. □ **rubare** (*o* **togliere**) **la p. di bocca a q.**, to take the words out of sb.'s mouth □ **scambio di parole**, brief conversation; (*alterco*) exchange □ **togliere la p. a q.**, not to allow sb. to speak any further □ **(Son) tutte parole!**, it's all hot air! (*fam.*) □ **venire a parole con q.**, to have words with sb. □ **l'ultima p.**, the last word; (*comm.*) the final offer □ (*prov.*) **A buon intenditor poche parole**, a word to the wise is enough.

parolàccia, *f.* rude word; swearword; four-letter word; expletive: **Mi ha detto una p.**, he used a rude word to me; **dire parolacce**, to use swearwords; to swear; **dire parolacce a q.**, to call sb. names.

parolàio, A *m.* (*f.* **-a**) chatterbox; windbag; hot-air merchant (*fam.*). **B** *a.* wordy; loquacious.

parolière, *m.* lyricist.

parolina, *f.* ***1*** (*pl.*) (*parole affettuose*) sweet nothings ***2*** (*breve cenno*) a few words (*pl.*); something: **Ho una p. da dirti in privato**, I've got something to tell you in private; **dire una p. all'orecchio di q.**, to whisper a few words into sb.'s ear.

parolóna, *f.* **parolone,** *m.* (*parola difficile*) difficult word; (*parola ampollosa*) high-sounding word, big word.

paronichia, *f.* (*med.*) paronychia.

paronimia, *f.* (*ling.*) paronymy.

paronimico, *a.* (*ling.*) paronymous.

paronimo, *m.* (*ling.*) paronym.

paronomàsia, *f.* (*retor.*) paronomasia; play upon words.

parosmia, *f.* (*psic.*) parosmia.

parossismo, *m.* (*med.* e *fig.*) paroxysm. ● **nel p. dell'ira**, in an outburst (*o* in a fit) of rage.

parossistico, *a.* ***1*** (*med.*) paroxysmal; paroxysmic ***2*** (*fig.*) violent; furious.

parossitono, *a.* e *m.* (*gramm.*) paroxytone.

paròtide, *f.* (*anat.*) parotid (gland).

parotidèo, *a.* (*anat.*) parotid.

parotite, *f.* (*med.*) parotitis; mumps (*pl. col verbo al sing.*).

parquet (*franc.*), *m. invar.* parquetry; parquet flooring; parquet floor.

pàrra, *f.* (*zool.*, *Actophilornis africanus*) jacana.

parricida, A *a.* parricidal. **B** *m.* e *f.* parricide.

parricidio, *m.* parricide.

parrocchétto, *m.* ***1*** (*naut.*) fore-topsail: **p. volante**, upper fore-topsail; **p. fisso**, lower fore-topsail; **albero di p.**, fore-topmast; **pennone di p.**, fore-topyard ***2*** (*zool.*) parakeet; paroquet. ● (*zool.*) **p. canoro** (*Melopsittacus undulatus*), budgerigar.

parròcchia, *f.* ***1*** (*circoscrizione*) parish ***2*** (*chiesa*) parish church ***3*** (*l'insieme dei fedeli*) parish ***4*** (*fig.*) set; group; clan; clique.

parrocchiale, *a.* parish (*attr.*): **chiesa p.**, parish church; **scuola p.**, parish school; **libri parrocchiali**, parish register (*sing.*).

parrocchialità, *f.* parochiality; parochialism.

parrocchiàno, *m.* (*f.* **-a**) parishioner.

pàrroco, *m.* (*cattolico*) parish priest; (*anglicano*) parson, vicar, rector.

parrùcca, *f.* ***1*** wig; (*lunga, di tipo seicentesco*) periwig, peruke: **portare la p.**, to wear a wig; **in p.**, wearing a wig; wigged (*agg.*) ***2*** (*scherz.*: *capigliatura zazzeruta*) long hair; mane ***3*** (*pl.*) (*persone retrive*) old fogeys.

parruccàio, *m.* (*f.* **-a**) wig maker.

parrucchière, *m.* (*f.* **-a**) ***1*** hairdresser: **p. per signora [per uomo]**, ladies' [men's] hairdresser ***2*** (*barbiere*) barber ***3*** *V.* **parruccaio.**

parrucchino, *m.* toupee; hairpiece.

parruccóne, *m.* (*spreg.*) old fogey; blimp.

pàrsec, *f. invar.* (*astron.*) parsec.

pàrsi, *a.*, *m.* e *f.* Parsee, Parsi.

Pàrsifal, *m.* (*letter. ingl.*) Perceval; (*letter. ted.*) Parsifal, Parzival.

parsimònia, *f.* thrift; thriftiness; frugality; (*spreg.*) parsimony: **vivere con p.**, to live frugally; **usare q.c. con p.**, to make sparing use of st.; to use st. sparingly.

parsimonióso, *a.* economical; thrifty; frugal; sparing; (*spreg.*) parsimonious: **vita parsimoniosa**, frugal life; **p. di lodi**, sparing of praise.

parsismo, *m.* (*relig.*) Parsi(i)sm.

partàccia, *f.* ***1*** (*brutto tiro*) dirty (*o* mean) trick ***2*** (*sgridata*) scolding; tongue-lashing (*fam.*): **fare una p. a q.**, to give sb. a tongue-lashing; to bite sb.'s head off.

pàrte, *f.* ***1*** part; (*porzione*) share, portion: **Il tutto è maggiore della p.**, the whole is greater than the part (*o* than any of its parts); **le parti del corpo**, the parts of the body; **le parti del discorso**, the parts of speech; **dividere q.c. in due parti**, to divide st. into two parts; **Ciascuno ebbe la sua p.**, everyone got his share; **Ti darò una p. del guadagno**, I'll give you a share of the profits; **Una buona p. dello stipendio se ne va per l'affitto**, a sizeable part (*o* portion) (*o*, *fam.*: a fair bit) of the salary goes on the rent; **per la maggior p.**, for the most part; mostly; **Passava la maggior p. del tempo sulla spiaggia**, he spent most of his time on the beach; **Una p. di loro furono uccisi** (*o* **fu uccisa**), some of them were killed; **Rimasero p. dentro e p. fuori**, some remained within and some without; **Gran p. di loro fu messa in fuga**, a great many of them were put to flight; **la maggior p. di**, most; the majority of: **La maggior p. degli italiani ama il calcio**, most Italians love football ***2*** (*luogo, regione*) district; region: **Il vento soffia sempre forte in questa p.**, there's always a strong wind in this region; **Da queste parti parlano veneto**, they speak Venetian around here (*o* in this region); **Che ci fai da queste parti?**, what are you doing in these parts? ***3*** (*lato*) side, part, way; (*direzione*) direction: **dalla p. destra [sinistra]**, on the right [left] side; on the right [on the left]; **dall'altra p. del monte**, on the other side of the mountain; **prendere da una p.**, to lean to one side; to hang down on one side; **Non so da che p. voltarmi**, I don't know which way to turn; I'm at my wits' end; **Andiamo da questa p.**, let's go this way; **Da che p. soffia il vento?**, where is the wind blowing from?; **Lui andò da una p. e io dall'altra**, he went off in one direction and I in another; **da tutte e due le parti**, on both sides; **da qualche p.**, somewhere; some place (*USA*); **Deve essere da quella p.**, it must be somewhere over there; **da nessuna p.**, nowhere; **da ogni p.** (*o* **da tutte le parti**), on all sides; everywhere; in all directions; (*moto da luogo*) from all sides; from everywhere: **Ha debiti da tutte le parti**, he has debts all over the place; **Ci piombarono addosso da ogni p.**, they pounced on us from all sides; **farsi** (*o* **tirarsi**) **da p.**, to step aside; to step to one side; to get out of the way (*anche fig.*); **tirare q. [q.c.] da p.**, to draw sb. [st.] to one side ***4*** (*teatr.* e *fig.*) part; role: **la p. del protagonista**, the leading role; the lead; (*se il nome del personaggio è anche il titolo del lavoro*) the title role; **p. secondaria**, minor role; **piccola p.**, bit part; **fare una p.**, to play a part; **fare la p. di Mirandolina**, to play Mirandolina; **Le parti sono ben distribuite**, the roles (*o* parts) are well cast; **assegnare le parti di una commedia**, to cast a play; **Mi fu affidata la p. del padre**, I was cast as the father; **distribuzione delle parti**, (*il distribuirle*) casting; (*gli attori scelti*) cast; **studiare [sapere] la p.**, to study [to know] one's part; **avere una p. importante in un affare**, to play a leading role in an affair; (*fig.*) **Fa sempre la p. dello sciocco**, he always plays the fool ***5*** (*partito, fazione*) party; faction; side: **la p. guelfa**, the Guelf faction; **spirito di p.**, party spirit ***6*** (*leg.*) party: **ascoltare le due parti**, to hear both parties; **la p. lesa [interessata]**, the injured [interested] party; **p. civile**, plaintiff; **costituirsi p. civile contro q.**, to sue sb. for damages in a criminal case; to bring an action against sb.; **le parti in causa**, the parties to the case **7** (*mus.*) part: **fuga in quattro parti**, fugue in four parts. ● (*fig.*) **fare la p. del leone**, to take the lion's share □ **parti vitali**, vital parts □ **a p.**, (*separato*) separate; (*diverso*) different: **una lista a p.**, a separate list; **Questa è una cosa a p.**, this is a completely different matter; this is a different thing altogether □ **A p. qualche piccolo errore, la traduzione è buona**, apart from some minor errors, the translation is good □ **a p. ciò**, apart from that □ **essere a p. di q.c.**, to be informed of st.; to be in the know (*fam.*); to be in on st. (*fam.*) □ **Da un anno a questa p. non lo si vede**, he hasn't been seen round here this last year □ **avere p. in q.c.**, to be involved in st.; to have a hand in st. □ **da p. a p.**, right through: **Lo trafisse da p. a p. con la spada**, he pierced him right through with his sword □ **Ci è giunto un telegramma da p. del Ministro**, we have received a telegram from the Minister □ **Dille da p. mia che dovrà venire**, tell her on my behalf (*o* from me) that she will have to come □ **Saluti sua moglie da p. mia**, remember me to your wife; (give) my best (*o* kind) regards to your wife □ **Da p. mia non so che fare**, as for me (*o* for my part), I don't know what to do □ **Questo non è gentile da p. tua**, this isn't very kind of you □ **essere dalla p. del torto**, to be in the wrong □ **Noi siamo dalla tua p.**, we are on your side □ **d'altra p.**, on the other hand □ **da una p..., dall'altra...**, on (the) one hand..., on the other (hand)... □ **Ciascuno deve fare la sua p.**, everyone must do his part (*o* share *o, fam. GB*: bit); everyone must pull his weight □ **fare p. di**, to form (*o* to be) part of; (*appartenere a*) to be a member of, to be one of: **fare p. della giuria**, to be a member of the jury; **fare p. della famiglia**, to be one of the family □ **fare una brutta p. a q.**, to play a mean (*o, fam.*: a dirty) trick on sb. □ **in p.**, in part; partly □ **in gran p.**, largely; to a great extent; very much □ **mettere q. a p. di q.c.**, to inform sb. of st.; to let sb. in on st. □ **mettere da p.**, (*risparmiare*) to put aside, to save up, to stash away; (*accantonare*) to put aside (*o* on one side), to shelve □ **mettere da p. gli scrupoli**, to forget one's scruples □ **Le parti si sono rovesciate**, the boot is on the other foot □ (*fig.*) **passare dalla p. di q.** (*appoggiare q.*), to throw one's weight behind sb. □ **io, per p. mia**, I for one □ (*di parentela*) **per** (*o* **da**) **p. di padre [di madre]**, on one's father's [mother's] side □ **prendere p. a q.c.**, to join (*o* to take part) in st.: **prendere p. alla conversazione**, to join in the conversation □ **prendere q.c. in mala p.**, to be offended; to take st. amiss □ **scherzi a p.**, joking apart.

partecipàbile, *a.* communicable.

partecipànte, A *a.* **1** (*che prende parte*) participating; taking part; sharing **2** (*presente*) present; attending. **B** *m.* e *f.* **1** (*chi prende parte a q.c.*) participant, partaker, sharer; (*a una gara, ecc.*) competitor, contestant: **i principali partecipanti al massacro**, the chief participants in the massacre; **i partecipanti al nostro dolore**, the partakers in our grief **2** (*persona presente*) person present (*o* attending): **i partecipanti alla riunione**, the people attending the meeting.

partecipàre, A *v. i.* **1** (*prendere parte*) to take* part in; to participate in; to share (st., in st.); to have a hand in; to have a share in; to partake* of: **p. a una campagna contro il fumo**, to participate in a campaign against smoking; **Non ha partecipato alla costruzione della diga**, he didn't take part in the building of the dam; **p. a una congiura**, to take part in the conspiracy; **p. alle spese**, to share expenses; **Non ha partecipato a quella rapina**, he has not had a hand in that robbery; **p. a un affare**, to take part in a business deal; **p. agli utili**, to share (*o* to take a share in) the profits; **p. al dolore [alla gioia] di q.**, to share sb.'s grief [joy] **2** (*essere presente*) to attend (st.); to be present (at st.): **p. a una conferenza**, to attend a conference; **p. a una festa**, to be present at (*o* to go to) a party **3** (*avere in comune*) to have (st.) in common (with sb.) **4** (*essere dotato*) to partake* of. **B** *v. t.* **1** (*annunciare*) to announce; to inform (sb. of st.); to acquaint (sb. with st.): **Mi partecipò il suo matrimonio**, he informed me of his wedding; **Mi partecipò un fatto spiacevole**, he acquainted me with an unpleasant fact; **p. un segreto a q.**, to let sb. into a secret **2** (*concedere, accordare*) to grant; to bestow (st. on sb.): **Dio partecipa a tutti la sua grazia**, God bestows His grace on all.

partecipatìvo, *a.* participatory: **democrazia partecipativa**, participatory democracy.

partecipazióne, *f.* **1** (*il partecipare*) participation; participating; sharing: **la p. alle gioie [ai dolori] di q.**, the participation in sb.'s joys [sorrows]; **la p. agli utili**, profit-sharing; the sharing of profits **2** (*annuncio, comunicazione*) announcement; communication: **una p. di nozze**, the announcement of a wedding; (*il biglietto*) a wedding card **3** (*presenza*) presence; attendance: **la tua p. alla riunione**, your presence at the meeting **4** (*comm., fin.*) sharing; holding; stake. ● (*fin.*) **partecipazioni azionarie**, equity interests (*o* participations) □ (*polit., econ.*) **partecipazioni statali**, state holdings □ (*cinem.*) **con la p. straordinaria di X nel ruolo del padre**, featuring X as the father.

partécipe, *a.* participating; participant; partaking; sharing; concerned. ● **essere p. di q.c.**, to participate in st.; to take part in st.; to share st. (*o* in st.); (*essere consapevole di q.c.*) to be aware of st.: (*comm.*) **essere p. di un'impresa**, to share in an undertaking □ **fare** (*o* **rendere**) **p. q. di q.c.**, to inform sb. of st.; to acquaint sb. with st.

parteggiàre, *v. i.* to side with; to take* sides with; to support (sb., st.); to back (sb., st.) (*fam.*): **Non p. né per l'uno né per l'altro**, not to take sides; to sit on the fence (*fam.*); **p. per una causa**, to side with a cause; to back a cause.

partènio, *m.* (*bot., Chrysanthemum parthenium*) feverfew.

partenocarpìa, *f.* (*bot.*) parthenocarpy.

partenogènesi, *f.* (*biol.*) parthenogenesis.

partenogenètico, *a.* (*biol.*) parthenogenetic.

Partenóne, *m.* (*archeol.*) Parthenon.

partenopèo, *a.* e *m.* (*lett.*) Neapolitan.

partènte, A *a.* leaving; departing; (*di aereo*) taking off; (*di nave*) sailing. **B** *m.* e *f.* **1** person leaving; departing person **2** (*sport*) athlete (about to start a race).

partènza, *f.* **1** (*il partire*) departure; leaving; starting: **rimandare la propria p.**, to postpone (*o* to put off) one's departure; **p. improvvisa**, sudden departure; **alla mia p.**, on my leaving (*o* departure); (*ferr.*) **ora di p.**, time of departure **2** (*naut.*) sailing **3** (*sport*) start: **p. da fermi**, standing start; **p. lanciata** (*o* **volante**), flying start; **p. sbagliata** (*o* **falsa**), false start **4** (*aeron.*) take-off **5** (*miss.*) blast-off; lift-off. ● **essere in p.**, to be about to leave □ (*ferr.*) **in p. per**, leaving for □ **prendere il primo treno in p.**, to take the first train leaving □ **il treno in p. per Roma dal binario numero 6**, the Rome train now leaving platform 6 □ **linea di p.**, starting line □ (*anche fig.*) **punto di p.**, starting point □ (*aeron.*) **sala delle partenze**, departure lounge □ **segnale di p.**, starting signal.

parterre (*franc.*), *m. invar.* **1** (*aiuole ornamentali*) parterre **2** (*teatr.*) parterre (*GB*); pit.

particèlla, *f.* **1** particle; minute part (*o* portion); mote **2** (*fis.*) particle: **p. alfa [beta]**, alpha [beta] particle; **p. elementare**, elementary particle; **p. ionizzante**, ionizing particle; **p. con carica negativa**, negatively-charged particle **3** (*gramm.*) particle; relation-word: **p. pronominale**, pronominal particle. ● (*leg.*) **p. catastale**, parcel.

particellàre, *a.* **1** (*fis.*) particle (*attr.*) **2** (*leg.*) – **mappa p.**, cadastral map.

particìna, *f.* (*teatr., cinem.*) bit part; minor role.

participiàle, *a.* (*gramm.*) participial.

particìpio, *m.* (*gramm.*) participle: **il p. presente [passato]**, the present [past] participle.

partìcola, *f.* (*relig.*) particle; consecrated Host.

particolàre, A *a.* **1** (*contrapposto a «generale»*) particular: **un caso p.**, a particular case; **un esempio p.**, a particular instance **2** (*speciale*) special; particular: **un favore p.**, a special favour; **Non ho nulla di p. da raccontarti**, I have nothing special to tell you; **non avere notizie particolari**, to have no particular news; **in modo p.**, in a particular manner; particularly **3** (*insolito, notevole*) unusual; singular; peculiar: **una questione di p. interesse**, a matter of peculiar (*o* singular) interest **4** (*singolare, caratteristico*) distinctive; unusual; peculiar; of one's own: **un fascino p.**, a peculiar charm; **È un tipo molto p.**, he is a very unusual person; **Il suo accento è molto p.**, his accent is very distinctive; **un sapore p.**, a distinctive flavour; **Ha un modo tutto p. di vedere le cose**, he has a very peculiar outlook on things; **Ha una teoria sua p. su quello che è successo**, he has a theory of his own about what happened **5** (*privato*) private; personal: **un'udienza p.**, a private audience; **interessi particolari**, private interests. ● (*eufem.*) **un'amicizia p.**, a homosexual relationship. **B** *m.* **1** detail; particular: **i particolari di un problema**, the details of a problem; **conoscere tutti i particolari d'una situazione**, to know all the details of a situation; **Su questo p. vorrei sentire il prof. X**, on this point I would like to hear Prof. X's opinion; **con tutti i particolari**, in full details; **fin nei minimi particolari**, down to the smallest detail; **entrare** (*o* **scendere**) **nei particolari**, to go into details; **pieno di particolari**, full of details; detailed; **in p.**, in particular; particularly; especially; **citare un caso in p.**, to mention one case in particular **2** (*arte*) detail: **un p. della «Gioconda»**, a detail of the «Mona Lisa» **3** (*mecc.*) part: **un p. finito [lavorato]**, a finished [machined] part.

particolareggiàre, A *v. t.* **1** to give* particulars of; to give* (full) details of; to detail **2** (*rag.*) to itemize: **p. un conto**, to itemize an account. **B** *v. i.* to go* into details.

particolareggiàto, *a.* **1** detailed; (*minuzioso*) minute; (*circostanziato*) circumstantial: **un resoconto p.**, a circumstantial report **2** (*comm.*) itemized: **un conto p.**, an itemized account.

particolarìsmo, *m.* (*polit.*) particularism.

particolarìsta, *a., m.* e *f.* (*polit.*) particularist.

particolarìstico, *a.* (*polit.*) particularistic.

particolarità, *f.* **1** particularity; (*peculiarità*) peculiarity **2** (*circostanza particolare*) particular (circumstance); detail: **descrivere tutte le p.**, to give full details; to describe in detail.

particolarizzazióne, *f.* particularization.

particolarménte, *avv.* **1** (*nei dettagli*) in detail **2** (*specialmente*) particularly; especially **3** (*in modo speciale*) particularly; especially.

particolàto, *a.* (*scient.*) particulate.

partigianerìa, *f.* partisanship; party spirit.

partigianésco, *a.* (*spreg.*) partisan (*attr.*).

partigiàno, A *a.* **1** (*di parte*) partisan (*attr.*); party (*attr.*); factious; partial: **politica partigiana**, partisan politics; **reso cieco dallo zelo p.**, blinded by partisan zeal **2** (*dei partigiani*) partisan: **guerra partigiana**, partisan war. **B** *m.* (*f.* **-a**) ***1*** (*fautore*) partisan; supporter; champion; advocate ***2*** (*mil.*) partisan; resistance fighter; guer(r)illa.

partire (**1**), **A** *v. i.* ***1*** to leave*; to depart (*form.*); to go* away; (*mettersi in moto*) to start, to set* out, to set* off; (*salpare*) to sail; (*decollare*) to take* off: **A che ora parti?**, what time are you leaving?; **Partimmo in automobile**, we left by car; **Si parte oggi alle cinque**, we are leaving this afternoon at five o'clock; **Partiamo da Roma martedì prossimo**, we are leaving Rome next Tuesday; **Parto da Linate**, I'm leaving from Linate; **p. per l'estero**, to leave for abroad; to go abroad; **p. per un lungo viaggio**, to set off on a long journey; **Finalmente è partito!**, he has left at last!; **Il treno sta partendo**, the train is leaving (*o* starting, moving away); **Il piroscafo parte da Napoli ogni settimana**, the steamship sails from Naples every week; **Da Londra parte un aereo ogni due minuti**, a plane takes off from London every two minutes ***2*** (*muovere, avere inizio*) to start; to begin*: **Il filo parte da qui**, the wire starts from (*o* begins) here; **Noi partiamo da assunti diversi**, we start from different premises ***3*** (*provenire*) to come*: **L'ordine partiva dall'alto**, the order came from above; **un sospiro che partiva dal cuore**, a heartfelt sigh ***4*** (*autom.*: *del motore*) to start ***5*** (*fam.*: *rompersi*) to go* phut; to go* kaputt; to go* for a Burton (*GB*). ● **p. come una freccia**, to be off like a shot (*o* a bullet) □ **a p. da**, beginning from; (*bur.*) as from, as of, with effect from: **a p. da oggi**, beginning (*o* with effect) from today; **A p. dal 1° novembre nessun permesso verrà rilasciato**, as from the 1st of November no further permits will be issued □ **Troverete la spiegazione a p. dalla pagina 70**, you will find the explanation from page 70 onwards □ **A p. da quel giorno, nessuno gli ha parlato**, from that day on nobody has spoken to him □ **Avevo solo un nome da cui p. (nelle mie ricerche)**, I had just a name to go on □ **far p. un colpo di fucile**, to fire a shot (*o* a gun) □ **essere partito dal nulla**, to have risen (*o* come up) from nothing; to be a self-made man □ (*fam.*) **È partita per quel ragazzo!**, she's gone on that boy! □ **Si parte!**, we're off! □ (*sport*) **Sono partiti!**, they're off! □ **P. è un po' morire**, parting is such sweet sorrow. **B partirsi**, *v. i. pron.* (*lett.*) to part; to leave* (a place): **p. dalla patria**, to leave one's native country; (*eufem.*) **p. dal mondo**, to leave this world; to die; to pass away.

partire (**2**), *v. t.* (*lett.*) ***1*** (*separare*) to separate; to divide ***2*** (*spartire*) to share.

partita, *f.* ***1*** (*comm.*) lot; parcel; consignment; batch: **L'ultima p. non era conforme al campione**, the last consignment was not up to sample; **una p. di merce**, a parcel of goods; **una p. di frigoriferi**, a consignment of refrigerators; **una p. di droga**, a drug haul; **piccole [grosse] partite**, small [large] lots; **a partite**, by lots; **in una sola p.**, in a single lot ***2*** (*rag.*: *registrazione*) entry; item: **p. semplice [doppia]**, single [double] entry; **contabilità in p. semplice [doppia]**, single-entry [double-entry] bookkeeping; **una p. a credito [a debito]**, a credit [debit] item; **registrare [annullare] una p.**, to make [to cancel] an entry ***3*** (*giocata*) game; (*incontro*) game, match: **una p. a carte**, a game of cards; **una p. a tennis**, a tennis match; **una p. di calcio**, a football match; **fare** (*o* **giocare**) **una p.**, to play (*o* to have) a game; **La p. finì con un pareggio**, the match ended in a draw; **andare alla p.**, to go to a football match; **p. nel girone di ritorno**, rematch; return match ***4*** (*mus.*) partita. ● **p. di caccia**, hunting party □ (*comm.*) **p. di giro**, clearing transaction □ **p. d'onore**, duel □ **p. di piacere**, trip □ (*fin.*) **p. di titoli**, block (*o* lot) of shares □ (*comm.*) **p. IVA**, VAT number □ (*fig.*) **avere p. vinta**, to get one's way □ (*fig.*) **dare p. vinta**, to give in; to throw in the towel □ (*comm.*) **dividere in partite**, to lot □ **essere della p.**, to be one of the party □ (*fig.*) **giocare a p. doppia**, to play a double game □ (*comm.*) **in p.**, by wholesale; in the lump □ (*comm.*) **libro a p. doppia**, ledger □ (*fig.*) **pareggiare le partite**, to settle (*o* to pay off) old scores □ (*fig.*) **È una p. chiusa**, it's a closed chapter; it's all over now.

partitàrio, *m.* (*comm.*) ledger.

partìtico, *a.* party (*attr.*); party-political.

partitismo, *m.* (*polit.*) party politics (*pl. col verbo al sing.*).

partitissima, *f.* (*sport*) big match.

partitìvo, *a. e m.* (*gramm.*) partitive: **genitivo p.**, partitive genitive.

partito, **A** *a.* (*arald.*) party: **scudo p.**, party shield. **B** *m.* ***1*** (*polit.*) party: **il p. democratico [conservatore]**, the Democratic [Conservative] Party; **il p. al potere**, the party in power; **il p. all'opposizione**, the opposition (party); **p. di massa**, party appealing to the masses; **p. di centro [di destra, di sinistra]**, Centre [Right-wing, Left-wing] party; **guerra di partiti**, party strife; **C'era una lotta feroce per il potere in seno al p.**, there was a ferocious struggle for power in the party; **iscriversi a un p.**, to join a party; **un iscritto a un p.**, a party member; **Di che p. sei?**, what party do you vote for? ***2*** (*risoluzione*) resolution, decision; (*alternativa*) alternative: **Scelse il p. migliore**, he made the best decision; **Non c'è altro p. possibile**, there's no other possible alternative; **prendere un p.**, to make up one's mind; to come to a decision ***3*** (*occasione di matrimonio*; *possibile marito o moglie*) match; (*scherz.*, *di uomo*) catch: **un buon p.**, a good match ***4*** (*vantaggio*) advantage; profit; benefit: **trarre p. da q.c.**, to take advantage of st.; to profit from st. ● **mettere la testa** (*o* **il cervello**) **a p.**, to turn over a new leaf; to mend one's ways □ **prendere p. contro q.**, to take sides against sb.; to oppose sb. □ **prendere p. per q.**, to take sides with sb.; to side with sb. □ **per p. preso**, on principle; deliberately; on purpose □ **essere ridotto a mal p.**, to be in a bad way (*o* in a sorry plight); to be in a tight corner □ **ridurre q. a mal p.**, to put sb. in a tight corner; (*picchiarlo*) to beat sb. up □ **trovarsi a mal p.**, to find oneself in trouble; to be in a tight spot (*o* in deep water); to be in a sorry plight; to have one's back to the wall.

partitocràtico, *a.* (*polit.*) party-dominated; party-hegemonized.

partitocrazia, *f.* (*polit.*) party power; government by and for the parties.

partitóre, *m.* ***1*** (*idraul.*) diversion chamber ***2*** (*elettr.*) divider: **p. di tensione**, potential (*o* voltage) divider.

partitùra, *f.* (*mus.*) (full) score: **leggere in p.**, to read the (full) score; **mettere in p.**, to score; to orchestrate.

partizióne, *f.* partition; division.

partnership (*ingl.*), *f. invar.* ***1*** (*comm.*) partnership ***2*** (*associazione, collaborazione*) partnership; collaboration.

pàrto (**1**), *m.* ***1*** childbirth; birth; delivery: **un p. facile [laborioso]**, an easy [a difficult] delivery; **p. a termine**, full term delivery; **p. cesareo**, Caesarean section delivery; Caesarean birth; **p. gemellare**, twin birth; **p. indolore**, painless childbirth; **p. pilotato**, controlled (*o* enhanced) labour; **p. podalico**, breech delivery; **p. prematuro**, premature birth; **le doglie del p.**, labour, labor (*USA*); **sala p.**, delivery room; **essere prossima al p.**, to be near one's time; **morire di p.**, to die in childbirth ***2*** (*di animali*) delivery, birth, dropping; (*di bovini, elefanti, cetacei*) calving; (*di ovini*) lambing ***3*** (*fig.*: *opera*) product; work: **i parti dell'ingegno**, the products of genius; **parti letterari**, literary products; **un p. della fantasia**, a product of the imagination; (*iron.*) a figment of the imagination.

pàrto (**2**), *a. e m.* Parthian. ● (*fig.*) **freccia del P.**, Parthian shot.

partóne, *m.* (*fis.*) parton.

partoriènte, **A** *a.* in labour; lying-in (*attr.*); parturient. **B** *f.* woman* in labour.

partorìre, *v. t.* ***1*** to give* birth to; to be delivered of; to bear*: **Ha partorito un maschio**, she gave birth to (*o* was delivered of) a baby boy; **Partorirà tra due mesi**, she will give birth in two months; ***2*** (*di animali*) to bring* forth, to drop, to litter; (*di bestia feroce*) to cub; (*di cagna*) to pup; (*di cavalla*) to foal; (*di gatta*) to kitten; (*di ovino*) to lamb, to drop; (*di scrofa*) to farrow; (*di bovino, elefante, cetaceo*) to calve ***3*** (*fig. lett.*) to bring* forth; to beget*; to breed*; (*scherz.*) to produce: **La montagna partorì un topolino**, the mountain brought forth a ridiculous mouse; **La violenza partorisce odio**, violence breeds hatred; **Ha partorito un altro romanzo**, he has produced another novel.

part time (*ingl.*), **A** *locuz. a. invar. e avv.* part-time: **occupazione p.**, part-time job; **lavorare p.**, to work part-time; **lavoratore p.**, part-timer. **B** *locuz. m. invar.* part-time work; part-time job.

parure (*franc.*), *f. invar.* parure; set.

parusìa, *f.* (*teol., filos.*) parousia.

parvenu (*franc.*), *m. invar.* upstart; parvenu.

parvènza, *f.* ***1*** (*lett.*) appearance; aspect ***2*** (*fig.*: *ombra*) shadow; trace.

parziàle, *a.* ***1*** (*che è o avviene solo in parte*) partial; incomplete: **un'eclissi p.**, a partial eclipse; **conoscenza p. dei fatti**, incomplete knowledge of the facts; **p. infermità di mente**, partial insanity; **risultati parziali**, partial results; **un successo p.**, a partial success ***2*** (*che favorisce una delle parti*) partial, prejudiced, bias(s)ed; (*ingiusto*) unfair; (*unilaterale*) one-sided: **un esaminatore p.**, a partial examiner; **essere p.**, to be partial (*o* unfair); to show partiality (*o* favouritism).

parzialità, *f.* ***1*** partiality; bias; unfairness: **essere accusato di p.**, to be accused of partiality ***2*** (*comportamento parziale*) partiality.

parzializzàre, *v. t.* ***1*** to divide into parts ***2*** (*tecn.*) to choke; to shut: **p. un flusso**, to choke the flow.

parzializzatóre, *m.* (*tecn.*) choke.

parzializzazióne, *f.* (*tecn.*) choking.

parzialménte, *avv.* ***1*** (*in parte*) partially; partly; in part; to some extent: **È vero p.**, it is partially true ***2*** (*con parzialità*) with partiality; unfairly: **giudicare p.**, to judge with partiality; to be unfair in one's judgment.

pascal (*franc.*), *m. invar.* (*fis.*) pascal.

pàscere, **A** *v. t. e i.* ***1*** (*agric.*) to pasture; to graze; to feed*: **p. l'erba**, to graze; **far p. le greggi**, to pasture sheep; **Le mucche pascevano nei prati**, the cows were feeding (*o* grazing) in the meadows ***2*** (*fig.*) to feed*; to nourish: **p. gli occhi**, to feed the eyes; **p. la mente**, to nourish one's mind. ● **p. q. d'aria**, to put sb. off with idle promises. **B pàscersi**, *v. rifl.* ***1*** (*nutrirsi*) to feed* on; to live on: **p. di ghiande**, to feed on acorns ***2*** (*fig.*) to cherish; to nurse; to foster: **p. di vane speranze**, to cherish (*o* to cling to) false hopes; **p. di superstizioni**, to foster superstitions.

pascià, *m.* pasha, pacha. ● (*fig.*) **fare il p.** (*o* **vivere come un p.**), to live like a lord; to live in clover (*fam.*).

pascialàto, *m.* pashadom, pachadom.

pasciulì, *V.* **patchouli**.

pasciùto, *a.* fed; nourished: **ben p.**, well-fed.

pascolàre, *v. t. e i.* (*agric.*) to pasture; to graze: **p. il gregge**, to pasture the flock.

pascolativo, *a.* (*agric.*) pasturable. ● **terreno p.**, pasture (land); grazing land.

pàscolo, *m.* ***1*** (*agric.*) pasture; pasturage; pasture land; grazing land: **verdi pascoli**, green pastures; **mandare al p.**, to put out to pasture; **condurre le pecore al p.**, to lead one's sheep to pasture; **diritto al p.**, grazing right; **p. abusivo**, unlawful pasturage **2** (*il pascolare*) pasturage; pasturing; grazing; feeding **3** (*le erbe che si pascolano*) pasture; pasturage: **un p. abbondante**, a rich pasture **4** (*fig.*) nourishment; food: **La lettura è un buon p. per la mente**, reading is a good nourishment for the mind. ● **dare p. all'invidia**, to nurture envy □ **greggi al p.**, flocks at grass.

paṣigrafìa, *f.* (*ling.*) pasigraphy.

pasionària (*spagn.*), *f.* **1** (*rivoluzionaria*) (woman*) revolutionary **2** (*fig.*) passionate woman*.

Pàsqua, *f.* **1** (*cristiana*) Easter; **la domenica di P.**, Easter Sunday (*o* Day); **le vacanze di P.**, the Easter holidays; **un uovo di P.**, an Easter egg; **augurare la buona P. a q.**, to wish sb. a happy Easter; **P. alta [bassa]**, late [early] Easter; **La P. è alta [bassa] quest'anno**, Easter falls late [early] this year **2** (*ebraica*) Passover; Pesach. ● **P. di ceppo**, Christmas □ **P. di rose**, Whitsunday; Pentecost □ **P. fiorita**, Palm Sunday □ (*fig.*) **essere contento come una P.**, to be as happy as can be; to be in heaven □ (*eccles.*) **fare la Pasqua**, to fulfil one's Easter obligation.

pasquàle, *a.* **1** (*della Pasqua cristiana*) Easter (*attr.*); Paschal: **le vacanze pasquali**, the Easter holidays; **cero p.**, paschal candle; **uova pasquali**, Easter eggs **2** (*della Pasqua ebraica*) Paschal; Passover (*attr.*): **l'agnello p.**, the Paschal lamb.

pasquétta, *f.* (*region.*) **1** (*lunedì di Pasqua*) Easter Monday; (*estens.*: *gita*) Easter Monday outing **2** (*Epifania*) (the) Epiphany **3** (*Pentecoste*) Whitsunday.

pasquinàta, *f.* (*letter.*) pasquinade; lampoon.

passàbile, *a.* passable; unexceptional; indifferent; (*discreto*) tolerable, acceptable, not so (*o* too) bad (*pred.*); (*appena sufficiente*) adequate: **una p. conoscenza di q.c.**, a passable knowledge of st.; **un romanzo p.**, an indifferent novel; **un'esecuzione p.**, an adequate performance; **È p.**, it's not so bad.

passabilménte, *avv.* passably; tolerably; well enough: **Parli l'inglese p.**, you can speak English well enough; **Canta p.**, she sings tolerably well; her singing is not too bad.

passacàglia, *f.* (*danza*) passacaglia.

passacàrte, *m. invar.* (*spreg.*) paper pusher; red-taper.

passacàvo, *m.* (*naut.*) fairlead; chock.

passafièno, *m. invar.* hatch (for passing fodder).

passafili, *m. invar.* (*chir.*) thread-carrier.

passafino, *m. invar.* (*sartoria*) edging; braiding.

passafuòri, *m. invar.* (*edil.*) rafter head; rafter end.

passàggio, *m.* **1** (*il passare*) passing; (*l'attraversare*) crossing: **il p. di una cometa [di un treno]**, the passing of a comet [of a train]; **il p. di un fiume**, the crossing of a river; **al p. dell'equatore**, on crossing the Equator **2** (*traffico*) traffic: **un gran p. di camion**, heavy lorry traffic; **una strada con molto p.**, a very busy road **3** (*varco, spazio*) passage; way: **aprirsi a forza un p. tra la folla**, to force a passage (*o* to make one's way) through the crowd **4** (*luogo dove si passa*) way through, passageway; (*entrata*) way in; (*uscita*) way out; (*transito*) transit; (*punto di attraversamento*) crossing: **Ho trovato un p.**, I've found a way though; **chiudere tutti i passaggi per impedire l'uscita**, to block all the ways out; **impedire** (*o* **ostruire**) **il p.**, to block (*o* to stand in) the way (*o* the passage); to be in the way; **p. a livello**, level crossing (*GB*); grade crossing (*USA*); **p. ad arco**, archway; **p. pedonale**, pedestrian crossing (*o* way); walkway; (*zebrato*) zebra crossing; **p. sotterraneo**, underground passage **5** (*su automezzo*) lift: **Mi puoi dare un p. fino a Mantova?**, can you give me a lift to Mantua? **6** (*viaggio marittimo o aereo*) passage: **prenotare un p. su una nave**, to book a passage on a ship; **guadagnarsi il p. lavorando**, to work one's passage **7** (*cambiamento*) change; transfer: **p. di mano**, change of hands; **p. di proprietà**, change of ownership; (*leg.*) transfer of title **8** (*mus., letter.*) passage **9** (*astron.*) transit **10** (*sport*) pass; (*hockey*) assist: **p. diagonale**, through pass; **p. in avanti**, forward pass; **p. lungo**, bomb. ● (*cartello*) **p. a livello incustodito**, level crossing without gate ahead □ (*geogr.*) **il P. a nord-ovest**, the North-West Passage □ **p. delle consegne**, handing over □ **Notai di p. che...**, I remarked in passing (*o* en passant) that... □ **«Sei mai stata a Verona?» «Solo un paio di volte, di p.»**, «have you ever been to Verona?» «I only passed through it a couple of times» □ **È gente di p.**, they are here only for a short time □ (*fig.*) **il gran p.** (*la morte*), death □ (*leg.*) **servitù** (*o* **diritto**) **di p.**, right of way; right of passage □ **stanza di p.**, passage □ **uccello di p.**, migratory bird; bird of passage □ **Vietato il p.**, no transit; no thoroughfare.

passamanerìa, *f.* **1** (*passamani*) braids (*pl.*); braiding; trimming(s); passementerie (*franc.*); passement **2** (*fabbrica di passamani*) ribbon and braid factory.

passamàno (1), *m.* (*sartoria*) braid; trimming.

passamàno (2), *m.* – **fare il p.**, to pass (st.) from hand to hand; to form a human chain.

passamèẓẓo, *m.* (*danza*) passamezzo; passy-measure.

passamontàgna, *m. invar.* balaclava (helmet, cap).

passanàstro, *m.* embroidered (*o* lace) piece with eyelets.

pàssa-non pàssa, *locuz. m. invar.* (*mecc.*) go-no go gauge.

passànte, A *a.* – (*tennis*) **colpo p.**, passing shot; (*ferr.*) **stazione p.**, through station; (*telef.*) **selezione p.**, through line; (*arald.*) **leone p.**, lion passant. **B** *m.* e *f.* passer-by. **C** *m.* **1** (*di cintura e sim.*) loop **2** (*collegamento stradale*) link road; (*ferr.*) railway link.

passaparòla, *m.* **1** (*mil.*) order passed along by word of mouth **2** (*gioco*) Chinese whispers (*pl.*). ● **fare p.**, to pass the word.

passapatàte, *m. invar.* potato masher.

passapiède, *m.* (*danza*) passepied.

passapòrto, *m.* passport: **fare domanda per il p.**, to apply for a passport; **mettere il visto su un p.**, to visa a passport; **negare il p. a q.**, to refuse sb. a passport; **rinnovare il p.**, to renew one's passport; **Il mio p. è scaduto**, my passport has expired; **p. collettivo**, group passport; **p. diplomatico**, diplomatic passport; **p. valido**, valid passport.

passàre, A *v. i.* **1** to pass; to pass by; to go* along; to go* by; to proceed; (*di fiume*) to flow: **Passavo per una strada deserta**, I was going along a deserted road; **La salutai mentre passava davanti a casa mia**, I greeted her while she was passing by my house; **Passò senza fermarsi**, he went past without stopping; **Lasciami p., per favore**, please let me pass; **Passò come un fulmine**, he shot by; he whizzed past; **Non voglio p. dal paese**, I don't want to go through the village; **La strada passava per i campi**, the road passed (*o* ran, went) through the fields; **Per andare a Milano si passa da Pavia**, you go to Milan via Pavia; **Per fare prima passa da via Cavour**, take Via Cavour, it's quicker; **Passammo per il centro di Parma**, we passed through the centre of Parma; **Il Tevere passa per Roma**, the Tiber flows through Rome; **Passiamo ad altre cose!**, let us proceed (*o* move on) to other. things! **2** (*trascorrere*) to pass; to elapse; to go* by: **Passarono dieci giorni**, ten days elapsed (*o* went by); **Man mano che passa il tempo**, as time goes by; **Quanti anni sono passati!**, how many years have passed! **3** (*finire, cessare*) to pass; to cease; to stop; to end; to be over: **È passata la pioggia**, it has stopped raining; the rain has stopped; **I miei guai sono passati**, my troubles have ended (*o* are over); **Mi è passato il mal di testa**, my headache has gone; **una moda che passa**, a passing fashion; a passing fancy; **Il pericolo è passato**, the danger has passed (*o* is over); **Il tuo dolore passerà presto**, your sorrow will soon pass **4** (*fare una breve visita*) to call in (on sb.); to go* round (to sb.); to look in (on sb.); to drop in (on sb.); to look up (sb.): **È passato un signore a cercarti**, a man called in to see you; **È passato il postino?**, has the postman called (*o* passed)?; **Devo p. a salutare Piera**, I must go round to Piera to say hello; **Sono passata dalla nonna**, I called in on Granny; **Passate a trovarci quando tornate da queste parti**, look us up next time you are coming this way **5** (*in un negozio*) to call at; to look in at; to drop in at; to pop into (*fam.*): **Passa dall'ufficio del signor Smith**, call at Mr Smith's office; **Passerò in banca prima di venire a casa**, I'll drop in at the bank before coming home; **Potresti p. dal droghiere a prendermi delle uova?**, could you please pop into the grocer's and get me some eggs?; **Passa da Matera il vostro rappresentante?**, does your agent call at Matera? **6** (*diventare*) to become*; (*essere promosso*) to be promoted, to be made: **p. in proverbio**, to become a byword; **Passò capitano**, he was promoted captain **7** (*essere reputato*) to pass for; to be considered; to be thought (to be); to be deemed (to be) (*form.*): **Al suo paese passa per un artista**, in his country he passes for an artist; **Passa per un brav'uomo**, he is considered a good man; he is thought of as a good man; **p. per idiota**, to be considered an idiot; **p. per facoltoso**, to be considered well off; to be thought to be well off **8** (*essere approvato*) to be passed; to pass; to get* through; (*essere accettato*) to be accepted: **Il progetto di legge è passato alla Camera**, the bill got through the Lower House (*o* was passed by the Lower House); **p. a un esame**, to get through (*o* to pass) an exam; **Questa proposta non passerà in commissione**, this proposal won't be accepted by the Committee **9** (*intercorrere, esserci*) to be; to exist: **Fra me e lui passa una gran differenza**, there is a big difference between him and me **10** (*sport*: *effettuare un passaggio*) to make* a pass; to pass **11** (*a carte*) to pass. ● **p. a prendere q.**, to call for sb. □ (*eufem.*) **p. a miglior vita**, to die; to breathe one's last □ **p. a nuove** (*o* **seconde**) **nozze**, to be married again □ **p. ai voti**, to take a vote □ **p. al nemico**, to desert (to the enemy); to go over to the enemy camp □ (*autom.*) **p. col rosso**, to run the red light □ **p. di bocca in bocca**, to spread by word of mouth □ **p. da una condizione all'altra**, to change from one condition to another □ **p. di grado**, to get promotion □ **p. di mente**, to slip from (sb.'s) mind □ **p. di moda**, to go out of fashion; to date □ (*leg.*) **p. in giudicato**, to become res judicata; to become final □ **p. inosservato**, to go (*o* to pass) unnoticed (*o* unobserved) □ **p. per la mente**, to cross (sb.'s) mind □ **p. per molte mani**, to go through many hands □ (*fig.*) **p. sopra a q.c.**, (*non tener conto di*) to overlook st., to pass over; (*dimenticare*) to forget st. □ (*fig.*) **Ci sono passato anch'io!**, I've been there (*fam.*) □ **Sarà alto due metri e passa**, he's two metres tall and maybe more □ **trent'anni e passa**, well over thirty years □ **Varranno due milioni e passa**, they must be worth more than two million □ (*di cibo*) **essere passato di cottura**, to be overdone (*o* overcooked) □ **fare** (*o* **lasciare**) **p.** (*far entra-

re), to let in: **Fallo p.!**, let him in! □ **Me l'ha fatto p. per autentico**, he gave me to understand it was genuine; he passed if off to me as genuine □ **L'hanno fatto p. per pazzo**, they passed him off as a lunatic □ **far p. una legge in parlamento**, to get a law through Parliament □ **farsi p. per**, to pass oneself off as; to make oneself out to be □ **Non passa giorno che non si metta in qualche guaio**, there isn't a day goes by but he's in some sort of trouble □ **Come passa il tempo!**, how time flies! □ **Per questa volta passi, ma la prossima ti castigo**, I'll overlook it (*o* I'll let it go) this time, but the next time I'll punish you □ **Di qua non si passa**, there is no way through here □ **Passa via!**, go away!; beat it! (*pop.*) □ **Passerà anche questa**, it won't last for ever; it will have to end some time □ **La tradizione passa di padre in figlio**, tradition is handed down from father to son □ (*tel.*) **Passo e chiudo**, over and out □ (*prov.*) **Tutto passa**, everything has an end. **B** *v. t.* ***1*** (*oltrepassare*) to go* past, to pass; (*attraversare, valicare*) to pass through, to cross, to go* beyond: **Passata la banca, devi voltare a sinistra**, after you pass the bank, you must turn left; you must turn left after (*o* past) the bank; **Annibale passò le Alpi**, Hannibal crossed the Alps; **Mi salutò prima di p. la barriera**, he said goodbye to me before going beyond (*o* passing) the barrier; **Hai passato la dogana?**, have you passed (*o* got) through the Customs?; **p. una frontiera** [**un fiume**], to cross a border [a river] ***2*** (*trascorrere*) to spend*; to pass; (*far p.*) to while away: **Ha passato tutta la vita nello studio**, he has spent all his life in study; **Passa il tempo leggendo**, he spends his time reading; **Passerò quest'estate al mare**, I'll spend this summer at the seaside; **Lavoro a maglia per p. il tempo**, I knit to while away the time; **p. un brutto quarto d'ora**, to pass a bad quarter of an hour; **p. un brutto periodo**, to go through a bad time (*o* period) ***3*** (*far scorrere*) to pass; to run*; to pass across (*o* through): **p. un filo per la cruna dell'ago**, to pass a thread through the eye of a needle; to thread a needle; **passarsi le dita fra i capelli**, to pass (*o* to run) one's fingers through one's hair; **passarsi una mano sulla fronte**, to pass one's hand across one's forehead ***4*** (*dare*) to give*, to hand; (*fornire*) to supply: **Passami il giornale!**, hand me the paper!; **Passa il vassoio!**, hand the tray around!; **Mi passa cento sterline al mese**, he gives me a hundred pounds a month; (*comm.*) **p. un ordine** (*o* **un'ordinazione**) **a q.**, to place an order with sb.; **Il collegio non passa le divise**, the boarding school does not supply (the) uniforms ***5*** (*sopportare, subire*) to go* through; to pass through; to suffer: **Quel pover'uomo ne ha passate tante**, that poor man has gone through a lot; that poor man has had (more than) his share of troubles; **Quante me ne ha fatte p., lui!**, what troubles he's given me!; **p. un mucchio di guai**, to go through a lot of trouble ***6*** (*trafiggere*) to run* through; to pass through; to pierce: **Con un colpo di spada gli passò il petto**, with one thrust he ran him through the chest ***7*** (*promuovere, approvare*) to pass: **p. uno studente a un esame**, to pass a student at an exam; **p. un progetto di legge**, to pass a bill ***8*** (*filtrare*) to strain; (*setacciare*) to sieve, to sift; (*al passaverduta*) to purée: **p. il brodo**, to strain the stock; **p. la farina**, to sift the flour; **p. la sabbia**, to sieve the sand; **p. le carote**, to purée the carrots ***9*** (*sport*) to pass. ● **p. un fiume a guado**, to ford a river □ **p. un fiume a nuoto**, to swim across a river □ **p. in rivista un reggimento**, to review a regiment □ **p. la misura** (*o* **il limite, il segno**), to be the limit; to be too much □ (*telef.*) **p. la linea**, to put (sb.) through □ **p. parola**, to pass the word on □ **p. per le armi**, to shoot □ (*di lettera, pacco*) **p. il peso**, to be overweight □ **p. q.c. sotto silenzio**, to pass st. over in silence □ **p. il Rubicone**, to cross the Rubicon □ **p. il tempo nell'ozio**, to idle one's time away □ **p. la voce**, to pass the word □ **passarla bella**, to have a narrow escape (*o, fam.*: squeak) □ **passarla liscia**, to get away with it; to get off scot-free □ **passarne di tutti i colori** (*o* **di cotte e di crude**), to go through thick and thin □ **passarsela bene**, (*essere benestante*) to be well off, to be sitting pretty (*fam.*); (*divertirsi*) to have a good time □ **passarsela male**, (*essere povero*) to be badly off; (*avere una brutta esperienza*) to go through a bad time □ **Per questa volta te la passo**, I'll let you off (*o* I'll forgive you) this time □ **Non gliene passa una** (*nulla gli sfugge*), he doesn't miss a thing; nothing escapes him □ **Ho passato la trentina**, I am over (*o* past) thirty. **C** *m.* passing; course: **il p. delle stagioni**, the passing of the seasons; **col p. del tempo**, with the passing of time; in the course of time.

passascòtte, *m. invar.* (*naut.*) sheet lead.

passàta, *f.* ***1*** (*passo di selvaggina*) trail ***2*** (*breve occhiata*) (cursory) glance; look: **dare una p. a un libro**, to have a look at a book; to glance through a book; to skim through a book ***3*** (*strofinata*) (quick) rub; wiping ***4*** (*mano di vernice e sim.*) coat ***5*** (*spazzolata*) brush: **dare una p. a q.c.**, to give st. a brush; to brush st. ***6*** (*equitazione*) passage. ● **p. di pioggia**, shower □ **dare una p. alla carne in padella**, to sauté the meat □ **dare una p. alla lezione**, to look over one's lesson again □ **dare una p. col ferro a q.c.**, to pass the iron over st. □ **dare un'ultima p. col pennello**, to add a finishing touch □ **di p.**, in passing; incidentally.

passatèllo, *a.* (*scherz.*) getting on (in years); rather long in the tooth (*fam.*).

passatèmpo, *m.* pastime; recreation; diversion; (*p. preferito*) hobby: **La filatelia è il mio p. preferito**, stamp-collecting is my hobby; **fare q.c. per p.**, to do st. as a pastime.

passatismo, *m.* traditionalism.

passatista, *m. e f.* traditionalist; die-hard; old fogey (*fam.*).

passatistico, *a.* traditionalist.

passàto, A *a.* ***1*** (*trascorso*) past; gone by; bygone: **nei tempi passati**, in past times; in times gone by; in bygone days ***2*** (*antecedente*) former; (*scorso*) last ***3*** (*gramm.*) past; preterite: **il participio p.**, the past participle; **il tempo p.**, the past (*o* preterite) tense. ● **p. di moda**, out-of-date; outdated; out (*fam.*) □ **i bei tempi passati**, the good old days □ **una bellezza passata**, a faded beauty □ **le cose passate**, bygones. **B** *m.* ***1*** (*tempo p.*) (the) past: **Non possiamo mutare il p.**, we cannot change the past; **i ricordi del p.**, memories of the past; **in p.**, formerly; once; in past times; in bygone days ***2*** (*condotta antecedente*) past; past life: **Non so nulla del suo p.**, I know nothing of his past ***3*** (*gramm.*) past (tense); preterite (tense) ***4*** (*minestra*) soup; cream: **p. di piselli**, pea soup. ● (*cucina*) **p. di patate**, mashed potatoes □ (*gramm.*) **p. prossimo**, present perfect □ **come in p.**, as before □ **guardare al p.**, to look backwards □ **mettere una pietra sul p.**, to let bygones be bygones □ (*eufem.*) **una persona con un p.**, a person with a past.

passatòia, *f.* ***1*** runner; (*di scale*) stair carpet ***2*** (*ferr.*) crossing.

passatòio, *m.* stepping stones (*pl.*): **attraversare un ruscello al p.**, to cross a brook at the stepping stones.

passatóre, *m.* ***1*** (*traghettatore*) ferryman* ***2*** (*guida*) guide.

passatùra, *f.* ***1*** (*ind. tess.*) reeding ***2*** (*rammendo*) darning.

passatùtto, *m. invar.* masher.

passavànti, *m. invar.* (*naut.*) ***1*** (*documento*) pass ***2*** (*di imbarcazione*) gangway.

passaverdùra, *m. invar.* vegetable mill.

passavivànde, *m. invar.* service hatch.

passeggèro, A *a.* passing; transitory; transient; (*fugace*) fleeting, short-lived, ephemeral: **forme passeggere**, transitory shapes; **gioie passeggere**, transient (*o* short-lived) joys; **un capriccio p.**, a passing fancy; **un successo p.**, an ephemeral success. **B** *m.* (*f.* **-a**) ***1*** (*viaggiatore*) passenger, traveller; (*di taxi*) fare ***2*** (*passante*) passer-by. ● **p. clandestino**, stowaway.

passeggiàre, A *v. i.* to walk; to take* a walk; to stroll; to promenade: **p. in campagna**, to walk (*o* to stroll) in the country; **p. lungo il corso**, to walk (*o* to stroll) along the main street; **p. sul lungomare**, to promenade on (*o* along) the sea-front; **p. per la stanza**, to walk up and down the room. **B** *v. t.* to walk: **p. un cavallo**, to walk a horse.

passeggiàta, *f.* ***1*** (*atto del passeggiare*) walk; stroll; promenade: **È l'ora della nostra p.**, it's time for our walk; **una p. mattutina**, a morning walk; **una p. in campagna** [**per i campi**], a walk in the country [through the fields]; **una p. quotidiana nel parco**, a daily walk (*o* promenade) through the park; **fare una p.**, to take a walk (*o* a stroll); to walk; to stroll; to promenade ***2*** (*luogo dove si passeggia*) public walk; promenade ***3*** (*fig. fam.*: *cosa facilissima*) piece of cake, doddle, cinch (*USA*); (*in frasi neg.*) picnic: **Non sarà una p.!**, it won't be a picnic! ● (*mil.*) **p. militare**, route march; (*fig.*) walk-over □ (*miss.*) **p. nello spazio**, spacewalk.

passeggiatóre, *m.* walker; promenader.

passeggiatrice, *f.* ***1*** walker; promenader ***2*** (*spreg.*) prostitute; streetwalker.

passeggino, *m.* pushchair (*GB*); stroller (*USA*).

passéggio, *m.* ***1*** (*il passeggiare*) walk, stroll; (*come rito sociale*) promenade: **Andiamo** (*o* **usciamo**) **a p.**, let's go (out) for a walk; **Sono fuori a p.**, they are out walking; they are having a stroll; **il p. serale**, the evening promenade ***2*** (*gente che passeggia in un luogo*) promenaders (*pl.*) ***3*** (*luogo dove si passeggia*) public walk; (*lungomare, lungolago*) promenade: **un p. affollato**, a crowded promenade. ● **bastone da p.**, walking stick; cane.

passemèzzo, *V.* **passamezzo**.

passe-partout (*franc.*), *m. invar.* ***1*** (*chiave*) master-key; passe-partout ***2*** (*cornice di cartone*) passe-partout.

pàssera, *f.* ***1*** (*zool.*) (hen) sparrow: **p. scopaiola** (*Prunella modularis*), hedge sparrow; dunnock ***2*** (*volg.*: *vulva*) vulva; pussy (*volg.*); beaver (*volg.*) ***3*** – (*zool.*) **p. di mare** (*Pleuronectes platessa*), plaice.

Passeràcei, *V.* **Passeriformi**.

passeràio, *m.* ***1*** chirping; chirruping; cheeping ***2*** (*fig.*) chattering.

passerèlla, *f.* ***1*** (*naut.*) catwalk, bridge; (*da sbarco e imbarco*) gangway, gangplank: **p. volante**, flying bridge ***2*** (*aeron.*: *d'imbarco*) boarding walkway ***3*** (*ferr.*) crossing ***4*** (*edil.*) gangway; platform ***5*** (*asse per attraversare*) plank, gangway; (*passaggio di servizio*) walkway, gangway ***6*** (*piccolo ponte*) footbridge; (*ponte sospeso*) rope bridge ***7*** (*per sfilate di moda*) catwalk ***8*** (*teatr.*: *pedana*) forestage parade; (*p. di servizio*) catwalk, fly gallery ***9*** (*fig.*: *sfilata di personaggi importanti*) parade.

Passerifórmi, *m. pl.* (*zool.*, *Passeriformes*) Passeriformes; passerines.

passerino, *m.* (*naut.*) lifeline. ● (*naut.*) **p. dell'argano**, capstan swifter.

passerio, *V.* **passeraio**.

pàssero, *m.* ***1*** (*zool.*, *Passer*) sparrow: **uno stormo di passeri**, a flight of sparrows ***2*** – **p. domestico** (*Passer domesticus*), house-sparrow; **p. mattugio** (*Passer montanus*), tree sparrow; **p. solitario** (*Monticola solita-

rius), blue rock thrush.

passeròtto, *m.* ***1*** (*passero giovane*) young sparrow; (*passero che esce appena dal nido*) fledg(e)ling sparrow ***2*** (*fig.*: *sproposito*) howler (*fam.*).

pàssi, *m. invar.* pass.

passibile, *a.* liable; amenable; subject: **p. di multa**, liable to a fine; **p. di azione legale**, amenable to the law; **p. di pena**, indictable; **Il prezzo è p. di aumento**, the price is subject to increase.

passiflòra, *f.* (*bot.*, *Passiflora incarnata*) passionflower.

passim (*lat.*), *avv.* passim.

passino, *m.* strainer.

Passio, *m.* (*eccles.*) Passion.

passionàle, *a.* ***1*** (*di passione*) of passion: **delitto p.**, crime of passion ***2*** (*pronto a infiammarsi*) passionate: **un temperamento p.**, a passionate nature.

passionalità, *f.* passionateness.

passionàrio, *m.* (*eccles.*) passionary; passional.

passióne, *f.* ***1*** passion: **essere schiavo delle passioni**, to be a slave to one's passions; **frenare le passioni**, to control one's passions ***2*** (*forte predilezione*) passion; love; addiction: **La mia p. è viaggiare**, travelling is my passion; I love travelling; **La bicicletta è sempre stata la mia p.**, cycling has always been my passion; **Carla è stata la mia prima grande p.**, Carla was my first real love; **Ha p. per la musica**, he is very fond of music; **avere la p. dei fumetti**, to be a comic strip fan; **avere la p. del gioco**, to be an inveterate gambler; **non avere p. a niente**, to be indifferent to everything; not to take an interest in anything ***3*** (*entusiasmo*) enthusiasm; fervour: **fare q.c. con p.**, to do something with enthusiasm; **parlare con p.**, to speak with fervour (*o* passionately) ***4*** (*dolore*, *tormento*) suffering; distress; grief; pain: **una giornata di p.**, a day of suffering; **morire di p.**, to die of grief (*o* of a broken heart); **far morire q. di p.**, to break sb.'s heart ***5*** (*relig.*) Passion: **la P. di Nostro Signore**, the Passion of Our Lord; **la Domenica di P.**, Passion Sunday; **la settimana di P.**, Passion Week; **la P. secondo Matteo**, the Passion according to St Matthew. ● (*bot.*) **fior di p.** (*Passiflora incarnata*), passionflower □ **prendere p. a q.c.**, to take a liking to st.; to take a fancy to st.

passionista, *m.* (*eccles.*) Passionist.

passista, *m.* (*sport*) long-distance racing cyclist.

passito, *m.* raisin wine.

passivàre, *v. t.* (*chim.*) to passivate.

passivazióne, *f.* (*chim.*) passivation.

passivismo, *m.* passivism.

passività, *f.* ***1*** passivity; passiveness ***2*** (*comm.*) liabilities (*pl.*): **p. a lungo termine**, long-term liabilities; **p. (esigibili) a breve scadenza**, current liabilities; **p. inesigibili**, non-current liabilities; **accertare la p. d'una ditta**, to ascertain the liabilities of a firm ***3*** (*chim.*) passivity.

passivo, A *a.* ***1*** (*che subisce*) passive; (*inerte*) inactive, inert: **rimanere p.**, to remain passive; **fumo p.**, passive smoking ***2*** (*che non oppone resistenza*) passive; submissive: **obbedienza passiva**, passive obedience; **resistenza passiva**, passive resistance ***3*** (*gramm.*) passive: **la forma passiva**, the passive voice; **un verbo p.**, a passive verb ***4*** (*comm.*: *che non dà utile*) passive; unprofitable. ● (*rag.*) **bilancio p.**, debit balance. **B** *m.* ***1*** (*gramm.*) passive (voice) ***2*** (*comm.*) liabilities (*pl.*); deficit; indebtedness: **Il p. supera l'attivo**, the liabilities outweigh the assets; **attivo e p.**, assets and liabilities; **p. esigibile**, realizable liabilities; **p. inesigibile**, non-current liabilities; **l'ammontare del p.**, the amount of liabilities; **addossarsi il p.**, to take over the liabilities. ● (*banca*) **essere in p.**, to be in the red □ (*gramm.*) **mettere** (*o* **volgere**) **al p.**, to passivize □ (*comm.*) **registrare al p.**, to enter on the debit side.

pàsso (1), *m.* ***1*** step; (*falcata*) stride: **muovere i primi passi**, to take the first steps; **un p. lungo [corto]**, a long [short] step; **pochi passi più avanti**, a few steps further (on); **fare un p. avanti [indietro]**, to take a step forward [backward]; to step forward [back]; **dirigere** (*o* **volgere**) **i propri passi verso q.c.**, to turn one's steps towards st. ***2*** (*andatura*) pace, step; (*rumore di passi*) slep, tread, footfall: **Venne avanti con p. vacillante**, he came forward with a hesitating step; **camminare di buon p.**, to walk at a good pace; to walk quickly; **andare di buon p.**, to go at a good (*o* a brisk) pace; **andare a p. sciolto**, to walk with a spring in one's step; **Sento passi nel corridoio**, I can hear steps in the corridor; **Sentivo il loro p. pesante**, I could hear their heavy tread; **affrettare il p.**, to quicken one's pace; to step out; **rallentare il p.**, to slacken one's pace; to slow down; **tenere il p.**, to keep pace ***3*** (*orma*) footstep; footprint; track: **passi sulla sabbia**, footprints (*o* tracks) in (*o* on) the sand ***4*** (*fig.*: *decisione*, *iniziativa*) step; decision: **Il matrimonio è un grosso p.**, getting married is a big step; **Questo è un p. che non posso fare**, this is something I cannot do (*o* a step I cannot take); **Non sapeva decidersi a quel p.**, he couldn't bring himself to take that step; **fare dei passi per ottenere q.c.**, to take steps to get st. ***5*** (*brano*) passage: **un p. oscuro**, an obscure passage; **passi scelti**, selected passages; selections ***6*** (*mecc.*: *di elica*, *di vite*) pitch ***7*** (*ind. tess.*) shed ***8*** (*cinem.*) gauge: **film a p. normale [ridotto]**, standard [sub-standard] gauge film. ● **p. (a) p.**, step by step □ (*mil.*) **p. dell'oca**, goose step □ **p. di carica**, double: **a p. di carica**, at the double □ **p. di valzer**, waltz step □ **p. p.**, very slowly □ **a due passi di qui**, just round the corner; a short way away; a stone's throw from here □ (*fig.*) **a ogni p.**, at every turn □ (*mil.*) **Al p.!**, (keep) in step! □ **allungare il p.**, to lengthen one's stride (*o* step); (*affrettarsi*) to hurry □ **a p. d'uomo [di lumaca]**, at a walking [snail's] pace □ **Sentiva la morte avvicinarsi a grandi passi**, he felt death coming on apace □ (*fig.*) **ai primi passi**, fledgling (*attr.*); in one's infancy □ **essere al p.**, to be in step □ **essere al p. coi tempi**, to be abreast with the times □ (*anche fig.*) **non essere al p.**, to be out of step □ **non essere al p. coi tempi**, to be behind the times; to lag behind □ (*fig.*) **andare di pari p. con**, to go hand in hand with □ **cambiare il p.**, to change step □ **camminare a grandi passi**, to stride □ **di questo p.**, at this rate □ (*fig.*) **fare due** (*o* **quattro**) **passi**, to take (*o* to go for) a stroll □ (*fig.*) **fare il gran p.**, to take the plunge □ (*fig.*) **fare il p. più lungo della gamba**, to bite off more than one can chew □ (*fig.*) **fare il p. secondo la gamba**, to cut one's coat according to one's cloth □ **fare passi da gigante**, to take great strides; (*fig.*, *anche*) to make great progress, to progress by leaps and bounds □ (*di bambino*) **fare i primi passi**, to be learning to walk □ (*fig.*) **fare tre passi su un mattone**, to be as slow as a tortoise □ **fare un p. falso**, to stumble; (*fig.*) to make a false step (*o* a false move) □ (*fig.*) **muovere i primi passi**, to get under way □ (*fig.*) **Non muoverò un p. per loro**, I won't stir a finger to help them □ **perdere il p.**, to fall out of step □ **rompere il p.**, to break step □ **sbagliare il p.**, to get [to be] out of step □ (*anche fig.*) **segnare il p.**, to mark time □ (*fig.*) **seguire i passi di q.**, to follow in sb.'s footsteps (*o* tracks) □ **stare al p. con q.**, to keep pace (*o* to keep up) with sb. □ **tornare sui propri passi**, to retrace one's steps □ **E via di questo p.**, and so on.

pàsso (2), *m.* ***1*** (*passaggio*) way; passage: **cedere il p. a q.**, to give way to sb.; **aprirsi il p. attraverso q.c.**, to make one's way through st.; **ostruire il p.**, to block the passage ***2*** (*geogr.*) pass: **il p. del Gran San Bernardo**, the Great St. Bernard Pass. ● **p. carraio**, carriage entrance; carriageway □ **proibire il p. a q.**, to deny sb. entry; to forbid entry (*o* right of way) to sb. □ **uccelli di p.**, migratory birds; birds of passage.

pàsso (3), *a.* dried; withered. ● **uva passa**, raisins (*pl.*).

pàsta, *f.* ***1*** (*impasto per pane*) dough; (*per pasticci, dolci*) pastry: **lavorare [spianare] la p.**, to knead [to roll out] the dough; **p. frolla**, *V.* **pastafrolla**; **p. sfoglia**, flaky (*o* puff) pastry ***2*** (*p. alimentare*) pasta: **p. al sugo**, pasta with tomato sauce; **p. al burro**, plain pasta; **p. all'uovo**, egg noodles (*pl.*); **p. fatta in casa**, home-made pasta; **buttare la p.**, to put the pasta on to cook ***3*** (*pasticcino*) fancy cake, tea cake; (*piuttosto grossa*) pastry: **prendere il tè con le paste**, to have a cup of tea with cakes ***4*** (*prodotto di consistenza molle*) paste: **p. d'acciughe**, anchovy paste; **p. di mandorle**, almond paste; (*chim.*) **p. d'amido**, starch paste; **p. dentifricia**, toothpaste ***5*** (*ind.*) pulp: **p. di carta**, pulp; stuff; **p. di legno**, wood pulp; **p. di stracci**, rag pulp ***6*** (*fig.*) stuff; (*indole*) disposition, nature: **È fatto d'altra p.**, he is of a different nature; **essere di buona p.**, to be good-natured; **una p. d'uomo**, an easy-going man; a good soul (*fam.*). ● **asse per la p.**, pastry board □ (*fig.*) **avere le mani in p.**, to have a finger in the pie (*fam.*) □ (*fig.*) **essere della stessa p.**, to be cast in the same mould □ **formaggio a p. molle [dura]**, soft [hard] cheese □ (*fig.*) **mettere le mani in p.**, to meddle in sb.'s affairs □ **un uomo di diversa p.**, a different sort of man □ **un uomo di grossa p.**, a rough man.

pastafròlla, *f.* ***1*** (*cucina*) shortcrust (*o* short) pastry ***2*** (*fig.*) spineless (*o* nerveless) person. ● (*fig.*) **avere le mani di p.**, to be butter--fingered □ (*fig.*) **essere di p.**, to be spineless; to have no backbone.

pastàio, *m.* (*f.* **-a**) ***1*** (*chi fa paste alimentari*) maker of pasta ***2*** (*chi le vende*) seller of pasta.

pastasciùtta, *f.* (*cucina*) pasta.

pastasciuttàio, *m.* (*f.* **-a**) (*scherz.*) big pasta eater.

pastècca, *f.* (*naut.*) snatch block.

pasteggiàbile, *a.* (*enologia*) table (*attr.*): **vino p.**, table wine.

pasteggiàre, *v. i.* ***1*** (*cibarsi di*) to have (*o* to eat*) (st.) for one's meal: **p. a pollo**, to have chicken for one's dinner; to dine on chicken ***2*** (*bere durante il pasto*) to have (*o* to drink*) (st.) with one's meals: **p. a vino**, to drink wine with one's meals.

pastèlla, *f.* (*cucina*) batter.

pastellista, *m.* e *f.* (*arte*) pastellist.

pastèllo, A *m.* ***1*** pastel: **una matita a p.**, a pastel crayon; **una scatola di pastelli**, a box of pastels; **disegno a p.**, pastel (drawing); **dipingere a p.**, to draw with pastels ***2*** (*dipinto a p.*) pastel. **B** *a.* pastel: **verde p.**, pastel green.

pastètta, *f.* ***1*** *V.* **pastella** ***2*** (*fig.*: *broglio elettorale*) rigged election; (*imbroglio*) fraud, trick

pastìcca, *f.* ***1*** lozenge; tablet; (*pillola*) pill; (*goccia*) drop: **una p. di menta**, a peppermint lozenge; a peppermint drop; **pasticche per la tosse**, cough lozenges ***2*** (*pop.*: *dose di LSD*) pep pill; popper.

pasticcère, *V.* **pasticciere**.

pasticceria, *f.* ***1*** pastry making; confectionery ***2*** (*negozio*) pastry shop; confectioner's (shop); confectionery ***3*** (*paste dolci*) pastry; confectionery.

pasticciàccio, *m.* ***1*** (*grosso pasticcio*) imbroglio; can of worms (*fam.*); balls-up (*volg. GB*), ballup (*volg. USA*) ***2*** (*delitto misterioso*) mystery murder.

pasticciàre, *v. t.* ***1*** (*eseguire male*) to make* a mess of; to mess up; to bungle; to flub

(*USA*); to goof (*fam. USA*) **2** (*scarabocchiare*) to scribble **3** (*assol.*) to mess about.

pasticciàto, *a.* **1** (*malfatto*) messy; bungled **2** (*scarabocchiato*) scribbled all over **3** (*cucina*) cooked with cheese, butter and ragout.

pasticcière, A *m.* (*f.* **-a**) **1** (*chi fa paste dolci*) pastry cook **2** (*chi le vende*) confectioner. **B** *a.* confectioner (*attr.*). ● **crema pasticciera**, custard.

pasticcino, *m.* (*cucina*) fancy cake; tea cake.

pasticcio, *m.* **1** (*cucina*) pie; pasty: **p. di maccheroni**, macaroni pie; **p. di carne**, meat pie **2** (*fig.*: *lavoro mal fatto*) mess; bungle; botch; hash; dog's dinner (*fam.*): **Volevo aggiustarlo, ma ho fatto un p.**, I meant to fix it, but I've made a mess of it; **Combina solo pasticci**, he regularly botches things up **3** (*fig.*: *faccenda imbrogliata*) mess; pickle (*fam.*); fix (*fam.*); jam (*fam.*); scrape; (*specialm. polit.*) imbroglio: **Siamo in un bel p.**, we are in a fine mess; **un brutto p.**, a bad fix; **essere nei pasticci**, to be in a fix; to be in a tight spot; **Quel ragazzo si mette sempre nei pasticci**, that boy is always getting into scrapes; **togliere q. dai pasticci**, to get sb. out of a scrape **4** (*mus., letter.*) pasticcio*; pastiche.

pasticcióne, A *m.* (*f.* **-a**) (*fam.*) messer; muddler; bungler; bumbler. **B** *a.* messy.

pastiche (*franc.*), *m. invar.* (*letter., arte, mus.*) pastiche.

pastificàre, *v. i.* to make* pasta.

pastificazióne, *f.* pasta-making.

pastificio, *m.* pasta factory.

pastiglia, *f.* **1** tablet; lozenge; pastille: **pastiglie per la tosse**, cough lozenges **2** (*impasto usato per decorare*) plaster **3** (*autom., mecc.*) pad; (*di freno*) (brake) pad, (brake) lining **4** (*tecn.*: *sferetta, cilindretto*) pellet. ● (*autom.*) **sostituire le pastiglie** (*dei freni*), to reline □ (*autom.*) **sostituzione delle pastiglie** (*dei freni*), (brake) relining.

pastina, *f.* **1** (*pasta per brodo*) small pasta: **p. in brodo**, broth with pasta **2** *V.* **pasticcino**.

pastinàca, *f.* **1** (*bot., Pastinaca sativa*) parsnip **2** (*zool., Dasyatis pastinaca*) stingray.

pàsto, *m.* meal: **La colazione è il primo p. del giorno**, breakfast is the first meal of the day; **un magro p.**, a poor (*o* a scanty) meal; **un p. abbondante**, a full (*o* a hearty) meal; **prima dei [dopo i] pasti**, before [after] meals; **tra un p. e l'altro** (*o* **fuori p.**), between meals; **fare due pasti al giorno**, to have (*o* to take) two meals a day; **saltare un p.**, to skip a meal; **stare ai pasti** (*o* **non prendere nulla fuori di p.**), to eat only at mealtimes. ● (*fig.*) **dare una notizia in p. al pubblico**, to regale the public with a piece of news □ (*stor.* e *fig.*) **essere dato in p. alle belve**, to be thrown to wild beasts □ **vino da p.**, table wine.

pastòcchia, *f.* **1** (*pasticcio*) muddle **2** (*fig.*: *inganno*) trick; sham.

pastóia, *f.* **1** hobble; fetters (*pl.*) **2** (*vet.*) pastern **3** (*pl.*) (*fig.*) fetters; shackles; trammels. ● **liberare q. dalle pastoie**, to unfetter sb. □ **liberarsi d'ogni p.**, to cast off all trammels □ **mettere le pastoie**, to hobble; to fetter; (*fig.*) to trammel.

pastóne, *m.* **1** (*per animali*) (bran) mash; (*per galline*) chicken feed **2** (*cibo troppo cotto*) soggy mess; mush **3** (*fig.*: *disordinata mescolanza*) jumble; hotchpotch, hodgepodge (*USA*); dog's dinner **4** (*giorn.*) scissors-and-paste story.

pastóra, *f.* shepherdess.

pastoràle (1), A *a.* **1** (*di pastore*) pastoral (*anche letter.*); shepherd's (*attr.*); bucolic; rural: **poesia p.**, pastoral poetry; **dramma p.**, pastoral play; **una scena p.**, a pastoral (*o* rural) scene **2** (*sacerdotale*) pastoral; priestly; priest's: **cura p.**, pastoral charge; **l'ufficio p.**, a priest's office; **teologia p.**, pastoral theology **3** (*episcopale*) pastoral; bishop's: **lettera p.**, pastoral (letter); **anello p.**, bishop's ring. **B** *f.* (*relig.*) pastoral.

pastoràle (2), *f.* (*mus.*) pastorale.

pastoràle (3), *m.* (*eccles.*) pastoral staff; crosier.

pastoràle (4), *m.* (*vet.*) pastern.

pastóre, *m.* **1** (*anche fig.*) shepherd: **I pastori custodivano il gregge**, the shepherds were tending their flock; **p. di capre**, goatherd; **p. di anime**, shepherd of souls; **la parabola del buon p.**, the parable of the Good Shepherd **2** (*sacerdote*) pastor; (*protestante*) minister; (*anglicano*) parson, clergyman* **3** (*zool., anche* **cane da p.**) sheepdog; shepherd dog: **p. belga**, Belgian sheepdog; **p. scozzese**, collie; **p. tedesco**, German shepherd; Alsatian.

pastorèlla (1), *f.* **1** young shepherdess; shepherd lass **2** (*cappello di paglia*) wide-brimmed straw hat.

pastorèlla (2), *f.* (*mus., letter.*) pastoral.

pastorellerìa, *f.* (*spreg.*) pseudo-pastoral poem [play, etc.]; (*al pl.*) pseudo-pastoral writing.

pastorèllo, *m.* young shepherd; shepherd boy.

pastorìzia, *f.* sheep-breeding; sheep-farming.

pastorìzio, *a.* sheep-breeding (*attr.*).

pastorizzàre, *v. t.* (*ind.*) to pasteurize.

pastorizzàto, *a.* pasteurized: **latte p.**, pasteurized milk.

pastorizzatóre, *m.* (*apparecchio*; *operaio*) pasteurizer.

pastorizzazióne, *f.* (*ind.*) pasteurization.

pastosità, *f.* **1** pastiness; doughiness **2** (*fig.*) mellowness; softness.

pastóso, *a.* **1** (*morbido come pasta*) pasty; doughy: **una materia pastosa**, a pasty substance **2** (*fig.*) rich; warm; mellow; soft: **voce pastosa**, rich voice; **colori pastosi**, warm colours; **vino p.**, mellow wine.

pastràno, *m.* overcoat; topcoat; (*mil.*) greatcoat.

pastròcchio, *m. V.* **pastocchia**.

pastùra, *f.* **1** (*pascolo*) pasture; pasturage: **condurre le bestie alla p.**, to lead the cattle to pasture; to pasture the cattle; **mandare alla p.**, to put out to pasture **2** (*cibo per pesci*) fish food.

pasturàle, *V.* **pastorale (4)**.

pasturàre, *v. t.* **1** to pasture; to graze **2** (*fig.*) to feed*; to nourish.

pasturazióne, *f.* (*di pesci*) fish feeding.

patàcca, *f.* **1** (*moneta di scarso valore*) worthless coin **2** (*oggetto di scarso valore*) piece of rubbish; (*oggetto falso*) fake **3** (*macchia*) stain; spot: **una p. d'unto**, a grease stain; **farsi una p. sulla cravatta**, to stain one's tie **4** (*fig. scherz.*: *decorazione*) decoration; medal; gong (*pop. GB*). ● **Non vale una p.**, it isn't worth a brass farthing.

pataccàro, *m.* (*f.* **-a**) (*pop.*) **1** seller of fakes **2** (*estens.*: *truffatore*) swindler; con man* (*m., fam.*).

pataccóne (1), *m.* (*spreg. fam.*: *orologio da tasca*) turnip.

pataccóne (2), *m.* (*f.* **-a**) (*spreg.*) **1** (*persona che si macchia facilmente*) messy person **2** (*persona grossa e goffa*) big lump; oaf.

patafìsica, *f.* (*letter.*) pataphysics.

patàgio, *m.* (*zool.*) patagium*.

patagóne, *a., m.* e *f.* Patagonian.

patagònico, *a.* Patagonian.

patapùm, *inter.* bang!; crash!

patarìa, *f.* (*stor. relig.*) Pataria.

patarìno, *a.* e *m.* (*stor. relig.*) Patarine.

patàta, *f.* (*bot., Solanum tuberosum*; *il tubero*) potato*: **patate farinose**, mealy potatoes; **patate fritte**, fried potatoes; chips (*GB*); French fries (*USA*); **patate lesse**, boiled potatoes; **patate in umido**, stewed potatoes; **purea di patate**, mashed potatoes; **bucce di patate**, (potato) peelings; **fecola di patate**, potato flour. ● (*bot.*) **p. dolce** (*Ipomoea batatas*), batata; sweet potato □ (*fig.*) **p. bollente**, hot potato □ (*scherz.*) **farsi tirare le patate**, to have bad eggs thrown at one □ **naso a p.**, button nose □ (*fig.*) **sacco di patate**, clumsy person; big lump □ (*fig.*) **spirito di p.**, weak humour.

pataticoltóre, *m.* (*f.* **-trice**) potato grower.

pataticoltùra, *f.* potato-growing.

patatìna, *f.* **1** (*patata novella*) new potato **2** (*pl.*) – **patatine croccanti**, potato crisps (*GB*); potato chips (*USA*); **patatine fritte**, chips (*GB*); French fries (*USA*).

patatóne, *m.* (*f.* **-a**) (*fam. spreg.*: *persona lenta*) slowcoach, lump; (*persona sciocca*) dunderhead, gawk, ninny.

patatràc, A *inter.* crack!; bang!; crash! **B** *m.* **1** (*scoppio*) crack; bang: **Si sentì un p.**, there was a crack **2** (*crollo rovinoso*) crash **3** (*disastro*) disaster **4** (*fallimento*) crash.

patavinità, *f.* Patavinity.

patavìno, *a.* e *m.* (*f.* **-a**) Paduan (*f.* Paduan woman*).

patchouli (*franc.*), *m. invar.* patchouli, patchouly.

pâté (*franc.*), *m. invar.* (*cucina*) paté; paste.

patèlla, *f.* **1** (*zool., Patella*) limpet **2** (*anat.*) patella*; kneecap.

patellàre, *a.* (*anat.*) – **riflesso p.**, patellar reflex; kneejerk.

patèma, *m.* anxiety; worry; nervousness; heartache. ● **p. d'animo**, anxiety; anguish.

patèna, *f.* (*eccles.*) paten.

patentàre, *v. t.* to license.

patentàto, *a.* **1** licensed; certificated; chartered: **un pilota p.**, a licensed pilot **2** (*fig.*) thorough; downright; out-and-out: **uno sciocco p.**, a downright fool.

patènte (1), *a.* **1** (*manifesto*) patent; manifest; self-evident: **un'ingiustizia p.**, a patent injustice; **una p. menzogna**, a manifest lie **2** – (*leg.*) **lettera p.**, letter patent **3** (*bot.*) patent.

patènte (2), *f.* **1** (*licenza*) licence, license (*USA*); permit: (*autom.*) **la p. di guida**, a driver's (*o* driving) licence; **prendere la p.**, to get one's driving licence; (*naut.*) **p. sanitaria**, bill of health (*abbr.*: B.H.) **2** (*brevetto d'invenzione*) patent. ● **concessionario di p.**, patentee □ (*autom.*) **esame per la p.**, driving test □ **dare a q. la p. di ladro**, to call sb. a thief □ (*fam.*) **Ma chi ti ha dato la p.?**, where did you learn to drive? □ **ritiro della p.**, disqualification from driving.

patentìno, *m.* (*autom.*) temporary driving licence. ● (*autom.*) **p. internazionale di guida**, international driving licence.

pater (*lat.*), *m. invar.* (*pop.*) Paternoster.

pàtera, *f.* (*archeol.*) patera*.

pateràcchio, *m.* (*spreg.*) compromise agreement.

pateràsso, pateràzzo, *m.* (*naut.*) backstay.

pateréccio, *m.* (*med.*) whitlow.

pater familias (*lat.*), *locuz. m.* (*stor.* o *scherz.*) paterfamilias.

paterìno, *V.* **patarino**.

paternàle, *f.* rebuke; reprimand; scolding; lecture; telling-off (*fam.*): **fare una p. a q.**, to reprimand sb.; to read sb. a lecture; to give sb. a telling-off; to tell sb. off.

paternalìsmo, *m.* (*anche polit.*) paternalism.

paternalìsta, (*anche polit.*) **A** *m.* e *f.* paternalist. **B** *a.* paternalistic.

paternalìstico, *a.* (*anche polit.*) paternalist (*attr.*); paternalistic.

paternaménte, *avv.* paternally; like a father.

paternità, *f.* **1** paternity; fatherhood: **i doveri della p.**, the duties of fatherhood; a father's duties; (*leg.*) **p. legale**, adoptive fatherhood; **test di p.**, paternity test; **congedo per p.**, paternity leave; (*scherz.*) **La p. ti fa bene!**, paternity suits you! **2** (*nome del padre*) father's name **3** (*condizione di autore*) authorship; responsibility: **la p. d'un libro**, the authorship of a book; **la p. di un attentato**, the responsibility of a bombing.

patèrno, *a.* **1** paternal; father's; fatherly: **la**

casa paterna, one's paternal (*o* father's) house; **affetto p.**, fatherly love **2** (*da parte del padre*) paternal; on one's father's side: **il nonno p.**, one's paternal grandfather. ● **in tono p.**, paternally.

Paternòstro, *m.* **1** (*relig.*) Paternoster; (the) Lord's Prayer: **dire dieci Paternostri**, to say ten Paternosters **2** (*grano della corona del rosario*) paternoster (bead) **3** (*naut.*) parrel truck. ● **sapere q.c. come il P.**, to know st. by heart; to have st. at one's fingertips (*fam.*).

pateticità, *f.* patheticalness; pathetic tone.

patètico, A *a.* **1** pathetic; full of pathos; emotional; (*commovente*) moving: **La nostra separazione fu molto patetica**, our parting was very emotional; **una scena patetica**, a moving scene; **parole patetiche**, pathetic (*o* moving) words; **con voce patetica**, in a pathetic voice **2** (*anat.*) – **nervo p.**, pathetic nerve. **B** *m.* **1** (*il genere p.*) pathetic; pathos; sentimentalism **2** (*f.* **-a**) (*chi fa lo svenevole*) sentimental (person); sentimentalist. ● **cascare nel p.**, to become sentimental □ **fare il p.**, to sentimentalize.

pateticùme, *m.* (*spreg.*) sentimentality; mush (*fam.*).

patetişmo, *m.* sentimentalism.

pàthos, *m.* pathos.

patibolàre, *a.* sinister: **una faccia p.**, a sinister face.

patìbolo, *m.* scaffold; (*per decapitazione*) block; (*forca*) gallows (*sing.*), gibbet: **condannare q. al p.**, to send sb. to the gallows; **salire il p.**, to go to the block. ● **faccia da p.**, sinister face.

patiménto, *m.* suffering; affliction; torment; pain: **ridere dei patimenti di q.**, to laugh at sb.'s sufferings; **soffrire i più acerbi patimenti**, to suffer the pains of hell.

pàtina, *f.* **1** (*velatura*) patina: **una p. naturale [artificiale]**, a natural [an artificial] patina; **una p. di gelo**, a patina of frost; (*fig.*) **la p. del tempo**, the patina of time **2** (*med.*: *della lingua*) fur; coating **3** (*della carta*) coat; glaze.

patinàre, *v. t.* **1** to patinate **2** (*carta*) to coat; to glaze.

patinàto, *a.* **1** (*coperto di patina*) patinated **2** (*med.*: *di lingua*) furred; coated **3** (*di carta*) glossy; art (*attr.*).

patinatùra, *f.* **1** patination **2** (*di carta*) coating.

patinóso, *a.* **1** (*coperto di patina*) patinated; patinous; covered with a patina **2** (*med.*) furred; coated: **una lingua patinosa**, a furred tongue.

patio (*spagn.*), *m.* patio; open courtyard.

patire, A *v. i.* **1** to suffer: **p. di gelosia**, to suffer the pangs of jealousy; **p. di mal di capo [d'insonnia]**, to suffer from headaches [from insomnia]; **Quell'albero ha patito per il gelo**, that tree has suffered from the frost; (*fig.*) **Ha finito di p.**, his (*o* her) sufferings are over **2** (*di cose*: *essere danneggiate*) to be damaged: **La merce ha patito durante il viaggio**, the goods were damaged in transit. **B** *v. t.* **1** to suffer; to undergo*: **p. il caldo [il freddo]**, to suffer from the heat [from the cold]; to feel the heat [the cold] intensely; **p. il martirio**, to suffer martyrdom; **p. la fame**, to go hungry; to know hunger; to starve; (*estens.*) to undergo many privations; **p. un torto**, to suffer a wrong; **p. la sete**, to suffer thirst; to be very thirsty **2** (*sopportare, tollerare*) to bear*; to stand*; to suffer: **Non patirò questi affronti!**, I won't stand (for) these insults!; **Non posso p. ch'egli la maltratti così**, I can't bear to see him ill-treat her in this way. ● **p. il mal di mare**, to be seasick □ **fare p. la fame a q.**, to starve sb.

patito, A *a.* (*deperito*) sickly; (*smunto*) haggard, pinched: **un bambino debole e p.**, a weak, sickly child; **viso p.**, pinched face. **B** *m.* (*f.* **-a**) (*appassionato*) enthusiast; fan; buff: **un p. del jazz [del cinema]**, a jazz [film] fan (*o* buff); **un p. della politica**, a fanatic for politics.

patofobìa, *f.* (*psic.*) pathophobia.

patòfobo, *m.* (*f.* **-a**) (*psic.*) pathophobic person (*o* patient).

patogèneşi, *f.* (*med.*) pathogenesis; pathogeny.

patogenètico, *a.* (*med.*) pathogenetic.

patogenicità, *f.* (*biol.*) pathogenicity.

patògeno, *a.* (*biol.*) pathogenic. ● **agente p.**, pathogen.

patognomònico, *a.* (*med.*) pathognomonic.

patografìa, *f.* pathography.

patois (*franc.*), *m. invar.* patois; regional dialect.

patologìa, *f.* (*med.*) pathology.

patològico, *a.* **1** (*med.*) pathologic(al): **anatomia patologica**, pathological anatomy **2** (*estens.*) pathological: **un bisogno p. di lodi**, a pathological need of praise; **ansia patologica**, pathological worrying. ● (*scherz.*) **un caso p.**, a nutcase.

patòlogo, *m.* (*f.* **-a**) (*med.*) pathologist.

pàtos, *V.* **pathos.**

patòşi, *f.* (*med.*) pathosis*.

Patràsso, *m.* (*geogr.*) Patras; Patrai. ● (*scherz.*) **andare a P.**, (*morire*) to die; (*andare in rovina*) to go to the dogs (*fam.*), to go west (*fam.*) □ (*scherz.*) **mandare a P.**, (*uccidere*) to kill; (*rovinare*) to wreck.

pàtria, *f.* **1** (native) country; native land; homeland; fatherland; (*contrapposto a «estero»*) home: **amor di p.**, love of one's country (*o* native land, homeland); **p. d'elezione**, country of adoption; adoptive country; **difendere [tradire] la p.**, to defend [to betray] one's country; **per il re e per la p.**, for King and country; **essere esule dalla p.**, to be an exile from home; to be an expatriate; **in p. e all'estero**, at home and abroad **2** (*luogo nativo*) birthplace; (*fig.*) home, land: **la Grecia, p. della civiltà occidentale**, Greece, birthplace of Western civilization; **la Liguria, p. di navigatori**, Liguria, home (*o* land) of navigators. ● (*relig.*) **p. celeste**, heavenly home □ **i caduti per la p.**, those who fell for their country □ **l'altare della p.**, the tomb of the Unknown Soldier □ **i senza p.**, stateless (*o* displaced) persons □ **il suolo della p.**, one's native soil.

patriàrca, *m.* **1** (*stor., eccles.*) patriarch: (*Bibbia*) **i patriarchi**, the patriarchs; **il p. di Costantinopoli**, the Patriarch of Constantinople **2** (*estens.*: *capofamiglia*) patriarch **3** (*fig.*: *vecchio*) patriarch; venerable old man.

patriarcàle, *a.* (*stor., eccles., fig.*) patriarchal: **una famiglia p.**, a patriarchal family; **una vita p.**, a patriarchal life; **un aspetto p.**, a patriarchal (*o* venerable) appearance; **una chiesa p.**, a patriarchal church.

patriarcàto, *m.* (*stor., eccles.*) **1** (*organizzazione patriarcale*) patriarchy; patriarchalism **2** (*dignità, sede del patriarca*) patriarchate.

patricìda, patricìdio, *V.* **parricida, parricidio.**

patrìgno, *m.* stepfather. ● **p. e matrigna**, step-parents.

patrilineàre, *a.* (*etnol.*) patrilineal; patrilinear.

patrilinearità, *f.* (*etnol.*) patrilineal descent.

patrilìneo, *V.* **patrilineare.**

patrilocàle, *a.* (*etnol.*) patrilocal.

patrilocalità, *f.* (*etnol.*) patrilocality.

patrimoniàle, *a.* property (*attr.*): **beni patrimoniali**, property (*sing.*); assets; chattels; **reato p.**, crime against property; **danno p.**, property damage; **imposta p.**, property tax. ● (*leg.*) **asse p.**, estate and property □ **rendita p.**, unearned income □ (*comm.*) **stato p.**, statement of assets and liabilities.

patrimònio, *m.* **1** property; estate; assets (*pl.*); chattels (*pl.*); (*per estens.*) fortune: **ereditare un grosso p.**, to inherit a large estate; to come into a fortune; **p. immobiliare**, real estate (*o* property); **p. mobiliare**, personal property; **p. aziendale**, corporate assets; **p. pubblico**, public property; **mettere insieme un bel p.**, to make a fortune; **sperperare un p.**, to squander a fortune **2** (*fig.*) patrimony; heritage: **Il mio p. è un nome onorato**, my patrimony is an honoured name; **il p. della letteratura inglese**, the heritage of English literature. ● (*stor.*) **il P. di S. Pietro**, the Patrimony of St. Peter □ (*leg.*) **p. in possesso assoluto**, estate in fee □ (*leg.*) **p. in possesso condizionato**, estate upon condition □ (*leg.*) **p. proveniente da eredità**, estate in inheritance □ (*fig.*) **costare [spendere] un p.**, to cost [to spend] a fortune (*fam.*) □ **imposta sul p.**, property tax.

pàtrio, *a.* **1** (*della patria*) of one's country; native: **l'amor p.**, love of one's country; patriotism; **il suolo p.**, one's native soil; (*scherz.*) **i patrii lidi**, one's native shores **2** (*paterno*) paternal; parental: **patria potestà**, parental power (*o* authority).

patriòta, *m. e f.* **1** patriot **2** (*estens.*: *partigiano*) partisan; freedom fighter.

patriottàrdo, (*spreg.*) **A** *a.* fanatically patriotic. **B** *m.* (*f.* **-a**) fanatical patriot; flag-waver.

patriòttico, *a.* patriotic: **spirito p.**, patriotic spirit; **un discorso p.**, a patriotic speech.

patriottişmo, *m.* patriotism; love of one's country.

patrìstica, *f.* (*eccles.*) patristics (*pl. col verbo al sing.*); patrology.

patrìstico, *a.* (*eccles.*) patristic.

Patrìzia, *f.* Patricia.

patriziàto, *m.* **1** (*stor. romana*) patriciate **2** (*aristocrazia*) aristocracy; patricians (*pl.*); aristocrats (*pl.*).

Patrìzio, *m.* Patrick.

patrìzio, A *a.* patrician; noble; aristocratic: **di sangue p.**, of noble birth (*o* rank). **B** *m.* (*f.* **-a**) patrician; noble; aristocrat: **patrizi e plebei**, patricians and plebeians.

patrizzàre, *v. i.* to take* after one's father.

patrocinànte, A *a.* **1** (*leg.*) defending; pleading **2** (*che sostiene*) sponsoring; supporting; patronizing. ● (*leg.*) **l'avvocato p.**, the counsel for the defence. **B** *m.* (*leg.*) pleader; counsel.

patrocinàre, *v. t.* **1** (*difendere, anche leg.*) to defend; to plead: **p. una parte**, to defend a party; **p. una causa**, to plead a cause **2** (*sostenere*) to sponsor; to support; to patronize: **un'iniziativa patrocinata dalla Regione**, a project sponsored by the Regional Authority; **p. una candidatura**, to support a candidature.

patrocinatóre, *m.* (*f.* **-trice**) **1** (*leg.*) pleader; counsel **2** (*sostenitore*) sponsor; supporter; patronizer **3** (*protettore*) patron; protector: **un p. delle arti**, a patron of the arts.

patrocìnio, *m.* **1** support; sponsorship **2** (*relig.*) patronage; protection: **mettersi sotto il p. di S. Giuseppe**, to put oneself under the patronage of St Joseph **3** (*leg.*) defence; legal representation. ● (*leg.*) **gratuito p.**, legal aid: **concedere il gratuito p.**, to grant legal aid □ (*leg.*) **beneficiario del gratuito p.**, pauper.

patroclìno, *a.* (*biol.*) patroclinous.

Pàtroclo, *m.* (*letter.*) Patroclus.

patrologìa, *f.* (*eccles.*) patrology; patristics (*pl. col verbo al sing.*).

patrològico, *a.* (*eccles.*) patrological.

patròlogo, *m.* (*f.* **-a**) patrologist.

patròna, *f.* (*eccles.*) patron saint.

patronàle, *a.* patronal.

patronàto, *m.* **1** (*protezione*) patronage **2** (*ente di assistenza*) aid society; (*istituzione benefica*) charitable institution, benevolent society: **p. dei carcerati**, prisoners' aid society; **p. scolastico**, pupils' benevolent fund **3** (*auspici*) auspices (*pl.*): **sotto il p. dell'ONU**, under the auspices of the UN. ● (*eccles.*) **diritto di p.**, patronate.

patronéssa, *f.* patroness; benefactress.

patronimìa, *f.* patronymic system.

patronìmico, *a.* e *m.* patronymic.

patróno, *m.* ***1*** (*protettore*) patron, protector; (*chi sostiene*) supporter ***2*** (*eccles.*) patron saint: **Sant'Ambrogio è il p. di Milano**, St Ambrose is the patron saint of Milan; **la festa del (santo) p.**, the festival (*o* feast) of the patron saint; the local festival ***3*** (*di istituzione di beneficenza*) patron; benefactor ***4*** (*leg.*) counsel for the defence.

pàtta (1), *f.* ***1*** (*risvolto di tasca*) flap ***2*** (*dei pantaloni*) fly; flies (*pl.*).

pàtta (2), *f.* (*naut.*) fluke; palm. ● **p. di bolina**, bowline bridle □ **p. d'oca**, crowfoot.

pàtta (3), *f.* (*nel gioco* e *fig.*) draw: **fare p.**, to draw. ● **È pari e p.**, it's all square □ **Adesso siamo pari e p.**, we're quits now.

pattàre, *v. i.* (*pareggiare*) to draw*.

patteggiàbile, *a.* open to negotiation (*pred.*).

patteggiaménto, *m.* negotiation (*spesso al pl.*); bargaining; (*leg.*) plea bargaining.

patteggiàre, A *v. i.* to negotiate; to enter into negotiations; to discuss terms; to bargain; (*venire ai patti*) to come* to terms: **Ambedue le parti erano disposte a p.**, both parties were willing to negotiate; **p. con il nemico**, to negotiate (*o* to come to terms) with the enemy. **B** *v. t.* to negotiate; to arrange the terms of: **p. la pace**, to negotiate peace; **p. la resa**, to arrange the terms of surrender; (*leg.*) **p. la pena**, to plea-bargain.

patteggiatóre, *m.* (*f.* **-trice**) negotiator.

pattern (*ingl.*), *m. invar.* pattern.

pattìna, *f.* ***1*** (*soletta*) felt pad ***2*** (*presina*) potholder.

pattinàggio, *m.* (*sport*) skating: **p. artistico**, figure-skating; **p. a rotelle**, roller-skating; **p. su ghiaccio**, ice-skating; **pista di p.**, skating rink.

pattinaménto, *m.* (*mecc.*) skid.

pattinàre, *v. i.* ***1*** (*sport*) to skate ***2*** (*autom.*) to skid.

pattinatóio, *m.* skating rink.

pattinatóre, *m.* (*f.* **-trice**) (*sport*) skater: **p. su ghiaccio**, ice-skater; **p. a rotelle**, roller-skater.

pàttino (1), *m.* ***1*** (*sport*) skate: **pattini da ghiaccio**, (ice) skates; **pattini a rotelle**, roller skates ***2*** (*di slitta*) runner ***3*** (*aeron.*) runner; skid: **p. centrale**, central runner; **p. di coda**, tail skid ***4*** (*mecc.*) sliding block; link block. ● (*mecc.*) **p. di contatto**, guide shoe; sliding shoe □ (*mecc.*) **p. di spinta**, pressure pad.

pattìno (2), *m.* (*naut.*) «pattino» (twin-hull pleasure boat).

pattìzio, *a.* (*leg.*) pactional.

pàtto, *m.* ***1*** (*convenzione, accordo*) agreement, understanding; (*specialm. leg.*) pact, compact; (*leg., relig.*) covenant; (*tra nazioni*) treaty: **concludere** (*o* **stringere**) **un p.**, to make (*o* to come to, to reach, to seal) an agreement; **mantenere [rompere] un p.**, to keep [to break] an agreement; **stare ai patti**, to keep to an agreement; **un p. di pace**, a treaty of peace; a peace treaty; **il P. Atlantico**, the North Atlantic Treaty; (*relig.*) **l'Antico [il Nuovo] P.**, the Old [the New] Covenant ***2*** (*pl.*) (*condizioni*) terms: **Non posso accettare questi patti**, I can't accept these terms ***3*** (*filos.*) contract: **il p. sociale**, the social contract. ● **a p. che**, on condition that; provided that; on the understanding that □ **a nessun p.**, on no account; in no case; by no means □ **a qualsiasi p.**, at any cost □ **a questo p.**, on this understanding (*o* condition) □ **venire a patti**, to come to terms □ (*prov.*) **Patti chiari, amici cari** (*o* **amicizia lunga**), short reckonings make long friends.

pattùglia, *f.* (*mil., polizia*) patrol: **p. aerea**, air patrol; **p. stradale**, road patrol; **essere di p.**, to be on patrol.

pattugliaménto, *m.* (*mil.*) patrol; patrolling.

pattugliàre, *v. i.* e *t.* (*mil.*) to patrol.

pattugliatóre, *m.* (*mil.*) patrolman*.

pattuìre, *v. t.* to stipulate; to negotiate; to arrange the terms of; to settle; to fix; to agree upon: **p. il pagamento in oro**, to stipulate payment in gold; **p. una vendita**, to negotiate a sale; **p. la resa**, to arrange the terms of surrender.

pattuìto, A *a.* stipulated; agreed upon; arranged; settled; fixed: **il prezzo p.**, the price agreed upon. **B** *m.* agreement; terms (*pl.*): **attenersi al p.**, to keep to terms.

pattuizióne, *f.* ***1*** stipulation; negotiation ***2*** (*patto*) agreement; understanding.

pattùme, *m.* ***1*** (*immondizia*) rubbish; trash; garbage (*USA*) ***2*** (*fango, melma*) mud; mire; sludge.

pattumièra, *f.* rubbish bin (*GB*); dustbin (*GB*); garbage can (*USA*).

patùrne, patùrnie, *f. pl.* (*pop.*) bad mood (*sing.*); fit of the sulks (*sing., fam.*); the hump (*sing., fam. GB*): **avere le p.**, to be in a bad mood; to have a fit of the sulks; to have got up on the wrong side of the bed.

paulònia, *f.* (*bot., Paulownia tormentosa*) paulownia.

pauperismo, *m.* pauperism.

pauperìstico, *a.* of pauperism.

pauperizzazióne, *f.* (*econ.*) pauperization.

paùra, *f.* ***1*** fear; dread; (*spavento*) fright, scare; (*timore reverenziale*) awe: **tremare di p.**, to tremble with fear; **un uomo senza p.**, a fearless man; **Il dubbio e l'ansia si mutarono in p.**, doubt and anxiety changed to dread; **Viveva nella p. di essere arrestato**, he lived in dread of being arrested; **vincere la p.**, to overcome one's fear; **Che p.!**, what a fright!; **per p. di [che]**, for fear of [that] ***2*** (*preoccupazione*) fear; anxiety: **La tua p. non è giustificata**, your anxiety is (*o* your fears are) not justified. ● **Non avere p.!**, don't be afraid (*o* frightened)! □ **Ho p. che non venga**, I'm afraid (*o* I fear) he won't come □ **avere una p. del diavolo** (*o* **matta**), to be scared to death; to be in a blue funk (*fam.*) □ **avere p. di q.c.**, to be afraid of st.; to fear st.: **Ho p. della morte**, I'm afraid of (*o* I fear) death □ **avere p. della propria ombra**, to be afraid (*o* scared) of one's own shadow □ **Ho p. ogni volta che do un esame**, I'm nervous every time I sit for an exam □ **Ho p. per mio figlio quando viaggia in macchina**, I'm anxious for my son when he travels by car □ **Ho p. di no**, I'm afraid not □ **Ho p. di sì**, I'm afraid so □ **brutto da fare p.**, as ugly as sin □ **far p. a q.**, to frighten (*o* to scare) sb.: **Mi hai fatto p.!**, you scared me!; you gave me a fright! □ **far morire q. di p.**, to scare (*o* to frighten) sb. to death □ **Per strada c'è una confusione che fa p.**, the streets are dreadfully crowded □ **Guida la macchina in modo da fare p.**, the way he drives makes your hair stand on end □ **mettere p.**, to frighten; to scare; to be hairy (*fam.*) □ **morire di p.**, to die of fright; (*fig.*) to be frightened (*o* scared) to death □ **La p. fa novanta**, fear is an ugly beast (*o* makes you do strange things).

pauróso, *a.* ***1*** (*che ha paura*) fearful, timorous, timid; (*codardo*) cowardly, pusillanimous, faint-hearted ***2*** (*che mette paura*) frightful; fearful; dreadful: **un aspetto p.**, a frightful appearance; **un incidente p.**, a frightful accident; **l'orlo d'un precipizio p.**, the edge of a fearful precipice; **immagini paurose**, dreadful images.

pàusa, *f.* ***1*** (*interruzione*) pause; stop; (short) interval; break: **Ci fu una p. prima che il conferenziere riprendesse a parlare**, there was a pause before the lecturer spoke again; **fare una p.**, to have a break; to pause; to stop ***2*** (*sosta*) stand; halt ***3*** (*mus.*) rest.

pavàna, *f.* (*danza*) pavan.

pavé (*franc.*), *m. invar.* pavé; paved street.

paventàre, (*lett.*) **A** *v. i.* to take* fright; to get* frightened. **B** *v. t.* to fear; to be frightened of; to be afraid of: **p. la morte**, to fear death.

pavesàre, *v. t.* ***1*** (*naut.*) to dress (with flags); to deck (with flags): **p. una nave**, to dress a ship ***2*** (*imbandierare*) to decorate (with flags): **p. un teatro**, to decorate a theatre.

pavesàta, *f.* (*naut.*: *gala di bandiere*) flag dressing; flags (*pl.*).

pavése (1), A *a.* of Pavia; from Pavia; Pavia (*attr.*). **B** *m.* e *f.* inhabitant of Pavia; native of Pavia.

pavése (2), *m.* ***1*** (*naut.*) flag dressing; flags (*pl.*): **gran p.**, full dressing; **alzare il gran p.**, to dress ship; **piccolo p.**, (dressing ship with) masthead flags ***2*** (*stor.*) pavis(e).

pavidità, *f.* timidity; fearfulness; cowardliness.

pàvido, A *a.* timid; fearful; cowardly. **B** *m.* (*f.* **-a**) coward.

pavimentàle, *a.* floor (*attr.*).

pavimentàre, *v. t.* ***1*** (*una stanza*) to floor ***2*** (*una strada*) to pave. ● **p. a macadam**, to macadamize □ **p. con assi**, to plank.

pavimentatóre, *m.* (*f.* **-trice**) floor layer.

pavimentazióne, *f.* ***1*** (*di stanza*) flooring: **p. in cemento [in legno, in piastrelle, a mosaico]**, concrete [wood, tile, mosaic] flooring; **p. a parquet**, parquet flooring; parquetry ***2*** (*di strada*) paving: **p. a elementi**, block-paving; **p. continua**, sheet-paving ***3*** *V.* **pavimento**. ● **materiale per p.**, flooring □ **materiale per p. stradale**, road metal.

pavimentista, *m.* (*edil.*) flooring specialist.

paviménto, *m.* floor; flooring: **p. di legno**, wooden floor; **p. di marmo**, marble floor; **p. di mattonelle**, tiling (*o* tiled) floor; **p. di pietra**, stone floor; **p. a parquet**, parquetry; **p. di terra battuta**, earthen floor; **a piano p.**, at floor level; **fare un p.**, to make a floor.

pavimentóso, *a.* (*anat.*) pavement (*attr.*): **epitelio p.**, pavement epithelium*.

pavloviàno, *a.* (*psic.*) Pavlovian.

pavonàzzo, *V.* **paonazzo**.

pavoncèlla, *f.* (*zool., Vanellus vanellus*) lapwing.

pavóne, A *m.* ***1*** (*zool., Pavo cristatus*) peacock; (*femmina*) peahen; (*maschio o femmina*) peafowl: **penna di p.**, peacock's feather; peacock feather ***2*** (*fig.*) peacock: **fare il p.**, to play the peacock; **vanitoso come un p.**, as vain as a peacock. ● **a coda di p.**, fan-tailed □ (*fig.*) **coprirsi con le penne del p.**, to dress oneself with borrowed plumes. **B** *a. invar.* peacock (*attr.*): **blu p.**, peacock blue (*sost.*); peacock-blue (*agg.*).

pavoneggiàrsi, *v. i. pron.* to play the peacock; to strut; to show* off.

pavònia, *f.* (*zool., Saturnia pavonia minor*) emperor moth.

pay-tv (*ingl.*), *locuz. f. invar.* pay television; subscription television; pay-TV.

pazientàre, *v. i.* to have patience; to be patient; to wait patiently.

paziènte, A *a.* patient: **essere p. con q.**, to be patient with sb.; **ore di p. attesa**, hours of patient waiting; **un lavoratore p.**, a patient worker; **pazienti cure**, patient cares. **B** *m.* e *f.* (*chi è sottoposto a cure mediche*) patient.

pazienteménte, *avv.* patiently; with patience.

paziènza, *f.* ***1*** patience; endurance; forbearance: **Ci vuole p.**, it takes (a good deal of) patience; one must be patient; **la p. di Giobbe**, the patience of Job; **armarsi di p.**, to arm oneself with patience; **mettere alla prova la p. di q.**, to try sb.'s patience; **perdere la p.**, to lose one's patience (*o* temper); **Mi scappa la p.**, I'm about to lose my patience; **far scappare la p. a q.**, to wear out sb.'s patience; to make sb. lose his temper; **con p.**, with (*o* in) patience; patiently: **sopportare q.c. con p.**, to bear st. in patience ***2*** (*eccles.*: *abito*) scapular ***3*** (*eccles.*: *cordone*) cordon. ● **P.!**, never mind!: **Se è impossibile, p.!**, if it's impossible, never mind!; **P., verrai la prossima settima-**

na, never mind, you'll come next week; **Fossi ricco, p.!**, were I rich, it wouldn't matter so much □ **Abbi p., vieni qui**, come here, there's a good boy [girl] □ **Abbi p. se non sono venuto ieri**, do excuse me if I didn't come yesterday □ **Abbiate la p. di ritornare**, be so kind as to come back again □ (*carte*) **gioco di p.**, (game of) patience □ **Santa p., smettete di parlare!**, for goodness' sake, be quiet! □ **La p. ha un limite**, there's a limit to patience.

pazzaménte, *avv.* ***1*** (*da pazzo*) like a madman; madly; furiously; wildly: **agire p.**, to act like a madman ***2*** (*intensamente, violentemente*) – **desiderare q.c. p.**, to be dying for st.; **divertirsi p.**, to have the time of one's life; **essere innamorato p. di q.**, to be madly (*o*, *fam.*: head over heels) in love with sb.

pazzerèllo, **A** *a.* ***1*** mad; crack-brained (*fam.*) ***2*** (*capriccioso*) capricious; wanton. **B** *m.* (*f.* **-a**) madcap; crazy person; oddball (*fam.*); crackpot (*pop.*).

pazzerellóne, **A** *a.* jovial; jolly; rollicking. **B** *m.* (*f.* **-a**) bundle of fun; madcap.

pazzésco, *a.* ***1*** (*da pazzo*) crazy; mad; insane: **idee pazzesche**, crazy ideas; **un progetto p.**, a crazy scheme ***2*** (*assurdo*) absurd; mad: **costi pazzeschi**, absurd costs ***3*** (*fam.*: *straordinario*) incredible; fantastic; fabulous.

pazzìa, *f.* ***1*** madness; insanity; lunacy: **un accesso di p.**, a fit of madness ***2*** (*cosa insensata*) madness, lunacy; (*azione pazzesca*) folly, foolish action; (*idea pazza*) folly, foolish (*o* crazy) idea: **È una p. uscire con questa pioggia**, it's madness to go out in this rain; **Sarebbe una vera p. sposare quella donna**, it would be sheer folly to marry that woman; **L'attacco a Dieppe fu una p.**, the attack on Dieppe was an act of lunacy; **Quel ragazzo un giorno o l'altro farà una p.**, one of these days that boy is going to do something foolish; **Non farai mica la p. di vendere?**, I hope you won't be foolish enough to sell. ● **avere un ramo di p.**, to be crazy; to have a screw loose (*fam.*); to be slightly mad (*o* touched) □ **Non fare pazzie!**, don't do anything foolish □ **fare delle pazzie per una donna**, to go crazy (*o*, *pop.*: to go nuts) for a woman.

pàzzo, **A** *a.* ***1*** mad; insane; lunatic (*attr.*); crazy; bonkers (*fam.*): **Tu devi essere p.**, you must be insane (*o* crazy, mad); **diventare p.**, to go mad; (*anche fig.*) **far diventare p. q.**, to drive sb. mad (*o* crazy); **essere p. di gioia [di dolore]**, to be mad with joy [with grief] ***2*** (*bizzarro, strambo*) mad; crazy; foolish: **un'idea pazza**, a crazy idea ***3*** (*eccessivo*) wild; uncontrolled: **entusiasmo p.**, wild enthusiasm; **spese pazze**, wild extravagance; **risate pazze**, uncontrolled laughter. ● **p. da legare**, stark staring mad; raving mad; off one's head □ **p. furioso**, raving mad □ **andare p. per q.c.**, to be crazy (*o* mad) about st. □ **essere p. di q.**, to love sb. madly; to be madly in love with sb. □ **innamorato p.**, madly (*o*, *fam.*, head over heels) in love. **B** *m.* (*f.* **-a**) madman* (*f.* madwoman*); lunatic: **urlare come un p.**, to shout like a madman. ● **ospedale dei pazzi**, mental hospital □ **Cose da pazzi!**, it's sheer madness! □ **lavorare come un p.**, to work like a fury.

pazzòide, **A** *a.* crazy; half-mad; daft (*fam.*). **B** *m.* e *f.* madcap.

peàna, *m.* (*letter.*) paean.

pebrìna, *f.* (*agric.*) pebrine.

pecàn, *m.* ***1*** (*zool., Martes pennanti*) pekan; fisher* ***2*** (*bot., Carya illinoensis*) pecan (tree): **noce di p.**, pecan nut.

pècari, *m.* (*zool., Tayassu*) peccary: **p. dal collare** (*Tayassu tajacu*), collared peccary.

pècca, *f.* (slight) defect; flaw; fault; blemish; failing; shortcoming: **Abbiamo tutti le nostre piccole pecche**, we all have our little failings; **amare q. nonostante le sue pecche**, to love sb. in spite of his faults; **senza p.**, without blemish; flawless; faultless.

peccaminosità, *f.* sinfulness.

peccaminóso, *a.* sinful; wicked: **pensieri peccaminosi**, sinful thoughts; **una vita peccaminosa**, a wicked life.

peccàre, *v. i.* ***1*** (*commettere un peccato*) to sin; to commit a sin: **p. contro Dio**, to sin against God; **p. mortalmente**, to commit (a) mortal sin; **p. in pensieri, parole e atti**, to sin in (*o* through) thought, word and deed ***2*** (*commettere un errore*) to err; to be guilty (of st.); to sin: **p. di troppa generosità**, to err on the side of generosity; **p. d'ingratitudine [di leggerezza]**, to be guilty of ingratitude [of levity]; **p. contro la modestia**, to sin against modesty ***3*** (*essere manchevole, difettoso*) to be faulty; to be deficient (in st.); to lack (st.): **È una bella statua, ma pecca un po' nel naso**, it's a lovely statue, but the nose is a little faulty. ● **p. contro la legge**, to break the law; to offend against the law □ **p. contro la legge divina**, to transgress (*o* to break) the Divine Law □ **p. per difetto**, to fall short of what is required □ **p. per eccesso**, to do more than is required.

peccàto, *m.* ***1*** sin: **cadere nel p.**, to fall into sin; **p. mortale [veniale, originale]**, mortal [venial, original] sin; **p. di superbia [di gola]**, sin of pride [of gluttony]; **commettere [confessare, espiare] un p.**, to commit [to confess, to expiate] a sin; **i sette peccati capitali**, the seven deadly sins; **rimettere i peccati**, to forgive sins; **vivere in p.**, to live in sin; **pentirsi dei propri peccati**, to repent (of) one's sins; **Sconterete i vostri peccati**, you shall pay for your sins ***2*** (*errore*) error: **peccati di gioventù**, youthful errors. ● **essere brutto come il p.**, to be as ugly as sin □ **essere indurito nel p.**, to be a hardened sinner □ **È un p. che...**, it's a pity that... □ **Che p.!**, what a pity!; what a shame!; too bad! □ (*Bibbia*) **Chi di voi è senza p. scagli la prima pietra**, let him who is without sin cast the first stone □ **Sarebbe un p. svegliarlo**, it would be a shame to wake him up □ (*prov.*) **P. confessato è mezzo perdonato**, a fault confessed is half redressed.

peccatóre, *m.* (*f.* **-trice**) sinner: **un p. incallito**, a hardened sinner.

peccatùccio, *m.* petty sin; peccadillo.

pécchia, *f.* (*zool., Apis mellifera*) honeybee.

pecchióne, *m.* (*zool.*) drone.

péccio, *m.* (*bot.*) spruce.

péce, *f.* pitch: **spalmato di p.**, (be)smeared with pitch; pitchy; **coprire con p.**, to cover with pitch; to pitch; **nero come la p.**, as black as pitch; pitch-black. ● **p. da calzolaio**, cobbler's wax □ **p. greca**, colophony □ **p. liquida**, tar □ (*fig.*) **essere macchiati della stessa p.**, to be tarred with the same brush.

pecétta, *f.* ***1*** (*fig.*: *rimedio*) patch: **mettere una p. a q.c.**, to patch up st. ***2*** (*fam. fig.*: *persona seccante*) bore; pain in the neck (*fam.*).

pechblènda, *f.* (*miner.*) pitchblende.

pechinése, **A** *a.* Pekin(g)ese; Peking (*attr.*); Beijing (*attr.*). **B** *m.* e *f.* Pekin(g)ese; inhabitant of Peking (*o* Beijing): **i Pechinesi**, the Pekin(g)ese. **C** *m.* ***1*** (*ling.*) Pekin(g)ese ***2*** (*cane*) Pekin(g)ese; peke (*fam.*).

Pechìno, *f.* (*geogr.*) Peking; Beijing.

pecióso, *a.* ***1*** (*sporco di pece*) pitchy; smeared with pitch ***2*** (*simile a pece*) pitchy; like pitch.

pècora, *f.* ***1*** (*zool., Ovis aries*) sheep*; (*la femmina*) ewe: **un gregge (*o* un branco) di pecore**, a flock of sheep; **rinserrare le pecore nell'ovile**, to shut the sheep up in the sheepfold; **tosare le pecore**, to shear sheep ***2*** (*fig.*) sheep*; (*vile*) coward. ● (*fig.*) **p. bianca**, privileged person □ (*fig.*) **p. nera**, black sheep □ **p. tosata una volta sola**, shearling □ **carne di p.**, mutton □ (*fig.*) **conoscere le proprie pecore**, to know whom one has to deal with □ (*fig.*) **contare le pecore**, to count sheep.

pecoràggine, *f.* moral cowardice.

pecoràia, *f.* shepherdess.

pecoràio, *m.* ***1*** shepherd ***2*** (*fig.*: *uomo rozzo*) uncouth fellow.

pecoràme, *m.* (*anche fig.*) flock of sheep.

pecoréccio, *a.* coarse; smutty.

pecorèlla, *f.* ***1*** sheep; (*agnello*) lamb: **la p. smarrita**, the lost sheep ***2*** (*pl.*) (*nuvolette*) fleecy clouds; mackerel clouds ***3*** (*pl.*) (*naut.*) white horses. ● **cielo a pecorelle**, fleecy (*o* a mackerel) sky □ (*prov.*) **Cielo a pecorelle, acqua a catinelle**, a mackerel sky is never long dry.

pecorésco, *a.* (*spreg.*) sheep-like.

pecorìle, **A** *a.* of a sheep; sheep's; sheep-like. **B** *m.* sheepfold.

pecorìno, *a.* of sheep; sheep's: **pelle pecorina**, sheep's skin; sheepskin; **(formaggio) p.**, sheep's milk cheese.

pecoróne, *m.* (*fig.*) sheep*.

pectàṣi, *f.* (*chim.*) pectase.

pècten, *m.* (*anat.*) pecten.

pèctico, *a.* (*chim.*) pectic: **acido p.**, pectic acid.

pectìna, *f.* (*chim.*) pectin.

peculàto, *m.* (*leg.*) embezzlement (of public funds); peculation. ● **chi commette p.**, embezzler; peculator.

peculiàre, *a.* ***1*** (*che è proprio di*) peculiar (to) (*pred.*): **le qualità peculiari di una lingua**, the features peculiar to a language ***2*** (*caratteristico*) peculiar; distinctive; of one's own; idiosyncratic: **un sapore p.**, a peculiar flavour; **Ha idee peculiari**, he has ideas of his own.

peculiarità, *f.* peculiarity; distinctiveness; characteristic.

pecùlio, *m.* ***1*** (*leg.*) peculium ***2*** (*scherz.*: *risparmi*) savings (*pl.*); nest-egg (*fam.*).

pecùnia, *f.* (*lett. o scherz.*) money.

pecuniàrio, *a.* pecuniary; monetary; money (*attr.*): **una pena pecuniaria**, a pecuniary penalty; a fine.

pedàggio, *m.* toll; tollage: **pagare il p.**, to pay toll; (*autom.*) **autostrada a p.**, toll motorway; tollway (*USA*); **ponte a p.**, toll bridge.

pedàgna, *f.* (*naut.*) stretcher.

pedagogìa, *f.* pedagogy; pedagogics (*pl. col verbo al sing.*); educational theory; education: **laurea in p.**, degree in education.

pedagògico, *a.* pedagogic(al); of pedagogy; educational; teaching (*attr.*): **una teoria pedagogica**, a pedagogic (*o* an educational) theory; **norme pedagogiche**, rules of pedagogy; **metodi pedagogici**, teaching methods.

pedagogiṣmo, *m.* excessive theorizing on pedagogic problems; excessive pedagogic zeal.

pedagogista, *m.* e *f.* pedagogist; educationalist.

pedagogizzàre, *v. i.* (*spreg.*) to pose as a pedagogue.

pedagògo, *m.* (*f.* **-a**) (*anche spreg.*) pedagogue.

pedalàre, *v. i.* ***1*** to pedal; to cycle ***2*** (*fig. fam.*) to walk fast; to hurry. ● (*fam.*) **Ehi, tu, pedala!** (*vattene*), you there, scram!

pedalàta, *f.* ***1*** (*spinta sul pedale*) push on a pedal ***2*** (*modo di pedalare*) way of pedalling. ● **farsi una bella p.**, to go for a cycle ride.

pedalatóre, *m.* (*f.* **-trice**) pedaller; cyclist.

pedàle, *m.* ***1*** (*mecc.*) pedal; foot lever: (*autom.*) **p. del freno**, brake pedal; (*autom.*) **p. dell'acceleratore**, accelerator pedal; gas pedal (*USA*); (*autom.*) **p. della frizione**, clutch pedal; **i pedali di una bicicletta**, the pedals of a bicycle; **p. di comando**, foot-control lever; **il p. d'una macchina da cucire**, the treadle of a sewing-machine; **macchina a p.**, treadle machine; **pigiare sui pedali**, to push down hard on the pedals; **azionare il p.**, to work the treadle; to treadle; **freno a p.**, foot brake ***2*** (*di strumenti mus.*) pedal: (*in un pianoforte*) **il p. del piano [del forte]**, the soft

[loud] pedal; the piano [forte] pedal ***3*** (*del calzolaio*) (cobbler's) leather strap ***4*** (*mus.*) pedal (point) ***5*** (*bot.*) foot; stem.

pedaleggiàre, *v. i.* (*mus.*) to pedal; to play upon the pedals.

pedalièra, *f.* ***1*** (*aeron.*) rudder pedals (*pl.*); rudder bar ***2*** (*mus.*: *di organo*) pedal keyboard.

pedalina, *f.* (*tipogr.*) platen press.

pedalino, *m.* (*region.*: *calzino*) (man's) sock.

pedalò, *m.* pedalo.

pedàna, *f.* ***1*** footboard; (*di cattedra*) platform, dais ***2*** (*sport*: *salto*) springboard; (*lancio del disco, ecc.*) (throwing) circle; (*scherma*) piste; (*baseball*) (pitcher's) plate; (*di rincorsa*) approach ***3*** (*autom.*) running board; footboard ***4*** (*tappeto*) rug ***5*** (*sartoria*) tape.

pedàno, *m.* (*falegn.*) gouge.

pedantàggine, *V.* **pedanteria**.

pedànte, A *a.* pedantic; pompous; (*pignolo*) precise, fussy, hairsplitting. **B** *m.* e *f.* pedant; (*pignolo*) hairsplitter (*fam.*): **fare il p.**, to play the pedant; to be pedantic; to split hairs (*fam.*): **Non fare il p.!**, don't be pedantic! ● **da p.**, pedantic (*agg.*): **raffinatezze da p.**, pedantic refinements.

pedanteggiàre, *v. i.* to play the pedant; to pedantize.

pedanterìa, *f.* ***1*** (*l'essere pedante*) pedantry ***2*** (*minuzia da pedante*) pedantic remark; pedantic action; (*al pl.*) pedantries, hairsplitting (*sing.*).

pedantésco, *a.* pedantic; hairsplitting (*attr.*): **un metodo p.**, a pedantic method; **osservazioni pedantesche**, pedantic (*o* hairsplitting) remarks.

pedàta, *f.* ***1*** (*impronta*) footprint; footmark ***2*** (*calcio*) kick ***3*** (*rumore di passo*) footstep; footfall ***4*** (*archit.*) tread. ● **aprire un uscio con una p.**, to kick a door open □ **cacciar via q. a pedate**, to kick sb. out □ **dare una p. a q.** [**q.c.**], to kick sb. [st.] □ **rimandare a q. una palla con una p.**, to kick a ball back to sb.

pedatóre, *m.* (*iron.*) footballer.

pedatòrio, *a.* (*iron.*) football (*attr.*).

pedecollìna, *f.* (*geogr.*) hill-foot region.

pedecollinàre, *a.* (*geogr.*) at the foot of a hill (*o* a range of hills); hill-foot (*attr.*).

pedemontàno, *a.* piedmont: **ghiacciaio p.**, piedmont glacier.

pedemónte, *m.* (*geogr.*) piedmont.

pederàsta, *m.* p(a)ederast.

pederastìa, *f.* p(a)ederasty.

pederàstico, *a.* p(a)ederastic.

pedèstre, *a.* ***1*** (*che va a piedi*) foot (*attr.*): **milizia p.**, foot infantry ***2*** (*fig.*) pedestrian; dull; unimaginative; uninspired; commonplace: **un discorso p.**, a dull speech; **un'osservazione p.**, a commonplace remark; **uno stile p.**, a pedestrian (*o* dull) style.

pedestreménte, *avv.* in a pedestrian way; dully; unimaginatively.

pediàtra, *m.* e *f.* p(a)ediatrician; p(a)ediatrist.

pediatrìa, *f.* p(a)ediatrics (*pl. col verbo al sing.*).

pediàtrico, *a.* p(a)ediatric; children's: **ospedale p.**, children's hospital.

pedibus calcantibus (*lat.*), *locuz. avv.* (*scherz.*) by shanks's pony (*o* mare).

pèdice, *m.* (*scient.*) subscript.

pedicellàrìa, *f.* (*zool.*) pedicellaria*.

pedicellàto, *a.* (*bot., zool.*) pedicellate.

pedicèllo (1), *m.* (*bot., zool.*) pedicel; pedicle.

pedicèllo (2), *m.* ***1*** *V.* **pediculo** ***2*** (*region.*: *brufolo*) pimple.

pedicolàre, *a.* (*med.*) pedicular; lousy. ● (*med.*) **morbo p.**, pediculosis.

pedìculo, *m.* (*zool.*) pediculus; louse.

pediculòsi, *f.* (*med.*) pediculosis*; phthiriasis*.

pedicùre, A *m.* e *f.* chiropodist; podiatrist (*USA*). **B** *m.* (*trattamento*) pedicure.

pedìdio, *a.* (*anat.*) pedal.

pedigree (*ingl.*), *m. invar.* pedigree.

pedilùvio, *m.* footbath.

pedìna, *f.* ***1*** (*nella dama*) draught (*GB*); checker (*USA*); (*negli scacchi*) pawn: **mangiare** [**soffiare**] **una p.**, to take [to huff] a man ***2*** (*fig.*) pawn: **essere una p. nelle mani di q.**, to be a pawn in sb.'s hands; **È solo una p. del gioco**, he is only a pawn. ● **muovere una p.**, to make a move; (*fig.*) to set wheels in motion □ (*fig.*) **saper muovere le proprie pedine**, to know which wires to pull.

pedinaménto, *m.* shadowing; tailing (*fam.*).

pedinàre, A *v. t.* to shadow; to dog; to tail (*fam.*); to follow: **essere pedinato dalla polizia**, to be shadowed (*o* tailed) by the police; **L'hanno fatto p.**, they had him shadowed; a tail was put on him; **Mi ha pedinato tutto il giorno**, he's been dogging me all day; **p. una ragazza**, to follow a girl. **B** *v. i.* (*di uccelli*) to run*; to hop.

pedióne, *m.* (*miner.*) pedion.

pedipàlpo, *m.* (*zool.*) pedipalp.

pedissequo, *a.* servile; slavish; uninspired; dull: **un imitatore p.**, a servile (*o* slavish) imitator; **traduzione pedissequa**, literal (*o* uninspired) translation.

pedivèlla, *f.* (*mecc.*) pedal crank.

pèdo, *m.* ***1*** shepherd's staff; shepherd's crook ***2*** (*eccles.*) pastoral staff; crosier.

pedocèntrico, *a.* child-centred.

pedocentrismo, *m.* child-centred teaching.

pedofilìa, *f.* p(a)edophilia.

pedòfilo, *m.* p(a)edophiliac; p(a)edophile.

pedogamìa, *f.* (*biol.*) p(a)edogamy.

pedogènesi, *f.* (*biol.*) p(a)edogenesis.

pedologìa (1), *f.* (*psic.*) p(a)edology.

pedologìa (2), *f.* (*agric.*) pedology.

pedològico, *a.* (*agric.*) pedological.

pedòlogo, *m.* (*f.* **-a**) (*agric.*) pedologist.

pedòmetro, *m.* (*mecc.*) pedometer.

pedonàle, *a.* pedestrian (*attr.*): **passaggio p.**, pedestrian crossing; **strisce pedonali**, zebra crossing (*sing.*); **traffico p.**, pedestrian traffic; **zona** (*o* **isola**) **p.**, pedestrian precinct.

pedonalizzàre, *v. t.* to pedestrianize.

pedonalizzazióne, *f.* pedestrianization.

pedóne, *m.* ***1*** (*f.* **-a**) pedestrian ***2*** (*negli scacchi*) pawn. ● **viale riservato ai pedoni**, footpath; footway.

pedùccio, *m.* ***1*** (*cucina*: *di maiale*) trotter; (*d'agnello*) leg ***2*** (*archit.*) corbel.

pedùla, *f.* climbing boot; walking boot.

pedùle, *m.* foot* (of a sock).

peduncolàre, *a.* (*bot., zool., anat.*) peduncular.

peduncolàto, *a.* (*bot., zool.*) pedunculate; pedunculated: **un fiore p.**, a pedunculate flower.

pedùncolo, *m.* (*bot., zool., anat.*) peduncle: **peduncoli cerebrali**, cerebral peduncles.

peeling (*ingl.*), *m. invar.* (*cosmesi*) skin-peeling treatment.

pegamòide, *m.* o *f.* (*marchio*) pegamoid.

pegasèo, *a.* (*lett.*) Pegasean; of Pegasus.

Pègaso, *m.* (*mitol.*) Pegasus.

pègaso, *m.* (*zool., Pegasus volans*) flying sea-horse.

pèggio, A *a.* ***1*** (*compar.*) worse: **Tu sei cattivo ma lui è p.**, you are bad but he is worse; **Questo giornale è p. di quello**, this paper is worse than that one; **Lui è p. di te**, he is worse than you (are) ***2*** (*superl. relat.*; *region.*) (the) worst: **Mi hai dato i p. libri che avevi**, you have given me the worst books you had. **B** *avv.* ***1*** (*compar.*) worse: **Lo tratta p. di una bestia**, he treats him worse than an animal; **Il malato sta p.**, the patient is worse (*o* has taken a turn for the worse); **Mi sento p. di prima**, I feel worse than I did before; **Di qui si sente p.**, you hear even worse from here; **(Tanto) p. per lui!**, so much the worse for him!; that's his bad luck! (*fam.*); **p. ancora**, worse still; **ancora p.**, even worse; **p. che mai**, worse than ever; **molto p.**, much worse; **sempre p.**, worse and worse; **cambiare in p.**, to change for the worse; **andare di male in p.**, to go from bad to worse ***2*** (*superl. relat.*) (the) worst: **Il candidato p. preparato era lui**, he was the worst-prepared candidate (*o* the most ill-prepared candidate). ● (*fam.*) **p. che andar di notte**, worse and worse; it couldn't be any worse □ (*fam.*) **p. di così si muore**, things couldn't be worse. **C** *m.* e *f.* (*la cosa peggiore*) (the) worst (thing); (*la parte peggiore*) (the) worst part: **temere il p.**, to fear the worst; **Il p. non è ancora venuto**, the worst is still to come; **il p. che possa capitare**, the worst thing that can happen; **Il p. di quella canzone è il ritornello**, the worst part of that song is the refrain; **Il p. è passato**, the worst is over; **Preparati per il** (*o* **al**) **p.**, be prepared for the worst; **Il p. è che...**, the worst thing (*o* part) is that...; **avere la p.**, to come off worst; to get the worst of it. ● **alla p.** (*nella peggiore delle ipotesi*), at worst; if the worst comes to the worst: **Alla p. torneremo indietro**, at worst we'll come back □ **alla p.** (*in qualche modo*), anyhow; in a slipshod way: **Fa ogni cosa alla p.**, he does things anyhow; he does everything in a slipshod way □ **campare** (*o* **tirare avanti**) **alla meno p.**, to keep going as best one can □ **Non ho mai visto nulla di p.**, I've never seen anything worse □ **Sarebbe impossibile fare di p.**, it would be impossible to do worse.

peggioraménto, *m.* worsening; (*aggravamento*) aggravation; (*deterioramento*) deterioration: **un p. delle condizioni sociali**, a worsening of social conditions. ● **avere un p.**, to become (*o* to grow, to get) worse; to take a turn for the worse.

peggioràre, A *v. t.* to make* worse; to worsen; (*aggravare*) to aggravate: **p. la situazione**, to make things worse. **B** *v. i.* to become* (*o* to get*) worse; to worsen; to take* a turn for the worse; (*deteriorare*) to deteriorate: **Il malato peggiora ogni giorno**, the patient is getting worse every day; **Da ieri le cose sono peggiorate**, things have taken a turn for the worse since yesterday; **p. sempre più**, to get worse and worse. **C** *m.* worsening; deterioration.

peggiorativo, A *a.* ***1*** pejorative; damaging ***2*** (*gramm.*) pejorative: **un suffisso p.**, a pejorative suffix. **B** *m.* (*gramm.*) pejorative.

peggióre, A *a.* ***1*** (*compar.*) worse: **È p. di suo padre**, he is worse than his father; **La situazione non potrebbe essere p.**, the situation couldn't be worse; **Non avremmo potuto trovare un tempo p.**, we couldn't have run into worse weather; **Ho conosciuto tempi peggiori**, I have known worse times; **questo vino non è p. di quello**, this wine is no worse than that one; **p. del previsto**, worse than expected ***2*** (*superl. relat.*) (the) worst: **i peggiori cittadini**, the worst citizens; **fare q.c. nel p. dei modi**, to do st. in the worst possible way; **È il p. alunno della classe**, he is the worst pupil in the class; **È il p. nemico di se stesso**, he is his own worst enemy; **nel p. dei casi**, if the worst comes to the worst; at worst; **la cosa p. che tu possa fare**, the worst thing you can do; **di gran lunga il p.**, by far the worst. **B** *m.* e *f.* (the) worst.

pegmatite, *f.* (*miner.*) pegmatite.

pégno, *m.* ***1*** pawn; lien; security; (*oggetto dato in p.*) pawn, pledge: **Fu dato un p. come garanzia**, a pledge was given as a security; **dare il proprio orologio in p.**, to pawn one's watch; (*fig.*) **dare la propria parola in p.**, to pledge one's word; **prestare su p.**, to lend against security; **riscattare il p.**, to redeem one's pledge; **un prestito su p.**, a loan upon pledge; **polizza di p.**, pawn ticket ***2*** (*fig.*: *testimonianza*) token; pledge: **il primo p. della loro unione**, the first pledge of their union; **in** (*o* **come**) **p. d'amicizia**, as a token (*o* pledge) of friendship ***3*** (*nei giochi*) forfeit: **il gioco**

dei pegni, the game of forfeits. ● **agenzia di prestiti su p.**, pawnshop; pawnbroker's (shop) □ **creditore garantito da p.**, pledgee □ **prestatore (di denaro) su p.**, pawner; pawnbroker □ **titoli tenuti in p.**, securities held in pledge.

pegnoràre, V. **pignorare**.

pégola, f. pitch.

peignoir (*franc.*), m. invar. peignoir.

pelagianìṣmo, m. (*relig.*) Pelagianism.

pelagiàno, a. e m. (*relig.*) Pelagian.

pelàgico, a. pelagic; deep-sea (*attr.*): **piante pelagiche**, pelagic plants.

pèlago, m. **1** (*lett.*) open sea; high sea **2** (*fig.*) great quantity; sea; host: **un p. di guai**, a sea of troubles.

pelàme, m. hair; (*pelliccia*) fur; (*di animali a pelo raso*) coat.

pelandróne, m. (f. **-a**) loafer; slacker; layabout; (*pigrone*) lazybones (*fam.*), lazyboots (*fam.*).

pelandronite, f. laziness; indolence.

pelapatàte, m. invar. potato peeler.

pelàre, A v. t. **1** (*togliere i peli*) to unhair; to strip the hair from; to remove the hair from **2** (*spennare*) to pluck: **p. una gallina**, to pluck a hen **3** (*spellare*) to skin; to strip off the skin from: **p. un coniglio**, to skin a rabbit **4** (*sbucciare*) to peel: **p. una patata**, to peel a potato; **Il sole mi ha pelato il naso**, the sun made my nose peel **5** (*scherz.*: *tagliare rasi i capelli*) to crop (sb.'s) hair short; to shave (sb.') head **6** (*fig.*: *far pagare quanto più è possibile*) to make* (sb.) pay through the nose (*fam.*), to rip off (*fam.*), to fleece (*fam.*); (*ripulire al gioco*) to clean out: **In quel negozio ti pelano**, they rip you off in that shop; **L'hanno pelato al poker**, he's been cleaned out at poker **7** (*pungere*) to pierce; to bite*; to cut* to the bone: **Il gelido vento mi pelava**, the icy wind cut me to the bone; **un freddo che pela**, a biting cold **8** (*scottare*) to scorch. **B pelàrsi,** v. i. pron. **1** (*perdere i peli o i capelli*) to lose* one's hair; (*diventare calvo*) to go* bald **2** (*perdere la pelle*) to peel.

pelargònico, a. – (*chim.*) **acido p.**, pelargonic acid.

pelargònio, m. (*bot.*, *Pelargonium*) pelargonium.

pelàṣgico, a. Pelasgic; Pelasgian: **l'architettura pelasgica**, Pelasgic architecture.

pelàta, f. **1** (*lo spennare*) plucking **2** (*lo sbucciare*) peeling **3** (*il tagliare rasi i capelli*) cropping of the hair; close crop: **dare una p. a q.**, to give sb. a close crop; to crop sb.'s hair short **4** (*fig.*: *il fare pagare quanto più è possibile*) rip-off (*fam.*); fleecing (*fam.*): **dare una p. a q.**, to rip sb. off **5** (*scherz.*: *testa rasa*) cropped poll; (*testa calva*) bald head, bald pate (*fam.*); (*calvizie*) baldness; (*zona calva*) bald spot.

pelàto, A a. **1** (*calvo*) bald; hairless: **avere la testa pelata**, to have a bald head; to be bald-headed (*o* bald-pated); **una zucca pelata**, a bald head; a bald pate **2** (*senza buccia*) peeled. **B** m. **1** (*fam.*: *uomo calvo*) bald man*; baldhead; baldpate (*scherz.*) **2** (*pl.*) (*pomodori pelati*) peeled tomatoes.

pelatrìce, f. (*mecc.*) peeling machine; peeler.

pelatùra, f. **1** (*il togliere via i peli*) unhairing; removal of hair **2** (*lo spennare*) plucking **3** (*lo spellare*) skinning **4** (*lo sbucciare*) peeling.

pellàccia, f. **1** tough skin; thick skin **2** (*fig.*: *persona resistente alle fatiche*) tough fellow **3** (*spreg.*: *birbante*) crafty one; (*mascalzone*) nasty customer.

pellàgra, f. (*med.*) pellagra.

pellagróso, (*med.*) **A** a. pellagrous. **B** m. (f. **-a**) pellagrin.

pellàio, m. **1** (*chi vende pelli*) hide merchant **2** (*conciatore di pelli*) tanner; leather dresser.

pellàme, m. hides (*pl.*); skins (*pl.*): **p. conciato**, dressed (*o* tanned) hides; **p. non conciato**, undressed (*o* raw, untanned) hides; peltry; **venditore di p.**, hide merchant; **esportatore di pellami vari**, exporter of hides and skins.

pèlle, f. **1** (*cute*) skin; (*carnagione*) complexion: **p. liscia [ruvida, grassa, secca, rugosa]**, smooth [rough, greasy, dry, wrinkled] skin; **p. chiara**, fair complexion; **irritazione della p.**, irritation of the skin; skin irritation; rash; **una malattia della p.**, a skin-disease; (*anat.*) **prima [seconda] p.**, outer [true] skin; **I serpenti cambiano la p. ogni anno**, snakes slough their skins every year **2** (*cuoio*) hide; (*conciata*) leather; (*di animale da pelliccia*) pelt: **p. conciata [greggia]**, dressed [raw] hide; **p. di cavallo**, horse hide; **p. di capretto**, kid (leather); **p. verde**, green hide; raw skin; **finta p.**, imitation leather; **articoli in p.**, leather articles; **guanti di p.**, leather gloves; **scarpe di p. lucida**, patent-leather shoes; **rilegato in p.**, bound in leather; leather-bound; **conciare pelli**, to tan hides; **lavorare le pelli**, to dress hides **3** (*buccia*) peel; skin: **p. di limone**, lemon-peel; **la p. della pesca**, the skin of a peach **4** (*del latte*) skin; (*del formaggio, del salame, ecc.*) rind; (*della salsiccia*) skin **5** (*metall.*) skin (of casting) **6** (*fig. fam.*: *vita*) life; skin; hide (*fam.*): **lasciarci** (*o* **rimetterci**) **la p.**, to lose one's life; **rischiare la p.**, to risk one's skin; **salvare la p.**, to save one's skin (*o*, *fam.*: one's hide, one's bacon); **temere per la propria p.**, to fear for one's skin; **vendere cara la propria p.**, to sell one's life dearly; **Ne va della tua p.**, your life's at stake; (*fam.*) **Ci giocherei la p.**, I'd stake my life on it; I'd bet my bottom dollar on it. ● **p. p.**, superficially □ **p. di cinghiale**, pigskin □ **p. di daino** (*o* **di camoscio**), buckskin; deerskin; (*panno per lucidare*) chamois leather, shammy leather (*fam.*) □ **p. d'oca**, gooseflesh; goose pimples (*pl.*); goose bumps (*pl.*): **avere la p. d'oca**, to have gooseflesh (*o* goose pimples); **sentirsi venire la p. d'oca**, to come out in gooseflesh (*o* goose pimples); (*per il ribrezzo*) to have the creeps (*fam.*); **far venire la p. d'oca a q.**, to make sb.'s flesh creep; to give the creeps □ **p. di foca**, sealskin □ **p. di serpente**, snakeskin □ **p. di talpa**, moleskin □ (*ind. tess.*) **p. d'uovo**, fine muslin □ **p. di vacca**, cowhide □ **p. di vitello**, calfskin □ **a fior di p.**, skin-deep; superficial □ **amici per la p.**, bosom friends; great pals (*fam.*) □ **avere la p. dura**, to be as tough as nails □ **concia della p.**, tanning □ (*fig.*) **fare la p. a q.**, to kill sb.; to do sb. in (*pop.*); to bump (*o* to knock) sb. off (*pop.*) □ **essere p. e ossa**, to be all skin and bones □ **ridursi p. e ossa**, to wear oneself out □ **non stare più nella p. dalla gioia**, to be beside oneself with joy □ (*prov.*) **Non vendere la p. dell'orso prima di averlo preso**, don't sell the bear's skin before you have caught the bear.

pellegrìna, f. (*mantellina*) pelerine; tippet.

pellegrinàggio, m. **1** pilgrimage: **andare in p.** (*o* **fare un p.**), to go on a pilgrimage **2** (*insieme di pellegrini*) group of pilgrims; pilgrims (*pl.*).

pellegrinàre, v. i. **1** V. **peregrinare 2** (*lett.*: *andare in pellegrinaggio*) to go* on a pilgrimage.

pellegrino, A a. **1** (*peregrino, ramingo*) wandering; roaming; roving **2** (*lett.*: *straniero*) foreign; strange **3** (*strano*) V. **peregrino.** ● (*zool.*) **falco p.**, peregrine falcon **B** m. (f. **-a**) **1** pilgrim: **il bastone del p.**, the pilgrim's staff; **andare p.**, to go as a pilgrim; to go on a pilgrimage; (*stor.*) **i Padri Pellegrini**, the Pilgrim Fathers **2** (*lett.*: *viandante*) traveller; wayfarer (*lett.*).

pelleróssa, m. e f. American Indian; Indian; Native American; Red Indian (*spreg.*); Redskin (*spreg.*).

pellet (*ingl.*), m. invar. pellet.

pellétta, f. (*ind. alimentare*) rennet.

pelletterìa, f. **1** (*pellame*) hides (*pl.*); skins (*pl.*) **2** (*oggetti di pelle lavorata*) (fancy) leather goods; leatherwear **3** (*negozio*) leather goods shop.

pellettière, m. (f. **-a**) dealer in leather goods.

pellettiẓẓàre, v. t. (*tecn.*) to pelletize; to pelletify.

pellettiẓẓazióne, f. (*tecn.*) pelletization.

pellicàno, m. (*zool.*, *Pelecanus*) pelican.

pellicceria, f. **1** (*negozio*) furrier's (shop) **2** (*insieme di pellicce*) furs (*pl.*).

pellìccia, f. **1** (*pelle di animale vivo, pelle conciata*) fur: **la p. del castoro**, a beaver's fur; **una p. di castoro [di lontra]**, a beaver [an otter] fur; **una guarnizione di p.**, fur trimmings (*pl.*); **guarnito di p.**, fur-trimmed; **foderare di p.**, to line with fur; **cappotto foderato di p.**, fur-lined coat; **commercio di pellicce**, fur trade **2** (*cappotto, mantello di p.*) fur coat: **comprarsi una p.**, to buy a fur coat. ● **p. di coniglio**, rabbit; cony □ **p. di ermellino**, ermine □ **p. di zibellino**, sable □ **p. di visone**, mink □ **animali da p.**, fur-bearing animals.

pellicciàio, m. (f. **-a**) **1** (*chi lavora pellicce*) furrier; fur dresser **2** (*chi vende pellicce*) furrier; fur trader; dealer in furs.

pellicciàme, m. furs (*pl.*).

pellicciòtto, m. fur jacket.

pellìcola, f. **1** (*membrana sottile*) film, pellicle; (*squama*) cuticle: **p. trasparente** (*per alimenti*), film; clingfilm; **coprire** (*o* **coprirsi**) **d'una p.**, to film; to film over **2** (*fotogr.*, *cinem.*) film: **p. ininfiammabile**, safety film; **p. invertibile**, reversible film; **una p. impressionata [non impressionata]**, an exposed [an unexposed] film; **p. a passo ridotto**, reduced gauge film; substandard film; **p. in rotolo**, roll film; **p. cinematografica** (*film*), (cinema) film (*GB*); motion (*o* moving) picture (*USA*); movie (*fam. USA*); **p. sonora**, sound film; sound motion picture; **sviluppare una p.**, to develop a film **3** (*intorno alle unghie*) hangnail; agnail.

pellicolàre, a. pellicular; skin (*attr.*): (*elettr.*) **effetto p.**, skin effect.

pellirόssa, V. **pellerossa**.

pellucidità, f. pellucidity; pellucidness.

pellùcido, a. pellucid; translucent: (*astron.*) **zona pellucida**, pellucid zone.

pélo, m. **1** hair; (*ispido*) bristle: **Ha molti peli sul petto**, he has a lot of hair on his chest; he has a hairy chest; **peli superflui**, unwanted hair; **Il divano è pieno di peli del cane**, the sofa is covered with dog's hairs **2** (*pelame*) hair; (*corto*) coat; (*pelliccia*) fur: **il p. di un cane**, a dog's hair; **il p. di un cavallo**, a horse's coat; **p. liscio [ruvido, lustro]**, smooth [rough, sleek] hair (*o* coat); **un cane dal p. lungo**, a long-haired dog; **un animale con il p. raso**, a short-haired animal; **un collo di p.**, a fur collar **3** (*setola*) bristle **4** (*pl.*) (*di piante*) hair (*sing.*) **5** (*di tessuto grezzo*) pile; (*di tessuto lavorato*) nap. ● **il p. dell'acqua**, the surface of the water □ **accarezzare un gatto contro p.**, to stroke a cat against the hair □ (*fig.*) **andare contro p.**, to go against the grain □ (*fig.*) **avere il p. sullo stomaco**, to be ruthless □ **cavalcare a p.**, to ride bareback □ (*fig.*) **cercare il p. nell'uovo**, to split hairs; to be nitpicking (*fam.*) □ (*fig.*) **fare il p. e il contropelo a q.**, to give sb. the rough edge of one's tongue (*fam.*) □ **foderato di p.**, fur-lined □ **un giovane di primo p.**, a callow youth; a greenhorn □ (*fig.*) **lasciarci il p.**, to pay dearly (for st.) □ (*fig.*) **levare il p. a q.**, (*picchiarlo*) to tan sb.'s hide; (*sgridarlo*) to give sb. the rough edge of one's tongue □ (*fig.*) **lisciare il p. a q.**, to soft-soap sb.; to fawn upon sb. □ **Ci mancò un p. che non gli dessi uno schiaffo**, I was within a hair's breadth of slapping him □ **C'è mancato un p. che non mi cadesse in testa**, it nearly fell on my head □ **C'è mancato**

un p.!, it was a near thing!; that was close! □ **Ho evitato lo scontro per un p.**, I just managed to avoid the other car □ (*fig.*) **non avere peli sulla lingua**, to be frank; to be outspoken □ (*fig.*) **non torcere un p. a q.**, to not to lay a finger on sb. □ **cavarsela per un p.**, to have a narrow squeak (*o* a close shave); to come through by the skin of one's teeth □ **Lo salvarono per un p.**, they just managed to save him.

peloponnesiaco, *a.* e *m.* Peloponnesian.

Peloponnèso, *m.* (*geogr.*) Peloponnese.

pelosità, *f.* hairiness; hirsuteness; shagginess.

pelóso, *a.* hairy; hirsute; shaggy: **gambe pelose**, hairy legs.

pelòta, *f.* (*sport*) pelota.

pèlta, *f.* (*stor.*) pelta*.

peltàsta, **peltàste**, *m.* (*stor.*) peltast.

peltàto, *a.* (*bot.*) peltate.

peltràio, *m.* pewterer.

péltro, *m.* pewter.

peluche (*franc.*), *f. invar.* (*tessuto*) plush. ● **giocattoli di p.**, soft toys; felt toys □ **orso di p.**, teddybear.

pelùria, *f.* **1** (*lieve villosità*) down: **guance coperte di p.**, cheeks covered with down; down-covered (*o* downy) cheeks **2** (*di animale*) undercoat; wool **3** (*bot.*) duvet **4** (*di stoffa*) nap **5** (*lanugine*) fluff; fuzz.

pèlvi, *f.* (*anat.*) pelvis*.

pèlvico, *a.* (*anat.*) pelvic: **cinto p.**, pelvic arch (*o* girdle).

pelvimetria, *f.* (*med.*) pelvimetry.

pèmfigo, *m.* (*med.*) pemphigus*.

pemmican, *m. invar.* pemmican.

péna, *f.* **1** (*leg.*) sentence; punishment; penalty; (*sanzione*) sanction: **Il codice stabilisce le pene**, punishments (*o* penalties) are laid down by (the) law; **Gli fu inflitta una p. lieve**, he received a light sentence: **Sta scontando una p. di sette anni**, he is serving a seven-year term of imprisonment; he is doing a seven-year sentence; **p. corporale**, corporal punishment; **p. di morte**, capital punishment; death penalty; **sotto p. di morte**, under penalty of death; **p. pecuniaria**, fine; **p. detentiva**, term of imprisonment; **il minimo [il massimo] della p.**, the minimum [maximum] penalty **2** (*punizione*) punishment: **p. eterna**, eternal punishment **3** (*dolore, patimento*) pain, suffering, distress, pang; (*afflizione*) grief, sorrow, affliction: **Morì dopo molte pene**, he died after much sufferings; **le pene dell'amore**, the pangs of love; **Mi raccontò tutte le sue pene**, he told me of all his afflictions; **Le sue pene sono terminate**, his sufferings are over; **soffrire le pene dell'inferno**, to suffer the pains (*o* torments) of hell; **È una p. vedere i suoi sforzi**, it's painful to see his efforts; **È una p. sentirla cantare**, her singing is dreadful; it's agony to hear her sing **4** (*compassione*) pity; distress: **Sentii una gran p. per lui**, I felt great pity for him; **Mi fa p.**, I feel sorry for him; I pity him; (*iron.*) **Fai proprio pena!**, you are pathetic! **5** (*fatica, disturbo*) trouble; bother: **Non ne vale la p.**, it isn't worth the trouble (*o* bother); it isn't worth it; **darsi la p. di fare q.c.**, to take the trouble to do st. ● **a mala p.**, hardly; scarcely: **Il malato alza a mala p. la mano**, the patient can scarcely lift his hand □ **un'anima in p.**, a soul in torment □ **casa di p.**, penal institution; penitentiary (*specialm. USA*) □ **essere in p. per q.**, to be worried about sb. □ **Che cosa ti dà p.?**, what is worrying you?; what grieves you? □ **Non vale la p. di leggere questo libro**, this book is not worth reading □ **un film che vale la p. vedere**, a film worth seeing.

penàle, (*leg.*) **A** *a.* criminal; penal: **il codice p.**, the criminal code; **il diritto p.**, criminal law; **leggi penali**, penal laws; **una causa p.**, a criminal case. **B** *f.* (*sanzione p.*) penalty, punishment, forfeiture; (*in un contratto, ecc.*) penalty clause: **passibile d'una p. di cento sterline**, subject to a penalty of a hundred pounds; **pagare una p. per inadempienza contrattuale**, to pay a penalty for the non--fulfilment of an agreement.

penalista, *m.* e *f.* (*leg.*) **1** (*esperto di diritto penale*) penologist; criminologist **2** (*avvocato*) criminal lawyer.

penalistico, *a.* (*leg.*) penological.

penalità, *f.* **1** (*leg.*) penalty; forfeiture; forfeit: **p. per ritardo**, penalty for delay **2** (*sport*) penalty; (*tiro di punizione*) free kick.

penalizzàre, *v. t.* **1** (*sport*) to penalize **2** (*fig.*: *danneggiare*) to damage, to disadvantage; (*colpire*) to hit*.

penalizzazióne, *f.* (*sport*) penalization.

penàre, *v. i.* **1** to suffer: **p. in carcere**, to suffer in prison; **far p. q.**, to make sb. suffer; to cause sb. suffering; **Ha finito di p.**, his sufferings are over **2** (*fare fatica*) to have a lot of trouble; to struggle; to be hardly able (to do st.): **Ho penato a trovarli**, I had a lot of trouble finding them; **Ho penato ad aprire la porta**, I had to struggle to open the door; **Penava a reggersi in piedi**, he was hardly able to stand; he could scarcely keep on his feet.

penàti, *m. pl.* (*mitol. romana*) Penates; household gods.

pencolaménto, *m.* **1** swaying; vacillation; wobbling **2** (*fig.*) vacillation; leaning.

pencolànte, *a.* **1** swaying; vacillating; wobbly; tottering; (*barcollante*) tottering, staggering, lurching **2** (*fig.*) wavering; vacillating.

pencolàre, *v. i.* **1** (*pendere di qua e di là*) to sway, to vacillate, to wobble, to totter; (*barcollare*) to totter, to stagger, to lurch: **p. come un ubriaco**, to stagger like a drunken man **2** (*fig.*: *esitare*) to waver; to vacillate; to hesitate; to shilly-shally (*fam.*).

pencolìo, *m.* swaying; oscillation; oscillating.

pendàglio, *m.* **1** (*ciondolo*) pendant **2** (*di sciabola*) frog. ● (*fig.*) **p. da forca**, gallows bird.

pendant (*franc.*), *m. invar.* (*riscontro*) match; companion; pendant. ● **fare p.**, to match.

pendènte, **A** *a.* **1** (*inclinato*) leaning; sloping; slanting: **tetti pendenti**, slanting roofs; **la Torre p.**, the Leaning Tower of Pisa **2** (*comm.*) outstanding: **conto p.**, outstanding account **3** (*leg.*) pendent; pending: **una causa p.**, a pending suit; **La causa è tuttora p.**, the suit is still pending. **B** *m.* **1** (*orecchino*) drop earring **2** (*ciondolo*) pendant.

pendènza, *f.* **1** slope; incline; slant: **la p. di una strada**, the slope of a road; **una p. brusca**, a sharp incline; **una lieve [forte] p.**, a slight [steep] slope (*o* incline); **Questa torre ha una forte p. a destra**, this tower has a steep right slant; **una strada in p.**, a steep road; **p. longitudinale**, longitudinal slope **2** (*grado d'inclinazione*) incline; gradient; grade (*USA*): **una p. del venti per cento**, a one in five gradient; an incline of one in five; **una p. del tre per cento**, a three per cent incline; (*ferr.*) **p. massima**, ruling gradient; (*ferr.*) **p. limite**, maximum gradient **3** (*comm.*: *conto aperto*) outstanding account; (*debito*) outstanding debt; (*faccenda aperta*) outstanding matter: **una p. di qualche milione**, an outstanding account of a few million lire; **Sistemerò tutte quelle pendenze**, I shall settle all those outstanding matters **4** (*leg.*) pending suit. ● (*aeron.*) **p. minima di volo librato**, minimum gliding angle.

pèndere, *v. i.* **1** (*anche fig.*) to hang*: **Una spada gli pendeva al fianco**, a sword hung from his side; **Dalla finestra pendeva una fune**, a rope was hanging from the window; **frutta che pende dai rami**, fruit hanging on trees; **Tutti pendevano dalle sue labbra**, everyone hung upon his lips **2** (*inclinare, anche fig.*) to lean*; to incline; to be inclined to: **Quando cammina pende a sinistra**, when he walks he leans to the left; **p. per il no**, to be inclined to say no **3** (*essere declive*) to slope; to slant: **Il pavimento pende un po' a destra**, the floor slants slightly to the right **4** (*fig.*: *incombere*) to hang* over; to overhang* (*anche fig.*): **Sul suo capo pende un grave atto di accusa**, a serious charge hangs over his head; **una rupe che pende minacciosa**, an overhanging rock **5** (*leg.*: *di una controversia*) to be pending: **una causa che pende in Corte d'Appello**, a suit that is pending in the Court of Appeal(s) **6** (*fig.*: *essere indeciso*) to hesitate; to waver: **Ancora pende tra il sì e il no**, he is still wavering between yes and no. ● (*fig.*) **La bilancia pende dalla tua parte**, the scales tip in your favour □ **Ti pende la sottoveste**, your slip is showing.

pendice, *f.* (*lett.*) slope; slant; declivity.

pendino, *m.* **1** (*elettr.*) suspension wire; hanger **2** (*mecc.*) hanger **3** (*edil.*) protruding tie rod.

pendio, *m.* **1** (*pendenza*) slope; slant; inclination; declivity: **il p. d'un tetto**, the slope of a roof; **essere in p.**, to slope; **mettere in p.**, to slope; to incline; **in p.**, on the slant; aslant; sloping (*agg.*); slopingly (*avv.*) **2** (*luogo in pendenza*) slope; declivity: **un lieve [ripido] p.**, a slight [steep] slope.

pèndola, *f.* grandfather clock; pendulum clock.

pendolàre (1), *v. i.* to swing*; to oscillate.

pendolàre (2), **A** *a.* pendular; pendulum (*attr.*): **moto p.**, pendular movement; swing. **B** *m.* e *f.* commuter: **treno di pendolari**, commuter train; **fare il p.** (*o* **essere un p.**), to commute: **Faccio il p. tra Milano e Bologna**, I commute between Milan and Bologna.

pendolarismo, *m.* **1** (*fig.*: *atteggiamento oscillante*) wavering **2** (*di viaggiatore*) commuting.

pendolarità, *f.* (condition of) being a commuter; commuting.

pendolinista, *m.* e *f.* diviner using a pendulum.

pendolino (1), *m.* (*da rabdomante*) pendulum.

pendolino (2), *m.* (*zool.*, *Anthoscopus pendulinus*) penduline tit.

pèndolo, *m.* **1** (*fis.*) pendulum: **p. fisico** (*o* **composto**), physical (*o* compound) pendulum; **p. matematico** (*o* **semplice**), mathematical (*o* simple) pendulum; **oscillazioni del p.**, oscillations of a pendulum; **peso terminale del p.**, pendulum bob; **orologio a p.**, pendulum clock **2** (*edil.*: *filo a piombo*) plumb rule; plumb line; (*il peso*) pendulum bob.

pendóne, *m.* (ornamental) fringe; curtain; hanging (*per lo più al pl.*).

pèndulo, *a.* (*lett.*) pendulous; pendent; hanging.

pène, *m.* (*anat.*) penis*.

Penèlope, *f.* Penelope. ● **la tela di P.**, the web of Penelope; (*fig.*) a never-ending job.

penèlope, *f.* (*zool.*) *V.* **fischione**.

penepiàno, *m.* (*geol.*) peneplain; peneplane.

pènero, *m.* fringe.

penetràbile, *a.* penetrable.

penetrabilità, *f.* penetrability.

penetràle, *m.* (*specialm. al pl.*) **1** (*archeol.*) penetralia (*pl.*): **i penetrali d'un tempio**, the penetralia of a temple **2** (*fig.*) recess; innermost part; depths: **i penetrali dell'anima**, the innermost recesses of one's soul.

penetraménto, *m.* penetration; penetrating.

penetrànte, *a.* **1** (*che penetra, entra*) penetrating, penetrant (*lett.*); (*profondo*) deep: **una ferita p.**, a deep wound **2** (*di suono, odore*) penetrating; piercing; keen; sharp; shrill: **un odore p.**, a penetrating odour; **uno sguardo p.**, a piercing glance; **una voce p.**, a shrill (*o* piercing) voice **3** (*fig.*: *acuto*) discerning; penetrating; acute. ● **un freddo p.**, a biting cold.

penetrànza, *f.* **1** penetration **2** (*fis.*) penetrative capacity.

penetràre, A *v. i.* (*spingersi dentro*) to penetrate (st., into st.), to enter (st.), to get* in; (*perforare*) to pierce (st.); (*filtrare*) to filter in; (*introdursi furtivamente*) to steal* in, to creep in, to slip in: **p. nell'interno d'una foresta**, to penetrate the depths of a forest; **p. in un giardino**, to enter a garden; **p. in un labirinto**, to penetrate into a maze; **La freccia gli penetrò nella gamba**, the arrow pierced his leg; **Come sono penetrati i ladri?**, how did the burglars get in?; **La luce penetrava nella stanza attraverso le persiane**, the light filtered into the room through the shutters. **B** *v. t.* **1** to penetrate; to thrust* (*o* to pass) through; to pierce; (*di liquidi*) to seep through: **La luce penetra i corpi diafani**, light penetrates (*o* passes through) diaphanous bodies; **p. q.c. da parte a parte**, to pierce st. through **2** (*fig.*: *arrivare a capire*) to penetrate; to comprehend; to see* into (*o* through); to fathom: **p. un mistero**, to penetrate a mystery; to get to the heart of a mystery.

penetratìvo, *a.* penetrative; penetrating; (*acuto*) acute, sharp.

penetraziòne, *f.* **1** (*il penetrare, anche fig.*) penetration: **p. pacifica**, peaceful penetration; **p. del metallo**, metal penetration **2** (*fig.*: *attitudine a capire*) penetration; acuteness; discernment; insight.

penicillìna, *f.* (*farm.*) penicillin.

penicillìnico, *a.* (*farm.*) penicillin (*attr.*).

penicìllio, *m.* (*bot.*, *Penicillium*) penicillium*; mould.

penicìllo, *m.* (*biol.*) penicillus*.

penièno, *a.* (*anat.*) penial; penile.

peninsulàre, *a.* (*geogr.*) peninsular. ● **l'Italia p.**, the Italian mainland.

penìṣola, *f.* (*geogr.*) peninsula.

penitènte, A *a.* repentant; penitent: **un peccatore p.**, a repentant sinner; a penitent. **B** *m. e f.* penitent.

penitènza, *f.* **1** (*pentimento*) contrition; repentance; penitence **2** (*mortificazione*) penance; (*punizione*) punishment: **fare p.**, to do penance; **per p.**, as a punishment **3** (*relig.*) penance: **il sacramento della p.**, the sacrament of penance; **dare una p. a q.**, to impose penance on sb. **4** (*nei giochi infantili o di società*) forfeit.

penitenziàle, *a.* penitential: **salmi penitenziali**, Penitential Psalms; Penitentials; **atto p.**, act of contrition.

penitenziàrio, A *a.* penitentiary: **il sistema p.**, the penitentiary system. **B** *m.* prison; jail, gaol; penitentiary (*USA*).

penitenzière, *m.* (*eccles.*) penitentiary: **il P. Maggiore**, the Grand (*o* High) Penitentiary.

penitenzierìa, *f.* (*eccles.*) penitentiary.

pénna, *f.* **1** (*di uccello*) feather; (*al pl.*: *piumaggio*) feathers, plumage (*sing.*): **p. maestra**, quill feather; pen feather; **p. matta**, short feather; **p. di pavone**, peacock feather; **Quell'uccello ha belle penne**, that bird has beautiful feathers (*o* a fine plumage) **2** (*come ornamento*) feather; (*larga e morbida*) plume: **penne di struzzo**, ostrich feathers **3** (*per scrivere*) pen: **p. a sfera**, ballpoint (*o* ball) pen; **p. stilografica**, fountain pen; **p. d'oca**, quill; **tratto** (*o* **frego**) **di p.**, stroke of the pen; **scorsa di p.**, slip of the pen; (*elab.*) **p. luminosa** (*o* **ottica**), light pen **4** (*scrittore*) writer; pen: **Era la miglior p. del nostro giornale**, he was the best writer on (*o* of) our paper; **una p. intinta nel fiele**, a pen dipped in hate **5** (*naut.*) peak (of a lugsail) **6** (*estremità del martello*) peen **7** (*parte della freccia*) feather (of an arrow) **8** (*mus.*) quill; plectrum*. ● **l'arte della p.**, penmanship □ **cane da p.**, bird dog □ **dare di p. a** (*fare un frego su*), to cross out □ **disegno a p.**, pen-and-ink drawing □ (*fig.*) **lasciare q.c. nella p.**, to leave st. out; to omit st. □ **martellare a p.**, to peen □ (*di uccelli*) **mettere le penne**, to fledge □ (*di uccelli*) **mutare le penne**, to moult □ **Occhio alla p.!**, (*naut.*) mind the wind!; (*fig.*) keep a weather eye open! □ **passare a p. un disegno**, to ink in a drawing □ (*fig.*) **rimetterci** (*o* **lasciarci**) **le penne**, to lose one's life □ (*fig.*) **rompere la p.**, to give up writing □ **schizzo a p.**, ink sketch □ **scritto a p.**, written in ink □ **testo a p.**, manuscript □ **uccello che ha appena messo le penne**, fledg(e)ling □ **uccelli di grossa p.**, large-sized birds □ **un uomo di p.**, a learned man; a scholar □ (*fig.*) **Non sa tenere la p. in mano**, he can't write.

pennacchièra, *f.* plume.

pennàcchio, *m.* **1** (*ciuffo di penne*) plume; bunch of feathers: **il p. di un elmo**, the plume on a helmet **2** (*fig.*) plume: **un p. di fumo**, a plume of smoke **3** (*archit.*) pendentive.

pennacchiùto, *a.* plumed; plume-decked.

pennaccìno, *m.* (*naut.*) dolphin striker; martingale.

pennaiòlo, *m.* (*spreg.*) hack (writer); literary drudge; scribbler.

pennarèllo, *m.* felt-tipped pen; felt-tip pen.

pennatìfido, *a.* (*bot.*) pinnatifid.

pennàto (1), *m.* (*agric.*) billhook; bill.

pennàto (2), *a.* **1** (*pennuto*) feathered; plumed; feathery **2** (*bot.*) pinnate.

pennatopartìto, *a.* (*bot.*) pinnatipartite.

pennatosètto, *a.* (*bot.*) pinnatisect.

pennàtula, *f.* (*zool.*, *Pennatula*) sea pen; pennatula*.

pennécchio, *m.* (*ind. tess.*) bunch of wool (to be wound) on the distaff.

pennellàre, A *v. t.* to paint. **B** *v. i.* to paint; to work with a brush.

pennellàta, *f.* **1** (*tratto di pennello*) brush-stroke; stroke of the brush: **con poche pennellate**, with a few brush-strokes (*o* strokes of the brush) **2** (*maniera d'usare il pennello*) brushwork: **una p. sicura**, bold brushwork **3** (*fig.*) graphic detail.

pennellatùra, *f.* (*med.*) painting.

pennellèssa, *f.* flat brush. ● (*fonderia*) **p. da formatore**, swab.

pennellifìcio, *m.* brush factory.

pennèllo (1), *m.* **1** brush; (*da pittore*) (paint) brush, paintbrush: **p. di setole**, bristle brush; **p. per la barba**, shaving brush; **il p. di Tiziano**, Titian's brush; **quadri dello stesso p.**, paintings from the same brush **2** (*pittore*) painter; brush: **È uno dei migliori pennelli d'Italia**, he is one of the best painters in Italy **3** (*naut.*: *ancorotto*) back anchor **4** (*idraul.*) groyne **5** (*fis.*) – **p. elettronico**, electron beam. ● **a p.**, to perfection; perfectly; to a T: **fare q.c. a p.**, to do st. to perfection; **stare** (*o* **andare**) **a p.**, to fit perfectly; to fit like a glove (*o* a dream); to fit to a T: **Quell'abito ti sta a p.**, that suit fits you to a T □ (*pitt.*) **l'arte del p.**, the painter's art; painting; the brush □ **saper maneggiare il p.**, to be a good painter.

pennèllo (2), *m.* (*naut.*) (broad) pennant.

pennése, *m.* (*naut.*) storekeeper.

pennichèlla, *f.* (*region.*) nap; snooze; forty winks (*pl.*) (*fam.*); zizz (*fam. GB*): **fare una p.**, to have a nap; to have forty winks.

pennifórme, *a.* (*scient.*) penniform.

penninèrvio, *a.* (*bot.*) penninerved.

pennìno, *m.* (pen-)nib: **un p. d'acciaio**, a steel nib.

pennivéndolo, *V.* **pennaiolo.**

pennòla, *f.* (*naut.*) short yard.

pennóne, *m.* **1** (*naut.*) yard; spar: **p. di belvedere**, mizzen-topgallant yard; **p. di controbelvedere**, mizzen-royal yard; **p. di contromezzana**, mizzen-topsail yard; **p. di controvelaccio**, main-royal yard; **p. di gabbia**, main-topsail yard; **p. di maestra**, main yard; **p. di mezzana**, mizzen yard; **p. di parrocchetto**, fore-topsail yard; **p. di trinchetto**, fore-yard; **p. di velaccino**, fore-topgallant yard; **p. di velaccio**, main-topgallant yard; **p. maggiore**, lower yard **2** (*bandiera*) pennon; pennant **3** (*asta di bandiera*) flagstaff.

pennùto, A *a.* feathered; feathery; fledged; plumed: **un animale p.**, a feathered animal. **B** *m.* bird; fowl.

penómbra, *f.* **1** half-light; dim light; semi-darkness; shadows (*pl.*): **Nella p. non lo riconobbi**, I didn't recognize him in that half-light; **La stanza era in p.**, the room was in semi-darkness; **nascosto nella p.**, hidden in the shadows; **la p. della sera**, the shadows of evening; dusk; **nella p. della sera**, at dusk **2** (*fis.*, *astron.*) penumbra*.

penosaménte, *avv.* **1** painfully; distressingly; distressfully **2** (*con difficoltà*) with difficulty; painfully.

penosità, *f.* painfulness; grievousness.

penóso, *a.* **1** (*che dà pena, pieno di pena*) painful; distressing; distressful: **una morte penosa**, a painful death; **una notizia penosa**, painful (*o* distressing) news; **una situazione penosa**, a distressful situation **2** (*molesto*) unpleasant: **un viaggio p.**, an unpleasant journey **3** (*fam.*: *scadente*) pitiful; sorry; pathetic.

pensàbile, *a.* thinkable; conceivable; imaginable. ● **Non è p.**, it is unthinkable.

pensànte, *a.* thinking: **L'uomo è un animale p.**, man is a thinking being.

pensàre, A *v. t.* **1** (*credere, ritenere*) to think*; to reckon (*fam.*): **Pensi che pioverà?**, do you think it will rain?; **Penso di sì**, I think so; **Penso di no**, I don't think so; **Penso che sia utile studiare il latino**, I think it (is) useful to study Latin; **Lo pensavo impossibile**, I thought it impossible; **Penso che sarebbe meglio andarcene**, I think it would be better to go away; **Che cosa ne pensi della nuova legge?**, what do you think about the new law? **2** (*avere intenzione di*) to think*; (*decidere*) to decide, to make* up one's mind: **Penso di andare a Siena la settimana prossima**, I think I'll go to Siena next week; **Penso di scrivergli**, I think I'll write to him; **Pensavo di invitare solo lei**, I was thinking of inviting just her; **Che cosa pensi di fare?**, what are you going to do?; **Pensi sempre di trasferirti a Pisa?**, are you still thinking about moving to Pisa?; **Ho pensato che rimarrò qui**, I've decided to stay here; **Non ho mai pensato di fare il medico**, I've never thought of becoming a doctor **3** (*immaginare*) to think*; to suppose; to imagine; to guess: **Chi avrebbe pensato che fosse lui?**, who would have thought it was he?; **Chi penserebbe che è un grande scienziato?**, who would imagine that he is a great scientist?; **Le conseguenze le lascio p. a voi**, I'll leave you to imagine the consequences; **Non pensavo che tu fossi così sensibile**, I didn't think you were so sensitive; **Verranno stasera, penso**, they will come tonight, I suppose; **Pensa un po' chi ho incontrato**, just guess who I met **4** (*considerare*) to think* of; to think* about; to take* into consideration; to consider: **Non pensa neppure il danno che reca con le sue parole**, he doesn't even consider (*o* think of, take into consideration) the harm he does with his tongue (*o* words). **B** *v. i.* **1** (*avere in mente*; *considerare*) to think* of; to think* about: **Pensa a me!**, think of me!; **Debbo p. all'avvenire**, I must think of the future; **A che cosa stai pensando?**, what are you thinking of?; **Pensa soltanto a divertirsi**, he only thinks of enjoying himself; **Pensavo ad altro**, I was thinking about something else; **Pensaci bene prima di darmi una risposta**, think it over before giving me an answer; **È una cosa che ti fa p.**, it's a thing that makes you think **2** (*giudicare*) to think*; to have an opinion of: **p. bene** [**male**] **di q.**, to think well [ill] of sb.; to have a good [bad] opinion of sb. **3** (*aspirare*) to aim at; to aspire to: **Egli pensa alla**

presidenza, he is aiming at the presidency **4** (*badare*) to mind* (st.); to take* care of; to look after; to see* to: **Deve p. alla famiglia**, he has to look after his family; **Pensa ai fatti tuoi!**, mind your own business; **«Chi lo avvertirà?» «Ci penserò io»**, «who's going to warn him?» «I'll see to it» **5** (*escogitare*) to think* up; to plan; to devise: **p. a un piano di fuga**, to think up a plan for escape; **p. a un espediente**, to devise an expedient. ● **dare da p.** (*preoccupare*), to worry □ **Ci penserò su**, I'll think it over; I'll think about it □ **L'hai pensata proprio bella**, you've really had a bright idea □ **Ne pensa sempre una nuova**, he's always got something new up his sleeve □ **Ho altro da p.**, I have more important things on my mind (*o* to think of) □ **Pensa e ripensa, trovai la soluzione**, after racking my brains, I found the solution □ **Una ne fa e cento ne pensa**, he is always up to something.

pensàta, *f.* idea; thought; notion: **una bella p.**, a good (*o* clever) idea; **p. brillante**, bright idea; brainwave.

pensàto, *a.* considered; studied; thought out.

pensatóio, *m.* (*scherz.*) place to think. ● **ritirarsi nel p.**, to put on one's thinking-cap (*fam.*).

pensatóre, *m.* (*f.* **-trice**) thinker: **un p. profondo**, a deep thinker; **un libero p.**, a free-thinker.

pensierìno, *m.* **1** thought **2** (*fam.*: *attenzione affettuosa*) little kindness; (*regalino*) small present **3** (*esercizio scolastico*) sentence: **Scrivete un p. sulla primavera**, write a sentence on Spring. ● **Facci su un p.**, think about it; think it over □ **Ci avevo fatto su un p.**, I had rather set my mind on it.

pensièro, *m.* **1** (*l'attività, un atto di p.*) thought: **un p. ricorrente**, a recurring thought; **scacciare i pensieri tristi**, to drive away (*o* to banish) sad thoughts; **essere assorto nei propri pensieri**, to be lost (*o* absorbed) in thought; **Sei sempre nei miei pensieri**, you are always in my thoughts; **libertà di p.**, freedom of thought; **al p. di [che]**, at the thought of [that] **2** (*mente*) mind: **esercitare il p.**, to exercise one's mind; **vigore del p.**, vigour of mind **3** (*dottrina filosofica*) thought, doctrine, philosophy, theory; (*modo di pensare*) way of thinking: **il p. di Vico**, Vico's thought (*o* philosophy); **il p. sociale di Saint-Simon**, Saint-Simon's social theory (*o* doctrine) **4** (*opinione*) mind; opinion: **Vorrei conoscere il tuo p. in proposito**, I should like to know your opinion on this; **Ha cambiato p.**, he has changed his mind **5** (*attenzione*) thought; (*dono*) gift: **un p. gentile**, a kind thought **6** (*ansia, preoccupazione*) trouble; worry; care: **Ognuno ha i suoi pensieri**, everyone has his troubles (*o* worries); **Allora non avevo un p. al mondo**, at that time I didn't have a worry in the world; **dare pensieri**, to give cause for worry; to worry **7** (*intenzione*) idea, intention, thought; (*disegno, proposito*) plan: **Qual è il tuo p.?**, what is your idea (*o* intention)?; what have you got in mind? ● **andare col p. a q.c.**, to think of st.; to recollect st. □ **darsi p. per q.c.**, to worry about st.; to bother one's head about st. □ **dire il proprio p.**, to say one's mind; (*più forte*) to speak one's mind, to speak out □ **fermare il p. su q.c.**, to fix one's attention on st. □ **essere sopra p.**, to be thoughtful; to be miles away (*fam.*) □ **riandare col p. a q.c.**, to think back to st. □ **stare in p. per q.**, to be anxious (*o* to worry) about sb.

pensieróso, *a.* thoughtful; (*cogitabondo*) pensive; (*preoccupato*) worried.

pènsile, **A** *a.* pensile; hanging; suspended: **giardino p.**, hanging garden; **mobile p.**, (suspended) wall cupboard. **B** *m.* (*arredamento*) (suspended) wall unit.

pensilìna, *f.* **1** (*ferr.*) platform roof **2** (*alle fermate dei mezzi pubblici*) bus shelter **3** (*archit.*) cantilever roof.

pensionàbile, *a.* pensionable: **età p.**, pensionable (*o* retirement) age.

pensionabilità, *f.* eligibility for a pension.

pensionaménto, *m.* retirement: **p. anticipato [ritardato]**, early [delayed] retirement.

pensionànte, *m.* e *f.* boarder; paying-guest: **prendere dei pensionanti**, to take in boarders.

pensionàre, *v. t.* to pension off; to retire.

pensionàto, **A** *m.* **1** (*f.* **-a**) (*chi gode di una pensione*) retired person; pensioner; pensionary: **p. statale**, retired civil servant **2** (*istituto*) lodging house; hostel; home: **p. per studenti**, students' hostel; **p. per anziani**, old people's home; **p. universitario**, university residence; hall of residence. **B** *a.* retired.

pensióne, *f.* **1** (*indennità*) pension; annuity: **p. di guerra**, war pension; **p. d'invalidità**, disability pension; **p. di vecchiaia** (*o* **sociale**), old-age (*o* retirement) pension; social security pension (*USA*); **detentore di p. sociale**, old-age pensioner; **vivere d'una p.**, to live on a pension **2** (*vitto e alloggio*) board and lodging; bed and board: **p. completa**, full board; **mezza p.**, half board; **albergo con p.**, hotel providing full board; **mettere q. a p.**, to put sb. to board **3** (*luogo dove si fa p.*) guesthouse, boardinghouse; (*non in G.B.*) pension: **Preferisco la p. all'albergo**, I prefer boardinghouses to hotels; **una piccola p. a Rimini**, a small pension at Rimini. ● **andare in p.**, to retire □ **essere a p. da q.**, to board at. sb.'s; to be sb.'s boarder □ **età della p.**, retiring age □ **in p.**, retired (*agg.*) □ **mandare in p.**, to pension off; to retire □ **prendere q. a p.**, to take in sb. as a boarder □ **tenere q. a p.**, to have sb. as a boarder.

pensionìstico, *a.* pension (*attr.*); retirement (*attr.*): **sistema p.**, pension (*o* retirement) plan.

pensosità, *f.* thoughtfulness; pensiveness.

pensóso, *a.* **1** (*assorto in pensieri*) thoughtful; lost (*o* absorbed) in thought; pensive; meditative: **Sedeva p. in un angolo**, he sat in a corner, looking thoughtful; **silenzio p.**, pensive silence **2** (*lett.*: *premuroso*) solicitous (about, for).

pentàcolo, *m.* pentacle; pentagram.

pentacòrdo, *m.* (*mus.*) pentachord.

pentadàttilo, *a.* (*zool.*) pentadactyl.

pèntade, *f.* pentad.

pentadecàgono, *m.* (*geom.*) pentadecagon.

pentàdico, *a.* pentadic.

pentaèdro, *m.* (*geom.*) pentahedron.

pentafillo, *a.* (*bot.*) cinquefoil.

pentafònico, *a.* (*mus.*) pentatonic.

pentagonàle, *a.* (*geom.*) pentagonal.

pentàgono, *m.* **1** (*geom.*) pentagon **2** – (*in U.S.A.*) **il P.**, the Pentagon.

pentagràmma, *m.* (*mus.*) stave; staff*.

pentagrammàto, *a.* (*mus.*) music (*attr.*): **carta pentagrammata**, music paper.

pentalìneo, *a.* (*mus.*) five-line (*attr.*).

pentàmero, *a.* (*bot.*) pentamerous.

pentàmetro, *m.* (*poesia*) pentameter.

pentàno, *m.* (*chim.*) pentane.

pentapodia, *f.* (*poesia*) pentapody.

pentàpoli, *f.* (*stor.*) pentapolis.

pentaprișma, *m.* (*fotogr.*) pentaprism.

pentasillabo, *a.* (*poesia*) pentasyllabic.

pentàstico, *a.* (*archit., arte*) pentasthicous.

Pentatèuco, *m.* (*Bibbia*) Pentateuch.

pentathlèta, *m.* e *f.* (*sport*) pentathlete.

pèntathlon, *m.* (*sport*) pentathlon.

pentatlèta, *V.* **pentathleta**.

pentatòmico, *a.* (*chim.*) pentatomic.

pentatònico, *a.* (*mus.*) pentatonic.

pentavalènte, *a.* (*chim.*) pentavalent.

pentecostàle, (*relig.*) **A** *a.* Pentecostal; Whitsun. **B** *m.* e *f.* (*specialm. al pl.*) Pentecostal; Pentecostalist.

Pentecòste, *f.* **1** (*festa cristiana*) Pentecost; Whit Sunday; Whitsun: **la domenica di P.**, Whit Sunday; Whitsun; **il lunedì di P.**, Whit Monday; **la settimana di P.**, Whitsuntide **2** (*festa ebraica*) Pentecost; Feast of Weeks.

pentèlico, *a.* (*lett.*) Pentelic; Pentelican: **marmo p.**, Pentelic marble.

pentemìmera, *f.* e *a.* (*poesia*) penthemimeral.

pentiménto, *m.* **1** repentance; contrition; (*rincrescimento*) regret: **inutili pentimenti**, vain repentances; **mostrare p.**, to show repentance; to be repentant; **provare p.**, to feel repentance; **farsi prendere dai pentimenti**, to have regrets **2** (*fig.*) change of mind; second thoughts (*pl.*) **3** (*pitt.*) pentimento.

pentìrsi, *v. i. pron.* **1** to repent: **Non hai nulla di cui pentirti**, you have nothing to repent of; **p. dei propri peccati**, to repent (of) one's sins; **p. d'avere fatto q.c.**, to repent having done st. **2** (*rammaricarsi*) to repent; to regret; to feel* regret; to be (*o* to feel*) sorry: **Mi pento della mia avventatezza**, I repent my rashness; **Non mi sono mai pentito del bene fatto**, I have never repented for doing good; **Non avrai a pentirtene!**, you will never regret it!; **Se dirai d'essere pentito, ti perdonerò**, if you say you're sorry, I'll forgive you; **Mi pento di non averlo detto a tuo padre**, I'm sorry I didn't tell your father; **Te ne pentirai!**, you'll be sorry for it! **3** (*mutare proposito*) to repent; to change one's mind; to have second thoughts: **Fallo prima che se ne penta**, do it before he repents; **Voleva fare l'insegnante, ma poi se ne pentì**, he wanted to be a teacher, but afterwards he changed his mind.

pentitișmo, *m.* phenomenon of criminals turning state's evidence.

pentito, **A** *a.* **1** repentant **2** turned state's evidence (*pred.*). **B** *m.* criminal who turns (*o* who is willing to turn) state's evidence; turncoat (*fam.*); supergrass (*fam. GB*).

pentlandite, *f.* (*miner.*) pentlandite.

pèntodo, *m.* (*radio*) pentode.

péntola, *f.* **1** saucepan; pot; (*di coccio*) crock: **pentole e tegami**, pots and pans; **mettere in p.**, to put in a pot; to pot; **mettere una p. sul fuoco**, to put on a saucepan (*o* a pot) **2** (*pentolata*) pot(ful): **una p. di fagioli**, a pot of beans **3** (*ind.*) kettle. ● **p. a doppio fondo**, double-boiler □ **p. a pressione**, pressure cooker: **cuocere nella p. a pressione**, to pressure-cook □ (*fig.*) **Qualcosa bolle in p.**, there is something brewing □ (*fig.*) **sapere quel che bolle in p.**, to know what is brewing □ (*prov.*) **Il diavolo fa le pentole ma non i coperchi**, truth will out.

pentolàio, *m.* **1** (*fabbricante*) potter **2** (*venditore*) dealer in earthenware (*o* pottery).

pentolàme, *m.* pots and pans (*pl.*).

pentolàta, *f.* **1** pot(ful): **una p. di patate**, a pot of potatoes **2** (*colpo di pentola*) blow with a pot.

pentolino, *m.* (small) saucepan; pan; pot.

pentoșàno, *m.* (*chim.*) pentosan.

pentòșio, *m.* (*chim.*) pentose.

pentotàl, **pentothal**, *m. invar.* (*marchio*: *farm.*) Pentothal.

pentrite, *f.* (*chim.*) pent(h)rite.

penùltimo, **A** *a.* last but one; penultimate: **il p. giorno**, the last day but one; **la penultima sillaba**, the last syllable but one; the penultimate syllable; **una parola con l'accento sulla penultima sillaba**, a word that takes a penultimate accent. **B** *m.* (*f.* **-a**) last but one; second-last.

penùria, *f.* **1** penury; shortage; scarcity; lack: **p. d'acqua**, lack of water; **p. di cibo**, scarcity of food; dearth; **una grande p. di pioggia**, a great scarcity of rain **2** (*estrema povertà*) poverty, penury; (*bisogno*) want, need. ● **C'è p. di notizie**, we are short of news.

penzolàre, *v. i.* to dangle; to hang* down.

pènzolo, *m.* **1** hanging bunch; hanging cluster **2** (*naut.*) pendant; pennant.

penzolóne, **penzolóni**, *avv.* dangling; hanging down; drooping: **con le orecchie p.**, with drooping ears; lop-eared; **con le braccia**

p., with one's arms hanging down. ● **stare p.**, to dangle; to hang down.

peón (*spagn.*), *m.* (*pl.* **peones**) (*al pl.*, *polit.*) junior Members of Parliament; junior MPs.

peóne, *m.* (*poesia*) paeon.

peònia, *f.* (*bot.*, *Paeonia officinalis*) peony.

pepaiòla, *f.* ***1*** (*recipiente per il pepe*) pepper pot ***2*** (*macinapepe*) pepper mill.

pepàre, *v. t.* to pepper.

pepàto, *a.* ***1*** peppered; peppery; seasoned with pepper; pepper (*attr.*): **una minestra pepata**, a soup with a lot of pepper in it; a peppery soup ***2*** (*fig.*: *pungente*) peppery; sharp; pungent: **una risposta pepata**, a pungent (*o* sharp) reply; **un caratterino p.**, a peppery character ***3*** (*fig. fam.*: *troppo caro*) too high; stiff (*fam.*): **un conto p.**, a stiff bill.

pépe, *m.* ***1*** (*bot.*, *Piper nigrum*; *spezie*) pepper: **p. di Caienna**, Cayenne pepper; **p. bianco [nero]**, white [black] pepper; **p. macinato**, ground pepper; **p. in grani**, peppercorns (*pl.*); whole pepper; (*cucina*) **bistecca al p.**, pepper steak ***2*** (*bot.*) – **p. d'acqua** (*Polygonum hydropiper*), smartweed; **p. della Giamaica** (*Pimenta officinalis*), pimento. ● **color p. e sale**, pepper-and-salt (*agg.*) □ (*fig.*) **tutto p.**, spirited.

peperino (1), *m.* (*miner.*) peperino*.

peperino (2), *m.* (*fam.*) spirited person; peppery person; feisty person (*fam. USA*).

peperita, *V.* **piperita**.

peperòmia, *f.* (*bot.*, *Peperomia*) peperomia.

peperonàta, *f.* (*cucina*) peperonata (sliced peppers cooked with oil, tomatoes and onions).

peperoncino, *m.* ***1*** (*frutto*) hot pepper; red pepper ***2*** (*cucina*) paprika; Cayenne pepper.

peperóne, *m.* ***1*** (*bot.*, *Capsicum annuum*) Guinea pepper ***2*** (*frutto*) (sweet) pepper; capsicum: **peperoni rossi [verdi]**, red [green] peppers; **peperoni sott'aceto**, pickled peppers. ● (*scherz.*) **un naso come un p.**, a big, red nose □ **rosso come un p.**, as red as a beetroot (*o* a lobster).

pepièra, *V.* **pepaiola**.

pepinièra, *f.* plant nursery.

pepino, *m.* (*bot.*, *Solanum muricatum*) pepino; melon-pear.

pepita, *f.* (*miner.*) nugget; slug: **una p. d'oro**, a gold nugget.

pèplo, *m.* (*stor.*) peplum*; peplos.

pepònide, **pepònio**, *m.* (*bot.*) pepo.

pèppola, *f.* (*zool.*, *Fringilla montifringilla*) brambling.

pèpsi, *f.* (*med.*) pepsia; digestion.

pepsina, *f.* (*biochim.*) pepsin.

pepsinògeno, *m.* (*biochim.*) pepsinogen.

pèptico, *a.* (*fisiol.*) peptic; digestive.

peptidàṣi, *f.* (*biochim.*) peptidase.

peptide, *m.* (*chim.*) peptide.

peptiẓẓazióne, *f.* (*chim.*) peptization.

peptóne, *m.* (*biochim.*) peptone.

peptoniẓẓazióne, *f.* (*biochim.*) peptonization.

per, **A** *prep.* ***1*** (*moto per luogo*) through; (*senza direzione fissa*) about: **Passò per Firenze**, he passed through Florence; **entrare per la finestra**, to go (*o* to come) in through the window; **Lo si vede sempre girare per il mercato**, you always see him wandering about the market; **errare per il mondo**, to wander all over the world; **per tutto il corpo**, all over the body ***2*** (*direzione*) for; to: **Sto partendo per Napoli**, I'm leaving for Naples; **proseguire per Roma**, to go on to Rome ***3*** (*stato in luogo*) in; on: **Lo incontro ogni mattina per la strada**, I meet him in the street every morning; **trovare q.c. per terra**, to find st. on the ground ***4*** (*estensione*) for: **L'accompagnai per due kilometri**, I went with him for two kilometres; **Segua questa strada per dieci miglia**, follow this road for ten miles ***5*** (*per un certo periodo di tempo, o per una data, un'occasione precisa*) for; (*entro un termine*) by; (*per un intero periodo di tempo*) throughout, (all) through, over: **per due ore**, for two hours; **per tutto l'inverno**, all through the winter; throughout the winter; the whole winter through; **Lo farò per domani**, I'll do it for tomorrow; **Il vestito deve essere pronto per la fine del mese**, the suit must be ready by the end of the month; **Tornerò per Pasqua**, I'll be back for Easter; I'll be back by Easter; **Che cosa fai per Natale?**, what are you doing over Christmas?; **Te lo preparerò per la tua festa**, I'll get it ready (in time) for your party; **Saranno di ritorno per il 26 marzo**, they'll be back by the 26th of March ***6*** (*mezzo*) by: **mandare un pacco per posta**, to send a parcel by post; **per telegramma**, by telegram; **Lo informai per lettera**, I informed him by letter; **per telefono**, by phone; **per via aerea**, by air mail; **per terra e per mare**, by land and sea ***7*** (*modo*) by: **chiamare per nome**, to call by name; **Mi prese per il braccio**, he took me by the arm; **procedere per gradi**, to proceed by degrees ***8*** (*prezzo*) for: **Glielo diedi per 10.000 lire**, I gave it to him for 10,000 lire; **Lo comprò per poco**, he bought it for very little (*o* for next to nothing) ***9*** (*causa*) because of; on account of; owing to; for; out of; through: **La partita fu rinviata per le condizioni del tempo**, the match was postponed on account of (*o* owing to) weather conditions; **Non potrà più continuare per motivi di famiglia**, he will not be able to continue for family reasons; **Per quale motivo parte stasera?**, for what reason is he leaving tonight?; why is he leaving tonight?; (*fam.*) **Per te, mi sono preso una multa in sosta vietata**, I got a parking ticket because of you; **Fu premiato per la sua diligenza**, he was rewarded for his diligence; **fare q.c. per ambizione**, to do st. out of ambition; **Questo non accadrà mai per colpa sua**, this can never happen through any fault of his; **processare q. per un delitto**, to try sb. for a crime; **morire per il freddo**, to die of exposure; **È morto per una malattia contratta in Africa**, he died of a disease he caught in Africa ***10*** (*vantaggio, interesse, utilità*) for: **Te lo dico per il tuo bene**, I'm telling you for your own good; **Fatelo per me**, do it for me (*o* for my sake); **Ognuno lavora per il proprio interesse**, everyone works for his own interests; **Chi lavora per niente?**, who works for nothing? ***11*** (*fine, scopo*) for: **la lotta per la vita**, the struggle for life; **fare q.c. per scherzo**, to do st. for fun; **leggere per diletto**, to read for pleasure; **pasticche per la tosse**, cough lozenges; **un macinino per il caffè**, a mill for grinding coffee; a coffee mill ***12*** (*con valore restrittivo*) for; (*di misura*) by; (*nei riguardi di*) to: **per quanto mi riguarda**, as for me; as far as I'm concerned; **Quest'auto è troppo potente per lui**, this car is too powerful for him; **Ho perso la partita per un punto**, I lost the game by one point; **Il mio cavallo vinse per un'incollatura**, my horse won by a neck; **È sempre stata un'amica per me**, she has always been a friend to me; **Se non fosse per tuo padre, ora saresti sul lastrico**, if it weren't for (*o, più form.*: were it not for) your father, you would be penniless now ***13*** (*con valore distributivo*) by; for; per: **uno per uno**, one by one; **il dieci per cento**, ten per cent; **per persona**, per head; each; apiece; **uno per ogni cinque**, one for every five ***14*** (*mat.*) by: **dividere per cinque**, to divide by five; **moltiplicare per due**, to multiply by two ***15*** (*con compl. pred.*: *come, in qualità di*) as; (*al posto di*) for: **La presi per la domestica**, I took her for the maid; **Avrai un libro per regalo**, you'll have a book as a present; **Mi prendi per scemo?**, do you take me for a fool? ***16*** (*in cambio di*) in exchange for; for: **Diedi via la fionda per dieci palline**, I swopped the catapult for ten marbles. ● **per l'addietro**, in the past; formerly □ **per amor di Dio**, for God's sake □ **per caso**, by chance □ **per di più**, what's more; moreover; furthermore □ **per fortuna**, luckily □ **per l'innanzi**, hitherto □ **per lo più**, generally; usually □ **per mezzo di**, through; by means of: **Ottenni i biglietti per mezzo di un amico**, I got the tickets through a friend; **I pensieri si esprimono per mezzo delle parole**, thoughts are expressed by means of words □ **per modo che**, so that □ **per modo di dire**, so to say; so to speak □ **per il momento**, for the time being □ **per natura**, by nature □ **per nulla!**, not at all! □ **per questa volta**, (for) this time □ **per tempo**, early □ **andare per i fatti propri**, to mind (*o* to go about) one's business □ **cambiare per il meglio [per il peggio]**, to change for the better [for the worse] □ **gente per bene**, honest people □ **giorno per giorno**, day by day □ **A lui il film è piaciuto, ma per me non vale niente**, he liked the film, but in my opinion it was very poor (*o* I thought it very poor) □ **Per me non vince**, I don't think he's going to win □ **Cosa intendi per socialismo?**, what do you mean by socialism? □ **Ogni anno mi fa regali per centomila lire**, every year he gives me presents worth a hundred thousand lire □ **La sua proprietà si estende per duecento ettari**, his estate covers two hundred hectares. **B** *cong.* ***1*** (*finale*) so as, in order to (*o anche il solo inf.*); (*retto da un sost.*) for: **Tacque per non rattristarlo**, he remained silent so as not to sadden him; **S'avvicinò per vedere il quadro**, he went nearer (in order) to see the picture; **Uscii per prendere un po' d'aria**, I went out to get a breath of air; **Non c'è motivo per arrabbiarsi**, there's no cause for getting angry ***2*** (*causale*) for: **Fu respinto agli esami per aver copiato**, he was failed at the exams for copying (*o* for having copied) ***3*** (*concessivo*) however: **per intelligente che tu sia**, however clever you may be; clever as you may be; **per veloce che tu vada**, however fast you may go; fast as you may go. ● **Per essere buono, è buono, ma...**, I'm not saying it isn't good, but...

péra, *f.* ***1*** (*frutto*) pear: **pere cotte**, stewed pears; **pere al forno**, baked pears; **fatto a p.**, pear-shaped ***2*** (*interruttore*) pear-switch; pear-push ***3*** (*recipiente per clistere*) enema rubber syringe ***4*** (*scherz.*: *testa*) head; pate; nut (*pop.*): **grattarsi la p.**, to scratch one's pate ***5*** (*gergo della droga*: *iniezione*) fix: **farsi una p.**, to give oneself a fix. ● (*fig.*) **p. cotta**, dull person; wimp (*fam.*) □ (*fig. fam.*) **a p.**, (*assurdo*) incoherent; daft; idiotic □ (*fam.*) **cascare come una p. cotta**, (*innamorarsi*) to fall head over heels in love; (*addormentarsi di colpo*) to fall fast asleep; (*farsi imbrogliare*) to swallow st. hook, line and sinker □ (*fam.*) **Non vale una p. cotta**, it's totally worthless.

peràcido, *m.* (*chim.*) peracid.

peràltro, *avv.* though; however; on the other hand.

peramèle, *m.* (*zool.*, *Perameles*) bandicoot.

peràstro, *m.* (*bot.*) wild pear.

perbàcco, *inter.* ***1*** (*di sorpresa*) well!; goodness!; golly! ***2*** (*di consenso*) of course!; sure! (*USA*).

perbène, **A** *a.* respectable; decent; civilized; proper; seemly: **gente p.**, respectable people. **B** *avv.* properly; well.

perbeniṣmo, *m.* (*spreg.*) bourgeois respectability; conformism.

perbenista, **A** *m.* e *f.* (*spreg.*) bourgeois; conformist. **B** *a.* *V.* **perbenistico**.

perbenìstico, *a.* bourgeois; conformist.

perboràto, *m.* (*chim.*) perborate: **p. di sodio**, sodium perborate.

pèrca, *f.* (*zool.*, *Perca*) perch.

percàlle, *m.* (*ind. tess.*) percale.

percentile, *m.* e *a.* (*stat.*) percentile.

percènto, *m.* percentage.

percentuàle, **A** *a.* per cent; percentage (*attr.*): **tasso p.**, per cent rate; **aumento p.**, percentage increase; **punto p.**, percentage point. **B** *f.* **1** percentage; (*rapporto p.*) ratio: **Il prezzo subì una certa p. di ribasso**, the price was reduced by a certain percentage; **la p. di guadagno**, the percentage of profit; **la p. delle nascite**, the percentage of births; (*fis.*) **p. isotopica**, isotopic ratio **2** (*provvigione*) commission.

percentualizzàre, *v. t.* to calculate in percentage.

percentualizzazióne, *f.* calculation in percentage.

percepìbile, *a.* **1** perceivable **2** (*esigibile*) collectable; receivable.

percepìre, *v. t.* **1** to perceive; to become* aware of; to feel*; (*rendersi conto*) to realize: **Percepii la sua ostilità**, I felt his hostility **2** (*ricevere, riscuotere*) to be given, to receive, to collect; (*uno stipendio*) to draw*: **p. una provvigione del tre per cento**, to receive (*o* to be given) a three per cent commission.

percettìbile, *a.* perceptible; (*percepibile*) perceivable: **suoni percettibili**, perceptible (*o* audible) sounds; **p. a mente umana**, perceptible to the human mind; **in modo p.**, in (*o* to) a perceptible degree; perceptibly.

percettibilità, *f.* perceptibility; perceptibleness.

percettività, *f.* perceptivity; perceptiveness; perceptive faculty.

percettìvo, *a.* perceptive: **la facoltà percettiva**, the perceptive faculty; the faculty of perception.

percettóre, *m.* (*f.* **-trice**) collector; receiver.

percezióne, *f.* **1** (*psic.*) perception: **la p. del bello**, aesthetic perception; **p. extrasensoriale**, extrasensory perception **2** (*intuizione*) intuition; feeling **3** (*bur.*) receiving; payment. ● **non aver la p. esatta di q.c.**, not to realize st.

percezionìsmo, *m.* (*filos.*) perceptionism.

perché, **A** *avv.* (*interr.*) why; (*a che scopo*) what...for: **P. non me l'hai detto?**, why didn't you tell me?; **Dimmi p. non vuoi andare**, tell me why you don't want to go; **P. partire subito?**, why leave at once?; **P. studi il cinese?**, what are you studying Chinese for?; **P. l'hai fatto?**, why did you do that?; what did you do that for?; **P. non farlo subito?**, why not do it at once?; **Chissà p. non me ne ha parlato?**, I wonder why he didn't mention it to me; **Lascia che ti spieghi p. non c'ero**, let me explain to you why I wasn't there; **Non capisco p. ce l'abbiano tutti con me**, I can't understand why they are all angry with me; **p. no?**, why not?; **ma p.?**, but why?; **p. mai?**, why on earth?; what on earth for? **B** *cong.* **1** (*esplicativo*) because; for; since; as: **Ho venduto l'appartamento p. era troppo grande per me**, I sold the flat because it was too big for me; **Non posso muovermi p. ho la macchina guasta**, I can't go anywhere, as my car is out of order **2** (*finale*) so (that); in order that; so as: **Ti darò la chiave p. tu possa entrare quando vuoi**, I'll give you the key so that you may come in when you want; **Ti ho fatto un elenco p. tu non dimentichi niente**, I've made out a list for you so that you won't forget anything; **Non te lo dissi p. tu non ti spaventassi**, I didn't tell you it so as not to frighten you (*o* so that you shouldn't be frightened) **3** (*correl. di «troppo»*) – **La conferenza era troppo interessante p. io potessi venirmene via prima della fine**, the lecture was too interesting for me to come away before the end; **È una questione troppo complicata p. io possa spiegarla in poche parole**, it is too difficult a question for me to be able to explain it in a few words. **C** *m.* **1** (*il motivo*) reason (why); why; wherefore: **I p. sono molti**, there are many reasons why; **Vuoi sapere il p.?**, do you want to know (the reason) why?; **Ti dirò il p.**, I'll tell you why; **senza un p.**, without any particular reason; **il p. e il percome**, the why(s) and wherefore(s) **2** (*interrogativo*) question; (*mistero*) mystery: **i p. dei bambini**, the questions children ask; **un uomo dai mille p.**, a man full of mystery.

perciò, *cong.* for this [that] reason; so; therefore; consequently: **Era tardi, p. andai a casa**, it was late, so I went home; **Ha mancato al suo dovere, p. sarà punito**, he did not do his duty, so he shall be punished; **Hai perduto la scommessa, p. devi pagare**, you lost the wager, therefore you must pay; **P. l'ho fatto!**, that's why I did it.

percloràto, *m.* (*chim.*) perchlorate.

perclòrico, *a.* (*chim.*) perchloric.

percloruro, *m.* (*chim.*) perchloride.

percolàre, *v. t. e i.* to percolate; to filter.

percolàto, *m.* (*chim.*) percolate.

percolatóre, *m.* (*chim.*) percolator.

percolazióne, *f.* percolation; filtering.

percóme, *m.* – **il perché e il p.**, the why(s) and wherefore(s).

percorrènza, *f.* (*distanza*) distance covered; (*tempo*) travelling time.

percórrere, *v. t.* **1** (*una distanza*) to cover; (*una strada*) to go* along, (*in automobile*) to drive* along, (*a piedi*) to walk along, to walk down: **p. molte miglia**, to cover many miles: **p. cento miglia in un'ora**, to cover a hundred miles in an hour; **Percorsi il sentiero fino alla capanna**, I walked down the path to the hut; **p. un lungo tratto di strada**, to go a long way; **C'è molta strada da p.**, there is a long way to go; **p. un tratto di strada a cavallo [a piedi]**, to ride [to walk] part of the way; **p. 5 km a nuoto**, to swim 5 km **2** (*attraversare*) to cross; to run* through (*o* across); to pass through; to travel (*o* to journey) over; to traverse: **L'autostrada percorre tutta la regione**, the motorway crosses (*o* traverses) the whole region; **Per parecchie miglia la strada percorre una pianura**, the road runs across a plain for several miles; **Ho percorso tutta la Gran Bretagna**, I have travelled all over Britain. ● **p. con l'occhio**, to scan □ **p. in lungo e in largo**, to travel throughout; (*setacciare*) to scour.

percorrìbile, *a.* that can be travelled over.

percorribilità, *f.* practicability.

percórso, *m.* **1** (*itinerario*) route; (*cammino*) way; (*strada*) road; (*tracciato*) course, route: **il p. dell'autobus**, the route of the bus; the bus-route; **il p. della nuova autostrada**, the route of the new motorway; **il p. di un fiume**, the course of a river; **seguire percorsi diversi**, to go by different routes; **seguire il p. più breve**, to go the shortest way; **fare parte del p. in aereo**, to fly part of the way **2** (*distanza percorsa*) distance covered **3** (*viaggio*) journey, trip; (*corsa*) run: **durante il p.**, during the journey; on the way; **per tutto il p.**, during the whole journey; all along the way. ● (*aeron.*) **p. di atterraggio [di decollo]**, landing [take-off] distance □ **p. di guerra**, assault course □ (*sport*) **p. di prova**, proving ground □ (*sport*) **p. netto**, clear round.

percòssa, *f.* blow; stroke; knock: **una p. al viso**, a blow on the face; **dare una p.**, to strike (*o* to deal) a blow; to hit.

percuòtere, **A** *v. t.* **1** (*dare percosse, colpire*) to strike*; to hit*; to beat*; to knock; to deal* a blow on: **p. q. sulla testa**, to strike (*o* to hit, to knock) sb. on the head; to hit (*o* to deal) sb. a blow on the head; **p. con la mano**, to strike with the hand; **p. q.c. con un martello [con un bastone]**, to strike (*o* to beat) st. with a hammer [with a stick]; **percuotersi il petto**, to beat one's breast; **La quercia fu percossa da un fulmine**, the oak was struck by lightning **2** (*urtare*) to strike*; to hit*; to knock **3** (*di luce, suono*) to smite*: **Un frastuono terribile ci percosse le orecchie**, a terrible din smote our ears **4** (*fig.*: *colpire*) to strike*; (*affliggere*) to distress, to afflict. **B** **percuòtersi,** *v. rifl. recipr.* to strike* (*o* to hit*) each other (*o* one another).

percussióne, *f.* **1** percussion: **fucile a p.**, percussion gun; **capsula a p.**, percussion cap; (*mus.*) **strumento a p.**, percussion instrument; **un'orchestrina di strumenti a p.**, a percussion band **2** (*med.*) percussion.

percussionista, *m. e f.* (*mus.*) percussionist.

percussóre, *m.* (*di arma da fuoco*) percussion pin; firing pin; striker.

percutàneo, *a.* (*med.*) percutaneous.

perdènte, **A** *a.* losing. **B** *m. e f.* loser.

pèrdere, **A** *v. t.* **1** (*anche assol.*) to lose*: **p. l'ombrello [la voce, la memoria]**, to lose one's umbrella [one's voice, one's memory]; **p. i capelli**, to lose one's hair; to go bald; **p. la vista**, to lose one's sight; **p. la vita**, to lose one's life; **p. un figlio**, to lose a son; **Perse una gamba in guerra**, he lost a leg in the war; **p. una guerra [una partita, una causa]**, to lose a war [a match, a law-suit]; **Abbiamo perso per 4 a 2**, we lost 4-2; **In autunno gli alberi perdono le foglie**, in autumn (the) trees lose (*o* shed) their leaves; **p. il posto**, (*a sedere*) to lose one's seat; (*il lavoro*) to lose one's job; **p. la strada**, to lose one's way; (*anche fig.*) **p. terreno**, to lose ground; **p. i contatti con q.**, to lose touch with sb.; **p. la fiducia in se stesso**, to lose confidence in oneself; **p. l'appetito**, to lose one's appetite; **p. la ragione**, to lose one's reason; to go mad; **p. la testa**, to lose one's head; **p. conoscenza**, to lose consciousness; **p. un'abitudine**, to lose (*o* to get out of) a habit; **Non ho niente da p.**, I have nothing to lose; **Non perderò il sonno per te**, I won't lose any sleep over you; **Hai perso la lingua?**, have you lost your tongue? **2** (*lasciarsi sfuggire*) to miss: **p. il treno**, to miss the train; **p. il turno**, to miss one's turn; **Non p. questa occasione!**, don't miss this opportunity! **3** (*sprecare*) to waste: **p. il tempo giocando a carte**, to waste one's time playing cards; **p. il fiato**, to waste one's breath; **Ha perso i più begli anni della vita**, he has wasted the best years of his life; **Io non perdo tempo quando si tratta di affari**, I don't waste any time (*o* I don't let the grass grow under my feet) when it's a question of business; **Non perderò tempo, lo farò subito**, I'll lose no time in doing it **4** (*mandare in rovina*) to ruin: **I suoi nemici tentavano di perderlo**, his enemies tried to ruin him; **I tuoi vizi ti perderanno**, your vices will ruin you **5** (*rimetterci*) to lose*; (*comm.*) to make* a loss: **Ci perdono a non investire quel denaro**, they will lose by not investing that money; **Vendendo a questo prezzo, io ci perdo**, I'll lose (*o* I'll be out of pocket) by selling at this price **6** (*fare acqua*) to leak: **Questa botte [barca] perde**, this barrel [boat] leaks. ● (*a scuola*) **p. l'anno**, to have to repeat a year (in the same class) □ (*fig.*) **p. la bussola**, to lose one's bearings □ **p. colpi**, (*di motore*) to misfire; (*fig.*) to slow down, to slip; (*di contenitore*) **a p.**, not returnable; non-returnable; disposable; throwaway □ **far p. un'abitudine a q.**, to break sb. of a habit □ **Lasciamo p.!**, (*dimentichiamo*) let's forget about it; (*meglio non parlarne*) the least said the better □ **saper p.**, to be a good loser □ **uno che sa p.**, a good loser □ **uno che non sa p.**, a poor loser □ (*prov.*) **Chi perde ha sempre torto**, losers are always in the wrong □ (*prov.*) **Chi perde al gioco vince in amore**, unlucky at cards, lucky in love. **B** *v. i.* to lose*: **p. di prestigio**, to lose face; **p. d'importanza**, to lose importance. **C** **pèrdersi,** *v. i. pron.* **1** (*smarrirsi*) to lose* oneself; to get* lost; to lose* one's way: **La bambina si perse nel bosco**, the child got lost (*o* lost her way) in the wood; **Si persero per Roma**, they lost themselves (*o* got lost) in Rome; **p. nei propri pensieri**, to be lost (*o* to lose oneself) in thought; **Si perde spesso in**

astrusità, he often loses himself in abstruse concepts *2* (*svanire, sparire*) to vanish; to fade away; to disappear; to be lost; to melt: **p. tra la folla**, to vanish (*o* to disappear) into the crowd; **p. nell'aria**, to vanish (*o* to disappear) into the air; **Si perse nella notte**, he melted into the night; **Il suono si perse in lontananza**, the sound faded into the distance *3* (*rovinarsi*) to be ruined; to ruin oneself: **Quel ragazzo finirà col p.**, that boy will end up by ruining himself; **Si è perso per quella donna**, he was ruined because of that woman *4* (*di un pacco, di una lettera: andare smarrito*) to be mislaid; to get* lost *5* (*di fiume: sfociare*) to flow. ● **p. d'animo**, to lose heart □ **p. dietro a q.**, to be besotted with sb. □ **p. in mare** (*fare naufragio*), to be lost at sea □ **p. in sciocchezze**, to waste one's time on trifles □ **p. nella notte dei tempi**, to be lost in antiquity □ **Mi ci perdo con tutti questi conti**, I can't make head or tail of all these bills. **D** *v. rifl. recipr.* to lose* sight of each other (*o* one another); to lose* touch.

perdiàna, *inter.* (*di meraviglia*) gosh!, golly!; (*di impazienza*) for goodness' sake!

perdifiàto, *vc.* – **gridare a p.**, to shout at the top of one's voice; **correre a p.**, to run at breakneck speed; to race.

perdigiórno, *m.* e *f. invar.* idler; loafer.

perdilégno, *m.* (*zool.*, *Cossus cossus*) goat moth.

perdìnci, **perdindirindina**, *V.* **perdiana**.

perdìo, *inter.* by God!

pèrdita, *f.* *1* loss; (*spreco*) waste; (*privazione*) deprivation: **la p. del padre**, the loss of one's father; **una p. in Borsa**, a loss on the Stock Exchange; **p. di sangue**, loss of blood; **p. di vite umane**, loss of human lives; loss of life; casualties (*pl.*): (*comm.*) **conto profitti e perdite**, profit and loss account; **p. di tempo**, waste of time; loss of time; **subire forti perdite**, to suffer heavy losses; (*comm.*) **subire una p.**, to make a loss; (*comm.*) **vendere in p.**, to sell at a loss *2* (*falla*) leak; (*fuga*) leakage: **C'è una p. nel tubo dell'acqua**, there is a leak in the water-pipe; **C'è una p. nel radiatore**, there is a leakage in the radiator; **p. di gas**, gas leakage. ● (*med.*) **perdite bianche**, leucorrhoea (*sing.*); whites (*fam.*) □ **a p. d'occhio**, as far as the eye can see.

perditèmpo, **A** *m. invar.* waste of time. **B** *m.* e *f. invar.* idler.

perdizióne, *f.* *1* (*rovina*) ruin: **andare in p.**, to go to ruin *2* (*relig.*) perdition; damnation: **essere sulla via della p.**, to be on the road to perdition; **portare alla p.**, to lead to perdition. ● **luogo di p.**, place of ill-fame.

perdonàbile, *a.* forgiv(e)able; excusable; pardonable.

perdonàre, **A** *v. t.* *1* to forgive*; to pardon: **Gli ho perdonato il torto che mi ha fatto**, I have forgiven him (for) the wrong he did me; **Dio perdona tutti i peccati**, God pardons (*o* forgives) all sins; **Dio lo perdoni!**, God forgive him!; **Questa non te la perdonerò mai**, I shall never forgive you for it; **Dobbiamo perdonargli il suo dubbio**, we should forgive him for doubting *2* (*scusare*) to forgive*; to excuse; to pardon: **Perdona la mia ignoranza, ma non capisco**, excuse (*o* pardon) my ignorance, but I don't understand; **Perdona il disturbo**, excuse me for troubling you. **B** *v. i.* *1* to forgive*; to pardon: **Non gli ho perdonato**, I have not forgiven him *2* (*risparmiare*) to spare: **La morte non perdona a nessuno**, death does not spare anyone. ● **un male che non perdona**, an incurable disease □ **un uomo che non perdona**, an inexorable man. **C** **perdonàrsi**, *v. rifl. recipr.* to forgive* each other (*o* one another).

perdóno, *m.* forgiveness; pardon: **il p. di Dio**, God's forgiveness; **chiedere p. a q.**, to ask sb.'s forgiveness; **Chiedo p. del ritardo**, I apologize for the delay; I'm sorry I'm late; **P.!**, I am sorry!; please forgive me!; **dare il proprio p. a q.**, to forgive sb.; **Non c'è p. per quello che ha fatto**, there is no forgiveness for what he did; what he did is unforgivable; **p. generale**, general pardon. ● (*lett.*) **p. giudiziale**, pardon for juvenile offenders.

perduellióne, *f.* (*diritto romano*) perduellion; (high) treason.

perduràre, *v. i.* *1* to persist; to continue; to go* on; to last: **Spero che il maltempo non perduri**, I hope this bad weather will not continue (*o* last) *2* (*perseverare*) to persist; to persevere; to keep* up: **p. nella propria ostinazione**, to persist in one's obstinacy.

perdutaménte, *avv.* desperately; hopelessly; madly: **innamorarsi p. di q.**, to fall madly in love with sb.

perdùto, *a.* *1* (*perso, anche fig.*) lost: **p. nel deserto**, lost in the desert; **Lo danno per p.**, he has been given up for lost; **andare p.**, to get lost; **Ho trovato l'anello p.**, I found the ring that had been lost *2* (*dissoluto*) fallen; lost: **una donna perduta**, a fallen woman; **le anime perdute**, the lost souls; the damned *3* (*senza scampo*) done for; lost: **Siamo perduti!**, we're done for!; this is the end!; **sentirsi p.**, to give up all hope; **Si vide p.**, he thought all was lost; **Il braccio è p.**, the arm is lost *4* (*sprecato*) wasted; useless; lost: **una giornata perduta**, a wasted day; a day lost; **tempo p.**, time wasted; a waste of time *5* (*estinto, non più esistente*) extinct; lost: **specie perdute**, extinct species.

peregrinàre, *v. i.* to wander; to roam; to rove: **p. per il mondo**, to wander through (*o* over) the world.

peregrinazióne, *f.* peregrination; wandering: **le peregrinazioni di Dante**, Dante's peregrinations; **le peregrinazioni di un esiliato**, the wanderings of an exile.

peregrino, *a.* *1* (*singolare*) rare, singular; (*ricercato*) refined: **qualità peregrine**, rare (*o* singular) qualities *2* (*stravagante*) strange, peculiar, weird, odd; (*improbabile*) far-fetched: **Che idea peregrina!**, what a weird notion!; **una tesi peregrina**, a far-fetched hypothesis.

perènne, *a.* *1* (*continuo, perpetuo*) perennial, never-ending, perpetual; (*eterno*) eternal, everlasting; (*inesauribile*) inexhaustible: **nevi perenni**, perpetual snow(s); **memoria p.**, eternal memory; **fama p.**, everlasting fame; **sorgenti perenni**, perennial springs *2* (*bot.*) perennial: **una pianta p.**, a perennial plant.

perenneménte, *avv.* perennially; perpetually; for ever.

perennità, *f.* perennity; perpetuity; everlastingness.

perènto, *a.* (*leg.*) extinguished; quashed; annulled; expired.

perentorietà, *f.* peremptoriness.

perentòrio, *a.* peremptory (*anche leg.*); (*decisivo*) final: **un ordine p.**, a peremptory order; **una risposta perentoria**, a final answer.

perenzióne, *f.* (*leg.*) peremption; quashing.

perequàre, *v. t.* to equalize; to make* equal: **p. i redditi**, to equalize incomes; **p. gli stipendi**, to equalize salaries.

perequativo, *a.* equalizing.

perequazióne, *f.* equalization; equal distribution: **la p. fiscale** (*o* **tributaria**), the equalization of taxes; **la p. dei redditi**, the equalization of incomes.

peréto, *m.* pear orchard.

perétta, *f.* *1* (*elettr.*) pear-push; pear-switch *2* (*per clisteri*) rubber syringe; (*clistere*) enema.

perfettaménte, *avv.* *1* (*in modo perfetto*) perfectly; to perfection: **fare q.c. p.**, to do st. to perfection *2* (*esattamente*) exactly; to a hair (*fam.*); to a T (*fam.*): **stare** (*o* **calzare**) **p.**, to fit exactly; to fit to a T; to fit like a glove (*o* a dream) *3* (*completamente*) completely; thoroughly; quite: **p. corretto**, absolutely right; **sapere q.c. p.**, to know st. thoroughly; to have a thorough knowledge of st.

perfettìbile, *a.* perfectible.

perfettibilità, *f.* perfectibility.

perfettivo, *a.* (*lett.*, *gramm.*) perfective.

perfètto, **A** *a.* *1* (*compiuto in ogni sua parte*) perfect; (*senza difetti*) flawless, faultless; (*ottimo*) excellent: **Dio solo è p.**, God alone is perfect; **la vita perfetta**, the perfect life; **diventare p.**, to become perfect: **L'esecuzione fu perfetta**, the performance was faultless; **un lavoro veramente p.**, a flawless (*o* an excellent) piece of work; **godere perfetta salute**, to enjoy perfect (*o* excellent) health *2* (*esatto*) perfect, exact, correct: **un circolo p.**, a perfect circle; **una copia perfetta**, a perfect (*o* an exact) copy *3* (*completo, intero*) perfect; thorough; complete; whole; full: **la perfetta conoscenza di q.c.**, the thorough knowledge of st.; **in p. accordo**, in full accordance; **silenzio p.**, perfect silence *4* (*ideale*) ideal: **un mondo p.**, an ideal world; (*fis.*) **gas p.**, ideal gas *5* (*di pianta, animale: giunto al completo sviluppo*) perfect: **un insetto p.**, a perfect insect *6* (*mat.*, *gramm.*, *mus.*) perfect: **Sei è un numero p.**, six is a perfect number; **accordo p.**, perfect chord; (*gramm.*) **i tempi perfetti**, the perfect tenses; **più che p.**, past perfect; pluperfect (tense) *7* (*vero, autentico*) perfect, real, thorough; (*iron.*) out-and-out, downright, regular: **un p. gentiluomo**, a perfect gentleman; **un p. cretino**, a perfect (*o* a downright) fool; **un p. mascalzone**, a regular bastard. **B** *m.* (*gramm.*) perfect (tense).

perfezionàbile, *a.* perfectible.

perfezionaménto, *m.* *1* (*il perfezionare*) perfecting, finishing, finish; (*miglioramento*) improvement, betterment; (*completamento*) completion *2* (*specializzazione*) specialization, specializing; (*postuniversitario*) postgraduate studies (*pl.*): **corso di p.**, specialization (*o*, *GB*: postgraduate; *USA*: graduate) course; **borsa di p.**, postgraduate scholarship (*o* grant) *3* (*leg.*: *di contratto*) execution; implementation.

perfezionàndo, *m.* (*f.* **-a**) student following a specialization course; (*all'università*) postgraduate (student) (*GB*), graduate (student) (*USA*).

perfezionàre, **A** *v. t.* *1* (*rendere perfetto*) to perfect, to make* perfect, to finish; (*migliorare*) to improve, to better: **p. un'invenzione**, to improve an invention; **Voglio p. il mio inglese**, I want to improve my English *2* (*completare*) to perfect; to complete; to carry through; to accomplish *3* (*raffinare*) to polish; (*rifinire*) to round off *4* (*leg.*) to execute; to implement: **p. un contratto**, to execute (*o* to sign) a contract. **B** **perfezionàrsi**, *v. rifl.* e *i. pron.* *1* (*diventare perfetto*) to become* perfect *2* (*fare studi di perfezionamento*) to specialize (in st.); to improve one's knowledge (of st.): **p. in diritto del lavoro**, to specialize in industrial law; **p. in francese**, to improve one's French.

perfezionativo, *a.* perfecting.

perfezionatóre, *m.* (*f.* **-trice**) perfecter; improver.

perfezióne, *f.* *1* perfection: **aspirare alla p.**, to aim at perfection; **raggiungere la p.**, to reach perfection; **la p. morale**, moral perfection; **gradi di p.**, degrees of perfection; **la p. nell'arte**, perfection in art; **a p.**, to perfection; perfectly; thoroughly: **fare q.c. a p.**, to do st. to perfection *2* (*eccellenza in qualità specialm. morali*) perfection; excellence; virtue: **avere tutte le perfezioni**, to be endowed with all perfections.

perfezionişmo, *m.* perfectionism.

perfezionista, *m.* e *f.* perfectionist.

perfezionistico, *a.* perfectionist (*attr.*); perfectionistic.

perfidia, *f.* **1** perfidy; perfidiousness; treacherousness; (*malvagità*) wickedness **2** (*azione perfida*) perfidy.

pèrfido, *a.* **1** (*sleale*) perfidious, treacherous; (*malvagio*) wicked, bad **2** (*fig.*: *cattivo*) bad; awful; horrible: **gusto p.**, awful taste; **un tempo p.**, horrible weather.

perfino, *avv.* even; just: **È stato p. in Australia**, he has even been to Australia; **Ho vergogna p. a pensarlo**, I'm ashamed even (*o* just) to think of it; **P. un bambino saprebbe farlo**, even a child could do it; **p. in estate**, even in summer.

perforàbile, *a.* pierceable.

perforaménto, *m.* **1** (*il forare, anche mecc.*) piercing; boring through; perforating; punching **2** (*min.*) drilling **3** (*fis.*) puncturing.

perforànte, *a.* **1** perforating; piercing: (*med.*) **ulcera p.**, perforating ulcer **2** (*mil.*) armour-piercing.

perforàre, **A** *v. t.* **1** (*forare, anche mecc.*) to pierce; to bore through; to perforate; to punch **2** (*min.*) to drill **3** (*fis.*) to puncture. **B perforàrsi**, *v. i. pron.* to be pierced; to be perforated.

perforàto, *a.* punched; punch (*attr.*); perforated: **scheda perforata**, punch(ed) card; **nastro p.**, perforated tape; (*med.*) **ulcera perforata**, perforated ulcer.

perforatóre, **A** *a.* **1** piercing; perforating; punching **2** (*ind. min.*) drilling. ● **martello p.**, hammer (*o* rock) drill; rock hammer. **B** *m.* **1** perforator **2** (*elab.*) key punch; (*operatore*) key punch operator.

perforatrìce, *f.* **1** (*macchina*) drill; punch **2** (*ind. min.*) rock drill **3** (*elab.*) key punch; (*operatrice*) key punch operator. ● **p. da cantiere**, drifter.

perforazióne, *f.* **1** perforation; boring **2** (*ind. min.*) drilling: **p. sottomarina**, offshore (*o* submarine) drilling **3** (*elab.*) punching; punch.

perfosfàto, *m.* (*chim.*) superphosphate.

perfrigeràre, *v. t.* to refrigerate; to freeze*.

perfrigerazióne, *f.* refrigeration; freezing.

perfuṣióne, *f.* (*med.*) perfusion.

pergamèna, *f.* **1** parchment; vellum: **rotolo di p.**, (parchment) scroll **2** (*documento antico su p.*) parchment; scroll.

pergamenàceo, *a.* (*di pergamena*) of parchment, parchment (*attr.*), vellum (*attr.*); (*simile a pergamena*) parchment-like.

pergamenàto, *a.* parchment (*attr.*): **carta pergamenata**, parchment (*o* vellum) paper.

pèrgamo, *m.* pulpit.

pèrgola (1), *f.* pergola.

pèrgola (2), *f.* (*arald.*) pall.

pergolàto, *m.* pergola; arbour; bower.

periadenite, *f.* (*med.*) periadenitis*.

perianàle, *a.* (*anat.*) perianal.

perianzio, *m.* (*bot.*) perianth.

periarterite, *f.* (*med.*) periarteritis*.

periartrite, *f.* (*med.*) periarthritis.

periàstro, *m.* (*astron.*) periastron.

peribolo, *m.* (*archeol.*) peribolus*; peribolos*.

pericàrdico, *a.* (*anat.*) pericardial; pericardiac: **liquido p.**, pericardial fluid.

pericàrdio, *m.* (*anat.*) pericardium*.

pericardite, *f.* (*med.*) pericarditis*.

pericàrpio, **pericarpo**, *m.* (*bot.*) pericarp.

periclàṣio, *m.* (*miner.*) periclase.

Pèricle, *m.* (*stor.*) Pericles.

pericolànte, *a.* **1** threatening to fall; unsafe; tottering; tottery: **un tetto p.**, an unsafe roof; **casa p.**, unsafe house; **comignolo p.**, tottering chimney **2** (*fig.*) in precarious condition; shaky; in danger; on the rocks (*fam.*): **economia p.**, shaky economy; **matrimonio p.**, marriage on the rocks.

pericolàre, *v. i.* **1** to be in danger of falling; to be threatening to fall; to totter: **L'edificio pericolava**, the building was in danger of falling (*o* was threatening to fall) **2** (*fig.*) to be in danger; to be at risk; to be unsafe.

pericolo, *m.* **1** (*situazione di p.*) danger, peril; (*potenziale causa di danno*) hazard; (*rischio*) risk: **scongiurare [evitare, affrontare] un p.**, to ward off [to avoid, to face] a danger; **esporsi al p.**, to expose oneself to danger; **costituire un p.**, to represent a danger; to pose a threat; **i pericoli della strada**, the dangers of the road; **i pericoli del mare**, the perils (*o* dangers) of the sea; **p. di infezione**, danger (*o* risk) of infection; **un p. per la salute**, a hazard to health; a health hazard; **una strada piena di pericoli**, a road full of hazards; **p. imminente**, impending danger; **segnale di p.**, danger signal; **salvare q. dal p.**, to save sb. from danger; **tenersi lontano dal p.**, to keep out of danger; **fuggire il p.**, to fly from peril (*o* danger); **Non voglio correre pericoli**, I don't want to run risks; **Corse p. di annegare**, he risked drowning **2** (*fam.*: *probabilità*) fear; danger: **Non c'è p. che io vinca al totocalcio**, there's no fear of my winning the football pools; **Non c'è p. che facciano pace**, there's no danger of their making peace; **Non c'è p.!**, no fear! ● (*anche fig.*) **un p. pubblico**, a public menace □ **Lo faranno a proprio rischio e p.**, they will do it at their own risk and peril □ **Il malato è fuori p.**, the patient is out of danger (*o* off the danger list) □ **essere in p.**, to be in danger; to be at risk; to be in jeopardy; to be endangered: **È in p. la nostra stessa sopravvivenza**, our very survival is at risk (*o* in danger); **La pace è in p.**, peace is in jeopardy; (*ecol.*) **una specie in p. (d'estinzione)**, an endangered species □ **in p. di morte**, in danger of death □ **in p. di vita**, in peril of one's life □ **mettere in p.**, to endanger; to put at risk; to jeopardize; to imperil □ **salvare una nave in p.**, to rescue a ship in distress □ **senza p.**, safely; without danger.

pericolosaménte, *avv.* dangerously; perilously.

pericolosità, *f.* danger; dangerousness: **p. sociale**, social dangerousness.

pericolóso, *a.* dangerous; perilous (*lett.*); (*malsicuro*) risky, insecure, unsafe: **È p. fare una cosa del genere**, it is dangerous (*o* not safe) to do such a thing; **Quel cane sembra p.**, that dog looks dangerous; **p. per la salute**, dangerous to one's health; **un lavoro p.**, a dangerous (*o* risky) job; **un uomo p.**, a dangerous man; **un viaggio p.**, a dangerous (*o* perilous) journey; **mari pericolosi**, perilous seas; **una strada pericolosa**, a dangerous (*o* an unsafe) road; **guida pericolosa**, dangerous driving; (*calcio*) **gioco p.**, dangerous play.

pericòndrio, *m.* (*anat.*) perichondrium*.

pericope, *f.* (*eccles.*) pericope.

peridentàrio, *a.* (*med.*) periodontal.

peridèrma, *m.* (*bot.*) periderm.

perididimo, *m.* (*anat.*) perididymis*.

peridio, *m.* (*bot.*) peridium*.

peridotite, *f.* (*miner.*) peridotite.

peridòto, *m.* (*miner.*) peridot; olivine.

peridurale, *a.* (*anat., med.*) peridural.

periegèṣi, *f.* (*letter.*) periegesis*.

perieliaco, *a.* (*astron.*) perihelion (*attr.*).

perièlio, *m.* (*astron.*) perihelion*.

periferia, *f.* **1** (*di città*) outskirts (*pl.*); suburbs (*pl.*); environs (*pl.*): **nella p. di una città**, on the outskirts of a town; **la p. di Londra**, the suburbs of London; **abitare in p.**, to live in the suburbs **2** (*area esterna*) periphery; (*circonferenza*) circumference; (*perimetro*) perimeter.

perifèrica, *f.* (*elab.*) peripheral (unit).

perifèrico, *a.* **1** (*di periferia di città*) suburban; in the suburbs; on the outskirts **2** (*geom., anat.*) peripheral; peripheric(al): **nervo p.**, peripheral nerve **3** (*fig.*: *marginale*) peripheral; incindental. ● (*elab.*) **unità periferica**, peripheral unit (*o* device) □ (*mecc.*) **velocità periferica**, tip speed.

perifraṣi, *f.* periphrasis*; periphrase; circumlocution; round-about expression: **usare una p.**, to use a periphrasis (*o* a circumlocution); to say st. in a round-about way. ● **dire q.c. senza tante p.**, to say st. without beating about the bush.

perifràstico, *a.* **1** (*gramm.*) periphrastic(al) **2** (*espresso con perifrasi*) circumlocutory; round-about.

perigàstrico, *a.* (*anat.*) perigastric.

perigastrite, *f.* (*med.*) perigastritis.

perigèo, (*astron.*) **A** *m.* perigee. **B** *a.* perigean; perigeal.

periglióso, *a.* (*lett.*) perilous; dangerous.

perigònio, *m.* (*bot.*) perigonium*; perigone.

perimetràle, *a.* (*edil.*) perimetric(al); (*dell'esterno*) external: **misura p.**, perimetric measure; **i muri perimetrali**, the external (*o* the boundary) walls.

perimetria, *f.* (*med.*) perimetry.

perimètrico, *a.* (*geom., med.*) perimetric.

perimetro, *m.* **1** (*geom.*) perimeter **2** (*circonferenza*) perimeter; boundary; outer edge; circumference: **al p. di un campo**, at the outer edge of a field; **entro il p. della città**, within the city boundaries **3** (*oculistica*) perimeter.

perinatàle, *a.* (*med.*) perinatal.

perinatalità, *f.* (*med.*) perinatal period.

perineàle, *a.* (*anat.*) perineal.

perinèo, *m.* (*anat.*) perineum*.

perioca, *f.* (*lett.*) summary.

perioculàre, *a.* (*anat.*) periocular.

periodàre, **A** *v. i.* to form (*o* to construct) sentences. **B** *m.* style.

periodicaménte, *avv.* periodically; at regular intervals; regularly.

periodicista, *m.* e *f.* contributor to a periodical.

periodicità, *f.* periodicity; recurrence. ● **con p. mensile**, monthly □ **ripetersi con p.**, to occur at regular intervals.

periòdico, **A** *a.* **1** (*che avviene o appare a intervalli regolari*) periodic(al); recurrent; recurring: **febbre periodica**, periodic (*o* recurrent) fever **2** (*di pubblicazione, opuscolo, ecc.*) periodical. ● (*mat.*) **funzione periodica**, periodic function □ (*mat.*) **numero decimale p.**, recurring (*o* repeating) decimal □ (*chim.*) **sistema p.**, periodic system □ (*chim.*) **tavola periodica**, periodic table. **B** *m.* periodical; magazine: **un p. sportivo**, a sports magazine. ● **p. mensile**, monthly (magazine) □ **p. settimanale**, weekly (magazine).

periodiẓẓàre, *v. t.* to divide into periods.

periodiẓẓazióne, *f.* periodization.

periodo, *m.* **1** (*intervallo di tempo*) period; time: **un p. di sei mesi**, a period of six months; a six-month period; **un periodo di riposo**, a period of rest; **per un lungo p.**, for a long time; **In questo p. non lavoro**, I'm not working at the moment **2** (*epoca*) time, period, years (*pl.*); (*storico, anche*) age, era: **un p. meraviglioso della mia vita**, a wonderful period of my life; **In quel p. abitavamo a Parigi**, we lived in Paris at the time; **il p. della rivoluzione francese**, the period of the French Revolution; **il p. vittoriano**, the Victorian period; **un glorioso p. della nostra storia**, a glorious period of our history **3** (*geol.*) period: **il p. devonico**, the Devonian period **4** (*gramm.*) period; sentence: **un p. ben costruito**, a well-constructed period; **la proposizione principale d'un p.**, the main clause of a period; **p. ipotetico**, conditional sentence **5** (*mat.*) period; repetend **6** (*astron., fis., mus.*) period: **p. di vibrazione libera**, natural period; **p. radioattivo**, decay period; **p. della pila**, pile period **7** (*med.*) period; stage; phase: **il p. iniziale di una malattia**, the initial stage of a disease; **il p. d'incubazione**, the incubation period. ● (*comm.*) **p. di crisi** (*delle vendite, ecc.*), down □ **p. d'inattività**, (*del mercato, ecc.*) slack; (*di una macchina, una fabbrica*) downtime, lay-off □ **p. di permanenza in carica**, term of office □ (*ind.*) **p. di prova**, (*del personale*) probationary

period; (*di macchina e sim.*) testing period □ (*leg.*) **p. utile** (*per far valere un diritto*), limitation.
periodontàle, *a.* (*anat.*) periodontal.
periodontìte, *f.* (*med.*) periodontitis.
periodònto, *m.* (*anat.*) periodontium*.
periodontòṣi, *f.* (*med.*) periodontosis.
perioftàlmo, *m.* (*zool.*, *Periophthalmus koelreuteri*) mudskipper.
periostàle, *a.* (*anat.*) periostal.
periòstio, *m.* (*anat.*) periosteum*.
periostìte, *f.* (*med.*) periostitis.
periòstraco, *m.* (*zool.*) periostracum*.
peripatètica, *f.* prostitute; streetwalker.
peripatètico, (*filos.*) *a.* e *m.* peripatetic.
peripatetiṣmo, *m.* (*filos.*) peripateticism.
peripezìa, *f.* ***1*** (*teatr.*) peripeteia ***2*** (*estens.*) sudden change of fortune; (*vicissitudine*) vicissitude; (*avventura*) adventure.
pèriplo, *m.* ***1*** periplus*; circumnavigation ***2*** (*letter.*) periplus*. ● **fare il p. di un'isola**, to sail round an island.
perìptero, *a.* (*archit.*) peripteral.
perìre, *v. i.* ***1*** (*morire*) to die; to perish: **Perirono in un naufragio**, they perished in a wreck; **p. fra le fiamme**, to perish in the flames; to die in a fire; **p. di spada**, to perish by the sword; **La sua gloria non perirà mai**, his fame will never die ***2*** (*andare perduto*) to be destroyed; to be lost: **Molti capolavori perirono in quell'incendio**, many masterpieces were destroyed (*o* lost) in that fire.
periscòpico, *a.* (*fis.*) periscopic: **lente periscopica**, periscopic lens; (*naut.*) **quota periscopica**, periscope depth.
periscòpio, *m.* (*fis.*, *naut.*) periscope: **p. d'esplorazione**, search periscope; **p. notturno**, night lens periscope.
perispèrma, *m.* (*bot.*) perisperm.
perispòmeno, *a.* (*ling.*) perispomenon.
Perissodàttili, *m. pl.* (*zool.*, *Perissodactyla*) Perissodactyla.
perissodàttilo, *m.* (*zool.*) perissodactyl.
perissologìa, *f.* (*retor.*) perissology.
peristàlsi, *f.* (*fisiol.*) peristalsis*.
peristàltico, *a.* (*fisiol.*) peristaltic: **movimento p.**, peristaltic movement; peristalsis.
peristìlio, *m.* (*archit.*) peristyle.
peristòma, *m.* (*zool.*) peristome.
peritàle, *a.* (*leg.*) of an expert; expert (*attr.*): **prova p.**, expert evidence.
peritàrsi, *v. i. pron.* to hesitate; not to dare; to scruple; to have scruples: **Non si periti di telefonarmi**, don't hesitate to telephone me; **Mi peritavo a interromperlo**, I didn't dare interrupt him; **Non mi perito di dirti la verità**, I have no scruples about telling you the truth.
perìtecio, *m.* (*bot.*) perithecium*.
perìtero, *m.* (*naut.*) echo-detection device.
perìto, A *a.* expert; skilled; well-trained. **B** *m.* (*f.* **-a**) ***1*** (technical) expert; qualified person; (*p. estimatore*) (official) appraiser, valuer: **il parere del p.**, the expert's opinion; **la relazione del p.**, the expert's (*o* the appraiser's) report; **p. calligrafo**, handwriting expert ***2*** (*leg.*) expert; assessor: **p. nominato dal tribunale**, expert appointed by the court ***3*** (*ass.*) insurance adjuster (*o* assessor); surveyor: **p. di sinistri**, claims assessor (*o* adjuster); **p. d'avaria**, average surveyor. ● **p. agronomo**, land surveyor □ **p. chimico**, chemist □ **p. commerciale**, qualified accountant □ **p. edile**, master contractor □ **p. industriale**, engineer □ **p. navale**, ship (*o* marine) surveyor □ **p. ragioniere**, chartered accountant □ **p. tecnico**, estimator □ **p. traduttore**, sworn translator.
peritoneàle, *a.* (*anat.*) periton(a)eal.
peritonèo, *m.* (*anat.*) periton(a)eum*.
peritonìte, *f.* (*med.*) peritonitis.
perìttero, *a.* (*archit.*) peripteral.
perituro, *a.* (*lett.*) perishable; transient; fleeting; fugacious.
perìzia, *f.* ***1*** (*l'essere esperto*) expertness; skill; ability; mastery ***2*** (*stima d'un perito*) appraisement; appraisal; valuation; estimate; survey: **p. dei danni**, damage appraisal; **secondo una p.**, at a valuation ***3*** (*relazione di perito*) expert's report, appraiser's report; (*parere di perito*) expert opinion: **una p. calligrafica**, an expert opinion on a sample of handwriting. ● **avere una grande p. in q.c.**, to be well-trained in st. □ **fare perizie**, to survey; to value; to estimate.
periziàre, *v. t.* to survey; to value; to estimate; to assess; to adjust: **p. i danni**, to estimate (*o* to assess) (the) damage; **far p. un patrimonio**, to have an inheritance assessed.
periziatóre, *m.* (*f.* **-trice**) (*ippica*) handicapper.
perizòma, *m.* loincloth.
pèrla, A *f.* ***1*** pearl: **perle artificiali**, imitation pearls; **perle coltivate**, culture pearls; **p. di fiume**, seed pearl; **la pesca delle perle**, pearl-fishing; pearling; **pescatore di perle**, pearl fisher; pearl diver; **collana di perle**, string of pearls; **un orecchino con p.**, a pearl drop; **simile a p.**, like a pearl; pearl-like; pearly; pearlish; **tempestato di perle**, pearl-studded; **pescare le perle**, to fish for pearls; to go pearling; (*fig.*) **gettare perle ai porci**, to cast pearls before swine ***2*** (*fig.*) pearl; treasure (*fam.*); jewel (*fam.*); gem (*fam.*): **Era la p. delle suocere**, she was a pearl of a mother-in-law; **La mia segretaria è una p.!**, my secretary is a treasure ***3*** (*farm.*) pearl; capsule ***4*** (*tipogr.*) pearl (type) ***5*** (*iron.*: *errore madornale*) howler (*fam.*). **B** *a.* pearl (*attr.*): **grigio p.**, pearl grey; **color p.**, pearl-coloured; milky.
perlàceo, *a.* pearly; nacreous; pearl-coloured; pearl (*attr.*): **una tinta perlacea**, a pearly hue; **bianco p.**, pearly (*o* nacreous) white; **mari perlacei**, pearly seas.
perlage (*franc.*), *m. invar.* (*enologia*) perlage.
perlaquàle, (*fam.*) **A** *a.* proper; well-behaved; respectable; decent. **B** *avv.* well; (*al neg.*, *anche*) as well as it should be.
perlàto, *a.* ***1*** (*del colore di perla*) pearly; pearl-coloured; pearl-like ***2*** (*ornato di perle*) set with pearls. ● **orzo p.**, pearl barley.
perlé (*franc.*), *a. invar.* – **cotone p.**, corded cotton.
perlìfero, *a.* pearl-yielding; pearl (*attr.*): **ostrica perlifera**, pearl oyster.
perlìna, *f.* ***1*** (*perla di fiume*) seed pearl; (*elemento di collana*) bead ***2*** (*falegn.*) matchboard ***3*** (*numism.*) pearl.
perlinàto, A *a.* (*cinem.*) beaded: **schermo p.**, beaded screen. **B** *m.* (*falegn.*) matchboarding.
perlinatùra, *f.* (*falegn.*) matchboarding.
perlinguàle, *a.* (*farm.*) perlingual.
perlìte, *f.* ***1*** (*geol.*) perlite; pearlstone ***2*** (*metall.*) pearlite.
perlocutìvo, perlocutòrio, *a.* (*ling.*) perlocutory.
perloméno, *avv.* at least.
perlopiù, *avv.* mostly; in most cases; generally.
perlustràre, *v. t.* ***1*** (*mil.*) to reconnoitre; (*polizia*) to search: **p. un quartiere**, to search a district ***2*** (*ispezionare*) to search; to explore; to scour: **p. la campagna in cerca di vecchi mobili**, to scour the countryside for old furniture; **Abbiamo perlustrato dappertutto**, we searched everywhere.
perlustratóre, *m.* (*f.* **-trice**) reconnoitrer; explorer; searcher.
perlustrazióne, *f.* ***1*** (*mil.*) reconnaissance; (*polizia*) search: **andare in p.**, to go on a reconnaissance; to reconnoitre; **fare una p.**, to mount a search ***2*** (*ispezione, ricerca*) searching; search.
permafrost (*ingl.*), **permagèlo,** *m.* (*geol.*) permafrost.
permalloy (*ingl.*), *m. invar.* (*metall.*) permalloy.
permalosità, *f.* touchiness; testiness; huffiness.
permalóso, A *a.* touchy; testy; tetchy; crotchety; huffy: **una ragazza permalosa**, a touchy girl; **un vecchio p.**, a crotchety old man. **B** *m.* (*f.* **-a**) touchy person.
permanènte, A *a.* permanent; standing; lasting; enduring; persistent: **leggi permanenti**, permanent laws; (*comm.*) **investimenti permanenti**, permanent investments; **un'esposizione p.**, a permanent exhibition; **invalidità p.**, permanent disability; (*mil.*) **esercito p.**, standing army; **commissione parlamentare p.**, standing committee; **un invito p.**, a standing invitation; (*fis.*) **magnete p.**, permanent magnet. ● (*ferr.*) **carta p. di circolazione**, free-travel pass □ **colori permanenti**, fast colours. **B** *f.* permanent (wave). ● **farsi fare la p.**, to have one's hair permed
permanènza, *f.* ***1*** permanence ***2*** (*soggiorno*) stay; sojourn: **la mia breve p. a Roma**, my short stay in Rome; **fare una lunga p. in città**, to make a long stay in a town; **Buona p.!**, have a good stay! ***3*** (*leg.*: *in una carica*) tenure; continuance. ● **essere di p.**, to live; to reside: **Ora sono di p. a Milano**, now I live in Milan.
permanére, *v. i.* ***1*** to remain (for some time); to stay on ***2*** (*perdurare*) to remain; to persist; to continue; to go* on; to last: **Le sue condizioni permangono gravi**, his condition remains serious; **Il tempo permane bello**, the weather is continuing fine.
permanganàto, *m.* (*chim.*) permanganate: **p. potassico**, potassium permanganate.
permangànico, *a.* (*chim.*) permanganic: **acido p.**, permanganic acid.
permeàbile, *a.* (*fis.*) permeable.
permeabilità, *f.* (*fis.*) permeability: **p. assoluta**, absolute permeability.
permeànza, *f.* (*fis.*) permeance.
permeàre, *v. t.* (*anche fig.*) to permeate.
permeàṣi, *f.* (*biol.*, *chim.*) permease.
permeazióne, *f.* (*fis.*) permeation.
permésso, *m.* ***1*** permission; consent; leave: **Chiese il p. di parlare**, he asked (for) permission (*o* leave) to speak; **col vostro p.**, by your leave; **L'ha fatto senza p.**, he did it without permission; **avere il p. di fare q.c.**, to be allowed (*o* permitted) to do st.: **Non ho il p. di uscire di sera**, I am not allowed out after dark ***2*** (*di soldato, impiegato, ecc.*) leave: **essere in p.**, to be on leave; **Si è preso un mese di p.**, he took a month's leave; **un giorno di p.**, a day off ***3*** (*autorizzazione*) licence, license (*USA*); permit; leave: **p. d'esportazione [d'importazione, di caccia]**, export [import, shooting] licence; **rilasciare un p.**, to grant a permit. ● (*autom.*) **p. di circolazione**, registration book.
permèttere, *v. t.* ***1*** to allow; to let*; to permit (*form.*); (*autorizzare*) to authorize, to entitle: **Non gli permise di uscire**, he did not allow him to go out; he did not let him go out; **La polizia non ha permesso il comizio nella piazza**, the police did not authorize the meeting (to take place) in the square; **Non posso p. che tu stia qua a non far niente**, I can't let you stay here doing nothing; **Mi si permette di parlare?**, am I allowed to speak?; may I speak?; **Mi permetta di presentarle mia moglie**, may I introduce my wife to you?; let me introduce my wife to you ***2*** (**permettersi**) to allow oneself; (*rif. a spese e sim.*) to afford; (*prendersi la libertà*) to take* the liberty of; (*osare*) to dare: **Di tanto in tanto mi permetto una sigaretta**, now and then I allow myself a cigarette; **Non posso permettermi una vacanza all'estero**, I can't afford a holiday abroad; **Mi sono permesso di chiamarle un taxi**, I have called a taxi for you. ● **Dio permettendo**, God willing □ **tempo permettendo**, weather permitting □ (*formula di cortesia*) **Permette?**, may I? □ **(È) permesso?**, (*posso entrare?*) may I come in?; (*posso passare?*) excuse me!, sorry! □ **Crede che tutto gli sia permesso**, he thinks he can do anything he likes □ **I nostri mezzi non ci**

permettono questa spesa, we can't afford this expense.

permettività, *f.* (*fis.*) permittivity.

permiàno, pèrmico, *a.* e *m.* (*geol.*) Permian.

permissibile, *a.* permissible; allowable.

permissionàrio, *m.* (*f.* **-a**) licensee.

permissivişmo, *m.* permissiveness.

permissività, *m.* e *f.* permissiveness.

permissivo, *a.* permissive; lenient; indulgent: **società permissiva**, permissive society; **genitori permissivi**, indulgent parents.

pèrmuta, *f.* ***1*** (*comm.*) exchange; (*baratto*) barter, trade-off: **p. di beni immobili**, exchange of real property ***2*** (*leg.*) permutation; barter.

permutàbile, *a.* permutable; exchangeable: **non p.**, not exchangeable; unexchangeable: **titoli non permutabili**, unexchangeable securities.

permutabilità, *f.* permutability; permutableness.

permutaménto, *m.* *V.* **permutazione**.

permutàre, *v. t.* ***1*** (*comm.*) to exchange; (*barattare*) to barter: **p. merci**, to barter commodities ***2*** (*mat.*) to permute.

permutatóre, *m.* (*f.* **-trice**) (*comm.*) exchanger; barterer.

permutazióne, *f.* ***1*** (*scambio*) exchange; barter ***2*** (*mat., chim.*) permutation.

pernàcchia, *f.* raspberry; Bronx cheer (*USA*): **fare una p.**, to blow a raspberry.

pernice, *f.* ***1*** (*zool., Perdix; Alectoris*) partridge: **una coppia di pernici**, a brace of partridges ***2*** (*zool.*) – **p. bianca** (*Lagopus mutus*), ptarmigan; snow-grouse; **p. di mare** (*Glareola pratincola*), pratincole. ● (*fig.*) **occhio di p.**, (*disegno su un tessuto*) bird's eye pattern; (*callosità*) soft corn (between toes).

perniciósa, *f.* (*med.*) malignant fever.

perniciosità, *f.* perniciousness; banefulness.

perniciόso, *a.* pernicious; (highly) injurious; ruinous; harmful: **una malattia perniciosa**, a pernicious disease; **anemia perniciosa**, pernicious anaemia; **dottrine perniciose**, pernicious doctrines; **proposte perniciose**, ruinous proposals. ● **febbre perniciosa**, malignant fever □ **in modo p.**, perniciously.

pèrnio, perno, **A** *m.* ***1*** (*mecc.*) pivot, pin, gudgeon, stud, journal; (*di ruota*) hub, axis: **un p. a forcella**, a forked pin; **p. a ginocchiera**, toggle pin; **p. girevole**, pivot pin; **p. d'accoppiamento**, coupling pin; **p. di bloccaggio**, check pin; **p. d'incernieramento**, hinge pin; **p. di manovella**, crank pin; **p. di stantuffo**, piston (*o* gudgeon) pin; (*ferr.*) **p. del carrello**, centre pivot; **p. di banco**, (main) journal; **p. di banco posteriore**, tail journal ***2*** (*cardine*) hinge ***3*** (*fig.*) pivot; hinge; prop; chief support: **È il p. della faccenda**, it's the hinge of the matter (*o* of whole thing); **essere il p. della famiglia**, to be the chief support of one's family. ● (*mecc.*) **p. di agganciamento**, pintle □ (*mecc.*) **p. di articolazione**, trunnion □ (*mecc.*) **p. di centraggio**, dowel □ (*mecc.*) **p. sferico**, ball-and-socket joint □ **fare p. su q.c.**, to pivot on st. **B** *a.* – (*naut.*) **nave p.**, pivot ship.

pernottaménto, *m.* overnight stay.

pernottàre, *v. i.* to stay overnight; to spend* the night: **p. a casa di un amico**, to stay overnight at a friend's house.

pernòtto, *m.* ***1*** (*bur.*) overnight stay ***2*** (*mil.*) overnight leave.

péro, *m.* (*bot., Pyrus communis*) pear-tree; pear. ● (*fig.*) **far p.**, to stand on a leg.

però, **A** *cong.* (*ma*) but; (*tuttavia*) however, nevertheless; (*eppure*) yet, still: **Ha detto che stava male, p. ha mangiato**, he said he was not feeling well, but he ate his meal; **Sarà un capolavoro, p. non mi piace**, it may be a masterpiece, but I still don't like it; **La cifra è ragionevole, p. non credo di potermelo permettere**, the sum is reasonable, however, I don't think I can afford it; **Sarà, p. non puoi dire che non ti avevo avvertito**, still, you can't say I didn't warn you; **Non è giusto, p.!**, still, it's not fair! **B** *inter.* well!

perocché, (*lett.*) *V.* **poiché**.

peróne, *m.* (*anat.*) fibula*.

peronèo, *a.* (*anat.*) peroneal; fibular.

peronişmo, *m.* (*polit.*) Peronism.

peronista, *a., m.* e *f.* (*polit.*) Peronist.

peronòspora, *f.* ***1*** (*bot., Peronospora*) downy mildew ***2*** (*bot.*) – **p. della vite** (*Plasmopara viticola*), grape mildew; **p. della patata** (*Phytophtora infestans*), potato blight.

peroràre, **A** *v. t.* ***1*** to plead; to advocate; to defend; to speak* (*o* to argue) in favour of: **p. la propria causa**, to plead one's own cause; **p. la causa dei disoccupati**, to plead the cause of the unemployed ***2*** (*leg.*: *una causa*) to plead. **B** *v. i.* ***1*** to perorate ***2*** (*leg.*) to plead.

perorazióne, *f.* ***1*** (*il perorare*) pleading (*anche leg.*); advocating ***2*** (*parte di un'orazione*) peroration.

peròssido, *m.* (*chim.*) peroxide.

perovskite, *f.* (*miner.*) perovskite.

perpendicola, *f.* perpendicular.

perpendicolàre, **A** *a.* perpendicular: **AD è p. a BC**, AD is perpendicular to BC; **una retta p.**, a perpendicular line. **B** *f.* (*geom.*) perpendicular: (*archit.*) **lunghezza tra le perpendicolari**, length between perpendiculars; (*abbr.*: L.B.P.); **abbassare una p.**, to drop a perpendicular.

perpendicolarità, *f.* perpendicularity.

perpendìcolo, *m.* plumb line; plummet. ● **a p.**, perpendicularly.

perpetràre, *v. t.* to perpetrate; to commit: **p. un delitto**, to perpetrate a crime.

perpetratóre, *m.* (*f.* **-trice**) perpetrator.

perpètua, *f.* priest's housekeeper.

perpetuaménte, *avv.* perpetually; in perpetuity; for ever.

perpetuàre, **A** *v. t.* to perpetuate; to make* perpetual; to preserve from oblivion; to immortalize; to eternize: **p. una razza**, to perpetuate a race; **p. il proprio nome**, to immortalize one's name. **B** **perpetuàrsi**, *v. i. pron.* to be perpetuated; to be immortalized.

perpetuatóre, *m.* (*f.* **-trice**) perpetuator; immortalizer.

perpetuazióne, *f.* perpetuation; immortalization.

perpetuità, *f.* perpetuity.

perpètuo, *a.* ***1*** (*che non avrà fine*) perpetual, everlasting, never-ending, endless; (*eterno*) eternal: **nevi perpetue**, perpetual snows; **moto p.**, perpetual motion; **la dannazione perpetua**, perpetual damnation ***2*** (*continuo*) perpetual; incessant; unceasing; continual; eternal: **un p. chiacchierare**, incessant chatter; **una perpetua agitazione**, continual restlessness ***3*** (*che dura tutta la vita*) perpetual; permanent; for life; life (*attr.*): **un socio p.**, a permanent member; **una rendita perpetua**, a life annuity; **esilio p.**, exile for life; **carcere p.**, life imprisonment ***4*** (*mecc.*) perpetual; endless: **vite perpetua**, perpetual (*o* an endless) screw. ● **in p.**, perpetually; for ever.

perplessità, *f.* perplexity; embarrassment; (*incertezza*) uncertainty.

perplèsso, *a.* perplexed; puzzled; nonplussed; (*incerto*) uncertain, doubtful, undecided, in two minds: **rimanere p.**, to be puzzled (*o* in a puzzle); to be in a state of uncertainty; to be at a loss; **rendere** (*o* **lasciare**) **p. q.**, to puzzle sb.; to perplex sb.

perquişire, *v. t.* to search; (*una persona, anche*) to body-search, to frisk: **p. un appartamento**, to search a flat; **Mi perquisirono alla ricerca di un arma**, they searched (*o* frisked) me for weapons; **Fu perquisito all'aeroporto**, he was body-searched at the airport.

perquişizióne, *f.* search; searching; (*di persona, anche*) body search, frisk: **p. domiciliare**, house search; **p. personale**, body search; **p. accurata**, thorough search; **mandato di p.**, search warrant; **fare una p.**, to carry out a search; to search (st., sb.).

pèrsea, *f.* (*bot.*) avocado pear.

persecutivo, *a.* ***1*** (*lett.*) persecutory ***2*** (*psic.*) persecution (*attr.*).

persecutóre, **A** *m.* (*f.* **-trice**) persecutor. **B** *a.* persecuting; persecutive; persecutory.

persecutòrio, *a.* persecutory.

persecuzióne, *f.* ***1*** persecution: **la p. degli Ebrei**, the persecution of the Jews; **essere fatto oggetto di p.**, to be the victim of a persecution; to be persecuted ***2*** (*fig.*: *persona o cosa fastidiosa*) torment; pest. ● (*psic.*) **mania di p.**, persecution mania.

Persèfone, *f.* (*mitol.*) Persephone.

perseguènte, *a.* (*leg.*) prosecuting.

perseguìbile, *a.* (*leg.*) prosecutable; actionable; indictable. ● **reato p. per legge**, legal offence.

perseguiménto, *m.* pursuit: **il p. della ricchezza**, the pursuit of wealth.

perseguire, *v. t.* ***1*** to pursue; to follow up: **p. uno scopo**, to pursue an aim ***2*** (*leg.*) to prosecute; to indict.

perseguitàre, *v. t.* ***1*** to persecute; to oppress: **Nerone perseguitò i cristiani**, Nero persecuted the Christians; **essere perseguitato**, to be persecuted; to suffer persecution ***2*** (*fig.*: *molestare*) to molest, to pester, to plague, to dog; (*ossessionare*) to haunt: **Mi perseguitava con le sue domande**, he kept pestering me with questions; **essere perseguitato dalla sfortuna**, to be dogged by misfortune; **La sfortuna mi perseguita!**, it's just my luck!; **essere perseguitato da un timore [dal senso di colpa]**, to be haunted by a fear [by guilt].

perseguitàto, *m.* (*f.* **-a**) victim of persecution: **p. politico**, victim of political persecution.

persèidi, *f. pl.* (*astron.*) Perseids.

Pèrseo, *m.* (*mitol., astron.*) Perseus.

perseverànte, *a.* persevering; perseverant; persistent.

perseverànza, *f.* perseverance; persistence: **un'ostinata p. nell'errore**, an obstinate perseverance in error.

perseveràre, *v. i.* to persevere; to persist: **p. negli studi**, to persevere in one's studies; **p. sino alla fine**, to persevere to the last; **p. nel male**, to persist in wrongdoing.

Pèrsia, *f.* (*geogr.*) Persia.

persiàna, *f.* jalousie; (*imposta*) shutter: **p. avvolgibile**, roller shutter; **p. scorrevole**, sliding shutter; **aprire [chiudere] le persiane**, to open [to close] the shutters; **abbassare le persiane**, to lower (*o* to pull down) the shutters. ● **stecca di p.**, slat.

persiàno, **A** *a.* Persian: **un tappeto p.**, a Persian carpet. **B** *m.* ***1*** (*f.* **-a**) Persian (*f.* Persian woman*) ***2*** (*ling.*) Persian ***3*** (*gatto p.*) Persian cat ***4*** (*pelliccia*) Persian lamb.

persicària, *f.* (*bot., Polygonum persicaria*) persicaria.

pèrsico, *a.* (*geogr.*) Persian: **il golfo p.**, the Persian Gulf. ● (*zool.*) **pesce p.** (*Perca fluviatilis*), perch; bass.

persino, *V.* **perfino**.

persistènte, *a.* ***1*** persistent; persisting; (*perseverante*) persevering, perseverant; (*ostinato*) obstinate: **attacchi persistenti**, persistent attacks; **sforzi persistenti**, persistent efforts ***2*** (*bot.*) persistent.

persistènza, *f.* persistence; persistency; (*perseveranza*) perseverance; (*ostinazione*) obstinacy: **p. dell'immagine**, (*fis.*) persistence of vision; (*radar*) afterglow.

persistere, *v. i.* ***1*** (*continuare, insistere*) to persist, to keep* on, to insist; (*perseverare*) to persevere: **p. in una cattiva abitudine**, to persist in a bad habit; **p. nel male**, to persist in doing wrong; **p. a dire**, to persist in saying ***2*** (*durare*) to persist; to go* on; to continue:

Se il dolore persiste, prenda due compresse, if the pain persists, take two tablets.

pèrso, *a.* **1** (*smarrito*) lost; (*sprecato*) wasted: **un giorno p.**, a lost day; a wasted day; **riguadagnare il tempo p.**, to make up for lost time; **una causa persa**, a lost cause; **un'anima persa**, a lost soul **2** (*sfuggito*) missed: **un'occasione persa**, a missed opportunity. • **p. per p.**, having nothing further to lose □ **causa persa**, lost cause □ **dare q.c. per p.**, to give st. up for lost □ **fare q.c. a tempo p.**, to do st. in one's spare time; to do st. just to kill time □ **innamorato p.**, head over heels in love □ **ubriaco p.**, dead drunk.

persolfàto, *m.* (*chim.*) persulfate.

persolfòrico, *a.* (*chim.*) persulphuric: **acido p.**, persulphuric acid.

persóna, *f.* **1** person; (*al pl.*) people, persons (*bur.*): **È una brava p.**, he is a nice person (*o* man); **Non sopporto le persone moleste**, I can't stand importunate people; **La tavola era apparecchiata per venti persone**, the table was set for twenty people **2** (*un tale, qualcuno*) somebody, someone; (*in frasi interr. e neg.*) anybody, any one; (*in frasi neg.*) nobody, no one: **C'è una p. di sotto che ti cerca**, there's someone (*o* somebody) downstairs looking for you; **Non c'è p. che gli voglia bene**, no one likes him **3** (*corpo*) body; (*aspetto*) personal appearance; (*figura*) figure: **Sentiva un gran dolore in tutta la p.**, he felt a great pain all over his body; **aver cura della p.**, to take care of (*o* over) one's personal appearance; **una foggia d'abito poco adatto alla sua p.**, a cut that ill suits his figure **4** (*leg.*) person; body: **p. fisica**, individual (*o* natural) person; **p. giuridica**, body corporate; legal (*o* juridical) person; **la p. del re**, the person of the king **5** (*gramm.*) person: **prima p. singolare**, the first person singular; **scrivere di sé in terza p.**, to write about oneself in the third person **6** (*psic.*) persona* **7** (*teatr.*) character. • **p. di servizio**, domestic (servant) □ **dieci bottiglie a** (*o* **per**) **p.**, ten bottles a head (*o* per head, each) □ **Non l'ho detto a p. viva**, I haven't told a soul □ **Andrò a vederlo di p.**, I shall go and see him personally (*o* myself) □ **conoscere q. di p.**, to know sb. personally □ **Fu ricevuto dal re in p.**, he was received by the king in person □ **È la superbia in p.**, he is pride personified □ **È la generosità in p.**, he is generosity itself □ **in p. di**, instead of; in the place of □ **in prima p.**, personally □ **parlare in prima p.**, to speak for oneself □ (*fig.*) **pagare di p.** (*o* **pagare con la propria p.**), to meet one's responsibilities squarely; to face the consequences (*o, fam.*: the music) □ **trattare per interposta p.**, to deal through a third party □ **le tre persone della Trinità**, the three persons of the Trinity □ **I due diplomatici sono stati dichiarati persone non gradite**, the two diplomats have been declared «personae non gratae».

personàggio, *m.* **1** (*persona ragguardevole*) figure; personality; personage: **un p. politico**, a political figure; **un p. noto nel mondo della moda**, a well-known personality in the fashion world; **un grosso p.**, a very important personality; a VIP; a big shot (*fam.*) **2** (*di romanzo, film, ecc.*) character: **un p. comico**, a comic character; **il p. principale**, the main character; **i personaggi d'una commedia**, the characters in a play; **Interpretò il p. di Shylock**, he played Shylock **3** (*fam.*: *tipo, individuo*) character; fellow; guy (*USA*): **un p. curioso**, a strange character; an odd fellow; a funny guy; **Sei un bel p.!**, you are a character!

pèrsonal, *m. invar.* (*elab.*) personal computer; PC.

personàle, A *a.* personal; (*privato*) private: **libertà [offesa] p.**, personal liberty [insult]; **opinione [questione] p.**, personal opinion [matter]; **oggetti personali**, personal belongings; **favore [invito] p.**, personal favour [invitation]; **osservazione p.**, personal remark; (*gramm.*) **pronome p.**, personal pronoun. • **biglietto p.**, non-transferable ticket □ **mostra p.**, one-man show. **B** *m.* **1** staff; personnel: **il p. insegnante**, the teaching staff; **il p. direttivo**, the management; the executives (*pl.*); **p. impiegatizio**, clerical staff; **capo del p.**, personnel manager; **reparto del p.**, personnel department; **il p. di una ditta**, the staff of a firm; **assumere p. di complemento**, to take on extra staff; **fare parte del p. di una ditta**, to be on the staff of a firm; (*naut.*) **p. di coperta**, deck hands; (*naut.*) **p. di macchina**, engine-room hands; (*ferr.*) **p. viaggiante**, train staff **2** (*figura*) figure: **un bel p.**, a beautiful figure **3** (*sfera privata*) private sphere; personal affairs (*pl.*). **C** *f.* (*mostra p.*) one-man show. • **la p. di Biancini**, Biancini's show.

personalìsmo, *m.* (*filos., polit.*) personalism.

personalista, A *a.* personalist(ic). **B** *m.* e *f.* personalist.

personalìstico, *a.* personalist(ic).

personalità, *f.* **1** (*psic.* e *estens.*) personality: **una doppia p.**, a double personality; **disturbi della p.**, personality disorders; **culto della p.**, personality cult; **avere una forte p.**, to have a strong personality; **non avere p.**, to lack personality **2** (*leg.*) legal status: **acquistare la p. giuridica**, to acquire legal status **3** (*personaggio famoso*) leading personality; important person.

personalizzàre, *v. t.* **1** (*rendere personale*) to personalize **2** (*adattare a esigenze personali*) to customize.

personalizzàto, *a.* **1** (*reso personale*) personalized **2** (*adattato a esigenze personali*) customized; (*fatto secondo esigenze personali*) custom-made.

personalizzazióne, *f.* personalization.

personalménte, *avv.* **1** (*in persona*) personally; in person; oneself: **Ci andai p.**, I went there in person; **Lo farò p.**, I'll do it personally (*o* myself) **2** (*da parte propria*) personally; for one's own part: **P. non dispero**, personally I don't despair.

personàta, *a.* (*bot.*) personate.

personificàre, *v. t.* **1** to personify: **p. il sole e la luna**, to personify the sun and the moon **2** (*incarnare*) to embody; (*simboleggiare*) to symbolize, to represent.

personificàto, *a.* personified: **È l'avidità p.**, he is greed personified.

personificazióne, *f.* personification; (*incarnazione*) embodiment: **essere la p. dell'orgoglio**, to be the personification of pride; to be pride personfied.

perspex, *m.* (*marchio*: *chim.*) perspex.

perspicàce, *a.* perspicacious; discerning; penetrating; keen: **un occhio p.**, a keen eye; **un intelletto p.**, a keen mind.

perspicàcia, *f.* perspicacity; discernment; penetration; keenness.

perspicuità, *f.* perspicuity; perspicuousness; evidence; clearness.

perspìcuo, *a.* perspicuous; clear; lucid: **un ragionamento p.**, a clear argument.

perspirazióne, *f.* perspiration.

persuadére, A *v. t.* **1** (*convincere a fare q.c.*) to persuade, to talk (sb.) into doing (st.), to prevail upon (sb. to do st.); (*indurre*) to induce, to make*: **Lo persuasi ad andarsene**, I persuaded him to leave; **p. q. ad accettare un invito**, to prevail upon sb. to accept an invitation **2** (*convincere di q.c.*) to persuade; to convince: **Lo persuasi che aveva torto**, I persuaded him that he was wrong; **Mi persuase della verità delle sue parole**, he convinced me of the truth of his words; **Sarà, ma la cosa mi persuade poco**, maybe, but I'm not convinced; **Non è brutto, ma non mi persuade**, it isn't too bad, but I'm not sure I like it. **B persuadérsi,** *v. rifl.* **1** (*indursi a credere*) to bring* oneself to believe: **Non riesco a persuadermi dell'accaduto**, I can't bring myself to believe what happened **2** (*convincersi*) to persuade oneself; to convince oneself; to be persuaded; to be convinced: **Mi sono persuaso e non ho più nulla da obiettare**, I am convinced and have nothing more to object; **Alla fine mi persuasi di aver sognato tutto**, in the end I decided I had dreamt everything; **Devi persuadertene**, you must accept it.

persuadìbile, persuaṣìbile, *a.* persuadable; persuasible.

persuaditrice, *f.* V. **persuasore**.

persuaṣióne, *f.* **1** persuasion; inducement **2** (*convinzione*) persuasion; conviction; belief. • **fare opera di p.**, to persuade □ **un uomo di difficile p.**, a man difficult to persuade □ **un uomo di facile p.**, a man easily persuaded.

persuaṣìva, *f.* persuasiveness; persuasion: **mancare di p.**, to lack persuasion; to be unpersuasive.

persuaṣìvo, *a.* persuasive; convincing: **mezzi persuasivi**, persuasive means; **un motivo p.**, a convincing reason.

persuàṣo, *a.* persuaded; convinced: **Sono p. che hai torto**, I am persuaded you are wrong; **Sono p. che è esattamente così**, I am convinced (*o* quite certain) that things are exactly like that; **Sono quasi p. della loro onestà**, I am almost convinced of their honesty (*o* that they are honest).

persuaṣóre, *m.* (*f.* **persuaditrice**) persuader: (*nella tecnica pubblicitaria*) **i persuasori occulti**, the hidden persuaders.

pertànto, *cong.* therefore; so: **Vi chiedo p. di permettere...**, I therefore ask you to allow... • **ciò non p.**, notwithstanding this □ **non p.**, yet; however; nevertheless.

pèrtica, *f.* **1** (*lungo bastone, misura di lunghezza*) pole; rod; perch **2** (*attrezzo ginnico*) pole **3** V. **perticone**.

perticóne, *m.* (*f.* **-a**) (*fig. fam.*) beanpole (*fam.*); lamp-post (*fam.*).

pertinàce, *a.* persistent; determined; dogged; tenacious; pertinacious; (*ostinato*) obstinate, stubborn.

pertinàcia, *f.* determination; tenacity; tenaciousness; persistency; pertinacity; pertinaciousness; (*ostinazione*) obstinacy, stubbornness.

pertinènte, *a.* pertinent; pertaining; relevant; to the point (*pred.*): **prove pertinenti**, pertinent evidence; **osservazioni pertinenti alla causa**, pertinent remarks on the case; **funzioni pertinenti al proprio ufficio**, duties pertaining to one's office; **domande pertinenti**, pertinent questions; **i fatti pertinenti**, the relevant facts. • **non p.**, not pertinent; irrelevant; beside the point.

pertinènza, *f.* **1** pertinence; pertinency; relevancy: **dubitare della p. delle prove**, to doubt the pertinence of the evidence **2** (*leg.*) appurtenance. • (*bur.*) **essere di p. di q.**, to fall within sb.'s competence □ **La cosa non è di mia p.**, the matter lies outside my competence.

pertósse, *f.* (*med.*) (w)hooping cough; pertussis.

pertùgio, *m.* hole; opening; gap.

perturbaménto, *m.* V. **perturbazione**.

perturbàre, A *v. t.* to perturb; to disturb; to upset*: **p. la mente**, to perturb (*o* to derange) the mind; **p. l'ordine**, to disturb the peace. **B perturbàrsi,** *v. i. pron.* **1** to become* (*o* to get*) upset **2** (*di tempo atmosferico*) to cloud over; to get* worse.

perturbatìvo, *a.* perturbing; disturbing; upsetting.

perturbatóre, *m.* (*f.* **-trice**) perturber; disturber.

perturbazióne, *f.* **1** perturbation; disturbance; upset: **grave p. della mente**, great perturbation of mind; **perturbazioni politiche**, political disturbances **2** (*meteor.*) disturbance: **p. atmosferica**, atmospheric disturbance **3** (*astron.*) perturbation.

Perù, *m.* (*geogr.*) Peru. • **balsamo del P.**, Peru balsam □ (*fam.*) **spendere un P.**, to spend a fortune □ (*fam.*) **valere un P.**, to be worth a fortune (*o* a mint of money).

perugino, A *a.* of Perugia; from Perugia; Perugia. **B** *m.* (*f.* **-a**) inhabitant of Perugia; native of Perugia.

peruviàno, *a.* e *m.* (*f.* **-a**) Peruvian (*f.* Peruvian woman*).

pervàdere, *v. t.* (*anche fig.*) to pervade; to permeate; to fill: **p. l'animo di tristezza**, to fill the soul with sadness.

pervenire, *v. i.* **1** (*riuscire ad arrivare*) to reach; to get* to; to arrive at; to attain; to achieve: **p. alla cima d'un monte**, to reach the top of a mountain; **p. alla meta**, to attain one's goal; **p. al più alto grado di perfezione**, to achieve the highest degree of perfection **2** (*giungere*) to reach; to arrive at; to come* to: **La vostra lettera ci è pervenuta proprio ora**, your letter has just reached us; we have just received your letter; **p. alle orecchie di q.**, to reach sb.'s ears **3** (*venire in eredità*) to come*. • **fare p. q.c. a q.**, to send sb. st.

perversióne, *f.* (*psic.*) perversion.

perversità, *f.* **1** (*l'essere perverso*) depravity; wickedness **2** (*azione perversa*) wicked action; iniquity.

pervèrso, *a.* **1** (*malvagio*) wicked; depraved; malignant: **intenzioni perverse**, wicked intentions; **gente perversa**, depraved people; **gioia perversa**, malignant glee **2** (*stravolto*) negative; ruinous: **effetti perversi**, negative effects.

pervertiménto, *m.* perversion; depravation.

pervertire, A *v. t.* to pervert; to lead* astray; (*corrompere*) to corrupt: **p. i fini della giustizia**, to pervert the ends of justice; **p. l'ordine della natura**, to pervert the order of nature; **p. l'animo di q.**, to pervert sb.'s mind. **B pervertirsi,** *v. i. pron.* to be perverted; to become* depraved.

pervertito, A *a.* perverted. **B** *m.* (*f.* **-a**) pervert.

pervertitóre, A *m.* (*f.* **-trice**) perverter; corrupter. **B** *a.* perverting; corrupting.

pervicàce, *a.* headstrong; stubborn; obstinate.

pervicacemènte, *avv.* stubbornly; obstinately; with obstinacy.

pervicàcia, *f.* stubbornness; obstinacy.

pervietà, *f.* (*med.*) patency: **p. di un'arteria**, the patency of an artery.

pervinca, A *f.* (*bot., Vinca minor*) periwinkle. **B** *a.* periwinkle (*attr.*): **azzurro p.**, periwinkle (blue).

pèrvio, *a.* **1** (*lett.*) open; accessible **2** (*anat.*) patent.

pésa, *f.* **1** (*pesatura*) weighing **2** (*pesatrice*) weighing machine **3** (*luogo dove si pesa*) weighhouse. • **p. a ponte**, weighbridge.

pesabambini, *m. invar.* baby scales (*pl.*).

pesàbile, *a.* weighable.

pesafiltro, *m.* (*chim.*) weighing bottle.

pesage (*franc.*), *m. invar.* weighing enclosure.

pesalèttere, *m. invar.* letter scales (*pl.*).

pesànte, *a.* **1** heavy; (*fig., anche*) weighty, ponderous: **È troppo p. per me: non riesco a sollevarlo**, it's too heavy for me to lift; **un cappotto p.**, a heavy coat; **lavoro p.**, heavy work; **un compito p.**, a heavy (*o* a ponderous) task; **cibo p.**, heavy (*o* rich, stodgy) food; **mani pesanti**, heavy hands; **un passo p.**, a heavy gait; (*mil.*) **artiglieria p.**, heavy artillery **2** (*di aria, atmosfera, tempo*) close, stuffy; (*anche fig.*) oppressive: **L'aria è p. in questa stanza**, the air is stuffy (*o* close) in this room; **un'atmosfera p.**, an oppressive atmosphere **3** (*fig.: di persona, di libro, stile e sim.*) heavy; dull; boring; tiresome; stodgy: **una persona assai p.**, a very dull person; a bore; **uno stile p.**, a heavy (*o* dull) style **4** (*fig.: severo*) serious, grave; (*violento*) strong: **critiche pesanti**, serious criticism; **accuse pesanti**, grave charges; **parole pesanti**, strong words **5** (*fig.: volgare*) coarse; vulgar; tasteless; in bad taste: **una battuta pesante**, a vulgar joke; a joke in bad taste **6** (*di droga*) hard. • **atletica p.**, weigh-lifting and wrestling □ **gioco p.**, rough play □ (*sport*) **terreno p.**, heavy ground.

pesantézza, *f.* **1** heaviness; weight **2** (*fig.*) heaviness; dullness; stodginess. • **p. di stomaco**, something lying heavy on the stomach: **Ho una p. allo stomaco**, there is something lying heavy on my stomach □ **p. di testa**, heavy-headedness.

pesapersóne, *m. invar.* bathroom scales (*pl.*).

pesàre, A *v. t.* (*anche fig.*) to weigh: **p. la merce**, to weigh the goods; **p. le parole**, to weigh one's words; **p. un pacco**, to weigh a parcel; **p. un bambino**, to weigh a baby. **B** *v. i.* **1** (*avere un certo peso*) to weigh; (*essere pesante*) to be heavy: **Questo sacco di grano pesa un quintale**, this bag of corn weighs a quintal; **Questa valigia pesa**, this suitcase is heavy **2** (*gravare, anche fig.*) to weigh heavily; to lie* heavy; to be a burden: **Le imposte pesano su tutti**, taxes are a burden to all (*o* weigh heavily on everyone); **Un senso di colpa gli pesa sulla coscienza**, a sense of guilt lies heavy on his conscience; **La famiglia gli pesa**, his family is a burden to him; **La minaccia che pesa su di lui è grave**, the threat that hangs over him is serious; **La volta pesa su quei pilastri**, the vault weighs on those pillars; **La responsabilità mi pesa**, responsibility is a burden to me (*o* worries me); **Le uova mi pesano sullo stomaco**, I haven't digested the eggs **3** (*impers.: rincrescere*) to be hard (*costr. impers.*); to regret (*costr. pers.*), to find* it hard (*costr. pers.*): **Gli è pesato di doverlo licenziare**, he found it hard to have to dismiss him; **Mi pesa partire così presto**, I find it hard to leave so early; **Mi pesa doverti dire queste cose**, I regret having to tell you these things. • **p. come una piuma**, to be very light □ **p. sulle spalle di q.**, to live off sb. □ **Quanto pesi?**, what's your weight? □ **Mi pesa la testa**, my head is heavy □ **Le sue mani pesano**, he has a heavy hand □ **Vali tant'oro quanto pesi**, you are worth your weight in gold □ **La sua opinione non pesa molto**, his opinion doesn't count for much. **C pesàrsi,** *v. rifl.* to weigh oneself.

pesarése, A *a.* of Pesaro; from Pesaro; Pesaro (*attr.*): **il festival p.**, the Pesaro Festival. **B** *m.* e *f.* inhabitant of Pesaro; native of Pesaro.

pesàta, *f.* **1** weighing **2** (*quantità di roba p.*) weigh.

pesàto, *a.* (*fig.: meditato*) well-considered; calculated.

pesatóre, *m.* (*f.* **-trice**) weigher.

pesatrice, *f.* (*macchina*) weighing machine. • (*ferr.*) **p. per vagoni**, waggon balance.

pesatura, *f.* weighing. • **fare la p.**, to weigh; to take the weight.

pèsca (1), A *f.* peach: **un nocciolo di p.**, a peach stone; **marmellata di pesche**, peach jam. **B** *a.* peach (*attr.*): **color p.**, peach-colour.

pésca (2), *f.* **1** (*il pescare*) fishing; fishery: **l'industria della p.**, the fishing industry; fishery; **essere un appassionato della p.**, to be fond of fishing; **guadagnarsi la vita con la p.**, to make a living by fishing; to be a fisherman; **andare a p.**, to go fishing; **la p. del merluzzo**, cod-fishing; **la p. delle spugne**, sponge-fishing; sponge-diving; **la p. d'altura**, deep-sea fishing; **canna da p.**, fishing rod; **arnesi da p.**, fishing tackle; **barca da p.**, fishing boat; **rete per la p.**, fishing net **2** (*insieme dei pesci pescati*) draught; catch; haul: **una buona p.**, a fine catch; a good haul; **fare buona p.**, to make (*o* to have) a good haul **3** (*specie di lotteria*) lucky dip (*GB*); grab bag (*USA*). • **p. a strascico**, trawling □ **p. con la corrente elettrica**, electrofishing □ **p. con la lenza**, angling □ **p. subacquea**, underwater fishing.

pescàggio, *m.* **1** (*naut.*) draught: **p. a carico**, load draught; **p. a poppa [a prora]**, aft [forward] draught; **p. piccolo**, shallow draught; **marca di p.**, draught mark **2** (*idraul.*) suction lift; height of suction **3** (*ind. min.*) fishing.

pescagióne, *f.* **1** (*ciò che si pesca*) draught; catch; haul **2** *V.* **pescaggio**.

pescàia, *f.* (fish) weir.

pescàre, A *v. t.* **1** to fish for; (*tuffandosi*) to dive* for; (*prendere*) to fish, to catch*, to get*: **p. trote**, to fish for trout; **p. perle [spugne]**, to dive for pearls [sponges]; **Ho pescato un salmone**, I have caught a salmon; **È un'ora che pesco, ma senza fortuna**, I've been trying to catch something for an hour, but without any luck; **Oggi andiamo a p. le anguille**, today we are going fishing (*o* to fish) for eels; **p. a mosca**, to fish with a fly; **p. a strascico**, to trawl; **p. con la canna e la lenza**, to fish with rod and line; to angle; **p. di frodo**, to poach on a fish preserve **2** (*fig.: trovare*) to find*, to get* hold of; (*notizia e sim.*) to pick up; (*acchiappare*) to catch*; (*tirare fuori*) to fish out: **Guarda che cosa ho pescato in fondo al baule!**, look what I've found at (*o* fished out from) the bottom of the trunk!; **Un giorno o l'altro lo pescheranno**, they'll find him out one day or other; **Dove hai pescato queste informazioni?**, where did you pick up this information?; **Se ti pesco!**, if I catch you!; **Dove posso pescarlo?**, where can I get hold of him? **3** (*estrarre a caso*) to draw*; to draw* out; to pick up: **Ho pescato l'asso di fiori**, I've drawn the ace of clubs; **Metti la mano nell'urna e pesca un numero!**, put your hand into the urn and draw out a number. • (*fig.*) **p. q. con le mani nel sacco**, to catch sb. red-handed □ (*fig.*) **p. in aria**, to clutch at straws □ (*fig.*) **p. nel torbido**, to fish in troubled waters. **B** *v. i.* (*naut.*) to draw*: **Il battello pesca sei piedi**, the boat draws six feet.

pescarése, A *a.* of Pescara; from Pescara; Pescara (*attr.*). **B** *m.* e *f.* inhabitant of Pescara, native of Pescara.

pescàta, *f.* catch (of fish); draught; haul.

pescàtico, *m.* (*stor.*) fishing dues (*pl.*).

pescàto, *m.* catch (of fish); haul.

pescatóre, *m.* (*f.* **-trice**) fisherman* (*m.*); fisher; (*con la canna*) angler: **lavorare come p.**, to work as a fisherman; (*nel Vangelo*) **pescatori di uomini**, fishers of men; **p. subacqueo**, underwater fisherman; **p. di frodo**, (fish) poacher; **p. di perle**, pearl diver. • (*eccles.*) **l'anello del p.**, the Fisherman's Ring □ (*letter.*) **il Re P.**, the Fisher King □ **villaggio di p.**, fishing village.

pescatòrio, *V.* **piscatorio**.

pescatrice, *f.* **1** *V.* **pescatore** **2** (*zool., Lophius piscatorius*) angler.

pésce, *m.* **1** fish*: **pesci d'acqua dolce [di mare]**, fresh-water [salt-water] fish; **p. fresco**, fresh fish; **p. congelato**, frozen fish; **p. affumicato**, smoked fish; **p. in bianco**, boiled fish; **p. ai ferri**, grilled fish; **p. fritto [lesso]**, fried [boiled] fish; **p. secco**, dried fish; **p. marinato [salato]**, pickled [salted] fish; **la carne del p.**, the flesh of fish; **pescare molti pesci [un grosso p., due pesci]**, to catch a lot of fish [a big fish, two fishes]; **I fiumi della Scozia sono ricchi di pesci**, rivers in Scotland abound in fish (*o* are teeming with fish) **2** (*zool.*) – **p. ago** (*Syngnathus acus*), needle fish; **p. angelo** (*Squatina*), angel fish; **p. chitarra** (*Rhinobatus*), fiddler; **p. gatto** (*Ameiurus nebulosus*), bullhead; catfish; **p. luna** (*Lampris regius*), opah; moonfish; **p. lupo,** *V.* **spigola**; **p. martello** (*Sphyrna zygaena*), hammerhead; **p. palla** (*Ephippion maculatum*), globefish; puffer; **p. persico** (*Perca fluviatilis*), perch; bass; **p. pilota** (*Naucrates ductor*), rudder fish; pilot fish; **p. spada** (*Xiphias gladius*), swordfish; **p. S. Pietro**

(*Zeus faber*), John Dory; **p. volante** (*Exocoetus*), flying fish ***3*** (*pl.*) (*astron.*) Pisces; the Fishes ***4*** (*pl.*) (*astrol.*) Pisces ***5*** (*tipogr.*) omission. ● **p. azzurro**, anchovies, sardines, and mackerel □ **un p. d'aprile**, a joke (*o* a trick) played on April Fools' day; **fare un p. d'aprile a q.**, to make an April fool of sb. □ (*fig.*) **pesci grossi**, bigwigs; big shots □ (*anche fig.*) **pesci piccoli**, small fry □ **pesci rossi**, goldfish □ **buttarsi a p. su q.c.**, to make a dive for st.; to throw oneself on st. □ **colla di p.**, fish glue; isinglass □ **lisca di p.**, fishbone □ **mercato del p.**, fish market □ **non essere né carne né p.**, to be neither flesh, nor fowl nor good red herring □ (*fig.*) **non sapere che pesci pigliare**, not to know what to do; to be at a loss as to what to decide □ **Nuota come un p.**, he can swim like a fish □ (*fig.*) **prendere q. a pesci in faccia**, to treat sb. like dirt; to walk all over sb. □ **sano come un p.**, as fit as a fiddle □ **sentirsi come un p. fuor d'acqua**, to feel like a fish out of water □ (*prov.*) **Il p. puzza dalla testa**, fish begins to stink at the head □ (*prov.*) **Chi dorme non piglia pesci**, the early bird catches the worm.

pescecàne, *m.* ***1*** (*zool.*) shark; dogfish ***2*** (*fig.*) profiteer.

pescheréccio, A *a.* fishing (*attr.*): **barche pescherecce**, fishing boats. **B** *m.* (*naut.*) fishing boat; smack; (*con rete a strascico*) trawler.

pescherìa, *f.* (*mercato*) fish market; (*negozio*) fishmonger's, fish shop.

peschéto, *m.* peach orchard.

peschìcolo, *a.* peach (*attr.*).

peschicoltóre, *m.* (*f.* **-trice**) peach grower.

peschicoltùra, *f.* peach-growing.

peschièra, *f.* fishpond; fish pool; fish tank.

pesciaiòla, *f.* ***1*** fishwife* ***2*** *V.* **pesciera**.

pesciaiòlo, *m.* fishmonger.

pescicoltóre, pescicoltùra, *V.* **piscicoltore, piscicoltura**.

pescièra, *f.* (*recipiente*) fish kettle; (*vassoio*) fish tray.

pesciolino, *m.* minnow; tiddler (*GB*). ● (*zool.*) **p. d'argento** (*Lepisma saccharina*), silverfish.

pescivéndola, *f.* fishwife*.

pescivéndolo, *m.* fishmonger.

pèsco, *m.* (*bot., Prunus persica*) peach (tree): **fiore di p.**, peach blossom.

pescosità, *f.* abundance of fish.

pescóso, *a.* abounding in fish; teeming with fish.

peșèta, *f.* (*moneta spagnola*) peseta.

pesièra, *f.* set of weights (for a pair of scales).

pesìsta, *m.* e *f.* (*sport*) weightlifter.

pesìstica, *f.* (*sport*) weightlifting.

pesìstico, *a.* (*sport*) weightlifting.

péso (1), *m.* ***1*** weight; (*carico, anche*) load: **p. giusto [abbondante, scarso]**, exact [full, short] weight; **p. lordo [netto]**, gross [net] weight; **La trave non può reggere tutto quel p.**, the beam can't support all that weight; **C'è troppo peso sul carro**, there's too much weight on the cart; **Il suo p. è di novanta kili**, his weight is ninety kilos; he weighs ninety kilos; **avere un p. di dieci kilogrammi**, to weigh ten kilos; (*di persona*) **crescere [calare] di p.**, to put on [to lose] weight; **comprare [vendere] a p.**, to buy [to sell] by weight; **piegarsi sotto il p. di q.c.**, to give way under the weight of st.; **Il dottore mi ha proibito di portare pesi**, the doctor has forbidden me to carry weights; **un camion che trasporta grossi pesi**, a lorry carrying heavy loads ***2*** (*di bilancia*) weight: **pesi e misure**, weights and measures; **i pesi di una bilancia**, the weights of a scale (*o* of a balance); **una serie di pesi**, a set of weights; **falsificare i pesi**, to falsify the weights; **Metti un p. su questo spago**, put a weight on this string ***3*** (*fig.*: *importanza*) weight; importance: **dar p. a q.c.**, to give weight to st.; to attach importance to st.; to give heed to st.; **Questo non ha nessun p. per me**, this carries no weight with me; **Capì il p. delle mie parole**, he understood the full weight (*o* the importance) of my words; **una cosa di nessun p.**, a thing of no importance (*o* weight); **Non bisogna dar p. alle ciarle**, one must give no heed to gossip ***4*** (*fig.*: *onere, aggravio*) weight; load; burden: **il p. degli anni**, the weight of years; **Mi hai levato un bel p. dalla coscienza**, you have taken a big load (*o* weight) off my mind; **essere di p. a q.**, to be a burden to sb.; **il p. delle tasse**, the burden of taxation; **il p. del lavoro**, the burden (*o* load) of work; **Egli porta tutto il p. della famiglia**, he bears the burden (*o* weight) of the whole family ***5*** (*boxe, lotta, ecc.*) weight: **p. piuma**, featherweight; **p. mosca**, flyweight; **p. gallo**, bantamweight; **p. leggero**, lightweight; **p. medio leggero**, welterweight; **p. medio**, middleweight; **p. medio massimo**, light heavyweight; **p. massimo**, heavyweight ***6*** (*atletica*) weight; shot: **lancio del p.**, putting the weight (*o* the shot); shot put; **lanciatore del p.**, shot putter ***7*** (*sport*: *recinto del peso*) weighing enclosure ***8*** (*edil.*: *del filo a piombo*) bob. ● (*comm.*) **p. allo sbarco [alla consegna]**, landed [delivered] weight □ (*fis.*) **p. atomico [molecolare]**, atomic [molecular] weight □ (*comm.*) **p. insufficiente**, underweight; insufficient weight □ **p. morto [utile]**, dead [live] weight □ (*fis.*) **p. specifico**, specific weight □ **aggiungere q.c. per fare il p.**, to throw st. in as a makeweight □ **assenza di p.**, weightlessness □ **avere** (*o* **sentirsi**) **un p. sullo stomaco**, to feel something lying heavy on one's stomach □ (*fig.*) **comprare q.c. a p. d'oro**, to pay a fortune for st. □ (*comm.*) **eccedenza di p.**, overweight □ **far p.**, to be heavy □ **orologio a pesi**, clock worked by weights; weight-driven clock □ **passare il p.**, to be overweight □ (*fig.*) **prendere q.c. di p.** (*copiare di sana pianta*), to copy st.; to plagiarize st. □ **rubare sul p.**, to give short weight; to cheat on the weight □ **senza p.**, weightless; (*astron.*) gravity-free □ (*sport*) **sollevamento pesi**, weight-lifting □ **sollevare q. [q.c.] di p.**, to lift sb. [st.] up bodily □ **L'ha tolto di p. dal mio articolo**, he lifted it straight from my article □ (*fig.*) **togliersi un p. dallo stomaco**, to get st. off one's chest □ **unità di p.**, unit of weight □ (*fig.*) **usare due pesi e due misure**, to use double standards.

peso (2) (*spagn.*), *m.* (*unità monetaria sudamericana*) peso.

pessàrio, *m.* (*med.*) pessary.

pessimaménte, *avv.* very badly; quite badly; terribly (*fam.*).

pessimișmo, *m.* (*anche filos.*) pessimism: **il p. leopardiano**, Leopardi's pessimism.

pessimista, A *m.* e *f.* pessimist: **essere un p.**, to be a pessimist; to look on the dark (*o* gloomy) side of things (*o* life). **B** *a.* pessimistic(al).

pessimìstico, *a.* pessimistic(al); pessimist (*attr.*): **in modo p.**, in a pessimistic way; pessimistically.

pèssimo, *a. superl.* very bad; quite bad; awfully bad; wretched; foul; awful (*fam.*); rotten (*fam.*); terrible (*fam.*): **un risultato p.**, a very bad result; **una pessima cuoca**, a very bad (*o* a rotten) cook; **tempo p.**, awful (*o* foul) weather; **una vita pessima**, a wretched life; **Questo vino è p.**, this wine is foul; **fare una pessima fine**, to come to a bad end; **essere di p. umore**, to be in a foul mood; to be as cross as two sticks (*fam.*).

pésta, *f.* (*orma, traccia*) track, trail; (*del piede*) footprint, footstep: **essere sulle peste del ladro**, to be on the track of the thief; **seguire le peste di q.**, to follow in sb.'s track; to trail sb. ● (*fig.*) **lasciare q. nelle peste**, to leave sb. in the lurch □ (*fig.*) **essere nelle peste**, to be in trouble.

pestàggio, *m.* beating up; roughing up.

pestàre, A *v. t.* ***1*** (*schiacciare*) to crush: **Mi sono pestato un dito col martello**, I've crushed my finger with the hammer; **p. un insetto col piede**, to crush an insect under one's foot ***2*** (*ridurre in polvere*) to pound; to crush up; to grind*: **p. i granelli di pepe**, to grind peppercorns; **p. in un mortaio**, to pound in a mortar ***3*** (*calpestare*) to tread* on; to trample on; to stamp: (*anche fig.*) **p. i piedi a q.**, to tread (*o* to step) on sb.'s toes; (*anche fig.*) **p. i calli a q.**, to tread on sb.'s corns; **p. le aiuole**, to tread on the flower-beds; **p. i fiori**, to trample (down) the flowers ***4*** (*riempire di botte*) to beat* up; to rough up. ● (*fig.*) **p. l'acqua nel mortaio**, to flog a dead horse □ **p. il muso a q.**, to smash sb.'s face in □ **p. il pianoforte**, to pound (on) a piano □ (*fig.*) **p. i piedi**, to stamp one's feet. **B pestàrsi,** *v. rifl. recipr.* to come* to blows: **Hanno litigato e poi si sono pestati**, they quarrelled and then came to blows.

pestàta, *f.* ***1*** crushing ***2*** (*il ridurre in polvere*) pounding; crushing up; grinding ***3*** (*il calpestare*) treading; trampling. ● **dare una p. a q.c.** (*riducendolo in polvere*), to pound st.; to grind st.

pestatùra, *f.* ***1*** crushing ***2*** (*il ridurre in polvere*) pounding; crushing up; grinding.

pèste, *f.* ***1*** (*med.*) plague; (*stor.*) Black Death; (*pestilenza*) pestilence: **La p. si diffuse rapidamente**, the plague spread quickly; **morire di p.**, to die from the plague; **p. bubbonica**, (bubonic) plague; **p. gialla** oriental plague; **p. polmonare**, pneumonic plague; **p., fame e guerra**, plague, famine and war; **colpito dalla p.**, plague-stricken ***2*** (*vet.*) plague: **p. aviaria**, fowl plague; **p. bovina**, rinderpest; cattle plague; **p. equina**, horse plague; African horse sickness; **p. suina**, hog cholera; suine plague ***3*** (*fig.*: *cosa dannosa*) plague; bane; curse; scourge: **l'ambizione, p. della società**, ambition, a plague to society ***4*** (*fig.*: *fetore*) stench; stink; nasty smell ***5*** (*fam.*: *persona insopportabile*) pest: **Quel ragazzo è una vera p.**, that boy is a real pest. ● **dire p. e corna di q.**, to tear sb. to bits □ **località infestata dalla p.**, plague-spot □ (*scherz.*) **Non c'è mica la p.!**, you won't catch anything!

pestèllo, *m.* ***1*** pestle ***2*** (*metall.*) rammer: **p. pneumatico**, pneumatic rammer.

pesticciàre, *v. t.* to trample on; to tread on.

pesticida, *m.* (*agric., chim.*) pesticide.

pestìfero, *a.* ***1*** pestiferous; pestilential; pestilent; (*funesto*) deadly; (*pernicioso*) pernicious, noxious: **un morbo p.**, a pestilential disease; **aria pestifera**, pestiferous air; **un puzzo p.**, a pestiferous stench ***2*** (*fig.*: *fetido*) stinking; stenchy. ● **Quel bambino è p.!**, that little boy is a (real) pest (*o* a little devil)!

pestilènza, *f.* ***1*** (*med.* e *fig.*) pestilence; plague ***2*** (*fig.*: *fetore*) stink; stench; nasty smell.

pestilenziàle, *a.* ***1*** pestilential; pestiferous: **esalazioni pestilenziali**, pestilential exhalations ***2*** (*fig.*: *fetido*) stinking; stenchy.

pésto, A *a.* (*pestato*) pounded; crushed; ground: **pepe p.**, ground pepper. ● **avere gli occhi pesti**, to have shadows under one's eyes □ (*fig.*) **avere le ossa peste**, to ache all over; to be played out (*fam.*) □ **buio p.**, pitch darkness □ **carta pesta**, *V.* **cartapesta** □ **un occhio p.**, a black eye. **B** *m.* ***1*** (*poltiglia*) pulp ***2*** (*cucina*) ground mixture; (*p. alla genovese*) pesto.

pestóne, *m.* ***1*** (*schiacciamento di un piede*) tread: **dare un p. a q.**, to tread heavily on sb. foot ***2*** (*grande pestello*) rammer.

pestóso, *a.* (*med.*) plague (*attr.*); of the plague.

petalifórme, *a.* petal-shaped.

pètalo, *m.* (*bot.*) petal.

petaloidèo, *a.* (*bot.*) petaline.

petàrdo, *m.* ***1*** (*mil.*) petard ***2*** (*bomba di carta*) petard; firecracker; cracker; banger (*fam.*)

3 (*ferr.*) detonator; (*segnale di nebbia*) fog signal.
pètaso, m. (*stor., mitol.*) petasus, petasos.
petàuro, m. (*zool., Petaurus*) flying phalanger; petaurist.
petécchia, f. (*med.*) petechia* (*specialm. al pl.*).
petecchiàle, a. (*med.*) petechial: **tifo p.**, petechial (*o* spotted) fever.
petit-gris (*franc.*), m. invar. Siberian squirrel fur.
petitòrio, a. (*leg.*) petitory: **azione petitoria**, petitory action.
petizióne, f. *1* petition (*anche leg.*); formal application: **fare una p. a q.**, to address (*o* to make) a petition to sb.; to petition sb.; **stendere una p.**, to draw up a petition *2* (*supplica, istanza*) request; instance □ (*filos.*) **p. di principio**, petitio principi (*lat.*) □ **chi fa una p.**, petitioner.
péto, m. breaking wind; fart (*volg.*). ● **fare un p.**, to break wind; to fart (*volg.*).
petonciàno, m. (*bot., Solanum melongena*) aubergine; eggplant.
petràia, V. **pietraia**.
Petràrca, m. (*letter.*) Petrarch.
petrarcheggiàre, v. i. (*letter.*) to imitate Petrarch; to Petrarchize.
petrarchésco, a. (*letter.*) of Petrarch; Petrarch(i)an: **lo stile p.**, Petrarch's style; **un sonetto p.**, a Petrarchan sonnet.
petrarchişmo, m. (*letter.*) Petrarchism.
petrarchìsta, m. e f. (*letter.*) Petrarchist.
petrière, petrièro, m. (*stor.*) petrary.
petrochìmica, f. *1* V. **petrolchimica** *2* (*geol.*) petrochemistry.
petrochìmico, a. *1* V. **petrolchimico** *2* (*geol.*) petrochemical.
petrodòllari, m. pl. (*econ., fin.*) petrodollars.
petrogèneşi, f. (*geol.*) petrogenesis.
petròglifo, m. (*archeol.*) petroglyph.
petrografìa, f. (*geol.*) petrography; petrology.
petrogràfico, a. petrographic.
petrògrafo, m. (f. **-a**) (*geol.*) petrographer; petrologist.
petrolchìmica, f. petrochemistry.
petrolchìmico, **A** a. petrochemical. **B** m. petrochemical industry worker.
petrolièra, f. (*naut.*) (oil) tanker.
petrolière, m. *1* oil worker *2* (*fam.*: *industriale petrolifero*) oil magnate; oilman*.
petrolièro, a. oil (*attr.*); petroleum (*attr.*); of petroleum.
petrolìfero, a. oil-bearing; oil (*attr.*); petroliferous: **un giacimento p.**, an oilfield; **un pozzo p.**, an oil well; **industria petrolifera**, oil industry. ● (*naut.*) **nave per le ricerche petrolifere**, drill ship.
petròlio, m. *1* (*ind. min.*) petroleum; oil: **la distillazione del p.**, the distillation of petroleum; **la raffinazione del p.**, oil refining; **raffineria di p.**, oil refinery; **trovare il p.**, to strike oil; **pozzi di p.**, oil wells; **etere di p.**, petroleum ether; naphthalic ether; **olio di p.**, petroleum oil; **p. grezzo** (*o* **greggio**), raw petroleum; crude oil; **p. grezzo leggero**, light crude oil *2* (*per illuminazione o combustione*) paraffin (oil); kerosene: **un lume a p.**, a paraffin lamp.
petronciàno, V. **petonciano**.
petroniàno, **A** a. of Bologna; from Bologna; Bolognese. **B** m. e f. inhabitant of Bologna; native of Bologna; Bolognese.
Petrònio, m. (*stor.*) Petronius.
petróso, V. **pietroso**.
pettégola, f. (*zool., Tringa totanus*) redshank.
pettegolàre, v. i. to gossip; to tattle.
pettegolézzo, m. gossip; tittle-tattle: **Non mi interessano i pettegolezzi**, I'm not interested in gossip; **Non è che un p.**, it's just gossip; **fare pettegolezzi**, to gossip; to tattle.
pettegolìo, m. (frequent) gossiping; tittle-tattling.
pettégolo, **A** a. gossipy; given to gossip. **B** m. (f. **-a**) gossip; tattler. ● **discorsi da pettegoli**, idle talk; petty gossip; tittle-tattle.
pettièra, f. breast harness.
pettìna, f. (*chim.*) pectin.
pettinàio, m. comb maker.
pettinàre, **A** v. t. *1* (*capelli, ecc.*) to comb; (*acconciare*) to dress: **p. (i capelli a) q.**, to comb sb.'s hair; **Come devo pettinarti?**, how do you want your hair combed? *2* (*ind. tess.*: *la lana*) to comb, to card, to tease; (*lino, canapa e sim.*) to hackle, to dress *3* (*fig.*: *rimproverare*) to give* (sb.) a tongue-lashing (*o* a talking-to), to rake (sb.) over the coals; (*criticare*) to scarify, to lambaste. **B** **pettinarsi,** v. rifl. to comb one's hair; (*acconciarsi i capelli*) to arrange (*o* to do*) one's hair: **p. all'indietro**, to comb one's hair back; **p. con le trecce**, to do one's hair up in plaits; **p. con la riga**, to part one's hair.
pettinàta, f. *1* (*il pettinare*) combing (of the hair); comb: **Ti ci vuole una p.**, your hair needs combing (*o* a good comb); **darsi una p.**, to comb one's hair *2* (*fig.*: *rimprovero*) tongue-lashing, talking-to; (*critica*) slating.
pettinàto, (*ind. tess.*) **A** a. *1* combed: **capelli pettinati**, combed hair; **Sono pettinata?**, is my hair tidy?; **Come sei pettinata bene!**, what a nice hairstyle you have! *2* (*ind. tess.*) combed; carded: **lana pettinata**, combed wool. **B** m. (*tessuto*) worsted.
pettinatóre, m. (*ind. tess.*: *per la lana*) comber; (*per il lino, la canapa*) hackler, flax dresser.
pettinatrìce, f. *1* hairdresser *2* (*ind. tess.*: *per la lana*) comber, combing machine; (*per il lino, la canapa*) hackling machine.
pettinatùra, f. *1* (*il pettinare i capelli*) combing; (*acconciatura*) hairdressing, hairstyle, hairdo: **Questa p. ti sta bene**, this hairstyle suits you *2* (*ind. tess.*: *della lana*) combing, carding, teasing; (*del lino, della canapa*) hackling, heckling, dressing: **p. a secco**, dry combing; **p. in olio**, oil combing; **cascami di p.**, combing waste.
pèttine, m. *1* (*per pettinare*) comb: **p. fitto**, fine-tooth(ed) comb; **p. rado**, rake comb; **p. a coda**, tail comb; teaser comb; **p. da cavallo**, curry comb; **Darsi un colpo di p.**, to run a comb through one's hair *2* (*ornamento a forma di p.*) (ornamental) comb *3* (*di telaio*) reed *4* (*fis., mecc.*) comb *5* (*mus.*) plectrum* *6* (*zool., Pecten*) pecten; scallop *7* (*bot., Scandix pecten Veneris*; *anche* **p. di Venere**) lady's comb. ● (*fis.*) **p. del combinatore**, contact piece □ (*mecc.*) **p. per filettature**, chaser.
pettinèlla, f. *1* fine-tooth(ed) comb *2* (*per scultore*) spatula.
pettìneo, a. (*anat.*) pectineal. ● **muscolo p.**, pectineus.
pettinièra, f. *1* (*scatola*) comb case *2* (*mobiletto*) dressing-table.
pettinìna, f. fine-tooth(ed) comb.
pettìno, m. *1* (*di grembiule*) bib *2* (*di camicia*) shirt front; dick(e)y *3* (*davantino*) dick(e)y.
pettirósso, m. (*zool., Erithacus rubecula*) robin; redbreast.
pètto, m. *1* chest; breast: **Fu ferito al p.**, he was wounded in the chest; **È un po' debole di p.**, he's a bit weak in the chest; **incrociare le braccia sul p.**, to fold one's arms across one's chest; **stringersi q. al p.**, to clasp sb. to one's breast; **un sospiro dal fondo del p.**, a deep sigh; (*anche fig.*) **battersi il p.**, to beat one's breast; **raffreddore di p.**, chest cold; **voce [registro] di p.**, chest voice [register] *2* (*seno*) breasts (*pl.*); bosom: **avere poco p.**, to have small breasts; **p. forte**, ample bosom; big breasts (*pl.*) *3* (*cuore, animo, coraggio*) heart; courage; resolution: **un uomo di p.**, a man of resolution *4* (*cucina*: *di uccelli*) breast; (*di bovini*) brisket: **p. di pollo**, chicken breast *5* (*di abito*) breast; (*di camicia*) front: **a doppio p.**, double-breasted; **a un p.**, single-breasted. ● **a p. a p.**, face to face □ **a p. nudo**, bare-chested (*agg.*); bare-breast (*avv.*) □ **circonferenza di p.**, chest measurement; (*di donna*) bust □ (*mus.*) **do di p.**, high C □ (**fino**) **al p.**, breast-high: **L'acqua arrivava al p.**, the water was breast-high; **immerso nel fango fino al p.**, up to one's arm-pits in mud □ **malato di p.**, consumptive □ **malattia di p.**, consumption □ **Ci si è messo troppo di p.**, he set about it too impetuously (*o* energetically) □ (*fig.*) **mettersi una mano sul p.**, to examine one's conscience; to ask oneself honestly □ **prendere q. [q.c.] di p.**, to meet sb. [st.] fairly and squarely; to face up to sb. [st.]; to square up to sb. [st.] □ **Lo presi per il p.**, I grabbed him by the lapels □ **tenere q.c. in p.**, to keep st. to oneself.
pettoràle, **A** a. pectoral; breast, chest (*attr.*): **muscoli pettorali**, pectoral muscles; **croce p.**, pectoral (cross). **B** m. *1* (*di cavallo*) breast collar *2* (*di armatura*) breastplate *3* (*anat.*) pectoral muscle *4* (*sport*) number.
pettorìna, f. *1* bib *2* (*davantino*) dick(e)y.
pettorùto, a. *1* (*di donna*) full-breasted; big-bosomed; chesty *2* (*fig.*: *tronfio*) puffed up; haughty; strutting: **incedere p.**, to strut.
petulànte, a. importunate; impertinent; pert; saucy; cheeky (*fam.*).
petulànza, f. impertinence; pertness; sauciness; cheek (*fam.*).
petùnia, f. (*bot., Petunia*) petunia.
peyote, peyoti, m. invar. (*bot., Lophophora williamsii*) peyote; mescal.
pèzza, f. *1* (*pezzetto di stoffa*) (piece of) cloth; (*straccio*) rag; (*toppa*) patch: **Le misi una p. bagnata sulla fronte**, I put a wet cloth on her forehead; **una bambola di p.**, a rag doll; **una p. sui calzoni**, a patch on the trousers; **un vestito con molte pezze**, a dress full of patches; **una giacca con le pezze ai gomiti**, a jacket with patches on the elbows *2* (*rotolo di tessuto*) bolt; roll; piece: **una p. di seta**, a bolt of silk; **tessuti in p.**, piece goods *3* (*numism.*) piece; coin *4* (*macchia, chiazza*) patch; spot: **una mucca bianca a pezze marroni**, a white cow with brown patches *5* (*fig.*: *rimedio*) stopgap; makeshift remedy; Band-Aid (*fam.*). ● **p. d'appoggio** (*o* **giustificativa**), (*comm.*) voucher; (*anche fig.*) supporting document □ (*mil., stor.*) **pezze da piedi**, foot wrappings □ (*arald.*) **pezze onorevoli**, emblazonments □ (*fig.*) **trattare q. come una p. da piedi**, to treat sb. like dirt; to walk all over sb. □ **da lunga** (*o* **gran**) **p.**, for a long time; for a good while.
pezzàto, **A** a. dappled; pied; brindled: **mucca pezzata**, pied (*o* brindled) cow; **un cavallo bianco p. di nero**, a black-and-white pied horse; a piebald horse; **p. di marrone**, brown-dappled. **B** m. (*cavallo p.*) dapple.
pezzatùra (1), f. *1* (*l'essere pezzato*) dappling *2* (*macchie sul pelame di un animale*) patches (*pl.*); spots (*pl.*).
pezzatùra (2), f. (*comm.*) size. ● (*comm.*) **di p. media**, middle-sized.
pezzènte, m. e f. *1* ragged person; person in rags; (*mendicante*) beggar, tramp: **essere lacero come un p.**, to look like a tramp *2* (*estens.*: *spilorcio*) miser; skinflint (*fam.*).
pèzzo, m. *1* piece; bit; (*parte*) part, portion: **un p. di pane**, a piece of bread; **un p. di legno**, a piece of wood; **un p. di terra**, a piece (*o* a plot) of land; **un p. di sapone**, a bar (*o* cake) of soap; **un p. di carta**, a piece (*o* bit, scrap) of paper; **un p. di cielo**, a bit (*o* a patch) of sky; **Lo accompagnai per un p. di strada**, I went with him part of the way; **il primo p. dell'autostrada**, the first stretch of motorway; **Smontò l'automobile p. per p.**, he dismantled the car bit by bit (*o* piece by piece); **montare q.c. p. per p.**, to assemble st.; **tagliare a pezzi**, to cut to pieces; **fare a**

pezzi, (*rompere*) to break (*o* to pull) to pieces; (*stracciare*) to tear to shreds; **andare in pezzi**, to break into pieces (*o* bits); to shatter; to smash; **andare in mille pezzi**, to smash to bits (*o* to smithereens); **Il vaso cadde e andò in pezzi**, the vase fell and broke into pieces (*o* shattered) ***2*** (*esemplare, elemento di un insieme*) piece: **i pezzi di una collezione**, the pieces of a collection; **un p. Luigi XV**, a Louis XV piece; **Ha arredato la casa con dei bei pezzi**, she has furnished her house with some fine pieces of furniture; **un servizio da caffè di dodici pezzi**, a twelve-piece coffee service; **Te li vendo a una sterlina il p.**, I'll sell them to you for a pound each ***3*** (*moneta*) piece, coin, bit; (*banconota*) note: **un p. da cinquecento**, a five hundred lire coin; **un p. da mille**, a one thousand lire note; **Ho solo pezzi grossi**, I only have large notes ***4*** (*mecc.*) piece; part: **p. di ricambio**, spare part; **p. lavorato**, machined part (*o* piece); **p. fucinato**, forging; **p. fuso**, casting; **p. grezzo**, blank; **p. in lavorazione**, workpiece; **p. stampato a caldo [a freddo]**, drop [cold] forging ***5*** (*mil.*) piece; gun: **p. di artiglieria**, piece of artillery (*o* of ordnance); **una batteria di sei pezzi**, a six-piece battery; **caricare il p.**, to load the gun; **dare fuoco al p.**, to fire the gun; **un p. da 75 mm.**, a 75 mm. gun; **p. da campagna**, fieldpiece ***6*** (*mus.*) piece, passage; (*aria*) aria: **un p. di Bach**, a piece by Bach; **un p. d'opera**, a piece from an opera; an aria; **p. di bravura**, bravura piece ***7*** (*brano di prosa e sim.*) piece; passage ***8*** (*articolo di giornale*) piece, story, report, copy; (*p. importante*) feature ***9*** (*di tempo*) – **un p.**, quite a bit; quite a long time; quite a while: **Ti ho aspettato un bel p.**, I waited quite a while (*o* quite a bit) for you; **È un p. che non lo vedo**, it's quite a long time since I last saw him; I haven't seen him for quite a while ***10*** (*distanza*) distance; way: **È un bel p. da qui**, it's a fair distance from here ***11*** (*negli scacchi*) piece; chessman*. ● **P. d'asino!**, you fool! □ (*anche fig.*) **p. da museo**, museum piece □ (*pop.*) **p. da novanta**, big mafia boss; (*estens.*) big shot □ **un p. di donna**, a big, tall woman □ (*fig.*) **p. di legno**, unfeeling person □ (*naut.*) **p. di riempimento**, deadwood □ **un p. d'uomo**, a big man; a fine figure of a man □ **p. duro** (*di gelato*), ice-cream slice □ (*fig.*) **p. forte**, show piece; bravura piece; (*attrazione principale*) main attraction, highlight □ (*fig. fam.*) **p. grosso**, big shot; big noise; bigwig: **Conosce diversi pezzi grossi dell'industria**, he knows several big shots in industry; **È un p. grosso del ministero del Tesoro**, he's something big in Treasury □ **p. unico**, collector's piece (*o* item) □ **a pezzi**, in pieces; (*stanco morto*) exhausted, tired out, washed out (*fam.*); (*con le ossa rotte*) aching all over □ **a pezzi e a bocconi**, piecemeal; in fits and starts: **Mi paga a pezzi e a bocconi**, he pays me piecemeal; **fare q.c. a pezzi e bocconi**, to do st. in fits and starts □ **La vecchia casa stava cadendo a pezzi**, the old house was falling to pieces □ **Ho i nervi a pezzi**, my nerves are in shreds □ **un (abito a) due pezzi**, a two-piece suit □ **un (costume da bagno a) due pezzi**, a two-piece bathing-suit; a bikini □ **È un bel p. di bugiardo!**, he's a downright liar! □ **camminare tutto d'un p.**, to walk very stiffly □ (*fig.*) **un uomo tutto d'un p.**, a man of sterling character.

pezzòtto, *m.* rag rug.

pezzùllo, *m.* (*giorn.*) short piece; paragraph.

pezzuòla, *f.* ***1*** (*straccio*) cloth ***2*** (*fazzoletto da naso*) handkerchief ***3*** (*fazzoletto da collo*) neckerchief ***4*** (*fazzoletto da testa*) kerchief.

pfùi, *inter.* bah!

pH, *m. invar.* pH (value).

phi, *V.* **fi.**

phon, *m. invar.* ***1*** (*fis.*) phon ***2*** *V.* **föhn**, *def.* 2.

Photofit, *m. invar.* (*marchio*) Photofit.

pi, A *f.* e *m.* (*lettera*) (the letter) p; P. **B** *m.* (*sedicesima lettera dell'alfabeto greco*) pi. ● (*mat.*) **pi greco**, pi.

piaccàmetro, *m.* (*chim.*) pH-meter.

piacènte, *a.* attractive; charming.

piacére (1), *v. i.* to like, to be fond of, to care for, to love (*tutti con costr. pers.*); to be pleasing (to sb.); to please (*lett.*); (*volere*) to please (*costr. pers.*), to choose (*lett.*): **A me piace il caldo**, I like the heat; **Mi piace uscire di sera**, I like going out in the evening; **Gli piace mangiar bene**, he likes to eat well (*o* eating well); **Quell'uomo non mi piace**, I don't care for that man; I don't like that man; **Non mi piace pensare al passato**, I dislike thinking about the past; **Mi piace molto l'opera lirica**, I am very fond of (*o* I love) opera; **Dopo pranzo gli piace dormire**, after lunch he likes to sleep; **Non mi piace affatto**, I don't like it at all; **Ti piace la nuova sistemazione dei mobili?**, how do you like the new arrangement of the furniture?; **Non mi piace che tu esca con lui**, I don't like your going out with him; **Faccio come mi pare e piace**, I do as I please; **Le sue maniere non piacciono a tutti**, his manners are not pleasing to everyone; **Ti piacerebbe venire?**, would you like to come?; **Mi piacerebbe andare in Spagna**, I'd love to go to Spain; **Mi sarebbe piaciuto incontrarlo**, I would have liked to meet him; **Mi piace che tutto vada liscio**, I like everything to go smoothly; **Piacque al re di ordinare che...**, the king chose (*o* it was the king's pleasure) to order that...; **piaccia a Dio**, please God: **Piaccia a Dio ch'egli si ravveda**, (may it) please God (that) he'll mend his ways. ● **piaccia o non piaccia**, whether one likes (*o* you like) it or not □ **a Dio piacendo**, God willing □ **un modello che piace**, a popular model □ **una ragazza che piace**, an attractive girl □ **Mi è piaciuto da pazzi**, I loved it □ **Sto in casa perché così mi piace**, I'm staying in because I want to □ **Il suo ultimo libro è piaciuto molto**, his last book was a great success.

piacére (2), *m.* ***1*** pleasure; delight; satisfaction; enjoyment: **Il p. consiste nell'assenza del dolore**, pleasure lies in the absence of suffering; **i piaceri della tavola [dello spirito]**, the pleasures of the table [of the mind]; **i piaceri di questo mondo**, the pleasures of this world; earthly pleasures; **avere il p. di**, to have the pleasure of: **Spero di avere il p. della sua compagnia**, I hope to have the pleasure of your company; **Accolse la notizia con gran p.**, he received the news with great satisfaction (*o* delight); **amante dei piaceri**, pleasure-loving (*agg.*), pleasure-seeking (*agg.*); pleasure seeker (*sost.*); **Mi fa sempre p. vederti**, I am always delighted to see you; (*più form.*) it always gives me pleasure to see you; **Ti rivedo con p.**, I'm delighted to see you again; **provare p. a fare q.c.**, to enjoy doing st.; to take pleasure in doing st. (*form.*); **Con p.!**, with pleasure! ***2*** (*svago, divertimento*) pleasure; amusement; entertainment; fun: **una gita di p.**, a pleasure trip; **alternare le occupazioni con i piaceri**, to alternate business with pleasure; **i piaceri della vita notturna**, night-life entertainments; **darsi ai piaceri**, to give oneself up to pleasure; **Trattare con lui non è un p.**, it's no pleasure (*o* it's no fun) dealing with him ***3*** (*favore, servigio*) favour; kindness: **fare un p. a q.**, to do sb. a favour (*o* a kindness); **domandare un p. a q.**, to ask a favour of sb.; **Vuoi farmi un p.?**, will you do me a favour?; **Vuoi farmi il p. di avvertirmi?**, will you be so kind as to let me know?; **Vuoi farmi il p. di stare zitto?**, will you do me the favour of shutting up? ***4*** (*nelle presentazioni*) – **P.!**, how do you do?; pleased to meet you; **«Io sono Rossi» «P., Bianchi»**, «my name is Rossi» «mine is Bianchi, how do you do?»; **p. di conoscerla**, pleased to meet you. ● **a p.**, (*a volontà*) at will, at pleasure; (*mus.*) ad libitum (*lat.*) □ **Prendine uno a p.**, take whichever you like □ **pane a p.**, as much bread as one wants □ (*comm.*) **Al p. di leggervi**, looking forward to hearing from you □ **Ci ho p.!**, I'm glad of that!; (*gli sta bene!*) it serves him right! □ **Se ti fa p.**, if you like; if you wish □ **Che p.!**, delighted!; how delightful! □ **Piove che è un p.**, it's pouring; it's coming down in buckets (*fam.*) □ **Questa macchina corre che è un p.**, this car goes like a dream □ **Mangia che è un p.**, it's a pleasure to see him eating □ **Con p.!**, it will be a pleasure!; (I'll be) delighted! □ **per p.** please: **Dammi quel libro, per p.**, give me that book, please □ (*iron.*) **Ma fammi il p.!**, nonsense!; don't be ridiculous! □ (*iron.*) **Tanto p.!**, so what?

piacévole, *a.* pleasing; pleasant; agreeable; delightful; nice; pretty: **modi piacevoli**, pleasing manners; **un pomeriggio p.**, a pleasant afternoon; **un libro p.**, a pleasant book; **un'occupazione p.**, a pleasant occupation; **una voce p.**, an agreeable voice; **una vacanza p.**, a delightful holiday; **una ragazza p.**, a nice (*o* a pretty) girl; **avere un aspetto p.**, to look nice; to be pleasing to the eye; **di gusto p.**, with a nice taste.

piacevolézza, *f.* ***1*** (*l'essere piacevole*) pleasantness; agreeableness; delightfulness; niceness; prettiness ***2*** (*detto spiritoso, scherzo garbato*) pleasantry. ● **p. di maniere**, pleasant manners.

piacevolménte, *avv.* pleasantly; agreeably.

piaciménto, *m.* (*gradimento*) liking; (*piacere*) pleasure: **Era di mio p.**, it was to my liking. ● **a proprio p.**, at will; at one's discretion; as one likes; as much as one likes: **Fate a vostro p.**, do as you like; **Prendine a tuo p.**, take as much as you like (*o* want).

piaga, *f.* ***1*** sore; ulcer; (*ferita*) wound: **una p. purulenta**, a purulent sore; **p. da decubito**, bedsore; **le piaghe di Cristo**, the wounds of Christ ***2*** (*fig.*: *flagello*) scourge; plague; calamity; bane; evil: **la p. della guerra**, the scourge of war; **le sette piaghe d'Egitto**, the seven plagues of Egypt; **le piaghe che affliggono il paese**, the evils that afflict the country ***3*** (*fig.*: *persona molesta*) nuisance; bore; pest; pain in the neck (*fam.*): **Che p. che sei!**, what a bore you are!; how tiresome you are!; **Non fare la p.!**, don't be tiresome!; **essere la p. del vicinato**, to be the pest of the neighbourhood ***4*** (*fig.*: *viva afflizione*) sorrow; affliction: **Il tempo rimargina le piaghe dell'anima**, time heals all sorrows. ● (*fig.*) **mettere il dito sulla p.**, to touch on a sore point □ (*fig.*) **riaprire vecchie piaghe**, to reopen old sores.

piagàre, *v. t.* to hurt*; to produce a sore (in, on st.); to ulcerate; (*ferire*) to wound.

piagàto, *a.* covered in sores (*pred.*).

piaggeria, *f.* (*lett.*) flattery; toadyism.

piàggia, *f.* (*poet.*) land; country.

piaggiàre, *v. t.* e *i.* (*lett.*) to flatter; to toady.

piaggiatóre, *m.* (*f.* **-trice**) (*lett.*) flatterer; toady.

piagnistèo, *m.* (*fam.*) whining; moaning; whingeing (*fam.*).

piagnóne, *m.* (*f.* **-a**) (*fam.*) ***1*** (*chi piange sempre*) cry-baby ***2*** (*chi si lamenta sempre*) whiner; moaner; grizzler (*fam. GB*).

piagnucolaménto, *m.* whining; whimpering.

piagnucolàre, *v. i.* to whine; to whimper; (*frignare*) to snivel, to sniffle, to grizzle (*fam. GB*): **Il bimbo piagnucolò un po'**, the child whimpered a little; **Non venire a p. quando è troppo tardi**, don't come whining to me when it's too late.

piagnucolio, *m.* whine; whining; whimper; whimpering; grizzling (*fam. GB*).

piagnucolóne, *m.* (*f.* **-a**) (*specialm. di bambino*) cry-baby.

piagnucolóso, *a.* ***1*** whining; weepy; snivelling: **un bambino p.**, a snivelling child; a cry-baby ***2*** (*fig.*: *querulo*) querulous; whining; snivelling: **con voce piagnucolosa**, in a querulous voice.

piàlla, *f.* (*falegn.*) plane: **p. a due ferri**, double-iron plane; **p. per rifinire**, trying plane; **p. per scanalature**, grooving plane; **p. per sgrossare**, jack plane; **lavorare di p.**, to plane; **passare la p. su q.c.**, to plane st.

piallàccio, *m.* (sheet of) veneer.

piallàre, *v. t.* (*falegn.*) to plane. ● **p. a misura**, to shoot □ **p. a spessore**, to thickness.

piallàta, *f.* (*falegn.*) ***1*** planing ***2*** (*colpo di pialla*) stroke with a plane.

piallatóre, *m.* (*falegn.*) planer.

piallatrice, *f.* (*mecc.*) planer; planing machine: **p. a un montante** [**a due montanti**], open-side [two-column] planer; **p. a spessore**, thicknesser; **p. a tavola**, table planing machine; **p. circolare**, circular planing machine; **p. da impiallacciatura**, veneer--cutting (planing) machine.

piallatùra, *f.* (*falegn.*) planing: **p. circolare**, round planing.

piallettàre, *v. t.* ***1*** (*edil.*) to float ***2*** (*falegn.*) to jack-plane.

piallétto, *m.* ***1*** (*edil.*) float ***2*** (*falegn.*) jack plane. ● (*edil.*) **p. a scanalare**, rabbet plane □ **p. a vite per scanalare**, plough plane.

piallóne, *m.* (*falegn.*) trying plane.

piamàdre, *f.* (*anat.*) pia mater.

piàna, *f.* stretch of level ground; (*pianura*) plain.

pianàle, *m.* ***1*** (*di autocarro*) loading platform ***2*** (*ferr.*) flat wagon; flatcar (*USA*).

pianatóio, *m.* flat chisel.

piancìto, *m.* (*region.*) floor.

pianeggiànte, *a.* level; flat: **terreno p.**, level ground; **una regione p.**, a flat country.

pianeggiàre, **A** *v. i.* to be almost level (*o* flat). **B** *v. t.* to level off; to smooth down.

pianèlla, *f.* ***1*** slipper; (*aperta dietro*) mule ***2*** (*mattone sottile*) flat tile. ● (*bot.*) **p. della Madonna** (*Cypripedium calceolus*), lady's slipper.

pianeròttolo, *m.* ***1*** (*edil.*) landing ***2*** (*alpinismo*) ledge; platform.

pianéta (1), *m.* ***1*** (*astron.*) planet: **p. esterno** [**interno**], outer [inner] planet; **i pianeti maggiori**, the major planets ***2*** (*oroscopo*) horoscope ***3*** (*fig.*) world: **il p. giovani**, the youth world; **il p. calcio**, the world of football.

pianéta (2), *f.* (*eccles.*) chasuble; planet.

pianetìno, *m.* (*astron.*) planetoid.

piangènte, *a.* crying; weeping; tearful; in tears: **occhi piangenti**, tearful eyes; **essere p.**, to be in tears. ● (*bot.*) **salice p.**, weeping willow.

piàngere, **A** *v. i.* ***1*** to cry; to weep*: **p. per il dolore**, to cry with pain; **p. di rabbia**, to cry with rage; **p. di gioia**, to weep for joy; **Piange perché vuole la mamma**, she is crying for her mother; **p. a calde lacrime**, to cry one's heart out; **p. a dirotto**, to cry one's eyes out; (*spreg.*) to blubber; **p. amaramente**, to weep bitterly; **far p. q.**, to make sb. cry; **mettersi a p.**, to start crying (*o* to cry); **essere lì lì per p.**, to be close to (*o* on the verge of) tears; **Mi bruciano gli occhi a forza di p.**, my eyes are sore with crying ***2*** (*soffrire, patire*) to suffer; to mourn: **p. sotto la tirannia**, to suffer under tyranny; **p. in silenzio**, to suffer in silence ***3*** (*gocciolare*) to drip; (*di una pianta*) to bleed*; (*colare*) to ooze; (*lacrimare*) to water: **Le pareti della grotta piangevano**, the walls of the cave were dripping; **Gli piangevano gli occhi per il freddo**, his eyes were watering with the cold. ● **p. come un vitello** (*o* **come una vite tagliata**), to blubber □ (*fig.*) **p. da un occhio solo**, to pretend to cry □ (*Vangelo*) **Beati coloro che piangono**, blessed are they that mourn □ **cose da far p.**, awful things □ (*fig. fam.*) **far p. i sassi**, to melt a heart of stone □ **Mi piange il cuore a vederlo ridotto così**, it breaks my heart (*o* it makes my heart bleed) to see him reduced to that state □ **Ti vien da p. a vedere cose simili**, it's enough to make you cry to see such things □ (*prov.*) **È inutile p. sul latte versato**, it's no use crying over spilt milk. **B** *v. t.* ***1*** to weep*: **p. lacrime amare**, to weep bitter tears; **p. lacrime di coccodrillo**, to weep crocodile tears; **p. lacrime di sangue**, to weep tears of blood ***2*** (*lamentare*) to mourn; to mourn for (sb., st.); to mourn over (st.); to lament; to bewail; to grieve for (*o* over st.): **p. la morte di q.**, to mourn sb.'s death; **p. i torti patiti**, to grieve over the wrongs one has suffered; **p. un amore perduto**, to lament a lost love; **p. i propri peccati**, to bewail one's sins ***3*** (*rimpiangere*) to regret. ● **p. miseria**, to cry poverty; to complain of one's lot; to poor-mouth (*fam. USA*) □ (*prov.*) **Chi è causa del suo mal, pianga se stesso**, as you make your bed, so you must lie on it. **C** *m.* crying; weeping; (*lacrime*) tears.

pianificàbile, *a.* that can be planned.

pianificàre, *v. t.* to plan; (*programmare*) to programme.

pianificàto, *a.* planned: **economia pianificata**, planned economy.

pianificatóre, *m.* (*f.* **-trice**) planner; programmer.

pianificazióne, *f.* planning; programming: **p. urbana**, town planning; city planning (*USA*); **p. familiare**, family planning.

pianigiàno, **A** *a.* lowland (*attr.*). **B** *m.* (*f.* **-a**) lowlander.

pianìno, *avv.* slowly; gently.

pianismo (1), *m.* (*econ.*) tendency towards economic planning.

pianismo (2), *m.* (*mus.*) pianism.

pianissimo, *m.* (*mus.*) pianissimo.

pianista, *m.* e *f.* pianist.

pianistico, *a.* (*mus.*) piano (*attr.*); for (the) piano: **musica pianistica**, piano music; music for piano.

piàno (1), **A** *a.* ***1*** flat; level; even: **una superficie piana**, a level (*o* even) surface; **una strada piana**, a level road; **terreno p.**, flat land ***2*** (*liscio*) smooth: **una pietra piana**, a smooth stone; **una fronte piana**, a smooth forehead ***3*** (*chiaro, semplice*) clear, plain, simple; (*agevole*) easy: **Il senso di questo verso è assai p.**, the meaning of this line is very clear; **in lingua piana**, in plain language; **in parole piane**, in simple (*o* plain) words ***4*** (*geom.*) plane: **geometria piana**, plane geometry ***5*** (*gramm.*) paroxytone: **una parola piana**, a paroxytone word. ● (*sport*) **i cento metri piani**, the one hundred metres sprint □ (*sport*) **corsa piana**, flat race □ (*eccles.*) **messa piana**, low mass. **B** *avv.* ***1*** (*sommessamente*) softly, quietly, gently; (*a bassa voce*) in a low voice: **Legge troppo p.**, he reads too softly; **parlare p.**, to speak quietly (*o* in a low voice); **Parla più p.!**, speak more quietly! lower your voice!; **Fai p., se no si sveglia!**, move quietly or you'll wake him; **Chiudi p. la porta**, shut the door gently ***2*** (*lentamente*) slowly; slow: **Va' p.!**, go slow(ly); **Vai più p.!**, go slower!; slow down!; **P.!** (*rallenta*), slow down!; **camminare p.**, to walk slowly ***3*** (*con cautela*) gently; carefully: **Fate p. o si rompe**, go carefully or it will break; **Muovilo p.**, move it gently; **P.!**, gently!; easy!; (*spostando q.c.*) **Ecco, fate p., così**, there, easy does it! ***4*** (*mus.*) piano. ● **pian p.** (*a poco a poco*), little by little: **Pian p. capirai anche tu**, you also will understand, little by little □ **pian pianino**, very slowly; very gently; very carefully □ (*prov.*) **Chi va p. va sano e va lontano**, slow and steady wins the race.

piàno (2), *m.* ***1*** level ground; flat (*o* level) land; (*pianura*) plain: **Dopo qualche chilometro di p., comincia la salita**, after a few kilometres of level ground the road starts to climb; **I nemici scesero al p. e furono sconfitti**, the enemy came down to the flat land (*o* to the plain) and were beaten ***2*** (*superficie piana*) plane: (*geom.*) **p. orizzontale** [**inclinato**], horizontal [inclined] plane; (*geom.*) **piani paralleli**, parallel planes ***3*** (*di casa*) floor, storey (*GB*), story (*USA*); (*di autobus, nave*) deck: **p. terreno**, ground floor (*GB*); first floor (*USA*); **primo p.**, first floor (*GB*); second floor (*USA*); **p. nobile**, «piano nobile»; main floor; **il p. superiore di un edificio**, the top floor (*o* storey) of a building; **un palazzo di sette piani**, a seven-storey building; **abitare al p. terreno**, to live on the ground (*USA*: first) floor; **al p. di sopra**, on the floor above; upstairs; **al p. di sotto**, on the floor below; downstairs ***4*** (*strato*) layer; stratum*: **i piani geologici delle rocce**, the geological strata of rocks ***5*** (*livello*) level; plane: **essere sullo stesso p.**, to be on the same level. ● (*aeron.*) **p. alare**, (main) plane □ (*cinem.*) **p. americano**, three-quarter shot □ (*ferr.*) **p. caricatore** (*o* **di caricamento**), loading platform □ (*astron.*) **p. dell'orbita**, orb □ **il p. della sedia**, the seat (of the chair) □ **il p. della tavola**, the top of the table □ (*geol.*) **p. di clivaggio** (*o* **di sfaldatura**), cleavage plane □ (*aeron.*) **p. di coda**, empennage □ **p. di cottura**, cooktop; hob □ (*aeron.*) **p. di deriva**, fin □ (*naut.*) **p. di galleggiamento**, water plane □ (*mecc.*) **p. di riscontro**, surface plate (*o* face plate) □ (*mecc.*) **p. di scorrimento**, sliding surface (*o* slide) □ (*cinem.*) **p. medio**, mid shot □ (*aeron.*) **p. stabilizzatore**, tail plane; stabilizer (*USA*) □ **p. stradale**, roadway; road surface □ **un personaggio di secondo p.**, a secondary (*o* a minor) figure □ **un pittore di primo p.**, a first-rate painter □ **in p.**, horizontally □ **in primo p.**, in the foreground; out in front □ **in secondo p.**, in the background □ **passare in secondo p.**, to fade into the background (*anche fig.*); (*fig. fam.*) to take a back seat □ (*cinem., fotogr.*) **primo p.**, close-up □ (*cinem., fotogr.*) **primissimo p.**, extreme close-up.

piàno (3), *m.* (*progetto, disegno*) plan; (*fig.*) plan, scheme, project, schedule: **il p. del nuovo teatro**, the plan of the new theatre; **secondo i suoi piani**, according to his plans; **procedere secondo i piani prestabiliti**, to proceed according to plan; **fare piani**, to make plans; **p. d'azione**, plan of action; **p. di studi**, plan (*o*, *USA*: program) of studies; syllabus; curriculum; **p. regolatore**, urban development plan (*o* scheme); **un p. a lunga scadenza**, a long-term project; (*mil.*) **p. di battaglia**, plan of battle; (*fig.*) plan of action; **un p. quinquennale**, a five-year plan.

piàno (4), *V.* **pianoforte**.

pianocòncavo, *a.* (*fis.*) plano-concave.

pianoconvèsso, *a.* (*fis.*) plano-convex.

pianofòrte, *m.* (*mus.*) piano*; pianoforte: **p. verticale**, upright piano; **p. a coda**, grand piano; grand (*fam.*); **p. a mezza coda**, baby grand; **p. preparato**, prepared piano; **suonare il p.**, to play the piano; **studiare p.**, to study piano; **accompagnare con il p.**, to accompany on the piano; **lezione di p.**, piano lesson; **insegnante di p.**, piano teacher; **sonata per p.**, piano sonata.

pianòla, *f.* (*mus.*) player piano*; pianola.

pianòro, *m.* (*geogr.*) plateau; tableland.

pianotèrra, pianoterréno, *V.* **pianterreno**.

piànta, *f.* ***1*** (*bot.*) plant; (*albero*) tree: **p. ornamentale**, ornamental plant; **p. tropicale**, tropical plant; **p. a bulbo**, bulbous plant; **p. acquatica**, water-plant; hydrophyte; **piante arboree**, trees; **p. d'appartamento**, indoor plant; **p. da fiore**, flowering plant; **p. da frutto**, fruit-bearing plant; **p. da vaso**, potted plant; **piante erbacee**, herbaceous plants; **p. grassa**, cactus-plant; cactus; **p. perenne**, immortelle; everlasting; perennial; **p. quiescente**, dormant plant; **p. rampicante**, creeper; climber; vine; trailer; **piante sempreverdi**, evergreen trees; evergreens **2** (*del piede, della scarpa*) sole; plant **3** (*disegno di edificio, città, ecc.*) plan, design; (*progetto*) layout; (*carta topografica*) map, plan: **la p. del nuovo ospedale**, the plan of the new hospital; **una p. di Roma**, a map of Rome **4** (*ruolo, organico*) roll(s); staff: **essere impiegato in p. stabile**, to be on the permanent (*o* on the regular) staff. ● (*bot.*) **p. cimata**, pollard □ (*bot.*) **p. del sottobosco**, groundling □ (*bot.*) **p. del tè** (*Thea sinensis*), tea-plant □ (*bot.*) **p. endogena**, endogen □ **di sana p.**, (*completamente*) entirely, completely; (*dall'inizio*) from scratch, all over again, afresh: **copiare q.c. di sana p.**, to copy st. word by word; **ricominciare di sana p.**, to go back to the beginning (*o* to square one); to start afresh □ **inventare una storia di sana p.**, to make up a story.

piantàbile, *a.* (*agric.*) plantable.

piantàggine, *f.* (*bot., Plantago major*) plantain.

piantagióne, *f.* (*agric.*) plantation: **p. di cotone [di tabacco, di caffè]**, cotton [tobacco, coffee] plantation.

piantagràne, *m.* e *f. invar.* (*fam.*) trouble-maker; (*pedante*) fault-finder, nitpicker.

piantàna, *f.* standard; (*montante*) upright: **lampada a p.**, standard (*o* floor) lamp.

piantàre, A *v. t.* **1** to plant: **p. fiori [alberi]**, to plant flowers [trees]; **p. un campo a gelsi**, to plant a field with mulberries **2** (*conficcare*) to thrust*, to drive*, to ram; (*fissare*) to fix, to set*; (*erigere*) to set* up, to put* up: **p. un chiodo in un muro**, to drive a nail into a wall; **p. un palo**, to put up a post; **p. con forza un paletto nel terreno**, to ram a stake into the ground; **Gli piantò la spada nel petto**, he thrust his sword in(to) his chest; **p. una bandiera**, to set up (*o* to raise, to plant) a flag; **p. gli occhi addosso a q.**, to fix (*o* to set) one's eyes on sb.; to stare at sb. **3** (*collocare, posare*) to place; to put*; to plant; to set*; to lay*: **Piantarono due cannoni sul monte**, they placed (*o* planted) two guns on the mountain; **p. le fondamenta**, to lay the foundations **4** (*fam.*: *abbandonare*) to leave*; to quit; to dump; to ditch (*fam.*): **Piantò suo marito dopo tre anni di matrimonio**, she left (*o* walked out on) her husband after three years of marriage; **p. la ragazza**, to dump (*o* to ditch) one's girlfriend; **L'ha piantata per una ragazzina**, he left her for a young girl; **Piantò il suo lavoro e se ne andò in Perù**, he quitted (*o, pop.*: chucked in) his job and went to Peru; **Ha piantato le sue cose qui ed è uscito**, he dropped (*o* dumped, left) his things here and left; **p. a mezzo un lavoro**, to leave a job unfinished; **p. q. in asso**, to leave sb. standing; (*lasciare nei pasticci*) to leave sb. in the lurch; (*un innamorato*) to jilt. ● (*fig.*) **p. baracca e burattini**, to give up everything; to quit everything □ (*fig.*) **p. chiodi** (*fare debiti*), to get into debt □ (*fam.*) **p. una grana**, to cause trouble □ **p. una tenda**, to pitch a tent □ (*fig.*) **p. le tende**, to settle down □ (*scherz.*) **andare a p. cavoli**, to retire □ **Piantala!**, stop it!; come off it!; cut it out! **B piantàrsi,** *v. rifl.* e *i. pron.* **1** (*fermarsi*) to plant (*o* to place) oneself: **Si piantò sull'uscio di casa**, he planted himself on the doorstep; **Mi si piantò in casa per un mese**, he came to stay and didn't leave for one month **2** (*conficcarsi*) to stick*; to get* stuck; to become* embedded: **La freccia si piantò nel tronco**, the arrow stuck in the trunk; **Mi si è piantata una scheggia nel dito**, a splinter has got stuck in my finger. ● **Il pasticcio di prosciutto mi si è piantato sullo stomaco**, I haven't digested the ham pie. **C piantàrsi,** *v. rifl. recipr.* to part; to split* up; to leave* each other: **Ci siamo piantati dopo anni di convivenza**, we split up after years of living together.

piantàta, *f.* **1** (*il piantare*) planting **2** (*insieme di piante*) plantation; rows of trees.

piantàto, *a.* **1** (*agric.*) planted **2** (*solido, robusto*) sturdy; solidly-built: **un giovane ben p.**, a solidly-built young man **3** (*impettito*) stiff; (*immobile*) rooted (to the spot).

piantatóre, *m.* (*f.* **-trice**) (*agric.*) planter: **un p. di cotone**, a cotton planter.

piantatrice, *f.* (*agric.*) planting-machine; planter.

piantatùra, *f.* (*agric.*) planting.

pianterréno, *m.* (*edil.*) ground floor (*GB*); first floor (*USA*): **una stanza a p.**, a ground-floor room; a downstair(s) room; **abitare a p.**, to live on the ground-floor; **scendere a p.**, to go downstairs.

piantina, *f.* **1** (*agric.*) seedling **2** (*topogr.*) small map **3** (*gergo mil.*: *piantone*) sentry; guard.

piànto, *m.* **1** (*il piangere*) weeping; crying; tear-shedding: **Si sentiva il p. della povera donna**, you could hear the poor woman crying; **cessare il p.**, to stop crying; **prorompere** (*o* **scoppiare**) **in p.**, to start crying; to burst into tears **2** (*lacrime*) tears (*pl.*): **un p. di gioia**, tears of joy; **un volto bagnato di p.**, a face wet with tears; **asciugarsi il p.**, to wipe away one's tears; **avere gli occhi pieni di p.**, to have tears in one's eyes **3** (*grave dolore*) grief; shock; great pain: **La sua morte è stata un p. per tutti noi**, his death was a great shock to us all; **È un p. vederlo così**, it's painful to see him like that **4** (*fam.*: *disastro*) mess; disaster: **La cucina è un p.**, the kitchen is a mess **5** (*bot.*) bleeding. ● **p. funebre**, keen; wail □ (*fig. fam.*) **p. greco**, long, boring thing; drag □ **avere il p. facile**, to cry over nothing □ **il Muro del p.**, the Wailing Wall.

piantonàia, *f.* **piantonàio,** *m.* (*agric.*) nursery garden.

piantonaménto, *m.* (*mil.*) guarding; watch.

piantonàre, *v. t.* (*mil.*) to stand* (*o* to mount) guard over; to guard; to keep* watch on (*o* over).

piantóne, *m.* **1** (*agric.*) shoot; scion **2** (*autom.*) steering column **3** (*mil.*) orderly; guard; sentry; sentinel: **essere di p.**, to be on orderly duty; **stare di p.**, to be on guard.

piantumazióne, *f.* tree planting (along an avenue).

pianùra, *f.* plain; flat country: **la p. del Po**, the plain of the Po; **le Grandi Pianure** (*degli U.S.A.*), the Great Plains; **una città di p.**, a town on the plain; **vivere in p.**, to live on the plain; **p. alluvionale**, floodplain.

pianùzza, *f.* (*zool., Pleuronectes platessa*) plaice.

piàstra, *f.* **1** (*di metallo, legno, vetro*) plate; (*di pietra*) slab: **piastre d'acciaio**, steel plates; **p. di calcestruzzo**, concrete slab; **p. di marmo**, marble slab; **p. d'appoggio**, bearing slab; **p. in cemento armato**, reinforced concrete (*o* ferroconcrete) slab; **p. a muro**, wall-plate; **p. di fondazione**, foundation plate **2** (*mecc., elettr.*) plate: **p. ad angolo**, angle plate; **p. di fissaggio**, anchor plate; (*ind. metall.*) **p. modello**, match (*o* pattern) plate; **p. orientabile**, swivel plate; (*elettr.*) **p. negativa [positiva]**, negative [positive] plate **3** (*di cucina*) hot plate; surface element **4** (*di armatura*) plate **5** (*numism.*) piastre, piaster (*USA*) **6** (*biol.*: *terreno di coltura*) dish. ● (*cucina*) **alla p.**, (*tostato*) toasted; (*grigliato*) grilled.

piastrèlla, *f.* **1** tile: **p. per pavimento**, floor tile; **pavimento a piastrelle**, tiled floor **2** (*sasso piatto*) flat pebble.

piastrellàio, *V.* **piastrellista.**

piastrellàre, A *v. t.* to tile. **B** *v. i.* (*di aereo, motoscafo*) to bounce.

piastrellista, *m.* **1** (*fabbricante*) tile maker **2** (*operaio*) tiler **3** (*imprenditore*) tiling contractor.

piastrìccio, *m.* (*fam.*) **1** (*miscuglio*) sticky mess **2** (*pasticcio*) mess, tangle; (*imbroglio*) swindle.

piastrina, *f.* **1** (*mecc.*) plaque; plate **2** (*targhetta*) tag: (*mil.*) **p. di riconoscimento**, identification tag; dog tag (*fam. USA*); **p. per cani**, dog tag **3** (*biol.*) platelet.

piastrinico, *a.* (*biol.*) platelet (*attr.*).

piastrino, *m. V.* **piastrina,** *def. 2.*

piastrinoaferesi, *f.* (*med.*) platelet apheresis.

piastróne, *m.* **1** (*metall.*) slab **2** (*zool.*) plastron **3** (*scherma*) plastron.

piatire, *v. i.* **1** (*lett.*: *far causa*) to take* action; (*litigare*) to quarrel, to argue **2** (*fig. fam.*) to beg favours.

piattabànda, *f.* (*archit.*) flat (*o* straight) arch; platband. ● (*edil.*) **p. di rinforzo**, flitch plate.

piattafórma, *f.* **1** platform: **p. di carico**, loading platform; (*mecc.*) **p. girevole**, revolving platform; **p. mobile**, swing platform; **p. per cannoni**, gun platform **2** (*fig.*: *base di programma politico*) platform. ● (*geol.*) **p. continentale**, continental shelf □ (*mecc.*) **p. di appoggio**, base plate □ (*miss.*) **p. di lancio**, launching pad □ (*ind. metall.*) **p. di prelievo**, tapping floor □ (*mecc.*) **p. girevole a croce**, two-way turntable □ (*naut., ind. petrolifera*) **p. per ricerche petrolifere**, oil rig □ (*sport*) **p. per tuffi**, diving board.

piattàia, *f.* plate rack; dish rack.

piattàio, *m.* **1** (*chi fa piatti*) plate maker **2** (*chi vende piatti*) plate seller.

piattèllo, *m.* **1** small plate; disk **2** (*nel tiro a volo*) clay pigeon: **tiro al p.**, trap-shooting; clay-pigeon shooting; skeet (*USA*).

piattézza, *f.* **1** flatness; thinness **2** (*fig.*) dullness; monotony.

piattina, *f.* **1** (*edil., ind. min.*: *carrello*) platform truck **2** (*nastro metallico*) metal strap **3** (*elettr.*) twin lead. ● (*elettr.*) **p. di massa**, ground strap.

piattino, *m.* **1** saucer: **tazze e piattini**, cups and saucers **2** (*manicaretto*) delicacy; dainty dish.

piatto (1), *a.* **1** flat: **una barca piatta**, a flat boat; a barge; **un pesce p.**, a flat fish; **un tetto p.**, a flat roof; **piedi piatti**, flat feet **2** (*fig.*: *scialbo*) flat; dull; uninspired; unimaginative; commonplace: **stile p.**, flat (*o* dull) style; **traduzione piatta**, uninspired translation; **vita piatta**, dull (*o* uneventful) life. ● (*geom.*) **angolo p.**, straight angle □ **essere piatta di seno**, to be flat-chested.

piàtto (2), *m.* **1** (*stoviglia*) plate: **un p. d'argento**, a silver plate; **p. da frutta**, dessert plate; **p. fondo**, soup plate; **p. piano**, shallow plate; **p. di portata**, (serving) dish; **cambiare i piatti**, to change the plates; **asciugare i piatti**, to dry the dishes; **lavare i piatti**, to wash up; to do the washing-up; to do the dishes **2** (*estens.*: *vivanda*) dish; (*portata*) course: **p. di carne**, dish of meat; **p. di verdura**, vegetable dish; **p. tipico**, local dish; **un p. tipico di Genova**, a typical Genoese dish; **p. caldo [freddo]**, hot [cold] dish; **preparare buoni piatti**, to prepare nice dishes; **il p. del giorno**, today's course; **primo p.**, first course; starter (*fam. GB*); **p. forte**, main course; entrée (*franc., USA*) **3** (*parte piatta*) flat: **il p. della spada,**, the flat of the sword; **colpire di p.**, to strike (*o* to hit) with the flat (of st.) **4** (*pl.*) (*mus.*) cymbals **5** (*nei giochi di carte*) kitty: (*fam.*) **Il p. piange**, the kitty's short. ● **p. della bilancia**, scale pan □ (*fig.*) **p. forte**, main attraction; highlight □ **p. giradischi** (*o* **portadischi**), turntable □ (*fis.*) **p. magnetico**, lifting magnet □ **p. per il lavaggio di minerali pregiati**, batea.

piàttola, *f.* **1** (*zool., Phthirus pubis*) crab louse* **2** (*fig.*: *persona noiosa*) bore; nuisance; pain in the neck (*fam.*).

piattonàre, *v. t.* to strike* with the flat of the sword.

piattonàta, *f.* blow with the flat of a sword.

piattóne, *m. V.* **piattola,** *def. 1.*

piàzza, *f.* ***1*** square: **Quattro strade portano in p.**, four streets lead to the square; **una p. alberata**, a square planted with trees ***2*** (*persone convenute in una p.*) people (*pl.*) (in the square); (*folla*) crowd; (*volgo*) mob, rabble: **La p. fu invasa dal panico**, the crowd was panic-stricken; **le reazioni della p.**, the reaction of the crowd ***3*** (*comm.*) market: **la p. di Londra**, the London market; **i prezzi della p.** (*o* **quel che fa la p.**), the prices quoted on the market ***4*** (*piazzaforte*) stronghold; fortress. ● **p. d'armi**, (*mil.*) drill ground, parade ground; (*fig.*) huge (*o* vast) place: **Ha una camera da letto che è una p. d'armi**, his bedroom is huge □ **p. del mercato**, market-place □ (*banca*) **p. di pagamento**, place of payment □ (*fig. scherz.*) **andare in p.**, to go bald; to get thin on top (*scherz.*) □ (*banca*) **assegno su [fuori] p.**, town [out-of-town] cheque □ **automobile di p.**, taxi(cab) □ (*comm.*) **fare la p.**, to canvass; to tout □ **fare p. pulita di q.c.**, to eliminate st.; to make a clean sweep (of st.); (*di premi, voti, ecc.*) to sweep up everything, to sweep the stakes; (*di un cibo*) to polish off st. □ **I ladri hanno fatto p. pulita**, the burglars cleaned up the place □ (*fig.*) **gridare q.c. in p.**, to noise st. abroad; to shout st. from the rooftops □ **ingiurie da p.**, vulgar insults □ **letto a una [a due] piazze**, single [double] bed □ **letto a una p. e mezzo**, three-quarter bed □ (*fig.*) **mettere q.c. in p.**, to make st. public; to spread st. abroad □ **mettere in p. i propri affari privati**, to wash one's dirty linen in public □ (*fig.*) **rovinare la p. a q.**, to put a spoke in sb.'s wheels □ **scendere in p.** (*dimostrare*), to demonstrate □ **È il migliore sulla p.**, he is the best in the business □ **tumulto di p.**, riot.

piazzafòrte, *f.* (*mil.*) ***1*** (*città fortificata*) fortified town ***2*** (*fortezza*) fortress; stronghold ***3*** (*fig.*) stronghold.

piazzaiòlo, A *a.* vulgar; low; loutish. **B** *m.* lout; yob (*GB*).

piazzàle, *m.* ***1*** (large) square: **il p. della chiesa**, the church square; **il p. davanti alla stazione**, the square in front of the station ***2*** (*ferr.*) (railway) yard. ● **p. di carico**, loading area □ **p. d'immagazzinaggio**, storeyard.

piazzaménto, *m.* ***1*** (*in una classifica e sim.*) placing; (*ippica*) place ***2*** (*comm.*: *di ordinazione*) placement.

piazzàre, A *v. t.* ***1*** (*mettere in posizione*) to place; to position; to locate: **p. una mitragliatrice**, to place a machine gun; **p. l'antenna**, to position the aerial ***2*** (*collocare*) to put*; to plonk (*fam.*): **Questa poltrona la piazziamo qui**, we'll put this armchair here; **Piazzò la valigia sul tavolo**, he plonked the suitcase on the table ***3*** (*comm.*: *vendere*) to place; to market; to sell* ***4*** (*fam.*: *assestare*) to strike*; to land; to fetch: **p. un colpo**, to strike a blow; **Gli piazzai un pugno nello stomaco**, I punched him hard in the stomach; **Gli ho piazzato due sventole**, I fetched him two slaps in the face. **B piazzàrsi,** *v. rifl.* ***1*** (*collocarsi*) to place oneself, to plant oneself; (*sistemarsi*) to settle oneself, to plonk oneself (*fam.*): **p. in prima fila**, to place (*o* to plant) oneself in the front; **p. davanti alla tv**, to settle oneself in front of the TV; **Si piazzò sul divano e aprì il giornale**, he plonked himself down on the sofa and opened the paper ***2*** (*sport*) to come*; to come* in; to be placed: **p. terzo**, to come (in) third; **p. bene**, to be well placed; **Il mio cavallo non s'è piazzato**, my horse wasn't placed (*o, USA*: didn't place).

piazzàta, *f.* (*scenata*) scene; row; shindy (*fam.*): **fare una p.**, to make a scene; to kick up a row.

piazzàto, A *a.* ***1*** (*con una solida posizione*) well-established ***2*** (*ippica*) placed ***3*** (*calcio, rugby*) – **tiro p.**, place kick. ● **ben p.**, (*robusto*) sturdy; solidly-built; broad-shouldered; (*di calcio*) well-aimed; (*di pugno e sim.*) well-landed. **B** *m.* (*ippica*) placed horse.

piazzìsta, *m.* e *f.* (*comm.*) sales representative; salesman* (*m.*); commercial traveller: **fare il p.**, to be a commercial traveller; to canvass; to tout.

piazzòla, piazzuòla, *f.* ***1*** (*mil.*) (gun) emplacement ***2*** (*di strada*) lay-by (*GB*); turnout (*USA*): **p. d'emergenza**, emergency lay-by. ● (*golf*) **p. di arrivo**, putting green □ (*golf*) **p. di partenza**, teeing ground; tee.

pica, *f.* ***1*** (*zool., Pica pica*) magpie ***2*** (*med.*) pica.

picacìṣmo, *m.* (*med.*) pica.

picarésco, *a.* (*letter.*) picaresque: **un romanzo p.**, a picaresque novel.

pìcaro (*spagn.*), *m.* picaroon; rogue.

pìcca (1), *f.* ***1*** (*arma*) pike: **un soldato armato di p.**, a soldier armed with a pike; a pikeman; **una mezza p.**, a half-pike ***2*** (*pl.*) (*nelle carte da gioco*) spades (*pl.*): **il due di picche**, the two of spades. ● **contare quanto il due** (*o* **il fante**) **di picche**, to count for very little (*o* for nothing) □ **parere il fante** (*o* **il re**) **di picche**, to give oneself airs □ **rispondere picche**, to refuse point-blank.

pìcca (2), *f.* (*puntiglio*) pique; spite: **fare q.c. per p.**, to do st. out of spite.

piccànte, *a.* ***1*** spicy; hot; pungent: **La mostarda è un po' troppo p.**, the mustard is a little too hot; **una salsa p.**, a spicy (*o* hot) sauce; **un piatto p.**, a spicy (*o* hot) dish; **formaggio p.**, strong cheese; **un sapore p.**, a pungent taste ***2*** (*fig.*: *audace*) spicy; risqué; bawdy: **particolari piccanti**, spicy details; **una storiella p.**, a risqué story.

Piccardìa, *f.* (*geogr.*) Picardy.

piccàrdo, A *a.* of Picardy; Picard. **B** *m.* ***1*** (*f.* **-a**) Picard ***2*** (*ling.*) Picard.

piccàrsi, *v. i. pron.* ***1*** (*pretendere puntigliosamente*) to claim; to pride oneself (on st.): **Si picca d'essere il migliore tennista della scuola**, he claims to be the best tennis-player in the school; **Si picca di intendersi di pittura**, he prides himself on his knowledge of painting ***2*** (*offendersi, impermalirsi*) to be offended; to take* offence (at st.); to be piqued: **p. per niente**, to be easily offended; **p. con q. per q.c.**, to get angry with sb. over st.

piccàta, *f.* (*cucina*) slice of veal.

piccàto, *a.* (*risentito*) in a (fit of) pique; piqued; resentful.

picchè, *m.* (*tessuto*) piqué.

picchettàggio, *m.* (*negli scioperi*) picketing.

picchettaménto, *m.* ***1*** (*delimitazione con picchetti*) staking out (*o* off); pegging out ***2*** *V.* **picchettaggio.**

picchettàre, *v. t.* ***1*** (*delimitare con picchetti*) to stake out (*o* off); to peg out ***2*** (*negli scioperi*) to picket ***3*** (*mus.*) *V.* **picchiettare, B,** *def. 2.*

picchettatóre, *m.* (*f.* **-trice**) ***1*** (*chi pianta i picchetti*) staker ***2*** (*negli scioperi*) picket: **fila di picchettatori**, picket line.

picchettatùra, picchettazióne, *f.* staking out (*o* off); pegging out.

picchétto (1), *m.* ***1*** (*paletto*) stake; picket; peg ***2*** (*mil.*) picket, picquet: **essere di p.**, to be on picket; to picket; **mettere di p.**, to post as a picket; to picket; **p. d'onore**, guard of honour; **ufficiale di p.**, orderly officer ***3*** (*di scioperanti*) picket.

picchétto (2), *m.* (*gioco di carte*) piquet.

picchiapètto, *m.* e *f.* (*spreg.*) sanctimonious person.

picchiàre (1), A *v. t.* ***1*** (*percuotere*) to beat*, to hit*, to thrash; (*bastonare*) to cudgel; (*con i pugni*) to thump; (*con la frusta*) to flog: **p. i figli**, to beat one's children; **Fu picchiato selvaggiamente**, he was savagely beaten (up); **Lo picchiai sul naso**, I hit him on the nose; **p. q. di santa ragione**, to thrash sb. thoroughly; to give sb. a good thrashing; **Se torna qui, lo picchio**, if he comes here again, I'll thump him; **Prese la frusta e lo picchiò a sangue**, he took the whip and flogged him till the blood ran; **picchiarsi il petto**, to beat one's breast ***2*** (*battere, urtare*) to strike*; (*battere forte*) to bang; (*battere leggermente*) to tap, to pat: **Ha picchiato il gomito contro il tavolo**, he struck his elbow against the table; **p. la testa contro un muro**, to bang one's head against a wall; **p. un pugno sul tavolo**, to bang one's fist (*o* to thump) on the table; **Mi picchiò sulla spalla con la mano**, he tapped (*o* patted) me on the shoulder. **B** *v. i.* ***1*** (*battere*) to beat* (against, on st.); (*bussare*) to knock (at, on st.); (*battere con forza*) to bang (on st.), to thump (on st.); (*battere leggermente*) to tap (on st.): **La grandine picchiava sul tetto**, the hail beat down on the roof; **p. alla porta**, to knock on (*o* at) the door; **La coda del cane picchiava sul pavimento**, the dog's tail was thumping on the floor; **Picchiò con le dita sul vetro della finestra**, he tapped on the window-panes ***2*** (*fig.*: *del sole*) to beat* down ***3*** (*fig.*: *insistere*) to insist: **Picchia sempre sull'importanza della puntualità**, he is always insisting on the importance of being punctual. ● (*fig.*) **p. a tutti gli usci**, to ask for help from all and sundry □ **p. con il martello**, to hammer □ (*di motore*) **p. in testa**, to ping; to pink □ **p. sodo**, to hit hard; to have a heavy hand □ **Picchia e ripicchia, ha ottenuto quel che voleva**, he got what he wanted through sheer doggedness. **C picchiàrsi,** *v. rifl. recipr.* to fight*; (*venire alle mani*) to come* to blows, to have a punch-up (*fam.*). ● **p. di santa ragione**, to have a good fight (*o* punch-up).

picchiàre (2), *v. i.* (*aeron.*) to nose-dive.

picchiàta (1), *f.* ***1*** (*il picchiare una volta*) beat; hit; knock; blow; stroke ***2*** (*percosse*) beating; thrashing.

picchiàta (2), *f.* (*aeron.*) dive: **p. verticale**, vertical dive; **p. in spirale**, corkscrew dive; **bombardiere da p.**, dive bomber; **bombardare in p.**, to dive-bomb; **gettarsi** (*o* **scendere**) **in p.**, to dive; to nose-dive.

picchiatèllo, A *a.* (*scherz.*) nutty; dotty; potty; crack-brained. **B** *m.* (*f.* **-a**) nutty person; crank; crackpot.

picchiàto, *a.* (*scherz.*) crazy; nutty; screwy.

picchiatóre, *m.* ***1*** beater; (*per intimidire, specialm polit.*) thug ***2*** (*pugile*) slogger; bruiser.

picchière, *m.* (*stor.*) pikeman*.

picchiettàre, A *v. t.* ***1*** (*picchiare a colpi lievi e rapidi*) to tap; to drum ***2*** (*punteggiare*) to spot; to dot; to speckle; to fleck. **B** *v. i.* ***1*** to patter; to pat; to tap: **La pioggia picchiettava sui vetri**, the rain was pattering against (*o* on) the window-panes ***2*** (*mus.*) to play staccato notes.

picchiettàto, A *a.* spotted; dotted; spotty; speckled: **p. di nero**, black-spotted; **bianco p. di nero**, white spotted with black; white with black spots. ● **un viso p. di lentiggini**, a freckled face. **B** *m.* (*mus.*) staccato bowing.

picchiettatùra, *f.* spotting; dotting; speckling.

picchiettìo, *m.* tapping; patter; pattering; drumming.

picchio (1), *m.* (*colpo*) rap; tap; knock: **un p. alla porta**, a rap (*o* a knock) on the door.

picchio (2), *m.* (*zool.*) woodpecker: **p. maggiore** (*Dendrocopus maior*), pied woodpecker; **p. minore** (*Dendrocopus minor*), barred woodpecker; **p. verde** (*Picus viridis*), green woodpecker; yaffle.

picchìo (3), *m.* rapping; tapping; knocking.

picchiottàre, *v. t.* e *i.* to rap (at a door with a knocker).

picchiòtto, picchiòttolo, *m.* (door)knocker.

piccinerìa, *f.* ***1*** narrow-mindedness; meanness; pettiness ***2*** (*azione meschina*) mean (*o* petty) action.

piccìno, A *a.* ***1*** (*molto piccolo*) tiny, very

small, wee (*fam.*); (*di età*) very young: **Quel bambino è p. per la sua età**, that boy is very small for his age; **È troppo p. per capire**, he is too young to understand; **bimbo p.**, young child; (*neonato*) baby; (*che cammina appena*) toddler; **una casa piccina piccina**, a tiny little house **2** (*fig.*: *gretto*) narrow; mean; petty: **una mente piccina**, a narrow mind; **avere un cuore p.**, to be narrow-hearted. ● **p. di statura**, (very) short □ (*fig.*) **farsi p.**, to cower; to try to escape notice. **B** *m.* (*f.* **-a**) **1** child*; little one; (*neonato*) baby; (*bimbo che cammina appena*) toddler: **grandi e piccini**, grown-ups and children; **sin da p.**, since (I was) a child **2** (*di animale*) *V.* **piccolo, B**, *def.* *2.*

picciolàto, *a.* (*bot.*) petiolate.

picciòlo, *m.* (*bot.*) petiole; stipe; footstalk; leaf-stalk.

piccionàia, *f.* **1** pigeonhouse; dovecot(e) **2** (*sottotetto, soffitta*) loft; garret; attic **3** (*scherz.*: *loggione*; *pubblico del loggione*) gallery; (the) gods (*pl.*) (*fam.*).

piccioncino, *m.* **1** young pigeon **2** (*fig. fam.*: *innamorato*) sweetheart; (*al pl.*) love birds.

piccióne, *m.* (*zool.*) pigeon; dove: **p. selvatico** (*Columba livia*), rock pigeon; rock dove; **p. viaggiatore**, carrier pigeon; homing pigeon □ (*sport*) **p. d'argilla**, clay pigeon □ (*fig.*) **i due piccioni**, the two love birds □ (*fig.*) **prendere due piccioni con una fava**, to kill two birds with one stone □ (*sport*) **tiro al p.**, pigeon-shooting.

picciòtto, *m.* (*region.*) **1** yougster; young man **2** (*stor.*) Sicilian fighter with Garibaldi troops **3** (*pop.*: *mafioso*) rank-and-file mafioso; button man* (*pop.*).

picco, *m.* **1** (*vetta aguzza*) peak; summit; pinnacle: **i picchi delle Alpi**, the peaks of the Alps **2** (*fig.*: *punto massimo*) peak: **valore di p.**, peak value; (*TV*) **p. di ascolto**, peak viewing time **3** (*naut.*) peak; gaff: **p. di maestra**, main-trysail gaff; **p. di mezzana**, spanker gaff. ● (*naut.*) **p. di carico**, derrick □ **La scogliera scende a p. sulla spiaggia**, the cliff drops sheer (*o* straight) to the beach □ (*naut.*) **colare** (*o* **andare**) **a p.**, to sink; to founder □ **mandare a p.**, to sink; (*fig.*) to scupper.

piccolézza, *f.* **1** (*l'essere piccolo*) smallness; littleness: **Mi piace la p. in quasi tutte le cose**, I love littleness in almost all things; **la p. del dono**, the smallness (*o* insignificance) of the gift **2** (*cosa piccola, inezia*) little thing; trifle; bagatelle: **È una vera p.**, it's such a little thing!; it's only a trifle!; **La vita è fatta di queste piccolezze**, life is made up of these little things; **Sono piccolezze alle quali non si deve dare importanza**, it's not worth bothering about such trifles **3** (*meschinità*) meanness; pettiness. ● **p. d'animo**, narrow-mindedness □ **p. di statura**, small stature (*o* size); shortness.

piccolo, **A** *a.* **1** (*di dimensioni*) small, little (*solo attr.*); (*minuscolo*) tiny, wee (*fam.*): **mano piccola**, small (*o* little) hand; **naso p.**, small (*o* little) nose; **un p. podere [quadro, stipendio]**, a small farm [picture, salary]; **un p. possidente**, a small landowner; **la piccola industria**, small industry; **in piccole proporzioni**, on a small scale; **un libro più p.**, a smaller book; **il libro più p. della biblioteca**, the smallest book in the library **2** (*di statura*) short: **L'uomo più p. reggeva una pistola**, the shorter man was holding a gun **3** (*di quantità*) small: **una piccola somma**, a small sum; **un piccolo numero di persone**, a small number of people; **una piccola maggioranza**, a small (*o* a narrow) majority; **le ore piccole**, the small hours **4** (*giovane*) young; (*più giovane*) younger, youngest: **Ho tre figli, tutti piccoli**, I have three children, all of them young; **il mio figlio (più) p.**, my younger (*o* youngest, *se più di due*) son **5** (*corto, breve*) short: **un p. viaggio**, a short journey; **in p. tempo**, in a short time; **un p. discorso**, a short speech; **una piccola distanza**, a short distance; **piccoli passi**, short steps; **una piccola crociera [vacanza]**, a short cruise [holiday] **6** (*leggero*) light; (*debole*) slight, faint: **un p. rumore**, a slight noise; a faint noise; **Ricevetti un p. colpo al braccio destro**, I received a light blow on my right arm **7** (*di poco conto*) petty; slight; small; minor: **piccole spese**, petty (*o* sundry) expenses; **Queste sono piccole cose**, these are petty things (*o* trifles); **p. errore [difetto]**, slight error [defect]; **p. inconveniente**, slight drawback (*o* snag); **piccola indisposizione**, slight indisposition; **Sono solo piccoli problemi**, these are just minor problems **8** (*meschino*) petty, mean; (*ristretto*) narrow: **piccoli litigi**, petty quarrels (*o* squabbles); **piccoli dispetti**, petty spite; **una mente piccola**, a narrow mind. ● (*spreg.*) **p.-borghese**, (*agg.*) petit bourgeois (*franc.*), petty bourgeois, lower-middle-class; (*sost.*) petit bourgeois (*franc.*) □ **la piccola borghesia**, the lower middle class □ (*fis.*) **piccola caloria**, small calorie □ **p. peccato**, peccadillo □ (*ferr.*) **a piccola velocità**, by goods train □ **fare il p. commercio**, to be in business in a small way □ **farsi p.**, to cower; (*fig.*: *sminuirsi*) to belittle oneself: **Il cane si fece p. sotto la seggiola**, the dog cowered under the chair; **Ogni volta che parla con me si fa p.**, every time he talks to me he belittles himself □ **in p.**, in small; on a smaller scale; in a small way: **Ora disegnerò la stessa figura in p.**, now I'll draw the same figure on a smaller scale; **nel mio p.**, in my own small way: **È un vocabolario che nel suo p. vi dà tutto ciò che occorre**, in its own small way that dictionary gives you everything you want □ **Vuol fare il Nerone in p.**, he wants to imitate Nero; he wants to be a little Nero. **B** *m.* (*f.* **-a**) **1** child*; little one: **Il p. non voleva andare a letto**, the child didn't want to go to bed; **da p.**, as a child; when I was [you were, etc.] a child **2** (*cucciolo*) (*di cane*) pup, puppy; (*di gatto*) kitten; (*di volatile*) chick; (*di bovino, elefante, cetaceo*) calf; (*di bestia feroce*) cub; (*al pl.*) (the) young: **gli animali e i loro piccoli**, the animals and their young.

picconàre, **A** *v. t.* **1** to pickaxe, to pickax (*USA*); to pick **2** (*fig.*) to lash out against; to lambaste; to give (sb.) stick (*fam.*). **B** *v. i.* to wield a pickaxe; to pickaxe.

picconàta, *f.* **1** blow with a pickaxe (*o* a pick) **2** (*fig.*) attack, censure; (*al pl.*) stick (*sing.*, *fam.*).

picconatóre, *m.* (*f.* **-trice**) (*fig.*) severe critic; attacker; censurer.

picconatrice, *f.* (*mecc.*) hammer pick.

piccóne, *m.* pickaxe, pickax (*USA*); pick; mattock. ● **p. pneumatico**, pneumatic pick □ (*fig.*) **dare il primo colpo di p. a q.c.**, to start pulling down st.

picconière, *m.* pickman*.

piccóso, *a.* cantankerous; peevish; crabbed; (*permaloso*) touchy, tetchy, testy.

piccòzza, *f.* ice axe.

pìcea, *f.* (*bot.*, *Picea*) spruce.

pìceo, *a.* **1** piceous; of pitch **2** (*nero come pece*) pitch-black; pitchy.

picnic (*ingl.*), *m. invar.* picnic: **fare un p.**, to have a picnic; to go for a picnic.

picnidio, *m.* (*bot.*) pycnidium*.

picnometrìa, *f.* (*chim.*) pycnometric analysis.

picnòmetro, *m.* (*chim.*) pycnometer.

picnòși, *f.* (*biol.*) pycnosis.

picnòstilo, (*archit.*) **A** *a.* pycnostyle. **B** *m.* pycnostyle temple.

picofàrad, *m. invar.* picofarad.

picornavirus, *m.* (*biol.*) picornavirus.

picòzzo, *m.* (*vet.*) central incisor.

pìcrico, *a.* (*chim.*) picric: **acido p.**, picric acid.

pidocchierìa, *f.* **1** stinginess; niggardliness; miserliness; meanness **2** (*azione meschina*) mean action.

pidòcchio, *m.* **1** (*zool.*, *Pediculus humanus*) louse*: **p. del capo**, head louse; **p. dei vestiti**, human body louse **2** (*zool.*) – **p. dei libri** (*Psocus pulsatorius*), book louse; **p. del pube**, *V.* **piattola**; **pidocchi delle piante** (*Aphides*), plant lice **3** (*fig. spreg.*) louse*. ● (*fig. spreg.*) **un p. rifatto**, an upstart; a parvenu.

pidocchióso, *a.* **1** (*pieno di pidocchi*) lousy; full of lice; infested with lice **2** (*fig.*: *spilorcio*) stingy; niggardly; miserly; mean.

piè, *m.* (*poet.*) foot*. ● (*mecc.*) **piè d'oca**, crow's-foot □ (*letter.*) **il piè veloce Achille**, the swift-footed Achilles □ (*edil.*) **a piè d'opera**, on site □ **a piè di pagina**, at the foot of the page; (*in nota*) in a footnote; **nota a piè di pagina**, footnote □ **a ogni piè sospinto**, at every turn □ **aspettare a piè fermo**, to wait resolutely □ **saltare a piè pari**, to take a standing jump; (*fig.*) to skip: **Saltò il capitolo a piè pari**, he skipped the chapter □ (*sport*) **salto a piè pari**, standing jump.

pièce (*franc.*), *f. invar.* (*teatr.*) play.

piedàrm, *inter.* e *m.* (*mil.*) order arms.

pied-à-terre (*franc.*), *m. invar.* pied-à-terre.

pied-de-poule (*franc.*), *m. invar.* (*ind. tess.*) hound's-tooth check.

piède, *m.* **1** foot*: **il p. destro [sinistro]**, the right [left] foot; **piedi grossi**, big feet; **piedi piatti**, flat feet: **avere i piedi piatti**, to have flat feet; to be flat-footed; to have fallen arches; **lavarsi i piedi**, to wash one's feet; **pestare i piedi**, to stamp one's feet; **avere mal di piedi**, to have sore feet; to be footsore: **A forza di camminare ho mal di piedi**, I have walked my feet sore; **gettarsi ai piedi di q.**, to throw oneself at sb.'s feet; (*anche fig.*) **cadere in piedi**, to fall on one's feet; **La terra era asciutta sotto i piedi**, the ground was dry underfoot **2** (*di animale*) paw; (*zoccolo*) hoof; (*di uccello*) claw, (*di rapace, anche*) talon: **il p. del gatto**, the cat's paw; **p. fesso**, cloven hoof; **i piedi dell'aquila**, the eagle's talons (*o* claws) **3** (*parte inferiore*) foot*; (*base, sostegno*) foot*, base: **il p. di una calza [di un tavolo]**, the foot of a stocking [of a table]; **il p. di un albero [di una colonna]**, the base (*o* the foot) of a tree [of a column]; **il p. di un pilastro**, the base of a pillar; **ai piedi del letto**, at the foot of the bed; **ai piedi del monte**, at the foot of the mountain **4** (*poesia*) foot* **5** (*misura di lunghezza pari a cm 30,48*) foot*: **p. quadrato**, square foot; **p. cubico**, cubic foot; **alto cinque piedi e dieci pollici**, five feet ten inches tall; **una sciarpa lunga tre piedi**, a three-foot scarf **6** (*condizione, posizione*) footing: **essere sul p. di pace [di guerra]**, to be on a peace [on a war] footing; **su un p. di parità**, on an equal footing; **su un p. di amicizia**, on a friendly footing. ● (*naut.*) **p. d'albero**, foot of the mast □ (*mil.*) **pied'arm!**, order arms! □ (*med.*) **p. d'atleta**, athlete's foot □ (*mecc.*) **p. di biella**, connecting-rod small end □ (*naut.*) **p. di pollo**, wall knot □ **p. di porco** (*ferro*), crowbar; jemmy □ (*naut.*) **p. di ruota**, forefoot □ (*med.*) **p. equino**, club foot □ (*fis.*) **p. libbra**, foot-pound □ (*naut.*) **p. marino**, sea legs (*pl.*): **farsi il p. marino**, to find one's sea legs □ (*zool.*) **p. palmato**, webfoot □ **a piedi**, on foot □ (*fig.*) **a p. libero**, on bail □ **a piedi nudi**, barefoot □ **alzarsi in piedi**, to stand up □ **andare a piedi**, to walk; to go on foot □ (*fig.*) **andare con i piedi di piombo**, to proceed (*o* to act) very cautiously □ (*fig.*) **avere le ali ai piedi**, to be wing-footed □ (*fig.*) **avere un p. nella fossa**, to have one foot in the grave □ (*fig.*) **Dovresti baciargli i piedi**, you should be very grateful to him □ **consegnarsi mani e piedi legati**, to give oneself up □ **corsa a piedi**, foot race □ **dalla testa ai piedi**, from head to foot □ **dita dei piedi**, toes □ (*fig.*) **fare q.c. con i piedi**, to do st. in a slapdash way; to bungle st. □ **essere sempre fra i piedi**, to be always in the way □ **essere in piedi**, (*essere ritto*) to stand, to be standing; (*essere alzato*) to be up, to be out of bed; (*dopo una malattia*) to be back on one's feet: **Ogni mattina è in piedi alle sei**, he's up every morning at six □ **in punta di piedi**, on tiptoe; (*fig.*) quietly: **camminare in punta di piedi**, to walk on tiptoe; **andarsene in punta di piedi**, to tiptoe out, to leave quietly □ **levarsi q. [q.c.] dai piedi**, to get rid of sb. [st.] □ (*fig.*) **mettere in piedi un'azienda**, to set up (*o* to start) a business □ **mettere in piedi uno spettacolo**, to produce a show □ **mettere p. a terra**, (*da cavallo*) to dismount; (*da un veicolo*) to get off, to get out, to alight; (*da una nave*) to go ashore, to land □ **mettere p. in un luogo**, to set foot in a place □ (*anche fig.*) **mettere un p. in fallo**, to take a false step □ (*fig.*) **mettere q. sotto i piedi**, to trample on sb.; to walk all over sb.; to push sb. around □ (*fig.*) **partire col p. sbagliato**, to start off on the wrong foot □ (*anche fig.*) **pestare i piedi a q.**, to tread (on) sb.'s toes □ **pestare q.c. sotto i piedi**, to stamp st. (*o* to grind st.) down □ **pianta del p.**, sole (of the foot) □ **posto in piedi**, standing room □ **prendere p.**, (*di piante*) to take root; (*di idee*) to get a footing; (*guadagnare terreno*) to catch on, to gain ground □ (*fig.*) **puntare i piedi**, to refuse to budge; to dig one's heels in □ (*fig.*) **ragionare con i piedi**, to reason like a fool; to talk nonsense □ (*fig.*) **Con il mio aiuto si rimise in piedi**, with my help he set himself on his feet again □ **Non mi reggo più in piedi dalla stanchezza**, I'm dead tired; I'm all in; I'm bushed (*fam.*) □ **La tua tesi non si regge in piedi**, your theory will not hold water (*o* is very shaky) □ **rimanere a piedi**, (*perdere il treno, l'autobus*) to miss the train (the bus); (*fig.*) to be left in the lurch □ **schiacciare q.c. con un p.**, to stamp on st.; to crush st. underfoot □ **stare in piedi**, to stand: **A dieci mesi un bambino comincia a stare in piedi**, a child begins to stand at the age of ten months □ (*fig.*) **su due piedi**, (*subito*) at once, on the spot; (*senza preparazione*) off the cuff: **Non ti posso rispondere su due piedi**, I can't answer you off the cuff □ (*fig.*) **tenere il p. in due staffe**, to run with the hare and hunt with the hounds □ **Togliti dai piedi!**, get out of the way!; scram! (*pop.*); piss off (*volg.*) □ **unghie del p.**, toenails □ (*lett.*) **volgere il p.**, to go away.

piedestàllo, *V.* **piedistallo**.

piedino, *m.* **1** (*di macchina da cucire*) presser foot **2** (*elettron.*) pin. ● **fare p. a q.**, to play footsie with sb.

piedipiàtti, *m. invar.* (*pop.*) flatfoot; flatty; cop; copper.

piedistàllo, *m.* (*archit.*) pedestal: **un p. di granito**, a granite pedestal. ● (*fig.*) **cadere dal p.**, to tumble off one's pedestal □ (*fig.*) **fare da p. a q.**, to back sb. up □ (*fig.*) **mettere q. sul p.**, to set sb. on a pedestal.

piedritto, *m.* (*archit.*) pier.

pièga, *f.* **1** fold; (*il segno*) crease, wrinkle: **le pieghe d'un mantello**, the folds of a cloak; **una p. della pelle**, a fold in the skin; a skin fold; **fare una p. in un foglio**, to make a crease in a piece of paper; **togliere una p. col ferro**, to iron out a crease; **a pieghe sciolte**, in loose folds **2** (*fatta ad arte*) pleat; (*dei pantaloni*) crease: **le pieghe di una gonna**, the pleats of a skirt; **la p. dei pantaloni**, the creases in a pair of trousers; **a pieghe**, with pleats; pleated: **gonna a pieghe**, pleated skirt **3** (*fig.*: *andamento*) turn: **prendere una buona [brutta *o* cattiva] p.**, to take a turn for the better [for the worse] **4** (*geol.*) fold: **p. a ventaglio**, fan-shaped fold; **p. diritta** (*o* **simmetrica**), symmetric fold; **p. rovesciata**, overturned fold; **sistema di pieghe**, folding **5** (*messa in p.*) hair-set: **farsi la messa in p.**, to set one's hair; **farsi fare la p.**, to have one's hair set; to have a hair-set **6** (*pl.*) (*fig.*: *parte riposta*) recesses; depths: **le pieghe dell'animo**, the recesses of one's mind. ● **non fare una p.**, (*di vestito*) to fit perfectly (*o, fam.*: like a glove); (*fig.*: *di ragionamento e sim.*) to be absolutely convincing, to be flawless; (*fig.*: *restare impassibile*) not to bat an eyelid, not to turn a hair, (*essere impassibile*) to be unflappable.

piegabàffi, *m. invar.* moustache curler.

piegàbile, *a.* **1** pliable; flexible; bendable **2** (*pieghevole*) folding (*attr.*).

piegaciglia, *m. invar.* eyelash curler.

piegafèrro, *m. invar.* (*edil.*) rod-bending machine; rod bender: **p. a mano**, hand-lever rod bender.

piegaménto, *m.* **1** (*il piegare*) folding; bending **2** (*flessione*) flexion; (*sulle gambe*) knee-bend; (*sulle braccia*) press-up.

piegàre, **A** *v. t.* **1** (*ripiegare, raccogliere*) to fold; to fold up: **p. un asciugamano [un giornale]**, to fold a towel [a newspaper]; **p. una sedia**, to fold up a chair; **L'uccello piegò le ali**, the bird folded its wings; **p. in quattro**, to fold in four; **p. un angolo del foglio**, to fold down a corner of the sheet **2** (*flettere, incurvare*) to bend*: **p. un ginocchio**, to bend a knee; **p. una sbarra di ferro**, to bend an iron bar; **p. il capo**, to bend one's head; (*per riverenza* e *fig.*) to bow one's head **3** (*fig.*: *sottomettere*) to subdue; to bend*: **Non potrai mai p. la mia volontà**, you'll never be able to bend my will; **È un osso duro, ma lo piegherò**, he's a hard nut to crack, but I'll break him **4** (*convincere*) to convince: **Sono riuscito a piegarlo dopo ore di discussione**, I managed to convince him after hours of arguing. ● (*fig.*) **p. il groppone**, to knuckle down to work □ (*fig.*) **p. l'orecchio**, to pay attention. **B** *v. i.* **1** (*pendere da una parte*) to tilt; (*naut.*) to heel (*o* to keel) over, to list: **La barca piegò su un lato e si capovolse**, the boat heeled (*o* keeled) over and capsized **2** (*volgere*) to bend*; (*voltare*) to turn: **Il fiume piega a est**, the river bends east; **Più avanti la strada piega a destra**, further on the road bent to the right; **Pieghiamo a destra**, let's turn right. **C** **piegarsi**, *v. rifl.* e *i. pron.* **1** (*incurvarsi*) to bend*: **La vecchia si piegò sotto il peso**, the old woman bent under the load; **La forchetta si piegò ma non si ruppe**, the fork bent but did not snap; **p. fino a terra**, to bend down to the ground; **p. in avanti**, to bend forward; **p. sulle ginocchia**, to bend one's knees; **p. in due**, to double up: **Si piegò in due dal dolore**, he doubled up with pain **2** (*fig.*: *cedere*) to yield, to give* in; (*sottomettersi*) to submit: **Si piegò alle mie esigenze**, he yielded (*o* gave in) to my demands; **p. alla giustizia divina**, to submit to divine justice.

piegàta, *f.* **1** fold; folding: **dare una p. a q.c.**, to fold up st. **2** (*ippica*) turn; bend.

piegatondino, *m.* (*edil.*) rod bender.

piegatóre, *m.* (*f.* **-trice**) folder.

piegatrice, *f.* **1** (*legatoria*) folding machine **2** (*mecc.*) bender; bending machine. ● (*mecc.*) **p. a pressa**, bending press □ (*mecc.*) **p. a rulli**, bending rolls (*pl.*) □ (*ind. tess.*) **p. meccanica**, folding machine.

piegatùra, *f.* **1** (*il piegare*) folding; bending: **la p. dei fogli di stampa**, the folding of printed sheets of paper; (*mecc.*) **p. a grinze**, wrinkle bending; **prova di p. a freddo**, cold-bending test **2** (*piega*) fold; crease; wrinkle; pleat **3** (*di arti*) bend. ● (*mecc.*) **p. accidentale**, kink.

pieghettàre, *v. t.* to pleat.

pieghettatóre, *m.* (*f.* **-trice**) pleater.

pieghettatrice, *f.* (*mecc.*) pleating machine.

pieghettatùra, *f.* **1** (*di tessuto*) pleating **2** (*pieghe*) pleats (*pl.*).

pieghévole, **A** *a.* **1** (*che si può piegare*) pliable; pliant; flexible; bendable: **Il piombo è p.**, lead is pliable **2** (*che si ripiega su se stesso*) folding; collapsible: **tavolo p.**, folding table; **porta p.**, folding door; **bicicletta p.**, collapsible bycicle **3** (*fig.*: *arrendevole*) compliant; flexible; docile; yielding. **B** *m.* folder; brochure; leaflet; (*distribuito a mano*) handbill.

pieghevolézza, *f.* **1** pliancy; pliability; flexibility; suppleness **2** (*fig.*: *arrendevolezza*) submissiveness; compliance.

piègo, *V.* **plico**.

pielite, *f.* (*med.*) pyelitis.

pielografia, *f.* (*med.*) pyelography.

pielogràmma, *m.* (*med.*) pyelogram.

pielonefrite, *f.* (*med.*) pyelonephritis.

piemia, *f.* (*med.*) py(a)emia.

Piemónte, *m.* (*geogr.*) Piedmont.

piemontése, *a., m.* e *f.* Piedmontese (*f.* Piedmontese woman*).

piemontesismo, *m.* (*ling.*) Piedmontese idiom.

pièna, *f.* **1** (*di fiume*) flood; spate: **in p.**, in flood; in spate; swollen: **un fiume in p.**, a river in flood; a swollen river; **essere trascinato via dalla p.**, to be swept away by the flood **2** (*fig.*: *folla*) crowd; throng **3** (*fig.*: *empito*) intensity; climax: **nella p. del dolore**, in the intensity of one's grief.

pienaménte, *avv.* fully; totally; completely; utterly; entirely; (*affatto*) absolutely, quite: **avere p. ragione**, to be absolutely (*o* quite) right; **Sono p. d'accordo**, I fully agree.

pienézza, *f.* fullness; plenitude (*lett.*); (*intensità*) intensity; (*massimo grado*) height: **p. di voce**, fullness of voice; **nella p. dei tempi**, in the fullness of time; **p. di sentimento**, intensity of feeling; **essere nella p. delle proprie forze**, to be at the height of one's powers.

pièno, **A** *a.* **1** (*anche fig.*) full: **La stanza era piena di gente**, the room was full of people; **un uomo p. di bontà [di idee, di soldi]**, a man full of kindness [of ideas, of money]; **p. d'entusiasmo**, full of enthusiasm; **p. fino all'orlo**, full to the brim; **un luogo p. di luce [di sole]**, a place full of light [of sunlight]; **parole piene di dolore**, sorrowful words; **piena occupazione**, full employment; **occhi pieni di lacrime**, eyes full of tears; **C'è la luna piena**, there is a full moon; **p. solo a metà**, only half full; **parlare con la bocca piena**, to speak with one's mouth full **2** (*massiccio, non cavo*) solid: **muro p.**, solid wall; **mattone p.**, solid brick; (*autom.*) **gomma piena**, solid tyre; (*mecc.*) **albero p.**, solid shaft **3** (*paffuto, carnoso*) full; plump; chubby; rounded: **petto p.**, full breast; **gote piene**, chubby (*o* plump) cheeks; **fianchi pieni**, rounded (*o* full) hips; **viso p.**, plump (*o* chubby) face **4** (*sazio*) full up (*fam.*); satiated. ● **p. come un otre**, full up; full to overflowing □ **p. come un uovo**, chock-full; chock-a-block □ **piena maturità**, full maturity □ **p. zeppo**, filled (with st.); crammed; packed: **Il cassetto era p. zeppo di carte**, the drawer was filled (*o* crammed) with papers; **Il tram era p. zeppo**, the tram was packed □ **a piena velocità**, at full speed □ **a piena voce**, at the top of one's voice □ **Sono stato promosso a pieni voti**, I have passed with full marks □ **eletto a pieni voti**, elected by (a) unanimous vote □ **essere p. di guai**, to have more than one's share of troubles □ **essere p. di lavoro**, to be up to one's eyes in work; to have one's hands full □ **in p.**, (*completamente*) completely, entirely, fully; (*esattamente*) exactly; (*nel mezzo*) in the middle, squarely: **avere ragione in p.**, to be completely (*o* quite) right; **colpire** (*o* **cogliere**) **in p.**, to hit right in the middle (*o* squarely) □ **in piena efficienza**, in full working order □ **in piena estate**, at the height of summer □ **in piena faccia**, full (*o* right) in the face □ **in piena fioritura**, in full bloom (*o* blossom) □ **in p. giorno**, in broad daylight □ **in p. inverno**, in the dead (*o* in the depths) of winter □ **in piena notte**, in the dead of night

□ **in piena stagione**, at the height of the season □ **in piena ritirata**, in full retreat □ **nella piena gioventù**, in the flower of one's youth □ **pagine piene**, closely-written pages □ **respirare a pieni polmoni**, to breathe deeply □ **una settimana piena di lavoro**, a busy week □ **suono [colore] p.**, full (*o* rich) sound [colour] □ **un viaggio p. di pericoli**, a journey fraught with danger □ **Mi ha dato piena libertà di agire**, he gave me full liberty of action (*o* a free hand to act) □ **È un uomo p. di sé**, he is full of himself. **B** *m.* **1** (*mezzo*) middle; (*colmo*) height: **nel p. della notte**, in the middle of the night; in the dead of night; **nel p. dell'estate [della stagione]**, at the height of summer [of the season]; **nel p. dell'inverno**, in the dead (*o* in the depths) of winter; **nel p. delle proprie forze**, at the height of one's powers **2** (*carico completo*: *di autocarro, ecc.*) full load; (*di nave*) full cargo **3** (*folla, calca*) crowd; throng **4** (*autom.*) (full) tank: **Un p. mi dura una settimana**, a single tank lasts me a week; **fare il p.**, to fill up: **Mi faccia il p.**, fill it (*o* her) up, please.

pienóne, *m.* **1** (*gran concorso di persone*) big crowd; throng **2** (*teatr.*) full house.

pienòtto, *a.* (*grassoccio, paffuto*) plump; chubby: **un bambino bello p.**, a chubby little boy; **faccia pienotta**, chubby cheeks (*pl.*).

pièrre, *m. e f. invar.* PR man* (*f.* PR woman*).

pierrot (*franc.*), *m. invar.* pierrot.

pietà, *f.* **1** (*compassione*) pity, compassion; (*misericordia*) mercy: **avere p. di q.**, to have (*o* to take) pity (*o* mercy) on sb.; to feel pity for sb.; to pity sb.; **Dio, abbi p. di noi!**, Lord, have mercy on us!; **destare p.**, to arouse (*o* to excite) pity; **fare q.c. per p.**, to do st. out of pity; **muovere q. a p.**, to move sb. to pity (*o* to compassion); **fare p.**, to arouse pity; to be in a pitiful state **2** (*devozione*) devotion; piousness; piety: **libri di p.**, devotional books; **pratiche di p.**, devotions **3** (*amore doveroso*) piety; devotion: **p. filiale**, filial piety **4** (*pitt., scult.*) Pietà. ● **in uno stato da far p.**, in a sorry state □ **L'imbianchino ha fatto un lavoro che fa p.**, the painter did a disgraceful job □ (*iron.*) **Mi fai p.!**, you are pathetic □ **Farebbe p. ai sassi!**, it would melt a heart of stone! □ **Per p.!**, for pity's sake! □ **senza p.**, pitiless (*agg.*); merciless (*agg.*); pitilessly (*avv.*); mercilessly (*avv.*): **un giudice senza p.**, a merciless judge; **essere senza p.**, to be pitiless; to have a heart of stone; **trattare q. senza p.**, to treat sb. without mercy (*o* mercilessly).

pietànza, *f.* **1** (*portata*) (main) course: **Come p. farò un arrosto con verdure**, the main course will be a roast with vegetables **2** (*piatto*) dish: **una p. di carne**, a dish of meat; **preparare una buona p.**, to prepare a good dish.

pietas (*lat.*), *f.* piety.

pietìsmo, *m.* **1** (*relig.*) Pietism **2** (*spreg.*) sanctimony; lip-devotion.

pietìsta, *m. e f.* **1** (*relig.*) Pietist **2** (*spreg.*) sanctimonious person.

pietìstico, *a.* **1** pietistic(al) **2** (*spreg.*) sanctimonious.

pietosaménte, *avv.* **1** (*con pietà*) mercifully; with mercy; compassionately: **trattare q. p.**, to treat sb. with mercy **2** (*in modo da destare pietà*) pitiably; piteously.

pietóso, *a.* **1** (*che sente pietà, incline alla pietà*) pitiful; compassionate; tender: **essere p. verso il prossimo**, to be compassionate (*o* to show compassion) towards one's fellow creatures **2** (*che suscita pietà*) pitiful; pitiable; piteous; deplorable; lamentable: **Era una cosa pietosa a vedersi**, it was a piteous thing to see; **una vista pietosa**, a pitiful sight; **pietosi lamenti**, piteous cries; **in una condizione pietosa**, in a pitiable (*o* lamentable) condition. ● **Questo cappotto è in condizioni pietose**, (*è malconcio*) this coat is in a sorry state; (*è logoro*) this coat is the worse for wear □ **La macchina è ridotta in condizioni pietose** (*è a pezzi*), the car is a wreck □ (*spreg.*) **È stata una cosa pietosa!**, it was pathetic! □ **bugia pietosa**, white lie.

piètra, *f.* **1** stone: **p. da costruzione**, building (*o* structural) stone; **duro come la p.**, as hard as stone; **cava di p.**, stone quarry; stonepit; **p. angolare**, corner stone; **p. artificiale [sintetica]**, artificial [synthetic] stone; **p. dura**, semi-precious stone; **p. preziosa**, precious stone; gem; **p. lavorata**, dressed stone; **p. litografica**, lithographic stone; **p. per affilare**, honing stone; whetstone; **p. pomice**, pumice-stone; **posare la prima p.**, to lay the foundation stone; **l'Età della P.**, the Stone Age; **pavimento di p.**, stone floor **2** (*sasso*) stone; rock (*USA*): **scagliare pietre a q.**, to throw stones (*o* rocks) at sb. ● (*archit.*) **p. bugnata**, ashlar work □ **p. calcarea**, limestone □ **p. confinaria**, landmark (*o* boundary) stone □ (*miner.*) **p. da gesso**, gypsum □ **p. da lastrico**, flagstone □ **p. da mulino**, millstone □ **p. da taglio**, freestone □ **p. dell'altare**, altar stone □ **p. del focolare**, hearth-stone □ (*fig.*) **la p. dello scandalo**, (*chi dà cattivo esempio*) a bad example; (*il colpevole*) the culprit □ (*fig.*) **p. di paragone**, touchstone □ **la p. filosofale**, the philosopher's stone □ **p. focaia**, flint □ (*chim.*) **p. infernale**, silver nitrate □ (*miner.*) **p. lunare**, moonstone □ (*anche fig.*) **p. miliare**, milestone □ (*archit.*) **p. ornamentale sporgente**, boss □ (*miner.*) **p. refrattaria**, fire-stone □ **p. sepolcrale**, tombstone □ **È come cavar sangue da una p.**, it's like getting blood out of a stone □ **cuore di p.**, heart of stone □ (*fig.*) **far piangere le pietre**, to melt a heart of stone □ **frantoio da p.**, stone crusher □ **lastra di p.**, slab of stone; (*per pavimentazione*) flagstone □ **lavorazione della p.**, stonework; stone dressing □ (*fig.*) **mettere una p. sul passato**, to let bygones be bygones □ **Decisi di metterci una p. sopra**, I decided to forget all about it □ **non lasciare p. su p.**, not to leave a stone standing; to raze st. to the ground □ (*fig.*) **portare la propria p. all'edificio**, to do one's little bit; to co-operate □ **taglio della p.**, stone-cutting.

pietràia, *f.* **1** (*mucchio di pietre*) heap of stones **2** (*luogo sassoso*) stony ground **3** (*cava di pietre*) quarry; stone pit.

pietràme, *m.* stones (*pl.*).

pietrificàre, **A** *v. t.* (*anche fig.*) to petrify. **B pietrificàrsi**, *v. i. pron.* to become* petrified (*anche fig.*); to be turned into stone.

pietrificàto, *a.* petrified (*anche fig.*): **Era p. dalla paura**, he was petrified with fear.

pietrificazióne, *f.* petrifaction.

pietrìna, *f.* (*per accenditori*) (lighter) flint.

pietrìsco, *m.* rubble; crushed stone; (road) metal.

Piètro, *m.* Peter. ● (*fam.*) **Si chiama P.**, I would like it back.

pietroburghése, **A** *a.* of St Petersburg; from St Petersburg. **B** *m. e f.* inhabitant of St Petersburg; native of St Petersburg.

pietrosità, *f.* stoniness.

pietróso, *a.* **1** (*di pietra*) made of stone; stone (*attr.*) **2** (*pieno di pietre*) stony; full of stones **3** (*simile a pietra*) stony.

pievania, *f.* (*eccles.*) parish.

pievàno, *m.* (*eccles.*) parish priest.

piève, *f.* (*eccles.*) **1** (*chiesa parrocchiale*) parish church **2** *V.* **pievania**.

pievelóce, *a.* (*lett.*) swift-footed.

piezoelettricità, *f.* (*fis.*) piezoelectricity.

piezoelèttrico, *a.* (*fis.*) piezoelectric: **un accendino p.**, a piezoelectric lighter.

piezomagnètico, *a.* (*fis.*) piezomagnetic.

piezomagnetìsmo, *m.* (*fis.*) piezomagnetism.

piezometrìa, *f.* (*fis.*) piezometry.

piezomètrico, *a.* (*fis.*) piezometric.

piezòmetro, *m.* (*fis.*) piezometer.

piezooscillatóre, *m.* (*elettron.*) quartz oscillator.

pifferàio, *m.* piper; fifer.

pìffero, *m.* (*mus.*) **1** (*strumento*) pipe; fife **2** (*suonatore*) piper; fifer; fife. ● **fare come i pifferi di montagna, che andarono per suonare e furono suonati**, to go for wool and come home shorn.

pigiàma, *m.* pyjamas (*pl.*); pajamas (*pl., USA*); pair of pyjamas: **Aveva indosso un p. rosso**, he was wearing a pair of red pyjamas; **i calzoni del p.**, pyjama trousers. ● **p. palazzo**, pyjama suit.

pigia pìgia, *locuz. m. invar.* (*calca*) dense crowd; press (of people); crush; throng.

pigiàre, **A** *v. t.* **1** (*premere, calcare*) to press; (*schiacciare*) to crush, to squeeze; (*coi piedi*) to tread*; (*spingere*) to push, to cram: **p. un bottone**, to press a button; **p. il tabacco in una pipa**, to press down the tobacco in a pipe; **p. l'uva**, to press grapes; (*coi piedi*) to tread grapes; **Pigiò i fogli nel cassetto**, he crammed the papers into the drawer **2** (*edil.*) to tamp **3** (*metall.*) to ram. **B** *v. i.* to push; to press: **Smettila di p.!**, stop pushing!; **p. sull'acceleratore**, to press down the pedal; to step on the gas (*USA*). **C pigiàrsi**, *v. i. pron.* **1** (*affollarsi*) to press; to crowd; to throng **2** (*stringersi*) to squeeze; to bunch up.

pigiàta, *f.* press; pressing; crush; crushing; squeeze; squeezing. ● **dare una p. a q.c.**, to press st.

pigiàto, *a.* packed; squeezed; crammed.

pigiatóre, *m.* (*f.* **-trice**) (*di uva*) wine presser; (*coi piedi*) wine treader.

pigiatrìce, *f.* (*macchina per pigiare l'uva*) wine press.

pigiatùra, *f.* **1** pressing; crushing; squeezing **2** (*dell'uva*) wine pressing; (*coi piedi*) wine treading **3** (*edil.*) tamping **4** (*metall.*) ramming.

pigionànte, *m. e f.* tenant; lodger; roomer (*USA*).

pigióne, *f.* rent: **tre mesi di p.**, three months' rent. ● (*fam.*) **dare a p. una camera**, to let a room □ **prendere a p. una camera**, to rent a room □ **stare a p.**, to rent a room; (*presso q.*) to be a lodger, to live in digs (*fam.*).

pigliamósche, *m. invar.* **1** (*zool., Muscicapa grisola*) flycatcher **2** (*bot., Dionaea muscipula*) (Venus's) flytrap.

piglia-piglia, *m. invar.* general grabbing.

pigliàre, (*fam.*) **A** *v. t. V.* **prendere**. **B** *v. i.* (*attecchire*) to take* root.

pìglio (1), *m.* (*atto del pigliare*) catch; snatch. ● **dare di p. a q.c.**, to get hold of st.; (*fig.*: *iniziare*) to start st., to set to st.

pìglio (2), *m.* (*espressione*) look, countenance; (*modo di fare*) manner, way: **con p. torvo**, with a grim look; **p. severo**, stern face; frown; **un p. disinvolto**, an insouciant manner.

Pigmalióne, *m.* (*mitol.*) Pygmalion.

pigmentàre, *v. t.* **pigmentàrsi**, *v. i. pron.* (*biol.*) to pigment.

pigmentàrio, *a.* (*biol.*) pigmentary; pigmental.

pigmentazióne, *f.* (*biol.*) pigmentation.

pigménto, *m.* (*anche biol.*) pigment.

pigmèo, **A** *a.* pygm(a)ean; pygmy (*attr.*). **B** *m.* (*f.* **-a**) **1** Pygmy, Pigmy **2** (*fig.*) pygmy, pigmy.

pigna, *f.* **1** (*bot.*) cone, strobilus*; (*di pino*) pine cone; (*di abete*) fir cone **2** (*archit.*) crown; vertex* **3** (*fam.*: *pila*) pile, stack; (*mucchio*) heap. ● **una p. d'uva**, a bunch of grapes □ (*fig. fam.*) **avere le pigne in testa**, to be crazy.

pignàtta, *f.* **1** (*fam.*) pot **2** (*edil.*) perforated block.

pignattàio, *m.* (*fam.*) pot maker; potter.

pignolàggine, *V.* **pignoleria**.

pignoleggiàre, *v. i.* to be pedantic; to quibble.

pignoleria, *f.* **1** (*l'essere pignolo*) pedantry; fastidiousness; meticulousness; finicality;

fussiness; hairsplitting; nitpicking (*fam.*) **2** (*atto, detto da pignolo*) piece of pedantry: **È una p. la tua!**, you are being a pedant!; this is sheer pedantry!

pignolésco, *a.* pedantic; fastidious; hairsplitting; nitpicking (*fam.*).

pignòlo, A *a.* pedantic; fastidious; meticulous; hairsplitting; fussy; finicky; pernickety (*fam.*). **B** *m.* **1** (*pinolo*) pine seed **2** (*f.* **-a**) (*fam.*) pedant; pedantic person; hairsplitter; fastidious person; fusspot (*fam.*): **Non fare il p.!**, don't be such a pedant (*o* a fusspot)!; don't be so fussy!

pignóne, *m.* **1** (*argine*) embankment; dike, dyke **2** (*mecc.*) pinion: **p. a lanterna**, lantern pinion; **p. conico**, bevel pinion; (*autom.*) **p. satellite**, planetary pinion; **p. sopra [sotto] centro**, pinion above [below] centre.

pignoràbile, *a.* **1** (*leg.*) distrainable; attachable; seizable **2** (*che si può dare in pegno*) pawnable.

pignoraménto, *m.* **1** (*leg.*) distraint; attachment; seizure; levy: **p. di beni**, distraint of property **2** (*dare in pegno*) pawning.

pignoràre, *v. t.* **1** (*leg.*) to distrain on; to attach; to seize: **p. i beni di q. per mancato pagamento dell'affitto**, to distrain on sb.'s goods and chattels for rent **2** (*dare in pegno*) to pawn.

pignoratàrio, *m.* (*leg.*) distrainee.

pignoratìzio, *a.* – (*leg.*) **creditore p.**, pledgee; pawnee.

pigolaménto, *m.* peeping; cheeping; chirping.

pigolàre, *v. i.* **1** to peep; to cheep; to chirp **2** (*fig.: piagnucolare*) to whine; to whimper.

pigolìo, *m.* (continual) peeping; cheeping; chirping.

pigostìlo, *m.* (*zool.*) pygostyle.

pigrìzia, *f.* laziness; indolence; idleness; sloth.

pigro, A *a.* **1** (*indolente, svogliato*) lazy; indolent; idle; slothful **2** (*lento*) lazy; slow; tardy; sluggish: **una mente pigra**, a slow mind; **con passo p.**, at a sluggish pace; **con un movimento p.**, with a lazy movement; **le pigre ore**, the slow(-moving) hours; the heavy hours. **B** *m.* (*f.* **-a**) lazy person; idler; sluggard.

pila (1), *f.* **1** (*catasta*) pile, stack; (*mucchio*) heap: **una p. di libri [di lettere]**, a pile (*o* stack) of books [of letters]; **una p. di piatti**, a pile of dishes **2** (*fis., elettr.*) pile; cell; battery: **la p. di Volta**, Volta's pile; **p. a secco**, dry pile (*o* battery); **p. voltaica**, voltaic pile (*o* cell); **p. a gas**, gas cell; **p. termoelettrica**, thermo-electric pile; thermopile; **p. atomica**, atomic pile; nuclear reactor; **p. di ricambio**, refill battery; **a pile**, battery (*attr.*); battery operated **3** (*fam.: lampadina tascabile*) torch; flashlight **4** (*pilone di ponte*) pier.

pila (2), *f.* (*vasca*) basin; (*dell'acqua santa*) stoup.

Pìlade, *m.* (*letter.*) Pylades.

pilàf, *m. invar.* (*cucina*) pilau; pilaw; pilaff.

pilàre, *v. t.* to husk (rice).

pilastràta, *f.* row of pillars (*pl.*).

pilastrìno, *m.* (*archit.*) newel post.

pilàstro, *m.* **1** (*archit.*) pillar; (square) column; post: **falso p.**, false pillar **2** (*anat.*) pillar: **p. delle fauci**, pillar of the fauces **3** (*fig.: sostegno*) pillar; mainstay; prop: **Sei il p. della famiglia**, you are the mainstay of the family **4** (*anat.*) pillar. ● (*geol.*) **p. tettonico**, horst.

Pilàto, *m.* Pilate.

pilatùra, *f.* (*del risone*) husking.

pileàto, *a.* (*stor.*) pileated; wearing a pileus.

pìleo, *m.* **1** (*stor.*) pileus* **2** (*zool.*) pileum*.

pileorìza, *f.* (*bot.*) pileor(r)hiza; pileorhize; root-cap.

pilière, *m.* **1** pillar; column; (*di ponte*) pier **2** (*equitazione*) pillar **3** (*paracarro*) stonepost; stone buffer.

pilìfero, *a.* **1** (*anat.*) piliferous; hair (*attr.*): **bulbo p.**, hair bulb; **apparato p.**, body hair **2** (*bot.*) piliferous: **zona pilifera**, piliferous zone.

pillàcchera, *f.* (*region.*) splash (of mud).

pillàre, *v. t.* to ram; to tamp.

pillo, *m.* rammer; tamper.

pillola, *f.* (*farm.*) **1** pill: **prendere una p.**, to take a pill; **p. per dormire**, sleeping pill (*o* tablet); **vitamine in pillole**, vitamins in pills **2** (*p. anticoncezionale*) contraceptive pill; (the) pill (*fam.*): **prendere la p.**, to be on the pill; **p. del giorno dopo**, morning-after pill. ● (*fig.*) **una p. amara**, a bitter pill □ (*fig.*) **in pillole**, in small doses □ (*fig.*) **indorare la p.**, to gild the pill □ (*fig.*) **inghiottire la p.**, to swallow the bitter pill.

pillolo, *m.* (*scherz.*) male contraceptive pill.

pillottàre, *v. t.* (*cucina*) to baste.

pillòtto, *m.* (*cucina*) basting ladle.

pilo, *m.* (*stor.*) pilum*.

pilocarpina, *f.* (*chim.*) pilocarpin(e).

pilóne, *m.* **1** (*archit.: di ponte*) pier; (*di linea elettrica*) tower, pylon **2** (*mazzapicchio*) rammer **3** (*nel rugby*) prop forward. ● (*aeron.*) **p. di ormeggio**, mooring tower; mooring mast □ (*edil.*) **p. di sostegno**, supporting post (*o* tower) □ **p. di teleferica**, cableway support.

pilòrico, *a.* (*anat.*) pyloric.

pilòro, *m.* (*anat.*) pylorus*.

pilòta, A *m. e f.* **1** (*naut.*) pilot; steersman*: **una nave senza p.**, a ship without a pilot; a pilotless ship; **p. d'altura**, deep-sea pilot; **p. di porto**, dock pilot **2** (*aeron.*) pilot: **p. di linea**, airline pilot; **p. spaziale**, space pilot; **p. collaudatore**, test pilot; **secondo p.** (*o* **p. di riserva**), co-pilot; second pilot **3** (*di automobile*) driver; (*di auto da competizione*) racing car driver; (*di motocicletta*) rider **4** (*elettron.*) driver. ● **p. automatico**, gyropilot; autopilot; automatic pilot □ (*aeron.*) **p. istruttore**, flying instructor. **B** *a.* pilot (*attr.*): **impianto p.**, pilot plant □ (*elettron.*) **circuito p.**, driver (circuit); **fiamma p.**, pilot light; **studio p.**, pilot study.

pilotàbile, *a.* **1** that can be piloted **2** (*fig.*) that can be influenced (*o* manoeuvred, manipulated).

pilotàggio, *m.* (*naut., aeron.*) pilotage; piloting. ● **diritti di p.**, pilotage (dues) □ (*aeron.*) **scuola di p.**, flying school.

pilotàre, *v. t.* **1** (*naut.*) to pilot; to steer **2** (*aeron.*) to pilot; to fly* **3** (*un'auto*) to drive*; (*una motocicletta*) to ride* **4** (*fig.: guidare, dirigere*) to pilot, to steer; (*influenzare*) to influence, to manoeuvre, to manipulate.

pilotàto, *a.* **1** piloted; steered **2** (*fig.: influenzato*) influenced; manipulated; manoeuvred. ● (*med.*) **parto p.**, controlled (*o* enhanced) labour.

pilotina, *f.* (*naut.*) pilot boat; pilot cutter.

pilotis (*franc.*), *m. invar.* (*archit.*) pilotis.

piluccàre, *v. t.* **1** (*un grappolo d'uva*) to pick (grapes from the bunch) **2** (*mangiucchiare*) to pick at; to nibble, to nibble at: **p. il cibo**, to pick at the food.

pimentàre, *v. t.* (*cucina*) to season with pimento.

piménto, *m.* **1** (*bot., Pimenta officinalis*) pimento; allspice tree **2** (*pepe della Giamaica*) pimento; Jamaica pepper; allspice.

pimpànte, *a.* **1** (*fam.: vistoso*) gaudy; showy; flashy **2** (*vivace*) sprightly; lively; jaunty.

pimpinèlla, *f.* **1** (*bot., Sanguisorba minor*) salad burnet **2** – (*bot.*) **p. bianca** (*Pimpinella saxifraga*), burnet saxifrage.

pina, *V.* **pigna.**

pinàccia, *f.* (*naut.*) pinnace.

pinacòide, *a. e m.* (*miner.*) pinacoid, pinakoid.

pinacotèca, *f.* picture gallery.

pinàstro, *m.* (*bot., Pinus pinaster*) pinaster; cluster pine.

pince (*franc.*), *f. invar.* (*sartoria*) dart; fold; tuck.

pince-nez (*franc.*), *m. invar.* pince-nez*.

pinco (1), *m.* fool; booby; twit. ● **P. Pallino**, just any one.

pinco (2), *m.* (*naut.*) pink.

pindàrico, *a.* (*letter.*) Pindaric: **odi pindariche**, Pindaric odes; (*spesso scherz.*) **un volo p.**, a Pindaric flight.

Pìndaro, *m.* (*letter.*) Pindar.

pineàle, *a.* (*anat.*) pineal: **ghiandola p.**, pineal body (*o* gland).

pinèlla, *f.* (*nel gioco della canasta*) deuce.

pinène, *m.* (*chim.*) pinene.

pinéta, *f.* **pinéto,** *m.* pinewood; pine forest; pinery.

ping-pòng (*ingl.*), *m. invar.* ping-pong; table-tennis.

pingue, *a.* **1** (*grasso*) fat; stout; corpulent **2** (*fertile, ricco di vegetazione*) fat; rich; fertile; opulent: **pingui pascoli**, fat pastures; **terra p.**, fat (*o* rich) soil **3** (*lucroso*) fat; lucrative: **un p. stipendio**, a fat salary.

pinguèdine, *f.* fatness; stoutness; corpulence, corpulency.

pinguìcola, *f.* (*bot., Pinguicola vulgaris*) butterwort.

pinguìno, *m.* **1** (*zool.*) penguin: **p. imperatore** (*Aptenodytes forsteri*), emperor penguin; **p. maggiore** (*o* **reale**) (*Aptenodytes patagonicus*), king penguin **2** (*gelato da passeggio*) chocolate-coated ice-cream on a stick.

pinìfero, *a.* (*che produce pini*) pine-bearing; (*che produce pigne*) cone-bearing.

pinna (1), *f.* **1** (*di pesce*) fin; (*di cetacei, pinguini*) flipper: **p. anale [codale, dorsale]**, anal [caudal, dorsal] fin; **pinne pettorali [ventrali]**, pectoral [ventral] fins **2** (*anat.*) ala*; wing: **le pinne nasali**, the alae of the nose **3** (*sport*) flipper **4** (*aeron.*) stub plane **5** (*naut.*) fin; foil: **p. stabilizzatrice**, gyro fin. ● (*naut.*) **p. paraelica**, propeller skeg.

pinna (2), *m.* (*zool., Pinna nobilis*) pinna*.

pinnàcolo (1), *m.* **1** (*archit.*) pinnacle; spire **2** (*vetta sottile*) pinnacle; aiguille.

pinnàcolo (2), *m.* (*gioco di carte*) pinoc(h)le.

pinnàto, *a.* – **nuoto p.**, swimming with flippers.

pinnìpede, *m.* (*zool.*) pinniped.

Pinnìpedi, *m. pl.* (*zool., Pinnipedia*) Pinnipedia.

pìnnula, *f.* (*zool.*) pinnule.

pino, *m.* (*bot., Pinus*) pine: **p. nano**, scrub pine; **p. marittimo** (*Pinus pinaster*), cluster pine; pinaster; **p. da pinoli** (*Pinus pinea*), stone pine; umbrella pine; **p. americano**, pitch pine; **p. silvestre** (*Pinus sylvestris*), Scots (*o* Scotch) pine; **ago di p.**, pine needle; **legno di p.**, pinewood.

pinocchiàta, *f.* (*cucina*) pine-seed cake.

pinòcchio, *V.* **pinolo.**

pinocitòṣi, *f.* (*biol.*) pinocytosis.

pinòlo, *m.* pine-seed; pine kernel.

pìnta, *f.* (*misura di capacità pari a 0,568 l*) pint.

pinyin, *a. e m.* (*ling.*) Pinyin.

pinza, *f.* (*generalm. al pl.*) **1** pliers (*pl.*); pincers (*pl.*); tongs (*pl.*); nippers (*pl.*): **un paio di pinze**, a pair of pincers (*o* tongs, nippers); **p. ad ago**, needle-nose pliers; **p. a punta piatta [tonda]**, flat-nose [round-nose] pliers; **p. da vetraio**, glass pliers; **p. per occhielli (metallici)**, eyelet pincers; **p. per fusibili**, fuse tongs; **p. per saldatura**, welder's tongs; **pinze da crogiuolo**, crucible tongs; **p. per fili**, wire nippers; **p. per lo zucchero**, sugar tongs **2** (*med.*) forceps (*sing. e pl.*): **pinze a denti di topo**, rat-tooth forceps; **pinze da dentista**, dental forceps; **pinze da dissezione**, dissecting forceps; **pinze nasali**, nasal forceps; **p. emostatica**, hemostat; tourniquet **3** (*pop., zool.*) pincer; nipper; chela*: **le pinze degli scorpioni**, the chelae of scorpions **4**

(*cinem.*) clamp. ● (*fis.*) **p. spellafilo**, wire splitter □ (*fis.*) **p. termoelettrica**, thermoelectric couple (*o* pair).

pinzàre, *v. t.* ***1*** (*pop.*, *d'insetto*) to sting*, to bite*; (*di granchio*) to nip: **Una vespa mi ha pinzato il dito**, a wasp stung my finger ***2*** (*stringere con le pinze*) to seize with pliers (*o* with tweezers); (*estens.*: *afferrare*) to catch* ***3*** (*con punti metallici*) to staple.

pinzàta, *f.* (*pop.*, *d'insetto*) stinging, biting; (*di granchio*) nipping. ● **dare una p.**, to sting; to bite.

pinzatrice, *f.* stapler.

pinzatùra, *f.* ***1*** (*pop.*, *d'insetto*) sting, bite; (*di granchio*) nip ***2*** (*di punti metallici*) stapling.

pinzétta, *f.* (*generalm. al pl.*) tweezers (*pl.*).

pinzillàcchera, *f.* (*scherz.*) trifle; mere nothing; bagatelle.

pinzimònio, *m.* (*cucina*) olive oil with pepper and salt (in which raw vegetables are dipped).

pinzòchero, *m.* (*f.* **-a**) (*spreg.*) sanctimonious person.

Pio, *m.* Pius.

pio (**1**), *a.* ***1*** (*devoto*) pious; devout; (deeply) religious; godly: **un vita pia**, a devout life; **pensieri pii**, pious (*o* devout) thoughts; **un uomo pio**, a deeply religious man ***2*** (*pietoso, misericordioso*) charitable; beneficent; merciful: **una pia signora**, a charitable lady ***3*** (*di opere e istituti di carità*) charitable; charity (*attr.*): **un pio istituto** (*o* **un'opera pia**), a charitable institution; **scuole pie**, charity schools. ● (*fig.*) **un pio desiderio** (*o* **una pia illusione**), a vain hope; wishful thinking □ (*anat.*) **pia madre**, pia mater □ **fare un'opera pia**, to do a good deed □ **luoghi pii**, holy places.

pio (**2**), *V.* **pio pio**.

piodermite, *f.* (*med.*) pyoderma.

piogènico, **piògeno**, *a.* (*med.*) pyogenic; pyogenetic.

pioggerèlla, *f.* drizzle.

piòggia, *f.* ***1*** rain: **le piogge d'autunno**, autumn rains; **camminare sotto la p.**, to walk in the rain; **Queste nuvole porteranno la p.**, these clouds will bring rain; **La p. cadeva continua**, the rain fell incessantly; **È cessata la p.**, the rain has stopped; it has stopped raining; **Ripariamoci dalla p.**, let's (take) shelter from the rain; **p. fitta**, pelting (*o* driving) rain; **p. fine**, drizzling rain; drizzle; **p. a dirotto**, heavy rain(fall); downpour; **p. battente**, driving rain; **p. torrenziale**, torrential rain; **essere inzuppato di p.**, to be drenched with rain; **essere sorpreso dalla p.**, to be caught in the rain ***2*** (*fig.*) rain; hail; shower; storm: **una p. di colpi [di sassi, di scintille]**, a rain (*o* a hail) of blows [of stones, of sparks]; **una p. di regali**, a shower of presents; **una p. di insulti**, a rain (*o* a storm) of abuse. ● **p. acida**, acid rain □ **p. artificiale**, artificial rain □ **p. equinoziale**, equinoctial rain □ **p. ghiacciata**, sleet □ (*astron.*) **p. meteorica**, meteor shower □ **p. radioattiva**, (radioactive) fall-out □ **p. zenitale**, zenithal rain □ **a p.**, indiscriminate (*agg.*); indiscriminately (*avv.*) □ (*gergo cinem.*) **effetto p.**, rainy film □ (*fam.*) **fare la p. e il bel tempo**, to lay down the law □ **goccia di p.**, raindrop □ **mago della p.**, rainmaker; rain doctor □ (*fig.*) **parlare della p. e del bel tempo**, to talk of nothing in particular; to talk about this and that □ **scroscio di p.**, shower (of rain) □ **la stagione delle piogge**, the rainy season; (*ai tropici*) the wet season □ (*cucina*) **versare a p.**, to add slowly.

piòlo, *m.* ***1*** peg; (*di scala*) rung ***2*** (*elettr.*) pin. ● **scala a pioli**, ladder □ (*fig.*) **star piantato come un p.**, to be as still as a statue.

piombàggine, *f.* ***1*** (*miner.*) plumbago; graphite ***2*** (*bot.*, *Plumbago europaea*) plumbago; leadwort.

piombàggio, *m.* sealing (with lead seals).

piombàre (**1**), **A** *v. i.* ***1*** (*cadere a piombo*) to plump, to fall* (*o* to plump) straight down; (*di abito*) to hang* ***2*** (*cadere di peso*) to fall* heavily, to slump, to fall* (suddenly), to plump down; (*precipitare*) to plunge: **Gli piombò una tegola sul capo**, a tile fell on his head; **p. su una sedia**, to slump into a chair; **p. nell'oscurità**, to plunge into darkness; **p. nella disperazione**, to plunge into despair ***3*** (*gettarsi con impeto*) to fall*; to pounce; to plunge: **p. addosso a q.**, to fall upon sb.; to pounce upon sb.; **p. sulla preda**, to pounce upon one's prey ***4*** (*sopraggiungere all'improvviso*) to storm; to rush; to dash; to turn up suddenly (*o* unexpectedly): **Il ragazzo mi piombò nella stanza**, the boy stormed into my room; **Mi è piombato a casa all'improvviso**, he turned up on my doorstep unexpectedly (*o* when I least expected to see him). **B** *v. t.* to plunge: **Il guasto piombò il palazzo nel buio**, the power fault plunged the building into darkness.

piombàre (**2**), *v. t.* ***1*** (*sigillare con piombo*) to seal with lead; to put* a lead seal to: **p. un baule**, to seal a trunk (with lead) ***2*** (*un dente*) to fill.

piombàto, *a.* ***1*** (*coperto di piombo*) lead-covered ***2*** (*sigillato con piombo*) sealed with lead (*o* with a lead seal).

piombatóia, *f.* **piombatóio**, *m.* (*stor.*) machicolation.

piombatùra, *f.* ***1*** (*il sigillare con piombo*) sealing (with lead) ***2*** (*il piombo adoperato*) lead; (*sigillo*) lead seal ***3*** (*di dente*) filling.

piómbico, *a.* (*chim.*) plumbic.

piombìfero, *a.* plumbiferous; lead-bearing.

piombino, *m.* ***1*** (*peso di piombo*) (lead) weight ***2*** (*di filo a piombo*) plumb bob; plummet ***3*** (*di lenza*) sinker ***4*** (*naut.*: *scandaglio*) hand lead ***5*** (*sigillo di piombo*) lead seal ***6*** (*zool.*, *Alcedo ispida*) kingfisher.

pióbo, *m.* ***1*** (*chim.*) lead: **p. indurito**, hard lead; **p. in pani**, pig lead; **fonderia di p.**, lead works (*sing.*); **una lastra di p.**, a lead sheet; **biossido di p.**, lead dioxide ***2*** (*piombino del filo a p.*) plumb bob; plummet ***3*** (*sigillo di p.*) (lead) seal: **il p. della dogana**, the customs seals ***4*** (*naut.*, *sport*: *di scandaglio o lenza*) sinker ***5*** (*proiettile*) bullet; (*pallini del fucile*) shot, lead; (*spari, fuoco*) fire: **una grandine di p.**, a shower of lead; **affrontare il p. nemico**, to face the enemy's fire; **riempire q. di p.**, to fill sb. full of lead ***6*** (*tipogr.*) lead; type metal ***7*** (*al pl.*: *lastre di p.*) leads. ● **a p.**, plumb (*agg.* e *avv.*); perpendicular (*agg.*); straight down (*avv.*); perpendicularly (*avv.*): **filo a p.**, plumb line; **essere a p.**, to be plumb; **non essere a p.**, to be out of plumb; **cadere a p.**, to fall plumb (*o* straight down) □ **sentirsi addosso una cappa di p.**, to feel weighed down □ **gli anni di p.**, the years of terrorism □ **benzina senza p.**, unleaded petrol □ **cadere di p.**, to fall suddenly; to plump down □ **chiudere q.c. col p.**, to seal st. (with lead) □ **di p.** lead (*attr.*); leaden; (*di color p.*) lead-coloured, leaden (*anche fig.*); (*pesante*) as heavy as lead: **un cielo di p.**, a leaden sky □ **pesante come il p.**, as heavy as lead □ **sollevare q. di p.**, to lift sb. bodily □ **sonno di p.**, heavy sleep.

piombóso, *a.* ***1*** (*del colore del piombo*) lead-coloured; leaden ***2*** (*piombifero*) plumbiferous; lead-bearing ***3*** (*chim.*) plumbous; plumbic.

pióne, *m.* (*fis. nucl.*) pion; pi-meson.

pionefròsi, *f.* (*med.*) pyonephrosis.

pionière, *m.* ***1*** (*anche fig.*) pioneer: **i pionieri americani**, the American pioneers; **lo spirito dei p.**, the pioneer spirit; **i pionieri della civiltà [della scienza]**, the pioneers of civilization [of science] ***2*** (*mil.*) sapper.

pionierìsmo, *m.* pioneering.

pionieristico, *a.* pioneer (*attr.*); pioneering: **un'impresa pioneristica**, a pioneer undertaking.

pio pio, *inter.* e *m.* peep peep; cheep cheep. ● **fare pio pio**, to peep; to cheep.

pioppàia, *f.* **pioppéto**, *m.* poplar wood; poplar grove; poplar plantation.

pioppìcolo, *a.* poplar (*attr.*).

pioppicoltóre, *m.* (*f.* **-trice**) poplar grower.

pioppicoltùra, *f.* poplar-growing.

pioppino, *m.* (*bot.*, *Armillaria mellea*) honey mushroom (*o* fungus).

piòppo, *m.* (*bot.*, *Populus*) poplar: **p. bianco** (*Populus alba*), white poplar; **p. nero** (*Populus nigra*), black poplar; **p. tremolo** (*Populus tremula*), trembling poplar; aspen; **p. nero americano** (*Populus deltoides*), cottonwood.

piorrèa, *f.* (*med.*) pyorrh(o)ea: **p. alveolare**, pyorrhoea alveolaris.

piorròico, *a.* (*med.*) pyorrh(o)eic; pyorrh(o)eal.

piòta, *f.* ***1*** (*agric.*: *zolla*) turf; sod ***2*** (*lett.*: *pianta del piede*) sole (of the foot).

piotàre, *v. t.* to turf; to cover (*o* to lay*) with turf.

piovanèllo, *m.* (*zool.*, *Calidris ferruginea*) sandpiper. ● **p. maggiore** (*Calidris canutus*), knot.

piovàno (**1**), *a.* rain (*attr.*): **acqua piovana**, rainwater.

piovàno (**2**), *V.* **pievano**.

piovàsco, *m.* (*meteor.*) shower; rain squall.

piòvere, *v. i.* ***1*** (*impers.*) to rain: **È piovuto tutta la notte**, it rained all night last night; **Piove a dirotto** (*o* **a catinelle**), it's raining in torrents (*o* in buckets); it's pouring (with rain); **Sta per p.**, it's going to rain; **Ha l'aria di voler p.**, it looks like rain; **Stamattina è piovuto forte**, it rained heavily this morning; there was heavy rain this morning; **Non smette mai di p.**, it never stops raining; **Ha smesso di p.**, it has stopped raining ***2*** (*fig.*) to pour; to rain; to hail: **Piovevano sassi dalle finestre**, stones rained (*o* hailed) down from the windows; **Le lacrime gli piovevano sul volto**, tears poured down his cheeks; **I colpi mi piovevano addosso da tutte le parti**, blows rained down on me from all directions; **Dopo l'esame, le congratulazioni mi piovvero da ogni parte**, after the exam, congratulations were showered on me from all sides. ● (*fig.*) **p. dal cielo**, to fall from heaven; to appear out of the blue □ **Mi piove in casa**, the rain is leaking in (through the roof); there is a leak in the roof; water is leaking through the ceiling □ **Ieri mi piovve in casa mio cugino**, my cousin turned up on my doorstep yesterday □ **Piove come Dio la manda**, it's pelting down; it's coming down in buckets □ (*fig.*) **Piove sul bagnato**, it never rains but it pours.

piovigginàre, *v. i. impers.* to drizzle.

pioviggine, *f.* (*meteor.*) drizzle; drizzling rain.

piovigginóso, *a.* drizzly; (*piovoso*) rainy: **tempo p.**, drizzly (*o* rainy) weather; **un cielo p.**, a rainy sky.

piovìschio, *m.* drizzle.

piovosità, *f.* ***1*** raininess ***2*** (*quantità di pioggia*) rainfall.

piovóso, **A** *a.* rainy; wet: **la stagione piovosa**, the rainy season; **una giornata piovosa**, a rainy day; **tempo p.**, rainy (*o* wet) weather. **B** *m.* (*stor. franc.*) Pluviôse (*franc.*).

piòvra, *f.* ***1*** (*zool.*, *Octopus*) octopus; giant squid ***2*** (*fig.*: *sfruttatore*) leech; bloodsucker (*fam.*) ***3*** (*fig.*: *mafia*) (the) Mafia; (the) Mob.

pipa (**1**), *f.* ***1*** (tobacco) pipe: **fumare la p.**, to smoke a pipe; **Sedeva accanto al fuoco fumando la p.**, he was sitting by the fire, smoking his pipe; **la cannuccia della p.**, the tube of a pipe; **il camino della p.**, the bowl of a pipe; **p. di terracotta**, clay pipe; **caricare la p.**, to fill one's pipe ***2*** (*quanto tabacco sta in una p.*) pipeful; pipe: **Ne fumai tre o quattro pipe**, I smoked three or four pipefuls; **un**

paio di pipe di tabacco, a couple of pipes of tobacco ***3*** (*fig. scherz.*: *naso grosso*) big nose; conk (*fam.*) ***4*** (*gergo mil.*: *mostrina*) flash ***5*** (*volg.*: *masturbazione*) masturbation; wanking (*volg.*) ***6*** (*ling.*) inverted circumflex. ● **p. della pace**, calumet □ **p. di radica**, briar □ **p. di schiuma**, meerschaum.

pipa (2), f. (*zool.*, *Pipa americana*) Surinam toad.

pipàre, v. i. to smoke a pipe.

pipàta, f. ***1*** (*atto di fumare la pipa*) smoke (of a pipe): **farsi una p.**, to have a smoke ***2*** (*quanto tabacco sta in una pipa*) pipeful; pipe.

pipatóre, m. (*scherz.*) pipe smoker.

Piperàcee, f. pl. (*bot.*, *Piperaceae*) Piperaceae; (the) pepper family.

piperaẓina, f. (*chim.*) piperazine.

piperita, a. – (*bot.*) **menta p.** (*Mentha piperita*), peppermint.

pipèrno, m. (*miner.*) piperno*; trachyte tuff.

pipétta, f. (*chim.*) pipette. ● **p. contagocce**, stactometer.

pi pi, V. **pio pio**.

pipì, f. (*infant.*) pee; wee; wee-wee; piddle (*fam.*): **fare (la) p.**, to have (*o* to do) a wee; to pee; **fare la p. a letto**, to wet one's bed; **Mi scappa la p.**, I'm dying for a pee; I have to do a wee.

pipistrèllo, m. ***1*** (*zool.*, *Pipistrellus*) bat ***2*** (*mantello*) cloak.

pipita, f. ***1*** (*vet.*) pip ***2*** (*pellicola intorno alle unghie*) hangnail; agnail.

pippa, V. **pipa**, *def. 5*.

pippiolino, m. picot.

piqué (*franc.*), m. invar. (*ind. tess.*) piqué.

pira, f. (*lett.*) pyre, funeral pile; (*per condannati al rogo*) fire, stake.

piràgna, V. **piranha**.

piràlide, f. (*zool.*) pyralid. ● **p. del granturco** (*Pyrausta nubilalis*), corn borer □ **p. degli alveari** (*Galleria mellonella*), wax moth.

piramidàle, a. ***1*** (*geom.*) pyramidal; pyramid-like; pyramid-shaped ***2*** (*anat.*) pyramidal ***3*** (*fig. scherz.*: *enorme*) huge; colossal; enormous; monstrous.

piràmide, f. ***1*** (*geom.*) pyramid: **una p. triangolare [esagonale]**, a triangular [hexagonal] pyramid; **p. tronca**, truncated pyramid; **a (forma di) p.**, in the shape of a pyramid; pyramid-shaped; pyramidal; **alberi tagliati a p.**, trees pruned in pyramidal shape; ***2*** (*archit.*) pyramid: **le piramidi d'Egitto**, the Egyptian Pyramids ***3*** (*monte, catasta, monumento, ecc. a forma di p.*) pyramid: **una p. di pietre [di libri]**, a pyramid of stones [of books]; **la p. sociale**, the pyramid of society; **p. umana**, human pyramid. ● (*anat.*) **piramidi del Malpighi**, Malpighian (*o* renal) pyramids.

piramidóne, m. (*marchio*: *farm.*) Pyramidon.

pirandelliàno, a. Pirandellian.

piranha (*portoghese*), m. invar. (*zool.*, *Serrasalmus*) piranha.

piràta, **A** m. ***1*** pirate; freebooter ***2*** (*fig.*: *affarista senza scrupoli*) pirate ***3*** (*dirottatore*, *anche*: **p. dell'aria**) hijacker; skyjacker. ● **p. della strada**, careless driver; (*chi investe e non si ferma*) hit-and-run driver □ (*elab.*) **p. informatico**, hacker. **B** a. pirate (*attr.*): **nave p.**, pirate ship; **emittente p.**, pirate broadcaster; **copia p.**, pirate copy; **videocassetta p.**, pirate video.

pirateggiàre, v. i. to be a pirate.

pirateria, f. ***1*** piracy ***2*** (*fig.*: *ruberia*) daylight robbery; rip-off. ● **p. aerea**, hijacking; skyjacking □ **p. letteraria**, literary piracy.

piratésco, a. piratic(al); pirate-like.

piràtico, a. (*lett.*) piratic(al): (*stor. romana*) **la guerra piratica**, the piratic war.

piraẓòlo, m. (*chim.*) pyrazole.

piraẓolóne, m. (*chim.*) pyrazolone.

pireliòmetro, m. (*astrofisica*) pyrheliometer.

pirenàico, a. (*geogr.*) Pyrenean.

pirène, m. (*chim.*) pyrene.

Pirenèi, m. pl. (*geogr.*) Pyrenees.

Pirèo, m. (*geogr.*) Piraeus.

piressia, f. (*med.*) pyrexia; fever.

pirètico, a. (*med.*) pyrexial; pyretic.

piretrina, f. (*chim.*) pyrethryn.

pirètro, m. (*bot.*, *Chrysanthemum cinerariaefolium*) pyrethrum: **polvere di p.**, pyrethrum powder.

pirex, V. **pyrex**.

pirico, a. fire-producing; igniferous. ● **polvere pirica**, gunpowder.

piridina, f. (*chim.*) pyridine.

piridossina, f. (*chim.*) pyridoxin(e).

pirifórme, a. pyriform; pear-shaped.

pirimidina, f. (*chim.*) pyrimidine.

pirimidinico, a. (*chim.*) pyrymidine (*attr.*).

pirite, f. (*miner.*) pyrite(s): **p. di ferro**, iron pyrite(s).

piritico, a. (*miner.*) pyritic(al); pyritous.

pirla, m. (*volg.*) ***1*** (*pene*) penis; prick (*volg.*) ***2*** (*spreg.*) fool; twit; berk; jerk (*USA*).

pirocatechina, f. (*chim.*) pyrocathechin; pyrocathecol.

piroclàstico, a. (*geol.*) pyroclastic: **rocce piroclastiche**, pyroclastic rocks.

piroconducibilità, f. pyroconductivity.

piroelettricità, f. (*fis.*) pyroelectricity.

piroelèttrico, a. (*fis.*) pyroelectric.

piroétta, f. pirouette: **fare una p.**, to perform a pirouette; to pirouette.

piroettàre, v. i. to pirouette.

piròfila, f. heat-resistant dish; pyrex dish; pyrex saucepan.

piròfilo, a. heat-resistant.

pirofobia, f. (*psic.*) pyrophobia.

piròfobo, m. (f. **-a**) (*psic.*) pyrophobiac.

piroforico, a. pyrophoric; pyrophorous.

piròforo, m. (*zool.*, *Pyrophorus noctilucus*) fire beetle.

piròga, f. (*naut.*) pirogue; piragua.

pirogàllico, a. – (*chim.*) **acido p.**, pyrogallic acid; pyrogallol.

pirogallòlo, m. (*chim.*) pyrogallol.

pirogenazióne, f. (*chim.*) pyrogenation.

pirògeno, (*farm.*) **A** a. pyrogenic; pyrogenetic. **B** m. pyrogen.

pirografàre, v. t. to pyrograph.

pirografia, f. pyrography; poker-work; pyrogravure.

pirogràfico, a. pyrographic.

pirografista, m. e f. pyrographer.

piròfrafo, m. (*tecn.*) pyrograph.

piroincisióne, f. pyrogravure; pyrography.

pirolegnóso, a. (*chim.*) pyrolign(e)ous.

pirolétta, V. **piroetta**.

pirolisi, V. **piroscissione**.

pirolusite, f. (*miner.*) pyrolusite.

piròmane, m. e f. (*psic.*) pyromaniac; fire-bug (*fam.*).

piromania, f. (*psic.*) pyromania.

piromànte, m. e f. pyromantic.

piromanzia, f. pyromancy; divination by fire.

pirometallurgia, f. (*metall.*) pyrometallurgy.

pirometria, f. (*fis.*) pyrometry.

pirométrico, a. (*fis.*) pyrometric.

piròmetro, m. (*fis.*) pyrometer: **p. a radiazione**, radiation pyrometer; **p. a resistenza**, resistance pyrometer; **p. elettrico**, electric pyrometer; **p. ottico**, optical pyrometer.

piro piro, m. invar. (*zool.*, *Tringa*) sandpiper.

piroplasmòsi, f. (*vet.*) babesia; redwater.

piròpo, m. (*miner.*) pyrope.

piròscafo, m. (*naut.*) steamship (*abbr.*: S/S); steamboat; steamer; ship. ● **p. da carico**, freighter; cargo ship; cargo boat □ **p. di linea**, liner.

piroscindere, v. t. (*chim.*) to pyrolise.

piroscissióne, f. (*chim.*) pyrolysis.

pirosfèra, f. (*geol.*) pyrosphere.

piròsi, f. (*med.*) pyrosis; heartburn.

pirosolfàto, m. (*chim.*) pyrosulphate.

pirosolfito, m. (*chim.*) pyrosulphite.

pirosolfòrico, a. – (*chim.*) **acido p.**, pyrosulphuric (*o* disulphuric) acid.

pirossenite, f. (*miner.*) pyroxenite.

pirosséno, m. (*miner.*) pyroxene.

pirotècnica, f. pyrotechnics (*pl. col verbo al sing.*); pyrotechny.

pirotècnico, **A** a. ***1*** pyrotechnic(al); firework (*attr.*): **spettacolo p.**, pyrotechnic display; fireworks; **fuochi pirotecnici**, fireworks; **arte pirotecnica**, pyrotechnics (*pl. con verbo al sing.*); pyrotechny ***2*** (*fig.*) spectacular; dramatic; dazzling. **B** m. ***1*** pyrotechnist; maker of fireworks ***2*** (*mil.*) munitions factory.

pirottino, m. (*pasticceria*) fluted paper case.

pirrica, f. (*danza*) pyrrhic; war dance.

pirrichio, m. (*poesia*) pyrrhic.

Pirro, m. (*stor.*) Pyrrhus. ● (*fig.*) **vittoria di P.**, Pyrrhic victory.

pirròlo, m. (*chim.*) pyrrole.

Pirróne, m. (*filos.*) Pyrrho.

pirronismo, m. (*filos.*) Pyrrhonism.

pirronista, m. e f. (*filos.*) Pyrrhonist.

pirrotina, **pirrotite**, f. (*miner.*) pyrrhotite; magnetic pyrites.

piruvàto, m. (*chim.*) pyruvate.

piruvico, a. (*chim.*) pyruvic.

pisàno, **A** a. of Pisa; from Pisa; Pisan. **B** m. (f. **-a**) inhabitant of Pisa; native of Pisa; Pisan.

piscatòrio, a. piscatory; piscatorial. ● (*eccles.*) **anello p.**, Fisherman's ring.

pischèllo, m. (*region.*) ***1*** (*ragazzino*) young boy; pup (*fam.*) ***2*** (*pivello*) greenhorn; rookie.

piscia, f. (*volg.*) piss; (*di animali*) stale: **fare la p.**, to piss; to have (*o* to take) a piss.

pisciacàne, m. (*bot.*, *Taraxacum officinale*) dandelion; piss-a-bed (*fam.*).

pisciallètto, m. e f. invar. ***1*** (*spreg.*: *bambino*) brat; chit ***2*** V. **pisciacane**.

pisciàre, (*volg.*) **A** v. i. ***1*** (*orinare*) to piss; to have (*o* to take*) a piss ***2*** (*di recipiente*: *perdere*) to leak ***3*** (*di fontana e sim.*) to spurt; to piddle. **B** v. t. to piss. ● **pisciarsi addosso**, to wet oneself □ **pisciarsi addosso dal ridere**, to piss oneself with laughter □ **p. sangue**, to pass blood □ **pisciarsi sotto dalla paura**, to wet one's pants (with fear).

pisciarèlla, f. (*fam.*) continuous urge to urinate.

pisciasàngue, V. **piroplasmosi**.

pisciàta, f. (*volg.*) ***1*** (*il pisciare*) pissing ***2*** (*orina emessa*) piss; (*di animale*) stale: **fare una p.**, to have (*o* to take) a piss.

pisciatóio, m. (*volg.*) (public) urinal.

piscicoltóre, m. (f. **-trice**) pisciculturist.

piscicoltùra, f. pisciculture.

piscifórme, a. fish-shaped.

piscina, f. swimming pool; pool (*fam.*); (*archeol.*) piscina*: **p. coperta [scoperta]**, indoor [outdoor] swimming pool; **p. olimpionica**, Olympic swimming pool.

piscio, m. (*volg.*) piss.

piscióne, m. (f. **-a**) (*volg.*) pisser.

piscióso, a. (*volg.*) wet with urine.

piscivoro, a. piscivorous.

pisellàia, f. **pisellaio**, m. pea field; pea bed.

pisèllo, m. ***1*** (*bot.*, *Pisum sativum*; *il seme*) pea: **piselli freschi [secchi]**, green [dried] peas; **piselli in scatola**, tinned peas; **sgusciare piselli**, to shell peas; **fiore di p.**, pea blossom; **guscio di p.**, pea pod; **passato di piselli**, pea soup; **verde p.**, pea-green ***2*** (*fam.*: *pene*) penis; willy (*fam.*). ● (*bot.*) **p. odoroso** (*Lathyrus odoratus*), sweet pea.

pisellóne, m. (*spreg.*) fool; oaf; twit (*fam. GB*); goof (*fam.*).

pisifórme, m. (*anat.*) pisiform (bone).

pisolàre, v. i. (*fam.*) to have (*o* to take*) a nap; to doze.

pisolino, m. (*fam.*) nap; doze; forty winks (*pl.*) (*fam.*); shut-eye (*fam.*); zizz (*fam. GB*): **fare (*o* schiacciare) un p.**, to have (*o* to take) a nap; to doze.

pisolite, f. (*geol.*) pisolite.

pìsolo, *V.* **pisolino.**
pispigliàre, e *deriv. V.* **bisbigliare,** e *deriv.*
pìspola, *f.* ***1*** (*zool., Anthus pratensis*) meadow pipit; titlark ***2*** (*richiamo per cacciatori*) birdcall.
pispolàre, *v. i.* to make* a birdcall.
pispolóne, *m.* (*zool., Anthus trivialis*) tree pipit.
pìsside, *f.* ***1*** (*eccles.*) pyx ***2*** (*bot.*) pyxidium*; pyxis*.
pìssi pìssi, *m.* whisper; whispering. ● **fare p.,** to whisper secretly.
pista, *f.* ***1*** (*orma*) footprint, footstep; (*di animale*) trail, track, scent; (*di preda*) track: **Sulla neve si vedeva la p. del cacciatore,** the hunter's footprints (*o* footsteps) could be seen in the snow; **Seguii la p. del daino,** I followed the buck's trail (*o* tracks); **La muta seguiva la p. della volpe,** the pack was on the scent of the fox; **essere sulla p. di q.,** to be on sb.'s track; (*anche fig.*) **essere sulla p. giusta,** to be on the right track; **perdere la p. di q.,** to lose track of sb.; **falsa p.,** false track ***2*** (*percorso tracciato*) track: **p. battuta,** beaten track; (*anche fig.*) **Sei andato fuori p.,** you're off the track ***3*** (*corsia, sentiero*) lane; way: **p. ciclabile,** cycleway; cycle path; bike way (*USA*) ***4*** (*sport: percorso*) track; (*su neve*) trail, course, piste, run; (*impianto sportivo*) race track, running track, racecourse; (*di ghiaccio*) rink: **p. di prova,** test track; **gare di p.,** track events; **giro di p.,** round; lap; **p. da sci,** ski slope (*o* piste); **p. per bob,** run; **p. per corse automobilistiche,** (motor-)racing track; **p. per corse ciclistiche,** cycling track; **p. di ippodromo,** racing course ***5*** (*aeron.*) runway; strip: **p. di decollo,** take-off strip; **p. d'atterraggio,** landing strip; **p. d'emergenza,** emergency runway (*o* strip); **p. di lancio,** (*per alianti*) launching strip; (*per missili*) launching pad; **p. di rullaggio,** taxiway; taxi strip ***6*** (*di circo*) ring ***7*** (*mecc.*) race; track: **p. esterna** (*di cuscinetto a sfere*), outer race (*o* cup) ***8*** (*di registratori, elaboratori, ecc.*) track: **p. magnetica,** magnetic (sound)track; **p. sonora,** soundtrack. ● **P.!,** gangway!; watch out! □ **p. da ballo,** dance floor.
pistacchiàta, *f.* (*cucina*) pistachio cake.
pistàcchio, A *m.* (*bot., Pistacia vera; il seme*) pistachio*. **B** *a.* pistachio (*attr.*): **verde p.,** pistachio green.
pistacite, *f.* (*miner.*) pistacite; epidote.
pistàgna, *f.* (*sartoria*) ***1*** coat collar ***2*** (*bordino*) braid.
pistard (*franc.*), *m. invar.* (*sport*) track cyclist.
pistillìfero, *a.* (*bot.*) pistilliferous; pistillate.
pistillo, *m.* (*bot.*) pistil.
pistoiése, A *a.* of Pistoia; from Pistoia; Pistoia (*attr.*). **B** *m.* e *f.* inhabitant of Pistoia; native of Pistoia.
pistòla (1), *f.* ***1*** (*arma*) pistol; (hand)gun: **una p. automatica,** an automatic pistol; **p. mitragliatrice,** machine-pistol; sub-machine gun; **p. a una canna [a due canne],** single-barrelled [double-barrelled] pistol; **p. a tamburo,** revolver; **p. da sella,** horse pistol; **a un tiro di p.,** within pistol shot; **colpo di p.,** pistol shot ***2*** (*arnese a forma di p.*) gun: **p. per ingrasso,** grease gun; **p. per lavaggio,** washing gun; **p. per verniciatura a spruzzo,** spray gun; **p. turapori,** caulking gun ***3*** (*region. spreg.*) fool; berk (*fam. GB*); jerk (*fam. USA*). ● **p. ad acqua,** water pistol; squirt gun □ **p. per segnalazioni,** Very pistol □ **avere la p. facile,** to be quick on the trigger; to be trigger-happy □ **fare un duello alla p.,** to fight a duel with pistols.
pistòla (2), *f.* (*numism.*) pistole.
pistolèro, *m.* gunman*.
pistolettàta, *f.* pistol shot.
pistolétto, *m.* horse pistol.
pistolòtto, *m.* (*scherz.*) ***1*** (*esortazione*) lecture; harangue; tirade ***2*** (*panegirico*) panegyric; spiel (*fam.*) ***3*** (*gergo teatr.*) tirade; peroration.
pistóne, *m.* ***1*** (*mecc., mus.*) piston: **p. a fodero,** trunk piston; **p. a testa convessa,** domed piston; **p. equilibratore,** balancing piston; **corsa del p.,** piston stroke; **testa del p.,** piston head ***2*** (*idraul.*) ram: **p. idraulico,** hydraulic ram. ● **p. per pompa,** plunger □ **p. valvolato,** bucket; sucker.
Pitàgora, *m.* (*filos.*) Pythagoras: **il teorema di P.,** the Pythagorean theorem; the theorem of Pythagoras.
pitagoricìşmo, *m.* (*filos.*) Pythagoreanism; Pythagorism.
pitagòrico, A *a.* e *m.* (*filos.*) Pythagorean: **la scuola pitagorica,** the Pythagorean School; **il sistema p.,** the Pythagorean system. ● (*mat.*) **tavola pitagorica,** multiplication table. **B** *m.* Pythagorean; Pythagorist.
pitagorìşmo, *V.* **pitagoricismo.**
pitàle, *m.* (*pop.*) chamber pot.
pitecàntropo, *m.* Pithecanthropus*.
pitecòide, *a.* (*zool.*) pithecoid.
pitia, *V.* **pizia.**
pitico, *a.* Pythian; Pythic: **i giochi pitici,** the Pythian games.
pitiriaşi, *f.* (*med.*) pityriasis*.
pitoccàre, *v. t.* e *i.* (*anche fig.*) to beg.
pitoccherìa, *f.* ***1*** (*l'essere pitocco*) beggary; mendicity ***2*** (*azione da pitocco*) beggarly action; mean action.
pitòcco, A *a.* beggarly. **B** *m.* (*f.* **-a**) ***1*** (*accattone*) beggar ***2*** (*fig.: spilorcio*) miser; niggard; stingy person; skinflint.
pitòmetro, *m.* (*fis.*) Pitot tube.
pitóne, *m.* ***1*** (*zool., Python*) python ***2*** (*mitol.*) Python.
pitonéssa, *f.* ***1*** (*sacerdotessa d'Apollo*) Pythoness ***2*** (*scherz.: indovina*) pythoness; fortune-teller.
pitònico, *a.* (*letter.*) pythonic.
pitòsforo, *V.* **pittosporo.**
pittàre, *v. t.* (*region.*) to paint.
pìttima (1), *f.* (*zool., Limosa*) godwit.
pìttima (2), *f.* ***1*** (*med.: impiastro*) poultice; plaster ***2*** (*fig.: persona noiosa*) pest; tormentor; pain in the neck (*fam.*) ***3*** (*fig.: spilorcio*) niggard; miser.
pittografìa, *f.* pictography; picture-writing.
pittogràfico, *a.* pictographic. ● **simbolo p.,** pictorial symbol; pictograph.
pittogràmma, *m.* pictograph; pictogram.
pittóre, *m.* (*f.* **-trice**) ***1*** (*anche fig.*) painter: **fare il p.,** to be a painter; **p. di ritratti,** portrait painter; portraitist; **p. di paesaggi,** landscape painter; landscapist; **p. di marine,** marine painter; seascapist; **p. di nature morte,** still-life painter; **p. di scenari,** scene painter; **p. decoratore,** ornamental painter; decorator; **p. di maniera,** mannerist; **studio di p.,** painter's studio ***2*** (*imbianchino*) (house) painter.
pittorésco, *a.* picturesque; pictorial; colourful: **luoghi pittoreschi,** picturesque places; **una veduta pittoresca,** a picturesque view; **una descrizione pittoresca,** a picturesque (*o* a graphic) description; **uno stile p.,** a picturesque (*o* a vivid) style; **un personaggio p.,** a colourful character.
pittorialìşmo, *m.* (*fotogr.*) pictorialism.
pittoricìşmo, *m.* taste for the picturesque.
pittoricità, *f.* picturesqueness.
pittòrico, *a.* pictorial; of a painter: **l'arte pittorica,** the pictorial art; (the art of) painting.
pittòsporo, *m.* (*bot., Pittosporum tobira*) butterbush.
pittùra, *f.* ***1*** (*arte del dipingere*) painting: **p. a olio,** oil painting; **p. ad acquerello,** water-colour painting; **p. a guazzo,** gouache; **p. dal vero,** painting from life; **p. di genere,** genre paiting; **p. su tela [su legno],** painting on canvas [on wood]; **studiare p.,** to study painting; **scuola di p.,** painting school ***2*** (*dipinto*) painting; picture: **una p. di Botticelli,** a painting by Botticelli; **pitture a olio,** oil paintings ***3*** (*fig.: rappresentazione espressiva*) (vivid) description (*o* picture) ***4*** (*fam.: vernice*) paint: **p. fresca,** wet (*o* fresh) paint ***5*** (*belletto*) make-up, rouge; (*spreg.*) paint.
pitturàre, A *v. t.* (*dipingere, verniciare, truccarsi*) to paint. **B pitturàrsi,** *v. rifl.* (*pop.*) to paint one's face; to make* up. ● **p. troppo,** to use too much make-up.
pitturazióne, *f.* painting.
pituìta, *f.* (*med.*) phlegm.
pituitàrio, *a.* (*anat.*) pituitary: **ghiandola pituitaria,** pituitary gland (*o* body); hypophysis; **membrana pituitaria,** pituitary membrane.
più, A *avv.* ***1*** (*compar. di maggioranza*) more; -er (*suff. aggiunto agli avv., agli agg. monosillabi e ad alcuni bisillabi*): **più semplice,** simpler; **più stretto,** narrower; **più profondo,** deeper; **più giallo,** yellower; more yellow; **più bello,** more handsome; handsomer; **Mario è più intelligente di Carlo,** Mario is cleverer (*o* more intelligent) than Carlo; **È più fortunato che intelligente,** he is more fortunate than intelligent; **È più grigio che marrone,** it is more grey than brown; **Il cielo è più bello in primavera che in estate,** the sky is more beautiful in spring than in summer; **Domani verrò più presto,** I'll come earlier tomorrow; **Mi è costato più di mille sterline,** it cost me more than a thousand pounds; **Sono più alto di te, e tu hai due anni più di me,** I'm taller than you and you are two years older than I am (*o* than me); **Quell'uomo è molto più ricco di quanto tu non pensi,** that man is much richer than you think; **La mia casa è (molto) più grande della tua,** my house is (much) bigger than yours; **dieci volte più grande,** ten times bigger; ten times as big as; **Ha un'automobile due volte più grande della mia,** his car is twice as big as mine; **Mi piace di più andare al mare che in montagna,** I prefer the seaside to the mountains; **Non per questo l'impresa è più difficile [facile],** the enterprise is none the more difficult [the easier] for this; **sempre più facile,** easier and easier; **sempre più difficile,** more and more difficult; **Più avanti vai, più ripida diventa la strada,** the further (*o* farther) you go, the steeper the road becomes; **Più s'invecchia, più saggi si diventa,** the older you get, the wiser you become; **Più sensibile sei, più soffrirai,** the more sensitive you are, the more you will suffer; **Più studio questa materia, più [meno] difficile diventa,** the more I study this subject, the more [the less] difficult it becomes ***2*** (*superl. relat.*) (the) most; (the) -est (*suff. aggiunto agli avv., agli agg. monosillabi e ad alcuni bisillabi*); (*tra due*) (the) more; (the) -er (*suff.; V. sopra*): **Questo è il libro più difficile [facile] che io abbia mai letto,** this is the most difficult [the easiest] book I have ever read; **È il più ricco [strambo] dei due,** he is the richer [the more eccentric] of the two; **Fra tutti noi Giorgio è quello che guadagna di più,** of all of us, Giorgio is the one who earns most; **Delle due sorelle, la maggiore è la più bella,** the elder of the two sisters is the more beautiful; **Non so quale di questi quadri mi piaccia di più,** I don't know which of these pictures I like most ***3*** (*rif. a tempo; in frasi neg. con «non»*) no longer; not... any longer; not... any more; (*lett.*) no more; (*con «mai»*) never... again: **Non siamo più bambini,** we are no longer children; we are not children any more; **Non andrò più in quel ristorante,** I won't go to that restaurant any more; **Non ti voglio più vedere,** I don't want to see you any more; **Non torneranno mai più a Roma,** they will never go back to Rome; **Non lo farò mai più,** I shall never do it again; **Non è più con noi,** he is no longer with us ***4*** (*rif. a quantità, in frasi neg.*) not... any more; no more: **Non ne voglio più,** I don't want any more; **Non c'è più pane,**

there's no more bread; there's no bread left ***5*** – **più che**, more than: **Sono più che contento dei tuoi progressi**, I'm more than pleased at your progress; **Il tuo comportamento è più che riprovevole: è disgustoso**, your behaviour is more than reprehensible, it's disgusting; **È più che ricco; è un miliardario!**, he is more than rich, he's a multi-millionaire ***6*** (*mat.*) plus: **Uno più uno fa due**, one plus one is two; one and one are two. • **più che mai**, more than ever □ **più di una volta**, more than once □ **il più possibile**, as much as possible: **Sgobbavo il più possibile**, I worked as much as possible (*o* as much as I could, as hard as I could) □ **Rispondimi il più presto possibile**, answer me as soon as possible (*o* as soon as you can) □ **Correva a più non posso**, he ran as fast as he could □ **In questi ultimi giorni sto lavorando a più non posso**, in these last few days I've been working as hard as possible □ **al più** (*o* **tutt'al più**), at the most; (*al più tardi*) at the latest: **Tutt'al più, tornerò giovedì**, at the latest, I'll be back on Thursday □ **chi più, chi meno**, some more, some less □ **Che puoi fare di più?**, what more (*o* else) can you do? □ **Che vuoi di più?**, what more do you want? □ **giorno più giorno meno**, give or take a day □ **in più**, in addition; in excess □ **per di più**, moreover; furthermore; what's more: **È un fannullone, e per di più è un bugiardo**, he's a layabout, and furthermore (*o* what's more) he's a liar □ **per lo più**, mostly; for the most part; (*di solito*) usually: **A Perugia gli studenti sono per lo più stranieri**, at Perugia the students are mostly foreigners; **La sera per lo più mi troverai a casa**, you'll usually find me at home in the evening □ **per non dire di più**, to say the least □ **piuttosto più che meno**, rather more than less □ **tanto più che**, all the more so because: **Non puoi uscire stasera, tanto più che hai il raffreddore**, you can't go out tonight, all the more so because you have a cold □ **uno di più**, one extra □ **Ora non gli rimane più che morire**, death is all that awaits him now □ **Non più!** (*basta*), enough! **B** *a.* ***1*** (*compar.*) more: **Ho più denaro di te**, I have more money than you; **Ci vogliono più uova per fare questa torta**, more eggs are needed to make this cake; **Più soldi hai, più amici troverai**, (the) more money you have, (the) more friends you'll find ***2*** (*superl. relat.*) most: **Carlo ha più quattrini di tutti**, Carlo has (the) most money ***3*** (*parecchi*) several: **più volte**, several times; **Ci vorranno più giorni per la riparazione**, the repairs will take several days ***4*** (*con valore neutro*) more: **un'ora e più**, one hour and more; **Più di così non potevo fare**, I couldn't do more than that. • **Compra più dollari e vendi più sterline che puoi**, buy as many dollars and sell as many pounds as you can. **C** *m.* ***1*** most; (the) greater part; the bulk: **Il più è fatto**, most of it is done ***2*** (*la cosa più importante*) (the) most important thing; (the) main thing: **Il più è cominciare**, the most important thing is to make a start ***3*** (*mat.*: *segno del più*) plus sign. • **i più** (*la maggioranza*), the majority; most people: **I più la pensano così**, most people (*o* the majority) are of this opinion □ **il più delle volte**, most times; mostly; generally □ **dal più al meno**, more or less; approximately □ **il di più**, the surplus □ **e il più è che...**, and moreover...; and what's more... □ **parlare del più e del meno**, to talk of nothing in particular; to talk about this and that; to chat casually □ (*scherz.*) **essere nel numero dei più**, to have joined the majority. **D** *prep.* (*oltre a*) plus; besides; in addition to: **Siamo cinque più Carlo**, there are five of us besides Carlo.

piuccheperfètto, *m.* (*gramm.*) pluperfect (tense); past perfect (tense).

piùma, **A** *f.* ***1*** (*di uccelli*) feather: **un materasso di piume**, a feather bed; **un guanciale (imbottito) di piume**, a feather pillow; **coprire di piume**, to cover with feathers; to feather; to plume; **leggero come una p.**, as light as a feather; **morbido come una p.**, as soft as down; soft and downy; fluffy ***2*** *V.* **piumaggio** ***3*** (*ornamento*) plume; feather. **B** *a.* – (*sport*) **peso p.**, featherweight.

piumàggio, *m.* plumage; feathering; feathers (*pl.*).

piumàto, *a.* (*ornato di piuma o di piume*) plumed: **elmo p.**, plumed helmet; **mantello p.**, plumed cloak.

piumétta, *f.* (*bot.*) plumule.

piumino, *m.* ***1*** (*piuma fine*) down: **p. d'oca**, eiderdown ***2*** (*coperta da piedi*) eiderdown covering (*USA*: comforter) ***3*** *V.* **piumone** ***4*** (*giacca imbottita*) quilted jacket; duvet jacket ***5*** (*per cipria*) powder puff ***6*** (*per spolverare*) feather duster ***7*** (*proiettile*) (airgun) dart.

piumóne, *m.* eiderdown (quilt); continental quilt (*GB*); duvet; doona (*Austr.*).

piumosità, *f.* featheriness; downiness.

piumóso, *a.* feathery; downy.

piumòtto, *V.* **piumino**, *def. 4*.

piuòlo, *V.* **piolo**.

piùria, *f.* (*med.*) pyuria.

piuttòsto, **A** *avv.* ***1*** (*preferibilmente*) rather, sooner, better; (*invece*) instead (of): **Prenderei p. un bicchiere d'acqua**, I would rather have a glass of water; **Torna a casa, p.**, you had better go back home; **Ti scrivo, o p. ti mando un fax**, I'll write to you, or rather, I'll send you a fax; **Vacci tu, p.**, you go instead ***2*** (*alquanto*) rather; somewhat; fairly: **A me pare p. carina**, I think she is rather pretty; **È p. difficile**, it's somewhat difficult; **p. bene**, fairly well; **p. male**, rather badly; **sentirsi p. bene [male, stanco]**, to feel rather well [poorly, tired]. **B piuttòsto che, piuttòsto di**, *locuz. cong.* rather... than; sooner... than; better... than: **Vivrei p. a Londra che a Parigi**, I would rather (*o* sooner) live in London than in Paris; **P. che diventare suo socio, preferisco vendere tutto**, I'd rather sell everything than become his partner; **P. morto che traditore!**, better dead than a traitor!; **p. grigio che nero**, rather grey than black.

piva, *f.* (*mus.*) bagpipes (*pl.*). • (*fig.*) **tornarsene con le pive nel sacco**, to return empty-handed.

pivèllo, *m.* ***1*** (*f.* **-a**) (*novellino*) raw beginner; rookie (*fam.*); greenhorn (*fam.*); person still wet behind the ears (*fam.*) ***2*** (*giovincello pretenzioso e vanesio*) cocky young man (*fam.*).

piviàle, *m.* (*eccles.*) cope.

pivière, *m.* (*zool.*, *Charadrius*) plover: **p. dorato** (*Charadrius apricarius*), golden plover; **p. tortolino** (*Charadrius morinellus*), dotterel.

pivierèssa, *f.* (*zool.*, *Squatarola squatarola*) black-bellied plover.

pivot (*franc.*), *m. invar.* (*pallacanestro*) pivot player; pivot man*.

pivotànte, *a.* (*tecn.*) pivoting.

pixel, *m. invar.* (*elab.*) pixel.

pìzia, *f.* (*stor.*) Pythia.

pìzio, *a.* Pythius: **Apollo P.**, Apollo Pythius.

pizza, *f.* ***1*** (*cucina*) pizza*: **una p. alla napoletana**, a Neapolitan pizza; **p. al taglio**, pizza sold by the slice ***2*** (*fig.*: *cosa o persona noiosa*) bore; drag (*fam.*); yawn (*fam.*) ***3*** (*cinem.*: *scatola*) (film) can; (*pellicola*) reel (of film).

pizzaiòlo, *m.* (*f.* **-a**) pizza maker. • (*cucina*) **alla pizzaiola**, (stewed) with peeled tomatoes, garlic and origano.

pizzardóne, *m.* (*region.*) traffic policeman*.

pizzeria, *f.* pizzeria; pizza restaurant; pizza house.

pizzicàgnolo, *m.* (*f.* **-a**) delicatessen seller; (*droghiere*) grocer.

pizzicàre, **A** *v. t.* ***1*** (*dare pizzicotti*) to pinch; to nip: **Mi pizzicò il braccio**, he pinched my arm ***2*** (*di insetti*: *pungere*) to sting*; to bite*: **Un'ape mi ha pizzicato**, I've been stung by a bee ***3*** (*essere piccante o frizzante*) to burn*: **p. la lingua**, to burn the tongue ***4*** (*fig.*: *punzecchiare*) to taunt; to tease ***5*** (*del freddo e sim.*) to pinch; to nip; ***6*** (*fam.*: *cogliere di sorpresa*) to catch*, to seize; (*cogliere in flagrante*) to catch* (sb.) red-handed; (*arrestare*) to seize, to nick, to nab (*fam.*): **Se ti pizzico, sono guai!**, if I catch you, you'll smart for it!; **Non mi ci pizzichi più!**, you won't catch me again!; **farsi p.**, to be (*o* to get) caught ***7*** (*fam.*: *rubare*) to pinch; to filch: **Qualcuno mi ha pizzicato l'orologio**, somebody pinched my watch ***8*** (*mus.*) to pluck; to twang: **note pizzicate**, plucked notes; pizzicato notes; **p. le corde d'un violino**, to pluck the strings of a violin; **p. una chitarra**, to twang a guitar. **B** *v. i.* ***1*** (*sentire pizzicore*) to itch, to be (*o* to feel*) itchy; (*causare pizzicore*) to tickle: **Le punture delle zanzare pizzicano**, mosquito bites itch; **Mi pizzica una gamba**, my leg is itchy; (*anche fig.*) **sentirsi p. le mani**, to feel one's hand itching ***2*** (*essere piccante*) to be hot: **una salsa che pizzica**, a hot sauce.

pizzicàta, *f.* *V.* **pizzico**, *def. 1 e 2*.

pizzicàto, *m.* (*mus.*) pizzicato*.

pizzicheria, *f.* delicatessen (shop); (*drogheria*) grocer's (shop).

pizzichino, *a.* (*fam.*) ***1*** (*piccante*) hot ***2*** (*frizzante*) fizzy.

pizzico, *m.* ***1*** (*il pizzicare*) pinch; nip: **dare un p.**, to give a pinch; to pinch ***2*** (*presa*) pinch: **un p. di tabacco [di sale]**, a pinch of snuff [of salt] ***3*** (*fig.*: *piccola quantità*) touch; bit; modicum; ounce; gram: **un p. di umorismo**, a touch of humour; **un p. di buon senso**, a modicum of commonsense ***4*** (*pinzata d'insetto*) sting; bite.

pizzicóre, *m.* ***1*** (*prurito*) itch, itching; (*irritazione, formicolio*) tickle, tingling; (*bruciore*) smart, sting: **un p. in gola**, a tingling in the throat ***2*** (*fig.*) itch; urge. • (*anche fig.*) **Mi viene il p. alle mani**, my hands are itching.

pizzicottàre, *v. t.* (*fam.*) to pinch.

pizzicòtto, *m.* pinch; nip: **dare un p. a q.**, to give sb. a pinch; to pinch sb.

pizzo, *m.* ***1*** (*punta, estremità*) end; top; point ***2*** (*picco montuoso*) peak; mountain top ***3*** (*barba a punta*) pointed beard; Van Dyke; goatee; imperial ***4*** (*trina*) lace (*solo sing.*): **un colletto di p.**, a lace collar; **ornato di pizzi**, trimmed with lace ***5*** (*region.*: *tangente*) protection money.

placàbile, *a.* placable; appeasable; pacifiable.

placàre, **A** *v. t.* (*anche fig.*) to placate; to appease; to pacify; to calm (down); to conciliate; to soothe; to assuage; to allay: **p. q.**, to placate (*o* to pacify) sb.; to calm sb. down; **p. gli stimoli della fame**, to appease one's hunger; **p. la propria ira**, to appease one's anger. **B placàrsi**, *v. i. pron.* ***1*** (*di persona*) to calm oneself; to calm down ***2*** (*di cosa*) to calm down; to subside; to abate: **Il vento si era già placato**, the wind had already subsided; **Il mare si placò**, the sea calmed down; **La burrasca si placò**, the storm abated; **Il dolore si placò**, the pain abated.

plàcca, *f.* ***1*** (*lamina di metallo*) (metal) plate; (*commemorativa*) plaque ***2*** (*piastrina*) metal badge; (*targhetta*) plate ***3*** (*anat.*) plate: **la p. nervosa** (*o* **neuromotrice**), the neural plate ***4*** (*med.*) plaque; patch: **p. batterica**, dental plaque ***5*** (*fis., elettr., metall.*) plate: **p. deviatrice**, deflecting plate; **placche di deflessione**, deflector plates; (*elettr.*) **p. a griglia**, grid.

placcàggio, *m.* (*rugby*) tackling.

placcàre, *v. t.* ***1*** to plate: **p. in oro**, to gold-plate; **p. in argento**, to silver-plate ***2*** (*rugby*) to tackle.

placcàto, *a.* (*metall.*) plated: **p. in argento**, silver-plated.

placcatùra, *f.* (*ind. metall.*) plating: **bagno di p. al cianuro**, cyanide plating bath; **p. elettronica**, electroplating.

placchètta, *f.* **1** small plate **2** (*arte*) plaquette **3** (*aletta degli occhiali*) bridge support.
placèbo (*lat.*), *m. invar.* (*farm.*) placebo*.
placènta, *f.* **1** (*anat.*) placenta*; afterbirth: **p. previa**, placenta pr(a)evia **2** (*bot.*) placenta*.
placentàre, *a.* (*anat., bot.*) placental; placentary.
Placentàti, *m. pl.* (*zool.*, *Placentalia*) Placentalia.
placentàto, *m.* (*zool.*) placental mammal.
placentazióne, *f.* (*anat., bot.*) placentation.
placet (*lat.*), *m. invar.* (*leg.*) placet.
placidità, *f.* placidity; tranquillity; (*pace*) peacefulness, calmness.
plàcido, *a.* placid; tranquil; peaceful; calm: **un carattere p.**, a placid nature; **un viso p.**, a placid face; **un sonno p.**, a placid (*o* quiet, peaceful) sleep; **una notte placida**, a peaceful night; **una morte placida**, a peaceful death; **un mare p.**, a calm sea.
plàcito, *m.* (*stor.*) **1** judg(e)ment **2** (*sentenza*) placitum*; decree.
placòde, *m.* (*anat.*) placode.
placòide, *a.* (*zool.*) placoid: **squame placoidi**, placoid scales.
plafonatùra, *f.* ceiling.
plafond (*franc.*), *m. invar.* **1** (*soffitto*) ceiling **2** (*limite massimo*) ceiling, limit; (*banca, credito*) line of credit, credit line.
plafóne, *m.* ceiling.
plafonièra, *f.* ceiling light fixture.
plàga, *f.* (*lett.*) region; zone.
plagiàre, *v. t.* **1** (*copiare abusivamente*) to plagiarize **2** (*leg.*) to subjugate morally; to exert undue influence over.
plagiàrio, **A** *a.* plagiarizing; plagiaristic. **B** *m.* (*f.* **-a**) plagiarist; literary (*o* artistic) thief*.
plagiàto, **A** *a.* **1** (*copiato abusivamente*) plagiarized **2** (*leg.*) morally subjugated; unduly influenced. ● **un libro pieno di brani plagiati**, a book full of plagiarisms. **B** *m.* (*f.* **-a**) (*leg.*) morally subjugated person; unduly influenced person.
plàgio, *m.* **1** (*appropriazione del lavoro altrui*) plagiarism; plagiary **2** (*opera frutto di un p.*) plagiarized work: **Questo articolo è un p.**, this article has been plagiarized **3** (*leg.*) moral subjugation.
plagiocefalìa, *f.* (*med.*) plagiocephaly.
plagioclàsio, *m.* (*miner.*) plagioclase.
plagiotropìsmo, *m.* (*bot.*) plagiotropism.
plaid (*ingl.*), *m. invar.* blanket; (travelling) rug (*GB*); (*a maglia o a uncinetto*) afghan: **un p. scozzese**, a tartan rug.
planaménto, *m.* (*aeron.*) gliding.
planàre (1), *a.* **1** plane; flat; level **2** (*geom., elettron.*) planar: **sistema p.**, planar array; **dispositivo p.**, planar device; **diodo p.**, planar diode.
planàre (2), *v. i.* (*aeron.*) to glide; to plane.
planària, *f.* (*zool.*) planaria.
planarità, *f.* (*geom., elettron.*) planarity.
planàta, *f.* (*aeron.*) glide; plane.
plància, *f.* **1** (*naut.*: *ponte di comando*) bridge: **salire in p.**, to go on to the bridge **2** (*naut.*: *passerella*) gangplank; gangway.
plàncton, *m. invar.* (*biol.*) plankton.
planctònico, *a.* (*biol.*) planktonic.
planetàrio, **A** *a.* **1** (*astron.*) planetary: **il sistema p.**, the planetary system **2** (*mondiale*) world; worldwide: **popolazione planetaria**, world population; **fama planetaria**, worldwide fame **3** (*mecc.*) planetary; planet (*attr.*): **rotismo** (*o* **treno**) **p.**, planeraty gear train; **ruota planetaria**, planet gear (*o* wheel). **B** *m.* **1** (*macchina e luogo*) planetarium* **2** (*mecc.*) crown wheel.
planetòide, *m.* (*astron.*) minor planet; (*anche artificiale*) planetoid.
planetologìa, *f.* (*astron.*) planetology.
planetològico, *a.* (*astron.*) planetological.
planimetrìa, *f.* **1** (*geom.*) planimetry **2** (*archit.*) (location) plan.
planimètrico, *a.* (*geom.*) planimetric(al).
planìmetro, *m.* planimeter.
planiròstro, *a.* (*zool.*) planirostral; flat-billed.
planisfèro, *m.* (*astron.*) planisphere.
planitùdine, *f.* planeness; flatness.
plànkton, *V.* **plancton**.
planogamète, *m.* (*biol.*) planogamete.
planografìa, *f.* (*tipogr.*) planography.
planogràfico, *a.* (*tipogr.*) planographic: **stampa planografica**, planographic printing.
plantagenèto, *a.* (*stor.*) Plantagenet.
plantàre, **A** *a.* (*anat.*) plantar: **arterie plantari**, plantar arteries. **B** *m.* arch support.
plantigrado, *a.* e *m.* (*zool.*) plantigrade.
plaquette (*franc.*), *f. invar.* brochure; booklet; pamphlet.
plàșma, *m.* **1** (*biol.*) plasma; plasm **2** (*fis., miner.*) plasma.
plașmàbile, *a.* **1** mouldable; malleable; plastic: **creta p.**, plastic clay **2** (*fig.*) malleable; pliable.
plașmabilità, *f.* (*anche fig.*) malleability.
plașmacèllula, *f.* (*biol.*) plasma cell.
plașmafèreși, *f.* (*med.*) plasmapheresis.
plașmàre, *v. t.* (*anche fig.*) to mould; to shape: **p. la creta [la cera]**, to mould clay [wax]; **p. il carattere di q.**, to mould sb.'s character.
plașmàtico, *a.* (*biol.*) plasmatic; plasmic.
plașmatóre, **A** *m.* (*f.* **-trice**) moulder; shaper. **B** *a.* moulding.
plașmìde, **plașmìdio**, *m.* (*biol.*) plasmid.
plașmocita, **plașmocito**, *m.* (*biol.*) plasmacyte.
plașmodiàle, *a.* (*biol.*) plasmodial.
plașmòdio, *m.* (*biol.*) plasmodium*.
plàstica, *f.* **1** (*arte del modellare*) plastic art **2** (*materia p.*) plastic **3** (*med.*) plastic surgery; plastics (*pl. col verbo al sing.*): **farsi la p. al naso**, to undergo (*o* to have) plastic surgery on the nose; to have a nose job (*fam.*).
plasticàre, *v. t.* **1** (*modellare*) to model (with plastic material) **2** (*rivestire di plastica*) to cover (*o* to coat) with plastic; to plastic-coat.
plasticatóre, *m.* (*f.* **-trice**) plastic artist; modeller.
plasticìșmo, *m.* (*arte*) plasticism.
plasticità, *f.* plasticity.
plàstico, **A** *a.* plastic: **argilla plastica**, plastic (*o* modelling) clay; **arti plastiche**, plastic arts; **materie plastiche**, plastics; **esplosivo p.**, plastic explosive; **chirurgia plastica**, plastic surgery; plastics (*pl. col verbo al sing.*); **chirurgo p.**, plastic surgeon; **pose plastiche**, plastic (*o* statuesque) attitudes. **B** *m.* **1** (*archit.*) plastic (*o* relief) model **2** (*carta geografica*) relief map **3** (*esplosivo*) plastic explosive. ● **bomba al p.**, plastic bomb.
plastìdio, *m.* (*biol.*) plastid.
plastificànte, *m.* plasticizer.
plastificàre, *v. t.* **1** to plasticize **2** (*rivestire di plastica*) to plastic-coat.
plastificàto, *a.* **1** plasticized **2** (*rivestito di plastica*) plastic-coated.
plastificazióne, *f.* (*ind.*) plasticization.
plastilìna, *f.* (*marchio*) Plasticine.
plastisòl, *m.* (*chim.*) plastisol.
plastron, *m. invar.* shirt front.
platanària, *f.* (*bot.*, *Acer platanoides*) Norway maple.
platanéto, *m.* plane-tree wood.
plàtano, *m.* (*bot.*, *Platanus*) plane(-tree).
platèa, *f.* **1** (*teatr.*) stalls (*pl.*, *GB*); orchestra (*USA*): **una poltrona di p.**, a seat in the stalls; **La p. era semideserta**, the stalls were half empty **2** (*gli spettatori*) audience in the stalls; pit **3** (*estens.*: *pubblico in generale*) audience **4** (*edil.*) foundation(s); bed: **p. di calcestruzzo**, concrete bed **5** (*geol.*) shelf*; plateau: **p. continentale**, continental shelf.
plateàle, *a.* **1** (*evidente*) obvious; unmistakable; blatant; glaring: (*sport*) **un fallo p.**, a blatant foul; **errore p.**, glaring mistake **2** (*ostentato*) ostentatious; flaunty: **gesto p.**, ostentatious gesture.
platealità, *f.* **1** (*evidenza*) obviousness; unmistakableness; blatancy **2** (*ostentazione*) ostentatiousness; flauntiness.
plateàtico, *m.* (*fin.*) stallage.
plateau (*franc.*), *m. invar.* **1** (*vassoio*) tray **2** (*cassetta aperta*) crate: **un p. di mele**, a crate of apples **3** (*geogr.*) plateau; tableland.
platelmìnta, *m.* (*zool.*) platyhelminth; flatworm.
Platelmìnti, *m. pl.* (*zool.*, *Platyhelminthes*) Platyhelminthes.
platènse, *a.* (*geogr.*) of Rio de la Plata.
plateresco, *a.* (*archit.*) plateresque.
platèssa, *f.* (*zool.*) plaice.
platìna, *f.* (*tipogr.*) platen.
platinàre, *v. t.* **1** (*ind.*) to platinize; to platinum-plate **2** (*i capelli*) to dye platinum blonde.
platinàto, *a.* **1** (*ind.*) platinized; platinum-plated **2** (*di capelli*) platinum blonde. ● **bionda platinata**, platinum blonde.
platinatùra, *f.* (*ind.*) platinizing; platinum-plating.
platìnico, *a.* (*chim.*) platinic: **acido p.**, platinic acid.
platinìfero, *a.* (*miner.*) platiniferous; platinum-bearing.
plàtino, **A** *m.* (*chim.*) platinum: **nero di p.**, platinum black; **spugna di p.**, platinum sponge. **B** *a.* – **biondo p.**, platinum blonde.
platirrìna, *f.* (*zool.*, *Platyrrhina*) platyrrhine monkey.
Platóne, *m.* (*stor. filos.*) Plato.
platonicaménte, *avv.* Platonically.
platònico, **A** *a.* **1** (*filos.*) Platonic; of Plato: **la filosofia platonica**, Platonic philosophy; **le dottrine platoniche**, Platonic doctrines; **i dialoghi platonici**, the Dialogues of Plato **2** (*fig.*) Platonic; idealistic: **amore p.**, Platonic love **3** (*fig.*: *teorico, irrealizzabile*) theoretical; unrealizable. **B** *m.* (*f.* **-a**) (*filos.*) Platonist; follower of Plato: **i platonici**, the Platonists.
platonìșmo, *m.* (*filos.*) Platonism.
plaudènte, *a.* (*lett.*) applauding; cheering.
plaudìre, *v. i.* (*lett.*) to applaud; to cheer.
plauṣìbile, *a.* **1** plausible; reasonable; acceptable: **una scusa p.**, a plausible excuse **2** (*lett.*: *degno di plauso*) praiseworthy; laudable; commendable.
plauṣibilità, *f.* plausibility; reasonableness.
plàuṣo, *m.* **1** (*lett.*: *applauso*) applause **2** (*fig.*: *approvazione*) approbation, approval; (*lode*) praise, encomium.
plàustro, *m.* (*stor.*) plaustrum*.
plautìno, *a.* (*letter.*) Plautine.
Plàuto, *m.* (*stor. letter.*) Plautus.
playback (*ingl.*), *m. invar.* **1** (*cinem.*) synchronizing; dubbing **2** (*TV*) (*rif. a canzoni*) miming.
plebàglia, *f.* (*spreg.*) mob; rabble; riff-raff.
plèbe, *f.* **1** (*stor. romana*) plebs* **2** (*popolo*) populace; lower classes (*pl.*) **3** (*spreg.*) *V.* **plebaglia**.
plebeìșmo, *m.* (*spreg.*) vulgarism; vulgar expression.
plebèo, **A** *a.* **1** (*di, della plebe*) plebeian: **di origine plebea**, of plebeian (*o* low) birth **2** (*spreg.*: *volgare*) plebeian; common; vulgar: **gusti plebei**, plebeian tastes; **modi plebei**, plebeian (*o* vulgar) manners; plebeianism; vulgarity. **B** *m.* (*f.* **-a**) **1** plebeian; commoner **2** (*stor.*) plebeian: **patrizi e plebei**, patricians and plebeians.
plebiscitàrio, *a.* **1** plebiscitary **2** (*fig.*: *unanime*) unanimous: **votazione plebiscitaria**, unanimous vote.
plebiscìto, *m.* **1** (*stor., polit.*) plebiscite **2** (*fig.*: *consenso universale*) general consent; unanimous agreement; unanimity.
plèiade, *f.* (*fig.*) pleiad: **una p. di poeti**, a pleiad of poets.
Plèiadi, *f. pl.* (*mitol., astron.*) Pleiades, Pleiads.
pleiotropìa, *f.* (*biol.*) pleiotropism.

pleiotròpico, a. (*biol.*) pleiotropic.
Pleistocène, m. (*geol.*) Pleistocene.
pleistocènico, a. (*geol.*) Pleistocene (*attr.*).
plenariaménte, avv. plenarily.
plenàrio, a. *1* plenary: **un'assemblea plenaria**, a plenary assembly (*o* meeting) *2* (*totale*) full; plenary; complete: **consenso p.**, full consent; (*eccles.*) **indulgenza plenaria**, plenary indulgence.
plenilunàre, a. plenilunar; plenilunal.
plenilùnio, m. (*astron.*) full moon; plenilune.
plenipotenziàrio, a. e m. plenipotentiary: **un ministro p.**, a plenipotentiary minister.
plenitùdine, f. (*lett.*) plenitude; fullness: (*teol.*) **la p. dei tempi**, the fullness of time.
plenum (*lat.*), m. invar. plenum*.
pleocroiṣmo, m. (*miner.*) pleochroism.
pleonàṣmo, m. (*gramm.*) pleonasm.
pleonàstico, a. (*gramm.*) pleonastic.
pleonàsto, m. (*miner.*) pleonaste.
pleròma (1), m. (*filos.*) pleroma.
pleròma (2), m. (*bot.*) plerome.
pleṣiosàuro, m. (*geol.*) plesiosaur.
plessìmetro, m. *1* (*med.*) pleximeter *2* (*mus.*) metronome.
plèsso, m. *1* (*anat.*) plexus*: **p. cardiaco**, cardiac plexus; **p. nervoso**, nerve (*o* nervous) plexus *2* (*bur.*) complex; unit.
pletiṣmografìa, f. (*med.*) plethysmography.
pletiṣmògrafo, f. (*med.*) plethysmograph.
plètora, f. *1* (*med.*) plethora *2* (*fig.*) plethora; excess; superfluity; overabundance; surfeit.
pletòrico, a. *1* (*med.*) plethoric *2* (*fig.*) plethoric; overabundant; redundant; (*di stile*) inflated, turgid.
plèttro, m. (*mus.*) plectrum*.
plèura, f. (*anat.*) pleura*: **p. polmonare**, pulmonary pleura.
pleuràle, pleùrico, a. (*anat.*) pleural.
pleurìte, f. (*med.*) pleurisy.
pleurìtico, (*med.*) **A** a. pleuritic. **B** m. (*f.* **-a**) sufferer from pleurisy.
pleurocentèṣi, f. (*med.*) pleurocentesis.
pleurodinìa, f. (*med.*) pleurodynia.
pleuropolmonìte, f. (*med.*) pleuropneumonia.
pleurotomìa, f. (*med.*) pleurotomy.
plèuston, m. invar. (*biol.*) pleuston.
plexiglas, m. (*marchio*) Plexiglas.
plica, f. *1* (*med.*) plica*; fold *2* (*mus.*) plica*.
plico, m. cover; wrapper; (*busta*) envelope; (*involto*) parcel: **in p. a parte**, under separate cover.
plinìano, a. Plinian: (*geol.*) **eruzione di tipo p.**, Plinian eruption.
Plìnio, m. (*stor.*) Pliny.
plinto, m. *1* (*archit.*) plinth; socle; footstall: **p. di fondazione**, foundation plinth *2* (*ginnastica*) box.
Pliocène, m. (*geol.*) Pliocene.
pliocènico, a. (*geol.*) Pliocene (*attr.*).
plissé (*franc.*) **A** a. pleated. **B** m. plissé.
plissettàre, v. t. to pleat.
plissettàto, a. pleated.
plissettatrìce, f. pleating machine.
plissettatùra, f. pleating.
plotóne, m. *1* (*mil.*) platoon: **p. di fanteria [di cavalleria]**, infantry [cavalry] platoon. ● **p. d'esecuzione**, firing squad; firing party *2* (*ciclismo*) pack.
plùgo, m. (*esca*) plug.
plùmbeo, a. *1* (*del colore del piombo*) leaden; plumbeous: **nuvole plumbee**, leaden clouds; **un cielo p.**, a leaden sky *2* (*fig.*) oppressive; heavy; sultry; suffocating.
pluràle, a. e m. (*gramm.*) plural: **un sostantivo p.**, a plural noun; **al p.**, in the plural.
pluralis maiestatis (*lat.*), locuz. m. (the) royal we.
pluraliṣmo, m. pluralism.
pluralista, m. e f. pluralist.
pluralìstico, a. pluralist(ic).
pluralità, f. *1* (*molteplicità*) multiplicity, plurality, variety; (*grande numero*) large number: **una p. di interessi**, a variety of interests; **una p. di persone**, a plurality of persons *2* (*maggioranza*) plurality; majority: **la p. dei voti**, the majority of votes; **a p. di voti**, by a majority.
pluralizzàre, v. t. (*mettere al plurale*) to pluralize; to make* plural.
pluriaggravàto, a. (*leg.*) having more than one aggravating circumstance.
pluriarticolàto, a. (*bot., zool.*) multiarticulate(d).
pluriatòmico, a. (*fis.*) polyatomic.
pluricellulàre, a. (*biol.*) multicellular.
pluriclàsse, f. (*scuola*) mixed-level elementary school class.
pluricoltùra, f. (*agric.*) diversified farming.
pluridecoràto, **A** a. much-decorated. **B** m. much-decorated person.
pluridimensionàle, a. multidimensional.
pluridirezionàle, a. multidirectional.
pluridisciplinàre, a. multidisciplinary.
pluriennàle, a. lasting several years; of many years; long-term: **un corso p.**, a course lasting several years; **esperienza p.**, experience of many years; long experience; **contratto p.**, long-term contract.
plurièlnico, a. multiethnic.
plurifàṣe, a. polyphase.
plurigemellàre, plurigèmino, a. multiparous.
plurilateràle, a. multilateral.
plurilingue, a. multilingual.
plurilinguiṣmo, m. multilingualism.
plurilinguìstico, a. multilingual.
plurimandatàrio, a. (*comm.*) representing different firms.
plurimilionàrio, m. multimillionaire.
plurimillenàrio, a. thousands of years old.
plùrimo, a. multiple; (*di voto*) plural.
plurimotóre, **A** a. (*specialm. aeron.*) multi-engined. **B** m. (*aeron.*) multi-engined aircraft.
plurinazionàle, a. multinational.
plurinominàle, a. (*polit.*) multi-member (*attr.*); plurinominal.
plurinucleàto, a. (*biol.*) multinucleate; multinuclear.
pluriomicida, m. e f. multiple homicide.
plurìpara, f. (*med.*) multipara; pluripara.
pluripartìtico, a. (*polit.*) multiparty (*attr.*).
pluripartitiṣmo, m. (*polit.*) multipartyism.
pluriplàno, a. (*aeron.*) multiplane.
pluripòlide, a. having more than one nationality.
pluripósto, a. e m. (*aeron.*) multiseater.
plurireattóre, (*aeron.*) **A** m. multi-jet engine aircraft. **B** a. multi-jet engined.
plurirèddito, a. having more than one income.
plurisecolàre, a. centuries-old; age-old.
plurisettoriàle, a. regarding various sectors.
plurisìllabo, a. (*gramm.*) polysyllabic.
pluristàdio, a. (*aeron.*) multistage.
pluristilìstico, a. containing various styles.
pluriùṣo, a. multipurpose.
plurivalènte, a. (*chim.*) multivalent; polyvalent.
plurivalutàrio, a. (*econ.*) multicurrency.
pluṣvalènza, f. (*econ.*) *1* (*apprezzamento*) appreciation *2* (*utile su capitale*) capital gain.
plusvalóre, m. (*econ.*) surplus value.
plùteo (1), m. *1* (*archit.*) pluteus* *2* (*scaffale*) pluteus*.
plùteo (2), m. (*zool.*) pluteus.
plutòcrate, m. e f. plutocrat.
plutocràtico, a. plutocratic.
plutocrazìa, f. plutocracy.
plutodemocrazìa, f. plutodemocracy.
Plutóne, m. (*mitol., astron.*) Pluto.
plutóne, m. (*geol.*) pluton.
plutoniàno, a. *1* (*astron.*) Plutonian *2* (*geol.*) plutonic.
plutònico, a. *1* V. **plutoniano** *2* (*lett.*) plutonian; infernal.
plutònio, m. (*chim.*) plutonium.
plutoniṣmo, m. (*geol.*) plutonism.
pluviàle, **A** a. pluvial; rain (*attr.*): **acqua p.**, rainwater; **foresta p.**, rainforest. ● (*edil.*) **conduttura p.**, waterspout; downpipe. **B** m. (*edil.*) downspout.
pluviògrafo, m. (*meteor.*) recording rain gage.
pluviometrìa, f. (*meteor.*) pluviometry.
pluviomètrico, a. (*meteor.*) pluviometric(al).
pluviòmetro, m. (*meteor.*) rain gauge; pluviometer.
pnèuma, m. (*filos., mus.*) pneuma.
pneumàtico (1), **A** a. pneumatic; air (*attr.*): **avvitatrice pneumatica**, pneumatic wrench; **macchina pneumatica**, air pump; **martello p.**, pneumatic hammer; **materassino p.**, air bed; **posta pneumatica**, pneumatic post; **scalpello p.**, pneumatic rock-drill; **scavatrice pneumatica**, pneumatic digger; **trapano p.**, pneumatic drill. **B** m. (*autom.*) tyre, tire (*USA*): **gonfiare uno p.**, to pump a tyre; **lo scoppio di uno p.**, the bursting of a tyre; a blow-out (*fam.*); **p. a bassa pressione**, low-pressure tyre; **pneumatici accoppiati**, coupled tyres; **p. ad alta pressione**, high-pressure tyre; **p. con battistrada a canale**, grooved-tread tyre; (*autom.*) **p. radiale**, radial tyre; **p. rigato**, ribbed tyre; **p. rigenerato**, retreaded tyre; retread.
pneumàtico (2), a. (*filos.*) pneumatic.
pneumatòforo, m. (*bot., zool.*) pneumatophore.
pneumatologìa, f. (*filos.*) pneumatology.
pneumectomìa, f. (*med.*) pneumonectomy.
pnèumico, a. (*med.*) pneumonic.
pneumocèle, m. (*med.*) pneumatocele; pneumocele.
pneumocòcco, m. (*med.*) pneumococcus*.
pneumoconiòṣi, f. (*med.*) pneumoconiosis.
pneumografìa, f. (*med.*) pneumography.
pneumògrafo, m. (*med.*) pneumograph.
pneumologìa, f. (*med.*) pneumatology.
pneumometrìa, f. (*med.*) pneumatometry.
pneumòmetro, m. (*med.*) pneumatometer.
pneumorragìa, f. (*med.*) pneumorrhagia.
pneumotomìa, f. (*chir.*) pneumotomy.
pneumotoràce, m. (*med.*) pneumothorax.
po', V. **poco**.
poc'ànzi, avv. (*lett.*) a little while ago; just now.
pochade (*franc.*), f. invar. (*teatr.*) farce; light comedy.
pocherìno, V. **pokerino**.
pochette (*franc.*), f. invar. pochette; clutch bag.
pochézza, f. *1* littleness; miserliness; (*limitatezza*) narrowness; (*scarsezza*) scarcity, lack, want; (*insufficienza*) insufficiency: **p. di mezzi**, lack of means; **la p. di un regalo**, the miserliness of a present *2* (*fig.*: *meschinità*) meanness; smallness; pettiness.
póco, **A** a. e pron. indef. *1* little (*pl.* few); not much (*pl.* not many): **C'è rimasto p. pane**, there isn't much bread left; there is little bread left; **poca differenza**, little (*o* not much) difference; **poca soddisfazione**, little satisfaction; **C'è troppo poca luce qui**, there isn't enough light here; **un uomo di poche parole**, a man of few words; **Ho pochi amici**, I have few friends; I haven't many friends; **Ho segnato pochi punti**, I scored few points; **molto pochi**, very few; **troppo pochi**, too few; **Poche persone** (*o* **pochi**) **hanno letto il mio pezzo**, few people have read my article; **Occorre molto denaro e io ne ho p.**, a lot of money is needed and I have very little; **«Quanta stoffa ci vorrà?» «Per una gonna, poca»**, «how much material will be needed?» «for a skirt, very little»; **Molti sono i chiamati ma pochi gli eletti**, many are called but few are chosen; **«Vuoi delle caramelle?» «Sì, ma dammene poche»**, «do you want some sweets?» «yes, but don't give me many»; **C'è**

p. da dire, there's not much (*o* very little) one can say; **Purtroppo, c'è p. da fare**, unfortunately, there isn't much (*o* there's nothing much) we can do about it; **C'è p. da scegliere**, there isn't much choice; there is little to choose; **Ci vuole p. a farlo felice**, it doesn't take much to make him happy; **Si contenta di p.**, he is easily satisfied; he is content with little **2** (*in espress. di tempo*) short; little; (*in espress. ellittiche*) a short time, a little while, not long, shortly: **p. tempo fa**, a short time (*o* a little while) ago; **p. (tempo) dopo**, shortly after(wards); a little later; **p. (tempo) prima**, shortly before; **di lì a p.**, shortly after(wards); after a while; **Rimango qui solo per p. tempo**, I'm only going to stay here a little while; I won't stay here long; **In p. tempo tutta la casa fu in fiamme**, in a short time the whole house was on fire; **Manca p. alle vacanze**, it's not long to the holidays; **da p.**, (*poco tempo fa*) a short time ago; (*poco tempo prima*) a short time before; (*nelle espress. di tempo continuato*) for a short time: **È partito da p.**, he left a short time ago; **Come arrivai in Francia, mi informarono che mio padre era morto da p.**, when I arrived in France, I was told that my father had died a short time before; **Abitavo qua da p. quando tu arrivasti**, I had been living here for a short time when you arrived; **È p. che ho smesso di scrivere**, it's not long since I stopped writing; **Manca p. al suo arrivo**, it will not be long now before he comes; he won't be long (in coming); **Gli manca p. per finire**, he'll soon be finished; he's nearly finished. ● **p. più avanti [indietro]**, a little further on [further back] □ **a dir p.**, to say the least □ **C'è p. da Pisa a Lucca**, it's not (very) far from Pisa to Lucca □ **C'è p. da ridere**, it's no laughing matter □ **una cosa da p.**, a trifle; a small thing □ **un uomo da p.**, a worthless fellow □ **un vantaggio da p.**, an insignificant advantage □ **fra p.**, shortly; very soon; in a short while □ **Ci mancò p. che cadessi**, I nearly fell □ **Per p. non fui investito da un'auto**, I was nearly run over by a car; I came close to being run over by a car □ **Te lo vendo per p.**, I'll sell it to you cheap. **B** *m.* **1** little: **Il p. vale meglio del nulla**, (a) little is better than nothing; **Dobbiamo serbare il p. che abbiamo**, we must keep the little we have; **Ogni p. conta**, every little helps; **Fece quel p. che poteva**, he did what little he could; **Il p. che ho è in banca**, the little I have is in the bank; **Il p. che fa lo fa bene**, the little he does, he does well; **quel po' di greco che so**, the little Greek I know; **quel po' di tempo libero che ho**, the little free time I have **2** – **un p.** (*o* **un po'**), a little; a bit: **un po' di questo e un po' di quello**, a little of this and a little of that; **un po' di tutto**, a little of everything; **un po' di sale [di giudizio]**, a little (*o* some) salt [common sense]; **un po' per uno**, a little each; **Vuoi un altro po' di vino?**, will you have a little (*o* some) more wine?; **Dammene ancora un po'**, give me some more **3** – **un po'** (*di tempo*), a short time; a little; a while; **da un po'**, (*rispetto al presente*) some time ago; (*rispetto al passato*) some time before; (*tempo continuato*) for some time: **È partito da un po'**, he left some time ago; **Vivo qui da un po'**, I have been living here for some time; **Verrà fra un po'**, he'll come in a short time (*o* in a while, before long) **4** (*pl.*) few; few people: **i pochi**, the few; the minority; **i pochi fortunati**, the happy few; **Eravamo in pochi**, there were few of us; **Erano in pochi alla partita**, there were few people at the match. ● **È un p. di buono**, he's a bad lot; he's no good □ **un bel po' di**, a fair bit of: **Ha un bel po' di quattrini**, he's got a fair bit of money □ **un governo di pochi**, an oligarchy □ **Che po' po' di faccia tosta!**, what a brazen face! □ **tra il p. e il molto**, between too little and too much □ (*prov.*) **Non lasciare il p. per l'assai**, never quit certainty for hope. **C** *avv.* **1** (*con agg. e avv. di grado positivo*; *con part. pres. e part. pass. in funzione di agg.*) not very: **È p. probabile che venga**, it's not very likely he will come; he is unlikely to come; **È p. bella**, she's not very beautiful; **Questo motore va p. bene**, this engine doesn't go very well; **Sto p. bene**, I am not (feeling) very well; I am unwell; **È p. convinto**, he's not very convinced **2** (*con agg. e avv. di grado compar.*) little; not much: **È p. più intelligente di lei**, he is not much (*o* he is little) more intelligent than she is; **Ha p. più di sessant'anni**, he is little over sixty; **Il tuo giardino è p. più grande del mio**, your garden is not much bigger than mine **3** – **un p.** (*o* **un po'**), rather; quite; a little; a bit (*fam.*): **È un po' triste**, she is a little (*o* a bit) sad; **Tu sei un po' più sensibile di me**, you're a little more sensitive than I (am); **Mi sento un po' meglio**, I feel a little (*o* a bit) better; **un po' più in su**, a little higher up; **un po' più in giù**, a little lower down; **un po' più avanti [indietro]**, a little further on [further back] **4** (*con un part. pass.*) little; not... very much: **Quel libro è p. conosciuto**, that book is little known; **Quell'autore è p. letto**, that author is not read very much **5** (*con verbi*) little; not much; not... very much: **Dorme p. e sogna ancora meno**, he sleeps little and dreams even less; **Questo vino mi piace p.**, I don't like this wine very much; **Esco p. la sera**, I don't go out much at night **6** (*uso enfatico o pleonastico*) – **Di' un po'!**, listen here!; **Vediamo un po'**, now let's see; **Ma guarda un po'**, fancy that!; what do you know about that? (*fam.*); **Vedi un po' se ci riesci tu**, see here if you can do it. ● **Un po' per il caldo, un po' per il silenzio, mi appisolai**, what with the heat and the silence, I dozed off □ **press'a p.**, nearly; almost; about.

podàgra, *f.* (*med.*) podagra; gout.

podàgrico, *a.* (*med.*) podagric; podagral; gouty.

podagróso, (*med.*) **A** *a.* podagrous; podagric; gouty. **B** *m.* (*f.* **-a**) podagric.

podàlico, *a.* (*med.*) breech: **parto p.**, breech delivery.

podàrgo, *m.* (*zool.*, *Podargus papuensis*) frogmouth.

poderàle, *a.* (*agric.*) of a farm; farm (*attr.*): **casa p.**, farmhouse.

poderànte, *m. e f.* (*agric.*: *padrone d'un podere*) farm owner, farmer; (*chi lo coltiva*) tenant farmer.

podére, *m.* (*agric.*) farm; holding.

poderóso, *a.* powerful; very strong; mighty: **un esercito p.**, a powerful army; **una voce poderosa**, a powerful voice; **una mente poderosa**, a mighty mind.

podestà, *f.* (*stor.*) podestà.

podestarile, *a.* of a podestà: **la carica p.**, the office of a podestà.

podesterìa, *f.* office [rule, jurisdiction] of a podestà.

pòdice, *m.* (*med.*) breech.

pòdio, *m.* **1** (*archeol.*) podium* **2** (*palco*) podium; platform; stand; dais **3** (*di direttore d'orchestra*) podium.

podismo, *m.* (*sport*) **1** (*marcia*) walking **2** (*corsa*) running. ● **fare del p.**, to be a walker (*o* a runner) □ **gare di p.**, track events.

podista, *m. e f.* (*sport*) **1** (*marciatore*) walker **2** (*corridore*) runner **3** (*scherz.*: *buon camminatore*) good (*o* excellent) walker.

podistico, *a.* (*sport*) (*di marcia*) walking (*attr.*), foot (*attr.*); (*di corsa*) running: **gara podistica**, track event; (*marcia*) walking race; **corsa podistica**, foot race.

podocàrpo, *m.* (*bot.*, *Podocarpus*) podocarp.

podofillina, *f.* (*farm.*) podophyllin.

podofillo, *m.* (*bot.*, *Podophyllum peltatum*) May-apple.

podologìa, *f.* podology.

podòlogo, *m.* (*f.* **-a**) podologist.

podòmetro, *m.* (*contapassi*) pedometer.

poèma, *m.* (*letter.*, *mus.*) poem: **i poemi omerici**, the poems of Homer; **un p. eroicomico**, a mock-heroic poem; **p. cavalleresco**, metrical romance; **p. epico**, epic; **p. sinfonico**, symphonic poem. ● **La sua vita è un p.**, he has had a very colourful life □ **Hai scritto un p., non una lettera**, you've written an epic, not a letter □ **Aveva in testa un cappellino che era un p.**, the hat she had on was a sight to be seen.

poemétto, *m.* short poem.

poesìa, *f.* **1** (*arte e tecnica*) poetry: **la difesa della p.**, the defence of poetry; **la p. epica [lirica, drammatica]**, epic [lyrical, dramatic] poetry; **la p. pastorale**, pastoral poetry; **la p. burlesca**, mock-heroic poetry; **la p. popolare**, popular poetry **2** (*maniera poetica*) poetry; (*produzione poetica*) poetry, poetical writings (*pl.*), verse: **la p. italiana**, Italian poetry; **Storia della p. inglese**, a History of English Poetry; **la p. di Dante**, Dante's poetry; Dante's poetical works **3** (*componimento in versi*) poem; piece of poetry: **le poesie di Carducci**, the poems of Carducci; **una raccolta di poesie**, a collection of poems; **scrivere una p.**, to write a poem **4** (*versi*) poetry; verse: **mettere in p.**, to put into verse; **scrivere in p.**, to write (*o* to compose) poetry **5** (*fig.*: *qualità poetica*) poetry; romance: **la p. della natura**, the poetry of nature; **La sua frase distrusse tutta la p. di quel momento**, his remark robbed the moment of all its romance (*o* magic) **6** (*fig.*: *illusione*) dream; fancy; imagination; illusion.

poèta, *m.* (*f.* **-téssa**) **1** poet (*f. anche* poetess): **Fu pittore e p.**, he was a painter and a poet; he was a poet-painter; **P. si nasce**, one is born a poet; **un grande p.**, a great poet; **un cattivo p.**, a poetaster; a rhymester; a versemonger; **il divino P.**, the divine Poet; **p. di corte**, court poet; **p. lirico [epico, drammatico]**, lyrical [epic, dramatic] poet **2** (*fig.*: *persona sensibile*) poet **3** (*scherz.* o *spreg.*: *sognatore*) (day)dreamer; visionary.

poetàre, *v. i.* to write* (*o* to compose) poetry.

poetàstro, *m.* (*f.* **-a**) poetaster; rhymester; versemonger.

poètica, *f.* (*letter.*) poetics (*pl. col verbo al sing.*): **la p. di Aristotele**, Aristotle's Poetics.

poeticità, *f.* poeticalness.

poeticizzàre, *V.* **poetizzare**.

poètico, **A** *a.* **1** (*di poeta, di poesia*) poetic(al); **l'arte poetica**, the poetic art; the art of poetry; **immagini poetiche**, poetic images; **una composizione poetica**, a poem; **le opere poetiche di Coleridge**, the poetical works of Coleridge; **prosa poetica**, poetic prose; **una parola [un'espressione] poetica**, a poetic word [expression]; **licenza poetica**, poetic licence **2** (*fig.*) poetic; sensitive; romantic: **amore p.**, poetic love; romance. **B** *m.* (the) poetic: **qualcosa di p.**, something poetic.

poetizzàre, *v. t.* (*rendere poetico*) to poeticize; to make* poetic.

poffarbàcco, *inter.* (*lett.*) by Jove!

pòggia, *f.* (*naut.*) leeward; lee-side. ● **andare a p.**, to bear up □ **P.!**, up with the helm!; bear up!

poggiacàpo, *m. invar.* headrest; (*striscia di stoffa*) antimacassar.

poggiaferro, *m. invar.* iron rest.

poggiapièdi, *m. invar.* footrest.

poggiàre (1), **A** *v. t.* **1** (*appoggiare*) to lean*; to rest: **p. una scala al muro**, to lean a ladder against the wall **2** (*posare*) to put*; to lay*. **B** *v. i.* **1** to rest; to be founded: **La casa poggia sulla roccia**, the house is founded on solid rock **2** (*fig.*: *basarsi*) to be based; to rest.

poggiàre (2), *v. i.* (*naut.*) **1** (*andare a poggia*) to bear* up **2** (*rifugiarsi in porto*) to put* into harbour.

poggiàta, f. (*naut.*) bearing up.
poggiatèsta, m. invar. (*autom.*) headrest.
poggièro, a. (*naut.*) that carries a lee helm.
pòggio, m. knoll; hillock; mound.
poggiòlo, m. balcony.
pògrom, m. invar. pogrom.
poh, inter. pooh!
pòi, A avv. ***1*** (*successivamente*) then: **Si arrabbiò e poi si pentì**, he became angry and then he was sorry; **prima uno, poi l'altro**, first one, then the other; **E poi?**, and then?; what then?; **da allora in poi**, from then onwards; ever since (then); **Seguite questa strada per un miglio, poi voltate a destra**, follow this road for a mile, then turn to the right ***2*** (*dopo*) after, afterwards; (*più tardi*) later (on): **Ora devi studiare, e poi potrai uscire**, you must study now, and afterwards you can go out; **prima o poi**, sooner or later; **Ve lo dirò poi**, I'll tell you afterwards; (**arrivederci) a poi**, see you later ***3*** (*in secondo luogo*) secondly: **Innanzi tutto non è intelligente, e poi si dà molte arie**, first of all he isn't intelligent, secondly he gives himself a lot of airs ***4*** (*avversativo*) – **Io ti consiglio così, tu poi farai come credi**, that's my advice, but then you do what you think fit; **Se poi sia vero, io non saprei**, as to its being true, I don't really know ***5*** (*finalmente, insomma*) finally; at last: **Ha poi deciso di venire?**, has he finally decided to come?; **Poi l'abbiamo vista**, we saw her at last; we finally saw her ***6*** (*in frasi enfatiche o rafforzative è idiom.*) – **Non fa altro che bere e poi bere**, he does nothing but drink and drink; **Ti amo tanto e poi tanto**, I love you so much; **Questo poi no!**, that's really out of the question!; certainly not!; **per quanto riguarda, poi, la sua onestà...**, and as far as his honesty is concerned...; **Io poi non c'entro**, it's nothing to do with me; **Come poi si sia laureato, Dio solo lo sa**, how he managed to get a degree, God only knows; **Questo poi è troppo**, this is really too much; **No e poi no!**, no, no, and no!; **Che diamine ho fatto io, poi?**, what am I supposed to have done?; **Non era poi così facile parlargli**, it wasn't all that easy to speak to him. ● **in poi**, onwards; on; starting (from): **da domenica in poi**, from Sunday on. **B** m. (the) future; (the) time to come; (the) afterwards: **senza pensare al poi**, without thinking of the future. ● **il senno del poi**, wisdom after the event; hindsight.
poiàna, f. (*zool., Buteo vulgaris*) buzzard.
poiché, cong. ***1*** (*dato che, dal momento che*) as; since; because; seeing that: **P. pioveva, non uscii**, as it was raining, I didn't go out; **P. non ho denaro, non posso comprarlo**, since I have no money, I can't buy it; **P. insisti, te lo dirò**, since (*o* as) you insist, I'll tell you ***2*** (*lett.*: *dopo che*) after; (*quando*) when.
poichilocita, m. (*biol.*) poikilocyte.
poièṣi, f. (*filos.*) poiesis.
poiètico, a. (*filos.*) poietic.
poinsèttia, poinsèzia, f. (*bot., Euphorbia pulcherrima*) poinsettia.
pointer (*ingl.*), m. invar. pointer.
pointillisme (*franc.*), m. invar. (*pitt.*) pointillism.
pois (*franc.*), m. invar. polka dot. ● **stoffa a p.**, polka-dot cloth.
poise (*franc.*), m. invar. (*fis.*) poise.
pòker (*ingl.*), m. invar. ***1*** (*il gioco*) poker: **giocare a p.**, to play poker; **perdere al p.**, to lose at poker; **partita a p.**, poker game; **una mano di p.**, a hand of poker ***2*** (*quattro carte uguali*) four of a kind: **p. di donne [d'assi, ecc.]**, four queens [four aces, etc.]; **fare p.**, to have four of a kind [four aces, etc.].
pokerìno, m. (friendly) game of pocker.
pokerista, m. e f. poker player.
pòla, f. (*zool.*) crow.
polàcca (1), f. ***1*** (*mus.*) polonaise ***2*** (*giacca*) polonaise ***3*** (*stivaletto*) laced ankle boot.
polàcca (2), f. (*naut.*) polacre; polacca.
polacchino, m. (*specialm. al pl.*) laced ankle boot.
polàcco, A a. Polish. **B** m. ***1*** (f. **-a**) Pole (*f.* Polish woman*): **i Polacchi**, the Poles ***2*** (*ling.*) Polish.
polàre, a. ***1*** (*del polo*) polar; pole (*attr.*): **la Stella p.**, the Pole Star; the Polaris; the North Star; **calotta p.**, polar cap; **i circoli polari**, the polar circles; **le terre polari**, the polar regions; **orso p.**, polar bear ***2*** (*scient.*) polar; pole (*attr.*): (*fis.*) **intensità p.**, pole strength; (*mat.*) **coordinate polari**, polar co-ordinates; (*miss.*) **orbita p.**, polar orbit; (*miss.*) **satellite in orbita p.**, polar satellite. ● **clima p.**, arctic weather □ **freddo p.**, bitter (*o* frezing) cold.
polarimetrìa, f. (*fis.*) polarimetry.
polarimètrico, a. (*fis.*) polarimetric.
polarìmetro, m. (*fis.*) polarimeter.
polarità, f. (*fis.* e *fig.*) polarity.
polariẓẓabilità, f. (*fis.*) polarizability.
polariẓẓàre, A v. t. ***1*** (*fis.*) to polarize: **p. la luce**, to polarize light ***2*** (*fig.*) to attract; to draw*. **B polariẓẓàrsi,** v. i. pron. ***1*** (*fis.*) to polarize ***2*** (*fig.*) to focus; to center.
polariẓẓàto, a. (*fis.*) polarized: **luce polarizzata**, polarized light.
polariẓẓatóre, (*fis.*) **A** m. polarizer. **B** a. polarizing.
polariẓẓazióne, f. ***1*** (*fis.*) polarization: **piano di p.**, plane of polarization ***2*** (*fig.*) focus(s)ing. ● (*fis.*) **p. di griglia**, grid bias.
polarografìa, f. (*chim., fis.*) polarography.
polarògrafo, m. (*chim.*) polarograph.
Polaròid, m., f. e a. (*marchio*) Polaroid.
pòlca, f. (*danza*) polka: **ballare la p.**, to dance the polka; to polka.
polemàrco, m. (*stor.*) polemarch.
polèmica, f. ***1*** (*dibattito*) debate; controversy; dispute; polemic: **suscitare polemiche**, to arouse controversy; **entrare in p. con q.**, to cross swords with sb.; **aprire una p.**, to start a debate; **essere in p. con q.**, to be in dispute with sb. ***2*** (*discussione animosa*) argument; squabble (*fam.*). ● **fare polemiche**, to be argumentative; to make an issue of st.
polemicità, f. polemic character.
polèmico, a. ***1*** polemic(al); controversial: **uno scrittore p.**, a polemic writer; **scritti polemici**, polemic writings; **un saggio p.**, a polemical essay; **con spirito p.**, in a polemic spirit ***2*** (*pronto a contraddire*) polemical, argumentative, contentious; (*aggressivo*) aggressive, bellicose. ● **spirito p.**, spirit of contradiction.
polemista, m. e f. ***1*** polemist; polemicist; (*specialm. relig.*) controversialist ***2*** (*estens.*: *attaccabrighe*) quarrelsome person; troublemaker.
polemiẓẓàre, v. i. ***1*** to polemize; to carry on a controversy ***2*** (*estens.*: *discutere, criticare*) to criticize; to be argumentative; to make an issue of st.
polemologìa, f. polemology.
polemòlogo, m. (f. **-a**) polemologist.
polèna, f. (*naut.*) figurehead.
polènta, f. ***1*** (*cucina*) polenta (maize porridge) ***2*** (*estens., spreg.*) pap; mash ***3*** V. **polentone**.
polentina, f. (*fam.*) poultice.
polentóne, m. (f. **-a**) ***1*** (*fig.*: *persona lenta e pigra*) slowcoach; slowpoke (*USA*) ***2*** (*spreg.* o *scherz.*: *italiano del Nord*) Northern Italian; northener.
poleografìa, f. (*geogr.*) urban geography.
poleògrafo, m. (f. **-a**) urban geographer.
Polfèr, f. (*abbr. di*: **polizia ferroviaria**) railway police.
poliacrilàto, m. (*chim.*) polyacrylate.
poliacrìlico, a. (*chim.*) polyacrylic.
polialite, f. (*miner.*) polyhalite.
poliambulatòrio, m. (outpatients) clinic.
poliammide, f. (*chim.*) polyamide.
poliammìdico, a. (*chim.*) polyamide (*attr.*).
poliandrìa, f. (*etnol., zool.*) polyandry.
poliàndro, a. (*bot.*) polyandrous.
poliarchìa, f. polyarchy.
poliàrchico, a. polyarchic(al).
poliartrite, f. (*med.*) polyarthritis.
poliatòmico, a. (*chim.*) polyatomic.
polibutadiène, m. (*chim.*) polybutadiene.
policarbonàto, m. (*chim.*) polycarbonate.
policàrpico, a. (*bot.*) polycarpous.
policèntrico, a. (*anche polit.*) polycentric.
policentrìṣmo, m. (*polit.*) polycentrism.
policitemìa, f. (*med.*) polycyth(a)emia.
policlìnico, m. polyclinic; general hospital.
policoltùra, f. (*agric.*) diversified crops (*pl.*).
policondensazióne, f. (*chim.*) polycondensation.
policristallino, a. (*miner.*) polycrystalline.
policristàllo, m. (*miner.*) polycrystal.
policromàre, v. t. to polychrome.
policromàtico, V. **policromo**.
policromìa, f. polychromy.
polìcromo, a. polychromatic; polychromic; polychrome.
polidattilìa, f. (*med.*) polydactyly; polydactylism.
polidàttilo, a. e m. (*med.*) polydactyl.
polidipsìa, f. (*med.*) polydipsia.
poliedricità, f. ***1*** (*geom.*) polyhedric configuration ***2*** (*fig.*) manysidedness; versatility.
polièdrico, a. ***1*** (*geom.*) polyhedral; polyhedrous; polyhedric: **un angolo p.**, a polyhedral angle ***2*** (*fig.*) many-sided; versatile: **una mente poliedrica**, a polyhedric mind; **un genio p.**, a many-sided genius; a polymath.
polièdro, m. (*geom.*) polyhedron*.
poliembrionìa, f. (*biol.*) polyhembryony.
poliennàle, a. pluriennial; long-term: (*fin.*) **buoni poliennali del Tesoro**, long-term Treasury bonds.
polièstere, a. e m. (*chim.*) polyester.
poliesteṣìa, f. (*med.*) poly(a)esthesia.
poliètere, m. (*chim.*) polyether.
polietilène, m. (*chim.*) polyethylene.
polifagìa, f. (*med.*) polyphagia; polyphagy.
polìfago, a. (*biol.*) polyphagous.
polifàṣe, a. (*elettr.*) polyphase; multiphase.
Polifèmo, m. (*mitol.*) Polyphemus.
polifillo, a. (*bot.*) polyphyllous.
polifiodónte, a. (*zool.*) polyphyodont.
polifonìa, f. (*mus.*) polyphony.
polifònico, a. (*mus.*) polyphonic.
polifonìṣmo, m. (*mus.*) polyphonism.
polifonista, m. e f. (*mus.*) polyphonist.
polifosfàto, m. (*chim.*) polyphosphate.
polifunzionàle, a. ***1*** multipurpose ***2*** (*chim.*) polyfunctional.
polìgala, f. (*bot., Polygala senega*) senega.
poligamìa, f. (*etnol., zool., bot.*) polygamy.
poligàmico, a. of polygamy; polygamic.
polìgamo, A a. (*etnol., zool., bot.*) polygamous. **B** m. (f. **-a**) polygamist.
poligèneṣi, f. polygenesis; polygeny.
poligenètico, a. polygenetic.
poligènico, a. polygenic.
poligenìṣmo, m. polygenism.
poliginìa, f. (*etnol., zool.*) polygyny.
poliglobulìa, f. (*med.*) polycytaemia.
poliglòtta, A m. e f. polyglot; multilingualist. **B** a. polyglot; multilingual: **una Bibbia poliglotta**, a polyglot Bible; **un dizionario p.**, a multilingual dictionary.
poliglòttico, a. polyglot; polyglottic; polyglottal.
poliglottìṣmo, m. polyglottism.
poliglòtto, V. **poliglotta**.
poligonàle, A a. (*geom.*) polygonal: **figura p.**, polygonal figure. **B** f. (*topogr.*) traverse: **p. aperta [chiusa]**, open [closed] traverse.
poligonàto, m. (*bot., Polygonatum multiflorum*) polygonatum; Solomon's seal.
poligonazióne, f. (*topogr.*) traversing.
polìgono (1), m. ***1*** (*geom.*) polygon: **p. regolare**, regular polygon; (*fis.*) **p. delle forze**, force polygon ***2*** – **p. di tiro**, (*mil.*) firing

ground; (*sport*) rifle range; (*miss.*) **p. di lancio**, launching site; (*nello spazio*) spaceport.
polìgono (2), *m.* (*bot.*, *Polygonum*) polygonum; knotgrass.
poligrafàre, *v. t.* to hectograph.
poligrafìa, *f.* *1* hectography *2* (*copia poligrafica*) hectographic copy.
poligràfico, **A** *a.* *1* (*della poligrafia*) hectographic *2* (*della stampa*) printing: **officina poligrafica**, printing plant. **B** *m.* *1* (*stabilimento*) printing plant; Printing Office: **il P. dello Stato**, the State Printing Office *2* (*tecnico*) printer; print worker: **sciopero dei poligrafici**, printers' strike.
polìgrafo, *m.* *1* (*apparecchio riproduttore*) hectograph; copygraph *2* (*med.*) polygraph *3* (*scrittore versatile*) versatile writer.
poliìbrido, *m.* (*biol.*) polyhybrid.
poliisoprène, *m.* (*chim.*) polyisoprene.
polimastìa, *f.* (*med.*) polymasty; polymastism.
polimatèrico, *a.* made of different materials.
polimaterismo, *m.* use of different materials (within the same work of art).
polimeràsi, *f.* (*biol.*) polymerase.
polimerìa, *f.* (*biol.*, *chim.*) polymerism.
polimèrico, *a.* *1* (*chim.*) polymeric *2* (*biol.*) polymerous.
polimerismo, *m.* (*chim.*) polymerism.
polimerizzàre, *v. t.* e *i.* **polimerizzàrsi**, *v. i. pron.* (*chim.*) to polymerize.
polimerizzazióne, *f.* (*chim.*) polymerization.
polìmero, **A** *m.* (*chim.*) polymer. **B** *a.* (*chim.*) polymeric.
polimetrìa, *f.* (*poesia*) variety of metres.
polimètrico, *a.* (*poesia*) in various metres.
polìmetro, *m.* (*poesia*) poem in various metres.
Polìmnia, *f.* (*mitol.*) Polyhymnia.
polimorfìa, *f.* *V.* **polimorfismo**.
polimòrfico, *a.* polymorphic.
polimorfismo, *m.* polymorphism.
polimòrfo, *a.* polymorphous; polymorphic: **organismo p.**, polymorphous organism; polymorph.
Polinèsia, *f.* (*geogr.*) Polynesia.
polinesiàno, *a.* e *m.* (*f.* **-a**) Polynesian (*f.* Polynesian woman*).
polineurite, **polinevrite**, *f.* (*med.*) polyneuritis.
polinomiale, *a.* (*mat.*) polynomial.
polinòmio, *m.* (*mat.*) polynomial.
polinsàturo, *a.* (*chim.*) polyunsaturated.
polinucleàto, *a.* (*biol.*) polynuclear.
pòlio, *f.* (*med.*) polio.
poliolefina, *f.* (*chim.*) polyolefin.
poliomielite, *f.* (*med.*) poliomyelitis.
poliomielìtico, **A** *a.* poliomyelitic. **B** *m.* (*f.* **-a**) poliomyelitic sufferer.
poliopìa, *f.* (*med.*) polyopia.
poliorcètica, *f.* poliorcetics (*pl. col verbo al sing.*).
poliorcètico, *a.* poliorcetic.
poliossimetilène, *m.* (*chim.*) polyoxymethylene.
polipeptide, *m.* (*chim.*) polypeptide.
polipètalo, *a.* (*bot.*) polypetalous.
poliplòide, *a.* (*biol.*) polyploid.
poliploidìa, *f.* (*biol.*) polyploidy.
polipnèa, *f.* (*med.*) polypn(o)ea.
polipnòico, *a.* (*med.*) polypn(o)eic.
pòlipo, *m.* *1* (*zool.*) polyp *2* *V.* **polpo** *3* (*med.*) polypus*; polyp.
polipòdio, *m.* (*bot.*, *Polypodium*) polypody.
polipòide, *a.* (*biol.*) polypoid(al).
polìporo, *m.* (*bot.*, *Polyporus*) Polyporus; bracket fungus.
polipòsi, *f.* (*med.*) polyposis*.
polipóso, *a.* (*med.*) polypous; polypose.
polipropilène, *m.* (*chim.*) polypropylene.
polìre, *v. t.* (*anche fig.*) to polish.
polirème, *f.* (*stor.*) polyreme.
poliritmìa, *f.* (*mus.*) polyrhythm.
poliritmico, *a.* (*mus.*) polyrhythmic(al).
polis, *f. invar.* (*stor. greca*) polis*; city-state.
polisaccàride, *m.* (*chim.*) polysaccharide.
polisemàntico, *a.* (*ling.*) polysemous.
polisemìa, *f.* (*ling.*) polysemy.
polisèmico, *a.* (*ling.*) polysemous.
polisènso, **A** *a.* polysemous. **B** *m.* (*gioco enigmistico*) punning riddle.
polisettoriàle, *a.* multi-sector.
polisillàbico, *a.* polysyllabic.
polisìllabo, **A** *a.* polysyllabic. **B** *m.* polysyllable.
polisillogismo, *m.* (*filos.*) polysyllogism.
polisìndeto, *m.* (*retor.*) polysyndeton*.
polisolfùro, *m.* (*chim.*) polysulphide.
polispermìa, *f.* (*biol.*) polyspermy.
polisportiva, *f.* sports club.
polisportivo, *a.* sports (*attr.*).
polista, *m.* (*sport*) polo player; poloist.
polistàdio, *a. invar.* multistage.
polìstico, *a.* (*sport*) polo (*attr.*).
polìstilo, *a.* (*archit.*) polystyle.
polistirène, *m.* (*chim.*) polystyrene.
polistiròlico, *a.* (*chim.*) polystyrene (*attr.*): **resine polistiroliche**, polystyrene resins.
polistiròlo, *V.* **polistirene**.
politeàma, *m.* (*archit.*) theatre.
politècnico, **A** *a.* polytechnic. **B** *m.* polytechnic; applied-science faculties (*pl.*).
politeismo, *m.* polytheism.
politeista, **A** *m.* e *f.* polytheist. **B** *a.* polytheistic(al).
politeìstico, *a.* polytheistic(al).
politemàtico, *a.* (*mus.*) based on various themes.
politène, *m.* (*chim.*) polythene.
politézza, *f.* (*anche fig.*) polish; finish.
politica, *f.* *1* (*arte del governare uno Stato*) politics (*pl. col verbo al sing.*); statecraft: **p. interna**, domestic (*o* home) politics; **p. estera**, foreign politics; (*spreg.*) **p. da caffè**, armchair politics; **parlare di p.**, to talk politics; **intendersi di p.**, to know a lot about politics *2* (*linea di azione di chi governa*) policy: **la p. estera di Cavour**, Cavour's foreign policy; **la p. finanziaria del nostro governo**, the financial policy of our government; **p. dei redditi**, income policy; **p. agraria [energetica, salariale]**, agricultural [energy, wages] policy; **p. temporeggiatrice**, wait-and-see policy; **p. del rischio calcolato**, brinkmanship; **adottare una p. protezionista**, to adopt a protective policy *3* (*attività p.*) politics (*pl. col verbo al sing.*); political life: **darsi alla p.**, to enter (*o* to go into) politics; **fare p.**, to be involved in politics; **ritirarsi dalla p.**, to retire from political life; **p. militante**, active politics *4* (*linea di condotta*) policy: **L'onestà è la migliore p.**, honesty is the best policy; **p. aziendale**, company policy *5* (*fig.*: *diplomazia*) diplomacy, tact; (*astuzia*) cunning, craftiness: **Ti ci vorrà molta p.**, great tact will be required; you'll have to be very diplomatic; **un po' di p.**, a little diplomacy.
politicaménte, *avv.* *1* politically; from a political point of view; in political terms *2* (*fig.*) diplomatically; tactfully.
politicànte, *m.* e *f.* (*spreg.*: *politico mediocre*) petty politician, political hack; (*chi fa politica per fini personali*) political wheeler-dealer, politico*, politician (*USA*).
politicàstro, *m.* (*spreg.*) petty politician; political hack.
politichése, *m.* (*spreg.*) political jargon.
politicismo, *m.* tendency to politicize.
politicità, *f.* political character; politicalness.
politicizzàre, **A** *v. t.* *1* (*dare un carattere politico*) to politicize; (*una riunione, una manifestazione, ecc.*) to turn (st.) into a political event *2* (*sensibilizzare alla politica*) to politicize. **B** **politicizzàrsi**, *v. rifl.* e *i pron.* *1* (*di persona*) to become* politicized; to become* politically aware *2* (*di situazione, ecc.*) to become* politicized; to take* on a political colour.
politicizzàto, *a.* (*di persona*) politicized, politically aware; (*di atto, situazione, ecc.*) politicized.
politicizzazióne, *f.* politicization.
polìtico, **A** *a.* *1* political: **vita politica**, political life; **economia politica**, political economy; **storia politica**, political history; **scienze politiche**, political science (*sing.*); **diritti politici**, political rights; **corrispondente p.**, political correspondent; **prigioniero p.**, political prisoner; **sciopero p.**, political (*o* politically motivated) strike; **elezioni politiche**, general election; **uomo p.**, politician *2* (*fig.*: *diplomatico*) diplomatic: **risposta politica**, diplomatic answer *3* (*sociale*) social: **L'uomo è un animale p.**, man is a social animal. **B** *m.* (*f.* **-a**) *1* politician; statesman* (*m.*); stateswoman* (*f.*) *2* (*fig.*: *persona astuta*) shrewd person; diplomat. **C** *m.* (the) public sphere.
politicóne, *m.* (*f.* **-a**) (*fam.*) intriguer; wheeler-dealer (*fam.*); shrewd operator.
polìtipo, *m.* (*tipogr.*) logotype.
polìto, *a.* (*anche fig.*) polished: **uno stile p.**, a polished style.
politologìa, *f.* political studies (*pl.*).
politològico, *a.* of political studies.
politòlogo, *m.* (*f.* **-a**) expert in political affairs; political commentator.
politonàle, *a.* *1* (*mus.*) polytonal *2* (*letter.*) having a variety of tones.
politonalità, *f.* *1* (*mus.*) polytonality *2* (*letter.*) variety of tones.
polìtopo, *m.* (*mat.*) polytope.
politrasfùso, **A** *a.* that has undergone multiple tranfusions. **B** *m.* (*f.* **-a**) person that has undergone multiple tranfusions.
polìtrofo, *a.* (*biol.*) polytrophic.
polìttico, *m.* (*arte*) polyptych.
politùra, *f.* polishing.
poliuretànico, *a.* polyurethane (*attr.*): **resina poliuretanica**, polyurethane resin.
poliuretàno, *m.* (*chim.*) polyurethane.
poliùria, *f.* (*med.*) polyuria.
polivalènte, *a.* *1* (*chim.*) polyvalent; multivalent *2* (*farm.*) polyvalent: **vaccino p.**, polyvalent vaccine *3* (*fig.*) multiple; multipurpose; versatile.
polivalènza, *f.* *1* (*chim.*) polyvalence; multivalence *2* (*fig.*) versatility.
polivinilclorùro, *m.* (*chim.*) polivynyl chloride.
polivinile, *m.* (*chim.*) polyvinyl. ● **cloruro di p.**, polyvinyl chloride.
polivinìlico, *a.* (*chim.*) polyvinyl (*attr.*).
polizìa, *f.* police (*generalm. col verbo al pl.*); police force: **La p. è sulle sue tracce**, the police are after him; **La p. ha arrestato l'assassino**, the police have arrested the murderer; **entrare nella p.**, to join the police force; **p. ferroviaria**, railway police; **p. militare**, military police; **p. stradale**, road police; **p. segreta**, secret police; **agente di p.**, policeman* (*m.*); policewoman* (*f.*); police officer; police constable (*GB*); **funzionario di p.**, police official; **ispettore di p.**, police inspector; **commissariato di p.** (*o* **posto di p.**), police station; **corpo di p.**, police force; **Stato di p.**, police state; **chiamare la p.**, to call the police; **informare la p.**, to report (st.) to the police. ● **p. di frontiera**, border police □ **p. giudiziaria**, investigative police □ **p. sanitaria**, sanitary inspectors □ **p. tributaria**, inland revenue police.
Poliziàno, *m.* (*stor. letter.*) Politian.
polizièsco, *a.* *1* of the police; police (*attr.*): **indagine poliziesca**, police investigation *2* (*spreg.*) inquisitorial: **sistemi polizieschi**, inquisitorial methods *3* (*letter.*, *cinem.*) detective (*attr.*): **romanzo [film] p.**, detective novel [film]; thriller (*fam.*); **il genere p.**, detective fiction.

poliziòtto, A *m.* (*f.* **-a**) policeman* (*f.* policewoman*); police officer. ● **p. in borghese**, detective; plainclothes policeman. **B** *a.* police (*attr.*): **cane p.**, police dog; **donna p.**, policewoman.

pòlizza, *f.* **1** (*comm.*) policy: **p. aperta**, open policy; **p. globale** [**individuale, mista**], comprehensive [individual, endowment] policy; **p. tipo**, standard policy; **p. di assicurazione**, insurance policy; **p. di assicurazione sulla vita** [**contro gli incendi**], life-insurance [fire-insurance] policy; **p. di assicurazione marittima**, marine insurance policy; **p. casco**, blanket policy; **sottoscrivere una p.**, to take out a policy **2** (*naut.*) bill: **p. di carico**, bill of lading; **p. di carico collettiva**, general bill of lading; **p. di carico per trasporto oceanico**, ocean bill of lading; **p. di carico diretta**, through bill of lading. ● **p. di pegno**, pawn ticket.

polizzìno, *m.* (*naut.*) slip.

pòlka, *V.* **polca**.

pólla, *f.* spring (of water); (*fonte*) fountain.

pollàio, *m.* **1** poultry pen; hen house; chicken run **2** (*fig. fam.*: *luogo sporco*) pigsty **3** (*fam.*: *confusione*) hullabaloo; bedlam.

pollaiòlo, *m.* (*f.* **-a**) poulterer.

pollàme, *m.* poultry.

pollàstra, *f.* **1** (*gallina giovane*) pullet **2** (*fam. scherz.*: *ragazza*) chick; bird (*GB*).

pollàstro, *m.* **1** (*pollo giovane*) chicken; (*galletto*) cockerel **2** *V.* **pollo**, *def. 2*.

pollerìa, *f.* poultry shop; poulterer's (shop).

pòllice, *m.* **1** (*anat.*) thumb **2** (*misura di lunghezza pari a 2,54 cm.*) inch: **sei pollici**, six inches; **un p. quadrato**, a square inch. ● **p. verso**, thumbs down □ (*fig.*) **avere il p. verde**, to have green fingers □ (*fig.*) **non cedere di un p.**, not to yield (*o* to give) an inch.

pollicoltóre, *m.* (*f.* **-trice**) poultry farmer; poultry breeder; chicken farmer.

pollicoltùra, *f.* poultry-farming; poultry-breeding; chicken-farming.

pollina, *f.* (*agric.*) fowl dung.

pòlline, *m.* (*bot.*) pollen.

pollìnico, *a.* (*bot.*) pollinic.

pollino, *a.* (*dei polli*) of poultry; of fowls; of chickens; poultry (*attr.*); fowl (*attr.*); chicken (*attr.*).

pollinòṣi, *f.* (*med.*) pollinosis*.

pollivéndolo, *V.* **pollaiolo**.

póllo, *m.* **1** chicken; fowl; (*al pl.*: *pollame*) poultry (*sing.*): **un p. d'allevamento**, a battery chicken; **p. arrosto**, roast chicken; **p. alla cacciatora**, chicken cacciatore; **brodo di p.**, chicken broth; **un allevamento di polli**, a chicken-farm; a poultry-farm; **allevatore di polli,** *V.* **pollicoltore**; **tirare il collo a un p.**, to wring a chicken's neck; **pelare** (*o* **spennare**) **un p.**, to pluck a fowl; **vendere polli**, to sell fowls (*o* poultry) **2** (*fig.*: *semplicione*) simpleton, booby; (*chi si lascia imbrogliare*) dupe, sucker (*pop.*). ● (*zool.*) **p. sultano** (*Porphyrio porphyrio*), purple gallinule □ (*fig.*) **alzarsi con i polli**, to get up at cock-crow; to get up with the lark □ (*fig.*) **andare a letto con i polli**, to go to bed very early □ (*fig.*) **conoscere i propri polli**, to know one's customers; to be nobody's fool □ (*fig.*) **far ridere i polli**, to make a cat laugh.

pollóne, *m.* (*bot.*) sucker; offset; tiller; scion; shoot.

Pollùce, *m.* (*mitol.*) Pollux.

polluzióne (1), *f.* (*med.*) pollution.

polluzióne (2), *f.* (*inquinamento*) pollution.

polmonàre, *a.* (*anat.*) pulmonary; of the lungs: **arteria** [**vena**] **p.**, pulmonary artery [vein]; **tubercolosi p.**, pulmonary consumption.

polmonària, *f.* (*bot.*, *Pulmonaria officinalis*) lungwort.

polmóne, *m.* (*anat.*) lung: **Quest'aria fa bene ai polmoni**, this air is good for one's lungs; **avere buoni polmoni**, to have good lungs. ● (*med.*) **p. d'acciaio**, iron lung □ **I parchi sono i polmoni di una città**, parks are the lungs of a city □ **respirare a pieni polmoni**, to breathe deeply □ **urlare a pieni polmoni**, to shout at the top of one's lungs □ (*fig.*) **Ci ho rimesso i polmoni**, I've wasted my breath.

polmonite, *f.* (*med.*) pneumonia: **p. doppia**, double pneumonia; **p. lobare**, lobar pneumonia.

pòlo (1), *m.* **1** (*geogr.*, *astron.*) pole: **i poli geografici** [**celesti, magnetici**], the geographical [celestial, magnetic] poles; **il p. magnetico terrestre**, the terrestrial magnetic pole; **il P. Nord** [**Sud**], the North [South] Pole **2** (*fis.*, *geom.*) pole: **il p. negativo** [**positivo**], the negative [positive] pole; **poli opposti**, opposite poles; **i poli d'una sfera**, the poles of a sphere **3** (*fig.*) pole; (*centro*) centre, center (*USA*): **In politica è orientato verso il p. progressista**, in politics he leans towards the progressive pole; **p. di sviluppo industriale**, industrial development centre; **p. di attrazione**, centre of attraction; magnet. ● **dall'uno all'altro p.**, from pole to pole □ (*fig.*) **essere ai poli opposti**, to be poles apart.

pòlo (2), *m.* (*sport*) polo.

pòlo (3), *f.* (*tipo di camicia*) polo shirt.

polonaise (*franc.*), *V.* **polacca**.

Polònia, *f.* (*geogr.*) Poland.

polònio, *m.* (*chim.*) polonium.

pólpa, *f.* **1** (*di un frutto*) pulp; flesh: **la p. d'una pesca**, the pulp of a peach **2** (*carne magra*) lean (meat); boneless meat: **manzo tutto p.**, beef without bones **3** (*pl.*) (*pop.*: *polpacci*) calves **4** (*fig.*) substance; pith; heart; essence: **la p. d'un discorso**, the substance of a speech. ● (*anat.*) **p. dentaria**, dental pulp □ (*chim.*, *ind.*) **p. di legno**, wood pulp.

polpàccio, *m.* (*anat.*) calf*.

polpacciùto, *a.* **1** (*polposo*) fleshy; pulpy **2** (*di gamba*) thick-calved, fat; (*di persona*) having thick calves.

polpastrèllo, *m.* (*anat.*) fleshy part of the fingertip; fingertip.

polpétta, *f.* **1** (*cucina*) rissole, croquette; (*di carne, anche*) meatball; (*di pesce, anche*) fishcake **2** (*boccone avvelenato*) poisoned bait. ● (*fig. fam.*) **fare polpette di q.**, to make mincemeat of sb.; to beat sb. to a pulp (*o* to a jelly).

polpettóne, *m.* **1** (*cucina*) meatloaf* **2** (*fig.*: *miscuglio*) hotchpotch; mishmash **3** (*fig. spreg.*, *di film*, *libro*, *ecc.*) second-rate romantic story. ● (*di film*) **p. lacrimoso**, weepie; tearjerker.

pólpo, *m.* (*zool.*, *Octopus vulgaris*) octopus*.

polpóso, *a.* pulpy; pulpous; fleshy: **una sostanza polposa**, a pulpy substance; **frutta polposa**, fleshy (*o* succulent) fruit.

polpùto, *a.* fleshy; fat; plump: **gambe polpute**, fat legs.

polsino, *m.* **1** cuff: **polsini inamidati**, starched cuffs **2** (*bottone*) cuff link.

pólso, *m.* **1** (*parte del braccio*) wrist: **legare q. ai polsi**, to tie sb. by the wrists; **orologio da p.**, wristwatch **2** (*med.*) pulse: **avere il p. debole**, to have a weak pulse; (*anche fig.*) **tastare il p. a q.**, to feel sb.'s pulse **3** (*fig.*: *fermezza, energia*) firmness; firm hand; energy; vigour: **avere p.**, to show firmess; to be firm; **Gli manca il p. per farlo**, he hasn't got the energy to do it; **un lavoro di p.**, a work that calls for energy; **un uomo di p.**, a firm (*o* energetic) man; **con p. fermo**, with a firm hand; **essere senza p.**, to be weak.

Polstràda, *f.* (*abbr. di*: **polizia stradale**) road police.

poltàceo, *a.* pultaceous.

poltìglia, *f.* **1** (*miscuglio alquanto liquido*) mash; mush; pulp: **ridurre q.c. in p.**, to reduce st. to pulp; to mash st. **2** (*fanghiglia*) sludge; slush; slime. ● (*fig.*) **ridurre q. in p.**, to make mincemeat of sb.; to beat sb. to a pulp (*o* to a jelly).

poltiglióso, *a.* **1** mashy; mushy; pulpy **2** (*sudicio di fanghiglia*) sludgy; slushy; slimy.

poltrire, *v. i.* **1** to lie* lazily in bed; to lie in (*GB*) **2** (*oziare*) to laze about; to idle about.

poltróna, *f.* **1** armchair; easy chair: **sedere in p.**, to sit in an armchair; **p. a dondolo**, rocking chair; rocker; **p. a sdraio**, deck chair; lounge chair; **p. girevole**, swivel armchair **2** (*teatr.*) seat in the stalls (*GB*); orchestra seat (*USA*) **3** (*fig.*: *posizione di prestigio*) position; job: **Vuole la p. di direttore generale**, he wants the position of (*o* wants to become) general manager; **una p. di ministro**, a ministerial position. ● **p. a rotelle**, wheelchair □ **p. letto**, chair bed □ **p. odontoiatrica**, dentist's chair □ **p. da oculista**, oculist treatment chair □ (*fig.*) **starsene in p.**, to sit back doing nothing.

poltronàggine, *V.* **poltroneria**.

poltroncina, *f.* **1** small armchair **2** (*teatr.*) seat in the back stalls (*GB*); back orchestra seat (*USA*).

poltróne, A *a.* lazy; indolent; sluggish. **B** *m.* (*f.* **-a**) **1** lazy (*o* indolent) person; sluggard; lazyboots (*fam.*); lazybones (*fam.*) **2** (*zool.*) sloth.

poltronerìa, *f.* laziness; indolence; sluggishness; sloth.

poltronissima, *f.* (*teatr.*) seat in the front stalls (*GB*); front orchestra seat (*USA*).

poltronite, *f.* (*scherz.*) laziness. ● **È affetto da p. acuta**, he's a lazybones.

pólvere, *f.* **1** (*di terra*) dust: **Le strade sono piene di p.**, the streets are full of dust; **sollevare la p.**, to raise the dust; **scuotersi la p. di dosso**, to shake the dust off one's clothes; **una nube di p.**, a cloud of dust; a dust cloud; **i mobili erano coperti di p.**, the furniture was covered in dust **2** (*di varie sostanze*) powder; dust: **p. di talco**, talcum powder; **p. di riso**, rice powder; ground rice; **p. da sparo** (*o* **p. pirica**), gun powder; **p. di carbone**, coal dust; coom; **p. d'oro**, gold dust; **p. di smeriglio**, emery dust; emery flour; (*astron.*) **p. cosmica**, cosmic dust; **in p.**, in powder form; powdered: **una medicina in p.**, a medicine in powder form; **caffè in p.**, instant coffee; powdered coffee; **latte in p.**, powdered milk; **sapone in p.**, soap powder; **zucchero in p.**, icing sugar (*GB*); confectioner's sugar (*USA*). ● (*fig.*) **dare fuoco alle polveri**, (*dare il via alla rivolta*) to spark off the rebellion; (*iniziare le ostilità*) to start hostilities □ **fare la p.**, to dust □ (*fig.*) **far mangiare la p. a q.**, to leave sb. far behind □ (*fig.*) **gettare la p. negli occhi a q.**, to throw dust in sb.'s eyes □ (*fig.*) **mordere la p.**, to bite the dust □ **orologio a p.**, hourglass □ (*fig.*) **raccogliere p.**, to gather dust □ (*anche fig.*) **ridurre in p.**, to pulverize □ (*fig.*) **scuotere la p. di dosso a q.**, to dust sb.'s jacket □ (*fig.*) **sentire** (*o* **fiutare**) **odore di p.**, to smell a fight □ (*mil.*) **Non ha mai sentito l'odore della p.**, he has never been in action □ (*anche fig.*) **tenere asciutte le polveri**, to keep one's powder dry □ **togliere la p.**, to do the dusting; to dust □ **Ricorda, uomo, che tu sei p., e che p. tornerai**, remember, man, that thou art dust, and unto dust thou shalt return.

polverièra, *f.* (*mil.*) **1** powder magazine **2** (*fig.*) powder keg: **essere seduti su una p.**, to be sitting on a powder keg.

polverificio, *m.* (*ind.*) powder factory; powder mill.

polverina, *f.* **1** dust; fine powder **2** (*farm.*) powder **3** (*pop.*: *cocaina*) coke; snow (*pop.*).

polverino, *m.* **1** (*per asciugare l'inchiostro*) sand; (*vasetto per il p.*) sandbox; dustbox **2** (*per innescare armi da fuoco*) priming; (*contenitore a fiasco*) powder flask. ● (*ind. min.*) **p. di carbone**, coal dust □ **p. di miniera**, slack.

polverio, *m.* (cloud of) dust: **Per le strade c'è un gran p.**, there's a lot of dust blowing in the streets; **fare un p.**, to raise dust.

polverizzàbile, *a.* pulverizable; pulverable.

polverizzàre, A *v. t.* ***1*** to pulverize: **p. lo zucchero**, to pulverize sugar ***2*** (*nebulizzare*) to atomize; to nebulize ***3*** (*fig.*: *annientare*) to pulverize; to crush; to destroy; to demolish: **Mi guardò come se volesse polverizzarmi**, he looked at me as if to pulverize me; **L'edificio fu polverizzato dall'esplosione**, the building was completely destroyed in the blast; **p. l'avversario**, to pulverize one's opponent. ● (*sport*) **p. un record**, to shatter a record. **B polverizzàrsi,** *v. i. pron.* ***1*** to pulverize; to be reduced to powder ***2*** (*fig.*: *sparire*) to melt away.

polverizzàto, *a.* pulverized.

polverizzatóre, *m.* ***1*** pulverizer ***2*** (*nebulizzatore*) atomizer; (*per polvere insetticida*) duster ***3*** (*mecc.*) nozzle; sprayer; **p. a pressione**, pressure nozzle; **p. a vapore**, steam jet sprayer; **p. a ventaglio**, fan nozzle; **p. di carburante**, fuel nozzle.

polverizzazióne, *f.* (*ind.*: *di un liquido*) atomization, atomizing; (*di un solido*) pulverization: **la p. del combustibile**, the atomizing of fuel.

polveróne, *m.* ***1*** (thick) cloud of dust; dust cloud: **sollevare un p.**, to raise a cloud of dust; to raise a terrible dust ***2*** (*fig.*: *confusione rumorosa*) commotion; fuss; hoo-haa.

polveróso, *a.* ***1*** (*coperto di polvere*) dusty; full of dust; covered with dust: **abiti polverosi**, dusty clothes; clothes covered with dust; **strade polverose**, dusty roads; **libri polverosi**, dusty books ***2*** (*in polvere*) powdery: **neve polverosa**, powdery snow.

polverulènto, *a.* ***1*** (*in polvere*) powdery ***2*** (*lett.*: *coperto di polvere*) dusty; covered with dust.

polverùme, *m.* (*spreg.*) heap of dust.

pomàio, pomàrio, *m.* (*frutteto*) fruit garden; (*pometo*) (apple) orchard.

pomàta, *f.* ***1*** (*farm.*) salve; ointment; liniment ***2*** (*per capelli*) pomade, pomatum; (*per la pelle*) cold cream.

pomellàto, *a.* dappled; dapple: **un cavallo p. grigio**, a dapple-grey.

pomellatùra, *f.* dappling.

pomèllo, *m.* ***1*** (*della gota*) cheekbone ***2*** (*di leva, di maniglia*) pommel; knob; ball grip; handle.

pomeridiàno, *a.* in the afternoon; afternoon (*attr.*); postmeridian; (*nelle indicazioni di ora*) p.m. (*abbr. di* post meridiem): **una passeggiata pomeridiana**, an afternoon walk; **lezioni pomeridiane**, afternoon lessons; **alle sei pomeridiane**, at six p.m.; **nelle ore pomeridiane**, in the afternoon.

pomerìggio, *m.* afternoon: **un afoso p.**, a sultry afternoon; **nel primo [nel tardo] p.**, in the early [late] afternoon; early [late] in the afternoon; **le lezioni del p.**, the afternoon lessons; **Ci andrò nel p.**, I shall go in the afternoon; **Ci andrò domenica p.**, I shall go on Sunday afternoon; **Ci vado ogni domenica p.**, I go there on Sunday afternoons (*o* every Sunday afternoon).

pomèrio, *m.* (*archeol.*) pomoerium*.

pométo, *m.* (apple) orchard.

pòmfo, *m.* (*med.*) itchy red swelling.

pómice, *f.* (*miner.*) pumice (stone): **dare la p. a q.c.**, to pumice st.

pomiciàre, *v. i.* (*pop.*) to neck; to smooch; to snog (*GB*).

pomiciatùra, *f.* (*levigatura*) pumicing.

pomicióne, *m.* (*f.* **-a**) (*pop.*) ***1*** smoocher; snogger (*GB*) ***2*** (*spreg.*) lecherous old man.

pomicoltóre, *m.* (*f.* **-trice**) (*agric.*) fruit farmer; fruit grower.

pomicoltùra, *f.* (*agric.*) fruit-farming; fruit--growing.

pomidòro, (*pop.*) *V.* **pomodoro**.

pómo, *m.* ***1*** (*bot.*, *Pyrus malus*) apple-tree ***2*** (*il frutto*) apple ***3*** (*pomolo*) pommel; knob: **il p. d'una spada**, the pommel of a sword ***4*** (*naut.*: *p. d'albero*) truck. ● (*anat.*) **il p. d'Adamo**, Adam's apple □ (*mitol. e fig.*) **il p. della discordia**, the apple of discord □ **il p. vietato**, the forbidden fruit.

pomodoràta, *f.* blow with a tomato. ● **prendere q. a pomodorate**, to throw tomatoes at sb.

pomodòro, *m.* (*bot.*, *Solanum lycopersicum*; *il frutto*) tomato*: **pomodori maturi**, ripe tomatoes; **pomodori verdi**, green tomatoes; **insalata di pomodori** (*o* **pomodori in insalata**), tomato salad; **salsa di p.**, tomato sauce; **succo di p.**, tomato juice; **spaghetti al p.**, spaghetti with tomato sauce. ● **rosso come un p.**, as red as a a beetroot.

pómolo, *m.* pommel; knob; ball grip.

pomologìa, *f.* pomology.

pomològico, *a.* pomological.

pomòlogo, *m.* (*f.* **-a**) pomologist.

pomóso, *a.* (*lett.*) fruitful; fruit-laden.

pómpa (1), *f.* ***1*** (*apparato fastoso*) pomp; display; magnificence: **un matrimonio fatto in gran p.**, a wedding celebrated with great pomp ***2*** (*ostentazione*) (ostentatious) display; parade; show: **fare p. della propria ricchezza**, to make a display of (*o* to parade, to show off) one's wealth. ● **impresa di pompe funebri**, undertaker's firm (*GB*); funeral parlour (*USA*) □ **impresario di pompe funebri**, undertaker (*GB*); funeral director (*USA*); mortician (*USA*) □ (*scherz.*) **in p. magna**, in full regalia; in full splendour; all dressed up: **C'era tutta la falcoltà in p. magna**, the whole faculty were there in full regalia; **Dobbiamo metterci in p. magna stasera?**, must we dress up for tonight?

pómpa (2), *f.* ***1*** (*mecc.*) pump: **p. a ingranaggi**, gear pump; **p. a stantuffo**, piston pump; **p. antincendi**, fire pump; **p. aspirante**, suction pump; **p. ausiliaria**, booster pump; **p. centrifuga**, turbo pump; **p. dell'olio**, oil pump; (*autom., mecc.*) **p. elettrica**, electric fuel pump; **p. idraulica**, hydraulic pump; **p. premente**, force pump; **p. per bicicletta**, bicycle pump; **p. per vuoto**, air pump; **p. per pneumatici**, tyre (*USA*: tire) pump; **p. pneumatica**, pneumatic pump; **alimentazione a p.**, pump feed ***2*** (*mus.*) tuning slide ***3*** (*fam.*: *distributore di benzina*) petrol (*USA*: gas) pump. ● (*naut.*) **sala delle pompe**, pump room; well.

pompàggio, *m.* pumping: **centrale di p.**, pumping station.

pompàre, *v. t.* ***1*** to pump; (*gonfiare*) to pump up: **p. acqua dal pozzo**, to pump water from the well; **p. aria nel palloncino**, to pump air into the balloon; **p. uno pneumatico**, to pump up a tyre ***2*** (*fig.*: *esagerare*) to blow* up, to inflate; (*lodare esageratamente*) to sing* the praises of; (*pubblicizzare*) to plug (*fam.*), to beat* the drum for (*fam.*), to hype (*fam.*).

pompàta, *f.* ***1*** pumping; pump ***2*** (*quantità immessa o estratta*) pumpful. ● **dare una p. a una gomma**, to pump up a tyre.

pompàto, *a.* ***1*** (*fig.*: *esagerato*) blown up, inflated; (*lodato esageratamente*) hyped ***2*** (*fam.*: *pieno di sé*) puffed up.

pompeggiàrsi, *v. i. pron.* to strut about; to show* off.

pompeiàno, *a.* Pompeian; Pompeii (*attr.*): **gli scavi pompaiani**, the Pompeii excavations; **rosso p.**, Pompeian red.

pompèlmo, *m.* (*bot.*, *Citrus paradisi*; *il frutto*) grapefruit; pomelo* (*USA*).

Pompèo, *m.* (*stor.*) Pompey.

pompétta, *f.* pump; (*di contagocce*) dripper. ● (*autom.*) **p. lavavetro**, windscreen washer.

pompière, *m.* ***1*** fireman*; fire-fighter; (*al pl., collett.*) fire brigade (*sing.*): **chiamare i pompieri**, to call the fire brigade; **carro dei pompieri**, fire engine (*GB*); fire truck (*USA*); **caserma dei pompieri**, fire station; **corpo dei pompieri**, fire brigade ***2*** (*pitt., spreg.*) academic painter. ● (*fig.*) **fare da p.**, to act as a peacemaker; to pour oil on troubled waters.

pompìno, *m.* (*volg.*) blow job.

pompista, *m. e f.* service-station attendant.

pompòn (*franc.*), *m. invar.* pompon.

pomposaménte, *avv.* pompously; (*con ostentazione*) ostentatiously.

pompositа̀, *f.* pompousness; pomposity: **p. di stile**, pomposity of style.

pompóso, *a.* ***1*** (*fastoso*) magnificent; grand: **vesti pompose**, pompous (*o* magnificent, splendid) garments ***2*** (*spreg.*) pompous; self--important: **un uomo p.**, a pompous (*o* self--important) man; **uno stile p.**, a pompous (*o* high-flown, bombastic) style ***3*** (*mus.*) pomposo.

pònce, *m.* punch: **un p. al rum**, a rum punch.

pòncio, *m.* poncho.

ponderàbile, *a.* (*anche fig.*) ponderable.

ponderabilità, *f.* ponderability.

ponderàle, *a.* ponderal; weight (*attr.*).

ponderàre, A *v. t.* to ponder; to consider (carefully); to think* over (st.); (*soppesare*) to weigh: **Pondera bene ciò che ho detto**, think over what I said; **p. il pro e il contro**, to weigh the pros and cons; **p. le parole di q.**, to ponder sb.'s words. **B** *v. i.* to reflect; to meditate; to think*.

ponderataménte, *avv.* with (*o* after) due (*o* careful) consideration; after mature deliberation.

ponderatézza, *f.* circumspection; caution.

ponderàto, *a.* ***1*** (*che procede con ponderatezza*) circumspect; careful; cautious ***2*** (*detto o fatto con ponderatezza*) well-pondered; well-considered; thought-out: **una decisione ponderata**, a well-pondered decision.

ponderazióne, *f.* careful consideration; reflection; thought.

ponderóso, *a.* ***1*** (*pesante*) heavy; ponderous ***2*** (*fig.*) ponderous, weighty; (*faticoso*) hard, laborious: **uno stile p.**, a ponderous style; **un incarico p.**, a weighty task; **un lavoro p.**, a hard job.

pòndo, *m.* (*lett.*) weight; burden.

ponènte, *m.* ***1*** west: **una finestra che guarda a p.**, a window facing the west; **a p.**, in the west; (*volto verso p.*) to the west, westward(s); **dirigersi verso p.**, to go west; to be westbound ***2*** (*vento da p.*) west wind.

ponentino, *m.* light west wind.

pònfo, *V.* **pomfo**.

pòngide, *m.* (*zool.*) pongid.

Pòngidi, *m. pl.* (*zool.*, *Pongidae*) Pongidae.

pòngo (1), *m.* (*zool.*, *Pongo*) pongo*.

póngo (2), *m.* (*marchio*) plasticine.

pontàto, *a.* (*naut.*) decked.

pónte, *m.* ***1*** (*archit.*) bridge: **gettare un p. su un fiume**, to throw a bridge across (*o* to bridge) a river; **attraversare un p.**, to cross a bridge; **p. a mensola**, cantilever bridge; **p. a schiena d'asino**, humpbacked bridge; **p. di barche**, pontoon bridge; **p. di corda**, rope bridge; **p. di ferro [di pietra]**, iron [stone] bridge; **p. ferroviario**, railway bridge; **p. girevole**, swing bridge; **p. in cemento armato**, concrete bridge; **p. levatoio**, drawbridge; **p. sospeso**, suspension bridge; **p. trasbordatore**, ferry bridge ***2*** (*naut.*) deck: **p. a torre**, turret deck; **p. di controcoperta**, spar deck; **p. corazzato**, armoured deck; **p. delle lance**, boat deck; **ponte di batteria**, gun deck; **p. di comando**, bridge; **p. di coperta**, upper deck; main deck; **p. di passeggiata**, promenade deck; **p. d'imbarco**, loading deck; **p. di prima classe**, saloon deck; **p. di terza classe**, steerage; **p. di stazza**, tonnage deck; **p. di stiva**, lower (*o* orlop) deck; (*di portaerei*) **p. di volo**, flight deck; **p. inferiore**, lower deck; **p. scoperto**, weather deck; **p. superiore**, upper deck; **nave a tre ponti**, three-decker (ship); **sul p.**, on deck; **salire sul p.**, to go (*o* to come) on deck; **sgombrare i ponti per l'azione**, to clear the decks for action ***3*** (*elettr.*) bridge: **p. ad alta frequenza**, high-frequency bridge; **p. magnetico**, permeability bridge; **p.**

di scanalatura, slot bridge *4* (*edil.*) scaffold(ing) *5* (*odontoiatria*) bridge *6* (*vacanza*) long holiday; long weekend: **fare il p.**, to have a long holiday; (*allungando il weekend*) to take a long weekend; **Per il p. dei Santi andremo a Parigi**, we are going to Paris for the All Hallows' Day long holiday ● **p. aereo**, airlift □ (*fis.*) **p. degli isolatori**, insulator framework □ (*mat.*) **p. dell'asino**, pons asinorum (*lat.*) □ (*edil.*) **p. di impalcatura**, catwalk □ (*anat.*) **p. di Varolio**, pons Varolii □ **p. radio**, radio link □ (*autom.*) **p. sollevatore**, auto lift □ (*fig.*) **bruciarsi i ponti alle spalle**, to burn one's boats □ (*fig.*) **fare ponti d'oro a q.**, to offer advantageous terms to sb. □ **governo p.**, temporary (*o* transition) government □ **legge p.**, temporary law □ (*fig.*) **tagliare** (*o* **rompere**) **i ponti con q.**, to break with sb.; to sever all relations with sb. □ (*mil.* e *fig.*) **testa di p.**, bridgehead.

pontéfice, *m.* *1* (*stor. romana*) pontifex*; pontiff: **il P. Massimo**, the Pontifex Maximus *2* (*eccles.*) pope; pontiff: **il Sommo P.**, the Sovereign Pontiff; the Pope.

ponteggiatóre, *m.* (*edil.*) scaffolder; scaffold builder.

pontéggio, *m.* (*edil.*) scaffolding. ● **materiale per p.**, scaffolding(s).

ponticèllo, *m.* *1* small bridge *2* (*mus.*) ponticello*.

pòntico, *a.* (*geogr.*) Pontic.

pontière, *m.* (*mil.*) pontoneer, pontonier.

pontificàle, **A** *a.* *1* (*stor. romana*) pontifical *2* (*eccles.*) pontifical; papal: **paramenti pontificali**, pontifical robes; pontificals; **seggio p.**, papal seat *3* (*scherz.*) pontifical; pompous. **B** *m.* (*eccles*) *1* (*messa p.*) Pontifical Mass *2* (*libro*) pontifical.

pontificàre, *v. i.* (*eccles.* e *fig.*) to pontificate.

pontificàto, *m.* *1* (*stor. romana*) pontificate *2* (*eccles.*) pontificate; papacy.

pontificio, *a.* *1* (*stor. romana*) pontifical *2* (*eccles.*) pontifical; papal; of the Pope: **dignità [autorità] pontificia**, papal dignity [authority]; **bolla pontificia**, papal edict; a bull; **gli Stati Pontifici**, the Papal States.

pontile, *m.* (*naut.*) pier; landing stage; wharf: **p. di carico**, loading wharf; **p. da sbarco**, landing stage.

pontino, *a.* (*geogr.*) Pontine: **le paludi Pontine**, the Pontine Marshes.

pontista, *V.* **ponteggiatore**.

pontóne, *m.* (*naut., mil.*) pontoon; (*chiatta*) lighter; (*nave in disarmo*) hulk: **p. a gru**, crane pontoon; **ponte costruito su pontoni**, pontoon bridge; **p. a biga**, shear hulk; **p. armato**, monitor; gunboat.

pontonière, *V.* **pontiere**.

pony (*ingl.*), *m. invar.* *1* (*zool.*) pony *2* *V.* **pony express**.

pony express (*ingl.*), *locuz. m. invar.* (*servizio*) (motorcycle) dispatch delivery service; (*persona*) (motorcycle) dispatch rider.

ponzàre, **A** *v. i.* to rack (*o* to cudgel) one's brains (*o* wits); to pump one's brains (for a solution). **B** *v. t.* *1* to pore over; to mull over; to ruminate *2* (*produrre*) to produce after a great effort; to come* out with.

pool (*ingl.*), *m. invar.* *1* (*econ.*) pool; consortium *2* (*équipe*) team *3* (*biol.*) – **p. genetico**, gene pool.

pop (*ingl.*), *a.* e *m. invar.* pop: **musica pop**, pop music; **artista pop**, pop artist.

pop-art (*ingl.*), *f. invar.* (*arte*) pop art.

pop corn (*ingl.*), *m. invar.* popcorn.

pòpe, *m.* (*eccles.*) pope.

pòpelin, **popeline** (*franc.*), *m. invar.* (*ind. tess.*) poplin.

pòplite, *m.* (*anat.*) popliteal muscle.

poplitèo, *a.* (*anat.*) popliteal: **arteria [vena] poplitea**, popliteal artery [vein]; **nervi poplitei**, popliteal nerves.

popò, (*infant.*) **A** *f.* poo (*GB*); poop (*USA*). **B** *m.* botty.

popolaménto, *m.* peopling; population.

popolàno, **A** *a.* of the (common) people; lower-class (*attr.*). **B** *m.* (*f.* **-a**) man* (*f.* woman*) of the people; plebeian; commoner; member of the lower classes.

popolàre (**1**), *a.* *1* (*del popolo*) of the people; people's; popular: **la sovranità p.**, the sovereignty of the people; **il favore p.**, the favour of the people; popularity; **una repubblica p.**, a people's republic; **democrazia p.**, popular democracy; **interessi popolari**, the people's interests; **fronte p.**, popular front *2* (*che proviene dal popolo, che è diffuso fra il popolo*) folk (*attr.*); vernacular: **musica p.**, folk music; **poesia p.**, folk poetry; **canzoni popolari**, folksongs; **espressione p.**, vernacular idiom *3* (*per il popolo*) working-class (*attr.*): **case popolari**, council houses; **quartiere p.**, working-class neighbourhood; **prezzi popolari**, cheap (*o* low) prices *4* (*che gode di popolarità*) popular; pop (*fam.*): **un uomo p.**, a popular man; **uno scrittore p.**, a popular writer; **un uomo politico p.**, a popular politician; **rendere p.**, to make popular; **molto p. tra i giovani**, popular with the young. ● **biblioteca p.**, lending library □ (*leg.*) **giudice p.**, juryman □ **tumulti popolari**, riots.

popolàre (**2**), **A** *v. t.* *1* (*rendere abitato*) to populate; to people: **I Germani popolarono gran parte della Gallia**, the Germans populated a large part of Gaul *2* (*abitare*) to populate; to inhabit: **le razze che popolano l'Asia**, the races populating Asia. **B popolàrsi**, *v. i. pron.* *1* (*diventare popolato*) to become* populated (*o* inhabited) *2* (*riempirsi di gente*) to get* crowded; to fill with people.

popolareggiànte, *a.* inspired by folk tradition; folk (*attr.*); (*spreg.*) folksy.

popolarésco, *a.* of the common people; folk (*attr.*): **schiettezza popolaresca**, directness typical of the common people; **un costume p.**, a folk custom.

popolarità, *f.* popularity: **la p. d'un libro**, the popularity of a book; **acquistare p.**, to win popularity; **godere di grande p. presso q.**, to be very popular with sb.

popolàto, *a.* *1* populated; peopled *2* (*affollato*) crowded.

popolazióne, *f.* *1* population: **la p. dell'Italia**, the population of Italy; **una p. di cinquanta milioni**, a population of fifty million; **aumento della p.**, rise in population; population increase; **p. fluttuante**, floating population; **eccesso di p.**, overpopulation *2* (*nazione, popolo*) people; nation: **le popolazioni nordiche**, the northern peoples.

popolino, *m.* (the) common people (*col verbo al pl.*); (the) masses (*pl.*); (*spreg.*) populace.

pòpolo, *m.* *1* (*abitanti di uno stato o d'una città*) people: **il p. italiano**, the Italian people; **i popoli europei**, the peoples of Europe; the European peoples *2* (*ceto dei popolani*) (the) (common) people (*col verbo al pl.*); (the) lower classes (*pl.*); (the) working classes (*pl.*): **Parlo al p. come uno del p.**, I speak to the people as one of the people; **È venuto su dal p.**, he comes from humble beginnings; **un figlio del p.**, a son of the people; **le costumanze del p.**, popular customs; folk customs; **una donna del p.**, a woman of the people *3* (*nazione*) nation, people; (*stirpe*) race: **un p. giovane**, a young nation; **un p. guerriero**, a warlike nation; **il p. eletto**, the chosen people; **un p. di navigatori**, a race of navigators *4* (*gente*) people (*col verbo al pl.*); (*folla*) crowd (of people): **Le strade erano gremite di p.**, the streets were crowded with people. ● **il p. grasso**, the middle classes (*pl.*) □ **il p. minuto**, the working classes (*pl.*); the lower classes (*pl.*) □ **a furor di p.**, by popular acclaim.

popolóso, *a.* populous; densely populated: **una città popolosa**, a densely-populated town.

poponàia, *f.* (*agric.*) melon bed.

poponàio, *m.* melon seller.

popóne, *m.* (*bot., Cucumis melo*) (musk) melon.

póppa (**1**), *f.* (*mammella*) breast, boob (*fam*); (*di animale*) udder. ● **dare la p.**, to suckle; to give the breast.

póppa (**2**), *f.* (*naut.*) stern; poop. ● **a p.** (*o* **verso p.**), aft: **chiamare gli uomini a p.**, to call the men aft □ **di p.**, after; aft: **cabina di p.**, after cabin; **ponte di p.**, after deck; **vento di p.**, aft (*o* stern) wind □ (*anche fig.*) **avere il** (*o* **navigare col**) **vento in p.**, to sail before the wind.

poppànte, **A** *a.* suckling. **B** *m.* e *f.* *1* suckling; nurseling *2* (*fig.*) callow youth; sb. still wet behind the ears (*fam.*): **Sei solo un p.!**, you're still wet behind the ears!

poppàre, *v. t.* e *i.* *1* to suck: **p. il latte**, to suck milk *2* (*scherz.*: *bere golosamente*) to suck up; to swig.

poppàta, *f.* suck; (*di bambino*) feeding, feed: **dopo ogni p.**, after each feed; **l'ora della p.**, feeding time; **fare una buona p.**, to have a good feed.

poppatóio, *m.* feeding bottle.

poppavia, *f.* (*naut.*) – **a p.**, aft; **a p. di**, abaft: **a p. del traverso**, abaft the beam.

Poppèa, *f.* (*stor.*) Poppaea.

poppétta, *f.* (*naut.*) stern sheets (*pl.*); cockpit.

poppière, *m.* (*naut.*) *1* (*rematore*) stroke *2* (*marinaio*) after hand.

poppièro, *a.* (*naut.*) stern (*attr.*); after; aft.

poppùto, *a.* (*scherz.*) big-breasted; big-busted; chesty (*fam.*).

popolazionismo, *m.* (*polit.*) policy favouring population increase.

populazionista, *m.* e *f.* person in favour of population increase.

populismo, *m.* (*polit.*) populism.

populista, *a.*, *m.* e *f.* (*polit.*) populist.

populistico, *a.* (*polit.*) populistic.

pòrca, *f.* (*agric.*) balk; ridge.

porcacciόne, *V.* **sporcaccione**.

porcàggine, *V.* **porcheria**.

porcàio (**1**), *m.* (*guardiano di porci*) swineherd.

porcàio (**2**), *m.* *1* (*luogo sudicio*) pigsty; pigpen (*USA*) *2* (*fig.*: *luogo immorale*) sink of corruption; sewer.

porcaréccia, *f.* (*agric.*) swinery; piggery.

porcàro, *m.* swineherd.

porcàta, *f.* *1* (*azione vile*) dirty (*o* rotten) trick *2* (*oscenità*) obscenity; filth; obscene act *3* (*volg.*: *cosa di infimo valore*) crap; hogwash *4* (*volg.*: *cibo disgustoso*) revolting muck.

porcellàna (**1**), *f.* *1* (*il materiale*) porcelain; china: **fatto di p.**, made of porcelain (*o* of china); **una tazza di p.**, a china cup; *2* (*pl.*) (*oggetti di p.*) china; chinaware: **una collezione di porcellane**, a collection of chinaware; **fare collezione di vecchie porcellane**, to collect old china; **una bella p. francese**, a fine piece of French china; **negozio di porcellane**, china shop *3* (*zool.*) cowrie shell *4* (*mantello equino*) blue roan.

porcellàna (**2**), *f.* (*bot., Portulaca oleracea*) (common) purslane.

porcellanàre, *v. t.* (*ind.*) to porcelainize; to glaze.

porcellanàto, *a.* (*ind.*) porcelain (*attr.*); glazed.

porcellino, *m.* *1* (*maialino*) piglet; little pig: **p. di latte**, sucking pig *2* (*zool.*) – **p. d'India** (*Cavia cobaya*), guinea-pig; cavy; **p. di terra** (*Oniscus asellus*), woodlouse; sow bug *3* (*f.* **-a**) (*fig. scherz.*) (dirty) little pig: **Sei un p.!**, you're a dirty little pig!

porcèllo, *m.* *1* young pig *2* (*fig.*) pig; hog.

porcellóne, *m.* (*fig.*) pig; hog.

porcheria, *f.* *1* (*sudiciume*) filth; dirt; muck (*fam.*) *2* (*fig.*: *atto indecente*) obscene act, obscenity, indecency, filth; (*parole indecenti*) obscenity, filthy thing, filth, smut: **Non voglio che i bambini guardino quelle porcherie**, I don't want the children to watch that filth; **dire delle porcherie**, to talk smut (*o* filth) **3** (*fig.*: *azione disonesta*) dirty trick; mean thing (to do) **4** (*fig. fam.*: *cibo schifoso*) nasty food; revolting food; yucky thing (*fam.*) **5** (*fig. fam.*: *cosa fatta in modo pessimo*) rubbish; trash; crap (*volg.*): **Quel romanzo è una vera p.!**, that novel is mere trash.

porchétta, *f.* (*cucina*) roast sucking pig.

porciglióne, *m.* (*zool., Rallus aquaticus*) water rail.

porcile, *m.* (*anche fig.*) pigsty; piggery; pigpen (*USA*).

porcino, A *a.* porcine; piggish; hoggish; swinish; pig (*attr.*): **occhi porcini**, pig eyes. ● **carne porcina**, pork □ (*bot.*) **pan p.** (*Cyclamen europaeum*), sowbread. **B** *m.* (*bot., Boletus edulis*) cep.

pòrco, A *m.* **1** (*zool., Sus*) pig; hog; swine*: **un branco di porci**, a herd of swine; **un guardiano di porci**, a swineherd; **ingrassare il p.**, to fatten the pig; **essere sudicio come un p.**, to be as dirty as a pig **2** (*carne di maiale*) pork: **salciccia di p.**, pork sausage **3** (*fig.*: *persona sudicia*) pig; hog **4** (*fig.*: *persona volgare o viziosa*) swine. ● (*zool.*) **p. selvatico** (*Sus scrofa*), wild boar □ **mangiare come un p.**, to make a pig of oneself. **B** *a.* (*volg.*) filthy; rotten; wretched; damn (*pop.*); bloody (*volg.*): **questa porca vita**, this wretched life; **C'è un tempo p.**, the weather is rotten; **Ma che ha 'sta porca macchina?**, what's wrong with the bloody car?; **Porca miseria** (*o* **Porca l'oca**)!, damn!; blast!; **P. mondo!** (*o* **P. schifo!**), bloody hell!

porcospino, *m.* **1** (*zool., Hystrix*) porcupine **2** (*zool.*: *riccio*) hedgehog **3** (*fig.*: *persona scontrosa*) cantankerous person.

pòrfido, *m.* (*miner.*) porphyry.

porfiria, *f.* (*med.*) porphyria.

porfirico, *a.* (*miner.*) porphyritic(al).

porfirióne, *m.* (*zool., Porphyrio porphyrio*) purple gallinule.

porfirite, *f.* (*miner.*) porphyrite.

porfirizzàre, *v. t.* (*farm.*) to pulverize.

porfiròide, *m.* (*miner.*) porphyroid.

pòrgere, A *v. t.* **1** to hand; (*passare*) to pass; (*dare*) to give*: **Il ragazzo mi porse la lettera**, the boy handed me the letter; **Porgimi quel libro, per favore**, please hand me that book; **Porgimi il burro, per favore**, pass me the butter, please **2** (*offrire*) to offer; to hold* out; to present: **p. la mano a q.**, to offer (*o* to hold out) one's hand to sb.; **p. il braccio a q.**, to offer one's arm to sb.; **p. le proprie scuse**, to offer one's apologies. ● **p. attenzione**, to pay attention □ **p. aiuto**, to help □ **p. fede**, to believe □ (*fig.*) **p. l'altra guancia**, to turn the other cheek □ (*fig.*) **p. una mano a q.**, to give sb. a hand; to lend sb. a helping hand □ **p. orecchio** (*o* **ascolto**), to listen to □ **p. i propri ringraziamenti**, to express one's thanks. **B** *v. i.* (*declamare*) to deliver (one's lines). **C pòrgersi,** *v. rifl.* (*lett.*) (*presentarsi*) to offer oneself; to present oneself.

Poriferi, *m. pl.* (*zool., Porifera*) Porifera.

porifero, *m.* (*zool.*) porifer.

pòrno, *a.* e *m. invar.* porn; porno; blue: **film p.**, porn film; blue movie; skin flick (*pop.*); **rivista p.**, porn magazine.

pornoattóre, *m.* porn actor.

pornoattrice, *f.* porn actress.

pornocassétta, *f.* porn video.

pornodivo, *m.* (*f.* **-a**) pornostar.

pornografia, *f.* pornography; porn (*fam.*); porno (*fam.*).

pornogràfico, *a.* pornographic; hardcore; porn (*fam.*); porno (*fam.*); nudie (*fam.*): **disegni pornografici**, pornographic (*o* obscene) drawings; **un romanzo p.**, a pornographic novel.

pornògrafo, *m.* (*f.* **-a**) pornographer.

pornorivista, *f.* porn magazine; nudie magazine (*fam.*).

pornoshop, *m. invar.* porn shop; sex shop.

pornoshow, *m. invar.* porn show.

pornostar, *m.* e *f. invar.* pornostar.

pornovideo, *m. invar.* porn video.

pòro, *m.* (*anat., bot.*) pore: **i pori della pelle** [**del legno**], the pores of the skin [of wood]. ● (*fig.*) **sprizzare rabbia da tutti i pori**, to be fuming □ (*fig.*) **sprizzare salute da tutti i pori**, to be bursting with health.

porosità, *f.* porosity; porousness.

poróso, *a.* porous: **legno p.**, porous wood.

pórpora, *f.* **1** (*sostanza colorante*) purple; purple dye **2** (*color p.*) (deep) red; crimson: **un cielo di p.**, a crimson sky; **farsi di p.** (*arrossire*), to blush crimson **3** (*stoffa tinta di p.*) purple (cloth): **vestito di p.**, dressed in purple **4** (*veste e dignità regia o cardinalizia*) (the) purple: **essere innalzato alla p.**, to be raised to the purple **5** (*med.*) purpura: **p. emorragica**, purpura hemorrhagica.

porporàto, A *a.* clothed (*o* clad) in purple; wearing purple. **B** *m.* (*eccles.*) cardinal.

porporina, *f.* **1** purpurin; madder purple **2** (*polvere metallica*) bronzing powder.

porporino, *a.* (deep) red; crimson: **un fiore p.**, a crimson flower; **guance** [**labbra**] **porporine**, red cheeks [lips].

pórre, A *v. t.* **1** (*mettere*) to put*; (*deporre*) to lay* down, to put* down; (*collocare, disporre*) to place, to set*: **Gli posi la mano sul capo**, I put my hand on his head; **Pose guardie intorno al campo**, he placed (*o* set) guards all around the camp; **p. delle scatole l'una sull'altra**, to set boxes on top of each other; to pile boxes; **p. q. al comando di q.c.**, to place sb. in command of st.; **Pose le prove davanti al giudice**, he laid the evidence before the judge; **p. le proprie speranze in q.**, to place one's hopes in sb.; **p. da parte**, to set apart; to lay aside; to set aside; **p. ai voti**, to put to the vote; **Mai più porrò piede in quella casa**, I'll never set foot in that house again; **p. la firma su un documento**, to put one's signature to a document; to sign a document; **p. le fondamenta**, to lay the foundations **2** (*supporre*) to suppose: **Poniamo il caso che tu vinca**, (let us) suppose you win; **Poniamo che il sole si muova**, let us suppose that the sun moves **3** (*dedicare*) to erect; to set* up: **I cittadini con animo grato posero questa statua**, the citizens in gratitude erected this statue **4** (*stabilire*) to set*; to fix; to settle: **p. un termine**, to set a limit; **p. una scadenza**, to set a deadline. ● **p. a effetto**, to put into effect; to carry out □ (*comm.*) **p. a frutto**, to invest; to lay out at interest □ **p. assedio a una città**, to lay siege to a town □ **p. la propria candidatura a q.c.**, to stand (as a candidate) for st. □ **p. una domanda a q.**, to ask sb. a question; to put a question to sb. □ **p. un freno a**, to restrain; to curb; to check □ **porre in calce**, to affix □ (*fig.*) **p. in croce**, to torment; to pester □ **p. in dubbio**, to doubt; to question □ **p. in essere**, to realize; to initiate □ **p. in evidenza** (*o* **in rilievo**), to emphasize; to point out; to stress; to lay stress (*o* emphasis) on □ **p. in libertà q.**, to set sb. free □ **p. in salvo**, to rescue; to save □ **p. mano a q.c.**, to begin (*o* to start) st.; to get down to st. □ **p. mente a q.c.**, to pay attention to st. □ **p. un nome a q.**, to give a name to sb. □ **p. tempo in mezzo**, to lose time; to delay: **senza p. tempo in mezzo**, without delay □ **p. termine** (*o* **fine**) **a q.c.**, to put an end to st.; to terminate st. **B pórsi,** *v. rifl.* **1** to put* oneself; (*collocarsi, disporsi*) to place (*o* to set*) oneself: **Si pose all'uscio della cucina**, he placed himself at the kitchen door **2** (*accingersi*) to set* to (*o* about); to get* down to: **Si pose al lavoro**, he set to work. ● **p. a sedere**, to sit down □ **p. in cammino**, to set out; to start off □ **p. in salvo**, to escape; to find refuge.

pòrro, *m.* **1** (*bot., Allium porrum*) leek **2** (*verruca*) wart.

porróso, *a.* warty; full of warts.

pòrta, A *f.* **1** door: **una p. di bronzo**, a bronze door; **la p. di casa**, the front door; **p. principale** [**laterale**], front [side] door; **p. a fisarmonica**, folding door; **p. a vetri**, glass door; **p. blindata**, reinforced door; **p. di servizio**, back door; **p. di sicurezza**, emergency door; exit; **p. finta**, blind door; **p. girevole**, revolving door; **p. imbottita**, padded door; (*naut.*) **porte stagne**, watertight doors; **chiudere** [**aprire**] **la p.**, to shut [to open] the door; **chiudere la p. a chiave**, to lock the door; **sbattere la p.**, to slam the door; **bussare** (*o* **picchiare**) **alla p.**, to knock on the door: **Hanno bussato alla p.**, somebody knocked; **Bussarono alla p.**, there was a knock on the door; **accompagnare q. alla p.**, to see sb. to the door; **lasciare q. sulla p.**, to leave sb. standing on the threshold (*o* in the doorway) **2** (*di città, ecc.*) gate: (*anche fig.*) **Il nemico è alle porte**, the enemy is at the gates; **le porte del Paradiso** [**dell'Inferno**], the gates of Heaven [of Hell]; **le porte di un tempio** [**di un castello, di una prigione**], the gates of a temple [of a castle, of a prison] **3** (*di mobile, di mezzo di trasporto, ecc.*) door: **la p. dell'auto**, the car door; **un'auto a quattro porte**, a four-door car; **un'auto a tre** [**cinque**] **porte**, a hatchback **4** (*fig. lett.*: *ingresso*) admission: **vietare la p. a q.**, to refuse admission to sb. **5** (*geogr.*: *valico*) pass; gate: **le porte d'Italia**, the passes of Italy **6** (*calcio*) goal: **Ci fu una mischia sotto la p.**, there was a scramble in the goal area; **tirare in p.**, to shoot at goal; **area di p.**, goal area; **essere in p.**, to be a goalkeeper **7** (*elab.*) gate. ● (*leg.*) **a porte aperte**, in open court □ **a porte chiuse**, behind closed doors; (*leg.*) in camera: **riunirsi a porte chiuse**, to hold a meeting behind closed doors; **Il processo sarà a porte chiuse**, the trial will be held in camera □ **Natale è alle porte**, Christmas is getting near (*o* is almost upon us) □ **L'esame è alle porte**, the exam is round the corner □ **aprire la p. a q.**, to open the door for sb.; (*fig.*) to welcome sb. □ (*fig.*) **aprire la p. a q.c.**, to usher in st. □ **Il denaro apre tutte le porte**, money opens all doors □ **Per voi la p. è sempre aperta**, you are always welcome □ **chiudere la p. in faccia a q.**, to slam the door in sb.'s face; (*fig.*) to refuse to help sb. □ **della p. accanto**, next-door (*attr.*) □ **andare di p. in p.**, to go from door to door □ **una colletta di p. in p.**, a door-to-door collection □ **fuori p.**, outside the town; in the outskirts (of a town) □ **mettere q. alla p.**, to turn sb. out □ (*fig.*) **mostrare la p. a q.**, to show sb. the door □ (*fig.*) **per la p. o per la finestra**, by hook or by crook □ **abitare p. a p. con q.**, to live next door to sb. □ **le vendite p. a p.**, door-to-door selling □ **prendere la p.**, to leave □ **Quella è la p.!**, get out of here! □ (*autom.*) **quinta p.**, hatchback □ (*fig.*) **sfondare una p. aperta**, to state the obvious; to preach to the converted □ (*autom.*) **terza p.**, hatchback □ **Sono venuto da te stamani ma ho trovato la p. chiusa**, I came to your house this morning but nobody was in. **B** *a.* – (*anat.*) **vena p.**, portal vein.

portaàcqua, *m.* e *f. invar.* **1** water carrier **2** *V.* **portaborracce**.

portaàghi, *m. invar.* (*chir.*) needle holder.

portaattrézzi, *V.* **portattrezzi**.

portabagàgli, A *m. invar.* **1** (*facchino*) (railway) porter **2** (*autom.*: *sul tetto*) roof rack; (*bagagliaio*) boot (*GB*), trunk (*USA*); (*di treno, autobus*) luggage rack, baggage rack (*USA*). **B** *a. invar.* luggage (*attr.*); baggage (*attr.*): **vano p.**, luggage compartment; (*autom.*) boot (*GB*), trunk (*USA*); **carrello p.**, luggage trolley.

portabandièra, *m. invar.* **1** (*mil.*) standard-

-bearer; ensign *2* (*fig.*) standard-bearer.

portabastóni, *m. invar.* *1* stick rack *2* (*golf*) caddie.

portabiancheria, *m. invar.* laundry bin; (*cesto*) laundry basket.

portabigliétti, *m. invar.* (*anche* **custodia p.**) card case.

portàbile, *a.* *1* (*trasportabile*) portable; transportable *2* (*indossabile*) wearable; that can be worn: **Questa giacca non è più p.**, this jacket is no longer wearable; **un completo molto p.**, an outfit that can be worn on many occasions; a versatile outfit.

portabilità, *f.* (*di abiti*) wearability; versatility.

portàbiti, *m. invar.* (*appenditore*) clothes stand, valet; (*borsa*) garment bag.

portabóllo, *m. invar.* (road) licence holder.

portabómbe, *m. invar.* (*aeron., anche* **vano p.**) bomb bay.

portaborràcce, *m. invar.* (*ciclismo*) cyclist who supplies the team captain with water.

portabórse, *m.* e *f. invar.* (*spreg.*) politician's aide; flunkey; heeler (*USA*); (*galoppino*) errand-boy, gofer (*USA*).

portabottiglie, *m. invar.* bottle rack; (*cestello*) bottle crate.

portabùrro, *m. invar.* butter dish.

portacappèlli, *m. invar.* hatbox; bandbox.

portacàrta, *V.* **portarotolo**.

portacàrte, *m. invar.* paper holder; (*borsa*) briefcase.

portacassétte, *m. invar.* cassette rack.

portacatino, *m. invar.* washstand.

portacénere, *m. invar.* ashtray.

portachiàtte, *m. invar.* (*naut.*) barge carrier.

portachiàvi, *m. invar.* (*anello*) key ring; (*astuccio*) key case.

portacìpria, *m. invar.* (*astuccio*) (powder) compact; (*scatola*) powder box.

portacontainer, **A** *a. invar.* container (*attr.*). **B** *f. invar.* (*naut.*) container ship.

portacravàtte, *m. invar.* tie rack.

portadischi, *m. invar.* (*mobiletto*) record rack; record stand. ● **piatto p.**, turntable.

portadocuménti, *m.* *1* (*cartella*) briefcase *2* (*custodia*) card holder.

portadólci, *m. invar.* cake stand.

portaelicòtteri, *f. invar.* (*naut.*) helicopter carrier.

portaèrei, *f. invar.* (*naut.*) aircraft carrier: **p. a propulsione nucleare**, nuclear-powered aircraft carrier; **p. d'appoggio**, support aircraft carrier.

portaferiti, *m. invar.* stretcher-bearer.

portafiàccole, *m. invar.* torch holder.

portafiammiferi, *m. invar.* matchbox; match holder.

portafiàschi, *m. invar.* flask stand.

portafili, **portafilo,** *m. invar.* (*ind. tess.*) thread carrier.

portafinèstra, **pòrta finèstra,** *f.* French window.

portafióri, *m. invar.* (*fioriera*) flower stand; (*vaso*) flower vase.

portafòglio, *m.* *1* wallet; billfold (*USA*): **Tirò fuori il p.**, he took out his wallet; **Mi hanno rubato il p.**, my wallet has been stolen; someone stole my wallet; **avere il p. gonfio** (*o* **ben fornito**), to have a fat wallet *2* (*cartella*) briefcase *3* (*fig.*: *carica ministeriale*) portfolio*; ministerial office: **il p. della Difesa**, the Defence portfolio; **ministro senza p.**, minister without portfolio; **arrivare al p.**, to become a minister *4* (*banca, fin.*) paper securities (*pl.*); bills in hand (*pl.*); portfolio*: **p. interno** [**estero**], inland [foreign] bills *5* (*banca*: *ufficio p.*) bills department. ● **p. titoli**, (*banca*) security department; (*fin.*) investment portfolio □ **gonna a p.**, wrapover skirt.

portafortùna, **A** *m. invar.* (*amuleto*) amulet, lucky charm; (*mascotte*) mascot. **B** *a. invar.* lucky: **un ciondolo p.**, a lucky charm.

portafòto, **portafotografie,** *m. invar.* photograph holder; (*album*) photo album.

portafrùtta, *m. invar.* fruit dish; fruit bowl.

portafuṣibili, *m. invar.* (*elettr.*) fuse block.

portaghiàccio, *m. invar.* (*anche* **secchiello p.**) ice bucket.

portagiòie, **portagioièlli,** *m. invar.* jewel case; jewel box.

portagomitolo, *m.* wool holder.

portaimmondizie, *m. invar.* (*da cucina*) waste bin; (*bidone*) dustbin (*GB*), garbage can (*USA*).

portaincènso, *m. invar.* (*eccles.*) incense boat.

portainnèsto, *m.* (*bot.*) rootstock.

portainségna, *V.* **portabandiera**.

portalàmpada, *m. invar.* lamp holder; lamp (*o* bulb) socket: **p. a baionetta**, bayonet lamp holder; **p. a vite**, screw lamp holder; **p. con chiavetta**, key-type bulb socket.

portalàpis, *V.* **portamatite**.

portàle (1), *a.* (*anat.*) portal.

portàle (2), *m.* (*archit., tecn.*) portal.

portalèttere, *m.* e *f. invar.* postman* (*m.*); postwoman* (*f.*); mailman* (*m.*).

portamatita, *m.* pencil holder.

portamatite, *m. invar.* pencil case; pencil box.

portaménto, *m.* *1* gait; carriage: **un p. goffo**, an awkward gait; **un grazioso p.**, a graceful carriage *2* (*fig.*: *condotta*) bearing; demeanour; behaviour; conduct *3* (*mus.*) portamento*.

portamìna, *m. invar.* propelling pencil.

portamìssili, *a. invar.* (*aeron.*) rocket (*attr.*); missile (*attr.*): **aereo p.**, rocket launcher; **nave p.**, missile carrier.

portamonéte, *m. invar.* purse; change purse (*USA*). ● (*fig.*) **vuotare il p.**, to spend one's very last penny.

portamòrso, *m. invar.* (*equitazione*) cheek strap; cheek piece.

portampólle, *m. invar.* cruet stand.

portamunizióni, *m. invar.* (*mil.*) ammunition carrier.

portamùṣica, *m. invar.* (*mobile*) music cabinet.

portànte, **A** *a.* *1* bearing; carrying *2* (*edil.*) load-bearing; bearing; supporting: **muro p.**, bearing wall *3* (*fis.*): **onda p.**, carrier wave *4* (*aeron.*) – **piano p.**, aerofoil *5* (*fig.*) fundamental; basic: **idee portanti**, fundamental ideas. ● (*di persona*) **ben p.**, well-preserved. **B** *m.* (*ambio*) amble.

portantìna, *f.* *1* (*sedia portatile*) sedan chair; (*lettiga*) litter; (*palanchino*) palanquin, palankeen *2* (*barella*) litter; stretcher: **trasportare un ferito su una p.**, to carry a wounded person in a litter.

portantìno, *m.* sedan bearer; (*negli ospedali*) stretcher-bearer.

portànza, *f.* *1* carrying capacity *2* (*aeron.*) lift: **p. aerodinamica**, aerodynamic lift; **p. statica**, static lift; **perdita di p.**, lift loss.

portaobiettivi, *m. invar.* (*di microscopio*) nosepiece.

portaocchiàli, *m. invar.* spectacle case.

portaoggètti, *m. invar.* holder; (*vano*) compartment; (*astuccio*) case; (*ripiano*) shelf; (*vetrino*) object slide.

portaombrèlli, *m. invar.* umbrella stand.

portaórdini, *m. invar.* messenger; courier; dispatch rider.

portapàcchi, *m. invar.* *1* (*fattorino*) delivery man* *2* (*portabagagli*: *su motorino e sim.*) (parcel) carrier; (*autom.*) roof rack; (*a rete*) parcel net; (*a griglia*) parcel grid.

portapénne, *m. invar.* pen holder; (*astuccio*) pen case.

portapiàtti, *m. invar.* plate rack.

portapillole, *m. invar.* pill box.

portapipe, *m. invar.* pipe rack.

portaposàte, *m. invar.* cutlery tray.

portaprànẓi, *V.* **portavivande**.

portapùnta, *m.* (*mecc.*) (drill) chuck.

portàre, **A** *v. t.* *1* (*verso chi parla*) to bring*; (*andare a prendere*) to fetch: **Portami un bicchiere, per favore**, bring me a glass, please; **Gli portò il dizionario che stava sul tavolo**, he fetched him the dictionary that was on the table; **Mi spiace di portarti notizie così cattive**, I'm sorry to bring you such bad news; **Il vento soffia da nord**: **ci porterà la neve**, the north wind is blowing, and it will bring us snow; **p. su** [**giù, dentro, fuori**], to bring up [down, in, out] *2* (*lontano da chi parla*; *accompagnare*) to take*: **Porta questi fiori a tua sorella**, take these flowers to your sister; **Ti porterò al cinema**, I'll take you to the cinema; **La portai a casa**, I took her home *3* (*reggere, trasportare, portare con fatica o d'abitudine, avere una portata di*) to carry: **Il cameriere portava due vassoi**, the waiter was carrying two trays; **Non porto mai l'ombrello**, I never carry an umbrella; **Porto sempre con me il libretto degli assegni**, I always carry my cheque book with me; **Gli ufficiali portavano la spada**, the officers were carrying their swords; **Questo autocarro porta oltre cinque tonnellate**, this lorry carries over five tons; **p. uno zaino**, to carry a knapsack; **p. sulle spalle**, to carry on one's shoulders; **p. sotto il braccio**, to carry under one's arm; **p. q. in braccio**, to carry sb. in one's arms; **p. q. in trionfo**, to carry sb. in triumph; **Questi tubi portano l'acqua alla città**, these pipes carry water to the city; **Devo p. il vino in cantina**, I must carry the wine down to the cellar *4* (*prendere con sé*) to take*; to bring*: **Devi p.** (*o* **portarti**) **l'ombrello**, you must take an umbrella (with you); **Posso p. mia moglie?**, can I bring my wife with me? *5* (*condurre*) to lead*; to drive*: **p. q. alla disperazione**, to lead (*o* to drive) sb. to despair; **Questa strada porta alla stazione**, this road leads to the station; **p. le pecore al pascolo**, to lead the sheep to pasture *6* (*guidare un mezzo*) to drive*: **Sai p. l'auto?**, can you drive (a car)? *7* (*indossare, avere sulla persona*) to wear*; (*vestire*) to have on, to be dressed in (*st.*): **D'inverno porto abiti pesanti**, in winter I wear heavy clothes; **Quando uscì quella sera, portava un vestito grigio e scarpe nere**, when he went out that evening he had on (*o* he was wearing) a grey suit and black shoes; **La moglie del presidente portava un vestito giallo al ballo d'inaugurazione**, at the inauguration ball the president's wife was dressed in a yellow gown; **p. i capelli corti**, to wear one's hair short; to have short hair; **p. un fiore all'occhiello**, to wear a flower in one's button-hole; **p. gli occhiali**, to wear glasses; **p. gli orecchini**, to wear earrings; **p. il lutto**, to wear mourning; **Non porta mai il nero**, she never wears black *8* (*rif. al portamento*) to carry; to bear*: **Porta diritta la persona**, he bears his body (*o* person) upright; he walks with an upright carriage *9* (*provare, nutrire sentimenti*) to bear*; to nourish; to feel*: **p. rancore verso q.**, to bear sb. a grudge; **p. odio a q.**, to nourish feelings of hatred for sb.; to hate sb.; **p. affetto a q.**, to feel affection for sb.; to be fond of sb.; **p. amore** [**rispetto**] **a q.**, to bear sb. love [respect]; to love [to respect] sb. *10* (*causare*) to cause; to bring* about; to do*: **p. danno**, to cause (*o* to do) harm; **Queste piogge porteranno molte inondazioni**, these rains will cause many floods; **Speriamo che marzo porti un cambiamento in meglio**, let's hope that March will bring about a change for the better; **Questo indugio mi ha portato molto danno**, this delay has done me a lot of harm *11* (*avere*; *recare tracce, ecc.*) to have; to bear*: **Porta ancora i segni della caduta**, he still bears the signs of his fall; **p. un nome illustre**, to bear (*o* to have) a famous name; **Il libro porta un titolo attraente**, the book bears (*o* has) an attractive title; **Se non porta la mia firma, non vale**, if it doesn't bear my signature, it isn't valid *12* (*addurre*) to adduce; to bring* forward; to put* forward: **p. delle buoni ragioni**, to adduce good reasons; **p. prove**, to bring forward proofs *13* (*mat.*: *riportare*) to carry: **Scrivo uno e porto sei**, I put down one and carry six *14* (*di arma da fuoco*) to have a range of; (*di automezzo*) to have a load capacity of; (*di bilancia*) to weigh up to; (*di gru*) to lift up to: **I grossi calibri portano venti kilometri**, the big guns have a range of twenty kilometres; **Questa bilancia porta fino a dieci kili**, these scales weigh up to ten kilos; **Le grandi gru del porto portano fino a cento tonnellate**, the big cranes in the harbour lift up to a hundred tons. • **p. a compimento**, to carry out; to complete □ **p. q.c. a conoscenza di q.**, to bring st. to sb.'s notice □ **p. alla luce**, to dig out □ **p. avanti un discorso di**, to be active in; to be directly involved in: **Abbiamo portato avanti un discorso di modernizzazione della scuola**, we have been active in promoting the modernization of our education system □ **p. avanti il lavoro**, to get ahead with one's job □ **p. avanti una battaglia**, to fight a battle □ **p. q. dalla propria parte**, to win sb. over (to one's side) □ **p. in lungo**, to drag on □ (*fig.*) **p. q. in palmo di mano**, to have a high opinion of sb. □ **p. in tavola**, to serve □ (*fig.*) **p. q. sulla cattiva strada**, to lead sb. astray □ **p. via**, to take away; to carry away; (*rubare*) to steal, to pinch, to filch; (*rif. al tempo*) to take; (*uccidere*) to carry off: **Portatelo via!**, take it away!; **La corrente lo portò via**, the current carried him away; **Mi hanno portato via l'automobile**, my car has been stolen; **Il vento mi portò via il cappello**, the wind blew my hat off; **Questo lavoro mi ha portato via tre giorni**, this work took me three days; **un lavoro che porta via molto tempo**, a time-consuming (*o* demanding) job; **Se l'è portato via un cancro ai polmoni**, he was carried off by lung cancer □ **Che il diavolo ti porti!**, go to the devil! □ **La logica ci porta a dire di sì**, logic leads us to say yes □ **La corrente lo portò a fondo**, the current dragged him to the bottom □ **La corrente lo portò a galla**, the current made him rise to the surface □ **Porti bene i tuoi anni**, you don't look your age □ (*prov.*) **Tutte le strade portano a Roma**, all roads lead to Rome. **B portàrsi**, *v. i. pron.* *1* (*andare*) to go*; (*venire*) to come*: **La polizia si portò sul luogo dell'incidente**, the police went to the scene of the accident *2* (*comportarsi*) to behave: **Ti sei portato bene [male]**, you have behaved well [badly] *3* (*spostarsi*) to move: **Portati un po' a destra**, move a little to the right *4* (*rif. alla salute*) to be; to feel*: **p. bene [male]**, to be (*o* to feel) well [ill].

portareliquie, *m. invar.* reliquiary.

portarifiùti, *m. invar.* *1* V. **portaimmondizie** *2* (*per strada*) litter bin; litter basket.

portarinfùse, *f. invar.* (*naut.*) bulk carrier.

portaritràtti, *m. invar.* picture frame; photograph frame.

portariviste, *m. invar.* magazine rack; newspaper stand.

portarocchétto, *m.* (*di macchina da cucire*) spool pin.

portarossétto, *m. invar.* lipstick holder.

portaròtolo, *m. invar.* *1* (*per carta igienica*) toilet roll holder *2* (*per carta da cucina*) kitchen roll holder; kitchen roll stand.

portasapóne, *m. invar.* (*vaschetta*) soap dish; (*scatoletta*) soap box.

portascàlmo, *m.* (*naut.*) crutch socket; rowlock housing.

portascì, *m.* (*autom.*) ski rack.

portasciugamàno, *m. invar.* towel rack; towel horse.

portasigarétte, *m. invar.* cigarette case.

portasìgari, *m. invar.* cigar case; cigar box.

portaspàzzole, *m. invar.* brush holder.

portaspazzolìno, *m.* toothbrush holder.

portaspìlli, *m. invar.* pincushion.

portasségni, *m. invar.* cheque-book (*USA*: check-book) case.

portastànghe, *m. invar.* shaft strap.

portastecchìni, *m. invar.* toothpick holder.

portastendàrdo, *m.* standard-bearer.

portàta, *f.* *1* (*di pranzo*) course: **un pranzo di quattro portate**, a dinner of four courses; a four-course dinner *2* (*di nave*) (carrying) capacity; (*stazza*) tonnage: **p.-lorda**, dead weight capacity *3* (*di automezzo, di bilancia*) capacity; (*di gru*) capacity, lifting (*o* hoisting) power; (*edil.*) capacity load *4* (*di fiume*) flow; (*di tubo*) flow, delivery; (*di oleodotto*) pipeline run: **p. al secondo**, flow per second *5* (*di arma da fuoco*) range; (*dell'occhio o di strumento ottico*) range, reach; (*di microfono*) beam; (*di segnale luminoso*) light range: **essere a p. di fucile**, to be within rifle range; **un fucile a lunga p.**, a long-range rifle; **La p. di questo cannocchiale è enorme**, the range (*o* reach) of this telescope is enormous; **fuori p.**, out of range *6* (*fig.*: *importanza, significato*) importance; significance; impact; purport: **un problema di grande p.**, a problem of great importance; **Non ho capito la p. del suo discorso**, I haven't understood the purport of his speech *7* (*fig.*: *capacità intellettiva, comprensione*) capacity; reach; grasp: **Questo libro è alla p. dei giovani**, this book is within the capacity of young readers; **Le tue parole devono essere alla p. di tutti**, your words must be within everyone's reach (*o* grasp); **È fuori della p. del profano**, it is out of the layman's reach *8* (*fig.*: *livello*) level: **Sono tutti della stessa p.**, they are all at the same level. • **a p. di mano**, within reach; (*fig.*: *vicino*) close, close by, convenient □ **a p. d'orecchio**, within hearing (*o* earshot) □ **a p. di voce**, within call.

portatèssera, portatèssere, *m. invar.* card holder; ticket holder.

portàtile, *a.* portable: **macchina da scrivere p.**, portable typewriter; **telefono p.**, portable telephone; **armi portatili**, portable fire-arms; small arms.

portatìmbri, *m. invar.* stamp rack.

portativo, *a.* – (*mus.*) **organo p.**, portative organ.

portàto, A *a.* *1* (*di abito*: *già usato*) used, already worn; (*smesso da q.*) reach-me-down; (*usato*) second-hand *2* (*incline*) prone, inclined, given; (*dotato*) that has a talent (*o* a bent): **essere p. all'ira**, to be prone to anger; **essere p. alla musica**, to have a bent for music. **B** *m.* (*frutto*) result; outcome: **il p. della civiltà moderna**, the result of modern civilization.

portatóre, *m.* (*f.* **-trice**) *1* (*chi porta*) bearer: **i portatori di una lettiga**, the stretcher-bearers *2* (*anche comm.*: *latore*) bearer; (*detentore*) holder; (*di assegno e sim.*) payee: **titoli al p.**, stock(s) to bearer; **pagabile al p.**, payable to bearer *3* (*med., biol.*) carrier; vector: **p. sano**, healthy carrier. • **p. di handicap**, handicapped person; disabled person.

portatovagliòlo, *m.* (*busta*) napkin holder; (*anello*) napkin ring.

portattrézzi, *m. invar.* tool box; tool case.

portauòva, *m. invar.* egg rack.

portauòvo, *m. invar.* eggcup.

portautensìli, *m. invar.* (*mecc.*) tool holder; tool carrier; tool post.

portavalóri, A *m. invar.* bank courier; cash guard. **B** *a. invar.* (*banca*) safe-deposit: **cassetta p.**, safe-deposit box.

portavàsi, *m. invar.* (*portafiori*) flower stand.

portavivànde, *m. invar.* food container; (*carrello*) trolley.

portavóce, A *m. invar.* (*specialm. naut.*) speaking-tube; (*megafono*) megaphone. **B** *m. e f. invar.* spokesman* (*m.*); spokeswoman* (*f.*); spokesperson; mouthpiece: **il p. del partito**, the party spokesman.

porte-enfant (*franc.*), *m. invar.* porte-enfant.

portèllo, *m.* *1* (*naut., aeron.*) port; hatch: **p. di carico**, raft port; (*naut.*) **p. di boccaporto**, hatch *2* (small) door.

portellóne, *m.* *1* (*aeron., naut.*) hatch *2* (*autom.*) hatchback.

portènto, *m.* *1* (*prodigio, fatto straordinario*) portent; prodigy; wonder; marvel; miracle: **operare portenti**, to work wonders (*o* miracles); **i portenti della natura**, the prodigies of nature *2* (*fig.*: *persona straordinaria*) prodigy; miracle: **un p. di sapienza**, a prodigy of learning; **essere un p. di memoria**, to have a prodigious memory.

portentóso, *a.* prodigious; wonderful; marvellous; portentous: **una memoria portentosa**, a prodigious memory.

porticàto, *m.* (*archit.*) arcade; colonnade.

porticciòlo, *m.* small harbour; (*turistico*) marina.

pòrtico, *m.* *1* (*archit.*) portico*, arcade; (*di ingresso*) porch, veranda (*USA*), stoop (*USA*): **il p. di una basilica**, the portico (*o* porch) of a basilica; **passeggiare sotto i portici**, to stroll under the arcades *2* (*agric.*) lean-to; shed.

portièra (1), *f.* *1* (*autom.*) door *2* (*tenda*) door curtain; portière (*franc.*).

portièra (2), V. **portinaia**.

portieràto, *m.* porter's (*o* caretaker's) job; **spese di p.**, porter's (*o* caretaker's) wages.

portière, *m.* *1* V. **portinaio** *2* (*sport*) goalkeeper; goalie (*fam.*).

portinàia, *f.* *1* caretaker; concierge (*franc.*) *2* (*moglie del portiere*) doorkeeper's wife* *3* (*eccles.*) portress.

portinàio, *m.* (*di albergo, scuola, ospedale*) doorkeeper, porter (*GB*), janitor (*USA*); (*di teatro, albergo, ecc.*) doorman*, commissionaire (*GB*); (*di casa privata*) caretaker, concierge (*franc.*).

portinerìa, *f.* porter's (*o* caretaker's) lodge; porter's office.

portinfànte, V. **porte-enfant**.

portland, *m.* (*edil.*) Portland cement.

pòrto (1), *m.* *1* (*prezzo del trasporto*) carriage; (*anche naut.*) freight: **Mi costa più il p. che la merce**, the carriage costs me more than the goods; **franco di p.**, carriage paid; **p. assegnato**, carriage forward *2* (*affrancatura postale*) postage *3* (*licenza, permesso*) certificate; licence, license (*USA*): **p. d'armi**, gun licence; **p. abusivo di armi**, unlawful carrying of arms.

pòrto (2), *m.* *1* (*naut.*) port; harbour, harbor (*USA*); (*lett.*) haven: **il p. di Genova**, the port of Genoa; **un p. naturale [artificiale]**, a natural [an artificial] harbour; **fare scalo a un p.**, to call at a port; **entrare in p.**, to enter port; **lasciare il p.**, to leave port; **p. interno**, inner (*o* close) port; **p. sicuro**, safe harbour; **p. di mare**, seaport; **p. d'entrata**, port of entry; **p. d'imbarco [di scarico]**, port of loading [of discharge]; **p. d'armamento** (*o* **di partenza**), home port; **p. d'immatricolazione**, port of registry; **p. di scalo**, port of call; **p. franco**, free port; open port; **p. canale**, canal harbour; **p. fluviale**, river port; **p. militare**, naval port (*o* base); **capitaneria di p.**, harbour-master's office; **capitano di p.**, harbour-master; **diritti di p.**, harbour dues *2* (*fig.*: *asilo, rifugio*) haven; harbour; port; shelter; refuge: **un p. di salvezza**, a haven of safety; **un p. di pace**, a haven of rest. • (*fig.*) **andare in p.**, to be successful □ (*fig.*) **condurre in p.**, to carry out; to conclude successfully; to accomplish □ (*fig.*) **essere in p.**, to be home and dry □ (*fig.*) **mandare in p. q.c.**, to see st. through □ (*fig.*) **La sua casa è un p. di mare**, his house is like a hotel □ **Questa è una casa, non un p. di mare!**, this is a house, not a hotel!

pòrto (3), *m.* (*vino*) port.

Portogàllo, *m.* (*geogr.*) Portugal.

portoghése, **A** *a.* Portuguese. **B** *m.* e *f.* ***1*** (*abitante del Portogallo*) Portuguese (*f.* Portuguese woman*): **i Portoghesi**, the Portuguese ***2*** (*fig.*: *spettatore abusivo*) gatecrasher. **C** *m.* (*lingua*) Portuguese.

portolàno, *m.* (*naut.*) sailing directions (*pl.*); pilot's book; (*stor.*) portolano*.

portolàta, *f.* **portolàto,** *m.* (*naut.*) fish carrier.

portombrèlli, *V.* **portaombrelli**.

portóne, *m.* main door; main entrance; front gate.

portoricàno, *a.* e *m.* (*f.* **-a**) Puerto Rican; Porto Rican.

Portorìco, *m.* (*geogr.*) Puerto Rico.

portuàle, **A** *a.* (*naut.*) port (*attr.*); harbour (*attr.*): **consorzio p.**, harbour trust; **diritti portuali**, harbour dues; dockage (*sing.*). **B** *m.* docker; dock (*o* harbour) worker; longshoreman* (*USA*): **sciopero dei portuali**, dockers' strike.

portualità, *f.* port facilities (*pl.*).

portuàrio, *a.* (*naut.*) port (*attr.*); harbour (*attr.*).

portulàca, *f.* (*bot.*) ***1*** (*Portulaca grandiflora*) rose moss; portulaca ***2*** (*Portulaca oleracea*) purslane.

portuóso, *a.* with many ports; rich in harbours: **una costa portuosa**, a coast with many ports.

porzióne, *f.* ***1*** (*parte, quota*) portion; share; part: **dividere q.c. in tre porzioni uguali**, to divide st. into three equal portions (*o* parts); **distribuire q.c. in porzioni uguali**, to distribute st. in equal shares; to share out st. equally; **dividere q.c. in porzioni**, to divide in portions; **la mia p. di seccature**, my share of problems ***2*** (*di cibo*) portion; helping: **una p. intera**, a full portion; **Me ne porti una p. piccola**, please bring me a small portion; **Le tue porzioni sono sempre abbondanti**, your helping are always very generous; **Prese una seconda p. di dolce**, he took a second helping of dessert.

pòsa, *f.* ***1*** (*il posare in un luogo*) laying; setting: **la p. della prima pietra**, the laying of the foundation stone; **la p. d'un cavo**, the laying of a cable ***2*** (*quiete, riposo*) rest; peace: **non avere [non trovare] mai p.**, to have [to find] no peace (*o* rest); **non dare p.**, to give no peace; **senza p.**, without rest; restless (*agg.*); restlessly (*avv.*); incessantly (*avv.*); uninterruptedly (*avv.*) ***3*** (*seduta per un ritratto*) sitting: **in tre pose**, in three sittings; **stare in p.**, to sit; **mettersi in p.**, to pose ***4*** (*atteggiamento*) attitude; stance; pose: **una p. naturale**, a natural attitude; **mettersi in p. solenne**, to take up a solemn attitude; **Non è che una p.**, it's a mere pose ***5*** (*fotogr.*) exposure: **dieci secondi di p.**, ten seconds of exposure; **fare otto pose**, to make eight exposures (*o* pictures) ***6*** (*mus.*) rest; pause. ● (*cinem.*) **teatro di p.**, studio.

posacàvi, *m. invar.* (*naut.*) cable layer.

posacénere, *m. invar.* ashtray.

posafèrro, *m. invar.* iron stand.

posamìne, (*naut.*) **A** *f.* e *m. invar.* mine layer. **B** *a. invar.* mine-laying: **sommergibile p.**, mine-laying submarine.

posamòlle, *m. invar.* tongs stand.

posapiàno, *m.* e *f. invar.* (*scherz.*) slowcoach (*fam.*); not-so-fast type.

posàre, **A** *v. t.* (*deporre*) to put*, to put* down, to lay*, to lay* down; (*appoggiare*) to rest, to lay*; (*collocare*) to place, to set*: **Posò il piatto sul tavolo**, he put (*o* laid) the plate on the table; **Posa la valigia e vieni a mangiare**, put down your suitcase and have something to eat; **Mi posò le mani sulle spalle**, he laid his hands on my shoulders; **La ragazza posò il capo sul mio petto**, the girl laid her head on my breast; **p. il capo sul guanciale**, to lay one's head on the pillow; **Posai il libro aperto sulle ginocchia**, I rested (*o* laid) the open book on my knees; **L'avevo posato qui!**, I had put it here!; **Posalo!**, put it down!; **Posa il piede ferito su questo sgabello**, rest your wounded foot on this stool; **p. un cavo [una mina, le rotaie]**, to lay a cable [a mine, railway tracks]; **p. le armi**, to lay down (one's) arms; (*fig.*) to cease hostilities. **B** *v. i.* ***1*** (*poggiare*) to rest; to stand*; to be founded: **La casa posa sulla roccia viva**, the house is founded on live rock; **Il palazzo posa su sedici pilastri**, the building stands (*o* rests) on sixteen pillars ***2*** (*fig.*: *fondarsi*) to be based (*o* founded); to rest: **Il suo ragionamento non posava su assunti logici**, his argument wasn't based on logical assumptions ***3*** (*per farsi ritrarre*) to sit*; to pose: **p. per una foto**, to pose for a photo; **p. per un ritratto**, to sit for a portrait; **Ho posato per alcuni pittori**, I posed for a few painters ***4*** (*assumere atteggiamenti affettati*) to pose: **p. a intellettuale**, to pose as an intellectual; **Posa troppo a moglie oltraggiata**, she poses too much as an outraged wife ***5*** (*di liquidi*: *deporre al fondo le impurità*) to stand*; to settle: **Il vino deve p. prima d'essere imbottigliato**, wine must settle before it is bottled ***6*** (*lett.*: *fermarsi*) to stay*, to stop; (*riposare*) to rest ***7*** (*lett.*: *giacere*) to lie*. **C** **posarsi,** *v. i. pron.* ***1*** (*di uccello*) to alight; (*appollaiarsi*) to perch; (*di polvere, neve e sim.*) to settle; (*aeron.*) to land: **Ogni mattina un passero si posa sul mio davanzale**, every morning a sparrow alights on my window-sill; **Il gufo si posò sul ramo più alto prima di piombare sulla preda**, the owl perched on the highest branch before swooping down on its prey; **La polvere si è posata**, the dust has settled; **L'aviogetto si posò sulla pista d'emergenza**, the jet landed on the emergency runway ***2*** (*soffermarsi*) to stay*; to rest: **Il suo sguardo si posò sulla ragazza**, his gaze rested on the girl ***3*** (*di accento*: *cadere*) to fall*.

posaréti, *f. invar.* (*naut.*) netlayer.

posàta, *f.* ***1*** (*cucchiaio*) spoon; (*forchetta*) fork; (*coltello*) knife*; (*pl.*) (*collett.*) cutlery (*sing.*), silverware (*USA*): **un servizio di posate**, a set of cutlery; **Metti in tavola le posate**, put the cutlery (*o* the knives and forks) on the table; **Nel cassetto c'erano alcune vecchie posate**, there were a few old pieces of cutlery in the drawer; **posate d'argento**, silver cutlery; silver plate (*GB*); **posate per il pesce**, fish cutlery ***2*** (*coperto*) cover. ● **piatti e posate**, table ware.

posaterìa, *f.* cutlery; silverware (*USA*).

posatézza, *f.* composure; composedness; sobriety; sedateness; calm.

posàto, *a.* composed; sober; sedate; self-possessed; (*calmo*) calm, moderate: **un carattere p.**, a sedate nature; **un giovane molto p.**, a very composed young man; **un dibattito p.**, a calm debate; **un discorso p.**, a moderate speech.

posatóio, *m.* perch; roost.

posatóre, *m.* (*f.* **-trice**) ***1*** (*operaio*) layer ***2*** (*persona affettata*) poser; poseur.

posatùbi, **A** *a. invar.* pipe-laying. **B** *m. invar.* pipe layer.

posatùra, *f.* sediment; settlings (*pl.*); lees (*pl.*); dregs (*pl.*).

pòscia, (*lett.*) *V.* **poi, dopo**.

poscrìtto, *m.* postscript.

posdatàre, e *deriv.* *V.* **postdatare** e *deriv.*

posdomàni, *avv.* (*lett.*) the day after tomorrow.

positìva, *f.* (*fotogr.*) positive.

positivaménte, *avv.* positively; (*con sicurezza*) definitely; (*affermativamente*) affirmatively, in the affirmative.

positivìsmo, *m.* (*filos.*) positivism.

positivìsta, *m.* e *f.* ***1*** (*filos.*) positivist ***2*** (*fam.*) practical person; matter-of-fact person.

positivìstico, *a.* (*filos.*) positivistic; positivist (*attr.*).

positività, *f.* positiveness.

positìvo, **A** *a.* ***1*** (*ling., scient.*) positive: (*ling.*) **il grado p.**, the positive degree; (*mat.*) **segno p.**, positive (*o* plus) sign; **un numero p.**, a positive number; **una quantità positiva**, a positive quantity; (*fis.*) **polo p.**, positive pole; **elettricità positiva**, positive electricity; (*fotogr.*) **un'immagine positiva**, a positive (picture) ***2*** (*affermativo*) positive; affirmative: **filosofia positiva**, positive philosophy; positivism; **una legge positiva**, a positive law; **una teoria positiva**, a positive theory; **una risposta positiva**, a positive answer ***3*** (*certo, sicuro*) positive; certain; definite: **La notizia è positiva**, the news is certain ***4*** (*vantaggioso*) positive; favourable; good; promising: **esito p.**, positive result; **conclusione positiva**, favourable conclusion; **il lato p. della faccenda**, the good side of the matter; **L'unica cosa positiva è che...**, the only good thing is that... ***5*** (*fam.*: *pratico*) practical; matter-of-fact: **un uomo p.**, a practical (*o* a matter-of-fact) man ***6*** – (*mus.*) **organo p.**, positive organ. **B** *m.* ***1*** (*ciò che è certo*) what is certain; facts (*pl.*): **badare al p.**, to be interested only in facts: **Ancora non c'è nulla di p.**, there is nothing certain yet ***2*** (*gramm.*) positive (degree).

positróne, *m.* (*fis.*) positron.

positrònio, *m.* (*fis.*) positronium.

positùra, *f.* ***1*** (*atteggiamento, posa*) posture; attitude ***2*** (*posizione*) position.

posizionàle, *a.* (*fis., ling.*) positional.

posizionaménto, *m.* ***1*** (*tecnol.*) indexing ***2*** (*comm.*) placing ***3*** (*elab.*) seek.

posizionàre, *v. t.* ***1*** (*tecnol.*: *sistemare*) to position; to index ***2*** (*tecnol.*: *determinare la posizione*) to locate ***3*** (*comm.*) to place ***4*** (*elab.*) to set*.

posizionàto, *a.* ***1*** positioned; located; situated ***2*** (*nelle inserzioni comm.*: *di persona*) successful; (*di appartamento e sim.*) well-situated.

posizióne, *f.* ***1*** position; (*ubicazione*) situation, location: **p. geografica**, geographical position; **la p. del sole**, the position of the sun; **la p. dei pezzi sulla scacchiera**, the position of the pieces on the board; **la p. dell'Italia nel Mediterraneo**, Italy's position in the Mediterranean; **la p. incantevole di questa casetta**, the enchanting situation of this cottage ***2*** (*atteggiamento del corpo*) position; attitude; posture: **essere seduto in una p. comoda**, to sit in a comfortable position; (*mil.*) **p. di attenti**, position of attention; **mettersi in p. di attenti**, to stand at attention; **assumere una p. scorretta**, to develop a bad posture; **p. eretta**, upright posture; **in p. eretta**, upright; standing; **in p. seduta**, in a sitting position; **in p. supina**, supine; **mettersi in p. supina**, to lie down ***3*** (*fig.*: *stato, condizione*) situation; position; standing; status: **trovarsi in una p. imbarazzante**, to be (*o* to find oneself) in an awkward situation (*o* position); **p. sociale [finanziaria]**, social [financial] position; **p. sociale**, social status; **una p. di potere**, a position of power; **Una persona nella tua p. non deve scendere così in basso**, a person in your position (*o* of your standing) shouldn't lower himself to this level; **Come paciere, è in una p. delicata**, as a peacemaker he is in a delicate situation (*o* position); **definire la propria p.**, to define one's position ***4*** (*nella carriera*) position; job: **farsi una p.**, to acquire a position; **trovare una buona p.**, to find a good job ***5*** (*opinione, atteggiamento*) position; attitude: **Qual è la tua p. in questa faccenda?**, what is your position (*o* attitude) in this matter?; **assumere una p. ben definita**, to take up a definite position ***6*** (*mil.*) position: **attaccare le posizioni nemiche**, to attack the enemy's positions; **p. chiave**, key position ***7*** (*naut.*) position: **la p. della nave**, the ship's position; **determinare la p.**, to fix the position; **p. stimata**, reckoning ***8*** (*ling.*) position:

una sillaba lunga per p., a syllable long by position *9* (*in una graduatoria*) place; position: **essere nelle prime posizioni**, to be (*o* to be placed) near the top; **in ultima p.**, at the bottom of the list; **avere una buona p.**, to be well placed; **X si sta portando in terza p.**, X is advancing to third position. ● (*mil.*) **guerra di p.**, trench warfare ◻ **luci di p.**, (*naut.*) navigation lights; (*autom.*) sidelights, parking lights ◻ **mettersi in p. di difesa**, to take up a defensive position ◻ **prendere p.**, to take up a position; (*fig.*: *in una disputa*) to take sides ◻ **prendere p. contro q. [q.c.]**, to take a stand against sb. [st.] ◻ **presa di p.**, stance.

posļùdio, *m.* (*mus.*) postlude.

poşologìa, *f.* (*farm.*) posology; (*sulla medicina*) directions (*pl.*).

pospórre, *v. t.* *1* (*posticipare*) to postpone; to defer; to delay; to put* off: **Dobbiamo p. il nostro viaggio**, we must put off (*o* delay) our journey; **Si dovette p. la riunione**, the meeting had to be postponed *2* (*mettere dopo*) to place (*o* to put*) after *3* (*fig.*) to subordinate; to put* after: **p. la virtù alla ricchezza**, to subordinate virtue to wealth.

pospoşitìvo, *a.* (*gramm.*) postpositive: **particella pospositiva**, postpositive (particle).

pospoşizióne, *f.* *1* (*posticipazione*) postponement *2* (*ling.*) postposition: **la p. degli aggettivi in francese**, the postposition of adjectives in French.

pòssa, *f.* (*lett.*) might; power; (*forza*) strength, vigour.

possedére, *v. t.* *1* to possess; to have; (*essere in possesso di*) to be in possession of; (*essere proprietario di*) to own: **Possiede molte automobili**, he owns (*o* possesses, has) many cars; **Possiede molte qualità**, he has many qualities; **Dovette vendere tutto ciò che possedeva**, he had to sell all he had (*o* possessed); **Quanti ristoranti possiedi?**, how many restaurants do you own?; **p. informazioni [un segreto]**, to be in possession of information [of a secret] *2* (*dominare totalmente*) to possess: **È posseduto dal demonio**, he is possessed by the devil; **Non lasciarti p. dall'ira**, don't let anger get the better of you *3* (*fig.*: *conoscere a fondo*) to master; to have a mastery of; to have a good knowledge of: **Si vede che possiede la sua materia**, you can see he has a mastery of his subject; **p. una lingua**, to have a good knowledge of a language. ● **p. una donna**, to possess a woman.

possediménto, *m.* *1* (*il possedere*) possession; possessing *2* (*proprietà*) property; (*bene immobiliare*) estate: **Non gli rimangono molti possedimenti dopo aver pagato i suoi debiti**, he hasn't much property left after paying his debts; **i possedimenti dell'aristocrazia inglese**, the estates of the English aristocracy; **Ho un possedimento in Lombardia**, I have an estate (*o* some property) in Lombardy *3* (*colonia, paese posseduto*) colony; possession: **i possedimenti inglesi in Africa**, the English colonies in Africa; **possedimenti d'oltremare**, overseas possessions.

posseditrìce, *f.* *V.* **possessore**.

possènte, *a.* (*lett.*) powerful; mighty; puissant (*lett.*): **un principe p.**, a powerful prince; **un corpo p.**, a powerful body; **un fiume p.**, a mighty river.

possessióne, *f.* (*anche psic.*) possession.

possessività, *f.* possessiveness.

possessìvo, **A** *a.* (*anche gramm.*) possessive: **aggettivo [pronome] p.**, possessive adjective [pronoun]; **caso p.**, possessive (case); **amore p.**, possessive love; **madre possessiva**, possessive mother. **B** *m.* (*gramm.*) possessive.

possèsso, *m.* *1* possession (*anche leg.*); ownership: **p. legittimo**, lawful possession; **La collina è in p. del nemico**, the hill is in the enemy's possession; **Sono in p. di molti documenti importanti**, I am in possession of many important documents; **entrare in p. di q.c.**, to come into possession of st.; **prendere p. di q.c.**, to take possession of st.; **prendere p. di una carica**, to take (*o* to come into) office; **prendere p. della direzione**, to take over the management; **rientrare in p. di q.c.**, to regain possession of st.; to recover st.; **venire in p. di q.c.**, to come by st.; (*leg.*) **diritti di p.**, rights of ownership (*o* of tenure) *2* (*specialm. al pl.*: *proprietà*) property; (*bene immobiliare*) estate *3* (*padronanza*) mastery: **il p. di una lingua**, the mastery of a language. ● (*fin.*) **p. di azioni**, shareholding ◻ **p. di una carica**, tenure of office ◻ (*comm.*) **Siamo in p. della Vs. lettera**, we are in receipt of you letter ◻ **essere nel pieno p. delle proprie facoltà mentali**, to be in full possession of one's mental faculties.

possessóre, *m.* (*f.* **posseditrice**) possessor; (*proprietario*) proprietor, owner; (*detentore*) holder: **il legittimo p.**, the rightful owner.

possessòrio, *a.* (*leg.*) possessory: **un'azione possessoria**, a possessory action.

possìbile, **A** *a.* *1* (*che può accadere*) possible: **cose possibili, ma non probabili**, possible, but not probable, things; **Tutto è p. (al mondo)**, everything is possible; **Com'è p.?**, how is it possible?; how can it be so?; **Non è p.**, it isn't possible; it's impossible; it can't be *2* (*che può essere fatto*) possible; feasible: **Non so se sia p.**, I don't know if it is possible; **Non è p. vedere il malato oggi**, it's not possible to see the patient today; **fare ogni sforzo p.**, to make every possible effort; **un progetto p.**, a feasible scheme; **È una scelta p.**, it's a feasible choice; **Non è p.**, it's impossible; it can't be done. ● **P.?**, really?; incredible! ◻ **P. che nessuno l'abbia sentito?**, surely someone must have heard him! ◻ **P. che tu non te ne sia accorto?**, how can you possibly not have noticed it? ◻ **il meno [il più] p.**, as little [as much] as possible ◻ **il più tardi p.**, at the latest possible moment ◻ **Non è p. confondere Marco con Gianni**, there's no mistaking (*o* you can't mistake, it's impossible to mistake) Marco for Gianni ◻ **Spero mi sia p.**, I hope I can ◻ **È p. che si debba rimandare l'incontro**, the meeting may have to be postponed ◻ **È p. che lui non lo sapesse**, he may not have known ◻ **È p. che in questa casa debba sempre fare tutto io?**, must I always do everything in this house? **B** *m.* *1* (the) possible: **oltrepassare i limiti del p.**, to go beyond the limits of the possible; *2* (*ciò che si può fare*) everything possible; one's best: **fare (tutto) il p.**, to do everything possible; to do all one (possibly) can; to do one's best; **Faremo di tutto, nei limiti del p.**, we'll do everything that we possibly can.

possibilişmo, *m.* possibilism.

possibilista, *a.*, *m. e f.* possibilist.

possibilistico, *a.* possibilist (*attr.*).

possibilità, *f.* *1* (*l'essere fattibile*) possibility: **la p. di andare su Marte**, the possibility of travelling to Mars *2* (*eventualità*) possibility; likelihood; chance: **la p. che i calcoli siano sbagliati**, the possibility (*o* likelihood) that calculations might be wrong; **C'è ancora la p. che egli venga**, there is still a chance that he may come; he may still come; **Non posso escludere la p. di un fiasco**, I cannot rule out the possibility of a failure *3* (*occasione, opportunità*) chance; opportunity; occasion: **Ho avuto la p. di conoscerlo**, I had a chance to meet him; **non appena mi si presentò la p.**, as soon as the opportunity arose; **Ti rimane una sola p.**, you have just one chance left; **un lavoro che non offre p.**, a job that offers no scope *4* (*facoltà*) position: **Non ho la p. di aiutarla**, I am in no position to help her; I cannot help her *5* (*specialm. al pl.*: *mezzi morali*) means (*pl.*), power; (*mezzi materiali*) means (*pl.*): **dare secondo le proprie possibilità**, to give according to one's means; **vivere al di sopra delle proprie p.**, to live beyond one's means.

possibilménte, *avv.* if possible. ● **Vieni p. prima delle tre**, come before three if you (possibly) can.

possidènte, **A** *m. e f.* proprietor; owner; (*persona agiata*) well-to-do person. ● **p. terriero**, landowner ◻ **un ricco [una ricca] p.**, a man [a woman] of property. **B** *a.* land-owning; property-owning.

pòsso, *1ª pers. sing. indic. pres. di* **potere**.

pòsta, *f.* *1* post; mail: **per p.**, by post; by mail; **spedire per p.**, to send by post; to post; to mail; **C'è molta p. per te**, there's a lot of mail (*o* of post, of letters) for you; **La p. non viene distribuita nei giorni di festa**, there is no mail delivery on holidays; **È arrivato con la p.**, it came in the post (*o* in the mail); **scorrere la p.**, to go through the mail; **Credo che la portinaia mi apra la p.**, I think my concierge is opening my mail; **p. aerea**, airmail; **p. pneumatica**, pneumatic post (*o* dispatch); **p. elettronica**, electronic mail (*abbr.*: e-mail); **p. in arrivo [in partenza]**, in-coming [out-going] mail; **la p. del mattino**, the morning post; **p. raccomandata**, registered mail *2* (*ufficio postale*) post office; post: **Devo passare alla p.**, I must call at the post office; **p. centrale**, General Post Office (*abbr.*: G.P.O.); **impiegato delle poste**, post office clerk *3* (*nei giochi e fig.*) stake(s): **Raddoppiò la p. e perse**, he doubled the stake(s) and lost; **la p. minima**, the minimum stake; **La p. in gioco è molto alta**, the stakes are high; (*fig.*) **alzare la p.**, to raise (*o* to up) the ante *4* (*appostamento*: *di cacciatore*) stand; (*nascosto*) hide; (*di sentinella*) post *5* (*stor.*: *diligenza delle poste*) mailcoach; (*stazione di p.*) stage, post (stage), post house *6* (*posto per un cavallo nella stalla*) stall; box *7* (*eccles.*: *parte del rosario*) decade. ● **Poste e Telegrafi**, postal and telegraph services ◻ **a bella p.**, on purpose; deliberately ◻ **a giro di p.**, by return of post ◻ (*stor.*) **cavalli di p.**, post horses ◻ **direttore delle poste**, postmaster ◻ **fare la p. a q.**, to lie in wait for sb.; to waylay sb. ◻ **fermo p.**, poste restante (*franc.*) (*GB*); general delivery (*USA*) ◻ **mettersi (o stare) alla p. di q.**, to be on the look-out (*o* on the watch) for sb. ◻ **Ministro delle Poste e Telecomunicazioni**, Postmaster General ◻ (*giorn.*) **piccola p.**, readers' letters ◻ **spese di p.**, postage.

postacèlere, *m.* fast delivery service.

postagiro, *m.* postal transfer; giro.

postàle, **A** *a.* postal; post (*attr.*); mail (*attr.*); post office (*attr.*): **distretto p.**, postal district; **pacco p.**, parcel; **tariffe postali**, postal tariffs; **furgone p.**, mail van; **regolamento p.**, postal regulations (*pl.*); **treno p.**, mail train; **impiegato p.**, post office clerk. ● **battello p.**, packet (boat); mail boat ◻ **cartolina p.**, postcard ◻ **codice di avviamento p.**, postcode; zip code (*USA*) ◻ **casella p.**, post office box (*abbr.*: P.O. box) ◻ **cassetta p.**, letter box; mail box (*USA*) ◻ (*stor.*) **diligenza p.**, mail coach ◻ **francobollo p.**, postage stamp ◻ **pacco p.**, parcel; packet ◻ **spese postali**, postage ◻ **timbro p.**, postmark ◻ **ufficiale p.**, postmaster (*m.*); postmistress (*f.*) ◻ **ufficio p.**, post office ◻ **vaglia p.**, postal order. **B** *m.* *1* (*naut.*) packet (boat); mail boat *2* (*ferr.*) mail train.

postàre, *V.* **appostare**.

postatòmico, *a.* post atomic.

postavanguàrdia, *f.* post avant-guarde.

postazióne, *f.* *1* (*mil.*) posting; post; position; emplacement: **le nostre postazioni**, our positions; **p. d'artiglieria**, gun emplacement; **una p. di mitragliatrici**, a machine-gun post (*o* pit); **mettere in p. un pezzo**, to position a gun *2* (*radio, TV*) position.

postbèllico, *a.* post-war (*attr.*).

postbruciatóre, *m.* (*aeron.*) afterburner.
postcommùnio, *m.* (*eccles.*) postcommunion.
postcomunișmo, *m.* postcommunism.
postcomunista, *a.*, *m.* e *f.* postcommunist.
postconciliàre, *a.* (*eccles.*) postconciliar.
postcongressuàle, *a.* after-conference.
postconsonàntico, *a.* (*ling.*) postconsonantal.
postdatàre, *v. t.* to postdate: **p. un assegno**, to postdate a cheque.
postdatàto, *a.* postdated.
postdatazióne, *f.* postdating.
postdentàle, *a.* (*ling.*) postdental.
postdiluviàno, *a.* postdiluvian.
posteggiàre, *v. t.* e *i.* (*autom.*) to park.
posteggiatóre, *m.* (*f.* **-trice**) ***1*** (*autom.*) car park attendant ***2*** (*region.*: *venditore con bancarella*) stall holder.
postéggio, *m.* ***1*** (*autom.*: *il posteggiare*) parking; (*lo spazio*) parking place, parking space; (*parcheggio*) car park, parking lot (*USA*) ***2*** (*region.*: *per venditori di piazza*) pitch. ● **p. di auto pubbliche**, taxi rank (*GB*); cab stand (*USA*).
postelegràfico, A *a.* post and telegraph (*attr.*); postal and telegraphic: **servizi postelegrafici**, postal and telegraphic services. **B** *m.* (*f.* **-a**) post office employee.
postelegrafònico, A *a.* post, telegraph and telephone (*attr.*). **B** *m.* (*f.* **-a**) post office employee.
postelementàre, *a.* post-elementary.
pòster (*ingl.*), *m. invar.* poster.
postergàre, *v. t.* ***1*** (*comm., leg.*) to postpone; to defer: **azioni [obbligazioni] postergate**, deferred shares [bonds]; **p. un'ipoteca**, to postpone a mortgage ***2*** (*trascurare*) to neglect ***3*** (*annotare a tergo*) to annotate on the back of.
pòsteri, *m. pl.* posterity (*sing. collett.*); descendants.
posterìa, *f.* (*region.*) grocer's (shop); grocery.
posterióre, A *a.* ***1*** (*che sta dietro*) back; hinder; hind; posterior; rear: **la parte p.**, the back; the rear; **la parte p. del duomo**, the back of the cathedral; **la parte p. del cranio**, the posterior (*o* hinder) part of the skull; **le zampe posteriori d'un animale**, the hind legs of an animal; **le file posteriori**, the back rows; (*mil.*) the rear ranks ***2*** (*che viene dopo*) later; subsequent; following: **opere posteriori**, later works; **avvenimenti posteriori**, subsequent events; **gli anni posteriori**, the following years; **È un poema p. a quello dantesco**, it is a poem subsequent to Dante's ***3*** (*bot.*) posticous. **B** *m.* (*sedere*) buttocks (*pl.*); bottom (*fam.*); behind (*fam.*); bum (*pop.*).
posteriorità, *f.* (*nel tempo*) posteriority; subsequence.
posteriorménte, *avv.* ***1*** (*dietro*) behind; at the back ***2*** (*in seguito*) later on; subsequently.
posterità, *f.* posterity; descendants (*pl.*); (*specialm. leg.*) issue: **trasmettere alla p.**, to transmit (*o* to hand down) to posterity.
pòstero, *m.* descendant; (*al pl.*) descendants, posterity (*sing.*): **i nostri posteri**, our descendants; **il giudizio dei posteri**, the judgment of posterity.
posteroanterióre, *a.* (*anat.*) posteroanterior.
posterolateràle, *a.* (*anat.*) posterolateral.
posteromediàle, *a.* (*anat.*) posteromedian.
postfascista, *a.*, *m.* e *f.* postfascist.
postfazióne, *f.* afterword.
postglaciàle, *a.* (*geol.*) postglacial.
posticcio, A *a.* (*artificiale*) artificial; (*fittizio*) fictitious, sham; (*falso*) false, fake: **denti posticci**, artificial teeth; **capelli posticci**, false hair. **B** *m.* (*toupet*) hairpiece; toupet; wiglet.
posticìno, *m.* ***1*** (*luogo*) spot: **un p. tranquillo**, a quiet spot ***2*** (*locale*) little place: **un p. gradevole e senza pretese**, a pleasant, unpretentious little place.
posticipàre, *v. t.* to postpone; to defer; to put* off to a later time; to delay: **p. la partenza**, to postpone one's departure.
posticipàto, *a.* deferred; delayed: **pagamento p.**, deferred payment.
posticipazióne, *f.* postponement; postponing; deferment; putting off to a later time; delay.
postièrla, *f.* (*stor.*) postern.
postiglióne, *m.* postil(l)ion.
postilla, *f.* marginal note; gloss.
postillàre, *v. t.* to write* marginal notes on; to annotate; to gloss.
postillàto, *a.* annotated; with notes.
postillatóre, *m.* (*f.* **-trice**) annotator; commentator.
postillatùra, *f.* ***1*** (*il postillare*) annotation; annotating; glossing ***2*** (*insieme delle postille*) annotations (*pl.*); marginal notes (*pl.*); glosses (*pl.*).
postìme, *m.* (*agric.*) seedling (plant).
postimpressionișmo, *m.* (*arte*) postimpressionism.
postimpressionista, *m.* e *f.* (*arte*) postimpressionist.
postinfartuàle, *a.* (*med.*) post-infarction.
postinfluenzàle, *a.* (*med.*) post-influenzal
postìno, *m.* (*f.* **-a**) postman* (*f.* postwoman*); mailman* (*USA*).
postìte, *f.* (*med.*) posthitis*.
postmatùro, *m.* (*med.*) postmature.
postmilitàre, *a.* post-military.
postmodernișmo, *m.* postmodernism.
postmodèrno, *a.* postmodern; postmodernist.
pósto (1), *m.* ***1*** place: **Ogni cosa era al suo p.**, everything was in (its) place; **Gli alunni andarono ai loro posti**, the pupils went to their places; **prendere il p. di q.**, to take the place of sb.; **Rimettilo al suo p.**, put it back in its place; **in nessun p.**, nowhere; not... anywhere; **in qualche p.**, somewhere; someplace (*USA*) ***2*** (*spazio*) room; space: **C'è p. nell'armadio per i tuoi vestiti**, there is room in the wardrobe for your clothes; **Il pianoforte occupa troppo p.**, the piano takes up too much space (*o* room); **Fammi posto per questi libri**, make some room for these books, please; **Fammi un po' di p.**, move over ***3*** (*p. a sedere*; *sedile*) seat; (*a scuola*: *banco*) desk; (*in Parlamento*) seat, bench: **il p. di guida**, the driver's seat; **prendere p.**, to take a seat; to sit down; **p. d'angolo**, corner seat; **p. davanti**, front seat; **prenotare un p.**, to book a seat; **p. riservato**, reserved seat; **p. di teatro [di cinema]**, theatre [cinema] seat; **un p. di platea**, a seat in the stalls; **i primi posti**, first-row seats; orchestra (*USA*) ***4*** (*lavoro, impiego*) post; position; job: **un p. in banca**, a job in a bank; **p. d'insegnante**, teaching post; **p. di falegname**, job as a carpenter; **p. di lavoro**, place of work; workplace; (*impiego*) job: **sul p. di lavoro**, in one's place of work; in the workplace; **fare domanda per un p.**, to apply for a job; **occupare un p. importante**, to hold an important position; **Non gli piace il p. che ha**, he doesn't like the job he has; **Gli hanno offerto un p. importante all'estero**, he's been offered an important job abroad ***5*** (*sito, punto, posizione*) spot; place: **La villa è in un bel p.**, the villa is in a lovely spot; **un p. incantevole sotto i pini**, an enchanting spot under the pines; **Che bei posti!**, what beautiful places!; **Non ho mai visto quei posti**, I've never seen those places; **arrivare sul p.**, to reach the spot; to arrive on the scene; **Questo non è p. per te**, this is no place for you. ● (*mil.*) **p. avanzato**, outpost □ (*naut.*) **p. d'ancoraggio** (*o* **d'ormeggio**), berth □ **p. di blocco stradale**, road block □ (*naut.*) **p. di caricamento**, loading berth □ (*naut.*) **posti di combattimento**, stations; quarters □ **p. di controllo**, check point □ **p. di frontiera** (*o* **di confine**), frontier crossing □ (*mil.*) **p. di guardia**, sentry post □ **p. di medicazione**, dressing-station □ **p. di osservazione**, observation post □ (*aeron.*) **p. di pilotaggio**, cockpit □ **p. di pronto soccorso**, first-aid post □ **p. di polizia**, police station □ (*naut.*) **p. di quarantena**, quarantine anchorage □ (*autom.*) **p. di rifornimento**, filling station □ **p. di villeggiatura**, holiday resort □ (*radio*) **p. emittente [ricevente]**, transmitting [receiving] station □ (*teatr.*) **Posti esauriti**, all seats sold; all sold out □ (*teatr.*) **p. in piedi**, standing room □ **p. letto**, (*in ospedale*) bed; (*al pl., in albergo*) accommodation (*sing.*): **un albergo con 100 posti letto**, a hotel providing accommodation for 100 people □ **p. telefonico pubblico**, public telephone □ **p. vacante**, vacancy □ **una persona a p.**, a nice person; a reliable person □ **È tutto a p.**, everything is all right; (*è stato sistemato*) everything has been sorted out (*o* settled), it's all settled □ **automobile a due posti**, two-seater □ **al p. di.**, instead of; in place of; in lieu of: **Venne lei al p. di sua madre**, she came in (the) place of (*o* instead of) her mother; **(Fossi) al tuo p., non ci andrei**, if I were in your place (*o* if I were you), I wouldn't go □ **fuori p.**, out of place; not in one's place; in the wrong place: **Rimetti sempre le cose fuori p.**, you always put things back in the wrong place; **sentirsi fuori p.**, to feel out of place; **Era perfetta, non un capello fuori p.**, she was perfect, not a hair out of place □ **sentirsi fuori p.** (*poco bene*), to feel out of sorts □ **la gente del p.**, the local people; the locals (*fam.*) □ **Metti a p. le tue cose**, put your things in order □ **mettere a p. una stanza**, to tidy up a room □ **Mettiti al p. mio!**, put yourself in my place! □ **Mettiamo le cose a p.!**, let's get things straight! □ **Lo metterò a p. io!**, I'll put him in his place!; I'll fix him! (*fam.*) □ (*eufem.*) **quel p.**, toilet; ladies; gents □ (*fig.*) **saper stare al proprio p.**, to know one's place □ (*fig.*) **stare al proprio p.**, to keep one's place □ **studiare una lingua sul p.**, to study a language in the country where it is spoken □ **tenere la lingua a p.**, to hold one's tongue □ **Tieni le mani a p.!**, keep your hands to yourself!
pósto (2), *a.* placed; situated; set; put: **Il villaggio è p. in riva al mare**, the village is (situated) on the coast. ● **p. che**, since; as □ **p. ciò**, that being stated.
postònico, *a.* (*ling.*) post-tonic.
postoperatòrio, *a.* (*med.*) postoperative.
post partum (*lat.*), (*med.*) **A** *locuz. m.* first two hours after the expulsion of the placenta. **B** *locuz. a.* post-partum.
postprandiàle, *a.* (*lett.*) postprandial.
postraumàtico, *a.* (*med.*) post-traumatic.
postrèmo, *a.* (*lett.*) last.
postribolàre, *a.* (*fig.*) bawdy; obscene; lewd.
postrìbolo, *m.* (*lett.*) brothel.
postridentìno, *a.* (*eccles.*) post-Tridentine.
postrisorgimentàle, *a.* after the Risorgimento; following the Risorgimento.
post scriptum, *V.* **poscritto**.
postulànte, A *a.* petitioning; (*specialm. eccles.*) postulating. **B** *m.* e *f.* petitioner; (*specialm. eccles.*) postulant.
postulàre, *v. t.* ***1*** to petition for; to solicit ***2*** (*filos.*) to postulate.
postulàto (1), *m.* (*filos., mat.*) postulate: **i postulati del socialismo**, the postulates of socialism; **i postulati d'Euclide**, Euclid's postulates.
postulàto (2), *m.* (*eccles.*) postulancy.
postulatóre, *m.* (*eccles.*) postulator.
pòstumo, A *a.* posthumous: **un figlio p.**, a posthumous child; **scritti postumi**, posthumous writings; **fama postuma**, posthumous fame. **B** *m. pl.* after-effects; aftermath (*sing.*); (*med.*) consequences: **i p. della guerra**, the aftermath of the war; **i postumi di una sbronza**, a hangover.

postunitàrio, *a.* after the unification (of a country).
postuniversitàrio, *a.* postgraduate.
postùra, *f.* (*fisiol.*) posture.
posturàle, *a.* (*fisiol.*) postural.
postùtto, *avv.* – (*lett.*) **al p.**, after all; all things considered.
postvocàlico, *a.* (*ling.*) postvocalic.
postvulcànico, *a.* (*geol.*) postvolcanic.
potàbile, *a.* drinkable; drinking (*attr.*); potable; suitable for drinking (*pred.*); safe to drink (*pred.*): **acqua p.** [**non p.**], drinking [non-drinking] water; **Non credo che quest'acqua sia p.**, I don't think this water is safe to drink.
potabilità, *f.* drinkableness.
potabilizzàre, *v. t.* to make* drinkable.
potage (*franc.*), *m. invar.* (*cucina*) vegetable soup; thick soup.
potaiòlo, *V.* **potatoio.**
potamologìa, *f.* (*geogr.*) potamology.
potàre, *v. t.* (*agric.*) to prune; to lop; to trim: **p. un vite**, to prune a vine; **p. una siepe**, to trim a hedge.
potàssa, *f.* (*chim.*) potash: **p. caustica**, caustic potash.
potàssico, *a.* (*chim.*) potassic; potassium (*attr.*): **sali potassici**, potassium salts.
potàssio, *m.* (*chim.*) potassium: **carbonato di p.**, potassium carbonate; **cianuro di p.**, potassium cyanide; **cloruro di p.**, potassium chloride; **idrato di p.**, potassium hydroxide; caustic potash; **ioduro di p.**, potassium iodide; **nitrato di p.**, potassium nitrate; nitre; saltpetre; **permanganato di p.**, potassium permanganate.
potatóio, *m.* (*agric.*) pruning hook; pruning knife*.
potatóre, *m.* (*f.* **-trice**) (*agric.*) pruner; lopper.
potatrìce, *f.* (*macchina agric.*) pruning machine.
potatùra, *f.* (*agric.*) pruning; lopping; trimming.
potentàto, *m.* (*lett.*) potentate.
potènte, A *a.* powerful; potent; mighty: **un uomo p.**, a powerful man; **una nazione p.**, a powerful (*o* mighty) nation; **voce p.**, powerful (*o* mighty) voice; **odore p.**, powerful smell; **un veleno p.**, a potent poison. **B** *m.* powerful person; power-broker; (*pl.*) (*collett.*) (the) powerful, (the) mighty.
potènza, *f.* ***1*** power; might; (*forza*) strength: **la p. della stampa**, the power of the Press; **la p. del denaro**, the power of money; **la p. di una lente**, the power of a lens; **la p. delle passioni**, the strength of passions; **p. militare**, military strength; **p. finanziaria**, financial power; (*filos.*) **la p. intellettiva**, the powers of the intellect ***2*** (*Stato*) power: **le grandi Potenze**, the great Powers; **le Potenze alleate**, the allied Powers; **una p. mediterranea**, a Mediterranean power ***3*** (*persona potente*) powerful person; power-broker ***4*** (*efficacia*) potency: **la p. di un veleno**, the potency of a poison ***5*** (*mat.*) power: **elevare x e y alla quarta p.**, to raise x and y to the fourth power (*o* to the power of four); **elevare un numero alla seconda** [**alla terza**] **p.**, to square [to cube] a number ***6*** (*mecc.*) power, rating; (*in cavalli*) horse-power: (*aeron.*) **p. a regime**, power rating; (*aeron.*) **p. di crociera**, cruising power; (*di motore*) **p. fiscale**, nominal horse--power; (*aeron.*) **p. di decollo**, take-off power ***7*** (*fis.*) capacity; power: **p. continua**, active power; **fattore di p.**, power factor; (*radio*) **p. acustica**, acoustic power ***8*** (*geol.*) thickness. ● (*relig.*) **le potenze delle tenebre**, the powers of darkness □ (*fig.*) **all'ennesima p.**, at the nth power □ **in p.**, potential (*agg.*); potentially (*avv.*): **una minaccia in p.**, a potential menace.
potenziàle, A *a.* potential: **le risorse potenziali di un paese**, the potential resources of a country; **un nemico p.**, a potential enemy; **Non ci si rese conto delle sue capacità potenziali**, no one realized his potential; (*gramm.*) **modo p.**, potential (*o* conditional) mood; **allo stato p.**, potential (*agg.*); potentially (*avv.*). **B** *m.* ***1*** (*fis.*) potential: **p. elettrico**, electric potential; **p. magnetico**, magnetic potential; **caduta di p.**, potential drop; **differenza di p.**, potential difference ***2*** (*fig.*) potential; potentiality; power; (*forza*) strength: **avere un grande p.**, to have great potential; (*comm.*) **p. di vendita**, sales potential; selling power; **p. economico**, economic potential; **p. bellico**, military strength; **p. di lavoro**, working strength; **p. umano**, manpower.
potenzialità, *f.* potentiality; potential; capacity; power: **sviluppare le proprie p.**, to develop one's potential; **p. di propulsione**, propelling power; **p. produttiva** [**finanziaria**], productive [financial] potential.
potenziaménto, *m.* ***1*** strengthening; development ***2*** (*farm.*) potentiation.
potenziàre, *v. t.* ***1*** to strengthen; to develop ***2*** (*farm.*) to potentiate.
potenziòmetro, *m.* (*elettr.*) potentiometer.
potére, A *v. i.* ***1*** (*avere la capacità, cioè la forza, la facoltà, la libertà di fare q.c.*) can (*indic. e congiunt. pres.*), could (*indic. e congiunt. pass., condiz.*); to be able: **Posso fare quello che voglio**, I can do what I like; **Non posso piegare il ginocchio**, I cannot bend my knee; **Finora non sono potuto andare da mia zia**, up to now I have not been able to go to my aunt's; **Quella sera non poté uscire**, that evening he could not go out; **Non potendo dormire, accesi la tv**, as I could not sleep, I switched on the TV; **Se potrò, ti verrò a trovare domani**, if I can, I'll come and see you tomorrow; **Potendo, te lo farei**, if I could, I would do it for you; **Finché non ci darà la chiave, non potremo aprire quella porta**, we won't be able to open that door till he gives us the key; **Qui dentro non si può respirare**, you cannot breathe in here; **Potrai incontrarmi domani alle nove?**, will you be able to meet me tomorrow at nine?; **Passando per Milano, potremmo fermarci da Mario**, while passing through Milan, we could call at Mario's; **Se potessimo scoprirlo, tutto sarebbe più semplice**, if we could find out, everything would be simpler; **Potrebbe spiegarti tutto lui, se volesse**, he could explain everything to you, if he wanted to; **Se avessi potuto reagire, le cose sarebbero andate diversamente**, if I could have reacted (*o* if I had been able to react), things would have gone differently; **Se fossero venuti da me prima, li avrei potuti consigliare meglio**, if only they had come to me first, I would have been able to advise them better; **Feci tutto ciò che potevo**, I did all I could; I did my best (*o* my utmost); **Farò quanto** (*o* **tutto ciò che**) **posso** (*o* **potrò**), I'll do all I can; **Verranno quando potranno**, they'll come as soon as they can; **Ti porterò quel che posso**, I'll bring you as much (*o* as many) as I can; **Si fa quello che si può**, one does what one can; **Vorrei p. fare il giro del mondo**, I wish I could travel round the world; **Spero di p. partire a fine mese**, I hope I shall be able to leave at the end of the month; **Mi spiace di non essere potuto venire**, I'm sorry I was not able to (*o* I could not) come; **Non posso che dire di sì**, I can but say yes; **Non potei non innamorarmi di quella ragazza**, I couldn't help falling in love with that girl; **Non puoi fare a meno di** (*o* **altro che**) **andare**, you cannot but go; **Non potevano fare a meno di ridere**, they couldn't help laughing; **Non potevo fare a meno di lei**, I could not do without her; **In questi mesi di intenso lavoro, non potrò fare a meno di te**, in these months of hard work I shall not be able to spare (*o* do without) you; **Se può farne a meno, non le parlerà**, he will not speak to her if he can help it; **Lo so, è una seccatura, ma non ci posso fare niente**, it's a nuisance, I know, but I can't do anything about it; **Se non hai soldi, non ci posso fare nulla**, I can't (*o* cannot) help it, if you haven't any money; **Così non si può (più) andare avanti**, we cannot go on like this (any more) ***2*** (*avere la possibilità, il permesso di fare q.c.*) can (*più form.*: may) (*indic. pres.*), could (*più form.*: might) (*condiz. e, nel discorso indiretto, indic. pass.*); to be allowed; to be permitted: **Un minore non può sposarsi senza consenso dei genitori**, a minor may not (*o* cannot) marry without his parent's consent; **Posso usare il suo telefono?** may I use your telephone?; **Possiamo dare un'occhiata?**, may we have a look around?; **Posso dire una parola?**, may (*o* can) I say something?; **Posso uscire?**, can (*o* may) I go out?; **Mi chiese se poteva uscire**, he asked me if he could go out; **Potete prendere i miei libri**, you can take my books; **Ci disse che potevamo restare**, he told us that we could stay; **Mi hanno detto che non posso andare a trovarlo**, I was told I couldn't visit him; **Non puoi parlare durante la lezione**, you are not allowed to speak during the lesson; **Non si può entrare prima delle nove**, you are not allowed in (*o* you cannot go in) before nine o'clock; **Ci sei potuto entrare?**, could you get in?; were you allowed in? ***3*** (*essere probabile*) may (*pres.*), might (*pass.*); to be likely: **Può essere stato lui**, it may have been he (*o* him); **Posso aver sbagliato**, I may have made a mistake; **Posso aver torto**, I may be wrong; **Può essere**, (it) may be; **Può benissimo essere andata così**, that may well be what happened; **Potrebbe anche** (*o* **benissimo**) **vincere**, he might well win; **È un farabutto, ma forse potrebbe aiutarti**, he's a scoundrel, but he might be able to help you; **Potrebbe non essere ancora tornato**, he might not be back yet; **Potrebbe essere stato lui**, he might have done it; **Quali potrebbero essere le conseguenze?**, what are the consequences likely to be? ***4*** (*essere possibile*) can (*pres.*), could (*pass.*); may (*pres.*), might (*pass.*): **Dove può essere andato a finire?**, where can it have gone?; **Dove poteva essersi nascosto?**, where could he have hidden?; **Può essere che...**, it may (well) be that...; **In condizioni diverse, li si sarebbe potuti salvare**, had conditions been different, they might have been saved ***5*** (*augurio, esortazione, consiglio*) may (*congiunt. e condiz. pres.*), might (*congiunt. e condiz. pass.*); if only... could: **Possa tornare la felicità in questa casa!**, may happiness come back to this house!; **Potessimo almeno sapere che sta bene!**, if only we could be certain that he is well!; **Potevi anche avvertirmi!**, you might (*o* could) have let me know, though!; **Potrebbe almeno rispondere!**, he might at least reply! ***6*** (*riuscire in un'impresa*) to manage; to succeed (in doing st.): **Alla fine potei entrare**, I managed to get in at last ***7*** (*assol.*: *poter fare*) can do (*pres.*), could do (*pass.*); (*avere influenza*) to be influential (*o* powerful), to have influence: **L'esempio può più delle parole**, example can do more than words; **Possono molto per noi**, they can do a lot for us; **Può molto presso il presidente**, he has a lot of influence with the president; **un uomo che può molto**, a very influential man ***8*** (*avere possibilità economiche*) to be well--off; to have means: **un uomo che può**, a man of means. ● **a più non posso**, as much as possible; as much [as fast, as hard, ect.] as one can; **correre a più non posso**, to run as fast as one can; **Lo picchiava a più non posso**, he was hitting him as hard as he could □ **non p. fare altro che...**, to be unable to do anything but... □ **Non ne potevano più di quel trattamento**, they couldn't stand that treatment any more □ **Non ne posso più**, (*sono*

esaurito) I am exhausted, I'm all in (*fam.*); (*sono al limite della sopportazione*) I can't stand it any more, I'm at the end of my tether □ **Può darsi**, maybe □ **Può darsi che arrivi stasera**, he may arrive this evening □ **Può darsi che si sia fatto male**, he may have got hurt □ **Può darsi che lo sappia**, maybe he knows; he might know □ **Si salvi chi può!**, every one for himself! □ (*prov.*) **Volere è p.**, where there's a will, there's a way. **B** *m.* ***1*** (*possibilità di fare, autorità*) power; authority: **Il mio p. non arriva a tanto**, my power does not extend that far; **Tu non hai il p. di fare altrimenti**, you haven't the power to act otherwise; **Non hai il p. di fare ciò**, you have no authority to do that; **Il p. corrompe**, power corrupts; **impadronirsi del p.**, to seize power; **essere [restare] al p.**, to be [to remain] in power; **conferire [ricevere] pieni poteri**, to grant [to be invested with] full powers; **p. civile [militare, legislativo, ecclesiastico, esecutivo]**, civil [military, legislative, ecclesiastical, executive] power; **p. assoluto**, absolute power; **p. temporale [spirituale]**, temporal [spiritual] power; **poteri magici [soprannaturali]**, magic [supernatural] powers; **abuso di p.**, abuse of power; **ascesa al p.**, rise to power; **sete di p.**, thirst (*o* lust) for power; **i pubblici poteri**, the public authorities; **Farò tutto ciò che è in mio p.**, I'll do everything in my power; **Non è in mio p. di procedere oltre**, it is not within my power to proceed any further ***2*** (*influenza*) influence, leverage, clout (*pop.*); (*forza di persuasione*) sway: **Non ho alcun p. su di lui**, I have no influence over him; **Ha un certo p. sul comitato direttivo**, he has some leverage with the board; **Sta' attento, perché è uno che ha molto p.**, be careful because the man has a lot of clout; **Idee simili esercitano un grande p. sulle masse**, such ideas hold great sway over the masses ***3*** (*capacità*) power; capacity: (*econ.*) **p. d'acquisto**, purchasing power; (*fis.*) **p. d'interruzione**, breaking capacity; (*fis.*) **p. calorifico**, heating power. ● **ambasciatore con pieni poteri**, plenipotentiary □ **cadere in p. di q.**, to fall into sb.'s power (*o* hands) □ **conflitto di poteri**, power struggle □ (*polit.*) **divisione dei poteri**, division of power □ (*fig.*) **il quarto p.**, the Press; the fourth estate □ (*fig.*) **il quinto p.**, radio and television.

potestà, *f.* ***1*** (*potere*) power; (*autorità*) authority: **Non è in mia p.**, it is not within my power; **non avere la p. di fare q.c.**, to be out of one's power to do st.; **p. di vita e di morte**, power of life and death; (*leg.*) **patria p.**, parental authority; (*stor.*) patria potestas (*lat.*) ***2*** (*dominio, balìa*) power; mercy: **essere in p. di q.**, to be in sb.'s power; to be at sb.'s mercy ***3*** (*pl.*) (*teol.*) Powers: **le p. angeliche**, the Angelic Powers. ● (*leg.*) **p. di giudicare**, jurisdiction □ **l'Alta** (*o* **Divina**) **P.**, the Almighty.

potestativo, *a.* (*leg.*) potestative: **condizione potestativa**, potestative condition.

pòthos, pòtos, *m.* (*bot.*, *Pothos*) pothos.

pot-pourri (*franc.*), *m. invar.* ***1*** (*cucina*) potpourri; stew of meat and vegetables ***2*** (*letter., mus.*) potpourri; medley ***3*** (*fig.*) medley; miscellany; hotchpotch.

pouf (*franc.*), *m. invar.* pouf, pouffe (*GB*); hassock (*USA*).

poujadiṣmo, *m.* (*polit.*) Poujadism.

poujadista, *m.* e *f.* (*polit.*) Poujadist.

poule (*franc.*), *f. invar.* ***1*** (*puntata*) stakes (*pl.*); pool ***2*** (*biliardo*) pool ***3*** (*sport*) heat.

pourparler (*franc.*), *m. invar.* pourparler; informal preliminary talks.

poveràccia, *f.* poor woman*; poor soul.

poveràccio, *m.* poor man*; poor fellow; poor devil (*fam.*).

poverèllo, *m.* poor man*. ● **il p. di Assisi**, St. Francis of Assisi.

poverétto, poverino, A *a.* poor; wretched. **B** *m.* (*f.* **-a**) poor thing; pour soul; poor devil (*m.*, *fam.*).

pòvero, A *a.* ***1*** (*indigente*) poor; needy: **Sposò una ragazza povera**, he married a poor girl; **Sono molto poveri**, they are very poor; **Il sindaco distribuì i pacchi alle famiglie povere della città**, the mayor distributed the parcels to the needy families of the city ***2*** (*infelice, miserabile*) poor; wretched; unfortunate; unhappy: **P. diavolo!**, poor devil!; **Povera bestia!**, the poor creature!; **La povera donna annegò**, the unfortunate (*o* wretched, poor) woman was drowned; **Il p. Paolo ha perso il posto**, Paolo lost his job, poor fellow; poor old Paolo lost his job ***3*** (*scarso*) scanty; poor; lacking (in): **un raccolto p.**, a scanty (*o* a poor) harvest; **un paese p. di materie prime**, a country lacking (*o* poor) in raw materials; **una biblioteca povera**, a poor (*o* a scanty) library ***4*** (*sterile*) poor; barren; sterile: **terreno p.**, barren land ***5*** (*disadorno*) plain; bare: **uno stile p.**, a plain style; **L'altare della chiesa è piuttosto p.**, the church altar is rather bare; **in parole povere**, to put it simply ***6*** (*umile*) humble; poor: **Lo so che la mia povera opinione non conta**, I know that my humble (*o* poor) opinion doesn't count ***7*** (*fam.*: *defunto*) late; poor: **il mio p. zio**, my late uncle. ● **p. in canna**, as poor as a church mouse □ **P. me!** (*che guaio!*), dear me!; oh dear! □ **Poveri noi [voi!]**, heaven help us [you]! □ (*fam.*) **P. lui, se lo beccano!**, he'll be in for it if they catch him □ **un fiume p. di acqua**, a shallow river □ (*autom.*) **miscela povera**, lean (*o* weak) mixture □ **montagne povere di pascoli**, mountains with little pasture □ **È ben povera cosa!**, it's not much! **B** *m.* (*f.* **-a**) ***1*** poor man* (*f.* woman*); pauper; (*pl.*) (*collett.*) (the) poor, (the) needy, poor people: **È una cena da poveri**, it's a poor man's supper; **Me lo posso permettere**; **non sono un p.**, I can afford it, I'm not a pauper; **i poveri della città**, the city poor ***2*** (*mendicante*) beggar; mendicant. ● (*fam.*) **un p. di spirito**, a simple-minded (*o* dull-witted) person □ (*relig.*) **Beati i poveri di spirito**, blessed are the poor in spirit.

povertà, *f.* ***1*** poverty; indigence; want; penury; destitution: **vivere in p.**, to live in poverty (*o* in want); **essere ridotto in p.**, to be poverty-stricken; **fare voto di p.**, to take the vow of poverty ***2*** (*l'essere disadorno*) plainness; bareness: **la p. d'una stanza**, the bareness of a room ***3*** (*fig.*) poverty; (*scarsezza*) scarcity, want, lack; (*piccolezza*) smallness, scantiness; (*meschinità*) meanness, paltriness: **p. d'idee**, poverty of ideas; **p. di vitamine**, poverty in vitamins; **p. d'acqua**, want of water; **la p. d'un dono**, the smallness of a gift.

poveruòmo, *m.* poor man*; poor fellow.

pozióne, *f.* (*med.*) potion; draught. ● **p. calmante**, sedative.

pózza, *f.* puddle; pool: **pieno di pozze**, full of puddles; **una p. di sangue**, a pool of blood.

pozzànghera, *f.* puddle.

pozzétta, *f.* (*fossetta*) dimple.

pozzétto, *m.* ***1*** (*di motore*) sump ***2*** (*di miniera*) winze ***3*** (*naut.*) cockpit. ● (*mecc.*) **p. di depurazione**, water filter □ (*edil.*) **p. di raccolta detriti**, drain well.

pózzo, *m.* ***1*** well: **p. asciutto**, dry well; **p. artesiano**, artesian well; **scavare un p.**, to dig a well; **p. petrolifero**, oil well; **p. eruttivo**, flowing well; **p. esplorativo**, wildcat well; **perforare un p.**, to drill a well ***2*** (*ind. min.*) shaft; pit: **p. di aerazione**, ventilating (*o* air) shaft; **p. di estrazione**, hauling (*o* hoisting) shaft; **p. verticale**, vertical shaft; **p. inclinato**, sloping shaft; **p. di afflusso**, downcast shaft; **p. di affondamento**, sinking shaft; **p. di colmata**, flushing shaft; **p. di comunicazione**, winze ***3*** (*nei giochi di carte*) pool; pack. ● **p. dell'ascensore**, lift (*USA*: elevator) shaft □ (*naut.*) **p. delle catene**, chain locker; cable locker □ (*naut.*) **p. dell'elica**, propeller aperture □ (*naut.*) **p. delle pompe**, well □ (*fig. fam.*) **un p. di soldi**, a mint of money; pots (*pl.*) of money □ (*fig.*) **un p. di erudizione** (*o* **di scienza**), a monument of learning □ **p. nero**, cesspool; sump; septic tank □ (*fig.*) **p. senza fondo**, bottomless pit: **essere un p. senza fondo**, to be like a bottomless pit □ (*fam.*) **essere il p. di S. Patrizio**, to be like a widow's cruse.

pozzolàna, *f.* (*miner.*) pozz(u)olana.

pozzolànico, *a.* (*miner.*) pozz(u)olanic.

Pràga, *f.* (*geogr.*) Prague.

praghése, A *a.* of Prague; from Prague; Prague (*attr.*). **B** *m.* e *f.* inhabitant of Prague; native of Prague.

pragmàtica, *f.* (*filos.*) pragmatics (*pl. col verbo al sing.*).

pragmàtico, *a.* ***1*** pragmatic: **un atteggiamento p.**, a pragmatic attitude ***2*** *V.* **prammatico**.

pragmatiṣmo, *m.* (*filos.*) pragmatism.

pragmatista, *m.* e *f.* (*filos.*) pragmatist.

pragmatìstico, *a.* (*filos.*) pragmatistic; pragmatist (*attr.*).

pràho, *m. invar.* (*naut.*) prau; prahu.

pralina, *f.* praline.

pralinàre, *v. t.* (*cucina*: *caramellare*) to brown in boiling sugar; (*rivestire di cioccolato*) to coat with chocolate.

prammàtica, *f.* – **essere di p.**, to be customary.

prammàtico, *a.* pragmatic: (*stor.*) **la Prammatica Sanzione**, the Pragmatic Sanction.

pràna, *m.* (*induismo*) prana.

pranoterapèuta, *V.* **pranoterapista**.

pranoterapèutico, *a.* faith-healing.

pranoterapìa, *f.* laying-on of hands; faith healing.

pranoteràpico, *V.* **pranoterapeutico**.

pranoterapista, *m.* e *f.* faith healer.

pranẓàre, *v. i.* (*consumare il pasto principale*) to dine, to have dinner; (*consumare il pasto di mezzogiorno*) to lunch, to have lunch: **Pranziamo insieme all'una**, we're having lunch together at one; **Stasera pranzo fuori**, I'm dining out tonight; **A che ora si pranza?** what time is dinner [lunch]?; what time are we eating?; **chi pranza spesso fuori casa**, diner-out.

pranẓétto, *m.* (delicious) meal.

prànẓo, *m.* (*pasto principale*) dinner; (*pasto del mezzogiorno*) lunch, luncheon (*form.*); (*p. con invitati*) dinner party, banquet: **È l'ora di p.**, it's dinner-time [lunch-time]; **Il p. è pronto**, dinner [lunch] is ready; **Chi viene a p. oggi?**, who is having dinner [lunch] with us today?; **un ottimo p.**, an excellent meal; **p. di gala**, gala dinner; **p. di nozze**, wedding banquet; **p. all'aperto**, al fresco meal; picnic; **sala da p.**, dining room; **dare un p. in onore di q.**, to give a dinner party in sb.'s honour; **invitare q. a p.**, to ask sb. to dinner; **dopo p.**, after dinner; after lunch; (*nel pomeriggio*) in the afternoon.

praṣeodìmio, *m.* (*chim.*) praseodymium.

pràssi, *f.* ***1*** (*filos.*) praxis* ***2*** (*procedura abituale*) (accepted) practice; usual (regular) procedure; general rule. ● **p. bancaria**, banking customs □ **la p. commerciale**, the ordinary course of business.

prassìa, *f.* (*med.*) praxia.

prataiòlo, A *a.* field (*attr.*); meadow (*attr.*): **gallina prataiola**, meadow chicken. **B** *m.* (*bot.*, *Psalliota campestris*) meadow (*o* field) mushroom.

pratellina, *V.* **pratolina**.

pratènse, *a.* growing in the meadows; meadow (*attr.*); field (*attr.*): **fiori pratensi**, meadow flowers.

pratería, *f.* grassland; prairie; meadowland; (*in Sud Africa*) veldt.

pràtica, *f.* ***1*** practice: **la teoria e la p.**, theory and practice; **mettere q.c. in p.**, to put st. into practice; **mettere in p. i consigli di q.**, to take sb.'s advice; to act on sb.'s advice ***2*** (*esperienza*) practice; experience; practical knowledge: **Ho molta p. di computer** [**di bambini**], I have had a lot of experience with computers [with children]; **Hai molta p. nell'insegnare le lingue?**, have you had much experience in teaching languages?; **Gli manca la p. in questo campo**, he lacks experience in this field; **acquistare p.**, to gain experience; **La perizia si acquista con la p.**, skill comes with practice; **parlare per p.**, to speak from experience ***3*** (*conoscenza*) knowledge; familiarity: **Ho poca p. di questi argomenti**, I have little knowledge of these topics; I am not very familiar with these topics; **non avere p. del mondo**, to lack (*o* to have no) knowledge of the world ***4*** (*consuetudine, usanza*) practice; custom; usage: **la p. di onorare i morti**, the practice of honouring the dead ***5*** (*addestramento*) training; (*apprendistato*) apprenticeship ***6*** (*affare, faccenda*) matter; affair; business; activity: **regolare** (*o* **sbrigare**) **una p.**, to settle an affair; **condurre una p. segreta**, to conduct an affair secretly; **pratiche illecite**, illegal activity (*o* dealings); (*leg.*) unlawful conduct (*sing.*) ***7*** (*documento*) paper; (*caso*) case; (*incartamento*) file, dossier: **fare le pratiche per il passaporto**, to get the papers for a passport; **accantonare una p.**, to shelve a case; **Cercherò la p. in archivio**, I'll look for the file (*o* dossier) in the archives ***8*** (*pl.*) (*atti del culto religioso, ecc.*) practices: **pratiche cristiane**, Christian practices; **pratiche magiche** [**superstiziose**], magical [superstitious] practices; **pratiche religiose**, religious practices (*o* observances); **osservare le pratiche religiose**, to fulfil one's religious duties ***9*** (*pl.*) (*trattative*) negotiation(s); dealing(s). ● **avere p. di una lingua** [**di un autore**], to be familiar with a language [with an author] □ **Suono un'ora al giorno per fare p. di pianoforte**, I practise the piano for an hour every day □ **fare p. con un avvocato**, to be articled to a lawyer □ **fare p. presso un artigiano**, to serve one's apprenticeship with an artisan □ **in p.**, in practice; virtually □ (*naut.*) **libera p.**, pratique: **dare libera p. a una nave**, to grant pratique; **avere libera p.**, to be granted pratique; to be out of quarantine □ **perdere la p. di q.c.**, to lose practice (*o*, *fam.*: the knack) of st.; to lose one's hand with st. □ (*prov.*) **Val più la p. della grammatica**, practice is better than theory.

praticàbile, **A** *a.* ***1*** (*che si può mettere in pratica*) practicable; feasible; that can be put into practice: **un metodo p.**, a practicable method ***2*** (*che si può percorrere*) practicable, passable; (*accessibile*) accessible: **Il guado non era p.**, the ford was not passable; **una strada p.**, a practicable road ***3*** (*di campo da gioco*) playable. **B** *m.* (*teatr.*) platform.

praticabilità, *f.* ***1*** practicability; practicableness ***2*** (*di campo da gioco*) playability.

praticàccia, *f.* (*fam.*) practical knowledge; experience. ● **Non è un'aquila, ma ha una certa p. del lavoro**, he's not a genius, but he is an old hand at the job.

praticaménte, *avv.* ***1*** (*in sostanza*) virtually; in practice; all but ***2*** (*quasi*) practically ***3*** (*in modo pratico*) by practical means.

praticantàto, *m.* training; practice; probation period.

praticànte, **A** *a.* ***1*** training ***2*** (*relig.*) practising; observant: **un cattolico p.**, a practising Catholic. **B** *m.* e *f.* ***1*** (*chi fa pratica d'un mestiere*) apprentice, beginner, tiro, tyro; (*medico*) houseman* (*GB*), intern (*USA*) ***2*** (*chi esercita un mestiere o una professione*) practiser; practitioner ***3*** (*chi osserva le pratiche religiose*) church-goer.

praticàre, *v. t.* ***1*** (*mettere in pratica*) to practise; to put* into practice (*o* action); to exercise: **p. la giustizia**, to practise justice ***2*** (*esercitare una professione, arte, ecc.*) to practise; to follow: **p. un mestiere** [**una professione**], to follow a trade [a profession]; **p. la professione dell'avvocato** [**del medico**], to practise law [medicine]; to practise as a lawyer [as a physician]; **p. uno sport**, to do some kind of sport ***3*** (*frequentare luoghi*) to frequent, to haunt; (*frequentare persone*) to associate with, to mix with, to have to do with: **p. i bar**, to frequent bars; **Pratica gente che non mi piace**, he associates with people I don't like ***4*** (*seguire le pratiche religiose*) to practise (religion) ***5*** (*fare, eseguire*) – **p. un foro**, to make (*o* to bore) a hole; **p. un passaggio**, to open a way through; **p. un taglio**, to make a cut; **p. un'iniezione**, to give an injection; **p. un prezzo**, to make (*o* to quote) a price; **p. sconti**, to give discounts.

praticismo, *m.* practicalism.

praticità, *f.* practicalness; practicality; convenience.

pràtico, **A** *a.* ***1*** practical: **esercizio p.**, practical exercise; **metodo p.**, practical method; **consigli pratici**, practical advice; **dimostrazione pratica**, practical demonstration; **Ha superato tutte le difficoltà pratiche**, he has overcome all the practical difficulties ***2*** (*comodo, funzionale*) practical; sensible; convenient; handy: **abiti pratici**, practical (*o* sensible) clothes; **un attrezzo p.**, a handy tool; **Una valvola di ricambio è una cosa pratica in casa**, a spare fuse is a convenient (*o* a handy) thing to have in the house ***3*** (*esperto, perito*) experienced (in); skilled (in); familiar (with): **È poco p. del mestiere**, he's not very experienced (*o* skilled) in his trade; **È p. di queste faccende**, he's experienced in these matters; he knows a lot about these matters; **È praticissimo di motori**, he knows everything about engines; he knows engines inside out; **un idraulico p. del suo mestiere**, a skilled plumber; **Cercansi dattilografe pratiche**, skilled (*o* experienced, competent) typists wanted ***4*** (*empirico, positivo*) practical; empirical; business-like; matter-of-fact; no-nonsense (*fam.*): **una mente pratica**, a practical (*o* empirical) mind; **senso p.**, practical (*o* common) sense; **un uomo p.**, a practical man; a down-to-earth sort of man. ● **all'atto p.**, in practice; when it comes to it □ **Vollero vedermi all'atto p.**, they wanted to put me to the test □ **essere p. del proprio mestiere**, to know one's trade □ **Non era p. del luogo**, he wasn't familiar with the place; he was a stranger there □ **Era molto p. della città**, he knew the city very well; he knew his way about the city □ **Sei p. di Bologna?**, do you know your way around Bologna? □ **nella vita pratica**, in real life □ (*fam.*) **Siamo pratici!**, let's be factual! **B** *m.* (*f.* **-a**) practical person.

pratìcolo, *a.* (*zool.*) prairie (*attr.*); grassland (*attr.*).

praticoltùra, *f.* grassland farming.

praticóna, *f.* backstreet abortionist.

praticóne, *m.* old hand (at the trade).

Pratile, *m.* (*stor. franc.*) Prairial (*franc.*).

prativo, *a.* meadowy; meadow (*attr.*); grass (*attr.*): **terreno p.**, meadow land; grassland.

pràto, *m.* meadow; grass; (*p. rasato*) lawn: **fiori di p.**, meadow flowers; **giocare sul p.**, to play on the grass; **terreno a p.**, grassland; grazing land; **p. all'inglese**, lawn.

pratolina, *f.* (*bot., Bellis perennis*) daisy.

pravità, *f.* (*lett.*) wickedness; iniquity.

pràvo, *a.* (*lett.*) wicked; evil; iniquitous.

preaccennàre, *v. t.* (*bur.*) to mention beforehand.

preaccennàto, *a.* (*bur.*) mentioned before; aforesaid.

preaccensióne, *f.* (*mecc.*) pre-ignition.

preaccòrdo, *m.* preliminary agreement.

preadamita, *m.* preadamite.

preadamitico, *a.* preadamite; preadamitic.

preadattaménto, *m.* (*biol.*) preadaptation.

preadolescènte, *a.*, *m.* e *f.* preadolescent; pre-teen.

preadolescènza, *f.* preadolescence.

preadolescenziàle, *a.* preadolescent.

preagònico, *a.* (*med.*) pre-agonal.

preallàrme, *m.* readiness; (*segnale*) warning signal: **essere in stato di p.**, to be in a state of readiness; **dare il p.**, to order readiness; to give the warning signal.

Preàlpi, *f. pl.* (*geogr.*) (the) foothills of the Alps.

prealpino, *a.* (*geogr.*) in the foothills of the Alps.

preàmbolo, *m.* preamble. ● **dire q.c. senza tanti preamboli**, to say st. right away; to come straight to the point; not to beat about the bush.

preammòllo, *m.* presoak (cycle). ● **fare il p.**, to presoak.

preamplificatóre, *m.* (*elettron.*) preamplifier.

preanestesia, *f.* (*chir.*) basal an(a)esthesia; premedication.

preannunciàre, *v. t.* ***1*** to pre-announce; to announce in advance (*o* beforehand); (*prevedere*) to forecast*, to foretell*, to prognosticate ***2*** (*essere segno di*) to herald, to announce; (*presagire*) to foreshadow, to forebode, to be a presage of, to portend: **segni che preannunciano una siccità**, signs heralding a drought; **segni che preannunciavano disgrazie**, signs portending some evil; **La giornata si preannunciava calda**, it looked as if it was going to be a hot day; **Si preannuncia un temporale**, a storm is brewing; **Si preannunciavano giorni di calura**, hot days were looming ahead.

preannùncio, *m.* ***1*** pre-announcement ***2*** (*segno*) sign; foreshadowing; foretoken; foreboding; presage; omen.

preannunziàre, **preannùnzio**, *V.* **preannunciare, preannuncio.**

Preappennini, *m. pl.* foothills of the Apennines.

preappenninico, *a.* in the foothils of the Apennines.

preatlètica, *f.* (*sport*) preparatory exercises (*pl.*); warming-up.

preatlètico, *a.* (*sport*) preparatory; warming-up.

preavvertiménto, *m.* forewarning.

preavvertire, **preavvisàre**, *v. t.* to inform in advance (*o* beforehand); to give* prior notice; to forewarn.

preavviso, *m.* ***1*** (*avviso preventivo*) (prior) notice; warning; forewarning: **dietro p.**, upon notice; **senza p.**, without notice; **per mancato p.**, for want of notice; **con breve p.**, at short notice; **con p. di quindici giorni**, at a fortnight's notice ***2*** (*leg.*: *di disdetta di contratto, ecc.*) notice: **Mi devono dare un p. di tre mesi**, they have to give me three months' notice; **p. di finita locazione**, notice to quit; **p. di sfratto**, eviction notice; **indennità di p.**, compensation in lieu of notice.

prebàrba, **A** *a. invar.* pre-shave. **B** *m. invar.* (*lozione*) pre-shave lotion; (*crema*) pre-shave cream.

prebarócco, *a.* (*arte*) pre-Baroque.

prebèllico, *a.* pre-war.

prebènda, *f.* ***1*** (*eccles.*) prebend ***2*** (*estens.*: *lucro*) profit.

prebendàrio, *m.* (*eccles.*) prebendary.

prebendàto, (*eccles.*) **A** *a.* prebendal. **B** *m.* prebendary.

prebiòtico, *a.* (*biol.*) prebiotic.

precambriàno, **precàmbrico**, *a.* (*geol.*) Pre-Cambrian.

precampionàto, *a. invar.* (*calcio*) prechampionship.

precanceróso, *a.* (*med.*) precancerous.

precariàto, *m.* ***1*** (*condizione di precarietà*

nell'impiego) lack of stability in one's job **2** (*collett.*: *precari*) employees not on the regular staff; (*docenti*) pro-tempore teachers, teachers on a short-term contract.

precarietà, *f.* precariousness.

precàrio (1), A *a.* precarious; uncertain; unstable; insecure; (*temporaneo*) temporary, short-term: **stato p. di salute**, precarious state of health; **impiego p.**, temporary situation (*o* job); **lavoratore p.**, employee on a short-term contract. **B** *m.* (*f.* **-a**) (*docente p.*) pro-tempore teacher; teacher on a short-term contract.

precàrio (2), *m.* (*leg.*) possession by sufferance.

precauzionàle, *a.* precautionary; precautional: **prendere misure precauzionali**, to take precautionary measures.

precauzióne, *f.* **1** precaution: **Le precauzioni non sono mai troppe**, you can't take too many precautions; **una saggia p.**, a wise precaution; **precauzioni sanitarie**, sanitary precautions; **prendere le debite precauzioni**, to take the necessary precautions; **per p.**, as a precaution **2** (*cautela*) caution; care; heed; prudence: **con la massima p.**, with the greatest care.

prèce, (*lett.*) *V.* **preghiera**.

precedènte, A *a.* **1** preceding; previous; foregoing (*form.*): **le pagine precedenti**, the preceding (*o* previous) pages; **la lezione p.**, the previous lesson; **il giorno p.**, the previous day; the day before; **nelle spiegazioni precedenti**, in the foregoing explanations; **avere [annullare] un impegno p.**, to have [to cancel] a previous engagement **2** (*anteriore*) former: **in tempi precedenti**, in former times; **in una vita p.**, in a former life. **B** *m.* **1** (*anche leg.*) precedent: **creare un p.**, to create (*o* to set) a precedent; **senza precedenti**, without precedent; unprecedented (*agg.*) **2** (*pl.*) (*condotta anteriore a un certo momento*) record (*sing.*); past (*sing.*); history (*sing.*): **avere buoni [cattivi] precedenti**, to have a good [bad] record; **Non mi interessano i suoi precedenti**, I'm not interested in his past; **senza precedenti**, without a record; **precedenti familiari**, family history; (*leg.*) **precedenti penali**, criminal record; previous convictions.

precedentemènte, *avv.* previously; before; on a previous occasion.

precedènza, *f.* **1** precedence; (*priorità*) priority: **La p. spetta al più anziano**, the oldest person takes (*o* has) precedence; **avere la p. su**, to take precedence over; to have priority over: **Queste misure hanno la p. su qualsiasi altra cosa**, these measures take precedence over any other matter; **dare la p. a q. [q.c.]**, to give precedence (*o* priority) to sb. [st.]; to put sb. [st.] first; **La p. sarà data ai casi di maggior bisogno**, priority will be given to the most needy cases; **p. assoluta**, top priority; **disputarsi la p. con q.**, to contend with sb. for precedence; **in ordine di p.**, in order of precedence **2** (*nel traffico, anche* **diritto di p.**) right of way: **avere la p.**, to have right of way; **dare la p.**, to give way; **segnale di p.**, give-way sign. ● **in p.**, previously; before; on a previous occasion.

precèdere, A *v. t.* **1** to precede; to go* [to come*] before; (*essere alla testa di*) to head, to go* [to come*] ahead of: **Il lampo precede il tuono**, lightning precedes thunder; **La banda cittadina precedeva il corteo**, the town band headed the procession; **La premiazione fu preceduta da un discorso del presidente**, the prize-giving was preceeded by a speech made by the chairman; **Lo pregai di precedermi**, I asked him to go ahead; **Si fece p. dalla moglie**, he sent his wife ahead of him; **il giorno che precedette l'esame**, the day before the exam; **Mi precedeva nella lista**, he came before me in the list **2** (*avere la precedenza*) to have precedence over **3** (*fare da introduzione a*) to preface **4** (*prevenire*) to anticipate: **p. le mosse degli avversari**, to anticipate one's adversaries' movements. **B** *v. i.* to come* first; to precede: **Precede una sonata di Chopin**, first comes a Chopin sonata. ● **fare p.** (*premettere*), to put first.

precèltico, *a.* pre-Celtic.

precessióne, *f.* (*astron., mecc.*) precession: **p. degli equinozi**, precession of the equinoxes.

precettàre, *v. t.* **1** (*mil.*: *richiamare alle armi*) to mobilize, to call up, to draft (*USA*); (*requisire*) to order requisition **2** (*rif. a uno sciopero*) to order to resume work: **I controllori di volo sono stati precettati**, air traffic controllers were ordered to resume work **3** (*leg.*) to garnish; (*convocare*) to summon.

precettazióne, *f.* **1** (*mil.*: *richiamo alle armi*) mobilization, call-up, draft (*USA*); (*requisizione*) requisition order **2** (*di scioperanti*) order to resume work.

precettìsta, *m.* e *f.* (*spreg.*) dogmatic teacher.

precettìstica, *f.* **1** teaching by precept; dogmatic teaching **2** (*insieme di precetti*) precepts (*pl.*).

precettìvo, *a.* (*lett.*) preceptive.

precètto, A *m.* **1** (*norma, regola*) precept; rule: **i precetti della buona educazione**, the rules of good manners **2** (*eccles.*) precept; commandment; duty; obligation: **i precetti della chiesa**, the precepts (*o* commandments) of the Church; **il p. pasquale**, one's Easter obligation; **festa di p.**, day of obligation **3** (*leg.*) order; injuction **4** (*mil.*) call into active service; call-up (*USA*: draft) notice. **B** *a.* – (*mil.*) **cartolina p.**, call-up (*USA*: draft) papers (*pl.*).

precettóre, *m.* tutor.

precipitàbile, *a.* (*chim.*) precipitable.

precipitabilità, *f.* (*chim.*) precipitability.

precipitànte, *m.* (*chim.*) precipitant.

precipitàre, A *v. t.* **1** (*gettare giù a capofitto*) to hurl down; to cast* down; to precipitate (*lett.*): **Iddio precipitò Lucifero nell'Inferno**, God precipitated Lucifer into Hell **2** (*fig.*: *affrettare troppo*) to precipitate; to rush; to hasten: **p. le cose**, to precipitate things; **p. una decisione**, to rush a decision; to make a hasty decision; **dover p. la partenza**, to have to hasten one's departure **3** (*chim.*) to precipitate. **B** *v. i.* **1** (*cadere rovinosamente*) to fall* (headlong); (*aeron.*) to crash: **p. in una voragine**, to fall into a pit; **L'aeroplano precipitò su una collina**, the plane crashed on a hillside **2** (*fig.*) to fall*; to be plunged: **p. nella miseria**, to be plunged into poverty **3** (*succedersi vertiginosamente*) to come to a head; to rush to a climax: **Gli eventi precipitano**, things are coming to a head **4** (*chim.*) to precipitate; to settle as a precipitate. **C precipitàrsi,** *v. rifl.* e *i. pron.* **1** (*gettarsi giù*) to throw* (*o* to fling*, to hurl) oneself down **2** (*gettarsi addosso*) to throw* (*o* to hurl, to fling*) oneself: **p. sul nemico**, to throw oneself against the enemy; **p. sul cibo**, to throw oneself on the food **3** (*accorrere in gran fretta*) to rush; to dash: **p. fuori da una stanza**, to rush out of a room; **p. in aiuto di q.**, to rush (*o* to run) to sb.'s help; **p. a casa**, to rush home.

precipitàto, A *a.* (*affrettato*) precipitate; hurried; overhasty; rash. **B** *m.* (*chim.*) precipitate: **un p. fioccoso**, a flaky precipitate.

precipitatóre, *m.* (*fis., chim.*) precipitator.

precipitazióne, *f.* **1** (*fretta*) precipitation; rash haste; rashness: **Non dobbiamo agire con p.**, we must not act with precipitation (*o* rashly); we must not rush into things **2** (*chim., meteor.*) precipitation. ● **p. radioattiva**, fall-out.

precìpite, *a.* (*lett.*) **1** (*che cade col capo all'ingiù*) headlong **2** (*fig.*: *ripido, scosceso*) (very) steep; sheer; precipitous: **una rupe p.**, a sheer cliff.

precipitevolissimevolménte, *avv.* (*scherz.*) very hurriedly; precipitously; headlong. ● (*prov.*) **Chi troppo in alto sale cade sovente p.**, hasty climbers have sudden falls.

precipitosaménte, *avv.* precipitately; hastily; with all haste; (*avventatamente*) rashly, headlong, recklessly, impetuously: **correre p.**, to run (*o* to rush) headlong; **gettarsi p. nella lotta**, to rush headlong into the fight.

precipitóso, *a.* **1** (*che cade o corre a precipizio*) precipitous; headlong: **una caduta precipitosa**, a headlong fall **2** (*fig.*: *avventato*) precipitate, overhasty, rash, reckless, headlong; (*affrettato*) impetuous, hasty, hurried: **un ritorno p.**, a precipitate return; **un uomo p.**, a rash man; **una decisione precipitosa**, an overhasty decision.

precipìzio, *m.* **1** precipice: (*fig.*) **essere sull'orlo del p.**, to be on the edge of a precipice **2** (*fig. fam.*: *grandissima quantità*) heap; no end of; lots (*pl.*). ● **a p.**, (*ripidamente*) steeply, sheer (*agg.*); (*a capofitto*) headlong; (*precipitosamente*) precipitately, headlong: **una roccia a p. sul mare**, a cliff that drops sheer to the sea; **cadere a p.**, to fall headlong; **correre a p.**, to run (*o* to rush) headlong.

precipuaménte, *avv.* (*lett.*) principally; mainly; chiefly; primarily; above all.

precìpuo, *a.* (*lett.*) **1** principal; main; chief; leading; paramount: **il dovere p. di q.**, one's main (*o* first) duty; **l'argomento p.**, the leading topic **2** (*per estens.*: *particolare*) particular; peculiar.

precișàbile, *a.* clearly definable; that can be specified; that can be fixed.: **requisiti ben precisabili**, clearly definable qualification; **una data non ancora p.**, a date still to be fixed.

precișaménte, *avv.* **1** (*in modo preciso*) precisely; in a precise manner; with precision; with accuracy **2** (*esattamente*) exactly; definitely; quite; just: **È p. quello che è accaduto**, that's exactly (*o* just) what happened; **Le cose stanno p. così**, things stand exactly like that; **essere p. uguali**, to be exactly alike; **P.!**, quite so!; exactly!

precișàre, *v. t.* to define precisely; to state (*o* to tell*) precisely (*o* exactly); to specify; to be precise (*o* specific) about; (*fissare*) to state, to fix: **Non saprei p.**, I couldn't tell you exactly; **p. meglio q.c.**, to state st. more exactly (*o* explicitly); to be more specific about st.; **p. una domanda**, to specify a question; **p. meglio il significato di una frase**, to be more precise about the meaning of a sentence; **Il governo non ha ancora precisato la data**, the Government hasn't stated a date yet; **Ti preciserò la data più avanti**, I'll be more specific about the date later on; **p. i dettagli**, to give further details.

precișazióne, *f.* precise information (*sing. collett.*); (*chiarimento*) clarification, explanation, qualification.

precișióne, *f.* precision; preciseness; exactness; definiteness; accuracy: **la p. di un'affermazione**, the precision of a statement; **la p. d'una traduzione**, the accuracy of a translation; **p. di linguaggio**, precision (*o* accuracy) of language; **sapere q.c. con p.**, to know st. with precision; to be (quite) sure about st.; to know st. for a fact; **fare q.c. con molta p.**, to do st. with great precision (*o* accuracy); **p. di tiro**, accuracy of fire. ● **di p.**, precision (*attr.*): **bilancia di p.**, precision balance; **strumento di p.**, precision instrument.

precișo, *a.* **1** (*che opera con esattezza*) precise; exact; thorough: **un orologio p.**, an accurate watch; **È sempre molto p. in ciò che fa**, he is always very precise (*o* thorough) in everything he does **2** (*fatto con accuratezza*) exact, precise, accurate, faithful; (*ben determinato*) specific, definite, particular; (*corretto*) correct: **una traduzione precisa**, an accurate translation; **una copia precisa dell'originale**, a faithful copy of the original; **un reso-**

conto p. di q.c., a detailed (*o* an accurate) account of st.; **ordini precisi**, precise (*o* specific) orders; **nulla di p.**, nothing definite; **le tue precise parole**, your exact (*o* very) words; **Dov'è di p.?**, where is it exactly? **3** (*di peso, misura, tempo*) precise; exact: **l'ora precisa**, the exact time; **il momento p. in cui avviene q.c.**, the precise (*o* very) moment at which st. happens; **alle tre precise**, at three o'clock sharp; at exactly three o'clock **4** (*identico*) identical (to); the same (as); exactly (*o* just) like: **Il suo vestito è p. al mio**, her dress is identical to (*o* exactly the same as) mine; **È p. suo padre**, he's exactly like his father. ● **«Ha detto proprio così?» «P.!»**, «did he really say that?» «to the syllable!».

precitàto, *a.* above-mentioned; aforesaid.

preclàro, *a.* (*lett.*) (most) illustrious; (most) distinguished; eminent: **un uomo p.**, a most distinguished man; **un uomo di virtù preclare**, a man of eminent virtues.

preclùdere, *v. t.* **1** to block; to obstruct; to bar; to preclude: **p. la via a q.**, to block (*o* to bar) sb.'s way; **p. a q. ogni probabilità di successo**, to bar sb.'s chances of success **2** (*leg.*) to estop.

preclusióne, *f.* **1** exception; bar **2** (*leg.*) estoppel. ● **senza preclusioni verso alcun candidato**, without barring anybody from the competition.

preclusìvo, *a.* preclusive.

precòce, *a.* precocious; (*anticipato*) early; (*prematuro*) premature, untimely: **un bambino p.**, a precocious child; **un talento p.**, a precocious talent; **un inverno p.**, an early winter; **piselli precoci**, early peas; **vecchiaia p.**, premature old age; **morte p.**, early death; untimely death; **delinquenza p.**, juvenile delinquency.

precoceménte, *avv.* precociously; early; (*prematuramente*) prematurely.

precocità, *f.* precocity; precociousness; (*di frutto, stagione, ecc.*) earliness; (*l'essere prematuro*) untimeliness.

precognitìvo, *a.* precognitive.

precògnito, *a.* (*lett., scient.*) known beforehand (*pred.*).

precognizióne, *f.* (*lett.*) foreknowledge; precognition.

precolombiàno, *a.* pre-Columbian.

precompressióne, *f.* (*edil.*) prestressing.

precomprèsso, (*edil.*) **A** *a.* prestressed. **B** *m.* prestressed concrete.

precomprìmere, *v. t.* (*edil.*) to prestress.

preconcètto, A *a.* preconceived: **idee preconcette**, preconceived ideas. **B** *m.* preconception; (*pregiudizio*) prejudice, bias: **giudicare senza preconcetti**, to judge without preconceptions; **abbandonare ogni p.**, to leave out all prejudices.

preconciliàre, *a.* (*eccles.*) preconciliar.

preconcordatàrio, *a.* pre-Concordat.

precondizióne, *f.* prerequisite; precondition.

preconfezionaménto, *m.* (*ind.*) prepackaging.

preconfezionàre, *v. t.* **1** (*ind.*) to prepack; to prepackage **2** (*abbigliamento*) to make* ready-to-wear clothes.

preconfezionàto, *a.* **1** prepacked **2** (*di abiti*) ready-made; off-the-peg.

precongressuàle, *a.* precongressional.

preconiżżàre, *v. t.* **1** (*anche eccles.*) to preconize **2** (*predire*) to foretell*; to predict.

preconiżżatóre, *m.* (*f.* **-trice**) preconizer.

preconiżżazióne, *f.* (*anche eccles.*) preconization.

preconoscènza, *f.* (*lett.*) foreknowledge.

preconóscere, *v. t.* to know* beforehand.

precònscio, *a.* e *m.* (*psic.*) preconscious.

preconsonàntico, *a.* (*ling.*) preconsonantal.

precontrattuàle, *a.* precontractual.

precordiàle, *a.* (*anat.*) pr(a)ecordial.

precòrdio, *m.* (*anat.*) pr(a)ecordium*.

precórrere, *v. t.* to be in advance of; to anticipate; to forestall: **p. gli avvenimenti**, to anticipate events; **p. i tempi**, to be in advance of one's time; (*anticipare i fatti*) to anticipate events.

precorritóre, A *m.* (*f.* **-trice**) forerunner; precursor; harbinger. **B** *a.* forerunning; forestalling; precursory.

precorritrice, *f. V.* **precorritore, precursore**.

precostituìre, *v. t.* to establish in advance; to pre-establish.

precostituìto, *a.* **1** pre-determined; established beforehand **2** (*leg.*) pre-established; preconstituted: **maggioranza precostituita**, preconstituted majority.

precòtto, A *a.* precooked. **B** *m.* precooked food.

precottùra, *f.* precooking.

precristiàno, *a.* pre-Christian.

precucinàto, *V.* **precotto**.

precuòcere, *v. t.* to precook.

precursóre, A *m.* **1** (*f.* **precorritrice**) precursor; forerunner: **i precursori del Romanticismo**, the precursors of Romanticism **2** (*chim.*) precursor. **B** *a.* precursory; forerunning; forestalling: **i sintomi precursori d'una malattia**, the precursory symptoms of a disease. ● **il lampo p. del tuono**, lightning which precedes thunder □ **i segni precursori di una tempesta**, the harbingers of an impending storm.

prèda, *f.* **1** prey; (*animale braccato*) quarry: **Gli agnelli sono p. del lupo**, lambs are the wolf's prey; **animale [uccello] da p.**, animal [bird] of prey; **La muta inseguì la p. fino alla tana**, the pack ran the quarry to earth **2** (*fig.*) prey; victim: **Fu una p. facile per quell'imbroglione**, he was an easy prey to that swindler; **È p. delle sue passioni**, he is a prey to (*o* he is enslaved by) his own passions **3** (*bottino, spoglie*) booty; plunder: **p. di guerra**, war booty; spoils of war; **diritto di p.**, right of plunder **4** (*naut.*) prize. ● **cadere in p. a q. [q.c.]**, to fall a prey to sb. [st.] □ **Cadde in p. alla disperazione**, he gave in to despair □ **essere in p. al rimorso**, to be torn by remorse □ **essere in p. alla disperazione**, to be racked by despair; to be desperate □ **essere in p. a una crisi di nervi [di pianto]**, to have a fit of nerves [of crying] □ **essere in p. a dolori atroci**, to be suffering terrible pains □ **essere in p. alle fiamme**, to be on fire; to be aflame □ **essere in p. all'ira**, to be beside oneself with rage □ **essere in p. al terrore**, to be terror-struck □ **In p. al terrore, la donna, afferrò un coltello**, mad with fear, the woman grabbed a knife □ **finire in p. alle fiamme**, to be burnt down.

predàre, *v. t.* to prey upon; (*saccheggiare*) to plunder, to pillage, to sack.

predatóre, A *m.* (*f.* **-trice**) **1** (*saccheggiatore*) plunderer; pillager **2** (*animale*) predator; raptor. **B** *a.* **1** predatory; plundering; pillaging **2** (*di animale*) predatory; raptorial; of prey.

predatòrio, *a.* predatory.

predazióne, *f.* (*biol.*) predation.

predecessóre, *m.* **1** predecessor **2** (*pl.*) (*antenati*) forefathers; ancestors.

predèlla, *f.* **1** platform; (*di cattedra e sim.*) dais; (*di altare*) predella* **2** (*arte: di polittico*) predella*.

predellìno, *m.* (*di veicolo*) footboard; step; (*autom.*) running board. ● **fare il p.**, to make a chair (with one's hands).

predestinàre, *v. t.* **1** (*teol.*) to predestinate; to predestine: **p. alla salvezza**, to predestinate to salvation **2** to predestine; to destine; to preordain; to doom: **Era predestinato a una vita avventurosa**, he was predestined to an adventurous life; **Era predestinato ch'egli non dovesse realizzare le sue speranze**, his hopes were destined not to be realized; **un tentativo che era predestinato all'insuccesso**, an attempt that was doomed to failure.

predestinàto, A *a.* **1** (*teol.*) predestinated; predestined **2** predestined; destined; doomed; preordained: **speranze predestinate a essere deluse**, hopes doomed to disappointment. **B** *m.* (*f.* **-a**) predestinate.

predestinazióne, *f.* **1** (*teol.*) predestination **2** (*destino*) fate; destiny; doom.

predestinazionișmo, *m.* (*teol.*) predestinarianism.

predeterminàre, *v. t.* to predetermine; to preordain.

predeterminazióne, *f.* previous determination; predetermination.

predétto, *a.* mentioned above; above-mentioned; aforesaid: **per la ragione predetta**, for the above-mentioned reason.

prediabète, *m.* (*med.*) prediabetes.

prediàle, *a.* (*leg.*) pr(a)edial; land (*attr.*); real: **imposte prediali**, land taxes.

prèdica, *f.* **1** (*eccles.*) sermon: **fare una p.**, to preach a sermon **2** (*fig. fam.: ramanzina*) lecture; talking-to: **fare la p. a q.**, to give sb. a lecture; to lecture sb.; to give sb. a talking-to. ● **Da che pulpito viene la p.!**, look who's talking!; you're a fine one to talk!

predicàbile, A *a.* (*lett.*) preachable. **B** *m.* (*filos.*) predicable.

predicaménto, *m.* (*filos.*) predicament.

predicàre, A *v. t.* **1** (*relig.*) to preach: **p. il Vangelo**, to preach the Gospel; **p. il quaresimale** (*o* **la quaresima**), to preach the Lenten sermons **2** (*andare insegnando pubblicamente*) to preach; to teach*: **p. la pace**, to preach peace; **p. l'uguaglianza**, to preach equality; **p. la pazienza a q.**, to preach patience to sb. **3** (*filos.*) to predicate. **B** *v. i.* **1** to preach; to sermonize **2** (*fam.: dare consigli, ammonimenti*) to preach; to sermonize; to lecture: **Smettila di p.!**, stop sermonizing, will you? **3** (*filos.*) to predicate. ● **p. ai convertiti**, to preach to the converted □ **p. al deserto** (*o* **al vento**), to waste one's words □ **p. bene e razzolare male**, not to practise what one preaches; not to live up to one's principles □ **È tanto che glielo predico**, I've told him over and over again.

predicatìvo, *a.* **1** (*gramm.*) predicative **2** (*filos.*) predicative; predicate (*attr.*).

predicàto, *m.* (*gramm., filos.*) predicate: **p. verbale [nominale]**, verbal [nominal] predicate. ● **essere in p. per**, to be in line for; to be on the short list for.

predicatóre, A *m.* (*f.* **-trice**) **1** preacher; (*frate p.*) predicant **2** (*sostenitore*) advocate; upholder; preacher: **p. della pace**, advocate of peace. **B** *a.* preaching; predicant: **frate p.**, preaching friar; predicant.

predicatòrio, *a.* predicatory; sermonizing: **in tono p.**, in a sermonizing tone.

predicazióne, *f.* **1** preaching: **la p. del Vangelo**, the preaching of the Gospel **2** (*filos.*) predication.

predicòzzo, *m.* (*scherz.*) lecture: **fare un p. a q.**, to give sb. a lecture; to lecture sb.

predigerire, *v. t.* to predigest.

predigestióne, *f.* predigestion.

predilètto, A *a.* favourite; dearest; best-loved: **la tua figlia prediletta**, your favourite daughter; **il mio amico p.**, my dearest friend; **i miei libri prediletti**, my favourite (*o* best-loved) books; **il mio passatempo p.**, my favourite pastime; my hobby. **B** *m.* (*f.* **-a**) favourite; darling; pet (*fam.*): **È il p. della mamma**, he is his mother's pet (*o* darling).

predilezióne, *f.* **1** (*preferenza*) predilection; preference; partiality; fondness: **avere una p. per q.**, to have a predilection for sb.; to be particularly fond of sb.; **mostrare p. per q.c.**, to show a predilection (*o* a preference) for st.; **Ha una p. per la musica corale**, choral music is his favourite type of music **2** (*oggetto prediletto*) favourite thing [person, etc.]: **La sua p. era la caccia**, his favourite pastime was hunting.

prediligere, *v. t.* to have a preference for; to

be particularly fond of; (*fra due*) to like better; (*fra più di due*) to like best: **p. la poesia classica**, to have a preference for (*o* to be particularly fond of) classic poetry; **Non prediligo nessuno**, I have no preference for anyone.

predire, *v. t.* to foretell*; to predict; to prophesy; (*il tempo*) to forecast*: **p. il futuro**, to foretell the future; **Mi predisse un futuro radioso**, he predicted me a rosy future; **p. le azioni di q.**, to predict sb.'s actions; **p. il ritorno d'una cometa**, to predict the return of a comet; **p. la guerra**, to prophesy war; **p. una calamità**, to predict disaster.

predispórre, A *v. t.* **1** (*preparare*) to arrange (in advance); to prepare; to plan; to get* ready: **Tutto era predisposto per il nostro arrivo**, everything had been arranged for our arrival; **p. tutto per un viaggio**, to arrange everything (*o* to get everything ready) for a journey; to make preparations for a journey; **p. un incontro**, to arrange a meeting; **p. una cerimonia**, to plan a ceremony **2** (*disporre psicologicamente*) to prepare; to predispose: **p. la mente a q.c.**, to predispose one's mind to st. **3** (*med.*) to predispose. **B predispórsi,** *v. rifl.* to prepare oneself; to get* ready: **p. a una delusione**, to prepare oneself for a disappointment.

predisposizióne, *f.* **1** (*il predisporre*) arrangement **2** (*l'essere predisposto*) predisposition; (*inclinazione*) inclination, tendency, propensity, (*attitudine*) aptitude, natural bent, turn: **una p. d'animo**, an inclination of the mind; **avere p. a certe malattie**, to have a predisposition to certain diseases; **una p. a ingrassare**, a tendency to put on weight (*o* to stoutness); **mostrare p. alla musica**, to show a natural bent for music.

predispósto, *a.* **1** arranged beforehand; prepared in advance; scheduled: **Lo spettacolo p. non avrà luogo**, the scheduled programme will not take place **2** susceptible; predisposed; prone to: **un organismo p. a una malattia**, an organism susceptible (*o* prone) to infection.

predittivo, *a.* predictive.

predizióne, *f.* prediction; prophecy.

prednisolóne, *m.* (*chim.*) prednisolone.

prednisóne, *m.* (*chim.*) prednisone.

predominànte, *a.* predominant; predominating; prevailing; prevalent; ruling; leading: **il colore p.**, the predominant colour; **la passione p.**, the predominant (*o* ruling) passion; **il tratto p. del proprio carattere**, the predominant feature of one's character; **l'opinione p.**, the prevailing opinion; **l'idea p.**, the leading (*o* ruling) idea; **i venti predominanti**, the prevailing winds.

predominànza, *f.* predominance; predominancy.

predominàre, *v. i.* **1** (*imporsi*) to predominate; to dominate; to rule (supreme): **voler p.**, to want to dominate; **Su ogni altra emozione predominava la paura**, fear predominated over all other emotions; **In lui predomina l'orgoglio**, pride is the dominant feature of his character **2** (*essere prevalente*) to predominate; to prevail; to be predominant: **In questa città predomina il gotico**, the Gothic style predominates in this town; **una foresta in cui predominano i pini**, a forest in which pine-trees prevail.

predominio, *m.* **1** predominance; prevalence; (*supremazia*) supremacy: **il p. dell'interesse personale**, the predominance of personal interest; **il p. della Chiesa nel Medioevo**, the supremacy of the Church in the Middle Ages **2** (*preponderanza*) predominance; preponderance. ● **avere il p.**, to stand foremost; (*essere più frequente*) to predominate, to be predominant □ **esercitare il p. su q.**, to dominate over sb.; to rule over sb.

predóne, *m.* robber; marauder; plunderer; pillager. ● **p. del mare**, pirate; freebooter.

preelettoràle, *a.* pre-electoral.

preellènico, *a.* pre-Hellenic.

preeminènza, *V.* **preminenza**.

preeșàme, *m.* preliminary examination.

preeșistènte, *a.* pre-existent; pre-existing: **le condizioni preesistenti**, the pre-existent conditions; **la situazione p. alla sua venuta**, the situation prior to his arrival (*o* that existed before he arrived).

preeșistènza, *f.* pre-existence.

preeșìstere, *v. i.* to pre-exist.

prefabbricàre, *v. t.* (*edil.*) to prefabricate.

prefabbricàto, (*edil.*) **A** *a.* prefabricated: **una casa prefabbricata**, a prefabricated house; a prefab (*fam.*). **B** *m.* prefabricated building; prefab (*fam.*).

prefabbricazióne, *f.* (*edil.*) prefabrication.

prefascìsta, *a.* pre-Fascist.

prefatóre, *m.* (*f.* **-trice**) prefacer; author of a preface.

prefàzio, *m.* (*eccles.*) Preface.

prefazionàre, *v. t.* to preface; to write a preface.

prefazióne, *f.* preface; introduction; foreword.

preferènza, *f.* **1** preference: **avere p. per q. [q.c.]**, to have a preference for sb. [st.]; to prefer sb. [st.]; to have a bias towards sb. [st.]; **non avere preferenze**, to have no preferences; **dare la p. a q.**, to give preference to sb. **2** (*parzialità*) partiality; favouritism; bias (in favour of): **fare preferenze**, to show favouritism; **Non voglio fare preferenze**, I want to be impartial (*o* fair). ● **a p. di**, rather than □ **di p.**, preferably; (*per lo più*) mostly; (*più volentieri*) more willingly, sooner; (*piuttosto*) rather □ **godere delle preferenze di q.**, to be popular with sb. □ **titolo di p.**, preferential qualification □ (*polit.*) **voto di p.**, preferential vote.

preferenziàle, *a.* preferential: **tariffa p.**, preferential tariff; **trattamento p.**, preferential treatment; (*comm.*) **azioni preferenziali**, preference (*o* preferential) shares (*o* stocks); **voto p.**, preferential vote. ● **corsia p.**, bus and taxi lane □ (*comm.*) **pagamento p.**, priority payment.

preferìbile, *a.* preferable; to be preferred; better: **Sarebbe p. dirgli tutto**, it would be better to tell him everything.

preferibilità, *f.* preferability; preferableness.

preferibilménte, *avv.* preferably; (*per lo più*) mostly; (*più volentieri*) more willingly, sooner; (*piuttosto*) rather.

preferire, *v. t.* to prefer; to have a preference for; (*fra due*) to like better; (*fra più di due*) to like best; (*davanti a una scelta specifica*) would rather (*o* sooner): **Preferisco il tè**, I prefer tea; I like tea better; **Dei due, preferisco questo**, of the two, I prefer this one; **Preferisco la poesia alla prosa**, I prefer poetry to prose; **Che cosa preferisci, tè o caffè?**, which would you rather have, tea or coffee?; **Preferirei una tazza di tè**, I'd rather have a cup of tea; **Preferisco la morte al disonore**, I would rather die than live in dishonour; **Preferirei non andare**, I would rather not go; **Preferisco di no**, I prefer not; I'd rather not; **Preferirei che tu andassi a casa**, I'd rather you went home; **Preferirei che tu non fossi venuto**, I'd rather you hadn't come.

preferito, A *a.* favourite; best-loved: **Questo è il mio libro p.**, this is my favourite book; this is the book I prefer (*o* I like best). **B** *m.* (*f.* **-a**) favourite; (*beniamino*) pet, darling: **essere il p. di q.**, to be sb.'s favourite.

prefestivo, *a.* before a holiday.

prefettìzio, *a.* prefectorial; prefect's. ● **di nomina prefettizia**, appointmented by the prefect.

prefètto, *m.* prefect: (*eccles.*) **p. apostolico**, prefect apostolic; **p. di polizia**, prefect of police.

prefettùra, *f.* prefecture.

prèfica, *f.* **1** hired (female) mourner **2** (*fig.*) moaner; grumbler.

prefiggere, *v. t.* **1** to fix (beforehand); to establish (in advance); to arrange: **p. un limite [una data]**, to fix a term [a date] **2** (**prefiggersi**: *porre a se stesso*) to be determined (on doing st.); to determine; to intend; to set oneself (st.): **Si era prefisso di non chiedere aiuto a nessuno**, he was determined not to ask anyone's help; **Mi prefiggo di suonare tre ore tutti i giorni**, I intend to play for three hours every day; **prefiggersi uno scopo**, to set oneself a goal.

prefiguràre, *v. t.* to foreshadow; to prefigure.

prefigurazióne, *f.* foreshadowing; prefiguration.

prefinanziaménto, *m.* (*econ.*) prefinancing.

prefinanziàre, *v. t.* (*econ.*) to prefinance.

prefioritùra, *f.* (*bot.*) early flowering.

prefissàle, *a.* (*ling.*) prefix (*attr.*).

prefissàre, *v. t.* to fix in advance; to pre-establish; to prearrange.

prefissàto, *a.* fixed in advance; prearranged.

prefissazióne, *f.* (*gramm.*) prefixion.

prefisso, A *a.* (*predisposto*) fixed in advance; appointed: **all'ora prefissa**, at the appointed time; **il compito p.**, one's appointed task. **B** *m.* **1** (*gramm.*) prefix **2** (*telef.*) dialling code (*GB*), area code (*USA*); (*internazionale*) international code.

prefissòide, *m.* (*gramm.*) prefix.

prefiorazióne, *f.* (*bot.*) prefloration; aestivation.

prefogliazióne, *f.* (*bot.*) prefoliation; vernation.

preformàre, *v. t.* to preform; to form (*o* to shape) beforehand.

preformazióne, *f.* (*anche biol.*) preformation.

preformișmo, *m.* (*biol.*) preformationism.

prefrontàle, *a.* (*anat.*) prefronal.

pregadio, *m. invar.* prie-dieu (*franc.*).

pregàre, *v. t.* **1** (*dire preghiere*) to pray: **p. Dio**, to pray God; **p. per i propri cari**, to pray for one's dear ones; **Prega per noi peccatori**, pray for us sinners **2** (*chiedere con preghiere*) to ask, to beg; (*richiedere*) to request, to desire (*form.*): **Pregalo di non essere così severo**, ask him not to be so strict; **Pregalo di entrare**, ask him (to come) in; **Vi prego di essere indulgenti**, I beg you to be indulgent; please be indulgent; **I clienti sono pregati di non toccare la merce**, customers are requested not to touch the goods; **Il presidente mi ha pregato di comunicarle che...**, the president desired me to inform you that...; **Ti prego di ripensarci**, I beg you to think it over. ● **farsi p.**, to stand on ceremony □ **non farsi p.**, not to wait to be asked twice □ **Vedrai che non si farà p. per accettare**, you'll see, he won't take much persuading to accept □ **Entri, la prego**, please come in; do come in □ **Non si disturbi, la prego**, please don't trouble yourself.

pregévole, *a.* **1** (*di valore*) valuable; of great value (*o* worth) **2** (*notevole, eccellente*) remarkable; excellent.

pregevolézza, *f.* (*lett.*) **1** (*valore*) valuableness **2** (*pregio*) value; worth; excellence.

preghièra, *f.* **1** prayer: **dire le preghiere**, to say one's prayers; **Dio esaudirà le tue preghiere**, God will answer your prayers; **p. di ringraziamento**, prayer of thanksgiving; **le preghiere per i defunti**, the prayers of the dead; **dire una p. prima dei pasti**, to say grace (before meals); **essere in p.**, to be in prayer; to be praying; **libro di preghiere**, prayer book **2** (*richiesta*) request; (*supplica*) entreaty: **una p. di aiuto**, a request for help; **accogliere la p. di q.**, to grant sb.'s request; **rivolgere una p. a q.**, to make a request to sb.; **su p. di q.**, at sb.'s request; **un'ardente p.**, an ardent entreaty; **essere sordo alle pre-**

ghiere di q., to be deaf to sb.'s entreaties. ● (*comm.*) **con p. di inoltro immediato**, please forward immediately □ **tappeto di p.**, prayer rug (*o* mat).

pregiàre, A *v. t.* (*lett.*) to appreciate; to value; to esteem. **B pregiàrsi**, *v. rifl.* (*bur.*: *sentirsi onorato*) to be pleased: **Ci pregiamo d'informarla che...**, we are pleased (*o* we beg) to inform you that...

pregiatissimo, *a.* *1* (*nell'intestazione di una lettera*) Dear: **P. Prof. Bianchi**, Dear Prof. Bianchi *2* (*sulla busta*) – **Al P. Prof. Mario Rossi**, Prof. Mario Rossi.

pregiàto, *a.* *1* (*di valore*) valuable; precious; rich: **stoffe pregiate**, rich fabrics *2* (*di grande qualità*) excellent; rare; superior: **vini pregiati**, rare wines *3* (*stimato*) esteemed; valued *4* (*bur.*) – **Siamo in possesso della pregiata Vostra del 10 c.m.**, we are in receipt of your letter of the 10th inst. ● **valuta pregiata**, hard currency.

prègio, *m.* *1* (*stima, considerazione*) esteem; regard; consideration: **tenere** (*o* **avere**) **in gran p. q.**, to hold sb. in high esteem (*o* regard) *2* (*qualità positiva*) (good) quality; merit; excellence: **pregi artistici**, artistic qualities; **conoscere i pregi di q.**, to know sb.'s merits; **un uomo di p.**, a man of merit *3* (*valore*) value; worth: **un libro di gran p.**, a book of great value; **avere gran p.**, to be of great value; to be worth a lot; **non avere nessun p.**, to be of no value; to be worthless.

pregiudicànte, *a.* prejudicial; injurious; detrimental.

pregiudicàre, *v. t.* (*compromettere*) to prejudice, to be prejudicial to, to compromise; (*mettere in pericolo*) to jeopardize, to put* in jeopardy; (*danneggiare*) to impair, to harm, to damage, to injure, to be detrimental to: **Ciò vi pregiudicherà**, that will be detrimental to you; **p. una buona causa**, to prejudice a good cause; **Il fumo pregiudica la salute**, smoking impairs (*o* harms) the health; **p. gli interessi di q.**, to be prejudicial to sb.'s interests.

pregiudicàto, A *a.* (*votato a insuccesso*) compromised; bound to fail; doomed: **un progetto p.**, a plan bound to fail; a doomed plan. **B** *m.* (*f.* **-a**) (*leg.*) previous offender.

pregiudiziàle, A *a.* prejudicial; preliminary: **una questione p.**, a preliminary question. **B** *f.* (*leg.*) preliminary question.

pregiudizialità, *f.* (*leg.*) preliminary nature.

pregiudiziévole, *a.* prejudicial; detrimental; harmful; bad: **p. alla propria immagine**, detrimental to one's public image; **p. alla salute**, bad for the health.

pregiudìzio, *m.* *1* (*opinione erronea*) prejudice; bias: **essere pieno di pregiudizi**, to be full of prejudices; to be prejudiced; **non avere pregiudizi**, to be free from prejudice; to be unprejudiced (*o* unbias(s)ed); **pregiudizi razziali**, racial prejudice (*sing.*) *2* (*danno*) prejudice; detriment; damage; harm; inconvenience: **con grave p. della sua salute**, to the great detriment of his health; **senza p.**, without prejudice; **essere** (*o* **riuscire**) **di p. a q.c.**, to be prejudicial (*o* detrimental) to st.

preglaciàle, *a.* (*geol.*) preglacial.

pregnànte, *a.* (*ricco di significato*) pregnant; meaningful; pithy: **parole pregnanti**, pregnant words; words full of meaning.

pregnànza, *f.* pregnancy; meaningfulness.

prégno, *m.* *1* (*gravido*) pregnant; with child (*pred.*) *2* (*fig.*: *saturo*) impregnated (with); (*pieno*) teeming (with), full (of): **un libro p. di concetti**, a book full of ideas.

prègo, *inter.* *1* (*rispondendo a chi ringrazia*) don't mention it!; not at all!; it's a pleasure!; you're welcome! (*USA*) *2* (*interr.*: *per invitare q. a ripetere*) pardon?; sorry?; what did you say?; come again? (*fam.*) *3* (*in formule di cortesia*) please: **P., sedetevi**, please sit down; **Da questa parte, p.**, this way, please *4* (*invitando q. ad entrare prima*) after you! *5* (*a un cliente*) can I help you?

pregrammaticàle, *a.* (*ling.*) pregrammatical.

pregrèsso, *a.* past; previous.

pregustàre, *v. t.* to anticipate; to look forward to: **p. i piaceri del riposo**, to anticipate the pleasures of rest; **p. la gioia di rivedere q.**, to look forward to seeing sb. again.

pregustazióne, *f.* (*lett.*) foretaste; anticipation.

preindeuropèo, *a.* (*ling.*) pre-Indo-European.

preindicàto, *V.* **sopraindicato**.

preindoeuropèo, *V.* **preindeuropeo**.

preindustriàle, *a.* preindustrial.

preiscrizióne, *f.* early enrolment.

preistòria, *f.* *1* prehistory *2* (*fig.*) early history: **la p. di una scienza**, the early history of a science. ● (*fig.*) **fare ormai parte della p.**, to be ancient history.

preistòrico, *a.* *1* prehistoric(al): **l'età preistorica**, the prehistoric period *2* (*fig.*) ancient; antediluvian; ancient history (*pred.*).

prelatésco, *a.* (*spreg.*) prelatish; prelate-like.

prelatìzio, *a.* (*eccles.*) prelatic(al).

prelàto, *m.* (*eccles.*) prelate.

prelatùra, *f.* (*eccles.*) prelacy.

prelavàggio, *m.* prewash (cycle).

prelazióne, *f.* (*leg.*) pre-emption: **diritto di p.**, right of pre-emption.

prelegàto, *m.* (*leg.*) preferential legacy.

preletteràrio, *a.* preliterary.

prelevaménto, *m.* *1* taking: **il p. d'un campione**, the taking of a sample *2* (*banca*) withdrawal; withdrawing; drawing: **il p. di una grossa somma**, the withdrawal of a large sum; **fare un p.**, to withdraw a sum; **p. di cassa**, cash drawing *3* (*somma prelevata*) amount drawn; drawings (*pl.*): **p. su un conto corrente**, drawings on a current account *4* (*comm.*: *ritiro*) collection.

prelevàre, *v. t.* *1* to take*; to withdraw*; to draw*: **p. una somma dalla riserva**, to take a sum from the reserve; **p. denaro da un conto**, to withdraw money from an account; **p. dai propri risparmi**, to draw on one's savings; (*med.*) **p. sangue**, to take a blood sample *2* (*arrestare*) to take*; to arrest *3* (*scherz.*: *passare a prendere*) to pick up; to collect.

prelibàre, *v. t.* (*lett.*) to anticipate.

prelibatézza, *f.* deliciousness; tastiness; (*cosa prelibata*) delicacy, dainty, tit-bit.

prelibàto, *a.* dainty; delicious; excellent; choice (*attr.*): **un piatto p.**, a dainty (*o* a choice) dish; **vino p.**, excellent wine; **boccone p.**, delicacy; tit-bit.

prelièvo, *m.* *1* *V.* **prelevamento** *2* (*med.*: *il prelevare*) taking, collecting; (*campione*) sample: **p. del sangue**, taking of a blood sample *3* (*fisc.*) levy.

preliminàre, A *a.* preliminary; preparatory; introductory: **osservazioni** [**avvertimenti**] **preliminari**, preliminary remarks [instructions]; **un esame p.**, a preliminary examination; **contratto p.**, preliminary agreement; **misure preliminari**, preparatory steps; preliminary measures; preliminaries; **gli articoli preliminari d'un trattato**, the preliminary articles to a treaty. **B** *m.* preliminary: **un p. necessario**, a necessary preliminary; **i preliminari della pace**, the preliminaries to peace; **p. di vendita**, promise to sell; preliminary agreement to sell.

preliminarménte, *avv.* preliminarily; as a first step.

prelògico, *a.* (*psic.*) prelogical.

prelogìsmo, *m.* (*psic.*) prelogicality.

prelùdere, *v. i.* *1* (*introdurre*) to introduce: **p. con poche parole all'argomento**, to introduce the subject in brief *2* (*preannunciare*) to prelude; to be a sign of; to betoken; to announce; to foreshadow: **Tutto sembra p. a un brutto inverno**, everything seems to prelude a hard winter; **nuvole che preludono a una burrasca**, clouds announcing a storm; **p. alla guerra**, to announce war.

preludiàre, *v. i.* *1* (*mus.*) to prelude *2* *V.* **preludere**.

prelùdio, *m.* *1* (*mus.*) prelude: **il p. d'una fuga**, the prelude of a fugue *2* (*segno precursore*) prelude; sign; harbinger; token; forerunner; foreshadow: **Fu il p. della guerra**, it was the prelude to war; **il p. di un avvenimento**, the prelude to (*o* the harbinger of) an event; **p. di burrasca**, a sign of storm *3* (*introduzione*) introduction, preface; (*proemio*) proem: **servire come p.**, to serve by way of introduction.

pre-maman, (*marchio*) **A** *m. invar.* maternity dress. **B** *a. invar.* maternity (*attr.*): **abiti p.**, maternity wear.

prematrimoniàle, *a.* premarital; pre-marriage (*attr.*): **visita p.**, pre-marriage examination; **rapporti prematrimoniali**, premarital sex; **consultorio p.**, marriage guidance council.

prematuraménte, *avv.* prematurely. ● **morire p.**, to die young; to come to an untimely end.

prematurità, *f.* (*anche med.*) prematurity; prematureness.

prematùro, A *a.* premature; untimely: **un parto p.**, a premature delivery; **un'opinione prematura**, a premature opinion; **idee premature**, premature ideas; **una morte prematura**, an untimely death; **decisione prematura**, hasty decision; **È p. dire che...**, it's too early to say... **B** *m.* (*f.* **-a**) premature baby.

premeditàre, *v. t.* to premeditate; to plan (in advance): **p. un delitto**, to premeditate a crime; **p. una fuga**, to plan an escape.

premeditataménte, *avv.* premeditatedly; with premeditation.

premeditàto, *a.* (*anche leg.*) premeditated; intentional; (*solo leg.*) with malice aforethought.

premeditazióne, *f.* *1* premeditation: **agire senza alcuna p.**, to act without premeditation *2* (*leg.*) intention; premeditation; malice aforethought.

premènte, *a.* (*tecn.*) pressing; compressing; forcing: **pompa p.**, pressing pump.

prèmere, A *v. t.* *1* to press: **p. un bottone** [**il grilletto**], to press a button [the trigger]; **p. il tabacco nella pipa**, to press down the tobacco into the pipe *2* (*incalzare*) to press; to bear* down on: **La folla ci premeva contro la barriera**, the crowd pressed us against the barrier. **B** *v. i.* *1* to press: **Premi sul bottone col dito**, press your finger on the button; **p. sul pedale col piede**, to press one's foot on the pedal *2* (*gravare, anche fig.*) to press; to bear* down; to weigh: **Il peso preme sulle stanghe del carro**, the weight is pressing (*o* bearing down) on the shafts of the cart *3* (*stare a cuore, importare*) to matter; to interest; to be important; to be anxious (*costr. pers.*): **Tutto ciò che mi preme è la tua felicità**, all that matters to me is your happiness; **Mi preme di finire il più presto possibile**, I am anxious to finish as soon as possible; **Mi preme che tu riesca**, I am anxious for you (*o* I want you) to succeed *4* (*urgere*) to be urgent; to be pressing: **La faccenda preme**, the matter is urgent (*o* pressing) *5* (*fig.*: *fare pressione, cercare d'indurre*) to urge (sb.); to press (sb.); to push for; to bring* pressure; to bear on; to exert pressure on: **L'avvocato preme su di lui perché venda quella casa**, the lawyer is urging him (*o* is exerting pressure on him) to sell that house; **Premono su di me per una risposta**, they are pressing me for an answer *6* (*fig.*: *insistere*) to insist; to press: **non p. troppo su questo tasto**, don't insist too much on this subject; don't press this subject too far.

premescolàto, *a.* (*costr.*) ready-mixed: **cemento p.**, ready-mixed concrete.

premèssa, *f.* ***1*** introductory (*o* preliminary) remarks (*pl.*); introduction; (*preambolo*) preamble: **Prima di affrontate l'argomento vorrei fare una p.**, before launching into my subject, I'd like to make some preliminary remarks (*o* to say something by way of introduction) ***2*** (*pl.*) (*leg.*) premises ***3*** (*filos.*) premise; premiss ***4*** (*estens.*: *condizione*) condition; requisite. • **Ci sono tutte le premesse per un accordo**, there are all the makings of an agreement □ **senza tante premesse**, right away; without wasting words.

premésso, *a.* (*precedente*) preceding; previous: **le premesse considerazioni**, the previous considerations. • **p. che**, since; considering that; (*leg.*) whereas □ **ciò p.**, that being stated (*o* said).

premestruàle, *a.* premenstrual.

preméttere, *v. t.* ***1*** (*dire per prima cosa*) to state first; to start off by saying; to say straightaway: **Premetto subito che io non l'avevo mai visto**, I want to say first of all that I had never seen him before; **Vorrei p. alcune considerazioni**, I would like to make some preliminary remarks ***2*** (*mettere all'inizio*) to prefix; to put* (*o* to place) before: **p. una breve prefazione**, to prefix a short introduction; **p. il nome al cognome**, to put one's Christian name before one's surname.

premiàndo, *m.* (*f.* **-a**) prize winner.

premiàre, *v. t.* ***1*** to give* (*o* to award) a prize to: **Sono stato premiato**, I have been given a prize; **Gli studenti più meritevoli furono premiati**, the most meritorious students were awarded prizes ***2*** (*rimunerare, ricompensare*) to reward; to repay*: **Bisogna sempre p. la fedeltà**, faithfulness must always be rewarded.

premiàto, A *a.* prize-winning. **B** *m.* (*f.* **-a**) prize winner.

premiazióne, *f.* prize-giving.

premicàrta, *m. invar.* (*tipogr.*) platen.

premier (*ingl.*), *m. invar.* (*polit.*) Prime Minister; Premier.

première (*franc.*), *f. invar.* (*teatr.*, *cinem.*) première; first performance; opening night (*fam.*).

premilitàre, *a.* (*mil.*) pre-military: **istruzione p.**, pre-military instruction.

preminènte, *a.* pre-eminent; prominent.

preminènza, *f.* pre-eminence; prominence.

prèmio, A *m.* ***1*** prize; award: **p. Nobel**, Nobel prize; **p. letterario**, literary prize; **primo [secondo] p.**, first [second] prize; **dare un p. a q.**, to award sb. a prize; **ricevere un p.**, to be given (*o* awarded) a prize; **istituire un p.**, to endow a prize; **Ricevetti in p. una targa**, I received a plaque as a prize; **Gli fu assegnato il primo p.**, he was awarded the first prize; **p. in denaro**, cash prize; **p. di consolazione**, consolation prize; **concorso a premi**, prize contest; **distribuzione dei premi**, prize-giving ***2*** (*ricompensa*) reward; recompense: **La virtù è p. a se stessa**, virtue is a reward in itself (*o* is its own reward); **Ogni fatica merita un p.**, every effort deserves recompense; **un p. per i propri servizi**, a recompense (*o* reward) for one's services ***3*** (*ass.*) premium: **p. d'assicurazione per l'automobile**, motor-car insurance premium; **p. d'assicurazione sulla vita**, life premium ***4*** (*econ., fin.*) bounty, rebate; (*amm.*) bonus: **p. all'esportazione**, export bounty (*o* rebate); bounty on export; drawback; **p. d'anzianità** (*di servizio*), long-service bonus; **p. di fine anno**, year-end bonus; **p. di produttività**, production bonus. • **p. di assunzione**, golden hello □ (*sport*) **p. d'ingaggio**, signing-on fee; transfer fee □ (*sport*) **p. (di) partita**, match bonus □ **fare p. su**, (*fin.*) to be above par to; (*fig.*) to take precedence over □ (*sport*) **Gran P.**, Grand Prix (*franc.*). **B** *a.* prize; bonus: **viaggio p.**, prize trip; **licenza p.**, bonus (*o* special) leave; **bollino p.**, trading stamp.

premistòffa, *m. invar.* (*di macchina per cucire*) presser.

premistóppa, *m. invar.* (*mecc.*) stuffing box.

prèmito, *m.* (*med.*) tenesmus.

premitùra, *f.* pressure; pressing.

premolàre, *a.* e *m.* (*anat.*) premolar.

premonitóre, A *a.* premonitory; forewarning: **un sogno p.**, a premonitory dream. **B** *m.* premonitor; forewarner; harbinger.

premonitòrio, *a.* (*med.*) premonitory: **i sintomi premonitori d'una malattia**, the premonitory symptoms of a disease.

premonizióne, *f.* premonition; forewarning.

premonstratènse, premonstratése, *m.* e *a.* (*eccles.*) Premonstratensian.

premoriènza, *f.* (*leg.*) predecease.

premorìre, *v. i.* to die before; to predecease: **p. al padre**, to die before one's father.

premòrte, *V.* **premorienza.**

premunìre, A *v. t.* ***1*** to fortify (beforehand); to forearm; to strengthen; (*proteggere*) to guard, to protect: **p. una fortezza**, to fortify a stronghold ***2*** (*fig.*) to preserve; (*mettere in guardia*) to warn. **B premunìrsi,** *v. rifl.* ***1*** to take* precautions (*o* protective measures); (*proteggersi*) to protect (*o* to guard) oneself; (*rafforzarsi*) to fortify (*o* to arm) oneself: **p. contro i danni**, to take protective measures against damages; **p. contro il freddo**, to protect oneself against the cold; **p. contro tutte le tentazioni**, to fortify oneself against all temptations ***2*** (*provvedersi*) to provide oneself: **p. di q.c.**, to provide oneself with st.

premunizióne, *f.* ***1*** (*med.*) premunition ***2*** (*il premunirsi*) (taking of) protective measures.

premùra, *f.* ***1*** (*sollecitudine, cura*) care; solicitude; thoughtfulness: **Ebbe p. di spedirmi subito il pacco**, he took care to send me the parcel immediately; **Sarà mia p. avvertirvi subito**, I will take care to inform you straightaway ***2*** (*cortesia*) kindness; (*riguardo, attenzione*) attention, consideration: **Voglio ringraziarti della tua p. per mia madre**, I want to thank you for your kindness to my mother; **colmare q. di premure**, to shower attentions upon sb.; to overwhelm sb. with kindness ***3*** (*urgenza, fretta*) hurry; haste: **avere (molta) p.**, to be in a (great) hurry: **Ho p. di finire presto**, I'm in a hurry to finish early; **fare q.c. di p.**, to do st. in haste (*o* in a hurry); **Non c'è p.**, there is no hurry. • **avere p. di sapere q.c.**, to be anxious to know st. □ **darsi p.**, to take pains (to do st.): **Si dà molta p. di fare contenta sua moglie**, he takes great pains to please his wife □ **far p. a q.**, to hurry sb. up.

premuràre, A *v. t.* to hurry; to urge. **B premuràrsi,** *v. i. pron.* to take* pains (to do st.).

premurosità, *f.* solicitousness; considerateness; thoughtfulness; kindness.

premuróso, *a.* solicitous; considerate; thoughtful; kind: **un marito p.**, a solicitous husband; **È stato molto p. con me**, he has been very kind to me.

prenatàle, *a.* pre-natal; antenatal.

prenatalìzio, *a.* pre-Christmas (*attr.*).

prèndere, A *v. t.* ***1*** to take*; (*raccogliere*) to pick up; (*afferrare*) to take* hold of, to grasp, to grab; (*acchiappare*) to catch*; (*ghermire*) to seize; (*catturare*) to catch*, to take*, (*a caccia, anche*) to bag: **Prese il bastone e glielo porse**, he took the stick and handed it to him; **Prese il foglio dalla scrivania**, he picked up the sheet from the desk; **p. un libro dallo scaffale**, to take a book down from the shelf; **Lo presi tra le mani**, I took it in my hands; **p. un cavallo per le briglie**, to take (*o* to take hold of) a horse by the bridle; **p. q.c. per il manico**, to take hold of (*o* to grab) st. by the handle; **p. q. per la collottola**, to take sb. by the scruff of the neck; **Lo presi per un braccio**, I seized him by the arm; **Presi il cane per la coda**, I seized the dog by the tail; **Me lo tirò ma non riuscii a prenderlo**, he threw it to me but I couldn't catch it; **p. q. prigioniero**, to take sb. prisoner; **I gatti prendono i topi**, cats catch mice; **Il cacciatore e il pescatore non hanno preso niente**, the hunter and the fisherman have not caught anything; **Prese tre pernici**, he bagged three partridges; **Presero l'orso in trappola**, they caught the bear in a trap; **p. una posizione strategica**, to take (*o* to capture) a strategic position; **lasciarsi** (*o* **farsi**) **p.**, to let oneself be caught; **Fui preso dal rimorso [dalla paura]**, I was seized with remorse [fear]; **Fu preso dalle convulsioni**, he was seized by convulsions; **Prendi con te questa frutta**, take this fruit with you; **Prendete quello che volete**, take whatever you want; **Prendi questo pacco e portalo alla zia**, take this parcel to your aunt's; **Se non vuoi andare da solo, prendimi con te**, if you don't want to go alone, take me with you; **p. un brano da un libro**, to take a passage out of a book; **p. un vocabolo da una lingua straniera**, to take (*o* to borrow) a word from a foreign language; **p. lezioni private**, to take private lessons; **p.** (*o* **prendersi**) **le vacanze**, to take one's holidays; **Ha preso un altro lavoro** (*o* **impiego**), he has taken another job; **Le cose prendono una brutta [una buona] piega**, things are taking a turn for the worse [for the better]; **p. una laurea**, to take a degree; **p. una medicina**, to take a medicine; **p. il posto di q.**, to take sb.'s place; **p. le misure a q.**, to take sb.'s measurements; **p. possesso di q.c.**, to take possession of st.; **p. rilevamenti**, to take bearings ***2*** (*mezzi di trasporto*) to take*; to catch*: **p. un tassì**, to take a taxi; **p. il treno [l'aereo, l'autobus]**, to take (*o* to catch) a train [a plane, a bus] ***3*** (*malattie*) to catch*: **p. il raffreddore**, to catch a cold; **Ti prenderai un malanno a uscire senza cappotto**, you'll catch your death of cold if you go out without a coat ***4*** (*andare a p.*) to fetch, to collect, to pick up; (*alla stazione e sim.*) to meet*: **(andare a) p. i bambini a scuola**, to fetch the children from school; **p. le valigie alla stazione**, to collect (*o* to pick up) the suitcases at the station; **Passerò a prenderlo domani**, I'll collect it tomorrow; **Stiamo andando a p. Mario che torna da Rio**, we are going to meet Mario who's flying back from Rio ***5*** (*cibi, bevande*) to have; to take*: **Presi solo un caffè e una brioche**, I only had a cup of coffee and a bun; **Che cosa prendi?**, what will you have?; **Prendo un whisky, grazie**, I'll have a whisky, thank you; **Prendi ancora un po' di pasta**, have some more pasta ***6*** (*sorprendere*) to catch*; to take*: **Lo presi mentre rubava**, I caught him stealing; **La polizia prese il ladro sul fatto**, the police caught the thief red-handed (*o* in the act); **Presero i nemici alle spalle**, they took the enemy from behind (*o* from the rear) ***7*** (*prendere per sé*) to take* (for oneself): **Si prese l'ala del pollo**, he took the wing of the chicken for himself; **prendersi la libertà di fare q.c.**, to take the liberty of doing st. ***8*** (*portare via, rubare*) to take*; to take* away; to steal*: **Mi hanno preso il portafoglio!**, someone took my wallet; my wallet has been stolen; **I ladri gli hanno preso tutto**, the burglars carried off (*o* took away) all he had ***9*** (*assumersi*) to take over; to assume: **Prese la gestione dell'albergo**, he took over the management of the hotel; **p. la direzione di una ditta**, to take over the management of a firm; **p.** (*o* **prendersi**) **la responsabilità di q.c.**, to assume (*o* to take) the responsibility for st. ***10*** (*assumere, impiegare*) to hire; to engage; to take* on: **Ha preso un buon cuoco**, he has engaged a good cook; **Dobbiamo p. altro personale**, we must take on additional staff ***11*** (*di spazio e tempo*: *occupare*) to take* up: **Quest'armadio prende troppo posto**, this wardrobe takes up too much room; **Badare ai bambini mi prende gran parte della giornata**, looking after the children takes up most of my day *12* (*cogliere nel segno*) to hit*: **Presi il cervo al primo colpo**, I hit the stag with my first shot *13* (*ottenere, guadagnare*) to get*, to earn; (*vincere*) to win*: **Ho preso il primo premio**, I got (*o* won) the first prize; **Non si sa dove abbia preso tutto quel denaro**, it isn't clear where he got all that money from; **Prendo trenta sterline alla settimana**, I earn thirty pounds a week *14* (*comprare*) to buy*; to get*: **L'ho preso per centomila lire**, I bought (*o* got) it for a hundred thousand lire; **Ti prenderò il pane mentre sono fuori**, I'll get the bread for you while I'm out *15* (*far pagare*) to charge: **Mi ha preso 100 sterline**, he charged me 100 pounds; **Quanto prendono per una piega?**, how much do they charge for a shampoo and set? *16* (*scambiare per*) to mistake*; to take*: **Lo presi per tedesco**, I mistook (*o* I took) him for a German; **La presi per la cameriera**, I took her for the maid; **p. una cosa per un'altra**, to mistake one thing for another; **Per chi mi hai preso?**, who do you take me for? *17* (*trattare*) to handle; to treat; to deal* with: **p. q. con le buone**, to handle sb. with tact; to treat sb. tactfully; **p. q. con le cattive**, to handle sb. roughly; to be rude to sb.; **Non sa prenderlo**, he doesn't know how to deal with him. **B** *v. i.* *1* (*girare, voltare*) to turn: **Dopo il semaforo, prenda a destra**, after the lights turn to the right *2* (*di pianta*: *attecchire*) to take* root *3* (*rapprendersi, indurirsi*) to set*: **Il cemento ha preso**, the cement has set. ● **p. a**, (*cominciare*) to start; (*rif. a abitudine*) to take to: **Quando prende a parlare, non la smette più**, when he starts talking he simply never stops; **Tom ha preso a mangiare gli spaghetti e adesso non vuole altro**, Tom has taken to eating (*o* has started eating) spaghetti, and now he doesn't want anything else; **Dopo il fallimento, prese a bere**, after he went bankrupt he took to drink; **Si presero a ben volere**, they came to like one another □ **p. q. a calci**, to kick sb. □ **p. a cuore q.c.**, to take st. to heart □ **p. a** (*o* **in**) **prestito**, to borrow □ **p. a pugni q.**, to beat up sb. □ **p. a pugni q.c.**, to bang on st. □ (*naut.*) **p. a rimorchio**, to take in tow □ **p. l'abitudine di**, to get into the habit of □ **p. q.c. alla lettera**, to take st. literally □ **p. un appuntamento**, to make (*o* to fix) an appointment □ **p. congedo da q.**, to take leave of sb. □ **p. il comando di**, to take command of □ **p. contatto con q.**, to get in touch with sb.; to contact sb. □ **p. coraggio**, to take heart □ **p. le cose come vengono**, to take things as they come □ **p. una curva**, to go round a corner; to corner □ **p. da** (*somigliare*), to take after: **Ha preso dal padre**, he takes after his father □ (*anche fig.*) **p. d'assalto**, to take by storm □ **p.** (*o* **prendersi**) **l'impegno di fare q.c.**, to take it upon oneself to do st. □ **p. in affitto**, to rent □ **p. q. in disparte** (*o* **da parte**), to draw sb. aside □ **p. in giro q.**, to pull sb.'s leg; to tease sb.; to take the mickey out of sb. (*pop. GB*); to send up sb. (*GB*); (*imbrogliare*) to fool sb. □ **p. q.c. in mala parte**, to take st. amiss □ **p. q. in parola**, to take sb. at his word □ **p. q. in simpatia** [**in antipatia**], to take a liking [a dislike] to sb. □ **p. informazioni**, to make inquiries □ **p. interesse a q.c.**, to take an interest in st. □ **p. il largo**, (*naut.*) to put to sea, to bear off; (*fig.*) to make oneself scarce □ **p. lucciole per lanterne**, to be grossly mistaken □ (*di cavallo, automezzo, ecc.*) **p. la mano a q.**, to get out of sb.'s control □ **p. la mano** (*o* **pratica**) **a q.c.**, to get the hang of st. □ **p. marito** (*o* **moglie**), to get married □ **p. le mosse**, to start □ **p. nota di q.c.**, to take note of st. □ **P. o lasciare!**, take it or leave it! □ (*comm.*) **p. un ordine**, to take (*o* to book) an order □ (*eccles.*) **p. gli ordini**, to take orders □ (*fig.*) **p. la palla al balzo**, to seize the opportunity □ **p. parte a q.c.**, to take part in st. □ **p. i pasti**, to have (*o* to take) one's meals □ **p. dei pensionanti**, to take in boarders □ **p. piede**, to catch on; to become fashionable □ **p. la pioggia**, to be caught in the rain; to get wet □ **p. posto**, to take one's seat □ **p. paura**, to get frightened; to get scared □ (*aeron.*) **p. quota**, to gain height □ **p. radice**, to take root □ **p. una risoluzione**, to make up one's mind □ **p. una sbornia**, to get drunk □ **p. uno schiaffo** [**un pugno**], to be (*o* to get) slapped [punched] □ **p. servizio**, to begin working □ **p. una sgridata**, to be scolded □ **p. il sole**, to sunbathe; to bask in the sun □ **p. su**, (*sollevare*) to lift, to pick up; (*dare un passaggio*) to give a lift □ **p. q.c. sul ridere** [**sul serio**], to take st. as a joke [in earnest] □ **p. il via**, to get under way □ **p. un vizio**, to get into a bad habit □ **prenderle**, to get a spanking; to catch it (*fam.*); (*anche sport*) to take a beating □ **prendersela** (*offendersi*), to take offence (at st.); to take st. amiss; to get upset (by): **Se l'è presa perché non l'abbiamo invitato**, he took it amiss that we hadn't invited him; **È uno che se la prende facilmente**, he is easily offended; **Andiamo, non te la p.!**, come on, don't get so upset!; **Cerca di non prendertela**, try not to let it get to you □ **prendersela a cuore**, to take st. to heart □ **prendersela calda per q.c.**, to get worked up about st. □ **prendersela comoda**, to take it easy; to take one's time □ **prendersela con q.**, (*adirarsi*) to get angry with sb.; (*incolpare q.*) to pick on sb.; (*sfogarsi su q.*) to take it out on sb. □ **uscire a p. aria**, to go out for a breath of fresh air □ **Mi venne a p. ieri**, he called for me yesterday □ **Che ti prende?**, what's the matter with you? □ **Come l'ha presa?**, how did he take it? □ **lasciarsi p. dall'entusiasmo**, to get carried away by enthusiasm □ **lasciarsi p. dal panico**, to let panic get the better of one; to panic. **C prèndersi**, *v. rifl. recipr.* – **p. a pugni**, to fight; to come to blows; **p. per i capelli**, to seize each other by the hair.

prendìbile, *a.* tak(e)able.

prendinòta, *m. invar.* note pad.

prendisóle, *m. invar.* sun dress.

prenditóre, *m.* (*f.* **-trice**) *1* taker; receiver *2* (*comm.*) payee *3* (*baseball*) catcher.

prenegoziàto, *m.* preliminary talks (*pl.*).

prenóme, *m.* *1* (*stor.*) pr(a)enomen*; personal name *2* (*nome proprio*) first name; given name.

prenominàto, *a.* (*lett.*) above-mentioned; aforesaid.

prenotàre, **A** *v. t.* to book; to reserve; to put* one's name down for: **p. una camera in un albergo**, to book a room at a hotel; **p. un posto**, (*a teatro*) to book a seat; (*in treno*) to reserve a seat; **p. una cabina su una nave**, to book a passage on a ship; **p. una telefonata**, to book (*o* to place) a telephone call. **B prenotàrsi**, *v. rifl.* to put* one's name down (for st.): **p. per dieci copie d'un libro**, to put one's name down for ten copies of a book.

prenotàto, *a.* booked; reserved; (*di persona*) that has booked, that has a reservation: **posto p.**, reserved seat.

prenotazióne, *f.* booking; reservation; (*telef.*) placement: **fare** [**annullare**] **una p.**, to make [to cancel] a booking; **ritirare una p.**, to pick up a reservation; **tassa di p.**, booking (*o* reservation) fee; **ufficio prenotazioni**, booking office.

prènsile, *a.* (*zool.*) prehensile: **coda p.**, prehensile tail.

prensióne, *f.* (*zool.*) prehension.

preoccupànte, *a.* worrying; worrisome.

preoccupàre, **A** *v. t.* (*tenere, mettere in apprensione*) to worry; to trouble; to make* (sb.) anxious; to vex; to bother (*fam.*): **Che cosa ti preoccupa?**, what is worrying you?; **Tutto questo mi preoccupa**, all this is worrying me; **Quello che mi preoccupa è che...**, what troubles (*o* bothers) me is that...; **La notizia della malattia di mio padre mi preoccupa**, I am troubled by the news of my father's illness. **B preoccupàrsi**, *v. i. pron.* *1* (*tormentarsi, essere in ansia*) to worry, to be worried; (*agitarsi*) to get worried, to get* anxious, to get* nervous: **Si preoccupa sempre per me**, he is always worrying about me; **Non ti preoccupare, andrà tutto bene!**, don't worry, everything will be fine!; **Quando fu mezzanotte, cominciai a preoccuparmi**, at midnight I began to get worried (*o* nervous) *2* (*interessarsi di, provvedere a*) to take* care; to take* the trouble to; to trouble about; to trouble (*generalm. nelle frasi neg.*): **Mi preoccupo io di avvertirli**, I'll take care to inform them; **Non si sono nemmeno preoccupati di avvertirmi**, they didn't even take the trouble to let me know; **Oh, non ti preoccupare, grazie!**, oh, don't trouble, thanks!

preoccupàto, *a.* worried; anxious; concerned; nervous; troubled: **È p. perché la ditta non va bene**, he is worried because his firm isn't doing well; **È p. per la salute del figlio**, he is worried (*o* concerned) about his son's health; **È p. all'idea di non riuscire a vendere la casa**, he is worried that he may not be able to sell the house; **È preoccupata perché il marito tarda**, she is worried (*o* nervous) because her husband is late; **Non essere p.**, don't worry.

preoccupazióne, *f.* worry; (*al pl. anche*) cares; (*apprensione*) concern, disquiet: **le preoccupazioni della vita**, the cares of life; **piccole preoccupazioni**, petty worries; **essere una grande p. per q.**, to be a great worry to sb.; **La mia p. è che...**, my worry is that...; **destare p.**, to be the cause of concern.

preolìmpico, **preolimpiònico**, *a.* (*sport*) Olympic: **gara preolimpica**, Olympic trial.

preomèrico, *a.* (*letter.*) pre-Homeric.

preominide, *m.* (*antropol.*) prehominid.

preordinaménto, *m.* pre-arrangement.

preordinàre, *v. t.* *1* to prearrange; to arrange (*o* to establish) beforehand; to preordain *2* (*predestinare*) to predestine.

preordinazióne, *f.* *1* prearrangement; preordination *2* (*predestinazione*) predestination.

prepagaménto, *m.* payment in advance; advance payment.

prepagàto, *a.* paid in advance; prepaid.

prepalatàle, *a.* (*fon.*) prepalatal.

preparàre, **A** *v. t.* *1* to prepare; (*apprestare*) to make* (*o* to get*) ready; (*predisporre*) to arrange: **Si stava preparando il tè in cucina**, tea was being prepared in the kitchen; **p. il pranzo**, to get dinner ready; **p. un discorso**, to prepare a speech; **p. un esame**, to prepare an examination; **p. q. a ricevere una brutta notizia**, to prepare sb. for a piece of bad news *2* (*addestrare*) to coach, to train; (*per un compito particolare*) to groom: **p. q. a un esame**, to coach sb. for an examination; **p. q. al mestiere del redattore**, to groom sb. for the job of copy editor. ● **p. un contratto**, to draft a contract □ **p. un disegno di legge**, to draft a bill □ **p. il fuoco**, to lay the fire □ **p. la tavola**, to lay the table □ (*fig.*) **p. il terreno**, to pave the way □ **p. la valigia**, to pack (the suitcase) □ **Si sta preparando una nuova edizione**, a new edition is in preparation □ **Chissà che ci prepara l'avvenire!**, who knows what lies in store (*o* what the future has in store) for us! **B preparàrsi**, *v. rifl.* *1* to prepare (oneself); to get* ready; (*fare preparativi*) to make* preparations: **Preparatevi a una sorpresa**, prepare (yourselves) for a surprise; **Preparati!**, get ready, will you?; **p. a un esame**, to prepare for an examination; **p. a un viaggio**, to make preparations for a journey; **p. a morire**, to prepare for death *2* (*accingersi*) to be about to: **Si preparava ad uscire**, he was (just) about to go out. **C preparàrsi**, *v. i. pron.* (*essere in procinto di manifestarsi*) to be in store; to be brewing: **Si stanno preparando tempi duri per tutti**, hard times are in store for everyone; **Si preparava un temporale**, a storm was brewing.

preparatìvo, *m.* preparation: **I miei preparativi sono ultimati**, my preparations are complete; **fare i preparativi per un viaggio**, to make preparations for a journey; **preparativi per la partenza**, preparations for leaving.

preparàto, A *a.* ***1*** (*pronto*) ready; prepared: **essere p. a fare q.c.**, to be ready to do st.; **essere p. per sostenere un esame**, to be prepared for an examination ***2*** (*allestito*) laid out; fitted out; equipped ***3*** (*abile nel proprio lavoro*) well-trained; competent: **un insegnante molto p.**, a very competent teacher; a teacher that knows his job. **B** *m.* (*scient.*) preparation: **p. anatomico**, anatomic preparation; **preparati chimici**, chemical compounds (*o* preparations); chemicals; (*biol.*) **p. microscopico**, specimen. ● **p. per lucidare**, polish □ **p. per togliere la vernice**, paint remover.

preparatóre, *m.* (*f.* **-trice**) preparer.

preparatòrio, *a.* preparatory; preparative; (*preliminare*) preliminary, introductory: **un corso p.**, a preparatory course; **lavoro p.**, preliminary work.

preparazióne, *f.* ***1*** (*il preparare*) preparation: **la p. del terreno per la semina**, the preparation of land for sowing; **la p. degli alimenti**, food preparation; **la p. per un esame**, the preparation for an exam; **La p. di questo piatto richiede almeno due ore**, this dish takes at least two hours to prepare ***2*** (*insieme di nozioni acquisite*) grounding; background; qualification: **una buona p. in matematica**, a good grounding in mathemathics; **p. culturale**, cultural background; **essere privo della p. necessaria**, not to have the necessary qualifications ***3*** (*addestramento*) training: **p. atletica**, athletic training; **p. professionale**, vocational training; **corso di p. preliminare**, preliminary training ***4*** (*preparato*) preparation: **preparazioni anatomiche**, anatomical preparations. ● **p. per la stampa**, editing □ **senza p.**, unprepared.

prepensionaménto, *m.* early retirement.

preponderànte, *a.* preponderant; predominant; predominating; prevalent; prevailing: **il tratto p. del mio carattere**, the predominant feature of my character; **il partito p.**, the preponderant party; **il pensiero p.**, the predominating thought; **l'opinione p.**, the prevailing opinion.

preponderànza, *f.* (*maggioranza*) majority; (*superiorità*) superiority; (*supremazia*) supremacy; (*prevalenza*) preponderance, predominance, prevalence: **la p. dei voti**, the majority of votes; **la p. del nemico**, the superiority of the enemy.

prepórre, *v. t.* ***1*** (*porre innanzi*) to place (*o* to put*) before; to prefix: **Questa pagina va preposta all'altra**, this page is to be placed (*o* comes) before the other; **p. una citazione al capitolo**, to prefix a quotation to the chapter ***2*** (*fig.*: *preferire*) to set* above: **p. il bene al male**, to set good above evil ***3*** (*lett.*: *mettere a capo*) to put* at the head (of st.); to put* in charge (of st.).

prepoșitìvo, *a.* (*gramm.*) prepositive: **particella prepositiva**, prepositive (particle). ● **locuzione prepositiva**, prepositional phrase.

prepoșitùra, *f.* (*eccles.*) provostship; provostry.

prepoșituràle, *a.* (*eccles.*) provostal.

prepoșizióne, *f.* (*gramm.*) preposition: **p. articolata**, preposition with article; **p. avverbiale**, prepositional adverb.

prepósto, A *a.* in charge; in control: **gli organi preposti alla respirazione**, the organs in control of breathing; **Chi è p. alle vendite?**, who is in charge of sales? **B** *m.* ***1*** *V.* **prevosto** ***2*** person in charge.

prepotènte, A *a.* ***1*** arrogant; domineering; tyrannical; bossy (*fam.*); high-handed (*fam.*) ***2*** (*fig.*: *impellente*) pressing, irrepressible; (*violento*) violent, powerful: **un bisogno p.**, a pressing need. **B** *m.* e *f.* arrogant (*o* domineering) person; bully. ● **fare il p.**, to behave arrogantly; to be a bully; to throw* one's weight about; to bully (sb.); to push (sb.) around.

prepotenteménte, *avv.* (*fig.*) forcefully.

prepotènza, *f.* ***1*** (*l'atteggiamento*) arrogance; domineering attitude; bullying ***2*** (*sopruso*) imposition, abuse; (*al pl.*: *azione da prepotente*) bullying (*sing.*): **Sono stanco delle sue prepotenze**, I am tired of his bullying. ● **di p.**, by force.

prepotére, *m.* excessive power.

prepùbere, *a.* prepubertal; prepubescent.

prepubertà, *f.* prepuberty.

prepuziàle, *a.* (*anat.*) preputial.

prepùzio, *m.* (*anat.*) prepuce.

preraffaellișmo, *m.* (*arte, letter.*) Pre-Raphaelitism.

preraffaellìta, *a.*, *m.* e *f.* (*arte, letter.*) Pre-Raphaelite.

preraffreddaménto, *m.* (*tecn.*) precooling.

preraffreddàre, *v. t.* (*tecn.*) to precool.

preregistràre, *v. t.* to prerecord.

preregistràto, *a.* prerecorded.

prerequișito, *m.* prerequisite.

prerinascimentàle, *a.* pre-Renaissance.

preriscaldaménto, *m.* (*tecn.*) preheating.

preriscaldàre, *v. t.* (*tecn.*) to preheat.

preriscaldatóre, *m.* (*tecn.*) preheater.

prerogatìva, *f.* ***1*** (*privilegio*) prerogative; privilege: **le prerogative della Corona**, the royal prerogatives; **godere una p.**, to enjoy a privilege; **per p.**, as a prerogative; by privilege ***2*** (*dote tipica*) prerogative; gift; (special) quality: **avere la p. di una memoria ferrea**, to have the gift of (*o* to be endowed with) an excellent memory ***3*** (*proprietà, virtù speciale*) property: **avere la p. di attrarre il ferro**, to have the property of attracting iron.

preromànico, *a.* (*arte*) pre-Romanesque.

preromàno, *a.* pre-Roman.

preromanticișmo, *m.* (*letter.*) pre-Romanticism.

preromàntico, *a.* e *m.* (*f.* **-a**) (*letter.*) pre-Romantic.

preromànzo, *a.* (*ling.*) pre-Romance.

présa, *f.* ***1*** (*atto del prendere*) taking; seizing: **la p. di possesso di una carica**, the taking up of an office ***2*** (*cattura, conquista*) taking; seizure; capture: **la p. della Bastiglia**, the capture (*o* taking) of the Bastille; **la p. di Sebastopoli**, the capture of Sebastopol; **la p. del canale di Suez**, the seizure of the Suez Canal; **la p. della nave**, the seizure of the ship; **la p. dell'evaso**, the capture of the fugitive ***3*** (*stretta*) hold, grasp, grip; (*nella lotta e sim.*) hold: **abbandonare la p.**, to let go one's hold; **allentare la p.**, to release one's hold; **avere una p. forte**, to have a firm grip (*o* grasp); **Mi insegnò molte prese di judo**, he taught me many holds in judo ***4*** (*ciò che serve per afferrare*) holder; (*impugnatura*) grip; (*manico*) handle ***5*** (*tecn.*) intake; inlet: **p. d'aria**, air intake; air inlet; **p. d'acqua**, water intake; **p. di gas**, gas outlet ***6*** (*elettr.*) socket; power point (*GB*); outlet (*USA*); (*a jack*) jack: **p. di corrente**, socket; **p. di terra**, earth (*USA*: ground) connection ***7*** (*di cemento, ecc.*) set; setting: **p. rapida**, quick setting ***8*** (*pizzico*) pinch: **una p. di tabacco [di sale]**, a pinch of tobacco [of salt] ***9*** (*carte*) trick: **fare cinque prese**, to make five tricks. ● **p. di contatto**, contact □ **p. di coscienza**, realization; new awareness □ (*fig.*) **p. di posizione**, stance; attitude □ **p. di possesso**, conquest □ (*mecc.*) **p. diretta**, top gear □ **p. in giro**, leg-pull; joke; send-up (*GB*); (*fig.*) farce: **Il processo fu una p. in giro**, the trial was a farce □ (*fig.*) **avere p. su q.**, to have a hold over sb. □ **essere alle prese con q.c.**, to struggle with st.; to grapple with st. □ **cane da p.**, lurcher □ **dar p. alle calunnie**, to give rise to slander □ **fare p.**, to get (*o* to have) a grip (*o* hold); (*indurirsi*) to set; (*attaccarsi*) to stick; (*mettere radici*) to take root: **Queste gomme non fanno p. sul fondo stradale bagnato**, these tyres have no grip on the wet road; **L'oratore non fece p. sul pubblico**, the speaker failed to hold his audience; **La calcina ha già fatto p.**, the mortar has already set; **La colla non fa p.**, the glue does not stick; **La pianta non ha fatto p.**, the plant has not taken root □ **L'ottone fa p. con il ferro**, brass binds (*o* alloys) with iron □ (*naut.*) **L'ancora non sta facendo p.**, the anchor is not holding □ (*TV*) **in p. diretta**, live □ **venire alle prese con q.**, to come to grips with sb.

preșàgio, *m.* omen; presage; portent; (*presentimento*) presentiment, premonition, foreboding: **avere un cattivo p.**, to have a presentiment that something might be wrong; **melanconici presagi del futuro**, melancholy presages of the future; **Vidi un p. in quell'incidente**, I saw that accident as an omen; **essere di buon p.**, to be a good omen; **essere di cattivo p.**, to be a bad omen; to be ominous.

preșagìre, *v. t.* ***1*** (*presentire*) to have a presentiment of; to have a premonition of: **p. una catastrofe**, to have a premonition of a disaster ***2*** (*prevedere*) to foresee*; (*predire*) to predict, to foretell*: **p. la vittoria**, to predict victory; **Tutto lascia p. che...**, all the indications are that...

preșàgo, *a.* foreboding; presaging. ● **essere p. di q.c.**, to foresee st.; to have a presentiment (*o* a premonition) of st.

presalàrio, *m.* (*assegno di studio*) (student's) grant.

presàme, *m.* (*caglio*) rennet.

preșbiacușìa, **preșbiacùși,** *f.* (*med.*) presby(a)cousis.

preșbiofrenìa, *f.* (*med.*) presbyophrenia.

preșbiopìa, *f.* (*med.*) presbyopia; long sight.

prèșbite, (*med.*) **A** *a.* presbyopic; (*com.*) long-sighted. **B** *m.* e *f.* long-sighted person.

preșbiteràle, *a.* (*eccles.*) presbyteral.

preșbiteràto, *m.* (*eccles.*) presbyterate.

preșbiterianéșimo, **preșbiterianișmo,** *m.* (*relig.*) Presbyterianism.

preșbiteriàno, *a.* e *m.* (*f.* **-a**) (*relig.*) Presbyterian.

preșbitèrio, *m.* (*archit., eccles.*) presbytery.

preșbìtero, *m.* (*eccles.*) presbyter.

preșbitișmo, *m.* *V.* **presbiopia**.

prescégliere, *v. t.* to select; to choose* out; to pick out; to cull.

prescélto, A *a.* select; selected; choice. **B** *m.* (*f.* **-a**) chosen (*o* selected) person.

presciènte, *a.* (*lett.*) prescient; foreseeing.

presciènza, *f.* prescience; foreknowledge; foresight.

prescìndere, *v. i.* (*mettere da parte*) to set* (*o* to put*, to leave*) aside, to leave* out of consideration; (*non tenere conto di*) to disregard: **prescindendo da ogni considerazione personale**, setting aside all personal considerations; **a p. dall'età e dal sesso**, regardless (*o* irrespective) of age and sex.

prescolàre, **prescolàstico,** *a.* pre-school (*attr.*): **bambini in età p.**, pre-school children.

prescrittìbile, *a.* (*leg.*) that may be statute-barred; prescriptible.

prescrittibilità, *f.* (*leg.*) subjection to the statute of limitations; prescriptibility.

prescrìtto, A *a.* ***1*** prescribed; (*stabilito*) fixed, established; (*obbligatorio*) obligatory, compulsory: **il tempo p.**, the prescribed term; **formalità prescritte dalla legge**, formalities prescribed by the law; **riempire il modulo p.**, to fill up the prescribed form ***2*** (*leg.*) statute-barred: **essere p.**, to be statute-barred; to be barred by the statute of limitations. ● **È p. l'abito da sera**, evening dress (de rigueur). **B** *m.*

prescript; ordinance; law; command.

prescrìvere, A *v. t.* **1** to prescribe (*anche med.*); to impose; (*stabilire*) to set* out, to establish: **La legge prescrive che...**, the law prescribes that...; **p. una medicina [una cura]**, to prescribe a medicine [a treatment] **2** (*leg.*) to prescribe. **B prescrìversi**, *v. i. pron.* (*leg.*) to be barred (by the statute of limitations); to lapse.

prescrivìbile, *a.* prescriptible.

prescrizionàle, *a.* – (*leg.*) **termine p.**, limitation.

prescrizióne, *f.* **1** (*il prescrivere*) prescription; prescribing **2** (*norma*) rule, precept, requirement; (*direttiva*) direction (*usato al pl.*), instruction (*usato al pl.*): **le prescrizioni della Chiesa**, the precepts of the Church; **attenersi alle prescrizioni**, to keep to the rules; to follow the instructions; **le prescrizioni del dottore**, the doctor's instructions **3** (*med.*: *ricetta*) prescription **4** (*leg.*) limitation; debarment; (*usucapione*) prescription: **cadere in p.**, to lapse; to be barred by the statute of limitations; to be statute-barred; **perdere un diritto per p.**, to be debarred from a right; **p. acquisitiva**, acquisitive (*o* positive) prescription; **p. estintiva**, negative prescription.

presegnalàre, *v. t.* to signal in advance; to warn in advance.

presegnalazióne, *f.* advance signalling; advance warning.

presegnàle, *m.* advance signal.

preselettóre, *m.* (*tecn.*) preselector.

preselezionàre, *v. t.* to preselect.

preselezióne, *f.* **1** preselection **2** (*tecn.*) preselection; (*elab.*, *anche*) presort. ● **p. delle correnti di traffico**, routing of traffic.

presèlla, *f.* **1** (*metall.*) fuller **2** (*mecc.*) caulking iron.

presémina, *f.* (*agric.*) preparation for sowing.

presenìle, *a.* (*med.*) presenile.

preşentàbile, *a.* (*anche fig.*) presentable: **È un tipo p.?**, is he a presentable sort of person?; **rendere un vestito p.**, to make a dress presentable; **non p.**, unpresentable: **un lavoro non p.**, an unpresentable piece of work.

preşentàre, A *v. t.* **1** (*mostrare, anche fig.*) to show*, to present; (*esibire*) to produce: **Quando farete la domanda, dovrete presentare il certificato di nascita**, when you make your applications, you will have to show (*o* produce, present) your birth certificates; **Ogni mattina ci presenta sempre lo stesso viso accigliato**, every morning he always shows us the same gloomy face **2** (*prospettare*) to present; to pose: **Il problema presenta molte difficoltà**, the problem presents many difficulties **3** (*proporre*) to propose; (*bur.*: *inoltrare*) to submit, to send* in, to put* in, to present: **p. q. come candidato**, to propose (*o* to present) sb. as a candidate; **p. una ricevuta**, to present a receipt; **p. una domanda**, to submit (*o* to send in) an application; **p. un conto**, to send in an account; **p. un reclamo**, to put in a claim **4** (*offrire, porgere, anche fig.*) to offer; to present: **L'affare presenta parecchi vantaggi**, the deal offers several advantages; **p. un facile bersaglio**, to offer an easy target; **p. i propri complimenti**, to present one's compliments; **p. le scuse**, to offer one's apologies; **p. i propri omaggi**, to pay one's respects **5** (*radio, TV*: *un programma*) to host, to compere (*GB*); (*sponsorizzare*) to sponsor **6** (*condurre alla presenza di q.*) to present: **Fu presentato a corte**, he was presented at Court **7** (*far conoscere*) to introduce: **Posso presentarti mio marito?**, may I introduce my husband?; (*meno form.*) I'd like you to meet my husband; **Mi presenti a quella ragazza?**, will you introduce me to that girl? ● (*mil.*) **p. le armi**, to present arms ▫ **p. la propria candidatura a**, to stand (as a candidate) for; to run for ▫ (*rag.*) **p. i conti**, to render accounts ▫ (*polit.*) **p. un'interpellanza**, to ask a (parliamentary) question ▫ (*leg.*) **p. un'istanza**, to lodge (*o* to make) a request ▫ (*polit.*) **p. una mozione**, to present a motion ▫ **p. una mozione d'ordine**, to raise a point of order ▫ **p. un progetto di legge**, to introduce (*o*, *GB*: to table) a bill ▫ (*comm.*) **p. un saldo a favore di q.**, to show a balance in sb.'s favour ▫ **p. una sfida**, to deliver a challenge. **B preşentàrsi**, *v. rifl.* **1** to present oneself; (*mostrarsi*) to show* oneself; (*comparire*) to appear, to face (st.); (*arrivare*) to arrive, to turn up: **Si presentarono al direttore della banca**, they presented themselves to the bank manager; **Non ha il coraggio di p. così vestito**, he hasn't the courage to show himself dressed in that fashion; **p. al pubblico**, to face the audience; **p. davanti al tribunale**, to appear before the court; **p. in ritardo [in anticipo]**, to arrive late [early] **2** (*farsi conoscere*) to introduce oneself: **Permette che mi presenti?**, may I introduce myself? ● **p. a un esame**, to sit for an exam ▫ **p. candidato a q.c.**, to run for st.; to stand for st.: **p. candidato alle elezioni**, to stand (*o* to run) for election; **p. candidato al Parlamento**, to stand for Parliament. **C preşentàrsi**, *v. i. pron.* **1** (*offrirsi*) to offer (oneself); (*capitare*) to occur, to arise*, to crop up: **Quando l'occasione si presenta**, when the opportunity arises (*o* offers); **Un'occasione così non si presenterà mai più**, such a good opportunity will never occur again; **p. alla mente**, to come to mind **2** (*sembrare, essere*) to seem; to appear; to look: **La crisi economica si presenta molto grave**, the economic crisis appears to be serious; **La superficie si presenta levigata**, the surface looks smooth; **p. bene**, to look well.

preşentat'àrm, **preşentatàrm**, *locuz. m.* (*mil.*) present arms. ● **dare il p.**, to give the order to present arms.

preşentatóre, *m.* (*f.* **-trice**) **1** (*chi presenta uno spettacolo*) presenter, master (*f.* mistress) of ceremonies (*abbr. fam.*: emcee, MC) (*USA*); (*radio, TV, anche*) announcer, host, compère (*GB*), (*di quiz*) quiz master **2** (*comm.*) presenter; bearer: **il p. d'una cambiale tratta**, the bearer of a draft.

preşentazióne, *f.* **1** presentation: **la p. di una nuova commedia**, the presentation of a new play; **la p. dei nuovi modelli**, the presentation of the new models; **la P. di Maria Vergine al Tempio**, the Presentation of the Virgin in the Temple; **La p. del programma sarà affidata a X**, the programme will be presented (*o* hosted, compered) by X; **curare la p. di un piatto**, to present a dish in an attractive way **2** (*il far conoscere una persona a un'altra*) introduction: **fare le presentazioni**, to do the introducing; **lettera di p.**, letter of introduction; **scambio delle presentazioni**, exchange of introductions **3** (*proposta di un nome*) nomination: **la p. dei candidati per le elezioni**, the nomination of candidates for the elections; **Per essere ammessi al club occorre la p. da parte di due soci**, admittance to the club is by nomination by two members **4** (*premessa a un libro*) introduction; foreword **5** (*comm.*: *di un prodotto*) demonstration; (*confezione*) packaging **6** (*cerimonia di lancio di q.c.*) launching party **7** (*bur.*: *inoltro*) submission; lodgment: **la p. di una domanda**, the submission of an application; **p. di un reclamo**, lodgment of a complaint **8** (*fisiol.*: *del feto*) presentation: **p. cefalica**, cephalic presentation; **p. di spalla**, transverse presentation; **p. podalica**, breech presentation **9** (*elettron.*) display. ● (*comm.*) **a p.**, on demand: **tratta a p.**, draft on demand; cash order ▫ (*comm.*) **pagamento contro p. dei documenti**, payment against documents.

preşènte (1), A *a.* **1** (*sul luogo*) present: **Tutti i ministri erano presenti alla seduta**, all the ministers were present at the sitting; **Tina era p. e ha visto tutto**, Tina was present (*o* was there) and saw everything; **Te lo può dire Paolo qui p.**, Paolo here can tell you; **Fui p. al fatto**, I was there when it happened; I witnessed the fact; **p. la famiglia al completo**, in the presence of the whole family; **«P.!»**, «here!» **2** (*attuale*) present; current: **gli avvenimenti presenti**, present events; **la moda p.**, the current fashion; **il p. mese**, the current month; **le tendenze presenti**, present (*o* current) trends **3** (*questo*) this*: **il p. volume**, this volume; **la p. settimana**, this week; (*comm.*) **la p. lettera**, this letter **4** (*gramm.*) present: **tempo p.**, present tense. ● **essere p. a se stesso**, to be self-possessed ▫ **avere p.**, (*ricordare*) to remember, to recall; (*conoscere*) to know: **In questo momento non ho p. il suo nome**, I can't recall his name just now; **Non ho p. se a quell'epoca fosse sposato**, I can't remember whether he was married at that time; **Hai p. suo fratello?**, you know his brother, don't you? ▫ **Gli feci p. che mancava un mese alla scadenza**, I pointed out to him (*o* I reminded him) that the deadline was in a month ▫ **tenere p. q.c.**, to bear (*o* to keep) st. in mind. **B** *m.* **1** (the) present: **Il p. non mi fa sperare nel futuro**, the present does not give me any hope for the future; **al p.**, at present **2** (*gramm.*) present (tense): **al p.**, in the present; **il p. progressivo**, the present continuous **3** (*pl.*) those present; the people present: **Era tra i presenti**, he was among those present; **Il numero dei presenti era alto**, the number of those present was high; **esclusi i presenti**, present company excepted. **C** *f.* (*comm.*, *bur.*: *lettera*) – **con la p.**, herewith; **nella p.**, herein.

preşènte (2), *m.* (*lett.*: *dono*) present; gift.

preşenteménte, *avv.* at present; at this moment; now; currently.

presentiménto, *m.* presentiment; premonition; foreboding: **avere un brutto p.**, to have a presentiment; **avere una specie di p.**, to have a sort of premonition.

presentìre, *v. t.* e *i.* to have a presentiment (*o* a premonition) (of st., that...); to have a feeling (that); to sense (that); (*prevedere*) to foresee, to anticipate: **Presentivo che non sarebbe venuto**, I had a presentiment (*o* feeling) that he would not come; **Presentii giorni tristi**, I foresaw evil days to come; **p. una disgrazia**, to have a premonition of an accident; **p. quel che accadrà**, to foresee what will happen (*o* how things will turn out).

preşènza, *f.* **1** presence: **Nessuno si accorse della sua p.**, nobody noticed his presence; **Fu ammesso alla p. del re**, he was admitted into the presence of the king; **Si richiede urgentemente la tua p.**, your presence is urgently requested; **In quell'acqua è stata riscontrata la p. di bacilli del tifo**, typhoid bacilli have been found in that water; **Giurò in p. di testimoni**, he took an oath in the presence of witnesses; **L'ha detto in mia p.**, he said so in my presence **2** (*il frequentare*) attendance: **La p. alle lezioni è obbligatoria**, attendance at lectures is compulsory; **Ogni alunno deve avere duecento presenze**, every pupil must have attended at least two hundred lessons **3** (*aspetto*) presence, appearance, look; (*portamento*) bearing: **una persona di bella p.**, a good-looking person; **cercasi stenodattilografa, bella p.**, wanted: shorthand typist, smart appearance **4** (*spirito, fantasma*) presence; ghost: **Sentii una p. accanto a me**, I felt a presence at my side; **In quella casa ci sono delle presenze**, that house is haunted **5** (*pl.*) (*persone presenti*) attendance (*sing.*): **un alto numero di presenze**, a high attendance. ● **p. d'animo** (*o* **di spirito**), presence of mind ▫ **di p.** (*di persona*), in person; personally ▫ **fare atto di p.**, to put in (*o* to make) an appearance.

preşenzialişmo, *m.* showing one's face everywhere; keeping oneself in the public eye. • **peccare di p.**, never to miss a public occasion.

preşenzialista, *m.* e *f.* person who shows his face everywhere.

preşenziàre, *v. t.* e *i.* to be present at; to attend; to take* part in: **p. un'adunanza**, to be present at a meeting; **p. a un funerale**, to attend a funeral; **p. a un banchetto**, to take part in a banquet.

prespèpe, presèpio, *m.* crib (*GB*); crèche (*franc.*) (*USA*).

preservaménto, *m. V.* **preservazione**.

preservàre, *v. t.* to preserve; (*proteggere*) to protect, to guard, to save (from injury); (*difendere*) to defend (from evil): **Iddio ci preservi!**, God preserve us!.

preservativo, A *a.* preservative. **B** *m.* (*farm.*) condom; sheath; prophylactic (*USA*).

preservatóre, *m.* (*f.* **-trice**) preserver.

preservazióne, *f.* preservation.

prèside, *m.* e *f.* (*di scuola*) headmaster (*m.*), headmistress (*f.*), head, principal (*USA*); (*di facoltà universitaria*) dean.

presidènte, *m.* e *f.* **1** (*di assemblea, di società*) chairman* (*m.*); chairwoman* (*f.*); chairperson: **Il p. aprì la seduta**, the chairman opened the meeting; **il p. del consiglio d'amministrazione**, the chairman of the board of directors; **essere nominato p.**, to be elected chairman (*o* to the chair) **2** (*polit.*) President; Premier: **il P. della Repubblica**, the President of the Republic; **il P. del Consiglio dei Ministri**, the Prime Minister; the Premier; **il p. Clinton**, President Clinton **3** (*di associazione, club e sim.*) president **4** (*di tribunale*) presiding judge. • (*leg.*) **p. della giuria**, foreman of the jury.

presidentéssa, *f.* **1** (*moglie del presidente della repubblica*) President's wife; first lady (*USA*) **2** *V.* **presidente**.

presidènza, *f.* **1** (*il presiedere un'assemblea, una società*) chairmanship; (*seggio presidenziale*) chair: **assumere la p.**, to take the chair; **essere alla p.**, to act as chairman; to be in the chair **2** (*ufficio, dignità di presidente*) chairmanship; presidency; presidentship: **sotto la p. di**, under the chairmanship of **3** (*ufficio, dignità di preside scolastico*) headmastership (*GB*), principalship (*USA*); (*di preside di facoltà universitaria*) deanship; (*studio del preside*) headmaster's office, deanery **4** (*polit.*) presidency; (*di presidente del consiglio dei ministri*) premiership, Prime Minister's office: **la p. di Reagan**, Reagan's presidency **5** (*durata della carica di presidente*) term of office.

presidenziàle, *a.* presidential: **il sistema p.**, the presidential system; **repubblica p.**, presidential republic. • **il seggio p.**, the chair.

presidenzialişmo, *m.* **1** presidential system **2** upholding of the presidential system.

presidenzialista, *m.* e *f.* upholder of the presidential system.

presidenzialìstico, *a.* in favour of the presidential system.

presidiàre, *v. t.* **1** (*mil.*) to garrison; (*estens.*: *sorvegliare*) to guard; (*proteggere*) to protect; (*picchettare*) to picket: **p. una fortezza [una città]**, to garrison a fort [a city]; **p. un'ambasciata**, to guard an embassy **2** (*fig.*: *proteggere*) to safeguard; to defend.

presidiàrio, *a.* (*mil.*) of a garrison; garrison (*attr.*): **truppe presidiarie**, garrison troops.

presìdio, *m.* **1** (*mil.*) garrison: **milizie di p.**, garrison troops **2** (*fig.*: *protezione*) protection; (*difesa*) defence: **sotto il p. di**, under the protection of; **a p. di**, in defence of. • **p. medico**, medication □ (*med.*) **presidi diagnostici**, diagnostic aids.

presidium, *m.* (*polit.*) pr(a)esidium.

presièdere, *v. i.* e *t.* **1** (*essere presidente*) to preside over; to be the chairman of; to be in the chair; to chair: **Chi presiedeva?**, who was in the chair?; **p. una seduta**, to chair a meeting **2** (*dirigere*) to be at the head of: **p. una società**, to be at the head of a company **3** (*sovrintendere*) to be in charge of **4** (*fig.*: *essere preposto a*) to govern; to control: **Il cuore presiede alla circolazione**, the heart governs the circulation.

presìna, *f.* **1** (*per pentole*) pot holder **2** (*farm.*: *cartina*) dose.

presìstole, *f.* (*fisiol.*) presystole.

presistòlico, *a.* (*fisiol.*) presystolic.

préso, *a.* **1** (*indaffarato*) busy; taken up; engaged; preoccupied: **Nel mio lavoro sono sempre molto p.**, I'm always busy in my job **2** (*di cosa*: *occupato*) taken; occupied; engaged: **Tutti i posti sono presi**, all the seats are taken.

presocràtico, *a.* e *m.* (*filos.*) pre-Socratic.

prèssa, *f.* **1** (*calca, ressa*) crowd (of people); throng; press **2** (*mecc.*) press: **p. a banco inclinabile**, inclinable press; **p. a bilanciere**, fly press; **p. a braccio**, horning press; **p. a eccentrico**, eccentric (shaft) press; **p. a frizione**, friction press; **p. a ingranaggi**, geared press; **p. a mano**, hand press; **p. a piegare**, forming press; **p. a riscaldamento interno**, hot-press; **p. a vapore**, steam press; **p. a vite**, screw press; **p. centripeta**, centripetal press; **p. idraulica**, hydraulic forging press; (*tipogr.*) **p. per legatore**, lying press; **p. multipla**, multiple press; **p. per olio**, oil press; **p. sbavatrice**, flash trimming press; **p. verticale**, standing press. • **fare p.** (*accalcarsi*), to crowd; to throng; to press.

pressacàrte, *m. invar.* paperweight.

pressafièno, pressaforàggio, *m. invar.* (*agric.*) forage press.

pressainsilatrice, *f.* (*agric.*) silage cutter.

pressànte, *a.* pressing; urgent.

pressapàglia, *m. invar.* (*agric.*) straw baler.

pressappocàggine, *f.* **pressappochişmo,** *m.* carelessness; inaccuracy; slapdash way of doing things. • **lavoro fatto con p.**, careless (*o* slapdash) piece of work.

pressappochìsta, *m.* e *f.* careless (*o* inaccurate) person.

pressappochìstico, *a.* careless; inaccurate; slapdash.

pressappòco, *V.* **press'a poco**, *sotto* **presso, A**.

pressàre, *v. t.* **1** to press: (*mecc.*) **p. a caldo [a freddo]**, to hot-press [to cold-press] **2** (*fig.*) to press; to urge.

pressàto, *a.* pressed: **cartone p.**, pressed cardboard.

pressatóre, *m.* presser.

pressatùra, *f.* (*mecc.*) pressing.

prèssing (*ingl.*), *m. invar.* (*sport*) pressure. • **fare p.**, to press the opposing team.

pressióne, *f.* **1** (*scient.*) pressure: **p. atmosferica**, atmospheric pressure; **alta [bassa] p.**, high (low) pressure; (*med.*) **p. arteriosa**, arterial pressure; (*mecc.*) **p. cinetica**, kinetic pressure; (*chim., fis.*) **p. critica**, critical pressure; (*med.*) **p. del sangue**, blood pressure; **p. degli pneumatici**, tyre pressure; **aumento di p.**, pressure increase; **caduta di p.**, pressure drop; fall in pressure; **esercitare una p. su q.c.**, to exert pressure on st.; **essere sotto p.**, to be under pressure **2** (*in macchine a vapore*) steam: **mantenere la p.**, to keep up steam; **mettere in p.**, to raise steam **3** (*fig.*) pressure; leverage: **pressioni politiche**, political pressures; **la p. dell'opinione pubblica**, the pressure of public opinion; **fare p. su q.**, to put pressure on sb.; to bring pressure to bear on sb.; **fare p. per ottenere q.c.**, to push for st.; **Posso ancora esercitare una certa p.**, I can still bring pressure to bear; I have still some leverage I can use; **gruppo di p.**, pressure (*o* lobby) group; **lavorare sotto p.**, to work under pressure. • **p. del vento**, wind load (*o* pressure) □ (*aeron.*) **p. di alimentazione**, boost □ (*fis.*) **p. specifica**, specific pressure □ (*fis.*) **p. di arresto**, dynamic (*o* stagnation) pressure □ (*mecc.*) **p. di aspirazione**, suction pressure □ (*mecc.*) **p. di bloccaggio**, locking pressure □ (*mecc.*) **p. di frenatura**, brake pressure; braking power □ (*mecc.*) **p. di punta**, peak pressure □ (*mecc.*) **p. totale**, total head (*o* pressure) □ (*fis.*) **a bassa p.**, low-pressure (*agg.*) □ **pentola a p.**, pressure cooker.

prèsso, A *avv.* nearby; near; close (at hand): **Lì p. c'è una quercia**, there is an oak nearby; **Abita qui p.**, he lives near here; he lives close at hand (*o* not far from here). • **press'a poco**, about; more or less; approximately; roughly: **Ci sono press'a poco trecento pagine in quel libro**, there are roughly (*o* approximately, about) three hundred pages in that book; **Hanno press'a poco lo stesso peso**, they weigh about the same; **È press'a poco la stessa cosa**, it's roughly (*o* pretty much) the same thing □ **p. che,** *V.* **pressoché** □ **a un di p.,** *V.* **press'a poco** □ **da p.**, closely; at close quarters: **pedinare q. da p.**, to shadow sb. closely □ **vedere la morte da p.**, to look death in the face □ **più p.**, nearer; closer. **B** *prep.* **1** (*vicino*) near: **Io abito p. Mantova**, I live near (*o* not far from) Mantua **2** (*accanto a, a fianco di*) beside; next to; by: **Si sedette p. la bella ragazza**, he sat down beside the beautiful girl; **Stava in piedi p. la porta**, he was standing near (*o* by) the door; **La canonica di solito si trova p. la chiesa**, the presbytery is usually next to (*o* beside) the church **3** (*a casa di, nell'ufficio di*) at, with; (*negli indirizzi*) care of (*abbr.*: c/o): **Abito p. i miei**, I live with my parents; **Mi fermai presso amici**, I stayed with some friends; **Ero impiegato p. una ditta di tessuti**, I worked with (*o* for) a textile firm; **Lavoro p. il Signor Smith**, I work for Mr Smith; **la ditta p. cui lavora**, the firm that employes him; **Lavoravo otto ore al giorno p. la ditta Burton**, I used to work eight hours a day at Burton's **4** (*fra*) with; among: **Ha un certo successo p. le casalinghe**, he is rather popular with housewives; **P. di noi questo non si usa**, this is not a tradition with us; **P. il popolo sopravvivono curiose credenze**, strange beliefs are still current among the common people **5** (*lett.*: *in confronto*) in comparison (with); compared (with): **P. a lui sei un nano**, in comparison with him you are a dwarf; **P. al Brasile, il Perù sembra piccolissimo**, compared with Brasil, Peru seems very small **6** (*fig.*) with: **Mi adopererò p. di lui per farti dare quell'incarico**, I'll do my best with him to get you that assignment; **Mio zio ha una certa influenza p. il direttore**, my uncle has some pull with the director. • **ambasciatore p. la Santa Sede**, Ambassador to the Holy See. **C** *m. pl.* neighbourhood (*sing.*); (*dintorni*) environs, outskirts, surroundings: **nei pressi di Firenze**, in the neighbourhood of Florence; on the outskirts of Florence; somewhere near Florence.

pressoché, *avv.* (*lett.*) almost; all but: **Ero p. arrivato, quando si mise a piovere**, I was nearly there when it began raining; **È p. fatto**, it's all but done.

pressoflessióne, *f.* (*mecc.*) combined compressive and bending stress.

pressofonditóre, *m.* (*metall.*) pressure die-caster.

pressofuşióne, *f.* (*metall.*) pressure die-casting. • **stampo per p.**, die.

pressofùşo, *a.* (*metall.*) pressure die-cast.

pressoiniezióne, *f.* (*tecn.*) pressure injection moulding.

pressóio, *m.* presser.

pressóre, *a.* pressure (*attr.*).

pressòrio, *a.* (*med.*) pressure (*attr.*).

pressòstato, *m.* **1** (*elettr.*) pressure switch **2** (*tecn.*) manostat; thrust meter.

pressurizzàre, *v. t.* to pressurize.
pressurizzazióne, *f.* pressurization.
prestabilire, *v. t.* to arrange (*o* to fix) beforehand (*o* in advance); to prearrange; to pre-establish; (*fissare*) to fix, to set*: **p. il numero**, to set the number in advance; **Non c'era nulla di prestabilito**, nothing had been fixed yet.
prestanóme, *m.* e *f. invar.* ***1*** figure-head; dummy; man* of straw (*m.*) ***2*** (*leg.*) nominee.
prestànte, *a.* good-looking; handsome: **un uomo p.**, a good-looking (*o* a handsome) man.
prestànza, *f.* good looks (*pl.*); handsomeness. ● **p. fisica**, fine physique.
prestàre, A *v. t.* to lend*: **p. denaro [libri, l'appartamento] a q.**, to lend money [books, one's flat] to sb.; to lend sb. money [books, one's flat]; **p. denaro a interesse**, to lend money on interest. ● **p. aiuto**, to lend a (helping) hand; to help □ **p. attenzione**, to pay attention □ **p. fede a q.**, to believe sb. □ **p. fede a q.c.**, to give credit to st. □ **p. giuramento**, to take an oath □ **p. man forte**, to give help □ **p. obbedienza a q.**, to obey sb. □ **p. omaggio**, to pay (*o* to render) homage □ **p. orecchio** (*o* **ascolto**), to lend an ear; to listen □ **p. la propria opera**, to give one's services □ **p. i primi soccorsi**, to give first aid. **B prestàrsi,** *v. rifl.* e *i. pron.* ***1*** (*essere disponibile*) to offer (to do st.); (*rendersi utile*) to help, to lend* a hand: **Si prestò ad accompagnarmi**, he offered to accompany me; **Mi sono prestato più volte a suo favore**, I helped him several times; I intervened several times on his behalf ***2*** (*acconsentire*) to agree, to consent; (*approvare*) to countenance: **p. al compromesso**, to agree to compromise; **Tua madre non si presterà a vendere quelle azioni**, your mother will not consent to sell those shares ***3*** (*essere idoneo*) to be fit (*o* suitable); to lend* oneself: **uno scrittore che mal si presta a esser tradotto**, a writer who does not lend himself easily to translation; **Le sue parole si prestano a diverse interpretazioni**, his words lend themselves to several interpretations; **p. a malintesi**, to lay iself open to misinterpretation.
prestasòldi, *m.* e *f.* moneylender.
prestatóre, *m.* (*f.* **-trice**) lender; (*di denaro*) moneylender. ● **p. di lavoro**, workhand □ **p. d'opera**, hired person; employee □ **p. su pegno**, pawnbroker.
prestavóce, *m.* e *f. invar.* (*cinem.*) dubber.
prestazionàle, *a.* performance (*attr.*).
prestazióne, *f.* ***1*** (*pl.*) (*servizi*) services: **le prestazioni di un medico [di un avvocato]**, the services of a doctor [of a lawyer] ***2*** (*pl.*) (*mecc.*) performance (*sing.*): **le prestazioni di un motore**, the performance of an engine; **p. su strada**, on-road performance ***3*** (*sport*) performance; showing: **Con la sua brillante p. di ieri, la squadra è passata in testa**, after yesterday's brilliant performance (*o* showing), the team is now leading the table; **dare un'ottima p.**, to perform very well. ● (*leg.*) **p. d'opera**, work done.
prestézza, *f.* readiness; quickness; promptness.
prestidigitatóre, *V.* **prestigiatore**.
prestidigitazióne, *f.* sleight-of-hand; legerdemain; prestidigitation.
prestigiatóre, *m.* (*f.* **-trice**) ***1*** (*chi fa giochi di prestigio*) conjurer, conjuror, prestidigitator; (*giocoliere*) juggler ***2*** (*fig.*) juggler; trickster.
prestìgio, *m.* ***1*** (*autorità*) prestige; authority; ascendancy; kudos: **il p. d'una vecchia scuola**, the prestige of an old school ***2*** (*fascino*) glamour; magic ***3*** – **gioco di p.**, sleight-of-hand; feat of legerdemain; conjuring trick: **Sa fare giochi di p.**, he can perform conjuring tricks.
prestigióso, *a.* ***1*** (*che colpisce per importanza*) prestigious ***2*** (*che ha fascino*) glamorous; fascinating.
prèstito, *m.* loan: **p. di denaro**, loan of money; **chiedere un p.**, to ask for a loan; **contrarre un p.**, to incur a loan; **p. a breve [a lunga] scadenza**, short-term [long-term] loan; **p. a interesse**, loan at interest; **emettere un p.**, to issue (*o* to float) a loan; **l'emissione di un p.**, the issue of a loan; **rimborsare un p.**, to redeem a loan; **sottoscrivere un p.**, to subscribe to a loan; **avere [ricevere] q.c. in p.**, to have [to receive] st. on loan; to be lent st.; **dare in p. q.c. a q.**, to lend st. to sb.; to lend sb. st.; **prendere q.c. in p. da q.**, to borrow st. from (*o* of) sb. ● **p. dello Stato**, Government loan □ **p. di guerra**, war loan □ **p. garantito**, secured loan □ **p. forzoso**, forced loan □ **p. ipotecario**, mortgage loan □ (*fin.*) **p. obbligazionario**, debenture (*o* loan) stock □ **p. pubblico**, public loan □ **p. rimborsabile a vista**, call money □ **p. su pegno**, loan on pawn □ **agenzia di prestiti su pegno**, pawnshop.
prèsto, A *avv.* ***1*** (*in breve tempo*) soon; in a short time; before long; shortly: **P. si pentirà della sua azione**, he will soon regret what he did; he will regret what he did before long; **(Arrivederci) a p.**, see you soon; **Tornerà p.**, he'll come back soon; **Avrai p. notizie da tua zia**, you'll receive news from your aunt before long ***2*** (*di buon'ora, prima del tempo stabilito*) early: **Non mi alzo mai p. al mattino**, I never get up early in the morning; **È p. per andare alla stazione**, it's early to go to the station; **È ancora troppo p. per giudicare se la riforma sia utile**, it's still too early to judge whether the reform is useful ***3*** (*in fretta*) quickly; quick: **Fallo p.**, do it quickly; **Fece p. a vestirsi**, he got dressed quickly; **fare p.**, to be quick; to hurry up; **Hai fatto p.!**, you were quick!; **P.!**, hurry up!; quick! ● **p. o tardi**, sooner or later □ **al più p.**, (*di tempo*) as soon as possible; (*di velocità*) as quickly as possible: **Partirò al più p. (possibile)**, I shall leave as soon as I can (*o* as soon as possible) □ **Vieni più p. che puoi!**, come as soon as you possibly can! □ **Fai p. a dire tu!**, it's easy for you to talk □ **Si fa p. a comandare**, it's easy to give orders □ **È p. detto**, it's quickly (*o* soon) said; (*è facile*) it's very easy; (*iron.*) it's easier said than done □ (*prov.*) **P. e bene raro avviene**, good and quickly seldom meet; haste is waste. **B** *a.* (*lett.*) ***1*** (*sollecito, pronto*) prepared; ready ***2*** (*lesto*) nimble. ● **p. di mano**, nimble-fingered; dexterous.
prèsule, *m.* (*eccles.*) bishop; prelate.
preşùmere, *v. t.* ***1*** (*ritenere, credere*) to imagine; to expect; to presume; to assume: **Presumo quel che vuoi dirmi**, I imagine what you want to tell me; **Ci saranno anche loro, presumo**, they will be there too, I expect; **p. di sapere q.c.**, to presume to know st. ***2*** (*pretendere*) to presume; to rely too much on: **p. troppo della propria autorità**, to rely too much on one's authority; **p. troppo di sé**, to be overconfident.
preşumìbile, *a.* presumable; (*probabile*) probable, likely: **È p. che egli venga [non venga]**, he is likely [unlikely] to come.
preşuntivo, A *a.* ***1*** presumptive; apparent: **erede p.**, heir presumptive; **prova presuntiva**, presumptive evidence ***2*** (*prevedibile*) foreseeable; calculable. ● (*econ.*) **bilancio p.**, budget statement. **B** *m.* (*spesa presunta*) estimated expenditure.
preşùnto, *a.* ***1*** presumed; assumed; (*supposto*) supposed, alleged: **morte presunta**, presumed death; **il p. omicida**, the alleged murderer ***2*** (*valutato*) estimated: **il valore p.**, the estimated value; **le spese presunte**, the estimated expenditure.
preşuntuosàggine, *f.* conceit; presumptuousness; self-importance.
preşuntuosaménte, *avv.* conceitedly; arrogantly; presumptuously.
preşuntuosità, *f.* conceit; arrogance; self-importance; egotism; presumption; overconfidence.
preşuntuóso, A *a.* conceited; arrogant; self-important; egotistic; overconfident; too big for one's boots (*fam.*). **B** *m.* (*f.* **-a**) presumptuous (*o* conceited) person.
preşunzióne, *f.* ***1*** (*boria*) conceit; conceitedness; arrogance; self-importance; egotism; presumptuousness; presumption; overconfidence ***2*** (*congettura*) presumption; conjecture; supposition: **È una semplice p.**, it's a mere conjecture ***3*** (*leg.*) presumption: **p. legale**, presumption of law; **p. d'innocenza**, presumption of innocence.
presuòla, *f.* (*bot.*, *Galium verum*) lady's bedstraw; cheese-rennet.
presuppórre, *v. t.* ***1*** (*prevedere*) to presuppose; to suppose, to assume; to conjecture ***2*** (*implicare*) to presuppose; to imply: **Un effetto presuppone una causa**, an effect presupposes a cause.
presupposizióne, *f.* ***1*** (*il presupporre*) presupposition; assumption ***2*** (*cosa presupposta*) presupposition; premise; supposition; conjecture.
presuppósto, *m.* (*assunto*) presupposition, assumption, premise; (*supposizione*) supposition, conjecture: **un falso p.**, a false presupposition; **un semplice p.**, a mere conjecture.
pretàglia, *f.* (*spreg.*) pack of priests; priestly rabble.
prêt-à-porter (*franc.*), **A** *a.* ready-made; ready-to-wear; off-the-peg: **un abito p.**, a ready-to-wear dress. **B** *m. invar.* ready-made.
prète, *m.* ***1*** (*sacerdote: cattolico*) priest; (*anglicano*) clergyman*; (*protestante*) minister, pastor: **p. operaio**, worker priest; **farsi p.**, to become a priest; to take holy orders ***2*** (*fam.: telaio dello scaldino*) wooden frame (for a warming-pan). ● **boccone del p.**, parson's nose □ (*fam.*) **scherzo da p.**, stupid practical joke; nasty trick.
pretèlla, *f.* stone mould.
pretendènte, *m.* e *f.* ***1*** pretender; claimant (to a throne) ***2*** (*corteggiatore*) suitor; wooer.
pretèndere, A *v. t.* ***1*** (*presumere, sostenere*) to claim; to profess; to pretend: **Pretende di essere infallibile**, he claims to be infallible; he claims infallibility; **Non pretendo di essere un esperto**, I don't profess (*o* claim, pretend) to be an expert; I do not set myself up as an expert; **Pretende di essere un grande stratega**, he pretends (*o* claims, makes himself out) to be a great strategist ***2*** (*volere indebitamente*) to think* one can (do st.); to think* oneself capable (of doing st.); to expect; to want: **Pretende di fare quel che gli piace**, he thinks he can do anything he likes; **Pretende di essere servito prima di tutti**, he expects to be served first; **Pretendevano che io stessi zitto**, they wanted me to keep silent; **Pretendeva di imparare a pilotare un aereo in qualche giorno**, he thought himself capable of learning (*o* he thought he could learn) to pilot a plane in a few days ***3*** (*esigere, aspettarsi*) to expect; to demand; to want; to require; to exact: **Pretendo la massima puntualità dai miei impiegati**, I expect the utmost punctuality from my employees; **Non pretendere l'impossibile dai tuoi studenti!**, don't expect the impossible from your pupils!; **Pretese la sua parte del bottino**, he demanded his share of the loot; **Pretende delle scuse da lui**, he demands an apology from him; **Fece tutto ciò che pretendevano da lui**, he did all they required of him ***4*** (*chiedere come prezzo*) to ask for: **Quanto pretende di quell'automobile?**, how much is he asking for that car? **B** *v. i.* to pretend to; to lay* claim to; to claim to: **p. al trono**, to pretend (*o* to lay claim) to the throne; **p. alla mano di una donna**, to pretend to a woman's hand; **p. a un'eredità**, to lay claim to an inheritance.

pretensióne, *f.* **1** (*lett.*) V. **pretesa 2** (*arroganza*) arrogance; self-importance **3** (*ostentazione*) ostentation; showiness.

pretensiosità, V. **pretenziosità**.

pretensióso, V. **pretenzioso**.

pretenziosità, *f.* pretentiousness; (*ostentazione*) showiness.

pretenzióso, *a.* pretentious; pompous; hoity--toity (*fam.*); (*ostentato*) high-flown, showy.

preterintenzionàle, *a.* (*leg.*) unintentional; beyond the intention (*pred.*). ● **omicidio p.**, manslaughter; reckless murder.

preterintenzionalità, *f.* (*leg.*) unintentionality.

preterire, *v. t.* (*lett.*) **1** (*passare sotto silenzio*) to pass over; to omit **2** (*trasgredire*) to transgress; to break*.

pretèrito, A *a.* (*gramm.*) preterite; past. **B** *m.* **1** (*gramm.*) preterite; past tense **2** (*scherz.*: *sedere*) backside; posterior; bottom (*fam.*).

preterizióne, *f.* (*retor.*) pr(a)eterition; paraleipsis*.

pretermèttere, *v. t.* (*lett.*) to pr(a)etermit; to pass over; to omit.

pretermissióne, *f.* (*lett.*) pr(a)etermission; omission.

preternaturàle, *a.* preternatural.

pretésa, *f.* **1** (*presunzione*) pretension; claim; pretence: **Non ho la p. di passare per esperto**, I lay no claims to being an expert; I do not set myself up as an expert **2** (*esigenza, richiesta*) claim; demand; exigency: **avanzare delle pretese**, to make claims; **Le sue pretese sono piccole**, his demands are small; **soddisfare una p.**, to satisfy a demand; **pretese ridicole**, absurd demands; **essere pieno di pretese**, to be all pretence **3** (*leg.*) right; claim: **avanzare delle pretese su q.c.**, to claim rights over st.; **recedere da una p.**, to withdraw a claim. ● (*nelle offerte d'impiego*) **indicare pretese**, state salary required □ **senza pretese** (*modesto*), unpretentious (*agg.*); unpretentiously (*avv.*) □ **È una bella p.!**, that's asking a lot! □ **Non avrai la p. che io venga a quest'ora di notte!**, you don't really expect me to come at this time of night, do you? □ **di grandi pretese**, (*ostentato*) pretentious; (*esigente*) demanding □ **di poche pretese**, (*non ostentato*) unpretentious; (*non esigente*) undemanding, easy to please.

pretésco, *a.* (*spreg.*) priestly; priest-like.

pretéso, *a.* **1** (*reclamato*) claimed; demanded **2** (*supposto*) pretended; alleged; supposed; so-called: **la sua pretesa sincerità**, his pretended sincerity; **il p. ladro**, the alleged thief.

pretèsta, *f.* (*stor.*) (toga) praetexta*.

pretestàto, *a.* (*lett.*) wearing a praetexta.

pretèsto, *m.* **1** (*ragione apparente, scusa*) pretext; excuse; ostensible reason: **un semplice p.**, a mere pretext; **un p. plausibile**, a plausible excuse; **addurre un p.**, to advance an excuse; **Uscì con un p.**, he left with an excuse; **cercare un p. per non fare q.c.**, to try to find a pretext not to do st.; **col p. di**, on the pretext of **2** (*occasione*) opportunity; occasion: **cogliere il p. per fare q.c.**, to seize the opportunity to do st.; **dare il p. di fare q.c.**, to give an opportunity to do st.

pretestuosità, *f.* speciosity.

pretestuóso, *a.* used as a pretext; specious.

pretino, *m.* young priest; (*spreg.*) priestling.

pretònico, *a.* (*gramm.*) pretonic.

pretóre, *m.* **1** (*leg.*) lower court judge; magistrate **2** (*stor. romana*) praetor.

pretoriàno, (*stor. romana*) **A** *a.* praetorian. **B** *m.* **1** praetorian; praetorian guard **2** (*specialm. al pl.*, *spreg.*) bodyguard; henchman*; myrmidon.

pretorile, *a.* (*leg.*) of a lower court judge; of a magistrate; magistrate's.

pretòrio (1), *a.* **1** (*leg.*) magisterial; magistrate's **2** (*stor. romana*) praetorian; praetorial: **coorte pretoria**, praetorian cohort; **porta pretoria**, praetorian gate.

pretòrio (2), *m.* (*stor. romana*) praetorium.

pretrattàre, *v. t.* (*tecn.*) to pretreat.

prettaménte, *avv.* **1** (*schiettamente*) purely; genuinely **2** (*tipicamente*) typically.

prètto, *a.* **1** (*schietto*) pure; genuine **2** (*fig.*) pure; true; real; sheer; downright; thorough: **in p. francese**, in perfect French; **Questa è pretta ignoranza**, this is sheer (*o* downright) ignorance.

pretùra, *f.* **1** (*leg.*) (local) magistrate's court **2** (*stor. romana*) praetorship.

preunitàrio, *a.* before the unification of Italy (*pred.*); preunification.

prevalènte, *a.* prevailing; prevalent; (*predominante*) predominating, predominant, ruling, leading: **l'opinione p.**, the prevailing (*o* prevalent) opinion; **il partito p.**, the predominating party.

prevalenteménte, *avv.* mostly; mainly; chiefly; for the most past; principally.

prevalènza, *f.* **1** (*maggioranza*) majority **2** (*superiorità*) prevalence; predominance; predominancy; supremacy **3** (*idraul.*) discharge head. ● **avere la p. su q.**, to prevail over sb. □ **in p.**, mainly; mostly; for the most part: **I turisti erano in p. tedeschi**, the tourists were mostly Germans □ **essere in p.**, to be in the majority; to have a majority.

prevalére, A *v. i.* **1** (*essere predominante*) to be prevalent, to be dominant; (*essere più numeroso*) to outnumber (st.); (*essere diffuso*) to be very common, to be widespread: **Fra gli italiani prevale la carnagione scura**, dark complexions prevail among Italians **2** (*risultare vittorioso*) to prevail: **Prevarrà la verità**, truth will prevail; **p. sui propri nemici**, to prevail over one's enemies. **B prevalérsi,** *v. i. pron.* to avail oneself of; to take* advantage of.

prevaricàre, *v. i.* **1** (*agire in modo disonesto*) to act dishonestly **2** (*abusare del potere*) to abuse one's power; to abuse one's office.

prevaricatóre, *m.* (*f.* **-trice**) abuser.

prevaricazióne, *f.* abuse of power; abuse of office.

prevedére, *v. t.* **1** (*predire*) to foretell*, to forecast*, to predict, (*il tempo atmosferico*) to forecast*; (*aspettarsi*) to foresee*, to anticipate, to expect, to envisage, to contemplate: **p. quel che accadrà**, to foresee what will happen; **p. il futuro**, to foretell the future; **I meteorologi prevedono bel tempo**, meteorologists have forecast fine weather; **Per domani si prevede pioggia e vento**, tomorrow is expected to be wet and windy; **p. un buon raccolto**, to predict a good harvest; **Non prevedevo difficoltà**, I foresaw (*o* envisaged) no difficulty; **Prevedo che saranno qui domani**, I expect them to be here tomorrow; **Quando prevedi di partire?**, when do you think you'll be leaving?; **Era da p.!**, it was to be expected!; we should have known!; that's no surprise! **2** (*considerare, disciplinare*) to provide for: **La legge non prevede questo caso**, the law does not provide for this case.

prevedibile, *a.* foreseeable; predictable; to be expected (*pred.*): **nel p. futuro**, in the foreseeable future; **risultato** [**reazione**] **p.**, predictable result [reaction]; **Era p.**, it was to be expected; that's no surprise.

prevedibilità, *f.* predictability.

preveggènte, *a.* (*lett.*) **1** foreseeing **2** V. **previdente**.

preveggènza, *f.* (*lett.*) **1** foresight; second sight **2** V. **previdenza**.

prevelàre, *a. e m.* (*fon.*) prevelar.

prevéndita, *f.* advance sale.

prevenibile, *a.* forestallable; avoidable.

prevenire, *v. t.* **1** (*arrivare prima, precedere*) to arrive before: **Lo prevenni di circa mezz'ora**, I arrived about half an hour before him **2** (*agire prima*) to precede, to forestall; (*anticipare*) to anticipate, to forestall: **Intendevo scriverti, ma mi hai prevenuto**, I meant to write to you, but you preceded me; **p. un concorrente**, to forestall a competitor; **p. una domanda** [**un'obiezione**], to anticipate a question [an objection]; **p. un desiderio**, to anticipate a wish **3** (*avvertire in anticipo*) to forewarn; to warn (beforehand); to inform in advance (*o* beforehand): **Non feci in tempo a prevenirti**, I wasn't in time to forewarn you; **Vi prevengo che non riceverete risposta**, I warn you not to expect any reply; **p. con telegramma**, to warn by telegram **4** (*prevedere e cercare d'evitare*) to prevent; to avoid; to avert; to ward off: **p. il male**, to prevent evil; **p. una malattia**, to prevent an illness; **p. una guerra**, to avert a war; **p. ogni discussione**, to avoid all dispute; **p. le difficoltà**, to avoid difficulties.

preventivàbile, *a.* (*prevedibile, anche rag.*) foreseeable, predictable; (*in bilancio*) that can be budgeted.

preventivaménte, *avv.* previously; in advance; beforehand.

preventivàre, *v. t.* **1** (*rag.*) to estimate, to make* an estimate of; (*in bilancio*) to budget **2** (*fig.*: *prevedere*) to foresee*; to predict; to reckon with.

preventivàto, *a.* (*anche rag.*) estimated: **la spesa preventivata**, the estimated expenditure.

preventivazióne, *f.* (*bur.*) budgeting.

preventivo, A *a.* **1** preventive; precautionary: **misure preventive**, preventive measures; **carcere p.**, preventive detention **2** (*med.*) preventive; prophylactic: **cura preventiva**, preventive treament. ● (*mil.*) **attacco p.**, pre--emptive attack □ (*rag.*) **bilancio p.**, budget □ **calcolo p.**, estimate. **B** *m.* (*rag.*) estimate; budget: **fare un p.**, to make an estimate; to estimate; **p. di cassa**, cash budget; **p. troppo basso**, underestimate. ● **mettere in p.**, to budget for; (*fig.*) to budget for, to allow for.

preventòrio, *m.* (*med.*) preventorium*.

prevenùto, A *a.* prejudiced; bias(s)ed; ill disposed: **essere p. contro q.** [**q.c.**], to be prejudiced (*o* to have a prejudice) against sb. [st.]. **B** *m.* (*leg.*) accused.

prevenzióne, *f.* **1** (*il prevenire*) prevention; (*misura preventiva*) precautionary measure: **p. infortuni**, prevention of accidents **2** (*preconcetto*) prejudice; bias: **giudicare senza prevenzioni**, to judge without prejudice; **non avere nessuna p. contro q.**, to have no prejudice against sb.; to be unbiassed towards sb.; **avere delle prevenzioni contro q.**, to be prejudiced (*o* biassed) against sb. **3** (*med.*) prevention; prophylaxis*.

prevenzionìstico, *a.* preventive; preventative.

prevèrbo, *m.* (*gramm.*) preverb.

previaménte, *avv.* previously; beforehand.

previdènte, *a.* provident; far-sighted; wise; (*prudente*) cautious, prudent, wise: **un uomo p.**, a provident man; **un'amministrazione p.**, a wise administration.

previdènza, *f.* **1** (*il saper prevedere*) providence; foresight; caution: **mancare di p.**, to lack foresight; to be short-sighted; **un uomo di grande p.**, a far-sighted man **2** (*provvedimenti assistenziali*) welfare; security: **p. sociale**, social security; social insurance; **p. integrativa**, additional security. ● **cassa di p.**, national insurance fund □ **istituto di p.**, provident institution.

previdenziàle, *a.* social security (*attr.*).

prèvio, *a.* previous; preceding; prior: **senza p. avviso**, without previous notice; **per p. accordo**, by previous agreement. ● **p. avviso**, upon notice □ **p. consenso**, subject to agreement □ **p. esame**, subject to esamination □ **p. pagamento**, upon (*o* against) payment □ (*med.*) **placenta previa**, placenta pr(a)evia.

previsionàle, *a.* anticipatory. ● (*rag.*) **bilancio p.**, budget.

previsióne, *f.* **1** (*il prevedere*) foresight;

prediction **2** (*cosa prevista*) prediction; forecast; expectation (*generalm. al pl.*); anticipation: **Le mie previsioni si sono avverate**, my predictions have come true; **previsioni del tempo**, weather forecast; **in p. di**, in expectation of; in anticipation of; **al di là d'ogni p.**, beyond expectation(s); **contrariamente alle previsioni**, against (*o* contrary to) expectation(s); **secondo le previsioni**, according to expectation(s); **corrispondere alle proprie previsioni**, to meet (*o* to come up to) one's expectations; **superare ogni p.**, to surpass all one's expectations. ● (*rag.*) **p. delle entrate [delle spese]**, estimate of revenue [of expenditure] □ (*rag.*) **bilancio di p.**, budget □ (*rag.*) **fare la p. delle entrate [delle spese]**, to estimate revenue [expenditure].

prevìsto, A *a.* **1** foreseen; forecast; expected; envisaged; (*stabilito da orario e sim.*) scheduled: **un avvenimento p.**, a foreseen event; **Il treno arrivò all'ora prevista**, the train arrived at the scheduled time **2** (*rag.*) estimated: **la somma prevista**, the estimated amount **3** (*contemplato*) provided for: **un caso p. dalla legge**, a case provided for by law. **B** *m.* what is expected; expectation (*generalm. al pl.*); foreseen element. ● **oltre il p.**, more than expected □ **più a lungo del p.**, longer than expected □ **spendere più del p.**, to spend more than one expected to.

prevocàlico, *a.* (*fon.*) prevocalic.

prevòsto, *m.* **1** (*eccles.*) head priest (of a parish); parish priest **2** (*stor.*) provost.

preziàrio, *m.* price list.

preziosismo, *m.* preciosity (*anche letter.*); over-refinement; affectation.

preziosità, *f.* **1** (*l'essere prezioso*) preciousness; great value: **la p. della salute**, the great value of good health **2** (*fig.*: *ricercatezza, eleganza affettata*) preciosity; over-refinement; affectedness: **p. di stile**, preciosity of style.

prezióso, A *a.* **1** precious; valuable; costly; rich; (*di gran pregio*) of great value: **metalli preziosi**, precious metals; **una pietra preziosa**, a precious stone; **libri [quadri] preziosi**, books [paintings] of great value **2** (*fig.*: *che si tiene in gran conto*) precious; highly-prized; valued; valuable; invaluable: **il dono p. della vita**, the precious gift of life; **ricordi preziosi**, precious memories; **un consiglio p.**, an invaluable piece of advice; **doti preziose**, highly-prized qualities; **un'amicizia preziosa**, a precious friendship; **perdere tempo p.**, to waste valuable time **3** (*fig.*: *ricercato*) precious; over-refined; affected: **uno stile p.**, a precious (*o* over-refined) style. ● **rendersi p.**, to keep to oneself. **B** *m.* jewel; valuable (*generalm. al pl.*). ● (*fam.*) **fare il p.**, to play hard to get.

prezzàre, *v. t.* (*comm.*) to price-mark; to put* a price tag [a price label] on.

prezzàrio, *m.* price list.

prezzatrìce, *f.* pricing machine.

prezzatùra, *f.* pricing.

prezzémolo, *m.* (*bot., Petroselinum sativum*) parsley. ● (*fig.*) **essere come il p.**, to be (*o* to turn up) everywhere.

prèzzo, *m.* **1** price: **p. alto [basso]**, high [low] price; **p. al minuto** (*o* **al dettaglio**), retail price; **p. all'ingrosso**, wholesale price; **p. netto [lordo]**, net [gross] price; **p. equo [fisso, ridotto, di favore]**, fair [fixed, reduced, special] price; **p. globale**, inclusive (*o* all-in) price; **il p. della libertà**, the price of freedom; **a caro p.**, at a high price; dearly; **a poco p.**, at a low price; cheaply; **a metà p.**, at half price; **pagare q.c. a caro p.**, to pay a high price for st.; (*fig.*) to pay dear(ly) for st.; **aumentare [abbassare] i prezzi**, to raise [to reduce] prices; **pagare il giusto p.**, to pay the right price; **pattuire il p.**, to agree on the price; **praticare buoni prezzi**, to charge fair prices; **andamento** (*o* **corso**) **dei prezzi**, course of prices; **aumento** (*o* **rialzo**) **dei prezzi**, rise in prices; **condizioni di p.**, price terms; **diminuzione** (*o* **calo**) **dei prezzi**, fall (*o* decline) in prices; **fluttuazioni dei prezzi**, fluctuations in prices; **I prezzi salgono [scendono]**, prices are rising [falling]; **Ieri in Borsa i prezzi sono crollati**, prices tumbled yesterday on the Stock Exchange; **Alla notizia del rimpasto governativo, i prezzi si alzarono di colpo**, prices soared immediately at the news of the Government reshuffle; **Malgrado le cattive notizie, i prezzi si sono sostenuti**, in spite of the bad news prices have remained steady (*o* the market has remained steady); **I prezzi erano incerti**, prices were erratic **2** (*costo*) cost(s): **il p. della mano d'opera**, labour costs; **a p. di**, at the cost of: **a p. di morire**, at the cost of dying (*o* of death); **Si comprò parecchie pellicce senza badare al p.**, she bought several furs without regard to cost; **a qualunque p.**, at any cost (*o* price) **3** (*tariffa*) fare; rate; fee: **Il p. del biglietto dell'autobus è aumentato**, the bus fare has gone up; **p. d'ingresso**, admission fee **4** (*valore*) value; worth: **un oggetto di poco [di grande] p.**, an object of little [of great] value; **Il vero p. di quest'opera non è calcolabile**, the real worth (*o* value) of this work cannot be calculated; **Il p. di quella proprietà cala**, the value of that property is going down **5** (*pl.*) (*condizioni*) terms; charges: **Quell'albergo fa dei prezzi troppo alti**, the terms at that hotel are too high **6** (*cartellino del p.*) price tag; (*etichetta*) price label. ● **p. a forfait**, price by the job □ **p. corrente** (*o* **del giorno**), current (*o* market) price □ **p. d'acquisto**, purchase price □ (*econ.*) **p. dell'offerta**, supply price □ **p. del silenzio**, hush-money □ (*Borsa*) **p. di apertura [di chiusura]**, opening [closing] price □ (*a un'asta*) **p. di apertura**, reserve price (*GB*); upset price (*USA*) □ **p. di calmiere**, state-controlled price □ **p. di listino**, list price □ **p. di monopolio**, monopoly price □ **p. di stima**, estimated price □ **p. di compera [di vendita]**, buying [selling] price □ **p. ridotto per rivenditori**, trade price □ **p. sotto costo**, under-cost price □ **p. tutto compreso**, all-in price □ **a p. di costo**, (at) cost price □ **a basso p.**, cheap (*agg.*); cheaply (*avv.*); on the cheap (*avv.*) □ (*Borsa*) **abbassare i prezzi**, to bear the market □ **alzare il p. di q.c.**, to up the price of st.; to mark up st. □ (*in un appalto*) **battere q. sul p.**, to underbid sb. □ **flessione nei prezzi**, sag □ (*Borsa*) **listino dei prezzi**, Stock Exchange quotations □ **mantenere un p.**, to keep up a price □ (*fig.*) **non avere p.**, to be priceless □ (*a un'asta*) **offrire un p. superiore a quello di q.**, to outbid sb. □ (*comm.*) **primo p.**, reserve price (*GB*); upset price (*USA*) □ (*Borsa*) **rialzare i prezzi**, to bull the market □ **ridurre i prezzi al minimo**, to cut prices close (*o* to the bone); to slash prices □ **salire di p.**, to go up; (*fin.*) to appreciate □ **tirare sul p.**, to haggle (about the price) □ **ultimo [ultimissimo] p.**, bottom [rock-bottom] price □ **vendere sotto p.**, to sell below cost price □ (*fig.*) **vendere la vita a caro p.**, to sell one's life dearly.

prezzolàre, *v. t.* to hire; (*corrompere*) to bribe: **p. un sicario**, to hire a hitman.

prezzolàto, *a.* hired; mercenary: **un assassino p.**, a hired killer; **gente prezzolata**, hirelings; **stampa prezzolata**, mercenary press; **scrittore p.**, hack writer.

prìa, (*poet.*) *V.* **prima (1)**.

Priamo, *m.* (*letter.*) Priam.

priapèo, A *a.* Priapean; Priapic. **B** *m.* (*poesia*) priapean.

priapismo, *m.* (*anche med.*) priapism.

Priapo, *m.* (*mitol.*) Priapus.

prigióne, *f.* **1** (*carcere*) jail, gaol (*GB*); prison: **condannare q. alla p.**, to sentence sb. to prison; **mettere q. in p.**, to send (*o* to commit) sb. to prison (*o* jail); to imprison sb.; **rimanere in p. tre anni**, to spend three years in jail; to serve a three-year sentence; **tenere q. in p.**, to keep sb. in prison (*o* in jail); to detain sb. in custody; **evadere dalla p.**, to escape from prison; to break prison; **p. di Stato**, state prison; **p. militare**, military prison; stockade (*USA*); **Questa casa è una p.**, this house is like a prison **2** (*pena della prigione*) imprisonment; incarceration; detention; confinement: **tre anni di p.**, three years' imprisonment; **p. di rigore**, close confinement.

prigionìa, *f.* imprisonment; incarceration; confinement; detention.

prigionièro, A *a.* imprisoned; confined; captive; shut up; (*mil.*) taken prisoner: **p. in casa**, confined at home; **animali prigionieri**, captive animals; **l'uccello p. in gabbia**, the bird shut up in a cage; **tenere q. p.**, to keep sb. imprisoned; (*fig.*) **essere p. dei propri pregiudizi**, to be a prisoner of one's prejudices. **B** *m.* (*f.* **-a**) prisoner; captive: **È stato p. in India**, he was a prisoner of war in India; **È p. dei rapitori**, he is held captive by kidnappers; **fare p. q.**, to take sb. prisoner; **p. di guerra**, prisoner of war; **p. politico**, political prisoner.

prillàre, *v. i.* (*region.*) to spin*; to whirl.

prima (1), A *avv.* **1** before: **Ne so quanto p.**, I know as much as I did before; **molto p.**, long before; **poco p.**, shortly (*o* a short time) before; **P. non lo conoscevo bene**, I didn't know him well before; **Sta come p.**, he's just as he was before **2** (*per primo, per prima cosa*) first: **Carlo partì p. e gli altri seguirono**, Carlo left first and the others followed; **P. di tutto cerchiamo un albergo**, first of all let's look for a hotel; **P. lo studio, poi il divertimento**, study first, then pleasure **3** (*in anticipo*) beforehand; in advance: **Sapevo che sarebbe venuto, perciò avevo preparato tutto p.**, I knew he would come, so I had prepared everything beforehand; **La prossima volta che vieni, telefonami p.**, the next time you come phone me in advance **4** (*un tempo, una volta*) once; formerly: **P. aveva un amore segreto**, once he had a secret love; **Si viveva meglio p.**, life was better once; **P. aveva lavorato per una ditta commerciale**, he had been formerly employed with a commercial firm **5** (*più presto, in anticipo*) earlier; sooner: **Questa volta partiremo p.**, this time we'll leave earlier; **Bisognerà che tu ti alzi p. la mattina**, you'll have to get up earlier in the morning; **Arrivò p. di quanto pensassi**, he arrived sooner than I expected; **Avrò finito alle dieci o forse p.**, I'll be finished at ten, or even sooner; **p. o poi**, sooner or later. ● **p. che posso**, as soon (*o* as early) I can □ **p. di tutto**, first of all □ **come p.**, just as before □ **quanto p.**, as soon as possible; very soon □ **le usanze di p.**, former customs □ **Da questa parte si fa p.**, it's quicker this way □ **Ho fatto p. del previsto**, it took me less than I thought □ (*fig.*) **Non è più quello di p.**, he isn't the man he was □ **È tornata a essere quella di p.**, she is her normal self again □ **Dopo quello scontro, siamo più amici di p.**, after that clash we are closer friends than ever □ **Lo troverai tre pagine p.**, you'll find it three pages back □ **Dovevi pensarci p.**, you should have thought about it. **B prima di, prima che,** *locuz. cong.* **1** before: **P. di scrivere quella lettera, pensaci su**, think it over before writing that letter; **Esci di qui, p. che perda la pazienza**, get out of here before I lose my patience; **P. di partire** (*o* **che partisse**)**, mi salutò**, before leaving (*o* before he left) he said goodbye to me **2** (*piuttosto di, piuttosto che*) rather (*o* sooner) than: **Si farebbe uccidere p. di tradirlo**, he'd let himself be killed rather than betray him; **P. la morte che il disonore!**, death rather than (*o* death before) dishonour! **C prima di,** *locuz. prep.* before: **p. delle 10**, before 10 (o'clock); **p. di Cristo**, before Christ (*abbr.*: B.C.); **p.**

di lui, before him.

primа (2), *f.* *1* (*classe scolastica*) first class; first year; first grade (*USA*): **frequentare la p.**, to be in the first year (*o* grade); **la p. liceo**, the first year of the secondary school *2* (*di nave, treno*) first class; first (*fam.*): **viaggiare in p.**, to travel first class; **una cabina di p.**, a first-class cabin; **una carrozza di p.**, a first--class carriage *3* (*teatr., cinem.*) first (*o* opening) night; première (*franc.*): **la p. del «Don Carlos»**, the first night of «Don Carlos» *4* (*autom.*) first gear; first (*fam.*): **inserire** (*o* **mettere**) **la p.**, to engage first gear; to put the car in gear; **essere in p.**, to be in first gear *5* (*scherma*) prime; first *6* (*alpinismo*) first ascent *7* (*eccles.*) prime. ● **Ci riuscii alla p.**, I succeeded at the first go □ **sulle prime** (*o* **a tutta p.**), in the beginning; (at) first.

primadònna, *f.* leading lady; (*opera lirica* e *fig.*) prima donna.

primariaménte, *avv.* *1* (*principalmente*) primarily; principally; mainly; chiefly; first and foremost *2* (*in primo luogo*) primarily; first; firstly; in the first place.

primariàto, *m.* (*med.*) post of head of a hospital ward; consultancy (*GB*).

primàrio, **A** *a.* primary; (*primo*) first; (*principale*) principal, chief, main, leading: **rocce primarie**, primary rocks; (*geol.*) **l'era primaria**, the Primary (*o* Paleozoic) era; (*chim.*) **ammina primaria**, primary amine; **istruzione primaria**, primary education; **una scuola primaria**, a primary (*o* elementary) school; (*in U.S.A.*) **elezioni primarie**, primary (election); **una questione di primaria importanza**, a matter of primary (*o* the greatest) importance; **una delle primarie famiglie**, one of the first families. **B** *m.* (*med.*) head of a hospital ward; consultant (*GB*).

primàte(1), *m.* (*eccles.*) primate.

primàte (2), *m.* (*zool.*) primate.

Primàti, *m. pl.* (*zool., Primates*) Primates.

primaticcio, *a.* (*agric.*) early: **pesche primaticce**, early peaches.

primatista, *m.* e *f.* (*sport*) record holder: **il p. mondiale nel salto con l'asta**, the holder of the world pole vaulting record; **È p. regionale nel lancio del peso**, he holds the regional record for putting the weight.

primàto, *m.* *1* (*supremazia*) supremacy; superiority; pre-eminence; primacy; leadership: **p. politico**, political supremacy; **p. artistico**, artistic pre-eminence; **il p. marittimo dell'Inghilterra**, the naval supremacy of England; **tenere il p.**, to hold the supremacy; to be supreme *2* (*sport*) record: **battere un p.**, to break (*o* to beat) a record; **stabilire un p.**, to establish (*o* to set) a record; **il p. italiano nei 100 metri**, the Italian record for the 100 metres; **a tempo di p.**, at a record time.

primatologìa, *f.* (*biol.*) primatology.

primatòlogo, *m.* (*f.* **-a**) (*biol.*) primatologist.

primattóre, *m.* *1* *V.* **primo attore** *sotto* **attore** *2* (*fig.*) a man that likes to stand in the limelight.

primattrice, *f.* *1* *V.* **prima attrice** *sotto* **attrice** *2* (*fig.*) prima donna.

primavèra, *f.* *1* (*anche fig.*) spring: **La p. è la prima stagione dell'anno**, spring is the first season of the year; **la p. scorsa** [**prossima**], last [next] spring; **una bella giornata di p.**, a lovely spring day; **Qui si gode una eterna p.**, it's always spring here; **la p. della vita**, the spring of life *2* (*scherz.*) year; winter: **avere cinquanta primavere**, to be fifty; **avere sulle spalle parecchie primavere**, to have seen many winters; to be advanced in years *3* (*bot., Primula acaulis*) primrose.

primaverile, *a.* of spring; spring (*attr.*); vernal; springlike: **aria p.**, spring air; **fiori primaverili**, spring flowers.

primazìa, *f.* (*eccles.*) primateship.

primaziàle, *a.* (*eccles.*) primatial: **chiesa p.**, primatial church.

primeggiàre, *v. i.* to excel; to take* the lead; (*assol.*) to stand* out: **p. come oratore**, to excel as an orator; **p. nello sport** [**nella matematica**], to excel at sport [in mathematics]; **Vuole sempre p.**, she wants to stand out at all times.

primèvo, *a.* (*lett.*) prim(a)eval.

primicèrio, *m.* (*eccles.*) primicerius*.

primièra, *f.* (*antico gioco di carte*) primero.

primièro, **A** *a.* (*poet.*) *V.* **primo**. **B** *m.* (*prima parte d'una sciarada*) first.

primigènio, *a.* *1* primitive; primigenial *2* (*zool.*) primigenial.

primìna, *f.* (*bot.*) primine.

primìpara, *f.* primipara*.

primitivìsmo, *m.* primitivism.

primitività, *f.* primitivity; primitiveness.

primitivo, **A** *a.* *1* primitive; original; early; ancient: **popoli primitivi**, primitive peoples; **arte primitiva**, primitive art; **dei tempi primitivi**, of ancient times; **il significato p.**, the original meaning; **la Chiesa primitiva**, the early Church *2* (*di prima*) former; earlier; previous: **riprendere la forma primitiva**, to go back to one's former shape *3* (*fig.*) primitive; crude; rough; uncivilized; uncouth: **strumenti primitivi**, primitive tools; **un metodo p.**, a crude method; **vivere una vita primitiva**, to live a primitive life; **maniere primitive**, uncivilized (*o* uncouth) manners *4* (*gramm.*) primitive; original; primary; radical: **una voce primitiva**, a radical word; a root-word; a primitive. **B** *m.* *1* (*uomo dei tempi preistorici*) primitive (man*) *2* (*in arte*) primitive *3* (*f.* **-a**) (*fig.*) uncouth (*o* uncultured) person.

primìzia, *f.* *1* first (*o* early) fruit; first (*o* early) vegetable; (*al pl., anche*) early produce: **le primizie del mio frutteto**, the first fruits of my orchard; **le primizie del mio orto**, the first produce of my kitchen garden *2* (*notizia molto fresca*) hot news *3* (*novità*) novelty.

primo, **A** *a. num. ord.* *1* first: **il p. giorno del mese**, the first day of the month; **il p. boccone**, the first bite; **il p. passo**, the first step; (*gramm.*) **la prima persona**, the first person; **uno dei primi iscritti al partito**, one of the first members of the party; **il p. piano**, the first floor (*GB*); the second floor (*USA*); **Pietro P. di Russia**, Peter the First of Russia; **i primi anni di università**, the first years of university; **Partii con il p. aereo**, I left by the first plane; **Questa è la prima e l'ultima volta che ti avverto**, this is the first and last time I'm warning you; **Lo farò per prima cosa domattina**, I'll do it first thing in the morning; **riuscire p.**, to come first: **Riuscì p. della classe**, he came first in the class; **arrivare p.**, to come in first: **Arrivò p. nella Milano-San Remo**, he came in first (*o* he was first at the finish) in the Milan-San Remo cycle race; **a prima vista**, at first sight; **in p. luogo**, in the first place; first of all; **dal p. momento**, from the very first (moment) *2* (*precedente, di un tempo, p. di due*) former: **Volse le spalle ai suoi primi amici**, he turned his back on his former friends; **tornare al p. amore**, to go back to one's former love; **Preferisco la prima proposta alla seconda**, I prefer the former proposal to the latter *3* (*antecedente, iniziale, più lontano nel tempo*) early; first: **la prima infanzia**, early childhood; **la prima giovinezza**, early youth; **le prime ore del giorno**, the early hours of the day; the early morning; **di prima sera**, early in the evening; **nelle prime ore del mattino**, in the early hours of the morning; **i primi Cristiani**, the early Christians; **i primi testi greci**, the early Greek texts; **i primi mesi della guerra**, the early (*o* first) months of the war; **sin dalla prima età**, from a very early age *4* (*prossimo*) next; first: **Ci fermeremo al p. villaggio**, we'll stop at the next (*o* first) village; **Abita nella prima casa dopo la mia**, he lives in the house next to mine *5* (*principale, più importante*) principal, chief, main, foremost, top; (*il migliore*) best: **il p. dovere di un cittadino**, a citizen's first (*o* chief) duty; **Gli hanno dato la prima parte nella nuova commedia**, he has been given the leading (*o* main) role in the new play; **Proviene da una delle prime famiglie della città**, he comes from one of the best families in town; **È fra i primi tenori d'Italia**, he is one of Italy's top tenors (*o* one of the best Italian tenors). ● **i primi arrivati**, the first comers □ (*teatr.*) **prima donna**, *V.* **primadonna** □ **P. Ministro**, Prime Minister □ **il p. nato**, the first-born □ (*comm.*) **prima offerta**, reserve price (*GB*); upset price (*USA*) □ **p. piano**, (*arte* e *fig.*) foreground; (*fotogr., cinem., TV*) close-up □ (*edil.*) **prima pietra**, cornerstone □ (*mus.*) **p. violino**, first violin; leader □ **atto I, scena VII**, act one, scene seven □ **di prima mano**, first-hand: **Ho ottenuto queste informazioni di prima mano**, I got this information first-hand □ **di prim'ordine**, first-class; first-rate: **un'interpretazione di prim'ordine**, first-rate acting □ (*fig.*) **di p. piano**, first-rate: **un artista di p. piano**, a first-rate artist □ (*fig.*) **essere al p. posto in q.c.**, to rank first in st. □ **in un p. tempo**, at first; initially □ (*mat.*) **numeri primi**, prime numbers □ (*fig.*) **Non è il p. venuto**, he's not just anybody. **B** *m.* *1* (*f.* **-a**) (the) first; (*tra due*) former: **Dei due quadri mi piaceva più il p.**, of the two pictures I preferred the former; **Bruno e Tito sono entrambi all'università, ma il p. sta per laurearsi**, Bruno and Tito are both at university, but the former is about to get his degree; **Fu una delle prime a saperlo**, she was one of the first to know; **Sono stato io il p. a difenderlo**, I was the first to defend him *2* (*f.* **-a**) (*il migliore, il più importante*) (the) best; (the) first; (the) top: **Fu tra i primi della scuola**, he was among the best in the school; **il p. della classe**, top of the class *3* (*f.* **-a**) (*il maggiore: di due*) (the) elder; (*di più di due*) the eldest: **il p. dei miei figli**, my elder son; my eldest son *4* (*pl.*) (*inizio*) beginning: **ai primi di febbraio** [**del Seicento**], at the beginning of February [of the 17th century]; in early February [in the early 17th century] *5* (*primo giorno*) first day; (*nelle date*) first, 1st: **il p. dell'anno**, the first day of the year; New Year's Day; January the 1st; **il p. di maggio**, the first of May, May the 1st *6* (*unità di misura*) minute *7* (*prima portata*) first course. ● **il p. che capita**, the first person who happens to pass by □ **il p. dopo di me**, the next person after me.

primogènito, *a.* e *m.* (*f.* **-a**) first-born: **il figlio p.**, the first-born; the first child; the eldest son (*f.* daughter); (*tra due*) the elder child.

primogenitóre, *m.* (*Bibbia*) primogenitor.

primogenitrice, *f.* (*Bibbia*) primogenitrix.

primogenitùra, *f.* primogeniture.

prìmola, *V.* **primula**.

primordiàle, *a.* *1* primordial; prim(a)eval; original: **materia p.**, primordial matter; **lo stato p. dell'uomo**, the primordial condition of man *2* (*fig.*: *iniziale*) early, embryonic; (*primitivo*) primitive, crude: **a uno stadio p.**, at an early stage; **istinti primordiali**, primitive instincts.

primòrdio, *m.* *1* (*specialm. al pl.*) (very) beginning; origin; outset; dawn; infancy: **i primordi del mondo**, the beginning of the world; **i primordi della civiltà**, the origin(s) (*o* the dawn) of civilization; **la televisione ai suoi primordi**, television in its infancy *2* (*biol.*) anlage*; primordium.

prìmula, *f.* (*bot., Primula acaulis*) primrose; (*Primula veris*) cowslip. ● (*bot.*) **p. rossa** (*Anagallis arvensis*), scarlet pimpernel □ (*letter.*) **la P. Rossa**, the Scarlet Pimpernel.

primulàcea, *f.* (*bot.*) primulaceous plant.

Primulàcee, *f. pl.* (*bot., Primulaceae*) Primulaceae.

princesse (*franc.*), *f. invar.* (*moda*) princess dress.

principàle, **A** *a.* main; chief; principal; major; most important; foremost: **i fiumi principali della Francia**, the main rivers of France; **la strada p. d'una città**, the main street of a town; **lo scopo p.**, the main (*o* chief) object; **la cosa p.**, the main (*o* most important) thing; **le opere principali d'un poeta**, the major works of a poet; (*gramm.*) **proposizione p.**, main clause; (*comm.*) **sede p.**, head office. **B** *m. e f.* (*fam.*: *capo*) head; boss (*fam.*) **C** *m.* main point; chief matter; essentials (*pl.*).

principalménte, *avv.* principally; chiefly; mainly; primarily; (*soprattutto*) above all, first and foremost.

principàto, *m.* ***1*** (*ufficio, dignità di principe*) princedom ***2*** (*stato retto da un principe*) principality; princedom: **un piccolo p.**, a small principality; **il p. di Monaco**, the Principality of Monaco ***3*** (*governo di un principe*) principality ***4*** (*stor. romana*) principate ***5*** (*pl.*) (*teol.*) Principalities.

prìncipe, **A** *m.* (*anche fig.*) prince: **il p. Giovanni**, Prince John; **il p. di Galles**, the Prince of Wales; **un p. del sangue** (*o* **di Casa Reale**), a prince of the blood; **p. ereditario**, Crown Prince; **p. consorte**, Prince Consort; **p. reggente**, Prince Regent; **un P. della Chiesa**, a Prince of the Church; **il p. degli Apostoli**, the Prince of the Apostles; **il p. delle tenebre**, the Prince of Darkness; (*fig.*) **il p. azzurro**, Prince Charming; (*fig.*) **stare** (*o* **vivere**) **come un p.**, to live like a prince; (*fig.*) **il p. dei poeti**, the prince of poets; (*fig.*) **p. del foro**, famous (*o* outstanding) barrister. **B** *a.* (*più antico, più autorevole*) princeps; first; original: **edizione p.**, editio princeps (*lat.*); original edition.

principescaménte, *avv.* in a princely manner (*o* style); like a prince.

principésco, *a.* princely; princelike: **un dono p.**, a princely (*o* a magnificent) gift; **una casa principesca**, a splendid house.

principéssa, *f.* princess: **la p. Eugenia**, Princess Eugenia; **una p. del sangue** (*o* **di Casa Reale**), a princess of the blood.

principessìna, *f.* ***1*** (*giovane principessa*) young princess ***2*** (*figlia di principe*) prince's daughter.

principiànte, **A** *m. e f.* beginner; novice; (*apprendista*) apprentice; (*novellino*) rookie (*fam.*): **un testo per principianti**, a handbook for beginners; **un lavoro da p.**, a job for beginners; (*fig.*) very easy stuff. **B** *a.* inexperienced; inexpert.

principiàre, *V.* **cominciare.**

principìno, *m.* ***1*** (*giovane principe*) young prince ***2*** (*figlio di principe*) prince's son.

princìpio, *m.* ***1*** beginning; start; commencement (*form.*): **il p. della conferenza**, the beginning of the lecture; **il p. dei restauri**, the beginning of the restoration work; **al p. dell'anno scolastico**, at the beginning of the school year; **un buon** [**cattivo**] **p.**, a good [bad] start; **fin dal p.**, right from the start; from the very beginning; **dal p. alla fine**, from beginning to end; **il p. della fine**, the beginning of the end; **al p. del mondo**, at the beginning of the world ***2*** (*pl.*) (*rudimenti*) (first) principles; rudiments: **i principi della matematica**, the principles of mathematics; **Non sa neanche i principi della chimica**, he doesn't even know the rudiments of chemistry ***3*** (*verità, norma fondamentale, legge scient.*) principle: **principi morali** [**religiosi, politici**], moral [religious, political] principles; **il p. della giustizia** [**dell'uguaglianza**], the principle of justice [of equality]; (*fis.*) **il p. di Archimede**, the principle of Archimedes; **il p. di non contraddizione**, the principle of contradiction; **sani principi**, sound principles; **vivere secondo i propri principi**, to live according to one's principles; **una persona di alti principi**, a person of high principles; **una persona senza principi**, a person of no principles; an unprincipled person ***4*** (*cagione, origine*) (prime) cause; origin: **Dio, p. dell'universo**, God, the prime cause of the universe; (*filos.*) **il p. del bene e del male**, the origin of good and evil ***5*** (*chim.*) principle: **p. attivo**, active principle. ● (*filos.*) **p. vitale**, vital force □ **al** (*o* **da, sul**) **p.**, at first; at the beginning □ **dare p. a q.c.**, to start st.: **Darò p. alla gara sparando tre colpi**, I'll start the race by firing three shots □ **farne una questione di p.**, to make it a matter of principle □ **in linea di p.**, in principle □ **nel** (*o* **in**) **p.**, in the beginning □ **partire dal p. che...**, to start from the principle that... □ **per p.**, on principle: **fare q.c. per p.**, to do st. on principle; to make it a matter of principle to do st.; **rifiutare** [**accettare**] **q.c. per p.**, to refuse [to accept] st. on principle □ (*logica*) **petizione di p.**, petitio principii (*lat.*) □ **fare una petizione di p.**, to beg the question □ **sollevare un'obiezione di p.**, to object on principle.

principòtto, *m.* (*spreg.*) princeling.

princisbécco, *m.* pinchbeck: **fili di p.**, pinchbeck threads. ● (*fig.*) **rimanere di p.**, to be dumbfounded.

prióne, *m.* (*biol.*) prion.

prióra, *f.* (*eccles.*) prioress.

prioràle, *a.* (*eccles.*) prioral; of a prior; of a prioress: **l'ufficio p.**, the office of a prior; the priorate; the priorship. ● **casa p.**, priory.

prioràto, *m.* (*eccles.*, *stor.*) priorate; priorship.

prióre, *m.* (*eccles.*, *stor.*) prior.

priorìa, *f.* (*eccles.*) priorate; priorship.

priorità, *f.* ***1*** priority; (*precedenza*) precedence: **p. di nascita** [**di data**], priority of birth [of date]; **il diritto di p.**, the right of priority; **la p. d'una invenzione**, the priority of an invention; **la legge della p.**, the law of priority; **avere la p.**, to take priority ***2*** (*prevalenza*) prevalence; prominence. ● (*fin.*) **azioni di p.**, preference shares; privileged stock □ **elencare** (*o* **mettere**) **in ordine di p.**, to prioritize.

prioritàrio, *a.* priority (*attr.*).

prìsco, *a.* (*poet.*) ancient; old.

prìșma, *m.* (*geom.*, *fis.*, *miner.*) prism: **p. triangolare** [**quadrangolare**], triangular [quadrangular] prism; **p. deflettore**, deflecting prism; **p. di rinvio**, reflecting prism; **p. raddrizzatore**, erecting (*o* rectifying) prism.

prișmàtico, *a.* (*geom.*, *fis.*, *miner.*) prismatic; prismal: **cristalli prismatici**, prismatic crystals; **effetto p.**, prismatic effect; **i colori prismatici**, the prismatic colours; **bussola prismatica**, prismatic compass.

prișmòide, *m.* (*geom.*) prismoid.

prìstino, *a.* (*lett.*) pristine; original; former: **p. vigore**, pristine vigour. ● **rimettere q.c. in p.**, to restore st. to its former state.

pritanèo, *m.* (*stor.*) prytaneum.

privàre, **A** *v. t.* ***1*** to deprive; to rob; to take* (st. from sb.): **p. q. della libertà**, to deprive sb. of his freedom; **La siccità ha privato dell'acqua la città**, the drought has deprived the city of water; **Non puoi privarmi di questa soddisfazione**, you cannot deprive me of this satisfaction; **p. q. dei suoi diritti**, to rob sb. of his rights; **p. q. della vista**, to blind sb.; to deprive sb. of his sight (*form.*); **p. q. della vita**, to take sb.'s life; to kill sb. ***2*** (*rendere orfano, vedovo, ecc.*) to bereave*: **La guerra privò molte famiglie dei loro cari**, the war bereaved many families of their dear ones. **B** **privàrsi,** *v. rifl.* to deprive oneself of; (*negarsi*) to deny oneself (st.); (*rinunciare a*) to give* up (st.): **Si privarono di molte cose per aiutare i poveri**, they deprived themselves of (*o* they gave up) many things to help the poor; **Perché dovrei privarmi di questo lusso?**, why should I deny myself this luxury?; **Per lei mi sono privato di tutto**, I have given up everything for her.

privataménte, *avv.* ***1*** (*in privato*) privately; in private; in confidence; confidentially ***2*** (*da privato*) as a private person (*o* citizen).

privatézza, *f.* privacy.

privatìsta, *m. e f.* private student; (*a un esame*) external candidate.

privatìstico, *a.* ***1*** (*econ.*) based on private enterprise (*pred.*); privatistic ***2*** (*leg.*) regarding private law.

privatìva, *f.* ***1*** (*privilegio esclusivo*) exclusive privilege ***2*** (*monopolio*) monopoly. ● **diritto di p.**, patent-right □ **generi di p.**, monopolies.

privatìvo, *a.* (*anche gramm.*) privative: **prefisso p.**, privative (prefix); **particelle privative**, privative particles.

privatizzàre, *v. t.* (*econ.*) to denationalize; to privatize.

privatizzazióne, *f.* (*econ.*) denationalization; privatization.

privàto, **A** *a.* private; personal; of one's own: **diritto p.**, private law; **spese private**, private expenses; **una scuola privata**, a private (*o* an independent) school; (*in G.B. anche*) a public school; (*econ.*) **il settore p.**, the private sector; **una stanza privata**, a private room; **la mia vita privata**, my private life; my privacy; **una faccenda privata**, a private (*o* a personal) matter; **una riunione privata**, a private meeting; **un segretario p.**, a private (*o* a personal) secretary; **corrispondenza privata**, private (*o* personal) correspondence; **motivi privati**, private reasons; reasons of one's own; **in forma privata**, in a private (*o* an unofficial) way; privately. ● **in p.**, in private; privately; in confidence; confidentially: **dire q.c. a q. in p.**, to tell sb. st. in confidence □ **ritirarsi a vita privata**, to retire. **B** *m.* ***1*** (*f.* **-a**) private person; private citizen ***2*** (*riservatezza, vita privata*) privacy. ● **non si vende ai privati**, no retail sales.

privazióne, *f.* ***1*** (*il privare*) deprivation; depriving; robbing; taking away ***2*** (*l'essere privato*) privation; loss: **la p. della libertà**, the privation of freedom; **p. dei diritti civili**, loss of civil rights ***3*** (*sacrificio*) privation; hardship; **affrontare delle dure privazioni**, to undergo severe privations; **una vita di privazioni**, a life of hardships.

privilegiàre, *v. t.* ***1*** to privilege; to grant a privilege (*o* privileges) to ***2*** (*favorire*) to favour, to favor (*USA*) ***3*** (*preferire*) to prefer.

privilegiàto, **A** *a.* ***1*** privileged: **le classi privilegiate**, the privileged classes; **posizione privilegiata**, privileged position ***2*** (*comm.*) privileged; preferred; preferential; preference (*attr.*): **azioni privilegiate**, privileged stock; preference shares; **credito p.**, preferred right (*o* debt). **B** *m.* (*f.* **-a**) privileged person. ● **i pochi privilegiati**, the privileged few.

privilègio, *m.* ***1*** privilege: **accordare un p. a q.**, to grant sb. a privilege; **godere di un p.**, to enjoy a privilege; **abolire tutti i privilegi**, to abolish all privileges ***2*** (*leg.*: *su un bene*) charge, lien; (*conferito da un'autorità*) franchise, charter ***3*** (*onore speciale*) honour; privilege: **Gli toccò il p. di rappresentare la scuola**, he had the honour of representing the school ***4*** (*qualità, dote*) merit, quality, distinction, gift; (*vantaggio*) advantage: **Il suo discorso ha avuto il p. della chiarezza**, his speech had the merit of being clear. ● (*Borsa*: *di titoli*) **senza privilegi o riserve**, ex-all.

prìvo, *a.* deprived (of); bereft (of); devoid (of); void (of); destitute (of); (*mancante*) lacking (in), wanting (in); (*senza*) without, -less (*suff.*): **p. di abitanti**, devoid of inhabitants; **p. di senso**, devoid of any sense; meaningless; **parole prive di significato**, meaningless words; **p. di originalità**, lacking in originality; **p. di senso dell'umorismo**, without a sense of humour; **p. di coraggio**, wanting in courage; **una stanza priva di luce**, a room without light; a dark room; **p. d'utilità**, useless. ● **privo di sensi**, unconscious □ **p. di tutto**, completely destitute □ **p. dell'udito**, deaf □ **p. della vista**, blind □ **essere p. di genitori**, to be an orphan □ **non p. di qualche merito**, not without merit.

pro (1), *m.* (*vantaggio*) use; good; profit; advantage; benefit: **A che pro?**, what's the use (of it)?; what for? (*fam.*); **senza alcun pro**, to no advantage; **lavorare ma senza pro**, to work without any advantage; **a pro di q.**, to sb.'s advantage; **fare buon pro**, to be good for sb.'s health; **Buon pro ti faccia!**, I wish you joy of it!; (*iron.*) much good may it do you! ● **il pro e il contro**, the pros and cons; the reasons for and against; **ascoltare i pro e i contro**, to listen to the pros and cons; **valutare il pro e il contro**, to weigh the pros and cons (*o* the arguments for and against).

pro (2), *prep.* for; in favour of: **donazioni pro terremotati**, donations for the victims of the earthquake; **Ci sono ragioni pro e contro lo sciopero**, there are reasons for and against the strike. ● **pro bono publico**, for the public good □ **pro domo sua**, in one's own interest; self-serving (*agg.*) □ **pro forma**, *V.* **pro forma**.

pro (3), *a. m. e f. invar.* (*fam., sport*) pro*; professional (player).

proàva, *f.* (*lett.*) great-grandmother.

proàvo, *m.* ***1*** (*lett.*) great-grandfather ***2*** (*pl.*) ancestors.

probàbile, *a.* probable; (*verosimile*) likely; (*eventuale*) prospective: **È possibile, ma non p.**, it is possible, but not probable; **abbastanza p.**, fairly probable; likely enough; **molto p.**, quite probable; very likely; almost sure; **È p. che egli venga**, it is probable that he will come; he will probably come; he is likely to come; **È p. che io vada a Parigi**, I may probably go to Paris; I am likely to go to Paris; **un p. cliente**, a prospective customer; **un p. vincitore**, a likely winner; a front-runner (*fam.*); **un risultato molto p.**, a highly probable (*o* a very likely) result; **poco p.**, unlikely; improbable.

probabiliorismo, *m.* (*relig.*) probabiliorism.

probabilismo, *m.* (*filos., relig.*) probabilism.

probabilista, *m. e f.* (*filos., relig.*) probabilist.

probabilìstico, *a.* (*filos., relig.*) probabilist (*attr.*); probabilistic.

probabilità, *f.* ***1*** probability; likelihood; chance: **la p. di un incidente**, the probability of an accident; **Ho poca p. di riuscire**, there is little probability that I shall succeed; I have no great chance of succeeding; **Ho una buona p. di successo**, I have a good chance of success; **Quel cavallo non ha nessuna p. di vincere**, that horse has no chance of winning; **Quali p. ci sono?**, what are the probabilities?; what are the odds?; **C'è una sola p.**, there is just one chance; **una p. remota**, an outside chance; **una p. su cento**, one chance in a hundred; **Non c'è la minima p.**, there isn't the slightest (*o* least) chance; there isn't a ghost of a chance (*fam.*); **Non ho neppure una p. su mille di vincere**, I haven't a hope in hell of winning (*fam.*); **con tutta p.**, in all probability (*o* likelihood); most probably; most likely: **Con tutta p. partiremo la prossima settimana**, in all probability we shall be leaving next week ***2*** (*mat.*) probability: **calcolo delle p.**, calculus of probability.

probabilménte, *avv.* probably; likely; easily; (*forse*) possibly: **p. riuscirai**, you will probably succeed; **P. non andrò**, I probably won't go; **molto p.**, most probably; most likely; in all probability (*o* likelihood): **Molto p. partiremo domani**, in all probability we shall be leaving tomorrow; **È p. il più abile dei nostri politici**, he is easily the cleverest of our politicians.

probandàto, *m.* (*eccles.*) probationship.

probàndo, *m.* (*f.* **-a**) (*eccles.*) postulant; probationer.

probànte, *a.* convincing.

probativo, **probatòrio**, *a.* (*leg.*) probative; probatory; evidential: **lettera probatoria**, probative letter.

probità, *f.* honesty; integrity; rectitude; righteousness; uprightness; probity: **un uomo di grande p.**, a man of great integrity; **p. di vita**, integrity of life.

problèma, *m.* ***1*** (*mat.*) problem: **i dati [la soluzione] d'un p.**, the data [the solution] of a problem; **la risposta al p.**, the solution to (*o* of) the problem; **un p. d'algebra**, a problem of algebra; **risolvere un p.**, to solve a problem ***2*** (*questione particolare*) problem; question: **i problemi dei giovani**, the problems of youth; **problemi sociali [economici]**, social [economic] problems ***3*** (*difficoltà*) problem, trouble; (*persona difficile*) problem, worry: **Questo pone un p.**, this poses a problem; **Il p. è che...**, the problem (*o* the trouble) is that...; **È un p. trovarlo in ufficio!**, it's not easy to find him in his office!; **Questo ragazzo è un p.**, this boy is a problem. ● **creare dei problemi a q.**, to make things difficult for sb. □ **Non c'è p.!**, (*non importa*) it doesn't matter, not to worry; (*certamente*) (it's) no problem at all, no sweat (*fam. USA*) □ **Non fartene un p.**, dont' worry about it; don't let it worry you □ **Per me quell'uomo è un p.**, I just can't make out that man.

problemàtica, *f.* problems (*pl.*); issues (*pl.*): **la p. del nostro tempo**, the problems of our age; **p. sociale**, social issues.

problematicismo, *m.* (*filos.*) problematicism.

problematicità, *f.* problematic nature.

problemàtico, *a.* ***1*** (*dubbio, incerto*) problematic(al); doubtful; questionable; uncertain: **un'affermazione molto problematica**, a very problematical assertion; **un risultato p.**, a problematic result; **onestà problematica**, doubtful honesty ***2*** (*difficile*) difficult; something of a problem (*pred.*).

problematizzàre, *v. t.* to make* a problem of; to turn into a problem; to complicate.

pròbo, *a.* (*lett.*) honest; righteous; upright.

Proboscidàti, *m. pl.* (*zool., Proboscidea*) Proboscidea.

proboscidàto, *a. e m.* (*zool.*) proboscidean.

probòscide, *f.* ***1*** (*zool.*) proboscis*, trunk; (*di insetti*) proboscis* ***2*** (*scherz.*: *grosso naso*) proboscis*. ● **a forma di p.**, proboscidiform; proboscis-like.

proboviro, *m.* (*leg.*) arbitrator.

procàccia, *m. e f. invar.* rural postman* (*m.*); rural postwoman* (*f.*); carrier.

procacciaménto, *m.* procurement; procuring; obtaining: **p. di notizie**, obtaining of information.

procacciànte, *a.* (*spreg.*) profiteering; profit-hunting; speculating.

procacciàre, *v. t.* to procure; to obtain; to get*; to provide: **p. un impiego a q.**, to get sb. a job; **p. il sostentamento ai propri figli**, to provide food for one's family; **procacciarsi da vivere**, to get (*o* to make) a living; to earn one's bread.

procacciatóre, **A** *a. V.* **procacciante**. **B** *m.* (*f.* **-trice**) profiteer; speculator. ● **p. d'affari**, dealer.

procàce, *a.* ***1*** (*sfacciato*) forward; pert; saucy ***2*** (*provocante*) tempting; seductive; sexually inviting; sexy: **forme procaci**, a seductive (*o* sexy) figure; **una ragazza dalle forme procaci**, a curvaceous girl; **occhiate procaci**, come-hither glances.

procacità, *f.* ***1*** (*sfacciataggine*) forwardness; pertness; sauciness ***2*** (*l'essere provocante*) seductiveness; sexiness.

procaina, *f.* (*marchio*: *farm.*) procaine; novocaine.

pro capite (*lat.*), *locuz. agg. invar. e avv.* per capita: **consumo pro capite**, per capita consumption.

procèdere, **A** *v. i.* ***1*** (*andare avanti*) to proceed; to move; to go*; to go ahead*: **Il lavoro procede bene**, the work is going well; **p. adagio**, to proceed (*o* to move) slowly; **Le auto procedevano in colonna**, the cars were moving in a column; **Procediamo con ordine!**, let's proceed in an organized manner; let's be organized about it! ***2*** (*continuare*) to go* on; to carry on; to continue: **Procedi con il racconto!**, go on with your story!; **prima di p. oltre**, before going on (*o* proceeding) any further; **Va bene, procedete così**, all right, go (*o* carry) on like that; **Procedete!**, carry on!; **Dovremo p. con la cura**, we'll have to continue with the treatment ***3*** (*iniziare*) to start; to proceed: **Procediamo alla votazione!**, let's start voting; let's put it to the vote; **La polizia procedette al sequestro delle sigarette di contrabbando**, the police proceeded to seize the smuggled cigarettes ***4*** (*comportarsi, agire*) to act; to behave; to do* things: **p. onestamente**, to behave honestly; **Ha proceduto saggiamente in quella faccenda**, he acted wisely in that matter; **Non mi piace il suo modo di p.**, I don't like his way of doing things ***5*** (*provenire, originare*) to proceed (*form.*); to be due; to originate; to arise*: **Da che procede questo fatto?**, what is this fact due to?; what does this fact proceed from? (*form.*) ***6*** (*leg.*) to proceed; to start proceedings: **p. contro q.**, to proceed against sb.; to prosecute sb.; **p. per vie legali contro q.**, to start (*o* to undertake) legal proceedings against sb. ● (*leg.*) **p. a un'inchiesta**, to institute an inquiry □ (*naut.*) **p. a tutta velocità**, to forge ahead □ **p. di buon passo**, to walk at a quick pace □ **p. negli anni**, to advance in years; to get old(er) □ (*leg.*) **non luogo a p.**, non-suit. **B** *m.* (*l'avanzare*) process; passing: **con il p. del tempo**, with the passing of time; in the course of time.

procedìbile, *a.* (*leg.*) prosecutable; pursuable.

procediménto, *m.* ***1*** (*svolgimento, corso*) course: **il p. naturale dei fatti**, the natural course of events ***2*** (*modo di procedere, metodo*) method; procedure; process; practice: **Preferisco usare il p. tradizionale**, I'd rather use the traditional method; **un p. elaborato**, an elaborate procedure; **il p. di una operazione matematica**, the process of a mathematical operation ***3*** (*tecn.*) process: **p. chimico**, chemical process; **p. di fabbricazione**, manufacturing process ***4*** (*leg.*) proceedings (*pl.*); process: **iniziare il p. contro q.**, to begin (*o* to institute) proceedings against sb.; **procedimento sommario**, summary proceedings; **p. giudiziario**, prosecution; **p. legale**, process; **p. penale**, criminal process.

procedùra, *f.* ***1*** (*leg.*) procedure; practice: **p. civile [penale]**, civil [criminal] procedure; **codice di p.**, code of procedure; **regole di p.**, rules of procedure; **un errore di p.**, an error of procedure; **la p. usuale**, the regular procedure; **una p. illegale**, an illegal procedure; **secondo la p. comune**, according to common practice ***2*** (*elab.*) procedure; routine: **p. parziale**, subroutine.

proceduràle, *a.* (*leg.*) procedural; of (*o* relating to) procedure: **errore p.**, procedural error; **regole procedurali**, rules of procedure.

procedurìsta, *m. e f.* expert in procedure.

proceleusmàtico, *m.* (*poesia*) proceleusmatic.

procèlla, *f.* (*lett.*) storm; tempest.

procellària, *f.* (*zool., Hydrobates pelagicus*) petrel.

procellóso, *a.* (*lett. e fig.*) stormy; tempestuous.

processàbile, *a.* (*leg.*) prosecutable.

processàre, *v. t.* to try; to bring* to trial: **Fu**

processato per furto [per omicidio], he was tried for theft [for murder]; he stood trial on a charge of theft [murder]; **far p. q.**, to bring sb. to trial; to prosecute sb.; **Lo processeranno tra un mese**, he will stand trial in a month.

processionàle, *a.* processional; of (*o* relating to) a procession: **canti processionali**, processional chants.

processionària, *f.* (*zool., Cnethocampa processionea*) processionary (*o* processional) moth.

processióne, *f.* ***1*** (*eccles.*) (religious) procession: **la p. del Corpus Domini**, the procession of Corpus Christi; **andare in p.**, to go in procession ***2*** (*estens.*) procession; column; long line; string: **una p. di formiche**, a procession of ants; **una p. di dimostranti**, a long line of demonstrators; **una p. di auto**, a column of cars; **una p. di visite**, a stream of visitors ***3*** (*teol.*) procession: **la P. dello Spirito Santo**, the Procession of the Holy Ghost. ● (*fig. fam.*) **andare in p.**, to walk in single file.

processista, *m.* e *f.* (*tecn.*) process engineer.

procèsso, *m.* ***1*** (*leg.*) trial; (*azione legale*) (legal) action, lawsuit, suit, (legal) proceedings (*pl.*): **essere sotto p. per q.c.**, to be on trial for st.; **mettere q. sotto p.**, to bring sb. to trial; **andare sotto p.**, to be tried; to be brought to trial; to stand trial; **intentare un p. a q.**, to bring an action against sb.; **Il p. è stato rinviato alla prossima settimana**, the trial has been adjourned till next week; **perdere un p.**, to lose a suit (*o* an action); **vincere un p.**, to win a case; **p. civile**, civil proceedings (*o* lawsuit); **p. penale**, criminal trial; **p. verbale**, minutes (*pl.*) ***2*** (*procedimento, corso*) course; process: **il p. di una malattia**, the course of an illness; **il p. evolutivo del linguaggio**, the evolutionary process of language; **p. di sviluppo**, process of growth; **p. di evaporazione**, process of evaporation; (*med.*) **p. infiammatorio**, inflammatory process; **in p. di costruzione [formazione]**, in the process of construction [formation]; **in p. di stampa**, in course of publication ***3*** (*metodo*) method; process: **con un p. logico**, by a logical method; **Che p. hai seguito?**, what method did you follow? ***4*** (*tecn.*) process: (*metall.*) **p. acido**, acid process; **p. chimico**, chemical process; (*metall.*) **p. con forni a riverbero**, open-hearth process; (*chim.*) **p. delle camere di piombo**, chamber process; (*mecc.*) **p. di estrusione**, extrusion process; (*fotogr.*) **p. di tricromia**, screen process; (*chim.*) **p. Solvay**, ammonia-soda process; (*chim.*) **p. di isomerizzazione**, isoforming; isomerization; **p. di laminazione**, rolling process ***5*** (*anat., bot., zool.*) process: **p. ciliare**, ciliary process; **p. mammillare**, mammillary process. ● (*fig.*) **fare il p. a q.**, to come down on sb.; to put sb. through it □ **fare il p. alle intenzioni**, to read secret intentions into sb.'s words.

processóre, *m.* (*elab.*) processor: **p. di memoria**, storage processor; **p. vettoriale**, array processor.

processuàle, *a.* (*leg.*) of a trial; trial (*attr.*). ● **diritto p.**, law of procedure; procedural (*o* adjective) law □ **spese processuali**, (legal) costs.

processualista, *m.* e *f.* expert in the law of procedure.

procidènza, *f.* (*med.*) procidence.

procinto, *m.* – **essere** (*o* **trovarsi**) **in p. di**, to be on the point of; to be about to: **Ero in p. di partire**, I was on the point of leaving; I was about to leave.

procióne, *m.* (*zool., Procyon lotor*) rac(c)oon.

proclàma, *m.* proclamation; manifesto*.

proclamàre, **A** *v. t.* to proclaim; to announce; (*promulgare*) to promulgate; (*dichiarare*) to declare: **p. il nuovo re**, to proclaim the new king; **p. una legge [un decreto]**, to proclaim (*o* to promulgate) a law [a decree]; **p. la guerra**, to proclaim (*o* to declare) war; **p. la propria innocenza**, to declare one's innocence; **p. uno sciopero**, to call (out) a strike. **B proclamàrsi,** *v. rifl.* to proclaim oneself; to declare oneself: **p. re**, to proclaim oneself king; **p. innocente**, to declare oneself innocent.

proclamazióne, *f.* proclamation; announcement; (*dichiarazione*) declaration: **la p. del nuovo re**, the proclamation of the new king; **la p. dei risultati**, the announcement of the results; **la p. dei diritti dell'uomo**, the proclamation (*o* declaration) of the rights of man; **p. d'uno sciopero**, strike call.

pròclişi, *f.* (*gramm.*) proclisis*.

proclìtico, *a.* (*gramm.*) proclitic.

proclìve, *a.* (*lett.*) prone; inclined; disposed: **p. all'indulgenza**, prone to indulgence; **p. al male**, prone to evil; **una mente p. al dubbio**, a mind prone to doubt; **essere p. all'ozio**, to be inclined to be lazy; to have a tendency to laziness.

proclività, *f.* proclivity; inclination; tendency; propensity.

procombènte, *a.* (*anche bot.*) procumbent.

procómbere, *v. i.* (*lett.*) to fall* on one's face; (*estens.*) to die in battle.

proconsolàre, *a.* (*stor. romana*) proconsular.

proconsolàto, *m.* (*stor. romana*) proconsulate; proconsulship.

procònsole, *m.* (*stor. romana*) proconsul.

procrastinaménto, *m.* procrastination; postponement; delaying; deferment; putting off.

procrastinàre, **A** *v. t.* to postpone; to delay; to defer; to put* off: **p. una seduta**, to postpone (*o* to put off) a meeting. **B** *v. i.* to procrastinate; to delay.

procrastinatóre, *m.* (*f.* **-trice**) procrastinator.

procrastinazióne, *f.* procrastination; postponement.

procreàbile, *a.* that can be procreated; generable.

procreàre, *v. t.* to procreate; to beget*; to engender; to generate: **p. un erede**, to procreate an heir.

procreatóre, *m.* procreator; begetter.

procreatrice, *f.* procreatress; procreatrix.

procreazióne, *f.* procreation; generation; engenderment.

proctalgìa, *f.* (*med.*) proctalgia.

proctìte, *f.* (*med.*) proctitis.

proctologìa, *f.* (*med.*) proctology.

proctològico, *a.* (*med.*) proctological.

proctòlogo, *m.* (*med.*) (*f.* **-a**) proctologist.

proctorragìa, *f.* (*med.*) proctorrhagia.

proctoscopìa, *f.* (*med.*) proctoscopy.

proctoscòpio, *m.* (*med.*) proctoscope.

procùra, *f.* ***1*** (*leg.*) power of attorney; proxy: **p. generale**, general power of attorney; **p. speciale**, special (*o* particular) power of attorney; **lettera di p.**, letter (*o* power) of attorney; **mediante** (*o* **per**) **p.**, by proxy: **sposare [votare, firmare] per p.**, to marry [to vote, to sign] by proxy; **dare la p. a q.**, to confer the proxy on sb.; to appoint sb. as one's proxy ***2*** (*documento di p.*) letter (*o* warrant) of attorney ***3*** (*ufficio del procuratore*) public prosecutor's office.

procuràre, *v. t.* ***1*** (*ingegnarsi d'avere*) to get*, to obtain, to procure (*form.*); (*provvedere*) to provide: **p. un libro a q.**, to get a book for sb.; to get sb. a book; **p. la felicità di q.**, to procure sb.'s happiness; **procurarsi la protezione di q.**, to obtain (*o* to secure) sb.'s protection; **procurarsi un impiego**, to get a job; **Ci ha procurato due biglietti per stasera**, he got us two tickets for tonight; **Come ti sei procurato queste informazioni?**, how did you get hold of this information?; **p. il cibo per i propri figli**, to provide food for one's family; **procurarsi da vivere**, to make (*o* to earn) a living; to earn one's bread ***2*** (*causare*) to cause; to bring* about: **p. parecchie noie a q.**, to cause sb. a lot of trouble; **p. la morte di q.**, to cause sb.'s death; **procurarsi noie**, to get into trouble ***3*** (*cercare, sforzarsi*) to endeavour, to try; (*fare del proprio meglio*) to do* one's best: **Procura di star buono**, try and be good; **p. di fare il proprio dovere**, to endeavour to do one's duty; **p. di partire di buon'ora**, to do one's best to leave early ***4*** (*fare in modo*) to see* (to it); to make* sure: **Procura ch'egli venga**, see to it that he comes.

procuratóre, *m.* (*f.* **-trice**) ***1*** (*persona munita di procura*) proxy: **agire quale p.**, to stand proxy; **p. generale**, general proxy ***2*** (*leg.*) attorney: **p. legale**, attorney-at-law; attorney; solicitor ***3*** (*stor., eccles.*) procurator: **P. di San Marco**, Procurator of St. Mark ***4*** (*banca*) bank officer ***5*** (*leg.*) – **P. della Repubblica**, prosecuting magistrate; public prosecutor; (*in U.S.A.*) **p. distrettuale**, district attorney; **p. generale**, high-court public prosecutor; (*in U.S.A.*) Attorney General; **sostituto p.**, deputy prosecutor.

procuratòrio, *a.* (*leg.*) of (*o* relating to) an attorney.

pròda, *f.* (*sponda*) shore, coast, bank, strand (*poet.*); (*terra*) land: **giungere alla p.**, to come to the shore; **toccare la p.**, to reach land; **lungo la p.**, along the shore (*o* the bank).

pròde, (*lett.*) **A** *a.* brave; valiant; bold: **un uomo p.**, a brave man. **B** *m.* brave (*o* valiant) man*; (*pl.*) (*collett.*) (the) brave.

prodése, *m.* (*naut.*) bow fast.

prodézza, *f.* ***1*** (*l'essere prode*) bravery; valour; gallantry: **affrontare il pericolo con p.**, to meet (*o* to face) danger with bravery; to brave danger ***2*** (*impresa da prode*) feat; exploit; deed (of valour) ***3*** (*fam.: bravata*) bravado; reckless act. ● (*iron.*) **Conosco le tue prodezze**, I know how clever you are □ (*iron.*) **Belle prodezze!**, fine goings-on indeed!

prodière, *m.* (*naut.*) bowman*; bow.

prodièro, *a.* (*naut.*) fore; forward; (*di nave in testa*) next ahead (*pred.*).

prodigalità, *f.* ***1*** (*l'essere prodigo*) prodigality; extravagance: **La sua p. lo condusse alla rovina**, his extravagance ruined him ***2*** (*atto da prodigo*) extravagance; extravagancy ***3*** (*profusione*) lavishness; profuseness ***4*** (*sperpero*) dissipation; squandering; wasteful spending.

prodigàre, **A** *v. t.* to squander; to lavish (*anche fig.*): **p. lodi [onori]**, to lavish praise [honours]. **B prodigàrsi,** *v. rifl.* to try (*o* to do*) one's best (*o* utmost); to do* everything in one's power; to do* all one can: **p. in tutti i modi**, to do one's very best; to leave no stone unturned (*fam.*). ● **p. in complimenti**, to be lavish with compliments.

prodìgio, **A** *m.* ***1*** (*portento*) prodigy; portent; wonder; marvel: **i prodigi della scienza**, the marvels of science; **fare** (*o* **operare**) **prodigi**, to work wonders; to do miracles; **un p. di pazienza**, a marvel of patience; **essere un p. di memoria**, to have a prodigious (*o* a phenomenal) memory ***2*** (*segno premonitore*) portent; omen; (prophetic) sign: **Molti prodigi annunzieranno la fine del mondo**, many omens will portend the end of the world. **B** *a. invar.* – **un bambino p.**, an infant prodigy.

prodigiosità, *f.* prodigiousness.

prodigióso, *a.* prodigious; wonderful; marvellous; incredible; miraculous: **una memoria prodigiosa**, a prodigious (*o* phenomenal) memory; **velocità prodigiosa**, incredible speed; **rimedio p.**, miraculous remedy.

pròdigo, **A** *a.* ***1*** prodigal; extravagant: **il figliol p.**, the prodigal son ***2*** (*generoso*) lavish; profuse; free: **essere p. di consigli [di lodi]**, to be lavish with advice [with praise]; to lavish advice [praise]. **B** *m.* (*f.* **-a**) spendthrift;

squanderer.

proditoriaménte, *avv.* treacherously; by treachery; traitorously.

proditòrio, *a.* treacherous; traitorous; treasonable: **un atto p.**, a treacherous act.

prodittatóre, *m.* pro-dictator.

prodótto, A *m.* ***1*** product; (*specialm. agricolo*) produce (*collett.*): **p. nazionale [estero]**, home [foreign] product; **i prodotti della terra**, the produce of the land; **un p. dell'arte**, a product (*o* a work) of art; **un p. dell'ingegno umano**, a product of human ingenuity; **prodotti industriali**, industrial products; **prodotti chimici**, chemical products; chemicals; **prodotti agricoli**, agricultural produce; **prodotti alimentari**, foodstuffs; **prodotti farmaceutici**, pharmaceuticals; **prodotti tessili**, textiles; **prodotti di bellezza**, beauty products; cosmetics; **p. principale**, staple product; **p. finale**, end product; **p. derivato** (*o* **secondario**), by-product; **prodotti lavorati**, manufactured products; **prodotti di scarto**, waste products; **prodotti finiti**, finished (*o* end) products ***2*** (*frutto, risultato*) fruit; result; product: **Il successo è il p. dell'operosità**, success is the fruit of hard work; **Questo è il p. di un anno di lavoro**, this is the result of one year's work; **Questo è il p. di una mente malata**, this is the product of a sick mind; **Il mulo è il p. dell'incrocio di un asino con una cavalla**, the mule is the result of crossbreeding an ass with a mare ***3*** (*zootecnia*) breed: **prodotti misti**, mixed breeds ***4*** (*mat.*) product: **il p. dei fattori**, the product of factors ***5*** (*med.*) secretion: **il p. di una ghiandola**, the secretion of a gland; glandular secretion. **B** *a.* ***1*** produced; manufactured; made: **un articolo p. in Italia**, an article made in Italy; **p. in serie**, mass-produced ***2*** (*allegato, addotto*) exhibited; produced: **la testimonianza prodotta dal querelante**, the evidence exhibited (*o* produced) by the plaintiff.

pròdromo, *m.* ***1*** (*segno precursore*) premonitory (*o* warning) sign; harbinger: **i prodromi della guerra**, the premonitory signs of war ***2*** (*med.*) prodrome; premonitory symptom: **i prodromi d'una malattia**, the prodromes (*o* premonitory symptoms) of a disease.

producènte, *a.* productive.

producìbile, *a.* producible.

prodùrre, A *v. t.* ***1*** (*far nascere, generare, anche fig.*) to produce; to yield; to bear*: **La terra produce erbe, fiori, frutti**, the earth produces (*o* yields) grass, flowers, fruit; **Questo terreno produce molto grano**, this ground yields a lot of wheat; **La Toscana ha prodotto grandi artisti**, Tuscany has produced great artists; **I suoi sforzi hanno finalmente prodotto i loro frutti**, his efforts have at last borne fruit ***2*** (*fare, fabbricare*) to produce; to manufacture; to make*; to turn out: **La ditta produce mobili di lusso**, the firm produces (*o* makes, manufactures) luxury furniture; **La nostra fabbrica produce tremila pezzi al giorno**, our factory turns out three thousand pieces a day; **p. in serie**, to mass-produce; **È capace di p. un articolo in un'ora**, he can turn out an article in an hour ***3*** (*cagionare, originare*) to cause; to give* rise to; to create; to produce; to have; to generate: **L'ira produce molti mali**, anger causes (*o* gives rise to) many evils; **Il suo discorso produsse l'effetto contrario**, his speech had the opposite effect; **p. un'impressione favorevole**, to produce (*o* to create) a favourable impression; **p. eccitazione**, to cause (*o* to stir up) excitement; **La nuova riforma della scuola produrrà molte polemiche**, the new school reform will give rise to much controversy; **La febbre fu prodotta dall'infezione**, the fever was caused by (the) infection; **p. calore**, to generate heat; **prodursi una ferita grave**, to hurt oneself badly; (*più form.*) to cause oneself a serious injury; **p. dei danni**, to cause damage; **Le sue dimissioni produssero una grande delusione nel paese**, his resignation caused great disappointment in the country ***4*** (*arte, teatr., ecc.*) to produce; (*pubblicare*) to bring* out, to publish: **p. una commedia [un film]**, to produce a play [a film]; **È uno scrittore che non produce molto**, he's a writer who doesn't produce much; he isn't a prolific writer ***5*** (*esibire, presentare*) to show*; to exhibit; to produce: **p. un biglietto [un documento]**, to show (*o* to exhibit) a ticket [a document]; **p. un argomento a favore di q.c.**, to produce an argument in favour of st. ***6*** (*leg.*) to call; to bring* forward; to produce; to exhibit: **p. testimoni**, to call (*o* to bring forward) witnesses; **p. documenti**, to produce (*o* to exhibit) documents. **B prodùrsi,** *v. rifl.* (*esibirsi*) to perform, to give* (st.); (*teatr.*) to play, to appear: **p. in pubblico**, to perform in public; **Si produsse in un'imitazione di Pavarotti**, he gave an impersonation of Pavarotti; **p. sulla scena**, to appear on the stage. **C prodùrsi,** *v. i. pron.* (*accadere*) to happen; to occur; to come* about: **Quando si è prodotto il fatto?**, when did the thing happen? **Questi fenomeni si producono ogni dieci anni**, these phenomena occur every ten years.

produttivìstico, *a.* productional; production (*attr.*).

produttività, *f.* productivity; productiveness: (*econ.*) **p. massima**, peak productivity.

produttìvo, *a.* ***1*** productive; fertile; fruitful: **campi produttivi**, productive (*o* fertile) fields; **terra produttiva**, fertile soil; **una carriera produttiva**, a fruitful career ***2*** (*econ., comm.*: *che produce*) productive; yielding; bearing: **un operaio p.**, a productive worker; **un'industria produttiva**, a productive (*o* yielding) industry; **azioni produttive di un dividendo**, shares yielding a dividend; **spese produttive**, productive expenses; profit-yielding expenses; (*fin.*) **p. d'interesse**, interest-bearing; (*fin.*) **p. di reddito**, revenue-bearing ***3*** (*econ., comm.*: *della produzione*) production (*attr.*): **ciclo p.**, production cycle.

produttóre, A *m.* (*f.* **-trice**) ***1*** producer: **p. cinematografico**, film (*USA*: movie) producer; film (*USA*: movie) maker ***2*** (*fabbricante*) manufacturer; maker: **p. di scarpe**, shoe manufacturer; **p. di giocattoli**, toy manufacturer ***3*** (*coltivatore*) grower: **p. di vino**, wine grower ***4*** (*comm.*) sales agent; selling agent; salesman*. **B** *a.* ***1*** producing: **i paesi produttori di caffè**, coffee-producing countries ***2*** (*che fabbrica*) manufacturing: **le industrie produttrici**, the manufacturing industries.

produzióne, *f.* ***1*** (*l'attività*) production; (*fabbricazione*) manufacture: **la p. del ferro [del petrolio, della seta]**, the production of iron [of oil, of silk]; iron [oil, silk] production; **p. nazionale [estera]**, home [foreign] production; **p. artistica [letteraria]**, artistic [literary] production; **Questa ditta è specializzata nella p. dell'acciaio**, this firm is specialized in steel manufacture; **aumentare [diminuire, accelerare, rallentare] la p.**, to increase [to cut down, to accelerate, to slow down] production; **p. inferiore alla normale**, under-production; **p. in serie**, mass production; **di p. inglese**, of English manufacture; English-made (*agg.*); **eccesso di p.**, overproduction; **spese di p.**, production costs; **direttore della p.**, production manager; **articolo di p. straniera**, article of foreign manufacture ***2*** (*quantità prodotta in un dato tempo*) output; production: **la p. annua di una fabbrica [dell'industria chimica]**, the annual output (*o* production) of a factory [of chemical industry]; **p. media**, average output; **capacità di p.**, capacity of output; production capacity; **la p. letteraria francese di questo dopoguerra**, France's literary output after the Second World War; **un autore di scarsa p.**, an author with a small output ***3*** (*teatr., cinem.*) production: **una p. drammatica**, a theatrical production; **una nuova p. della «Medea»**, a new production of «Medea»; **direttore di p.**, producer ***4*** (*leg.*) production; exhibition; calling: **p. di documenti**, production (*o* exhibition) of documents; **la p. di testimoni**, the production (*o* the calling) of witnesses; **mancata p. di documenti**, failure to produce documents.

proemiàle, *a.* (*lett.*) proemial; prefatory; introductory: **un discorso p.**, an introductory speech.

proemiàre, *v. i.* (*lett.*) to write* a proem (*o* an introduction); to preface.

proèmio, *m.* (*lett.*) proem; (*prefazione*) preface, introduction.

proenzìma, *m.* (*biochim.*) proenzyme.

prof, *m. e f. invar. abbr. fam. di* **professore, professoressa** (*V.*).

pròfago, *m.* (*biol.*) prophage.

profanàre, *v. t.* ***1*** (*violare la santità di q.c.*) to profane; to desecrate; to violate; to pollute: **p. il giorno del Signore**, to profane the Lord's day; **p. una tomba**, to violate a tomb; **p. un altare**, to desecrate an altar ***2*** (*fare uso indegno di q.c.*) to profane; to abuse; to defile: **p. una tradizione**, to profane a tradition; **p. il ricordo di q.**, to defile sb.'s memory.

profanatóre, A *m.* (*f.* **-trice**) profaner; desecrator; violator. **B** *a.* profaning; desecrating.

profanazióne, *f.* profanation; desecration; violation; pollution: **la p. d'un luogo sacro**, the violation of a sacred place; **la p. di una tomba**, the violation of a tomb; **la p. del nome di Dio**, the profanation of the name of God; **una p. dell'arte**, a profanation of art.

profanità, *f.* profanity; profaneness.

profàno, A *a.* ***1*** (*non sacro*) profane; secular; lay: **storia profana**, profane history; **musica profana**, secular music; **pensieri profani**, profane thoughts ***2*** (*irriverente, blasfemo*) profane; irreverent; blasphemous: **atti profani**, profane acts; **una lingua profana**, a profane (*o* a blasphemous) language; **una mano profana**, an irreverent hand ***3*** (*nuovo, inesperto*) ignorant; uninitiated; unskilled: **essere p. in un'arte**, to be ignorant of (*o* unskilled in) an art. **B** *m.* ***1*** (the) profane: **il sacro e il p.**, the sacred and the profane ***2*** (*f.* **-a**) (*non competente*) bad (*o* poor) judge; no judge; not an expert: **essere un p. di musica**, to be no judge of music ***3*** (*f.* **-a**) (*non del mestiere*) layman* (*f.* laywoman*); (*al pl. collett., anche*) (the) uninitiated: **una spiegazione che anche un p. può capire**, an explanation that even a layman can understand; **Alle orecchie dei profani ciò suonerà incomprensibile**, this will sound unintelligible to the uninitiated.

profàṣe, *f.* (*biol.*) prophase.

profènda, *f.* provender; fodder.

proferìbile, *a.* utterable; expressible (in words); pronounceable.

proferìre, A *v. t.* ***1*** (*pronunciare*) to utter; to express; to articulate; to pronounce: **p. un nome**, to pronounce a name; **p. la propria opinione**, to pronounce one's opinion; **senza p. parola**, without uttering a word ***2*** (*lett.*: *offrire*) to offer; to proffer (*lett.*). **B proferìrsi,** *v. rifl.* to offer oneself; to offer (to do st.).

professànte, *a.* professing; practising: **un cattolico p.**, a professing Catholic.

professàre, A *v. t.* ***1*** (*dichiarare apertamente*) to declare (openly); to acknowledge; to profess: **p. la propria fiducia in q.**, to declare one's confidence in sb.; **p. gratitudine**, to profess (*o* to acknowledge) one's gratitude; **p. il proprio amore**, to declare one's love ***2*** (*aderire a una credenza*) to profess: **p. una religione [una dottrina]**, to profess a religion [a doctrine] ***3*** (*esercitare una professione*) to practise, to practice (*USA*): **p. la medicina [l'avvocatura]**, to practise medicine [law]. **B professàrsi,** *v. rifl.* to declare oneself; to profess; to claim: **p. innocente**, to declare oneself innocent; **p. amico di q.**, to profess to be sb.'s friend.

professionàle, *a.* **1** professional; (*che prepara a una professione*) vocational; (*conseguenza di una professione*) occupational: **abilità professionale**, professional skill; **esperienza p.**, professional experience; **doveri professionali**, professional duties; **ordine p.**, professional roll; **segreto p.**, professional secrecy; **istruzione p.**, vocational training; **istituto p.**, vocational training school; **malattia p.**, occupational disease; **rischio p.**, occupational hazard **2** (*usato professionalmente*) used by professionals: **cinepresa p.**, camera used by professionals **3** (*leg.*) habitual: **delinquente p.**, habitual criminal.

professionalità, *f.* (*rif. a professione*) professional competence, professionalism; (*rif. a mestiere*) skill.

professionalizzàre, **A** *v. t.* to professionalize; to give (sb.) a vocational training. **B professionalizzàrsi,** *v. i. pron.* to become* professional; to acquire professional skills.

professionalizzazióne, *f.* professionalization.

professióne, *f.* **1** (*pubblica dichiarazione*) profession; declaration; avowal; acknowledgement: **la p. d'una credenza [di un'opinione]**, the profession of a belief [of an opinion]; **professioni d'amicizia**, professions of friendship **2** (*esercizio d'una disciplina, di un'arte*) profession; calling; occupation: **una p. lucrosa**, a lucrative profession; **la p. di architetto [d'avvocato]**, the profession of an architect [of a lawyer]; **esercitare una p.**, to practise a profession: **esercitare la p. dell'avvocato [del medico]**, to practise as a lawyer [as a doctor]; to be a lawyer [a doctor] (by profession); to practise law [medicine]; **scegliere una p.**, to take up (*o* to choose) a profession; **di p.**, by profession; professional (*agg.*); professionally (*avv.*): **essere pittore [musicista] di p.**, to be a a painter [a musician] by profession; to be a professional painter [musician]; **Che p. esercita tuo padre?**, what is your father's profession (*o* occupation)? **3** (*relig.*) profession: **La novizia fece p.**, the novice made her profession; **p. di fede**, profession of faith. ● **bugiardo di p.**, professional liar □ **libera p.**, profession □ (*iron.*) **la più antica p. del mondo**, the oldest profession in the world □ **vivere della propria p.**, to live off one's earnings.

professionìsmo, *m.* (*anche sport*) professionalism. ● **passare al p.**, to turn professional.

professionìsta, *m.* e *f.* **1** professional man* (*m.*); professional woman* (*f.*); professional person; professional **2** (*sport*) professional; pro (*fam.*) **3** (*persona esperta*) professional; pro (*fam.*). ● **un lavoro da p.**, a professional job.

professionìstico, *a.* (*anche sport*) professional.

profèsso, *a.* (*eccles.*) professed: **una monaca professa**, a professed nun.

professoràle, *a.* **1** professorial; of a professor: **dignità p.**, professorial dignity; (*iron.*) **con tono p.**, in a professorial tone **2** (*fig.*) pedantic; academic.

professoràto, *m.* professorship.

professóre, *m.* (*f.* **-éssa**) **1** (*di scuole secondarie*) teacher, schoolmaster (*f.* schoolmistress), master (*f.* mistress) (*GB*); (*universitario*) professor (*abbr.*: Prof.); (*non titolare di cattedra*) lecturer, assistant professor (*USA*): **p. di fisica [di storia, di disegno]**, physics [history, drawing] teacher (*o* master); **p. di piano**, piano teacher; **p. di ginnastica**, physical education (*o* PE) teacher; gym teacher; games master (*GB*); **È p. di latino al liceo**, he teaches Latin (*o* he is a Latin teacher) in a liceo; **il professor [la professoressa] Jones**, Mr [Mrs] Jones; (*universitario*) Professor Jones; **p. di ruolo**, permanent teacher; permanent professor **2** (*mus.*) player: **p. d'orchestra**, orchestral player (*o* musician); member of an orchestra; **È p. d'orchestra alla Scala**, he plays in the orchestra at La Scala. ● (*scherz.*) **parlare come un p.**, to speak like a professor □ (*scherz.*) **saperne quanto un p.**, to be a know-all □ (*scherz.*) **Non fare il p.!**, don't be pedantic!

professoróne, *m.* (*f.* **-a**) big-name professor; (*estens.*) savant, highbrow, egghead (*fam.*).

profèta, *m.* (*f.* **-éssa**) (*anche fig.*) prophet (*f.* profetess): **il p. Isaia**, the prophet Isaiah; (*Bibbia*) **i Profeti**, the Prophets; **il P.** (*Maometto*), the Prophet; **falso p.**, false prophet; **p. di sventura**, prophet of doom; doomster; Cassandra. ● **essere buon [cattivo] p.**, to guess right [wrong] □ (*prov.*) **Nessuno è p. in patria**, no man is a prophet in his own country.

profetàre, *V.* **profetizzare**.

profètico, *a.* prophetic(al); of a prophet: **sogno p.**, prophetic dream; **parole profetiche**, prophetic words; **spirito p.**, prophetic spirit.

profetìsmo, *m.* prophetism.

profetizzàre, **A** *v. t.* to prophesy; to predict; to foretell*: **p. la guerra**, to prophesy war; **p. la nascita di q.**, to predict sb.'s birth. **B** *v. i.* to prophesy.

profezìa, *f.* prophecy; prediction: **la p. della Sibilla**, the Sybil's prophecy; **il dono della p.**, the gift of prophecy; **La p. si avverò**, the prophecy was fulfilled; **fare profezie**, to utter prophecies; to prophesy: **Non voglio fare profezie**, I don't want to prophesy about this.

profferìre, *V.* **proferire**, *def.* 2.

proffèrta, *f.* offer; proffer (*lett.*): **p. d'aiuto**, offer of help.

proficuo, *a.* **1** profitable; useful: **un mestiere p.**, a profitable trade; **consigli proficui**, profitable advice; **ore proficue**, profitable hours **2** (*fin.*) profit-making; lucrative.

profilàre, **A** *v. t.* **1** (*ritrarre in profilo*) to profile; to outline; to draw* in profile (*o* in outline) **2** (*bordare*) to border; to edge; to trim **3** (*mecc.*) to profile; (*aerodinamica*) to streamline. **B profilàrsi,** *v. i. pron.* **1** (*stagliarsi*) to stand* out, to be outlined, to be silhouetted; (*apparire*) to appear, to come* into view: **Contro il cielo si profilavano le colline**, the hills were silhouetted against the sky; **Una nave si profilò all'orizzonte**, a ship appeared on the horizon (*o* hove in sight) **2** (*fig.*) to loom up (*solo di cose negative*); to be in the offing: **Si profila un periodo difficile**, a difficult period is looming up; **Si profila qualche speranza**, there is some hope.

profilàssi, *f.* (*med.*) prophylaxis*; preventive treatment.

profilàto, **A** *a.* **1** (*delineato nei contorni*) drawn in profile; outlined; silhouetted: **p. nel cielo**, outlined against the sky **2** (*orlato, filettato*) bordered; edged; trimmed: **p. di seta**, trimmed with silk; **p. di pelliccia**, edged with fur. **B** *m.* (*mecc.*) section; section iron; structural shape: **p. leggero [normale]**, light [standard] section; **p. di acciaio**, structural steel; **p. speciale**, shape; **p. a bulbo**, bulb iron; **p. a doppio T**, H-beam; **p. a L**, angle iron; **p. a T**, tee; **p. a U**, channel iron.

profilatóio, *m.* engraving chisel.

profilatrìce, *f.* (*mecc.*) forming machine: **p. a rulli**, roll forming machine.

profilàttico, **A** *a.* (*med.*) prophylactic; preventive: **cura profilattica**, preventive treatment. **B** *m.* (*preservativo*) condom; prophylactic (*USA*).

profilatùra, *f.* **1** (*il profilare*) profiling; outlining; drawing (*o* representing) in profile (*o* in outline) **2** (*il bordare*; *la bordatura*) bordering; edging; trimming **3** (*mecc.*) profiling; forming. ● (*mecc.*) **p. al tornio**, profile turning.

profillo, *m.* (*bot.*) prophyll.

profilo, *m.* **1** (*linea di contorno*) outline; contour; silhouette: **il p. d'una montagna**, the outline (*o* contour) of a mountain **2** (*di un volto*) profile: **avere un p. delicato**, to have a delicate profile; **di p.**, in profile; **È più bella di p.**, she looks prettier, seen in profile; **un ritratto di p.**, a portrait in profile; **guardarsi di p.**, to look at oneself in profile; **disegnare di p.**, to draw in profile **3** (*archit.*) profile; section **4** (*letter.*: *breve studio critico*) outline, monograph; (*biografia*) profile, biographical sketch: **un p. della letteratura inglese**, an outline of English literature; **È autore di profili di poeti romantici**, he wrote profiles of some romantic poets **5** (*aeron.*) profile: **p. aerodinamico**, aerofoil profile; **p. alare**, wing profile **6** (*mecc.*) contour; profile: **p. dell'eccentrico**, cam contour (*o* track); **p. a evolvente**, involute profile; **p. della filettatura**, thread form **7** (*sartoria*: *bordatura*) trimming; piping. ● **p. professionale**, career brief □ (*fig.*) **di alto p.**, high-profile; (*eccellente*) superior, excellent □ (*fig.*) **di basso p.**, low-profile; (*poco notevole*) middling, unimpressive □ **mantenere un basso p.**, to keep a low profile □ **sotto il p. tecnico**, from a technical point of view □ **sotto il p. di**, as far as... is [are] concerned; with regard to.

profiterole (*franc.*), *m. invar.* (*cucina*) profiterole.

profittàre, *v. i.* **1** (*far profitto, progredire*) to progress; to make* progress: **p. negli studi**, to make progress in one's studies **2** (*trarre profitto*) to profit; to take* advantage; to avail oneself: **Profittò del mio insegnamento**, he profited from my teaching; **p. dei consigli di q.**, to profit by sb.'s advice; **p. di un'occasione**, to avail oneself of an opportunity; **Profittai della sua amicizia per chiedergli un favore**, I took advantage of his friendship to ask a favour of him **3** (*abusare*) to take* (undue) advantage; to abuse: **Non p. della mia indulgenza!**, don't take (undue) advantage of my indulgence!; **Profittò della fiducia che avevamo riposto in lui**, he abused the confidence we had placed in him.

profittatóre, *m.* (*f.* **-trice**) profiteer; (*sfruttatore*) exploiterer, shark: **p. di guerra**, war profiteer; **Non ti ama, è solo un p.!**, he doesn't love you, he just wants to exploit you.

profittévole, *a.* **1** profitable; economic **2** (*fin.*) gainful; lucrative.

profitto, *m.* **1** (*vantaggio, beneficio*) profit; advantage; benefit: **Che p. ne abbiamo avuto?**, what benefit did we obtain from it?; what good did it do us?; **studiare con p.**, to study with profit; **andare a p. di q.**, to benefit sb.; **trarre p. da q.c.**, to benefit by (*o* from) st.; to profit by st.; **mettere** (*o* **volgere**) **a p. q.c.**, to turn st. to good account (*o* to profit); (*farne buon uso*) to make good use of st.: **mettere a p. il proprio tempo libero**, to make good use of one's spare time; **Ho cercato di convincerlo, ma senza p.**, I tried to convince him, but to no avail **2** (*guadagno, vantaggio pecuniario*) profit; material gain; return; take; proceeds (*pl.*): **vendere con p.**, to sell at a profit; **ricavare un buon p. da una vendita**, to make a good profit on a sale; **non mirare ad alcun p.**, to have no thought of material gain; **p. lordo [netto]**, gross [net] profit; **p. sul capitale**, return on capital **3** (*pl.*) (*proventi*) profit(s); earnings; makings; receipts; takings: (*comm.*) **conto profitti e perdite**, profit and loss account; **accertare i profitti di q.**, to determine (*o* to assess) sb.'s profits; **I profitti che ricava dalle azioni sono alti**, his profits on shares are high; his income from shares is high; **alzare [diminuire] i profitti**, to raise [to lower] profits; **compartecipazio-**

ne ai profitti, profit-sharing *4* (*progresso negli studi*) achievement; progress.

proflùvio, *m.* *1* (*lett.*) profluvium*; (copious) discharge *2* (*fig.*) stream; flood: **un p. di parole**, a stream of words; **un p. di gente**, a stream of people.

profondaménte, *avv.* *1* (*a fondo, molto addentro*) deeply; deep; to a great depth: **scavare p.**, to dig deep; **inchinarsi p.**, to bow deeply (*o* low) *2* (*fig.*: *intensamente*) deeply; profoundly; intensely; with all one's heart: **essere p. interessato in q.c.**, to be deeply interested in st.; **p. commosso**, deeply moved; **sentire q.c. p.**, to feel st. deeply; **essere p. grato a q.**, to be profoundly grateful to sb.; **amare q. p.**, to love sb. with all one's heart. ● **p. addormentato**, sound (*o* fast) asleep □ **dormire p.**, to sleep soundly.

profondàrsi, *v. i. pron.* (*lett.*) to sink* (into st.); to plunge deeply.

profóndere, A *v. t.* *1* to spend* freely; to lavish; (*scialacquare*) to squander, to waste: **p. il proprio denaro**, to squander one's money *2* (*fig.*) to pour forth; to lavish: **p. elogi**, to lavish (*o* to be lavish with) praise. **B profóndersi,** *v. i. pron.* to be profuse (in st.); to be lavish (with st., in doing st.); to... profusely: **p. in lodi**, to be lavish with (*o* to lavish) praise; **p. in scuse**, to apologize profusely; **p. in ringraziamenti**, to thank profusely.

profondìmetro, *m.* depth gauge.

profondità, *f.* *1* depth; (*fig.*) depth, profundity: **le p. dell'oceano**, the depths of the ocean; **la p. di un lago [di un pozzo]**, the depth of a lake [of a well]; **Il canale ha una p. di tre metri**, the canal has a depth of three metres; the canal is three metres deep; **a una p. di 30 metri**, at a depth of 30 metres; **p. di pensiero**, profundity of thought; **p. di sentimento**, depth of feeling; **la p. di una dottrina**, the profundity of a doctrine; **la p. di un colore [di un suono]**, the depth of a colour [of a sound] *2* (*pl.*) (*luogo profondo*) depths: **Le p. oceaniche**, the depths of the ocean *3* (*spazio prospettico*) depth. ● (*ottica*) **p. di campo**, depth of field □ (*naut.*) **p. d'immersione**, draught □ **bomba di p.**, depth bomb □ **in p.**, deeply □ **nelle p. del suo animo**, deep down in his soul.

profóndo, A *a.* deep; (*fig.*) deep, profound: **un lago [un fiume, un mare] p.**, a deep lake [river, sea]; **Aveva due profonde ferite alla gamba**, he had two deep wounds on his leg; **un foro p.**, a deep hole; **La quercia mette radici profonde**, the oak strikes deep roots; **È p. oltre 50 metri**, it is over 50 metres deep; **l'azzurro p. del mare**, the deep blue of the sea; **profonda mestizia**, deep (*o* profound) sadness; **gioia profonda**, intense joy; **profonda ignoranza**, profound ignorance; **un p. pensatore**, a profound thinker; **una voce profonda**, a deep (*o* a low-pitched) voice; **Gli feci un profondo inchino**, I made a profound bow to him; I bowed deeply to him; **un colore p.**, a deep (*o* a dark) colour; **p. rispetto**, deep respect; **odio p.**, deeply-rooted hatred; **un silenzio p.**, a deep (*o* a profound) silence; **un respiro [sospiro, suono] p.**, a deep breath [sigh, sound]; **un sonno p.**, a profound (*o* a sound) sleep; **un problema [mistero, segreto] p.**, a deep problem [mystery, secret]. ● **una profonda delusione**, a bitter disappointment □ **il p. Sud**, the deep South □ **una profonda passione**, a great passion □ (*mus.*) **basso p.**, basso profundo (*o* profondo) □ **poco p.**, shallow: **fiume poco p.**, shallow river; **pentola poco profonda**, shallow saucepan □ **È un p. conoscitore di monete antiche**, he is a great expert of ancient coins. **B** *m.* (*anche fig.*) depths (*pl.*): **il p. dell'Inferno**, the depths of Hell; **il p. della nostra psiche**, the depths of our psyche; **nel p. del cuore**, deep down in one's heart; **nel p. della notte**, in the depths (*o* dead) of night. **C** *avv.* deep; deeply; profoundly: **scavare p.**, to dig deep (*o* deeply).

pro fórma (*lat.*), *locuz. avv.* e *agg. invar.* purely formal; perfunctory; token (*attr.*); for form's sake; as a matter of form: **un controllo p.**, a purely formal (*o* perfunctory) check; **un esame p.**, a purely formal examination; **La cerimonia fu solo p.**, the ceremony was a mere formality; **Glielo chiedo solo p.**, I'm asking you this purely (*o* simply, merely, just) as a matter of form. ● (*comm.*) **fattura p.**, pro-forma invoice.

pròfugo, A *a.* (*fuggiasco*) fugitive; (*esiliato*) exiled. **B** *m.* (*f.* **-a**) refugee; (*fuggiasco*) fugitive; (*esule*) exile: **p. politico**, political refugee; **campo di profughi**, refugee camp.

profumàre, A *v. t.* to perfume; to scent; to put* scent on: **p. il fazzoletto**, to put some scent on one's handkerchief; **p. una stanza**, to perfume a room. **B** *v. i.* to smell*; to have a scent; to be fragrant: **L'aria profumava di fiori**, the air was fragrant with the scent of flowers; **fiori che non profumano**, flowers that have no scent; scentless flowers; **p. di lavanda**, to smell of lavender; **p. gradevolmente**, to smell sweet; to have a pleasant smell; **Senti come profuma!**, smell it, isn't it lovely?; **Come profumano questi giacinti**, these hyacinths smell delicious! **C profumàrsi,** *v. rifl.* to put* on some perfume; (*d'abitudine*) to use perfume: **Come ti sei profumato!**, what a lot of perfume you have put on!

profumataménte, *avv.* (*fig.*) *1* (*generosamente*) generously; handsomely: **Mi pagano p.**, they pay me generously *2* (*molto caro*) – **L'ho pagato p.**, I paid a lot (of money) for it; I paid through the nose for it (*fam.*).

profumàto, *a.* *1* perfumed; scented; odorous; fragrant; sweet-smelling: **un fazzoletto p.**, a perfumed (*o* scented) handkerchief; **una sostanza profumata**, a sweet-smelling substance; **un fiore p.**, a sweet-smelling flower; **erba profumata**, scented grass; **aria profumata**, fragrant (*o* scented) air; **p. di lavanda**, lavender-scented *2* (*fam.*: *generoso*) generous; (*caro*) high: **compenso p.**, generous fee; **prezzo p.**, high price.

profumazióne, *f.* *1* (*il profumare*) perfuming *2* (*profumo*) perfume; fragrance.

profumerìa, *f.* *1* (*arte* e *negozio*) perfumery *2* (*pl.*) (*profumi*) perfumery (*sing.*); perfumes; scents.

profumièra, *f.* (*recipiente*) scent bottle.

profumière, *m.* (*f.* **-a**) perfumer; perfume seller.

profumièro, *a.* perfume (*attr.*).

profùmo, *m.* *1* (*esalazione odorosa*) perfume; scent; sweet smell; pleasant odour; fragrance: **il p. delle rose [del fieno]**, the perfume (*o* scent, fragrance) of roses [of hay]; **un p. di pulito**, a nice clean smell; **un p. delicato [pungente, sottile]**, a delicate [pungent, subtle] perfume (*o* scent); **un p. che dà alla testa**, a heady perfume; **riempire di p.**, to fill with a sweet smell; to scent; **emanare p.**, to have a sweet smell; to smell sweet; to emit a pleasant odour (*form.*); **mandare un buon p.**, to smell good; **Che p. hanno queste rose!**, these roses smell lovely!; **Ha un p. di viole**, it smells of violets; **dal p. di rose**, rose-scented; **senza p.**, having no scent; scentless; odourless: **fiori senza p.**, scentless flowers *2* (*sostanza odorosa*) perfume; scent (*GB*): **una boccetta di p.**, a bottle of perfume; **mettersi il p.**, to put on some perfume; **mettere un po' di p. sul fazzoletto**, to put some perfume on one's handkerchief.

profusióne, *f.* *1* (*grande abbondanza*) profusion; abundance; overabundance; copiousness: **una p. di onori**, a profusion of honours; **una p. di parole**, a torrent of words; **a p.**, in profusion; in abundance: **rose che crescono a p.**, roses growing in profusion *2* (*grande generosità*) profusion, lavishness; (*prodigalità*) extravagance, prodigality. ● **dare a p.**, to give lavishly □ **spendere a p.**, to spend lavishly; to spend extravagantly.

profùso, *a.* *1* (*sparso, versato*) shed (*pred.*): **il sangue p. per la patria**, the blood shed for one's country *2* (*speso*) spent; lavished: **denaro inutilmente p.**, money spent in vain; **p. generosamente**, lavished *3* (*med.*) abundant.

progènie, *f. invar.* *1* (*lett.*: *discendenza*) progeny, issue, offspring, descendants (*pl.*); (*schiatta*) race, stock: **la p. di Napoleone**, the progeny of Napoleon; **provenire da bassa p.**, to come from humble stock *2* (*scherz.*: *figli*) offspring; progeny *3* (*spreg.*: *genia*) spawn; tribe *4* (*biol.*) progeny.

progenitóre, *m.* progenitor; forefather; ancestor: **il nostro primo p., Adamo**, Adam, our first progenitor; **i nostri progenitori**, our ancestors.

progenitrìce, *f.* progenitrix*; progenitress.

progerìa, *f.* (*med.*) progeria.

progesteróne, *m.* (*biochim.*) progesterone.

progestìna, *f.* (*biochim.*) progestin.

progestìnico, *a.* (*biochim.*) progestinal; progestogenic.

progettàre, *v. t.* *1* (*ideare, programmare*) to plan; to programme; to design; to scheme; to make* plans for: **p. una spedizione**, to plan an expedition; **p. un viaggio**, to make plans for a journey; **p. l'apertura d'una filiale**, to plan the opening of a branch; **p. d'andarsene**, to be planning to leave *2* (*edil.*) to plan; to design: **p. un edificio**, to plan a building; **p. un complesso sportivo**, to design a sports centre.

progettazióne, *f.* planning; design: **p. industriale**, industrial planning; **p. mediante elaboratore**, computer-aided design (*abbr.*: CAD); **in fase di p.**, in the planning stage.

progettìsta, *m.* e *f.* planner; designer; (*mecc.*) design engineer.

progettìstica, *f.* planning; designing.

progettìstico, *a.* planning; design (*attr.*).

progètto, *m.* *1* (*idea, programma, piano di lavoro*) plan; project; design; scheme; blueprint; lay-out: **Quali sono i tuoi progetti per l'avvenire?**, what are your plans for the future?; **fare progetti**, to make plans; **il p. di un nuovo teatro**, the project for a new theatre; **Il p. si rivelò sbagliato**, the plan (*o* the scheme) proved a failure; **Ho grandi progetti per lui**, I have great things in mind for him *2* (*edil.*) plan, design, lay-out; (*i disegni*) drawings (*pl.*): **il p. d'un ponte**, the plan of a bridge; **fare un p.**, to make a plan; **presentare [approvare, respingere] un p.**, to present [to approve, to reject] a plan; **p. di massima**, preliminary project. ● **p. assurdo**, harebrained scheme □ **p. avventato**, wildcat scheme □ **p. campato in aria**, castle in the air: **fare progetti campati in aria**, to build castles in the air □ (*econ.*) **p. di bilancio**, draft budget □ **p. di finanziamento**, financial scheme □ (*leg.*) **p. di legge**, bill: **presentare un p. di legge**, to introduce (*o*, *GB*: to table) a bill □ **avere in p. di fare q.c.**, to plan to do st. □ **È in p. una nuova autostrada**, a new motorway is being planned.

progettuàle, *a.* planning; design (*attr.*): **fase p.**, planning stage.

progettualità, *f.* *1* (*l'essere progettuale*) nature of a plan *2* (*attitudine a progettare*) planning skill.

proglòttide, *f.* (*zool.*) proglottis*; proglottid.

prognatìsmo, *m.* (*anat.*) prognathism.

prognàto, *a.* (*anat.*) prognathous; prognathic.

prògnosi, *f.* (*med.* e *fig.*) prognosis*: **p. favorevole [infausta]**, favourable [negative] prognosis; **p. riservata**, uncertain prognosis. ● **in p. riservata**, on the danger list □ **riservarsi la p.**, to put (a patient) on the danger list □ **sciogliere la p.**, to take (sb.) off the danger list.

prognosticàre, prognòstico, *V.* **pronostica-**

re, pronostico.

prognòstico, *a.* (*med.*) prognostic.

programma, *m.* **1** (*progetto di attività*) programme, program (*USA*), plan, agenda; (*piano dettagliato*) schedule, blueprint: **Che p. abbiamo per domani?**, what is the programme for tomorrow?; what are we going to do tomorrow?; **il p. della giornata**, one's programme for the day; **p. di lavoro**, work programme (*o* schedule); **Oggi ho un p. molto fitto**, I have a very full schedule for today; **il p. della riunione**, the agenda of the meeting; **attenersi al proprio p. di lavoro**, to keep up to one's schedule; **essere indietro [avanti] col p.**, to be behind [ahead of] schedule; **p. consegne**, delivery schedule **2** (*di una materia, un corso di studi*) syllabus, schedule (*USA*); (*di una scuola*) curriculum*, program (*USA*) **3** (*manifesto*) manifesto; (*p. politico*) platform, program (*USA*): **il p. d'un nuovo movimento letterario**, the manifesto of a new literary movement; **il p. d'un partito**, the platform of a political party; **p. elettorale**, platform **4** (*teatr.*: *p. di sala*) programme; playbill **5** (*radio, TV*) programme, program (*USA*); show **6** (*tecn.*: *di macchina*) programme: **il p. per la lana**, the wool programme (*o* cycle) **7** (*elab.*) program; (*al pl., collett.*) software (*sing.*); (*procedura*) routine: **scrivere un p.**, to write a program; **p. applicativo [diagnostico]**, application [diagnostic] program; **p. automatico**, automatic routine; **p. di scrittura**, word processor; writer. ● **p. delle corse**, race-card □ (*fig.*) **fuori p.**, unexpected (*agg.*); unscheduled (*agg.*); unexspected event (*sost.*) □ (*mus.*) **musica a p.**, programme music.

programmàbile, *a.* programmable.

programmabilità, *f.* programmability.

programmàre, *v. t.* **1** to programme, to program (*USA*); to plan (*anche econ.*): **p. un viaggio**, to plan a trip; **p. la produzione**, to plan production; **p. una videoregistrazione**, to programme a videorecording **2** (*spettacoli*) to put* on, to stage; (*film*) to show **3** (*elab.*) to program; to code: **p. un calcolatore**, to program a computer.

programmàtico, *a.* programmatic. ● (*polit.*) **discorso p.**, general policy statement.

programmàto, *a.* programmed: **istruzione programmata**, programmed instruction.

programmatóre, *m.* (*f.* **-trice**) **1** (*econ.*) planner **2** (*elab.*) programmer.

programmatòrio, *a.* planning.

programmazióne, *f.* **1** (*il programmare*) programming; planning **2** (*econ., ind.*) planning; scheduling **3** (*elab.*) programming; coding. ● (*cinem.*) **essere in p.**, to be showing □ (*cinem.*) **di prossima p.**, coming shortly.

programmista, *m.* e *f.* **1** programmer; planner **2** (*radio, TV*) programme announcer.

progredire, *v. i.* **1** to progress; to be in progress; to make* progress; to advance; (*procedere*) to proceed, to go* on, to go* ahead, to get* on: **Il lavoro progredisce**, work is in progress; **Il lavoro progredisce bene**, the work is progressing well; **Il lavoro non progredisce**, the work is not making progress (*o* proceeding, going ahead); **p. adagio**, to make slow progress: **p. a gran passi**, to progress by leaps and bounds **2** (*fig.*: *migliorare*) to make* progress; to improve: **p. nello studio del latino**, to make progress in the study of Latin; **p. nelle scienze**, to make progress in science.

progredito, *a.* **1** advanced: **idee progredite**, advanced ideas; **tecniche progredite**, advanced techniques **2** (*rif. al livello sociale*) civilized: **un popolo p.**, a civilized people.

progressióne, *f.* **1** (*il progredire*) progression; progress: **una p. lenta**, a slow progression; **essere in p. costante**, to make steady progress; to progress steadily **2** (*mat., mus.*) progression: **p. aritmetica [geometrica]**, arithmetic(al) [geometric] progression; **p. armonica [melodica]**, harmonic [melodic] progression. ● (*fig.*) **crescere in p. geometrica**, to increase exponentially □ **in p. di difficoltà**, progressively more difficult.

progressismo, *m.* (*polit.*) progressivism; liberalism.

progressista, (*polit.*) **A** *a.* progressive; liberal: **una politica progressista**, a progressive policy; **un partito p.**, a liberal party. **B** *m.* e *f.* progressive; liberal.

progressistico, *a.* (*polit.*) progressist (*attr.*); progressive; liberal.

progressività, *f.* progressiveness.

progressivo, *a.* progressive: **uno sforzo p.**, a progressive effort; **un'imposta progressiva**, a progressive tax; **una malattia progressiva**, a progressive disease; (*gramm.*) **forma progressiva**, progressive form.

progrèsso, *m.* progress (*solo al sing.*); progression; (*sviluppo*) development; (*incremento*) advance(ment), growth; (*miglioramento*) improvement: **il p. della scienza**, the progress of science; **il p. della civiltà**, the progress (*o* advance) of civilization; **progressi tecnologici**, technological advances; **i miei progressi nello studio del francese**, my progress in the study of French; **fare progressi**, to make progress: **Non ho fatto molti progressi ultimamente**, I have made little progress lately; **fare progressi rapidissimi**, to make extremely rapid progress; to forge ahead; to advance by leaps and bounds (*fam.*). ● **in p. di tempo**, in the course of time.

proibire, *v. t.* **1** to forbid*; to prohibit; to interdict; to ban: **La legge proibisce la vendita di stupefacenti**, the law prohibits the sale of drugs; **p. a q. di fare q.c.**, to forbid sb. to do st.; to command (*o* to tell, to enjoin) sb. not to do st.; to prohibit sb. from doing st.; **Ti proibisco di parlare**, I forbid you to speak; **La mamma mi proibì di uscire**, mother forbade me to go out; **Il dottore mi ha proibito il vino**, the doctor told me not to drink wine; **Ci è proibito scrivere a casa**, we are forbidden (*o* we are not allowed) to write home; **p. il fumo nei ristoranti**, to ban smoking in restaurants; **p. a q. di mettere piede in un luogo**, to bar sb. from a place; to forbid sb. to enter a place **2** (*impedire*) to prohibit (sb. from doing st.); to prevent (sb. from doing st.).

proibitivo, *a.* prohibitive: **prezzi proibitivi**, prohibitive prices.

proibito, *a.* forbidden; prohibited; interdicted; banned; not allowed: **È severamente p. fumare**, smoking (is) strictly prohibited; **libri proibiti**, forbidden books; **p. dalla legge**, forbidden by law; prohibited; outlaw (*attr.*); **È p. disturbarlo mentre suona**, you mustn't disturb him while he is playing. ● **P. fumare**, no smoking (allowed) □ **P. l'ingresso**, no admittance □ (*a Pechino*) **la città proibita**, the Forbidden City □ (*boxe*) **colpo p.**, illegal blow □ (*Bibbia*) **il frutto p.**, the forbidden fruit □ **sogni proibiti**, impossible dreams.

proibitóre, *m.* (*f.* **-trice**) forbidder; prohibiter.

proibitòrio, *a.* prohibitory; prohibitive.

proibizióne, *f.* prohibition; forbiddance; interdiction; ban; don't (*fam.*).

proibizionismo, *m.* prohibitionism.

proibizionista, A *m.* e *f.* prohibitionist. **B** *a.* prohibitionist (*attr.*).

proibizionistico, *a.* prohibitionist (*attr.*).

proiettàre, A *v. t.* **1** (*gettare*) to project; to throw*; to cast*: **Tutti i corpi proiettano un'ombra**, every body casts a shadow; **Gli alberi proiettavano lunghe ombre sull'erba**, the trees threw long shadows on the grass; **La lampada proiettava una forte luce sul tavolo**, the lamp threw a strong light on the table; **p. diapositive su un muro**, to project slides on a wall; **Fu proiettato in aria dall'esplosione**, he was projected into the air by the explosion **2** (*geom.*) to project: **p. una figura**, to project a figure **3** (*cinem.*) to show; to screen. **B proiettàrsi,** *v. rifl.* e *i. pron.* **1** (*lanciarsi*) to throw* oneself; to jump **2** (*di luce, ombra*: *cadere*) to be projected; to be cast; to fall*. ● **p. nel futuro**, to cast one's mind into the future.

proiettificio, *m.* ammunition factory.

proièttile, *m.* (*oggetto scagliato*) missile; (*di arma*) projectile, shell; (*pallottola*) bullet, ball: **Lanciavano ogni genere di proiettili**, they were throwing all sorts of missiles; **Il p. lo colse in pieno petto**, the bullet hit him full in the chest; **un p. a razzo**, a rocket missile; **p. atomico**, atomic shell; **p. dumdum**, dumdum bullet; **p. illuminante**, star shell; **p. incendiario**, incendiary shell; **p. tracciante**, tracer bullet; **p. inesploso**, dud; **a prova di p.**, bullet-proof.

proiettività, *f.* (*mat.*) projectivity.

proiettivo, *a.* projective: **geometria proiettiva**, projective geometry; (*psic.*) **test p.**, projective test.

proiètto, *m.* projectile. ● (*geol.*) **proietti vulcanici**, volcanic ejecta.

proiettóre, *m.* **1** (*sorgente luminosa molto potente*) floodlight, spotlight; (*orientabile*) searchlight **2** (*autom.*) headlight: **proiettori abbaglianti**, headlights on full (*USA*: high) beam; **proiettori anabbaglianti**, dipped headlights; headlights on low beam; **proiettori fendinebbia**, fog lights **3** (*cinem., fotogr.*) projector: **p. cinematografico**, film (*USA*: motion-picture) projector; **p. per diapositive**, slide projector **4** (*sorgente sonora*) projector.

proiezióne, *f.* **1** (*il proiettare*) projection; projecting; throwing: **la p. dell'ombra di un corpo su una superficie**, the projection of the shadow of a body upon a surface **2** (*geom., geogr.*) projection: **la p. d'un punto su un piano**, the projection of a point on a plane surface; **p. di Mercatore**, Mercator's projection; **p. ortogonale [conica]**, orthographic [conic] projection **3** (*cinem., fotogr.*) projection; show; showing: **sala da p.**, projection room; **la p. d'un film**, the showing (*o* the projection) of a film; **p. di diapositive**, slide projection; **conferenza con p. di diapositive**, lecture with slides **4** (*stat.*) projection **5** (*psic.*) projection

proiezionista, *m.* e *f.* projectionist.

proinsulina, *f.* (*biochim.*) proinsulin.

prolammina, *f.* (*biochim.*) prolamin(e).

prolassàto, *a.* (*med.*) prolapsed.

prolàsso, *m.* (*med.*) prolapsus; prolapse: **p. uterino [rettale]**, prolapse of the uterus [of the rectum].

prolattina, *f.* (*biochim.*) prolactin.

pròle, *f.* children (*pl.*); offspring; progeny; issue (*per lo più leg.*); (*zool.*) brood: **una numerosa p.**, a numerous offspring; a large family; **Ha una p. numerosa**, he has a large family; **p. maschile**, male issue; sons (*pl.*); **p. legittima**, legitimate children; **senza p.**, childless; without children; (*leg.*) without issue.

prolegàto, *m.* (*stor.*) prolegate; deputy-legate.

prolegòmeni, *m. pl.* (*lett.*) prolegomena.

prolèssi, *f.* (*retor.*) prolepsis*.

proletariàto, *m.* **1** (*la classe*) proletariat; working class **2** (*condizione di p.*) proletarianism.

proletàrio, *a.* e *m.* proletarian. ● **la classe proletaria**, the ploretariat.

proletarizzàre, *v. t.* to proletarianize.

prolèttico, *a.* (*gramm., retor.*) proleptic.

proliferàre, *v. i.* **1** (*biol.*) to proliferate **2** (*fig.*) to proliferate, to multiply; (*nascere*) to spring* up.

proliferativo, *a.* (*biol.*) proliferative.

proliferazióne, *f.* (*biol.* e *fig.*) proliferation: **p. delle armi nucleari**, proliferation of nuclear weapons.

prolìfero, *a.* (*biol.*) proliferous.

prolificàre, *v. i.* (*biol.* e *fig.*) to proliferate.
prolificazióne, *f.* prolification.
prolificità, *f.* prolificacy; prolificness; fertility: **la p. dei conigli**, the prolificacy of rabbits.
prolìfico, *a.* (*anche fig.*) prolific; fertile: **I conigli sono molto prolifici**, rabbits are very prolific; **un albero p.**, a prolific tree; **un romanziere p.**, a prolific novelist.
prolìna, *f.* (*biochim.*) proline.
prolissaménte, *avv.* with prolixity; verbosely; diffusely; long-windedly.
prolissità, *f.* prolixity; long-windedness; verboseness; diffuseness: **p. di stile**, prolixity of style.
prolìsso, *a.* prolix; lengthy; long-winded; verbose; diffuse: **un oratore p.**, a prolix (*o* long-winded) speaker; **una predica prolissa**, a prolix (*o* a long-winded) sermon; **spiegazione prolissa**, diffuse explanation.
pro loco, *locuz. f. invar.* visitors' office (in a touristic resort).
pròlogo, *m.* prologue.
prolùdere, *v. i.* ***1*** (*pronunciare una prolusione*) to give* an inaugural lecture ***2*** (*cominciare a parlare*) to begin* to speak.
prolùnga, *f.* ***1*** (*di scala*) extension ladder ***2*** (*di filo elettr. e sim.*) extension lead (*USA*: cord) ***3*** (*di tavolo*) leaf; extension.
prolungàbile, *a.* prolongable; extensible.
prolungabilità, *f.* prolongableness; extensibility.
prolungaménto, *m.* ***1*** (*il prolungare, allungamento*) prolongation; protraction; extension: **il p. d'una retta**, the prolongation of a straight line; **il p. d'una linea ferroviaria**, the extension of a railway ***2*** (*continuazione*) prolongation; continuation: **Questa via è il p. dell'altra**, this street is the continuation of the other one ***3*** (*proroga*) extension; delay: **un p. delle proprie vacanze estive**, an extension of one's summer holidays; **un p. di tempo**, an extension of time.
prolungàre, **A** *v. t.* ***1*** (*rendere più lungo*) to prolong; to protract; to extend: **p. un muro** [**una linea ferroviaria**], to extend a wall [a railway]; **p. la vita a q.**, to prolong sb.'s life; **p. una visita**, to prolong (*o* to extend) a visit; **p. una discussione**, to protract a debate ***2*** (*prorogare*) to extend; to delay: **p. la scadenza d'una cambiale**, to extend the time of payment of a bill. **B** **prolungàrsi,** *v. i. pron.* ***1*** (*nel tempo*) to grow* longer; to be prolonged (*o* extended) ***2*** (*nello spazio*) to stretch; to extend ***3*** (*dilungarsi*) to dwell (on st.).
prolungàto, *a.* prolonged: **un'assenza prolungata**, a prolonged absence; **applausi prolungati**, prolonged applause.
prolungazióne, *f.* ***1*** *V.* **prolungamento** ***2*** (*mus.*) suspension.
prolusióne, *f.* inaugural speech; (*lezione*) inaugural lecture.
prolùvie, *f. invar.* (*lett.*) flood.
promanàre, *V.* **emanare.**
promemòria, *m.* memorandum*; memo; note; reminder: **Lasciami un p.**, leave me note; **fare da p.**, to act as a reminder.
proméssa (**1**), *f.* ***1*** promise: **fare una p.**, to make a promise; **mancare a una p.**, to break a promise; **mantenere una p.**, to keep a promise; **una p. di pagamento** [**di matrimonio**], a promise of payment [of marriage]; **p. formale** [**solenne**], formal [solemn] promise; pledge; **promesse vane**, empty promises; **venir meno alle promesse**, to fail to fulfil one's promises; **essere impegnato da una p.**, to be bound by a promise; to be promise-bound ***2*** (*fig.*: *persona promettente*) promising person: **le promesse del calcio italiano**, the promising players in Italian football; **Quello scrittore è una p.**, he's a writer of promise; he's a promising writer. ● (*fig.*) **p. di marinaio**, dicer's oath □ (*leg.*) **p. di vendita**, agreement to sell □ (*leg.*) **p. unilaterale**, one-sided promise □ **pascere di promesse**, to delude; to deceive □ (*leg.*) **rottura di p. di matrimonio**, breach of promise □ (*prov.*) **Ogni p. è debito**, promise is debt.
proméssa (**2**), *f.* (*lett.*: *fidanzata*) fiancée.
proméssο, **A** *a.* promised: **la Terra Promessa**, the Promised Land. ● **gli sposi promessi**, the betrothed. **B** *m.* (*lett.*: *fidanzato*) fiancé.
prometèico, *a.* (*lett.* e *fig.*) Promethean.
Promèteo, *m.* (*mitol.*) Prometheus.
promèteo, *V.* **promezio.**
promettènte, *a.* promising: **un alunno p.**, a promising pupil; **un cielo p.**, a promising sky; **avere un'aria p.**, to look promising; **poco p.**, unpromising.
prométtere, **A** *v. t.* ***1*** to promise: **Mi promise che mi avrebbe regalato un orologio**, he promised me he would give me a watch as a present; **Mi prometti di condurmi con te?**, will you promise to take me with you?; **Lo prometti** (**davvero**)**?**, do you promise?; **Promisi di arrivare prima delle quattro**, I promised to arrive (*o* that I would arrive) before four o'clock; **Non prometto nulla, ma cercherò di aiutarti**, I'm not promising anything, but I'll try and help you ***2*** (*fig.*) to promise; (*minacciare*) to threaten: **Questo caldo promette di durare**, this warm weather promises to last; **Queste nuvole promettono una nevicata**, these clouds are threatening a snowfall; **La sua faccia non prometteva niente di buono**, his face boded no good. ● **p. in moglie**, to promise in marriage □ **p. mari e monti**, to promise the moon. **B** *v. i.* to promise (well); to look promising: **Quest'anno le viti promettono** (**bene**), the vines promise well (*o* look promising) this year; **Ha un ingegno che promette** (**bene**), he has a mind that promises well (*o* a promising mind). **C** **prométtersi,** *v. rifl.* (*fidanzarsi*) to become* engaged; to betroth oneself (*lett.*). ● **p. a Dio**, to dedicate (*o* to give) oneself to God.
promettitóre, *m.* (*f.* **-trice**) ***1*** (*lett.*) promiser ***2*** (*leg.*) promisor.
promèzio, *m.* (*chim.*) promethium.
prominènte, *a.* prominent; jutting (*o* standing) out; projecting; protuberant: **un naso p.**, a prominent nose; **zigomi prominenti**, prominent cheekbones.
prominènza, *f.* ***1*** (*l'essere prominente*) prominence; prominency ***2*** (*parte, punto prominente*) prominence, projection; (*protuberanza*) protuberance: **una p. in mezzo alla pianura**, a prominence in the middle of the plain.
promiscuità, *f.* promiscuity; promiscuousness; (heterogeneous) mixture: **p. di vocaboli**, promiscuity of words.
promìscuo, *a.* ***1*** promiscuous; heterogeneous; (*misto*) mixed: **una folla promiscua**, a promiscuous crowd; **una scuola promiscua**, a mixed (*o* co-educational) school; **un matrimonio p.**, a mixed marriage ***2*** (*gramm.*) common: **nomi di genere p.**, common gender nouns; two-sex nouns.
promissàrio, *m.* (*leg.*) promisee.
promissòrio, *a.* (*leg.*) promissory.
promittènte, *m.* e *f.* (*leg.*) promisor; promissor.
promo, *m.* e *a. invar.* promo.
promontòrio, *m.* ***1*** (*geogr.*) promontory; headland ***2*** (*anat.*) promontory ***3*** (*meteor.*) ridge.
promòsso, **A** *a.* ***1*** promoted ***2*** (*a scuola*) successful. **B** *m.* (*f.* **-a**) successful student; (*in un concorso*) successful candidate.
promotóre, **A** *m.* (*f.* **-trice**) ***1*** promoter; organizer ***2*** (*fin.*: *d'una società per azioni*) founder; floater. **B** *a.* promoting; promotive; organizing: **il comitato p.**, the organizing committee.
promoviménto, *m.* promotion; promoting; advancement.
promovitóre, *V.* **promotore.**
promozionàle, *a.* (*comm.*) promotional: **vendita** [**campagna**] **p.**, promotional sale [campaign].
promozionàre, *v. t.* (*comm.*) to promote.
promozióne, *f.* ***1*** promotion; advancement; preferment: **p. per anzianità**, promotion by seniority; **ottenere la p.**, to get one's promotion; (*agli esami*) to pass one's exams; **ottenere la p. a sergente** [**a dirigente**], to be promoted sergeant [manager]; (*calcio*) **p. in serie A**, promotion to First Division ***2*** (*comm.*) promotion: **p. delle vendite**, sales promotion.
promulgàre, *v. t.* ***1*** (*leg.*) to promulgate; to enact; to put* into force: **p. una legge**, to promulgate a law ***2*** (*proclamare*) to promulgate; to proclaim: **p. un dogma**, to promulgate a dogma ***3*** (*diffondere*) to spread*; to propagate; to set* forth: **p. una teoria**, to spread (*o* to set forth) a theory.
promulgatóre, *m.* (*f.* **-trice**) promulgator.
promulgazióne, *f.* ***1*** (*leg.*) promulgation; enaction; enactment: **la p. d'una legge**, the promulgation of a law ***2*** (*proclamazione*) promulgation; proclamation: **la p. d'un dogma**, the promulgation of a dogma ***3*** (*diffusione*) spread; propagation.
promuòvere, *v. t.* ***1*** (*far progredire, favorire*) to promote; to further; to foster; to forward: **p. la cultura**, to promote learning; **p. la ricerca**, to further research; **p. un disegno di legge**, to promote a bill ***2*** (*far avanzare a un grado superiore*) to promote: **p. q. colonnello**, to promote colonel; **p. uno studente**, to pass a pupil; **È stato promosso in terza**, he is going into third form ***3*** (*provocare, stimolare*) to bring* about; to bring* on; to cause; to raise; to induce: **p. la febbre**, to bring on a temperature; **p. la traspirazione**, to cause perspiration; **p. il vomito**, to induce vomiting. ● **p. un'azione legale contro q.**, to bring an action against sb.; to sue sb. □ **p. una sottoscrizione**, to open a subscription □ (*comm.*) **p. la vendita di un articolo**, to promote (*o* to merchandize) an article.
prònao, *m.* (*archit.*) pronaos*.
pronatóre, *m.* (*anat.*) pronator.
pronazióne, *f.* (*anat.*) pronation.
pronipóte, **A** *m.* e *f.* ***1*** (*di prozio*) grand-nephew (*m.*); great-nephew (*m.*); grand-niece (*f.*); great-niece (*f.*) ***2*** (*di bisnonno*) great-grandson (*m.*); great-granddaughter (*f.*), (*pl. m.* e *f.*) great-grandchildren. **B** *m. pl.* (*discendenti*) descendants; offspring (*sing.*); issue (*sing.*).
pròno, *a.* ***1*** (*piegato all'ingiù*) prone; prostrate; lying face downwards (*o* on one's face): **L'uomo non è un animale p.**, man is not a prone animal; **posizione prona**, prone position; **gettarsi p.**, to prostrate oneself; to fall on one's face ***2*** (*fig.*: *incline*) prone; inclined: **p. al dubbio**, prone to doubt ***3*** (*fig.*: *sottomesso*) submissive.
pronóme, *m.* (*gramm.*) pronoun: **p. possessivo** [**dimostrativo**], possessive [demonstrative] pronoun; **p. personale** [**relativo**], personal [relative] pronoun.
pronominàle, *a.* (*gramm.*) pronominal.
pronominalizzàre, *v. t.* (*gramm.*) to pronominalize.
pronominalizzazióne, *f.* (*gramm.*) pronominalization.
pronosticàre, *v. t.* ***1*** (*predire*) to prognosticate; to predict; to foretell*; to forecast*: **p. un avvenimento**, to prognosticate (*o* to predict) an event; **p. una sconfitta**, to predict a defeat; **p. ulteriori complicazioni**, to prognosticate further complications ***2*** (*far prevedere*) to presage; to herald; to promise: **Questi nuvoloni pronosticano tempesta**, these dark clouds presage a storm; **un vento che pronostica neve**, a wind that promises snow.
pronosticatóre, *m.* (*f.* **-trice**) prognosticator; predictor; foreteller.

pronòstico, *m.* prediction; forecast; prognostication; (*segno*) sign, omen: **fare un p.**, to make a prediction; to prognosticate; to foretell; **Il p. si è avverato**, the prediction has come true; **tristi pronostici**, gloomy prognostications; **fare un brutto p.**, to predict st. unpleasant. ● **godere il favore dei pronostici**, to be the favourite; to be tipped as the winner.

prontaménte, *avv.* *1* readily; quickly: **Acconsentì p. a fare ciò che volevo**, he readily agreed to do what I wanted; **Riempì il modulo p.**, he quickly filled in the form *2* (*senza indugio*) promptly, without delay; (*volentieri*) willingly: **I vostri ordini saranno p. eseguiti**, your orders will be promptly executed; **rispondere p.**, to reply promptly *3* (*subito*) at once; straight off; immediately: **Reagì p. alla minaccia**, he immediately reacted (*o* he reacted at once) to the threat.

prontézza, *f.* readiness; quickness; promptitude: **p. di mente**, readiness of mind; **p. di movimenti [di riflessi]**, quickness of movement [of reflex]; **p. di spirito**, presence of mind; (*nel rispondere*) quick (*o* ready) wit; **p. di mano**, quickness of hand; **rispondere [ubbidire] con p.**, to reply [to obey] with promptitude (*o* promptly). ● **p. all'ira**, quick temper □ **p. d'ingegno**, quick-wittedness; lively intelligence.

prónto, *a.* *1* (*preparato, disposto*) ready; prepared: **La stanza è pronta**, the room is ready; **La colazione sarà pronta fra mezz'ora**, lunch will be ready in half an hour; **Tutto era p. per il viaggio**, everything was ready for the journey; **p. per partire**, ready to leave; **p. all'azione**, prepared (*o* ready) for action; **p. a tutto**, ready for anything; **Era p. a dare la vita**, he was ready (*o* prepared) to give his life; **p. a ogni evenienza**, prepared (*o* ready) for every eventuality; **tenere p. q.c.**, to keep st. ready; **tenersi p.**, to keep ready *2* (*rapido, vivace, sollecito*) prompt; quick; quick-witted; ready: **ubbidienza pronta**, prompt obedience; **azione pronta**, prompt action; **risposta pronta**, ready answer; **avere un'intelligenza pronta**, to have a lively mind; to be quick in understanding; **p. di mente**, quick-witted; **p. a muoversi**, quick to move; **p. a biasimare**, ready to find fault; **p. nelle risposte**, ready (*o* quick) in one's answers *3* (*facile, propenso*) quick: **essere p. all'ira**, to be quick to anger; to be quick-tempered. ● (*al telefono*) **P.!**, hallo!; hello!; hullo! □ (*all'inizio di una gara*) **Pronti!... Via!**, ready, steady, go!; on your marks, get set, go! □ (*comm.*) **p. a magazzino**, off-the-shelf □ (*comm.*) **pronta cassa**, ready cash; prompt cash; cash down □ (*comm.*) **pronta consegna**, prompt delivery □ (*med.*) **p. soccorso**, first aid □ (*comm.*) **pronta spedizione**, speedy conveyance □ **cemento a pronta presa**, quick-setting cement □ (*comm.*) **pagamento a pronti**, cash (*o* down) payment; cash down.

prontuàrio, *m.* (*manuale*) manual; handbook; reference book. ● (*rag.*) **p. degli interessi**, interest table □ **p. di calcoli**, ready reckoner.

prònuba, *f.* (*stor. romana*) pronuba*.

prònubo, *m.* *1* (*stor. romana*) pronubus* *2* (*lett.*: *paraninfo*) paranymph *3* (*bot.*) pollinator.

pronùcleo, *m.* (*biol.*) pronucleus.

pronùncia, *f.* pronunciation; utterance; (*accento*) accent: **la p. dell'inglese**, the pronunciation of English; English pronunciation; **avere una buona [pessima] p.**, to have good [very bad] pronunciation; **un errore di p.**, a mistake in pronunciation; **un difetto di p.**, a speech defect (*o* impediment); **L'ho riconosciuto dalla p.**, I recognized him from his accent; **Alla sola p. del suo nome, tutti si voltarono**, the mere mention of his name made everyone turn round. ● (*leg.*) **p. interlocutoria**, interlocutory judgment □ **un dizionario di p. inglese**, an English pronouncing dictionary.

pronunciàbile, *a.* pronounceable. ● **una parola facilmente p.**, a word easy to pronounce.

pronunciaménto, *m.* (*polit.*) pronunciamento*.

pronunciàre, **A** *v. t.* *1* to pronounce: **p. una parola correttamente**, to pronounce a word correctly; **p. male la erre**, to pronounce the r incorrectly *2* (*dire, proferire*) to utter; to say*; to speak*; to articulate: **le ultime parole che egli pronunziò**, the last words he said; **non p. una parola**, not to utter a single word; **Pronunciò il mio nome**, he spoke my name; **p. q.c. lentamente**, to articulate st. slowly *3* (*recitare*) to deliver: **p. un'orazione**, to deliver an oration *4* (*dichiarare pubblicamente*) to pronounce: **p. una sentenza di morte**, to pronounce a death sentence. ● **p. lettera per lettera**, to spell □ **p. i voti (religiosi)**, to pronounce one's vows; to take religious vows. **B** **pronunciàrsi,** *v. i. pron.* (*dichiararsi*) to pronounce, to declare oneself, to commit oneself; (*manifestare la propria opinione*) to give* one's opinion, to take* a stand: **p. contro [in favore di] q.c.**, to declare oneself against [in favour of] st. ● **Non mi pronunzio**, I'd rather not comment; I won't comment on that.

pronunciàto, **A** *a.* *1* (*sporgente*) prominent; protruding: **zigomi pronunziati**, prominent cheekbones; **mento p.**, protruding chin *2* (*spiccato*) pronounced; marked; strong; decided: **un accento tedesco molto p.**, a strong German accent; **un p. sapore d'aglio**, a strong garlicky flavour. **B** *m.* (*leg.*) sentence.

pronunziàre, e *deriv.* *V.* **pronunciare**, e *deriv.*

propagàbile, *a.* propagable.

propagaménto, *m.* propagation: **il p. d'una dottrina**, the propagation of a doctrine.

propagànda, *f.* *1* propaganda: **la p. del nemico**, the propaganda of the enemy; the enemy propaganda; **p. antinucleare**, antinuclear propaganda *2* (*comm.*) propaganda; advertising; publicity. ● (*comm.*) **p. capillare**, canvassing □ **p. chiassosa**, ballyhoo (*fam.*); hype (*fam.*) **p. elettorale**, electioneering □ **fare p. a q.c.**, (*pubblicizzare*) to publicize st., to canvass st., to advertise st., to push st. (*fam.*), to plug st. (*fam.*); (*propagandare*) to propagandize st.

propagandàre, *v. t.* *1* to propagandize *2* (*comm.*) to propagandize; to advertise.

propagandista, *m.* e *f.* *1* propagandist *2* (*comm.*) sales representative; salesman* (*m.*); saleswoman* (*f.*).

propagandìstico, *a.* *1* propagandistic; propaganda (*attr.*) *2* (*comm.*) advertising (*attr.*).

propagàre, **A** *v. t.* *1* (*biol.*) to propagate: **p. le piante per seme [per talea]**, to propagate plants by seeds [by cuttings]; **p. una razza di cavalli**, to propagate a breed of horses *2* (*spargere, diffondere*) to propagate; to spread*: **p. una religione**, to propagate a religion; **p. una malattia**, to propagate a disease; **p. false notizie**, to propagate (*o* to spread) (false) rumours *3* (*fis.*) to propagate: **p. il suono [la luce, il calore]**, to propagate sound [light, heat]. **B** **propagàrsi,** *v. i. pron.* *1* (*biol.*) to propagate *2* (*diffondersi*) to spread*: **Le chiacchiere si propagano subito**, rumours spread quickly; **Il contagio si propagò a tutta la regione**, the infection spread through the whole area *3* (*fis.*) to be propagated.

propagatóre, *m.* (*f.* **-trice**) propagator.

propagazióne, *f.* *1* (*biol.*) propagation; propagating; reproduction: **la p. delle piante**, the propagation of plants *2* (*il diffondersi*) propagation; spreading; spread: **la p. di una dottrina**, the propagation of a doctrine; **la p. d'una malattia**, the propagation of a disease *3* (*fis.*) propagation: **la p. del suono [della luce, del calore]**, the propagation of sound [of light, of heat].

propagginaménto, *V.* **propagginazione**, *def. 1.*

propagginàre, *v. t.* *1* (*agric.*) to layer; to propagate by layering *2* (*stor.*) to bury alive head downwards.

propagginazióne, *f.* *1* (*agric.*) layerage; layering; propagation by layers *2* (*stor.*) execution by burying alive head downwards.

propàggine, *f.* *1* (*agric.*) layer: **riprodursi per p.**, to propagate by layers *2* (*fig.*: *diramazione*) offshoot: **le propaggini delle Alpi**, the offshoots of the Alps *3* (*fig. lett.*: *prole*) offshoot; offspring; descendants (*pl.*).

propagolazióne, *f.* (*bot.*) propagation by propagules.

propàgolo, *m.* (*bot.*) propagulum*; propagule.

propagulazióne, *V.* **propagolazione**.

propàgulo, *V.* **propagolo**.

propalàre, *v. t.* to divulge; to spread* (abroad): **p. un segreto**, to divulge a secret; **p. una notizia**, to spread abroad a piece of news.

propalatóre, *m.* (*f.* **-trice**) divulger; spreader.

propalazióne, *f.* divulgation; spreading (abroad).

propàno, *m.* (*chim.*) propane.

propantriòlo, *m.* (*chim.*) glycerol; glycerine.

proparossìtono, *a.* e *m.* (*gramm.*) proparoxytone.

propedèutica, *f.* propaedeutics (*pl. col verbo al sing.*).

propedèutico, *a.* propaedeutic(al); preliminary: **insegnamento p.**, preparatory instruction; propaedeutic.

propellènte, **A** *a.* propellent; propellant; propelling. **B** *m.* propellant; propellent: **p. liquido**, liquid propellant.

propèndere, *v. i.* to incline; to be inclined; to lean*; to tend; to have a tendency (*o* a bias); to favour (st.): **Propendo a credere che...**, I am inclined to believe that...; **p. per l'indulgenza**, to be inclined to use leniency; **Io propendo per l'opinione contraria**, I incline towards the contrary opinion; **p. per la pace**, to tend to peace; **La moda attuale propende per i colori pastello**, the current fashion favours pastel colours. ● **p. per il no**, to be rather against (st.) □ **p. per q.**, to be favourable to sb. □ **p. per il sì**, to be rather in favour (of st.); to have nothing against (st.).

propensióne, *f.* *1* propensity; inclination; tendency; disposition; bent: **la p. dell'animo all'amore**, the tendency of the soul to love; **avere p. per q.c.**, to have a disposition (*o* a tendency) to (*o* towards) st.; to have a bent for st.: **Il ragazzo ha una p. alla pittura**, the boy has a natural bent for painting *2* (*simpatia*) liking: **avere p. per q.**, to have a liking for sb.

propènso, *a.* inclined; disposed; prone; (*favorevole*) favourable, well-disposed: **essere p. a q.c.**, to be inclined to st.; **essere p. a fare q.c.**, to be inclined to do st.: **Sono p. a credere nella tua innocenza**, I am inclined (*o* I incline) to believe in your innocence.

properispòmeno, *a.* (*gramm. greca*) properispomenon*.

Propèrzio, *m.* (*stor. letter.*) Propertius.

propilammina, *f.* (*chim.*) propylamine.

propile, *m.* (*chim.*) propyl.

propilène, *m.* (*chim.*) propylene.

propilèo, *m.* (*archit.*) propylaeum*.

propìlico, *a.* (*chim.*) propylic. ● **alcool p.**, propyl alcohol.

propina, *f.* (examiner's) fee.

propinàre, *v. t.* to administer; to slip (*fam.*): **p. il veleno**, to administer poison; **p. un sonnifero a q.**, to slip sb. a sleeping pill. ● (*scherz.*) **Ci ha propinato dei piatti di sua invenzione**, she fed us dishes of her own concoction □ **Vedrò di propinargli qualche scusa**, I'll see if I can pacify him with some excuse.

propìnquo, (*lett.*) **A** *a.* near; close. **B** *m.* (*specialm. al pl.*) relative.

propiònico, *a.* (*chim.*) propionic: **acido p.**, propionic acid.

propiziàre, *v. t.* to propitiate; (*placare*) to appease, to conciliate, to mollify; (*ingraziarsi*) to ingratiate (oneself to sb.): **p. gli dei**, to propitiate the gods; **p. gli insegnanti**, to ingratiate oneself with one's teachers.

propiziatóre, A *m.* (*f.* **-trice**) propitiator. **B** *a.* propitiatory.

propiziatòrio, *a.* propitiatory: **dono p.**, propitiatory gift.

propiziazióne, *f.* propitiation: **sacrificio di p.**, propitiatory sacrifice.

propìzio, *a.* **1** (*favorevole, benigno*) propitious; favourable: **Gli auspici non furono propizi**, the auspices were not propitious; **un oracolo p.**, a propitious oracle; **rendersi propizi gli dei**, to propitiate the gods **2** (*opportuno, adatto*) propitious; favourable; suitable; right; fortunate: **Le circostanze erano propizie ai nostri piani**, the circumstances were propitious to our plans; **attendere l'occasione propizia**, to wait for the right opportunity; **vento p.**, favourable wind; **il momento più p. per fare q.c.**, the most suitable time for doing st. ● **non p.**, unfavourable; unsuitable.

pròpoli, *m.* e *f.* propolis; bee-glue.

proponènte, A *a.* proponent. **B** *m.* e *f.* proponent; proposer; propounder; (*d'una mozione*) mover.

proponìbile, *a.* proposable.

proponiménto, *m.* intention; resolution: **fare molti buoni proponimenti**, to make many good resolutions; **La lasciai col p. di ritornare subito a casa**, I left her intending to go (*o* with the intention of going) back home at once; **fare p. di fare q.c.**, to resolve to do (*o* upon doing) st.

proponitóre, *V.* **proponente**.

propórre, A *v. t.* **1** to propose; (*suggerire*) to suggest: **p. un rimedio**, to propose a remedy; **Non mi piacevano le soluzioni che proponeva**, I didn't like the solutions he suggested (*o* proposed); **«Che si fa ora?» «Tu che cosa proponi?»**, «what are we going to do now?» «what do you suggest?»; **Ci propose di tornare la sera dopo**, he proposed that we should come back the following evening; **Propongo che tu parta con il prossimo treno**, I suggest that you should leave (*o, più form.*, you leave) with the next train; **Propongo di partire subito**, I suggest leaving at once; **Propongo di aggiornare la seduta**, I suggest the meeting be ajourned (*form.*); **Propongo il signor Smith per la presidenza di questa assemblea**, I propose Mr Smith for the chairmanship of this meeting **2** (*porre, sottoporre*) to put*; to give*: **p. una domanda a q.**, to put a question to sb.; **p. un esempio**, to give an example **3** (*offrire, presentare*) to offer; to present: **i programmi che propone stasera il primo canale**, the programmes offered tonight on channel one **4** (**proporsi**: *prefiggersi*) to set* oneself, to intend; (*decidere*) to decide, to resolve: **proporsi un obiettivo**, to set oneself a goal; **Mi ero proposto di parlargli**, I had intended to speak to him; **Mi propongo di indagare personalmente sulla faccenda**, I intend to investigate the matter myself; **Si propose di tenere un diario**, he decided to keep a diary; **Ci proponemmo di parlargli francamente**, we resolved to speak frankly to him. ● **p. q.c. a esempio**, to hold (*o* to set) st. up as an example; to point to st. as an example □ **p. un brindisi**, to propose a toast □ **p. un affare**, to make a business proposition; to propose a deal □ (*polit.*) **p. un disegno di legge**, to introduce (*o, GB:* to table) a bill □ (*leg.*) **p. una domanda in giudizio**, to start legal proceedings □ **p. un premio**, to offer a prize □ **p. un prezzo**, (*chiederlo*) to ask a price; (*offrirlo*) to offer a price □ **p. una teoria**, to propound a theory □ (*prov.*) **L'uomo propone e Dio dispone**, man proposes, God disposes. **B propórsi,** *v. rifl.* (*offrirsi*) to propose oneself; to offer oneself.

proporzionàle, *a.* proportional (*anche mat.*); proportionate: **p. a q.c.**, proportional (*o* proportionate) to st.; **direttamente [inversamente] p.**, directly [inversely] proportional; **quantità proporzionali**, proportional quantities; **imposta p.**, proportional tax; (*polit.*) **rappresentanza p.**, proportional representation.

proporzionalìsmo, *m.* (*polit.*) **1** upholding of proportional representation **2** proportional representation.

proporzionalità, *f.* (*anche mat.*) proportionality.

proporzionalménte, *avv.* proportionally; in proportion.

proporzionàre, *v. t.* to proportion; to proportionate; to tailor; to adjust: **p. le spese ai redditi**, to proportion (*o* to adjust) one's expenditure to one's income; **p. l'altezza d'una stanza alla larghezza**, to proportion the height of a room to its width.

proporzionàto, *a.* **1** (*di giuste proporzioni*) proportionate: **un corpo ben p.**, a well-proportioned body; **La sua testa non è proporzionata al corpo**, his head is out of proportion with the body **2** (*commisurato*) proportionate; proportional: **Le nostre spese sono proporzionate alle entrate**, our expenditure is proportionate (*o* in proportion) to our income; **La pena è proporzionata alla colpa**, the punishment is proportional to the crime.

proporzióne, *f.* **1** proportion: **la p. delle parti al tutto**, the proportion of the parts to the whole; **la p. tra una cosa e un'altra**, the proportion of one thing to another; **Le braccia sono corte in p. al corpo**, the arms are short in proportion to the body; **nella p. di tre a uno**, in the proportion three to one; **mancante di p.**, wanting in proportion; disproportionate; **spendere in p. ai propri redditi**, to spend in proportion to one's income; **Non c'è p. tra le finestre e la facciata**, the windows are out of proportion with the façade; **Non c'è p. tra il suo valore e il prezzo che ho pagato**, its value bears no relation to the price I paid for it; **mantenere il senso delle proporzioni**, to keep a sense of proportion **2** (*mat.*) proportion; (*rapporto*) ratio: **p. armonica**, harmonic ratio; **p. diretta [inversa]**, direct [inverse] ratio; **estremi [medi] di una p.**, extremes [means] of a proportion; **i termini di una p.**, the terms of a proportion; **p. geometrica**, geometric proportion; **p. antecedente**, antecedent; **p. conseguente**, consequent; **la p. tra le nascite e le morti**, the ratio between births and deaths **3** (*pl.*) (*dimensioni*) proportions (*anche fig.*); dimensions; size: **le proporzioni d'una statua**, the proportions of a statue; **una nave di proporzioni colossali**, a ship of colossal proportions; **una sala di grandi [piccole] proporzioni**, a large [small] room; **uno scandalo di enormi proporzioni**, a scandal of enormous proportions; **assumere gravi proporzioni**, to reach vast proportions.

propositìvo, *a.* containing a proposal.

propòsito, *m.* **1** (*intento*) purpose; (*intenzione*) intention; (*disegno*) design, plan: **fermo p.**, firm purpose; **fermezza di p.**, firmness of purpose; **Non conosco i suoi propositi**, I don't know his intentions; **Dimenticò tutti i suoi buoni propositi**, he forgot all his good intentions; **Non riuscii a mettere in atto il mio p.**, I was unable to carry out my design **2** (*scopo*) aim; object; purpose: **Il mio p., nello scrivere questo romanzo, era di far riflettere**, my aim, in writing this novel, was to make people think; **Il suo p. era di far saltare il ponte**, his object was to blow up the bridge; **perdere tempo e denaro senza p.**, to waste time and money without purpose (*o* aimlessly) **3** (*argomento*) subject; point: **Si potrebbe dire molto a questo p.** (*o* **in p.**), one could say a great deal on this subject; **Per tornare al nostro p.**, to go back to our original subject (*o* to the point); **Vorrei più informazioni in p.**, I'd like more information about it. ● **Sparla di lui a ogni p.**, he never misses a chance (*o* an opportunity) of running him down □ **a p.**, by the way; incidentally: **A p., mi devi ancora dei soldi**, by the way, you still owe me some money □ **parlare a p.**, to speak to the point □ **a p. di**, with regard to; in connexion with; apropos of; speaking of: **a p. di ciò che mi hai detto ieri**, in connection with what you told me yesterday; **A p. di libri, l'hai letto l'ultimo di Stephen King?**, speaking of books, have you read Stephen King's latest? □ **arrivare** (*o* **capitare, venire**) **a p.**, to come at the right moment; to come pat □ **cambiare p.**, to change one's mind □ **di p.** (*apposta*), on purpose; intentionally □ **uomo di p.**, strong-willed (*o* resolute, determined) man □ **Questo non fa al mio p.**, this does not answer my purpose; this is no use to me □ **fare il p. di fare q.c.**, to decide (*o* to resolve) to do st. □ **fare q.c. a p.**, to do st. at the right time (*o* moment) □ **fuori (di) p.**, irrelevant (*agg.*); out of place; inappropriate (*agg.*); irrelevantly (*avv.*); beside the point (*avv.*) □ **Parla sempre fuor di p.**, he invariably chooses the wrong moment to speak □ **male a p.**, unsuitable (*agg.*); ill-timed (*agg.*); inopportune (*agg.*); inopportunely (*avv.*); at the wrong time (*o* moment) □ **senza p.**, to no purpose □ **Tutto tornò a p.**, everything turned out all right.

propositóre, *m.* (*f.* **-trice**) proposer.

proposizionàle, *a.* propositional: (*logica*) **calcolo p.**, propositional calculus.

proposizióne, *f.* **1** (*gramm.*) clause; sentence: **p. principale**, main clause; **p. subordinata [coordinata]**, subordinate [co-ordinate] clause; **p. semplice [composta]**, simple [compound] sentence; **p. enunciativa [interrogativa, esclamativa, imperativa]**, declarative [interrogative, exclamatory, imperative] sentence **2** (*filos., mat.*) proposition.

propósta, *f.* proposal; (*di accordo, affari e sim.*) proposition; (*mozione*) motion; (*suggerimento*) suggestion; (*offerta*) offer, offering: **La mia p. non venne accettata**, my proposal was turned down; **Siamo d'accordo sulla vostra p.**, we agree to your proposal; **fare una p. a q.**, to make sb. a proposal; **p. di affari**, business proposition; **p. contrattuale**, contract proposal; **Ti faccio una p.: io ti pago i debiti e tu mi prendi come socio**, I have a proposition to put to you: I'll pay your debts and you make me your partner; **La p. fu respinta a grande maggioranza**, the motion was rejected by a large majority; **accettare [rifiutare] una p.**, to accept [to turn down] a proposal (*o* an offer); **Agiremo secondo la vostra p.**, we will act as suggested by you (*o* as you propose). ● **p. di impiego**, offer of employment; job offer □ **p. di legge**, bill □ **p. di matrimonio**, (marriage) proposal: **Ho già ricevuto parecchie proposte**, I've already had several proposals; I've already been proposed to several times; **fare una p. di matrimonio a q.**, to propose to sb.; to pop the question (*scherz.*) □ **p. di pace**, peace offer □ **p. indecente**, indecent suggestion; proposition (*USA*): **Più tardi, in un bar, lui ha cominciato a farmi delle proposte**, later, in a bar, he started propositioning me.

propretóre, *m.* (*stor. romana*) propr(a)etor.

propriaménte, *avv.* **1** (*con proprietà di linguaggio*) with propriety **2** (*realmente, veramente*) really; quite: **Non ti so dire p. come sia successo**, I can't quite tell you how it happened ***3*** (*specificamente*) specifically; particularly ***4*** (*in senso proprio*) literally; in the literal sense. ● **p. detto**, in the strict (*o* proper) sense of the word; (*vero, autentico*) real, genuine.

proprietà, *f.* ***1*** (*diritto di disporre di q.c.*) ownership; proprietorship; property: **p. assoluta**, absolute ownership; **p. presunta**, reputed ownership; **diritto di p.**, right of ownership; title; **essere di p. di q.**, to belong to sb.; to be sb.'s property: **Questo giardino è di mia p.**, this garden belongs to me ***2*** (*ciò che si possiede*) property; estate; possessions (*pl.*): **p. immobiliare**, real property (*o* estate); **p. mobiliare**, personal property (*o* estate); **una p. terriera**, a property; (*tenuta*) an estate; **Ha una piccola p. in Toscana**, he has a small property in Tuscany; **Si ritirò nelle sue p. in campagna**, he retired to his country estate ***3*** (*caratteristica, anche fis., chim.*) property: **le p. della materia**, the properties of matter; **p. medicinali**, medicinal properties ***4*** (*mat.*) property; law: **p. topologica**, topological property; **p. associativa [commutativa, distributiva]**, associative [commutative, distributive] law ***5*** (*correttezza, decoro*) propriety, correctness, decorum; (*di linguaggio*) propriety: **vestire con p.**, to dress with propriety (*o* properly); **parlare con grande p.**, to speak with great propriety; **p. di linguaggio**, correctness of language. ● (*leg.*) **p. affittata**, lease □ (*leg.*) **p. assoluta**, fee simple □ **p. fondiaria**, landed property (*o* estate) □ (*ind.*) **p. industriale**, patent rights (*pl.*) □ (*leg.*) **p. letteraria**, copyright: **violazione di p. letteraria**, infringement of copyright □ (*leg.*) **una p. limitata e condizionata**, a fee-tail □ (*cartello*) **«P. privata»**, «no trespassing» □ (*leg.*) **p. reversibile**, reversion □ **di p. dello Stato**, state-owned (*agg.*) □ (*leg.*) **di p. riservata**, proprietary (*agg.*) □ (*leg.*) **nuda p.**, residuary right of ownership □ (*leg.*) **trapasso** (*o* **passaggio**) **di p.**, transfer of title.

proprietàrio, *m.* (*f.* **-a**) owner; proprietor (*f.* proprietress); proprietary; (*di pensione e sim.*) landlord (*f.* landlady): **Chi è il p. di questa casa?**, who is the owner of (*o* who owns) this house?; who does this house belong to?; **il legittimo p.**, the lawful owner; **il p. d'un albergo**, the proprietor of a hotel; **Chiediamo al p. (della pensione)**, let's ask the landlord. ● (*naut.*) **p. di banchina**, wharfinger □ **p. di giornale**, publisher □ **p. terriero**, landowner; landholder □ **essere p. di q.c.**, to own st. □ **un grande p.**, a man of property □ (*leg.*) **senza p.** (*di terreno, ecc.*), vacant.

pròprio, **A** *a.* ***1*** (*poss.*) one's; one's own; of one's own; (*di lui*) his (own); (*di lei*) her (own); (*di animale o cosa*) its (own); (*di loro*) their (own): **badare ai fatti propri**, to mind one's own business; **fare del p. meglio**, to do one's best; **Ognuno crea il p. destino**, everyone creates (*o* is master of) his own destiny; **Ciascuno tornò al p. posto**, everyone went back to his (*o* their) place; **L'aveva scritto lui di proprio pugno**, he had written it in his own hand; **Abita in casa propria**, he lives in his own house; **La moglie ha una rendita propria**, his wife has an income of her own (*o* her own income) ***2*** (*rafforzativo di agg. poss.*) own: **Lo vidi con i miei propri occhi**, I saw it with my own eyes ***3*** (*particolare, caratteristico*) characteristic; typical; peculiar; particular: **Il riso e il pianto sono propri dell'uomo**, laughter and tears are peculiar to man; **l'azione propria di certi veleni**, the effect peculiar to certain poisons; **con quell'aria trasognata che gli era propria**, with his typical dreamy look; **avere un sistema tutto p. di fare q.c.**, to have a way of one's own of doing st. ***4*** (*di senso, significato*) literal; exact: **il senso p. di una parola**, the literal sense of a word; **significato p.**, literal meaning ***5*** (*gramm., mat.*) proper: **nome p.**, proper noun; **frazione propria**, proper fraction ***6*** (*lett.*: *decoroso, per bene*) decorous; proper. ● **amor p.**, self-respect; self-esteem □ **fare propria una proposta**, to pick up a suggestion □ (*astron.*) **moto p.**, proper motion □ **per conto p.**, by oneself □ **vero e p.**, real; proper; regular: **Fu un vero e p. disastro**, it was a proper disaster; **un vero e p. imbroglione**, a regular swindler; **Vorrei avere un'automobile vera e propria, invece di questo macinino**, I'd like to have a real car instead of this crate. **B** *pron. poss.* one's own; (*di lui*) his own; (*di lei*) her own; (*di cosa o animale*) its own; (*di loro*) their own. **C** *m.* (*ciò che appartiene a q.*) one's own, what belongs to one; (*ciò che spetta a q.*) one's due: **rimetterci [spendere] del p.**, to lose [to spend] one's own money; **a ciascuno il p.**, to each his due (*o* his own). ● **Ha una casa in p.**, he has a house of his own □ **lavorare in p.**, to work on one's own □ **rispondere in p.**, to be directly responsible. **D** *avv.* ***1*** (*precisamente*) just; exactly; quite: **p. allora [ora]**, just then [now]; **Mi ha raccontato p. la stessa storia**, he told me exactly the same story; **p. così**, just so; just like that; **Farai p. quello che ti dico**, you'll do exactly what I tell you; **È p. ciò che volevo**, it's just what I wanted ***2*** (*veramente, davvero*) really; quite; indeed: **Quella ragazza è p. bella**, that girl is really beautiful; **Sei p. tu?**, is it really you?; **Mi sento p. male**, I feel really ill; **Questo è p. il colmo**, this is really the limit; **Non so p. che cosa dire**, I really don't know what to say; **È p. senza scrupoli**, he's quite unscrupulous; **La tua proposta è p. ridicola**, your proposal is quite ridiculous; **P.?**, indeed?; really?; **«Avevo ragione io!» «P.!»**, «I was right!» «you were indeed!» ***3*** (*in frasi neg.*: *affatto*) at all: **Non ne ho p. voglia**, I don't feel like it at all ***4*** (*rafforzativo in frasi afferm.*) right; very (*agg.*): **p. in cima**, right at the top; **p. in mezzo alla stanza**, right (*o, fam.*: smack, plumb) in the middle of the room; **p. all'ultimo momento**, at the very last moment; **P. al culmine della cerimonia, egli svenne**, at the very climax of the ceremony he fainted; **L'hai detto p. tu**, you yourself said so.

propriocettóre, *m.* (*fisiol.*) proprioceptor.

propriocezióne, *f.* (*fisiol.*) proprioception.

propugnàcolo, *m.* (*fig.*) bulwark.

propugnàre, *v. t.* (*fig.*) to fight* for; to support; to advocate; to defend; to champion: **p. l'abolizione della pena di morte**, to fight for the abolition of the death penalty; **p. un principio**, to defend (*o* to maintain) a principle.

propugnatóre, *m.* (*f.* **-trice**) supporter; advocate; champion; defender.

propugnazióne, *f.* advocacy; defence; championship.

propulsàre, *v. t.* (*tecn.*) to propel.

propulsióne, *f.* (*mecc., fis., aeron., naut.*) propulsion: **p. ad accumulatori**, storage-battery propulsion; **p. turbo-elettrica**, turbo-electric propulsion; **p. liquida [solida]**, liquid [solid] propulsion; **p. a reazione**, jet propulsion; **p. a razzo**, rocket propulsion. ● **a p. autonoma**, self-propelled □ **a p. a getto**, jet-propelled □ **a p. a razzo**, rocket-propelled.

propulsivo, *a.* propulsive; propelling.

propulsóre, *m.* ***1*** (*mecc.*) propulsor; propeller ***2*** (*etnol.*) spear-thrower. ● (*aeron., miss.*) **p. a reazione**, thruster, thrustor.

propulsòrio, *V.* **propulsivo**.

proquestóre, *m.* (*stor. romana*) proquaestor.

pròra, *f.* ***1*** (*naut.*: *parte anteriore di imbarcazione*) bow(s); stem; head; prow: **da poppa a p.**, from stem to stern; fore and aft; **a p.**, at the bow; forward: **andare a p.**, to go forward; **vento di p.**, head wind; **La nave era inclinata a p.**, the ship was (down) by the head; **essere con la p. al vento**, to be head to the wind; (*nella virata*) to be in stays ***2*** (*aeron., naut.*: *angolo*) heading: **p. magnetica**, magnetic heading; **p. alla bussola**, compass heading; **p. vera**, true heading. ● **p. a rompighiaccio**, icebreaker stem □ **p. a rostro**, beak-headed bow □ **castello di p.**, forecastle; fo'c'sle □ **di p. a dritta [a sinistra]**, on the starboard [port] bow □ **dirigere la p. al largo**, to stand out to sea; to stand off □ **mettere la p. al vento**, to head into the wind.

pro rata, *locuz. avv.* e *a. invar.* (*leg.*) pro rata.

proravìa, *f.* (*naut.*) – **a p.**, forward; ahead: **due miglia a p.**, two miles ahead; **a p. di**, before: **a p. dell'albero di maestra**, before the mainmast.

prorettóre, *m.* pro-rector; pro-Vice Chancellor; pro-Chancellor.

pròroga, *f.* ***1*** (*dilazione*) extension; respite; delay; reprieve: **Ci sarà una p. di una settimana**, there will be a week's delay; **una p. di pagamento**, an extension of payment; **chiedere [concedere, ottenere] una p.**, to ask for [to grant, to get] an extension (*o* a respite) ***2*** (*differimento*) deferment, postponement; (*aggiornamento*) adjournment.

prorogàbile, *a.* extendible; extensible; subject to extension; liable to deferment: **termine p.**, expire date liable to deferment.

prorogabilità, *f.* extendibility; extensibility; liability to deferment.

prorogàre, *v. t.* ***1*** to extend; (*dilazionare*) to delay: **Il termine di consegna è stato prorogato fino al 15 settembre**, the term for delivery has been extended until the 15th of September; **p. la scadenza d'una cambiale**, to extend the time of payment of a bill; to prolong a bill; **p. di alcuni giorni**, to extend for a few days ***2*** (*differire*) to defer, to postpone; (*rinviare*) to put* off; (*aggiornare*) to adjourn: **Il processo è stato prorogato**, the trial has been postponed; **p. la chiusura di un'esposizione**, to postpone the closing date of an exhibition; **p. una seduta**, to adjourn a meeting.

prorómpere, *v. i.* (*anche fig.*) to burst*, to burst* out (*o* forth), to break* out (*o* forth); (*sgorgare*) to gush: **Una folla proruppe nella piazza**, a crowd burst into the square; **La sua ira, sin allora repressa, proruppe**, his anger, till then repressed, broke out; **Il pubblico proruppe in un applauso**, the audience burst into an applause; **p. in una risata**, to burst into laughter; to burst out laughing; **p. in pianto**, to burst into tears; **p. in invettive**, to break out into invectives; **«Questo è troppo!» proruppi**, «this is too much!» I burst out.

pròṣa, *f.* ***1*** prose: **Ha una p. elegante**, he writes elegant prose; **Preferisco leggere della p.**, I prefer reading prose (*o* prose works); **scrivere in p.**, to write in prose; **scrittore di p.**, prose writer; **un'antologia della p. inglese**, an anthology of English prose; **p. letteraria [poetica]**, literary [poetic] prose ***2*** (*opera in p.*) prose work (*o* writing); (*brano*) prose passage, piece of prose: **le prose di Carducci**, Carducci's prose works; **scelta di prose**, selected prose writings ***3*** (*genere drammatico*) theatre; drama; plays (*pl.*): **Preferisco la p. all'opera**, I prefer drama to opera; **stagione di p.**, season of plays; theatre (*o* theatrical) season; **attore di p.**, theatre actor; **compagnia di p.**, theatrical company ***4*** (*fig.*) *V.* **prosaicità**.

proṣaicìṣmo, *m.* prosaicism; prosaism; prosiness.

proṣaicità, *f.* prosaicness; ordinariness; dullness.

proṣàico, *a.* ***1*** prose (*attr.*); prosaic: **uno scritto p.**, a prose work ***2*** (*fig.*: *lontano dalla poesia, materiale*) prosaic, matter-of-fact, unimaginative; (*spreg.*: *volgare*) unpoetic, mundane; (*piatto, noioso*) prosy, dull, humdrum: **È un uomo p.**, he is a matter-of-fact man; **Come sei p.!**, how unpoetic you are!; **una vita prosaica**, a prosaic (*o* dull, humdrum) life; **scrivere in modo p.**, to write in a prosaic manner (*o* prosily).

proṣàpia, *f.* (*lett.*) race, stock; (*discendenza*) lineage, descent; (*nascita*) birth, extraction: **una p. di re**, a race of kings; **un uomo di nobile p.**, a man of noble birth.

proṣasticità, *f.* (*lett.*) prosaicness; prosiness.

proṣàstico, *a.* (*lett.*) prose (*attr.*); prosaic: **scritti prosastici**, prose writings (*o* works).

proṣatóre, *m.* (*f.* **-trice**) prose writer; proser; prosaist.

proscènio, *m.* (*teatr.*) proscenium*; stage: **palchi di p.**, proscenium (*o* stage) boxes. ● **chiamare gli attori al p.**, to call the actors back to stage □ **presentarsi al p.** (*per gli applausi*), to take a curtain-call.

proscìmmio, *f.* (*zool.*) prosimian.

Proscìmmie, *f. pl.* (*Prosimiae*) Prosimii.

prosciògliere, *v. t.* **1** to acquit; to release; to set* free; to absolve; to free: **p. q. da un obbligo**, to acquit sb. of an obligation; to release (*o* to free) sb. from an obligation; to relieve sb.; **p. q. da un voto [da una promessa]**, to free sb. from a vow [from a promise] **2** (*leg.*) to acquit; to clear: **L'imputato fu prosciolto da ogni accusa**, the accused was acquitted of all charges.

proscioglimènto, *m.* **1** (*il prosciogliere*) acquittance; releasement; release: **ottenere il p. da un obbligo**, to obtain (a) release from an obligation **2** (*leg.*) acquittal.

prosciòlto, *a.* (*leg.*) acquitted.

prosciugamènto, *m.* **1** (*il prosciugarsi*) drying up; (*il prosciugare*) draining, drainage **2** (*il bonificare*) reclamation; reclaiming.

prosciugàre, **A** *v. t.* **1** (*disseccare*) to dry up; (*liberare dall'acqua*) to drain: **Il sole prosciugò tutte le pozzanghere**, the sun dried up all the puddles; **p. il proprio terreno**, to drain one's land **2** (*bonificare*) to reclaim: **p. una palude**, to reclaim a marsh. **B prosciugàrsi**, *v. i. pron.* to dry up; to become* (*o* to get*) dry: **Quell'estate tutti i torrenti si prosciugarono**, all the streams dried up that summer; **I campi si prosciugano troppo**, the fields are getting too dry.

prosciùtto, *m.* (cured) ham: **p. affumicato**, smoked ham; **p. cotto**, (cooked) ham; **p. crudo**, uncooked ham; Parma ham; **una fetta di p.**, a slice of ham; **un panino col p.**, a ham roll; **uova al p.**, ham and eggs. ● (*fam.*) **avere gli occhi foderati di p.**, to be blind to facts [to evidence, to reality] □ (*fam.*) **avere gli orecchi foderati di p.**, to be totally deaf.

proscrìtto, **A** *a.* proscribed; banished; exiled. **B** *m.* (*f.* **-a**) exile.

proscrittóre, *m.* proscriber.

proscrìvere, *v. t.* **1** (*condannare all'esilio*) to proscribe; to banish; to exile **2** (*fig.*: *abolire*) to proscribe; to interdict; to prohibit; to forbid*; to ban: **p. un'usanza**, to proscribe a custom.

proscrizióne, *f.* **1** proscription; banishment; exilement: **liste di p.**, proscription lists **2** (*fig.*) proscription; interdiction; prohibition: **la p. d'un libro**, the proscription of a book; **la p. dei riti funebri**, the interdiction of sepulchral rites.

prosecutóre, *m.* (*f.* **-trice**) continuator; one who keeps up (*o* carries on) (st.).

prosecuzióne, *f.* continuation; carrying on; prosecution. ● **durante la p. dell'inchiesta**, while the enquiry was on; as the enquiry was being carried out.

proṣeggiàre, *v. i.* (*lett.*) to write in prose; to use a prose style.

proseguimènto, *m.* (*continuazione*) continuation: **il p. degli studi**, the continuation of one's studies; **il p. d'un articolo**, the continuation of an article. ● **Buon p.!**, (*augurio a Capodanno*) happy new year!; (*a chi viaggia*) enjoy the rest of your trip; (*a chi resta*) enjoy your stay [your holidays]!

proseguìre, **A** *v. t.* to continue; to carry on; to go* on; to keep* up; (*riprendere*) to resume: **Prosegui, ti ascolto**, go on, I'm listening; **Proseguii dicendo che...**, I went on saying that...; then I said that...; **Devi p. lo studio del francese**, you must continue your study of French; you must keep up your French; **p. gli studi**, to continue (*o* to go on with) one's studies; **p. il lavoro**, to go on (*o* to carry on) with one's work; to go on (*o* to continue) working; **Va bene, proseguite pure**, all right, carry on; **p. la lettura**, to go on reading; **p. il viaggio**, to continue one's journey; (*ripartire*) to resume one's journey; **p. il cammino**, to continue on one's way. **B** *v. i.* **1** (*continuare ad andare*) to go* on; to drive* on; to keep* going: **Devo p. per Napoli**, I must go on to Naples; **Proseguimmo in silenzio fino a Roma**, we drove on in silence till we reached Rome; **Prosegui, non fermarti**, keep going, don't stop; **Il treno prosegue fino a Ferrara**, the train goes as far as Ferrara **2** (*continuare*) to continue; to go* on; to keep* up (st.): **Le ricerche proseguono**, the search is going on; **Proseguiremo nelle indagini**, we will continue (*o* keep up) our enquiry; **p. a parlare [a dormire]**, to go on singing [sleeping]. ● (*su lettera*) **«Far p.»**, please forward.

proṣelitiṣmo, *m.* proselytism.

proṣèlito, *m.* (*f.* **-a**) proselyte; convert: **fare proseliti**, to make proselytes (*o* converts); to proselytize.

proṣencèfalo, *m.* (*anat.*) forebrain.

proṣènchima, *m.* (*bot.*) prosenchyma*.

prosenchimàtico, *a.* (*bot.*) prosenchymatous.

prosettóre, *m.* (*f.* **-trice**) (*med.*) prosector.

prosièguo, *m.* (*bur.*) course: **in p. di tempo**, in the course of time.

prosillogiṣmo, *m.* (*filos.*) prosyllogism.

prosìndaco, *m.* deputy (*o* acting) mayor.

prosit (*lat.*), *inter.* (*nei brindisi*) cheers!; (to) your health!

proṣodìa, *f.* prosody.

proṣodìaco, **proṣòdico**, *a.* (*lett.*) prosodic.

proṣodista, *m. e f.* prosodist; prosodian.

proṣopografìa, *f.* (*retor.*) prosopography.

proṣopopèa, *f.* **1** (*retor.*) prosopopoeia **2** (*spreg.*) haughtiness; arrogance; superciliousness; stuffiness; airs (*pl.*). ● **avere una gran p.**, to be arrogant; to give oneself a lot of airs; to be toffee-nosed (*fam. GB*).

proṣopopèico, *a.* (*retor.*) prosopopoeic(al).

prosperàre, *v. i.* to be prosperous; to prosper; to flourish; to thrive*; to boom: **I suoi affari prosperano**, his business is flourishing (*o* booming); **Queste piante non prosperano nei paesi freddi**, these plants don't prosper (*o* flourish) in cold countries; **p. in salute**, to enjoy good health.

prosperità, *f.* prosperity; welfare; well-being: **la p. d'una famiglia**, the prosperity of a family; **la p. d'una nazione**, the welfare of a nation; **una lunga p.**, a long period of prosperity; **un periodo di grande p.**, a period of great prosperity.

pròspero, *a.* **1** (*fiorente*) prosperous; flourishing; thriving; booming: **una nazione prospera**, a prosperous nation; **industrie prospere**, flourishing (*o* booming) industries; **essere in prospere condizioni**, to be in flourishing conditions; to prosper **2** (*propizio*) propitious, favourable; (*felice*) happy, fortunate: **un anno p.**, a prosperous year; **un vento p.**, a favourable wind; **un p. evento**, a happy event. ● **la prospera fortuna**, good fortune □ **salute prospera**, very good health.

prosperóso, *a.* **1** (*fiorente*) prosperous; flourishing; thriving; booming; rich: **un'industria prosperosa**, a flourishing industry **2** (*florido di salute*) healthy; blooming **3** (*grassoccio*) large; (*di donna*) buxom.

prospettàre, **A** *v. t.* **1** (*affacciarsi su*) to look out upon (st.); to face; to front: **gli edifici che prospettano la piazza**, the buildings facing the square **2** (*presentare, esporre*) to point out; to show*: **Prospettai tutte le difficoltà del progetto**, I pointed out all the difficulties of the plan **3** (*fig.*: *proporre, formulare*) to propose; to advance; to put* forward: **p. un affare a q.**, to propose a deal to sb.; **p. un'ipotesi**, to advance a hypothesis. **B** *v. i.* (*affacciarsi su un luogo*) to face (st.); to front onto; to overlook (st.): **L'albergo prospetta sul mare**, the hotel faces (*o* fronts onto) the sea. **C prospettàrsi**, *v. i. pron.* (*presentarsi*) to appear; to look; to seem; to loom: **La situazione si prospetta difficile**, the situation appears to be difficult; **Mi si prospettava una lunga attesa**, I was faced with a long wait; **Si prospettano decisioni non facilmente evitabili**, decisions are looming which won't be easy to avoid.

prospèttico, *a.* perspective (*attr.*): **linee prospettiche**, perspective lines.

prospettìva, *f.* **1** (*disegno*) perspective: **È sbagliata la p.**, the perspective is wrong; **In quel quadro non c'è p.**, that painting lacks perspective; **le leggi della p.**, the rules of perspective; **p. lineare**, linear perspective; **p. aerea**, aerial perspective; **in p.**, in perspective; **un disegno in p.**, a drawing in perspective **2** (*vista panoramica*) view; prospect; scene; vista: **C'è una bella p. da qui**, there is a lovely view from here **3** (*fig.*: *possibilità futura*) prospect (*spesso al pl.*), outlook, look-out; (*probabilità*) chance: **Le prospettive per il futuro non sono molto brillanti**, prospects for the future are not very bright; **Che prospettive ci sono?**, what's the outlook?; what prospects are there?; **un lavoro che non offre prospettive**, a job holding no prospects; a dead-end job (*fam.*); **Ho una certa p. di successo**, I have some chance of success; **avere buone prospettive**, to have good prospects; **Ho la p. di un impiego molto migliore**, I have a much better job in view; I may have the chance of a much better job; **Devi considerare la cosa in p.**, you must see the thing with the future in mind **4** (*punto di vista*) point of view; perspective; slant: **Cerca di vedere la cosa dalla nostra p.**, try and see the thing from our point of view; **Cominciai a vedere le cose sotto una nuova p.**, I started to see things from a new perspective. ● (*fig.*) **errore di p.**, misjudgement; mistaken estimation.

prospètto, *m.* **1** (*in grafica*) elevation **2** (*veduta*) prospect; view: **il p. delle coste vedute dal mare**, the prospect of the coasts seen from the sea **3** (*ciò che sta di fronte*) front; face: **il p. d'un edificio**, the front of a building **4** (*tabella, specchietto*) table; list; schedule; statement: **il p. delle entrate e delle uscite**, the list of assets and liabilities; **un p. statistico**, a statistical table; **un p. particolareggiato delle spese**, an itemized statement of expenses; **stendere un p. completo**, to draw up a full statement. ● **di p.**, full face: **presentarsi di p.**, to offer oneself full face; **ritratto di p.**, full-face portrait □ **guardare q.c. di p.**, to get a front view of st. □ (*teatr.*) **palchi di p.**, front boxes.

prospettóre, *m.* (*ind. min.*) prospector.

prospezióne, *f.* (*tecn.*) prospecting; (*geol.*) surveying: **p. geochimica**, geochemical prospecting; **p. oceanografica**, oceanographic survey. ● **eseguire prospezioni**, to prospect.

prospiciènte, *a.* facing; overlooking; looking out upon: **i villini prospicienti il** (*o* **sul**) **mare**, the villas facing the sea; **il lato p. la** (*o* **sulla**) **strada**, the side facing the street.

prossèmica, *f.* proxemics (*pl. col verbo al sing.*).

prossenèta, *m.* **1** (*lett.*: *sensale*) mediator; go-between **2** (*spreg.*: *mezzano*) pander.

prossenètico, *m.* (*lett.*) brokerage.

prossimàle, *a.* (*anat., geol.*) proximal.

prossimaménte, A *avv.* soon; before long; presently: **P. andrò in India**, I am going to India soon; **P. su questo schermo**, coming (*o* showing) soon. **B** *m. invar.* (*cinem.*) trailer.

prossimità, *f.* proximity; closeness; nearness; (*nel tempo, anche*) imminence: **la p. del mare**, the proximity (*o* closeness, nearness) of the sea; **la p. della mia partenza**, the closeness (*o* imminence) of my departure; **La p. delle elezioni accentuò il dibattito**, with the election approaching, the debate heated up. ● **in p. di**, not far from; near: **in p. del lago**, not far from the lake; **Siamo in p. di Ravenna**, we are not far (*o* we are a short distance) from Ravenna □ **Si era in p. di Pasqua**, Easter was drawing near.

pròssimo, A *a.* **1** (*molto vicino*) (very) near; close (*avv.*); at hand (*pred.*): **in un p. avvenire**, in the near future; **Gli esami sono prossimi**, the exams are getting close (*o* are almost upon us); **Natale è p.**, Christmas is at hand (*o* near, getting close); **essere p. alla fine**, to be near the end; (*fig.*) to be near one's end; **La casa è prossima alla chiesa**, the house is close to the church **2** (*che segue nel tempo o nello spazio*; *successivo*) next: **Ci andrò la settimana prossima**, I'll go there next week; **Verrà il p. mese**, he'll come next month; **La prossima volta che ti vedrò, ti darò i dischi**, I'll give you the records the next time I see you; **Dovrebbe arrivare nei prossimi giorni**, he should arrive in (*o* within) the next few days; **Proviamo al p. albergo**, let's try at the next hotel; **Partirò con il p. treno**, I'll leave by the next train **3** (*diretto*) immediate; direct: **le cause prossime**, the direct causes **4** (*fig.*: *stretto*) close: **parenti prossimi**, close relatives. ● **p. venturo**, next; following: **lunedì p. venturo**, next Monday □ **essere p. a fare q.c.**, to be about to do st.; to be going to do st.; to be on the point of doing st.: **Ero p. a partire, quando arrivò lei**, I was about to leave (*o* I was on the point of leaving) when she arrived □ **Era p. ai quarant'anni**, he was nearly forty; he was getting on for forty □ **in un passato p.**, recently; not long ago □ **nei tempi a noi prossimi**, in recent times □ (*gramm.*) **passato p.**, present perfect □ (*gramm.*) **trapassato p.**, past perfect; pluperfect. **B** *m.* neighbour, neighbor (*USA*); fellow creatures (*pl.*); (*gli altri*) the others: **il rispetto del p.**, the respect of one's neighbour; **il nostro p.**, our fellow creatures (*o* fellowmen); **Ama il p. tuo come te stesso**, love thy neighbour as thyself; **parlar male del p.**, to speak ill of one's neighbour.

prostaglandina, *f.* (*biol., chim.*) prostaglandin.

pròstata, *f.* (*anat.*) prostate.

prostatectomìa, *f.* (*med.*) prostatectomy.

prostàtico, *a.* (*anat.*) prostate (*attr.*); prostatic: **la ghiandola prostatica**, the prostate (*o* prostatic) gland; the prostate.

prostatişmo, *m.* (*med.*) prostatism.

prostatite, *f.* (*med.*) prostatitis*.

prosternàre, A *v. t.* (*lett.*) to prostrate; to throw* down. **B prosternàrsi,** *v. rifl.* **1** to prostrate oneself; to bow down: **p. ai piedi di q.**, to prostrate (*o* to throw) oneself at sb.'s feet **2** (*fig.*) to abase oneself; to kowtow (to sb.).

prosternazióne, *f.* prostration.

pròsteşi, *f.* (*ling.*) prosthesis*.

prostètico, *a.* (*ling., chim.*) prosthetic.

pròstilo, *m.* (*archit.*) prostyle.

prostituìre, A *v. t.* (*anche fig.*) to prostitute: **p. il proprio corpo**, to prostitute oneself; to sell one's body; **p. la moglie**, to prostitute one's wife; **p. i propri talenti**, to prostitute one's talents. **B prostituìrsi,** *v. rifl.* (*anche fig.*) to prostitute oneself.

prostitùta, *f.* prostitute; hooker (*pop. USA*).

prostitùto, *m.* male prostitute; rent boy (*pop.*); hustler (*pop. USA*).

prostituzióne, *f.* (*anche fig.*) prostitution; game (*pop.*): **darsi alla p.**, to prostitute oneself.

prostràre, A *v. t.* **1** (*distendere a terra*) to throw* down; to knock down: **alberi prostrati dalla bufera**, trees thrown down by the gale **2** (*fig.*: *fiaccare*) to prostrate; to exhaust; to wear* out: **La lunga malattia lo ha prostrato**, the long illness has prostrated him; **L'eccessivo lavoro prostra le forze**, overwork exhausts one's strength **3** (*fig.*: *umiliare*) to humble; to abase. **B prostràrsi,** *v. rifl.* **1** to prostrate oneself: **p. dinanzi a un altare**, to prostrate oneself before an altar; **p. ai piedi di q.**, to prostrate oneself before sb. **2** (*fig.*: *umiliarsi*) to abase oneself; to kowtow (to sb.).

prostràto, *a.* **1** prostrate: **i fedeli prostrati dinanzi all'altare**, the worshippers prostrate before the altar **2** (*fig.*: *sfinito*) prostrate, exhausted, worn out; (*abbattuto*) prostrate, dejected, depressed: **p. dalle fatiche [dal dolore]**, prostrate with toil [with grief].

prostrazióne, *f.* **1** (*il prostrarsi, l'essere prostrato*) prostration **2** (*fig.*: *sfinimento*) prostration, exhaustion; (*abbattimento*) prostration, dejection, depression: **La ragazza è in un penoso stato di p.**, the girl is in a painful state of prostration.

prosuòcera, *f.* mother of one's father-in-law [mother-in-law].

prosuòcero, *m.* father of one's father-in-law [mother-in-law].

protagonişmo, *m.* (*spreg.*) desire to be the centre of attention; desire to be in the limelight; self-promotion: **È malato di p.**, he is always trying to put himself in the limelight.

protagonista, *m. e f.* **1** (*teatr., ecc.*) leading actor (*m.*), leading actress (*f.*); (*di un film*) lead, star; (*nel teatro greco*) protagonist: **i protagonisti e i comprimari**, the leading and supporting actors; **la parte di p.**, the leading role; the lead; (*in un lavoro che ha per titolo il nome del protagonista*) the title role **2** (*di romanzo, film, ecc.*) protagonist, main character, hero (*m.*), heroine (*f.*); (*di vicenda reale*) protagonist, one who has the leading role: **Il romanzo ha tre protagonisti**, the novel has three main characters; **un film senza protagonisti**, a film without a main character; **la p. di «Jane Eyre»**, the heroine of «Jane Eyre»; **i protagonisti della rivoluzione**, the protagonists of the revolution; those who played a leading role in the revolution; **Fu p. di un fatto comico**, something funny happened to him; he was directly involved in a funny episode. ● **l'Oscar per migliore attore [non] p.**, the Oscar award for best [supporting] actor.

protagonistico, *a.* self-promoting.

protàllo, *m.* (*bot.*) prothallium*.

protanopìa, *f.* (*med.*) protanopia.

protàntropo, *V.* **protoantropo**.

pròtaşi, *f.* (*letter., gramm.*) protasis*: **la p. d'un periodo ipotetico**, the protasis of a conditional sentence.

proteàşi, *f.* (*biochim.*) protease.

protèggere, A *v. t.* **1** to protect; (*difendere*) to defend, to guard, to shield, to screen; (*custodire*) to take* care of, to watch over; (*salvaguardare*) to safeguard; (*mettere al riparo*) to shelter: **Dio lo protegga!**, God protect him!; **Il padre deve p. i figli**, a father must take care of his children; **Il ragazzo disse una bugia per p. suo fratello**, the boy told a lie to shield his brother; **p. dal pericolo**, to protect (*o* to shield) from danger; to guard; **p. gli occhi dalla luce eccessiva**, to protect the eyes from excessive light; **proteggersi la testa dal sole**, to protect one's head from the sun; **p. i soldati dal fuoco nemico**, to shelter the soldiers from the enemy's fire; (*econ.*) **p. gli scambi**, to shelter trade **2** (*promuovere, favorire*) to favour; to promote; to foster; to patronize: **p. l'industria**, to promote (*o* to foster) industry; **p. le arti**, to promote (*o* to patronize) the arts. **B protèggersi,** *v. rifl.* to protect oneself; (*ripararsi*) to take* refuge, to take* shelter.

protèico, *a.* (*chim.*) proteinic; proteinaceous; proteinous. ● **sostanze proteiche**, proteins.

proteifórme, *a.* proteiform; protean.

proteìna, *f.* (*chim.*) protein.

proteìnico, *V.* **proteico**.

proteinoterapìa, *f.* (*med.*) protein therapy.

proteinùria, *f.* (*med.*) proteinuria; albuminuria.

pròtele, *m.* (*zool., Proteles cristatus*) aardwolf*.

pro tempore (*lat.*), *locuz. avv.* pro tempore; pro tem.

protèndere, A *v. t.* to hold* out; to stretch out: **p. le braccia**, to stretch out one's arms. ● **p. lo sguardo**, to look far away. **B protèndersi,** *v. rifl.* to stretch out; to lean* forward [out, over]; to reach forward [out, over]: **p. da una finestra**, to lean out of a window; **p. in avanti per afferrare q.c.**, to lean forward to grab sb.; **Si protese verso di me**, he reached out towards me; **Si protese sul tavolo per prendere la penna**, he reached out over the table to take the pen; **I rami si protendono oltre la siepe**, the branches stretch out beyond the hedge; **Una lingua di terra si protende nel mare**, a strip of land pushes out into the sea.

Pròteo, *m.* (*mitol.*) Proteus.

pròteo, *m.* (*zool., Proteus anguineus*) proteus; olm.

proteolìşi, *f.* (*biol., chim.*) proteolysis.

proteolìtico, *a.* (*chim.*) proteolytic.

proterandrìa, *f.* (*biol.*) protandry.

proteràndro, *a.* (*biol.*) protandrous.

proteranto, *a.* (*bot.*) proteranthous.

proteranzìa, *f.* (*bot.*) proteranthy.

proteroginìa, *f.* (*biol.*) protogyny.

proterògino, *a.* (*biol.*) protogynous.

proteròglifo, *m.* (*zool.*) proteroglyph.

protèrvia, *f.* (*lett.*) arrogance; haughtiness; insolence.

protèrvo, *a.* (*lett.*) arrogant; haughty; insolent.

pròteşi, *f.* **1** (*med.*) prosthesis*: **p. dentaria**, dental prosthesis; dentures (*pl.*); **p. acustica**, hearing aid **2** (*gramm.*) pro(s)thesis.

protèşico, *a.* (*med.*) prosthetic.

proteşista, *m. e f.* prosthetist; (*odontotecnico*) prosthodontist.

protéso, *a.* **1** outstretched; leaning forward [out, over]: **braccia protese**, outstretched arms; **Era p. sul tavolo**, he was leaning over the table **2** (*fig.*) intent: **p. a far carriera**, intent on his career.

protèsta, *f.* **1** protest; (*lamentela*) remonstrance, complaint: **p. verbale [scritta]**, oral [written] protest; **marcia [sciopero] di p.**, protest march [strike]; **per p.**, in protest; as a (gesture of) protest; **Abbandonarono l'aula in segno di p.**, they left the room in protest; **fare una p.**, to make a protest; to protest; to remonstrate **2** (*attestazione pubblica*) protestation; avowal: **una p. d'amore [d'amicizia]**, a protestation of love [of friendship].

protestànte, *a., m. e f.* (*relig.*) Protestant: **un pastore p.**, a Protestant minister; **la riforma p.**, the Protestant Reformation.

protestantéşimo, *m.* (*relig.*) Protestantism.

protestàntico, *a.* (*relig.*) Protestant (*attr.*).

protestàre, A *v. t.* **1** (*dichiarare formalmente*) to protest; to declare; to assert: **p. amicizia [fedeltà]**, to protest one's friendship [one's loyalty]; **Il prigioniero protestò la propria innocenza**, the prisoner protested his innocence **2** (*comm.*) to protest: **p. una cambiale**, to protest a bill (of exchange); **La cambiale fu protestata per mancato pagamento**, the bill was protested for non-payment. **B** *v. i.* to protest; to make* a protest; (*lagnarsi*) to remonstrate, to complain: **Protestai contro quel provvedimento**, I protested against that measure; **Tutta l'assemblea protestò**, the whole assembly protested; **Fu indetto uno sciopero per p. contro i licenziamenti**, a strike was called in protest against the lay-offs. **C protestàrsi**, *v. rifl.* to protest; to declare: **Si protestò innocente**, he protested his innocence; (*leg.*) he pleaded not guilty; **Si protestava mio amico**, he declared he was a friend of mine.

protestatàrio, *a.* protesting; protest.

protestatóre, *m.* (*f.* **-trice**) protester, protestor.

protèsto, *m.* (*leg.*) protest: **un avviso di p.**, a notice of protest; **p. per mancata accettazione**, protest for non-acceptance; **spese di p.**, protest charges; **fare un p.**, to make a protest. • **mandare una cambiale in p.**, to protest (*o* to dishonour) a bill.

protettìvo, *a.* protective; protecting: **occhiali protettivi**, protective glasses; **dazi protettivi**, protective duties; **tariffa protettiva**, protective tariff; **un atteggiamento p.**, a protective attitude.

protètto, **A** *a.* protected; sheltered; shielded; guarded: **un luogo p.**, a sheltered place; (*econ.*) **industrie protette**, protected (*o* sheltered) industries; **specie protette**, protected species. **B** *m.* (*f.* **-a**) protégé (*franc.*) (*f.* protégée); favourite.

protettoràto, *m.* (*polit.*) protectorate.

protettóre, **A** *m.* (*f.* **-trice**) **1** protector (*f.* protectress); defender; guardian: **un potente p.**, a powerful protector; **il p. degli oppressi**, the protector of the oppressed **2** (*fautore*) patron (*f.* patroness): **un p. delle arti**, a patron of the arts **3** (*sfruttatore d'una prostituta*) pimp; ponce (*GB*). **B** *a.* protecting; protective. • **il santo p. d'una città**, the patron saint of a town □ **Società protettrice degli animali**, Society for the Prevention of Cruelty to Animals.

protezióne, *f.* **1** (*il proteggere, difesa*) protection, defence, care, guard; (*riparo*) shelter: **la p. dei deboli**, the protection of the weak; **p. dell'ambiente**, environmental conservation (*o* protection); **p. dal freddo**, protection against the cold; **la p. delle industrie**, the protection of industries; **essere sotto la p. di q.**, to be under sb.'s protection (*o* care); **prendere q. sotto la propria p.**, to take sb. under one's protection (*o, fam.*: under one's wing); **invocare la p. di Dio**, to invoke God's (help and) protection; **offrire p.**, to offer protection; **senza p.**, without protection; unprotected; unguarded; defenceless; **copertura [involucro] di p.**, protective cover [wrapper]; **misure di p.**, protective measures; precautions **2** (*patrocinio*) patronage; support: **la p. delle arti**, the patronage of the arts **3** (*appoggio, favoritismo*) help from people in high places **4** (*tutela imposta dalla malavita*) protection **5** (*elab.*) security. • **p. civile**, civil defence □ (*edil.*) **p. antincendio**, fire protection □ **p. sanitaria**, health and safety □ **con aria di p.**, with a patronizing air □ **misure di p. antiaerea**, air-raid precautions □ **prendere un tono di p.**, to assume a patronizing (*o* a paternalistic) air □ **Società per la p. degli animali**, Society for the Prevention of Cruelty to Animals.

protezionismo, *m.* (*econ.*) protectionism.

protezionista, *a., m. e f.* (*econ.*) protectionist.

protezionìstico, *a.* (*econ.*) protectionist; protective.

protide, *m.* (*biol.*) protein.

protìdico, *a.* (*biol., chim.*) proteic.

pròtio, *m.* (*chim.*) protium.

pròtiro, *m.* (*archit.*) prothyrum*.

protìsta, *m.* (*biol.*) protist.

protistologìa, *f.* protistology.

pròto, *m.* (*tipogr.*) foreman*; overseer.

protoàntropo, *m.* (*antropol.*) protohuman.

protoattìnio, *m.* (*chim.*) protoactinium.

protocanònico, *a.* (*eccles.*) protocanonical.

protocollàre (1), *a.* protocolar(y); protocol (*attr.*).

protocollàre (2), *v. t.* **1** to record; to register; to file; to protocol **2** (*leg.*) to record in protocol.

protocollìsta, *m. e f.* keeper of records; filing clerk.

protocòllo, *m.* **1** (*registro*) register of documents; record; file: **essere a p.**, to be on record **2** (*ufficio*) registry (*o* record) office **3** (*leg.*) protocol **4** (*cerimoniale*) protocol; ceremonial: **secondo il p.**, according to the protocol. • **p. della corrispondenza in arrivo [in partenza]**, inward [outward] letter-book □ **carta (formato) p.**, foolscap (paper) □ **mettere a p.**, to record; to register; to file; to protocol □ **numero di p.**, reference number.

protogermànico, *a. e m.* (*ling.*) Proto-Germanic.

protògino (1), *a.* protogynous.

protògino (2), *m.* (*miner.*) protogine.

protoindoeuropèo, *a. e m.* (*ling.*) Proto-Indo-European.

protolìngua, *f.* (*ling.*) protolanguage.

protomàrtire, *m. e f.* (*relig.*) protomartyr; first martyr.

protomatèria, *f.* (*astrofisica*) first matter.

pròtome, *f.* (*archeol.*) protome, protoma.

protomèdico, *m.* (*stor.*) chief physician; archiater.

protomotèca, *f.* collection of busts.

protóne, *m.* (*fis.*) proton.

protònico (1), *a.* (*fis.*) protonic; proton (*attr.*): **carica protonica**, proton charge.

protònico (2), *a.* (*gramm.*) pretonic.

protonotariàto, *m.* (*eccles.*) prot(h)onotaryship.

protonotàrio, *m.* (*eccles., stor.*) prot(h)onotary.

protoplàsma, *m.* (*biol.*) protoplasm.

protoplasmàtico, *a.* (*biol.*) protoplasmatic; protoplasmal; protoplasmic.

protoplàsto, *m.* (*biol.*) protoplast.

protoràce, *m.* (*zool.*) prothorax.

protoromàntico, *a. e m.* (*f.* **-a**) (*letter.*) early Romantic.

protoromànzo, *a. e m.* (*ling.*) Proto-Romance.

protosemìtico, *a. e m.* (*ling.*) Protosemitic.

protosincrotróne, *m.* (*fis.*) proton synchrotron.

protoslàvo, *a. e m.* (*ling.*) Proto-Slavonic.

protòssido, *m.* (*chim.*) protoxide.

protostélla, *f.* (*astron.*) protostar.

protostòria, *f.* protohistory.

protostòrico, *a.* protohistoric.

protòtipo, **A** *m.* prototype; typical example: **il p. del romanzo moderno**, the prototype of the modern novel; **È il p. del borghese**, he is the typical middle class man; **È il p. dell'idiota**, he is a perfect idiot. **B** *a.* prototypal; prototypic(al).

protòttero, *m.* (*zool., Protopterus annectens*) (African) lungfish.

protovangèlo, *m.* protevangelium.

protozoàrio, *a.* (*zool.*) protozoal; protozoic.

Protozòi, *m. pl.* (*zool., Protozoa*) Protozoa.

protozòico, *a.* (*geol.*) Archeozoic.

protozòo, *m.* (*zool.*) protozoan; protozoon*.

protràrre, **A** *v. t.* **1** (*prolungare*) to protract; to prolong; to extend; to lengthen; to continue: **La loro visita fu protratta di alcune settimane**, their visit was protracted for some weeks; **p. una discussione**, to protract a debate; **p. gli studi**, to continue one's studies **2** (*differire*) to postpone; to defer; to delay; to put* off: **p. la partenza**, to postpone (*o* to put off) one's departure. **B protràrsi**, *v. i. pron.* to be protracted; (*continuare*) to continue, to go* on; (*durare*) to last: **La conferenza si protrasse per due ore**, the lecture went on for two hours.

protràttile, *a.* (*zool.*) protractile; protrusile; protrusible.

protrazióne, *f.* **1** (*prolungamento*) protraction; prolongation; lengthening out **2** (*differimento*) postponement; deferment; delay; putting off.

protrombìna, *f.* (*biol., chim.*) prothrombin.

protrombìnico, *a.* (*biol.*) prothrombin (*attr.*).

protrùdere, *v. t. e i.* (*med.*) to protrude.

protrudìbile, *a.* (*scient.*) protrudable; protrusible.

protrusióne, *f.* (*med.*) protrusion.

protuberànte, *a.* protuberant; bulging; prominent.

protuberànza, *f.* **1** (*prominenza*) protuberance, bulging out, bulge, swelling, prominence; (*bernoccolo*) bump, lump: **formare una p.**, to form a protuberance; to bulge out **2** (*astron.*) prominence: **p. solare**, solar prominence.

protutèla, *f.* (*leg.*) deputy guardianship.

protutóre, *m.* (*leg.*) protutor; deputy guardian.

proustiàno, *a.* Proustian.

proustìte, *f.* (*miner.*) proustite.

pròva, *f.* **1** (*verifica*) trial, test; (*esperimento*) experiment: **p. di resistenza**, endurance test; **p. di sicurezza**, reliability test; **p. di velocità**, speed trial; **Le prime prove della bomba atomica ebbero luogo nel Nuovo Messico**, the first experiments with the atomic bomb took place in New Mexico; **fare una p.**, to do a test; **superare [non superare] una p.**, to pass [to fail] a test; (*aeron.*) **volo di p.**, trial flight; (*naut.*) **viaggio di p.**, trial cruise **2** (*dimostrazione*) proof: **dare p. di coraggio**, to give proof of one's courage; **dare p. d'intelligenza**, to give proof of (*o* to show) one's intelligence; **a p. della mia asserzione**, in proof of my assertion; **Ecco una p. della sua colpevolezza**, here is proof of his guilt; **Era in buona fede, p. ne sia che...**, he was in good faith, and the proof is that... **3** (*leg. e estens.*) proof; (*elemento di p.*) evidence, proof: **Un indizio non è una p.**, a clue is no proof; **Questa è p. sufficiente della sua colpevolezza**, this is sufficient proof of his guilt; **Prima ci vogliono le prove**, first we must have proof; **Portami delle prove prima di dire ciò!**, bring me some proof before saying that!; **Mancano le prove per condannarlo**, there isn't enough evidence to convict him; **Non hanno nessuna p. in mano**, they have no evidence; **una p. determinante**, a crucial piece of evidence; **assoluzione per insufficienza di prove**, acquittal on the grounds of lack of evidence (*o* insufficient proof); **Questo non fa p. in giudizio**, this evidence won't stand (up) in court; **prove concrete**, concrete evidence; **p. a carico**, evidence for the prosecution; **p. a discarico**, evidence for the defence; **p. indiziaria**, circumstantial evidence; **p. in contrario**, evidence to the contrary; **p. legale**, legal evidence; **p. testimoniale**, testimonial evidence; **l'onere della p.**, the burden of proof **4** (*sforzo, tentativo*) try; attempt; go (*fam.*); shot (*fam.*): **Alla prima p. l'uscio cedette**, the door gave way (*o* in) at the first attempt; **Dopo l'ennesima p., rinunciò**, after the umpteenth try (*o* attempt) he gave up; **Farò un'altra p.**, I'll have another try; I'll try again; **Fa' fare una p. a me**, let me have a try (*o, fam.*: a shot, a bash, a go) at it **5** (*esame*) examination; exam; test: **p. orale [scritta]**, oral (written) examination (*o* test); **Le prove d'inglese avranno luogo domani**, the English examinations will take place tomorrow; **sostenere una p.**, to sit for (*o* to take) an examination (*o* an exam); **p. psicotecnica**, intelligence test **6** (*teatr.*) rehearsal: **p. generale**, dress rehearsal; **La commedia andrà in p. la settimana prossima**, the play will go into rehearsal (*o* rehearsals of the play will start) next week; **Gli attori fanno cinque ore di p. al giorno**, the actors have five hours' rehearsal every day; the actors rehearse for five hours every day ***7*** (*sport*: *gara*) trial, test; (*evento*) event; (*prestazione*) performance, showing: **p. a cronometro**, time trial; **p. di durata**, long-distance trial; **p. di resistenza**, test of stamina; **la p. di salto con l'asta**, the pole vaulting event; pole vaulting; **Tutti gli atleti hanno dato una p. eccezionale**, all the athletes gave impressive performances; **una prova deludente**, a poor showing ***8*** (*tipogr.*: *bozza*) proof: **correggere una p.**, to correct a proof; **tirare una p.**, to pull a proof; **prima p.**, galley(-proof); **seconda p.**, revise; **terza p.**, second revise; **foglio di p.**, specimen page ***9*** (*di abito*) fitting: **fare due prove per un abito**, to have two fittings for a suit; **mettere in p. un vestito**, to have a suit ready for the fitting ***10*** (*mat.*) proof: **la p. dell'addizione**, the proof of the addition ***11*** (*afflizione, disgrazia*) affliction; sorrow; trial: **Subirono le più dure prove**, they underwent the hardest trials; **Dovette patire molte amare prove**, he had to suffer bitterly. ● (*edil.*) **p. a fatica**, fatigue test □ (*di motori*) **p. a freddo**, cold test □ (*aeron.*) **prove a terra**, ground tests □ (*elettr.*) **p. ad alta tensione**, high-voltage test □ (*mecc.*) **p. al banco**, bench test □ (*mecc.*) **p. al freno**, brake test □ (*edil.*) **p. all'urto**, shock test □ (*chim.*) **p. alla fiamma**, flame test □ (*ind. tess.*) **p. dei filati**, yarn testing □ **p. del fuoco**, (*stor.*) ordeal (*o* trial) by fire; (*fig.*) acid test □ (*fig.*) **p. del nove**, crucial test □ (*med.*) **p. del sangue**, blood test □ (*fig.*) **p. delle armi**, trial by combat □ (*naut.*) **p. di bacino**, basin trial □ **p. di collaudo**, acceptance test □ **p. di durata**, (*mecc.*) endurance test □ (*mecc.*) **p. di durezza**, hardness test □ (*fis.*) **p. di elasticità**, elasticity test □ **p. di forza**, trial of strength □ **prove di massima potenza**, full-power trials □ **p. di pressione**, pressure test □ (*elettr.*) **p. di rigidità**, electric strength test □ **prove di stabilità**, stability trials □ (*mil.*) **p. di tiro**, range trial □ **p. su strada**, road test □ **a p. d'acqua**, waterproof □ **a p. di bomba**, bomb-proof □ **a p. di cannone**, shell-proof □ (*autom.*) **a p. di collisione**, crash-worthy □ **a p. di fuoco**, fireproof □ **a p. di scasso**, burglar-proof □ **un amico a tutta p.**, a tried (*o* trustworthy) friend □ **onestà a tutta p.**, well-tried (*o* proven) honesty □ **apparecchio di p.**, test set □ **banco di p.**, testing bench; (*fig.*) acid test □ **campo di p.**, proving ground □ **dare buona p.**, to stand the test □ **dare buona p. di sé**, to give a good account of oneself □ **dare p. di coraggio**, to show one's courage; to behave bravely □ **dare p. di essere affidabile**, to prove (to be) reliable □ **fare buona** [**cattiva**] **p.**, to prove good [bad] □ **Fa' prima la p. su un campione**, try it out on a sample first □ **Fino a p. contraria, non lo giudico**, until I have proof to the contrary, I'm not going to judge him □ **in p.**, on trial; (*di persona assunta*) on probation; (*comm.*) on approval: **assumere q. in p.**, to take sb. on for a trial period; **Prendo questa automobile in p. per tre mesi**, I'm taking this car for a three-month trial; (*comm.*) **gratis in p.**, on free trial, on free approval □ **mettere alla p.**, to put to the test; to test; to set (sb., st.) through (his, its) paces □ **mettere a dura p.**, to try sorely; to put a strain on; to strain badly □ **mettere a dura p. la pazienza di q.**, to try (*o* to tax) sb.'s patience □ **un uomo duramente messo a p.**, a sorely-tried man □ (*comm.*) **ordine di p.**, trial order □ **conoscere q.c. per p.**, to know st. from experience □ **un periodo di p.**, a trial period; (*di persona assunta*) a period of probation □ **reggere alla p.**, to stand the test □ **stanza di p.**, testing room □ **Voglio vederlo alla p.**, I want to see it tested; I want to put him to the test.

provàbile, *a.* prov(e)able; demonstrable.

provacircùiti, *m. invar.* (*elettr.*) circuit analyzer.

provapìle, *m. invar.* (*elettr.*) battery tester.

provàre, **A** *v. t.* ***1*** (*sperimentare, mettere alla prova*) to try; to try out; to test; to put* to the test: **p. un fucile** [**un'auto, un cavallo**], to try a gun [a car, a horse]; **p. una medicina** [**un nuovo metodo**], to try out a medicine [a new method]; **Proverò questo dentifricio per un mese**, I'll try this toothpaste for a month; **Proverò le sue capacità con il lavoro che gli assegnerò**, I'll test his abilities with the job I'm going to give him; **Provalo prima su un pezzetto di stoffa**, try it out on a piece of material first ***2*** (*tentare*) to try, to attempt, to have a go (*o* a bash, a shot) (*fam.*); (*sforzarsi*) to make* an effort: **Lasciate p. anche me!**, let me try too!; **Dopo mesi di letto, provò a fare qualche passo**, after months in bed he tried to take some steps; **Proviamo un po'!**, let's have a try (*o* a go, a bash); **Prova tu adesso**, you have a go (*o* a shot, a bash) at it now; **Prova se riesci a sapere quando verrà**, try and find out when he will come; **Prova a colpirmi, se hai il coraggio!**, just try and hit me, if you dare!; **Vorrei vedere che ci provasse con me!**, I'd like to see him try it out on me!; **Prova a chiedere quanto è costato**, try and guess how much it cost ***3*** (*dimostrare*) to prove; to show*; to demonstrate: **p. la propria innocenza**, to prove one's innocence; **Ve lo provo con poche parole**, I'll prove it to you in a few words; **Questo è ancora da p.**, this has yet to be proved; **p. la verità di q.c.**, to demonstrate the truth of st.; **Te lo proverò con documenti**, I'll prove it to you with documents; **p. la validità di una teoria**, to demonstrate the validity of a theory; **Il suo comportamento prova la sua intelligenza**, his behaviour shows his intelligence ***4*** (*sentire*) to feel*; (*sperimentare in sé*) to experience: **p. dolore** [**gioia, un'emozione**], to feel pain [joy, an emotion]; **Non sai che gioia provai a quella notizia**, you've no idea what joy I felt on hearing that news; **p. pietà per q.**, to feel pity for sb.; **p. una gran delusione**, to feel deeply disappointed; **Non provo più piacere a nulla**, I feel no pleasure in anything; **p. la fame** [**la sete**], to experience hunger [thirst]; **p. una grande avversione per q.c.**, to experience (*o* to feel) a great aversion (*o* dislike) for st.; **p. la gioia della vita all'aperto**, to experience the joys of life in the open air; **Non so che soddisfazione tu ci provi**, I don't know what satisfaction you get out of it ***5*** (*indumenti, ecc.*) to try on; (*dal sarto*) to have a fitting: **p.** (*o* **provarsi**) **un paio di scarpe** [**un cappello**], to try on a pair of shoes [a hat]; **Provalo!**, try it on!; **Verrò a provarmi il vestito la settimana prossima**, I'll come to have a fitting (*o* for a fitting) next week ***6*** (*fig.*: *affliggere*) to try, to afflict; (*indebolire*) to weaken: **La disgrazia lo ha duramente provato**, misfortune has sorely tried (*o* afflicted) him; **La malattia l'ha molto provato**, his illness weakened him a lot ***7*** (*teatr.*) to rehearse: **p. una commedia**, to rehearse a play; **L'orchestra sta provando**, the orchestra is rehearsing ***8*** (*collaudare*) to test: **Provai l'automobile in curva e sul rettilineo**, I tested the car in cornering and on the straight; **I nostri macchinari sono provati a fondo prima della vendita al pubblico**, our machinery is fully tested before being sold to the public ***9*** (*gustare*) to taste; to try: **Prova queste castagne!**, taste these chestnuts! ***10*** (*saggiare*) to try; to test; to analyse: **p. la purezza di un metallo**, to test (*o* to analyse) the purity of a metal. ● (*prov.*) **P. per credere**, first try and then trust □ (*prov.*) **L'eccezione prova la regola**, the exception proves the rule. **B provàrsi**, *v. i. pron.* ***1*** (*tentare*) to try, to attempt; (*sforzarsi*) to do one's best, to endeavour: **Mi voglio provare a scalare quella montagna**, I want to attempt to climb that mountain; **Si provò più volte inutilmente**, he tried several times in vain; **Devi provarti a vincere questa partita**, you must do your best to win this match; **Mi proverò a essere più puntuale**, I'll try to be more punctual; (*fam.*) **Provati ad alzare un dito!**, just you try and lift a finger! ***2*** (*cimentarsi, misurarsi*) to put* oneself to the test; to measure oneself (against sb.): **Mi voglio p. con lui**, I want to measure myself (*o* my strength) against him.

provàto, *a.* ***1*** (*fidato*) tried; reliable; trustworthy: **un prodotto p.**, a reliable product; **un amico p.**, a tried friend; **di p. abilità**, of tried skill ***2*** (*colpito*) tried: **un uomo p. dalle sventure**, a man tried by misfortune ***3*** (*affaticato*) exhausted, worn-out; (*indebolito*) weakened.

provatransistóri, *m. invar.* (*elettron.*) transistor tester.

provatùbi, *V.* **provavalvole**.

provatùra, *f.* fresh buffalo-milk cheese.

provavàlvole, *m. invar.* (*elettron.*) tube tester.

provenièenza, *f.* ***1*** (*luogo d'origine*) place of origin, provenance, provenience (*USA*); (*origine*) origin: **la p. della merce**, the place of origin of the goods; **luogo di p.**, place of origin; **merce di p. straniera**, goods of foreign origin; **di p. ignota**, of unknown provenance ***2*** (*fonte*) source: **notizie di incerta p.**, news from an unreliable source; **La p. delle notizie è attendibilissima**, the source of the news is quite reliable. ● **ufficio di p.**, forwarding office.

provenìre, *v. i.* ***1*** (*derivare*) to derive, to proceed; (*avere origine*) to originate, to arise*, to stem; (*essere causato*) to be caused: **Tutti i nostri guai provengono da questo**, all our troubles are caused by this; this is the cause of all our troubles ***2*** (*venire da un dato luogo*) to come*: **Non so da dove provenga quel denaro**, I don't know where that money comes from; **Queste merci provengono dalla Spagna**, these goods come from Spain.

provènto, *m.* (*comm.*) proceeds (*pl.*); receipts (*pl.*); gain; return: **il p. di una vendita**, the proceeds of a sale; **i proventi di un anno di lavoro**, the proceeds of a year's work.

proventrìglio, *m.* (*zool.*) proventriculus*; proventricule.

Provènza, *f.* (*geogr.*) Provence.

provenzàle, **A** *a.* Provençal; Provence (*attr.*): **la poesia p.**, Provençal poetry. **B** *m.* e *f.* Provençal. **C** *m.* (*ling.*) Provençal; langue d'oc.

provenzaleggiànte, *a.* (*letter.*) in the Provençal style.

provenzaleggiàre, *v. i.* (*letter.*) to use Provençal forms (*o* idioms).

provenzalìsmo, *m.* (*letter.*) Provençal idiom.

provenzalìsta, *m.* e *f.* (*letter.*) specialist in langue d'oc.

proverbiàle, *a.* ***1*** proverbial: **saggezza p.**, proverbial wisdom; **un detto p.**, a proverbial saying; a proverbialism ***2*** (*fig.*) proverbial; (*rif. a qualità negative, anche*) notorious: **il p. nodo gordiano**, the proverbial Gordian knot; **La sua avarizia è p.**, his stinginess is proverbial (*o* notorious); **Questo ufficio è proverbiale per la sua incompetenza**, this office is a by-word for incompetence.

provèrbio, *m.* proverb; saying; (*adagio*) adage, (wise) saw: **Ha sempre un p. pronto**, he is always ready with a proverb; **come dice il p.**, as the saying goes. ● (*Bibbia*) **i Proverbi**, (the Book of) Proverbs □ **il gioco dei proverbi**, proverbs □ **passare in p.**, to become proverbial □ **lo studio dei proverbi**, the study of proverbs; proverbiology.

provétta, *f.* ***1*** (*chim.*) test tube: **p. graduata**, graduated tube; **bambino** (**concepito**) **in p.**, test-tube baby ***2*** (*mecc.*: *barretta per prove*) test bar.

provètto, *a.* ***1*** experienced; skilled; skilful; expert; practised: **un insegnante p.**, an experienced teacher; **un artista p.**, a skilled artist; **una mano provetta**, a practised hand ***2*** (*lett.*) mature: **età provetta**, mature age.

provicàrio, *m.* (*econ.*) provicar.

provìncia, *f.* ***1*** (*circoscrizione amministrativa*) province; district: **L'Italia si divide in province**, Italy is divided into provinces; **l'amministrazione d'una p.**, the administration of a province ***2*** (*di contro a «capoluogo»*) provinces (*pl.*); country; **venire dalla p.**, to come from the provinces; **città di p.**, small town; **la vita in p.**, life in the provinces (*o* in a small town); **abitare in p.**, to live in a small town (*o* in the provinces) ***3*** (*paese, regione*) country; district; region: **viaggiare in lontane province**, to travel through distant countries ***4*** (*eccles., stor. romana*) province ***5*** (*geol.*) province. ● **di p.**, provincial; country (*attr.*): **abitudini di p.**, provincial customs; **gente di p.**, provincials; country people.

provincialàto, *m.* (*eccles.*) provincialate.

provinciàle, A *a.* ***1*** (*della provincia*) provincial: **una strada p.**, a provincial road; **consiglio p.**, provincial council ***2*** (*di provincia*) provincial; (*spreg.*) countrified: **maniere provinciali**, provincial (*o* countrified, unpolished) manners ***3*** (*fig. spreg.*: *ristretto*) small-town (*attr.*); parochial: **mentalità p.**, small-town (*o* parochial) mentality. ● (*eccles.*) **padre p.**, provincial. **B** *m.* e *f.* provincial; small-towner. **C** *f.* (*strada p.*) provincial road.

provincialismo, *m.* ***1*** (*l'essere provinciale*) provincialism; (*spreg.*) parochialism ***2*** (*ling.*) provincialism; local word.

provincialità, *f.* provinciality. ● **p. di modi**, provincial manners.

provincializzàre, *v. t.* to provincialize.

provincializzazióne, *f.* provincialization.

provìno, *m.* ***1*** (*cinem.*) screen test ***2*** (*teatr.*) audition; tryout (*USA*) ***3*** (*campione*) test piece; specimen ***4*** (*chim.*: *provetta*) test tube ***5*** (*fotogr.*) contact print.

provitamìna, *f.* (*biol., chim.*) provitamin.

provocànte, *a.* ***1*** (*che provoca*) provoking; provocative; irritating: **parole provocanti**, provocative words; **una risposta p.**, an irritating answer ***2*** (*che eccita*) provocative; alluring; sexy; tempting; inviting; come-hither (*attr., fam.*): **una figura p.**, an alluring figure; **sguardi provocanti**, provocative (*o* come-hither) glances; **vestito p.**, sexy dress.

provocàre, *v. t.* ***1*** (*eccitare*) to provoke, to excite, to arouse, to stir up; (*istigare*) to instigate, to incite: **p. il riso**, to provoke laughter; **p. un tumulto**, to provoke (*o* to excite) a riot; **p. l'ira**, to arouse anger; **p. la collera di q.**, to provoke sb. to wrath; **p. la pietà di q.**, to arouse sb.'s pity; **p. il popolo alla ribellione**, to incite the people to revolt: **p. commenti**, to arouse comment; to make people talk; **Le piace p. i ragazzi**, she likes to excite the boys ***2*** (*causare*) to cause, to give*, to bring* on, to produce, to elicit; (*indurre*) to induce: **p. il sudore**, to cause perspiration; **p. il mal di testa**, to cause (*o* to give) a headache; **p. un raffreddore**, to bring on a cold; **p. una risposta**, to elicit an answer; **p. danni**, to cause damage; **p. fastidi a q.**, to give sb. a lot of trouble; **p. il vomito**, to induce vomiting ***3*** (*irritare*) to provoke; to irritate; to annoy; to vex; to aggravate (*fam.*): **Provocheresti anche un santo**, you are enough to provoke a saint; **Non mi p.!**, don't provoke me! ***4*** (*sfidare*) to challenge: **p. q. a duello**, to challenge sb. to a duel.

provocativo, *a.* provocative; provoking.

provocatóre, A *m.* (*f.* **-trice**) provoker. **B** *a.* provoking; provocative. ● **agente p.**, agent provocateur (*franc.*).

provocatòrio, *a.* provocative; provoking.

provocazióne, *f.* ***1*** (*atto, effetto del provocare*) provocation; (*istigazione*) instigation, incitement: **la p. della guerra**, the provocation of war; **adirarsi alla minima p.**, to get angry at the slightest provocation ***2*** (*sfida*) challenge: **raccogliere la p.**, to accept the challenge.

pròvola, *f.* provola (round-shaped fresh buffalo-milk cheese).

provolóne, *m.* provolone (roundish firm cow's milk cheese).

provvedére, A *v. t.* ***1*** (*fornire*) to provide; to supply; to furnish: **La natura ha provvisto l'uomo di due mani**, nature has provided man with two hands; **p. il necessario alla propria famiglia**, to provide (the necessities) for one's family; **p. materie prime all'industria**, to furnish (*o* to supply) industry with raw materials; **L'orto provvede verdura per il nostro bisogno**, the garden provides (*o* supplies) vegetables for our needs ***2*** (*disporre*) to arrange; to get* ready; to prepare: **Ha provveduto tutto per il ricevimento**, he has arranged everything (*o* has got everything ready) for the party; **È stato provveduto tutto**, everything has been prepared; everything is ready. **B** *v. i.* ***1*** to provide; to make* provision: **Dio vede e provvede**, God sees and provides; **p. ai bisogni della propria famiglia**, to provide for one's family; **p. all'istruzione dei propri figli**, to provide for the education of one's children ***2*** (*prendersi cura di*) to take* care of; (*badare a*) to look after: **Provvide agli orfani largamente**, he took generous care of the orphans; **Chi provvederà ai bambini?**, who'll look after the children? ***3*** (*prendere un provvedimento, mettere riparo*) to take* a decision; to act; to take* steps: **Bisogna p. subito, in questa faccenda**, we must take a decision (*o* we must act) immediately in this matter; **Se non provvediamo in tempo, saranno guai**, if we don't take steps (*o* if we don't act) in time, there will be trouble ***4*** (*procurare, disporre*) to see* to (*o* about); to arrange for: **Sta' tranquillo, provvederò io**, I'll see to it, don't worry; **Provvederò io a tutto**, I'll arrange for everything; **Ho provveduto a saldare i miei debiti**, I have paid my debts. **C provvedérsi,** *v. rifl.* to provide (*o* to furnish) oneself; to get*: **p. di abiti caldi**, to provide oneself with warm clothes; **p. di passaporto**, to obtain (*o* to get) a passport.

provvediménto, *m.* ***1*** (*riparo, rimedio*) measure; action; step: **provvedimenti disciplinari**, disciplinary measures (*o* action); **prendere (gravi) provvedimenti contro q.**, to take action (*o* severe measures) against sb.; **p. amministrativo [legislativo]**, administrative [legislative] measure; **In questo caso, che p. proponete?**, what measure(s) (*o* course of action) do you propose in this case?; **Urgono energici provvedimenti finanziari per salvare la sterlina**, energetic financial measures are urgently needed to save the pound ***2*** (*misura di previdenza*) precaution: **provvedimenti sanitari [igienici]**, sanitary [hygienic] precautions; **provvedimenti di sicurezza**, safety precautions; **prendere provvedimenti**, to take precautions.

provveditoràto, *m.* (government) office; superintendency: **p. agli studi [ai trasporti]**, provincial education [transport] superintendency.

provveditóre, *m.* (*f.* **-trice**) director (*o* superintendent, head) of a government office: **p. agli studi**, (provincial) director of education; **p. dell'ospedale**, hospital superintendent. ● (*naut.*) **p. navale**, ship chandler.

provvedùto, *V.* **provvisto.**

provvidaménte, *avv.* providently; with foresight.

provvidènza, *f.* ***1*** providence: **la divina P.**, Divine Providence; **un dono della p.**, a gift of providence; a godsend; **Fu una vera p. che ci trovassimo là**, we were really lucky to be there; it was really providential we happened to be there ***2*** (*bur.*: *provvedimento*) measure, provision; (*sussidio*) benefit, allowance: **provvidenze a favore dei disoccupati**, measures (*o* provisions) for the unemployed; **provvidenze sociali**, social benefits.

provvidenziàle, *a.* providential; heaven-sent; timely: **un uomo p.**, a providential man; **una pioggia p.**, providential rain; **un aiuto p.**, a providential (*o* heaven-sent) help.

provvidenzialità, *f.* providential nature; opportuneness; timeliness.

provvidenzialménte, *avv.* providentially.

pròvvido, *a.* ***1*** provident; (*previdente*) foreseeing; (*prudente*) prudent, wary, wise: **un uomo p.**, a provident man; a prudent (and wary) man; **la provvida formica**, the provident (*o* wise) ant ***2*** (*opportuno*) wise, appropriate, timely; (*utile*) useful.

provvigióne, *f.* (*comm.*) commission: **una p. del 5%**, a 5% commission; **la tariffa delle provvigioni**, the scale of commissions; **contratto di p.**, commission contract; **p. sulle vendite**, commission on sales; **franco p.**, free of commission; **vendere a p.**, to sell on commission; **fare pagare una p.**, to charge a commission.

provvisionàle, *a.* (*leg.*) provisional.

provvisoriaménte, *avv.* provisionally; provisorily; temporarily; pro tempore (*abbr.*: pro tem); for the time being.

provvisorietà, *f.* provisional character; temporariness.

provvisòrio, *a.* provisional; provisory; temporary; interim; makeshift: **governo p.**, provisional government; **contratto p.**, provisional contract; **impiego p.**, temporary job; **ricevuta provvisoria**, interim receipt; **una riparazione provvisoria**, a makeshift repair. ● **in via provvisoria**, provisionally; temporarily; pro tempore (*abbr.*: pro tem).

provvìsta, *f.* ***1*** (*il provvedere*) provision; supply ***2*** (*cose provvedute*) provision (*generalm. al pl.*), supply; (*scorta*) store, stock: **Le nostre provviste vanno esaurendosi**, our supplies are running short; **provviste di alimentari**, food supplies; provisions; **provviste militari**, military stores; (*naut.*) **provviste di bordo**, ship stores; provisions; **avere una buona p. di q.c.**, to have a good supply of st.; to be well-supplied with st.; (*fig.*) **avere una buona p. di energia**, to have a good store of energy; **essere a corto di provviste**, to be short of supplies; **fare provviste**, to make provisions; to lay in stores; **fare provviste per l'inverno**, to lay in stores for the winter; (*naut.*) **fare p. d'acqua**, to take in water; to water; **Devo fare p. di caffè**, I must get in a stock of coffee.

provvìsto, *a.* ***1*** provided; furnished; equipped; stocked: **essere p. di q.c.**, to be provided with st.; **un freezer ben p.**, a well-stocked freezer ***2*** (*fig.*: *dotato*) endowed; gifted. ● **essere p. dell'occorrente**, to have everything one needs □ **essere ben p.** (*essere ricco*), to be well off.

prozìa, *f.* great-aunt.

prozìo (1), *m.* great-uncle.

pròzio (2), *m.* (*fis.*) protium.

prùa, *V.* **prora.**

prude (*franc.*), *a. invar.* prudish; prim.

prudènte, *a.* prudent; careful; sober; (*cauto*) cautious, wary, circumspect, conservative: **una decisione p.**, a prudent decision; **È più p. girare armati**, it is more prudent to carry a gun; **un guidatore p.**, a careful driver; **una stima p.**, a conservative estimate; **troppo p.**, over-cautious; **Sii p. nel parlare**, be careful (*o* mind) what you say.

prudènza, *f.* prudence; (*cautela*) caution, circumspection; (*precauzione*) precaution; **avere** (*o* **usare**) **p.**, to use caution; to be prudent; **operare con p.**, to act with circumspection; **guidare con p.**, to drive carefully;

per p., as a precaution. ● **eccessiva p.**, over--caution □ **Ti consiglio maggior p.**, you must be more prudent □ **La p. non è mai troppa**, you can never be too prudent.

prudenziàle, *a.* prudential; precautional; conservative: **una massima p.**, a prudential maxim; **misure prudenziali**, prudential measures; precautions; **per motivi prudenziali**, for prudential reasons; **una stima p.**, a conservative estimate.

prùdere, *v. i.* to itch; to be itchy; (*sentire pizzicore*) to ticke: **Mi prude un piede**, my foot is itching; **Mi prudeva dappertutto**, I was itching all over; **Mi prude la gola**, my throat tickles. ● (*fig.*) **Mi prudevano** (*o* **mi sentivo p.**) **le mani** (**dalla voglia di dargli un pugno**), I was itching to punch him □ (*fig.*) **Sta' attento, perché mi prudono le mani**, watch it, or you'll be sorry! □ (*fig.*) **Mi prude** (*o* **mi sento p.**) **la lingua**, I'm itching to have my say □ (*fig.*) **toccare q. dove gli prude**, to touch sb. on the raw.

pruderie (*franc.*), *f. invar.* prudery; prudishness; primness: **p. sessuale**, sexual prudery.

prudóre, *V.* **prurito**.

prueggiàre, *v. i.* (*naut.*) to sail close-hauled.

pruéggio, *m.* (*naut.*) sailing close-hauled.

prùgna, **A** *f.* (*bot.*) plum: **prugne secche**, dried plums; prunes. ● **p. regina Claudia**, greengage □ **prugne denocciolate**, pitted prunes. **B** *a. invar.* plum (*attr.*): **color p.**, plum--coloured.

prùgno, *m.* (*bot., Prunus domestica*) plum(--tree).

prùgnola, *f.* (*bot.*) sloe.

prùgnolo, *m.* (*bot., Prunus spinosa*) sloe; blackthorn.

pruìna, *f.* **1** (*bot.*) bloom; pruina **2** (*poet.*: *brina*) hoarfrost.

pruinóso, *a.* **1** (*bot.*) pruinose **2** (*poet.*: *coperto di brina*) frosty.

prunàio, *m.* **1** thorn-bush; blackthorn thicket **2** (*fig.*) thorny (*o* difficult) situation; fix.

prunèlla (**1**), *f.* (*bot., Prunella vulgaris*) prunella; self-heal.

prunèlla (**2**), *f.* **1** (*ind. tess.*) prunella **2** (*liquore*) plum brandy.

prunéto, *m.* thorn-bush; blackthorn thicket.

prùno, *m.* **1** (*bot., Prunus spinosa*) blackthorn; sloe **2** (*spina di p.*) thorn.

prurìgine, *f.* **1** (*lett.*) itchiness; itching; itch (*anche fig.*) **2** (*med.*) prurigo*.

pruriginóso, *a.* **1** itching; itchy; (*med.*) pruriginous, prurient **2** (*fig.*: *stuzzicante*) prurient; exciting; titillating.

prurito, *m.* **1** itching; itch; (*med.*) pruritus; (*pizzicore*) tickle: **un p. alla pelle**, an itching of the skin **2** (*fig.*) itch. ● **sentire p.**, to itch; to be itchy.

prussianéṣimo, **prussianiṣmo,** *m.* Prussianism.

prussiàno, *a. e m.* (*f.* **-a**) Prussian (*f.* Prussian woman*).

prussiàto, *m.* (*chim.*) prussiate; cyanide: **p. giallo** [**rosso**] **di potassio**, yellow [red] prussiate of potash.

prùssico, *a.* (*chim.*) prussic: **acido p.**, prussic (*o* hydrocyanic) acid.

psammite, *f.* (*geol.*) psammite.

psammòfilo, *a.* (*bot.*) psammophylous.

psammòfita, *f.* (*bot.*) psammophyte.

psàmmon, *m.* (*zool.*) psammon.

psammoterapìa, *f.* (*med.*) psammotherapy.

psefite, *f.* (*geol.*) psephite.

psefitico, *a.* (*geol.*) psephitic.

psefologìa, *f.* (*geol.*) psephology.

pselliṣmo, *m.* (*med.*) psellism; psellismus.

pseudacàcia, *f.* (*bot., Robinia pseudoacacia*) false acacia; locust-tree.

pseudepìgrafo, **A** *a.* pseudepigraphous: pseudepigraphic(al). **B** *m.* pseudepigraphic text.

pseudoartròṣi, *f.* (*med.*) pseudoarthrosis.

pseudocàrpo, *m.* (*bot.*) pseudocarp.

pseudocultùra, *f.* pseudoculture.

pseudoepìgrafo, *V.* **pseudepigrafo**.

pseudoermafroditiṣmo, *m.* (*biol.*) pseudohermaphroditism.

pseudoermafrodito, **A** *a.* pseudohermaphroditic. **B** *m.* pseudohermaphrodite.

pseudoesteṣìa, *f.* (*med.*) pseudaesthesia.

pseudofiloṣofia, *f.* pseudophilosophy.

pseudofrùtto, *m.* (*bot.*) false fruit.

pseudogravidànza, *f.* (*med.*) false pregnancy.

pseudoletteràto, *m.* (*spreg.*) would-be man* of letters.

pseudomembràna, *f.* (*med.*) pseudomembrane; false membrane.

pseudomòrfo, *a.* (*miner.*) pseudomorphic; pseudomorphous.

pseudomorfòṣi, *f.* (*miner.*) pseudomorphism.

pseudònimo, **A** *m.* pseudonym; assumed name; pen-name; nom de plume (*franc.*); (*di attore*) stage-name: **prendere uno p.**, to assume a pseudonym; **scrivere sotto p.**, to write under an assumed name (*o* a nom de plume); **Tofano scrisse sotto lo p. di Sto**, Tofano wrote under the name of Sto. **B** *a.* pseudonymous.

pseudoparàliṣi, *f.* (*med.*) pseudoparalysis*.

pseudopòdio, *m.* (*biol.*) pseudopodium*.

pseudoprofèta, *m.* false prophet.

pseudoscientìfico, *a.* pseudoscientific.

pseudosciènza, *f.* pseudoscience.

pseudoscorpióne, *m.* (*zool.*) pseudoscorpion.

pseudosimmetrìa, *f.* (*miner.*) pseudosymmetry.

pseudosoluzióne, *f.* (*chim.*) pseudosolution.

psi, *m. o f.* (*ventitreesima lettera dell'alfabeto greco*) psi.

psicagogìa, *f.* psychagogy.

psicagògico, *a.* psychagogic.

psicagògo, *m.* psychagogue.

psicanàliṣi, e *deriv. V.* **psicoanalisi** e *deriv.*

psicastenìa, *f.* (*psic.*) psychasthenia.

psicastènico, *a.* (*psic.*) psychasthenic.

Psiche, *f.* (*mitol.*) Psyche.

psiche (**1**), *f.* (*psic.*) psyche.

psiche (**2**), *f.* (*specchio*) psyche; cheval glass.

psiche (**3**), *f.* (*zool., Canephora unicolor*) psyche.

psichedèlico, *a.* psychedelic: **farmaco p.**, psychedelic drug; **arte psichedelica**, psychedelic art.

psichiàtra, *m. e f.* psychiatrist.

psichiatrìa, *f.* psychiatry.

psichiàtrico, *a.* psychiatric(al): **perizia psichiatrica**, psychiatric examination; **ospedale p.**, mental hospital.

psichiatrizzàre, *v. t.* to consider a psychiatric patient; to give* psychiatric treatment to.

psìchico, *a.* psychic(al); mental: **fenomeni psichici**, psychic phenomena; **attività psichiche**, mental activities; **fatti psichici**, mental facts; **disturbi psichici**, mental (*o* psychic) disorders; **minorato p.**, mentally defective person.

psichiṣmo, *m.* (*psic.*) psychism.

psicoanalèttico, *a. e m.* (*farm.*) psychotonic.

psicoanàliṣi, *f.* psychoanalysis.

psicoanalista, *m. e f.* psychoanalyst.

psicoanalìtico, *a.* psychoanalytic(al).

psicoanalizzàre, *v. t.* (*med.*) to psychoanalyse.

psicoastenìa, *V.* **psicastenia**.

psicoastènico, *V.* **psicastenico**.

psicoattitudinàle, *a.* aptitude (*attr.*): **test p.**, aptitude test.

psicoattivo, *a.* (*farm.*) psychoactive; psychotropic.

psicobiologìa, *f.* psychobiology.

psicochirurgìa, *f.* psychosurgery.

psicocinèṣi, *f.* (*psic.*) psychokinesis.

psicodiagnòstica, *f.* (*psic.*) psychodiagnostics (*pl. col verbo al sing.*).

psicodiagnòstico, *a.* (*psic.*) psychodiagnostic.

psicodidàttica, *f.* psychologically oriented teaching.

psicodinàmica, *f.* (*psic.*) psychodynamics (*pl. col verbo al sing.*).

psicodinàmico, *a.* (*psic.*) psychodynamic.

psicodràmma, *m.* (*psic.*) psychodrama.

psicofàrmaco, *m.* (*farm.*) psychotropic drug.

psicofarmacologìa, *f.* psychopharmacology.

psicofìṣica, *f.* (*psic.*) psychophysics (*pl. col verbo al sing.*).

psicofìṣico, *a.* (*psic.*) psychophysical.

psicofiṣiologìa, *f.* psychophysiology.

psicofiṣiològico, *a.* psychophysiological.

psicogalvànico, *a.* – (*med.*) **riflesso p.**, psychogalvanic response.

psicogèneṣi, *f.* (*psic.*) psychogenesis.

psicogenètico, *a.* (*psic.*) psychogenetic(al).

psicògeno, *a.* (*psic.*) psychogenic.

psicografìa, *f.* psychography.

psicogràfico, *a.* (*psic.*) psychographic(al).

psicògrafo, *m.* psychograph.

psicogràmma, *m.* psychogram.

psicoimmunologìa, *f.* psychoneuroimmunology.

psicolàbile, **A** *a.* psychically unstable. **B** *m. e f.* psychically unstable person.

psicolèttico, *a.* (*farm.*) psycholeptic.

psicolinguìsta, *m. e f.* psycholinguist.

psicolinguìstica, *f.* psycholinguistics (*pl. con verbo al sing.*).

psicolinguìstico, *a.* psycholinguistic.

psicologìa, *f.* (*anche estens.*) psychology: **p. applicata**, applied psychology; psychotechnics (*pl. col verbo al sing.*); **p. clinica** [**industriale**], clinical [industrial] psychology; **la p. del consumatore**, the psychology of consumers; **usare un po' di p.**, to use some psychology. ● **p. analitica**, analytic psychology □ **p. dell'età evolutiva**, developmental psychology □ **p. della forma**, Gestalt psychology □ **p. del profondo**, depth psychology □ **p. del lavoro**, occupational psychology □ **p. della religione**, psychology of religion.

psicològico, *a.* **1** (*attinente alla psicologia*) psychologic(al): **principi** [**metodi**] **psicologici**, psychological principles [methods]; **differenze** [**conseguenze**] **psicologiche**, psychological differences [consequences] **2** (*che riguarda la psiche*) psychic(al): **il mondo p.**, the psychic world.

psicologiṣmo, *m.* psychologism.

psicologista, *m. e f.* psychologue.

psicologìstico, *a.* psychologistic.

psicologizzàre, *v. t.* to interpret in psychological terms; to psychologize.

psicòlogo, *m.* (*f.* **-a**) (*anche estens.*) psychologist.

psicomanzìa, *f.* psychomancy.

psicometrìa, *f.* **1** (*psic.*) psychometrics (*pl. con verbo al sing.*); psychometry **2** (*parapsicologia*) psychometry.

psicomètrico, *a.* psychometric: **test p.**, psychometric test.

psicomimètico, *a.* psychoactive.

psicomotòrio, *a.* (*med.*) psychomotor.

psicomotricista, *m. e f.* psychomotility therapist.

psicomotricità, *f.* (*psic.*) psychomotility.

psiconevròṣi, *f.* (*psic.*) psychoneurosis.

psiconevròtico, *a. e m.* (*f.* **-a**) (*psic.*) psychoneurotic.

psicopatìa, *f.* (*psic.*) psychopathy; mental disease (*o* disorder).

psicopàtico, (*psic.*) **A** *a.* psychopathic. **B** *m.* (*f.* **-a**) psychopath.

psicopatologìa, *f.* (*psic.*) psychopathology.

psicopatològico, *a.* (*psic.*) psychopatholog-

ic(al).
psicopatòlogo, *m.* (*f.* **-a**) psychopathologist.
psicopedagogia, *f.* educational psychology.
psicopedagògico, *a.* of (*o* relating to) educational psychology; educational psychology (*attr.*).
psicopedagogista, *m.* e *f.* educational psychologist.
psicoplegia, *f.* (*med.*) psychoplegia.
psicoplègico, *a.* (*farm.*) psychoplegic.
psicopómpo, A *m.* psychopomp. **B** *a.* psychopompous.
psicoprofilàssi, *f.* (*psic.*) psychoprophylaxis.
psicoprofilàttico, *a.* (*psic.*) psychoprophylactic.
psicosensoriàle, *a.* psychosensory.
psicosessuàle, *a.* psychosexual.
psicòṣi, *f.* **1** (*psic.*) psychosis* **2** (*fig.*) (mass) hysteria; panic: **la p. di un'epidemia**, the hysteria about an epidemic; **la p. degli esami**, the examination panic.
psicosociàle, *a.* psychosocial.
psicosociologia, *f.* social psychology.
psicosomàtico, *a.* (*med.*) psychosomatic: **disturbo p.**, psychosomatic disorder; **medicina psicosomatica**, psychosomatic medicine; psychosomatics (*pl. con verbo al sing.*).
psicostimolànte, *m.* (*farm.*) psychostimulant.
psicotècnica, *f.* (*psic.*) psychotechnology.
psicotècnico, (*psic.*) **A** *a.* psychotechnic(al). **B** *m.* (*f.* **-a**) psychotechnician.
psicoterapèuta, *m.* e *f.* psychotherapist.
psicoterapèutico, *a.* psychotherapeutic.
psicoterapia, *f.* (*med.*) psychotherapy: **p. di gruppo**, group psychotherapy.
psicoteràpico, *a.* (*med.*) psychotherapeutic.
psicoterapista, *V.* **psicoterapeuta**.
psicòtico, *a.* e *m.* (*f.* **-a**) (*psic.*) psychotic.
psicotomimètico, *a.* (*farm.*) psychotomimetic.
psicòtropo, *a.* (*farm.*) psychotropic.
psicròfilo, *a.* (*biol.*) psychrophilic.
psicromètrico, *a.* (*meteor.*) psychrometer (*attr.*).
psicròmetro, *m.* (*meteor.*) psychrometer.
psictère, *m.* (*archeol.*) psykter, psycter.
psilla, *f.* (*zool.*, *Psylla*) psylla.
psilòṣi, *f.* (*med.*, *ling.*) psilosis*.
psittaciṣmo, *m.* (*med.*) psittacism.
psittacòṣi, *f.* (*med.*) psittacosis*.
psòas, *m.* (*anat.*) psoas*.
psoriàṣi, *f.* (*med.*) psoriasis*.
psòrico, *a.* (*med.*) psoric; psoriatic.
pteridòfita, *f.* (*bot.*) pteridophyte.
Pteridòfite, *f. pl.* (*bot.*, *Pteridophyta*) Pteridophyta.
pterìgio, *m.* (*anat.*) pterygium*.
pterigòide, *m.* (*anat.*) pterygoid process.
pterigoidèo, *a.* (*anat.*) pterygoid.
pterilòṣi, *f.* (*zool.*) pterylosis.
pterodàttilo, *m.* (*paleont.*) pterodactyl.
ptèropo, *m.* (*zool.*, *Pteropus*) flying fox.
pteròpode, *m.* (*zool.*) pteropod.
Pteròpodi, *m. pl.* (*zool.*, *Pteropoda*) Pteropoda.
Pterosàuri, *m. pl.* (*paleont.*: *Pterosaura*) Pterosaura.
pterosàuro, *m.* (*paleont.*) pterosaur.
ptialina, *f.* (*biol.*) ptyalin.
ptialiṣmo, *m.* (*med.*) ptyalism.
ptilòṣi, *f.* (*med.*) ptilosis*.
ptomaina, *f.* (*chim.*) ptomaine.
ptòṣi, *f.* (*med.*) ptosis*.
puàh, *inter.* ugh!; pshaw!; yuk!
pubblicàbile, *a.* publishable.
pubblicaménte, *avv.* publicly; in public.
pubblicàno, *m.* (*stor.*) publican; tax collector.
pubblicàre, *v. t.* **1** to publish; to bring* out; to come* out with: **Quando pubblicherai il tuo nuovo romanzo?**, when are you going to publish (*o* to bring out) your new novel?; **p. un libro**, to publish a book; **p. un giornale**, to publish a newspaper; **p. a puntate**, to publish in serial form (*o* serially); to serialize **2** (*divulgare*) to publish; to spread* (about); to divulgate; to make* public; to give* out: **p. una notizia**, to spread (*o* to give out) a piece of news **3** (*promulgare*) to promulgate; to publish; to issue: **p. una legge**, to promulgate (*o* to publish) a law; **p. un decreto**, to issue a decree. ● **p. annunci (sui giornali)**, to advertise □ **p. sulla gazzetta ufficiale**, to gazette.
pubblicazióne, *f.* **1** (*il pubblicare*) publication; publishing: **la p. d'un libro**, the publication of a book; **la p. d'un giornale**, the publication of a newspaper; **a p. mensile**, published monthly **2** (*libro pubblicato*) publication; (*relazione scientifica*) paper **3** (*promulgazione*) publication; promulgation; issuing: **la p. d'una legge**, the publication of a law **4** (*pl.*) (*anche* **pubblicazioni matrimoniali**) banns: **fare le pubblicazioni**, to publish the banns. ● **p. aziendale**, house organ □ **curare la p. d'un libro**, to edit a book □ **curatore della p. di un'opera**, editor □ **di recente p.**, just published; just out □ **essere in corso di p.**, to be publishing; to be in print.
pubblicista, *m.* e *f.* **1** (*giorn.*) free-lance journalist **2** (*esperto di diritto pubblico*) expert in public law.
pubblicistica, *f.* **1** (*giorn.*) political journalism **2** political writings (*pl.*).
pubblicìstico, *a.* **1** (*giorn.*) of political journalism **2** (*di diritto pubblico*) public law (*attr.*).
pubblicità, *f.* **1** (*notorietà*) publicity: **evitare ogni p.**, to avoid publicity; **andare in cerca di p.**, to seek publicity; **desiderio di p.**, desire for publicity; **Non gli è mancata la p.**, he didn't lack publicity; **Non dovevano dare tanta p. alla cosa**, they shouldn't have let everybody know about it; they shouldn't have make such a big thing of it (*fam.*); (*sulla stampa, ecc.*) they shouldn't have given the event so much publicity **2** (*carattere pubblico*) publicity: **la p. di un processo**, the publicity of a trial **3** (*propaganda comm.*) advertising; (*campagna pubblicitaria*) publicity campaign; (*annuncio pubblicitario*) advertisement, ad (*fam.*), advert (*fam. GB*), (*radio, TV*) commercial: **La p. è l'anima del commercio**, advertising is the very soul of trade; **i vantaggi della p.**, the benefits of advertising; **lavorare in p.**, to work in advertising; **spese di p.**, advertising costs; **p. radiofonica [televisiva]**, radio [television] advertising; (*gli annunci*) radio [TV] commercials (*pl.*); **Il film ha avuto successo grazie a una p. martellante**, the film was a success thanks to a relentless publicity campaign (*o*, *fam.*: to all the hype); **L'ho comprato dopo aver visto la p. sul giornale**, I bought it after seeing the ad in the paper. ● **p. chiassosa**, hoopla (*USA*) □ **p. luminosa**, neon signs □ **p. sensazionalistica**, hype (*fam.*) □ **agente di p.**, advertising agent; adman* (*fam.*); (*al servizio di q.c.*) publicity (*o* press) agent □ **agenzia di p.**, advertising agency □ **dare p. a q.c.**, to publicize st. □ **direttore della p.**, advertising manager □ **fare p. a q.c.**, to advertise st. □ **Era lì solo per fare p. al suo nuovo disco**, he was there only to plug his new disc □ **farsi p.**, to advertise oneself; to blow one's horn □ **piccola p.**, small advertisements (*pl.*); small ads (*pl.*) (*fam.*).
pubblicitàrio, A *a.* advertising; promotional; publicity (*attr.*): **campagna pubblicitaria**, advertising (*o* publicity) campaign; **agente [ufficio] p.**, advertising agent [office]. ● **annuncio p.**, advertisement; ad (*fam.*) □ **manifesto p.**, poster □ **trovata pubblicitaria**, publicity stunt. **B** *m.* (*f.* **-a**) advertising agent; media man* (*f.* woman*); adman* (*m.*, *fam.*).
pubbliciżżàre, *v. t.* to advertize.
pùbblico, A *a.* public; (*nazionale*) national; (*statale*) state (*attr.*), government (*attr.*): **giardini pubblici**, public gardens; **lavori pubblici**, public works; **servizi pubblici**, public utilities; **bagni pubblici**, public baths; **debito p.**, National Debt; **calamità pubblica**, national disaster (*o* calamity); **i pubblici monumenti**, public monuments; **opinione [vita, salute] pubblica**, public opinion [life, health]; **una pubblica protesta**, a public protest; **una persona pubblica**, a public character; a person in the public eye; **un nemico p.**, a public enemy; **tenere una pubblica riunione**, to hold a public (*o* an open) meeting; **una questione di interesse p.**, a public matter; (*d'importanza nazionale*) a matter of national importance; **scuole pubbliche**, (*in G.B.*) state schools; (*in U.S.A.*) public schools. ● **pubblica istruzione**, education □ **p. notaio**, notary public □ **la Pubblica Sicurezza**, the Police □ (*leg.*) **atto [strumento] p.**, deed [instrument] under seal □ **il bene p.**, the common good □ **diritto p.**, public law □ **ente p.**, public body □ **rendere p. q.c.**, to make st. public; to divulge st.; to broadcast st. □ **essere di dominio p.**, to be common knowledge. **B** *m.* public; (*spettatori*) audience, spectators (*pl.*): **il p. dei lettori**, the reading public; the readership; **Il p. sarà il mio giudice**, the public will be my judge; **parlare al p.**, to speak to the public; **i gusti del p.**, the tastes of the public; **il p. inglese**, the British public; British audiences; **Il p. è pregato di non toccare i quadri**, the public is (*o* are) requested not to touch the pictures; **Il p. non è ammesso dopo le 18**, the public is (*o* are) not admitted after 6 p.m.; **gli applausi del p.**, the applause of the audience; **C'era un foltissimo p. allo stadio**, there was a huge number of spectators at the stadium; **C'era poco p. alla conferenza**, the lecture was poorly attended; there was poor attendance at the lecture. ● **che piace al grande p.**, very popular □ **in p.**, publicly; in public: **dire [fare] q.c. in p.**, to say [to do] st. in public □ **mettere q.c. in p.**, to make st. public; to spread st. abroad.
pùbe, *m.* (*anat.*) **1** (*osso pubico*) pubis*; pubic bone **2** (*regione pubica*) pubes*.
puberàle, *a.* puberal; pubertal. ● **l'età p.**, the age of puberty.
pùbere, A *a.* puberal; pubertal. **B** *m.* e *f.* pubescent boy (*m.*); pubescent girl (*f.*).
pubertà, *f.* puberty.
pubescènte, *a.* (*bot.*) pubescent; downy.
pubescènza, *f.* (*biol.*) pubescence.
pùbico, *a.* (*anat.*) pubic: **sinfisi pubica**, pubic symphysis.
puddellàggio, *m.* (*metall.*) puddling.
puddellàre, *v. t.* (*meteor.*) to puddle.
puddinga, *f.* (*geol.*) pudding stone.
pudènda, pudènde, *f. pl.* (*anat.*) pudenda.
pudibóndo, *a.* modest; virtuous; bashful; demure; (*in modo affettato*) coy, prim, prudish.
pudicizia, *f.* modesty; bashfulness; demureness; chasteness.
pudico, *a.* modest; bashful; chaste; (*in modo affettato*) prudish, prim: **una giovinetta pudica**, a modest young girl; **un sorriso p.**, a bashful smile.
pudóre, *m.* (*verecondia*) modesty; chasteness; (*dencenza*) decency; (*vergogna*) shame; (*ritegno*) reserve: **falso p.**, false modesty; **mancanza di p.**, want of decency; **un'offesa al p.**, an offence against decency; **offendere il p.**, to offend against decency; **Abbi almeno il p. di tacere**, at least have the decency to keep silent; **avere perduto ogni p.**, to have lost all sense of decency (*o* all shame); **non avere p.**, to have no shame; **per p.**, out of shame; **senza p.**, without shame; shameless (*agg.*); shamelessly (*avv.*).
pueblo (*spagn.*), *m. invar.* pueblo.

puericultóre, *m.* p(a)ediatrician; baby doctor.

puericultrìce, *f.* infant nurse.

puericultùra, *f.* puericulture; child welfare.

puerìle, *a.* ***1*** child's; children's; childish; babyish: **giochi puerili**, children's games; **età p.**, childhood ***2*** (*spreg.*) puerile; childish; juvenile; foolish; naive: **Fu un'idea p.**, that was a childish idea; **Non essere p.**, don't be childish (*o* puerile); **un'osservazione p.**, a puerile (*o* a foolish) remark; **umorismo p.**, juvenile sense of humour; **un motivo p.**, a puerile (*o* childish) reason.

puerilìsmo, *m.* (*med.*) puerilism.

puerilità, *f.* ***1*** puerility; childishness; foolishness: **la p. del proprio comportamento**, the puerility of one's behaviour ***2*** (*detto puerile*) childish remark, puerility; (*azione puerile*) childish action.

puerilménte, *avv.* childishly; like a child: **comportarsi p.**, to behave like a child.

puerìzia, *f.* childhood. ● **sin dalla mia p.**, ever since I was a child.

puèrpera, *f.* woman* in childbirth; lying-in patient.

puerperàle, *a.* puerperal: **febbre p.**, puerperal fever.

puerpèrio, *m.* puerperium*.

puf, *V.* **pouf**.

puffìno, *m.* (*zool., Puffinus*) shearwater.

pùggia, e *deriv. V.* **poggia**, e *deriv.*

pugiadìsmo, e *deriv. V.* **poujadismo**, e *deriv.*

pugilàto, *m.* ***1*** (*sport*) boxing; pugilism: **un incontro di p.**, a boxing match ***2*** (*estens.*) fight; punch-up (*fam.*). ● **fare del p.**, to box.

pugilatóre, pùgile, *m.* (*sport*) boxer; pugilist.

pugilìstico, *a.* (*sport*) boxing (*attr.*); pugilistic: **incontro p.**, boxing match; **attività pugilistica**, boxing; **campione p.**, boxing champion; champion boxer.

Pùglia, *f.* (*geogr.*) Apulia; Puglia.

pùglia, *f.* ***1*** (*gettone*) counter; fish; chip ***2*** (*posta al poker*) pool.

pugliése, *a., m.* e *f.* Apulian.

pùgna, *f.* (*lett.*) battle; fight: **entrare nella p.**, to join battle.

pugnàce, *a.* (*lett.*) pugnacious; bellicose; combative; warlike: **un'indole p.**, a bellicose nature.

pugnalàre, *v. t.* to stab (with a dagger): **p. q. alle spalle**, to stab sb. in the back.

pugnalàta, *f.* ***1*** (*colpo di pugnale*) stab: **una p. alle spalle**, a stab in the back; **colpire q. con una p.**, to stab sb. ***2*** (*fig.*) great blow; severe shock: **Quella notizia fu per me una p.**, the news was a great blow to me.

pugnalatóre, *m.* (*f.* **-trice**) stabber.

pugnàle, *m.* dagger. ● **colpo di p.**, stab □ **uccidere q. a colpi di p.**, to stab sb. to death.

pugnàre, *v. i.* (*lett.*) to fight*; to battle.

pùgno, *m.* ***1*** (*mano serrata*) fist: **stringere** (*o* **serrare**) **i pugni**, to clench one's fists; **allargare** (*o* **aprire**) **il p.**, to open one's fist; **a pugni stretti**, with clenched fists; **mostrare i pugni a q.**, to shake one's fist at sb.; to threaten sb. with one's fist ***2*** (*colpo dato col p.*) punch; blow (of one's fist); sock (*fam.*): **Mi assestò un p. sulla testa**, he gave me a punch (*o* he punched me) on the head; **un p. alla mascella**, a punch (*o* sock) on the jaw; **Gli sferrò un p. da ammazzare un bue**, he landed him a punch that would have killed an ox; **Gli mollai un p. alla mascella**, I socked him one on the jaw; **venire a pugni**, to come to blows; **una scarica di pugni**, a hail of blows; **Con un p. lo stese a terra**, with one punch he knocked him down; **Sfondò il coperchio con un p.**, he smashed the lid in with a blow of his fist ***3*** (*manciata*) fistful; (*anche fig.*) handful, bunch: **un p. di diamanti**, a fistful (*o* handful) of diamonds; **un p. di eroi**, a handful (*o* a bunch) of heroes ***4*** (*mano*) hand: **Il guerriero si fece avanti con la spada in p.**, the warrior advanced sword in hand. ● (*arma*) **p. di ferro**, knuckle-duster □ (*fig.*) **p. di ferro in guanto di velluto**, an iron hand in a velvet glove □ (*fig.*) **un p. in un occhio**, an eyesore: **Le case vicine al duomo sono un p. in un occhio**, the houses near the cathedral are an eyesore □ **avere il p. proibito**, to have a powerful punch; (*fam.*) to be very strong □ **avere la vittoria in p.**, to have victory in one's grasp □ **darsi pugni in testa**, to sock oneself on the head □ **di proprio p.**, in one's own hand(writing): **Il documento era firmato di suo p.**, the document was signed in his own handwriting; **Scrisse la lettera di suo p.**, he wrote the letter himself (*o* in his own hand) □ **fare a pugni**, to fight; (*fig.*) to clash, to disagree, to be contrary, to contradict: **Nelle ore di punta bisogna fare a pugni per salire sull'autobus**, in the rush hours you've got to fight your way on to a bus; **una cravatta vistosa che faceva a pugni con la giacca**, a loud tie that clashed with the jacket; **Il tuo comportamento fa a pugni con il buon senso**, your behaviour is contrary to common sense; **Le mie affermazioni facevano a pugni con le sue**, my statement contradicted his □ (*fig.*) **rimanere con un p. di mosche**, to be left empty-handed □ (*fig.*) **tenere q. [q.c.] in p.**, to hold (*o* to have) sb. [st.] in one's power; to have sb. on toast (*scherz.*) □ **tenere in p. la situazione**, to have control of the situation □ **tirare pugni**, to punch; to use one's fists: **Vuoi che ti tiri un pugno?**, do you want me to punch you?; shall I land you one? (*fam.*); **Non mi piace tirare pugni, ma mi ci hai costretto**, I don't like using my fists, but you asked for it.

pùla (1), *f.* (*agric.*) chaff.

pùla (2), *f.* (*pop.*) (the) police; (the) cops (*pl.*) (*fam.*); (the) fuzz (*pop.*).

pùlce, *f.* (*zool., Pulex irritans*) flea: (*anche fig.*) **un morso di p.**, a flea bite; **morso dalle pulci**, flea-bitten. ● (*fig.*) **una p. nell'orecchio**, a nagging suspicion [doubt, etc.]: **mettere una p. in un orecchio a q.**, to arouse sb.'s suspicions □ (*zool.*) **p. penetrante** (*Pulex penetrans*), jigger; chigoe □ **color p.**, puce □ (*fig.*) **fare le pulci a q.**, to pick holes (*o* to pick nits) in sb.'s work □ **gioco delle pulci**, tiddlywinks (*pl. col verbo al sing.*) □ **essere noioso come una p.**, to be tiresome; to be a pest.

pulciàio, *m.* ***1*** (*luogo pieno di pulci*) fleapit ***2*** (*luogo sporco*) pigsty.

pulcinàio, *m.* chicken house; chicken coop.

pulcinèlla, *m.* ***1*** (*maschera napoletana*) Punchinello ***2*** (*fig. spreg.*) buffoon; fool: **fare il p.**, to play the fool. ● (*zool.*) **p. di mare** (*Fratercula arctica*), puffin □ **naso da p.**, beak □ **segreto di p.**, open secret.

pulcìno, *m.* ***1*** chick: **una chioccia coi pulcini**, a hen and its chicks; **una covata di pulcini**, a brood of chicks ***2*** (*fam.*: *bambino molto piccolo*) toddler; tiny tot ***3*** (*calcio*: *giocatore giovanissimo*) colt. ● **essere bagnato come un p.**, to be drenched (*o* soaked) to the skin; to be wet through; to be as wet as a drowned rat □ (*fig.*) **essere un p. nella stoppa**, to be a babe in arms □ **sembrare un p. bagnato**, to be self-conscious; to look sheepish.

pulcióso, *a.* infested with fleas; flea-ridden.

pulédra, *f.* filly.

pulédro, *m.* colt; foal.

pulèggia, *f.* (*mecc.*) pulley; (*scanalata*) sheave: **p. a diametro variabile**, expanding pulley; **p. a fascia piena**, band-pulley; **p. fissa**, fast (*o* fixed) pulley; **p. folle**, idle (*o* loose) pulley.

pùlica, *f.* (*tecn.*) (air)bubble; boil.

pulicària, *f.* (*bot., Plantago psyllium*) fleabane.

pulimentàre, *v. t.* (*tecn.*) to polish.

pulimentatóre, *m.* (*tecn.*) polisher.

pulimentazióne, *f.* (*tecn.*) polishing.

puliménto, *m.* – (*tecn.*) **tirare a p.**, to polish.

pulìre, *v. t.* ***1*** (*togliere il sudicio*) to clean, (*strofinando*) to wipe, (*fregando*) to scrub, (*spazzolando*) to brush; (*lavare*) to wash; (*spolverare*) to dust: **p. la casa**, to clean the house; **p. la lavagna**, to clean (*o* to wipe) the blackboard; **p. il pavimento**, to scrub the floor; **p. i vetri** (**delle finestre**), to clean the windows; **p. una stanza**, to clean a room; **p. un cassetto**, to clean out a drawer; **pulirsi la faccia** [**le mani**], to clean (*o* to wash) one's face [one's hands]; **pulirsi i denti** [**le unghie**], to brush one's teeth [one's nails]; **pulirsi le scarpe**, to clean (*o* to brush) one's shoes; (*sullo stuoino*) to wipe one's shoes; **Devo far p. questi pantaloni**, I must have these trousers cleaned; I must send these trousers to the cleaner's ***2*** (*mondare*) to clean; to clear: **p. il riso**, to clean rice; **p. una aiuola dalle erbacce**, to clear a flower-bed of weeds; to weed a flower-bed. ● **p. a secco**, to dry-clean □ **pulirsi il naso**, to wipe (*o* to blow) one's nose □ (*fig.*) **p. le tasche a q.**, to clean sb. out.

puliscioré cchi, *m. invar.* ear-pick; ear-picker.

puliscipénne, *m. invar.* pen wiper.

puliscipièdi, *m. invar.* (*stuoino*) doormat.

pulisciscàrpe, *m. invar.* shoe polisher.

pulìta, *f.* cleaning; cleaning up; wipe; wiping; (*lavata*) wash; (*spazzolata*) brush: **La stanza ha bisogno d'una buona p.**, the room needs a cleaning up; **Va' a darti una buona p.**, go and have a good wash; **dare una p. a q.c.**, to clean st.; (*con uno straccio*) to give st. a wipe, to wipe st.; (*lavandola*) to give st. a wash, to wash st.; (*spazzolandola*) to give st. a brush, to brush st.: **Ho dato una p. all'automobile**, I've given the car a wash (*o* a wash-down); **Ti ho dato una p. alle scarpe**, I've given your shoes a brush.

pulitaménte, *avv.* (*fig.*) neatly; nicely; properly.

pulitézza, *f.* ***1*** polish; finish; (*ordine*) neatness ***2*** (*fig.*) polish; refinement: **p. di stile**, refinement of style.

pulìto, A *a.* ***1*** clean; (*lindo, ordinato*) neat, tidy, spick-and-span; (*pulitissimo*) squeaky-clean (*fam.*): **Hai le mani pulite?**, are your hands clean?; **Mettiti un vestito p.**, put on a clean dress; **acqua pulita**, clean water; **una casa** [**una stanza**] **pulita**, a clean house [room]; **tenere p. un bambino**, to keep a child clean; **p. come uno specchio**, spick-and-span ***2*** (*fig.*) clean; clear; tidy; neat: **una scrittura pulita**, neat handwriting; **bombe pulite**, clean bombs; **avere la coscienza pulita**, to have a clear conscience ***3*** (*fig.*: *senza soldi*) cleaned out ***4*** (*pop.*: *senza armi, senza droga, ecc.*; *non rubato*) clean. ● **energia pulita**, clean energy □ **una faccenda poco pulita**, a shady business □ **far piazza pulita**, to make a clean sweep; (*al gioco*) to sweep the board (*o* the stakes); (*mangiare tutto*) to clean up everything, to polish off st.; (*rubare tutto*) to clean out (a place) □ **gioco p.**, fair play □ **lasciare q. p.** (*privo di denari*), to clean sb. out □ **osso p.**, bare bone. **B** *avv.* cleanly; neatly: **scrivere p.**, to write neatly. **C** *m.* clean place; clean part: **camminare sul p.**, to walk where it's clean; **vivere nel p.**, to live in a clean place. ● **Sa di pulito**, it smells clean.

pulitóre, A *m.* (*f.* **-trice**) cleaner. **B** *a.* cleaning; cleansing.

pulitrìce, *f.* ***1*** (*mecc.*) buffer; polishing machine ***2*** (*agric.*) seed winnower. ● **p. a nastro**, surface sandpapering machine □ **disco per p.**, polishing disk.

pulitùra, *f.* ***1*** (*il pulire*) cleaning, (*strofinando*) wiping, (*sfregando*) scrubbing, (*spazzolando*) brushing; (*il lavare*) washing: **p. a secco**, dry-cleaning; **p. meccanica**, mechanical cleaning ***2*** (*il lucidare*) polishing; (*mecc.*) buffing: **la p. del marmo** [**dei metalli**], the polishing of marble [of metals] ***3***

(*il levigare*) smoothing; down; rubbing down **4** (*mondatura*) cleaning; clearing: **la p. del riso**, rice cleaning. ● **dare l'ultima p. a un lavoro**, to give the finishing touches to a piece of work.

pulizia, *f.* **1** (*il pulire*) cleaning: **fare le pulizie**, to do the cleaning; **pulizie pasquali**, spring cleaning; **pulizie di fino**, thorough cleaning **2** (*l'essere pulito*) cleanliness; cleanness; neatness: **p. personale**, personal cleanliness. ● **donna delle pulizie**, cleaning woman; charwoman □ **fare p. in cantina**, to clean out (*o* to clear out) the cellar □ **Ho fatto p. di tutta quella roba vecchia**, I have cleared out all that junk □ **impresa di pulizie**, cleaning contractor; cleaners (*pl.*) □ **Qui c'è molta p.**, it's very clean here □ **uomo delle pulizie**, cleaner.

pullman (*ingl.*), *m. invar.* **1** (*autom.*) bus; coach **2** (*ferr.*) pullman.

pullmìno, *V.* **pulmino.**

pullòver (*ingl.*), *m. invar.* pullover.

pullulàre, *v. i.* **1** (*spuntare*) to spring* up; to grow*; to flourish: **Dappertutto pullulano le iniziative culturali**, cultural activities are springing up everywhere **2** (*essere gremito*) to swarm; to teem; to pullulate: **Il fiume pullula di pesci**, the river is teeming with fish; **Le vie del centro pullulano di turisti**, the streets of the town centre are swarming with tourists.

pulmìno, *m.* (*autom.*) minibus; minicoach.

pulóne, *m.* (*agric.*) chaff.

pulpìte, *f.* (*med.*) pulpitis*.

pùlpito, *m.* pulpit. ● (*fig.*) **salire sul p.** (*o* **montare in p.**), to sermonize; to preach □ (*iron.*) **Da che p. (viene la predica)!**, look who's talking!; you're a fine one to talk!

pulsànte, A *a.* pulsating; beating; throbbing: (*elettr.*) **corrente p.**, pulsating current; **vena p.**, throbbing vein; (*fig.*) **p. di vita**, throbbing (*o* vibrating) with life. **B** *m.* (push) button; pusher; (*del campanello*) bell push: **il p. del cronografo**, the button of a stopwatch; **premere il p.**, to push the button. ● (*fotogr.*) **p. di scatto**, shutter release □ (*elab.*) **p. luminoso** (*o* **ottico**), light button.

pulsantièra, *f.* (*elettr.*) push button panel.

pùlsar, *f. o m. invar.* (*astron.*) pulsar.

pulsàre, *v. i.* to pulsate (*per lo più scient.*); to beat*; (*palpitare*) to throb: **Il suo cuore pulsava ancora**, his heart was still beating; **Gli pulsavano le tempie**, his temples were throbbing; **il p. del cuore**, the beating (*o* throbbing) of the heart; **il p. di un'arteria**, the pulsating (*o* pulsation) of an artery.

pulsàtile, *a.* (*anat.*) pulsatile.

pulsatilla, *f.* (*bot.*, *Anemone pulsatilla*) pasque flower; pulsatilla.

pulsazióne, *f.* **1** pulsation (*anche med.*); beat; beating; throb; throbbing: **la p. di un'arteria [delle tempie, del polso]**, the pulsation of an artery [of the temples, of the pulse]; **pulsazioni del cuore**, heartbeats; **misurare le pulsazioni**, to measure the pulse **2** (*fis.*) angular frequency; pulsatance.

pulsìmetro, *m.* (*med.*) pulsimeter.

pulsionàle, *a.* (*psic.*) drive (*attr.*).

pulsióne, *f.* **1** (*spinta*) pulsion; thrust **2** (*psic.*) drive.

pulsogètto, *V.* **pulsoreattore.**

pulsòmetro, *m.* (*mecc.*) pulsometer: **pompa a p.**, pulsometer pump.

pulsoreattóre, *m.* (*aeron.*) pulse-jet engine.

pulverulènto, *V.* **polverulento.**

pulvinar (*lat.*), *m. invar.* (*anat.*) pulvinar.

pulvinàre, *m.* (*stor. romana*) pulvinar*.

pulvinàto, *a.* (*archit.*) pulvinate(d).

pulvìno, *m.* (*archit.*) dosseret; pulvino.

pulvìscolo, *m.* **1** (*sottile polvere*) (fine) dust **2** (*bot.*) pollen. ● **p. atmosferico**, motes (*pl.*).

pulzèlla, *f.* (*lett.*) maid; damsel: **la p. d'Orleans**, the Maid of Orleans.

pum, *inter.* (*rumore secco*) bang; (*rumore di tonfo in acqua*) spash; (*rumore di tonfo per terra*) thud.

pùma, *m.* (*zool.*, *Felis concolor*) puma*; cougar*; mountain lion.

punching-ball (*ingl.*), *m. invar.* (*sport*) punchball; punching bag (*USA*).

pungènte, *a.* **1** (*che punge*) prickly; pricking; stinging; pungent: **una spina p.**, a prickly thorn; **ortiche pungenti**, stinging nettles **2** (*fig.*) pungent; piercing; biting; penetrating; sharp: **parole pungenti**, pungent (*o* biting) words; **osservazione p.**, sharp (*o* barbed) remark; **odore p.**, pungent (*o* sharp) smell; **un vento p.**, a piercing (*o* a biting) wind.

pùngere, *v. t.* **1** (*penetrare nella carne, bucare*) to prick; (*di pianta, insetto*) to sting*: **pungersi il dito con uno spillo**, to prick one's finger with a pin; **L'ortica punge**, nettles sting; **Mi punsi con l'ortica**, I got stung by nettles; **Una vespa m'ha punto**, I've been stung by a wasp; **Mi sentii p.**, I felt a sting **2** (*irritare*) to be prickling; (*pizzicare*) to be nippy, to bite*: **Questo maglione punge**, this sweater is prickly; **Il freddo punge oggi**, it's nippy today; there is a cold nip in the air today; **un vento che punge**, a biting wind **3** (*ferire, offendere*) to sting*; to prick; to pierce; to wound: **Le mie parole lo punsero**, my words stung (*o* wounded) him; **Lo pungeva la coscienza**, his conscience pricked him; **p. q. sul vivo**, to sting sb. to the quick **4** (*lett.*: *spronare*) to spur; to urge on: **p. un cavallo**, to spur a horse. ● **Mi pungeva il desiderio di vederla**, I was itching to see her.

pungiglióne, *m.* (*zool.*) sting.

pungitòpo, *m.* (*bot.*, *Ruscus aculeatus*) butcher's broom.

pungolàre, *v. t.* **1** to goad: **p. i buoi**, to goad the oxen **2** (*fig.*: *spronare*) to prod, to spur; (*incitare*) to urge on, to goad, to egg on.

pùngolo, *m.* **1** goad: **stimolare col p.**, to prick with a goad; to goad; to drive on (with a goad) **2** (*fig.*) goad, spur, motive; (*morso*) sting, prick: **sotto il p. del bisogno**, under the spur of necessity; **il p. della miseria**, the spur of poverty; **il p. della fame**, the sting (*o* prick) of hunger; **il p. della coscienza [del rimorso]**, the prick of conscience [of remorse].

punìbile, *a.* punishable; liable to punishment.

punibilità, *f.* punishability; punishableness; liability to punishment.

punìceo, *a.* (*lett.*) puniceous; purplish-red.

pùnico, *a.* Punic; Carthaginian: **le guerre puniche**, the Punic Wars; **fede punica**, Punic faith.

punìre, *v. t.* to punish; to chastise: **Il ragazzo fu punito perché aveva disobbedito**, the boy was punished for disobedience; **p. i traditori**, to punish traitors; **p. q. per le sue colpe**, to chastise sb. for his faults; **p. q. a titolo d'esempio**, to make an example of sb.

punitìvo, *a.* punitive; punitory: **una legge punitiva**, a punitive law; **una spedizione punitiva**, a punitive expedition.

punitóre, A *m.* (*f.* **-trice**) punisher; chastiser. **B** *a.* punitory; punitive: **giustizia punitrice**, punitive justice.

punizióne, *f.* **1** punishment; punishing; chastisement; chastising: **la p. d'un delitto**, the punishment of a crime; **meritare una p.**, to deserve punishment; **infliggere una p. a q.**, to inflict a punishment on sb.; **proporzionare la p. alla colpa**, to make the punishment fit the crime; to fit the punishment to the crime; **Ha avuto la sua giusta p.**, he was rightly punished; he got his comeuppance (*fam.*) **2** (*calcio*) free kick; (*rugby*) penalty: **battere una p.**, to take a free kick.

pùnta (1), *f.* **1** (*estremità acuminata*) point; (*p. ricurva, sporgenza acuminata*) barb: **la p. di un ago [di un chiodo, di un coltello, di una matita]**, the point of a needle [of a nail, of a knife, of a pencil]; **smussare [spezzare] la p.**, to blunt [to break] the point; **p. aguzza**, sharp point; **con la p. all'insù [all'ingiù]**, point upwards [downwards]; **ferire [colpire] di p. e di taglio**, to wound [to strike] with point and blade; **munito di punte**, barbed **2** (*parte terminale*) tip; end: **la p. di un dito**, the tip of a finger; **la p. di un bastone**, the tip of a stick; **la p. del naso**, the end of the nose; **la p. della barba**, the tip (*o* point) of the beard; **camminare sulla p. dei piedi**, to walk on tiptoe; to tiptoe **3** (*cima*: *di albero, guglia, ecc.*) top; (*di monte*) peak: **le punte degli alberi**, the tops of the trees; the tree-tops; **le maggiori punte delle Alpi**, the major Alpine peaks **4** (*quantità minima*) pinch; (*accenno*) touch, tinge, trace, hint: **una p. di sale**, a pinch of salt; **Ci sento una p. di cannella**, I can taste a hint of cinnamom; **C'era una p. di invidia nel suo sguardo**, there was a touch of envy in his look **5** (*di vino*: *inizio di acidità*) sourness: **Questo vino ha preso un po' di p.**, this wine has gone slightly sour; **levare la p.**, to take away the sourness (*o* acidity) **6** (*promontorio*) cape, promontory, headland; (*con i toponimi*) cape, point **7** (*stat.*) peak: **punte di analfabetismo che arrivano al 95%**, peaks of illiteracy up to 95% **8** (*calcio*) attacking forward; attacker **9** (*mecc.*: *di tornio*) centre; (*per perforazione*) bit; (*da trapano*) drill: **p. elicoidale**, shell bit; **p. a elica**, twist drill; **p. conica**, casing nail. ● **p. di diamante**, (*mecc.*) diamond point; (*fig.*) (sb., st.) at the cutting edge (of st.) □ (*macelleria*) **p. di petto** (*di manzo*), breast of beef □ (*danza*) **p. e tacco**, heel and toe □ **p. fonografica**, stylus; needle □ **p. secca**, *V.* **puntasecca** □ **a p.**, pointed: **cappello [scarpe] a p.**, pointed hat [shoes] □ **a p. di diamante**, pyramid-shaped □ (*fig.*) **avere q.c. sulla p. delle dita**, to have st. at one's fingertips □ (*anche fig.*) **avere q.c. sulla p. della lingua**, to have st. on the tip of one's tongue □ **danzare sulle punte**, to dance on points □ **cappello a tre punte**, three-cornered hat □ **compasso a punte fisse**, dividers (*pl.*) □ **fare la p. a una matita**, to sharpen a pencil □ **ferita di p.**, stab wound □ **ore di p.**, (*del traffico*) rush hours; (*di ascolto*) peak time: **ora di p. dell'ascolto televisivo**, peak viewing time □ **parlare in p. di forchetta**, to speak affectedly □ **prendere q. di p.**, to clash with sb. □ **prendere q.c. di p.**, to meet st. head-on; to take st. up with enthusiasm □ (*fis.*) **pressione di p.**, peak pressure □ **uomo di p.**, leading man; (*calcio*) attacker □ **Non vedi più in là della p. del tuo naso**, you can't see an inch in front of your nose.

pùnta (2), *f.* (*atteggiamento del cane da caccia*) point. ● **cane da p.**, gun dog.

puntàle, *m.* **1** (*punta o guarnizione metallica*) ferrule, shoe, metal ring (*o* cap); (*di stringa*) tag: **il p. d'un bastone**, the ferrule of a stick **2** (*mecc.*) push rod **3** (*naut.*) pillar, stanchion; (*altezza della nave*) depth.

puntaménto, *m.* (*mil.*) laying, sighting; (*in elevazione*) pointing; (*in direzione*) training: **p. diretto [indiretto]**, direct [indirect] laying; **il p. d'un cannone**, the training of a cannon.

puntapièdi, *m. invar.* (*naut.*) stretcher; footrest.

puntàre (1), A *v. t.* **1** (*spingere con forza*) to push; (*poggiare con forza*) to put*; (*affondare*) to dig*: **Puntando i piedi contro il muro, riuscì a chiudere la porta**, by pushing his feet against the wall, he succeeded in closing the door; **Puntai il gomito nel suo fianco**, I pushed (*o* I dug) my elbow into his side; **p. i gomiti sulla tavola**, to put one's elbows on the table **2** (*volgere, dirigere*) to point; to direct: **Puntai il bastone verso di lui**, I pointed my stick at him; **p. il dito verso q. [q.c.]**, to point at (*o* to) sb. [st.]; **Gli puntò la spada contro il petto**, he pointed his sword at (*o* against) his chest; **p. un cannocchiale**, to point a pair of field-glasses; (*metterlo a fuoco*) to focus a pair of field-glasses; **p. lo sguardo su q.** [**q.c.**], to direct one's gaze on sb. [st.]; **p. l'attenzione su q.c.**, to direct one's attention on st.; **p. i propri sforzi su q.c.**, to direct one's efforts towards st.; to concentrate one's efforts on st. ***3*** (*aggiustare la mira*) to point; to aim; to sight; to level: **Tutti puntarono le pistole contro di lui**, they all aimed (*o* levelled) their revolvers at him; **Mi puntò la pistola contro il petto**, he levelled (*o* aimed) his revolver at my chest; **Il cacciatore puntò la beccaccia**, the hunter sighted the woodcock; **Bisogna p. prima di sparare**, you must aim (*o* take aim) before shooting ***4*** (*scommettere*) to bet*; to put*; to stake; to wager: **Voglio p. dieci sterline sul favorito**, I want to bet ten pounds on the favourite; **Abbiamo puntato tutto sulla sua riuscita**, we have staked everything on his success. ● **p. un cannone**, to lay a gun □ (*fig.*) **p. i piedi**, to refuse to budge; to dig one's heels in. **B** *v. i.* ***1*** (*dirigersi*) to head: **Puntavo su Calais**, I was heading for Calais; **Punta direttamente a ovest!**, head straight (*o* due) west! ***2*** (*mirare, anche fig.*) to aim: **Puntò alla testa dell'uomo prima di sparare**, he aimed at the man's head before firing; **p. al successo**, to aim at success ***3*** (*fig.*: *fare assegnamento*) to count (on, upon st.) ***4*** (*scommettere*) to bet*; (*contro un banco, anche*) to punt; (*sui cavalli*) to back (st.), to punt: **p. sul rosso**, to bet on the red; (*anche fig.*) **Puntai sul cavallo perdente**, I backed the wrong horse.

puntàre (2), *v. t.* ***1*** (*di cane da caccia*) to point; to set: **p. un fagiano**, to point a pheasant ***2*** (*guardare fisso*) to eye; to ogle: **p. le ragazze**, to eye (*o* to ogle) the girls.

puntàre (3), *v. t.* (*segnare con punti*) to dot; to mark with dots.

puntasécca, *f.* (*tecnica d'incisione*; *l'incisione eseguita*) dry-point.

puntaspilli, *m. invar.* pincushion.

puntàta (1), *f.* ***1*** (*colpo di punta*) thrust ***2*** (*il puntare al gioco*) betting, staking; (*somma scommessa*) bet, stake: **fare una p.**, to place a bet ***3*** (*breve visita*) flying visit: **Fecero una p. a Milano**, they paid a flying visit to Milan ***4*** (*mil.*) raid; strike ***5*** (*calcio*) attack.

puntàta (2), *f.* (*di romanzo, articolo, ecc.*) instalment, installment (*USA*); (*alla radio, alla TV*) episode: **Il romanzo fu pubblicato a puntate**, the novel was published in instalments (*o* in serial form, serially); the novel was serialized; **la prima p. d'un romanzo**, the first instalment of a novel; **romanzo a puntate**, serial (novel); **Stasera danno la terza p. di «Marco Polo»**, the third episode of «Marco Polo» is on tonight.

puntàto, *a.* dotted; followed by a fullstop: **linea puntata**, dotted line; (*mus.*) **nota puntata**, dotted note; **una emme puntata**, an M followed by a fullstop.

puntatóre, *m.* (*f.* **-trice**) ***1*** (*chi punta al gioco*) better, bettor; punter ***2*** (*artigliere*) layer; (*p. in elevazione*) pointer; (*p. in direzione*) trainer ***3*** (*elab.*) pointer.

puntàzza, *f.* ***1*** (*edil.*) pile shoe ***2*** (*mecc.*) pipe bit.

punteggiaménto, *m.* dotting; (*punti*) dots (*pl.*).

punteggiàre, *v. t.* ***1*** (*gramm.*) to punctuate ***2*** (*segnare con punti*) to dot; to mark with dots ***3*** (*bucare col punteruolo*) to prick ***4*** (*fig.*: *intercalare, costellare*) to punctuate; to dot; to pepper: **p. un discorso di citazioni**, to pepper a speech with quotations.

punteggiàto, *a.* ***1*** (*gramm.*) punctuated ***2*** (*segnato con punti*) dotted: **linea punteggiata**, dotted line ***3*** (*cosparso di macchioline*) dotted; spotted; speckled: **p. d'azzurro**, dotted with blue; with blue dots (*o* spots); **un'ala punteggiata di rosso**, a wing speckled with red; **un prato p. di pecore**, a field dotted with sheep ***4*** (*fig.*: *intercalato, costellato*) punctuated; dotted.

punteggiatùra, *f.* ***1*** (*gramm.*) punctuation: **segni di p.**, punctuation marks ***2*** (*disegno*) dotting ***3*** (*macchiettatura*) dotting; dots (*pl.*); spotting; spots (*pl.*); speckling; speckles (*pl.*).

puntéggio, *m.* ***1*** (*sport*) score: **Il p. fu di 3 a 2**, the score was 3-2; **totalizzare un buon p.**, to make a good score; **p. pieno**, full score ***2*** (*in un esame*) points (*pl.*).

puntellaménto, *m.* propping; shoring; staying up.

puntellàre, **A** *v. t.* ***1*** to prop; to shore up; to stay up; to underpin: **p. una porta** [**un tetto cadente**], to prop a door [a falling roof]; **p. un muro**, to underpin (*o* to shore up) a wall; **p. un ramo con uno stecco**, to prop up a branch with a stick; **p. il capo col braccio**, to prop one's head up with an arm ***2*** (*fig.*) to prop up; to support; to back up; to underpin; to bolster up; to buttress up: **p. una tesi con argomenti deboli**, to back up a theory with shaky arguments; **p. il credito del governo**, to bolster up the credit of the government. **B** **puntellàrsi**, *v. rifl.* to seek* support.

puntellatùra, *f.* ***1*** (*il puntellare*) propping; shoring; staying up ***2*** (*insieme di puntelli*) propping; props (*pl.*); shoring; shores (*pl.*). ● (*edil.*) **p. di sostegno**, crib.

puntèllo, *m.* ***1*** prop; shore; stay; support: **mettere un p. a un muro** [**a una porta**], to set a prop against a wall [a door]; to prop a wall [a door] ***2*** (*fig.*) prop; (chief) support; (chief) stay: **Quel ragazzo doveva essere il p. della mia vecchiaia**, that boy was to be the prop (*o* the staff) of my old age; **essere il p. della famiglia**, to be the chief support (*o* stay) of one's family ***3*** (*naut.*) prop; shore: **p. di sentina**, bilge shore; **p. d'albero**, mast prop; **p. di bacino**, bilge block ***4*** (*ind. min.*) leg; post; prop: **p. di sicurezza**, safety post; **p. orizzontale**, stull. ● (*fig.*) **andare avanti a forza di puntelli**, to keep going only with help □ **tenere la porta aperta servendosi di un p.**, to prop the door open □ **tenere q.c. su a forza di puntelli**, to prop st. up; to bolster st. up.

punterìa, *f.* ***1*** (*mecc.*) tappet: (*autom.*) **registrare le punterie**, to set the tappets ***2*** (*mil.*) gun laying: **mettere i pezzi in p.**, to lay the guns.

punteruòlo, *m.* ***1*** (*arnese*) punch, pricker; (*per forare metalli*) drift (pin); (*per forare cuoio o legno*) awl, bradawl; (*per forare panno*) bodkin; (*naut., per cavi*) marline spike ***2*** (*zool.*) weevil: **p. del grano** (*Calandra granaria*), granary weevil; **p. del riso** (*Calandra oryzae*), rice weevil.

puntifórme, *a.* punctiform.

puntìglio, *m.* ***1*** (*ostinazione*) stubbornness, obstinacy; (*picca*) pique: **fare q.c. per puro p.**, to do st. in a fit of pique ***2*** (*determinazione*) determination, tenacity; (*meticolosità*) meticulousness.

puntigliosaménte, *avv.* ***1*** (*ostinatamente*) stubbornly, obstinately; (*per picca*) out of pique ***2*** (*con determinazione*) with determination; (*con meticolosità*) meticuluosly.

puntigliosità, *f.* ***1*** (*ostinazione*) stubbornness; obstinacy ***2*** (*meticolosità*) meticulousness.

puntiglióso, *a.* ***1*** (*ostinato*) stubborn; obstinate ***2*** (*determinato*) determinate; (*meticoloso*) meticulous, fussy (*fam.*).

puntillismo, *m.* (*mus.*) pointillisme.

puntina, *f.* ***1*** (*da disegno*) drawing pin (*GB*); thumbtack (*USA*) ***2*** (*punta fonografica*) needle; stylus ***3*** (*tipo di chiodino*) brad ***4*** (*mecc.*) point: **p. di candela**, spark plug point.

puntinàto, *a.* (*disegno*) dotted.

puntinismo, *m.* (*pitt.*) divisionism; pointillism(e).

puntinista, *m.* e *f.* (*pitt.*) divisionist; pointillist.

puntìno, *m.* dot; spot: **il p. sulla i**, the dot over the letter i; **Guardai l'isola finché non fu che un p. all'orizzonte**, I watched the island until it was a mere dot on the horizon; **segnare con un p.**, to mark with a dot; to dot; **puntini di sospensione**, dots. ● **fare le cose a p.**, to do things properly; **arrivare a p.**, to come pat □ **cotto a p.**, done to a turn □ **descritto a p.**, described to a perfection □ **servire a p. allo scopo**, to come (very) pat to the purpose □ **trovare tutto a p.**, to find everything in perfect order □ **Tutto procedette a p.**, everything went like clock-work □ (*fig.*) **mettere i puntini sugli i**, to cross one's t's and dot one's i's.

pùnto, **A** *m.* ***1*** (*geom., scient.*) point: **p. cardinale**, cardinal point; **p. di fuga**, vanishing point; **p. d'intersezione**, intersection point; **p. di tangenza**, point of tangency; **p. di appoggio**, (*edil.*) point of support; (*fis.*) fulcrum; (*mecc.*) **p. d'articolazione**, pivot point; **p. di arresto**, stop; **p. d'avvio**, release point; **p. di caduta**, impact point; (*mecc.*) **p. di contatto**, point of contact; **p. di entrata**, point of entry; **p. di mira**, point of aim; **p. di riferimento**, reference point; (*aeron.*) check point; (*topogr.*) datum point; (*mat.*) **p. limite**, limit point; (*fis.*) **p. neutro**, neutral point ***2*** (*segno grafico*) dot, mark; (*p. fermo*) full stop, period: **Segnò tre punti sul foglio**, he made three dots on the paper; **p. e a capo**, full stop and new paragraph; **p. e virgola**, semi-colon; **due punti**, colon (*sing.*); **p. esclamativo**, exclamation mark; **p. interrogativo**, question mark; (*fig.*) enigma, mystery ***3*** (*segno o oggetto molto piccolo*) spot; dot; speck; mark: **Molte stelle ci appaiono come punti luminosi**, many stars appear as luminous spots (*o* dots) to us; **Era così lontano che pareva un p. all'orizzonte**, he was so far away that he seemed to be a dot (*o* a speck) on the horizon ***4*** (*luogo, posto*) point, place, spot; (*posizione*) position; (*parte*) part; (*lato*) side: **p. di partenza**, starting point; **p. di arrivo**, point of arrival; **p. d'osservazione**, look-out point; **p. d'atterraggio**, landing point (*o* place); **È un p. incantevole della costa**, it's an enchanting spot on the coast; **Non posso trovarmi in due punti nello stesso tempo**, I can't be in two places at once; **Stabiliamo un p. di ritrovo**, let's fix a meeting place; **Da questo p. si vede tutta la città**, from this point (*o* spot) you can see the whole town; **Il p. in cui si trova la tua casa è bellissimo**, the position of your house is very beautiful; **un p. deserto** [**pericoloso**], a deserted [dangerous] spot; **Abito nel p. opposto della città**, I live on the opposite side of the town ***5*** (*passo, brano*) passage; point: **In quel libro vi sono punti commoventi**, in that book there are some moving (*o* touching) passages; **p. controverso**, controversial passage; **C'è un p. della lettera che non capisco bene**, there is a point in the letter that I don't quite understand ***6*** (*dettaglio, questione, argomento*) point; detail; item: **chiarire un p.**, to clear up a point; **p. dell'ordine del giorno**, item on the agenda; **il p. essenziale**, the (main) point; **Siamo d'accordo su quasi tutti i punti**, we agree almost on every point; **Questo è il p.!**, that is the whole point!; **Vieni al p.!**, come to the point!; **Il p. è che tu non dovevi vendere le azioni**, the point is that you shouldn't have sold the shares; **Il p. che voglio mettere in rilievo è questo**, the point I wish to emphasize is this; **L'abbiamo discusso p. per p.**, we have discussed it point by point (*o* in detail); **Non tralasciare nessun p.**, don't omit a single detail ***7*** (*momento*) point, moment, time; (*istante*) instant: **a un certo p.**, at a certain point (*o* moment); **in p. di morte**, at the point of death; **Arrivi in buon p.**, you've arrived at the right moment; **un p. nel tempo**, a moment (*o* an instant, a point) in time; **p. culminante**, highlight; climax; culminating moment ***8*** (*grado*) degree; extent; point; stage: **Fino a che p. ti interessi a questa faccenda?**, to what degree are you interested in this matter?; **Soffre a tal p. che vuole uccidersi**, he suffers to such an extent that he wants to kill himself; **Le cose sono giunte a tal p. che non si può neanche parlargli**, things have come to such a point that one can't even speak to him; **fino a un certo p.**, to a certain extent; up to a point; **a un p. critico**, at a critical stage (*o* point) ***9*** (*di punteggio*) point; (*al pl.*: *punteggio*) points, score (*sing.*): **Ogni asso vale tre punti**, every ace is worth three points; **Ti darò quindici punti di vantaggio**, I'll give you a start of fifteen points; (*anche fig.*) **un p. a mio favore**, a point in my favour; **fare molti punti**, to make a good score; **Quanti punti ha l'Italia?**, what's Italy's score?; **Quanti punti hai fatto?**, how many points (*o* how much) did you score?; what was your score?; **p. della bandiera**, consolation point; (*boxe*) **vincere ai punti**, to win on points ***10*** (*fin., econ., Borsa*) point: **Le Fiat sono salite [scese] di tre punti**, Fiat shares have gone up [have fallen] three points; **La lira ha perso tre punti**, the lira lost three points; **punti di contingenza**, points of the cost-of-living allowance ***11*** (*voto*) mark: **essere promosso col massino dei punti**, to pass with full marks ***12*** (*cucito, ricamo*) stitch: **Non sa nemmeno dare un p.**, she can't even sew a stitch; **dare un p. a una tasca**, to give a stitch to (*o* stitch up) a pocket; **punti fitti**, close stitches (*o* stitching); **p. a smerlo**, buttonhole stitch; **p. a catenella**, chain stitch; **p. croce**, cross stitch; **p. a giorno**, hem stitch; **p. erba**, stem stitch; **p. filza**, running stitch; **p. indietro**, backstitch; **p. nascosto**, blind stitch; **p. pieno**, satin stitch; **p. rammendo**, darning stitch; **p. smerlo** (*o* **festone**), buttonhole stitch; **piccolo p.**, tent stitch; petit point (*franc.*) ***13*** (*lavoro a maglia, uncinetto*) stitch: **aumentare [calare] un p.**, to increase [to decrease] a stitch; **lasciare cadere un p.**, to drop a stitch; **mettere su i punti**, to cast on (stitches); **p. dritto** (*o* **a legaccio**), plain stitch; **p. rovescio**, purl (stitch); **p. a coste**, rib stitch; **p. riso**, moss stitch; **p. alto**, treble; **p. basso**, double crochet ***14*** (*med.*) stitch: **mettere [togliere] i punti**, to put in [to take out] stitches; **Mi hanno dato sei punti**, I had six stitches ***15*** (*istante in cui si verifica un fenomeno*; *valore della grandezza relativa*) point: (*fis.*) **p. critico**, critical point; (*chim., fis.*) **p. di accensione**, fire (*o* burning) point; **p. di combustione**, ignition point; **p. di congelamento**, freezing point; **p. di cottura**, cooking point; **p. d'ebollizione**, boiling point; **p. d'equilibrio**, (*fis.*) balance point; (*chim.*) end point; **p. di fusione**, melting point; (*fis.*) **p. d'infiammabilità**, flash point; (*naut.*) **p. di orientamento**, pinpoint; (*fis.*) **p. di rottura**, breaking point; (*chim., fis.*) **p. di saturazione**, saturation point ***16*** (*naut.*: *posizione*) ship's position; fix: **fare** (*o* **calcolare**) **il p.**, to determine the ship's position; to take the ship's bearings; **p. di mezzogiorno**, noon position; **segnare il p. sulla carta**, to prick off the chart; **p. corretto**, corrected fix; **p. radiogoniometrico**, wireless (*o* radar) fix ***17*** (*sfumatura di colore*) shade: **Mi piace questo p. di rosso**, I like this shade of red ***18*** (*tipogr.*) point ***19*** (*nell'alfabeto Morse*) dot. ● **p. debole**, weak point: **Il greco è il mio p. debole**, Greek is my weak point □ (*fig., polit.*) **p. caldo**, hot spot □ **p. chiave**, key point: **il p. chiave della faccenda**, the key point in the matter; **È diverso dagli altri in un p. chiave**, he is different from the others in one key respect □ (*anat.* e *fig.*) **p. cieco**, blind spot □ (*anche fig.*) **p. d'appoggio**, footing □ (*leg.*) **p. di diritto**, point of law □ **p. d'onore**, point of honour □ (*econ.*) **p. d'oro**, gold point □ (*fotogr., aeron.*) **p. di presa**, camera station □ (*comm.*) **p. di vendita**, point of sale; selling outlet □ **p. di vista**, point of view; viewpoint: **dal mio p. di vista**, in my view; as I see it □ (*fig.*) **p. dolente**, sore point □ **P. e basta!**, period! □ (*fig.*) **p. forte**, strong point; strong suite (*fam.*) □ (*anat.*) **punti lacrimali**, lacrimal points □ **p. metallico**, staple □ **p. morto**, (*mecc.*) dead point (*o* centre); (*mil.*) dead angle; (*fig.*) deadlock, impasse, bottleneck: **giungere a un p. morto**, to reach a deadlock (*o* an impasse); to get stuck in a bottleneck □ **p. nero**, (*comedone*) blackhead, comedo; (*fig.*) black mark, (*elemento negativo*) drawback, negative point: **C'è un p. nero nella sua vita**, there's a black mark (*o* spot) in his life; **L'unico p. nero è la distanza dalla città**, the only drawback is the distance from town □ **P. primo... p. secondo...**, first (of all)... secondly... □ **A che p. siamo?**, where have we got to?; where are we? □ **Le cose sono a buon p.**, things are progressing well; things are going ahead □ **La faccenda è al p. di prima**, the matter stands as before □ **Fra dieci anni sarai allo stesso p. di oggi**, in ten years' time you'll be just where you are today □ **al p. in cui stanno le cose**, as matters stand □ **Arrivò al p. di offrirmi dei soldi**, he even offered me some money □ **Siamo a buon p.**, we have made progress □ (*fig.*) **dare dei punti a q.**, to knock the spots off sb. □ **dare** (*o* **cogliere**) **nel p.**, to hit the mark □ **di p. in bianco**, all of a sudden; unexpectedly; out of the blue □ **armato di tutto p.**, armed from head to foot □ **organizzarsi di tutto p.**, to get fully organized □ **vestito di tutto p.**, fully dressed □ **fare il p. della situazione**, to take stock of the situation; to sum things up □ **fare il p. su q.c.**, to define (*o* to clarify) st. □ (*fig.*) **fare p.**, to stop: **Basta, per oggi facciamo p.**, all right, let's stop here for today (*o* let's call it a day) □ **Sono arrivati alle tre in p.**, they arrived at three o'clock sharp (*o* on the dot of three o'clock) □ **messa a p.**, set-up; (*fis.*) focus; (*fig.*) restatement: **messa a p. di una questione**, restatement of a question □ (*autom.*) **messa a p. del motore**, engine tuning; tuning (up) □ **mettere a p.**, to set up; to adjust; to hone □ (*fis.*) **mettere a p. una lente**, to focus a lens □ **mettere a p. una questione**, to restate (*o* to formulate) a question □ (*autom.*) **mettere a p. un motore**, to tune (up) an engine □ **essere sul p. di fare q.c.**, to be on the point of doing st.; to be about to do st. □ **tornare al p. di partenza**, to go back to where one started; (*fig.*) to go back to the beginning (*o* to square one), to box the compass □ (*prov.*) **Per un p. Martin perdé la cappa**, for want of a nail the shoe is lost □ (*prov.*) **Un p. in tempo ne salva cento**, a stitch in time saves nine. **B** *a. indef.* (*region.*) (not) any; (not)... the slightest: **Non ha punta voglia di lavorare**, he hasn't the slightest desire to work; **Non ho p. vino in cantina**, I haven't any wine (at all) in the cellar; **Non ho punti quattrini**, I haven't any (*o* I have no) money. **C** *avv.* (*region.*) not at all: **Non era p. contento del mio lavoro**, he wasn't at all pleased with my work **«Come stai?» «P. bene»**, «how are you?» «not at all well»; **Non ci vede p.**, he can't see at all.

puntóne, *m.* (*edil.*) strut; (principal) rafter: **p. d'angolo**, hip rafter; **falso p.**, (common) rafter.

puntuàle, *a.* ***1*** (*che giunge a tempo giusto*) punctual; on time; on the dot (*fam.*): **Cerca di essere p.**, try and be punctual; **arrivare p.**, to arrive on time; **Il treno era p.**, the train was on time; **essere p. nei pagamenti**, to be punctual in payments; to pay punctuallly ***2*** (*fatto con scrupolosa diligenza*) accurate; precise; exact: **un'analisi p.**, an accurate analysis; **una traduzione p.**, an exact translation ***3*** (*specifico*) precise; sharp; detailed: **osservazione p.**, sharp remark; **critica p.**, detailed criticism.

puntualità, *f.* ***1*** punctuality: **p. nei pagamenti**, punctuality in payments; **richiedere p.**, to exact punctuality; **Conosco la tua p.**, I know how punctual you are ***2*** (*esattezza*) exactness; (*precisione*) precision, sharpness, accuracy: **con la massima p.**, with clockwork precision.

puntualizzàre, *v. t.* to define precisely; to pinpoint.

puntualizzazióne, *f.* precise definition.

puntualménte, *avv.* ***1*** (*con puntualità*) punctually; on time; on the dot (*fam.*): **Arrivai p.**, I arrived punctually (*o* on time); **pagare p.**, to pay punctually ***2*** (*regolarmente*) regularly; duly; on the dot (*fam.*): **soddisfare i propri debiti p.**, to meet one's engagements regularly ***3*** (*invariabilmente*) invariably; regularly.

puntùra, *f.* ***1*** (*il pungere*; *la ferita*) prick; (*di ape, vespa e sim.*) sting; (*di zanzara e sim.*) bite: **p. d'ago**, needle prick; **p. di spillo**, pin prick; **Ho il viso tutto coperto di punture di zanzara**, my face is covered all over with mosquito bites ***2*** (*med.*) puncture: **p. lombare**, lumbar puncture ***3*** (*fam.*: *iniezione*) injection; shot (*fam.*); jab (*fam.*): **fare una p. a q.**, to give sb. an injection; **farsi fare una p.**, to have an injection ***4*** (*trafittura, anche fig.*) sharp (*o* shooting, stabbing) pain; stab of pain: **sentire delle punture al capo**, to have shooting pains in one's head; **una p. a un fianco**, a stitch in the side; **una p. che mi trafisse il cuore**, a pain which pierced my heart ***5*** (*fig.*: *frecciata*) stinging remark.

puntùto, *a.* pointed; sharp; angular.

punzecchiaménto, *m.* ***1*** (*il pungere*) prick, pricking, prickling; (*d'insetto*) sting, stinging, biting ***2*** (*fig.*) teasing; taunting.

punzecchiàre, **A** *v. t.* ***1*** (*pungere*) to prick, to prickle; (*d'insetto*) to sting*, to bite*: **Le zanzare lo punzecchiarono tutto**, he was badly bitten by mosquitoes ***2*** (*fig.*: *stuzzicare*) to tease, to taunt; (*irritare*) to get* at: **Vuoi smettere di punzecchiarlo?**, stop teasing him, will you? **B punzecchiàrsi**, *v. rifl. recipr.* (*stuzzicarsi*) to tease each other (*o* one another); (*irritarsi*) to get* at each other.

punzecchiatùra, *f.* ***1*** (*il punzecchiare*) pricking, prickling; (*di insetti*) stinging, biting ***2*** (*il segno*) sting; bite: **punzecchiature di zanzare**, mosquito bites ***3*** (*fig.*: *lo stuzzicare*) teasing; taunting.

punzonàre, *v. t.* ***1*** (*mecc.*) to punch; to stamp ***2*** (*sport*: *contrassegnare*) to seal.

punzonatóre, *m.* (*f.* **-trice**) puncher.

punzonatrice, *f.* (*mecc.*) punching machine; punch press: **p. a mano**, hand metal punch; **p. per occhielli**, eyelet punch.

punzonatùra, *f.* ***1*** (*mecc.*) punching ***2*** (*sport*) sealing. ● (*mecc.*) **p. cava**, trepanning □ **p. di controllo** (*su oggetti d'oro, d'argento*), hallmark; platemark.

punzóne, *m.* ***1*** (*mecc.*) punch; prick punch; drift; drift pin: **p. a forare**, piercing punch; **p. a tranciare**, blanking punch; **p. per incassare chiodi**, nail punch ***2*** (*oreficeria*) pusher. ● **p. monetario** (*o* **per coniare**), (minting) die; punch.

punzonista, *m.* ***1*** (*chi fa i punzoni*) punch cutter ***2*** (*chi punzona*) puncher.

può, *3ª pers. sing. indic. pres. di* **potere**.

puòi, *2ª pers. sing. indic. pres. di* **potere**.

pùpa (**1**), *f.* ***1*** (*bambola*) doll ***2*** (*fam.*: *bambina*) child; (*neonata*) baby(-girl); (*che cammina appena*) toddler, tot ***3*** (*pop.*: *ragazza*) doll; chick; (bit of) skirt.

pùpa (**2**), *f.* (*zool.*) pupa*; chrysalis*.

pupàrio, *m.* (*zool.*) puparium*.

pupàro, *m.* (Sicilian) puppeteer.

pupàttola, *f.* ***1*** (*bambola*) doll ***2*** (*fig.*) doll; bimbo.

pupazzettista, *m. e f.* caricaturist.

pupazzétto, *m.* ***1*** (*disegno*) stick figure; (*caricaturale*) caricature, cartoon ***2*** (*bambolotto*) little doll; (*di carta*) (paper) doll; (*fantoccio*) puppet.

pupàzzo, *m.* *1* (*bambolotto*) doll; (*burattino*) puppet: **p. di stoffa**, rag doll; **p. di neve**, snowman; **p. di carta**, paper doll *2* (*fig.*) puppet.

pupilàre, *v. i.* to shriek; to screech.

pupilla, *f.* *1* (*anat.*) pupil *2* (*per estens.*: *occhio*) eye: **abbassare le pupille**, to lower one's eyes; **con le pupille asciutte**, with dry eyes; without shedding a tear; (*scherz.*) **Cosa vedono le mie p.?!**, I can't believe my eyes! ● **essere la p. degli occhi di q.**, to be the apple of sb.'s eye.

pupillàre (1), *a.* (*anat.*) pupil(l)ary; of the pupil: **riflesso p.**, pupillary reflex.

pupillàre (2), *a.* (*leg.*) pupil(l)ary; of a ward; of a pupil.

pupillo, *m.* (*f.* **-a**) *1* (*leg.*) ward; pupil *2* (*per estens.*: *favorito*) favourite; darling; pet (*fam.*); blue-eyed boy (*fam. GB*); white-haired boy (*fam. USA*): **il p. del direttore**, the director's favourite (*o* blue-eyed boy); **il p. della maestra**, the teacher's pet.

pupinizzàre, *v. t.* (*telef.*) to coil-load.

pupinizzazióne, *f.* (*telef.*) coil loading.

pùpo, *m.* *1* (*fam.*) child; (*neonato*) baby(-boy); (*che cammina appena*) toddler, tot: **Che bel p.!**, what a darling baby! *2* (*burattino*) puppet.

pupù, *V.* **popò.**

pur, *V.* **pure.**

puraménte, *avv.* *1* (*con purità*) purely; chastely: **vivere p.**, to live purely *2* (*unicamente, solamente*) purely, merely, simply, solely, only, just, but; (*del tutto*) totally, quite: **Ero andato là p. per aiutarlo**, I had gone there merely (*o* only, just) to help him; **Parla p. per il piacere di parlare**, he talks merely for the sake of talking; **È p. inutile**, it's totally (*o* quite) useless; it isn't any good; **una cortesia p. formale**, a purely formal courtesy.

purché, *cong.* *1* (*a condizione che*) provided (that); on condition that; as long as: **P. non ci sia nessun pericolo, puoi andare**, provided all is safe, you may go; **Gli fu permesso d'andare, p. rimanesse vicino agli altri ragazzi**, he was allowed to go on condition that he kept close to the other boys; **Lo puoi prendere, p. tu lo tenga pulito**, you can take it as long as you keep it clean *2* (*esclam. con valore desiderativo*) if only; let's hope (that)...: **P. venga!**, if only he would come!; **P. non piova!**, let's hope it doesn't rain!

purchessìa, *a. indef. invar.* any; any... whatever; any... whatsoever: **Me ne basta uno p.**, any one will do; **Dammene uno p.**, give me any one; give me one, it doesn't matter which; **un vestito p.**, any dress whatever; any dress you like; **in un momento p.**, at any time; **in un luogo p.**, in any place whatever; anywhere.

pùre, **A** *avv.* *1* (*anche*) also; too; as well: **P. io sono andato a quella festa**, I too went to that party; **P. io sono italiano**, I too am an Italian; **C'era p. lei**, she was there too; **L'ha detto p. a me**, he told me too; he also told me; **P. mio fratello si chiama Gianni**, my brother is also called Gianni; **un vestito di seta e un soprabito p. di seta**, a silk dress and a silk overcoat as well; **Noi p. verremo con te**, we'll go with you as well; **«Ho una bicicletta» «P. io»**, «I have a bicycle» «so have I»; **«Conosco bene Venezia» «P. io»**, «I know Venice well» «so do I» *2* (*permettendo, concedendo*) – **«Posso prenderne ancora?» «Fai p.!»**, «may I have some more?» «do (*o* certainly, of course, by all means)»; **«Le dispiace?» «Faccia p.!»**, «do you mind?» «not at all (*o* of course not)»; **«Posso sedermi qui?» «Faccia p.!»**, «may I sit here?» «please do»; **Fate p., io sono solo il bidello**, do as you like, I'm only the janitor; **«Allora io vado» «Fa' p. come vuoi»**, «well, I'm off» «suit yourself»; **Vieni p. stasera**, you can come tonight if you wish: (*più enfat.*) come tonight by all means!; **Puoi p. partire quando vuoi**, of course you can leave when you like; **Diglielo p.!**, tell him, if you like. ● **È pur vero che..., tuttavia dovremmo...**, it is certainly true that..., but we should...; while (*o* though) it is true that..., we should... **B** *cong.* *1* (*anche se*) even if; even though: **Non lo vorrei, fosse p. d'oro**, I wouldn't want it even if it were gold; **S'inginocchiasse p. davanti a me, non lo perdonerei**, even if he were to go down on his knees before me, I wouldn't forgive him; **Pur volendoti bene, devo darti torto**, even though I love you, I think you are wrong; **Riuscii a chiudere il cassetto, sia p. (*o* pur se) con qualche difficoltà**, though with some difficulty, I managed to push the drawer back in; **Doveva incontrarlo, fosse p. per pochi minuti**, he had to see him, if only for a few minutes *2* (*tuttavia, eppure*) but; still; yet; however: **Sebbene lo avessi avvisato, p. non volle ascoltarmi**, although I had warned him, he still wouldn't listen to me; **È certo molto difficile, p. dovremo tentare**, it's certainly very difficult; however, we must make an attempt; **Dovrà p. venire da me**, he will still have to come to me; **Bisogna p. campare**, one still has to live. **C** **pur di,** *locuz. cong.* (just) to: **Pur di non sentirlo piangere, gli comprerebbe qualunque giocattolo**, he would buy him any toy not to hear him cry; **È pronto a tutto pur di fare carriera**, he is ready to do anything to foster his career. ● **pur tuttavia**, and yet; all the same; nevertheless.

purè, *m.* **purèa,** *f.* (*cucina*) purée; (*di patate*) mashed potatoes (*pl.*), mash (*fam. GB*): **p. di fragole**, strawberry purée; **p. di castagne**, chestnut purée; **fare un p. di q.c.**, to purée st.; to make st. into a purée.

purézza, *f.* *1* purity, pureness; clearness: **p. di stile [di linguaggio]**, purity of style [of language]; **p. di cuore**, purity (*o* pureness) of heart; **la p. dell'aria**, the pureness of the air; **la p. del cielo**, the clearness of the sky; **p. di linee**, purity of line *2* (*estens.*: *castità*) purity, chastity; (*verginità*) virginity.

pùrga, *f.* *1* (*il purgare*) purgation; purging; purge *2* (*farm.*: *purgante*) purgative; laxative: **L'olio di ricino è adoperato come p.**, castor oil is used as a purgative; **agire da p.**, to act as a purge; **prendere la p.**, to take a laxative *3* (*polit.*) purge *4* (*ind. tess.*) scouring.

purgànte, **A** *a.* *1* (*farm.*) purgative; laxative *2* – (*teol.*) **le anime purganti**, the souls in Purgatory. **B** *m.* (*farm.*) purgative; laxative: **un p. blando [drastico]**, a mild [a drastic] purgative; **prendere un p.**, to take a laxative.

purgàre, **A** *v. t.* *1* (*somministrare una purga*) to give* a purgative (*o* a laxative) to; to purge: **Il malato è stato purgato ieri**, the patient was given a purgative yesterday; **Ho purgato il ragazzo**, I gave the boy a laxative *2* (*depurare*) to purify; to depurate; to clarify: **p. il sangue**, to purify (*o* to depurate) the blood; **p. un liquido**, to clarify a liquid *3* (*fig.*: *purificare*) to purify; to purge; to clean; to cleanse; to clear; to free: **p. l'aria**, to purify the air; **p. l'anima dal peccato**, to cleanse the soul from sin; to purify the soul *4* (*relig.*) to purge away; to expiate; to atone: **p. il peccato**, to expiate sin *5* (*espurgare*) to expurgate; to bowdlerize: **p. un testo**, to expurgate a text *6* (*polit.*) to purge. **B** **purgàrsi,** *v. rifl.* *1* (*prendere una purga*) to take* a laxative; to purge oneself *2* (*fig.*: *purificarsi*) to purge oneself; to purify oneself *3* (*liberarsi*) to clear oneself: **p. di un'accusa**, to clear oneself from a charge.

purgatézza, *f.* (*lett.*) purity.

purgativo, *a.* (*farm.*) purgative; laxative: **sali purgativi**, purgative salts.

purgàto, *a.* *1* (*depurato*) purged; purified; depurated; cleansed; clarified: **aria purgata**, purified air; **un liquido p.**, a clarified liquid *2* (*castigato*) purified; pure: **uno stile p.**, a pure style *3* (*letter.*) expurgated; bowdlerized: **un'edizione purgata**, an expurgated edition.

purgatòrio, **A** *m.* (*teol.*) Purgatory: **le anime del p.**, the souls in Purgatory. ● (*fig. fam.*) **un'anima del p.**, a restless person □ **Questo è un vero p.**, this is hell! **B** *a.* purgatorial.

purgatùra, *f.* *1* (*tecn.*) purifying; depurating; cleansing *2* (*impurità*) impurities (*pl.*); foreign elements (*pl.*).

purgazióne, *f.* *1* (*il purgare*) purgation; purging; cleansing *2* (*teol.*: *espiazione*) purgation; expiation; atonement: **la p. dei propri peccati**, the expiation of one's sins *3* (*leg.*) clearing; release; redemption: **la p. d'una ipoteca**, the redemption of a mortgage.

purificaménto, *m.* purifying; purification; cleansing.

purificàre, **A** *v. t.* *1* (*rendere puro*) to purify; to cleanse; to purge: **p. l'aria d'una stanza**, to purify the air of a room; **p. il sangue**, to purify the blood *2* (*relig.*) to purify; to cleanse (from sin): **p. l'anima**, to purify the soul; **p. con riti religiosi**, to purify with religious rites; **p. il calice**, to purify (*o* to wipe) the chalice. **B** **purificàrsi,** *v. rifl.* e *i. pron.* *1* to purify oneself *2* (*diventare puro*) to be purified; to become* pure: **p. con la sofferenza**, to be purified through suffering.

purificatóio, *m.* (*eccles.*) purificator.

purificatóre, **A** *m.* (*f.* **-trice**) purifier; cleanser. **B** *a.* purifying; cleansing.

purificazióne, *f.* purification; purifying; cleansing; purging: **la p. dell'aria**, the purification of the air; **la p. del sangue**, the purifying of the blood; **p. col fuoco**, purifying by fire; (*eccles.*) **la p. del calice**, the purification (*o* wiping) of the chalice; (*eccles.*) **la P. di Maria Vergine**, the Purification of the Virgin Mary; Candlemas.

purina, *f.* (*chim.*) purine.

purìnico, *a.* (*chim.*) purine (*attr.*).

purìno, *m.* (*agric.*) liquid manure.

purìsmo, *m.* purism.

purìsta, *m.* e *f.* purist.

purìstico, *a.* puristic(al).

purità, *f.* purity; pureness: **la p. dell'anima**, the purity of the soul; **p. verginale**, virginal purity; **p. dello stile**, purity of style.

puritanésimo, *m.* *1* (*relig.*) Puritanism *2* (*fig.*) puritanism.

puritàno, **A** *a.* *1* (*relig.*) Puritan *2* (*fig.*) puritanic(al): **leggi puritane**, puritanical laws. **B** *m.* *1* (*relig.*) Puritan *2* (*fig.*) puritan.

pùro, **A** *a.* *1* pure: **lana [seta] pura**, pure wool [silk]; **di razza pura**, of pure breed; thoroughbred; **parlava un inglese p.**, he spoke pure (*o* impeccable) English; **p. stile gotico**, pure Gothic; **acqua pura**, pure (*o* clear) water; **aria pura**, fresh air; **matematica pura**, pure mathematics; **oro p.**, pure gold *2* (*semplice, schietto*) pure; sheer; mere; plain; bare; naked: **pura forza naturale**, sheer natural strength; **Questa è pura invenzione**, that's sheer invention; **un p. effetto ottico**, a mere optical effect; **per p. caso**, by mere chance; **per pura necessità**, out of pure necessity; **È un p. capriccio**, it's a mere whim; **il p. necessario**, the bare essentials; what is strictly necessary; **Dirò la pura (e semplice) verità**, I'll tell the plain truth (*o* the truth pure and simple); **attenersi ai fatti puri e semplici**, to stick to the naked facts; **Queste sono pure illusioni**, these are mere illusions *3* (*casto*) chaste; pure: **p. di mente**, pure in mind; **anima [vita] pura**, chaste (*o* pure) soul [life]; **Le mie intenzioni sono pure**, my intentions are pure *4* (*fig.*: *incontaminato*) untainted; clear: **p. da peccato**, untainted by sin; **un cielo p.**, a clear sky. ● (*scient.*) **p. al 100 per 100**, ultrapure □ **alcol p.**, absolute alcohol □ **cibo p.**, unadulterated food □ **vino p.**, undiluted wine. **B** *m.* (*f.* **-a**) *1* pure person *2* (*sport*) amateur.

purosàngue, A *a.* **1** thoroughbred; pure-bred **2** (*fig.*) trueborn: **un milanese p.**, a trueborn Milanese. **B** *m.* e *f.* thoroughbred; purebred.

purpùreo, *a.* (*rosso vivo*) deep red.

purpùrico, *a.* (*chim.*) purpuric.

purtròppo, *avv.* unfortunately: **P. il ragazzo è malato**, unfortunately, the boy is ill. ● **P. è arrivato prima lui!**, he got in first, worse luck! □ **P. i prezzi sono troppo alti**, the drawback is that prices are too high □ **«Non c'è più vino?» «No, p.»**, «isn't there any wine left?» «I'm afraid not» □ **P. non ne abbiamo**, I'm afraid we don't have any.

purulènto, *a.* (*med.*) purulent; suppurating; festering: **un ascesso p.**, a purulent abscess; **una ferita purulenta**, a purulent (*o* a festering) wound. ● **materia purulenta**, matter; pus.

pus, *m.* (*med.*) pus; matter.

pușillànime, A *a.* pusillanimous; cowardly; craven; faint-hearted; chicken-livered (*fam.*); lily-livered (*lett.*): **un uomo p.**, a cowardly man; a coward; **comportamento p.**, cowardly behaviour. **B** *m.* e *f.* coward; chicken (*fam.*); wimp (*fam.*).

pușillanimità, *f.* pusillanimity; cowardliness; faint-heartedness.

pùssa via, *locuz. inter.* (*region. fam.*) get lost!; scram!

pùstola, *f.* (*med.*) pustule; pimple: **le pustole del vaiolo**, smallpox pustules.

pustolóso, *a.* (*med.*) pustulous; pustular; covered (*o* spotted) with pimples; pimply: **Avevo un viso p.**, my face was covered with pimples; **pelle pustolosa**, pustulous skin.

puszta (*ungherese*), *f. invar.* puszta; steppe.

put, *m.* (*Borsa*) put.

putacàșo, *avv.* suppose; supposing: **P. ch'egli dicesse...**, just suppose he should say...; **Se, p., io m'addormentassi...**, supposing I should go to sleep...

putativo, *a.* putative: **padre p.**, putative father.

puteàle, *m.* (*archeol.*) puteal; well curb.

pùtido, *a.* (*lett.*) fetid; stinking; foul-smelling.

Putifàrre, *m.* (*Bibbia*) Potiphar.

putifèrio, *m.* uproar; row; racket; shindy (*fam.*); rumpus (*fam.*); hubbub: **Scoppiò un p.**, there was a general uproar; all hell broke loose; **Che cos'è tutto questo p.?**, what's all this racket?; **fare un p.**, to kick up a row (*o* a shindy, a rumpus).

putire, (*lett.*) *V.* **puzzare**.

putizza, *f.* (*geol.*) sulphureous exhalations (*pl.*).

putrèdine, *f.* **1** putridity; putrescence; putrefaction; rottenness, rot **2** (*fig.*) (moral) corruption; rot.

putredinóso, *a.* putrescent; putrefying; rotting.

putrefàre, A *v. t.* to putrefy. **B** *v. i.* e **putrefàrsi,** *v. i. pron.* to putrefy; to decompose; to decay; to rot; (*di cibo*) to go* bad: **I cadaveri si putrefanno rapidamente**, corpses decompose rapidly; **Il pesce si putrefà rapidamente**, fish goes bad quickly.

putrefàtto, *a.* **1** putrefied; putrid; decomposed; decayed; rotten: **pesce p.**, rotten fish **2** (*fig.*) corrupted; decayed; rotten.

putrefazióne, *f.* **1** putrefaction; decomposition; decay; rot: **Si può impedire la p.?**, can you prevent putrefaction?; **Il ghiaccio ritarda la p.**, ice retards decay; **in uno stato di avanzata p.**, in an advanced state of decomposition; **andare in p.**, to decompose **2** (*fig.*) corruption; decay; rot.

putrèlla, *f.* (*edil.*) iron beam; girder; I-beam.

putrescènte, *a.* putrescent; putrefying; decaying; rotting; rotten: **concimi putrescenti**, putrescent manures; **una società p.**, a rotten society.

putrescènza, *f.* putrescence.

putrescina, *f.* (*chim.*) putrescine.

pùtrido, A *a.* **1** putrid; decayed; rotten: **acqua putrida**, putrid (*o* tainted) water; **carne putrida**, rotten meat **2** (*fig.*) putrid; corrupt; rotten. ● **fermentazione putrida**, putrefactive fermentation. **B** *m.* (*fig.*) corruption; rottenness; something rotten.

putridùme, *m.* **1** putridity; rot **2** (*fig.*) corruption; rottenness.

Putsch (*ted.*), *m. invar.* (*polit.*) putsch.

putschista, *m.* e *f.* putschist.

putt, *m. invar.* (*golf*) putt.

puttàna, *f.* (*volg.*) whore, slut, tart (*fam.*); (*prostituta*) prostitute, streetwalker, tart (*fam.*), hooker (*pop. USA*). ● **andare a puttane**, to go whoring; (*fig.*) to go to the dogs, to go down the tubes □ **fare la p.**, to be a whore; to be on the game (*pop.*); to hook (*pop. USA*) □ **figlio di p.**, son of a bitch; bastard □ (*fig.*) **mandare a puttane**, to foul up; to bugger (*GB*); to balls up (*GB*); to ball up (*USA*).

puttanàta, *f.* (*volg.*) **1** (*sciocchezza*) bullshit; crap: **Non dire puttanate!**, don't talk crap! **2** (*azione vile*) mean (*o* rotten) trick.

puttaneggiàre, *v. i.* (*volg.*) to whore; to be a prostitute.

puttanèlla, *f.* (*volg.*) little slut.

puttanésco, *a.* (*volg.*) whorish; sluttish. ● **spaghetti alla puttanesca**, spaghetti with tomato sauce, anchovies, caper and black olives.

puttanière, *m.* (*volg.*) whoremonger.

pùtto, *m.* (*pitt., scult.*) putto*.

pùzza, *f.* stench; stink; foul smell; pong (*fam. GB*). ● (*fig.*) **avere la p. sotto il naso**, to be snobbish; to be snooty (*o* stuck-up) (*fam.*); to be toffee-nosed (*fam. GB*); to put on the dog (*fam. USA*).

puzzàre, *v. i.* **1** to smell* (bad); to stink*; to give* out a strong smell; to reek; to pong (*fam. GB*): **Questo pesce puzza**, this fish smells (*o* stinks); **Gli puzzano i piedi**, his feet smell; he has smelly feet; **Gli puzza il fiato**, his breath smells; he has bad breath; **p. di whisky**, to reek of whisky; **Puzza orrendamente**, it smells horribly; it stinks; **p. d'aglio**, to smell of garlic; **p. di muffa [di rancido]**, to smell mouldy [rancid] **2** (*fig.*) to smack; to smell*; to reek: **p. d'eresia**, to smack of heresy; **p. d'anarchia**, to smell of anarchy; **teorie che puzzano di razzismo**, ideas that reek of racism. ● (*fig.*) **Gli puzzano i denari**, his money is burning a hole in his pocket □ (*fig.*) **Ti puzza la salute?**, are you tired of life? □ (*fig.*) **Mi puzza di plagio**, it looks suspiciously like plagiarism □ (*fig.*) **La cosa mi puzza**, it's all very fishy; there is something fishy about it □ (*fig.*) **La sua spiegazione puzza**, there is something fishy about his explanation.

puzzle (*ingl.*), *m. invar.* **1** (*ad incastro*) jigsaw puzzle **2** (*cruciverba*) crossword puzzle.

pùzzo, *m.* **1** smell; stench; reek; nasty (*o* bad, offensive, strong, foul) smell; bad (*o* offensive) odour; pong (*fam. GB*): **Si sente un gran p. qui**, there is a nasty smell here; **C'è un p. di cipolle [di bruciato]**, there is a smell of onions [of burning]; **un p. d'uova fradice**, a stench of rotten eggs; **Il p. levava il fiato**, the stench was overpowering; **Apri la finestra per mandare via il p.**, open the window to get rid of the smell; **mandare p.**, to give out a smell (*o* a bad odour); to smell; to stink **2** (*fig.*: *sentore, indizio*) smack; smell; taint; tang: **un p. d'eresia**, a smack of heresy. ● (*fig.*) **Qui c'è p. di bruciato**, something is not quite right here □ (*fig.*) **C'è p. d'imbroglio**, the whole thing smells fishy.

pùzzola, *f.* (*zool., Mustela putorius*) polecat; fitchew.

puzzolènte, *a.* strong-smelling; foul-smelling; smelly; stinking; reeking; fetid: **fiato p.**, bad breath; **formaggio p.**, strong-smelling cheese; **piedi puzzolenti**, smelly feet; **sigaro p.**, foul-smelling cigar.

puzzonàta, *f.* (*volg.*) **1** (*azione disonesta*) lousy trick **2** (*cosa mal riuscita*) trash; rot; crap (*volg.*).

puzzóne, *m.* (*f.* **-a**) (*volg.*) **1** stinking person; foul-smelling person **2** (*fig.*) skunk.

pyrex, *m.* (*marchio*) Pyrex.

q, Q

Q, q, *f. o m.* (*quindicesima lettera dell'alfabeto ital.*) Q, q. ● (*telef.*) **q come Quarto**, q for Queen.

qat, *m. invar.* (*bot.*, *Catha edulis*) khat, kat, qat.

qua (1), *avv.* here: **Sono qua**, I'm here; **Venite qua!**, come here; come over here!; **qua e là**, here and there: **Correvano qua e là**, they ran here and there; **Eccolo qua**, here he is; **Eccoci qua**, here we are; **qua dentro**, in here; **qua fuori**, out here; **qua giù**, down here; **qua su** (*o* **sopra**), up here; **questo qua**, this one here. ● **da un po' di tempo in qua**, for some time now □ **Da quando in qua?**, since when? □ **da sei mesi in qua**, for the last six months □ **Da' qua!**, give it to me!; give it here! □ **di qua**, (*da questo lato*) on this side; (*per di qua*) this way; (*nella stanza accanto*) in the next room: **Resta di qua!**, stay on this side!; **Passiamo di qua**, let's go this way; **Chi c'è di qua?**, who's in the next room? □ **di qua da** (*o* **al di qua di**), on this side of: **di qua dagli Appennini**, on this side of the Appennines; **al di qua del fiume**, on this side of the river □ **Ecco qua che succede ad avere fretta!**, see? that's what happens when you do things in a hurry □ **Guarda qua che pasticcio!**, look at this mess! □ **in qua**, this way: **Vieni in qua**, move this way (*o* closer); **Voltati in qua**, turn this way; **farsi** (*o* **tirarsi**) **in qua**, to move this way □ **farsi più in qua**, to come (*o* to draw) nearer (*o* closer) □ **il mondo di qua**, this world; the world we live in □ **per di qua**, this way □ (*fig.*) **essere più di là che di qua**, to be at one's last gasp; to be at death's door □ **Prendi qua!**, take this! □ **Prendi qua questi soldi!**, take this money! □ **Qua la mano**, let's shake hands; let's shake on it □ **Qua ti volevo!**, I've got you there!

qua (2), *inter. e m.* quack.

quaccherìsmo, *m.* (*relig.*) Quakerism; Quakerdom.

quàcchero, (*relig.*) **A** *m.* (*f.* **-a**) Quaker (*f.* Quakeress); Friend: **i quaccheri**, the Quakers; the Society of Friends. ● (*fig.*) **alla quacchera**, without ceremony. **B** *a.* Quaker (*attr.*); Quakerish.

quàcquero, e *deriv.* *V.* **quacchero**, e *deriv.*

quadèrna, *V.* **quaterna**.

quadernàccio, *m.* wastebook; blotter.

quadernàrio, A *a.* quaternary. **B** *m.* (*quartina*) quatrain.

quadèrno, *m.* ***1*** exercise book; (*per appunti*) notebook: **il q. di francese**, the French exercise book; **un q. a righe [a quadretti]**, an exercise book with rules [squared] sheets; **q. ad anelli**, loose-leaf exercise book; ring binder ***2*** (*comm.*) book: **q. di cassa**, cashbook.

quàdra, *f.* (*naut.*) square sail.

quadràbile, *a.* (*rag.*) that can be balanced.

quadragenàrio, *a. e m.* (*f.* **-a**) (*lett.*) quadragenarian.

quadragèsima, quadragesimàle, *V.* **quaresima, quaresimale**.

quadragèsimo, *a. e m.* (*lett.*) fortieth. ● **q. primo [secondo, ecc.]**, forty-first [forty-second, etc.].

quadrangolàre, *a.* ***1*** (*geom.*) quadrangular: **una figura q.**, a quadrangular figure; a quadrangle; **prisma q.**, quadrangular prism ***2*** (*sport*) – **incontro q.**, four-sided (*o* four-way) match.

quadràngolo, (*geom.*) **A** *a.* quadrangular. **B** *m.* quadrangle.

quadrantàle, *a.* quadrantal: **deviazione q.**, quadrantal deviation.

quadrànte, *m.* ***1*** (*geom.*, *naut.*, *astron.*) quadrant ***2*** (*di orologio*) dial; clock face. ● **q. solare**, sundial.

quadràre, A *v. t.* ***1*** (*geom.*) to square; to make* square: (*anche fig.*) **q. il cerchio**, to square the circle ***2*** (*mat.*: *elevare al quadrato*) to square ***3*** (*comm.*) to balance; to reconcile. ● (*fig.*) **q. la testa a un ragazzo**, to knock sense into a boy. **B** *v. i.* ***1*** (*di calcoli e sim.*: *essere esatto*) to balance; to add up: **I conti quadrano**, the accounts balance; **Le uscite non quadrano con le entrate**, the debit and credit sides don't balance; **Non quadra**, it doesn't add up ***2*** (*corrispondere con esattezza*) to fit; to suit: **Quel soprannome davvero gli quadra**, that nickname really suits him ***3*** (*fig. fam.*: *andare a genio*) to be to one's taste (*o* liking): **Non mi quadra**, that's not to my taste; I don't like it ***4*** (*fam.*: *convincere*) to convince: **La faccenda mi quadra poco**, I'm not convinced; it doesn't sound right; (*c'è sotto qualcosa*) there's something fishy here.

quadràtico, *a.* (*mat.*) quadratic: **un'equazione quadratica**, a quadratic equation.

quadratìno, *m.* ***1*** (*naut.*) gunroom ***2*** (*tipogr.*) en quad.

quadràto, A *a.* ***1*** (*che ha forma quadrata*) square: **una superficie quadrata**, a square surface; **un recinto q.**, a square enclosure; **scollo q.**, square neck; **fronte quadrata**, square forehead ***2*** (*mat.*) square: **un numero q.**, a square number; **metro q.**, square metre; **radice quadrata**, square root ***3*** (*anat.*) quadrate: **muscolo q.**, quadrate (muscle) ***4*** (*fig.*: *robusto*) solid; stocky: **fisico q.**, solid build; **spalle quadrate**, broad (*o* square) shoulders ***5*** (*fig.*: *assennato*) sensible; reliable; level; level-headed: **una persona quadrata**, a sensible (*o* reliable) person; **una testa quadrata**, a level head. **B** *m.* ***1*** (*geom.*) square: **l'area d'un q.**, the area of a square ***2*** (*mat.*) square: **Il q. di 4 è 16**, the square of 4 is 16; 4 squared is 16; **8 al q.**, 8 squared; **elevare un numero al q.**, to square a number; **elevabile al q.**, quadrable ***3*** (*oggetto di forma quadrata*) square: **un q. di stoffa**, a square of cloth ***4*** (*pannolino per neonati*) nappy (*GB*); diaper (*USA*) ***5*** (*mil.*) square: **formare il q.** (*o* **fare q.**), to form a square ***6*** (*naut.*: *per ufficiali*) wardroom; (*per sottufficiali*) gunroom ***7*** (*sport*) ring: **salire sul q.**, to get into the ring ***8*** (*astrol.*) quadrature. ● **q. magico**, magic square □ (*mat.*) **espressione al q.**, quadratic □ (*fig.*) **fare q.**, to close ranks.

quadratóne, *m.* (*tipogr.*) em quad: **due quadratoni**, two-em quad.

quadratùra, *f.* ***1*** (*il quadrare*) squaring; (*riquadro*) square ***2*** (*mat.*) quadrature; squaring: **la q. del cerchio**, the squaring of the circle ***3*** (*astron.*) quadrature: **le quadrature della luna**, the quadratures of the moon ***4*** (*fig.*: *solidità, buon senso*) level-headedness; sensibleness; reliability: **q. mentale**, level-headedness ***5*** (*pitt.*) quadratura*. ● (*anche fig.*) **cercare la q. del cerchio**, to try to square the circle.

quadraturista, *m.* (*pitt.*) painter of quadrature.

quadrellatùra, *f.* grid.

quadrèllo, *m.* ***1*** (*del guanto*) gusset ***2*** (*mattonella*) square tile: **ammattonato a quadrelli**, (floor) tiled in squares ***3*** (*macelleria*) loin ***4*** (*ago*) packing needle ***5*** (*righello*) square ruler ***6*** (*lett.*: *freccia*) quarrel; arrow.

quadrerìa, *f.* picture gallery.

quadrettàre, *v. t.* (*dividere in quadretti*) to divide into squares; to square off.

quadrettàto, *a.* ***1*** (*diviso in quadretti*) squared; in squares ***2*** (*di stoffa*) checked; check (*attr.*); (*a quadretti multicolori*) chequered, checkered (*USA*).

quadrettatùra, *f.* ***1*** (*il quadrettare*) division into squares ***2*** (*quadretti*) checks (*pl.*); (*multicolori*) chequerwork, checkerwork (*USA*).

quadrétto, *m.* ***1*** (*piccolo quadro*) small picture ***2*** (*piccolo quadrato*) small square; (*di motivo quadrettato*) check ***3*** (*archit.*) moulding ***4*** (*fig.*: *scenetta*) scene; picture: **un q. di vita campestre**, a country scene. ● **a quadretti**, squared; (*di stoffa*) checked, check (*attr.*); (*multicolori*) chequered, checkered (*USA*): **carta a quadretti**, squared paper; **camicia a quadretti**, checked (*o* check) shirt.

quàdrica, *f.* (*mat.*) quadric surface.

quadricìpite, *m.* (*anat.*) quadriceps (extensor).

quadricromìa, *f.* (*tipogr.*) four-colour process.

quadridimensionàle, *a.* four-dimensional.

quadriennàle, A *a.* ***1*** (*che dura quattro anni*) four-year (*attr.*); quadr(i)ennial: **un corso q. di studi**, a four-year course of studies ***2*** (*che ricorre ogni quattro anni*) quadr(i)ennial; four-yearly: **un'esposizione q.**, a quadriennial exhibition; **giochi quadriennali**, quadriennial games. **B** *f.* (*arte*) four-yearly exhibition; quadriennal show.

quadrièννio, *m.* four-year period; (period of) four years; quadrennium*.

quadrifòglio, *m.* ***1*** (*bot.*) four-leaved clover ***2*** (*archit.*) quatrefoil ***3*** (*raccordo stradale*) cloverleaf (junction). ● **a q.**, four-leaved; quadrifoliate.

quadrifonìa, *f.* quadraphonics (*pl. col verbo al sing.*).

quadrifònico, *a.* quadraphonic.

quadrìfora, (*archit.*) **A** *f.* mullioned window with four lights. **B** *a.* with four lights.

quadrifórme, *a.* (*lett.*) quadriform.

quadrìga, *f.* (*stor.*) quadriga*.

quadrigàrio, *m.* (*stor.*) quadriga driver.

quadrigèmino, *a.* – **parto q.**, birth of quadruplets.

quadrigètto, *m.* (*aeron.*) four-engined jet.

quadrìglia, *f.* (*danza, mus.*) quadrille: **ballare la q.**, to dance a quadrille; to quadrille.

quadrilàtero, A *a.* (*geom.*) quadrilateral; four-sided: **edificio q.**, four-sided building. **B** *m.* ***1*** (*geom.*) quadrilateral ***2*** (*mil.*: *fortificazione*) four-sided stronghold; (*gruppo di quattro fortezze*) quadrilateral ***3*** (*calcio*) box.

quadrilìngue, *a.* quadrilingual: **iscrizione q.**, quadrilingual inscription; **interprete q.**, quadrilingual interpreter.

quadrilióne, *m.* (*mat.*) ***1*** (10^{15}) quadrillion (*USA*) ***2*** (10^{24}) quadrillion (*GB*); septillion (*USA*).

quadrilobato, *a.* (*bot., zool.*) quadrilobate; quadrilobed.
quadrilobo, *m.* quatrefoil; quatrefeuille (*franc.*).
quadrilùstre, *a.* (*lett.*) twenty-year-old (*attr.*); twenty years old (*pred.*).
quadrimèmbre, *a.* (*lett.*) quadrimembral.
quadrimensionàle, *a.* quadridimensional.
quadrimestràle, *a.* ***1*** (*che dura quattro mesi*) four-month (*attr.*); of four months (*pred.*) ***2*** (*a intervalli di quattro mesi*) four-monthly: **rivista q.**, four-monthly review.
quadrimestralità, *f.* ***1*** four-month duration ***2*** four-monthly occurence.
quadrimèstre, *m.* ***1*** (*periodo*) period of four months; four-month period ***2*** (*somma pagata ogni quattro mesi*) four-monthly payment; (*affitto*) four-monthly rent. ● **pagare a quadrimestri**, to pay every four months.
quadrimotóre, (*aeron.*) **A** *a.* four-engined. **B** *m.* four-engined aircraft.
quadrinòmio, *m.* (*mat.*) quadrinomial.
quadripàla, *a.* (*aeron.*) four-bladed (*attr.*).
quadripartìre, *v. t.* to divide into four parts.
quadripartìtico, *a.* (*polit.*) four-party (*attr.*).
quadripartìto (1), *a.* divided into four parts; quadripartite.
quadripartìto (2), **A** *a.* (*polit.*: *formato da quattro gruppi*) quadripartite; (*formato da quattro partiti*) four-party (*attr.*): **accordo q.**, quadripartite agreement; **coalizione quadripartita**, four-party coalition. **B** *m.* four-party government.
quadriplegìa, *f.* (*med.*) quadriplegia; tetraplegia.
quadriplègico, *a.* e *m.* (*f.* **-a**) (*med.*) quadriplegic.
quadripòlo, *m.* (*elettr.*) quadrupole; quadripole.
quadripòrtico, *m.* (*archit.*: *cortile*) arcaded court; (*portico*) four-sided portico*.
quadripósto, *a.* four-seat (*attr.*).
quadrireattóre, *V.* **quadrigetto.**
quadrirème, *f.* (*stor.*) quadrireme.
quadrirotóre, *a.* (*aeron.*) four-rotor (*attr.*).
quadrisillàbico, *V.* **quadrisillabo, A**
quadrisìllabo, **A** *a.* quadrisyllabic; tetrasyllabic. **B** *m.* quadrisyllable; tetrasyllable.
quadrìsta, *m.* (*tecn.*) control panel operator.
quadrittòngo, *m.* (*fon.*) double diphthong.
quadrivalènte, *a.* (*chim.*) quadrivalent; tetravalent.
quadrivettóre, *m.* (*fis.*) four-vector.
quadrìvio, *m.* ***1*** crossroads (*sing.*) ***2*** (*stor. medievale*) quadrivium.
quàdro (1), *a.* (*V. anche* **quadrato**) square: **parentesi quadra**, square bracket; **metro q.**, square metre; (*naut.*) **vela quadra**, square sail; **spalle quadre**, broad shoulders; (*fig.*); **testa quadra**, level-headed (*o* sensible) person; (*spreg.*) blockhead.
quàdro (2), *m.* ***1*** picture; painting: **dipingere un q.**, to paint a picture; **posare per un q.**, to pose for a picture; **i quadri di Morandi**, Morandi's paintings (*o* pictures); **q. a olio [ad acquerello, a pastello]**, oil [water-colour, pastel] painting; **galleria di quadri**, picture gallery; **Che bel posto! Pare un q.**, what a beautiful place! It's just (like) a picture ***2*** (*riquadro*) square; check: **uno scialle a quadri grigi**, a shawl with grey squares; a grey-checked (*o* check) shawl; **disegno a quadri**, checked (*o* check) pattern; (*a quadri multicolori*) chequered (*USA*: checkered) pattern ***3*** (*fig.*) picture; description; outline; (*riassunto*) summary; (*ambientazione*) setting; (*scena*) scene; (*vista*) sight: **«I Promessi Sposi» sono un q. magnifico di vita milanese nel Seicento**, «The Betrothed» is a magnificent description of seventeenth-century life in Milan; **Ci fece un q. spaventoso della situazione**, he painted a frightful picture of the situation; **fare il q. della situazione**, to give a summary of the situation; **Questo è il q. della situazione**, this is how things stand; **Davanti a noi si apriva un q. terrificante**, a terrifying sight opened before us; **il q. politico**, the political context (*o* scene) ***4*** (*tabella*) table; chart: **q. sinottico**, synoptic table; **q. delle condizioni meteorologiche**, weather chart ***5*** (*tecn.*) board; panel: **q. a muro**, wall-type board; **q. dei fusibili**, fuse board; **q. di comando**, control board; **q. di distribuzione**, distribution panel; **q. a pulsanti**, press-button board; (*autom.*) **q. strumenti**, instrument board; (*elettr.*) **q. degli interruttori**, switchboard ***6*** (*TV, cinem.*) frame: **fuori q.**, out of frame; **mettere in q.**, to frame ***7*** (*mil., amm., generalm. al pl.*) cadre: **i quadri dell'esercito**, the cadres of the army; **quadri direttivi**, executive cadres; managerial staff; **quadri intermedi**, middle management ***8*** (*teatr.*) scene ***9*** (*pl.*) (*nelle carte da gioco*) diamonds: **il fante di quadri**, the jack of diamonds. ● (*al cinema*) **Q.!**, focus! □ (*med.*) **q. clinico**, case history □ (*naut.*) **q. di poppa**, upper stern □ (*fis.*) **q. luminoso**, illuminated diagram □ **q. riassuntivo**, summary □ (*ginnastica*) **q. svedese**, wall bars (*pl.*) □ (*elab.*) **q. video**, display frame □ **quadri viventi**, tableaux vivants (*franc.*).
quadróne, *m.* (*lastra per pavimentazione*) flagstone.
quadròtta, *f.* squarish paper.
quadrùccio, *m.* (*cinem.*) aperture plate.
quadrùmane, (*zool.*) **A** *a.* quadrumanous; four-handed. **B** *m.* quadruman(e).
quadrùmviro, e *deriv. V.* **quadrunviro,** e *deriv.*
quadrunviràto, *m.* (*stor.* e *estens.*) quadrumvirate.
quadrùnviro, *m.* (*stor.*) quadrumvir.
quadrùpede, (*zool.*) **A** *a.* four-footed; quadruped(al). **B** *m.* ***1*** quadruped; four-footed animal ***2*** (*spreg.*) boor.
quadruplicàre, **A** *v. t.* ***1*** to quadruple; to multiply by four: **q. la produzione**, to quadruple production; **q. un numero**, to multiply a number by four ***2*** (*fig.*) to redouble: **q. gli sforzi**, to redouble one's efforts. **B** *v. i.* e **quadruplicàrsi,** *v. i. pron.* to quadruple; to increase fourfold; to become* four times as much [as many].
quadruplicazióne, *f.* (*mat.*) quadruplication.
quadrùplice, *a.* quadruple; fourfold: **un vantaggio q.**, a fourfold advantage; (*stor.*) **la Q. Alleanza**, the Quadruple Alliance.
quadruplicità, *f.* quadruplicity.
quàdruplo, (*mat.*) **A** *a.* quadruple; four times as great (*pred.*); fourfold: **una somma quadrupla**, a quadruple amount; a sum four times as great; (*mus.*) **contrappunto q.**, quadruple counterpoint. **B** *m.* quadruple; four times as much: **20 è il q. di 5**, 20 is the quadruple of 5; **costare il q.**, to cost four times as much; **Carlo vinse il q.**, Charles won four times as much.
quadrupòlo, *V.* **quadripolo.**
quàgga, *m.* (*zool., Equus quagga*) quagga.
quaggiù, *avv.* ***1*** down here: **Vieni q.**, come down here; **da q.**, from down here ***2*** (*per estens.*: *a sud*) here in the south; (*in questo mondo*) here below, in (*o* of) this world, on earth: **le cose di q.**, the things of this world.
quàglia, *f.* (*zool., Coturnix coturnix*) quail*. ● (*zool.*) **re di q.** (*Crex crex*) corncrake.
quagliàre, *v. i.* ***1*** to curdle ***2*** (*fig.*) to jell.
quaglière, *m.* quail pipe.
quàlche, *a. indef.* ***1*** (*in frasi afferm. o comunque con valore positivo*; *quando si offre q.c.*) some; (*alcuni*) a few: **Ti darò q. libro**, I'll give you some books; **Non lo vedo da q. tempo**, I haven't seen him for some time; **Deve avere q. motivo**, he must have some reason; **Vuoi q. caramella?**, would you like some sweets?; **Mi darai q. consiglio prima di partire?**, will you give me some advice before leaving?; **q. anno [mese, giorno] fa**, a few years [months, days] ago; **C'era solo q. persona**, there were only a few people there; **Lo disse con q. certezza**, he said it with some certainty; **Partirò tra q. giorno**, I'll leave in a few days' time; **Trova q. pretesto!**, find some excuse!; **q. mio amico**, (*alcuni miei amici*) some friends of mine; (*uno o l'altro dei miei amici*) some friend of mine ***2*** (*in frasi neg., interr., dubit., e interr. neg.*) any; (*alcuni*) a few: **Hai q. vecchio straccio?**, have you got any old rags?; **Hai q. fiammifero?**, have you got any matches?; **Non so se sia rimasto q. biscotto**, I don't know whether there are any biscuits left; **Non ha q. amico?**, hasn't he got any friends?; has he got no friends?; **Ha q. prova di quello che dice?**, has he got any evidence for what he says? ***3*** (*un certo*) some: **godere di una q. considerazione**, to be held in some esteem; **Ho q. ragione per crederlo**, I have some reason to believe it; **non senza q. difficoltà**, not without some difficulty ***4*** (*quale che sia*; *uno o l'altro*: *in frasi afferm.*) some... (or other); (*in frasi interr.*) any: **Verrò a trovarti, q. giorno**, I'll come and see you some day or other; **in q. modo**, some way or other; somehow; **Deve avere q. fonte di reddito**, he must have some source of income; **C'è q. ragione per crederlo?**, is there any reason to believe it? ● **q. cosa,** *V.* **qualcosa** □ **q. volta** sometimes □ **da q. parte**, somewhere: **Dev'essere qui da q. parte**, it must be somewhere here (*o* round here, hereabouts) □ **in q. luogo** (*o* **posto**), somewhere; someplace (*USA*); anywhere: **Mio figlio deve essere in q. posto**, my son must be somewhere; **Lo vedi in q. posto** (*o* **da q. parte**)**?**, can you see it anywhere?
qualchedùno, *V.* **qualcuno.**
qualcòsa, *pron. indef.* ***1*** (*in frasi afferm. o comunque con valore positivo*; *quando si offre q.c.*) something: **Di' q.**, say something; **Ci vuole qualcos'altro**, something else is needed; **q. da mangiare [da copiare, da leggere]**, something to eat [to copy, to read]; **q. da bere**, something to drink; (*una bibita, un liquore, ecc.*) a drink; **Beviamo q.?**, shall we have a drink?; **q. di strano [bello, vecchio]**, something strange [beautiful, old]; **Vuoi q. di più costoso?**, do you want something more expensive? ***2*** (*in frasi interr., dubit. e condiz.*) anything: **Ti ha detto q.?**, did he tell you anything?; **Hai q. in banca?**, have you anything in the bank?; **Hai bisogno di q.?**, is there anything you need?; **Se q. va storto, chiamami subito**, if anything goes wrong, call me immediately; **Dovesse succedere q., non saprei come reagire**, if anything should happen, I wouldn't know how to react; **C'è q. di nuovo [qualcos'altro]?**, is there anything new [anything else]? ***3*** (*fig.*: *persona importante*) somebody ***4*** (*elemento indefinibile*) something: **Ha un certo q.**, she has an indefinible something; **Lui è in gamba, ma lei ha un q. in più**, he is good, but she has an extra something. ● **q. come dieci milioni**, something like (*o* in the region of) ten million lire □ **q. del genere** (*o* **di simile**), something of the kind; something like that: **Fa il programmatore o q. di simile**, he is a computer programmer or something (like that) □ (*fam. enfat.*) **q. di**, really; truly: **Ho comprato un tappeto che è q. di bello!**, I've bought a really super carpet!; **una vicenda che è q. di incredibile**, a truly incredible story □ **Q. mi diceva che sarebbe accaduto**, something told me it would happen □ **q. cosa di meno**, something less; a bit less: **«Quanto hai speso? Trecentomila?» «Q. di meno»**, «how much did you pay? three hundred thousand?» «a bit less» □ **avere q. al sole**, to own a piece of land □ **contare q.**, to count for something □ **Ha un conto in banca di cento milioni e q.**, he has a bit more than a hundred million in the bank □ **Non**

ha rifiutato, è già q., he did not refuse, which is (*o* and that is) something.

qualcùno, *pron. indef.* ***1*** (*in frasi afferm. o comunque con valore positivo*: *rif. a persone*) somebody, someone; (*con un partitivo, per persone e cose*) some; (*uno*) one: **Q. ti cerca**, someone (*o* somebody) is looking for you; **Bisogna trovare q. che lo faccia**, we must find somebody (*o* someone) who'll do it; **Q. glielo avrà detto**, somebody (*o* someone) must have told him; **Non mi dirai che q. possa fare ciò da solo**, you're not going to tell me that somebody can do that alone (*o* all by himself); **Potrò portare q. con me?**, can I bring someone with me?; **Ce n'è q. in più**, there are some extra ones; **Lo dovrà fare qualcun altro**, somebody else will have to do it; **Q. di noi [di voi, di loro] dovrà andare**, (*alcuni*) some of us [of you, of them] will have to go; (*uno*) one of us [of you, of them] will have to go; **I funghi cominciano a crescere**: **ne ho visto q.**, the mushrooms are starting to grow: I have seen some; **Che bei fiori! Ne coglierò q.**, what beautiful flowers! I'm going to pick some ***2*** (*in frasi interr., neg., dubit. e condiz.*: *rif. a persone*) anybody, anyone; (*con un partitivo, per persone e cose*) any; (*uno*) any(one): **Hai visto q. in strada?**, did you see anybody (*o* anyone) in the street?; **Se viene q., digli che non sono in casa**, if anyone (*o* anybody) comes, say I'm not at home; **Se q. mi offrisse un altro posto, me ne andrei subito**, if anyone offered me a new job, I'd quit at once; **C'è qualcun altro?**, is there anybody else?; **C'era q. che io conosco?**, was there anyone I know?; **C'è q. di loro disposto a trasferirsi a Milano?**, is there any (*o* are there any) of them willing to move to Milan?; **C'era q. della famiglia là?**, were there any members of the family there? ***3*** (*alcuni, certuni*) some, some people; (*alcuni, pochi*) a few; (*uno*) one: **Q. dice che Tom ha ragione, ma io no**, some (*o* some people) say that Tom is right but I don't; **Q. del coro stonava**, a few choristers were out of tune; **Ha molti libri, ma solo q. è interessante**, he has many books but only a few of them are interesting ***4*** (*fig.*: *persona importante*) somebody: **Credi di essere q., ma sei una nullità**, you think you are somebody, but you are nobody. ● **Ne farà qualcuna delle sue**, he'll get up to his usual tricks.

quàle, **A** *a.* ***1*** (*interr.*: *fra due, o fra un numero limitato di cose o persone*) which: **Q. vestito hai scelto?**, which suit have you chosen?; **Quali città europee sono costruite su un fiume?**, which European cities are built on rivers?; **In quali giorni sei occupato?**, in which days are you busy? ***2*** (*interr.*: *fra un numero indeterminato di cose o di persone*) what; (*che genere di*) what kind of: **A q. pagina?**, on what page?; **Quali automobili hai visto al Salone?**, what cars did you see at the Motor Show?; **Quali libri leggi?**, what kind of books do you read?; **Q. tipo di stoffa hai scelto?**, what kind of material did you chose?; **Per q. ragione vuoi andare?**, what is your reason for going?; **Non so q. carriera abbia intrapreso**, I don't know what career he has taken up ***3*** (*in frasi escl. ed enfatiche*: *sing.*) what (a); (*pl.*) what: **Quale errore fu quello!**, what a mistake was that!; **Q. onore!**, what an honour!; **Quali tristi pensieri!**, what sad thoughts! ***4*** (*indef.*: *qualunque*) whatever: **Quali che siano stati i suoi errori, rimane un grand'uomo**, whatever his mistakes may have been, he remains a great man ***5*** (*relat.*: *nelle esemplificazioni*) like; such as: **poeti quali Keats e Shelley**, poets such as Keats and Shelley; **un successo q. non si era mai visto prima**, a success such as had never been seen before ***6*** (*relat.*: *in correl. con «tale», espresso o sottinteso*) (just) what; (just) as; exactly like: **Non era q. mi avevano fatto credere**, he wasn't as (*o* what) I had been led to believe; **È tale q. me l'aspettavo**, it's just as (*o* what) I thought; **L'esito fu q. si sperava**, the outcome was just as hoped for (*o* just what was hoped for); **La stanza è q. io la lasciai**, the room is as I left it. ● **la qual cosa**, which □ **per la qual cosa**, for which reason □ **in certo qual modo**, in a way; somehow □ **Aveva una certa qual mestizia sul volto**, there was a touch of sadness on his face □ **Ma q. promessa! Io non ho promesso niente!**, a promise? I didn't make any promise! □ **non so q.**, vague; uncertain; indefinable: **Mi assalì non so q. dubbio**, a vague (*o* an indefinable) doubt assailed me □ **tale e q.**, identical; exactly the same; just like: **Ne voglio uno tale e q.**, I want one exactly the same; **È tale e q. suo fratello**, he's just like his brother □ **Ve la dico tale q. l'ho sentita**, I'll tell you exactly what I heard □ **È tale e q. sua madre**, she's the very (*o* the spitting) image of her mother □ (*prov.*) **Q. il padre, tale il figlio**, like father, like son. **B** *pron.* ***1*** (*interr.*: *fra due, o fra un numero limitato di cose o persone*) which: **Q. (o quali) di queste cravatte preferisci?**, which of these ties do you prefer?; **Qual è tua sorella?**, which is your sister?; **Qual è il mio?**, which is mine?; **Dovrò venderne uno dei due, ma q.?**, I'll have to sell one of the two, but which one?; **Sono incerto su q. comprare**, I'm uncertain as to which to buy ***2*** (*interr.*: *fra un numero indeterminato di cose o persone*) what: **Qual è la tua ambizione?**, what is your ambition?; **Non saprei dirti quali siano le sue intenzioni**, I really couldn't tell you what his intentions are; **Qual è il prezzo di quella merce?**, what is the price of those goods? ***3*** (*relat.*: *rif. a persone*) (*sogg.*) who, that; (*compl. ogg.*) whom, that; (*compl. indir.*) whom; (*poss.*) whose: **C'era lì vicino un signore, il q. gentilmente mi aiutò**, there was a man close by, who kindly helped me; **Coloro i quali si abboneranno entro dicembre riceveranno un omaggio**, those who subscribe before the end of December will be sent a special gift; **un uomo del q. tutti ammirano l'onestà**, a man whose honesty is admired by all; **Mia cognata, alla q. ho fatto un grosso piacere, non mi ha neanche ringraziato**, my sister-in-law, to whom I did a great favour, didn't even thank me; **È un amico sul q. posso sempre contare**, he is a friend on whom I can always rely; (*meno form.*) he's a friend I can always rely on ***4*** (*relat.*: *rif. a cose o animali*) (*sogg., compl. ogg. e indir.*) which, that; (*poss.*) of which, whose: **uno stanzone, su tre pareti del q. vi erano molte fotografie**, a big room, on three walls of which there were many photographs; **Il paese del quale ti parlavo ha una bella chiesa gotica**, the village about which I was telling you (*o, meno form.*: the village I was telling you about) has a beautiful Gothic church; **il mondo nel q. viviamo**, the world in which we live; the world we live in; **il vestito col q. sono uscito**, the suit in which I went out; the suit I went out in; **La scuderia dalla q. viene questo cavallo è celebre**, the stables from which this horse comes (*o, meno form.*: the stables this horse comes from) are quite famous ***5*** (*indef.*: *in correlazione con «quale»*) some... some (*o* others): **q. qui, q. là**, some here, some there; **q. in silenzio, q. protestando vivamente**, some quietly, others protesting vehemently. ● **per la q.**, as (*o* what) it should be; very good; (*rispettabile*) decent, respectable; (*in modo soddisfacente*) satisfactorily: **Questa carne non è troppo per la q.**, this meat isn't very good; **Hai fatto quel lavoro non tanto per la q.**, you haven't made a very good job (of it). **C** *avv.* (*con funzione di, in qualità di*) as: **Fu mandato q. paciere**, he was sent as a peacemaker.

qualìfica, *f.* ***1*** (*attributo*) label; name; tag: **È una q. che non mi merito**, it's a name I don't deserve; **Si è guadagnato la q. di stupido**, he has been quite rightly labelled as a fool ***2*** (*titolo*) qualification; title; degree; (*posizione*) status: **avere le qualifiche necessarie**, to have the necessary qualifications; **q. di impiegato**, clerical status; **Mi hanno assunto con la q. di impiegato**, I've been taken on as a clerk ***3*** (*giudizio*) mark, grade; (*bur.*) rating.

qualificàbile, *a.* qualifiable.

qualificànte, *a.* (*significativo*) significant; key; crucial.

qualificàre, **A** *v. t.* ***1*** (*definire*) to describe as, to style, to call, to put* down as, to qualify; (*caratterizzare*) to characterize, to mark out: **un film che qualificherei passabile**, a film I would describe as so-so; **un comportamento che si può solo q. come vergognoso**, behaviour that can only be qualified as disgraceful; **L'hanno qualificato come uno sciocco**, they put him down as a fool ***2*** (*preparare professionalmente*) to train. **B qualificàrsi,** *v. rifl.* ***1*** (*definirsi*) to describe oneself as; to call oneself; to style oneself: **Si qualifica come programmatore**, he describes himself as (*o* calls himself) a programmer ***2*** (*ottenere una qualifica*) to qualify: **q. idoneo [come operaio specializzato]**, to qualify as suitable [as a skilled worker]; (*sport*) **q. per le semifinali**, to qualify for the semifinals.

qualificativo, *a.* ***1*** qualificative; qualifying; qualificatory ***2*** (*gramm.*) descriptive: **un aggettivo q.**, a descriptive adjective.

qualificàto, *a.* ***1*** (*fornito di qualità necessarie*) qualified; eligible; competent: **essere pienamente q. a fare q.c.**, to be fully qualified (*o* eligible) to do st.; **un insegnante q.**, a qualified teacher; **Non è abbastanza q.**, he is not highly qualified enough (*o* competent enough) ***2*** (*esperto*) skilled; skilful: **operaio q.**, skilled workman ***3*** (*che si distingue*) distinguished; remarkable; excellent.

qualificazióne, *f.* ***1*** qualification ***2*** (*addestramento professionale*) training: **corso di q. professionale**, training course ***3*** (*sport*: *gara*) qualifying event; qualifier.

qualità, *f.* ***1*** quality; (*natura*) nature; (*proprietà*) property: **Conta più la q. che la quantità**, quality counts more than quantity; **la q. di un articolo**, the quality of an article; **le q. della materia**, the properties of matter; **la q. del clima [del suolo]**, the nature of the climate [of the soil]; **lana [tabacco] di ottima q.**, wool [tobacco] of excellent quality ***2*** (*genere, varietà*) kind; sort: **Ne abbiamo di due qualità, amaro e dolce**, we have two kinds, bitter and sweet; **vini di diverse q.**, wines of many kinds ***3*** (*dote, virtù*) quality; virtue; merit; point: **Ha tante buone q.**, he has many good qualities (*o* points); **q. positive**, good qualities; virtues; points ***4*** (*grado, ufficio, carica*) capacity: **agire in q. di tutore**, to act in one's capacity as guardian; **Serviva in q. di governante**, she served as a governess ***5*** (*ceto, condizione sociale*) class; social standing: **gente di ogni q.**, people of all classes; **È persona d'alta q.**, he's a man of high social standing. ● (*aeron.*) **q. di volo**, airworthiness □ (*naut.*) **q. nautiche**, seaworthiness □ **uno scrittore di q.**, a fine (*o* first-rate) writer □ **prodotti di q.**, quality (*o* choice) products □ **di alta q.**, high-quality; high-grade; exclusive □ **di prima q.**, first-rate; choice (*attr.*): **vino di prima q.**, choice wine □ **di q. inferiore**, low-grade □ **di q. scadente**, second-class; third-class; inferior; cheap □ **di q. superiore**, high-quality; high-grade; superior □ **salto di q.**, radical change.

qualitativo, **A** *a.* qualitative: **dati qualitativi**, qualitative data; (*chim.*) **analisi qualitativa**, qualitative analysis. **B** *m.* (*comm.*) quality.

qualménte, *avv.* (*fam. scherz.*) how: **Ci raccontò come q. gli avessero offerto un grosso affare**, he told us how he had been offered a very profitable deal.

qualóra, *cong.* (*posto che*) in case; if: **q. non si potesse**, if it should prove impossible; should it prove impossible (*form.*); **q. piovesse**, in case (*o* if) it should rain; **q. ci fossero cambiamenti**, if there should be any changes; should there be any changes (*form.*).

qualsìasi, *a. indef.* ***1*** any: **in q. caso**, in any case; **Chiamami a q. ora**, call me any time; **consegna in q. parte della città**, delivery to any part of town; **Viaggia con q. tempo**, he travels in any weather (*o* in all kinds of weather); **a q. costo**, at all costs; whatever the cost; **Quel meccanico sa riparare q. motore**, that mechanic can repair any engine; **uno q. di voi [di noi, ecc.]**, any one of you [of us, etc.]; **«Che marca vuole?» «Va bene una q.»**, «which brand would you like?» «any one will do» (*o* «just any») ***2*** (*in frasi concessive: quale che sia*) whatever; (*con riferimento a due, o a un numero limitato di cose o persone*) whichever: **Q. fosse l'offerta, non l'accetterei mai**, whatever the offer, I would never accept it; **Q. sia la sua condotta, in fondo è un bravo ragazzo**, whatever his conduct may be, he is a good boy at heart; **Q. decisione tu prenda, ricordati della tua promessa**, whatever decision you take, remember your promise; **Q. partito vada al potere, la nostra politica estera non cambia**, whichever party comes to power, our foreign policy remains the same ***3*** (*ogni*) every; each: **Q. libro della mia biblioteca è schedato**, every book in my library is catalogued ***4*** (*senza particolari qualità o attitudini*) ordinary; common: **un uomo q.**, an ordinary man; **Questi sono francobolli q., non hanno alcun valore**, these are ordinary (*o* common) stamps, they're not worth anything; **Dammi un bicchiere q.**, give me an ordinary glass. ● **q. cosa**, whatever; anything; (*ogni cosa*) everything: **Q. cosa tu faccia, la farai bene**, whatever you do, you'll do it well; **Q. cosa faccia, la fa bene**, everything he does, he does well ◻ **in q. modo**, anyhow ◻ **Lo potrebbe fare uno q.**, anyone could do it.

qualsisìa, qualsivòglia, (*lett.*) *V.* **qualsiasi.**

qualùnque, *V.* **qualsiasi.**

qualunquìsmo, *m.* ***1*** (*stor. italiana*) «qualunquismo» ***2*** (*spreg.*) indifference to or mistrust of politics and politicians; political philistinism.

qualunquista, A *m. e f.* ***1*** (*stor. italiana*) supporter of «qualunquismo» ***2*** (*spreg.*) person indifferent to or mistrustful of politics and politicians; philistine in politics. **B** *a.* ***1*** (*stor. italiana*) of qualunquismo ***2*** (*spreg.*) marked by indifference to or mistrust of politics and politicians.

qualunquìstico, *V.* **qualunquista, B.**

qualvòlta, *V.* **ogniqualvolta**.

quandànche, *cong.* even if.

quàndo, A *avv.* ***1*** when: **Q. hai intenzione di partire?**, when do you intend to leave?; **Q. fu fondata Roma?**, when was Rome founded?; **Q. tornerai?**, when are you coming back?; when will you come back?; **Non so q. mi pagherà**, I don't know when he'll pay me; **Mi sa dire q. ci saranno gli esami d'inglese?**, can you tell me when the English exams are?; **Di q. è la cattedrale di Canterbury?**, when does Canterbury Cathedral date from? ***2*** (*correl.*) **q..., q.**, sometimes... sometimes: **Va in ufficio q. a piedi q. in autobus**, sometimes he walks to the office and sometimes he goes by bus. ● **q. mai?**, whenever?: **Q. mai hai sentito questa notizia?**, whenever did you hear this news?; **Q. mai l'ho detto?**, whenever did I say that? ◻ (*fam.*) **Ma quando mai?** (*macché*), not at all! ◻ **a q.?**, when?: **A q. la partita di rivincita?**, when is the return match?; when will the return match be? ◻ **Da q. esci con lei?**, how long have you been going out with her? ◻ **Da q. sai che è morto?**, how long have you known that he's dead? ◻ **da q. in qua?**, since when?: **Da q. in qua non si mangia puntualmente in questa famiglia?**, since when are meals not taken punctually in this family? ◻ **di q. in q.**, from time to time; (every) now and then; every so often: **Faccio una partita a carte di q. in q.**, I have a game of cards (every) now and then; I have an occasional game of cards ◻ **fino a q.?**, till when?; how long?: **Fino a q. potrai resistere?**, till when (*o* how long) will you be able to hold out?; **Fino a q. dovrò sopportarlo?**, how long will I have to put up with him? ◻ **per q.?**, when?: **Per q. è la prossima partita?**, when is the next match?; **Per quando ne ha bisogno?**, when do you need it? **B** *cong.* ***1*** when: **Q. ero a Roma, ero felice**, I was happy when I was in Rome; **Q. mi vide, mi salutò**, he greeted me when he saw me; **Te lo dirò q. ci rivedremo**, I'll tell you when I see you again; **Sono cose che si fanno q. si è giovani**, those are things one does when one is young; **Questo è per q. sarò vecchio**, this is for (the time) when I am old; **È meglio non gesticolare q. si guida**, you should not gesticulate when driving ***2*** (*ogni volta che*) whenever: **Q. la incontro, mi sorride**, whenever I meet her, she smiles at me ***3*** (*con valore condiz. o causale*) if; since; when: **Q. lo dice lui, bisogna accettarlo**, since he says so, we must accept it; **q. è così**, if that is the case; **Q. tutti tacessero, io parlerei per te**, if all the others were silent, I would speak up for you; **Come posso aiutarli a capire, q. non vogliono darmi ascolto?**, how can I help them to understand when they won't listen to me? ***4*** (*mentre*) while: **Io studio in camera mia q. gli altri guardano la televisione**, I study in my room while the others watch television ***5*** (*con valore avversativo*) when: **Non capisco perché tu ti alzi così presto, q. potresti startene a letto**, I don't understand why you get up so early, when you could stay in bed. ● **q. anche**, even if ◻ **quand'ecco**, when suddenly: **Andavamo a passeggio quand'ecco scoppiò un temporale**, we were out for a walk when suddenly a storm broke out ◻ **Q. si dice nascere disgraziati!**, talk about being born unlucky! ◻ **da q.**, since; ever since: **Lavoro con lui da q. arrivai in questa città**, I have been working with him (ever) since I came to this town; **Da q. è morto mio padre, niente mi va bene**, nothing has gone right with me since my father died; **Da q. esco con lei, non ho un momento libero**, I haven't had a free moment ever since I started going out with her ◻ **di q.**, of the time when: **Dimmi di q. abitavi in Africa**, tell me of the time when you lived in Africa ◻ **fino a q.**, until; till: **Sarò in pena fino a q. tu non tornerai**, I'll be worrying until (*o* till) you come back. **C** *m.* when: **il come e il q.**, the how and the when; **il dove e il q.**, the where and the when; the time and the place.

quàntico, *a.* (*fis.*) ***1*** quantum (*attr.*): **numero q.**, quantum number; **salto q.**, quantum leap (*o* jump) ***2*** *V.* **quantistico**.

quantificàbile, *a.* quantifiable.

quantificàre, *v. t.* to quantify: **q. i danni**, to quantify damage.

quantificatóre, A *m.* (*mat., filos.*) quantifier: **q. esistenziale**, existential quantifier (*o* operator); **q. universale**, universal quantifier. **B** *a.* quantifying.

quantificazióne, *f.* (*anche filos.*) quantification.

quantìle, *m.* (*stat.*) quantile.

quantìstico, *a.* (*fis.*) quantum (*attr.*): **meccanica [elettrodinamica] quantistica**, quantum mechanics [electrodynamics].

quantità, *f.* ***1*** (*anche filos.*) quantity: **il concetto [la categoria] della q.**, the concept (*o* idea) [the category] of quantity; **La q. va spesso a scapito della qualità**, quantity is often prejudicial to quality ***2*** (*quantitativo*) quantity, amount, number; (*abbondanza*) abundance: **una q. trascurabile**, a negligible quantity (*o* amount); **una piccola [grande] q.**, a small [large] quantity (*o* amount); **la q. necessaria**, the required amount; **in grandi q.**, in large quantities (*o* amounts, numbers); (*in abbondanza*) in abundance; **in piccole q.**, in small quantities (*o* amounts); **C'è un limite alla q. di lavoro che si può fare in un giorno**, there is a limit to the amount of work that can be done in a day ***3*** (*gran numero, moltitudine*) lot; (a) great (*o* good) deal; (a) large quantity; many (*pl.*); lots (*fam.*): **Ha soldi in q.**, he has lots of money; **Ha una q. di amici**, he has a lot of (*o* lots of) friends; **«Ha scritto molti libri?» «Sì, una q.»**, «has he written many books?» «yes, lots»; **Una volta si permetteva una q. di lussi**, he used to indulge in many luxuries; **Possiede una q. di mobili antichi**, he has a lot of antique furniture; **Ho una q. di cose da fare**, I have a lot of (*o* many) things to do; **C'è una q. di gente che non paga le tasse**, there are many (*o* a lot of, lots of) people who don't pay their taxes; **C'era una q. di gente alla festa**, there was a crowd at the party ***4*** (*fis., mat.*) quantity: **q. di elettricità**, quantity of electricity; **q. di luce**, quantity of light; **q. negativa**, negative quantity ***5*** (*prosodia*) quantity: **la q. di una vocale**, the quantity of a vowel. ● (*fis.*) **q. di moto**, momentum ◻ **q. di moto angolare**, (*mecc.*) angular momentum; (*fis. nucl.*) spin ◻ (*mat.*) **q. variabile**, variable ◻ (*fis.*) **accoppiamento in q.**, connexion in parallel.

quantitatìvo, A *a.* ***1*** quantitative: (*chim.*) **analisi quantitativa**, quantitative analysis ***2*** (*prosodia*) quantitative. **B** *m.* (*comm.*) quantity; amount; number: **il q. disponibile**, the amount available; **in grandi quantitativi**, in large numbers; **q. fissato** (*o* **stabilito**), quota.

quantizzàre, *v. t.* (*fis.*) to quantize.

quantizzazióne, *f.* (*fis.*) quantization.

quànto (1), A *a.* ***1*** (*interr.*) how much (*pl.*: how many): **Q. pane c'è?**, how much bread is there?; **Q. tempo ci resta?**, how much time have we got left?; **Non so q. denaro abbia**, I don't know how much money he has; **Quanti appartamenti possiede?**, how many flats does he own?; **Quante volte te l'ho detto?**, how many times have I told you?; **Ha non so quante auto**, he has I don't know how many cars ***2*** (*escl.*) what a lot of: **Q. denaro spendi in vestiti!**, what a lot of money you spend on clothes!; **Q. latte importiamo dall'estero!**, what a lot of milk we import from abroad!; **Quante bugie ha detto!**, what a lot of lies he told!; **Quante parole inutili!**, what a lot of empty words!; **Quante risate ci siamo fatti!**, how we laughed!; **Q. tempo ho aspettato!**, what a long time I had to wait! ***3*** (*relat.: tutto quello che*) as much... as (*pl.*: as many... as): **Gli darò q. denaro mi chiede**, I'll give him as much money as he asks me; **Prendi quanti libri vuoi**, take as many books as you want ***4*** (*correl. di «tanto»*) as: **Ha avuto tanti dolori quante gioie nella vita**, he has had as much sorrow as joy (*o* as many sorrows as joys) in life. ● **e quant'altro**, and what have you. **B** *pron.* ***1*** (*interr.*) how much (*pl.*: how many): **Q. te ne serve?**, how much do you need?; **Quanti ne hai presi?**, how many did you take?; **Quanti partirono con lui?**, how many left with him?; **Q. c'è di vero in quello che dice?**, how much truth is there in what he says?; **In quanti eravate?**, how many of you were there? ***2*** (*escl.*) what a lot (of): **«Ecco il pane» «Q. ne hai comprato!»**, «here's the bread» «what a lot you've bought!»; **Quanti sono venuti!**, what a lot of people came! ***3*** (*per ellissi: q. tempo*) how long: **Q. ci vorrà per riparare la mia auto?**, how long will it take to repair my car?; **Q. intendi restare?**, how long are you planning to stay?; **Q. sei stato via da casa!**, what a long time you've been away from home!; **Non so q. ci voglia per andare da Ferrara a Venezia**, I don't know how long it takes to go from Ferrara to Venice **4** (*per ellissi*: *q. denaro*) how much; **Q. ti sono costati questi fiori?**, how much did these flowers cost you?; **Q. vuole per quel vaso?**, how much do you charge for that vase? **5** (*per ellissi*: *quanta distanza*) how far: **Q. c'è da Milano a Parigi?**, how far is it from Milan to Paris? **6** (*altre forme ellittiche*) – **Q. hai preso nell'esame di latino?**, what was your mark in the Latin exam?; **Q. ha di febbre?**, what's his temperature?; **Q. ha il bimbo?**, how old is the baby?; **Quanti ne abbiamo oggi?**, what is the date today? **7** (*relat.*: *quello che*) what; (*tutto quello che*) all (that): **Faccio q. posso**, I do what I can; **Si presentò con q. occorreva**, he presented himself with what (*o* with all that) was necessary; **Ha creduto a q. gli ho detto**, he believed what I told him; **L'ho pagato q. valeva**, I paid what it was worth **8** (*pl.*) (*relat.*: *quelli che*) those who; (*tutti quelli che*) all those who, whoever (*sing.*): **quanti desiderino andare**, those who wish to go; **Lo fece di nascosto a quanti stavano in casa**, he did it out of sight of those (*o* the people) in the house; **Ne prese quanti ne trovò**, he took all (*o* as many as) he found; **Truffò quanti incontrò sul suo cammino**, he swindled all those he met on his way; **È a disposizione di quanti me lo chiederanno**, it is available to whoever asks for it **9** (*correl. di «tanto»*) as: **Riceverà tanto denaro q. gliene serve**, he'll get as much money as he needs; **Conosce tante ragazze quante tutti voi messi insieme**, he knows as many girls as all of you put together; **C'erano tanti pareri quanti erano i presenti**, there were as many viewpoints as there were people present **10** (*compar.*) than: **più [meno] di q. pensassi**, more [less] than I thought. ● **q. di meglio**, the best: **Gli diede q. aveva di meglio nella sua raccolta**, he gave him all the best (pieces) of his collection; **È q. di meglio ci sia in fatto di lettori di compact**, it's the best CD player there is on the market □ **q. di più bello**, the most beautiful □ **q. sopra**, the above □ **A q. mi dice, la tua promozione è certa**, according to him, your promotion is a done thing □ **a q. mi consta**, to the best of my knowledge □ **a q. ne so**, as far as I know □ **A q. si dice, ha ottenuto un compenso miliardario**, his fee, apparently, runs to a billion □ **A q. pare aumenteranno le tasse**, it looks as if there's going to be an increase in taxes □ **A q. pare nessuno se n'era accorto**, apparently, no one had noticed □ **per q.**, as far as: **Per q. ne so io, è già partito**, as far as I know, he has already left; **Per q. mi riguarda...**, as far as I'm concerned... □ **questo è q.**, and that is that; that's the long and the short of it (*fam.*) □ **tutti quanti**, everyone □ **tutto q.**, everything. **C** avv. **1** (*con agg. e avv.*) how; (*con verbi*) how (much): **Q. è grande la casa?**, how big is the house?; **Q. è bella quella ragazza!**, how beautiful that girl is!; **Q. hai camminato oggi?**, how much (*o* how far) have you walked today?; **Q. ha sofferto quella madre!**, how much that mother has suffered!; **Q. mi manchi!**, how I miss you!; **Non sai q. mi sei mancato!**, you don't know how much I've missed you; **Q. mi hai reso felice!**, how happy you've made me! **2** (*nei compar. di uguaglianza*: *con agg. e avv.*) as... as; (*in frasi neg., anche*) so... as; (*con sost.*) as much (*pl.*: as many)... as, (*in frasi neg., anche*) so much (*pl.*: so many)... as: **Ha uno stipendio alto q. il mio**, he has as high a salary as I (have); **Ha una casa bella q. la tua?**, has he got as beautiful a house as you (have)?; has he got a house as beautiful as yours?; **Il sole non era tanto caldo q. mi aspettavo**, the sun wasn't as (*o* so) hot as I expected **3** (*nei compar. di uguaglianza*: *con verbi*) as much as: **Tu spendi (tanto) q. me per l'automobile**, you spend as much on your car as I do on mine; **Ne so q. prima**, I know as much as (*o* no more than) I did before; **Non ti ama (tanto) q. dovrebbe**, he doesn't love you as much as he should; **Mi sono stancata q. mai in vita mia**, I was as tired as I had ever been in my life **4** (*correl. di «tanto»*: *sia... sia*) both... and: **Comprerò tanto la casa q. l'automobile**, I'll buy both the house and the car; **La farò pagare tanto a te q. a lui**, I'll get my own back both on you and him. ● **q. a**, as for; as far as... is [was] concerned; as regards; (*circa*) as to: **q. a me**, as for me; as far as I am concerned; **Q. a lasciarla guidare, non ci penso nemmeno**, as to letting her drive, I wouldn't dream of it □ **Q. è vero Iddio!**, as God is my witness! □ **q. mai** (*molto*), extremely; most: **Era q. mai generoso**, he was extremely (*o* most) generous □ **q. meno**, at the least; to say the least □ **q. più... tanto meno**, the more... the less; the (+ *compar.*)... the less: **Q. più si è vecchi, tanto meno si ha voglia di viaggiare**, the older one gets, the less ready to travel one is; **Q. più guido l'automobile, tanto meno mi sento sicuro**, the more I drive a car, the less I feel safe □ **q. più... tanto più**, the more... the more; the (+ *compar.*)... the (+ *compar.*): **Q. più studi, tanto più impari**, the more you study, the more you learn; **Q. più si arrabbiava, tanto più impallidiva**, the angrier he got, the paler he would turn □ **q. prima**, as soon as possible: **Tornerò q. prima**, I'll come back as soon as possible; **Devo finire questo lavoro q. prima**, I must finish this work as soon as possible □ **Q. prima, tanto meglio**, the sooner, the better □ **È q. dire che...**, it is as much as to say that... □ **in q.**, (*in qualità di*) as, in so far as; (*poiché*) as, since, because, in that: **in q. medico**, as a doctor; **In q. minorenne è soggetto alla patria potestà**, as a minor, he is subject to paternal authority; **Non ho potuto parlargli in q. non l'ho più rivisto**, I couldn't talk to him, since I never saw him again; **Si sente più inglese che americano, in q. è nato e cresciuto in Inghilterra**, he feels more English than American, as he was born and brought up in England □ **in q. a**, as for: **in q. a ciò**, as for that; for that matter; **in q. a me**, as for me □ **per q.** (*nonostante*), (*con agg. e avv.*) however; (*con verbi*) however much, much as, whatever: **Per q. ricco tu sia, non potrai comprarlo**, however rich you may be, you won't be able to buy it; **Per q. intelligente tu sia, dovrai pur studiare**, however intelligent you are, you'll still have to study; **Per q. tu sappia, non saprai mai abbastanza**, however much you (may) know, you'll never know enough; **Per q. gli voglia bene, non accetterà mai di sposarlo**, much as she loves him, she'll never agree to marry him; **Per q. corressi, non riuscii a raggiungerli**, run as I might, I couldn't catch up with them □ **per q.** (*tuttavia*), although; though: **Vedrò di aiutarlo; per q. non lo meriti**, I'll see what I can do to help him, though he does not deserve it; **Potrei regalarle un foulard di seta, per q...**, I might give her a silk scarf, although... □ **Te lo giuro, q. è vero che sono qui!**, it's as true as I'm standing here, I swear! □ **Il suo aiuto è tanto più generoso in q. non nuota nell'oro**, his help is all the more generous as he is not rolling in money □ **non tanto... q...**, not so much..., as...: **Non si opponeva tanto per il costo dei lavori, q. per la loro inutilità**, he was against it not so much for the cost of the works, as for their pointlessness.

quànto (2), m. (*fis.*) quantum*: **la teoria dei quanti**, the quantum theory; **q. di energia**, energy quantum; quantum of energy.

quantomài, V. **quanto mai** *sotto* **quanto**.

quantomeccànica, f. (*fis.*) quantum mechanics (*pl. col verbo al sing.*).

quantoméno, avv. at least; to say the least.

quantòmetro, m. (*metall.*) quantometer.

quantosòma, m. (*bot.*) quantasome.

quantum (*lat.*), m. (*fis.*) quantum*.

quantùnque, cong. **1** (*benché*) although; though; albeit (*form.*): **Q. fosse piuttosto tardi, andai lo stesso**, although it was rather late, I went all the same; **Accettai, q. malvolentieri**, I agreed, though not enthusiastically **2** (*assol.*: *però*) but; though: **E va bene, compriamolo, q. non so dove lo metteremo**, allright, let's buy it, though I really don't know where we are going to put it.

quaquaraquà, m. **1** (*region.*) windbag; stuffed shirt **2** (*pop.*) informer; squealer (*pop.*); snitch (*pop.*).

quarànta, a. num. card. e m. forty: **Mi costò q. sterline**, it cost me forty pounds; **L'avrò letto almeno q. volte**, I must have read it at least forty times; **un uomo di q. anni**, a man of forty; a forty-year-old man; **un uomo sui q.**, a man of about forty; **avvicinarsi ai q.**, to be nearly forty; **avere passato i q.**, to be over forty; to be in one's forties; to be on the wrong side of forty (*fam.*); (*tennis*) **q. pari**, deuce; **gli anni q.**, the forties.

quarantamila, a. num. card. e m. forty thousand.

quarantèna, f. **1** forty days; quarantine **2** (*med.*) quarantine: **essere in q.**, to be in quarantine; **fare la q.**, to pass quarantine; **mettere in q.**, to put (*o* to keep) in quarantine; to quarantine.

quarantennàle, **A** a. **1** (*che dura quarant'anni*) forty-year (*attr.*); of forty years **2** (*che avviene ogni quarant'anni*) occurring every fortieth year. **B** m. (*quarantesimo anniversario*) fortieth anniversary.

quarantènne, **A** a. forty years old (*pred.*); forty-year-old (*attr.*). **B** m. e f. forty-year-old man* (*m.*); forty-year-old woman* (*f.*).

quarantènnio, m. period of forty years; forty-year period.

quarantèṣimo, a. num. ord. e m. fortieth.

quarantìna, f. **1** (*circa quaranta*) about forty: **Saremo una q.**, we'll be about forty; **una q. di ragazzi**, about (*o* some) forty children; **È a una q. di kilometri da qui**, it's about forty kilometres from here **2** (*età di quarant'anni*) forty (years of age): **essere sulla q.**, to be about forty; **un uomo sulla q.**, a man of about forty; **avere passato la q.**, to be over forty; to be in one's forties; to be on the wrong side of forty (*fam.*).

quarantóre, f. pl. (*relig.*) forty hours' devotion.

quarantottàta, f. (*polit.*, *spreg.*) rowdy demonstration.

quarantottésco, a. **1** (*stor.*) of 1848: **i moti quarantotteschi**, the revolutionary risings of 1848 **2** (*fig. spreg.*) hotheaded.

quarantottèṣimo, **A** a. num. ord. e m. forty-eighth. **B** m. (*tipogr.*) fortyeightmo (*abbr.*: 48mo).

quarantòtto, **A** a. num. card. e m. forty-eight. **B** m. invar. (*fam.*: *caos*) mess; chaos; bedlam; shambles (*pl. col verbo al sing.*): **La stanza era un q.**, to room was a mess (*o* a shambles); **Nella sala riunioni c'era un q.**, it was bedlam in the meeting hall; **Quando l'ho detto è successo un q.**, when I said that all hell broke loose. ● (*stor.*) **il Q.**, the risings of 1848 □ (*fam.*) **fare un q.**, to kick up a shindy; to raise Cain (*o* hell) □ (*fam.*) **finire a carte q.**, (*di progetto e sim.*) to go up in smoke; (*di ditta e sim.*) to be wrecked, to go to the dogs □ (*fam.*) **mandare a carte q.**, to upset; to wreck; to mess up st.

quarantott'óre, **quarantottóre**, f. invar. weekend case.

quarèṣima, f. (*relig.*) Lent: **fare la q.**, to keep Lent; **rompere la q.**, to break the Lenten fast; **metà q.**, Mid-Lent; **la prima domenica di q.**, the first Sunday in Lent; Quadragesima (Sunday); **la quarta domenica di q.**, the 4th

Sunday in Lent; Mid-Lent (Sunday). ● (*fig.*) **fare q.**, to go without food □ (*fig.*) **lungo come la q.**, long and boring □ (*fig.*) **sembrare la q.**, to look half-starved.

quareṣimàle, A *a.* (*relig.*) Lenten; of Lent; Lent (*attr.*): **digiuno q.**, Lenten fast; **funzioni quaresimali**, Lenten services; **osservanza q.**, Lent observance; **predica q.**, Lent sermon. **B** *m.* ***1*** (*relig.*) Lent sermon ***2*** (*fig.*) long and boring sermon; (*ramanzina*) lecture.

quareṣimalista, *m.* (*relig.*) Lent preacher.

quark, *m.* (*fis. nucl.*) quark: **q. inferiore** [**superiore**], down [up] quark; **q. incantato** [**strano**], charmed [strange] quark.

quàrta, *f.* ***1*** (*classe scolastica*) fourth form; fourth year; fourth grade (*USA*) ***2*** (*autom.*) fourth gear: **innestare** (*o* **mettere**) **la q.**, to change (*o* to shift) into fourth gear ***3*** (*mus.*) (interval of a) fourth ***4*** (*naut.*) point (of the compass): **Terra a due quarte a prora dritta**, land two points on the starboard bow ***5*** (*scherma*) carte; quarte. ● (*fig.*) **partire in q.**, (*autom.*) to drive away at top speed; (*correre via*) to dash off, to be off like a shot; (*lanciarsi in q.c.*) to launch oneself (into st.), to plunge (into st.); (*assol.*) to get off to a flying start.

quartabuòno, *m.* (*squadra da falegname*) quarter round.

quartàna, *f.* (*med.*) quartan (fever).

quartàto, *a.* (*robusto*) strongly built; sturdy.

quartazióne, *f.* (*metall.*) quartation.

quartettista, *m.* e *f.* (*mus.*) ***1*** (*musicista*) member of a quartet ***2*** (*compositore*) composer of quartets.

quartettistico, *a.* (*mus.*) quartet (*attr.*). ● **produzione quartettistica**, quartets (*pl.*).

quartétto, *m.* ***1*** (*mus.*) quartet(te): **q. d'archi**, string quartet ***2*** (*fam.*) foursome.

quàrtica, *f.* (*mat.*) quartic. ● **q. sferica**, cyclic curve.

quartière, *m.* ***1*** (*parte d'una città*) district, area, quarter; (*vicinato*) neighbourhood, neighborhood (*USA*): **un q. residenziale**, a residential district (*o* area); **un q. elegante**, an elegant district (*o* area, part of the town); **un vecchio q. Roma**, an old part of Rome; **Sono affezionata al mio q.**, I'm fond of the part of town (*o* the neighbourhood) where I live; **quartieri alti**, exclusive neighbourhoods; **quartieri bassi**, poor neighbourhood; **q. popolare**, housing estate; **il Q. latino a Parigi**, the Latin Quarter in Paris; **consiglio di q.**, district council; **i negozi del q.**, the local shops ***2*** (*appartamento*) flat; apartment (*USA*) ***3*** (*mil.*: *alloggiamento*) quarters (*pl.*); (*caserma*) barracks (*pl.*): **quartieri d'estate** [**d'inverno**], summer [winter] quarters ***4*** (*mil.*: *clemenza*) quarter: **chiedere** [**dare**] **q.**, to ask for [to give] quarter; **non dare q.**, to give no quarter ***5*** (*naut.*) body: **q. di centro**, middle body; **q. di poppa**, afterbody; **q. di prora**, forebody; fore ***6*** (*arald.*) quarter; quartering. ● (*mil.*) **q. generale**, headquarters (*pl. con verbo al sing.*) (*abbr.*: HQ): **Gran Q. Generale**, General Headquarters (*abbr.*: GHQ) □ (*arald.*) **a quartieri**, quartered □ (*fig. fam.*) **prendere q. in un luogo**, to take up one's quarters in a place □ **lotta senza q.**, fight to the death.

quartierìno, *m.* (*piccolo appartamento*) small flat; flatlet.

quartiermàstro, *m.* (*mil., stor.*) quartermaster.

quartìle, *m.* (*stat.*) quartile.

quartìna, *f.* ***1*** (*poesia*) quatrain ***2*** (*mus.*) quadruplet ***3*** (*di francobolli*) block of four stamps ***4*** (*di carta da lettere*) large size of writing paper.

quartìno, *m.* ***1*** (*misura d'un quarto di litro*) quarter (of a litre) ***2*** (*tipogr.*) four-page signature ***3*** (*mus.*) small clarinet.

quàrto, A *a. num. ord.* fourth: **la quarta fila di poltrone**, the fourth row of the stalls; **Abito al q. piano**, I live on the fourth floor; **Fa il q. anno di università**, he is in his fourth year at university; (*autom.*) **quarta velocità**, fourth gear; **la quarta parte**, the fourth part; a quarter; **la quarta dimensione**, the fourth dimension; **Sisto Q.**, Sixtus the Fourth; **il q. mese dell'anno**, the fourth month of the year; **arrivare** [**finire**] **q.**, to arrive [to finish] fourth. ● **la quarta arma**, the Air Force □ **q. centenario**, quatercentenary □ **il q. mondo**, the Fourth World □ (*fig.*) **il q. potere** (*la stampa*), the fourth estate; the press □ **il q. stato**, the proletariat. **B** *m.* ***1*** fourth; (*quarta parte*) quarter, fourth: **25 è un q. di 100**, a quarter of 100 is 25; **Abbiamo fatto un q. del cammino**, we've come a quarter (*o* a fourth) of the way; **il primo q. della luna**, the first quarter of the moon; **ridotto di un q.**, reduced by a quarter; **dividere q.c. in quarti**, to divide st. into (*o* in) quarters; to quarter st.; **un miglio e un q.**, a mile and a quarter; **un q. di pollo**, a quarter of (a) chicken; **un q. di vino**, a quarter of a litre of wine; **Un q. degli alunni è assente a causa dell'influenza**, a fourth (*o* a quarter) of the pupils are absent because of flu; **Tu sei il q. che mi fa la stessa domanda**, you are the fourth (person) to ask me the same question; **Visse nel primo q. dell'Ottocento**, he lived in the first quarter of the nineteenth century; **in quest'ultimo q. di secolo**, in this last quarter of a century; **Hai fatto solo un q. di ciò che ho fatto io**, you've only done a fourth of the work I've done; **Ti vendo questo quadro per un q. del suo vero valore**, I'm selling you this picture for a fourth (*o* a quarter) of its real value; (*a carte, a tennis*) **fare il q.**, to make a fourth; **Non possiamo fare la partita senza il q.**, we can't play (the game) without a fourth ***2*** (*nell'indicazione delle ore*) quarter: **un q. d'ora**, a quarter of an hour; **Ti ho aspettato un buon q. d'ora**, I waited a good quarter of an hour for you; **tre quarti d'ora**, three quarters of an hour; **Sono le sei e un q.**, it's a quarter past six; **Sono le tre meno un q.**, it's a quarter to (*USA, anche*: of) three; **le dieci e tre quarti** (*o* **le undici meno un q.**), a quarter to (*USA, anche*: of) eleven; **un orologio che batte le ore, le mezz'ore e i quarti**, a clock that strikes the hours, the half-hours and the quarters ***3*** (*tipogr.*) quarto: **edizione in q.**, quarto edition ***4*** (*naut.*: *turno di guardia*) watch ***5*** (*arald.*) quarter. ● (*fig.*) **il q. d'ora di Rabelais**, the time to pay the reckoning □ (*sport*) **quarti di finale**, quarterfinals □ (*fis.*) **a q. d'onda**, quarter-wave □ **avere i quattro quarti di nobiltà**, to have the four quarterings of nobility □ (*fig.*) **essere in un cattivo q. d'ora**, to be in a bad mood; to be out of sorts □ (*fig.*) **passare un q. d'ora con q.**, to spend a few minutes with sb. □ (*fig.*) **Ho passato un brutto q. d'ora**, I spent a few unpleasant minutes; it was very unpleasant while it lasted □ **Non ho mai un q. d'ora di pace**, I've never a moment's peace □ **Ebbe il suo q. d'ora di celebrità**, he had his brief spell of fame □ **tre quarti**, three-quarters; three-fourths: **i tre quarti della popolazione mondiale**, three-fourths (*o* three-quarters) of the world's population; **un sacco pieno per tre quarti**, a sack three-quarters full □ **tre quarti** (*giacca*), three-quarter-length coat □ (*rugby*) **i tre quarti**, the three-quarters: **la linea dei tre quarti**, the three-quarter line.

quartodècimo, *a.* (*lett.*) fourteenth.

quartogènito, *a.* e *m.* (*f.* **-a**) fourth-born.

quartùltimo, *a.* e *m.* last but three; fourth from (the) last.

quarzìfero, *a.* (*miner.*) quartziferous.

quarzite, *f.* (*miner.*) quartzite.

quàrzo, *m.* (*miner.*) quartz. ● **q. bruno**, brown quartz □ **q. rosa**, rose quartz □ **q. ialino**, rock crystal □ **q. latteo**, milky quartz □ (*elettron.*) **q. piezoelettrico**, (quartz) crystal □ (*fis., med.*) **lampada al q.**, quartz lamp □ **oscillatore a q.**, quartz oscillator □ **orologio al q.**, quartz clock [watch].

quarzóso, *a.* (*miner.*) quartzose; quartzous.

quàṣar, *m.* o *f. invar.* (*astron., fis.*) quasar.

quàṣi, A *avv.* ***1*** almost, nearly; (*con significato neg.*) hardly: **È q. un'ora che aspetto**, I've been waiting for almost (*o* nearly) an hour; **Sono q. uguali di altezza**, they are nearly (*o* almost) the same height; **È q. scuro**, it's almost (*o* nearly) dark; **q. sempre**, almost (*o* nearly) always; **q. mai**, hardly ever: **Non viene q. mai a trovarmi**, he hardly ever comes to see me; **q. tutti**, nearly all; **q. niente**, almost nothing; hardly anything; **Non ho q. denaro in tasca**, I have hardly any money on me; **Q. buttavo giù la lampada**, I nearly knocked down the lamp; **Q. sposavo quella ragazza**, I nearly (*o* I all but) married that girl; **«È uno spiantato?» «Q.»**, «is he penniless?» «almost» (*o* «very nearly»); **Ho mille libri nella mia biblioteca, o q.**, in my library I have a thousand books or very nearly (*o* or thereabouts) ***2*** (*forse*) perhaps (*o costr. verbale con* might): **Sarebbe q. meglio rimandare tutto a domani**, perhaps we should put it all off until tomorrow; **Potremmo q. andare**, we might leave ***3*** (*in alcuni composti*) quasi: (*leg.*) **q. contratto**, quasi-contract; **q. ufficiale**, quasi-official; **q. pubblico**, quasi--public. ● **Q. q. ci credevo**, I very nearly fell for it □ **Q. q. vengo anch'io**, I've got half a mind to come too; I might just come as well □ **«È q. distrutto» «Senza q.»**, «it's almost in ruins» «forget the almost!». **B** *cong.* as if: **Stringeva a sé il bambino q. temesse che glielo potessero portare via**, she was clutching the child as if (she were) afraid it might be taken from her.

quaṣiché, *V.* **quasi, B**.

quasiconduttóre, (*fis.*) **A** *a.* quasi-metallic. **B** *m.* quasi-conductor.

quasicristallino, *a.* (*miner.*) quasi-crystalline.

quasimetàllico, *a.* (*fis.*) quasi-metallic.

quaṣimòdo, *m.* (*eccles.*) Quasimodo; Low Sunday.

quàṣi-particèlla, *f.* (*fis.*) quasi-particle.

quassazióne, *f.* (*farm.*) crushing.

quàssia, *f.* (*bot., Quassia amara*) quassia.

quassina, *f.* (*chim.*) quassin.

quàssio, *m.* quassia(-wood).

quassù, *avv.* up here: **Venite q.**, come up here; **di q.**, from up here; **q. al nord**, here in the north.

quatèrna, *f.* set of four (winning) numbers: **fare q.**, to make a win of four numbers. ● **una q. di candidati**, a short list of four candidates.

quaternàrio, A *a.* ***1*** (*geol.*) Quaternary: **l'era quaternaria**, the Quaternary period ***2*** (*poesia*) of four syllables ***3*** (*chim.*) quaternary. **B** *m.* ***1*** (*geol.*) Quaternary ***2*** (*poesia*) line of four syllables; four-syllabled line.

quaternióne, *m.* (*mat.*) quaternion.

quàtto, *a.* crouching; squatting: **starsene q. dietro un muretto**, to crouch behind a low wall. ● **q. q.**, very quiet (*agg.*); very quietly (*avv.*); (*furtivamente*) stealthily, on the quiet: **andarsene q. q.**, to steal away quietly; **starsene q. q.**, to keep very quiet.

quattordicènne, A *a.* fourteen years old (*pred.*); fourteen-year-old (*attr.*). **B** *m.* boy of fourteen; fourteen-year-old boy. **C** *f.* girl of fourteen; fourteen-year-old girl.

quattordicèṣima, *f.* holiday bonus.

quattordicèṣimo, *a. num. ord.* e *m.* fourteenth: **il secolo q.**, the fourteenth century; **la quattordicesima parte**, the fourteenth part; **un q.**, a fourteenth.

quattórdici, *a. num. card.* e *m.* fourteen. ● **il q. giugno**, the 14th of June; June (the) 14th □ **Sono le q.**, it is two p.m.; it is two in the afternoon.

quattrinàio, A *a.* ***1*** (*ricco*) rich; wealthy ***2*** (*avido*) money-grubbing. **B** *m.* (*f.* **-a**) ***1*** (*per-*

sona ricca) rich (*o* wealthy) person ***2*** (*persona avida*) money-grub; money-grubber.

quattrinèlla, *f.* (*bot.*) moneywort.

quattrino, *m.* ***1*** (*pl.*) (*denari*) money: **Ci vogliono molti quattrini**, you need a lot of money; **buttare via tempo e quattrini**, to waste one's time and money; **essere a corto di quattrini**, to be short of money; to be hard up (*fam.*) ***2*** (*numism.*) quattrino*. ● **avere quattrini a palate**, to be rolling in money □ (*fig.*) **ballare su un q.**, to watch one's step □ **fare un sacco di quattrini**, to make money hand over fist □ **fior di quattrini**, a pretty penny □ **non avere il becco d'un q.**, to be penniless; to be broke (*fam.*) □ **fino all'ultimo q.**, down to the last penny □ **essere giù a quattrini**, to be badly off □ **Non vale un q.**, it's not worth a (brass) farthing (*o* a penny) □ **Non ha lasciato un q.**, he died a poor man □ **un sacco di quattrini**, a fortune; a mint of money (*fam.*); a pile (*fam.*) □ **senza quattrini**, penniless; broke (*fam.*) □ **star bene a quattrini**, to be well-off □ **tirare al q.**, to be a money-grubber □ (*prov.*) **Q. risparmiato, due volte guadagnato**, a penny saved is a penny earned □ (*prov.*) **Quattrini e santità, metà della metà**, of money, wit, and virtue, believe one-fourth of what you hear.

quàttro, *a. num. card.* e *m.* ***1*** four: **Due e due fanno q.**, two and two make four; **Sono le q.**, it's four (o'clock); **Ci siamo tutt'e q.**, all four of us are here; **Siamo in q.**, there are four of us; **un bambino di q. anni**, a child of four; a four-year-old child; **i q. punti cardinali**, the four cardinal points; **le q. stagioni**, the four seasons; **una comitiva di q. persone**, a party of four; **una sonata a q. mani**, a sonata for four hands; **il q. di picche**, the four of spades; **il q. per cento**, four per cent; **dividere in q.**, to divide into four (parts); to quarter; **in riga per q.**, four abreast; **a q. a q.**, four by four ***2*** (*nelle date*) fourth: **il q. aprile**, the fourth of April; April (the) fourth. ● (*sport*) **q. con** (*timoniere*), coxed four □ (*sport*) **q. senza** (*timoniere*), coxless four □ **a q. passi** (*molto vicino*), very close; round the corner □ **dire q. parole**, to say a few words □ **Gliene dissi q.**, I gave him a piece of my mind; I told him where to get off (*fam.*) □ **fare q. chiacchiere**, to have a chat; to pass the time of day (*fam.*) □ **fare q. passi**, to take a stroll □ **farsi in q.**, to do one's very best; to do everything one can (*o* in one's power); to bend over backwards (*fam.*); (*tentare di tutto*) to leave no stone unturned (*fam.*) □ **in q. e quattr'otto**, in a flash; in less than no time; before you could say Jack Robinson (*fam.*) □ (*prov.*) **Non dir q. se non l'hai nel sacco**, don't count your chickens before they're hatched.

quattròcchi, *m.* ***1*** (*fam. scherz.*) four eyes (*pl. col verbo al sing.*) ***2*** (*zool., Bucephala clangula*) goldeneye; garrot. ● **a q.**, in private; confidentially; between you and me: **incontro a q.**, private meeting; tête-à-tête (*franc.*).

quattrocentésco, *a.* ***1*** of the fifteenth century; fifteenth-century (*attr.*): **un palazzo q.**, a fifteenth-century building ***2*** (*arte o letter. ital.*) of the «Quattrocento»; «Quattrocento» (*attr.*): **stile q.**, Quattrocento style.

quattrocentèșimo, *a. num. ord.* e *m.* four hundredth.

quattrocentino, *a.* – **volume q.**, incunabulum*.

quattrocentista, *m.* e *f.* ***1*** (*letter.*) fifteenth-century author [artist, etc.] ***2*** (*arte o letter. ital.*) quattrocentist: **i quattrocentisti fiorentini**, the Florentine quattrocentists ***3*** (*sport*) four-hundred-metre runner.

quattrocentìstico, *a.* ***1*** (*letter.*) fifteenth-century (*attr.*) ***2*** (*arte o letter. ital.*) of the quattrocentists; quattrocentist (*attr.*).

quattrocènto, A *a. num. card.* four hundred. **B** *m.* (*secolo*) (the) fifteenth century; (*arte o letter. ital.*) Quattrocento: **gli scrittori del Q.**, the writers of the fifteenth century; fifteenth-century writers; **un poeta del Q.**, a fifteenth-century poet; **la scultura del Q.**, the sculpture of the Quattrocento; **lo stile del Q.**, Quattrocento style.

quattrofòglie, *m. invar.* (*arald.*) quatrefoil.

quattromila, *a. num. card.* e *m.* four thousand.

quebracho (*spagn.*), *m. invar.* (*bot.*; *legno*) quebracho.

quechua, *a.* e *m.* Quechua.

quégli, *pron. dimostr. m.* (*lett.*) that man; he.

quél, *V.* **quello**.

quéllo, A *a. dimostr.* ***1*** that (*pl.* those): **Dammi q. zaino**, give me that knapsack; **Vedi quel soldato?**, do you see that soldier?; **Quei ragazzi ti aspettano**, those boys are waiting for you; **Quella ragazza è molto giovane**, that girl is very young; **Quelle parole mi commossero**, those words moved me; **quel mio libro**, that book of mine; **quella casa laggiù**, that house over there; **in quegli stessi anni**, in those same years; **in q. stesso istante**, at that very moment; **q. snob di Gino**, that snob Gino; **q. stupido di suo fratello**, that idiot brother of his; **Spegni quella radio!**, turn off that radio! ***2*** (*con valore di art. determ.*) the: **Quel poco che aveva, lo diede ai figli**, the little he had he gave to his children; **Non è più quella bella ragazza di un tempo**, she isn't the beautiful girl she was years ago ***3*** (*nelle escl., con ellissi di una prop. relat.*) – **Ho avuto una di quelle paure!**, I had such a fright!; **Ha uno di quegli appartamenti!**, he's got a fabulous flat. ● **in quel mentre**, in the meantime □ **in quella**, at that very moment □ **Ehi, quell'uomo!**, hey, you there! □ (*eufem.*) **una di quelle**, a prostitute; a streetwalker. **B** *pron. dimostr.* ***1*** that* (one); (*rif. a persona*) that one, that man* (*f.* that woman*), that boy (*f.* that girl) (*pl. m. e f.* those people): **Che cos'è q.?**, what's that?; **Se non vuoi questa penna, prendi quella**, if you don't want this pen, take that one; **Non è q. il colore che voglio**, that is not the colour I want; **Quelli sono i figli di Martina**, those are Martina's children; **Quelle non sono le mie scarpe**, those aren't my shoes; (*enfat.*) **Q. è vino!**, that is what you call wine!; **Questo libro è mio; il tuo è q.**, this book is mine; that one is yours; **Chi è q.?**, who's that (man)?; **Hai visto che ha fatto quella?**, did you see what that woman did?; **Io quelli non li conosco**, I don't know those people; **q. lì**, that one; **q. là**, that one there; **Non c'è alunno più intelligente di q. là vicino al muro**, there's no cleverer pupil than that one near the wall ***2*** (*seguito da un agg., da una specificazione o da una prop. relat.*) the one (*omesso dopo un gen. sassone*): **Preferisco l'anello d'oro a q. di platino**, I prefer the gold ring to the platinum one; **Preferisci il clima caldo o q. freddo?**, do you prefer a warm climate or a cold one?; **Mettiti i calzoni grigi, non quelli verdi**, put on the grey trousers, not the green ones; **Quella dei Lanza fu una festa noiosissima**, the Lanza's party was terribly boring; **Visto che non trovo il mio cappello, prendo q. di papà**, I can't find my hat, so I'll take Dad's; **Era un libro di storia q. che ti diedi**, that (*o* it) was a history book I gave you; **Prenderò q. che mi piace di più**, I'll take the one I like best; **una casa come quella dove stai tu**, a house like the one you live in ***3*** (*seguito da un pron. relat., con valore di «la persona»*) the person; the one; (*ma anche*) the man, the boy, the woman, the girl; (*al pl., con valore di «coloro»*) those, (the) people; (*con valore di «chiunque»*) whoever, anyone: **Q. che l'ha fatto l'avrà sulla coscienza**, the person who did that will have it on his conscience; **Quella con il vestito verde è mia sorella**, the girl in the green dress is my sister; **Quella che parla col professore è mia zia**, the woman talking to the teacher is my aunt; **Quelli che vogliono possono rimanere**, those who want can stay behind; **Quelli che non hanno una macchina non sono necessariamente poveri**, people (*o* those) who don't own a car are not necessarily poor; **Quelli che non avranno il biglietto d'invito non saranno ammessi al ricevimento**, those without an official invitation will not be admitted to the reception; **q. del latte [del carbone]**, the milkman [the coalman]; **quelli di Roma**, people in Rome; the Romans; **quelli del piano di sopra**, the people upstairs ***4*** (*nelle escl., con ellissi di una prop. relat.*) – **Ne fanno di quelle!**, the things they get up to!; **Ne dice di quelle!**, he talks such nonsense!; **Ne ho passate di quelle!**, the things I've been through! ***5*** (*lo stesso*) – **Non sono più q. di prima**, I'm not the man I was once; **Non è più q.**, he's not his old (*o* former) self; **È sempre q.**, he's still the same as he used to be ***6*** – **q. che**, (*ciò che*) what; (*tutto q. che*) all (that), everything (that): **Capisco q. che vuoi dire**, I see what you mean; **Fece per lui q. che poteva**, he did what he could for him; **Farà per lui tutto q. che potrà**, he'll do all he can for him; **Ho fatto per lei tutto q. che era umanamente possibile**, I did everything that was humanly possible for her ***7*** (*con valore di pron. pers. sogg.*) he; (*f.* she; *pl. m. e f.* they): **Q. mi disse che non era vero**, he told me it wasn't true; **Ma quelli non volevano andare**, but they didn't want to go ***8*** (*correl. di «questo»: il primo*) the former: **Giulia e Laura frequentano l'università; quella studia medicina, questa lettere**, Giulia and Laura are both at University; the former is studying medicine, the latter Arts ***9*** (*correl. di «questo»: l'altro*) another; (*al pl.*) some, others: **Questi giocavano a carte, quelli cantavano**, some were playing cards, some (*o* others) were singing. ● **Q. sì che è buono!**, that's really good! □ **Q. si chiama fare sul serio!**, that's what I call getting down to it □ **di q. che** (*dopo un compar.*), than: **È più ricco di q. che pensavo**, he is richer than I thought □ **Gran fortuna fu quella!**, that was really lucky! □ **in quel di** (*nei dintorni di*), in the neighbourhood (*o* vicinity) of; around; near: **in quel di Pisa**, around Pisa; near Pisa □ **per q. che mi riguarda**, as far as I'm concerned □ **per q. che ne so**, as far as I know; for all I know □ **Sarà q.!** (*che tu dici*), it'll be as you say.

quercéta, *f.* **quercéto,** *m.* oak wood; oak grove.

quèrcia, *f.* ***1*** (*bot., Quercus robur*) oak(-tree): **un bosco di querce**, an oak grove ***2*** (*bot.*) – **q. da sughero** (*Quercus suber*) cork-oak; **q. dei tintori**, *V.* **quercitrone**; **q. rossa** (*Quercus rubra*), red oak; **q. spinosa** (*Quercus coccifera*), kermes (*o* scarlet) oak ***3*** (*legno*) oak: **una porta di q.**, an oak door; **fatto di q.**, made of oak; oaken (*attr.*); oak (*attr.*) ***4*** (*fig.: persona salda*) rock. ● **forte come una q.**, as strong as an ox □ **saldo come una q.**, as solid as a rock □ (*prov.*) **Al primo colpo non cade la q.**, an oak is not felled at one stroke.

quercino, *a.* oaken (*attr.*); oak (*attr.*); of oak: **legno q.**, oak (wood).

querciòla, *f.* ***1*** young oak; oakling ***2*** (*bot., Teucrium chamaedrys*) wall germander.

quercite, *f.* **quercitòlo,** *m.* (*chim.*) quercitol.

quercitrina, *f.* (*chim.*) quercitrin.

quercitróne, *m.* ***1*** (*bot., Quercus tinctoria*) dyer's (*o* black) oak; quercitron ***2*** (*estratto colorante*) quercitron.

querèla, *f.* ***1*** (*leg.*) action; lawsuit: **q. per diffamazione**, action for libel; **presentare** (*o* **sporgere**) **q. contro q.**, to bring an action against sb.; to sue sb.; **ritirare una q.**, to withdraw an action ***2*** (*lett.: lamento*) complaint; plaint (*lett.*).

querelànte, *m.* e *f.* (*leg.*) plaintiff;

complainant; prosecutor.

querelàre, A *v. t.* (*leg.*) to sue; to bring* an action against; to procede against; to prosecute. **B querelàrsi,** *v. rifl.* **1** (*leg.*) to take* legal proceedings **2** (*lett.*: *lamentarsi*) to complain; to lament.

querelàto, *m.* e *a.* (*leg.*) accused; defendant.

querelle (*franc.*), *f. invar.* controversy.

querimònia, *f.* (*lett.*) querimony; complaint; complaining.

querimonióso, *a.* (*lett.*) querulous.

quèrulo, *a.* querulous; complaining; peevish: **vecchi queruli**, querulous old people; **con voce querula**, in a querulous tone.

querulomania, *f.* (*psic.*) paranoia querulans.

quesito, *m.* question; query; (*problema*) problem: **un q. facile**, an easy question; **rispondere a un q.**, to answer a question (*o* a query); **proporre un q.**, to put a question; to raise a query; **un q. di matematica**, a mathematical problem; **risolvere un q.**, to solve a problem.

quésti, *pron. dimostr. m.* (*lett.*) **1** this man; he **2** *V.* **questo**, *def. 4.*

questionàre, *v. i.* **1** (*discutere*) to argue; to dispute: **q. di politica**, to argue about politics; **stare sempre a q.**, to argue all the time **2** (*litigare*) to quarrel.

questionàrio, *m.* questionnaire; set of questions; (*per indagini statistiche*) schedule: **riempire un q.**, to fill up (*o* out) a questionnaire.

questióne, *f.* **1** (*problema, quesito, controversia*) question, issue; (*faccenda*) matter; (*punto della q.*) point: **dibattere una q.**, to debate an issue; **risolvere una q.**, to settle an issue (*o* a question); **sollevare una q.**, to raise an issue (*o* a question); **la q. principale**, the main issue; **questioni economiche [politiche]**, economic [political] matters (*o* issues, questions); **È una q. di pochi minuti**, it will be a matter of minutes; **Non è una q. molto difficile da decidere**, it isn't a very difficult question (*o* matter) to decide; **una q. che sta a cuore a noi tutti**, a question (*o* an issue) that we all feel strongly about; **Qui sta la q.**, this is the point; **La q. è che tu sei minorenne**, the point is that you're a minor (*o* under age); **la q. trattata**, the point under discussion; the issue; **essere in q.**, to be in question; to be at issue; **il punto in q.**, the point at issue; **la persona in q.**, the person in question **2** (*leg.*) issue; question; point: **q. di diritto**, issue (*o* question) of law; **q. di competenza**, question of jurisdiction; **q. di fatto**, issue (*o* question) of fact; **q. di procedura**, point of order; **q. pregiudiziale**, preliminary question **3** (*disputa*) argument; (*litigio, diverbio*) quarrel, dispute: **Non voglio essere coinvolto in quella q.**, I don't want to be involved in that argument; **Non voglio avere una q. con lui**, I don't want to have a quarrel (*o* a fight) with him. ● **q. di vita o di morte**, a matter of life and death □ **la q. di fondo**, the substance (*o* the core) of the matter □ **una q. di lana caprina**, a pointless question □ (*leg.*) **q. pendente**, pending suit □ **Non si fa q. di denaro**, it's not a question of money □ **mettere in q.**, to doubt; to dispute □ **il nodo della q.**, the nub of the question; the heart of the matter; the crux of the matter.

quésto, A *a. dimostr.* this (*pl.* these): **Prendi q. piatto**, take this plate; **Questa lezione finirà tra poco**, this lesson will soon finish; **fino a q. punto**, up to this point; **Queste ragazze sono le migliori della classe**, these girls are the best in the class; **Questi film sono disponibili in videocassetta**, these films are available on videocassette; **Quest'altro ragazzo me lo disse**, this other boy told me; **Verrò a trovarti questa settimana**, I'll come and see you this week; **In questi giorni partirò per Firenze**, I'll leave for Florence within the next few days; **Questi ultimi decenni hanno visto molti cambiamenti sociali**, these last few decades have seen many social changes; **Chi può accettare queste tue proposte?**, who can accept these proposals of yours? ● **quest'oggi**, today □ **questa notte**, tonight □ **questa sera**, this evening; tonight □ **in q. mentre**, in the meanwhile □ **in q. momento**, at the moment □ **L'ho sentito con questi orecchi**, I heard it with my own ears □ **L'ho visto con questi occhi**, I saw him (*o* it) with my own eyes. **B** *pron. dimostr.* **1** this* (one): **Questa è l'ultima volta che te lo dico**, this is the last time I'm telling you; **q. vicino a me**, this one near me; **q. quaggiù [quassù]**, this one down here [up here]; **Che cos'è q.?**, what is this?; **Quelle arance sono da vendere, e queste da conservare**, those oranges are to be sold, whereas these are to be kept **2** (*con valore di pron. pers. sogg.*) he (*f.* she; *pl. m.* e *f.* they): **Mi rivolsi agli uomini seduti al tavolo, ma questi non seppero aiutarmi**, I asked (*o* turned to) the men sitting at the table but they couldn't help me; **Aiutai la signora [il giovane], ma questa [q.] non mi ringraziò**, I helped the lady [the young man] but she [he] didn't thank me **3** (*ciò*) this; that: **Disse q. con grande sincerità**, he said that with great sincerity; **Q. è quanto disse**, that is what he said; **Q. non lo farò mai**, that is something I'll never do; **In q. non siamo d'accordo**, we don't agree about that; **È q. tutto quello che disse?**, is that (*o* this) all he said?; **Perché mi dici q.**, why are you telling me this?; **Tutto q. per nulla**, all that (*o* this) for nothing **4** (*correl. di «quello»*: *il secondo*) the latter: **Cesare e Berto sono fratelli; quello è avvocato, q. dentista**, Cesare and Berto are brothers; the former is a lawyer, the latter a dentist **5** (*correl. di «quello»*: *l'uno*) one; (*alcuni*) some: **Questi parlavano, quelli ridevano**, some were talking, some (*o* others) were laughing. ● **Questa è bella!**, that's a good one! □ **Q. è quanto!**, that's that! □ **Q. poi!** (*non ci credo*), that's impossible!; go on! □ **Q. poi non ci voleva!**, we could have done without this □ **Q. sì!**, (*certo che lo farò, te lo darò, ecc.*) of course I will!; (*è proprio vero!*) yes, that's true! □ **«Non sono molto ricco» «E con q.?»**, «I'm not very rich?» «so what?» □ **E con q. li salutai e me ne andai**, having said that, I wished them goodbye and left □ **E con q. vi saluto**, well, goodbye □ **Con tutto q., le è rimasto sempre fedele**, in spite of (*o* despite) all that, he has remained faithful to her □ **Ti dirò q. e altro**, I'll tell you all, and more □ **È un segreto, non andarlo a dire a q. e a quello**, it's a secret, don't go around telling everybody □ **Ci mancherebbe anche questa!**, that's all we need! □ **Per q. ho rifiutato**, that's why I refused □ **Sentite questa!**, listen to this (one)!

questóre, *m.* **1** (*di polizia*) police commissioner (in a province); police superintendent **2** (*polit.*) serjeant-at-arms **3** (*stor. romana*) quaestor.

questòrio, *a.* (*stor. romana*) quaestorial.

quèstua, *f.* **1** begging: **andare alla q.**, to go begging **2** (*in chiesa*) collection: **fare una q.**, to make (*o* to take up) a collection.

questuànte, A *a.* begging; mendicant: **frate q.**, begging friar. **B** *m.* e *f.* beggar; mendicant.

questuàre, A *v. t.* (*anche fig.*) to beg. **B** *v. i.* to go* begging.

questùra, *f.* **1** police headquarters (*pl.*) (in a province); police office **2** (*stor. romana*) quaestorship. ● **telefonare alla q.**, to call the police.

questurino, *m.* (*pop.*) policeman*; cop (*fam.*).

quetzal (*spagn.*), *m. invar.* **1** (*zool., Pharomachrus mocinno*) quetzal bird **2** (*unità monetaria del Guatemala*) quetzal*.

qui, *avv.* **1** (*di luogo*) here: **È sempre qui a chiedere q.c.**, he's always here asking for st.; **Non abita più qui**, he doesn't live here any more; **Vieni qui!**, come (over) here!; **qui e là**, here and there; **Resta qui da noi stasera!**, stay here with us tonight; **Ti aspetto qui**, I'll wait for you here; **Mi fa male qui**, I've got a pain here; it hurts here; **Eccomi qui**, here I am; **Eccoli qui**, here they are; **qui dentro**, in here; **qui fuori**, out here; **qui sotto**, down here; **qui sopra**, up here; **da qui a lì**, from here to there; **qui dirimpetto**, opposite here; **Guarda qui!**, look here!; **qui vicino**, near here; close by; **da qui a Roma**, from here to Rome; **Di qui non si passa**, you cannot get through here; **Qui sta il busillis**, here's where the difficulty lies **2** (*in espressioni temporali*) now: **di qui a un mese [a un anno]**, a month [a year] from now; **da qui innanzi**, from now on; **Qui, pensai, ci vuole calma**, now, I thought, I must keep calm; **Fin qui ho sopportato tutti i tuoi capricci**, up to now (*o* so far) I've put up with all your whims; **E qui bisogna avvertirli**, and now we must warn them. ● (*fig.*) **Qui casca l'asino!**, here's where the obstacle lies; there's the rub □ **Qui hai torto**, this is where you are wrong □ **Qui lo dico e qui lo nego**, I'll deny having said this □ (*iron.*) **Qui ti voglio!**, see if you can wriggle out of this □ **Qui ti volevo!** (*in una discussione*), this is what I wanted you to admit □ (*comm.*) **qui unito** (*o* **accluso**), herewith (*o* herein) enclosed □ **Sono di qui**, I was born here; I'm a local □ **la gente di qui**, the locals □ **Non è di qui**, he is not a local; he is a stranger here □ **di qui a poco**, in a short while □ **di qui a quindici** (*giorni*), a fortnight today □ **di qui a una settimana**, in a week's time □ **per di qui**, this way: **Passeremo per di qui**, we'll go this way □ **Di qui consegue che...**, hence it follows that... □ **Di qui nacque la sua antipatia per quell'uomo**, his aversion to that man arose from that □ **«Quale libro preferisci?» «Questo qui»**, «which book do you prefer?» «this one (here)» □ **Questi ragazzi qui hanno fame**, these boys (here) are hungry □ **Non si spostò di qui a lì**, he didn't budge (*o* stir) an inch.

quia (*lat.*), *m. invar.* point; (the) facts (*pl.*): **stare al q.**, to stick to the facts.

quiche (*franc.*), *f. invar.* (*cucina*) quiche.

quid (*lat.*), *m. invar.* something: **Ha un q. che non mi persuade**, there's something about him that doesn't convince me.

quidam (*lat.*), *m. invar.* quidam; somebody.

quiddità, *f.* (*filos.*) quiddity.

quidditativo, *a.* (*filos.*) quiddative.

quiescènte, *a.* **1** quiescent: **un corpo q.**, a quiescent body **2** (*geol., bot.*) dormant: **vulcano q.**, dormant volcano. ● (*nell'ebraico*) **lettera q.**, quiescency.

quiescènza, *f.* **1** quiescence; quiescency **2** (*geol., bot.*) dormancy **3** (*leg.*) abeyance **4** (*pensionamento*) retirement: **porre in q.**, to send into retirement; to cause to retire; **trattamento di q.**, (retirement) pension.

quietànza, *f.* (*comm.*) receipt; quittance; acquittance; voucher: **un modulo di q.**, a receipt form; **tassa di bollo per q.**, receipt stamp duty; **q. a saldo**, receipt in full; **rilasciare una q.**, to give a receipt. ● (*naut.*) **q. per nolo**, freight release □ **per q.**, paid; (value) received.

quietanzàre, *v. t.* (*comm.*) to receipt: **q. una fattura**, to receipt an invoice; **una fattura regolarmente quietanzata**, an invoice duly receipted; **una fattura non quietanzata**, an unreceipted invoice.

quietàre, A *v. t.* to calm; (*alleviare*) to soothe, to appease. **B quietàrsi,** *v. i. pron.* to quiet down; to calm down; to be soothed.

quiète, *f.* **1** quiet; quietness; peace; calm; (*tranquillità*) stillness, tranquillity; (*silenzio*) silence: **la q. della sera**, the quiet (*o* peace) of evening; **Dopo le elezioni ci fu un periodo di q.**, after the elections there was a period of calm; **in tempi di q.**, in times of peace; **Mi piace la q. di questo luogo**, I like the quietness of this place; **la q. del mare**, the calm of the sea; **la q. che precede la tempesta**, the calm before the storm; **la q. della notte**, the stillness (*o* still, silence) of the night; **la q. della campagna in inverno**, the stillness of the countryside in winter; **In questa casa non c'è q.**, there's no peace in this house; **Con questa q. riesco a studiare bene**, I can study well in this silence ***2*** (*riposo, requie*) rest; respite: **non trovare q.**, to find no rest ***3*** (*tranquillità dell'animo*) peace of mind: **Te lo dico per la tua q.**, I'm telling you for your own peace of mind ***4*** (*fis.*) rest: **un corpo in stato di q.**, a body in a state of rest. ● (*fig.*) **l'ultima q.**, the last sleep □ **turbare la q. pubblica**, to disturb the peace; to cause a disturbance.

quietìṣmo, *m.* ***1*** (*relig.*) quietism ***2*** (*apatia*) quietism; passiveness.

quietìsta, *m.* e *f.* (*relig.*) quietist.

quietìstico, *a.* ***1*** (*relig.*) quietist(ic) ***2*** (*fig.*) passive; apathetic.

quièto, *a.* quiet; (*calmo*) calm; (*tranquillo*) peaceful, tranquil; (*immobile e silenzioso*) still; (*silenzioso*) silent: **una strada quieta**, a quiet road; **una bestia quieta**, a quiet animal; **Il malato ha passato una notte quieta**, the patient had a quiet night; **un mare q.**, a calm sea; **l'aria quieta**, the calm (*o* still) air; **Bambini, state quieti!**, be (*o* keep) quiet, children!; (*non muovetevi*) keep still, children!; **un animo q.**, a tranquil mind; **una natura quieta**, a pacific (*o* a peaceful) nature; **una serata quieta**, a peaceful evening; **un q. paesino di campagna**, a quiet (*o* peaceful) country village; **Non puoi restare q.?**, can't you keep still? ● **q. q.**, very quietly (*o* softly): **andarsene q. q.**, to leave quietly; to steal away □ **il q. vivere**, a quiet life; peace and quiet: **essere amante del q. vivere**, to be fond of a quiet life; **per amore del q. vivere**, for the sake of peace and quiet.

quillàia, *f.* (*bot., Quilllaia saponaria*) quillai; soapbark tree.

quinàrio, A *a.* ***1*** quinary: (*mat.*) **sistema q.**, quinary system ***2*** (*metrica*) five-syllabled; of five syllables: **un verso q.**, a five-syllabled line. **B** *m.* ***1*** (*poesia*) line of five syllables; five-syllabled line ***2*** (*numism.*) quinarius*.

quinci, *avv.* (*lett.*) ***1*** (*da qui*) hence; from here: **da q. innanzi**, henceforward; henceforth; in future ***2*** (*di qua*) this way: **q. e quindi**, this way and that □ **parlare in** (*o* **stare sul**) **q. e quindi**, to mince one's words.

quincónce, *m. invar.* quincunx.

quinconciàle, *a.* quincuncial.

quindecenviràto, *m.* (*stor. romana*) quindecemvirate.

quindecènviro, *m.* (*stor. romana*) quindecemvir.

quindècimo, *a. num. ord.* e *m.* (*lett.*) fifteenth.

quìndi, A *cong.* (*perciò, di conseguenza*) so; therefore; thus; consequently: **E q., che cos'hai deciso?**, so, what have you decided?; **Q. le consiglio di...**, so (*o, form.*, therefore, consequently) I advise you to... **B** *avv.* ***1*** (*poi*) then; afterwards: **Lessi la lettera, q. dissi...**, I read the letter and then I said... ***2*** (*lett.*) that way: **quinci e q.**, this way and that.

quindicennàle, A *a.* ***1*** (*che dura quindici anni*) lasting fifteen years; fifteen-year (*attr.*) ***2*** (*che ricorre ogni quindici anni*) recurring every fifteen years. **B** *m.* fifteenth anniversary.

quindicènne, A *a.* of fifteen; fifteen years old (*pred.*); fifteen-year-old (*attr.*). **B** *m.* boy of fifteen; fifteen-year-old boy. **C** *f.* girl of fifteen; fifteen-year-old girl.

quindicènnio, *m.* period of fifteen years.

quindicèṣimo, *a. num. ord.* e *m.* fifteenth: **il secolo q.**, the fifteenth (*o* 15th) century; **la quindicesima parte**, the fifteenth part; **un q.**, a fifteenth.

quìndici, *a. num. card.* e *m.* fifteen: **il numero q.**, number fifteen. ● **q. giorni**, a fortnight: **andare via per q. giorni**, to go away for a fortnight; **una vacanza di q. giorni**, a fortnight's holiday; **q. giorni fa**, a fortnight ago □ **lunedì a q.**, a fortnight next Monday; Monday fortnight □ **oggi a q.**, a fortnight today □ **ogni q. giorni**, once every fortnight; fortnightly (*agg.* e *avv.*) □ **È il q. di agosto**, it is the 15th of August □ **Sono le q.**, it is three p.m.; it's three in the afternoon.

quindicimìla, *a. num. card.* e *m.* fifteen thousand.

quindicìna, *f.* ***1*** (*complesso di quindici*) (set of) fifteen ***2*** (*circa quindici*) about fifteen; fifteen or so: **una q. di libri [di persone]**, about fifteen books [people] ***3*** (*fam.*: *quindici giorni*) fortnight; two weeks: **la prima q. di giugno**, the first two weeks of June; **fra una q. di giorni**, in a fortnight ***4*** (*paga di quindici giorni*) fortnight's pay.

quindicinàle, A *a.* ***1*** (*che dura quindici giorni*) a fortnight's (*attr.*) ***2*** (*che ricorre ogni quindici giorni*) fortnightly; bi-monthly; bi-weekly: **una riunione q.**, a fortnightly meeting; **una rivista q.**, a fortnightly magazine. **B** *m.* fortnightly publication (*o* magazine).

quinquagenàrio, *a.* (*lett.*) quinquagenarian; fifty years old (*pred.*); fifty-year-old (*attr.*).

quinquagèsima, *f.* (*relig.*) Quinquagesima (Sunday).

quinquagèsimo, *a.* e *m.* (*lett.*) fiftieth.

quinquennàle, *a.* quinquennial; five-yearly; five-year (*attr.*): **un periodo q.**, a five-year period; a quinquennium; **un piano q.**, a five-year plan.

quinquènnio, *m.* five-year period; quinquennium*.

quinquerème, *f.* (*stor.*) quinquereme.

quìnta, *f.* ***1*** (*teatr.*) wing: **fra le quinte**, in the wings ***2*** (*mus.*) (interval of a) fifth ***3*** (*autom.*) fifth gear ***4*** (*scherma*) quinte ***5*** (*classe scolastica*) fifth form; fifth year; fifth grade (*USA*). ● (*fig.*) **dietro le q.**, behind the scenes.

quintàle, *m.* quintal; hundred kilograms.

quintàna (1), *f.* (*med.*) quintan fever.

quintàna (2), *f.* (*stor.*) quintain: **correre la q.**, to tilt at a quintain.

quintèrno, *m.* five sheets of paper.

quintessènza, *f.* (*filos.* e *fig.*) quintessence: **Quella ragazza è la q. dell'orgoglio**, that girl is the quintessence of pride.

quintessenziàle, *a.* quintessential.

quintétto, *m.* ***1*** (*mus.*) quintet(te) ***2*** (*gruppo di cinque*) fivesome; quintet.

Quintiliàno, *m.* (*stor. letter.*) Quintilian.

quintilióne, *m.* ***1*** (10^{18}) trillion (*GB*); quintillion (*USA*) ***2*** (10^{30}) quintillion (*GB*); nonillion (*USA*).

quintìna, *f.* ***1*** (*mus.*) quintuplet ***2*** *V.* **cinquina,** *def.* 2.

Quintìno, *m.* Quentin; Quintin.

quintìno, *m.* (*misura*) fifth (part) of a litre; (*recipiente*) vessel holding a fifth of a litre.

Quìnto, *m.* Quintus.

quìnto, *a. num. ord.* e *m.* fifth: **Maggio è il q. mese dell'anno**, May is the fifth month of the year; **Carlo Q.**, Charles the Fifth; **due quinti**, two fifths; **una maggioranza di tre quinti**, a three-fifths majority; **la quinta parte**, the fifth part; one fifth; **un q. dello stipendio**, a fifth of one's salary; **due alle quinta**, two (raised) to the power of five; **abitare al q. piano**, to live on the fifth floor; **la quinta colonna**, the fifth column; **Sei il q. a cui lo chiedo**, you are the fifth person I have asked; **Vuoi essere il q.?**, do you want to be the fifth?

quintogènito, *a.* e *m.* (*f.* **-a**) fifth-born.

quintùltimo, *a.* e *m.* (*f.* **-a**) last but four; fifth from the last.

quintuplicàre, A *v. t.* to quintuple; to quintuplicate; to multiply by five. **B quintuplicàrsi,** *v. i. pron.* to quintuple; to increase fivefold; to become* five times as much (*o* as many).

quintùplice, *a.* quintuple.

quìntuplo, A *a.* quintuple; fivefold; five times as much. **B** *m.* quintuple.

qui pro quo (*lat.*), *locuz. m. invar.* misunderstanding.

Quirinàle, *m.* (*geogr., polit.*) Quirinal.

Quirìno, *m.* (*mitol.*) Quirinus.

quirìte, *m.* (*stor. romana*) Quirite: **i Quiriti**, the Quirites.

Quisling, *m. invar.* (*polit.*) quisling.

quisquìlia, *f.* trifle; minutia (*generalm. pl.*): **perdersi in quisquilie**, to get lost in trifles. ● **Quisquilie!**, nonsense!; rubbish!

quìvi, *avv.* (*lett.*) ***1*** (*lì*) there ***2*** (*allora*) then.

quiz, *m. invar.* ***1*** (*gioco*) quiz (game); (*domanda*) question: **presentatore di q.**, quiz master; **partecipare a un q.**, to take part in a quiz game; **programma di q.**, quiz programme ***2*** (*pl.*) (*esame a q.*) multiple-choice examination; quiz.

quòkka, *m. invar.* (*zool.. Setonyx brachyurus*) quokka.

quondam (*lat.*), *avv.* ***1*** (*un tempo*) quondam; former; sometime: **il nostro q. direttore**, our former (*o* quondam) director ***2*** (*defunto*) late; **il q. signor Cerri**, the late Mr Cerri.

quorum (*lat.*), *m.* (*leg.*) quorum; legal number: **raggiungere il q.**, to form a quorum.

quòta, *f.* ***1*** (*porzione*) part; share; portion; amount: **la mia q. delle spese**, my share of the expenses; **pagare la propria q.**, to pay one's share; **q. di capitale**, capital share; **q. imponibile**, taxable quota; **q. sociale**, capital share; partnership share ***2*** (*somma dovuta*) dues (*pl.*), fee; (*rata*) instalment, installment (*USA*): **q. di abbonamento**, subscription fee; **q. di associazione**, membership fee; **q. di iscrizione**, entrance fee; **q. mensile**, monthly instalment; **pagare** (*o* **versare**) **la prima [l'ultima] q.**, to pay the first [the last] instalment ***3*** (*contingente*) quota: **q. di esportazione [d'importazione]**, export [import] quota; **q. d'immigrazione**, immigrant (*o* immigration) quota ***4*** (*aeron.*) altitude; height: **Raggiunsi la q. di seimila metri**, I reached an altitude of six thousand metres; **q. di crociera**, cruising height (*o* attitude); **q. di volo**, flying height; **q. massima di volo**, maximum (flying) height; ceiling; **q. minima di volo**, minimum (flying) height; **perdita di q.**, loss of height; **ad alta q.**, at a high altitude; **prendere q.**, to gain height (*o* altitude); to climb; **perdere q.**, to lose height; **volare ad alta [bassa] q.**, to fly high [low]; to fly at a high [low] altitude ***5*** (*naut.*) depth: **q. periscopica**, periscope depth; **q. di crociera**, cruising depth; **a q. 200 metri**, at a depth of 200 metres ***6*** (*geogr., topogr.*) level; altitude; elevation: **a 3000 metri di q.**, at an altitute of 3000 metres; at 3000 metres above sea level; **q. zero**, sea level ***7*** (*geom.*) height: **q. d'equilibrio**, height of equilibrium ***8*** (*ippica*) odds (*pl.*) ***9*** (*disegno tecnico*) dimension. ● (*econ.*) **q. d'ammortamento**, depreciation allowance □ (*fin.*) **q. versata** (*o* **da versare**), subscription □ **Siamo a q. sette punti**, we have totalled seven points so far □ (*fig.*) **essere a q. zero**, to have nothing to show □ (*fig.*) **perdere q.**, to lose popularity □ (*fig.*) **prendere q.**, to begin to catch on.

quotàre, A *v. t.* ***1*** (*comm., fin.*) to quote; to rate; to state: **Favorite q. il vostro ultimissimo prezzo**, please quote your very lowest price; **q. i titoli**, to quote stocks; **q. in valuta estera**, to quote in foreign currency ***2*** (*obbligare per una quota*) to assign a share to ***3*** (*fig.*: *stimare*) to value; to think* highly of; to regard highly (*generalm. al passivo*): **È molto q. sul lavoro**, he is very highly thought of on the job ***4*** (*disegno tecnico*) to dimension. **B quotàrsi,** *v. i. pron.* to subscribe.

quotàto, *a.* ***1*** (*comm., fin.*) quoted; rated;

stated; (*valutato*) estimated; (*Borsa*) listed: **valori non quotati**, unquoted (*o* outside) securities; **titoli non quotati** (*in Borsa*), unlisted securities; **titoli quotati** (*in Borsa*), listed securities ***2*** (*fig.*) (highly) regarded; valued; highly-rated; well-thought of: **un chirurgo q.**, a highly-regarded surgeon; **un pittore molto q.**, a highly rated painter; **un operaio ben q.**, a highly-skilled workman ***3*** (*disegno tecnico*) dimensioned.

quotatùra, *f.* (*nel disegno tecnico*) dimensioning. ● **q. con indicazione dei limiti di tolleranza**, limit dimensioning method □ (*mecc.*) **q. della posizione**, location dimension □ (*mecc.*) **q. delle dimensioni**, size dimension.

quotaziône, *f.* ***1*** (*comm., fin.*) quotation; rating; price; (*di titolo*) market: **Le quotazioni qui appresso indicate sono soltanto nominali**, the following are only nominal quotations; **quotazioni a contanti**, quotations for cash; **q. di mercato**, market quotation ***2*** (*fig.*: *valutazione di una persona*) standing; reputation: **Le sue quotazioni sono in ribasso** [**un rialzo**], his reputation is dwindling [is growing]. ● (*Borsa, fin.*) **q. d'acquisto**, bid □ (*Borsa*) **q. d'apertura**, opening price □ (*Borsa*) **q. di chiusura**, day's close; closing quotation □ (*Borsa, fin.*) **q. di vendita**, ask □ **q. filatelica**, catalogue value □ **q. ufficiale di Borsa**, Stock Exchange list □ **essere ammesso alla q. in Borsa**, to be listed (*o* quoted) at the Stock Exchange □ **titoli non ammessi alla q. ufficiale di Borsa**, unquoted securities.

quotidiàna, *f.* (*med.*) quotidian (*o* daily) fever.

quotidianaménte, *avv.* daily; every day; (*di giorno in giorno*) day by day: **un giornale pubblicato q.**, a newspaper published daily.

quotidiàno, A *a.* daily; everyday (*attr.*): **Dacci oggi il nostro pane q.**, give us this day our daily bread; **il lavoro q.**, one's everyday work; **una passeggiata quotidiana**, a daily walk; a walk every day; **un giornale q.**, a daily newspaper; **la stampa quotidiana**, the daily press. **B** *m.* daily: **q. indipendente**, independent daily.

quotista, *m.* e *f.* partner in a limited company.

quotizzàre, *v. t.* ***1*** (*distribuire*) to share ***2*** (*lottizzare*) to divide into lots: **q. un terreno**, to divide a piece of land into lots ***3*** (*sottoscrivere*) to subscribe; to contribute.

quòto, *m.* (*mat.*) quotient.

quoziènte, *m.* (*mat.*) quotient; ratio; (*tasso*) rate: (*econ.*) **q. di liquidità**, current ratio; (*psic.*) **q. d'intelligenza**, intelligence quotient; (*stat.*) **q. di mortalità**, death-rate.

qwerty, *a. invar.* (*elab.*) - **tastiera q.**, qwerty keyboard.

qzerty, *a. invar.* (*elab.*) – **tastiera q.**, qzerty keyboard.

r, R

R, r, *f.* o *m.* (*sedicesima lettera dell'alfabeto ital.*) R, r. ● (*telef.*) **r come Roma**, r for Robert; r for Roger (*USA*).

rabàrbaro, *m.* **1** (*bot., Rheum*) rhubarb: **radice di r.**, rhubarb root **2** (*liquore*) rhubarb liqueur.

rabàzza, *f.* (*naut.*) heel.

rabbellìre, *v. t.* to embellish; to beautify; to make* more beautiful (*o* attractive); (*rinnovare*) to refurbish, to renovate.

rabberciaménto, *V.* **rabberciatura**.

rabberciàre, *v. t.* to patch up (*anche fig.*); to fix somehow: **r. un vestito**, to patch up a dress; **Capii di averla detta grossa e cercai di rabberciarla**, I realized I had put my foot in it and tried to patch things up.

rabberciàto, *a.* clumsily repaired (*o* fixed); patched-up; (*fatto alla bell'e meglio*) cobbled together, makeshift: **scarpe rabberciate**, clumsily repaired shoes; **un articolo r.**, an article cobbled together; **una libreria rabberciata con mattoni e tavole**, a makeshift bookcase put together with bricks and wooden boards.

rabberciatùra, *f.* **1** (*il rabberciare*) patching up **2** (*accomodatura*) clumsy repair; patch.

ràbbi, *m. invar.* rabbi.

ràbbia, *f.* **1** (*ira, furore*) rage; anger; fury: **essere pieno di r.**, to be filled with anger; to be furious; to be livid (with rage); **essere preso da r.**, to fly into a rage; **fuori di sé dalla r.**, beside oneself (*o* mad) with rage; **cieco di r.**, blind with rage; **un gesto di r.**, an angry gesture; **in un accesso di r.**, in a fit of rage; in a burst of anger **2** (*irritazione, stizza*) anger; annoyance; vexation; irritation **3** (*med.*) rabies (*pl.*); hydrophobia: **avere la r.**, to be affected with rabies; to be rabid **4** (*accanimento*) frenzy; fury **5** (*furia degli elementi*) rage; fury. ● **fare r.**, to infuriate; to madden; to gall: **Lo fa solo per farmi r.**, he only does it to infuriate me; **Mi fa r. vedere tutto questo spreco**, I hate to see all this waste □ **Che r.!**, what a shame!; how infuriating (*o* maddening)!

ràbbico, *a.* (*med.*) rabic.

rabbinàto, *m.* rabbinate.

rabbìnico, *a.* rabbinic(al); of the rabbis: **la letteratura rabbinica**, rabbinical literature; **la lingua rabbinica**, Rabbinic; Rabbinical Hebrew.

rabbinìșmo, *m.* rabbinism.

rabbinìsta, *m.* e *f.* rabbinist.

rabbìno, *m.* rabbi.

rabbióso, *a.* **1** (*iroso*) angry; furious: **uno sguardo r.**, an angry look; **con tono r.**, in a furious tone **2** (*collerico*) choleric; irascible **3** (*di cose: furioso, accanito*) furious; raging; violent: **un vento r.**, a furious wind; **il mare r.**, the raging sea; **Ho una fame rabbiosa**, I'm starving (*o* ravenous); **odio r.**, violent hatred **4** (*d'animale: idrofobo*) rabid; hydrophobic; mad.

rabboccàre, *v. t.* **1** to fill up; to top up **2** (*edil.*) to grout; to level.

rabbócco, *m.* filling up; topping up.

rabbonacciàre, rabbonacciàrsi, *V.* **rabbonire, rabbonirsi**.

rabbonìre, A *v. t.* to calm down; to placate; to soothe; to appease; to assuage; to mollify; to pacify. **B** *v. i.* e **rabbonìrsi,** *v. i. pron.* **1** to calm down; to back off (*fam.*): **Gli spiegammo il malinteso e lui si rabbonì**, we explained the mix-up and he backed off **2** (*di mare, vento*) to calm down; (*del tempo*) to clear up.

rabbottonàre, *V.* **riabbottonare**.

rabbrividìre, *v. i.* to shudder; to shiver: **r. alla vista del sangue**, to shudder at the sight of blood; **r. per il freddo**, to shiver with cold; **r. per lo spavento**, to shudder (*o* to tremble, to shake) with fear; **Rabbrividii all'idea di ciò che sarebbe accaduto**, I shuddered at the idea of what was going to happen; **far r. q. (per lo spavento)**, to make sb. shudder; to send a shiver down sb.'s spine; to make sb.'s flesh creep.

rabbuffàre, A *v. t.* **1** (*arruffare*) to ruffle; to tousle: **r. i capelli a q.**, to tousle sb.'s hair **2** (*rimproverare*) to scold; to reprimand; to take (sb.) to task (*fam.*); to tell off (*fam.*). **B rabbuffàrsi,** *v. i. pron.* (*minacciare tempesta*) to grow* stormy; (*di mare*) to grow* rough: **Il tempo si rabbuffa**, a storm is brewing.

rabbuffàta, *V.* **rabbuffo**.

rabbuffàto, *a.* **1** (*di capelli, penne, ecc.*) tousled; ruffled; dishevelled **2** (*di mare*) rough, stormy; (*di cielo*) overcast **3** (*fig.: di viso*) dark; glowering.

rabbùffo, *m.* scolding; reprimand; telling off (*fam.*): **dare un r. a q.**, to scold sb.; to reprimand sb.; to take sb. to task (*fam.*); to tell sb. off (*fam.*); **buscarsi un solenne r.**, to get a good scolding (*o* telling off); to be carpeted (*fam.*).

rabbuiàre, *v. i.* **rabbuiàrsi,** *v. i. pron.* **1** (*di tempo: rannuvolarsi*) to cloud over, to become* overcast, to darken; (*farsi notte*) to grow* (*o* to become*, to get*) dark (*o* darker): **In un attimo il cielo si rabbuiò**, suddenly the sky darkened **2** (*fig.: incupirsi*) to darken; to cloud over; to become* gloomy: **La ragazza si rabbuiò in volto**, the girl's face darkened.

rabdomànte, *m.* e *f.* dowser; (water-)diviner; rhabdomantist: **bacchetta da r.**, dowsing rod; divining rod.

rabdomàntico, *a.* dowsing; (water-)divining.

rabdomanzìa, *f.* dowsing; (water-)divining; rhabdomancy.

rabeleșiàno, rabelaișiàno, *a.* (*letter.*) Rabelaisian.

rabescàre, e *deriv.* *V.* **arabescare**, e *deriv.*

rabescatùra, *f.* (*arabeschi*) arabesques (*pl.*).

raccapezzàre, A *v. t.* **1** (*mettere insieme*) to scrape up (*o* together); to get* together; to rake up: **r. un po' di denari**, to scrape together some money; **r. la giornata**, to scrape a living **2** (*comprendere*) to make* out; to work out; to understand*: **Guarda se raccapezzi il senso di queste parole**, see if you can make out the meaning of these words; **Non ci raccapezzo proprio nulla**, I can't make any sense out of it; I can't figure it out. **B raccapezzàrsi,** *v. i. pron.* to find* one's way; (*capire*) to make* (st.) out, to work (st.) out, to figure (st.) out: **Come fai a raccapezzarti in questo labirinto?**, how can you find your way in this maze?; **Non mi ci raccapezzo affatto**, I'm quite at a loss; I can't make head or tail of it.

raccapricciànte, *a.* ghastly; horrifying; appalling; gruesome; grisly; bloodcurdling: **un sogno r.**, a ghastly dream; **una leggenda r.**, a gruesome legend; **un racconto r.**, a bloodcurdling tale; **i particolari raccapriccianti d'un assassinio**, the gruesome details of a murder; **urla raccapriccianti**, bloodcurdling yells.

raccapricciàre, *v. i.* to be horrified; to be appalled; (*rabbrividire*) to shudder: **Raccapricciai a quella vista**, I was horrified at that sight; **far r. q.**, to fill sb. with horror; to make sb.'s blood run cold; to make sb.'s hair stand on end; **uno spettacolo che fa r.**, a bloodcurdling scene.

raccaprìccio, *m.* horror; disgust; (*terrore*) dread, terror: **destare r.**, to horrify; to make sb. shudder; **Mi guardò con r.**, he looked at me in horror; **un brivido di r.**, a shudder; **un urlo di r.**, a terrified scream; **pensai con r. alla sua fine**, I shuddered at the thought of how he had died.

raccattacénere, *m. invar.* ash-pan; ash-hole.

raccattacìcche, *m.* e *f. invar.* person who picks up cigarette butts.

raccattafièno, *m. invar.* horse-rake.

raccattapàlle, *m.* e *f. invar.* (*sport*) ball boy (*f.* girl).

raccattàre, *v. t.* **1** (*raccogliere*) to pick up; to take* up: **r. una penna**, to pick up a pen **2** (*mettere insieme*) to gather; to collect; to put* together; to pick up; (*con fatica*) to scrape up (*o* together): **informazioni raccattate qua e là**, information picked up here and there; **r. qualche soldo**, to scrape together some money.

raccattatùra, *f.* **1** (*il raccattare*) picking up **2** (*ciò che si raccatta*) pickings (*pl.*).

raccèndere, *V.* **riaccendere**.

raccerchiàre, *v. t.* to surround.

raccertàre, A *v. t.* to reassure; to confirm. **B raccertàrsi,** *v. rifl.* to make* sure.

racchetàre, A *v. t.* (*lett.*) to calm down; to soothe. **B racchetàrsi,** *v. i. pron.* to calm down.

racchétta (1), *f.* **1** (*sport: da tennis*) racket, racquet; (*da ping-pong*) bat; (*da neve*) snowshoe; (*da sci*) ski pole, ski stick **2** (*autom.: di tergicristallo*) blade **3** (*tennista*) tennis player.

racchétta (2), *f.* (*mil., stor.*) rocket; flare.

ràcchio (1), *m.* small bunch of stunted grapes.

ràcchio (2), (*fam.*) **A** *a.* unattractive; plain; homely (*USA*). **B** *m.* (*f.* **-a**) unattractive person; (*di donna, anche*) dog (*fam.*).

racchiùdere, *v. t.* (*contenere*) to contain, to hold*, to include; (*nascondere*) to hide*: **Il forziere racchiudeva un tesoro**, the casket held a treasure; **Il museo racchiude molte opere preziose**, the museum contains many valuable works; **una storia che racchiude un briciolo di verità**, a story that contains a grain of truth; **una figura racchiusa in un cerchio**, a figure inscribed in a circle; **r. un segreto**, to hide a secret; **La sua tesi racchiude una contraddizione**, his argument contains a contradiction.

raccògliere, A *v. t.* **1** to pick up: **Raccolse un sasso**, he picked up a stone; **Raccolse il guanto da terra**, he picked up the glove from the floor; (*di treno e sim.*) **r. passeggeri**, to pick up passengers; (*fis.*) **r. impulsi**, to pick up impulses; **Raccolsero i feriti sul campo**, they picked up the wounded on the battlefield **2** (*cogliere*) to pick, to pluck; (*mietere*) to reap, to harvest: **r. un fiore**, to pick (*o* to pluck) a flower; **r. ciliegie [cotone]**, to pick cherries [cotton]; **Abbiamo raccolto venti quintali di grano**, we harvested twenty quintals of wheat; **Quest'anno abbiamo raccolto poco**, the harvest has been poor this year ***3*** (*radunare, mettere insieme*) to assemble; to gather; to muster; to collect; to get* (*o* to put*) together: **Raccolse i suoi uomini nel cortile**, he assembled (*o* gathered, mustered) his men in the courtyard; **r. tutti gli alunni nell'aula**, to assemble all the pupils in the hall; **r. un esercito**, to muster an army; **Erano tutti raccolti intorno a lui**, they were all gathered round him; **r. un po' di amici**, to get together a few friends; **r. legna**, to gather wood; **r. fondi**, to collect (*o* to raise) funds; **r. le proprie poesie in un volume**, to collect one's poems in a book; **r. informazioni su q.c.**, to gather information about st.; **Raccolse le sue carte e uscì**, he gathered up his papers and left; **r. i capelli in una crocchia**, to gather (up) one's hair into a bun; **r. le gonne**, to gather up one's skirts ***4*** (*ricevere*) to receive; to get*; to win*; to meet* with: **Il Po raccoglie le acque di molti affluenti**, the Po receives the waters of many tributaries; **r. un'eredità**, to come into an inheritance; to inherit; **La proposta raccolse pochi voti**, the proposal received (*o* got) few votes; **r. lodi**, to win (*o* to gain) praise; **r. consensi**, to meet with approval; **r. il favore della critica**, to meet with critical acclaim ***5*** (*collezionare*) to collect; to make* a collection of: **r. monete [francobolli]**, to collect coins [stamps] ***6*** (*dare rifugio a*) to shelter; to take* in; to house: **r. i fanciulli abbandonati**, to take in abandoned children; **r. profughi**, to shelter (*o* to house) refugees. ● **r. le ali**, to fold one's wings □ (*fig.*) **r. un'allusione**, to take a hint □ **r. con un cucchiaio**, to scoop up □ **r. con la scopa**, to sweep up □ **r. con uno straccio**, to mop up □ **r. le proprie forze**, to collect (*o* to gather up, to muster) one's strength □ (*fig.*) **r. il frutto del proprio lavoro**, to harvest the fruits (*o* to reap the harvest) of one's labour □ (*fig.*) **r. il guanto**, to take up the gauntlet □ **r. le idee**, to collect one's thoughts □ **r. la mente**, to compose one's thoughts; to concentrate □ **r. un pettegolezzo**, to pick up a piece of gossip □ (*lavoro a maglia*) **r. un punto**, to pick up a stitch □ **r. qua e là**, to glean □ **r. le reti**, to haul in the nets □ **r. la sfida**, to accept the challenge; to take up the glove □ **r. simpatia**, to become popular □ **r. successi**, to meet with success; to be successful □ (*naut.*) **r. le vele**, to furl the sails □ **non r. un insulto**, to ignore an insult □ **Gli strizzai l'occhio ma lui non raccolse**, I winked at him, but he didn't react (*o* he ignored it) □ (*prov.*) **Si raccoglie quel che si semina**, as you sow, so you reap. **B raccògliersi**, *v. rifl.* e *i. pron.* ***1*** (*del corpo*) to curl up; to crouch ***2*** (*concentrarsi*) to collect one's thoughts; to concentrate: **r. in preghiera**, to collect one's thoughts in prayer; **Raccogliamoci un momento!**, let us concentrate (*o* reflect) for a moment! ***3*** (*radunarsi*) to gather; to assemble; to meet*; to congregate; to crowd (together): **I passeggeri si raccolsero in coperta**, the passengers gathered (*o* assembled) on deck; **I giocatori si raccolsero intorno all'arbitro**, the players crowded round the referee ***4*** (*di cose: ammassarsi*) to gather; to collect: **L'acqua si raccoglie in un avvallamento**, the water collects in a hollow.

raccogliménto, *m.* concentration; concentrated attention; absorption; meditation: **ascoltare q.c. con r.**, to listen to st. with attention; **un minuto di r.**, a minute's silence; **pregare con r.**, to be absorbed in prayer.

raccogliticcio, **A** *a.* picked up here and there; put together at random; haphazard; hotchpotch (*attr., fam.*): **cultura raccogliticcia**, haphazard education; **truppe raccogliticce**, irregular (*o* raked-up) troops; **squadra raccogliticcia**, scratch team. **B** *m.* haphazard (*o* random) collection; motley; hotchpotch (*fam.*); ragbag (*fam.*); odds and ends (*pl.*); bits and pieces (*pl.*): **un r. di idee scombinate**, a hotchpotch of half-baked notions.

raccoglitóre, *m.* ***1*** (*f.* **-trice**) picker; gatherer; (*collezionista*) collector: **r. di cotone**, cotton picker; **r. di oggetti rari**, collector of curiosities; **r. di francobolli**, stamp collector; (*etnol.*) **cacciatori e raccoglitori**, hunters and gatherers ***2*** (*cartella*) folder; binder: **r. ad anelli**, ring binder ***3*** (*recipiente*) storage (*o* collecting) vessel; receptacle.

raccoglitrice, *f.* (*agric.*) harvester; picker.

raccòlta, *f.* ***1*** gathering; collecting; collection; (*di fondi*) collection, raising: **r. dell'immondizia**, rubbish collection; **r. di dati**, data collection; **iniziare la r. dei dati**, to start gathering data; **La r. fruttò poco**, the collection brought in little; **lanciare una r. di fondi**, to launch a fund-raising campaign; to raise funds ***2*** (*agric.*: *il raccogliere cereali*) harvesting; (*uva*) grape-harvesting; (*frutta, cotone, olive, ecc.*) picking ***3*** (*raccolto*) harvest, crop; (*di uva*) grape-harvest, vintage: **una r. abbondante [scarsa]**, a good [poor] harvest (*o* crop); **fare la r. del grano**, to harvest wheat; **fare la r. delle mele**, to pick apples ***4*** (*epoca del raccolto*) harvest-time ***5*** (*collezione*) collection: **una r. di francobolli**, a collection of stamps; **fare una r. di etichette**, to collect labels ***6*** (*libro*) collection; book; anthology; reader: **pubblicare una r. di poesie**, to publish a collection of poems; **r. di leggi**, body of laws; statute-roll; statute-book; **r. di sonetti**, sonnet sequence ***7*** (*adunanza*) gathering; assembly; rally: **chiamare a r. i compagni**, to gather (*o* to rally) one's friends; **chiamare a r. le proprie energie**, to gather one's energies; to rally one's strength; **Chiamai a r. tutta la mia pazienza**, I summoned up all my patience; **suonare a r.**, to sound the rally ***8*** (*sport*) tuck position.

raccoltaménte, *avv.* with concentration; with concentrated attention: **pregare r.**, to be absorbed in prayer.

raccòlto, **A** *a.* ***1*** (*colto*) picked: **fiori raccolti**, picked (*o* cut) flowers ***2*** (*adunato*) gathered; collected; mustered: **i delegati raccolti nell'aula**, the delegates gathered in the hall; **la folla raccolta nel luogo dell'incidente**, the crowd gathered at the scene of the accident; **essere raccolti insieme**, to be gathered together; to be grouped; to form a group; **capelli raccolti da un elastico**, hair tied with an elastic band; **capelli raccolti in una crocchia**, hair gathered up in a bun ***3*** (*rannicchiato*) drawn up; curled up; crouching: **Sedeva sul sofà con le gambe raccolte**, she was sitting on the sofa with her legs drawn up; **Dormiva r. sotto la trapunta**, he was sleeping curled up under the quilt; **Sedeva r. vicino al fuoco**, he crouched by the fire ***4*** (*fig.*: *assorto*) absorbed, engrossed; (*concentrato*) collected, intent: **essere r. nei propri pensieri**, to be absorbed in thought; **Era calmo e r. prima di entrare in aula**, he was calm and collected before going into the courtroom; **Stavano tutti raccolti come in chiesa**, they were all silent and intent as if they were in church ***5*** (*fig.*: *tranquillo*) quiet; (*confortevole*) cosy, snug: **una gioia raccolta**, a quiet joy; **una stanza raccolta**, a cosy room. **B** *m.* crop; yield; (*la raccolta*) harvest; (*dell'uva*) vintage, grape-harvest: **dare un buon r.**, to yield a good crop; **Quest'anno il r. è andato bene**, we've had a good crop this year; **l'epoca del r.**, harvest-time.

raccomandàbile, *a.* ***1*** (*consigliabile*) recommendable; advisable: **un investimento r.**, a recommendable investment ***2*** (*affidabile*) reliable; trustworthy: **poco r.**, unreliable; untrustworthy; suspicious; dubious; shady (*fam.*).

raccomandàre, **A** *v. t.* ***1*** (*affidare*) to commend; to commit; to leave* in sb.'s care; to entrust: **r. l'anima a Dio**, to recommend (*o* to commend) one's soul to God; **Prima di partire, mi raccomandò il figlio**, before leaving, he left his son in my care (*o* he asked me to look after his son); **Ti raccomando le mie piante mentre sono via**, please look after my plants while I'm away; **La sua fama è raccomandata alle sue poesie**, his fame rests upon his poetry ***2*** (*appoggiare*) to recommend; to put* in a good word for: **r. q. per una promozione**, to recommend sb. for a promotion; **Vedrò di raccomandarlo per quel posto**, I'll see if I can put in a good word for him for that job; **È raccomandato da un pezzo grosso**, he's got a powerful friend behind him ***3*** (*consigliare*) to recommend, to advise; (*esortare*) to exhort, to urge; (*ricordare*) to warn, to remind: **r. un albergo**, to recommend a hotel; **Il dottore mi ha raccomandato il riposo**, the doctor has recommended me rest; **Gli raccomandai di non andare**, I urged (*o* advised) him not to go; **E soprattutto vi raccomando la prudenza**, and above all, be prudent; **r. a q. il segreto**, to enjoin secrecy to sb.; to beg sb. to keep silent (about st.); **Gli raccomandai di non dimenticarsi la patente**, I reminded him to take his driving licence with him ***4*** (*lettere, pacchi, ecc.*) to register ***5*** (*attaccare, fissare*) to fasten; to secure. **B raccomandàrsi**, *v. rifl.* ***1*** (*supplicare, chiedere*) to beg; to implore; to ask; to remind: **Si sono raccomandati a me**, they have begged me to help them; **Si raccomandò alla clemenza della corte**, he threw himself upon the mercy of the court; **La mamma si raccomanda che vi comportiate bene**, mother reminds you to behave yourselves; **Mi raccomando, non dirlo a nessuno**, you won't tell anyone, will you?; **Telefona appena arrivi, mi raccomando**, don't forget to phone as soon as you arrive; **Non te lo dimenticare, mi raccomando**, please don't forget ***2*** (*affidarsi*) to appeal: **r. al buon senso di q.**, to appeal to sb.'s good sense. ● (*scherz.*) **r. alle proprie gambe**, to take to one's heels □ **r. a mani giunte**, to entreat; to implore □ **r. da sé**, to need no recommendation; to commend oneself.

raccomandàta, *f.* registered letter: **fare una r.**, to register a letter; **spedire un pacco per r.**, to register a parcel; to send a parcel by registered mail.

raccomandatàrio, *m.* (*naut.*) ship's agent; ship's husband.

raccomandàto, **A** *a.* ***1*** (*consigliato*) recommended ***2*** (*con appoggi importanti*) with friends in high places; well-connected ***3*** (*di lettera, plico*) registered: **spedire un pacco r.**, to register a parcel; to send a parcel by registered mail. **B** *m.* (*f.* **-a**) applicant with powerful friends; well-connected person; protégé (*franc.*): **È il r. del direttore**, he is the director's protégé; **È un r. di ferro**, he has friends in high places.

raccomandatòrio, *a.* recommendatory; of recommendation: **lettere raccomandatorie**, letters of recommendation.

raccomandazióne, *f.* ***1*** (*il raccomandare*) recommendation; (*estens.*: *appoggio*) connections, friends (*pl.*): **lettera di r.**, letter of recommendation (*o* of introduction); **fare una r.**, to make a recommendation; to put in a good word; **ottenere un posto grazie a una r.**, to get a job thanks to one's connections ***2*** (*esortazione*) recommendation, exhortation, warning; (*consiglio*) (piece of) advice: **Non dimenticare le raccomandazioni di tua madre**, don't forget your mother's advice; **fare mille raccomandazioni a q.**, to give sb. lots of advice ***3*** (*di lettera, plico, ecc.*) registration.

raccomodaménto, *V.* **raccomodatura**, *def.* *1*.

raccomodàre, *v. t.* ***1*** (*accomodare*) to repair; to mend; to fix: **r. un orologio [un ombrello]**

to repair a watch [an umbrella]; **r. un paio di scarpe**, to mend a pair of shoes ***2*** (*fig.*: *rimettere a posto*) to arrange; to put* (*o* to set*) right (again); to sort out; to fix (*fam.*): **r. ogni cosa**, to arrange things; to sort things out; to set everything right; to straighten out everything.

raccomodatùra, *f.* ***1*** (*l'aggiustare*) repair; repairing; mending; fixing ***2*** (*aggiustatura*) repair: **fare raccomodature**, to make repairs.

racconciàre, A *v. t.* ***1*** (*riparare, anche fig.*) to mend; to repair; to fix: **r. una strada**, to repair a road ***2*** (*rassettare*) to put* (*o* to set*) in order; to tidy up; to make* neat and tidy. **B racconciàrsi,** *v. i. pron.* (*del tempo*) to clear up.

racconciatùra, *f.* repair.

racconsolàre, *v. t.* to console; to comfort.

raccontàbile, *a.* worth telling; fit to be told.

raccontafàvole, *m.* e *f. invar.* (*spreg.*) yarn-spinner (*fam.*).

raccontàre, *v. t.* to tell*; to narrate; (*riferire*) to relate, to recount: **Mi raccontò tutta la storia**, he told me the whole story; **r. l'accaduto**, to say what happened; to relate the facts; **Raccontami tutto**, tell me all about it; **È andato a raccontargli i fatti miei**, he has been telling him all about me; **Così mi hanno raccontato**, so I've been told; **per raccontarne una**, just to tell you one thing; **Il libro racconta di un uomo che...**, the book is about a man who...; **Si racconta che...**, the story goes that...; **r. una bugia**, to tell a lie; **r. una favola**, to tell a story (*o* a tale); **r. fandonie**, to tell tales. ● **r. q.c. per filo e per segno**, to tell st. in detail □ (*fam.*) **r. la rava e la fava**, to relate the whys and wherefores of st. □ **raccontarne delle belle**, to have a few things to tell □ **l'arte del r.**, the art of storytelling □ **Ringrazia Dio che questa la puoi r.**, you are lucky you are alive to tell the story □ (*fam.*) **È uno che la sa r.**, he can spin a good yarn □ (*iron.*) **A chi credi di raccontarla!**, tell me another!; who are you kidding? (*fam.*) □ **A me la racconti!**, you're telling me! (*fam.*) □ **Va' a raccontarla altrove!**, go and tell somebody else!; tell that to the marines! (*fam.*).

raccontatóre, *m.* (*f.* **-trice**) teller; narrator; storyteller.

raccónto, *m.* story; tale; (*novella*) short story; (*relazione*) account, relation: **Iniziò il suo r. con l'arrivo del pacco**, he began his story with the arrival of the parcel; **A metà del r. s'interruppe**, halfway through his story, he stopped; **il triste r. delle sue disgrazie**, the sad tale of his woes; **fare un r. ordinato dei fatti**, to give a clear account of the facts; **un r. improbabile**, an improbable story; **un r. avventuroso**, an adventure story; **i racconti di Buzzati**, Buzzati's short stories; **r. di fate**, fairy tale; **r. per bambini**, children's story; (*per bambini piccoli*) nursery tale.

raccorciaménto, *m.* shortening; abbreviation; curtailment.

raccorciàre, A *v. t.* to shorten; to make* shorter; to curtail: **r. una parola**, to shorten a word; **r. un discorso**, to curtail a speech; **r. un vestito**, to shorten a dress; **r. le staffe**, to shorten the stirrups. **B raccorciàrsi,** *v. i. pron.* to shorten; to become* (*o* to grow*, to get*) shorter: **Le giornate si raccorciano**, the days are getting shorter (*o* drawing in).

raccordàre, A *v. t.* ***1*** to join; to connect; to link; to link up: **r. due tubi**, to connect two pipes; **r. due strade**, to link up two roads ***2*** (*ferr.*) to connect by a siding ***3*** (*mecc.*) to joint. **B raccordàrsi,** *v. i. pron.* to link up; to connect; to join up.

raccòrdo, *m.* ***1*** joint; connection; link ***2*** (*di strada*) junction; link-up: **r. anulare**, ringroad; beltway (*USA*); **r. autostradale**, slip road; ramp (*USA*); **r. a quadrifoglio**, cloverleaf; **r. di svincolo**, turnoff; **anello di r.**, loop; **punto di r.**, road link-up ***3*** (*ferr.*) siding; spur track; sidetrack (*USA*): **r. insabbiato**, sanded siding; **tronco di r.**, feeder line ***4*** (*mecc.*) fitting; connector; union: **r. a gomito**, elbow; **r. a T**, tee; **r. a tre pezzi**, pipe union; **r. a vite**, nipple; **r. a U**, U-bend; **r. di fognatura**, house-sewer. ● **di r.**, connecting; linking.

raccostaménto, *m.* ***1*** approach ***2*** (*confronto*) comparison; parallel ***3*** (*di colori, ecc.*) matching; match.

raccostàre, raccostàrsi, ***1*** *V.* **accostare, accostarsi** ***2*** *V.* **riaccostare, riaccostarsi**.

raccozzàre, *v. t.* to throw* together; to scrape together.

racèmico, *a.* (*chim.*) racemic: **acido r.**, racemic acid.

racemìfero, *a.* (*bot.*) racemiferous.

racemizzazióne, *f.* (*chim.*) racemization.

racèmo, *m.* ***1*** (*bot.*) raceme ***2*** (*chim.*) racemate.

racemóso, *a.* (*bot.*) racemose.

Rachèle, *f.* Rachel.

rachialgìa, *f.* (*med.*) r(h)achialgia.

rachicentèsi, *f.* (*med.*) rachicentesis; lumbar puncture.

ràchide, *f.* e *m.* (*anat., bot., zool.*) r(h)achis*.

rachidèo, rachidiàno, *a.* (*anat.*) r(h)achidian; spinal.

rachìtico, A *a.* ***1*** (*med.*) rachitic; rickety ***2*** (*fig.*: *stentato*) stunted: **piante rachitiche**, stunted plants. **B** *m.* (*f.* **-a**) (*med.*) sufferer from rickets; rickety person.

rachitìsmo, *m.* (*med.*) rachitis*; rickets (*pl. col verbo al sing.*).

racimolàre, *v. t.* ***1*** (*agric.*) to glean ***2*** (*fig.*) to scrape (*o* to get*) together; to gather; to glean: **r. i soldi per un pasto**, to scrape together the money for a meal; **r. notizie**, to glean (*o* to gather) news.

racimolatùra, *f.* ***1*** (*agric.*: *il racimolare*) gleaning ***2*** (*agric.*: *i racimoli raccolti*) gleanings (*pl.*) ***3*** (*il raccogliere*) gathering; scraping together; gleaning ***4*** (*cose raccolte*) scrapings (*pl.*); gleanings (*pl.*).

racìmolo, *m.* small bunch of grapes.

ràcket (*ingl.*), *m. invar.* racket: **il r. della droga**, drugs (*o* narcotics) racket; **gestire un r.**, to run a racket.

racquetàre, e *deriv.* *V.* **racchetare**, e *deriv.*

rad, *m.* (*fis.*) rad.

ràda, *f.* roadstead; roads (*pl.*); harbour, harbor (*USA*).

Radamànto, *m.* (*mitol.*) Rhadamanthus.

radància, *f.* (*naut.*) thimble.

ràdar, A *m. invar.* radar: **r. a microonde**, microwave radar; **r. a onde persistenti**, continuous-wave radar; **r. aeroportato**, airborne radar; **r. anticollisione**, anti-collision radar; **r. di avvistamento**, warning radar (*o* search radar); **r. di controllo per aeroporti**, airfield control radar; **r. per intercettazione aerei**, aircraft interception radar; **r. portuale**, harbour-control radar; **r. terrestre**, land-based radar; **r. topografico**, plan position indicator; **attrezzato con r.**, radar-fitted; **trovare un bersaglio col r.**, to acquire a target by radar. **B** *a.* radar (*attr.*): **collegamento r.**, radar link; **controllo r.**, radar monitoring; **installazione r.**, radar installation; (*fam.*) **uomo r.**, air-traffic controller.

radaràbile, *a.* radar-reflecting.

radarassistènza, *f.* (*aeron., naut.*) radar assistance.

radarastronomìa, *f.* radar astronomy.

radarfàro, *m.* trasponder. ● **r. a impulsi**, radar beacon.

radargeodesìa, *f.* radar geodesy.

radarìsta, *m.* e *f.* radar operator.

radarìstica, *f.* radar technology.

radarlocalizzazióne, *f.* radar detection.

radarmeteorologìa, *f.* radar meteorology.

radarnavigazióne, *f.* radar navigation.

radarriflettènte, *a.* radar-reflecting.

radarsónda, *f.* (*meteor.*) radarsonde.

radartachìmetro, *m.* radar trap.

radartècnica, *f.* (*elettr.*) radar engineering.

radarterapìa, *f.* (*med.*) radar therapy; short-wave therapy.

radartopografìa, *f.* radar surveying.

radartopogràfico, *a.* radar-surveying (*attr.*).

radàzza, *f.* (*naut.*) swab; mop.

radazzàre, *v. t.* (*naut.*) to swab; to mop.

raddensaménto, *m.* thickening; condensation; condensing.

raddensàre, *v. t.* **raddensàrsi,** *v. i. pron.* to thicken; to condense.

raddensatóre, *m.* thickener; condenser.

raddobbàre, *v. t.* (*naut.*) to refit; to repair.

raddòbbo, *m.* (*naut.*) refit; repair: **cantiere di r.**, repair yard; **bacino di r.**, dry dock; graving dock.

raddolciménto, *m.* ***1*** (*il rendere dolce*) sweetening ***2*** (*fig.*) softening; (*il mitigare*) soothing, alleviating, alleviation ***3*** (*di suono, colore, ecc.*) softening; toning down ***4*** (*tecn.*) softening ***5*** (*ling.*) palatalization.

raddolcìre, A *v. t.* ***1*** (*rendere dolce*) to sweeten; to sugar ***2*** (*fig.*: *mitigare*) to soften; to soothe; to alleviate; (*alleggerire*) to lighten: **r. le proprie sofferenze**, to alleviate one's pain; **r. un rimprovero**, to soften a reproach; **r. una fatica**, to lighten a toil ***3*** (*suoni, colori, ecc.*) to soften; to tone down: **r. la voce**, to soften one's voice ***4*** (*tecn.*) to soften: **r. il ferro col fuoco**, to soften iron with fire. **B** *v. i.* e **raddolcìrsi,** *v. i. pron.* ***1*** (*diventare dolce*) to become* sweet ***2*** (*fig.*) to mollify; to mellow; to soften; (*anche del tempo*) to become* (*o* to get*) milder: **r. con gli anni**, to mellow with age; **Ad aprile le giornate cominciano a r.**, in April the days begin to grow milder ***3*** (*alleviarsi*) to be soothed (*o* assuaged, alleviated).

raddoppiaménto, *m.* ***1*** (re)doubling; duplication: **il r. dello stipendio**, the doubling of one's salary; **il r. d'un numero**, the duplication of a number ***2*** (*ling.*: *di sillaba*) reduplication; (*di consonante*) gemination.

raddoppiàre, A *v. t.* ***1*** (*rendere doppio*) to double; to make* double; to duplicate: **r. la paga a q.**, to double sb.'s pay; **r. una scommessa**, to double a bet; **r. un numero**, to duplicate (*o* to double) a number; **r. un'autostrada**, to widen (*o* to add extra lanes to) a motorway ***2*** (*piegare in due*) to double; to fold in two (*o* in half, twice) ***3*** (*accrescere*) to redouble; to increase: **r. i propri sforzi**, to redouble one's efforts; **r. il passo**, to quicken one's pace ***4*** (*ling.*) to reduplicate. ● **Lascia o raddoppia**, double or quits. **B** *v. i.* ***1*** (*aumentare del doppio*) to double: **I costi sono raddoppiati**, costs have doubled ***2*** (*crescere*) to redouble; to increase ***3*** (*biliardo*) to double ***4*** (*calcio*) to score a second goal.

raddóppio, *m.* ***1*** doubling; redoubling; duplication: **il r. della produzione**, the doubling of production; **il r. di una linea ferroviaria**, the laying of a second track; **il r. di un'autostrada**, the widening of a motorway ***2*** (*biliardo, bridge, mus.*) double ***3*** (*ling.*: *di sillaba*) reduplication; (*di consonante*) gemination ***4*** (*calcio*) second goal. ● (*ferr.*) **binario di r.**, double track.

raddrizzàbile, *a.* that can be straightened (*pred.*).

raddrizzaménto, *m.* ***1*** straightening ***2*** (*fig.*) straightening; righting; redressing ***3*** (*elettr.*) rectification.

raddrizzàre, A *v. t.* ***1*** (*rendere diritto*) to straighten, to make* straight; (*rimettere in posizione diritta*) to put* straight, to straighten, to right: **r. una linea**, to straighten a line; **r. un filo di ferro**, to straighten a piece of wire; **r. un quadro**, to put a picture straight; **r. la schiena**, to straighten up; **r. il volante**, to right the wheel ***2*** (*fig.*: *correggere*) to right, to redress, to correct; (*accomodare*) to straighten, to straighten out, to sort out, to set* (*o* to put*) right, to settle: **r. un torto**, to redress (*o* to right) a wrong; **r. le cose**, to straighten out things; **r. una faccenda**, to set a matter right *3* (*elettr.*) to rectify. ● (*fig.*) **r. le gambe ai cani**, to attempt the impossible □ (*fig.*) **r. le ossa a q.**, to beat sb. up □ (*fig.*) **r. la testa a q.**, to straighten sb. up (*fam.*) □ (*fam.*) **Ora ti raddrizzo io!**, I'll teach you! **B raddrizzàrsi**, *v. rifl.* e *i. pron.* *1* (*rialzarsi*) to straighten; to straighten up; to draw* oneself up: **Il vecchio si raddrizzò adagio**, the old man straightened slowly *2* (*ritornare diritto*) to right oneself; to straighten out: **La barca si raddrizzò**, the boat righted itself *3* (*fig.*) to right oneself; to straighten out; to sort oneself out: **La situazione dovrebbe r. presto**, the situation should right itself soon *4* (*del tempo*) to clear up; to settle.

raddrizzatóre, *m.* (*elettr.*) rectifier.

raddrizzatrice, *f.* (*mecc.*) straightener. ● **r. a rulli**, roller leveller.

raddrizzatùra, *V.* **raddrizzamento.**

radènte, *a.* grazing; skimming: **tiro r.**, grazing shot; grazing fire; **volo r.**, grazing flight; (*aeron.*) hedgehopping; **passare r. a q.c.**, to graze st.; to skim st.; to shave st. ● (*fis.*) **attrito r.**, sliding friction □ (*naut.*) **corrente r.**, current following the coast.

radènza, *f.* grazing (*o* skimming) movement.

ràdere, A *v. t.* *1* to shave: **radersi il mento**, to shave one's chin; **radersi la barba [i baffi]**, to shave off (*o* to cut* off) one's beard [moustache]; **radersi a zero i capelli**, to shave off one's hair; **farsi r.**, to get shaved; to have (*o* to get) a shave *2* (*fig.*: *rasentare*) to graze; to skim; to shave: **r. il suolo**, to graze the ground; **r. la superficie dell'acqua**, to skim the surface of the water; **r. il muro**, to shave the wall *3* (*abbattere*) to cut* down; (*distruggere*) to raze: **r. un bosco**, to cut down a wood; **r. al suolo**, to raze (to the ground); **una città rasa al suolo da un terremoto**, a town razed by an earthquake. **B ràdersi**, *v. rifl.* to shave: **Mi rado tutte le mattine**, I shave every morning.

radézza, *f.* *1* (*l'essere rado*) thinness; scarcity; sparseness *2* (*sporadicità*) rareness; infrequency.

radiàle (1), A *a.* (*rif. al raggio*) radial: **direzione r.**, radial direction; **pneumatico r.**, radial (tyre); **simmetria r.**, radial symmetry; **trapano r.**, radial (drilling machine); (*astron.*) **velocità r.**, radial velocity. **B** *f.* (*linea r.*) radial line.

radiàle (2), *a.* (*anat.*) radial: **arteria [vena, nervo] r.**, radial artery [vein, nerve].

radiànte (1), *a.* *1* (*fis.*) radiant: **energia [calore] r.**, radiant energy [heat]; **pannello r.**, radiant heater *2* (*fig.*) *V.* **raggiante.** ● (*astron.*) **punto r.**, radiant □ (*med.*) **terapia r.**, radiant therapy; radiotherapy.

radiànte (2), *m.* (*geom.*) radian.

radiànza, *f.* (*fis.*) radiance.

radiàre, *v. t.* *1* (*espellere*) to expel, to drum out; (*cancellare*) to strike* off: **r. da un partito [dall'università]**, to expel from a party [from university]; **Il suo nome fu radiato dalla lista**, his name was struck off the list; **r. q. dall'albo**, (*un medico*) to strike sb.'s name off the medical register; (*un avvocato*) to strike sb.'s name off the rolls of solicitors, to disbar sb.; **essere radiato dall'albo**, to be struck off; **L'hanno radiato dall'albo per pratiche illegali**, he was struck off for malpractice; **r. dall'esercito**, to cashier *2* (*naut.*) to strike* off the list; to condemn. ● (*leg.*) **r. un'ipoteca**, to extinguish a mortgage.

radiatìvo, *a.* (*fis.*) radiative.

radiàto, *a.* (*a raggi*) radiate.

radiatóre, *m.* radiator: **r. ad alette**, finned (*o* gilled) radiator; **r. a nido d'ape**, honeycomb radiator; **r. a pannelli**, panel radiator; (*autom.*) **maschera per r.**, radiator cowl; **tappo del r.**, radiator cap.

radiazióne (1), *f.* (*fis.*) radiation: **r. infrarossa**, infrared radiation; **r. nera**, black-body radiation; **caratteristica di r.**, radiation pattern; **r. cosmica**, cosmic rays (*pl.*).

radiazióne (2), *f.* (*espulsione*) expulsion; (*da un albo*) striking off, disbarment; (*dall'esercito*) cashiering, dishonourable discharge; (*cancellazione*) striking off. ● (*leg.*) **r. di un'ipoteca**, extinction of a mortgage.

ràdica, *f.* *1* (*legno per pipe, ecc.*) briar-root; briarwood: **pipa di r.**, briar (pipe) *2* (*di noce*) walnut (root) *3* (*pop.*: *radice*) root.

radicàle, A *a.* *1* (*bot.*) radical; root (*attr.*): **apparato r.**, root system; **peli radicali**, root hairs; **umido r.**, radical moisture *2* (*ling.*) radical; root (*attr.*) *3* (*fig.*) radical; thorough; drastic: **cambiamento r.**, radical (*o* drastic) change; **rimedio r.**, radical cure; **riforma r.**, radical (*o* thorough) reform *4* (*polit.*) Radical: **il partito r.**, the Radical Party. **B** *m.* *1* (*mat., chim.*) radical: **r. acido**, acid radical *2* (*ling.*) radical; root: **il r. d'una parola**, the root of a word. **C** *m.* e *f.* (*polit.*) Radical.

radicaleggiàre, *v. i.* (*polit.*) to have radical sympathies; to lean* towards radicalism.

radicalịsmo, *m.* (*anche polit.*) radicalism.

radicalizzàre, (*polit.*) **A** *v. t.* to radicalize. **B radicalizzàrsi**, *v. i. pron.* to become* radicalized.

radicalizzazióne, *f.* (*polit.*) radicalization.

radicalménte, *avv.* radically; thoroughly; totally; completely; fundamentally; utterly; root and branch.

radicaménto, *m.* (*bot.* e *fig.*) rooting; taking (*o* striking) roots.

radicàndo, *m.* (*mat.*) radicand.

radicàre, *v. i.* **radicàrsi**, *v. i. pron.* to root; to take* root; (*fig.*, *anche*) to strike* root: **una pianta che radica bene in questo terreno**, a plant that will easily take root in this soil; **Quell'idea mi si radicò nel cervello**, that idea struck root in my mind.

radicàto, *a.* rooted; deep-rooted; deep-seated: **opinioni radicate**, rooted opinions; **antipatia radicata**, deep-rooted dislike; **dolore r.**, deep-seated sorrow; **essere r. nelle proprie abitudini**, to be set in one's habits.

radicazióne, *f.* (*bot.*) *1* (*il mettere radici*) rooting; taking root *2* (*le radici*) rootage.

radìcchio, *m.* (*bot.*, *Cichorium intybus*) chicory; radicchio.

radìce, *f.* *1* (*di pianta*) root; (*al pl.*, *anche*) rootage (*sing. collett.*): **r. aerea [fascicolata]**, aerial [fascicular] root; **r. a fittone**, taproot; **r. superficiale**, shallow root; **mettere (le) radici**, to root; to take root; to grow* (*o* to put* out) roots; **svellere le radici di una pianta**, to uproot a plant; **cuffia della r.**, root cap; **senza radici**, rootless *2* (*parte bassa di q.c.*) root (*anche anat., med.*); base: **la r. della lingua [d'un dente, d'un unghia, d'un callo]**, the root of the tongue [of a tooth, of a nail, of a corn]; **r. del naso**, bridge of the nose; **la r. d'un monte**, the base (*o* foot) of a mountain *3* (*fig.*: *origine*) root, origin, source; (*fondo*) bottom: **la r. di tutti i mali**, the root cause of all evil; **andare alla r. di q.c.**, to get to the root of st.; **colpire alla r.**, to strike at the root; **essere alla ricerca delle proprie radici**, to be in search of one's roots; **un uomo senza radici**, a rootless man *4* (*ling.*) root; stem *5* (*mat.*) root: **r. quadrata [cubica]**, square [cube] root; **la r. quarta [quinta, ecc.]**, the fourth [the fifth, etc.] root; **la r. di un'equazione**, the root (*o* solution) of an equation; **estrarre la r. d'un numero**, to extract the root of a number; **segno di r.**, radical sign *6* (*bot.*) – **r. della vita** (*Panax ginseng*), ginseng; **r. colubrina** (*Aristolochia serpentaria*) snakeroot. ● **distruggere q.c. sino alle radici**, to destroy st. root and branch □ (*fig.*) **mettere radici**, to take root; (*stabilirsi*) to put down roots, to settle □ (*scherz.*) **vedere l'erba dalla parte delle radici**, to push up the daisies.

radichétta, *f.* (*bot.*) *1* radicle *2* (*piccola radice*) radicle; rootlet.

radicifórme, *a.* (*bot.*) root-like; root-shaped; radiciform.

radicolàre, *a.* (*bot., anat., med.*) radicular.

radicolìte, *f.* (*med.*) radiculitis.

radiestẹsia, e *deriv.* *V.* **radioestesia**, e *deriv.*

ràdio (1), *m.* (*anat.*) radius*.

ràdio (2), *m.* (*chim.*) radium.

ràdio (3), A *f.* *1* (*radiofonia, radiotrasmissioni*) radio*: **trasmettere mediante r.**, to transmit by radio; to radio; **L'ho sentito alla r.**, I heard it on the radio; **ascoltare la r.**, to listen to the radio; **ascoltare q.c. alla r.**, to listen in to st.; **un adattamento per r. di un romanzo**, an adaptation for radio of a novel; **trasmettere un programma per r.**, to broadcast a programme; to radiocast a program (*USA*); **Ci sentiremo per r.**, we'll radio each other *2* (*l'apparecchio*) radio (set): **r. a transistor**, transistor radio; **r. a cinque valvole**, five-valve receiver; **r. a galena**, crystal set; **r. portàtile**, portable radio; **r. ricevente [trasmittente]**, radio transmitter [receiver]; **accendere la r.**, to switch (*o* to turn) on the radio; **abbassare la r.**, to turn down the radio; **La r. è spenta**, the radio is off *3* (*stazione trasmittente*) broadcasting station; radio: **lavorare alla r.**, to work on the radio. ● **r. fante**, grapevine. **B** *a.* radio (*attr.*): **apparecchio r.**, radio set; **contatto r.**, radio contact; **giornale r.**, (radio) news; **ponte r.**, radio link; **stazione r.**, radio station; broadcasting station; **trasmissioni r.**, radio programmes; **via r.**, by radio; over the radio.

radioabbonàto, *m.* (*f.* **-a**) radio subscriber.

radioaltìmetro, *m.* radio altimeter.

radioamatóre, *m.* (*f.* **-trice**) amateur radio operator; radio amateur; (radio) ham (*fam.*).

radioamatoriàle, *a.* amateur radio (*attr.*); ham radio (*attr.*).

radioascoltatóre, *m.* (*f.* **-trice**) (radio) listener.

radioascólto, *m.* radio listening; listening in.

radioassistènza, *f.* (*aeron., naut.*) radio assistance; radio navigation.

radioastronomìa, *f.* radio astronomy.

radioastronòmico, *a.* radioastronomical.

radioastrònomo, *m.* (*f.* **-a**) radio astronomer.

radioattività, *f.* (*chim.*, *fis. nucl.*) radioactivity: **r. naturale [indotta]**, natural [induced] radioactivity.

radioattìvo, *a.* (*chim., fis. nucl.*) radioactive: **elemento r.**, radioactive element; **ferro r.**, radioiron; **periodo r.**, half-life; **pioggia radioattiva**, fall-out.

radioaudizióne, *f.* radio listening; listening in.

radiobiologìa, *f.* radiobiology.

radiobiòlogo, *m.* (*f.* **-a**) radiobiologist.

radiobùssola, *f.* (*aeron.*, *naut.*) radio compass.

radiocanàle, *m.* radio channel.

radiocarbònico, *a.* radiocarbon (*attr.*): **analisi radiocarbonica** (*per datare un oggetto*), radiocarbon dating.

radiocarbònio, *m.* (*chim.*) radiocarbon.

radiocèntro, *m.* broadcasting station.

radiochìmica, *f.* radiochemistry.

radiochirurgìa, *f.* radiosurgery.

radiocobàlto, *m.* radiocobalt.

radiocollegaménto, *m.* radio link.

radiocollegàre, *v. t.* to link up by radio.

radiocomandàre, *v. t.* to radio-control.

radiocomandàto, *a.* radio-controlled.

radiocomàndo, *m.* radio control.

radiocommèdia, *f.* radio play.

radiocomunicazióne, *f.* radio communication.

radiocontaminazióne, *f.* radioactive contamination.

radioconversazióne, *f.* radio talk; radio discussion.

radiocrònaca, *f.* (running) commentary: **fare la r. di un incontro**, to do a running commentary on a match.

radiocronista, *m.* e *f.* radio commentator.

radiodermatìte, **radiodermìte,** *f.* (*med.*) radiodermatitis.

radiodiàgnọsi, *f.* (*med.*) radiodiagnosis.

radiodiagnòstica, f. (*med.*) radiodiagnostics (*pl. col verbo al sing.*).
radiodiagnòstico, a. (*med.*) radiodiagnostic.
radiodiffóndere, v. t. to broadcast*; to radiocast* (*USA*).
radiodiffusióne, f. **1** (*il trasmettere per radio*) broadcasting; radiocasting (*USA*) **2** (*programma*) broadcast; radiocast (*USA*).
radiodilettànte, m. e f. amateur radio operator.
radiodistùrbo, m. radio interference: **r. artificiale**, man-made noise.
radiodràmma, m. radio play.
radioèco, m. o f. radio echo.
radioecologìa, f. radioecology.
radioeleménto, m. (*fis. nucl.*) radioelement; radioactive element.
radioelèttrico, a. radio (*attr.*).
radioemanazióne, f. (*chim.*) radon.
radioemissióne, f. **1** (*fis.*) radiation **2** (*trasmissione radio*) broadcast; radiocast (*USA*).
radioestesìa, f. divining; dowsing.
radioestesìsta, m. e f. diviner; dowser.
radiofàro, m. (*aeron., naut.*) radio beacon: **r. di avvicinamento**, approach beacon; **r. direttivo**, radio-range beacon; **r. di rotta**, course--indicating beacon; **r. di terra**, ground radio beacon; **r. omnidirezionale**, omnidirectional radio-beacon (*abbr.*: ORB).
radiofonìa, V. **radiotelefonia**.
radiofònico, a. radio (*attr.*): **apparecchio r.**, radio set; **trasmissione radiofonica**, (radio) broadcast.
radiofonògrafo, m. radiogramophone; radiogram (*GB*).
radiofòto, f. invar. radiophotograph; radiophoto.
radiofotografìa, V. **radiotelefotografia**.
radiofrequènza, f. radio frequency.
radiofurgóne, m. mobile (radio) unit.
radiogalàssia, f. (*astron.*) radio galaxy.
radiògeno, a. (*scient.*) radiogenic.
radiogoniometrìa, f. radiogoniometry.
radiogoniomètrico, a. radiogoniometric.
radiogoniòmetro, m. radiogoniometer; direction finder.
radiografàre, v. t. to radiograph; to X-ray.
radiografìa, f. **1** radiography; X-ray photography **2** (*lastra*) radiograph; X-ray (photograph): **fare una r.**, to take an X-ray **3** (*fig.*) in-depth analysis: **fare la r. di una situazione**, to carry out an in-depth analysis of a situation.
radiogràfico, a. radiographic; X-ray (*attr.*): **esame r.**, X-ray examination.
radiogràmma (1), V. **radiotelegramma**.
radiogràmma (2), m. (*lastra*) radiograph; X-ray (photograph).
radiogrammòfono, V. **radiofonografo**.
radioguìda, f. (*aeron., naut.*) radio control; radio homing aid.
radioguidàre, v. t. to radio-control.
radiointerferòmetro, m. radio interferometer.
radiointervìsta, f. radio interview.
radioiòdio, m. (*fis. nucl.*) radioiodine.
radioisòtopo, m. (*chim., fis.*) radioisotope.
Radiolàri, m. pl. (*zool., Radiolaria*) Radiolaria.
radiolàrio, m. (*zool.*) radiolarian.
radiolarìte, f. (*geol.*) radiolarite.
radiolìna, f. (*fam.*) portable transistor radio.
radiolocalizzàre, v. t. to locate by radar.
radiolocalizzatóre, m. radar.
radiolocalizzazióne, f. radar location.
radiologìa, f. **1** (*fis.*) radiology **2** (*med.*) X--ray treatment.
radiològico, a. radiologic(al); X-ray (*attr.*).
radiòlogo, m. (f. -a) (*med.*) radiologist.
radioluminescènza, f. (*fis.*) radioluminescence.
radiomessàggio, m. radio message.
radiometallografìa, f. radiometallography.
radiometeorologìa, f. radio meteorology.
radiometrìa, f. (*fis.*) radiometry.
radiomètrico, a. (*fis.*) radiometric.
radiòmetro, m. (*fis.*) radiometer.
radiomicròfono, m. radio microphone.
radiomicròmetro, m. (*fis.*) radiomicrometer.
radiomisùra, f. **1** (*tecnol.*) radio-electric measurement **2** (*mil.*) electronic countermeasure.
radiomòbile, f. **1** (*autom.*) radio car **2** (*telef.*) mobile phone.
radiomontàggio, m. radio montage.
radiomontatóre, m. (f. **-trice**) radio engineer.
radionavigazióne, f. radio navigation.
radionuclìde, m. (*fis. nucl.*) radionuclide.
radioónda, f. radio wave.
radiooscillatóre, m. radio-frequency generator.
radiopàco, a. (*fis., med.*) radiopaque.
radiopilòta, m. (*aeron.*) radio-controlled autopilot.
radiopolarìmetro, m. radiopolarimeter.
radiopropagazióne, f. (*fis.*) radio-wave propagation.
radioprotettóre, a. radioprotective.
radioprotezióne, f. radioprotection.
radioregistratóre, m. radio tape recorder; radio cassette recorder.
radioricevènte, A a. radio-receiving (*attr.*). **B** f. **1** (*apparecchio*) radio receiver **2** (*stazione*) radio-receiving station.
radioricevitóre, m. radio receiver.
radioricezióne, f. radio reception.
radioriflettènte, a. radio reflecting.
radiorilevaménto, m. (*aeron., naut.*) radio bearing.
radioriparatóre, m. radio repairer; radio engineer.
radioripetitóre, m. radio relay.
radioscandàglio, m. radio sounding.
radioscintillazióne, f. (*astron.*) radio scintillation.
radioscopìa, f. (*med.*) fluoroscopy; radioscopy.
radioscòpico, a. (*med.*) fluoroscopic(al); radioscopic(al).
radiosegnalatóre, m. radio signaller.
radiosegnàle, m. radio signal.
radiosensibilità, f. (*med.*) radiosensitivity.
radiosentièro, m. (*aeron.*) glide path.
radioservìzio, m. **1** radio news report **2** (*aeron.*) radio navigation aid.
radiosità, f. radiance; splendour; brilliance, brilliancy.
radióso, a. radiant; brilliant; bright; shining; beaming; glorious: **sole r.**, radiant sun; **un cielo r.**, a bright sky; **una giornata radiosa**, a glorious day; **un sorriso r.**, a beaming (*o* radiant) smile; **un r. avvenire**, a bright future; **r. di gioia**, beaming with joy.
radiosónda, f. (*meteor.*) radiosonde.
radiosondàggio, m. (*meteor.*) radio sounding.
radiosorgènte, f. (*astron.*) radio source: **r. discreta**, radio star.
radiospèttro, m. (*fis.*) radio spectrum.
radiospettrògrafo, m. radio spectrograph.
radiospìa, f. bugging device; bug.
radiostazióne, f. broadcasting station.
radiostèlla, f. (*astron.*) radio star.
radiostellàre, a. (*astron.*) radio-star (*attr.*).
radiostereofonìa, f. radio stereophony.
radiostereofònico, a. radio stereophonic.
radiosvéglia, f. clock radio; alarm-radio.
radiotassì, radiotàxi, m. radiotaxi.
radiotècnica, f. radio engineering.
radiotècnico, m. radio engineer.
radiotelecomandàre, e deriv. V. **radiocomandare**, e *deriv.*
radiotelefonìa, f. radiotelephony.
radiotelefònico, a. radiotelephonic.
radiotelefonista, m. e f. radiotelephone operator.
radiotelèfono, m. radiotelephone; radiophone.
radiotelefotografìa, f. radio-facsimile system.
radiotelegrafàre, v. t. to radiotelegraph; to wire.
radiotelegrafìa, f. radiotelegraphy; wireless telegraphy.
radiotelegràfico, a. radiotelegraphic: **comunicazione radiotelegrafica**, radiotelegram; radiogram.
radiotelegrafista, m. e f. (*naut.*) radiotelegraph operator; radiotelegraphist.
radiotelègrafo, m. radiotelegraph.
radiotelegràmma, m. radiotelegram; radiogram.
radiotelemetrìa, f. (*naut.*) radiotelemetry; radio range-finding.
radiotelèmetro, m. (*elettron.*) radiotelemeter; range-finder.
radiotelescòpio, m. (*astron.*) radio telescope.
radiotelescrivènte, f. radioteletype; radio telex.
radiotelevisióne, f. **1** radio and television **2** (*ente radiotelevisivo*) broadcasting company (*o* corporation).
radiotelevisìvo, a. radio and television (*attr.*).
radioterapèutico, a. (*med.*) radiotherapeutic.
radioterapìa, f. (*med.*) radiotherapy; radiotherapeutics (*pl. col verbo al sing.*).
radioteràpico, a. (*med.*) radiotherapeutic.
radioterapista, m. e f. radiotherapist.
radiotrasméttere, v. t. **1** (*programmi*) to broadcast*; to radiocast* (*USA*) **2** (*messaggi*) to radio.
radiotrasmettitóre, m. transmitting set; radio transmitter.
radiotrasmissióne, f. **1** (*il trasmettere programmi*) broadcasting **2** (*il trasmettere messaggi*) transmission by radio; radioing **3** (*programma*) (radio) broadcast; radiocast (*USA*).
radiotrasmittènte, A a. (radio) transmitting (*attr.*); broadcasting (*attr.*). **B** f. **1** (*stazione*) broadcasting station **2** (*apparecchio*) transmitting set; (radio) transmitter.
radiotrasparènte, a. (*med.*) radiolucent; radiotranslucent.
radioulnàre, a. (*anat.*) radioulnar.
radioutènte, m. e f. radio licence-holder.
radiovènto, m. (*meteor.*) rawinsonde.
radiovisióne, f. (*TV*) radiovision.
ràdium, m. (*chim.*) radium.
ràdo (1), a. **1** (*non fitto*) thin; sparse; (thinly) scattered: **nebbia rada**, thin (*o* light) mist; **capelli radi**, thin hair; **barba rada**, sparse beard; **radi casolari**, scattered (*o* sparse) houses; **panno r.**, thin-woven cloth; **pettine r.**, wide-toothed comb **2** (*non frequente*) infrequent; occasional; rare: **visite rade**, occasional visits; **scambiarsi rade parole**, to exchange few words; **rade volte** (*o* **di rado**), seldom; rarely; infrequently: **Ci vediamo di r.**, we seldom see each other; **non di rado**, not infrequently; rather often.
ràdo (2), V. **radon**.
radome (*ingl.*), m. invar. (*aeron.*) radome.
ràdon, m. (*chim.*) radon.
ràdula, f. (*zool.*) radula*.
radunaménto, V. **raduno**.
radunàre, A v. t. **1** (*adunare, riunire*) to assemble; to gather (together); to group; to muster; to rally; to round up: **Ci radunò in cortile**, he gathered us in the courtyard; **r. una folla intorno a sé**, to gather a crowd around one; **Stasera raduno alcuni amici per festeggiare**, I'm gathering a few friends (*o* I'm getting a few friends together) tonight to celebrate; **Radunò i suoi uomini e lanciò un nuovo attacco**, he rallied his men and launched a new attack; **r. truppe**, to muster troops **2** (*raccogliere, mettere insieme*) to put* together; to get* together; to collect; to gather: **Radunai i miei libri e mi alzai**, I collected (*o* gathered) my books and stood up **3** (*accumulare*) to put* together; to accumulate; to heap up: **r. un bel gruzzolo**, to put

together a nice sum. **B radunàrsi,** *v. i. pron.* to assemble; to convene; to gather; to collect; to get* together; to meet*; to rally: **Gli studenti si radunarono nell'aula magna**, the pupils assembled in the great hall; **La folla gli si radunò intorno**, a crowd gathered around him; **Ci siamo radunati da lui**, we got together at his place; **Si radunarono per deliberare**, they met to take a decision; **I dimostranti si radunarono davanti al Parlamento**, the demonstrators rallied outside Parliament.

radunàta, *f.* **1** (*il radunare, il radunarsi*) gathering; assembling; meeting **2** (*riunione*) gathering; meeting; assembly: **fare r.**, to assemble people; (*leg.*) **r. sediziosa**, riotous assembly **3** (*mil.*) gathering; muster.

radùno, *m.* **1** (*il radunare, il radunarsi*) gathering; assembling; meeting **2** (*incontro*) meeting; rally; convention: **un r. di gente**, a gathering of people; **r. sportivo**, sports meeting; **r. automobilistico**, car rally; **un r. di ex combattenti**, a convention of ex-servicemen; **r. di protesta**, protest rally; **r. politico**, political rally.

radùra, *f.* clearing; glade; open space.

ràfano, *m.* (*bot., Raphanus sativus*) radish.

ràfe, *m.* (*anat., bot.*) raphe.

ràffa, *V.* **riffa (1)**.

Raffaèle, *m.* Raphael.

raffaèlla, *a.* – **alla r.**, after (*o* in) the style of Raphael: **capelli alla r.**, hair worn long in the style of Raphael; **berretto alla r.**, soft cap in the style of Raphael.

raffaellésco, *a.* **1** (*di Raffaello*) Raphael's; by Raphael **2** (*nello stile di Raffaello*) Raphaelesque; after the style of Raphael: **colori raffaelleschi**, Raphaelesque colours **3** (*fig.: delicato*) delicate; pure: **un profilo r.**, a delicate profile.

Raffaèllo, *m.* Raphael.

raffazzonaménto, *m.* **1** patching together; throwing together **2** *V.* **raffazzonatura**.

raffazzonàre, *v. t.* (*fare male*) to do* (st.) badly (*o* in a slapdash way, any old how), to botch; (*fare alla meglio*) to throw* together, to cobble together: **r. un discorso all'ultimo momento**, to cobble together a speech at the last moment; **Questo lavoro l'hai proprio raffazzonato**, you really botched that job.

raffazzonato, *a.* poorly done; slipshod; slapdash; done any old how (*pred.*); (*messo insieme alla meglio*) cobbled together, thrown together.

raffazzonatóre, *m.* (*f.* **-trice**) slapdash worker; botcher; (*scrittore*) hack.

raffazzonatùra, *f.* (*cosa fatta male*) cobbled job; slapdash (*o* slipshod) piece of work; botch; (*cosa messa insieme*) something cobbled together.

rafférma, *f.* **1** confirmation in office; renewal of office **2** (*mil.*) re-enlisting.

raffermàre, **A** *v. t.* **1** to confirm **2** (*mil.*) to re-enlist. **B raffermàrsi,** *v. i. pron.* (*region.*) to become* stale; to go* hard. **C raffermàrsi,** *v. rifl.* (*mil.*) to re-enlist.

rafférmo, *a.* stale: **pane r.**, stale bread.

ràffia, *f.* **1** (*bot., Raphia ruffia*) raffia (palm) **2** (*la fibra*) raffia.

ràffica, *f.* **1** (*di vento*) gust, blast; (*di pioggia*) shower; (*di neve*) flurry, scurry: **una r. di vento**, a gust (*o* a blast) of wind; a windblast; a squall; **vento a raffiche**, wind blowing in gusts **2** (*di colpi*) burst; volley: **una r. di mitra**, a burst of machine-gun fire; **una r. di pallottole**, a volley of bullets **3** (*fig.*) hail; volley; shower; spate: **una r. d'ingiurie**, a hail (*o* a volley) of insults; **una r. di scioperi**, a spate of strikes; **una r. di domande**, a barrage of questions.

raffievolire, *V.* **affievolire**.

raffiguràbile, *a.* **1** (*rappresentabile*) representable; portrayable **2** (*immaginabile*) conceivable; imaginable.

raffiguràre, *v. t.* **1** (*rappresentare*) to represent; to show*; to portray; to depict: **La scena raffigura una strada di campagna**, the scene represents a country road; **Il quadro raffigura una scena di caccia**, the painting represents (*o* portrays) a hunting scene **2** (*anche* **raffigurarsi**: *immaginare*) to imagine; to picture; to figure; to conceive: **Me lo raffiguravo altissimo**, I imagined (*o* pictured, figured) him as a very tall man; **Mi raffigurai nella mente tutta la scena**, in my mind's eye I pictured the whole scene **3** (*simboleggiare*) to symbolize; to be a symbol of; to stand* for; to represent: **L'innocenza è raffigurata da una colomba**, innocence is symbolized by a dove **4** (*riconoscere*) to recognize.

raffigurazióne, *f.* **1** (*il rappresentare*) representation; representing; portraying **2** (*figura*) representation; portrayal; picture; portrait; image **3** (*simbolo*) symbol.

raffilàre, *v. t.* **1** (*affilare*) to sharpen; to whet **2** (*pareggiare*) to trim; to pare.

raffilatóio, *m.* (*tipogr.*) trimmer.

raffilatùra, *f.* **1** (*l'affilare*) sharpening; whetting **2** (*il pareggiare*) trimming; paring **3** (*ciò che si asporta raffilando*) trimmings (*pl.*); parings (*pl.*).

raffinaménto, *m.* (*anche fig.*) refinement; refining: **il r. dello zucchero [del petrolio, dell'oro]**, the refinement of sugar [of oil, of gold]; (*ind.*) **r. a fuoco**, forge-refining; **un r. del gusto**, a refinement of taste.

raffinàre, **A** *v. t.* **1** (*tecn.*) to refine; to purify: **r. lo zucchero [il petrolio, l'oro]**, to refine sugar [oil, gold] **2** (*fig.*) to refine; to improve; to polish: **r. la propria educazione [il proprio gusto]**, to refine (*o* to improve) one's manners [one's taste]; **r. una lingua [uno stile]**, to refine (*o* to polish) a language [a style]. **B raffinàrsi,** *v. i. pron.* to refine; to become* refined; to become* polished: **Si è raffinato nel vestire**, his clothes have become more refined.

raffinataménte, *avv.* refinedly; with refinement; in a refined (*o* elegant, polished) way.

raffinatézza, *f.* **1** (*l'essere raffinato*) refinement; elegance; polish; sophistication: **r. di gusti**, refinement (*o* elegance) of taste; refined tastes (*pl.*); **vestito con r.**, dressed with elegance; **una persona di grande r.**, a very refined person **2** (*finezza, sottigliezza*) refinement; subtlety; nicety; fine point: **raffinatezze stilistiche**, stylistic subtleties **3** (*ciò che è raffinato*) exquisite thing, pleasure; (*cibo*) delicacy: **le raffinatezze della vita moderna**, the pleasures of modern life.

raffinàto, *a.* **1** (*tecn.*) refined; purified: **zucchero [petrolio, oro] r.**, refined sugar [oil, gold]; **non r.**, unrefined; coarse; raw; crude **2** (*fig.*) refined; polished; elegant; fine; exquisite; sophisticated; subtle: **stile r.**, refined (*o* polished) style; **lingua raffinata**, refined (*o* polished) language; **accento r.**, refined accent; **orecchio r.**, fine ear; **gusti raffinati**, expensive (*o* cultivated, sophisticated) tastes; **lavorazione raffinata**, fine workmanship; **crudeltà raffinata**, refined (*o* subtle) cruelty; **non r.**, common; uncouth.

raffinatóio, *m.* (*metall.*) refining furnace.

raffinatóre, **A** *m.* (*f.* **-trice**) refiner. **B** *a.* refining.

raffinatùra, raffinazióne, *f.* refining; refinement; purification: **la r. dell'oro [del petrolio]**, gold [oil] refining; **r. elettrolitica**, electrolytic refining; electrorefining; **prodotti di r.**, refinery products.

raffinerìa, *f.* (*ind.*) refinery: **r. di petrolio**, oil refinery; **r. di zucchero**, sugar refinery; **r. di sale**, saltworks (*pl.*).

ràffio, *m.* grappling-iron; grapnel; gaff.

rafforzaménto, *m.* strengthening; fortification; reinforcement; invigoration.

rafforzàre, **A** *v. t.* **1** (*irrobustire, anche fig.*) to strengthen; to fortify; to invigorate: **r. i muscoli [il carattere]**, to strengthen one's muscles [one's character]; **r. lo spirito**, to fortify one's mind **2** (*consolidare, anche fig.*) to consolidate; to strengthen; to reinforce: **r. un muro**, to reinforce a wall; **r. le proprie opinioni**, to strengthen one's opinions; **Il suo comportamento rafforzò la mia opionione di lui**, his behaviour strengthened the opinion I had of him. **B rafforzàrsi,** *v. i. pron.* to strengthen; to gain force; to grow* (*o* to get*, to become*) stronger.

rafforzativo, *a.* **1** strengthening; reinforcing **2** (*ling.*) intensifying; intensive.

raffratellàre, **A** *v. t.* to bring* together again; to reconcile. **B raffratellàrsi,** *v. rifl. recipr.* to come together again; to be reconciled.

raffreddaménto, *m.* **1** cooling (*anche ind.*); chilling: **r. ad aria [ad acqua]**, air [water] cooling; **r. per espansione**, dynamic cooling; **r. a irraggiamento**, radiant cooling; **impianto di r.**, cooling plant **2** (*fig.*) cooling (down); chilling; dampening; (*freddezza*) coolness: **un r. nei loro rapporti**, a cooling of relations between them.

raffreddàre, **A** *v. t.* **1** to cool; to make* cool (*o* cooler, cold); to chill: **Il ghiaccio raffredda l'acqua**, ice cools water; **La pioggia ha raffreddato l'aria**, the rain has cooled the air; **far r. il motore**, to allow the engine to cool down; **r. ad acqua**, to water-cool; **r. ad aria**, to air-cool; **r. ad immersione**, to quench **2** (*fig.*) to cool; to cool down (*o* off); to chill; to dampen; to damp: **r. gli ardori**, to dampen (*o* to cool off) sb.'s ardour; **r. l'entusiasmo di q.**, to cool (*o* to damp) sb.'s enthusiasm; **r. l'ambiente**, to chill the atmosphere. **B raffreddàrsi,** *v. i. pron.* **1** to cool down (*o* off); to become* (*o* to get*) cool (*o* cooler, cold); to chill: **Lascia che la minestra si raffreddi**, let the soup cool down; **Il motore ci mette ore a r.**, the engine takes hours to cool down; (*dell'aria*) **Si sta raffreddando**, it's getting cold (*o* chilly) **2** (*fig.*) to cool; to cool down: **La nostra amicizia si è un po' raffreddata**, our friendship has cooled a little; **Il mio entusiasmo si raffreddò**, my enthusiasm cooled down **3** (*prendere un raffreddore*) to catch* (a)cold; (*prendere un'infreddatura*) to catch* a chill.

raffreddàto, *a.* **1** cooled; chilled; cold **2** (*che ha il raffreddore*) – **È (molto) r.**, he has a (bad) cold.

raffreddatóio, *m.* (*ind. del vetro*) cooling chamber.

raffreddatóre, *m.* (*metall.*) chill; chiller.

raffreddatùra, *f.* **1** (*il raffreddarsi*) cooling; chilling **2** *V.* **raffreddore**.

raffreddóre, *m.* cold: **È a casa col r.**, he is at home with a cold; **avere il r.**, to have a cold; **prendere** (*o* **buscarsi**) **il r.**, to catch (a) cold: **Mi sono buscato un terribile r.**, I've caught a bad (*o* nasty) cold; I'm down with a bad cold.

raffrenàbile, *a.* restrainable; checkable.

raffrenaménto, *m.* curbing; checking; control.

raffrenàre, **A** *v. t.* to curb; to check; to restrain; to control: **r. la lingua**, to curb one's tongue; **r. la propria ira**, to check (*o* to control) one's anger. **B raffrenàrsi,** *v. rifl.* to restrain oneself; to control oneself.

raffrescàre, *V.* **rinfrescare**.

raffrontàre, *v. t.* to compare; (*collazionare*) to collate.

raffrónto, *m.* comparison; collation: **fare un r. tra due descrizioni**, to compare two descriptions; **fare un r. tra due manoscritti**, to collate two manuscripts.

ràfia, *V.* **raffia**.

ràgadi, *f. pl.* (*med.*) rhagades.

raganèlla, *f.* **1** (*zool., Hyla arborea*) tree frog **2** (*mus.*) rattle.

ragàzza, *f.* **1** girl; teenager (*tra i 13 e i 19 anni*); kid (*fam.*); chick (*pop.*): **una brava r.**, a good girl; **da r.**, when (I was) a girl **2** (*figlia*) daughter; girl: **Ha un maschio e tre ragazze**, he has a son and three daughters **3** (*donna nubile*) unmarried (*o* single) woman*: **rimanere r.**, to remain single *4* (*innamorata*) girlfriend; girl; sweetheart; (*r. con cui si esce*) date (*USA*): **È la mia r.**, she is my girl; **avere la r.**, to have a girlfriend; **La sua r. era uno schianto**, his girlfriend was a knockout. ● **r. di vita**, streetgirl □ **r. madre**, single mother □ **r. squillo**, call girl □ **nome da r.**, maiden name.

ragazzàglia, *f.* (*spreg.*) pack of children; crowd of kids; gang of youths.

ragazzàta, *f.* childish action; boyish prank; youthful escapade; mischief: **È stata una vera r.**, it was a childish thing to do.

ragazzìna, *f.* little girl; schoolgirl; kid (*fam.*).

ragazzìno, *m.* little boy; schoolboy; kid, nipper (*fam. GB*).

ragàzzo, *m.* *1* (*adolescente maschio*) boy; youth; youngster; kid (*fam.*); lad (*fam.*); teenager (*tra i 13 e i 19 anni*): **un r. di undici anni**, a boy of eleven; **un r. sui sedici anni**, a youth (*o* youngster) of about sixteen; **un r. che promette molto**, a promising lad; **i ragazzi della squadra**, the boys (*o* lads) in the team; **da r.**, when (I was) a boy; **Ci conosciamo fin da ragazzi**, we've known each other since we were boys *2* (*figlio*) boy; son; kid (*fam.*): **Ho quattro ragazzi e una bambina**, I have four boys (*o* sons) and a little girl *3* (*al pl., m. e f.*) young people; youth (*sing. o plur.*); youngsters; teenagers (*tra i 13 e i 19 anni*); (*figli*) children, kids (*fam.*): **i ragazzi di oggi**, today's youth (*o* youngsters, young people); **un gruppo di ragazzi**, a group of youngsters; **Sono solo ragazzi**, they are just kids; **Dove sono i ragazzi?**, where are the children (*o* kids)?; **Sotto, r.!**, come on, boys! *4* (*innamorato*) boyfriend; sweetheart: **È il mio r.**, he is my boyfriend *5* (*garzone*) boy: **r. dell'ascensore**, lift boy; **r. del panettiere**, baker's boy; **r. di bottega**, (*fattorino*) errand-boy; (*apprendista*) apprentice. ● **r. di strada**, street urchin □ **r. di vita**, lout; yob □ **r. padre**, single father □ **r. prodigio**, child prodigy; enfant prodige (*franc.*); wunderkind (*ted.*) □ **cose da ragazzi**, childish things □ **fare il r.**, to behave like a child □ **un giochetto da ragazzi**, child's play.

raggelànte, *a.* freezing; chilling; icy.

raggelàre, **A** *v. t.* to freeze*; to chill: **uno sguardo che raggela**, a chilling stare; **Li raggelò con una sola occhiata**, he froze them with a single glance; **La sua uscita raggelò l'atmosfera**, his words chilled the atmosphere; **La notizia raggelò la festa**, the news put a damper on the party. **B** *v. i.* e **raggelàrsi**, *v. i. pron.* to freeze*; to be appalled: **Mi si raggelò il sangue**, my blood froze (*o* ran cold); **A quella risposta si sentì r.**, his blood froze at that answer.

raggiànte, *a.* *1* (*anche fig.*) radiant; beaming; gleaming; shining; glowing; bright: **un volto r.**, a radiant face; **un sorriso r.**, a beaming smile; **occhi raggianti di gioia**, radiant eyes; eyes beaming with joy; **r. di felicità**, glowing with happiness *2* (*fis.*) *V.* **radiante**.

raggiàre, **A** *v. i.* (*anche fig.*) to radiate, to be radiant; (*risplendere*) to shine* (brightly), to beam, to glow: **L'innocenza gli raggiava sul volto**, innocence shone on his face; **r. di felicità**, to be glowing with happiness. **B** *v. t.* to radiate (*anche fig.*): **r. luce**, to radiate light; **r. felicità**, to radiate happiness.

raggiàto, *a.* radial; radiate; rayed; radiated: **ruota raggiata**, radial wheel; **simmetria raggiata**, radial symmetry.

raggièra, *f.* halo (of rays); rays (*pl.*): **la r. di un ostensorio**, the rays of a monstrance; **Dalla piazza si dipartono a r. sei strade**, six streets radiate from the square; **disposto a r.**, radiate; **disposizione a r.**, radial arrangement; **spilla a r.**, sunburst.

ràggio, *m.* *1* ray; beam: **i raggi del sole**, the rays of the sun; the sunbeams; **i raggi della luna**, the rays of the moon; the moonbeams; **Non vediamo un r. di sole da settimane**, we haven't had a ray of sunshine for weeks; **Un r. di luce filtrava nella stanza**, a ray (*o* a beam) of light filtered into the room; **r. diretto [riflesso]**, direct [reflected] beam; **r. luminoso**, ray of light; **un fascio di raggi**, a beam of light *2* (*fig.*) gleam; glimmer; ray: **un r. di speranza**, a gleam (*o* a ray) of hope; **un debole r. di intelligenza**, a faint glimmer of intelligence *3* (*fis.*) ray; beam: **r. alfa [beta, gamma]**, alfa [beta, gamma] ray; **r. catodico**, cathode ray; **r. cosmico**, cosmic ray; **raggi infrarossi [ultravioletti]**, infrared [ultraviolet] rays; **r. laser**, laser beam: **r. positivo**, positive (*o* canal) ray; **raggi X**, X-rays *4* (*geom., mecc.*) radius*: **il r. di un cerchio**, the radius of a circle; **r. del cerchio inscritto**, inradius; **r. vettore**, radius vector; **r. di sterzata**, turning radius; (*mecc.*) **r. del cono primitivo**, cone distance; **r. di curvatura**, radius of curvature *5* (*pl.*) (*fam.*: *radiografia*) X-rays: **farsi fare i raggi**, to have an X-ray; **Mi hanno fatto i raggi alla spalla**, my shoulder has been X-rayed; **Che cosa dicono i raggi?**, what do the X-rays show? *6* (*area, campo*) radius*; range; compass: **r. d'azione**, range (*o* field) of action; (*naut.*) radius of action, endurance; **in un r. di dieci miglia**, within a radius of ten miles; **armi a corto [lungo] r.**, short-range [long-range] weapons; **un'operazione a vasto r.**, a large-scale operation *7* (*di ruota*) spoke *8* (*ala di edificio*) wing *9* (*zool.*) spine. ● (*bot.*) **r. midollare**, medullary ray □ **a raggi**, radiate; rayed.

raggiràre, *v. t.* (*ingannare*) to trick, to dupe, to take* in, to bamboozle, to hoodwink (*fam.*); (*truffare*) to cheat, to swindle, to con (*fam.*): **Lo hanno raggirato**, he has been cheated (*o* taken in); **Mi sono lasciato r. dalle sue belle parole**, I let myself be taken in by his fine words.

raggiràrsi, *V.* **aggirarsi**.

raggiratóre, *m.* (*f.* **-trice**) cheat; swindler; deceiver.

raggiro, *m.* deceit; cheat; swindle; con (trick) (*fam.*); dodge (*fam.*).

raggiùngere, *v. t.* *1* (*riunirsi a q.*) to reach; to catch* up with; to catch* up; to join: **Va' avanti, ti raggiungerò tra qualche minuto**, go ahead, I'll catch up with you (*o* I'll catch you up) in a few minutes; **Vi raggiungo in giardino**, I'll join you in the garden *2* (*toccare un luogo, anche fig.*) to reach; to get* to; to arrive at; to touch: **Non un suono raggiungeva le nostre orecchie**, not a sound reached our ears; **r. la vetta**, to reach (*o* to get to) the top; **Riesci a r. quel ramo?**, can you reach that branch?; **La temperatura raggiunse i trenta gradi**, the temperature reached (*o* touched) thirty degrees; **Le vendite hanno raggiunto punte massime**, sales have peaked; **r. il livello minimo**, to hit the lowest level; to touch bottom; **r. il punto critico**, to reach the climax; to climax; **r. un accordo**, to come to an agreement; **r. i novant'anni**, to reach ninety; **r. i limiti di età**, to reach retiring age; **r. la maggiore età**, to come of age *3* (*colpire*) to hit*: **r. il bersaglio**, to hit the target; **Fu raggiunto da una sasso**, he was hit by a stone *4* (*conseguire, ottenere*) to attain; to achieve; to gain: **r. lo scopo**, to attain one's goal; to gain one's end; **r. la notorietà**, to achieve notoriety.

raggiungìbile, *a.* *1* (*accessibile*) accessible; reachable *2* (*conseguibile*) attainable; achievable.

raggiungiménto, *m.* *1* (*il raggiungere*) reaching; (*arrivo*) arrival *2* (*conseguimento*) attainment; achievement: **il r. d'un fine**, the attainment of a goal. ● **r. della maggiore età**, coming of age.

raggiuntàre, *v. t.* to join together; to piece together.

raggiustaménto, *m.* *1* repairing; mending; fixing *2* (*fig.*) settlement; settling; reconcilement; patching up (*fam.*).

raggiustàre, **A** *v. t.* *1* (*riparare*) to repair; to mend; to fix *2* (*mettere in ordine*) to put* (*o* to set*) in order; to straighten; to tidy up *3* (*fig.*: *comporre, accomodare*) to settle; to reconcile; to patch up (*fam.*). **B** **raggiustàrsi**, *v. rifl. recipr.* to come* to an agreement; to make* peace; to make* (*o* to patch) it up (*fam.*).

raggomitolàre, **A** *v. t.* to wind* into a ball; to roll up. **B** **raggomitolàrsi**, *v. rifl.* to roll oneself up; to curl up; to huddle up: **Il cagnolino si raggomitolò sul divano**, the puppy curled up on the sofa.

raggranchiàre, **raggranchìre**, **A** *v. t.* to numb; to stiffen. **B** **raggranchiàrsi, raggranchìrsi**, *v. i. pron.* to go* numb; to stiffen; to go* stiff.

raggranellàre, *v. t.* to scrape up; to scrape together; to rake up: **r. alcune sterline**, to scrape together a few pounds.

raggricciàre, **A** *v. t.* to crumple; to shrivel. **B** **raggricciàrsi**, *v. i. pron.* to shrink*; to cringe. ● **un rumore che faceva r. la pelle**, a noise that made your flesh creep.

raggrinzaménto, *m.* wrinkling; creasing; crumpling; puckering; shrivelling.

raggrinzàre, **A** *v. t.* to wrinkle; to crumple; to crease; to pucker; (*seccare*) to shrivel: **una mela raggrinzita**, a shrivelled apple; **pelle raggrinzita**, wrinkled skin **B** *v. i.* e **raggrinzàrsi**, *v. i. pron.* to become* (*o* to get*) wrinkled; to wrinkle; to crumple; to crease; to pucker; to shrivel.

raggrinzìre, e *deriv.* *V.* **raggrinzare**, e *deriv.*

raggrumàre, *v. t.* **raggrumàrsi**, *v. i. pron.* to clot; to coagulate; (*cagliare*) to curdle.

raggruppaménto, *m.* *1* (*il raggruppare*) grouping; assembling *2* (*gruppo*) group, grouping, cluster; (*di cose*) assemblage: (*mil.*) **r. tattico**, tactical group.

raggruppàre, **A** *v. t.* to group; to form (*o* to gather) into a group (*o* into groups); to assemble; to gather. **B** **raggruppàrsi**, *v. rifl.* to group; to gather; to assemble; to collect.

ragguagliàre, *v. t.* *1* (*pareggiare*) to equalize, to make* equal, to even out; (*livellare*) to level *2* (*paragonare*) to compare *3* (*rag.*) to balance: **r. le partite**, to balance accounts *4* (*informare*) to inform; to acquaint; to brief; to fill in (*fam.*); to put* in the picture (*fam.*).

ragguàglio, *m.* *1* (*paragone*) comparison *2* (*informazioni*) information, briefing; (*resoconto*) report: **ulteriori ragguagli**, further information (*o* details); **chiedere ragguagli**, to ask for information; **dare ragguagli a q. su q.c.**, to inform (*o* to brief) sb. about st.; to fill in sb. on st.; **dare ampio r. su q.c.**, to give full information on st.; to draw a complete picture of st. *3* (*rag.*) balance. ● **tavola di r.**, comparative table (of weights and measures); conversion table.

ragguardévole, *a.* *1* (*importante*) respectable; eminent; distinguished: **i cittadini più ragguardevoli**, the most eminent citizens *2* (*ingente*) considerable, substantial; (*di somma di denaro, anche*) respectable: **un peso r.**, a considerable weight; **una cifra r.**, a substantial figure.

ragguardevolézza, *f.* importance; eminence.

ragià, *m.* rajah.

ragionaménto, *m.* reasoning; thinking; argument; line of reasoning: **r. induttivo [deduttivo]**, inductive [deductive] reasoning; **un r. astruso**, convoluted reasoning (*o* thinking); **Non capisco in base a che r. è arrivato alla sua decisione**, I can't understand the reasoning (that lies) behind his decision; **Il tuo r. non mi convince**, your argument does not convince me; **Cerca di seguire il mio r.**, try and follow my reasoning. ● **fare ragionamenti stupidi**, to talk nonsense □ **Mi occorrerebbe un lungo r.**, it would be too long to explain □ **Questo non mi pare un r.**, I don't think that makes much sense □ (*iron.*) **Bel r.!**, that's a fine way to talk!

ragionàre, *v. i.* *1* (*usare la ragione*) to reason; to think* rationally (*o* logically); to use one's head (*fam.*): **un curioso modo di r.**, a funny way of reasoning; **Ragionaci sopra e vedrai che ho ragione io**, think about it (*o* think it over), and you'll see I'm right; **Con lui non si può r.**, you can't reason with him; **Vedi se riesci a farlo r.**, see if you can make him see any sense *2* (*discutere*) to discuss, to argue; (*parlare*) to talk, to talk (st.) over: **r. di filosofia**, to discuss philosophy; **Ne ragionammo per ore senza risultato**, we argued about it for hours without getting anywhere; **r. di un affare**, to discuss a deal. ● **r. con i piedi**, to talk nonsense □ **r. tra sé e sé**, to say to oneself; to muse □ **Ma ragiona! Non possiamo invitarli tutti**, be reasonable, we can't invite them all □ **Mi spiace, ma non se ne ragiona neppure**, I'm sorry, but that's out of the question.

ragionàto, *a.* *1* reasoned; (*razionale*) rational; (*logico*) logical: **ben r.**, well-reasoned; well thought-out *2* (*ragionevole*) reasonable; sensible: **una scelta ragionata**, a sensible choice. ● **bibliografia ragionata**, annotated bibliography □ **catalogo r.**, catalogue raisonné (*franc.*).

ragionatóre, *m.* (*f.* **-trice**) reasoner; thinker.

ragióne, *f.* *1* (*raziocinio*) reason: **creature dotate di r.**, creatures endowed with reason; **lasciarsi guidare dalla r.**, to let oneself be guided by reason; **ascoltare la voce della r.**, to listen to reason; **l'uso della r.**, the use of reason; **la fredda [sana] r.**, cold [sound] reason (*o* reasoning); **perdere la r.**, to lose one's reason; **agire contro [secondo] r.**, to act contrary to [according to] reason *2* (*causa, motivo*) reason; motive; ground: **Ho le mie buone ragioni per tacere**, I've got my (good) reasons for not speaking; **per nessuna r.**, for no reason; on no account: **Per nessuna r. ti venderà quel quadro**, he won't sell you that picture for any reason; on no account will he sell you that picture; **dare r. dei propri atti**, to give reasons (*o* to account) for one's actions; **Non era una buona r. per colpirlo**, that was no reason for hitting him; **ragioni di famiglia**, family reasons; **ragioni di salute**, health reasons; **Non si muove se non per ragioni d'interesse**, he only stirs for reasons of personal interest; **Non ho potuto farlo per ragioni di tempo**, I couldn't do it for lack of time; **Ecco la r. per cui lo feci**, that's why I did it; **Non so la r. della sua gelosia**, I don't know the reason for his jealousy (*o* why he is jealous); **la r. per la quale vado all'estero**, the reason why I'm going abroad; my reason for going abroad *3* (*giusto motivo, diritto*) right: **La r. e il torto**, right and wrong; **Questo mi appartiene di r.**, this belongs to me by right; **La r. è dalla sua parte**, he is in the right; **essere dalla parte della r.**, to be in the right; **Il tempo gli darà r.**, time will prove him right; **far valere le proprie ragioni**, to assert (*o* to stand up for) one's rights; to speak up for oneself *4* (*argomentazione, prova*) reason; argument; justification; consideration: **esporre le proprie ragioni**, to set out one's reasons; **Lo proverò con valide ragioni**, I'll prove it with valid arguments; **Parecchie ragioni hanno influito sulla sua decisione**, several considerations influenced his decision; **L'ignoranza della legge non è una r.**, ignorance of the law is no justification (*o* excuse) *5* (*rapporto, misura, proporzione*) ratio, proportion; (*tasso*) rate: **in r. diretta [inversa]**, in direct [inverse] ratio; **r. geometrica [aritmetica]**, geometrical [arithmetical] ratio; **calcolare la perdita in r. del cinque per cento**, to calculate the loss at the rate of five per cent; **Ci toccano 50.000 lire in r. di 2500 lire a testa**, we are due 50,000 lire at the rate of 2500 per head; **calcolare la quantità in r. del numero dei presenti**, to calculate the quantity in proportion to the number of those present; **alla stessa r.**, in the same proportion. ● **ragion d'essere**, reason for existence; justification; raison d'être (*franc.*): **La pena capitale non ha più r. d'essere in una società civile**, capital punishment no longer has any reason for existence (*o* is no longer justified) in a civilized society □ **r. di più**, all the more reason: **r. di più per partire presto**, all the more reason for leaving early □ (*comm.*) **r. di scambio**, terms of trade (*pl.*) □ (*polit.*) **r. di Stato**, reason of State □ **r. per cui**, that's why; which is why □ (*comm.*) **r. sociale**, business name; corporate name; firm name; company title; style □ (*filos.*) **la r. ultima delle cose**, the first cause of things □ **a maggior r.**, all the more so; all the more reason (for doing st.) □ **a r.**, rightly; justly: **Il padre rimproverò il figlio a r.**, the father had reason (*o* was right) to scold his son □ **a r. o a torto**, rightly or wrongly □ **a ragion veduta**, after due consideration; (*intenzionalmente*) intentionally, deliberately □ **a chi di r.**, to the proper person; to the proper authorities; (*in certificati, circolari, ecc.*) to whom it may concern: **Ricorrerò a chi di r.**, I shall have recourse to the proper (*o* competent) authorities □ **avere r.**, to be right: **Hai perfettamente r.**, you are quite (*fam.*: dead) right; **Tu hai sempre r.**, you're always right; **Hai avuto r. di rifiutare quell'offerta**, you were right to refuse that offer □ **avere r. da vendere**, to be absolutely right □ **avere r. di q. [q.c.]**, to get the better of sb. [st.]; to get the upper hand □ **Aveva mille ragioni di lamentarsi**, he was quite (*o* dead) right to complain □ **Avevi tutte le ragioni per essere preoccupato**, you had every reason to be worried □ (*iron.*) **Bella r.!**, a fine excuse!; what nonsense! □ **chiedere r. a q. di q.c.**, to call sb. to account for st. □ **dare r. a q.**, to say sb. is right; to agree with sb.: **Dà sempre r. al marito**, she always agrees (*o* sides) with her husband; **Dovette darmi r.**, he had to admit that I was right; **Non è giusto, dài sempre r. a lui!**, it's not fair, you are always siding with him! **dare r. di un fatto**, to account for a fact □ **darle di santa r. a q.**, to give sb. a good (*o* a sound) beating (*o* thrashing); to beat sb. black and blue (*fam.*) □ **darsi** (*o* **rendersi**) **r. di q.c.**, to understand the reason for st.; to explain st.: **Non so darmi r. del suo strano comportamento**, I can't understand (the reason for) his strange behaviour; **Non so darmi r. di quel che ho detto**, I can't explain why I said what I did □ **di pubblica r.**, public; generally known □ **di r.**, properly: **come di r.**, quite properly; as a matter of course □ **dire le proprie ragioni**, to speak up for oneself □ **l'età della r.**, the age of discretion □ **farsi r. da sé**, to take the law into one's own hands □ **farsi una r. di q.c.**, to resign oneself; to accept st.; to get over st. □ **Non vuole intendere r.**, he won't listen to reason □ **il lume della r.**, the light of reason □ **per ragioni di salute**, for health reasons □ **perdere il lume della r.**, to lose one's temper; to blow one's top (*fam.*) □ **prenderle di santa r.**, to get a good beating (*o* thrashing) □ **rendere q.c. di pubblica r.**, to announce st. publicly; to make st. public □ **Vuole sempre avere r.**, he always wants to have his own way □ **Non volle sentir r.**, he would have none of it □ (*prov.*) **La r. è sempre del più forte**, might is right.

ragionerìa, *f.* *1* (*disciplina*) accounting, accountancy; (*contabilità*) bookkeeping *2* (*ufficio*) accounting department *3* (*scuola*) commercial school.

ragionévole, *a.* *1* reasoning; rational: **un essere r.**, a rational being *2* (*che obbedisce alla ragione*) reasonable; sensible; sane: **una persona r.**, a sensible person *3* (*conforme al buon senso, opportuno*) reasonable; moderate; equitable; fair: **un'offerta r.**, a reasonable offer; **prezzo r.**, reasonable (*o* fair) price; **richiesta r.**, reasonable demand; **entro un periodo di tempo r.**, within a reasonable time; **a condizioni ragionevoli**, on reasonable terms *4* (*fondato*) well-founded; well-grounded; legitimate: **sospetti ragionevoli**, well-founded suspicions; **timore r.**, well-grounded fear.

ragionevolézza, *f.* *1* reasonableness; sensibleness; reason; sense *2* (*equità*) reasonableness; fairness *3* (*fondatezza*) soundness.

ragionevolménte, *avv.* reasonably; according to reason.

ragionière, *m.* (*f.* **-a**) accountant; (*contabile*) bookkeeper: **r. iscritto all'albo**, chartered accountant (*GB*); certified public accountant (*USA*); **r. capo**, head (*o* chief) accountant; (*dello Stato*) Paymaster General.

ragionierésco, *V.* **ragionieristico,** *def. 2.*

ragionieristico, *a.* *1* accounting (*attr.*); account (*attr.*) *2* (*pignolo*) overparticular; fussy, nit-picking (*fam.*).

raglàn, *a. invar.* (*moda*) raglan: **manica (alla) r.**, raglan sleeve.

ragliaménto, *m.* (*anche fig.*) braying.

ragliàre, A *v. i.* (*anche fig.*) to bray; to hee-haw. **B** *v. t.* to bray out: **r. un discorso**, to bray out a speech.

ragliàta, *f.* bray; hee-haw.

ràglio, *m.* braying (*anche fig.*); bray; hee-haw: **fare un r.**, to bray; to hee-haw.

ràgna, *f.* *1* (*rete per catturare uccelli*) bird's net; snare *2* (*fig.*: *tranello*) snare; trap; net *3* (*lett.*: *ragnatela*) cobweb; spider's web.

ragnatéla, *f.* **ragnatélo,** *m.* *1* (spider's) web; cobweb: **Il ragno tesseva la r.**, the spider was weaving its web; **un angolo pieno di ragnatele**, a corner full of cobwebs *2* (*fig.*: *trama*) web: **una r. d'inganni**, a web of deceit. ● **leggero come una r.**, as light as gossamer □ (*fig.*) **raccogliere ragnatele**, to gather dust □ (*fig.*) **ridotto a una r.**, threadbare.

ragnatelóso, *a.* cobwebby.

ràgno, A *m.* (*zool.*) spider: **r. crociato** (*Araneus diademata*), diadem spider; **r. d'acqua** (*Argyroneta aquatica*), water spider; **r. tessitore**, retiary; **tela di r.**, spider's web; cobweb. ● (*fig.*) **non cavare un r. da un buco**, to get nowhere; to draw a blank. **B** *a. invar.* – (*zool.*) **pesce r.** (*Trachinus draco*), sting-bull; (*nel circo*) **uomo r.**, acrobat; contortionist.

ragù, *m.* (*cucina*) meat sauce.

ragutièra, *f.* sauce-boat.

ràia, *V.* **razza** (2).

ràid (*ingl.*), *m. invar.* *1* (*sport*) (long-distance) rally; race *2* (*aeron., polizia*) raid *3* (*scorreria*) raid.

Raimóndo, *m.* Raymond.

ràion, *m.* (*ind. tess.*) rayon.

ralinga, *f.* (*naut.*) bolt-rope.

ralingàre, *v. t.* (*naut.*) to rope.

ràlla, *f.* (*mecc.*) *1* (*supporto di spinta*) thrust block *2* (*di rimorchio*) fifth wheel *3* (*morchia*) sludge. ● (*autom.*) **r. di rotazione**, turntable.

rallargàre, *v. t.* **rallargàrsi,** *v. i. pron.* to widen.

rallegraménto, *m.* *1* (*il rallegrarsi*) rejoicing; joy *2* (*pl.*) (*congratulazioni*) congratulations: **Le porgo i miei rallegramenti**, please accept my congratulations; **fare i rallegramenti a q. per q.c.**, to congratulate sb. on st.

rallegràre, A *v. t.* to cheer up; to gladden; (*ravvivare*) to brighten: **La tua visita mi ha rallegrato**, your visit has cheered me up; **Le tue notizie ci hanno rallegrato**, we were happy to hear your news; we all rejoiced at your news; **r. il cuore**, to gladden the heart; **Un tappeto rallegrerà la stanza**, a carpet will brighten the room; **Un vaso di fiori è un particolare che rallegra**, a vase of flowers cheers a room up. **B rallegràrsi,** *v. i. pron.* *1* to cheer up; (*essere felice*) to rejoice (at, in, over st.), to be delighted, to be glad: **Si rallegrò subito quando glielo dissi**, he cheered up at once when I told him; **Si rallegrò a quella risposta**, he rejoiced at that answer; **Mi rallegro di**

saperti bene, I'm glad you are well; **C'è poco di cui r.**, there is very little to be happy about *2* (*congratularsi*) to congratulate: **Mi rallegro con te del tuo successo**, I congratulate you on your success.

allegràta, f. (*equitazione*) prance; prank.

allentaménto, m. *1* (*della velocità*) slowing down, slowdown, rundown; (*rif. al traffico, anche*) delay, hold-up: **Il traffico subisce un forte r. nelle ore di punta**, traffic slows down considerably during rush hours; **C'è stato un r. sull'autostrada**, there was a hold-up on the motorway *2* (*riduzione*) slowdown; slackening; lull; let-up (*fam.*): **un r. dell'attività produttiva**, a slackening (*o* slowdown) in production; **r. del lavoro** (*come forma di sciopero*), go-slow; **r. della crescita**, curb (*o* check) on growth *3* (*cinem.*) slow-motion take.

allentàndo, m. (*mus.*) rallentando.

allentàre, **A** v. t. *1* to slow down (*o* up); to slacken; to make* slower; to reduce the speed of; (*frenare*) to curb, to check: **r. la velocità**, to slow down; to reduce speed; to cut the speed; **r. la corsa**, to slow down; **r. il passo**, to slacken one's pace; **La pioggia ha rallentato il traffico**, rain slowed up the traffic; **r. la crescita**, to curb growth; **r. la produzione**, to slow down production; (*mus.*) **r. il tempo**, to slacken the tempo *2* (*allentare*) to loosen; to slacken; to ease off; to relax: **r. la presa**, to slacken one's hold; **r. le briglie**, to slacken the reins; **r. la disciplina**, to relax (*o* to slacken) discipline *3* (*diradare*) to make* (st.) less frequent; to reduce the number of: **Ha rallentato le sue visite**, his visits have become less frequent. **B** v. i. (*decelerare*) to slow down (*o* up); to reduce speed: **Il treno rallentò**, the train slowed down; **r. in curva**, to slow down at a bend. **C rallentàrsi**, v. i. pron. *1* (*diminuire*) to grow* less (*pl.* fewer); to go* down; to drop; to slacken; to diminish; to ease off: **Il suo entusiasmo si è un po' rallentato**, his enthusiasm has dropped a bit *2* (*diradarsi*) to become* less frequent: **Le sue visite si rallentarono**, his visits became less frequent.

rallentatóre, m. *1* (*mecc.*) decelerator *2* (*cinem.*) slow-motion camera: **ripresa al r.**, slow-motion take; **proiettare q.c. al r.**, to show st. in slow motion; **una scena al r.**, a slow-motion scene *3* (*fotogr.*) restrainer. ● (*fig.*) **muoversi col r.**, to move very slowly; to be slow; to crawl.

rallista, m. e f. participant in a rally.

rallìstico, a. rally (*attr.*).

ràllo, m. (*zool., Rallus*) rail.

rallungàre, V. **allungare**.

rally (*ingl.*), m. invar. (*sport*) rally.

Ramàdan, m. (*relig. islamica*) Ramad(h)an; Ramazan.

ramages (*franc.*), m. pl. floral pattern (*sing.*): **stoffa a r.**, fabric with a floral pattern.

ramàglia, f. brushwood; (*rami tagliati, anche*) loppings (*pl.*), prunings (*pl.*).

ramàio, m. coppersmith.

ramaiòlo, m. ladle.

ramanzìna, f. scolding; lecture; talking-to (*fam.*); telling-off (*fam.*); dressing-down (*fam.*): **fare una bella r. a q.**, to give sb. a lecture; to give sb. a good talking-to (*o* dressing-down) (*fam.*); to have sb. on the carpet (*fam.*); **prendersi una r.**, to be ticked off (*fam.*); to be carpeted (*fam.*).

ramàre, v. t. *1* (*ind.*) to copper *2* (*agric.*) to spray with copper sulphate.

ramàrro, m. (*zool., Lacerta viridis*) green lizard. ● **verde r.**, lizard-green.

ramàto, **A** a. (*color rame*) copper (*attr.*); copper-coloured; auburn: **capelli ramati**, auburn hair. **B** m. (*agric.*) copper sulphate.

ramatùra, f. *1* (*ind.*) coppering *2* (*agric.*) spraying with copper sulphate.

ramàzza, f. broom; besom. ● (*mil.*) **essere di r.**, to be on fatigue (duty).

ramazzàre, v. t. to sweep*.

ràme, m. *1* (*chim.*) copper: **r. fuso**, casting copper; **r. grezzo**, black copper; **filo di r.**, copper wire; **moneta di r.**, copper (coin); **solfato di r.**, copper sulphate; **verde r.**, copper green; **di color r.**, copper (*attr.*); copper-coloured *2* (*pl.*) (*recipienti di rame*) copper (*collett.*) *3* (*incisione su r.*) copperplate.

ramèico, a. (*chim.*) cupric.

raméngo, m. (*region.*) – **andare a r.** (*in rovina*), to go to the dogs (*o* to pot, down the drain) (*fam.*); **Ma va' a r.!**, get lost!; **mandare a r.**, to wreck.

rameóso, a. (*chim.*) cuprous.

ramìa, V. **ramiè**.

ramiè, m. *1* (*bot., Boehmeria nivea*) ramie, ramee *2* (*fibra di r.*) ramie (hemp).

ramìfero (1), a. (*che contiene rame*) copper-bearing.

ramìfero (2), a. (*ricco di rami*) full of branches; branchy.

ramificàre, **A** v. i. to put* out branches; to branch; to branch out; to divide into branches. **B ramificàrsi**, v. i. pron. to branch (out); to ramify; (*dipartirsi*) to branch off: **La strada si ramifica qui**, the road branches here; **Il fiume si r. alla foce**, the river branches out at its mouth; **Le vene si ramificano**, veins ramify; **sentieri che si ramificano in tutte le direzioni**, paths that branch off in all directions.

ramificàto, a. *1* (*bot.*) branched; brachiate *2* (*biol.*) ramate.

ramificazióne, f. *1* ramification; branching; (*rami, anche fig.*) branches (*pl.*): **la r. di una pianta**, the branches of a tree; **le ramificazioni d'un fiume [d'un argomento]**, the ramifications of a river [of a topic] *2* (*di corna*) antler.

ramìna, f. *1* (*scaglia di rame*) copper flake *2* (*paglia d'acciaio*) steel wool.

ramingàre, v. i. (*lett.*) to wander; to roam; to ramble; to rove.

ramìngo, a. wandering; roaming; rambling; roving: **andarsene r.**, to wander; to roam; to rove; **vita raminga**, vagrant (*o* vagabond, roving) life.

ramìno (1), m. *1* (*vaso di rame*) copper pot; kettle *2* (*ramaiolo*) skimmer.

ramìno (2), m. (*gioco di carte*) rummy.

rammagliàre, v. t. to mend a ladder (*USA*: a run); to darn (a stocking).

rammagliatrìce, f. darner of (women's) stockings.

rammagliatùra, f. mending; darning.

rammaricàre, **A** v. t. to make* (sb.) feel very sorry; to afflict; to grieve: **Tutto questo mi rammarica**, all this makes me feel very sorry; I'm very sorry about all this. **B rammaricàrsi**, v. i. pron. *1* to regret; to feel* (*o* to be) very sorry: **Si rammaricò d'essere partito**, he regretted leaving; **Mi rammaricai di ciò che avevo fatto**, I was very sorry for (*o* I regretted) what I had done; **r. dei propri errori**, to regret one's mistakes *2* (*lamentarsi*) to complain.

rammaricàto, a. very sorry: **Sono r. di non poter venire**, I am very sorry (*o* I regret) I cannot come.

rammàrico, m. *1* regret; sorrow: **ricordare con r. i giorni dell'infanzia**, to look back with regret on the days of one's childhood; **con mio grande r.**, much to my regret; **esprimere il proprio profondo r.**, to express one's deep regret *2* (*lagnanza*) complaint.

rammemoràre, **rammemoràrsi**, V. **rammentare, rammentarsi**.

rammemorazióne, f. (*lett.*) remembrance; memory; recollection.

rammendàre, v. t. to darn; to mend: **r. un paio di calze**, to darn a pair of stockings; **r. un buco in una calza**, to mend a hole in a stocking.

rammendatóre, m. (f. **-trice**), darner.

rammendatùra, f. *1* (*il rammendare*) darning *2* V. **rammendo**.

rammèndo, m. *1* (*la tecnica*) darning: **ago per r.**, darning needle; **punto r.**, darning stitch *2* (*la parte rammendata*) darn: **r. invisibile**, invisible darn; **fare un r. a q.c.**, to darn st.

rammentàre, **A** v. t. *1* (*aver presente alla memoria*) to remember; to recollect: **Ben rammento quel giorno**, I remember that day well; I have a vivid memory of that day; **Non rammento di averla mai incontrata**, I don't remember (*o* recollect) having ever met her *2* (*richiamare alla propria memoria*) to remember; to recall; to call to one's mind; to think*: **Non rammento il nome del ragazzo**, I don't remember (*o* I can't recall) the boy's name; **Non riesco a r. dove l'ho visto**, I can't recall (*o* think) where I saw him *3* (*riandare con la memoria*) to think* back to (*o* over); to look back on: **Rammentò tutta la sua vita passata**, he thought back over his past life *4* (*richiamare alla memoria altrui*) to remind: **Rammentami che devo scrivere quella lettera**, remind me to write that letter; **Ti rammento che qui siamo ospiti**, let me remind you that we are guests here; **Questa stanza mi rammenta cose tristi**, this room reminds me of sad things; **Piera mi rammenta sua madre**, Piera reminds me of her mother *5* (*far menzione*) to mention: **Non r. queste cose dinnanzi a lui**, don't mention these things in his presence *6* (*suggerire*) to prompt: **r. la parte a un attore**, to prompt an actor. **B rammentàrsi**, v. i. pron. to remember; to recollect; to recall: **Cerca di rammentarti**, try to remember; **Mi rammento benissimo di voi**, I remember you distinctly; **Non mi rammento nulla**, I can't remember anything; **Rammentati dei consigli di tuo padre**, remember (*o* don't forget) your father's advice; **Non me ne rammentai più**, I forgot all about it.

rammentatóre, m. (f. **-trice**) (*teatr.*) prompter.

rammodernàre, V. **rimodernare**.

rammolliménto, m. softening: (*med.*) **r. cerebrale**, softening of the brain.

rammollìre, **A** v. t. to soften: **r. la cera**, to soften wax; **L'ozio l'ha rammollito**, he has gone soft with idleness. **B** v. i. e **rammollìrsi**, v. i. pron. to soften; to become* (*o* to get*) soft; (*anche fig.*) to go* soft: **Ti sei proprio rammollito**, you've really gone soft; **Gli si è rammollito il cervello**, he's gone soft in the head.

rammollìto, **A** a. *1* soft; flabby *2* (*fig.*) soft; spineless; wet: **un vecchio r.**, an old man in his dotage. **B** m. (f. **-a**) (*fig.*) weakling; wimp (*fam.*); drip (*fam.*): **Ma che ci vede in quel r.?**, what can she possibly see in that drip?

rammorbidiménto, m. softening.

rammorbidìre, v. t. e i. **rammorbidìrsi**, v. i. pron. (*anche fig.*) to soften.

ràmno, m. (*bot., Rhamnus*) buckthorn.

ràmo, m. *1* branch; (*principale, anche*) bough (*lett.*): **i rami principali**, the main branches; **r. d'ulivo**, olive branch; **mettere i rami**, to put out branches; to branch out; **nascosto tra i rami**, hidden among the branches; **r. secco**, dead branch *2* (*linea di parentela*) branch; line; stem: **i rami d'una famiglia**, the branches of a family; **r. cadetto**, cadet line; **r. collaterale**, collateral line (*o* stem); **i rami di un albero genealogico**, the lines of a genealogical tree *3* (*diramazione*) branch; line; ramification; arm: **il r. di una ferrovia**, a branch in a railway line; **un r. del delta**, a delta branch; **i due rami del lago di Como**, the two arms of Lake Como *4* (*di scienza, arte, ecc.*) branch: **La logica è un r. della filosofia**, logic is a branch of philosophy; **un r. dello scibile**, a branch of knowledge *5* (*di istituzione*) branch: **un r. dell'amministrazione**, a branch in the administration; **i due rami del parlamento**, the two houses of Parliament *6* (*attività, settore*) branch; line; area; field; business: **i diversi rami dell'industria**, the various fields of industry; **Qual è il tuo r.?**, what's your line of business?; **Non è il mio**

r., that's not in my line; that's out of my line; **È un esperto nel suo r.**, he's an expert in his field; **Lavora nel r. abbigliamento**, he works in the clothing business (*o* line); **il r. assicurazioni**, the insurance business; (*ass.*) **r. incendi** [**vita**], fire [life] insurance ***7*** (*anat.*) ramification: **i rami d'un nervo** [**d'una vena**], the ramifications of a nerve [of a vein] ***8*** (*miner.*) vein ***9*** (*geom.*) branch ***10*** (*zool.*: *delle corna del cervo*) branch; beam. ● **un r. di pazzia**, a taint of madness (*o* insanity): **In famiglia c'è un r. di pazzia**, there is a taint of madness in the family; **avere un r. di pazzia**, to be a bit crazy (*o* dotty) □ (*fig.*) **tagliare i rami secchi**, to cut the deadwood.

ramolàccio, *m.* (*bot.*, *Raphanus sativus*) radish. ● **r. selvatico** (*Raphanus raphanistrum*), wild radish.

ramoscèllo, *m.* small branch; twig; (*con foglie*) sprig, spray: **un r. d'agrifoglio**, a sprig of holly; (*anche fig.*) **r. d'ulivo**, olive branch.

ramosità, *f.* branchiness.

ramóso, *a.* ***1*** branchy; branching; full of branches: **querce ramose**, branchy oaks ***2*** (*biol.*) ramose, ramous; (*ramificato*) branched.

ràmpa, *f.* ***1*** (*di scale*) flight (of stairs) ***2*** (*salita*) steep slope; ramp ***3*** (*edil.*) ramp; (*ferr.*) incline: (*ind.*) **r. di carico**, loading ramp; **r. di accesso**, ramp; (*di autostrada*) slip road (*GB*), ramp (*USA*) ***4*** (*aeron.*) ramp ***5*** (*miss.*) pad: **r. di lancio**, launching pad ***6*** (*arald.*) paw.

rampànte, A *a.* ***1*** (*arald.*) rampant: **leone r.**, lion rampant ***2*** (*fam.*: *arrivista*) go-getting; high-flying; on the make (*pred.*). **B** *m.* (*rampa di scale*) flight. ● (*archit.*) **arco r.**, rampant arch; flying buttress.

rampantismo, *m.* go-getting attitude.

rampàta, *f.* ramp; steep slope.

rampicànte, A *a.* ***1*** (*bot.*) climbing; creeping; trailing: **pianta r.**, climbing plant; climber; creeper; trailer ***2*** (*zool.*) climbing. **B** *m.* ***1*** (*bot.*) climber; creeper ***2*** (*pl.*) (*zool.*) climbers.

rampicatóre, A *a.* climbing. **B** *m.* (*f.* **-trice**) climber.

rampichino, *m.* ***1*** (*zool.*, *Certhia brachydactyla*) tree creeper ***2*** (*bot.*) climber; creeper ***3*** (*f.* **-a**) (*scherz.*, *di bambino*) boisterous child; house ape (*fam.*) ***4*** (*marchio*: *bicicletta*) mountain bike.

rampinàre, *v. t.* (*naut.*) to grapple.

rampinàta, *f.* blow with a grapnel.

rampino, *m.* ***1*** (*ferro a uncino*) hook ***2*** (*naut.*) grapnel; grappling-iron ***3*** (*fig.*: *pretesto*) pretext; cavil; quibble: **attaccarsi a tutti i rampini**, to seize upon any pretext. ● **a r.**, hook-shaped; hooked □ (*fam. fig.*) **giocare di r.**, to be light-fingered.

rampista, *m.* (*aeron.*) ramp attendant.

rampógna, *f.* (*lett.*) rebuke; reproach; reprimand.

rampognàre, *v. t.* (*lett.*) to rebuke; to reproach; to reprimand.

rampollàre, *v. i.* ***1*** (*scaturire*) to spring* forth, to gush; (*di sorgente*) to rise* ***2*** (*mettere germogli*) to sprout; to shoot*; to put* out shoots ***3*** (*fig.*: *sorgere, generarsi*) to originate; to rise*; to surge; to spring* up: **Mille idee rampollavano nella sua mente**, a thousand ideas surged in his mind ***4*** (*fig.*: *derivare*) to issue; to stem; to flow.

rampóllo, *m.* ***1*** (*sorgente*) spring ***2*** (*germoglio*) sprout; shoot ***3*** (*discendente*) scion; offspring: **un r. di nobile famiglia**, a scion of a noble family ***4*** (*scherz.*: *figlio*) son; (*al pl.*) children, offspring (*sing.*), progeny (*sing.*).

rampóne, *m.* ***1*** (*ferro a uncino*) hook; grapnel ***2*** (*fiocina*) harpoon ***3*** (*per arrampicarsi su tronchi*) climbing iron; calk ***4*** (*alpinismo*) crampon.

ramponière, *m.* harpooner.

Ramsète, *m.* (*stor.*) Ramses.

ràna, A *f.* ***1*** (*zool.*, *Rana*) frog: **r. toro** (*Rana catesbeiana*), bullfrog ***2*** (*nuoto*) breaststroke: **nuotare a r.**, to swim the breaststroke. ● (*zool.*) **r. pescatrice** (*Lophius piscatorius*), angler (fish); frogfish □ (*fig.*) **cantare come una r.**, to croak □ (*fig.*) **gonfio come una r.**, puffed up; conceited □ **uova di r.**, frogspawn (*sing.*). **B** *a. invar.* – **uomo r.**, frogman.

ràncico, *m.* (*pop.*) bad taste in the mouth.

rancidézza, *f.* rancidness; rancidity.

rancidire, *v. i.* to become* rancid.

rancidità, *V.* **rancidezza.**

ràncido, A *a.* ***1*** rancid: **burro r.**, rancid butter; **sapere di r.**, to taste rancid ***2*** (*fig.*: *antiquato*) antiquated; stale; fusty; trite: **usanze rancide**, antiquated customs; **idee rancide**, trite (*o* stale, fusty) notions ***3*** (*fig.*: *arcigno*) sour. **B** *m.* (*sapore*) rancid taste; (*odore*) rancid (*o* rank) smell: **avere il r.**, to be rancid; **prendere il r.**, to get rancid.

rancidùme, *m.* ***1*** rancid smell; rank odour; rancidity ***2*** (*materia rancida*) rancid stuff ***3*** (*fig.*: *vecchiume*) stale (*o* trite) stuff.

ràncio, *m.* (*mil.*) mess; rations (*pl.*): **ora del r.**, mess time; **servire il r.**, to serve out mess; to distribute rations; **r. scarso**, poor rations.

rancóre, *m.* grudge; resentment; bitterness; hard feelings (*pl.*); ill will; rancour; spite: **covare** (*o* **serbare**) **r. a q.**, to bear sb. a grudge; **vecchi rancori**, old grudges (*o* grievances); bad blood: **soddisfare vecchi rancori**, to pay off old grudges; **dire q.c. senza rancore**, to say st. with no ill will; **Senza r.!**, no hard feelings!

rancoróso, *a.* resentful; bitter; spiteful.

rànda, *f.* (*naut.*) spanker.

randàgio, *a.* ***1*** (*lett.*: *vagabondo*) wandering; vagabond; vagrant: **uomo r.**, wanderer; vagabond; vagrant; **vita randagia**, vagabond life ***2*** (*di animale*) stray.

randagismo, *m.* straying.

randeggiàre, *v. i.* (*naut.*) to haul along the coast; to hug the coast.

randellàre, *v. t.* to cudgel; to club; to truncheon.

randellàta, *f.* blow with a cudgel [a club, a truncheon].

randèllo, *m.* cudgel; club; truncheon.

randomizzàre, *v. t.* (*elab.*, *stat.*) to randomize.

randomizzazióne, *f.* (*elab.*, *stat.*) randomization.

ranétta, *V.* **renetta.**

rànfia, *f.* (*pop.*: *granfia*) claw; talon.

ranfotèca, *f.* (*zool.*) rhamphotheca.

ranghinatóre, *m.* (*agric.*) side-delivery rake.

ràngo, *m.* ***1*** (*ceto, grado*) rank; degree; standing; status; position; place: **un uomo d'alto r.**, a man of high rank (*o* position); **persone d'ogni r.**, people of all ranks and classes; **r. sociale**, social class (*o* status, position, rank); **uno scrittore di r.**, a first-class author ***2*** (*mil.* e *fig.*) rank; line: (*anche fig.*) **serrare i ranghi**, to close ranks; **in ranghi serrati**, in close rank; **rientrare nei ranghi**, to fall in again; (*fig.*: *conformarsi*) to fall back into line, to toe the line; (*lasciare una carica*) to step down, to resume one's former post □ **uscire dai ranghi**, to fall out of line (*anche fig.*); to break ranks ***3*** (*naut.*) rate: **vascello di terzo r.**, third-rate (ship) ***4*** (*geol.*, *mat.*) rank.

ranista, *m.* e *f.* (*sport*) breaststroke swimmer.

ranneràre, *v. i.* **rannerarsi,** *v. i. pron.* to darken; to grow* (*o* to get*) dark (*o* darker); to blacken.

rannerire, A *v. t.* to blacken. **B** *v. i.* e **rannerirsi,** *v. i. pron.* to blacken; to grow* (*o* to get*) black.

rannicchiàre, A *v. t.* to draw* up; to huddle: **r. le gambe**, to draw up (*o* to tuck up) one's legs; **r. nelle spalle**, to hunch one's shoulders. **B rannicchiarsi,** *v. rifl.* to crouch; to huddle; to curl up; to cuddle up; (*per paura*) to cower: **r. in un angolo**, to crouch (*o* to huddle) in a corner; **Si rannicchiò accanto a me**, he cuddled up (*o* snuggled, nestled) against me; **r. sotto le coperte**, to cuddle up under the blankets; (*fig.*) **r. nel proprio guscio**, to withdraw into one's shell.

rannidàrsi, *v. rifl.* e *i. pron.* (*nascondersi*) to hide* (oneself); to lie* concealed.

rànno, *m.* lye. ● (*fam.*) **perdere il r. e il sapone**, to waste time and effort (*o* and money).

rannodàre, *V.* **riannodare.**

rannóso, *a.* ***1*** (*che contiene ranno*) with lye ***2*** (*sim. a ranno*) like lye.

rannuvolaménto, *m.* clouding over; darkening.

rannuvolàre, A *v. t.* ***1*** to cloud ***2*** (*fig.*: *annebbiare*) to cloud; to dim ***3*** (*fig.*: *turbare*) to disturb, to trouble; (*incupire*) to make* gloomy. **B rannuvolàrsi,** *v. i. pron.* ***1*** (*anche* **rannuvolare,** *v. i.*: *ricoprirsi di nubi*) to cloud over, to become* overcast; (*oscurarsi*) to grow* dark, to darken: **Sta rannuvolandosi**, the sky is clouding over; **Il cielo si rannuvolò all'improvviso**, the sky suddenly became overcast ***2*** (*fig.*: *oscurarsi in volto*) to grow* troubled; to darken; to become* gloomy: **A quelle parole si rannuvolò**, at those words his face darkened.

rannuvolàta, *f.* sudden clouding over.

rannuvolàto, *a.* ***1*** clouded; cloudy; overcast (*oscuro*) dark: **un sole r.**, a clouded sun; **un cielo r.**, a cloudy (*o* an overcast) sky ***2*** (*fig.*) gloomy, dark; (*accigliato*) sullen, frowning: **un volto r.**, a gloomy face.

ranòcchia, *V.* **ranocchio.**

ranocchiàia, *f.* ***1*** place full of frogs ***2*** (*palude*) marshy place.

ranocchiésco, *a.* frog-like; froggy; froggish.

ranòcchio, *m.* ***1*** (*zool.*) frog ***2*** (*persona bassa e sgraziata*) runt ***3*** (*scherz.*: *bambino*) kid; brat; urchin.

rantolàre, *v. i.* to breathe heavily; to wheeze; (*di moribondo*) to have the death-rattle (in one's throat).

rantolio, *m.* heavy breathing; wheezing; (*di moribondo*) rattling (in the throat).

ràntolo, *m.* ***1*** wheeze; rattle; (*di moribondo*) death-rattle ***2*** (*med.*) rale, râle (*franc.*).

rantolóso, *a.* breathing heavily; wheezing; wheezy.

rànula, *f.* (*med.*) ranula.

ranùncolo, *m.* (*bot.*, *Ranunculus*) ranunculus; buttercup: **r. bulboso** (*o* **dei fossi**) (*Ranunculus bulbosus*), kingcup; **r. dei prati** (*Ranunculus acer*), meadow buttercup; **r. palustre** (*Ranunculus sceleratus*), crowfoot.

ràpa, *f.* ***1*** (*bot.*, *Brassica rapa*; *radice mangereccia*) turnip: **cime di r.**, turnip tops ***2*** (*fig. fam.*: *persona sciocca*) dunce; blockhead ***3*** (*scherz.*: *testa calva*) bald head; bald pate; billiard-ball (*fam.*). ● **non valere una r.**, not to be worth a straw □ (*fig.*) **spirito di r.**, poor humour; inanity □ (*fig.*) **testa di r.**, dunce; blockhead □ (*fig.*) **voler cavare sangue da una r.**, to try to draw blood from a stone.

rapàce, A *a.* ***1*** (*di animali*) predacious, predatory, rapacious; (*di uccelli*, *anche*) raptorial, of prey ***2*** (*avido*) rapacious; greedy; grasping: **uomo r.**, greedy (*o* rapacious) man; grabber (*fam.*); shark (*fam.*); **mani rapaci**, grasping hands. **B** *m.* (*zool.*) bird of prey; raptor.

rapacità, *f.* ***1*** predaciousness; predatoriness; rapacity ***2*** (*avidità*) rapaciousness; greed; graspingness.

rapàio, *m.* (*agric.*) turnip field.

rapanèllo, *V.* **ravanello.**

rapàre, A *v. t.* to crop (sb.'s hair); to cut* (sb.'s hair) very short; (*a zero*) to shave (sb.'s head). **B raparsi,** *v. rifl.* to have one's hair cropped (*o* cut very short); (*a zero*) to shave one's head, to have one's head shaved.

rapàta, *f.* (hair-)cropping.

rapàto, *a.* closely cropped; (*a zero*) shaved.

rapatùra, *f.* hair-cropping; (*a zero*) head-shaving.

rapè, *a. invar.* – **tabacco r.**, rappee.

raperino, *m.* (*zool.*, *Serinus canarius*) serin.

raperónzolo, *m.* (*bot.*, *Campanula rapunculus*) rampion.

raperùgiolo, *V.* **raperino**.

ràpida, *f.* (*di fiume*) rapid (*generalm. al pl.*); chute.

rapidaménte, *avv.* very quickly; swiftly; rapidly; fast; speedily.

rapidità, *f.* quickness; swiftness; rapidity; rapidness; speed; celerity; velocity: **la r. di una corrente**, the swiftness (*o* rapidity) of a current; **la r. del pensiero**, the rapidity (*o* quickness) of thought; **con r. prodigiosa**, with prodigious speed; **con la r. del fulmine**, with the speed of lightning; as quick as lightning; **fare tutto con r.**, to do everything quickly.

ràpido, A *a.* quick; swift; rapid; fast; speedy; (*che avviene in breve, anche*) brief, short: **un movimento r.**, a quick (*o* rapid) movement; **un fiume r.**, a fast-flowing river; **una rapida guarigione**, a speedy (*o* a quick) recovery; **un r. sviluppo**, a fast growth; **il r. volo della fantasia**, fancy's rapid flight; (*mil.*) **tiro r.**, rapid fire; **r. come il pensiero [come il fulmine]**, as quick as thought [as lightning]; **un r. calcolo**, a quick calculation; **un r. esame**, a brief survey; **una rapida visita**, a brief (*o* short) visit; **dare una rapida occhiata a q.c.**, to take a quick (*o* brief) glance at st.; to give st. the once-over (*fam.*). **B** *m.* (*ferr.*) express (train).

rapiménto, *m.* **1** (*sequestro*) kidnapping; abduction: **r. a scopo di estorsione**, kidnapping for ransom; **il r. di Elena**, the abduction of Helen **2** (*estasi*) ecstatic trance **3** (*fig.*) rapture; entrancement.

rapina, *f.* **1** robbery; (*saccheggio*) plunder: **r. a mano armata**, armed robbery; hold-up; heist (*pop. USA*); (*con aggressione*) mugging; **r. in banca**, bank robbery; **vivere di r.**, to live by robbery [by plunder] **2** (*fig.*: *prezzo esoso*) theft; (daylight) robbery **3** (*bottino*) plunder; booty; loot **4** (*lett.*: *violenza, furia*) fury. ● **animali che vivono di r.**, predatory animals □ **uccelli di r.**, birds of prey; raptors.

rapinàre, *v. t.* to rob; (*a mano armata*) to hold* up; (*con aggressione*) to mug; (*saccheggiare*) to plunder: **r. una banca**, to rob a bank; **r. un negozio**, to rob (*o* to burgle) a shop; **Fu rapinata per strada**, she was mugged.

rapinatóre, *m.* (*f.* **-trice**) robber; (*che aggredisce per strada*) mugger; (*di appartamenti, ecc.*) burglar; (*saccheggiatore*) plunderer.

rapinóso, *a.* **1** (*lett.*) swift; rushing; precipitous **2** (*fig.*: *irresistibile*) irresistible.

rapire, *v. t.* **1** to abduct; (*per ottenere un riscatto*) to kidnap: **Gli hanno rapito il figlio**, his son has been kidnapped; **Il padre non voleva che si sposassero e lui l'ha rapita**, her father didn't want them to marry, so he abducted her **2** (*rubare*) to steal*; to carry off **3** (*carpire, strappare*) to snatch; to seize: **r. q. alla morte**, to snatch sb. from the jaws of death; **r. il consenso di q.**, to snatch sb.'s consent **4** (*portare via*) to carry away (*o* off); to sweep* away: **Fu rapito dalla corrente**, he was carried (*o* swept) away by the current **5** (*fig.*: *estasiare*) to enrapture; to entrance; to ravish: **una musica che rapisce**, ravishing music; **r. la mente**, to enrapture the mind.

rapito, *a.* (*in estasi*) enraptured, rapt, entranced, in raptures, spellbound; (*assorto in contemplazione*) absorbed (*o* lost) in contemplation: **La guardava r.**, he was looking at her enraptured (*o* spellbound); **essere r. dallo stupore**, to be rapt in wonder.

rapitóre, *m.* (*f.* **-trice**) abductor; kidnapper.

rapónzolo, *V.* **raperonzolo**.

ràppa, *f.* **1** (*cima di pianticella*) bunch; tuft **2** (*nappina*) pompon; pompom; tassel.

rappaciàre, rappaciàrsi, *V.* **rappacificare, rappacificarsi**.

rappacificaménto, *m.* pacification; pacifying; (*riconciliazione*) reconciliation, reconcilement.

rappacificàre, A *v. t.* to pacify; (*riconciliare*) to reconcile: **r. due amici**, to reconcile (*o* to make peace between) two friends. **B rappacificàrsi,** *v. rifl. recipr.* to become* reconciled; to make* peace; to make* friends; to make* it up (*fam.*): **Le due parti si sono rappacificate**, the two parties have become reconciled; **Mi sono rappacificato con lei**, I've made it up with her.

rappacificazióne, *f.* pacification; (*riconciliazione*) reconciliation.

rappattumàre, A *v. t.* to patch up. **B rappattumàrsi,** *v. rifl. recipr.* to patch things up (*fam.*).

rappezzaménto, *m.* patching up; mending.

rappezzàre, *v. t.* (*riparare*) to patch, to patch up, to mend; (*mettere insieme alla meglio*) to cobble together: **r. un articolo**, to cobble together an article.

rappezzatóre, *m.* (*f.* **-trice**) patcher; mender.

rappezzatùra, *f.* **1** (*il rappezzare*) patching up; mending **2** (*parte rappezzata*) patch **3** (*cosa rappezzata*) patchwork; patched job.

rappèzzo, *m.* **1** (*rappezzatura*) patch: **fare un r. a qc.**, to put a patch on st.; **Questi calzoni sono tutti un r.**, these trousers are full of patches **2** (*ripiego*) stopgap; patched job.

rappiccicàre, *V.* **riappiccicare**.

rapportàbile, *a.* **1** (*riferibile*) referable (to); that can be related (to) **2** (*confrontabile*) comparable (to).

rapportàre, *v. t.* **1** (*mettere in relazione*) to relate; to refer **2** (*confrontare*) to compare **3** (*riferire*) to report; to relate **4** (*un disegno*) to protract.

rapportatóre, *m.* (*strumento da disegno*) protractor. ● (*topogr., naut.*) **r. a tre aste**, station pointer.

rappòrto, *m.* **1** (*relazione*) report; (*dichiarazione*) statement: **stendere un r.**, to draw up a report; **r. particolareggiato**, detailed report; **secondo un r. ufficiale**, according to an official report (*o* statement); **r. di polizia**, police report; **il r. semestrale di una ditta**, the half-yearly statement of a firm; **omissione di r.**, failure to report **2** (*relazione, attinenza*) connection; relation; correlation; relationship: **Non c'è r. fra i due avvenimenti**, there is no connection between the two facts; **non avere nessun r. con q.c.**, to bear no relationship to st.; to have no connection (*o* relationship) with st.; **r. di causalità**, relation of cause and effect; causality; **mettere in r. una cosa con un'altra**, to relate one thing to another **3** (*relazione fra persone o organismi*) relation; relationship: **rapporti commerciali**, business (*o* trade) relations; **rapporti sociali**, social relations; **rapporti di affari**, business relations; **rapporti di amicizia**, friendly relations: **essere in rapporti di amicizia con q.**, to be on friendly terms with sb.; **rapporti di lavoro**, business relations; (*gerarchichi*) relations between employer and worker, employer-employee relations; **r. sentimentale**, love affair; sentimental relation; **il r. fra genitori e figli**, the parent-child relationship; **rapporti epistolari**, correspondence: **avere rapporti epistolari con q.**, to correspond with sb.; to exchange letters with sb.; **rapporti internazionali**, international relations; **I rapporti fra i due paesi sono tesi**, relations between the two countries are strained; **rompere i rapporti diplomatici**, to break off (*o* to sever) diplomatic relations; **rompere ogni r. con q.**, to break off (*o* to sever) all relations with sb.; **rompere i rapporti con una ditta**, to break off connections with a firm; **Non abbiamo nessun r. con quella ditta**, we have no connection with that firm; **avere rapporti con q.**, to have relations with sb.; **Tra di noi non c'è stato altro r. se non d'affari**, there have only been business relations between us **4** (*r. sessuale*) intercourse; sex: **avere rapporti (sessuali) con q.**, to have intercourse (*o* sex) with sb. **5** (*riguardo*) respect; reference; connection: **in r. a**, with respect to; with reference to; in connection with; **sotto tutti i rapporti**, in every respect; from all points of view; **sotto questo r.**, in this respect **6** (*mat., fis., mecc.*) ratio*: **Insegnanti e studenti sono in r. di uno a trenta**, the ratio of teachers to pupils is one to thirty; (*mecc.*) **r. del cambio**, gear ratio; (*fis.*) **r. di compressione**, pressure ratio; (*mecc.*) **r. di frenatura**, braking ratio; (*fis.*) **r. di lavoro**, work ratio; (*chim.*) **r. di riflusso**, reflux ratio; (*fis.*) **r. di trasformazione**, ratio of transformation; (*mecc.*) **r. di trasmissione**, gear; (*mecc.*) **r. totale di trasmissione**, overall gear ratio; (*fis.*) **r. tra il diametro e la lunghezza focale**, aperture ratio **7** (*di bicicletta*) gear: **cambiare r.**, to change gear **8** (*in tessitura*) repeat. ● (*mil.*) **andare a r. da q.**, to report to sb. □ **Fu chiamato a r. dal colonnello**, he was ordered to report to the colonel □ **essere in buoni rapporti con q.**, to be on good terms with sb. □ **fare r. a q.**, to report to sb.: **Fece r. contro di me ai miei superiori**, he reported me to my superiors □ (*mil.*) **mettersi a r.**, to demand a hearing from sb. □ **Ti metterò in r. con lui**, I'll put you in touch with him □ **mettersi in r. con q.**, to get in touch with sb.; to contact sb.

rapprèndere, *v. t.* e *i.* **rapprèndersi,** *v. i. pron.* (*cagliare, cagliarsi*) to curdle; (*coagulare, coagularsi*) to coagulate, to clot, to set*; (*indurire*) to harden, to cake; (*addensare, addensarsi*) to thicken; (*condensare, condensarsi*) to condense.

rappresàglia, *f.* reprisal; retaliation: **un atto di r.**, an act of retaliation; a retaliatory act; **compiere una r.**, to carry out a reprisal; **compiere rappresaglie**, to retaliate; to carry out (*o* to take) reprisals (against); **per r.**, in (*o* by way of) retaliation; in (*o* as a) reprisal: **uccidere q. per r.**, to kill sb. in retaliation.

rappreṣentàbile, *a.* (*teatr.*) performable; playable; that can be staged.

rappreṣentànte, A *a.* representative. **B** *m.* e *f.* **1** representative; delegate; deputy; proxy; (*portavoce*) spokesman* (*m.*); spokeswoman* (*f.*): **i rappresentanti di una nazione**, the representatives of a nation; **r. al Parlamento**, parliamentary representative; (*in G.B.*) member of parliament (*abbr.*: MP); (*in U.S.A.*) delegate; **il r. del sindaco**, the mayor's deputy; **r. sindacale**, shop stewart **2** (*comm.*) agent; representative; rep (*fam.*); man* (*fam.*): **r. commerciale**, sales representative; **Papà faceva il r. di un biscottificio**, Dad was a rep for a biscuit company; **r. esclusivo**, sole agent; **r. di commercio**, travelling salesman **3** (*esponente*) representative; exponent; specimen: **un tipico r. del bel mondo**, a typical representative of the jet set; **un r. del classicismo**, an exponent of classicism.

rappreṣentànza, *f.* **1** (*il rappresentare*) representation: **r. nazionale**, national representation; (*polit.*) **r. proporzionale**, proportional representation; **r. legale**, legal representation **2** (*comm.*) agency: **r. esclusiva**, sole agency; **contratto di r.**, agency contract; **concedere una r.**, to grant an agency; **avere la r. di una ditta**, to be the agent for a firm **3** (*insieme di rappresentanti*) representatives (*pl.*); (*delegazione*) deputation; delegation: **r. parlamentare**, parliamentary representatives; **Una r. di lavoratori è stata ricevuta dal ministro**, representatives of the workforce were received by the minister. ● **appartamento di r.**, state apartment □ **automobile di r.**, official car □ **in r. di**, on behalf of □ **spese di r.**, entertainment expenses.

rappreṣentàre, *v. t.* **1** (*mostrare, descrivere*) to represent; to depict; to portray; to picture; to describe; to show: **Il quadro rappresenta una scena di caccia**, the painting depicts (*o* represents, portrays) a hunting scene; **Il romanzo rappresenta con vivezza la vita cit-**

tadina nel medioevo, the novel gives a vivid portayal of Medieval town life; **La scena rappresenta la hall di un albergo**, the scene is set in the hall of a hotel; **Il grafico rappresenta l'andamento delle vendite**, the graph shows the trend in sales ***2*** (*essere il rappresentante di q.*) to represent; to deputize for; to act for; to speak* for; to stand* for: **Il Ministro si farà r. dal Prefetto**, the Minister will be represented by the Prefect; **Io rappresento tutta la famiglia**, I am acting for the whole family; (*leg.*) **r. q. in giudizio**, to appear for sb.; **Mi opporrò a lui e a tutto quello che lui rappresenta**, I will oppose him and all he stands for ***3*** (*comm.*) to act as agent for; to be the (*o* an) agent for: **r. una ditta di cosmetici**, to be the agent for a cosmetics firm ***4*** (*simboleggiare*) to symbolize; to stand* for; to correspond to; to represent: **Il verde rappresenta la speranza**, green symbolizes (*o* is the symbol of) hope; **La «x» rappresenta l'incognita**, «x» represents the unknown; **Le linee continue rappresentano le strade nazionali**, the continuous lines correspond to main arterial roads ***5*** (*essere un esemplare di*) to be representative (*o* typical) of, to typify, to be the essence (*o* the epitome) of; (*incarnare*) to personify, to embody, to stand* for: **I suoi lavori rappresentano lo spirito del tempo**, his works are representative of (*o* embody) the spirit of his age ***6*** (*significare*) to mean*: **Queste scuse non rappresentano nulla per me**, these excuses mean nothing to me; **Lei rappresenta tutto per me**, she means everything to me ***7*** (*essere, costituire*) to be; to constitute; to represent; to account for: **La disoccupazione rappresenta un grave problema per il paese**, unemployment constitutes a serious problem for this country; **Il terziario rappresenta i due terzi della nostra attività economica**, services account for two-thirds of our economic activity ***8*** (*teatr.*: *recitare*) to play, to act; (*un lavoro*) to perform, to give*; (*mettere in scena*) to stage, to produce, to put* on (*fam.*): **Rappresentò Ofelia**, she played Ophelia; **Vogliamo r. l'«Otello»**, we want to put on «Othello»; **Che cosa si rappresenta al «Duse»?**, what's on at the «Duse»? ***9*** (*cinem.*) to show; to run*.

rappreșentativa, *f.* ***1*** (*sport*) representative team ***2*** (*delegazione*) delegation.

rappreșentatività, *f.* representativeness.

rappreșentativo, *a.* ***1*** representative: **arte rappresentativa**, representative art; (*polit.*) **sistema r.**, representative system; (*sport*) **squadra rappresentativa**, representative team ***2*** (*che simboleggia*) representative; symbolical; typical: **un uomo r. della sua età**, a man representative (*o* typical) of his age.

rappreșentazióne, *f.* ***1*** (*raffigurazione*) representation, portrayal; (*descrizione*) description: **Questo quadro è una r. della battaglia di Legnano**, this painting depicts the battle of Legnano; **una r. allegorica della giustizia**, an allegorical representation of Justice; **una vivace r. della scena**, a vivid description of the scene; **r. cartografica**, map representation ***2*** (*teatr.*: *spettacolo*) performance, show; (*produzione*) production, staging; (*lavoro teatrale*) play: **andare a tutte le rappresentazioni**, to attend every performance; **Le rappresentazioni avranno inizio alle ore 20**, performances will begin at 8 p.m.; **a metà della r.**, half-way through the performance; **r. cinematografica**, film show; **r. diurna**, matinée (*franc.*); **prima r.**, first (*o* opening) night; first performance; première (*franc.*); **prima r. assoluta**, world première; **una r. dell'«Enrico IV»**, a production (*o* staging) of «Henry IV»; **la r. di una nuova commedia**, the presentation of a new play; **sacra r.**, mystery; miracle-play ***3*** (*filos.*) representation ***4*** (*leg.*) representation; **I discendenti succedono per r.**, descendants succeed by representation ***5*** (*elab.*) picture; representation; display ***6*** (*mat., psic.*) representation.

rapsodìa, *f.* (*letter., mus.*) rhapsody.

rapsòdico, *a.* ***1*** (*letter., mus.*) rhapsodic ***2*** (*frammentario*) fragmentary; disconnected.

rapsodista, *m.* e *f.* (*mus.*) rhapsodist.

rapsòdo, *m.* (*letter.*) rhapsodist; rhapsode.

raptus (*lat.*), *m. invar.* ***1*** (*psic.*) raptus; brainstorm; fit: **un r. omicida**, a fit of homicidal madness; **in un r. di follia**, in a fit of madness ***2*** (*fig.*: *ispirazione*) fit of inspiration.

raraménte, *avv.* seldom; rarely; hardly ever: **Viaggia r.**, he seldom travels; **Quell'anno ci vedemmo molto r.**, that year we hardly ever met; **R. avevo sentito parole più volgari**, rarely had I heard coarser language; **Accade r. che questo treno ritardi**, it is rare for this train to be late.

rarefàre, **A** *v. t.* to rarefy; to thin out; (*nel tempo*) to make* less frequent: **r. i gas**, to rarefy gases; **r. le visite a q.**, to visit sb. less frequently. **B rarefàrsi**, *v. i. pron.* to rarefy; to thin out; to become* less dense; (*nel tempo*) to become* less frequent: **La nebbia si è rarefatta**, the fog has thinned; **Il traffico tende a r. dopo le dieci**, traffic tends to be less dense (*o* to thin out) after ten; **I nostri incontri si erano rarefatti**, our meetings had become less frequent; our meetings were now few and far between.

rarefattibile, *a.* rarefiable.

rarefattivo, *a.* rarefactive.

rarefàtto, *a.* rarefied (*anche fig.*); rare: **i gas rarefatti**, rarefied gases; **aria rarefatta**, rarefied (*o* rare) air; (*fig.*) **un'atmosfera rarefatta**, a rarefied atmosphere.

rarefazióne, *f.* ***1*** rarefaction; rarefying ***2*** (*diradamento*) thinning out.

rarità, *f.* ***1*** (*l'essere raro*) rarity; rareness: **la r. d'un libro**, the rareness of a book ***2*** (*oggetto raro*) rarity; curiosity; curio*: **Questo libro è una r.**, this book is a rarity; **collezionare r.**, to collect curios ***3*** (*cosa o evento raro*) rare thing; rare sight: **La neve è una r. da queste parti**, snow is a rare sight in these parts; **Una brava cuoca è una r.**, good cooks are rare (*o* few and far between) ***4*** (*scarsezza*) scarcity; scarceness.

ràro, *a.* ***1*** (*difficile a trovarsi*) rare; (*insolito*) unusual; (*non comune*) uncommon, exceptional: **un esemplare r.**, a rare specimen; **una rara eccezione**, a rare exception; **un evento quanto mai r.**, a most uncommon occurrence ***2*** (*eccezionale*) rare, exceptional, singular, remarkable; (*prezioso*) precious: **un uomo di r. coraggio**, a man of singular courage; **una donna di rara bellezza**, a woman of rare (*o* exceptional) beauty; **un uomo r.**, a remarkable man; a man in a million; **pietre rare**, precious stones; **oggetto r.**, rarity; curiosity; curio ***3*** (*non frequente*) rare; infrequent; occasional; sporadic: **un avvenimento r.**, a rare (*o* infrequent) occurrence; **rare visite**, occasional visits; **rari visitatori**, few visitors; **rari casi di malaria**, rare cases of malaria; **rare volte**, seldom; hardly ever; rarely; **È r. che alzi la voce**, it is unusual for him to raise his voice; he rarely raises his voice. ● (*fam., fig.*) **bestia rara**, rarity; oddity; rara avis (*lat.*) □ **gas rari**, inert (*o* noble, rare) gases □ **più unico che r.**, exceptional; one in a million □ (*chim.*) **terre rare**, rare earths.

ras, *m. invar.* ***1*** (*capo abissino*) ras ***2*** (*fig. spreg.*) petty despot; tyrant; boss.

rasàre, **A** *v. t.* ***1*** (*radere*) to shave; to trim: **farsi r.**, to get shaved; to get a shave; **r. il cane**, to trim the dog's hair ***2*** (*pareggiare*) to trim, to pare, to clip; (*l'erba*) to mow; (*livellare*) to level: **r. una siepe**, to trim (*o* to clip) a hedge; **r. un prato**, to mow a lawn. **B rasàrsi**, *v. rifl.* to shave.

rasatèllo, *m.* (*ind. tess.*) sateen.

rasàto, **A** *a.* ***1*** (*sbarbato*) (clean-)shaven: **guance ben rasate**, clean-shaven (*o* smooth) cheeks; **cranio r.**, shaven head ***2*** (*pareggiato*) trimmed, clipped; (*di erba*) mown ***3*** (*di stoffa*) napless ***4*** (*simile al raso*) satin-like, satiny, satin (*attr.*): **carta rasata**, satin-paper. ● (*lavoro a maglia*) **maglia rasata**, stocking stitch □ **tessuto r. di cotone**, sateen. **B** *m.* (*ind. tess.*) sateen.

rasatóre, *m.* (*f.* **-trice**) (*ind. tess.*) shearer.

rasatrice, *f.* (*ind. tess.*: *macchina*) shearing-machine.

rasatùra, *f.* ***1*** (*il radere*) shave; shaving: **darsi una r.**, to have a shave; to shave ***2*** (*il pareggiare*) trimming, clipping; (*l'erba*) mowing : **la r. d'una siepe**, the trimming (*o* clipping) of a hedge ***3*** (*ciò che si asporta rasando*) trimmings (*pl.*); clippings (*pl.*); shavings (*pl.*).

raschiaménto, *m.* ***1*** scraping ***2*** (*med.*) curettage.

raschiaòlio, *m. invar.* (*mecc.*) scraper ring.

raschiàre, *v. t.* ***1*** to scrape; to abrade; (*cancellare*) to erase, to scratch out: **r. un muro**, to scrape a wall; **r. via la ruggine**, to scrape off the rust; **r. via la vernice dal tavolo**, to scrape the paint off the table; **r. un'iscrizione**, to scratch out an inscription ***2*** (*med.*) to curette. ● (*fig.*) **r. il fondo del barile**, to scrape the bottom of the barrel □ **raschiarsi la gola**, to clear one's throat; to hawk; to harrumph (*USA*).

raschiàta, *f.* scrape; scraping: **dare una r. a q.c.**, to scrape st.

raschiatóio, *m.* ***1*** scraper; (*per metalli*) rabble ***2*** (*med.*) curette.

raschiatùra, *f.* ***1*** (*il raschiare*) scraping, abrasion; (*il cancellare*) erasure, scratching out ***2*** (*il segno prodotto*) scrape mark; score ***3*** (*ciò che si asporta raschiando*) scrapings (*pl.*).

raschiettàre, *v. t.* (*mecc.*) to scrape.

raschiettatùra, *f.* (*mecc.*) scraping.

raschiétto, *m.* ***1*** (*mecc.*) scraper ***2*** (*per cancellare*) eraser; erasing knife* ***3*** (*per le scarpe*) shoe-scraper.

raschìno, *V.* **raschietto**, *def. 1* e *2*.

ràschio (1), *m.* ***1*** (*irritazione alla gola*) irritation in the throat; tickle: **dare il r.**, to irritate (*o* to tickle) sb.'s throat ***2*** throat clearing; hawk: **fare un r.**, to clear one's throat; to hawk; to harrumph (*USA*).

ràschio (2), *m.* scraping; (*rumore*) scraping noise, rasping.

rasciugàre, **A** *v. t.* to dry; (*prosciugare*) to dry up. **B rasciugàrsi**, *v. i. pron.* to dry up.

rasciugatùra, *f.* drying; drying up.

rașentàre, *v. t.* ***1*** to keep* close to; (*sfiorare*) to brush, to skim, to graze, to shave; (*costeggiare*) to skirt; (*mancare per poco*) just to miss, to miss by a hair's breadth: **Camminava rasentando il muro**, he walked close to the wall; **L'auto rasentò il paracarro**, the car shaved the kerbstone; **Il camion ci rasentò a piena velocità**, the lorry only just missed us as it sped past; **L'uccello sfrecciò rasentando la superficie del lago**, the bird skimmed over the lake ***2*** (*fig.*) to border on; to verge on; to near; to come* up to: **r. la follia**, to border on insanity; **parsimonia che rasenta la tirchieria**, parsimony bordering on stinginess; **Stiamo rasentando i duecento (all'ora)**, we are nearing two hundred; **r. la sessantina**, to be nearly sixty; to come up for sixty. ● **r. il codice penale**, to be only just inside the law; to sail close to the wind □ **r. la galera**, to escape a prison sentence by a hair's breadth □ **r. la morte**, to escape death by a hair's breadth; to have a narrow escape; to have a close shave (*fam.*).

rașénte, *prep.* close to: **r. il muro**, close to (*o* brushing) the wall; **r. terra**, close to the ground; (*di volo*) skimming the ground; **volare r. il pelo dell'acqua**, to skim the surface of water; **L'autobus mi passò r.**, the bus passed very close to me (*o* barely missed me); **La pallottola gli fischiò r. l'orecchio**, the bullet whizzed past his ear.

rasièra, *f.* *1* (*agric.*) strickle *2* (*falegn.*) scraper.

ràso, A *a.* *1* (*rasato*) (clean-)shaven: **guance rase**, smooth (*o* clean-shaven) cheeks; **pelo r.**, short hair: **cane a pelo r.**, short-haired dog *2* (*liscio*) smooth; level; flat; flush: **una superficie rasa**, a smooth (*o* flat, flush) surface; **campagna rasa**, bare countryside *3* (*pieno, ma non colmo*) level, full; (*pieno fino all'orlo*) full to the brim: **un cucchiaio r.**, a level spoonful; **un bicchiere r.**, a glass full to the brim; (*agric.*) **misura rasa**, struck measure. ● (*ricamo*) **punto r.**, satin stitch. **B** *m.* (*ind. tess.*) satin: **abito di r.**, satin dress; **r. operato**, brocaded satin. **C** *prep.* – **r. terra**, close to the ground; level with the ground; skimming the ground; (*fig.*) pedestrian, unimaginative, dull: **volare r. terra**, to skim the ground; (*sport*) **un tiro r. terra**, a level shot.

rasoiàta, *f.* razor slash; razor cut.

rasóio, *m.* razor; shaver: **r. di sicurezza**, safety razor; **r. elettrico**, electric razor; (electric) shaver; **r. a mano libera**, cut-throat razor; **r. usa e getta**, disposable razor; **affilare il r.**, to sharpen a razor; **filo del r.**, razor's (*o* razor) edge. ● (*fig.*) **attaccarsi ai rasoi**, to try anything; to seize upon any pretext □ (*fig.*) **camminare sul filo del r.**, to be on a tightrope; to walk a tightrope □ **lingua tagliente come un r.**, razor-sharp tongue □ **tagliare come un r.**, to be as sharp as a razor; to be razor-sharp.

rasotèrra, *V.* **raso, C**.

ràspa (1), *f.* (*falegn.*) rasp.

ràspa (2), *f.* (*ballo*) raspa.

raspaménto, *m.* *1* (*il levigare con la raspa*) rasping *2* (*il grattare*) scratching.

raspàre, A *v. t.* *1* (*levigare con la raspa*) to rasp; to scrape (with a rasp): **r. un'asse**, to rasp a plank *2* (*grattare con le unghie*) to scratch; (*di cavallo*) to paw *3* (*irritare*) to irritate: **r. la gola**, to irritate (*o* to burn) the throat *4* (*fam.*: *rubare*) to pinch (*fam.*). ● **una barba che raspa**, a prickly (*o* scratchy) beard. **B** *v. i.* *1* to rasp; to scratch: **Il cane raspava alla porta**, the dog was scratching at the door *2* (*razzolare*) to scratch about *3* (*frugare*) to rummage: **r. in un cassetto**, to rummage in a drawer.

raspatóio, *m.* (*agric.*) harrow.

raspatùra, *f.* *1* (*il raspare*) rasping; scraping *2* (*ciò che si asporta raspando*) scrapings (*pl.*); filings (*pl.*) *3* (*il razzolare*) scratching about.

rasperèlla, *f.* (*bot.*, *Equisetum arvense*) common horsetail.

raspino, *m.* scraper; riffler.

raspìo, *m.* rasping; scraping; grating.

ràspo, *m.* (*agric.*) grape-stalk.

raspollàre, *v. t.* (*agric.*) to glean grapes.

raspóllo, *m.* (*agric.*) small bunch of grapes.

rasségna, *f.* *1* (*mil.*) review; inspection; muster: **passare in r. un reparto**, to pass a unit in review; to review (*o* to inspect) a unit *2* (*esame, studio*) review; report; survey: **una r. generale**, a general survey; **una r. della situazione politica**, a review (*o* survey) of the political situation; **r. teatrale**, theatrical review; **passare in r. le misure prese durante l'anno**, to review the measures taken during the year; **passare in r. le proposte**, to examine the proposals; **Passammo in r. tutti gli scaffali senza trovare il libro**, we inspected all the shelves without finding the book *3* (*pubblicazione*) review; journal: **una r. letteraria**, a literary review *4* (*mostra*) show; exhibition: **r. dell'antiquariato**, antique dealers' exhibition; **r. cinematografica**, film show; season of films; **una r. pirandelliana**, a season of plays by Pirandello.

rassegnàre, A *v. t.* (*presentare, consegnare*) to resign; to hand in; to send* in; to give* up: **r. un reclamo**, to resign a claim; **r. un incarico**, to resign (*o* to give up) a post; **r. le proprie dimissioni**, to give (*o* to send in, to tender) one's resignation; to resign (one's post): **Ho rassegnato le mie dimissioni da presidente**, I have resigned the chairmanship. **B rassegnàrsi,** *v. i. pron.* to resign (*o* to reconcile) oneself; to submit; to accept (st.): **Devi rassegnarti a farne a meno**, you must resign yourself to doing without it; **Dobbiamo rassegnarci alla volontà di Dio**, we must submit to God's will; **Non riesce ancora a r. alla sua morte**, she still can't accept he is dead; **Non c'è che r.**, we must accept things as they are; we must grin and bear it (*fam.*).

rassegnàto, *a.* resigned: **essere r. al proprio destino**, to be resigned to one's fate.

rassegnazióne, *f.* resignation; submission; forbearance: **r. ai voleri della Provvidenza**, submission to the will of Providence; **sopportare q.c. con r.**, to bear st. with resignation (*o* patiently); **accettare q.c. con r.**, to be resigned (*o* reconciled) to st.; **Ci vuole r.**, you must accept things as they are; you must learn to accept it.

rasserenaménto, *m.* *1* (*del tempo*) clearing up; brightening *2* (*fig.*) cheering up; brightening (up).

rasserenànte, *a.* cheering; comforting.

rasserenàre, A *v. t.* *1* to clear (up); to brighten: **Questo vento rasserenerà il cielo**, this wind will clear the sky; **La tramontana rasserena sempre**, the north wind always brings fair weather *2* (*fig.*) to cheer (up); to brighten (up): **La bella notizia lo rasserenò**, the good news cheered him up; **r. la vita di q.**, to brighten sb.'s life. **B** *v. i.* e **rasserenàrsi,** *v. i. pron.* *1* to clear up; to become* clear; to brighten up: **Il cielo [il tempo] si rasserena**, the sky [the weather] is clearing up (*o* brightening up) *2* (*fig.*) to cheer up; to brighten; to brighten up: **Si rasserenò subito quando gli promisi di andare con lui**, he cheered up at once when I promised to go with him; **A quelle parole si rasserenò in viso**, at those words his face brightened.

rasserenàto, *a.* *1* clear; bright: **Il cielo era tutto r.**, the sky was clear again; the sky had cleared up *2* (*fig.*) in better spirits; more cheerful.

rasserenatóre, *a.* cheering; comforting.

rassestàre, *V.* **riassestare**.

rassettaménto, *m.* tidying up; fixing; arranging.

rassettàre, A *v. t.* *1* (*riordinare*) to tidy up; to put* in order: **r. una stanza**, to tidy up a room; **r. la casa**, to put the house in order *2* (*riparare*) to mend; to repair; to fix *3* (*fig.*) to patch up: **r. una lite**, to patch up a quarrel. **B rassettàrsi,** *v. rifl.* to tidy (oneself) up; to make* oneself tidy: **Devo rassettarmi prima di uscire**, I must tidy myself up before going out.

rassettatùra, *f.* *1* (*il riordinare*) tidying up; putting in order *2* (*il riparare*) mending; repairing; fixing *3* (*ordine*) tidiness.

rassicurànte, *a.* reassuring: **parole rassicuranti**, reassuring words; **un aspetto poco r.**, a sinister look; **indizi poco rassicuranti**, ominous signs; **La situazione è poco r.**, the situation is rather grim.

rassicuràre, A *v. t.* to reassure; (*tranquillizzare*) to tranquillize, to set* (sb.'s mind) at ease; (*incoraggiare*) to encourage: **Cercai di rassicurarlo**, I tried to reassure him; **La sua telefonata ci rassicurò**, his phonecall set our minds at ease. **B rassicuràrsi,** *v. i pron.* to be reassured; to take* heart; to recover confidence: **Alle mie parole si rassicurò**, he took heart at my words.

rassicurazióne, *f.* assurance; reassurance: **nonostante le mie rassicurazioni**, despite my assurances; **dare ampie rassicurazioni su q.**, to give ample reassurances of st.

rassodaménto, *m.* *1* hardening; firming up: **r. dei muscoli**, hardening of the muscles *2* (*fig.*) consolidation; consolidating; strengthening: **il r. di un'alleanza**, the strengthening of an alliance.

rassodànte, *a.* *1* hardening; stiffening *2* (*cosmesi*) skin-toning: **crema r.**, skin-toning cream.

rassodàre, A *v. t.* *1* to harden; to strengthen; (*parti del corpo*) to firm up, to tone up: **r. l'argilla**, to harden clay; **r. i muscoli**, to harden the muscles; **r. le cosce**, to firm up the thighs *2* (*fig.*: *consolidare*) to consolidate; to strengthen; to cement: **r. un'amicizia**, to strengthen (*o* to cement) a friendship; **r. l'autorità di q.**, to consolidate sb.'s authority. **B** *v. i.* e **rassodàrsi,** *v. i. pron.* *1* to harden; to strengthen; to set*; (*di parti del corpo*) to firm up: **La calcina si rassoda**, mortar hardens; **La mousse non si è rassodata**, the mousse didn't set; **I muscoli si rassodano con l'esercizio**, muscles harden with exercise *2* (*fig.*) to strengthen; to become* stronger; to consolidate; to cement: **La loro unione con gli anni si è rassodata**, their union has strengthened with time.

rassomigliànte, *a.* *1* (*che somiglia al modello*) true to life; lifelike: **un ritratto r.**, a lifelike portrait; a good likeness; **un ritratto poco r.**, a poor likeness *2* (*simile*) similar; like: **Sono molto somiglianti**, they look very much alike.

rassomigliànza, *f.* resemblance; likeness; similarity: **C'è molta r. fra i due**, there is a close resemblance between the two; **una vaga r.**, a vague resemblance; **una forte r.**, a strong likeness.

rassomigliàre, A *v. i.* (*essere simile*) to resemble; to be like; to bear* a likeness to; to take* after; to look like: **Rassomigli molto a tua sorella**, you look very much like your sister; **Il ragazzo rassomiglia al padre**, the boy takes after his father; **Non rassomiglia a niente che io abbia mai visto**, it looks like nothing I've ever seen before. **B rassomigliàrsi,** *v. rifl. recipr.* to resemble each other; to be alike; (*nell'aspetto*) to look like each other (*o* alike): **I due ragazzi si rassomigliano**, the two boys resemble each other (*o* look alike); **Si rassomigliano moltissimo**, they are very much alike; there is a close resemblance between them. ● **r. come due gocce d'acqua**, to be like two peas in a pod (*fam.*).

rassottigliàre, rassottigliàrsi, *V.* **assottigliare, assottigliarsi.**

ràsta, *a.* e *m. invar.* Rasta.

rastafariàno, *a.* e *m. invar.* Rastafarian.

rastrellaménto, *m.* *1* (*anche fig.*) raking; raking up (*o* together) *2* (*mil.*: *di forze nemiche*) mopping up, mop-up; (*di territorio*) combing, scouring: **operazione di r.**, mopping-up operation; mop-up; **r. delle campagne**, combing of the countryside *3* (*polizia*: *di zona*) combing, scouring; (*di persone*) rounding up, roundup: **Fu sorpreso durante un r.**, he was caught in a roundup. ● (*Borsa*) **r. di azioni**, buying up of shares.

rastrellàre, *v. t.* *1* to rake; to rake up (*o* together): **r. il fieno**, to rake up hay; **r. la ghiaia**, to rake the gravel *2* (*fig.*: *raccogliere*) to rake up: **r. i soldi necessari**, to rake up the necessary sum *3* (*mil.*) to mop up; (*naut.*) to sweep* *4* (*polizia*) to comb; to scour: **r. un quartiere**, to comb a district; **La polizia ha rastrellato tutte le armi da fuoco**, the police got hold of all the firearms.

rastrellàta, *f.* *1* (*il rastrellare*) raking *2* (*quantità rastrellata*) rakeful *3* (*colpo di rastrello*) blow with a rake.

rastrellatùra, *f.* raking.

rastrellièra, *f.* *1* rack: **r. per piatti**, dishrack; **r. per fucili**, rifle rack; **r. per stecche da biliardo**, cue rack *2* (*agric.*) rack; (*per fieno*) hay-rack.

rastrèllo, *m.* rake: **r. meccanico**, dump rake; **riunire le foglie col r.**, to rake up the leaves; **r. da croupier**, croupier's rake.

rastremàre, *v. t.* **rastremàrsi,** *v. i. pron.* (*archit.*, *mecc.*) to taper.

rastremàto, *a.* (*archit., mecc.*) tapered: **colonne rastremate**, tapered columns.

rastremazióne, *f.* (*archit., mecc.*) tapering; taper.

ràstro, *m.* ***1*** (*agric.*) cultivator ***2*** (*mus.*) music pen.

rasùra, *f.* (*filol.*) erasure.

ràta, *f.* (*comm.*) instalment, installment (*USA*): **acquistare q.c. a rate**, to buy st. on hire purchase (*USA*: on the installment plan); **pagare a rate**, to pay by instalments; **pagamento a rate**, payment by instalments; **a rate mensili [trimestrali]**, by monthly [quarterly] instalments; **ultima r.**, final instalment. ● (*naut.*) **r. di nolo**, (freight) rate □ **pro r.**, pro rata (*lat.*); in proportion; proportionately.

ratafià, *m.* (*liquore*) ratafia; ratafee.

rataplàn, *inter.* rataplan; rub-a-dub.

ratatouille (*franc.*), *f. invar.* ***1*** (*cucina*) ratatouille; vegetable casserole ***2*** (*fig.*) hotchpotch, hodgepodge (*USA*); potpourri; jumble; medley.

rateàle, *a.* ***1*** (*di rata*) instalment, installment (*USA*) (*attr.*): **scadenza r.**, instalment maturity ***2*** (*a rate*) by instalments; hire purchase; on the installment plan (*USA*): **pagamento r.**, payment by instalments; **vendita r.**, hire purchase; installment plan (*USA*).

ratealista, *m.* e *f.* instalment plan salesman* (*f.* saleswoman*).

ratealménte, *avv.* by instalments; on hire purchase; on the installment plan (*USA*).

rateàre, e *deriv.* *V.* **rateizzare**, e *deriv.*

rateiẓẓàre, *v. t.* ***1*** to divide into instalments ***2*** to arrange payment by instalments; to spread*: **Il pagamento fu rateizzato in cinque anni**, payment was spread over five years.

rateiẓẓazióne, *f.* ***1*** division into instalments ***2*** (*pagamento*) payment by instalments.

ratèle, *m.* (*zool., Mellivora capensis*) ratel.

ràteo, *m.* ***1*** (*rag.*) accrual: **r. attivo**, accrued income; **r. passivo**, accrued expense; accrued (*o* anticipated) liability; **r. d'interesse**, accrued interest ***2*** (*banca*) calculation of interest (for a broken period) ***3*** *V.* **rateizzazione**.

ratièra, *f.* (*ind. tess.*) dobby: **telaio a r.**, dobby loom.

ratìfica, *f.* ratification; approval; sanction; (*conferma*) confirmation: **la r. d'un trattato**, the ratification of a treaty; **r. di una nomina**, confirmation of an appointment.

ratificàre, *v. t.* to ratify; to approve; to sanction; (*confermare*) to confirm: **r. un trattato**, to ratify a treaty; **r. un contratto**, to ratify a contract; **r. una nomina**, to confirm an appointment.

ratificazióne, *V.* **ratifica**.

ratìna, *f.* (*ind. tess.*) frieze.

ratinàre, *v. t.* (*ind. tess.*) to frieze; to nap.

ratinatrice, *f.* (*ind. tess.*) friezing (*o* napping) machine.

ratinatùra, *f.* (*ind. tess.*) friezing; napping.

Ratisbóna, *f.* (*geogr.*) Ratisbon.

ratiẓẓàre, e *deriv.* *V.* **rateizzare**, e *deriv.*

rat musqué (*franc.*), *m. invar.* muskrat; musquash.

ràto, *a.* (*leg.*) ratified; approved; sanctioned; confirmed.

rattan, *m. invar.* (*bot., Calamus rotang*) rattan.

rattenére, rattenérsi, *V.* **trattenere, trattenersi**.

rattézza, *f.* (*lett.*) rapidity; rapidness; swiftness.

ratticìda, *m.* rat poison.

rattiepidire, *V.* **intiepidire**.

rattizzàre, *v. t.* ***1*** (*attizzare*) to stir up; to poke: **r. il fuoco**, to poke (*o* to stir up) the fire ***2*** (*fig.*) to revive; to rekindle; to rake up: **r. un vecchio rancore**, to rake up (*o* to rekindle) an old grudge.

ràtto (1), (*lett.*) **A** *a.* rapid; quick; swift. **B** *avv.* rapidly; quickly; swiftly.

ràtto (2), *m.* (*rapimento*) abduction; (*lett.*) rape: **il r. delle Sabine**, the rape of the Sabine women.

ràtto (3), *m.* (*zool., Rattus*) rat: **r. comune** (*Rattus rattus*), common (*o* black) rat; **r. delle chiaviche** (*Rattus norvegicus*), Norway (*o* brown, sewer) rat; **r. canguro** (*Dipodomys*), kangaroo rat.

rattoppaménto, *V.* **rattoppatura**.

rattoppàre, *v. t.* ***1*** to patch; to put* a patch (*o* patches) on; to mend (with patches); to patch up; to cobble: **r. un paio di pantaloni**, to patch a pair of trousers; **r. un paio di scarpe**, to mend a pair of shoes ***2*** (*fig.*: *correggere*) to patch up: **Cercai di rattopparla con una scusa**, I tried to patch things up with an excuse.

rattoppàto, *a.* patched up: **una giacca rattoppata sui gomiti**, a coat patched at (*o* with patches on) the elbows.

rattoppatùra, *f.* **rattòppo,** *m.* ***1*** patching; mending ***2*** (*toppa*) patch: **mettere un r. a q.c.**, to put a patch on st. (*anche fig.*); to patch st.

rattòrcere, *V.* **attorcere**.

rattrappiménto, *m.* ***1*** (*contrazione*) contraction; cramp; twisting ***2*** (*intorpidimento*) benumbment; numbing.

rattrappìre, **A** *v. t.* ***1*** (*contrarre*) to contract; to cramp; to twist ***2*** (*intorpidire*) to make* numb (*o* stiff); to stiffen; to benumb: **Il freddo mi aveva rattrappito le braccia**, the cold had made my arms numb. **B** **rattrappirsi,** *v. i. pron.* ***1*** (*contrarsi*) to become* contracted; to be cramped; to twist ***2*** (*intorpidirsi*) to become* numb; to stiffen: **Mi si sono rattrappite le mani per il freḍdo**, my hands are numb with cold.

rattrappìto, *a.* ***1*** (*contratto*) contracted; cramped; twisted ***2*** (*intorpidito*) numb; benumbed; stiff: **dita rattrappite per il freddo**, fingers numb with cold.

rattristànte, *a.* saddening; sad: **una scena r.**, a sad scene.

rattristàre, **A** *v. t.* to make* sad; to sadden; to afflict: **Rattrista vederlo così ridotto**, it's sad to see him like that; **Non voglio rattristarti**, I don't want to afflict you. **B** **rattristàrsi,** *v. i. pron.* to grow* sad; to grieve; to be sad: **r. per la morte di q.**, to grieve over sb.'s death; **Non rattristarti!**, don't be sad!

rattristàto, *a.* saddened; sad: **Fu profondamente r. dalla sua morte**, he was deeply saddened by his death; **espressione rattristata**, sad expression.

raucèdine, *f.* hoarseness; raucousness: **avere la r.**, to be hoarse.

ràuco, *a.* ***1*** (*di persona*) hoarse: **essere r.** (*o* **avere la voce rauca**), to be hoarse; **Sei r. perché hai parlato troppo**, you've talked yourself hoarse ***2*** (*di voce*) raucous, hoarse, husky, croaking; (*di suono*) raucous, rasping, rough.

rauwòlfia, *f.* (*bot., Rauwolfia serpentina*) Indian rauwolfia.

ravagliàre, *v. t.* (*agric.*) to plough deeply.

ravanàre, *v. i.* (*region.*) to rummage.

ravanèllo, *m.* (*bot., Raphanus sativus*) radish.

ravennàte, **A** *a.* of Ravenna; from Ravenna; Ravenna (*attr.*). **B** *m.* e *f.* inhabitant of Ravenna; native of Ravenna.

raviòli, *m. pl.* (*cucina*) ravioli (*collett.*).

ravizzóne, *m.* (*bot., Brassica napus oleifera*) rape; cole; colza: **olio di ravizzone**, rape (*o* rapeseed, colza) oil; **semi di r.**, rapeseed.

ravvaloràre, *v. t.* (*convalidare*) to confirm; to corroborate; to bear* out; to strengthen.

ravvedérsi, *v. i. pron.* to reform; to mend one's ways; to turn over a new leaf; (*pentirsi*) to repent, to see the error of one's ways: **Promise di r.**, he promised to mend his ways; **Spero che si ravveda in tempo**, I hope he'll see in time the error of his ways.

ravvediménto, *m.* amendment; mending of one's ways; reformation; (*pentimento*) repentance.

ravvedùto, *a.* reformed; (*pentito*) repentant.

ravvenaménto, *m.* (*idraul.*) recharge.

ravviàre, **A** *v. t.* to tidy; to tidy up; to straighten: **ravviarsi i capelli**, to tidy (*col pettine*, to comb) one's hair; **ravviarsi il vestito**, to straighten one's dress; **r. una stanza**, to tidy up a room; **r. il fuoco**, to poke the fire; **r. una matassa**, to disentangle a skein. **B** **ravviàrsi,** *v. rifl.* to tidy (oneself) up.

ravviàta, *f.* tidying up: **dare una r. a una stanza**, to tidy up a room; **darsi una r.**, to tidy (oneself) up; **darsi una r. ai capelli**, to tidy (*col pettine*, to comb) one's hair.

ravvicinaménto, *m.* ***1*** coming closer; drawing nearer (*o* closer); approach: **Grazie al suo r. riusciamo a vederci più spesso**, now that has moved closer to us, we can see each other more often ***2*** (*fig.*: *riconciliazione*) *V.* **riavvicinamento.**

ravvicinàre, **A** *v. t.* ***1*** (*avvicinare di più*) to move (*o* to bring*) nearer (*o* closer); to draw* up: **Ravvicinarono i due tavolini**, they moved the two tables closer ***2*** (*fig.*: *confrontare*) to compare ***3*** (*fig.*: *riconciliare*) *V.* **riavvicinare.** **B** **ravvicinàrsi,** *v. rifl.* e *rifl. recipr.* ***1*** (*avvicinarsi di più*) to draw* nearer (*o* closer) ***2*** (*fig.*: *riconciliarsi*) *V.* **riavvicinarsi.**

ravvicinàto, *a.* close: **a distanza ravvicinata**, at close range; close up.

ravviluppàre, **A** *v. t.* to wrap up; to bundle up: **Ravviluppò il bimbo in una coperta**, he wrapped up the child in a blanket. **B** **ravviluppàrsi,** *v. rifl.* e *i. pron.* ***1*** (*avvolgersi*) to wrap up; to muffle up: **r. in uno scialle**, to wrap oneself up in a shawl; **Era tutto ravviluppato nel mantello**, he was muffled up in his cloak ***2*** (*fare viluppo*) to become entangled; to tangle.

ravviṣàbile, *a.* recognizable.

ravviṣàre, *v. t.* to recognize; to notice; to see*: **r. una vecchia conoscenza**, to recognize an old acquaintance; **Si ravvisano nel romanzo alcuni motivi cari all'autore**, the novel contains some of the author's favourite themes; **Non ravvisiamo alcuna possibilità di intervento**, we can see no possibility of intervention.

ravvivaménto, *m.* reanimation; revival; revitalization; renewal of vigour.

ravvivànte, *a.* reviving; reanimating; revitalizing.

ravvivàre, **A** *v. t.* ***1*** (*rianimare*) to revive: **L'aria fresca la ravvivò**, the fresh air revived her (*o* brought her round); **La pioggia ha ravvivato le piante**, the rain has revived the plants ***2*** (*fig.*: *far rinascere, risvegliare*) to revive, to bring* back to life, to reawaken, to quicken, to rekindle; (*rinvigorire*) to reanimate, to enliven, (*o* to reinvigorate: **r. la speranza**, to revive (*o* to reawaken, to rekindle) hope; **r. vecchie usanze**, to revive old customs; **r. l'interesse**, to reawaken interest; **r. il fuoco**, to make up the fire; **r. il commercio**, to enliven trade ***3*** (*fig.*: *animare, rallegrare*) to enliven; to animate; to light* up; to liven up; to brighten (up); to cheer up: **Un sorriso le ravvivava il volto**, a smile brightened (*o* lit up) her face; **Questi fiori ravvivano la stanza**, these flowers brighten up the room; **r. un colore**, to brighten up a colour; **r. una giacca con una spilla**, to brighten up a jacket with a brooch; **Il loro arrivo ravvivò la festa**, their arrival livened up the party. **B** **ravvivàrsi,** *v. i. pron.* ***1*** (*riprendersi*) to revive, to be revived; (*risvegliarsi*) to reawaken, to rekindle: **Le mie speranze si ravvivarono**, my hopes revived ***2*** (*animarsi, rallegrarsi*) to brighten up; to light up; to liven up: **Gli occhi della ragazza si ravvivarono**, the girl's eyes brightened (*o* lit up).

ravvòlgere, **A** *v. t.* ***1*** to wrap (up); to envelop: **La donna ravvolse il suo bambino in uno scialle**, the woman wrapped up her child in a shawl; **r. q.c. in carta velina**, to wrap st. (up) in tissue-paper; **ravvolto nel mistero**, enveloped in mystery ***2*** (*girare intorno*) to wind* round: **r. una benda intorno al braccio**, to wind a bandage round sb.'s arm. **B ravvolgersi**, *v. rifl.* to wrap (oneself) up; to wrap (st.) around one; to wind* (st.) around oneself: **Si ravvolsero nelle coperte**, they wrapped themselves up in the blankets; **L'uomo si ravvolse nel mantello**, the man threw (*o* wrapped) his cloak around him; **r. in spire**, to coil oneself up.

ravvolgiménto, *m.* ***1*** wrapping up; enveloping ***2*** (*giro*) winding; (*spira*) coil ***3*** (*fig.*: *tortuosità*) tortuousness.

ravvoltolàre, A *v. t.* to bundle up; to roll up. **B ravvoltolàrsi,** *v. rifl.* ***1*** to wrap oneself up; to roll oneself up: **Mi ravvoltolai nelle coperte**, I rolled myself up in the blankets ***2*** (*rotolarsi*) to roll (about); to wallow: (*anche fig.*) **r. nel fango**, to wallow in mud; **r. per terra**, to roll on the ground.

ràyon, *m.* (*marchio*: *ind. tess.*) rayon.

raz (*franc.*), *m. invar.* – (*naut.*) **raz di marea**, tidal wave.

raziocinànte, *a.* reasoning; thinking; rational.

raziocinàre, *v. i.* (*lett.*) to reason; to think*; to ratiocinate.

raziocinativo, *a.* (*lett.*) ratiocinative.

raziocinatóre, A *a.* reasoning. **B** *m.* (*f.* **-trice**) reasoner.

raziocìnio, *m.* ***1*** (*facoltà del ragionare*) (faculty of) reason ***2*** (*fam.*: *buon senso*) reason; common sense; sense: **Usa un po' di r.**, use your commonsense; **agire con r.**, to be guided by reason; to act reasonably; **mancare di r.**, to lack common sense ***3*** (*ragionamento*) ratiocination; reasoning.

razionàle, A *a.* ***1*** (*dotato di ragione*) rational; reasoning; thinking: **anima r.**, rational soul; **creatura r.**, rational being ***2*** (*secondo ragione*, *logico*) rational; logical: **comportamento r.**, rational behaviour; **metodo r.**, rational method; **geometria r.**, rational geometry ***3*** (*pratico, di buon senso*) sensible, common-sense; (*funzionale*) functional: **abbigliamento r.**, sensible clothes; **arredamento r.**, functional furniture ***4*** (*mat.*) rational: **numero r.**, rational number. **B** *m.* rational.

razionalìsmo, *m.* ***1*** (*filos.*) rationalism ***2*** (*archit.*) functionalism.

razionalìsta, (*filos.*) **A** *m. e f.* rationalist. **B** *a.* rationalistic(al).

razionalìstico, *a.* (*filos.*) rationalistic(al).

razionalità, *f.* ***1*** rationality ***2*** (*funzionalità*) functionality.

razionalizzàre, *v. t.* (*anche mat., psic.*) to rationalize.

razionalizzazióne, *f.* (*anche mat., psic.*) rationalization.

razionalménte, *avv.* rationally; (*in modo sistematico*) systematically; (*in modo funzionale*) functionally.

razionaménto, *m.* rationing: **r. dei viveri**, food rationing.

razionàre, *v. t.* to ration: **r. l'acqua**, to ration water; **Mia moglie mi raziona le sigarette**, my wife rations my cigarettes.

razióne, *f.* ***1*** ration (*anche mil.*); allowance: **le razioni di viveri**, food rations; **stabilire la r. dello zucchero**, to fix the ration of sugar; **La r. di sigarette era di tre al giorno**, our cigarette allowance was three a day; **mettere a r.**, to put on rations (*o* on a fixed allowance); **a razioni ridotte**, on short rations; (*med.*) **r. calorica**, (daily) caloric requirement ***2*** (*porzione, parte*) portion; (*anche fig.*) share, lot: **Ho avuto la mia r. di critiche**, I had my fair share of criticism; **prendersi una buona r. di botte**, to get a good beating.

ràzza (1), *f.* ***1*** (*genere*) race: **la r. umana**, the human race; mankind; **la r. alata**, the winged race; the race of birds ***2*** (*antropol.*) race: **la r. bianca [gialla, nordica]**, the white [yellow, Northern] race; **di r. mista**, half-blooded; half-caste; **di r. pura**, full-blooded; **differenze di r.**, differences of race; **odio di r.**, race-hatred; racism; racialism ***3*** (*di animali*) breed; stock: **r. bovina**, cattle breed; **r. canina**, breed of dog; **di buona r.**, of good breed; **di r. pura**, of pure breed; purebred; pedigree (*attr.*); (*di cavallo*) thoroughbred; **di razza incrociata**, crossbred; (*di cane*) mongrel: **pecore di r. incrociata**, crossbred sheep; **incrociare le razze**, to crossbreed; **migliorare le razze**, to improve the breeds; **animale da r.**, breeder; **cavallo di r.**, thoroughbred; **fare r.**, to breed ***4*** (*stirpe*) race, breed; (*discendenza*) stock, descent; (*famiglia*) family: **un uomo di antica e nobile r.**, a man of ancient and noble stock; **essere di buona r.**, to come from a good stock; **Odio lui e tutta la sua r.**, I hate him and his whole family ***5*** (*fam.*: *qualità, sorta*) kind; sort: **gente d'ogni r.**, all kinds of people; **Che r. d'uomo è?**, what sort (*o* kind) of a man is he?; **Che r. di musica è questa?**, what's this music?; **Che r. di roba è questa?**, what's this rubbish? ● **R. di mascalzone!**, you bastard! □ **r. di vipere**, breed of vipers □ **Che r. di stupido!**, what an idiot! □ **Che r. di amici!**, fine friends! □ **di r.**, first-class; first-rate; born: **musicista di r.**, first-class musician; **campione di r.**, born champion □ (*fig.*) **fare r. a sé**, to be a race apart □ **fare r. con q.**, to be hand in glove with sb.; to be as thick as thieves □ (*spreg.*) **Sono una r. di egoisti**, they are a bunch of egoists.

ràzza (2), *f.* (*zool., Raja*) ray; skate. ● **r. cornuta** (*Manta birostris*), devil fish.

ràzza (3), *f.* (*di ruota*) spoke.

razzamàglia, *V.* **razzumaglia**.

razzatóre, *m.* (*zootecnia*) breeder.

razzìa, *f.* raid; foray; (*ruberia*) plundering: **fare una r.**, to make a raid (*o* a foray); to raid; **vivere di r.**, to live by plunder; **fare r. di bestiame**, to steal (*USA*: to rustle) cattle; **La volpe ha fatto r. di galline**, the fox raided the henhouse; (*fam.*) **Chi ha fatto r. di cioccolatini?**, who's cleared out all the chocolates?

razziàle, *a.* racial: **caratteristica r.**, racial characteristic; **discriminazione r.**, racial discrimination; segregation; **pregiudizio r.**, racial prejudice; **integrazione r.**, racial integration.

razziàre, *v. t.* to raid; to make* a raid (*o* a foray) on; to foray; (*saccheggiare*) to plunder, to pillage, to sack, to loot: **r. bestiame**, to steal (*USA*: to rustle) cattle; **r. le campagne**, to plunder the countryside; **r. un pollaio**, to raid a coop; **r. la dispensa**, to raid the larder; **Hanno razziato tutto quello che c'era**, they've cleared out (*o* looted) everything.

razziatóre, *m.* (*f.* **-trice**) raider; forayer; plunderer; pillager: **r. di bestiame**, cattle thief; cattle rustler (*USA*).

razzìsmo, *m.* racism; racialism.

razzìsta, A *m. e f.* racist; racialist. **B** *a.* racist; racialist.

razzìstico, *a.* racist; racialist.

ràzzo, *m.* ***1*** (*fuoco artificiale*) flare; rocket: **r. illuminante**, flare; **r. da segnalazioni**, signal rocket; **r. incendiario**, incendiary rocket; **r. antigrandine**, anti-hail rocket ***2*** (*aeron., miss.*) rocket: **r. a energia nucleare**, nuclear-powered rocket; **motore a r.**, rocket engine; **propulsione a r.**, rocket propulsion; **r. ausiliario**, booster rocket; **r. di spinta**, thrusting rocket; **r. frenante**, retrorocket; retro; **r. pluristadio**, multistage rocket; (*meteor.*) **r. sonda**, sounding rocket; **r. vettore**, carrier rocket. ● **correre come un r.**, to run like the devil (*o* hell for leather, like the clappers) □ **partire a r.**, to be off like a shot □ **sfrecciare accanto come un r.**, to flash past □ **veloce come un r.**, as quick as lightning □ **Già finito? Che r.!**, finished already? you are quick!

razzolàre, *v. i.* ***1*** (*dei polli*) to scratch about ***2*** (*scherz.*: *rovistare*) to rummage: **r. in un cassetto**, to rummage in a drawer. ● (*fig.*) **predicare bene e r. male**, not to practise what one preaches.

razzolàta, razzolatùra, *f.* scratching about.

razzumàglia, *f.* (*spreg.*) rabble; mob; riffraff; ragtag and bobtail.

re (1), *m.* ***1*** (*sovrano di un regno*) king; monarch; sovereign: **re costituzionale [assoluto]**, constitutional [absolute] monarch; **il re Carlo II**, King Charles II; **Sua Maestà il Re**, His Majesty the King; **i re di Roma**, the kings of Rome; **il Re dei Cieli**, the King of Heaven; **Eolo re dei venti**, Aeolus, ruler of the winds ***2*** (*fig.*) king: **Il leone è il re degli animali**, the lion is the king of beasts; **il re del cotone [dell'acciaio]**, the cotton [steel] king; **il re dei cuochi**, the best (*o* greatest) of cooks ***3*** (*scacchi, carte da gioco*) king: **il re di fiori**, the king of clubs; **il re nero**, the black king. ● **re bambino**, infant king □ (*arald.*) **re d'armi**, King-of-Arms □ **re da burla** (*o* **da operetta**), mock king □ **il Re dei Re**, the King of Kings □ (*zool.*) **re di quaglie** (*Crex crex*), corncrake □ **i R. Magi**, the Three Kings; the Magi; the Three Wise Men □ **il Re Sole**, the Sun-King □ **Re Travicello**, King Log □ **Cristo Re**, Christ the King □ **da re**, fit for a king; lordly; lavish: **un pranzo da re**, a lavish meal □ (*Bibbia*) **i Libri dei Re**, the Books of Kings □ **vivere da re**, to live like a king.

re (2), *m.* (*mus.*) D; re.

reagentàrio, *m.* (*chim.*) ***1*** (*i reagenti*) reagents (*pl.*) ***2*** (*mobile*) reagents cupboard.

reagènte, A *a.* reacting. **B** *m.* (*chim.*) reagent; reactant.

reagìna, *f.* (*biol.*) reagin.

reagìre, *v. i.* ***1*** (*resistere, ribellarsi*) to react, to resist; (*protestare*) to speak* up, to protest: **Reagì con sorpresa alla mia proposta**, he reacted with surprise to my proposal; **non r. agli insulti**, not to react to insults; **sopportare q.c. senza r.**, to bear st. without protesting; **Perché non hai reagito?**, why didn't you speak up?; **Coraggio, devi r.!**, come on, don't let it get you down ***2*** (*avere una reazione*) to react; to respond: **r. a un farmaco**, to react to a drug; **r. bene a una cura**, to respond well to a treatment ***3*** (*chim.*) to react.

reàle (1), A *a.* ***1*** (*non immaginario, vero, autentico*) real; actual; true: **un oggetto r.**, a real object; **un personaggio r.**, a real person; **fatti reali**, real (*o* actual) facts; **la ragione r.**, the real (*o* true) reason; **Le sue reali intentioni**, his real intentions ***2*** (*effettivo, concreto*) real; concrete; tangible; material: **un vantaggio r.**, a concrete advantage ***3*** (*econ., leg.*) real: **azione r.**, real (*o* personal) action; **imposta r.**, real property tax; **reddito r.**, real income ***4*** (*mat.*) real. ● (*elab.*) **tempo r.**, real time. **B** *m.* reality.

reàle (2), A *a.* ***1*** (*del re*) royal: **la famiglia r.**, the royal family; **sangue r.**, royal blood; **la casa r.**, the Royal House; **un principe r.**, a royal prince; a prince of the blood; **corona r.**, royal crown; **palazzo r.**, royal palace; **Sua Altezza R.**, His [Her] Royal Highness ***2*** (*fig.*) royal: **aquila r.**, royal (*o* golden) eagle; **palma r.**, royal palm; **carta r.**, royal paper. ● (*cucina*) **pasta r.**, sponge-cake □ (*nei giochi di carte*) **scala r.**, straight flush. **B** *m. pl.* the Royal Couple; the King and Queen.

reàle (3), *m.* (*numism.*) real.

realgàr, *m.* (*miner.*) realgar; red arsenic.

realìsmo, *m.* ***1*** (*filos., letter., pitt.*) realism: **il r. del Caravaggio**, Caravaggio's realism; **r. socialista**, socialist realism ***2*** (*senso della realtà*) realism: **guardare alle cose con r.**, to take a realistic look at things; to be realistic; **mancare di r.**, to lack realism; to be unrealistic.

realìsta (1), *m. e f.* ***1*** (*filos., letter., pitt.*) realist ***2*** (*persona concreta*) pragmatic person; matter-of-fact person.

realìsta (2), *m. e f.* (*polit.*) royalist. ● (*fig.*) **essere più r. del re**, to be more Catholic than the Pope.

realìstico, *a.* ***1*** (*filos., letter., pitt.*) realistic: **un romanzo r.**, a realistic novel; **scene realistiche**, realistic scenes; **una descrizione rea-**

listica, a realistic description **2** (*fondato sulla realtà*) realistic, down-to-earth; (*pratico*) practical, matter-of-fact, pragmatic, sober: **una decisione realistica**, a realistic decision; **una visione realistica delle cose**, a realistic (*o* down-to-earth) view of things; **Sii più r.**, be more realistic.

realizzàbile, *a.* **1** realizable; feasible; practicable; viable: **un sogno r.**, a realizable dream; **un programma r.**, a feasible programme **2** (*comm.*) realizable; convertible into cash.

realizzabilità, *f.* **1** realizability; feasibility; viability **2** (*comm.*) realizability; convertibility into cash.

realizzàre, **A** *v. t.* **1** (*mettere in atto*) to realize, to execute, to carry out, to accomplish; (*desiderio, ecc.*) to fulfil, to achieve, to realize: **r. un progetto**, to carry out (*o* to execute) a plan; **r. un sogno**, to realize a dream; **r. un'ambizione**, to achieve an ambition; **Ho realizzato il mio sogno di volare sul Concorde**, I have realized my dream of flying in a Concorde; **r. un film**, to make a film **2** (*sport*: *segnare*) to score: **r. un gol**, to score a goal **3** (*comm.*) to realize, to convert into cash, to cash in, to get*, to make*; (*vendere*) to sell*: **r. titoli**, to realize securities; to sell shares; **r. forti guadagni**, to make large profits **4** (*fig.*: *comprendere*) to realize; to understand*: **r. l'importanza di un avvenimento**, to realize the importance of an event **5** (*mus.*) to realize: **r. un basso continuo**, to realize a thorough bass. **B** *v. i.* (*comm.*) to convert into cash; to cash in. **C realizzàrsi**, *v. i. pron.* to come* true; to materialize: **Tutti i miei sogni si realizzarono**, all my dreams came true. **D realizzàrsi**, *v. rifl.* to fulfil oneself; to find* fulfilment: **r. nel lavoro**, to find fulfilment in one's job.

realizzàto, *a.* fulfilled: **un uomo r.**, a fulfilled man; a man who has fulfilled himself; **un lavoro che ti fa sentire r.**, a fulfilling job.

realizzatóre, *m.* (*f.* **-trice**) **1** realizer; accomplisher; executor **2** (*sport*) scorer.

realizzazióne, *f.* **1** (*attuazione*) realization, carrying out, execution, making; (*di desiderio, ecc.*) fulfilment, realization, accomplishment: **la r. d'un piano**, the realization (*o* carrying out, execution) of a plan; **la r. delle proprie speranze**, the realization of one's hopes; **r. di profitti**, profit making; **la r. d'un film**, the making of a film **2** (*comm.*: *riscossione*) realization, encashment; (*conversione in contanti*) conversion into cash; (*vendita*) sale **3** (*teatr.*) production; staging: **r. scenica**, staging **4** (*mus.*) realization.

realizzo, *m.* (*comm.*) realization, conversion into cash; (*vendita*) sale: **il r. di una proprietà immobiliare**, the realization of a property; **conto di r.**, realization account; **prezzo di r.**, bargain price; **valore di r.**, break-up value; **vendita di r.**, clearance sale. ● (*rag.*) **il r. del contante**, the recovery of cash □ **a prezzi di r.**, at cost (price) □ (*comm.*) **di facile r.**, easily cashable (*o* cashed).

realménte, *avv.* really; actually; (*veramente*) truly, honestly: **È andata r. così**, it really happened like that; **fatti r. accaduti**, real events; things that actually happened; **un personaggio r. esistito**, a person who actually existed; **Voglio sapere come stanno r. le cose**, I want to know how things really are; **Che cosa ne pensi r.?**, what do you really think about it?; **Ne sei r. convinto?**, do you really (*o* honestly) believe it?

Realpolitik (*ted.*), *f.* (*stor., polit.*) realpolitik.

realtà, *f.* **1** reality: **la r. oggettiva**, objective reality; **la r. di un fenomeno**, the reality of a phenomenon; **la dura r. della vita quotidiana**, the harsh reality of everyday life; **verificare la r. di un fatto**, to verify (the truth of) a fact **2** (*fatto concreto*) fact; reality: **La droga è una r. con cui dobbiamo fare i conti**, drugs are a reality (*o* a fact) we must face; **un film basato sulla r.**, a film based on fact; **I suoi sogni sono diventati r. concrete**, his dreams have become realities **3** (*situazione*) situation, set-up; (*mondo, ambiente*) world, scene: **la r. economica del paese**, the country's economic situation; **la r. giovanile**, the world of the young. ● **la r. dei fatti** (*o* **delle cose**), (actual) facts: **Veniamo alla r. dei fatti**, let's get down to facts; let's come to the point □ **una r. di fatto**, a fact; a reality □ (*elab.*) **r. virtuale**, virtual reality □ **affrontare la r.**, to face reality □ **Gli manca il contatto con la r.**, he is out of touch with reality □ **diventare r.**, to come true; to be fulfilled □ **guardare in faccia la r.**, to face facts □ **in r.**, in reality; really; actually; as a matter of fact: **Sembra scostante ma in r. è un brav'uomo**, he seems standoffish, but he's really (*o* actually) very decent; **Chi decide tutto in r. è sua moglie**, all decisions are really taken by his wife □ **perdere il contatto con la r.**, to lose touch with reality □ **avere il senso della r.**, to be realistic □ **È sogno o r.?**, am I dreaming or is it really true?

reàme, (*lett.*) *V.* **regno**.

reàto, *m.* (*leg.*) offence, offense (*USA*); crime; criminal offence: **commettere** (*o* **rendersi colpevole di**) **un r.**, to commit a crime (*o* an offence); **incolpare q. di un r.**, to charge sb. with a crime; **r. civile**, tort; **r. comune**, non-political crime; **r. grave**, serious offence; felony; **r. minore**, petty offence; misdemeanour; violation; **r. penale**, criminal offence. ● **r. contro la proprietà**, property crime □ **r. di diffamazione**, slander; libel □ **r. di furto**, theft □ **r. di sangue**, (*omicidio*) murder, homicide; (*ferimento*) wounding □ **r. di stampa**, libel □ **corpo del r.**, material evidence □ **Il fatto non costituisce r.**, the fact does not amount to a crime □ **sorprendere q. in flagrante r.**, to take sb. in the very act (of doing st.); to catch sb. red-handed (*fam.*) □ (*fam.*) **Non è mica un reato!**, it's no crime!; it's not forbidden! □ (*fam.*) **È forse un r.?**, what's wrong about it?

reattànza, *f.* (*elettr.*) reactance: **r. induttiva**, inductive reactance.

reattino, *V.* **scricciolo**.

reattività, *f.* (*chim.*) reactivity.

reattivo, **A** *a.* (*chim., fis.*) reactive: **sostanza reattiva**, reactive substance; reagent; **carta reattiva**, test paper; (*elettr.*) **potenza reattiva**, reactive power. **B** *m.* **1** (*chim.*) reagent **2** (*psic.*) test.

reattóre, *m.* **1** (*aeron.*: *motore a reazione*) jet engine; (*aereo*) jet (plane) **2** (*fis. nucl.*) reactor: **r. a catena**, chain reactor; **r. a fusione**, fusion reactor; **r. ad acqua bollente**, boiling-water reactor (*abbr.*: BWR); **r. autofertilizzante**, breeder (reactor); **r. nucleare**, nuclear reactor; **nocciolo del r.**, reactor core **3** (*elettr.*) reactor; choke coil.

reazionàrio, **A** *a.* **1** (*polit.*) reactionary; rightist; blimpish (*GB*) **2** (*retrogrado*) obscurantist; conservative; backward-looking. **B** *m.* (*f.* **-a**) **1** (*polit.*) reactionary; rightist; Colonel Blimp (*GB*) **2** (*retrogrado*) conservative; die-hard; stick-in-the-mud (*fam.*); mossback (*fam. USA*).

reazionarismo, *m.* (*polit.*) reactionarism.

reazióne, *f.* **1** reaction; response: **azione e r.**, action and reaction; **r. lenta**, slow reaction; **r. violenta**, violent reaction; backlash; **r. automatica**, automatic reaction; reflex; knee-jerk reaction; **La sua r. mi colse di sorpresa**, his reaction caught me by surprise; **provocare una r.**, to draw a reaction; (*di protesta*) to cause an outcry; **La proposta non suscitò reazioni**, his proposal met with no response; **fare r. con**, to react with **2** (*polit.*) reaction; (*i reazionari*) reactionaries **3** (*chim.*) reaction: **r. acida [basica]**, acid [alkaline] reaction; **capacità di r.**, reagency **4** (*fis.*) reaction: (*anche fig.*) **r. a catena**, chain reaction; **r. nucleare**, nuclear reaction **5** (*aeron.*) reaction; jet (*attr.*): **r. aerodinamica**, aerodynamic reaction; **aereo a r.**, jet (plane); **motore a r.**, jet engine; **propulsione a r.**, jet propulsion **6** (*elettr., radio*) reaction; feedback: **r. acustica**, acoustic feedback **7** (*med.*) reaction; response: **r. allergica**, allergic reaction **8** (*psic.*) reaction: **tempo di r.**, reaction time.

rébbio, *m.* prong; tine.

reboànte, *a.* **1** (*rimbombante*) reverberating; booming; resounding; sonorous **2** (*fig., spreg.*) high-sounding; high-flown; bombastic: **parole reboanti**, high-souding words; **versi reboanti**, bombastic lines; **uno stile r.**, a bombastic style.

rèbus, *m. invar.* **1** (*gioco*) rebus **2** (*fig.*: *enigma*) enigma; puzzle; riddle; conundrum; mystery: **Questo caso è un vero r.**, this case is a real puzzle; **La sua partenza improvvisa è un r.**, his sudden departure is a mystery (*o* is very puzzling); **Quell'uomo è un r.**, that man is an enigma.

recalcitràre, *V.* **ricalcitrare**.

recapitàre, *v. t.* to deliver: **r. un pacco [la merce]**, to deliver a parcel [the goods]. ● **non recapitato**, undelivered.

recàpito, *m.* **1** (*indirizzo*) address; (*di comodo*) accommodation address: **indicare il proprio r.**, to give one's address; **dare un r. falso**, to give a false address; **lettera priva di r.**, unaddressed letter; **Ha il r. presso l'ufficio di un amico**, he uses a friend's office as his accommodation address **2** (*consegna*) delivery: **r. a domicilio**, home delivery; **r. a mano**, delivery by hand; **r. urgente**, special delivery; **pronto r.**, prompt delivery; **La lettera non ha avuto r.**, the letter has not been delivered; **provvedere al r. di q.c.**, to arrange for st. to be delivered; **In caso di mancato r. restituire al mittente**, if undelivered please return to sender.

recàre, **A** *v. t.* **1** (*portare*) to bring*; to take*; to bear*; to carry: **r. q.c. in dono a q.**, to bring sb. st. as a present; **r. un messaggio a q.**, to take a message to sb.; **Non recava nulla con sé**, he had nothing with him; he was carrying nothing **2** (*avere su di sé*) to bear*; to carry: **Il corpo non recava traccia di ferite**, the body bore no traces of wounds; **Il documento reca la sua firma**, the paper bears his signature; **La lapide recava solo il suo nome**, the tombstone bore only his name; **Nessun giornale recava la notizia**, no paper carried the news **3** (*cagionare, arrecare*) to cause; to bring*; to give*: **r. gioia**, to bring joy; **r. gioia a q.**, to make sb. happy; **r. piacere a q.**, to give sb. pleasure; **r. sollievo**, to bring relief; **r. molestia**, to cause trouble; **r. danno**, to harm; **r. dolore**, to cause (*o* to give) pain; to pain; **r. disturbo**, to disturb; to trouble; to inconvenience: **Sei sicuro che non reco alcun disturbo?**, are you sure I'm not inconveniencing you? **4** (*lett.*: *tradurre*) to translate into; to turn into. ● **r. ad effetto**, to carry out □ **r. a termine**, to finish (off); to accomplish. **B recàrsi**, *v. i. pron.* to go*: **r. dal dentista**, to go to the dentist's; **r. all'estero**, to go abroad.

recchióne, *m.* (*region. spreg.*) homosexual; (*spreg.*) queer, poof (*GB*), fag (*USA*).

recèdere, *v. i.* **1** (*fig.*: *tirarsi indietro*) to recede, to withdraw*, to back out; (*rinunziare*) to give* up, to abandon: **r. da un'impresa**, to recede from (*o* to back out of) an undertaking; **r. da un contratto**, to back out of a contract; **r. da una pretesa**, to give up a claim; **r. da un'idea**, to give up an idea; **non r. d'un passo**, not to yield an inch **2** (*leg.*) to back down.

recensióne, *f.* **1** review; (*di spettacolo, anche*) notice, critique, write-up (*fam.*): **fare la r. di un libro**, to review a book; **recensioni di libri**, book reviews; **r. favorevole**, good review; **r. negativa** bad (*o* poor) review **2** (*filol.*) recension; critical revision.

recensire, *v. t.* **1** to review; to write* a review of; to write* up **2** (*filol.*) to recense; to make* a recension of.

ecensóre, m. (f. **-a**) ***1*** reviewer; critic ***2*** *filol.*) editor.

ecènte, a. recent; (*nuovo*) new; (*fresco*) resh; (*aggiornato*) up-to-date; (*ultimo*) late: **Ci sono notizie recenti?**, is there any fresh news?; **le notizie più recenti**, the latest news; **e piogge recenti**, the recent rains; **i recenti avvenimenti**, the late (*o* recent) facts; **di data r.**, of recent date; **di r. formazione**, of recent formation; **un edificio di r. costruzione**, a recently erected building; **di r.**, recently; lately; of late; newly: **un libro pubblicato di r.**, a recently published book; **L'ho visto di r.**, I saw him recently.

ecentemènte, avv. recently; lately; of late; newly.

ecentissime, f. pl. (*giorn.*) stop press (*sing.*); spot (*o* latest) news (*sing.*).

ecepire, v. t. ***1*** (*accogliere*) to acknowledge; to give* due consideration to; to take* into account: **Il governo ha recepito le istanze dei lavoratori**, the government has acknowledged the workers' demands ***2*** (*leg.*) to absorb; to assimilate ***3*** (*capire*) to understand*.

eception (*ingl.*), f. invar. reception (desk).

eceptionist (*ingl.*), m. e f. invar. receptionist.

ecessióne, f. ***1*** recession; receding; withdrawal ***2*** (*econ.*) recession; slump: **far uscire il paese dalla r.**, to pull (*o* to bring) the country out of the recession; **r. improvvisa**, downswing.

ecessività, f. (*biol.*) recessiveness.

ecessivo, a. ***1*** (*biol.*) recessive: **carattere [gene] r.**, recessive trait [gene]; recessive ***2*** (*econ.*) recessionary; down (*attr.*): **sintomi recessivi**, recessionary symptoms; **tendenza recessiva**, downtrend.

ecèsso, m. ***1*** (*luogo appartato*) recess; nook: **un r. montano**, a mountain recess; **un r. ombroso**, a shady nook ***2*** (*fig.*) recess: **gli intimi recessi del cuore**, the inmost recesses of the heart ***3*** (*il recedere*) receding; withdrawing; recession; withdrawal ***4*** (*leg.*) withdrawal ***5*** (*med.*) remission ***6*** (*anat.*) recess.

ecettività, recettivo, V. **ricettività, ricettivo.**

ecettóre, A m. ***1*** (*biol., fisiol.*) receptor ***2*** (*fis.*) receptor; receiver. **B** a. receiving.

ecezióne, V. **ricezione.**

recidere, v. t. ***1*** to cut* off, to chop off, to sever; (*con forbici*) to snip off: **r. un ramo da un albero**, to cut (*o* to chop) a branch off a tree; **r. con la scure**, to chop off with an axe; **Gli fu recisa la testa**, his head was cut off; **r. un nodo**, to sever a knot; **r. un legame**, to sever a link; **recidersi le vene dei polsi**, to slash one's wrists ***2*** (*chir.*) to excise; to resect.

recidiva, f. ***1*** (*leg.*) recidivism; relapse into crime ***2*** (*med.*) relapse.

recidivànte, a. relapsing; recurring; recurrent.

recidivàre, v. i. ***1*** (*med.*: *di malattia*) to reappear (in a more serious form); (*di malato*) to relapse ***2*** (*leg.*) to relapse (into crime).

recidività, f. (*leg.*) recidivism.

recidivo, A a. ***1*** (*leg.*) habitual; recidivous: **delinquente r.**, habitual criminal ***2*** (*med.*: *di malattia*) recurring; (*di malato*) relapsing. **B** m. (f. **-a**) ***1*** (*leg.*) recidivist; old offender; habitual criminal ***2*** (*med.*) relapser.

recìngere, v. t. to enclose; to surround; to encircle; to fence; to fence in: **r. un giardino con un muro**, to enclose a garden with a wall; to wall in a garden; **r. con filo spinato**, to fence in with barbed wire; **r. di mura**, to surround with walls; **r. di palizzate**, to palisade.

recintàre, v. t. to fence; to fence in; to enclose; to surround: **r. un pascolo [un giardino]**, to fence a pasture [a garden]; **r. con una siepe**, to hedge in; **r. con filo spinato**, to fence in with barbed wire; **una proprietà recintata da un alto muro**, an estate surrounded by a high wall.

recinto, m. ***1*** (*spazio cintato*) enclosure; (*per animali*) pen, corral (*USA*); (*per cavalli da corsa*) paddock, enclosure: **rinchiudere in un r.**, to shut up in a pen; to pen up ***2*** (*per bambini*) playpen ***3*** (*recinzione*) fence; paling; stockade; barrier: **r. elettrificato**, electrified fence; **r. in muratura**, wall enclosure; **r. di assi**, wooden fence; **r. di filo spinato**, barbed-wire fence ***4*** (*sport*) ring. ● (*Borsa*) **r. delle grida**, floor; pit (*USA*); (*di Borsa Merci*) ring □ (*sport*) **r. del peso**, weighing-in room.

recinzióne, f. ***1*** (*il recingere*) enclosure; fencing in: **fare la r. di un campo**, to fence in (*o* to enclose) a field ***2*** (*recinto*) enclosure; fence; fencing: **r. in muratura**, wall enclosure; **r. a rete metallica**, wire-net fencing.

recipiènte, m. container; receptacle; vessel; (*vasca*) vat: **r. di vetro**, glass container; **r. per generi alimentari**, food container; **recipienti di cucina**, mixing bowls; **r. per rifiuti**, litter bin; **r. a rendere**, returnable container; **r. di latta**, tin; can (*USA*); **r. di raccolta**, (*tecn.*) collecting vessel; (*chim.*) receiver; **r. graduato**, graduate.

reciprocaménte, avv. reciprocally; mutually; (*l'un l'altro*) each other, one another: **aiutarsi r.**, to help each other (*o* one another).

reciprocànza, f. (*lett.*) reciprocity; reciprocation.

reciprocàre, v. t. to reciprocate; to interchange.

reciprocità, f. reciprocity; reciprocality; mutuality: **di r.**, reciprocal; mutual: **accordo di r.**, mutual agreement; (*comm.*) **su base di r.**, on mutual terms.

reciproco, A a. ***1*** reciprocal; mutual: **affetto r.**, reciprocal love; **avversione reciproca**, mutual aversion; **amicizia reciproca**, mutual (*o* reciprocal) friendship; **obblighi [favori] reciproci**, reciprocal obligations [favours]; **vantaggio r.**, mutual benefit; **testamenti reciproci**, mutual wills; **uno scambio r. di cortesie**, a mutual exchange of courtesies ***2*** (*gramm.*) reciprocal: **pronome r.**, reciprocal pronoun ***3*** (*mat.*) reciprocal: **proporzioni reciproche**, reciprocal proportions. **B** m. (*mat.*) reciprocal; inverse.

recișaménte, avv. resolutely; firmly; flatly; definitely; (*senza esitazione*) without hesitation.

recișióne, f. ***1*** (*lett.*) cutting off ***2*** (*fig.*: *fermezza*) firmness; resoluteness ***3*** (*chir.*) excision; resection.

recișo, a. ***1*** (*tagliato*) cut; cut off: **un ramo r.**, a cut-off branch; **fiori recisi**, cut flowers ***2*** (*fig.*: *risoluto*) resolute; firm; flat; definite: **una risposta recisa**, a firm answer; **un «no» r.**, a flat «no».

rècita, f. ***1*** (*teatr.*) performance; play; show: **r. di beneficenza**, charity performance; **r. all'aperto**, outdoor performance; **r. scolastica**, school play; school show ***2*** (*il recitare*) recitation; recital.

rècital, m. invar. recital.

recitànte, a. – (*mus.*) **voce r.**, spoken voice.

recitàre, A v. t. ***1*** (*dire a memoria*) to recite; to say*: **r. una poesia**, to recite a poem; **r. la lezione**, to say (*o* to repeat, to recite) one's lesson; **r. le preghiere**, to say one's prayers ***2*** (*teatr.*) to perform; to play; to act: **r. un dramma**, to perform a play; **r. la parte di Amleto**, to act (*o* to play) Hamlet; (*anche fig.*) **r. la propria parte**, to play one's part ***3*** (*fig.*: *fingere*) to act; to put* on: **r. la parte dell'ingenua**, to act the innocent; **r. la commedia**, to play-act; to put on an act; to put it on ***4*** (*di legge, norma*: *affermare*) to state; to say* ***5*** (*di titolo, testo, ecc.*: *dire*) to read*; to say* **B** v. i. ***1*** (*teatr.*) to act; (*essere attore*) to be an actor: **Non sa r.**, he can't act ***2*** (*fig.*: *fingere*) to play-act; to put* on an act; to put* it on.

recitativo, a. e m. (*mus.*) recitative.

recitatóre, m. (f. **-trice**) reciter.

recitazióne, f. ***1*** (*il recitare*) recitation; recital; reciting: **la r. d'una poesia**, the recitation of a poem ***2*** (*teatr.*) acting: **La r. fu ottima**, the acting was excellent; **scuola di r.**, drama school.

reclamànte, m. e f. claimant; claimer; complainant.

reclamàre, A v. i. to protest; to complain; to object; (*presentare reclamo*) to make* (*o* to lodge) a complaint: **r. contro q. [q.c.]**, to protest against sb. [st.]; **r. energicamente**, to protest (*o* to object) vigorously; **r. presso q.**, to complain to sb.; to make a complaint to sb. **B** v. t. ***1*** (*rivendicare*) to claim, to lay* claim to; (*chiedere*) to ask for, to call for, to demand; (*esigere in restituzione*) to reclaim, to claim back: **r. i propri diritti**, to claim one's rights; **r. una parte del patrimonio**, to lay claim to a part of the estate; **r. giustizia**, to demand justice; **r. misure urgenti contro l'inflazione**, to call for (*o* to demand) urgent measures against inflation; **r. una lettera all'ufficio postale**, to claim a letter from the post office; **r. gli arretrati**, to demand one's arrears of wages; **r. il risarcimento di una somma**, to claim back a sum ***2*** (*fig.*: *abbisognare*) to require; to need.

réclame (*franc.*), f. invar. ***1*** (*pubblicità*) advertising; publicity: **fare r. a q.c.**, to advertise st.; **È tutta r.**, it's all publicity ***2*** (*avviso pubblicitario*) advertisement; advert; ad; (*radio, TV*) commercial.

reclamista, m. e f. ***1*** (*agente di pubblicità*) advertising agent ***2*** (*chi ama mettersi in vista*) self-advertiser; show-off.

reclamìstico, a. ***1*** advertising; publicity (*attr.*); promotional ***2*** (*fig.*) ostentatious; showing-off.

reclamizzàre, v. t. to advertise; to publicize; to bill; to plug (*fam.*).

reclamizzazióne, f. advertizing; publicity; plugging (*fam.*).

reclàmo, m. complaint; claim: **avanzare** (*o* **sporgere**) **un r.**, to make (*o* to lodge) a complaint; **fare r.**, to complain; **contestare un r.**, to dispute a claim; **ufficio reclami**, complaint department.

reclinàbile, a. reclining: **sedile r.**, reclining seat.

reclinàre, v. t. ***1*** (*piegare*) to bow; to bend*: **Reclinò il capo e non si mosse più**, he bent his head and was still ***2*** (*appoggiare*) to lean*; to rest; to recline: **r. il capo su un guanciale**, to rest (*o* to recline) one's head on a pillow; **r. la testa sul braccio**, to lean one's head on one's arm ***3*** (*inclinare*) to recline: **r. un sedile**, to recline a seat.

reclinàto, a. ***1*** (*di sedile*) reclined; lowered; low ***2*** (*bot.*) recumbent.

reclìno, a. (*lett.*) reclining; (*chino*) bowed, bent.

reclùdere, v. t. ***1*** (*lett.*) to seclude; to confine; to shut* up ***2*** (*leg.*) to imprison; to put* in prison.

reclușa, V. **recluso, B.**

reclușióne, f. ***1*** (*il rinchiudere*) reclusion; confinement; shutting up; seclusion ***2*** (*leg.*) imprisonment; confinement: **tre anni di r.**, three years' imprisonment; **essere condannato alla r.**, to be sentenced to imprisonment; to be given a prison sentence; **r. a vita**, life imprisonment.

reclușo, A a. secluded; confined. **B** m. (f. **-a**) (*detenuto*) prisoner; convict. ● **fare una vita da r.**, to live like a recluse.

reclușòrio, m. prison; jail, gaol (*GB*); penitentiary (*USA*).

rècluta, f. ***1*** (*mil.*) recruit; conscript; rookie (*fam.*) ***2*** (*fig.*: *nuovo arrivato*) newcomer, new recruit; (*novellino*) beginner, novice, raw recruit, rookie (*fam.*).

reclutaménto, m. ***1*** (*mil.*) recruitment; recruiting; enlisting ***2*** (*estens.*: *assunzione*) employment; hiring; recruiting.

reclutàre, v. t. ***1*** (*mil.*) to recruit; to enlist ***2***

(*estens.*: *assumere*) to employ, to hire; (*raccogliere*) to recruit: **r. manodopera qualificata**, to hire skilled workers; **r. nuovi iscritti**, to recruit new members.

reclutatóre, (*mil.*) **A** *a.* recruiting. **B** *m.* (*f.* **-trice**) recruiter.

recòndito, *a.* ***1*** (*di luogo*) hidden, remote; (*isolato*) secluded: **un luogo r.**, a hidden spot; a secluded place; **un angolo r.**, a hidden corner ***2*** (*fig.*: *nascosto, segreto*) hidden, concealed, secret, covert, ulterior; (*intimo*) inner, inmost: **pensieri reconditi**, secret (*o* covert, inner) thoughts; **fine r.**, secret purpose; ulterior motive.

reconditòrio, *m.* (*eccles.*) reliquiary.

rècord, A *m. invar.* ***1*** (*primato*) record: **r. mondiale**, world record; **il r. del salto in alto**, the record for the high jump; **battere un r.**, to break (*o* to beat) a record; **detenere un r.**, to hold a record; **stabilire un r.**, to set a record; **detentore di un r.**, record holder; **Lo spettacolo ha conosciuto un r. di pubblico**, the show had a record attendance; (*fig.*) **avere il r. delle assenze**, to have a record number of absences ***2*** (*elab.*) record. ● (*fig.*) **a tempo di r.**, in record time. **B** *a. invar.* record (*attr.*); unprecedented: **I prezzi hanno raggiunto vette r.**, prices have soared to a record high; **cifra r.**, record figure.

recordista, *m.* e *f.* (*cinem.*) sound engineer; recordist.

rècordman, *m. invar.* (*sport*) record holder.

recriminàre, A *v. i.* to regret; to lament; to mourn over; to complain: **r. sull'accaduto**, to regret what happened; **r. sul passato**, to mourn over the past; to cry over spilt milk (*fam.*); **È inutile r.**, there's no point in complaining; regrets leads nowhere. **B** *v. t.* (*ritorcere un'accusa*) to recriminate.

recriminatòrio, *a.* recriminatory; recriminative.

recriminazióne, *f.* ***1*** (*lamentela*) complaint; reproach ***2*** (*controaccusa*) recrimination.

recrudescènza, *f.* recrudescence (*anche med.*); renewal; fresh outburst (*o* outbreak); upsurge; flare-up; worsening: **una r. dell'epidemia**, a recrudescence of the epidemic; **una r. di freddo**, a return of cold weather; **una r. di violenza**, a fresh outbreak (*o* an upsurge) of violence.

recto (*lat.*), *m.* face; (*di foglio*) recto; (*di moneta*) obverse.

recuperàbile, *a.* recoverable; retrievable; (*redimibile*) reformable; (*riutilizzabile*) reclaimable, recyclable; (*di ritardo, ecc.*) that can be made up.

recuperabilità, *f.* recoverableness; retrievableness.

recuperàre, *v. t.* ***1*** (*riacquistare*) to recover, to retrieve, to get* back, to recuperate; (*riguadagnare*) to regain, to retrieve, to recoup: **r. le forze [la salute]**, to recover one's strength [one's health]; **r. la vista**, to recover (*o* to regain) one's sight; **r. il proprio denaro**, to get one's money back; **r. un credito**, to recover a credit; **r. una perdita**, to recoup a loss; **r. le spese**, to recover (*o* to recoup) expenses; **r. la libertà**, to regain one's freedom ***2*** (*ritrovare*) to recover, to retrieve; (*salvare*) to save, to rescue, to salvage: **r. la refurtiva**, to recover the stolen goods; **r. il portafoglio**, to recover (*o* to retrieve) one's wallet; **Sono riuscito a r. solo poche cose dall'incendio**, I managed to save only a few things from the fire; **Solo cinque corpi sono stati finora recuperati**, only five bodies have been so far recovered ***3*** (*naut.*: *un carico*) to salvage; (*una nave*) to refloat; (*tirare a bordo*) to haul in ***4*** (*riabilitare*) to reform; to rehabilitate: **r. i tossicodipendenti**, to rehabilitate drug addicts; **r. q. alla società**, to restore sb. to society ***5*** (*restaurare*) to restore; (*riciclare*) to recycle; (*rigenerare*) to regenerate; (*mecc.*) to salvage: **r. un vecchio edificio**, to restore an old building; **r. il vetro**, to recycle glass ***6*** (*rimontare uno svantaggio*) to make* up for; (*assol.*) to catch* up, to make* up leeway: **r. un ritardo**, to make up for a delay; **r. terreno**, to make up ground; **r. uno svantaggio**, to catch up; to make up for it; **r. il tempo perduto**, to make up for lost time; **Sono stato via un mese e ora devo r.**, I've been away for a month and now I have to catch up; **Il centro ha recuperato nelle elezioni**, the centre made up ground in the election. ● (*sport*) **r. una partita**, to play a postponed match □ (*comm.*) **crediti da r.**, outstanding credits.

recuperatóre, *m.* (*f.* **-trice**) ***1*** (*ind.*) regenerator; recuperator ***2*** (*naut.*) salvager; salvor; wrecker (*USA*).

recùpero, *m.* ***1*** (*riacquisto*) recovery; retrieval; reclaim; reclamation; recoupment: **il r. delle forze [dell'udito]**, the recovery of one's strength [of one's hearing]; **r. dei costi**, recovery (*o* recoupment) of costs; **r. dei crediti**, debt collection (*o* collecting) ***2*** (*ritrovamento*) recovery; rescue: **il r. della refurtiva**, the recovery of stolen goods; **il r. delle salme**, the recovery of the bodies; **operazioni di r.**, rescue operations ***3*** (*naut.*) salvage; salvaging; rescue: **operazioni di r. del carico**, salvage operations; **r. di un relitto**, wreck raising; **diritti di r.**, salvage charges; **società di recuperi marittimi**, salvage company ***4*** (*riutilizzo*) reutilization, reclamation, salvage, renewal; (*restauro*) restoration; (*riciclaggio*) recycling; (*rigenerazione*) regeneration: **il r. della carta**, paper recycling; **il r. di un quartiere**, the reclamation of a district ***5*** (*riabilitazione*) rehabilitation; reformation: **il r. degli ex detenuti**, the rehabilitation of ex convicts ***6*** (*rimonta da uno svantaggio*) making up; recovery; comeback: **r. del ritardo**, making up for the delay; **un lieve r. del partito alle ultime elezioni**, a slight recovery of the party in the last election; **C'è stato un r. del Foggia nel secondo tempo**, Foggia rallied (*o* made a comeback) in the second half ***7*** (*med., psic.*) recovery ***8*** (*sport*) replay: **disputare il r.**, to replay a match; **minuti di r.**, extra time; **partita di r.**, replay; rematch. ● **classe di r.**, remedial class □ **capacità di r.**, recuperative powers; resilience □ **lezione di r.**, extra lesson □ **materiale di r.**, scraps (*pl.*); (*ind.*) salvage □ (*ind. della carta*) **vasca di r.**, backwater tank.

redància, *V.* **radancia**.

redarguìbile, *a.* reproachable; reprovable; blameworthy.

redarguìre, *v. t.* to reproach; to reprimand; to lecture; to scold: **Fu redarguito dall'arbitro**, he was reprimanded by the referee; **Il maestro redarguì i ragazzi**, the teacher scolded his pupils.

redàtto, *a.* drawn up; written; worded: **un contratto r. in modo chiaro**, a clearly drawn-up contract.

redattóre, *m.* (*f.* **-trice**) ***1*** (*chi redige*) drawer; compiler; writer; author: **il r. di una relazione**, the drawer (*o* author) of a report ***2*** (*giorn.*) subeditor, copy editor, member of the editorial staff; (*cronista*) reporter: **i redattori di un giornale**, the editorial staff of a newspaper; **essere r. di un giornale**, to be on the editorial staff of a newspaper; **r. letterario**, literary editor; **r. sportivo**, sports editor; **r. capo**, managing editor ***3*** (*di casa editrice*) editor.

redazionàle, *a.* editorial.

redazióne, *f.* ***1*** (*il redigere*) drawing up; writing; wording ***2*** (*compilazione d'un giornale*) compilation; assembling; editing ***3*** (*insieme dei redattori*) editorial staff; (*ufficio*) editorial office ***4*** (*versione*) version; draft: **la prima r. di un romanzo**, the first draft of a novel.

redàzza, *V.* **radazza**.

redditière, *m.* (*f.* **-a**) (*econ.*) rentier (*franc.*); beneficiary of an income.

redditività, *f.* (*econ.*) profitability.

redditìzio, *a.* profitable; profit-making; lucrative; remunerative; paying; cost-effective: **un'impresa redditizia**, a profitable business; **commercio r.**, lucrative trade; **un lavoro r.**, a lucrative job; **Non è r.**, it is unprofitable; it's not cost-effective; it does not pay.

rèddito, *m.* (*provento*) income, revenue; earnings (*pl.*), gains (*pl.*); (*utile*) profit, yield, return: **r. personale**, private income; **r. annuo**, annual income; **r. complessivo**, aggregate income; **r. da fabbricati**, rent (*o* rental) income; **r. da lavoro**, earned income; **r. da lavoro dipendente**, income from employment; salary income; wage income; **r. da lavoro autonomo**, income from self-employment; **redditi da capitale**, unearned income; capital gains; return on capital; **il r. d'un investimento**, the yield of an investment; **r. esente da imposta**, tax-free income; **r. fisso**, (*di lavoratore*) fixed income; (*di titoli*) fixed interest; **r. imponibile**, income liable to tax; **r. nazionale lordo**, gross national income; **redditi non provenienti da lavoro**, unearned income; **redditi occasionali**, casual earnings; **r. pro capite**, per capita income; **redditi professionali**, professional earnings; **dichiarazione dei redditi**, income-tax return; **imposta sul r.**, income tax; **scaglioni di r.**, income brackets; **vivere del proprio r.**, to live on one's income; **a basso [alto] r.**, low-income [high-income].

redènto, *a.* redeemed; (*liberato*) liberated; (*pentito*) reformed: **r. dal peccato**, redeemed (*o* delivered) from sin; **un popolo r.**, a liberated people; **un criminale r.**, a reformed criminal.

redentóre, A *m.* (*f.* **-trice**) redeemer; (*liberatore*) liberator: **il r. degli oppressi**, the redeemer of the oppressed; (*relig.*) **il R.**, the Redeemer. **B** *a.* redeeming.

redentorista, *m.* (*eccles.*) Redemptorist.

redenzióne, *f.* ***1*** (*liberazione*) liberation, deliverance, redemption; (*riscatto*) ransom: **la r. di un popolo**, the deliverance of a people ***2*** (*relig.*) redemption: **la r. del genere umano**, the redemption of mankind.

redibitòrio, *a.* (*leg.*) redhibitory: **azione redibitoria**, redhibitory action; redhibition; **vizio r.**, redhibitory defect.

redìgere, *v. t.* to draw* up; to make* out; to word; (*scrivere*) to write*; (*compilare*) to compile: **r. un atto [un documento, un contratto, un bilancio]**, to draw up a deed [a document, a contract, a balance sheet]; **r. il verbale (di una seduta)**, to draw up the minutes; **r. un rapporto [un programma]**, to draw up a report [a programme]; **r. un articolo**, to write an article; **r. un dizionario**, to compile a dictionary.

redìmere, A *v. t.* ***1*** (*liberare*) to redeem; to ransom; to liberate; to deliver: **r. dalla schiavitù**, to redeem (*o* to ransom) from bondage; **r. dal peccato**, to redeem (*o* to deliver) from sin ***2*** (*riformare*) to reform; to rehabilitate ***3*** (*fin.*: *estinguere*) to redeem; to pay* off: **r. un'ipoteca**, to redeem a mortgage. **B redimersi,** *v. rifl.* to redeem oneself; to reform (oneself).

redimìbile, *a.* (*anche fin.*) redeemable: **titoli redimibili**, redeemable stock; **prestito r.**, redeemable loan.

redimibilità, *f.* (*anche fin.*) redeemability.

rèdine, *f.* (*anche fig.*) rein: **le redini di un cavallo [dello Stato]**, the reins of a horse [of the state]; **tenere le redini**, to hold the reins; **tirare le redini**, to draw rein; to rein up; **prendere le redini del governo**, to take over the reins of government.

redingote (*franc.*), *f. invar.* ***1*** (*cappotto maschile*) redingote; frock coat ***2*** (*abito femminile*) redingote; coat dress.

redivìvo, A *a.* restored to life; brought back to life. ● **essere un Raffaello r.**, to be another (o a new, a second) Raphael. **B** m. (f. **-a**) person restored to life: (*scherz.*) **Ecco il nostro r.!**, look, he's back in the land of the living!

redolènte, a. (*lett.*) sweet-smelling; fragrant.

rèduce, A a. returned; back; **essere r. da un lungo viaggio**, to be back from a long journey; **Sono r. da una brutta avventura**, I've just been through an unpleasant experience; **È r. da una sconfitta elettorale**, he was defeated in the last election. **B** m. e f. ex-serviceman* (*m.*); ex-servicewoman* (*f.*); veteran (*USA*); (*superstite*) survivor. ● (*fam.*) **r. dalle patrie galere**, jailbird, gaolbird (*GB*).

reduplicàre, v. t. (*lett.*) to reduplicate, to redouble, to double; (*ripetere*) to repeat.

reduplicatìvo, a. reduplicative.

reduplicazióne, f. (*lett.*) reduplication, duplication; (*ripetizione*) repetition.

reduttàși, f. (*biol., chim.*) reductase.

réfe, m. (*ind. tess.*) twist; (*filo*) thread, yarn: **un rocchetto di r.**, a reel of thread.

referendàrio, A m. referendary. **B** a. referendum (*attr.*): **consultazione referendaria**, referendum; **voto r.**, vote in a referendum.

referèndum, m. invar. **1** (*polit.*) referendum*: **indire un r.**, to hold a referendum; **risolvere la questione attraverso un r.**, to put the question to a referendum; **r. istituzionale**, plebiscite **2** (*indagine*) survey; poll.

referènte, A a. reporting; referring. **B** m. **1** (*ling.*) referent **2** (*punto di riferimento*) point of reference.

referènza, f. **1** reference; (*benservito*) testimonial, character: **una cameriera con ottime referenze**, a maid with very good references (*o* a very good character); **una lettera di referenze**, a letter of reference; **referenze commerciali [bancarie]**, trade [bank] references; **allegare [presentare] referenze**, to enclose [to produce] one's references **2** (*ling.*) reference.

referenziàle, a. (*ling.*) referential.

referenziàre, A v. t. to provide with references (*o* with testimonials). **B** v. i. to supply references (*o* testimonials); to enclose references (*o* testimonials).

referenziàto, a. supplied with references (*o* testimonials): **essere molto ben r.**, to have excellent references; **Cercasi colf referenziata**, wanted domestic help with first-class testimonials.

refèrto, m. report: **r. medico**, medical report.

refettòrio, m. refectory; dining-hall.

refezióne, f. meal: **r. scolastica**, school meals (*pl.*).

refilàre, v. t. to trim.

rèfill (*ingl.*), m. invar. refill.

reflazióne, f. (*econ.*) reflation.

reflazionìstico, a. (*econ.*) reflationary.

reflessologìa, V. **riflessologia.**

rèflex (*ingl.*), (*fotogr.*) **A** m. invar. reflex. **B** f. invar. reflex camera.

refluìre, V. **rifluire.**

rèfluo, a. flowing back; refluent.

reflùsso, m. (*med.*) reflux.

rèfolo, m. puff of wind.

reforming (*ingl.*), m. invar. (*chim.*) reforming: **benzina di r.**, reformed petrol.

refrain (*franc.*), m. invar. (*mus.*) refrain; chorus.

refrattarietà, f. (*scient.* e *fig.*) refractoriness.

refrattàrio, a. **1** (*chim., tecn.*) refractory: **materiale r.**, refractory material; **argilla refrattaria**, fireclay; **mattone r.**, refractory brick; firebrick **2** (*med., biol.*) refractory: **un malato r. alle cure**, a patient refractory (*o* unresponsive) to treatment; **r. alle malattie**, immune to diseases **3** (*fig.*: *ribelle, sordo*) refractory, insensible, impenetrable; (*indifferente*) indifferent, impervious: **r. alla disciplina**, refractory to discipline; **r. a qualsiasi forma di cultura**, indifferent to all culture; **r. alle critiche**, impervious to criticism; **Sono r. alla chimica**, I have no aptitude for chemistry; I'm no good at chemistry (*fam.*); **r. al matrimonio**, averse to getting married; not cut out for marriage.

refrigeraménto, m. V. **refrigerazione**.

refrigerànte, A a. **1** refrigerant; refrigerative; refrigerating; cooling; (*rinfrescante*) refreshing: **una bevanda r.**, a cooling (*o* refreshing) drink; **cella r.**, refrigerating room (*o* cell); **miscela r.**, freezing mixture **2** (*fig.*) refreshing; soothing: **sonno r.**, a refreshing sleep. **B** m. **1** (*apparecchio*) refrigerator; cooler **2** (*fluido*) refrigerant; coolant.

refrigeràre, A v. t. **1** to refrigerate; to cool; to chill: **r. alimenti**, to chill food **2** (*rinfrescare, dar refrigerio*) to cool; to refresh. **B** **refrigeràrsi,** v. rifl. to refresh oneself.

refrigeratìvo, a. refrigerative; refrigerant; cooling.

refrigeratóre, A m. (*apparecchio refrigerante*) refrigerator; cooler: **r. ad acqua**, water cooler; **r. per vini**, wine cooler. **B** a. refrigeratory; refrigerating; cooling.

refrigerazióne, f. refrigeration; refrigerating; cooling: **r. dell'aria**, air refrigeration; (*autom.*) **r. ad acqua**, water cooling; **r. ad aria**, air cooling.

refrigèrio, m. **1** (*freschezza*) refreshment; freshness; coolness **2** (*fig.*: *sollievo, conforto*) relief; solace; comfort.

refugium peccatorum (*lat.*), locuz. m. (*scherz.*) **1** (*persona*) big-hearted person; meal ticket (*fam.*); soft touch (*fam.*) **2** (*posto*) safe job; meal ticket (*fam.*).

refurtìva, f. stolen goods (*pl.*); stolen property: **ricuperare la r.**, to recover the stolen goods.

refùșo, m. **1** (*tipogr.*) wrong fount **2** (*errore di stampa*) misprint; typo (*fam.*); literal (*GB*).

regalàbile, a. suitable as a present: **Non è un libro r. a un bambino**, this book is not suitable as a present for a child; you can't give this book to a child.

regalàre, v. t. **1** (*donare*) to give* (as a present); to present; to make* a present of: **Gli ho regalato una stilografica**, I gave him a fountain pen (as a present); **Me l'hanno regalato quando mi sono sposata**, I was given it as a wedding present; **Gli fu regalato un orologio**, he was presented with a watch; **Tieni, te lo regalo!**, take it, it's yours!; **Non te lo presto, te lo regalo**, it's not a loan, it's a present **2** (*vendere a basso prezzo*) to sell* cheap; to give* away, to sell* for a song (*fam.*): **È regalato**, it's given away; it's dirt cheap (*fam.*) **3** (**regalarsi**: *concedersi*) to treat oneself to: **Mi sono voluto r. un po' di riposo**, I have treated myself to some rest; **regalarsi un sigaro**, to treat oneself to a cigar. ● (*iron.*) **r. a q. un occhio nero**, to give sb. a black eye.

regalàto, a. **1** presented; given **2** (*a buon prezzo*) cheap; dirt cheap (*fam.*); given away (*fam.*): **A quel prezzo è praticamente r.**, at that price it's just given away. ● **una promozione regalata**, an undeserved pass □ **una vittoria regalata**, a walkover.

regàle, A a. **1** (*proprio di un re, reale*) royal; kingly: **dignità r.**, royal dignity; **corona r.**, kingly crown **2** (*fig.*) regal, kingly, royal; (*splendido*) princely, splendid, magnificent: **splendore r.**, regal splendour; **magnificenza r.**, kingly magnificence; **un dono r.**, a princely (*o* magnificent, splendid) gift; **accoglienza r.**, royal welcome. **B** m. (*mus.*) regal.

regalèco, m. (*zool., Regalecus glesne*) giant oarfish.

regalìa, f. **1** (*regalo in denaro*) gratuity; (*mancia*) tip **2** (*omaggio di prodotti*) offering **3** (*stor.*) royalty.

regalìșmo, m. (*stor.*) regalism.

regalista, m. e f. (*stor.*) regalist.

regalità, f. **1** (*condizione, dignità di re*) regality; royalty; sovereignty; kingship **2** (*l'essere regale*) kingliness; queenliness; majesty: **r. d'aspetto**, regal appearance.

regalménte, avv. regally; royally.

regàlo, A m. **1** present; gift: **Ho ricevuto un bellissimo r.**, I got a beautiful present; **r. di Natale**, Christmas present; **r. di compleanno**, birthday present; **r. di nozze**, wedding present; **r. in denaro**, gift of money; **fare un r. a q.**, to give sb. a present; **dare q.c. in r.**, to give st. as a present **2** (*fig.*: *favore*) favour, service; (*piacere*) pleasure: **Mi fai un vero r. se vieni anche tu**, you will do me a great favour if you come too; I'll be very glad if you come too; **Le tue visite sono un vero r.**, your visits give me great pleasure **3** (*fig.*: *cosa che costa poco*) giveaway (*fam.*): **A questo prezzo la macchina è un r.**, the car is a giveaway at this price. **B** a. invar. gift (*attr.*): **confezione r.**, gift wrapping.

regàta, f. (*sport*) (sailing) race; (*serie di gare*) regatta: **disputare una r.**, to sail a race.

regatànte, m. e f. (*sport*) racer.

regatàre, v. i. (*sport*) to sail a race; to race.

regèsto, m. **1** (*registro*) register **2** (*riassunto di documento*) document summary.

reggènte, A a., m. e f. **1** (*di sovrano*) regent; (*di funzionario pubblico*) deputy, vice: **il Principe R.**, the Prince Regent **2** (*gramm.*) governing: **il verbo r.**, the governing verb; **proposizione r.**, main clause. **B** f. (*gramm.*) main clause.

reggènza, A f. **1** (*di sovrano*) regency; (*di funzionario pubblico*) deputyship: **esercitare la r.**, to be a regent; to act as a deputy **2** (*gramm.*) government; regimen. **B** a. Regency (*attr.*): **stile r.**, Regency style; **in stile r.**, Regency (*attr.*).

règgere, A v. t. **1** (*sostenere*) to hold* up, to bear*, to support; (*portare*) to carry: **Questa trave regge il peso del tetto**, this beam bears the weight of the roof; **Quel ponte non è tanto forte da r. un treno**, that bridge is not strong enough to support a train; **Quel ramo non ti reggerà**, that branch won't support you; **Le gambe non lo reggono più**, his legs can't carry him any more; **Lo reggevano per le braccia**, they held him up by the arms; **r. lo strascico della sposa**, to hold the bride's train; **Reggimi la scala**, hold (*o* steady) the ladder for me; **r. un bimbo fra le braccia**, to hold a child in one's arms; **Il facchino reggeva tre valigie**, the porter was carrying three suitcases **2** (*tenere in mano*) to hold*: **Reggimi il cappello**, hold my hat for me; **Apro io, tu reggi il lume**, I'll open up, you hold the lamp **3** (*governare*) to rule, to govern; (*essere a capo di*) to be in charge of: **Il principe resse il paese in assenza del re**, the prince ruled the country in the absence of the king; **r. un impero**, to rule over an empire; **r. un popolo**, to rule a people; **Il paese è retto da un governo di coalizione**, the country is governed by a coalition government; **r. il governo**, to head the government; **r. una diocesi**, to be in charge of a diocesis **4** (*dirigere*) to manage; to run*: **r. un'azienda**, to manage (*o* to run) a business **5** (*guidare*) to guide: **Gli resse la mano nella firma**, he guided his hand as he signed; **r. i passi di q.c.**, to guide sb.'s steps **6** (*sopportare*) to stand*; to bear*: **Io suo fratello non lo reggo**, I can't stand (*o* bear) his brother; **Fatica a r. il nostro ritmo di lavoro**, he can hardly stand our pace (of work); **r. la prova**, to stand the test; **r. il vino**, to hold (*o* to carry) one's wine **7** (*gramm.*) to govern; to take*: **Questo verbo regge il dativo**, this verb takes the dative; **verbi che reggono l'infinito**, verbs that govern (*o* take) the infinitive. ● **r. l'acqua**, to be waterproof □ (*fig.*) **r. l'anima coi denti**, to be on one's last legs □ (*fig.*) **r. la coda a q.**, to fawn on sb.; to toad on sb. □ (*naut.*) **r. il mare**, to ride well; to be seaworthy □ (*fig. fam.*) **r. il moccolo**, to play gooseberry □ **reggersi la pancia (dalle risa)**, to hold one's sides with laughter □ (*fig.*) **r. il sacco a q.**, to aid and abet sb. **B** v. i. **1** (*resistere*) to hold* out; to resist; to withstand*:

r. a un assalto, to hold out against (*o* to withstand) an attack; **Non credo che reggerò a lungo**, I don't think I will hold out much longer; **r. alla tentazione di fumare**, to resist the temptation to smoke; **L'argine non resse alla piena**, the dyke did not resist (*o* didn't hold out against) the floodwater; **r. bene**, to hold up well; (*sport*) **La difesa ha retto**, the defence held its own; **I suoi nervi non hanno retto**, his nerves could not stand (*o* take) the strain; **r. alla tensione**, to hold out under the strain; **Non mi reggeva il cuore di dirglielo**, I hadn't the heart to tell him; **Non mi regge il cuore di vederla patire tanto**, it breaks my heart to see her suffering so much ***2*** (*sopportare*) to stand*, to bear*, to resist; (*tener testa*) to stand* up to: **r. alla prova**, to stand the test; **r. al caldo**, to stand the heat; **r. al calore**, to be heat-resistant; **r. al fuoco**, to be fireproof (*o* fire-resistant); **r. alla fatica**, to stand up to hard work; to stand fatigue; **r. al dolore**, to stand (*o* to bear) pain: **Non posso r. a questo dolore**, this pain is more than I can bear; **Non potevano più r. alla sete**, they couldn't stand (*o* bear) thirst any more; **Non tutti possono r. a una tale vita**, not everyone can put up with such a life; **r. alle lusinghe**, to resist flattery; **r. a un colpo**, to stand (*o* to withstand) a blow; **r. alla concorrenza**, to stand up to competition; **r. al confronto (con)**, to bear comparison (with); to compare (with); **r. bene al confronto**, to compare favourably (with); **r. a un attento esame**, to stand (*o* to bear) careful examination ***3*** (*durare*) to last, to hold*; (*di cibi*) to keep*: **Credo che il bel tempo regga**, I think the good weather will last (*o* will hold); **Domani, se il tempo regge, partiremo**, tomorrow, if the weather holds, we'll leave; **Questo governo non reggerà a lungo**, this government won't last long; **Provo a legarlo, ma non reggerà**, I'm going to tie it on, but it won't hold; **Questo formaggio regge per parecchi giorni**, this cheese keeps for several days; **Questo è un colore che regge**, this is a colour that does not fade ***4*** (*essere plausibile*) to stand* up; to hold* water: **È un'accusa [un'obiezione] che non può r.**, this charge [this objection] cannot stand up; **Le sue opinioni non reggono ai fatti**, his opinions are disproved by the facts; **una spiegazione che non regge**, an explanation that doesn't hold water (*o* that won't wash) ***5*** (*stare in piedi*) to stand*: **Le grandi cattedrali gotiche reggono da oltre sei secoli**, the great Gothic cathedrals have stood for over six centuries. **C règgersi**, *v. rifl.* e *i. pron.* ***1*** (*sostenersi*) to stand*: **Oggi mi reggo appena**, I can hardly stand today; **Il bimbo si regge già bene**, the child is already standing well; **È così ubriaco che non si regge in piedi**, he's so drunk that he can't stand (on his feet); **r. sulle stampelle**, to lean on crutches; **La sua argomentazione si regge su due postulati**, his argument rests (*o* stands) on two assumptions ***2*** (*aggrapparsi*) to hold* on to; to cling* on to: **Reggiti a questa fune!**, hold on to this rope!; **Reggetevi a me**, hold on to me; **Si resse al lampione**, he clung on to the lamp-post ***3*** (*resistere, sopportare*) to keep* going; (*mantenersi*) to keep*; (*durare*) to last: **Con tante spese, il giornale stenta a r.**, with so many expenses, the paper is finding it difficult to keep its head above water (*o* to keep on its feet, to keep going); **r. in vita**, to keep oneself alive; to hold on to life; **r. a galla**, to float; to keep afloat ***4*** (*governarsi*) to govern oneself; to rule oneself: **L'Italia si regge a repubblica**, Italy is a republic. **D règgersi**, *v. rifl. recipr.* (*aiutarsi l'un l'altro*) to hold* each other (*o* one another) up.

reggétta, *f.* (*mecc.*) hoop(-iron); band.

règgia, *f.* (royal) palace: **la r. di Versailles**, the palace of Versailles; **Questa è una r.!**, this place looks like a palace!

reggiàno, **A** *a.* of Reggio Emilia; from Reggio Emilia. **B** *m.* ***1*** (*f.* **-a**) native of Reggio Emilia; inhabitant of Reggio Emilia ***2*** (*formaggio*) Parmesan (cheese).

reggicàlze, *m. invar.* suspender belt; garter belt (*USA*).

reggicóda, *m.* e *f. invar.* (*tirapiedi*) lackey; henchman*; stooge.

reggilibri, **reggilibro**, *m.* book end.

reggilùme, *m.* lamp fixture.

reggimentàle, *a.* (*mil.*) regimental.

reggiménto, *m.* ***1*** (*mil.*) regiment: **un r. di fanteria**, an infantry regiment; **la bandiera del r.**, the regimental colours (*pl.*) ***2*** (*fig.*) crowd; horde; regiment: **un intero r. di parenti**, a whole crowd of relations ***3*** (*governo*) rule; government.

reggìno, **A** *a.* of Reggio Calabria; from Reggio Calabria. **B** *m.* (*f.* **-a**) native of Reggio Calabria; inhabitant of Reggio Calabria.

reggipància, *m. invar.* (*fam.*: *panciera*) girdle; body belt.

reggipénne, *m. invar.* pen holder.

reggipètto, *m.* ***1*** *V.* **reggiseno** ***2*** (*finimento del cavallo*) breast collar; breast strap.

reggipiccòzza, *f. invar.* wrist sling.

reggiséno, *m.* bra; brassière: **r. a balconcino**, strapless bra.

reggispinta, *m. invar.* (*mecc.*) thrust bearing (*o* block).

reggitèsta, *m. invar.* head rest.

reggitóre, *m.* (*f.* **-trice**) (*lett.*) ruler; governor.

regìa, *f.* ***1*** (*cinem.*) direction; (*teatr., radio, TV*) direction, production: **regia di...**, produced (*o* directed) by...; **curare la r. di q.c..**, to direct (*o* to produce) st.; (*TV*) **cabina di r.**, control room ***2*** (*organizzazione*) organization; direction ***3*** (*econ.*: *monopolio*) monopoly.

regicìda, **A** *a.* regicidal. **B** *m.* e *f.* regicide.

regicìdio, *m.* regicide; king-killing: **commettere un r.**, to commit regicide.

regimàre, *v. t.* ***1*** (*idraul.*) to optimize the regime (of a water course) ***2*** (*mecc.*) to optimize operating conditions.

regimazióne, *f.* ***1*** (*idraul.*) optimization of the regime ***2*** (*mecc.*) optimization of operating conditions.

regime, *m.* ***1*** (*sistema di governo*) system (*o* form) of government, rule, regime, régime; (*governo*) government; (*dittatura*) regime, dictatorship: **r. repubblicano**, republican government; **r. militare**, military regime (*o* government); **r. dittatoriale**, dictatorship; **un paese a r. parlamentare**, a country with a parliamentary form of government; **il vecchio r.**, the old régime; **abbattere un r.**, to overthrow a regime ***2*** (*med.*) regimen; regime; (*com.*) diet: **r. dietetico**, diet; **r. vegetariano**, vegetarian diet; **essere [mettersi] a r.**, to be [to go] on a diet ***3*** (*econ.*) regime; system; regulation: **r. dei tassi di cambio**, exchange rate regime; **r. valutario**, currency regime; **il r. degli scambi**, the system of trade; **il r. dei prezzi**, the price system; **r. di monopolio**, monopoly system; **r. aureo**, gold standard; (*fisc.*) **r. fiscale** (*o* **tributario**), tax treatment; tax regulations (*pl.*); **r. vincolistico**, restriction scheme ***4*** (*andamento, ritmo*) regime; schedule: **r. di lavoro**, working schedule; **r. di vita**, lifestyle ***5*** (*tecn.*: *funzionamento*) running, operating; (*velocità*) speed; (*condizione*) condition: **r. di marcia**, running speed; **r. del motore**, number of revolutions; **r. massimo**, maximum speed; peak r.p.m. (= revolutions per minute); **basso r.**, low speed; **a basso r.**, slow-running; (*fis.*) **r. permanente [transitorio]**, steady [transient] condition ***6*** (*di fiume*) regime: **fiume a r. torrentizio**, river with an irregular flow. ● (*in Italia*) **durante il r.**, during the Fascist regime □ (*tecn.* e *fig.*) **essere a r.**, to be running regularly □ (*tecn.* e *fig.*) **funzionare a pieno r.**, to work at full capacity; to operate at maximum speed □ (*fig.*) **mettere q. a r.**, to make sb. toe the line □ **stampa di r.**, state-controlled press.

regina, **A** *f.* ***1*** queen; sovereign; monarch (*moglie del re*) queen consort: **la r. d'Olanda**, the Queen of Holland; **la r. Anna**, Queen Anne; **Elisabetta I, r. d'Inghilterra**, Elizabeth I, Queen of England; **Elisabetta R.**, Elizabeth Regina; **la r. madre**, the Queen Mother; **la r. vedova**, the queen-dowager; **Dio salvi la r.**, God save the Queen; **la R. del Cielo**, the Queen of Heaven ***2*** (*fig.*) queen: **La rosa è la r. dei fiori**, the rose is the queen of flowers; **Venezia, r. dell'Adriatico**, Venice, the queen of the Adriatic; **la r. di maggio**, the queen of May; the May Queen; **la r. della festa**, the belle of the ball ***3*** (*scacchi, carte da gioco*) queen: **la r. di cuori**, the queen of hearts; **fare r.**, to queen; **andare a r.**, to queen ***4*** (*zool.*) queen. ● (*bot.*) **r. dei prati** (*Spiraea ulmaria*), goat's-beard; meadow-sweet □ **da r.**, queenly, queenlike (*agg.*): **portamento da r.**, queenly bearing □ **stile r. Anna**, Queen Anne style; Queen-Anne (*agg.*). **B** *a.* queen (*attr.*): **l'ape r.**, the queen bee.

Reginàldo, *m.* Reginald.

reginétta, *f.* – **r. di bellezza**, beauty queen; **la r. del ballo**, the belle of the ball.

règio, **A** *a.* ***1*** royal: **autorità regia**, royal authority; **potere r.**, royal power; **r. decreto**, royal decree; **la Regia Marina**, the Royal Navy ***2*** – (*chim.*) **acqua regia**, aqua regia. **B** *m. pl.* (*stor.*: *soldati del re*) king's troops.

regionàle, *a.* regional: **autonomia r.**, regional autonomy (*o* self-government); **cucina r.**, regional food.

regionalìsmo, *m.* ***1*** (*polit.*) regionalism ***2*** (*campanilismo*) localism; provincialism ***3*** (*ling.*) localism; local idiom.

regionalista, **A** *m.* e *f.* ***1*** (*polit.*) regionalist ***2*** (*campanilista*) localist; provincialist. **B** *a.* regionalistic(al).

regionalìstico, *a.* regionalistic(al).

regionalizzàre, *v. t.* to regionalize.

regionalizzazióne, *f.* regionalization.

regióne, *f.* ***1*** region; land; district; area: **le regioni artiche**, the Arctic regions; **r. climatica**, climatic region; **una r. deserta**, a desert region; **la r. dei laghi**, the lake district; **una r. agricola [industriale]**, an agricultural [industrial] area (*o* district) ***2*** (*divisione amministrativa*) region: **le regioni d'Italia**, the regions of Italy; **r. a statuto speciale**, region with special autonomy ***3*** (*anat.*) region: **la r. del cuore**, the region of the heart; **la r. lombare**, the lumbar region ***4*** (*fig.*: *campo*) realm; domain; province: **le regioni dell'arte [della scienza]**, the domain of art [of science].

regista, *m.* e *f.* ***1*** (*cinem.*) director; (*teatr., radio, TV*) director, producer: **aiuto r.**, assistant director; assistant producer ***2*** (*fig.*) organizer; coordinator: **il r. dell'impresa**, the coordinator of the enterprise; **il r. del complotto**, the person who engineered the plot; the mind behind the plot.

registico, *a.* ***1*** (*di regista*) director's; of a director; producer's; of a producer ***2*** (*di regia*) directing; producing.

registràbile, *a.* ***1*** recordable; fit to be recorded ***2*** (*mecc.*) adjustable.

registràre, *v. t.* ***1*** (*scrivere in un registro*) to register, to record, to enter, to book, to log; (*protocollare*) to file; (*annotare*) to note down, to make* a note of: **r. una nascita [una morte, un testamento]**, to register a birth [a death, a will]; **r. un veicolo**, to register a vehicle; **r. un marchio**, to register a trademark; **r. una società**, to incorporate a company; **r. una fattura**, to enter an invoice; **r. una ordinazione**, to book an order; **r. un pagamento**, to enter a payment; **r. un'istanza**, to file a petition; **Tutte le telefonate in entrata vengono registrate**, all incoming telephone calls are logged; **Tutte le perdite sono state registrate**, all the losses have been entered ***2*** (*annotare, riportare*) to record; to report: **La storia registra i fatti**, history records facts; **Questa parola non è registrata nei dizionari**, this word is not recorded (*o* given) in any dictionary; **La cronaca oggi registra un altro incidente stradale**, the news today reports another road accident **3** (*rilevare*) to register: **I sismografi registrarono due scosse**, the seismographs recorded (*o* registered) two tremors; **Ieri il termometro ha registrato trenta gradi**, yesterday the thermometer registered thirty degrees; **La temperatura più alta che sia mai stata registrata**, the highest temperature on record; **Negli ultimi mesi si è registrato un aumento della domanda**, there has been a rise in demand in the last few months **4** (*mecc., elettr.*) to adjust; to set*; to reset*: **r. le punterie** [**i freni**], to adjust the tappets [the brakes]; **r. il manubrio di una bicicletta**, to adjust (*o* to set) the handlebar of a bicycle; **r. un orologio**, to set a watch **5** (*suoni, immagini*) to record; (*su nastro*) to tape(-record); (*su videocassetta*) to video, to tape: **r. un concerto**, to record (*o* to tape) a concert; **r. un film alla TV**, to record (*o* to video) a film on TV; **Mi registri l'ultima puntata?**, can you record the last episode for me?; **r. dal vivo**, to record live **6** (*mus.*) to tune: **r. un organo**, to tune an organ **7** (*turismo*) to check in: **r. il bagaglio**, to check in one's luggage. ● (*rag.*) **r. a mastro**, to post □ (*elab.*) **r. dati**, to log data □ (*rag.*) **r. nella colonna dell'avere** (*o* **a credito**), to enter on the credit side; to credit □ (*rag.*) **r. nella colonna del dare** (*o* **a debito**), to enter on the debit side; to debit □ (*naut.*) **r. nel giornale di bordo**, to log □ **r. un grande successo**, to be a great success (*o* a hit); to meet with great success □ **Il programma ha registrato** (*o* **ha fatto registrare**) **alti indici di ascolto**, rating for the programme was high.

registràta, *f.* (*radio, TV*) recorded programme; recording.

registràto, *a.* **1** (*annotato*) recorded, entered, logged, on record, on file, on the book; (*messo a registro*) registered **2** (*rilevato*) registered; recorded; reported: **i dati registrati non lasciano dubbi**, the recorded data leave no doubt **3** (*di suoni, immagini*) recorded; taped: **una partita registrata**, a recorded match; **musica registrata**, recorded music **4** (*messo a punto*) adjusted; set.

registratóre, A *m.* **1** (*f.* **-trice**) (*chi registra*) recorder **2** (*apparecchio per registrare*) recorder: **r. magnetico**, magnetic recorder; **r. a cassette**, cassette recorder; **r. a nastro**, tape recorder; **r. di videocassette**, video cassette (*o* videotape) recorder (*abbr.*: VCR); (*comm.*) **r. di cassa**, cash register; cash till; (*aeron.*) **r. di quota**, altitude recorder; **r. di velocità**, speed recorder; speedometer; (*aeron.*) **r. di volo**, flight recorder; black box **3** (*cartella per documenti*) file. **B** *a.* recording: **apparecchio r.**, recording apparatus; recorder.

registrazióne, *f.* **1** (*l'annotare su registro*) entering, recording, registering, logging; (*l'annotazione*) entry, record, registration: **la r. di un trattato**, the recording of a treaty; **la r. di un atto**, the record of a deed; **annullare una r.**, to cancel an entry; **Le mie registrazioni dimostrano che ho già pagato la merce**, my records (*o* entries) show that I have already paid for the goods; **r. a giornale**, journal entry; **r. contabile**, book entry; accounting record; **registrazioni di cassa**, cash records; **r. di una società**, incorporation of a company **2** (*rilevamento*) recording; registration: **la r. di una scossa sismica**, the recording of a seismic shock **3** (*mecc., elettr.*) adjustment; adjusting; reset: **r. delle punterie**, tappet adjustment; **r. della distribuzione**, timing adjustment **4** (*leg.*) registration: **spese** [**tassa**] **di r.**, registration charges [fee] **5** (*di suoni, immagini*) recording: **r. su nastro**, tape recording; taping; **r. su video**, video recording; **r. televisiva**, telerecording; **la r. ufficiale della cerimonia**, the official recording of the ceremony; **una r. della B.B.C.**, a B.B.C. recorded programme; **studio di r.**, recording studio; **cabina di r. sonora**, monitor room **6** (*mus.*) tuning **7** (*turismo*) check-in. ● (*rag.*) **r. a mastro**, posting □ (*rag.*) **r. composta**, compound entry □ (*naut.*) **r. sul libro di bordo**, logging; log entry □ (*elab.*) **r. di dati**, data logging.

regìstro, *m.* **1** register; book: **annotare le spese su un r.**, to write down (*o* to enter) the expenses in a register; **r. scolastico**, school register; **r. di classe**, class register; mark book; **r. della parrocchia** [**del comune**], parish [council] register; **r. di stato civile**, register of births, marriages and deaths; **r. delle ipoteche**, register of charges; **r. dei visitatori**, visitors' book (*o* register) **2** (*rag.*) book; register: **r. acquisti**, bought journal; **r. contabile**, account book; **r. di carico e scarico**, stock book; **r. di magazzino**, warehouse book; **r. dei conti di corrispondenza**, draft register; **r. a madre e figlia**, counterfoil book; **r. a matrice**, counterpart register; **r. a molte colonne**, multi-column book (*o* register); **r. a una colonna**, single-column book (*o* register) **3** (*Ufficio del R.*) Registrar's Office; Registry: **R. dello stato civile**, Registry Office **4** (*mus.*) register; voice: **r. alto** [**basso**], high [low] register; **r. di testa**, head voice; **r. d'organo**, organ stop (*o* register) **5** (*mecc.*) register, regulator; (*di freno*) brake adjuster; (*valvola di regolazione per l'aria*) register: **r. dell'orologio**, clock (*o* watch) regulator **6** (*ling., elab., tipogr.*) register. ● **R. aeronautico**, Air Registration Board □ (*naut.*) **r. dei carichi**, cargo book; ship's book □ (*aeron., naut.*) **r. di bordo**, log book □ (*naut.*) **r. di classificazione del Lloyd**, Lloyd's register □ **r. catastale**, cadastre □ **r. genealogico** (*di cavalli*), stud book □ (*naut.*) **r. navale** (*o* **marittimo**), Register of Shipping □ **essere a r.**, to be on record □ **mettere a r.**, to enter; to book □ (*fig.*) **mutare r.**, to change one's tune; (*cambiare tenore di vita*) to turn over a new leaf, to change one's ways: **Dopo quella minaccia mutò r.**, he changed his tune after that threat; **Dopo essersi sposato ha mutato r.**, after getting married, he has turned over a new leaf (*o* he has changed his ways) □ **tassa di r.**, registration fee.

regnànte, A *a.* **1** reigning; ruling: **il sovrano r.**, the ruling sovereign; **la casa r.**, the reigning house **2** (*fig.*) dominant; prevailing: **opinione r.**, prevailing opinion. **B** *m.* e *f.* sovereign; ruler.

regnàre, *v. i.* **1** to reign: **Filippo II regnò sulla Spagna**, Philip II reigned over Spain; **La Regina Vittoria regnò 64 anni**, Queen Victoria reigned 64 years; **Il sovrano inglese regna ma non governa**, the British sovereign reigns but does not rule **2** (*dominare, anche fig.*) to rule; to dominate; to reign; to hold* sway: **I Romani regnarono sul Mediterraneo**, the Romans dominated (*o* ruled over) the Mediterranean; **Fu una moda che regnò a lungo**, it was a fashion that reigned (*o* lasted) for a long time; **Regnava un silenzio assoluto**, complete silence reigned; **Tra noi regna l'armonia**, harmony reigns between us; **Nella sua stanza regna il caos**, his room is in a total mess **3** (*fig.*: *predominare*) to prevail: **regioni dove regnano i monsoni**, regions where the monsoons prevail **4** (*prosperare, allignare*) to flourish; to thrive*: **Qui non regna l'ulivo**, olive-trees don't flourish here.

régno, *m.* **1** (*paese retto a monarchia*) kingdom; realm: **La Svezia è un r.**, Sweden is a kingdom; **il R. Unito**, the United Kingdom; **i confini di un r.**, the boundaries of a kingdom; **le leggi del r.**, the laws of the realm **2** (*esercizio e durata del potere di un sovrano, anche fig.*) reign: **un r. glorioso**, a glorious reign; **sotto il r. di Giorgio V**, in (*o* during) the reign of George V; **il R. del Terrore**, the Reign of Terror; **il r. della legge**, the reign of law **3** (*autorità e dignità di re*) throne; crown; kingship: **avere ambizioni di r.**, to aspire to the throne; **rinunciare al r.**, to renounce the throne **4** (*fig.*) kingdom; (*mondo, settore, ambito*) realm, province, domain, region: **il R. dei cieli**, the Kingdom of Heaven; **il r. dei morti**, the world of the dead; the nether world; **il r. delle tenebre**, the kingdom of darkness; **il r. animale** [**vegetale, minerale**], the animal [vegetable, mineral] kingdom; **il r. della poesia**, the realm of poetry; **il r. della fantasia**, the realm of imagination; **il r. dell'arte** [**della scienza**], the domain of art [of science]; **il r. della metafisica**, the region of metaphysics; **Questa casa è il r. del caos**, this house is in a constant mess; **Lo studio è il suo regno**, his study is his sancta sanctorum; **L'ambiente delle corse è il suo r.**, the racing world is his element; **Parigi era il r. degli artisti**, Paris was the capital of artists; **Questa regione è il r. delle piogge**, it rains all the time in this area.

règola, *f.* **1** rule: **r. generale** [**particolare**], general [particular] rule; **r. empirica**, empirical rule; rule of thumb; **r. fissa**, set rule; **r. ferrea**, hard-and-fast rule; **stabilire** [**seguire**] **una r.**, to establish [to follow] a rule; **attenersi** [**conformarsi**] **a una r.**, to follow [to conform to] a rule; **trasgredire una r.**, to break a rule; **una r. di condotta**, a rule of conduct; **le regole della grammatica**, the rules of grammar; **le regole della moltiplicazione**, the rules of multiplication; **le regole del galateo**, etiquette; **le regole di un gioco**, the rules (*o* laws) of a game; **secondo le regole**, according to the rules; **un'eccezione alla r.**, an exception to the rule; **L'eccezione conferma la r.**, the exception proves the rule; **fare uno strappo alla r.**, to bend (*o* to stretch) the rules **2** (*norma, principio*) rule, norm, principle, code; (*ordine*) order: **r. morale**, moral code; **r. di condotta**, code of conduct; **avere una r. di vita**, to have a rule of conduct; **È buona r. ascoltare prima di parlare**, it is a good rule to listen before one speaks; **L'economia è una buona r.**, thrift is a good principle; **disporre le cose con una certa r.**, to arrange things in a certain order **3** (*misura, moderazione*) moderation; restraint: **Non ha r. nel mangiare**, he is immoderate in (his) eating; **non conoscere r.**, to know no restraint; **imporsi una r. in q.c.**, to observe moderation in st.; **spendere senza r.**, to spend extravagantly **4** (*eccles.*) rule; (*ordine*) order: **la r. di S. Benedetto**, the rule of St Benedict; **la r. domenicana**, the Dominican order **5** (*pl.*) (*mestruazioni*) menstruation (*sing.*); period (*sing., fam.*). ● (*chim., fis.*) **r. delle fasi**, phase rule □ (*mat.*) **la r. del tre**, the rule of three □ **a r.**,, strictly speaking □ **di r.**, as a rule: **Di r., si risponde per iscritto**, the answer should be a written one, as a rule; **Qui di r. fa bello in primavera**, good weather is the rule here in spring □ **fare r.**, to constitute the norm □ **fatto a r. d'arte**, workmanlike; perfect: **un'incisione fatta a r. d'arte**, a workmanlike engraving; **Il lavoro fu fatto a r. d'arte**, the work was perfect □ **Io mi faccio una r. di** (*o* **È mia r.**) **controllare sempre tutto**, I make it a rule always to check everything □ **essere fuori di ogni r.**, not to come under any rule □ **in piena r.**, regular; full-scale; outright; all-out: **un attacco in piena r.**, a full-scale attack; **una guerra in piena r.**, an all-out war □ **È tutto in r.**, everything is in order (*o* OK) □ **I miei documenti sono in r.**, my papers are in order □ **essere in r. con i pagamenti**, to be up-to-date with one's payments □ **Sono in r. con la mia coscienza**, my conscience is clear □ **fare le cose in r.**, to do things properly □ **mettere in r. i propri affari**, to put one's affairs in order □ **mettere in r. un dipendente**, to give an employee a regular contract □ **mettersi in r. con i pagamenti**, to bring one's payments up to date □

tenere le cose in r., to keep one's things in order ◻ **Per tua (norma e) r., le cose qui le decido io**, for your information, it is I who take decisions here ◻ (*fig.*) **stare alle regole del gioco**, to stick to the rules; to play the game.

regolàbile, *a.* (*mecc.*) adjustable.

regolamentàre (1), *a.* regulation (*attr.*); regular; prescribed: **velocità r.**, regulation speed; **uniforme r.**, regulation uniform; **nella forma r.**, in the prescribed form; (*autom.*) **gomme di misura r.**, regulation-size tyres; **norma r.**, regulation; **non essere r.**, to be against regulations.

regolamentàre (2), *v. t.* to regulate; to control: **r. i prezzi**, to regulate (*o* to control) prices.

regolamentazióne, *f.* **1** (*il regolare*) regulation: **la r. del traffico**, the regulation of traffic **2** (*insieme di norme*) regulations (*pl.*); set of rules.

regolaménto, *m.* **1** (*il regolare*) regulation; control: **il r. delle acque di un fiume**, the control of the flow of a river **2** (*insieme di norme*) regulations (*pl.*); rules (*pl.*); code: **il r. di polizia**, police regulations; **r. d'igiene**, hygiene regulations; **r. antincendio**, fire regulations; **r. scolastico [ferroviario]**, school [railway] regulations; **r. edilizio**, building code (*o* regulations); **il r. interno di un ufficio**, the internal regulations of an office; **regolamenti rigidi**, hard-and-fast rules; **r. provvisorio**, provisional regulations; **stabilire un r.**, to establish rules; **applicare [infrangere] il r.**, to apply [to break *o* to infringe] the rules; **conformarsi al r.**, to conform to the regulations; **sospendere il r.**, to waive the rules; **infrazione al r.**, infringement of the rules; **secondo quanto prescrive il r.**, as the rules prescribe; as is prescribed by the rules; **a termini (*o* norma) di r.**, in accordance to the rules **3** (*comm.*) settlement; payment: **il r. dei propri debiti**, the settlement of one's debts; **r. di conti**, settlement of accounts; squaring up (*fam.*); **r. in contanti**, cash settlement. ● (*fig.*) **r. di conti**, settling of scores; score-settling; squaring of accounts; (*eufem.*: *sparatoria*) shoot-out ◻ (*leg.*) **r. di confini**, fixing of boundaries ◻ (*leg.*) **regolamenti esecutivi**, rules for the enforcement of a law ◻ (*fin.*) **r. interno di una società**, articles of association.

regolàre (1), A *v. t.* **1** (*ordinare, disciplinare*) to regulate; to govern; to rule: **r. la circolazione stradale**, to regulate traffic; **La grammatica regola l'uso della lingua**, grammar regulates the use of language; **r. la propria condotta**, to regulate (*o* to govern) one's conduct; **le norme che regolano i rapporti tra le persone**, the rules governing relations between people; **le leggi che regolano l'universo**, the laws governing the universe **2** (*agire sullo svolgimento*) to regulate, to control; (*adeguare, adattare*) to adjust, to adapt, to set*, to shape; (*ridurre*) to reduce, to limit, to check: **r. l'afflusso della benzina**, to regulate the flow of petrol; **r. il corso di un fiume**, to control the flow of a river; **r. il tiro**, to adjust fire; **r. le spese**, to limit expenses; **Regola la tua velocità sulla mia**, adjust your speed to mine; **r. la propria condotta alle circostanze**, to adapt one's conduct to the situation **3** (*mecc., elettr.*) to regulate, to adjust, to set*, to reset*; (*sintonizzare*) to tune: **r. il riscaldamento di un ambiente**, to regulate the heating of a room; **r. la pressione dei pneumatici**, to regulate tyre pressure; **r. il volume della radio**, to adjust the volume of the radio; **r. un carburatore**, to adjust a carburettor; **r. un orologio**, to set a watch; **r. la sveglia sulle sei**, to set the alarm-clock for six; **r. le punterie**, to adjust (*o* to set) the tappets; **r. un motore**, to tune up an engine **4** (*sistemare*) to settle, to square; (*pagare*) to pay*: **r. una questione**, to settle a matter; **r. un conto**, to settle (*o* to pay) an account; **r. un debito**, to settle (*o* to pay) a debt; **Passerò poi io a r.**, I'll call later to pay **5** (*rendere regolare*) to trim: **farsi r. i capelli**, to have one's hair trimmed; **r. la siepe**, to trim the hedge. ● (*fig.*) **r. i conti con q.**, to square accounts with sb.; to settle a score with sb.; to balance the books with sb. **B regolàrsi,** *v. rifl.* **1** (*agire*) to act; (*fare*) to do*; (*comportarsi*) to behave: **Non so come regolarmi con loro**, I don't know how to act (*o* what line to take) with them; **Come devo regolarmi per il pagamento?**, how shall I pay?; **r. secondo le circostanze**, to act as circumstances suggest; **r. di conseguenza**, to act accordingly; **Te lo dico perché tu possa regolarti**, I'm telling you so that you can act (*o* decide) as you think fit; **Non tollero i ritardatari, perciò regolati!**, I can't stand people who are late, so take note (*o* watch it, watch your step)! **2** (*controllarsi*) to control oneself; to watch oneself: **r. nel bere**, to moderate one's drinking.

regolàre (2), *a.* **1** (*che segue una regola*) regular, standard; (*consentito dalle regole*) fair; (*formale*) formal: **esercito r.**, regular army; (*gramm.*) **verbo r.**, regular verb; **il clero r.**, the regular clergy; (*sport*) **carica r.**, fair tackle; (*sport*) **Il gol non era r.**, the goal was not allowable; **stendere un r. contratto**, to draw up a formal contract **2** (*normale*) regular, standard, normal, ordinary; (*medio*) average, medium: **lineamenti regolari**, regular features; **statura r.**, average (*o* medium) height; **studi regolari**, normal course of studies; **il r. orario di apertura**, normal opening hours; **Mi pare che sia tutto r.**, everything seems to be in order; **fare una vita r.**, to lead a regular life **3** (*uniforme*) regular, even, smooth; (*costante*) steady; (*puntuale*) punctual: **moto r.**, regular movement; **respiro r.**, regular breathing; **avere il polso r.**, to have a regular pulse; **passo r.**, even (*o* steady) pace; **crescita [aumento] r.**, steady growth [rise]; **poligono r.**, regular polygon; **superficie r.**, even (*o* smooth) surface; **essere r. nei pagamenti**, to be punctual with one's payments. ● **r. come un orologio**, as regular as clockwork ◻ **a intervalli regolari**, at regular intervals ◻ (*leg.*) **con r. processo**, by due process of law ◻ **unione r.**, legal marriage.

regolarista, *m.* e *f.* (*sport*) competitor in a reliability trial.

regolarità, *f.* **1** (*l'essere conforme alle regole*) regularity: **la r. di un atto**, the regularity of a deed **2** (*normalità*) regularity; normality; orderliness: **Il processo si svolse con r.**, the trial was held regularly; **Tutto procede con r.**, everything is going regularly (*o* smoothly); **garantire la r. di svolgimento degli esami**, to ensure that the examinations take place regularly **3** (*uniformità*) regularity; uniformity; evenness; steadiness: **la r. del battito cardiaco**, the regularity of a heartbeat; **la r. del terreno**, the evenness of the ground **4** (*periodicità*) regularity; (*puntualità*) punctuality: **la r. dei pagamenti**, the punctuality of payments; **un fatto che si ripete con r. ogni due mesi**, an event occuring regularly every third month. ● (*sport*) **gara di r.**, reliability trial.

regolarizzàre, *v. t.* **1** to regularize; (*sistemare*) to settle; (*rendere legale*) to regularize, to legalize, to make* official: **r. una situazione**, to regularize a position; **Hanno deciso di r. la loro unione**, they have decided to legalize their union **2** (*pagare*) to pay*; to settle: **r. un conto**, to settle an account.

regolarizzazióne, *f.* **1** regularization; settlement **2** (*pagamento*) settlement.

regolarménte, *avv.* **1** regularly; duly: **soddisfare r. i propri impegni**, to meet one's engagements regularly; **r. eletto**, duly elected; **r. autorizzato**, duly authorized; **I musei sono r. aperti**, museum are open as usual; **Il loro telefono è r. occupato**, their line is regularly engaged **2** (*ordinatamente*) regularly; normally; smoothly; evenly: **funzionare r.**, to work normally; to run smoothly; **Erano r. disposti in tre file**, they were evenly arranged in three rows **3** (*puntualmente*) punctually: **pagare r.**, to pay punctually.

regolàta, *f.* adjustment; correction; (*messa a punto*) tune-up: **dare una r. all'orologio**, to set the clock. ● (*fam.*) **darsi una r.**, to change one's ways; to clean up one's act (*fam.*); to pull one's socks up (*fam.*) ◻ (*fam.*) **darsi una r. nel fumare**, to cut down on smoking.

regolataménte, *avv.* (*con moderazione*) moderately; in moderation: **mangiare [bere] r.**, to eat [to drink] moderately (*o* in moderation); to be moderate in eating [drinking].

regolatézza, *f.* **1** orderliness **2** (*moderatezza*) moderation.

regolàto, *a.* **1** (*conforme alle regole*) regulated **2** (*ordinato, regolare*) well-regulated; orderly; settled; steady; balanced: **in modo r.**, in an orderly way **3** (*messo a punto*) set; adjusted; tuned: **La sveglia è regolata per le sette**, the alarm is set for seven **4** (*moderato*) moderate: **un regime r.**, a moderate regime; **essere r. nel mangiare**, to be moderate in eating.

regolatóre, A *m.* **1** (*f.* **-trice**) (*chi regola*) regulator **2** (*mecc., elettr., fis.*) regulator; governor; adjuster: **r. della tensione**, voltage regulator; **r. di pressione**, pressure regulator; **r. automatico**, automatic governor; **r. di giri**, speed governor; **r. centrifugo**, centrifugal governor; **r. a induzione**, induction regulator **3** (*radio, TV*) control: **r. automatico di frequenza**, automatic frequency control; **r. di amplificazione**, gain control; **r. di tono [di volume]**, tone [volume] control. **B** *a.* regulating: **principio r.**, regulating principle; **piano r.**, town-planning (*USA*: city-planning) scheme.

regolazióne, *f.* **1** (*il regolare*) regulation; regulating; controlling; control: **r. del traffico**, traffic control **2** (*mecc.*) adjustment; adjusting: **r. micrometrica (*o* di precisione)**, micrometer (*o* fine) adjustment; **vite di r.**, adjusting screw **3** (*elettr., radio*) regulation; control; adjustment: **r. della tensione**, voltage regulation; **r. di fase**, phase control; **r. automatica del volume**, automatic volume adjustment; **a r. automatica**, self-regulating **4** (*autom.*: *messa a punto*) tuning up.

regolistica, *f.* set of rules; rules (*pl.*).

regolizia, *f.* (*pop.*: *liquirizia*) liquorice, licorice.

Règolo, *m.* (*stor.*) Regulus.

règolo (1), *m.* **1** (*riga*) rule; ruler; straightedge: **r. calcolatore**, slide rule **2** (*scacchi*: *fila orizzontale*) rank; (*verticale*) file **3** (*archit.*) list.

règolo (2), *m.* **1** (*spreg.*) kinglet **2** (*zool.*, *Regulus regulus*) goldcrest.

regredire, *v. i.* **1** to regress; to retrogress; to recede; to go* back; to slip back; (*peggiorare*) to get* worse; (*diminuire*) to decrease, to drop, to fall*: **r. nello studio**, to slip back in one's studies; **La febbre regredì**, the fever dropped; **Il livello della piena è regredito**, the level of the flood has fallen **2** (*biol.*) to revert; to retrogress.

regressióne, *f.* **1** regression; regress; (*diminuzione*) decrease, drop, fall: **r. economica**, economic recession **2** (*psic.*) regression **3** (*geol.*) regression.

regressivo, *a.* regressive; retrograde; backward; retrogressive: **andamento r.**, regression; **fase regressiva**, regressive phase; **ordine r.**, backward order; (*fin.*) **imposta regressiva**, regressive tax.

regrèsso, *m.* **1** (*ritorno indietro*) regress; regression; retrogression; retrocession **2** (*fig.*) regression, decadence, decline, decay; (*diminuzione*) decrease, drop, falling off: **un r. nelle arti**, a decline of arts; **un r. demografico**, a decrease in population; **C'è stato un r. della domanda**, there has been a drop in demand; **r. economico**, recession; **essere in r.**, to be in (a state of) decadence; to be in decline; to go through a period of decline **3** (*ferr.*) switch-back; back-shunt **4** (*leg., comm.*) recourse: **azione di r.**, action for recourse **5** (*naut., aeron.*) slip: **r. apparente**, apparent slip; **r. dell'elica**, screw slip **6** (*biol.*) throwback.

reidratànte, *a.* rehydrating.

reidratàre, *v. t.* to rehydrate.

reidratazióne, *f.* rehydration.

reiètto, **A** *a.* rejected; cast-off; unwanted: **essere r. da tutti**, to be rejected by everybody. **B** *m.* (*f.* **-a**) outcast; dropout: **i reietti della società**, society's outcasts.

reiezióne, *f.* (*leg., psic.*) rejection; rejecting.

reificàre, *v. t.* to reify.

reificazióne, *f.* reification.

reimbarcàre, *v. t.* **reimbarcàrsi**, *v. rifl.* to re-embark; to reship.

reimbàrco, *m.* re-embarkation; reshipment.

reimpiantàre, *v. t.* (*med.*) to reimplant.

reimpiànto, *m.* (*med.*) reimplantation.

reimpiegàre, *v. t.* **1** to re-employ **2** (*fin.*) to reinvest; to plough back.

reimpiègo, *m.* **1** re-employment **2** (*fin.*) reinvestment; ploughing back.

reimportàre, *v. t.* to reimport.

reimportazióne, *f.* reimport; reimportation.

reimpostàre, *v. t.* to redefine; to reformulate: **r. un problema**, to redefine a problem.

reimpostazióne, *f.* redefinition; reformulation.

reimpressióne, *f.* (*ristampa*) reprinting; reprint.

reincaricàre, *v. t.* to reappoint.

reincàrico, *m.* **1** (*nuovo incarico*) new appointment **2** (*rinnovo dell'incarico*) reappointment: **ricevere il r. di formare un nuovo governo**, to be reappointed to form a new government.

reincarnàre, **A** *v. t.* to reincarnate. **B** **reincarnàrsi**, *v. i. pron.* to be reincarnated; to reincarnate.

reincarnazióne, *f.* reincarnation.

reinfettàre, **A** *v. t.* to reinfect. **B** **reinfettàrsi**, *v. i. pron.* to become* reinfected.

reinfezióne, *f.* reinfection.

reingaggiàre, *v. t.* to renew sb.'s contract; to re-engage: **È stato reingaggiato dall'Inter**, his contract with Inter has been renewed.

reingàggio, *m.* renewal of contract; re-engagement.

reingrèsso, *m.* re-entry.

reinnestàre, *v. t.* **1** (*agric.*) to regraft **2** (*mecc.*) to re-engage: **r. una marcia**, to re-engage a gear.

reinnèsto, *m.* (*agric.*) new graft.

reinseriménto, *m.* **1** (*di persone*) reintegration; reinstatement: **il r. degli ex detenuti nella società**, the reintegration of former convicts into society **2** (*di cose*) reinsertion. ● **istituto di r.**, halfway house.

reinserìre, **A** *v. t.* **1** (*persone*) to reintegrate; to reinstate: **r. gli emarginati nella vita sociale**, to reintegrate dropouts into society **2** (*cose*) to reinsert. **B** **reinserìrsi**, *v. i. pron.* to become* reinstated; to take* one's place again: **r. nella società**, to take one's place in society again.

reintegràre, **A** *v. t.* **1** (*reinserire*) to reinstate; (*ripristinare*) to restore, to replenish, to redintegrate: **r. q. nel suo ufficio**, to reinstate sb. in his post; to restore sb. to his post; **r. q. nel suo grado**, to reinstate sb. on his rank; **r. q. nei suoi diritti**, to restore sb. to his rights; **r. le proprie forze**, to recover one's strength; **r. le scorte**, to replenish one's stocks **2** (*risarcire*) to refund; to repay*; to indemnify; to compensate: **r. una somma di denaro**, to refund a sum; **r. q. del danno subito**, to indemnify (*o* to compensate) sb. for the damage(s). **B** **reintegràrsi**, *v. i. pron.* to take* up one's former position; to get* back (into st.).

reintegrativo, *a.* reintegrative.

reintegrazióne, *f.* **1** (*reinserimento*) reinstatement; (*ripristino*) restoration, replenishment, redintegration: **r. in una carica**, reinstatement in an office; **r. delle scorte**, replenishment of stocks; **r. di un diritto**, the restoration (*o* restitution) of a right **2** (*risarcimento*) refund; indemnification; compensation.

reinterpretàre, *v. t.* to reinterpret.

reinterpretazióne, *f.* reinterpretation.

reintrodùrre, **A** *v. t.* to reintroduce; to restore; to reinsert; to put* back in: **r. una disposizione**, to reintroduce a norm; **r. il perno nel foro**, to put the peg back into the hole. **B** **reintrodùrsi**, *v. i. pron.* to re-enter; to go* back in.

reinventàre, *v. t.* to reinvent.

reinvestiménto, *m.* (*fin.*) reinvestment; ploughing back.

reinvestìre, *v. t.* **1** (*fin.*) to reinvest; to plough back: **r. una somma in azioni**, to reinvest a sum in stock; **r. i profitti nell'azienda**, to plough the profits back into the business **2** (*in una carica*) to reinvest (sb. with st.).

reinvestitùra, *f.* new investiture

reità, *f.* guilt; guiltiness.

reiteràbile, *a.* repeatable.

reiteràre, *v. t.* (*lett.*) to repeat; to reiterate: **r. una domanda**, to repeat a question; **r. gli sforzi**, to renew (*o* to redouble) one's efforts; **r. le proteste**, to reiterate one's protests.

reiterataménte, *avv.* repeatedly; over and over again; again and again.

reiterazióne, *f.* reiteration; repetition.

relativa, *f.* (*gramm.*) relative clause.

relativaménte, *avv.* relatively; comparatively: **r. nuovo**, relatively new; **in condizioni r. agiate**, in comparative comfort; **r. a**, as regards; with regard (*o* reference) to: **R. a quanto mi hai detto**, as regards (*o* with regard to) what you told me.

relativìsmo, *m.* (*filos.*) relativism.

relativìsta, *m.* e *f.* (*filos.*) relativist.

relativìstico, *a.* (*filos.*) relativistic.

relatività, *f.* relativity (*anche fis.*); relativeness: **la r. dei gusti**, the relativity of tastes; (*fis.*) **la teoria della r.**, the theory of relativity; (*fis.*) **r. generale [ristretta]**, general [special] relativity.

relativizzàre, *v. t.* to relativize.

relativizzazióne, *f.* relativization.

relativo, *a.* **1** (*attinente*) relevant, attendant; (*rispettivo*) respective: **con le relative prove**, with the relevant evidence; **una domanda che non è relativa al problema in esame**, a question that is not relevant to the matter under consideration; **le informazioni relative al caso**, the information concerning (*o* regarding, about) the case; **i problemi relativi alla riorganizzazione dell'ufficio**, the problems involved in the reorganization of the office; **uno studio r. alla fattibilità del progetto**, a study of the viability of the plan; **un incarico e le relative responsabilità**, an appointment and its attendant responsibilities; **una tovaglia e i relativi tovaglioli**, a tablecloth and its napkins; **i delegati e le relative mogli**, the delegates and their wives; **secondo i (loro) relativi meriti**, according to their respective merits **2** (*non assoluto*) relative; comparative: **vantaggi relativi**, comparative advantages; **una felicità relativa**, a comparative happiness; **Gode di relativa libertà**, he enjoys relative freedom; **Tutto è r. a questo mondo**, everything is relative in this world **3** (*proporzionale*) proportional; proportionate: **Il guadagno è r. al lavoro fatto**, the earnings are proportional to the work done **4** (*mat., fis.*) relative: **densità relativa**, relative density; **numero r.**, relative number **5** (*gramm.*) relative: **pronome r.**, relative pronoun; **proposizione relativa**, relative clause **6** (*mus.*) relative.

relatóre, **A** *m.* (*f.* **-trice**) **1** reporter **2** (*di comitato, ecc.*) chairman* (*m.*); chairwoman* (*f.*) **3** (*polit.: di commissione parlamentare*) rapporteur; (*di disegno di legge*) proposer (of a bill); (*portavoce*) spokesman* (*m.*); spokeswoman* (*f.*) **4** (*di tesi universitaria*) supervisor **5** (*in un congresso e sim.*) speaker. **B** *a.* reporting.

relàx (*ingl.*), *m. invar.* relaxation; rest.

relazionale, *a.* (*filos.*) relational.

relazionalità, *f.* (*filos.*) relational nature.

relazionàre, *v. t.* (*bur.*) to report to; to give* a report to; to acquaint (sb. with st.).

relazióne, *f.* **1** (*collegamento logico, nesso*) connection; relation; relationship; correlation; bearing: **la r. fra due fatti**, the connection between two events; **Questi fatti hanno tra loro una stretta r.**, these facts are closely connected; **r. di causa e d'effetto**, relationship of cause and effect; **mettere in r. due fatti**, to establish a connection between two facts; to connect (*o* to relate) two facts; **in r. a**, in connection with; with regard to: **Voleva vedermi in r. alla prossima riunione**, he wanted to see me in connection with the next meeting; **Questo non ha nessuna r. col nostro problema**, this has no bearing on our problem **2** (*rapporto tra persone*) relationship; relations (*pl.*); connections (*pl.*); terms (*pl.*): **relazioni d'affari**, business connections (*o* relations): **avere (*o* essere in) r. d'affari con q.**, to have business connections (*o* dealings) with sb.; **entrare in r. d'affari con q.**, to establish business relations with sb.; **r. d'amicizia**, friendship; **avere relazioni d'amicizia con q.**, to be on friendly terms with sb.; **una r. platonica**, a platonic relationship; **essere in buone [cattive] relazioni con q.**, to be on good [bad] terms with sb.; **stabilire una r. con q.**, to establish a relationship with sb.; **relazioni di parentela**, family connections: **tra noi non ci sono relazioni di parentela**, we are not related; **relazioni diplomatiche**, diplomatic relations; **rompere [riprendere] le relazioni diplomatiche con uno Stato**, to break off [to resume] diplomatic relations with a State; **pubbliche relazioni**, public relations; **relazioni sindacali**, labour relations **3** (*r. amorosa*) (love) affair; relationship; liaison: **avere una r. con q.**, to have an affair with sb.; **r. illecita**, illicit love affair; liaison (*franc.*) **4** (*contatto*) touch; contact: **Non sono più in r. con i miei parenti americani**, I'm no longer in touch with my American relatives; **mettere q. in r. con q. altro**, to put sb. in touch with sb. else; **mettersi in r. con q.**, to get in touch with sb.; to contact sb. **5** (*conoscenza*) acquaintance; connection: **Ha numerose relazioni al Ministero**, he has numerous acquaintances at the Ministry; **avere molte (*o* potenti) relazioni**, to be well-connected **6** (*resoconto*) report, account; (*a un congresso e sim.*) paper: **compilare una r.**, to draw up a report; **r. interinale**, interim report; **Voglio una r. scritta di quanto hai speso**, I want a written account of what you spent; (*rag.*) **r. annuale del bilancio**, annual report; **Fece una r. dei suoi viaggi**, he gave an account of his travels **7** (*mat.*) relation: **r. di equivalenza**, equivalence relation.

relazionìsmo, *m.* (*filos.*) relationism.

relazionista, *m.* e *f.* (*filos.*) relationist.

relè, *m.* (*elettr.*) relay: **r. a tempo**, timing relay; **r. con ritorno**, homing relay; **r. di massima corrente**, overload (*o* overcurrent) relay; **r. termico**, temperature relay; thermal cut-out.

relegaménto, *V.* **relegazione**.

relegàre, *v. t.* to relegate; to confine; (*bandire*) to banish: **Fu relegato in un'isola**, he was relegated (*o* confined) to an island; **Sono stato relegato in questo ufficio**, I have been relegated to this office; **r. q.c. in soffitta**, to consign st. to the attic.

relegazióne, *f.* relegation; confinement; banishment.

religióne, *f.* ***1*** religion: **r. naturale [rivelata]**, natural [revealed] religion; **r. monoteistica [politeistica]**, monotheistic [polytheistic] religion; **la r. cattolica**, the Catholic religion; **la r. islamica**, the religion of Islam; the Muslim religion; **r. di Stato**, established (*o* state) religion; **i dogmi della r.**, religious dogmas; **guerre di r.**, wars of religion; **senza r.**, without religion; unreligious; **abbracciare [abiurare] una r.**, to embrace [to abjure] a religion (*o* a faith) ***2*** (*venerazione, culto*) worship; cult: **la r. del denaro**, the worship of money; **avere la r. del denaro**, to worship money; **la r. della morte**, the cult of death; **la r. della famiglia**, the cult of the family ***3*** (*attenzione, rispetto*) religious (*o* reverent) care; respect: **Ascoltarono le sue parole con r.**, they listened to his words reverently. ● (*fam.*) **Non c'è più r.!**, I don't know what the world is coming to!

religiósa, *f.* religious*; (*monaca*) nun.

religiosaménte, *avv.* ***1*** religiously; piously; devoutly ***2*** (*fig.*: *scrupolosamente*) religiously; scrupulously; with great care.

religiosità, *f.* ***1*** religiousness; devoutness; piety: **un uomo di grande r.**, a deeply pious man ***2*** (*fig.*: *scrupolosità*) scrupulousness; conscientiousness: **conservare q.c. con r.**, to keep st. religiously.

religióso, A *a.* ***1*** religious; (*pio*) pious, devout: **precetto r.**, religious precept; **pratiche religiose**, religious practices; **dottrina religiosa**, religious doctrine; **ordine r.**, religious (*o* monastic) order; **una donna religiosa**, a pious (*o* a devout) woman; **È molto r.**, he is very devout; **abito r.**, (religious) habit; **matrimonio r.**, church wedding ***2*** (*fig.*: *scrupoloso*) religious; scrupulous: **Per sua madre ha un rispetto r.**, he has a religious respect for his mother; **Agisce sempre con onestà religiosa**, he always acts with scrupulous honesty; **un silenzio r.**, reverent (*o* absolute) silence. **B** *m.* religious*; (*monaco*) monk; (*frate*) friar.

reliquia, *f.* ***1*** (*relig.*) relic: **una r. sacra**, a holy relic; **le reliquie dei santi**, the relics of saints; (*fig.*) **conservare q.c. come una r.**, to treasure st. dearly ***2*** (*fig.*) relic; vestige: **le reliquie del passato**, the relics (*o* vestiges) of the past.

reliquiàrio, *m.* reliquary; shrine.

relitto, A *m.* ***1*** piece of wreckage; wreckage (*collett.*); (*di nave*) wreck: **Il naufrago era aggrappato a un r.**, the survivor was clinging to a piece of wreckage; **i relitti di un aereo**, the wreckage of a plane; **relitti galleggianti**, floating wreckage; flotsam; **recupero di un r.**, wreck raising; (*fig.*) **un r. umano**, a human wreck ***2*** (*geol.*) relict ***3*** (*fig.*) outcast; down-and-out; derelict: **i relitti della società**, the outcasts of society; the down-and-outs. **B** *a.* (*geol.*) relict.

rem (1), *m.* (*fis.*) rem.

REM (2), *a. invar.* (*fisiol.*) REM: **fase REM**, REM phase.

rèma (1), *f.* (*di marea*) tidal wave.

rèma (2), *m.* (*ling.*) rema.

remainder (*ingl.*), *m. invar.* (*libro*) remaindered book; (*al pl.*) remainder (*sing. collett.*), discount books; (*negozio*) discount bookshop: **un libro finito al r. (*o* un r.)**, a remaindered book.

remake (*ingl.*), *m. invar.* (*cinem.*) remake.

remàre, *v. i.* to row.

remàta, *f.* ***1*** (*il remare*) row: **farsi una r.**, to go for a row ***2*** (*vogata*) stroke; pull; row: **avere una r. regolare**, to have a regular stroke ***3*** (*colpo di remo*) stroke: **Lo raggiunse con poche remate**, he reached it with a few strokes. ● **sbagliare la r.**, to catch a crab.

rematóre, *m.* (*f.* **-trice**) rower; oarsman* (*m.*); oarswoman* (*f.*); oar: **un buon r.**, a good oarsman (*o* oar); **i rematori**, the boat's crew.

remeggiàre, *V.* **remigare.**

rèmico, *a.* oar-propelled: **navigazione remica**, oar-propelled navigation.

remièro, *a.* (*sport*) rowing.

remigànte, A *a.* rowing. ● (*zool.*) **penna r.**, remex*; flight feather. **B** *m.* e *f.* (*lett.*: *chi rema*) rower. **C** *f.* (*zool.*) remex*; flight feather.

remigàre, *v. i.* ***1*** (*lett.*: *remare*) to row ***2*** (*di uccelli*) to flap one's wings.

reminiscènza, *f.* ***1*** (*ricordo*) reminiscence; recollection; remembrance; memory: **reminiscenze della giovinezza**, reminiscences (*o* memories, recollections) of one's youth; **una vaga r. del fatto**, a vague recollection of the fact; **abbandonarsi alle reminiscenze**, to reminisce ***2*** (*letter., mus.*) reminiscence; echo*: **Vi sono alcune reminiscenze di Keats**, there are some reminiscences of Keats; **una composizione piena di reminiscenze brahmsiane**, a composition full of echoes of Brahms.

remisier (*franc.*), *m. invar.* (*Borsa*) half-commission man*.

remissìbile, *a.* remissible; that may be remitted; pardonable: **un peccato r.**, a remissible sin.

remissióne, *f.* ***1*** (*perdono*) remission; forgiveness; pardon: **la r. dei peccati**, the remission of sins ***2*** (*leg.*: *condono*) remission; forgiveness; acquittance; withdrawal; discontinuance: **la r. d'un debito**, the forgiveness of a debt; **r. della pena**, remission; **la r. d'una querela**, the discontinuance of an action ***3*** (*sottomissione*) submission; submissiveness; meekness; compliance: **r. al volere dei genitori**, submission to one's parents ***4*** (*med.*) remission; abatement: **una r. della febbre**, a remission of the fever ***5*** (*scampo*) way out; escape. ● **senza r.**, unremittingly; without mercy.

remissività, *f.* submissiveness; docility; meekness; compliance.

remissivo, *a.* ***1*** submissive; docile; yielding; meek; compliant ***2*** (*leg.*) remitting.

remittènte, *a.* – (*med.*) **febbre r.**, remittent fever.

remittènza, *f.* (*med.*) remission; abatement.

Rèmo, *m.* Remus.

rèmo, *m.* oar: **r. alla battana**, double-bladed oar; **r. a palella**, scull; **r. a pagaia**, paddle; **r. sensile**, sweep; **colpo di r.**, stroke; **barca a remi**, rowing boat; **nave a remi**, oared ship. ● **a remi accoppiati**, double-banked □ **alzare i remi** (*in segno di saluto*), to toss (*o* to peak) oars □ **andare a remi**, to row □ **armare i remi**, to ship the oars: **Arma remi!**, out oars! □ **condannare al r.**, to condemn to the oars □ **mettere in voga i remi**, to start rowing □ **rientrare i remi**, to boat (*o* to lay in) oars □ (*fig.*) **tirare i remi in barca**, (*ritirarsi da q.c.*) to back out (of st.), to draw in one's horns; (*cessare le attività*) to hang up the gloves.

rèmora (1), *f.* ***1*** (*indugio*) delay ***2*** (*impedimento*) impediment; drawback; obstacle ***3*** (*esitazione*) qualm ***4*** (*naut.*) eddy water.

rèmora (2), *f.* (*zool., Remora remora*) remora; sharksucker.

remòto, *a.* ***1*** (*nello spazio*) distant, remote, faraway, out-of-the-way; (*solitario*) secluded: **una regione remota**, a remote (*o* distant) region; **in un angolo r. della mente**, in a far corner of one's mind; at the back of one's mind ***2*** (*nel tempo*) remote; distant; far-off: **avvenimenti remoti**, remote events; **età remote**, distant ages; **tempi remoti**, far-off times; the remote (*o* distant) past; **un r. antenato**, a distant ancestor ***3*** (*fig.*) remote; distant: **una remota somiglianza**, a distant resemblance; **una remota possibilità**, a remote possibility; an outside chance; **Non ho la più remota intenzione di andare**, I haven't the slightest intention of going. ● (*gramm.*) **passato r.**, remote (*o* historic, simple) past □ (*gramm.*) **trapassato r.**, past perfect.

removìbile, *V.* **rimovibile.**

remuneràre, e *deriv. V.* **rimunerare,** e *deriv.*

réna, *f.* sand.

renàio, *m.* ***1*** (*arenile*) sands (*pl.*) ***2*** (*cava di rena*) sandpit.

renaiòlo, *m.* sand digger.

renàle, *a.* (*anat.*) renal; of the kidneys; kidney (*attr.*): **infiammazione r.**, inflammation of the kidneys; **blocco r.**, renal failure; **colica r.**, renal colic.

Renània, *f.* (*geogr.*) Rhineland.

renàno, *a.* Rhenish; Rhine (*attr.*): **il bacino r.**, the Rhine basin; **vino r.**, Rhenish wine.

renard (*franc.*), *m. invar.* (*pelliccia di volpe*) fox fur.

Renàta, *f.* Renée.

Renàto, *m.* René.

rèndere, A *v. t.* ***1*** (*restituire*) to give* back; to return; to restore; to repay*: **Devo rendergli il dizionario**, I must give him back his dictionary; **r. dei libri alla biblioteca**, to return books to the library; **Le terre furono rese ai proprietari legittimi**, the lands were returned (*o* restored) to their rightful owners; **r. la vista ai ciechi**, to restore sight to the blind; to make the blind see; **r. la libertà a q.**, to give sb. back his freedom; to set sb. free ***2*** (*contraccambiare*) to return; to repay*; to render: **r. il saluto a q.**, to return (*o* to acknowledge) sb.'s greeting; **r. una visita**, to return (*o* to repay) a visit; **r. bene per male**, to render good for evil; **Spero di poterti r. il servizio**, I hope I'll be able to repay you; **r. colpo per colpo**, to render blow for blow; to give as good as one gets (*fam.*) ***3*** (*dare, fare*) to render; to give*; to pay*: **r. giustizia a q.**, to render justice to sb.; to give sb. his due; (*anche fig.*) to do justice to sb.; **r. un servizio a q.**, to render a service; to do sb. a favour; **r. un buon servizio a q.**, to do sb. a good turn; **r. lode a q.**, to praise (*o* to give praise to) sb.; **r. omaggio a q.**, to pay homage to sb.; **r. le estreme onoranze a q.**, to pay the last honours to sb.; **r. testimonianza**, to give evidence; to bear witness; **r. conto di q.c.**, to account for st.; to answer for st.: **Dovrai r. conto delle tue decisioni al comitato**, you'll have to account for your decisions to the board; **r. ragione di q.c.**, to justify st.; to explain st. ***4*** (*produrre, fruttare*) to bring* in; to yield; to return; to bear*; to produce; (*assol.*) to pay* off, to pay* well, to return a profit, to be profitable, to be profit-making: **un affare che renderà molto**, a deal that will bring in a lot of money; **Quanto ti rende il tuo investimento?**, how much does your investment yield?; **Quanto hanno reso queste azioni?**, how much profit have these shares returned?; **Queste obbligazioni rendono un interesse del 5%**, these bonds bear 5% interest; **Questo terreno renderà un gran raccolto**, this land will produce a big crop; **Il negozio gli rende molto**, his shop brings in a lot of money; **Il mio mestiere non rende**, my job doesn't pay (*o* isn't profitable, isn't remunerative); **La vendita dell'appartamento ha reso bene**, the flat fetched a good price; **I miei sforzi mi hanno reso poco**, my efforts have not been very fruitful; **un impiegato che non rende**, an inefficient employee; **A scuola non rende**, he isn't working at school; he is a low achiever (*form.*); **La sua insistenza ha reso**, his stubborness paid off; (*fam.*) **Le zucchine rendono più degli spinaci**, zucchini go further than spinach ***5*** (*far diventare*) to render; to make*: **r. la vita difficile a q.**, to make sb.'s life difficult; **Le delusioni lo hanno reso cinico**, disappointments have made him cynical; **Il caldo mi rende nervoso**, heat makes me nervous; **Lo ha reso padre di due gemelli**, she has made him the father of twins; **r. q. felice**, to make sb. happy; **r. triste**, to sadden; to make sad; **r. visibile**, to make visible; **r. dolce**, to sweeten; **r. allegro**, to cheer up; to brighten; **r. duro**, to harden; **r. pubblico q.c.**, to publicize st.; to make st. known (*o* public); to come out with st. (*fam.*) ***6*** (*esprimere, rappresentare, riprodurre*) to render; to convey; to reproduce; to express; to describe; to illustrate; to interpret: **La foto non rende l'atmosfera del posto**, the photo doesn't render (*o* convey) the atmosphere of the place; **Non riesco a r. quello che penso**, I cannot express what I think; (*di attore*) **Ha reso bene il personaggio del dottore**, he played the doctor well; he rendered the character of the doctor well ***7*** (*tradurre*) to translate; to render: **r. in inglese**, to translate into English; **un'espressione che è difficile r. in inglese**, a phrase that is not easily rendered in English. ● **r. l'anima a Dio** (*o* **r. l'ultimo respiro**), to breathe one's last; to give up the ghost □ **r. le armi**, to surrender; to lay down one's arms □ **r. l'idea**, to make oneself clear: **Non so se rendo l'idea**, I don't know if I make myself clear; if you see what I mean □ **r. grazie**, to give thanks; to thank □ (*fig.*) **r. pan per focaccia** (*o* **la pariglia**), to pay sb. back in his own coin; to repay in kind; to give tit for tat; to get back at sb. □ **r. conto di q.c.**, to answer for st.; to be accountable for st. □ **rendersi conto di**, (*capire*) to realize, to become aware of; (*essere consapevole*) to appreciate, to be aware of; (*capacitarsi di*) to explain: **Ti rendi conto di quello che hai fatto?**, do you realize what you've done?; **Mi resi conto che non sarei arrivato in tempo**, I realized I wouldn't get there in time; **Non so rendermi conto di come sia avvenuto l'incidente**, I can't explain how the accident happened; **Come lo vidi mi resi conto che qualcosa non andava**, the moment I saw him I realized (*o* I could tell) something was wrong □ **A buon r.**, my turn next time □ **Dio te ne renda merito**, God bless you for it □ **Dio te ne renderà merito**, God will reward you for it □ **Il delitto non rende**, crime does not pay □ **Quel che è fatto è reso**, tit for tat □ **vuoti a r.**, returnable containers; empties to be returned. **B rèndersi**, *v. rifl.* e *i. pron.* ***1*** (*fare in modo di essere*) to make* oneself; to become*: **r. impopolare**, to make oneself unpopular; **r. ridicolo**, to make a fool of oneself; **Renditi utile**, make yourself useful; **r. schiavo dell'alcol**, to become a slave to alcohol; **r. persuaso**, to persuade oneself ***2*** (*diventare*) to become*: **Si rese necessario un intervento**, an operation became necessary ***3*** (*lett.*: *andare*) to go*; to proceed.

rendez-vous (*franc.*), *m. invar.* rendezvous*; appointment: **r. spaziale**, space rendezvous.

rendicónto, *m.* ***1*** (*comm.*) statement (of accounts); account; report: **fare un r.**, to make a statement of accounts; **r. dei profitti**, revenue account; **r. delle spese**, statement of expenses; **r. mensile**, monthly statement; **r. annuale**, annual report ***2*** (*resoconto*) account; report ***3*** (*atti di un'istituzione*) report of proceedings; minutes (*pl.*); notes (*pl.*).

rendiménto, *m.* ***1*** rendering: **r. di grazie**, rendering of thanks; thanksgiving; **r. di conti**, rendering of account ***2*** (*produzione*) yield, production; (*resa*) output; (*reddito, frutto*) yield, return: **r. annuo**, yearly production; **il r. di un'azienda**, the yield of a firm; **Qual è il r. per ettaro?**, what is the yield (*o* production) per hectare?; **r. all'ora**, hourly output; **r. azionario**, equity yield; **r. di un investimento**, return on investment; **un r. del 4%**, a 4% yield (*o* return); **ad alto r.**, high-yield (*attr.*); high-return (*attr.*) ***3*** (*efficienza, resa professionale*) efficiency; performance; productivity: **il r. di un atleta**, an athlete's performance; **un impiegato di buon [di scarso] r.**, an efficient [an inefficient] employee; **r. scolastico**, progress at school; **che ha un r. scarso**, poorly performing; under-achieving ***4*** (*fis., mecc.*) efficiency; performance: **r. del motore**, engine efficiency; (*aeron.*) **r. di propulsione**, propulsive efficiency; **r. meccanico [termico]**, mechanical [thermal] efficiency; **r. totale**, overall efficiency; **r. effettivo**, rating performance; **una macchina di gran r.**, a very efficient machine; **motore ad alto r.**, high-efficiency engine; **massimo r.**, optimum efficiency.

rèndita, *f.* ***1*** (*privata*) (unearned) income; (*pubblica*) revenue; (*da affitti, immobili*) rent; (*da capitale*) yield, return: **r. annua**, yearly income; **le rendite dello Stato**, the revenues of the state; **r. catastate**, cadastral rent; **r. fondiaria**, land rent; **vivere di r.**, to live on a private (*o* an unearned) income; to have private means; (*fig.*) to live on one's reputation (*o* name) ***2*** (*leg., comm.*) annuity: **r. perpetua**, perpetual annuity; **r. vitalizia**, life annuity ***3*** (*pl.*) (*Borsa*) stock: **rendite ammortizzabili**, redeemable stock; **rendite nominative**, registered stock; **rendite del 4%**, 4% stock.

rène, *m.* (*anat.*) kidney: **r. mobile**, floating kidney; **r. artificiale**, artificial kidney.

renèlla, *f.* (*med.*) gravel.

renétta, *f.* (*mela*) rennet.

réni, *f. pl.* (*anat.*) loins; (*schiena*) back (*sing.*): **avere mal di r.**, to have a pain in one's back; to have a backache. ● (*fig.*) **avere le r. rotte**, to be tired out; to be dead beat (*fam.*) □ **il fil delle r.**, the backbone; the spine □ (*fig.*) **spezzare le r. a q.**, to crush sb; to give sb. a sound thrashing.

renìccio, *m.* silt.

renifórme, *a.* kidney-shaped; reniform: **foglia r.**, reniform leaf.

renìna, *f.* (*biol.*) renin.

rènio, *m.* (*chim.*) rhenium.

renitènte, **A** *a.* reluctant; unwilling; recalcitrant; (*restio*) loath (*pred.*): **essere r. ai consigli di q.**, to be reluctant (*o* unwilling) to follow sb.'s advice; **essere r. agli ordini**, to be unwilling (*o* loath) to accept orders; to be recalcitrant. ● (*mil.*) **essere r. alla leva**, to fail to report for military service; to avoid conscription; to dodge the call-up; to dodge the draft (*USA*). **B** *m.* (*mil.*) person who fails to report for military service; draft dodger (*USA*).

renitènza, *f.* reluctance; unwillingness; recalcitrance. ● (*mil.*) **r. alla leva**, failure to report for military service; draft dodging (*USA*).

rènna, *f.* ***1*** (*zool., Rangifer tarandus*) reindeer* ***2*** (*pelle*) buckskin.

rennìna, *f.* (*biochim.*) rennin.

Rèno, *m.* (*geogr.*) (the) Rhine.

renosità, *f.* sandiness.

renóso, *a.* sandy.

rentier (*franc.*), *m. invar.* person living on an unearned income; rentier.

rentrée (*franc.*), *f. invar.* return; reappearance; comeback.

rèo, **A** *a.* ***1*** (*leg.*) guilty: **reo d'omicidio [di furto]**, guilty of murder [of theft]; **essere reo confesso**, to have confessed; to have avowed one's guilt; (*leg.*) to have pleaded guilty, to be a self-confessed criminal ***2*** (*lett.*: *malvagio*) wicked; evil. **B** *m.* (*f.* **-a**) ***1*** (*leg.*) offender; culprit; criminal: **reo confesso**, self-confessed criminal ***2*** (*lett.*: *persona malvagia*) wicked person.

reoencefalografia, *f.* (*med.*) rheoencephalography.

reoencefalogràmma, *m.* (*med.*) rheoencephalograph.

reòforo, *m.* (*elettr.*) rheophore.

reografia, *f.* (*med.*) rheography.

reògrafo, *m.* (*elettr.*) rheograph.

reogràmma, *m.* (*med.*) rheograph.

reologìa, *f.* (*chim., fis.*) rheology.

reòmetro, *m.* (*elettr.*) rheometer; galvanometer.

reoscòpio, *m.* (*elettr.*) rheoscope.

reostàtico, *a.* (*elettr.*) rheostatic.

reòstato, *m.* (*elettr.*) rheostat: **r. di avviamento**, starting rheostat (*o* resistance); **r. di campo**, field rheostat; **r. regolatore di velocità**, speed-regulating rheostat.

reotàssi, **reotassìa**, *f.* (*zool.*) rheotaxis.

reòtomo, *m.* (*fis.*) rheotome.

reotropìsmo, *m.* (*biol.*) rheotropism.

repàrto, *m.* ***1*** (*compartimento, sezione*) department, division, section; (*di ospedale*) ward; (*di officina*) bay, shop: **r. collaudi**, testing department; **r. vendite**, sales department; **r. contabilità**, accounts department; **r. abbigliamento maschile**, men's clothing department; (*di ospedale*) **r. maternità**, maternity ward; (*mecc.*) **r. montaggio**, fitting shop; assembly bay; **dirigente di r.**, departmental executive; **capo r.**, *V.* **caporeparto** ***2*** (*mil.*) unit; detachment; party: **un r. di fanteria**, a detachment of infantry; **reparti speciali**, task force (*sing.*); **reparti d'assalto**, storm troops; **reparti di paracadutisti**, paratroops.

repêchage (*franc.*), *m. invar.* ***1*** retrieval; recovery; revival ***2*** (*sport*) repechage.

repellènte, **A** *a.* ***1*** (*fig.*) repellent; repulsive; repugnant; loathsome; revolting; disgusting; hideous: **un individuo r.**, a repulsive (*o* repellent) individual; **aspetto r.**, revolting (*o* disgusting, hideous) appearance; **odore r.**, foul (*o* loathsome) smell ***2*** (*chim., fis.*) repellent; repelling; repulsive: **forza r.**, repulsive force. **B** *m.* (*chim.*) repellent, repellant.

repellènza, *f.* ***1*** repulsiveness; loathsomeness; hideousness ***2*** (*chim., fis.*) repellency.

repèllere, *v. i.* to revolt (sb.); to repel (sb.); to disgust (sb.); to nauseate (sb.); to be revolting (*o* disgusting).

repentàglio, *m.* risk; danger; hazard; jeopardy: **mettere a r.**, to risk; to hazard; to jeopardize; to endanger; to put on the line (*fam.*): **mettere a r. la propria reputazione**, to risk one's reputation; to put one's reputation on the line (*fam.*); **mettere a r. la vita dei passeggeri**, to endanger the passengers' lives.

repènte, (*lett.*) **A** *a.* sudden: **di r.**, all of a sudden; suddenly. **B** *avv.* suddenly; all of a sudden.

repentinità, *f.* suddenness; unexpectedness.

repentino, *a.* sudden; unexpected; (*rapido*) hasty: **un r. cambiamento del tempo**, a sudden change in the weather; **morte repentina**, sudden death; **partenza repentina**, sudden (*o* hasty) departure.

reperibile, *a.* to be found (*pred.*); traceable; (*disponibile*) available: **un prodotto r. nei migliori negozi**, a product available (*o* on sale) in the best shops; **Il dottore è r. dalle 8 alle 12**, the doctor is available (*o* can be contacted) from 8 till 12; **non facilmente r.**, not easy to find; not easily found; **r. in commercio**, on sale.

reperibilità, *f.* availability: (*med.*) **essere di r.**, to be on call.

reperiménto, *m.* finding; tracing; (*elab.*) retrieval: **Il r. delle prove non fu difficile**, finding the evidence was not difficult; **r. di informazioni**, information retrieval.

reperire, *v. t.* to find*; to trace; (*elab.*) to retrieve: **r. prove**, to find evidence; **r. fondi**, to raise funds.

repertàre, *v. t.* ***1*** (*leg.*) to produce; to exhibit; to submit: **r. prove**, to produce evidence ***2*** (*trovare*) to find*.

repèrto, *m.* ***1*** (*anche archeol.*) find ***2*** (*leg.*) exhibit; evidence ***3*** (*med.*) (medical) report.

repertòrio, *m.* ***1*** (*indice, catalogo*) index*; list; inventory; catalogue: **un r. di titoli**, a list (*o* catalogue) of titles; **r. bibliografico**, bibliography; **mettere a r.**, to index ***2*** (*teatr.*) repertoire; repertory: **il r. di un cantante**, a singer's repertoire; **Hanno in r. «Casa di bambola»**, they have «A Doll's House» in their repertoire ***3*** (*cinem., TV*) library stock: **materiale di r.**, library footage ***4*** (*fondo, deposito, raccolta*) fund; store; stock; repertoire; collection: **un r. di aneddoti**, a fund (*o* repertoire) of anecdotes; **un r. di errori**, a collection of errors.

replay (*ingl.*), *m. invar.* (TV) replay; action replay: **r. al rallentatore**, slow-motion replay.

rèplica, *f.* ***1*** (*il replicare*) repetition; reiteration; (*anche scient.*) replication ***2*** (*la cosa replicata*) repetition; repeat: **È la r. esatta di quello che abbiamo già sentito**, it's the exact repeat of what we heard ***3*** (*teatr.*) repeat performance; (*radio, TV*) repeat, re-run: **avere dieci repliche**, to run for ten nights; **avere molte repliche**, to have a long run; to run a long time ***4*** (*di opera d'arte*) replica ***5*** (*risposta*) reply; answer; retort; rejoinder: **Ecco la mia r.**, this is my answer to it; (*comm.*) **In replica alla Vostra del 3 ott.**, in reply to your letter of 3 Oct.; **una r. spiritosa**, a witty retort; a repartee ***6*** (*obiezione*) objection; retort: **Non abbiamo potuto fare nessuna r.**, we were not allowed to raise any objections; **Non ammetto repliche**, I won't listen to any objections; I won't hear any discussion; **«Ora basta» disse in un tono che non ammetteva repliche**, «that's enough» he said in a definitive tone of voice ***7*** (*leg.*) replication.

replicàbile, *a.* repeatable; reiterable.

replicànte, **A** *a.* (*biol., chim*) replication (*attr.*): **DNA r.**, replication DNA. **B** *m.* e *f.* ***1*** android ***2*** (*fig.*) clone.

replicàre, *v. t.* ***1*** (*fare di nuovo*) to repeat; to do* over again; to make* over again; to reiterate: **r. un'esperienza**, to repeat an experience; **r. un esercizio**, to repeat an exercise; to do an exercise over again ***2*** (*dire di nuovo*) to repeat; to say* over again; to reiterate ***3*** (*rispondere*) to reply, to answer; (*ribattere*) to retort, to rejoin, to answer back (*fam.*): **Non ho nulla da r.**, I have nothing to say in reply; **E guai a te se replichi!**, and don't you answer back! ***4*** (*obiettare*) to object: **C'è poco da r.**, there is not much that can be objected to it (*o* that can be said against it); **Obbedì senza r.**, he obeyed without comments (*o* without a word) ***5*** (*teatr.*) to repeat, to perform (again); (*radio, TV*) to repeat, to re-run*: **Lo spettacolo fu replicato per due settimane**, the show had a run of two weeks; **Domani si replica**, repeat performance tomorrow.

replicazióne, *f.* ***1*** (*ling.*) repetition ***2*** (*biol.*) replication.

rèplo, *m.* (*bot.*) replum*.

reportage (*franc.*), *m. invar.* report; story: **r. di guerra**, war report.

repòrter (*ingl.*), *m.* e *f. invar.* reporter.

repositòrio, *m.* (*eccles.*) repository.

reprensìbile, *V.* **riprensibile**.

reprensióne, *V.* **riprensione**.

repressióne, *f.* ***1*** repression: **la r. di un tumulto**, the repression (*o* putting down) of a riot ***2*** (*psic.*) suppression: **la r. di un pensiero**, the suppression of a thought.

repressìvo, *a.* repressive: **leggi repressive**, repressive laws.

reprèsso, *a.* ***1*** (*soffocato*) repressed; stifled; muffled: **ira repressa**, repressed anger; **uno sbadiglio r.**, a stifled yawn; **un grido r.**, a muffled cry; **singhiozzi repressi**, choked sobs ***2*** (*psic.*) suppressed: **desiderio r.**, suppressed desire.

repressóre, **A** *m.* ***1*** (*f.* **reprimitrice**) represser ***2*** (*biochim.*) repressor. **B** *a.* repressive.

reprimènda, *f.* reprimand; lecture; rebuke: **fare una r.**, to reprimand; to scold; to lecture.

reprìmere, **A** *v. t.* ***1*** (*domare con la forza*) to repress, to put* down; (*sopprimere*) to suppress: **r. una rivolta**, to repress (*o* to put down) an uprising ***2*** (*raffrenare*) to repress, to restrain, to check, to hold* back; (*soffocare*) to stifle: **r. i propri sentimenti**, to repress one's feelings; **r. l'ira**, to restrain (*o* to check) one's anger; **r. i singhiozzi**, to choke back one's sobs; **r. uno sbadiglio**, to stifle a yawn ***3*** (*psic.*) to suppress. **B reprimersi,** *v. rifl.* to restrain oneself; (*dominarsi*) to control oneself.

reprimìbile, *a.* repressible.

reprimitrìce, *f. V.* **repressore, A** *def. 1.*

rèprobo, **A** *a.* (*lett.*) evil, wicked; (*relig.*) reprobate, damned. **B** *m.* (*f.* **-a**) evil (*o* wicked) person; (*relig.*) reprobate, damned soul.

reprografìa, *f.* (*tecn.*) reprography.

reprogràfico, *a.* (*tecn.*) reprographic.

reps (*franc.*), *m. invar.* (*ind. tess.*) rep, repp.

reptànte, *a.* (*zool.*) reptant; repent.

reptatòrio, *a.* (*zool.*) reptatory; reptatorial.

reptazióne, *f.* (*zool.*) reptation.

repùbblica, *f.* ***1*** republic: **una r. democratica [aristocratica, oligarchica]**, a democratic [an aristocratic, an oligarchic] republic; **r. presidenziale [parlamentare]**, presidential [parliamentary] republic; **r. federativa**, federal republic; **la R. Italiana**, the Italian Republic; **la R. di San Marino**, the Republic of San Marino; **reggersi a r.**, to have a republican government; to be a republic ***2*** (*fig.*) republic; commonwealth: **la r. letteraria** (*o* **delle lettere**), the republic of letters; **la r. degli artisti**, the commonwealth of artists ***3*** (*fam.*: *confusione*) chaos; mess.

repubblicanésimo, *m.* (*polit.*) republicanism.

repubblicàno, *a.* e *m.* (*f.* **-a**) republican: **un governo r.**, a republican government; **il partito r.**, the Republican party.

repubblichìno, **A** *a.* (*stor., spreg.*) of the Republic of Salò; Fascist. **B** *m.* (*f.* **-a**) supporter of the fascist Republic of Salò.

repùdio, e *deriv. V.* **ripùdio,** e *deriv.*

repugnàre, e *deriv. V.* **ripugnare**, e *deriv.*

repulisti, *m.* – (*fam. scherz.*) **far r.**, (*togliere tutto*) to clean out everything, to make* a clean sweep; (*mangiare tutto*) to eat* up everything, to polish off (st.); (*rubare tutto*) to clean out (a place).

repulsióne, *f.* ***1*** (*fis.*) repulsion ***2*** *V.* **ripulsione**.

repulsìvo, *V.* **ripulsivo**.

reputàre, **A** *v. t.* to repute (*generalm. al passivo*); to consider; to judge; to think*; to deem (*form.*): **Lo reputano un uomo onesto**, he is reputed (*o* considered) (to be) an honest man; **Tutti la reputano molto in gamba**, she is generally considered to be a very clever girl; **Reputo la sua condotta vergognosa**, I consider his conduct disgraceful; **Non reputo molto il nuovo direttore**, I don't think much of the new director; **Lo reputavo necessario**, I thought it necessary. **B reputàrsi,** *v. rifl.* to consider oneself: **r. un genio**, to consider oneself a genius; **Si reputa un gran che**, he has a high an opinion of himself; **Si reputi licenziato!**, consider yourself dismissed!

reputàto, *a.* (*stimato*) esteemed; well--thought-of.

reputazióne, *f.* reputation; repute; credit; standing; good name: **godere d'una buona r.**, to have (*o* to enjoy) a good reputation; **rovinarsi la r.**, to lose one's reputation (*o* good name); **Ha la r. d'essere puntualissimo**, he has the reputation of being always very punctual.

rèquie, *f.* rest; peace; quiet; (*tregua*) respite, relief: **non avere mai un minuto di r.**, never to have a moment's peace; **trovare un po' di r.**, to find some peace; **Il mal di denti non mi dava r.**, the toothache gave me no respite; **senza r.**, incessantly; unceasingly.

requiem (*lat.*), *m.* (*eccles.*) requiem; prayer for the dead. ● (*eccles., mus.*) **Messa di** (*o* **da**) **r.**, Requiem Mass; **il R. di Mozart**, Mozart's Requiem.

requirènte, *a.* (*leg.*) investigating; examining; inquiring.

requiṣìre, *v. t.* (*mil.* e *fig.*) to requisition; to commandeer: **r. automezzi**, to requisition vehicles; **Ha requisito la poltrona più comoda**, he has commandeered the most comfortable armchair; **Ha requisito l'ospite per tutta la sera**, she commandeered the guest for the whole evening.

requiṣìto, *m.* requirement; requisite; qualification: **requisiti di servizio**, service requirements; **i requisiti d'ammissione**, the requisites for admission; **Uno dei requisiti richiesti è la laurea in chimica**, one of the requirements is a chemistry degree; **r. indispensabile**, prerequisite; **avere i requisiti necessari per q.c.**, to possess the necessary qualifications for st.; to qualify for st.; to be eligible for st.; **avere i massimi requisiti**, to have the highest qualifications; **soddisfare a tutti i requisiti**, to meet all the requirements; **Ha tutti i requisiti di un buon giornalista**, he has all the requisites of a good journalist.

requiṣitòria, *f.* ***1*** (*leg.*) public prosecutor's final speech ***2*** (*estens.*: *severo rimprovero*) lecture; tirade.

requiṣizióne, *f.* (*mil.* e *fig.*) requisitioning; commandeering; requisition: **una r. di vettovaglie**, a requisition of provisions.

résa, *f.* ***1*** (*mil.*) surrender: **la r. d'una città**, the surrender of a town; **le condizioni della r.**, the terms of surrender; **r. senza condizioni**, unconditional surrender; **r. per capitolazione**, capitulation; **costringere alla r. l'avversario**, to force one's opponent to yield (*o* to give up); **intimare la r. al nemico**, to summon the enemy to surrender; **trattare la r.**, to discuss the terms of surrender ***2*** (*restituzione*) return, restitution, repayment, refund; (*comm.*: *merce invenduta*) returned goods (*pl.*), returns (*pl.*): **la r. dei giornali invenduti**, the return of unsold newspapers; **termine di r.**, delivery deadline; **chiedere la r. di un prestito**, to demand repayment (*o* refund) of a loan ***3*** (*profitto, rendimento*) yield, return; profit; (*produzione*) yield, output; (*efficienza*) performance: **r. garantita [stimata]**, guaranteed [estimated] yield; **r. in peso**, yield in weight; **la r. di un impianto**, the output of a plant; **un podere di pochissima r.**, a farm that yields very little; an unprofitable farm; **La mia vecchia auto mi ha dato un'ottima r.**, I've had an excellent performance from my old car ***4*** (*modo di rendere*) rendering, rendition; (*traduzione*) translation. ● **r. dei conti**, (*comm.*) rendering of accounts; (*fig.*) day of reckoning, (*momento cruciale*) crunch, (*prova di forza*) showdown.

rescìndere, *v. t.* ***1*** (*leg.*) to rescind; to cancel; to annul; to avoid; to terminate: **r. un contratto**, to rescind (*o* to avoid) a contract; **r. il contratto d'impiego con q.**, to terminate sb.'s employment ***2*** (*interrompere*) to break* off; to sever.

rescindìbile, *a.* rescindable; cancellable; annullable; avoidable.

rescindibilità, *f.* (*leg.*) rescindability.

rescissióne, *f.* rescission; cancellation; annulment; avoidance; termination: **la r. d'un contratto**, the rescission (*o* cancellation) of a contract.

rescissòrio, *a.* (*leg.*) rescissory.

rescrìtto, *m.* (*leg., stor., eccles.*) rescript.

resecàre, *v. t.* ***1*** (*tagliar via*) to cut* off; to sever ***2*** (*chir.*) to resect.

reṣèda, *f.* (*bot., Reseda*) reseda; mignonette; dyer's rocket; weld.

reserpìna, *f.* (*chim.*) reserpine.

resezióne, *f.* (*chir.*) resection.

residence (*ingl.*), *m. invar.* block of service flats (*GB*); apartment hotel (*USA*).

residènte, **A** *a.* resident; residing; (*bur.*) domiciled: **la popolazione r.**, the resident population; **È r. a Roma**, he is resident in Rome; he resides (*o* lives) in Rome; (*bur.*) he is domiciled in Rome; **una società r. a Milano**, a company resident in Milan; **un ministro r.**, a minister resident; (*elab.*) **r. in memoria**, memory-resident; core-resident. **B** *m.* e *f.* ***1*** resident: **non r.**, non-resident ***2*** (*ministro r.*) (minister) resident.

residènza, *f.* ***1*** (*luogo ove si risiede*) residence, abode; (*leg.*) domicile: **C'è obbligo di r.**, residence is required; **luogo di r.**, place of residence (*o* of abode); **r. abituale**, residence; permanent address; **certificato di r.**, certificate of domicile; **avere la r. a Ge-**

nova, to be domiciled in Genoa; **essere senza r. fissa**, to have no fixed residence (*o* domicile); **fissare** (*o* **stabilire**) **la propria r. in una città**, to take up residence in a town; **cambiare r.**, to change residence; to change one's address; **diritto di r.**, right of abode ***2*** (*edificio in cui si abita*) residence; building; house: **r. di campagna**, country house; (*di nobile*) country seat; **la r. del governatore**, the governor's residence ***3*** (*soggiorno*) stay ***4*** (*sede*) seat; residence: **la r. del governo**, the seat of the government.

residenziàle, *a.* residential: **zona r.**, residential area.

residuàle, *a.* residual (*anche leg.*); remaining.

residuàre, *v. i.* to remain; to be left over.

residuàto, **A** *a.* residual; remaining; left over; surplus (*attr.*): **materiale r.**, residual material. **B** *m.* ***1*** (*rimanenza*) surplus: **r. bellico**, war surplus ***2*** (*scarto*) scrap: **residuati di lavorazione**, scraps; remnants.

residuo, **A** *a.* residual; remaining; left over (*pred.*); residuary: **la somma residua**, the residual amount; **la stoffa residua**, the remaining material; the material left over; **gettare via la parte residua**, to throw away what is left over (*o* the excess); **Il tempo r. sarà dedicato alle domande**, the remaining time will be devoted to questions; (*fis.*) **magnetismo r.**, remnant (*o* residual) magnetism. **B** *m.* ***1*** (*ciò che resta*) residue; remnant; rest; remainder; trace; remains (*pl.*): **i residui di un incendio**, the remains of a fire; **un r. di forze**, a remnant of strength; **un r. di unto sul piatto**, a trace of grease on the plate; **residui di lavorazione**, scraps; tailings; **residui radioattivi**, roadioactive waste ***2*** (*mat.*) remainder ***3*** (*chim.*) residue: **un r. catramoso**, a tarry residue; **r. della calcinazione**, calx; **i residui della combustione**, the residual combustion products ***4*** (*comm.*: *eccedenza*) surplus, balance; (*resto*) remainder, rest, remnant: **r. di cassa**, cash surplus; **r. di bilancio**, balance; **residui di merci invendute**, left-over stock (*sing.*); **residui attivi**, residual assets; revenue arrears; **residui passivi**, expenditure arrears; residual liabilities.

resiliènte, *a.* (*fis., mecc.*) resilient.

resilièNza, *f.* (*fis., mecc.*) resilience, resiliency: **prova di r.**, impact test.

rèṣina, *f.* resin: **r. acrilica**, acrylic resin; **r. di pino**, pine resin; galipot; **r. minerale**, fossil resin; **r. sintetica**, synthetic resin; resinoid; **r. stratificante**, laminating resin; **r. termoplastica**, thermoplastic resin; **r. vinilica**, vinyl resin; **colla di r.**, resin size.

reṣinàceo, *a.* resinous; resiny.

reṣinàre, *v. t.* ***1*** (*estrarre resina*) to tap resin from ***2*** (*ind. tess.*) to resin.

reṣinàto, **A** *a.* treated with resin; resinated: **vino r.**, resinated wine. **B** *m.* (*chim.*) resinate.

reṣinatùra, *f.* ***1*** resin tapping ***2*** (*ind. tess.*) resin finish.

reṣinico, *a.* resin (*attr.*).

reṣinifero, *a.* resin-yielding; resiniferous.

reṣinificàre, **A** *v. t.* to resinify. **B** *v. i.* e **reṣinificàrsi,** *v. i. pron.* to resinify; to become* resinous.

reṣinificazióne, *f.* (*chim.*) resinification.

reṣinóso, *a.* resinous (*anche elettr.*): **sostanze resinose**, resinous substances; **pianta resinosa**, resinous plant.

resipiscènte, *a.* (*lett.*) resipiscent; repentant.

resipiscènza, *f.* (*lett.*) resipiscence; repentance.

resistènte, *a.* ***1*** resistant; resisting; proof (against st.); -proof (*suff.*): **r. al calore**, heat-resistant; **r. al fuoco**, fireproof; **r. al gelo**, frost-proof; **r. alle intemperie**, weatherproof; **r. agli urti**, shockproof; shock-resistant; **essere r. alla fatica**, to be capable of physical endurance; to be tough ***2*** (*robusto*) strong, tough, hardy; (*r. al logorio*) hard-wearing: **avere un fisico r.**, to be robust (*o* tough); **stoffa r.**, strong (*o* hard-wearing) material ***3*** (*di colore*) fast ***4*** (*bot.*) hardy.

resistènza, *f.* ***1*** resistance; (*opposizione*) opposition: **Le truppe hanno opposto una strenua r.**, the troops put up fierce resistance; **Il progetto ha incontrato una certa r.**, the plan met with (*o* came up against) a certain opposition; **la r. della famiglia al matrimonio**, the family's opposition to the marriage; **r. attiva [passiva]**, active [passive] resistance; **r. all'autorità**, resistance to authority; **vincere [fiaccare] la r. di q.**, to overcome [to wear down] sb.'s resistance ***2*** (*capacità di resistere*) endurance; resistance: **capacità di r.**, stamina; staying power; powers of endurance (*pl.*); **r. fisica**, physical stamina; **r. alla fatica**, resistance to fatigue; **r. alle infezioni**, resistance to infection ***3*** (*robustezza*) strength; hardiness; toughness; durability; wear: **la r. di una stoffa**, the strength of a material; **r. all'uso**, wear ***4*** (*fis., mecc.*) resistance; strength: **r. acustica**, acoustic resistance; **r. al calore**, resistance to heat; heat resistance **r. alla corrosione**, corrosion strength; **r. alla trazione**, tensile strength; (*radio*) **r. anodica**, plate resistance; **r. dell'aria**, air resistance; **r. di attrito**, frictional resistance; **r. d'avviamento**, (*mecc.*) starting resistance; (*fis.*) starting resistor; **r. di contatto**, contact resistance; **r. di terra**, earth resistance; (*radio*) **r. dinamica**, dynamic resistance; **r. elastica**, elastic strength; **r. riduttrice di tensione**, voltage-reducing resistance ***5*** (*aeron.*) drag: **r. aerodinamica**, drag; **r. indotta**, induced drag; **coefficiente di r.**, drag coefficient ***6*** (*elettr.*: *resistore*) resistor; resistance(-coil): **r. di polarizzazione**, bias resistor ***7*** (*stor., polit.*) Resistance; underground: **movimento di r.**, underground movement; **durante la R.**, during the Resistance ***8*** (*sport*) endurance: **gara di r.**, endurance test; **prova di r.**, endurance test (*o* trial) ***9*** (*psic.*) resistance.

resistenziàle, *a.* (*stor., polit.*) Resistance (*attr.*); underground (*attr.*).

resìstere, *v. i.* ***1*** (*anche fig.*) to resist (sb., st.), to withstand* (sb., st.), to make* a stand; (*tener duro*) to hold* out against; to stand* up to; (*assol.*) to hang* on: **r. al nemico**, to resist the enemy; **r. a un assedio**, to withstand a siege; **r. alle tentazioni**, to resist temptation; **La capanna resistette alle intemperie**, the hut stood up to the inclement weather; **Dopo i pasti, non so r. a una sigaretta**, after meals, I can't resist a cigarette; **Fino a quando potrà r. il nemico?**, how long will the enemy be able to hold out?; **Resisti, arriviamo!**, hang on, we're coming!; **Resisterò ancora un po' alla sua offerta**, I'll hold out a little longer against his offer; **r. fino alla fine**, to hold out (*o* on) to the last; **un'offerta a cui non si può r.**, an irresistible offer ***2*** (*sopportare*) to endure (st.); to bear* (st.); to stand* (st.); to put* up with: **r. alla fame [al dolore]**, to endure (*o* to bear) hunger [pain]; **r. alla tortura**, to endure (*o* to hold out under) torture; **r. alle provocazioni**, to put up with provocations; **Temo che il nuovo direttore non resisterà molto**, I don't think the new director will last; **Non ci resisto a vederla piangere**, I can't bear to see her in tears; **Non resistetti più e gliene dissi quattro**, I couldn't contain myself (*o* keep my temper) and gave him a piece of my mind; **Non ci resisto più**, I can't go on any longer; I can't stand it any more; I can't take any more of this ***3*** (*essere resistente*) to stand* (st.), to be resistant to; to be proof against; (*di colori*) to be fast: **Queste piante resistono ai climi rigidi**, these plants can stand cold climates; these are hardy plants; **terraglia che resiste al fuoco**, fireproof pottery; **r. agli acidi**, to be acid-proof; **r. agli urti**, to be shock-resistant; **r. alla prova**, to stand the test; (*edil.*) **r. allo sforzo**, to take the stress.

resistività, *f.* (*elettr.*) resistivity: **r. magnetica**, magnetic resistivity.

resistìvo, *a.* (*elettr.*) resistive.

resistóre, *m.* (*elettr.*) resistor.

rèso, *m.* (*zool., Macacus rhesus*) rhesus (monkey).

resocontista, *m.* e *f.* reporter.

resocónto, *m.* ***1*** (*relazione*) account, report; (*ragguaglio*) run-down: **fare un r.**, to give an account; to make a report; **un r. dettagliato**, a detailed (*o* circumstantial) account; **il r. di una seduta**, the report of a meeting ***2*** (*rendiconto*) statement.

reṣorcina, *f.* (*chim.*) resorcinol; resorcin.

respingènte, *m.* (*ferr.*) buffer; bumper (*USA*).

respìngere, *v. t.* ***1*** (*spingere indietro*) to repel; to drive* back; to push back; to repulse; to fight* back; to beat* back: **r. il nemico**, to repel (*o* to drive back) the enemy; **r. un assalitore**, to repel an assailant; **r. un attacco**, to repel (*o* to drive back, to fight back) an attack; **r. una tentazione**, to resist (*o* to fight back) a temptation; **Fu respinto contro le transenne**, he was pushed (*o* thrown) back against the barriers ***2*** (*non accettare*) to reject, to turn down; (*con voto*) to vote down: **r. un'offerta**, to reject an offer; **r. una proposta**, to reject (*o* to turn down) a proposal; **r. un progetto di legge**, to defeat (*o* to vote down, to reject, to kill) a bill; **r. un'accusa**, to rebut a charge ***3*** (*rimandare*) to return; to send* back: **r. una lettera al mittente**, to return a letter to the sender; **r. la palla**, to throw back the ball ***4*** (*bocciare in un esame*) to fail: **r. un candidato a un esame**, to fail a candidate in an examination; **Fu respinto in latino**, he failed Latin ***5*** (*fis.*) to repel ***6*** (*calcio*) to clear (the goal): **r. di pugno**, to parry (the ball) with one's fists; **r. di testa**, to head off the ball.

respingiménto, *m.* ***1*** (*lo spingere indietro*) repulsion; repelling; driving back ***2*** (*il non accettare*) rejection; refusal; turning down.

respinta, *f.* (*calcio*) clearance; (*di piedi*) kick back; (*di testa*) heading off: **fare una r. di pugno**, to parry with one's fists.

respinto, **A** *a.* ***1*** pushed back; driven back; repelled ***2*** (*rifiutato*) rejected; turned down; refused ***3*** (*bocciato in un esame*) failed. **B** *m.* (*f.* **-a**) failed candidate: **Ci sono stati tre respinti**, three candidates were failed; **i respinti in greco**, those who failed Greek.

respiràbile, *a.* breathable; respirable: **aria r.**, breathable air.

respirabilità, *f.* breathableness; respirability.

respiràre, **A** *v. i.* ***1*** to breathe; to respire (*form.*); (*inalare*) to breathe in: **r. con la bocca**, to breathe through one's mouth; **I pesci respirano con le branchie**, fish breathe through their gills; **r. a fatica**, to breathe with difficulty; **r. a pieni polmoni**, to breathe deeply; **r. liberamente**, to breathe freely; **non r. più**, to stop breathing; **stare sott'acqua due minuti senza r.**, to be under water for two minutes without drawing breath; **Quando arrivai, respirava ancora**, when I arrived, he was still breathing; **lasciar r. la pelle**, to allow the skin to breathe; **Non si respira in questa stanza**, this room is stuffy; **Qui non si respira dal fumo**, you can't breathe for the smoke in here ***2*** (*fig.*: *essere sollevato*) to breathe again; to breathe easier: **A quella notizia respirai**, when I heard the news, I breathed again ***3*** (*riprendere fiato*) to take* a breath; to get* one's breath back: **Lasciatemi r. e poi vi risponderò**, let me get my breath back, and then I'll answer you. • (*fig.*) **non avere il tempo di r.**, not to have time to breathe. **B** *v. t.* to breathe: **r. aria buona**, to breathe good (*o* fresh) air. • (*fig.*) **aver bisogno di r. aria nuova**, to need a change of air □ **Sono libero come l'aria che respiro**, I'm as free as the air I breathe □ (*fig.*) **Sono stanco di r. quest'aria**, I am tired of staying here; I'm fed up with this place (*fam.*).

respiratìvo, *a.* respiratory; breathing.

respiratóre, *m.* ***1*** (*med.*, *tecn.*) respirator ***2*** (*per immersioni*) snorkel; (*autorespiratore*) aqualung.

respiratòrio, *a.* respiratory; breathing: **gli organi respiratori**, the respiratory (*o* breathing) organs; **le funzioni respiratorie**, the respiratory functions.

respirazióne, *f.* respiration; breathing: **la r. vegetale**, respiration in plants; **r. artificiale**, artificial respiration; **r. cutanea**, porous respiration; **r. difficile**, difficult breathing; **r. bocca a bocca**, mouth-to-mouth resuscitation; kiss of life (*fam.*); **avere difficoltà di r.**, to experience difficulty in breathing; **organi della r.**, respiratory (*o* breathing) organs.

respiro, *m.* ***1*** (*il respirare*) breathing: **Ascoltò il r. del bambino**, he listened to the child's breathing ***2*** (*singolo movimento della respirazione*) breath: **fare un r. profondo**, to take a deep breath; to breathe in deeply; **trattenere il r.**, to hold one's breath; (*fig.*) **togliere il r.**, to take sb.'s breath away: **una velocità da togliere il r.**, a breath-taking speed; **un tanfo che mozza il r.**, a smell that takes one's breath away; **avere il r. corto**, to be short of breath; **avere il r. affannoso**, to breathe with difficulty; **Mi manca il r.**, I can't breathe; **un r. di sollievo**, a sigh of relief; **mandare** (*o* **tirare**) **un r. di sollievo**, to heave a sigh of relief; to sigh with relief ***3*** (*fig.*: *breve pausa, riposo*) respite, rest; (*agio*) leisure: **non avere mai un minuto di r.**, never to have a moment's rest; **Dammi un attimo di r.!**, let me breathe!; let me get my breath back!; **lavorare con un certo r.**, to work with some leisure ***4*** (*fig.*: *dilazione*) respite; grace; breathing space: **accordare un breve r. per il pagamento**, to grant a short respite for the payment; **Ci hanno dato tre giorni di r.**, we've been given three days' grace (*o* breathing space) ***5*** (*metall.*) gas vent ***6*** (*mus.*) breath mark. ● (*fig.*) **di vasto r.**, wide-ranging; comprehensive: **un'opera di vasto r.**, a comprehensive (*o* wide-ranging) work □ **esalare l'ultimo r.**, to breathe one's last □ **fino all'ultimo r.**, to the last.

responsàbile, **A** *a.* ***1*** responsible; answerable; accountable; liable; (*colpevole*) guilty; (*incaricato*) in charge of: **essere r. delle proprie azioni**, to be responsible (*o* accountable) for one's own actions; **Non posso essere r. di quello che ha fatto un altro**, I can't be held accountable (*o* I can't answer) for what someone else did; **r. di fronte a q.**, responsible to sb.; **essere ritenuto r. di q.c.**, to be held responsible (*o* accountable) for st.; **Vi riteniamo personalmente responsabili del ritardo**, we hold you personally responsible for the delay; **Mi faccio r. io di ciò**, I'll answer for that; **È r. delle spedizioni**, he is in charge of deliveries ***2*** (*in grado di assumersi responsabilità*) responsible; reliable: **un bambino r.**, a responsible little boy. ● (*giorn.*) **direttore r.**, editor. **B** *m.* e *f.* ***1*** person responsible ***2*** (*chi dirige*) person in charge; manager; head: **Chi è il r. qui?**, who's in charge here?; **il r. delle pubbliche relazioni**, the person in charge of public relations; the PR officer; (*org. az.*) **r. di prodotto**, product manager ***3*** (*colpevole*) culprit: **Hanno arrestato il r.**, they have arrested the culprit; **il r. dell'incidente**, the person who caused the accident; **il r. del furto**, the thief.

responsabilità, *f.* ***1*** responsibility: **Lo feci sotto la mia r.**, I did it on my own responsibility; **La r. ricade interamente su di voi**, the responsibility rests entirely with you; **prendersi la r. di fare q.c.**, to take the responsibility of doing st.; **assumersi piena r. di q.c.**, to take full responsibility for st.; **Ciascuno deve assumersi le sue r.**, everyone must accept responsibility for his actions; **una grave r.**, a heavy responsibility; **È una bella r.**, it's a serious responsibility; **dividere la r. con altri**, to share the responsibility with others; **attribuire la r. di q.c. a q.**, to hold sb. responsible for st.; to lay the blame for st. on sb.; **affidare a q. la r. di un lavoro**, to put sb. in charge of a job; **un lavoro di r.**, a responsible job ***2*** (*leg.*) responsibility; liability: **senza r. da parte nostra**, without any responsibility on our part; **Non incorrerete in nessuna r.**, you will incur no liability; **r. civile**, public liability; third-party liability; **r. individuale e solidale**, joint and several liability; **r. penale**, criminal liability; **r. limitata** [**illimitata**], limited [unlimited] liability; **società a r. limitata**, limited company. ● (*fig.*) **palleggiarsi le r.**, to pass the buck (*fam.*).

responsabilizzàre, **A** *v. t.* to invest (sb.) with a responsibility; (*rendere responsabile*) to make* (sb.) aware of his responsibilities. **B** **responsabilizzàrsi,** *v. i. pron.* to assume one's responsibilities; to become* responsible; to become* aware of one's responsibilities.

responsabilizzazióne, *f.* ***1*** (*di q.*) investment with responsibility; making responsible ***2*** (*di se stessi*) assumption of responsibilities.

responsività, *f.* (*biol.*) responsiveness.

respònso, *m.* response; (*risposta, giudizio*) reply, answer; (*opinione*) opinion; (*rapporto*) report; (*decisione*) decision, verdict: **chiedere r. a un oracolo**, to seek a response from an oracle; **il r. dei medici**, the doctors' report; **il r. della giuria**, (*leg.*) the jury's verdict; (*di gara, concorso*) the jury's decision; **il r. delle urne**, the election results (*pl.*); **Finalmente ci ha dato il suo r.!**, he has let us know his answer at last!

responsoriàle, *m.* (*eccles.*) responsorial.

responsòrio, *m.* (*eccles.*) responsory; response.

rèssa, *f.* (*calca di persone*) crowd; throng; crush; press: **C'era una gran r. nella piazza**, there was a press of people in the square; the square was chock-a-block with people (*fam.*); **Nella r. ci perdemmo di vista**, we lost sight of each other in the crowd; **fare r.**, to crowd; to throng.

rèsta (**1**), *f.* ***1*** (*bot.*) awn; beard ***2*** (*lisca di pesce*) fishbone.

rèsta (**2**), *f.* (*stor.*) rest: **con la lancia in r.**, with lance in rest.

rèsta (**3**), *f.* (*filza*) string: **una r. di cipolle**, a string of onions.

restànte, **A** *a.* remaining; left over (*pred.*): **la parte r.**, the remaining part; **il denaro r.**, the money left over. **B** *m.* remainder; rest; what is left.

restàre, *v. i.* ***1*** (*trattenersi, non andare via*) to stay, to remain; (*fermarsi*) to stop: **Resta con me**, stay with me; **Restate lì**, stay where you are; **Restai dov'ero**, I stayed (*o* stopped) where I was; I stayed put (*fam.*); **r. in casa**, to stay at home; to stay in; **Noi ce ne andammo, e lui restò**, we left, and he stayed behind; **Devi pensare a chi resta**, you must think of those who remain; **Ci restai per alcuni giorni**, I stayed (*o* stopped) there for a few days; **r. a cena**, to stay to dinner **r. fino alla fine**, to stay on until the end; **r. a letto**, to stay in bed; **r. alzato**, to stay up; **r. indietro**, to hang behind; to linger (*o* to lag) behind; to fall (*o* to drop) behind: **Ero stanco e restai indietro**, I was tired and dropped (*o* fell) behind; **r. indietro nel lavoro**, to get behind (*o* to fall behind) with one's work ***2*** (*essere*) to be; (*continuare a essere*) to remain, to keep*; (*diventare, essere lasciato*) to be left: **r. sbalordito**, to be astonished; **r. in dubbio**, to be doubtful; **r. pienamente soddisfatto**, to be quite satisfied; **r. intesi su q.c.**, to be agreed upon st.; **r. deluso**, to be disappointed; **r. ferito**, to be injured; to be wounded; **r. zoppo**, to be lamed; to be crippled; **L'ufficio resterà chiuso tutto il mese**, the office will be closed for the whole month; **r. scapolo**, to remain a bachelor; **r. seduto**, to remain seated; **r. fermo**, to stand (*o* to keep) still; **r. calmo**, to keep calm; **r. a galla**, to keep afloat; **r. in contatto con q.**, to keep in touch with sb.; **r. vedova**, to be left a widow; **r. orfano**, to be left an orphan; **r. al buio**, to be left in the dark; **r. a piedi**, to be without transport; **r. solo**, to be left alone ***3*** (*anche* **restarci**: *essere meravigliato*) to be flabbergasted; to be struck dumb; to be taken aback: **Quando l'ho saputo** (**ci**) **sono restato**, when I found out, I couldn't believe it ***4*** (*avanzare*) to be left, to be left over, to have (st.) left (*costr. pers.*); (*esserci ancora, sopravvivere*) to remain, to be left: **Restano pochi minuti**, there are only a few minutes left; **Quanto dolce resta?**, how much dessert is there left?; **Ce n'è restato solo uno**, there is only one left; **Mi restano solo dieci sterline**, I've only ten pounds left; **Gli restano pochi mesi da vivere**, he has only a few months to live; **Restano pochi giorni a Natale**, there are only a few days to go before Christmas; Christmas is only a few days away; **Se da cinque togli quattro, resta uno**, four from five leaves one; **Resta ancora molto da fare**, there is still a lot to do; much remains to be done; **Mi restano da fare due o tre cose**, there are a couple of things left for me to do; I still have a couple of things to do; **Non ci resta che pagare**, we have no choice but to pay; **Non resta che sperare**, there is nothing left to do but hope ***5*** (*mettersi d'accordo*) to agree; to settle: **Come siete restati** (**d'accordo**)**?**, what did you agree to do?; **Restarono che lui sarebbe partito subito**, they agreed that he would leave at once; **D'accordo, restiamo così**, all right, let's leave it at that ***6*** (*durare, resistere*) to stay; to last: **Non resterà a lungo in carica**, he won't stay long in office ***7*** (*essere situato, trovarsi*) to be; to be located (*o* situated): **Dove resta il tuo ufficio?**, where is your office? ● **r. a bocca aperta**, to gape; to be struck dumb □ **r. a corto di q.c.**, to run short of st. □ **r. a guardare**, to watch □ **r. attaccato**, to stick □ (*fig.*) **r. di sale**, to be struck dumb; to be dumbfounded □ (*telef.*) **r. in linea**, to hang on; to hold on □ **r. incinta**, to get pregnant □ **restarci**, (*essere catturato*) to be caught; (*morire*) to drop dead, to cop it (*fam.*) □ **restarci male**, (*essere deluso*) to be disappointed, to feel let down; (*essere ferito*) to be hurt, to be upset; (*offendersi*) to take it amiss □ **fermo restando che...**, it being understood that... □ **Resta da vedere se...**, it remains to be seen if... □ **Resti comodo!**, don't get up! □ **Resti fra noi**, let this remain between you and me.

restauràbile, *a.* restorable.

restauràre, *v. t.* ***1*** (*rinnovare, riparare*) to restore; to repair: **r. un monumento**, to restore a monument; **r. un quadro**, to restore a painting ***2*** (*ripristinare*) to restore; to re-establish; to reinstate: **r. la monarchia**, to restore the monarchy; **r. una vecchia usanza**, to revive (*o* to bring back to life) an old custom.

restaurativo, *a.* restorative; restoration (*attr.*).

restauratóre, *m.* (*f.* **-trice**) restorer: **r. di mobili**, furniture restorer; **r. di quadri**, restorer of paintings; picture restorer.

restaurazióne, *f.* restoration; reinstatement; re-establishment: **la r. della monarchia**, the restoration (*o* re-establishment) of the monarchy; **la r. dei Borboni**, the reinstatement of the Bourbons; (*stor.*) **la R.**, the Restoration.

restàuro, *m.* restoration; repairs (*pl.*): **fare dei restauri**, to do restoration work; **il r. di un quadro**, the restoration of a painting; **lavori di r.**, restoration work; repairs; **un r. mal fatto**, a bad restoration job; **edificio in r.**, building under repair.

restio, *a.* ***1*** reluctant; unwilling; loath: **Era r. a partire**, he was reluctant to leave; **essere r. ad accettare q.c.**, to be reluctant to accept st.; **essere r. a obbedire**, to be unwilling to obey;

essere r. a confessare q.c., to be loath to confess st. *2* (*di animale*) restive; jibbing; balky: **un cavallo r.**, a balky horse.

restituìbile, *a.* returnable; (*rimborsabile*) repayable, reimbursable, refundable.

restituìre, *v. t.* *1* (*rendere*) to return, to give* back, to hand back, to restore; (*rispedire*) to send* back; (*rimborsare*) to repay*, to pay* back, to reimburse, to refund: **Quando devi r. il libro?**, when do you have to return (*o* give back) the book?; when is the book due back?; **r. la merce**, to return (*o* to send back) the goods; **Il denaro venne restituito**, the money was given back (*o* refunded); **r. denaro rubato**, to replace stolen money; **r. la libertà a q.**, to give sb. back his freedom; to set sb. free; **Mi restituì la lettera con un sorriso**, he handed back the letter to me with a smile *2* (*rimettere nello stato primitivo*) to restore; to bring* back to: **r. le forze**, to restore sb.'s strength; **r. l'appetito**, to restore sb.'s appetite; **r. la forma a q.c.**, to bring st. back to its former shape *3* (*contraccambiare*) to return; to repay*: **r. una visita [un favore]**, to return (*o* to repay) a visit [a favour]; **Mi restituì l'occhiata senza parlare**, he returned my glance without saying anything; **r. uno schiaffo a q.**, to slap sb. back; **r. un colpo**, to hit back; to strike back *4* (*lett.*: *reintegrare*) to restore; to reinstate: **r. q. nei propri diritti**, to restore sb. to his rights.

restitutóre, *m.* (*f.* **-trice**) *1* (*chi restituisce*) returner *2* (*restauratore*) restorer *3* (*tecn.*) graph plotter.

restitutòrio, *a.* (*leg.*) restitutory.

restituzióne, *f.* *1* (*il restituire*) restitution, return; (*rimborso*) repayment, paying back, reimbursement, refund: **la r. di beni confiscati**, the restitution of confiscated property; **la r. di un libro preso in prestito**, the return of a borrowed book; **la r. di un favore**, the return of a favour; **chiedere la r. di q.c.**, to ask for st. to be returned; to ask for st. back; **chiedere la r. di un prestito**, to ask for the repayment (*o* refund) of a loan; to call in a loan; **chiedere la r. d'un favore**, to ask (sb.) to repay a favour; **mancata r.**, failure to return *2* (*reintegrazione*) restoration; reinstatement *3* (*filol.*) critical editing; restoration.

rèsto, *m.* *1* (*il rimanente*) remainder; rest: **Il r. è compito tuo**, the rest is up to you; **il r. del tempo [del giorno, della vita]**, the rest (*o* remainder) of the time [of the day, of one's life]; **Aspettiamo il r. del racconto**, we're waiting for the rest of the story; **Tra poco giungerà il r. della compagnia**, the rest of the company will arrive shortly; **Il r. del viaggio fu fatto in corriera**, the rest (*o* remainder) of the journey was by coach; **Tu copia fin qui, io copierò il r.**, you copy up to here, I'll copy the rest; **Ti dirò il r. domani**, I'll tell you the rest tomorrow *2* (*di una somma di denaro*) change: **Ho speso 8000 lire ed eccoti il r.**, I spent 8000 lire and here's your change; **C'è un r. di 500 lire**, there is 500 lire change; **Ho lasciato il r. per la mancia**, I left the change as a tip; **Non aveva da darmi il r.**, he had no change to give me; he couldn't give me the change; **Tenga il r.!**, keep the change! *3* (*pl.*) (*residui*) remnants, remains; (*ruderi*) remains, ruins; (*vestigia*) vestiges: **i resti di un'antica gloria [bellezza]**, the remnants (*o* remains) of former glory [beauty]; **i resti di un pranzo**, the remnants of a meal; the leftovers; **C'è un r. di arrosto**, there is some left-over roast; **i resti di un esercito**, the remnants of an army; **i resti mortali**, the mortal remains; **i resti dell'antica Roma**, the remains (*o* ruins) of Ancient Rome *4* (*mat.*) remainder; (*di sottrazione, anche*) difference *5* (*comm.*: *differenza a saldo*) balance: **pagare il r. a rate mensili**, to pay the balance in monthly instalments. ● **del r.**, (*inoltre*) besides, moreover; (*d'altronde*) on the other hand, however: **Non voglio annoiarti, e del r. è già tardi**, I don't want to bore you, and besides it's already late; **Ci disse cose che, del r., si sapevano già**, he told us things which, however, were already known □ **quanto al r.**, as for the rest □ (*fig.*) **Ha avuto il suo r.**, he got what he deserved (*o* his just deserts, his comeuppance).

restrìngere, A *v. t.* *1* (*rendere più stretto*) to narrow; to reduce; to shrink*: **r. un'apertura**, to narrow an opening; **L'acqua calda può r. il capo**, washing the garment in hot water may shrink it *2* (*contrarre*) to contract: **La luce restringe le pupille**, light contracts the pupils *3* (*ridurre*) to reduce, to cut* down, to shorten; (*limitare*) to limit, to restrict, to narrow down: **r. le spese**, to cut down expenses; **r. i prezzi**, to reduce prices; **r. il credito**, to tighten credit; **r. un articolo**, to cut down (*o* to condense) an article; **r. le proprie ricerche**, to narrow down one's researches; **r. gli inviti ai parenti stretti**, to restrict invitations to one's close relatives *4* (*cucina*) to reduce: **(far) r. un sugo**, to reduce the sauce *5* (*assol.*: *essere astringente*) to be astringent. **B restringersi**, *v. i. pron.* *1* (*diventare stretto*) to narrow; to become* (*o* to get*) narrower: **La strada in questo punto si restringe**, the road gets narrower here *2* (*di tessuti*) to shrink*: **Il golf si è ristretto**, the jumper has shrunk; **Questa stoffa non si restringe**, this material does not shrink *3* (*contrarsi*) to contract: **I metalli, raffreddandosi, si restringono**, metals contract as they cool down *4* (*avvicinarsi a q. per occupare meno spazio*) to close up; to move up; to squeeze up: **Restringetevi e fate un po' di posto**, move up and make room *5* (*limitarsi*) to limit (oneself); to restrain (oneself): **r. nelle spese**, to limit (*o* to cut down) one's expenses *6* (*ridursi*) to come* down; to fall* off: **Il numero dei concorrenti si è ristretto a dieci**, the number of contestants has come down to ten; **Le indagini si sono ristrette alla famiglia dell'ucciso,** investigations have been narrowed down to the relatives of the victim *7* (*traslocare in casa più piccola*) to move into a smaller house (*o* flat). ● **r. nelle spalle**, to shrug.

restringiménto, *m.* *1* narrowing; (*strettoia*) bottleneck: **un r. nel sentiero**, a narrowing in the path *2* (*contrazione*) contraction; contracting: **il r. della pupilla**, the contraction of the pupil *3* (*di tessuto*) shrinkage; shrinking *4* (*med.*) stricture; stenosis*: **r. uretrale**, urethral stricture.

restrittività, *f.* restrictiveness.

restrittìvo, *a.* restrictive: **provvedimento r.**, restrictive measure; **leggi restrittive**, restrictive regulations; (*leg.*) **interpretazione restrittiva**, strict interpretation.

restrizióne, *f.* restriction; constraint; limitation; curtailment: **restrizioni alla libertà di stampa**, restrictions on the freedom of the press; **restrizioni al commercio**, trade restrictions; **imporre una r.**, to impose (*o* to place) a restriction; **abolire una r.**, to lift a restriction. ● (*fin.*) **r. creditizia**, credit squeeze □ **r. mentale**, mental reservation □ **senza restrizioni**, unreservedly.

resultàre, e *deriv.* *V.* **risultare**, e *deriv.*

resupìno, *a.* (*lett.*) supine.

resurrezióne, resuscitàre, *V.* **risurrezione, risuscitare.**

retàggio, *m.* (*anche fig.*) heritage; legacy.

retàta, *f.* *1* (*gettata di rete*) cast; (*pesce preso*) catch, draught, haul: **una bella r.**, a fine (*o* good) catch *2* (*fig.*: *polizia*) raid; roundup; bust (*fam.*); cop (*pop.*); roust (*pop. USA*).

réte, *f.* *1* net (*anche fig.*); netting; network; mesh: **r. metallica**, wire net (*o* netting); wire mesh; **una r. di fili**, a network (*o* a mesh) of wires; **una r. di venuzze**, a network of fine veins; **una r. di vicoli**, a network of alleys *2* (*da pesca o caccia*) net: **gettare le reti**, to shoot the nets; (*fig.*) to cast one's nets; **tirare le reti**, to haul in the nets; **pescare con le reti**, to net; **prendere nella r.**, to net; **tendere le reti per uccellare**, to set the nets for fowling; **r. da pesca**, fishing net; **r. per farfalle**, butterfly net *3* (*fig.*: *insidia, inganno*) trap; snare; meshes (*pl.*): **tendere una r. a q.**, to lay a trap for sb.; **cadere (o incappare) nella r.**, to fall into the trap; to be caught in a snare; **cadere nelle reti di uno strozzino**, to be caught in the meshes of a loan shark; **prendere q. nella r.**, to trap sb.; **essere preso nella propria r.**, to fall into one's own trap; to be hoist with one's own petard *4* (*reticolato*) grid: **la r. dei paralleli e dei meridiani**, the grid of parallels and meridians *5* (*sistema reticolato o ramificato*) network; system; grid: **una r. di tubazioni**, a pipe network; a piping system; **una r. di canali**, a network of canals; **r. ferroviaria [stradale]**, railway [road] network; **r. telegrafica [telefonica]**, telegraph [telephone] system (*o* network); **r. televisiva**, television network; **r. idrica**, water system; **r. di fognature**, drainage system; **r. di distribuzione**, (*comm.*) distribution system, network of distributors; (*di elettricità, di gas*) grid; (*comm.*) **r. di vendita**, sales network; **r. di spie**, spy network *6* (*calcio*) net; (*punto segnato*) goal: **Il pallone piombò in r.**, the ball hit the back of the net; **tirare in r.**, to shoot the ball in; **segnare una r.**, to score a goal; **La partita finì a reti inviolate**, the game ended without a goal being scored (*o* in a goalless draw) *7* (*tennis*) net: **scendere a r.**, to come up to the net; **gettare la palla in r.**, to net the ball; **gioco a r.**, net-play *8* (*per la spesa*) string bag *9* (*per i capelli*) hairnet *10* (*del letto*) sprung bed base *11* (*elab.*) network: **r. locale**, local area network (*abbr.*: LAN); **collegamento in r.**, networking *12* (*anat.*) system; rete*: **r. venosa [arteriosa]**, venous [arterial] system. ● **r. a deriva**, drift net □ **r. a strascico**, trawl net; dragnet □ (*naut.*) **r. antisommergibili**, anti-submarine net □ (*radio*) **r. di antenne**, aerial array □ (*fig.*) **una r. di intrighi**, a web of intrigue □ (*anche fig.*) **r. di sicurezza**, safety net □ (*naut.*) **r. parasiluri**, (anti-)torpedo net □ (*ferr.*) **r. per i bagagli**, luggage rack □ **a r.**, net (*attr.*); mesh (*attr.*); netlike: **tendine a r.**, net curtains □ **borsetta a r.**, reticule □ **calze a r.**, fishnet stockings □ **maglia di r.**, mesh □ (*anche fig.*) **passare tra le maglie della r.**, to slip through the net □ (*fig.*) **senza r.**, without the safety net.

reticèlla, *f.* *1* (*per i capelli*) hairnet; (*per ornamento*) snood *2* (*borsetta*) reticule *3* (*chim.*) wire gauze *4* (*ferr.*) luggage rack. ● **r. Auer**, gas mantle.

reticènte, *a.* reticent; close-lipped; reserved; secretive: **un testimone r.**, a reticent witness; **mostrarsi r.**, to be reticent.

reticènza, *f.* reticence; reserve; secretiveness: **senza r.**, freely; unreservedly; **parlare senza reticenze**, to speak without reserve; to speak out; to speak freely.

rètico, *a.* (*geogr.*, *stor.*) Rhaetian.

reticolaménto, *m.* reticulation.

reticolàre (1), *v. t.* to reticulate.

reticolàre (2), *a.* reticular; reticulate; netlike: **membrana r.**, reticular membrane.

reticolàto, A *a.* reticulate; reticular; netlike; crisscross. **B** *m.* *1* network; crisscross; grid *2* (*cartografia*) grid; graticule *3* (*rete metallica*) wire netting; mesh fence *4* (*barriera di filo spinato*) barbed-wire fence.

reticolatùra, *f.* (*fotogr.*) reticulation.

reticolazióne, *f.* reticulation; (*chim.*) cross-linkage.

retìcolo, *m.* *1* network; grid *2* (*cartografia*) grid; graticule *3* (*fis., mat., miner.*) lattice: **r. spaziale** (*o* **cristallino**), space (*o* crystal) lattice *4* (*zool.*) reticulum* *5* (*ottica*) reticle; graticule: **r. di diffrazione**, diffraction grating.

reticoloendoteliàle, *a.* (*biol.*) reticuloendothelial.

retifórme, *a.* retiform; reticular; netlike.

rètina (1), *f. (anat.)* retina*.

retina (2), *f. (per capelli)* hairnet.

retinàre, *v. t.* **1** *(tecn.)* to reinforce; *(vetro)* to wire **2** *(tipogr.)* to screen (by halftone screen).

retinène, *m. (chim.)* retinene; retinal.

retìnico, *a. (anat.)* retinal.

retinite, *f. (med.)* retinitis*.

retino, *m.* **1** *(per la pesca)* landing net; *(cestello)* fish basket **2** *(per farfalle)* butterfly net **3** *(tipogr.)* halftone screen.

retinopatia, *f. (med.)* retinopathy.

retóre, *m.* rhetor; rhetorician *(anche spreg.)*.

retòrica, *f.* **1** rhetoric: **l'arte della r.**, the art of rhetoric **2** *(spreg.)* rhetoric; bombast: **Questa è solo r.**, this is mere rhetoric; **un discorso pieno di r.**, a speech full of bombast.

retòrico, *a.* **1** rhetorical: **artificio r.**, rhetorical device; **figura retorica**, figure of speech; **domanda retorica**, rhetorical question **2** *(spreg.)* rhetorical; bombastic: **espressioni retoriche**, rhetorical flourishes; **esprimersi in modo r.**, to be bombastic (*o* rhetorical).

retoricùme, *m. (spreg.)* mere rhetoric; bombast.

retoromànzo, *(ling.)* **A** *a.* Rhaetian. **B** *m.* Rhaetian; Rhaeto-Romanic.

retràttile, *a.* retractile; retractable: **unghie retrattili**, retractile claws; *(aeron.)* **carrello r.**, retractable undercarriage.

retrattilità, *f.* retractility.

retribuìre, *v. t.* **1** *(pagare)* to pay*; to remunerate: **r. al completamento del lavoro**, to pay on completion of work; **r. inadeguatamente**, to underpay **2** *(fig.: ricompensare, premiare)* to recompense; to repay*; to reward: **r. le buone azioni**, to remunerate good actions; **r. q. secondo il merito**, to reward sb. according to his merits.

retribuìto, *a.* **1** *(pagato)* paid; salaried; remunerated: **ben r.**, well-paid; **mal r.**, badly paid; **r. a ore**, hourly-paid; **non r.**, without pay; unpaid; *(onorario)* honorary **2** *(ricompensato)* recompensed; rewarded.

retributivo, *a. (relat. al compenso)* wage *(attr.)*; salary *(attr.)*, pay *(attr.)*: **livello r.**, wage level.

retribuzióne, *f.* **1** *(compenso)* pay, remuneration; *(salario)* wages *(pl.)*; *(stipendio)* salary **2** *(ricompensa, premio)* reward; recompense.

retrivo, A *a.* backward-looking; hidebound; behind the times; ultraconservative; reactionary. **B** *m.* *(f. -a)* reactionary; stick-in-the--mud; diehard.

rètro (1), A *m.* **1** back; *(di edificio, anche)* rear: **il r. del negozio**, the back of the shop; **sul r.**, *(di edificio)* at the rear; at the back; in back of *(prep. USA)*; *(di foglio)* on the back, overleaf; **ingresso sul r.**, rear (*o* back) entrance **2** *(di moneta, medaglia, ecc.)* reverse; back; verso*. **B** *avv. (lett.)* behind. ● **vedi r.**, please turn over *(abbr.:* PTO); see overleaf.

rétro (2) *(franc.)*, *a. invar.* retro: **moda r.**, retro fashion.

retroagire, *v. i. (leg.)* to retroact.

retroattività, *f.* retroactivity; retrospective effect: **la r. della legge**, the retroactivity of the law.

retroattivo, *a.* retroactive; retrospective: **legge retroattiva**, retroactive law; **effetto r.**, retroactive (*o* retrospective) effect; **rendere r.**, to backdate.

retroazióne, *f.* **1** retroaction **2** *(elettron., elab.)* feedback.

retrobottéga, *m.* e *f.* backshop; back of a shop.

retrocàmera, *f.* backroom.

retrocàrica, *f.* – **fucile a r.**, breech-loading gun; breech-loader.

retrocèdere, A *v. i.* **1** *(arretrare)* to retreat, to go* back, to step back; *(fig.)* to recede: **r. di qualche passo**, to retreat a few steps **2** *(fig.: tirarsi indietro)* to withdraw*; to go* back (on st.): **r. da una decisione**, to go back on a decision. **B** *v. t.* **1** *(mil.)* to degrade; to reduce (in rank); to demote: **Il caporale fu retrocesso a soldato semplice**, the corporal was reduced to private **2** *(di qualifica)* to demote; to move down; to relegate **3** *(sport)* to relegate: **r. una squadra in serie B**, to relegate a team to the second division.

retrocessióne, *f.* **1** retrocession; regression; *(ritiro)* withdrawal, retreat **2** *(mil.)* degrading; demotion **3** *(di qualifica)* demotion; relegation **4** *(sport)* relegation **5** *(leg.)* reconveyance.

retrocopertina, *f.* back cover.

retrocucina, *m.* e *f.* back kitchen; scullery.

retrodatàre, *v. t.* to antedate: **r. un assegno**, to antedate a cheque; **r. un testo letterario**, to antedate a literary text.

retrodatazióne, *f.* antedating.

retroflessióne, *f. (anche fon., med.)* retroflexion, retroflection.

retroflèsso, *a. (anche fon., med.)* retroflex; retroflexed.

retroformazióne, *f. (ling.)* back formation.

retrofrontespìzio, *m.* back of the title page.

retrogradàre, *v. i. (astron.)* to retrograde.

retrogradazióne, *f. (astron.)* retrograde motion; retrogradation.

retrògrado, A *a.* **1** retrograde *(anche astron., biol., psic.)*; backward; reverse: **moto r.**, retrograde motion; **amnesia retrograda**, retrograde amnesia **2** *(fig.: contrario al progresso)* backward-looking; reactionary; ultraconservative; behind the times: **un atteggiamento r.**, a backward-looking attitude; **idee retrograde**, ideas that are behind the times. **B** *m.* *(f. -a)* *(polit.)* reactionary; stick--in-the-mud; diehard.

retrogressióne, *f.* retrogression; regression; retrocession.

retroguàrdia, *f.* **1** *(mil.)* rear; *(i soldati)* rearguard **2** *(fig.)* rear: **formare la r.**, to bring up the rear; **stare alla r.**, to hang back **3** *(calcio)* defence.

retrogùsto, *m.* aftertaste.

retromàrcia, *f.* *(autom.: il movimento)* reverse motion, backing; *(l'ingranaggio)* reverse (gear): **fare r.**, to reverse; to back; *(fig.)* to back down, to back pedal; **mettere** (*o* **ingranare**) **la r.**, to engage the reverse gear; to change into reverse; **in r.**, in reverse: **uscire in r. da un vicolo**, to back out of a lane; **entrare nel box in r.**, to back into the garage; **luci della r.**, reversing *(USA:* back--up) lights.

retromutazióne, *f. (biol.)* back mutation.

retronébbia, *m. invar. (autom.)* red rear light.

retropàlco, *m. (teatr.)* back of the stage.

retroproiezióne, *f. (fotogr.)* back (*o* background) projection.

retropulsióne, *f. (med.)* retropulsion; backward progression; titubation.

retroràzzo, *m. (miss.)* retrorocket: **accendere un r.**, to retrofire.

retròrso, *a. (bot.)* retrorse.

retrosapóre, *m.* aftertaste.

retroscèna, A *f. (teatr.)* back of the stage. **B** *m. invar.* **1** *(teatr.)* backstage activity **2** *(fig.: attività nascosta)* what goes on behind the scenes, hidden background; *(intrighi)* intrigue, underhand dealings *(pl.)*: **rivelare i r. del negoziato**, to reveal what went on behind the scenes at the talks; **Non sapevo di tutto questo r.**, I knew nothing of all this hidden background; **i r. della politica**, backstage political dealings.

retroscritto, *a.* written on the back.

retrospettiva, *f.* retrospective.

retrospettivo, *a.* retrospective: **mostra retrospettiva**, retrospective exhibition; **una visione retrospettiva degli avvenimenti**, a retrospective view of the events; **sguardo r.**, review; run-over; **dare un breve sguardo r. a q.c.**, to run over st. briefly.

retrospezióne, *f. (psic.)* retrospection.

retrostànte, *a.* at the back; at the rear; lying behind: **il cortile r.**, the courtyard at the back; **la valle r.**, the valley lying behind.

retrostànza, *f.* backroom.

retrotèrra, *m. invar.* **1** *(geogr.)* hinterland: **il r. ligure**, the Ligurian hinterland **2** *(fig.)* background: **r. sociale**, social background.

retrotrèno, *m.* **1** *(autom.)* rear axle **2** *(zool.)* hindquarter.

retrovéndere, *v. t.* to sell* back to the seller.

retrovéndita, *f. (comm.)* sale and (*o* or) return.

retroversióne, *f.* **1** *(anche med.)* retroversion **2** *(ritraduzione nella lingua originale)* back version; re-translation.

retrovia, *f. (mil.: specialm. al pl.)* zone behind the lines (*o* the front): **nelle retrovie**, behind the lines.

retrovìrus, *m. invar. (biol., med.)* retrovirus.

retrovisivo, *a.* rear-view *(attr.)*: *(autom.)* **specchietto r.**, rear-view mirror.

retrovisóre, *m. (autom.)* rear-view mirror.

rètta (1), *f. (geom.)* straight line: **rette parallele**, parallel lines; **rette coniugate**, conjugate lines.

rètta (2), *f.* – **dare r. a**, to listen to; to pay* attention to; to take* notice of; to pay* heed to: **Non dargli r.**: **vuole metterti nei guai**, don't listen to him; he wants to get you into trouble; **Non dategli r., lo fa per farsi notare**, take no notice of him, he's only showing off; **A dar r. a lui, sono tutti ladri**, they are all a bunch of thieves, according to him.

rètta (3), *f. (di collegio, pensione, ecc.)* charge; terms *(pl.)*: **la r. completa**, the inclusive terms.

rettàle, *a. (anat.)* rectal.

rettaménte, *avv.* **1** *(con rettitudine)* righteously; honestly; uprightly: **agire r.**, to act righteously **2** *(giustamente)* justly; rightly **3** *(correttamente)* correctly: **interpretare r. un testo**, to interpret a text correctly.

rettangolàre, *a. (geom.)* rectangular.

rettàngolo, A *a. (geom.)* right-angled: **triangolo r.**, right-angled triangle. **B** *m. (geom.)* rectangle. ● *(sport)* **r. di gioco**, field (of play); ground; pitch.

rettìfica, *f.* **1** *(correzione)* correction, amendment, rectification; *(ritocco)* adjustment: **la r. d'un errore**, the correction of a mistake; **la r. di un conto**, the correction of an account; **pubblicare una r.**, to publish a correction; **una r. dei prezzi**, an adjustment of prices **2** *(mecc.)* grinding.

rettificàbile, *a. (specialm. mat.)* rectifiable.

rettificàre, *v. t.* **1** *(rendere retto)* to straighten; to make* straight **2** *(fig.: correggere)* to rectify; to correct; to amend; to adjust: **r. una data**, to rectify (*o* to correct) a date; **r. un errore**, to correct a mistake; **r. un'affermazione**, to rectify a statement; *(mil.)* **r. il tiro**, to adjust the range **3** *(chim., mat.)* to rectify: **r. l'alcol**, to rectify alcohol; **r. un arco di curva**, to rectify a curve **4** *(mecc.)* to grind*.

rettificàto, *a.* **1** *(fig.: corretto)* rectified; corrected; amended **2** *(chim.)* rectified: **alcol r.**, rectified alcohol **3** *(mecc.)* ground.

rettificatóre, A *a.* rectifying: *(chim.)* **colonna rettificatrice**, rectifier; condenser. **B** *m.* **1** *(f. -trice)* *(operaio)* grinder **2** *(radio)* detector **3** *(elettr.)* rectifier.

rettificatrice, *f. (mecc.)* grinder; grinding machine: **r. per ingranaggi**, gear grinding machine; **r. per piani**, surface grinder; **r. per rulli**, roll grinder.

rettificazióne, *f.* **1** straightening; straightening out **2** *(fig.: correzione)* correction; amendment; rectification; adjustment **3** *(chim., mat.)* rectification **4** *(mecc.)* grinding: **r. a secco**, dry grinding; **r. di precisione**, precision grinding **5** *(fis., radio)* rectification;

detection: **r. integrale**, full-wave rectification.
rettifilo, *m.* straight stretch; straight road.
rettilàrio, *m.* reptile house.
rèttile (1), *m.* (*zool.* e *fig.*) reptile.
rèttile (2), *a.* (*bot.*) repent; creeping.
rettilìneo, A *a.* *1* rectilinear (*anche geom.*); rectilineal; straight: **moto r.**, rectilinear motion; **costa rettilinea**, straight coastline; **in direzione rettilinea**, in a rectilinear direction; in a straight line *2* (*fig.*) upright: **condotta rettilinea**, upright conduct. **B** *m.* (*rettifilo*) straight stretch; straight road: (*sport*) **r. d'arrivo**, home straight; home stretch (*USA*).
rettitùdine, *f.* rectitude; integrity; uprightness; righteousness; probity: **r. di intenzioni**, rectitude of purpose; **operare con r.**, to act righteously.
rètto, A *a.* *1* (*diritto*) straight; right: **una linea retta**, a straight line *2* (*fig.*: *onesto*) upright; just; righteous: **un uomo r.**, an upright (*o* a righteous) man; **una coscienza retta**, an upright conscience *3* (*corretto, giusto*) right; correct; proper; exact: **la retta pronunzia d'un vocabolo**, the right (*o* correct) pronunciation of a word; **la retta interpretazione d'un passo**, the correct interpretation of a passage; **formarsi una retta opinione di q.**, to form a correct opinion of sb. *4* (*geom.*) right: **angolo r.**, right angle; **ad angolo r.**, right-angled (*agg.*). ● (*anat.*) **intestino r.**, rectum □ (*fig.*) **la retta via**, the straight path; (*scherz.*) the straight and narrow. **B** *m.* *1* (*anat.*) rectum* *2* (*geom.*) right angle *3* (*tipogr.*) recto*.
rettocèle, *m.* (*med.*) rectocele.
rettoràle, *a.* rectorial.
rettoràto, *m.* *1* (*di università ital.*) rectorate, rectorship; (*in G.B., carica solo rappresentativa*) chancellorship, (*carica esecutiva*) vice-chancellorship; (*in U.S.A.*) presidency *2* (*di collegio, ecc.*) wardenship; mastership *3* (*eccles.*) rectorate; rectorship *4* (*ufficio di un rettore*) rectorate; vice-chancellor's office; presidency; master's office.
rettóre, *m.* (*f.* **-trice**) *1* (*di università ital.*) rector; (*in G.B., con funzioni solo rappresentative*) chancellor, (*con compiti esecutivi*) vice-chancellor; (*in U.S.A.*) president *2* (*di collegio, ecc.*) warden; master *3* (*eccles.*) rector.
rettorìa, *f.* (*eccles.*) rectorate.
rettòrico, e *deriv.* *V.* **retorico**, e *deriv.*
rettoscopìa, *f.* (*med.*) proctoscopy.
rettoscòpio, *m.* (*med.*) proctoscope.
rèuma, *m.* (*med.*) rheumatism.
reumàtico, *a.* (*med.*) rheumatic: **dolori reumatici**, rheumatic pains; rheumatics (*pl. col verbo al sing.*) (*fam.*).
reumatismo, *m.* (*med.*) rheumatism; rheumatics (*pl. col verbo al sing.*) (*fam.*): **r. muscolare**, muscular rheumatism; myalgia; **r. articolare acuto**, acute rheumatic fever; **soffrire di reumatismi**, to suffer from rheumatism; to be rheumatic (*o* rheumaticky) (*fam.*); **Come vanno i tuoi reumatismi?**, how is your rheumatism?
reumatizzàre, A *v. t.* to cause rheumatism. **B reumatizzàrsi,** *v. i. pron.* to get* rheumatism.
reumatizzàto, *a.* affected with rheumatism; rheumaticky (*fam.*).
reumatòide, *a.* (*med.*) rheumatoid.
reumatologìa, *f.* rheumatology.
reumatòlogo, *m.* (*f.* **-a**) rheumatologist.
revanscismo, *m.* (*polit.*) revanche; revanchism.
revanscista, *m.* e *f.* (*polit.*) revanchist.
revanscistico, *a.* (*polit.*) revanchist (*attr.*).
reverèndo, A *a.* reverend: **la reverenda madre**, the Reverend Mother; **il r. padre O'Higgins**, the Rev. Father O'Higgins; **il r. pastore John Smith**, the Rev. John Smith; **reverendissimo,** (*rif. a vescovo*) right reverend; (*rif. ad arcivescovo*) most reverend. **B** *m.* (*fam.*); priest; padre (*fam.*); reverend (*fam.*); (*al vocat.*) father.
reverènte, *reverènza,* *V.* **riverente, riverenza.**
reverenziàle, *a.* reverential: **timore r.**, awe; **avere un timore r. di q.**, to be (*o* to stand) in awe of sb.
revers (*franc.*), *m. invar.* lapel; revers.
reversàle, *f.* *1* (*comm.*) collection order; collection voucher *2* (*ferr.*) consignment receipt.
reversìbile, *a.* *1* (*anche chim., fis.*) reversible: **processo r.**, reversible process *2* (*leg.*) reversionary; reversional: **pensione r.**, reversionary annuity; survivorship annuity.
reversibilità, *f.* reversibility. ● (*autom.*) **r. dello sterzo**, caster action □ **pensione di r.**, reversionary annuity; survivorship annuity.
reversióne, *f.* (*leg., biol.*) reversion.
revisionàre, *v. t.* *1* (*rivedere, correggere*) to revise; (*un testo, anche*) to edit: **r. un dizionario**, to revise a dictionary; **r. un manoscritto**, to revise (*o* to edit) a manuscript; **r. bozze**, to correct proofs; to proofread *2* (*verificare, controllare*) to audit; to check: **r. conti**, to audit accounts *3* (*mecc.*) to overhaul; to service: **r. un motore**, to overhaul an engine; **far r. l'auto**, to have one's car serviced.
revisióne, *f.* *1* (*correziome*) revision; (*di testo, anche*) editing: **la r. d'un dizionario**, the revision of a dictionary; **la r. d'un articolo**, the editing of an article; **r. delle bozze**, proofreading *2* (*riesame*) review, revision, reconsideration, reassessment, re-examination, reappraisal; (*modifica*) amendment: **una r. delle proprie posizioni**, a reconsideration (*o* reassessment) of one's position; **una r. delle imposte**, a review of taxation; **r. dei salari**, wage review; **la r. d'un trattato [d'un contratto]**, the revision of a treaty [of a contract]; **sottoporre a r.**, to review *3* (*comm., rag.*) review; audit; auditing: **r. amministrativa**, administrative review; **r. contabile**, audit; auditing of accounts; **società di r. contabile**, auditing firm *4* (*mecc.*) overhaul; overhauling; servicing: **r. sul campo**, field overhaul; **r. delle valvole**, valve overhauling; **fare la r. dell'auto**, to have one's car serviced *5* (*leg.*) rehearing; review: **la r. d'un processo**, the rehearing of a trial; **la r. d'una causa**, the review of a case.
revisionismo, *m.* (*polit.*) revisionism.
revisionista, *a., m.* e *f.* (*polit.*) revisionist.
revisionìstico, *a.* (*polit.*) revisionist (*attr.*).
revisóre, *m.* (*f.* **revisionatrice**) *1* (*di testi*) reviser; editor: **il r. d'un manoscritto**, the editor of a manuscript; **i revisori della Bibbia**, the revisers of the Bible; **r. di bozze**, proofreader *2* (*dei conti*) auditor.
revival (*ingl.*), *m. invar.* revival: **un r. della moda anni '30**, a revival of the fashion of the '30s.
revivalismo, *m.* (*relig.*) revivalism.
revivalista, *m.* e *f.* (*relig.*) revivalist.
revivalìstico, *a.* (*relig.*) revivalist (*attr.*); revivalistic.
reviviscènte, *a.* reviviscent; reviving.
reviviscènza, *f.* *1* (*il riprender vita*) reviviscence; revivification; requickening *2* (*fig.*) revival; renewal: **la r. di una tradizione**, the revival of a tradition *3* (*biol.*) revivification.
rèvoca, *f.* *1* (*leg.*) revocation; repeal; reversal; retraction; annulment: **la r. d'un decreto [d'una legge, d'un testamento]**, the revocation of a decree [of a law, of a will]; **la r. d'una disposizione**, the repeal (*o* the revocation) of a provision; **la r. d'una nomina**, the annulment of an appointment; **la r. d'un ordine**, the countermand of an order *2* (*comm.*: *di un'ordinazione, ecc.*) cancellation.
revocàbile, *a.* (*leg.*) revocable; revokable; repealable; annullable.
revocabilità, *f.* (*leg.*) revocability; revocableness: **la r. d'un decreto**, the revocability of a decree.
revocàre, *v. t.* *1* to revoke; to reverse; to call off; to retract; (*leg.*) to repeal, to annul: **r. una concessione**, to revoke a grant; **r. un ordine**, to revoke (*o* to countermand) an order; **r. una nomina**, to annul an appointment; **r. un'offerta**, to take back an offer; **r. uno sciopero**, to call off a strike *2* (*comm.*: *un'ordinazione, ecc.*) to cancel *3* (*lett.*: *richiamare, anche fig.*) to recall; to call back.
revocativo, revocatòrio, *a.* revoking; revocatory.
revocazióne, *V.* **revoca.**
revòlver (*ingl.*), *m. invar.* (*rivoltella*) revolver; handgun. ● **a r.**, revolving □ (*mecc.*) **tornio a r.**, turret lathe; capstan lathe.
revolveràta, *f.* revolver shot.
revulsióne, *f.* (*med.*) revulsion.
revulsivo, *a.* e *m.* (*farm.*) revulsive.
Rèzia, *f.* (*stor., geogr.*) Rhaetia.
reziàrio, *m.* (*stor.*) retiarius*.
rézzo, *m.* (*lett.*) *1* (*ombra*) shade *2* (*venticello*) gentle breeze.
Rh, *m. invar.* (*biol.*) Rh; rhesus (*o* Rh) factor; **Rh positivo [negativo]**, Rh positive [negative].
rhodesiàno, *a.* e *m.* (*f.* **-a**) Rhodesian.
rhum, *V.* **rum.**
ria (*spagn.*), *f. invar.* ria; creek.
riabbaiàre, *v. t.* *1* (*abbaiare di nuovo*) to bark again *2* (*abbaiare a propria volta*) to bark back.
riabbandonàre, A *v. t.* to abandon (*o* to leave*) again; to desert again. **B riabbandonàrsi,** *v. rifl.* to abandon oneself again (to st.).
riabbassàre, A *v. t.* to lower again; to bring* down again; (*ridurre*) to reduce again. ● (*telef.*) **r. il ricevitore**, to hang up; to ring off. **B riabbassàrsi,** *v. rifl.* e *i pron.* *1* to bend* down again; to stoop again *2* (*fig.*) to lower (*o* to humble) oneself again *3* (*ridiscendere*) to go* down again; to come* down again; to descend again; to drop again.
riabbellìre, A *v. t.* *1* to re-embellish; to make* beautiful again *2* to embellish; to make* more beautiful. **B riabbellìrsi,** *v. i. pron.* to grow* more beautiful.
riabbonàre, A *v. t.* to renew a subscription (for sb.). **B riabbonàrsi,** *v. rifl.* to subscribe again; to renew one's subscription.
riabbottonàre, A *v. t.* to button up again. **B riabbottonàrsi,** *v. rifl.* to button (oneself) up again.
riabbracciàre, A *v. t.* *1* to embrace again; to hug again *2* (*fig.*: *rivedere*) to see* again *3* (*fig.*: *aderire di nuovo*) to embrace again; to take* up again; to return to. **B riabbracciàrsi,** *v. rifl. recipr.* *1* to embrace again; to hug again *2* (*fig.*: *rivedersi*) to meet* again (after a long time).
riabilitànte, *a.* rehabilitative: **terapia r.**, rehabilitative treatment.
riabilitàre, A *v. t.* *1* (*med.*) to rehabilitate: **r. un paziente**, to rehabilitate a patient *2* (*reintegrare in un diritto o in una funzione*) to reinstate, to restore (to a former right, rank, etc.); (*rimettere in grado di fare q.c.*) to re-enable *3* (*rendere nuovamente la buona fama*) to rehabilitate; to clear (sb.'s name): **r. un condannato politico**, to rehabilitate a political prisoner; **r. la memoria di q.**, to clear (*o* to vindicate) sb.'s memory. ● (*comm.*) **r. un fallito**, to discharge a bankrupt. **B riabilitàrsi,** *v. rifl.* to restore one's good name; to recover one's reputation.
riabilitativo, *a.* reabilitative.
riabilitazióne, *f.* *1* (*med.*) rehabilitation *2* (*reintegrazione in un diritto o in una funzione*) reinstatement; restoration (to a former right, rank, etc.) *3* (*il rendere nuovamente la buona fama*) rehabilitation. ● (*comm.*) **la r. d'un fallito**, the discharge of a bankrupt.
riabituàre, A *v. t.* to reaccustom; to readjust. **B riabituàrsi,** *v. rifl.* to reaccustom oneself; to get* used again.
riaccadére, *v. i.* to happen again; to reoccur.
riaccèndere, A *v. t.* *1* (*fuoco e sim.*) to light* again *2* (*luce, radio, ecc.*) to put* (*o* to

switch, to turn) on again; (*gas*) to turn on again ***3*** (*motore*) to switch on again; to restart; to re-ignite ***4*** (*fig.*) to revive; to rekindle; to stir up; to re-ignite: **r. l'odio**, to rekindle hatred; **r. una passione**, to revive a passion. ● (*banca*) **r. un conto**, to re-open an account □ **r. un'ipoteca**, to take out a new mortgage. **B riaccèndersi,** *v. i. pron.* ***1*** (*illuminarsi di nuovo*) to brighten again ***2*** (*prendere fuoco di nuovo*) to catch* fire again; to light* up again ***3*** (*fig.*) to be rekindled; to be revived; to be stirred up.

riaccensióne, *f.* ***1*** (*di fuoco*) relighting; rekindling ***2*** (*di luce, radio, ecc.*) switching on again; putting on again; (*gas*) turning on again ***3*** (*autom.*) restarting; switching on again. ● (*banca*) **r. d'un conto**, reopening of an account □ **r. di un'ipoteca**, taking out of a new mortgage.

riaccettàre, *v. t.* ***1*** to reaccept; to accept once again ***2*** (*in restituzione*) to accept back.

riacchiappàre, riacciuffàre, *v. t.* to catch* again; to seize again; to grab again; to recapture.

riacclimatare, A *v. t.* to reacclimatize. **B riacclimatàrsi,** *v. rifl.* to reacclimatize (oneself); to get* used (to st.) again.

riaccògliere, *v. t.* to welcome back; to take* in again; to readmit.

riaccomodàre, A *v. t.* ***1*** (*riparare di nuovo*) to repair (again); to mend (again); to fix (again) ***2*** (*riparare*) *V.* **raccomodare**. **B riaccomodàrsi,** *v. rifl.* to sit* down again. **C** *v. rifl. recipr.* (*fig.*: *riaccordarsi*) to come* to an agreement again; (*riconciliarsi*) to make* friends again, to make* it up.

riaccompagnàre, A *v. t.* ***1*** (*accompagnare di nuovo*) to reaccompany ***2*** (*ricondurre indietro*) to take* back; (*a piedi*) to walk back; (*in auto*) to drive* back. **B riaccompagnàrsi,** *v. rifl. recipr.* to join company again.

riaccordàre, A *v. t.* ***1*** (*concedere di nuovo*) to grant again; to allow again ***2*** (*mus.*) to retune. **B riaccordàrsi,** *v. rifl. recipr.* ***1*** to come* to a new agreement ***2*** (*mus.*) to retune; to tune up again.

riaccostàre, A *v. t.* ***1*** to move close again; to bring* (*o* to draw*) up again ***2*** (*porte, finestre*) to half-close; to pull (st.) to; to leave* ajar. **B riaccostàrsi,** *v. rifl.* ***1*** to re-approach; to go* near again; to move (*o* to draw*) up again; to come* up again ***2*** (*fig.*: *riconciliarsi*) to become* reconciled with; to make* it up again with: **Ci siamo riaccostati**, we have become reconciled; **r. alla fede**, to return to one's faith.

riaccreditàre, A *v. t.* to credit again. **B riaccreditàrsi,** *v. i. pron.* to gain new credit.

riacquistàbile, *a.* (*recuperabile*) recoverable.

riacquistàre, *v. t.* ***1*** (*acquistare di nuovo*) to buy* again; to repurchase ***2*** (*acquistare di nuovo ciò che si era venduto*) to buy* back; to repurchase ***3*** (*recuperare*) to recover; to regain; to get* back: **r. la libertà**, to recover one's freedom; **r. l'appetito**, to recover one's appetite; **r. la salute**, to regain health; to recover (one's health); **r. le forze**, to get back one's strength; **r. fiducia**, to regain confidence; **r. validità** (*di leggi, ecc.*), to revive.

riacquisto, *m.* repurchase.

riacutizzàre, A *v. t.* ***1*** (*med.*) to cause a relapse (in st.) ***2*** (*fig.*) to reheighten; to rekindle; to sharpen. **B riacutizzàrsi,** *v. i. pron.* to worsen; to take* another turn for the worse; to deteriorate again.

riacutizzazióne, *f.* ***1*** reheightening; worsening ***2*** (*med.*) relapse.

riadagiàre, A *v. t.* to lay* (gently) down again; to replace carefully. **B riadagiàrsi,** *v. rifl.* ***1*** to lie* down again; to lie* back ***2*** (*fig.*) to sink* back.

riadattaménto, *m.* readaptation; readjustment.

riadattàre, A *v. t.* to readapt; to readjust; (*modificare*) to alter: **r. un abito**, to alter a dress. **B riadattàrsi,** *v. i. pron.* to readapt (oneself); to readjust (oneself).

riaddormentàre, A *v. t.* to put* back to sleep; to send* back to sleep. **B riaddormentàrsi,** *v. i. pron.* to go* back to sleep; to fall* asleep again.

riadoperàre, *v. t.* to re-use; to use again.

riaffacciàre, A *v. t.* (*fig.*: *ripresentare*) to put* forward again; to bring* up again. **B riaffacciàrsi,** *v. rifl.* e *i. pron.* ***1*** to reappear; (*al balcone, ecc.*) to come* out again ***2*** (*fig.*: *ripresentarsi*) to show* up again; to return; to reoccur; to crop up again.

riaffermàre, A *v. t.* to reaffirm; to reassert; to state again. **B riaffermàrsi,** *v. rifl.* to prove oneself again.

riaffermazióne, *f.* ***1*** reassertion; reaffirmation ***2*** (*fig.*: *successo*) new achievement.

riafferràre, A *v. t.* to seize again; to recapture (*anche fig.*). **B riafferràrsi,** *v. rifl.* to catch* hold of (st., sb.) again; to grasp (st., sb.) again.

riaffioràre, *v. i.* to surface again; (*fig.*) to re-emerge, to crop up again.

riaffittàre, *v. t.* ***1*** (*dare in affitto di nuovo*) to let* again; to relet* ***2*** (*prendere in affitto di nuovo*) to rent again ***3*** (*subaffittare*) to sublet*; to sublease.

riaffrontàre, *v. t.* ***1*** to face again; to confront again ***2*** (*occuparsi di nuovo*) to deal* with (st., sb.) again.

riagganciàre, A *v. t.* ***1*** (*agganciare di nuovo*) to hook up again; to refasten ***2*** (*riappendere*) to hang up again ***3*** (*telef.*) to hang* up; to ring* off. **B riagganciàrsi,** *v. i. pron.* (*fig.*) ***1*** (*fare riferimento a*) to refer to; to go* back to: **Riagganciandomi a quanto detto prima...**, referring (*o* to go) back to what was said before ***2*** (*essere collegato con*) to hark back to; to be linked (*o* connected) to: **un film che si riaggancia al neorealismo**, a film that harks back to neorealism.

riaggiustàre, *V.* **raggiustare**.

riaggravàre, A *v. t.* to make* worse; to aggravate again. **B riaggravàrsi,** *v. i. pron.* to get* worse again; to worsen again; to deteriorate again.

riaggregàre, *v. t.* **riaggregarsi,** *v. i. pron.* to reassemble; to regroup.

riaggregazióne, *f.* reassembling; regrouping.

riagguantàre, *v. t.* to catch* again; to grab again.

riallacciàre, A *v. t.* ***1*** (*legare di nuovo*) to tie up again; to fasten again ***2*** (*unire di nuovo*) to connect again; to reconnect; to link again: **r. una linea telefonica**, to reconnect a telephone line ***3*** (*riprendere*) to resume; to renew: **r. una vecchia amicizia**, to resume an old friendship. **B riallacciàrsi,** *v. i. pron.* ***1*** (*fig.*: *fare riferimento a*) to refer to; to go* back to: **r. a quanto già detto**, to refer back to what was said before ***2*** (*essere collegato*) to be linked (*o* connected) to.

riallineaménto, *m.* realignment; readjustment.

riallineàre, *v. t.* **riallinearsi,** *v. i. pron.* to realign.

riàlto, *m.* height; rise.

rialzaménto, *V.* **rialzo**, *def. 1, 2, 3.*

rialzàre, A *v. t.* ***1*** (*rendere più alto*) to raise; to elevate; to add to: **r. un edificio di un piano**, to add an extra storey to a building; **r. il livello della strada**, to raise the street level ***2*** (*sollevare*) to lift up (again); to raise again: **r. la testa**, to lift up one's head again; **r. un bambino (da terra)**, to pick up (*o* to lift up) a child; **Rialzò da terra la vecchietta**, he helped the old woman to her feet ***3*** (*fig.*: *aumentare*) to raise; to increase; to put* up: **r. i prezzi**, to raise prices. **B** *v. i.* to rise* (again); to go* up (*fam.*): **I prezzi continuano a r.**, prices continue to rise; **Il termometro rialza**, the thermometer is going up. **C rialzàrsi,** *v. i. pron.* ***1*** (*risollevarsi*) to get* up (again); to lift (*o* to pick) oneself up: **Si rialzò da sola**, she got up by herself; **Lo aiutai a r.**, I helped him to get up; I helped him to his feet ***2*** (*aumentare*) to rise* again; to go* up (again); to increase: **I prezzi si rialzeranno**, prices will go up.

rialzàto, *a.* raised; elevated: **piano r.**, mezzanine (floor); entresol.

rialzista, (*Borsa*) **A** *m.* e *f.* bull; long. **B** *a.* bullish; bull (*attr.*): **mercato r.**, bull market.

riàlzo, *m.* ***1*** (*aumento*) rise; increase: **un r. dei prezzi**, a rise in prices; **un r. della temperatura**, a rise in temperature; **C'è stato un r. dei prezzi questo mese**, prices have gone up this month; **Non è in vista nessun r.**, no increase is expected; **r. improvviso**, sudden rise; boom ***2*** (*Borsa*) rise; (*forte r.*) bull run: **C'è stato un rialzo dei prezzi in Borsa oggi**, prices have gone up today on the Stock Exchange; **azioni in r.**, rising stock; **speculare al r.**, to bull (the market); **comprare al r.**, to buy for a rise; **speculatore al r.**, bull; long; **tendente al r.**, bullish ***3*** (*parte rialzata*) height; elevation; mound; rise; prominence ***4*** (*spessore*) chock, wedge; (*di scarpa*) lift ***5*** (*tipogr.*) underlay. ● **essere in r.**, to be on the rise; to be rising; to be going up; (*Borsa, anche*) to be bullish; (*anche fig.*) to be on an uptrend □ **essere in forte r.**, to be booming □ (*fig.*) **giocare al r.**, to up the ante □ **tendenza al r.**, upward trend; uptrend; (*Borsa, anche*) bullish trend.

riamàre, *v. t.* ***1*** (*contraccambiare amore*) to return (sb.'s) love; to love in return: **Credeva di essere riamato**, he thought his love was returned ***2*** (*amare di nuovo*) to love again.

riammalàre, *v. i.* **riammalàrsi,** *v. i. pron.* ***1*** (*ammalarsi di nuovo*) to fall* ill again ***2*** (*ricadere in una malattia*) to relapse.

riamméttere, *v. t.* to readmit; to admit again; to let* in again.

riammissìbile, *a.* readmissible.

riammissióne, *f.* readmittance; readmission.

riammobiliàre, *v. t.* to refurnish; to change the furniture.

riammogliàrsi, *v. i. pron.* to get* married again; to remarry.

riandàre, A *v. i.* to go* back; to go* again; to return: **r. col pensiero a**, to look back on; to think back on (*o* to); to reminisce; **Riandò con la mente a quel giorno**, his mind travelled back to that day; he cast his mind back to that day. **B** *v. t.* (*ricordare*) to think* back on (*o* to); to go* over; to recall: **r. le cose passate**, to recall the past.

rianimàre, A *v. t.* ***1*** (*riportare in vita*) to revive, to reanimate; (*med.*) to resuscitate ***2*** (*fig.*: *ravvivare, rallegrare*) to cheer up; to revive; to put* new life into: **La mia visita lo ha rianimato**, my visit has cheered him up ***3*** (*fig.*: *ridare coraggio*) to reanimate; to rally: **r. truppe avvilite**, to rally demoralized troops. **B rianimàrsi,** *v. i. pron.* ***1*** (*riaversi*) to revive; to come* round (*fam.*) ***2*** (*fig.*: *riprendere animo*) to cheer up; to take* courage (*o* heart); to rally ***3*** (*fig.*: *riacquistare animazione*) to come* to life again; to liven up again: **Le vie si rianimarono**, the streets came to life again.

rianimazióne, *f.* ***1*** reanimation; (*med.*) resuscitation, intensive care: **centro di r.**, intensive care unit ***2*** (*fig.*) cheering up; heartening.

riannessióne, *f.* (*specialm. polit.*) reannexation.

riannèttere, *v. t.* to reannex; to annex again.

riannodàre, A *v. t.* ***1*** to knot again; to tie again ***2*** (*fig.*) to renew: **r. un'amicizia**, to renew a friendship. **B riannodàrsi,** *v. i. pron.* (*fig.*) to be renewed.

riannuvolàre, *v. i.* **riannuvolàrsi,** *v. i. pron.* to cloud over again; to grow* cloudy again: **Il cielo si riannuvolò**, the sky clouded over again.

riapertùra, *f.* reopening; opening up again; (*inizio*) beginning: **la r. d'un teatro**, the reopening of a theatre; **la r. del Parlamento**, the opening of Parliament; **la r. delle scuole**, the reopening of schools; **la r. dei corsi**, the beginning of classes; **la r. delle ostilità**, the resumption of hostilities.

riappaltàre, *v. t.* **1** (*appaltare di nuovo*) to contract again **2** (*subappaltare*) to subcontract.

riappaltatóre, *m.* (*f.* **-trice**) subcontractor.

riappàlto, *m.* subcontract.

riapparecchiàre, *v. t.* **1** to prepare again; to get* ready again **2** (*la tavola*) to lay* (*o* to set*) the table again.

riapparìre, *v. i.* to reappear; to appear again.

riapparizióne, *f.* reappearance; reappearing.

riappèndere, *v. t.* **1** to hang* up again **2** (*telef.*) to hang* up; to ring* off.

riappigionàre, *V.* **riaffittare**.

riappiṣolàrsi, *v. i. pron.* to doze off again.

riapplicàre, **A** *v. t.* to apply again; to stick* again. **B riapplicàrsi**, *v. rifl.* to apply oneself again; to devote oneself again.

riapprèndere, *v. t.* to re-learn*.

riappressàre, **A** *v. t.* to bring* near again. **B riappressàrsi**, *v. rifl.* to draw* near again; to re--approach.

riappropriàrsi, *v. i. pron.* to regain possession of; to reappropriate.

riappropriazióne, *f.* repossession; reappropriation.

riapprovàre, *v. t.* to approve again.

riaprìre, **A** *v. t.* to reopen; to open again; to open up again: **r. un libro**, to open a book again; **r. una porta**, to open a door again; **r. un negozio**, to reopen a shop; **r. un teatro**, to open up a theatre again; (*comm.*) **r. un conto**, to reopen an account; **r. una discussione**, to reopen a discussion; **r. le indagini**, to resume investigations; **La strada è stata riaperta al traffico**, the road has been reopened to traffic; **r. il Parlamento**, to open Parliament; (*fig.*) **r. vecchie ferite**, to open up old wounds; **r. gli occhi**, to open one's eyes; (*riprendere i sensi*) to come round (*o* to). **B** *v. i.* e **riaprìrsi**, *v. i. pron.* to reopen; to open again: **La scuola (si) riaprirà in settembre**, school will begin again in September; **L'ufficio riapre alle 3**, the office reopens at 3 p.m.

riàrdere, **A** *v. t.* **1** (*anche fig.*) to burn* (again) **2** (*inaridire*) to parch; to dry up. **B** *v. i.* to flare up again.

riarmaménto, *m.* **1** rearmament **2** (*naut.*) recommissioning.

riarmàre, **A** *v. t.* **1** to rearm; to arm again; to remilitarize **2** (*arma da fuoco*) to recock **3** (*naut.*) to recommission. **B riarmàrsi**, *v. rifl.* to rearm.

riarmatùra, *f.* (*edil.*) reinforcement of falsework.

riàrmo, *m.* rearmament; remilitarization: **corsa al r.**, arms race.

riàrso, *a.* parched; dry; arid: **terra riarsa**, parched ground; **labbra riarse**, parched (*o* chapped) lips; **avere la gola riarsa**, to be parched.

riascoltàre, *v. t.* to listen to (sb., st.) again.

riassaggiàre, *v. t.* to taste again; to try again.

riassaporàre, *v. t.* (*anche fig.*) to taste again; to savour again; to relish again.

riassegnàre, *v. t.* to reassign; to assign again; to give* back.

riassestaménto, *m.* readjustment; rearrangement; reorganization: **un r. dei prezzi**, a readjustment of prices; **un periodo di r.**, a period of readjustment; **il r. d'un ufficio**, the reorganization of an office; **il r. del terreno dopo una frana**, the settlement of the soil after a subsidence.

riassestàre, **A** *v. t.* to rearrange; to reorganize; (*riordinare*) to put* in order, to tidy up: **r. un carico**, to rearrange a load; **r. un'azienda**, to put a firm back on its feet. **B riassestàrsi**, *v. rifl.* e *i. pron.* **1** (*riorganizzarsi*) to get* oneself organized again; to get* oneself sorted out **2** (*risistemarsi*) to resettle; to settle down again; to get* back into shape: **Il terreno si è riassestato**, the ground has resettled; **Il paese si sta riassestanto lentamente**, the country is slowly settling back into normality.

riassettàre, **riassettàrsi**, *V.* **rassettare**, **rassettarsi**.

riassètto, *m.* **1** readjustment; realignment: **r. economico**, economic readjustment **2** (*riorganizzazione*) reorganization; rearrangement.

riassicuràre, (*ass.*) **A** *v. t.* **1** to insure again; to renew an insurance **2** (*stipulare una riassicurazione*) to reinsure; to reassure. **B riassicuràrsi**, *v. rifl.* **1** to renew one's insurance **2** (*stipulare una riassicurazione*) to reinsure oneself; to reassure oneself.

riassicuratóre, *m.* (*f.* **-trice**) (*ass.*) reinsurer.

riassicurazióne, *f.* (*ass.*) reinsurance; reassurance.

riassociàre, **A** *v. t.* to associate again; to reassociate. **B riassociàrsi**, *v. rifl.* to become* a member again; to rejoin.

riassoggettàre, **A** *v. t.* to subdue again; to conquer again; to reconquer. **B riassoggettàrsi**, *v. rifl.* to submit again; to adapt oneself again; to yield again.

riassopìre, **A** *v. t.* to put* back to sleep. **B riassopìrsi**, *v. i. pron.* to doze off again; to fall* asleep again.

riassorbiménto, *m.* **1** reabsorption **2** (*fig.*) taking in again; (*reimpiego*) re-employment, taking back: **r. di manodopera**, re-employment of labour **3** (*med.*) resorption.

riassorbìre, **A** *v. t.* **1** to reabsorb; to absorb again; to soak up again **2** (*fig.*: *riprendere*) to take* in again; (*reimpiegare*) to re-employ, to take* back **3** (*assorbire del tutto*) to take* up; to swallow up. **B riassorbìrsi**, *v. i. pron.* to be reabsorbed.

riassùmere, *v. t.* **1** (*riprendere su di sé*) to reassume; to assume again; to resume: **r. una carica**, to reassume an office; **r. un'aria d'indifferenza**, to resume an air of indifference **2** (*impiegare di nuovo*) to re-employ; to re--engage; to take* back **3** (*ricapitolare*) to sum up, to summarize, to recapitulate, to recap (*fam.*); (*condensare*) to condense: **r. un libro**, to summarize a book; **r. q.c. in poche parole**, to sum up st. briefly; **per r.**, to sum up; in brief **4** (*leg.*) to resume.

riassumìbile, *a.* **1** (*reimpiegabile*) re--employable **2** (*compendiabile*) summarizable; that may be summed up: **Il suo discorso è r. un una sola frase**, his speech can be summed up in one sentence.

riassuntìvo, *a.* recapitulatory; summarizing: **capitolo r.**, recapitulatory chapter; **qualche osservazione riassuntiva**, a few comments to sum up; **tabella riassuntiva**, table.

riassùnto, *m.* summary; résumé (*franc.*); summing up; recapitulation; recap (*fam.*); (*solo scritto*) précis*: **il r. di un romanzo**, the summary of a novel; **fare un r.**, to make a summary; to give a summary: **Mi fece un r. delle loro proposte**, he gave me a summary of their proposals.

riassunzióne, *f.* **1** (*di carica, ecc.*) reassumption; resumption **2** (*reimpiego*) re--employment; re-engagement **3** (*leg.*) resumption.

riattaccàre, **A** *v. t.* **1** (*unire di nuovo*) to join again, to reattach; (*appiccicare di nuovo*) to stick* on again; (*con colla*) to glue on again: **r. un francobollo sulla busta**, to stick a stamp back on the envelope; **r. un bottone**, to sew a button on again **2** (*riappendere*) to hang up again, to rehang; (*assol., telef.*) to hang up, to ring off: **r. un quadro**, to hang up a picture again; to rehang a picture; (*telef.*) **r. il ricevitore**, to hang up (*o* to replace) the receiver; **Ha riattaccato**, he's hung up **3** (*fam.*: *ricominciare*) to begin* again; to start again: **r. una canzone**, to start singing a song again **4** (*ritornare all'attacco, anche fig.*) to attack again; to renew one's assault. **B** *v. i.* (*fam.*: *ricominciare*) to begin* again; to start again: **Riattaccò a piovere**, it began raining again; **r. a piangere**, to start crying again; **Non r., per favore!**, don't start again, please!; **r. a fumare**, to start smoking again; **Ha riattaccato con la sua ex**, he's taken up with is ex again. **C riattaccàrsi**, *v. rifl.* e *i. pron.* **1** to stick* again; to stick* together **2** (*riaffezionarsi*) to become* (*o* to get*) attached again **3** (*fig.*: *riprendere*) to revert: **r. a una vecchia idea**, to revert to an old idea.

riattaménto, *m.* refitting; restoration; repairing.

riattàre, *v. t.* to refit; to restore; to repair; to put* back into use.

riatterràre, **A** *v. t.* to knock down again. **B** *v. i.* to land again.

riattivàre, *v. t.* **1** to reactivate; to put* back into service; to reopen; to open up again; (*riparare*) to repair: **r. una strada**, to reopen a road; **r. una linea telefonica**, to reactivate (*o* to repair) a telephone line; **I servizi automobilistici sono stati riattivati**, buses are running normally again **2** (*med.*) to activate; to stimulate **3** (*chim.*) to reactivate.

riattivazióne, *f.* **1** reactivation; putting back into service; reopening; repair **2** (*med.*) activation; stimulation **3** (*chim.*) reactivation.

riattizzàre, *v. t.* **1** to poke **2** (*fig.*) to stir up again; to rekindle: **r. l'odio**, to rekindle hatred.

riattràrre, *v. t.* to attract back.

riattraversàre, *v. t.* to recross; to cross again.

riavére, **A** *v. t.* **1** (*avere un'altra volta*) to have (*o* to get*) again: **Oggi ho riavuto la febbre**, I've had a temperature again today **2** (*riottenere*) to get* (*o* to have) back: **Finalmente ho riavuto il mio libro**, I got my book back at last **3** (*riacquistare*) to recover; to regain: **r. la vista**, to recover one's sight; **r. la libertà**, to regain one's freedom. ● **L'aria fresca lo fece r.**, the fresh air brought him round (*o* revived him). **B riavérsi**, *v. i. pron.* **1** (*rinvenire*) to come* to; to come* round; to revive **2** (*riprendere vigore*) to recover; to get* well again; to get* over st.: **r. da una malattia**, to recover from (*o* to get over) an illness; **r. da uno spavento**, to recover from a fright; **r. da una brutta notizia**, to get over the bad news; **Dopo quella disgrazia non si è più riavuto**, he never recovered from that blow.

riavvertìre, *v. t.* **1** (*avvisare di nuovo*) to inform again; to warn again **2** (*sentire di nuovo*) to feel* again.

riavvezzàre, **A** *v. t.* to reaccustom; to accustom again. **B riavvezzàrsi**, *v. i. pron.* to get* used (*o* accustomed) again; to reaccustom oneself.

riavvicinaménto, *m.* **1** reapproaching **2** (*fig.*: *riconciliazione*) reconciliation; rapprochement (*franc.*): **Si parla di un r. tra i due partiti**, there are rumors of a rapprochement between the two parties.

riavvicinàre, **A** *v. t.* **1** (*portare di nuovo vicino*) to bring* (*o* to move, to draw*) up (*o* close, near) again **2** (*fig.*) to reconcile; to bring* together: **Riavvicinai i due fratelli**, I reconciled the two brothers. **B riavvicinàrsi**, *v. rifl.* **1** to reapproach; to move up (*o* close, near) again **2** (*fig.*) to get* close again. **C riavvicinàrsi**, *v. rifl. recipr.* (*riconciliarsi*) to become* reconciled; to make* it up (with sb.): **Avevano litigato, ma si sono ora riavvicinati**, they quarrelled, but they have now made it up.

riavviṣàre, *V.* **riavvertire**, *def. 1.*

riavvòlgere, **A** *v. t.* **1** (*fasciare di nuovo*) to wrap up again; to rewrap **2** (*su rocchetto, bobina, ecc.*) to rewind*; (*arrotolare di nuovo*) to roll up again: **r. una pellicola**, to rewind a film. **B riavvòlgersi**, *v. rifl.* e *i. pron.* **1** (*ravvilupparsi*) to wrap oneself up again **2** (*riarrotolarsi*) to wind* up again; to roll up again.

riavvolgiménto, *m.* (*elettr.*) rewinding.

riavvolgitóre, *m.* rewinder.

ribaciàre, **A** *v. t.* **1** (*baciare di nuovo*) to kiss again **2** (*baciare a propria volta*) to kiss back. **B ribaciàrsi,** *v. rifl. recipr.* to kiss again.

ribadiménto, *m.* **1** (*mecc.*) riveting; clinching **2** (*fig.*) confirmation; reassertion; strong assertion.

ribadìre, A *v. t.* **1** (*mecc.*) to rivet; to rivet down (*o* in); to clinch (*anche naut.*): **r. un chiodo**, to rivet (*o* to clinch) a nail; **martello a r.**, riveting hammer **2** (*fig.*: *riconfermare*) to reassert; to repeat; to confirm; to stress: **Il governo ha ribadito il suo no alla svalutazione**, the government has reasserted its opposition to devaluation; **Ribadii che non intendevo dimettermi**, I repeated I had no intention of resigning; **r. un concetto**, to stress a point; **r. un'accusa**, to confirm an accusation **3** (*fig.*: *rafforzare*) to impress; to drive*; to hammer: **r. q.c. nella mente a q.**, to impress st. on sb.'s mind; to drive (*o* to hammer) st. into sb.'s head. **B ribadìrsi,** *v. i. pron.* (*fig.*) to be impressed on one's mind; to take* root (in one's mind).

ribaditóio, *m.* (*mecc.*) riveting hammer.

ribaditrìce, *f.* (*mecc.*) riveter; riveting machine: **r. ad aria compressa**, pneumatic riveter; **r. a serraggio pneumatico**, pneumatic squeeze riveting machine; **r. elettrica**, electric riveting machine; **r. idraulica**, hydraulic riveting machine.

ribaditùra, *f.* (*mecc.*) riveting; clinching: **r. a caldo [a freddo]**, hot [cold] riveting; **r. a macchina**, power riveting.

ribalderìa, *f.* **1** (*l'essere ribaldo*) rascality; roguishness; villainy **2** (*azione da ribaldo*) roguery; villainy.

ribàldo, *m.* rascal; scoundrel; rogue; villain.

ribàlta, *f.* **1** (*piano mobile*) flap, folding (*o* hinged) top; (*di tavolo*) drop leaf*: **la r. d'una scrivania**, the flap (*o* folding top) of a desk; **piano a r.**, folding (*o* hinged) top; **tavolo a r.**, drop-leaf table; **letto a r.**, folding bed **2** (*di botola*) trapdoor **3** (*d'autocarro, ecc.*) tailboard **4** (*teatr.*) forestage; apron: **luci della r.**, footlights; **chiamata alla r.**, curtain call; **presentarsi alla r.** (*per gli applausi*), to take a curtain call **5** (*fig.*: *posizione di primo piano*) fore, forefront; (*notorietà*) limelight: **essere alla r.**, to be in the forefront; to be in the limelight; **tornare alla r.**, to make a comeback (*fam.*); (*di questione*) to come up again; **venire alla r.**, to come to the fore; (*acquistare notorietà*) to come into the limelight.

ribaltàbile, *a.* **1** (*di sedile, piano*) folding; hinged; tip-up (*attr.*): **sedile r.**, tip-up (*o* folding) seat; **piano r.** folding (*o* hinged) top; (*di tavolo*) drop-leaf (*attr.*) **2** (*rif. a veicoli*) tipping; dump (*attr.*): **autocarro (a cassone) r.**, tipper lorry (*USA*: truck); tip truck; dump (*o* dumper) truck; **cassone r.**, tipping (*o* dump) body; **carrello r.**, tip waggon.

ribaltaménto, *m.* overturn; overturning; upsetting; upending; tipping over; (*di barca e sim.*) capsizing; (*fig.*) reversal, overturn.

ribaltàre, A *v. t.* **1** (*capovolgere, rovesciare*) to tip over, to overturn, to upend; (*una barca e sim.*) to capsize **2** (*inclinare*) to fold over; to tilt. **B** *v. i.* e **ribaltàrsi,** *v. i. pron.* **1** to turn upside down; to tip over; to overturn; (*di barca e sim.*) to capsize: **L'auto (si) ribaltò**, the car overturned **2** (*fig.*) to reverse; to overturn.

ribaltatóre, *m.* (*trasporti*) dumper; tipper; dumping (*o* tipping) device; flip-over mechanism.

ribaltatùra, *V.* **ribaltamento.**

ribaltìna, *f.* **1** (*scrivania*) bureau **2** (*di libro*) jacket flap.

ribaltóne, *m.* (*fam.*) **1** jerk; jolt; shake **2** (*fig.*: *capovolgimento*) sudden reversal; complete switch.

ribassàre, A *v. t.* to lower; to reduce; to mark down; to cut*; to abate: **r. il tasso di sconto**, to lower the bank rate; **r. i prezzi**, to reduce (*o* to cut, to mark down) prices. **B** *v. i.* to lower; to be reduced; to go* down; to fall*; to decrease; to decline; to sag: **Gli affitti sono ribassati**, rents have gone down; **I prezzi sono ribassati**, prices have fallen (*o* gone down): **Il valore della lira è ribassato**, the value of the lira has decreased.

ribassàto, *a.* reduced; cut down: **offerte a prezzi ribassati**, cut-price offers.

ribassìsta, (*Borsa*) **A** *m.* e *f.* bear; short. **B** *a.* bear (*attr.*); bearish: **mercato r.**, bear market; **tendenze ribassiste**, bearish trends.

ribàsso, *m.* **1** (*diminuzione di prezzo o valore*) reduction; abatement; fall; drop; decline; sag: **un r. dei prezzi**, a fall (*o* decline) in prices; **un mercato in r.**, a sagging market **2** (*Borsa*) fall; (*forte r.*) bear run: **un r. dei titoli**, a fall in the price of stocks; **un'operazione al r.**, a bearish transaction; **mercato azionario tendente al r.**, bearish stock market; **speculare al r.**, to bear (the market); **vendere al r.**, to sell for a fall; **speculatore al r.**, bear **3** (*sconto*) discount; markdown; rebate: **un r. del 10%**, a 10% discount; **C'è un r. del 10% sul prezzo di diversi articoli**, there is a 10% markdown in the price of various items. ● **essere in r.**, to be falling; to be going down in value; (*Borsa*) to be bearish; (*fig.*) to be on the decline, to be going downhill □ **un'ondata di r.** a slump □ **tendenza al r.**, downward trend; downtrend; (*Borsa, anche*) bearish trend.

ribàttere, *v. t.* **1** (*battere di nuovo*) to beat* again; (*a una porta*) to knock again: **Batti e ribatti, mi hanno aperto**, I knocked and knocked, and at last the door was opened **2** (*mecc.*: *ribadire*) to rivet; to clinch: **r. un chiodo**, to rivet (*o* to clinch) a nail **3** (*fig.*: *confutare*) to refute; to rebut; to confute; to disprove: **r. gli argomenti dell'avversario**, to refute the opponent's arguments; **r. un'accusa**, to rebut a charge **4** (*fig., assol*: *replicare*) to retort, to reply, to return; (*rimbeccare*) to answer back (*fam.*); (*discutere*) to argue: **«Fa' come ti pare» ribatté**, «suit yourself» he retorted; **Basta r. e obbedisci!**, stop arguing and do as you're told! **5** (*riscrivere a macchina*) to type again; to retype **6** (*sport*) to return; to hit* (*o* to throw*) back: **r. la palla**, to hit (*o* to throw) back the ball **7** (*cucito*) to fell; to fold and stitch down: **r. una cucitura**, to fell a seam. ● (*fig.*) **battere e r.**, to insist; to hammer; to harp on: **Batti e ribatti, alla fine ha ceduto**, I repeated my arguments over and over again, and in the end he agreed; **Devi battere e r. per fargliela entrare in testa**, you have to hammer it into him; **battere e r. sullo stesso tasto**, to harp upon the same string.

ribattezzàre, *v. t.* **1** to rebaptize; to rechristen **2** (*fig.*) to rename.

ribattìno, *m.* (*mecc.*) rivet: **r. a testa cilindrica**, flat-head rivet; **r. a testa tonda**, round-head rivet; **r. esplosivo**, explosive rivet.

ribattitóre, *m.* (*mecc.*) riveter.

ribattitùra, *f.* **1** (*mecc.*) riveting; clinching **2** (*cucito*) felling; folding and stitching down.

ribattùta, *f.* (*sport*) return.

ribèca, *f.* (*mus.*) rebeck.

ribellàre, A *v. t.* to incite to rebellion; to rouse (against): **Gli ribellò contro il paese**, he roused the country against him. **B ribellàrsi,** *v. i. pron.* **1** (*insorgere*) to rebel; to rise*; to revolt; to mutiny: **Il popolo si ribellò**, the people rose; **La provincia si ribellò al re**, the province rebelled against the king **2** (*opporsi*) to rebel; to defy: **r. a un ordine**, to rebel against an order; to defy an order; **r. ai genitori**, to rebel against one's parents; **Accettò tutto senza r.**, he accepted everything without rebelling; **Mi ribello a questa ingiustizia**, I protest against this injustice; **La natura umana si ribella dinanzi a un simile delitto**, human nature revolts at such a crime.

ribèlle, A *a.* **1** (*rivoltoso*) rebel (*attr.*); rebellious; mutinous: **l'esercito r.**, the rebel army; **una provincia r.**, a rebellious province; **marinai ribelli**, mutinous sailors; **gli angeli ribelli**, the rebel angels **2** (*indocile*) rebellious defiant; unruly; wilful: **un carattere r.**, a rebellious character; **un ragazzo r.**, an unruly (*o* a wilful) boy; **essere r. all'autorità**, to be a rebel against authority **3** (*fig.*: *ostinato*) unruly; refractory (*anche med.*): **riccioli ribelli**, unruly locks; **malattie ribelli**, refractory diseases; **r. a qualsiasi cura**, refractory to treatment. **B** *m.* e *f.* rebel.

ribellióne, *f.* rebellion; revolt; uprising; insurrection; mutiny: **Scoppiò una r.**, an insurrection broke out; **r. a mano armata**, armed rebellion; **la r. del popolo**, the rebellion of the people; **la r. d'una città**, the insurrection of a town; **reprimere una r.**, to put down a revolt; **essere in aperta r. contro q.c.**, to be in open rebellion against st.; **un atto di r.**, a rebellious act.

ribellìsmo, *m.* rebellious tendency.

ribellìstico, *a.* rebellious.

ribére, *v. t.* to drink* again; (*continuare a bere*) to go* on drinking, to drink* on: **Bevi e ribevi, gli girava la testa**, he had drunk himself dizzy.

ribes, *m.* (*bot., Ribes rubrum*) redcurrant. ● **r. nero** (*Ribes nigrum*), blackcurrant □ **r. spinoso** (*Ribes grossularia*), gooseberry.

riboccàre, *v. i.* to overflow: **Le strade riboccano di gente**, the streets are overflowing with people; **r. di gioia**, to overflow with joy.

riboflavìna, *f.* (*biochim.*) riboflavin(e).

ribolliménto, *m.* **1** boiling; (*il bollire forte*) bubbling **2** (*fig.*: *fermento*) seething; surge; turmoil; ferment: **un r. d'ira**, a surge of anger **3** (*lo spumeggiare*) foaming; churning.

ribollìre, A *v. i.* **1** (*bollire di nuovo*) to boil again, to reboil; (*bollire forte*) to bubble: **Quando l'acqua comincia a r., togliere dal fuoco**, when the water starts boiling again, remove from the fire; **far r.**, to bring back to the boil **2** (*fermentare*) to ferment; to work: **il r. del vino**, the fermenting (*o* fermentation) of wine; **far r. q.c.**, to make st. work **3** (*fig.*: *spumeggiare*) to foam, to churn; (*agitarsi*) to surge, to boil, to bubble: **Le onde ribollivano intorno**, waves surged (*o* the sea was boiling) all around; **L'acqua ribolliva in fondo alla gola**, the water foamed (*o* churned) at the bottom of the gorge; **La città ribolle di attività**, the city is boiling (*o.* bubbling) with activity **4** (*fig.*: *rif. a emozioni*) to boil; to seethe; to surge: **r. di rabbia**, to boil (*o* to seethe) with anger; **Sento ribollirmi il sangue**, my blood is boiling; **Mille progetti gli ribollivano in testa**, his mind seethed with plans. **B** *v. t.* (*far bollire di nuovo*) to boil (up) again.

ribollitùra, *f.* **1** reboiling; boiling again **2** (*fermentazione*) fermenting; working.

ribonuclèico, *a.* (*biochim.*) ribonucleic.

ribòsio, *m.* (*chim.*) ribose.

ribosòma, *m.* (*biol.*) ribosome.

ribrézzo, *m.* horror; repugnance; disgust; loathing: **mostrare r. di q.c.**, to show repugnance for st.; **provare r. di q.c.**, to feel disgust at (*o* for) st.; to be disgusted at (*o* by, with) st.; to loathe st.; **fare r.**, to fill with disgust; to disgust; to revolt: **La scena gli faceva r.**, the scene revolted him; **I ragni mi fanno r.**, I loathe spiders; **Mi fa r. il solo vederlo**, the very sight of it fills me with disgust (*o* makes me shudder); **Che r.!**, how disgusting!

ributtànte, *a.* repugnant; repulsive; disgusting; revolting; nauseating: **un aspetto r.**, a repulsive appearance; **Sei proprio r.!**, you are really disgusting!; **uno spettacolo r.**, a nauseating sight.

ributtàre, A *v. t.* **1** (*buttare di nuovo*) to throw* again; to fling* again: **r. q.c. in terra**, to throw st. down again; **Taci o ti ributtiamo fuori!**, shut up, or we'll throw you out again! **2** (*buttare indietro*) to throw* back: **Ributtami la palla**, throw the ball back to me; **Gli ributtai in faccia l'accusa**, I threw the accusation back into his face; **Il mare ributtò a riva i relitti**, the wreckage was washed up on the shore ***3*** (*respingere con violenza*) to drive* back (*o* away); to repel; to push back; to chase: **Ributtarono i nemici fuori dalle mura**, they drove the enemy outside the walls ***4*** (*vomitare*) to throw* up; to vomit. **B** *v. i.* ***1*** (*ripugnare*) to disgust; to fill with disgust; to revolt; to repel: **Mi ributta**, it revolts me; **azioni che ributtano**, disgusting actions ***2*** (*bot.*: *germogliare di nuovo*) to sprout again. **C ributtàrsi,** *v. rifl.* to throw* (*o* to fling*) oneself again: **Si ributtò sul letto**, he flung himself back onto the bed; **r. giù**, to throw oneself down again; (*fig.*: *scoraggiarsi*) to lose heart again.

ricacciàre, A *v. t.* ***1*** (*cacciare di nuovo*) to chase away again; to drive* away again: **Tornarono, ma li ricacciai**, they came back, but I chased them away again ***2*** (*respingere*) to drive* out again; to drive* back; to repel: **Li assalimmo e li ricacciammo al di là del fiume**, we attacked them and drove them back beyond the river; **I nemici furono ricacciati dalla città**, the enemy were driven out of the town again ***3*** (*rinfilare con forza*) to thrust* back; to shove back; **Ricacciò in tasca la lettera**, he thrust the letter back into his pocket; **Ricacciò il chiodo nel muro**, he drove the nail back into the wall ***4*** (*pop.*: *tirare fuori*) to cough up. ● **r. le parole in gola a q.**, to make sb. swallow (*o* eat) his words. **B ricacciàrsi,** *v. rifl.* (*cacciarsi di nuovo*) to plunge again (*o* back): **Il coniglio si ricacciò nel buco**, the rabbit plunged back into the hole; **r. nei guai**, to get into trouble again.

ricadére, *v. i.* ***1*** (*cadere di nuovo, anche fig.*) to fall* (down) again, to fall* back; (*fig.*) to relapse: **Ricadde in terra**, he fell to the ground again; **Ricadde supino**, he fell back once more; **È ricaduto fra le grinfie di quella donna**, he has fallen back into the clutches of that woman; **r. nell'oblio**, to fall back into oblivion; **r. ammalato**, to fall ill again; **r. nella miseria**, to become poor again; to fall on hard times again; **r. nell'errore**, to relapse into error; to backslide ***2*** (*med.*) to have a relapse; to relapse: **Era quasi guarito, ma poi è ricaduto**, he had almost recovered, but then he had a relapse ***3*** (*scendere, pendere*) to hang*; to fall*: **I capelli le ricadevano sulle spalle**, her hair hung over (*o* fell over) her shoulders; **La giacca ricade bene**, the jacket hangs well ***4*** (*fig.*: *riversarsi*) to fall*: **La colpa ricadrà su di te**, the blame will fall upon you; they will lay the blame at your door.

ricadùta, *f.* ***1*** (*med.*) relapse: **Ha avuto una r.**, he had a relapse ***2*** (*fig.*) relapse; backsliding: **una r. nel peccato**, a relapse into sin ***3*** (*fig.*: *conseguenza*) repercussion; by-product; spin-off. ● (*fis.*) **r. radioattiva**, fallout.

ricalàre, A *v. t.* to lower again; to let* down again. **B** *v. i.* ***1*** (*diminuire di nuovo*) to go* [to come*] down again; to fall* again: **I prezzi ricaleranno**, prices will go down again; **Ricalò la nebbia**, the fog came down again ***2*** (*tramontare di nuovo*) to set* again; to go* down again.

ricalcàbile, *a.* traceable: **disegno r.**, traceable drawing.

ricalcàre, *v. t.* ***1*** (*calcare di nuovo*) to press again; (*calcare di più*) to press down: **Si ricalcò il berretto in testa**, he pressed the hat down on his head ***2*** (*disegno*) to transfer; to trace: **r. un disegno**, to transfer a drawing; **carta da r.**, tracing paper ***3*** (*fig.*: *imitare*) to imitate; to follow: **r. lo stesso schema**, to follow the same pattern ***4*** (*metall.*) to upset*; to head. ● (*fig.*) **r. le orme di q.**, to tread in sb.'s footsteps; to follow sb.'s example □ (*fig.*) **r. le proprie orme**, to retrace one's steps □ (*fig.*) **r. le scene**, to return to the stage; to tread the boards again.

ricalcatrice, *f.* upsetting machine; upsetter; header: **r. idraulica**, hydraulic upsetting press.

ricalcatùra, *f.* ***1*** (*disegno*: *il ricalcare*) transfer; transferring; tracing ***2*** (*disegno ricalcato*) transfer ***3*** (*fig.*: *imitazione*) imitation; copy ***4*** (*metall.*) upsetting; heading: **r. a caldo**, hot-heading; **r. a freddo**, cold-heading; **r. elettrica**, electric upsetting.

ricalcificàre, *v. t.* **ricalcificàrsi,** *v. i. pron.* (*med.*) to recalcify.

ricalcificazióne, *f.* (*med.*) recalcification.

ricalcitraménto, *m.* (*anche fig.*) recalcitrance; kicking out.

ricalcitrànte, *a.* recalcitrant; (*fig.*, *anche*) rebellious, stubborn.

ricalcitràre, *v. i.* ***1*** to kick (out) ***2*** (*fig.*) to be recalcitrant; to recalcitrate; to kick out (*fam.*): **r. contro la disciplina**, to kick out against (*o* at) discipline.

ricàlco, *m.* ***1*** tracing: **a r.**, tracing; **carta da r.**, tracing paper; **copia a r.**, tracing ***2*** (*rif. a scritto*) carbon-copy.

ricamàre, *v. t.* ***1*** to embroider: **r. un fazzoletto [le iniziali]**, to embroider a handkerchief [the initials] ***2*** (*fig.*: *abbellire*) to embroider, to embellish; (*perfezionare*) to polish, to refine: **r. una storia**, to embroider (on) a story; **Era un fatto da poco, ma i giornali ci hanno ricamato su**, it was a small thing, but the papers embroidered on it (*o* made a big story out if it); **r. una frase**, to polish a sentence.

ricamàto, *a.* embroidered: **r. a mano**, hand-embroidered.

ricamatóre, *m.* (*f.* **-trice**) (*anche fig.*) embroiderer.

ricamatùra, *f.* ***1*** (*il ricamare*) embroidering ***2*** (*ricamo*) embroidery.

ricambiàre, A *v. t.* ***1*** (*cambiare di nuovo*) to change again ***2*** (*contraccambiare*) to reciprocate; to return; to repay*: **Il mio amore non era ricambiato**, my love was not returned; **r. un complimento**, to return a compliment; **r. un favore**, to return (*o* to repay) a favour; **r. una visita**, to return a visit; **r. gli auguri**, to reciprocate (sb.'s) wishes. **B** *v. i.* to change again. **C ricambiàrsi,** *v. i. pron.* (*cambiarsi di nuovo d'abito*) to change again; to get changed again. **D ricambiàrsi,** *v. rifl. recipr.* to exchange: **r. i saluti**, to exchange greetings.

ricàmbio, *m.* ***1*** (*contraccambio*) reciprocation; return; exchange; repayment: **un r. di favori**, a reciprocation (*o* an exchange) of favours ***2*** (*sostituzione*) replacement; substitution; change: **un r. dell'aria**, a change of air; **Non ho vestiti di r.**, I have no change of clothes ***3*** (*oggetto che sostituisce*) replacement; (*mecc.*) spare (part): **pezzo di r.**, spare part; **ruota di r.**, spare wheel ***4*** (*ricarica*) refill ***5*** (*rotazione*) turnover: **r. del lavoro**, (labour) turnover; **r. delle scorte**, stock turnover ***6*** (*biol.*) metabolism: **malattie del r.**, metabolism diseases. ● **r. sociale**, social mobility.

ricambìsta, *m.* e *f.* spare parts dealer.

ricàmo, *m.* ***1*** embroidery; needlework: **ago [filo] da r.**, embroidery needle [yarn]; **r. in seta**, silk embroidery; **un r. di margherite**, an embroidery of daisies; **Mise via il suo r.**, she put her embroidery away; **un bel r.**, a lovely piece of embroidery: **r. sfilato**, drawn work; **r. traforato**, openwork embroidery ***2*** (*fig.*: *decorazione raffinata*) lacework; tracery: **La facciata è un r. di marmo**, the façade is a lacework in marble; **un r. di vene**, a tracery of veins.

ricandidàre, A *v. t.* to put* forward again as a candidate. **B ricandidàrsi,** *v. rifl.* to stand* again (as a candidate).

ricantàre, *v. t.* ***1*** (*cantare di nuovo*) to sing* again ***2*** (*fig. fam.*: *ripetere con insistenza*) to keep* on repeating (st.); to say* (*o* to tell*) over and over again: **Gliel'ho ricantata su tutti i toni**, I've told him over and over again.

ricapitalizzàre, *v. t.* (*econ.*) to recapitalize; to refinance.

ricapitalizzazióne, *f.* (*econ.*) recapitalization; refinancing.

ricapitàre, *v. i.* ***1*** (*accadere di nuovo*) to happen (*o* to occur) again: **Mi ricapitò di vederlo**, I happened to see him again ***2*** (*giungere di nuovo per caso*) to happen to come again; to turn up again.

ricapitolàre, *v. t.* to recapitulate; to recap (*fam.*); to summarize; to sum up: **Ricapitolando, quanti ce ne sono?**, to sum up (*o* in short), how many are there?

ricapitolazióne, *f.* recapitulation; recap (*fam.*); summary; summing up.

ricàrica, *f.* ***1*** reloading ***2*** (*elettr.*) recharge ***3*** (*di orologio*) rewinding.

ricaricàbile, *a.* (*elettr.*) rechargeable

ricaricàre, A *v. t.* ***1*** to reload; to load up again: **r. un carro**, to reload a cart; **r. un fucile**, to reload a gun; **r. una molla**, to reload a spring ***2*** (*riempire*) to refill: **r. la pipa [l'accendino]**, to refill one's pipe [one's lighter] ***3*** (*elettr.*) to recharge ***4*** (*un orologio*) to rewind*; to wind* up ***5*** (*rag.*) to mark up ***6*** (*fig.*: *ridare vigore*) to reinvigorate; to pep up; to rally; to buck up (*fam.*). **B ricaricàrsi,** *v. rifl.* e *i. pron.* ***1*** (*gravarsi di nuovo*) to burden oneself again ***2*** (*fig.*: *riprendere vigore*) to rally; to buck up (*fam.*).

ricàrico, *m.* ***1*** reloading ***2*** (*rag.*) markup.

ricascàre, *v. i.* ***1*** to fall* again: **Non lasciarlo r.**, don't let it fall again ***2*** (*fig.*) to fall* again; to relapse; to slip back: **r. nelle cattive abitudini**, to relapse into bad habits; **r. nella droga**, to slip back into drug abuse; **r. nello stesso errore**, to make the same mistake again. ● (*fam.*) **ricascarci**, (*fare lo stesso errore*) to make the same mistake again; (*farsi ingannare di nuovo*) to fall for it again.

ricattàbile, *a.* liable to be blackmailed.

ricattàre, *v. t.* to blackmail; to squeeze (*fam.*).

ricattatóre, *m.* (*f.* **-trice**) blackmailer.

ricattatòrio, *a.* blackmail (*attr.*); blackmailing.

ricàtto, *m.* (*anche fig.*) blackmailing; blackmail: **un tentativo di r.**, an attempt to blackmail; **cedere a un r.**, to give in to blackmail; **subire un r.**, to be blackmailed; **Fu vittima di un r.**, he was a victim of blackmail; he was blackmailed; **È un vero r.!**, this is pure blackmail!

ricavàbile, *a.* obtainable.

ricavàre, *v. t.* ***1*** (*ottenere*) to obtain, to get*, to draw*, to make*; (*derivare*) to derive: **r. una data da un'enciclopedia**, to get a date out of an enciclopedia; **r. una conclusione**, to draw a conclusion; **r. un film da un romanzo**, to make a novel into a film; **r. due stanze da un salone**, to divide a large room into two smaller ones; **In questa rientranza abbiamo ricavato la dispensa**, we've made this niche into a pantry; **Da questo pezzo di stoffa si può r. una gonna**, you can make a skirt out of this material; **Ho ricavato poco beneficio da questa cura**, I have derived little benefit from this treatment; **Ho lavorato tanto e che ne ho ricavato?**, I worked hard and what did I get out of it? ***2*** (*estrarre*) to extract; to get*; to obtain: **Da questa regione si ricava carbone**, coal is extracted in this region; **Abbiamo ricavato poco olio dal raccolto**, we got little oil from this year's crop ***3*** (*guadagnare*) to get*; to gain; to make*: **Vendendo la macchina ho ricavato un milione**, I made a million from my old car; I got a million out of my old car; **Quanto ne hai ricavato?**, how much did you make on it (*o* get out of it)?; how much did it bring you?

ricavàto, *m.* ***1*** proceeds (*pl.*); receipts (*pl.*); takings (*pl.*): **Il r. serve solo a coprire le spese**, the proceeds just cover expenses ***2*** (*fig.*) result; profit.

ricàvo, *m.* ***1*** proceeds (*pl.*); receipts (*pl.*); revenue; income; return; take: **r. lordo [netto]**, gross [net] proceeds; **ricavi da vendite**, revenues from sales; **r. marginale**, marginal revenue *2* (*fig.*) profit: **Qual è il tuo r. da tutto ciò?**, what's your profit in it?; what do you get out of it?

riccaménte, *avv.* *1* richly; sumptuously: **un appartamento r. ammobiliato**, a richly furnished flat *2* (*generosamente*) generously; handsomely *3* (*profusamente*) profusely; lavishly.

Riccàrdo, *m.* Richard. ● (*stor.*) **R. Cuor di Leone**, Richard Lionheart (*o* Coeur de Lion).

ricchézza, *f.* *1* richness; wealth: **La r. non è tutto**, wealth is not everything *2* (*averi, sostanze, spesso al pl.*) riches (*pl.*); wealth; fortune: **Tutte le mie ricchezze sono qui**, all my riches are here; **godersi le proprie ricchezze**, to enjoy one's wealth (*o* fortune); **la principale fonte di r.**, the main source of wealth; **un'improvvisa r.**, sudden wealth; a sudden fortune; **accumulare ricchezze**, to accumulate wealth; **ricchezze naturali**, natural riches; **le ricchezze artistiche d'un paese**, the artistic treasures of a country *3* (*abbondanza*) richness; wealth; abundance; opulence: **la r. d'un colore**, the richness of a colour; **la r. del suolo**, the richness of the soil; **la r. della sua cultura**, his wealth of knowledge; **la r. lessicale d'una lingua**, the wealth of words in a language; **una regione che ha r. di foreste**, a region rich in forests; **con r. di particolari**, with a wealth of detail *4* (*ampiezza*) fullness: **la r. d'una gonna**, the fullness of a skirt. ● (*econ., fin.*) **r. mobile**, personal property □ (*fin.*) **imposta di r. mobile**, income tax.

riccio (1), **A** *a.* curly; (*crespo*) frizzy, kinky, crinkly: **capelli ricci**, curly (*o* frizzy) hair: **avere i capelli ricci**, to have curly hair; to be curly-haired; **barba riccia**, curly beard; **una testa riccia**, a curly head; **cane a pelo r.**, curly-haired dog; **insalata riccia**, crinkly salad. **B** *m.* *1* (*ciocca di capelli*) curl; lock: **farsi i ricci**, to curl one's hair; **Non ho i tuoi ricci**, my hair is not as curly as yours; **Sono ricci naturali i tuoi?**, is your hair naturally curly?; **ferro da ricci**, curling tongs; curling irons *2* (*di violino*) scroll *3* (*ind. tess.*) terry: **tessuto a r.**, terry cloth; **r. di ordito**, warp pile *4* (*cinem.: di pellicola*) loop *5* (*mecc.*) burr; (*di tornitura*) chip *6* (*archit.*) curl; scroll. ● **un r. di burro**, a butter-curl □ **ricci di legno**, wood shavings.

riccio (2), *m.* *1* (*zool., Erinaceus europaeus*) hedgehog *2* (*bot.*) bur; (*di castagna*) husk. ● (*zool.*) **r. di mare** (*Paracentrotus lividus*), sea urchin □ (*fig.*) **chiudersi a r.**, to shut up like a clam.

ricciolìno, **A** *m.* *1* curl; ringlet *2* (*f.* **-a**) (*fam.*) curly-haired little boy (*f.* curly-haired little girl). **B** *a.* curly; curly-haired; curly-headed.

rìcciolo, *m.* (*di capelli*) curl; lock; ringlet.

ricciolùto, ricciùto, *a.* *1* curly: **capelli ricciuti**, curly hair; **una testa ricciuta**, a curly head; **un bimbo r.**, a curly-headed child *2* (*ind. tess.*) terry: **velluto r.**, terry velvet.

rìcco, **A** *a.* *1* (*che ha molti soldi o beni*) rich; wealthy; well-off; affluent; moneyed: **un r. proprietario di terre**, a rich landowner; **paesi ricchi**, rich countries; affluent nations; **la ricca borghesia**, the wealthy middle class; **È r. di famiglia**, he comes from a wealthy (*o* rich) family; **diventare r.**, to become rich; to come into money *2* (*che abbonda di q.c.*) rich (in); abounding (in, with); full (of): **un paese r. di minerali**, a country rich in minerals; **un libro r. d'informazioni**, a book full of information; **un mare r. di pesci**, a sea abounding (*o* teeming) with fish; **un alimento r. di vitamine**, a food rich in vitamins; **r. di fantasia [di idee]**, full of imagination [of ideas] *3* (*sontuoso, sfarzoso*) rich; sumptuous; lavish: **un r. palazzo**, a sumptuous palace; **ricchi addobbi**, rich decorations; **un r. pranzo**, a lavish meal *4* (*abbondante*) abundant; rich; luxuriant: **un r. raccolto**, an abundant crop; **vegetazione ricca**, luxuriant vegetation; **una ricca esperienza**, a broad (*o* vast) experience; (*fam.*) **una ricca mangiata**, a hearty meal; (*fam.*) **una ricca dormita**, a good, sound sleep *5* (*ingente per valore*) rich; valuable: **una ricca dote**, a rich dowry; **un r. dono**, a valuable gift; **una ricca eredità**, a rich inheritance; **una ricca mancia**, a generous tip. ● (*fam.*) **r. sfondato** (*o* **a palate**), rolling in money; loaded with money; worth a fortune; filthy rich (*fam.*); loaded (*pop.*) □ **gonna ricca**, full skirt □ (*autom.*) **miscela ricca**, rich mixture □ (*iron.*) **È r. di debiti**, he's up to his eyes in debt. **B** *m.* (*f.* **-a**) rich (*o* wealthy) man* (*f.* woman*). ● **i ricchi**, the rich; the wealthy □ **nuovo r.**, nouveau riche (*franc.*); parvenu (*franc.*).

riccóna, *f.* very rich woman*.

riccóne, *m.* very rich man*; croesus; moneybags (*fam.*).

ricérca, *f.* *1* search; quest; hunting; hunt; (*di petrolio, minerali, ecc.*) prospecting (for); (*di evaso e sim.*) manhunt: **la r. della verità**, the search (*o* quest) for truth; **la r. dell'Eldorado** the quest for Eldorado; **la r. di un lavoro [di una casa]**, job [house] hunting; **andare alla r. di q.c.**, to go in search of st.; **essere alla r. di q.c.**, to be in search of st.; to be on the look-out for st. (*fam.*): **Sono alla r. di un lavoro**, I'm looking for a job; **Le ricerche dei superstiti sono state sospese**, the search for survivors has been called off *2* (*il perseguire*) pursuit: **la r. della felicità [del sapere]**, the pursuit of happiness [of knowledge]; **alla r. di**, in pursuit of *3* (*r. scientifica e sim.*) research: **finanziamenti per la r.**, funding for research; **la r. sul cancro**, cancer research; **Mi occupo di ricerche sui pesticidi**, I'm researching into pesticides; **svolgere ricerche**, to carry out research; **fare r.**, to do research; **Sto facendo una r. bibliografica**, I'm doing some bibliographical research; **r. di mercato**, market research; **r. sul campo**, field research; (*ind.*) **r. operativa**, operations (*o* operational) research; **laboratorio di ricerche**, research laboratory; **lavoro di r.**, research work; **centro** (*o* **istituto**) **di r.**, research centre (*o* institute) *4* (*scritto frutto di una r.*) study, work; (*articolo*) paper; (*r. scolastica*) project: **pubblicare una r. scientifica**, to publish a scientific study *5* (*indagine, investigazione*) investigation, inquiry; (*sondaggio*) survey: **La polizia sta svolgendo ricerche sulle sue attività all'estero**, the police are conducting an investigation (*o* are investigating) on his foreign dealings; **Le ricerche non sono approdate a nulla**, the inquiries led to nothing *6* (*econ.: richiesta*) demand: **una r. di case a buon mercato**, a demand for cheap houses *7* (*elettron.*) search: **r. manuale**, manual search *8* (*elab.*) search; retrieval.

ricercàre, **A** *v. t.* *1* to look for (st., sb.) again: **cercare e r. q.c.**, to look (*o* to search) for st. everywhere; to hunt for st. high and low *2* (*cercare con impegno*) to look for; to search for; to seek*: **La polizia lo ricerca**, the police are searching (*o* looking, making a search) for him; **r. delicati effetti di colore**, to seek delicate colour effects *3* (*investigare, esaminare*) to investigate; to inquire into: **r. la verità di un racconto**, to investigate the truth of a story; **r. la possibilità di vita organica su Marte**, to inquire into the possibility of organic life on Mars *4* (*perseguire*) to pursue; to seek*: **r. la felicità**, to seek (*o* to pursue) happiness; **r. un ideale**, to pursue an ideal *5* (*esigere*) to want; to require; to demand. **B** *m.* (*mus.*) ricercare.

ricercataménte, *avv.* *1* (*in modo raffinato*) refinedly; in a refined way; with refinement (*o* refined elegance) *2* (*in modo affettato*) affectedly; with affectation.

ricercatézza, *f.* *1* refinement; elegance: **r. di modi**, refinement of manners; **r. di stile**, refinement of style; **vestire con r.**, to dress elegantly; **Non ha nessuna r. nel vestire**, she is very casual in her clothes; **È abituato alle ricercatezze**, he is used to a certain refinement; **r. eccessiva**, overrefinement; (*di stile*) preciosity *2* (*affettazione*) affectation.

ricercàto, **A** *a.* *1* (*richiesto: di persone*) sought-after; (*di cose*) in (great) demand: **un pittore molto r.**, a much sought-after painter; **È un articolo molto [poco] r.**, there is great [little] demand for this item *2* (*raffinato*) refined, studied, elaborate; (*troppo raffinato*) overrefined: **essere r. nel vestire**, to dress elegantly; **Veste con ricercata eleganza**, he dresses with refined (*o* studied) elegance; **È r. nella scelta delle parole**, he is very careful in his choice of words *3* (*affettato*) affected; recherché (*franc.*): **modi ricercati**, affected manners *4* (*cercato*) wanted: **È r. dalla polizia**, he is wanted by the police. **B** *m.* (*f.* **-a**) wanted man* (*f.* woman*).

ricercatóre, *m.* *1* (*f.* **-trice**) searcher; (*studioso*) researcher, research worker *2* (*apparecchio*) detector; searcher.

ricetrasméttere, *v. t.* to transmit and receive.

ricetrasmettitóre, *V.* **ricetrasmittente, B.**

ricetrasmittènte, (*radio*) **A** *a.* transmitting and receiving; two-way (*attr.*). **B** *m.* e *f.* two-way radio; transceiver: **r. portatile**, walkie-talkie.

ricétta, *f.* *1* (*med.*) prescription: **fare una r.**, to make out a prescription; **dietro presentazione di r. medica**, by prescription *2* (*cucina*) recipe: **una r. per la zuppa di cipolle**, a recipe for onion soup; **libro di ricette**, recipe (*o* cookery) book; cook book (*USA*) *3* (*rimedio, anche fig.*) remedy, cure; (*modo per ottenere*) recipe, formula: **una r. contro l'insonnia**, a remedy against (*o* cure for) insomnia; **la r. della felicità**, the formula for happiness.

ricettàcolo, *m.* *1* receptacle; repository: **un r. di acque**, a receptacle of water; **un r. di microbi**, a breeding-ground for microbes; **Questi cuscini sono solo un r. di polvere**, these cushions only gather dust (*o* are just dust traps) *2* (*luogo frequentato*) haunt; (*nascondiglio*) den, hideout: **Il bar dell'angolo è un r. di spacciatori**, the bar on the corner is the haunt of drug pushers; **un r. di ladri**, a den of thieves *3* (*bot.*) receptacle.

ricettàre (1), *v. t.* (*leg.*) to receive (stolen goods); to fence (*pop.*).

ricettàre (2), *v. t.* (*med.*) to prescribe.

ricettàrio, *m.* *1* (*med.*) book of prescriptions *2* (*cucina*) recipe (*o* cookery) book; cook book (*USA*).

ricettatóre, *m.* (*f.* **-trice**) (*leg.*) receiver of stolen goods; fence (*pop.*).

ricettazióne, *f.* (*leg.*) receiving stolen goods; fencing (*pop.*).

ricettività, *f.* *1* receptivity: **La r. di un bambino è molto alta**, a child is extremely receptive *2* (*capacità di accogliere*) capacity; accommodation capacity: **La r. del nostro albergo è di 200 letti**, our hotel can accommodate (*o* has accommodation for) 200 people; **la r. alberghiera di una regione**, the hotel facilities (*pl.*) in a region; **La r. della sala è di 500 posti**, the hall can seat 500 *3* (*med.*) susceptibility *4* (*tecn.*) receptivity; reception.

ricettìvo, *a.* *1* receptive: **una mente ricettiva**, a receptive mind *2* (*rif. al turismo*) accommodation (*attr.*): **strutture ricettive**, accommodation facilities *3* (*tecn.*) receptive; reception (*attr.*): **potenza ricettiva**, receptive power; receptivity *4* (*med.*) susceptible.

ricétto, *m.* (*lett.*) shelter; refuge: **dare r.**, to give shelter; to shelter; **trovare r.**, to find shelter.

ricevènte, **A** *a.* (*anche radio*) receiving: **stazione r.**, receiving station. **B** *m.* e *f.* receiver; (*comm., anche*) consignee.

ricévere, *v. t.* *1* to receive; to get*; to have; to be given: **Ho ricevuto molti regali**, I got lots of presents; **Avete ricevuto la mia lettera?**, did you get (*o* receive) my letter?; **Abbiamo ricevuto la vostra richiesta**, we have received (*o, form.*, are in recepit of) your request; **r. una telefonata**, to get a phonecall; **r. brutte notizie**, to receive (*o* to get) bad news; **r. aiuto**, to get (*o* to receive) help; to be helped; **r. una lode**, to receive praise; to be praised; **r. una proposta di matrimonio**, to receive a marriage proposal; to be proposed; **r. q.c. in prestito**, to be lent st.; **r. q.c. in premio**, to receive (*o* to be given) st. as a prize ***2*** (*accettare*) to accept; to take*: **Non avresti dovuto r. il suo regalo**, you should not have accepted his gift; **La decisione non fu ben ricevuta dalla maggioranza**, the decision was not well received by the majority; **r. prenotazioni**, to accept bookings; **Non ricevo ordini da nessuno**, I don't take orders from anyone ***3*** (*percepire*) to get*; to draw*; to take*: **r. uno stipendio**, to draw a salary ***4*** (*ospitare*) to accommodate; (*contenere*) to hold*: **Il paese può r. mille turisti**, the village can accommodate one thousand tourists; **Il bacino può r. grosse navi**, the dock can hold big ships ***5*** (*prendere*) to take*; to get*; to have; to receive: **Il giardino non riceve mai sole**, the garden never gets any sunlight; **Riceviamo l'acqua da quella sorgente**, our water comes from that spring; **Ricevette un colpo sulla testa**, he received a blow on his head; he was hit on the head; **r. una pallottola in una gamba**, to get a bullet in a leg ***6*** (*provare, sentire*) to receive, to get*; (*subire*) to receive, to undergo*, to suffer: **r. un'impressione favorevole**, to receive (*o* to get) a favourable impression; **r. un'offesa**, to receive an offence; to be offended; **Ricevette un forte trauma**, he underwent severe trauma; he was severely traumatized; **r. una punizione**, to be punished ***7*** (*afferrare*) to grasp: **La sua mente è incapace di r. un'idea astratta**, his mind is unable to grasp an abstract idea ***8*** (*ammettere*) to admit: **r. q. come novizio**, to admit sb. as a novice ***9*** (*accogliere*) to receive, to welcome; (*all'arrivo*) to meet*; (*dare ricovero*) to shelter, to take* in: **r. gli ospiti**, to receive (*o* to welcome, to meet) the guests; **Erano a riceverlo alla stazione**, they were at the station to meet him; **r. q. a braccia aperte**, to welcome sb. with open arms; **r. un fuggiasco**, to shelter a fugitive ***10*** (*visitatori, clienti*) to receive; to see*: **L'avvocato riceve i clienti dalle 9 alle 11**, the lawyer receives clients from 9 to 11 a.m.; **Il direttore si scusa di non poterla r. oggi**, the director is sorry he cannot see you today; **chiedere di essere ricevuto da q.**, to ask to see sb.; **rifiutarsi di r. q.**, to refuse to see sb.; **Il dottore riceve solo al mattino**, the doctor holds surgery only in the morning; **Mia nonna riceveva il martedì**, my grandmother was at home on Tuesdays ***11*** (*ammettere a un'udienza*) to grant an audience: **Il Ministro lo riceverà domani**, the Minister will grant him an audience tomorrow ***12*** (*radio, TV*) to receive; to pick up; to read*: **r. segnali [una stazione]**, to pick up signals [a station]; **Come ci ricevete? Passo**, how are you reading us? over. ● **r. il battesimo**, to be baptized □ **r. la Comunione**, to receive Holy Communion □ **r. q.c. in eredità**, to inherit st.

ricevimento, *m.* ***1*** (*il ricevere*) receiving; reception; receipt: **al r. della merce**, upon receipt of the goods; **orario di r.**, office hours; (*di dottore e sim.*) consulting hours ***2*** (*accoglienza*) welcome; reception: **il r. della delegazione**, the reception of the delegation; **Gli fu preparato un grande r.**, a great reception (*o* welcome) was prepared for him ***3*** (*trattenimento, festa*) reception; party: **un r. all'ambasciata**, a reception at the embassy; **sala di r.**, reception room; salon; **dare un r.**, to hold a reception; to give a party ***4*** (*ammissione*) admission: **il suo r. all'Accademia Reale**, his admission to the Royal Academy.

ricevitore, **A** *m.* (*f.* **-trice**) ***1*** (*chi riceve*) receiver ***2*** (*chi riscuote somme per conto d'altri*) collector: **r. delle dogane**, collector of customs; **r. delle imposte**, tax collector; **r. del Registro**, registrar; **r. di scommesse**, bookmaker ***3*** (*radio, TV*) receiver: **r. a galena**, crystal receiver; **r. d'echi**, echo receiver; **r. acustico**, sounder ***4*** (*telef.*) receiver: **alzare il r.**, to pick up the receiver (*o* the phone); **riattaccare [abbassare] il r.**, to hang up [to put down, to replace] the receiver; to hang up; to ring off ***5*** (*baseball*) catcher. **B** *a.* receiving.

ricevitoria, *f.* (receiving) office: **r. di scommesse**, betting office; **r. del totocalcio**, football pools office; **r. delle tasse**, tax office; **r. del Registro**, Register (*o* Registry) Office.

ricevuta, *f.* receipt; (*quietanza*) quittance: **r. a saldo**, receipt in full (settlement); **r. di spedizione**, consignment receipt (*o* note); **r. di versamento**, receipt for payment; **r. fiscale**, receipt for fiscal purposes; receipt for payment made; **blocchetto di ricevute**, receipt book; **raccomandata con r. di ritorno**, registered letter with return receipt; **accusare r.**, to acknowledge receipt; **rilasciare una r.**, to give a receipt.

ricezione, *f.* ***1*** (*ricevimento*) receipt ***2*** (*in alberghi, ecc.*) reception: **banco della r.**, reception desk; **addetto alla r.**, receptionist; reception clerk; room clerk (*USA*); **rivolgersi alla r.**, to inquire at reception ***3*** (*radio, TV*) reception.

richiamabile, *a.* (*mil.*) liable to recall.

richiamare, **A** *v. t.* ***1*** (*chiamare di nuovo*) to call again: **L'ho dovuto chiamare e r.**, I had to call him again and again; (*al telefono*) **Ti richiamo domani**, I'll call you back tomorrow ***2*** (*per far tornare indietro*) to call back; to recall: **Ero già sull'uscio quando mi richiamò**, I was already at the door when he called me back; **r. il cameriere**, to call back the waiter; **r. un ambasciatore**, to recall an ambassador; **L'hanno richiamato alla sede centrale**, he has been called back to head office; **Richiami i suoi cani!**, call off your dogs! ***3*** (*attirare, far accorrere*) to attract; to draw*; to pull (*fam.*): **La luce richiama le falene**, light attracts (*o* draws) moths; **Il film ha richiamato un pubblico enorme**, the film drew a large audience; the film pulled crowds (*fam.*); **Il suo nome richiama molto pubblico**, he is a box-office attraction; **r. l'attenzione**, to attract attention; to catch sb.'s eye: **Il cartellone richiamò la mia attenzione**, the poster caught my eye; **Richiamo la vostra attenzione sul terzo comma**, I want to draw (*o* call) your attention to the third paragraph; **Richiamò la mia attenzione sul fatto che...**, he pointed out to me that...; **r. l'attenzione su di sé**, to make oneself conspicuous ***4*** (*far ricordare*) to remind; to call to mind; to be reminiscent of: **Quella scena me ne richiamò un'altra**, the scene reminded me of (*o* called to my mind) another one; **un profilo che richiama il Correggio**, a profile reminiscent of Correggio ***5*** (*ritirare*) to withdraw*: **r. le truppe da una regione**, to withdraw troops from a region ***6*** (*rimproverare*) to rebuke; to reprimand: **Il direttore lo richiamò severamente**, the manager rebuked (*o* reprimanded) him severely ***7*** (*citare, riportare*) to quote: **Richiamò un verso del Tasso**, he quoted a line from Tasso ***8*** (*aeron.*) to flatten out, to level out (*o* off); (*dopo una picchiata*) to pull out. ● (*banca*) **r. una cambiale**, to retire a bill □ **r. q. al dovere**, to recall sb. to his duty □ **r. q. all'ordine**, to call sb. to order □ **r. q. alla realtà**, to bring sb. back to reality (*fam.*: back to earth) □ **r. q. in carica**, to recall sb. to office □ **r. q. in vita**, to restore (*o* to bring back) sb. to life; to revive sb. □ **r. sotto le armi**, to recall for military service; to call up again. **B richiamarsi**, *v. i. pron.* ***1*** (*riferirsi*) to refer: **r. a un documento**, to refer to a document ***2*** (*appellarsi, ricorrere*) to appeal: **r. alla Corte Suprema**, to appeal to the Supreme Court.

richiamata, *f.* (*aeron.*) flattening out, levelling out (*o* off); (*dopo una picchiata*) pull-out: **deflettore di r.**, recovery flap.

richiamato, *m.* (*mil.*) recalled reservist*.

richiamo, *m.* ***1*** (*il richiamare indietro*) recall: **r. alle armi**, recall to arms; call-up; **il r. della flotta dall'Egeo**, the recall of the fleet from the Aegean Sea; **il r. d'un ambasciatore**, the recall of an ambassador ***2*** (*avvertimento*) warning; reminder; admonition: **un richiamo dell'arbitro**, a warning from the referee; **Deve stare attento, ha già avuto due richiami**, he's already been warned twice, so he'd better be careful ***3*** (*grido, anche di animali*) call; cry: **richiami disperati**, desperate cries ***4*** (*fig.*: *attrazione*) attraction, call, appeal, pull (*fam.*); (*fascino*) lure: **il r. della foresta [del mare]**, the call of the wild [of the sea]; **il r. della metropoli**, the lure of a big city; **Quella pubblicità è un potente r.**, that advertising has a tremendous pull; **un attore [uno spettacolo] di grande r.**, a box-office attraction; a crowd-puller (*fam.*) ***5*** (*riferimento*) reference; (*menzione*) mention: **fare r. a una disposizione**, to make reference (*o* to refer) to a rule; **Farò solo un breve r. a Milton**, I'll only mention Milton briefly ***6*** (*nota*) cross-reference: **segno di r.**, cross-reference mark ***7*** (*nella caccia*) bird call; (*uccello*) decoy: **caccia al r.**, hunting by bird call; **uccello da r.**, decoy ***8*** (*med.*) booster: **vaccinazione di r.**, booster (shot); **fare il r.**, to have a booster (shot). ● **r. all'ordine**, call to order □ (*fig.*) **fare da r.**, to act as a decoy □ (*mecc.*) **molla di r.**, return spring.

richiedente, **A** *a.* applying; petitioning. **B** *m.* e *f.* ***1*** applicant; petitioner ***2*** (*leg.*) demandant; petitioner; plaintiff.

richiedere, *v. t.* ***1*** (*chiedere di nuovo*) to ask again: **Mi richiese l'indirizzo**, he asked for my address again; **Gli ho chiesto e richiesto di non farlo, ma non mi ascolta**, I've asked and asked him not to do it, but he won't listen to me ***2*** (*chiedere in restituzione*) to ask for (st.) back: **Gli richiesi i quattrini**, I asked him for my money back; I asked him to give me back my money ***3*** (*chiedere, domandare*) to ask for; (*con insistenza o decisione*) to demand: **r. l'aiuto di q.**, to ask for sb.'s help; **Richiede la sua parte dell'eredità**, he is demanding his part of the inheritance ***4*** (*volere, esigere*) to request; to demand; to exact: **Richiedo la massima ubbidienza dai miei alunni**, I exact absolute obedience from my pupils; **Il colonnello richiese la presenza di tutti gli ufficiali**, the colonel requested the presence of all the officers ***5*** (*bur.*: *fare domanda*) to apply for; to request: **r. il passaporto**, to apply for a passport; **r. un'autorizzazione**, to request a permit ***6*** (*necessitare*) to require; to need; to take*; to call for: **La malattia richiede lunghe cure**, this disease requires (*o* needs) long treatment; **r. tempo e denaro**, to take time and money; **Questo lavoro richiede una persona più esperta di me**, this work calls for someone who is more expert than I am; **un gioco che richiede destrezza**, a game that calls for skill; **È richiesta la presenza dell'interessato**, the presence of the person concerned is necessary; **Si richiede la conoscenza di due lingue straniere**, knowledge of two foreign languages is required.

richiesta, *f.* request; demand; call; (*rivendicazione, pretesa*) claim: **una r. di denaro**, a request for money; **r. di pagamento**, call for payment; **r. di fondi**, call for funds; **r. di aiuto**, call for help; **una r. legittima**, a rightful claim; **richieste d'aumenti salariali**, wage claims; **r. d'informazioni**, inquiry; **accettare una r.**, to accept (*o* to grant) a request; **fare**

(**una**) **r. di**, to make a request for; (*per iscritto*) to apply for; **fare una r. scritta**, to apply in writing; to send off a written application; **fare r. di essere assunto**, to apply for a job; **C'è molta r. di cotone**, there is a great demand for cotton; **C'è molta r. di infermiere**, there is a great demand for nurses; **soddisfare le richieste di q.**, to satisfy sb.'s demands; **richieste esagerate**, excessive demands; **richieste insistenti**, solicitations. ● **r. di matrimonio**, proposal (of marriage) □ (*ass.*) **r. di risarcimento**, claim □ **a** (*o* **su**) **r.**, by (*o* on, at) request: **a** (*o* **dietro**) **r. scritta**, on written application; **L'opuscolo è disponibile su r.**, the pamphlet is available on request; **Sono qui a vostra r.**, I am here at your request; **La commedia si replica a r. generale**, by general request the play will be repeated □ **come da r.**, as requested □ (*comm.*) **dietro Vostra r.**, at your request □ **fermata a r.**, request stop □ (*radio, TV*) **programma a r.**, request programme.

richièsto, *a.* ***1*** in demand; popular; sought-after: **un articolo molto r.**, a very popular item; an item much in demand; **un ritrattista molto richiesto**, a much sought-after portrait painter ***2*** necessary; required: **avere i titoli richiesti**, to have the necessary qualifications; **la somma richiesta**, the required sum. ● **non r.**, unwanted; unrequested.

richiùdere, **A** *v. t.* ***1*** (*chiudere di nuovo*) to close again, to shut* again; (*a chiave*) to lock again: **Richiudi gli occhi**, close your eyes again ***2*** (*chiudere*) to close, to shut*; (*a chiave*) to lock: **Richiusi piano la porta**, I closed the door gently; **r. una cassaforte**, to lock up a safe. **B richiùdersi**, *v. i. pron.* ***1*** (*chiudersi di nuovo*) to close (*o* to shut*) again ***2*** (*chiudersi*) to close; to shut*: **La porta si richiuse dietro di noi**, the door closed behind us; **La ferita si sta richiudendo**, the wound is closing up (*o* is healing). ● **r. in se stesso**, to withdraw into oneself.

riciclàbile, *a.* (*anche fig.*) recyclable.

riciclabilità, *f.* recyclability.

riciclàggio, *m.* recycling: **il r. del vetro**, glass recycling; **il r. dei rifiuti urbani**, the recycling of urban waste. ● **r. di denaro sporco**, money laundering.

riciclàre, *v. t.* to recycle: **r. i materiali di scarto**, to recycle scrap materials; **L'acqua viene riciclata**, the water is recycled; **r. vecchie idee**, to recycle (*o* to rehash) old notions. ● **r. denaro sporco**, to launder money.

riciclo, *m.* (*ind., econ.*) recycling.

rìcino, *m.* (*bot., Ricinus communis*) castor-oil plant: **olio di r.**, castor oil.

ricinolèico, *a.* (*chim.*) ricinoleic.

ricinoleina, *f.* (*chim.*) ricinolein.

rickèttsia, *f.* (*biol.*) rickettsia*.

rickettsiòsi, *f.* (*med.*) rickettsiosis*.

riclassificàre, *v. t.* to reclassify.

riclassificazióne, *f.* reclassification.

ricognitivo, *a.* (*leg.*) of acknowledgment; recognitive.

ricognitóre, *m.* ***1*** (*f.* **-trice**) reconnoit(e)rer ***2*** (*aeron.*) reconnaissance aircraft; spotter plane.

ricognizióne, *f.* ***1*** (*riconoscimento*) recognition; (*leg.*) acknowledgment ***2*** (*mil.*) reconnaissance; reconnoitring: **r. in forze**, reconnaissance in force; **r. terrestre**, land reconnaissance; **fare una r.**, to make a reconnaissance; to reconnoitre, to reconnoiter (*USA*); **mandare in r.**, to send out on reconnaissance; **aereo da r.**, reconnaissance aircraft; spotter plane. ● (*fig.*) **fare una r.**, to explore; to inspect; to have a look around; to see how the land lies.

ricollegàbile, *a.* that can be connected; that connects back.

ricollegàre, **A** *v. t.* ***1*** (*collegare di nuovo*) to reconnect; to connect again; to join again: (*elettr.*) **r. due fili**, to reconnect two wires ***2*** (*fig.*: *mettere in relazione*) to connect; to associate; to link: **r. due episodi**, to connect two occurences; **r. un fatto a un altro**, to associate one fact with another. **B ricollegàrsi**, *v. rifl.* e *i. pron.* ***1*** (*riferirsi*) to refer: **Mi ricollego al nostro colloquio di ieri**, I refer to the talk we had yesterday ***2*** (*radio, TV*) to link up again; to go* back: **Ci ricolleghiamo col Viminale per gli ultimi risultati elettorali**, now back to Viminale for the latest polling results ***3*** (*essere collegato*) to be connected; to be linked; to be associated. **C ricollegàrsi**, *v. rifl. recipr.* to be connected; to be linked; to be associated: **Le due cose si ricollegano strettamente**, the two things are closely linked (*o* associated).

ricollocaménto, *m.* ***1*** replacement ***2*** (*amm.*) reinstatement; (*all'esterno*) outplacement.

ricollocàre, *v. t.* ***1*** to replace; to put* back; to return: **r. q.c. al suo posto**, to put st. back in (*o* to return st. to) its place; to replace st. ***2*** (*amm.*) to reinstate.

ricolmàre, *v. t.* ***1*** (*riempire di nuovo*) to fill again, to refill; (*riempire fino all'orlo*) to fill up, to top up ***2*** (*fig.*) to fill; to overwhelm: **r. q. di lodi** [**di gentilezze**], to overwhelm sb. with praises [with kindness].

ricólmo, *a.* ***1*** full to overflowing (*pred.*); brimful (*pred.*); laden (*pred.*): **un boccale ricolmo**, a mug full to overflowing; **piatti ricolmi di cibo**, plates laden with food ***2*** (*fig.*) overflowing; brimful; overwhelmed: **r. di speranza**, brimful with hope; **r. di dolore**, overwhelmed with grief.

ricoloràre, **ricolorire**, **A** *v. t.* to colour again; (*ripitturare*) to repaint. **B ricoloràrsi, ricolorirsi**, *v. i. pron.* to colour up again; to put* on colour again.

ricombinànte, *a.* e *m.* (*biol.*) recombinant: **DNA r.**, recombinant DNA.

ricombinàre, **A** *v. t.* ***1*** (*rimettere insieme*) to put* together again; to recombine ***2*** (*risistemare*) to rearrange ***3*** (*stabilire di nuovo*) to rearrange; to agree again. **B ricombinàrsi**, *v. i. pron.* e *rifl. recipr.* (*chim.*) to recombine.

ricombinazióne, *f.* ***1*** rearrangement ***2*** (*fis., biol.*) recombination.

ricominciàre, *v. t.* e *i.* to begin* again; to start again (*o* anew); to recommence; (*riprendere*) to resume, to take* up again, to go* back to: **Il bambino ricominciò a piangere**, the child started crying (*o* to cry) again; **r. a leggere**, to begin (*o* to start) reading again; **Ricomincia a piovere**, it is beginning (*o* starting) to rain again; **Ho ricominciato a fumare**, I've started (*o* taken up) smoking again; **Ha ricominciato a dipingere**, he's gone back to painting; he has taken up painting again; **r. q.c. più volte**, to begin st. over and over again; **r. una discussione**, to resume a discussion; **r. una partita**, to resume a game; **Ricomincia il freddo**, the cold weather is back again; **Dopo un attimo di silenzio ricominciò**, after a moment's silence, he started again; **Non r., per favore!**, please, don't start that again!; **Ecco che ricominci!**, there you go again!; (*iron.*) **Si ricomincia!**, there (*o* here) we go again!; **r. daccapo** (*o* **da zero**), to begin all over again; to go back to the beginning (*o* to square one); to start again from scratch.

ricommèttere, *v. t.* ***1*** (*commettere di nuovo*) to commit again; to make* again: **r. lo stesso errore**, to make the same mistake again; to repeat the same mistake ***2*** (*ricongiungere*) to put* together again; to join again; to rejoin.

ricommettitùra, *f.* ***1*** (*il ricongiungere*) putting together again; joining again ***2*** (*punto di unione*) join.

ricompaginàre, *v. t.* to regroup; to round up.

ricomparire, *v. i.* to reappear; to appear again; to show* up again; to turn up: **Ricomparve sulla soglia**, he reappeared at the door; **È ricomparso il sole**, the sun has come out again; **Ricomparve dopo un anno**, he turned up again after a year; **Non è più ricomparso**, he hasn't shown up again.

ricompàrsa, *f.* reappearance; reappearing; return: **la r. dei sintomi**, the reappearance (*o* reappearing) of the symptoms; **La sua improvvisa r. mi meravigliò**, I was surprised by his sudden reappearance (*o* to see him turn up again).

ricompattàre, *v. t.* **ricompattàrsi**, *v. i. pron.* to regroup.

ricompènsa, *f.* recompense; reward; return; remuneration: **lavorare senza r.**, to work without recompense; **senza la speranza d'una r.**, without hope of reward; **r. in denaro**, money consideration; **in** (*o* **per**) **r. di q.c.**, in recompense for st.; as a reward for st.; **Ecco cosa ho avuto per tutta r.!**, that's all I got for my pains!; (*iron.*) **Ha avuto la r. che si meritava**, he got his just deserts (*o* his comeuppance). ● (*mil.*) **r. al valore**, award for valour.

ricompensàbile, *a.* rewardable.

ricompensàre, *v. t.* to recompense; to reward; to remunerate; to repay*: **Ricompenserò quelli che mi sono stati fedeli**, I will reward those that were faithful to me; **r. il bene col male**, to recompense good with evil; **r. q. per le sue prestazioni**, to remunerate sb. for his services; **Ci ha ricompensato con ingratitudine**, he repaid us with ingratitude; we got ingratitude in return.

ricomperàre, *V.* **ricomprare**.

ricompilàre, *v. t.* (*redigere di nuovo*) to draw* up again, to make* out again; (*un modulo*) to fill in again.

ricompórre, **A** *v. t.* ***1*** (*un testo, una musica*) to rewrite*: **Ricomposi tutto il discorso** [**il primo movimento**], I rewrote the whole speech [the first movement] ***2*** (*rimettere insieme*) to reassemble; to put* back together; to recompose: **r. i frammenti di una lettera**, to reassemble the torn pieces of a letter; **scomporre un puzzle e ricomporlo**, to break up a puzzle and do it again ***3*** (*risistemare*) to rearrange ***4*** (*ricostruire*) to reconstruct ***5*** (*tipogr.*) to reset*. ● **r. il viso**, to recompose one's features. **B ricompórsi**, *v. i. pron.* to recompose oneself; to recover one's composure; to recollect oneself.

ricompoṣizióne, *f.* ***1*** (*di un testo, una musica*) rewriting ***2*** (*il rimettere insieme*) recomposition; reassemblage; reassembling ***3*** (*risistemazione*) rearrangement; (*rimpasto*) reshuffle ***4*** (*tipogr.*) resetting; reset.

ricompràbile, *a.* repurchasable.

ricompràre, *v. t.* ***1*** (*una cosa in precedenza venduta*) to buy* back; to repurchase: **Vorrei poter r. il quadro che ho venduto**, I wish I could buy back the picture I sold ***2*** (*comprare per sostituire*) to buy*: **Devo ricomprarmi un portafoglio**, I must buy another wallet.

ricomunicàre, **A** *v. t.* ***1*** (*informare di nuovo*) to inform again; to notify again ***2*** (*eccles.*: *assolvere dalla scomunica*) to absolve from excommunication. **B ricomunicàrsi**, *v. i. pron.* (*eccles.*) to take* (Holy) Communion again.

riconcentràre, **A** *v. t.* ***1*** to concentrate again; to gather again; (*mil.*) to mass again ***2*** (*chim.*) to reconcentrate. **B riconcentràrsi**, *v. rifl.* to concentrate again.

riconciliàbile, *a.* reconcilable.

riconciliàre, **A** *v. t.* ***1*** to reconcile; to conciliate: **r. due amici**, to reconcile two friends ***2*** (*far riacquistare*) to regain; to win* back (*o* again): **Quel gesto gli riconciliò il favore del pubblico**, that gesture won him back his popularity; he regained his popularity with that gesture. ● **r. il sonno**, to lull (sb.) back to sleep. **B riconciliàrsi**, *v. rifl.* e *rifl. recipr.* to make* peace; to make* friends; to make* it up (*fam.*): **Si riconciliarono solo dopo molti anni**, they made peace (*fam.*: made it up) only many years later; **Mi sono riconciliato con mia moglie**, I've made it up with my wife; **r. con Dio**, to make one's peace with God.

riconciliatóre, *m.* (*f.* **-trice**) reconciler; peacemaker.

riconciliazióne, *f.* reconciliation; reconcilement; peacemaking: **come segno di r.**, as a mark of reconciliation; **fare opera di r.**, to intervene to reconcile; to act as a peacemaker.
ricondannàre, *v. t.* to condemn again; (*leg.*) to sentence again.
ricondensàre, *v. t.* **ricondensàrsi,** *v. i. pron.* to recondense; to condense again.
riconducìbile, *a.* referable; ascribable; that can be traced back.
ricondùrre, *v. t.* ***1*** (*condurre di nuovo*) to bring* again; to take* again; to lead* again: **Riconducilo qui**, bring him here again; **Lo ricondussero via**, they took him away again ***2*** (*riportare al luogo di partenza, anche fig.*) to bring* back; to take* back; to lead* back: **Lo ricondussero a casa**, they took him back home; **r. q. alla ragione**, to bring sb. back to reason ***3*** (*fig.*: *far risalire*) to trace back: **r. un evento alle sue cause**, to trace an occurrence back to its causes.
riconduzióne, *f.* (*leg.*) renewal (of a lease).
riconférma, *f.* ***1*** reconfirmation; confirmation; (*riprova*) fresh evidence (*o* proof): **la r. di una prenotazione**, the confirmation of a booking; **a r. del fatto**, in confirmation of the fact ***2*** (*di nomina, ecc.*) reappointment; re-engagement: **avere la r. di un incarico**, to be reappointed.
riconfermàbile, *a.* reconfirmable; confirmable.
riconfermàre, **A** *v. t.* ***1*** (*confermare di nuovo*) to reconfirm; to confirm (again): **Il ragazzo riconfermò quanto aveva detto**, the boy confirmed what he had said; **r. una notizia**, to confirm a piece of news ***2*** (*riasserire, ribadire*) to reaffirm; to reassert; to restate; to maintain: **Riconfermò che intendeva dare le dimissioni**, he reaffirmed his intention to resign; **r. la propria opinione**, to reassert (*o* to maintain) one's opinion ***3*** (*confermare in carica*) to reappoint: **r. q. in una carica**, to reappoint sb. to a post. **B** **riconfermàrsi,** *v. rifl.* to prove again; to show again: **Si riconfermò un prezioso alleato**, he once again proved a valuable ally.
riconfortàre, **A** *v. t.* to comfort (again); to console; to cheer up. **B** **riconfortàrsi,** *v. i. pron.* to take* heart again; to cheer up.
ricongelàre, *v. t.* to refreeze*.
ricongelazióne, *f.* refreezing.
ricongiùngere, **A** *v. t.* to rejoin; to join again; to reunite: **r. i due frammenti**, to rejoin the two pieces; **r. i membri di una famiglia**, to reunite a family. **B** **ricongiùngersi,** *v. rifl. e rifl. recipr.* to rejoin; to reunite; to be reunited: **r. ai compagni**, to join one friends again; to rejoin one's friends; **r. con i genitori**, to reunite with one's parents; **Chiesero di poter r.**, they asked to be reunited.
ricongiungiménto, *m.* rejoining; reunion; reuniting.
ricongiunzióne, *f.* rejoining.
riconnèttere, **A** *v. t.* to reconnect; to connect again; to link again. **B** **riconnèttersi,** *v. i. pron.* to refer; to be connected (*o* linked) again; to be related; to be tied up: **Per riconnettermi a quando detto dal collega...**, to refer (*o* to go) back to what my colleague said...
riconoscènte, *a.* grateful; thankful; appreciative; (*obbligato*) obliged: **parole riconoscenti**, words of thanks; **Vi sono assai r.**, I am very grateful (*o* much obliged) to you; **Vieni anche tu? Te ne sono davvero r.**, are you coming too? I really appreciate it.
riconoscènza, *f.* gratitude; gratefulness; thankfulness; appreciation: **avere r.**, to feel gratitude; to be grateful (*o* thankful); **esprimere [mostrare] la propria r.**, to express [to show] one's gratitude; **Mi sorrise con r.**, he smiled at me gratefully (*o* appreciatively); **un sorriso di r.**, a grateful smile; **un debito di r.**, a debt of gratitude; **un piccolo segno della nostra r.**, a small token of our gratitude (*o* appreciation).
riconóscere, **A** *v. t.* ***1*** to recognize; to know*: **Mi riconobbe subito**, he recognized (*o* knew) me at once; **Quasi non lo riconoscevo**, I could hardly recognize him; **r. un motivo musicale**, to recognize a tune; **Lo riconoscerei tra mille**, I'd know him anywhere; **Si travestì per non farsi r.**, he disguised himself so as not to be recognized; **r. q. alla voce [al passo]**, to recognize sb. by his voice [by his walk]; **Non lo riconosco più**, he is a changed man; he has changed; he is not the man he used to be; **r. al tatto**, to feel ***2*** (*distinguere*) to recognize; to know*; to tell*; to distinguish: **r. il giusto dall'ingiusto**, to tell right from wrong; **r. un buon vino**, to recognize (*o* to know) a good wine; **So r. un bravo attore quando lo vedo**, I can recognize (*o* I know) a good actor when I see one ***3*** (*identificare*) to identify: **È stato riconosciuto grazie alla valigia**, he was identified thanks to the suitcase; **r. un cadavere**, to identify a body; **r. un oggetto come proprio**, to identify a thing as one's own; **farsi r.**, to identify oneself ***4*** (*accettare come valido, anche leg.*) to recognize: **r. uno Stato**, to recognize a state; **r. titoli di studio stranieri**, to recognize foreign diplomas; **r. un figlio naturale**, to recognize (*o* to acknowledge) an illegitimate child; **Mi hanno riconosciuto i miei diritti**, my rights have been recognized ***5*** (*affermare apertamente, accettare*) to acknowledge; to recognize: **Riconobbi la giustizia delle loro rivendicazioni**, I acknowledged the justice of their claims; **r. i meriti di q.**, to recognize the merits of sb.; **Fu riconosciuto innocente**, his innocence was recognized; (*leg.*) he was found not guilty; **Il tribunale ha riconosciuto la validità della richiesta**, the court ruled the validity of the claim; **Riconosco questa lettera come mia**, I acknowledge this letter as mine; **Non lo riconosco come superiore**, I refuse to acknowledge him as my superior; **Bisogna riconoscere che ha avuto coraggio**, you must hand it to him that he showed courage ***6*** (*ammettere*) to acknowledge; to admit; to own: **r. la propria colpevolezza**, to admit one's guilt; **r. un debito**, to acknowledge a debt; **r. i propri torti**, to admit one's faults; **Riconosco la forza del suo argomento**, I acknowledge the force of his argument; **Riconosco di aver avuto torto**, I admit that I was wrong; **Riconobbe di aver accettato una tangente**, he admitted taking a bribe; **Non vuol r. che ho ragione**, he won't admit that I'm right; **Riconobbe di aver agito con leggerezza**, he admitted he had (*o* owned to having) been careless ***7*** (*mil.*) to reconnoitre: **r. le posizioni nemiche**, to reconnoitre the enemy positions. **B** **riconóscersi,** *v. rifl.* ***1*** (*ammettere di essere*) to admit one is; to admit being: **Mi riconosco in torto**, I admit I was wrong; **r. in debito con q.**, to admit being indebted to sb.; **r. colpevole**, to admit one's guilt; to own up; (*leg.*) to plead guilty; **r. vinto**, to admit defeat ***2*** (*sentire affinità con q.c.*) to identify with; to agree with; to share (sb.'s views): **non r. nella linea del partito**, not to agree with the party line. **C** **riconóscersi,** *v. rifl. recipr.* to recognize each other (*o* one another).
riconoscìbile, *a.* recognizable, recognisable: **appena r.**, hardly recognizable.
riconoscibilità, *f.* recognizability.
riconosciménto, *m.* ***1*** (*il riconoscere*) recognition: **Il r. fu immediato**, recognition was immediate ***2*** (*identificazione*) identification: **il r. del colpevole**, the identification of the culprit; **il r. di un cadavere**, the identification of a body; **documento di r.**, identification (paper) ***3*** (*accettazione, anche leg.*) recognition; acknowledgment: **il r. di uno Stato**, the recognition of a state; **il r. di un figlio**, the acknowledgment of a child; **il r. di un debito**, the acknowledgment of a debt ***4*** (*ammissione*) acknowledgment; admission; avowal: **il r. di un errore**, the admission (*o* avowal) of an error ***5*** (*apprezzamento*) recognition; acknowledgment; appreciation: **in r. delle sue prestazioni**, in recognition of his services.
riconosciùto, *a.* ***1*** recognized, recognised: **legalmente r.**, legally recognized ***2*** (*accettato*) acknowledged; known; established; accepted: **un'autorità riconosciuta**, an acknowledged (*o* established) authority; **È r. come il maggior fisico vivente**, he is acknowledged as the greatest living physicist. • **feste riconosciute**, (official) public holidays.
riconquìsta, *f.* reconquest; recapture; recovery; regaining: **la r. di una regione**, the reconquest of a region; **la r. dell'indipendenza**, the regaining of independence.
riconquistàre, *v. t.* to reconquer; to conquer back; to recapture; to regain; to recover; to win* back: **r. un paese**, to reconquer a country; **r. un villaggio**, to recapture a village; **r. la libertà**, to regain one's freedom; **r. l'affetto di q.**, to win back sb.'s love.
riconsacràre, *v. t.* to reconsecrate.
riconsacrazióne, *f.* reconsecration.
riconségna, *f.* ***1*** (*nuova consegna*) reconsignment; redelivery ***2*** (*restituzione*) return; restitution.
riconsegnàre, *v. t.* ***1*** (*consegnare di nuovo*) to reconsign; to redeliver ***2*** (*restituire*) to hand (*o* to give*) back; to return.
riconsideràre, *v. t.* ***1*** (*considerare di nuovo*) to consider again ***2*** (*riesaminare*) to reconsider, to re-examine; (*riflettere su*) to reflect upon, to think* over.
riconsigliàre, *v. t.* to advise again.
riconsolàre, **A** *v. t.* to console again (*o* anew). **B** **riconsolàrsi,** *v. rifl.* to cheer up.
ricontàre, *v. t.* ***1*** to recount: **r. i voti**, to recount votes ***2*** (*raccontare di nuovo*) to retell*.
ricontràrre, *v. t.* to contract again.
ricontrattàre, *v. t.* to renegotiate.
ricontrollàre, *v. t.* to check again; to go* over again.
riconvalidàre, *v. t.* to validate again; to make* valid (*o* legal) again.
riconvenìre, *v. t.* (*leg.*) to counterclaim; to bring* a countercharge against.
riconvenzionàle, *a.* (*leg.*) counter (*attr.*).
riconvenzióne, *f.* (*leg.*) counterclaim.
riconversióne, *f.* ***1*** reconversion ***2*** (*ritrasformazione*) reconversion; change back ***3*** (*econ.*) reconversion; changeover: **r. industriale**, industrial reorganization.
riconvertìre, **A** *v. t.* ***1*** to reconvert ***2*** (*ritrasformare*) to reconvert; to change back: **r. il vapore in acqua**, to change steam back to water; to reconvert steam into water ***3*** (*econ.*) to reconvert; to change over. **B** **riconvertìrsi,** *v. rifl. e i pron.* ***1*** to be reconverted; to go* back: **r. all'antica fede**, to be reconverted to one's old faith ***2*** (*essere ritrasformato*) to be reconverted; to be changed back.
riconvocàre, *v. t.* to reconvene; to resummon; to summon again: **r. un'assemblea**, to reconvene a meeting.
riconvocazióne, *f.* reconvocation; second convocation; resummons*.
ricopèrto, *a.* covered; coated; (*placcato*) plated: **montagne ricoperte di neve**, snow-covered mountains; **alberi ricoperti di foglie**, trees covered with leaves; **r. di pelle**, leather-covered; **r. d'oro**, gold-plated; **r. di zucchero**, coated with sugar; **una torta ricoperta di cioccolato**, a chocolate-coated cake; a cake with chocolate icing; **gelato r.**, chocolate-coated icecream; **r. di muschio**, moss-grown. • **dente r.**, capped tooth.
ricopertùra, *f.* covering; cover; coating; (*placcatura*) plating.
ricopiàre, *v. t.* ***1*** (*copiare di nuovo*) to recopy; to copy again; (*a macchina*) to retype ***2*** (*copiare*) to copy (out); (*trascrivere in bella co-*

pia) to make* a fair copy of, to write* out; (*a macchina*) to type out.

ricopiatùra, *f.* ***1*** (*il ricopiare*) recopying, copying; (*a macchina*) retyping ***2*** (*imitazione*) copy; imitation.

ricopribile, *a.* coverable.

ricopriménto, *V.* **ricopertura**.

ricoprire, A *v. t.* ***1*** (*coprire di nuovo*) to re-cover, to cover again: **r. una pentola**, to put the lid back on a pot ***2*** (*coprire*) to cover; to cover up: **r. q.c. di sabbia**, to cover st. up with sand ***3*** (*rivestire*) to cover; (*con uno strato sottile*) to coat; (*placcare*) to plate: **r. un libro**, to cover a book; **r. i divani**, to cover the sofas; **r. una torta di glassa**, to cover a cake with icing; **r. di stagno**, to coat with tin; **r. q.c. d'oro**, to plate st. with gold ***4*** (*nascondere, anche fig.*) to cover; to conceal; to hide*: ***5*** (*fig.*: *colmare*) to load; to overwhelm; to smother: **r. q. di onori**, to load sb. with honours; **r. q. di gentilezze** [**di elogi**], to overwhelm sb. with kindness [with praises]; **r. q. di baci**, to smother sb. with kisses; **r. q. di regali**, to shower presents upon sb. ***6*** (*occupare*) to hold*; to fill; to occupy: **r. una carica**, to hold an office. **B ricoprirsi,** *v. rifl.* e *i. pron.* ***1*** (*anche fig.*) to cover oneself: **r. di gloria** [**di vergogna**], to cover oneself with glory [with shame] ***2*** (*venire coperto*) to become* covered: **Il terreno si ricoprì di foglie**, leaves covered the ground; the ground became covered with leaves; **I campi si sono ricoperti di neve**, the fields are covered with snow.

ricordàbile, *a.* ***1*** (*degno di ricordo*) memorable; worth remembering ***2*** (*facile da ricordare*) easy to remember; easily remembered.

ricordànza, *f.* (*poet.*) remembrance; recollection.

ricordàre, A *v. t.* ***1*** (*aver presente nella memoria*) to remember; (*richiamare alla memoria*) to remember, to recall, to recollect: **Non ricordo il suo nome**, I don't remember his name; **Non riesco a r. dove l'ho visto**, I can't remember (*o* recall) where I saw him; **Ricordo benissimo di avere detto ciò**, I remember (*o* I recall) very well having said that; **Non ricordo di avere spedito quella lettera**, I don't remember (*o* recall) having sent that letter; **Non ricordo che mi abbia pagato**, I don't remember his paying me (*fam.*: him paying me); **Non ricordi che siamo usciti insieme?**, don't you remember (that) we went out together?; **Ricorda che io non sarò sempre qui ad aiutarti!**, remember that I won't always be here to help you!; **Ricordo che si era a fine estate e che...**, it was late summer, as I recall, and...; **Fa fatica a r. (le cose)**, he has difficulty in remembering things ***2*** (*richiamare alla memoria altrui*) to remind: **Gli ricordammo la sua promessa**, we reminded him of his promise; **Ricordami di comprare il giornale**, remind me to buy the paper; **Ti devo r. l'invito di domani**, I must remind you of tomorrow's invitation; **Ti ricordo che hai moglie**, I must remind you that you have a wife; **Si ricorda ai clienti che...**, customers are reminded that... ***3*** (*far venire in mente*) to remind; to call to (sb.'s) mind; to bring* back; to be reminiscent of: **Mi ricordi tua madre**, you remind me of your mother; **Le montagne gli ricordavano il suo paese**, mountains reminded him of his native village; **Il suo nome mi ricordava cose tristi**, his name brought back sad memories; **Il volto ricorda Raffaello**, the face is reminiscent of Raphael; **Pettinata così mi ricordi la Garbo**, you look like Garbo with that hairstyle; **Ricorda il padre**, he takes after his father ***4*** (*menzionare, nominare*) to mention; (*registrare*) to record: **Ricordò un caso personale**, he mentioned a personal case; **r. q.c. come esempio**, to mention st. as an example; **Il suo nome viene ricordato spesso**, his name is often mentioned; **Anche Manzoni ricorda questo fatto**, Manzoni also records (*o* mentions) this fact ***5*** (*commemorare*) to commemorate: **una lapide che ricorda i caduti**, a stone commemorating those who died in the war. • **r. con affetto**, to remember fondly; to have fond memories of □ **r. poco e male**, to have a bad memory □ **per quanto ne ricordo**, as far as I remember □ **Ricordami ai tuoi!**, remember me to your family! □ **Se ben ricordo**, if I remember correctly □ **Se non ricordo male**, if my memory serves me well. **B ricordàrsi,** *v. i. pron.* (*aver presente nella memoria*) to remember; (*richiamare alla propria memoria*) to remember, to recall, to recollect: **Me ne ricordo benissimo**, I remember it very well; **Non ti ricordi di me?**, don't you remember me?; **Me ne ricordo come se fosse ieri**, I remember it as if it had happened yesterday; **Non mi ricordo quando**, I don't remember when; **Si ricordò di averle promesso un regalo**, he remembered having promised her (*o* that he had promised her) a present; **Non mi ricordo di aver detto niente di simile**, I don't remember (*o* recollect) having said anything of the kind; **r. di q. nelle preghiere**, to remember sb. in one's prayers; **Si ricordò di quelle vacanze felici**, he recalled those happy holidays; **Non posso ricordarmi di tutti i particolari**, I can't remember all the details; **Se ne ricorderà per un pezzo!**, he won't forget that for a long time!

ricordévole, *a.* (*lett.*) ***1*** (*memore*) mindful ***2*** (*memorabile*) memorable.

ricordino, *m.* ***1*** souvenir; memento ***2*** (*immaginetta sacra*) holy picture; (*di defunto*) memoriam card.

ricòrdo, A *m.* ***1*** memory; recollection; remembrance: **ricordi d'infanzia**, childhood memories; **ricordi di giorni felici**, memories of happy days; **Ormai è solo un r.**, it's only a memory now; **risvegliare ricordi tristi**, to awaken sad memories; **vivere di ricordi**, to live on one's memories; to live in the past; **Ho un bel r. di quel viaggio**, I have happy memories of that journey; **Serbo di lei un r. pieno di affetto**, her memory is very dear to me; **conservare un r. preciso di q.c.**, to retain (*o* to have) a precise recollection (*o* a clear memory) of st.; **un vago r. dell'accaduto**, a vague recollection of what happened; **I miei primi ricordi risalgono a quando avevo due anni**, my first (*o* earliest) recollections go back to when I was two; **Al solo r., mi vengono i brividi**, I shudder at the mere recollection of it ***2*** (*al pl., come oggetto di racconto*) reminiscences; (*letter.*) memoirs: **Ci scambiammo ricordi di quando eravamo bambini**, we exchanged reminiscences of our childhood; **un libro di ricordi**, a book of memoirs ***3*** (*oggetto ricordo*) souvenir; memento*; keepsake: **un r. da Parigi**, a souvenir from Paris; **Questa spilla è un r. di mia nonna**, this brooch is a memento of my grandmother; **tenere** [**lasciare**] **q.c. per r.**, to keep [to leave] st. as a keepsake (*o* a memento); **r. di famiglia**, heirloom; **r. di viaggio**, souvenir; **La cicatrice era un r. di guerra**, the scar was a souvenir of the war ***4*** (*testimonianza*) record: **Non esiste più r. di quegli antichi popoli**, there is no extant record of those ancient peoples. • **r. marmoreo**, marble memorial □ **degno di r.**, memorable; worth remembering □ **un monumento a r. dei caduti**, a war memorial; a memorial to those that died in the war □ **sul filo dei ricordi**, down memory lane. **B** *a. invar.* souvenir: **foto r.**, souvenir photo; **oggetto r.**, souvenir.

ricoricàre, A *v. t.* to lay* down again. **B ricoricàrsi,** *v. rifl.* to lie* down again; (*tornare a letto*) to go* back to bed.

ricorrèggere, *v. t.* to recorrect; to correct again.

ricorrènte, A *a.* ***1*** recurrent; recurring: **motivo r.**, recurring (*o* recurrent) theme; **un sogno r.** a recurring dream; **un fatto r.**, a regular occurence; **una r. sensazione di inquietudine**, a recurrent sense of uneasiness ***2*** (*anat., med.*) recurrent: **arterie ricorrenti**, recurrent arteries; **febbre r.**, recurrent (*o* relapsing) fever ***3*** (*leg.*) petitioning; claiming. **B** *m.* e *f* (*leg.*) petitioner; plaintiff; complainant; claimant.

ricorrènza, *f.* ***1*** recurrence: **la r. di un fenomeno**, the recurrence of a phenomenon ***2*** (*anniversario*) anniversary; (*festività*) feast, festivity; (*giorno*) day; (*occasione*) occasion: **la r. del nostro matrimonio**, our wedding anniversary; **la r. della nascita di q.**, the anniversary of sb.'s birth; sb.'s birthday; **una r. religiosa**, a religious feast; **nella r. del Natale**, at Christmas; **Oggi è una r. importante**, today is a special day.

ricórrere, A *v. i.* ***1*** (*rivolgersi*) to apply to; to turn to; to seek* (sb.'s) help; to appeal to; to have recourse to: **Ricorreremo alle autorità competenti**, we'll apply to the proper authorities; **r. a q. per aiuto**, to turn to sb. for help; **r. a un avvocato**, to seek the help of a lawyer; to seek legal help; **Quando è a corto di quattrini, ricorre a sua madre**, when he's short of money, he runs to his mother; **r. alle vie legali**, to have recourse to the law; to take legal action; to go to court ***2*** (*servirsi di q.c.*) to have recourse to; to resort to; to use (st.): **r. alla forza**, to resort (*o* to have recourse) to force; **Ricorse a un espediente**, he had recourse to a stratagem; **r. al dizionario**, to consult the dictionary; **Dovetti r. ai miei risparmi**, I had to draw on my savings ***3*** (*leg.*) to appeal: **r. contro una sentenza**, to appeal against a sentence; **r. in appello**, to appeal; **r. in Cassazione**, to appeal to the Supreme Court ***4*** (*ripetersi*) to recur; to occur: **È un fenomeno che ricorre spesso**, it's a phenomenon that recurs frequently; **Sono parole che ricorrono spesso nei suoi scritti**, these are words which often recur in his writings; **un fregio che ricorre sul basamento**, a frieze that is repeated on the base ***5*** (*di anniversario, data*) to be; (*cadere*) to fall*, to come*: **Oggi ricorre il mio compleanno**, today is my birthday; **Santo Stefano ricorre il 26 dicembre**, St. Stephen's Day falls on the 26th of December ***6*** (*correre di nuovo*) to run* again; (*tornare indietro di corsa*) to run* back; (*fig.*: *col pensiero*) to go* back, to think* back. **B** *v. t.* (*sport*) to rerun*; to run* again: **Ricorrerà i cento metri**, he will run the hundred metres again.

ricorrezióne, *f.* recorrection; new correction.

ricorsività, *f.* (*mat., ling.*) recursiveness.

ricorsivo, *a.* (*mat., ling.*) recursive.

ricórso, *m.* ***1*** recourse; resort: **far r. all'astuzia**, to have recourse (*o* to resort) to cunning; **Fece r. a suo zio per i soldi**, he turned (*o* had recourse) to his uncle for the money; **Non era possibile orientarsi senza far r. alla bussola**, it was impossible to find one's bearings without (recourse to) the compass ***2*** (*leg.*) petition; (*appello*) appeal; (*reclamo*) claim: **presentare un r. a q.**, to lodge (*o* to file) a petition with sb.; to appeal to sb.; **Farò r. in Cassazione**, I'll appeal to the Supreme Court; **fare r. contro una sentenza**, to appeal against a sentence; **Il suo r. fu respinto**, his appeal was turned down; **Il tribunale accolse il suo r.**, the court upheld his claim ***3*** (*il ripetersi periodico*) recurrence: **il r. dei fenomeni stellari**, the recurrence of stellar phenomena; **i ricorsi storici**, historical recurrences.

ricostituènte, (*farm.*) **A** *a.* tonic; fortifying; restorative. **B** *m.* tonic.

ricostituire, A *v. t.* ***1*** to reconstitute; to re-establish; to set* up again; (*formare di nuovo*) to re-form; to form again: **r. una società**, to reconstitute a partnership; to re-establish a company; **r. un partito**, to re-form a party; **r. su nuove basi**, to set up on new bases; **r. le**

scorte, to restock **2** (*rinvigorire*) to fortify; to invigorate; to restore. **B ricostituirsi**, *v. i. pron.* **1** to be reconstituted; to be re-established; to re-form **2** (*rimettersi in salute*) to recover (one's strength).
ricostituito, *a.* (*chim.*) reconstituted: **latte r.**, reconstituted milk.
ricostituzióne, *f.* reconstitution; re-establishment; re-formation.
ricostruibile, *a.* rebuildable; reconstructible.
ricostruire, *v. t.* to rebuild*; to reconstruct (*anche fig.*): **r. una chiesa**, to rebuild (*o* to reconstruct) a church; **r. una città**, to rebuild a town; **r. l'economia d'un paese**, to rebuild a country's economy; **r. i fatti [un delitto]**, to reconstruct the facts [a crime]; **r. un testo**, to reconstruct (*o* to restore) a text. ● (*autom.*) **r. un copertone**, to retread a tyre.
ricostruttóre, *m.* (*f.* **-trice**) rebuilder; reconstructor.
ricostruzióne, *f.* rebuilding; reconstruction (*anche fig.*); (*di pneumatico*) retreading.
ricòtta, *f.* ricotta; cottage cheese. ● (*fig.*) **avere il cervello di r.**, to be soft in the head □ (*fig.*) **avere le mani di r.**, to be butter-fingered □ (*fig.*) **un uomo di r.**, a milksop.
ricottàio, ricottaro, *m.* seller of ricotta.
ricòtto, *a.* **1** recooked; cooked again **2** (*metall.*) annealed: **r. completamente**, soft annealed; **rame r.**, soft copper.
ricottùra, *f.* **1** recooking; cooking again **2** (*metall.*) annealing: **r. completa**, full annealing; **forno di r.**, annealing furnace; **r. a bassa temperatura**, sub-critical annealing; **r. in bianco**, bright annealing; **r. intermedia**, process annealing.
ricoveràre, A *v. t.* **1** (*dare rifugio*) to shelter; to give* shelter to **2** (*in istituzione*) to admit; to take* in: **r. in un ospedale**, to admit to hospital; to hospitalize; **r. d'urgenza**, to rush to hospital; **far r. in ospedale**, to send to hospital; **r. in un ospizio**, to put into a home; to take into a home; to institutionalize; **Hanno deciso di r. il nonno**, they've decided to put their grandfather into a rest home; **r. in manicomio**, to send to a mental hospital; to institutionalize. ● (*fig. fam.*) **È da r.!**, he's stark staring mad! **B ricoveràrsi**, *v. i. pron.* **1** (*rifugiarsi*) to take* shelter; to find* refuge: **r. in una capanna**, to take (*o* to find) shelter in a hut **2** (*in ospedale*) to go* into hospital.
ricoveràto, *m.* (*f.* **-a**) **1** (*in un ospizio*) inmate **2** (*in un ospedale*) in-patient; patient.
ricóvero, *m.* **1** (*rifugio*) shelter; refuge: **un r. sotterraneo**, an underground shelter; **un r. antiaereo**, an air-raid shelter; **dare r. a q.**, to give shelter to sb.; to shelter sb.; **cercare [trovare] r.**, to seek [to find] shelter **2** (*in istituzione*) admission: **r. in ospedale**, admission to hospital; hospitalization; **r. urgente**, emergency admission **3** (*ospizio*) home: **(casa di) r. per poveri**, poor people's home; **(casa di) r. per vecchi**, (old people's) home.
ricreàre, A *v. t.* **1** (*creare di nuovo*) to re-create: **r. un'atmosfera**, to re-create an atmosphere **2** (*ristorare*) to refresh, to revive, to restore; (*divertire*) to amuse: **r. la mente**, to refresh the mind; to cheer up; **una bevanda che ricrea**, a refreshing drink; **r. l'occhio**, to amuse the eye. **B ricreàrsi**, *v. rifl.* to amuse oneself; to have a pleasant time; to relax: **Ho bisogno di ricrearmi**, I need some recreation (*o* relaxation).
ricreativo, *a.* recreational; recreative; (*divertente*) amusing; (*piacevole*) pleasant, relaxing: **attività ricreative**, recreational activities; **letture ricreative**, light reading; **circolo r.**, social club.
ricreatòrio, *m.* recreation room.
ricreazióne, *f.* **1** (*il ricreare*) re-creation **2** (*svago*) recreation; pastime; diversion: **La mia r. preferita è il lavoro a maglia**, knitting is my favourite recreation **3** (*pausa*) break; (*a scuola*) recreation, playtime, recess (*USA*): **concedersi un po' di r.**, to take a break; **l'ora della r.**, recreation time; break-time; playtime; recess (*USA*).
ricrédersi, *v. i. pron.* to change one's mind (*o* one's opinion): **Lo credevo onesto, ma mi sono ricreduto**, I thought he was honest, but I've changed my mind.
ricréscere, *v. i.* **1** to grow* again; to regrow*: **farsi r. la barba**, to grow a beard again **2** (*aumentare*) to rise* again; to go* up again.
ricréscita, *f.* **1** regrowth; fresh (*o* new) growth; (*di capelli*) growth **2** (*aumento*) increase.
ricristallizzàre, *v. t. e i.* to recrystallize.
ricristallizzazióne, *f.* recrystallization.
ricsciò, *V.* **risciò**.
rictus (*lat.*), *m. invar.* (*med.*) rictus*.
ricucire, *v. t.* **1** (*cucire di nuovo*) to sew* up again; to stitch again: **r. un orlo**, to sew up a hem again; **r. un bottone**, to sew back a button **2** (*rammendare*) to mend: **r. uno strappo**, to mend a tear **3** (*chir.*) to stitch (up) **4** (*fig.*: *scritti e sim.*) to put* together **5** (*fig.*: *ristabilire*) to re-establish: **r. i rapporti**, to re-establish relationships; **r. il dialogo tra i due partiti**, to re-establish a dialogue between the two parties.
ricucitùra, *f.* **1** (*il cucire di nuovo*) sewing up again; stitching again **2** (*il rammendare*) mending **3** (*nuova cucitura*) (new) seam; (*parte rammendata*) mend **4** (*fig.*: *ricomposizione*) re-establishment.
ricuòcere, *v. t.* **1** (*cuocere di nuovo*) to recook; to cook again **2** (*metall.*) to anneal: **r. il vetro**, to anneal glass.
ricuperàre, e *deriv. V.* **recuperare**, e *deriv.*
ricùrvo, *a.* (*piegato*) bent; (*incurvato*) curved, arched, hooked; (*ritorto*) crooked: **r. sotto un peso**, bent under a weight; **un vecchio r.**, a bent old man; **il dorso r. d'un delfino**, a dolphin's curved (*o* arched) back; **naso r.**, hooked nose; **r. a un'estremità**, curved at one end; ending in a curve; **bastone r.**, crook.
ricùṣa, *f.* **1** refusal; rejection; denial; repudiation **2** (*leg.*) challenge; objection.
ricuṣàbile, *a.* **1** admitting of refusal **2** (*dir.*) open to challenge.
ricuṣàre, A *v. t.* **1** to refuse; to reject; to decline; to repudiate; to deny: **r. un regalo**, to refuse a present; **r. un'offerta**, to reject (*o* to decline) an offer; **r. di fare q.c.**, to refuse to do st. **2** (*leg.*) to challenge; to object to. **B** *v. i.* (*naut.*: *di vento*) to slacken; (*di nave*) to miss (*o* to refuse) stays. **C ricuṣàrsi**, *v. i. pron.* to refuse; to decline.
ricuṣazióne, *f.* (*leg.*) challenge; objection.
ridacchiàre, *v. i.* to chuckle; to giggle; to titter; (*con malignità*) to snigger.
ridanciàno, *a.* **1** jolly; merry; full of fun (*pred.*) **2** (*che fa ridere*) funny; comic.
ridàre, *v. t.* **1** (*dare di nuovo*) to give* again: **Ridammi il tuo indirizzo**, give me your address again **2** (*restituire*) to give* back; to hand back; to return: **Mi ridiede il libro che gli avevo prestato**, he gave me back (*o* returned me) the book I had lent him. ● **r. fiducia**, to restore confidence □ **r. fuori q.c.**, to vomit st.; to throw up st. □ (*pop.*) **Gli ha ridato fuori lo sfogo**, he's come out in a rash again □ **r. la libertà a q.**, to set sb. free □ **r. validità a una legge**, to revive a law □ (*fig.*) **dagli e ridagli**, by dint of insistence; try and try again; after much effort: **Dagli e ridagli, alla fine il chiodo venne fuori**, I pulled and pulled, and in the end the nail came out; I got the nail out after much pulling.
ridarèlla, *f.* (*fam.*) giggles (*pl.*): **avere la r.**, to have the giggles; **far venire la r.**, to give the giggles; **un attacco di r.**, a fit of the giggles.
ridarèllo, *a.* jolly; merry.
rìdda, *f.* **1** (*antico ballo*) round dance **2** (*fig.*) whirl; turmoil; tumult; confusion; medley: **una r. di emozioni**, a tumult of emotions; **una r. di pensieri**, a tumult of thoughts; **una r. di ipotesi**, a medley of theories.
ridefinire, *v. t.* to redefine.
ridefinizióne, *f.* ridefinition.
ridènte, *a.* **1** (*che ride*) laughing; (*che sorride*) smiling **2** (*allegro*) smiling; cheerful; merry; bright: **un viso r.**, a cheerful face; **occhi ridenti**, smiling eyes **3** (*ameno*) pleasant, cheerful, delightful, charming; (*luminoso*) bright: **un paesaggio r.**, a pleasant landscape; **una giornata r.**, a bright day.
ridere (1), A *v. i.* **1** to laugh (at st.); (*senza suono, mostrando i denti*) to grin: **Soltanto l'uomo sa r.**, only man can laugh; **L'ho riconosciuto sentendolo r.**, I recognized him on hearing him laugh; **scoppiare a r.**, to burst out laughing; to break into laughter; **Tutti risero della battuta**, everybody laughed at the joke; **Ridono tutti di lui**, they are all laughing at him; **Non voglio che si rida di me**, I don't want to be laughed at; I don't want to be a laughing-stock; **r. dei guai altrui**, to laugh at other people's troubles; **Che c'è da r.?**, what is there to laugh about?; **Mi fece r. fino alle lacrime**, he made me laugh till I cried **2** (*fig.*: *essere splendente*) to be bright; to be resplendent; to sparkle: **Ride il cielo**, the sky is bright and clear; **Gli ridono gli occhi**, his eyes are sparkling (*o* shining); **Ridono i giardini a primavera**, gardens are a blaze of colour in spring **3** (*lett.*: *arridere*) to smile on: **La fortuna ride agli audaci**, fortune smiles on the brave. ● **r. a crepapelle**, to split one's sides with laughter; to fall about laughing □ **r. a fior di labbra**, to give a thin smile □ **r. alle spalle di q.**, to laugh behind sb.'s back □ **r. come un matto**, to laugh one's head off; to be in stitches (*o* in hysterics) □ **r. dentro di sé** (**o in cuor proprio**), to laugh secretly; to smile to oneself □ **r. di buon grado**, to join in the laugh □ **r. di cuore** (**o di gusto**), to laugh heartily; to laugh out loud □ **r. forzatamente**, to give a forced laugh □ **r. in faccia a q.**, to laugh in sb.'s face; to ridicule sb. □ **r. nervosamente**, to giggle; to titter □ **r. rumorosamente**, to laugh loudly; to roar (*o* to howl) with laughter □ **r. sommessamente**, to chuckle □ **r. sotto i baffi**, to laugh up one's sleeve □ **r. storto** (**o verde**), to laugh on the other side of one's face □ **aver voglia di r.**, to be in a laughing mood □ **C'è poco da r.** (*la cosa è seria*), it's no laughing matter; it's no joke □ **cosa da r.**, (*cosa comica*) joke; (*cosa di poca importanza*) trifle, laughing matter, joke; (*cosa facile*) cinch (*fam.*), doddle (*fam.*): **Questa non è cosa da r.**, this is no laughing matter □ **Sono state elezioni da r.**, the election was just a farce □ **Lo stipendio è da r.**, the salary is a joke (*o* is ludicrous) □ **dire q.c. per r.**, to say st. for fun (*o* as a joke): **Dicevo solo per r.**, I only said it for fun; I only meant it as a joke; **Dici sul serio o per r.?**, do you really mean it or are you joking? □ **Bada che io non rido!**, I'm not joking!; I'm not in a laughing mood! □ **far r. i polli**, to be pathetic □ **Ma non farmi r.!**, don't make me laugh!; don't be ridiculous! □ **farsi r. dietro**, to make a fool of oneself; to be a laughing stock (*o* a figure of fun): **Si fece r. dietro da tutta la scuola**, he became the laughing-stock of the whole school □ **Non so se r. o se piangere**, I don't know whether to laugh or cry □ (*scherz.*) **Ha le scarpe che gli ridono**, his shoes are split □ **trattenersi dal r.**, to keep a straight face □ **Vedremo chi riderà**, we'll see who has the last laugh □ **Mi venne da r.**, I felt like laughing; I started to giggle □ **Ridendo e scherzando, abbiamo fatto le due**, is it two already? time does fly! □ (*prov.*) **Chi ride il venerdì, piange la domenica**, he that sings on Friday, will weep on Sunday □ (*prov.*) **Ride bene chi ride ultimo**, he who laughs last laughs longest. **B ridersi**, *v. i. pron.* **1** (*burlarsi*) to laugh at; to make* fun of; to ridicule (st.): **r. della stoltezza di q.**, to laugh at sb.'s stupidity **2** (*anche* **ridersela**: *non far conto*) to laugh at; not to give* a fig (*o* a hoot)

for: **Se la ride delle nostre minacce**, he laughs at our threats.
ridere (2), *m.* laughter; laughing: **Tutto questo r. mi dà sui nervi**, all this laughing (*o* laughter) gets on my nerves; **morire dal r.**, to fall about laughing; to be in hysterics (*fam.*); to be in stitches (*fam.*); **Ci fece morire dal r.**, he made us die with laughter; he had us in stitches (*fam.*); **C'era da morire dal r.**, we nearly died laughing; it was a riot (*fam.*); it was a hoot (*fam.*); **Non poteva trattenersi dal r.**, he couldn't help laughing; **Non ne potevamo più dal r.**, our sides were aching with laughter; we were in stitches (*fam.*); **Si fece un gran r. sul fatto**, we laughed a lot (*o* had a good laugh) over it; there was a great deal of laughter over it; **Quanto r. (abbiamo fatto)!** (*o* **Che r.!**), how we laughed!; what a laugh!; **prendere q.c. in** (*o* **sul**) **r.**, (*con senso dell'umorismo*) to take st. laughingly; to see the funny side of st.; (*dare poca importanza*) to make light (*o* a joke) of st., to laugh st. off.
riderèlla, *V.* **ridarella.**
riderèllo, *V.* **ridarello.**
ridestàre, **A** *v. t.* ***1*** (*destare di nuovo*) to wake* up again ***2*** (*destare*) to wake* up; to awaken: **Lo ridestò uno sparo**, he was woken up by a shot ***3*** (*fig.*) to reawaken; to rouse again; to stir again: **r. l'entusiasmo [l'ira] di q.**, to rouse (*o* to stir) sb.'s enthusiasm [anger] again. **B ridestàrsi**, *v. i. pron.* ***1*** (*destarsi di nuovo*) to wake* up again; to reawaken ***2*** (*destarsi*) to wake* up; to awake: **Mi ridestai alle sei**, I woke up at six ***3*** (*fig.*) to reawaken; to revive; to be roused again: **Si ridestò in lei la speranza**, hope reawakened within her.
ridicolàggine, *f.* ***1*** (*l'essere ridicolo*) ridiculousness; absurdity; ludicrousness ***2*** (*cosa ridicola*) absurdity; nonsense (*collett.*); ridiculous (*o* ludicrous) thing (to do, to say): **Che r.!**, what a ludicrous thing to say!; what nonsense!; **Sono tutte ridicolaggini**, it's all nonsense; **Non dire ridicolaggini!**, don't talk nonsense!; don't be silly!
ridicolézza, *f.* ***1*** ridiculousness; absurdity; ludicrousness ***2*** (*inezia*) trifle; mere nothing: **Non stare a ringraziarmi per una r. simile**, you don't need to thank me for so little.
ridicolizzàre, *v. t.* to laugh at; to ridicule; to mock.
ridìcolo, **A** *a.* ***1*** ridiculous; ludicrous; laughable; (*assurdo*) absurd, silly: **un tentativo r.**, a ridiculous attempt; **Ha un aspetto r.**, he looks ridiculous; **Sono pretese ridicole**, these claims are absurd; **un prezzo r.**, (*molto alto*) an unreasonable (*o* ridiculous) price; (*molto basso*) a ridiculously low price; **fare una figura ridicola**, to cut a ludicrous figure; to make a fool of oneself; **rendersi r.**, to make a fool of oneself; to make an exhibition (*o* a spectacle) of oneself; **Ma è r.!**, that's ridiculous!; that's ludicrous!; **Non essere r.!**, don't be absurd!; don't be silly! ***2*** (*esiguo, meschino*) ridiculous; paltry; insignificant: **uno stipendio r.**, a paltry salary. **B** *m.* ***1*** ridicule; mockery: **Non ho paura del r.**, I'm not afraid of ridicule (*o* of being ridiculous, of being laughed at); **il senso del r.**, a sense of the ridiculous; **essere oggetto di r.**, to be the object of ridicule; to be a laughing-stock; **esporsi al r.**, to expose oneself (*o* to lay oneself open) to ridicule; **mettere in r.**, to hold up to ridicule (*o* to mockery); to ridicule; to make fun (*o* game) of; **cadere nel r.**, to become ridiculous; **gettare il r. su q.**, to make a laughing-stock of sb.; to pour ridicule on sb.; to ridicule sb. ***2*** (*aspetto ridicolo*) ridiculousness, ridiculous side; (*assurdità*) absurdity: **non vedere il r. d'una situazione**, not to see the absurdity of a situation; **Il r. è che...**, the ridiculous thing is that...
ridimensionaménto, *m.* ***1*** (*riorganizzazione*) reorganization; streamlining ***2*** (*riduzione*) retrenchment; reduction; cutback; (*di azienda, ecc.*) shake-out: **r. delle spese**, reduction (*o* cutback) in expenses ***3*** (*fig.*) re-evaluation; reassessment; playing down; putting (st.) back into perspective.
ridimensionàre, **A** *v. t.* ***1*** (*riorganizzare*) to reorganize; to streamline: **r. un'azienda**, to streamline a company ***2*** (*ridurre*) to retrench; to reduce; to scale down; to cut* down (on); to cut* back (on): **r. le spese**, to cut down (on) expenses: **r. il personale**, to reduce (*o* to cut back) the staff ***3*** (*fig.*: *riportare a proporzioni più normali*) to see* (sb., st.) in his [its] right perspective; to put* (*o* to get*) (sb., st.) back into perspective; to show* (st.) to be less serious; (*iron., di persona*) to cut* down to size. **B ridimensionàrsi**, *v. i. pron.* ***1*** (*ridursi*) to be reduced; to be scaled down ***2*** (*riprendere proporzioni più normali*) to be shown (*o* to appear) to be less serious; (*iron., di persona*) to be brought down a peg or two.
ridipìngere, *v. t.* to repaint; to paint again; to redecorate: **r. il cancello**, to repaint the gate; **r. la cucina**, to redecorate the kitchen.
ridipintùra, *f.* repainting; repaint.
ridìre, *v. t.* ***1*** (*dire di nuovo*) to say* again, to tell* again; (*ripetere*) to repeat: **Lo ridisse su un altro tono**, he said it again (*o* repeated it) on a different tone; **Non me lo r. un'altra volta**, don't tell me again; **r. sempre le stesse cose**, to say the same things again and again; **Te l'ho detto e ridetto cento volte**, I've told you over and over again ***2*** (*riferire*) to repeat; to tell*: **Non lo r. a nessuno**, don't tell anyone; **È andato a ridirlo a tutti**, he went and told everybody ***3*** (*criticare*) to find* fault with; to criticize; to pick holes in; to pick nits in; to object to: **Trova a r. su tutto**, he's always finding fault with everything; **Troverà certo da r. sul mio lavoro**, he is sure to pick holes in my work; **Spero che non troverai nulla da r.**, I hope you won't object; **Hai qualcosa da r.?**, have you any objection?
ridiscéndere, *v. t. e i.* to come* [to go*] down again; to redescend; to get* down again.
ridisegnàre, *v. t.* to redraw*.
ridispórre, *v. t.* to rearrange; to arrange again.
ridistribuìre, *v. t.* to redistribute; to reallocate; to redeploy.
ridistribuzióne, *f.* redistribution; reallocation; redeployment: **la r. della ricchezza**, the redistribution of wealth; **la r. dei lavoratori**, the redeployment of workers.
ridivenìre, **ridiventàre**, *v. i.* to become* again; to grow* again.
ridivìdere, *v. t.* to divide again; to redivide.
ridomandàre, *v. t.* ***1*** (*domandare di nuovo*) to ask again; (*domandare con insistenza*) to keep* on asking; to ask over again: **Non fa che r. sempre le stesse cose**, he keeps on asking the same things over and over again ***2*** (*chiedere in restituzione*) to ask for (st.) back; to ask (sb.) to give back (st.): **Gli ridomandai i miei libri**, I asked him to give me back my books.
ridonàre, *v. t.* ***1*** (*donare di nuovo*) to give* again ***2*** (*restituire*) to give* back; to restore: **r. la vita [la salute] a q.**, to restore sb. to life [to health]; **r. la libertà a q.**, to set sb. free again; to give sb. back his freedom.
ridondànte, *a.* ***1*** (*troppo ricco*) abounding (in); overflowing (with); replete (with) ***2*** (*ampolloso*) redundant; verbose; wordy; bombastic ***3*** (*pleonastico*) redundant; superfluous.
ridondànza, *f.* ***1*** (*sovrabbondanza*) redundancy; superabundance; superfluity; excess: **una r. di parole**, a redundance (*o* a superfluity) of words ***2*** (*informatica*) redundancy.
ridondàre, *v. i.* (*lett.*) ***1*** (*sovrabbondare*) to abound in; to superabound in; to overflow with: **una prosa che ridonda di metafore**, prose abounding in images ***2*** (*risultare*) to redound to: **Ciò ridonda a suo onore**, that redounds to his credit ***3*** (*naut., del vento*) to veer aft.
ridòsso, *m.* ***1*** (*riparo*) shelter ***2*** (*naut.*) shelter; lee: **a r. di q.c.**, under the lee of st. ● **a r. di**, (*dietro*) at the back, behind; (*vicino*) close to: **Il monte è a r. della città**, the mountain rises behind the town; **La città ha a r. le montagne**, the town has mountains at its back; **La tenda era a r. d'una rupe**, the tent was close to a cliff; **Siamo a r. delle vacanze**, the holidays are close at hand; **un paese di case a r. l'una dell'altra**, a village with houses huddled together; **Le cose avvennero una a r. dell'altra**, things happened on top of each other.
ridotàre, *v. t.* to re-equip.
ridotazióne, *f.* re-equipping.
ridótta, *f.* (*mil.*) redoubt.
ridótto, **A** *a.* ***1*** (*più piccolo*) reduced; small: **formato r.**, small size; pint size ***2*** (*diminuito*) reduced; cut; short; curtailed: **prezzo r.**, cut price; **orario r.**, short time; short hours (*pl.*); **tariffa ridotta**, cheap (*o* concessionary) fare; **a velocità ridotta**, at reduced speed ***3*** (*adattato*) abridged; adapted: **versione ridotta**, abridged version; **r. per il teatro**, adapted for the stage. ● **r. alla disperazione**, driven to despair □ **r. al minimo**, reduced to the minimum □ **r. in miseria**, reduced to penury □ **r. male** (*o* **mal r.**), in a bad state (*o* way); in bad shape □ **Guarda come sei r.!**, look at the state you're in! **B** *m.* ***1*** (*teatr.*) foyer ***2*** (*mil.*: *ridotta*) redoubt.
riducènte, **A** *a.* reducing: **crema r.**, reducing cream; (*chim.*) **agente r.**, reducing agent. **B** *m.* (*chim.*) reducing agent; reductant.
riducìbile, *a.* (*anche chim., mat.*) reducible: **frazione r.**, reducible fraction; **prezzo r.**, reducible price; **spese riducibili**, reducible expenses.
riducibilità, *f.* (*anche chim., mat.*) reducibility.
ridùrre, **A** *v. t.* ***1*** (*diminuire*) to reduce; to decrease; to cut* down; to cut* back; to abate; to bring* down; to lower; to curtail; to shorten: **r. la velocità**, to reduce (*o* to decrease) speed; (*comm.*) **r. il capitale**, to reduce (the) capital; **r. un prezzo**, to reduce (*o* to lower, to bring down, to mark down) a price; **r. le spese**, to reduce (*o* to cut down, to cut back, to curtail) expenses; **r. le tasse**, to reduce (*o* to abate, to bring down) taxes; **r. il personale**, to cut back on staff; **r. il consumo di carburante**, to cut down (on) fuel consumption; **r. il fumo**, to cut down (on) smoking; **r. il volume della radio**, to turn down the volume of the radio; **Il suo potere è stato ridotto**, his powers have been curtailed; **r. un discorso**, to curtail (*o* to shorten) a speech; **r. una vacanza**, to curtail (*o* to cut short) a holiday; **La nuova autostrada ridurrà il tempo di viaggio a tre ore**, the new motorway will bring travelling time down to three hours; **r. di un centimetro**, to shorten by one centimetre; **r. q.c. della metà**, to halve st.; **r. il volume di un terzo**, to reduce the volume by one third ***2*** (*mutare, trasformare*) to reduce; to turn (st. into st.); to convert: **r. q.c. in cenere**, to reduce st. to ashes; **r. q.c. in polvere**, to reduce st. to dust; to pulverize st.; **r. franchi in lire**, to change francs into lire; **r. le miglia in kilometri**, to convert miles into kilometres; **r. un castello in albergo**, to convert a castle into a hotel; **r. una macchina a un rottame**, to reduce a car to a wreck; to wreck a car; **Ha ridotto la casa a un letamaio**, he's turned the house into a pigsty; **Guarda come hai ridotto la giacca!**, look at the state of your jacket! ***3*** (*spingere, portare*) to drive*; to reduce: **r. q. alla disperazione**, to drive (*o* to reduce) sb. to despair; **r. q. alla rovina**, to reduce sb. to ruin; **r. q. alla pazzia**, to drive sb. mad; **essere ridotto**

a fare q.c., to be reduced (*o* driven) to doing st.: **La fame mi ha ridotto a rubare**, hunger has driven me to stealing; **Fu ridotto a mendicare**, he was reduced to begging; **r. q. in fin di vita**, nearly to kill sb.; to bring sb. close to death **4** (*costringere*) to reduce; to force: **r. q. al silenzio**, to reduce sb. to silence; **r. q. all'obbedienza**, to force sb. to obedience; **r. in schiavitù**, to reduce to slavery **5** (*adattare*) to adapt; (*abbreviare*) to abridge: **r. un romanzo per lo schermo**, to adapt a novel for the screen **6** (*tradurre*) to translate; to turn: **r. un brano d'italiano in latino**, to translate an Italian passage into Latin; **r. una poesia in prosa**, to turn a poem into prose **7** (*di vestiti*: *stringere*) to take* in; (*accorciare*) to take* up: **r. una gonna in vita**, to take in a skirt at the waist; **r. l'orlo**, to take up the hem **8** (*mus.*) to arrange: **r. un brano di musica per violino**, to arrange a piece of music for violin **9** (*radunare*) to assemble; to gather: **r. tutti sotto una sola bandiera**, to gather everyone under the same flag **10** (*ricondurre*) to bring* back; to take* back: **r. il gregge all'ovile**, to bring back the flock to the fold; **r. q. alla ragione**, to bring sb. to reason; to make sb. see reason **11** (*cucina*) to reduce: **r. una salsa**, to reduce a sauce **12** (*mat.*) to reduce: **r. una frazione ai minimi termini**, to reduce a fraction to its lowest terms **13** (*chim.*) to reduce: **r. un ossido**, to reduce an oxide **14** (*med.*) to set*; to reduce: **r. una frattura**, to set a fracture; **r. un'ernia**, to reduce a hernia. ● **r. drasticamente**, to slash □ **r. gradatamente**, to step down □ **r. in pezzi**, to break into pieces; to smash (to pieces) □ **r. in poltiglia**, to reduce to a pulp □ **r. progressivamente**, to scale down □ **r. q.c. in briciole**, to crumble st. up; to shatter; (*di esplosione*) to blow to smithereens □ (*naut.*) **r. la velatura**, to shorten (*o* to take in) sail. **B ridursi**, *v. i. pron.* **1** to be reduced; to come*: **Si è ridotto a fare l'uomo delle pulizie**, he is reduced to being a cleaner; **r. in miseria**, to be reduced to penury; **r. pelle e ossa**, to be reduced to skin and bone (*o* to a skeleton); **Tutti i miei progetti si sono ridotti a nulla**, all my plans have come to nothing; **Il raccolto si è ridotto a una miseria**, the crop has come to next to nothing **2** (*limitarsi*) to come* down; to boil down: **Tutto si riduce a una questione di soldi**, it all boils down to money; it's all a question of money in the end; **Il costo si riduceva a pochi milioni**, the cost came (down) to a few millions **3** (*diminuire*) to be reduced; to shrink*; to dwindle; to drop: **I margini di profitto si sono ridotti**, profit margins have shrunk; **L'efficienza del motore si è molto ridotta**, the efficiency of the engine has been severely reduced; **Si riducono le speranze di un accordo**, hopes of an agreement are dwindling; **r. di valore**, to shrink in value; **r. della metà**, to halve **4** (*restringersi*) to shrink*: **una stoffa che si riduce lavandola**, a material that shinks with washing **5** (*cucina*) to reduce; to be reduced: **Bollire finché il sugo si è ridotto della metà**, boil until the sauce has been reduced (*o* has reduced) to half the quantity **6** (*ritirarsi*) to retire: **r. a vita privata**, to retire into private life. ● **r. all'ultimo (momento)**, to leave st. to the last moment □ **r. in due stanze**, to be reduced to living in two rooms.

riduttàṣi, *V.* **reduttasi**.

riduttìvo, *a.* **1** (*che serve a ridurre*) curtailing; limiting: **misure riduttive dei costi**, measures that cut down (on) costs **2** (*limitante, sminuente*) reductive; narrow: **un giudizio r.**, a reductive judgment; **una visione riduttiva**, a narrow view.

riduttóre, **A** *m.* (*f.* **-trice**) **1** (*chi riduce*) reducer **2** (*di testi, ecc.*) adapter; abridger **3** (*mecc., chim., elettr.*) reducer: **r. di velocità**, speed reducer; **r. a ingranaggi**, gear reduction unit; **r. di pressione**, pressure reducer **4** (*fotogr.*) adapter. **B** *a.* (*anche mecc.*) reducing.

riduzióne, *f.* **1** reduction; cut; cutback: **r. dei prezzi**, reduction (*o* cut) in prices; **r. dei salari**, cut in wages; wage cut; **una r. delle spese**, a cutback in expenditure; **r. di pena**, reduction (*o* mitigation) of a sentence; (*comm.*) **r. di capitale**, reduction of capital; **r. delle imposte**, tax reduction; abatement of taxes; **una r. di numero**, a reduction in numbers **2** (*sconto*) discount; markdown; rebate: **fare una r.**, to grant a discount; **una r. del 10%**, a 10% discount **3** (*mat.*) reduction: **la r. di una frazione ai minimi termini**, the reduction of a fraction to its lowest terms; **formula di r.**, reduction formula **4** (*di un testo*: *adattamento*) adaptation; (*accorciamento*) abridg(e)ment: **r. cinematografica**, screen adaptation **5** (*traduzione*) translation **6** (*mus.*) arrangement: **r. per pianoforte**, arrangement for piano **7** (*chim., mecc.*) reduction: **la r. dei metalli**, the reduction of metals; **ingranaggio di r.**, step-down gear **8** (*med.*) reduction; setting: **la r. di una frattura**, the setting of a fracture.

riduzioniṣmo, *m.* (*filos., biol.*) reductionism.

riduzionista, *m.* e *f.* reductionist.

rièсco, *avv.* here again; there again: **Rieccoci qua**, here we are again; **Rieccolo!**, here he is (*o* comes) again!; there he goes again!; **Rieccoti il libro**, here's your book back; **R. la pioggia**, it's raining again.

riecheggiaménto, *m.* **1** (re-)echoing; resounding; reverberation **2** (*fig.*) echo; imitation.

riecheggiàre, *v. i.* e *t.* **1** to (re-)echo; to reverberate; to resound: **Il cortile riecheggiava di voci**, the courtyard echoed with voices; **Un gong riecheggiò nel vestibolo**, a gong echoed (*o* reverberated) in the hall **2** (*fig.*) to echo; to evoke; to be reminiscent of; to imitate: **una scrittura che riecheggia quella di Gadda**, a style that echoes (*o* is reminiscent of) Gadda's.

riedificàbile, *a.* rebuildable.

riedificàre, *v. t.* to rebuild*; to build* again; to reconstruct: **r. una città**, to rebuild a city; **r. una chiesa**, to reconstruct a church.

riedificatóre, *m.* (*f.* **-trice**) rebuilder; reconstructor.

riedificazióne, *f.* rebuild; rebuilding; reconstruction.

rièdito, *a.* republished; reissued.

riedizióne, *f.* **1** (*di libro*) new edition; reissue **2** (*cinem.*) remake **3** (*teatr.*) revival **4** (*fig.*) revival; return.

rieducàbile, *a.* re-educable; that can be rehabilitated.

rieducàre, *v. t.* to re-educate; to rehabilitate: **r. un disabile**, to re-educate a disabled person; **r. un arto**, to rehabilitate a limb.

rieducativo, *a.* re-educating; rehabilitating: **terapie rieducative**, rehabilitating therapies.

rieducazióne, *f.* re-education; rehabilitation.

rielaboràre, *v. t.* (*rifare con criteri diversi*) to revise, to work out again, to rework; (*un testo, anche*) to draw* up again, to reword, to restyle.

rielaborazióne, *f.* (*rifacimento*) revision; modified version; reworking; rewording; restyling.

rielèggere, *v. t.* to re-elect: **r. q. alla presidenza**, to re-elect sb. to the chair; **essere rieletto all'unanimità**, to be re-elected by a unanimous decision.

rieleggìbile, *a.* re-eligible.

rieleggibilità, *f.* re-eligibility.

rielezióne, *f.* re-election.

riemèrgere, *v. i.* to re-emerge; to resurface; to come* up; (*fig., anche*) to crop up again.

riemersióne, *f.* re-emergence; resurfacing.

riempìbile, *a.* refillable.

riémpiere, *V.* **riempire**.

riempiménto, *m.* filling; refilling: **il r. d'un modulo**, the filling in (*o* up) of a form; **r. con calcestruzzo**, concrete filling; **foro di r.**, filling hole; (*mecc.*) **apertura di r.**, filler (*o* loading) hole. ● **a r. automatico**, self-filling.

riempìre, **A** *v. t.* **1** (*anche fig.*) to fill; to fill up; to fill in; to stuff: **Mi riempì il bicchiere**, he filled my glass; **Le notizie ci riempirono di gioia**, the news filled us with joy; **La pioggia ha riempito i fossati**, the rain has filled up the ditches; **r. di cemento un buco**, to fill a hole with cement; **r. una bottiglia**, to fill (up) a bottle; **Non l'hai riempito tutto**, you didn't fill it up; **r. un cuscino**, to stuff a pillow; **r. un pollo**, to stuff a chicken; **Il fumo riempì la stanza**, the smoke filled the room; **Gli hanno riempito la testa di nozioni inutili**, they've stuffed (*o* crammed) his head with useless facts; **Mi ha riempito gli orecchi di chiacchiere**, he bored me to death with his prattle; **riempirsi le tasche di caramelle**, to stuff one's pockets with sweets; **Riempì lo sfondo di un motivo a rombi**, he filled in the background with a lozenge pattern; **r. di nuovo**, to refill: **r. di nuovo un bicchiere**, to refill a glass; to top up a glass (*GB*) **2** (*compilare*) to fill in (*o* out, up): **r. un assegno**, to fill (*o* to make) out a cheque; **r. un modulo**, to fill in a form. ● **r. il carniere**, to make a bag □ **r. il cervallo di idee a q.**, to stuff sb.'s mind with nonsense □ **r. q. di botte**, to beat sb. up; to beat sb. black and blue □ **r. q. di regali**, to shower presents on sb. □ **r. q. di gentilezze**, to heap kindnesses on sb. □ (*fam.*) **r. q. di piombo**, to pump sb. full of lead □ **r. fino all'orlo**, to fill to the brim □ **r. una lacuna**, to fill a gap □ **r. un panino**, to stuff a roll □ **r. uno stadio di tifosi**, to pack a stadium with supporters □ **r. troppo**, to overfill □ **r. i vuoti**, (*le bottiglie*) to refill the empties; (*le lacune*) to fill in the gaps □ **riempirsi la pancia**, to gorge oneself; to stuff oneself □ **riempirsi le tasche (di soldi)**, to line one's pockets (with money). **B riempirsi**, *v. i. pron.* to fill (up); to be filled: **Le si riempirono gli occhi di lacrime**, her eyes filled with tears; **Il suo cuore si riempì di tristezza**, his heart was filled with sadness; **La sala si riempì di gente**, the room filled with people; **Ti sei riempito di polvere**, you've got dust all over yourself. **C riempirsi**, *v. rifl.* (*fam.*: *rimpinzarsi*) to stuff oneself: **Si riempì di biscotti**, he stuffed himself with biscuits.

riempìta, *f.* (*fam.*) (re)filling; filling up; top-up (*GB*): **dare una r. a q.c.**, to fill st. up.

riempitìvo, **A** *a.* filling. **B** *m.* **1** filler; filling: **r. di plastica**, plastic filler **2** (*fig.*) filler, makeweight; (*di parole, ecc.*) padding: **fare da r.**, to act as a filler (*o* makeweight).

riempitóre, *m.* (*f.* **-trice**) (re)filler.

riempitrìce, *f.* (*mecc.*) filler; bottle-filling machine.

riempitùra, *f.* **1** (*il riempire*) filling up; filling in; (re)filling; stuffing: **la r. d'una botte**, the filling up of a cask **2** (*ciò che serve a riempire*) filler; filling.

rientràbile, *a.* retractable; collapsible (*anche fotogr.*); (*su se stesso*) telescoping: **ruote rientrabili**, retractable wheels.

rientraménto, *V.* **rientranza**.

rientrànte, **A** *a.* **1** (*che rientra*) re-entering; re-entrant; concave: **angolo r.**, re-entrant (*o* re-entering) angle; **superficie r.**, concave surface **2** (*incavato*) sunken; hollow; deep-set: **petto r.**, hollow chest. **B** *m.* (*mil.*) re-entrant (angle).

rientrànza, *f.* recess; niche; indentation: **le rientranze di una costa**, the indentations in a coastline; **una r. nel muro**, a niche (*o* recess) in the wall.

rientràre, **A** *v. i.* **1** (*entrare di nuovo*) to re-enter, to enter (a place) again; (*tornare*) to return, to go* back, to come* back: **Uscì dalla stanza e rientrò quasi subito**, he left the room and re-entered (*o* came back) almost immediately; **Siamo rientrati in città ieri**, we came back yesterday; **La processione rientrò in chiesa**, the procession re-entered the church (*o* entered the church again); **Il freddo ci fece r. in casa**, the cold made us go back in; **Quando rientro, voglio vedere ordine**, when I come back, I want to see everything tidy; **Rientrando in ufficio, trovò un telegramma**, when he went back (*o* returned) to the office, he found a telegram; **Il dottore rientrerà alle sei**, the doctor will be back at six ***2*** (*essere compreso, far parte*) to be part of; to be included in; to fall* (*o* to come*) within: **Questo non rientra nei suoi obblighi**, this isn't part of his duties; **r. in una categoria diversa**, to come (*o* to fall) under a different category; **r. in una lista**, to be included in a list; **Firenze non rientra nel programma**, Florence isn't included in our programme; **r. nella normale prassi**, to be the usual practice ***3*** (*mecc.*: *ritornare nel proprio alloggiamento*) to fold into, to collapse; (*su se stesso*) to telescope: **Il letto rientra nella parete**, the bed folds into the wall; **L'antenna rientra automaticamente**, the aerial telescopes automatically; **far r. il carrello**, to retract the undercarriage ***4*** (*restringersi*) to shrink* ***5*** (*presentare una rientranza*) to curve inwards; to be indented; to recede; to form a niche; to go* in: **In quel punto la costa rientra**, the coast curves inwards at that point; (*tipogr.*) **far r. una riga**, to indent a line ***6*** (*fig.*: *essere annullato, sospeso*) to be called off; to be withdrawn; to be dropped: **Lo sciopero rientrò**, the strike was called off; **Il progetto è rientrato**, the plan has been withdrawn ***7*** (*naut.*: *di nave*) to put* back: **r. in porto**, to put back into port. ● **r. alla base**, (*mil.*) to return to base; (*fig.*) to go back □ **r. in gioco**, (*sport*) to return to the game; (*fig.*) to come back into play □ (*fig.*) **r. in lizza**, to return to the fray □ **r. nei ranghi**, (*mil.*) to fall in again; (*fig.*) to fall back into line, to toe the line □ **r. in possesso di q.c.**, to regain possession of st.; to recover st. □ **r. in sé**, to recover one's senses; to come to oneself □ **r. in servizio**, to resume one's duties □ **r. nell'esercito**, to go back into the army □ **r. nelle grazie di q.**, to regain sb.'s favour □ **r. nei propri diritti**, to be reinstated in one's rights □ **r. nelle spese**, to recover one's expenses □ (*teatr.*) **Rientra Ofelia**, re-enter Ophelia. **B** *v. t.* ***1*** to retract; to collapse; to telescope: **rientrare l'antenna**, to telescope the aerial ***2*** (*naut.*: *ritirare a bordo*) to ship; to haul in: **r. i remi**, to ship oars; **r. la lancia**, to haul in the launch.

rientràto, *a.* ***1*** (*sospeso*) called-off, cancelled; (*ritirato*) withdrawn, dropped; (*venuto meno*) that came to nothing, failed: **sciopero r.**, called-off strike; **dimissioni rientrate**, withdrawn resignation; **un progetto r.**, a scheme that came to nothing; **un tentativo r.**, a failed attempt ***2*** (*infossato*) hollow; sunken: **guance rientrate**, hollow cheeks.

riéntro, *m.* ***1*** (*il rientrare*) re-entry; (*ritorno*) return: **al mio r.**, on my return; when I come [came] back; **il mio r. in patria**, my return home; my homecoming; **il grande r.** (*dalle vacanze*), the return home after the summer holidays ***2*** *V.* **rientranza** ***3*** (*restringimento*) shrinkage ***4*** (*comm.*) return ***5*** (*miss.*) re-entry.

riepilogàre, *v. t.* to recapitulate; to sum up; to summarize: **Dunque, riepilogando...**, well now, to sum up...

riepìlogo, *m.* recapitulation; summing up; summary: **due parole di r.**, a few words to recapitulate; a brief summing up.

riequilibràre, **A** *v. t.* ***1*** to redress (the balance); to balance; to re-equilibrate: **r. una situazione**, to redress a situation; **r. la bilancia dei pagamenti**, to redress the balance of payments ***2*** (*mecc.*) to re-equilibrate; to re-balance. **B** **riequilibràrsi,** *v. i. pron.* to reach an equilibrium; (*ritornare alla normalità*) to return to normality, to go* back on an even keel.

riequilìbrio, *m.* rebalancing; balance; readjustment.

rieṣàme, *m.* re-examination; reassessment; review; reconsideration: (*leg.*) **r. di una causa**, review of a case.

rieṣaminàre, *v. t.* to re-examine; to reassess; to review; to reconsider; to go* over again: **r. un candidato**, to re-examine a candidate; **r. una situazione**, to reassess a situation; **r. una decisione**, to review (*o* to re-examine, to reconsider) a decision; **r. i conti**, to check (*o* to go over) the accounts.

rieṣeguìre, *v. t.* to execute again; to do* again; to carry out again.

rieṣercitàre, **A** *v. t.* ***1*** to re-exercise; to retrain; to exercise: **r. un arto**, to exercise a limb ***2*** (*una professione*) to practise again. **B** **rieṣercitàrsi,** *v. rifl.* to train oneself (to do st.) again; to practise (doing st.) again: **r. a parlare inglese**, to practise speaking English again.

riesplòdere, *v. i.* ***1*** to re-explode; to blow* up again ***2*** (*fig.*) to break* out again; to erupt again.

riespórre, **A** *v. t.* ***1*** (*rimettere in mostra*) to re-exhibit, to exhibit again, to show* again, to display again; (*rimettere fuori*) to put* out again; (*in bacheca*) to put * up again; (*riappendere*) to hang* up again ***2*** (*a rischio*) to re-expose; to expose again ***3*** (*spiegare di nuovo*) to expound again; to set* forth again; to restate: **r. una tesi**, to expound a thesis again; **r. il proprio caso**, to restate one's case. **B** **riespórsi,** *v. rifl.* to expose oneself again.

riesportàre, *v. t.* (*comm.*) to re-export.

riesportatóre, *m.* (*f.* **-trice**) (*comm.*) re-exporter.

riesportazióne, *f.* (*comm.*) re-exportation.

riespoṣizióne, *f.* ***1*** new exhibition; new display ***2*** (*nuova spiegazione*) re-exposition; restatement.

rièssere, *v. i.* to be again; to be back again: **Devi r. a casa alle dieci**, you must be back home (*o* be home again) at ten; **Ci risiamo!**, here we go again!

rieṣumàre, *v. t.* ***1*** to exhume; to disinter; to dig* up ***2*** (*fig.*) to dig* up; to unearth; to revive: **r. una vecchia storia**, to dig up an old story; **r. una moda**, to revive a fashion.

rieṣumazióne, *f.* ***1*** exhumation; disinterment; digging up ***2*** (*fig.*) digging up; unearthing; revival.

rievocàre, *v. t.* ***1*** (*ricordare*) to recall; to look back on: **r. il passato**, to recall the past; **r. i bei tempi**, to look back on (*o* to reminisce about) the good old times; **una storia che preferisco non r.**, a story I'd rather not bring up again ***2*** (*far ricordare*) to call up; to evoke (again); to remind (sb. of st.); to be reminiscent of: **Quel quadro rievocava giorni felici**, that picture called up memories of (*o* reminded one of) happy days ***3*** (*commemorare*) to commemorate: **r. (la memoria di) q.**, to commemorate sb.

rievocatìvo, *a.* evocative; reminiscent.

rievocazióne, *f.* ***1*** recalling; look back ***2*** (*cosa rievocata*) memory; remembrance ***3*** (*commemorazione*) commemoration

rifabbricàbile, *a.* rebuildable.

rifabbricàre, *v. t.* to rebuild*; to reconstruct.

rifaciménto, *m.* ***1*** (*il rifare*) remaking ***2*** (*ricostruzione*) rebuilding; reconstruction; restoration ***3*** (*di opera letteraria*) rewriting; (*adattamento*) adaptation ***4*** (*cinem.*) remake.

rifacitùra, *f.* remake.

rifàre, **A** *v. t.* ***1*** to do* again; to make* again; to remake*: **Questo lavoro è da r.**, this job must (*o* needs to) be done again; **r. una torta**, to make a cake again; **Rifarò quel viaggio prima o poi**, I'll make that journey again sooner or later; **Dovetti r. tutta la spiegazione**, I had to explain everything all over again (*o* to go back over my explanation); **r. una domanda**, to ask again; **r. un esame**, to take (*o* to sit for) an exam again; **r. un articolo**, to rewrite an article; **r. q.c. da capo**, to do st. all over again ***2*** (*imitare*) to imitate; (*scimmiottare*) to ape: **r. la voce di q.**, to imitate sb.'s voice; **r. il miagolio del gatto**, to imitate a cat's miaowing; **Rifà tutto quello che faccio io**, he apes everything I do ***3*** (*contraffare*) to forge: **r. la firma di q.**, to forge sb.'s signature ***4*** (*restaurare*) to restore; (*ricostruire*) to rebuild*; (*riparare*) to repair: **r. la facciata di una chiesa**, to restore the façade of a church; **Il palazzo fu completamente rifatto dai Visconti**, the palace was entirely rebuilt by the Viscontis; **r. il tetto a una casa**, to reroof a house; **r. un appartamento**, to renovate (*fam.*: to do up, to do over) a flat; **Feci r. le suole delle mie scarpe**, I had my shoes resoled ***5*** (*ripercorrere*) to go* back: **r. tutta la strada fino a...**, to go [to walk, to drive] all the way back to...; **Rifece le scale**, he went back up the stairs (*o* upstairs) ***6*** (*sostituire*) to change; to renew: **Rifà l'automobile ogni anno**, he changes his car every year; **r. l'arredamento di una stanza**, to change the furniture of a room ***7*** (*indennizzare, compensare*) to indemnify; to refund; to reimburse: **r. q. delle spese sostenute**, to indemnify (*o* to reimburse) sb. for expenses incurred ***8*** (*rieleggere*) to re-elect: **L'hanno rifatto presidente**, they have re-elected him chairman. ● **r. le camere**, to do the bedrooms □ **r. un letto**, to make a bed □ **r. la pace**, to make it up (again) □ **r. il verso a q.**, to mimic sb.; to impersonate sb. □ (*fig.*) **rifarsi la bocca**, to take an unpleasant taste out of one's mouth □ (*fam.*) **rifarsi il naso**, to have a nose job □ (*fig.*) **rifarsi l'occhio**, to feast one's eyes (on) □ (*scherz.*) **rifarsi il look**, to tart oneself up □ **rifarsi il trucco**, to fix one's face □ (*fig.*) **rifarsi una verginità**, to wipe one's slate clean □ **rifarsi una vita**, to make a new life for oneself; to start a new life. **B** **rifàrsi,** *v. i. pron.* ***1*** (*diventare nuovamente*) to become* again; (*del tempo atmosferico*) to turn again: **Si rifece serio**, he became serious again; **Si sta rifacendo freddo**, it's turning cold again ***2*** (*risarcirsi*) to make* up for; to recoup: **r. del tempo perduto**, to make up for lost time; **r. d'una perdita**, to recover a loss; **r. delle spese**, to clear (*o* to recoup) expenses; **Speravo di rifarmi con quell'affare**, I was hoping to make good my losses (*o* to get back on my feet again) with that deal ***3*** (*prendersi la rivincita*) to get* even (with sb.); to get* one's own back (on sb.) ***4*** (*ristabilirsi*) to recover ***5*** (*risalire nel tempo*) to go* back, to retrace one's steps; (*attingere*) to draw* on: **Rifacciamoci alla fine del secolo scorso**, let's go back to the end of the last century; **r. alla propria esperienza**, to draw on one's experience ***6*** (*seguire, richiamarsi*) to follow; to go* by: **Non possiamo rifarci ai suoi metodi d'insegnamento**, we can't follow his teaching methods; **Io mi rifaccio a quello che mi è stato detto**, I'm going by what I was told. ● **r. vivo**, to turn up again; to show up again □ **Non so da che parte rifarmi**, I don't know where to start.

rifaṣaménto, *m.* (*elettr.*) power factor correction.

rifaṣàre, *v. t.* (*elettr.*) to correct the power factor.

rifaṣatóre, *m.* (*elettr.*) power factor corrector; phase advancer.

rifasciàre, *v. t.* ***1*** (*bendare di nuovo*) to bandage again; to bind* up again: **Mi rifasciò la mano**, she bandaged my hand again ***2*** (*avvolgere di nuovo*) to wrap up again ***3*** (*un neonato*) to swaddle again.

rifàscio, *m.* – (*lett.*) **a r.**, (*a bizzeffe*) in

plenty, galore; (*alla rinfusa*) pell-mell; **andare a r.**, to go to the dogs (*fam.*).

rifàtto, *a.* remade; redone: **Il letto è r.**, the bed has been made. ● **villan r.**, upstart; parvenu (*franc.*).

riferìbile, *a.* *1* (*ripetibile*) repeatable; fit to be repeated: **parole non riferibili**, unrepeatable words *2* (*relativo a*) referable (to); relevant (to); concerning (st.).

riferiménto, *m.* *1* reference; mention: **Parlò senza alcun r. agli ultimi fatti**, he spoke without referring to (*o* without mentioning) the latest events; **riferimenti storici**, historical references; **fare r. a q.c. [q.]**, to make reference to (*o* to refer to) st. [sb.]; to mention st. [sb.]; (*comm.*) **con r. alla Vostra lettera**, with reference to your letter; **segno di r.**, reference mark *2* (*aeron.*) datum*. ● (*mat.*, *fis.*) **sistema di r.**, reference frame □ (*topogr.*) **punto di r.**, landmark.

riferire, **A** *v. t.* *1* to report; to tell*; to relate: **Dovrò r. l'accaduto ai miei superiori**, I'll have to report the fact to my superiors; **La cosa mi fu riferita diversamente**, the thing was related (*o* reported) to me differently; I was told the thing differently; **Mi riferì le loro precise parole**, he told me (*o* repeated to me) their precise words; **È andato a riferirlo a tutti**, he went and told everyone; **Ti riferirò**, I'll let you know *2* (*ascrivere*) to attribute; to ascribe: **r. gli effetti alle cause**, to attribute effects to causes. **B** **riferirsi**, *v. i. pron.* *1* (*fare riferimento*, *alludere*) to refer; to make* reference: **Mi riferisco alla questione attuale**, I'm referring to the present question; **Non mi riferivo a voi**, I wasn't referring to you; I didn't mean you; **Si riferì più volte a quanto detto dall'oratore precedente**, he made frequent reference to what the previous speaker had said *2* (*riguardare*) to refer; to be related; to apply: **Questi valori si riferiscono al primo semestre**, these values refer to the first semester; **norme che si riferiscono solo ai minori**, regulations that only apply to minors; **L'aggettivo concorda col nome a cui si riferisce**, adjectives agree with the nouns they refer to. **C** *v. i.* to make a report; to report; to tell*: **Riferirò a chi di dovere**, I'll report to the person concerned; **Controllerò e riferirò**, I'll check and make a report.

rifermàre, **A** *v. t.* *1* (*fermare di nuovo*) to stop again *2* (*fissare di nuovo*) to refasten; to fasten again; to close again. **B** **rifermàrsi**, *v. i. pron.* to stop again.

rifermentàre, *v. i.* to referment.

rifermentazióne, *f.* refermentation.

riffa (1), *f.* – **di r. o di raffa**, by hook or by crook.

riffa (2), *f.* (*lotteria*) raffle.

rifiatàre, *v. i.* *1* (*respirare*) to breathe *2* (*fig.*: *riprendere fiato*) to draw* breath again; to get* one's breath back: **Lascialo r.!**, let him get his breath back!; let him breathe!; **senza r.**, without a moment's rest; uninterruptedly *3* (*dire parola*) to breathe a word; to utter a word: **Guai a te se rifiati!**, mind you don't breathe a word of this!; **Ubbidì senza r.**, he obeyed without (uttering) a word.

rificcàre, **A** *v. t.* to thrust* again; to drive* again; to stuff back; to cram back: **Rificcò in tasca la lettera**, he thrust (*o* stuffed) the letter back into his pocket; **r. un chiodo nel muro**, to drive a nail again into the wall; **rificcarsi il cappello in testa**, to press one's hat back on to one's head. **B** **rificcàrsi**, *v. rifl.* to thrust* oneself again; to squeeze again: **r. in uno sgabuzzino**, to squeeze back into a cubby-hole; **r. a letto**, to get back into bed.

rifilàre, *v. t.* *1* (*tagliare a filo*) to trim; to edge *2* (*fam.*: *assestare*) to give*; to deal*; to deliver: **r. un pugno a q.**, to give sb. a punch *3* (*fam.*: *affibbiare*) to foist (st. on sb.); to pass off (st. to sb.); to palm off (st. on sb.); to fob off (st. on sb.; sb. with st.): **r. a q. un lavoro noioso**, to foist a boring task on sb.; **r. denaro falso**, to pass off fake money to sb.; **Me l'hanno rifilato come un Renoir autentico**, they palmed it off on me as a genuine Renoir; **Gli rifilò un sacco di scuse**, he fobbed him off with a string of excuses.

rifilatrìce, *f.* (*mecc.*) trimmer.

rifilatùra, *f.* trimming; edging.

rifiltràre, *v. t.* to refilter; to filter again; to strain again.

rifinanziaménto, *m.* refinancing; refunding.

rifinanziàre, *v. t.* to refinance; to refund.

rifinire, *v. t.* to finish off; to put* the finishing touch (*o* touches) to; to perfect; to polish.

rifinitézza, *f.* finish.

rifinito, *a.* (well-)finished: **un vestito ben r.**, a well-finished suit.

rifinitóre, *m.* (*f.* **-trice**) finisher.

rifinitùra, *f.* *1* (*ultima mano*) finish; finishing touches (*pl.*); polishing *2* (*guarnizione*) trimming; fitting: **le rifiniture di un abito**, the trimmings of a dress; **rifiniture interne**, interior fittings.

rifioriménto, *m.* *1* blossoming again; blooming again *2* (*fig.*) revival; rebirth; new blossoming: **r. letterario**, literary revival.

rifiorire, *v. i.* *1* (*fiorire di nuovo*) to blossom again; to bloom again: **La pianta rifiorì l'anno dopo**, the plant blossomed again the following year; **I peschi sono rifioriti**, the peach trees are out in blossom again *2* (*fig.*: *riprendere vigore*) to flourish again; to thrive* again; to boom again; to pick up: **Rifioriscono le arti**, arts are flourishing again; **I miei affari rifioriscono**, my business is flourishing again; **La sua salute sta rifiorendo**, her health is improving; she's picking up; **Lontano da casa rifiorisce**, she blooms when she's away from home *3* (*di macchia*, *ricomparire*) to reappear; to come* out again: **Le macchie d'olio rifioriscono sempre**, oil stains always come out again.

rifiorita, *f.* reflorescence; new blossoming; new blooming.

rifioritùra, *f.* *1* (*nuova fioritura*) reflorescence; new blossoming; new blooming *2* (*fig.*) revival; rebirth; new blossoming *3* (*di macchia*, *ricomparsa*) reappearance *4* (*abbellimento*) embellishment; flourish.

rifischiàre, *v. t. e i.* *1* (*fischiare di nuovo*) to whistle again *2* (*fischiare in risposta a un fischio*) to whistle back *3* (*fam.*: *riferire*) to repeat, to tell*, to blab (*fam.*); (*fare la spia*) to rat (*fam.*), to sneak (*fam.*): **Ha rifischiato le nostre parole al direttore**, she ratted on us to the director.

rifischióne, *m.* (*f.* **-a**) (*fam.*) rat; sneak.

rifiutàbile, *a.* admitting of refusal; refusable; rejectable.

rifiutàre, **A** *v. t.* *1* (*non accettare*) to refuse; (*declinare*) to decline; (*respingere*) to reject, to repel, to turn down: **r. un'offerta**, to refuse (*o* to decline) an offer; **r. una carica**, to refuse an office; **r. una sfida**, to decline a challenge; **r. i consigli di q.**, to refuse (*o* to turn down) sb.'s advice; **Rifiutò di unirsi a noi**, he refused to join us *2* (*non voler concedere*) to refuse; to deny; to withhold*: **Non gli si può r. nulla**, you can't refuse him anything; **r. obbedienza a q.**, to refuse obedience to sb.; **r. il consenso**, to refuse (*o* to withhold) one's consent; **r. un favore a q.**, to deny sb. a favour *3* (*rinnegare*) to disown; to deny: **r. le proprie opere giovanili**, to disown one's juvenile works *4* (*ippica*) to refuse. **B** *v. i.* (*naut.*: *del vento*) to slacken. **C** **rifiutàrsi**, *v. i. pron.* to refuse; to decline: **r. di rispondere**, to refuse (*o* to decline) to answer; **Si rifiutò di aiutarci**, he refused to help us.

rifiùto, *m.* *1* (*il non accettare*) refusal, declination, rejection, turning down; (*il non concedere*) denial, refusal: **il r. d'un invito [d'una carica]**, the refusal of an invitation [of an appointment]; **il r. d'un prestito**, the denial of a loan; **Di fronte al suo r. di rispondere, non ebbi scelta**, faced with his refusal to answer, I had no choice; **opporre un r.**, to refuse; **un cortese r.**, a polite refusal; **ricevere un netto r.**, to meet with a flat (*o* point-blank) denial (*o* refusal) *2* (*scarto*) waste (*collett.*); refuse (*collett.*); (*pl.*: *immondizie*) refuse (*sing.*), rubbish (*sing.*), litter (*sing.*), garbage (*sing.*, *USA*): **rifiuti radioattivi**, radioactive waste; **rifiuti industriali**, industrial waste; waste products; **acque di r.**, refuse water; **bidone dei rifiuti**, litter bin; **materiale di r.**, waste material; **merce di r.**, waste goods; **la raccolta dei rifiuti**, rubbish (*USA*: garbage) collection; **lo smaltimento dei rifiuti**, waste disposal; disposal of waste material *3* (*ippica*) refusal. ● **i rifiuti della società**, the dregs (*o* scum) of society □ (*comm.*) **r. di accettazione**, non-acceptance □ **r. di galera**, jailbird, gaolbird (*GB*).

riflessióne, *f.* *1* (*meditazione*) reflection; meditation; consideration; deliberation: **Non disturbare le sue riflessioni**, don't disturb his meditations; **dopo matura r.**, after due consideration; **Dopo lunga r., si decisero**, after long reflection (*o* lengthy deliberation), they reached a decision; **agire senza r.**, to act without thinking *2* (*osservazione*) reflection, thought, remark, observation, comment; (*scritta*) note: **riflessioni filosofiche**, philosophical reflections; **Fece una giusta r. su quel fatto**, he made an a-propos remark on that matter; **riflessioni di viaggio**, travel notes *3* (*fis.*) reflection, reflexion: **la r. di della luce [del suono]**, the reflection of light [of sound]; **angolo di r.**, angle of reflection; **r. totale**, total reflection; **r. multipla del suono**, sound reverberation; (*radar*) **r. spuria**, spurious (*o* parasitic) reflection; (*radar*) **r. del terreno**, background return.

riflessività, *f.* reflexivity; reflexiveness.

riflessivo, *a.* *1* reflective; thoughtful: **un ragazzo r.**, a thoughtful boy; **una mente riflessiva**, a thoughtful cast of mind; **essere poco r.**, not to stop to reflect; to be unthinking *2* (*gramm.*, *mat.*) reflexive: **pronome [verbo] r.**, reflexive pronoun [verb].

riflèsso (1), *m.* *1* (*luce riflessa*) reflection; glint; (*riverbero*) glare: **il r. della luna sull'acqua**, the reflection of the moon on water; **mandare riflessi**, to send back reflections (*o* glints); **Questo r. mi fa male agli occhi**, this glare is hurting my eyes *2* (*immagine riflessa*) reflection: **Era solo il suo r. nello specchio**, it was just its reflection in the mirror *3* (*fig.*: *conseguenza*) repercussion; consequence; effect: **La decisione ebbe riflessi negativi sulle vendite**, the decision had negative repercussions on sales *4* (*fisiol.*) reflex: **r. pupillare**, pupillary reflex; **r. condizionato**, conditioned reflex (*o* response); **r. del ginocchio**, knee-jerk; **avere i riflessi pronti [lenti]**, to have quick [slow] reflexes *5* (*nei capelli*) highlight. ● (*fig.*) **di r.**, as a consequence; consequently □ **per r.**, indirectly.

riflèsso (2), *a.* *1* (*anche fig.*) reflected: **raggi riflessi**, reflected rays; **luce riflessa**, reflected light; **immagine riflessa**, reflection *2* (*fisiol.*) reflex: **atto r.**, reflex action; **movimento r.**, reflex movement *3* (*bot.*) reflexed.

riflessologìa, *f.* (*fisiol.*) reflexology.

riflessoterapìa, *f.* (*med.*) reflex treatment.

riflettènte, *a.* (*fis.*) reflecting; reflective: **potere r.**, reflecting power; **superficie r.**, reflective surface.

riflèttere, **A** *v. t.* *1* to reflect: **r. un'immagine**, to reflect an image; **Le acque del lago riflettevano le montagne**, the waters of the lake reflected the mountains *2* (*fig.*) to mirror; to reflect: **Le nostre azioni riflettono i nostri pensieri**, our actions reflect our thoughts *3* (*fis.*) to reflect: **r. la luce [il calore]**, to reflect light [heat]. **B** *v. i.* to think*; to reflect (upon st.); to think* (st.) over; to consider (st.); (*meditare*) to ponder (st.; on, over st.); (*soppesare*) to weigh (st.): **r. prima di agire**, to think before acting; **Prima di decidere devo rifletterci su**, I have to think it over (*o* to think about it), before taking a decision; **Ho riflettuto su questa possibilità**, I have reflected on (*o* considered) this possibility; **senza r.**, without thinking; unthinkingly; thoughtlessly; **r. sui vantaggi e gli svantaggi di q.c.**, to weigh up the pros and cons of st.; **Riflettendoci su, preferisco di no**, on reflection (*o* on second thoughts), I'd rather not; **Dopo avere ben riflettuto**, after careful consideration; **lasciare il tempo di r.**, to give time for reflection; **Sono cose che fanno r.**, it gives you food for thought. **C riflèttersi**, *v. i. pron.* **1** (*essere riflesso, anche fig.*) to be reflected; to be mirrored: **Le luci si riflettevano nel lago**, the lights were reflected (*o* were mirrored) in the lake; **La gioia le si rifletteva sul volto**, joy was reflected in her face **2** (*fig.*: *ripercuotersi*) to have repercussions: **Le decisioni del governo si rifletteranno sull'andamento del mercato**, the government's decisions had repercussions on the market.

riflettività, *f.* (*fis.*) reflectivity.

riflettòmetro, *m.* (*fis.*) reflectometer.

riflettóre, *m.* **1** (*fis., radar*) reflector: **r. a largo fascio**, floodlight reflector; **r. a spina di pesce**, fishbone reflector; **r. nucleare**, nuclear reflector **2** (*astron.*) reflecting telescope; reflector **3** (*proiettore elettrico*) searchlight; floodlight; spotlight; spot: **r. per palcoscenico**, stage floodlight; (*cinem.*) **r. ad arco**, klieg light; **puntare i riflettori su q.c.**, to spotlight st.; **illuminato dai riflettori**, floodlit; spotlit. • (*fig.*) **sotto i riflettori**, in the spotlight.

riflettorizzàre, *v. t.* to reflectorize.

riflettorizzazióne, *f.* reflectorization.

rifluìre, *v. i.* **1** (*scorrere indietro*) to flow back; to reflow: **fluire e r.**, to flow and reflow; **La folla rifluì dalla piazza**, the crowd streamed out of the square **2** (*della marea*) to ebb **3** (*scorrere di nuovo*) to flow again: **Il sangue tornò a r.**, the blood flowed again **4** (*affluire di nuovo, anche fig.*) to pour again.

riflùsso, *m.* **1** (*flusso contrario*) reflow; refluence; reflux; flowing back: **flusso e r.**, flux and reflux **2** (*della marea*) ebb; ebb tide: **il flusso e r.**, the ebb and flow; **Partirono quando la marea era al r.**, the sailed on the ebb tide (*o* when the tide was on the ebb) **3** (*fig.*) reaction; return: **Assistiamo a un r. culturale**, we are witnessing a cultural reaction (*o* a return to past values); **un r. verso posizioni conservatrici**, a resurgence of conservative views.

rifocillaménto, *m.* refreshment.

rifocillàre, **A** *v. t.* to refresh; to give* refreshment (to); to feed*: **r. lo stomaco**, to have st. to eat and drink. **B rifocillàrsi**, *v. rifl.* to refresh oneself; to take* refreshment: **Mi rifocillai con una tazza di tè**, I refreshed myself with a cup of tea.

rifoderàre, *v. t.* to reline.

rifoderatùra, *f.* relining.

rifondàre, *v. t.* to refound.

rifondazióne, *f.* refounding.

rifóndere, *v. t.* **1** (*fondere di nuovo*) to remelt **2** (*metall.*) to recast*; to refound: **r. il ferro**, to recast iron **3** (*fig.*: *rimborsare*) to refund; to reimburse; to pay* back; to repay*: **r. le spese**, to refund expenses; **r. i danni**, to reimburse damage **4** (*fig.*: *rimaneggiare*) to recast*; to rewrite*: **Ho rifuso i primi due capitoli**, I have recast the first two chapters.

rifondìbile, *a.* (*rimborsabile*) refundable; reimbursable; repayable.

rifonditóre, *m.* (*f.* **-trice**) **1** (*chi rimborsa*) refunder; reimburser **2** (*chi rifonde metalli*) recaster.

riforestazióne, *f.* reforestation.

rifórma, *f.* **1** (*il formare di nuovo*) re-formation; re-forming **2** (*modificazione*) reform, reformation, reforming; (*correzione*) improvement, amendment: **r. sociale** [**parlamentare, monetaria**], social [parliamentary, monetary] reform; **la r. del calendario**, the reform of the calendar; **la r. dei costumi**, the reformation of manners; **riforme radicali**, sweeping reforms; **chiedere riforme**, to call for reforms; **realizzare una r.**, to carry through a reform **3** (*stor.*) Reformation **4** (*mil.*) declaration of unfitness for military service; rejection (as being unfit) **5** (*leg.*) reversal; amendment.

riformàbile, *a.* **1** reformable **2** (*mil.*) apt to be declared unfit for military service; rejectable.

riformàre, **A** *v. t.* **1** (*formare di nuovo*) to re-form; to reshape; to form (*o* to shape) again (*o* anew): **r. una squadra**, to re-form a team **2** (*modificare, correggere*) to reform; to improve; to mend: **r. i costumi**, to reform manners; **r. la scuola**, to reform education **3** (*eccles.*) to reform: **r. un ordine religioso**, to reform a religious order **4** (*mil.*) to declare unfit for military service; to reject (as unfit): **farsi r.**, to dodge military service **5** (*leg.*) to reverse; to amend. **B riformàrsi**, *v. i. pron.* to form again; to re-form: **Si è riformato il ghiaccio**, ice has formed again.

riformatìvo, *a.* reformative; reformatory.

riformàto, **A** *a.* **1** (*formato di nuovo*) re-formed; formed again (*o* anew) **2** (*emendato*) reformed; improved; amended **3** (*eccles.*) reformed: **le Chiese riformate**, the Reformed Churches; **un ordine r.**, a reformed religious order **4** (*mil.*) declared unfit for military service. **B** *m.* (*f.* **-a**) **1** (*eccles.*) member of a reformed church **2** (*mil.*) person declared unfit for military service.

riformatóre, **A** *m.* (*f.* **-trice**) reformer; reformist. **B** *a.* reforming; reformatory: **principio r.**, reforming principle.

riformatòrio, *m.* reform school; reformatory; (*in G.B.*) community home, approved school.

riformazióne, *f.* re-formation.

riformìsmo, *m.* (*polit.*) reformism.

riformìsta, (*polit.*) **A** *m.* e *f.* reformist; reformer. **B** *a.* reformist(ic).

riformìstico, *a.* (*polit.*) reformist; reformistic.

riforniménto, *m.* **1** (*il rifornire, il rifornirsi*) supplying (with), providing (with), supply, replenishment, restocking; (*di carburante*) refuelling: **r. di viveri**, food supply; **r. d'acqua** (*o* **idrico**), water supply; (*aeron.*) **r. in volo**, in-flight refuelling; (*autom.*) **posto** (*o* **stazione**) **di r.**, filling station; petrol (*USA*: gas) station; **fare r. di q.c.**, to stock up on st.; to lay in st.; to provide oneself with st.: **fare r. di viveri**, to lay in provisions; **fare r. di carburante**, to refuel; **fare r. di benzina**, to fill up the tank; (*naut.*) **fare r. d'acqua**, to take in water **2** (*scorta, provvista*) supply; provision; stock: **un buon r. di medicine**, a large supply (*o* stock) of medicines; **inviare rifornimenti di viveri**, to send in supplies of food (*o* provisions).

rifornìre, **A** *v. t.* to supply; to provide; to furnish; to stock; to restock; to replenish; (*di carburante*) to refuel, to fuel up: **r. q. di q.c.**, to supply (*o* to provide) sb. with st.; **r. le truppe di viveri e di munizioni**, to supply the troops with victuals and ammunition; **Ci rifornirono di armi**, we were furnished (*o* provided) with weapons; **r. una biblioteca di libri**, to supply (*o* to stock) a library with new books; **r. un negozio**, to stock a shop; **r. la cantina**, to replenish the cellar; **r. il proprio guardaroba**, to replenish one's wardrobe; (*naut.*) **r. una nave**, to victual a ship; to lay in stores. **B rifornìrsi**, *v. rifl.* to stock up (on, with st.); to lay* in; to take* in: **I negozi si riforniscono per le feste**, shops are stocking up for the holidays; **r. di cibo per l'inverno**, to lay in food provisions for winter; **Debbo rifornirmi di caffè**, I must stock up with coffee; (*naut.*) **r. d'acqua**, to take in water.

rifornitóre, *m.* (*f.* **-trice**) supplier; provider; purveyor.

rifornitùra, *f. V.* **rifornimento**.

rifrangènte, *a.* (*fis.*) refractive; refracting.

rifrangènza, *f.* (*fis.*) refractivity.

rifràngere, **A** *v. t.* (*fis.*) to refract. **B rifràngersi**, *v. i. pron.* **1** (*fis.*) to be refracted **2** (*di onde, ecc.*) to break*.

rifrangìbile, *a.* (*fis.*) refrangible.

rifrangibilità, *f.* (*fis.*) refrangibility.

rifràtto, *a.* (*fis.*) refracted: **luce rifratta**, refracted light.

rifrattometrìa, *f.* (*fis.*) refractometry.

rifrattòmetro, *m.* (*fis.*) refractometer.

rifrattóre, (*fis.*) **A** *m.* refractor; refracting telescope. **B** *a.* refracting.

rifrazióne, *f.* (*fis., astron.*) refraction: **r. atmosferica**, atmospheric refraction; **angolo di r.**, angle of refraction; **indice di r.**, index of refraction; refractive index.

rifrìggere, *v. t.* **1** (*friggere di nuovo*) to fry (up) again; to refry **2** (*fig.*: *ripetere più volte*) to keep* on repeating; (*scrivendo*) to rehash: **friggere e r. sempre le stesse cose**, to keep on repeating the same things; **r. le stesse idee**, to rehash the same ideas.

rifrìtto, *a.* **1** (*fritto di nuovo*) fried (up) again **2** (*fig.*: *trito*) stale; rehashed: **idee rifritte**, stale (*o* rehashed) notions; **un argomento fritto e r.**, a stale topic; **le stesse cose fritte e rifritte**, the same old stuff (*fam.*). • **sapere di r.**, to taste rancid; (*fig.*) to be stale.

rifrittùme, *m.* **rifrittùra**, *f.* **1** (*cibo rifritto*) refried food **2** (*fig., spreg.*) rehash: **Il suo secondo libro è una r. del primo**, his second book is a rehash of his first.

rifrugàre, *v. t.* e *i.* to search again; to go* through again; to rummage again: **Si rifrugò le tasche**, he rummaged (*o* went through) his pockets again.

rifuggìre, **A** *v. i.* **1** (*fuggire di nuovo*) to run* away again; to flee* again; to escape again **2** (*fig.*: *aborrire, essere alieno*) to shrink*; to draw* back; to recoil; to shirk (st.); to shun (st.): **Rifugge dal fare nuove conoscenze**, he shrinks from making new acquaintances; **r. dalla vendetta**, to recoil from vengeance; **r. dalla fatica**, to shirk hard work; **r. dai pettegolezzi**, to shun gossip; **r. da ogni compromesso**, to shun compromise. **B** *v. t.* to avoid; to shun.

rifugiàrsi, *v. i. pron.* **1** to shelter; to take* shelter; to take* cover; (*nascondersi*) to hide*; (*fuggire*) to escape, to flee: **Ci rifugiammo sotto un albero**, we sheltered under a tree; **La pioggia ci sorprese e ci rifugiammo in un fienile**, we were caught in a rainstorm and took shelter (*o* cover) in a barn; **r. in casa d'un amico**, to find shelter (*o* to hide) in a friend's house; **r. in un paese straniero**, to flee to a foreign country; **r. all'estero**, to escape abroad; **r. sulle montagne**, to take to the mountains **2** (*fig.*: *trovare conforto*) to seek* refuge (*o* solace): **r. nella preghiera**, to seek refuge (*o* solace) in prayer.

rifugiàto, *m.* (*f.* **-a**) refugee.

rifùgio, *m.* **1** (*riparo*) shelter, cover, refuge; (*asilo*) refuge, asylum, sanctuary: **un r. dalla pioggia**, a shelter from the rain; **r. antiaereo**, air-raid shelter; **r. antiatomico**, A-shelter; **r. sotterraneo**, dug-out; **cercare r.**, to seek refuge (*o* shelter); **dare r.**, to shelter; to give shelter; to take in; to offer asylum; **trovare r.**, (*ripararsi*) to find shelter (*o* cover), to take shelter, to shelter; (*trovare asilo*) to find asylum (*o* refuge): **Trovai r. sotto un albero**, I took shelter (*o* I sheltered) under a tree **2** (*ritiro, nascondiglio*) retreat; den: **Questa stanza è il mio r.**, this room is my den **3** (*in montagna*) refuge; hut **4** (*fig.*) refuge; (*con-

forto) solace, comfort: **È il mio unico r.**, he is my only refuge; **il r. della fede**, the comfort of faith; **La lettura è un gran r.**, reading is a great comfort **5** (*ospizio*) hostel; refuge; home.

rifùlgere, *v. i.* (*anche fig.*) to shine* brightly; to be refulgent; to glow; to radiate: **Il sole rifulgeva**, the sun shone brightly; **Il bosco rifulge di tinte autunnali**, the forest is glowing with autumnal hues; **un viso che rifulge di felicità**, a face glowing with (*o* radiating) happiness.

rifusióne, *f.* **1** (*metall.*) remelting **2** (*fig.*: *rimborso*) reimbursement, refund, repayment; (*risarcimento*) compensation: **r. dei danni**, compensation for damage.

rifùso, *a.* **1** (*fuso di nuovo*) remelted **2** (*comm.*) reimbursed; refunded; repaid.

riga, *f.* **1** (*linea*) line, rule; (*di scrittura*) line: **tirare una r.**, to draw a line; **una r. di stampa**, a line of print; **una pagina di venticinque righe**, a page of twenty-five lines; a twenty--five-line page; **in fine di r.**, at the end of a line; **Ti scriverò due righe**, I'll drop you a line; **saltare una r.**, to skip a line; **a righe**, ruled; lined: **quaderno a righe**, ruled exercise-book; (*tecn.*) **r. di guida**, rule; ruler **2** (*fila*) row; (*mil., anche*) rank: **su una r.**, in a row; **mettersi in r.**, to line up; to form a row; (*mil.*) to fall in; (*mil.*) **rompere le righe**, to break ranks; to disperse; **Rompete le righe!**, dismiss!; **serrare le righe**, to close up **3** (*striscia*) stripe; band: **un tessuto rosso a righe bianche**, a red material with white stripes; **calzini a righe**, striped socks; **il mantello a righe di un animale**, the striped coat of an animal **4** (*segno, graffio*) line; scratch **5** (*regolo*) rule; ruler: **r. d'acciaio**, steel rule; (*metall.*) **r. per modellisti**, contraction rule; **r. da disegno**, drawing ruler (*o* rule); **r. a T**, T-square **6** (*scriminatura*) parting: **pettinarsi con la r.** (*o* **portare la r.**), to part one's hair; **farsi la r. a sinistra [in mezzo]**, to part one's hair on the left [in the middle] **7** (*mus.*) stave; staff* **8** (*lavoro a maglia*) row: **una r. a rovescio**, a purl row; **lavorare tre righe a diritto [a rovescio]**, to knit [to purl] three rows. ● (*fis.*) **r. d'assorbimento**, absorption line □ (*fis.*) **r. spettrale**, spectrum line □ (*fig.*) **leggere fra le righe**, to read between the lines; to behave properly □ (*fig.*) **mettersi in r.**, to toe the line; to behave properly □ (*fig.*) **mettersi in r. con q.**, to get into line with sb. □ (*fig.*) **mettersi in r. coi tempi**, to keep abreast of (*o* with) the times □ (*fig.*) **porre tutti nella medesima r.**, to judge everyone by the same yardstick □ (*fig.*) **rimettere in r. q.**, to make sb. toe the line; to bring sb. to task □ (*fig.*) **sopra le righe**, exaggerated; excessive □ (*fig.*) **stare in r.**, to toe the line; to behave properly □ (*fig.*) **uscire dalla r.**, to step out of line.

rigabèllo, *m.* (*mus.*) regal.

rigàggio, *m.* (*tipogr.*) linage.

rigàglia, *f.* **1** (*pl.*) (*interiora di pollo*) giblets **2** (*cascame di seta*) silk floss.

rigàgnolo, *m.* **1** rivulet; stream; rill; trickle **2** (*di una strada*) gutter.

rigàme, *m.* flute; groove.

rigàre, *v. t.* **1** (*segnare con righe*) to rule; to line: **r. un foglio di carta**, to rule a sheet of paper **2** (*la canna di un'arma da fuoco*) to rifle **3** (*scalfire*) to scratch; to score **4** (*fig.*) to furrow; to stream down; to flow down: **Le lacrime le rigavano il volto**, tears streamed down her face. ● (*fig.*) **r. diritto**, to toe the line; to behave properly.

rigàta, *f.* (*mus.*) staff*; stave.

rigatino, *m.* (*ind. tess.*) striped cotton material.

rigàto, *a.* **1** (*segnato da righe*) ruled; lined: **carta rigata**, ruled paper **2** (*a strisce*) striped: **panno r.**, striped material **3** (*di canna d'arma da fuoco*) rifled: **un fucile r.**, a rifled gun **4** (*scalfito*) scratched; scored **5** (*fig.*: *solcato*) furrowed; (*bagnato*) wet, bathed: **guance rigate di lacrime**, cheeks wet with tears; **una fronte rigata di sudore**, a forehead bathed in sweat **6** (*archit.*: *di una colonna*) fluted.

rigatóni, *m. pl.* (*cucina*) rigatoni (type of large fluted macaroni).

rigatrice, *f.* (*mecc.*) ruler.

rigatteria, *f.* **1** (*bottega*) junk shop **2** (*ciarpame*) junk; trash.

rigattière, *m.* second-hand dealer; junk dealer: **bottega di r.**, second-hand shop; junk shop; **roba da r.**, junk; trash.

rigatùra, *f.* **1** (*il segnare con righe*) ruling; lining **2** (*righe*) lines (*pl.*); stripes (*pl.*) **3** (*di canna d'arma da fuoco*) rifling.

rigelàre, *v. t.* e *i.* **1** to refreeze* **2** (*fis.*) to regelate.

rigèlo, *m.* (*fis.*) regelation.

rigeneràbile, *a.* regenerable.

rigeneràre, A *v. t.* **1** to regenerate: **r. le stesse circostanze**, to regenerate the same circumstances; (*biol.*) **r. un tessuto**, to regenerate a tissue **2** (*fig.*) to regenerate; to revitalize; to reinvigorate: **r. una società**, to regenerate a society; **r. le forze**, to reinvigorate **3** (*ind.*) to regenerate, to recondition; (*gomma*) to reclaim; (*pneumatici*) to retread, to remould, to recap (*USA*); (*metalli*) to restore: **r. un cuscinetto**, to repair a bearing. **B rigeneràrsi,** *v. i. pron.* **1** (*anche biol.*) to be regenerated; to grow* again **2** (*fig.*) to be reborn; to be regenerated; to be renewed.

rigenerativo, *a.* regenerative.

rigeneràto, *a.* **1** (*anche biol.*) regenerated **2** (*fig.*) regenerated; reborn; born again; renewed **3** (*ind.*) regenerated, reconditioned; (*di gomma*) reclaimed; (*di pneumatico*) retreaded, remoulded, recapped (*USA*); (*di metallo*) restored.

rigeneratóre, A *m.* **1** regenerator (*anche fig.*) **2** (*ind.*) heat-exchanger. **B** *a.* regenerative. ● **lozione rigeneratrice dei capelli**, hair--restorer.

rigenerazióne, *f.* **1** (*anche biol.*) regeneration: **la r. dei tessuti**, the regeneration of tissue **2** (*fig.*) regeneration; rebirth; renewal: **la r. d'una nazione**, the regeneration of a nation; **r. nella fede**, rebirth in faith **3** (*ind.*) regeneration; (*della gomma*) reclaiming; (*di pneumatico*) retreading, remoulding, recapping (*USA*); (*di metallo*) restoring.

rigermogliàre, *v. i.* to bud again; to sprout again.

rigettàre, A *v. t.* **1** (*gettare di nuovo*) to throw* again; to fling* again **2** (*gettare indietro*) to throw* back; to fling* back: **Il ragazzo prese la palla al volo e me la rigettò**, the boy caught the ball and threw it back to me **3** (*gettare sulla riva*) to cast* ashore; to cast* up; to wash up **4** (*respingere*) to drive* back; to push back; to repel: **r. il nemico oltre le trincee**, to push the enemy back beyond the trenches **5** (*fig.*: *non accogliere*) to reject; to turn down; to throw* out: **r. una proposta**, to reject (*o* to turn down) a proposal; **r. una preghiera**, to reject (*o* to refuse) a request **6** (*biol., med.*) to reject **7** (*fam.*: *vomitare*) to vomit; to throw* up; to be sick (*GB*): **Rigettai il pranzo**, I threw up my dinner; **Mi viene da r.**, I'm feeling sick **8** (*bot.*: *rigermogliare*) to bud (again); to sprout (again); to put* out fresh shoots: **L'azalea sta rigettando**, the azalea is putting out fresh shoots **9** (*metall.*) to recast*: **r. una statua**, to recast a statue. **B rigettàrsi,** *v. rifl.* to throw* (*o* to fling*) oneself again.

rigètto, *m.* **1** (*il rigettare*) rejection, rejecting; (*rifiuto, anche*) turning down, refusal: **il r. d'un domanda**, the rejection of an application; **il r. d'una proposta**, the rejection (*o* turning down) of a proposal; **È in una fase di r. di ogni autorità**, he's going through a phase of rejection of all forms of authority **2** (*cosa rigettata*) reject; rejection **3** (*geol.*) displacement: **r. orizzontale**, heave; **r. stratigrafico**, slip; **r. verticale**, throw **4** (*biol., med.*: *di organo trapiantato*) rejection; reject: **crisi di r.**, rejection crisis.

righèllo, *m.* rule; ruler; straightedge: **r. graduato**, scale.

righettàre, *v. t.* to rule; to line; to stripe.

righettàto, *a.* ruled; striped: **stoffa righettata**, striped material.

righino, *m.* (*tipogr.*) break (line).

rigidézza, *f.* **1** rigidness; rigidity; stiffness; inflexibility: **la r. d'una fune**, the stiffness of a cable **2** (*fig.*: *rigore*) rigidity; rigour; strictness; sternness; hashness: **la r. d'una disciplina**, the harshness (*o* rigour, rigidity) of a discipline; **la r. d'una legge**, the rigour of a law; **r. di principi**, rigidity of principles **3** (*di clima, ecc.*) harshness; rigours (*pl.*); inclemency.

rigidità, *f.* **1** rigidity; stiffness; inflexibility **2** (*fig.*: *rigore*) rigidity; strictness; rigour; sternness; harshness: **la r. della giustizia**, the rigour of justice; **r. di vita**, strictness (*o* austerity) of life **3** (*med.*) rigidity; stiffness; rigor: **r. muscolare**, stiffness of the muscles; **r. cadaverica**, rigor mortis; death stiffening **4** (*di clima, ecc.*) harshness; rigours (*pl.*); inclemency **5** (*econ.*) inelasticity: **r. della domanda [dell'offerta]**, inelasticity of demand [of supply]. ● (*fis.*) **r. dielettrica**, dielectric strength.

rìgido, *a.* **1** (*che non si flette*) rigid; stiff; hard; inflexible; unbending: **una verga rigida**, a rigid bar; **un materasso r.**, a hard mattress; **colletto r.**, stiff collar; **Ho le gambe rigide a forza di star seduto**, I've been sitting so long that my legs are stiff **2** (*fig.*: *severo, rigoroso*) rigid; rigorous; strict; severe; stern; harsh: **principi rigidi**, rigid principles; **un insegnante r.**, a strict teacher; **un giudice r.**, a stern judge; **rigida disciplina**, rigorous (*o* strict) discipline; **educazione rigida**, strict upbringing; **norme rigide**, strict rules; **essere r. con i propri alunni**, to be severe on one's pupils **3** (*di clima, ecc.*) rigorous; severe; harsh; inclement: **un clima r.**, a rigorous climate; **un inverno r.**, a harsh winter **4** (*econ.*: *di domanda, prezzo, ecc.*) inelastic; rigid.

rigiocàre, *v. t.* e *i.* to replay; to play again.

rigiràre, A *v. t.* e *i.* **1** (*girare di nuovo*) to turn again, to turn round again; (*girare più volte*) to turn over: **r. la chiave**, to turn the key again; to give the key another turn; **Rigira la testa**, turn your head round again; **r. le bistecche sulla griglia**, to turn over the steaks on the grill; **r. q.c. tra le mani**, to turn st. over in one's hands **2** (*far fare a q. quello che si vuole*) to twist sb. round one's little finger (*fam.*): **Sua moglie se lo rigira come vuole**, his wife can twist him round her little finger **3** (*raggirare, menare per il naso*) to lead* by the nose (*fam.*); (*imbrogliare*) to dupe, to take* in, to lead* up the garden path (*fam.*) **4** (*fig.*: *parole, ecc.*) to change; (*deformare*) to twist, to distort: **r. il discorso**, to change subject; **Ha rigirato le mie parole a suo vantaggio**, he twisted my words to suit himself **5** (*percorrere girando attorno*) to go* all round (a place); (*cingere tutt'intorno*) to surround, to encircle: **Un muro rigira tutto il giardino**, a wall runs all round the garden. ● (*cinem.*) **r. una scena**, to reshoot a scene □ **rigirarla** (*o* **saperla r.**), to know how to turn things to account □ **Comunque rigiri la cosa**, whichever way you look at it □ **far r. q. nella tomba**, to make sb. turn in his grave □ **Gira e rigira, alla fine l'ho trovato**, I looked everywhere, till at last I found him □ **Se la rigirino come meglio possono**, let them sort it out by themselves. **B rigiràrsi,** *v. rifl.* **1** (*voltarsi*) to turn round **2** (*rivoltarsi*) to turn over: **r. nel letto**, to turn over in bed; to toss about; to toss and turn. ● (*fig.*) **non sapere dove r.**, not to know which way to turn □ **Qui non ci si rigira**, you can hardly move in here.

rigiro, *m.* **1** turning back; turning round **2** (*rotazione*) rotation; (*giro*) turn **3** (*fig.*: *imbroglio*) trick; dodge; con **4** (*di parole*) circumlocution; beating about the bush: **fare troppi rigiri di parole**, to beat about the bush; **Lascia perdere i rigiri**, stop beating about the bush; **dire q.c. con molti rigiri**, to say st. in a roundabout way.

rigiudicàre, *v. t.* (*leg.*) to rejudge.

rigo, *m.* **1** (*linea di stampa o di scrittura*) line; (*tratto, anche*) stroke: **scrivere un r.**, to drop (*o* to send) a line; **cancellare q.c. con un r.**, to cross out st. with a stroke **2** (*mus.*) staff*; stave.

rigodóne, *m.* (*antica danza*) rigadoon; rigaudon.

rigóglio, *m.* **1** (*di vegetazione*) luxuriance; lushness; luxuriant (*o* lush) growth: **il r. della natura**, the lushness of nature; **La foresta era tutta un r.**, the forest was lush with vegetation **2** (*fig.*) luxuriance; bloom; exuberance: **in pieno r.**, in full bloom; in one's heyday; in one's prime; **nel r. della giovinezza**, in the bloom of youth.

rigogliosità, *f.* luxuriance (*anche fig.*); lushness; exuberance.

rigoglióso, *a.* **1** (*di vegetazione*) luxuriant; lush; exuberant: **crescere** (*o* **venir su**) **r.**, to grow luxuriantly; to be thriving **2** (*fig.*) luxuriant; blooming; flourishing: **salute rigogliosa**, blooming health; **una fantasia rigogliosa**, a luxuriant (*o* an exuberant) imagination.

rigògolo, *m.* (*zool., Oriolus oriolus*) golden oriole.

rigonfiaménto, *m.* swelling; bulge: **r. del legno**, wood swelling.

rigonfiàre, **A** *v. t.* (*gonfiare di nuovo*) to reinflate, to blow* up (again), to puff out (again); (*pneumatici*) to pump up. **B** *v. i.* e **rigonfiàrsi**, *v. i. pron.* to swell* (again); to swell* up; to bulge: **Il legno nell'acqua rigonfia**, wood swells in water; **Gli si è rigonfiato il braccio**, his arm has swollen up again; **Le vele si rigonfiarono**, the sails swelled out again.

rigónfio, **A** *a.* swollen; puffed up; puffy; puffed out; inflated; bulging: **un viso r.**, a puffy face; **tasche rigonfie**, bulging pockets; **vele rigonfie**, puffed-out (*o* bulging) sails; **r. d'orgoglio**, puffed up with pride. **B** *m.* swelling; bulge.

rigóre, *m.* **1** (*freddo intenso*) rigours, rigors (*USA*) (*pl.*); severity; harshness; inclemency: **il r. invernale**, the rigours of winter **2** (*grande severità*) rigour; strictness; harshness; severity; stringency: **applicare una legge in tutto il suo r.**, to apply the full rigour of a law; **punire q. col massimo r.**, to punish sb. with the utmost severity; **il r. d'una regola monastica**, the rigour of a monastic rule **3** (*intransigenza*) uprightness: **un uomo di grande r. morale**, a thoroughly upright man **4** (*precisione*) rigour; exactitude; precision; thoroughness: **il r. della logica**, the rigour of logic; **il r. della sua ricerca**, the thoroughness of his research **5** (*med.*) rigor; rigidity **6** (*sport*) penalty: **area di r.**, penalty area; **calcio di r.**, penalty kick: **assegnare un r.**, to give a penalty; **segnare su r.**, to score from a penalty. ● **a r.**, strictly speaking; in a strict sense □ **a r. di legge**, according to the law □ **a r. di logica**, according to the rules of logic; logically speaking □ **a r. di termini**, strictly speaking; in the strict sense of the term □ (*mil.*) **arresti di r.**, close arrest (*sing.*) □ (*mil.*) **cella di r.**, solitary confinement cell □ **di r.**, de rigueur (*franc.*); required; obligatory: **È di r. l'abito da sera**, evening dress is required (*o* de rigueur).

rigorìsmo, *m.* rigorism (*anche filos.*); extreme strictness.

rigorìsta, *m.* e *f.* **1** (*filos.*) rigorist **2** (*sport*) penalty kicker.

rigorìstico, *a.* rigorist; rigoristic.

rigorosaménte, *avv.* rigorously; strictly: **r. parlando**, strictly speaking; **r. vietato**, strictly forbidden.

rigorosità, *f.* **1** rigorousness; rigour, rigor (*USA*); rigidity; strictness; severity; sternness; stringency: **la r. della disciplina**, the rigour of discipline **2** (*precisione*) rigorousness; precision; scrupulousness; thoroughness: **la r. di un metodo**, the rigorousness of a method.

rigoróso, *a.* **1** (*rigido*) rigorous; rigid; strict; severe; stern; stringent: **È troppo r. coi figli**, he is too strict with (*o* too severe on) his children; **un insegnante r.**, a strict teacher; **un ordine r.**, a strict order; **nel più r. silenzio**, in absolute silence **2** (*esatto*) rigorous; strict; exact; painstaking: **una definizione rigorosa**, a rigorous (*o* a strict) definition **3** (*mus.*) strict: **contrappunto r.**, strict counterpoint.

rigovernàre, *v. t.* **1** (*stoviglie*) to wash up: **r. i piatti**, to wash up; to do the dishes **2** (*un cavallo*) to groom.

rigovernàta, *f.* quick washing up: **dare una r. ai piatti**, to wash up quicky.

rigovernatùra, *f.* **1** (*il rigovernare i piatti*) washing up **2** (*acqua usata per rigovernare*) dishwater.

riguadagnàre, *v. t.* **1** (*guadagnare di nuovo*) to earn again **2** (*ricuperare*) to regain; to win* back; to recover; to get* back: **r. la stima di q.**, to regain (*o* to win back) sb.'s good opinion; **r. terreno**, to regain ground; **r. velocità**, to regain (*o* to pick up) speed; **r. il tempo perduto**, to make up for lost time **3** (*raggiungere di nuovo*) to regain; to reach again; to get* back to: **r. la strada maestra**, to regain the road; **r. la cima della colonna**, to get back to the head of the column.

riguardànte, *a.* regarding; concerning.

riguardàre, **A** *v. t.* **1** (*guardare di nuovo*) to look at (st., sb.) again; to have another look at: **Dopo averlo guardato e riguardato, me lo rese**, after looking at it again and again, he gave it back to me **2** (*esaminare*) to examine; to check; to go* over: **Ho riguardato il tuo articolo, e mi pare buono**, I've had another look at your article, and I find it rather good; **Voglio r. le spese di casa**, I want to check (*o* to go over) the household expenses **3** (*considerare*) to regard; to consider; to look on **4** (*concernere*) to concern, to regard; (*di argomento, anche*) to deal* with, to be about: **Questo non mi riguarda**, this does not concern me (*o* this is no concern of mine); **È un problema che r. le autorità locali**, it's a matter for the local authorites; **La cosa non ti riguarda**, it doesn't concern you; (*non devi impicciarti*) it's no concern of yours, it's none of your business; **per quanto riguarda**, as for; as to; as regards; with regard to; regarding: **per quel che mi riguarda**, as far as I'm concerned; as for me **5** (*custodire con riguardo*) to look* after; to take* care of: **È una pianta molto delicata; riguardala!**, take care of this plant, it's very delicate. **B riguardàrsi**, *v. rifl.* (*avere riguardo di sé*) to take* care of oneself, to look after oneself; (*proteggersi*) to protect oneself, to keep* away from: **Riguardati durante il viaggio**, take care of yourself (*o* look after yourself) during the journey; **r. dalle correnti d'aria**, to keep away from draughts; **r. dal freddo**, to protect oneself from cold; **Dopo la malattia, si riguardò bene**, after his illness, he took good care of himself.

riguardàta, *f.* (quick) look; glance; once-over (*fam.*): **dare una r. a q. [q.c.]**, to have a look at sb.; to glance at sb. [st.]; to give sb. [st.] the once-over (*fam.*).

riguàrdo, *m.* **1** (*attenzione, cura*) care: **maneggiare q.c. con r.**, to handle st. with care; **fare q.c. col massimo r.**, to do st. with the utmost care; **avere r. nel fare q.c.**, to do st. carefully; **Abbi un po' di r. quando sposti le cose!**, do be careful when you move things!; **avere r. per q.c.**, to take care of st.; **Abbiti r.**, take care of yourself; **Non ha alcun r. per le mie cose**, he is very rough with my things; **coi dovuti riguardi**, with due care; **senza riguardi**, careless (*agg.*); rough (*agg.*); carelessly (*avv.*); roughly (*avv.*) **2** (*rispetto, deferenza*) respect; regard; consideration: **non avere r. per nessuno**, to have no respect (*o* consideration, regard) for anyone; **Si è comportato senza alcun r. per gli altri soci**, he showed no consideration (*o* regard) for the other members; **Taci, almeno per r. di tua madre!**, keep quiet, at least out of respect for your mother (*o* at least for your mother's sake)!; **Non ho insistito, per un r. alla sua età**, I didn't insist out of consideration for his age; **mancare di r. verso q.**, to be disrespectful to sb.; **trattare q. con tutti i riguardi**, to shower sb. with attentions; **mancanza di r.**, inconsiderateness; thoughtlessness; disrespect; **col dovuto r.**, with due respect; **pieno di r.**, considerate; thoughtful; (*rispettoso*) respectful; **senza r.**, inconsiderate, thoughtless; (*non rispettoso*) disrespectful **3** (*relazione, attinenza, aspetto*) respect; connection; regard: **r. a ciò**, with regard (*o* respect) to this; **a questo r.**, in this connection; with this respect; with regard to this; **sotto ogni r.**, in every respect; **sotto questo r.**, in this respect; **R. a quello che mi hai detto, ho deciso**, with regard to (*o* as to) what you told me, I've made up my mind; **r. a me**, as far as I am concerned; as for me; **nei riguardi di**, to; towards: **Ha sempre agito correttamente nei miei riguardi**, he has always been very correct to me; **Non ho sentito più notizie al r.**, I haven't heard any further news on that matter. ● **Non avere riguardi, prendi quello che vuoi**, don't stand on ceremony, take what you want □ **un ospite di r.**, a distinguished guest □ **parlare senza r.** (*liberamente*), to speak freely (*o* openly) □ **una persona di r.**, an important person; a person of consequence □ **senza r. a spese**, without considering the expense □ **dire q.c. senza tanti riguardi**, to say st. without mincing words.

riguardóso, *a.* respectful; regardful; considerate: **essere r. dei diritti altrui**, to be respectful of other people's rights; **essere r. con q.**, to be respectful to sb.; **essere r. dei sentimenti di q.**, to be considerate of sb.'s feelings; **poco r.**, inconsiderate; thoughtless; (*privo di rispetto*) disrespectful.

rigurgitànte, *a.* **1** (*traboccante*) overflowing **2** (*fig.*) brimming; swarming; teeming; packed.

rigurgitàre, **A** *v. i.* **1** to regurgitate; to gush back: **Il cibo può r. dallo stomaco**, food may regurgitate from the stomach **2** (*traboccare*) to overflow **3** (*fig.*) to swarm; to teem; to be packed; to be stacked: **Le strade rigurgitavano di gente**, the streets were swarming with people; **Il fiume rigurgita di pesci**, the river is teeming with fish; **Il teatro rigurgitava di spettatori**, the theatre was packed; **Il suo studio rigurgita di libri**, his study is stacked with books. **B** *v. t.* to regurgitate; to bring* up: **Il bambino ha rigurgitato il latte**, the baby has brought up its milk.

rigùrgito, *m.* **1** (*il rigurgitare*) regurgitation (*anche med.*); regurgitating; gushing back: **r. di sangue**, regurgitation of blood; **un r. di latte**, milk brought up **2** (*il traboccare*) overflowing **3** (*fig.*: *ritorno improvviso*) revival; resurgence: **un r. di razzismo**, a resurgence of racism **4** (*fig.*: *accesso*) fit; seizure; outburst: **un r. di rabbia**, a fit of rage.

rilanciàre, **A** *v. t.* **1** (*lanciare di nuovo*) to throw* again; to fling* again **2** (*lanciare a propria volta*) to throw* back; to fling* back; to toss back **3** (*un'offerta, anche a un'asta*) to raise; to make* a higher bid; to up: **r.** (**l'of-**

ferta), to raise the bid; to make a higher bid **4** (*al gioco*) to raise; to up: **Rilancio di 10.000**, I'll raise you 10,000 lire **5** (*fig.*) to relaunch; to reintroduce; to revive; to bring* in again: **r. una moda**, to revive a fashion; **r. una proposta**, to reintroduce a proposal; **r. un progetto** [**l'economia**], to relaunch a plan [the economy]; **r. un prodotto**, to bring a product back in. **B rilanciàrsi**, *v. rifl.* to fling* (*o* to throw*) oneself again.

rilàncio, *m.* **1** (*il lanciare di nuovo*) flinging again; throwing again **2** (*il lanciare a propria volta*) flinging back; throwing back; tossing back **3** (*di offerta, anche a un'asta*) raising; (*l'offerta rilanciata*) higher bid **4** (*al gioco*) raising; raise: **fare un r.**, to raise the bidding **5** (*fig.*) relaunching; revival; comeback (*fam.*): **il r. di un'impresa**, the relaunching of a venture; **il r. di una stazione turistica**, the revival of a touristic resort; **r. economico**, economic revival; **C'è stato un r. del tailleur**, there has been a revival of the jacket and skirt; the jacket and skirt has made a comeback (*fam.*); **il r. di un attore**, an actor's comeback (*fam.*); **r. pubblicitario**, new advertising campaign.

rilasciaménto, *f.* (*cedimento, anche fig.*) loosening; relaxation; slackening.

rilasciàre, A *v. t.* **1** (*lasciare di nuovo*) to leave* again **2** (*liberare*) to release; to set* free; to let* go: **r. un prigioniero**, to release a prisoner; to set a prisoner free **3** (*dare*) to give*; to issue; to grant; to allow: **r. un passaporto**, to issue a passport; **r. un permesso**, to grant a permission; **r.** (**una**) **ricevuta**, to make out (*o* to give, to issue) a receipt; **farsi r. la ricevuta**, to ask for a receipt; **r. un'intervista**, to give an interview; **r. una dichiarazione**, to issue a statement; **farsi r. un documento**, to take out a document **4** (*allentare*) to slacken; to loosen; to relax: **r. una fune**, to slacken a rope; **r. la presa**, to loosen the grip; **r. i muscoli**, to relax the muscles. **B rilasciàrsi**, *v. i. pron.* to slacken; to become* loose; to relax: **La pelle si è rilasciata**, the skin has become loose. **C rilasciàrsi**, *v. rifl. recipr.* (*lasciarsi di nuovo*) to leave* each other (*o* one another) again; to part again.

rilàscio, *m.* **1** (*il lasciare libero*) release; setting free: **il r. d'un ostaggio**, the release of a hostage; (*leg.*) **r. su cauzione**, bail **2** (*consegna, emissione*) issue; grant: **il r. d'un brevetto**, the grant of a patent; **il r. d'un certificato** [**d'un passaporto**], the issue of a certificate [of a passport].

rilassaménto, *m.* **1** (*distensione*) relaxation: **r. muscolare**, muscular relaxation **2** (*fig.*) relaxation; slackening; loosening: **un r. della disciplina**, a relaxation in discipline.

rilassànte, *a.* relaxing; soothing.

rilassàre, A *v. t.* **1** (*distendere*) to relax; to calm down; to soothe: **r. i muscoli**, to relax one's muscles; **r. i nervi**, to calm down one's nerves; to relax **2** (*fig.*) to relax; to slacken; to ease up: **r. la disciplina**, to relax discipline; **r. la sorveglianza**, to relax (*o* to ease up) surveillance. **B rilassàrsi**, *v. rifl.* e *i. pron.* **1** to relax; to unwind*; to take* it easy (*fam.*): **Cerca di rilassarti**, try and relax; **Dopo un po' cominciò a r. e a dire qualcosa**, after a while he began to unwind and to say something **2** (*allentarsi*) to relax; to slacken; to become* slack; to become* loose (*o* lax): **I muscoli si sono rilassati**, the muscles have relaxed; **La morale si è rilassata**, morals have become loose.

rilassataménte, *avv.* in a relaxed way; unhurriedly.

rilassatézza, *f.* (*specialm. fig.*) laxity; looseness: **la r. dei costumi**, the laxity of morals.

rilassàto, *a.* **1** (*disteso*) relaxed; (*calmo*) unhurried, calm, easy: **muscolo r.**, relaxed muscle; **un volto r.**, a relaxed face **2** (*allentato*) slack; loose **3** (*fig.*) lax; loose: **costumi rilassati**, lax morals.

rilassatóre, *a.* relaxing.

rilavàre, *v. t.* to wash again; to rewash: **lavare e r. q.c.**, to wash st. over and over again.

rilavatùra, *f.* washing again; rewashing.

rilavoràre, *v. t.* to work again; to rework.

rilavorazióne, *f.* reworking.

rileccàre, *v. t.* (*fig.*) to polish.

rilegàre, *v. t.* **1** (*legare di nuovo*) to tie (up) again; to retie; to bind* again **2** (*un libro*) to bind* **3** (*incastonare*) to set*.

rilegàto, *a.* **1** (*legato di nuovo*) tied (up) again; retied; bound again **2** (*di un libro*) bound: **un libro r. in tela azzurra**, a book bound in blue cloth; **r. in pelle**, leather-bound; **r. in tela**, cloth-bound.

rilegatóre, *m.* (*f.* **-trice**) binder; bookbinder.

rilegatùra, *f.* **1** (*il rilegare*) binding; bookbinding: **una r. in pelle**, a leather binding **2** (*legatura*) binding **3** (*incastonatura*) setting.

rilèggere, *v. t.* **1** (*leggere di nuovo*) to read* again; to reread*: **Rilessi ancora una volta la lettera**, I read the letter once more; **r. «Guerra e pace»**, to reread «War and Peace»; **leggere e r. q.c.**, to read and reread st.; to read st. over and over again **2** (*rivedere*) to go* over again: **Lo rilessi alla ricerca di errori**, I went over it again looking for mistakes.

rilènto, *avv.* – **a r.**, (*con lentezza*) slowly; (*con cautela*) carefully, cautiously, with caution: **procedere a r.**, to progress slowly; to drag on; to crawl.

rilettùra, *f.* rereading; second reading.

rilevàbile, *a.* detectable; perceivable; noticeable.

rilevaménto, *m.* **1** (*topogr.*) survey: **il r. di un'area**, the survey of an area; **r. delle altitudini**, survey of heights; **fare un r. topografico di q.c.**, to survey st. **2** (*raccolta di dati*) survey: **r. statistico**, statistical survey **3** (*lettura*) reading: **r. della pressione**, pressure reading **4** (*econ.*: *assunzione di gestione*) takeover; (*acquisto*) buy-out **5** (*naut.*) bearing: **r. a incrocio**, cross bearing; **r. alla bussola**, compass bearing; **r. ottico**, visual bearing; **r. polare**, polar (*o* relative) bearing; **r. magnetico**, magnetic bearing; **r. vero**, true bearing; **prendere un r.**, to take a bearing **6** (*sporgenza*) prominence **7** (*mil.*: *cambio*) relief; relieving. ● (*elettr.*) **r. a distanza**, remote sensing □ (*amm.*) **r. dei tempi** (**di lavoro**), timekeeping □ (*fisc.*) **r. fiscale**, tax assessment □ (*radar*) **r. radar**, tracking.

rilevànte, *a.* **1** (*considerevole*) considerable; substantial; remarkable; notable: **una somma r.**, a considerable sum; **un aumento r.**, a substantial increase; **una perdita r.**, a heavy loss; **un numero r.**, a large number **2** (*importante*) important; significant **3** (*di rilievo*) prominent; outstanding.

rilevànza, *f.* **1** (*grandezza*) size; largeness: **la r. della cifra offerta**, the size of the sum offered **2** (*importanza*) importance; significance; account: **di scarsa r.**, unimportant; of little account.

rilevàre, A *v. t.* **1** (*levare di nuovo*) to take* away again; to take* off again: **Si rilevò il golf**, he took off his jumper again **2** (*notare*) to notice; to perceive; to detect: **r. una differenza** [**un cambiamento**], to notice a difference [a change]; **r. alcune irregolarità**, to detect some irregularities; **Non fu rilevato alcun indizio di effrazione**, no sign of breaking and entering was found; **Non si rileva alcun motivo di allarme**, there seems to be no reason for alarm **3** (*far notare*) to point out; to bring* out: **Vorrei r. che...**, I'd like to point out that...; **Gli feci r. l'errore**, I pointed out the mistake to him **4** (*ricavare, prendere*) to take*; to get*: **r. un'impronta digitale**, to take a fingerprint; **r. la temperatura di q.c**, to measure the temperature of st. **5** (*apprendere*) to learn*; to gather: **Ho rilevato quella notizia dai giornali**, I learnt that news from the newspapers; **L'ho rilevato da quello che mi ha detto**, I gathered it from what he said **6** (*dare il cambio, anche mil.*) to relieve: **r. una sentinella**, to relieve a guard **7** (*andare a prendere*) to call for; to pick up; to meet*: **Passai a r. mio fratello alle dieci**, I called for (*o* picked up) my brother at ten; **Andranno a rilevarlo alla stazione**, they'll go and meet him at the station **8** (*econ., fin.*) to take* over; to buy* out: **r. una ditta**, to take over a firm; **r. la parte di un socio**, to buy out a partner; **r. un pacchetto azionario**, to buy out a shareholder **9** (*topogr.*) to survey; to plot: **r. una costa** [**un terreno**], to survey (*o* to plot) a coast [a tract of land] **10** (*naut.*) to take* the bearing of. **B** *v. i.* **1** to stand* out: **Queste figure non rilevano**, these figures do not stand out **2** (*avere importanza*) to be important; to count; to matter. **C rilevàrsi**, *v. rifl.* (*alzarsi, sollevarsi, anche fig.*) to rise* again.

rilevatàrio, *m.* (*fin.*) purchaser; successor.

rilevàto, *a.* **1** (*in rilievo*) raised; in relief **2** (*sporgente*) projecting; protruding.

rilevatóre, *m.* **1** (*f.* **-trice**) surveyor; data collector **2** (*naut., topogr.*) circumferentor **3** (*tecn.*) detector: (*elettron.*) **r. di segnali**, signal tracer.

rilevazióne, *f.* **1** surveying; survey; (*osservazione*) observation, finding; (*registrazione*) recording: **r. dei prezzi**, observation of price trends; **r. dei tempi** (**di lavoro**), time recording; time-taking; **rilevazioni statistiche**, gathering of statistical data; statistical findings **2** (*rag.*) entry.

rilièvo, *m.* **1** relief; (*arte, anche*) relievo, rilievo: **un profilo in r.**, a profile in relief; **un r. di marmo**, a marble relief; **ricamo in r.**, relief (*o* raised) embroidery; **stampa a r.**, relief printing; (*geogr.*) **una carta in r.**, a relief map; **libro a r.**, embossed book; **alto r.**, high relief; alto-rilievo; **basso r.**, low relief; bas-relief; **dare r. a una figura**, to bring a figure into relief **2** (*parte rilevata*) rise, height; (*protuberanza*) protuberance, bulge: **un r. del terreno**, a rise in the ground **3** (*complesso di alture*) range; high ground **4** (*fig.*: *importanza*) importance; prominence; account; stress; emphasis: **È una faccenda di grande r.**, it is a matter of great importance; **personalità di r.**, important personality; **occupare una posizione di r.**, to hold a position of prominence (*o* a prominent position); **assumere r.**, to gather prominence; **avere scarso r.**, to be of little importance; **di nessun r.**, unimportant; of no account **5** (*osservazione*) remark, comment; (*critica*) criticism: **fare utili rilievi su q.c.**, to make useful remarks on st.; **È un grave r. a suo carico**, it's a serious criticism against him; **muovere rilievi contro q.**, to pass remarks on sb.; to criticize sb. **6** (*topogr.*) survey; plotting: **fare rilievi**, to carry out surveys; **fare un r. di q.c.**, to survey st. **7** (*fin.*) taking over: **il r. di un'azienda**, the taking over of a business. ● **dare r. a q.c.**, to lay stress (*o* emphasis) on st.; to highlight st.; to bring st. into relief; to give st. prominence: **Non ha dato abbastanza r. alla pericolosità della situazione**, he didn't lay enough stress (*o* emphasis) on the dangers of the situation; **Il giornale diede un certo r. alla notizia**, the paper gave the news a certain prominence □ **mettere q.c. in r.**, to put (*o* to bring) st. into relief; to point out (*o* to emphasize, to stress) st.

rilievografìa, *f.* (*tipogr.*) relief printing; letterpress.

rilievogràfico, *a.* (*tipogr.*) relief printing (*attr.*); letterpress (*attr.*).

rilòga, *f.* curtain rail.

rilucènte, *a.* resplendent; shining; bright; glittering; sparkling.

rilùcere, *v. i.* to resplend; to be resplendent; to

be bright; (*brillare, anche fig.*) to shine*; (*luccicare*) to glitter, to sparkle: **r. come il sole**, to be as bright as the sun (at noonday). ● (*prov.*) **Non è tutt'oro quel che riluce**, all that glitters is not gold.

riluttànte, *a.* reluctant; unwilling; disinclined; loath; averse: **essere r. a fare q.c.**, to be reluctant to do st.; **essere r. a una proposta**, to be averse to a suggestion.

riluttànza, *f.* ***1*** reluctance; unwillingness; disinclination; aversion: **mostrare r.**, to show reluctance; **avere r. per q.c.**, to have an aversion to st.; **con r.**, with reluctance; reluctantly ***2*** (*fis.*) reluctance: **r. specifica**, reluctivity.

riluttàre, *v. i.* (*lett.*) to be reluctant: **Riluttava ad accettare l'invito**, he was reluctant to accept the invitation.

rima (1), *f.* (*poesia*) ***1*** rhyme: **rime alternate**, alternate rhymes; **r. baciata**, rhymed couplet; **r. imperfetta**, imperfect rhyme; **r. interna**, internal (*o* middle) rhyme; **rime obbligate**, set rhymes; **r. perfetta** (*o* **di consonanza**), perfect rhyme; **r. piana**, feminine rhyme; **r. tronca**, masculine rhyme; **ottava r.**, octave; **sesta r.**, sestet: **terza r.**, terza rima; tercet; **mettere in r.**, to put into rhyme (*o* verse); **far r.**, to rhyme: **«Amore» fa r. con «dolore»**, «amore» rhymes with «dolore» ***2*** (*pl.*) (*versi*) rhymes, rhymed verses; (*componimenti poetici*) verses, poems, poetry (*sing.*): **le Rime del Petrarca**, Petrarch's Rhymes; **rime d'amore**, love poetry. ● (*fig.*) **dire** (*o* **cantare**) **q.c. in r.**, to say st. straight out □ (*fig.*) **rispondere a q. per le rime**, to give sb. a sharp answer; to pay sb. back in his own coin.

rima (2), *f.* (*anat.*) rima*: **la r. buccale**, rima oris; **la r. palpebrale**, rima palpebrarum.

rimagliàre, e *deriv. V.* **rammagliare**, e *deriv.*

rimalmèzzo, *f. invar.* (*poesia*) internal (*o* middle) rhyme.

rimandàre, *v. t.* ***1*** (*mandare di nuovo*) to send* again: **Lo rimandai fuori**, I sent him out again ***2*** (*mandare indietro, far tornare*) to send* back: **L'hanno r. al suo paese**, he's been sent back to his country; **r. a casa**, to send home; **Ho rimandato mio figlio a scuola**, I sent my son back to school ***3*** (*restituire*) to send* back; to return: **Gli rimandai l'ombrello**, I sent him back his umbrella; **Gli ho rimandato il regalo**, I returned him his present ***4*** (*rilanciare*) to throw* back; to toss* back: **r. la palla**, to throw back the ball ***5*** (*differire*) to put off*, to postpone, to defer; (*procrastinare*) to delay*; (*aggiornare*) to adjourn: **r. una riunione**, to put off a meeting; **r. la partenza**, to put off (*o* to delay) one's departure; **r. q.c. all'ultimo momento**, to leave st. to the last minute; **r. alle calende greche**, to put off till doomsday; **Non r. a domani quello che puoi fare oggi**, don't put off to tomorrow what you can do today ***6*** (*fare riferimento*) to refer; to send*: **r. a un'altra pagina**, to refer to another page ***7*** (*a scuola*) to make* (sb.) repeat an examination: **Lo hanno rimandato in latino**, he has to repeat his Latin exam. ● **r. da Erode a Pilato**, to drive from pillar to post.

rimandàto, A *a.* (*di alunno*) who has to repeat an examination. **B** *m.* (*f.* **-a**) pupil (*o* student) who has to repeat an examination; resit candidate.

rimàndo, *m.* ***1*** (*il posporre*) postponement, putting off, deferment, deferring; (*procrastinazione*) delay; (*aggiornamento*) adjournment ***2*** (*il rimandare una palla*) return ***3*** (*nota di r.*) reference; cross-reference: **un testo ricco di rimandi**, a text full of cross-references; **segno di r.**, reference mark ***4*** (*mecc.*) intermediate control: **r. dei freni**, brake intermediate control. ● **di r.**, in return; back: **dire q.c. di r.**, to say st. in return; **Gli feci un cenno con la mano e mi sorrise di r.**, I waved at him and he smiled back.

rimaneggiaménto, *m.* ***1*** (*rielaborazione*) rearrangement, recasting, adaptation, alteration; (*riscrittura*) reworking, rewriting ***2*** (*riorganizzazione*) reorganization; restructuring; reshuffle.

rimaneggiàre, *v. t.* ***1*** (*maneggiare di nuovo*) to rehandle ***2*** (*rielaborare*) to rework, to rewrite*, to recast*, to alter; (*spreg.*) to rehash: **r. una commedia**, to rework a play; **un testo molto rimaneggiato**, a much rewritten text; **Ha semplicemente rimaneggiato un suo vecchio scritto**, he has simply rehashed an old piece of his ***3*** (*riorganizzare*) to reorganize; to rearrange; to reshuffle.

rimanènte, A *a.* remaining; (*avanzato*) left over: **la parte r.**, the remaining part; the remainder; **il denaro r.**, the money left over. **B** *m.* (*ciò che avanza*) remainder, rest, remaining part; (*saldo*) balance; (*residuo*) residue: **Ti manderò domani il r.**, I'll send you the rest tomorrow; **il r. della merce**, the remainder of the goods; **Il r. dovrà essere pagato all'arrivo della merce**, the remainder (*o* balance) is to be paid on arrival of goods; (*di persone*) **i rimanenti**, the remainder; the rest; the others.

rimanènza, *f.* remnant; rest; surplus. ● (*rag.*) **r. di cassa**, cash balance □ **rimanenze di merci non vendute**, left-over stock (*sing.*).

rimanére, *v. i.* ***1*** (*trattenersi, non andare via*) to remain; to stay: **Rimarrò a Milano tutta l'estate**, I shall stay (*o* remain) in Milan all summer; **Non vuoi r. con noi?**, won't you stay with us?; **Ci rimasi ancora due settimane**, I stayed on for another two weeks; **Rimani lì finché torno**, stay there (*fam.*: stay put) till I come back; **r. a pranzo [a cena]**, to stay to lunch [to dinner]; **r. a casa**, to stay at home; **r. a letto**, to stay in bed ***2*** (*persistere, durare*) to remain; to last; to persist: **Rimase in carica due anni**, he remained (*o* stayed) in office for two years; **Il pericolo rimane**, the danger persists; **È rimasta la macchia**, the stain won't go away ***3*** (*essere*) to be; (*continuare a essere*) to remain, to keep*; (*diventare, essere lasciato*) to be left: **r. meravigliato**, to be astonished; **r. soddisfatto**, to be satisfied; **r. ucciso [ferito]**, to be killed [wounded]; **r. calmo**, to keep calm; **r. sveglio**, to stay awake; **r. in piedi**, to stand; to be left standing; (*r. alzato*) to stay up; **r. alzati tutta la notte**, to stay up all night; **r. fermo**, to stand still; **r. insieme**, to keep (*o* to stay) together; **r. uniti**, to remain united; **r. fedele**, to remain faithful; **r. amici**, to remain friends; **r. senza lavoro**, to lose one's job; **r. in contatto con q.**, to keep in touch with sb.; **Quella frase rimarrà celebre**, that phrase will remain famous; **r. a piedi**, to be left without transport; **r. senza fiato**, to be breathless; **r. senza parole**, to be left speechless; **r. orfano**, to be left an orphan; **r. vedovo**, to be left a widower ***4*** (*anche* **rimanerci**: *essere sbalordito, stupirsi*) to be astounded (*o* astonished); to be flabbergasted; to be left speechless: **A vederlo così cambiato, rimasi**, I was astonished to see such a change in him; **Nel sentire la notizia, rimasi**, the news left me speechless ***5*** (*essere situato*) to be; to be situated: **Il suo ufficio rimane dietro il parco**, his office is (*o* is situated) behind the park; **Dove rimane la stazione?**, where is the station? ***6*** (*avanzare*) to remain; to be left; to be left over; to have (st.) left (*costr. pers.*): **Ecco quel che rimane**, that's all that remains; that's all that is left; **Pagati i debiti, rimase ben poco**, after paying the debts, very little remained (*o* was left); **Otto meno quattro**: **rimane quattro**, four from eight leaves four; **Siete rimasti solo voi**, you are the only ones left; **È rimasto del prosciutto**, there is some ham left over; **Questo è quanto rimane da fare**, this is what remains to be done; **Non mi rimane altro che pagare**, there is nothing left for me but to pay; **Rimane ben poco da dire**, very little remains to be said; **Non rimane nulla della sua fortuna**, nothing remains (*o* there is nothing left) of his fortune; **Non mi rimane nulla**, I have nothing left; **Mi rimane un dubbio**, I still have a doubt; **Non gli è rimasta altra scelta**, he has no choice left; **Rimane da vedere se ci daranno il permesso**, it remains to be seen whether we'll get permission ***7*** (*fermarsi*) to stop: **Per adesso rimaniamo qui**, let's stop here for the moment; **Dove eravamo rimasti?**, where were we?; how far did we get?; where did we get (*o* had we got) to?; where did we stop? ***8*** (*accordarsi*) to agree: **Rimanemmo che avrebbero pagato loro**, we agreed that they would pay; **Rimanemmo d'incontrarci a Venezia**, we agreed to meet in Venice ***9*** (*dipendere*) to depend on: **Se rimanesse a loro, sarebbero già partiti**, if it depended on them, they would have already left ***10*** (*spettare*) to rest with; to be up to: **La decisione rimane a loro**, it rests with them (*o* is up to them) to decide ***11*** (*restare in proprietà*) to go*; to be left; to be inherited: **La villa rimarrà alla figlia**, the villa will go to his daughter. ● (*fig.*) **r. a bocca aperta**, to be struck dumb; to gape □ **r. a corto di**, to run short of: **Sono rimasto a corto di quattrini**, I've run short of money □ **r. a guardare**, to watch □ **r. attaccato**, to stick □ (*fig.*) **r. di sale**, to be struck dumb; to be dumbfounded □ (*telef.*) **r. in linea**, to hang on; to hold on □ **r. incinta**, to get pregnant □ **r. fuori casa**, (*essere lasciato fuori*) to be left outside; (*rimanere assente*) to stay away, to be away □ **r. in forse**, to remain in doubt; (*di cosa*) to be still doubtful □ **r. in sospeso**, to remain unsettled; to remain to be decided □ **r. indietro**, to stay behind; to lag behind; to fall behind: **Voi proseguite, io rimango indietro ad aspettare gli altri**, you go on, I'll stay behind to wait for the others; **Era stanco e continuava a r. indietro**, he was tired and kept falling (*o* lagging) behind; **Sono rimasto indietro col lavoro**, I am behind in my work □ **r. in dubbio**, to be in doubt □ **r. male**, (*essere deluso*) to be disappointed, to feel let down; (*essere ferito*) to be hurt, to be upset; (*offendersi*) to take it amiss □ **r. senza**, to run out of: **Siamo rimasti senza pane**, we've run out of bread □ **r. sullo stomaco**, not to agree with; (*fig.*) to stick* in sb.'s throat, to rankle: **Mi è rimasto sullo stomaco il pasticcio di rognone**, the kidney pie didn't agree with me; **Quella sua frase mi è rimasta sullo stomaco**, his words stuck in my throat (*o* still rankle) □ **rimanerci**, (*essere catturato*) to be caught; (*morire*) to die, to be killed □ **Questo deve r. fra noi**, this is a secret between us; don't let it go any further □ (*fam.*) **Ci rimasi come un merlo**, I was taken for a ride; I was diddled.

rimangiàre, *v. t.* ***1*** (*mangiare di nuovo*) to eat* again ***2*** (*fig.*: *ritrattare*) to take* back; to go* back on: **Gli ho fatto r. quello che aveva detto**, I made him take back what he had said; **rimangiarsi una promessa**, to go back on (*o* to break) a promise.

rimarcàbile, *a.* noteworthy.

rimarcàre, *v. t.* (*notare, osservare*) to remark; to observe; to point out.

rimarchévole, *a.* remarkable; notable; outstanding; conspicuous.

rimàrco, *m.* (*bur.*) note; comment; criticism.

rimàre, *v. t.* e *i.* (*poesia*) to rhyme: **r. «amore» con «dolore»**, to rhyme «amore» with «dolore»; **«Caro» rima con «raro»**, «caro» rhymes with «raro».

rimarginàre, A *v. t.* (*anche fig.*) to heal: **Il tempo rimargina tutte le ferite**, time heals all sores. **B** *v. i.* e **rimarginàrsi,** *v. i. pron.* to heal; to heal up: **Si rimarginò lentamente**, it healed slowly; **La ferita si rimarginò presto**, the wound soon healed up.

rimàrio, *m.* rhyming dictionary; book of rhymes.

rimaritàre, A *v. t.* to remarry; to marry off again. **B rimaritàrsi,** *v. i. pron.* to remarry; to marry again; to get* married again.

rimasticàre, *v. t.* **1** (*masticare di nuovo*) to chew again, to remasticate; (*ruminare*) to chew (the cud), to ruminate **2** (*fig.*: *rimuginare*) to chew (st.) over; to ruminate (st.; over, on, about st.); to brood (over st.) **3** (*fig.*: *ripetere*) to repeat; to rehash.

rimasticatìccio, *m.* (*fig., spreg.*) rehash.

rimasticatùra, *f.* **1** chewing again **2** (*spreg.*) rehash.

rimàsto, *a.* left (*pred.*); left over: **i soldi rimasti**, the money that is [was, etc.] left; **il formaggio r.**, the left-over cheese.

rimasùglio, *m.* residue; remnant; scrap; odds and ends (*pl.*); oddments (*pl.*); (*di cibo*) leftovers (*pl.*): **i rimasugli d'un banchetto**, the remnants (*o* the leftovers) of a banquet; **alcuni rimasugli di stoffa**, a few oddments of material.

rimàto, *a.* rhymed: **versi rimati**, rhymed verse.

rimatóre, *m.* (*f.* **-trice**) rhymer; versifier.

rimbacuccàre, A *v. t.* to muffle up; to wrap up. **B rimbacuccàrsi,** *v. rifl.* to muffle oneself up; to wrap oneself up.

rimbaldanzìre, (*lett.*) **A** *v. t.* to embolden. **B** *v. i.* e **rimbaldanzìrsi,** *v. i. pron.* to take* heart; to perk up; to rally.

rimbalzàre, *v. i.* **1** to bounce; to rebound; (*di proiettile*) to ricochet: **La palla rimbalzò al di là del muro**, the ball bounced over the wall; **far r. una palla**, to bounce a ball; **r. contro q.c.**, to bounce off st. **2** (*di suono*) to reverberate; to echo **3** (*fig.*) to spread* (quickly): **La notizia rimbalzò di bocca in bocca**, the news spread quickly.

rimbalzèllo, *m.* ducks and drakes: **giocare a r.**, to play ducks and drakes.

rimbalzìsta, *m.* e *f.* (*pallacanestro*) rebounder.

rimbàlzo, *m.* rebound; bounce; (*di proiettile*) ricochet: **di r.**, on the rebound: **Colsi la palla di r.**, I caught the ball on the rebound. ● (*fig.*) **di r.**, indirectly □ (*sport*) **calciare di r.**, to drop-kick □ (*sport*) **calcio di r.**, drop-kick.

rimbambiménto, *m.* daze; stupor; (*di anziano*) dotage, senility.

rimbambìre, A *v. t.* to addle sb.'s brain; (*intontire*) to daze, to make* (*o* to drive*) (sb.) crazy: **L'età l'ha rimbambito**, age has addled his brain; **Mi ha rimbambito con le sue chiacchiere**, he drove me crazy with his incessant talk. **B** *v. i.* e **rimbambìrsi,** *v. i. pron.* **1** (*di anziano*) to become* senile; to go* gaga (*fam.*) **2** (*rincretinire*) to take* leave of one's senses; to go* crazy; to go* potty (*fam.*); to go* off one's rocker (*pop.*).

rimbambìto, A *a.* **1** (*di anziano*) senile; gaga (*fam.*) **2** (*stupido*) crazy; demented; potty (*fam.*); off one's rocker (*pop.*). **B** *m.* (*f.* **-a**) dodderer; dotard.

rimbarcàre, e *deriv. V.* **reimbarcare**, e *deriv.*

rimbeccàre, A *v. t.* to retort; to answer back. **B rimbeccàrsi,** *v. rifl. recipr.* to bicker; to squabble.

rimbécco, *m.* retort; backchat: **di r.**, in retort.

rimbecilliménto, *m.* getting stupid; getting soft in the head.

rimbecillìre, A *v. t.* **1** (*confondere*) to confuse utterly; (*intontire*) to stun, to make* dizzy **2** (*rendere stupido*) to turn into a fool. **B** *v. i.* e **rimbecillìrsi,** *v. i. pron.* to get* soft in the head; to go* potty (*fam.*); to take* leave of one's senses.

rimbecillìto, A *a.* stupid; soft in the head; potty (*fam.*). **B** *m.* (*f.* **-a**) stupid; imbecile.

rimbellìre, A *v. t.* to embellish; to beautify; to make* attractive. **B** *v. i.* to grow* more beautiful; to become* more attractive.

rimbiancàre, *v. t.* **1** (*rendere bianco di nuovo*) to whiten again; to make* white again; to rewhiten **2** (*tessuti*) to bleach again **3** (*rimbiancare a calce*) to whitewash (again).

rimboccàre, *v. t.* to roll up; to tuck up (*o* in); to turn down: **rimboccarsi le maniche**, (*anche fig.*) to roll up one's sleeves; (*solo fig.*) to put one's shoulder to the wheel; **Si rimboccò la gonna**, she tucked up her skirt; **r. il lenzuolo**, to turn down the sheet; **r. le coperte (sotto il materasso)**, to tuck in the bedclothes; **r. le coperte a q.**, to tuck sb. up in bed.

rimboccatùra, *f.* **rimbócco,** *m.* **1** rolling up; tucking up (*o* in); turning down **2** (*parte rimboccata*) tuck; turn-up; turn-down.

rimbombànte, *a.* **1** (*che rimbomba*) booming, loud, rumbling, roaring, thundering; (*risonante*) echoing, reverberating: **un rumore r.**, a booming noise; a rumbling sound; **una voce r.**, a booming voice; **un salone r.**, an echoing hall **2** (*fig.*: *altisonante*) bombastic; high-flown: **frasi rimbombanti**, bombastic (*o* high-flown) sentences.

rimbombàre, *v. i.* to boom; to rumble; to roar; to thunder; (*risuonare*) to resound, to re-echo: **I cannoni rimbombavano lontano**, guns were booming (*o* roaring) in the distance; **Rimbombò un tuono**, there was a rumbling of thunder; **La caverna rimbombò del grido**, the cave re-echoed the shout; **voce che rimbomba**, a booming voice.

rimbómbo, *m.* boom; rumble, rumbling; roar, roaring: **il r. d'una grossa campana**, the boom of a large bell; **il r. dei tuoni**, the rumbling of thunder; **il r. della cascata**, the roar of the waterfall.

rimborsàbile, *a.* reimbursable; refundable; repayable; (*riscattabile*) redeemable: **biglietto r.**, refundable ticket; **deposito r.**, repayable deposit; **r. a richiesta**, repayable at call; **obbligazione r. [non r.]**, redeemable [unredeemable] debenture.

rimborsabilità, *f.* repayability; refundability; redeemability.

rimborsàre, *v. t.* (*restituire il denaro speso*) to reimburse, to repay*, to pay* back, to refund; (*riscattare*) to redeem: **r. le spese**, to reimburse expenses; **r. le spese postali**, to refund postage; **Agli spettatori fu rimborsato il biglietto**, the spectators had their tickets refunded; **r. un prestito**, to pay back a loan; **r. un'obbligazione**, to redeem a bond.

rimbórso, *m.* reimbursement; repayment; refund; (*riscatto*) redemption: **il r. delle spese**, the repayment (*o* reimbursement) of expenses; **il r. d'un debito**, the repayment of a debt; **r. fiscale**, tax refund; **il r. di un'obbligazione**, the redemption of a debenture; **r. dei dazi**, drawback.

rimboscaménto, *m.* reafforestation; reforestation.

rimboscàre, A *v. t.* to reafforest; to reforest; to replant with trees. **B rimboscàrsi,** *v. i. pron.* (*lett.*) to hide* in the woods (again); to take* to the woods (again).

rimboschiménto, *V.* **rimboscamento.**

rimboschìre, A *v. t. V.* **rimboscare**. **B** *v. i.* to become* wooded again.

rimbrottàre, *v. t.* to rebuke; to reproach; to scold.

rimbròtto, *m.* rebuke; reproach; scolding.

rimediàbile, *a.* remediable: **È cosa r.**, there is a remedy (*o* a way out); **La cosa non è più r.**, it can't be helped; it's past all (*o* beyond) remedy.

rimediàre, A *v. i.* **1** (*portare rimedio*) to remedy; to find* a remedy for; to put* right; to make* up for: **Nessuno può rimediarvi**, nobody can remedy it; **r. a un torto**, to remedy a wrong; **r. a un male**, to cure an evil; **r. al tempo perduto**, to make up for lost time; **Cercherò di r. a ciò che ho fatto**, I'll try to make up for what I did **2** (*provvedere*) to see* to; to take* care of: **Rimedierò io**, I'll see to it. **B** *v. t.* (*fam.*) **1** (*mettere insieme*) to scrape; to scrape up (*o* together); to put* together: **r. appena il necessario per vivere**, to scrape a living; **r. qualcosa per pranzo**, to put some sort of lunch together: to fix something for lunch; **Rimediò qualche soldo**, he scraped up some money; **Ho rimediato solo seccature**, I only got troubles for my pains **2** (*accomodare alla meglio*) to patch up; to mend: **r. uno strappo nei pantaloni**, to mend a tear in a pair of trousers. ● **rimediarla**, to scrape along.

rimediàto, *a.* scraped up (*o* together); rough and ready; make-do.

rimèdio, *m.* remedy; cure; (*via d'uscita*) way out: **Questo è l'unico r.**, this is the only remedy; **La situazione è senza r.**, the situation is beyond (*o* past) remedy; **Il r. è peggiore del male**, the remedy is worse than the disease; **Qual è il migliore r. contro la tosse?**, what is the best cure for a cough?; **un buon r. per il raffreddore**, a good remedy for a cold; **r. universale** (*o* **per tutti i mali**), cure-all; heal-all; panacea; **un r. contro la disoccupazione**, a remedy for unemployment; **porre r. a q.c.**, to find a remedy for st.; to put st. right; **Non c'è r.!**, there is no way out of it!; **Bisogna trovare un r.!**, we must find some way out of it; **senza r.**, irremediable (*agg.*); irremediably (*avv.*). ● (*prov.*) **A mali estremi, rimedi estremi**, desperate diseases must have desperate remedies.

rimeditàre, *v. t.* to meditate again; to think* over.

rimembrànza, *f.* (*lett.*) remembrance; recollection; memory: **rimembranze del passato**, memories (*o* remembrances) of the past. ● **parco delle rimembranze**, memorial park.

rimembràre, *v. t.* (*poet.*) to remember; to recollect; to recall.

rimenàre, *v. t.* (*lett.*) **1** (*condurre di nuovo*) to bring* again; to take* again **2** (*condurre indietro*) to bring* back; to take* back; to lead* back **3** (*rimescolare*) to stir.

rimenàta, *f.* **1** (*rimescolata*) stir **2** (*region.*: *sgridata*) scolding; talking-to (*fam.*).

rimeritàre, *v. t.* (*lett.*) to reward; to recompense.

rimescolaménto, *m.* **1** (*il mescolare di nuovo*) remixing; mixing again **2** (*il mescolare bene*) mixing; (*l'agitare*) stirring **3** (*di carte da gioco*) shuffling; (*il mescolare di nuovo*) reshuffle **4** (*fig.*: *confusione*) confusion; hubbub **5** (*fig.*: *turbamento*) upset; shock; stirring in the blood; thrill.

rimescolàre, A *v. t.* **1** (*mescolare bene*) to mix up; to stir: **r. il risotto**, to stir the risotto **2** (*mescolare di nuovo*) to remix; to mix again **3** (*carte da gioco*) to shuffle; (*mescolare di nuovo*) to reshuffle **4** (*rovistare*) to rummage about (*o* among) **5** (*rivangare*) to rake up: **r. questioni vecchie**, to rake up old matters. ● (*fig.*) **far r. il sangue**, to stir the blood; to make (sb.'s) blood boil. **B rimescolàrsi,** *v. i. pron.* **1** (*essere agitato*) to be upset; to be shocked **2** (*mischiarsi a un gruppo*) to mingle; to mix: **r. tra la folla**, to mingle with the crowd. ● **A quella vista gli si rimescolò il sangue**, (*d'ira*) that sight made his blood boil; (*di paura*) that sight made his blood run cold.

rimescolàta, *f.* **1** stir; mix: **dare una r. alla minestra**, to stir the soup **2** (*di carte da gioco*) shuffle; shuffling: **dare una r. alle carte**, to shuffle the cards.

rimescolìo, *m.* **1** continuous stirring **2** (*fig.*: *trambusto*) bustle; turmoil **3** (*fig.*: *turbamento*) shock; thrill.

riméssa, *f.* **1** (*il rimettere*) replacing; replacement **2** (*riserva*) store; reserve: **fare una buona r. di granturco**, to lay in a good store of corn **3** (*comm.*: *invio di denaro*) remittance; (*invio di merci*) consignment, shipment: **r. di fondi**, remittance of funds; **una r. di merce**, a consignment of goods; **r. telegrafica**, cable transfer; **fare una r. di denaro a q.**, to remit a sum of money to sb. **4** (*comm.*:

perdita) loss: **vendere a r.**, to sell at a loss ***5*** (*per automobili*) garage; (*per carrozze*) coach-house; (*per aeroplani*) hangar; (*per tram, autobus*) depot; (*per barche*) boathouse; (*capannone*) shed ***6*** (*bot.*: *nuovo germoglio*) sprout; shoot ***7*** (*calcio*) – **r. dal fondo**, goal kick; **r. laterale**, throw-in ***8*** (*tennis*) return ***9*** (*rugby*) – **r. laterale**, line-out ***10*** (*scherma*) remise. • (*tecn.*) **r. a zero**, reset □ (*teatr.*) **r. in scena**, revival □ (*fig.*) **giocare di r.**, to play a defensive game.

rimessàggio, *m.* garaging.

rimessióne, *f.* (*leg.*) remittal.

rimessitìccio, *m.* (*agric.*) shoot.

riméssо, A *a.* ***1*** (*condonato*) remitted; forgiven: **peccati rimessi**, remitted sins ***2*** (*ristabilito in salute*) well again, fit again; (*sollevato nel morale*) in better spirits (*pred.*). **B** *m.* ***1*** (*tarsia in legno*) inlay; inlaying: **lavoro di r.**, inlaid work; marquetry ***2*** (*pitt.*) retouch ***3*** (*orlo*) hem.

rimestaménto, *m.* ***1*** stirring up; mixing up ***2*** (*fig.*) raking up.

rimestàre, *v. t.* ***1*** to stir; to mix ***2*** (*fig.*) to bring* back; to rake up: **r. vecchi rancori**, to bring back old grudges; **r. questioni vecchie**, to rake up old matters; **Non r. il passato!**, let bygones be bygones!

rimestatóre, *m.* (*f.* **-trice**) ***1*** stirrer ***2*** (*fig.*) troublemaker.

rimestìo, *m.* continuous stirring.

rimettàggio, *m.* (*ind. tess.*) drawing-in.

riméttere, A *v. t.* ***1*** to put* again; (*nel posto già occupato*) to put* back, to replace: **r. i sigilli**, to put the seals on again; **rimettersi gli occhiali [il cappotto]**, to put on one's glasses [one's coat] (again); **Rimise il libro nello scaffale**, he put the book back (*o* replaced the book) on the shelf; **r. un vestito nell'armadio**, to put a suit back into the wardrobe; **r. q.c. a posto**, to put st. back (in its place); to replace st.; **L'hanno rimesso in collegio**, he has been sent back to boarding school ***2*** (*inviare*) to remit; (*consegnare*) to hand, to deliver; (*presentare*) to submit: **r. denaro a q.**, to remit money to sb.; **La citazione gli fu rimessa ieri**, the summons was handed to him (*o* served on him) yesterday; **r. un dispaccio a q.**, to deliver a message to sb.; **Vogliate rimetterci l'assegno a stretto giro di posta**, kindly remit us the cheque by return of post; **r. un prigioniero alla giustizia**, to hand a prisoner over to justice; **Dovrai r. questi documenti entro la fine del mese**, you'll have to submit (*o* lodge) these documents by the end of the month ***3*** (*nella forma* **rimetterci**, *fam.*: *perdere*) to lose*; (*rovinare*) to ruin: **rimetterci di reputazione**, to lose one's reputation; **rimetterci la vita**, to lose one's life; **rimetterci la salute**, to ruin one's health; **Con il suo comportamento ci ha rimesso la carriera**, he has ruined his career with his behaviour; **rimetterci la tranquillità dello spirito**, to lose one's peace of mind; **Glielo dirò; che ci rimetto?**, I'll tell him; anyway, what have I got to lose?; **Non voglio rimetterci io**, I don't want to lose on it; **Ci ho rimesso tre milioni**, I lost three millions; **rimetterci di tasca propria**, to suffer in one's pocket ***4*** (*differire*) to defer, to postpone, to put* off; (*aggiornare*) to adjourn: **Ha rimesso il pagamento fino a domani**, he has deferred payment till tomorrow; **La riunione è stata rimessa**, the meeting has been put off (*o* is off); **r. una causa**, to postpone (*o* to adjourn) a case ***5*** (*condonare, perdonare*) to remit; to forgive*; to pardon: **r. i peccati**, to remit sins; **r. un'offesa**, to pardon an offence; **r. un debito**, to remit a debt; (*nel «Padre nostro»*) **Rimetti a noi i nostri debiti come noi li rimettiamo ai nostri debitori**, forgive us our trespasses as we forgive them that trespass against us ***6*** (*affidare*) to refer; to submit; to leave*; to entrust: **r. una questione a un arbitro**, to refer (*o* to submit) a matter to arbitration; **r. un affare al giudizio di q.**, to refer a matter to sb.'s judgment; **r. l'anima a Dio**, to entrust (*o* to commit) one's soul to God ***7*** (*vomitare*) to vomit; to be sick (*GB*); to throw* up; to bring* up: **Ho appena rimesso il pranzo**, I have just thrown (*o* brought) up my meal; **Mi venne da r.**, I felt sick. • **r. a nuovo**, to renovate; to do up; to do over □ **r. a posto lo stomaco**, to settle the stomach □ (*med.*) **r. a posto un osso**, to set a bone □ (*tecn.*) **r. a zero**, to reset □ (*sport*) **r. in gioco**, (*calcio*) to throw in; (*tennis*) to return □ (*autom.*) **r. in marcia**, to restart □ **r. in ordine**, to tidy up; to put in order □ **r. in piedi un'associazione**, to revive a club □ **r. in sesto** (*o* **in piedi**) **q.**, to set sb. back on his feet; to put sb. right; to fix sb. up □ **r. in sesto** (*o* **in piedi**) **un'azienda**, to put a company back on its feet □ **r. in uso** (*o* **in funzione**), to bring into use again; to reactivate □ **r. in vigore** (*una legge, ecc.*), to revive; to re-enact □ **r. l'orologio**, to set the watch (*o* clock) right □ **r. mano a q.c.**, to take up st. again □ **r. piede**, to set foot again: **Non rimetterò più piede in quel negozio**, I won't set foot in that shop again □ **r. la spada nel fodero**, to sheathe one's sword □ **r. su bottega**, to set up shop again □ **r. sul trono**, to restore to the throne □ **rimetterci la pelle**, (*morire*) to die; (*essere ucciso*) to be killed, to get killed □ (*fig.*) **rimetterci le penne**, to get one's fingers burnt. **B riméttersi,** *v. rifl. e i. pron.* ***1*** (*mettersi di nuovo*) to put* oneself again; (*ricominciare*) to start again, to go* back: **Si rimise primo nella lista**, he put himself first on the list again; **r. a fare q.c.**, to start doing st. again: **Mi sono rimesso a studiare**, I've started studying again; **r. al lavoro**, to go back to work ***2*** (*ristabilirsi*) to recover: **r. in salute [in forze]**, to recover one's health [one's strength]; **r. da uno spavento [da un colpo]**, to recover from a fright [from a shock] ***3*** (*affidarsi*) to entrust oneself to; to submit to; to rely on: **r. alla volontà di Dio**, to entrust (*o* to resign) oneself to God's will; **Mi rimetto a te; fa' come meglio credi**, I'm relying on you; do as you think best; **Mi rimetterò all'arbitrato**, I shall submit to arbitration; **r. alla clemenza della corte**, to throw oneself on the mercy of the court ***4*** (*di tempo*: *rasserenarsi*) to clear up: **Sembra che voglia r.**, it looks like clearing up; **r. al bello**, to be improving. • **r. in cammino**, to set out (*o* off) again □ **r. in carne**, to put on flesh (*o* weight) □ **r. insieme**, to get back together again □ **r. in sesto**, to recover; to get on one's feet again: **Dopo molti anni di ristagno, la ditta si rimise in sesto**, after many years of stagnation, the company got on its feet again.

rimettitóre, *m.* (*f.* **-trice**) replacer.

rimettitùra, *f.* replacement; replacing.

rimiràre, A *v. t.* to gaze at (*o* upon); to contemplate; to admire. **B** *v. i.* (*prendere di nuovo la mira*) to aim again at. **C rimiràrsi,** *v. rifl.* to admire oneself; to contemplate oneself; to look at oneself with satisfaction.

rimischiàre, *v. t.* to remix; to mix again.

rimiṣuràre, *v. t.* to measure again; to remeasure.

rìmmel, *m.* (*marchio*) mascara.

rimminchionìre, *v. i.* (*fam.*) to grow* stupid; to go* soft in the head (*fam.*).

rimminchionìto, *a.* (*fam.*) stupid; foolish; dumb (*fam.*); soft in the head (*fam.*); dopey (*fam.*).

rimodellàre, *v. t.* to remodel; to reshape.

rimodernaménto, *m.* modernization; modernizing; renovation; updating.

rimodernàre, A *v. t.* to modernize; to renovate; to update; (*vestiti, ecc.*) to remodel: **r. un appartamento**, to renovate (*o* to do up, to do over) a flat; **r. le attrezzature [i macchinari]**, to update equipment [machinery]; **r. un cappello [un vestito]**, to remodel a hat [a dress]. **B rimodernàrsi,** *v. rifl.* to bring* oneself up to date; to renovate; to update.

rimodernatùra, *f.* modernization; renovation; updating; (*di vestiti, ecc.*) remodelling.

rimónta, *f.* ***1*** (*mil.*) remounting; remount: **cavallo di r.**, remount ***2*** (*sport*) recovery; comeback; catching up; picking up ***3*** (*di scarpa*) vamping ***4*** (*ind. min.*) slant.

rimontàre, A *v. t.* ***1*** (*salire di nuovo, anche fig.*) to go* up again; to climb again; to climb back: **r. le scale**, to go upstairs again; **r. la classifica**, to climb back to the top of the results list ***2*** (*mecc.*) to reassemble; to put* together again: **r. un orologio**, to reassemble a watch; **r. un fucile**, to reassemble a rifle ***3*** (*mil.*) to remount ***4*** (*naut.*) to sail up: **r. la costa**, to sail up the coast; **r. la corrente**, to sail upstream. **B** *v. i.* ***1*** (*salire di nuovo su*) to remount (st.); to mount (st.) again; to get* up (*o* on, into, etc.) again; to climb back: **r. a cavallo**, to get on horseback again; to remount one's horse; **r. sulla bicicletta**, to get on one's bicycle again; to remount one's bicycle; **r. in sella**, to remount; **r. in macchina**, to get (*o* to climb) back into the car ***2*** (*avere principio*) to date back; to go* back: **La costruzione dell'edificio rimonta agli anni Venti**, the building dates back to the 1920s; **Le origini di questa usanza rimontano al Medio Evo**, this practice goes back to the Middle Ages ***3*** (*sport*) to recover; to catch* up.

rimontatùra, *f.* (*mecc.*) reassemblage.

rimorchiàre, *v. t.* ***1*** (*anche naut.*) to tow; to have in tow; to take* in tow: **r. una nave in porto**, to tow a ship into port; **r. una barca**, to tow a boat; **r. un'automobile**, to tow a car; (*naut.*) **r. di fianco [di poppa]**, to tow alongside [astern]; **farsi r.**, to be towed; (*naut.*) to take a tow ***2*** (*fig.*: *trascinarsi dietro*) to have in tow; to drag along: **Si rimorchia sempre dietro sua figlia**, he always has his daughter in tow; **lasciarsi r.**, to let oneself be dragged along ***3*** (*fig. fam.*: *fare un approccio a*) to pick up: **r. una ragazza**, to pick up a girl.

rimorchiatóre, A *m.* (*naut.*) tow(-boat); tug(-boat): **r. d'alto mare**, ocean-going tug. **B** *a.* towing; tug (*attr.*); tow (*attr.*).

rimòrchio, *m.* ***1*** (*il rimorchiare, l'essere rimorchiato*) tow; towing; towage: **prendere a r.**, to take in tow; to give a tow; to tow; **andare** (*o* **essere**) **a r.**, to be towed; to be on tow; (*fig.*) to be in tow; **cavo di r.**, towline; **gancio per r.**, towing bracket ***2*** (*cosa rimorchiata*) tow; (*autom.*) trailer: **camion con r.**, lorry (*USA*: truck) with trailer; articulated lorry (*USA*: truck) ***3*** (*naut.*: *cavo, ecc.*) towrope.

rimòrdere, *v. t.* ***1*** (*mordere di nuovo*) to bite* again ***2*** (*mordere a propria volta*) to bite* back ***3*** (*fig.*) to prick; to trouble; to torment: **Mi rimordeva la coscienza**, my conscience pricked me; I was conscience-stricken; I felt remorse.

rimòrso, *m.* remorse; compunction; (*rammarico*) regret: **il pungolo del r.**, the prick of remorse; **sentire** (*o* **provare**) **r.**, to feel remorse; **Ho r. per quel che ho fatto**, I feel remorse for (*o* I regret) what I did; **Non ha rimorsi**, he feels no remorse; **senza rimorsi**, without remorse; remorseless (*agg.*); **essere preso da rimorsi**, to be conscience-stricken.

rimòsso, A *a.* ***1*** removed ***2*** (*psic.*) repressed. **B** *m.* (*psic.*) repressed experiences (*pl.*); repressed content.

rimostrànza, *f.* remonstrance; protest; complaint; expostulation: **Le mie rimostranze non furono accolte**, my remonstrances were disregarded; **Le rimostranze dei presenti non furono ascoltate**, the protests of the people present were not listened to; **fare le proprie rimostranze a q.**, to remonstrate with sb.

rimostràre, A *v. t.* (*mostrare di nuovo*) to

show* again. **B** *v. i.* (*fare rimostranze*) to remonstrate (with sb. about st.); to expostulate (with sb. about st.); to protest (to sb. about st.).

rimovìbile, *a.* removable; (*licenziabile*) dismissable; (*superabile*) surmountable: **un ostacolo r.**, a surmountable obstacle.

rimozióne, *f.* ***1*** (*il rimuovere*) removing, removal, clearing, clearance; (*smaltimento*) disposal; (*di automobili*) towing away: **la r. d'una statua**, the removal of a statue; **la r. d'un dubbio [d'un ostacolo]**, the removal of a doubt [of a hindrance]; **la r. dei detriti**, the clearance of rubble; (*autom.*) **zona di r. forzata**, towaway zone ***2*** (*destituzione*) removal; dismissal; (*anche mil.*) discharge ***3*** (*leg.*) removal: **la r. dei sigilli**, the removal of seals ***4*** (*psic.*) repression.

rimpacchettàre, *v. t.* to repackage.

rimpaginàre, *v. t.* to repaginate; to make* up again.

rimpaginatùra, rimpaginazióne, *f.* repagination.

rimpaglìare, *v. t.* ***1*** (*sedie, ecc.*) to re-bottom with straw ***2*** (*imbottire*) to re-stuff with straw.

rimpagliatóre, *m.* (*f.* **-trice**) chair-seat repairer.

rimpagliatùra, *f.* ***1*** (*il rimpagliare sedie, ecc.*) re-bottoming with straw; (*il fondo*) new straw bottom ***2*** (*l'imbottire*) re-stuffing with straw; (*l'imbottitura*) new straw stuffing.

rimpallàre, *v. i.* ***1*** (*calcio e sim.*) to rebound; to bounce back ***2*** (*biliardo*) to cannon.

rimpàllo, *m.* ***1*** (*calcio e sim.*) rebound; bounce back ***2*** (*biliardo*) cannon.

rimpannucciàre, A *v. t.* ***1*** to dress in new clothes ***2*** (*fig.*) to improve (sb.'s) financial position. **B rimpannucciàrsi,** *v. rifl.* (*fig.*) to improve one's financial position; to feather one's nest.

rimpastàre, *v. t.* ***1*** (*impastare di nuovo*) to knead again; (*rimescolare*) to mix up again, to remix ***2*** (*fig.*: *riorganizzare, anche polit.*) to reshuffle: **r. il governo**, to reshuffle the government ***3*** (*fig.*: *rimaneggiare*) to recast*; to rehash: **r. alcuni capitoli d'un romanzo**, to recast some chapters of a novel.

rimpàsto, *m.* ***1*** (*l'impastare di nuovo*) kneading again; (*il rimescolare*) mixing up again, remixing ***2*** (*fig.*: *riorganizzazione, anche polit.*) reshuffling; reshuffle: **r. governativo**, government reshuffle ***3*** (*cosa rimpastata*) mixture ***4*** (*fig.*: *rimaneggiamento*) recast; rehash.

rimpatrìare, A *v. i.* to go* home; to return to one's own country; to repatriate. **B** *v. t.* to repatriate; to send* (sb.) back to his own country: **r. un prigioniero di guerra**, to repatriate a prisoner of war.

rimpatriàta, *f.* (*fam.*) reunion; get-together.

rimpàtrio, *m.* repatriation: **ottenere il r.**, to be repatriated.

rimpellàre, *v. t.* (*edil.*) to gallet; to garret.

rimpètto, A *avv.* opposite. **B (di) rimpètto a, a rimpètto di,** *locuz. prepositiva* opposite, in front of, facing; (*in confronto a*) in comparison with: **Abitavano r. a noi**, they lived in the house opposite ours; they lived across the road from us. **C** *m.* front.

rimpiàngere, *v. t.* ***1*** (*ripensare con dispiacere*) to regret: **Rimpiangeva di essere partito**, he regretted having left; he wished he had not left; **Non rimpiango di non aver accettato quel posto**, I don't regret not having accepted that job; **r. un'occasione perduta**, to regret a lost opportunity ***2*** (*rammentare con nostalgia*) to look back with nostalgia on; to mourn for (*o* over); to miss; to lament: **r. i giorni felici dell'infanzia**, to look back with nostalgia on the happy days of one's childhood; **r. la felicità perduta**, to mourn for one's lost happiness; **r. un amico**, to miss a friend; **Mi rimpiangerai, quando non ci sarò più!**, you'll miss me when I'm no longer here!

rimpiànto, A *a.* regretted; lamented: **il tuo r. amico**, your late lamented friend. **B** *m.* regret; (*nostalgia*) nostalgia, yearning: **Ho il r. di non averlo mai conosciuto di persona**, I regret never having met him; **Non ho nessun r.**, I have no regrets; **un vivo r. per quel tempo felice**, a sharp nostalgia for those happy days.

rimpiattàre, A *v. t.* to hide*; to conceal. **B rimpiattàrsi,** *v. rifl.* to hide* (oneself); to conceal oneself: **Si rimpiattò dietro a una siepe**, he hid behind a hedge; **andare a r.**, to hide oneself.

rimpiattàto, *a.* hidden; in hiding.

rimpiattìno, *m.* hide-and-seek: **fare** (*o* **giocare**) **a r.**, to play hide-and-seek.

rimpiazzàre, *v. t.* ***1*** to replace; to substitute; to supersede: **r. una sedia rotta**, to replace a broken chair; (*sport*) **r. un giocatore**, to replace a player ***2*** (*fare le veci*) to fill in for; to stand* in for; to take* (sb.'s) place: **Lo rimpiazzerò durante la sua assenza**, I shall take his place (*o* fill in for him) during his absence.

rimpiàzzo, *m.* ***1*** (*il rimpiazzare*) replacement; replacing; substitution: **merce di r.**, replacement goods ***2*** (*persona che subentra*) replacement; (*sostituto*) substitute, deputy, stand-in.

rimpicciolimènto, *m.* reduction; decrease; shrinking; shrinkage.

rimpicciolìre, A *v. t.* to make* smaller; to reduce; to decrease; (*restringere*) to contract, to shrink*; (*far apparire più piccolo*) to dwarf. **B** *v. i.* e **rimpicciolìrsi,** *v. i. pron.* ***1*** to get* smaller; to be reduced; to lessen; to decrease; (*restringersi*) to contract, to shrink* ***2*** (*fig.*) to cower.

rimpiegàre, e *deriv. V.* **reimpiegare,** e *deriv.*

rimpigrìre, A *v. t.* to make* lazier. **B** *v. i.* e **rimpigrìrsi,** *v. i. pron.* to grow* (*o* to get*) lazier.

rimpinguàre, A *v. t.* ***1*** (*accrescere*) to increase, to enrich; (*riempire*) to fill, to line: **r. le casse dello Stato**, to fill the coffers of the state ***2*** (*fig.*: *un racconto e sim.*) to stuff; to pad. **B rimpinguàrsi,** *v. i. pron.* (*aumentare*) to increase; to grow* again.

rimpinzamènto, *m.* stuffing; gorging; overeating.

rimpinzàre, A *v. t.* to fill; to stuff; to gorge: **r. lo stomaco**, to fill up one's stomach; **r. un ospite**, to stuff a guest. **B rimpinzàrsi,** *v. i. pron.* to stuff oneself; to gorge oneself: **Non rimpinzarti di pane prima di cena**, don't stuff yourself with bread before supper.

rimpinzàta, *f.* blowout (*fam.*); food binge (*fam.*).

rimpolpàre, A *v. t.* ***1*** (*ingrassare*) to fatten up; to put some flesh on sb.'s bones ***2*** (*fig.*: *accrescere*) to flesh out; to fill out: **r. un articolo**, to flesh out an article. **B rimpolpàrsi,** *v. i. pron.* ***1*** (*ingrassare*) to put* on weight; to fill out ***2*** (*fig.*: *arricchire*) to become* rich; to feather one's nest.

rimpossessàrsi, *v. i. pron.* to take* possession (of st.) again.

rimproveràbile, *a.* reproachable; reprovable; deserving of rebuke.

rimproveràre, A *v. t.* ***1*** (*sgridare, redarguire*) to scold; to reproach; to upbraid; to take* to task; to reprimand (*form.*); to rebuke (*form.*); to reprove (*form.*); to tell* off (*fam.*); to tick off (*fam.*); to give* (sb.) a dressing-down (*fam.*): **La mamma l'ha rimproverato per aver rotto il vaso**, his mother scolded him for having broken the vase; **Il preside lo rimproverò davanti a tutta la classe**, the headmaster reprimanded (*fam.*: ticked him off) in front of the whole class; **Il commesso fu rimproverato per essere stato villano con un cliente**, the assistant was reprimanded (*fam.*: was given a dressing-down) for having been rude to a customer; **Non per rimproverarti, ma cerca di essere più puntuale**, I don't mean it as a reproach, but try and be more punctual ***2*** (*accusare*) to reproach (sb. with st.); to blame (sb. with st.); to criticize (sb. for st.); to accuse (sb. of st.): **r. un errore a q.**, to reproach sb. with a mistake; **Non devi r. me, io non c'entro**, don't blame me, I've got nothing to do with it; **Che cosa mi si rimprovera?**, what am I accused of? **B rimproveràrsi,** *v. rifl.* to reproach oneself (with st., with doing st.); to blame oneself (for st.); (*rammaricarsi*) to regret (st., doing st.); (*pentirsi*) to repent (st., of st., doing st., of doing st.): **Si rimprovera dell'incidente**, he blames himself for the accident; **Non ho nulla da rimproverarmi**, I have nothing to reproach myself with; **Mi rimprovero di non averlo aiutato**, I am sorry I didn't help him; I regret not having helped him.

rimpròvero, *m.* ***1*** reproach; reproof; rebuke; reprimand; (*sgridata*) scolding, telling-off (*fam.*), ticking-off (*fam.*), dressing-down (*fam.*): **Questo è un acerbo r.**, this is a bitter reproach; **uno sguardo di r.**, a look of reproach; **un muto r.**, a silent rebuke; **Il capitano ricevette un severo r. dal colonnello**, the captain was severely reprimanded by the colonel; **Non meritava quel r. dell'insegnante**, he didn't deserve that telling-off from his teacher; **Si è preso un r. da suo padre**, he got a scolding (*o* a dressing-down) from his father; **muovere un r. a q.**, to reproach (*o* to rebuke) sb. ***2*** (*biasimo*) reproach; reprobation; blame.

rimuginàre, *v. t.* e *i.* (*meditare*) to ruminate over (*o* about, on), to mull over, to ponder over; (*continuare a pensare*) to turn (st.) over in one's mind, to brood on (*o* over): **r. sempre le stesse cose**, to turn the same things over and over in one's mind; **r. su una frase**, to ponder (*o* to mull) over a sentence; **r. un progetto**, to mull over a plan; **Chissà che cosa sta rimuginando**, I wonder what he's thinking of (*o* meditating); **È acqua passata, smettila di rimuginarci su!**, stop brooding over it, it's water under the bridge!

rimuneràre, *v. t.* ***1*** (*ricompensare*) to recompense; to reward; to repay*: **Non so davvero come rimunerarvi**, I really don't know how to recompense (*o* to repay) you ***2*** (*pagare*) to pay*; to remunerate; to compensate: **L'ho rimunerato bene per il suo lavoro**, I've paid him well for what he did ***3*** (*assol.*: *rendere*) to yield profit; to be profitable; to pay* (well): **un'azienda che non rimunera**, a firm that yields no profit; **un lavoro che non rimunera**, a job that doesn't pay.

rimuneratività, *f.* profitability; remunerativeness: **un investimento di sicura r.**, a profitable investment.

rimunerativo, *a.* remunerative; profitable; fruitful; lucrative; rewarding; paying: **investimento r.**, profitable investment; **attività remunerativa**, lucrative business; **lavoro r.**, remunerative (*o* well-paid) job; **non r.**, uneconomic; unprofitable.

rimunerazióne, *f.* ***1*** (*ricompensa*) recompense; reward ***2*** (*pagamento*) remuneration; pay; payment; consideration money.

rimuòvere, A *v. t.* ***1*** (*sgomberare*) to remove; to clear away; to shift: **r. le macerie**, to clear away the rubble ***2*** (*togliere di mezzo, anche fig.*) to remove; to eliminate: **Bisogna r. la causa**, we must remove the cause; **r. un ostacolo**, to eliminate an obstacle; **r. ogni dubbio**, to remove all doubts ***3*** (*dissuadere*) to dissuade; to deter: **r. q. dal suo proposito**, to deter sb. from his resolution; to make sb. change his mind ***4*** (*licenziare*) to remove; to dismiss; to discharge: **Fu rimosso dal suo impiego**, he was removed from his position ***5*** (*psic.*) to repress. ● (*leg.*) **r. i sigilli**, to break the seals. **B rimuòversi,** *v. i. pron.* to move; to budge (*in frasi neg.*).

Rinàldo, *m.* Reginald; Ronald; (*letter.*)

Renault, Rinaldo.

rinalgìa, f. (*med.*) rhinalgia.

rinarràre, v. t. to retell*; to tell* again; to narrate again.

rinascènte, a. renascent; reviving.

rinascènza, f. *1* (*lett.*: *rinascita*) renascence; revival; rebirth *2* V. **rinascimento**.

rinàscere, v. i. *1* (*nascere di nuovo*) to be born again: **Un uomo come lui non rinascerà tanto presto**, a man like him won't be born again soon *2* (*germogliare, crescere di nuovo*) to grow* again; to spring* up again: **L'erba comincia a r.**, the grass is beginning to grow again; **La pianta rinacque**, the plant sprang up again *3* (*fig.*: *rivivere, risorgere*) to return to life; to revive: **I fiori rinascono nell'acqua**, flowers revive in water; **Ci rinacquero le speranze**, our hopes revived; **Sentiva r. in sé le forze**, he could feel his strength flowing back (*o* returning); **sentirsi r.**, to feel revived; to feel (quite) another man [woman]; **tradizioni che rinascono**, traditions which revive; **Rinascono le arti**, there is a revival of the arts *4* (*del sole*) to rise* again.

rinascimentàle, a. (*stor.*) Renaissance (*attr.*); of the Renaissance: **l'arte r.**, Renaissance art.

rinasciménto, m. *1* (*il rinascere*) renaissance; revival: **un r. delle arti**, a revival of the arts *2* (*stor.*) Renaissance; Renascence: **il R. italiano**, the Italian Renaissance; **l'architettura del R.**, Renaissance architecture; **mobili (stile) r.**, Renaissance furniture.

rinàscita, f. *1* rebirth *2* (*fig.*) revival, rebirth, regeneration, renaissance, renewal; (*ripresa*) recovery: **la r. delle arti**, the revival of arts; **la r. morale di un paese**, the moral regeneration of a country; **la r. dell'economia nazionale**, the country's economic recovery; **una r. dell'interesse per il balletto**, a renewed interest in ballet; (*stor.*) **la r. carolingia**, the Carolingian Renaissance.

rincagnàto, a. pug (*attr.*); snub (*attr.*): **naso r.**, pug (*o* snub) nose.

rincalcàre, v. t. (*fam.*) to press down; to pull down: **Gli rincalcai il cappello fin sugli orecchi**, I pulled his hat down over his ears.

rincalzaménto, V. **rincalzatura**.

rincalzàre, v. t. *1* (*agric.*) to earth up: **r. una pianta**, to earth up a plant *2* (*fermare con rinforzi, assicurare alla base*) to prop (up); (*con una zeppa*) to wedge: **r. un palo con sassi**, to prop a stake with stones; **r. una porta**, to prop a door open; to wedge a door; **r. un tavolo**, to put a wedge under the leg of a table *3* (*lenzuola, coperte*) to tuck in (*o* up): **r. il letto**, to tuck in the bedclothes; **La mamma lo mise a letto e gli rincalzò le coperte**, his mother put him in bed and tucked him in (o up); his mother tucked him up in bed *4* (*fig.*) to support; to buttress.

rincalzàta, f. *1* (*agric.*) earthing up: **dare una r. a una pianta**, to earth up a plant *2* (*rimboccata*) tucking in (*o* up): **dare una r. alle coperte**, to tuck in the blankets; to tuck sb. in (*o* up).

rincalzatùra, f. *1* (*agric.*) earthing up *2* (*il fermare con rinforzi*) propping up; (*con una zeppa*) wedging.

rincàlzo, m. *1* (*agric.*) earthing up *2* (*supporto*) prop; (*zeppa*) wedge, chock *3* (*rinforzo, aiuto*) reinforcement; support: **di** (*o* **per**) **r.**, in support *4* (*sport*) reserve. ● (*mil.*) **truppe di r.**, reserves; reinforcements.

rincamminàrsi, v. i. pron. to set* out again; to resume one's way.

rincanalàre, v. t. to channel back.

rincantucciàre, **A** v. t. to drive* (*o* to put*) into a corner. **B** **rincantucciàrsi**, v. i. pron. to creep* (*o* to sneek) into a corner; to huddle in a corner; to hide* in a corner.

rincappàre, v. i. *1* (*ricadere*) to fall* into (st.) again: **r. in un errore**, to fall into the same mistake again *2* (*reincontrare*) to bump into (sb.) again.

rincaràre, **A** v. t. (*aumentare il prezzo di*) to raise the price of; to put* up; to mark up: **Hanno rincarato l'olio d'oliva**, the price of olive-oil has been raised; **r. gli affitti**, to put up the rents ● (*fig.*) **r. la dose**, to add to st. □ **«E poi sei sempre in ritardo!» rincarò la moglie**, «And you are always late» chimed in his wife. **B** v. i. to become* more expensive; to rise* (in price); to go* up: **Tutto rincara**, everything is going up; **La benzina rincarerà di 150 lire**, petrol will go up by 150 lire; **I prezzi rincarano**, prices are going up (*o* rising).

rincarceràre, v. t. to reimprison.

rincarnàre, e *deriv.* V. **reincarnare**, e *deriv.*

rincàro, m. rise (*o* increase) in prices; price rise; markup: **il r. del costo della vita**, the rising cost of living; **il costante r. dei prezzi**, the constant increase in prices; **il r. degli affitti**, rent increases; **Su questi articoli c'è un r. del 10%**, there is a 10% markup on these items.

rincasàre, v. i. to go* home; to come* home; to get* home: **Rincasò più tardi del solito**, he got home later than usual; **Rincasando, passò dal panettiere**, on his way home he called in at the baker's.

rincatenàre, v. t. to chain up again.

rinchite, m. (*zool.*, *Rhynchites*) snout-beetle.

rinchiùdere, **A** v. t. to shut* up; (*a chiave*) to lock up (*o* in): **Rinchiuse i gioielli nella cassaforte**, he locked up the jewels in the safe; **r. q. in una stanza**, to lock sb. up in a room; **r. un prigioniero**, to lock up a prisoner; **r. il gatto in cucina**, to shut up the cat in the kitchen; **Fu rinchiuso in manicomio**, he was shut up in a mental home; he was locked up (*fam.*); he was put away (*fam.*); **r. un uccello in gabbia**, to cage a bird. **B** **rinchiùdersi**, v. rifl. to shut* oneself up (*o* in); to lock oneself in; (*ritirarsi*) to withdraw*, to retire: **Si è rinchiuso nello studio**, he has shut himself up in his study; **r. in convento**, to withdraw to a monastery; (*fig.*) **r. in se stesso**, to retire (*o* to withdraw) into oneself.

rinchiùso, **A** a. *1* shut up (*o* in); locked up (*o* in) *2* (*di aria viziata*) close. **B** m. (*spazio chiuso*) enclosed place, enclosure; (*per animali*) enclosure, pen. ● **odore di r.**, musty smell; stuffiness □ **sapere di r.**, to smell musty; to be stuffy: **una stanza che sa di r.**, a stuffy room.

rincitrullìre, **A** v. t. to muddle; to stultify; to dull (sb.'s) wits. **B** v. i. e **rincitrullirsi**, v. i. pron. to grow* stupid; to grow* soft in the head (*fam.*).

rincitrullìto, a. stultified; stupid; foolish; soft in the head (*fam.*); dopey (*fam.*).

rincivilimento, m. civilizing; refinement.

rincivilire, **A** v. t. to civilize; to refine. **B** **rincivilirsi**, v. i. pron. to become* civilized; to become* refined.

Rincocèfali, m. pl. (*zool.*, *Rhyncocephalia*) Rhyncocephalia.

rincocèfalo, m. (*zool.*) rhyncocephalian.

Rincòfori, m. pl. (*zool.*, *Rhyncophora*) Rhyncophora.

rincòforo, m. (*zool.*) rhyncophore.

rincoglionìre, **A** v. t. (*volg.*) to make* dumb; to turn into a fool; to knock out: **Il caldo mi rincoglionisce**, heat knocks me out. **B** v. i. e **rincoglionirsi**, v. i. pron. (*volg.*) to grow* stupid, to lose* one's marbles (*pop.*), to be fucked up (*volg.*); (*di persona anziana*) to grow* senile, to grow* gaga (*fam.*).

rincoglionìto, a. (*volg.*) *1* (*intontito*) dazed; dopey (*fam.*), punch-drunk (*fam.*); fucked up (*volg.*) *2* (*istupidito*) stupid; imbecile; flipped out (*pop.*), cracked up (*pop.*), out of it (*pop.*); fucked up (*volg.*); (*di persona anziana*) senile, gaga (*fam.*).

rincollàre, v. t. to glue (*o* to paste) together again; to stick together again; to paste (*o* to glue) on again: **Rincollai i due pezzetti di legno**, I glued the two pieces of wood together again; **r. una foto in un album**, to paste a photo back in an albun.

rincòllo, m. obstruction; blockage.

rincominciàre, V. **ricominciare**.

rincontràre, v. t. to meet* again; to re-encounter: **Ci rincontrammo diverse altre volte**, we met again several times; **r. q. per caso**, to come across sb. again.

rincóntro, **A** m. meeting. **B** **di r. a**, locuz. prepositiva in front of; opposite: **Abitano di r. a noi**, their house is opposite ours.

rincoraggiàre, v. t. to encourage (again).

rincoràre, **rincoràrsi**, V. **rincuorare**, **rincuorarsi**.

rincorporàre, v. t. to reincorporate.

rincórrere, **A** v. t. to run* after; to chase; (*anche fig.*) to pursue: **Mi rincorse per darmi il resto**, he ran after me to give me the change; **r. un ladro**, to run after a thief; **Il cane rincorreva una gallina**, the dog was chasing a hen; **r. una lepre**, to pursue a hare; **r. la fama**, to pursue fame; **r. un'idea**, to toy with an idea. **B** **rincórrersi**, v. rifl. recipr. to run* after each other (*o* one another); to chase each other (*o* one another). ● (*gioco*) **fare** (*o* **giocare**) **a r.**, to play tag (*o* tig).

rincórsa, f. run; run-up: **prendere la r.**, to take a run-up; **saltare senza r.**, to do a standing jump; **di r.**, at a run.

rincréscere, v. i. *1* (*sentire rincrescimento*) to be sorry; to regret: **Mi rincresce di non poter venire**, I am sorry I cannot come; I regret being unable to come (*o* that I cannot come) (*form.*); **Mi rincresce che tu non possa andare**, I am sorry you cannot go; **Mi rincresce molto**, I am very sorry (about it); I deeply regret it; **Gli rincrebbe di dover lasciare gli amici**, he was sorry to have to leave his friends *2* (*provare fastidio*) to mind: **Ti rincresce darmi una mano?**, do you mind giving me a hand?; **Se non ti rincresce**, if you don't mind.

rincresciménto, m. regret: **esprimere il proprio r.**, to express one's regret; **con mio grande r.**, much to my regret; **provare r. per q.c.**, to feel sorry for st.

rincresciùto, a. sorry; regretful.

rincretinìre, **A** v. t. to make* dumb; to drive* crazy. **B** v. i. to grow* stupid; to grow* dumb; to go* crazy.

rincretinìto, a. stupid; foolish; dumb; soft in the head (*fam.*); dopey (*fam.*).

rincrudiménto, m. aggravation; worsening: **il r. d'un male**, the aggravation (*o* worsening) of an illness; **C'è stato un r. del freddo**, the weather has become colder.

rincrudìre, **A** v. t. to aggravate; to make* worse; to worsen: **r. una pena**, to aggravate a punishment. **B** v. i. e **rincrudirsi**, v. i. pron. to get* worse; to worsen: **La malattia è rincrudita**, the illness has got worse; **Il tempo rincrudì**, the weather turned colder (*o* got worse).

rinculàre, v. i. *1* (*indietreggiare*) to recoil; to draw* back; to step back *2* (*d'arma da fuoco*) to recoil; to kick.

rinculàta, f. recoiling; drawing back.

rincùlo, m. (*d'arma da fuoco*) recoil; kick.

rincuoràre, **A** v. t. to encourage; (*confortare*) to comfort, to cheer up. **B** **rincuoràrsi**, v. i. pron. to take* heart; to feel* encouraged; (*confortarsi*) to be comforted (*o* relieved).

rincupìre, **A** v. t. *1* to make* darker; to darken *2* (*fig.*) to darken; to trouble; to cast* a gloom over. **B** v. i. e **rincupirsi**, v. i. pron. *1* to grow* (*o* to get*) darker; to cloud over; to darken: **Tutt'a un tratto il cielo rincupì**, it suddenly got darker; the sky suddenly clouded over *2* (*fig.*) to darken; to cloud over; to become* gloomy; to grow* troubled: **Il suo volto rincupì**, his face darkened (*o* clouded over).

rindurire, *v. t.* e *i.* **rindurirsi,** *v. i. pron.* to harden (again).

rinegoziàbile, *a.* renegotiable.

rinegoziabilità, *f.* renegotiability.

rinegoziàre, *v. t.* to renegotiate.

rinencèfalo, *m.* (*anat.*) rhinencephalon*.

rinfacciaménto, *m.* reproach.

rinfacciàre, *v. t.* ***1*** to throw* (st.) in (sb.'s) face; to remind; to bring* up: **Mi rinfaccia sempre tutto quello che ha fatto per me,** he keeps bringing up (*o* he's always reminding me, he never lets me forget) all the things he did for me ***2*** (*rimproverare*) to reproach (sb. with st.); to accuse (sb. of st.): **Gli rinfacciai la sua debolezza,** I reproached him with his weakness; I accused him of being weak.

rinfagottàre, **A** *v. t.* ***1*** (*riavvolgere in un fagotto*) to bundle up ***2*** (*imbacuccare*) to wrap up; to muffle up. **B** **rinfagottàrsi,** *v. i. pron.* to muffle oneself up; to wear* shapeless clothes.

rinfervoràre, **A** *v. t.* to reanimate; to enliven again. **B** **rinfervoràrsi,** *v. i. pron.* to become* animated (again); to warm up again; to rouse again.

rinfiammàre, **A** *v. t.* ***1*** to rekindle ***2*** (*fig.*) to inflame again; to rekindle; to stir up again. **B** **rinfiammàrsi,** *v. i. pron.* ***1*** to take* (*o* to catch*) fire again ***2*** (*fig.*) to become* (*o* to get*) inflamed again; to flare up again.

rinfiancaménto, *m.* backing; supporting; propping.

rinfiancàre, *v. t.* (*anche fig.*) to back; to support; to prop: **r. una ipotesi,** to support a hypothesis; **r. un'accusa con nuove prove,** to support a charge with new evidence.

rinfiànco, *m.* (*anche fig.*) support; prop.

rinfierire, *v. i.* ***1*** (*infierire di nuovo*) to rage again ***2*** (*diventare più forte*) to become* stronger.

rinfilàre, *v. t.* ***1*** (*infilare di nuovo*) to rethread: **r. l'ago,** to rethread the needle ***2*** (*reintrodurre*) to push back in; to slip back in: **Rinfilò una mano in tasca,** he slipped a hand back into his pocket.

rinfittire, *v. i.* to thicken; to grow* (*o* to get*) thicker.

rinfocolaménto, *m.* rekindling; stirring up again.

rinfocolàre, **A** *v. t.* ***1*** (*riattizzare*) to rekindle; to stir (*o* to poke) again ***2*** (*fig.*) to rekindle; to stir up: **r. l'odio,** to rekindle hatred; **r. vecchi rancori,** to stir up old grudges. **B** **rinfocolàrsi,** *v. i. pron.* to be rekindled; to be stirred up; to flare up.

rinfoderàre, *v. t.* to sheathe: **r. la spada,** to sheathe one's sword; **r. gli artigli,** to draw in one's claws.

rinfornàre, *v. t.* to put* (st.) back into the oven.

rinforzàbile, *a.* reinforceable.

rinforzaménto, *m.* strengthening; reinforcement.

rinforzàndo, *m. invar.* (*mus.*) rinforzando.

rinforzàre, **A** *v. t.* ***1*** (*ridare forza*) to strengthen; to make* stronger; to give* strength to; to (re)invigorate; to brace: **Questa medicina ti rinforzerà,** this medicine will make you stronger; **r. la voce,** to strengthen the voice; **r. i muscoli,** to strengthen one's muscles ***2*** (*rendere più forte, anche fig.*) to reinforce; to strengthen; to support; to buttress; **r. un esercito,** to reinforce an army; **r. una convinzione,** to strengthen a conviction ***3*** (*dare maggior robustezza, anche mecc.*) to reinforce; to strengthen; to toughen; to stiffen: **r. i gomiti di una giacca,** to reinforce the elbows of a jacket; **r. lo schienale di una sedia,** to reinforce the back of a chair ***4*** (*edil.*) to back, to support; (*puntellare*) to prop up: **r. un muro,** to back a wall ***5*** (*fotogr.*) to intensify. ● (*chim.*) **r. la concentrazione di una soluzione,** to strengthen a solution. **B** *v. i.* to become* (*o* to get*) stronger; (*del vento*) to blow* up, to freshen; (*del mare*) to be rising. **C** **rinforzàrsi,** *v. i pron.* to be strengthened; to become* stronger: **La concorrenza si rinforzerà,** competition will be strengthened.

rinforzàto, *a.* ***1*** reinforced; strengthened; stiffened ***2*** (*edil.*) reinforced, backed; (*puntellato*) propped up ***3*** (*fotogr.*) intensified.

rinfòrzo, *m.* ***1*** (*il rinforzare*) reinforcement; strengthening; stiffening ***2*** (*cosa che irrobustisce*) reinforcement; stiffener; backing: **mettere un r. ai tacchi,** to reinforce the heels ***3*** (*sostegno*) support; prop; stay; buttress ***4*** (*edil.*) reinforcement; backing; brace; prop: **nervatura di r.,** stiffening rib ***5*** (*mil.*) reinforcement: **un r. di truppe,** a reinforcement of troops ***6*** (*fotogr.*) intensification ***7*** (*elettron.*) enhancement ***8*** (*fig.*: *sostegno, aiuto*) support; help; aid: **venire in r. di q.,** to come to sb.'s aid; to back sb. up ***9*** (*psic.*) reinforcement.

rinfrancàre, **A** *v. t.* to reassure; to fortify; to give* new confidence (*o* courage) to; to encourage: **Quelle parole mi rinfrancarono,** those words reassured me (*o* removed all my doubts, cheered me up). **B** **rinfrancàrsi,** *v. i. pron.* to be reassured; to feel* more confident; to get* back one's courage; to take* heart again.

rinfrescànte, **A** *a.* refreshing; cooling: **una bevanda r.,** a refreshing (*o* cooling) drink. **B** *m.* (*fam.*) mild laxative.

rinfrescàre, **A** *v. t.* ***1*** (*rendere fresco*) to refresh; to freshen; to cool: **La pioggia ha rinfrescato l'aria,** the rain has cooled (*o* freshened) the air; **r. l'aria in una stanza,** to change the air in a room ***2*** (*ritoccare, restaurare*) to freshen up; to renovate: **r. un vestito vecchio,** to renovate an old dress; **Voglio far r. la sala da pranzo,** I want to freshen up the dining room; **r. i colori di un quadro,** to brighten up the colours of a painting. ● **r. la memoria a q.,** to refresh sb.'s memory □ **r. la strada,** to sprinkle the road with water □ **Devo r. il mio francese,** I must brush up my French. **B** *v. i.* (*del tempo*) to cool, to get* cool (*o* cooler); (*del vento*) to freshen: **L'aria rinfresca,** the air is getting cooler. **C** **rinfrescàrsi,** *v. rifl.* ***1*** (*ristorarsi*) to refresh oneself; to take* refreshment: **r. con un tè ghiacciato,** to refresh oneself with some iced tea ***2*** (*lavarsi*) to freshen (oneself) up.

rinfrescàta, *f.* ***1*** (*del tempo*) cooling, cooler weather; (*del vento*) freshening: **È venuta una bella r.,** the weather has got much cooler ***2*** (*fam.*: *lavata*) freshening-up: **darsi una r.,** to freshen (oneself) up. ● **dare una r. alle pareti,** to do up a room □ **dare una r. al giardino,** to sprinkle the garden □ **Non ti ricordi? Ti darò io una r.,** don't you remember? I'll freshen up your memory.

rinfrescativo, *a.* refreshing.

rinfrésco, *m.* ***1*** refreshments (*pl.*) ***2*** (*ricevimento*) (cocktail) party; reception.

rinfronzolire, **A** *v. t.* to doll up. **B** **rinfronzolirsi,** *v. rifl.* to doll oneself up.

rinfùsa, *f.* – **alla r.,** haphazardly; higgledy-piggledy; anyhow; indiscriminately; (*comm.*) in job lots; (*naut.*) in bulk.

ring (*ingl.*), *m. invar.* ***1*** (*sport*) (boxing) ring: **salire sul r.,** to go into the ring; **campione del r.,** boxing champion ***2*** (*econ.*) ring.

ringagliardiménto, *m.* reinvigoration; reinvigorating; strengthening.

ringagliardire, **A** *v. t.* to reinvigorate; to give* fresh vigour to; to brace; to strengthen. **B** *v. i.* e **ringagliardirsi,** *v. i. pron.* to become* more vigorous; to become* stronger.

ringalluzzire, **A** *v. t.* to perk up; to give* more pep; to embolden. **B** *v. i.* e **ringalluzzirsi,** *v. i. pron.* to perk up; to grow* bolder; to become* cocky (*fam.*).

ringalluzzito, *a.* perky; jaunty; made bold (*pred.*); cocky (*fam.*).

ringentilire, **A** *v. t.* to refine; to soften; to tame. **B** **ringentilirsi,** *v. i. pron.* to become* refined; to soften; to mellow.

ringhiàre, *v. i.* (*anche fig.*) to snarl; to growl.

ringhièra, *f.* (*di balcone e sim.*) railing(s); (*di scala*) banisters (*pl.*): **sporgersi dalla r.,** to lean over the railings; **appoggiarsi alla r.,** to lean on the banisters.

ringhio, *m.* snarl; growl.

ringhióso, *a.* ***1*** snarling; growling ***2*** (*fig.*) snarling; cantankerous; crabby: **in tono r.,** in a snarling tone; **un vecchio r.,** a cantankerous old man.

ringiovaniménto, *m.* rejuvenation.

ringiovanire, **A** *v. t.* ***1*** (*far ritornare giovane*) to restore to youth; to give* (sb.) back (his, her, etc.) youth; to rejuvenate ***2*** (*far sembrare più giovane*) to make* (sb.) look younger: **Quel vestito ti ringiovanisce,** that dress makes you look younger. **B** *v. i.* e **ringiovanirsi,** *v. i. pron.* ***1*** to grow* young again; to rejuvenate; (*biol.*) to rejuvenesce ***2*** (*apparire più giovane*) to look younger; to seem able to get younger ***3*** (*sentirsi più giovane*) to feel* younger.

ringoiàre, *v. t.* ***1*** (*ingoiare di nuovo*) to swallow up again ***2*** (*fig.*) to swallow; to take* back; to withdraw*; to eat* (*fam.*): **ringoiarsi tutte le parole,** to swallow (*o* to eat) all one's words.

ringranàre, **A** *v. t.* (*mecc., autom.*) to re-engage; to engage again: **r. la terza,** to engage third gear again. **B** *v. i.* (*fig.*) to get* going again: **Dopo la malattia non riesce a r.,** he doesn't seem able to get going again after his illness.

ringrandire, **A** *v. t.* to enlarge further. **B** *v. i.* e **ringrandirsi,** *v. i. pron.* to become* (*o* to grow*, to get*) larger.

ringrassàre, **A** *v. t.* to fatten again; to make* fatter. **B** *v. i.* to put* on weight again; to grow* (*o* to get*) fatter.

ringraziaménto, *m.* ***1*** thanks (*pl.*); thank-you: **Accettate i nostri ringraziamenti,** please accept our thanks; **tanti ringraziamenti,** many thanks; thanks very much; **sentiti ringraziamenti,** heartfelt thanks; **una lettera di r.,** a letter of thanks; a thank-you letter; **fare i propri ringraziamenti a q.,** to express one's thanks to sb.; to thank sb.; **Per tutto r. mi mandò una cartolina,** all the thanks I got was a postcard; **Devo un r. speciale a mia moglie,** I owe a special thank-you to my wife ***2*** (*relig.*) thanksgiving.

ringraziàre, *v. t.* to thank: **Vi ringrazio tutti di essere venuti,** I thank you all for being here; **Ti ringrazio del tuo aiuto,** (I) thank you for your help; **Ti ringrazio infinitamente,** thank you very much indeed; **Vi ringrazio anticipatamente,** I thank you in advance (*o* beforehand); **r. per iscritto,** to send a letter of thanks; **r. a voce,** to thank personally; **Sia ringraziato Iddio (*o* il cielo)!,** thank God (*o* Heaven)!; **Puoi r. la tua buona stella,** you may thank your lucky stars; (*iron.*) **Non hai che r. te stesso,** you have only yourself to thank; **Non c'è bisogno di ringraziarmi,** there's no need to thank me.

ringuainàre, *v. t.* to sheathe (again).

rinite, *f.* (*med.*) rhinitis*.

rinnamoraménto, *m.* falling in love again.

rinnamoràre, **A** *v. t.* to make* (sb.'s) fall in love again. **B** **rinnamoràrsi,** *v. i. pron.* to fall* in love again.

rinnegàre, *v. t.* to deny; to repudiate; to disown; to disavow; to recant: **Pietro rinnegò Gesù,** Peter denied Jesus; **r. la propria religione,** to recant one's religion; **r. il proprio partito,** to repudiate one's party; **r. gli amici,** to disown one's friends; **r. il proprio figlio,** to disown one's son; **r. i propri principi,** to repudiate (*o* to disavow) one's principles.

rinnegàto, **A** *a.* renegade (*attr.*). **B** *m.* (*f.* **-a**) renegade; traitor.

rinnegatóre, *m.* (*f.* **-trice**) denier; renouncer.

rinnestàre, e *deriv. V.* **reinnestare**, e *deriv.*
rinnovàbile, *a.* renewable: **un contratto r.**, a renewable contract.
rinnovaménto, *m.* ***1*** renewal; renovation: **r. politico**, political renewal; **un r. della società**, a renewal of society ***2*** (*sostituzione*) change, renewal; (*rimodernamento*) updating, modernization; (*riorganizzazione*) reorganization, redevelopment: **il r. del guardaroba**, a renewal of one's wardrobe; **r. urbanistico**, redevelopment.
rinnovàre, **A** *v. t.* ***1*** (*rendere nuovo*) to renew; (*rimettere a nuovo*) to renovate, to restore, to do* up; (*rimodernare*) to update, to modernize: **r. un edificio**, to renovate a building; **r. la casa**, to do up the house; **r. il macchinario**, to update machinery ***2*** (*ravvivare*) to renew: **r. una conoscenza**, to renew an acquaintance ***3*** (*documenti e sim.*) to renew; to extend: **r. un contratto**, to renew (*o* to extend) a contract; **r. una cambiale**, to renew a bill; **r. un passaporto**, to extend a passport; **r. l'abbonamento a un giornale**, to renew one's subscription to a newspaper ***4*** (*ripetere*) to repeat; to renew; to redouble: **r. una richiesta**, to repeat a request; **r. i propri sforzi**, to renew (*o* to redouble) one's efforts; **r. un assalto**, to renew an attack; **r. i ringraziamenti**, to thank again; **r. le scuse**, to renew one's apologies; to apologize again ***5*** (*sostituire*) to renew; to replace; to change: **r. il personale**, to renew (*o* to replace) the staff; **r. il consiglio d'amministrazione**, to replace the board of directors; **r. il guardaroba**, to renew one's wardrobe; **r. l'aria in una stanza**, to change the air in a room. **B** **rinnovàrsi,** *v. i. pron.* ***1*** (*tornare nuovo*) to be renewed, to be renovated, to be restored; (*rimodernarsi*) to update, to be modernized ***2*** (*ripetersi*) to happen (*o* to occur) again; to be repeated; to take* place again: **Non vorrei che si rinnovasse la stessa situazione**, I wouldn't like the same situation to occur again; **Si sono rinnovati i disordini**, there were more disorders.
rinnovatìvo, *a.* renewing; renovating.
rinnovatóre, **A** *m.* (*f.* **-trice**) renewer; renovator. **B** *a.* renewing; renovating.
rinnovazióne, *f.* renewal; renovation.
rinnovellàre, *v. t.* (*poet.*) ***1*** to renew ***2*** to repeat.
rinnòvo, *m.* ***1*** (*di documenti e sim.*) renewal; extension: **il r. di una cambiale**, the renewal of a bill; **il r. di un abbonamento**, the renewal of a subscription; **il r. di un passaporto**, the extension of a passport; **r. del contratto d'affitto**, relocation; reconduction; **avviso di r.**, renewal notice ***2*** (*ripetizione*) renewal; repeat: **il r. di un'ordinazione**, the repeat of an order ***3*** (*sostituzione*) change; replacement; renewal: **r. delle attrezzature**, equipment replacement.
rinocerónte, *m.* (*zool.*, *Rhinoceros*) rhinoceros; rhino (*fam.*).
rinofaringe, *f.* (*anat.*) nasopharynx.
rinofaringèo, *a.* (*anat.*) nasopharyngeal.
rinofaringìte, *f.* (*med.*) nasopharyngitis*.
rinofonìa, *f.* (*med.*) rhinophonia.
rinògeno, *a.* (*med.*) rhinogenous; rhinogenic.
rinolalìa, *f.* (*med.*) rhinolalia.
rinolaringìte, *f.* (*med.*) rhinolaryngitis*.
rinòlofo, *m.* (*zool.*, *Rhinolophus*) horseshoe bat.
rinologìa, *f.* (*med.*) rhinology.
rinomànza, *f.* renown; fame; celebrity: **di grande r.**, of high renown; **avere r.**, to be renowned.
rinomàto, *a.* renowned; famous; celebrated.
rinominàre, *v. t.* ***1*** (*nominare di nuovo*) to name again ***2*** (*rieleggere*) to re-elect ***3*** (*designare di nuovo*) to reappoint.
rinoplàstica, *f.* (*chir.*) rhinoplasty.
rinoplàstico, *a.* (*chir.*) rhinoplastic.
rinorragìa, *f.* (*med.*) rhinorrhagia; epistaxis.
rinorrèa, *f.* (*med.*) rhinorrh(o)ea.
rinoscopìa, *f.* (*med.*) rhinoscopy.
rinoscòpico, *a.* (*med.*) rhinoscopic.
rinoscòpio, *m.* (*med.*) rhinoscope.
rinovirus, *m. invar.* (*biol.*) rhinovirus.
rinquadràre, *v. t.* ***1*** to reframe ***2*** (*mil.*) to regroup.
rinsaccàre, **A** *v. t.* ***1*** (*insaccare di nuovo*) to repack in a sack; to put* back in a sack ***2*** (*scuotere un sacco*) to shake* down. **B** *v. i.* e **rinsaccàrsi,** *v. i. pron.* ***1*** (*affondare la testa nelle spalle*) to draw* one's head in; (*alzare le spalle*) to shrug one's shoulders ***2*** (*rientrare in se stesso*) to crumple ***3*** (*sobbalzare a cavallo*) to be shaken up; to be jolted.
rinsaldaménto, *m.* strengthening; consolidation.
rinsaldàre, **A** *v. t.* to strengthen; to consolidate: **r. un'amicizia**, to consolidate a friendship. **B** **rinsaldàrsi,** *v. i. pron.* to grow* stronger; to be strengthened (*o* consolidated): **r. nella propria decisione**, to be strengthened in one's decision
rinsanguaménto, *m.* infusion of new blood; infusion of new life; boost.
rinsanguàre, **A** *v. t.* ***1*** (*rinvigorire*) to give* new blood to; to give* new strength to; to impart new vigour to; to revive; to reinvigorate; to boost ***2*** (*ricolmare*) to fill; to replenish. **B** **rinsanguàrsi,** *v. i. pron.* ***1*** (*riprendere vigore*) to recover (one's strength); to grow* stronger; to get* new blood; to be revived ***2*** (*fig.*: *riprendersi economicamente*) to get* back on one's feet; to get* a boost.
rinsaporìre, **A** *v. t.* to add more flavour to; to add seasoning to. **B** **rinsaporìrsi,** *v. i. pron.* to gain flavour.
rinsavìre, *v. i.* ***1*** to recover one's sanity ***2*** (*fig.*) to return to reason; to recover one's wits; to come* to one's senses.
rinsecchìre, *v. i.* **rinsecchìrsi,** *v. i. pron.* (*diventare secco*) to dry up; (*inaridire*) to wither, to shrivel; (*diventare magro*) to grow* (*o* to get*) skinny.
rinsecchìto, rinseccolìto, *a.* (*diventato secco*) dry, dried up; (*inaridito*) withered, wizened, shrivelled; (*diventato magro*) skinny, gaunt: **viso r.**, wizened face; **albero r.**, dead tree; **pane r.**, stale bread.
rinselvàrsi, *v. i. pron.* ***1*** (*ritornare nella selva*) to hide* in the woods again ***2*** (*rimboschire*) to become* wooded again.
rinselvatichìre, **A** *v. t.* to let* go wild again. **B** *v. i.* e **rinselvatichìrsi,** *v. i. pron.* to grow* (*o* to go*) wild again.
rinserràre, **A** *v. t.* to shut* in (*o* up) (again); (*a chiave*) to lock in (*o* up) (again). **B** **rinserràrsi,** *v. rifl.* to shut* oneself in (*o* up) (again); (*a chiave*) to lock oneself in (*o* up) (again): **Mi rinserrai in camera**, I locked myself up in my room.
rintanàrsi, *v. rifl.* ***1*** (*rientrare nella tana*) to go* into one's hole again; (*della volpe*) to run* (*o* to go*) to earth ***2*** (*fig.*) to shut* oneself up, to hole up (*fam.*); (*nascondersi*) to hide* (oneself): **Sta sempre rintanata in casa**, she is always shut up at home; **È andato a r. in un paesino sui monti**, he has holed up in a little village in the mountains.
rintavolàre, *v. t.* to restart; to bring* up again; to reopen: **r. una discussione**, to restart an argument; **r. le trattative**, to reopen negotiations.
rintegràre, rintegrazióne, *V.* **reintegrare, reintegrazióne**.
rintelaiatùra, *f.* reframing; remounting.
rintelàre, *v. t.* (*un dipinto*) to apply a new canvas backing to.
rintelatùra, *f.* (*di un dipinto*) application of a new canvas backing.
rinterraménto, *m.* filling up with earth; silting up.
rinterràre, **A** *v. t.* ***1*** (*colmare di terra*) to fill up with earth; to silt up ***2*** (*interrare di nuovo*) to cover with earth; to bury again. **B** **rinterràrsi,** *v. i. pron.* to fill up with earth; to silt up.
rintèrro, *m.* bank; silting-up.
rinterrogàre, *v. t.* to reinterrogate; to interrogate again; to question again: (*leg.*) **r. un testimone**, to re-examine a witness.
rintoccàre, *v. i.* (*di campana*) to ring*, to toll; (*di orologio*) to strike*, to chime: **Il campanile rintocca le ore**, the belltower rings the hours; **L'orologio rintoccò le due**, the clock struck two.
rintócco, *m.* (*di campana*) ring, toll; (*di orologio*) stroke: **i rintocchi d'una campana**, the tolling of a bell; **r. funebre**, knell; **suonare a rintocchi**, to toll; **La pendola diede sei rintocchi**, the grandfather clock struck six.
rintonacàre, *v. t.* to replaster
rintonacatùra, *f.* replastering; new plastering.
rintònaco, *m.* new plaster.
rintontiménto, *m.* stupor; daze.
rintontìre, **A** *v. t.* to stupefy; to daze; to stun. **B** *v. i.* e **rintontìrsi,** *v. i. pron.* to become stupefied; to be dazed.
rintontìto, *a.* dazed; stunned; groggy; punch-drunk.
rintoppàre, *v. i.* **rintoppàrsi,** *v. i. pron.* ***1*** to run* into; to bump into ***2*** (*in un ostacolo*) to come* up against ***3*** (*inciampare, anche fig.*) to stumble upon: **r. nella verità**, to stumble upon the truth.
rintòppo, *m.* stumbling block; hitch; snag.
rintracciàbile, *a.* traceable.
rintracciàre, *v. t.* to trace; (*ritrovare cercando*) to track down, to run* down: **r. la selvaggina**, to trace (*o* to track down) game; **Stiamo cercando di rintracciarlo**, we are trying to trace him; **La polizia ha rintracciato il ladro**, the police have tracked down the burglar; **r. una citazione**, to run down a quotation; **r. l'origine di q.c.**, to trace the source of st.; **Nelle sue poesie si rintracciano echi di Mallarmé**, echoes of Mallarmé can be found in his poems.
rintristìre, *v. i.* to grow* melancholy; to wilt.
rintronaménto, *m.* ***1*** (*rimbombo*) roar; boom; booming ***2*** (*fig.*: *intontimento*) daze; stupor.
rintronàre, **A** *v. t.* ***1*** (*assordare*) to deafen; (*stordire*) to daze, to make dizzy, to stun: **Lo scoppio ci rintronò le orecchie**, the blast deafened us; **Mi ha rintronato con le sue chiacchiere**, he deafened me with his jabbering ***2*** (*scuotere*) to shake*. **B** *v. i.* (*rimbombare*) to boom; to resound; to re-echo; to thunder: **Il tuono rintronò nella valle**, thunder re-echoed in the valley.
rintronàto, *a.* dazed; dizzy; stunned; groggy; punch-drunk.
rintuzzàre, *v. t.* ***1*** (*spuntare*) to blunt ***2*** (*fig.*: *reprimere*) to check; to curb: **r. il proprio orgoglio**, to curb one's pride ***3*** (*fig.*: *respingere*) to check; to drive* back: **r. un tentativo**, to check an attempt; **r. un assalto**, to drive back an assault ***4*** (*fig.*: *ribattere*) to counter: **r. un'accusa**, to counter an accusation.
rinùncia, *f.* ***1*** renunciation; renouncement; giving up; relinquishment; surrender; resignation; (*privazione*) sacrifice: **la sua r. alla presidenza**, his renunciation of the chair; **Ha annunciato la sua r. alla candidatura alle elezioni**, he announced his decision not to stand at the next election; **Non fare quel viaggio è stata una grossa r.**, giving up that trip was a big sacrifice; it was hard to give up that trip; **lettera di r.**, letter of renunciation; **Non sono disposto a fare rinunce**, I don't intend to give up anything; **una vita di rinunce**, a life of sacrifice; **Dopo tutte le rinunce che ho dovuto fare, ora mi voglio godere la vita**, after all the sacrifices I have had to make, I intend to enjoy life; (*relig.*) **fare atto di r.**, to renounce ***2*** (*leg.*) renunciation; waiver; quitclaim: **la r. a un diritto [a un titolo]**, the renunciation of a right [of a title]; **r. implici-**

ta, implied waiver; **clausola di r.**, waiver clause; **atto di r.**, quitclaim deed; waiver; **La r. non dà diritto a rimborso**, no refund is due in case of renunciation.

rinunciàbile, *a.* renounceable.

rinunciàre, *v. i.* **1** to renounce; to give* up; to abandon; to forgo*; (*cedere*) to relinquish, to surrender: **r. a un tentativo**, to abandon (*o* to give up) an attempt; **Si rinunciò al progetto**, the plan was abandoned (*o* given up, dropped); **r. a partire**, to give up (*o* to abandon) the idea of leaving; **Ho rinunciato a partecipare alla gara**, I gave up the idea of entering the competition; **r. al piacere di fare q.c.**, to give up the pleasure of doing st.; **Accettò di r. alle vacanze per restare ad aiutarci**, she agreed to forgo (*o* go without) her holidays to stay and help us; **r. a ogni speranza**, to abandon (*o* to relinquish) all hope; **r. al mondo**, to renounce the world; **r. alla carriera**, to give up a career; **Ci rinuncio!**, I give up! **2** (*leg.*) to renounce; to resign; to waive; to abdicate: **Non rinuncerò ai miei diritti**, I will not resign my rights; **r. a un privilegio**, to renounce (*o* to waive) a privilege; **r. a una rivendicazione**, to waive a claim; **r. al trono**, to renounce the throne; to abdicate.

rinunciatàrio, A *a.* renouncing; yielding; defeatist: **atteggiamento r.**, defeatist attitude. **B** *m.* (*f.* **-a**) yielder; submitter; defeatist; quitter (*fam.*).

rinunziàre, e *deriv. V.* **rinunciare**, e *deriv.*

rinvaṣàre, *v. t.* (*floricoltura*) to repot.

rinvaṣatùra, *f.* **rinvàṣo,** *m.* (*floricoltura*) repotting.

rinvenìbile, *a.* recoverable; retraceable; that can be found.

rinveniménto (1), *m.* **1** (*ritrovamento*) recovery; finding: **il r. del quadro rubato**, the recovery of the stolen painting **2** (*scoperta*) discovery; find: **r. casuale**, chance discovery; **un importante r. archeologico**, an important archeological find.

rinveniménto (2), *m.* **1** (*il ricuperare i sensi*) recovery of consciousness; return to consciousness **2** (*metall.*) tempering.

rinvenìre (1), *v. t.* **1** (*ritrovare*) to find*; to recover: **La lettera fu rinvenuta tra vecchie carte**, the letter was found among old papers **2** (*scoprire*) to discover; to find*: **Il corpo fu rinvenuto sotto un cespuglio**, the body was discovered under a bush; **Rinvennero frammenti di anfore romane**, they found fragments of Roman amphoras.

rinvenìre (2), *v. i.* **1** (*ricuperare i sensi*) to recover consciousness (*o* one's senses); to come* round (*o* to): **Quando rinvenni, la mia valigia non c'era più**, when I came round, my suitcase was missing; **fare r. q.**, to bring sb. round (*o* to) **2** (*riprendere freschezza*) to revive: **Misi i fiori in acqua e rinvennero subito**, I put the flowers in water and they soon revived **3** (*riprendere morbidezza*) to soften: **L'uvetta messa a bagno rinviene**, sultanas soften if you soak them; **mettere a r. i funghi secchi**, to soak dried mushrooms **4** (*metall.*) to temper.

rinverdìre, A *v. t.* **1** to make* green again **2** (*fig.*) to revive; to renew; to rekindle: **r. la speranza**, to revive (*o* to rekindle) hope. **B** *v. i.* e **rinverdirsi,** *v. i. pron.* **1** (*ritornare verde*) to become* (*o* to grow*, to turn) green again: **A primavera i prati rinverdiscono**, in springtime the meadows become green again **2** (*fig.*) to revive; to be renewed: **Le mie speranze rinverdirono**, my hopes revived.

rinvestìre, e *deriv. V.* **reinvestire**, e *deriv.*

rinviàre, *v. t.* **1** (*mandare indietro*) to send* back; (*rispedire*) to return: **Fu rinviato a casa**, he was sent back home; **Si prega di r. la ricevuta firmata**, please return the receipt duly signed; (*sport*) **r. la palla**, to return the ball **2** (*rimandare ad altro tempo*) to put* off, to postpone, to defer, to delay, to procrastinate; (*aggiornare*) to adjourn: **La riunione è stata rinviata alla prossima settimana**, the meeting has been put off until next week; **r. una discussione**, to defer a discussion; **La conferenza fu rinviata d'una settimana**, the lecture was postponed for a week; **r. una causa**, to adjourn a case; **r. a data da destinarsi**, to put off until a later date; (*comm.*) **r. un pagamento**, to delay (*o* to defer) a payment **3** (*mandare altrove*) to refer: **Si rinvia il lettore al capitolo 10**, readers are referred to chapter 10. ● (*leg.*) **r. q. a giudizio**, to commit sb. for trial □ (*prov.*) **Non r. a domani quello che puoi fare oggi**, don't put off to tomorrow what you can do today.

rinvigoriménto, *m.* reinvigoration; strengthening.

rinvigorìre, A *v. t.* to reinvigorate; to impart (new) vigour to; to restore (sb.'s) strength; (*anche fig.*) to revive; (*rafforzare*) to strengthen, to brace: **r. il fisico**, to strengthen the body; **La dormita lo rinvigorì**, sleep restored his strength; **r. una speranza**, to revive a hope. **B** *v. i.* e **rinvigorìrsi,** *v. i. pron.* to gain (new) vigour; to regain strength; (*anche fig.*) to revive: **Le mie speranze rinvigoriscono**, my hopes are reviving.

rinvìo, *m.* **1** (*il mandare indietro*) sending back; return **2** (*differimento*) putting off, postponement, deferment, delay, procrastination; (*aggiornamento*) adjournment: **il r. ad altra data**, the putting off to a later date; **il r. d'una conferenza**, the postponement of a lecture; **il r. d'una causa**, the adjournment of a case; **subire un r.**, to be postponed; to be put off **3** (*in un testo*: *rimando*) cross-reference **4** (*sport*) return; return shot. ● (*leg.*) **r. a giudizio**, committal for trial.

rinvitàre, *v. t.* **1** (*invitare di nuovo*) to invite again; to reinvite **2** (*invitare a propria volta*) to invite in return.

rinvoltàre, A *v. t.* to wrap up; to envelop; to roll up. **B rinvoltàrsi,** *v. rifl.* to wrap oneself up; to roll oneself up.

rinvoltolàre, A *v. t.* to wrap round and round. **B rinvoltolàrsi,** *v. rifl.* to roll about; to wallow: **r. nel fango**, to wallow in mud.

rinzaffàre, *v. t.* (*edil.*) to render.

rinzaffatùra, *f.* **rinzàffo,** *m.* (*edil.*) **1** rendering **2** (*primo intonaco*) rendering coat.

rinzeppàre, *v. t.* to stuff; to fill up; to cram; to glut.

rìo (1), *m.* **1** (*lett.*) rivulet; stream; brook **2** (*a Venezia*) canal. ● (*geogr.*) **Rio delle Amazzoni**, (the) Amazon.

rìo (2), *a.* (*lett.*: *malvagio*) wicked; evil.

riobbligàre, A *v. t.* to reoblige; to oblige again; to compel again; to force again. **B riobbligàrsi,** *v. rifl.* to bind* oneself again.

rioccupàre, A *v. t.* to reoccupy; to occupy again. **B rioccupàrsi,** *v. rifl.* to occupy oneself again (with st.).

rioccupazióne, *f.* reoccupation.

rioffrìre, *v. t.* to offer again; to reoffer.

riolìte, *f.* (*miner.*) rhyolite.

rionàle, *a.* district (*attr.*); local: **biblioteca r.**, district library; local library; **mercato r.**, local market; **cinema r.**, local cinema.

rióne, *m.* neighbourhood, neighborhood (*USA*); district; quarter; ward: **Abita in un r. popolare**, he lives in a working-class district; **r. periferico**, suburb; **un r. tranquillo**, a quiet neighbourhood; **Nel suo r. conosce tutti**, he knows everybody in his neighbourhood.

riordinaménto, *m.* **1** rearrangement; readjustment: **r. dei conti**, readjustment of accounts **2** (*riorganizzazione*) reorganization: **il r. dell'esercito**, the reorganization of the army.

riordinàre, A *v. t.* **1** (*rimettere in ordine*) to put* (*o* to set*) in order (again); to tidy up; to rearrange; to sort out; to readjust: **r. un cassetto**, to tidy up a drawer; to make order in a drawer; **r. una camera**, to tidy up a room; **r. le carte sulla scrivania**, to rearrange (*o* to sort out) the papers on the desk; **riordinarsi i capelli**, to tidy one's hair **2** (*riorganizzare*) to reorganize: **r. una biblioteca**, to reorganize a library; **r. un reparto**, to reorganize a department **3** (*fare una nuova ordinazione*) to reorder; to order again. **B riordinàrsi,** *v. rifl.* to tidy oneself up.

riordinàta, *f.* tidying up.

riordinatóre, *m.* (*f.* **-trice**) reorganizer.

riordinazióne, *f.* (*comm.*) reorder.

rióordino, (*bur.*) *V.* **riordinamento.**

riorganiẓẓàre, A *v. t.* to rearrange; to reorganize; to restructure; (*aziende, anche*) to shake* up: **r. un esercito**, to reorganize an army; **r. la distribuzione**, to reorganize distribution; **r. una ditta**, to restructure (*o* to reorganize) a firm. **B riorganiẓẓàrsi,** *v. rifl.* to reorganize; to get* oneself reorganized; to get oneself sorted out (*fam.*).

riorganiẓẓatóre, *m.* (*f.* **-trice**) reorganizer.

riorganiẓẓazióne, *f.* rearrangement; reorganization; restructuring; (*di aziende, anche*) shake-up.

riottosità, *f.* **1** (*lett.*: *litigiosità*) quarrelsomeness; contentiousness **2** (*indocilità*) unruliness; intractability; refractoriness.

riottóso, *a.* **1** (*lett.*: *litigioso*) quarrelsome; contentious **2** (*indocile*) unruly; intractable; refractory.

rìpa, *f.* (*lett.*) steep bank. ● (*zool.*) **uccelli di r.**, riparian birds; wading birds; waders.

ripagàre, *v. t.* **1** (*pagare di nuovo*) to repay*; to pay* again: **Dovetti r. il libro**, I had to pay for the book again **2** (*ricompensare*) to repay*; to pay* back; to recompense: **Questo non mi ripaga delle fatiche**, this doesn't repay me for all my hard work; **Ci ha ripagato con l'ingratitudine**, he paid us back with ingratitude; **Come posso ripagarlo?**, how can I repay him?; (*fig.*) **r. q. con la stessa moneta**, to pay sb. back in his own coin; to give sb. tit for tat **3** (*risarcire*) to refund; to pay* for; to replace: **Ho dovuto ripagargli il vetro della porta**, I had to pay for a new pane for his door.

riparàbile, *a.* repairable: **facilmente r.**, easily repairable; **Il guasto è r. in poche ore**, the fault can be repaired in a few hours; **non r.**, that cannot be repaired; beyond repair.

riparabilità, *f.* reparability.

riparametràre, *v. t.* (*bur.*) to apply new parameters.

riparametrazióne, *f.* (*bur.*) determination of new parameters; application of new parameters.

riparàre (1), A *v. t.* **1** (*difendere*) to protect; to shelter; to shield; to screen: **Questo ti riparerà dal freddo**, this will protect you from the cold; **La riparò con il suo corpo**, he protected (*o* shielded) her with his body; **Le finestre erano riparate dalle zanzare con apposite reti**, the windows were screened from mosquitoes by special nets **2** (*accomodare*) to repair; to fix; to mend; to restore; (*aeron., naut.*) to refit: **r. scarpe [un muro, una rottura]**, to repair shoes [a wall, a break]; **r. una foratura**, to repair (*o* to mend) a puncture; **far r. la bicicletta**, to get one's bicycle repaired; **r. un vestito**, to mend a dress; (*naut.*) **r. vele [alberi]**, to refit sails [masts]; **Il rubinetto lo riparerò io**, I'll fix the tap **3** (*porre rimedio*) to redress, to right; (*fare ammenda, risarcire*) to make* amends for, to make* up for: **r. un torto**, to redress (*o* to right) a wrong; **r. un'ingiustizia**, to right an injustice; **r. un'offesa**, to make amends for an insult **4** (*un esame*) to repeat; to resit* for. **B** *v. i.* **1** (*mettere riparo*) to remedy; to rectify; to repair; to make* up for; to make* good: **r. a una perdita**, to make up for (*o* to make good) a loss; **r. a un'omissione**, to repair an omission **2** (*a scuola*) to repeat (*o* to resit* for) an examination: **Riparerà a settembre**, he'll repeat the exam in September. **C riparàrsi,** *v. rifl.* ***1*** (*mettersi al riparo*) to shelter; to take* shelter; to take* cover: **r. dal temporale in una capanna**, to shelter from the storm in a hut ***2*** (*difendersi*) to protect oneself: **r. dal vento**, to protect oneself from the wind.

riparàre (2), *v. i.* (*mettersi in salvo*) to escape; to flee*; to take* refuge: **È riparato all'estero**, he has escaped abroad.

riparàta, *f.* fix: **dare una r. a q.c.**, to fix st.; **Ha bisogno d'una r.**, it needs fixing.

riparàto, *a.* (*difeso, protetto*) sheltered; protected: **un luogo ben r.**, a well-sheltered place; **r. dal freddo**, sheltered (*o* protected) from the cold.

riparatóre, A *m.* (*f.* **-trice**) repairer; mender; repairman* (*m.*); (*restauratore*) restorer. **B** *a.* reparative; reparatory: **un gesto r.**, a gesture of reparation; **matrimonio r.**, forced wedding; (*fam.* o *scherz.*) shotgun wedding.

riparazióne, *f.* ***1*** (*aggiustatura*) repair, repairing, mending, fixing; (*mecc.*) repair, fixing; (*aeron., naut.*) refit: **La strada è in r.**, the road is under repair (*o* is up); **La r. del tratto di ferrovia richiese molti mesi**, repairing the railway track took many months; **riparazioni ordinarie e straordinarie**, ordinary and extraordinary repairs; **fare [eseguire] una r.**, to do [to carry out] a repair; **officina per riparazioni**, repair shop ***2*** (*fig.*: *ammenda, risarcimento*) reparation; atonement; amends (*pl.*); redress: **chiedere** (*o* **esigere**) **una r.**, to demand reparation (*o* satisfaction); **riparazioni di guerra**, war reparations; **fare r. di q.c.**, to make amends for st.; **in r. di un torto**, in reparation of (*o* in atonement for, as amends for) a wrong; **un atto di r.**, an act of atonement (*o* of reparation); **a titolo di r.**, by way of amends. ● **esami di r.**, resit exams; resits (*fam.*) □ (*segnaletica stradale*) **strada in r.**, road up.

riparella, *f.* (*mecc.*) washer.

ripàrio, *a.* (*lett.*) riparial; riparian; riverine.

riparlàre, A *v. i.* ***1*** to speak* again ***2*** (*tornare a discutere*) to discuss (st.) again; to talk (st.) over again; to take* (st.) up again: **Ne ho riparlato con lui, ma senza risultato**, I talked it over with him again, but to no result; **Ne riparleremo un'altra volta**, we'll discuss it some other time; **Ne riparliamo tra un momento**, I'm coming back to it in a moment; **Riparliamone!**, we must discuss it again; **Non voglio sentirne più r.**, I don't want to hear any more of this; **Ne riparleremo!** (*come minaccia*), you've not heard the last of it! **B riparlàrsi,** *v. rifl. recipr.* (*fare la pace*) to be back on speaking terms.

ripàro, *m.* ***1*** (*protezione, difesa*) shelter; cover; protection; refuge; defence: **Gli alberi non sono un r. sicuro dai lampi**, trees are not a safe shelter from lightning; **Quando tira il vento, l'ombrello offre poco r.**, when the wind blows, an umbrella offers little protection; **Contro la calunnia non c'è r.**, there's no defence against calumny; **mettersi al r.**, to take shelter; to take cover; **trovare r.**, to find shelter; to find refuge: **Trovammo r. in un fienile**, we found shelter (*o* we sheltered) in a barn; **Trovò r. in Olanda**, he fled to (*o* found refuge in) Holland; **Qui siamo al r. dal vento**, here we are sheltered from the wind; **Questa pianta deve essere tenuta al r. dalle correnti d'aria**, this plant must be kept out of draughts ***2*** (*struttura che ripara*) shelter; shield; screen; protection; defence: **un r. di frasche**, a shelter made of branches; **un r. antivento**, a wind shield ***3*** (*rimedio*) remedy; cure: **trovare [mettere] r. a q.c.**, to find [to provide] a remedy for st.; to remedy st. ***4*** (*mecc.*) guard; shield; apron: **r. di protezione per fresa**, cutter guard; **r. della cinghia**, belt safety-guard. ● **correre ai ripari**, to take (remedial) measures □ **farsi r. con le mani**, to shield (*o* to protect) oneself with one's hands □ (*fig.*) **senza r.**, irreparably (*avv.*); irretrievably (*avv.*); irreparable (*agg.*); irretrievable (*agg.*).

ripartìbile, *a.* divisible; apportionable; allottable.

ripartiménto, *m.* (*bur.*) division; department; section.

ripartìre (1), *v. i.* ***1*** (*partire di nuovo*) to go* away again, to leave* again, to start out again; (*di veicoli*) to leave*, to pull off, to drive* off (*o* away): **Ripartì dopo alcuni giorni**, he left again after a few days; **L'auto ripartì in velocità**, the car drove off at top speed ***2*** (*mecc.*: *mettersi in moto*) to start: **Il motore non vuole r.**, the engine won't start; **far r.**, to restart.

ripartìre (2), A *v. t.* ***1*** (*dividere in parti*) to divide (into parts); (*distribuire*) to distribute, to share out, to split* up, to apportion, to allocate, to allot; (*di terreno e sim.*) to parcel out: **r. gli utili**, to distribute profits; **r. le spese [le perdite]**, to share expenses [losses]; **r. le azioni**, to allot shares; **r. gli incarichi**, to allocate duties; **r. dieci sterline fra cinque ragazzi**, to share out ten pounds among five children; **La vincita dovette essere ripartita fra dieci giocatori**, the win had to be split up among ten players ***2*** (*smistare*) to sort out. **B ripartìrsi,** *v. rifl. recipr.* to divide (between, among); to divide up; to split* up (*fam.*): **Si ripartirono il denaro**, they divided the money between (*o* among) themselves; they split up the money (*fam.*); **Ripartiamoci i compiti**, let's divide up the tasks.

ripartitóre, *m.* ***1*** (*impiegato postale*) (*f.* **-trice**) mail sorter ***2*** (*telef.*) distribution frame.

ripartizióne, *f.* ***1*** (*il ripartire*) division; apportionment; portioning out; sharing out; distribution; allotment: **una equa r. del denaro**, a fair division of the money; **la r. della ricchezza**, the distribution of wealth; **r. degli utili**, distribution (*o* allocation) of profits; profit sharing; **r. dei costi**, allocation of costs; **r. delle imposte**, tax sharing; **r. degli incarichi**, distribution (*o* allocation) of tasks ***2*** (*ciascuna delle parti*) division; share; portion; allotment: **ripartizioni di terreno**, allotments of land ***3*** (*bur.*) division; department; section.

ripàrto, *m.* (*fin., Borsa*) allotment; distribution; allocation: **r. degli utili**, distribution (*o* allocation) of profits; **r. azionario**, allocation of shares; shares allocation.

ripassàre, A *v. t.* ***1*** (*attraversare di nuovo*) to cross again; to recross: **r. il fiume [il lago]**, to cross the river [the lake] again; **r. il confine**, to cross the border again; to recross the border ***2*** (*far passare di nuovo*) to pass again; to run* again: **Si ripassò una mano fra i capelli**, he passed (*o* ran) his hand again through his hair; **r. lo spago nell'occhiello**, to pass the string through the eye again ***3*** (*rivedere, ricontrollare*) to go* through (again); to go* (*o* to run*) over (again); to check: **r. i conti**, to go over (*o* to check) the accounts; **Dovremo r. queste dichiarazioni**, we'll have to go through these statements again; **r. la biancheria**, to check the linen ***4*** (*ripetere per studio*) to go* over; to revise: **r. la lezione**, to go over one's lesson; **r. fisica**, to revise physics; (*di attore*) **r. la parte**, to go over one's lines ***5*** (*passare sopra di nuovo*) to go* over: **r. i contorni d'un disegno**, to go over a drawing; **r. un disegno a inchiostro**, to ink in a drawing ***6*** (*ritoccare*) to give* the finishing touches to; to touch up; to retouch: **Gli operai stanno ripassando la mia nuova casa**, the builders are giving the finishing touches to my new house; **r. un quadro**, to touch up a painting; **A primavera, dovrò far r. tutte le finestre**, in spring, I'll have to have all the windows repainted ***7*** (*stirare*) to iron, to press; (*spolverare*) to dust; (*lucidare*) to polish: **r. una camicia**, to iron a shirt; to give a shirt an ironing; **r. i pavimenti**, to polish the floors; **r. i mobili**, to dust the furniture ***8*** (*colare, filtrare di nuovo*) to strain again, to restrain; (*r. al setaccio*) to sift again ***9*** (*porgere di nuovo*) to pass again, to hand again; (*in restituzione*) to give* back, to hand back: **Ripassami quel giornale**, pass me that paper again, please ***10*** (*mecc.*: *revisionare*) to overhaul: **r. un motore**, to overhaul an engine; **r. le sedi delle valvole**, to regrind the valve seats ***11*** (*fam.*: *rimproverare*) to scold, to tell* off (*fam.*), to lecture (*fam.*), to give* a dressing-down to (*fam.*); (*picchiare*) to give* a (good) beating (*o* thrashing) to. ● **B** *v. i.* ***1*** to pass again: **Domani, tornando a Torino, ripasserò da Piacenza**, tomorrow, on my way back to Turin, I'll pass through Piacenza again **passare e r. davanti a una casa**, to pass back and forth in front of a house ***2*** (*tornare*) to come* back; to go* back; to call back; to call again: **Sono ripassato dal macellaio**, I called back at the butcher's; **Ripasserò da te domani**, I'll call on you again tomorrow.

ripassàta, *f.* ***1*** (*scorsa*) another look; glance through; run through: **Voglio dare una r. ai miei appunti**, I want to have another look at my notes; I want to run through my notes again ***2*** (*pulita*) clean, cleaning; (*spolverata*) dusting, wipe over; (*lucidata*) polish; (*stirata*) ironing, press: **Questo pavimento ha bisogno di una r.**, this floor needs a clean (*o* a cleaning); **Dovrò dare una r. a questo vestito**, I'll have to give this suit a cleaning (*o* a clean); **dare una r. ai mobili**, to give the furniture a polish; **dare una r. al tavolo**, to give the table a wipe over; **Dammi una r. (col ferro) ai pantaloni**, give my trousers a press; **dare una r. alla biancheria**, to check the linen ***3*** (*mecc.*: *revisione*) overhaul; overhauling: **dare una r. a un motore**, to give an engine an overhaul ***4*** (*mano di colore, di vernice*) fresh (*o* new) coat of paint: **Dovremo dare una r. al salotto**, we'll have to repaint the drawing-room ***5*** (*fig.*: *sgridata*) scolding, telling-off (*fam.*), talking-to (*fam.*), lecture (*fam.*), dressing-down (*fam.*); (*botte*) (good) beating, thrashing: **Gli hanno fatto una solenne r.**, he was given a good telling-off.

ripassatóre, *m* (*f.* **-trice**) checker.

ripassatùra, *f.* (*tecn.*) overhaul.

ripàsso, *m.* ***1*** (*ritorno*) return: **il r. degli uccelli migratori**, the return of migratory birds ***2*** (*revisione*) revision: **esercizi di r.**, revision exercises; **Domani comincerò il r. di fisica**, I'll start going through my physics programme again tomorrow; **fare il r. di q.c.**, to go through st.; to revise st.

ripàtica, *f.* (*leg.*) riparian rights (*pl.*).

ripensaménto, *m.* ***1*** (*riflessione*) reflection; (*pensiero successivo*) afterthought: **Occorre un r. di tutta la faccenda**, the whole thing needs rethinking; **L'aggiunta di quel particolare sembrava frutto di un r.**, that detail looked as if it had been added as an afterthought ***2*** (*mutamento d'idea*) change of mind, second thoughts (*pl.*); (*rimpianto*) regret: **All'ultimo ebbe un r.**, at the last moment he had second thoughts (about it) (*o* he changed his mind).

ripensàre, *v. i.* ***1*** (*tornare a pensare*) to think* (again) of, to rethink*; (*riflettere*) to think* (st.) over, to reflect, to consider: **Ripensa a quanto t'ho detto**, think over what I've said; **Ripensaci!**, think it over!; **ripensandoci**, on reflection; on second thoughts: **Ripensandoci, decisi di non andare**, on second thoughts, I decided not to go; **Ora che ci ripenso...**, now that I think of it...; **Non farmici r.!**, don't let me think about it; **Pensa e ripensa, mi ricordai che l'avevo dato a Bice**, I racked my brains, and in the end I remembered I had given it to Bice ***2*** (*cambiare idea*) to change one's mind, to have second thoughts; (*decidere di no*) to think* better of it: **Ci ho ripensato, rimango qui**, I've changed my mind, I'm going to stay here; **Sta-**

vo per dirgli tutto ma poi ci ripensai, I was about to tell him everything, but then I thought better of it ***3*** (*riandare con la mente*) to think* back on; to recall (st.); to cast* one's mind back to: **r. ai bei giorni del passato**, to recall the good old times.

ripentiménto, *V.* **pentimento**.

ripentirsi, *V.* **pentirsi**.

ripercórrere, *v. t.* ***1*** (*percorrere di nuovo*) to go* [to walk, to drive*, etc.] along (st.) again: **Ripercorremmo il sentiero**, we went along (*o* down) the path again; **r. lo stesso itinerario**, to take the same route; to go the same way ***2*** (*percorrere in senso inverso*) to go* [to walk, to drive*, etc.] back (over, along st.): **Ripercorremmo tutta la strada fino al cinema**, we went all the way back to the cinema ***3*** (*fig.*: *passare in rassegna*) to go* over (st.) again; to think* back to: **Ripercorsi tutti gli avvenimenti di quel pomeriggio**, I went over everything that happened that afternoon.

ripercuòtere, A *v. t.* ***1*** (*percuotere di nuovo*) to strike* again; to beat* again ***2*** (*riflettere*) to reflect; to send* back. **B ripercuòtersi,** *v. i. pron.* ***1*** to reverberate; to be reflected; to run* through: **La frenata si ripercosse su tutti i vagoni**, the braking jolted all the carriages ***2*** (*fig.*) to influence (st.); to affect (st.); to have repercussions on; to rebound on: **L'aumento del costo della benzina si ripercosse sui prezzi di molti prodotti**, the rise in price of petrol affected the prices of many products; **r. in modo negativo su**, to have a bad effect on.

ripercussióne, *f.* ***1*** (*di luce*) reflection; (*di suono*) repercussion, reverberation ***2*** (*fig.*: *conseguenza*) repercussion; consequence; echo; side effect: **la r. dei recenti avvenimenti politici sul nostro mercato**, the repercussion of the late political events on our market; **ripercussioni fiscali**, tax consequences.

ripesàre, *v. t.* to weigh again; to reweigh.

ripescàre, *v. t.* ***1*** (*pescare di nuovo*) to fish again ***2*** (*recuperare dall'acqua*) to fish out (*o* up); to pull out (of the water): **r. q.c. da un pozzo**, to fish st. out of a well ***3*** (*fig.*: *trovare*) to find* (again); to unearth; to dig* out; to retrieve: **Ma dove l'hai ripescato?**, where on earth did you find it (*o* dig it out of)?; **r. un vecchio libro di ricette**, to retrieve an old recipe book; **Sono andati a r. una storia vecchia**, they have unearthed (*o* dug up) an old story; **Se ti ripesco!**, if I catch you at it again! ***4*** (*fig.*: *riproporre all'attenzione*) to revive; to bring* back: **Decidemmo di r. un vecchio progetto**, we decided to revive an old plan; **r. un vecchio attore**, to bring an old actor out of retirement.

ripetènte, A *a.* repeating. **B** *m. e f.* (*scolastico*) pupil repeating a year.

ripètere, A *v. t.* ***1*** (*fare di nuovo*) to repeat: **r. un esperimento [un errore, un esame]**, to repeat an experiment [a mistake, an exam]; **r. un anno a scuola**, to repeat a year at school; **Il pianista ripeté il brano**, the pianist repeated the piece (*o* played the piece again); **Il programma sarà ripetuto martedì**, the programme shall be repeated on Tuesday; there will be repeat of the programme on Tuesday ***2*** (*dire di nuovo*) to repeat; to say* again; to tell* again: **r. un comando [una preghiera, una parola]**, to repeat an order [a prayer, a word]; **Ripete tutti i pettegolezzi che sente**, he repeats all the gossip he hears; **L'ho ripetuto cento volte!**, I've said it again and again; I've repeated it a hundred times; **Te l'ho detto e ripetuto**, I've told you again and again; **Non c'è bisogno che tu me lo ripeta**, there's no need for you to tell me again; I don't need to be told twice; **Non se lo fece r. due volte**, he didn't need to be told twice; **Le spiace r.?**, would you mind repeating it (*o* saying it again), please? ***3*** (*rinnovare*) to repeat; to renew: **r. le proprie lagnanze**, to renew one's complaints; **Lo spettacolo ha r. il successo di Berlino**, the show met with the same success it had in Berlin ***4*** (*leg.*) to claim back. ● **r. a memoria**, to repeat from memory □ **r. a pappagallo**, to repeat parrot-fashion □ **r. parola per parola**, to repeat word for word; to repeat verbatim □ **far r. la lezione a q.**, to hear sb.'s lesson □ (*scherz.*) **Paganini non ripete!**, once is enough. **B ripètersi,** *v. rifl.* ***1*** (*dire cose già dette*) to repeat oneself: **Cerca di non ripeterti**, try not to repeat yourself ***2*** (*di fatto e sim.*: *ripresentarsi*) to be repeated; to recur; to happen (*o* to occur) again: **La storia si ripete**, history repeats itself; **Il rumore si ripeté due volte**, the noise was repeated twice; **Il fenomeno si ripeté diverse volte**, the phenomenon recurred several times; **Questo fatto si sta ripetendo un po' troppo spesso**, this thing keeps happening a bit too often; **Che la cosa non si ripeta!**, let it not happen again!

ripetìbile, *a.* repeatable; (*riproducibile*) reproducible.

ripetibilità, *f.* repeatability.

ripetitività, *f.* repetitiveness.

ripetitìvo, *a.* repetitive: **un lavoro r.**, a repetitive job.

ripetitóre, A *m.* ***1*** (*f.* **-trice**) (*insegnante privato*) private tutor; coach ***2*** (*tecn.*) repeater: (*ferr.*) **r. di segnali**, signal repeater; (*tel.*) **r. d'impulsi**, impulse repeater ***3*** (*radio, TV*) relay. **B** *a.* ***1*** repeating ***2*** (*radio, TV*) relay (*attr.*): **stazione ripetitrice**, relay station.

ripetizióne, *f.* ***1*** (*il ripètere*) repetition; (*il ripetersi*) reoccurrence: **la r. di una parola**, the repetition of a word; **la r. d'un fenomeno**, the repetition (*o* reoccurrence) of a phenomenon ***2*** (*ripasso*) revision; run-through: **una r. generale di una materia**, a general revision of a subject ***3*** (*lezione privata*) private lesson: **andare a r. da q.**, to take private lessons from sb.; to be tutored by sb.; **dare ripetizioni a q.**, to give private lessons to sb.; to tutor sb.; to coach sb. ***4*** (*parola, frase ripetuta*) repetition ***5*** (*leg.*) claiming back. ● **fucile a r.**, repeating rifle; repeater □ **orologio a r.**, repeater.

ripetutaménte, *avv.* repeatedly; over and over (again); again and again.

ripetùto, *a.* repeated; reiterated; (*frequente*) frequent, several: **errori ripetuti**, repeated mistakes; **i ripetuti attacchi dell'opposizione**, the repeated attacks by the opposition; **in ripetute occasioni**, on several occasions; **battere ripetuti colpi ad una porta**, to knock again and again at a door.

ripianaménto, *m.* ***1*** (*tecn.*) levelling off (*o* out) ***2*** (*econ.*) settlement.

ripianàre, *v. t.* ***1*** (*tecn.*) to level off (*o* out) ***2*** (*econ.*) to settle; to make* good: **r. un debito**, to settle a debt; **r. una perdita**, to make good a loss.

ripiàno, *m.* ***1*** (*terreno pianeggiante*) terrace; level ground ***2*** (*scaffale*) shelf* ***3*** (*pianerottolo*) landing ***4*** (*geol.*) bench.

ripiantàre, *v. t.* to replant; to plant again (*o* anew).

ripìcca, *f.* spite; pique; vindictiveness; petty vengeance: **fare q.c. per r.**, to do st. out of spite.

ripicchiàre, A *v. t.* to hit* again; to beat* again; to strike* again. **B** *v. i.* ***1*** to knock again: **Picchia e ripicchia, non veniva nessuno**, I knocked again and again, but nobody came ***2*** (*fig.*: *insistere*) to insist; to ask again.

ripìcco, *V.* **ripicca**.

ripìcolo, *a.* (*biol.*) riparial.

ripidaménte, *avv.* steeply; precipitously.

rìpido, *a.* steep: **un r. pendio**, a steep slope; **una salita ripida**, a steep climb.

ripiegaménto, *m.* ***1*** (*il piegare di nuovo*) folding again; refolding ***2*** (*il piegare più volte*) folding up ***3*** (*ripiegatura*) fold; folding ***4*** (*mil.*) retreat; withdrawal ***5*** (*fig.*) falling back.

ripiegàre, A *v. t.* ***1*** (*piegare di nuovo*) to fold again; to refold: **piegare e r.**, to fold and refold ***2*** (*piegare più volte*) to fold up: **r. le lenzuola**, to fold up the sheets ***3*** (*piegare su se stesso*) to fold; to fold back: **r. le ali**, to fold one's wings; **r. le gambe**, to fold one's legs; **Ripiegò un angolo del foglio**, he folded back a corner of the paper. **B** *v. i.* ***1*** (*mil.*) to retreat; to withdraw*; to fall* back: **r. oltre il fiume**, to retreat beyond the river ***2*** (*fig.*: *trovare un ripiego*) to fall* back on; to make* do with: **Dovemmo r. sul progetto iniziale**, we had to fall back on the original plan; **r. su vacanze poco costose**, to make do with a cheap holiday. **C ripiegàrsi,** *v. i. pron.* (*piegarsi*) to bend*: **I rami carichi di mele si ripiegavano**, the boughs laden with apples were bending down. ● (*fig.*) **r. in se stesso**, to retire (*o* to withdraw) into oneself.

ripiegàta, *f.* folding; folding up: **dare una r. a q.c.**, to fold up st.

ripiegatùra, *f.* folding; (*piega*) fold; (*metall.*) lap.

ripiègo, *m.* expedient; makeshift; stopgap; device: **ricorrere a un r.**, to resort to an expedient; **per r.**, as a makeshift; **un r. d'emergenza**, an emergency stopgap; **soluzione di r.**, makeshift (*o* make-do) solution; stopgap; **vivere di ripieghi**, to live by one's wits; **l'ultimo r.**, the last resource.

ripièna, *f.* (*ind. min.*) gob.

ripienìsta, *m. e f.* (*mus.*) ripienist.

ripièno, A *a.* ***1*** full up; replete; filled to repletion; (*stipato*) packed, crammed; (*pieno fino all'orlo*) full to the brim, brimful ***2*** (*pervaso*) full; pervaded (with); overflowing (with); brimful: **r. di gioia**, pervaded with joy ***3*** (*cucina*) stuffed; (*di torte, paste, ecc.*) filled: **un tacchino r.**, a stuffed turkey; **cipolle ripiene**, stuffed onions; **un dolce r. di cioccolato**, a cake filled with chocolate (*o* with a chocolate filling); **panino r. di formaggio**, cheese roll; **un cioccolatino r.**, a chocolate with a soft centre; a chocolate cream. **B** *m.* ***1*** (*ciò che serve a riempire*) stuffing; filling; padding: **il r. d'un cuscino**, the stuffing of a cushion ***2*** (*cucina*) stuffing; (*di torte, paste, ecc.*) filling ***3*** (*fig.*) makeweight: **Qui, io ci sono solo per r.**, I'm but a makeweight here ***4*** (*mus.*) ripieno*.

ripigliàre, *V.* **riprendere**.

ripiglìno, *m.* (*gioco infant.*) cat's-cradle.

ripiombàre, A *v. t* (*far cadere*) to plunge back: **La morte del figlio lo ripiombò nella disperazione**, his son's death plunged him back into despair. **B** *v. i.* ***1*** (*cadere di nuovo*) to fall* (down) again; to crash down again ***2*** (*precipitarsi di nuovo su*) to fall* on (st.) again: **Ci sono ripiombati addosso nel buio**, they fell on us again in the dark ***3*** (*fig.*) to plunge (*o* to fall*) back: **r. nello sconforto**, to plunge back into despair.

ripopolaménto, *m.* repopulation; repeopling; (*di animali*) repopulation, restocking; (*di piante*) replanting, reafforestation.

ripopolàre, A *v. t.* to repopulate; to repeople; (*con animali*) to repopulate, to restock; (*con piante*) to replant, to reafforest. **B ripopolàrsi,** *v. i. pron.* ***1*** to be repopulated (*o* repeopled) ***2*** (*fig.*) to fill with people again.

ripórre, A *v. t.* ***1*** (*rimettere a posto*) to put* back, to replace; (*mettere via*) to put* away: **Riponi il libro sullo scaffale**, put the book back on the shelf; **Riponi i libri**, put away your books; **r. i gioielli in cassaforte**, to lock up the jewels in the safe ***2*** (*fig.*: *collocare*) to put*; to place; to set*: **r. la propria fiducia in q.**, to put (*o* to set) one's trust in sb.; to place confidence in sb.; **r. ogni speranza in q.**, to place one's hopes in sb. **B ripórsi,** *v. i. pron.* (*rimettersi a*) to resume; to start again; to begin* again: **r. a studiare**, to start (*o* to begin) studying again; **r. a sedere**, to sit down again.

riportàbile, *a.* (*Borsa*) contangoable; continuable.

riportàre, A *v. t.* ***1*** (*portare di nuovo verso l'interlocutore*) to bring* again, to bring* back; (*lontano dall'interlocutore*) to take* again, to take* back, to carry back: **Dagli il messaggio e riportami la risposta**, give him the message and bring me back his answer; **Riporta qui quella fiala**, bring back that phial; **Gli devo r. questi libri**, I have to take these books back to him; **Riportami l'ombrello quando vieni**, bring me back my umbrella when you come over; **Riportò il ferito alla cascina**, he carried the injured man back to the farmhouse; **Ti riporto a casa in macchina**, I'll drive you back home; **r. l'ordine in famiglia**, to bring back order in the family; **r. l'ordine nel paese**, to restore order in the country; **La scena mi riportò alla mente un particolare dimenticato**, the scene brought a forgotten detail back to my mind; **Vederti mi riporta indietro di vent'anni**, seeing you takes me back twenty years ***2*** (*riferire*) to report, to relate; (*pubblicare*) to report, to carry, to publish; (*citare*) to quote: **Riporta ai superiori tutto quello che sente dire**, he reports everything he overhears to his superiors; **r. la verità**, to report the truth; **Tutti i giornali hanno riportato questa notizia**, all the papers reported (*o* carried) the news; **Ha riportato un passo del mio libro**, he has quoted a passage from my book; **r. l'opinione di un esperto**, to quote the opinion of an expert ***3*** (*la selvaggina*) to retrieve ***4*** (*fig.*: *ricevere, ottenere*) to receive, to get*, to carry off; (*subire*) to suffer, to meet* with: **r. una buona impressione**, to receive (*o* to get) a good impression; **r. un premio**, to get (*o* to obtain, to receive) a prize; **r. la vittoria**, to carry off the victory; to win; **r. una sconfitta**, to suffer a defeat; to be defeated; **r. gravi danni**, to suffer extensive damage; **r. pesanti perdite**, to sustain heavy losses; **r. ferite**, to receive (*o* to get) injuries; to be injured; (*di arma*) to suffer wounds, to be wounded; **Ha riportato solo ferite leggere**, he has been only slightly injured ***5*** (*mat.*) to carry: **Scrivo cinque e riporto uno**, I write down five and carry one ***6*** (*rag.*) to carry forward (*o* over); to bring* forward: **r. una somma alla pagina seguente**, to carry a total forward to the next page ***7*** (*Borsa*) to contango; to carry over ***8*** (*un disegno*) to transfer. ● (*edil.*) **r. materiale di sterro**, to embank. **B riportàrsi,** *v. i. pron.* ***1*** (*tornare, anche fig.*) to go* back: **r. sul luogo dell'incidente**, to go back to the site of the accident; **Dobbiamo riportarci all'inizio del secolo**, we must go back to the beginning of the century; **Riportiamoci all'inizio del capitolo**, let's go back (*o* revert) to the beginning of the chapter; **Si riportò con la memoria al momento dello scoppio**, he thought back (*o* he cast his mind back) to the moment of the explosion ***2*** (*riferirsi*) to refer: **Si riportò a ciò che era stato detto**, he referred to what had already been said ***3*** (*attenersi*) to follow (st.); to rely on: **Mi riporterò al giudizio di persone più competenti**, I shall rely on the judgment of more competent people.

riportatóre, *m.* (*f.* **-trice**) ***1*** reporter ***2*** (*Borsa*) taker.

ripòrto, *m.* ***1*** (*mat.*) amount to be carried ***2*** (*rag.*) amount carried forward (*o* over); carry-forward; carry-over ***3*** (*Borsa*) contango; carry-over: **tasso di r.**, contango rate ***4*** (*cucito, ricamo*) appliqué ***5*** (*di capelli*) strand (of hair) combed over a bald patch ***6*** (*metall.*) surfacing ***7*** (*caccia*) retrieving: **cane da r.**, retriever; gun dog ***8*** (*elab.*) carry. ● **r. di terra**, embankment □ (*edil.*) **materiale di r.**, filling material □ (*edil.*) **terra da r.**, filling earth; made ground.

riposànte, *a.* ***1*** restful: **una vacanza r.**, a restful holiday ***2*** (*distensivo*) relaxing: **letture riposanti**, relaxing readings ***3*** (*tranquillo*) peaceful; pleasant: **un paesaggio r.**, a peaceful landscape.

riposàre (1), A *v. t.* (*posare di nuovo*) to place back; to replace; to put* back; to lay* down again: **Riposò il bicchiere sul tavolo**, he placed (*o* put) the glass back on the table; **Riposalo dove l'hai preso!**, put it back where you took it from!; **Riposò il fucile per terra**, he laid the rifle down again on the ground. **B riposàrsi,** *v. rifl.* (*posarsi di nuovo*) to settle again, to land again; (*di uccelli*) to alight again, to perch again.

riposàre (2), A *v. t.* to rest: **Ho bisogno di r. gli occhi**, I must rest my eyes; **r. la mente**, to rest the mind; **Dio lo riposi!**, God rest his soul! **B** *v. i.* ***1*** to rest; to have (*o* to take*) a rest; (*dormire*) to sleep*: **Voglio r. un'oretta, prima di partire**, I want to rest for an hour before leaving; **Non ho riposato bene stanotte**, I didn't sleep well last night; (*eufem.*) **r. in pace**, to rest in peace ***2*** (*essere sepolto*) to rest; to lie*; to be buried: **Qui riposa X.Y.**, here lies X.Y.; **Riposa in un piccolo cimitero di montagna**, he is buried in a small mountain churchyard ***3*** (*poggiare, reggersi*) to rest on; to be built on; to be supported by: **La statua riposa sul basamento**, the statue rests on the pedestal; **L'edificio riposa su terreno argilloso**, the edifice is built on clay soil; **L'arcata riposa su due grandi pilastri**, the arch is supported by two huge pillars ***4*** (*fig.*: *confidare*) to rely upon: **Riposiamo sulla tua promessa**, we rely upon your word ***5*** (*di terreno*) to rest; to lie* fallow: **La terra deve r. da una coltura all'altra**, the land must rest (*o* lie fallow) between crops ***6*** (*di liquido*) to settle ***7*** (*di impasto, ecc.*) to stand*: **lasciar r. la pasta per due ore**, let the dough stand for two hours. ● **r. sugli allori**, to rest on one's laurels. **C riposàrsi,** *v. i. pron.* to rest; to have (*o* to take*) a rest; (*sdraiarsi*) to lie* down: **Il settimo giorno Dio si riposò**, God rested on the seventh day; **Ho bisogno di riposarmi un attimo**, I need a moment's rest; **Mi riposerò per un'ora**, I'll have an hour's rest; **Mi riposo sempre per una mezz'oretta dopo pranzo**, I always lie down for half an hour after lunch.

riposàta, *f.* (*fam.*) (short) rest.

riposàto, *a.* ***1*** (*ristorato, non stanco*) rested; refreshed; fresh: **Non mi sono mai sentito più r.**, I never felt fresher in my life ***2*** (*tranquillo*) restful; peaceful; quiet; calm: **fare vita riposata**, to lead a calm (*o* restful) life ***3*** (*di liquido*) settled.

riposìno, *m.* (*fam.*) doze; nap; lie-down; snooze (*fam.*); forty winks (*fam.*): **fare un r.**, to take a nap; to have a lie-down (*o* a snooze).

riposizionàre, *v. t.* to reposition.

riposizióne, *f.* ***1*** (*chir.*) reposition ***2*** (*econ.*) repositioning.

ripòso, *m.* ***1*** rest; repose (*lett.*); (*pausa*) break: **Viaggiò notte e giorno senza r.**, he travelled night and day without rest; **stare in r.**, to be at rest; **prendersi un po' di r.**, to take a little rest (*o* a break); **aver bisogno di assoluto r.**, to need complete rest; **La domenica è un giorno di r.**, Sunday is a day of rest; **r. settimanale**, weekly day off; **Questo è il mio giorno di r.**, this is my day off; **un breve r. dopo pranzo**, a short rest (*o* a nap) after lunch; **Facciamo cinque minuti di r. prima di continuare il dibattito**, let's have a five-minute break before going on with the discussion; **non concedere r.**, to give no respite; not to give a moment's rest; **Un mese in campagna è il miglior r.**, a month in the country is the best form of rest ***2*** (*lett.*: *tranquillità, pace*) tranquillity; peace; quiet ***3*** (*mus.*) pause; hold ***4*** (*mil.*) standing at ease: **ordinare il r.**, to order to stand at ease; **R.!**, (stand) at ease! ● **a r.** (*in pensione*), retired: **generale a r.**, retired general □ **andare a r.**, to retire □ **Buon r.!**, have a good night's rest!; sleep well! □ **casa di r.**, rest home; old people's home □ **collocare** (*o* **mettere**) **q. a r.**, (*per malattia*) to put sb. on the sick-list; (*per limiti d'età*) to pension off, to superannuate sb. □ **di tutto r.**, relaxing; (*di incarico*) easy, soft, cushy (*fam.*) □ **l'eterno r.**, eternal rest □ (*della terra*) **stare in r.**, to lie fallow □ (*teatr.*) **stasera r.**, no performance tonight.

ripostìglio, *m.* (*stanzino*) walk-in cupboard (*GB*), closet (*USA*); (*stanza*) storeroom, lumber room (*GB*).

ripósto, *a.* ***1*** (*segreto*) secret; recondite; concealed; hidden: **i più riposti pensieri**, the most secret thoughts ***2*** (*appartato*) secluded; out-of-the-way: **luoghi riposti**, out-of-the-way (*o* solitary) places.

riprèndere, A *v. t.* ***1*** (*prendere di nuovo*) to take* again; to resume; to catch* again: **Riprese in mano la penna**, he took up the pen again; **Riprese il suo posto**, he resumed (*o* went back to) his place; (*a sedere*) he resumed his seat, he sat down again; **Riprese il raffreddore**, he caught a cold again (*o* another cold); **Fu ripreso dallo sconforto**, he fell back into despair ***2*** (*riavere, prendere indietro*) to take* back, to get* back; (*cosa lasciata*) to pick up, to collect: **Riprese il libro che mi aveva prestato**, he took back the book he had lent me; **Sono venuto a r. i miei guanti**, I've come to collect my gloves; **Verrò a riprenderti alle sei**, I'll come and pick you up at six ***3*** (*ricominciare*) to resume; to go* back to: **Il nemico riprese il bombardamento**, the enemy resumed the bombardment; **r. il viaggio**, to set out again; to resume one's journey (*form.*); **r. il lavoro**, to resume one's work; to go back to work; **r. la solita vita**, to resume (*o* to go back to) one's normal life; **r. l'insegnamento**, to go back to teaching; **r. il discorso**, (*r. a parlare*) to resume, to go on; (*ricollegarsi a q.c. di già detto*) to resume, to go back, to pick up; **r. un racconto**, to pick up (*o* to take up) a story ***4*** (*assol.*: *continuare*) to resume, to pick it up; (*continuare a dire*) to go* on, to continue; (*soggiungere*) to add, to resume: **Dunque, riprendiamo da dove eravamo rimasti**, all right, let us resume where we left off; **«Come vedete» riprese «è tutt'altro che facile»**, «as you can see» he went on «it is far from easy»; **«Se vuoi» riprese «posso andarci domani»**, «if you wish» he added «I can go there tomorrow»; **«Eppure» riprese dopo un momento «mi pareva di averne accennato»**, «and yet» he resumed after a moment «I thought I had mentioned it» ***5*** (*assumere di nuovo*) to take* on again; to re-engage; to re-employ ***6*** (*riconquistare, riacquistare*) to retake*, to recapture, to regain; (*ricatturare*) to catch* again, to seize again: **Ripresero le posizioni abbandonate il giorno prima**, they retook (*o* regained) the positions they had abandoned the day before; **r. una città**, to retake (*o* to recapture) a town; **r. il potere in un paese**, to resume power in a country; **r. il primo posto**, to regain top position; **Mi era scappato il canarino, ma l'ho ripreso**, my canary had flown away, but I caught him again; **Hanno ripreso l'evaso**, they have caught the escapee ***7*** (*derivare*) to take*, to draw*, to draw* on, to derive; (*imitare*) to imitate: **Tasso riprende questa similitudine da Dante**, Tasso takes (*o* draws) this simile from Dante; **Nella sua sinfonia ha ripreso alcuni temi popolari**, he has drawn on (*o* made use of) some popular tunes in his symphony ***8*** (*ripetere*) to take* up again: **L'immagine è ripresa pochi versi più sotto**, the image is taken up again few lines later ***9*** (*rimproverare*) to reprimand; to find* fault with: **Lo riprese severamente**, he reprimanded him sharply; **Non fa altro che riprenderci**, all he does is find fault with us ***10*** (*sartoria*) to take* in: **r. un vestito in vita**, to take in a dress at the waist **11** (*pitt.*) to portray **12** (*cinem., fotogr.*) to take*; to shoot*; to film: **r. un primo piano**, to shoot a close-up; **r. una scena**, to take (*o* to shoot) a scene; **L'ho ripreso mentre si grattava**, I caught him as he was scratching himself **13** (*teatr.*) to revive. ● **r. le armi**, to take up arms again □ **r. il cammino**, to set out again □ **r. coraggio**, to take courage again □ **r. il fiato**, to get one's breath back □ **r. forza**, to recover one's strength □ **r. moglie** (*o* **marito**), to remarry; to marry again □ (*fig.*) **r. piede**, to recover ground; to make a comeback □ (*lavoro a maglia*) **r. un punto**, to pick up a stitch □ **r. quota**, (*aeron.*) to regain height; (*fig.*) to pick up □ **r. i sensi**, to recover consciousness; to come round; to come to □ **r. sonno**, to go back to sleep □ (*autom.*) **r. velocità**, to pick up (*o* to regain) speed. **B** *v. i.* **1** (*ricominciare*) to resume; to start (*o* to begin*) again; to go* back: **Riprese a gridare**, he began shouting again; **r. a scrivere**, to begin writing again; **La vita riprende**, life is resuming; **Le trasmissioni riprenderanno alle sei**, programmes will resume at six **2** (*di piante*) to revive: **Il geranio riprese dopo la pioggia**, the geranium revived after the rain. **C riprendersi**, *v. i. pron.* **1** (*da malattie, disgrazie, ecc.*) to recover; to pick up; to get* back on one's feet: **Dopo una malattia del genere, è difficile r. completamente**, after such an illness it is difficult to recover completely; **Non si riprenderà mai**, he'll never recover; he'll never be his former self again; **Faticò a r. dopo quel rovescio**, he struggled to get back on his feet after that loss **2** (*riprendere il controllo di sé*) to compose oneself; to collect oneself; to pull oneself together; to get* a grip on oneself: **Cerca di riprenderti, ti guardano tutti**, pull yourself together, everybody's looking at you **3** (*di economia, ecc.*) to recover, to revive, to pick up; (*di azienda*) to get back on one's feet: **Il mercato si sta riprendendo**, the market is picking up **4** (*di piante*) to revive **5** (*correggersi*) to correct (*o* to check) oneself: **Si accorse di aver sbagliato, ma si riprese subito**, he realized he had made a mistake, but he corrected himself immediately.

riprensìbile, *a.* (*lett.*) reprehensible; reprovable; blameworthy.

riprensióne, *f.* (*lett.*) reprehension; reproof; rebuke.

riprensìvo, *a.* (*lett.*) of reproof; of reproach: **parole riprensive**, words of reproof.

riprésa, *f.* **1** (*il ricominciare*) resumption; renewal: **La r. del lavoro dopo le vacanze**, the resumption of work after the holidays; **la r. delle ostilità**, the renewal of hostilities; **la r. dell'attività**, the renewal of activity; **una r. delle trattative di pace**, a resumption of peace talks; **la r. di un processo**, the resumption of a trial; **la r. in esame di una proposta**, the re-examination of a proposal **2** (*guarigione*) recovery: **La r. sarà lunga**, recovery will be slow; **Sta facendo una lenta r. dopo la polmonite**, he is slowly recovering after his pneumonia; **capacità di r.**, powers of recovery **3** (*econ.*) recovery; upswing; upturn; revival: **r. economica**, economic recovery; upturn in the economy; **r. degli scambi**, revival in trade; **Il mercato azionario è in r.**, the stock market is on the upswing **4** (*riconquista*) recapture **5** (*teatr.*) revival: **Quest'anno ci sono solo riprese in cartellone**, there are only revivals on the bill this year **6** (*autom.*) acceleration; pick-up (*USA*): **avere una buona r.**, to have good acceleration (*o* pick-up) **7** (*cinem., fotogr.*) shot, take, shooting; (*al pl.*) shooting (*sing.*), filming (*sing.*): **Le riprese cominceranno in primavera**, shooting will start in the spring; **durante le riprese del film**, while shooting the film; **r. a trucco**, process shot; **r. col rallentatore**, slow-motion shot; **r. di un interno**, interior shooting; **riprese in esterni**, shooting on location; **r. inclinata**, angle shot; **r. muta**, mute shot; **riprese sottomarine**, under-water shots **8** (*sport: boxe, lotta, ecc.*) round; (*scherma*) bout; (*calcio, rugby, ecc.*) second half **9** (*mus.*) repeat; reprise **10** (*poesia*) refrain **11** (*sartoria*) tuck; dart. ● **a più riprese**, (*in più fasi*) in (successive) stages; (*in più occasioni*) on several occasions, repeatedly □ (*cinem.*) **macchina da r.**, film camera □ (*fotogr.*) **velocità di r.**, film speed.

ripreṣentàre, A *v. t.* **1** (*offrire, proporre di nuovo*) to re-present; to present again; to put* forward again; to introduce again; to send* in again: **r. un'istanza**, to re-present a plea; **r. un disegno di legge**, to introduce (*o* to bring in) a bill again; **r. le proprie scuse**, to offer one's apologies again **2** (*mostrare di nuovo*) to show* again; (*esporre di nuovo*) to re-exhibit. **B ripreṣentàrsi**, *v. rifl.* to present oneself again; (*ritornare*) to go* back, to come* back: **r. a casa di q.**, to present oneself at sb.'s house again; **Si ripresenti alle tre**, come back at three; **r. a un esame**, to sit for an exam again; **Non mi ripresenterò alle prossime elezioni**, I won't stand at the next election; **quando si ripresenterà l'occasione**, when the opportunity arises again.

riprincipiàre, *V.* **ricominciare**.

ripristinaménto, *m.* restoration; reinstatement.

ripristinàre, *v. t.* **1** to restore; (*rimettere in vigore, anche*) to reintroduce, to re-establish; (*rimettere in uso*) to bring* back into use, to revive, to renew; (*una legge*) to bring* into force again: **r. un edificio**, to restore a building; **r. un tratto di autostrada**, to reopen a stretch of motorway; **r. l'ordine**, to bring back (*o* to re-establish, to restore) order; **r. una vecchia usanza**, to revive an old custom; **r. il vecchio orario**, to reintroduce (*o* to bring back) the old timetable **2** (*elettr., elab.*) to reset.

ripristinazióne, *V.* **ripristinamento**.

riprìstino, *m.* **1** restoration; re-establishment; reintroduction; reinstatement; (*di usanze*) revival: **il r. d'una vecchia chiesa**, the restoration of an old church; **il r. dell'ora legale**, the reintroduction of summer time; **il r. d'una norma**, the reinstatement of a regulation **2** (*elettr., elab.*) reset.

riprivatiẓẓàre, *v. t.* to reprivatize; to denationalize.

riproducìbile, *a.* reproducible.

riproducibilità, *f.* reproducibility.

ripro dùrre, A *v. t.* **1** (*ripetere*) to reproduce; to repeat: **r. gli stessi effetti**, to produce the same effects (again); **r. un esperimento**, to reproduce an experiment **2** (*copiare*) to reproduce; to copy; to duplicate: **r. q.c. nei minimi particolari**, to reproduce st. in its minutest details; **r. un accento**, to reproduce (*o* to copy) an accent; **r. un suono**, to reproduce a sound **3** (*pubblicare*) to reproduce; to publish; to print; to come* out: **La foto è stata riprodotta su tutti i gornali**, the photo was reproduced (*o* came out) in all the papers. **B riprodùrsi**, *v. rifl.* e *i pron.* **1** (*moltiplicarsi*) to reproduce, to breed*; (*di piante, anche*) to propagate: **r. per gemmazione**, to reproduced by gemmation; **un animale che non si riproduce in cattività**, an animal that does not breed in captivity **2** (*riformarsi*) to form again **3** (*ripetersi*) to repeat itself; to happen again; to occur again: **Si riprodusse lo stesso fatto**, the same thing happened again.

riproduttività, *f.* reproductiveness.

riproduttìvo, *a.* reproductive; reproduction (*attr.*).

riproduttóre, A *m.* **1** reproducer **2** (*tecn.*) reproducer; player: **r. a cassette [a nastro]**, cassette [tape] player; **r. di suoni** (*o* **acustico**), sound system **3** (*animale o pianta destinati alla riproduzione*) breeder. **B** *a.* **1** reproducing **2** (*biol.*) reproductive: **apparato r.**, reproductive organs (*pl.*).

riproduttrìce, *f.* – (*elab.*) **r. di banda**, tape reperforator.

riproduzióne, *f.* **1** (*il riprodurre, il riprodursi*) reproduction; reproducing: **r. sonora**, sound reproduction; **la r. d'un esperimento**, the reproduction of an experiment **2** (*cosa riprodotta*) reproduction; copy; replica: **una r. fotografica**, a photographic reproduction; **Il quadro è una r. fedele dell'originale**, the painting is a faithful copy (*o* replica) of the original **3** (*biol.*) reproduction, breeding; (*di piante, anche*) propagation: **r. sessuata [asessuata]**, sexual [asexual] reproduction; **r. per gemmazione**, gemmation; **gli organi della r.**, the reproductive organs; **animale [pianta] da r.**, breeder. ● (*leg.*) **diritto di r.**, copyright.

riprografìa, e *deriv. V.* **reprografia**, e *deriv.*

riprométtersi, *v. i. pron.* **1** (*aspettarsi*) to expect; to hope: **Ci riprometiamo una riuscita**, we expect a success **2** (*avere intenzione*) to mean*; to intend; to propose: **Mi riprometto di finire il lavoro domani**, I intend to finish the work tomorrow.

ripropórre, A *v. t.* to repropose; to reintroduce; to revive: **r. un progetto**, to repropose a plan; **r. una commedia**, to revive a play. **B ripropórsi**, *v. rifl.* e *i pron.* **1** (*offrirsi*) to offer oneself again: **r. come candidato**, to run (for st.) again; (*di uomo politico*) to stand for re-election **2** (*insorgere di nuovo*) to come* up (again); to arise* (again); to crop up (again): **Si è riproposto lo stesso problema**, the same problem has come up again **3** (*intendere*) to mean*; to intend; to propose: **Mi ripropongo di andare personalmente**, I mean to go personally.

ripròva, *f.* (*nuova prova*) (new) proof, new evidence; (*riconferma*) confirmation; (*verifica*) verification: **Ecco la r. di quanto ti dissi**, this is the proof of (*o* this confirms) what I told you; **a r. del fatto**, as a confirmation of the fact. ● (*leg.*) **testimone a r.**, refuting witness.

riprovàre (1), **A** *v. t.* e *i.* **1** (*tentare di nuovo*) to try again; to reattempt: **Voglio r.** (*o* **riprovarci**), I want to try again; **Guai a te se ci riprovi!**, don't you try that again!; **Prova e riprova, alla fine la chiave entrò**, I tried and tried, and eventually got the key in **2** (*sentire di nuovo*) to feel* again; to re-experience **3** (*controllare di nuovo*) to test again; to retest **4** (*vestito, ecc.*) to try on again **5** (*assaggiare di nuovo*) to taste again. **B riprovàrsi**, *v. i. pron.* to try again: **Ci si riprovò più volte senza riuscirci**, he tried again and again, without success.

riprovàre (2), *v. t.* **1** (*disapprovare*) to disapprove; to censure; to criticize; to blame: **r. la condotta di q.**, to censure sb.'s behaviour **2** (*bocciare*) to fail (in an examination).

riprovatòrio, *a.* reproachful; of censure: **tono r.**, reproachful tone.

riprovazióne, *f.* **1** (*disapprovazione*) disapproval; censure; criticism: **incontrare la r. generale**, to meet with general criticism **2** (*bocciatura*) failing.

riprovévole, *a.* reprehensible; censurable; blameworthy: **un'azione r.**, a reprehensible action.

ripuàrio, *a.* riparian; riverine.

ripubblicàre, *v. t.* to republish; to reissue.

ripubblicazióne, *f.* republication; new publication; reissue.

ripudiàre, *v. t.* (*anche fig.*) to repudiate, to disown, to disavow; (*respingere*) to reject: **r. la moglie**, to repudiate one's wife; **r. i vecchi amici**, to repudiate one's former friends; **r. un'opinione**, to reject an opinion; **r. un figlio**, to disown a son.

ripudiatóre, *m.* (*f.* **-trice**) repudiator; disavower.

ripùdio, *m.* (*anche fig.*) repudiation,

disavowing, disavowal; (*rifiuto*) rejection; (*leg.*) disclaimer: **il r. della moglie**, the repudiation of one's wife; **il r. di un'ideologia**, the rejection of an ideology.

ripugnànte, *a.* repulsive; repugnant; repellent; revolting; disgusting; offensive; vile; foul: **C'era qualche cosa di r. in lui**, there was something repulsive (*o* repugnant) about him; **una faccia r.**, a repulsive face; **una vista r.**, a repulsive (*o* a revolting) sight; **un odore r.**, a disgusting (*o* an offensive, a vile) smell: **una proposta r.**, a repugnant (*o* an offensive) proposal; **un'azione r.**, a vile action.

ripugnànza, *f.* ***1*** repugnance; repulsion; revulsion; aversion; abhorrence; disgust: **provare** (*o* **sentire**) **r. per q.c.**, to feel repugnance for st.; to have an aversion for st.; **sentire r. per il latte**, to have an aversion to milk; **non riuscire a vincere la propria r. per q.c.**, to be unable to overcome one's repugnance to st.; **avere r. per la violenza**, to abhor violence; **suscitare r.**, to arouse revulsion (*o* disgust); to disgust; to be disgusting (*o* revolting, repugnant); **Ebbe un brivido di r.**, she shivered with repulsion (*o* disgust) ***2*** (*riluttanza*) reluctance: **avere r. a fare q.c.**, to be reluctant (*o* loath) to do st.

ripugnàre, *v. i.* ***1*** (*suscitare disgusto, avversione*) to fill with repugnance (*o* with disgust); to revolt; to disgust; to be repugnant: **La sola idea mi ripugna**, the very idea of it fills me with disgust; **La scena mi ripugnò**, the scene revolted me; **La carne mi ripugna**, I have an aversion to meat ***2*** (*essere contrario*) to be repugnant to; to be contrary to; to go* against; to be incompatible with; to be contradictory to: **Questo ripugna al senso comune**, this is contrary to (*o* goes against) common sense; **È un'azione che ripugna ai miei principi**, it's an action that goes against (*o* is contrary to) my principles; **r. al senso morale**, to be repugnant to one's moral sense.

ripuliménto, *V.* **ripulitura**.

ripulìre, A *v. t.* ***1*** (*pulire di nuovo*) to clean again ***2*** (*pulire bene*) to clean up (*o* out), to do* up (*fam.*): **r. un paio di scarpe**, to clean a pair of shoes; **r. la casa**, to clean up the house; **r. il giardino dalle erbacce**, to weed the garden ***3*** (*fig.*: *dirozzare*) to refine; to polish up: **r. il proprio stile**, to refine one's style ***4*** (*fig.*: *togliere tutto*) to clean up; (*mangiare tutto*) to eat* up, to polish off; (*rubare tutto*) to clean out: **r. un quartiere**, to clean up a district; **r. un quartiere dagli spacciatori**, to clear drug pushers out of an area; **Ripulimmo tutto quello che c'era in tavola**, we ate up (*o* polished off) everything there was on the table; **r. il piatto**, to eat up everything on the plate; **r. la dispensa**, to clean out the larder; **Gli hanno ripulito la casa**, the burglars cleaned out his house; **Sono stato ripulito al poker**, I've been cleaned out at poker ***5*** (*fonderia*) to trim. **B ripulìrsi**, *v. rifl.* ***1*** to clean oneself up; to make* oneself neat and tidy; to tidy oneself ***2*** (*fig.*: *dirozzarsi*) to refine oneself; to polish up one's manners.

ripulisti, *V.* **repulisti**.

ripulita, *f.* ***1*** (*il ripulire, il ripulirsi*) clean-up; cleaning-up: **dare una r. a q.c.**, to give st. a clean-up; **darsi una r.**, to have a clean-up; to go* and get clean (*o* decent) ***2*** (*fig.*) clean-up: **dare una r. a un quartiere**, to clean up a district; **fare una r. generale**, to give st. a thorough clean-up; to clear out everything; **Devo fare una r. tra le queste carte**, I must get rid of (*o* weed out) some of these papers; I must go through these papers with a fine-tooth comb.

ripulito, *a.* ***1*** clean; cleaned-up; nice and clean (*fam.*) ***2*** (*in ordine*) tidy.

ripulitùra, *f.* ***1*** (*il ripulire*) clean-up; cleaning-up ***2*** (*ciò che si toglie nel ripulire*) rubbish; refuse ***3*** (*fig.*: *rifinitura*) finishing; finishing touches (*pl.*) ***4*** (*fonderia*) trimming.

ripùlsa, *f.* refusal; rejection: **ricevere una r.**, to meet with a refusal.

ripulsióne, *f.* ***1*** (*ripugnanza*) repulsion; repugnance; aversion; disgust: **sentire r. per q.c.**, to feel repugnance for st.; **ispirare r.**, to inspire repulsion ***2*** (*fis.*) repulsion.

ripulsivo, *a.* ***1*** (*ripugnante*) repulsive; repellent; revolting; disgusting ***2*** (*fis.*) repulsive.

riputàre, riputazióne, *V.* **reputare, reputazione**.

riquadràre, *v. t.* ***1*** (*squadrare*) to square ***2*** (*dividere in riquadri*) to square off ***3*** (*tipogr.*) to box ***4*** (*una stanza*) to paint the friezes and baseboards.

riquadratùra, *f.* ***1*** (*lo squadrare*) squaring ***2*** (*il dividere in riquadri*) squaring off ***3*** (*spazio quadro*) square ***4*** (*di una stanza*) painting of the friezes and baseboards.

riquàdro, *m.* ***1*** panel; square ***2*** (*cornice*) frame ***3*** (*tipogr.*) box ***4*** (*archit.*) panel: **soffitto a riquadri**, panelled ceiling.

riqualificàre, A *v. t.* ***1*** (*riaddestrare*) to retrain ***2*** (*promuovere*) to upgrade; to advance. **B riqualificàrsi**, *v. rifl.* to retrain.

riqualificazióne, *f.* ***1*** (*riaddestramento*) retraining ***2*** (*promozione*) upgrading; advancement.

risàcca, *f.* undertow; backwash; surf.

risàia, *f.* rice field; paddy (field).

risaiòlo, *m.* (*f.* **-a**) rice-field (*o* paddy) worker.

risaldàre, *v. t.* (*tecn.*) to (re)weld; to weld again; to (re)solder; to solder again.

risaldatùra, *f.* (*tecn.*) ***1*** (*il risaldare*) (re)welding; welding again; (re)soldering; soldering again ***2*** (*punto risaldato*) weld; soldering.

risalìre, A *v. t.* ***1*** (*salire*) to go* up; to climb up; to ascend: **r. un pendio**, to go up a slope; **r. una collina**, to go up (*o* to climb) a hill ***2*** (*un corso d'acqua*) to go* up, to sail up; (*a nuoto*) to swim up: **Risalimmo il fiume**, we sailed up the river; **r. la costa**, to sail up the coast; **r. la corrente**, to go upstream; **I pesci risalgono il fiume in febbraio**, fish swim upriver in February ***3*** (*salire di nuovo*) to go* up again; to climb again; to mount again: **Risalì le scale**, he went up (the stairs) again. ● (*fig.*) **r. la corrente**, to pick up; to get on one's feet again. **B** *v. i.* ***1*** to go* [to come] up again; to climb up (st.) again; to mount (st.) again; to re-ascend; (*in superficie*) to resurface: **Dovetti r. in camera per prendere il borsellino**, I had to go up to my room again for my purse; **Risalimmo a quota duemila**, we climbed up again to a height of two thousand metres; **Risalì sul podio**, he mounted the rostrum again; **r. a cavallo**, to mount one's horse again; to climb back in the saddle; **r. in macchina**, to get (*o* to climb) back into the car; **r. sul trono**, to re-ascend the throne ***2*** (*fig.*) to go* up again; to rise* again: **I prezzi risalgono**, prices are rising (*o* going up) again; **La temperatura [il barometro] risale**, the temperature [the barometer] is rising (*o* is going up) again; **Il livello dell'acqua risalì**, the water level rose again ***3*** (*fig.*: *avere origine*) to go* back; to date back: **L'episodio risale all'estate scorsa**, the fact goes back to last summer; **L'edificio risale al secolo scorso**, the building dates back to (*o* dates from) the last century; **La sua paura risale probabilmente a un trauma infantile**, his fear is probably to be traced back to some childhood trauma. ● **r. alle cause [alla fonte] di q.c.**, to trace the causes [the source] of st. □ **r. alle origini di q.c.**, to trace st. back to its origins □ **r. col pensiero a un episodio**, to think back to an episode □ **La sua famiglia fa r. le proprie origini a Carlo V**, his family traces its origins to Charles V.

risalita, *f.* ***1*** climb (back up); (re)ascent; (*alla superficie*) resurfacing ***2*** (*fig.*) new rise: **la r. dei prezzi**, a new rise in prices; **In marzo c'è stata una r. dei prezzi**, in March prices went up again. ● (*sport invernali*) **mezzi di r.**, lifts.

risaltàre, A *v. t. e i.* (*saltare di nuovo*) to jump again; to leap* again: **Risaltò il fosso**, he jumped (*o* he leapt) over the ditch again; **Il cavallo non volle r. l'ostacolo**, the horse refused to jump the obstacle again; **r. indietro**, to jump back; to leap back. **B** *v. i.* ***1*** (*fare spicco*) to stand* out; to catch* the eye; to show* up: **Il giallo risaltava sullo sfondo scuro**, the yellow stood out against the dark background; **Questo è un colore che risalta più di ogni altro**, this is a colour that shows up more than any other; **far r.**, to show off; to set off; to stress; to underline; to highlight; to enhance: **Quei vestiti fanno r. la sua figura**, those clothes set off her figure; **un trucco che fa r. l'abbronzatura**, a make-up that highlights the tan ***2*** (*archit.*: *sporgere*) to project; to jut out.

risàlto, *m.* ***1*** prominence; relief; (*enfasi*) emphasis, stress: **dare r. a q.c.**, to give prominence to st.; to lay emphasis (*o* stress) on st.: **Nella foto non si dà abbastanza r. al nostro prodotto**, our product isn't given enough prominence in the photo; **Devi dare più r. al mento nel tuo disegno**, you must give more relief to the chin in your drawing; **I giornali hanno dato poco r. alla notizia**, the papers gave little prominence to the news; **avere r.** (*o* **essere in r.**), to stand out; to be prominent; to be thrown into relief; **mettere in r.**, to bring out; to throw into relief; to show off; to show to advantage; to set off; to enhance; to stress; to highlight; to underline: **un colore che mette in r. il biondo dei suoi capelli**, a colour that shows off her fair hair; **Si sforzò di mettere in r. gli aspetti positivi**, he endeavoured to stress the positive aspects; **un personaggio di r.**, a prominent personality ***2*** (*sporgenza rocciosa*) ledge ***3*** (*archit.*) projection; relief.

risanàbile, *a.* ***1*** curable; healable ***2*** (*di terreno*) reclaimable.

risanaménto, *m.* ***1*** (*il risanare*) restoration to health; healing: **il r. d'una piaga**, the healing of a sore ***2*** (*bonifica*) reclamation; reclaiming: **il r. d'una zona paludosa**, the reclamation of a marsh ***3*** (*r. edilizio*) slum clearance; urban renewal ***4*** (*fig.*: *di costumi, ecc.*) reformation ***5*** (*econ.*) recovery; (*di bilancio*) balancing; (*di azienda*) reorganization.

risanàre, A *v. t.* ***1*** (*guarire*) to restore (*o* to bring* back) to health; to cure; to heal: **Un lungo periodo di riposo lo risanò**, a long period of rest restored him to health ***2*** (*bonificare*) to reclaim: **r. una zona paludosa**, to reclaim a marsh ***3*** (*fig.*) to reform ***4*** (*econ.*: *un bilancio*) to balance; (*un'azienda*) to reorganize, to put* back on its feet. **B** *v. i.* to recover; to get* well again: **r. da lunga malattia**, to recover from a long illness.

risanatóre, A *m.* (*f.* **-trice**) healer. **B** *a.* healing; (*fig.*) reforming.

risapére, *v. t.* to get* to know; to know*; to hear* of; to learn*; to find* out: **Tutto il paese lo riseppe il giorno dopo**, the whole village knew about it the next day; **Si venne a r. che...**, it came to be known that...; **Non voglio che lo si venga a r.**, I don't want it to become public knowledge; I don't want it to become known (*o* to get about).

risapùto, *a.* (*noto*) well-known; widely known; (of) common knowledge: **È r.** (*o* **è cosa risaputa**) **che...**, it's common knowledge that...

risarcìbile, *a.* refundable; repayable; reimbursable; recoupable; indemnifiable.

risarciménto, *m.* compensation; indemnity; (*leg.*) damages (*pl.*), reparation, indemnification; (*rimborso*) recoupment, refund: **r. dei danni**, compensation for damage; damages (*pl.*); **r. delle spese**, recoupment (*o* refund) of expenses; **chiedere [ottenere] un r.**, to claim [to obtain, to get] compensation; **Ha ottenuto un r. di 100 milioni**, he got 100 million lire in compensation; **richiesta di r. dei danni**, claim for damages; (*leg.*) **a r. di**, in satisfaction of.

risarcìre, *v. t.* **1** (*indennizzare*) to compensate, to indemnify; (*rimborsare*) to indemnify, to recoup, to refund, to make* good: **r. q. di un furto [di una perdita]**, to compensate sb. for a theft [for a loss]; **r. q. dei danni**, to pay sb. for damages; to pay sb. compensation; to make up for damage done; **Vi risarcirò di tutte le spese che incontrerete**, I will indemnify you for any expenses you may incur; **Questo mi risarcirà delle perdite**, this will indemnify me for (*o* will make good, will recoup) my losses **2** (*riparare*) to make* amends for; to make* up for; to redress: **r. un'offesa**, to make amends for a wrong.

risarèlla, *f.* (*fam.*) giggles (*pl.*).

risàta, *f.* laugh; (burst *o* peal of) laughter: **Mi rispose con una r.**, he answered me with a laugh; **fare una r.**, to laugh; to break into a laugh; **farsi una bella r.**, to have a good laugh; **Una grande r. scosse le pareti dell'aula**, a loud burst of laughter shook the walls of the hall; **scoppiare in una r.**, to burst into laughter; to burst out laughing; **una grossa r.**, a big laugh; **Dalla sala venivano canti e risate**, singing and laughter could be heard in the next room; **risate e applausi**, laughter and applause; **Dissipò le mie paure con una r.**, he laughed away my fears; **provocare una r. generale**, to raise a general laugh. ● **r. beffarda**, mocking laugh □ **una r. forzata**, forced laughter □ **r. fragorosa**, guffaw □ **r. grassa**, hearty (*o* rollicking) laugh □ **una r. omerica**, homeric laughter □ **Che risate!**, how we laughed! □ **fare una r. in faccia a q.**, to laugh in sb.'s face □ **farsi matte risate**, to laugh one's head off □ (*fam.*) **farsi quattro risate**, to have a good laugh □ **finire a risate**, to end up in laughter □ **tanto per farsi due risate**, just for a laugh (*o* for laughs, for the laugh of it) □ (*iron.*) **Sai che risate!**, some fun!

risatìna, *f.* chuckle; titter; (*allegra o nervosa*) giggle; (*ironica*) snigger: **fare una r.**, to chuckle; to titter; to giggle; to snigger.

riscaldaménto, *m.* **1** heating: **r. ad acqua [ad aria] calda**, hot-water [hot-air] heating; **r. autonomo**, independent central heating; **r. a vapore [a carbone]**, steam [coal] heating; **r. a pannelli radianti**, panel heating; radiant heating; **r. centrale**, central heating; **r. elettrico**, electric heating; **impianto di r.**, heating system (*o* apparatus); **accendere [spegnere] il r.**, to turn on [to turn off] the heating **2** (*aumento di temperatura*) heating up **3** (*sport*) warm-up: **esercizi di r.**, warm-up exercises; **fare r.**, to warm up **4** (*pop.*: *infiammazione*) inflammation.

riscaldàre, A *v. t.* **1** to warm; to heat: **Il sole riscalda la terra**, the sun warms the earth; **riscaldarsi le mani al fuoco**, to warm one's hands in front of the fire; **r. una stanza**, to heat a room; **parole che riscaldano il cuore**, words that warm one's heart; **riscaldarsi i muscoli**, to warm up **2** (*scaldare di nuovo*) to heat up; to reheat; to warm up (*GB*); to warm over (*USA*): **r. la minestra**, to heat up the soup **3** (*fig.*: *accendere, eccitare*) to stir up; to excite: **Il discorso riscaldò l'assemblea**, the speech stirred up the assembly; **La discussione riscaldò l'atmosfera**, the discussion made the atmosphere electric **4** (*pop.*: *provocare infiammazione*) to cause inflammation to. **B** *v. i.* (*surriscaldarsi*) to overheat: **Il motore riscalda troppo**, the engine overheats. **C riscaldàrsi,** *v. rifl.* e *i pron.* **1** (*riprendere calore*) to warm oneself; to get* warm; to warm up: **Riscaldati vicino al fuoco**, warm yourself by the fire; **Non riesco a r.**, I can't get warm; **Fece qualche flessione sulle braccia per r.**, he did a few press-ups to warm up; **esercizi per r.**, warm-up exercises **2** (*diventare caldo*) to warm up; to heat up; to get* warm (*o* hot): **La minestra sta riscaldandosi**, the soup is heating up; **Il ferro non si è ancora riscaldato**, the iron isn't hot yet **3** (*impers.*, *del tempo*) to get* warm; to warm up **4** (*fig.*: *diventare animato*) to heat up; to warm up; to get* lively; to become* (*o* to get*) heated: **La discussione si riscaldò**, the argument (*o* the discussion) became heated **5** (*fig.*: *infervorarsi*) to warm up; (*eccitarsi*) to get* excited, to get* worked up: **Cominciò a parlare con voce esistante ma poi si riscaldò**, he started in a hesitant voice, but soon warmed up; **Si riscalda sempre quando si parla di politica**, he always gets worked up about politics **6** (*fig.*: *arrabbiarsi*) to get* worked up; to work oneself up; to raise one's voice; to get* one's dander up (*fam.*): **Non c'è bisogno di r., sai!**, there's no need to get so worked up (*o* to raise your voice)!

riscaldàta, *f.* warming up; heating up: **dare una r. a q.c.**, to warm st. (up).

riscaldàto, *a.* **1** heated; warm: **Tutte le stanze sono riscaldate**, all the rooms are heated **2** (*di cibo*) heated up; reheated; warmed up: (*GB*); warmed over (*USA*): **Questo latte è r.**, this milk has been heated up; **stufato r.**, warmed-up stew **3** (*fig.*: *eccitato*) excited; heated **4** (*arrabbiato*) worked up. ● (*fig.*) **minestra riscaldata**, old hat; (*di scritto*) rehash.

riscaldatóre, *m.* heater: **r. ad alta frequenza**, high-frequency heater; **r. a raggi infrarossi**, infrared heater; **r. a resistenza**, resistance heater; **r. a getto di vapore**, steam-jet blower.

riscàldo, *m.* (*pop.*: *infiammazione*) inflammation; (*eruzione cutanea*) skin rash.

riscattàbile, *a.* redeemable: **titoli riscattabili**, redeemable stock; **non r.**, unredeemable; **r. a fini pensionistici**, redeemable for pension purposes.

riscattàre, A *v. t.* **1** (*ottenere la libertà di q. con denaro*) to ransom; to redeem: **r. un prigioniero**, to ransom a prisoner; **r. uno schiavo**, to redeem a slave **2** (*bur.*, *fin.*, *leg.*) to redeem; to buy* in (*o* off); (*ass.*) to surrender: **r. un pegno**, to redeem a pledge; **r. una polizza d'assicurazione**, to surrender an insurance policy; **r. un appartamento**, to redeem (*o* to pay off) the mortgage on a flat; (*bur.*) **r. cinque anni di lavoro a fini pensionistici**, to redeem five years' work for pension purposes **3** (*fig.*: *liberare*) to free, to liberate; (*redimere*) to redeem, to deliver: **r. la patria**, to free one's country; **r. dal peccato**, to redeem (*o* to deliver) from sin. **B riscattàrsi,** *v. rifl.* **1** (*redimersi*) to redeem oneself **2** (*fig.*: *migliorare nettamente*) to recover; to rally; to pick up; to revive: **Il Genoa si è riscattato nel secondo tempo e ha segnato due volte**, Genoa rallied in the second half and scored twice; **La commedia si è riscattata nel finale**, the play revived towards the end.

riscàtto, *m.* **1** (*il riscattare*) ransoming **2** (*il prezzo pagato*) ransom: **chiedere un r.**, to ask for a ransom; **Hanno pagato un r. di un miliardo**, they paid a ransom of one billion lire; **L'hanno rapito per chiedere un r.**, he's been kidnapped and held to ransom; **denaro del r.**, ransom money **3** (*bur.*, *fin.*, *leg.*) redemption; (*ass.*) surrender: **il r. d'un pegno**, the redemption of a pledge; **il r. d'un appartamento**, the redemption of a flat; **prezzo di r.**, redemption price; **diritto di r.**, right of redemption; **vendita con patto di r.**, sale with right of redemption; **r. di una polizza**, surrender of an insurance policy; **a r.**, on mortgage; with right of redemption; redeemable **4** (*fig.*: *il redimere*) redemption, redeeming; (*affrancamento*) deliverance.

rischiaraménto, *m.* **1** (*l'illuminare*) lighting up; illumination **2** (*del cielo*) clearing up; brightening **3** (*di liquidi*) clarification; clearing.

rischiaràre, A *v. t.* **1** (*illuminare*) to light* up; to illuminate: **Il sole rischiara il mondo**, the sun illuminates the world; **La luna rischiarava la notte**, the moon lit up the night; **La grotta era r. dalle torce**, the cave was lit up by torches **2** (*rendere più chiaro*) to lighten: **r. un colore**, to lighten a colour **3** (*rendere più vivace*) to brighten up: **Questa stanza ha bisogno di essere rischiarata**, this room needs brightening up; **r. una gonna con una camicetta bianca**, to brighten up a skirt with a white blouse **4** (*rendere limpido*) to clarify; to clear: **rischiararsi la voce**, to clear one's voice **5** (*fig.*: *illuminare*) to light* up; (*chiarire*) to clear, to clarify: **La felicità le rischiarava il viso**, happiness lit up her face; **r. la mente**, to clear (sb.'s) mind; **rischiararsi le idee**, to clarify one's thoughts; to clear one's mind. **B** *v. i.* e **rischiaràrsi,** *v. i. pron.* **1** (*del cielo*) to clear up; to brighten: **Comincia a r.**, it's beginning to clear up; the sky is brightening **2** (*fig.*) to lighten; to brighten: **La sua espressione si rischiarò**, her expression lightened; her face brightened **3** (*di liquidi*) to become* clear; to clarify **4** (*di voce*) to clear.

rischiàre, A *v. t.* (*mettere a repentaglio*) to risk, to hazard, to venture, to put* on the line (*fam.*); (*assol.*) to take* (*o* to run*) a risk (*o* risks), to take* a chance (*o* chances); (*essere a rischio*) to be at risk: **r. la vita [la salute]**, to risk (*o* to venture) one's life [one's health]; **r. il proprio denaro**, to risk one's money; **r. il posto**, to risk losing one's job; to put one's job on the line (*fam.*); **r. il fallimento**, to run the risk of (*o* to risk) going bankrupt; **Il parco nazionale rischia la chiusura per difficoltà finanziarie**, the nature park is in danger of closing because of financial difficulties; **Lo so che sto rischiando grosso**, I know I'm taking a big risk; **Non intendo r.**, I don't intend to take risks (*o* chances); **Mi piace r.**, I like taking risks; **Non gli va di r.**, he doesn't want to stick his neck out (*fam.*); **Chi rischia di più sono i bambini**, children are most at risk. ● **r. in prima persona**, to risk personally □ **r. il tutto per tutto**, to stake everything; to go* for broke (*fam.*) □ **r. la testa (o la pelle)**, to risk one's neck □ **per non r.**, to be on the safe side. **B** *v. i.* **1** (*correre il pericolo di*) to run* the risk of (doing st.); to risk (doing st.); to be in danger of (doing st.): **Se aspetti ancora, rischi di non trovarli**, if you wait any longer, you run the risk of not finding them; **Rischi di buscarti una polmonite**, you're risking pneumonia; **r. di morire**, to risk death; **r. di fallire**, to risk going bankrupt; **Ho rischiato di perdere tutto**, I risked losing everything **2** (*impers.*) to threaten; to look like: **Rischia di nevicare**, it looks like snow.

rischiarìre, *V.* **rischiarare**.

rìschio, *m.* risk (*anche comm.*, *ass.*); chance; (*pericolo*) hazard, danger, peril: **correre un r.**, to run (*o* to take) a risk; to take a chance; to chance it: **Era pronto a correre un simile r.**, he was ready to take such a risk (*o* chance); **Ne correrò il r.**, I'll chance it; **C'è il r. di perdere tutto**, there's a risk of losing everything; **esporsi a un r.**, to lay oneself open to a risk; **mettere a r.**, to risk; to venture; (*mettere in pericolo*) to jeopardize, to endanger: **mettere a r. la propria vita**, to risk (*o* to venture) one's life; **Ama il r.**, he likes to take risks; he likes to court danger; **un r. per la salute**, a health risk (*o* hazard); **rischi di guerra**, war risks; **r. d'incendio**, fire risk; **assicurare contro ogni r.**, to insure against all risks. ● (*comm.*) **r. del compratore [del vettore]**, buyer's [carrier's] risk □ (*econ.*) **r. paese**, country risk □ **r. professionale**, occupational hazard □ **a proprio r. (e pericolo)**, at one's own risk (and peril) □ **ad alto r.**, extremely dangerous; high-risk (*attr.*) □ **a r.**, at risk; (*in pericolo*) in danger, in jeopardy, at stake: **categorie a r.**, categories at risk; (*comm.*) **a r. del compratore**, at buyer's risk □ **col r. di perdere tutto**, at the risk of losing everything □ **esente da r.**, risk-free □ **non correre rischi inutili**, to play it safe □ **per non correre rischi**, not to run any risk; to be on the safe side (*fam.*) □ **politica del r. calcolato**, brinkmanship □ **senza correre rischi**, safely (*avv.*).

rischiosità, *f.* riskiness; (*pericolosità*) dangerousness.

rischióso, *a.* risky; chancy; (*pericoloso*) hazardous, dangerous, dicey (*fam.*), dodgy (*fam.*): **un'impresa rischiosa**, a risky undertaking; **È un po' r. viaggiare di notte**, it's reather dicey travelling at night; **È un piano un po' r.**, it's a rather dodgy plan; **gioco r.**, dangerous game.

risciacquàre, *v. t.* to rinse (out): **r. il bucato**, to rinse (out) the washing; **r. i piatti**, to rinse the dishes; **risciacquarsi la bocca [i capelli]**, to rinse (out) one's mouth [one's hair].

risciacquàta, *f.* ***1*** (*il risciacquare*) rinse; rinsing: **dare una r. a q.c.**, to give st. a rinse; to rinse st. ***2*** (*fam.*: *rabbuffo*) scolding; telling-off (*fam.*); dressing-down (*fam.*): **fare** (*o* **dare**) **una r. a q.**, to tell sb. off; to give sb. a dressing-down.

risciacquatùra, *f.* ***1*** rinse; rinsing ***2*** (*acqua di riasciacquatura*) rinsings (*pl.*); (*dei piatti*) dishwater, washing-up water ***3*** (*spreg.*: *minestra o bevanda allungata*) slops (*pl.*) ***4*** (*spreg.*, *di scritto letterario*) long, rambling piece of writing.

risciàcquo, *m.* ***1*** rinsing; rinse; (*di lavatrice, ecc.*) rinse cycle ***2*** (*med.*) mouth-wash; mouth-rinse.

risciò, *m.* ricksha(w).

rìscolo, *m.* (*bot.*, *Salsola kali*) (prickly) glasswort.

riscontàre, *v. t.* (*banca*) to rediscount; to discount again.

riscónto, *m.* (*banca*) rediscount; rediscount account.

riscontràbile, *a.* ***1*** (*verificabile*) verifiable; that can be verified; that can be checked ***2*** (*che si può trovare*) that may be found ***3*** (*confrontabile*) comparable.

riscontràre, **A** *v. t.* ***1*** (*confrontare*) to compare; (*collazionare*) to collate: **r. la copia con l'originale**, to compare (*o* to collate) the copy with the original ***2*** (*verificare*) to check; to verify: **r. il peso**, to check the weight; **r. un conto**, to verify an account ***3*** (*rilevare*) to find*, to discover; (*notare*) to notice: **non r. nulla d'irregolare**, to find nothing irregular; **r. un errore**, to find a mistake; **r. molti difetti**, to notice many defects. **B** *v. i.* to correspond; to agree; to match; to tally.

riscontràta, *f.* check; verification.

riscóntro, *m.* ***1*** (*confronto*) comparison; (*collazione*) collation: **fare un r.**, to make a comparison; to compare; **fare il r. d'una copia con l'originale**, to compare (*o* to collate) a copy with the original ***2*** (*verifica*) check; checking; verification: **r. dei conti**, checking (*o* audit) of accounts ***3*** (*constatazione, scoperta*) discovery: **il r. d'un ammanco di cassa**, the discovery of a cash deficit ***4*** (*riprova, conferma*) corroboration; confirmation; substantiation ***5*** (*equivalenza*) correspondence, match; (*parallelo*) parallel ***6*** (*comm.*: *risposta*) reply; answer; acknowledgment: **in attesa di un cortese r.**, awaiting your kind reply; **in r. alla vostra lettera**, in reply to your letter; **Favorite inviarci un cenno di r.**, please acknowledge receipt ***7*** (*corrente d'aria*) draught: **C'è r. qui**, there is a draught here. ● **avere** (*o* **trovare**) **r. in q.c.**, (*essere confermato*) to agree with st., to be confirmed (*o* corroborated) by st.; to tally with st.; (*avere un equivalente*) to have a match (*o* a parallel) in st., to be paralleled (*o* matched) by st.: **Le dichiarazioni del teste trovano r. nelle prove in nostro possesso**, the witness's statement is confirmed by our evidence □ (*mecc.*) **calibro di r.**, reference-gauge □ **fare r. a q.c.**, (*concordare*) to correspond to st., to parallel st.; (*corrispondere*) to balance st., to make a pendant to st., to match st. □ **mettere a r.**, to compare; to collate □ **senza r.**, uncorroborated; unparalleled.

riscopèrta, *f.* rediscovery.

riscoprìre, *v. t.* to rediscover; to discover again.

riscòssa, *f.* ***1*** (*contrattacco*) counterattack; rally: **andare alla r.**, to counterattack ***2*** (*insurrezione*) insurrection; rising; revolt: **chiamare il popolo alla r.**, to rouse the people; to incite the people to rise ***3*** (*ripresa*) revival; resurgence ***4*** (*redenzione*) redemption. ● **Alla r.!**, charge!; forward!

riscossióne, *f.* collection; levy: **la r. delle imposte**, the collection of taxes; **la r. dello stipendio**, the drawing of (one's) salary; **la r. di un assegno**, the cashing of a cheque; **r. di pedaggi**, tollage.

riscossóne, *m.* (violent) start; jerk; jolt.

riscotìbile, *a.* collectable; cashable; encashable. ● **non r.**, uncollectable; uncashable.

riscotitóre, *m.* (*f.* **-trice**) collector: **r. delle imposte**, tax-collector.

riscrittùra, *f.* rewriting; (*rifacimento*) rewrite.

riscrìvere, **A** *v. t.* (*scrivere di nuovo*) to rewrite*; to write* again. **B** *v. i.* (*rispondere*) to write* back; to answer.

riscuòtere, **A** *v. t.* ***1*** (*ricevere, percepire*) to collect, to draw*, to receive; (*incassare*) to cash, to encash: **r. l'affitto**, to collect the rent; **r. una somma**, to collect a sum of money; **r. lo stipendio**, to draw one's salary; **r. un assegno**, to cash a cheque; **r. le imposte**, to collect taxes ***2*** (*fig.*: *ottenere*) to win*, to gain, to obtain, to get*, to earn; (*godere*) to enjoy, to have: **r. la fiducia di q.**, to win sb.'s confidence; to enjoy sb.'s confidence; **r. simpatia**, to be liked; to be popular; **r. lodi**, to win praise; **r. un enorme successo**, to meet with outstanding success ***3*** (*scuotere*) to shake*; (*fig., anche*) to rouse; (*risvegliare*) to awaken: **Lo riscossi per svegliarlo**, I shook him to wake him up; **Non si riusciva a riscuoterlo dal suo torpore**, he could not be roused from (*o* shaken out of) his torpor ***4*** (*scuotere di nuovo*) to reshake*; to shake* again. **B riscuòtersi**, *v. i. pron.* ***1*** (*trasalire*) to start; to be startled ***2*** (*riprendersi*) to rouse oneself; to pull oneself together: **r. dal sonno**, to rouse oneself from sleep; **Non riesce a r. dalla sua prostrazione**, he can't seem to be able to shake himself out of his depression ***3*** (*ribellarsi*) to rise* up.

riscuotìbile, *V.* **riscotìbile.**

risecàre, *V.* **resecare**.

riseccàre, **A** *v. t.* to desiccate; to dry up. **B riseccàrsi**, *v. i. pron.* to become* desiccated; to dry up.

risecchìre, *v. i.* **risecchirsi**, *v. i. pron.* to dry (up); to wither; to shrivel; (*di albero*) to die.

risecchìto, *a.* dry; wizened; shrivelled: **mela risecchita**, wizened apple; **albero r.**, dead tree.

risèga, *f.* (*archit.*) offset; set-back: **fare una r.**, to offset.

risegnàre, *v. t.* ***1*** to re-mark; to mark again ***2*** (*sport*) to score again.

riselciàre, *v. t.* to repave; to pave again.

riseminàre, *v. t.* (*anche fig.*) to resow*; to sow* again.

risentiménto, *m.* ***1*** resentment; bitterness; (*rancore*) grudge, hard feelings (*pl.*): **provare r. contro q.**, to feel resentment against sb; to bear sb. a grudge; **covare** (*o* **nutrire**) **un r. verso q.**, to harbour a grudge (*o* hard feelings); **dare sfogo al proprio r.**, to give vent to one's resentment (*o* bitterness) ***2*** (*med.*) after-effect.

risentìre, **A** *v. t.* ***1*** (*udire di nuovo*) to hear* again: **Vorrei r. quel disco**, I should like to hear that record again; **far r. una registrazione**, to play back a recording; **Non ho più risentito Giorgio**, I haven't heard from Giorgio lately ***2*** (*provare di nuovo*) to feel* again: **Risentii il dolore dopo qualche ora**, I felt the pain again after a few hours ***3*** (*sentire, provare*) to feel*, to experience; (*subire*) to suffer; (*derivare*) to get*: **Presto ne risentirà l'effetto**, he'll soon feel the effect; **r. giovamento da una cura**, to feel the benefit of a treatment; **Risento ancora il dolore del colpo**, I still feel the pain of the blow; **Risentiva la mancanza di affetti**, he suffered from the lack of affection; **Risentì molto la morte del padre**, he greatly felt the death of his father; **r. le conseguenze di q.c.**, to experience the after-effects of st.; to suffer the consequences of st.; **Risentimmo molti vantaggi da quella situazione**, we greatly benefited from that situation. **B** *v. i.* to feel* the effect(s); (*soffrire*) to suffer from, to be affected by; (*mostrare tracce*) to reflect (st.); to show* traces of: **r. di un'educazione manchevole**, to feel the effects of a deprived upbringing; **Non mi pare che abbia risentito del divorzio dei suoi**, he doesn't seem to have suffered from his parents' divorce; **Risente ancora della vecchia ferita**, he still suffers from (*o* feels) his old wound; **La produzione ha risentito del sommovimento al vertice**, production has suffered from the shake-up at the top; **L'industria del turismo ha risentito delle cattive condizioni atmosferiche**, the tourist industry has been badly affected by the inclement weather; **Questo libro risente dell'epoca in cui fu scritto**, this book reflects the period in which it was written; **r. in negativo**, to be adversely affected. **C risentirsi**, *v. i. pron.* ***1*** (*offendersi*) to resent (st.); to take* offence at; to take* (st.) amiss; to react angrily: **Si è risentito della tua osservazione**, he resented (*o* took offence at) your remark; **Io l'ho detto senza voler offendere, ma lui si è subito risentito**, I said it without meaning to offend, but he took it amiss; **r. con q.**, to be angry with sb. ***2*** (*lett.*: *rinvenire*) to regain consciousness; (*svegliarsi*) to awake*, to wake* up. **D risentirsi**, *v. rifl. recipr.* to hear* each other again; to talk to each other again: **A risentirci!**, goodbye for now!

risentìto, *a.* ***1*** (*offeso*) resentful; angry; cross; offended; bitter: **parole risentite**, resentful (*o* bitter, angry) words; **tono r.**, offended tone ***2*** (*forte*) strong; vigorous: **polso r.**, strong pulse.

riseppelliménto, *m.* reburial; reinterment.

riseppellìre, *v. t.* to rebury; to bury again; to reinter.

riserbàre, e *deriv. V.* **riservare**, e *deriv.*

riserbatézza, *V.* **riservatezza**.

riserbàto, *V.* **riservato**.

risèrbo, *m.* reserve; (*ritegno*) self-restraint; (*discrezione*) discretion, secrecy, silence: **Manca totalmente di r.** he lacks all reserve (*o* self-restraint); **agire con r.**, to act with discretion; **mantenere uno stretto r.**, to maintain strict silence; **uscire dal proprio r.**, to drop one's reserve; **senza r.**, unreserved (*agg.*); unreservedly (*avv.*).

riserìa, *f.* rice mill.

risèrva, *f.* ***1*** (*scorta*) reserve (*anche fig.*); supply; stock: **r. monetaria [bancaria, aurea, statutaria]**, monetary [bank, gold, statutory] reserve; **riserve di munizioni [di viveri]**, supplies of ammunition [of food]; **riserve di grano**, wheat supplies; **riserve idriche**, water supplies; **r. di energie**, reserves of strength; **una buona r. di storielle**, a good stock of jokes; **fare r. di q.c.**, to lay in a supply of st.; to store st.; **esaurire le riserve**, to run out of supplies: **Stiamo esaurendo la**

nostra r. d'acqua, we are running out of water; our water supply is running low; **La mia r. di pazienza si sta esaurendo**, my patience is running low; **di r.**, (*da parte*) in reserve; (*di rimpiazzo*) reserve (*attr.*), backup (*attr.*), spare, extra, second-best: **Ho qualche bottiglia di r.**, I have a few bottles in reserve; **L'ho tenuto di r. in caso ce ne fosse bisogno**, I kept it in reserve in case it was needed; **paracadute di r.**, reserve parachute; (*elab.*) **copia di r.**, backup copy; **un paio di scarpe di r.**, an extra (*o* a spare) pair of shoes; **un piano di r.**, a fall-back plan; **un gruzzolo di r.**, a little nest-egg (*fam.*) **2** (*restrizione*) reservation; (*condizione*) condition, proviso*: **fare qualche r.**, to make some reservations; **Ho qualche r. sulla sua competenza**, I have some reservations about his abilities; **con tutte le debite riserve**, with all due (*o* all proper) reservation; **Acconsento, con una r.**, I agree, with one reservation (*o* condition, proviso); **accettare con r.**, to accept on condition (*o* conditionally); **accettazione con r.**, qualified acceptance; **senza riserve**, without reservation; unqualified (*agg.*); unconditional (*agg.*): **approvazione senza riserve**, unconditional approval; **Ha promesso che mi appoggerà senza riserve**, he promised me his unconditional support; he promised to back me all the way **3** (*autom.*) emergency fuel: **Quant'è la r. nella tua auto?**, how much fuel does your emergency tank hold?; **essere in r.**, to be low on petrol; **spia della r.**, low fuel warning light **4** (*mil.*) reserve; reserve list: **truppe di r.**, reserves; reserve troops; **mobilitare le riserve**, to call up the reserves; **ufficiale di r.**, officer on the reserve list; **passare alla r.**, to be placed on the reserve list **5** (*sport*) reserve: **Gioca da r. nell'Inter**, he is reserve for Inter; **far giocare una r.**, to play a reserve **6** (*territorio riservato*) preserve; reserve: **r. di caccia [di pesca]**, game [fishing] preserve **7** (*etnol.*) reservation; reserve: **una r. indiana**, an Indian reservation **8** (*ecol.*) reserve; sanctuary; wildlife park: **r. naturale**, nature reserve **9** (*enologia*) reserve; bin: **r. 1978**, 1978 reserve; **r. speciale**, special reserve **10** (*tecn., ind. tess.*) resist. ● (*leg.*) **r. di legge**, saving clause □ **r. mentale**, mental reservation □ (*naut.*) **r. navale**, naval reserve □ (*banca*) **r. obbligatoria**, legal bank reserve □ (*rag.*) **r. occulta**, secret reserve □ (*polit.*) **accettare con r. l'incarico di formare il governo**, to reserve the right to accept the task of forming a new government □ (*leg.*) **con r. di tutti i diritti**, all rights reserved □ (*fin., rag.*) **fondo di r.**, reserve fund □ **merce in r.**, goods in stock □ (*naut.*) **nave in r.**, ship in reserve □ (*rag.*) **passivo di r.**, reserve liabilities □ **sciogliere la r.**, to make known one's decisions; to drop one's reservation □ (*leg.*) **vendita con r. di proprietà**, conditional sale.

riservàre, *v. t.* **1** (*tenere o avere in serbo*) to reserve, to keep*; (*accantonare*) to set* aside: **Le ho riservato un tavolo d'angolo**, I have reserved you a corner table; **Questo vino lo riservo per una grande occasione**, I'm keeping this wine for an important occasion; **r. una somma per un acquisto**, to set aside a sum for a purchase; **r. particolari attenzioni a q.**, to show sb. special attention; **Tutto il suo affetto lo riserva al nipotino**, his love goes all to his grandchild; **Riserviamo questa questione alla prossima riunione**, let us reserve (*o* put off, postpone) this issue till the next meeting; **Non sapeva che cosa gli riservava il futuro**, he didn't know what the future had in store for him; **riservarsi il diritto [la facoltà] di fare q.c.**, to reserve the right [the faculty] to do st. **2** (*prenotare*) to book; to reserve **3** (*ripromettersi*) to intend; to reserve (st.): **Mi riservo di tornare più tardi sull'argomento**, I intend to come back to this subject later; **Mi riservo di darvi il mio parere più tardi**, I'll let you know my opinion later on; I'll reserve my opinion till later; (*comm.*) **Ci riserviamo di mandarvi un campione della merce**, we shall send you a sample of the goods as soon as possible; (*med.*) **riservarsi la prognosi**, to withhold one's prognosis; to put (a patient) on the danger list.

riservataménte, *avv.* **1** reservedly; with reserve **2** (*in modo confidenziale*) confidentially; in private.

riservatézza, *f.* **1** (*carattere riservato*) reserve, reservedness; (*ritegno*) self-restraint; (*discrezione*) discretion, prudence: **mancanza di r.**, lack of discretion; indiscretion **2** (*segretezza*) confidential (*o* private) nature; confidentiality; secrecy: **la r. dell'informazione**, the confidential nature of the information; **con la massima r.**, in the utmost secrecy **3** (*privatezza*) privacy: **diritto alla r.**, right of privacy.

riservàto, *a.* **1** (*pieno di riserbo*) reserved, quiet; (*discreto*) discreet, prudent: **Puoi fidartene, è molto r.**, he is very discreet, you can trust him **2** (*prenotato*) reserved: **posto r.**, reserved seat **3** (*segreto*) confidential, private, secret; (*di documento, anche*) classified: **informazioni riservate**, confidential (*o* classified) information; **lettera riservata**, confidential letter; **numero di telefono r.**, ex-directory (*USA*: unlisted) telephone number. ● **in via riservatissima**, strictly in confidence □ (*med.*) **prognosi riservata**, prognosis withheld □ **proprietà letteraria riservata**, copyright.

riservista, *m.* e *f.* (*mil.*) reservist.

riṣguàrdo, *m.* (*tipogr.*) flyleaf*; endpaper.

risìbile, *a.* laughable; ridiculous; ludicrous.

risibilità, *f.* laughableness; ridiculousness; ludicrousness.

riṣicàre, *v. t.* to risk. ● (*prov.*) **Chi non risica, non rosica**, nothing ventured nothing gained.

riṣicàto, *a.* very narrow; scanty; meagre: **vittoria risicata**, narrow victory; **maggioranza risicata**, scanty majority.

risìcolo, *a.* rice (*attr.*); rice-growing (*attr.*).

risicoltóre, *m.* (*f.* **-trice**) rice grower.

risicoltùra, *f.* (*agric.*) rice growing.

risièdere, *v. i.* **1** to reside; to live: **r. a Milano**, to reside (*o* to live) in Milan; **r. all'estero**, to reside abroad **2** (*stare, trovarsi*) to reside; to lie*; to be: **Il potere risiede nel popolo**, power resides in the people; **Il segreto del suo successo risiede nella sua dedizione al lavoro**, the secret of his success lies in his dedication to work.

risièro, *a.* rice (*attr.*): **industria risiera**, rice industry.

risifìcio, *m.* rice mill.

risigillàre, *v. t.* to reseal; to seal again.

risìna (1), *f.* (*riso di scarto*) broken rice.

riṣìna (2), *f.* (*scivolo per tronchi*) timber slide.

riṣìpola, *f.* (*med., pop.*) erysipelas; St. Anthony's fire (*pop.*).

risistemàre, *v. t.* to rearrange; to readjust; to reorganize; (*ristrutturare*) to restructure.

rìṣma, *f.* **1** (*di carta*) ream **2** (*fig. spreg.*: *genere, qualità*) kind; sort: **gente d'ogni r.**, all kinds of people; **essere tutti della stessa r.**, to be all of a kind; to be birds of a feather.

riso (1), *m.* (*pl.* **risa**, *f.*) **1** laughter (*solo sing.*); laughing; laugh: **Sentivo le risa dei bambini nel cortile**, I could hear the children's laughter in the courtyard; **Non potei frenare il r.**, I couldn't help laughing (*o* keep from laughing); **muovere il r.**, to provoke laughter; **sbellicarsi (*o* sganasciarsi, scoppiare) dalle risa**, to split (*o* to burst) one's sides with laughter (*o* laughing); **uno scoppio di risa**, a burst of laughter **2** (*fig.*) beauty; joy; splendour: **il r. della natura**, the beauty of nature. ● **r. convulso**, convulsive laughter □ **r. irrefrenabile**, irrepressible laughter □ (*med.*) **r. sardonico**, risus sardonicus; trismus cynicus □ **oggetto di r.**, laughing-stock □ (*prov.*) **Il r. fa buon sangue**, laugh and be (*o* grow) fat; laughing is good for you □ (*prov.*) **Il r. abbonda sulla bocca degli stolti**, laughter abounds in the mouths of fools.

rìso (2), *m.* (*bot.*, *Oryza sativa*) rice: **la coltivazione del r.**, rice growing; **r. brillato**, polished rice; **r. integrale**, brown rice; **r. soffiato**, puffed rice; **r. vestito**, paddy; **r. al burro**, rice with butter; **r. in bianco**, boiled rice; **acqua di r.**, rice water; **budino di r.**, rice pudding; **carta di r.**, rice paper; **farina di r.**, rice meal; **insalata di r.**, rice salad; **minestra di r.**, rice soup.

risocializẓàre, *v. t.* to reintegrate into society.

risoffiàre, **A** *v. i.* to blow* again. **B** *v. t.* (*fig. fam.*: *riportare*) to tell*; to blab (*fam.*).

risolàre, e *deriv.* *V.* **risuolare**, e *deriv.*

risolìno, *m.* little laugh; chuckle; (*compiaciuto*) smirk; (*di scherno*) snigger, snicker, sneer.

risollevàre, **A** *v. t.* **1** (*sollevare di nuovo*) to raise again; to lift up again **2** (*fig.*: *migliorare*) to better, to improve; (*liberare*) to free: **r. le sorti di una ditta**, to improve a firm's fortunes; **r. un popolo dalla miseria**, to free a people from misery **3** (*fig.*: *confortare*) to comfort; to relieve; to cheer: **r. la mente**, to relieve the mind; **r. il morale di q.** to cheer up sb. **4** (*fig.*: *riproporre*) to raise again; to bring* up again: **r. una questione**, to raise a question again. **B** **risollevàrsi**, *v. rifl.* **1** to get* up again; to pick oneself up again **2** (*fig.*: *riprendersi*) to recover; to pick up again **3** (*fig.*: *confortarsi*) to cheer up; to feel* relieved.

risolùbile, *a.* **1** solvable; soluble; resolvable; resoluble **2** (*fis.*) resolvable; resoluble.

risolubilità, *f.* **1** solvability; resolvability; resolubility **2** (*fis.*) resolvability; resolubility.

risolutézza, *f.* resoluteness; resolution; determination; firmness; spirit.

risolutìvo, *a.* **1** (*che risolve*) resolving **2** (*determinante*) decisive; conclusive: **fase risolutiva**, conclusive phase **3** (*leg.*) resolutive; resolutory **4** (*fis.*) resolving: **potere r.**, resolving power.

risolùto, *a.* resolute; resolved (*pred.*); determined; decided; firm: **Erano pochi, ma risoluti**, they were few, but resolute; **un uomo r.**, a resolute man; **Ero r. a parlare**, I was determined (*o* resolved) to speak.

risolutóre, **A** *m.* (*f.* **-trice**) solver. **B** *a.* solving; (*decisivo*) decisive.

risoluzióne, *f.* **1** (*soluzione*) resolution; solution: **la r. d'un dubbio**, the resolution of a doubt; **essere di facile r.**, to be easily solved (*o* easy to solve) **2** (*deliberazione*) resolution; (*decisione*) decision: **la r. votata dall'assemblea**, the resolution voted by the assembly; **una r. dell'ONU**, a UN resolution; **prendere una r.**, to take a decision; to make up one's mind; **Presi la r. di lasciare la città**, I resolved (*o* I decided) to leave town **3** (*mat.*) solution: **la r. di un'equazione**, the solution of an equation **4** (*leg.*) cancellation; dissolution: **la r. di un contratto**, the cancellation of a contract **5** (*chim., fis.*) resolution **6** (*mus.*) resolution.

risolvènte, **A** *a.* resolving; resolvent: (*fis.*) **potere r.**, resolving power. **B** *m.* (*farm.*) resolvent.

risòlvere, **A** *v. t.* **1** to solve; to resolve; to work out; to figure out: **r. un'equazione [un indovinello]**, to solve an equation [a riddle]; **r. un dubbio [una difficoltà]**, to resolve a doubt [a difficulty]; **r. un problema**, to solve (*o* to work out o, *fam.*, to crack) a problem; **r. una crisi di governo**, to resolve a government crisis; **Il mistero non è ancora stato risolto**, the mystery hasn't been solved (*o* unravelled) yet; **r. un caso**, to solve a case **2** (*deliberare, decidere*) to decide; to resolve: **Ha risolto di accettare**, he has resolved (*o* decided) to accept **3** (*comporre, definire*) to settle; to decide; to define: **r. una questione**, to settle a question; **r. una vertenza**, to decide a dispute ***4*** (*chim.*) to resolve; to break* down; to reduce: **r. una soluzione nei suoi componenti**, to resolve a solution into its component parts; **r. un composto nei suoi elementi**, to reduce a compound to its elements; to break down a compound into its elements ***5*** (*rescindere*) to rescind; to annul; to cancel: **r. un contratto**, to rescind a contract; **r. un accordo**, to annul (*o* to cancel) an agreement ***6*** (*mus.*) to resolve. **B risòlversi,** *v. i. pron.* ***1*** (*andare a finire*) to turn out; to work out; to end: **r. in bene [in male]**, to turn out well [badly]; **Tutte le sue promesse si risolsero in nulla**, all his promises came to (*o* ended in) nothing; **Si risolse per il meglio**, it worked out all right; **La gita si risolse in un disastro**, the trip ended disastrously ***2*** (*di malattia*) to clear up; to resolve; to disappear: **L'eczema si risolverà in pochi giorni**, the rash will clear up in a few days ***3*** (*trasformarsi*) to change into; to turn into: **La neve si risolse in nevischio**, the snow turned into sleet; **La sua malinconia si risolse in rabbia**, his melancholy turned into rage ***4*** (*decidersi*) to resolve (to do st., upon doing st.); to decide (to do st.); to make* up one's mind (to do st.): **Si risolse a rompere la relazione**, he decided to end the affair; **Presto o tardi, ti dovrai risolvere**, sooner or later, you'll have to make up your mind.

risolvìbile, *a.* solvable; soluble; resolvable; resoluble.

risolvibilità, *f.* solvability; resolvability; resolvableness; resolubleness.

risonànte, *a.* resonant (*anche fis.*); resounding; sonorous: **voce r.**, resonant (*o* sonorous) voice; **note risonanti**, resonant notes.

risonànza, *f.* ***1*** resonance; sonority; echo: **C'è molta r. in questa sala**, there is a strong echo in this room ***2*** (*fig.*) renown; fame; echo: **avere vasta r.**, (*propagarsi*) to spread (*o* to become known) far and wide; (*suscitare interesse*) to arouse a great deal of interest, to create a sensation ***3*** (*fis.*) resonance: **r. acustica**, acoustic resonance; (*anche med.*) **r. magnetica nucleare**, nuclear magnetic resonance; (*radio*) **r. in serie**, series resonance; **cassa di r.**, resounding chamber; (*di violino, ecc.*) soundbox; (*radio*) **circuito di r.**, resonator; **entrare in r.**, to resonate.

risonàre, *V.* **risuonare**.

risonatóre, *m.* (*fis.*) resonator.

risóne, *m.* paddy.

risórgere, A *v. i.* ***1*** (*nascere di nuovo*) to rise* (again); to come* up (again): **Il sole risorge ogni mattino**, the sun rises every morning; **Risorgono problemi**, more problems are coming (*o* cropping) up ***2*** (*tornare in vita*) to rise* from the dead; to come* back to life: **Cristo risorse dopo tre giorni**, Christ rose from the dead after three days; **la credenza che i morti risorgano**, the belief that the dead will rise ***3*** (*fig.*: *rifiorire*) to flourish again; to revive: **Dovunque risorgevano le arti**, the arts were flourishing again everywhere; **Le mie speranze risorsero**, my hopes revived ***4*** (*fig.*: *essere riedificato*) to rise* again; to be rebuilt: **La città risorse dalle rovine**, the city rose again from its ruins. ● **far r.**, to resurrect; to revive. **B** *m.* reviving; revival: **il r. delle arti**, the reviving (*o* revival) of the arts.

risorgimentàle, *a.* (*stor.*) of the Risorgimento; Risorgimento (*attr.*).

risorgimentista, *m. e f.* scholar of the Risorgimento.

risorgiménto, *m.* ***1*** (*rinascita*) revival; renaissance; rebirth ***2*** – (*stor.*) **il R.**, the Risorgimento.

risorgìva, *f.* (*geol.*) resurgence.

risorgìvo, *a.* (*geol.*) resurgent.

risórsa, *f.* ***1*** resource: **risorse naturali**, natural resources; **risorse finanziarie**, financial resources; **risorse di energia**, energy resources; **non avere più risorse**, to be at the end of one's resources; to have exhausted every resource; **di molte risorse** (*o* **pieno di risorse**), resourceful; **senza risorse**, resourceless; **la mia ultima r.**, my last resource (*o* shift); **come ultima r.**, as a last resort; **r. d'emergenza**, emergency resource; standby; **La pasta è una gran r. in cucina**, pasta is a useful standby in a kitchen ***2*** (*elab.*) resource; facility.

risòrto, *a.* ***1*** risen; resurrected: **Cristo r.**, the risen Christ ***2*** (*fig.*) revived: **speranze risorte**, revived hopes.

risospìngere, *v. t.* ***1*** (*spingere di nuovo*) to drive* (forward) again; to push (forward) again ***2*** (*fig.*: *incitare di nuovo*) to urge again; to drive* again ***3*** (*spingere indietro*) to push back; to drive* back.

risòtto, *m.* (*cucina*) risotto.

risovvenìrsi, *v. i. pron.* (*lett.*) to remember; to recollect; to recall.

risparmiàre, A *v. t.* ***1*** (*mettere da parte*) to save, to save up, to lay* (*o* to put*) by (*o* aside), to set* apart; (*economizzare*) to economize, to make* economies, to scrimp, to skimp: **r. denaro**, to save money; to put money by (*o* aside); **r. per la vecchiaia**, to save up for one's old age; **r. per sposarsi**, to save up to get married; **Mia madre ha risparmiato per farmi studiare**, my mother scrimped and saved to pay for my schooling (*o* education); **Questo mese devo r.**, I must be careful with my money this month; **r. sui vestiti**, to economize on clothes; **Se si vuole fare un buon lavoro non si può r.**, you can't cut corners if you want to do a good job ***2*** (*non sprecare*) to save; to spare: **Va a piedi per r. i soldi dell'autobus**, he walks to save the bus fare; **Questo mi risparmierà un sacco di fastidi [di tempo]**, this will save me a lot of trouble [of time]; **r. le proprie forze**, to save one's strength; **r. il fiato**, to save one's breath; **Non si risparmiò né tempo né denaro**, no time or expense was spared ***3*** (*non logorare, non affaticare*) to spare: **r. un vestito nuovo**, to spare a new dress; **r. gli occhi**, to spare one's eyes; **r. q.**, to spare sb. ***4*** (*evitare*) to spare: **Mi fu risparmiato questo dolore**, I was spared that affliction; **Risparmiami i particolari**, spare me the details; **Una telefonata mi risparmierà di venire**, a phonecall will save me the trouble of coming; **r. di fare q.c.**, to save oneself the trouble of doing st.; **Puoi anche r. di rispondere**, you need not answer; **Potevo risparmiarmi la fatica**, I needn't have bothered ***5*** (*salvare*) to spare: **La morte non risparmia nessuno**, death spares nobody; death comes to all; **r. la vita a q.**, to spare sb.'s life; **Le sue critiche non risparmiarono nessuno**, his criticism spared nobody. ● **che fa r.**, economical; money-saving □ **che fa r. tempo**, time-saving □ **tanto di risparmiato**, so much the better □ (*prov.*) **Quattrino risparmiato, due volte guadagnato**, a penny saved is a penny gained. **B risparmiàrsi,** *v. rifl.* to spare oneself; to take* care of oneself.

risparmiatóre, A *m.* (*f.* **-trice**) saver; (*persona economa*) thrifty person; (*econ.*) investor: **piccolo r.**, small saver. **B** *a.* thrifty.

rispàrmio, *m.* ***1*** (*il risparmiare*) saving; (*economia*) thrift, economy; (*parsimonia*) parsimony, penny-pinching (*fam.*); (*conservazione*) conservation: **incoraggiare il r.**, to encourage saving; **Non sa cos'è il r.**, he doesn't know how to economize (*o* to save); **r. di tempo e denaro**, saving in time and money; **Questo sistema è un gran r. di tempo**, this method saves a lot of time (*o* is very time-saving); **per r. di tempo**, in order to save time; **fare r. di q.c.**, to save st.; **r. energetico**, energy conservation ***2*** (*pl.*) (*denaro risparmiato*) savings; economies: **i risparmi d'una vita**, the economies of a lifetime; **comprare q.c. con i propri risparmi**, to buy st. with one's savings; **vivere dei propri risparmi**, to live on one's savings; **mettere i propri risparmi in banca**, to deposit one's savings in a bank; **attingere ai propri risparmi**, to draw on one's savings; to take out of the kitty (*fam.*); **intaccare i propri risparmi**, to dip into one's savings. ● (*econ.*) **il r. delle famiglie**, personal (*o* household) saving □ (*econ.*) **r. forzato**, forced saving □ (*econ.*) **r. nazionale [privato]**, national [private] saving □ (*econ.*) **r. negativo**, dissaving □ **cassa di r.**, savings bank □ **libretto di r.**, savings book □ **prodigarsi senza r.**, not to spare oneself; to work unstintingly; to spare no pains □ **spendere e spandere senza r.**, to spend lavishly; to spend money like water; to throw away one's money □ **senza r. di forze**, sparing no effort.

rispecchiàre, A *v. t.* ***1*** (*specchiare di nuovo*) to mirror again; to reflect again ***2*** (*riflettere*) to mirror; to reflect: **Il lago rispecchiava gli alberi**, the lake reflected the trees; **Le nostre cifre rispecchiano la situazione generale**, our figures reflect (*o* mirror) the general situation. **B rispecchiàrsi,** *v. i. pron.* to be mirrored; to be reflected.

rispedìre, *v. t.* ***1*** (*spedire di nuovo*) to send* again; (*comm.*) to forward again, (*specialm. per mare*) to ship again ***2*** (*inoltrare*) to forward; to send* on; to redirect ***3*** (*spedire indietro*) to send* back, to return; (*comm., specialm. per mare*) to ship back: **r. al mittente**, to return to the sender; **Ti rispedirò in collegio**, I'll send you back to boarding school.

rispedizióne, *f.* ***1*** (*nuova spedizione*) reforwarding; (*specialm. per mare*) reshipment, reshipping ***2*** (*lo spedire indietro*) sending back; return.

rispettàbile, *a.* ***1*** (*degno di rispetto*) respectable; worthy of respect; decent: **una persona r.**, a respectable person; **poco r.**, questionable; disreputable ***2*** (*considerevole*) respectable; considerable; sizeable; goodly; tidy: **età r.**, respectable age; **somma r.**, respectable (*o* sizeable, tidy) sum; (*scherz.*) **un naso r.**, a sizeable nose.

rispettabilità, *f.* respectability.

rispettàre, A *v. t.* ***1*** to respect; (*onorare*) to honour, to honor (*USA*): **r. i vecchi**, to respect the old; **r. i diritti altrui**, to respect other people's rights; **Rispettai il suo ultimo desiderio**, I respected his last wish; **Rispetto la sua opinione**, I respect his opinion ***2*** (*osservare*) to observe; to obey; to comply with; to abide by; to stick* to: **Io rispetto le leggi**, I obey (*o* I abide by) the law; **r. la tradizione**, to respect (*o* to be respectful of) tradition; **r. le feste**, to keep (*o* to observe) the sabbath; **r. il regolamento**, to comply with (*o* to obey) the regulations; **r. il limite di velocità**, to observe the speed limit; **r. una promessa**, to keep a promise; **non r. un accordo**, to break an agreement ***3*** (*avere cura di*) to respect; to treat with care; not to damage: **r. l'ambiente**, to respect the environment; **Rispettate questi libri!**, treat these books with care!; **Il nuovo piano regolatore ha rispettato il vecchio centro**, the new city plan has left the old city centre untouched; **Rispettate le aiole!**, do not walk on the grass ***4*** (*essere fedele a*) to respect; to follow closely; to keep* close to; to stick* to: **Il film rispetta da vicino il romanzo**, the film sticks closely to the novel; **r. lo spirito di un testo**, to respect the spirit of a text. ● **r. le previsioni**, to fulfil expectations □ **far r. la legge**, to enforce the law □ **far r. le regole**, to enforce the rules □ **farsi r.**, to make oneself respected; to command respect. **B rispettàrsi,** *v. rifl.* to respect oneself; to have self-respect. ● **che si rispetti**, self-respecting:

Un film giallo che si rispetti deve tenerti col fiato sospeso fino all'ultimo, a self-respecting thriller must keep you on the edge of your seat till the last moment.

rispettivaménte, *avv.* respectively: **Appartengono r. a mio padre, a mio fratello e a me**, they belong to my father, my brother and me respectively; **r. a**, with respect to; (*in confronto con*) compared to.

rispettivo, *a.* respective: **Furono scelti secondo i rispettivi meriti**, they were chosen according to their respective merits; **gli alunni con i rispettivi genitori**, the pupils with their (respective) parents; **un quadro con la rispettiva cornice**, a picture with its frame.

rispètto, *m.* ***1*** respect; (*riguardo*) regard, consideration: **incutere r.**, to command respect; **avere** (*o* **nutrire, portare**) **r. per q.**, to have respect for sb.; **fare q.c. per r. a q.**, to do st. out of respect for sb.; **mancare di r. a q.**, to be disrespectful to sb.; **trattare q. con r.**, to treat sb. with respect; **con il dovuto r.**, with due respect; **È un uomo che merita tutto il r.**, he is a man deserving (*o* worthy) of all respect; **Non ha r. per nessuno**, he has no regard for anybody; he doesn't care for anybody; **perdere il r. per q.**, to lose one's respect for sb.; **un r. salutare**, a healthy respect; **r. di se stesso**, self-respect; **r. umano**, respect for public opinion; **degno di r.**, worthy of respect; **pieno di r.**, respectful; **senza r.**, disrespectful ***2*** (*punto di vista*) respect: **sotto molti [tutti i] rispetti**, in many [in all] respects ***3*** (*osservanza*) observance: **r. della legge**, observance of the law ***4*** (*pl.*) (*omaggi*) regards: **presentare i propri rispetti a q.**, to give one's regards to sb. ● **r. a**, (*in relazione a*) as regards, as to; (*in confronto a*) in comparison with, compared to: **r. alla vostra richiesta**, as regards your request; **C'erano pochi camerieri r. al numero degli invitati**, the waiters were few compared to the number of guests; **R. all'anno scorso, le vendite sono andate meglio**, sales have been better than last year. ● (*naut.*) **àncora [vela] di r.**, spare anchor [sail] □ **con r. parlando**, if you'll excuse my saying so; if you'll excuse my French (*fam. scherz.*) □ **di tutto r.**, (*stimato*) highly respected; (*considerevole*) considerable, respectable.

rispettóso, *a.* respectful: **un'occhiata rispettosa**, a respectful glance; **essere r. delle tradizioni**, to be respectful of tradition; **essere r. della legge**, to be observant of the law; **essere r. verso q.**, to show respect for sb.; **a rispettosa distanza**, at a respectful distance.

rispiegàre, *v. t.* ***1*** (*chiarire meglio*) to re-explain; to explain again; to explain more thoroughly ***2*** (*svolgere di nuovo*) to unfold again.

risplendènte, *a.* (*anche fig.*) resplendent, shining, brilliant, bright, radiant, refulgent; (*rilucente*) glowing; (*luccicante*) glittering: **lampade risplendenti**, shining lamps; **occhi risplendenti**, bright (*o* radiant) eyes; **oro r.**, glittering gold; **stelle risplendenti nel cielo**, stars shining in the sky; **r. di bellezza**, shining with beauty.

risplèndere, *v. i.* (*anche fig.*) to be resplendent, to shine* (brightly), to be bright (*o* radiant); (*rifulgere*) to glow; (*luccicare*) to glitter: **Risplendeva il sole**, the sun shone; **r. come l'oro**, to glitter like gold; **r. di bellezza**, to shine with beauty; **La città risplendeva di luci**, the city was glittering with lights.

rispolveràre, *v. t.* ***1*** to dust again ***2*** (*fig.*) to dust off; (*di conoscenze*) to brush up, to polish up: **Devo r. il mio tedesco**, I must brush up my German.

rispolveràta, *f.* dusting. ● (*fig.*) **dare una r. a una vecchia teoria**, to dust off an old theory □ **dare una r. alle proprie nozioni di latino**, to brush up one's Latin; to give one's Latin a brushing-up.

rispondènte, *a.* in conformity with; answering; in accordance with; agreeing with.

rispondènza, *f.* correspondence; conformity; agreement.

rispóndere, A *v. i.* ***1*** to answer (st., sb.); to reply to; to respond to (*form.*): **r. a una domanda**, to answer a question; **Rispose alla mia lettera**, he answered (*o* replied to, responded to) my letter; **Rispondimi!**, answer me!; **r. a un invito**, to reply to (*o* to answer) an invitation; **r. a un annuncio**, to answer an advertisement; **r. al telefono [alla porta** *o* **al campanello]**, to answer the telephone [the door]; **r. al fuoco del nemico**, to respond to the enemy's fire; **r. al saluto di q.**, to acknowledge (*o* to return) sb.'s greeting; **r. bene**, to give the right (*o* a good) answer; **r. male**, (*sbagliare*) to give a wrong answer; (*r. con sgarbo*) to answer rudely, to answer back (*fam.*); **r. per iscritto**, to reply (*o* to answer) in writing; **r. di sì [di no]**, to answer yes [no]; to answer in the affirmative [in the negative]; **r. con una risata [con un cenno del capo]**, to answer (*o* to respond) with a laugh [with a nod]; **È una domanda alla quale non so come r.**, it's a question I am unable to answer; **Rispondigli che sono uscito**, tell him I'm out; **Non r. a tua madre!**, don't answer back to your mother! (*fam.*) ***2*** (*farsi garante*) to answer for; to be responsible for; to vouch for: **La ditta non risponde di eventuali ritardi nella consegna**, the firm cannot be held responsible for delays in delivery; **Risponderò io della sua onestà**, I'll vouch (*o* answer) for his honesty; **Dovrà risponderne in tribunale**, he'll have to answer for this in court; **Se mi provoca ancora, non rispondo delle mie azioni**, if he provokes me again, I won't answer for my actions ***3*** (*corrispondere*) to answer (st.); to correspond to; to meet* (st.): **Questo non risponde al mio scopo**, this does not answer my purpose; **r. ai bisogni di q. [q.c.]**, to answer the needs of sb. [st.]; **r. a una descrizione**, to answer (*o* to fit, to match) a description; **Le sue azioni non rispondono al suo pensiero**, his actions do not correspond to his thoughts; **Risponde al mio ideale di donna**, she corresponds to my ideal woman; **r. ai requisiti**, to meet (*o* to satisfy) requirements; **r. a verità**, to be in accordance with facts; to be true; **r. alla proprie attese**, to come up to one's expectations ***4*** (*obbedire, reagire*) to respond to; to obey (st.); to answer (st.): **La macchina non rispondeva più allo sterzo**, the car was no longer responding to the steering wheel; **r. bene allo sterzo**, to steer easily; **r. al timone**, to answer the helm; **r. alla cura**, to respond to treatment ***5*** (*di finestra*) to look on to; (*di porta*) to give* on to: **Questa finestra risponde sulla strada**, this window looks on to the road ***6*** (*a carte*) to reply: **Ha risposto con un re**, he replied with a king; **r. a fiori**, to return a club; **r. a colore**, to follow suit ***7*** (*alla radio*) to come* in. ● **r. all'appello**, to answer the roll; (*fig.*) to answer the call □ **r. al nome di**, to answer to the name of □ **r. a tono**, to answer to the point □ **r. a mezza bocca**, to answer reluctantly; to mumble an answer □ **r. a voce**, to give a verbal answer □ **r. di traverso**, to answer at cross-purposes □ (*leg.*) **r. in giudizio**, to answer in court □ (*fig.*) **r. per le rime a q.**, to give sb. a sharp answer; to pay sb. back in his own coin □ **r. secco secco**, to give (sb.) a curt answer □ **Questo non è r.**, this is not an answer; this is no answer. **B** *v. t.* to answer: **non r. verbo**, not to answer a word; **r. poche parole [righe]**, to say [to write] a few words in reply; **Che cosa devo rispondergli?**, what shall I say to him? ● (*fig.*) **r. picche**, to refuse flatly.

risponditóre, *m.* (*radar*) responder; transponder.

risposàre, A *v. t.* to remarry; to marry again. **B risposàrsi,** *v. i. pron.* to remarry; to get* married again.

rispósta, *f.* ***1*** answer; reply; response (*form.*): **domande e risposte**, questions and answers; **dare una r. a q.**, to give sb. an answer; **trovare una r. a tutto**, to find an answer for everything; **Gli mandai un biglietto in r.**, I sent him a note in reply; **La r. del governo fu inaspettata**, the Government's response was unexpected; **in attesa di una sollecita r.**, looking forward to a prompt reply; **in r. a**, in reply to; **un cenno di r.**, an answering sign; (*una lettera*) a reply; **lettera di r.**, letter of reply; **La sua r. alla mia domanda fu un'alzata di spalle**, his reply (*o* answer) to my question was a shrug (of the shoulders); **Ciò non è degno di r.**, this isn't worthy of a reply ***2*** (*responso*) response ***3*** (*scherma*) riposte ***4*** (*reazione*) reaction; response: **r. condizionata**, conditioned response (*o* reflex) ***5*** (*mus.*) answer ***6*** (*elettr., elab.*) response ***7*** (*a carte*) return: **r. a fiori**, return to clubs. ● **risposte impertinenti**, backchat (*fam.*) □ **r. pagata**, prepaid reply □ **r. per le rime**, sharp retort; comeback (*fam.*) □ **r. spiritosa**, witty retort; comeback (*fam.*) □ (*fig.*) **botta e r.**, cut and thrust; repartee; **fare a botta e r.**, to have a sparring match □ (*leg.*) **comparsa di r.**, answer □ **La miglior r. è far finta di niente**, the best thing is to make as if nothing happened □ **Per tutta r. sbadigliò**, her only answer was a yawn □ **senza r.**, unanswered; unanswerable: **una domanda senza r.**, an unanswerable question; **lasciare una lettera senza r.**, to leave a letter unanswered; **restare senza r.**, not to receive (*o* to get) an answer; (*di domanda, ecc.*) to go unanswered, to meet with no reply (*o* response) □ (*fig.*) **Mi lasci senza r.**, you leave me speechless.

rispuntàre, A *v. i.* ***1*** (*riapparire*) to reappear; to come* up again: **Il sole rispuntò da dietro una nuvola**, the sun reappeared from behind a cloud ***2*** (*ricrescere*) to come* up (*o* out) again; to sprout; to bud; to push out: **Sono rispuntate le margherite**, daisies have come up again ***3*** (*di persona*: *ricomparire*) to reappear; to turn (*o* to show*) up again (*fam.*): **Rispuntò in fondo al corridoio**, he reappeared at the end of the corridor; **Rispuntò un bel giorno senza marito**, she turned up one day without her husband; **Da dove rispunti?**, where were you hiding?. **B** *v. t.* (*accorciare di nuovo*) to trim again.

rissa, *f.* fight; brawl; scuffle; punch-up (*fam.*); dust-up (*fam.*): **La discussione finì in r.**, the discussion ended in a punch-up; **attaccare r.**, to start a fight; **r. da bar**, bar-room brawl.

rissaiòlo, A *a.* quarrelsome; brawling; rowdy. **B** *m.* (*f.* **-a**) brawler.

rissàre, *v. i.* to brawl; to fight; to have a punch-up (*fam.*).

rissosità, *f.* quarrelsomeness; rowdiness.

rissóso, *a.* brawling; quarrelsome; rowdy.

ristabiliménto, *m.* ***1*** (*il ristabilire*) re-establishment; restoration; reintroduction; reinstatement: **il r. della monarchia**, the restoration of the monarchy; **il r. dell'ordine**, the restoration of order ***2*** (*guarigione*) recovery.

ristabilìre, A *v. t.* ***1*** (*stabilire di nuovo*) to re-establish; to establish again; to restore; to reinstate; to reintroduce; to bring* back: **r. l'autorità di q.**, to restore sb.'s authority; **r. l'ordine**, to restore order; **r. l'armonia**, to restore harmony; **r. una vecchia consuetudine**, to restore (*o* to bring back, to revive, to reintroduce) an old custom ***2*** (*rimettere in salute*) to restore to health; to cure. **B ristabilìrsi,** *v. i. pron.* ***1*** (*guarire*) to recover: **r. da una malattia**, to recover after an illness; to pull round (*o* through) (*fam.*) ***2*** (*del tempo*) to turn fine; to clear up.

ristagnaménto, *m.* stagnation.

ristagnànte, *a.* ***1*** (*di acqua*) stagnant; brackish ***2*** (*fig.*) stagnant; sluggish; slack.

ristagnàre (1), A *v. i.* ***1*** to stagnate; to be stagnant; (*cessare di scorrere*) to become* stagnant, to cease to flow ***2*** (*fig.*) to stagnate; to be stagnant (*o* slack); to slacken; to lag: **Gli affari ristagnano**, business is slack. **B** *v. t.* to stanch; to staunch: **r. il sangue**, to stanch blood. **C ristagnàrsi,** *v. i. pron.* to stagnate; to cease to flow; to stop flowing.

ristagnàre (2), *v. t.* (*stagnare di nuovo*) to re-tin; to tin again; to re-solder; to solder again.

ristagnatùra, *f.* re-tinning; re-soldering.

ristàgno, *m.* ***1*** (*il ristagnare di liquidi*) stagnation; (*del sangue, anche*) stasis ***2*** (*fig.*) stagnation; standstill; slackness: **C'è un r. negli affari**, business is at a standstill; trade is stagnant (*o* slack); **r. nelle vendite**, slump in sales.

ristàmpa, *f.* ***1*** (*il ristampare*) reprint; reprinting; new impression; reissue: **Il libro è alla sesta r.**, the book is at its sixth impression; **essere in r.**, to be reprinting ***2*** (*opera ristampata*) reprint: **È uscita la terza r.**, the third reprint is just out.

ristampàre, *v. t.* to reprint; to reissue.

ristàre, *v. i.* (*lett.*) ***1*** (*fermarsi*) to stop; to halt ***2*** (*fig.*: *smettere*) to cease, to desist; (*astenersi*) to refrain (from doing st.).

ristorànte, A *m.* restaurant; (*di stazione ferroviaria*) refreshment room, buffet. **B** *a. invar.* – (*ferr.*) **vagone** (*o* **carrozza**) **r.**, dining car; **caffè r.**, café; luncheonette.

ristoràre, A *v. t.* ***1*** (*dare ristoro*) to refresh, to restore; (*riposare*) to rest: **Il sonno mi ristorò**, sleep refreshed (*o* rested) me; **r. lo spirito**, to restore (sb.'s) spirits ***2*** (*rifocillare*) to refresh; to set* up again: **Un buon brodo ti ristorerà**, a good broth will set you up again; **r. lo stomaco**, to take refreshment ***3*** (*fig. lett.*: *risarcire*) to compensate; to make* up for; to repay*. **B ristoràrsi,** *v. rifl.* (*rifocillarsi*) to refresh oneself, to take* refreshment, to have something to eat and drink; (*riposarsi*) to rest, to have a rest: **Ho bisogno di ristorarmi**, I must have something to eat and drink; **r. con una tazza di tè**, to refresh oneself with a cup of tea; **r. con una bella dormita**, to have a long, refreshing sleep.

ristorativo, *a.* refreshing; restorative: **bevande ristorative**, refreshing drinks.

ristoratóre, A *m.* ***1*** (*f.* **-trice**) (*gestore di ristorante*) restaurateur ***2*** (*bur.*: *ristorante*) restaurant; (*di stazione ferroviaria*) refreshment room, buffet. **B** *a.* refreshing; restorative: **pioggia ristoratrice**, refreshing rain; **sonno r.**, refreshing sleep.

ristorazióne, *f.* ***1*** refreshment ***2*** (*su scala industriale*) catering: **servizio di r.**, catering service.

ristórno, *m.* ***1*** (*comm.*) discount; refund ***2*** (*fin.*) drawback.

ristòro, *m.* ***1*** (*sollievo*) relief; (*conforto*) comfort, solace: **trovare r. nel sonno**, to find relief in sleep; **dare r.**, to refresh ***2*** (*rifocillamento*) refreshment: **posto di r.**, refreshment bar (*o* room); buffet; **servizio di r.**, buffet service.

ristrettézza, *f.* ***1*** (*angustia*) narrowness: **la r. di un corridoio**, the narrowness of a corridor ***2*** (*fig.*: *scarsità*) lack; scarcity; shortage: **r. di mezzi**, lack of means; **r. di tempo**, lack of time; **r. di spazio**, lack of room ***3*** (*pl.*) (*angustie economiche*) straitened (*o* reduced) circumstances; (financial) straits: **essere ridotto in gravi ristrettezze**, to be reduced to serious straits; **trovarsi in ristrettezze**, to be in financial straits; **vivere in ristrettezze**, to live in straitened circumstances ***4*** (*fig.*: *meschinità*) meanness; pettiness: **r. di cuore**, meanness; **r. di mente** (*o* **di idee**), narrow-mindedness; parochialism.

ristrétto, A *a.* ***1*** (*angusto*) narrow; cramped: **passaggio r.**, narrow passage ***2*** (*limitato*) narrow; limited; restricted: **in senso r.**, in the narrow sense; **un r. numero d'amici**, a narrow circle of friends; **campo d'azione r.**, restricted (*o* narrow, limited) field of action ***3*** (*di prezzi*: *ridotto*) reduced; cut-down: **vendere a prezzi ristretti**, to sell at reduced prices ***4*** (*scarso*) narrow; straitened; scanty; poor: **condizioni ristrette**, narrow (*o* straitened, reduced) circumstances; **mezzi ristretti**, scanty means ***5*** (*concentrato*) concentrated, condensed, thick; (*di caffè*) strong: **salsa ristretta**, thick sauce; **brodo r.**, consommé (*franc.*) ***6*** (*fig.*: *condensato*) condensed; concentrated: **molte idee ristrette in poche parole**, many ideas condensed into few words ***7*** (*fig.*: *gretto, meschino*) mean; petty; narrow-minded; parochial: **avere idee ristrette** (*o* **essere r. di mente**), to be narrow-minded; **mentalità ristretta**, parochial views (*pl.*); **un uomo di vedute ristrette**, a narrow-minded man. **B** *m.* (*compendio*) summary; précis; abstract. ● **in r.**, briefly.

ristringersi, *V.* **restringersi**.

ristrutturàre, *v. t.* ***1*** (*riorganizzare*) to restructure, to reorganize; (*di aziende, anche*) to shake* up ***2*** (*edil.*) to restore; to renovate; to do* up (*o* over) (*fam.*): **appartamento completamente ristrutturato**, fully renovated flat.

ristrutturazióne, *f.* ***1*** (*r. organizzativa*) restructuring, reorganization; (*di aziende, anche*) shake-up ***2*** (*edil.*) renovation; restoration.

ristuccàre, *v. t.* (*stuccare di nuovo*) to replaster; to plaster (up) again.

ristuccatùra, *f.* replastering.

ristudiàre, *v. t.* to study again; to re-examine.

risucchiàre, *v. t.* ***1*** to suck again ***2*** (*attirare in un risucchio, anche fig.*) to suck up (*o* in, under); to swallow up; to engulf: **Il nuotatore fu risucchiato da un gorgo**, the swimmer was sucked under by a whirlpool; **Non dobbiamo farci r. in quella contesa**, we mustn't let ourselves be sucked (*o* drawn) into that quarrel; **È completamente risucchiato dal lavoro**, he is totally swallowed up by his work; **Il rinnovo della casa ha risucchiato i nostri risparmi**, renovating the house has swallowed up all our savings.

risùcchio, *m.* ***1*** (*vortice*) eddy; whirlpool ***2*** (*forza di attrazione*) suck: **il r. del gorgo**, the suck of the whirlpool.

risultànte, A *a.* resultant; resulting; ensuing. **B** *m. e f.* (*fis., mat.*) resultant. **C** *f.* (*fig.*: *risultato*) results (*pl.*); outcome.

risultànza, *f.* result; outcome; (*di indagine, ecc.*) findings (*pl.*): **le risultanze del processo**, the outcome of the trial.

risultàre, *v. i.* ***1*** (*derivare*) to result; to originate; to derive: **L'acqua risulta dalla combinazione di idrogeno e ossigeno**, water results from the combination of hydrogen and oxygen; **Ne possono risultare solo fastidi**, it can only result in trouble; **Non so dirti che cosa ne è risultato**, I can't tell you what the result (*o* the outcome) of it was ***2*** (*rivelarsi*) to be, to prove (to be), to be shown; (*essere trovato*) to result, to come* out, to turn out, to be found out, to emerge; (*apparire*) to appear; (*derivare come conclusione*) to follow, to ensue: **r. falso**, to turn out to be false; **Le mie paure risultarono infondate**, my fears proved to be groundless; **I miei sforzi risultarono vani**, my efforts proved vain; **Al club risultano iscritti 350 soci**, the club has a membership of 350; **Dai test il farmaco è risultato completamente innocuo**, laboratory tests have shown the drug to be completely harmless; **Dalle indagini risultò che aveva un alibi di ferro**, the investigations revealed that he had a cast-iron alibi; **Da quanto ha detto risulta che la telefonata fu fatta alle dieci**, from what he said it appears that the phonecall was made at ten; **Risultano gravi indizi a suo carico**, there appears to be strong evidence against him; **Risultò che lui non c'entrava**, it turned (*o* came) out he had nothing to do with it; **La verità risulterà da questi documenti**, the truth will emerge from these papers; **Volevamo che il sì alla proposta risultasse nero su bianco**, we wanted the approval of the plan to appear in writing; **Ne risulta che...**, it follows that...; **Risulta chiaro che...**, it is clear (*o* obvious) that... ***3*** (*essere noto*) to understand*, to hear*, to know* (*tutti con costr. pers.*): **Mi risulta che sta per sposarsi**, I understand (*o* I hear) that he is about to get married; **Non ci risulta che sia indagato**, he is not under investigation, as far as we know; **Ti risulta che abbia già pagato?**, do you know whether he has already paid?; **Ti risulta davvero, o lo sospetti solo?**, do you know it for a fact, or is it just a suspicion?; **Mi risulta nuovo**, it's new to me; **Il nome non mi risulta nuovo**, the name rings a bell; **Eletto? Non mi risulta**, has he been elected? not as far as I know; **per quanto mi risulta**, as far as I know; to the best of my knowledge; for what I know ***4*** (*riuscire*) to come* out; to be: **È risultato vincitore**, he was the winner.

risultàto, *m.* result (*anche mat.*); outcome; issue: **I risultati degli esami sono buoni**, the exam results are good; **Il r. dell'intervento è ancora incerto**, the outcome (*o* result) of the operation is still uncertain; **i risultati delle elezioni**, the election results (*o* returns); **Tu non vuoi studiare, ed eccone il r.**, you don't want to study, and this is the result (*o* this is what it leads to); **r. negativo [positivo]**, negative [positive] result. ● (*sport*) **r. di parità**, draw; tie.

risuolàre, *v. t.* to sole; to resole: **r. un paio di scarpe**, to sole a pair of shoes.

risuolatùra, *f.* soling.

risuonàre, *v. t. e i.* ***1*** (*suonare di nuovo*) to play again; (*campane, campanelli*) to ring* again: **Risuoneranno lo stesso brano**, they will play the same piece again; **Suona e risuona, alla fine aprirono**, I rang and rang till at last the door was opened ***2*** (*riecheggiare, di luoghi o corpi*) to resound; to ring*; to resonate; to reverberate; to echo: **Il cortile risuonava di voci**, the courtyard echoed with voices; **Il teatro risuonava di applausi**, the theatre resounded with applause ***3*** (*di suoni*) to resound; to resonate; to ring*: **Risuonò uno sparo**, a shot rang out; **Mi risuonano ancora nelle orecchie le sue parole**, his words are still ringing in my ears ***4*** (*fis.*: *entrare in risonanza*) to resonate ***5*** (*fig.*) to resound: **La sua fama risuonerà nei secoli**, his fame will resound down the centuries.

risuonatóre, *V.* **risonatore**.

risurrezióne, *f.* ***1*** (*relig.*) resurrection; rising: **la r. di Cristo**, the resurrection of Christ; **la r. della carne**, the resurrection of the body ***2*** (*fig.*) resurrection; revival; restoration: **la r. di una consuetudine**, the revival of a tradition.

risuscitaménto, *m.* revival; resurrection; restoration.

risuscitàre, A *v. t.* ***1*** (*richiamare in vita*) to raise from the dead; to bring* back (*o* to restore) to life; to resurrect: **Gesù risuscitò Lazzaro**, Jesus raised Lazarus from the dead; **r. i morti**, to raise the dead ***2*** (*fig.*: *rimettere in uso*) to resurrect; to revive; to bring* back (into use): **r. una moda**, to revive (*o* to resurrect) a fashion ***3*** (*fig.*: *ridestare*) to reawaken; to rekindle; to rouse: **r. l'entusiasmo di q.**, to reawaken (*o* to rekindle) sb.'s enthusiasm; **r. dall'oblio**, to rescue from oblivion ***4*** (*fig.*: *far riavere*) to put* new life into; to revive: **Le sue parole mi risuscitarono**, his words put new life into me. **B** *v. i.* ***1*** (*tornare in vita*) to rise* from the dead *2* (*fam.*: *riaversi*) to revive; to pick up.

risuscitàto, *a.* risen; revived: **morto r.**, soul risen from the dead; (*fig.*) **Mi sento resuscitato**, I feel like a new man.

risvegliàre, A *v. t.* *1* (*svegliare di nuovo*) to wake* up again; to reawaken *2* (*svegliare*) to wake* up; to awake*; to awaken; to rouse (*specialm. nella forma passiva*): **Il rumore mi risvegliò**, the noise woke me up; **Non si riesce a risvegliarlo**, he can't be roused *3* (*fig.*) to awaken; to wake*; to (a)rouse; to revive; to stir up: **r. l'interesse di q. per q.c.**, to arouse (*o* to awaken) sb.'s interest in st.; **r. antiche passioni**, to wake (*o* to rouse) old passions; **r. l'appetito**, to whet the appetite; **r. un ricordo**, to stir up a memory. **B risvegliàrsi,** *v. i. pron.* *1* to wake* up (*anche fig.*); to awake*; to awaken; to waken: **Mi risvegliai col sole**, I woke up with the sun; **Una volta che si addormenta è difficile che si risvegli**, once he is asleep he doesn't waken easily *2* (*fig.*) to be aroused (again); to rekindle: **A quelle parole tutto il suo rancore si risvegliò**, at those words all his resentment was aroused again.

risvéglio, *m.* *1* awakening; waking up: (*anche fig.*) **un brusco r.**, a sudden awakening; **Decidemmo di aspettare il suo r.**, we decided to wait until he woke up; **Al mio r....**, when I awoke (*o* woke up); on waking up *2* (*fig.*) (re)awakening; revival; renewal; resurgence: **il r. della coscienza**, the reawakening of conscience; **un r. del commercio**, a revival of trade; **un r. d'attività**, a resurgence of activity.

risvòlto, *m.* *1* (*di giacca*) lapel; (*di manica*) cuff; (*di tasca*) flap; (*di pantaloni*) turn-up (*GB*), cuff (*USA*) *2* (*di libro*) jacket flap *3* (*fig.*: *aspetto*) implication, (secondary) aspect; (*conseguenza*) consequence, repercussion: **i risvolti politici di una situazione**, the political implications of a situation. ● **stivali con r.**, top boots.

ritagliàre, *v. t.* *1* (*tagliare di nuovo*) to cut* (again) *2* (*tagliare tutt'intorno*) to cut* out: **r. un articolo**, to cut out an article. ● (*fig.*) **ritagliarsi uno spazio**, to carve out a niche for oneself.

ritagliàto, *a.* cut-out: **una foto ritagliata (da un giornale)**, a cut-out photo; a cut-out.

ritàglio, *m.* *1* (*di giornale*) press cutting; press clipping *2* (*di stoffa*) remnant; scrap; oddment *3* (*scarto*) scrap; bit: **ritagli di carne**, scraps of meat. ● (*fig.*) **ritagli di tempo**, spare time; odd moments □ **vendere a r.**, to sell retail.

ritardàbile, *a.* that can be delayed (*o* postponed).

ritardàndo, *m. invar.* (*mus.*) ritardando.

ritardànte, *a.* *1* retarding; delaying *2* (*chim.*) retardant: **agente r.**, retardant agent; retardant; retarder.

ritardàre, A *v. t.* *1* (*rallentare*) to slow down, to delay, to retard; (*trattenere*) to hold* up: **La pioggia ritarderà i lavori**, rain will slow down work; **r. le consegne [i pagamenti]**, to delay deliveries [payments]; **Ci ha ritardato la neve**, we were held up by the snow; **r. lo sviluppo di un bambino**, to retard a child's development; **r. la crescita**, to stunt growth; **r. il moto**, to retard motion *2* (*rimandare*) to delay; to put* off; to postpone; to stave off; to hold* off: **r. la partenza**, to delay (*o* to put off) one's departure; **Ritardò la decisione di un mese**, she delayed her decision for a month; **r. una punizione**, to stave off a punishment. ● (*mus.*) **r. una nota**, to suspend a note. **B** *v. i.* *1* (*essere in ritardo*) to be late: **Il treno oggi ritarda**, the train is late today; **Hai ritardato troppo**, you are too late; **r. ad arrivare**, to be late in coming *2* (*di orologio*) to be slow; to lose*: **Il mio orologio ritarda di tre minuti all'ora**, my watch loses three minutes an hour.

ritardatàrio, *m.* (*f.* **-a**) *1* latecomer: **I ritardatari non saranno ammessi**, latecomers won't be allowed in; **È sempre il solito r.!**, he is late as usual! *2* (*chi indugia a fare q.c.*) defaulter.

ritardàto, A *a.* *1* delayed: **effetto r.**, delayed effect; **ordigno a scoppio r.**, delayed-action bomb; **dispositivo ad azione ritardata**, time-lag device *2* (*psic.*) (mentally) retarded. **B** *m.* (*f.* **-a**) (*psic.*) retarded person; retardate.

ritardatóre, *a.* (*farm., med.*) retardant; retardatory; retarding; delaying.

ritàrdo, *m.* *1* delay; (time) lag: **Il r. fu causato da una caduta di corrente**, the delay was caused by a power failure; **un r. nel pagamento**, a delay in payment; **il r. tecnologico di un paese**, a country's technological lag; **un r. di tre ore**, a three-hour delay; **Chiedo scusa del r.**, I apologize for my late arrival (*o* for being late) (*form.*); I'm sorry I'm late; **Fu punito per il suo r.**, he was punished for being late; **Il volo ha un r. di tre ore**, the flight is three hours late; **Il treno ha avuto un forte r.**, the train was very late; **Il treno viaggia con un'ora di r.**, the train is running an hour late; **La nostra partenza subì un ulteriore r.**, our departure was further delayed; **Arrivai all'appuntamento con due ore di r.**, I was two hours late for my appointment; **accumulare r.**, to build up a delay; **provocare il r. di q.c.**, to delay st.; **recuperare il r.**, to make up time; (*fig.*) to make up the leeway; **arrivare in r.**, to arrive late; to be late: **Il suo pentimento arrivò in r.**, his repentance came too late; **essere in r.**, (*tardare*) to be late, to be overdue; (*essere indietro rispetto a un programma*) to be behind (*o* behindhand), to be behind schedule; (*di orologio*) to be slow: **Oggi sono in r. in tutto**, I'm terribly behind time today; **essere in r. coi pagamenti [col lavoro]**, to be behindhand with payments [with one's work]; **I lavori sono in forte r.**, work is heavily behind schedule; **L'orologio era in r. di un'ora**, the clock was one hour slow; **partire in r.**, to leave late; **senza r.**, without delay; at once *2* (*psic.*: *r. mentale*) (mental) retardation *3* (*fis.*) lag *4* (*mus.*) suspension. ● (*elettr.*) **r. di fase**, phase delay □ (*elab.*) **r. di risposta**, lag □ (*tecn.*) **dispositivo di r.**, time-lag device □ (*farm.*) **preparato r.**, slow-releasing drug.

ritégno, *m.* *1* (*riserbo*) reserve: **vincere il r. di q.**, to break through sb.'s reserve; **senza r.**, without reserve; unreservedly; (*spudoratamente*) shamelessly *2* (*riluttanza*) reluctance; hesitation: **avere r. a fare q.c.**, to hesitate (*o* to be reluctant) to do st.; to shrink from doing st. *3* (*freno*) restraint; moderation; control: **agire con r.**, to act with restraint; **Non conosce r.**, he knows no restraint; **spendere con r.**, to spend with moderation; **senza r.**, without restraint; unrestrainedly.

ritempràre, A *v. t.* *1* (*ridare la tempra*) to retemper; to temper again *2* (*fig.*: *rafforzare*) to restore; to fortify; to strengthen; to (re)invigorate: **r. le forze**, to restore sb.'s strength; **r. l'animo**, to invigorate (*o* to fortify) sb.'s mind. **B ritempràrsi,** *v. rifl.* (*fig.*) to fortify oneself; to recover one's strength.

ritenére, A *v. t.* *1* (*trattenere*) to hold* back; to stop; to retain; to keep* back; to withhold*: **r. il corso delle acque**, to stop the flow of the waters; **non poter r. il cibo**, not to hold down one's food; **Mi ritenne il dieci per cento sulla paga**, he held back ten per cent of my pay; (*med.*) **r. l'orina**, to retain urine *2* (*fig.*: *ricordare*) to remember; to retain *3* (*stimare, credere*) to think*; to believe; to reckon; to deem; to consider; to regard: **Ritengo che sia stato il ragazzo a rubare il denaro**, I think it was the boy who stole the money; **Non ritengo sia il caso di dirglielo**, I don't think he should be told; **Non lo ritengo necessario**, I don't think it necessary; **Ho ritenuto che fosse meglio così**, I thought that was the best course; **Il mio avvocato ritiene che dovremmo vincere la causa**, my lawyer reckons we should win the case; **Ritenni necessario quel provvedimento**, I believed (*form.*: I deemed) that measure necessary; **Ritenni urgente operare**, I deemed it urgent to operate; **Non lo ritengo un uomo intelligente**, I don't consider him (*o* regard him) as an intelligent man; I don't think he is intelligent; **Non ritenni che fosse mio dovere**, I didn't consider it my duty; **È ritenuto il miglior dentista della città**, he is considered (*o* regarded as) as the best dentist in town; **Si ritiene che il ministro stia per rilasciare una dichiarazione**, the minister is believed to be about to release a statement. **B ritenérsi,** *v. rifl.* *1* (*considerarsi*) to regard oneself; to consider oneself; to think* oneself: **Si ritiene un grande atleta**, he regards himself (as) a great athlete; **Si ritiene infallibile**, he thinks himself infallible; **Mi ritengo soddisfatto**, I consider myself satisfied *2* (*lett.*: *contenersi*) to restrain oneself; to control oneself: **Si ritenne dal piangere**, he restrained himself from crying.

ritentàre, *v. t.* *1* (*riprovare*) to try again; to retry; to reattempt; to attempt again; to make* another attempt; to have another go (*fam.*): **tentare e r.**, to try and try again; **Dài, ritenta!**, come on, have another try (*o* go)! (*fam.*); **r. l'impresa**, to renew one's attempt *2* (*sottoporre di nuovo a tentazione*) to tempt again.

ritentiva, *f.* retention.

ritentività, *f.* retentiveness; retentivity.

ritentivo, *a.* retentive.

ritenùta, *f.* *1* (*fisc.*) deduction; stoppage: **fare una r.**, to make a deduction; **una r. sullo stipendio**, a deduction from sb.'s salary; **r. alla fonte**, deduction (*o* stoppage) at source; withholding tax; (*sullo stipendio, anche*) pay as you earn (*GB*; *abbr.*: PAYE), pay as you go (*USA*); **r. d'acconto**, withholding tax *2* (*tecn.*) retention.

ritenutézza, *f.* reserve; restraint; (*cautela*) cautiousness, circumspection.

ritenùto, *a.* reserved; (*cauto*) cautious, circumspect.

ritenzióne, *f.* *1* (*il ritenere*) retention; retaining *2* (*fisc.*) withholding; (*somma trattenuta*) deduction, stoppage *3* (*med.*) retention: **r. urinaria**, retention of urine; **r. idrica**, water retention; **cisti da r.**, retention cyst.

ritingere, *v. t.* *1* (*tingere di nuovo*) to dye again; to redye *2* (*tingere di altro colore*) to dye a different colour.

ritintùra, *f.* redyeing.

ritiràre, A *v. t.* *1* (*gettare di nuovo*) to throw* again: **r. un sasso [una palla]**, to throw a stone [a ball] again *2* (*tirare di nuovo verso di sé*) to pull again *3* (*ritrarre, tirare indietro*) to retract, to withdraw*, to draw* back, to pull back, to take* back; (*tirare dentro*) to take* in, to draw* in; (*togliere*) to take* off, to remove: **Ritirò la testa dalla finestra**, he drew back his head from the window; **Ritirò in fretta la mano**, he quickly pulled back his hand; **La lumaca può r. le corna**, snails can retract (*o* draw in) their horns; **r. il bucato**, to take in (*o* to bring in) the washing; **r. le reti**, to draw in (*o* up) the nets; **r. una pentola dal fuoco**, to take a saucepan off the fire *4* (*richiamare*) to withdraw*; to pull out: **r. le proprie truppe**, to withdraw (*o* to pull out) one's troops; **r. i propri atleti da una gara**, to withdraw one's athletes from a competition *5* (*revocare*) to withdraw*, to take* back; (*ritrattare*) to retract, to take* back: **r. la candidatura**, to withdraw one's candidature; to stand down; **r. una querela [un'accusa]**, to withdraw an action [a charge]; **r. un ordine**, to revoke an order; **r. la patente a q.**, to revoke (*o* to withdraw) sb.'s driving-licence; **r. un'offerta**, to take back (*o* to withdraw) an offer; **r. una proposta [una dichiarazione]**, to withdraw a proposal [a statement]; **r. una promessa**, to take back (*o* to go back on) a promise; **Ritira ciò che hai detto!**, take back what you said!; **r. la parola data**, to take back one's word; **L'imputato ritirò la sua confessione**, the accused retracted his confession **6** (*riscuotere*) to draw*, to withdraw*; (*prendere, raccogliere*) to collect: **r. denaro da una banca**, to withdraw money from a bank; to draw money out of a bank; **r. lo stipendio**, to draw one's salary; **Voglio r. i miei capitali da quell'impresa**, I want to withdraw my capital from that business; **I biglietti vengono ritirati all'ingresso**, tickets are collected at the entrance; **r. una lettera [un pacco]**, to collect (*o* to pick up) a letter [a parcel]; **passare a r. una gonna in tintoria**, to pick up a skirt at the drycleaner's **7** (*togliere dalla circolazione*) to withdraw* from circulation; to call in; to recall: **r. un modello difettoso [una banconota, un francobollo]**, to recall (*o* to call in) a faulty model [a banknote, a stamp] **8** (*sparare di nuovo*) to shoot* again; to fire again. ● (*banca*) **r. una cambiale**, to retire a bill □ **Non r. fuori la stessa scusa!**, don't come out with your usual excuse! **B ritirarsi,** *v. rifl.* **1** (*tirarsi indietro*) to draw* back, to step back; (*indietreggiare*) to retreat, to fall* back: **Mi ritirai per farlo passare**, I stepped back to let him through; **Le truppe si ritirarono davanti al nemico**, the troops retreated (*o* fell back) before the enemy; **r. su posizioni strategiche migliori**, to withdraw to (*o* to fall back on) better strategic positions; **r. in buon ordine**, to retire (*o* to withdraw) in good order **2** (*appartarsi*) to retire; to withdraw*: **Si è ritirato in camera**, he retired to his room; **Si ritirarono in biblioteca**, they withdrew into the library; **r. in campagna**, to retire to the country; **r. a vita privata**, to retire to private life; **r. in se stesso**, to retire into oneself; **Dopo il pranzo, le signore si ritirarono**, after dinner the ladies withdrew **3** (*assol.*: *rientrare in casa*) to go* home; (*andare a letto*) to go* to bed, to retire **4** (*abbandonare, lasciare*) to withdraw*; to retire; to leave* (st.); to drop out of: **r. da un esame [da una gara]**, to withdraw from an examination [from a competition]; **r. dagli affari [dalla politica]**, to retire from business [from politics]; **r. dalle scene**, to leave the stage; **Nel primo mese di corso si sono ritirati in dieci**, ten dropped out of the course in the first month **5** (*tornare su quanto deciso*) to go* back on one's word; to take* back one's word; to back out of; to pull out of; to opt out: **Ho promesso e non mi ritiro**, I have promised and I am not going back on my word; **Non è uomo che si ritiri quando ha detto qualcosa**, he's not a man to take back his word; **r. da un accordo**, to pull out of an agreement **6** (*leg.*: *di tribunale*) to adjourn; (*di giuria*) to retire: **La corte si ritira**, the court adjourns. **C ritiràrsi,** *v. i. pron.* **1** (*di acqua*) to subside, to fall*; (*di mare*) to recede; (*di marea*) to ebb, to go* out: **La piena comincia a r.**, floodwaters are beginning to subside; **Il mare si è ritirato di oltre tre metri**, the sea has receded more than three metres; **Aspettiamo che la marea si ritiri**, let's wait for the tide to go out (*o* for the ebb-tide) **2** (*di tessuti*: *restringersi*) to shrink*.

ritiràta, *f.* **1** retreat; withdrawal; pulling out: **effettuare una r.**, to make a retreat (*o* a withdrawal); (*anche fig.*) **battere in r.**, to beat a retreat; **essere in r.**, to be in retreat; **proteggere la r. di q.**, to cover sb.'s retreat; **suonare la r.**, to sound the retreat; **tagliare la r. a q.**, to cut off sb.'s retreat; **r. strategica**, strategic withdrawal (*o* retreat) **2** (*rientro in caserma*) tattoo: **suonare la r.**, to beat (*o* to sound) the tattoo **3** (*latrina*) lavatory; toilet.

ritiràto, *a.* retired; secluded; sequestered; (*solitario*) solitary: **una vita ritirata**, a retired life: **fare vita ritirata**, to lead a retired life; to live in retirement; **un luogo r.**, a secluded spot; **un uomo r.**, a solitary man.

ritìro, *m.* **1** (*il ritirare*) withdrawal; pull-out: **il r. delle truppe da un luogo**, the withdrawal (*o* pull-out) of the troops from a place; **il r. di due atleti da una corsa**, the withdrawal of two athletes from a race **2** (*r. dalla circolazione*) withdrawal from circulation; calling in; recall: **il r. delle banconote vecchie**, the withdrawal of old banknotes from circulation; **il r. d'un modello difettoso**, the recall of a faulty model **3** (*raccolta*) collection; (*riscossione*) collection, drawing: **il r. dei rifiuti**, rubbish (*USA*: garbage) collection; **il r. di una somma da un conto**, the withdrawal of a sum from an account; **il r. della paga**, the drawing of one's pay **4** (*revoca*) revocation; cancellation: **il r. della patente di guida**, the revocation (*o* suspension) of (sb.'s) driving-licence; **il r. di una licenza**, the cancellation of a licence **5** (*il ritirarsi*) retiring, retirement; (*condizione ritirata*) retreat, seclusion: **r. dalla vita pubblica**, retirement from public life; **un impiegato statale in r.**, a retired civil servant; **vivere in r.**, to live in seclusion; to lead a secluded life; **r. spirituale**, spiritual retreat; **andare in r. per una settimana**, to go into retreat for a week **6** (*luogo appartato*) retreat, secluded place; (*eremo*) hermitage: **un r. sui monti**, a retreat in the mountains **7** (*sport*) training camp **8** (*contrazione, restringimento*) shrinkage.

ritmàre, *v. t.* (*scandire*) to beat* out the rhythm of; to mark the rhythm of: **r. il tempo col piede**, to beat time with one's foot; **r. una canzone battendo le mani**, to clap in time with a song.

ritmàto, *a.* measured; cadenced; rhythmic: **passo r.**, measured (*o* cadenced) step.

ritmica, *f.* (*poesia, mus.*) rhythmics (*pl. col verbo al sing.*).

ritmicaménte, *avv.* rhythmically.

ritmicità, *f.* rhythmicity.

ritmico, *a.* rhythmic(al); cadenced; measured: **accento r.**, rhythmical accent; **movimento r.**, rhythmical movement; **prosa ritmica**, rhythmical (*o* cadenced) prose; **ginnastica ritmica**, rhythmic gymnastics; **il r. tonfo dei remi**, the rhythmic splash of the oars.

ritmo, *m.* **1** rhythm; time; beat: **il r. della respirazione**, the rhythm of respiration; **il r. di un verso**, the rhythm (*o* beat) of a line; **il r. d'una danza**, the rhythm of a dance; **un r. di walzer**, a waltz rhythm; (*mus.*) **r. binario [ternario]**, duple [triple] time; **il r. cadenzato dei loro passi**, the measured rhythm of their step; **Regolò il passo al r. della musica**, he timed his steps to the music; he walked in time with the music **2** (*succedersi di cicli*) rhythm; phases (*pl.*); stages (*pl.*): **i ritmi biologici**, biological rhythms; **il r. delle stagioni**, the rhythm of seasons **3** (*frequenza, velocità*) rate; pace; tempo: **r. di crescita**, growth rate; **il r. delle vendite**, the rate of sales; **il r. dei cambiamenti**, the pace of change; **r. di lavoro**, work pace (*o* tempo); **il r. frenetico della vita moderna**, the frenzied pace of modern life; the rat-race (*fam.*); **procedere allo stesso r. di q.**, to proceed at the same pace as sb.; to keep the pace with sb.; **Scrivo al r. di tre pagine al giorno**, I'm writing at the rate of three pages a day. ● (*med.*) **r. cardiaco**, cardiac rhythm; heart rate □ (*mecc.*) **r. di alternanza**, rate of reciprocation □ **a pieno r.**, at full rate (*o* capacity) □ **a r. serrato**, at a fast rhythm; at a brisk pace □ **a r. sostenuto**, at a steady rhythm (*o* pace) □ (*med.*) **disturbi del r.**, arrhythmia (*sing.*) □ **reggere il r.**, to stand the pace □ **trovare il giusto r.**, to find one's pace; (*fig., anche*) to get into one's stride.

ritmologia, *f.* rhythmics (*pl. col verbo al sing.*).

ritmomelòdico, *a.* (*mus.*) rhythmic-melodic.

rito, *m.* **1** (*liturgia, rituale*) rite; ritual; liturgy: **r. ambrosiano**, Ambrosian rite; **di r. anglicano**, of the Anglican rite; Anglican; **il r. della messa cantata**, the ritual of a sung Mass; **il r. della purificazione**, the ritual of purification **2** (*cerimonia religiosa*) rite; ceremony; service: **i riti di una religione**, the rites of a religion; **riti funebri**, burial rites; **il r. del battesimo**, the rite of baptism; **il r. della messa**, the Mass service; **il r. nuziale**, the wedding ceremony; (*etnol.*) **riti di iniziazione [di passaggio]**, rites of initiation [of passage] **3** (*usanza*) custom; ritual; usage; practice: **il r. dei regali a Natale**, the custom (*o* practice) of exchanging gifts at Christmas; **il r. della sigaretta dopo il caffè**, the ritual of a cigarette after coffee; **il r. del tè delle cinque**, the rite of five-o'clock tea; **di r.**, ritual; customary; usual; traditional: **Ci furono i complimenti di r.**, there were the customary compliments; **È di r. distribuire i confetti alle nozze**, it is a tradition to distribute sugared almonds at a wedding **4** (*leg.*: *procedura*) procedure: **r. civile [penale]**, civil [criminal] procedure; **r. abbreviato**, summary procedure. ● **sposarsi con r. religioso [civile]**, to be married in church [in a civil ceremony].

ritoccàre, *v. t.* **1** (*toccare di nuovo*) to touch again **2** (*migliorare*) to touch up, to retouch; (*correggere*) to alter, to make* some alterations (*o* changes): **r. un disegno [una foto, un articolo]**, to touch up (*o* to retouch) a drawing [a photo, an article]; **ritoccarsi il trucco**, to touch up (*o* to freshen up) one's make-up; **r. qua e là un discorso**, to make a few changes in a speech; **r. un vestito sui fianchi**, to alter a dress slightly on the hips **3** (*prezzi, tariffe, ecc.*) to revise; to readjust.

ritoccàta, *f.* quick touch-up (*o* retouch).

ritoccatóre, *m.* (*f.* **-trice**) (*arte, fotogr.*) retoucher.

ritoccatùra, *f.* **ritócco,** *m.* **1** touch-up; retouch; touching up; retouching; (*cambiamento*) alteration, change: **L'articolo ha bisogno di qualche r.**, the article needs touching up; **dare gli ultimi ritocchi a q.c.**, to give st. the finishing touch; **apportare qualche r. a q.c.**, to make a few changes (*o* alterations) in st. **2** (*di prezzi, tariffe, ecc.*) revision; readjustment.

ritògliere, *v. t.* **1** (*prendere di nuovo*) to take* again: **Ritolse il libro dallo scaffale**, he took the book from the shelf again **2** (*levare di nuovo*) to take* off again: **Mi ritolsi i guanti**, I took off my gloves again **3** (*portare via di nuovo*) to take* (away) again: **Le è stato ritolto il figlio**, her child has been taken from her again **4** (*riappropriarsi di*) to take* back: **Ritolsero al nemico la collina**, they took back the hill from the enemy.

ritòrcere, A *v. t.* **1** (*torcere di nuovo*) to retwist; to twist again; to twine again; to wring* again: **Si torceva e ritorceva le mani**, she kept wringing her hands **2** (*torcere con forza, strizzare*) to wring* out **3** (*fig.*) to retort; to throw* (*o* to fling*) back: **r. un'accusa**, to retort a charge **4** (*ind. tess.*) to twist; to twine; to rove; to throw*. **B ritòrcersi,** *v. i. pron.* to turn against; to recoil on; to rebound on; to backfire on; to boomerang on: **Le sue parole si ritorsero contro di lui**, his words rebounded on him; **Il suo piano gli si è ritorto contro**, his plan backfired (on him); he was hoist with his own petard (*fam.*).

ritorcitóio, *m.* **ritorcitrice,** *f.* (*ind. tess.*) twisting frame; twister: **r. ad anello**, ring twisting frame.

ritorcitùra, *f.* (*ind. tess.*) twisting; throwing.

ritornàre, A *v. i.* **1** to go* back; to come* back; to return; to get* back; to be back; (*fig., anche*) to revert: **Domani ritorniamo a scuola**, we are going back to school tomorrow; **Partì per non r. mai più**, he left never to return; **È ritornato dalla Francia la settimana scorsa**, he came (*o* got) back from France last week; **A che ora ritorni stasera?**, what time are you coming home tonight?; **Ritorno tra un secondo**, I'll be back in a second; **r. a piedi**, to walk back; **r. in macchina**, to drive back; **r. in aereo**, to fly back; **ritornarsene a casa**, to go back home; **Me ne ritorno al paese mio**, I'm going back to my village; **Ritorna sempre col pensiero a quella scena**, his thoughts keep going back to that scene: **Ritorniamo all'argomento principale**, let's go back (*o* revert) to the main issue; **Ritorna sempre sullo stesso argomento**, he always comes back to the same subject; **r. alle origini di q.c.**, to go back (*o* to return) to the origins of st.; **r. alle vecchie abitudini**, to go back (*o* to revert) to one's old habits **2** (*ricomparire*) to come* back; to reappear: **Mi è ritornato il gonfiore**, the swelling has come back (*o* reappeared); **Gli è ritornata la febbre**, he's got a temperature again; **È ritornato il freddo**, the cold weather has set in again; **È ritornato il sole**, the sun has reappeared (*o* come out again); **Gli è ritornata la memoria**, his memory has come back to him; he got his memory back **3** (*ricorrere*) to recur: **È un problema che ritorna spesso**, it's a problem that recurs often **4** (*diventare di nuovo*) to become* again; to be again: **r. sano**, to become healthy again; to recover; to be cured; **Il vestito ritornò come nuovo**, the dress was as good as new. ● (*fig.*) **r. all'ovile**, to return to the fold □ (*fig.*) **r. coi piedi sulla terra**, to come down to earth □ **r. di moda**, to become fashionable again; to be back □ **r. in auge**, to come back; to make a comeback (*fam.*) □ **r. in mente**, to come back to (one's) mind: **Ora mi ritorna in mente**, now I remember □ **r. in sé**, (*riprendere coscienza*) to come round, to come to, to regain consciousness; (*rinsavire*) to come to one's senses, to see reason □ **r. sopra una decisione**, to go back on a decision □ **r. sui propri passi**, to retrace one's steps. **B** *v. t.* (*restituire*) to return, to give* back; (*rispedire*) to return, to send* back: **Ti ritorno i libri che mi hai prestato**, I'm returning you the books you lent me; **r. al mittente**, to return to the sender.

ritornèllo, *m.* **1** refrain; chorus; burden **2** (*mus.*: *di composizione orchestrale*) ritornello **3** (*fig.*) refrain: **È un r. che conosco fin troppo bene**, it's a refrain I know only too well; **È il solito r.**, it's the same old story.

ritórno, *m.* **1** return; (*r. periodico*) recurrence; (*a uno stato precedente*) reversion, throwback: **il r. della primavera**, the return of spring; **il r. dalle vacanze**, the return from the holidays; **r. a casa**, return home; homecoming; **un triste r. (a casa)**, a sad homecoming; **r. alla natura**, return to nature; **r. al potere**, return to power; **il suo r. sulle scene**, his return to the stage; his comeback (*fam.*); **viaggio di r.**, return journey (*per mare*: voyage); **un viaggio senza r.**, a journey with no return; **la via del r.**, the way back: **mettersi sulla via del r.**, to start (on one's way) back; **al proprio r.**, on one's return (*o* way back): **Al r. mi fermai a Lodi**, I stopped at Lodi on my way back; **aspettare il r. di q.**, to wait for sb. to return (*o* to come back); **Hai già deciso per il r.?**, have you already decided when [how] you are going back?; **il r. di un'epidemia**, the recurrence of an epidemic; **un r. allo stato ferino**, a reversion to the ferine state; **Questa moda è un r. agli anni '60**, this fashion is a throwback to the '60s **2** (*restituzione*) return **3** (*tecn.*) return; (*di molla*) recovery; (*di pistone*) reversal: **filo di r.**, return wire **4** (*elab.*) return. ● (*elab.*) **r. a capo automatico**, word wrapping □ **r. a galla**, resurfacing □ (*fis.*) **r. acustico**, acoustic feedback □ **r. d'acqua**, reflow of water □ **r. in auge**, revival; comeback □ **r. in uso**, revival □ **r. in vigore** (*di leggi, ecc.*), revival □ **r. di fiamma**, (*mecc.*) backfire; (*fig.*) resurgence, revival □ **biglietto di andata e r.**, return (*USA*: round-trip) ticket; (*giornaliero*) day return (*GB*) □ (*archit.*) **angolo di r.**, return angle □ (*naut.*) **carico di r.**, homeward cargo □ **di r.**, (*in cambio, in risposta*) in return: **dire di r.**, to reply; to say in return □ **essere di r.**, to be back: **Sarò di r. fra un'ora**, I'll be back in an hour; **Già di r.?**, back already? □ **fare r.**, to come back: **Fece r. dopo tre anni di assenza**, he came back after three years' absence □ (*sport*) **girone di r.**, second round (of games) □ (*comm.*) **merci di r.**, returned goods; returns □ (*naut.*) **nolo di r.**, homeward freight □ (*sport*) **partita di r.**, return match; rematch; replay □ (*aeron.* e *fig.*) **punto di non r.**, point of no return □ (*comm.*) **spese di r.**, return charges □ (*macchina da scrivere*) **tasto del r.**, backspace key; backspacer □ **teoria dell'eterno r.**, theory of the eternal return □ (*comm.*) **vuoti di r.**, empties.

ritorsióne, *f.* **1** (*rappresaglia*) reprisal; retaliation: **per r.**, by way of (*o* in) retaliation; **r. commerciale**, trade retaliation; **misure di r.**, retaliatory measures **2** (*di un'accusa, ecc.*) retort.

ritòrta, *f.* **1** (*agric.*) withy; withe **2** (*mus., di ottoni*) loop.

ritòrto, **A** *a.* **1** (*torto*) twisted; twined: **filo r.**, twisted thread; twine **2** (*contorto*) twisted; contorted. **B** *m.* **1** twisted yarn; twine **2** (*pl.*) (*mus.*) loops.

ritradùrre, *v. t.* **1** (*tradurre di nuovo*) to retranslate; to translate again **2** (*tradurre di nuovo nella lingua d'origine*) to translate back: **r. un brano in inglese**, to translate a passage back into English.

ritraduzióne, *f.* **1** retranslation **2** (*retroversione*) backversion.

ritràrre, **A** *v. t.* **1** (*tirare indietro*) to withdraw*, to draw* back, to pull back; (*tirare dentro*) to retract, to draw* in, to pull in: **r. la mano [il piede]**, to withdraw (*o* to draw back) one's hand [one's foot]; **Il gatto ritrasse le unghie**, the cat drew in its claws **2** (*distogliere*) to turn away; to avert: **r. lo sguardo**, to turn one's eyes away; to avert one's eyes; to look away **3** (*ricavare, percepire*) to get*; to obtain; to derive: **Non ritrassi quasi nulla da quel lavoro**, I got almost nothing from that work; **r. un vantaggio da q.c.**, to derive an advantage from st. **4** (*riprodurre, rappresentare*) to portray; to depict; to reproduce; to represent: **r. una scena campestre**, to depict a country scene; **Lo ritrassi in piedi**, I portayed him standing; **farsi r.**, to have one's portrait done **5** (*descrivere*) to describe; to paint; to picture; to portray: **r. una situazione con vivacità**, to paint a vivid picture of a situation; **r. un ambiente**, to describe a milieu; **L'evoluzione psicologica del personaggio è ritratta con molta finezza**, the psychological development of the character is depicted with great finesse **6** (*fotogr.*) to photograph; to take* a photograph (of). **B** **ritràrsi**, *v. rifl.* e *i pron.* **1** (*ritirarsi*) to withdraw*; to draw* back; to step back; to pull back: **La chiocciola si ritrasse nel suo guscio**, the snail withdrew into its shell; **Si ritrasse spaventato**, he drew back in fright; **La folla si ritrasse per lasciarli passare**, the crowd pulled back to let them pass **2** (*fig.*) to withdraw* from; to get* out of; to back out of: **r. da un'impresa**, to withdraw from (*o* to back out of) a venture **3** (*farsi l'autoritratto*) to portray (*o* to paint) oneself **4** (*ling.*) to move back: **L'accento si ritrae sulla prima sillaba**, the stress moves back to the first syllable.

ritrasméttere, *v. t.* **1** (*radio, TV*) to broadcast* again, to rebroadcast*; (*TV, anche*) to show again **2** (*tel.*) to retransmit; to relay: **Il segnale viene ritrasmesso a terra**, the signal is relayed back to earth.

ritrasmissióne, *f.* **1** (*radio, TV*) rebroadcasting; rebroadcast **2** (*tel.*) retransmission; relay.

ritrattàbile, *a.* retractable.

ritrattàre (1), *v. t.* **1** to treat again; to deal* with again **2** (*tecn.*) to reprocess.

ritrattàre (2), *v. t.* (*ritirare, rinnegare*) to retract, to withdraw*, to take* back; (*pubblicamente*) to recant: **r. un'accusa**, to retract (*o* to withdraw) an accusation; **r. le opinioni d'un tempo**, to recant one's former opinions.

ritrattatóre, *m.* (*f.* **-trice**) recanter.

ritrattazióne, *f.* retractation; retraction; withdrawal; (*pubblicamente*) recantation.

ritrattista, *m.* e *f.* portrait painter; portraitist.

ritrattìstica, *f.* portrait painting; portraiture.

ritrattìstico, *a.* portrait painting (*attr.*); of portraiture (*pred.*).

ritràtto, **A** *m.* **1** (*effigie*) portrait; picture: **un r. somigliante**, a faithful (*o* lifelike) portrait; **dipingere un r. di q.**, to paint a portrait of sb.; **farsi fare il r.**, to have one's portrait painted; **r. a figura intera**, full-length portrait; **r. a mezzo busto**, half-length portrait; **r. a olio**, oil portrait; portrait in oils; **r. a penna**, pen-and-ink portrait; **r. fotografico**, photographic portrait **2** (*fig.*: *descrizione*) portrait; portrayal; description: **Con poche parole ne ha fatto il fedele r.**, he has given a faithful portrait of him in few words; **un vivace r. di una città medioevale**, a lively description of a Medieval town **3** (*fig.*: *immagine*) image; picture: **È il r. di suo padre**, he is the living image (*o, fam.*: the spitting image) of his father; **È il r. della salute**, he is the picture of health; **Quest'uomo è il r. della bontà**, this man is the soul of goodness (*o* goodness personified). **B** *a.* **1** (*tratto indietro*) drawn back; withdrawn; pulled in: **La belva aveva gli artigli ritratti**, the wild beast had its claws drawn in (*o* withdrawn) **2** (*rappresentato, figurato*) portrayed; depicted; drawn.

ritrazióne, *f.* retraction; (*contrazione*) contraction.

ritrito, *a.* **1** (*tritato più volte*) minced over again **2** (*fig.*) stale; hackneyed; trite; corny: **cose trite e ritrite**, hackneyed notions; **È una storia ritrita**, it's a corny story; it's old hat (*fam.*).

ritrosàggine, *V.* **ritrosia**.

ritrosaménte, *avv.* **1** (*in modo schivo*) bashfully; shyly **2** (*con riluttanza*) reluctantly; unwillingly.

ritrosìa, *f.* **1** bashfulness; shyness **2** (*riluttanza*) reluctance; unwillingness: **avere r. a fare q.c.**, to be reluctant (*o* unwilling) to do st.

ritróso, *a.* **1** (*schivo*) bashful; shy: **Non essere (*o* fare il) r.!**, don't be shy!; **essere r. per natura**, to be naturally shy; **una ragazza ritrosa**, a bashful girl **2** (*restio, avverso*) reluctant; unwilling; averse: **essere r. ad accettare consigli**, to be reluctant (*o* unwilling) to accept advice **3** (*che va all'indietro*) moving backwards; retrograde; retreating: **acque ritrose**, retreating waters; **a r.**, backwards: **andare a r.**, to go backwards; **andare a r. nel tempo**, to go back in time; **a r. della corrente**, against the current; upstream; **rifare il cammino a r.**, to retrace one's steps.

ritrovàbile, *a.* findable; (*ricuperabile*) recoverable.

ritrovaménto, *m.* **1** (*il ritrovare*) finding; (*ricupero*) recovery: **il r. di una borsetta**, the finding of a handbag; **il r. del quadro rubato**, the recovery of the stolen painting **2** (*scoperta*) finding, find, discovery; (*invenzione*) invention: **un importante r. archeologico**, an important archeological find; **il r. del cadavere**, the discovery of the corpse.

ritrovàre, **A** *v. t.* **1** to find* again: **Lo ritroverò a qualunque costo**, I'll find him again, whatever the cost; **r. la strada**, to find one's way again; **Se ti ritrovo a toccare le mie cose...**, if I catch you again touching my things... **2** (*trovare cose, persone smarrite, ecc.*) to find*: **Ho ritrovato l'ombrello**, I have found my umbrella; **Lo ritrovarono addormentato nel bosco**, they found him asleep in the wood ***3*** (*fig.*: *ricuperare*) to recover; to regain; to get* back: **r. la salute**, to recover (one's health); **r. le forze**, to regain (*o* to get back) one's strength; **r. la memoria**, to recover one's memory; **r. la parola**, to find one's tongue again; **r. l'entusiasmo**, to recover (*o* to recapture) one's enthusiasm ***4*** (*fig.*: *scoprire*) to discover; to find*: **r. la soluzione di un problema**, to find the solution to a problem; **Si ritrovò in banca un bel po' di soldi**, he found out he had quite a nice sum in his bank account ***5*** (*incontrare di nuovo*) to meet* (again): **Ritrovai tutti i miei vecchi amici a quella riunione**, I met all my old friends at that reunion ***6*** (*riconoscere*) to recognize: **Non la ritrovo in questa foto**, I don't recognize her in this photo ***7*** (*fam.*: *avere*) to have got: **Con tutto il lavoro che mi ritrovo, non so se prenderò le ferie**, with all the work I've got, I don't know whether I can take my holidays; **Con la fortuna che mi ritrovo...**, with my luck... **B ritrovàrsi**, *v. rifl.* ***1*** (*capitare*) to find* oneself: **Si ritrovò in mezzo a una rissa**, he found himself in the middle of a brawl; **D'un tratto ci ritrovammo davanti all'albergo**, suddenly we found ourselves outside the hotel ***2*** (*trovarsi in una situazione inattesa*) to find* oneself; to end up: **r. senza benzina**, to find oneself without petrol; **r. nei guai**, to find oneself in trouble; **E fu così che si ritrovò erede di una fortuna**, and that's how he fetched up as the heir to a fortune ***3*** (*raccapezzarsi*) to make* (st.) out; to make* sense of; to find* one's way about: **Non mi ci ritrovo con queste cifre**, I can't make sense of these figures; **Non ci si ritrovava in quel qartiere**, he couldn't find his way about in that district; **Non mi ci ritrovo in questo groviglio finanziario**, I can't make head or tail of this financial tangle ***4*** (*trovarsi a proprio agio*) to be (*o* to feel*) at ease, to be at home, to be in one's element; (*con persone*) to get* on well: **Non mi ci ritrovo in quell'ambiente**, I feel out of place in that milieu; **Come ti ritrovi coi nuovi colleghi?**, how are you getting on with your new colleagues? **C ritrovàrsi**, *v. rifl. recipr.* (*incontrarsi*) to meet*; (*trovarsi di nuovo insieme*) to meet* again: **Ritroviamoci qui fra un'ora**, let's meet here in an hour's time; **Ci ritrovammo dopo dieci anni di separazione**, we met again after a separation of ten years.

ritrovàto, *m.* ***1*** (*scoperta*) discovery; (*invenzione*) invention ***2*** (*espediente*) contrivance; device.

ritrovatóre, *m.* (*f.* **-trice**) ***1*** (*chi ritrova*) finder ***2*** (*scopritore*) discoverer; (*inventore*) inventor.

ritròvo, *m.* ***1*** (*il ritrovarsi insieme*) meeting; gathering; reunion: **luogo di r.**, meeting place; resort; **un r. di ex combattenti**, a gathering of ex servicemen; **darsi r.**, to meet; to gather; **sala di r.**, lounge; common room ***2*** (*locale, punto d'incontro*) meeting place, resort, haunt, hangout (*fam.*), stamping ground (*fam.*); (*circolo*) club: **ritrovi eleganti**, elegant resorts; **un r. notturno**, a night-club; **Quel bar è il loro r. favorito**, that bar is their favourite haunt (*o* hangout, stamping ground); **Il bar è un noto r. di spacciatori**, the bar is a well-known haunt of drug pushers.

ritta, *f.* (*lett.*: *mano destra*) right hand.

ritto, **A** *a.* ***1*** (*in posizione verticale o eretta*) standing; upright; erect; straight; vertical; on end: **un palo r.**, an upright post; **r. come un fuso**, as straight as a pole; **stare r.**, to stand; to stand erect: **Il mio cane sa stare r. sulle zampe posteriori**, my dog can stand on its hindlegs; **mettere q.c. r.**, to stand st.; to place st. on end (*o* vertically); **Tienimi r. questo paletto**, hold this stake vertical, please; **non reggersi più r.**, to be unable (*o* too weak) to stand; **Avevo i capelli ritti dal terrore**, my hair stood on end (with terror); **a coda ritta**, with one's tail erect (*o* up); **a naso r.**, with one's nose turned up ***2*** (*destro*) right: **la mano ritta**, the right hand; **volgersi a man ritta**, to turn to the right. **B** *m.* ***1*** (*diritto*) right side; face: **il r. di una stoffa**, the right side of a piece of cloth; **una stoffa che ha due ritti**, a double-faced fabric ***2*** (*sostegno verticale*) upright; prop. • **né per r. né per rovescio**, in no wise □ (*prov.*) **Ogni r. ha il suo rovescio**, there are two sides to every question; no rose without a thorn.

rituàle, **A** *a.* ***1*** (*secondo il rito*) ritual: **formula r.**, ritual formula; **canti rituali**, ritual songs ***2*** (*conforme all'abitudine*) customary; usual; habitual. **B** *m.* ***1*** (*eccles.*) ritual: **il r. romano**, the Roman ritual; **il r. della Pasqua**, the Easter ritual ***2*** (*cerimoniale*) ceremonial.

ritualìsmo, *m.* ritualism.

ritualìsta, *m.* e *f.* ritualist.

ritualìstico, *a.* ritualistic.

ritualità, *f.* rituality.

ritualizzàre, **A** *v. t.* to ritualize; to make* (st.) into a ritual. **B ritualizzàrsi**, *v. i. pron.* to be ritualized; to become* a ritual.

ritualizzazióne, *f.* ritualization.

ritualménte, *avv.* ritually; according to prescribed ritual forms.

riunificàre, *v. t.* **riunificàrsi**, *v. rifl. recipr.* to reunify.

riunificazióne, *f.* reuinification.

riunióne, *f.* ***1*** (*il riunirsi*) reunion; (*riconciliazione*) reconciliation: **la r. della famiglia**, the reunion of the family ***2*** (*adunanza*) meeting; assembly; conference: **Ci sarà una r. la prossima settimana**, a meeting will take place next week; **La r. si sciolse alle diciotto**, the meeting broke up at six p.m.; **r. politica**, political meeting; **r. al vertice**, summit; **r. di partito**, party meeting; caucus (*USA*); **luogo di r.**, meeting place; **sala delle riunioni**, assembly room; conference room; **indire [tenere] una r.**, to call [to hold] a meeting; **partecipare a una r.**, to attend a meeting; **sciogliere una r.**, to break up a meeting; **Il direttore è in r.**, the director is in conference ***3*** (*raduno*) reunion; gathering; get-together (*fam.*): **una r. di ex allievi**, a school reunion; **A Natale facciamo la solita r. di famiglia**, at Christmas we have the usual family gathering; **r. mondana**, social gathering; party; **r. conviviale**, dinner party ***4*** (*sport*) meeting.

riunìre, **A** *v. t.* ***1*** (*unire di nuovo*) to reunite; (*mettere insieme*) to put* together: **r. famiglie separate dalla guerra**, to reunite families torn apart by war; **Riunì con grande pazienza i frammenti del vaso**, he very patiently put the fragments of the vase together ***2*** (*raccogliere*) to gather together (*o* up); to collect; to get* together: **Riunì tutte le sue carte e uscì**, he gathered together (*o* up) all his papers and went out; **r. alcuni amici**, to gather a few friends together ***3*** (*convocare*) to convene; to call; to summon: **r. un'assemblea**, to convene an assembly; to call a meeting ***4*** (*riconciliare*) to bring* together again; to reconcile: **La disgrazia li ha riuniti**, the sad event brought them together again; **La nascita del nipote riunì le due famiglie**, the birth of the grandchild reconciled the two families. **B riunìrsi**, *v. i. pron.* ***1*** (*unirsi di nuovo a*) to join again; to rejoin; to reunite: **I due gitanti si riunirono al gruppo**, the two excursionists rejoined the group; **Fece di tutto per r. al marito in America**, she tried everything to reunite with her husband in America ***2*** (*unirsi, associarsi*) to unite; to form an association ***3*** (*adunarsi*) to meet*; to gather; to get* together: **La commissione si riunirà domani**, the committee will meet tomorrow; **r. intorno al fuoco**, to gather round the fire; **Dobbiamo riunirci una di queste sere**, we must get together one of these evenings. **C riunìrsi**, *v. rifl. recipr.* to be reunited; to come* together again: **Alla fine padre e figlio poterono r.**, father and son were eventually reunited.

riunito, **A** *a.* ***1*** reunited ***2*** (*associato*) united; associated ***3*** (*raccolto*) gathered. **B** *m.* dentist's unit.

riunitrice, *f.* lapping machine.

riușàbile, *a.* reusable.

riușàre, *v. t.* to reuse; to use again.

riuscìre, *v. i.* ***1*** to succeed (in st., in doing st.); to manage; (*essere capace*) to be able, can (*difett.*): **Riesci a capirlo?**, can you understand it?; **Non riesco ad aprire la porta**, I can't open the door; **Non riesco a risolvere questo problema**, I can't solve this problem; **Prova tu se ci riesci** (*o* **ti riesce**), see if you can do it; **Non ci riesco!**, I can't (do it)!; **Non so se riuscirò a superare il test**, I don't know whether I'll be able to pass the test; **Non riuscì a trattenere le risa**, he couldn't refrain from laughing; **Riuscii a liberarmi dalla corda**, I managed to free myself from the rope; **È riuscito a trovare lavoro**, he has found a job; **È riuscito a farsi ammettere al corso**, he made it into the course (*fam.*); **Non riuscii a vederlo**, I couldn't see him; **Non riuscimmo a vincere la partita**, we failed to win the match; **Non riesco a capire dove miri**, I fail to understand what he is driving at ***2*** (*avere successo*) to succeed: **È un ragazzo che riuscirà nella vita**, he's a boy who will succeed in life; **r. negli affari**, to succeed in business; **il segreto per r.**, the secret of success; **r. nell'intento**, to achieve one's goal ***3*** (*avere esito*) to come* out, to turn out; (*avere esito positivo*) to succeed, to be successful, to come* off: **La torta non mi è riuscita**, my cake didn't come (*o* turn) out well; **Lo scherzo riuscì bene**, the joke came off; **L'esperimento riuscì a metà**, the experiment was only partially successful; **non r.**, to fail; to be a failure: **Il piano non riuscì**, the plan failed; **Il tuo progetto non può r.**, your plan cannot possibly work; **Con quelle ragazze, la festa riuscirà bene**, with those girls, the party will be a success; **Non riesco mai bene in fotografia**, I never come out well in photos ***4*** (*avere attitudine, capacità*) to be good (at st., at doing st.); to be clever (at st., at doing st.): **Mia figlia riesce nella musica**, my daughter is good at music; **r. negli studi**, to do well in one's studies (*o* at school) ***5*** (*apparire, risultare*) to be; (*mostrarsi*) to prove (to be): **r. utile [dannoso]**, to prove useful [harmful]; **r. vincitore**, to be the winner; to win; **r. eletto**, to be elected; **r. primo**, to come in first; **La cosa mi riesce nuova**, it is new to me; **La sua faccia non mi riesce nuova**, his face looks familiar; **Mi riesce difficile continuare**, I find it difficult to go on; **Riesce odioso a tutti**, he is disliked by everyone; **Riesce simpatica a tutti**, everybody likes her; she is liked by everybody; **Mi riesce proprio antipatico**, I find him very unpleasant; I don't like him at all ***6*** (*sboccare, arrivare*) to lead* to: **Questa strada riesce in Piazza del Duomo**, this road leads to Piazza del Duomo ***7*** (*uscire di nuovo*) to go* out again: **Entrò e riuscì subito**, he came in and went out again immediately.

riuscita, *f.* (*esito*) result, outcome; (*successo*) success: **qualunque sia la r.**, whatever the result (*o* outcome) may be; **La festa ha avuto una splendida r.**, the party was a splendid success (*o* came off splendidly); **La r. dell'operazione dipende da molti fattori**, the success of the operation depends on many factors; **cattiva r.**, failure; lack of success: **Questo nuovo prodotto ha fatto una cattiva r.**, this new product has been a failure; **La sua cattiva r. lo ha amareggiato**, his lack of success (*o* his failure) has embittered him; **Quest'auto ha fatto una buona r.**, this car has lasted well; **Questo cappotto ha fatto**

una buona [cattiva] r., this coat has worn [has not worn] well.
riuscìto, *a.* (*ben fatto*) well-made; good; (*che ha avuto successo*) successful: **un dolce r.**, a well-made cake; **un film r.**, a good film; **un lavoro r.**, a successful job; **impresa riuscita**, successful undertaking; **mal r.**, unsuccessful; **non r.**, failed.
riutilizzàbile, *a.* reusable; reutilizable.
riutilizzàre, *v. t.* to use (*o* to utilize) again; to reuse; to reutilize; to recycle.
riutilizzazióne, *f.* **riutilizzo,** *m.* (*anche ind.*) reutilization; recycling.
rìva, *f.* **1** (*di fiume*) bank; (*di mare, lago*) shore: **le rive del Tevere**, the banks of the Tiber; **le rive dello Ionio**, the shores of the Ionian Sea; **la r. del mare**, the seashore; **la r. d'un lago**, the shore of a lake; **in r. al fiume**, on the bank of the river; by the riverside; **in r. al lago**, by the lakeside; **in r. al mare**, on the seashore; by the sea; **un ristorante sulla r. del** (*o* **in riva al**) **lago**, a lakeside restaurant; **città in r. al mare**, seaside town; **a r.**, on shore; ashore; on land: **venire a r.**, to come ashore; **toccare la r.**, to set foot on shore; to touch land; **essere portato a r. dalla corrente**, to be washed up **2** – (*naut.*) **a r.**, aloft: **andare a r.**, to go aloft; **Tutti a r.!**, all hands up!; **scendere da r.**, to lay down from aloft; **ancora a r.**, anchor in sight; **avere la bandiera a r.**, to fly the flag.
rivaccinàre, A *v. t.* to revaccinate; to vaccinate again. **B rivaccinàrsi,** *v. i. pron.* to get* vaccinated again.
rivaccinazióne, *f.* revaccination.
rivàle, A *a.* rival; competing: **società r.**, rival company; **squadra r.**, competing team. **B** *m. e f.* rival; competitor; opponent: **rivali in amore**, rivals in love; **rivali negli affari**, business rivals; **non avere rivali** (*o* **essere senza rivali**), to be without rivals; to be unparalleled (*o* matchless, unequalled); to have no match; to be second to none.
rivaleggiàre, *v. i.* **1** (*competere*) to compete, to vie, to be in competition; (*essere rivale*) to be a rival: **r. per una nomina**, to vie (*o* to compete) for an appointment; **r. con q. in amore**, to be sb.'s rival in love **2** (*fig.*: *tener testa*) to hold* one's own; to match (st.): **Come pianista può r. con i migliori del secolo**, as a pianist he holds his own with the best of the century.
rivalérsi, *v. i. pron.* **1** (*valersi di nuovo*) to avail oneself (of st.) again; to make* use (of st.) again **2** (*rifarsi di una perdita*) to make* up st. for (at sb.'s expense) **3** (*prendersi la rivincita*) to get* one's own back; to get* even (with sb.) **4** (*leg.*) to retaliate against.
rivalità, *f.* rivalry; (*competizione*) competition, antagonism, emulation: **r. in amore** [**negli affari**], rivalry in love [in business]; **r. letterarie** [**politiche**], literary [political] rivalries; **Tra i due c'è una vecchia r.**, the two are long-standing rivals.
rivalorizzàre, A *v. t.* to increase (*o* to raise) the value of; to revalue. **B rivalorizzàrsi,** *v. i. pron.* to increase in value; to be revalued.
rivalorizzazióne, *f.* revaluation.
rivàlsa, *f.* **1** (*rivincita*) revenge; retaliation; vindication; satisfaction: **prendersi una r. su q.**, to take one's revenge on sb.; to get one's own back **2** (*risarcimento*) recoupment; compensation **3** (*comm.*) redraft **4** (*leg.*) recourse: **senza r.**, without recourse.
rivalutàre, *v. t.* **1** (*valutare di nuovo*) to value again; to revalue: **far r. un quadro**, to have a painting revalued **2** (*elevare il valore, anche econ.*) to revalue; to upvalue; to revalorize; to raise: **r. la lira**, to revalue the lira; **r. gli stipendi**, to raise salaries **3** (*riconsiderare*) to reassess, to reappraise, to rethink*; (*riscoprire il valore*) to rediscover: **Bisogna r. tutta la situazione**, we must reassess (*o* rethink) the whole situation; **r. uno scrittore**, to rediscover a writer.
rivalutatìvo, *a.* revaluation (*attr.*).
rivalutazióne, *f.* **1** (*nuova valutazione*) revaluation **2** (*fin., econ.*) revaluation, revalorization; (*apprezzamento*) appreciation: **la r. della lira sul dollaro**, the revaluation of the lira against the dollar; **r. monetaria**, currency appreciation; **r. degli stipendi**, rise in salaries **3** (*riconsiderazione*) review, reassessment, reappraisal; (*riscoperta*) rediscovery.
rivangàre, *v. t.* **1** (*vangare di nuovo*) to dig* up again **2** (*fig.*) to rake up; to dig* up: **È andato a r. una vecchia storia**, he raked up an old story; **Non rivanghiamo il passato!**, let bygones be bygones.
rivascolarizzazióne, *f.* (*med.*) neovascularization; revascularization.
rivedére, A *v. t.* **1** (*vedere di nuovo*) to see* again; (*incontrare di nuovo*) to meet* again: **Lo rivedrò domani**, I'll see him again tomorrow; **Chi sa quando la rivedremo**, who knows when we shall see her again; **Quando lo rividi, quasi non lo riconobbi**, when I met him again, I scarcely recognized him; **Se gli presterai dei soldi, non li rivedrai più**, if you lend him money, you'll never see it again; **Ogni tanto lo rivedo**, I see him every now and then; **Nessuno li rivide mai più**, no one ever saw them again; **Fammi r. quella foto**, show me that photo again **2** (*tornare in un luogo*) to return to; to go* back to; to come* back to: **Rivide l'Italia dopo dieci anni di assenza**, he returned to Italy after a ten-year absence **3** (*riesaminare per correggere*) to revise, to go* over; (*verificare*) to check: **r. una traduzione**, to revise a translation; **Non consegna un articolo senza che prima glielo riveda io**, he doesn't hand in any articles, unless I go over them first; **r. un manoscritto**, to edit a manuscript; **r. bozze**, to read proofs; to proofread; **r. un preventivo**, to revise an estimate; **r. i conti**, to check the accounts; (*rag.*) to audit the accounts **4** (*riconsiderare e modificare*) to revise; to review; to change; to alter: **r. la propria opinione su q.**, to change (*o* to revise) one's opinion of sb. **5** (*ispezionare*) to inspect; to examine: **Voglio r. l'impianto centrale di ventilazione**, I want to inspect the central ventilation system; **Bisogna r. le fondamenta della casa**, we must examine the foundations of the house **6** (*ripassare*) to go* over, to revise; (*rileggere*) to re-read*, to go* through: **r. la lezione**, to go over one's lesson; **Voglio r. le prime pagine**, I want to go (*o* to read) through the first pages again **7** (*prezzi, tariffe: ritoccare*) to revise; to readjust: **r. i prezzi**, to revise prices **8** (*mecc.*) to overhaul: **Ho fatto r. il motore**, I have had the engine overhauled. ● (*fig.*) **r. le bucce a q.**, to pick holes in sb.'s work □ **r. il sole** (*o* **la luce**), to see the light again □ (*leg.*) **r. un processo**, to review a case □ **Fatti r. ogni tanto**, come round (*o* show up) sometime □ **Non si fece più r.**, he never came back □ (*scherz.*) **Guarda chi si rivede!**, look who's here! □ (*scherz.*) **Chi non muore si rivede!**, long time no see! **B rivedérsi,** *v. rifl.* to see* oneself again: **Mi rividi mentre gli davo la lettera**, I saw myself again as I gave him the letter; **Si rivede in suo figlio**, he sees himself reflected in his son. **C rivedérsi,** *v. rifl. recipr.* **1** to see* each other (*o* one another) again: **Si rividero dopo anni di separazione**, they saw each other (*o* one another) again after years of separation **2** (*incontrarsi di nuovo*) to meet* again: **Non so quando ci rivedremo**, I don't know when we'll meet again; **Ci rivediamo tra due giorni**, see you in two days' time. ● **A rivederci**, goodbye; see you soon; so long; cheerio (*fam.*) □ **Ci rivedremo a Filippi!**, my day will come!
rivedìbile, *a.* **1** revisable; liable (*o* subject) to revision **2** (*mil.*) temporarily unfit.
rivedibilità, *f.* (*mil.*) temporary unfitness.
rivedùta, *f.* (quick) revision; run-through; second look (*o* glance): **dare una r. a q.c.**, to go over st.; (*dare una scorsa a q.c.*) to run through st.
rivedùto, *a.* revised; checked; corrected: **bozze rivedute**, revised proofs; **nuova edizione riveduta e corretta**, new revised edition; **conti riveduti**, checked accounts.
rivelàbile, *a.* revealable: **una verità r.**, a revealable truth.
rivelàre, A *v. t.* **1** (*palesare*) to reveal, to disclose, to make* known, to let* out; to expose; (*dire*) to tell*: **r. un segreto**, to reveal (*o* to disclose, to let out) a secret; **Ora ti rivelerò un segreto**, I'm going to let you into a secret; **r. un nome**, to reveal a name; **r. la verità**, to reveal (*o* to make known) the truth; **Ha rivelato alla stampa informazioni riservate**, he leaked out secret information to the press; **Te lo rivelerò in stretta confidenza**, I'll tell you in strict confidence; **r. il futuro**, to disclose the future **2** (*manifestare*) to reveal; to show*; to display: **Il quadro rivela l'abilità compositiva del pittore**, the painting reveals the painter's compositional skill; **r. la propria debolezza**, to show one's weakness **3** (*teol.*) to reveal **4** (*tecn.*) to detect: **Lo strumento rivelò la presenza di gas**, the instrument detected the presence of gas. **B rivelàrsi,** *v. rifl. e i. pron.* **1** to reveal oneself; to show* oneself; to prove (oneself); to turn out to be: **Si rivelò un vero amico**, he proved (*o* showed himself to be) a true friend; **Le misure prese si rivelarono insufficienti**, the measures taken proved inadequate; **Il pranzo si è rivelato migliore del previsto**, the meal turned out to be better than expected **2** (*teol.*) to reveal oneself.
rivelàto, *a.* **1** revealed; disclosed; divulged: **verità rivelata**, revealed truth **2** (*teol.*) revealed: **religione rivelata**, revealed religion.
rivelatóre, A *m.* **1** (*f.* **-trice**) (*chi rivela*) revealer; discloser **2** (*tecn.*) detector; sensor; pick-up: **r. di gas** [**di metalli**], gas [metal] detector; (*fis.*) **r. di particelle**, particle detector; **r. a campo frenante**, retarding-field detector; reverse-field detector; **r. a cristallo**, crystal detector; **r. a eterodina**, heterodyne detector **3** (*chim., fotogr.*) developer **4** (*fig.*: *segnale, indizio*) sympton; sign; clue. **B** *a.* revealing; telltale: **parole rivelatrici**, revealing words; **segni rivelatori**, telltale signs.
rivelazióne, *f.* **1** revelation; disclosure: **la r. d'un segreto**, the revelation (*o* disclosure) of a secret **2** (*teol.*) Revelation **3** (*manifestazione inaspettata*) revelation; (*scoperta rivelatrice*) eye-opener (*fam.*): **Quel libro è stato una r.**, that book has been a revelation; **Quelle parole furono una r.**, those words were an eye-opener **4** (*tecn.*) detection.
rivéndere, *v. t.* **1** to resell*; to sell*; to sell* back: **r. la merce con un forte guadagno**, to resell the goods at a considerable profit; **Ho cambiato idea: me lo rivendi?**, I've changed my mind; would you sell it back to me? **2** (*fig.*: *superare*) to outdo*: **Rivende tutti in furbizia**, he outdoes everyone in smartness. ● **La rivendo come l'ho sentita**, I'm repeating it as I heard it.
rivendìbile, *a.* resal(e)able.
rivendicàre, *v. t.* **1** (*esigere il riconoscimento*) to claim; to vindicate: **r. un diritto**, to claim a right; **r. la paternità di un'opera**, to claim authorship of a work; **r. la priorità d'una scoperta**, to claim priority for an invention; **r. la propria indipendenza di giudizio**, to claim one's independence of opinion; **r. aumenti salariali**, to demand higher wages **2** (*attribuirsi la responsabilità di q.c.*) to claim responsibility: **r. un attentato**, to claim responsibility for a terrorist attack **3** (*leg.*) to claim; to lay* claim to: **r. un'eredità**, to lay

claim to an inheritance.
rivendicativo, *a.* (*leg., sindacale*) of (*o* concerning) a claim (*o* a demand): **piattaforma rivendicativa**, platform of union demands.
rivendicatóre, **A** *m.* (*f.* **-trice**) claimer; claimant. **B** *a.* claiming; vindicating; vindicatory.
rivendicazióne, *f.* ***1*** (*il rivendicare*) claiming: **la r. dei propri diritti**, the claiming of one's rights ***2*** (*richiesta*) claim; demand: **r. salariale**, wage (*o* pay) claim; **rivendicazioni sindacali**, union demands; **avanzare una r.**, to put in a claim.
rivendicazionismo, *m.* (*specialm. sindacale*) tendency to keep on making further (union) demands.
rivéndita, *f.* ***1*** (*il rivendere*) resale; reselling: **prezzo di r.**, resale price ***2*** (*negozio*) outlet; shop; store (*USA*): **r. al dettaglio**, retail outlet; **r. di generi alimentari**, food shop; **r. di giornali**, newsagent's (shop); **r. di tabacchi**, tobacconist's (shop).
rivenditóre, *m.* (*f.* **-trice**) ***1*** (*chi rivende*) reseller ***2*** (*chi rivende al minuto*) retailer; (*negoziante*) tradesman* (*m.*), shopkeeper ***3*** (*chi rivende roba usata*) second-hand dealer.
rivendùgliolo, *m.* street vendor; huckster; hawker.
rivenire, *v. i.* to come* again; to come* back; to return: **r. in mente**, to come back to one's mind; **Ora mi riviene in mente**, now I remember.
riverberaménto, *m.* reverberation; reflection.
riverberàre, **A** *v. t.* (*di suono*) to reverberate, to re-echo; (*di luce o calore*) to reverberate, to reflect. **B** **riverberàrsi,** *v. i. pron.* to reverberate; to be reflected (*anche fig.*).
riverberazióne, *f.* reverberation; reflection.
rivèrbero, *m.* ***1*** (*il riverberare*) reverberation; reverberating; reflection; reflecting: **il r. del calore** [**della luce**], the reverberation of heat [of light] ***2*** (*luce o calore che si riverbera*) reverberation; (*riflesso*) reflection; (*luce abbagliante*) glare: **il r. del sole sull'acqua**, the glare of the sun on the water; **di r.**, by reflection; indirectly ***3*** (*meteor.*) blink. ● (*metall.*) **forno a r.**, reverberatory furnace (*o* kiln) □ **lume a r.**, reverberator.
riverènte, *a.* reverent; deferent; (*rispettoso*) respectful: **parole riverenti**, reverent words; **un atto r.**, an act of reverence; **atteggiamento r.**, respectful attitude.
riverènza, *f.* ***1*** reverence; deference; (*rispetto*) respect, veneration: **un atto di r.**, an act of reverence; **r. verso i genitori**, respect to one's parents ***2*** (*inchino*) (low) bow, obeisance; (*di donna*) curts(e)y: **fare una r.**, (*di uomo*) to bow low; (*di donna*) to make a curtsy, to curtsy. ● **con r.**, reverently; deferently; respectfully; with respect.
riverenziàle, *V.* **reverenziale.**
riverire, *v. t.* ***1*** to revere; (*rispettare*) to respect; (*venerare*) to venerate, to honour: **r. i genitori**, to respect one's parents; **r. la memoria di q.**, to honour sb.'s memory ***2*** (*ossequiare*) to pay* one's respects to: **Riveritelo da parte mia**, please give him my respects; **La riverisco**, my respects.
riverito, *a.* respected; revered; honoured; (*stimato*) esteemed: **essere r. da tutti**, to be respected by all; (*iron.*) to be indulged in every whim (by everybody); **Riverito, signor dottore!**, my respects, sir!
riverniciàre, *v. t.* to repaint; to paint again; (*a smalto*) to revarnish; (*a spruzzo*) to respray.
riverniciàta, *f.* quick repainting.
riverniciatùra, *f.* repainting; (*a smalto*) revarnish; (*a spruzzo*) respraying.
riversaménto, *m.* ***1*** pouring out; outpouring ***2*** (*tecn., elab.*) copying.
riversàre, **A** *v. t.* ***1*** (*versare di nuovo*) to pour again; to pour out again: **Ti riverso dell'altro caffè?**, shall I pour you out some more coffee?; **Riversalo nel fiasco**, pour it back into the flask ***2*** (*rovesciare, versare*) to spill; to pour: **riversarsi addosso della minestra**, to spill soup on oneself; **Il fiume riversa le sue acque nel lago**, the river flows into the lake ***3*** (*fig.*) to pour; to heap; to throw*: **r. tutte le proprie energie nel lavoro**, to pour all one's energy into work; **r. insulti addosso a q.**, to heap insults on sb.; **r. la colpa su q.**, to lay (*o* to throw) the blame on sb.; **r. il proprio amore su q.**, to lavish one's love on sb.; **r. la propria ira su q.**, to vent one's anger upon sb. ***4*** (*tecn., elab.*) to copy. **B** **riversàrsi,** *v. i. pron.* ***1*** (*traboccare*) to spill* (over); (*inondare*) to flood ***2*** (*sfociare*) to flow: **Il fiume si riversa nel mare**, the river flows into the sea ***3*** (*affluire*) to pour; to swarm: **La gente si riversò nella piazza**, people poured into the square ***4*** (*ricadere*) to fall*: **Tutta la responsabilità si è riversata su di lui**, all responsibility fell on him.
riversibile, riversióne, *V.* **reversibile, reversione.**
rivèrso, *a.* (*lett.*: *supino*) on one's back (*pred.*); supine: **giacere** [**cadere**] **r.**, to lie [to fall] on one's back.
rivestiménto, *m.* ***1*** (*esterno*) covering, cover; (*strato coprente*) coating; (*interno*) lining, inner coating: **il r. d'un fiasco**, the covering of a flask; **il r. d'un divano**, the covering (*o* upholstery) of a sofa; **materiali di r.**, covering materials; **un r. di gomma**, a rubber coating ***2*** (*edil.*) sheathing ***3*** (*archit.*) facing. ● **r. a pannelli**, panelling □ (*aeron.*) **r. d'ala**, wing covering □ (*ind.*) **r. di serbatoio**, tank lining □ (*elettrochimica*) **r. galvanico**, electroplating □ (*edil.*) **r. in legno**, wainscot(t)ing; wainscot □ (*ind.*) **r. in mattoni refrattari**, fire-brick lining □ (*autom.*) **r. interno**, upholstery □ (*ind.*) **r. isolante**, lagging; insulation □ (*metall.*) **r. protettivo**, fettling □ (*ind.*) **r. refrattario**, refractory lining.
rivestire, **A** *v. t.* ***1*** (*vestire di nuovo*) to dress again: **Feci il bagno al bambino e lo rivestii**, I gave the child its bath and dressed it again ***2*** (*provvedere di abiti nuovi*) to clothe; to fit out: **r. q. da capo a piedi**, to fit sb. out from head to toe ***3*** (*indossare, vestire*) to wear* (*anche fig.*); to put* on; to don (*form.*): **r. la toga**, to wear the robe; **Rivestì la divisa**, he put on his uniform; (*fig.*) he joined the army ***4*** (*ricoprire*) to cover, to clothe; (*con uno strato di q.c.*) to coat; (*edil.*) to face; (*foderare*) to line, to face: **L'edera rivestiva il muro**, the ivy covered the wall; **r. una poltrona**, to upholster an armchair; **r. di paglia**, to cover with straw; **r. di pelle**, to cover with leather; **r. di zucchero**, to coat with sugar; **r. una facciata di marmo**, to face a façade with marble; **r. con mattonelle**, to tile; **r. con pannelli**, to panel ***5*** (*fig.*: *ricoprire una posizione*) to hold*: **r. una carica** [**un grado**], to hold a position [a rank]; **r. la carica di prefetto**, to hold office of prefect; **Riveste il grado di colonnello**, he holds colonel rank; he is a colonel ***6*** (*fig.*: *avere*) to have: **Ciò riveste una grande importanza**, this has (*o* is of) great importance. ● (*ind.*) **r. con isolante termico**, to lag; to insulate □ **r. con intonaco**, to ceil □ **r. con materiale incombustibile**, to fireproof □ (*edil.*) **r. con pannelli di legno**, to wainscot. **B** **rivestirsi,** *v. rifl.* e *v. i. pron.* ***1*** (*vestirsi di nuovo*) to dress (oneself) again; to get* dressed (again) ***2*** (*provvedersi d'abiti nuovi*) to provide oneself with new clothes; to get* a new wardrobe ***3*** (*cambiarsi i vestiti*) to change one's clothes; to get* changed ***4*** (*fig.*) to become* covered: **L'albero si rivestì di fiori**, the tree blossomed.
rivestito, *a.* ***1*** (*vestito di nuovo*) dressed again ***2*** (*vestito*) dressed (in); clothed (in); clad (in) (*form.*) ***3*** (*provvisto di abiti*) fitted out with new clothes (*o* with a new wardrobe) ***4*** (*ricoperto*) covered, clothed; (*con uno strato di q.c.*) coated; (*foderato*) lined: **una parete rivestita di piastrelle**, a tiled wall; **una facciata rivestita di pietra**, a façade covered with slabs of stone; a stone(-covered) façade; **un divano r. in pelle**, a leather-covered sofa; a sofa with leather upholstery. ● (*spreg.*) **villano r.**, upstart; parvenu (*franc.*).
rivestitùra, *V.* **rivestimento.**
rivettàre, *v. t.* (*mecc.*) to rivet.
rivettatrice, *f.* (*mecc.*) riveting machine; riveter.
rivétto, *m.* (*mecc.*) rivet: **r. a maschio**, screw rivet; **r. a testa piana** [**svasata**], flathead [countersunk] rivet; **r. spaccato**, split rivet; **r. tubolare**, tubular rivet; **ribattere rivetti**, to rivet.
rivièra, *f.* ***1*** coast; riviera: **la r. ligure**, the Italian Riviera ***2*** (*equitazione*) water jump.
rivieràsco, **A** *a.* coast (*attr.*); coastal; (*anche leg.*) riparian: **città rivierasche**, coastal cities; **popolazioni rivierasche**, people living along the coast. **B** *m.* (*f.* **-a**) coast-dweller.
rivincere, *v. t.* ***1*** (*vincere di nuovo*) to win* again ***2*** (*ricuperare vincendo*) to win* back.
rivìncita, *f.* ***1*** (*seconda partita*) return match, rematch; (*anche a carte, ecc.*) return game: **chiedere** [**dare**] **la r.**, to ask for [to agree to] a return match (*o* game); **Gli concessi la r.**, I gave him a chance to get his revenge ***2*** (*fig.*) revenge: **prendersi la r.**, to get one's revenge (on sb.); to get one's own back; to get* even (with sb.).
rivisitàre, *v. t.* ***1*** to revisit; to visit again ***2*** (*fig.*: *riesaminare*) to re-examine; to reassess; to reappraise.
rivisitàto, *a.* (*fig.*) re-examined, reassessed, reappraised; (*riveduto*) revised.
rivisitazióne, *f.* ***1*** revisiting ***2*** (*fig.*) re-examination; reassessment; reappraisal.
rivista, *f.* ***1*** (*mil.*) review, parade; (*ispezione*) inspection: **passare in r.**, to pass in review; to review; **r. dell'equipaggiamento**, kit inspection ***2*** (*revisione*) revision ***3*** (*giorn.*) periodical, review, journal; (*rotocalco*) magazine: **giornali e riviste**, newspapers and magazines; **r. mensile**, monthly (magazine); **r. settimanale**, weekly (magazine); **r. trimestrale**, quarterly (review); **r. letteraria**, literary review (*o* journal); **r. scientifica**, scientific journal; **r. su carta patinata**, glossy magazine ***4*** (*teatr.*, *anche* **r. di varietà**) revue; variety show; music-hall (*GB*); vaudeville (*USA*).
rivistaiòlo, *a.* ***1*** (*teatr.*) revue (*attr.*); variety show (*attr.*) ***2*** (*spreg.*) common; rather coarse; low.
rivitalizzàre, **A** *v. t.* to revitalize; to revive. **B** **rivitalizzàrsi,** *v. i. pron.* to be revitalized, to revive.
rivitalizzazióne, *f.* revitalizing; revitalization.
rivivere, **A** *v. i.* ***1*** (*ritornare in vita*) to live again; to come* back to life: **Se potessi r.**, if I could come back to life ***2*** (*fig.*: *riprendere vigore*) to revive; (*tornare in auge*) to be revived, to have a revival: **Mi sento r.**, I feel revived; I feel a new person; I feel quite myself again; **Rivissero le arti e le lettere**, arts and letters had a revival (*o* revived) ***3*** (*fig.*: *continuare, perpetuarsi*) to live on: **Le sue doti rivivono nel figlio**, his qualities live on in his son. ● **far r.**, to bring to life again; to revive: **far r. un'antica usanza**, to revive an old custom. **B** *v. t.* to live over again; to relive: **Poter r. la propria vita!**, oh, to be able to live one's life over again!; **Rivissi con orrore quel momento**, I relived that moment with horror.
rivivificàre, *v. t.* to revivify.
riviviscènza, *V.* **reviviscenza.**
rivo, *m.* ***1*** (*ruscello*) brook; stream; rill; bourn (*lett.*) ***2*** (*liquido che scorre*) stream: **rivi di lava**, streams of lava.

rivolàre, *v. i.* ***1*** (*volare di nuovo*) to fly* again ***2*** (*volare indietro*) to fly* back.

rivolére, *v. t.* ***1*** (*volere di nuovo*) to want again ***2*** (*volere indietro*) to want back: **Me l'ha regalato e ora lo rivuole**, he gave it to me as a present, and now he wants it back; **Come vi rivorrei qui con me!**, how I wish you were here with me again!

rivòlgere, A *v. t.* ***1*** to turn; to address; to bend*; to focus: **r. l'attenzione a q.c.**, to turn (*o* to address, to direct) one's attention to st.; to focus one's attention on st.; **r. gli occhi a q.c.**, to turn one's eyes to st.; **r. i propri pensieri [sforzi, interessi] a q.c.**, to turn one's thoughts [efforts, interests] to st.; **Rivolse il pensiero ai suoi**, he thought of (*o* his thoughts turned to) his family; **r. i passi verso casa**, to turn homewards ***2*** (*indirizzare*) to address, to direct; (*parlare*) to speak* to: **r. una preghiera a q.**, to address a prayer to sb.; **Non sapevamo a chi fossero rivolte quelle parole**, we did not know to whom those words were addressed (*fam.*: who those words were addressed to) ***3*** (*girare*) to turn: **Rivolse la chiave nella toppa**, he turned the key in the lock; **Rivolgeva l'accendino tra le mani**, he was turning the lighter over and over in his hands ***4*** (*distogliere*) to turn away (*o* aside); to avert: **Rivolsi lo sguardo da quella scena**, I turned my eyes away (*o* I averted my eyes, I looked away) from that scene ***5*** (*lett.*: *capovolgere*) to turn upside down; to overturn; to upend ***6*** (*lett.*: *distogliere*) to turn away; to dissuade. ● **r. un'accusa a q.**, to level a charge against sb. □ **r. un complimento a q.**, to pay a compliment to sb. □ **r. una critica a q.**, to criticize sb. □ **r. una domanda a q.**, to ask sb. a question; to put a question to sb. □ **r. q.c. nella mente**, to turn st. over in one's mind; (*rimuginare*) to brood over (*o* on) st. □ **r. la parola a q.**, to speak to sb.; to address sb.: **r. la parola a q. in inglese**, to speak to sb. in English; **Non mi rivolse neppure la parola**, he didn't even speak to me; he didn't even give me the time of day (*USA*) □ **r. il saluto a q.**, to say hello to sb.; to greet sb. **B rivòlgersi**, *v. rifl.* ***1*** (*voltarsi*) to turn (round, away): **Si rivolse per vedere chi era**, he turned round to see who it was; **Si rivolse fingendo di non avermi visto**, he turned away pretending he hadn't seen me; **r. verso il sole**, to turn towards the sun ***2*** (*volgersi a q.*) to turn; (*parlare*) to address (sb.), to speak*; (*ricorrere*) to turn, to go*; (*per informazioni, ecc.*) to apply, to ask (sb.): **Mi rivolsi al mio vicino**, I turned to my neighbour; **Si rivolse a me con tono brusco**, he addressed me in a sharp tone of voice; **Mi rivolgo a tutti i presenti**, I'm speaking to all the people here; **Quando hai bisogno di aiuto, rivolgiti a me**, turn to me, when you need help; **Io non ne so niente, rivolgiti a lui**, I know nothing about it, ask him; **r. a Dio**, to turn to God; **r. alla polizia**, to go to the police; **r. a q. per un prestito**, to turn to sb. for a loan; **Per ulteriori informazioni r. in segreteria**, for further information apply to the secretary; further information can be obtained from the secretary; **Mi è stato detto di rivolgermi a questo ufficio**, I have been referred to this office ***3*** (*fig.*: *darsi, applicarsi*) to turn; to give* (*o* to devote) oneself: **r. alla musica [alla pittura]**, to turn (*o* to devote oneself) to music [to painting]; **r. alla religione**, to turn to religion. ● **Non si rivolgono più la parola**, they are no longer on speaking terms.

rivolgiménto, *m.* ***1*** (*sconvolgimento*) upheaval; unrest; disturbance; disorder; trouble: **rivolgimenti sociali**, social upheaval (*sing.*); **r. di stomaco**, stomach upset ***2*** (*cambiamento*) revolution; change: **un periodo di grandi rivolgimenti**, a period of great change (*sing.*).

rivolo, *m.* ***1*** (*ruscello*) rivulet; little stream; brook ***2*** (*fig.*) trickle: **un r. di sangue**, a trickle of blood; **scendere a rivoli**, to trickle down.

rivòlta, *f.* ***1*** (*sommossa*) revolt; rebellion; insurrection; rising: **Scoppiò una r.**, a revolt broke out; **reprimere una r.**, to put down a rebellion; **una r. nelle carceri**, a prison riot ***2*** (*naut., mil.*) mutiny.

rivoltaménto, *m.* turning over.

rivoltànte, *a.* revolting; repulsive; disgusting; loathsome; nauseous; sickening: **un odore r.**, a revolting (*o* foul) smell; **maniere rivoltanti**, disgusting manners.

rivoltàre, A *v. t.* ***1*** to turn over again: **Voltò e rivoltò le pagine**, he turned the pages over and over again ***2*** (*rovesciare*) to turn, to turn over; (*con l'interno verso l'esterno*) to turn inside out; (*capovolgere*) to turn upside-down, to upturn, to invert; (*raddrizzare*) to turn right side up: **r. il materasso**, to turn the mattress; **r. le zolle**, to turn (up) the soil; **r. il fieno**, to turn the hay; **r. una moneta [una bistecca]**, to turn over a coin [a steak]; **Rivoltò la torta sul piatto**, she turned the cake over onto the plate; **r. q.c. in sotto [in su, in dentro]**, to turn st. under [up, inside]; **r. un guanto [una calza]**, to turn a glove [a sock] inside out; **rivoltarsi le tasche**, to turn out one's pockets; **r. un bicchiere**, to turn a glass upside-down ***3*** (*fig.*: *turbare, sconvolgere*) to upset*, to turn; (*ripugnare*) to revolt, to disgust: **Il tuo cinismo mi rivolta**, your cynicism revolts me; **r. (*o* far r.) lo stomaco**, to turn sb.'s stomach ***4*** (*mescolare*) to mix; to toss: **r. l'insalata**, to toss the salad. ● (*fig.*) **r. la frittata**, to twist an argument □ (*fig.*) **r. la giubba**, to be a turncoat □ **r. un vestito**, to turn a dress. **B rivoltàrsi**, *v. rifl.* e *i. pron.* ***1*** (*a letto*: *rigirarsi*) to turn over; to toss about: **Si rivoltò dall'altra parte e si riaddormentò**, he turned over and went back to sleep; **Continuava a r. nel letto**, he tossed and turned in his bed ***2*** (*voltarsi indietro*) to turn round: **Si rivoltò per richiamarla**, he turned round to call her back ***3*** (*ribellarsi*) to revolt; to rebel; to turn against; to turn on (*o* upon): **Gli si rivoltarono e lo cacciarono dalla città**, they revolted (*o* rebelled) against him and chased him from town; **Finirà per r. contro di te**, he'll end up by turning against you; **Le si rivoltò contro con parole cattive**, he turned on her with spiteful words ***4*** (*fig.*: *sconvolgersi*) to turn: **Mi si rivolta lo stomaco solo a pensarci**, my stomach turns at the mere thought of it. ● **r. nella tomba**, to turn (over) in one's grave.

rivoltàta, *f.* turning over: **dare una r. a q.c.**, to turn st. over.

rivoltàto, *a.* turned; turned out; (*con l'interno verso l'esterno*) turned inside out (*pred.*): **vestito r.**, turned dress; **un guanto r.**, a glove turned inside out. ● (*fig.*) **giubba rivoltata**, turncoat.

rivoltatùra, *f.* (*di vestiti*) turning.

rivoltèlla, *f.* revolver; gun; handgun (*USA*): **r. automatica**, automatic revolver; **r. a sei colpi**, six-chambered revolver; six-shooter (*pop.*).

rivoltellàta, *f.* revolver shot.

rivòlto, *a.* ***1*** turned; facing: **una finestra rivolta a sud**, a window facing south; **essere r. a sinistra**, to face left ***2*** (*fig.*: *intento*) intent (on); bent (on): **È tutto r. al profitto**, he is bent on making a profit.

rivoltolaménto, *m.* turning over; rolling about.

rivoltolàre, A *v. t.* (*voltolare più volte*) to roll; to turn over. **B rivoltolàrsi**, *v. rifl.* to roll about; to wallow: **r. nel fango**, to wallow in mud; **r. nel letto**, to toss and turn in bed.

rivoltolìo, *m.* rolling about; turning over.

rivoltolóne, *m.* somersault: **fare un r.**, to turn a somersault. ● (*fig. pop.*) **Il cuore mi fece un r.**, my heart jumped.

rivoltóso, A *a.* rebellious; rebel (*attr.*); mutinous. **B** *m.* (*f.* **-a**) rebel; mutineer.

rivoluzionàre, *v. t.* ***1*** (*anche fig.*) to revolutionize ***2*** (*fig.*: *mettere sottosopra*) to turn upside down; to disrupt; to play havoc with: **Mi hai rivoluzionato la casa**, you've turned the house upside down; **r. la vita a q.**, to disrupt sb.'s life.

rivoluzionàrio, A *a.* (*anche fig.*) revolutionary: **moto r.**, insurrection; uprising; **governo r.**, revolutionary government; **idee rivoluzionarie**, revolutionary ideas; **scoperta rivoluzionaria**, revolutionary discovery. **B** *m.* (*f.* **-a**) (*anche fig.*) revolutionary; revolutionist (*USA*).

rivoluzionarismo, *m.* revolutionism.

rivoluzióne, *f.* ***1*** revolution: **la R. francese**, the French Revolution; **la r. industriale**, the industrial revolution; **una completa r. della nostra industria nazionale**, a complete revolution in our national industry; **lo scoppio di una r.**, the outbreak of a revolution ***2*** (*fig. fam.*: *scompiglio*) mess; shambles: **Che r.!**, what a mess!; **mettere tutto in r.**, to turn everything upside down ***3*** (*astron., geom.*) revolution: **la r. della terra intorno al sole**, the revolution of the earth round the sun; **solido di r.**, solid of revolution.

rivulsióne, *V.* **revulsione**.

rivulsivo, *V.* **revulsivo**.

rivuotàre, *v. t.* to empty again; to re-empty.

rizina, *f.* (*bot.*) rhizine.

rizòbio, *m.* (*bot.*) rhizobium*.

rizocàrpico, *a.* (*bot.*) rhizocarpous.

rizòide, *m.* (*bot.*) rhizoid.

rizòma, *m.* (*bot.*) rhizome; rootstock.

rizomatóso, *a.* (*bot.*) rhizomatous.

rizomòrfo, *a.* rhizomorphous.

Rizòpodi, *m. pl.* (*zool.*) rhizopods.

rizostòma, *m.* (*zool.*) rhizostome.

rizza, *f.* (*naut.*) lashing.

rizzàre (1), A *v. t.* ***1*** (*alzare, mettere ritto*) to set* up; to raise; to hoist; to cock: **r. un palo**, to set up a post; **r. una tenda**, to set up (*o* to pitch) a tent; **r. il capo**, to raise (*o* to lift up) one's head; **r. una bandiera**, to hoist a flag; **Il cane rizzò le orecchie**, the dog cocked its ears ***2*** (*erigere*) to erect; to raise; to build*: **r. una statua**, to raise (*o* to erect) a statue; **r. un muro**, to build a wall; **r. un'impalcatura**, to raise some scaffolding. ● (*fig.*) **r. la cresta**, to put on (*o* to give oneself) airs; to get cocky (*fam.*) □ (*fig.*) **r. le orecchie**, to prick up one's ears □ **r. il pelo**, to bristle □ (*fig.*) **da far r. i capelli**, hair-raising; terrifying. **B rizzàrsi**, *v. rifl.* e *i pron.* ***1*** (*alzarsi in piedi*) to stand* up, to rise* (to one's feet); (*levarsi a sedere*) to sit* up: **Tutti si rizzarono quand'egli entrò**, everybody stood up when he entered; **Mi rizzai a sedere sul letto**, I sat up in bed; **r. sulla punta dei piedi**, to stand on tiptoe; **Si rizzò in tutta la sua statura**, he rose to his full height ***2*** (*dei capelli*: *diventare ritti*) to stand* on end; (*di pelo*) to bristle: **Mi si rizzarono i capelli per l'orrore**, my hair stood on end with horror.

rizzàre (2), *v. t.* (*naut.*) to lash (down); to secure; to frap.

RNA, *m. invar.* (*biol.*) RNA: **RNA messaggero**, messenger RNA; **RNA di trasporto**, transfer RNA.

ro, *m.* o *f. invar.* (*diciassettesima lettera dell'alfabeto greco*) rho.

roàno, *a.* e *m.* roan.

roast beef (*ingl.*), *locuz. m. invar.* roast beef.

ròba, *f.* ***1*** (*cosa o cose in genere*) stuff, things (*pl.*); (*attrezzatura*) gear: **È sua questa r.?**, is this stuff his?; are these things his?; **Questa è tutta r. mia**, this is all mine; all this belongs to me; all these things belong to me; **Vorrei farti vedere della r.**, I'd like to show you something; **Di che r. è fatto?**, what is it made of?; **Radunarono in fretta la loro r. e scapparono**, they hastily gathered their things together and ran; **Hai preso la tua r. da pe-**

sca?, have you got your fishing gear?; **Mi piace la r. dolce**, I'm fond of sweet things; **r. da mangiare**, things to eat; food; foodstuff; **Ecco un po' di r. da leggere**, here's something to read; **È r. che non mi va**, I don't like this sort of thing; **Legge gialli, fantascienza e r. del genere**, he reads crime stories, science fiction and things like that ***2*** (*beni*) goods (*pl.*), property, possessions (*pl.*), fortune, wealth; (*effetti personali*) things (*pl.*), belongings (*pl.*): **r. di casa**, household goods; **r. di valore**, valuable goods; valuables (*pl.*); **Ha lasciato la sua r. ai poveri**, he left all his possessions (*o* all he had) to the poor ***3*** (*indumenti*) clothes (*pl.*); things (*pl.*); gear: **Ho messo via tutta la r. estiva**, I have put all the summer clothes (*o* things) away; **indossare r. nuova**, to put on new clothes; **Hai su r. pesante?**, are you wearing warm things?; **r. da sci**, skiing gear; **r. di lana**, woollens (*pl.*); **Che razza di r. hai addosso?**, what on earth have you got on? ***4*** (*merce, articolo*) goods (*pl.*): **Questa è tutta r. rubata**, these are all stolen goods; **r. di scarto**, discarded goods; rejects (*pl.*); **r. a buon mercato**, cheap goods; **r. usata**, second-hand stuff (*o* things) ***5*** (*affare, faccenda*) matter; business; affair; thing: **Non immischiarti in questa r.**, don't get mixed up in this affair ***6*** (*fam.*: *opera*) work: **È proprio r. sua**, it's all his own work ***7*** (*gergo*: *droga*) stuff; dope; junk. • **r. da buttare**, rubbish; junk □ **r. da lavare**, washing □ **r. da matti** (*o* **da chiodi**), sheer lunacy; sheer madness □ **r. da nulla** (*facile*), child's play; (a) doddle (*fam.*); (a) breeze (*fam.*) □ **R. grossa!**, hot stuff! □ **r. vecchia** (*risaputa*), old hat □ (*iron.*) **Bella r. da dire!**, fine things to say! □ **Che r. è questa?**, what's this? □ **È r. vecchia!**, it's old hat! □ **Non è r. (che fa) per me**, it's not my cup of tea □ **Non è r. adatta ai bambini**, it is not fit for children □ (*Bibbia*) **Non desiderare la r. d'altri**, thou shalt not covet thy neighbour's goods □ (*prov.*) **La r. va alla r.**, money draws money.

robàccia, *f.* rubbish; trash; junk (*fam.*): **Che è questa r.?**, what's this rubbish?; **Legge r.**, he reads trash; **un negozio pieno di r.**, a shop full of junk; **mangiare r.**, to eat junk food.

róbbia, *f.* (*bot., Rubia tinctorum*) madder.

Robèrto, *m.* Robert.

robétta, *f.* (*fam.*: *roba di poco valore*) worthless stuff, twopenny-halfpenny stuff; (*roba poco importante*) small beer (*GB*), picayune stuff (*USA*).

robìnia, *f.* (*bot., Robinia pseudo-acacia*) false acacia; locust-tree.

robiòla, *f.* robiola (mild creamy cheese made in Lombardy).

robivècchi, *m.* e *f. invar.* junk dealer; second-hand dealer.

roboànte, *V.* **reboante**.

robóne, *m.* (*stor.*) long robe.

robót, *m. invar.* (*anche fig.*) robot.

robòtica, *f.* robotics (*pl. col verbo al sing.*).

robòtico, *a.* ***1*** robot (*attr.*); robotic ***2*** (*fig.*) robot-like.

robotizzàre, **A** *v. t.* (*anche fig.*) to robotize. **B robotizzàrsi**, *v. i. pron.* to become robotized.

robotizzazióne, *f.* robotization.

robustézza, *f.* robustness; sturdiness; solidity; (*corpulenza*) stoutness; (*forza*) strength, vigour, vigor (*USA*): **r. di membra**, sturdiness of limb; **la r. di una porta**, the solidity of a door; **la r. di un atleta**, the vigour of an athlete.

robùsto, *a.* strong; robust; vigorous; well-built; sturdy; (*eufem.*: *corpulento*) stout: **un bambino r.**, a strong boy; **un uomo alto e r.**, a tall, well-built man; **braccia robuste**, strong (*o* vigorous) arms; **costituzione robusta**, strong constitution; **una quercia robusta**, a robust oak; **uno stile r.**, a vigorous (*o* a pithy) style; **robuste qualità intellettuali**, strong intellectual faculties; **un r. appetito**, a good appetite.

rocàggine, *f.* hoarseness.

rocambolésco, *a.* (*audace*) bold, daring; (*sbalorditivo*) extraordinary, adventurous: **fuga rocambolesca**, daring escape; **avventure rocambolesche**, extraordinary adventures.

ròcca (1), *f.* (*fortezza, anche fig.*) fortress; stronghold; citadel. • (*anat.*) **r. petrosa**, petrosal bone □ **cristallo di r.**, rock crystal.

rócca (2), *f.* ***1*** (*conocchia*) distaff ***2*** (*ind. tess.*) twisting bobbin.

roccafòrte, *f.* (*anche fig.*) stronghold; fortress.

roccatrice, *V.* **rocchettiera**.

roccatùra, *f.* (*ind. tess.*) winding; (*incannatura*) spooling.

rocchettàro, *V.* **rockettaro**.

rocchettièra, *f.* (*ind. tess.*) winder.

rocchétto (1), *m.* ***1*** (*per avvolgervi il filato*) reel, spool; (*bobina*) bobbin: **un r. di filo**, a reel of thread ***2*** (*elettr.*) coil: **r. d'induzione**, induction coil ***3*** (*cinem.*) spool: **r. avvolgitore**, take-up spool; **r. svolgitore**, delivery spool ***4*** (*fotogr.*) roll. • (*mecc.*) **r. a denti**, sprocket wheel □ (*mecc.*) **r. a denti conduttore**, driving sprocket □ (*autom.*) **r. d'accensione**, ignition coil.

rocchétto (2), *m.* (*eccles.*) rochet.

ròcchio, *m.* ***1*** (*archit.*) drum ***2*** (*estens.*: *pezzo*) (thick) piece; roll.

ròccia, *f.* ***1*** rock; (*masso*) boulder; (*picco*) crag; (*specialm. sul mare*) cliff: **costruire sulla r.**, to build on rock; **r. viva**, living rock; **Spuntò da dietro una r.**, he appeared from behind a rock (*o* a boulder); **una r. a picco**, a sheer rock face; a sheer cliff; **rocce scoscese**, steep cliffs; crags ***2*** (*geol.*) rock: **r. argillosa**, argillaceous rock; claystone; **r. silicea**, siliceous rock; ganister; **r. friabile**, brittle rock; **r. eruttiva**, igneous rock; **r. sedimentaria**, sedimentary rock ***3*** (*alpinismo*) rock-climbing: **fare r.**, to practice rock-climbing; **scarpe da r.**, climbing boots ***4*** (*fig.*: *persona o cosa robusta*) rock; (*persona moralmente forte*) tower of strength.

rocciatóre, *m.* (*f.* **-trice**) rock-climber.

roccióso, *a.* rocky: **una spiaggia rocciosa**, a rocky shore; **monti rocciosi**, rocky mountains.

ròcco, *m.* (*eccles.*) crosier; crozier.

ròccolo, *m.* nets to trap birds (*pl.*).

rochézza, *V.* **rocaggine**.

rockettàro, *m.* (*mus.*) rocker.

ròco, *V.* **rauco**.

rococò, *m.* e *a.* (*archit.*) rococo.

rodàggio, *m.* ***1*** (*autom., mecc.*) running in: **L'auto è in r.**, the car is being run in; **fare il r.**, to run in (a car) ***2*** (*fig.*) period of adjustment; settling-in period; breaking-in period: □ **Ha bisogno di qualche settimana di r.**, he need a few weeks to settle in. • (*fig.*) **in fase di r.**, in the trial stage □ **La squadra è ancora in r.**, the team is still being broken in.

Ròdano, *m.* (*geogr.*) (the) Rhone.

rodàre, *v. t.* ***1*** (*autom., mecc.*) to run* in ***2*** (*fig.*) to break* in.

rodàto, *a.* ***1*** (*autom., mecc.*) run in ***2*** (*fig.*) working smoothly; well-oiled; well-adjusted: **un'equipe di lavoro ormai rodata**, a well-oiled team.

rodènse, *a., m.* e *f.* Rhodian.

rodentìcida, *m.* (*chim., agric.*) rodenticide.

ròdeo (1), *m.* (*zool., Rhodeus amarus*) bitterling.

rodeo (2) (*spagn.*), *m.* rodeo.

ródere, **A** *v. t.* ***1*** to gnaw: **r. un osso**, to gnaw (at) a bone; **I tarli rodono il legno**, woodworms gnaw wood; **rodersi le unghie**, to gnaw (*o* to bite) one's nails ***2*** (*corrodere*) to corrode, to eat* into; (*erodere*) to erode: **L'acqua salata rode il nichel**, salt water corrodes nickel; **Gli acidi rodono la pietra**, acids eat into stone; **La corrente rode le sponde del fiume**, the current is eroding the river banks ***3*** (*fig.*: *tormentare*) to gnaw (at); to torture: **Un senso di colpa gli rodeva l'animo**, guilt was gnawing (at) his mind; **Lo rodeva la gelosia**, jealousy tortured (*o* gnawed) him; he was consumed with jealousy; **rodersi il fegato**, to eat one's heart out. • (*fig.*) **r. il freno**, to champ at the bit; to chafe under restraint □ (*fig.*) **un osso duro da r.**, a hard nut to crack □ (*scherz.*) **C'è qualcosa da r. in casa?**, is there anything to eat? **B ródersi**, *v. rifl.* (*fig.*: *consumarsi*) to be consumed; (*preoccuparsi*) to worry, to be worried; (*logorarsi*) to wear* oneself out: **r. d'invidia [di gelosia]**, to be consumed with jealousy [envy]; **r. di rabbia**, to fume with rage; **r. per niente**, to worry (*o* to wear oneself out) for nothing; **Si rode per quella ragazza**, he is wearing himself out for that girl.

Ròdi, *m.* (*geogr.*) Rhodes.

rodiàre, *v. t.* to rhodium-plate.

rodiatùra, *f.* rhodium-plating.

ròdico, *a.* (*chim.*) rhodic.

rodiése, *a., m.* e *f.* Rhodian.

rodilégno, *m. invar.* (*zool., Cossus cossus*) goat moth.

rodiménto, *m.* ***1*** (*il rodere*) gnawing ***2*** (*corrosione*) corrosion; (*erosione*) erosion ***3*** (*fig.*: *cruccio*) worry; anxiety.

ròdio (1), *a.* (*geogr.*) Rhodian.

ròdio (2), *m.* (*chim.*) rhodium.

rodio (3), *V.* **rodimento**.

rodiòta, *a., m.* e *f.* Rhodian.

rodite, *f.* (*min.*) rhodite.

roditóre, **A** *m.* (*zool.*) rodent. **B** *a.* rodent; gnawing (*anche fig.*).

Roditóri, *m. pl.* (*zool.*: *Rodentia*) Rodentia.

roditrice, *f.* (*mecc.*) nibbling machine; nibbler.

rodocrosite, *f.* (*miner.*) rhodochrosite.

rododèndro, *m.* (*bot., Rhododendron*) rhododendron.

Rodòlfo, *m.* Rudolph; Ralph.

rodomontàta, *f.* rodomontade; bragging; braggadocio.

rodomónte, *m.* braggart; braggadocio: **fare il r.**, to brag.

rodomontésco, *a.* bragging; boastful; vainglorious.

rodonite, *f.* (*miner.*) rhodonite.

rodopsìna, *f.* (*biol.*) rhodopsin.

Rodrigo, *m.* Roderick.

rogànte, *m.* e *f.* (*leg.*) drafter.

rogàre, *v. t.* (*leg.*) to draw* up: **r. un atto**, to draw up a deed.

rogatàrio, *m.* (*leg.*) drafter (and certifier).

rogatóre, *m.* (*leg.*) drafter.

rogatòria, *f.* (*leg.*) rogatory letter.

rogatòrio, *a.* (*leg.*) rogatory.

rogazióne, *f.* ***1*** (*stor.*) rogation ***2*** (*pl.*) (*eccles.*) rogations; Rogation Days.

róggia, *f.* (*sett.*) irrigation ditch.

rogitàre, *v. i.* (*leg.*) to draw* up a (notarial) deed.

rògito, *m.* (*leg.*) (notarial) deed: **fare un r.**, to draw up a deed.

rógna, *f.* ***1*** (*scabbia*) scabies, itch; (*di pecore, cani, ecc.*) scab, mange; (*di piante*) scab ***2*** (*fig. fam.*: *briga fastidiosa*) bother; trouble; headache; hassle (*fam.*); bitch (*fam.*): **Non voglio darti delle rogne**, I don't want to give you any hassle; **Sarà una bella r. smontare il motore**, dismantling the engine's going to be a real bitch; **Sei proprio una r.!**, you are a pain in the neck! (*fam.*); **cercare rogne**, to be asking (*o* looking) for trouble.

rognàre, *v. i.* (*pop.*) to grumble; to go* on about st.; to bitch (*fam.*); to whinge (*fam.*).

rognonàta, *f.* (*cucina*) kidneys en casserole.

rognóne, *m.* kidney.

rognóso, *a.* ***1*** scabby; scabbed; mangy: **una pecora rognosa**, a scabby sheep ***2*** (*fig. fam.*: *fastidioso*) troublesome, bothersome, irritating, bitchy (*fam.*); (*difficile, spinoso*) tricky, knotty; thorny.

rògo, rógo, *m.* **1** (*per funerale*) pyre **2** (*per supplizio*) stake: **condannare al r.**, to condemn (*o* to send) to the stake; **morire sul r.**, to suffer at the stake **3** (*estens.*: *incendio*) fire, blaze; (*falò*) bonfire: **Nel r. sono morte tre persone**, three people died in the fire (*o* blaze); **fare un r. di q.c.**, to make a bonfire of st.

Rolàndo, *m.* Roland.

rollàre (1), *v. t.* **1** (*naut.*: *arrotolare*) to roll up **2** (*pop.*: *arrotolare sigarette*) to roll.

rollàre (2), *v. i.* (*aeron., naut.*) to roll.

rollàta, *f.* (*aeron., naut.*) rolling; roll.

rollè, *m.* (*cucina*) rolled veal.

rollino, *V.* **rullino**.

rollìo, *m.* (*aeron., naut.*) rolling; roll.

rollòmetro, *m.* (*naut.*) oscillometer.

rom, *a., m.* e *f. invar.* Gypsy; Romany.

Róma, *f.* (*geogr.*) Rome: **i sette re di R.**, the seven kings of Rome. ● (*fam.*) **capire R. per toma**, to understand one word for another; to misunderstand; to get it wrong □ (*prov.*) **R. non fu fatta in un giorno**, Rome was not built in a day □ (*prov.*) **Tutte le strade portano a R.**, all roads lead to Rome.

romagnòlo, **A** *a.* of Romagna; from Romagna. **B** *m.* (*f.* **-a**) native of Romagna; inhabitant of Romagna.

romàico, *a.* e *m.* Romaic.

romanaménte, *avv.* in the Roman way; like a Roman; Romanly.

romàncio, *a.* e *m.* Romans(c)h.

romàndo, **A** *a.* of French-speaking Switzerland: **Svizzera romanda**, French-speaking Switzerland. **B** *m.* Swiss French.

romanésco, **A** *a.* of Rome; Roman: **il dialetto r.**, the Roman dialect. **B** *m.* (*dialetto di Roma*) Roman dialect.

Romanìa, *f.* (*geogr.*) Rumania.

romànico, *a.* e *m.* (*archit.*) Romanesque: **stile r.**, Romanesque style.

romanìșmo, *m.* **1** (*ling.*) idiom of the Roman dialect **2** (*eccles.*) loyalty to the Roman Church; acceptance of the authority of Rome.

romanista, *m.* e *f.* **1** (*leg.*) Romanist **2** (*filol.*) specialist in Romance philology **3** (*sport*) supporter of Roma football club.

romanìstica, *f.* **1** (*leg.*) study of Roman law **2** (*filol.*) Romance philology.

romanìstico, *a.* **1** (*leg.*) of (*o* concerning) Roman law **2** (*filol.*) concerning Romance philology.

romanità, *f.* **1** Roman spirit; Roman traditions (*pl.*) **2** (*mondo romano*) Roman world.

romanizzàre, **A** *v. t.* to Romanize. **B romanizzàrsi,** *v. i. pron.* to become* Romanized; to adopt Roman ways.

romanizzazióne, *f.* Romanization.

romàno (1), **A** *a.* Roman; of Rome: **l'Impero r.**, the Roman Empire; **gli imperatori romani**, the Roman Emperors; **il calendario r.**, the Roman calendar; **il diritto r.**, Roman law; **antichità romane**, Roman antiquities; **la chiesa romana**, the Church of Rome; the Roman Church; **numeri romani**, Roman numerals; (*pitt.*) **la scuola romana**, the Roman school; **alla romana**, in the Roman way; after the Roman fashion. **B** *m.* (*f.* **-a**) Roman (*f.* Roman woman*): **i Romani**, the Romans; (*scherz.*) **un r. di Roma**, a true-born Roman. ● (*tipogr.*) **carattere r.**, roman (type) □ **fare alla romana**, to go Dutch □ **saluto r.**, Fascist salute.

romàno (2), *m.* (*contrappeso della stadera*) sliding weight (of a steelyard).

romano-barbàrico, *a.* (*stor.*) Germano-Roman.

romanticherìa, *f.* romantic nonsense; sentimentality; mawkishness; soppiness (*fam.*): **Sono tutte romanticherie**, it's all romantic nonsense.

romanticìșmo, *m.* **1** (*arte, letter.*) Romanticism: **il r. inglese**, English Romanticism **2** (*sentimentalismo*) romanticism; sentimentality; romantic attitude(s): **fare del r. su q.c.**, to be romantic about st.

romàntico, **A** *a.* **1** (*arte, letter.*) Romantic: **un poeta r.**, a Romantic poet; **la scuola romantica**, the Romantic School; **ideali romantici**, Romantic ideals **2** (*sentimentale*) romantic; sentimental: **una ragazza romantica**, a romantic girl; **un'avventura romantica**, a romantic adventure; a romance; **canzoni romantiche**, sentimental songs **3** (*di luogo e sim.*) romantic: **un vecchio castello r.**, a romantic old castle; **una passeggiata romantica**, a romantic walk. **B** *m.* (*f.* **-a**) **1** (*arte, letter.*) Romantic; Romanticist **2** (*persona sentimentale*) romantic; sentimentalist: **fare il r.**, to be romantic.

romanticùme, *m.* (*spreg.*) romantic nonsense; slush.

romànza, *f.* **1** (*poesia*) romance **2** (*mus.*) romance; (*in un'opera*) aria.

romanzàre, *v. t.* **1** (*dare una coloritura romanzesca*) to romanticize; to romance **2** (*letter.*) to fictionalize; to novelize: **r. la storia**, to fictionalize history.

romanzàto, *a.* **1** (*che ha una coloritura romanzesca*) romanticized **2** (*letter.*) novelized; fictionalized: **biografia romanzata**, novelized biography.

romanzésco, **A** *a.* **1** (*rif. ai romanzi medioevali*) romance (*attr.*): **poema r.**, romance **2** (*di romanzo*) fiction (*attr.*); fictional: **letteratura romanzesca**, fiction; **personaggio r.**, fictional character **3** (*avventuroso*) romantic, adventurous; (*fantastico*) fantastic, fabulous: **avventure romanzesche**, romantic adventures; **una storia romanzesca**, a romantic story; a romance; **una vita romanzesca**, an adventurous life; **impresa romanzesca**, fantastic feat. **B** *m.* romance: **una storia che ha del r.**, a fantastic (*o* romantic) story; a story full of romance; (*improbabile*) a far-fetched story.

romanzétto, *m.* **1** (*letter.*) light novel; novelette **2** (*fig.*: *fatto ricamato o inventato*) fictional account; cheap romance **3** (*fig.*: *relazione sentimentale*) love-affair; romance.

romanzière, *m.* (*f.* **-a**) novelist.

romanzièro, romanzèro, *m.* (*letter.*) collection of romances.

romànzo (1), *a.* (*ling.*) Romance (*attr.*); Romanic: **lingue romanze**, Romance languages; **filologia romanza**, Romance philology.

romànzo (2), *m.* **1** (*opera narrativa moderna*) novel: **un r. storico**, a historical novel; **r. a tesi**, novel with a message; **r. psicologico**, psychological novel **2** (*genere letterario*) fiction; novel: **il r. italiano del dopoguerra**, Italian post-war fiction **3** (*componimento medioevale*) romance: **r. cavalleresco**, courtly romance; **i romanzi della Tavola Rotonda**, the Round Table romances **4** (*fig.*: *stor. inverosimile*) romance; fiction: **La sua vita è un r.**, his life is quite a romance; **Roba da r.!**, that is pure fiction! **5** (*fig.*: *relazione sentimentale*) love-affair; romance: **r. d'amore**, romance. ● **r. a fumetti**, comic-strip story □ **r. a puntate**, serial □ **r. d'appendice**, serialized novel; serial story □ **r. epistolare**, epistolary novel □ **r. fiume**, saga; «roman-fleuve» (*franc.*) □ **r. giallo**, detective story; murder story; thriller; whodun(n)it (*fam.*) □ **r. nero**, Gothic novel □ **r. rosa**, romantic novel; romance □ (*TV*) **r. sceneggiato**, novel adapted for TV; serialized novel.

rombànte, *a.* rumbling; roaring; thundering.

rombàre, *v. i.* to rumble; to roar; to thunder: **Il vento romba**, the wind is roaring; **L'aereo passò rombando**, the plane roared past; **Il tuono rombò lontano**, thunder rumbled in the distance.

rombencèfalo, *m.* (*anat.*) rhombencephalon*.

ròmbico, *a.* **1** (*geom.*) rhombic **2** (*miner.*) (ortho)rhombic.

rómbo (1), *m.* **1** (*rumore grave e forte*) rumble; roar; roll; thunder: **il r. del tuono**, the rumble of thunder; **il r. dei cannoni**, the rumble of cannons **2** (*etnol.*) bullroarer.

rómbo (2), *m.* **1** (*geom.*) rhomb, rhombus*; (*losanga*) lozenge, diamond: **un motivo a rombi**, a lozenge pattern **2** (*naut.*: *della bussola*) point; (*in cartografia*) rhumb; (*stor.*: *rotta*) rhumb line.

rómbo (3), *m.* (*zool.*) – **r. chiodato** (*Psetta maxima*), turbot*; **r. liscio** (*Scophthalmus rhombus*) brill*.

rombododecaèdro, *m.* (*geom.*) rhombododecahedron*.

romboèdrico, *a.* (*geom.*) rhombohedral.

romboèdro, *m.* (*geom.*) rhombohedron*.

romboidàle, *a.* (*geom.*) rhomboid(al).

rombòide, *m.* (*geom., anat.*) rhomboid.

romèno, *V.* **rumeno**.

romèo, **A** *m.* (*f.* **-a**) pilgrim (going to Rome). **B** *a.* – **strada romea**, pilgrim route (to Rome).

ròmice, *f.* (*bot., Rumex*) dock.

romitàggio, (*lett.*) *V.* **eremitaggio**.

romito, (*lett.*) **A** *m.* (*anche fig.*) hermit. **B** *a.* secluded; solitary.

romitòrio, *m.* hermitage.

Ròmolo, *m.* (*stor.*) Romulus.

rómpere, **A** *v. t.* **1** to break*; (*spezzare in due*) to snap; (*strappare*) to tear*: **r. un bicchiere**, to break a glass; **r. un bastone**, to break a stick; **La neve ha rotto un ramo**, the snow has broken a branch; **r. un ramoscello**, to break off (*o* to snap) a twig; **r. un giocattolo**, to break a toy; (*anche fig.*) **r. il ghiaccio**, to break the ice; **Il fiume ruppe gli argini**, the river broke its banks; **r. la terra con l'aratro**, to break up the earth with the plough; **rompersi un braccio [una costola]**, to break an arm [a rib]; **rompersi i pantaloni**, to tear one's trousers; **r. q.c. in due [in tre, ecc.]**, to break st. in two [in three, etc.] **2** (*interrompere, metter fine*) to break* (off): **r. la monotonia**, to break the monotony; **r. un'amicizia con q.**, to break (off) a friendship with sb.; **r. un fidanzamento**, to break (off) an engagement; **r. i rapporti con q.**, to break off (*o* to sever) all relations with sb.; **r. la pace [la tregua]**, to break the peace [the truce]; **r. le trattative**, to break off negotiations; **r. un contratto**, to break a contract; **r. l'incantesimo** (*o* **l'incanto**), to break the spell; **r. il silenzio**, to break the silence; **r. il digiuno**, to break one's fast **3** (*violare*) to break*; to violate: **r. un trattato [una promessa]**, to break a treaty [a promise] **4** (*pop.*: *infastidire*) to be a nuisance; to get* in sb.'s hair (*fam.*); to be pesky (*fam. USA*); to be a pain in the neck (*pop.*); to be a pain in the arse (*USA*: ass) (*volg.*); to aggravate (*pop. GB*): **Come rompi!**, what a pain in the neck you are!; **Piantala di r.!**, get out of my hair!; stop being a pain in the neck!. ● (*sport*) **r. l'andatura**, to break step □ (*pop.*) **r. l'anima** (*o* **le scatole, le tasche**) **a q.**, to bother sb.; to pester sb.; to get* into sb.'s hair (*fam.*), to be a pain in the neck (*fam.*), to aggravate sb. (*pop.*) □ **r. l'atomo**, to split the atom □ (*naut.*) **r. il blocco**, to run the blockade □ **r. la calca**, to force one's way through the crowd □ (*mil.*) **r. la consegna**, to disobey orders □ **r. gli indugi**, to hesitate no longer □ **r. le linee nemiche**, to break through the enemy lines □ (*pop.*) **r. il muso** (*o* **la faccia**) **a q.**, to smash (*o* to bash) sb.'s face in □ **r. le ossa a q.**, to beat sb. up □ **rompersi l'osso del collo**, to break one's neck □ (*volg.*) **r. le palle a q.**, to be a pain in the arse (*USA*: ass) (*volg.*): **Mi hai rotto le palle!**, you're a pain in the ass! □ (*mil.*) **r. il passo**, to break step □ **r. le reni a q.**, to break sb.'s back □ (*mil.*) **r. le righe**, to break ranks; to fall out: **Rompete le righe!**, dismiss! □ (*fig.*) **rompersi la schiena**, to slave away; to overwork oneself □ **r. la testa a q.**, to bash sb.'s head in; to crack sb.'s skull; (*fig.*) to drive sb. crazy □ (*fig.*) **rompersi la testa su un problema**, to rack one's brains over a problem □ **r. i timpani a q.**, to burst sb.'s eardrums; (*fig.*) to deafen □ (*fig.*) **r. le uova nel paniere a q.**, to upset sb.'s apple-cart; to put a spoke in sb.'s wheel □ (*prov.*) **Chi rompe paga e i cocci sono suoi**, you've made your bed, now you must lie on it. **B** *v. i.* ***1*** (*straripare*) to break*: **Il fiume ruppe in tre punti**, the river broke (its banks) in three places ***2*** (*troncare i rapporti*) to sever relations; (*di una coppia*) to break* up, to split* up: **Ha rotto con i suoi**, he severed relations with his family; **Paolo ha rotto con Sara**, Paolo broke up (*o* split up) with Sara; Paolo and Sara broke up ***3*** (*mettere fine a*) to break*: **r. con le vecchie abitudini** [**col passato**], to break with old habits [with the past]; **Rompendo con la tradizione, decise di...**, in a break with tradition, he decided to... ***4*** (*prorompere*) to burst*: **r. in pianto** [**in singhiozzi**], to burst into tears [into sobs]. **C rómpersi**, *v. i. pron.* ***1*** to break*: **Il piatto cadde e si ruppe**, the plate fell and broke; **È roba che si rompe facilmente**, this breaks easily (*o* is easily broken); this is fragile stuff; **Le onde si rompevano contro il molo**, the waves broke against the pier; **r. in mille pezzi**, to be smashed; to be pulverized ***2*** (*di vena, vescica*) to rupture; to burst* ***3*** (*pop.*: *seccarsi*) to be fed up (with st.); to be sick and tired (of st.) (*fam.*); to have had a bellyful (of st.) (*pop.*).

rómpi, rompiballe, *V.* **rompipalle**.

rompicàpo, *m. invar.* ***1*** (*indovinello*) riddle; puzzle; conundrum ***2*** (*fastidio*) worry; trouble; problem; headache; hassle (*fam.*).

rompicàzzo, rompicogliòni, *m.* e *f. invar.* (*volg.*) pain in the arse (*USA*: ass) (*volg.*).

rompicòllo, *m. invar.* daredevil; madcap; scapegrace. ● **a r.**, at breakneck speed; headlong.

rompighiàccio, *m. invar.* ***1*** icebreaker; ice pick ***2*** (*naut.*) icebreaker.

rompiménto, *m.* ***1*** breaking ***2*** *V.* **rottura**, *def.* 4

rompipàlle, *m.* e *f. invar.* (*pop.*) nuisance; bore; pest; pain in the neck (*pop.*); pain in the arse (*USA*: ass) (*volg.*).

rompiscàtole, rompitàsche, *m.* e *f. invar.* (*pop.*) nuisance; bore; pest; pain in the neck (*pop.*).

rónca, *V.* **roncola**.

roncatùra, *f.* (*agric.*) pruning.

roncinàto, *a.* (*bot.*) runcinate.

rónco (**1**), *m.* (*med.*) rhonchus*; rale.

rónco (**2**), *m.* (*zool., Echinorhinus spinosus*) bramble shark.

róncola, *f.* (*agric.*) billhook.

roncolàre, *v. t.* (*agric.*) to prune.

róncolo, *m.* (*agric.*) pruning knife.

rónda, *f.* (*mil.*: *giro di guardia*) patrol, rounds (*pl.*), watch; (*polizia*) beat: **essere di r.**, to be on patrol; (*polizia*) to be on one's beat; **fare la r.**, to patrol; to go the rounds; (*polizia*) to patrol; **Passa la r.**, the patrol is going the rounds; **la r. di notte**, (*stor.*) the night watch. ● **cammino di r.**, rounds (*pl.*) □ (*fig.*) **fare la r. a una ragazza**, to hang round a girl.

rondèlla, *f.* (*mecc.*) washer.

rondèllo, *m.* ***1*** (*letter.*) rondeau; rondel ***2*** (*mus.*) rondo.

róndine, *f.* (*zool., Hirundo rustica*) swallow: **r. di mare** (*Sterna hirundo*), sea swallow; (common) tern. ● **coda di r.**, swallowtail; (*mecc.*) dovetail □ **a coda di r.**, swallowtailed □ **giacca a coda di r.**, tail coat; tails (*pl.*) □ (*prov.*) **Una r. non fa primavera**, one swallow does not make a summer.

rondinino, rondinòtto, *m.* young swallow.

rondò, *m.* ***1*** (*mus.*) rondo ***2*** (*letter.*) rondeau.

rondóne, *m.* (*zool., Apus apus*) swift.

ronfàre, *v. i.* ***1*** to snore (loudly) ***2*** (*di gatto*: *fare le fusa*) to purr.

Röntgen (*ted.*), *m. invar.* (*fis.*) roentgen.

röntgenografìa, *f.* (*fis.*) roentgenography.

röntgenterapìa, *f.* (*med.*) roentgenotherapy.

ronẓaménto, *V.* **ronzio**.

ronẓàre, *v. i.* to hum; to buzz; to drone; (*di pallottole*) to whine; (*di ali*) to whirr: **Le api ronzavano nel giardino**, the bees were humming (*o* buzzing) in the garden; **Nella stanza ronzava un ventilatore**, a fan whirred in the room; **Volò ronzando una freccia**, an arrow hummed through the air; **Il motore ronzava piano**, the engine was droning softly; **Mi ronzavano in testa le sue parole**, his words kept ringing (*o* humming) in my ears; (*fig.*) **Un'idea mi ronza in testa**, an idea keeps buzzing around in (*o* running through) my head; **Mi ronzano gli orecchi**, my ears are buzzing. ● (*fig.*) **r. intorno a una ragazza**, to hang round a girl.

Ronzinànte, *m.* ***1*** (*letter.*) Rosinante ***2*** (*fig.*) jade; nag; crock.

ronzino, *m.* jade; nag; crock.

ronẓìo, *m.* humming; buzz; buzzing; whirr; drone; (*di pallottole*) whine: **il r. delle api**, the humming (*o* buzzing) of bees; **un r. di lievi ali**, a whirr of delicate wings; **il r. del motore**, the hum (*o* drone) of the engine.

ropàlico, *a.* (*poesia*) rhopalic.

ròrido, *a.* (*poet.*) dewy.

Ròṣa, *f.* Rose; Rosa.

ròṣa, **A** *a.* ***1*** pink; (*roseo, rosato*) rosy; rose-coloured: **un vestito r.**, a pink dress; **cielo r.**, rose-coloured sky ***2*** (*fig.*: *romantico, amoroso*) romatic; love (*attr.*): **letteratura r.**, love stories (*pl.*); romantic fiction; **romanzo r.**, romantic novel; romance; **cronaca r.**, society news; gossip column. ● **vedere tutto r.**, to see things through rose-coloured (*o* rose-tinted) glasses. **B** *m.* pink; rose: **Il r. non ti si addice**, pink does not suit you; **vestire di r.**, to dress in pink; to wear pink; **r. antico**, old rose. **C** *f.* ***1*** (*bot., Rosa*) rose: **Maggio è il mese delle rose**, May is the month of roses; (*anche fig.*) **bocciolo** (*o* **bottone**) **di r.**, rosebud; **un mazzo di rose**, a bunch of roses; **pianta di rose**, rosebush; **r. antica**, old rose; **r. canina** (*o* **di macchia**) (*Rosa canina*), dogrose; wild rose; **r. centifoglia** (*Rosa centifolia*), cabbage rose; **r. damascena**, damask rose; **r. muschiata**, musk rose; **r. rampicante**, rambler; **r. selvatica**, wild rose; **r. tea**, tea rose ***2*** (*bot.*) – **r. del Giappone**, camellia; **r. delle Alpi**, alpine rhododendron; **r. di Gerico**, rose of Jericho; **r. di Natale**, Christamas rose ***3*** (*fig.*: *scelta di persone*) short-list: **una r. di candidati** [**di nomi**], a short-list; **entrare nella r.**, to be short-listed. ● (*naut.*) **r. della bussola**, compass rose □ (*naut.*) **r. dei venti**, wind rose; compass-card; compass rose □ **r. di pallini**, burst pattern □ (*mil.*) **r. di tiro**, dispersion (pattern) □ **acqua di rose**, rose-water □ (*fig.*) **all'acqua di rose**, shallow; mild; tepid; watered-down; milk-and-water: **un rivoluzionario all'acqua di rose**, a milk-and-water revolutionary; **una punizione all'acqua di rose**, a mild punishment □ (*fig.*) **essere su un letto di rose**, to be on a bed of roses □ (*mil.*) **fare la r. a un bersaglio**, to pepper a target with shot □ **fresco come una r.**, as fresh as a daisy □ (*stor. ingl.*) **la guerra delle due Rose**, the Wars of the Roses (*pl.*) □ **legno di r.**, rosewood □ **La vita non è un letto di rose**, life is not a bed of roses □ **Pasqua di rose**, Whitsunday □ **Non è stato tutto rose e fiori**, it hasn't been plain sailing (*o* smooth going, a bed of roses) □ (*prov.*) **Non c'è r. senza spine**, no rose without a thorn □ (*prov.*) **Se son rose fioriranno**, the proof of the pudding is in the eating.

roṣàcea, *f.* ***1*** (*med.*) (acne) rosacea ***2*** (*bot.*) rosaceous plant.

Rosacee, *f. pl.* (*bot., Rosaceae*) Rosaceae.

roṣàceo, *a.* ***1*** pinkish; rosy ***2*** (*bot.*) rosaceous ***3*** (*med.*) – **acne rosacea**, (acne) rosacea.

roṣàio, *m.* (*bot.*) ***1*** (*cespuglio*) rosebush ***2*** (*aiola*) rose bed; (*roseto*) rosary, rose garden.

Roṣalìa, *f.* Rosalie, Rosalia.

Roṣalìnda, *f.* Rosalind.

Roṣamarìa, *f.* Rosemary.

Roṣamùnda, *f.* Rosamond.

roṣanilìna, *f.* (*chim.*) rosaniline.

roṣàrio, *m.* ***1*** (*eccles.*) rosary; beads (*pl.*): **recitare il r.**, to say one's rosary; to tell one's beads; **un r. d'avorio**, an ivory rosary ***2*** (*fig.*) series; train; sequence; succession: **un r. di insulti**, a string of abuse; **un r. di disgrazie**, a train of accidents.

roṣàta, *f.* (*mil.*) burst pattern.

roṣatèllo, *m.* (*vino*) rosé (*franc.*).

roṣàto, *a.* ***1*** (*roseo*) rosy; roseate; rose-coloured; pink: **cielo r.**, rosy (*o* rose-coloured) sky; **labbra rosate**, pink lips; **vino r.**, rosé (*franc.*) ***2*** (*che contiene essenza di rose*) rose (*attr.*): **acqua rosata**, rose-water; **miele r.**, rose-hip honey.

ròṣbif, *m. invar.* (*cucina*) roast beef.

roṣé (*franc.*), *a.* e *m. invar.* (*vino*) rosé.

ròṣeo, *a.* ***1*** (*di color rosa*) rosy; rose-coloured; roseate; rose-red; (rose) pink: **gote rosee**, rosy cheeks ***2*** (*fig.*) rosy; roseate; bright; sweet: **avvenire r.**, rosy future; **prospettive rosee**, rosy prospects; **sogni rosei**, sweet dreams; **vedere tutto r.**, to see things through rose-coloured (*o* rose-tinted) glasses.

roṣèola, *f.* (*med.*) roseola.

roṣéto, *m.* (*bot.*) rose bed; rose garden; rosary.

roṣétta, *f.* ***1*** (*diamante*) rose (diamond): **taglio a r.**, rose (cut) ***2*** (*coccarda*) rosette ***3*** (*mecc.*) washer.

rosicànte, *m.* (*zool.*) rodent.

rosicàre, *v. t.* to gnaw (at); to nibble (at). ● (*prov.*) **Chi non risica, non rosica**, nothing ventured nothing gained.

rosicatùra, *f.* gnawing; nibbling.

rosicchiaménto, *m.* gnawing; nibbling.

rosicchiàre, *v. t.* to gnaw (at); to nibble (at): **r. un osso**, to gnaw (at) a bone; **r. un biscotto**, to nibble (at) a biscuit; **I tarli hanno rosicchiato la sedia**, woodworms have been gnawing at the chair; **rosicchiarsi le unghie**, to bite one's nails.

roṣicoltóre, *m.* (*f.* **-trice**) rose grower.

roṣicoltùra, *f.* rose-growing.

roṣmarino, *m.* (*bot., Rosmarinus officinalis*) rosemary.

Roṣmùnda, *f.* Rosamond.

róso, *a.* gnawed; eaten; worn away; corroded: **r. dalle tarme**, moth-eaten; **r. dalla ruggine**, rust-eaten; **r. dal tempo**, time-worn.

roṣolàccio, *m.* (*bot., Papaver rhoeas*) corn poppy.

roṣolàre, *v. t.* **roṣolàrsi**, *v. i. pron.* (*cucina*) to brown. ● (*fig.*) **rosolarsi al sole**, to bask in the sun.

roṣolàta, *f.* (*cucina*) quick browning.

roṣolatùra, *f.* (*cucina*) browning.

roṣolìa, *f.* (*med.*) German measles (*pl. col verbo al sing. o al pl.*); rubella.

roṣòlida, *f.* (*bot., Drosera rotundifolia*) common sundew.

roṣolièra, *f.* liqueur set.

roṣòlio, *m.* rosolio.

roṣóne, *m.* (*archit.*) ***1*** (*finestra rotonda*) rose window; wheel window; rosette ***2*** (*motivo ornamentale*) rosette. ● **r. da soffitto**, ceiling rose.

ròspo, *m.* ***1*** (*zool., Bufo vulgaris*) toad ***2*** (*fig.*: *persona scontrosa*) unsociable person, bear; (*persona che suscita repulsione*) hideous person; creep (*fam.*). ● (*fig.*) **ingoiare un r.**, to swallow a bitter pill; to lump it (*fam.*) □ (*fig.*) **sputare il r.**, to spit it out; to get st. off one's chest.

Rossàna, *f.* Roxana.

rossàstro, *a.* reddish.

rosseggiànte, *a.* ruddy; reddening; glowing: **foglie rosseggianti**, ruddy leaves; **un cielo r.**, a reddening sky; **fuoco r.**, glowing fire; **papaveri rosseggianti**, bright red poppies.

rosseggiàre, *v. i.* (*tendere al rosso*) to turn red, to redden; (*apparire rosso*) to be reddish, to glow, to shine* red; (*di fuoco e sim.*) to glow, to flame, to blaze: **Il cielo rosseggiava a occidente**, the sky glowed red in the west; **Il fuoco rosseggiava nel camino**, the fire blazed in the fireplace; **Nel fogliame rosseggiavano le ciliegie**, bright red cherries shone among the leaves.

rossèllo, *m.* (*chiazza rossa*) red spot.

rossétta, *f.* (*zool., Pteropus edulis*) flying fox; fruit-bat.

rossétto, *m.* ***1*** (*per le labbra*) lipstick: **darsi il r.**, to put on lipstick; **usare il r.**, to wear lipstick ***2*** (*per le guance*) rouge.

rossìccio, **A** *a.* reddish; rusty; ginger: **capelli rossicci**, reddish (*o* ginger) hair. **B** *m.* reddish colour; ginger.

rossiniàno, **A** *a.* of G. Rossini. **B** *m.* (*f.* **-a**) follower (*o* imitator) of G. Rossini.

rósso, **A** *a.* ***1*** red: **Il cinabro è r.**, vermilion is red; **capelli rossi**, red hair: **diventare** (*o* **farsi**) **r.**, (*per emozione, rabbia*) to go red (in the face), to flush; (*per imbarazzo*) to turn red, to blush; **r. di rabbia**, red with fury; **r. dallo sforzo**, flushed with the effort; **avere il viso r.**, to be red in the face; **occhi rossi di pianto**, eyes red with weeping; **bandiera rossa**, red flag; **vino r.**, red wine ***2*** (*polit., fam.*) red. ● **r. come un gambero** (*o* **un peperone**), as red as a beetroot (*o* as a lobster) □ **a luci rosse**, red-light (*attr.*); porno (*attr.*): **quartiere a luci rosse**, red-light district; **cinema a luci rosse**, porno cinema □ **l'Armata Rossa**, the Red Army □ (*stor.*) **le camicie rosse**, the Red Shirts □ **la Croce Rossa**, the Red Cross □ **pesce r.**, goldfish. **B** *m.* ***1*** red: **vestito di r.**, dressed in red; **dipingere q.c. di r.**, to paint st. red; **r. acceso**, fiery red; **r. scuro**, dark red; **r. cupo**, dull red ***2*** (*f.* **-a**) (*persona dai capelli rossi*) red-haired person, redhead; (*scherz.*) carrot-top: **Gli piacciono le rosse**, he likes redheads ***3*** (*f.* **-a**) (*polit., fam.*) left-winger; (*comunista*) Red, Commie ***4*** (*parte rossa di q.c.*) red part; (*di uovo*) yolk ***5*** (*vino*) red (wine) ***6*** (*di semaforo*) red light: **attraversare col r.**, to cross when the lights are red; **passare col r.**, to drive through a red light ***7*** (*comm.*) red: **essere in r.**, to be in the red; to be overdrawn; **essere in r. per due miliardi**, to be two billion in the red; **non andare in r.**, to stay out of the red; **conto in r.**, overdrawn account. ● **r. cardinale**, cardinal red □ **r. ciliegia**, cherry red; cerise □ **r. corallo**, coral red □ (*pitt.*) **r. di Venezia**, Venetian red □ **r. fegato**, maroon □ **r. mattone**, brick red □ (*chim., pitt.*) **r. inglese**, English red □ **r. per labbra**, lipstick □ **r. Tiziano**, Titian; auburn: **capelli r. Tiziano**, Titian (*o* auburn) hair □ (*fig.*) **vedere** (**tutto**) **r.**, to see red □ (*prov.*) **R. di sera, buon tempo si spera**, red sky at night, shepherd's delight.

róssola, *f.* (*bot., Russola*) russula.

rossóre, *m.* ***1*** (*l'essere rosso*) redness: **il r. della pelle**, the redness of the skin ***2*** (*colore rosso*) red ***3*** (*di chi prova vergogna*) blush: **tingersi di r.**, to blush; to become red (in the face); **Gli salì il r. alla fronte per la vergogna**, he blushed with shame ***4*** (*fig.*: *vergogna*) shame: **non sentire r.**, to feel no shame; to be shameless; **senza r.**, shameless (*agg.*); shamelessly (*avv.*).

ròsta, *f.* (*archit.*) fan window.

rosticcerìa, *f.* rôtisserie (*franc.*); delicatessen; deli (*fam.*).

rosticcière, *m.* (*f.* **-a**) owner of a rôtisserie (*o* delicatessen).

rostìccio, *m.* (*metall.*) dross.

rostràle, *a.* ***1*** (*zool.*) rostral; rostrate ***2*** (*archeol.*) rostral: **corona r.**, rostral crown.

rostràto, *a.* ***1*** (*zool.*) rostrate(d); beaked ***2*** (*archeol.*) rostral: **corona** [**colonna**] **rostrata**, rostral crown [column].

ròstro, *m.* ***1*** (*zool.*) rostrum*; (*becco*) beak ***2*** (*di ponte*) cutwater ***3*** (*naut.*) beak; ram; rostrum* ***4*** (*pl.*) (*archeol.*) rostrum* (*sing.*).

ròta, *f.* – (*eccles.*) **la Sacra R.**, the (Sacred) Rota.

rotàbile, **A** *a.* carriage (*attr.*); practicable for wheeled vehicles: **strada r.**, carriage road. ● (*ferr.*) **materiale r.**, rolling stock. **B** *f.* (carriage) road.

rotacìsmo, *m.* (*ling.*) rhotacism.

rotacizzàre, *v. t.* **rotacizzàrsi,** *v. i. pron.* (*ling.*) to rhotacize.

rotàia, *f.* ***1*** (*solco di ruote*) rut; wheeltrack ***2*** (*mecc., ferr.*) rail; track: **r. a cremagliera**, rack rail; **r. centrale** (*o* **terza r.**), contact (*o* third) rail; **r. corta**, make-up rail; **r. di rampa**, ramp rail; **r. di scorrimento**, sliding rail; **r. per gru**, crane rail (*o* track); **le rotaie del treno**, the railway line (*sing.*); the railway track (*sing.*); **r. tramviaria**, tram rail; **r. esterna** [**interna**], outer [inner] rail; **sezione della r.**, rail cross-section; **traffico su r.**, railway traffic; **trasporto su r.**, rail transport; (*anche fig.*) **uscire dalle rotaie**, to go off the rails.

rotàle, *a.* (*eccles.*) rotal; of (*o* relating to) the (Sacred) Rota.

rotàmetro, *m.* (*fis.*) Rotameter (*marchio*).

rotànte, *a.* rotating; rotary; revolving.

rotàre, *V.* **ruotare**.

rotariàno, **A** *a.* Rotarian; of the Rotary Club. **B** *m.* Rotarian; member of the Rotary Club.

rotatìva, *f.* (*tipogr.*) rotary press.

rotativìsta, *m.* e *f.* (*tipogr.*) rotary-press worker.

rotatìvo, *a.* rotative; rotating; rotary: (*tipogr.*) **macchina rotativa**, rotary press. ● (*comm.*) **credito r.**, revolving credit □ (*agric.*) **sistema r.**, rotation.

rotàto, *a.* (*bot.*) rotate; wheel-shaped.

rotatòrio, *a.* rotatory; rotating; rotative; rotary: **moto r.**, rotatory motion; **movimento r.**, rotatory movement; **in senso r.**, in a circle. ● (*anat.*) **muscolo r.**, rotator □ **turni di lavoro rotatori**, job rotation (*sing.*).

rotazionàle, *a.* rotational.

rotazióne, *f.* ***1*** (*moto rotatorio*) rotation; turn; spin: **r. in senso orario** [**antiorario**], clockwise [anticlockwise] rotation; **r. invertita**, reverse rotation; **una r. completa**, a complete rotation (*o* turn); **una r. del polso**, a rotation of the wrist; **imprimere una r. a q.c.**, to impart st. a spinning motion ***2*** (*geom., astron.*) rotation: **la r. della Terra**, the rotation of the Earth; **asse di r.**, axis of rotation; **solido di r.**, rotation solid ***3*** (*fig.*: *avvicendamento, anche amm.*) rotation; turnover: **r. del personale**, turnover; **r. delle mansioni**, job rotation; **a r.**, in rotation; by turns ***4*** (*agric.*) rotation (of crops) ***5*** (*sport*) rotation ***6*** (*fon.*) shifting.

roteaménto, *V.* **roteazione**.

roteàre, **A** *v. t.* to swing*; to whirl; to twirl; to roll: **r. le braccia**, to swing one's arms; **r. un bastone**, to whirl a stick; **r. gli occhi**, to roll one's eyes. **B** *v. i.* to wheel; to circle: **I gabbiani roteavano nel cielo**, the seagulls were wheeling in the sky; **I fiocchi di neve roteavano nell'aria**, snowflakes whirled in the air.

roteazióne, *f.* wheeling; circling; rolling.

rotèlla, *f.* ***1*** wheel; (*orientabile*) castor; (*cilindrica*) roller; (*di sperone*) rowel; (*di bicicletta*) trainer wheel ***2*** (*anat.*) rotula*, patella*; (*com.*) kneecap. ● (*mecc.*) **r. d'arresto**, grip roller □ **r. metrica**, measuring tape □ (*cucina*) **r. tagliapasta**, pastry cutting wheel □ (*fig.*) **avere una r. fuori posto**, to have a screw loose; to be loose upstairs □ **pattini a rotelle**, roller skates □ **sedia a rotelle**, wheelchair.

rotellìsta, *m.* e *f.* (*sport*) roller skater.

Rotìferi, *m. pl.* (*zool., Rotifera*) Rotifera.

rotìfero, *m.* (*zool.*) rotifer.

rotìsmo, *m.* (*mecc.*) wheelwork; gearing; gear: **r. a ingranaggi cilindrici**, spur gearing; **r. epicicloidale**, epicyclic train; sun-and--planet motion; **rotismi moltiplicatori**, step--up wheels.

rotocàlco, *m.* ***1*** (*tipogr.*) rotogravure ***2*** (*giorn.*) illustrated magazine.

rotocalcografìa, *f.* (*tipogr.*) rotogravure.

rotocalcogràfico, *a.* (*tipogr.*) rotogravure (*attr.*).

rotocalcògrafo, *m.* (*f.* **-a**) (*tipogr.*) rotogravure operator.

rotolaménto, *m.* rolling.

rotolàre, **A** *v. t.* to roll: (**far**) **r. un sasso** [**una botte**], to roll a stone [a barrel]. **B** *v. i.* to roll; to tumble: **Grossi macigni rotolavano giù per la collina**, big boulders were rolling down the hillside; **r. giù per le scale**, to tumble down the stairs. **C** **rotolàrsi,** *v. rifl.* to roll (about): **r. per terra**, to roll on the ground; **r. nel fango**, to wallow in mud.

rotolìo, *m.* rolling.

ròtolo, *m.* ***1*** roll; (*di corda*) coil; (*di scotch, filo, ecc.*) reel (*GB*), spool (*USA*): **un r. di carta da parati** [**di stoffa**], a roll of wallpaper [of cloth]; **un r. di adesivo**, a roll of adhesive tape; **un r. di spago**, a ball of string; **un r. di banconote**, a wad of banknotes; **un r. di garza**, a bandage roller; (*fam.*) **rotoli di ciccia**, rolls of fat ***2*** (*fotogr.*) roll ***3*** (*libro antico*) scroll. ● (*fig.*) **andare a rotoli**, (*fallire*) to go wrong, to fall through; (*andare male*) to go from bad to worse, to go downhill, to go to the dogs (*fam.*): **Il nostro progetto è andato a r.**, our plan fell through; **L'azienda sta andando a rotoli**, the firm is going downhill; **Sta andando tutto a rotoli**, things are going from bad to worse □ (*fig.*) **mandare a rotoli**, to ruin; to wreck.

rotolóne, *m.* (*fam.*) tumble; fall: **Feci un brutto r.**, I had a nasty fall; I came a nasty cropper (*fam.*); **fare un r. giù per le scale**, to tumble down the stairs; **Facevano rotoloni sul tappeto**, they were rolling about on the carpet.

rotolóni, *avv.* (*rotolando*) rolling; tumbling: **cadere** (*o* **venire giù**) (**a**) **r.**, to tumble down. ● (*fig.*) **andare a r.**, to go wrong; to fall through.

rotonàve, *f.* (*naut.*) rotor ship.

rotónda, *f.* ***1*** (*edificio rotondo*) rotunda ***2*** (*terrazza circolare*) round terrace.

rotondeggiànte, *a.* roundish.

rotondeggiàre, *v. i.* to take* on a round shape; to be roundish.

rotondétto, *a.* roundish; plump; chubby.

rotondità, *f.* ***1*** roundness (*anche fig.*); rotundity: **la r. della Terra**, the roundness of the Earth; **la r. d'un periodo**, the rotundity of a period ***2*** (*pl.*) (*scherz.*: *curve del corpo*) curves.

rotóndo, *a.* ***1*** round; (*arrotondato*) rounded: **La Terra non è perfettamente rotonda**, the Earth is not perfectly round; **r. come una palla**, as round as a ball; **una faccia rotonda**, a round face; **dalla faccia rotonda**, round--faced; **punta rotonda**, rounded point; **una torre rotonda**, a round tower; **di forma rotonda**, round-shaped ***2*** (*fig.*: *grassoccio*) plump; chubby; rotund (*scherz.*) ***3*** (*fig.*: *di stile, ecc.*) well-turned; sonorous; rotund. ● **i Cavalieri della Tavola Rotonda**, the Knights of the Round Table □ (*fig.*) **tavola rotonda**, round table; round-table discussion (*o* conference).

rotóne, *m.* (*fis. nucl.*) roton.

rotóre, *m.* ***1*** (*elettr., mecc.*) rotor: **r. ad anelli**, slip-ring rotor ***2*** (*aeron.*) rotor ***3*** (*fis., mat.*) curl; rotation.

rotòrico, *a.* rotor (*attr.*): **disco r.**, rotor disk.

ròtta (1), *f.* (*mil.*) rout; (utter) defeat: **La ritirata diventò una r.**, the retreat turned into a rout; **mettere in r.**, to put to rout; to rout.

● (*fig.*) **a r. di collo**, at breakneck speed: **correre a r. di collo**, to run at breakneck speed; to career; to tear: **Corse a r. di collo giù per il sentiero**, he tore down the path □ **essere in r. con q.**, to be on bad terms with sb.

rótta (**2**), *f.* (*naut., aeron.*: *direzione*) course; (*percorso, itinerario*) route, lane: **la r. d'una nave**, a ship's course; **È la prima volta che facciamo questa r.**, it's the first time we are taking this route; **r. prestabilita** [**presunta**], fixed [estimated] course; **r. magnetica**, magnetic course; (*anche fig.*) **r. di collisione**, collision course; **r. aerea**, air route; air-lane; **r. costiera**, inshore route; **rotte commerciali**, trade routes; **la r. polare**, the Polar route; the route over the Pole; **la r. per Capo Horn**, the Cape Horn route; **le grandi rotte transatlantiche**, the trans-Atlantic lanes; **cambiare la r.**, to change one's course; **deviare dalla r.**, to fall off course; to bear away; **essere in r. per**, to be on one's course for; to be bound for; to be heading for; (*anche fig.*) **essere fuori r.**, to be off course; **fare r. per** (*o* **su, verso**), to steer for; to head for; (*naut. anche*) to sail for; **fare r. verso nord** [**est, ecc.**], to head northwards [eastwards, etc.]; **invertire la r.**, to turn about; to alter course; **mantenere** (*o* **seguire**) **la rotta**, to stay on (*o* to hold) one's course; **tagliare la rotta a q.**, to cross sb.'s bows; **tracciare una r.**, to plot (*o* to lay, to shape) a course; **cambiamento di r.**, change of course. ● (*fig.*) **cambiare r.**, to change tack □ (*naut., aeron.*) **ufficiale di r.**, navigating officer; navigator.

rottamàggio, *m.* (*ind.*) scrapping.

rottamàio, *m.* scrap dealer (*o* merchant).

rottamàre, *v. t.* (*ind.*) to scrap.

rottamazióne, *f. V.* **rottamaggio**.

rottàme, *m.* **1** scrap; piece of wreckage; (*veicolo distrutto*) wreck: **un mucchio di rottami**, a pile of scraps; a scrap heap; **rottami di ferro**, scrap iron; **i rottami di un incidente aereo**, the wreckage of an air-crash; **La macchina era un ammasso di rottami**, the car was a complete wreck **2** (*fig.*) wreck: **un r. umano**, a human wreck; **essere ridotto a un r.**, to be reduced to a wreck. ● (*naut.*) **rottami galleggianti**, flotsam (*sing.*).

rótto, **A** *a.* **1** (*anche fig.*) broken: **gamba** [**costola, mascella**] **rotta**, broken (*o* fractured) leg [rib, jaw]; **Questa seggiola è rotta**, this chair is broken; **con voce rotta**, in a broken voice; **una voce rotta dai singhiozzi**, a voice broken by (*o* with) sobs; **Dov'è il vetro r.?**, where is the broken pane?; **un fidanzamento r.**, a broken engagement **2** (*stracciato*) torn; split; rent: **calze rotte**, torn stockings; **scarpe rotte**, torn (*o* split) shoes **3** (*indolenzito*) exhausted; aching: **sentirsi tutto r.**, to be aching all over; **Ho le gambe** [**le ossa**] **rotte dal lungo camminare**, my legs [my bones] are aching with all that walking **4** (*dato, dedito*) given; addicted: **È un uomo r. a ogni vizio**, he is a man given (*o* addicted) to every vice; he is thoroughly depraved **5** (*abituato, avvezzo*) accustomed; inured; hardened: **r. alle fatiche**, inured to hard work. **B** *m. pl.* (*spiccioli*) small change: **Hai dei rotti?**, have you got any small change?; **duemila e rotti**, two thousand odd (*o* something); **L'ho pagato venti sterline e rotti**, I paid twenty pounds something for it. ● (*fig.*) **cavarsela per il r. della cuffia**, to scrape through; (*da un pericolo*) to come out (of st.) by the skin of one's teeth, to have a narrow escape □ **passare per il r. della cuffia**, to scrape (*o* to squeak) through.

rottùra, *f.* **1** breaking; breakage; (*punto rotto*) break: **la r. di un vetro**, the breaking (*o* breakage) of a pane; **pagare per la r. dei bicchieri**, to pay for breaking (*o* the breakage of) the glasses; **una r. in un tubo**, a break in a pipe **2** (*fig.*) break; breaking off: **la r. di un fidanzamento**, the breaking off of an engagement; **la r. dei rapporti diplomatici**, the breaking off (*o* the severing) of diplomatic relations; **r. dei negoziati**, breakdown in negotiations; **una r. col passato** [**col partito**], a break with the past [with the party]; **Tra di loro c'è stata una grave r.**, they fell out badly; **una r. in seno al partito**, a rift in the party; **r. di promessa**, breach of promise **3** (*med.*: *frattura*) fracture **4** (*fam.*: *seccatura*) drag; hassle; pain in the neck: **Che r. di scatole!**, what a drag! ● (*leg.*) **r. di contratto**, breach of contract □ (*mecc.*) **r. di fatica**, fatigue failure □ **la r. di un tubo**, a pipe burst □ (*edil.*) **carico di r.**, maximum stress; breaking load □ **punto di r.**, breaking point; (*tecn.*) crack point.

ròtula, *f.* (*anat.*) rotula*, patella*; (*com.*) kneecap, kneepan.

rotùleo, *a.* (*anat.*) rotulian; rotular; of the rotula.

roulette (*franc.*), *f. invar.* roulette: **giocare alla r.**, to play roulette; **r. russa**, Russian roulette; **tavolo da r.**, roulette table.

roulotte (*franc.*), *f. invar.* (*autom.*) caravan; trailer (*USA*).

roulottista, *m. e f.* caravan(n)er.

round (*ingl.*), *m. invar.* (*sport*) round.

routinàrio, *a.* routine (*attr.*).

routine (*franc.*), *f. invar.* routine (*anche elab.*); pattern; (*spreg.*) groove, grind: **lavoro di r.**, routine work; **essere preso nella solita r.**, to be stuck in a groove; **la solita r. quotidiana**, the same old routine; the daily grind.

routinièro, **A** *a.* routine (*attr.*). **B** *m.* (*f.* **-a**) person who follows a routine.

rovèllo, *m.* (*lett.*) nagging thought.

rovènte, *a.* (*anche fig.*) red-hot; burning; scorching: **ferro r.**, red-hot iron; **lacrime roventi**, burning (*o* scalding) tears; **il sole r.**, the scorching sun; **parole roventi**, scathing (*o* blistering) words.

róvere, **A** *m. e f.* (*bot., Quercus robur*) sessile oak; durmast. **B** *m.* (*legname di r.*) oak: **di r.**, oaken; oak (*attr.*).

roveréto, *m.* oak wood.

rovèscia, *f.* (*risvolto*: *di manica*) cuff; (*di giacca*) lapel. ● **alla r.**, (*capovolto*) upside down, wrong side up; (*con l'interno all'esterno*) inside out, wrong side out; (*col davanti dietro*) back to front, the wrong way round; (*fig.*: *al contrario*) backwards; (*fig.*: *male*) wrong, the wrong way, badly: **Fingeva di leggere ma teneva il libro alla r.**, he pretended he was reading, but he was holding the book upside down; **Si mise le calze alla r.**, she put on her stockings inside out; **mettersi il pullover alla r.**, to put on one's pullover back to front; **Prova a leggere «Roma» alla r.**, try reading «Roma» backwards; **fare q.c. alla r.**, to start at the wrong end; **Ha fatto tutto alla r.**, he did it all wrong; he messed everything up; **Tutto mi va alla r.**, everything is going wrong; **prendere q.c. alla r.**, to take st. the wrong way; **capire q.c. alla r.**, to get st. wrong; to get hold of the wrong end of the stick □ (*miss.*) **conto alla r.**, countdown.

rovesciàbile, *a.* overturnable; reversible: **stoffa r.**, reversible fabric.

rovesciaménto, *m.* **1** upsetting; overturning; reversal **2** (*di una barca*) capsizing **3** (*di un governo, ecc.*) overthrowing; toppling.

rovesciàre, **A** *v. t.* **1** (*versare intenzionalmente*) to pour, (*materiale solido*) to tip, to dump; (*accidentalmente*) to spill*: **Rovesciò acqua sulle fiamme**, he poured water on the flames; **rovesciarsi olio bollente su una mano**, to spill hot oil on one's hand; **Il vulcano rovesciava lava**, the volcano poured out lava; **Rovesciò il contenuto della borsetta sul tavolo**, he tipped the contents of the handbag out on to the table; **Il camion rovesciò a terra la sabbia**, the lorry tipped the sand to the ground; **r. spazzatura in una discarica**, to dump rubbish into a tip **2** (*capovolgere*) to turn over; to turn upside down; to reverse; to overturn; to upend: **r. una carta**, to turn over a card; **r. la clessidra**, to turn the hourglass upside down; to reverse the hourglass; **r. un sacco**, to turn a sack upside down; to upend a sack; **r. una barca**, to capsize (*o* to overturn) a boat **3** (*rivoltare con l'interno all'esterno*) to turn inside out; (*col davanti dietro*) to turn back to front: **r. le tasche**, to turn one's pockets inside out; to turn out one's pockets; **r. le maniche** [**un guanto**], to turn the sleeves [a glove] inside out **4** (*piegare all'indietro*) to turn back: **r. un polsino**, to turn back a cuff **5** (*arrovesciare*) to throw* back: **r. la testa**, to throw back one's head **6** (*far cadere*) to upset*; to knock over (*o* down); to tip over; to overturn; (*intenzionalmente*) to throw* down: **Rovesciò il bicchiere di vino**, he knocked over the glass of wine; **r. una sedia**, to knock over a chair **7** (*fig.*: *abbattere*) to overthrow*; to topple: **Il regime fu rovesciato da una rivoluzione**, the regime was overthrown by a revolution; **Lo scandalo rovesciò il governo**, the scandal toppled the government **8** (*fig.*: *invertire, capovolgere*) to reverse: **r. l'ordine di due cifre**, to reverse the order of two figures; to change two figures round; **r. la situazione**, to reverse the situation **9** (*fig.*: *lanciare*) to pour; to shower; to heap: **r. insulti su q.**, to pour (*o* to shower) abuse on sb.; **r. accuse su q.**, to shower sb. with accusations; **r. la colpa su q.**, to lay (*o* to throw) the blame on sb. ● (*fig. fam.*) **r. il sacco**, to make a clean breast of st. □ (*fig.*) **r. lo stomaco**, to turn sb.'s stomach. **B rovesciarsi**, *v. i. pron.* **1** (*capovolgersi*) to overturn; to capsize; to keel over: **Nell'urto l'auto si rovesciò**, the car overturned on impact; **Nella tempesta la barca si rovesciò**, the boat capsized (*o* keeled over, turned turtle) in the storm **2** (*versarsi*) to pour; to spill: **Si è rovesciato il vino** [**il sale**], the wine [the salt] spilt **3** (*abbandonarsi, gettarsi*) to let* oneself fall; to throw* oneself: **Si rovesciò sul divano**, he threw himself on the sofa **4** (*cadere*) to fall* down (*o* over); to crash: **La bottiglia si è rovesciata**, the bottle fell over; **L'albero si rovesciò sulla macchina**, the tree crashed down on the car **5** (*riversarsi*) to pour; (*ricadere*) to fall*: **La pioggia si rovesciò a catinelle**, the rain poured down in buckets; **Su di noi si rovesciò un temporale**, a storm burst over us; **La folla si rovesciò per strada**, the crowd poured into the streets **6** (*fig.*: *invertirsi, mutare radicalmente*) to be reversed; to change.

rovesciàta, *f.* (*sport*) overhead kick.

rovesciàto, *a.* **1** (*capovolto*) overturned, (turned) upside down, upended, inverted, reversed; (*di imbarcazione*) capsized, keeled over **2** (*versato*) spilt **3** (*rivoltato con l'interno all'esterno*) inside out; (*col davanti dietro*) back to front; (*abbassato*) turned down, reversed; (*piegato all'indietro*) turned back **4** (*arrovesciato*) thrown back **5** (*fig.*: *abbattuto*) overthrown **6** (*fig.*: *mutato radicalmente*) reversed **7** (*geol.*) overturned **8** (*bot.*) resupinate **9** (*sport*) overhead (*attr.*). ● (*bot.*) **ovulo r.**, anatropous ovule.

rovèscio, **A** *a.* **1** (*supino*) supine; (lying) on one's back (*pred.*): **cadere** [**giacere**] **r.**, to fall [to lie] on one's back **2** (*inverso*) reverse. ● **a r.**, *V.* **alla rovescia**, *sotto* **rovescia** □ (*lavoro a maglia*) **punto r.**, purl stitch. **B** *m.* **1** reverse; reverse side; back; other (*o* wrong) side: (*anche fig.*) **il r. della medaglia**, the reverse of the medal; **il r. della stoffa**, the reverse side of the cloth; **il r. di una busta** [**di un foglio**], the back of an envelope [of a sheet of paper] **2** (*contrario*) reverse; opposite **3** (*precipitazione atmosferica*) heavy shower, downpour; (*fig.*) shower, hail, volley: **Non sapevamo dove ripararci da quel r.**, we didn't know where to shelter from that downpour; **un r. di colpi**, a shower (*o* hail) of blows; **un r. di ingiurie**, a shower of insults; **un r. di sassi**, a volley (*o* a shower) of stones **4** (*tennis*) backhand (stroke): **avere un bel r.**, to have a good backhand; **È stato un bel r.**, that was a good backhand stroke; **tirare di r.**, to play a backhand stroke; **tirare sul r. di q.**, to play on sb.'s backhand **5** (*manrovescio*) backhander **6** (*fig.*: *grave danno*) setback; reverse: **avere un r. finanziario**, to suffer a financial setback; **rovesci di fortuna**, reverses of fortune. ● **Non c'entra né per diritto né per r.**, it has nothing at all to do with it □ (*prov.*) **Ogni diritto ha il suo r.**, there are two sides to everything.

rovescióne, rovescióni, *avv.* on one's back; supine: **giacere r.**, to lie on one's back.

rovéto, *m.* thorn bush; thorn thicket; bramble bush. ● (*Bibbia*) **il r. ardente**, the burning bush.

rovìna, *f.* **1** (*crollo, caduta*) collapse; fall: **la r. di un ponte [di una casa, di un muro]**, the collapse (*o* the fall) of a bridge [of a house, of a wall] **2** (*pl.*) (*ruderi*) ruins; remains: **le rovine di Troia**, the ruins of Troy **3** (*macerie*) ruins (*pl.*); rubble; debris: **La città risorse dalle rovine**, the town rose from its ruins; **le rovine del terremoto**, the debris left by earthquake; **frugare tra le rovine**, to search among the rubble (*o* the debris); **Il paese era tutto una r.**, the whole village was in ruins **4** (*sfacelo, distruzione*) ruin; destruction; downfall; undoing; decay: **sfuggire alla r.**, to escape destruction; **la r. di un impero**, the downfall (*o* decay) of an empire; **Quell'uomo sarà la r. della sua famiglia**, that man will be the ruin of his family; **Il gioco sarà la tua r.**, gambling will be your undoing (*o* ruin); **Non voglio la sua r.**, I don't want to ruin him **5** (*lett.*: *violenza, furia*) violence; fury. ● **andare in r.**, (*finanziariamente*) to be ruined; to go under □ (*di edificio, ecc.*) **cadere** (*o* **andare**) **in r.**, to fall into disrepair; to go to rack and ruin; to be in a state of decay; to be dilapidated □ **galoppare verso la r.**, to rush headlong to one's destruction □ **una casa in r.**, a house in ruins; a derelict (*o* dilapidated, tumbledown) house □ **mandare q. in r.**, to ruin sb. □ **mandare in r. q.c.**, to ruin st.; to destroy st.; to wreck st.; (*guastare*) to spoil.

rovinàre, **A** *v. t.* **1** (*anche fig.*) to ruin, to wreck; (*guastare*) to spoil*, to mess up: **La fillossera rovina le vigne**, phylloxera ruins the vines; **Il crollo finanziario lo rovinò**, the crash ruined him; **r. una carriera**, to wreck a career; **La pioggia ci ha rovinato il picnic**, the rain spoilt our picnic; **r. la reputazione di q.**, to ruin sb.'s reputation; **rovinarsi l'appetito**, to spoil one's appetite; **rovinarsi la salute [gli occhi]**, to ruin one's health [one's eyes]; **Le cattive compagnie lo rovinarono**, he was lead astray by bad companions **2** (*abbattere, demolire*) to demolish; to pull down. **B** *v. i.* **1** (*crollare*) to collapse; to fall*: **Il campanile rovinò con fragore**, the bell-tower collapsed (*o* fell) with a tremendous crash; **Quel muro minaccia di r.**, that wall is threatening to collapse **2** (*precipitare*) to hurtle down; to crash down: **I massi rovinarono a valle**, the boulders hurtled down to the valley; **L'albero gli rovinò addosso**, the tree crashed down on him. **C rovinarsi**, *v. rifl.* to ruin oneself; to be ruined: **Si sta rovinando con il gioco**, he is ruining himself by gambling; **Si rovinò con quegli amici**, he was ruined by those friends.

rovinàto, *a.* (*anche fig.*) ruined: **edifici rovinati**, ruined buildings; **un paio di scarpe rovinate dalla pioggia**, a pair of shoes ruined by the rain; **Se non mi aiuti, sono r.**, if you don't help me, I'm ruined (*o* I'm done for).

rovinìo, *m.* **1** (*crollo*) collapse; downfall **2** (*fracasso*) crash.

rovinìsmo, *m.* **1** (*arte*) taste for ruins **2** (*pitt.*) painting of ruins **3** (*letter.*) description of ruins.

rovinista, *m.* (*pitt.*) painter of ruins.

rovinografia, *f.* doomwriting.

rovinògrafo, *m.* doomwriter.

rovinóso, *a.* **1** (*che porta alla rovina*) ruinous; disastrous; suicidal: **una speculazione rovinosa**, a ruinous (*o* suicidal) speculation; **guerra rovinosa**, ruinous war **2** (*che distrugge o danneggia*) devastating; destructive; disastrous: **un uragano r.**, a devastating hurricane; **caduta rovinosa**, headlong fall; crash.

rovistàre, *v. t.* (*cercare*) to search; (*frugare*) to rummage, to ransack, to forage: **r. dappertutto**, to search everywhere; **r. ogni angolo della casa**, to ransack every corner of the house; to turn the house upside down; **r. le tasche**, to rummage in (*o* through) one's pockets; **Lo trovai che rovistava nella dispensa**, I found him foraging in the pantry; **r. nella memoria**, to search one's memory; to rack one's brains.

rovistìo, *m.* searching; rummaging.

róvo, *m.* (*bot.*, *Rubus fruticosus*) bramble. ● **mora di r.**, blackberry.

ròzza, *f.* jade; nag.

rozzézza, *f.* **1** (*stato rozzo*) roughness **2** (*fig.*) roughness, uncouthness, coarseness, crudeness; (*villania*) rudeness: **r. di modi**, uncouth manners.

rózzo, *a.* **1** (*non rifinito*) rough, coarse; (*dirozzato*) rough-hewn; (*rudimentale*) rough, crude, primitive: **pietre rozze**, rough stones; **stoffa rozza**, coarse material; **una tavola rozza**, a rough board; **una rozza lama**, a rough blade; **uno strumento r.**, a crude tool **2** (*fig.*: *non ingentilito*) rough, uncouth; (*inesperto*) unskilled, inexperienced, raw; (*primitivo*) primitive: **Ha modi molto rozzi**, he is very uncouth; **È r. ma onesto**, he is rough but honest; he is a rough diamond (*fam.*); **un artista r.**, a rough artist; **una mano rozza**, an inexperienced hand; **civiltà rozza**, primitive civilization **3** (*schietto*) plain; blunt: **parole rozze ma sincere**, blunt but sincere words **4** (*zotico, villano*) coarse; rude.

rùba, *f.* – **andare a r.**, to sell like hot cakes (*fam.*); to be snapped up (*fam.*).

rubacchiàre, *v. t.* to pilfer.

rubacuòri, **A** *a.* bewitching; fetching; captivating; ravishing. **B** *m.* lady-killer; heart-breaker. **C** *f.* charmer; heart-breaker.

rubamàzzo, *m.* (*gioco di carte*) snap.

rubàre, **A** *v. t.* **1** to steal*; to pinch (*fam.*); to lift (*fam.*); to nick (*fam.*); (*rubacchiare*) to filch, to pilfer; (*fare taccheggio*) to shoplift: **In treno le rubarono la borsetta**, her handbag was stolen on the train; **Mi hanno rubato tutti i soldi**, all my money has been stolen; I've been robbed of all my money; **r. il portafogli a q.**, to steal (*o* to pinch) sb.'s wallet; **Chi mi ha rubato il posto?**, who pinched my seat?; **Gli hanno rubato tutto**, he's been cleaned out (*fam.*); **Fu sorpreso a r.**, he was caught stealing; **r. nei grandi magazzini**, to shoplift in department stores; **Rubò qualche pacchetto di sigarette**, he filched a few packets of cigarettes; **r. i soldi dei contribuenti**, to embezzle the taxpayers' money **2** (*svaligiare*) to rob; (*con scasso*) to burgle, to burglarize (*USA*): **Ieri sera mi hanno rubato in casa**, my house was burgled last night; **Hanno rubato dal gioielliere**, the jeweller's has been robbed **3** (*fig.*: *carpire*) to steal*; to pirate: **r. un bacio**, to steal a kiss; **r. un'idea**, to steal (*o* to pirate, to plagiarize) an idea; **r. il cuore a q.**, to steal sb.'s heart; **r. un segreto**, to steal a secret; **r. la moglie a q.**, to steal sb.'s wife. ● **r. a man salva**, to plunder □ **r. un bambino**, to kidnap a child □ **r. i soldi della cassa**, to dip into the till; to have one's fingers in the till □ **r. il mestiere a q.c.**, to steal sb.'s job □ **rubarsi q. con gli occhi**, to eye sb.; to ogle sb. □ **r. ore al lavoro**, to idle; to waste time □ **r. le ore al sonno**, to lose sleep (doing st.); (*per studiare*) to burn the midnight oil □ **r. la parola a q.**, to take the words out of sb.'s mouth □ **r. il sonno a q.**, to deprive sb. of sleep; to keep sb. awake (*o* up) □ **r. lo stipendio**, to shirk work; to skive □ **r. sulla spesa**, to steal from the shopping money □ **r. sul peso**, to give short weight □ **r. sul resto**, to short-change (sb.) □ **r. il tempo a q.c.**, to take up sb.'s time: **Posso rubarti un momento?**, can I have a moment of your time? □ **r. la vista di q.c.**, to block the view of st. □ **La morte ce l'ha rubato**, death took him away from us. **B rubarsi**, *v. rifl. recipr.* (*contendersi*) to compete for; to fight* over: **Alla festa tutte le ragazze se lo rubavano**, all the girls at the party were fighting over him.

rubàto, *a.* stolen: **roba rubata**, stolen goods; **denari rubati**, stolen money. ● (*mus.*) **tempo r.**, (tempo) rubato.

rubefacènte, *a.* e *m.* (*farm.*) rubefacient.

rubefazióne, *f.* (*med.*) rubefaction.

rubellite, *f.* (*miner.*) rubellite.

rubèola, *V.* **rosolia**.

ruberìa, *f.* theft; stealing; robbery: **È una r.**, that's robbery; **vivere di ruberie**, to live by stealing.

rubicóndo, *a.* ruddy; rubicund; red: **gote rubiconde**, ruddy cheeks; **una faccia rubiconda**, a rubicund face; **un naso r.**, a red nose.

Rubicóne, *m.* (*geogr.*) Rubicon: (*fig.*) **passare il R.**, to cross (*o* to pass) the Rubicon; to take the plunge.

rubìdio, *m.* (*chim.*) rubidium.

rubinetterìa, *f.* taps and fittings (*pl.*).

rubinétto, *m.* tap; faucet (*USA*); cock: **Non lasciare il r. aperto**, don't leave the tap (*USA*: faucet) running; **aprire [chiudere] il r.**, to turn on [to turn off] the tap; **r. dell'acqua**, water tap (*USA*: faucet); **r. del gas**, gas cock; **r. di spurgo**, drain cock; **r. a tre vie [a quattro vie]**, three-way [four-way] cock; **r. di decompressione**, compression relief tap; **r. d'arresto** (*o* **generale**), shutoff valve; **acqua di r.**, tap water.

rubìno, *m.* **1** ruby: **i rubini d'un orologio**, the rubies (*o* jewels) of a watch **2** (*fig. lett.*: *colore vermiglio*) ruby.

rubizzo, *a.* hale and hearty; sprightly; vigorous.

rùblo, *m.* rouble, ruble.

rubrìca, *f.* **1** (*quaderno*) index book; (*per indirizzi*) address book: **r. telefonica**, telephone book; phonebook: **una r. di nomi**, an index of names **2** (*giorn.*) column; regular feature; section; page: **r. teatrale**, theatre column; **r. sportiva**, sports section (*o* pages); **r. mondana**, gossip column; **r. letteraria**, literary pages; **tenere una r.**, to run a column **3** (*radio, TV*) daily programme; spot **4** (*titolo in rosso*) rubric; heading (in red ink) **5** (*eccles.*) rubric.

rubricàre, *v. t.* **1** (*suddividere in paragrafi*) to paragraph **2** (*registrare*) to index; to enter; to record; to file: **r. un pagamento**, to enter a payment; **La pratica è stata rubricata**, the case has been filed **3** (*arte amanuense*) to rubricate.

rubricazióne, *f.* **1** (*registrazione*) indexing; recording **2** (*arte amanuense*) rubrication.

rubricista, *m.* (*eccles.*) rubricist; rubrician.

ruche (*franc.*), *f. invar.* ruche, rouche; frill.

ruchétta, rùcola, *f.* (*bot.*, *Eruca sativa*) garden rocket.

rùde, *a.* **1** (*rozzo, grossolano*) rough; coarse; uncouth: **materia r.**, rough material **2** (*semplice, non sofisticato*) rough; simple; plain; unpolished; rugged: **rudi lavoratori**, rough, simple workmen; **maniere franche e rudi**, plain, direct ways; **un r. uomo dei boschi**, a rugged backwoodsman; **vita rude**, rugged life **3** (*fig.*: *aspro, duro*) hard; harsh: **lavoro r.**, hard work; **disciplina r.**, harsh discipline.

ruderàle, a. (*bot.*) ruderal.
rùdere, m. *1* (*specialm. al pl.*) ruin; remains (*pl.*): **i ruderi di Roma**, the ruins (*o* remains) of Rome; **Sulla collina c'era un r.**, on the hill there were some ruins; **i ruderi del passato**, the ruins of the past; **i ruderi di un'antica bellezza**, the remnants of a past beauty *2* (*fig.*) ruin; wreck: **È ormai un r., poveretto**, he is a (*o* the) mere wreck of his former self, poor soul.
rudézza, f. *1* (*rozzezza*) roughness; uncouthness *2* (*schietta semplicità*) roughness; ruggedness; plainness; lack of polish; bluntness *3* (*durezza*) harshness.
rudimentàle, a. *1* (*elementare*) rudimental; rudimentary; sketchy; elementary: **una conoscenza r. del latino**, a rudimentary knowledge of Latin *2* (*primitivo*) rudimentary; primitive; rough: **un'arma r.**, a primitive weapon *3* (*biol., bot.*) rudimental; rudimentary; undeveloped: **organo r.**, rudimentary organ; rudiment; **foglie rudimentali**, rudimentary leaves.
rudimentazióne, f. (*biol.*) rudimentation.
rudiménto, m. *1* (*specialm. al pl.*) rudiment; first principle (*o* element); fundamental: **i rudimenti della matematica**, the rudiments (*o* the first principles) of mathematics; **i rudimenti del sapere**, the rudiments of knowledge *2* (*biol.*) rudiment; vestige.
ruffiàna, f. *1* procuress; bawd; (*mezzana*) go-between *2* (*fig.*: *adulatrice*) V. **ruffiano**.
ruffianàta, f. (*fig. volg.*) toading; bootlicking; brown-nosing (*volg.*).
ruffianeggiàre, v. i. *1* to bawd; to pander; to pimp *2* (*fig.*) to toady; to crawl; to suck up (*fam.*); to brown-nose (*volg.*).
ruffianerìa, f. *1* bawdiness; panderism *2* (*fig.*) toading; fawning.
ruffianésco, a. *1* pandering *2* (*fig.*) toadyish; creeping; bootlicking.
ruffiàno, m. *1* procurer; pander; pimp; (*mezzano*) go-between *2* (*fig.*: *adulatore*) toady; bootlicker; crawler (*pop.*); brown-noser (*volg.*).
rùga, f. wrinkle; line: **un viso segnato da rughe**, a face lined with wrinkles; a lined face; **senza rughe**, unlined.
rugbìsta, m. rugby player.
rugby (*ingl.*), m. invar. (*sport*) rugby.
ruggènte, a. roaring: **un leone r.**, a roaring lion; **anni ruggenti**, roaring years.
Ruggèro, Ruggièro, m. Roger.
rùgghio, m. (*lett., anche fig.*) roar.
rùggine, **A** f. *1* rust: **La r. mangia il ferro**, rust corrodes iron; **Il cancello era stato corroso dalla r.**, the gate had been eaten away by rust; **fare** (*o* **prendere**) **la r.**, to get rusty; to rust; **roso dalla r.**, rust-eaten; **macchia di r.**, iron mould *2* (*fig.*: *astio, rancore*) bad blood; ill feeling; grudge; rancour: **Tra loro c'è della r.**, there's bad blood between them; **avere della r. con q.**, to bear sb. a grudge; to have a grudge against sb. *3* (*agric.*) rust: **r. del grano**, wheat rust; blight. **B** a. invar. rust-brown; russet (*attr.*). • **color r.**, rust brown; russet □ **mela r.**, russet.
rugginóso, a. *1* rusty: **una spada rugginosa**, a rusty sword *2* (*di color ruggine*) rust-brown; rusty; russet: **macchie rugginose**, rusty spots.
ruggìre, **A** v. i. (*anche fig.*) to roar: **Il leone ruggisce**, a lion roars; **Il vento ruggiva**, the wind was roaring. **B** v. t. to roar; to bellow: **r. ordini**, to roar (*o* to bellow) orders.
ruggìto, m. (*anche fig.*) roar: **i ruggiti d'un leone**, the roars of a lion; **il r. delle onde**, the roar of the waves.
rugiàda, f. *1* dew: **L'erba era bagnata di r.**, the grass was wet with dew; **gocce di r.**, dewdrops; **punto di r.**, dew point *2* (*lett., fig.*: *sollievo*) comfort; balsam.
rugiadóso, a. dewy (*anche fig.*); moist (*o* wet) with dew: **un prato r.**, a dewy meadow; **notte rugiadosa**, dewy night; **occhi rugiadosi**, dewy eyes.
rugliàre, v. i. (*di animali*) to growl; (*di elementi naturali*) to rumble, to roar.
rùglio, m. (*di animali*) growl; (*di elementi naturali*) rumble, roar(ing).
rugosità, f. *1* (*della pelle*) wrinkledness *2* (*scabrosità*) roughness; coarseness *3* (*bot.*) rugosity.
rugóso, a. *1* (*di pelle*) wrinkled; lined; furrowed: **un viso r.**, a wrinked (*o* lined) face *2* (*scabro*) rough; coarse *3* (*bot.*) rugose.
rullàggio, m. (*aeron.*) taxiing. • **pista di r.**, taxiway.
rullàre, **A** v. i. *1* (*di tamburo*) to roll *2* (*aeron.*) to taxi *3* (*naut.*) V. **rollare**. **B** v. t. to roll: **r. una strada**, to roll a road.
rullàta, f. roll.
rullatrice, f. (*mecc.*) rolling machine.
rullatùra, f. (*mec.*) rolling.
rullìno, m. (*fotogr.*) roll of film; spool of film (*USA*); film.
rullìo, m. *1* (*del tamburo*) rolling; beating; roll: **un r. di tamburi**, a rolling of drums *2* (*naut.*) V. **rollio** *3* (*aeron.*) taxiing.
rùllo, m. *1* (*di tamburo*) roll; beating: **r. di tamburi**, roll (*o* beating) of drums *2* (*arnese cilindrico*) roller; roll: **r. compressore (a vapore)**, steamroller; (*fig.*) steamroller, juggernaut; **r. conico**, conical roller; **r. per filogranare**, dandy roll (*o* roller); **r. per filettare**, thread roll; **r. per imbiancare**, paint roller; **r. inchiostratore**, ink roller; **r. spianatore**, straightening roll; **catena a rulli**, roller-chain; (*ind. tess.*) **r. di trazione**, drawing-frame roller; (*mecc.*) **r. portacingolo**, track roller; (*mecc.*) **cuscinetto a rulli**, roller-bearing; **trasportatore a rulli**, roller conveyor *3* (*fotogr.*) roll; spool (*USA*): **r. di pellicola**, roll of film *4* (*cinem.*) reel *5* (*tipogr.*) roller *6* (*di macchina da scrivere*) platen *7* (*mus.*) piano roll.
rum, m. invar. rum.
rùmba, f. (*danza moderna*) rumba.
rumèno, a. e m. (f. **-a**) Rumanian, Romanian.
ruminànte, (*zool.*) **A** a. ruminant. **B** m. ruminant.
Ruminànti, m. pl. (*zool., Ruminantia*) Ruminantia.
ruminàre, v. t. e i. *1* to ruminate; to chew the cud *2* (*fig.*) to ruminate; to ponder; to mull over; to chew the cud; to turn (st.) over and over in one's mind: **Sta ruminando qualcosa**, he is ruminating something; he's turning something over in his mind.
ruminazióne, f. rumination; cud-chewing.
rùmine, m. (*zool.*) rumen*.
rumóre, m. *1* noise; (*suono*) sound; (*strepito*) din, racket: **il r. della pioggia**, the sound of rain; **Sentii un r. e mi voltai**, I heard a noise and turned round; **r. forte [assordante]**, loud [deafening] noise; **r. metallico**, clang; **r. secco**, sharp noise; crack; **r. infernale**, infernal noise; awful din; **un rumore di piatti**, a clatter of plates; **un r. di passi**, footfalls (*pl.*); **r. di applausi**, clapping; **i rumori della strada**, the noise of traffic; **il r. della folla**, the din of the crowd; **far r.**, to make a noise; **senza far r.**, without making a noise; silently; quietly; noiselessly; **La macchina fa un r. strano**, the car is making a strange noise; **I bambini fanno tanto r. che non riesco a dormire**, the children are making so much noise (*o* such a racket) that I can't sleep *2* (*med.*) bruit; sound *3* (*elettron.*) noise: **r. di fondo**, background noise; **r. bianco**, white noise. • **campagna contro i rumori** (*molesti*), anti-noise campaign □ (*fig.*) **fare molto r.**, to cause a stir; to create a sensation; to be much talked about □ **inquinamento da r.**, noise pollution □ **lontano dai rumori del mondo**, far from the madding crowd □ **mettere a r.**, to alarm; to create commotion □ **molto r. per nulla**, much ado about nothing.
rumoreggiàre, v. i. *1* to rumble; to roar *2* (*di folla*) to protest, to clamour; (*di un pubblico*) to interrupt.
rumorìo, m. low rumble.
rumorista, m. e f. (*cinem., TV*) sound-effects man* (*f.* woman*).
rumorosità, f. noisiness; noise.
rumoróso, a. *1* (*pieno di rumore*) noisy; full of noise: **una città rumorosa**, a noisy town *2* (*che fa molto rumore*) noisy; loud: **una folla rumorosa**, a noisy crowd; **risata rumorosa**, loud laugh.
rùna, f. (*ling.*) rune.
rùnico, a. (*ling.*) runic: **caratteri runici**, runic characters; **alfabeto r.**, runic alphabet.
ruolìno, m. roster; list: (*mil.*) **r. di marcia**, marching orders (*pl.*); (*fig.*) timetable; schedule; **r. dei turni**, roster.
ruòlo, m. *1* (*bur.*) list; roll: **il r. attivo**, the active list; **r. di anzianità**, seniority list; **il r. del personale insegnante**, the list of state teachers; **essere iscritto nei ruoli di un'azienda**, to be in a company's payroll; (*leg.*) **r. delle imposte**, tax roll; assessment book *2* (*teatr.*) role, rôle (*franc.*); part: **r. principale**, leading role; lead; **recitare nel r. di Amleto**, to play (the rôle of) Hamlet *3* (*fig.*: *funzione*) role: **il r. della scuola nella società moderna**, the role of education in modern society; **svolgere** (*o* **giocare**) **un r.**, to play a role; **Ha un r. importante nella mia vita**, he plays an important role in my life *4* (*naut.*) bill; roll. • **di r.**, permanent; regular; (*università*) tenured: **docente di r.**, (*scuola*) regular teacher; (*università*) tenured lecturer; **personale di r.**, permanent (*o regular*) staff; **essere di r.**, to be on the permanent (*o* regular) staff; (*università*) to be tenured, to have tenure □ **fuori r.**, temporary □ (*leg.*) **mettere a r. una causa**, to enter a case (for trial) □ **non di r.**, temporary □ **passare di r.**, (*scuola*) to be made permanent; (*università*) to be given tenure □ **passare in r.**, to be put on the employee roll; to be made permanent □ (*leg.*) **rimandare una causa a nuovo r.**, to adjourn a case.
ruòta, f. *1* wheel: **le ruote di un orologio**, the wheels of a watch; **r. a raggi**, spoked wheel; **r. da vasaio**, potter's wheel; **un giro di r.**, a turn of the wheel *2* (*di veicolo*) wheel: **ruote anteriori [posteriori]**, front [rear] wheels; **r. di carro**, cartwheel; **r. di scorta**, spare wheel; (*autom.*) **ruote motrici**, driving wheels; (*bicicletta*) **r. libera**, freewheel; **Le ruote girano a vuoto**, the wheels are idling; **un veicolo a due [a quattro] ruote**, a two-wheeled [a four-wheeled] vehicle; **veicolo su ruote**, wheeled vehicle *3* (*mecc.*) wheel: **r. dentata**, cogwheel; gear wheel; **r. dentata d'arresto**, ratchet wheel; **r. di frizione**, friction wheel; **r. di mulino**, mill wheel; **r. di turbina**, rotor; **r. elicoidale**, tangent wheel; **r. idraulica**, water wheel *4* (*naut.*) wheel: **r. a pale**, paddle wheel; **r. del timone**, (steering) wheel; **r. di poppa**, stern post; **r. di prora**, stem post; **piroscafo a r.**, paddle steamer *5* (*urna girevole del lotto*) lottery drum: **Il tre è uscito sulla r. di Bari**, number three was drawn in Bari *6* (*stor.*: *supplizio*) wheel *7* (*nei conventi*) revolving door. • **r. panoramica**, Ferris wheel □ **la r. della fortuna**, Fortune's wheel □ **r. della roulette**, roulette wheel □ **a ruota**, wheel-shaped; circular □ **andare a r. libera**, to coast; to freewheel □ (*fig.*) **a r. libera**, without stopping; non-stop □ **parlare a r. libera**, to talk away; to speak volubly □ **arrivare a r. di q.**, to arrive hot on the heels of sb. □ **fare la r.**, (*di uccello*) to spread one's tail, to display; (*fig.*) to strut like a peacock, to show off; (*ginnastica*) to do a cartwheel: **un pavone che fa la r.**, a peacock displaying □ (*fig. scherz.*) **fare la r. a una ragazza**, to court a girl □ **gonna a r.**, flared skirt □ **mantello a r.**, circular cape □ (*fig.*) **mettere i bastoni fra le ruote a q.**, to put a spoke in sb.'s wheel □ se-

guire q. a r., to follow hot on the heels of sb. □ (*fig.*) **essere l'ultima r. del carro**, to count for nothing; to be a mere cipher □ (*fig.*) **ungere le ruote**, to grease the wheels.

ruotàre, A *v. t.* to rotate; to wheel; to roll; to whirl; to twirl: **r. gli occhi**, to roll one's eyes; **r. il collo**, to rotate (*o* to twist) one's neck; **r. un braccio**, to rotate an arm; (*anche fig.*) **r. i pollici**, to twirl (*o* to twiddle) one's thumbs. **B** *v. i.* ***1*** to rotate; to revolve; to turn; to spin*: **La terra ruota intorno al sole**, the earth revolves round the sun; **r. intorno a un asse**, to rotate (*o* to revolve) on an axis; **far r. una trottola**, to spin a top ***2*** (*volare in circolo*) to circle (round); to wheel.

ruotismo, *V.* **rotismo**.

rùpe, *f.* cliff; rock; crag: **la r. Tarpea**, the Tarpeian Rock.

rupèstre, *a.* ***1*** rocky; rock (*attr.*); craggy ***2*** (*fatto su rupe*) rupestrian; rock (*attr.*): **iscrizione r.**, rupestrian inscription; **pitture rupestri**, rock paintings ***3*** (*bot.*) rock (*attr.*): **pino r.**, rock pine.

rùpia (1), *f.* (*med.*) rupia.

rupia (2), *f.* ***1*** (*unità monetaria di India, Maldive, Nepal, Pakistan, Seychelles, Sri Lanka*) rupee ***2*** (*unità monetaria dell'Indonesia*) rupiah.

rupìcolo, *a.* (*bot., zool.*) rupicolous.

ruràle, A *a.* rural; country (*attr.*): **paesaggio r.**, country landscape; **popolazione r.**, rural population; **economia r.**, rural economy; **casa r.**, farmhouse. **B** *m.* country dweller; (*agricoltore*) farmer; (*contadino*) peasant: **i rurali**, country people; country folk.

ruralità, *f.* rural character; rural nature.

ruscèllo, *m.* brook; (*anche fig.*) stream, rivulet.

rùsco, *m.* (*bot., Ruscus aculeatus*) butcher's broom.

rùspa, *f.* (*mecc.*) scraper.

ruspànte, *a.* ***1*** (*di pollo*) free-range (*attr., GB*); farmyard (*attr.*) ***2*** (*fig.*: *genuino*) genuine; real.

ruspàre, A *v. i.* (*razzolare*) to scratch about. **B** *v. t.* (*livellare con la ruspa*) to scrape.

russàre, *v. i.* to snore.

russificàre, *v. t.* to russianize.

russificazióne, *f.* Russification.

russismo, *m.* (*ling.*) Russian loan-word.

rùsso, A *a.* Russian: **la lingua russa**, the Russian language; Russian; **roulette russa**, Russian roulette. **B** *m.* (*f.* **-a**) Russian (*f.* Russian woman*): **i Russi**, the Russians; **r. bianco**, White Russian. **C** *m.* (*lingua*) Russian.

russofilìa, *f.* Russophilism.

russòfilo, *a.* e *m.* (*f.* **-a**) Russophile, Russophil.

russòfono, A *a.* Russian-speaking. **B** *m.* (*f.* **-a**) Russian speaker; speaker of Russian.

rusticàggine, *f.* rusticity.

rusticàle, *a.* (*lett.*) rustic; rural; bucolic: **una poesia r.**, a poem of country life.

rusticaménte, *avv.* ***1*** rustically; in country style ***2*** (*fig.*) roughly; rustically.

rusticàno, *a.* rustic; rural; country (*attr.*): **maniere rusticane**, rustic manners.

rustichézza, rusticità, *f.* rusticity; rustic manners (*pl.*).

rùstico, A *a.* ***1*** (*di campagna*) rural; country (*attr.*); village (*attr.*): **una casa rustica**, a rural house; a cottage; **scene rustiche**, rural scenes; **gente rustica**, country people (*o* folk); **atmosfera rustica**, country (*o* village) atmosphere; **danze rustiche**, country dances ***2*** (*fig.*: *in stile campagnolo*) rustic; country-style (*attr.*); farmhouse-style (*attr.*): **arredamento r.**, country-style furniture; **pranzo r.**, simple, country meal; **cibi rustici**, plain, farmhouse food (*o* fare); **vita rustica**, rustic life ***3*** (*fig.*: *non rifinito*) rustic; plain; crude: **muro r.**, rustic wall ***4*** (*fig.*: *non raffinato, rozzo*) rough; rustic; rude; uncouth; unrefined; hick (*attr., USA*): **maniere rustiche**, rough manners ***5*** (*fig.*: *non socievole*) surly; unsociable. ● **alla rustica**, simply; country-style (*attr.*). **B** *m.* ***1*** (*alloggio per contadini*) labourer's cottage; (*fabbricato per riporre gli attrezzi*) outhouse: **Si è comprato un r. in Piemonte**, he's bought a cottage in Piedmont ***2*** (*edil.*) carcass; shell (of a building) ***3*** (*lett.*) peasant.

rùta, *f.* (*bot., Ruta graveolens*) rue. ● **r. di muro** (*Asplenium ruta muraria*), wall-rue.

Rutènia, *f.* (*geogr., stor.*) Ruthenia

rutènico, *a.* (*chim.*) ruthenic.

rutènio, *m.* (*chim.*) ruthenium.

rutèno, *a.* e *m.* (*f.* **-a**) Ruthenian.

rutilànte, *a.* (*lett.*) rutilant (*lett.*); glowing; shining.

rùtilo, *m.* (*miner.*) rutile.

rutina, *f.* (*chim.*) rutin.

ruttàre, A *v. i.* to belch; to burp (*fam.*). **B** *v. t.* (*fig.*) to erupt; to belch forth; to vomit forth.

ruttino, *m.* (*fam.*: *eruttazione del lattante*) burp: **far fare il r. a un bambino**, to burp a baby.

rùtto, *m.* belch; burp (*fam.*).

ruttóre, *m.* (*elettr.*) contact-breaker; trembler: **molla [puntine] del r.**, contact-breaker spring [points]; **r. d'accensione**, timer.

ruvidézza, ruvidità, *f.* ***1*** roughness; coarseness: **r. di superficie**, surface roughness; **la r. d'una stoffa**, the coarseness of a material ***2*** (*fig.*) roughness; brusqueness; abruptness: **r. di maniere**, roughness of manners; brusqueness.

rùvido, *a.* ***1*** (*non liscio*) rough; coarse: **carta ruvida**, rough paper; **stoffa ruvida**, coarse fabric; **una pietra ruvida**, a rough stone; **mani ruvide**, rough hands ***2*** (*fig.*) rough; brusque; abrupt: **modi ruvidi**, rough (*o* brusque) manners.

ruzzàre, *v. i.* to romp.

ruzzolàre, A *v. i.* ***1*** (*cadere rotolando*) to tumble; to fall* head over heels: **r. dalle scale**, to tumble down the stairs; **r. da un cavallo**, to tumble off a horse ***2*** (*rotolare*) to roll. **B** *v. t.* to roll: **r. una botte**, to roll a barrel.

ruzzolàta, *V.* **ruzzolone**.

ruzzolìo, *m.* rolling; tumbling.

ruzzolóne, *m.* tumble; headlong fall: **fare un r.**, to have a nasty tumble; to fall head over heels; to come a cropper (*fam., anche fig.*).

ruzzolóni, *avv.* tumbling down: **cadere r.**, to tumble down; **fare le scale (a) r.**, to tumble down the stairs; **finire r. per terra**, to be sent sprawling.

s, S

S, s, *f. e m.* (*diciassettesima lettera dell'alfabeto ital.*) S, s. ● (*abbr. di santo*) **S.**, St: **S. Pietro**, St Peter □ (*telef.*) **s come Salerno**, s for Sugar □ **a forma di S**, S-shaped □ **curva a S**, S-bend.

Sàba, *m.* (*stor., geogr.*) Sheba: **la regina di S.**, the queen of Sheba.

sabadìglia, *f.* (*bot., Sabadilla officinalis*) sabadilla.

sàbato, *m.* Saturday; (*ebraico*) Sabbath: **Oggi è s.**, today is Saturday; **Verrò s.**, I'll come next Saturday (*o* on Saturday); **L'ho vista s.**, I saw her last Saturday (*o* on Saturday); **di s.** (*o* **il s.**), on Saturdays; on a Saturday; Saturdays (*USA*); **Non viene mai il s.**, he never comes on Saturdays (*o* on a Saturday). ● (*eccles.*) **S. Santo**, Holy Saturday □ **S. grasso**, Saturday before Lent □ (*prov.*) **Dio non paga il s.**, the mills of God grind slowly.

sabàudo, *a.* of (the House of) Savoy; Savoy (*attr.*).

sàbba, *m.* (witches') sabbat(h).

sabbàtico, *a.* sabbatic(al): (*Bibbia*) **anno s.**, sabbatical year; (*università*) **congedo [anno] s.**, sabbatical leave [year]; sabbatical.

sàbbia, **A** *f.* **1** sand: **s. alluvionale**, alluvial sand; **s. comune**, standard sand; **sabbie aurifere**, placer; **s. da modello**, facing (sand); **s. di cava**, pit sand; **s. di mare**, sea sand; **s. grossolana** (*o* **a spigoli vivi**), sharp sand; gravel; grit; (*ind.*) **s. isolante**, parting (sand); **sabbie mobili**, quicksand; **s. refrattaria**, refractory sand; fire-sand; (*geol.*) **s. verde**, greensand; **banco di s.**, sand bank; **cava di s.**, sand pit; **granello di s.**, grain of sand; **orologio a s.**, sand glass; **sacchetto di s.**, sandbag; **tempesta di s.**, sand storm **2** (*pl.*) (*med.*) urinary sand. ● (*fig.*) **costruire sulla s.**, to build on sand □ (*fig.*) **nascondere il capo nella s.**, to bury one's head in the sand □ (*fig.*) **scrivere sulla s.**, to write on the sand (*o* in dust, in water) □ (*fig.*) **seminare nella s.**, to plough the sand. **B** *a.* (*di color s.*) sandy.

sabbiàre, *v. t.* (*tecn.*) to sand-blast.

sabbiatóre, *m.* sand-blaster; sander.

sabbiatrìce, *f.* sand-blasting machine; sander.

sabbiatùra, *f.* **1** (*med.*) sand-bathing; sand bath **2** (*tecn.*) sandblasting. ● (*tecn.*) **s. metallica**, shot-blasting □ (*tecn.*) **s. umida**, vapour blasting.

sabbièra, *f.* (*ferr.*) sand-box.

sabbióne, *m.* coarse sand.

sabbionìccio, *m.* sandy soil.

sabbióso, *a.* sandy: **terreno s.**, sandy soil.

sabeìṣmo, *m.* (*stor.*) Sabianism.

sabellianìṣmo, *m.* (*stor.*) Sabellianism.

sabelliàno, *a.* e *m.* (*stor.*) Sabellian.

sabèllico, *a.* (*stor.*) Sabellian; Sabellic.

sabèllo, *m.* (*stor.*) Sabellian.

sabèo, *a.* e *m.* (*stor.*) Sabaean, Sabean: **i Sabei**, the Sabaeans.

Sabìna, *f.* (*stor., geogr.*) Sabina.

sabìna, *f.* (*bot., Juniperus sabina*) savin.

sabìno, *a.* e *m.* (*f.* **-a**) (*stor.*) Sabine (*f.* Sabine woman*): **i Sabini**, the Sabines; **il ratto delle Sabine**, the rape of the Sabine women.

sabotàggio, *m.* sabotage: **un atto di s.**, an act of sabotage; **s. parlamentare**, parliamentary obstructionism; stonewalling (*GB*), filibustering (*USA*).

sabotàre, *v. t.* to sabotage: **s. le macchine**, to sabotage the machinery; **s. un disegno di legge**, to sabotage a bill.

sabotatóre, *m.* (*f.* **-trice**) saboteur.

sàbra, *m.* e *f. invar.* sabra.

sàcca, *f.* **1** bag; (*zaino*) knapsack, pack; (*da spalla*) haversack: **s. da viaggio**, travelling bag; duffel (*o* duffle) bag; holdall (*GB*); carryall (*USA*); **s. militare**, kit bag; **s. da marinaio**, seabag **2** (*insenatura*) cove, creek, inlet; (*di fiume*) loop **3** (*aeron.*) pocket: **s. d'aria**, air pocket **4** (*anat.*) sac **5** (*bot.*) pollen sac **6** (*di altoforno*) bosh **7** (*mil., fig.*) pocket: **sacche di sottosviluppo**, pockets of underdevelopment; **sacche di resistenza**, pockets of resistance.

saccaràṣi, *f.* (*chim.*) saccharase; invertase.

saccàride, *m.* (*chim.*) saccharide.

saccarìfero, *a.* sacchariferous; sugar (*attr.*): **piante saccarifere**, sacchariferous plants; **industria saccarifera**, sugar industry.

saccarificàre, *v. t.* (*chim.*) to saccharify.

saccarificazióne, *f.* (*chim.*) saccharification.

saccarimetrìa, *f.* (*chim.*) saccharimetry.

saccarìmetro, *m.* (*chim.*) saccharimeter.

saccarìna, *f.* (*chim.*) saccharin(e).

saccarinàto, *a.* saccharinated; saccharated.

saccarìno, *a.* (*chim.*) saccharine.

saccaròide, *a.* e *m.* (*geol.*) saccharoid(al).

saccaròmetro, *m.* (*chim.*) saccharometer.

saccaromicète, *m.* (*bot., Saccharomyces*) saccharomycete.

saccaròṣio, *m.* (*chim.*) saccharose.

saccàta, *f.* **1** sackful; sackload; bagful: **una s. di paglia**, a sackful of straw **2** (*fig., grande quantità*) bags (*pl.*); heaps (*pl.*): **una s. di soldi**, bags of money.

saccàto, *a.* (*med., bot.*) saccate.

saccatùra, *f.* (*meteor.*) trough: **s. equatoriale [polare]**, equatorial [polar] trough.

saccènte, **A** *a.* pedantic; (*presuntuoso*) conceited, self-important, bumptious. ● **donna s.**, bluestocking. **B** *m.* e *f.* pedant; wiseacre; know-all (*fam.*); know-it-all (*fam.*). ● **fare il s.**, to parade (*o* to show off) one's knowledge; to be a know-all (*fam.*) □ **Fa tanto il s. lui**, he thinks he knows all the answers.

saccenterìa, *f.* pedantry; (*presunzione*) self-importance; conceit; showing-off; bumptiousness.

saccentóne, *V.* **saccente, B.**

saccheggiaménto, *V.* **saccheggio.**

saccheggiàre, *v. t.* **1** (*mettere a sacco*) to sack; to put* to sack; to pillage; to plunder; to loot: **s. una città**, to sack a city; **Il nemico saccheggiò le campagne**, the enemy troops pillaged (*o* plundered) the countryside **2** (*rapinare, depredare*) to rob; to loot; to raid; to rifle; to ransack: **s. una banca**, to rob (*o* to raid) a bank; **Una banda di teppisti gli saccheggiò il negozio**, a gang of hoodlums looted his shop; **s. la dispensa**, to raid (*o* to rifle) the larder **3** (*fig.*) to plagiarize; to plunder: **s. un libro**, to plagiarize a book; **Ha saccheggiato tutte le mie migliori idee**, he's plundered all my best ideas.

saccheggiatóre, *m.* (*f.* **-trice**) **1** sacker; pillager; plunderer; looter; ravager; harrier; marauder **2** (*rapinatore*) robber; ransacker **3** (*fig.: chi plagia*) plagiarizer.

sacchéggio, *m.* **1** sack; pillage; plunder; ravage: **abbandonare una città al s.**, to give over a town to pillage; **dare il s. a una città**, to put a town to sack; to sack a town **2** (*rapina*) robbery; looting **3** (*fig.: plagio*) plagiarism.

sacchettatrìce, *f.* (*mecc.*) bagging machine.

sacchettifìcio, *m.* paper bag factory.

sacchétto, *m.* **1** bag; pouch: **s. di carta [di plastica]**, paper [plastic] bag; (*nei negozi*) carrier bag, shopping bag (*USA*); **s. di pelle**, leather pouch **2** (*quantità contenuta in un s.*) bag(ful): **Si è mangiato tutto un s. di caramelle**, he ate a whole a bag of sweets. ● **s. di sabbia**, sandbag □ **s. per la biada**, nosebag; feedbag (*USA*) □ **s. per la spazzatura**, bin liner □ **s. profumato**, scent-bag; sachet. ● **giacca a s.**, loose jacket.

sacchifìcio, *m.* sack factory.

saccifórme, *a.* (*anat.*) saccular; sac-shaped; sac-like; (*bot.*) saccate.

sàcco, *m.* **1** sack; bag; (*di tela, iuta e sim.*) sack; (*di pelle e sim.*) bag; (*bisaccia*) haversack: **un s. di farina [di patate]**, a sack of flour [of potatoes]; **un s. di tela [di iuta]**, a canvas [jute *o* gunny] sack; **riempire un s.**, to fill up a sack **2** (*contenuto di un s.*) sack; sackful; sackload; bag; bagful: **Versò un s. di calce nell'impastatrice**, he poured a sackful of lime into the mixer **3** (*fam.: grande quantità*) lot; lots (*pl.*); a whole lot; heap; heaps (*pl.*); pile; loads (*pl.*); bags (*pl. GB*); masses (*pl.*); scads (*pl. USA*); raft (*USA*): **un s. di gente**, a lot of (*o* lots of) people; **un s. di domande**, a lot of questions; **un s. di lavoro**, piles of work; **Ho un s. di stoffa per la gonna**, I've got loads of material for the skirt; **In ufficio mi aspetta un s. di posta**, there's a pile (*USA*: raft) of mail waiting for me in my office; **un s. di bugie**, a pack of lies; **un s. di soldi**, loads (*o* heaps, bags, pots, piles) of money; a bomb; a packet: **Ha un s. di soldi**, he's got bags of money; he is rolling in money; **Mi è costato un s. di soldi**, it cost a bomb (*o* a packet) **4** (*veste rozza, specialm. di penitenti*) sackcloth: **vestito di s.**, in sackcloth; **vestirsi di s.** (*umiliarsi*), to put on sackcloth and ashes **5** (*anat., zool., bot.*) sac: **s. lacrimale**, lacrymal sac; **s. vitellino**, yolk sac; **s. embrionale**, embryo sac **6** (*saccheggio*) sack; pillage; plunder: **il s. di Roma**, the sack of Rome; **mettere a s.**, to put to sack; to sack (*o* to pillage) **7** (*boxe*) punchball (*GB*); punching bag (*USA*) **8** (*fig. fam.: stomaco*) belly; stomach: **riempirsi il s.**, to fill up one's belly **9** (*fig. scherz.: banconota da mille lire*) thousand-lire note. ● **un s.** (*moltissimo, tantissimo*), a lot; enormously; tremendously; terrific (*agg.*); super (*agg., fam.*): **Mi piace un s.**, I like it a lot; **«Ti piace?» «Un s.!»**, «Do you like it?» «Enormously!»; **«Ti sei divertita?» «Un s.!»**, «Did you have a good time?» «Terrific!» (*o* «Super!») □ **s. a pelo**, sleeping bag □ **s. da montagna**, rucksack; knapsack □ **s. da viaggio**, travelling bag; duffel bag □ **un s. di botte**, a thrashing: **dare un s. di botte a q.**, to give sb. a thrashing; to beat sb. up □ (*fig.*) **s. di cenci**, bundle of rags □ (*fig.*) **s. di patate**, lump; goof □ (*fig.*) **s. di pulci**, flea-bag □ (*fig.*) **s. d'ossa**, bag of bones □ **un s. di tempo**, a long time; ages; for ever: **Non ci vedevamo da un s. di tempo**, we hadn't seen each other for ages; **metterci un s. di tempo**, to take for ever; **durare un s. di tempo**, to last for ever □ **un s. di volte**, a hundred times; a dozen times □ **un s. e una sporta**, a lot; lots (*pl.*); heaps (*pl.*); oodles (*pl.*): **Ce n'è un s. e una sporta**, there's loads (*o* heaps, oodles) of it; **darne un s. e una sporta a q.**, to give sb. a good thrashing (*o* a good hiding); to beat sb. up; **dirne un s. e una sporta a q.**, to give sb. the rough edge of one's tongue □ **s. militare**, kitbag □ **s. postale**, mailbag; postbag □ **abito a s.**, sack dress (*o* frock); shift □ (*fig.*) **avere il s. pieno**, to be full up □ **colazione al s.**, picnic (lunch); packed lunch; sandwich lunch □ (*fig.*) **colmare il s.**, to pass all limits (*o* the limit); to go too far; to overstep the mark □ (*fig.*) **con la testa nel s.**, (*da stupido*) clumsily, like a fool; (*da incosciente*) thoughtlessly, recklessly □ (*fig.*) **con le mani nel s.**, red-handed: **Lo sorpresi con le mani nel s.**, I caught him red-handed □ (*fig.*) **con le pive nel s.**, empty-handed; highly disappointed □ **corsa nei sacchi**, sack race □ **fare il s. (al letto) a q.**, to make sb. an apple-pie bed □ (*fig.*) **farina del proprio s.**, one's own work □ **fuori s.**, by special delivery: **corrispondenza fuori s.**, special delivery mail; special mail □ **giacca a s.**, sack jacket □ (*fig.*) **mettere nel sacco**, (*superare*) to beat, to get the upper hand of; (*imbrogliare*) to cheat, to swindle; to pull the wool over (sb.'s) eyes □ **Non si lascia mettere nel sacco, lui!**, there are no flies on him! □ **tela da sacchi**, sacking; sackcloth □ (*fig.*) **tenere** (*o* **reggere**) **il s. a q.**, to aid and abet sb. □ **volere un s. di bene a q.**, to be very fond of sb.: **Gli voglio un s. di bene**, I'm very fond of him; I really love him □ (*fig.*) **vuotare il s.**, (*sfogarsi*) to speak out, to speak one's mind, to unload, to tell what's on one's mind; (*confessare*) to tell all, to come clean, to spill the beans (*fam.*) □ (*prov.*) **S. vuoto non sta in piedi**, you can't work on an empty stomach.

saccòccia, *f.* (*region.*) pocket: **mettersi q.c. in s.**, to pocket st.; to bag st.

saccóne, *m.* (*pagliericcio*) straw mattress; pallet; palliasse.

saccopelìsta, *m.* e *f.* traveller who sleeps out in a sleeping bag.

sacculàto, *a.* (*scient.*) saccular; sacculate(d).

sàcculo, *m.* (*anat.*) sacculus*; saccule.

sacèllo, *m.* *1* (*archeol.*) sacellum* *2* (*lett.*: *cappelletta*) (small) chapel.

sacerdotàle, *a.* priestly; priestlike; sacerdotal; ministerial: **ordine s.**, priestly order; **ufficio s.**, priestly office; priesthood; **ministero s.**, priesthood.

sacerdòte, *m.* *1* priest; clergyman*; churchman*; minister: **il Sommo S.**, (*nella Bibbia*) the High Priest; (*il Papa*) the Pope; **farsi s.**, to become a priest; to enter the Church; to take holy orders; **ordinare q. s.**, to ordain sb. priest *2* (*fig.*) devotee: **un s. della giustizia**, a devotee of justice; a judge; **un s. di Esculapio**, a devotee of Aesculapius; a doctor.

sacerdotéssa, *f.* priestess; woman priest.

sacerdòzio, *m.* priesthood; ministry: **assumere il s.**, to enter the ministry; to enter the Church.

sacràle (1), *a.* (*lett.*) sacral; (*sacro*) sacred, holy: **una formula s.**, a sacral formula; **riti sacrali**, sacred rites.

sacràle (2), *a.* (*anat.*) sacral: **vertebre sacrali**, sacral vertebrae; sacrals.

sacralgìa, *f.* (*med.*) sacralgia.

sacralità, *f.* sacredness.

sacralizzàre, *v. t.* to make* sacred; to sacralize.

sacralizzazióne (1), *f.* making sacred; sacralization.

sacralizzazióne (2), *f.* (*med.*) sacralization.

sacramentàle, A *a.* *1* sacramental: **confessione s.**, sacramental confession *2* (*fig. scherz.*) ritual; traditional. **B** *m. pl.* (*relig.*) sacramentals.

sacramentàre, A *v. t.* *1* (*relig.*) to administer the sacraments to *2* (*giurare*) to swear* *3* (*imprecare*) to swear*; to curse. **B sacramentàrsi,** *v. rifl.* (*relig.*) to receive the sacraments; (*comunicarsi*) to receive Holy Communion.

sacramentàrio, *m.* *1* (*relig.*) sacramentary *2* (*stor.*) Sacramentarian.

sacramentàto, *a.* (*relig.*) consecrated. ● **Gesù s.**, Christ in the Blessed Sacrament.

sacraménto, *m.* (*relig.*) sacrament: **i sette sacramenti**, the seven sacraments; **il Santissimo S.**, the Blessed (*o* the Holy) Sacrament; **amministrare [ricevere] un s.**, to administer [to receive] a sacrament; **accostarsi ai sacramenti**, to go to confession and to take Holy Communion. ● (*fig., fam.*) **con tutti i sacramenti**, with all due ceremony; thoroughly; properly.

sacràre, A *v. t.* (*lett.*) to consecrate. **B** *v. i.* (*pop.*: *bestemmiare*) to swear*; to curse.

sacràrio, *m.* *1* (*archeol.*) sacrarium* *2* (*santuario*) sanctuary; shrine; memorial (building, chapel) *3* (*relig.*) sacrarium*.

sacrestàno, *m.* sacristan; sexton; verger.

sacrestìa, *f.* sacristy; vestry. ● (*fig.*) **C'è odor di s.**, it smacks of the church.

sacrificàbile, *a.* sacrifiable; expendable.

sacrificàle, *a.* sacrificial.

sacrificàre, A *v. t.* *1* (*uccidere in sacrificio*) to sacrifice; to immolate: **s. vittime umane**, to sacrifice (*o* to immolate) human victims *2* (*rinunciare a*) to give* up, to sacrifice, to forgo* (*o* to forego*) (*form.*); (*eliminare, cancellare*: *testi, progetti e sim.*) to cut* (out), to scrap: **s. la vita per la libertà**, to sacrifice (*o* to lay down) one's life for freedom; **Sacrificò la vita per salvare l'amico**, he gave up his life to save his friend; **s. i propri interessi**, to sacrifice one's interests; **Ha sacrificato la carriera per badare ai figli**, she gave up her career to look after her children; **Ho sacrificato la dispensa per avere un altro bagno**, I gave up the larder to have another bathroom; **Ha sacrificato le vacanze per aiutarmi**, she gave up her holiday to help me; **Hanno sacrificato il progetto della nuova scuola per costruire un autosilo**, the plan to build a new school was scrapped in favour of a multi-storey carpark *3* (*non valorizzare*) to waste; to misuse: **s. il proprio talento**, to waste one's talent; **Lo sacrifichi quel quadro dietro la porta**, that painting is wasted behind the door *4* (*negli scacchi*) to sacrifice. **B** *v. i.* to sacrifice; to offer sacrifices; to make* offerings. **C sacrificàrsi,** *v. rifl.* *1* (*dare la vita*) to give* up (*o* to lay* down) one's life; to sacrifice one's life *2* (*fig.*) to sacrifice oneself *3* (*restringersi*) to squeeze; to retire: **Si sono dovuti sacrificare in un appartamentino**, they had to squeeze into a tiny flat.

sacrificàto, *a.* *1* sacrificed *2* (*non valorizzato*) wasted; spoiled: **In quel lavoro è s.**, he is wasted in that job. ● **vita sacrificata**, life of sacrifice.

sacrificatóre, *m.* (*f.* **-trice**) (*lett.*) sacrificer; immolator.

sacrifìcio, sacrifìzio, *m.* sacrifice (*anche fig.*); (*immolazione*) immolation; (*offerta*) offering: **s. di sé**, self-sacrifice; **un s. propiziatorio [espiatorio]**, a propitiatory [an expiatory] sacrifice; **s. cruento [incruento]**, bloody [bloodless] sacrifice; **il s. d'Abramo**, Abraham's sacrifice; **il s. della Messa**, the sacrifice of the Mass; **offrire sacrifici**, to offer sacrifices; **offrire q.c. in s.**, to offer st. as a sacrifice; to sacrifice st.; **Uccisero un vitello in s.**, they killed a calf as a sacrifice; **fare un s.**, to make a sacrifice; **Ha fatto sacrifici per dare un'istruzione ai figli**, he made sacrifices to give his children an education.

sacrilègio, *m.* (*anche fig.*) sacrilege: **commettere un s.**, to commit sacrilege; **Ogni critica delle sue teorie è un s.**, any criticism of his theories is sacrilege.

sacrìlego, *a.* sacrilegious: **ladri sacrileghi**, sacrilegious robbers; **mani sacrileghe**, sacrilegious hands. ● **lingua sacrilega**, blasphemous tongue.

sacripànte, *m.* *1* (*uomo grande e grosso*) colossus; hulk *2* (*gradasso*) bully; swashbuckler; braggart; hector. ● **fare il s.**, to brag; to swagger.

sacrìsta, *m.* sacrist; sacristan; sexton; verger.

sacristìa, *V.* **sacrestia**.

sàcro (1), A *a.* *1* sacred; holy: **un luogo s.**, a holy place; **gli ordini sacri**, the holy orders; **il S. Collegio**, the Sacred College; **il S. Cuore di Gesù**, the Sacred Heart of Jesus; **la Sacra Famiglia**, the Holy Family *2* (*consacrato*) sacred: **un edificio s.**, a sacred building; **La colomba era sacra a Venere**, the dove was sacred to Venus; **s. alla memoria di**, sacred to the memory of *3* (*inviolabile*) sacred; sacrosanct: **La promessa è sacra**, a promise is sacred. ● (*stor.*) **il S. Romano Impero**, the Holy Roman Empire □ **la Sacra Scrittura**, the Holy Scriptures; the Holy Writ □ **musica sacra**, sacred music. **B** *m.* (the) sacred: **il s. e il profano**, the sacred and the profane.

sàcro (2), *m.* (*anat.*: *osso s.*) sacrum*.

sacroilìaco, *a.* (*anat.*) sacroiliac.

sacrosantaménte, *avv.* (*meritatamente*) deservedly; (*giustamente*) rightly; (*assolutamente*) quite, altogether; (*indiscutibilmente*) indisputably: **s. meritato**, rightly (*o* well) deserved. ● **È s. vero**, it's the pure truth.

sacrosànto, *a.* *1* sacrosanct; most sacred; holy *2* (*inviolabile*) sacrosanct; sacred; inviolable: **un diritto s.**, a sacrosanct right *3* (*vero; indiscutibile*) true; indisputable: **parole sacrosante**, indisputable words; **s. dovere**, bounden duty; **È verità sacrosanta**, it's gospel truth *4* (*meritato*) well-deserved: **un castigo s.**, a well-deserved punishment.

sadducèo, saducèo, A *a.* (*stor.*) Sadducean, Sadducaean. **B** *m.* Sadducee.

sàdico, A *a.* sadistic. **B** *m.* (*f.* **-a**) sadist.

sadìsmo, *m.* sadism.

sadomàso, *V.* **sadomasochista, sadomasochistico**.

sadomasochìsmo, *m.* (*psic.*) sadomasochism.

sadomasochìsta, *m.* e *f.* (*psic.*) sadomasochist.

sadomasochìstico, *a.* (*psic.*) sadomasochistic.

saétta, *f.* *1* (*freccia*) arrow; dart (*lett.*) *2* (*fulmine*) thunderbolt; bolt of lightning: **correre come una s.**, to run like (*o* as quick as) lightning *3* (*geom.*) sagitta* *4* (*mecc.*: *punta di trapano*) bit *5* (*edil.*) strut; pendant post *6* (*calcio*) lightning shot.

saettànte, *a.* darting; shooting.

saettàre, A *v. t.* *1* (*scagliare frecce*) to shoot* arrows (at sb., st.) *2* (*fig., lanciare*) to dart; to shoot*; to flash: **s. occhiate furiose**, to dart (*o* to shoot) angry glances; **Mi saettò un sorriso**, he flashed a smile at me; **s. la palla in rete**, to shoot the ball into the goal. **B** *v. i.* to shoot*; to bolt: **L'auto saettò lungo il viale**, the car shot down the avenue.

saettatóre, *m.* (*f.* **-trice**) (*lett.*) darter.

saettèlla, *f.* (*mecc.*) drill bit.

saettifórme, *V.* **sagittato**.

saettóne, *m.* *1* (*zool., Elaphe longissima*) Aesculapian snake *2* (*edil.*) strut; pendant post.

safàri, *m. invar.* safari: **s. fotografico**, photographic safari.

safèna, *f.* (*anat.*) saphena.

safèno, *a.* (*anat.*) saphenous.

sàffica, *f.* (*metrica*) Sapphic ode.

sàffico, *a.* *1* (*metrica*) Sapphic: **metro s.**, Sapphic metre; **strofe saffica**, Sapphic stanza (*o* verse); Sapphic; **versi saffici**, Sapphics *2* (*lesbico*) Sapphic; lesbic.

saffìsmo, *m.* lesbianism.

Sàffo, *f.* (*letter.*) Sappho.

safranìna, *f.* (*chim.*) safranin(e).

sàga, *f.* (*letter.* e *fig.*) saga.

sagàce, *a.* sagacious; shrewd; astute; adroit; (*perspicace*) sharp-witted, keen-witted, quick-witted, perspicacious: **una risposta s.**, a shrewd reply; **una decisione s.**, an astute decision.

sagàcia, sagacità, *f.* sagacity; shrewdness; astuteness; adroitness; vision.

saggézza, *f.* wisdom: **aspirare alla s.**, to seek wisdom; **comportarsi con s.**, to act wisely.

saggiàbile, *a.* testable; assayable.

saggiàre, *v. t.* ***1*** (*analizzare*) to assay; to test: **s. l'oro [l'argento]**, to assay gold [silver] ***2*** (*mettere alla prova, valutare*) to test, to put* to the test, to try out; (*cercare di capire*) to sound (sb.) out: **s. le capacità di q.**, to test sb.'s ability; **s. le proprie forze**, to try out one's strength; **s. le conoscenze di q.**, to put sb.'s knowledge to the test; **Cerca di s. le sue opinioni sulla faccenda**, try and sound her out on this ***3*** (*tastare*) to feel*: **Il rocciatore saggiò la parete in cerca di un appiglio**, the climber felt the rockface for a hand-grip.

saggiatóre, *m.* ***1*** (*f.* **-trice**) assayer; tester ***2*** (*bilancia per saggiare*) assay balance.

saggiatùra, *f.* assaying; testing.

saggina, *f.* (*bot., Sorghum vulgare*) sorghum; Indian millet; broomcorn.

sagginàre, *v. t.* to fatten: **s. i maiali**, to fatten pigs.

sagginàto, *a.* (*di colore simile alla saggina*) sorghum-brown; (*roano*) roan.

sàggio (1), A *a.* wise; sage; (*di buon senso*) sensible, judicious; (*che ha esperienza*) experienced; (*prudente*) prudent, well-advised: **consigli saggi**, sage advice; **parole sagge**, wise words; **detti saggi**, wise sayings; saws; **un progetto s.**, a wise (*o* a sensible) plan; **Fosti s. a non andare**, you were wise not to go. **B** *m.* (*f.* **-a**) ***1*** wise person; sage ***2*** (*esperto*) expert. ● **agire da s.**, to act wisely.

sàggio (2), *m.* ***1*** (*analisi*) assay; test; trial: **s. di durezza**, hardness test; **s. di minerale aurifero**, gold ore assay; **fare il s. d'un metallo**, to assay (*o* to test) a metal; **fare il s. d'un prodotto**, to test a product; **tubo da s.**, test tube ***2*** (*campione, esemplare*) specimen; sample: **un s. di scrittura**, a specimen of (sb.'s) handwriting; **copia di s.**, specimen (*o* complimentary) copy; **Questo è solo un s. di quel che ti aspetta**, this is just a sample of what's in store for you; this is just for starters (*fam.*) ***3*** (*esempio tipico*) example, instance; (*prova, dimostrazione*) proof, evidence, example; (*esame*) test, paper; (*esibizione*) display, recital, performance: **un s. della propria intelligenza**, an example of one's intelligence; **dare un s. della propria bravura**, to give proof of one's skill; **s. di latino**, Latin test (*o* paper); **s. ginnico**, gym display; PE display; **s. di danza**, dance recital; **s. musicale**, musical performance; school concert ***4*** (*fin.: tasso*) rate: **s. di sconto**, rate of discount; discount rate ***5*** (*lett.*) essay; study: **un s. biografico**, a biographical essay; **saggi critici**, critical essays; **Ha pubblicato un ottimo saggio su Dante**, he has published an excellent study on Dante.

saggista, *m.* e *f.* (*letter.*) essayist; non-fiction writer.

saggistica, *f.* (*letter.*) essay-writing; essays; (*genere*) non-fiction.

saggìstico, *a.* (*letter.*) essay (*attr.*); essayistic; non-fiction (*attr.*).

sagittàle, *a.* (*anat.*) sagittal: **sutura s.**, sagittal suture.

sagittària, *f.* (*bot., Sagittaria sagittifolia*) arrowhead.

sagittàrio (1), *m.* ***1*** (*astron.*) Sagittarius; the Archer ***2*** (*astrol.*) Sagittarius.

sagittàrio (2), *m.* (*zool.: Sagittarius serpentarius*) secretary bird; serpent eater.

sagittàto, *a.* (*bot.*) sagittate(d).

sàglia, *V.* **saia**.

sàgola, *f.* (*naut.*) halyard; line: **s. da getto**, heaving line; **s. della bandiera**, flag halyard; **s. del solcometro**, log line; **s. di salvataggio**, lifeline; **s. per scandaglio**, sounding (*o* lead) line.

sàgoma, *f.* ***1*** outline; profile; silhouette; form; (*forma, stampo*) shape, mould: **la s. di un oggetto**, the shape (*o* outline) of an object; **la s. di una nave all'orizzonte**, the profile of a ship on the horizon; **s. ritagliata**, cut-out ***2*** (*falegn.*) pattern ***3*** (*mecc.*) template ***4*** (*metall.*) strickle; sneep ***5*** (*ferr.*) gauge: **s. di carico**, loading gauge; **s. limite**, clearance gauge ***6*** (*bersaglio di tiro a segno*) target; silhouette ***7*** (*fam., tipo buffo o eccentrico*) funny person; character; wag: **È una vera s.**, he's a real character.

sagomàre, *v. t.* to shape; to mould; to form; to model.

sagomàto, *a.* shaped; modelled: **ben s.**, well-shaped.

sagomatrìce, *f.* (*mecc.*) milling machine; miller.

sagomatùra, *f.* ***1*** shaping; outlining ***2*** (*sagoma*) outline; profile.

sàgra, *f.* festival; feast; fair: **la s. dell'uva**, the grape-harvest festival; **la s. del paese**, the village fair (*o* festival).

sagràto, *m.* ***1*** (*spazio dinanzi ad una chiesa*) parvis; church square ***2*** (*stor.: cimitero*) churchyard ***3*** (*pop.: bestemmia*) oath; curse: **tirare sagrati**, to swear.

sagrestàno, sagrestìa, *V.* **sacrestano, sacrestia.**

sagrì, *m.* (*zool., Etmopterus spinax*) lantern shark.

sagrista, *V.* **sacrista**.

sagù, *m.* sago. ● (*bot.*) **palma da s.**, sago palm.

sahariàna, *f.* (*giacca*) safari jacket; bush jacket.

sahariàno, *a.* Saharan; Sahara (*attr.*).

sàia, *f.* (*ind. tess.*) twill; serge; (*a diagonali marcate*) whipcord: **s. alla rovescia**, reverse twill.

saintpàulia, *f.* (*bot.*) saintpaulia; African violet.

sàio, *m.* habit; frock; (*con cappuccio*) cowl: **il s. francescano**, the Franciscan habit; **vestire il s.**, to take the cowl; **gettare il s. alle ortiche**, to throw off the cowl.

sakè (*giapponese*), *m. invar.* sake, saki.

sàla (1), *f.* ***1*** hall; lounge; room; (*di cinema, teatro*) house: **s. da ballo**, dance hall; ballroom; dancing saloon (*USA*); **s. cinematografica**, cinema; movie house (*o* theater) (*USA*); **s. da biliardo**, billiard room; poolroom (*USA*); **s. da gioco**, card room; **s. da pranzo**, dining room; (*per banchetti*) banquet hall; **s. d'aspetto**, waiting room; reception room; **s. interna**, back room; (*in un bar*) saloon, saloon bar; **s. per concerti**, concert-hall; **s. riunioni**, conference room (*o* hall); **C'è un dottore in s.?**, is there a doctor in the house? ***2*** (*fig.: il pubblico*) audience; (*i presenti*) people in the room ● **s. anatomica**, dissecting room □ **s. d'aste**, auction room; saleroom (*GB*) □ (*naut.*) **s. caldaie**, stokehold □ (*Borsa*) **s. delle contrattazioni**, floor; ring; pit (*USA*) □ **s. di controllo**, control room □ (*in una biblioteca*) **s. di consultazione**, reference room □ (*ippica*) **s. corse**, betting shop; **s. d'esposizione**, showroom □ **s. giochi**, amusement arcade □ **s. di lettura**, reading room □ **s. macchine**, engine room □ (*naut.*) **s. nautica**, chart room; chart house □ **s. operatoria**, operating theatre (*USA*: room) □ **s. partenze**, departure lounge □ **s. parto**, delivery room □ (*ind.*) **s. pompe**, pump room □ **s. professori**, staff room; (senior) common room □ (*cinem.*) **s. di proiezione**, projection room □ (*ind.*) **s. prova**, test room; testing room □ (*TV*) **s. di regia**, control room; testing room □ **s. di registrazione**, sound studio □ **s. di scherma**, fencing room □ **s. stampa**, press room □ **s. transiti**, transit lounge.

sàla (2), *f.* (*mecc.*) axle; axle-tree.

sàla (3), *f.* (*bot., Sparganium erectum*) bur reed.

salàcca, *f.* (*zool., Alosa alosa*) allis shad.

salàce, *a.* ***1*** (*lascivo*) salacious; racy; risqué (*franc.*): **una storiella s.**, a racy anecdote ***2*** (*mordace*) biting; pungent; spicy: **battute salaci**, pungent quips.

salacità, *f.* ***1*** (*l'essere lascivo*) salacity; salaciousness; lewdness ***2*** (*mordacità*) pungency; spiciness.

Saladino, *m.* (*stor.*) Saladin.

salagióne, *f.* salting; pickling.

salamàndra, *f.* (*zool., Salamandra*; *anche fig.*) salamander. ● (*zool.*) **s. acquaiola** (*Triturus cristatus*), swift; newt; triton.

salàme, *m.* ***1*** salami (*sing.*) ***2*** (*fig.*) silly; silly goose; lump: **Che s., ho dimenticato gli occhiali!**, silly goose, I've left my glasses behind!; **Forza, s., che aspetti?**, come on, you lump, what are you waiting for?

salamelècco, *m.* salaam; low bow; (*fig. spreg.*) bowing and scraping, kowtowing. ● **fare salamelecchi**, to bow and scrape; to bow right and left; to kowtow □ **senza tanti salamelecchi**, without ceremony.

Salamìna, *f.* (*geogr.*) Salamis.

salamòia, *f.* brine; pickle. ● **un'aringa in s.**, a pickled herring □ **mettere in s.**, to pickle □ **olive in s.**, olive pickles; pickled olives.

salamoiàre, *v. t.* to pickle.

salangàna, *f.* (*zool., Collocalia*) salangane.

salàre, *v. t.* ***1*** (*per dare sapore*) to salt; to season with salt; to put* salt in; to add salt to: **s. la minestra**, to add salt to (*o* to put salt in) the soup ***2*** (*per conservare*) to salt down (*o* away); to corn; to pickle: **s. il merluzzo**, to salt down cod. ● (*fig.*) **s. la scuola**, to play truant; to cut classes; to play hooky (*USA*).

salariàle, *a.* of wages; wage (*attr.*); pay (*attr.*): **accordo s.**, pay settlement; **aumento s.**, pay rise (*USA*: raise); wage hike (*USA*); **contrattazioni salariali**, wage talks; pay negotiations; **controversia s.**, wage dispute; **minimo s.**, minimum wage; **rivendicazione s.**, wage claim.

salariàto, A *a.* wage-earning **B** *m.* (*f.* **-a**) wage-earner; wageworker (*USA*).

salàrio, *m.* wage (*generalm. al pl.*); pay; hire: **s. a cottimo**, piece wage (*o* rate); **s. a giornata**, daily wage; day's pay; **s. a incentivo**, bonus; merit pay (*USA*); **s. a premio**, premium system wages; **s. arretrato**, back pay; arrears of wages; **s. base [iniziale]**, basic [initial] wages; **s. di fame**, starvation wage; **s. garantito** (*o* **minimo**), minimum wage; living wage; **s. netto**, take-home pay; net pay; **s. nominale**, nominal wages; **s. reale**, real wages; **anticipo sul s.**, subsistence allowance (*GB*); advance on wages (*USA*); **aumento dei salari**, pay rise (*GB*); pay raise (*USA*); **blocco dei salari**, wage freeze; **contenimento dei salari**, wage control (*o* restraint); **indicizzazione dei salari**, wage indexation; **politica dei salari**, pay policy; **riduzione dei salari**, wage cut; **riscuotere il s.**, to draw one's pay.

salassàre, *v. t.* ***1*** (*med.*) to bleed*; to let* blood from ***2*** (*fig.: far pagare molto*) to overcharge, to rip off (*fam.*), to fleece (*fam.*), to soak (*pop. USA*); (*del fisco*) to bleed*: **Quello è un meccanico che ti salassa**, that garage rips you off.

salassàta, *f.* *V.* **salasso**, *def. 2*.

salassatùra, *f.* *V.* **salasso**, *def. 1*.

salàsso, *m.* ***1*** (*med.*) bleeding; blood-letting ***2*** (*fig.*) drain; rip-off (*fam.*); heavy expense: **L'operazione è stata un vero s.**, the operation was a real drain on my money; **La cena a quel ristorante è stata un bel s.**, dinner at that restaurant was a rip-off. ● **fare un s. a q.**, to bleed sb.

salàta, *f.* salting. ● **dare una s. a q.c.**, to add salt to st.

salatino, *m.* savoury biscuit; cracker; cocktail snack.

salàto, A *a.* ***1*** salty; salted; (*di cibo non dolce*) savoury; (*salino*) salt (*attr.*): **acqua salata**, (*con sale*) salty (*o* salted) water, brine; (*di mare*) salt water; **biscotti salati**, savoury biscuits; **burro s.**, salted butter; **Questa mi-**

nestra è (**troppo**) **salata**, this soup is too salty; there's too much salt in this soup *2* (*sotto sale*) salt (*attr.*); salted; corned: **manzo s.**, salted (*o* corned) beef; **merluzzo s.**, salt cod; **noccioline salate**, salted peanuts *3* (*fig.*: *costoso*) expensive, high-priced, pricey (*o* pricy) (*fam.*); (*di prezzi, conti e sim.*) high, stiff, tall: **capriccio s.**, expensive whim; **parcella salata**, stiff fee *4* (*fig.*: *mordace*) pungent; sharp; biting: **risposta salata**, sharp retort. ● **costare s.**, to cost a pretty penny □ **La tua imprudenza ti costerà salata**, you'll pay dearly for your rashness □ **pagare q.c. s.**, to pay through the nose for st.; (*fig.*) to pay dearly for st. □ **Il tuo oculista è s.**, your oculist charges a lot; your oculist's charges are high. **B** *m.* *1* (*sapore salato*) salty taste: **sapere di s.**, to have a salty taste; **Preferisco il s. al dolce**, I prefer salty (o savoury) things to sweets *2* (*cucina*) salami (*sing.*).

salatóio, *m.* salting room.

salatóre, *m.* (*f.* **-trice**) (*addetto a operazioni di salatura*) salter; curer.

salatùra, *f.* salting.

salciccia, (*pop.*) *V.* **salsiccia.**

salcigno, *a.* *1* (*di salice*) willow (*attr.*) *2* (*di legname*: *nodoso*) knotty; gnarled.

salciòlo, *m.* withe; withy.

sàlda, *f.* starch water.

saldàbile, *a.* (*metall.*) weldable.

saldabilità, *f.* (*metall.*) weldability.

saldacónto, *m.* (*amm.*) account book; ledger.

saldaménte, *avv.* firmly; solidly; (*fermamente*) fast, steadily; (*tenacemente*) tenaciously.

saldaménto, *m.* (*med.*) healing; cicatrization.

saldàre, A *v. t.* *1* (*congiungere*) to join; to bind*; to unite *2* (*metall.*) to solder; to weld: **s. a dolce** (*o* **a stagno**), to soft-solder; **s. a forte** (*o* **a ottone**), to hard-solder; to braze; **s. a pressione**, to pressure-weld; **s. a punti**, to spot-weld; **s. tubazioni a piombo**, to wipe *3* (*collegare*) to weld together; to link up; to tie up; to knit up *4* (*comm.*) to settle; to settle up; to balance; to liquidate; to pay* off (*o* up); to pony up (*USA*); to square up (*fam.*): **s. un conto**, to settle an account; to settle up; to square up (*fam.*); **s. un debito**, to pay off a debt. ● (*fig.*) **s. i conti con q.**, to settle accounts with sb.; to get even with sb.; to even up the score with sb. □ **s. una partita**, to settle a matter. **B saldarsi,** *v. i. pron.* *1* (*di ferita*) to heal; (*di osso fratturato*) to knit*, to set* *2* (*fig.*: *collegarsi*) to be well knit; to tie up: **Le due parti del racconto non si saldano bene**, the two parts of the story are not well knit together.

saldàto, *a.* *1* joined; bound; united *2* (*metall.*) welded: **s. a pressione**, pressure-welded; **giunto s.**, weld *3* (*comm.*) settled (in full); paid off (*o* up).

saldatóio, *m.* (*mecc.*) soldering iron; soldering copper. ● **s. a martello**, soldering hammer □ **s. a pistola**, soldering gun.

saldatóre, *m.* *1* (*f.* **-trice**) (*operaio*) welder; solderer *2* *V.* **saldatoio.**

saldatrice, *f.* (*mecc.*) welder; welding machine: **s. ad arco**, arc welding machine.

saldatùra, *f.* *1* (*operazione del saldare*) soldering; welding: **s. ad arco**, arc welding; **s. a dolce** (*o* **a stagno**), soft soldering; **s. a forte** (*o* **a ottone**), hard soldering; brazing; **s. a freddo**, solid-state welding; **s. a fuoco**, forge welding; **s. a gas**, gas-welding; **s. a onda**, flow soldering; **s. a pressione**, pressure welding; **s. a punti**, spot welding; tack welding; **s. a rilievo**, projection welding; **s. a scintillio**, flash welding; **s. a sovrapposizione**, lap welding; **s. autogena**, autogenous welding; gas welding; **s. continua**, seam welding; **s. elettrica**, electric welding; **s. ossidrica**, oxyhydrogen welding; **s. per resistenza**, resistance welding; **fondente per s.**, welding (*o* soldering) flux; **lega per s. forte**, hard solder; **lega per s. tenera** (*o* **dolce**), soft solder *2* (*punto di s.*) weld; welded joint: **s. continua**, seam weld *3* (*fig.*) welding together; linking up; connection; link: **Non c'è s. tra le parti del romanzo**, there is no linking between the parts of the novel *4* (*di ferita*) healing; (*di osso*) knitting; setting.

saldézza, *f.* firmness; steadiness; (*solidità*) solidity, solidness; (*compattezza*) compactness; (*tenacia*) tenacity, steadfastness: **la s. dei metalli**, the solidity of metals; **la s. dei propri propositi**, the firmness of one's intentions.

sàldo (1), *a.* *1* firm; (*ben fermo*) steady, fast, sure; (*resistente*, *robusto*) strong, sturdy: **muscoli saldi**, firm muscles; **È salda questa scala?**, is this ladder firm?; **un s. appiglio**, a sure footing; **nervi saldi**, steady nerves; **braccia salde**, strong arms *2* (*fig.*: *forte*, *solido*) solid, secure, set, strong, steady; (*tenace*) tenacious, staunch, steadfast: **salde convinzioni**, strong convictions; **salde ragioni**, solid reasons; **saldi principi**, firm principles; **essere s. nei propri principi**, to stand firm to one's principles; to be staunch; **una base salda**, a solid (*o* a steady) foundation; **una fede salda**, a staunch faith; **una voce salda**, a firm (*o* steady) voice. ● **s. come la roccia**, as firm as a rock □ **reggersi s. sulle gambe**, to stand steady □ **stare s.**, to stand firm; to hold one's ground □ **Tenetevi saldi!**, hang on!

sàldo (2), *m.* (*comm.*) *1* (*importo residuo*) settlement; balance; payment in full; full payment: **libro dei saldi**, balance book; **pagare a s.**, to pay in full; **ricevuta a s.**, receipt in full; **Verserò il s. a fine mese**, I'll pay the balance at the end of the month; **a s. totale d'un conto**, in full balance; **mandare un vaglia a s.**, to send a money order in settlement *2* (*differenza tra attivo e passivo*) balance: **s. a conto nuovo**, balance carried forward; **s. attivo** (*o* **a credito**), balance in hand; credit balance; **s. attivo con l'estero**, balance of payments surplus; **s. attivo della bilancia commerciale**, trade surplus; **s. debitore**, balance due; **s. di cassa**, cash balance; **s. di chiusura**, closing balance; **s. passivo** (*o* **a debito**), debit balance; balance deficit; **s. in banca**, balance at (*o* in) the bank; **s. scoperto**, outstanding balance; **Il conto si chiude con un s. di 50 sterline a mio favore**, the account closes with a balance of fifty pounds in my favour *3* (*liquidazione*) sale; clearance sale; close-up (sale) (*USA*): **saldi invernali**, winter sales. ● **a prezzi di s.**, at bargain prices □ **L'ho comprato in s.**, I bought it at a sale.

saldobrașatùra, *f.* (*metall.*) braze welding.

sàle, *m.* *1* salt; (*farm.*) salt, sal: **s. ammoniaco**, sal ammoniac; **s. grosso**, coarse salt; **s. da cucina**, kitchen salt; **s. fino**, white salt; **s. da tavola**, table salt; **s. inglese**, Epsom salts (*pl.*); **s. marino**, sea salt; **s. ossigenato**, oxysalt; **sali** (**aromatici**), (smelling) salts; **sali da bagno**, bath salts; **sali volatili**, volatile salts; sal volatile; **giacimento di s.**, salt mine *2* (*fig.*: *buon senso, senno*) common sense; (good) judgment; mother wit: **un uomo che ha s. in testa**, a man of sense; a man of good judgment *3* (*arguzia*) salt; wit: **s. attico**, Attic wit (*o* salt). ● (*fig.*) **il s. della terra**, the salt of the earth □ **s. e pepe** (*attr.*), pepper-and-salt (*attr.*) □ **s. in zucca** (*fam.*), common sense; savvy (*fam.*); gumption (*fam.*); nous (*fam. GB*) □ (*fig.*) **con un grano di s.**, with a pinch (*o* grain) of salt □ (*fig.*) **di s.**, dumbfounded: **restare di s.**, to be dumbfounded; to be struck dumb □ **dolce di s.**, without salt; tasteless □ **È giusto di sale?**, is it salty enough?; is there enough salt in it? □ **Manca di sale**, it's not salty enough; it needs some salt □ **pieno di s.** (*arguto*), witty □ **un pizzico di s.**, a pinch of salt □ **sapere di s.**, to taste salty; (*fig.*) to taste bitter □ **senza s.**, saltless; unsalted; (*di dieta*) salt-free □ **sotto s.**, salted; pickled.

salernitàno, A *a.* of Salerno; from Salerno; Salerno (*attr.*): **la costa salernitana**, the Salerno coast. ● (*stor.*) **la Scuola Salernitana**, the Schola Salernitana. **B** *m.* (*f.* **-a**) inhabitant of Salerno; native of Salerno.

saleșiàno, *a.* e *m.* (*eccles.*) Salesian.

salgèmma, *m.* (*min.*) rock salt: **miniera di s.**, salt mine.

sàlice, *m.* (*bot.*) willow: **s. americano** (*Salix discolor*), pussy willow; **s. piangente** (*Salix babylonica*), weeping willow; **s. da vimini** (*Salix viminalis*), osier. ● (*fig., scherz.*) **sembrare un s. piangente**, to be tearful.

salicéto, *m.* willow thicket; willow grove.

salicilammide, *f.* (*chim.*) salicylamide.

salicilàto, *m.* (*chim.*) salicylate.

salicìlico, *a.* (*chim.*) salicylic: **acido s.**, salicylic acid.

salicilizzazióne, *f.* (*chim.*) salicylization.

salicina, *f.* (*chim.*) salicin.

sàlico, *a.* (*stor.*) Salic: **la legge salica**, the Salic law.

salicóne, *m.* (*bot.*, *Salix caprea*) sallow.

salicòrnia, *f.* (*bot.*, *Salicornia herbacea*); salicornia; saltwort; glasswort; samphire.

saliènte, A *a.* *1* (*sporgente*) projecting; salient; prominent *2* (*fig.*: *rilevante*) salient, outstanding, prominent, conspicuous; noteworthy; (*principale*) main: **il punto s.**, the salient point; the highlight; **il tratto più s. del quadro**, the most salient feature in the picture; **le caratteristiche più salienti**, the main characteristics. **B** *m.* *1* (*sporgenza*) prominence; protrusion; salience *2* (*mil., archit.*) salient.

saliènza, *f.* prominence; protrusion; salience.

salièra, *f.* saltcellar.

salìfero, *a.* saliferous; salt (*attr.*): **un miniera salifera**, a salt mine.

salificàbile, *a.* (*chim.*) salifiable.

salificàre, *v. t.* (*chim.*) to salify.

salificazióne, *f.* (*chim.*) salification.

salìgno, *a.* salt (*attr.*); salty.

salìna, *f.* *1* (*deposito naturale*) saltpan, salt marsh; (*ind.*) saltworks (*pl. col verbo al sing.*) *2* (*miniera di salgemma*) salt mine.

salinàio, *m.* salter.

salinàre, *v. i.* to extract salt.

salinatóre, *V.* **salinaio.**

salinatùra, *f.* salt extraction.

salinèlla, *f.* (*geol.*) salinelle.

salinità, *f.* salinity; saltiness.

salìno, A *a.* salty; salt (*attr.*); (*chim.*) saline: **deposito s.**, salt deposit; **soluzione salina**, saline solution. **B** *m.* *1* (*salsedine*) saltness; saltiness *2* (*incrostazione salina*) salt (deposit) *3* (*region.*) *V.* **saliera.**

salinòmetro, *m.* salimeter; salinometer.

salire, A *v. i.* *1* to climb; to go* up; to come* up; (*a piedi*) to walk up; (*andare in salita*) to go* uphill, to mount, to ascend: **s. su un albero**, to climb a tree; **s. su un monte**, to climb (*o* to go up) a mountain; **s. su una scala a pioli**, to climb (up) (*o* to mount, to go up) a ladder; **s. su una sedia**, to climb (*o* to get) on to a chair; **s. sul tetto**, to climb (*o* to get up) on to the roof; **Sali su!** (*invito a s. in casa*), come on up!; **Salite a prendere un caffè**, come up for a cup of coffee; **Devo s. in ufficio**, I must go up to my office; **La strada saliva**, the road went up (*o* uphill); the road climbed; **La strada saliva sino alla vetta**, the road climbed up to the top; **L'edera era salita su per il muro**, the ivy had climbed up the wall *2* (*levarsi, alzarsi*) to rise*; to mount; to climb; to go* up: **La luna saliva in cielo**, the moon was rising in the sky; **Il barometro è salito**, the barometer has risen; **La marea sale in fretta**, the tide is coming in (*o* rising) fast; **Il fiume è salito oggi**, the river has risen today; **Le salirono le lacrime agli occhi**, tears rose to her eyes; **La nebbia saliva dalla valle**, the mist was rising (*o* coming up) from the valley; **L'aeroplano saliva lentamente**, the aeroplane was climbing slowly; (*di fumo, scintille*) **s. su per il camino**, to go up the chimney *3* (*su un mezzo di trasporto*) to get* on; to get* in (*o* into); to board: **s. su un autobus [un treno, un aereo]**, to get on (*o* to board) a bus [a train, an airplane]; **s. in macchina**, to get into a car; (*autom.*) **s. davanti [di dietro]**, to get into the front [the back] seat; **s. su una bicicletta**, to get on (*o* to mount) a bicycle; **s. a bordo**, to go aboard (*o* on board); to come aboard; to board; **Salimmo a bordo della «Vespucci»**, we went aboard the «Vespucci» ***4*** (*crescere, aumentare*) to rise*; to go* up; to increase; to mount; to grow*: **I prezzi salgono**, prices are rising (*o* going up); **La febbre continua a salire**, the temperature is still going up; **La popolazione è salita a 50 mila abitanti**, the population has grown to 50 thousand (inhabitants) ***5*** (*fig.*: *pervenire a una condizione migliore*) to rise*; to go* up: **s. nella stima di q.**, to rise in sb.'s estimation; **s. in (*o* di) grado**, to be promoted; to rise in rank. ● **s. a cavallo**, to mount a horse □ (*fig.*) **s. alla testa**, to go to one's head □ (*di prezzi*) **s. alle stelle**, to (sky-)rocket □ **s. al trono**, to mount (*o* to ascend) the throne □ **s. a un'alta posizione sociale**, to attain a high position in society (*form.*); to go up in the world □ **s. con difficoltà**, to struggle up □ **s. da q.** (*andare a fargli visita*), to drop in on sb. □ (*di prezzi, temperatura, ecc.*) **s. di colpo**, to shoot up □ **s. di corsa**, to run up; to rush up; to tear up □ **s. (al piano) di sopra**, to go upstairs □ **s. e scendere**, to go up and down □ (*fig.*) **s. in alto**, to rise in the world □ **s. in ascensore**, to go (*o* to come) up in the lift (*USA*: in the elevator); to take the lift □ (*aeron.*) **s. in candela**, to zoom □ **s. in cielo**, (*morire*) to go to Heaven; (*ascendere in cielo*) to ascend into Heaven □ **s. rapidamente (*o* vertiginosamente)** (*aumentare*), to soar: **La domanda di appartamenti sale vertiginosamente**, the demand for flats is soaring □ **s. sempre più**, to go up and up; to rise (*o* mount) higher and higher □ **far s. q.**, to send sb. up; to let sb. up; (*prendere a bordo*) to take sb. aboard; (*dare un passaggio*) to give sb. a lift: **Quando arriva, fallo s. subito**, when he arrives, send him up at once; **Ti prego, falla s.!**, please let her up! □ **far s. la febbre**, to send up the temperature □ **far s. le lacrime agli occhi di q.**, to bring tears to sb.'s eyes □ **far s. le offerte** (*a un'asta*), to force the bidding; to bid up □ **far s. i prezzi**, to send up (*o* to up) prices; to force up prices; to hike up prices (*USA*) □ **Salgo un attimo a controllare**, I'll just pop up to check (*fam.*). **B** *v. t.* to climb; to go* up; to mount; to ascend: **s. le scale**, to climb (*o* to go up) the stairs; **Salì i gradini e suonò il campanello**, he went up (*o* mounted) the steps and rang the bell; **s. un colle**, to climb up a hill.

Salisbùrgo, *f.* (*geogr.*) Salzburg.

saliscéndi, *m. invar.* ***1*** (*chiusura*) latch ***2*** (*successione di salite e discese*) ups and downs: **i saliscendi della fortuna**, the ups and downs of fortune; **La strada è un continuo s.**, the road is all ups and downs.

salita, *f.* ***1*** (*pendio*) climb; (upward) slope; rise; hill: **s. ripida**, steep slope (*o* rise) ***2*** (*il salire*) climbing; climb; ascent: **La s. è dura [facile]**, it's a hard [an easy] climb; **La s. della montagna non fu affatto difficile**, the ascent of the mountain was not difficult at all ***3*** (*aumento*) rise; increase: **s. improvvisa dei prezzi**, sudden rise (*o* jump) in prices ***4*** (*pendenza*) gradient; upgrade (*USA*): **forte s.**, steep gradient (*o* upgrade) ***5*** (*aeron.*) climb; ascent ***6*** (*Borsa*) bullish trend; upgrade trend (*USA*). ● (*ginnastica*) **s. alla fune [alla pertica]**, rope [pole] climbing □ (*aeron.*) **s. in candela**, zoom; zooming. ● **a metà (della) s.**, halfway up (the slope, the hill) □ **fare una s.**, to climb a slope; to go uphill □ **in s.**, uphill (*attr.*); upgrade (*attr., USA*); (*ferr.*) on a gradient, on the upgrade (*USA*); (*Borsa*) bullish, on the upgrade (*USA*): **strada in s.**, uphill (*o* upgrade) road; **Il mercato dei titoli è in s.**, the stock-market is bullish (*o* on the upgrade, *USA*).

saliva, *f.* saliva; spittle; spit: **secrezione di s.**, secretion (*o* discharge) of saliva; **produrre s.**, to salivate; to secrete saliva.

salivàre (1), *a.* (*anat.*) salivary: **ghiandole salivari**, salivary glands.

salivàre (2), *v. i.* to salivate; to secrete saliva.

salivatòrio, *a.* salivary.

salivazióne, *f.* salivation; secretion (*o* discharge) of saliva.

Sallùstio, *m.* (*stor. letter.*) Sallust.

sàlma, *f.* dead body; corpse; remains (*pl.*). ● **La cara s.**, the dear departed.

salmarino (1), *m.* sea salt.

salmarino (2), *V.* **salmerino.**

salmàstro, A *a.* brackish; saltish; brinish: **acqua salmastra**, brackish water; **sapore s.**, saltish taste. **B** *m.* saltish (*o* salty) taste: **sapere di s.**, to taste salty (*o* brackish).

salmeggiàre, *v. i.* to sing* psalms; to psalmodize.

salmeria, *f.* (*specialm. al pl., mil.*) baggage train.

salmerino, *m.* (*zool., Salvelinus alpinus*) char.

salmerista, *m.* (*mil.*) baggage man*.

salmì, *m.* (*cucina*) salmi(s). ● **lepre in s.**, jugged hare.

salmiàco, *m.* (*miner.*) sal ammoniac.

salmista, *m.* (*autore di salmi*) psalmist: **il S.** (*David*), the Psalmist.

salmistràre, *v. t.* (*cucina*) to salt; to corn: **lingua salmistrata**, corned tongue.

sàlmo, *m.* psalm: **il Libro dei Salmi**, the Book of Psalms; the Psalter; **salmi graduali**, gradual psalms; **raccolta di salmi**, psalter. ● (*prov.*) **Tutti i salmi finiscono in gloria**, all psalms end with the Gloria.

salmodìa, *f.* psalmody; (*anche fig.*) chant.

salmodiànte, *a.* (*anche fig.*) chanting.

salmodiàre, *v. i.* (*cantare salmi*) to psalmodize; to sing* psalms; (*anche fig.*) to chant, to intone.

salmòdico, *a.* psalmodic; psalmodical.

salmonàto, *a.* salmon (*attr.*): **trota salmonata**, salmon (*o* sea) trout.

salmóne, A *m.* ***1*** (*zool., Salmo salar*) salmon*: **Abbiamo visto alcuni salmoni nel torrente**, we saw a few salmon in the river; **s. affumicato**, smoked salmon; **s. in scatola**, tinned (*o* canned) salmon; **s. maschio**, cock salmon; (*zool.*) **s. rosso** (*Oncorhynchus nerka*), red salmon; sockeye ***2*** (*colore*) salmon pink. **B** *a.* (*color s.*) salmon (*attr.*); salmon-coloured.

salmonèlla, *f.* (*biol.*) salmonella*.

salmonellòsi, *f.* (*med.*) salmonellosis*.

salnitro, *m.* (*chim.*) saltpetre, saltpeter (*USA*); potassium nitrate; nitre, niter (*USA*): **incrostazione di s.**, saltpetre rot.

salnitróso, *a.* (*chim.*) saltpetrous; saltpetre (*attr.*).

salòlo, *m.* (*chim.*) salol; phenyl salicylate.

Salomè, *f.* (*Bibbia*) Salome.

Salomóne (1), *m.* (*Bibbia*) Solomon. ● **il giudizio di S.**, the judgment of Solomon □ **Si crede un S.**, he thinks himself a Solomon.

Salomóne (2), *f. pl.* (*geogr.*) Solomon Islands.

salomònico, *a.* of Solomon; Solomon's. ● **un giudizio s.**, an impartial (*o* fair) judgment; a judgment worthy of Solomon.

salóne, *m.* ***1*** saloon; (large) hall; reception hall: **s. da ballo**, dance hall; ballroom; dancing saloon (*USA*); **s. da cerimonia**, stateroom ***2*** (*region.*: *negozio di barbiere*) barber's (shop); (*negozio di parrucchiere*) hairdresser's (shop) ***3*** (*mostra, esposizione*) show; exhibition: **s. dell'automobile**, motor show. ● **s. di bellezza**, beauty parlour (*USA*: parlor); beauty salon □ (*ferr.*) **vettura s.**, pullman (car); parlor car (*USA*).

Salonicco, *f.* (*geogr.*) Salonika.

salopette (*franc.*), *f. invar.* (*moda*) dungarees (*pl. GB*); overalls (*pl. USA*).

salottièro, *a.* (*spreg.*) drawing-room (*attr.*); frivolous: **conversazione salottiera**, drawing-room conversation; small-talk; **modi salottieri**, drawing-room manners; **persona salottiera**, socialite.

salòtto, *m.* ***1*** drawing room; sitting room; (*soggiorno*) living room, lounge; (*salottino*) parlour, parlor (*USA*) ***2*** (*mobilia*) sitting room suite; living room (*o* lounge) furniture ***3*** (*s. letterario, mondano*) salon: **tenere s.**, to hold a salon. ● (*fig.*) **da s.**, drawing-room (*attr.*); frivolous □ **fare s.**, to gossip.

sàlpa, *f.* (*zool., Salpa*) salpa*.

salpàncora, *m.* (*naut.*) anchor winch.

salpàre, A *v. i.* ***1*** (*naut.*: *far vela, partire*) to sail, to weigh anchor, to put* out to sea, to set* sail, to get* a ship under way; (*di nave, anche*) to get* under way: **Salpiamo domani**, we sail tomorrow; **La nave è pronta a s.**, the ship is ready to sail (*o* to weigh anchor); **s. da Napoli per New York**, to sail from Naples to New York; **Il «Britannia» salperà domani**, the «Britannia» is getting under way tomorrow; **tenersi pronti a s.**, to stand by the anchor ***2*** (*fig. scherz.*: *andarsene*) to leave*; to make* off; to decamp. **B** *v. t.* (*naut.*: *tirare in superficie*) to draw* up; to hoist: **s. le reti**, to draw up the nets; **s. l'ancora**, to weigh anchor.

salpinge, *f.* ***1*** (*anat.*) salpinx*; Fallopian tube ***2*** (*archeol.*) salpinx*.

salpingectomìa, *f.* (*chir.*) salpingectomy.

salpingite, *f.* (*med.*) salpingitis.

sàlsa (1), *f.* sauce; (*per insalata* o *verdura*) dressing: **s. agrodolce**, sweet-and-sour sauce; **s. all'agro**, vinaigrette; lemon sauce; **s. bianca**, white sauce; **s. d'acciughe**, anchovy sauce; **s. di pomodoro**, tomato sauce; **s. piccante**, hot (*o* piquant) sauce; relish; **s. verde**, green sauce; parsley sauce. ● (*fig.*) **in tutte le salse**, in all sorts (*o* kinds) of ways; in every possible way.

sàlsa (2), *f.* (*geol.*) salse; mud volcano.

salsa (3), *f.* (*mus.*) salsa.

salsapariglia, *f.* (*bot., Smilax*) sarsaparilla; smilax.

salsàto, *a.* (*cucina*) with sauce (*pred.*).

salsèdine, *f.* ***1*** (*salinità*) saltiness, salinity; (*sapore salso*) saltiness, saltishness, brackishness ***2*** (*incrostazione salina*) salt (deposit); dried salt. ● **l'odore di s.**, the smell of the sea.

salsedinóso, *a.* salty.

salsèfica, salsèfrica, *f.* (*bot.*) salsify.

salsiccia, *f.* (pork) sausage; banger (*fam. GB*); wurst; frankfurter (*USA*). ● (*fig., fam.*) **far salsicce di q.**, to make mincemeat of sb.

salsicciàio, *m.* ***1*** (*chi fa le salsicce*) sausage maker ***2*** (*chi vende salsicce*) pork-butcher.

salsicciòtto, *m.* ***1*** large sausage; frankfurter (*USA*) ***2*** (*fig.*: *rotolo di grasso*) roll of fat. ● **sembrare un s.**, to be as fat as a sausage □ **dita come salsicciotti**, sausage-like fingers.

salsièra, *f.* sauce boat; gravy boat.

sàlso, A *a.* salt (*attr.*); salty; briny; (*salmastro*) brackish: **acqua salsa**, salt water. **B** *m.* ***1*** (*salsedine*) saltiness ***2*** (*sapore di sale*) salty taste.

salsobromoiòdico, *a.* (*chim.*) containing sodium chloride, bromide, and iodide.

salsoiòdico, *a.* (*chim.*) containing sodium chloride and iodide.

saltabécca, *f.* (*fam.*: *cavalletta*) grasshopper.

saltabeccàre, *v. i.* to hop; to skip.

saltafòsso, *m.* (*fam.*) trick; trap.

saltaleóne, *m.* (*molla*) spring.

saltamartino, *m.* ***1*** (*fam.*: *grillo*) cricket ***2*** (*giocattolo*) jumping toy ***3*** (*fig.*: *bambino vivace*) imp.

saltàre, A *v. i.* ***1*** to jump; (*balzare*) to leap*, to spring*; (*su un piede solo* o *a piccoli balzi*) to hop; (*muoversi a balzi*) to bound; (*scattare, rimbalzare*) to bounce; (*con un volteggio*) to vault: **s. su [giù, avanti, indietro, dentro,**

fuori, di lato], to jump (*o* to leap, to spring, ecc.) up [down, forward, back, in, out, sideways]; **s. sette metri**, to jump seven metres; **s. a cavallo**, to leap (*o* to spring) upon one's horse; to leap into the saddle; **s. addosso a q.**, to leap upon sb.; to rush upon sb.; to pounce upon sb.; to jump sb. (*fam.*); (*fig.*) to attack; **Il cane gli saltò alla gola**, the dog lept at his throat; **s. al di là di q.c.**, to jump (*o* leap) across st.; to jump (*o* to leap) over st.; (*con un volteggio*) to vault over st.; **s. giù** (*o* **fuori**) **dal letto**, to jump (*o* to spring) out of bed; **s. in acqua**, to jump into the water; to dive (into the water); **s. in groppa a q.**, to jump on sb.'s back; **s. in piedi**, to jump (*o* to spring) to one's feet; to jump up; **s. in sella**, to leap into the saddle; **s. qua e là**, to jump about; **s. su un autobus**, to hop on a bus; **Saltò su un tassì e partì di volata**, he jumped (*o* lept) into a taxi and was off; **s. sul tavolino**, to jump on to the table; **La tigre saltò sulla preda**, the tiger sprang on the prey **2** (*esplodere*) to explode; to blow* up; to go* up: **Tutte le mine saltarono**, all the mines blew up **3** (*di valvola, luce, ecc.*) to blow* (out); to fuse: **È saltata la luce**, the lights have fused; **Sono saltate le valvole**, the fuses have blown; **far s. le valvole di q.c.**, to fuse st. **4** (*venir via, staccarsi*) to come* off, to come* unstuck; (*rompersi*) to break*, to snap: **Mi è saltato il bottone**, this button has come off (*o* popped off); **È saltata via la manopola del volume**, the volume knob has come off; **È saltata la cinghia di trasmissione**, the driving belt snapped **5** (*di molla*) to break* **6** (*fig.*: *fallire, venir meno, andare a vuoto*) to fail, to be cancelled; (*fare fallimento*) to go* bankrupt, to go* bust: **Le trattative salteranno sicuramente**, the talks will surely fail; **È saltata l'azienda dove lavorava**, the firm where he worked has gone bankrupt; **Mi sono saltati tutti gli appuntamenti**, all my engagements had to be cancelled **7** (*essere licenziato*) to be ousted; to be fired; to be sacked (*fam.*); to get* the sack (*fam.*): **È saltato il direttore commerciale**, the sales manager has been fired (*o* has been sacked, has been given the sack). ● **s. agli occhi** (*essere evidente*), to leap to the eye; to leap at sb.; to stare sb. in the face; to be glaring □ **s. agli occhi di q.**, (*avventarglisi contro*) to jump at sb.; (*fig.*) to jump down sb.'s throat (*fam.*) □ **s. al collo di q.**, (*abbracciarlo*) to throw (*o* to fling) one's arms around sb.'s neck, to hug sb. tight; (*aggredirlo*) to attack sb., to jump sb. (*fam.*) □ **s. alla corda**, to skip □ **s. a piè pari**, to jump with both feet together; to take a standing jump □ **s. dalla gioia**, to jump for joy □ (*fig.*) **s. di palo in frasca**, to jump (*o* to switch) from one subject to another; to ramble □ **s. fuori**, (*apparire improvvisamente*) to pop out, to spring out, to turn up, to come forward, to come out from nowhere; (*accadere*) to turn up, to crop up; (*essere ritrovato*) to turn up; (*dire a un tratto*) to come up with: **Da dove salti fuori?**, where have you sprung from?; **È saltato fuori un nuovo erede**, a new heir has turned up; **Vedrai che il tuo anello salterà fuori**, your ring will turn up, you'll see; **È saltato fuori con questa idea assurda**, he came up with this ridiculous idea; **È saltata fuori una difficoltà**, a difficulty has cropped up □ (*sport*) **s. in alto** [**in lungo**], to do the high jump [the long jump] □ **s. in aria**, to blow up; to explode; to go up □ **s. in mente**, to cross sb.'s mind; to come (*o* to get) into sb.'s head: **L'idea mi è saltata in mente proprio adesso**, the idea has just crossed my mind; **Che ti salta in mente?**, what's got into you?; what's the idea? □ (*fam.*) **s. su con**, to come out with; to break in with: **Saltò su con questa storia del vino**, he came out with this story about the wine; **Di colpo saltò su a dire che era stufo**, all of a sudden he announced he had had enough □ **far s. q.**, (*licenziarlo*) to fire sb., to oust sb., to give sb. the sack (*fam.*), to sack sb. (*fam.*); (*fam.*: *far agire*) to make sb. jump to it □ **far s. fuori**, to find; to get hold of; to produce □ **far s. i nervi**, to infuriate; to drive (sb.) mad □ **far s. il banco**, to break the bank □ **far s. il governo**, to bring down the Government □ **far s. una serratura**, to break a lock □ **far s. il tappo di una bottiglia**, to pop the cork of a bottle □ **far s. in aria**, to blow up; to blast: **I soldati fecero s. in aria il ponte**, the soldiers blew up the bridge □ **far s. un bambino sulle ginocchia**, to dandle (*o* to jig) a baby (up and down) on one's knees □ **farsi s. le cervella**, to blow out one's brains □ **Saltiamo a pag. 75**, let's skip this and go to p. 75 □ **Le è saltato il grillo di ridipingere la casa da sola**, she had a sudden whim to redecorate her house herself □ **Gli è saltato il ticchio di fare del giardinaggio**, he has taken a fancy to gardening □ **Gli saltarono i nervi**, he flew off the handle □ **Le saltò la mosca al naso**, she lost her temper; she flared up. **B** *v. t.* **1** (*scavalcare*) to jump, to jump over (*o* across), to leap* (over), to spring* over, to hop over; (*con un volteggio*) to vault over; (*correndo*) to hurdle; (*senza sfiorare*) to clear: **s. una siepe**, to jump a hedge; to jump (*o* to leap) over a hedge; **s. un fosso**, to jump over (*o* across) a ditch; **s. un muro** [**uno steccato**], to jump (over) a wall [a fence]; to vault over a wall [a fence]; **Il cavallo saltò l'ostacolo senza sfiorarlo**, the horse cleared the obstacle **2** (*fig.*: *tralasciare, omettere*) to jump; to skip; to pass over; to omit; to leave* out; to give* (st.) a miss; to go* without; to miss: **s. una lezione**, to skip a class; **s. una parola**, to leave out (*o* to jump, skip) a word; **s. un intero capitolo**, to skip a whole chapter; **Mi hanno saltato**, I've been passed over; **s. il pranzo**, to skip (*o* to go without, to miss) lunch **3** (*cucina*) to sauté; to toss*. ● (*fig.*) **s. il fosso**, (*decidere*) to take the plunge; (*cambiare schieramento*) to go over to the other side (*o* to the enemy) □ **s. la coda**, to jump the queue (*GB*); to queue-jump (*GB*); to cut in line (*USA*) □ **s. un ballo** (*restando seduto*), to sit out a dance □ **s. una difficoltà**, to get round a difficulty □ **far s. uno steccato a un cavallo**, to jump a horse over a fence □ (*prov.*) **O mangi questa minestra o salti questa finestra**, you'll have to like it or lump it.

saltarèllo, *m.* (*danza*) saltarello.

saltarùpi, *m.* (*zool.*: *Oreotragus oreotragus*) klipspringer.

saltàto, *a.* (*cucina*) sauté; sautéed: **patate saltate**, sautéed potatoes.

saltatóre, A *m.* (*f.* **-trice**) **1** jumper; springer **2** (*acrobata*) acrobat; tumbler **3** (*sport*) jumper; (*ostacolista*) hurdler; (*ippica*) jumper, steeplechaser; (*cavallo*) jumper. **B** *a.* jumping; leaping; hopping: **animale s.**, jumping animal; jumper.

saltellaménto, *m.* hopping; skipping; jumping.

saltellànte, *a.* hopping; skipping.

saltellàre, *v. i.* **1** to skip; to trip; (*su un piede solo*) to hop; (*di gioia*) to dance about, to frisk, to caper, to prance **2** (*fig.*: *palpitare*) to throb; to thump: **Il cuore mi saltellava**, my heart thumped.

saltellìo, *m.* hopping; skipping; jumping.

saltèllo, *m.* hop; skip: **fare un s. all'indietro**, to hop back; **a saltelli**, hopping; skipping; **avanzare a saltelli**, to hop along.

saltellóni, *avv.* leaping; skipping. ● **andare (a) s.**, to skip (*o* to trip) along.

salterellàre, *V.* **saltellare**, *def. 1.*

salterèllo, *m.* **1** little hop (*o* jump); skip **2** (*fuoco d'artificio*) cracker **3** (*legnetto di clavicembalo*) jack **4** *V.* **saltarello.**

saltèrio (1), *m.* (*mus.*) psaltery.

saltèrio (2), *m.* (*eccles.*: *libro dei salmi*) psalter; psalm book.

saltimbànco, *m.* (*f.* **-a**) **1** (*acrobata*) acrobat; tumbler **2** (*spreg.*) mountebank; charlatan; fraud.

saltimbócca, *m. invar.* (*cucina*) saltimbocca.

saltimpàlo, *m.* (*zool., Saxicola torquata*) stonechat.

sàlto, *m.* **1** jump; leap; spring; (*balzo*) bound; (*rimbalzo*) bounce; (*volteggio*) vault: **fare** (*o* **spiccare**) **un s.**, to jump; to leap; to take (*o* to make) a jump; **fare un s. di sei metri**, to make a jump of six metres; to jump six metres; **Con un s. l'animale scomparve tra gli alberi**, with one bound the animal disappeared among the trees **2** (*fig.*: *breve visita*) short call, flying visit; (*breve viaggio in aereo*) hop; (*breve distanza*) short distance: **Da Londra a Parigi è solo un s. di cinquanta minuti**, from London to Paris it's only a fifty-minute hop; **Casa sua è a un s. da qui**, his house is only a short distance (*o* just round the corner) from here **3** (*fig.*: *cambiamento*) change; (*aumento*) step up, jump, leap, rise, increase; (*caduta*) drop, fall: **Trasferirsi in città è stato un bel s.**, moving to town has been quite a change; **L'hanno promosso direttore: un bel s.!**, he's been made a director; quite a jump (up the ladder)!; **un s. di qualità**, a qualitative leap; a radical change; **un s. dei prezzi all'insù**, a jump (*o* a sudden rise) in prices **4** (*dislivello*) drop; fall: **Dietro la casa c'è un s. di sei metri**, there's a six-metre drop behind the house **5** (*omissione, lacuna*) gap: **C'è un s. di due pagine**, there is a two-page gap; two pages have been omitted (*o* left out) **6** (*mus.*) interval; leap: **s. di terza**, (interval of) third; **per salti**, by leaps **7** (*elab.*) jump; branch; (*omissione*) skip: **s. della carta**, paper skip (*o* throw); **s. pagina**, page break. ● **s. a piè pari**, standing jump □ (*sport*) **s. con gli sci**, ski jump □ (*sport*) **s. con l'asta**, pole vault □ (*sport*) **s. con rincorsa**, running (*o* flying) jump □ (*sport*) **s. dal trampolino**, ski jump □ (*equitazione*) **s. del montone**, bucking □ (*autom.*) **s. di corsia**, going through the crash barrier □ **s. di paura**, jump; start: **fare un s. dalla paura**, to start; **Mi hai fatto fare un bel s.!**, you gave me quite a start; you made me jump out of my skin □ **s. di vento**, shift in the wind □ (*sport*) **s. in alto**, high jump □ (*sport*) **s. in lungo**, long jump (*GB*); broad jump (*USA*) □ (*sport*) **s. mortale**, handspring; somersault; flip: **s. mortale doppio**, double somersault; **fare un s. mortale**, to turn a somersault □ **un s. nel buio** (*o* **nel vuoto**), a leap in the dark □ (*fis.*) **s. quantico**, quantic leap; quantum jump □ (*sport*) **s. triplo**, triple jump; hop, step and jump. ● (*cucina*) **al s.**, sautéed; sauté: **cuocere al s.**, to sauté; **patate al s.**, sautéed potatoes; **cipolle al s.**, sauté of onions □ **a salti**, leaping; bounding; (*fig.*) in fits and starts, by (*o* in) snatches, stop-and start (*attr.*) □ **allontanarsi a salti**, to bound off; to hop off (*o* away) □ **fare due** (*o* **quattro**) **salti**, to dance; to have a dance □ (*fig.*) **fare i salti mortali**, to do all one can; to bend over backwards; nearly to kill oneself (doing st.) □ **fare un s. da q.**, to pop in (*o* over, across, etc.) to sb.'s; to nip in (*o* over, across, etc.) to sb.'s (*GB*); to pop in (*o* across, down, etc.) and see sb.; to drop in on sb.; to drop by (*o* round): **Fate un s. da noi stasera**, pop across (*o* along) tonight; drop by tonight; **fare un s. dal droghiere**, to pop over (*o* round, across) to the grocer's; **fare un s. in banca**, to pop into the bank; **La settimana scorsa feci un s. a Parigi**, last week I popped over to Paris; **fare un s. (oltreconfine) in Svizzera**, to hop across the border into Switzerland □ **in un s.** (*velocemente*), in a jiffy; in a twinkling of an eye; in a flash.

saltòmetro, *m.* graduated measuring rod.

saltuariaménte, *avv.* occasionally; now and then; on and off; irregularly; intermittently; discontinuously; (*senza metodo*) desultorily: **incontrarsi s.**, to meet occasionally (*o* now and then); **lavorare s.**, to work irregularly (*o* on and off).

saltuarietà, *f.* irregularity; discontinuity; desultoriness.
saltuàrio, *a.* occasional; on-and-off (*attr.*); casual; odd; intermittent; irregular; fitful; discontinuous; (*senza metodo*) desultory: **riunioni saltuarie**, occasional meetings; **lavori saltuari**, casual (*o* odd) jobs; **visite saltuarie**, irregular visits; **letture saltuarie**, desultory readings.
salùbre, *a.* salubrious; wholesome; healthy: **aria [clima] s.**, salubrious air [climate]; **cibo s.**, wholesome food; **un luogo s.**, a healthy place.
salubrità, *f.* salubrity; salubriousness; wholesomeness; healthiness: **la s. dell'aria**, the salubrity of the air.
salumàio, *V.* **salumiere.**
salùme, *m.* (*specialm. al pl.*) salami and cold pork meats.
salumerìa, *f.* delicatessen (shop).
salumière, *m.* (*f.* **-a**) pork-butcher; delicatessen seller.
salumificio, *m.* sausage (*o* salami) factory.
salutàre (1), **A** *v. t.* ***1*** to say* hello (*o* hullo, hallo) (to sb.); to say* good morning [good afternoon, good evening] (to sb.); to greet (sb.); (*accomiatandosi*) to say* goodbye (to sb.), (*di sera tardi*) to say* good night (to sb.); (*alla partenza*) to see* (sb.) off, to send* (sb.) off; (*dire addio*) to bid* (sb.) farewell, to say* one's farewells (to sb.), (*fig.*) to kiss (st.) goodbye: **L'ho salutato ma non mi ha risposto**, I said hello to him but he didn't answer; **Entro un attimo a s. un amico**, I'm just going in to say hallo to a friend; **Uscì a s. gli ospiti**, she came out to greet her guests; **È tardi, devo salutarti**, it's late, I must say goodbye; **Andiamo alla stazione a s. Paolo che parte**, let's go to the station to see Paolo off; **Puoi salutarle, le tue vacanze!**, you can kiss your holidays goodbye! ***2*** (*portare i saluti di q. a q.*) to give* sb.'s regards to sb. (*form.*); to remember sb. to sb.; to give* sb.'s love to sb. (*fam.*): **Salutami tua sorella**, give my regards to your sister (*form.*); remember me to your sister; give my love to your sister (*fam.*) ***3*** (*accogliere, acclamare*) to welcome, to greet, to salute, to hail, to acclaim; (*rendere onore*) to salute: **s. una nuova èra**, to welcome a new era; **Il discorso fu salutato da applausi [da fischi]**, the speech was greeted with cheers [with hoots]; **Il suo nuovo romanzo fu salutato come un capolavoro**, her new novel was hailed as a masterpiece; **s. q. re**, to hail sb. (as) king ***4*** (*mil.*) to salute; to stand at salute: **s. un ufficiale [la bandiera]**, to salute an officer [the flag] ***5*** (*fare visita*) to call (in) (on sb.); to look (sb.) up; to drop in: **Prima di partire, andrò a salutarla**, I shall call on her before leaving ***6*** (*in fine di lettera*) – **Distintamente La salutiamo**, Yours faithfully (*form.*); Yours sincerely; **La saluto cordialmente**, with my best (*o* kindest) regards; **Ti saluto affettuosamente**, Yours affectionately; with love (*fam.*); lots of love (*fam.*). ● **s. q. con un bacio**, to kiss sb. goodbye □ **s. q. con un cenno del capo**, to give sb. a nod; to nod to sb. □ **s. q. con un cenno della mano**, to wave (one's hand) to (*o* at) sb.; (*accomiatandosi*) to wave sb. goodbye □ **s. q. con un inchino**, to bow to sb. □ **s. q. con un sorriso**, to greet sb. with a smile; to smile at sb. □ **s. con una salva di cannoni**, to fire a salute □ (*naut.*) **s. l'arrivo a bordo del comandante**, to pipe the captain aboard □ **s. q. togliendosi il cappello**, to take off (*o* to lift) one's hat to sb. □ **Ti saluto!** (*accomiatandosi*), goodbye!; be seeing you!; bye-bye! □ **mandare a s. q.**, to send one's regards (*fam.*: one's love) to sb. □ **non s. q.**, to cut sb. (dead) (*fam.*) □ **passare a s. q.**, to call on sb.; to call in (*o* to drop in, look in) on sb.; to look sb. up □ **passare oltre senza s. q.**, to cut sb. (dead) (*fam.*). **B salutàrsi,** *v. rifl. recipr.* to say* hello [goodbye, goodnight] to each other; to greet each other (*form.*). ● **Non ci salutiamo più**, we are no longer on speaking terms.
salutàre (2), *a.* ***1*** (*sano*) healthy; wholesome: **rimedio s.**, healthy remedy ***2*** (*giovevole*) salutary; wholesome; beneficial: **consigli salutari**, wholesome advice; **pentimento s.**, salutary repentance.
salutazióne, *f.* (*lett.*) salutation: (*relig.*) **la s. angelica**, the Angelic(al) Salutation; the Hail Mary.
salùte, *f.* ***1*** (*del corpo*) health: **buona [cattiva, ottima, pessima] s.**, good [bad, excellent *o* glowing, wretched] health; **s. cagionevole**, delicate (*o* poor) health; **s. di ferro**, iron constitution; **s. fisica [mentale]**, bodily [mental] health; **essere in (buona) s.**, to be in good health; **godere di ottima s.**, to enjoy excellent health; **guastarsi la s.**, to ruin one's health; **in cattive condizioni di s.**, in poor health; **È delicato di s.**, his health is delicate; he is delicate; **essere pieno di s.**, to be full of health; to be in fine fettle (*fam.*); **La sua s. migliora [peggiora]**, his health is improving [getting worse]; **stato di s.**, state of health; physical condition ***2*** (*teol.*) bliss; salvation: **la s. eterna**, eternal bliss; **la s. dello spirito**, spiritual salvation ***3*** (*sicurezza*) safety; (*benessere*) welfare, well-being: **la s. della patria**, the country's safety; **s. pubblica**, public welfare ***4*** (*escl.*: *di saluto*) hello!, cheerio!, hail!; (*di brindisi*) cheers!, cheerio!, your health!, chin-chin!; (*a chi starnuta*) (God) bless you!; (*di meraviglia*) golly!, gracious me!: **L'hai pagata dieci milioni? S.!**, You paid ten million for it? Golly! ● **S. e figli maschi!**, bless you!; all the best to you □ **Alla s.!**, (your) health!; cheers!; cheerio!; chin-chin! □ **bere alla s. di q.**, to drink to sb.'s health; to toast sb.; to drink (a toast) to sb. □ (*med.*) **casa di s.**, nursing home □ **Come stai di s.?**, how are you feeling?; how's your health? □ **Come va la s.?**, how are you keeping? □ (*stor.*) **Comitato di s. pubblica**, Committee of Public Safety □ **conservarsi in s.**, to keep well □ **in perfetta s.**, in perfect health; as fit as a fiddle (*fam.*) □ **nocivo alla s.**, bad for one's health; unhealthy; unwholesome □ **per motivi di s.**, on medical grounds; for health reasons; on account of poor health: **essere collocato a riposo per motivi di s.**, to be retired on medical grounds; **È assente per motivi di s.**, she's away on sick leave □ **Gli puzza la s.**, he's looking for trouble □ **Quando c'è la s. c'è tutto**, health is everything □ **recuperare la s.** (*o* **rimettersi in s.**), to recover (one's health); to pull round (*fam.*) □ **rimetterci la s.**, to ruin one's health □ **La mia s. ne ha risentito**, my health suffered from it □ **essere il ritratto della s.**, to look the picture of health □ **scoppiare di s.** (*o* **sprizzare s. da tutti i pori**), to be bursting with health □ **stare bene di s.**, to feel well; to be in good health □ **È tutta s.**, it does one good □ **Il cambiamento d'aria fu la sua s.**, the change of air made all the difference to his health □ **Il moto è s.**, exercise is good for you.
salutìfero, *a.* (*lett.*) health-giving; healthful; healthsome; wholesome.
salutìşmo, *m.* health consciousness.
salutista, *m.* e *f.* ***1*** hygienist; health fiend (*scherz.*) ***2*** (*membro dell'Esercito della Salvezza*) Salvationist.
salutìstico, *a.* health (*attr.*); health-conscious.
salùto, *m.* ***1*** hello; good morning; good afternoon; good evening; greeting; (*di benvenuto*) welcome; (*di commiato*) goodbye, good night; (*di addio*) farewell: **Mi passò davanti con un veloce s.**, he rushed past me with a quick hello; **piegare il capo [togliersi il cappello] in segno di s.**, to bow [to take off one's hat] in greeting; **È venuto a fare i suoi saluti prima di partire**, he's come to say goodbye before leaving ***2*** (*pl.*, *nelle formule di cortesia*) regards; greetings; best wishes; love (*sing.*, *fam.*): **Gli porga i miei saluti**, please give him my best regards (*o* remember me to him); **Carlo ti manda i suoi saluti**, Carlo sends you his regards; **saluti dalla mamma**, regards from my mother; love from mum (*fam.*); **cordiali saluti**, greetings; kind regards ***3*** (*gesto di s.*: *col capo*) nod; (*con la mano*) wave (of the hand): **Con un saluto della mano, si allontanò**, with a wave of the hand, she left ***4*** (*mil.*, *naut.*, *scherma*) salute: **rispondere al s.**, to return the salute; (*mil.*) **s. alla bandiera**, salute to the flag; (*mil.*) **s. alla voce**, salute with cheers; cheering. ● **accennare un s.**, to nod slightly □ (*comm.*) **(Vogliate gradire i nostri) distinti saluti**, Yours faithfully (*o* truly, sincerely) □ **due righe di s.**, two lines to say hello □ (*mil.*) **fare il s.**, to salute □ **fare un cenno [un gesto] di s. a q.**, to nod [to wave] to sb.; (*inchinandosi*) to bow to sb. □ **levare il s. a q.**, to cut sb. (*fam.*) □ **rispondere al s. di q.**, to return sb.'s greeting [nod, wave, etc.] □ **non rispondere al s. di q.**, to snub sb. □ **rivolgere un s. a q.**, to welcome sb.; to greet sb. □ **scambiarsi un s.**, to exchange greetings; to say hello (goodbye) to each other □ **scambio di saluti**, exchange of greetings □ **Tanti saluti**, best regards; all the best.
sàlva, *f.* ***1*** (*scarica simultanea*) volley, discharge, round; (*sparo senza proiettile*) salvo*, salute: **una s. di ventun colpi**, a twenty-one gun salute; a salute of twenty one guns; **sparare a s.**, to fire a salvo (*o* a volley); to fire salvoes ***2*** (*fig.*) salvo*; volley; round; storm; outburst: **una s. di applausi**, a salvo (*o* storm) of applause; **una s. di fischi**, a volley of boos. ● **cartuccia da s.**, blank cartridge □ **colpo a s.**, blank shot.
salvàbile, **A** *a.* saveable, savable; salvable. **B** *m.* – (*fam.*) **salvare il s.**, to save whatever possible; to salvage what one can.
salvacondótto, *m.* safe-conduct; pass.
salvadanàio, *m.* moneybox; (*a forma di porcellino*) piggy bank.
salvadorégno, *a.* e *m.* (*f.* **-a**) Salvador(i)an.
salvagènte, *m.* ***1*** (*naut.*) life buoy, life belt; (*giubbotto*) life jacket, life vest (*USA*) ***2*** (*stradale*) street island; safety island; traffic island.
salvagócce, *m. invar.* drip-catcher.
salvaguardàre, **A** *v. t.* to safeguard; to guard; (*proteggere*) to protect, to preserve; (*difendere*) to defend: **s. i propri diritti**, to safeguard one's rights. **B salvaguardàrsi,** *v. rifl.* to protect oneself (from st.); to guard (against st.).
salvaguàrdia, *f.* safeguard; protection; defence; preservation: **sotto la s. della legge**, under the protection of the law; **s. della pace**, preservation of peace.
salvaménto, *m.* (*il salvare*) saving, rescuing; (*salvataggio*) deliverance, rescue; (*salvezza*) safety. ● **condurre** (*o* **portare, trarre**) **a s.**, to save; to rescue.
salvamotóre, *m.* (*mecc.*) motor protector; overload cut-out.
salvapùnte, *m. invar.* (*di matita*) pencil cap; (*di scarpa*) toecap.
salvàre, **A** *v. t.* ***1*** to save; to rescue; to retrieve; to deliver; (*specialm. fin.*) to bail out: **I dottori sperano di salvarlo**, the doctors hope to save him (*o* to pull him through); **Lo salvò mentre stava per annegare**, she saved him from drowning; **s. l'anima**, to save one's soul; **s. la vita a q.**, to save sb.'s life; **Dio salvi il re!**, God save the king!; **Ha salvato un bambino dall'incendio**, he rescued a child from the fire; **s. lo spettacolo dal disastro**, to rescue the show from disaster; **s. un'azienda in difficoltà**, to bail out a company ***2*** (*ricuperare*) to retrieve; to salvage: **La casa è distrutta, ma abbiamo potuto s. i mobili**, the house is destroyed, but we managed to retrieve the furniture ***3*** (*proteggere*) to save; to guard; to safeguard; to protect; to preserve; to keep*; to defend: **s. la propria reputazione**, to

protect (*o* to guard) one's reputation; **Mettiti un grembiule per s. la camicetta**, put on an apron to protect your blouse ***4*** (*mettere in serbo*) to save; to lay* aside; to put* by: **Ti ho salvato un po' di gelato**, I've saved some ice-cream for you; **s. q.c. per dopo**, to save st. (*o* to put st. by) for later ***5*** (*sport*) to save ***6*** (*elab.*) to save. ● **s. capra e cavoli** to get out of an impasse; to have it both ways □ **s. dall'oblio**, to rescue from oblivion □ **s. la faccia**, to save face □ **s. la pelle**, to save one's skin; to save one's bacon (*fam.*) □ **s. la situazione**, to save the situation □ **s. le apparenze**, to save (*o* to keep up) appearances; to save one's face □ **andare a s. q.**, to go to sb.'s rescue. **B salvàrsi**, *v. rifl.* ***1*** to save oneself; (*scampare*) to escape, to come* out alive, to survive; (*rifugiarsi*) to hide*, to seek* refuge, to take* shelter: **Devi salvarti!**, you must save yourself!; **È l'unico a essersi salvato dal massacro**, he is the only one to have escape the massacre; **s. dalla morte**, to escape death; **s. da un incendio**, to survive a fire; to come out of a fire alive; **La macchina era un rottame, ma lui si è salvato**, the car was a wreck, but he came out (*o* escaped) alive; **Tutti i passeggeri si sono salvati**, all the passengers have survived; **s. in Grecia**, to seek refuge in Greece ***2*** (*proteggersi, difendersi*) to protect oneself, to defend oneself; (*essere al riparo da*) to escape, to be safe from: **s. dalla maldicenza**, to protect oneself from slander; **s. dalle critiche**, to be safe from (*o* escape) criticism ***3*** (*teol.*) to be saved. ● **s. dai guai**, to get out of trouble □ **s. in extremis** (*o* **all'ultimo istante**), to save oneself at the eleventh hour □ **s. per un miracolo** (*o* **per un soffio, per un pelo**), to have a narrow escape; to have a close shave (*USA*: close call); to escape miraculously; to save oneself by a hair's breadth (*o* by the skin of one's teeth) □ **s. per il rotto della cuffia** (*a un esame*), to scrape through □ **Si salvi chi può!**, every man for himself! □ **Sono tutti farabutti**: **l'unica che si salva è Piera**, they are a bunch of scoundrels; the only decent one is Piera.

salvastrèlla, *f.* (*bot., Poterium sanguisorba*) burnet.

salvatàcco, *m.* heeltap.

salvatàggio, *m.* ***1*** rescue: **operare un s.**, to carry out a rescue; **operazioni di s.**, rescue operations; **tentare il s. di q. [q.c.]**, to try to rescue sb. [st.] ***2*** (*naut.*) salvage: **compenso di s.**, salvage (money) ***3*** (*specialm. fin.*) bail-out ***4*** (*sport*) save ***5*** (*elab.*) save. ● (*elab.*) **s. di sicurezza**, backup □ **s. industriale**, industrial rescue □ **battello** (*o* **lancia**) **di s.**, lifeboat □ **cintura di s.**, life belt □ **giubbotto di s.**, life jacket.

salvatóre, *m.* (*f.* **-trice**) rescuer; saviour, savior (*USA*). ● **il S.**, the Saviour; the Redeemer.

salvavita, *m. invar.* (*elettr.*) cut-out box.

salvazióne, *f.* salvation; saving: **la s. dell'anima**, the salvation (*o* saving) of the soul.

sàlve (1), *inter.* ***1*** hail! (*lett.*); hello! (*fam.*); hi! (*fam. USA*); howdy! (*fam., USA*) ***2*** (*a chi starnuta*) (God) bless you!

sàlve (2), *V.* **salva**.

salveregìna, *f.* (*relig.*) Salve Regina.

salvézza, *f.* salvation; safety; escape: **la s. dell'anima**, the salvation of the soul; **una via di s.**, a means of escape; a way out; **cercare s. nella fuga**, to seek safety in flight; **pensare alla propria s.**, to think of one's own safety; **essere la s. (di)**, to be the salvation (of); **Il sonno è la sua s.**, sleep is his salvation; **trovare la propria s. nel lavoro**, to find one's salvation in work. ● (*naut.* e *fig.*) **ancora di s.**, sheet anchor.

sàlvia, *f.* (*bot., Salvia officinalis*) sage.

salviétta, *f.* ***1*** (*tovagliolo*) napkin; serviette (*GB*): **s. di carta**, paper serviette (*o* napkin); **s. rinfrescante**, refreshing tissue; refresher ***2*** (*region.*: *asciugamano*) towel. ● **s. per la faccia**, flannel (*GB*); washcloth (*USA*).

salvìfico, *a.* (*lett.*) salvific.

salvinia, *f.* (*bot., Salvinia natans*) floating fern.

sàlvo, **A** *a.* ***1*** (*scampato a un pericolo*) safe, whole, unhurt, unharmed; (*salvato*) saved; (*fuori pericolo*) out of danger; (*al sicuro da*) safe (*o* secure) from: **Finalmente eravamo salvi**, we were safe at last; **Il dottore ci ha appena detto che è s.**, the doctor's just told us he's out of danger; **essere s. dai pericoli**, to be safe from danger; **L'onore è s.**, honour is saved ***2*** (*teol.*) saved: **Spero che la sua anima sia salva**, I hope his soul has been saved ***3*** (*intatto, non danneggiato*) safe; whole; intact; undamaged: **Sta' calma, i bicchieri sono salvi**, don't panic, the glasses are whole. ● **a man salva**, with impunity; freely; without any risk: **rubare a man salva**, to steal freely (*o* with impunity); to steal shamelessly; to steal everything one can lay one's hand on □ **Ebbe salva la vita**, his life was spared □ **sano e s.**, safe and sound: **Ritornarono tutti sani e salvi**, they all returned safe and sound (*o* safely) □ **Obbedisci, se vuoi salva la vita!**, do what you're told if you want to save your life. **B** *m.* – **in s.**, safe; in a safe place; to safety: **Siamo in s.**, we are safe; **mettere in s. q.**, to bring sb. to safety; to save (*o* to rescue) sb.; **mettere in s. q.c.**, to carry st. to safety; to save (*o* to rescue) st.; (*nascondere*) to put st. in a safe place; **mettersi in s.**, (*rifugiarsi*) to take (*o* to find) shelter, to find refuge; (*salvarsi*) to save oneself, to escape to safety, to reach safety, to seek safety, to find safety: **Mettetevi in s.!**, save yourselves!; **Riuscirono a mettersi in s. oltre confine**, they managed to escape across the border; **aiutare q. a mettersi in s.**, to help sb. to safety. **C** *prep.* except; but; save; excepting; with the exception of; bar; barring: **Vengono tutti, s. i Franchini**, they are all coming except the Franchinis; **C'era poco da fare s. aspettare**, there was little I could do except wait; **S. quest'ultimo, tutti i suoi film sono noiosissimi**, all his films, bar his latest one, are terribly boring; **Tutto è perduto s. l'onore**, all is lost save honour; **Ho comprato tutto, s. il pane**, I've bought everything except bread; **Uscirono tutti, s. due**, all but two left the room. ● (*comm.*) **s. buon fine**, subject to collection □ **s. casi di forza maggiore**, (*comm.*) acts of God excepted; (*fam.*) circumstances permitting □ **s. il caso che**, unless □ **s. complicazioni**, if no complications arise □ **s. convenzione contraria**, unless otherwise provided □ **s. contrordini**, unless countermanded (*form.*); unless you hear to the contrary; unless you hear otherwise □ **s. controindicazioni**, unless contraindicated □ **s. diversa disposizione**, if there is no provision to the contrary □ **s. errore**, subject to correction (*form.*); if I'm not mistaken □ **s. errori e omissioni**, errors and omissions excepted □ **s. imprevisti**, circumstances permitting (*form.*); bar (*o* barring) accidents; all being well □ **s. indicazione contraria**, unless otherwise stated □ **s. prova contraria**, unless shown to be otherwise; unless one has evidence to the contrary □ (*comm.*) **s. venduto**, subject to being unsold □ **s. il vero**, if I am not mistaken. **D sàlvo che**, *locuz. cong.* except that; save that; (*a meno che*) unless, if... not: **D'accordo, s. che preferisco parlargli io**, all right, except that I prefer to talk to him myself; **s. che per**, except for: **Va tutto bene, s. che per due o tre particolari**, it's all right, except for a couple of details; **Verrò, s. che piova**, I'll come, unless it rains; **Ci vediamo davanti al cinema, s. che tu preferisca aspettare dentro**, let's meet outside the cinema, unless you'd rather wait inside.

sàmara, *f.* (*bot.*) samara; key.

samàrio, *m.* (*chim.*) samarium.

samaritàno, *a.* e *m.* (*f.* **-a**) Samaritan.

sàmba, *f.* (*mus.*) samba.

sambernàrdo, *V.* **San Bernardo**.

sambùca (1), *f.* ***1*** (*mus.*) sambuca; sambuke ***2*** (*mil.*) sambuca.

sambùca (2), *f.* (*liquore*) sambuca (kind of anisette).

sambùco (1), *m.* (*bot., Sambucus nigra*) elder. ● **bacca di s.**, elderberry.

sambùco (2), *m.* (*naut.*) sambuk, sambuq; dhow.

samizdat, *m. invar.* samizdat.

sammarinése, **A** *a.* of (the Republic of) San Marino; San Marinese. **B** *m.* e *f.* San Marinese; Sammarinese.

Sàmo, *f.* (*geogr.*) Samos. ● (*fig.*) **portare vasi a S.**, to carry coals to Newcastle.

samoàno, *a.* e *m.* (*f.* **-a**) Samoan.

samoièdo, *a.* e *m.* (*f.* **-a**) Samoyed(e).

Samotràcia, *f.* (*geogr., stor.*) Samothrace.

samovàr, *m. invar.* samovar.

sampàn, *m. invar.* (*naut.*) sampan, sanpan.

sampiètro, *m.* (*zool., Zeus faber*) John Dory.

samsonìte, *f.* (*miner.*) samsonite.

Samuèle, *m.* Samuel.

samurài, *m.* samurai*

san, *V.* **santo**.

sanàbile, *a.* ***1*** (*guaribile*) curable; that can be cured; (*di ferita*) that can be healed, that will heal ***2*** (*fig.*) that can be healed; that can be remedied: **una divisione s.**, a rift that can be healed ***3*** (*leg.*) amendable; retrievable. ● **azienda s.**, firm that can be put back on its feet.

sanabilità, *f.* ***1*** curability ***2*** (*rimediabilità*) remediableness; retrievability.

sanàre, **A** *v. t.* ***1*** (*piaga, ferita*) to heal; (*guarire*) to cure, to restore to health: **s. una ferita**, to heal a wound; **s. un dolore**, to heal a grief; **Il tempo sana tutti i mali**, time heals all sorrows ***2*** (*correggere*) to correct; to amend; to heal; to put* right; to rectify; to retrieve; to eliminate: **s. una colpa**, to amend a fault; **s. un errore**, to retrieve (*o* to correct, to rectify) a mistake; **s. un'omissione**, to rectify an omission; **s. la piaga della disoccupazione**, to eliminate unemployment ***3*** (*econ.*) to balance; to put* right; to make* up; (*un'azienda*) to put* back on its feet: **s. un bilancio**, to balance a budget; **s. un passivo**, to make up a deficit; **C'è speranza di s. questa società?**, is there any hope of putting this company back on its feet? ***4*** (*leg.*) to amend; to correct; to indemnify ***5*** (*bonificare*) to reclaim: **s. un terreno paludoso**, to reclaim a marsh. **B sanàrsi**, *v. i. pron.* to heal; to heal up; to be healed: **La ferita si è presto sanata**, the wound soon healed up.

sanatìvo, *a.* healing; curative; sanative.

sanàto, *m.* (*animale*) fatted calf; (*carne*) veal.

sanatòria, *f.* (*leg.*) deed (*o* act) of indemnity; amnesty: **s. fiscale**, tax amnesty.

sanatoriale, *a.* (*med.*) sanatorium (*attr.*): **cura s.**, sanatorium treatment.

sanatòrio (1), *m.* (*med.*) sanatorium*.

sanatòrio (2), *a.* (*leg.*) indemnifying; of indemnity; amending: **disposizione sanatoria**, act of indemnity.

San Bernàrdo, *m.* (*cane*) Saint Bernard.

sancìre, *v. t.* to sanction; to ratify; to confirm; (*decretare*) to decree: **s. una legge**, to sanction a law; **s. una nomina**, to ratify a nomination.

sancìto, *a.* sanctioned; ratified; confirmed; (*decretato*) decreed: **s. dall'uso**, sanctioned by custom; **s. dalla legge**, sanctioned by law.

sancta sanctorum, *locuz. m. invar.* ***1*** (*Bibbia*) Holy of Holies ***2*** (*tabernacolo*) tabernacle ***3*** (*scherz.*) holy of holies; (*stanza privata*) sanctum (sanctorum): **Dietro quella porta c'è il s. della ditta**, behind that door there is the firm's holy of holies; **Lo trovarono nel suo s.**, they found him in his sanctum sanctorum.

sanctus, *m.* (*preghiera*) Sanctus: **recitare il S.**, to say the Sanctus; **suonare il S.**, to ring the Sanctus bell.

sanculòtto, *m.* (*stor.*) sans-culotte (*franc.*).

sandalificio, *m.* sandal factory.

sàndalo (1), *m.* (*bot., Santalum; il legno*) sandalwood; sandal: **s. bianco**, white sandalwood; **s. rosso**, red sandalwood; red sanders; **olio di s.**, sandalwood oil.

sàndalo (2), *m.* (*calzatura*) sandal.

sàndalo (3), *m.* (*naut.*) punt.

sandinista, *a., m.* e *f.* (*polit.*) Sandinista.

sandolino, *m.* (*naut.*) sculler; scull.

San Domingo, *m.* (*geogr.*) Santo Domingo.

sandràcca, *f.* (*resina*) sandarac.

sandwich (*ingl.*), *m.* e *a. invar.* sandwich: **un s. al prosciutto**, a ham sandwich; **struttura s.**, sandwich construction; **uomo s.**, sandwich man.

sanfedismo, *m.* ***1*** (*stor.*) Sanfedismo ***2*** (*estens.*) reactionarism.

sanfedista, *a., m.* e *f.* ***1*** (*stor.*) Sanfedista ***2*** (*estens.*) reactionary.

sanforizzàre, *v. t.* (*ind. tess.: marchio*) to Sanforize.

sanforizzazióne, *f.* (*ind. tess.: marchio*) Sanforization.

sangallo, *m.* (*ind. tess.*) broderie anglaise (*franc.*).

sangiaccàto, *m.* (*stor.*) sanjak.

sangiàcco, *m.* (*stor.*) sanjakbeg.

sangria (*spagn.*), *f.* sangria.

sàngue, A *m.* ***1*** blood: **s. arterioso** [**venoso**], arterial [venous] blood; **s. vivo**, red blood; **la circolazione del s.**, the circulation of blood; **animale a s. caldo** [**freddo**], warm-blooded [cold-blooded] animal; **goccia di s.**, drop of blood; **grumo di s.**, blood clot; **lago** (*o* **pozza**) **di s.**, pool of blood; **macchia di s.**, blood--stain; smear of blood; **La sua mano era macchiata di s.**, her hand was stained with blood; **coperto di s.**, covered in blood; **grondante di s.**, dripping (*o* streaming) with blood ***2*** (*s. di ferite, specialm. come fonte di raccapriccio*) gore: **un film pieno di orrori e di s.**, a film full of horrors and gore ***3*** (*fig.: parentela, stirpe, origine*) blood; stock; descent; birth; extraction; origin(s): **s. nobile**, noble blood; **s. italiano**, Italian blood (*o* descent, stock, extraction); **Ha un po' di s. italiano nelle vene**, he has some Italian blood in his veins; **essere di s. nobile**, to have noble blood; to be of noble extraction; **s. plebeo**, humble extraction; low birth; **s. reale**, royal blood; blood royal. ● **s. blu**, blue blood; **di s. blu**, blue-blooded □ **s. dal naso**, nosebleed: **Gli esce s. dal naso**, his nose is bleeding; **perdere s. dal naso**, to bleed from the nose □ **s. del proprio s.** (*o* **s. proprio**), one's own flesh and blood □ **s. di drago** (*resina*), dragon's blood □ (*fig.*) **s. freddo**, sang-froid (*franc.*); coolness; composure; self-control; cool head; cool (*fam.*): **a. s. freddo**, in cold blood; **mantenere il proprio s. freddo**, to keep one's composure; to keep a cool head; **S. freddo, ragazzi!**, keep cool, boys!; **calma e s. freddo!**, steady now!; keep calm! □ **s. misto**, *V.* **di s. misto**; **sanguemisto** □ **Mi si agghiacciò il s. alla vista del morto**, my blood curdled at the sight of the dead man □ **Mi sentii agghiacciare il s.**, my blood froze (*o* ran cold) □ (*cucina*) **al s.**, rare: **La carne mi piace al s.**, I like my meat rare □ **all'ultimo s.**, to the death □ **Gli andò il s. alla testa e la colpì**, his blood went to his head and he hit her □ (*fig.*) **a s. caldo**, in the heat of passion □ **assetato di s.**, bloodthirsty □ **avere il s. bollente**, to be hot--blooded □ **Non avevo più una goccia di s. nelle vene**, there wasn't a drop (*o* an ounce) of blood left in my veins □ **avvelenamento del s.**, blood-poisoning □ **bagno di s.**, blood bath □ (*med.*) **banca del s.**, blood bank □ **cattivo s.**, bad blood: **Tra i due fratelli corre cattivo s.**, there is bad blood between the two brothers □ (*fig.*) **fare buon s.**, to do sb. good; to be good for sb. □ **farsi cattivo s. per q.c.** (*o* **guastarsi il s. per q.c.**), to fret (*o* worry) about (*o* over) st.: **Non vale la pena farsi cattivo s. per un tipo simile**, he's really not worth fretting about □ **cavare s. a q.**, to bleed sb. (*anche fig.*); to draw (*o* to let) blood from sb. □ **Non corre** (*o* **non c'è**) **buon s. tra loro**, there is bad blod between them □ **dello stesso s.**, of the same blood; of one's own blood: **Si rifiutò di uccidere un uomo del suo stesso s.**, he refused to kill a man of his own blood □ **persona del proprio s.**, blood relation □ **quelli del proprio s.**, one's kin □ **di s. misto**, half-blooded; half-breed □ **donare il s.**, to give (*o* to donate) blood □ **donatore di s.**, blood donor □ (*med.*) **esame del s.**, blood test □ **far scorrere il s.**, to shed blood □ **far stagnare il s.**, to stanch the blood □ **far uscire il s.**, to make sb. bleed □ **fatto di s.**, act of violence □ **fermare il s.**, to stop (*o* to stanch) the blood (*o* the bleeding) □ **fratello di s.**, blood brother □ **gelare il s.**, to make sb.'s blood run cold; **Mi si gelò il s.**, my blood ran cold (*o* froze) □ **iniettato di s.**, bloodshot □ **legami di s.**, blood relations; blood bonds □ **macchiarsi del s. di q.**, to be guilty of sb.'s death; to have sb.'s blood on one's hands □ **macchiato di s.**, bloodstained (*anche fig.*); stained with blood; (*fig.*) blood-guilty □ (**cavallo di**) **mezzo s.**, half-bred (horse) □ (*fig.*) **Gli montò il s. alla testa**, his blood was up □ **In quella famiglia sono tutti musicisti**: **ce l'hanno proprio nel s.**, they're all musicians in that family, it's really in their blood □ **Ha il teatro nel s.**, acting runs in his blood □ (*fig.*) **non avere s. nelle vene**, to be spineless; to be a wimp (*fam.*) □ **avere orrore del s.**, not to stand the sight of blood; (*fig.*) to abhor bloodshed □ **perdita di s.**, loss of blood; haemorrhage; discharge of blood □ **picchiare q. a s.**, to beat up sb.; to beat sb. black and blue □ (*med.*) **pressione del s.**, blood pressure □ (*fig.*) **prezzo del s.**, blood money □ **principe del s.**, prince of the blood □ (**cavallo di**) **puro s.**, blood-horse; thoroughbred □ **Mi fece ribollire il s.**, it made my blood boil □ **Mi sentii ribollire il s.**, my blood was up □ **Mi sento rimescolare il s. al solo pensarci**, my blood stirs at the very thought of it □ **rosso** (**come il**) **s.**, blood-red □ **scritto col s.**, written in blood □ **sete di s.**, blood lust □ **avere sete di s.**, to be bloodthirsty □ **Scorrerà s.**, blood will run □ **spargere s.**, to shed (*o* to spill) blood □ **spargimento di s.**, bloodshed: **senza** (**spargimento di**) **s.**, bloodlessly (*avv.*); without bloodshed; bloodless (*agg.*); **una vittoria senza spargimento di s.**, a bloodless victory □ **succhiare il s. a q.**, to suck sb.'s blood; (*fig.*) to bleed sb. white □ **Ho dovuto sudar s. per convincerlo**, it took a lot of doing to persuade him □ **temperatura del s.**, blood heat □ **trasfusione di s.**, blood transfusion □ **versare s.**, to spill blood □ **versare il proprio s. per la patria**, to bleed for one's country □ **vittoria ottenuta a prezzo di s.**, bloody victory □ **la voce del s.**, the call of blood □ **volere il s. di q.**, to demand sb.'s head □ (*prov.*) **Non si può cavar** (*o* **levar**) **s. da una rapa**, you can't get blood out of a stone □ (*prov.*) **Buon s. non mente**, blood will tell □ (*prov.*) **Il s. non è acqua**, blood is thicker than water. **B** *a.* blood (*attr.*): **rosso s.**, blood-red; **un tramonto color s.**, a blood-red sunset.

sanguemisto, *m.* ***1*** half-breed; half-caste; half-blood ***2*** (*zool.*) cross.

sanguigna, *f.* ***1*** (*miner.*) red h(a)ematite ***2*** (*pitt.*) sanguine.

sanguigno, A *a.* ***1*** blood (*attr.*); sanguineous: **gruppo s.**, blood group; **plasma s.**, blood plasma; **vaso s.**, blood vessel ***2*** (*fig.*) hot-tempered; full-blooded: **uomo dal temperamento s.**, hot-tempered man; **stile s.**, full--blooded style ***3*** (*color del sangue*) blood (*attr.*); blood-red; sanguine: **cielo s.**, blood--red sky; (*miner.*) **diaspro s.**, bloodstone; heliotrope; **arancia sanguigna**, blood orange. **B** *m.* (*rosso sangue*) blood red.

sanguinàccio, *m.* (*cucina*) black pudding; blood pudding; blood sausage (*USA*).

sanguinànte, *a.* bleeding: **ferita s.**, bleeding wound; **col cuore s.**, with a bleeding heart.

sanguinàre, *v. i.* to bleed*: **La ferita sanguinò molto**, the wound bled freely; **Gli sanguina il naso**, his nose is bleeding; **Mi sanguina il cuore**, my heart bleeds.

sanguinària, *f.* (*bot.*) ***1*** (*Sanguinaria canadensis*) sanguinaria; bloodroot; red puccoon ***2*** (*Geranium sanguineum*) (crimson) crane's--bill.

sanguinàrio, A *a.* sanguinary; bloody; bloodthirsty: **violenza sanguinaria**, sanguinary violence; **un tiranno s.**, a bloodthirsty tyrant; **Maria la Sanguinaria**, Bloody Mary. **B** *m.* (*f.* **-a**) bloodthirsty person.

sànguine, *m.* **sanguinella,** *f.* (*bot., Cornus sanguinea*) cornel, dogwood; (*drupa*) dogberry.

sanguinello, *m.* blood orange.

sanguinolènto, *a.* (*insanguinato*) bloody, covered in (*o* dripping with, full of) blood; (*raccapricciante*) gory; (*che contiene sangue*) sanguinolent; (*sanguinante*) bleeding; (*di carne poco cotta*) underdone, rare: **mani sanguinolente**, bloody hands; **dramma s.**, gory play; **particolari sanguinolenti**, gory details; **ferita sanguinolenta**, bleeding wound; **sputo s.**, sanguinolent sputum.

sanguinosamènte, *avv.* bloodily; violently; (*con spargimento di sangue*) with much bloodshed.

sanguinóso, *a.* ***1*** (*pieno di sangue*) bloody; blood-stained; gory: **ferite sanguinose**, bloody (*o* gory) wounds; **mani sanguinose**, bloody (*o* blood-stained) hands ***2*** (*cruento*) bloody; gory; sanguinary: **fatto s.**, bloody deed; **battaglia sanguinosa**, bloody (*o* gory) battle; **conflitto s.**, bloody conflict ***3*** (*fig.*) mortal; deadly: **insulto s.**, mortal (*o* deadly) insult.

sanguisòrba, *V.* **salvastrella.**

sanguisùga, *f.* ***1*** (*zool., Hirudo medicinalis*) leech ***2*** (*fig.: persona avida*) bloodsucker, leech; (*persona insistente*) pestering person, pest, nuisance. ● **stare attaccato come una s.**, to stick like a leech.

sanìcola, *f.* (*bot.*) sanicle.

sanidino, *m.* (*miner.*) sanidine.

sanificàre, *v. t.* to sanitize.

sanificazióne, *f.* sanitization.

sanità, *f.* ***1*** (*l'essere sano*) soundness (*anche fig.*); sanity: **s. di corpo e di mente**, soundness of body and mind; **la s. dei tuoi principi**, the soundness of your principles ***2*** (*salute*) health; healthiness; sanity: **perfetta s.** perfect health; **s. mentale**, soundness of mind; sanity; **s. pubblica**, public health ***3*** (*salubrità*) salubrity; wholesomeness; healthfulness: **la s. dell'aria**, the salubrity of the air; **la s. dei cibi**, the wholesomeness of food. ● **certificato di s.**, health certificate □ **Consiglio superiore della S.**, Board of the Ministry of Health □ (*mil.*) **Corpo di S.**, Army Medical Corps □ **in perfetta s. di mente e corpo**, perfectly sound in mind and body; in full possession of one's faculties □ **Ministero della S.**, Ministry of Health □ **Organizzazione mondiale della S.**, World Health Organization □ **S. Marittima**, Port Medical Office □ **Servizio di S. Pubblica**, Public Health Service □ **ufficio di s.**, health office.

sanitàrio, A *a.* sanitary; medical; health (*attr.*); health-care (*attr.*): **articoli sanitari**, medical products; **cassetta sanitaria**, medical bag; **centro s.**, health centre; **certificato s.**, health certificate; **cordone s.**, sanitary cordon; **corpo s.**, health staff; **Corpo S. Militare**, Army Medical Corps; **ente s.**, health office; health service; health authorities (*pl.*); **impianti sanitari**, sanitary fixtures (*o* fittings, facilities); **leggi sanitarie**, sanitary (*o* health) laws; **materiale s.**, medical supplies (*pl.*); **misure sanitarie**, sanitary (*o* hygienic) precautions; **operatore s.**, health worker; (*al pl. collett.*) non-medical staff (*sing.*); **servizi sanitari**, health (*o* medical) services; **riforma sanitaria**, health-care reform; **ufficiale s.**, health officer; **unità s. locale**, local health unit. **B** *m.* doctor; (*al pl. collett.*, *anche*) medical staff (*sing.*).

sanitizzànte, *a.* sanitizing.

sanitizzàre, *v. t.* to sanitize.

sanitizzazióne, *f.* sanitization.

sannita, *a.*, *m.* e *f.* Samnite.

sannitico, *a.* Samnite (*attr.*).

sàno, *a.* ***1*** (*in buona salute, anche fig.*) healthy, fit; (*senza difetti*) sound; (*salubre*) healthy, salubrious, wholesome, salutary, healthful: **un bambino s.**, a healthy child; **colorito s.**, healthy complexion; **appetito s.**, healthy appetite; **economia sana**, healthy economy; **Ha un fisico s.**, he's very fit; **denti sani**, sound teeth; **membra sane**, sound limbs; **sana costituzione**, sound constitution; **vita s.**, healthy life; **cibi sani**, wholesome food; **clima s.**, healthy climate; **aria sana**, salubrious air ***2*** (*fig.*: *saggio*, *giusto*, *onesto*, *retto*) sound; healthy: **consigli sani**, sound advice; **dottrine sane**, sound doctrines; **sani principi**, sound (*o* well-grounded) principles; **affetti sani**, healthy affections ***3*** (*fig.*: *senza difetti*, *intatto*) sound, whole, intact, undamaged; (*intero*, *completo*) entire, whole, full: **pesche sane**, sound peaches; **edificio s.**, sound building; **un pane s.**, a whole loaf; **Sono stato un anno s. senza vederlo**, I have not seen him for a whole (*o* full) year. ● **s. come un pesce**, in the best of health; as sound as a bell; as fit as a fiddle □ **s. di mente**, sane; of sound mind; **non s. di mente**, insane □ **s. e salvo**, safe and sound; unharmed; unhurt; whole □ **s. e vispo**, spry □ **mente sana in corpo s.**, a healthy mind in a healthy body □ **stare** (*o* **conservarsi**) **s.**, to keep well: **Sta' s.!**, keep well!; take care of (*o* look after) yourself!

San Pietroburgo, *m.* (*geogr.*) Saint (*abbr.*: St) Petersburg.

sanrocchino, *m.* (pilgrim's) cloak.

sànsa (1), *f.* olive residues (*pl.*); marc: **olio di s.**, marc oil.

sànsa (2), *f.* (*mus.*) sansa, zanza.

sanscritista, *m.* e *f.* Sanskritist; Sanskrit scholar.

sànscrito, *a.* e *m.* Sanskrit.

sansevièria, *f.* (*bot.*, *Sansevieria trifasciata*) sansevieria.

sansimonismo, *m.* (*filos.*) Saint-Simonianism; Saint-Simonism.

sansimonista, *m.*, *f.* e *a.* (*filos.*) Saint-Simonian.

Sansóne, *m.* Samson.

santabàrbara, *f.* (*naut.*) powder magazine.

santaménte, *avv.* holily; piously; devoutly. ● **morire s.**, to die a holy (*o* saintly) death □ **vivere s.**, to live a holy (*o* saintly) life.

santarellina, **santerellina,** *f.* innocent-looking girl; little saint; goody-goody (*fam.*): **essere** (*o* **fare**) **la s.**, to be a goody-goody; to look as if butter wouldn't melt in one's mouth.

santificànte, *a.* sanctifying: **grazia s.**, sanctifying grace.

santificàre, A *v. t.* ***1*** (*rendere santo*) to sanctify; to make* holy; to hallow: **Dio benedisse il settimo giorno e lo santificò**, God blessed the seventh day and sanctified it; **Sia santificato il Tuo nome**, hallowed be Thy name ***2*** (*canonizzare*) to canonize; to saint ***3*** (*venerare*) to worship; to honour; to celebrate; (*osservare*) to observe, to keep*: **s. il nome di Dio**, to celebrate the name of God; **s. le feste**, to keep (*o* to observe) holy days; to keep the Sabbath. **B santificàrsi,** *v. rifl.* to become* holy.

santificazióne, *f.* ***1*** (*il santificare*) sanctification ***2*** (*osservanza*) observance; keeping: **la s. delle feste**, the observance of holy days; the keeping of the Sabbath ***3*** (*canonizzazione*) canonization.

santimònia, *f.* (*spreg.*) sanctimony; sanctimoniousness; sanctified airs (*pl.*).

santino, *m.* holy picture.

Santippe, *f.* ***1*** Xanthippe ***2*** (*fig.*: *moglie bisbetica*) shrew; nag.

santissimo, A *a. superl.* (most) holy; most sacred: **il S. Sacramento**, the Holy (*o* Blessed) Sacrament; **S. Padre**, Holy Father. ● (*fam.*) **Fammi il s. piacere di lasciarmi in pace**, will you do me the great favour of leaving me alone? □ (*fam.*) **Mettere in corpo a q. una paura santissima**, to put the fear of God into sb. **B** *m.* (the) Holy (*o* Blessed) Sacrament.

santità, *f.* holiness; sanctity; sacredness; (*dignità di santo*) sainthood: **s. di vita**, holiness of life; saintliness; **Sua S.**, His Holiness; **la s. d'un giuramento**, the sanctity of an oath; **la s. d'un tempio**, the holiness (*o* sacredness) of a temple; **morire in odore di s.**, to die in the odour of sanctity.

sànto, A *a.* ***1*** holy; blessed; sainthy; sacred: **acqua santa**, holy water; **il S. Padre**, the Holy Father; **una vita santa**, a holy (*o* a saintly) life; **una città santa**, a holy city; **la Santa Vergine**, the Blessed Virgin; **il giuramento è s.**, oaths are sacred ***2*** (*seguito da nome proprio*) Saint (*abbr.*: St; *al pl.*: SS): **San Giuseppe**, St Joseph; **San Pietro**, St Peter; **Sant'Anna**, St Anne; **(la chiesa di) S. Pietro**, St Peter's; **(il giorno di) Santa Lucia**, St Lucy's (feast-)day ***3*** (*fig. fam.*: *buono*) good, virtuous; (*paziente*) long-suffering; (*utile*, *efficace*) good, helpful, useful, beneficial: **È proprio un sant'uomo!**, he's a truly good man; he's a real saint; **Poveretta quella santa donna di sua moglie!**, that poor long-suffering wife of his!; **Sarebbe un'opera santa**, it would be really helpful; **Parole sante!**, how right you are [he is, etc.]! ● (*stor.*) **la Santa Alleanza**, the Holy Alliance □ **la Santa Comunione**, Holy Communion □ **la Santa Messa**, Holy Mass □ **Santa pazienza!**, good Lord!; for heaven's sake!; God give me patience!: **Aspetta un momento, santa pazienza!**, wait a moment, for heaven's sake! □ **S. Iddio!**, goodness me!; my goodness!; (good) heavens! □ **la Santa Sede**, the Holy See □ **il Sant'Uffizio**, the Holy Office □ **le anime sante**, the Holy Souls □ **anno s.**, holy year □ **Fammi il s. piacere di stare zitto!**, will you kindly shut up; oh, do shut up for heaven's sake! □ (*stor.*) **la Lega Santa**, the Holy League □ **olio s.**, holy oil; chrism □ **lo Spirito S.**, the Holy Spirit (*o* Ghost) □ **la Terra Santa**, the Holy Land □ **tutti i santi giorni**, every single (*o* blessed) day □ **tutto il s. giorno**, all day long; the whole blessed day. **B** *m.* (*f.* **-a**) ***1*** saint: **la Madonna e tutti i s.**, the Virgin and all the saints; **s. patrono**, patron saint; **la festa del s. patrono**, the patron saint's day; **Oggi è la festa del mio santo** (*o* **il mio s.**), today is my saint's day ***2*** (*fig.*) saint; godly person: **Quell'uomo è un s.**, that man is a saint. ● **il S. dei Santi**, (*Bibbia*) the Holy of Holies, sanctum sanctorum (*lat.*); (*Dio*) the Holiest □ **a dispetto dei santi** (*a ogni costo*), at any cost □ **avere la pazienza di un s.**, to have the patience of a saint (*o* of Job) □ **avere qualche s. dalla propria**, to have a guardian angel □ **avere santi in paradiso**, to have friends in high places □ **che s. è oggi?**, what saint's day is today? □ **far scappare la pazienza anche a un s.**, to try the patience of a saint; to make a saint swear (*fam.*) □ **una morte da s.**, a holy (*o* a saintly) death □ (*fam.*) **Non c'è s.** (**che tenga**), there's no help for it; there's no getting round it □ **non essere uno stinco di s.**, to be far from being a saint; to be no angel □ (*fig.*) **non sapere a che s. votarsi**, not to know which way to turn; to be at one's wits' end □ **proclamare q. s.**, to canonize sb. □ **Qualche s. ci aiuterà!**, let's hope for the best!; something will turn up □ **raccomandarsi a tutti i santi**, to implore everybody's help □ **(tutti) i Santi** (*Ognissanti*), All Saints' Day □ (*prov.*) **Passata la festa, gabbato lo s.**, once on shore we pray no more.

santocchieria, *f.* (*spreg.*) sanctimony; sanctimoniousness; sanctified airs (*pl.*).

santòcchio, *m.* (*f.* **-a**) (*spreg.*) sanctimonious person; hypocrite; goody-goody.

sàntola, *f.* (*region.*) godmother.

sàntolo, *m.* (*region.*) godfather.

santóne, *m.* holy man; hermit; guru.

santònico (1), *m.* *V.* **santonina (1)**.

santònico (2), *a.* (*chim.*) – **acido s.**, santonic acid.

santonina (1), *f.* (*bot.*, *Artemisia cina*) santonica.

santonina (2), *f.* (*chim.*) santonin.

santoréggia, *f.* (*bot.*, *Satureia hortensis*) garden (*o* summer) savory.

santuàrio, *m.* ***1*** (*anche fig.*) sanctuary; shrine ***2*** (*parte interna di un tempio*) sanctum sanctorum* (*lat.*); Holy of Holies.

sanzionàre, *v. t.* ***1*** (*sancire*) to sanction; (*ratificare*) to ratify, to approve, to endorse; (*confermare*) to confirm: **s. una legge**, to sanction a law ***2*** (*applicare sanzioni punitive*) to apply sanctions against.

sanzióne, *f.* ***1*** (*decreto*) sanction; (*ratifica*) ratification, approval, endorsement; (*conferma*) confirmation: **s. di un trattato**, ratification of a treaty; **la s. dei propri superiori**, the approval of one's superiors ***2*** (*penalità*) sanction, penalty; (*al pl.*: *blocco economico*) embargo: **imporre sanzioni economiche a un paese**, to impose economic sanctions to a country; **sanzioni penali**, penalties. ● (*stor.*) **Prammatica s.**, Pragmatic Sanction.

sapèrda, *f.* (*zool.*, *Saperda calcarata*) poplar borer.

sapére (1), A *v. t.* ***1*** (*assol.*) to know*: **È uno che sa**, (*è colto*) he is a learned man; (*se ne intende*) he is a knowledgeable man; **Non so**, I don't know; **Non saprei**, I don't know; I wouldn't know; I can't say ***2*** (*conoscere*) to know*; (*essere consapevole di*) to realize, to be aware of: **s. il nome di q.**, to know sb.'s name; **s. il proprio mestiere**, to know one's job; **s. il tedesco**, to know German; **s. tutto**, to know everything; **Sì, so tutto**, yes, I know all about it; **Lo so**, I know; **Non ne so niente**, I don't know anything about it; **s. di più**, to know more; **s. che cosa dire [fare]**, to know what to say [to do]; **Sai com'è!**, you know how it is!; **So che il ragazzo ha ragione**, I know (that) the boy is right; **So di avere torto**, I know I'm wrong; **Sai che sei seduto sul mio cappello?**, do you realize (*o* are you aware) that you're sitting on my hat?; **Ma lo sai che ora è?**, do you realize what time it is?; **Non sapevo di dover venire**, I didn't know I had to come ***3*** (*avere imparato*, *essere capace*, *essere in grado*, *riuscire*) can*; to be able to; (*s. come si fa*) to know* how: **So giocare a scacchi**, I can play chess; **Sai nuotare?**, can you swim?; **Sai far da mangiare?**, can you cook?; **Non sa neanche rifare il letto**, he doesn't even know how to make a bed; **Non sapeva scrivere a macchina**, he couldn't type; **Tra un anno saprai suonare benissimo**, in a year's time you'll be able to play beautifully; **Sai aggiustare un interruttore?** do you know how to fix a light switch?; **Sai (come si fa a) farlo funzionare?**, do you know how to operate it?; **Sai essere gentile quando vuoi!**, you can be very polite when you choose!; **Non so dirti granché**, I cannot tell you much; **Non ho saputo dirgli molto**, I wasn't able to tell him much; **Saprà sicuramente aiutarti lei**, she'll surely be able to help you; **Saprebbe dirmi dove siamo?**; could you tell me where we are?; **Sapreste descrivere l'aggressore?**, would you be able to describe the assailant?; **Non so distinguerli**, I can't tell them apart; **Non so dirti la mia gioia**, I can't tell you how glad I was; **Non so spiegarlo**, I don't know how to explain it; **È uno che sa comandare**, he knows how to give orders *4* (*essere a conoscenza, avere notizia*) to know*; to realize; to be acquainted with (*form.*): **Non sapevo della loro esistenza**, I didn't know of their existence; **So di un ristorantino qui accanto**, I know of a little restaurant near here; **Sai di q. che voglia comprarlo?**, do you know of anybody who might want to buy it?; **Sai chi è?**, do you know who he is?; **Sapete per caso se è arrivato?**, do you know by any chance if he has arrived?; **Sai, partirò domani**, I'm leaving tomorrow, you know *5* (*venire a s.*) to know*; to get* to know; to learn*; to hear*; to find* out: **s. qualcosa da buona fonte**, to know (*o* to learn) st. from a reliable source; **Come hai fatto a saperlo?**, how did you get to know about it?; how did you find out (about it?); **L'ho saputo da lei**, I heard (*o* learnt) about it from her; I found out from her; **Non abbiamo ancora saputo se sia arrivato sano e salvo**, we have not yet heard whether he arrived safely; **Ho saputo da Piero che si starebbero per sposare**, I have it from Piero they are about to get married; **Lo seppi molto tempo fa**, I was told (*o* learnt, found out) about it long ago *6* (*presagire*) to know*; to feel*; to have a feeling: **Sapevo che sarebbe andata a finire così**, I had a feeling (*o* I just knew) it would end up like that; **Lo sapevo che sarebbe tornato**, I knew he would come back; **Ecco, lo sapevo!**, there! I knew it! ● **s. q.c. a memoria** (**o a mente**), to know st. by heart (*o* by rote) □ **s. q.c. a menadito**, to know st. perfectly (*o* thoroughly); to know st. backwards; to have st. at one's fingers' tips □ **s. come va il mondo**, to know the score (*fam.*) □ **s. di storia [di latino]**, to be well versed in history [in Latin] □ **s. fare di tutto**, to know how to do everything; to be good at everything; to be an all-rounder □ **s. il fatto proprio**, to know one's job; to know what one is about; to know a thing or two; to know what's what □ **s. l'ora**, to know the time; to know what time it is □ **s. per certo**, to know for certain (*o* for a fact) □ **s. q.c. per esperienza**, to know st. by experience □ **s. q.c. per filo e per segno**, to know st. like the back of one's hand □ **s. quel che si vuole**, to know what one wants; to know one's own mind □ **s. sempre tutto**, to know all the answers □ **s. vivere**, to know how to enjoy life; to be a man of the world □ **il s. vivere**, (good) manners; etiquette □ (*fam.*) **saperci fare**, to know one's job □ **saperci fare con (q.c.)**, to know one's way about (st.); to know how to handle (*o* how to deal with); to be good with; to have a way with; to be good (*o* clever) at (*o* with): **Ci so fare con i bambini**, I know how to handle children; I have a way with children; I'm good with children; **Ci sa fare con i numeri**, he's clever at figures; **Ci sa fare con le mani**, she's good (*o* clever) with her hands □ **saperla lunga**, to be smart; to be a sly one; to have been around; to know a thing or two □ **saperle tutte**, to know all the tricks □ **saperne una più del diavolo**, to be as shrewd as the devil □ **saperne quanto prima**, to be none the wiser □ **(Ad) averlo saputo!**, if only I had known (about it)! □ **a quanto ne so**, as far as I know □ **Buono a sapersi!**, good to know!; that's worth knowing! □ **Che io sappia, è una brava ragazza**, she is a good girl, as far as I know □ **Che io sappia, no**, not as far as I know; not that I know of □ **Che ne sai tu di me?**, you don't know the first thing about me! □ **Che ne so io!**, how should I know? □ **Chi (lo) sa?**, who knows?; who can tell?; it's anybody's guess; (*dubitativo*) I wonder: **L'anno prossimo? Chi lo sa!**, Next year? Who knows?; **Chi lo sa se verrà**, I wonder whether he will come; *V. anche* **chissà** □ **Devi s. che lui...**, the fact is that he...; now then, he... □ **Dio sa...**, Heaven (*o* God) knows... □ **...e che so io**, and what not: **Vende penne, matite, gomme e che so io**, he sells pens, pencils, rubbers, and what not □ **far s. q.c. a q.**, to let sb. know st.; (*per iscritto*) to drop sb. a line about st.; to send sb. word about st.: **Fammi s. quando intendi partire**, let me know when you plan to leave □ **Lo sa Dio (il cielo)!**, God (Heaven) only knows!; it's anybody's guess! □ **Lo so da me**, I don't need anyone to tell me; I don't need telling □ **Ne so quanto te**, your guess is as good as mine □ **non c'è modo di s.**, there's no way of knowing (*o* telling) □ **Non se ne sa molto di lui**, not much is known about him □ **Non si sa mai** (*o* **non si può mai s.**), you never know; you never can tell; there's no knowing (*o* telling) □ **Ha conosciuto non so che cantante**, she met some singer or other □ **Non so che farci!**, I can't help it! □ **Non so che farei per lui**, I'd do anything for him □ **Non so voi, ma io ho fame**, I don't know about you, but I am hungry □ **Non voglio saperne nulla di questo affare**, I don't want to have anything to do with this □ **Non voglio più saperne di lui**, I'll have nothing else to do with him □ **Non vuole saperne di lavorare**, he won't hear of getting a job □ **Per quel che ne so io, è ancora a Parigi**, she's still in Paris, as far as I know □ **Per quel che ne so io, potrebbe anche essere morto**, he might be dead, for all I know □ **Sai meglio di me che non posso**, you know perfectly well I cannot □ **Sappimi dire!**, let me know about it; keep me informed □ **Saperlo!**, if only we could know!; if we only knew! □ **Sappi che questa è l'ultima volta**, remember that this is the last time □ **Se solo sapessi!**, if only I knew! □ **Se sapeste quello che è successo!**, you'll never guess what happened! □ **Questo lo si sa!**, of course!; everybody knows that! □ **Si sa che frequenta gente dubbia**, he's known to go around with shifty characters □ **un non so che**, something: **un certo non so che**, a certain something; a certain «je ne sais quoi» □ **venire a s.**, to find out about; to learn about; to hear of: **Non volevo che si venisse a s.**, I didn't want people to find out about it; I didn't want it to be known; I didn't want it to get about. **B** *v. i.* *1* (*avere odore*) to smell*; (*avere sapore*) to taste; (*fig.*) to savour, to smack: **s. di muffa [di pulito]**, to smell mouldy [clean]; **s. di amaro [di bruciato]**, to taste bitter [burnt]; **s. di cipolla [di mandorla]**, to taste of onions [of almonds]; **s. di sapone**, to taste of soap; to have a soapy taste; **Di che cosa sa?**, what does it taste of?; **Odio tutto quel che sa di pedanteria**, I hate anything that savours (*o* smacks) of pedantry; **L'affare sa di bidone**, this deal smacks of trickery *2* (*aver sentore, supporre, sospettare*) to think*; to guess; to bet* (*fam.*); to have a feeling: **Quell'uomo mi sa di imbroglione**, I think he's a crook; **Mi sa che sia già partito**, I bet he's already left; **Mi sa che qui dovrò pagare io**, I guess I'll have to pay. ● (*fig.*) **s. di sale**, to taste bitter □ **s. di tappo**, to be corked □ **non s. di nulla**, to be tasteless (*o* totally insipid); (*fig.*) to be dull (*o* insipid, vapid).

sapére (2), *m.* knowledge; (*dottrina*) learning: **l'umano s.**, human knowledge; **un ramo del s.**, a branch of knowledge; **amante del s.**, fond of learning; **un uomo di gran s.**, a very learned man; a man of great learning.

sapidità, *f.* flavour, flavor (*USA*); tastiness; savouriness, savoriness (*USA*); sapidity.

sàpido, *a.* *1* tasty; savoury, savory (*USA*); (*lett.*) sapid; (*di vino*) fruity *2* (*fig.*) witty; keen; pungent.

sapiènte, **A** *a.* *1* (*saggio*) wise; sage: **parole sapienti**, wise words; **un uomo s.**, a wise man; a sage *2* (*colto*) learned; (*erudito*) erudite; (*dotto*) scholarly *3* (*ammaestrato*) trained; performing: **cavallo s.**, performing horse *4* (*abile, esperto*) able; expert; masterly; sure: **un s. amministratore**, an able administrator; **un cuoco s.**, an expert cook; **una risposta s.**, a masterly reply; **un s. tocco (delle mani)**, a sure touch. **B** *m.* *1* (*uomo saggio*) wise man*, sage; (*generalm. iron.*) savant: **i sapienti**, the wise; **i sette sapienti della Grecia**, the seven wise men (*o* sages) of Greece *2* (*uomo colto*) learned man*, man* of learning; (*dotto*) scholar; (*generalm. iron.*) savant. **C** *f.* *1* (*donna saggia*) wise woman* *2* (*donna colta*) learned woman*, woman* of learning, scholar; (*iron.*) savante.

sapientóne, *m.* (*f.* **-a**) (*iron.*) pundit; wiseacre; wisehead; know-all.

sapiènza, *f.* *1* (*saggezza*) wisdom *2* (*sapere*) knowledge; (*dottrina*) learning, erudition *3* (*abilità, perizia*) skill; ability; mastery *4* (*libro della Bibbia*) Book of Wisdom.

sapienziàle, *a.* (*relig.*) sapiential: **i libri sapienziali**, the sapiential books.

saponàceo, *a.* soapy; saponaceous.

saponària, *f.* (*bot.*, *Saponaria officinalis*) soapwort. ● (*bot.*) **albero della s.** (*Quillaia saponaria*), soapbark.

saponàrio, *a.* soap (*attr.*): **pietra saponaria**, soapstone; **radice saponaria**, soapwort root.

saponàta, *f.* *1* (*acqua con sapone*) soapy water *2* (*schiuma*) soapsuds (*pl.*); lather: **fare una s.**, to make a lather *3* (*fig.*: *adulazione*) soft soap.

sapóne, *m.* soap: **s. allo zolfo**, sulphur soap; **s. da bucato**, washing soap; **s. di Marsiglia**, Marseille soap; **s. in polvere**, soap powder; **s. in scaglie**, soap flakes (*pl.*); **s. liquido**, liquid (*o* soft) soap; **s. neutro**, mild soap; **s. per la barba**, shaving soap; **bolla di s.**, soap bubble; **un pezzo di s.**, a bar of soap. ● (*chim.*) **s. dei vetrai**, glassmakers' soap □ (*fig.*) **dare del s. a q.**, to soft-soap sb.

saponerìa, *f.* *V.* **saponificio**.

saponétta, *f.* *1* cake of soap: **s. all'olio di mandorle**, cake of almond-oil soap *2* (*orologio*) hunting-watch; hunter.

saponièra, *f.* soap case.

saponière, *m.* *1* (*operaio*) soap boiler *2* (*fabbricante*) soap manufacturer.

saponièro, *a.* soap (*attr.*).

saponificàbile, *a.* saponifiable.

saponificàre, *v. t.* to saponify.

saponificatóre, *m.* saponifier.

saponificazióne, *f.* saponification.

saponificio, *m.* soap factory.

saponina, *f.* (*chim.*) saponin.

saponite, *f.* (*miner.*) saponite.

saponóso, *a.* soapy.

saporàccio, *m.* nasty (*o* bad) taste.

sapóre, *m.* *1* taste; flavour, flavor (*USA*); savour, savor (*USA*): **s. gradevole [amaro, intenso]**, pleasant [bitter, rich] taste (*o* flavour); **s. di cipolla**, taste (*o* flavour) of onions; **s. di bruciato [di muffa]**, burnt [mouldy] taste; **un s. di mare**, a taste of the sea *2* (*fig.*) flavour; relish; spice; zest: **un romanzo di s. dickensiano**, a novel with a Dickensian flavour; **dare s. alla vita**, to give spice to life; **La vicenda ha perso un po' del suo s. nel raccontarla**, the story has lost some of its zest in the telling *3* (*fis. nucl.*) flavour. ● **s. piccante**, sharp flavour; nip; bite; tang; (*fig.*) zest □ **s. strano**, funny taste □ **il s. del successo**, the taste of success; **conoscere il s. del successo**, to taste success □ (*cucina*) **i sapori**, herbs □ **al s. di mango**, mango-flavoured □ **sentire il s. di q.c.**, to taste st. □ **Ha un s. di limone**, it tastes of lemon; it has a lemony taste □ **avere un buon s.**, to taste good; to be tasty □ **avere un s. di pedanteria**, to smack of pedantry □ (*cucina*) **dare s. a q.c.**, to add taste (*o* flavour) to st.; to flavour st. □ **di s. amaro [dolce]**, bitter [sweet] (*agg.*) □ **una vicenda di s. romantico**, a romantic story □ (*anche fig.*) **lasciare un cattivo [buon] s. in bocca**, to leave a bad [pleasant] taste in the mouth; to have a bad [pleasant] aftertaste □ **un leggero s. di q.c.**, a slight taste of st.; a smack (*o* tinge, trace) of st. □ **migliorare il s. di q.c.**, to improve the flavour of st. □ **non avere s.**, to have no taste (*o* flavour); to be tasteless □ **senza s.**, tasteless; flavourless;

(*fig.*) flat, dull, insipid □ **«Che s. ha?» «Di funghi»**, «What does it taste of?» «Mushrooms» □ **«Com'è il s.?» «Ottimo»**, «How does it taste?» (*o* «What does it taste like?») «Very nice» □ **«Com'è di s.?» «Troppo salato»**, «Does it taste all right?» «Too salty».

saporire, *v. t.* to season; to flavour.

saporitamente, *avv.* with gusto; with relish. ● **dormire s.**, to sleep soundly; to sleep like a log (*fam.*) □ **ridere s.**, to laugh heartily.

saporito, *a.* ***1*** tasty; savoury, savory (*USA*) (*anche fig.*): **un piatto s.**, a tasty dish ***2*** (*fig.*) racy; zestful; tart; sharp; peppery; spicy: **una risposta saporita**, a sharp (*o* a tart) answer; **uno stile s.**, a racy style. ● **conto s.**, stiff bill □ **poco s.**, tasteless; dull □ **risata saporita**, hearty laugh □ **sonno s.**, sound sleep □ **troppo s.**, too salty.

saporosità, *f.* savouriness; tastiness (*fam.*).

saporoso, *a.* ***1*** savoury (*anche fig.*); saporous; tasty (*fam.*) ***2*** (*fig.*) racy; piquant; zestful; spicy: **un aneddoto s.**, a spicy anecdote; **uno stile s.**, a racy style.

sapòta, *f.* (*bot.*, *Achras sapota*) sapodilla.

sapotiglia, *f.* (*bot.*) sapodilla plum.

sapròbio, (*biol.*) **A** *m.* saprobe. **B** *a.* saprobiotic.

sapròfago, (*zool.*) **A** *a.* saprophagous. **B** *m.* saprophage.

saprofitismo, *m.* (*bot.*) saprophytism.

sapròfito, (*bot.*) **A** *m.* saprophyte. **B** *a.* saprophytic.

saprògeno, *a.* (*biol.*) saprogenic; saprogenous.

sapropèl, *m.* (*geol.*) sapropel.

sapropèlico, *a.* (*geol.*) sapropelic.

saputèllo, *m.* (*f.* **-a**) little know-all; little prig. ● **Non fare tanto il s.**, don't be such a Mr Know-all!; don't try to be too clever.

sapùto, **A** *a.* ***1*** (*che si sa*) known; well-known ***2*** (*erudito*) learned; well-informed; erudite: **un uomo s.**, a learned (*o* well-informed) man ***3*** (*che presume di sapere*) pedantic; priggish. ● **s. e risaputo**, (*noto*) well-known; (*trito*) hackneyed, hoary, stale □ **ragazzo s.**, little prig; little know-all. **B** *m.* (*f.* **-a**) know-all; wiseacre; prig. ● **fare il s.**, to show off one's knowledge □ **Non fare il s.**, don't be pedantic; don't try to be too clever (*fam.*).

Sàra, *f.* Sarah.

sarabànda, *f.* ***1*** (*mus.*) saraband ***2*** (*fig.*, *chiasso*) racket; (*confusione*) bedlam, rumpus; (*clamore*) uproar, hullabaloo; (*turbinio*) whirl, turmoil, riot: **una s. di macchine e motorini**, a bedlam of cars and motorbikes; **una s. di colori**, a riot of colours; **Che s.!**, what a hullaballoo!

saràcca, *V.* **salacca**.

saràcco, *m.* ripsaw. ● **s. a costola**, backsaw; tenon saw.

saracèno, *a.* e *m.* Saracen. ● (*bot.*) **grano s.**, buckwheat.

saracinésca, *f.* ***1*** (*edil.*) (roll-up) shutter; rolling shutter: **alzare [abbassare] la s.**, to pull up [to pull down] the shutter ***2*** (*di chiusa idraulica*) sluicegate; floodgate ***3*** (*di castello*) portcullis: **alzare [abbassare] la s.**, to raise [to lower] the portcullis. ● (*mecc.*) **valvola a s.**, slide (*o* gate) valve.

saracino, *m.* ***1*** (*nel gioco della quintana*) quintain ***2*** (*pop.*) *V.* **saraceno**.

sàrago, *m.* (*zool.*, *Diplodus sargus*) white bream.

Saragòzza, *f.* (*geogr.*) Saragossa.

sarcàsmo, *m.* sarcasm: **s. feroce**, scathing (*o* withering) sarcasm; **s. pungente**, keen (*o* piercing) sarcasm; **fare del s.**, to make sarcastic remarks; to be sarcastic; **Sono stanca dei suoi sarcasmi**, I'm tired of his sarcastic remarks.

sarcàstico, *a.* sarcastic.

sarchiàre, *v. t.* to hoe; to weed: **s. un campo**, to hoe (*o* to weed) a field; **s. le erbacce**, to hoe up weeds.

sarchiatóre, *m.* (*f.* **-trice**) weeder.

sarchiatrice, *f.* (*mecc.*) weeder; hoeing machine.

sarchiatùra, *f.* weeding; hoeing.

sarchiellàre, *v. t.* to hoe; to weed.

sarchièllo, **sàrchio**, *m.* hoe; weeder; spud.

sarcòfaga, *f.* (*zool.*, *Sarcophaga carnaria*) flesh fly.

sarcòfago, *m.* (*archit.*) sarcophagus*.

sarcòide, *m.* (*med.*) sarcoid.

sarcoidòsi, *f.* (*med.*) sarcoidosis*.

sarcolèmma, *m.* (*anat.*) sarcolemma.

sarcolite, *f.* (*miner.*) sarcolite.

sarcòma, *m.* (*med.*) sarcoma*.

sarcomatòsi, *f.* (*med.*) sarcomatosis*.

sarcomatóso, *a.* (*med.*) sarcomatous.

sarcoplàsma, *m.* (*biol.*) sarcoplasm.

sàrda (1), *V.* **sardella**.

sàrda (2), *f.* (*miner.*) sard.

sardàna, *f.* (*mus.*) sardana.

sardanapalésco, *a.* Sardanapalian.

Sardanapàlo, *m.* (*stor.*) Sardanapalus.

Sardégna, *f.* (*geogr.*) Sardinia.

sardegnòlo, *a.* e *m.* (*pop.*) Sardinian.

sardèlla, **sardina**, *f.* (*zool.*, *Sardina pilchardus*) pilchard; (*giovane*) sardine: **una scatola di sardine**, a tin of sardines; **essere pigiati come le sardine**, to be packed like sardines.

sardismo, *m.* ***1*** movement for Sadinian autonomy ***2*** (*ling.*) Sardinian idiom.

sardista, **A** *a.* in support of Sardinian autonomy. **B** *m.* e *f.* supporter of Sardinian autonomy.

sàrdo, *a.* e *m.* (*f.* **-a**) Sardinian.

sardònia, *f.* (*bot.*, *Ranunculus sceleratus*) cursed crowfoot; marsh crowfoot.

sardònica (1), (*bot.*) *V.* **sardonia**.

sardònica (2), **sardònice**, *f.* (*miner.*) sardonyx.

sardònico, *a.* sardonic: **un ghigno s.**, a sardonic grin.

sargàsso, *m.* (*bot.*, *Sargassum bacciferum*) sargasso*; gulfweed. ● (*geogr.*) **Mar dei Sargassi**, Sargasso Sea.

sàri, *m.* (*veste indiana*) sari, saree.

sariga, *f.* (*zool.*, *Didelphis virginiana*) opossum.

sarmata, *m.* Sarmatian.

sarmàtico, *a.* Sarmatian.

Sarmàzia, *f.* (*geogr.*, *stor.*) Sarmatia.

sarménto, *m.* (*bot.*) runner; stolon; (*di vite*) vine shoot, vine branch.

sarmentóso, *a.* (*bot.*) sarmentose; sarmentous.

saròng, *m. invar.* (*indumento malese*) sarong.

sàros, *m.* (*astron.*) saros.

sarrussòfono, *m.* (*mus.*) sarrusophone.

sàrta, *f.* (*da donna*) dressmaker; (*di lusso*) couturière (*franc.*); (*da uomo*) tailoress; (*cucitrice*) seamstress.

sàrtia, *f.* (*naut.*) shroud: **sartie di belvedere**, mizzen-topgallant shrouds; **sartie di granvelaccio**, main-topgallant shrouds; **sartie di velaccino**, fore-topgallant shrouds; **s. bastarda**, swifter.

sartiàme, *m.* (*naut.*) shrouds (*pl.*); (*manovre*) rigging, cordage.

sartiàre, *v. t.* (*naut.*) to ease off (*o* away); to overhaul; to fleet.

sartina, *f.* (apprentice) dressmaker.

sartiòla, *f.* (*naut.*) upper shroud.

sàrto, *m.* tailor; (*da donna*) dressmaker, ladies' tailor; (*di lusso*) couturier (*franc.*): **andare dal s.**, to go to the tailor's; **fare il s.**, to be a tailor; **un abito fatto dal s.**, a tailor-made suit. ● **mestiere del s.**, tailoring □ **forbici da s.**, (tailor's) shears □ **gessetto da s.**, tailor's chalk □ **metro da s.**, tape measure □ (*zool.*) **uccello s.** (*Orthotomus sutorius*) tailorbird.

sartorìa, *f.* ***1*** (*laboratorio*: *da uomo*) tailor's (shop); (*da donna*) dressmaker's (shop); (*di alta moda*) fashion house, couture house; (*cinem.*) dressing department ***2*** (*arte del sarto*, *da uomo*) tailoring; (*da donna*) dressmaking, couture. ● **un capolavoro di s.**, a sartorial masterpiece □ **vestito di s.**, (*da uomo*) tailor-made suit; (*da donna*) tailor-made dress.

sartoriale, *a.* tailor's; tailoring (*attr.*); dressmaking (*attr.*); sartorial.

sartòrio, *m.* (*anat.*) sartorius*.

sasànide, *a.* (*stor.*) Sassanian. ● **i Sassanidi**, the Sassanids.

sassafràsso, *m.* (*bot.*, *Sassafras officinale*) sassafras.

sassàia, *f.* ***1*** (*riparo*, *argine*) stone barrier; stone dike ***2*** (*luogo sassoso*) stony place; (*strada sassosa*) stony road.

sassaiòla, *f.* ***1*** (*grandine di sassi*) hail of stones ***2*** (*battaglia coi sassi*) stone-fight.

sassaiòlo, *a.* rock (*attr.*): (*zool.*) **colombo s.** (*Columba livia*), rock pigeon; rock dove.

sassànide, *V.* **sasanide**.

sassarése, **A** *a.* of Sassari; from Sassari. **B** *m.* e *f.* native of Sassari; inhabitant of Sassari. **C** *m.* (*dialetto*) Sassari dialect.

sassàta, *f.* blow with (*o* from) a stone. ● **fare a sassate**, to throw stones at each other (*o* at one another); to have a stone-fight □ **prendere q. a sassate**, to pelt sb. with stones □ **tirare una s. a q.**, to throw a stone at sb. □ **uccidere q. a sassate**, to stone sb. to death.

sassàtile, *a.* (*bot.*, *zool.*) saxatile; saxicolous.

sassèllo, *m.* (*zool.*, *Turdus musicus*) red-winged thrush; redwing.

sasséto, *m.* stony ground.

sassìcolo, *a.* (*bot.*, *zool.*) saxatile.

sassìfraga, *f.* (*bot.*, *Saxifraga*) saxifrage.

sàsso, *m.* (*materia*) stone, rock; (*macigno*) stone, rock, boulder; (*ciottolo*) stone, rock (*USA*), pebble; (*roccia*) rock: **una casa costruita sul s.**, a house built upon rock; **un muretto di sassi**, a low wall of stone; **seduto su un s.**, sitting on a stone; **una strada piena di sassi**, a road full of stones; a stony road; **una spiaggia di sassi**, a pebbly beach; **tirare sassi contro q.**, to throw stones (*o* rocks) at sb. ● **a un tiro di s.**, (within) a stone's throw □ **avere un cuore di s.**, to have a heart of stone; to be stony-hearted □ (*fig.*) **essere di s.**, to be made of stone □ **lasciare di s.**, to leave petrified (*o* dumbfounded, astounded) □ **duro come un s.** as hard as (a) stone (*o* as rock) □ **Fa pietà anche ai sassi**, it would make the very stones weep; it would melt a heart of stone □ **fare a sassi**, to throw stones; to have a stone-fight □ (*fig.*) **gettare sassi in piccionaia**, to foul one's own nest □ **mettersi un s. al collo**, to drown oneself □ **restare di s.**, to be struck speechless; to be dumbfounded □ (*fig.*) **tirare il s. e nascondere la mano**, to attack from under cover.

sassofonista, *m.* e *f.* (*mus.*) saxophonist.

sassòfono, *m.* (*mus.*) saxophone; sax (*fam.*).

sassofràsso, *V.* **sassafrasso**.

sàssola, *f.* (*naut.*) bailer; bailing scoop.

sassolite, *f.* (*miner.*) sassolite.

sàssone, *a.*, *m.* e *f.* Saxon.

Sassònia, *f.* (*geogr.*) Saxony.

sassóso, *a.* stony; rocky; (*ciottoloso*) pebbly: **terreno s.**, stony ground; **spiaggia sassosa**, pebbly beach.

sassotrómba, *f.* (*mus.*) saxotromba.

Sàtana, *m.* Satan; (the) Devil: **darsi a S.**, to sell one's soul to the Devil; **Vade retro, S.!**, don't tempt me!; get thee gone!

satanàsso, *m.* ***1*** (*pop.*) devil ***2*** (*fig.*: *persona prepotente*) bully; (*persona violenta*) fiend, berserker.

satànico, *a.* Satanic; Satanical; (*diabolico*) diabolic, diabolical, devilish, fiendish; infernal: (*letter.*) **i poeti satanici**, the Satanic poets; **un piano s.**, a diabolical (*o* devilish) plan.

satanismo, *m.* Satanism.

satanista, *m.* e *f.* Satanist.

satellitàre, *a.* satellite (*attr.*).

satèllite, **A** *m.* ***1*** (*astron.*) satellite ***2*** (*miss.*, *aeron., radio, TV*) satellite: **via s.**, by satellite; satellite (*attr.*); **collegamento via s.**, satellite link-up; **s. cacciasatelliti**, killer satellite ***3*** (*polit.*: *stato s.*) satellite (state) ***4*** (*seguace*) satellite; follower; (*spreg.*) henchman*, hanger-on* ***5*** (*mecc.*) planet wheel: **ingranaggio s.**, planetary gear; planet wheel. **B** *a.* satellite (*attr.*): **stato [città] s.**, satellite state [town].

satellitiṣmo, *m.* (*polit.*) satellitism.

satellòide, *m.* (*aeron.*) satelloid.

sati, satì, *m.* (*relig. induista*) suttee.

satin (*franc.*), *m.* (*ind. tess.*) satin.

satinàre, *v. t.* to glaze; to satin; to satinize.

satinàto, *a.* glazed; satined; satinized; satin (*attr.*): **carta satinata**, glazed paper; **pelle satinata**, glazed leather; **finitura satinata**, satin finish.

satinatrice, *f.* glazer; glazing machine.

satinatùra, *f.* ***1*** (*il satinare*) satinizing; glazing ***2*** (*effetto del satinare*) glaze; satin finish.

sàtira, *f.* satire; lampoon: **s. graffiante**, biting satire; **le satire di Orazio**, the satires of Horace; **una s. dell'attuale governo**, a lampoon against the present government. ● **fare la s. di** (*o* **mettere in s.**), to satirize; to lampoon □ **fare della s.**, to be satirical; (*letter.*) to write satires □ **scrittore di satire**, satirist.

satireggiàre, A *v. t.* to satirize; to lampoon. **B** *v. i.* ***1*** (*fare della satira*) to be satirical ***2*** (*letter.*) to write* satires.

satirésco, *a.* (*letter.*) satyric; satyr (*attr.*): **dramma s.** (*genere*), satyric drama; **un dramma s.**, a satyr (*o* satyric) play.

satiriaṣi, *f.* (*psic.*) satyriasis*.

satìrico, A *a.* satiric; satirical: **un poeta s.**, a satiric poet; **tono s.**, satirical tone. **B** *m.* (*autore di satire*) satirical writer; satirist.

satirióne, *m.* (*bot., Phallus impudicus*) stinkhorn.

sàtiro, *m.* ***1*** (*mitol.*) satyr ***2*** (*fig.*) satyr; lecher. ● (*scherz.* o *spreg.*) **vecchio s.**, dirty old man.

satìvo, *a.* (*agric.*) fit to be sown; sowable.

satollàre, A *v. t.* (*saziare*) to fill* up; to satisfy (sb.'s appetite); to satiate; to sate. **B satollàrsi,** *v. i. pron.* to satisfy one's appetite; to eat* (*o* to have) one's fill.

satóllo, *a.* satiated; sated; satisfied; replete; full (up) (*fam.*).

satrapìa, *f.* (*stor.*) satrapy.

sàtrapo, *m.* ***1*** (*stor.*) satrap ***2*** (*fig.*: *despota*) satrap; despot; (*persona autoritaria*) petty despot, autocrat, authoritarian. ● (*fig.*) **fare il s.**, to lord it.

saturàbile, *a.* saturable.

saturabilità, *f.* saturability.

saturàre, A *v. t.* ***1*** to saturate; (*impregnare*) to soak, to permeate: **s. l'acqua di sale**, to saturate water with salt; **s. un acido con un alcali**, to saturate an acid with an alkali ***2*** (*fig.*: *riempire al massimo*) to fill*; to cram; (*econ.*) to glut, to overstock: **s. la mente di formule**, to fill the mind with formulas; **s. il mercato**, to glut the market. **B saturàrsi,** *v. i. pron.* ***1*** to stuff oneself (*o* one's head) (with st.); to glut oneself (with st.); (*essere saturo*) to have had a surfeit (of st.), to have had one's fill (*o* enough) (of st.) ***2*** to become* saturated; to become* charged: **L'aria si saturò di umidità**, the air became saturated (*o* charged) with humidity.

saturatóre, *m.* (*tecn.*) saturator.

saturazióne, *f.* saturation (*anche fig.*); (*econ.*) glut: **punto di s.**, saturation point; **s. magnetica**, magnetic saturation; **la s. del mercato**, market saturation; a glut in the market; **arrivare al punto di s.**, to reach saturation point (*anche fig.*); (*fig.*) to have had one's fill.

saturèia, *f.* (*bot., Satureja hortensis*) garden (*o* summer) savory.

saturnàle, A *a.* (*mitol.*) of Saturn; Saturnian. **B** *m. pl.* (*stor.*) Saturnalia.

satùrnia, *f.* (*zool., Saturnia*) saturniid.

saturniàno, *a.* e *m.* (*astron.*) Saturnian.

saturnino, *a.* (*astron., med.*) saturnine.

satùrnio, A *a.* (*lett.*) Saturnian: **la saturnia terra**, the Saturnian land; (*poesia*) **versi saturni**, Saturnian verses; Saturnians. **B** *m.* (*poesia*) Saturnian (verse).

saturniṣmo, *m.* (*med.*) saturnism; lead poisoning; plumbism.

Satùrno, *m.* (*mitol., astron.*) Saturn.

sàturo, *a.* ***1*** (*chim., fis.*) saturated: **una soluzione satura di salnitro**, a saturated solution of nitre; **vapore s.**, saturated steam; **aria satura di umidità**, air saturated with humidity ***2*** (*fig.*: *pieno*) full (of); (*zeppo*) crammed (with); (*stipato*) stowed (with); (*di atmosfera*) charged (with); (*econ.*) overstocked (with): **una mente satura di insegnamenti**, a mind stowed with precepts; **un cuore s. d'odio**, a heart full of hatred; **atmosfera satura di elettricità**, atmosphere charged with electricity; **Il mercato è s.**, the market is overstocked.

saudìta, *a., m.* e *f.* Saudi; Saudi Arabian: **Arabia Saudita**, Saudi Arabia.

sàuna, *f.* ***1*** sauna (bath): **fare la s.**, to take a sauna (bath) ***2*** (*lo stabilimento*) sauna.

Sàuri, *m. pl.* (*zool., Sauria*) Sauria.

sàuro (1), *m.* (*zool.*) saurian.

sàuro (2), *a.* e *m.* sorrel; chestnut: **un cavallo s.**, a sorrel horse; **cavalcare un s.**, to ride a sorrel.

sauté (*franc.*), *a.* e *m. invar.* (*cucina*) sauté: **s. di cozze**, mussels sauté.

savàna, *f.* (*geogr.*) savanna(h).

savarin (*franc.*), *m. invar.* (*cucina*) savarin.

Savèrio, *m.* Xavier.

saviézza, *f.* sensibleness; judiciousness; prudence; (*saggezza*) wisdom.

sàvio, A *a.* ***1*** (*assennato*) sensible, sober, judicious; (*saggio*) wise, sage; (*prudente*) prudent, wary, cautious; (*obbediente*) good, obedient: **s. e avveduto**, wise and wary; **parole savie**, wise words; **una savia idea**, a sensible idea; **un uomo s.**, a sensible man; a man of sense (*o* of good judgment) ***2*** (*sano di mente*) sane. **B** *m.* (*uomo sapiente*) wise man*; sage: **i sette savi della Grecia**, the seven wise men (*o* sages) of Greece.

Savòia, *f.* (*geogr.*) Savoy.

savoiàrdo, A *a.* of Savoy; Savoy (*attr.*); Savoyard. **B** *m.* ***1*** (*f.* **-a**) (*abitante della Savoia*) Savoyard ***2*** (*biscotto*) sponge biscuit; finger biscuit.

savoir-faire (*franc.*), *locuz. m. invar.* savoir-faire; adroitness; tact.

savonaròla, *f.* (*sedile*) Savonarola chair; scissors chair.

savonése, A *a.* of Savona; from Savona; Savona (*attr.*). **B** *m.* e *f.* native of Savona; inhabitant of Savona.

sax, *m. invar.* (*mus.*) sax.

saxhorn, *m. invar.* (*mus.*) saxhorn.

saxofonista, saxòfono, *V.* **sassofonista, sassofono.**

saziàbile, *a.* satiable.

saziabilità, *f.* satiability; satiableness.

saziàre, A *v. t.* (*soddisfare il desiderio di cibo e fig.*) to satiate, to satisfy; (*la sete*) to slake, to quench; (*rendere sazio*) to satiate, to fill* up; (*appagare*) to satisfy, to gratify; (*soddisfare fino alla nausea*) to glut, to sate, to cloy, to jade: **s. la fame [l'appetito]**, to satisfy hunger [the appetite]; **C'è roba da s. venti persone**, there's enough food to feed twenty people; **Le patate saziano presto**, potatoes soon fill you up; potatoes are very filling; **s. la curiosità [la sete di sapere] di q.**, to satisfy sb.'s curiosity [thirst for knowledge]; **s. la vista**, to feast one's eyes; **Il troppo miele sazia**, too much honey is cloying; **Mi saziai presto di tutti quei complimenti**, all those compliments soon jaded (*o* sated) me; I was soon fed up with all those compliments (*fam.*). **B saziàrsi,** *v. i. pron.* ***1*** (*riempirsi di cibo*) to satisfy one's appetite (*o* hunger), to eat* (*o* to have) one's fill; (*essere sazio*) to be satiated, to be satisfied, to be full (*fam.*): **Mangia e saziati!**, eat your fill!; **Non si sazia mai!**, he is never satisfied!; he is never full! (*fam.*) ***2*** (*fig.*: *stancarsi*) to get* tired; to grow* tired; to have *enough: **non s. mai di guardare q.**, never to get tired of looking at sb.; **Me ne saziai presto**, I soon got tired of it; I soon had enough of it.

sazietà, *f.* ***1*** satiety (*anche fig.*); fullness; repletion; one's fill: **un senso di s.**, a feeling of satiety (*o* of fullness); **mangiare fino alla s.**, to eat to satiety (*o* to repletion); to eat one's fill (*fam.*) ***2*** (*sovrabbondanza, eccesso*) overabundance; more than enough; surfeit. ● **mangiare [ridere, guardare] a s.**, to eat [to drink, to look] one's fill □ **«Casablanca» l'ho ormai visto a s.**, I've had my fill of «Casablanca» □ **avere soldi a s.**, to have more than enough money (*o* all the money one could desire) □ **averne a s. di q. [q.c.]**, to have quite (*o* more than) enough of sb. [st.]; to have a surfeit of sb. [st.].

saziévole, *a.* ***1*** (*che sazia*) filling; satisfying ***2*** (*fig.*: *stucchevole*) cloying; (*noioso*) boring, wearisome.

sàzio, *a.* ***1*** (*senza più appetito*) replete, full (up) (*fam.*), satiate(d); (*soddisfatto*) satiate(d), satisfied: **Per me basta, grazie, sono proprio s.**, no more for me, thank you, I'm quite full; **Non ce la faccio più, sono s.**, I cannot eat anything else, I'm full (up); **Non è mai s.**, he's never satisfied; he never has enough (of st.) ***2*** (*saturo*) satiate(d) (with), sated (with); (*stanco*) tired (of), weary (of), fed up (with) (*fam.*): **s. di lodi [di film]**, sated with praise [with films]; **essere s. dei piagnistei di q.**, to be weary of sb.'s complaints; **Sono s. di questa vita**, I am tired of this life.

ṣbaccellàre, *v. t.* to shell; to pod; to shuck (USA): **s. piselli**, to shell peas.

ṣbacchettàre, *v. t.* to beat*: **s. un tappeto**, to beat a carpet.

ṣbaciucchiaménto, *m.* repeated kissing; (*tra innamorati*) billing and cooing, smooching (*fam.*).

ṣbaciucchiàre, A *v. t.* to kiss over and over again; to smother with kisses. **B ṣbaciucchiàrsi,** *v. rifl. recipr.* to smother each other with kisses; (*tra innamorati*) to bill and coo, to smooch (*fam.*).

ṣbadatàggine, *f.* ***1*** carelessness; inadvertence; (*sconsideratezza*) thoughtlessness; (*distrazione*) absent-mindedness, inattentiveness; (*goffaggine*) clumsiness: **per s.**, through inadvertence (*o* negligence) ***2*** (*atto sbadato*) inadvertence; slip; oversight; blunder: **È una delle sue solite sbadataggini**, it is one of his usual inadvertences; he's been careless as usual; **commettere una s.**, to blunder through inadvertence (*o* negligence).

ṣbadàto, A *a.* careless; inadvertent; (*sconsiderato*) thoughtless, reckless; (*distratto*) absent-minded, inattentive; (*sventato*) scatterbrained; (*goffo*) clumsy. **B** *m.* (*f.* **-a**) careless person; scatterbrain; clumsy person.

ṣbadigliàre, *v. i.* to yawn: **s. di noia**, to yawn from boredom; **non far altro che s.**, to yawn one's head off; **Sbadigliare è contagioso**, yawning is contageous; **un libro che ti fa s.**, a dull book; a yawn (*fam.*).

ṣbadiglierèlla, *f.* (*fam.*) fit of yawing; the yawns.

ṣbadìglio, *m.* yawn: **fare uno s.**, to yawn; to give a yawn: **fece un grosso s. e chiuse gli occhi**, he gave a big yawn and shut his eyes; **soffocare uno s.**, to stifle a yawn.

ṣbafàre, *v. t.* (*fam.*) ***1*** (*scroccare*) to sponge; to scrounge; to cadge: **s. un pranzo**, to sponge a dinner ***2*** (*anche* **sbafarsi**: *mangiare con avidità*) to polish off; to knock off; to gobble up (*o* down); to scoff: **Si sono sbafati tutta la**

torta!, they've polished off (*o* knocked off) the whole cake!; **Si sbafò la macedonia in un attimo**, he gobbled (up) the fruit-salad in a flash.

ṣbafàta, *f. (fam.)* ***1*** (*scorpacciata*) great feed; binge: **farsi una s. di q.c.**, to have a binge on st. ***2*** (*mangiata a ufo*) free meal.

ṣbafatóre, *m.* (*f.* **-trice**) (*fam.*) ***1*** (*mangione*) glutton ***2*** (*scroccone*) sponger; scrounger; cadger.

ṣbaffàre, *v. t.* to smudge; to smear.

ṣbàffo, *m.* smudge; smear. ● **fare uno s.**, to smudge; to smear.

ṣbàfo, *m.* (*fam.*) sponging; scrounging; cadging. ● **a s.**, by sponging; by scrounging; (*senza pagare*) without paying, free: **entrare a s.**, to get in without paying; **ottenere q.c. a s.**, to get st. free □ **vivere a s.**, to scrounge a living.

ṣbagliàre, **A** *v. t.* to mistake*; to get* (st.) wrong; to get* the wrong...; to be out (in st.): **s. l'indirizzo**, to mistake the address; **s. la risposta** [**il conto**], to get the answer [the sum] wrong; **s. giorno**, to get the day (*o* date) wrong; **s. numero** (*al telefono*), to get (*o* to dial) the wrong number; **s. l'ora**, to get the time wrong; to mistake the time; **s. persona**, to mistake sb. for sb. else; to get the wrong person; **s. strada**, to take the wrong way (*o* the wrong turn); to go wrong; **s. treno**, to take (*o* to get onto) the wrong train; **Ho sbagliato le dosi del dolce**, I miscalculated the quantities for the cake. ● (*teatr.*) **s. la battuta**, to fluff one's lines □ **s. i calcoli**, to miscalculate; to be out in one's calculations; (*fig.*) to get it all wrong, to make a big mistake: **Se credi che io ci stia, hai sbagliato i tuoi calcoli**, if you think I'm in on it, you have got it all wrong (*o* you're making a big mistake) □ **s. il colpo**, to miss the target □ **s. mestiere**, to choose the wrong job; (*scherz.*) to miss one's vocation □ **s. momento**, to choose the wrong time; to do st. at the wrong time □ **s. l'ortografia di una parola**, to spell a word incorrectly; to misspell a word □ **s. il passo**, to get out of step; to be out of step □ **s. tutto**, (*nel capire*) to get everything wrong, to get it all wrong; (*nel fare*) to make a mess of everything, to bungle everything; **Ho sbagliato tutto nella vita**, I've made a mess of my life. **B** *v. i.* e **ṣbagliàrsi**, *v. i. pron.* (*fare un errore*) to make* a mistake, to be mistaken, to be wrong, to go* wrong; (*avere torto*) to be wrong, to be in the wrong*, to err: **Scusi, ho sbagliato**, I'm sorry, I've made a mistake; (*al telefono*) I'm sorry, I got the wrong number; **s. spesso**, to make a lot of mistakes; **Non capisco dove ho sbagliato**, I can't understand where I went wrong; **Ho sbagliato a dirgli la verità**, I made a mistake when I told him the truth; **Sbaglia a non comprarlo**, he is wrong not to buy; he is making a mistake in not buying it; **Hai sbagliato a parlargli così**, you were wrong to talk to him like that; **Mi sono sbagliato su di lui**, I was wrong about him; **Se non sbaglio**, if I am not mistaken (*o* wrong); **È qui che ti sbagli**, here's where you are wrong; **Puoi dimostrarmi che ho sbagliato?**, can you prove me that I am wrong?; **Può darsi che io sbagli** (*o* **Potrei s., Sbaglierò**), **ma...**, I may be mistaken (*o* wrong), but...; **È la seconda porta a sinistra, non puoi s.**, it's the second door on the left, you can't go wrong (*o* you can't miss it.). ● **s. a capire q.c.**, to get st. wrong; to misunderstand st. □ **s. a dare le carte**, to misdeal □ **s. a dare il resto**, to give the wrong change □ **s. a fare il conto**, to add it up wrong □ (*fam.*) **s. di grosso**, to make a big mistake; to have got it all wrong; to be wide of the mark; to have another think coming (*fam.*); to bark up the wrong tree (*fam.*): **Se pensa di farcela da sola, si sbaglia di grosso**, if she thinks she can do it on her own, she is making a big mistake; **Ti sbagli di grosso se credi che pagherò io!**, if you think I'm going to pay, you've got another think coming! **s. di poco**, not to be far wrong; not to be far out (*fam.*) □ **s. nel fare i propri conti**, to miscalculate □ **s. sul conto di q.**, to misjudge sb. □ **far s. q.**, to make sb. make a mistake □ **Non c'è da s.**, there can be no mistake; there's no mistaking □ **riconoscere di aver sbagliato**, to acknowledge one's mistakes □ **Riconosco che ho sbagliato**, I admit I was wrong (*o* I made a mistake) □ **Sbaglio, o lei è la signora Rossi?**, you are Mrs Rossi, aren't you? □ **Il cuore non sbaglia mai**, the heart is never wrong □ **Tutti possono s.**, anybody can make a mistake □ (*prov.*) **Sbagliando s'impara**, you learn from your mistakes.

ṣbagliàto, *a.* mistaken; wrong; (*erroneo*) erroneous, incorrect, false; (*malfatto*) badly done, full of mistakes: **opinione sbagliata**, mistaken (*o* wrong) opinion; **pronuncia sbagliata**, wrong pronounciation; **l'uomo s.**, the wrong man; **nozione sbagliata**, mistaken notion; **interpretazione sbagliata**, wrong interpretation; misinterpretation; **pronostici sbagliati**, incorrect predictions; **affermazione sbagliata**, incorrect statement; **impressione sbagliata**, false impression; **mossa sbagliata**, false move; **lavoro s.**, badly-done job. ● **dalla parte sbagliata**, from the wrong end □ **giungere a una conclusione sbagliata**, to reach the wrong conclusion □ **fare q.c. in modo s.**, to do st. the wrong way; to do st. wrong (*o* badly) □ **scegliere il momento s.**, to choose the wrong time □ **dare una risposta sbagliata**, to give a wrong answer; to answer incorrectly □ **È tutto s.!**, it's all wrong!

ṣbàglio, *m.* mistake; error; (*fallo, colpa*) fault, error; (*svista*) oversight; (*lieve s.*) slip, slip-up; (*grosso s., cantonata*) blunder: **uno s. d'ortografia**, a spelling mistake; **commettere** (*o* **fare**) **uno s.**, to make a mistake [a slip, a blunder]; to be wrong; to commit an error; to blunder. ● **s. di calcolo**, miscalculation □ **s. grossolano**, gross mistake; blunder □ **uno s. di persona**, a case of mistaken identity □ **Lo s. è stato mio, avrei dovuto rifiutare**, it was my fault, I should have refused □ **per s.**, by mistake; through an oversight.

ṣbaldanzìre, **A** *v. t.* to dishearten; to demoralize. **B** **ṣbaldanzìrsi,** *v. i. pron.* to lose* heart; to be disheartened.

ṣbaldanzìto, *a.* disheartened; demoralized.

ṣbalestraménto, *m.* ***1*** (*spostamento*) sudden displacement ***2*** (*confusione mentale*) bewilderment; confusion; mental upset.

ṣbalestràre, *v. t.* ***1*** (*gettare, scagliare*) to fling*, to hurl, to throw*, to send* flying; (*spostare violentamente qua e là*) to hurl about, to fling* about; (*trasferire bruscamente*) to send* off, to remove, to shift: **Il vento sbalestrò la barca contro gli scogli**, the wind hurled the boat against the rocks; **Da Roma fu sbalestrato a Torino**, from Rome he was sent off to Turin ***2*** (*fig.*: *confondere*) to confuse; to disorientate; to flummox; (*turbare*) to upset*, to unsettle, to throw* into confusion.

ṣbalestràto, **A** *a.* ***1*** (*squilibrato, strambo*) unhinged; confused; troubled; weird ***2*** (*disorientato*) bewildered, lost, mixed up, upset; (*a disagio*) uneasy, ill at ease ***3*** (*disordinato*) chaotic; unsettled; messy; troubled. **B** *m.* (*f.* **-a**) (*persona poco equilibrata*) mixed-up person, weirdo (*fam.*); (*persona sbandata*) misfit, drifter.

ṣballàre, **A** *v. t.* ***1*** (*togliere l'involucro*) to unpack, to unbale; (*togliere da una cassa*) to uncrate: **s. la merce**, to unpack the goods ***2*** (*fam.*: *dire, raccontare*) – **s. frottole** (*o* **sballarle grosse**), to talk big; to talk through one's hat; to shoot a line; to tell tall (*o* cock-and-bull) stories; to spin tall yarns; **s. una cifra pazzesca**, to name a staggering figure ***3*** (*fam.*: *guastare, rovinare*) to wreck; to bust: **Hanno sballato tutto il progetto**, they busted the whole project ***4*** (*fam.*: *sbagliare*) to be out (in st.): **Ha sballato le previsioni**, he was out in his forecast. **B** *v. i.* ***1*** (*nel gioco*) to go* out; to bust ***2*** (*fam.*: *sbagliare per eccesso*) to be out: **Abbiamo sballato di dieci milioni**, we were out by ten million ***3*** (*pop.*: *essere ubriaco* o *drogato*) to get* off, to blow* one's mind, to freak out, to be high, to be on a high; (*essere euforico*) to be scatty: **È roba che ti fa s.**, you can get off on that

ṣballàto, **A** *a.* ***1*** (*liberato dall'involucro*) unpacked; (*tolto da una cassa*) uncrated ***2*** (*fam.*: *assurdo*) wild, absurd, preposterous, outrageous; (*matto*) crazy, crack-brained, unbalanced; (*non vero*) bogus, fanciful: **idee sballate**, wild (*o* crack-brained) ideas; **un affare s.**, a wild (*o* crazy) deal; **notizie sballate**, bogus news; **testa sballata**, unbalanced mind ***3*** (*pop.*: *sotto droga*) freaked out; spaced (out); stoned. **B** *m.* (*f.* **-a**) crackpot; nutcase.

ṣballatùra, *f.* unpacking; uncrating.

ṣbàllo, *m.* ***1*** *V.* **sballatura** ***2*** (*pop.*: *euforia da droga*) high; freak-out; (*situazione* o *cosa eccitante*) gas, gasser: **Che s. 'sto disco!**, this record is a gas; **Sarete uno s. stasera!**, you'll blow their minds tonight; **da s.**, mind-blowing; mind-bending; trippy; knock-out.

ṣballottaménto, *m.* tossing; jostling; jerking; (*il dare urtoni*) pushing about.

ṣballottàre, *v. t.* to toss about; to jolt about; to jostle; to push about: **Le onde sballottavano la barchetta**, the waves tossed the little boat about; **L'autobus ci sballottò per una buona mezz'ora**, the bus jolted us (about) for a good half hour; **essere sballottato dalla folla**, to be pushed about (*o* to be jostled) by the crowd. ● **essere sballottato da un posto all'altro**, to be forever on the move.

ṣballottìo, *m.* tossing; jostling; jolting.

ṣbalordiménto, *m.* ***1*** (*meraviglia*) wonder; (*sorpresa*) amazement, astonishment ***2*** (*confusione*) bewilderment.

ṣbalordìre, **A** *v. t.* (*stupire, meravigliare*) to amaze, to astonish; (*lasciare attonito, incredulo, frastornato*) to astound, to stun, to flabbergast, to bewilder, to dumbfound: **Ci sbalordì con la chiarezza delle sue risposte**, he astonished us with the clarity of his answers; **È di una bravura che sbalordisce**, her ability is amazing; **Mi ha sbalordito l'ordine perfetto della loro casa**, I was astounded by the extreme tidiness of their house; **La sua sfrontatezza mi sbalordì**, I was flabbergasted by his effrontery. **B** *v. i.* (*essere stupito*) to be amazed, to be astonished; (*essere sbigottito*) to be bewildered, to be knocked out (*fam.*): **Sbalordì al vedere tutta quella folla**, he was amazed at the crowd; it amazed him to see such a crowd; **Sbalordii a sentirla parlare italiano**, I was astonished to hear her speak Italian.

ṣbalorditàggine, *f.* ***1*** (*balordaggine*) stupidity, silliness, foolishness; (*sventatezza*) thoughtlessness ***2*** (*azione sventata*) foolish thing to do, thoughtless action; (*parole balorde, sventate*) piece of nonsense, rash words, stupid thing to say.

ṣbalorditìvo, *a.* (*sorprendente*) amazing, astonishing; (*eccezionale*) astounding, breath-taking, stunning, staggering, fantastic, unbelievable, incredible: **bravura sbalorditiva**, amazing (*o* astounding) cleverness; **spettacolo s.**, breath-taking sight; **bellezza sbalorditiva**, stunning beauty; **prezzi sbalorditivi**, incredible (*o* staggering) prices.

ṣbalordìto, *a.* (*attonito, allibito, incredulo*) amazed, astonished, astounded, dumbfounded, stunned, lost in amazement, knocked out (*fam.*); (*confuso, stordito*) bewildered, in bewilderment, dazed, in a daze, stunned: **guardarsi attorno s.**, to look round in bewilderment; **rimanere s.**, (*davanti a q., q.c.*) to be amazed (*o* astonished, astounded) at sb. [st.]; (*da q., q.c.*) to be amazed (*o* astonished, astounded) by sb. [st.]; **Quando mi vide, rimase s.**, he was astonished at seeing me; **La**

sua risposta mi lasciò s., his answer astonished me; **sembrare s.**, to look bewildered; **sguardo s.**, amazed stare; **silenzio s.**, stunned silence.

ṣbalzàre (1), **A** *v. t.* **1** (*scagliare*) to throw*; to fling*; to hurl; to toss; to send* flying: **L'urto lo sbalzò dal sedile**, the collision threw (*o* flung) him out of his seat; **Fu sbalzato in aria**, he was sent flying through the air; **Un'ondata lo sbalzò in mare**, a huge wave tossed him overboard **2** (*fig.*: *trasferire*) to send* off; to remove; to shift: **s. q. da Roma a Milano**, to send (*o* to shift) sb. from Rome to Milan. ● **s. da cavallo**, to throw from the horse; to unhorse □ **s. di sella**, to throw (from the saddle); to toss; to unsaddle (*anche fig.*); (*fig.*) to knock from one's perch: **Il cavallo lo sbalzò di sella**, the horse tossed him. **B** *v. i.* **1** *V.* **balzare 2** (*fig.*: *subire uno sbalzo*) to leap*, to shoot*; (*crollare*) to plunge, to sink: **La temperatura è sbalzata sopra i 30° [sotto lo zero]**, the temperature shot above 30° [plunged below zero].

ṣbalzàre (2), *v. t.* (*metall.*) to emboss.

ṣbalzàto, *a.* (*metall.*) embossed; repoussé (*franc.*): **argento s.**, embossed silver.

ṣbalzatóre, *m.* (*f.* **-trice**) (*chi esegue lavori a sbalzo*) embosser.

ṣbalzellàre, *v. i.* to bump; to jolt: **La bicicletta avanzava sbalzellando**, the bicycle jolted along.

ṣbalzellóni, *avv.* jerkily; joltingly; in jerks and jolts. ● **avanzare (a) s.**, to jerk (*o* bump) along.

ṣbàlzo (1), *m.* **1** (*scossone*) jolt; jerk; start: **s. improvviso**, sudden jerk; jolt **2** (*fig.*: *cambiamento improvviso*) sudden change, jump; (*aumento*) sharp rise; (*caduta*) sharp drop: **s. di temperatura**, sudden change in temperature. ● (*fig.*) **gli sbalzi della vita**, the ups and downs of life □ **sbalzi d'umore**, sudden changes of mood; moodiness □ **a sbalzi**, (*con scossoni*) joltingly, jerkily; (*fig.*: *saltuariamente*) irregularly, on and off; (*in modo irregolare*) by fits and starts, in spurts: **avanzare a sbalzi**, to jolt (*o* to jerk, to bump) along; to hitch along (*USA*); (*fig.*) to progress by fits and starts: **La macchina avanzava a sbalzi sulla strada dissestata**, the car bumped along on the uneven road; **Il traffico procedeva a sbalzi**, the traffic moved along in jerks; **L'economia procede a sbalzi**, the economy is progressing in fits and starts □ **di s.**, suddenly; all at once; with a jerk.

ṣbàlzo (2), *m.* **1** (*metall.*) embossing; repoussé (*franc.*) work. ● **(fatto) a s.**, embossed; repoussé □ **lavorare a s.**, to emboss □ **lavoro a s.**, embossing; repoussé (work) **2** (*archit.*) projecting part; overhang **3** (*edil.*) jutty; jetty. ● **a s.**, overhanging; cantilevered.

ṣbancaménto, *m.* excavation; earth moving; (*ind. min.*) strip; stripping.

ṣbancàre (1), **A** *v. t.* **1** (*far fallire*) to bankrupt, to ruin; (*fam.*: *mandare in rovina*) to leave* broke, to clean out: **Riparare la macchina mi ha sbancato**, those car repairs have left me broke **2** (*assol.*, *in un gioco d'azzardo*) to break* the bank. **B** **ṣbancàrsi**, *v. i. pron.* (*fam.*) to go* broke; to ruin oneself; to go* bankrupt.

ṣbancàre (2), *v. t.* (*scavare*) to excavate, to move earth [from]; (*ind. min.*) to strip.

ṣbandaménto, *m.* **1** (*mil.* e *estens.*) disbandment, disbanding; (*dispersione*) dispersion, dispersal, scattering **2** (*fig.*: *disgregazione*) break-up, breaking up; (*confusione, caos*) disorientation, confusion; (*allontanamento*) straying, leaning, deviation, lapse, aberration: **Dopo un periodo di s. si è rimesso in carreggiata**, he strayed for a while but now he's pulled himself together; **Il partito conobbe uno s. verso posizioni estremistiche**, for a time the party veered towards extremism **3** (*autom.*) skidding; skid; sideslip **4** (*naut.*) list; listing; heel; heeling; careening **5** (*aeron.*) bank; banking.

ṣbandàre, **A** *v. t.* to disband (*anche mil.*); to disperse; to scatter: **s. un esercito**, to disband an army. **B** *v. i.* **1** (*autom.*) to skid; to go* (*o* to get*) into a skid (*o* a slide); to sideslip; to get* out of control: **L'auto sbandò in curva**, the car skidded at a corner; **far s.**, to send into a skid (*o* into a slide) **2** (*naut.*) to list; to heel; to lurch; to careen: **La nave sbandava a dritta**, the ship was heeling (over) to starboard **3** (*aeron.*) to bank **4** (*fig.*: *deviare*) to veer; to lean*; to tend. **C** **ṣbandàrsi**, *v. i. pron.* **1** (*mil.*, *anche fig.*) to disband; (*disperdersi*) to disperse, to scatter, to break* up; (*restare isolato, restare indietro*) to straggle, to stray: **I soldati minacciavano di s.**, the soldiers were threatening to disband; **Quando arrivò la polizia, la folla si sbandò**, the crowd dispersed (*o* broke up, scattered) when the police came; **Ragazzi, state uniti, non sbandatevi**, stay together, lads, don't straggle **2** (*fig.*: *disgregarsi*) to break* up; to fall* apart: **Con la guerra la famiglia si sbandò**, during the war the family broke up; **Il movimento si sbandò presto**, the movement soon fell apart.

ṣbandàta, *f.* **1** (*di auto*) skid; slide; sideslip: **prendere una s.**, to go (*o* get) into a skid (*o* a slide); **Dopo un'improvvisa s. l'auto finì contro un muro**, the car skidded suddenly and crashed into a wall; **sterzare nel senso della s.**, to steer into the skid; **uscire da una s.**, to come out of a skid **2** (*naut.*) list; listing; heeling over; lurch **3** (*aeron.*) banking **4** (*fig.*: *brusca deviazione*) veering; leaning; tendency **5** (*fam.*: *infatuazione*) infatuation; (*giovanile*) crush: **prendersi una s. per q.**, to get a crush on sb.

ṣbandàto, **A** *a.* **1** disbanded; dispersed; broken; scattered; stray: **un esercito s.**, a disbanded army; **una famiglia sbandata**, a broken home; **i resti sbandati del reggimento**, the stray remnants of the regiment **2** (*fig.*: *disorientato*) bewildered, confused, mixed-up; (*sregolato*) wild, wayward, running wild (*pred.*), disorderly, adrift (*pred.*): **ragazzo s.**, wild boy; boy running wild; **vita sbandata**, disorderly life; life adrift **3** (*naut.*) listing; heeling over; lurching; on her beam-ends. **B** *m.* (*f.* **-a**) **1** (*persona dispersa, anche mil.*) straggler; stray **2** (*fig.*: *persona senza radici*) drifter, derelict; (*disadattato*) misfit, dropout: **È uno s., senza famiglia e senza amici**, he is a drifter, without family or friends; **un quartiere pieno di drogati e di sbandati**, a suburb full of addicts and misfits (*o* dropouts).

ṣbandieraménto, *m.* **1** waving of flags; flag-waving **2** (*fig.*: *ostentazione*) ostentation; parade; display; flaunting; showing-off (*fam.*).

ṣbandieràre, *v. t.* **1** to wave (flags) **2** (*fig.*: *ostentare*) to parade; to vaunt; to flaunt; to show off (*fam.*) **3** (*fig.*: *annunciare*) to trumpet; to proclaim; to advertise.

ṣbandieràta, *f.* display of flags; flag display; flag-waving.

ṣbandieratóre, *m.* (*f.* **-trice**) flag-waver.

ṣbàndo, *m.* chaos; mayhem; shambles (*sing.*). ● **allo s.**, adrift; running wild: **la situazione è ormai allo s.**, it's total chaos; it's complete mayhem.

sbandòmetro, *m.* (*aeron.*) bank-and-turn indicator; (*ferr.*) equilibristat.

ṣbaraccàre, (*fam.*) **A** *v. t.* to get* rid of; to clear out; to pack up: **Vogliono s. tutto l'ufficio tecnico**, they want to get rid of the whole technical department; **Sbaracca le tue cose e sparisci**, pack up your things and clear out. **B** *v. i.* to pack up (and leave*); to clear off (*o* out); to decamp: **Viene brutto, è meglio s.**, it's clouding over, we'd better pack up; **Sbaracchiamo o si mette male!**, things are turning nasty, let's clear out (*o* hop it, scram).

ṣbaragliàre, *v. t.* **1** (*mil.*) to rout; to put* to rout: **s. il nemico**, to put the enemy to rout **2** (*fig.*) to rout; to overcome*; to thrash (*fam.*); to trounce (*fam.*): **s. l'opposizione**, to rout the opposition; **Il Milan ha sbaragliato il Real Madrid**, Milan thrashed Real Madrid. ● **s. tutti quanti**, to win hands down; to carry all before one.

ṣbaraglìno, *m.* (*gioco*) backgammon.

ṣbaràglio, *m.* (*sconfitta*) rout; defeat. ● **buttarsi allo s.**, to risk one's life [one's fortune, reputation, everything]; to throw oneself into the fight; to brave all hazards; to take a chance; to chance it (*fam.*); to jump in at the deep end (*fam.*) □ **mandare allo s.**, to send to certain defeat; to throw in at the deep end (*fam.*) □ **mettere allo s.**, to risk; to jeopardize; to endanger □ **portare allo s.**, to lead to ruin.

ṣbarazzàre, **A** *v. t.* (*sgombrare*) to clear, to free, to rid*, to clean out; (*riordinare*) to clear up, to tidy up; (*liberare q.*) to free, to rid*, to get* (st., sb.) off sb.'s hands (*o* back) (*fam.*): **s. la tavola**, to clear the table; (*sparecchiare*) to clear up the table; **s. il terreno da tutti gli ostacoli**, to clear the ground of all obstacles; **s. una stanza da tutte le cianfrusaglie**, to clear up the mess in a room; **s. un tavolo dai libri**, to clear away the books from a table; **Devi sbarazzarmi di quel seccatore**, you must rid me of that bore; **Posso sbarazzarti di questo peso, se vuoi**, I can get this burden off your back, if you wish. **B** **ṣbarazzàrsi**, *v. rifl.* **1** (*liberarsi*) to rid* oneself of, to get* rid of; (*togliersi di dosso, anche fig.*) to shake* off, to throw* off, to cast* off; (*fig.*) to get* (st., sb.) off one's hands (*o* back, mind) (*fam.*): **Non so come sbarazzarmi di quel seccatore**, I don't know how to get rid of that bore; **Mi sono sbarazzato di quella vecchia poltrona**, I got rid of that old armchair; **Si sbarazzò dello zaino**, he threw off his rucksack; **s. di ogni dubbio [timore, ansia]**, to shake off all doubts [fears, anxieties]; **s. di tutte le obiezioni**, to dispose of all objections **2** (*eufem.*: *uccidere*) to dispose of; to put* out of the way: **Si sbarazzarono degli oppositori nel modo più spiccio**, they disposed of all opponents in the quickest way. ● **s. di un debito**, to get rid of a debt; to clear (off) a debt □ **s. di una responsabilità scaricandola su un altro**, to shift a responsibility onto sb. else □ **essersi sbarazzato di q. (q.c.)**, to be rid of sb. (st.) □ **Ti sarai sbarazzata di un bel peso!**, it must be a big load off your mind!

ṣbarazzìna, *f.* impish girl; scamp; tomboy.

ṣbarazzinàta, *f.* frolic; prank; lark.

ṣbarazzìno, **A** *a.* (*allegramente noncurante*) casual, carefree, free-and-easy; (*allegro, vivace*) jaunty; (*malizioso, impertinente*) impish, mischievous, naughty; (*giovanile*) youthful, boyish: **aria sbarazzina**, carefree air; boyish looks; **atteggiamento s.**, free-and-easy manners; **modo di vestire s.**, impish taste in clothes; **taglio di capelli s.**, boyish haircut. ● **alla sbarazzina**, jauntily; (*di cappello*) at a jaunty angle □ **con fare s.**, jauntily. **B** *m.* (*f.* **-a**) scamp; little rascal; nipper; naughty boy.

ṣbarbàre, **A** *v. t.* **1** (*radere la barba*) to shave; to give* a shave: **farsi s.**, to get a shave **2** (*sradicare*) to uproot; to root out (*o* up) **3** (*fig.*: *estirpare*) to eradicate **4** (*mecc.*) to shave. **B** **ṣbarbàrsi**, *v. rifl.* (*radersi*) to shave; to have a shave.

ṣbarbatèllo, *m.* (*scherz.*: *ragazzo*) youngster, stripling, shaver, young pup (*o* cub); (*ragazzo inesperto*) callow youth, rookie (*fam.*), sb. still wet behind the ears (*fam.*); (*ragazzo inesperto e presuntuoso*) whipper-snapper, cocky young lad.

ṣbarbàto, *a.* **1** (*rasato*) (clean-)shaven: **s. di fresco**, freshly shaven **2** (*sradicato*) uprooted **3** (*mecc.*) shaven.

ṣbarbatrìce, *f.* (*mecc.*) shaving machine: **s. per ingranaggi**, gear-shaving machine.

ṣbarbatùra, *f.* (*mecc.*) shaving.

ṣbarcàre, **A** *v. t.* **1** (*passeggeri*: *da una nave*) to disembark, to land, to set* ashore, to put* ashore; (*da un aereo*) to land; (*da un autobus*, *ecc.*) to leave*, to put* down, to drop, to land (*fam.*); (*merci*) to unload, to discharge, to unship: **s. un carico**, to unload a cargo; **s. un esercito**, to land an army; **L'autobus ci sbarca proprio sulla porta di casa**, the bus drops us right on our doorstep ***2*** (*fig.*: *passare un periodo di tempo*) to get* through; to get* by; to survive: **Sbarcò quell'inverno dando lezioni private**, he got through that winter giving private lessons. ● **s. il lunario**, to get by; to make (both) ends meet; to eke out a living; to scrape a living □ (*fam.*) **sbarcarla** (*o* **sbarcarsela**), to get by; to rub along; to manage. **B** *v. i.* ***1*** (*da una nave, anche mil.*) to land, to disembark, (*temporaneamente*) to go* ashore; (*da un aereo*) to get* off, to disembark; (*fam., arrivare*) to land, to alight, to descend: **s. a Napoli**, to land at Naples; **Le truppe sbarcarono all'alba**, the troops disembarked (*o* landed) at dawn; **s. a tutti i porti**, to go ashore at every port; **s. a un albergo**, to land at a hotel; **È sbarcato in casa nostra senza tanti complimenti**, he descended on us without so much as a by--your-leave ***2*** (*cessare di far parte dell'equipaggio di una nave*) to be discharged. ● **s. sulla terraferma**, to set foot on dry land □ **s. clandestinamente**, to jump ship.

ṣbarcatóio, *m.* landing place; landing stage; (*su fiume*) levee (*USA*).

ṣbàrco, *m.* ***1*** landing; (*di passeggeri*) disembarcation, disembarkment, disembarking; (*di merci*) unloading, discharge; (*mil.*) landing: **lo s. di Colombo nel Nuovo Mondo**, Columbus' landing in the New World; **Lo s. dei passeggeri avverrà tra dieci minuti**, disembarkation of passengers will take place in ten minutes' time ***2*** (*approdo*) landing; landing place; (*su fiume*) levee (*USA*): **uno s. sicuro**, a safe landing; **luogo di s.**, landing place; landing stage ***3*** (*cessazione del contratto di imbarco*) discharge. ● **Allo s. c'erano tutti ad accoglierlo**, everyone was there to welcome him when he landed □ (*mil.*) **mezzo da s.**, landing craft; assault craft □ **ponte di s.**, gangplank □ **testa di s.**, beachhead □ **truppe da s.**, landing force; marines □ **unità da s.**, landing party.

ṣbardàre, *v. t.* to unharness.

ṣbarellàre, *v. i.* (*fam.*) ***1*** (*barcollare*) to stumble; to totter ***2*** (*fig.*) to be off one's head.

ṣbarellàto, *a.* (*fam.*) off one's head.

ṣbàrra, *f.* ***1*** (*asta, spranga*) bar, (*orizzontale*) rail, (*verticale*) stanchion; (*di porta*) bar, bolt: **s. di ferro**, iron bar; **le sbarre d'una inferriata**, the bars of a grating ***2*** (*barriera*) bar, barrier; (*di strada a pedaggio*) turnpike: **la s. del passaggio a livello**, the barrier of a level-crossing; **sollevare le sbarre**, to raise the barrier ***3*** (*sport*: *ginnastica*) (horizontal) bar; high bar; (*sollevamento pesi*) bar ***4*** (*tipogr.*) slash; stroke; solidus; virgule ***5*** (*naut.*: *barra del timone*) tiller ***6*** (*tribunale*) bar; court ***7*** (*arald.*) bend sinister ***8*** (*mus.*) bar; bar line: **doppia s.**, double bar. ● **s. a bilico**, bascule barrier □ (*elettr.*) **s. collettrice**, bus-bar □ (*elettr.*) **s. di messa a terra**, drop bar □ (*edil.*) **s. di porta**, locking bar □ **s. per griglia**, fire bar □ (*metall.*) **s. per spine**, pin bar □ **s. spaziatrice** (*di macchina da scrivere*), space-bar □ (*leg.*) **alla s.**, at the bar; in the dock: **presentarsi alla s.**, to appear before the court; to appear in the dock □ **dietro le sbarre**, behind bars □ (*ginnastica, danza*) **esercizi alla s.**, bar exercises □ **mettere la s. alla porta**, to bolt the door □ **mettere delle sbarre a una finestra**, to bar a window.

ṣbarraménto, *m.* ***1*** (*lo sbarrare*) blocking, stopping, barring; (*acque*) damming; (*una strada*) blocking ***2*** (*barriera*) block, barrier, obstruction, blockage, barrage; (*di fiume, canale*) barrage, weir; (*diga*) dam; (*di tronchi*) boom; (*ind. min.*) brattice, stopping: **Le Alpi sono uno s. naturale**, the Alps are a natural barrier; **s. stradale**, roadblock; **diga di s.**, barrage; **fare da s.**, to act (*o* to be) a block (*o* a bar) ***3*** (*mil.*) barrage; defence; barrier: **s. antiaereo**, antiaircraft barrage; **s. antisbarco**, antilanding defence; (*naut.*) **s. antisommergibile**, antisubmarine barrier; (*naut.*) **s. d'allarme**, indicator net; **s. di filo spinato**, barbed-wire defence; **s. di mine**, mine defence; mine barrage; **s. di palloni**, balloon barrage; (*naut.*) **s. di reti**, net defence; **s. radar**, radar defence; **fuoco di s.**, barrage (fire); curtain fire; **pallone di s.**, barrage balloon; **tiro di s.**, barrage (fire).

ṣbarràre, *v. t.* ***1*** (*sprangare*) to bar; to bolt: **s. una porta**, to bar (*o* to bolt) a door; **s. porte e finestre**, to bar doors and windows ***2*** (*impedire*) to block, to bar, to stop; (*ostruire*) to block, to obstruct: **Un albero caduto sbarrava il sentiero**, a fallen tree was blocking the path; **s. il passo** (*o* **il cammino, la strada**) **a q.**, to bar (*o* to block) sb.'s way (*o* path); to stand in sb.'s way (*o* path); to obstruct sb.; **s. tutte le uscite**, to block all exits (*o* ways out); **s. l'ingresso** (*o* **l'accesso**), to block the entrance; to obstruct the entrance; **s. una strada**, to block a road ***3*** (*arginare*) to dam: **s. un fiume**, to dam a river ***4*** (*segnare con una o più sbarre*) to cross; to cross out; to strike* out; to put* a cross in (*o* over): **s. un assegno**, to cross a cheque; **s. un intero capoverso**, to cross out a whole paragraph; **s. la casella relativa**, to put a cross in (*o* to tick) the appropriate box ***5*** (*gli occhi*) to open wide, to stare; (*le braccia*) to open wide, to stretch out.

ṣbarràto, *a.* ***1*** (*sprangato*) barred, bolted; (*munito di sbarre*) barred: **finestra sbarrata**, barred (*o* bolted) window ***2*** (*ostruito*) blocked, obstructed; (*impedito*) barred: **strada sbarrata**, blocked road ***3*** (*arginato*) dammed ***4*** (*segnato con una o più sbarre*) crossed: **assegno s.** [**non s.**], crossed [open] cheque ***5*** (*di occhi*) wide open: **con gli occhi sbarrati**, with wide-open eyes; wide-eyed; round-eyed; goggle-eyed.

ṣbarratùra, *f.* (*di un assegno*) crossing.

ṣbarrétta, *f.* (*tipogr.*) slash; stroke; solidus; virgule; diagonal. ● **sbarrette parallele**, parallels.

ṣbarrìsta, *m.* e *f.* (*ginnastica*) (horizontal) bar expert (*o* specialist).

ṣbassàre, *V.* **abbassare**.

ṣbastìre, *v. t.* to untack; to take* the basting (*o* the tacking) out of.

ṣbatacchiaménto, *m.* banging; slamming; rattling; (*di ali, vele, ecc.*) flapping: **s. di porte**, banging (*o* slamming) of doors; **s. di finestre**, rattling of windows.

ṣbatacchiàre, **A** *v. t.* ***1*** (*gettare, picchiare con violenza*) to bang; to fling*; to slam (*o* slap) down: **Sbatacchiò il piatto sul buffet**, he banged the plate down on the sideboard; **s. q.c. contro il muro**, to fling st. against the wall; **s. q. per terra**, to knock sb. down; **s. un libro sul tavolo**, to slap a book down on the table ***2*** (*chiudere con violenza*) to bang; to slam: **s. una porta** [**una finestra**], to bang a door [a window]; **s. l'uscio in faccia a q.**, to slam the door in sb.'s face; **Chiuse il cassetto sbatacchiandolo**, she slammed the drawer shut ***3*** (*sbattere ripetutamente*) to rattle, to shake*; (*ali, vele, ecc.*) to flap; (*campana*) to clang: **Il vento sbatacchiava le imposte**, the wind rattled the shutters; **Sbatacchiava un cucchiaio in una padella**, he was rattling a spoon in a pan; **Lo presi per le spalle e lo sbatacchiai ben bene**, I grabbed him by the shoulders and rattled him (*o* gave him a good shake); **L'uccello sbatacchiò le ali**, the bird flapped its wings ***4*** (*muovere in malo modo*) to bang about: **Non sbatacchiare quella sedia, è delicata!**, don't bang that chair about, it's very delicate! **B** *v. i.* ***1*** (*sbattere ripetutamente*) to keep* banging, to rattle; (*di vele, bandiere, ecc.*) to flap: **Le porte sbatacchiavano**, the doors kept banging; **La vela sbatacchiava contro l'albero**, the sail flapped against the mast ***2*** (*andare a sbattere*) to bang against; to bump against; to knock against. **C ṣbatacchiàrsi**, *v. rifl.* (*fam.*) to rush around; to bang around.

ṣbatacchiàta, *f.* bang; slam. ● **dare una s. all'uscio**, to bang (*o* to slam) the door: **Uscì dando una s. all'uscio**, she banged the door behind her.

ṣbatàcchio, *m.* prop; (*ind. min.*) stull.

ṣbàttere, **A** *v. t.* ***1*** (*urtare*) to knock, to hit*, to bang, to bash (*GB*), to bump; (*picchiare*) to beat*, to hit*, to bang, to slam: **Ho sbattuto la testa contro il cassetto**, I've banged (*o* hit, bashed, bumped) my head against the drawer; **s. q.c. da una parte**, to knock (*o* to shove) st. aside ***2*** (*gettare*) to throw*; to slam; to chuck (*fam.*); to fling*; to hurl; to smash; to dash; to knock: **Sbattei la borsa** [**i soldi**] **sul tavolo**, I threw (*o* slammed, flung) the bag [the money] on the table; **Non sbattere i calzoni sul pavimento**, don't throw your trousers on the floor; **Il cappotto? Sbattilo un po' dove ti pare**, the coat? just throw (*o* chuck) it anywhere; **Lo sbatté a terra con un pugno**, he knocked him down with one blow of his fist; **Il vento lo sbattè contro il muro**, the wind hurled him against the wall; **La nave fu sbattuta contro gli scogli**, the ship was dashed against the rocks; **Facendo marcia indietro ho sbattuto giù un paletto**, in reversing the car I knocked down a post; **Apri o sbatto giù la porta!**, open up or I'll smash down the door!; **s. via q.c.**, (*sprecare*) to throw st. away; (*eliminare*) to throw st. away (*o* out), to chuck st. away (*o* out) (*fam.*); **s. q. fuori** (**da**), to throw sb. out (of); to chuck (*o* to turf) sb. out (of) (*fam.*) ***3*** (*fig.*: *mandare d'autorità*) to send* off; to remove; to shunt off: **L'hanno sbattuto in un paesino di montagna**, they sent him off to a little mountain village ***4*** (*chiudere con forza*) to slam; to bang: **Non s. la porta!**, don't bang the door!; **Uscì sbattendosi dietro la porta**, he left, slamming the door behind him ***5*** (*scuotere, agitare*) to shake*, to toss; (*di ali, vele e sim.*) to flap, to beat*: **s. le coperte**, to shake the blankets; **s. un cuscino**, to shake up a cushion [a pillow]; **s. uno straccio fuori della finestra**, to shake a duster out of the window; **s. bene il contenuto del flacone**, shake the contents well; **Il vento sbatteva i rami**, the wind was tossing (*o* shaking) the branches; **s. le ali**, to flap (*o* beat) one's wings ***6*** (*cucina*) to beat*; (*montare uova, panna*) to whisk, to whip: **s. le chiare a neve**, to whip (up) the egg whites until stiff ***7*** (*fam.*: *rendere smorto*) to make* (sb., st.) look pale: **Il verde mi sbatte**, green makes me look pale ***8*** (*fam.*: *stancare*) to shake* up: **Il volo mi ha sbattuto un po'**, the flight has shaken me up a bit ***9*** (*volg.*: *possedere sessualmente*) to bang. ● (*fig.*) **s. dentro**, to lock up; to bang up; to clap in jail □ **s. fuori di casa**, to throw out; to turf out (*fam.*) □ (*gergo teatr.*) **s. gelatina**, to ham it up □ **s. q. giù dal letto**, to throw sb. out of bed □ **s. giù il telefono**, to slam the phone down: **Mi ha sbattuto giù il telefono**, he slammed the phone down on me □ **s. gli occhi**, to blink (one's eyes) □ **s. i tacchi**, to click one's heels □ (*fig.*) **s. q.c. in faccia a q.**, to hurl st. into sb.'s face □ **s. in galera**, to fling (*o* to throw, to clap, to slam) in jail □ **s. q.c. in prima pagina**, to splash st. all over the front page □ **s. la porta in faccia a q.**, to slam the door in sb.'s face □ **s. le palpebre**, to blink; to flutter one's eyelids □ **s. via tempo e denaro**, to waste one's time and money □ **Non so dove s. la testa**, I don't know which way to turn; I am at my wits' end □ **È come sbattere la testa nel muro**, it's like banging one's head against a brick wall. **B** *v. i.* ***1*** (*urtare*) to knock into (*o* against); to bump into (*o* against, on); to bash into (*o* against); to barge into; to collide with; to crash against; to run into: **s. contro un tavolo**, to bump into a table; **Ho**

sbattuto col gomito contro lo spigolo del tavolo, I banged my elbow against the edge of the table *2* (*aprirsi e chiudersi con forza*) to bang; to slam: **Attento che la porta non sbatta**, mind the door doesn't slam *3* (*di ali, vele, bandiere e sim.*) to flap: **Le vele sbattevano alla brezza**, the sails were flapping in the breeze. ● **andare a s. contro**, to collide with; to run into; to drive into; to crash (*o* smash) into (*o* against); to go* smash into (*o* against): **Feci due passi indietro e andai a s. contro qualcuno**, I took two steps backward and collided with someone; **Inciampò e andò a s. contro un palo**, he stumbled and smashed against a lamp-post; **L'auto andò a s. contro un paracarro**, the car crashed into a kerbstone; (*in retromarcia*) the car backed into a kerbstone. **C ṣbàttersi,** *v. rifl.* e *i. pron.* *1* (*gettarsi*) to throw* oneself; to fling* oneself: **s. sul letto**, to throw oneself on the bed *2* (*agitarsi*) to toss about; (*dibattersi*) to struggle *3* (*fam.*: *darsi da fare*) to run* around; to bustle about; to exert oneself: **Non ho intenzione di sbattermi troppo per lui**, I have no intention of exerting myself for him *4* (**sbattersene**, *volg.*) not to give (*o* to care) a hoot; not to give (*o* care) a damn; couldn't care less: **Me ne sbatto altamente di loro**, I really don't give a damn about them; **Chi se ne sbatte?**, who cares?; **Lui se ne sbatte**, he couldn't care less.

ṣbatteẓẓàre, A *v. t.* to unchristianize; to make* (sb.) abjure Christianity; to turn (sb.) away from Christianity. **B ṣbatteẓẓàrsi,** *v. rifl.* *1* (*abiurare la religione cristiana*) to abjure (*o* to turn away from) Christianity *2* (*cambiare nome*) to change one's name.

ṣbattighiàccio, *m. invar.* shaker.

ṣbattiménto, *m.* *1* (*di porte, finestre*) banging; slamming *2* (*scuotimento*) shaking; tossing *3* (*di vele, ali, ecc.*) flapping *4* (*aeron.*) flutter; (*delle pale*) flapping. ● **s. asimmetrico**, asymmetrical flutter □ **s. di stallo**, stalling flutter □ **cerniera di s.**, flapping hinge.

ṣbattitóre, *m.* (*elettrodomestico*) beater; mixer.

sbattitrice, *f.* (*ind. dolciaria*) beater; mixer.

ṣbattitùra, *f.* beating; shaking; (*di uova e sim.*) beating, whipping, whisking.

ṣbattiuòva, *m.* whisk; egg beater.

ṣbattùta, *f.* shake; shake-up; shaking; beating; toss; tossing; (*di uova e sim.*) whisk: **dare una s. ai tappeti**, to give the carpets a good shaking; **Da' una s. a quel cuscino**, give that cushion a shake-up; shake up that cushion; **dare una s. alle uova**, to give the eggs a good whisk; to beat up the eggs.

ṣbattùto, *a.* *1* (*sballottato*) tossed: **s. dalla tempesta**, storm-tossed; storm-beaten; **una nave sbattuta dalle onde**, a ship tossed (about) by the waves *2* (*di uova e sim.*) beaten; whisked; whipped: **uovo s.**, beaten egg *3* (*fig.*: *abbattuto*) depressed, downcast, low, gloomy; (*stanco, sciupato*) tired, drawn; (*pallido*) pale: **Hai l'aria sbattuta**, you look tired.

ṣbavaménto, *m.* slavering; slobbering; dribbling; drooling.

ṣbavàre, A *v. i.* *1* (*perdere bava*) to dribble; to drool; to slobber; to slaver: **Il bambino sbava perché sta mettendo i denti**, the baby drools because it is teething; **Non mi piace questo cane, sbava troppo**, I don't like this dog, it slavers too much; **Era così furioso che sbavava addirittura**, he was dribbling at the mouth, he was so furious *2* (*fig.*: *desiderare*) to drool (*o* to slobber, to slaver) over: **Sono mesi che sbava dietro a quella donna**, he's been drooling over that woman for months *3* (*di colore*) to run*, to blur, to smear; (*di rossetto*) to smear, to smudge; (*di penna*) to smudge; (*tipogr.*) to smudge, to blur: **Il verde è sbavato sul rosso**, the green has run into the red. **B** *v. t.* *1* (*sporcare di bava*) to dribble over, to slobber over, to slaver over; (*macchiare di colore*) to smear, to smudge: **Il bambino mi ha sbavato il golf**, the child has dribbled (over) my jumper; **Mi baciò sbavandomi tutta**, he kissed me, slobbering all over my face; **s. q.c. di rossetto**, to smear st. with lipstick; **Hai sbavato tutto il disegno!**, you've smudged the whole drawing! *2* (*metall.*) to burr; to deburr; to clean; to trim; to shave; to fetter. ● **s. a caldo**, to hot-trim □ **s. alla mola**, to snag. **C ṣbavàrsi,** *v. rifl.* (*sporcarsi di bava*) to dribble (*o* drool, slobber) over oneself. **D ṣbavàrsi,** *v. i. pron.* (*macchiarsi*) to get* smudged: **L'acquerello si è tutto sbavato**, the watercolour got all smudged.

ṣbavàto, *a.* *1* (*sporco di bava*) covered with dribble; covered with slobber; slobbered *2* (*macchiato di colore*) smeared, smudged; (*confuso*) smudgy, blurred: **stampa sbavata**, smudged print; **contorni sbavati**, blurred contours *3* (*metall.*) burred; deburred.

ṣbavatóre, *m.* (*metall.*) cleaner; trimmer.

ṣbavatrice, *f.* (*mecc.*) burring machine; snagging machine; snag grinder.

ṣbavatùra, *f.* *1* (*lo sbavare*) slavering; slobbering; dribbling; drooling *2* (*bava*) slaver; slobber; dribble *3* (*di lumaca*) slime *4* (*di colore, rossetto e sim.*) smear; smudge; blur *5* (*metall.*) burring; deburring; trimming *6* (*tecn.*: *di metallo, legno, carta*) burr; (*di plastica*) flash *7* (*tipogr.*) blur; smudge; blotch *8* (*fig.*: *imperfezione*) flaw, imperfection; (*divagazione*) wandering from the point, padding. ● (*metall.*) **molatrice per s.**, snag-grinder.

ṣbavóne, *m.* (*fam.*) dribbler; slobberer.

ṣbeccàre, A *v. t.* (*rompere il beccuccio di q.c.*) to break* (*o* chip) the spout; (*l'orlo di q.c.*) to break* (*o* chip) the rim; to chip. **B ṣbeccàrsi,** *v. i. pron.* to break (*o* to chip) at the spout; to chip.

ṣbeccàto, *a.* broken (*o* chipped) at the spout; chipped.

ṣbeccatùra, *f.* chip.

ṣbeccucciàre, e *deriv.* *V.* **sbeccare,** e *deriv.*

ṣbeffeggiàre, *v. t.* to mock; to jeer at; to make* fun of.

ṣbeffeggiatóre, *m.* (*f.* **-trice**) mocker; jeerer.

ṣbellicàrsi, *v. i. pron.* – **s. dal ridere** (*o* **dalle risa**), to hold one's sides; to fall* about laughing; to be in stitches (*fam.*): **Ci ha fatto s.**, he had us in stitches.

ṣbendàre, *v. t.* (*di ferita*) to unbandage, to remove the bandage (*o* bandages) from, to undress; (*occhi*) to uncover.

ṣbèrla, *f.* *1* slap; smack; box on the ear; cuff; clout *2* (*fig. fam.*: *colpo*) blow; (*al pl.*: *sconfitta*) licking, thrashing, trouncing. ● **dare una s. a q.** (*o* **prendere a sberle q.**), to slap sb. (*o* sb.'s cheek); to smack sb.; to box sb.'s ear; to clout sb. □ **Che s. la bolletta del telefono!**, the telephone bill really stung this time! □ **Gliene abbiamo date di sberle all'Inter**, we gave Inter a proper licking!

ṣberlèffo, *m.* (*gesto di scherno*) sneer, jeer; (*smorfia*) grimace: **fare uno s.**, to make a grimace (*o* a face) (at); to pull a face (at); to cock a snook (at).

ṣberrettàrsi, *v. i. pron.* to take* off one's cap.

ṣbertucciàre, *v. t.* *1* (*sgualcire*) to crush; to crumple *2* (*fig.*: *schernire*) to mock; to sneer at; to make* fun of.

ṣbertucciàto, *a.* crushed; crumpled; battered; tattered; in tatters (*pred.*): **un vecchio cappello s.**, a battered old hat; **un quaderno tutto s.**, a tattered exercise book.

ṣbevazzàre, *v. i.* (*alcolici*) to drink heavily; to booze (*pop.*).

ṣbevazzatóre, *m.* (*f.* **-trice**) heavy drinker; boozer (*pop.*).

ṣbiadire, A *v. i.* e **ṣbiadirsi,** *v. i. pron.* *1* to fade; to lose* one's colour(s): **Le tende si sono sbiadite**, the curtains have faded *2* (*fig.*) to fade; to fade away; to grow* dim: **A poco a poco quel ricordo sbiadì**, gradually that memory faded (*o* grew dim). ● **colori che non sbiadiscono**, fast colours. **B** *v. t.* to fade; to blanch: **Il sole aveva sbiadito il tappeto**, the sun had faded the carpet.

ṣbiaditézza, *f.* paleness; faintness; dimness.

ṣbiadito, *a.* *1* (*scolorito*) faded; washed-out: **un vestito [un colore] s.**, a faded dress [colour]; **una foto sbiadita**, a faded photo; **un azzurro s.**, a washed-out blue *2* (*fig.*: *scialbo, monotono*) colourless; dull; uninteresting; flat; lifeless; monotonous: **uno stile s.**, a dull (*o* flat) style; **un racconto s.**, a colourless (*o* dull) story; **una personalità sbiadita**, a dull (*o* uninteresting, colourless) personality *3* (*fig.*: *sfiorito*) faded: **bellezza sbiadita**, faded beauty.

ṣbiànca, *f.* (*ind. tess., cartaria*) bleaching.

ṣbiancànte, A *a.* bleaching; whitening: **polvere s.**, bleaching powder. **B** *m.* bleacher; bleach; whitener; (*ind.*) bleach.

ṣbiancàre, A *v. t.* *1* (*rendere bianco*) to whiten; to bleach *2* (*ind. tess.*) to bleach *3* (*il riso*) to polish. **B** *v. i.* e **ṣbiancàrsi,** *v. i. pron.* *1* (*diventare bianco*) to whiten; to turn white *2* (*impallidire*) to go* (*o* to turn) white; to grow* pale; to blanch; to grow* wan: **Sbiancò (in volto) dall'orrore**, he went white (*o* blanched) with horror *3* (*ind. tess.*) to bleach.

ṣbiancàto, *a.* whitened; (*bianco*) white; (*pallido*) pale: **un viso s.**, a pale face.

ṣbianchiménto, *m.* *1* whitening *2* (*ind.*) bleaching; (*fotogr.*) whitening.

ṣbianchire, A *v. t.* *1* to whiten *2* (*cucina*) to blanch. **B** *v. i.* e **ṣbianchirsi,** *v. i. pron.* to whiten; (*impallidire*) to go* (*o* turn) white, to grow* pale, to blanch.

ṣbicchieràta, *f.* drink together; drinking party. ● **fare una s.**, to have a drink together.

ṣbiecaménte, *avv.* *1* (*obliquamente*) aslant; obliquely; sideways *2* (*di traverso*) askance; askant; askew; asquint; awry.

ṣbièco, A *a.* (*obliquo, inclinato*) at an angle, sloping, slanting, slanted, slantwise, sidelong, oblique, aslant (*pred.*), cater-cornered (*USA*), catty-cornered (*USA*); (*storto*) crooked, at an angle, on a slant, askew (*pred.*), asquint (*pred.*), awry (*pred.*); (*di stoffa*) cut on the bias: **scrittura sbieca**, sloping handwriting; **linea sbieca**, oblique (*o* sloping, slanting) line; **muro s.**, wall at an angle; **Camminava tutto s.**, he was walking all crooked. **B** *m.* (*di stoffa*) bias; (*merceria*) bias binding. ● **di s.**, (*obliquamente*) at an angle, slantwise, sideways, obliquely; (*lungo la diagonale*) diagonally, on the diagonal, on the slant, slantingly; (*di stoffa*) on the bias; (*di traverso*) askance, askant, askew, asquint, awry, crookedly: **guardare q.c. di s.**, to give st. a sidelong (*o* sideways) glance; to look at st. sidelong (*o* out of the corner of one's eye); (*con sospetto, malanimo*) to look askance at st.; **occhiata di s.**, sidelong (*o* sideways) glance; **scrivere q. di s.**, to write st. slantwise; **tagliare la stoffa di s.** (*o* **sullo s.**), to cut the material on the bias.

ṣbiellàre, *v. i.* *1* (*autom.*) to break* down; to conk out (*fam.*) *2* (*pop.*: *perdere la testa*) to flip; to schiz out.

ṣbiettàre, *v. t.* (*levare la bietta*) to unwedge.

ṣbiettatùra, *f.* unwedging.

ṣbigottiménto, *m.* (*sgomento*) dismay, consternation; (*sconcerto*) bewilderment; (*meraviglia*) awe, astonishment, amazement. ● **un silenzio di s.**, an appalled silence □ **un'occhiata di s.**, a dismayed (appalled, awed) look.

ṣbigottire, A *v. t.* (*sgomentare*) to dismay, to appal; (*sconcertare, lasciare attonito*) to stun, to bewilder, to dumbfound, to flabbergast; (*meravigliare*) to astonish, to amaze: **La notizia del suo arresto ci ha sbigottito tutti**, we were appalled (*o* dismayed) by the news of his arrest. **B** *v. i.* e **ṣbigottirsi,** *v. i. pron.* to be stunned; to be amazed; to be astounded: **A quelle parole sbigottì e tacque**, he was stunned by those words and fell silent.

ṣbigottito, *a.* (*sgomento, costernato*) dismayed, aghast, appalled; (*attonito*) bewildered, stunned, shocked; (*stupefatto*) astonished, in astonishment, amazed, in amazement, astounded, awed: **La sua rivelazione mi lasciò s.**, his relevation left me aghast; **Ci fu un silenzio s.**, there was an appalled silence; **Si scambiarono un'occhiata, sbigottiti dal suo ardire**, they looked at one another, awed by his daring; **Lo guardai s., ma lui continuò come se niente fosse**, I looked at him in amazement, but he went on as if nothing was the matter.

ṣbilanciaménto, *m.* loss of balance; unbalance; upset; upsetting.

ṣbilanciàre, A *v. t.* ***1*** to unbalance; to overbalance; to throw* off balance ***2*** (*fig.*: *disturbare*) to upset*; to disrupt; to unsettle: **Il suo arrivo mi sbilancia tutti i programmi**, his arrival upsets all my plans; **Rifare il tetto ha sbilanciato le mie finanze**, the new roof has been a blow to my bank account. **B** *v. i.* (*perdere l'equilibrio*) to overbalance; (*pendere da una parte*) to be top-heavy, to be down on one side, to cant, to list: **Il carico sbilancia a destra**, the cargo lists to the right. **C ṣbilanciàrsi,** *v. i. pron.* ***1*** (*perdere l'equilibrio*) to lose* one's balance, to overbalance; (*essere squilibrato*) to be top-heavy, to be down on one side, to cant, to list ***2*** (*fig.*: *compromettersi, impegnarsi*) to commit oneself; (*andare troppo in là*) to go* too far, to say* more than one should, to promise too much; (*nello spendere*) to overspend*, to spend* beyond one's means, to be a spendthrift: **Se ci metti sopra la valigia si sbilancerà**, if you put the suitcase on top of it, it'll be top-heavy; **Preferisco non sbilanciarmi**, I'd rather not commit myself; **Meglio non s. e aspettare che sia lui a proporre qualcosa**, better not say too much and wait for him to make an offer. ● **non s. troppo**, (*nel parlare*) to weigh one's words; (*nello spendere*) to be no spendthrift.

ṣbilanciàto, *a.* unbalanced; out of balance; (thrown) off balance; top-heavy; (*sproporzionato*) uneven, disproportionate: **carico s.**, unbalanced load; top-heavy load; **alimentazione sbilanciata**, unbalanced diet; **s. rispetto a q.c.**, disproportionate in relation to st.; **trovarsi s.**, to find oneself off balance.

ṣbilàncio, *m.* ***1*** unbalance; lack of balance; imbalance ***2*** (*fin., rag.*) deficit; deficiency; (*eccesso*) excess; (*perdita*) loss: **uno s. di ottanta sterline**, a deficit of eighty pounds; **uno s. di spese**, an excess of expenditure ***3*** (*sproporzione*) disproportion; lack of proportion.

ṣbilènco, *a.* ***1*** (*storto*) lop-sided, askew, crooked, asymmetrical, awry (*pred.*); (*deforme, malfatto*) misshapen, crooked, twisted, rickety, ill-proportioned: **un vecchietto s.**, a crooked (*o* misshapen) old man; **spalle sbilenche**, crooked shoulders; **un cassettone s.**, rickety chest of drawer ***2*** (*fig.*: *sconclusionato*) disjointed; incoherent; unsound; lame.

ṣbirciàre, *v. t.* ***1*** (*guardare furtivamente*) to peep (at sb., st.), to peek (at sb., st.), to cast* a quick (*o* sidelong) glance (at sb., st.); (*guardare di sfuggita*) to glance (at sb., st.), to steal* a glance (at sb., st.): **Si avvicinò in punta di piedi alla stanza e sbirciò dentro**, she tiptoed to the room and peeped inside; **Si sbirciò nello specchio**, she peeked at herself in the mirror; **Sbirciai l'orologio con impazienza**, I glanced impatiently at my watch ***2*** (*scrutare*) to peer (at sb., st.); to eye; to look closely (at sb., st.); (*socchiudendo gli occhi*) to squint (at sb., st.): **Sbirciò nel buio della cantina**, he peered into the darkness of the cellar.

ṣbirciàta, *f.* peep; peek; glance: **dare una s.**, to have (*o* to take) a peep (*o* peek); to peep; to peek: **Diedi una s. al neonato nella culla**, I had a peep (*o* I peeped) at the baby in its cradle; **Ho dato solo una s. ai giornali**, I only had a peek (*o* glance) at the papers.

ṣbirràglia, *f.* ***1*** (*spreg.*: *polizia*) (bunch of) cops ***2*** (*spreg.*: *banda di armati*) (band of) hirelings (*pl.*); heavies (*pl.*).

ṣbirrésco, *a.* ***1*** (*da poliziotto*) cop-like ***2*** (*brutale*) rough; strong-arm; bullying.

ṣbìrro, *m.* ***1*** (*poliziotto*) cop; copper ***2*** (*pl.*: *la polizia*) cops; (the) law (*sing.*); (the) fuzz (*sing., pop.*) ***3*** (*spreg.*: *guardia del corpo*) strong-arm man; thug; bully.

ṣbiẓẓarrire, A *v. t.* to cure (sb.) of (his) whims (*o* fancies). **B ṣbiẓẓarrirsi,** *v. i. pron.* ***1*** (*assol.*: *indulgere ai propri capricci*) to indulge one's whims (*o* fancies), to have one's own way, to have a fling; (*in una scelta*) to take* one's pick, to run* riot; (*sfogare gli umori giovanili*) to sow one's wild oats: **Lascia che si sbizzarrisca per un po'**, let him have his way (*o* do as he pleases) for a while; let him sow his wild oats for a while; **Vuoi scegliere tu? Ecco, sbizzarrisciti pure**, you want to choose? there, take your pick; **lasciar s. la fantasia**, to let one's imagination run riot; to give full play to one's imagination ***2*** (*divertirsi con q.c. o a fare q.c.*) to have a great time with st. (*o* doing st.); to run* riot with st.: **Si sbizzarrì a dipingere le pareti di colori diversi**, she had a great time painting the walls in different colours; **Mi sbizzarrii a fare le ricette più esotiche**, I ran riot with the most exotic recipes.

ṣbloccàggio, ṣbloccaménto, *V.* **sblocco.**

ṣbloccàre, A *v. t.* ***1*** to open up; to clear; to unblock; to unlock; (*liberare*) to free; (*allentare*) to release, to loosen: **s. una strada**, to open up (*o* to clear) a road; **s. le ruote**, to free the wheels; **s. una nave dai ghiacci**, to free a ship from ice; **s. le trattative sindacali**, to unlock trade talks; **s. una situazione**, to break a deadlock; to get out of a stalemate; (*med.*) **s. l'intestino**, to loosen the bowels ***2*** (*econ.*) to decontrol; to unfreeze*; to unpeg: **s. gli affitti**, to decontrol rents; **s. i prezzi**, to unfreeze (*o* to decontrol, to unpeg) prices; **s. i salari**, to unfreeze wages; **s. un credito**, to unfreeze a credit ***3*** (*psic.*) to remove a block ***4*** (*mecc.*) to unlock; to release; to loosen: **s. lo sterzo**, to unlock the steering wheel; **s. il freno**, to release the brake ***5*** (*mil.*) to raise (*o* to lift) the blockade of: **s. una città**, to raise the blockade of a town ***6*** (*ferr.*) to clear ***7*** (*fis.*) to trigger ***8*** (*elab.*) to unlock; to deblock; to enable. **B ṣbloccàrsi,** *v. i. pron.* ***1*** to unblock itself; to reopen; to open up; to unlock; to free oneself; (*allentarsi*) to loosen up; (*di situazione*) to clear up, to get* out of a stalemate; (*ricominciare*) to start up again, to resume: **Lo sterzo si è sbloccato da solo**, the steering wheel unlocked by itself; **La situazione politica non accenna a s.**, the political situation doesn't show signs of getting out of its stalemate (*o* of clearing up); **Dovremo aspettare che si sblocchi la trattativa**, we'll have to wait until the negotiations resume ***2*** (*fig., di persona*) to let* oneself go (*fam.*): **È troppo timido, ha bisogno di s. un po'**, he's too shy, he should let himself go more.

ṣbloccàto, *a.* ***1*** free; unblocked; unlocked ***2*** (*econ.*) decontrolled; unfrozen: **affitto s.**, decontrolled rent; **prezzi sbloccati**, unfrozen prices ***3*** (*mecc.*) unlocked; released ***4*** (*ferr.*) cleared.

ṣblòcco, *m.* ***1*** release; opening up; freeing; clearing up; (*allentamento*) loosening (up) ***2*** (*econ.*) decontrol; unfreezing; unpegging: **lo s. dei prezzi [degli stipendi]**, the unfreezing of prices [of salaries] ***3*** (*mecc.*) releasing; unlocking ***4*** (*ferr.*) clearing. ● (*elettr.*) **s. del segnale**, gating.

ṣbòbba, *f.* (*pop.*) slop; swill; dishwater.

ṣbobinaménto, *m.* transcribing (of a tape); transcription (of a tape).

ṣbobinàre, *v. t.* to transcribe (a tape).

ṣbobinàto, *a.* transcribed. ● **nastro s.**, transcript (of a tape).

ṣbobinatrìce, *f.* transcribing machine.

ṣbobinatùra, *f.* transcription (of a tape).

ṣboccàre, A *v. i.* ***1*** (*di corsi d'acqua*) to flow into; to run* into: **Il Po sbocca nell'Adriatico**, the Po flows into the Adriatic Sea ***2*** (*arrivare*: *di strada*) to lead* to [into, etc.], to come* out, to end up, to finish up, to emerge; (*di valle*) to open to; (*di persona*) to come* to, to find* oneself (at, in, etc.), to emerge: **Dove sbocca questa strada?**, where does this road lead to?; **Il vicolo sboccava in una piazzetta**, the alley ended up in a little square; **una valle che sbocca in una spiaggia**, a valley opening to a shore; **Continui sempre dritto e sboccherà in piazza Mazzini**, go straight on and you'll come to Piazza Mazzini; **Finalmente sboccammo sulla statale**, we eventually emerged onto the main road ***3*** (*irrompere*) to pour into; to rush into: **La folla sboccò sulla piazza**, the crowd poured into the square ***4*** (*fig.*: *concludersi*) to end in; to lead* to. **B** *v. t.* ***1*** (*rompere all'imboccatura*) to break* the neck of; to chip ***2*** (*togliere liquido da*) to pour off (st.) from.

ṣboccatàggine, ṣboccatézza, *f.* coarseness of language; coarse language.

ṣboccàto, *a.* ***1*** (*rotto all'imboccatura*) chipped ***2*** (*triviale*) coarse; foul-mouthed; dirty; scurrilous: **linguaggio s.**, coarse language; **persona sboccata**, foul-mouthed person; **storiella sboccata**, dirty (*o* scurrilous) joke.

ṣbocciàre, *v. i.* ***1*** (*di fiori*) to open, to be out, to bloom; (*di alberi*) to blossom: **Sono sbocciate le rose**, the roses have opened (*o* are out); **Questa varietà di tulipani sboccia a giugno avanzato**, this variety of tulip blooms in late June ***2*** (*fig.*: *nascere, manifestarsi*) to begin*; to dawn; to spring* up; to develop; to blossom: **La loro amicizia sbocciò all'università**, their friendship began (*o* developed) at university; **È sbocciata una debole speranza di salvezza**, a faint hope of salvation has dawned. ● (*bot.*) **far s.**, to bring out.

ṣbòccio, *m.* blossoming; blooming: **lo s. dei fiori**, the blossoming of flowers. ● **di s.**, in bud □ (*fig.*) **di primo s.**, in the bloom of youth □ **in pieno s.**, in full bloom.

ṣbócco, *m.* ***1*** (*lo sboccare*) flowing; flowing-out; outpour: **Lo s. delle acque era a valle del vecchio mulino**, the water flowed out below the old mill ***2*** (*bocca di fiume*) mouth, outlet; (*di fogna*) outfall ***3*** (*luogo di s., uscita*) opening, outlet, exit, end, way out; (*apertura, sfogo*) outlet, access: **La galleria ha due sbocchi**, the tunnel has two exits; **lo s. di una conduttura**, the outlet of a pipe; **Allo s. della valle c'è un castello**, at the end of the valley there is a castle; **La situazione è senza s.**, there is no way out of this situation; **un paese senza s. sul mare**, a country with no access to the sea (*o* with no coastal outlet); a landlocked country; **trovare uno s. per le proprie energie**, to find an outlet for one's energies; **Genova non è più lo s. naturale dell'Europa del Nord**, Genoa is no longer the natural outlet of the North of Europe ***4*** (*fig.*: *prospettiva*) prospect; outlet; scope: **Gli sbocchi per i laureati in matematica sono pochi**, there are few outlets for graduates in mathematics ***5*** (*econ.*) outlet; market: **sbocchi di mercato**, market outlets; **s. commerciale**, commercial outlet; **cercare nuovi sbocchi all'estero**, to look for new foreign markets. ● **s. di sangue**, haemoptysis □ **strada senza s.**, no-through road; dead-end; cul-de-sac.

ṣbocconcellàre, *v. t.* ***1*** to nibble; to nibble at ***2*** (*fig.*: *spezzettare*) to split* up (*o* to cut*) into small pieces ***3*** (*sbeccare*) to chip.

ṣbocconcellàto, *a.* ***1*** nibbled; half-eaten ***2*** (*sbeccato*) chipped.

ṣbocconcellatùra, *f.* ***1*** (*lo sbocconcellare*) nibble; nibbling ***2*** (*sbeccatura*) chip.

ṣbòffo, *m.* puff. ● **maniche con gli sboffi**, puff

(*o* puffed) sleeves.

ṣbollàre, *v. t.* to break* the seal of; to unseal.

ṣbollentàre, *v. t.* (*cucina*) to blanch.

ṣbollìre, *v. i.* ***1*** to stop boiling; to go* off the boil: **lasciar s. q.c.**, to let st. go off the boil ***2*** (*fig.*) to cool down; to calm down; to simmer down: **Spero che gli sia sbollita l'ira**, I hope his anger has cooled down; **Diamogli il tempo di s.**, let's give him time to simmer down.

ṣbolognàre, *v. t.* ***1*** (*fam.*: *sbarazzarsi di*) to get* rid of; to unload: **Sbologno questo seccatore e sono da te**, I'll just get rid of this bore and I'll be with you ***2*** (*rifilare*) to palm off (st. onto sb.); to unload (st. onto sb.); to fob off (st. on sb.); to flog (st. to sb.): **Ha sbolognato i figli a sua madre ed è partita**, she unloaded her children onto her mother and left; **Ha sbolognato la sua vecchia utilitaria al figlio del vicino**, he flogged his old banger to his neighbour's son; **Mi voleva s. un orologio che non funzionava**, he wanted to palm off onto me a watch that didn't work.

ṣbòrnia, *f.* (*fam.*) ***1*** (*ubriacatura*) drunkenness; drunk (*fam.*); jag (*pop.*); blind (*pop., GB*) ***2*** (*infatuazione*) infatuation; crush. ● **avere la s. triste**, to have the crying jag (*pop.*) □ **prendersi una bella s.**, to get very drunk; to go on a bender (*fam.*); to get tight (*o* pickled, soaked) (*fam.*); to get plastered (*pop.*) □ **smaltire la s.**, to sober up; to sleep it off.

ṣborniàrsi, *v. i. pron.* (*fam.*) to get* drunk; to go* on a bender (*o* on a binge) (*fam.*); to get* tight (*o* pickled, soaked) (*fam.*); to get* plastered (*pop.*).

ṣborniόne, *m.* (*f.* **-a**) (*fam.*) boozer; soak.

ṣbórra, *f.* (*volg.*) come; jissom.

ṣborràre, *v. i.* (*volg.*) to come*; to cream.

ṣborsàre, *v. t.* (*pagare*) to pay* out, to cough up (*fam.*), to come* up with; (*malvolentieri*) to fork out (*fam.*); to shell out (*fam.*), to stump up (*fam.*): **È il tipo che sborsa senza fiatare**, he's the kind that coughs up without batting an eyelid; **Sborsò subito l'intera somma**, he came up with the whole sum at once; **Mi toccò s. due milioni**, I had to fork out two million lire.

ṣbórso, *m.* ***1*** (*lo sborsare*) disbursement; expenditure; payment ***2*** (*denaro sborsato*) outlay; disbursement.

ṣbottàre, *v. i.* to burst* out; to blurt out; (*assol.*) to speak* up: **s. a ridere**, to burst out laughing; **Non potei frenarmi e sbottai**, I couldn't stand it any longer, so I spoke up.

ṣbottàta, *f.* **ṣbòtto,** *m.* burst; outburst: **La sua s. ci lasciò tutti stupefatti**, his outburst left us all dumbfounded; **una s. di risa**, an outburst of laughter.

ṣbottonàre, A *v. t.* to unbutton; to undo* the buttons of: **Sbottonò il cappotto al bambino**, she unbuttoned the child's coat; **Mi sbottonai il cappotto**, I unbuttoned my coat. **B ṣbottonàrsi,** *v. rifl.* (*fig. fam.*) to unbosom oneself; to disclose one's feelings (*o* thoughts); to open up: **Egli è l'ultima persona con cui mi sbottonerei**, he is the last person to whom I could open up; **non s.**, to be secretive; to be cagey; to be tight-lipped; to hold one's tongue; to keep things under one's hat.

ṣbottonatùra, *f.* ***1*** unbuttoning ***2*** (*agric.*) disbudding.

ṣbòvo, *m.* (*naut.*) windlass.

ṣbozzàre, *v. t.* ***1*** (*sgrossare, anche fig.*) to rough-hew*, to rough out, to roughcast; to rough-shape; (*metall.*) to rough-mill; (*alla fresa*) to rough out; (*al tornio*) to rough-turn; (*al laminatoio*) to rough-roll: **utensile per s.**, roughing tool ***2*** (*pittura*: *abbozzare*) to sketch (in); to outline; to rough-in ***3*** (*fig.*: *un progetto, una teoria*) to sketch out; to outline; to draft; to rough out; to roughcast.

ṣbozzatóre, A *a.* roughing (*attr.*): **treno s.**, roughing train. **B** *m.* (*f.* **-trice**) rough-hewer.

ṣbozzatùra, *f.* ***1*** (*lo sbozzare*) roughing; rough-hewing; roughcasting ***2*** (*l'abbozzare*) sketching; sketching in ***3*** (*fig.*) outlining; drafting; sketching out ***4*** *V.* **sbozzo.**

ṣbozzimàre, *v. t.* (*ind. tess.*) to desize.

ṣbozzimatrìce, *f.* (*ind. tess.*) desizing machine.

ṣbozzimatùra, *f.* (*ind. tess.*) desizing.

ṣbozzìno, *m.* (*carpenteria*) jack-plane.

ṣbòzzo, *m.* ***1*** (*abbozzo*: *mecc., scultura*) roughcast; (*pittura*) sketch ***2*** (*fig.*) roughcast; sketch; outline; draft.

ṣbozzolàre, A *v. t.* to gather the cocoons. **B** *v. i.* to come* out of the cocoon.

ṣbozzolatùra, *f.* gathering of cocoons.

ṣbracalàto, *a.* ***1*** (*coi calzoni sformati*) with baggy trousers ***2*** (*fig.*) slovenly; sloppy.

ṣbracàre (1), *v. t.* (*togliere l'imbracatura*) to unsling*.

ṣbracàre (2), A *v. t.* (*togliere i calzoni*) to take* (sb.'s) trousers off; to debag (*pop. GB*). **B** *v. i.* (*fam.*: *peggiorare*) to go* to pieces. **C ṣbracàrsi,** *v. rifl.* ***1*** to take* off one's trousers ***2*** (*fig.*: *mettersi comodo*) to let* one's hair down; (*stravaccarsi*) to sprawl out, to slouch back. ● **s. dalle risa**, to split one's sides with laughter.

ṣbracàto, *a.* ***1*** (*senza calzoni*) trouserless ***2*** (*trasandato*) slovenly; sloppy ***3*** (*stravaccato*) sprawling; slouching ***4*** (*fig.*: *sguaiato*) coarse; vulgar.

ṣbracciàrsi, A *v. rifl.* (*scoprirsi le braccia*) to bare one's arms, to roll up (*o* to tuck up) one's sleeves; (*portare vestiti senza maniche*) to wear* sleeveless clothes. **B** *v. i. pron.* ***1*** (*gesticolare*) to wave one's arms, to throw* one's arms about, to gesticulate; (*specialm. di attore*) to saw* the air ***2*** (*darsi da fare, agitarsi*) to do* everything; to do* all one can; to spare no efforts; to strive* hard.

ṣbracciàto, *a.* ***1*** with bare arms; bare-armed; (*con le maniche rimboccate*) with one's sleeves rolled up (*o* tucked up) ***2*** (*di abito*) short-sleeved; (*senza maniche*) sleeveless.

ṣbràccio, *m.* ***1*** (*sport*) throwing action ***2*** (*di gru, giraffa e sim.*) straddle; range, reach.

ṣbraciàre, *v. t.* to poke; to stir: **s. il fuoco**, to poke (*o* stir) the fire.

ṣbraciatóio, *m.* poker.

ṣbragàre, e *deriv. V.* **sbracare** (**2**), e *deriv.*

ṣbràgo, *m.* mess; chaos; shambles (*sing.*): **essere allo s.**, to be a shambles.

ṣbraitàre, *v. i.* to shout (at the top of one's voice); to bawl; to bark; to rant; to yell: **s. come un ossesso**, to shout like one possessed; **Il sergente sbraitò un ordine**, the sergeant barked an order; **Non fa che s. coi figli tutto il giorno**, she's always yelling at her children.

ṣbraitóne, *m.* (*f.* **-a**) (*fam.*) bawler. ● **È uno s.!**, he is always shouting!; he never stops shouting!

ṣbramàre, *v. t.* (*agric.*) to hull.

ṣbramatùra, *f.* (*agric.*) hulling.

ṣbranaménto, *m.* tearing to pieces.

ṣbranàre, A *v. t.* ***1*** to tear* to pieces; to tear* apart; to tear* at; to mangle: **La tigre sbranò il cacciatore**, the tiger tore the hunter to pieces; **Il leone stava sbranando i resti di una gazzella**, the lion was tearing at the remains of a gazelle; **Fu ritrovato orrendamente sbranato**, he was found horribly mangled by some wild beast ***2*** (*fig.*: *straziare*) to tear*, to rend*; (*criticare duramente*) to tear* to pieces, to tear* limb from limb, to tear* apart, to make* mincemeat of (*scherz.*): **È stato sbranato dalla critica**, he was torn to pieces by the critics; **Se potesse lo sbranerebbe**, he'd tear him limb from limb, if he could. **B ṣbranàrsi,** *v. rifl. recipr.* (*fig.*) to tear* each other (*o* one another) to pieces.

ṣbrancàre, A *v. t.* ***1*** (*far uscire dal branco*) to take* from the flock [the herd]; to cut* out ***2*** (*disperdere*) to disperse, to scatter, to break* up, to drive* away; (*sbandare*) to disband. **B ṣbrancàrsi,** *v. i. pron.* ***1*** (*uscire dal branco*) to leave* the flock [the herd] ***2*** (*disperdersi*) to disperse; to scatter; to break* up; to straggle; to stray.

ṣbrancàto, *a.* ***1*** (*uscito dal branco*) stray; separated; cut out ***2*** (*disperso*) scattered; stray.

ṣbràno, *m.* tear; rent.

ṣbrattàre, *v. t.* ***1*** (*pulire, riordinare*) to clean up, to clean out, to clear up, to tidy up; (*sgombrare*) to clear up (st. from somewhere), to clear out (st. from somewhere): **s. una stanza**, to clean up (*o* tidy up) a room; **s. una stalla**, to clean out a cowshed; **s. una scrivania**, to tidy up a desk; **Devo s. il garage da tutta quella roba inutile**, I must clear out all that junk from the garage ***2*** (*assol.*: *andare via*) to clear out (*o* off).

ṣbrattàta, *f.* (*pulita*) clean-up, tidy-up, clearing-up; (*sgombero*) clear-out: **Questa stanza ha bisogno di una s. a fondo**, this room needs a thorough clean-up; **dare una s. alla tavola**, to give the table a tidy-up; to tidy up (*o* clear up) the table.

ṣbràtto, *m.* cleaning up; tidying up. ● **stanza di s.**, boxroom; storeroom.

ṣbreccàre, *v. t.* to chip.

ṣbrecciàre, *v. t.* to breach; to make* a breach (in st.).

ṣbrégo, *m.* (*region.*) tear; slit; slash.

ṣbrendolàre, *v. i.* (*region.*) to hang* in tatters.

ṣbrèndolo, *m.* (*region.*) tatter (*generalm. al pl.*); shred; rag; (*pezzo che pende*) dangling bit.

ṣbrendolóne, *m.* (*f.* **-a**) (*region.*) ***1*** (*straccione*) person (dressed) in tatters (*o* in rags); (*specialm. di bambino*) ragamuffin ***2*** (*persona trasandata*) shabby person, slovenly person, tatterdemalion; (*specialm. di bambino*) ragamuffin.

ṣbriciolaménto, *m.* crumbling.

ṣbriciolàre, A *v. t.* ***1*** to crumble; (*fare briciole*) to make* crumbs; (*cospargere di briciole*) to cover with crumbs, to drop crumbs: **Non s. il pane!**, don't crumble your bread!; **Sbriciolai un biscotto per il pesce rosso**, I crumbled up a biscuit for the goldfish; **Hai sbriciolato dappertutto!**, you've dropped crumbs all over the place! ***2*** (*distruggere, annientare*) to shatter, to crush, to smash; (*con un'esplosione*) to blow* to smithereens: **La bomba sbriciolò due palazzi**, the bomb blew two buildings to smithereens. **B ṣbriciolàrsi,** *v. i. pron.* to crumble: **un dolce che si sbriciola**, a cake that crumbles; **Il muro si sta sbriciolando tutto**, the wall is crumbling away.

ṣbriciolatùra, *f.* ***1*** (*lo sbriciolare*) crumbling ***2*** (*briciole*) crumbs (*pl.*).

ṣbrigàre, A *v. t.* ***1*** (*fare, eseguire*) to do*, to deal* with; (*occuparsi di*) to take* care of, to see* to, to deal* with, to attend to, to handle; (*sistemare*) to arrange, to sort out, to dispose of, to deal* with, to fix, to settle; (*completare*) to get* through, to clear up, to finish off, to dispatch, to knock off (*fam.*), to get* st. done (*o* over): **Devo s. un paio di cose**, I have a couple of things to do; **s. una questione**, to sort out (*o* to settle, to fix) a matter; **Hanno già sbrigato tutto**, they have already arranged (*o* sorted out, fixed) everything; **s. un cliente**, to attend to a customer; **s. un bel po' di lavoro**, to get through (*o* to clear up) quite a lot of work ***2*** (*liberarsi di*) to get* rid of: **Li sbrigo in un attimo e sono da te**, I'll just get rid of them and I'll be with you in a moment. ● **s. affari**, to dispatch business □ **s. un affare**, to dispatch (*o* to get through) a piece of business □ **s. la corrispondenza**, to clear off the correspondence (*o* the mail) □ **s. le faccende domestiche**, to do the housework; to get the housework done □ **s. una pratica**, to deal with a case; to settle a matter □ **s. le pratiche doganali**, to effect customs clearance (*form.*); to get (*o* to go) through customs □ **Sbrigatela tu, io devo scappare**, you see to it, I must fly □ **Che se la sbrighi da solo**, he'll have to sort it (*o* things) out by himself □ **Deve imparare**

a sbrigarsela da sola, she must learn to fend for herself □ **Me la sbrigo in un minuto**, I'll get it over (*o* I'll be finished) in a minute; it won't take me a minute □ **Con lui me la sbrigo io**, I'll see to (*o* deal with) him. **B ṣbrigàrsi**, *v. i. pron.* **1** (*finire*) to get* through (with st.); to finish off **2** (*liberarsi di*) to get* rid of; to be rid of: **Non sapevo come sbrigarmi da quel seccatore**, I didn't know how to get rid of that bore **3** (*fare in fretta*) to hurry up, to be quick, to get* on with it, to get* moving, to get* a move on (*fam.*); (*generalm. solo all'imperativo*) to come* on, to get* on to it, to get* a move on (*fam.*), to look sharp (*o* lively), to make* it snappy (*fam.*), to step on it (*fam.*): **Sbrigati**: **è tardi!**, hurry up, it's late!; **È ora di s.**, (it's) time to get moving; **Sbrighiamoci a fare qualcosa!**, let's get moving and do something!; **Sei ancora a questo punto? Avanti, sbrigati!**, are you still there? Do get on with it!; **Digli che si sbrighi, perché non intendo aspettare**, tell him to make it snappy, as I have no intention of waiting for him.

ṣbrigativaménte, *avv.* (*rapidamente*) quicky, promptly, swiftly, speedily, summarily; (*in modo brusco*) brusquely, abruptly; (*in modo affrettato*) hurriedly, in a hurry, hastily: **agire s.**, to act quicky (*o* promptly); to make short work of st.; **rispondere s.**, to answer brusquely (*o* abruptly); to give a brusque (*o* curt) answer; **giudicare s.**, to judge too quicky; to pass a hasty judgment.

ṣbrigatività, *f.* (*rapidità, efficienza*) speed, promptness, dispatch; (*maniere spicce*) suddenness, abruptness, lack of ceremony; (*fretta*) hastiness, impatience.

ṣbrigatìvo, *a.* (*rapido*) quick, prompt, speedy; (*spiccio, efficiente*) quick, efficient, no-nonsense, straightforward; (*asciutto*) short, brusque, curt, abrupt; (*affrettato, superficiale*) hasty, hurried, summary, perfunctory, cursory: **provvedimenti sbrigativi**, prompt measures; **pranzo s.**, quick meal; **risposta sbrigativa**, short answer; perfunctory answer; **modi sbrigativi**, quick (*o* no-nonsense) ways; brusque ways; **giudizio s.**, summary opinion; hasty judgment; **È un tipo s.**, he is a no-nonsense (*o* straightforward) sort of person; **È stato piuttosto s. con me**, he was rather brusque with me; **in modo s.**, *V.* **sbrigativamente**.

ṣbrigliaménto, *m.* **1** (*lo sbrigliare*) unbridling **2** (*chir.*) débridement (*franc.*).

ṣbrigliàre, **A** *v. t.* **1** (*levare la briglia*) to unbridle **2** (*fig.*: *lasciare libero*) to give* free (*o* full) rein to; to allow full play to; to let* go: **s. la fantasia**, to give free rein to one's imagination **3** (*chir.*) to débride. **B ṣbrigliàrsi**, *v. i. pron.* (*fig.*) to let* oneself go; to throw* off all restraint; to run* free.

ṣbrigliàta, *f.* (*fig.*: *ramanzina*) scolding; lecture; dressing down (*fam.*).

ṣbrigliatézza, *f.* unrestraint; unruliness; wildness.

ṣbrigliàto, *a.* (*fig.*: *sfrenato*) unbridled, unchecked, unrestrained, runaway; (*indisciplinato*) unruly, wild: **una fantasia sbrigliata**, an unbridled imagination; **un giovane s.**, a wild young man.

ṣbrinaménto, *m.* defrosting.

ṣbrinàre, *v. t.* to defrost; (*autom.*) to demist.

ṣbrinatóre, *m.* defroster; (*autom.*) demister, windscreen (*USA*: windshield) heater.

ṣbrinatùra, *f.* defrosting; (*autom.*) demisting.

ṣbrindellàre, **A** *v. t.* to tear* (*o* to reduce) to tatters; to tear* to shreds. **B** *v. i.* (*cadere a brandelli*) to be in tatters (*o* tattered); (*pendere*) to dangle.

ṣbrindellàto, *a.* torn to shreds; in tatters; ragged; tattered.

ṣbrindèllo, *m.* (*pop.*: *brandello*) shred; rag; tatter (*generalm. al pl.*).

ṣbrindellóne, *V.* **sbrendolone**.

ṣbrinz, *m.* Brienz cheese.

ṣbrodàre, *V.* **sbrodolare**.

ṣbrodolaménto, *m.* **1** staining; spilling **2** *V.* **sbrodolata**.

ṣbrodolàre, *v. t.* **1** to stain (with soup, milk, sauce, etc.); to spill* (soup, milk, sauce, etc.) on: **Il bambino ha sbrodolato il bavaglino di latte**, the baby has spilt milk on its bib **2** (*fig.*) – **s. una conferenza**, to give a long-winded (*o* long-drawn-out) lecture; **s. una storia sconclusionata**, to tell a long, rambling story.

ṣbrodolàta, *f.* **1** (*discorso* o *storia tirata in lungo*) long-drawn-out speech; long-winded (*o* rambling) story (*o* yarn); long rigmarole **2** (*elogio esagerato*) exaggerated praise.

ṣbrodolàto, *a.* **1** soiled with food **2** (*fig.*: *prolisso*) long-drawn-out; wordy; long-winded; rambling.

ṣbrodolatùra, *f.* **1** (*macchia*) stain **2** *V.* **sbrodolata**.

ṣbrodolóne, *m.* (*f.* **-a**) **1** messy eater **2** (*fig.*: *parlatore prolisso*) long-winded speaker; waffler; windbag.

ṣbròglia, *f.* wool waste.

ṣbrogliàre, **A** *v. t.* **1** (*sciogliere, liberare*) to disentangle; to extricate; to unravel; to undo*: **s. una matassa [uno spago, i capelli]**, to disentangle a skein [a piece of string, one's hair]; **s. q. dai pasticci**, to get sb. out of trouble; **s. un nodo**, to undo a knot **2** (*sgombrare*) to clear: **s. il tavolino**, to clear the table **3** (*fig.*: *risolvere*) to unravel; to solve; to clear up; to settle: **s. un mistero**, to unravel a mystery; **s. un problema difficile**, to solve a difficult problem; **s. una faccenda complessa**, to clear up a tangled affair; **s. un affare urgente**, to settle an urgent matter **4** (*naut.*: *le vele*) to unfurl. ● (*fig.*) **s. la matassa**, to unravel a mistery; to solve (*o* crack) a problem: **La polizia è riuscita a s. la matassa**, the police have finally cracked the case; **Non riesco a s. la matassa**, I cannot make sense of it. □ **sbrogliarsela da sé**, to manage (*o* to sort things out) by oneself; to manage all alone; to fend for oneself □ **non riuscire a sbrogliarsela**, not to know how to get out of a difficulty □ **Lascia che il ragazzo se la sbrogli da sé!**, leave the boy to himself! **B ṣbrogliàrsi**, *v. rifl.* e *i. pron.* (*anche fig.*) to disentangle (oneself); (*liberarsi*) to extricate oneself, to get* oneself out of, to free oneself; (*sbarazzarsi*) to get* rid of: **Questa matassa non vuole s.**, this skein won't disentangle; **s. da una situazione complicatissima**, to extricate oneself from a quagmire.

ṣbrónza, ṣbronzàrsi, *V.* **sbornia, sborniarsi**.

ṣbrónzo, *a.* (*fam.*) high; tight; pickled; plastered (*pop.*); jagged (*pop.*).

ṣbruffàre, *v. t.* **1** (*spruzzare dalla bocca*) to spray, to splutter, to spit* out; (*dal naso*) to snort **2** (*vantarsi*) to brag; to boast **3** (*corrompere*) to bribe; to grease (*o* to oil) sb.'s palm.

ṣbruffàta, *f.* (*spruzzata dalla bocca*) spluttering, spurting; (*dal naso*) snort, snorting.

ṣbrùffo, *m.* **1** (*spruzzo*) splutter; spatter; spurt **2** (*bustarella*) bribe; backhander.

ṣbruffóna, *f.* *V.* **sbruffone**.

ṣbruffonàta, *f.* bragging; big talk; big words (*pl.*): **Non era una s. la mia**, I wasn't bragging; what I said wasn't just gas (*fam.*); **Siamo stufi delle sue sbruffonate**, we are fed up with his bragging (*o* big words).

ṣbruffóne, *m.* (*f.* **-a**) braggart; boaster; blowhard (*fam.*). ● **fare lo s.**, to brag; to talk big (*fam.*); to blow hard (*fam.*).

ṣbucàre, *v. i.* **1** (*uscire all'aperto*) to come* out of, to get* out of, to emerge from; (*all'improvviso*) to pop out of; (*far capolino*) to peep out of: **Il treno sbucò dalla galleria**, the train emerged from (*o* came out of) the tunnel; **La lepre sbucò dalla tana**, the hare popped out of its hole **2** (*arrivare*) to come* out; to emerge; to end up: **Il vicolo sbucava in una piazzetta**, the alley came out (*o* ended up) in a little square; **Dove andremo a s.?**, where are we going to end up? **3** (*comparire*) to appear, to emerge, to come* out, to pop up, to materialize; (*con un balzo*) to spring* (*o* to leap*) from (*o* out of); (*a gran velocità*) to shoot* out; (*far capolino*) to peep out: **Sbucò da dietro la porta senza far rumore**, he quietly emerged from behind the door; **s. di sotto il letto**, to pop out from under the bed; **E tu da dove sbuchi?**, and where did you spring from?; **L'auto è sbucata da una strada laterale**, the car suddenly appeared from (*o* shot out of) a sidestreet.

ṣbucciapatàte, *m. invar.* potato peeler.

ṣbucciàre, **A** *v. t.* **1** to take* (*o* to remove) the skin (off st.); (*mele, arance, patate e sim.*) to peel, to pare, to skin; (*piselli, fagioli*) to shell, to shuck (*USA*) **2** (*produrre un'abrasione*) to skin; to graze; to bark; to scrape: **sbucciarsi un gomito**, to graze one's elbow. **B ṣbucciàrsi**, *v. i. pron.* (*spogliarsi dell'involucro*) to shed* (*o* to slough, to slough off) one's skin.

ṣbucciatóre, *m.* (*f.* **-trice**) peeler.

ṣbucciatùra, *f.* **1** (*lo sbucciare*) peeling, paring; (*lo sgusciare*) shelling, shucking (*USA*) **2** (*abrasione della pelle*) graze; bark. ● **farsi una s. al ginocchio**, to graze (*o* to skin, to bark, to scrape) one's knee.

ṣbudellaménto, *m.* disembowelment; disembowelling; (*di pesci*) gutting; (*di polli e sim.*) drawing.

ṣbudellàre, **A** *v. t.* **1** to disembowel; to eviscerate; to tear* out sb.'s bowels; (*pesci*) to gut; (*polli e sim.*) to draw*, to clean (out) **2** (*ferire gravemente al ventre*) to run* through (the guts); to stab in the stomach; to gore; to rip open. **B ṣbudellàrsi**, *v. rifl. recipr.* to stab (*o* to knife) each other (*o* one another). **C ṣbudellàrsi**, *v. rifl.* – (*fig.*) **s. dalle risa** (*o* **dal ridere**), to split one's sides (with laughter).

ṣbuffànte, *a.* **1** (*ansimante*) puffing, puffy; (*di cavallo*) snorting; (*di locomotiva*) chuffing, puffing **2** (*di vestito*: *a sbuffo*) puffed; puff (*attr.*).

ṣbuffàre, **A** *v. i.* **1** (*emettere fiato, fumo*) to puff; (*emettere vapore*) to puff, to let* off steam; (*di locomotiva*) to chuff, to puff; (*di cavallo*) to snort; (*di vento*) to puff, to blow* **2** (*ansimare*) to puff, to puff and pant; (*per l'irritazione*) to snort, to grumble; (*per l'impazienza*) to snort, to fume: **Sbuffando, spingemmo la macchina verso il marciapiede**, puffing and panting, we pushed the car towards the kerb; **Sbuffò e mi girò le spalle**, he snorted and turned his back to me; **Il pubblico cominciava a s.**, the audience was beginning to grumble; **Devi sempre fare tutto sbuffando?**, must you grumble at everything you do? ● **s. come una locomotiva**, to puff like an engine; to puff and pant □ **salire [percorrere, uscire] sbuffando**, to puff up [through *o* along, out]. **B** *v. t.* (*fumo, vapore*) to puff; to blow*: **Mi sbuffò in faccia una nuvola di fumo**, he puffed (*o* blew) a cloud of smoke into my face.

ṣbuffàta, *f.* (*di noia, irritazione*) snort.

ṣbùffo, *m.* **1** (*di fiato, vapore*) puff; (*di fumo, vento*) puff, whiff; (*di noia, irritazione*) snort: **arrivare a sbuffi**, to come in puffs; to puff; **uscire a sbuffi**, to come out in puffs; to puff out **2** *V.* **sboffo**.

ṣbugiardàre, *v. t.* to give* the lie to; to catch* out lying: **s. q.**, to give sb. the lie.

ṣbullettàre, **A** *v. t.* to untack. **B** *v. i.* (*di intonaco*) to blister. **C ṣbullettàrsi**, *v. i. pron.* to come* untacked.

ṣbullettatùra, *f.* untacking; (*di intonaco*) blistering, blister.

ṣbullonaménto, *m.* unbolting; unfastening.

ṣbullonàre, *v. t.* to unbolt.

ṣburocratiẓẓàre, *v. t.* to free from excessive bureaucracy; to streamline; to cut* down on the red tape (*fam.*).

ṣburocratiẓẓazióne, *f.* streamlining.

ṣburràre, *v. t.* to skim.
ṣburràto, *a.* skimmed; skim (*attr.*).
ṣbuẓẓàre, A *v. t.* ***1*** (*polli e sim.*) to draw*; (*pesci*) to gut, to clean out ***2*** (*pop.*: *ferire al ventre*) to run* through; to rip open; to gore ***3*** (*fig.*: *squarciare*) to rip open; to tear* open. **B ṣbuẓẓàrsi,** *v. rifl. recipr.* to run* each other through. **C ṣbuẓẓàrsi,** *v. i. pron.* (*squarciarsi*) to rip open; to tear* open.
scàbbia, *f.* (*med.*) scabies.
scabbiósa, *V.* **scabiosa.**
scabbióso, *a.* (*med.*) scabious; scabby.
scabino, *m.* (*stor.*) echevin.
scabiósa, *f.* (*bot.*, *Knautia arvensis*) scabious; devil's bit.
scabrézza, *f.* ***1*** scabrousness; roughness; harshness; ruggedness ***2*** (*mecc. dei fluidi*) roughness.
scàbro, *a.* ***1*** (*ruvido*) rough, coarse(-grained), scabrous, uneven; (*brullo, pietroso, arido*) rough, harsh, rugged, craggy ***2*** (*fig.*) rugged; (*di stile*) unpolished; unvarnished.
scabrosità, *f.* ***1*** (*ruvidezza*) roughness; coarseness; scabrousness; asperity ***2*** (*punto ruvido*) rough part; asperity ***3*** (*difficoltà*) trickiness, knottiness, thorniness, scabrousness; (*parte difficile*) tricky (*o* knotty, thorny) part (*o* aspect) ***4*** (*delicatezza di argomento*) delicacy, awkwardness; (*carattere spinto*) indelicacy, offensive (*o* risqué) nature, raciness ***5*** (*tecn.*) roughness.
scabróso, *a.* ***1*** (*delicato a trattarsi*) ticklish, delicate, awkward, scabrous, embarrassing; (*spinto*) indelicate, risqué, racy, smutty, offensive: **domanda scabrosa**, delicate (*o* awkward, embarassing) question; **argomento s.**, scabrous subject; **particolare s.**, scabrous detail; smutty detail; **un film pieno di scene scabrose**, a film full of offensive scenes ***2*** (*difficile*) tricky; knotty; thorny; prickly; arduous ***3*** *V.* **scabro**, *def. 1.*
scacazzaménto, *m.* (*volg.*) crapping; shitting.
scacazzàre, *v. i.* (*volg.*) to crap (around), to shit all over the place; (*di mosche e sim.*) to cover in droppings.
scacazzatùra, *f.* (*pl.*: *di mosche e sim.*) droppings (*pl.*).
scaccàto, *a.* chequered, checkered (*USA*); checked.
scacchièra, *f.* chessboard; (*per la dama*) draughtboard, checkerboard (*USA*). ● **controlli a s.**, spot checks □ **sciopero a s.**, selective strike; staggered strike.
scacchière, *m.* ***1*** (*mil.*) sector; zone; theatre ***2*** (*in G.B.*: *erario*) Exchequer: **il Cancelliere dello S.**, the Chancellor of the Exchequer. ● (*mil.*) **a s.**, in echelon: **formazione a s.**, echelon formation.
scacchiṣmo, *m.* chess-playing.
scacchista, *m. e f.* chess-player.
scacchistico, *a.* of chess; chess (*attr.*): **torneo s.**, chess tournament.
scàccia, *m. invar.* (*nella caccia*: *battitore*) beater.
scacciacàni, *m. e f.* dummy pistol.
scacciafùmo, *m. invar.* (*mil.*) air-blast.
scacciamósche, *m. invar.* fly flap; fly whisk.
scacciapensièri, *m. invar.* ***1*** (*mus.*) jew's harp ***2*** (*passatempo*) pastime; diversion.
scacciàre, *v. t.* to drive* away (*o* off, out); to chase away (*o* out, off); (*liberarsi di*) to get* rid of, to dispel, to banish (*form.*); (*mandare via*) to turn out; (*bandire*) to banish; (*espellere*) to expel: **La musica mi aiuta a s. i pensieri tristi**, music helps me to drive away sad thoughts; **Non riusciva a s. quel timore**, he couldn't get rid of (*o* banish, dispel) that fear; **Per s. la noia si è messo a dipingere**, he's taken up painting to chase off boredom; **s. le mosche**, to drive away (the) flies; **s. gli spiriti maligni**, to drive out (the) evil spirits; **Furono scacciati dal loro villaggio**, they were driven out of (*o* chased from) their village; **La bella notizia scacciò tutte le nostre paure**, the good news dispelled all our fears; **Il sole scacciò la nebbia**, the sun dispelled the mist; **Il vento scacciò le nubi**, the wind drove away the clouds.
scacciàta, *f.* driving away; expulsion.
scaccino, *m.* church cleaner; sacristan; sexton.
scàcco, *m.* ***1*** (*quadratino di scacchiera*) square; (*riquadro*) chequer, checker (*USA*); (*quadratino*) check ***2*** (*pl.*) (*gioco*) chess (*sing.*): **una partita a scacchi**, a game of chess; **giocare a scacchi**, to play chess ***3*** (*mossa al gioco degli scacchi*) check: **s. in tre mosse**, check in three moves ***4*** (*pezzo degli scacchi*) chessman* ***5*** (*fig.*: *sconfitta*) check; checkmate; setback: **subire uno s.**, to suffer a setback; to be checkmated. ● **s. matto** (*o* **scaccomatto**), checkmate (*anche fig.*); mate: **dare s. matto**, to (check)mate □ **a scacchi**, chequered, checkered (*USA*); (*a quadretti*) check (*attr.*), checked; (*disposto a s.*) chequer-wise; (*scaglionato*) staggered: **camicia a scacchi**, chequered shirt; check(ed) shirt; **disegno a scacchi**, chequered pattern; chequer; check (pattern); **stoffa a scacchi**, check; **turni a scacchi**, staggered shifts □ **in s.**, in check: **tenere q. in s.**, to hold (*o* to keep) sb. in check □ **vedere il sole a scacchi**, to be in jail; to be behind bars.
scaccografia, *f.* chess notation.
scaccolàrsi, *v. rifl.* (*pop.*) to pick one's nose.
scaccomàtto, *V.* **scacco.**
scadènte, *a.* ***1*** (*di cattiva qualità, insufficiente*) poor; cheap; second-rate; third-rate; bad; low; inferior; poor-quality; low-quality; shoddy: **cibo s.**, poor food; **merce s.**, goods of poor quality; low-quality goods; **lavoro s.**, shoddy work (*o* piece of work); **recitazione s.**, poor acting; **voto s.**, low mark; **È s. in latino**, he is poor at Latin ***2*** (*comm.*: *che scade*) falling due; expiring; maturing.
scadènza, *f.* ***1*** expiration; expiry: **s. d'un contratto**, expiration of a contract; **data [termine] di s.**, expiry date; date of expiry (*o* of expiration) ***2*** (*ultima data utile*) deadline; date of expiry; expiry date; time limit: **s. dell'affitto**, deadline for the rent; **s. rateale**, expiry date for an instalment payment ***3*** (*di obbligazioni e sim.*) maturity; due date; time of payment: **s. a vista**, maturity at (*o* on) sight; **s. a tre mesi**, maturity at three months; **s. a giorno fisso**, maturity on a fixed day; **giorno precedente alla s.**, day prior to maturity ***4*** (*di cibi*) expiry date; «best before» date ***5*** (*impegno, data importante*) deadline, date; (*compito*) task; (*decisione*) decision: **scadenze tecniche**, fixed dates; **le scadenze annuali**, yearly deadlines; **Che scadenze abbiamo questo mese?**, what deadlines do we have this month?; **Il Parlamento ha di fronte scadenze improrogabili**, crucial decisions (*o* deadlines) await Parliament. ● **a breve s.**, short-term (*agg.*, *anche fig.*); short(-dated) (*agg.*); at short maturity; (*fig.*) in the near (*o* short-term) future, soon, in a short while, within a short time, shortly: **cambiale [mutuo] a breve s.**, short(-dated) bill [loan]; **progetto a breve s.**, short-term plan; **Ci rivedremo a breve s.**, we are going to meet again soon (*o* shortly); **Gli effetti di questo cambiamento si sentiranno a breve s.**, the effects of this change will be felt in the near (*o* short-term) future □ **alla s.**, on expiry; when due; (*di obbligazioni e sim.*) at (*o* on) maturity: **alla s. del contratto [del passaporto]**, on expiry of the contract [of the passport] □ **a lunga s.**, long-term (*agg.*, *anche fig.*); long(-dated) (*agg.*): **cambiale a lunga s.**, long(-dated) bill; **programma a lunga s.**, long-term programme □ **a s. fissa**, fixed-term (*agg.*) □ **con una s. di tre mesi [due anni]**, every fourth month [third year] □ **con s.**, falling due; expiring: **una tratta con s. al 15 luglio p.v.**, a draft falling due on the 15th July next □ **fino alla s.**, till maturity; till due □ (*di cambiali e sim.*) **in ordine di s.**, as they fall due □ **in s.**, falling due; expiring; (*di obbligazioni e sim.*) mature □ **pagare alla s.**, to pay on maturity □ **prossimo** (*o* **vicino**) **alla s.**, almost due; near the end of one's term; (*di cambiale e sim.*) with a short time to run; (*di contratto*) expiring shortly.
scadenzàre, *v. t.* (*bur.*) to fix an expiry date for.
scadenzàrio, *m.* (*comm.*) due register; bill-book; tickler (*USA*).
scadére, *v. i.* ***1*** (*finire, cessare, spirare*) to expire; to run* out; to be up; to cease; to lapse: **Il tuo passaporto scade fra due mesi**, your passport is due to expire (*o* to run out) in two months; **Giovedì scade il termine di presentazione delle domande**, the term for applications expires on Thursday; Thursday is the last day for applying (*o* for submitting applications); **Il mandato presidenziale scade tra un anno**, the president's term of office will expire (*o* will run out) in a year's time; **Spiacente, ma il tempo è scaduto**, time is up, I'm sorry; **Lasciò scadere il contratto**, he allowed the contract to lapse ***2*** (*divenire pagabile, esigibile*) to be due; to become* due; to fall* due; to mature: **La cambiale scade il 3 corrente**, the bill falls due (*o* matures) on the 3rd of this month ***3*** (*di cibi, medicine e sim.*) – **Quando scade questa medicina [questo latte]?** When is the expiry date for this medicine [this milk]? ***4*** (*peggiorare*) to fall* off (*o* behind), to go* down (*o* off), to go* downhill, to deteriorate, to worsen; (*diminuire*) to decrease (in st.), to go* down (in st.), to lose* (st.); (*declinare*) to decline, to be on the way out, to fall* into decay: **La qualità della loro merce era scaduta**, the quality of their goods had fallen off (*o* had declined); **Il nostro tenore di vita è molto scaduto negli ultimi anni**, our standard of living has greatly worsened (*o* deteriorated) in recent years; **s. di valore**, to decrease in value; to lose value; **s. di qualità**, to fall off in quality; **s. d'importanza [d'autorità, ecc.]**, to lose importance [power, etc.]; **un'usanza che comincia a s.**, a custom that is beginning to decline (*o* that is on the way out); **La mia salute va scadendo**, my health is declining ***5*** (*scendere nell'opinione di q., deludere*) to go* down in sb.'s opinion; to lose* credit (with sb.); to disappoint (sb.); to lose* (sb.'s) esteeem: **s. nell'opinione pubblica**, to lose credit (with public opinion, in the public eye); **Mi è molto scaduto**, he has gone down in my opinion; he really disappointed me ***6*** (*naut.*: *spostarsi lateralmente*) to fall off*; to fall* to leeward; to sag to leeward; (*restare indietro*) to drop astern, to fall* astern.
scadiménto, *m.* decline; decadence; decay.
scadùto, *a.* ***1*** (*non più valido*) expired; lapsed: **passaporto s.**, expired passport; **abbonamento s.**, expired subscription ***2*** (*in arretrato*) due, overdue, past-due, outstanding; (*banca, fin.*) mature, payable: **un conto s. il 30 giugno u.s.**, an account due on the 30th June last; **Questa cambiale è scaduta**, this bill is overdue; **fattura scaduta**, overdue invoice ***3*** (*di cibi, medicine e sim.*) past its expiry date ***4*** (*decaduto*) in decline; on the wane; deteriorated.
scafàndro, *m.* ***1*** (*naut.*) diving suit ***2*** (*aeron.*) pressure suit; (*di astronauta*) spacesuit.
scafàre, A *v. t.* (*fam.*) to teach* a thing or two; to lick into shape: **Vivere in città l'ha scafato un po'**, living in a big city has taught him a thing or two. **B scafàrsi,** *v. i. pron.* (*fam.*) to get* smart; to learn* a thing or two.
scafàto, *a.* (*fam.*: *smaliziato*) smart, on the ball, street-wise; (*scaltro*) crafty.
scaffalàre, *v. t.* ***1*** (*munire di scaffali*) to provide (*o* to fit) with shelves; to shelve ***2*** (*mettere negli scaffali*) to shelve; to arrange on (*o* upon) a shelf (*o* shelves).

scaffalàta, *f.* (whole) shelf*; shelfful: **una s. di romanzi**, a whole shelf of novels.

scaffalatùra, *f.* **1** (*lo scaffalare*) shelving **2** (*serie di scaffali*) shelving; shelves (*pl.*); (*in biblioteca o archivio*) stack; (*per bottiglie*) rack.

scaffàle, *m.* **1** (*mensola*) shelf* **2** (*mobile*) set of shelves; bookcase. ● **s. a rastrelliera**, rack □ **s. da archivio**, filing cupboard.

scafista, *m.* hull-maintenance man*.

scàfo, *m.* **1** (*naut.*) hull; body **2** (*aeron.*) hull. ● **s. ad ala portante**, hydrofoil hull □ **s. esterno**, outer casing □ **s. nudo**, bare hull □ **s. resistente alla pressione**, pressure hull □ **longitudinalmente allo s.**, fore and aft □ **trasversalmente allo s.**, athwartship.

scafòide, *a.* e *m.* (*anat.*) navicular(e).

scafòpodo, *m.* (*zool.*) scaphopod.

scagazzàre, e *deriv.* *V.* **scacazzare**, e *deriv.*

scagionàre, **A** *v. t.* to clear; to free from blame; to exonerate; to exculpate; (*leg.*) to acquit; (*giustificare*) to justify; (*scusare*) to excuse: **s. q. da un'accusa**, to exonerate (*o* to clear) sb. from a charge; **È stato completamente scagionato**, he has been freed from all blame. **B** **scagionàrsi**, *v. rifl.* to exculpate oneself; to excuse oneself.

scàglia, *f.* **1** (*zool.*) scale **2** (*frammento*) flake, scale, sliver; (*scheggia*) chip, splinter: **una s. di sapone**, a soap flake; a sliver of soap; **una s. di vernice** [**di intonaco**], a flake of paint [of plaster]; **una s. di formaggio**, a sliver of cheese; **le scaglie di un'armatura**, the scales of a suit of armour; **scaglie di ferro**, scales of iron; **scaglie di forfora**, dandruff flakes. ● **sapone a scaglie**, soap flakes □ **tetto a scaglie**, scaled roof □ **coperto di scaglie**, scaly.

scagliàre (**1**), **A** *v. t.* to hurl; to throw*; to fling*; to cast*; to shoot*; to sling*: **Scagliò il libro fuori della finestra**, he hurled (*o* flung) the book out of the window; **s. un sasso contro q.**, to throw (*o* to cast, to fling) a stone at sb.; **s. una bomba**, to throw a bomb; **s. un giavellotto**, to hurl a spear; **s. frecce**, to shoot arrows; **s. q. contro un muro**, to hurl sb. against a wall; **s. insulti contro q.**, to hurl abuse at sb.; to hail abuse upon sb. ● (*fig.*) **s. la prima pietra**, to cast the first stone □ (*fig.*) **s. fulmini**, to fulminate (against sb.). **B** **scagliàrsi**, *v. rifl.* **1** (*gettarsi*) to fling* (*o* throw*, hurl) oneself (at, against, upon): **Si scagliarono contro il nemico**, they hurled themselves at (*o* upon) the enemy **2** (*fig.*: *inveire*) to rail (at sb.); to hurl abuse (at sb.).

scagliàre (**2**), *v.t.* **scagliàrsi**, *v. i. pron.* to flake; to scale.

scagliòla, *f.* **1** (*edil.*) scagliola **2** (*bot.*, *Phalaris canariensis*) canary grass.

scaglionamènto, *m.* **1** staggering; spacing out; spreading: **s. dei pagamenti**, staggering (*o* spreading) of payments; **s. delle ferie**, staggering of holidays **2** (*mil.*) echeloning; echelon; arrangement in echelon.

scaglionàre, **A** *v. t.* **1** (*distribuire a intervalli*) to stagger; to space out; to spread: **s. i pagamenti su un periodo di un anno**, to stagger (*o* to spread) payments over a year; **s. le ferie**, to stagger holidays **2** (*dividere in gruppi*) to divide into groups (*o* into batches); to group **3** (*mil.*) to echelon; to range. **B** **scaglionàrsi**, *v. i. pron.* to spread out.

scaglióne, *m.* **1** (*gruppo*) group; batch: **a scaglioni**, in groups; in batches **2** (*econ.*: *fascia*) bracket; class: **s. d'imposta**, income tax bracket; **s. di reddito**, income bracket (*o* class) **3** (*mil.*) echelon: **a scaglioni**, in echelon **4** (*geol.*) terrace; shelf: **a scaglioni**, terraced **5** (*arald.*) chevron.

scagliosità, *f.* scaliness; flakiness.

scaglióso, *a.* scaly; flaky.

scagnòzzo, *m.* (*spreg.*) henchman*; flunkey; (*gorilla*) heavy, thug.

scàla, *f.* **1** (*fissa*) stair, stairs (*pl.*); (*grande, con ringhiera*) staircase; (*tra due pianerottoli*) stairway; (*a pioli*) ladder: **s. di marmo** [**di legno**], marble [wooden] staircase; **la signora della s. accanto**, the lady on the next staircase; **salire le scale**, to go [to come] up the stairs; to go [to come] upstairs; to climb the stairs; **salire su una s.** (*a pioli*), to mount (*o* to climb) a ladder; **scendere le scale**, to go [to come] down the stairs; to go [to come] downstairs; **Salga le scale e segua il corridoio**, go up the stairs and then follow the corridor; **cadere dalle scale** (*o* **ruzzolare per le scale**), to fall (*o* tumble) down the stairs; **fare le scale**, *V.* **salire** [**scendere**] **le scale**; **s. a chiocciola**, spiral (*o* winding, circular) staircase (*o* stairs, stairway); **s. aerea**, turntable ladder (*GB*); aerial ladder (*USA*); **s. a forbice** (*o* **a libretto, a libro**), stepladder; pair of steps; steps; **s. allungabile**, extension ladder; **s. antincendio**, fire escape; **s. a pioli**, (rung) ladder; (*naut.*) **s. a tarozzi**, Jacob's ladder; **s. da incendi** (*o* **da pompieri**), fireman's ladder; turntable ladder (*GB*); aerial ladder (*USA*); **s. d'approdo**, landing steps; (*stor.*) **s. d'assedio**, scaling ladder; (*naut.*) **s. di boccaporto**, companion ladder; companionway; (*naut.*) **s. di comando** (*o* **reale**), accommodation (*o* side) ladder; **s. di corda**, rope ladder; (*Bibbia*) **s. di Giacobbe**, Jacob's ladder; (*aeron.*) **s. d'imbarco**, boarding ramp; **s. di servizio**, backstairs; **s. di sicurezza**, fire escape; **s. mobile**, escalator; **s. Porta**, *V.* **s. aerea**; **s. pieghevole**, folding ladder; **s. portatile**, step ladder; **s. romana**, extension ladder; **la S. Santa**, the Holy Stairs (*o* Staircase); (*fig.*) **la s. sociale**, the social ladder; (*ginnastica*) **s. svedese**, ladder; **a metà s.**, (*salendo*) halfway up the stairs; (*scendendo*) halfway down the stairs; **disporre a s.**, to scale; (*fig. fam.*) **far fare le scale**, to kick sb. down the stairs; **rampa di scale**, flight of stairs; **tromba delle scale**, stairwell **2** (*negli strumenti di misura*) scale: **s. termometrica** (*o* **delle temperature**), thermometric (*o* temperature) scale; **s. centigrada**, centigrade scale; **s. Celsius** (**Fahrenheit, Réaumur**), Celsius (Fahrenheit, Réaumur) scale; **s. sismica**, seismic scale; (*meteor.*) **s. dei venti**, wind (*o* Beaufort) scale; (*meteor.*) **s. dei cicloni**, cyclonic scale; (*radio*) **s. di sintonia** (*o* **parlante**), tuning dial **3** (*mat.*) scale: **s. decimale**, decimal scale; **s. logaritmica**, logarithmic scale **4** (*in disegno*; *in cartografia*) scale: **s. cartografica**, map scale; **s. 2:1**, twice full-size scale; **s. 1:1**, full-size scale; **s. 1:2**, half-size scale; **s. 1:4**, quarter scale; **s. naturale**, full scale; **riproduzione in s. naturale**, full-scale reproduction; **s. ridotta**, reduced scale; **disegnare q.c. in s.**, to draw st. to scale; to scale; **disegno in s.**, scale drawing; **in s.**, on a scale; (drawn) to scale; scale (*agg.*): **una carta geografica in s. di 1 a 50.000**, a map (drawn) to the scale of 1 to 50,000; **un modello in s. 1/100**, a model on a scale of one centimetre to a metre; **non in s.**, out of scale; **modelli in s.**, scale models; **ingrandire** [**ridurre**] **in s.**, to scale up [down] **5** (*gradazione, proporzione*) scale; (*livello*) scale, level: **su s. ridotta**, on a small scale; **su vasta s.**, on a large (*o* broad) scale; **su scala nazionale**, on a national scale; at national level; nationwide (*agg.*) **6** (*serie progressiva*) scale, order, sequence; (*gamma*) range, gamut: **s. dei colori**, scale of colours; **s. dei prezzi**, range of prices; (*fotogr.*) **s. delle distanze**, distance scale; (*fis.*) **s. di durezza**, scale of hardness; **s. di valori**, scale of values; **in s.**, in sequence; **disporre in s.**, to arrange in sequence **7** (*mus.*) scale: **s. maggiore** [**minore**], major [minor] scale; **la s. di do**, the scale of C; **s. cromatica**, chromatic scale; **s. diatonica**, diatonic (*o* whole-note) scale; **s. temperata**, tempered scale; **fare le scale** (**al pianoforte**), to practise scales (on the piano) **8** (*econ.*) **s. mobile** (**dei salari**), cost-of--living indexation of wage increase; wage indexation scale **9** (*in alcuni giochi di carte*) straight: **s. reale**, straight flush; **s. reale all'asso**, royal flush.

scalandróne, *m.* (*naut.*, *aeron.*) gangway ladder; passengers' ladder.

scalàre (**1**), **A** *a.* **1** (*graduato*) graduated, graded, scaled; (*riferito a una scala*) scalar; (*disposto a scala*) stepped: **interesse s.**, scaled interest **2** (*mat.*) scalar: **grandezza s.**, scalar (quantity); **prodotto s.**, scalar product; dot product. **B** *m.* **1** (*mat.*) scalar **2** (*banca*) interest table.

scalàre (**2**), *v. t.* **1** to climb; to scale: **s. una montagna**, to climb a mountain; **s. un muro**, to scale a wall **2** (*disporre in ordine decrescente*) to arrange in decreasing order, to grade down; (*ridurre proporzionalmente*) to scale down **3** (*detrarre*) to deduct; to subtract; to take* off: **Bisogna s. il costo della benzina**, the cost of petrol has to be deducted (*o* subtracted); **Scalate le spese, non ci guadagnerò molto**, once expenses are taken off, I won't make much **4** (*Borsa*) to raid; to take* over **5** (*nel lavoro a maglia*) to decrease. ● (*autom.*) **s. le marce**, to change down; to shift down (*USA*); to kick down (*fam. USA*) □ **s. un debito**, to pay off a debt gradually.

scalarifórme, *a.* (*biol.*) scalariform.

scalàta, *f.* **1** climb; ascent; climbing: **una s. difficile**, a difficult climb; **la s. dell'Everest**, the ascent of Everest; **essere un appassionato di scalate**, to love (rock) climbing; to be a keen (rock) climber; **fare scalate**, to go (rock) climbing; to be a (rock) climber **2** (*fig.*: *Borsa*) raid; takeover bid: **dare la s. a una società**, to make a takeover bid. ● **dare la s. alle mura**, to scale the walls □ **dare la s. al potere**, to make a bid for power.

scalàto, *a.* graduated; graded.

scalatóre, *m.* (*f.* **-trice**) **1** (*alpinismo*) climber, mountaineer; (*rocciatore*) rock climber, cragsman* **2** (*Borsa*) raider.

scalcagnàre, *v. t.* to wear* down at the heel.

scalcagnàto, *a.* **1** (*di scarpa*) down at heel **2** (*di persona*: *male in arnese*) down at heel; shabby; seedy(-looking).

scalcàre, *v. t.* to carve: **s. un pollo**, to carve a chicken.

scalcherìa, *f.* (*stor.*) stewardship.

scalciàre, *v. i.* to kick.

scalciàta, *f.* kicking.

scalcinàre, *v. t.* to remove plaster from.

scalcinàto, *a.* **1** (*privato di intonaco*) unplastered **2** (*fig.*: *di persona*) down at heel, shabby, seedy(-looking); (*di cose*) shabby, very worn.

scalcinatùra, *f.* removal of plaster.

scàlco, *m.* **1** (*chi scalca*) carver **2** (*stor.*) steward. ● **coltello da s.**, carving knife; carver.

scaldaàcqua, *m. invar.* water heater; boiler.

scaldabàgno, *m.* water heater; boiler; bath heater.

scaldabànchi, *V.* **scaldapanche**.

scaldalètto, *m.* bedwarmer; warming pan.

scaldamàni, **scaldamano**, *m.* hand warmer.

scaldamùscoli, *m. invar.* legwarmer.

scaldapànche, *m.* e *f. invar.* lazybones (*fam.*).

scaldapiàtti, *m. invar.* plate warmer; plate heater.

scaldapièdi, *m. invar.* footwarmer.

scaldàre, **A** *v. t.* **1** to warm, to warm up (*anche fig.*); to heat, to heat up (*anche fig.*); (*di cibo già cotto*) to heat up, to hot up, to warm over (*USA*): **s. un po' d'acqua**, to warm (up) some water; to heat some water; **s. una stanza**, to heat a room; **s. il letto**, to warm up the bed; **Ti scaldo lo stufato?**, shall I heat up the stew for you?; **A poco a poco il sole ci scaldò**, gradually the sun warmed us up; **s. il cuore**, to warm sb.'s heart; to warm the cockles of sb.'s heart (*fam.*); **scaldarsi le mani**, to warm one's hands; **Qui bisogna far qualcosa per s. l'ambiente**, we've got to do something to warm things up; **s. il pubblico con qualche barzelletta**, to warm up the audience with a few jokes *2* (*fig.*: *eccitare*) to stir up; to work up; to get* (sb.) worked up; to rouse; to warm up: **Il suo discorso scaldò la folla**, his speech stirred up the crowd; **s. gli animi**, to get people worked up; **scaldarsi la testa**, to get excited; to get worked up (*o* carried away). • (*sport*) **s. i muscoli**, to warm up □ **s. il motore**, to warm up the engine □ (*fig.*) **s. la sedia**, to be a chair warmer; to be idle □ (*fig.*) **s. le panche** (*o* **i banchi**), to be a lazybones (*fam.*) □ **s. la testa a q.**, to put ideas into sb.'s head □ **s. una serpe in seno**, to cherish a snake in one's bosom. **B** *v. i.* (*dare calore*) to give* out heat, to warm; (*surriscaldarsi*) to overheat: **La tua stufa non scalda molto**, your stove doesn't give out much heat; **Questo motore scalda troppo**, this engine overheats. **C scaldàrsi**, *v. rifl.* to warm oneself; (*al sole*) to bask, to warm up: **Vieni a scaldarti davanti al fuoco**, come and warm yourself (*o* get warm) in front of the fire; **Il gatto si scaldava al sole**, the cat was basking in the sunshine. **D scaldàrsi**, *v. i. pron.* *1* (*diventare caldo*) to warm up; to get* warm; to heat up; (*di motore e sim.*) to warm up: **Il latte comincia a s.**, the milk is warming up; **La sala ci mette molto a s.**, the lounge takes a long time to warm up; **Non riesco a scaldarmi**, I cannot get warm *2* (*fig.*: *appassionarsi, entusiasmarsi*) to warm up, to be roused, to be on fire; (*infervorarsi, eccitarsi*) to get* heated, to warm up, to get* worked up; (*indignarsi, arrabbiarsi*) to get* (*o* grow*, become*) warm (*o* heated), to get* hot under the collar (*fam.*), to get* one's dander up (*fam.*); (*agitarsi*) to get* restive: **Il pubblico si scaldò subito**, the audience warmed up immediately; **Tocca l'argomento calcio, e lui si scalda subito**, just mention soccer and he gets all worked up; **Perché ti scaldi? Non alludevo a te**, why are you getting so hot? I wasn't meaning you; **Si scalda per cose da nulla**, he gets worked up over petty things; **Non c'è bisogno che lei si scaldi tanto, sa?**, no need to get so hot under the collar (*o* get your dander up), you know; **La folla si scaldò a quella vista e cominciò a rumoreggiare**, the crowd got restive at that sight and began to murmur.

scaldasèggiole, *V.* **scaldapanche**.

scaldàta, *f.* warming, warming up; heating. • **dare una s. al letto**, to warm up the bed □ **darsi una s.**, to warm oneself □ **darsi una s. alle mani**, to warm one's hands.

scaldavivànde, *m. invar.* chafing dish; hotplate.

scàldico, *a.* (*stor.*) skaldic, scaldic.

scaldìno, *m.* (*per le mani*) handwarmer; (*per il letto*) bedwarmer, warming pan; (*braciere*) brazier.

scàldo, *m.* (*stor.*) skald, scald.

scalèa, *f.* flight of steps.

scalèno, *a.* (*geom.*) scalene: **un triangolo s.**, a scalene triangle. • (*anat.*) **muscolo s.**, scalenus*.

scalenoèdro, *m.* (*geom.*) scalenohedron*.

scalèo, *m.* *1* (*scala a libro*) stepladder *2* (*panchetto a scalini*) step-stool; library steps (*pl.*).

scalèra, *f.* (*arch.*) two-winged staircase.

scalétta, *f.* *1* (*elenco*) list (of things to do), agenda, schedule (*USA*); (*di punti, argomenti*) list (*o* memorandum) of points *2* (*cinema, TV*) treatment.

scalettàre, *v. t.* *1* to terrace; to cut* steps (in) *2* (*un registro*) to provide with a thumb index.

scalfàre, *v. t.* (*sartoria*) to widen the sleeve hole.

scalfìre, *v. t.* *1* to graze; to scratch: **Il proiettile gli scalfì la spalla**, the bullet grazed his shoulder *2* (*fig.*: *toccare*) to touch, to affect; (*una reputazione*) to tarnish: **Le mie critiche non lo scalfiscono**, my criticism doesn't affect (*o* touch) him.

scalfittùra, *f.* graze; scratch.

scàlfo, *m.* (*sartoria*) sleeve hole.

scalìgero, **A** *a.* *1* (*dei Della Scala*) of the Della Scala family *2* (*di Verona*) of Verona; Veronese *3* (*del Teatro alla Scala di Milano*) of (at) La Scala; La Scala (*attr.*): **la serata scaligera**, the performance at La Scala. **B** *m.* (*f.* **-a**) (*abitante di Verona*) Veronese.

scalinàre, *v. t.* (*alpinismo*) to cut* steps (*o* footholds) in.

scalinàta, *f.* (*esterna*) stairs (*pl.*), steps (*pl.*), flight of steps; (*interna*) staircase, stairs (*pl.*): **la s. di Trinità dei Monti**, the Spanish Steps.

scalìno, *m.* *1* step; stair; (*di scala a pioli*) rung: **una rampa di dieci scalini**, a flight of ten steps; **una scala di venti scalini**, a staircase of twenty steps; **il primo** [**l'ultimo**] **s.**, the bottom [the top] stair; **Attento, c'è uno s.!**, mind the step! *2* (*fig.*) rung; step: **cominciare dal primo s.**, to start on the lowest rung; **gli scalini più alti di una carriera**, the zenith of a career *3* (*edil.*: *s. rettangolare*) flier; (*s. di scala a chiocciola*) winder *4* (*alpinismo*) step; foothold.

scalmàna, *f.* *1* (*raffreddore*) cold; chill *2* (*vampata di calore*) hot flush *3* (*fig.*: *infatuazione*) fancy; hots (*pl.*) (*fam.*): **prendersi una s. per q.** [**q.c.**], to take a fancy to sb. [st.] *4* (*specialm. al pl., fam.*: *smanie*) fit of temper: **farsi venire le scalmane**, to fly into a temper.

scalmanàrsi, *v. i. pron.* *1* (*affaticarsi e sudare*) to work up a sweat *2* (*agitarsi, perdere la calma*) to get* excited (*o* heated, worked-up), to get* into a fuss (*o* a fret, a lather), to work oneself up; (*affannarsi*) to make* a great fuss: **Non scalmanarti, abbiamo un sacco di tempo!**, don't work yourself up (*o* don't get into such a fuss), we've got plenty of time!; **fare q.c. senza s.**, to do st. without fussing; **Si scalmanava a spiegarci quel che era successo**, he was excitedly trying to explain to us what had happened; **È inutile s. a volerlo convincere**, it's a waste of effort trying to persuade him.

scalmanàto, **A** *a.* *1* (*sudato*) in a sweat; (*trafelato*) out of breath; (*agitato*) heated, in a fuss, worked up *2* (*turbolento*) hot-headed; rowdy. **B** *m.* (*f.* **-a**) hothead; rowdy; hooligan.

scalmièra, *f.* (*naut.*) rowlock; oarlock (*USA*): **s. a forcella**, swivel rowlock; crutch.

scàlmo, *m.* (*naut.*) *1* (*nel fasciame*) futtock; frame timber: **s. di cubia**, hawse timber *2* (*per il remo*) poppet; (*a caviglia*) thole(pin); (*a forcella*) crutch.

scàlo, *m.* *1* (*sosta*: *naut.*) call; (*aeron.*) stop: **porto di s.**, port of call; **s. intermedio**, intermediate (port of) call; (*aeron.*) stopover, intermediate stop; **volo senza s.**, non-stop flight *2* (*naut.*: *struttura di cantiere*) slip; slipway: **s. di alaggio**, slipway; slip dock; **s. di costruzione**, building slip; stocks (*pl.*) *3* (*luogo di s.*: *naut.*) landing place; (*porto*) port; (*aeron.*) airport *4* (*ferr.*) railway yard; depot; marshalling yard. • **s. merci**, (*naut.*) wharf, dock; (*ferr.*) goods yard, freight yard (*USA*), depot (*USA*) □ **s. passeggeri**, passenger terminal □ **s. petrolifero**, oil port □ **s. traghetti**, ferry port □ **fare s. a**, (*naut.*) to put in at, to call at; (*aeron.*) to stop over at, to land at.

scalógna (**1**), *f.* (*fam.*) bad luck; jinx. • **avere s.** (*o* **avere la s. addosso**), to be very unlucky; to be jinxed □ **Che s.!**, how unlucky! □ **persona** [**cosa**] **che porta s.**, jinx; Jonah; hoodoo (*USA*) □ **portare s.**, to bring bad luck; to be unlucky; to be a jinx.

scalógna (**2**), *V.* **scalogno**.

scalognàto, *a.* (*fam.*) unlucky; jinxed.

scalógno, *m.* (*bot.*, *Allium ascalonicum*) scallion; shallot; green onion.

scalóne, *m.* grand staircase; main stair(s).

scàlopo, *m.* (*zool.*, *Scalopus aquaticus*) Eastern American mole.

scalòppa, **scaloppina**, *f.* (*cucina*) escalope; (*taglio di carne*) cutlet.

scalpàre, *v. t.* (*anche med.*) to scalp.

scalpellàre, *v. t.* *1* to chisel; to chip; (*per cancellare*) to chip away, to chisel off *2* (*chir.*) to scalpel.

scalpellatóre, *m.* (*f.* **-trice**) *1* chiseller *2* *V.* **scalpellino** *3* (*metall.*) cleaner; trimmer.

scalpellatùra, *f.* *1* chiselling; (*di pietre*) stone-cutting, stone-dressing *2* (*chir.*) scalpelling.

scalpellinàre, *V.* **scalpellare**.

scalpellìno, *m.* *1* (*operaio*) stonecutter; stone mason; stone dresser *2* (*scultore mediocre*) second-rate sculptor.

scalpèllo, *m.* *1* chisel; (*punta per perforazione*) bit, drill; (*chir.*) scalpel *2* (*fig.*: *scultore*) sculptor: **l'arte dello s.**, the sculptor's art; sculpture; **uno dei migliori scalpelli d'Europa**, one of the best sculptors in Europe. • **s. a caldo** [**a freddo**], hot [cold] chisel □ **s. ad alette**, wing bit □ **s. concavo**, gouge □ **s. da falegname**, woodworking chisel □ **s. da intagliatore**, scooper □ **s. da marmista**, double-faced cape chisel □ **s. da muratore**, stone chisel □ **s. da sbozzo**, drove (chisel); boaster □ **s. da tornitore**, turning chisel □ **s. pneumatico**, pneumatic chisel; pneumatic rock drill □ **s. storto**, skew chisel □ **s. tondo**, gouge □ **un lavoro di s.**, a (work of) sculpture; a piece of sculpture.

scalpicciàre, *v. i.* (*camminare a piccoli passi*) to patter, to pit-a-pat, to scurry; (*camminare strascicando i piedi*) to shuffle.

scalpiccìo, *m.* patter; pit-a-pat; pitter-patter; shuffle; shuffling.

scalpitànte, *a.* *1* (*di cavallo*) pawing (the ground) *2* (*fig.*) champing (*o* chafing) at the bit; rearing to go.

scalpitàre, *v. i.* *1* (*di cavalli*) to paw (the ground) *2* (*fig.*) to champ (*o* to chafe) at the bit; to be raring to go.

scalpitìo, *m.* pawing; pounding (of feet); stamping; trampling.

scàlpo, *m.* (*anche med.*) scalp.

scalpóre, *m.* (*risonanza*) sensation, stir; (*scandalo*) fuss, noise, commotion, kerfuffle (*fam.*); (*indignazione*) outcry: **destare** (*o* **fare**) **s.**, to cause a sensation; to be a sensation; to make (*o* to cause, to create) a stir; to be the talk of the town; **una scoperta che ha fatto s.**, a discovery that caused a sensation (*o* that was a sensation); **Il film ha fatto s. per le sue scene esplicite**, the film caused quite a stir for its explicit scenes; **lo s. suscitato dal suo arrivo**, the commotion caused by his arrival; **Quel matrimonio aveva fatto s. a Londra**, that marriage had been the talk of all London.

scaltrézza, *f.* shrewdness; knowingness; (*sagacia*) sagaciousness; (*astuzia*) astuteness, cunning, guile, guilefulness, slickness, slyness, artfulness, craftiness.

scaltrìre, **A** *v. t.* to sharpen (sb.'s) wits; to wake* up; to teach* (sb.) a thing (*o* a trick) or two. • **s. lo stile**, to refine (*o* to polish, to sharpen) one's style. **B scaltrirsi**, *v. i. pron.* (*diventare scaltro*) to wake* up, to get* wiser (*o* smarter); (*diventare esperto*) to learn* a thing (*o* a trick) or two: **Dopo quello smacco, si è scaltrito**, he got wiser after that slap in the face.

scaltrito, *a.* (*sagace, scaltro*) shrewd, sharp, adroit, slick, quick-witted, wide-awake; (*sicuro di sé*) self-assured; (*esperto*) skilled, skilful, knowing.

scàltro, *a.* (*accorto*) shrewd, sharp, knowing, clever, smart; (*sagace*) sagacious, subtle, canny; (*astuto*) astute, cunning; (*furbo*) artful, wily, sly, slick, crafty, tricky: **uno s. uomo d'affari**, a shrewd businessman; **mossa** [**idea**] **scaltra**, clever move [idea]; **politico s.**, subtle politician; **s. come una volpe**, as cunning as a fox.

scalzacàne, *m.* e *f.* (*spreg.*) incompetent; bungler; botcher.

scalzaménto, *m.* *1* (*agric.*) hoeing up *2* (*lo smuovere alla base*) undermining (*anche fig.*).

scalzapèlli, *m.* cuticle pusher; orange stick.
scalzàre, A *v. t.* ***1*** (*togliere calze e scarpe a q.*) to take* sb.'s shoes and socks off; to bare sb.'s feet ***2*** (*smuovere alla base*: *piante*) to hoe up, to bare the roots of; (*muri e sim.*) to undermine, to sap; (*dente*) to expose the roots: **s. q.c. dalle fondamenta**, to undermine the foundations of st. ***3*** (*fig.*: *indebolire*) to undermine, to sap, to erode; (*mandare via*) to oust: **s. l'autorità di q.**, to undermine (*o* to sap) sb.'s authority; **s. una persona dal suo posto**, to oust sb. from his post. **B scalzàrsi,** *v. rifl.* to take* off ones shoes and socks; to bare one's feet.
scalzatùra, *f.* ***1*** undermining; sapping; eroding ***2*** (*agric.*) baring of roots; soil-stripping.
scàlzo, *a.* ***1*** (*a piedi nudi*) barefoot, barefooted; (*senza scarpe*) shoeless, with no shoes on, in stockinged feet: **andare s.**, to go barefoot; **a piedi scalzi**, barefoot, with bare feet; **Mi piace stare s. in casa**, I like to take off my shoes when I'm at home ***2*** (*eccles.*) discalced; barefoot: **gli ordini scalzi**, the discalced orders.
Scamàndro, *m.* (*geogr.*, *stor.*) (the) Scamander.
scambiàbile, *a.* exchangeable; (*confondibile*) mistakeable.
scambiàre, A *v. t.* ***1*** to exchange; (*fare cambio*) to exchange, to swap (*fam.*), to switch (*fam.*): **s. colpi [un'occhiata, saluti, doni]**, to exchange blows [glances, greetings, presents]; **s. due parole con q.**, to exchange a few words with sb.; **s. tre dischi con una videocassetta**, to exchange (*o* to swap) three LPs for a video; **Ho scambiato il mio anello col suo**, I exchanged (*o* swapped) rings with her ***2*** (*comm.*, *econ.*) to exchange, to trade, to bargain; (*barattare*) to barter, to swap (*fam.*): **Gli indigeni accettarono di s. pelli con polvere da sparo**, the natives agreed to trade furs for gunpowder ***3*** (*confondere*) to mistake* (sb., st.) for, to take* (sb., st.) for; (*prendere una cosa al posto di un'altra*) to take* (st.) instead of, to take* (st.) by mistake, to mix up, to take* the wrong thing: **Lo scambiai per suo fratello**, I took (*o* mistook) him for his brother; **Per chi mi hai scambiato?**, who did you take me for?; **s. il sale per lo zucchero**, to take salt instead of sugar; **s. un libro per un altro**, to take the wrong book; **Al ristorante mi hanno scambiato il cappotto**, someone in the restaurant took my coat by mistake. ● **s. impressioni [opinioni] con q.**, to compare notes (*fam.*) □ **s. i prigionieri**, to exchange (*o* to swap) prisoners □ **s. posto con q.**, to exchange seats with sb.; to swap seats with sb. (*fam.*); to swap over (*o* round) (*fam.*); to switch round (*fam.*) □ **s. quattro chiacchiere**, to chat; to have a chat; to pass the time of day □ (*Borsa*) **s. titoli**, to swap securities. **B scambiàrsi,** *v. rifl. recipr.* ***1*** to exchange; to swap (*fam.*): **s. visite [regali, un sorriso]**, to exchange visits [presents, a smile]; **s. i saluti**, to exchange greetings (*form.*); to say hello (to each other); **s. gli auguri di Natale**, to exchange Christmas greetings (*form.*); to wish each other Happy Christmas; **Ci scambiamo francobolli esteri**, we swap foreign stamps ***2*** (*darsi il cambio*) to exchange; to interchange (with each other); to change places; to swap places (*fam.*); to switch round (*fam.*): **I gemelli si scambiavano spesso tra di loro**, the twins often swapped places. ● **s. favori**, to exchange favours; (*in politica*) to log-roll (*USA*) □ **s. il posto**, to exchange places (seats); to swap places (seats) (*fam.*); to swap over (*o* round) (*fam.*); to switch round (*fam.*) □ **s. l'anello**, to exchange rings □ **s. un bacio**, to kiss each other; to give each other a kiss □ **s. un saluto**, to say hello □ **s. visite**, to be on visiting terms □ **s. le impressioni**, to compare notes (*fam.*) □ **s. tenerezze**, to bill and coo.
scambiàto, *a.* wrong; mistaken: **il libro s.**, the wrong book.
scambiatóre, *m.* (*fis.*) exchanger: **s. di calore**, heat exchanger; **s. di ioni**, ion exchanger.
scambiétto, *m.* ***1*** (*saltello*) caper ***2*** (*fig.*) play on words.
scambiévole, *a.* mutual; reciprocal: **affetto [odio] s.**, reciprocal (*o* mutual) love [hatred]; **timore s.**, mutual fear.
scambievolézza, *f.* mutuality; reciprocity.
scambievolménte, *avv.* mutually; reciprocally. ● **Si fecero s. gli auguri di buon anno**, they wished each other Happy New Year; they exchanged New Year greetings(*form*).
scàmbio, *m.* ***1*** exchange; interchange; swap (*fam.*): **s. di saluti [insulti, regali, sguardi]**, exchange of greetings [insults, presents, glances]; **s. di prigionieri**, exchange of prisoners; **s. di informazioni**, exchange (*o* interchange) of information; **scambi culturali**, cultural exchange (*sing.*); **fare uno s.**, to make an exchange; to exchange; to swap (*fam.*); to do a swap (*fam.*) ***2*** (*equivoco*, *errore*, *confusione*) mistake; mix-up: **C'è stato uno s. di prenotazioni**, there has been a mix--up over the bookings; **Credo che ci sia stato uno s. di impermeabili**, I think our raincoats got mixed up ***3*** (*comm.*, *econ.*) exchange; trade; trading (*sing.*); dealings (*pl.*); (*permuta*) trade-off, bargain; (*baratto*) barter: **s. di merci**, exchange of goods; **scambi commerciali**, trade; trading; dealings (*pl.*); **scambi commerciali con l'estero**, foreign (*o* external) trade; **economia di s.**, exchange economy; **libero s.**, free trade; **fautore del libero s.**, free-trader; **zona di libero s.**, free--trade zone; **valore di s.**, exchange (*o* exchangeable) value; **s. in compensazione**, countertrade; switch agreement ***4*** (*Borsa*) exchange; interchange; dealings (*pl.*); bargain; swap; switch: **s. di valuta**, interchange of currency; currency swap; **s. di titoli**, switch of stocks; **scambi di apertura**, early dealings; **scambi sostenuti**, lively dealings (*o* bargains) ***5*** (*ferr.*, *tram e sim.*) points (*pl. GB*), switch (*USA*); (*cuore dello s.*) frog: **s. aereo**, trolley frog; aerial frog; **s. automatico**, self-acting turnout; **s. centralizzato [non centralizzato]**, interlocked [non-interlocked] points; **s. a mano**, hand-operated points ***6*** (*chim.*, *fis.*) exchange; transfer: **s. di base**, exchange of base; **s. di calore**, heat exchange; heat transfer; **s. ionico**, ion exchange; **reazione di s.**, exchange reaction ***7*** (*genetica*) crossing over ***8*** (*elab.*) exchange; shift; communication ***9*** (*sport*: *di giocatori*) swap ***10*** (*tennis*, *boxe*, *ecc.*) rally ***11*** (*calcio*: *passaggio*) one-two; wall pass. ● **s. di consegne**, mutual handover □ **s. di favori** (*tra politici*), logrolling (*USA*) □ (*econ.*) **s. di merci contro merci**, countertrade; barter □ **s. di mogli**, wife swapping □ **s. di opinioni**, exchange of views: **un vivace s. di opinioni**, a lively exchange □ **s. di informazioni**, exchange (*o* interchange) of information; comparing notes (*fam.*) □ **s. di persona** (*o* **di identità**), case of mistaken identity □ (*radio*) **s. elettronico**, electronic switching system.
scambista, *m.* ***1*** (*comm.*) trader ***2*** (*Borsa*) stockbroker ***3*** (*ferr.*) pointsman*; shunter; switchman* (*USA*).
scamiciàrsi, *v. rifl.* (*fam.*) to take* one's jacket off.
scamiciàto, A *a.* (*in maniche di camicia*) in one's shirt-sleeves; (*con i vestiti in disordine*) dishevelled, bedraggled, in disarray. **B** *m.* ***1*** (*abito*) pinafore (dress) (*GB*); jumper (*USA*) ***2*** (*polit.*) extremist; fanatic.
scamóne, *m.* (*cucina*) rump.
scamonèa, *f.* (*bot.*, *Convolvulus scammonia*) scammony.
scamòrza, *f.* ***1*** scamorza (unfermented cheese) ***2*** (*fig.*, *scherz.*: *incapace*) duffer, bungler; (*debole*) weakling, wimp.
scamosceria, *f.* chamoising.
scamosciàre, *v. t.* to chamois; to oil-tan; (*il cuoio*) to buff.
scamosciàto, *a.* chamois (*attr.*); shammy; suede (*attr.*); buff (*attr.*): **guanti scamosciati**, suede gloves; **pelle scamosciata**, chamois (*o* shammy, chammy) leather; chammy (*fam.*); buff; **scarpe scamosciate**, suede shoes.
scamosciatóre, *m.* (*f.* **-trice**) oil-tanner; chamois-leather worker.
scamosciatùra, *f.* chamoising; oil-tanning.
scamozzàre, *v. t.* (*agric.*) to pollard; to lop.
scamozzatùra, *f.* ***1*** (*agric.*) pollarding; lopping ***2*** (*ramoscelli scamozzati*) loppings (*pl.*).
scampafórca, *m.* gallows-bird.
scampagnàta, *f.* trip to the country; outing; (*merenda all'aperto*) picnic: **fare una s.**, to go for a day's outing; (*fare merenda all'aperto*) to go on a picnic, to picnic.
scampanacciàta, *f.* charivari (*franc.*).
scampanaménto, *m.* (*mecc.*) piston slap (*o* slapping).
scampanàre, A *v. i.* ***1*** (*delle campane*) to peal; to chime ***2*** (*mecc.*) to slap ***3*** (*di abito*, *pantaloni*) to flare. **B** *v. t.* (*un abito*, *pantaloni*) to flare: **s. una gonna**, to flare a skirt.
scampanàta, *f.* ***1*** chime; chiming; peal; pealing; ringing ***2*** *V.* **scampanacciata**.
scampanàto, *a.* (*di abito*, *gonna*) flared; (*di pantaloni*) flared, bell-bottom (*attr.*): **gonna scampanata**, flared skirt; **pantaloni scampanati**, bell-bottom trousers; bell-bottoms (*fam.*); flares.
scampanatùra, *f.* (*di abito*, *pantaloni*) flare: **la s. di una gonna**, the flare of a skirt.
scampanellàre, *v. i.* to ring* long and loudly.
scampanellàta, *f.* loud (*o* prolonged) ringing (at the door): **Si sentì una s.**, there was a loud ringing at the door.
scampanellio, *m.* (prolonged) ringing; ding--dong; tinkling.
scampanio, *m.* peal (of bells); pealing (of bells); (*a festa*) chiming. ● **Ci fu un gioioso s.**, the bells chimed merrily; the bells rang a joyous peal.
scampàre, A *v. i.* ***1*** (*uscire illeso*) to survive (st.); to escape (st.); to come* through (st.); to live through (st.); to come* out alive; to get* off safely: **s. alla morte [a un massacro, a una punizione]**, to escape death [a massacre, a punishment]; **s. a un incendio [a un naufragio, a un attentato]**, to survive a fire [a ship-wreck, an assassination attempt]; **s. a due guerre**, to live through two wars ***2*** (*rifugiarsi*) to flee; to escape; to take* refuge: **s. in Francia**, to take refuge in (*o* to flee to) France. **B** *v. t.* ***1*** (*sfuggire*) to escape; (*evitare*) to avoid, to elude: **s. un pericolo**, to escape (from) danger; **s. la prigione**, to avoid prison ***2*** (*salvare*, *proteggere*) to save: **Dio mi scampi dagli amici!**, God save me from my friends! ● **scamparla**, to survive; to escape; to come out alive; to live to tell the tale (*fam.*) □ **L'abbiamo scampata bella**, we had a narrow escape; it was a close call (*o* shave) (*fam.*) □ **Dio ce ne scampi e liberi!**, God forbid!
scampàto, A *a.* ***1*** (*salvo*) rescued; survived; saved ***2*** (*evitato*) avoided; escaped. ● **I passeggeri scampati al disastro aereo**, the survivors of the crash □ **pericolo s.**, danger which has been avoided; lucky escape: **Era ancora sotto shock per il pericolo s.**, he was still in a state of shock after his lucky escape. **B** *m.* (*f.* **-a**) survivor: **gli scampati al naufragio**, the survivors of the shipwreck.
scàmpo (1), *m.* (*fuga*) escape; (*salvezza*) safety; (*via di s.*) (means of) escape, way out: **cercare s. nella fuga**, to seek safety in flight; **senza s.**, hopeless (*agg.*); with no way out; **trovare uno s.**, to find a way out; **Non c'è via di s.!**, there is no way out (*o* no escape)! ● **Non c'è s.** (*è inutile*), there's no help for it; there's nothing doing (*fam.*): **Quando s'intestardisce non c'è s.**: **bisogna fare come dice**

lui, when he gets an idea into his head there's nothing doing, you must do what he wants.

scàmpo (2), *m.* **1** (*zool.*, *Nephrops norvegicus*) Norway lobster; prawn **2** (*cucina*) scampi (*sing.*): **fritto di scampi**, fried scampi.

scàmpolo, *m.* **1** remnant; oddment: **una vendita di scampoli**, a remnant sale **2** (*fig.*) remnant; oddment; scrap; little bit: **uno s. di carta**, a scrap of paper. ● **non avere uno s. di tempo**, to have no spare time.

scanalàre, **A** *v. t.* **1** to groove **2** (*archit.*) to flute; to channel: **s. una colonna**, to flute a column **3** (*mecc.*) to groove; to spline; to slot; to rabbet: **s. un albero**, to spline a shaft; **sega per s.**, grooving saw. **B** *v. i.* (*di acque*) to overflow*.

scanalàto, *a.* **1** grooved; gouged **2** (*archit.*) fluted; channelled: **colonna scanalata**, fluted column **3** (*mecc.*) grooved; splined; rabbeted: **albero s.**, splined shaft.

scanalatrìce, *f.* (*mecc.*) groover; slot cutter.

scanalatùra, *f.* **1** groove; gouge; furrow; (*di scorrimento*) groove, slot, runner: **le scanalature di un fucile**, the grooves in a gun **2** (*archit.*) flute; fluting; channel; channelling: **le scanalature di una colonna**, the flutes (*o* fluting) in a column **3** (*mecc.*) groove; spline; rabbet: **s. d'accoppiamento**, spline; **s. per guarnizione**, packing groove; **s. per lubrificazione**, oil groove.

scancellàre, e *deriv. V.* **cancellare**, e *deriv.*

scandagliaménto, *m.* (*naut.*) sounding: **s. acustico** (*o* **sonoro**), sonic sounding.

scandagliàre, *v. t.* **1** (*naut.*) to fathom; to sound; to plumb; to take* soundings; to cast* a lead line: **s. il fondo marino**, to sound the sea bottom; to take soundings **2** (*fig.*) to probe; to fathom; to plumb; to sound out: **s. i sentimenti di q.**, to probe sb.'s feelings; **s. la verità di q.c.**, to plumb the truth of st.; **Chi può s. il cuore umano?**, who can fathom the human heart?; **Prova a scandagliarlo un po' su questa faccenda**, see if you can sound him out on this.

scandagliatóre, *m.* (*naut.*) leadsman*; sounder.

scandàglio, *m.* **1** (*naut.*: *strumento per scandagliare*) sounding line; sounding lead; lead line; deep-sea lead **2** (*naut.*: *lo scandagliare*) sounding; fathoming **3** (*fig.*) probe; sounding; fathoming; test. ● **s. acustico**, echo sounder; sonic depth finder; Fathometer (*marchio*) ◻ **s. a mano**, plummet; sounding rod ◻ **s. a sagola**, lead line; plumb line ◻ **s. a ultrasuoni**, echo finder ◻ **s. elettroacustico**, electroacoustic sounding set ◻ **s. meccanico**, sounding machine ◻ **s. di profondità**, bathometer ◻ **s. ultrasonoro**, supersonic sounding set ◻ (*anche fig.*) **fare scandagli**, to take soundings ◻ **gettare lo s.**, to cast (*o* to heave) the lead line; to take a cast ◻ **piombo per s.**, sounding lead ◻ **sagola per s.**, sounding line.

scandalìṣmo, *m.* scandalmongery; sensationalism.

scandalìsta, *m. e f.* scandalmonger.

scandalìstico, *a.* scandalmongering; sensational; sensationalistic: **giornale s.**, scandalmongering paper; **giornalismo s.**, tabloid journalism; sensational journalism; **stampa scandalistica**, gutter press; **campagna scandalistica**, muckraking campaign.

scandalizẓàre, **A** *v. t.* **1** (*dare scandalo*) to scandalize, to shock; (*indignare*, *offendere*) to offend, to outrage: **Mi scandalizzò la vista delle condizioni in cui vivevano**, it scandalized me to see the conditions in which they lived; **Il suo film ha scandalizzato i benpensanti**, his film shocked the more conservative public; **Si diverte a s. gli amici**, he enjoys shocking his friends; **Li scandalizzai dicendo che la cucina inglese è eccellente**, I outraged them by declaring that English food is excellent **2** (*turbare*) to shock; to upset: **s. dei bambini innocenti**, to upset innocent children. **B scandalizẓàrsi**, *v. i. pron.* to be scandalized (at st.); to be shocked (by st.); to be offended (by st.); to be outraged (by st.); to be upset (by st.): **Non scandalizzarti per così poco**, don't be shocked (*o* upset) for so little; **È uno che non si scandalizza facilmente**, he is not easily shocked; he doesn't shock easily; he never turns a hair at anything.

scandalizẓàto, *a.* scandalized; shocked; outraged: **Non fare quella faccia scandalizzata**, don't look so shocked (*o* outraged).

scàndalo, *m.* **1** (*fatto scandaloso*) scandal; (*vergogna*) scandal, disgrace, shame: **lo s. della fame nel mondo**, the scandal of world hunger; **uno s. internazionale**, an international scandal; **lo s. Watergate**, the Watergate scandal (*o* affair); **Lo s. non tardò a venire alla luce**, the affair (*o* scandal) didn't take long to come to light; **Non possiamo permetterci scandali**, we can't afford any scandals; **Quel libro è un vero s.**, that book is a real outrage (*o* is really outrageous); **È uno s. come tengono questo locale**, it's a disgrace the way they keep this place **2** (*reazione scandalizzata*) scandal, shock; (*reazione indignata*) outrage, furore: **suscitare** (*o* **sollevare**) **uno s.**, to cause (*o* to create, to give rise to) a scandal; **suscitare lo s. generale**, to cause general scandal (*o* outrage, furore); **con grande s. dei presenti**, to the great shock of all those present; **motivo di s.**, cause for scandal. ● **Che s.!**, how scandalous!; how outrageous! ◻ **dare s.**, to scandalize; to give scandal; (*fig.*: *comportarsi male in pubblico*) to make a scene; (*dare il cattivo esempio*) to set a bad example ◻ **essere** (**causa**) **di s.**, to cause scandal; to expose (sb.) to scandal ◻ **evitare uno s.** (*o* **scandali**), to avoid public scandal ◻ **fare uno s.**, to cause (*o* to stir up) a scandal (*o* a furore) ◻ **un film che ha fatto s.**, a highly controversial film ◻ **gridare allo s.**, to cry shame; to be outraged ◻ **mettere a tacere** (*o* **soffocare**) **uno s.**, to hush up (*o* to cover up) a scandal ◻ (*fig.*) **essere la pietra dello s.**, to set a bad example; to be a mischief-maker ◻ **seminatore di scandali**, scandalmonger ◻ **vita di s.**, scandalous life.

scandalóso, *a.* **1** scandalous; shocking; (*che indigna*) outrageous, disgraceful, shameful; (*osceno*) licentious, obscene, hot (*fam.*) **2** (*scherz.*: *enorme*) outrageous; monstrous: **un prezzo s.**, an outrageous price.

scandinàvo, *a. e m.* (*f.* **-a**) Scandinavian; (*stor.* e *ling.*) Norse.

scàndio, *m.* (*chim.*) scandium.

scandìre, *v. t.* **1** (*metrica*) to scan: **s. un esametro**, to scan an hexameter; **Questi versi non sono ben scanditi**, these lines do not scan well **2** (*pronunciare con chiarezza*) to stress; to emphasize, to pronounce (st.) clearly, to articulate; (*pronunciare ritmicamente*) to chant: **s. le sillabe** [**le parole**], to stress each syllable [each word]; **Ripetè la domanda scandendo le parole**, she repeated her question emphasizing each word; **«Mi chiamo Martinetti» disse scandendo le parole**, «my name is Martinetti», he said articulating each word; **La folla continuò a s. il suo nome**, the crowd kept chanting his name **3** (*mus.*) – **s. il tempo**, to beat* time; **s. il ritmo**, to stress the beat **4** (*di tempo*) to mark; to stress **5** (*segnare*, *suddividere*) to mark; to intersperse: **un anno scandito da ricorrenze importanti**, a year marked by a series of important anniversaries; **L'orizzonte era scandito da numerosi cipressi**, several cypresses lined the horizon at regular intervals.

scandìto, *a.* scanned; stressed; (*pronunciato con chiarezza*) clear, clearly pronounced; (*ritmico*) chanted; (*suddiviso*) regularly marked (*o* stressed).

scàndola, *f.* shingle.

scannaménto, *m.* **1** (*taglio della gola*) throat-cutting **2** (*massacro*) slaughter; butchery; massacre.

scannàre (1), **A** *v. t.* **1** to cut* (sb.'s) throat; to slit* (sb.'s) throat **2** (*uccidere brutalmente*) to slaughter; to butcher; to massacre **3** (*fig.*: *far pagare esageratamente*) to fleece, to skin, to sting*, to rip off; (*del fisco*) to bleed; (*rovinare*) to ruin. ● **s. il maiale**, to kill the pig ◻ **Non ti farebbe un favore neppure a scannarlo**, he wouldn't do you a favour to save his life ◻ **Urlava come se lo scannassero**, he was screaming like a pig. **B scannàrsi**, *v. rifl. recipr.* (*fig.*: *accapigliarsi*) to be at each other's throat.

scannàre (2), *v. t.* (*ind. tess.*) to unwind*; to unreel.

scannatóio, *m.* slaughterhouse; abattoir (*franc.*).

scannatóre, *m.* **1** (*chi scanna animali*) slaughterman*; slaughterer; throat-cutter **2** (*uccisore, assassino*) cut-throat; butcher.

scannatùra, *f.* slaughtering; throat-cutting.

scannellaménto, *m.* **1** grooving **2** (*archit.*) fluting; channelling.

scannellàre (1), *v. t.* **1** (*scanalare*) to groove **2** (*archit.*) to flute; to channel.

scannellàre (2), *v. t.* (*ind. tess.*) to unwind*; to unreel.

scannellàto (1), *a.* **1** (*scanalato*) grooved **2** (*archit.*) fluted; channelled.

scannellàto (2), *a.* (*ind. tess.*) unwound; unreeled.

scannellatùra (1), *f.* **1** (*scanalatura*) groove **2** (*arch.*) flute; fluting; channel; channelling.

scannellatùra (2), *f.* (*ind. tess.*) unwinding; unreeling.

scannèllo, *m.* (*macelleria*) topside.

scànno, *m.* bench; seat; (*di chiesa, coro*) stall; (*sgabello*) stool.

scansabrìghe, *m. e f. invar.* (*persona pacifica*) easy-going person.

scansafatìche, *m. e f. invar.* (*chi evita di lavorare*) shirker, skulker, skiver (*fam. GB*), goldbrick (*fam. USA*); (*pigro, pelandrone*) layabout, loafer, lazybones, lazyboots (*fam.*).

scansàre, **A** *v. t.* **1** (*spostare*) to move aside, to shift; (*spingendo*) to push aside; (*con uno spintone*) to thrust* aside; (*con un calcio*) to kick aside: **s. il tavolo verso sinistra**, to push the table to the left; **Con un calcio scansò la sedia**, he kicked the chair out of his way; **Scansa un po' quei libri**, please move aside those books (*o* shift those books) **2** (*evitare*) to avoid, to shun, to dodge, to eschew, to sidestep, to get* round, to give* a wide berth (*fam.*); (*sottrarsi a*) to shun, to shirk; (*schivare*) to dodge, to ward off, (*chinandosi*) to duck: **s. un pericolo**, to avoid a danger; **s. un pedone**, to avoid a pedestrian; **Tutti lo scansano**, everybody shuns him (*o* gives him a wide berth); **È un po' che mi scansa**, he's been avoiding me for some time; **s. una difficoltà**, to sidestep (*o* to get round) a difficulty; **s. una responsabilità**, to shirk a responsibility; **s. un colpo**, to ward off a blow. ● **cercare di s.** (*un problema, una responsabilità, ecc.*), to fight shy of st.; to shy away from st.; to shrink from st. ◻ **un sistema per s. una responsabilità**, a cop-out (*fam.*). **B scansàrsi**, *v. rifl.* (*tirarsi da parte*) to draw* (*o* to step, to move) aside, to stand* aside (*o* off), to get* out of the way; (*per far posto a sedere*) to move over; (*per schivare q.c.*) to dodge, (*chinandosi*) to duck.

scansìa, *f.* shelf; (*mobiletto a ripiani*) shelves (*pl.*), set of shelves, (*per libri*) bookcase.

scansióne, *f.* **1** (*metrica*) scansion, stress; (*lo scandire*) scanning, stressing **2** (*di parole, sillabe*) articulation **3** (*mus.*) stressing **4** (*successione, suddivisione, frequenza*) frequency; recurrence; interval: **con una s. di due mesi in due mesi**, with a two-month frequency; recurring every third month **5** (*elettron., med.*) scanning: **microscopio elettronico a s.**, scanning electron microscope; **linea di s.**, scanning line.

scansioscintigrafìa, *f.* (*med.*) scanning.

scànso, *m.* avoidance. ● **a s. di**, to avoid; to prevent: **a s. di equivoci**, to avoid (all) misunderstandings.

scansòrio, *a.* (*zool.*) scansorial.

scantinàto, *m.* cellar, cellarage; (*seminterrato*) basement.

scantonaménto, *m.* **1** (*l'evitare*) avoiding; shirking; dodging **2** (*smussatura degli angoli*) rounding (off) (of corners); trimming (of corners).

scantonàre, A *v. i.* **1** (*voltare l'angolo*) to turn the corner, to disappear round the corner; (*per non esser visto*) to slip (*o* to sneak) round the corner **2** (*fam.*: *svignarsela*) to slip away (*o* off); to sneak away; to slink* away (*o* off) (*fam.*); to slope off (*fam.*); to make* oneself scarce (*fam.*) **3** (*fam.*: *cambiar discorso, divagare*) to change the subject; to fudge the answer: **Come si tocca quell'argomento, lei scantona**, as soon as you mention that, she changes the subject. **B** *v. t.* (*smussare gli angoli*) to round (off) the corners; to trim the corners.

scanzonàto, *a.* breezy; airy; free and easy.

scapaccionàre, *v. t.* to slap; to smack; to box sb.'s ears.

scapacciòne, *m.* slap; smack. ● **dare uno s. a q.**, to slap (*o* to smack) sb. □ (*fig.*) **passare un esame a scapaccioni**, to scrape through an examination □ **prendere q. a scapaccioni**, to box sb.'s ears; to slap sb.

scapatàggine, *f.* **1** (*l'essere sventato*) carelessness; thoughtlessness; rashness **2** (*azione sventata*) careless (*o* thoughtless, rash) action. ● **È stata una vera s. la sua**, it was really thoughtless (*o* rash) of him.

scapàto, A *a.* careless; thoughtless; rash; scatter-brained. **B** *m.* (*f.* **-a**) scatter-brain.

scapecchiàre, *v. t.* (*ind. tess.*) to hackle.

scapecchiatòio, *m.* (*ind. tess.*) flax comb; (flax) hackle.

scapestratàggine, *f.* **1** (*avventatezza*) recklessness, rashness; (*sfrenatezza*) wildness, unruliness; (*dissolutezza*) dissoluteness, profligacy **2** (*azione da scapestrato*) reckless act; wild act.

scapestràto, A *a.* (*sfrenato*) rash, reckless, hare-brained, madcap (*attr.*); (*dissoluto*) loose, wayward, wild, dissolute, profligate. **B** *m.* (*f.* **-a**) (*scavezzacollo*) scapegrace, madcap, dare-devil; (*dissoluto*) profligate, reprobate.

scapezzàre, *v. t.* (*agric.*) to pollard; to top (and lop).

scapicollàrsi, *v. i. pron.* **1** (*correre a rotta di collo, precipitarsi*) to run* like mad; to gallop; to go* pelting (down, along, etc.); to tear* (up, down, etc.) **2** (*prendersi la briga di andare*) to go* all the way to; (*affannarsi*) to rush: **Ho dovuto scapicollarmi fino a casa sua**, I had to go all the way to his place.

scapicòllo, *m.* – **a s.**, at breakneck speed; helter-skelter.

scapigliàre, A *v. t.* to ruffle (*o* to tousle, to dishevel) sb.'s hair. **B scapigliarsi,** *v. rifl.* to ruffle (*o* to tousle) one's hair.

scapigliàto, A *a.* **1** (*spettinato*) ruffled; tousled; dishevelled **2** (*fig.*) disorderly; unruly; loose-living; bohemian **3** (*letter., arte*) of the Scapigliatura. **B** *m.* **1** unruly person; disorderly person; bohemian **2** (*letter., arte*) member of the Scapigliatura.

scapigliatùra, *f.* **1** loose (*o* disorderly) living; bohemianism; unconventionality **2** (*letter., arte*) Scapigliatura.

scapitàre, *v. i.* to lose*; to lose* out; to lose* a chance; to be worse off; to be the loser; to have st. to lose; to get* (*o* to end up with) the short end of the stick (*fam. USA*): **Il film ci scapita nel doppiaggio**, the film loses something in the dubbed version; **Non ci scapiterai a fare come dico io**, you won't regret it if you do as I say; **Se non vieni sei tu che ci scapiti**, it is you who will lose out if you don't come; **Lo faccio io, visto che non ci scapito nulla**, I'll do it, since I have nothing to lose; **Perché devo s. io?**, why should I lose out?; why do I have to be the loser?; why should I end up with the short end of the stick?; **scapitarci nella stima**, to damage one's reputation.

scàpito, *m.* (*perdita*) loss, damage; (*danno*) damage, detriment, prejudice, sacrifice: **recare s.**, to cause loss (*o* damage); **vendere a s.**, to sell at a loss; **con nostro grave s.**, at a great loss (for us); **senza s.**, without any loss; **a** (*o* **con**) **s. di**, to the detriment of; at the expense of; at some sacrifice of: **a s. della propria salute**, to the detriment of one's health; **a s. della chiarezza**, at the expense (*o* at some sacrifice) of clarity; **andare a s. di**, to be detrimental (*o* prejudicial) to (*form.*); to be damaging (*o* harmful) to.

scapitozzàre, *v. t.* (*agric.*) to pollard; to top (and lop).

scàpo, *m.* **1** (*archit.*) scape; shaft **2** (*bot.*; *zool.*) scape.

scapocchiàre, *v. t.* (*un chiodo, un fiammifero, ecc.*) to break* (*o* to knock) the head off (a nail, a match, etc.).

scàpola, *f.* (*anat.*) scapula*; (*com.*) shoulder blade; blade.

scapolàggine, *f.* (*scherz.*) confirmed bachelorhood.

scapolàre (1), *a.* (*anat.*) scapular.

scapolàre (2), *m.* (*eccles.*) scapular; scapulary.

scapolàre (3), *v. t. e i.* (*naut.*: *doppiare*) to double; (*lasciare di poppa*) to weather; (*evitare una burrasca*) to weather out; (*liberare*) to let* (a cable) run free; (*evitare*) to bear off, to round. ● (*fam.*) **scapolarla** (*o* **scapolarsela**), to have a narrow escape (*o* a close shave, a close call, a narrow squeak); (*cavarsela a buon mercato*) to get away with it, to get off (cheaply *o* lightly), to be let off.

scàpolo, A *m.* bachelor; single (*o* unmarried) man*: **s. impenitente**, confirmed bachelor; **appartamento da s.**, bachelor flat; **essere uno s.**, to be single (*o* unmarried). **B** *a.* single; unmarried; bachelor (*attr.*).

scapolóne, *m.* (*fam.*) confirmed (*o* old) bachelor.

scàpolo-omeràle, *a.* (*anat.*) scapulo-humeral.

scappaménto, *m.* **1** (*di orologio*) escapement: **s. ad ancora [a cilindro, a cronometro, a leva]**, anchor [cylinder, chronometer, lever] escapement **2** (*di pianoforte*) escapement **3** (*di gas, vapore*) escape **4** (*di motore*) exhaust: **tubo [valvola] di s.**, exhaust pipe [valve] **5** (*ferr.*) blast pipe.

scappàre, *v. i.* **1** (*fuggire*) to run* away (*o* off), to escape, to flee*, to get* away, to get* (*o* to break*) loose, to make* off, to bolt, to cut* and run* (*fam.*), to scarper (*pop.*); (*andar via di nascosto*) to sneak away, to slip off, to abscond, to decamp, to slope off (*fam.*), to slink off (*fam.*); (*volar via*) to fly* (away); (*del tempo*) to fly*, to slip by (*o* away): **s. di prigione**, to escape (*o* to run away) from prison; **s. di casa [di collegio]**, to run away from home [from boarding-school]; **I ladri sono scappati dal giardino**, the burglars got away through the garden; **s. all'estero [in America]**, to flee abroad [to America]; **È scappata una delle tigri**, one of the tigers escaped (*o* got loose) from its cage; **È riuscito a scappare**, he managed to escape (*o* to run away, to get away); **Vieni qui, non s.!**, come here, don't run away!; **Mi è scappato il canarino**, my canary has flown away **2** (*andare via in fretta*) to get* away; to slip away (*o* off); to rush; to dash away (*o* off); to be off; to fly*; to hurry; to run* away; to nip off (*fam.*): **Non vedevo l'ora di s.**, I was dying to get away (*o* to slip off); **Devo proprio s.**, I really must be off (*o* dash off, fly, hurry); **Scappo a scuola**, I'm off to school; I must be getting off to school; **Scappo di sopra a prendere il cappello**, I'll just rush upstairs to get my hat; **Scappo un attimo a comprare le sigarette**, I'm just nipping off (*o* out) to get some cigarettes **3** (*di parole, ecc.*: *sfuggire*) to slip out, to escape (one's lips) (*form.*); (*non poter trattenere q.c.*) cannot* help to, to have to (*entrambi con costr. pers.*): **Gli scappò una risata**, he couldn't help laughing; **Gli scappò una scoreggia**, he let out a fart; **Mi è scappato un colpo di fucile**, I inadvertently let off my gun; **Scusa, ma mi è proprio scappata**, I'm sorry, but I had to say it; **Mi scappa da ridere**, I cannot help laughing; I just have to laugh; **Mi scappa la pipì**, I have to go; I'm dying for a pee; I want a wee (*infant.*) **4** (*passare inosservato*) to escape, to escape notice; (*lasciarsi sfuggire*) to let* slip, to miss: **Non gli scappa nulla**, nothing escapes him; **Ti sono scappati tre errori**, you've missed three mistakes. ● **s. a gambe levate** (*o* **a rotta di collo**), to take to one's heels; to run for it; to run for one's life □ **s. come il vento**, to run (off) at top speed □ **s. come un fulmine**, to be off like a shot □ **s. coi soldi [con la cassa]**, to abscond with the money [with the till] □ **s. col malloppo**, to run off with the booty □ **s. con q.** (*di innamorati*), to run away (*o* off) with sb.; to elope □ **s. detto a q.**, to let slip; to blurt out: **Gli scappò detto di averlo visto**, he let slip that he'd seen him □ **s. di corsa**, to run off (*o* away) □ **s. di mano**, to slip from one's hand (*o* from one's fingers) □ **s. di mente**, to slip one's mind; to slip one's memory; to escape: **Mi è scappato di mente il suo nome**, his name has slipped my mind (*o* escapes me); **Se non me l'appunto, mi scappa di mente**, if I don't write it down, I'll forget it □ **s. fuori**, to come out; to slip out; to fall out: **Ti scappa fuori la camicetta**, your blouse is coming out; **Gli scapparono i libri dalla borsa**, his books slipped (*o* fell) out of his bag □ **s. fuori a dire q.c.**, to come out with st.; to blurt out st. □ **s. fuori con qualche nuova idea**, to come out with some new idea □ **a scappa e fuggi**, hurriedly; in a tearing hurry; in a great haste; pell-mell □ **far s. q.**, to help sb. escape; to let sb. off □ **lasciarsi s. q.c.**, to miss st.; to let st. slip by (*o* from one's fingers): **lasciarsi s. il treno**, to miss the train; **lasciarsi s. un'occasione [un affare]**, to miss an opportunity [a bargain]; to let an opportunity [a bargain] slip by; **lasciarsi s. un lavoro**, to let a job slip from one's fingers □ **lasciarsi s. di bocca** (*un segreto, un'informazione*), to let slip; to blurt out □ **Mi scappò la pazienza**, I lost my patience (*o* temper); **far s. la pazienza**, to make sb. lose his patience (*o* temper); to try sb.'s patience □ **C'è scappato il morto**, somebody got killed □ **Forse ci scappa anche un regalino per te**, there might be enough left for a little something for you □ **Non si scappa**, there's no getting away (from st.): **Non si scappa, sono più bravi loro**, they are better than us and there's no getting away from it; there's no getting away from the fact that they are better than us.

scappàta, *f.* **1** (*breve visita*) flying visit, quick call, dash (*fam.*), look-in (*fam.*); (*breve viaggio*) short trip: **fare una scappata da q.**, to drop (*o* to pop) in [to see sb.]; to look in on sb.; to pay a flying visit to sb.; **fare una s. in banca [in centro]**, to nip off (*o* to pop off) to the bank [to town] (*fam.*); **fare una s. al mare**, to go on a short trip to the seaside **2** (*leggerezza*) escapade, folly; (*avventura amorosa*) casual affair, flirtation, fling (*fam.*); (*monelleria*) prank, caper, piece of mischief: **scappate di gioventù**, youthful escapades; **Ha fatto le sue scappate da giovane**, he sowed his wild oats in his youth **3** (*battuta, uscita*) witty remark; crack; quip; joke **4** (*ippica*) flying start.

scappatèlla, *f.* **1** (*avventura amorosa*) fling (*fam.*); bit on the side (*fam.*); peccadillo* **2** (*monelleria*) prank, caper, piece of mischief.

scappàto, *a.* (*fuggito*) runaway; escaped. ● (*cucina*) **uccelletti scappati**, beef olives.

scappatóia, *f.* way out; loophole; cop-out (*fam.*); (*sotterfugio*) shift, dodge; (*pretesto*) pretext, excuse: **s. fiscale**, tax loophole; **cercare scappatoie**, to look for a way out; to fish for an excuse.
scappavìa, *m. invar.* (*naut.*) gig; wherry; galley.
scappellàre, A *v. t.* **1** (*un fungo*) to take* off the top **2** (*un falcone*) to take* the hood off; to unhood **3** (*naut.*: *cavi*) to unbit; (*alberi, pennoni*) to unrig, to strip. **B scappellàrsi,** *v. rifl.* to take* off (*o* to raise) one's hat: **s. davanti a q.**, to raise one's hat to sb.
scappellàta, *f.* raising of one's hat. ● **Si salutarono con una s.**, they raised their hats to each other □ **fare una s. a q.**, to raise one's hat to sb.
scappellòtto, *m.* box (*o* clip) on the ear; cuff (on the head): **dare uno s. a q.**, to give sb. a box (*o* a clip) on the ear; to give sb. a cuff on the head; to clip sb. on the ear; to clip sb. one (*fam.*); **prendere q. a scappellotti**, to box sb.'s ears; to cuff sb. ● (*di esami*) **passare a scappellotti** (*o* **con lo s.**), to scrape through.
scappottàre (1), *v. i.* (*nel gioco*) to avoid a capot.
scappottàre (2), *v. t.* (*autom.*) to fold back the hood (of a car); to let* down the top (of a car).
scappucciàre, A *v. t.* to take* off the hood of; to unhood; to uncowl. **B scappucciàrsi,** *v. rifl.* to take* one's hood off; to unhood oneself.
scapricciàre, A *v. t.* to gratify (sb.'s) whims. **B scapricciàrsi,** *v. rifl.* to gratify (*o* to indulge) one's whims; (*sbizzarrirsi*) to indulge (in st.), to run riot (with st.).
scapsulàre, *v. t.* **1** to remove the capsule from **2** (*chir.*) to decapsulate.
scarabàttola (1), *V.* **carabattola**.
scarabàttola (2), *f.* **scarabàttolo,** *m.* (china) cabinet.
scarabèide, *m.* (*zool.*) scarabaeid.
scarabèo, *m.* **1** (*zool.*, *Scarabaeus*) beetle; scarab: **s. ercole** (*Goliathus*), goliath beetle; **s. rinoceronte** (*Oryctes rhinoceros*), rhinoceros beetle; **s. sacro** (*Scarabaeus sacer*), scarab (beetle); scarabaeus; **s. stercorario** (*Geotrupes stercorarius*), dung beetle **2** (*pietra dura egiziana*) scarab **3** (*gioco*; *marchio*) Scrabble.
scarabocchiàre, *v. t.* to scribble, to scrawl; (*fare disegnini*) to doodle: **s. il quaderno**, to scribble all over the exercise-book; **Gli piace s. sui suoi libri**, he likes to doodle on his books; **s. una firma**, to scribble (*o* to scrawl) a signature; **s. un articolo**, to scribble (*o* to dash off) an article; **s. una risposta**, to scribble an answer.
scarabòcchio, *m.* **1** squiggle; (*disegnino*) doodle; (*fig.*: *cosa scritta male*) scribble, scrawl: **riempire un foglio di scarabocchi**, to fill a page with scrawls; to scribble all over a page; **una firma che è uno s.**, a scrawl of a signature; a scratchy signature; **Non riesco a leggere i tuoi scarabocchi**, I cannot make out your scribble **2** (*cosa scritta in fretta*) scribble: **quattro scarabocchi**, a hasty scribble **3** (*disegno mal fatto*) daub **4** (*fig.*: *persona piccola e malfatta*) runt; shrimp. ● **fare scarabocchi**, to doodle.
scaracchiàre, *v. i.* (*pop.*) to hawk and spit*.
scaràcchio, *m.* (*pop.*) (gob of) spit.
scarafàggio, *m.* (*zool.*, *Blatta orientalis*) cockroach; black beetle; roach (*fam.*).
scaramàntico, *a.* warding off ill-luck (*pred.*); propitiatory: **un gesto s.**, a gesture warding off (*o* to ward off) ill-luck.
scaramanzìa, *f.* counter-spell; counter-charm; st. to ward off ill-luck: **fare la s.**, to perform a counter-spell; to recite a counter-charm; **un gesto di s.**, a gesture to ward off (*o* warding off) ill-luck. ● **fare s.**, to touch wood; to cross one's fingers; to keep one's fingers crossed □ **per s.**, for luck; against bad luck □ **Meglio non parlarne nemmeno, per s.**, better not even mention it just in case.
scaramàzza, A *a.* baroque. **B** *f.* baroque pearl.
Scaramùccia, *m.* (*teatr.*) Scaramouche.
scaramùccia, *f.* (*anche fig.*) skirmish; brush; clash.
scaraventàre, A *v. t.* **1** (*scagliare con impeto*) to fling*; to hurl; to dash; to slam; to smash; to send* flying: **s. q. contro un muro**, to hurl sb. against a wall; **s. una palla contro un vetro**, to slam (*o* to smash) a ball into a window pane; **s. un sasso contro q.**, to fling a stone at sb.; **s. via un libro**, to fling a book away; **s. minacce contro q.**, to hurl threats at sb.; **essere scaraventato in prigione**, to be flung into prison; **Con un pugno lo scaraventò dall'altra parte della stanza**, with a blow he sent him flying to the other end of the room; **s. le cose dappertutto**, to send things flying right and left **2** (*fig.*: *trasferire in una sede lontana*) to shift: **s. q. da Venezia a Roma**, to shift sb. from Venice to Rome. **B scaraventàrsi,** *v. rifl.* to dash; to fling* oneself; to hurl oneself; to dash; to tear*; to rush: **s. contro q.**, to hurl oneself at (*o* upon) sb.; to rush at sb.; **s. giù per le scale**, to dash (*o* to tear) down the stairs.
scarcassàto, *a.* (*fam.*) ramshackle; battered; delapidated: **auto scarcassata**, battered old car.
scarceraménto, *V.* **scarcerazione**.
scarceràre, *v. t.* to release from prison; to set* free.
scarcerazióne, *f.* release (from prison): **s. su cauzione**, release on bail.
scardàre, *v. t.* (*castagne*) to husk; to shuck.
scardassàre, *v. t.* (*ind. tess.*) to card; to tease.
scardassatóre, *m.* (*ind. tess.*) carder.
scardassatùra, *f.* (*ind. tess.*) carding; teasing.
scardàsso, *m.* (*ind. tess.*) combing card.
scardinaménto, *m.* **1** unhinging **2** (*fig.*) disruption; undermining.
scardinàre, A *v. t.* **1** (*togliere dai cardini*) to unhinge; to take* (st.) off its hinges **2** (*fig.*: *rovinare, distruggere*) to break* up; to destroy; to demolish; to disrupt; to undermine: **s. una famiglia**, to break up a family; **s. tutte le regole**, to destroy all rules; **s. le istituzioni**, to undermine society. **B scardinàrsi,** *v. i. pron.* **1** (*uscire dai cardini*) to come* off one's hinges **2** (*fig.*) to break* up; to be disrupted.
scàrdola, *f.* (*zool.*, *Scardinius erythrophtalmus*) rudd.
scàrica, *f.* **1** (*lo scaricare*) discharging; discharge; letting off **2** (*colpi di arma da fuoco*) burst, round, firing; (*di più armi insieme*) volley; (*di proiettili, frecce, ecc.*) volley, shower: **s. di fucileria**, round (*o* burst) of fire-arms (*o* rifle fire); fusillade; firing; **s. di artiglieria**, burst of artillery fire; **s. di mitra**, round of machine-gun fire; **s. di frecce**, volley (*o* shower) of arrows **3** (*grande quantità*) shower; hail; flood; storm; volley; stream: **s. di grandine**, shower of hail; **s. di pugni**, hail of blows; **s. di insulti**, storm of abuse **4** (*elettr.*) discharge; flash-over; (*tra elettrodi*) jump spark: **s. a bagliore**, glow discharge; **s. a fiocco**, brush discharge; **s. di un accumulatore**, discharge of a battery; **s. oscillante**, oscillatory discharge; **lampada a s.**, discharge lamp; **tubo a s.**, discharge tube **5** (*radio*, *TV*) atmospheric disturbance; atmospherics (*pl.*); static; stray **6** (*med.*) discharge (from the bowels); bowel movement **7** (*psic.*) – **s. affettiva**, emotional release.
scaricabarili, *m.* shifting (of) responsibility; passing the buck (*fam.*): **fare a s.**, to shift the responsibility (onto sb. else); to pass the buck (*fam.*).
scaricalàsino, *m.* (*gioco infant.*) piggyback: **giocare a s.**, to play piggyback.
scaricaménto, *m.* **1** (*di un peso, un carico*) unloading: **piano di s.**, unloading platform **2** (*di un'arma*: *sparando*) discharge, discharging; (*togliendo la carica*) unloading **3** (*fig.*) unburdening; relieving; release.
scaricàre, A *v. t.* **1** (*svuotare del carico*) to unload, to discharge, to empty; (*liberare da un peso, anche fig.*) to relieve, to unburden, to clear: **s. una nave**, to unload (*o* to discharge) a ship; **s. un camion**, to unload (*o* to empty) a lorry; (*ribaltando il pianale*) to tip a lorry; **s. un mulo**, to unburden a mule; **s. la coscienza**, to unburden (*o* to relieve) one's mind; **s. q. da qualsiasi responsabilità**, to relieve sb. from all responsibilities **2** (*togliere un carico*) to unload, to remove, to take* out of; (*su un molo*) to wharf; (*da un camion ribaltabile*) to tip: **Il cargo stava scaricando**, the cargo was unloading; **s. merci [carbone, pacchi]**, to unload goods [coal, parcels]; **s. il bagaglio da una macchina**, to take the luggage out of a car; to empty the boot (of a car); **s. ghiaia da un camion**, to tip gravel out of a lorry **3** (*far scendere persone*) to set* down, to drop, to let off; (*da una nave*) to land, to disembark: **L'autobus ci scaricò in una strada deserta**, the bus set us down in an empty street **4** (*fig. fam.*: *sbarazzarsi di*) to get* rid of, to drop, to offload; (*abbandonare*) to dump, to ditch: **È un tipo infido, meglio scaricarlo**, he's a shifty character, we'd better get rid of (*o* drop) him; **L'ho scaricato, quel verme**, I dumped (*o* got rid of) that creep; **Ha scaricato la sua ragazza**, he ditched his girlfriend **5** (*riversare*) to discharge, to empty, to drain, to pour; (*rovesciare, gettare*) to drop, to dump, to tip; (*in mare*) to jettison, to throw* overboard; (*da un aereo*) to drop, to jettison; (*fig.*: *insulti, colpi, ecc.*) to pour, to shower, to heap; (*addossare*) to offload, to shift: **s. le proprie acque**, to discharge one's waters; (*di un fiume*) to flow (into); **s. rifiuti**, to dump rubbish; to tip rubbish (*GB*); to dump garbage (*USA*); **s. zavorra [carburante]**, to jettison ballast [fuel]; (*di aereo*) **s. in volo**, to jettison; **s. bombe**, to drop bombs; **Ha scaricato tutte le sue valige in salotto**, he dumped all his suitcases in the drawing-room; **La libreria scarica il peso su un muro maestro**, the bookcase discharges its weight on to a retaining wall; **s. insulti addosso a q.**, to heap abuse on sb.; **s. una responsabilità su q.**, to shift (*o* to offload) a responsibility on to sb.; **s. la colpa addosso a q.**, to shift (*o* to lay, to pin) the blame on sb.; **Le scarica addosso tutti i suoi problemi**, he unloads all his worries on to her **6** (*sparare*) to empty, to discharge; (*togliere il caricatore, i proiettili*) to unload: **Scaricò la rivoltella addosso al poliziotto**, he emptied his gun into the policeman **7** (*svuotare*) to empty; to discharge; to drain; to exhaust: **s. una cisterna [una caldaia]**, to empty (*o* to drain) a tank [a boiler] **8** (*far uscire acqua, gas, vapore e sim.*) to let* out; to discharge; to exhaust **9** (*fisiol.*) to empty the bowels; to evacuate **10** (*elettr.*) to discharge; to run* down: **s. una batteria**, to run down a battery **11** (*mecc.*) to let* (st.) run down; (*una molla*) to release **12** (*fig.*: *sfogare*) to let* off; to relieve; to vent: **s. la propria ira**, to vent one's anger; **s. il proprio risentimento su q.**, to vent one's resentment on sb.; to take one's resentment out on sb.; **s. la tensione**, to relieve one's tension; (*fam.*) to unwind; **Il lavoro a maglia mi scarica**, knitting helps me unwind **13** (*amm.*, *comm.*) to write* down; to cancel; (*dedurre*) to deduct: **s. una partita di merce**, to write down a consignment of goods; **s. le spese [l'IVA]**, to deduct expenses [VAT] **14** (*elab.*: *dischi*) to unload; (*trascrivere*) to dump; (*trasferire*) to download. **B** *v. i.* **1** (*fisiol.*) to evacuate; to have a bowel movement **2** (*elettr.*) to discharge. **C scaricàrsi,** *v. rifl.* **1** (*di un peso*) to put* down (st.); (*anche fig.*) to relieve oneself (of st.), to free oneself

(from st.), to unburden oneself (of st.): **s. di un grosso peso**, to relieve oneself of a heavy load (*fig.*: of a great burden); **s. di un segreto**, to relieve oneself of a secret **2** (*assol.*: *liberarsi, sfogarsi*) to unburden one's mind (*o* oneself), to relieve oneself, to give* vent to one's feelings, to pour everything out (*fam.*), to let* off steam (*fam.*); (*rilassarsi*) to unwind*, to relax **3** (*fisiol.*) to evacuate; to empty oneself; to relieve oneself. **D scaricàrsi,** *v. i. pron.* **1** (*di orologio e sim.*) to run* down **2** (*di batteria e sim.*) to run* down; to go* flat (*o* dead) **3** (*di gas e sim.*) to exhaust; to escape, to run* out **4** (*di acque, fiumi*) to discharge (into); to flow (into); to empty itself (into) **5** (*di temporale*) to break*, to hit* (st.); (*di fulmine*) to strike* (st.): **Il temporale si scaricò nella valle**, the storm hit the valley; **Il fulmine si è scaricato sul comignolo**, the lightning struck the chimney-top.

scaricatóio, *m.* **1** unloading place; (*per rifiuti*) dump, (rubbish) tip (*GB*) **2** (*canale di scarico*) drain; sewer.

scaricatóre, A *m.* **1** (*f.* **-trice**) unloader **2** (*di porto*) docker; dockhand; stevedore; longshoreman* (*USA*) **3** (*tubo di scarico*) drainpipe; waste pipe **4** (*elettr.*) discharger; arrester. ● **linguaggio da s.**, foul language. **B** *a.* drainage (*attr.*).

scàrico (1), *a.* **1** (*non carico*) unloaded, unburdened; (*senza carico*) unladen; (*vuoto*) empty: **una nave scarica**, an unloaded ship; **un mulo s.**, a burdenless mule; **ritornare col camion s.**, to drive back with an empty lorry; **peso a veicolo s.**, weight of the unladen vehicle **2** (*di arma da fuoco*) unloaded; discharged **3** (*di orologio*) run-down (*attr.*): **Il mio orologio è s.**, my watch has run down **4** (*elettr.*) uncharged; (*di batteria*) run-down (*attr.*), flat, dead **5** (*di molla*) released **6** (*fig.*: *libero*) empty; clear; free; unburdened: **naso s.**, clear nose.

scàrico (2), *m.* **1** (*rimozione di un carico*) unloading, discharging, discharge; (*di un peso, anche fig.*) unloading, unburdening, release; (*da un camion*) dumping, tipping (*GB*); (*svuotamento*) emptying, clearing: **lo s. delle merci**, the unloading (*o* the discharging) of (the) goods; **lo s. d'una nave**, the unloading of a ship; **fare lo s. di una nave**, to unload a ship; (*naut.*) **s. in mare**, jettisoning; dumping overboard; (*aeron.*) **s. in volo**, jettisoning; **porto di s.**, port of discharge; **lo s. dei rifiuti**, the tipping of rubbish (*GB*); the dumping of garbage (*USA*) **2** (*di liquidi*: *svuotamento*) draining; (*via di s.*) spout, tap, drainpipe; (*edil.*) drainage (*GB*), sewage; (*canale di scolo*) outlet, drain, spillway; (*fognatura*) sewer; (*di lavandino*) sink: **s. d'acqua (piovana)**, (water-)drain; **acque di s.**, drain water; waste water; **canale di s.**, drainpipe; drainage conduit; spillway; **rubinetto di s.**, drain cock; **tubo di s.**, drainpipe; waste pipe; **s. intasato**, blocked drain; **s. della doccia di gronda**, down spout **3** (*di gas*: *lo scaricare*) emission, exhaust; (*via di s.*) exhaust, blow-hole, escape pipe; (*mecc.*) escape; (*di motore*) exhaust: **collettore di s.**, (*di motore stellare*) exhaust ring; (*di motore in linea*) exhaust manifold; **cono di s.**, exhaust cone; **tubo di s.**, escape pipe; (*di scappamento*) exhaust pipe; **valvola di s.**, escape valve; exhaust valve; **vapore di s.**, exhaust **4** (*elettr.*) discharge: **tensione di s.**, discharge pressure **5** (*fig.*: *discarico*) defence; justification; extenuation: **a proprio s.**, in one's (own) defence; in self-defence; to justify oneself; **a s. di coscienza**, to clear one's conscience; **a s. di responsabilità**, to avoid all responsibility **6** (*comm.*) cancellation: **bolletta di s.**, discharge receipt; **registro di carico e s.**, stock book; **numero di s.**, (*di una somma*) paying-out number; (*di materiale*) going-out number **7** (*elab.*) unloading: **circuito di s.**, unloading circuit. ● **scarichi industriali**, industrial waste (*o* emissions). ● **divieto di s.**, no dumping □ (*fig.*) **valvola di s.**, safety valve.

scarificàre, *v. t.* (*med., agric.*) to scarify.

scarificatóre, *m.* (*med., agric.*) scarifier.

scarificazióne, *f.* (*med., agric.*) scarification.

scariòla, *V.* **scarola**.

scarióso, *a.* (*bot.*) scarious.

scarlattìna, *f.* (*med.*) scarlet fever; scarlatina.

scarlattinóso, (*med.*) **A** *a.* **1** (*relativo alla scarlattina*) scarlatinal **2** (*affetto da scarlattina*) scarlatinous. **B** *m.* (*f.* **-a**) person affected with scarlet fever.

scarlàtto, *a.* e *m.* scarlet: **rosso s.**, scarlet red; **vestito di s.**, dressed in scarlet; **farsi s. in viso**, to flush scarlet.

scarmigliàre, A *v. t.* to dishevel; to tousle (*o* to ruffle) sb.'s hair. **B scarmigliàrsi,** *v. rifl.* to ruffle (*o* to tousle) one's hair. **C scarmigliàrsi,** *v. i. pron.* to get* ruffled; to get* dishevelled.

scarmigliàto, *a.* dishevelled; ruffled; tousled; (*in disordine*) unkempt, untidy.

scarnàre, *v. t.* (*conceria*) to flesh.

scarnatrìce, *f.* (*conceria*) fleshing machine.

scarnatùra, *f.* (*conceria*) fleshing.

scarnificàre, *v. t.* to take* the flesh off (st., sb.); to strip the flesh off (st.).

scarnificazióne, *f.* stripping of flesh.

scarnìre, *v. t.* **1** to strip the flesh off (st.) **2** (*fig.*: *rendere scarno*) to strip bare; to pare down.

scarnìto, *a.* **1** stripped of flesh **2** (*magrissimo*) skinny; lean; gaunt **3** (*fig.*: *spoglio*) bare.

scàrno, *a.* **1** lean; bony; raw-boned; gaunt; skinny; scraggy: **mani scarne**, skinny hands; **un viso s.**, a gaunt face **2** (*fig.*: *spoglio, disadorno*) spare, bare; (*povero, insufficiente*) meagre, scanty, inadequate, poor: **prosa scarna**, spare prose; **tema s.**, poor (*o* feeble) essay; **Le informazioni sono molto scarne**, there is scanty information.

scàro, *m.* (*zool., Sparisoma cretense*) scarus*; parrotfish.

scarógna, scarognàto, *V.* **scalogna (1), scalognato**.

scaròla, *f.* (*bot., Lactuca scarola*) prickly lettuce.

scàrpa (1), *f.* **1** shoe; (*s. alta, stivaletto*) boot; (*s. pesante*) brogue: **scarpe da uomo [da donna]**, men's [women's] shoes; **scarpe basse**, flat shoes; flats; flatties (*fam.*); **scarpe a punta**, pointed shoes; **scarpe a punta quadra**, square-toed shoes; **scarpe allacciate**, lace-up shoes; **scarpe che calzano bene [male]**, well-fitting [ill-fitting] shoes; **Queste scarpe non calzano bene**, these shoes are not the right size; **scarpe col tacco alto [basso, a spillo]**, high-heeled [low-heeled, spike-heeled *o* stiletto-heeled] shoes; **scarpe di cuoio**, leather shoes; **scarpe di vernice**, patent leather shoes; **scarpe di tela**, sandshoes; **scarpe scamosciate (*o* di camoscio)**, suede shoes; **scarpe ortopediche**, (*med.*) orthopaedic shoes, surgical boots; (*tipo di scarpe da donna*) wedge-heeled shoes, wedgies (*fam.*); **scarpe da ginnastica**, gym shoes; plimsolls; pumps; sneakers (*USA*); **scarpe da tennis**, tennis shoes; trainers; **scarpe chiodate** hobnailed boots; (*per l'atletica*) track shoes, spiked running shoes, spikes (*fam.*); **scarpe scollate**, court shoes; pumps; **scarpe sfondate**, worn-out shoes; **scarpe strette**, tight shoes; shoes that pinch; **Ho le scarpe strette**, my shoes pinch; **un paio di scarpe comode**, a pair of comfortable shoes; **scarpe di ricambio**, a pair of spare shoes; **infilarsi [mettersi, togliersi, sfilarsi] le scarpe**, to slip on [to put on, to take off, to slip off] one's shoes; **numero di s.**, shoe size; **Che numero di s. porta?**, what size of shoes do you take? **2** (*cuneo di puntello per veicoli*) shoe; skid **3** (*fig. fam.*: *persona incapace*) washout; flop; dud; dead loss. ● (*naut.*) **s. dell'ancora**, anchor fluke chock □ (*fam.*) **s. vecchia**, (*incapace*) washout, dead loss; (*spreg., di donna*) old bag □ (*fig.*) **avere il cervello nelle scarpe (*o* il giudizio sotto la suola delle scarpe)**, to have no brains (at all) □ (*fam., fig.*) **fare le scarpe a q.**, to oust sb. (from his post); to stab sb. in the back □ (*fig.*) **morire con le scarpe ai piedi (*o* mettere le scarpe al sole)**, to die in one's boots □ **non essere degno di legare (*o* lustrare) le scarpe a q.**, not to be fit to tie sb.'s shoelaces (*o* shoestrings) □ **senza scarpe**, shoeless; barefoot: **andare in giro senza scarpe**, to go round barefoot.

scàrpa (2), *f.* (*edil.*: *terrapieno*) scarp, batter; (*pendio*) slope: **a s.**, sloping (*agg.*); inclined (*agg.*); **muro a s.**, scarp wall.

scarpàio, *m.* (itinerant) shoe vendor.

scarpàta (1), *f.* (*di terrapieno*) escarp, scarp, bank, escarpment; (*pendio*) slope: (*geol.*) **s. continentale**, continental slope.

scarpàta (2), *f.* (*colpo dato con una scarpa*) blow with a shoe. ● **dare una s. a q.**, to hit sb. with a shoe.

scarpétta, *f.* **1** (*scarpa da bambino*) child's shoe **2** (*scarpa bassa e leggera*) (light, low-heeled) shoe: **scarpette da ballo**, ballet shoes; dancing shoes; pumps; **scarpette da ginnastica**, gym shoes; plimsolls; sneakers (*USA*); **scarpette da tennis**, tennis shoes; **scarpette chiodate**, track shoes; spiked running shoes; spikes (*fam.*). ● (*bot.*) **s. di Venere** (*Cypripedium calceolus*), lady's-slipper; cypripedium □ (*fam.*) **fare la s.**, to clean one's plate with a piece of bread.

scarpièra, *f.* **1** (*armadietto*) shoe cupboard; (*aperta*) shoe rack **2** (*borsa per scarpe*) shoe bag.

scarpìna, *f.* (*per neonato*) bootee.

scarpinàre, *v. i.* (*fam.*) to tramp; to trek; to traipse; to trudge.

scarpinàta, *f.* (*fam.*) long walk; tramp; trek.

scarpìno, *m.* (*da sera, da ballo*) pump.

scarpóne, *m.* boot; heavy boot: **scarponi chiodati (*o* ferrati)**, hobnailed boots; **scarponi da montagna**, mountaineering (*o* climbing) boots; **scarponi militari [da sci]**, army [ski] boots.

scarriolànte, *m.* worker who uses a wheelbarrow; wheelbarrow pusher.

scarriolàre, *v. i.* e *t.* to wheelbarrow.

scarrocciàre, *v. i.* (*naut.*) to make* leeway; to sag: **s. sottovento**, to sag to leeward.

scarròccio, *m.* (*naut.*) drift; leeway; sag: **andare a s.**, to make leeway; to sag to leeward.

scarrozzàre, A *v. t.* to drive* around; to take* for a drive; to chauffeur around; to cart around (*fam.*): **Mi hanno scarrozzato per tutta la città**, they drove me around the whole town; **Sono stufo di s. gli ospiti**, I'm fed up of chauffeuring guests around. **B** *v. i.* to drive* about; to go* for a drive.

scarrozzàta, *f.* drive; driving trip: **fare una s. in campagna**, to go for a drive in the country.

scarrucolaménto, *m.* **1** (*scorrimento in una carrucola*) running (of a rope) over a pulley **2** (*uscita dalla carrucola*) slipping (of a rope) off a pulley.

scarrucolàre, A *v. i.* **1** (*scorrere nella carrucola*) to run* over a pulley **2** (*uscire dalla carrucola*) to slip off a pulley. **B** *v. t.* (*far uscire dalla carrucola*) to disentangle (a rope) from a pulley, to slip (a rope) off a pulley; (*far scorrere*) to release.

scarrucolìo, *m.* **1** running (of a rope) over a pulley **2** sound of a running pulley.

scarruffàre, A *v. t.* to ruffle (sb.'s) hair; to dishevel (sb.'s) hair. **B scarruffàrsi,** *v. rifl.* to ruffle one's hair; to dishevel one's hair.

scarsaménte, *avv.* (*poco*) scarcely, scantily, sparely, little, not very, not much, under- (*pref.*); (*male, in modo insufficiente*) poorly, badly, barely, ill- (*pref.*): **s. conosciuto**, little-known; not very well known; not much known; **s. letto**, not much read; **s. richiesto**, not much in demand; not in great demand; **regione s. popolata**, underpopulated region; **s. illuminato**, poorly (*o* badly) lit; **s. dotato**, not very well-endowed; (*di intelligenza*) not very clever (*o* bright); (*di talento*) untalented, mediocre; **s. fornito**, ill-equipped.

scarseggiàre, *v. i.* **1** (*essere poco*) to be scarce, to be in short supply; (*diminuire*) to become* scarce, to be running short, to be running out: **Scarseggia lo zucchero**, sugar is scarce; there is little sugar; **I viveri scarseggiano**, provisions are running out; **Scarseggiano le buone idee**, good ideas are becoming scarce; there are few good ideas around; good ideas have become few and far between; **I raccolti scarseggiavano quell'anno**, crops failed that year **2** (*mancare di q.c.*) to be short of, to run* short of; (*di cose astratte*) to lack, to be lacking in, to be short on: **s. di vino [di denaro]**, to be short of wine [of money]; **s. di logica [di buon senso]**, to be lacking in logic [in common sense].

scarsèlla, *f.* **1** money-bag; purse **2** (*fam.*) pocket: **metter mano alla s.**, to put one's hand into one's pocket; to dip into one's purse (*o* pocket).

scarsézza, **scarsità**, *f.* scarcity; scarceness; shortage; slenderness; stringency; paucity; insufficiency; scantiness; shortage; poverty; lack; want; dearth; deficiency: **s. di cibo [d'acqua, di benzina]**, scarcity (*o* shortage) of food [of water, of petrol]; **s. di denaro**, shortage of money; financial stringency; **s. di mezzi**, lack (*o* slenderness) of means; **s. di manodopera**, labour shortage; **s. di personale**, lack of personnel; **s. di fondi**, lack of funds; **s. di idee**, dearth of ideas; **s. di ingegno [di buon senso]**, lack (*o* want) of brains [of common sense].

scàrso, *a.* (*poco*) scarce, scanty, scant, meagre, slender; (*debole, insufficiente, limitato*) feeble, weak, little, poor, small, limited; (*manchevole*) short, low, insufficient, inadequate, lacking (*pred.*), wanting (*pred.*); (*poco numeroso*) scarce, small, little (*pl.* few); (*di pesi, misure, ecc.*) a bare, barely (*avv.*): **L'acqua [la benzina] è scarsa in città**, water [petrol] is scarce in town; **annata scarsa**, lean year; **scarse capacità**, limited abilities; **scarsa importanza**, little (*o* scant, limited) importance; **informazioni scarse**, scanty (*o* limited) information; **luce scarsa**, faint (*o* poor) light; **scarsi mezzi**, scanty (*o* slender) means; **s. pubblico**, small (*o* scanty) audience; **raccolto s.**, lean harvest; poor (*o* meagre) crop; **reddito s.**, poor (*o* inadequate) income; **risorse scarse**, meagre (*o* slender, poor) resources; **vista scarsa**, poor sight; **I clienti sono scarsi oggi**, customers are few today; **un etto s.**, a bare hundred grams, barely one hundred grams; **tre metri scarsi**, a bare three metres; barely three metres. ● **s. a quattrini**, short of money □ **scarsa attenzione**, scant (*o* little) attention: **prestare scarsa attenzione a q.c.**, to pay scant (*o* little) attention to st. □ **s. entusiasmo**, lack of enthusiasm; poor welcome □ **scarsa giustizia**, scant justice: **rendere scarsa giustizia**, to do scant justice (to) □ **scarsa importanza**, little importance; insignificance □ **scarsa misura**, short measure: **di scarsa misura**, by a short measure □ **scarsa praticità**, impracticality; unpracticality; little use: **di scarsa praticità**, of little use; impractical (*agg.*) □ **s. riguardo**, little regard □ **scarse probabilità**, little chance; long odds □ **scarsa visibilità**, poor visibility □ **di s. aiuto**, of little help; ineffective □ **di s. ingegno**, untalented □ **di s. interesse**, of little interest; uninteresting (*agg.*) □ (*fig.*) **di s. peso**, lightweigh (*agg.*); minor (*agg.*); carrying little weight □ **essere s. di q.c.**, to lack in st.; to be lacking (*o* wanting) in st.; to be short on st. □ **essere s. in latino**, to be weak in Latin □ **farsi s.**, to become scarce; to run short; to fail □ **merce di s. valore**, third-rate goods.

scartabellàre, *v. t.* to flip the pages of; to look through.

scartafàccio, *m.* **1** notebook; jotter **2** (*libro malridotto*) tattered book **3** (*comm.*) waste book.

scartaménto, *m.* (*ferr.*) gauge: **s. normale [ridotto]**, standard [narrow] gauge. ● (*fig.*) **a s. ridotto**, (*breve*) short; (*limitato*) limited, curtailed; (*modesto*) unpretentious, middling.

scartàre (1), *v. t.* (*una cosa incartata*) to unwrap.

scartàre (2), *v. t.* **1** (*eliminare*) to discard, to reject, to rule out; (*buttar via*) to throw* away, to cast* off; (*accantonare*) to put* aside; (*respingere*: *proposte, progetti, ecc.*) to discard, to exclude, to rule out, to wave aside, to scrap (*fam.*): **s. i vestiti vecchi**, to discard (*o* to throw away) old clothes; **s. la merce avariata**, to discard damaged goods; **s. i pezzi difettosi**, to reject defective pieces; **essere scartato in favore di un altro**, to be rejected in favour of someone else; **In questa casa non si scarta niente**, nothing is thrown away in this house; **s. un'ipotesi [un piano]**, to discard a hypothesis [a plan]; **s. la possibilità di un compromesso**, to rule out (*o* to exclude) the possibility of a compromise; **È un progetto da s.**, the whole plan should be scrapped **2** (*nei giochi di carte*) to discard: **s. alto [basso]**, to discard a high [a low] card **3** (*mil.*) to reject (for military service); to declare unfit.

scartàre (3), **A** *v. i.* **1** (*deviare bruscamente*: *di veicoli*) to swerve, to sheer, to veer off, to deviate; (*di animali*) to swerve, to shy, to sidestep **2** (*sport*) to sidestep; to dodge. **B** *v. t.* (*sport*) to sidestep; to dodge.

scartàta, *f.* V. **scarto (2)**, *def. 1.*

scartàto, **A** *a.* discarded; cast-off; rejected: **vestiti scartati**, cast-off clothes; **cosa scartata**, reject. **B** *m.* (*mil.*) reject.

scartavetràre, *v. t.* to sandpaper; to sand.

scartavetràta, *f.* (quick) sanding.

scartellaménto, *m.* (*banca*) disregarding the norms of a banking cartel.

scartellàre, *v. i.* (*banca*) to disregard the norms of a banking cartel.

scartina, *f.* **1** (*nei giochi di carte*) low card **2** (*fig. fam.*) pipsqueak; small fry; small potato (*USA*); zilch (*USA*).

scartinàre, *v. t.* (*tipogr.*) to slip-sheet.

scartino, *m.* **1** V. **scartina 2** (*tipogr.*) slip sheet.

scàrto (1), *m.* **1** (*lo scartare*) discard; discarding: **fare uno s. dei vestiti vecchi**, to discard old clothes **2** (*cosa scartata*) discard, scrap, reject, castoff, castaway; (*al pl.*) waste, wastage, spoilage, rubbish; (*frattaglie*) offal; (*mecc.*) scrap, reject, rejection: **s. di produzione**, production reject (*o* rejection); **scarti di magazzino**, rejects; **riciclare gli s.**, to recycle scraps **3** (*nei giochi di carte*) discarding; (*carta scartata*) discard, (*al bridge*) slough: **fare uno s.**, to discard; **sbagliare lo s.**, to discard the wrong card **4** (*elab.*) reject **5** (*fig. spreg.*) good-for-nothing; dud (*pop.*). ● **scarti della società**, social misfits; dropouts □ (*mil.*) **s. di leva**, rejected conscript □ **di s.**, rejected; waste (*attr.*): **prodotto di s.**, rejected article; **roba di s.**, rubbish; waste matter □ (*fig.*) **mettere fra gli scarti**, to put on the scrap heap □ **uno s. d'uomo**, a runt.

scàrto (2), *m.* **1** (*di veicolo*) swerve, lurch; (*di animale*) shy, swerve, sidestep: **fare (*o* avere) uno s.**, to swerve; to lurch; (*di animale*) to shy **2** (*margine, differenza*) margin; spread; gap; lag: **pochi centimetri di s.**, a few centimetres' margin (*o* gap); **con un notevole s.**, by a wide margin; **vincere con uno s. di pochi punti**, to win by a few points; **s. temporale**, time gap; time lag; (*Borsa, fin.*) **s. di garanzia**, safety margin **3** (*stat.*) deviation; error: **s. medio**, mean deviation; **s. quadratico (medio)**, (standard) deviation; **s. d'ordine**, ordering bias.

scartocciàre, *v. t.* **1** to unwrap **2** (*agric.*) to husk; to strip.

scartocciatùra, *f.* **1** unwrapping **2** (*agric.*) husking; stripping.

scartòffia, *f.* (*specialm. al pl.*: *mucchio di carte*) (heap of) papers; (*carte di lavoro*) paperwork; (*iter burocratico*) red tape: **una scrivania ingombra di scartoffie**, a desk cluttered with papers; **Devo compilare un sacco di scartoffie**, I have to fill in heaps of papers (*o* to get through a lot of red tape); **Vuoi lasciare un attimo quelle scartoffie e ascoltarmi?**, will you please leave your paperwork for a moment and listen to me?; **Prendi le tue scartoffie e fila!**, take up your stupid papers and get out!

scartòmetro, *m.* (*miss.*) deviation metre.

scàssa, *f.* (*naut.*) step: **s. d'albero**, mast step.

scassaquìndici, *m.* (*gioco*) top fifteen.

scassàre, **A** *v. t.* **1** (*agric.*) to break* up; to plough up **2** (*fam.*: *rompere*) to wreck; to smash; to bust; to bung up (*USA*): **Ha scassato la macchina**, he has wrecked the car; **s. la radio**, to bust the radio. **B scassàrsi**, *v. i. pron.* (*fam.*: *rompersi*) to break*: **Guarda che così si scassa!**, you'll break it if you are not careful!; **Mi si è scassato il videoregistratore**, my video is bust.

scassàto, *a.* **1** (*agric.*) broken up; ploughed up **2** (*fam.*) wrecked; smashed; bust, busted.

scassinaménto, *m.* forcing; breaking open.

scassinàre, *v. t.* to force; to break* open; to break* into: **s. una porta [una finestra]**, to force a door [a window]; to break a door [a window] open; **s. una cassaforte**, to break open a safe; **s. una serratura**, to pick a lock.

scassinatóre, *m.* (*f.* **-trice**) (*di casa*) housebreaker, burglar; (*di banca*) bank robber; (*di cassaforte*) safe-breaker, safe-cracker; (*di serratura*) picklock; (*di negozio*) shop-breaker.

scassinatùra, *V.* **scassinamento**.

scàsso, *m.* **1** (*lo scassinare*) house-breaking, burglary; (*di serratura*) lock-picking **2** (*agric.*) breaking up. ● (*leg.*) **furto con s.**, house-breaking; burglary.

scatafàscio, *V.* **catafascio**.

scatarràre, *v. i.* to hawk.

scatarràta, *f.* hawking.

scatenaménto, *m.* **1** unchaining **2** (*lo scatenarsi*) outburst; outbreak; unleashing.

scatenàre, **A** *v. t.* **1** (*sciogliere dalla catena*) to unchain; to let* loose **2** (*aizzare*) to stir up; to incite; to rouse: **s. la folla contro q.**, to incite the mob against sb. **3** (*suscitare*) to rouse, to provoke, to stir up; (*dare inizio a*) to trigger off, to set* off, to spark off, to unleash: **La notizia scatenò l'interesse generale**, the news roused everybody's interest; **s. risate**, to provoke general laughter; to make everybody laugh; **s. l'ira di q.**, to stir up (*o* to rouse) sb.'s anger; **s. una crisi internazionale**, to spark off an international crisis; **s. una rivolta**, to spark off a rebellion; **s. una guerra**, to trigger off (*o* to cause, to set off) a war; **s. un putiferio**, to raise hell (*fam.*); to raise Cain (*fam.*). **B scatenàrsi**, *v. i. pron.* (*scoppiare, prorompere*) to break* out, to burst* out, to explode; (*sfrenarsi*) to run* wild, to storm, to go* on the rampage, to rage; (*darsi alla pazza gioia*) to run* riot, to go* wild: **Si scatenò la guerra**, war broke out; **Si scatenò il vento**, the wind rose; **La sua ira si scatenò contro di me**, I got the brunt of his anger; **Quando sono soli i nostri bambini si scatenano**, our children run wild when they are left alone.

scatenàto, *a.* (*privo di freno*) unbridled; unrestrained; wild; rampant. ● (*fam.*) **diavolo s.**, holy terror □ **furia scatenata**, unrestrained fury □ **pazzo s.**, raving mad □ **venti scatenati**, raging winds.

scatenio, *m.* rattling of chains.

scatofagia, *f.* (*med.*) scatophagy.

scàtola, *f.* **1** box; (*di cartone*) (cardboard) box, carton; (*di latta*) tin, can (*USA*); (*astuc-*

cio) case: **s. di cioccolatini**, box of chocolates; **s. di biscotti**, tin (*o* box) of biscuits; **s. da biscotti**, biscuit tin; **s. di fiammiferi**, (*con i fiammiferi*) box of matches; (*solo la scatola*) matchbox; **s. per cappelli**, hatbox; bandbox; **s. da imballaggio**, packing case; **s. di compassi**, compass case **2** (*mecc.*, *elettr.*) box; case; housing. ● **s. a sorpresa** (*o* **s. magica**), jack-in-the-box □ **scatole cinesi**, Chinese boxes; nested boxes □ (*anat.*) **s. cranica**, skull; cranium □ **s. degli attrezzi**, toolkit □ (*autom.*) **s. del cambio**, gearbox casing; transmission case □ (*autom.*) **s. del differenziale**, differential (gear) carrier □ (*autom.*) **s. dello sterzo**, steering box □ **s. di colori**, paintbox □ (*elettr.*) **s. di connessione** (*o* **di giunzione**), junction box □ (*elettr.*) **s. di derivazione**, connector block □ **s. di montaggio**, kit □ **s. igrometrica**, weather box □ (*mus.*) **s. musicale**, music (*o* musical) box □ (*aeron.*) **s. nera**, black box □ **a scatola chiusa**, sight unseen: **comprare a s. chiusa**, to buy sight unseen; to buy a pig in a poke (*fam.*) □ (*fig.*, *pop.*) **averne piene le scatole**, to have had more than enough; to be fed up to one's back teeth □ (*pop.*) **far girare le scatole a q.**, to get sb.'s goat; to get on sb.'s wick □ **in s.**, in boxes; in cartons; (*di cibi*) tinned (*agg.*), canned (*agg.*, *USA*): **carne [piselli] in s.**, tinned (*o* canned) meat [peas]; **mettere (cibi) in s.**, to tin; to can (*USA*) □ **lettere di s.**, block letters □ (*fig. pop.*) **rompere le scatole a q.**, to be a pain in the neck □ (*pop.*) **stare sulle scatole a q.**, to get on sb.'s wick; to get sb.'s goat □ (*pop.*) **togliersi dalle s.**, (*andarsene*) to clear off, to piss off (*volg.*); (*lasciare in pace*) to get out of sb.'s hair, to get off sb.'s back.

scatolàio, *m.* **1** (*fabbricante*) box maker **2** (*venditore*) box seller.

scatolàme, *m.* **1** boxes (*pl.*) **2** (*cibo in scatola*) tins (*pl.*); cans (*pl. USA*); tinned food; canned food (*USA*): **mangiare solo s.**, to live out of tins (*o* cans).

scatolàre, *a.* box (*attr.*); box-shaped.

scatolàta, *f.* (content of a) box.

scatolàto, **A** *a.* tinned; canned (*USA*). **B** *V.* scatolame, *def. 2*.

scatolétta, *f.* tin; can (*USA*).

scatolificio, *m.* box factory.

scatolino, *m.* little box; pillbox. ● (*fig.*) **tenere q. nello s.**, to cosset sb.; to coddle sb. □ (*fig.*) **uscito da uno s.**, dapper; natty.

scatòlo, *m.* (*chim.*) skatole.

scatologia, *f.* scatology.

scatològico, *a.* scatologic; scatological.

scattànte, *a.* **1** (*compiuto di scatto, immediato*) quick; snappy; prompt; flying: **partenza s.**, flying start **2** (*agile, vivace*) nimble, springing, spry, brisk, sprightly; (*del fisico*) nimble, trim, supple, dashing, svelte, fit: **figura s.**, nimble (*o* trim, supple) figure; **motore s.**, trim engine **3** (*fig.*: *sveglio, energico*) smart; quick off the mark (*pred.*); wide-awake. ● **camminare con passo s.**, to walk with a spring in one's step.

scattàre, **A** *v. i.* **1** (*di molla, percussore e sim.*) to go* off, to be released; (*di serratura, chiavistello e sim.*) to click, to snap, to spring*; (*di otturatore*) to snap, to click; (*di contatore, lancette*) to tick; (*chiudersi di scatto*) to spring* to, to spring* shut, to snap shut, to click shut; (*aprirsi di scatto*) to spring* open, to snap open, to click open **2** (*muoversi rapidamente, balzare*) to spring*, to jump, to leap*; (*per sorpresa o paura*) to bolt, to make* a bolt; (*sbrigarsi*) to jump (*o* to snap) to it: **s. in piedi**, to spring (*o* to jump) to one's feet; to jump up; **s. verso la porta**, to spring to the door; (*per scappare*) to make a bolt (*o* to bolt) for the door; **Scattò a sedere sul letto**, he bolted upright in bed; **Quando ti chiamo devi s.!**, you must jump to it (*o* snap to it), when I call you! **3** (*sport*) to sprint; to spurt; to make* a burst **4** (*fig.*: *rispondere seccamente*) to snap (at sb.); (*adirarsi*) to lose* one's temper, to fly* into a rage, to fly* off the handle (*fam.*) **5** (*fig.*: *passare a un livello superiore*) to go* up; to jump; to increase; to rise*: **s. di grado**, to go up a level; **La contingenza è scattata di tre punti**, the cost-of-living index went up by three points **6** (*fig.*: *avere inizio*) to start, to begin*, to kick off (*fam.*); (*manifestarsi*) to be triggered; (*entrare in vigore*) to become effective: **L'operazione «Spiagge pulite» è scattata all'alba**, Operation «Clean Beaches» started (*o* kicked off) at dawn; **In questi casi scatta un meccanismo di difesa**, in such cases a defence mechanism is triggered; **Domani scattano le prime misure economiche**, the first economic measures will become effective tomorrow. ● (*fig.*) **s. anzitempo**, to jump the gun; to go off at half-cock □ **s. a vuoto** (*di arma da fuoco*), to misfire □ **s. su come una molla**, to spring up □ **s. sull'attenti**, to spring (*o* to leap) to attention □ **far s. il grilletto**, to pull the trigger □ **far s. una molla**, to release a spring □ **far s. una serratura [una trappola]**, to spring a lock [a trap] □ **far s. un interruttore**, to trip a switch. **B** *v. t.* (*fotogr.*) to take* (a photo, a snap), to snap (a photo); (*assol.*) to click: **s. un'istantanea**, to snap a photo.

scattista, *m.* e *f.* (*sport*) sprinter.

scàtto, *m.* **1** (*mecc.*: *lo scattare*) release, click, snap; (*rumore*) click, snap: **lo s. d'una serratura**, the click of a lock; **lo s. di una molla**, the release of a spring **2** (*dispositivo mecc.*) release, trigger, trip, catch; (*molla*) spring **3** (*movimento brusco*) jerk, fling, bolt; (*sobbalzo*) start, jump; (*balzo*) spring, jump, leap **4** (*sport*) sprint; spurt: **Con un ultimo s. tagliò il traguardo**, with a final spurt he crossed the finishing line **5** (*fig.*: *scoppio emotivo*) outburst, fit, access; (*impulso*) impulse: **uno s. d'ira**, an outburst (*o* a fit) of anger; **s. di rabbia [di gelosia]**, fit of temper [of jealousy]; **uno s. di generosità**, a generous impulse; **avere uno s. d'ira**, to burst out; to fly out in anger **6** (*aumento*) (automatic) increase (*o* increment, rise); (*promozione*) automatic promotion **7** (*telef.*) unit **8** (*di contatore*) tick. ● **s. automatico**, (*mecc.*) automatic release; (*fotogr.*) self-timer □ **s. a vuoto** (*di arma da fuoco*), misfire □ (*econ.*) **s. della contingenza**, cost-of-living increase; rise in the cost of living □ (*fotogr.*) **s. dell'otturatore**, shutter release □ **s. del percussore**, release of the firing-pin □ **s. di anzianità**, increase (of salary) according to age; seniority increase □ **s. di carriera**, promotion □ **s. di stipendio**, salary increase (*o* increment) □ **alzarsi di s.**, to jump up; to jump to one's feet □ **aprirsi [chiudersi] di scatto**, to spring open [shut]; to snap open [shut]; to click open [shut] □ **a scatti**, haltingly; jerkily; by fits and starts: **parlare a scatti**, to talk haltingly; **camminare a scatti**, to walk jerkily; **avanzare a scatti**, to jerk forward; to jerk along; to jolt along; **progredire a scatti**, to progress by fits and starts □ **coltello a s.**, flick knife □ **chiusura a s.**, snap □ (*mecc.*) **disinnesto a s.**, trip; tripper □ (*mecc.*) **dispositivo di s.**, release; trip gear □ **di s.**, (*all'improvviso*) suddenly, all of a sudden, abruptly; (*con un sobbalzo*) with a start □ (*sport*) **fare uno s.**, to sprint; to spurt □ **interruttore a s.**, snap switch □ (*mecc.*) **leva di s.**, release trigger □ **serratura a s.**, spring-lock; dead-lock.

scaturìgine, *f.* (*lett.*) source, spring; (*origine*) origin.

scaturire, *v. i.* **1** to spring* (from, out of); to flow; to pour, to pour out; to stream out; to gush out (*o* forth); (*di lacrime, sangue e sim.*) to pour, to well up, to gush: **L'acqua scaturiva da sotto la roccia**, the water gushed from under the rock; **Le lacrime gli scaturirono dagli occhi**, tears gushed from his eyes (*o* welled up in his eyes); **Il petrolio scaturì a fiotti**, the oil gushed forth **2** (*fig.*) to originate; to flow; to issue; to result; to spring*; to derive: **La ricchezza scaturisce dall'industria e dall'economia**, wealth flows from industry and economy; **Da quella decisione scaturirono tutti i suoi guai**, all his troubles sprang from that decision; **Nulla è scaturito dalle ricerche**, our search came nothing.

scavafòssi, *f.* ditch digger; (*scavatrincee*) trencher, trench excavator.

scavalcaménto, *m.* **1** (*fig.*) supplantation; superseding **2** (*geol.*) overlap **3** (*sport*) overtaking.

scavalcàre, *v. t.* **1** (*gettare giù da cavallo*) to unhorse; to unsaddle **2** (*passare sopra*) to get* over; to step over; to pass over; to climb* over; to jump over; to clear: **s. una staccionata**, to climb (*o* to jump) over a fence; **s. un muro**, to climb over (*o* to scale) a wall; **s. un fosso**, to step over a ditch; to jump over a ditch **3** (*fig.*: *mettere da parte*) to pass over; (*soppiantare*) to supplant, to oust: **Mi hanno scavalcato e hanno dato il posto a un altro**, I've been passed over for that job; **essere scavalcato dal proprio rivale**, to be supplanted (*o* ousted) by one's rival **4** (*fig.*: *non rispettare la gerarchia*) to go* over sb.'s head **5** (*superare*) to get* ahead; (*sport*) to overtake*.

scavallàre, *v. i.* to gambol about; to frolic about; to frisk about.

scavàre, *v. t.* **1** to dig*; to excavate; to bore; (*in miniera*) to mine; (*con la draga*) to dredge; (*con un cucchiaio e sim.*) to scoop out; (*con la sgorbia*) to gouge out; (*incavare*) to hollow out; (*di acque*) to erode, to hollow out; (*di animali*) to burrow, (*grufolando*) to grub: **s. una buca nel terreno**, to dig a hole in the ground; **s. fossi**, to dig ditches; **s. una trincea**, to dig a trench; **s. un pozzo**, to bore (*o* to sink) a well; (*fig.*) **scavarsi la fossa con le proprie mani**, to dig one's own grave; **s. una galleria sotto un monte**, to bore a tunnel through a mountain; **Le rive del fiume erano state scavate dalle acque impetuose**, the river banks had been hollowed out by the rushing water; **s. un tronco per farne una canoa**, to hollow out a trunk to make a canoe; **La malattia gli ha scavato le guance**, the illness has hollowed out his cheeks **2** (*estrarre scavando*; *portare alla luce, anche fig.*) to excavate, to dig* out, to dig* up, to unearth; (*minerali*) to mine, to quarry: **s. una città sepolta**, to excavate a buried city; **s. un tesoro nascosto [una statua antica]**, to dig up a hidden treasure [an old statue]; **s. la verità**, to dig out the truth; **s. carbone [oro]**, to mine coal [gold]; **s. patate**, to dig up (*o* to lift) potatoes **3** (*fig.*: *escogitare, rivangare*) to dig* up: **andare a s. strane teorie [storie ormai vecchie]**, to dig up strange theories [stories of long ago] **4** (*fig.*: *indagare, andare a fondo*) to delve into; to search; to dig* into: **s. nel proprio passato**, to delve (*o* to dig) into one's past; **s. in un argomento**, to delve into a subject **5** (*di abito*: *allargare*) to enlarge; to widen: **s. lo scollo [il giro manica] di un vestito**, to enlarge (*o* to widen) the neckline [the armhole] of a dress.

scavàto, *a.* (*incavato*) hollow; sunken: **guance scavate**, hollow cheeks; **occhi scavati**, sunken (*o* deep-set) eyes.

scavatóre, **A** *m.* (*f.* **-trice**) digger. **B** *a.* excavating; digging; (*zool.*) fossorial.

scavatrice, *f.* (*mecc.*) excavator; digger: **s. mobile**, mobile digger; **s. pneumatica**, pneumatic digger; **s. a cucchiaia**, power-shovel; **s. per fossi**, ditching-machine.

scavatùra, *f.* **1** digging; excavation **2** (*tratto scavato*) excavation **3** (*terra scavata*) earth dug up **4** *V.* **scavo**, *def. 4*.

scavezzacòllo, *m.* e *f.* reckless fellow; daredevil; scapegrace.

scavezzàre, *v. t.* (*rompere, spezzare*) to break*.

scavezzatrice, *f.* (*mecc.*) breaker.

scavezzatùra, *f.* (*mecc.*) breaking.
scavìno, *m.* corer.
scàvo, *m.* **1** (*lo scavare*) excavation, digging, digging out; (*ind. min.*) mining; (*di pozzo*) sinking, boring; (*di galleria*) boring; (*di fosso*) ditching: **fare degli scavi**, to make excavations **2** (*luogo di s.*) excavation site; digging site **3** (*archeol.*) excavation; dig: **gli scavi di Pompei**, the excavations of Pompeii **4** (*di vestito*: *scollo*) neck-hole; (*scalfo*) arm-hole. ● (*ind. min.*) **s. a cielo aperto**, open-cut mining □ (*ind. min.*) **s. di estrazione**, stope □ (*ind. min.*) **s. di galleria**, drive □ (*edil.*) **iniziare uno s.**, to break ground □ (*ind. min.*) **lavori di s.**, digging; (*ind. min.*) mining: **Stanno facendo lavori di s.**, they are digging st.; there is some digging going on □ **materiale di s.**, diggings (*pl.*) □ (*ind. min.*) **sezione di s.**, working face.
scazónte, (*metrica*) **A** *a.* scazontic. **B** *m.* scazon*.
scazòntico, *a.* (*metrica*) scazontic.
scazzàrsi, *v. i. pron.* (*volg.*) **1** (*arrabbiarsi, litigare*) to get* pissed off **2** (*perdere entusiasmo, annoiarsi*) to get cheesed off (*fam. GB*); to get* pissed off (*o* browned off) (*volg.*).
scàzzo, *m.* (*volg.*) **1** (*lite*) row; fight **2** (*problema, seccatura*) drag; pain in the ass.
scazzottàre, **A** *v. t.* (*pop.*) to punch; to beat* up. **B scazzottàrsi**, *v. rifl. recipr.* (*pop.*) to have a punch-up; to brawl; to come* to blows.
scazzottàta, **scazzottatùra**, *f.* (*pop.*) **1** (*rissa*) dust-up; punch-up; ding-dong **2** (*pioggia di pugni*) hail of blows.
scégliere, *v. t.* **1** to choose*; to pick; (*selezionare, isolare*) to pick, to pick out, to hand-pick, to single out, to select, to cull, to extract: **s. bene** [**male**], to choose well [badly]; **s. con cura**, to choose carefully; to pick; to pick and choose (*fam.*): **s. con cura le parole**, to pick one's words; **s. fra dieci**, to choose (*o* to pick) out of ten; **s. un candidato**, to select a candidate; **s. la frutta più bella**, to pick out (*o* to select) the best fruit; **s. q. come capro espiatorio**, to single sb. out as a scapegoat; **s. i brani migliori**, to select (*o* to cull, to extract) the best passages; **Non so quale s.**, I don't know which one to choose **2** (*fare una cernita, assortire*) to sort out; to separate: **s. i vestiti da dar via**, to sort out the clothes to give away **3** (*preferire*) to choose*; to decide; to prefer; to opt; to elect (*form.*); to plump for (*fam.*): **s. di restare**, to choose (*o* to decide) to stay; **s. di stare dalla parte del vincitore**, to opt to be on the winning side; to opt for the winning side; **s. di non fare q.c.**, to choose (*o* to decide) not to do st.; to opt out (of st.). ● **s. a uno a uno**, to select (*o* to pick) one by one (*o* individually); to hand-pick □ (*sport*) **s. il campo**, to choose ends; (*tirando a sorte*) to toss for ends □ **s. il fior fiore** (*o* **il meglio**), to pick the very best; to handpick; to pick and choose (*fam.*) □ **s. il momento giusto**, to choose the right moment; to choose one's time □ **s. il momento giusto per entrare** [**per parlare**], to time one's entrance [one's words] □ **s. in moglie**, to choose as a wife □ **s. per amico**, to choose as a friend □ (*cinem., teatr.*) **s. un attore**, to cast an actor □ **C'è poco da s.**, there is little to choose from; there is little choice □ **Non c'è molto da s. tra i due**, there isn't much to choose between them □ **Scegli da te**, choose for yourself □ **Scegli pure!**, take your pick (*o* your choice).
sceglitóre, *m.* (*f.* **-trice**) chooser; selector; sorter: **uno s. di lana**, a wool-sorter.
sceiccàto, *m.* sheik(h)dom.
sceìcco, *m.* sheik(h).
shekeràre, *v. t.* to mix in a shaker.
scelleratàggine, **scelleratézza**, *f.* **1** (*malvagità, iniquità*) wickedness, villainy, iniquity, evil; (*indegnità*) infamy; (*mostruosità*) enormity, atrocity **2** (*azione da scellerato*) crime; iniquity; atrocity; enormity.
scelleràto, **A** *a.* (*di persona*) villainous, wicked, evil; (*di azione, cosa*) villainous, wicked, enormous, evil, iniquitous: **pensieri scellerati**, iniquitous thoughts; **uomini scellerati**, villainous men; villains. **B** *m.* (*f.* **-a**) villain; wicked man* (*f.* woman*); wretch.
scellìno, *m.* **1** (*ingl.*) shilling; bob* (*fam.*) **2** (*austriaco*) schilling.
scélta, *f.* choice; pick; (*opzione*) option, alternative; (*selezione*) selection; (*gamma*) choice, selection, range; (*cernita*) sorting (out): **buona** [**cattiva, libera**] **s.**, good [bad, free] choice; **fare una s.**, to make a choice; **fare la propria s.**, to make one's choice; to take one's pick; **una s. di poesie**, a selection of poems; **una vasta s. di marche**, a wide choice (*o* range, selection) of brands. ● **s. a caso**, random selection □ (*sport*) **s. del campo**, choice of ends □ **s. forzata**, unavoidable choice; Hobson's choice □ **a s.**, by choice; optional (*agg.*) □ **frutta o dolce, a s.**, choice of fruit or sweet; **in omaggio due libri o un disco a s.**, two records or a book free □ **Regaliamo un disco a s.**, you can choose a free record □ (*comm.*) **di prima s.**, choice; prime; first-quality; top-quality; first-rate; top-rate: **carne di prima s.**, prime (*o* top) meat; □ **far cadere la s. su**, to pitch on; to single out □ **La sua s. cadde su di me**, he singled me out □ **non avere possibilità di s.**, to have no choice □ **prendere una cosa a s.**, to take one's pick □ **A voi la s.**, choose for yourselves; you choose.
sceltézza, *f.* (*lett.*) choiceness; elegance.
scélto, *a.* **1** chosen; selected; picked; hand-picked: **la via scelta**, the chosen way; **poesie scelte**, selected poems **2** (*di prima qualità*) choice, select, hand-picked, first-rate (*attr.*), top-quality (*attr.*), fine; (*abile, ben addestrato*) well-trained, crack; (*squisito*) dainty, exquisite; (*elegante*) elegant, refined: **frutta** [**carne**] **scelta**, choice fruit [meat]; **pubblico s.**, select audience; (*fig.*) chosen few; **scuola scelta**, select school; **giocatori scelti**, hand-picked players; **truppe scelte**, crack troops; **tiratore s.**, first-rate shot; crackshot; **boccone s.**, dainty bit; titbit, tidbit (*USA*); **maniere scelte**, refined manners. ● (*mil.*) **soldato s.**, lance corporal (*GB*); private first class (*USA*).
scemàre, **A** *v. t.* to reduce; to diminish; to lower: **s. i prezzi**, to reduce prices; **L'età scema le forze**, age reduces vitality. **B** *v. i.* **1** (*diminuire*) to diminish, to lessen, to decrease, to dwindle, to abate, to drop; (*indebolirsi*) to weaken, to slacken; (*accorciarsi*) to grow* shorter; (*declinare*) to decline, to wane; (*abbassarsi di livello*) to drop*: **Il dolore è scemato**, the pain has diminished (*o* has abated); **La febbre cominciò a s.**, the temperature began to drop; **D'inverno le giornate scemano**, in winter the days grow shorter; **Gli scemano le forze**, his strength is declining (*o* waning); **La sua popolarità è scemata**, his popularity has waned (*o* has declined); **s. di forze** [**di autorità**], to lose strength [authority]; **Il livello delle acque non accenna a s.**, the level of the water shows no sign of dropping **2** (*della luna*) to wane; to be on the wane **3** (*della marea*) to ebb **4** (*comm.*) to fall*; to drop: **I prezzi scemano**, prices are dropping.
scemàta, *V.* **scemenza.**
scemènza, *f.* **1** (*l'essere scemo*) stupidity; foolishness **2** (*azione scema*) something stupid (*o* silly, foolish), stupid (*o* foolish, silly) thing (to do); (*parole sceme*) stupid (*o* foolish, silly) thing, nonsense, rubbish (*fam.*), drivel (*fam.*), twaddle (*fam.*), trash (*fam.*), hogwash (*fam.*), bullshit (*volg.*): **fare una s.**, to do something stupid; **fare scemenze**, to do silly things; to behave like a fool; **Hai fatto una bella s.!**, that was a really stupid thing to do!; how stupid of you to do that!; **Danno tante di quelle scemenze alla tivù**, there is so much rubbish on TV; **Quel film è una s.**, it's a stupid film; **Che s. è stata la tua!**, how foolish it was of you!; **dire una s.**, to say something stupid; to say a silly thing; **dire scemenze**, to talk nonsense (*o* rubbish, drivel, twaddle).
scemenzàio, *m.* series of inanities; load of nonsense; twaddle.
scémo, **A** *a.* (*di persona*) stupid, silly, daft, dumb, half-witted, mentally deficient; (*di cosa*) stupid, silly, idiotic. **B** *m.* (*f.* **-a**) idiot; fool; twit; half-wit: **lo s. del villaggio**, the village idiot; **Bravo s.!**, more fool you!; **fare la figura dello s.**, to make a fool of oneself; **fare lo s.**, to be a fool; (*fare il buffone*) to act (*o* to play) the fool, to fool around, to horse around; **fare lo s. con q.**, to fool around with sb.
scempiàggine, *V.* **scemenza.**
scempiaménto, *m.* making single; undoubling; halving; (*ling.*) simplification.
scempiàre (**1**), *v. t.* to make* single; to undouble; to halve.
scempiàre (**2**), *v. t.* **1** (*sterminare*) to slaughter **2** (*deturpare*) to deface; to disfigure: **La costa è scempiata da casermoni**, the coast is defaced by unsightly blocks of flats.
scémpio (**1**), **A** *a.* **1** (*semplice*) single: **consonanti scempie**, single consonants; (*bot.*) **fiore s.**, single flower **2** (*sciocco*) foolish; silly; stupid. **B** *m.* (*f.* **-a**) fool; idiot.
scémpio (**2**), *m.* (*sterminio, distruzione*) havoc, destruction, ruin; (*strage*) massacre, slaughter, butchery; (*smembramento*) mangling; (*deturpazione*) defacement, disfigurement. ● **fare s. di**, (*distruggere*) to wreak (*o* to play) havoc on (*o* with); (*massacrare*) to massacre, to slaughter, to butcher; (*fare a pezzi*) to tear to pieces, to mangle; (*rovinare*) to ruin, to murder (*fam.*); (*deturpare*) to deface, to disfigure.
scèna, *f.* **1** (*teatr., cinem.*: *azione scenica*) setting; scene: **La s. del primo atto è a Londra**, the setting of the first act is London; the first act is set in London; **s. d'amore**, love scene; **la s. del duello**, the duel scene **2** (*teatr.*: *suddivisione dell'atto*) scene: **atto primo, s. terza**, act one, scene three (*scritto*: Act I, Scene iii) **3** (*teatr.*: *scenario*) scene; scenery; set: **s. spoglia** [**sontuosa**], bare [lavish] set (*o* scene); **disegnare le scene di una commedia**, to design the scenery for a play; **montare una s.**, to set a scene; **cambiare s.**, to change (*o* to shift) scenes; **La s. rappresenta un mercato**, the scene shows a market-place **4** (*cinem., TV*) set **5** (*palcoscenico*) stage; (*stor.*: *nel teatro greco e romano*) scene: **al centro della s.**, in the middle of the stage; **s. vuota**, empty stage; **essere in s.**, to be on stage **6** (*generalm. al pl.*: *il teatro*) theatre, theater (*USA*); stage: **le scene londinesi**, the London stage (*o* theatres); **abbandonare le scene**, to leave the stage **7** (*fig.*: *mondo, ambiente*) scene; stage; world: **la s. politica** [**letteraria**], the political [literary] scene **8** (*luogo di un evento*) scene; (*ambientazione*) setting: **la s. dell'incidente** [**del delitto**], the scene of the accident [of the crime]; **la s. ideale per un western**, the ideal setting for a western **9** (*fatto, azione, episodio, reale o raffigurato*) scene: **una s. ridicola** [**commovente**], a ridiculous [moving] scene; **s. di sangue**, bloody scene; **scene di vita coniugale**, scenes of married life; **una s. di caccia**, a hunting scene; **Al centro del romanzo c'è una s. cruciale**, halfway through the novel there is a crucial scene; **La gente assisteva alla s. senza intervenire**, people were watching the scene without intervening **10** (*spettacolo, vista*) spectacle; scene; sight; view; landscape: **una s. di distruzione**, a scene of destruction; **Ci si offrì una s. straordinaria**, we were confronted by an extraordinary spectacle (*o* sight) **11** (*scenata*) scene, row; (*reazione esagerata*) fuss, carry-on (*fam. GB*), dramatics (*pl.*); (*finzione, anche*

al pl.) act, acting, pretence, pretending, sham, shamming; (*posa*) showing off, put-on (*USA*): **fare una s.** to make a scene; to kick up a row (*o* a fuss) (*fam.*); to carry on (*fam. GB*); **Quante scene per una macchiolina!**, all that fuss (*o* what a carry-on) for just a tiny spot!; **Sono tutte scene**, it's all sham (*o* acting); he's putting on an act; he is shamming; **Lo dice solo per far s.**, he's just showing off; he's just putting it on. ● (*teatr.*, *cinem.*) **s. di massa**, crowd scene □ (*teatr.*) **scene e costumi**, décor; sets and costumes □ **s. madre**, (*teatr.*) main scene, main action; (*scenata*) violent scene □ (*teatr.*) **s. muta**, dumb show; mime □ (*teatr.*) **s. senza arredamento**, basic set □ **al centro della s.**, in the middle of the stage; (*fig.*) in the limelight □ (*teatr.*) **andare in s.** (*di un lavoro*), to be staged; to be performed; to be put on □ **a s. aperta**, in the middle of the scene; with the curtain up □ **avere s.** (*di attore*), to have (stage) presence □ **calcare le scene**, to go on the stage; to tread the boards □ **cambiamento di s.**, (*teatr.*) scene change; scene shift; (*fig.*) change of scene (*o* scenery) □ **colpo di s.**, dramatic turn of events; «coup de théâtre» (*franc.*); dramatic moment; unexpected event □ **darsi alle scene**, to go on the stage; to take up acting □ **dietro le scene**, behind the scenes; backstage; off-stage: **agire dietro le scene**, to act behind the scenes □ (*teatr.*) **direttore di s.**, stage manager □ **entrare in s.**, (*di attore*) to come on (stage), to make one's entrance (*anche fig.*); (*fig.*) to come on the scene □ (*teatr.*) **essere di s.**, to be due on stage □ **Chi è di s.?**, whose turn is it? □ **Fa sempre la s. dell'indaffaratissimo**, he is always pretending to be terribly busy □ **fare s.** (*fare colpo*), to make an impression; to look impressive; to draw attention to oneself: **Non sono perle vere, però fanno s.**, they are not real pearls, but they do look impressive □ **fare s. muta**, not to utter a single word; to be tongue-tied; to be unable to reply □ (*cinem.*) **girare una s.**, to shoot a scene □ **macchinista di s.**, scene shifter □ **messa in s.** *V.* **messinscena** □ (*teatr.*) **mettere in s.**, to stage; to produce; to put on □ (*teatr.*) **musiche di s.**, incidental music □ (*teatr.*) **pittore di scene**, scene painter □ (*anche fig.*) **preparare la s.**, to set the stage (*o* the scene) □ **ricomparire sulle scene**, to make a comeback □ **ritirarsi dalle scene**, to retire from the stage □ **ritorno in s.**, comeback □ **sulla s.**, (*teatr.*) on stage; (*fig.*) on the scene □ **uscire di s.**, (*di attore*) to go off, to exit, to leave the stage; (*fig.*) to leave the scene, to bow out; (*eufem.*: *morire*) to make one's exit.

scenàrio, *m.* **1** (*teatr.*) scene; scenery; set: **deposito degli scenari**, scene dock; scene bay **2** (*ambiente*, *sfondo*) background; backdrop; scene; scenario **3** (*cinem.*, *TV*: *sceneggiatura*) scenario, script, screenplay; (*canovaccio teatr.*) scenario* **4** (*prevedibile sviluppo di una situazione*) scenario*: **La situazione può evolvere secondo tre scenari**, the situation may evolve along three possible scenarios.

scenarista, *m. e f.* (*cinem.*) scenario writer; scenarist; scriptwriter.

scenàta, *f.* scene; row; quarrel: **fare una s.**, to make a scene; to kick up a row.

scéndere, **A** *v. i.* **1** (*andare giù*) to go* down; (*venire giù*) to come* down, to get* down, to descend (*form.*): **salire e s.**, to go up and down; **s. in cantina**, to go down to the cellar; **s. da un albero**, to get down from (*o* to get off, to climb down) a tree; **s. da una scala a pioli**, to get off (*o* to step off) a ladder; **s. di corsa**, to run down; **s. in gran fretta**, to rush down; **Scendi subito!**, come down at once!; **Aspettami, scendo subito!**, wait for me, I'll be right down!; **Paolo non è ancora sceso**, Paolo hasn't come down yet; **s. al primo piano**, to go downstairs to the first floor; **s. a fare la spesa**, to go out to do some shopping; **Scendo un attimo dal giornalaio**, I'm just popping round to the newsagent's; **s. in paese**, to go down to the village; **s. a Roma**, to go down to Rome; **I Galli scesero in Italia**, the Gauls descended on (*o* swept into) Italy **2** (*da un veicolo*) to get* off, to get* out of, to step off, to step down, to alight, to land; (*smontare*: *da cavallo e sim.*) to get* off, to get* down, to alight (*form.*), to dismount (*form.*): **s. da un autobus [da un treno, da un aereo]**, to get off a bus [a train, an airplane]; **s. da un'auto**, to get out of a car; **s. da una carrozza**, to get down from a coach; **s. da una bicicletta**, to get off a bicycle; **s. da cavallo**, to get off (*o* to dismount from) a horse **3** (*atterrare*) to land; to come down: **L'aereo scese in un campo**, the plane landed in a field **4** (*prendere alloggio*) to put* up; to stay*; to stop: **s. a un albergo**, to put up at a hotel **5** (*abbassarsi*, *diminuire*) to come* down; to fall*; to drop; to decline: **I prezzi aumentano invece di s.**, prices are rising instead of falling (*o* going up instead of coming down); **La febbre è scesa**, the temperature has dropped **6** (*di terreno*: *digradare*) to descend, to slope down, to roll down, to fall*, to drop; (*di fiume*: *scorrere*) to flow down: **La strada scendeva ripidamente**, the road descended steeply; **Il pendio scendeva dolcemente al mare**, the land sloped down to the sea; **La scogliera scende a picco sul mare**, the cliff falls sheer to the sea **7** (*calare*, *discendere*) to fall*, to come* down; (*di astri*) to go* down, to set*, to sink*: **Scende la neve**, the snow is falling (*o* coming down); **Scende la notte**, night is falling; **Sulla terra scese l'oscurità**, darkness fell over the earth; **Il sole scendeva a occidente**, the sun was sinking in the west **8** (*ricadere*) to come* down, to hang* down, to fall* (down); (*pendere*) to hang*, to be suspended: **Il cappotto le scendeva fin quasi alle caviglie**, her coat came down almost to her ankles; **I capelli le scendevano sul viso**, her hair hung (*o* fell) over her face; **Dal soffitto scendeva un lampadario di cristallo**, a crystal chandelier hung from the ceiling **9** (*di persona*: *abbassarsi*, *umiliarsi*) to stoop; to lower oneself; to sink*: **Io non scenderei a tanto**, I wouldn't stoop so low; **Non scendo a trattare con certa gente**, I won't stoop to dealing with such people **10** (*di fiume*: *avere origine*) to rise*: **L'Arno scende dagli Appennini**, the Arno rises in the Appennines. ● **s. a compromessi**, to stoop to compromises; to compromise □ **s. a patti**, to come to terms □ **s. a più miti consigli**, to listen to (*o* to see) reason; to take a milder attitude □ **s. a spirale**, to spiral (downwards) □ (*naut.*) **s. a terra**, to go ashore; to disembark □ **s. a valle**, to go down; to make one's way down; (*su un fiume*) to go downstream; (*di fiume*) to flow down □ **s. al cuore**, to go straight to the heart; to touch the heart □ **s. dal letto**, to get out of bed; to get up □ (*fig.*) **s. di cattedra** (*o* **dal pulpito**), to get off one's high horse □ (*mus.*) **s. di un'ottava**, to go down an octave □ (*fig.*) **s. in basso**, to sink low; to demean oneself □ **s. in campo**, (*sport*) to go in; (*anche fig.*) to enter the field (*o* the arena); (*mil.*) to enter the battle □ **s. in campo a favore di q.**, to come out in favour of sb.; to take up sb.'s quarrel; to strike a blow for sb. □ **s. in campo contro q.**, to come out against sb. □ **s. in lizza**, to enter the lists (*o* the arena) □ (*naut.*, *di nave*) **s. in mare**, to take the sea □ **s. in piazza**, to come out into the streets; (*dimostrare*) to demonstrate; (*scioperare*) to come out □ **s. in picchiata**, to nose-dive □ **s. in pista**, (*per ballare*) to take the floor; (*fig.*) to enter the field □ **s. in sciopero**, to go on strike; to come out □ (*aeron.*) **s. in vite**, to spin □ **s. nei particolari**, to go (*o* to enter) into details □ **far s. q.**, (*mandarlo giù*) to send sb. down; (*chiamarlo giù*) to call sb. down; (*da un veicolo*) to let sb. off (*o* out). **B** *v. t.* to go* down; to come* down; to descend: **s. una collina**, to go down a hill; **s. un pendio**, to descend a slope; **s. le scale**, to go (*o* to come) downstairs; **s. le scale di corsa [di furia]**, to run [to tear] down the stairs (*o* downstairs).

scendibàgno, *m. invar.* bath mat.

scendilètto, *m. invar.* **1** (*tappetino*) bedside rug **2** (*veste da camera*) dressing-gown.

sceneggiàre, *v. t.* (*teatr.*, *TV*) to adapt (for the stage, for TV), to dramatize; (*cinem.*) to script: **s. un romanzo [un episodio storico]**, to dramatize a novel [a historical episode].

sceneggiàta, *f.* **1** (*teatr.*) sceneggiata; Neapolitan melodrama **2** (*fig. spreg.*) moving act; sob story (*fam.*); tear-jerker (*fam.*).

sceneggiàto, **A** *a.* dramatized; adapted. **B** *m.* (*TV*) TV adaptation; (*a puntate*) serialized version (of st.); dramatization; serial: **lo s. di «Guerra e pace»**, the TV adaptation (*o* serialized version) of «War and Peace»; **uno s. in cinque puntate**, a five-part TV serial; **Ne faranno uno s. a puntate per la televisione**, it's going to be serialized on TV.

sceneggiatóre, *m.* (*f.* **-trice**) (*cinem.*, *TV*) screenwriter; scriptwriter; scenario writer.

sceneggiatùra, *f.* (*teatr.*) adaptation for the stage, scenario; (*cinem.*) film script, (*anche TV*) screenplay, scenario; (*radio*) script (for radio). ● (*cinem.*) **s. di ferro**, shooting script.

scenétta, *f.* **1** (*breve scena comica*) sketch; skit **2** (*fatto buffo*) funny incident.

scenicaménte, *avv.* scenically; dramatically; theatrically.

scènico, *a.* (*teatr.*) scenic; stage (*attr.*); theatrical. ● **allestimento s.**, staging □ **apparato s.**, scenery □ **azione scenica**, (stage) business □ **effetti scenici**, stage effects.

scenografia, *f.* **1** (*teatr.*, *cinem.*) set designing, stage designing, scene-painting; (*nel teatr. antico*) scenography **2** (*teatr.*: *scenario*) scenery; set; scene; décor **3** (*ambiente*, *prospettiva*) set; setting.

scenogràfico, *a.* **1** (*teatr.*) stage (*attr.*); scenographic(al) **2** (*fig.*) spectacular; (*spreg.*) showy, stagy: **gusto s.**, taste for the spectacular; **matrimonio s.**, stagy wedding.

scenògrafo, *m.* (*f.* **-a**) **1** (*teatr.*) stage designer; set designer **2** (*cinem.*) art director; set designer.

scenotècnica, *f.* **1** (*teatr.*) staging; stagecraft **2** (*cinem.*, *TV*) art direction.

scenotècnico, **A** *a.* staging. **B** *m.* **1** (*teatr.*) stage manager **2** (*cinem.*, *TV*) art director.

scentràre, **A** *v. t.* **1** (*tecn.*) to put* out of centre **2** (*pop.*: *danneggiare*) to smash up; to wreck: **Ha scentrato la macchina**, he smashed up his car. **B scentràrsi**, *v. i. pron.* **1** to go* out of centre **2** (*pop.*: *scontrarsi*) to smash into; to crash into.

scentràto, *a.* **1** (*tecn.*) out of centre; off centre **2** (*pop.*: *picchiato*) nutty; loony; zany; barmy (*GB*); dotty (*GB*); whacky (*USA*).

scentratùra, *f.* (*tecn.*) eccentricity.

scèpsi, *f.* (*filos.*) scepsis, skepsis (*USA*).

sceratrìce, *f.* (*apicoltura*) wax extractor.

sceriffo (1), *m.* sheriff.

sceriffo (2), *m.* (*discendente di Maometto*) sherif; shereef.

scervellàrsi, *v. i. pron.* to rack (*o* to cudgel) one's brains; to beat* one's brains out; to puzzle (one's head); to puzzle over (st.): **s. su q.c.**, to rack one's brains over st.; **s. per ricordare q.c.**, to beat one's brains trying to remember st.

scervellàto, **A** *a.* brainless; crackbrained; madcap; harebrained. **B** *m.* (*f.* **-a**) crackbrain; madcap.

scésa, *f.* **1** (*lo scendere*) descent; going (*o* coming) down **2** (*discesa*) descent; (*china*) slope, declivity: **una s. ripida**, a steep descent; **fare una s.**, to make a descent.

scespiriàno, *a.* (*letter.*) Shakespearean, Shakespearian: **il sonetto s.**, the Shakespearean (*o* English) sonnet; **la critica scespiriana**, Shakespearean criticism.

scetticismo, *m.* (*anche filos.*) scepticism, skepticism (*USA*).

scettico, (*anche filos.*) **A** *a.* sceptical, skeptical (*USA*): **un atteggiamento s.**, a sceptical attitude. **B** *m.* (*f.* **-a**) sceptic, skeptic (*USA*).

scettrato, *a.* (*poet.*) sceptred.

scettro, *m.* **1** sceptre, scepter (*USA*): **s. regale** (**imperiale**), royal (imperial) sceptre **2** (*sport*) title. ● **assumere lo s.**, to mount the throne □ **deporre lo s.**, to lay down the crown □ (*fig.*) **detenere lo s.**, to be supreme; to hold sway □ **usurpare lo s.**, to usurp the throne.

scevà, *m. invar.* (*ling.*) schwa.

sceverare, *v. t.* (*lett.*: *separare*) to sever, to separate; (*distinguere*) to distinguish: **s. il bene dal male**, to distinguish good from evil.

scevro, *a.* devoid (of); free (from); without: **s. di vizi**, without (*o* free from) vice; **s. di illusioni**, devoid of (*o* without) illusions; **non s. di colpe**, not without blame.

scheda, *f.* **1** (*di cartoncino*) (file-)card; (*di carta*) slip **2** (*s. elettorale*) ballot paper, voting paper; (*voto*) ballot, vote: **s. bianca**, blank ballot (*o* vote); **s. nulla**, void ballot; spoiled vote; **deporre la s. nell'urna**, to place one's vote in the ballot box; **spoglio delle schede**, (vote) count **3** (*modulo*) form **4** (*dossier*) file **5** (*relazione*) report **6** (*inserto, per es. di giornale*) insert. ● **s. anagrafica**, personal data card □ **schede del personale**, staff cards □ **s. di censimento**, census paper □ (*elab.*) **s. di espansione**, expansion card □ (*nella scuola*) **s. di valutazione**, report (card) □ **s. madre**, master card □ (*elab.*) **s. perforata**, punch(ed) card □ **s. personale**, personal file □ **s. segnaletica**, police record (*o* file) □ **s. segnapunti**, (score) card □ (*tecn.*) **s. tecnica**, specifications (*pl.*) □ **s. telefonica**, telephone card.

schedare, *v. t.* **1** to file; to enter; to record; to register; (*libri*) to card-index; (*persone*) to keep* a file on; (*persone indesiderabili*) to blacklist: **s. un documento**, to file a document; **s. i nomi dei presenti**, to record the names of the people present; **s. dei dati**, to record data **2** (*registrare negli schedari della polizia*) to put* down in the police records.

schedario, *m.* **1** (*raccolta di schede*) card file; card index; (*catalogo*) (card) catalogue, catalog (*USA*): **s. alfabetico**, index file; **s. per autori [per argomenti]**, author [subject] catalogue; **consultare uno s.**, to look up a file (*o* a catalogue) **2** (*mobile*) filing cabinet; (*contenitore*) card holder. ● **s. della polizia**, police records; rogues' gallery (*fam.*).

schedarista, *m. e f.* file clerk.

schedato, **A** *a.* filed; indexed; catalogued; registered; on file (*pred.*); on the files (*pred.*); (*su una lista nera*) on the blacklist (*pred.*); (*s. dalla polizia*) having (*o* with) a police record. **B** *m.* (*f.* **-a**) person having a police record.

schedatore, *m.* (*f.* **-trice**) card compiler; filing clerk; cataloguer.

schedatura, *f.* filing; indexing; cataloguing. ● **fare la s.**, to card-index; to catalogue.

schedina, *f.* (*del totocalcio e sim.*) (pools) coupon: **fare la s.**, to fill in a coupon; (*giocare al totocalcio*) to bet on the pools, to do the pools.

scheggia, *f.* **1** splinter; sliver; chip; fragment: **s. di legno [di vetro, d'osso]**, splinter of wood [of glass, of bone]; **s. di sapone [di formaggio]**, sliver of soap [of cheese] **2** (*fig.*: *cosa o persona velocissima*) shot; bullet; cannon-ball. ● **correre come una s.**, to run like lightning (*o* like a shot) □ **rompersi in schegge**, to break (*o* to split) into splinters; to splinter.

scheggiare, *v. t.* **scheggiarsi**, *v. i. pron.* to splinter; to chip; (*di dente*) to break*: **s. un piatto**, to chip a plate; **soggetto a scheggiarsi**, liable to splinter (*o* to chip); **Questo è un legno che si scheggia facilmente**, this kind of wood splinters easily.

scheggiato, *a.* chipped; splintered; broken: **piatto s.**, chipped plate; **vetro s.**, splintered glass; **dente s.**, broken tooth.

scheggiatura, *f.* **1** splintering; chipping **2** (*punto scheggiato*) split **3** (*schegge*) splinters (*pl.*); chips (*pl.*).

Schelda, *f.* (*geogr.*) Scheldt.

scheletogeno, *a.* (*biol.*) skeletogenous.

scheletrico, *a.* **1** (*anat.*) skeleton (*attr.*), skeletal **2** (*simile a scheletro*) skeleton-like; (*ossuto*) scrawny, scraggy: **aspetto s.**, scraggy look; **collo s.**, scrawny neck **3** (*fig.*: *ridotto al minimo*) skeleton (*attr.*); skeletal; (*essenziale, spoglio*) essential, bare: **uno schema s.**, a skeleton plan; **prosa scheletrica**, bare prose.

scheletrire, **A** *v. t.* to reduce to a skeleton. **B scheletrirsi**, *v. i. pron.* to be reduced to a skeleton.

scheletrito, *a.* **1** reduced to a skeleton; (*magrissimo*) bare-boned, haggard, gaunt, skin and bones (*pred.*); (*secco, nudo*) bare, skeletal: **vecchio s.**, gaunt old man; **un albero s.**, a bare tree **2** (*fig.*: *ridotto all'essenziale*) skeleton (*attr.*); skeletal; bare.

scheletro, *m.* **1** (*anat.*) skeleton: **essere ridotto uno s.**, to be reduced to a skeleton; to be only skin and bones **2** (*ossatura*) skeleton; frame; framework; carcass: **lo s. d'una nave**, the skeleton (*o* the carcass) of a vessel **3** (*fig.*: *persona magrissima*) skeleton **4** (*fig.*: *schema*) outline; plan; scheme: **lo s. d'un romanzo**, the outline of a novel. ● (*fig.*) **uno s. nell'armadio**, a skeleton in the cupboard (*USA*: in the closet).

scheletrogeno, *V.* **scheletogeno**.

schema, *m.* **1** outline; schema*; (*tracciato*) layout, plan, diagram; (*abbozzo*) sketch, draft; (*progetto*) plan, project, scheme; (*disposizione*) arrangement, scheme: **lo s. di un libro**, the outline of a book; **s. di bilancio [di contratto]**, draft budget [contract]; **s. di interventi [di bonifica]**, intervention [reclamation] plan; **s. di lavoro**, layout; **s. di arredamento**, furnishing scheme; (*poesia*) **s. metrico**, rhyme scheme **2** (*tecn., elettr.*) diagram: **s. elettrico**, wiring diagram; **s. di avvolgimento**, winding diagram; **s. di connessione**, wiring diagram; **s. di montaggio**, circuit diagram **3** (*elab.*) diagram; circuit: **s. a blocchi**, block diagram; **s. di flusso**, flow diagram **4** (*modello astratto, struttura normativa*) pattern; mould; norm: **schemi di comportamento**, behaviour patterns; **schemi mentali**, patterns of thought; **entro gli schemi del classicismo**, within the classical mould; **non seguire gli schemi convenzionali**, not to fit into the conventional mould; **uscire dagli schemi**, to depart from the norms **5** (*filos.*) schema*. ● (*psic.*) **s. corporeo**, body image □ (*mecc.*) **s. costruttivo**, structural arrangement □ **s. di legge**, bill □ (*radio*) **s. di montaggio**, hook-up □ **s. grafico**, plan; diagram; blueprint.

schematicamente, *avv.* schematically; in outline.

schematicità, *f.* schematism.

schematico, *a.* schematic: **forme schematiche**, schematic forms. ● **esporre in modo s.**, to schematize □ **in modo s.**, schematically; in outline.

schematismo, *m.* schematism.

schematizzare, *v. t.* to schematize.

schematizzazione, *f.* schematization.

scherano, *m.* (*sgherro*) myrmidon, bravo*, thug; (*masnadiero*) cut-throat, ruffian.

scherma, *f.* (*sport*) fencing: **gara di s.**, fencing match; **maestro di s.**, fencing master; **sala di s.**, fencing room; **scuola di s.**, fencing school; **tirare** (*o* **giocare**) **di s.**, to fence.

schermaggio, *m.* (*fis., radio*) screening; shielding.

schermaglia, *f.* (*scaramuccia*) skirmish, brush; (*discussione*) discussion, polemic; (*botta e risposta*) exchange of words, cut and thrust, repartee. ● **schermaglie amorose**, dalliance.

schermare, *v. t.* (*anche fis., radio*) to screen; to shield: **s. un riflettore**, to screen a reflector; **s. una valvola**, to screen a valve.

schermata, *f.* (*elab.*) screen.

schermato, *a.* screened; shielded; hooded: **filo s.**, screened wire; **valvola schermata**, screened valve; **fari schermati**, hooded headlights.

schermatura, *f.* **1** (*lo schermare*) screening; shielding **2** (*schermo*) screen; shield.

schermidore, *V.* **schermitore**.

schermire, **A** *v. t.* to protect; to shield: **schermirsi gli occhi dalla luce**, to protect (*o* to schield) one's eyes from the light. **B schermirsi**, *v. rifl.* **1** (*difendersi*) to defend oneself; to protect oneself: **s. dal freddo**, to protect (*o* to shield) oneself from the cold **2** (*parare*) to parry (st.); to ward off (st.); to fend off (st.): **s. da una domanda**, to parry a question **3** (*sottrarsi a qc.*) to evade (st.); to hedge (on st.); to draw* back (from st.); to shy away (from st.): **s. da un dovere**, to shy away from a duty; **s. dal rispondere**, to evade questions.

schermistico, *a.* (*sport*) fencing (*attr.*): **un incontro s.**, a fencing match.

schermitore, *m.* (*f.* **-trice**) (*sport*) fencer; (*spadaccino*) swordsman* (*f.* swordswoman*).

schermo, *m.* **1** (*protezione*) screen; shield; protection; defence: **farsi s. di [dietro a] q.c.**, to shield (*o* to protect) oneself with [behind] st.; to hide oneself behind st.; **farsi s. agli occhi col braccio**, to shield one's eyes with one's arm **2** (*cinem., TV*) screen: **s. argentato**, silver screen; **s. di tela**, cloth screen; **s. panoramico**, wide screen; **divo [diva] dello s.**, film star; **l'arte dello s.**, cinema; filmcraft; **grande schermo**, large screen; cinema; **piccolo s.**, small screen; TV; **adattare per lo s.**, to adapt (*o* to dramatize) for the screen; **apparire sugli s.**, to be shown in the cinemas; to be screened; **prossimamente sui nostri schermi**, soon (to be shown) in our cinemas (*o* on our screens) **3** (*di lume*) shade **4** (*fotogr.*) filter **5** (*elettr.*) shield; screen: **s. termico**, thermal shield; **s. magnetico**, magnetic screen **6** (*mecc.*) baffle **7** (*elab.*) screen: **s. a sfioramento**, touch screen **8** (*mil.*) screen. ● (*radio*) **s. a diaframma**, baffle □ (*cinem.*) **s. paraluce**, dowser □ (*autom.*) **s. parasole**, (sun) visor □ **s. paraspruzzi**, splasher.

schermografare, *v. t.* to X-ray.

schermografia, *f.* X-ray; X-rays (*pl.*). ● **fare la s. a q.**, to X-ray sb.

schermografico, *a.* X-ray (*attr.*).

schernevole, *a.* mocking; scoffing; jeering; sneering.

schernire, *v. t.* to mock (at); to laugh at; to scoff (at); to sneer at; to gibe at; to ridicule; to deride; to jeer at; to taunt: **s. gli sforzi di q.**, to mock (*o* to laugh at) sb.'s efforts; **s. il nemico caduto**, to jeer at a fallen enemy; **s. la religione**, to scoff (at) religion; **s. i deboli**, to mock the weak.

schernitore, **A** *m.* (*f.* **-trice**) mocker; scoffer; jeerer; sneerer. **B** *a.* mocking; scoffing; jeering; sneering.

scherno, *m.* **1** mockery; derision; sneering; ridicule **2** (*espressione di s.*) gibe; taunt; sneer **3** (*oggetto di s.*) laughing-stock; figure of fun: **essere lo s. di tutti**, to be the laughing-stock of the company. ● **con aria di s.**, with a sneer; mockingly □ **farsi s. di q. [q.c.]**, to mock (at.) sb. [st.]; to sneer at sb. [st.] □ **parole di s.** scornful (*o* sneering, mocking) words □ **sorriso di s.**, scornful smile; sneer.

scherzando, *m.* (*mus.*) scherzando*.

scherzare, *v. i.* **1** (*dire o fare cose scherzose*) to joke; to jest; to be funny; to be witty: **Gli piace s.**, he likes joking (*o* being funny); he likes a laugh; **s. su tutto**, to joke about everything; to make fun of everything; to turn everything into a joke; **Non scherzo mai su queste cose**, I never joke about these things; **Guarda che non scherzo!**, I'm not joking (*o* I'm being serious), you know; **Scherzi?**, are you joking?; are you kidding? (*fam.*); **Un milione? Lei vuole s.!**, a million? you must (*o* you've got to) be joking!; **Volevo solo s.**, I was only joking; I only meant it as a joke; **Con te non si può proprio s.!**, you really cannot take a joke!; **C'è poco da s.**, it's no joke; it's no laughing matter; **Con la febbre alta c'è poco da s.**, a high temperature is no joke (*o* no laughing matter); **Non ho nessuna voglia di s.**, I'm not in the mood for jokes; **Non è il momento di s.**, this is not the right moment for joking **2** (*prendere alla leggera, divertirsi*) to gamble; to trifle; to make* light; to play; to fool around: **s. con l'amore**, to trifle with love; **s. con la morte**, to gamble (*o* to dice) with death; **s. coi sentimenti di q.**, to play with sb.'s feelings; **s. col fuoco**, to play with fire; **s. con una malattia**, to make light of an illness **3** (*giocare*) to play: **Il micino scherzava con un gomitolo**, the kitten was playing with a ball of wool **4** (*fig.*: *muoversi leggermente*) to play: **Una brezza scherzava tra le foglie**, a gentle wind was playing through the leaves ● (*prov.*) **Scherza coi fanti e lascia stare i santi**, religion is no laughing matter.

scherzévole, (*lett.*) *V.* **scherzoso**.

schérzo, *m.* **1** joke; jest; (*tiro*) trick; (*monelleria*) prank; (*burla, beffa, inganno*) hoax; (*al pl.*: *comportamento burlone*) fun and games (*fam.*): **fare uno s. a q.**, to play a joke on sb.; (*giocargli un tiro*) to play a trick on sb.; (*prenderlo in giro*) to pull sb.'s leg; **Non ci credere: è uno s.!**, don't believe it, it's a joke!; (*è una presa in giro*) it's a leg-pull, they are pulling your leg; **s. innocente**, harmless joke; **s. di cattivo genere**, bad joke; **s. pesante**, nasty practical joke; **La notizia della bomba era uno s.**, the news of the bomb was a hoax **2** (*fig.*: *cosa facile*) trifle; child's play; joke; laughing matter; cinch (*fam.*); doddle (*fam. GB*); breeze (*fam. USA*): **Ormai andare da Roma a Bangkok è uno s.**, going from Rome to Bangkok is a joke nowadays; **L'esame è stato uno s. per lui**, the exam was a cinch for him; **Non è uno s.!**, it's no joke!; it's no laughing matter! **3** (*mus.*) scherzo* (*ital.*). ● **scherzi a parte**, joking apart □ (*teatr.*) **s. comico**, farce □ **scherzi d'acqua**, water effects; waterworks □ **s. di natura**, freak (of nature) □ **s. da prete** (*pop.*), stupid joke; joke in bad taste; nasty trick □ **gli scherzi della fortuna**, the tricks (*o* freaks) of fortune □ **uno s. della luce**, a trick of the light □ **gli scherzi del vino**, the effects of wine; the tricks drinking can play on you □ **scherzi di colori**, colour effects □ (*teatr.*) **scherzi di luce**, lighting effects □ **scherzi di suoni e di luci**, sound and light effects □ **s. garbato**, pleasantry □ (*pop.*) **s. gobbo**, nasty (*o* dirty) trick; shenanigan □ **scherzi rozzi**, horseplay; rough play □ **brutto s.**, nasty joke; dirty trick; (*sorpresa sgradita*) nasty surprise, let-down: **fare un brutto s. a q.**, to play a nasty trick on sb.; (*fig.*: *di cosa*) to let sb. down: **Il sonno a volte fa certi scherzi**, sleep can play funny tricks on you (*o* can do funny things to you); **Il motore mi ha fatto un brutto s.**, the engine let me down □ **fare scherzi**, to joke; to fool around □ **Niente scherzi!**, no joking!; no funny tricks, please! □ **per s.**, for a joke; as a joke; in fun; out of fun; for a laugh; in jest; playfully: **dire q.c. per s.**, to joke; to speak (*o* to say st.) in jest; to be funny; **Dicevo solo per s.**, I was only joking; I was only speaking in jest; I was just being funny; **Certe cose non si dicono nemmeno per s.**, you should not joke about certain things □ **prenderla in s.**, to make a joke about it; to laugh it off □ **Lo s. è andato un po' troppo in là**, the joke has gone a bit too far; the whole thing has really gone beyond a joke □ **senza scherzi**, without joking; (*sul serio*) really, truly, seriously, honestly, no joke (*fam.*): **No, davvero, senza scherzi!**, no, seriously!; **Ti assicuro, senza scherzi!**, honestly, no joke! □ **spingere lo s. troppo in là**, to carry a joke too far □ **stare allo s.**, to take a joke: **Non sai proprio stare allo s.**, you really cannot take a joke □ **volgere q.c. in s.**, to turn st. into a joke; to make a joke of st.; to laugh st. off: **Cercai di volgere in s. quella situazione imbarazzante**, I tried to laugh off that embarrassing situation □ (*prov.*) **A Carnevale ogni s. vale**, anything goes at Carnival □ (*prov.*) **S. di mano, s. di villano**, hand play, churls' play.

scherzosaménte, *avv.* (*scherzando*) jokingly, in jest, as a joke, for fun; (*in modo scherzoso*) laughingly, light-heartedly, playfully, humorously.

scherzosità, *f.* jocosity; jocularity.

scherzóso, *a.* joking; laughing; playful; light-hearted; jocose; (*faceto*) humorous: **parole scherzose**, playful words; **in tono s.**, in a laughing tone.

schettinàggio, *m.* roller-skating.

schettinàre, *v. i.* to roller-skate.

schettinatóre, *m.* (*f.* **-trice**) roller skater.

schèttino, *m.* roller skate.

schiacciaménto, *m.* **1** crushing; squeezing; (*appiattimento*) flattening; (*lo spiaccicare*) squashing; (*il ridurre in poltiglia*) mashing; (*il rompere, premendo fortemente*) cracking: **s. polare**, polar flattening **2** (*ind. della gomma*) deflection: **s. normale**, normal deflection; **s. totale**, maximum deflection.

schiacciamósche, *m. invar.* (fly)swatter; swat.

schiaccianóci, *m. invar.* nutcracker; pair of nutcrackers.

schiacciànte, *a.* (*fig.*) crushing; overwhelming; (*travolgente*) sweeping; (*inoppugnabile*) incontestable, unquestionable: **una vittoria s.**, an overwhelming (*o* sweeping) victory; **una s. vittoria elettorale**, a landslide (victory); **prove schiaccianti**, incontestable evidence; (*di colpevolezza*) damning evidence.

schiacciapatàte, *m. invar.* potato masher; ricer (*USA*).

schiacciàre, A *v. t.* **1** (*pestare, pigiare*) to crush, to squash; (*premere*) to press, to push; (*strizzare*) to squeeze; (*pigiare col piede*) to stamp down, to press down; (*calpestare*) to crush (underfoot), to tread* on, to stamp on, to step on; (*appiattire*) to flatten; (*spiaccicare, spremere*) to squash; (*ridurre in poltiglia*) to mash; (*rompere, premendo fortemente*) to crack; (*investire*) to run* over: **s. le olive**, to crush olives; **s. il capo a una serpe**, to crush the head of a snake; **s. un cappello [un pacchetto, i fiori]**, to crush a hat [a parcel, the flowers]; **s. un pulsante**, to press a button; **s. la terra intorno a una pianta**, to stamp down the soil around a plant; **s. una sigaretta**, (*col piede*) to stamp out a cigarette; (*con la mano*) to stub out a cigarette; **s. un insetto**, to crush an insect; (*calpestandolo*) to stamp on an insect; **s. una mosca**, to swat a fly; **s. una noce**, to crack a nut; **schiacciarsi una costola**, to crush (*o* to crack) a rib; **s. un dito a q.**, to crush sb.'s finger; **s. un piede a q.**, to tread on (*o* to step on) sb.'s foot (*o* toes); **schiacciarsi un dito col martello**, to crush a finger with the hammer; **schiacciarsi un dito in una porta**, to get a finger jammed in a door; **s. patate**, to mash potatoes; **s. q. contro un muro**, to crush (*o* to squeeze) sb. against a wall; **La folla lo schiacciava**, he was being crushed by the crowd; **Il cane fu schiacciato da un camion**, the dog was run over by a truck **2** (*fig.*: *sopraffare*) to crush, to overwhelm; (*calpestare*) to smash, to quash, to stamp out, to tread* under one's foot: **s. i propri nemici**, to crush one's enemies; **s. l'esercito nemico**, to smash the enemy army; **s. una ribellione**, to crush (*o* to stamp out) a rebellion; **essere schiacciato dal dolore**, to be overwhelmed by grief **3** (*sport*) to smash; (*tennis*) to kill, to chop; (*pallavolo*) to spike. ● (*autom.*) **s. il freno**, to tread on the brake; to slam on the brake □ (*autom.*) **s. l'acceleratore**, to press on the accelerator; to put one's foot down □ **s. un sonnellino**, to take (*o* to have) a nap; to have a snooze. **B schiacciàrsi,** *v. i. pron.* (*spiaccicarsi*) to squash, to get* squashed; (*ammaccarsi*) to crush, to get* crushed: **La frutta tenera si schiaccia facilmente**, soft fruits squash easily; **Il pacchetto si è un po' schiacciato**, the parcel is a bit crushed.

schiacciasàssi, *m.* (*compressore stradale*) roadroller.

schiacciàta, *f.* **1** (*lo schiacciare*) squeeze; squeezing: **dare una s. a q.c.**, to give st. a squeezing; to squeeze st. **2** (*sport*) smash; (*tennis*) chop; (*pallavolo*) spike; (*basket*) dunk shot **3** (*focaccia*) flat bread; flat cake.

schiacciàto, *a.* **1** crushed; squashed; (*appiattito, piatto*) (crushed) flat, flattened: **naso s.**, flattened nose, pug nose; **morire s.**, to be crushed to death **2** (*archit.*) flattened: **una volta schiacciata**, a flattened vault **3** (*fon.*) palato-alveolar **4** (*geom.*: *s. ai poli*) oblate.

schiacciatóre, *m.* (*f.* **-trice**) (*sport*) smasher.

schiacciatùra, *f.* **1** crushing; squeezing; smashing **2** (*parte schiacciata*) crushed part.

schiaffàre, A *v. t.* to slam; to slap; to clap; to fling*; to throw*; to chuck (*fam.*); to bung (*fam.*); to shove: **s. i giornali sul tavolo**, to slam down the papers on the table; **s. la roba in valigia**, to fling (*o* to bung) one's things into the suitcase; **s. fuori q.**, to throw (*o* to chuck) sb. out; **s. q. in prigione** (*o* **dentro**), to fling (*o* to clap) sb. into jail; to lock sb. up; **Schiaffaci su un po' di vernice**, slap some paint on it; **Lo schiaffo in forno e in mezz'ora è pronto**, I shove (*o* bung) it in the oven and it's ready in half an hour. **B schiaffàrsi,** *v. rifl.* to fling* oneself; to throw* oneself; to flop: **s. sul letto**, to fling (*o* to throw) oneself onto the bed; **s. in poltrona**, to throw oneself (*o* to flop) into an armchair.

schiaffeggiàre, *v. t.* **1** to slap; to smack; to cuff; to box (sb.'s) ears **2** (*fig.*) to slap against (st.); to buffet.

schiaffeggiatóre, *m.* (*f.* **-trice**) slapper.

schiàffo, *m.* **1** slap; smack; cuff; box on the ear: **dare uno s. a q.**, to give sb. a box on the ear; to slap sb.; **ricevere uno s.**, to be slapped **2** (*fig.*: *smacco*) slap in the face; affront; slap in the eye (*fam.*). ● **s. morale**, humiliation; insult; affront □ **cose da schiaffi**, (the most) insolent things □ **una faccia da schiaffi**, a brazen face □ **prendere q. a schiaffi**, to slap sb. (*o* sb.'s face); to box sb.'s ears □ (*biliardo*) **tiro di s.**, rebound (*o* cushion) shot □ **un modo di fare che tira gli schiaffi**, irritating ways (*pl.*); ways that get your goat up (*pl., fam.*).

schiamazzàre, *v. i.* **1** (*di oche e sim.*) to cackle, to gaggle, to squawk; (*di galline*) to cackle; (*di scimmie, uccelli*) to chatter **2** (*di persone*: *fare strepito*) to make* a din (*o* a noise), to kick up a racket; (*gridare a gran voce*) to clamour.

schiamazzatóre, *m.* (*f.* **-trice**) noisy person; rowdy.

schiamàzzo, *m.* **1** (*di oche e sim.*) cackle, cackling, gaggle, gaggling, squawk, squawking; (*di galline*) cackle, cackling; (*di scimmie, uccelli*) chattering, chatter: **Le oche del Campidoglio salvarono Roma col loro s.**, the geese of the Capitol, by their cackle, saved Rome **2** (*di persone*: *strepito*) noise; din; racket; uproar; clamour; hubbub; shouting: **lo s. d'una folla furiosa**, the clamour of an angry crowd; **fare s.**, to make a din (*o* a racket); **schiamazzi notturni**, disturbances; (*leg.*) breach of peace; **Ma che cos'è tutto questo s.?**, what's all this noise for?

schiantàre, A *v. t.* to break* (*anche fig.*); (*staccare*) to break* off, to smash; (*spaccare*) to split*: **Il fulmine ha schiantato la quercia**, the lightning split the oak; **Il vento ha schiantato molti rami**, the wind broke off several branches; **s. il cuore a q.**, to break sb.'s heart. **B** *v. i.* **1** (*scoppiare*) to burst*; to split*: **s. dalle risa**, to split (*o* to burst) one's sides (with laughter); **s. d'invidia**, to be eating one's heart out **2** (*fam.*: *morire*) to die. **C schiantàrsi**, *v. i. pron.* **1** (*spezzarsi*) to break*, to snap; (*spaccarsi*) to split*; (*scoppiare*) to burst*: **Il ramo si schiantò sotto il peso della neve**, the branch snapped under the weight of the snow; **Mi si schianta il cuore a pensarci**, it breaks my heart to think of it **2** (*abbattersi, andare a urtare*) to crash: **s. al suolo**, to crash to the ground; **È andato a schiantarsi con la macchina contro un muro**, his car crashed into a wall.

schiànto, *m.* **1** (*rottura*) breaking; breaking off; cracking **2** (*rumore*) crack; crash: **lo s. del tuono**, the crack of thunder; **cadere con uno s.**, to fall with a crash **3** (*urto, crollo*) crash; crashing **4** (*fig.*: *gran dolore*) great blow; sudden blow: **La morte della madre fu uno s. per lui**, his mother's death was a great blow to him **5** (*fam.*: *cosa o persona bellissima*) st. [sb.] smashing (*o* fantastic, devastating); knockout; smasher (*GB*); (*di donna, anche*) bombshell: **Oggi sei proprio uno s.**, you're smashing (*o* devastating) today; you're a knockout today; **Che s. il tuo vestito!**, your dress is smashing!; **È uno s. di ragazza**, she's a knockout. ● **di s.**, suddenly; all of a sudden; abruptly.

schiàppa, *f.* **1** (*scheggia di legno*) (wood) splinter; spill **2** (*fig.*: *persona incapace*) duffer, bungler, washout, dead loss, hopeless person; (*sport*) rabbit (*fam. GB*).

schiariménto, *m.* **1** (*lo schiarire*) clearing up; brightening **2** (*fig.*: *spiegazione*) explanation; elucidation; information (*solo al sing.*): **ampi schiarimenti**, full explanation; **dare tutti gli schiarimenti necessari**, to give all necessary information.

schiarire, A *v. t.* **1** (*rischiarare*) to brighten; (*una tinta*) to lighten; (*sbiadire*) to fade, to bleach: **s. un colore**, to lighten a colour; **Il sole gli ha schiarito i capelli**, the sun has lightened (*o* bleached) his hair **2** (*capelli, artificialmente*) to dye a lighter shade; to bleach: **Si è fatta s. i capelli**, she's had her hair dyed a lighter shade **3** (*rendere più limpido*) to clear; to clarify; to refine: **s. l'olio**, to refine oil; **schiarirsi la voce**, to clear one's throat; to harrumph (*USA*) **4** (*diradare*) to thin out; to clear. ● **s. un dubbio**, to clear a doubt □ **schiarirsi la testa** (*o* **le idee**), to clear one's head; to blow away the cobwebs (*fam.*). **B** *v. i.* e **schiarirsi**, *v. i. pron.* **1** (*diventare più chiaro*) to grow* lighter; (*sbiadire*) to fade: **L'azzurro s'è schiarito un po'**, the blue has faded a little **2** (*rischiararsi*) to clear up; to brighten up; to light* up: **Il cielo (si) schiariva**, the sky was clearing up (*o* brightening up); **Le si schiarì il volto**, her face lit up **3** (*diradarsi*) to thin out. **C** *m.* – **sullo s. del giorno**, at daybreak.

schiarita, *f.* **1** clearing up; brightening up: **Nel pomeriggio ci fu una s.**, the sky cleared up a little in the afternoon **2** (*fig.*: *miglioramento*) improvement; turn for the better; opening: **Ci sono segni di una s. nei rapporti tra i due paesi**, there are signs of improvements in the relations between the two countries; **una s. nella vertenza sindacale**, an opening in trade union negotiations.

schiàtta, *f.* **1** (*lignaggio*) lineage, descent, ancestry, blood; (*ceppo*) stock, race: **di nobile s.**, of noble ancestry (*o* lineage, blood); **di s. reale**, of royal blood; **discendere da antica s.**, to descend from ancient lineage **2** (*progenie*) issue; offspring; progeny; descendants (*pl.*).

schiattàre, *v. i.* **1** (*fig.*: *scoppiare*): **s. di rabbia**, to be livid; **s. d'invidia**, to be dying of envy; to be eating one's heart out; **È schiattato all'ultimo giro**, he collapsed in the final lap **2** (*morire*) to drop dead.

schiàva, *f. V.* **schiavo**, *m.*

schiavardàre, *v. t.* to unbolt.

schiavétta, *f.* (*iron.* o *spreg.*) slavey; drudge.

schiavétto, *m.* (*iron.* o *spreg.*) errand boy.

schiavina, *f.* **1** (*stor.*) pilgrim's cloak **2** (*coperta*) coarse blanket.

schiavismo, *m.* slave system; slavery; (*in U.S.A., stor.*) anti-abolitionism.

schiavista, A *a.* slave (*attr.*); (*in U.S.A., stor., anche*) anti-abolitionist (*attr.*): **una società s.**, a slave society. **B** *m.* e *f.* **1** (*sostenitore dello schiavismo*) advocate (*o* supporter) of slavery; (*in U.S.A., stor.*) anti-abolitionist **2** (*mercante di schiavi*) slave trader; slaver **3** (*fig.*) slave driver.

schiavistico, *a.* **1** (*relativo allo schiavismo*) slave (*attr.*), of slavery; (*in U.S.A., stor.*) anti-abolitionist (*attr.*): **economia schiavistica**, slave economy; **teorie schiavistiche**, theories on slavery **2** (*da schiavista, anche fig.*) slave-driving; (*tirannico*) tyrannical: **metodi schiavistici**, tyrannical methods.

schiavitù, *f.* slavery; (*condizione di schiavo*) slavery, bondage, servitude, enslavement; (*cattività*) captivity; (*soggiogamento politico*) slavery, subjugation, subjection; (*dipendenza*) slavery, addiction; (*fig., lett.*) thrall, thraldom: **l'abolizione della s.**, the abolition of slavery; **nato in s.**, born into slavery; slave-born; **lunghi anni di s.**, long years of servitude; **liberare dalla s.**, to release from slavery (*o* from bondage); **ridurre in s.**, to reduce to slavery; to enslave; (*una nazione*) to subjugate; (*Bibbia*) **la s. babilonese**, the Babylonian Captivity; **la s. del peccato**, the bondage of sin; **la s. del fumo**, the slavery to tobacco; tobacco addiction; **la s. dell'orario a tempo pieno**, the slavery of a 9 to 5 job; **I figli a volte sono una s.**, children can really tie you down.

schiavizzàre, *v. t.* **1** (*rendere schiavo*) to enslave; to reduce to slavery **2** (*trattare come schiavo*) to turn into a slave; to subjugate; to work like a slave.

schiavizzazióne, *f.* enslavement; (*fig.*) subjugation.

schiàvo, A *a.* slave (*attr.*); enslaved; (*asservito*) subjugated, subject: **manodopera schiava**, slave labour; **un popolo s.**, a subject (*o* subjugated, enslaved) people; **essere s. dei capricci della moglie**, to be subject (*o* a slave) to the whims of one's wife; **Non voglio essere s. di nessuno**, I don't want to be subject to anybody. ● **s. dei pregiudizi**, prejudice-ridden □ **s. del dovere**, a slave to duty □ **s. del peccato**, the slave of sin □ **s. del tabacco**, a slave to tobacco; a smoke addict □ **s. della droga**, a slave to drugs; a drug addict □ **s. della moglie**, a slave to one's wife □ **braccialetto alla schiava**, slave bracelet □ **sandali alla schiava**, lace-up sandals □ **rendere s.**, to make a slave (of sb.); to reduce to slavery; to enslave. **B** *m.* (*f.* **-a**) slave; bondservant: **commercio** (*o* **traffico, tratta**) **degli schiavi**, slave trade; **mercante di schiavi**, slave trader; slaver; **mercato degli schiavi**, slave market; **sorvegliante di schiavi**, slave driver. ● **S. vostro!**, your servant! □ **lavorare come uno s.**, to work like a slave; to slave (away) □ **vendere q. come s.**, to sell sb. into slavery □ **trattare q. come uno s.**, to treat sb. like a slave.

schiavóne, *a.* e *m.* (*stor.*) Slavonian.

schiccheràre, *v. t.* (*fam.*) to scribble; to scrawl.

schidionàre, *v. t.* to put* on a spit.

schidionàta, *f.* (meat on a) spit; spitful (of meat).

schidióne, *m.* spit.

schièna, *f.* **1** back: **un dolore alla s.**, a pain in the back; **sdraiarsi sulla s.**, to lie down on one's back; **dare la s. a q.**, to have one's back turned to sb.; **voltare la s. a q.**, to turn one's back to sb.; (*volutamente*) to turn one's back on sb.; (*anche fig.*) **pugnalare q. alla s.**, to stab sb. in the back; **mal di s.**, backache **2** (*geogr.*) hog's back; ridge. ● (*fig.*) **s. dritta**, shirker; skiver (*fam. GB*); goldbrick (*fam. USA*) □ **a forza di s.**, by working (very) hard; by hard work □ **a s. d'asino**, (*di strada*) cambered; (*di ponte*) hog-backed, hump-backed □ **avere buona s.**, to be a hard worker □ **curvare la s.**, to bend one's back; (*fig.*) to stoop, to submit oneself □ (*anche fig.*) **dietro la s. di q.**, behind sb.'s back □ **di s.**, from behind; from the back: **vedere q. di s.**, to see sb. from behind; to see sb.'s back □ **mettersi di s.**, to turn one's back □ **il filo della s.**, the backbone; the spine □ **il fondo (della) s.**, the small of the back □ **giocare di s.** (*di cavallo*), to buck □ **lavoro di s.**, back-breaking job □ **metterci un po' di s.**, to put some back into it □ **piegare la s.**, to bend one's back; (*fig.*) to bend the knee; to stoop □ (*anche fig.*) **rompersi la s.**, to break one's back □ **sentirsi gli anni sulla s.**, to feel the weight of the years □ **voltare la s.**, (*andarsene*) to go off; (*fuggire*) to turn tail, to flee.

schienàle, *m.* **1** back; backrest: **lo s. d'una poltrona**, the back of an armchair; **sedia dallo s. alto**, high-backed chair; **s. ribaltabile**, tip-up back **2** (*schiena di animale da macello*) saddle; (*midollo spinale di bestia macellata*) spinal marrow **3** (*stor.*: *parte dell'armatura*) back-piece; back-plate **4** (*naut.*) backboard.

schienàta, *f.* **1** (*colpo dato con la schiena*) knock of the back **2** (*colpo della lotta*) fall ● **battere una s. contro q.c.**, to hit one's back hard against st.

schièra, *f.* **1** (*mil.*) formation, array; (*fila*) rank; (*per estens.*: *esercito, forze*) ranks (*pl.*), forces (*pl.*), troops (*pl.*), army, host (*lett.*): **disporre in s.**, to array; to arrange in formation; **a s.**, in formation; **a schiere serrate**, in serried ranks; **le schiere nemiche**, the enemy ranks; **riordinare le proprie schiere**, to rearrange one's ranks (*o* forces) **2** (*gruppo, compagnia*) group, team, band; (*moltitudine*) crowd, swarm, host; (*fila*) line, row, rank; (*disposizione ordinata*) arrangement, array: **una piccola s. di dimostranti**, a small band of demonstrators; **una s. di popolo**, a crowd of people; **Schiere di critici lo attaccarono**, a host of critics attacked him; **Era perseguitato da schiere di creditori**, he was pestered by swarms of creditors; **Arrivò una s. di invitati**, a group of guests arrived; **Fu circondata da una s. di fotografi**, she was surrounded by a crowd of photographers; **Si fecero avanti schiere di sostenitori**, swarms of supporters came forward; **le schiere angeliche** (*o* **celesti**), the heavenly hosts; **a schiere**, in swarms; in crowds; in flocks; **una s. di ninnoli sullo scaffale**, a row (*o* arrangement, array) of knick-knacks on the shelf; **una lunga s. di formiche**, a long row of ants. ● **disposto a s.**, (arranged) in a row □ **villetta a s.**, terraced house (*GB*); row house (*USA*).

schieraménto, *m.* **1** (*mil.*: *lo schierare*) marshalling, arraying, drawing up, ranging, deployment; (*disposizione delle truppe*) array, formation, lines (*pl.*): **s. di battaglia**, battle array; **sfondare lo s. nemico**, to break through the enemy lines **2** (*fig.*) front; alignment: **Il suo discorso si attirò le critiche di entrambi gli schieramenti**, his speech drew fire from both fronts; **lo s. laico**, the lay parties; **il nuovo s. politico**, the new political alignment **3** (*sport*) formation; line-up.

schieràre, A *v. t.* **1** (*mil.*) to marshal; to draw* up; to line up; to array; to range; to deploy: **s. in ordine di battaglia**, to draw up in battle order **2** (*disporre in fila, anche fig.*) to line up; to range: **s. i piatti sul buffet**, to line up (*o* to range) the plates on the sideboard; **Contro di loro furono schierate forze**

massicce, massive forces were ranged against them; **s. i propri argomenti**, to line up one's arguments; **s. i fatti in bell'ordine**, to marshal one's facts; (*sport*) **s. in campo una squadra**, to line up a team on the field. **B schieràrsi**, *v. rifl.* **1** (*mil.*) to draw* up; to deploy **2** (*disporsi in fila, anche fig.*) to line up **3** (*fig.*: *parteggiare*) to line up; to take* sides; to side; to range oneself: **Preferisco non schierarmi**, I prefer not to take sides; **s. con l'opposizione**, to side with the opposition; **s. a favore di q.**, to take sides with sb.; to take sb.'s side; to side with sb.; to throw one's weight behind sb.; to line up alongside (*o* with, behind) sb. (*fam.*); to plump for sb. (*fam.*); **s. contro q.**, to line up against sb.; to side against sb.; to take sides against sb.; to range oneself against sb.

schiettaménte, *avv.* (*apertamente*) openly, plainly, baldly, outright, straightly; (*sinceramente*) sincerely, frankly, candidly; (*semplicemente*) simply: **Mi piace parlare s.**, I like to speak openly (*o* plainly); **Ti voglio dire s. quello che penso**, I'm going to tell you quite frankly (*o* candidly) what I think; **per dirla s.**, to be frank (*o* candid); frankly; to put it plain; to be quite honest about it.

schiettézza, *f.* (*purezza*) purity, genuineness; (*sincerità, lealtà*) sincerity, candour, frankness, straightforwardness, openness, directness; (*semplicità*) simplicity: **s. disarmante**, disarming frankness (*o* candour); **un uomo di grande s.**, a man of great directness (*o* candour); **parlare con s.**, to speak with frankness (*o* with candour); to speak openly.

schiètto, A *a.* (*puro, genuino*) pure, genuine, unadulterated, undiluted; (*sincero*) true, sincere; (*franco, diretto*) frank, candid, straightforward, straight, direct, outright; (*senza peli sulla lingua*) outspoken, plain-spoken, blunt; (*senza fronzoli*) plain, neat: **acqua schietta**, pure water; **vino s.**, genuine wine; **oro s.**, pure (*o* unalloyed) gold; **un amico s.**, a true friend; **risposta schietta**, straightforward (*o* straight, direct) answer; **modi schietti**, direct ways; **un uomo s.**, a straightforward man; a plain-spoken (*o* blunt) man; **essere s. con q.**, to be (quite) frank with sb.; **È la schietta verità**, it's the pure (*o* plain) truth; **linee schiette**, neat lines. **B** *avv.* *V.* **schiettamente**.

schifàre, A *v. t.* **1** (*avere a schifo*) to loathe; (*disprezzare, rifiutare*) to look down on, to sniff at, to snub, to consider (st., sb.) beneath one, to look down on (*fam.*), to turn one's nose up at (*fam.*): **s. la carne**, to loathe meat; **Schifa tutto quello che gli metto davanti**, he turns up his nose at everything I put before him; **s. i colleghi**, to look down on one's colleagues; **Ha schifato il mio invito**, he snubbed my invitation **2** (*disgustare*) to disgust; to sicken; to nauseate; to make* sb. sick; to make* sb.'s gorge rise (*fam.*): **I suoi modi mi hanno schifato**, I am disgusted by his manners; I find his manners nauseating; **La politica mi ha proprio schifato**, politics makes me sick; I've come to loathe politics. **B schifàrsi**, *v. i. pron.* to loathe; to feel* disgust (for); to be disgusted (by):

schifàto, *a.* disgusted: **con aria schifata**, with a disgusted air; **«Bella roba!» disse con aria schifata**, «Big deal!» she sniffed.

schifézza, *f.* **1** (*l'essere schifoso*) filthiness; foulness; loathsomeness **2** (*cosa schifosa, porcheria*) disgusting (*o* revolting, awful) thing, filth; (*cosa di nessun valore*) awful thing, lousy (*o* rotten) thing (*fam.*), rubbish: **Questo caffè è una s.**, this coffee is revolting; **Non voglio che i bambini guardino simili schifezze alla televisione**, I don't want the children to watch such filth on TV; **Il suo ultimo romanzo è una s.**, his latest novel is pure rubbish (*o* awful); **Che s.!**, how disgusting!; how revolting!

schifiltosità, *f.* fastidiousness; finicalness; finicality; fussiness; squeamishness.

schifiltóso, A *a.* **1** (*facile al ribrezzo*) squeamish **2** (*molto esigente*) overnice; fastidious; particular; finical; finicky; fussy. **B** *m.* (*f.* **-a**) fastidious person. ● **Non fare tanto lo s.!**, don't be so particular!

schifio, *m.* – (*fam.*) **finire a s.**, to go to the dogs; to go to pot; to come to a bad end.

schifo (1), *m.* (*ripugnanza*) repugnance; disgust; loathing; nausea: **provare s.**, to feel disgust; to be overcome with nausea; **avere a s. q.c.**, to loathe st.; **fare s.**, to be disgusting (*o* revolting); to nauseate; to stink (*fam.*); **La trippa mi fa s.**, I hate (*o* loathe) tripe; I find tripe nauseating; **Ha su un vestito che fa s.**, (*che è sporco*) her dress is filthy; (*che è brutto*) her dress is ghastly; **Mi fa s. solo il vederlo**, his very sight revolts me (*o* makes me sick); **Lavati, che fai s.!**, go and wash yourself, you're filthy!; **«Che ne dici della mia idea?» «Dico che fa s.»**, «What do you think of my idea?» «I think it stinks»; (*iron.*) **Se non ti fa s.**, if it's not too much asking; **Che s.!**, how disgusting!; how sickening!; **La partita è stata uno s.**, it was a rotten match; **È tutto uno s.!**, the whole thing makes me sick!

schifo (2), *m.* (*naut.*) skiff.

schifo (3), *V.* **scifo**.

schifosàggine, *f.* **1** (*l'essere schifoso*) nastiness; foulness; filthiness; loathsomeness; repulsiveness **2** (*cosa schifosa*) disgusting thing; revolting thing; filth.

schifosità, *V.* **schifosaggine**.

schifóso, A *a.* **1** (*disgustoso*) disgusting, loathsome, revolting, nauseating, sickening; (*lurido*) filthy: **un insetto s.**, a revolting insect; **un miscuglio s.**, a disgusting mixture; **una vista schifosa**, a nauseating sight; a filthy sight; **un odore s.**, a revolting smell **2** (*pessimo*) dreadful; awful; rotten (*fam.*); lousy (*fam.*); putrid (*fam.*); stinking (*fam.*): **Ha fatto un lavoro s.**, he did an awful job (of it); **tempo s.**, beastly (*o* stinking, putrid) weather **3** (*fam.*: *esagerato*) outrageous; shameless: **una fortuna schifosa**, outrageous luck. **B** *m.* (*f.* **-a**) **1** disgusting person; person with filthy habits **2** (*fig.*) bastard (*m.*); bitch (*f.*).

schinière, *m.* (*stor.*) greave; jambeau* (*franc.*).

schino, *m.* (*bot., Schinus molle*) pepper tree.

schioccàre, *v. t. e i.* to crack; to snap; to click; to smack: **(far) s. le dita**, to snap (*o* to click) one's fingers; **(far) s. le labbra**, to smack one's lips; **(far) s. la lingua**, to click one's tongue; **(far) s. una frusta**, to crack a whip; **s. un bacio**, to give sb. a smacking kiss: **Gli schioccò un bacio sulla guancia**, she smacked a kiss on his cheek.

schioccàta, *f.* (*di frusta*) cracking; (*di dita*) snapping; (*di labbra*) smacking.

schiòcco, *m.* crack; snap; click; smack; (*di tappo*) pop: **lo s. d'una frusta**, the crack of a whip; **lo s. di un ramo**, the snap (*o* crack) of a branch; **con uno s. delle dita**, with a snap (*o* click) of one's fingers; **uno s. di lingua**, a click of the tongue; **dare un bacio con lo s.**, to kiss with a smack; to smack; **gli schiocchi delle onde contro la fiancata**, the smacking of the waves against the side.

schiodàre, A *v. t.* to unnail; to take* out the nails (of st.); (*mecc.*) to unrivet: **s. un coperchio**, to take the nails out of a lid. **B schiodàrsi**, *v. i. pron.* to become* unnailed. **C schiodàrsi**, *v. rifl.* (*fig. fam.*) to get* (*o* to lift) one's backside (off st.); to stir.

schiodatùra, *f.* unnailing; (*mecc.*) unriveting.

schioppettàta, *f.* gunshot; rifle shot: **Si sentì una s.**, a gunshot was heard; **una s. alla schiena**, a shot in the back; **Fu colpito da una s.**, he was hit by a shot; **prendere q. a schioppettate**, to shoot at sb. ● **essere a una s. da q.c.**, to be a stone's throw from st.

schiòppo, *m.* **1** (*stor.*) musket; flintlock **2** (*fucile*) gun, rifle; (*da caccia*) shotgun. ● **essere a un tiro di s. da q.c.**, to be a stone's throw from st.

schìsi, *f.* cleft; fissure; (*med.*) schisis*: **s. del palato**, cleft palate.

schisto, e *deriv.* *V.* **scisto**, e *deriv.*

schistosòma, *m.* (*zool.*) schistosome; blood fluke.

schistosomìasi, *f.* (*med.*) schistosomiasis*.

schitarràre, *v. i.* to strum (*o* to thrum) (on) a guitar.

schitarràta, *f.* strum(ming); thrum(ming).

schiùdere, A *v. t.* to open (*anche fig.*); to half-open; to open a little: **s. gli occhi**, to open one's eyes; **s. l'animo alla pietà**, to open one's soul to pity; **s. le labbra a un sorriso**, to open one's lips to a smile; to part one's lips in a smile. **B schiùdersi**, *v. i. pron.* **1** to open; to half-open; to open a little; (*di uova*) to hatch; (*di labbra*) to part: **I fiori si schiudono**, the flowers are opening; **La porta si schiuse**, the door opened **2** (*fig.*: *manifestarsi*) to open up: **Gli si schiude un nuovo avvenire**, a new future is opening up for him.

schiùma, *f.* **1** foam; froth; (*di sapone*) lather, suds (*pl.*): **la s. del mare**, the foam of the sea; sea foam; **la s. della birra**, the froth (*o* head) on the beer; **s. da barba**, shaving lather **2** (*scarto sulla superficie di liquidi*) scum **3** (*di cavallo*) lather; (*di insetti*) spit, spittle **4** (*fig.*: *feccia, rifiuto*) scum: **la s. della società**, the scum of society. ● **s. da lattice**, latex foam □ (*fig.*) **s. dei mari**, sea scum □ (*miner.*) **s. di mare**, sepiolite; meerschaum; sea-foam □ (*anche fig.*) **avere la s. alla bocca**, to foam (*o* to froth) at the mouth □ **bagno di s.**, foam bath; bubble bath □ **coperto di s.**, lathered □ **detersivo a s. frenata**, low-suds washing powder □ **estintore a s.**, foam extinguisher □ (*di sapone*) **far s.**, to lather: **Questo sapone non fa troppa s.**, this soap does not lather well (*o* doesn't give a good lather) □ **levare la s. da un liquido**, to skim off the froth (*o* the scum) from a liquid; to skim a liquid □ **pipa di s.**, meerschaum (pipe).

schiumaiòla, *f.* skimmer; skimming spoon.

schiumànte, *a.* foaming; foamy; frothing; frothy; (*di cavallo*) lathery: **con la bocca s.**, with foaming mouth; foaming at the mouth; **s. di rabbia**, foaming with rage.

schiumàre, A *v. t.* to skim: **s. il brodo**, to skim the broth. **B** *v. i.* **1** to foam; to froth; (*di cavallo*) to lather: **s. di rabbia**, to foam with rage; to foam at the mouth **2** (*del sapone*) to lather.

schiumaròla, *V.* **schiumaiola**.

schiumatóre, *m.* – (*lett., scherz.*) **s. dei mari**, sea-rover; pirate; buccaneer.

schiumògeno, A *a.* foaming. **B** *m.* **1** (*chim.*) foam generator; foaming agent **2** (*estintore*) foam extinguisher.

schiumosità, *f.* foaminess; frothiness.

schiumóso, *a.* foamy; frothy; (*del sapone*) lathery.

schiùsa, *f.* **1** opening **2** (*di pulcini*) hatching.

schivàbile, *a.* avoidable; shunnable.

schivafatiche, *V.* **scansafatiche**.

schivàre, *v. t.* (*evitare*) to avoid, to escape, to sidestep, to dodge, to ward off; (*rifuggire*) to shun, to eschew; (*scansare*) to dodge, to shirk: **s. il pericolo**, to avoid danger; **Cercai di s. i giornalisti**, I tried to avoid the journalists; **Tutti lo schivano**, everybody shuns him; **s. un pedone**, to avoid a pedestrian; **s. un incidente**, to avoid an accident; **s. il male**, to shun (*o* to eschew) evil; **s. un colpo**, to dodge (*o* to ward off) a blow; (*chiamandosi*) to duck; **s. una difficoltà**, to sidestep a difficulty; **s. ogni lavoro**, to shirk work; **s. una responsabilità**, to avoid (*o* to escape) a responsibility; to duck out (of a responsiblity) (*fam.*).

schivàta, *f.* dodging; dodge.

schivo, *a.* **1** (*riluttante*) averse (to); unwilling; reluctant; loath: **s. di lodi**, averse to praise; **s. di ricompense**, shy of rewards **2** (*timido, ritroso*) shy; bashful; retiring. ● **essere s. di compagnia**, to shun company.

schizofasìa, *f.* (*psic.*) schizophasia.

schizòfita, *f.* (*bot.*) schizophyte.

schizofrenìa, *f.* (*psic.*) schizophrenia.

schizofrènico, *a.* e *m.* (*f.* **-a**) (*psic.*) schizophrenic.

schizogènesi, *f.* schizogenesis.

schizòide, *a., m.* e *f.* (*psic.*) schizoid.

schizoidìa, *f.* (*psic.*) schizoid personality.

schizomanìa, *f.* (*psic.*) schizomania.

schizomicète, *m.* (*biol.*) schizomycete.

schizotimìa, *f.* (*psic.*) schizothymia.

schizzàre, **A** *v. i.* **1** to squirt; to spurt; to spout; to gush; (*di liquido bollente*) to spit*; (*cadere su q.c.*) to spatter: **L'acqua schizzava da un foro della pompa**, water was squirting from a hole in the hose; **La birra schizzò dalla lattina**, the beer spurted from the tin; **Un getto di sangue schizzò dalla ferita**, a jet of blood spurted (*o* gushed) from the wound; **L'olio schizzava dalla padella**, the oil was spitting from the pan; **Un po' di sugo schizzò sulla tovaglia**, a few drops of sauce spattered on the tablecloth **2** (*estens.*: *saltare via, fuori*) to dart; to shoot*; to spring*; to jump: **s. via**, to shoot off (*o* away); to dart off; **s. in aria**, to shoot up; **s. dal letto**, to spring out of bed; **La lepre schizzò fuori dal cespuglio**, the hare darted out of the bush; **È schizzato subito in piedi**, he jumped to his feet at once; **I prezzi sono schizzati alle stelle**, prices have shot up. **B** *v. t.* **1** (*emettere con forza un liquido*) to squirt, to spurt; (*spruzzare, sporcare*) to splash, to squirt; (*fango, cibo e sim.*) to splatter, to spatter; (*lanciare*) to shoot* out: **s. acqua dalla bocca**, to spurt water from the mouth; **s. acqua dappertutto**, to splash water about; **s. sangue**, to spurt blood; to spatter blood; **s. q.c. di fango [di sugo]**, to spatter st. with mud [with sauce]; **s. q.c. d'inchiostro**, to squirt ink on st.; (*anche fig.*) **s. veleno**, to shoot out poison; **s. scintille**, to send out sparks **2** (*assol.*: *fare schizzi*) to splash about: **Non s. dappertutto!**, Don't splash about! **3** (*disegnare, abbozzare*) to sketch (out); to draft; to outline: **s. un paesaggio**, to sketch a landscape; **s. alla meglio**, to rough in; **s. un quadro della situazione**, to outline a situation. ● (*fig.*) **s. bile**, to be livid □ (*di occhi*) **s. dalle orbite**, to pop out (of one's head): **con occhi che gli schizzavano dalle orbite**, with popping eyes □ (*di occhi*) **s. fuoco**, to flash fire □ (*di occhi*) **s. odio**, to flash with hatred. **C schizzàrsi**, *v. rifl.* to splash oneself; to splash st. on oneself: **Ti sei schizzato di salsa**, you've splashed sauce on you. **D schizzàrsi**, *v. i. pron.* to get* splashed; to get* splattered: **Mi si è schizzata d'olio la cravatta**, my tie got splashed with oil.

schizzàta, *f.* (*spruzzo*) squirt, squirting, spurt, spurting, splash, splashing; (*macchia*) spatter, splatter, splash: **Una s. di fango le sporcò l'impermeabile**, mud splashed her macintosh; **una s. di vernice sulla tappezzeria**, a splash of paint on the wallpaper.

schizzàto, *a.* **1** splashed; splattered; spattered: **una camicetta tutta schizzata di sangue**, a blouse splattered with blood; **scarpe schizzate di fango**, mud-spattered shoes **2** (*pop.*) jittery; wired (*USA*).

schizzatóio, *m.* spray; syringe.

schizzettàre, *v. t.* (*med.*) to spray; to syringe.

schizzétto, *m.* **1** (*med.*) spray; syringe **2** (*giocattolo*) water pistol; squirt gun (*USA*).

schizzinóso, **A** *a.* fussy; fastidious; particular; overnice; finicky; (*schifiltoso*) squeamish. **B** *m.* (*f.* **-a**) fussy (*o* finicky) person. ● **fare lo s.**, to be fussy; to be squeamish.

schizzo, *m.* **1** squirt; spurt; (*zampillo*) gush, jet; (*macchia*) splash, spatter, dab: **uno s. d'acqua**, a squirt of water; **uno s. di sangue**, a spurt (*o* jet) of blood; (*su q.c.*) a spatter of blood; **una camicia piena di schizzi d'unto**, a shirt spattered all over with grease; **schizzi di fango**, splashes of mud; **uno s. di vernice sulla guancia**, a dab of paint on the cheek **2** (*disegno, abbozzo*) sketch; draft; outline: **uno s. a mano libera**, a free-hand sketch; **s. a carboncino (a matita)**, a sketch in charcoal (in pencil); **un breve s. della situazione**, a brief outline of the situation; **lo s. d'un discorso**, the draft of a speech; **fare uno s.**, to sketch; to outline; to draft. ● **caffè con lo s.**, coffee laced with spirits □ **Con uno s. fu sull'albero**, he shot up the tree □ (*fam.*) **Sono da te in uno s.**, I'll be at your place in a jiffy.

Schnauzer (*ted.*), *m. invar.* (*zool.*) schnauzer.

Schnorchel (*ted.*), *m. invar.* (*naut.*) snorkel.

sci, *m.* **1** (*attrezzo*) ski*: **un paio di sci**, a pair of skis **2** (*lo sport*) skiing: **fare dello sci**, to ski; to go skiing. ● **sci-alpinismo**, ski touring □ **sci da fondo**, cross-country skis □ **sci da discesa**, downhill skis □ **sci d'acqua**, (*gli attrezzi*) water skis; (*lo sport*) water skiing □ **sci di fondo**, cross-country skiing □ **gara di sci**, skiing competition □ **indumenti da sci**, skiwear (*collett.*) □ **maestro di sci**, ski instructor □ **scarponi da sci**, ski boots □ **tuta da sci**, ski suit.

scìa, *f.* **1** (*naut.*) wake: **la s. d'una nave**, the wake of a ship; **navigare nella s. di una nave**, to sail in the wake of a ship **2** (*traccia*) track; trail: **la s. di un razzo**, the trail of a rocket; **una s. di profumo**, a trail of scent; **una s. di sangue**, a trail of blood; **una s. luminosa**, a trail of light; a luminous trail **3** (*fig.*) wake; footsteps (*pl.*): **mettersi sulla s.** (*o* **seguire la s.**) **di q.**, to follow in sb.'s footsteps; to tread in sb.'s wake; **cambiamenti avvenuti sulla s. degli ultimi avvenimenti**, changes that have come about in the wake of the latest events; **Sulla s. di quanto ha già detto X...**, following what has already been said by X... **4** (*astron.*) trail; train: **s. meteorica**, trail of a meteor; **s. di una cometa**, comet train. ● **s. dell'elica**, (*aeron.*) slipstream; (*aeron., naut.*) backwash □ (*aeron.*) **s. di condensazione**, condensation trail; vapour trail □ (*autom., sport*) **stare nella s.** (*di un'altra macchina*), to draft; to slipstream.

scià, *m.* shah.

sciabècco, *m.* (*naut.*) xebec.

sciàbica, *f.* **1** (*rete da pesca*) trawl net: **pescare con la s.**, to trawl **2** (*zool., Gallinula chloropus*) moorhen; gallinule (*USA*).

sciabicàre, *v. i.* to trawl.

sciàbile, *a.* skiable; fit (*o* suitable) for skiing on.

sciabilità, *f.* suitability for skiing on.

sciàbola, *f.* sabre, saber (*USA*): **tirare di s.**, to fence with a sabre.

sciabolàre, *v. t.* **1** to sabre, to saber (*USA*); to slash (with a sabre) **2** (*fig.*) to saw: **s. l'aria con le braccia**, to saw the air; **s. giudizi**, to pass rash judgments.

sciabolàta, *f.* sabre-cut; slash (*anche fig.*): **tirare una s.**, to slash with a sabre.

sciabolatóre, *m.* (*f.* **-trice**) sabre (*USA*: saber) specialist.

sciabordàre, **A** *v. t.* to swash around; to slosh about. **B** *v. i.* to swash around; to slosh about; to wash; to lap.

sciabordìo, *m.* swash; swashing; lapping; sloshing.

sciacallàggio, *m.* **1** (*furto*) looting **2** (*sfruttamento delle disgrazie altrui*) exploitation; profiteering.

sciacallésco, *a.* profiteering; vulture-like.

sciacàllo, *m.* **1** (*zool., Canis aureus*) jackal **2** (*fig.*: *chi ruba nelle case distrutte*) looter **3** (*fig.*: *chi sfrutta le disgrazie altrui*) vulture; profiteer.

sciaccò, *m.* (*stor.*) shako.

sciacquabudèlla, *m.* **1** (*vinello*) wish-wash **2** (*brodaglia*) wish-wash; dish-water; slops. ● **bere a s.**, to drink on an empty stomach.

sciacquadita, *m. invar.* finger bowl.

sciacquàre, *v. t.* to rinse (out): **s. una bottiglia**, to rinse a bottle; **s. i panni**, to rinse clothes; **sciacquarsi i denti [i capelli]**, to rinse one's teeth [one's hair].

sciacquàta, *f.* rinse; rinsing; (*veloce lavata*) quick wash: **dare una s. a q.c.**, to give st. a rinse; **darsi una s.**, to have a quick wash.

sciacquatùra, *f.* **1** (*lo sciacquare*) rinsing **2** (*acqua che è stata usata per sciacquare*) rinsing water, rinsings (*pl.*); (*di piatti*) dishwash, dishwater **3** (*spreg.*: *brodaglia*) dishwater.

sciacquétta, *f.* (*region., spreg.*) flighty girl; bimbo* (*fam.*).

sciacquìo, *m.* (*sciabordio*) swash; swashing; lapping.

sciàcquo, *m.* **1** (mouth-)rinsing; gargling: **fare uno s.**, to gargle; **ordinare degli sciacqui**, to prescribe mouth-rinsing **2** (*liquido per sciacquarsi la bocca*) mouthwash; gargle **3** (*di lavatrice*) rinse.

sciacquóne, *m.* flush; flushing system. ● **tirare lo s.**, to flush the toilet; to pull the chain.

sciàfilo, *a.* sciophilous.

sciàfita, *f.* (*bot.*) sciophyte.

sciaguattàre, *v. i.* to swash; to splash about; to slosh about.

sciagùra, *f.* **1** (*evento disastroso*) disaster, calamity; (*incidente*) accident, disaster, (*scontro, incidente aereo*) crash: **un anno pieno di sciagure**, a year full of disasters; **una s. della strada**, a road accident; **s. ferroviaria**, train crash; **Nella s. aerea sono morte cinquanta persone**, fifty people died in the crash; **recarsi sul luogo della s.**, to go to the scene of the disaster [of the crash] **2** (*disgrazia, rovina*) calamity, curse, ruin, bane; (*sfortuna*) ill fortune: **Quell'uomo è una s.**, that man is a calamity; **Sei la s. della famiglia!**, you are the bane of the family!: **essere perseguitato dalla s.**, to be dogged by misfortune; to be under a curse.

sciaguratàggine, *f.* **1** (*l'essere malvagio*) wickedness; iniquity **2** (*azione malvagia*) wicked action.

sciagurataménte, *avv.* **1** (*disgraziatamente*) unfortunately; unluckily; unhappily **2** (*in maniera empia*) wickedly; iniquitously.

sciaguràto, **A** *a.* **1** (*disgraziato*) wretched; unlucky; unfortunate; miserable: **una famiglia sciagurata**, an unlucky family; **S. paese!**, wretched country! **2** (*disastroso, funesto*) wretched; disastrous; woeful; calamitous: **Che idea sciagurata**, what a wretched (*o* disastrous) idea!; **tempi sciagurati**, calamitous times **3** (*malvagio*) wicked; (*criminale*) criminal, iniquitous: **genitori sciagurati**, wicked parents; **lo s. sistema delle tangenti**, the iniquitous bribes system. ● **S. me!**, woe to me! (*lett.*); poor me! **B** *m.* (*f.* **-a**) **1** (*persona sventurata*) wretch: **Bisogna fare qualcosa per quegli sciagurati**, something must be done for those wretches **2** (*persona malvagia*) wretch; scoundrel; criminal: **Chi è quello s. che ha rotto il vaso?**, who's the criminal that broke the vase?

scialacquaménto, *m.* squandering; dissipation; profligacy.

scialacquàre, *v. t.* to squander; to waste; to dissipate; to run* through; (*al gioco*) to gamble away; (*assol.*) to spend money like water, to play ducks and drakes with one's money (*fam.*), to blow* money (*pop.*): **s. il proprio patrimonio**, to squander (*o* to run through) all one's money; **s. risorse**, to squander (*o* to waste) resources.

scialacquatóre, *m.* (*f.* **-trice**) squanderer; profligate; spendthrift.

scialàcquo, *m.* squandering; waste; dissipation; profligacy: **s. di soldi**, squandering of money; **Che s. di parole!**, what a waste of words!

scialacquóne, *m.* (*f.* **-a**) (*pop.*) squanderer; spendthrift; waster.

scialagògo, (*farm.*) **A** *a.* sialagogic. **B** *m.*

sialagogue.
scialàre, *v. i.* *1* (*spendere*) to squander money; to throw* (*o* to fling*) money about; to splash money around (*fam.*); to play ducks and drakes with one's money (*fam.*); to blow* money (*pop.*): **s. in abiti e gioielli,** to squander money on clothes and jewels; **gente abituata a s.**, people used to fling money about; **Gli piace s.**, he likes to splash money around; **Da noi non si sciala di certo**, we haven't got money to throw about *2* (*godersela*) to have a great time; to have the time of one's life.
sciàlbo, *a.* *1* pale; wan; (*debole*) weak, dim, watery; (*sbiadito*) faded: **colorito s.**, pale complexion; **luce scialba**, pale (*o* weak, dim) light; **sorriso s.**, pale (*o* wan, watery) smile *2* (*fig.*) colourless, colorless (*USA*); grey, gray (*USA*); dull; flat; lifeless; insignificant: **individuo s.**, colourless (*o* dull) person; **stile s.**, colourless (*o* dull, flat) style; **interpretazione scialba**, flat (*o* lifeless) rendering.
scialbóre, *m.* (*fig.*) colourlessness; dullness; flatness; greyness; lifelessness; insignificance.
scialitico, *a.* scialytic: **una lampada scialitica**, a scialytic lamp.
sciallàto, *a.* shawl (*attr.*): **collo s.**, shawl collar.
sciàlle, *m.* shawl; wrap: **a s.**, shawl (*attr.*).
sciàlo, *m.* (*spreco*) waste, wastage, dissipation, squandering; (*prodigalità*) lavishness; (*sfoggio*) lavish display, parade, ostentation. ● **a s.**, lavishly □ **fare s. di citazioni**, to be lavish with quotations; to quote lavishly □ **fare s. di cortesie**, to abound in ceremonies □ **fare s. di denaro**, to throw money about □ **vivere nello s.**, to live extravagantly.
scialografìa, *f.* (*med.*) sialography.
scialorrèa, *f.* (*med.*) sialorrhoea.
scialùppa, *f.* launch; ship's boat; tender. ● **s. di salvataggio**, lifeboat; boat: **calare in mare le scialuppe**, to lower the boats.
sciamanèşimo, *V.* **sciamanismo**.
sciamànico, *a.* shamanic.
sciamanişmo, *m.* shamanism.
sciamanìstico, *a.* shamanistic.
sciamannàto, *a.* unkempt; slovenly.
sciamàno, *m.* shaman.
sciamàre, *v. i.* (*anche fig.*) to swarm.
sciamatùra, *f.* swarming: **la s. delle api**, the swarming of bees.
sciàme, *m.* *1* (*anche fig.*) swarm: **uno s. di api**, a swarm of bees; **uno s. di ragazzini**, a swarm of children; **a sciami**, in swarms *2* (*fis.*) shower: **s. a cascata**, cascade shower *3* (*astron.*) shower.
sciàmito, *m.* samite.
sciampàgna, *m. invar.* champagne.
sciampagnìno, *m.* fizzy soft drink; (*spumante*) cheap sparkling wine.
sciampagnòtta, *f.* bottle for sparkling wines.
sciampista, *m.* e *f.* shampooer.
sciàmpo, *m.* shampoo. ● **fare uno s. a q.**, to shampoo sb.'s hair □ **vorrei fare lo s.**, I'd like to have my hair shampooed.
sciancàre, A *v. t.* to lame; to cripple. **B sciancàrsi,** *v. i. pron.* to dislocate one's hip; to become* lame; to become* a cripple.
sciancàto, A *a.* crippled; (*zoppo*) lame. **B** *m.* (*f.* **-a**) cripple.
sciancràre, *v. t.* to fit at the waist.
sciancràto, *a.* (*di abito*) fitted at the waist; waist-tight.
sciancratùra, *f.* (*di abito*) fitting at the waist.
Sciangài, *f.* (*geogr.*) Shanghai.
sciangài, *m.* (*gioco*) spillikins (*pl. col verbo al sing.*); jackstraws (*pl. col verbo al sing.*).
sciantósa, *f.* chanteuse (*franc.*); cabaret singer.
sciàntung, *m.* (*ind. tess.*) shantung.
sciàpo, *a.* (*region.*) insipid; tasteless.
sciàra, *f.* (*geol.*) volcanic scoria.
sciaràda, *f.* charade.
sciaradìsta, *m.* e *f.* charade solver.
sciàre (1), *v. i.* (*sport*) to ski: **andare a s.**, to go skiing; **s. sull'acqua**, to water-ski.
sciàre (2), *v. i.* (*naut.*) to back water; to back the oars.
sciàrpa, *f.* *1* (*da collo*) scarf*; muffler; comforter *2* (*fascia di grado o di dignità*) sash *3* (*fasciatura*) sling.
sciàta, *f.* skiing; run on the skis; ski run: **Ho voglia di fare una bella s.**, I want to go skiing; I feel like skiing.
sciatalgìa, sciàtica, *f.* (*med.*) sciatica.
sciàtico, *a.* (*anat.*) sciatic: **il nervo s.**, the sciatic nerve; **dolori sciatici**, sciatic pains.
sciatóre, *m.* (*f.* **-trice**) skier.
sciatòrio, *a.* ski (*attr.*); skiing (*attr.*).
sciattaménte, *avv.* in a slovenly (*o* slipshod, clumsy) way; slovenly; untidily; sloppily (*fam.*).
sciatterìa, sciattézza, *f.* slovenliness; carelessness; untidiness; sloppiness; (*nei vestiti e nella persona*) slovenliness, frowziness, slatternliness, sluttishness.
sciàtto, *a.* (*di persona*) slovenly, careless, sloppy, frowzy, blowzy, slatternly; (*di cosa*) slovenly, slipshod, careless, shoddy, sloppy: **una donna sciatta**, a slovenly woman; **uno scrittore s.**, a careless writer; **aspetto s.**, slovenly appearance; **lavoro s.**, slipshod (*o* shoddy, sloppy) work; **stile s.**, slipshod style; **essere s. nel vestire**, to be slovenly in one's dress.
sciattóna, *f.* slatternly woman*; slattern; slut.
sciattóne, *m.* sloven; slovenly fellow; slob.
sciàvero, *m.* (*tecn.*) slab.
scìbile, *m.* knowledge: **lo s. umano**, human knowledge; **i rami dello s.**, the branches of knowledge.
sciccherìa, *f.* (*pop.*: *l'essere chic*) chic, smartness; (*cosa chic*) very chic thing, smart thing, snazzy thing.
sciccóso, *a.* (*pop.*) chic; smart; snazzy.
sciènte, *a.* (*lett.*) conscious; aware; knowing.
scienteménte, *avv.* consciously; knowingly; (*di proposito*) on purpose; (*leg.*) scienter.
scientìfica, *f.* (*polizia s.*) criminal laboratory department.
scientificaménte, *avv.* scientifically.
scientificità, *f.* scientific quality (*o* nature).
scientìfico, *a.* scientific: **una verità scientifica**, a scientific truth; **un esperimento [un metodo] s.**, a scientific experiment [method].
scientişmo, *m.* *1* (*filos.*) scientism *2* (*relig.*) Christian Science.
scientista, *m.* e *f.* (*filos.*) adherent of scientism.
scientìstico, *a.* (*filos.*) scientistic.
sciènza, *f.* *1* science: **l'amore della s.**, love of science; **i limiti della s.**, the limits of science; **il progresso della s.**, scientific progress; **uomo di s.**, man of science; scientist; **lezione di s.**, science lesson; (*l'ora scolastica*) science class; **professore di s.**, science teacher; **s. pura**, pure science; **scienze esatte**, exact sciences; **studiare scienze**, to study science *2* (*sapere, dottrina*) knowledge; learning; wisdom: **un uomo di grande s.**, a man of great knowledge (*o* learning). ● **s. agraria**, agronomy □ **s. degli ultrasuoni**, ultrasonics (*pl. col verbo al sing.*) □ **s. dei mari**, oceanics (*pl. col verbo al sing.*) □ **s. dell'alimentazione**, dietetics (*pl. col verbo al sing.*) □ **s. della Terra**, Earth sciences (*pl.*) □ **s. delle costruzioni**, tectonics (*pl. col verbo al sing.*) □ **s. delle finanze**, public finance □ **s. dell'informazione**, information science □ **s. del poi**, hindsight □ **scienze economiche**, economics (*pl. col verbo al sing.*) □ **s. elettronica**, electronics (*pl. col verbo al sing.*) □ **s. infusa**, innate knowledge □ **scienze naturali**, natural science (*sing.*) □ **scienze occulte**, occult sciences □ **scienze politiche**, political science (*sing.*) □ **scienze sociali**, social science (*sing.*) □ **scienze umane**, life sciences □ **scienze umanistiche**, humanities □ **s. volgarizzata**, popular science □ **l'albero della s.**, the tree of knowledge □ **un'arca** (*o* **un pozzo**) **di s.**, a walking encyclopaedia □ **cultore di scienze umane**, life scientist □ (*stor.*) **la gaia s.**, the gay science □ (*prov.*) **Esperienza, madre di s.**, experience is the best teacher.
scienziàto, *m.* (*f.* **-a**) scientist; man* (*f.* woman*) of science.
scìfo, *m.* *1* (*archeol.*) scyphus* *2* (*bot.*) scyphus*; scypha*.
Scifozòi, *m. pl.* (*zool.*, *Scyphozoa*) Scyphozoa.
scifozòo, *m.* (*zool.*) scyphozoan.
sciìstico, *a.* ski (*attr.*); skiing (*attr.*).
sciìta, *m.* e *f.* (*relig.*) Shiite; Shia.
scilinguàgnolo, *m.* loquacity; talkativeness; chattiness; glibness. ● **avere lo s. sciolto**, to have a glib tongue; to have the gift of the gab (*fam.*) □ **perdere lo s.**, to lose one's tongue □ **Gli s'è sciolto lo s.**, he has found his tongue again.
Scilla, *f.* (*geogr.*, *mitol.*) Scylla. ● (*fig.*) **essere fra S. e Cariddi**, to be between the devil and the deep blue sea; to be caught between a rock and a hard place (*USA*); to be between Scylla and Charybdis (*lett.*).
scilla, *f.* (*bot.*, *Scilla maritima*) sea squill; sea onion.
scimitàrra, *f.* scimitar.
scimmia, *f.* *1* (*zool.*) monkey; ape: **s. antropomorfa**, ape; great ape; **s. cappuccina** (*Cebus*), Capuchin; **s. Reso** (*Macaca mulatta*), rhesus monkey; **s. urlatrice** (*Alouatta*), howler (monkey) *2* (*fig.*: *persona maligna*) spiteful person; bitch (*fam.*) *3* (*gergo della droga*) monkey on one's back. ● **brutto come una s.**, as ugly as sin □ **fare la s. a q.**, to ape sb. □ **uomo-s.**, ape-man.
scimmiésco, *a.* monkey (*attr.*); monkey-like; monkeyish; ape-like; apish; simian: **muso s.**, monkey-face; **dal muso s.**, monkey-faced.
scimmiétta, *f.* young (*o* little) monkey (*anche fig.*): **Smettila, s.!**, stop it, you little monkey!
scimmióne, *m.* (*anche fig.*) (big) ape.
scimmiottaménto, *m.* aping; mimicry.
scimmiottàre, *v. t.* to ape; to mimic.
scimmiottàta, scimmiottatùra, *f.* aping; apery; mimicry; imitation.
scimmiòtto, *m.* (*zool.*) young monkey. ● **fare lo s.**, to play the ape.
scimpanzé, *m.* (*zool.*, *Pan troglodytes*) chimpanzee.
scimunitàggine, *f.* *1* (*l'essere scimunito*) foolishness; stupidity *2* (*azione da scimunito*) foolish (*o* stupid) act; silly thing.
scimunìto, A *a.* foolish; idiotic; stupid. **B** *m.* (*f.* **-a**) fool; idiot; blockhead: **Non fare lo s.!**, don't be an idiot!
scinco, *m.* (*zool.*, *Scincus scincus*) skink.
scìndere, A *v. t.* *1* (*dividere, spezzare*) to split*; to cleave*; to break* up: **s. un partito politico**, to split a political party *2* (*separare*) to separate; to divide: **s. una questione dall'altra**, to separate one matter from the other; to consider each matter separately *3* (*chim.*) to resolve; to crack *4* (*fis. nucl.*) to split: **s. l'atomo**, to split the atom. **B scindersi,** *v. i. pron.* to split* (up); to break* up.
scindìbile, *a.* *1* divisible; separable *2* (*chim.*) resolvable *3* (*fis. nucl.*) fissionable; fissile.
scintigrafìa, *f.* (*med.*) scintigraphy.
scintigràmma, *m.* (*med.*) scintigram.
scintilla, *f.* (*anche fig.*) spark; sparkle: **una s. elettrica**, an electric(al) spark; **s. d'accensione**, ignition spark; **mandare scintille**, to send off (*o* to give out) sparks; to spark; (*fig.*: *brillare*) to sparkle, to shine; **la s. del genio**, the spark of genius; **una s. d'interesse**, a spark (*o* sparkle) of interest; **la s. che fece scoppiare la guerra**, the spark that set off the war. ● (*automob.*) **con accensione a s.**, spark-fired □ **Quando sono insieme fanno scintille** (*litigano*), sparks fly when they are together □ **Ieri sera hai fatto scintille**, you were a great success last night; you really shone last night

□ **piccola s.**, sparklet □ **senza scintille**, sparkless.

scintillaménto, *m.* scintillation; sparkling. ● (*cinem.*) **s. delle immagini**, flicker.

scintillànte, *a.* sparkling; (*lampeggiante*) flashing; (*luccicante*) glittering, twinkling; (*fig.*) scintillating: **occhi scintillanti**, sparkling eyes; **vetrine scintillanti di gioielli**, shop-windows glittering with jewels; **conversazione s.**, sparkling (*o* scintillating) conversation.

scintillàre, *v. i.* **1** (*emettere scintille*) to spark; to give* out sparks **2** (*brillare*) to sparkle; (*lampeggiare*) to flash; (*luccicare*) to glitter, to twinkle: **I suoi occhi scintillavano di gioia**, her eyes sparkled with joy; **Le acque scintillavano sotto la luna**, the water sparkled under the moon; **Le stelle scintillavano nel cielo**, the stars were twinkling in the sky.

scintillatóre, *m.* (*fis.*) scintillator.

scintillazióne, *f.* (*astron., fis.*) scintillation.

scintillìo, *m.* sparkling; sparkle; flashing; glittering; glitter; twinkling; twinkle; shimmering; shimmer.

scintillografìa, *V.* **scintigrafia**.

scintillògrafo, *m.* (*med.*) scintillation counter.

scintillogràmma, *V.* **scintigramma**.

scintillòmetro, *m.* (*astron.*) scintillometer.

scintoìsmo, *m.* (*relig.*) Shinto; Shintoism.

scintoìsta, (*relig.*) **A** *m.* e *f.* Shintoist. **B** *a.* Shintoistic; Shinto.

scintoìstico, *a.* (*relig.*) Shintoistic; Shinto.

sciò, *inter.* shoo!

scioccaménte, *avv.* foolishly; like a fool; stupidly; in a silly way.

scioccànte, *a.* shocking; upsetting.

scioccàre, *v. t.* to shock; to upset*.

sciocchézza, *f.* **1** (*l'essere sciocco*) silliness; foolishness; stupidity **2** (*azione, parola sciocca*) foolish (*o* silly, stupid) thing, (piece of) nonsense; (*al pl.*) nonsense, rubbish (*fam.*), twaddle (*fam.*): **Questa è una s.!**, this is (a piece of) nonsense!; **fare [dire] una s.**, to do [to say] something silly (*o* foolish); **Secondo me hai fatto una s.**, I think it was very foolish of you to do that; **Sarebbe una s. dargli carta bianca**, it would be mad to give him a free hand; **dire sciocchezze**, to talk nonsense; **Non dire sciocchezze!**, don't talk nonsense (*o* rubbish)!; don't be silly (*o* absurd, ridiculous)!; **sciocchezze belle e buone**, unadulterated nonsense **3** (*cosa da poco*) trifle, bagatelle; (*cosa facile*) child's play, cinch, joke, doddle (*fam. GB*), breeze (*fam. USA*); (*prezzo basso*) trifle, song (*fam.*): **È una s., ma spero che ti piaccia**, it's only a trifle, but I hope you'll like it; **Costa una s.**, it costs a mere trifle; **L'ho pagato una s.**, I bought it for a song.

sciocchezzàio, *V.* **scemenzaio**.

sciocchezzuòla, *f.* (*fam.*: *cosa da nulla*) mere trifle; (*regalino*) little something.

sciocchìno, *m.* (*f.* **-a**) foolish (*o* silly) boy (*f.* girl); ninny; chump.

sciòcco, **A** *a.* **1** silly; foolish; stupid; fatuous; inane; dumb; daft (*fam. GB*): **osservazioni sciocche**, foolish (*o* inane, fatuous) remarks; **domanda sciocca**, silly question; **ragazza sciocca**, silly girl; **sorriso s.**, silly (*o* fatuous) smile; **conversazione sciocca**, inane conversation; **s. orgoglio**, foolish pride; **Che idea sciocca!**, what a silly idea! **2** (*insipido*) tasteless; insipid. **B** *m.* (*f.* **-a**) fool; simpleton; ninny; blockhead; twit (*fam. GB*); chump (*fam.*); noodle (*fam.*): **fare lo s.**, to be silly; to play the fool; **È tutt'altro che s.**, he's no fool; **È da sciocchi comportarsi così**, it's silly to behave like that.

scioccóne, *m.* (*f.* **-a**) big fool; ninny; nitwit.

sciògliere, **A** *v. t.* **1** (*disfare, slegare, slacciare*) to untie, to unfasten, to undo*; (*allentare*) to loosen; (*sbrogliare*) to disentangle, to untwist: **s. un nodo**, to untie (*o* to undo) a knot; **s. la cintura**, to unfasten (*o* to unbuckle) one's belt; to loosen one's belt; **s. la cravatta**, to loosen (*o* to undo) one's tie; **s. i capelli**, to loosen one's hair; to let down one's hair; (*da un nastro*) to untie one's hair; (*da forcine*) to unpin one's hair; **s. le trecce**, to undo one's plaits; to unbraid (*o* to unplait) one's hair; **s. le catene**, to untie the bonds **2** (*liberare*) to untie, to set* free, to release; (*da catene, ceppi*) to unchain, to unfetter (*anche fig.*); (*dal guinzaglio*) to slip, to unleash (*anche fig.*), to let* (*o* to turn) loose: **s. i prigionieri**, to untie the prisoners; **s. i prigionieri dalle catene**, to unchain the prisoners; to free the prisoners from their chains; **s. un cane**, to let (*o* to turn) a dog loose; to unleash (*o* to unchain) a dog; to slip a dog **3** (*da un obbligo e sim.*) to release; to free: **s. q. da una promessa**, to release sb. from a promise; **s. q. da un obbligo [da un voto]**, to release sb. from an obligation [from a vow] **4** (*risolvere*) to solve; to resolve; to crack; (*dissipare*) to dispel, to dissipate: **s. una difficoltà**, to resolve a difficulty; **s. un problema [un enigma]**, to solve (*o* to crack) a problem [a puzzle]; **s. un dubbio**, to resolve (*o* to dispel) a doubt; **s. un mistero**, to unravel a mystery **5** (*annullare*) to dissolve, to annul; (*porre fine a*) to break* up, to wind* up, to dissolve, to disband; (*riunioni e sim.*) to break* up, to bring* to an end: **s. un legame**, to dissolve a bond; **s. un matrimonio**, to dissolve a marriage; **s. un contratto**, to dissolve (*o* to annul) a contract; **s. una società**, to dissolve (*o* to break up) a partnership; **s. una società per azioni**, to wind up a company; **s. il Parlamento**, to dissolve Parliament; **s. un reggimento**, to disband a regiment; **s. un'organizzazione**, to dissolve (*o* to disband) an organization; **s. una manifestazione**, to break up a demonstration; **s. una riunione**, to break up a meeting; to bring a meeting to an end; **La riunione è sciolta**, the meeting is closed **6** (*fare una soluzione*) to dissolve: **s. lo zucchero [il sale] nell'acqua**, to dissolve sugar [salt] in water **7** (*liquefare*) to melt; to thaw: **s. il ghiaccio**, to melt (*o* to thaw) ice; **s. del cioccolato**, to melt some chocolate **8** (*rendere agile*) to loosen (up); to limber up: **s. le gambe**, to loosen one's legs; **s. i muscoli**, to loosen one's muscles; to loosen up **9** (*adempiere*) to fulfil: **s. una promessa [un voto]**, to fulfil a promise [a vow]; **s. un obbligo**, to fulfil an obligation **10** (*rimuovere le inibizioni, mettere a proprio agio*) to loosen up **11** (*lett.*: *innalzare*) to raise; to intone: **s. un canto di lode**, to raise a song of praise **12** (*naut.*) to unbend*; to cast* loose. ● **s. i cordoni della borsa**, to loosen one's purse-strings □ **s. l'intreccio d'una commedia**, to bring about the dénouement of a play □ **s. la lingua**, to loosen sb.'s tongue: **Il vino gli sciolse la lingua**, wine loosened his tongue; **Ti si è sciolta la lingua finalmente!**, you've found your tongue at last! □ (*naut.*) **s. gli ormeggi**, to cast off (one's moorings) □ (*polit.*) **s. la riserva**, to agree to form a new government □ (*naut.*) **s. le vele**, to loose the sails. **B sciògliersi,** *v. rifl.* (*liberarsi*) to free oneself, to get* free, to release oneself; (*slegarsi*) to break* (*o* to get*) loose: **Si sciolse dal suo abbraccio**, he freed himself from her arms; **Il cane si era sciolto dalla catena**, the dog had slipped its chain; the dog had broken loose; **s. da un impegno**, to free oneself from (*o* to get out of) an engagement; **s. da una promessa**, to release oneself from a promise. **C sciògliersi,** *v. i. pron.* **1** (*di legatura, nodo, ecc.*) to come* loose; to come* untied; to come* undone: **La corda non si scioglie**, the rope won't come loose; **Ti si è sciolto il cravattino**, your bow-tie has come undone; **Il nodo si sciolse facilmente**, the knot came undone easily **2** (*terminare*) to break* up, to end, to come* to an end; (*di organizzazioni, società e sim.*) to break* up, to dissolve, to wind* up, to be dissolved, to be disbanded, to disband; (*disperdersi*) to scatter: **La seduta si sciolse alle diciotto**, the meeting broke up at six p.m.; **La società si è sciolta due anni fa**, the company was wound up two years ago; **Il corteo si sciolse**, the procession scattered **3** (*liquefarsi*) to melt (away), to dissolve; (*di neve, ghiaccio*) to melt, to thaw: **s. in pioggia**, to melt into rain; **Lo zucchero si scioglie nell'acqua**, sugar melts in water; **Questo dolce si scioglie in bocca**, this cake melts in your mouth; **La neve si sciolse presto**, the snow soon melted away (*o* thawed); **La nebbia si sta sciogliendo**, the fog is melting away **4** (*di vicenda, trama narrativa*) to end (up); to come to an end; to resolve: **Il dramma si scioglie felicemente**, the play comes to a happy end **5** (*fig.*: *rilassarsi, mettersi a proprio agio*) to relax; (*cominciare a parlare*) to open up; (*commuoversi*) to melt: **s. in lacrime**, to melt (*o* to dissolve) into tears.

scioglilingua, *m. invar.* tongue-twister.

scioglimento, *m.* **1** (*il disfare un legame*) loosening; unfastening; undoing **2** (*fine, cancellazione*) dissolution, dissolving, annulment, cancellation, disbandment, winding up; (*di riunioni e sim.*) breaking up: **s. del Parlamento**, dissolution of Parliament; **s. d'una società**, dissolution of a partnership; **s. di una società per azioni**, winding-up of a joint-stock company; **s. di un ordine religioso**, dissolution of a religious order; **s. di un matrimonio**, dissolution of a marriage; **s. di un'assemblea**, breaking up of a meeting **3** (*adempimento*) fulfilment; fulfilling: **s. di un voto**, fulfilment of a vow **4** (*soluzione*) solution: **s. d'un problema [d'un enigma]**, solution of a problem [of a puzzle] **5** (*il liquefarsi*) melting; (*di neve, ghiaccio*) thawing, thaw **6** (*fis. nucl.*) meltdown **7** (*lett.*: *di un intreccio*) dénouement (*franc.*); outcome; unravelling.

sciografìa, *f.* sciagraphy; skiagraphy.

sciolina, *f.* ski wax.

sciolinàre, *v. t.* to wax; to apply ski wax to.

sciolinatùra, *f.* ski-waxing; application of ski wax.

sciòlta, *f.* (*fam.*) diarrhoea; loose bowels (*pl.*); runs (*pl.*) (*fam.*); trots (*pl.*) (*fam.*).

scioltaménte, *avv.* **1** (*agilmente*) nimbly; easily **2** (*disinvoltamente*) freely; easily; with ease; smoothly; in a free and easy way **3** (*fluentemente*) fluently.

scioltézza, *f.* **1** (*agilità*) agility; nimbleness; suppleness: **s. di membra**, nimbleness (*o* suppleness) of limbs **2** (*disinvoltura*) ease, smoothness; (*nel parlare*) fluency: **s. di lingua**, fluency of speech; (*parlantina*) glibness; **s. di stile**, smoothness of style; smooth style. ● **s. di modi**, easy manners □ **con s.**, nimbly; with ease; easily; smoothly; freely; in a free-and-easy way; fluently: **disegnare con s.**, to draw with ease; **parlare con s.**, to speak fluently.

sciòlto, *a.* **1** (*slegato*) loose; untied; unbound; unfastened: **capelli sciolti**, loose hair; **portare i capelli sciolti**, to wear one's hair loose (*o* down); **Un capo della corda era s.**, one end of the rope was loose; **lasciare un cane s.**, to leave a dog loose **2** (*agile*) nimble; supple; limber: **dita sciolte**, nimble fingers; **membra sciolte**, supple limbs **3** (*fig.*: *disinvolto*) easy; smooth; effortless; free; ready; fluent; free and easy: **andatura sciolta**, free gait; **modi sciolti**, easy manners; **uno stile s.**, a smooth (*o* an easy) style **4** (*libero*) free; released: **s. da impegni**, free from engagements **5** (*fuso*) melted: **burro s.**, melted butter **6** (*sfuso*) loose; by measure (*pred.*); by the litre [the kilo, etc.] (*pred.*): **Queste caramelle si vendono sciolte**, these sweets are sold loose; **comperare olio d'oliva s.**, to buy olive oil by the litre; **un foglio s.**, a loose sheet **7** (*geol.*) incoherent; loose. ● **abito s.**, loose dress; loose-fitting dress □ (*fig.*) **a briglia sciolta**, at full tilt; headlong □ (*fig.*) **cane s.**, maverick □ **endecasillabi sciolti**, blank verse (*sing.*) □ **linee sciolte**, flowing lines □ **lingua sciolta**, ready tongue; (*parlantina*) glib tongue: **avere la lingua sciolta**, to have a glib tongue; to be a glib speaker; **Ha la lingua troppo sciolta**, she is too free with her tongue □ (*comm.*) **società sciolta**, defunct company □ (*letter.*) **versi sciolti**, unrhymed verse (*sing.*); (*endecasillabi*) blank verse (*sing.*).

scioperànte, A *m.* e *f.* striker. **B** *a.* on strike; striking.

scioperàre, *v. i.* to strike*; to go* on strike; to come* out (on strike); to walk out; to down tools (*fam.*): **s. per ottenere un aumento salariale**, to strike for higher wages (*o* for more pay); **s. per il rinnovo del contratto**, to strike for a renewal of the contract; **s. per solidarietà [per protesta]**, to strike (*o* come out) in sympathy (with sb.) [in protest for st.].

scioperatàggine, scioperatézza, *f.* idleness; (*poltroneria*) laziness, sloth, sluggishness.

scioperàto, A *a.* idle; (*poltrone*) lazy, slothful, sluggish. **B** *m.* (*f.* **-a**) idler; sluggard; good-for-nothing; lazybones (*fam.*).

sciòpero, *m.* strike; walk-out (*fam.*); stoppage: **s. dei mezzi pubblici**, transport strike; **s. dei portuali**, dockers' strike; **s. dei ferrovieri**, rail strike; **s. dei minatori**, miners' strike; coal strike; **uno s. per l'aumento dei salari**, a strike for higher wages; **essere in s.**, to be on strike; **fare uno s.**, to go on strike. ● **s. (a gatto) selvaggio**, wildcat strike □ **s. a oltranza**, all-out strike; extended strike □ **I controllori di volo hanno indetto uno s. a oltranza per la riduzione dell'orario di lavoro**, air traffic controllers stuck out for shorter working hours □ **s. articolato** (*o* **a scacchiera**), staggered strike; selective strike □ **s. a singhiozzo**, intermittent (*o* on-off) strike □ **s. a sorpresa** (*o* **lampo**), lightning strike □ **s. bianco**, work-to-rule; go-slow (*GB*); slow-down (*USA*): **fare uno s. bianco**, to work to rule; to go slow □ **s. con occupazione**, sit-down strike; stay-in strike □ **s. dei minatori**, miners' strike; coal strike □ **s. della fame**, hunger strike □ **s. di protesta**, protest strike □ **s. di solidarietà**, sympathy (*o* sympathetic) strike; secondary strike: **s. di solidarietà coi portuali**, strike in sympathy with the dockers □ **s. generale**, general strike □ **s. nazionale**, nationwide strike □ **s. totale televisivo**, blackout. □ **diritto di s.**, right to strike □ **entrare in s.**, to go on strike; to come out (on strike); to walk out; to down tools (*fam.*) □ **far rientrare uno s.**, to call off a strike □ **proclamare** (*o* **indire**) **uno s.**, to call a strike □ **regolamentazione del diritto di s.**, regulation of the right to strike.

sciorinaménto, *m.* *1* (*di panni*) hanging out *2* (*esposizione*) display; spreading out *3* (*ostentazione*) display; showing off.

sciorinàre, *v. t.* *1* to hang* out (to dry): **s. il bucato**, to hang out the washing *2* (*esporre*) to display; to spread* out: **s. la propria merce**, to spread out one's goods *3* (*dire in abbondanza*) to pour out; to rattle off: **s. consigli [citazioni]**, to pour out advice [quotations]; **s. nomi [date]**, to rattle off names [dates] *4* (*ostentare*) to show* off; to make* a display of: **s. la propria cultura**, to make a display of (*o* to show off) one's knowledge.

sciovìa, *f.* (*sport*) ski tow; T-bar lift (*USA*); ski lift.

sciovinìsmo, *m.* chauvinism; jingoism.

sciovinista, *m.* e *f.* chauvinist; jingo; jingoist.

sciovinìstico, *a.* chauvinistic; jingoist(ic).

Scipióne, *m.* (*stor.*) Scipio.

scipitàggine, scipitézza, *f.* *1* (*mancanza di sapore*) tastelessness; (*anche fig.*) insipidity, insipidness *2* (*fig.*: *insulsaggine*) dullness, dulness (*USA*), vapidity, flatness; (*sciocchezza*) foolishness, silliness *3* (*osservazione scipita*) inanity; (*al pl., anche*) vapid talk.

scipito, *a.* *1* (*senza sapore*) tasteless; insipid: **cibo s.**, tasteless food *2* (*fig.*: *insulso*) insipid, dull, vapid, flat; (*sciocco*) foolish, silly; inane.

scippàre, *v. t.* *1* to snatch; to bag-snatch; to grab and run: **s. q.**, to snatch sb.'s bag *2* (*fig.*: *privare*) to rob: **Il Milan ha scippato la vittoria alla Roma**, Milan robbed Roma of its victory.

scippatóre, *m.* (*f.* **-trice**) bag-snatcher.

scippo, *m.* bag-snatching.

sciroccàle, *a.* sirocco (*attr.*).

sciroccàta, *f.* sirocco gale; south-east gale.

sciroccàto, (*pop.*) **A** *a.* crazy; nutty (*pop.*). **B** *m.* (*f.* **-a**) nutcase (*pop.*); weirdo (*pop.*).

sciròcco, *m.* (*vento*) sirocco, south-east (wind), south-easter; (*punto cardinale*) south-east: **volto a s.**, south-easterly; **da s.**, from the south-east.

sciroppàre, *v. t.* to syrup. ● (*fig.*) **sciropparsi q. [q.c.]**, to put up with sb. [st.].

sciroppàto, *a.* syruped; in syrup.

sciròppo, *m.* syrup: **s. d'acero**, maple syrup; **s. di lamponi**, raspberry wine; **s. per la tosse**, cough mixture.

sciroppóso, *a.* (*anche fig.*) syrupy.

scirro, *m.* (*med.*) scirrhus*.

scìṣma, *m.* *1* (*relig.*) schism: **lo s. anglicano**, the Anglican Schism; **lo s. d'Oriente**, the Byzantine Schism; **lo s. d'Occidente**, the Western Schism *2* (*polit.*) split; schism.

sciṣmàtico, A *a.* schismatic; schismatical. **B** *m.* schismatic.

scissile, *a.* scissile.

scissióne, *f.* *1* split; splitting; breakaway; cleavage; division; separation: **la s. di un partito**, a party split; **un gruppo nato dalla scissione del partito**, a breakaway group; **operare una s.**, to split; to separate; to bring about a split *2* (*fis.*) fission: **s. indotta**, induced fission; **s. nucleare**, nuclear fission; **energia di s.**, fission energy; **prodotti della s.**, fission products; **soglia di s.**, fission threshold *3* (*biol.*) fission: **riproduzione per s.**, reproduction by fission. ● (*psic.*) **s. dell'Io**, splitting of the ego.

scissionìsmo, *m.* (*polit.*) secessionism; tendency to split up; breakaway tendency.

scissionista, *m.* e *f.* (*polit.*) secessionist.

scissionìstico, *a.* (*polit.*) breakaway (*attr.*); secessional.

scissiparità, *f.* (*biol.*) schizogenesis.

scissìparo, *a.* (*biol.*) fissiparous.

scisso, *a.* split; divided.

scissùra, *f.* *1* (*anat.*) scissure *2* (*fig.*: *dissenso*) split; rift; difference of opinions; dissension.

scisto, *m.* (*geol.*) schist; shale: **olio di s.**, shale oil; **s. argilloso**, shale.

scistosità, *f.* (*geol.*) schistosity.

scistóso, *a.* (*geol.*) schistose: **argilla scistosa**, shale clay.

scìtico, *a.* (*stor.*) Scythian.

sciupàre, A *v. t.* *1* (*guastare, rovinare*) to spoil*; to ruin; to damage; to mess up (*fam.*); to mar; to mangle; to blemish: **La pioggia le ha sciupato il cappellino**, the rain has spoilt (*o* spoiled) her hat; **La pioggia mi ha sciupato le vacanze**, the rain spoiled my holidays; **s. l'effetto**, to spoil (*o* to mar) the effect; **s. l'appetito**, to spoil sb.'s appetite; **sciuparsi la salute**, to ruin one's health; **Non sciuparmi la messimpiega**, don't mess up (*o* spoil) my hairdo; **Sciuperai quelle scarpe se le metti con la pioggia**, you'll ruin those shoes if you wear them in the rain; **Mi accusò di avergli sciupato la serata**, he accused me of having spoilt his evening; **s. la festa**, to spoil the fun; to take all the fun out of st. *2* (*sprecare, sperperare*) to waste; to squander: **s. il fiato**, to waste one's breath; **s. un'occasione**, to waste (*o* to throw away, to miss) an opportunity; **s. il proprio tempo**, to waste one's time; **s. l'acqua [l'elettricità]**, to waste water [electricity]; **s. un patrimonio**, to squander a fortune; **s. la propria intelligenza**, to waste one's intelligence; **s. le proprie forze**, to waste one's strength; to wear oneself out. **B**

sciupàrsi, *v. i. pron.* *1* (*guastarsi, rovinarsi*) to spoil*, to get* spoiled, to get* ruined, to get* damaged; (*sgualcirsi*) to crease, to get* creased, to wrinkle: **Questa stoffa non si sciupa a lavarla**, this material doesn't spoil when washed; **Certi alimenti si sciupano facilmente**, some kinds of food spoil easily; **Metti i vestiti in valigia in modo che non si sciupino!**, pack the dresses so that they won't crease *2* (*di persone*: *deperire*) to get* run down, to wear* oneself out; (*fam. iron.*: *affaticarsi*) to strain oneself, to overwork oneself: **Si è molto sciupata in questi anni**, she has worn herself out these last few years; **Si è sciupato a lavare i piatti!**, he strained himself doing the washing up!; **Non ti sei sciupato!**, you certainly haven't overworked yourself!

sciupàto, *a.* *1* (*guastato, rovinato*) spoiled, damaged, ruined, (*per essere stato troppo tempo in negozio*) shop-soiled; (*consunto*) worn-out, shabby; (*sgualcito*) creased, wrinkled: **un libro s.**, a damaged book; a shop-soiled book; **scarpe sciupate**, worn-out shoes; **mani sciupate**, worn-out hands *2* (*sprecato*) wasted: **occasione sciupata**, wasted opportunity; **È tempo s.!**, it's a waste of time! *3* (*affaticato*) run down; worn out: **viso s.**, worn-out face; **Hai l'aria un po' sciupata**, you look a bit run down.

sciupio, sciùpo, *m.* waste; wastage; squandering; wasteful use: **uno s. d'energia**, a waste of energy; **uno s. di tempo [di denaro]**, a waste of time [of money]; **C'è troppo s. in questa casa!**, there is too much waste in this house!; **uno s. di risorse**, a waste (*o* squandering) of resources.

sciupóne, *m.* (*f.* **-a**) waster; wasteful person; (*scialacquatore*) squanderer, spendthrift.

sciùride, *m.* (*zool.*) sciurine.

Sciùridi, *m. pl.* (*zool.*, *Sciuridae*) Sciuridae.

sciuscià, *m.* shoeshine boy.

scivolaménto, *m.* *1* sliding; gliding *2* (*autom.*) skidding *3* (*ferr.*) wheelspin *4* (*geol., mecc.*) slip.

scivolàre, *v. i.* *1* to slide*; to drift; (*con armonia, dolcemente*) to glide; (*sulla corrente, anche fig.*) to drift (along, away); (*in modo agile, silenzioso, furtivo*) to slide*, to slip; (*sfuggendo alla presa*) to slip: **s. sul ghiaccio**, to slide on the ice; **s. giù per la ringhiera delle scale**, to slide down the banister; **La barca scivolava sul lago tranquillo**, the boat glided on the calm lake; **s. verso la guerra**, to drift towards war; **Il ladro scivolò dentro la stanza**, the thief slipped (*o* slid) into the room; **La spada scivolò fuori dal fodero**, the sword slid out of its scabbard; **Il vaso mi scivolò di mano**, the vase slipped from my hand; **Il libro mi scivolò dalle ginocchia**, the book slipped off my knees; **Gli scivolò un piede e cadde**, he slipped and fell; his foot slipped and he fell; **Mi è scivolata la mano e ho macchiato il foglio**, my hand slipped and I stained the sheet *2* (*sdrucciolare*) to slip: **Scivolai sul ghiaccio e mi ruppi una gamba**, I slipped on the ice and broke my leg; **È scivolato su una domanda facilissima**, he slipped on a very easy question *3* (*fig.*: *passare sopra*) to pass (over), to slide* over; to gloss over; (*toccare un argomento*) to turn to: **s. su un argomento scabroso**, to gloss over an awkward topic; **La conversazione scivolò sull'ultimo film**, the conversation turned to the latest film *4* (*aeron.*) to slip; to slide*: **s. d'ala**, to sideslip; to slip; **s. di coda**, to tail-slide; to slide *5* (*mus.*) to glide. ● **s. nelle cattive abitudini**, to slip into bad habits □ **s. nell'oblio**, to lapse into oblivion □ **s. nel peccato**, to lapse into sin □ **s. nel ridicolo**, to become ridiculous □ **s. nel sonno**, to drift off to sleep; to drop off □ **far s. una mano in tasca**, to slip one's hand into one's pocket □ **far s. q.c. nella mano di q.**, to slip st. into sb.'s hand: **Feci s. una moneta nella mano del cameriere**, I slipped a coin into the waiter's hand.

scivolàta, *f.* **1** (*lo scivolare*) slide; sliding; (*scivolone*) slip, slipping: **fare una s.**, (*per gioco*) to have a slide, to slide; (*involontariamente*) to slip: **Facciamo una s. sul ghiaccio!**, let's have a slide on the ice!; **Feci una (brutta) s. sul terreno ghiacciato e caddi lungo disteso**, I slipped on the icy ground and fell flat on my back **2** (*aeron.*) slip; slide: **s. d'ala**, sideslip; slip; **s. di coda**, tail-slide; slide.

scivolàto, *a.* **1** (*moda*) flowing: **abito s.**, flowing dress **2** (*mus.*) glided: **note scivolate**, glided notes.

scìvolo, *m.* **1** (*piano inclinato*) slide, chute; (*per bambini*) slide: **s. d'acqua**, water chute **2** (*naut.*) slipway; marine railway **3** (*ind.*) chute: **s. di carico**, loading chute. ● **s. a spirale** (*di luna park*), helter skelter.

scivolóne, *m.* **1** (*caduta*) (bad) fall: **uno s. sul ghiaccio**, a bad fall on the ice; **fare uno s.**, to slip (*o* to fall) badly; to have a bad fall **2** (*fig.*: *errore madornale*) bad slip; blunder **3** (*sconfitta*) licking; trounching.

scivolosità, *f.* slipperiness.

scivolóso, *a.* (*anche fig.*) slippery.

Scìzia, *f.* (*geogr.*, *stor.*) Scythia.

sclarèa, *f.* (*bot.*, *Salvia sclarea*) clary.

sclèra, *V.* **sclerotica**.

sclerale, *a.* (*anat.*) scleral.

sclerènchima, *m.* (*bot.*) sclerenchyma*.

sclerenchimàtico, *a.* sclerenchimatous.

sclerite, *f.* (*med.*) scleritis; sclerotitis.

sclerodermìa, *f.* (*med.*) scleroderma; sclerodermia.

scleròma, *m.* (*med.*) scleroma*.

sclerometrìa, *f.* (*tecn.*) sclerometry.

scleròmetro, *m.* (*tecn.*) sclerometer.

scleroproteìna, *f.* (*biochim.*) scleroprotein.

sclerosànte, *a.* (*med.*) sclerosing.

sclerosàre, *v. t.* (*med.*) to sclerose.

scleroscòpio, *m.* (*fis.*) scleroscope.

scleròsi, *f.* (*med.*) sclerosis*: **s. a placche** (*o* **multipla**), multiple sclerosis.

scleróso, *a.* (*bot.*) sclerenchymatous.

sclerótica, *f.* (*anat.*) sclera*; sclerotic.

scleròtico, *a.* (*med.*) sclerotic; sclerosed.

sclerotizzàre, *v. t.* **sclerotizzàrsi**, *v. i. pron.* (*med.*) to sclerose.

sclerotizzazióne, *f.* sclerotic process; (*fig.*) premature ageing: **Si tiene occupato per evitare la s.**, he keeps himself busy to avoid premature ageing.

sclerotomìa, *f.* (*med.*) sclerotomy.

scleròzio, *m.* (*bot.*) sclerotium*.

scòcca, *f.* (*autom.*) body: **s. portante**, monocoque (body).

scoccàre, **A** *v. t.* **1** (*con arco, balestra*) to shoot*; to loose (off); to release: **s. una freccia**, to shoot an arrow **2** (*le ore*) to strike*: **L'orologio scoccava le sette**, the clock was striking seven **3** (*fig.*: *lanciare*) to shoot*; to cast*: **s. un'occhiata**, to shoot (*o* to cast) a glance; **s. un bacio**, to give a smacking kiss; to smack a kiss (on sb.'s cheek, forehead, etc.); (*sulle dita*) to blow a kiss. **B** *v. i.* **1** (*di congegni a molla*: *scattare*) to be released; to spring* up **2** (*delle ore*) to strike*: **Scoccano le dieci**, it is striking ten; **Sono appena scoccate le quattro**, it has just struck four; **La sua ora è scoccata**, his hour has struck **3** (*balenare*) to flash; to go* off: **Scoccò una scintilla**, a spark went off.

scocciànte, *a.* (*fam.*) bothering; frustrating; irritating; tiresome; provoking; aggravating (*fam.*); pesky (*fam. USA*): **È s. dover dipendere sempre dagli altri**, it's irritating (*o* frustrating, a nuisance) always having to depend on others; **Non vorrei essere s., ma...**, I hope I'm not being a bother, but...; **cosa [persona] s.**, nuisance; bother; pain in the neck (fam.); **una faccenda s.**, a nuisance; a bother; a drag (fam.); **La cosa s. è che non posso telefonargli**, what bothers (*fam.*: what bugs) me is the fact that I cannot ring him; **Come sei s.!**, you really are a nuisance (*o* a bother)!; you really are a pain in the neck!

scocciàre (1), (*fam.*) **A** *v. t.* (*dare fastidio*) to bother, to pester; (*irritare*) to irritate, to annoy, to peeve (*fam.*), to bug (*fam.*), to rile (*fam.*); (*annoiare*) to bore: **Mi spiace scocciarti, ma ho bisogno di aiuto**, sorry to bother you, but I need help; **Quello che mi scoccia è dover tornare indietro**, what irritates (*fam*: bugs) me is having to go back; **Ti scoccia se gli parlo io?**, do you mind if I talk to him?; **Piantala di s.!**, stop bothering me!; **Mi avete proprio scocciato**, I'm really fed up with you; I've really had enough of you; **Non ti scoccerò coi particolari**, I won't bore you with the details. **B** **scocciàrsi**, *v. i. pron.* (*irritarsi*) to be put out, to get* peeved (*fam.*); (*stufarsi*) to get* fed up (with st.), to be fed up (with st.), to have had enough (of st.): **Mi sono un po' scocciato quando li ho sentiti ridere**, I was a bit put out when I heard them laugh; **Si era scocciato di aspettare e se n'è andato**, he was fed up with waiting, and left.

scocciàre (2), *v. t.* (*naut.*) to unhook.

scocciàto, *a.* (*fam.*: *seccato*) irritated, bothered, put out, nettled, miffed (*fam.*), browned off (*fam.*), cheesed off (*fam. GB*); (*stufo*) fed up, bored: **Mi pareva s.**, he looked put out; he looked bored; he sounded cheesed off.

scocciatóre, *m.* (*f.* **-trice**) (*fam.*: *seccatore*) bore; bother; nuisance; pest; pain in the neck (*fam.*).

scocciatùra, *f.* (*fam.*: *seccatura*) bore; bother; nuisance; pain (*fam.*); aggravation (*fam.*); drag (*fam.*); bind (*fam.*).

scòcco, *m.* **1** (*di freccia e sim.*) shooting off **2** (*di orologio*) striking; stroke. ● (*naut.*) **gancio a s.**, pelican hook; slip hook.

scodàre, *v. t.* to dock.

scodàto, *a.* (*con la coda tagliata*) docked; (*senza coda*) tailless.

scodèlla, *f.* **1** (*ciotola*) bowl; (*per minestra*) soup bowl, soup plate **2** (*contenuto di una s.*) bowl(ful); plate(ful) **3** (*geol.*) hollow; bowl--shaped depression.

scodellàre, *v. t.* **1** (*versare nel piatto*) to ladle out; to dish up; to serve up: **s. la minestra**, to dish up the soup **2** (*fig.*) to dish up; to serve up; to pour out; to drop: **s. una serie di informazioni**, to dish up a whole lot of information; **s. bugie**, to pour out lies; **Scodellò tutta la verità**, he poured out the whole truth; (*fam.*) **Sta per s. un altro figlio**, she's about to drop another child; (*sport*) **s. la palla**, to drop the ball.

scodellàta, *f.* bowlful; plateful; dishful.

scodellàto, *a.* dished out; served up. ● (*fig.*, *fam.*) **volere la pappa bell'e scodellata**, to want to have everything served up on a plate.

scodellìno, *m.* **1** (*mecc.*) cup; cap **2** (*di armi da fuoco antiche*) pan.

scodinzolàre, *v. i.* **1** to wag one's tail: **Il cane scodinzolava**, the dog wagged its tail **2** (*fig. pop.*: *dimenarsi camminando*) to sway (*o* to waggle) one's hips **3** (*fig. pop.*: *corteggiare*) to suck up (to sb.), to toady (to sb.), to fawn (on sb.), to shine up (to sb.) (*USA*); (*anche in senso erotico*) to make* up (to sb.): **Scodinzola sempre intorno al professore**, he is always sucking up to his teacher; **Guarda come le scodinzola dietro!**, look at the way he is making up to her.

scodinzolìo, *m.* tail-wagging.

sceglièra, *f.* cliff; rocks (*pl.*); palisades (*pl. USA*); (*a fior d'acqua*) reef: **s. corallina**, coral reef; **le bianche scogliere di Dover**, the white cliffs of Dover.

scòglio, *m.* **1** rock: **urtare contro uno s.**, to hit against a rock; **banco di scogli**, reef; ledge **2** (*fig.*) stumbling-block; drawback; obstacle; difficulty. ● (*geol.*) **s. tettonico**, outlier.

scoglionàre, (*volg.*) **A** *v. t.* to piss off. **B** **scoglionàrsi**, *v. i. pron.* (*irritarsi*) to be pissed off, to get* pissed off; (*stufarsi*) to be fed up, to have had it up to here.

scoglionàto, *a.* (*volg.*) pissed (off).

scoglionatùra, *f.* (*volg.*) pain in the arse (*USA*: ass).

scoglióso, *a.* rocky; cliffy; cragged; craggy.

scoiàre, e *deriv.* *V.* **scuoiare**, e *deriv.*

scoiàttolo, *m.* (*zool.*, *Sciurus vulgaris*) squirrel: **s. americano**, chipmunk; **s. volante**, flying squirrel. ● **agile come uno s.**, as nimble as a monkey □ **arrampicarsi come uno s.**, to climb like a monkey.

scolabottìglie, *m. invar.* **1** bottle drainer **2** (*fig. pop.*: *ubriacone*) drunkard; sot; boozer.

scolabròdo, *m. invar.* colander; strainer.

scolafritto, *m. invar.* dripper.

scolapàsta, *m. invar.* colander, cullender.

scolapiàtti, *m. invar.* dish drainer; drainer; draining board; (*a rastrelliera*) draining rack.

scolaposàte, *m. invar.* cutlery drainer.

scolàra, *V.* **scolaro**.

scolàre (1), **A** *v. i.* to drip; to drain: **mettere i piatti a s.**, to put the plates on the rack to drain; **lasciar s. q.c.**, to let st. drip. **B** *v. t.* **1** to drain dry; (*con un colino*) to strain: **s. gli spinaci**, to strain the spinach; **s. la pasta**, to strain the spaghetti **2** (*fig.*: *bere fino in fondo*) to drain; to down: **scolarsi una bottiglia di vino**, to drain a bottle of wine.

scolàre (2), *a.* school (*attr.*): **età s.**, school age.

scolarésca, *f.* pupils (*pl.*); students (*pl.*); body of students; (*scolari d'una classe*) class.

scolarésco, *a.* schoolboy (*attr.*).

scolarétto, *m.* (*f.* **-a**) schoolboy (*f.* schoolgirl): **comportarsi come uno s.**, to behave like a schoolboy.

scolarità, *f.* **1** (*frequenza scolastica*) school attendance: **indice di s.**, school-attendance rate **2** (*obbligo scolastico*) compulsory education.

scolarizzàre, *v. t.* to educate.

scolarizzazióne, *f.* schooling; education: **livello di s.**, educational level.

scolàro, *m.* (*f.* **-a**) schoolchild*; schoolboy (*f.* schoolgirl); (*alunno*) pupil, grader (*USA*); (*discepolo*) disciple: **uno s. di quinta**, a fifth--form pupil (*GB*); a fifth-grader (*USA*); **s. modello**, model schoolchild.

scolàstica, *f.* (*filos.*) scholasticism.

scolasticìsmo, *m.* (*filos.*) scholasticism.

scolasticità, *f.* scholasticism.

scolàstico (1), *a.* **1** (*della scuola*) educational; education (*attr.*); scholastic; school (*attr.*): **riforma scolastica**, school reform; educational reform; **sistema s.**, school system; education system; **anno [calendario] s.**, school year [calendar]; **consiglio s.**, school board; **tasse scolastiche**, school fees; **ispettore s.**, school inspector; **aula scolastica**, classroom **2** (*spreg.*: *libresco, rigido*) scholastic; formal; narrow.

scolàstico (2), **A** *a.* (*filos.*) scholastic. **B** *m.* (*filos.*) scholastic; Schoolman*.

scolatìccio, *m.* drippings (*pl.*).

scolatóio, *m.* drainer; draining board.

scolatùra, *f.* **1** (*lo scolare*) dripping; draining **2** (*materia scolata*) dripping(s); drainings (*pl.*).

scolecite, *f.* (*min.*) scolecite.

scoliàste, *m.* scholiast.

scòlice, *m.* (*zool.*) scolex*.

scòlio (1), *m.* (*letter.*) scholium*; commentary; annotation.

scolìo (2), *m.* (*deflusso*) dripping; draining away.

scoliòsi, *f.* (*med.*) scoliosis*.

scoliòtico, *a.* (*med.*) scoliotic.

scollacciàrsi, *v. rifl.* (*indossare abiti scollacciati*) to put* on low-necked dresses, to wear* low-necked dresses; (*scoprirsi collo e spalle*) to bare one's neck and shoulders.

scollacciàto, *a.* **1** (*di abito*) with a very low neckline; very low-cut; décolleté (*franc.*) **2** (*di donna*) wearing a very low-necked (*o* very low-cut) dress **3** (*fig.*) broad; bawdy; naughty; risqué (*franc.*).

scollacciatùra, *f.* very low neckline; décolletage (*franc.*).

scollaménto, *m.* **1** ungluing; coming unstuck; coming apart **2** (*geol.*) creep **3** (*fig.*: *perdita di coesione*) moving apart; coming apart; loosening; divarication; split **4** (*med.*) blunt dissection.

scollàre (1), A *v. t.* (*fare lo scollo*) to cut* out the neck; (*allargare lo scollo*) to cut* the neck lower, to widen the neckline: **s. a punta**, to cut a V-neck. **B scollàrsi,** *v. rifl.* (*indossare abiti scollati*) to put* on low-necked dresses; to wear* low-necked dresses.

scollàre (2), A *v. t.* **1** (*staccare due pezzi incollati*) to unglue; to unstick*; to unpaste **2** (*fig. pop.*: *allontanare*) to drag away **3** (*chir.*) to detach. **B scollàrsi,** *v. i. pron.* **1** to unglue; to come unstuck; to come* off **2** (*fig.*: *perdere coesione*) to come* apart; to split* **3** (*fig. pop.*: *allontanarsi*) to drag oneself away (*o* off).

scollàto (1), *a.* **1** (*di abito*) low-necked; with a low neckline; décolleté (*franc.*) **2** (*di persona*) wearing a low-necked dress; décolleté (*franc.*). ● **s. a punta**, V-necked □ **s. in tondo**, round-necked; scoop-necked □ **s. sulla schiena**, cut low at the back □ **scarpa scollata**, court shoe.

scollàto (2), *a.* (*staccato*) unglued; unstuck.

scollatùra (1), *f.* **1** (*scollo*) neckline; neck opening; neck hole; neck **2** (*estens.*: *parti lasciate scoperte dalla s.*) neck and shoulders; neckline; décolletage (*franc.*). ● **s. a barchetta**, boat neck □ **s. a punta**, V-neck; **con s. a punta**, V-necked □ **s. quadrata**, square neck □ **s. profonda**, low-cut neck(line); décolletage (*franc.*); (*a V*) plunging neckline □ **s. tonda**, round neck; scoop neck; rounded neckline.

scollatùra (2), *f.* (*di cose incollate*) unglu(e)ing; unsticking.

scollegaménto, *m.* disconnection; loss of connection.

scollegàre, *v. t.* (*autom., elettr.*) to disconnect.

scollettatrìce, *f.* (*agric.*) beet-topper.

scollettatùra, *f.* (*agric.*) beet-topping.

scòllo, *m.* neck opening; neck hole; neckline; neck: **fare lo s.**, to cut out the neck (hole). ● **s. a V**, V-neck □ **s. quadrato**, square neck □ **s. rotondo**, round neck; scoop neck; rounded neckline.

scolmatóre, *m.* floodway.

scólo, *m.* **1** draining; drainage: **lo s. delle acque**, water drainage; **canale di s.**, drainage canal; drain **2** (*liquido che scola*) waste water; drainage **3** (*med.*) discharge **4** (*pop.*: *blenorragia*) clap.

scolopèndra, *f.* (*zool.*, *Scolopendra*) scolopendra.

scolopèndrio, *m.* (*bot.*) scolopendrium*.

scolòpio, *a.* e *m.* (*eccles.*) Piarist.

scoloraménto, *V.* **scolorimento**.

scoloràre, scoloràrsi, *V.* **scolorire, scolorirsi**.

scoloriménto, *m.* discolouring; discoloration; fading; (*di piante*) etiolation.

scolorìna, *f.* ink remover; ink eradicator.

scolorìre, A *v. t.* to discolour; to bleach; to fade (*anche fig.*); (*piante*) to etiolate: **Il sole ha scolorito il tappeto**, the sun has faded the carpet; **Il calore può s. la tappezzeria**, heat may discolour the wallpaper. **B** *v. i.* e **scolorìrsi,** *v. i. pron.* to discolour; to lose* one's colour; to bleach; to fade (*anche fig.*); (*impallidire*) to grow* pale, to pale; (*di piante*) to become* etiolated: **Il mio vestito si è scolorito**, my dress has lost its colour; **Questa stoffa non scolorirà mai**, this material will never fade; **La luna cominciava a s.**, the moon was beginning to pale; **un ricordo che non si scolorisce**, a memory that won't fade; **scolorirsi in viso**, to pale; to grow pale.

scolorìto, *a.* **1** discoloured; faded; (*di pianta*) etiolated: **verde s.**, faded green; **un vestito s.**, a faded dress **2** (*smorto, esangue, spento*) pale; wan; colourless: **guance scolorite**, pale cheeks; **stile s.**, colourless style **3** (*debole*) faded; dim, faint: **ricordi scoloriti**, faded (*o* faint, dim) memories.

scolpàre, A *v. t.* to exculpate; to free from blame; to exonerate; (*giustificare*) to justify. **B scolpàrsi,** *v. rifl.* to exculpate oneself; (*giustificarsi*) to justify oneself.

scolpìre, *v. t.* **1** (*modellare*) to sculpture; to sculpt; (*togliendo il superfluo*) to carve; (*incidere*) to engrave, to carve, to cut* (on, in, into): **s. una statua**, to sculpture a statue; **s. una testa in legno**, to carve a head out of wood; **s. un blocco di marmo**, to carve a block of marble; **s. il proprio nome su un tronco d'albero**, to carve one's name on a tree trunk; **Il vento aveva scolpito le rocce in forme bizzarre**, the wind had sculpted the rock into weird shapes **2** (*fig.*: *imprimere*) to engrave; to impress; to stamp; to fix: **Le sue parole sono fortemente scolpite nella mia memoria**, his words are strongly engraved on my memory **3** (*fig.*: *parole, frasi*) to stress; to emphasize; to round.

scolpìto, *a.* **1** (*di statua*) carved, sculpted, sculptured; (*inciso, intagliato*) graven, engraved, carved: **un nudo di donna s. nel marmo**, a naked woman sculpted in marble; **un'immagine scolpita**, a graven image; **colonna scolpita**, carved column **2** (*fig.*: *impresso*) engraved; impressed; stamped; fixed: **principi scolpiti nella memoria**, principles stamped in one's memory **3** (*fig.*: *distinto, ben formato*) stressed; clear; well-formed; well-rounded: **parole scolpite**, stressed words; **un personaggio ben s.**, a well-drawn character.

scolpitùra, *f.* (*di pneumatico*) tread design.

scólta, *f.* (*mil.*) sentry; watch: **essere di s.** (*o* **fare la s.**), to be on sentry duty; (*marciando avanti e indietro*) to be on sentry-go.

scombaciàre, *v. t.* to disunite; to disjoin; to unfix.

scombaciàto, *a.* disjoined; unfixed.

scombinàre, *v. t.* **1** (*mettere in disordine*) to mix up; to mess up; to jumble; to muddle up (*fam.*); to muck up (*fam.*); to make* a mess of: **Mi hai scombinato gli appunti**, you've mixed up (*o* you've been messing with) my notes; **Il vento mi ha scombinato i capelli**, the wind has messed up (*o* made a mess of) my hair **2** (*mandare all'aria*) to upset*; to mess up; to muck up (*fam.*); to disrupt; to spoil*: **s. tutti i piani**: to upset all plans; **s. un matrimonio**, to upset a marriage; (*rompere un fidanzamento*) to break off an engagement **3** (*fam.*: *causare malessere*) to upset (sb.'s stomach).

scombinàto, A *a.* **1** (*disordinato*) messy; jumbled; muddled up; mucked up (*fam.*) **2** (*di persona*) upset, unsettled, mixed up; (*confuso*) muddle-headed. **B** *m.* (*f.* **-a**) muddle-head.

scómbro, *m.* (*zool.*, *Scomber scombrus*) mackerel; shiner (*pop.*). ● **s. bastardo** (*Trachurus tracurus*), horse mackerel; scad.

scombussolaménto, *m.* **1** (*lo scombussolare*) upsetting; disrupting; unsettling; muddling **2** (*effetto dello scombussolare*) confusion; disruption; disorder; unsettlement; turmoil: **lo s. del viaggio**, the upsetting effect of the journey; **s. di stomaco**, stomach upset.

scombussolàre, *v. t.* to upset*; to unsettle; to disrupt; to disturb; (*mettere in disordine*) to mess up, to muddle up, to disarrange, to turn topsy-turvy: **s. i piani di q.**, to upset (*o* to disrupt) sb.'s plans; **La notizia lo scombussolò tutto**, the news quite upset (*o* unsettled) him; **s. lo stomaco**, to upset one's stomach.

scombussolàto, *a.* (*confuso, agitato*) upset, unsettled, in a muddle, mixed up (*fam.*), haywire (*fam.*); (*in disordine*) disarranged, disrupted, confused, topsy-turvy, haywire (*fam.*): **rimanere s.**, to be upset.

scombussolìo, *m.* great confusion; muddle; bustle.

scommèssa, *f.* **1** bet; wager: **fare una s.**, to make (*o* to lay) a bet; to bet; to lay a wager; to wager; **perdere [vincere] la s.**, to lose (to win) one's bet; **accettare scommesse**, to take up bets (on st.); **Gli piacciono le scommesse**, he likes betting; **l'ambiente delle scommesse**, the world of betting; **Si accettano scommesse per 7 a 1**, betting is 7 to 1; **fare q.c. per s.**, to do st. for a bet **2** (*posta*) bet; stake: **La s. era di cinquemila lire**, the stake was five thousand lire **3** (*cosa rischiosa*) gamble; risk; risky business.

scommèttere (1), *v. t.* (*disunire*) to disjoin; to disconnect.

scommèttere (2), *v. t.* (*fare una scommessa*) to bet*; to wager; to stake (st.); to lay* a bet (on st.): **s. alle corse** (*di cavalli*), to bet on horses; **s. molto denaro su un cavallo**, to put a lot of money on a horse; **Ho scommesso sul baio**, I have backed the bay; **s. a colpo sicuro**, to bet on a certainty; **Scommisi con lui diecimila lire che ci sarei riuscito**, I bet him ten thousand lire that I would succeed; **Scommetto quello che vuoi che non lo sai**, I bet you anything you don't know; **Ci scommetti che non si farà vedere?**, I bet you (*o* my bet is) he won't show up; what's the betting he won't show up?; **Sei sicuro? Scommettiamo!**, are you sure? let's bet on it!; **«Guarda che non ce la fai» «Scommettiamo?»**, «I say you won't make it» «Do you want a bet?»; **Ci scommetterei la testa!**, I'd bet my bottom dollar on it!; **«Glielo dirai?» «Puoi scommetterci!»**, «will you tell him?» «you bet (I will)».

scommettitóre, *m.* (*f.* **-trice**) better, bettor (*USA*); punter; wagerer.

scommettitùra, *f.* **1** (*il disunire*) disjunction; detachment **2** (*parte scommessa*) detached part.

scomodàre, A *v. t.* to disturb; to trouble; to inconvenience; to give* trouble: **Mi dispiace di scomodarti, ma devo spostare il tavolo**, I am sorry to disturb you, but I have to move the table; **s. q. per nulla**, to trouble sb. for nothing; **Non c'è bisogno di s. Freud per spiegare il tuo sogno**, you don't need Freud to explain your dream. **B** *v. i.* to inconvenience (sb.); to be inconvenient (for sb.): **Mi scomoda un po' dover pagare ora**, it rather inconveniences me (*o* it's rather inconvenient for me) to have to pay right now; **Non mi scomoda affatto**, it doesn't inconvenience me in the least; it's no trouble at all. **C scomodàrsi,** *v. rifl.* to trouble (oneself); to take* the trouble (to do st.); to put* oneself out; to go* out of one's way; to bother; (*muoversi*) to move; (*alzarsi*) to get* up: **Non si è scomodato a venire**, he didn't bother (*o* didn't take the trouble) to come; **Grazie, ma non dovevate scomodarvi!**, thank you, but you shouldn't have (troubled yourselves); **Non è tipo da s.**, he's not the type to go out of his way; **Non voglio che vi scomodiate**, I don't want to give you any trouble; **Non si scomodi, ci passo benissimo**, don't get up, I can get through.

scomodità, *f.* lack of comfort; uncomfortableness; discomfort; (*disagio*) inconvenience, awkwardness; (*fastidio*) trouble, bother, nuisance: **la s. di un divano**, the uncomfortableness of a sofa; **la s. di dover stare in piedi**, the discomfort of having to stand; **È una s. doverlo sempre accompagnare in macchina**, it's a bother having to drive him every time; **Abitare in campagna ha le sue s.**, living in the country can be rather inconvenient.

scòmodo, A *a.* uncomfortable; (*disagevole*) awkward, inconvenient; (*seccante*) tiresome; (*difficile, imbarazzante*) awkward, irritating, difficult, troublesome: **una sedia scomoda**, an uncomfortable chair; **una posizione scomoda**, an uncomfortable position; **un appuntamento a un'ora scomoda**, an appointment at an inconvenient time; **s. da trasportare**, awkward to carry; **Abita in un posto s.**, he lives in an inconvenient place; **riuscire s.**, to be inconvenient; **stare s.**, to be uncomfortable; **È s. non avere l'ascensore**, it's rather awkward (*o* inconvenient) not having a lift; **Ti è s. passarmi a prendere?**, is it inconvenient for you to call for me?; **persona scomoda**, difficult person; **vicini scomodi**, troublesome neighbours; **antagonista s.**, tough opponent. **B** *m.* inconvenience; trouble; bother: **recare s.**, to give trouble; to inconvenience; to bother.

scompaginaménto, *m.* **1** (*lo scompaginare*) upsetting; disarrangement **2** (*disordine*) disorder; confusion; disarray; muddle.

scompaginàre, **A** *v. t.* **1** to upset*; to throw* into disorder (*o* into disarray); to disarrange; to break* up **2** (*tipogr.*) to break* up; to distribute. **B scompaginàrsi**, *v. i. pron.* to be upset; (*disgregarsi*) to break* up.

scompaginàto, *a.* upset; disarranged; disordered; in confusion; in disarray; (*di libro*) with loose pages.

scompaginatùra, **scompaginazióne**, *f.* (*tipogr.*) breaking up, distribution.

scompagnaménto, *m.* breaking up; (of a pair); splitting.

scompagnàre, *v. t.* to break* up (a pair); to split.

scompagnàto, *a.* odd; unmatched: **calze scompagnate**, odd socks; **sedie scompagnate**, unmatched chairs.

scomparire, *v. i.* **1** (*sparire*) to disappear; to vanish: **Scomparve dietro l'angolo**, he disappeared behind a corner; **Tutt'a un tratto la luce scomparve**, the light suddenly vanished; **s. nel nulla**, to vanish into thin air; **s. alla vista**, to disappear (*o* to vanish) from sight; **Il dolore è scomparso**, the pain has disappeared **2** (*fig.*: *fare cattiva figura*) to cut* a bad (*o* a poor) figure; to be showed up: **Non voglio s.**, I don't want to cut a bad figure; **Non farmi s. davanti a tutti!**, don't show me up in front of everybody! **3** (*fig.*: *non risaltare*) not to show* up; not to appear to advantage; to be nothing; to look insignificant: **Questo quadro vicino agli altri scompare**, this painting does not show up beside the others; **Le mie perle scompaiono accanto alle sue**, my pearls quite disappear next to hers **4** (*eufem.*: *morire*) to die; to pass away. ● (*fig.*) **Avrei voluto s.** (*per l'imbarazzo*), I could have curled up and died.

scompàrsa, *f.* **1** (*sparizione*) disappearance; vanishing **2** (*fine*) passing: **la s. delle antiche tradizioni**, the passing of ancient customs **3** (*estinzione*) extinction **4** (*morte*) death; decease (*form.*); demise (*form.*). ● **letto a s.**, foldaway bed.

scompàrso, **A** *a.* vanished; missing; lost; (*estinto*) extinct: **persona scomparsa**, missing person; **un mondo s.**, a vanished world. **B** *m.* (*f.* **-a**) **1** (*persona scomparsa*) missing person **2** (*defunto*) dead person; deceased (*form.*).

scompartiménto, *m.* **1** compartment; division; partition **2** (*ferr.*) compartment: **s. privato**, private compartment; **s. di prima classe**, first-class compartment; **s. per non fumatori**, non-smoking compartment; non-smoker.

scompartire, *v. t.* to share; to distribute; to divide.

scompàrto, *m.* **1** compartment; section: **gli scomparti di un armadio**, the sections of a wardrobe; **a scomparti**, in compartments; in sections **2** (*aeron.*) bay **3** (*arch.*) compartment.

scompensàre, *v. t.* **1** to unbalance **2** (*med.*) to cause decompensation in.

scompènso, *m.* **1** unbalance; lack of balance **2** (*med.*) decompensation: **s. cardiaco**, cardiac decompensation.

scompiacènte, *a.* uncomplaisant; disobliging; unkind.

scompiacènza, *f.* disobligingness; unkindness.

scompiacére, *v. i.* to be disobliging; to be unkind.

scompigliaménto, *m.* **1** (*lo scompigliare*) disarrangement, upsetting, muddling; (*l'arruffare*) ruffling **2** (*disordine*) disorder; mess; muddle; confusion.

scompigliàre, **A** *v. t.* (*mettere in disordine*) to disarrange, to throw* into disarray (*o* into disorder), to mess up (*fam.*), to muddle, to mix up; (*sconvolgere*) to upset*, to throw* into confusion; (*confondere*) to confuse; (*scarmigliare*) to ruffle, to dishevel, to tousle: **s. i piani di q.**, to upset sb.'s plans; **s. tutta la casa**, to throw the whole house into confusion; **s. i capelli a q.**, to ruffle sb.'s hair. **B scompigliàrsi**, *v. i. pron.* to become* confused; to go* haywire (*fam.*); (*di capelli*) to get* ruffled.

scompigliàto, *a.* (*in disordine*) disordered, disarranged, jumbled, in a mess, haywire (*fam.*); (*scarmigliato*) tousled, ruffled, dishevelled.

scompiglio, *m.* (*disordine*) confusion, disorder, disarray, mess, muddle; (*trambusto*) commotion, stir, bustle, hubbub, fuss; (*caos*) bedlam: **gettare nello s.**, to throw into disarray (*o* into confusion); **creare s.**, to create confusion; to stir up things.

scompisciàrsi, *v. rifl.* (*pop.*: *ridere smodatamente*) to roar with laughter, to be in stitches, to split one's sides; (*scoppiare a ridere*) to crack up, to double up.

scomponibile, *a.* **1** (*che si può scomporre*) decomposable **2** (*smontabile*) dismountable; that can be disassembled (*o* taken apart); modular.

scomponibilità, *f.* decomposability.

scompórre, **A** *v. t.* **1** (*scindere*) to decompose, to resolve, to break* down, to separate; (*dividere*, *separare*) to divide, to split* up, to break* up; (*disfare*, *smontare*) to take* apart, to disassemble: **s. q.c. nei suoi elementi**, to resolve st. into its components; **s. una parola in sillabe**, to divide a word into syllables; **s. la luce**, to separate light; **s. una libreria**, to disassemble a set of shelves; (*ferr.*) **s. un treno**, to split up a train; **s. una macchina**, to take a machine to pieces **2** (*scompigliare*) to throw* into disorder, to disarrange, to ruffle; (*turbare*) to discompose, to upset*; (*alterare*) to upset*, to distort: **s. i capelli**, to ruffle (sb.'s) hair; (*fig.*) **s. i lineamenti del volto**, to distort sb.'s features; **Niente lo scompone**, nothing ruffles him **3** (*chim.*) to resolve **4** (*mat.*) to factorize; to resolve (*o* to break* up) into factors **5** (*tipogr.*) to distribute. **B scompórsi**, *v. i. pron.* **1** (*scindersi*) to decompose; to break* up **2** (*fig.*: *agitarsi*) to get* upset; to lose* one's composure: **non s. affatto**, not to lose one's composure; to be unruffled; **senza s.**, without losing one's composure; without turning a hair; unperturbed (*pred.*); unruffled (*pred.*); unfazed (*pred.*, *fam.*); **È uno che non si scompone mai**, he never gets ruffled; he's quite unflappable (*fam.*).

scompositóre, *m.* (*tipogr.*) distributor.

scomposizióne, *f.* **1** decomposition; resolution; breakdown; (*divisione*) division, splitting up, separation into parts: **s. in sillabe**, division into syllables **2** (*chim.*) resolution **3** (*mat.*) factorization **4** (*tipogr.*) distribution (of type). ● (*ferr.*) **la s. dei treni**, the splitting up of trains □ (*TV*) **s. dell'immagine**, image scanning.

scompostaménte, *avv.* (*in modo indecoroso*) in an unseemly manner, indecorously; (*in modo sconnesso*) incoherently, distractedly.

scompostézza, *f.* **1** discomposure; lack of composure **2** (*sguaiatezza*) unbecomingness; unseemliness.

scompósto, *a.* **1** (*separato nelle parti componenti*) taken to pieces; broken up; dismantled **2** (*sconveniente, sguaiato*) unbecoming; unseemly **3** (*disordinato*) disorderly, wild; (*di capelli*) ruffled, tousled **4** (*fig.*: *sconnesso*) disconnected, incoherent; (*agitato*) upset, agitated **5** (*mat.*) – **s. in fattori**, factorized.

scomputàbile, *a.* deductible.

scomputàre, *v. t.* to deduct.

scòmputo, *m.* deduction.

scomùnica, *f.* **1** (*relig.*) excommunication **2** (*fig.*: *condanna*) anathema; (*sconfessione*) repudiation, disownment. ● **lanciare la s. contro q.**, (*relig.*) to excommunicate sb.; (*fig.*) to anathemize, to repudiate.

scomunicàre, *v. t.* **1** (*relig.*) to excommunicate **2** (*fig.*: *condannare*) to anathemize; (*sconfessare*) to repudiate, to disown.

scomunicàto, (*relig.*) **A** *a.* excommunicated. **B** *m.* (*f.* **-a**) excommunicate.

sconcatenàre, *v. t.* to unlink; to disjoin; to disconnect.

sconcatenàto, *a.* **1** unlinked **2** (*fig.*) disjoined; disconnected.

sconcertaménto, *V.* **sconcerto**.

sconcertànte, *a.* disconcerting; baffling; puzzling; perplexing; mystifying.

sconcertàre, **A** *v. t.* **1** to disconcert; to baffle; to take* aback; to nonplus; to puzzle; to perplex; to mystify **2** (*disturbare*) to upset*; to unsettle. **B sconcertàrsi**, *v. i. pron.* to be disconcerted; to be puzzled; to be nonplussed.

sconcertàto, *a.* disconcerted; baffled; taken aback; nonplussed; puzzled; mystified; perplexed.

sconcèrto, *m.* disconcertment; bafflement; bewilderment.

sconcézza, *f.* **1** (*l'essere sconcio*) indecency, obscenity, lewdness; (*scurrilità*) bawdiness, smuttiness **2** (*cosa sconcia*) indecency, obscenity, filth; (*al pl.*: *cose scurrili*) bawdy, smut: **Quel libro è una s.**, that book is obscene; that book is disgusting (*o* filthy); **dire sconcezze**, to use foul (*o* smutty) language **3** (*cosa vergognosa*) disgrace; outrageous thing.

sconciàre, *v. t.* to spoil; to damage; to mar.

sconciatùra, *f.* *V.* **sconcio**, *def.* 2.

scóncio, **A** *a.* (*osceno*) indecent, obscene; (*scurrile*) smutty, bawdy; (*lascivo*) lewd: **libri sconci**, indecent books; smutty books; **parole sconce**, obscene language; obscenities; **pensieri sconci**, lewd thoughts; **gesti sconci**, obscene gestures; **canzone sconcia**, bawdy song. **B** *m.* **1** (*cosa sconcia*) shame; disgrace: **Le strade di questo quartiere sono uno s.!**, the streets in this area are a disgrace! **2** (*cosa fatta male*) botch(-up); bungle: **Volevo un armadietto pensile, non questo s.!**, I wanted a hanging cupboard, not this botch-up!

sconclușionataménte, *avv.* inconclusively; inconsequently; inconsequentially; (*sconnessamente*) disconnectedly, ramblingly. ● **parlare s.**, to talk at random; to ramble.

sconclușionatézza, *f.* inconclusiveness; inconsequence; inconsequentiality; (*incoerenza*) incoherence, incoherency.

sconclușionàto, **A** *a.* inconclusive; inconsequent; inconsequential; (*sconnesso*) disconnected, rambling; (*incoerente*) incoherent: **frasi sconclusionate**, incoherent sentences; **un discorso s.**, a rambling speech. **B** *m.* (*f.* **-a**) inconsequent person.

sconcordànte, *a.* discordant; conflicting; clashing; dissonant; jarring: **interessi sconcordanti**, jarring (*o* conflicting) interests; **suoni sconcordanti**, discordant (*o* jarring) sounds.

sconcordànza, *f.* discordance; discordancy; discord.

sconcòrde, *a.* (*lett.*) discordant.

scondito, *a.* plain; unseasoned; (*di insalata*) undressed.

sconfacènte, *a.* (*lett.*) unsuitable; inappropriate; (*disdicevole*) unbecoming; unseemly.

sconfessàre, *v. t.* **1** (*ritrattare, rinnegare*) to recant; to abjure; to renege; to retract; to repudiate; to renounce: **s. un'amicizia**, to renege a friendship; **s. gli antichi ideali**, to recant (*o* to renounce, to repudiate) one's old ideals *2* (*smentire, dissociarsi da*) to disavow; to disown; to disclaim responsibility for.

sconfessióne, *f.* *1* (*ritrattazione*) recantation; retraction; repudiation; renouncing *2* (*smentita, dissociazione da*) disavowal; disclaimer; disowning.

sconficcàre, *v. t.* to extract; to pull* out; to remove.

sconfìggere (1), *v. t.* to defeat; to overthrow*; to beat*; (*sopraffare*) to overcome*, to vanquish, to conquer; (*debellare*) to conquer, to eliminate, to stamp out: **s. il nemico**, to defeat the enemy; **s. un avversario**, to defeat (*o* to beat) an opponent; **Il candidato repubblicano è stato sconfitto**, the Republican candidate was defeated; **s. il male**, to vanquish evil; **La Juventus ha sconfitto il Cagliari**, Juventus beat Cagliari; **le ricerche per s. il cancro**, the research to conquer cancer; **s. la disoccupazione**, to eliminate unemployment; **s. sonoramente**, to trounce.

sconfìggere (2), *V.* **sconficcare**.

sconfinaménto, *m.* *1* (*oltre frontiera*) crossing the frontier, border violation; (*nella proprietà altrui*) trespassing, trespass *2* (*fig.*: *il varcare i limiti*) exceeding the limits; straying.

sconfinàre, *v. i.* *1* (*oltrepassare la frontiera*) to cross the frontier; (*entrare nella proprietà altrui*) to trespass (on) *2* (*fig.*: *varcare i limiti*) to exceed (*o* to go* beyond) the limits (of), to stray, to digress (from); (*trascendere*) to go* too far.

sconfinataménte, *avv.* boundlessly; unboundedly; unlimitedly.

sconfinatézza, *f.* boundlessness; unboundedness; unlimitedness.

sconfinàto, *a.* boundless; limitless; (*illimitato*) unlimited; (*smisurato*) measureless; (*infinito*) infinite, endless: **l'oceano s.**, the boundless ocean; **un'ambizione sconfinata**, an unlimited (*o* a measureless) ambition; **orgoglio s.**, unbounded pride; **gioia sconfinata**, unbounded joy; **poteri sconfinati**, unlimited powers.

sconfìtta, *f.* defeat; overthrow; (*eliminazione*) elimination: **infliggere una s.** to inflict a defeat; to defeat; **subire** (*o* **patire**) **una s.**, to suffer a defeat; to be defeated; **s. elettorale**, electoral defeat; **s. clamorosa**, resounding defeat; trouncing (*fam.*); **la s. del vaiolo**, the elimination of small-pox.

sconfìtto, A *a.* defeated; beaten; overthrown; (*sopraffatto*) overcome, vanquished. ● **dichiararsi s.**, to acknowledge one's defeat. **B** *m.* (*f.* **-a**) defeated person, loser; (*pl.*) (*collett.*) (the) defeated.

sconfortànte, *a.* discouraging; disheartening; bleak: **una notizia s.**, a discouraging piece of news; **Il quadro generale è s.**, the general situation looks bleak.

sconfortàre, A *v. t.* to discourage; to dishearten; to deject; to dispirit: **L'inutilità dei suoi sforzi lo sconfortò**, the uselessness of his efforts discouraged him. **B sconfortàrsi,** *v. i. pron.* to get* discouraged; to get* disheartened; to be dejected; to lose* heart: **Non ti s.!**, don't get discouraged!; cheer up!

sconfortàto, *a.* discouraged; disheartened; downhearted; downcast; despondent; dejected; crestfallen (*fam.*).

sconfòrto, *m.* discouragement; despondence; dejection; depression. ● **abbandonarsi allo s.**, to give way to dejection □ **farsi prendere dallo s.**, to feel discouraged □ **Che s.!**, how sad!; how depressing!

scongelaménto, *m.* *1* thawing (out); defrosting *2* (*fig.*) unfreezing.

scongelàre, *v. t.* *1* to thaw (out); to defrost *2* (*fig.*: *prezzi e sim.*) to unfreeze*.

scongiuràre, *v. t.* *1* (*supplicare*) to beseech*; to implore; to entreat: **s. q. di avere pietà**, to entreat sb. to show mercy; **Lo scongiurai di non lasciarmi**, I implored him not to leave me; **Te ne scongiuro!**, I beseech you! *2* (*evitare*) to avoid; to avert; to prevent; to ward off: **s. una disgrazia**, to avoid an accident; **s. il pericolo di una guerra**, to avert the risk of a war *3* (*lett.*: *esorcizzare*) to exorcize.

scongiùro, *m.* *1* (*esorcismo*) exorcism *2* (*formula contro il malocchio*) (magic) charm; spell; incantation. ● (*scherz.*) **fare gli scongiuri**, to touch wood; to keep one's fingers crossed.

sconnessióne, *f.* disconnectedness; disjointedness; (*incoerenza*) incongruity, incoherence.

sconnèsso, *a.* disconnected; disjointed; loose; (*incoerente*) incoherent, incongruous, rambling, inarticulate: **assi sconnesse**, loose planks; **frasi** [**idee**] **sconnesse**, incoherent sentences [ideas]; **stile s.**, rambling style; **borbottare parole sconnesse**, to mumble inarticulately.

sconnessùra, *f.* *1* disconnection; disjuncture; disjunction *2* (*punto di s.*) opening; separation; gap.

sconnèttere, A *v. t.* to disconnect; to disjoin; to disjoint; to separate. **B** *v. i.* (*non connettere*) to be incoherent; to wander (in one's talk). **C sconnèttersi,** *v. i. pron.* to separate; to come* apart; to disjoin; to become* disconnected.

sconoscènte, *a.* ungrateful; thankless.

sconoscènza, *f.* ungratefulness; ingratitude; thanklessness.

sconosciùto, A *a.* *1* (*non noto*) unknown, unfamiliar, unheard-of, strange; (*non identificato*) unidentified; (*senza nome*) nameless, without a name: **facce sconosciute**, unfamiliar faces; **sensazioni sconosciute**, unfamiliar sensations; **La regione mi è sconosciuta**, the region is unknown to me; **un virus s.**, an unidentified virus; **una persona che resterà sconosciuta**, a person who will remain nameless *2* (*inesplorato*) unknown, unexplored; (*non registrato sulle carte*) uncharted: **luoghi sconosciuti**, unknown places; **terre** [**isole**] **sconosciute**, uncharted lands [islands] *3* (*privo di fama*) little known, unknown; (*oscuro*) obscure: **uno scrittore s.**, an obscure writer. **B** *m.* (*f.* **-a**) *1* stranger; unknown person; unknown: **un illustre s.**, a complete unknown *2* (*leg.*) person unknown.

sconquassaménto, *V.* **sconquasso**.

sconquassàre, *v. t.* *1* (*scuotere*) to shake*, to rock, to knock about; (*sfasciare*) to shake* to pieces, to batter, to knock to pieces; (*rovinare*) to destroy, to wreck, to play (*o* to wreck) havoc (with) *2* (*scombussolare*) to upset*; to shake* up: **Il viaggio mi ha tutto sconquassato**, the journey has quite upset me.

sconquassàto, *a.* *1* shattered; smashed; battered; (*rovinato*) ruined, wrecked; (*sgangherato*) ramshackle, tumbledown, rickety *2* (*scombussolato*) upset, shaken (up); (*stanchissimo*) tired out.

sconquàsso, *m.* *1* (*rovina*) shattering; smash; crash; ruin; wreck *2* (*caos, scompiglio*) havoc; turmoil; disruption; disorder; shambles (*pl. col verbo al sing.*); mess; confusion: **mettere tutto a s.**, to throw everything into disorder; **portare lo s. in famiglia**, to cause disruption in the family; **Che s.!**, what a mess!

sconsacràre, *v. t.* to deconsecrate; to desecrate.

sconsacràto, *a.* deconsecrated; unhallowed: **terreno s.**, unhallowed ground.

sconsacrazióne, *f.* deconsecration; desecration.

sconsiderataménte, *avv.* (*senza riflettere*) thoughtlessly, carelessly, heedlessly; (*in modo poco saggio*) inconsiderately, improvidently, ill-advisedly; (*avventatamente*) rashly, incautiously; (*a caso*) at random.

sconsideratézza, *f.* inconsiderateness; (*mancanza di riflessione*) thoughtlessness, carelessness, heedlessness; (*imprevidenza*) improvidence; (*imprudenza*) imprudence; (*avventatezza*) rashness, recklessness.

sconsideràto, A *a.* inconsiderate; ill-considered; ill-judged; ill-advised; injudicious; improvident; (*sbadato*) thoughtless, careless, heedless; (*imprudente*) imprudent; (*avventato*) rash, incautious, reckless: **decisione sconsiderata**, ill-advised decision; **parole sconsiderate**, rash words; **essere s. nello spendere**, to be careless with one's money; **sfruttamento s. del suolo**, reckless exploitation of the soil. **B** *m.* (*f.* **-a**) thoughtless (*o* careless) person.

sconsigliàbile, *a.* unadvisable; inexpedient.

sconsigliàre, *v. t.* not to recommend; to advise against; to try to persuade (sb.) not to do (st.); to try to dissuade (sb. from doing st.): **Ti sconsiglio questo colore**, I don't recommend you this colour; **Le ho sconsigliato quell'albergo**, I advised her not to choose that hotel; I told her to avoid that hotel; **Lo sconsigliammo di uscire**, we advised him against going out; we tried to persuade him not to go out.

sconsigliàto, *a.* unwary; thoughtless; heedless; reckless; (*avventato*) rash.

sconsolànte, *a.* disheartening; depressing; sad: **una notizia s.**, a sad piece of news; **una situazione s.**, a depressing situation.

sconsolàre, A *v. t.* to dishearten; to depress; to sadden. **B sconsolàrsi,** *v. i. pron.* to become* disheartened; to lose* heart.

sconsolataménte, *avv.* disconsolately; dejectedly; sadly.

sconsolatézza, *f.* disconsolateness; dejection; depression; sadness; desolation.

sconsolàto, *a.* disconsolate; dejected; downcast; depressed; (*desolato*) desolate, dismal, cheerless, gloomy; (*triste*) sad.

scontàbile, *a.* (*comm.*) discountable; (*deducibile*) deductible.

scontànte, (*comm.*) **A** *a.* discounting; discount (*attr.*). **B** *m.* e *f.* discounter.

scontàre, *v. t.* *1* (*comm.*) to discount: **s. una cambiale**, to discount a bill *2* (*dedurre*) to deduct; to abate *3* (*estinguere*) to pay* off: **s. una parte di un debito**, to pay off (a) part of a debt *4* (*fare uno sconto*) to reduce; to knock off *5* (*espiare*) to atone for (st., doing st.), to do* penance for; to pay* for; to suffer for, to expiate; (*in carcere*) to serve: **s. i propri peccati**, to expiate one's sins; to do penance for one's sins; **s. i peccati di gioventù**, to pay for the excesses of one's youth; **s. gli eccessi del mangiare**, to pay for one's immoderate eating; **s. un delitto**, to expiate a crime; **s. una colpa**, to atone for a fault; **s. le colpe degli altri**, to pay for other people's faults; **s. cinque anni di carcere**, to serve (*o* to do) five years in prison; **Deve s. ancora tre anni di prigione**, he still has three years to serve in prison; **s. una condanna**, to serve a sentence; to serve a term in prison; to serve time; to do time (*fam.*); **fare s. q.c. a q.**, to make sb. pay (*o* suffer) for st.; **La sconterai!**, you'll pay for it!; you'll smart for it!

scontatàrio, *m.* (*banca*) discounter.

scontàto, *a.* *1* (*comm.*) discounted *2* (*ribassato*) discounted; reduced: **prezzi scontati**, reduced prices; **articoli scontati**, discounted articles *3* (*pagato*) paid off; settled *4* (*espiato*) paid for, atoined for, expiated; (*di pena detentiva*) served *5* (*previsto*) foreseen, expected, foregone, taken for granted; (*ovvio*) stock (*attr.*): **un risultato s.**, a foregone conclusion; **Il nostro insuccesso era s.**, our failure was taken for granted; **dare per s.**, to take for granted; to count on; **un film pieno di situazioni scontate**, a film full of stock situations.

scontentàre, *v. t.* to displease; to dissatisfy; (*deludere*) to disappoint.

scontentézza, *f.* discontentment; discontent; dissatisfaction; displeasure.

scontènto, A *a.* discontented; dissatisfied; unhappy; displeased; (*deluso*) disappointed: **essere s. di q.**, to be displeased with sb.; **rimanere s.**, to be (*o* to feel) disappointed. **B** *m.* (*f.* **-a**) ***1*** discontented person; malcontent ***2*** (*scontentezza*) discontent; dissatisfaction; displeasure: **causare s.**, to cause discontent; **esprimere il proprio s.**, to express one's dissatisfaction; **provare s.**, to feel discontent; not to be satisfied.

scontista, *m.* e *f.* (*comm.*) discount broker; discounter.

scónto, *m.* ***1*** (*banca*) discount; (*l'operazione*) discounting: **lo s. d'una cambiale**, the discount of a bill; **presentare effetti allo s.**, to offer bills for discount; **s. effettivo**, true discount; **banca di s.**, discount bank; discounting house; **il mercato degli sconti**, the discount market; **tasso ufficiale di s.**, bank rate; **Il tasso di s. è sostenuto**, the discount rate (*o* rate of discount) is steady ***2*** (*pagamento*) payment; (*espiazione*) atonement, expiation, penance: **a s. di un debito**, in payment of a debt; **a s. dei propri peccati**, in atonement of one's sins; as penance for one's sins ***3*** (*detrazione, scomputo*) discount; deduction ***4*** (*abbuono*) allowance; (*riduzione del prezzo*) discount, reduction; (*ribasso*) abatement, rebate: **uno s. del 20%**, a 20% discount (*o* reduction); **s. sul prezzo di q.c.**, a discount on the price of st.; **comprare con uno s.**, to buy at a discount; **fare** (*o* **concedere**) **uno s.**, to give (*o* to allow) a discount; to discount; **Le faccio uno s. del 10%**, I'll give you a 10% discount; I'll knock off 10% for you (*fam.*); **farsi fare uno s.**, to obtain a reduction (*form.*); to get a discount; **s. per contanti** (*o* **su pronta cassa**), cash discount; **s. commerciale**, trade discount (*o* allowance).

scontornàre, *v. t.* to silhouette.

scontràre, A *v. t.* ***1*** (*urtare*) to knock; to knock against; to bump into: **Ho scontrato il vaso col gomito**, I involuntarily knock the vase with my elbow (*o* knocked my elbow against the vase); **Ho scontrato contro il tavolo**, I knocked against the table ***2*** (*naut.*) to meet*. **B scontràrsi,** *v. i. pron.* ***1*** (*venire a battaglia*) to clash with; to encounter: **s. col nemico**, to encounter the enemy ***2*** (*urtare con violenza*) to run* into; to crash into; to collide with; to go* smash into (*o* against) (*fam.*); to cannon into: **Il nostro treno si scontrò con un treno merci**, our train crashed into a goods train; **Girato l'angolo, mi scontrai in pieno con una vecchietta**, I turned the corner and cannoned into an old lady ***3*** (*avere un diverbio*) to clash with; to quarrel with; to fall* out with (*fam.*). **C scontràrsi,** *v. rifl. recipr.* ***1*** (*combattere*) to clash: **I due eserciti si scontrarono a Marengo**, the two armies clashed at Marengo ***2*** (*urtarsi con violenza*) to crash into each other (*o* one another); to collide; to bump into each other (*o* one another); to cannon into each other (*o* one another): **Le due automobili si scontrarono**, the two cars collided; **Ci scontrammo nel buio**, we bumped into each other in the dark ***3*** (*fig.*: *divergere*) to diverge; to be in conflict, to conflict, to clash, to collide; (*litigare*) to quarrel, to fall* out (*fam.*): **Le loro opinioni si scontrano**, their opinions diverge.

scontrino, *m.* ticket; slip; check (*USA*); docket (*GB*); voucher: **s. del bagaglio**, luggage ticket (*GB*); baggage check (*USA*); **s. di cassa**, cash voucher (*o* slip); **s. di consegna**, delivery note; **s. di controllo**, tally; **s. di pagamento**, payment slip; **s. di vendita**, sale slip; **s. doganale**, docket.

scóntro, *m.* ***1*** (*combattimento*) encounter; engagement; clash; battle; fight: **uno s. sanguinoso**, a bloody clash (*o* fight); **s. a fuoco**, gunfight; shooting; shoot-out (*fam.*) ***2*** (*collisione*) collision; crash; smash-up (*fam.*): **s. automobilistico [ferroviario]**, car [railway] crash; **s. frontale**, head-on collision; **Dieci persone morirono nello s.**, ten people died in the crash (*o* in the collision) ***3*** (*fig.*: *contrasto d'opinioni*) clash (of opinions); (*disputa*) dispute, altercation, quarrel, confrontation: **avere uno s. con q.**, to clash with sb.; to quarrel with sb.; to fall out with sb. (*fam.*) ***4*** (*naut.*) pawl: **mettere gli scontri**, to pawl.

scontrosàggine, scontrosità, *f.* ***1*** (*non socievolezza*) sullenness, unsociability, moroseness; (*brutto carattere*) surliness, sulkiness, bad temper; (*permalosità*) touchiness, testiness, tetchiness, grumpiness ***2*** (*comportamento scontroso*) surly behaviour; (a) fit of the sulks (*fam.*).

scontróso, *a.* (*poco socievole*) unsociable, morose, sullen; (*bisbetico*) sulky, bad-tempered, grumpy, intractable; (*permaloso*) touchy, testy, tetchy.

sconvenévole, *a.* (*lett.*) unbecoming, unseemly; (*indecoroso*) indecorous.

sconvenevolézza, *f.* (*lett.*) unbecomingness, unseemliness; (*mancanza di decoro*) indecorousness.

sconveniènte, *a.* ***1*** (*disdicevole*) improper; indelicate; unbecoming; unseemly; indecorous; **parole sconvenienti**, improper (*o* indelicate) words; **proposta s.**, improper suggestion; **condotta s.**, unseemly behaviour ***2*** (*inopportuno*) inconvenient; inopportune; (*non adatto*) unsuitable ***3*** (*svantaggioso*) unprofitable, disadvantageous, unfavourable.

sconveniènza, *f.* ***1*** (*disdicevolezza*) impropriety, indelicacy, unbecomingness, unseemliness, indecorousness; (*atto sconveniente*) discourtesy, breach of manners ***2*** (*inopportunità*) inconvenience; inopportuneness ***3*** (*svantaggio*) unprofitability; unprofitableness; disadvantage.

sconvenire, *v. i.* ***1*** (*essere disdicevole*) not to become*; to be unbecoming; not to befit; not to be proper: **una condotta che sconviene a uomo politico**, a behaviour that does not befit a politician ***2*** (*essere inopportuno*) to be inconvenient.

sconvolgènte, *a.* upsetting; disturbing; shocking; disrupting; devastating; shattering: **notizia s.**, upsetting (*o* shattering, devastating) news; **parole sconvolgenti**, shocking words.

sconvòlgere, *v. t.* (*turbare profondamente*) to upset* badly, to shake*, to shatter, to devastate, to shock, to derange, to unhinge; (*mettere in disordine*) to disarrange, to muddle up; (*gettare nel caos*) to upset*, to disrupt, to throw* into confusion (*o* into caos), to overturn, to turn topsy-turvy (*fam.*): **Quella vista la sconvolse**, the sight upset (*o* shook) her badly; **Furono sconvolti dalla sua morte**, they were devastated (*o* shattered, deeply shaken) by his death; **s. i piani di q.**, to upset sb.'s plans; to turn sb.'s plans topsy-turvy; **s. la mente**, to unhinge (*o* to derange) the mind; **s. le idee di q.**, to upset (*o* to muddle up) sb.'s ideas; **s. l'ordine delle cose**, to upset (*o* to disrupt) the order of things; **Il bambino mi ha sconvolto tutte le carte**, the child muddled up all my papers; **Il crollo della Borsa sconvolse l'economia**, the economy was thrown into chaos by the stock-market crash; **La nevicata ha sconvolto tutti i trasporti**, the snowfall has disrupted public transport; **Questa medicina mi ha sconvolto lo stomaco**, this medicine has upset (*o* unsettled) my stomach.

sconvolgiménto, *m.* (*turbamento*) upsetting, upset, shock, distraction; (*disordine*) muddle, mess, disarray; (*scompiglio*) disruption, upheaval, perturbation, subversion, earthquake, caos; (*distruzione*) devastation, wreck: **s. politico**, political upheaval; **s. tellurico**, earthquake; **lo s. di vecchi principi**, the subversion of old principles; **lo s. del traffico aereo**, the disruption of air traffic; **gli sconvolgimenti causati dalla guerra**, the devastation caused by war.

sconvòlto, *a.* (*turbato*) (badly) upset, shaken, shocked, shattered, devastated, distracted, distraught, beside oneself, unhinged, unsettled, deranged; (*sottosopra*) upset, disrupted, subverted, topsy-turvy, in a muddle (*pred.*), haywire (*fam.*); (*distrutto*) devastated, ravaged: **una faccia sconvolta**, an upset (*o* shocked) expression; **Era s. dal dolore**, he was distraught (*o* beside himself) with grief; **s. dalla paura**, beside oneself with fear; **mente sconvolta**, deranged (*o* unhinged) mind; **s. dall'ira**, convulsed with rage.

scoop (*ingl.*), *m. invar.* scoop: **fare uno s.**, to get a scoop.

scoordinàto, *a.* uncoordinated; disjointed.

scoordinazióne, *f.* lack of coordination.

scooter (*ingl.*), *m. invar.* ***1*** (motor) scooter ***2*** (*naut.*) scooter.

scooterista, *V.* **scuterista**.

scópa (1), *f.* (*bot., Erica arborea*) briar; tree heath. ● (*bot.*) **s. marina** (*Tamarix gallica*), tamarisk.

scópa (2), *f.* broom; (*granata*) besom: **manico di s.**, broomstick. ● (*fig.*) **avere mangiato il manico della s.**, to have swallowed the poker (*fam.*) □ **magro come una s.**, as thin as a rake □ (*prov.*) **S. nuova spazza bene**, a new broom sweeps clean.

scópa (3), *f.* (*gioco di carte*) scopa (Italian card game).

scopamàre, *m.* (*naut.*) lower studding-sail.

scopàre, *v. t.* ***1*** to sweep*: **s. una stanza**, to sweep (out) a room ***2*** (*volg.*) to fuck; to screw.

scopàta, *f.* ***1*** sweep; sweep-up; sweep-out: **dare una buona s. a una stanza**, to give a room a thorough sweep ***2*** (*colpo dato con la scopa*) blow with a broom ***3*** (*volg.*) fuck; screw.

scopatóre, *m.* (*f.* **-trice**) ***1*** sweeper ***2*** (*volg.*) stud (*m.*); lay (*f.*).

scopatùra, *f.* ***1*** sweeping ***2*** (*spazzatura*) sweepings (*pl.*); dust; rubbish.

scopàzzo, *m.* (*bot.*) witches'-broom.

scoperchiàre, A *v. t.* to uncover; to take* the lid off; (*togliere il tetto a*) to unroof, to lift the roof off: **s. una pentola**, to uncover a pot; **Il vento ha scoperchiato la casa**, the wind unroofed (*o* blew the roof off) the house. **B scoperchiàrsi,** *v. i. pron.* to be uncovered; to lose* the lid; to lose* the roof.

scoperchiàto, *a.* uncovered; (*privato di tetto*) unroofed.

scoperchiatùra, *f.* uncovering; (*il togliere il tetto*) unroofing.

scopèrta, *f.* ***1*** discovery; finding; (*rinvenimento, ritrovamento*) finding, detection, disclosure; (*ind. min.*) strike; (*cosa o persona scoperta*) find: **un viaggio di s.**, a voyage of discovery; **la s. dell'America**, the discovery of America; **fare una s.**, to make a discovery; **le scoperte scientifiche**, scientific discoveries; **pubblicare le proprie scoperte**, to publish one's findings; **la s. del colpevole**, the detection (*o* identification) of the culprit; **s. di un giacimento di petrolio**, oil strike; **La nuova galassia rappresenta una delle maggiori scoperte astronomiche del nostro tempo**, the new galaxy is one of the greatest astronomical finds (*o* discoveries) of our times; **Questa giovane cantante è una vera s.**, His young singer is a real find ***2*** (*mil.*) reconnaissance; reconnoitring: **andare alla s.**, to reconnoitre. ● **andare alla s. di q.c.**, to go in search of st.; to set out to find st.; to hunt for st. □ (*iron.*) **Bella s.!**, aren't you clever!; yes and Queen Anne is dead (*fam.*).

scopertaménte, *avv.* openly; overtly; freely; frankly.

scopèrto, A *a.* ***1*** (*senza copertura*) uncovered, open, bare; (*non riparato*) unsheltered, exposed; (*senza tetto*) unroofed; (*non difeso*) unprotected, exposed, open; (*non occupato*) vacant: **terrazza scoperta**, open terrace; **fo-**

gna scoperta, open drain; **auto scoperta**, open car; **capo s.**, bare head; **a spalle scoperte**, with bare shoulders; bare-shouldered (*agg.*); **posizione scoperta**, exposed position; **fianco s.**, exposed (*o* unprotected) flank; **posto (di lavoro) s.**, vacant job; vacancy ***2*** (*banca*) uncovered, overdrawn, unsecured; (*comm.*) overdue, outstanding: **assegno s.**, uncovered cheque; bouncer (*fam.*); **conto s.**, overdrawn account; **fattura s.**, overdue invoice. ● **a capo s.**, bare-headed □ **dormire s.**, to sleep without bedclothes □ **vedersi** (*o* **sentirsi**) **s.**, to realize one has been discovered (*o* found out). **B** *m.* ***1*** (*luogo all'aperto*) outdoor place; open air; open space: **allo s.**, (*all'aperto*) in the open (air), outdoor (*agg.*), outdoors (*avv.*); (*in luogo indifeso*) in the open; (*fig.*: *apertamente*) openly, overtly: **dormire allo s.**, to sleep in the open (*o* outdoors); **agire allo s.**, to act openly (*o* overtly); **uscire allo s.**, to come out into the open; **avanzare allo s.**, to advance unprotected ***2*** (*banca*) overdraft: **s. di conto**, overdraft. ● (*Borsa*) **acquisto allo s.**, bull purchase □ (*Borsa*) **comprare allo s.**, to buy short; to bull the market □ **crediti allo s.**, unsecured credits □ **emissione allo s.**, uncovered issue □ **essere allo s.**, to be overdrawn; to be in the red □ **trarre allo s.**, to overdraw one's account □ (*Borsa*) **vendere allo s.**, to sell short; to bear the market □ (*Borsa*) **vendita allo s.**, short sale; bear sale.

scopéto, *m.* heath; moor.

scopétta, *f.* whisk (broom).

scopettóni, *m. pl.* (*basettoni*) sideboards; side whiskers; sideburns (*USA*).

scopiazzàre, *v. t.* to copy; to plagiarize; to crib (*fam.*); to nick (*fam.*); (*imitare comportamenti*) to copycat (*fam.*): **Questa musica l'hanno scopiazzata da una canzone di Elvis**, they nicked this tune from an Elvis song; **Scopiazza tutto quello che faccio**, she is always copycatting me.

scopiazzatóre, *m.* (*f.* **-trice**) plagiarist; cribber (*fam.*); (*di comportamenti*) copycat (*fam.*).

scopiazzatùra, *f.* plagiarizing; plagiary; crib (*fam.*).

scopièra, *f.* broom cupboard.

scopinàre, *v. t.* (*ind. tess.*) to brush.

scopinatùra, *f.* (*ind. tess.*) brushing.

scopìno (1), *m.* (*region.*: *spazzino*) street-sweeper; street-cleaner.

scopìno (2), *m.* (*piccola scopa*) brush.

scopìsta, *m.* e *f.* player of scopa.

scòpo, *m.* ***1*** (*fine*) aim, end, goal; (*obiettivo*) object, objective, purpose, design, intent, angle (*fam.*); (*motivo*) reason, point: **lo s. della propria vita**, the aim of one's life; one's aim (*o* goal) in life; **prefiggersi uno s.**, to set oneself an aim (*o* a goal); **raggiungere** (*o* **conseguire, ottenere**) **il proprio s.**, to archieve one's ends to reach one's aim (*o* objective); to succeed in one's object; **non raggiungere il proprio s.**, to fail in one's objective (*o* purpose); **s. segreto**, secret purpose; ulterior motive; **lo s. della nostra ricerca**, the object of our research; **a questo s.**, for this purpose; **Non vedo lo s. di andarci**, I don't see the point of going; I don't see why I should go; **A che s. farlo?**, what's the point of doing that?; **Non c'è s. a continuare**, it would be pointless to continue; **Non era quello il mio s.**, that was not what I had intended ***2*** (*topogr.*) target: **mira a s.**, target rod. ● **A che s.?**, what for?; for what purpose?; what's the point? □ **a s. di lucro**, for the sake of money; with a view to profit □ **a s. di bene**, with good intent □ **allo s. di**, in order to (do st.); for the sake of (doing st.); with a view to (doing st.): **Lo feci allo s. di aiutarlo**, I did it in order to help him □ **diritto allo s.**, straight to the point □ **rispondere** (*o* **servire**) **allo s.**, to be what is needed; to answer sb.'s purpose □ **senza s.**, aimless (*agg.*); purposeless (*agg.*); aimlessly (*avv.*); purposelessly (*avv.*): **una vita senza s.**, an aimless existence; a life without purpose □ **senza uno s. preciso**, without a definite end in view (*o* in mind).

scopofilìa, *f.* (*psic.*) scopophilia.

scopòfilo, *m.* (*psic.*) scopophiliac.

scopolamina, *f.* (*chim.*) scopolamine.

scopóne, *m.* scopone (Italian card game).

scoppiàre (1), *v. i.* ***1*** (*anche fig.*) to burst*, to explode, to blow* up, to go* off, to erupt; (*spaccarsi*) to burst*, to break* open, to split*; (*fig.*: *prorompere*) to break* into, to burst into; (*fig. assol.*: *essere troppo pieno*) to burst*, to be close to bursting point, to burst* (*o* to bulge) at the seams: **La caldaia può s. da un momento all'altro**, the boiler may burst (*o* explode) any time; **La bomba cadde ma non scoppiò**, the bomb fell but didn't explode (*o* go off); **Scoppiò una mina**, a mine exploded (*o* blew up); **L'ascesso è scoppiato**, the abscess burst; **Mi scoppiò uno pneumatico**, one of my tyres burst; I had a blow-out; **s. dalle risa** (*o* **dal ridere**), to burst (*o* to split) one's sides; **s. d'invidia**, to be bursting with envy; to die of envy; **s. di rabbia**, to burst (*o* to explode) with rage; **s. d'orgoglio [di energia]**, to burst with pride [with energy]; **s. in lacrime** (*o* **a piangere**), to burst (*o* to break) into tears; to burst out crying; **s. a ridere**, to break into laughter; to burst out laughing; to roar (with laughter); to crack up (*fam.*); to fall about laughing (*fam.*); **sentirsi s.**, to be ready to burst; **Mi scoppiava** (*o* **Mi sentii s.**) **il cuore a quella vista**, I felt my heart ached at the sight of it; **Se continui a mangiare così, scoppierai!**, you'll burst, if you go on eating like that!; **Le città scoppiano per il traffico**, cities are bursting at the seams with traffic; **Se non parlo, scoppio!**, I'll burst, if I don't say something!; **A quella frase, sono scoppiato**, when I heard that, I just blew up ***2*** (*manifestarsi improvvisamente*) to break* out, to flare (up); (*di temporale*) to break*: **Scoppiò un incendio**, a fire broke out; **Scoppiò la guerra [la peste]**, the war [the plague] broke out; **In un attimo scoppiò il panico**, panic flared up in a second; **Scoppiò uno scandalo**, a scandal broke out; **Scoppiarono applausi scroscianti**, thundering applause broke out; **Stava per s. un temporale**, a storm was brewing (up); **Scoppiò un fulmine**, a thunderbolt fell ***3*** (*sport*) to collapse. ● (*fig.*) **s. dal caldo**, to be boiling □ **s. dalla voglia di fare q.c.**, to be bursting to do st. □ **s. di salute**, to burst with health; to be in roaring good health □ **s. in faccia**, to blow up in one's face □ **s. tra le mani**, to blow up in one's hands □ **far s.**, to burst; to detonate; to set* off; (*fig.*) to provoke, to cause, to spark off, to trigger off: **Il gelo farà s. le tubature**, the cold will burst (*o* crack) the pipes; **far s. un palloncino**, to burst (*o* to pop) a balloon; **far s. una bomba**, to explode (*o* to detonate, to set off) a bomb; **Il calore fece s. il pneumatico**, the heat blew out the tyre; **far s. una lite**, to spark off (*o* to provoke) a quarrel □ **far s. uno scandalo**, to cause a scandal □ **fino a s.**, to bursting point □ **mangiare fino a s.**, to eat fit to burst □ **pieno da s.**, stuffed (*o* packed) to bursting point; bulging at the seams; (*di cibo*) bloated.

scoppiàre (2), *v. t.* (*dividere una coppia*) to uncouple.

scoppiettaménto, *m.* crackling; (*il crepitare*) crepitation, crepitating.

scoppiettànte, *a.* crackling; spitting; sputtering: **fuoco s.**, crackling fire; **motore s.**, sputtering engine. ● **risata s.**, rippling laughter.

scoppiettàre, *v. i.* ***1*** to crackle; to spit; (*specialm. di motore*) to sputter, to cough: **La legna scoppiettava nel camino**, the wood was crackling and spitting in the fireplace; **Il motore prese a s.**, the engine started to sputter ***2*** (*fig.*: *risuonare*) to ring; (*di risate*) to ripple: **La sala scoppiettava di risatine**, laughter rippled down the room.

scoppiettìo, *m.* ***1*** crackling; spitting; sputtering; sputter: **lo s. del fuoco**, the crackling of fire; **lo s. di un motorino**, the sputtering of a moped ***2*** (*fig.*: *di risate*) rippling: **Ci fu uno s. di risate**, there was a rippling of laughter.

scòppio, *m.* ***1*** (*esplosione*) burst, bursting, explosion, detonation, blast; (*di pneumatico*) blow-out; (*rumore esplosivo*) blast, crash, bang, clap, peal: **lo s. d'una bomba**, the burst (*o* explosion) of a bomb; **lo s. d'uno pneumatico**, the burst (*o* bursting) of a tyre; **Lo s. fece tremare la casa**, the explosion (*o* blast) shook the house; **uno s. di tuono**, a crash (*o* a peal, a clap) of thunder; a thunder-clap ***2*** (*fig.*) burst, outburst, blaze; (*accesso*) gust, fit: **uno s. d'applausi**, a burst of applause; **uno s. d'ira**, an outburst (*o* a fit) of anger; a flare-up; **uno s. di pianto**, a burst (*o* an outburst) of tears; **uno s. di risa**, a burst (*o* a gale, a peal) of laughter ***3*** (*manifestarsi improvviso*) outbreak; burst; eruption; breaking-out: **lo s. della guerra**, the outbreak of war; **lo s. di un incendio**, the breaking-out of a fire; **lo s. di un'epidemia**, the outbreak of an epidemic ***4*** (*mil.*: *di un proiettile*) burst: **s. a terra**, graze burst; **s. in aria**, air burst. ● (*aeron.*) **s. sonico**, sonic boom □ **a s. ritardato**, delayed-action (*attr.*); (*fig.*) delayed: (*mil.*) **bomba a s. ritardato**, delayed-action bomb; **Ho reagito a s. ritardato**, I had a delayed reaction □ **camera di s.**, (*di motore*) combustion chamber; (*d'arma*) cartridge chamber □ (*autom.*) **motore a s.**, internal-combustion engine (*o* motor); piston engine.

scòppola, *f.* ***1*** (*region.*: *scappellotto*) blow; smack ***2*** (*fig.*: *perdita*) (heavy) loss; blow.

scopriménto, *m.* ***1*** uncovering; unveiling: **lo s. d'una statua**, the unveiling (*o* uncovering) of a statue ***2*** (*scoperta*) discovery.

scoprire, **A** *v. t.* ***1*** (*togliere ciò che copre*) to uncover, to bare, to reveal, to expose, to unveil, to take* (st.) off (st.), to show*; (*lasciare indifeso*) to expose: **s. una pentola**, to uncover a pot; to take the lid off a pot; **s. il capo**, to bare the head; **s. una ferita**, to uncover (*o* to bare) a wound; **s. il viso**, to uncover (*o* to show, to reveal) one's face; **s. le braccia [il petto]**, to bare one's arms [breast]; **s. i denti**, to bare (*o* to show) one's teeth; **un vestito che scopre quasi tutta la schiena**, a dress that exposes most of the back; **s. una statua**, to unveil a statue; **L'esercito nemico scoprì il suo fianco destro**, the enemy army exposed its right flank ***2*** (*manifestare, rivelare*) to lay* bare; to lay* open; to bare; to reveal; to disclose; to expose; to show* up: **s. il proprio animo a q.**, to bare one's soul to sb.; **s. i propri piani**, to disclose one's plans; **s. le proprie intenzioni**, to reveal one's intentions; **s. i propri sentimenti**, to lay bare one's feelings; **s. un segreto**, to disclose (*o* to reveal) a secret ***3*** (*trovare q.c. di cui si ignorava l'esistenza*) to discover, to find*; (*venire a conoscere dopo una ricerca, individuare*) to find* out, to detect, to trace, to identify, to get* onto; (*portare alla luce*) to bring* to light, to turn up, to unearth; (*ind. min.*) to strike; (*di apparecchi di rilevazione*) to sense: **s. nuove terre**, to discover new lands; **s. una nuova cura**, to discover a new cure; **s. un giovane scrittore di talento**, to discover a young talented writer; **Ho scoperto un ristorantino delizioso**, I've found a charming little restaurant; **s. un errore nel progetto**, to find a mistake in the project; **s. un complotto**, to discover (*o* to expose) a plot; **s. la verità**, to find out the truth; **s. il colpevole**, to find out (*o* to detect, to identify) the culprit; **La polizia riuscì a s. il capo della banda**, the police finally got onto (*o* traced, tracked down) the head of the gang; **È difficile s. quello che è realmente accaduto**, it is difficult to find out (*o* to ascertain) what really happened; **s. le**

origini di q.c., to trace the origins of st.; **s. monete romane in un campo**, to turn up (*o* to dig up) Roman coins in a field; **s. una tomba etrusca**, to unearth an Etruscan tomb; **s. una vena di carbone**, to strike a coal seam ***4*** (*scorgere, avvistare*) to sight, to catch* sight of, to spot, to discern (*form.*), to descry (*form.*); (*sorprendere*) to catch*, to find* out, to come* on (sb.): **La scoprii che leggeva sotto le coperte**, I caught her reading huddled under the blankets; **Ah! ti ho scoperto!**, aha! I've found you out! ● **s. gli altarini**, to reveal the skeleton in the cupboard; to find sb. out □ **s. il gioco di q.**, to call sb.'s bluff; to see through sb. □ **s. il proprio gioco**, to show one's hand; (*involontariamente*) to give the game away □ **s. il trucco**, to see through a trick □ **s. le proprie carte**, (*anche fig.*) to lay one's cards on the table; (*fig.*) to come to a showdown □ (*iron.*) **Hai scoperto l'America!**, aren't you clever!; yes and Queen Anne is dead! (*fam.*). **B scoprirsi**, *v. rifl.* ***1*** (*spogliarsi*) to take* off one's clothes; (*alleggerire gli indumenti*) to put* on lighter clothes; (*gettar via le coperte*) to throw* off the bedclothes; (*togliersi il cappello*) to take* off (*o* to raise) one's hat, to bare one's head ***2*** (*far capire le proprie intenzioni*) to reveal one's mind, to give* oneself away; (*dimostrarsi*) to prove (to be), to show* oneself, to reveal oneself: **s. un vero amico**, to prove (to be) a real friend; **Mi sono scoperta un'ottima cuoca**, I have discovered I am an excellent cook ***3*** (*esporsi*) to expose oneself (*anche mil.*), to leave* oneself open; (*boxe*) to drop one's guard: **s. alle critiche**, to expose oneself (*o* to leave oneself open) to criticism. ● (*prov.*) **Aprile non ti scoprire**, ne'er cast a clout ere May is out.

scopritóre, *m.* (*f.* **-trice**) discoverer; detector; finder: **Il capitano Cook fu un grande s.**, Captain Cook was a great discoverer. ● **s. di talenti**, talent-scout.

scoraggiaménto, *m.* discouragement; disheartenment; depression; dejection.

scoraggiànte, *a.* discouraging; disheartening; depressing; dispiriting; off-putting.

scoraggiàre, **A** *v. t.* (*disanimare, deprimere*) to discourage, to dishearten, to depress, to deject, to daunt, to dampen (sb.'s spirits); (*dissuadere*) to discourage, to put* off, to turn off (*fam.*): **Le mie parole lo scoraggiarono**, my words discouraged (*o* daunted) him; **s. ogni entusiasmo**, to dampen all enthusiasm. **B scoraggiàrsi**, *v. i. pron.* to lose* heart; to get* discouraged. ● **Non lasciarti s.!**, don't get (*o* let yourself be) discouraged (*o* disheartened) by that!; **Non ti s.!**, cheer up!

scoraggiàto, *a.* discouraged; disheartened; depressed; dejected; downcast; daunted; crestfallen; put off; dispirited; in low spirits.

scoraménto, *m.* (*lett.*) disheartenment; downheartedness; dejection.

scoràre, **scoràto**, (*lett.*) *V.* **scoraggiare, scoraggiato**.

scorbellàto, *a.* (*pop.*) cranky.

scorbutamìna, *f.* (*chim.*) ascorbic acid; vitamin C.

scorbùtico, **A** *a.* ***1*** (*med.*) scorbutic ***2*** (*fig.*: *bisbetico*) crabbed; ill-tempered; crusty; cantankerous. **B** *m.* (*f.* **-a**) ***1*** sufferer from scurvy ***2*** (*fig.*) cantankerous person.

scorbùto, *m.* (*med.*) scurvy; scorbutus.

scorciaménto, *m.* shortening.

scorciàre, **A** *v. t.* ***1*** (*rendere più corto*) to shorten, to make* shorter, to cut* (down); (*ridurre*) to curtail: **s. un abito**, to shorten a dress; **s. la vita**, to shorten one's life ***2*** (*pitt.*) to foreshorten. ● **s. la strada**, to take a shortcut. **B scorciàrsi**, *v. i. pron.* to shorten; to grow* (*o* to get*) shorter: **Le giornate cominciano a s.**, the days begin to grow shorter.

scorciatóia, *f.* (*anche fig.*) shortcut: **prendere una s.**, to take a shortcut; to go the shortest way; (*fig.*) **usare scorciatoie**, to take shortcuts.

scorciatùra, *f.* shortening.

scórcio, *m.* ***1*** (*pitt.*) foreshortening; foreshortened view: **rappresentare in s.**, to foreshorten; **di s.**, foreshortened (*agg.*); in perspective ***2*** (*vista parziale*) view; perspective: **Dalla finestra si vedeva uno s. di mare**, from the window we had a view of the sea ***3*** (*ultima parte d'un periodo di tempo*) close; end; tail-end: **lo s. della giornata**, the close of the day; **sullo s. del secolo**, towards the end of the century; **in questo s. di tempo**, in this short lapse of time.

scordàre (**1**), *v. t.* **scordàrsi**, *v. i. pron.* to forget*: **s. il nome di q.**, to forget sb.'s name; **s. di fare q.c.**, to forget to do st.; **s. q.c.**, to forget st.; **Mi sono scordato il suo nome**, I have forgotten his name; I cannot remember his name; **Me ne scordai completamente**, I forgot all about it; **Si è scordato di restituire il denaro**, he has forgotten to pay back the money.

scordàre (**2**), (*mus.*) **A** *v. t.* to untune; to put* out of tune. **B scordàrsi**, *v. i. pron.* to get* out of tune.

scordàto, *a.* (*mus.*) out of tune; untuned: **Il pianoforte è s.**, the piano is out of tune.

scordatùra, *f.* (*mus.*) being out of tune; going out of tune.

scoréggia, *f.* (*volg.*) fart.

scoreggiàre, *v. i.* (*volg.*) to fart.

scòrfano, *m.* ***1*** (*zool., Scorpaena*) scorpion fish ***2*** (*fig. pop.*: *persona brutta*) sb. as ugly as sin, fright; (*donna brutta*) dog, beast (*pop. USA*).

scòrgere, *v. t.* (*notare*) to see*, to notice, to perceive; (*avvistare*) to sight, to catch* sight of, to catch* a glimpse of, to spy; (*distinguere*) to make* out, to discern, to descry (*form.*); (*individuare*) to spot; (*rendersi conto di*) to realize, to be aware of: **D'un tratto lo scorsi all'angolo**, all of a sudden I caught sight of him standing on the corner; **Scorgevamo alcune luci sul pendio**, we could make out a few lights on the slope; **s. q. tra la folla**, to spot sb. in the crowd; **s. q.c. in lontananza**, to make out (*o* to discern) st. in the distance; **Scorsi una figura nella nebbia**, I made out a figure in the fog; **Faccio fatica a scorgerlo**, I can hardly see it; **s. la verità**, to discern the truth; **Guardai, ma non scorsi nulla**, I looked but saw nothing; **farsi s.**, to attract (sb.'s) notice; to let oneself be seen; **Non voglio farmi s.**, I don't want anyone to see me; I don't want to be noticed; **s. il pericolo**, to realize (*o* to be aware of) the danger; **s. i propri difetti**, to be aware of one's defects; **senza farsi s.**, without being seen; unnoticed.

scòria, *f.* ***1*** (*metall.*) slag; scoria*; dross; cinder; scum: **s. basica**, basic slag; **s. d'alto forno**, blast furnace slag; **s. di colata**, tapping slag; **s. di fucinatura**, clinker; **scoria galleggiante**, floating slag; **s. fusa galleggiante**, floss; **eliminare la s.** (*mediante fucinatura*), to shingle ***2*** (*pl.*) (*geol.*) scoriae; slag (*sing.*): **scorie vulcaniche**, volcanic scoriae (*o* slag) ***3*** (*pl.*) (*fis.*) – **scorie radioattive**, radioactive waste (*sing.*); **smaltire le scorie radioattive**, to dispose of radioactive waste; **smaltimento delle scorie radioattive**, radioactive waste disposal ***4*** (*fig.*: *residuo privo di valore*) dross.

scorificàre, *v. t.* (*metall.*) to scorify; to slag.

scorificazióne, *f.* (*metall.*) scorification.

scornàre, **A** *v. t.* ***1*** (*rompere le corna a*) to dishorn ***2*** (*fig.*: *svergognare*) to put* to shame; (*beffare*) to mock, to ridicule. **B scornàrsi**, *v. i. pron.* ***1*** (*rompersi le corna*) to break* one's horns ***2*** (*fig.*: *fare fiasco*) to make* a fool of oneself; to come* to grief; to come* a cropper (*fam.*).

scornàto, *a.* ***1*** dishorned; unhorned ***2*** (*fig.*) humiliated; put to shame (*pred.*); abashed (*pred.*); crestfallen. ● **tornarsene a casa s.**, to go back home with a flea in one's ear (*fam.*).

scorniciàre (**1**), *v. t.* (*togliere la cornice*) to unframe; to take* (st.) out of a frame.

scorniciàre (**2**), *v. t.* (*modellare a forma di cornice*) to mould into a frame; to make* into a frame.

scorniciàto (**1**), *m* (*archit.*) moulding.

scorniciàto (**2**), *a.* unframed: **un quadro s.**, an unframed picture; a picture without a frame.

scorniciatrice, *f.* (*mecc.*) moulding machine.

scorniciatùra (**1**), *f.* frame-moulding.

scorniciatùra (**2**), *f.* (*rimozione dalla cornice*) unframing.

scòrno, *m.* humiliation; ridicule; shame; disgrace; ignominy: **con suo s.**, to his great shame.

scoronàre, *v. t.* ***1*** (*agric.*) to trim in the shape of a crown ***2*** (*togliere la corona a un dente*) to remove the crown (from a tooth).

scorpacciàta, *f.* big feed. ● **fare una s.**, to stuff oneself (with st.); to gorge oneself (on st.); **Ha fatto una s. d'uva**, he stuffed himself with grapes; **Mi sono fatto una s. di gialli**, I gorged myself on detective novels.

scorpèna, *f. V.* **scorfano**.

scorpiòide, *a.* (*bot.*) scorpioid.

scorpióne, *m.* ***1*** (*zool.*) scorpion: **s. acquatico**, water-scorpion ***2*** (*astron.*) Scorpio; the Scorpion; ***3*** (*astrol.*) Scorpio ***4*** (*fig.*) nasty character.

scorporàre, *v. t.* (*smembrare*) to break* up; (*suddividere*) to parcel out; (*smembrare trasferendo le parti altrove*) to hive off: **s. una proprietà**, to parcel out an estate; **s. il servizio pubblico affidandolo ai privati**, to hive off public transport to the private sector.

scòrporo, *m.* break-up; separation; parcelling out; hiving off.

scorrazzaménto, *m.* rambling; roaming; roving; wandering.

scorrazzàre, **A** *v. i.* (*correre qua e là*) to run* about (*o* around); (*in macchina*) to drive* around: **s. in giardino**, to run about in the garden. **B** *v. t.* ***1*** (*girare città, paesi*) to travel [to drive*] all over: **Ha scorrazzato tutta l'America**, he has travelled all over America ***2*** (*portare in giro q.*) to take* around; to drive* around: **Mi ha scorrazzato per la città**, he drove me all around the town.

scorrazzàta, *f.* run; drive.

scorréggia, **scorreggiare**, *V.* **scoreggia, scoreggiare**.

scórrere, **A** *v. i.* ***1*** (*fluire*) to run*, to flow*, to stream, to course, to pour; (*scorrere velocemente*) to rush along, to race along, to sweep* along; (*scivolare*) to glide, to slide*, to run* smoothly, to fly*; (*su guide*) to run*, to slip, to slide: **Il fiume scorre verso sud**, the river flows (*o* runs) southwards; **Il sangue scorre nelle vene**, blood flows in the veins; **Il sangue scorreva dalla ferita**, blood gushed from the wound; **Le lacrime le scorrevano sulle guance**, tears streamed down her cheeks; (*fig.*) **Questo periodo non scorre bene**, this passage does not flow smoothly; **La barca scorreva sul lago**, the boat glided across the lake; **Il traffico scorreva regolarmente**, the traffic flowed smoothly; **La penna scorreva sul foglio**, the pen ran smoothly over the paper; **La fune scorre nella carrucola**, the rope runs over the pulley; **Questo cassetto non scorre**, this drawer doesn't slide easily ***2*** (*del tempo*) to pass; to roll by; to fly*: **Le ore scorrevano veloci**, the hours slipped by; **Gli anni scorrono via**, the years roll by (*o* on). **B** *v. t.* ***1*** (*fare scorrerie*) to raid; to scour; to foray: **Pattuglie nemiche scorrevano il paese**, enemy patrols were raiding (*o* scouring) the country ***2*** (*leggere in fretta*) to run* through; to look over (*o* through); to skim (through); to flick through; to glance through; to run* one's eye over: **s. il giornale**, to glance through the newspaper; **Ho appena scorso il libro**, I have just run through (*o* skimmed, skimmed through) the book; **Scorse la posta**

sulla scrivania, he flicked through the mail on the desk. ● (*lett.*) **s. i mari**, to sweep the seas □ **far s.**, to run; to slide; to slip: **far s. l'acqua**, to run the water; **Fece s. il dito lungo l'elenco**, he ran his finger down the list; **Fece s. il catenaccio entro il foro**, he slipped the bolt through the hole; **Fece s. l'occhio lungo la colonna**, he ran his eye down the column □ **lasciare s. l'acqua**, to let the water run □ (*fig.*) **uno stile che scorre**, a fluent (*o* smooth) style.

scorrerìa, *f.* raid; foray; incursion: **fare una s.**, to make a raid (on, into); to raid; to foray; to scour.

scorrettaménte, *avv.* *1* (*erroneamente*) incorrectly, wrongly; (*in modo sbagliato*) improperly *2* (*con disonestà*) dishonestly; (*con slealtà*) unfairly *3* (*senza decoro*) improperly; indecorously.

scorrettézza, *f.* *1* (*l'essere errato*) incorrectness *2* (*cattive maniere*) incivility; impropriety; bad manners (*pl.*); breach of manners *3* (*disonestà*) dishonesty, unprofessional conduct, dishonest dealings; (*slealtà*) unfairness *4* (*errore*) mistake; error; inaccuracy *5* (*atto scorretto*) impropriety; breach of manners *6* (*sport*: *gioco scorretto*) dirty (*o* foul) play; (*fallo*) foul.

scorrètto, *a.* *1* incorrect; not correct; mistaken; wrong; (*pieno di errori*) full of mistakes, inaccurate; (*grammaticalmente sbagliato*) ungrammatical, bad; (*difettoso*) faulty, bad: **tre risposte scorrette**, three wrong answers; **una traduzione scorretta**, a translation full of mistakes; an inaccurate translation; **un calcolo s.**, an incorrect calculation; **una frase scorretta**, an ungrammatical (*o* incorrect) sentence; **pronuncia scorretta**, faulty pronounciation; **parlare un francese s.**, to speak bad French *2* (*maleducato*) uncivil, impolite, bad; (*privo di decoro*) indecorous, improper: **maniere scorrette**, bad manners; **una condotta scorretta**, improper behaviour *3* (*sleale*) unfair, dishonest, underhand; (*nello sport*) dirty, foul: **manovre scorrette**, unfair dealings; **gioco s.**, dirty (*o* foul) play.

scorrévole, **A** *a.* *1* flowing; smooth; smooth-running; smooth-flowing; fluent; easy: **un periodo s.**, a flowing period; **inchiostro s.**, fluid ink; **traffico s.**, smooth-flowing traffic; **uno stile s.**, a fluent (*o* a smooth) style; **essere s.**, to flow *2* (*mecc.*: *movibile su scanalatura*) sliding: **porta s.**, sliding door. **B** *m.* slide; sliding part.

scorrevolézza, *f.* *1* smoothness; fluency; fluidity; smooth flow: **la s. dello stile**, the fluency of style; **la s. del traffico**, the smooth flow of traffic *2* (*tecn.*) flowability.

scorribànda, *f.* *1* (*scorreria*) raid; foray; incursion; inroad *2* (*rapida escursione*) trip *3* (*fig.*) excursion: **una s. nella storia**, an excursion into history.

scorriménto, *m.* *1* (*lo scorrere*) flow; flowing; running: **lo s. del traffico**, the flow of traffic; **traffico a s. veloce**, fast-flowing traffic; **lo s. delle acque**, the flowing of water *2* (*lo scivolare*) sliding; gliding *3* (*mecc.*) slide, sliding; (*slittamento*) slip, slipping, slippage *4* (*elettr.*) slip *5* (*TV*) hunting *6* (*geol.*) slip *7* (*elab.*) shift: **registro a s.**, shift register. ● (*geol.*) **s. di strato**, bedding thrust □ (*fis.*) **s. molecolare**, creep □ **s. plastico**, creep □ (*metall.*) **s. viscoso**, creep □ **piano di s.**, slide-track; sliding surface; slide; runway □ **strada di s.**, freeway; throughway.

scórsa, *f.* glance; quick look; browse: **dare una s. a q.c.**, to browse through; to glance through; to flick through; **Diede una s. ai libri sullo scaffale**, she browsed through the books on the shelf; **dare una s. al giornale**, to glance (*o* to flick) through the paper; **Da' una s. a questo articolo**, have a quick look at this article.

scórso, **A** *a.* last; past: **l'anno s.**, last year; **la settimana scorsa**, last week; **lunedì s.**, last Monday; on Monday last; **lo s. marzo**, last March; in March last; **nel mese s.**, in the past month; **Gli anni scorsi sono rimasta in città**, in the past years I stayed in town **B** *m.* slip; lapse; (*svista*) oversight: **uno s. di penna**, a slip of the pen.

scorsóio, *a.* running: **un nodo** (*o* **cappio**) **s.**, a running knot; a slip-knot; a noose.

scòrta, *f.* *1* escort; (*guida*) guide, guidance; (*seguito*) retinue: **fare da s. a q.**, to escort sb.; to act as a guide to sb.; **sotto la s. d'un buon maestro**, under the guidance of a good teacher *2* (*mil.*) escort, convoy; (*a cavallo, in motocicletta*) outrider; (*guardia*) guard: **quattro uomini di s.**, an escort of four men; **una s. armata**, an armed escort; **essere di s. a**, to go as an escort to; **fare la s. a**, to act as an escort to; to escort; to convoy; **sotto s.**, under escort (*o* convoy); **sotto buona s.**, under good guard; **s. d'onore**, guard of honour; **nave s.**, escort ship; **senza s.**, unescorted *3* (*provvista*) supply; store; stock; provision(s); stockpile: **una buona s. di viveri**, a good store of food. ● **scorte di magazzino**, supply on hand; stock-in-trade □ (*ind.*) **s. di materie prime**, stores (*pl.*) □ (*comm.*) **s. insufficiente**, understock □ (*agric.*) **scorte morte**, dead stock □ (*agric.*) **scorte vive**, livestock □ **accumulare scorte**, to stockpile □ **avere in s.**, to have in reserve □ **di s.** (*di ricambio*), spare (*agg.*): **ruota di s.**, spare wheel □ **esaurire le scorte**, to run out of stock □ **esaurire le scorte di sigarette**, to run out of cigarettes □ **fare s. di q.c.**, to stock up on st.; to build up a supply of st.; to get in a stock of st.: **Devo fare s. di zucchero**, I must stock up on sugar □ **reintegrare le scorte**, to replenish the stocks; to restock.

scortàre, *v. t.* *1* to escort: **s. q. a casa**, to escort sb. home *2* (*mil.*) to escort; to convoy.

scortecciaménto, *m.* *1* barking; peeling; stripping *2* (*di un muro, ecc.*) scraping; unplastering.

scortecciàre, **A** *v. t.* *1* (*un albero*) to bark; to peel; to strip off the bark (of); to decorticate *2* (*un muro, ecc.*) to scrape; to peel; to unplaster. **B** **scortecciàrsi**, *v. i. pron.* *1* to lose* bark *2* (*di muro, ecc.*) to peel off; to chip.

scortecciatóio, *m.* (*agric.*) bark spud.

scortecciatrice, *f.* (*ind. cartaria*) bark-stripping machine; barker.

scortecciatùra, *f.* *1* (*di albero*) barking; stripping; decortication *2* (*di intonaco, tappezzeria, ecc.*) peeling; stripping.

scortése, *a.* rude; uncivil; impolite; unkind; discourteous: **un commesso s.**, a rude assistant; **maniere scortesi**, rude manners; **una risposta s.**, an uncivil (*o* a rude) answer; **Non essere s. con la mamma**, don't be rude to mother; **È stato s. da parte sua**, it was unkind of him.

scortesìa, *f.* *1* incivility; impoliteness; rudeness *2* (*atto scortese*) unkindness; discourtesy. ● **fare una s. a q.**, to be unkind to sb.

scorticaménto, *m.* *1* (*il levare la pelle*) skinning; flaying *2* (*fig.*) fleecing; flaying.

scorticàre, *v. t.* *1* (*spellare, scuoiare*) to skin; to flay: **s. un bue**, to flay an ox; (*anche fig.*) **s. q. vivo**, to flay sb. alive *2* (*produrre un'abrasione in*) to graze; to scratch; to scrape; to skin; to bark (*fam.*): **scorticarsi un dito**, to scrape (*o* to scratch) a finger; **scorticarsi un ginocchio**, to bark a knee *3* (*fig.*: *richiedere prezzi esagerati*) to fleece; to rip off (*fam.*): **venire scorticato da un usuraio**, to be fleeced by a usurer *4* (*fig.*: *criticare*) to flay *5* (*fig.*: *torchiare*) to grill; to put* through the mill.

scorticatóio, *m.* *1* (*coltello*) flaying knife* *2* (*luogo dove si scortica*) flaying place.

scorticatóre, *m.* (*f.* **-trice**) *1* flayer; skinner *2* (*fig.*: *usuraio*) (loan) shark.

scorticatùra, *f.* *1* (*lo scorticare*) flaying; skinning *2* (*abrasione*) scratch; scrape; bark.

scortichìno, *m.* *1* (*coltello*) flaying knife* *2* (*persona che scortica*) flayer; skinner *3* (*fig.*: *usuraio*) (loan) shark.

scòrẓa, *f.* *1* (*corteccia*) bark: **togliere la s.**, to strip the bark (from); to bark; to peel; to decorticate *2* (*buccia di alcuni frutti*) rind; peel; skin: **la s. di un'arancia**, the rind (*o* peel) of an orange; **s. d'arancia**, orange peel; **s. di limone**, lemon peel; lemon rind; **togliere la s.**, to take off the skin; to skin; to peel; **s. candita**, candied peel *3* (*pelle dei pesci e delle serpi*) skin; (*spoglia*) slough: **liberarsi della s.**, to slough off *4* (*fig.*: *pelle umana*) skin; hide (*fam.*): **essere di** (*o* **avere la**) **s. dura**, to have a tough hide; to be tough *5* (*fig.*: *aspetto esteriore*) surface; appearance; exterior; outside: **penetrare oltre la s.**, to get beneath the surface; to go beyond appearances; **Sotto la sua ruvida s. è un sentimentalone**, under his rough exterior, he's a softie.

scorẓàre, *v. t.* *1* (*scortecciare*) to bark; to strip off the bark; to peel *2* (*sbucciare*) to peel; to skin.

scorẓatrice, *f.* (*mecc.*) barker.

scorẓatùra, *f.* *1* (*lo scortecciare*) barking; (*lo sbucciare*) peeling *2* (*parte scortecciata*) bark; (*parte sbucciata*) peel.

scorzétta, *f.* (lemon) peel; (orange) peel: **scorzette candite**, candied peel.

scorẓonèra, *f.* (*bot.*, *Scorzonera hispanica*) scorzonera; black salsify.

scoscéndere, **A** *v. t.* (*lett.*: *spaccare*) to split*; to cleave*. **B** *v. i.* e **scoscéndersi**, *v. i. pron.* *1* (*franare*) to slide* down *2* (*scendere a picco*) to fall* steeply; to drop sheer *3* (*lett.*: *fendersi*) to split*; to cleave*.

scoscendiménto, *m.* *1* (*luogo scosceso*) steep slope; steep fall; sheer drop; cliff; bluff *2* (*frana*) landslide; (*geol.*) slump.

scoscéso, *a.* *1* (*ripido*) steep; precipitous; sheer: **monte s.**, steep (*o* precipitous) mountain; **costa scoscesa**, steep coastline; **pendio s.**, steep slope *2* (*aspro*) rugged; craggy.

scosciàre, **A** *v. t.* to cut* off the leg(s) of: **s. un pollo**, to cut off the legs of a chicken. **B** **scosciàrsi**, *v. i. pron.* *1* (*divaricare al massimo le gambe*) to stretch one's legs wide apart; (*fare la spaccata*) to do* the splits *2* (*fam.*: *mostrare le cosce*) to bare (*o* to expose) one's thighs.

scosciàta, *f.* (*spaccata*) splits (*pl.*).

scosciàto, *a.* *1* (*fam.*) wearing a very short shirt [dress]; exposing one's thighs *2* *V.* **sgambato**, *def. 3*.

scòscio, *m.* *1* (*spaccata*) splits (*pl.*) *2* (*sartoria*) crotch.

scòssa, *f.* *1* shake; jar; jerk; jolt; (*sobbalzo*) bump; (*soprassalto*) start, jump: **le scosse di un autobus**, the bumps (*o* jolts, bumping) of a bus; **proteggere un oggetto fragile dalle scosse**, to protect a fragile object against jars; **dare una s. a q. [q.c.]**, to give sb. [st.] a shake; to shake sb. [st.]; **dare una s.** (*sobbalzare*), to give a start; to start; **a scosse**, by fits and starts; in jerks: **procedere a scosse**, to move in jerks; to jolt along; to bump along *2* (*di terremoto*) tremor; shock: **s. sismica**, tremor; earthquake shock *3* (*elettr.*) shock: **ricevere la s.**, to get a shock *4* (*fig.*: *trauma*) shock; blow: **È stata per lui una grave s.**, it was a great blow to him.

scossalìna, *f.* (*edil.*) flashing; rake. ● **s. di colmo**, ridge cap.

scòsso, *a.* *1* (*mosso con violenza*) shaken *2* (*danneggiato*) damaged; (*logorato*) shattered, broken: **nervi scossi**, shattered nerves *3* (*turbato*) upset, shaky; (*commosso, colpito*) affected.

scossóne, *m.* shake-up; jolt; jerk; (*sobbalzo*) bump: **dare uno s. a q. [q.c.]**, to give sb. [st.] a shake-up; to shake sb. [st.]; **La notizia diede uno s. alla Borsa**, the news shook up the share market; **La corriera dava degli scossoni**, the coach was jolting us up and down; **procedere a scossoni**, to jolt along.

scostaménto, *m.* *1* removal; shifting; pushing away (*o* aside) ***2*** (*mat., rag.*) variance: **s. dalle cifre di bilancio**, budget variance ***3*** (*stat.*) deviation.

scostànte, *a.* standoffish; off-putting; unfriendly; aloof; forbidding.

scostàre, A *v. t.* ***1*** to push (*o* to pull) aside; to push (*o* to pull) away; to move away; to shift: **Scosta quello sgabello**, push that stool aside; **s. una sedia da un tavolino**, to move a chair away from a table; **s. un divano dal muro**, to push (*o* to shift) a sofa away from a wall ***2*** (*fig. fam.*: *evitare*) to avoid; to shun; to keep* away from: **Ora che è malato tutti lo scostano**, now that he's ill everyone avoids him. **B** *v. i.* (*naut.*) to sheer off; to fend off; to bear* away. **C scostàrsi,** *v. rifl.* e *i. pron.* ***1*** to move (aside); to budge; to stand* aside; to step aside; (*arretrando*) to stand* back, to draw* away (*o* aside): **s. dalla finestra**, to move (*o* to draw) away from the window; **Si scostò per lasciarmi il passo**, he stepped aside to let me pass; **Non accennava minimamente a s.**, he didn't seem to want to budge; **Scostatevi! Fate largo!**, stand aside! (*o* stand back!); make room!; **Non volle mai s. dal mio fianco**, he didn't leave my side for one moment ***2*** (*fig.*: *deviare*) to stray; to wander: **s. dalla retta via**, to stray from the right path; to go astray; **s. da un argomento**, to stray from a subject; **s. dalla media**, to vary from the mean.

scostolàre, *v. t.* to remove the rib from (a leaf).

scostumatézza, *f.* ***1*** (*licenziosità*) immorality; licentiousness; dissoluteness ***2*** (*region.*: *maleducazione*) rudeness; ill-breeding; bad manners.

scostumàto, A *a.* ***1*** (*licenzioso*) immoral; licentious; loose; dissolute ***2*** (*region.*: *maleducato*) ill-mannered; boorish; rude. **B** *m.* (*f.* **-a**) ***1*** dissolute person ***2*** (*region.*) rude person.

scòtano, *m.* (*bot.*: *Rhus cotinus*) smoke-tree.

scotch (*ingl.*), *m. invar.* ***1*** (*whisky scozzese*) Scotch whisky; Scotch (*fam.*) ***2*** (*marchio*: *nastro adesivo*) sellotape; scotch tape (*USA*). • **accomodare** (*o* **attaccare**) **con lo s.**, to sellotape; to scotch-tape (*USA*).

scotennaménto, *m.* scalping.

scotennàre, *v. t.* ***1*** to flay; to skin ***2*** (*togliere il cuoio capelluto a*) to scalp.

scotennatóio, *m.* flaying knife*.

scotennatóre, *m.* (*f.* **-trice**) ***1*** skinner ***2*** (*chi toglie il cuoio capelluto*) scalper.

scotennatùra, *f.* ***1*** flaying; skinning ***2*** (*il togliere il cuoio capelluto*) scalping.

scotiménto, *V.* **scuotimento**.

scotismo, *m.* (*filos.*) Scotism.

scotitóio, *m.* (*mecc.*) shaker.

scòto, (*stor.*) **A** *a.* Scotic. **B** *m.* Scot.

scotofobìa, *f.* (*psic.*) scotophobia.

scòtola, *f.* (*ind. tess.*) scutcher; scutch.

scotolàre, *v. t.* (*ind. tess.*) to scutch.

scotolatrìce, *f.* (*ind. tess.*) scutch; scutcher.

scotolatùra, *f.* (*ind. tess.*) scutching.

scotòma, *m.* (*med.*) scotoma*.

scotomàtico, *a.* (*med.*) scotomatous.

scotomizzàre, *v. t.* (*psic.*) to scotomize.

scotomizzazióne, *f.* (*psic.*) scotomization.

scòtta (1), *f.* (*residuo sieroso*) whey.

scòtta (2), *f.* (*naut.*) sheet: **s. di coltellaccio**, deck sheet; **s. di randa**, boom sheet.

scottadito, *vc.* – (*cucina*) **a s.**, served hot from the grill.

scottànte, *a.* ***1*** burning; hot; scorching; (*di liquido*) scalding: **sabbia s.**, burning sand; **sole s.**, scorching sun ***2*** (*urgente*) burning; (*controverso*) hot: **una questione s.**, a burning issue; **un argomento s.**, a hot subject.

scottàre, A *v. t.* ***1*** (*ustionare*) to burn*; (*superficialmente*) to scorch; (*con liquidi*) to scald: **Il sole gli scottò la pelle**, the sun burnt (*o* scorched) his skin; **Il caffè mi scottò le labbra**, the coffee scalded my lips; **Il sole le aveva scottato il viso**, the sun had scorched her face; **scottarsi una mano col ferro da stiro**, to burn one's hand with the iron ***2*** (*cuocere brevemente*) to half-cook, to parboil; (*sbollentare*) to scald ***3*** (*fig.*: *irritare*) to sting*; to nettle; to gall; to hurt: **essere scottato sul vivo**, to be stung (*o* galled) to the quick; **Le mie parole lo hanno scottato**, my words stung him to the quick; he was nettled at my words. **B** *v. i.* ***1*** to be hot; to be burning (*o* scorching): **Oggi il sole scotta**, the sun is burning (*o* scorching) hot today; **Ha la fronte che scotta**, his forehead is burning; **Questo caffè scotta**, this coffee is too hot ***2*** (*fig.*: *essere delicato o avere provenienza illecita*) to be hot: **È un problema che scotta**, it's a hot issue; **denaro che scotta**, hot money. • (*fig.*) **sentirsi s. la terra sotto i piedi**, to be itching to be off. **C scottàrsi,** *v. rifl.* ***1*** to burn* oneself; (*con liquidi*) to scald oneself; (*al sole*) to get* (badly) sunburnt ***2*** (*fig.*: *fare esperienze spiacevoli*) to get* one's fingers burnt.

scottàta, *f.* (*cucina*) half-cooking; (*in acqua bollente*) scalding. • **dare una s. a q.c.**, to half-cook st.; to scald st.

scottàto, *a.* ***1*** (*bruciato*) burnt; (*superficialmente*) scorched; (*da un liquido*) scalded; (*dal sole*) sunburnt ***2*** (*fig.*) disappointed; hurt; stung (*fam.*): **rimanerci s.**, to get stung; to be disappointed.

scottatùra, *f.* ***1*** (*lo scottare*) scorching; burning; scalding ***2*** (*cottura rapida*) half-cooking, parboiling; (*sbollentatura*) scalding ***3*** (*ustione*) burn; (*da liquidi*) scald; (*da sole*) sunburn: **un unguento per le scottature**, an ointment for burns and scalds ***4*** (*fig.*: *esperienza spiacevole*) unpleasant experience; (*delusione*) disappointment, turn-off (*fam.*).

scòtto (1), *a.* (*troppo cotto*) overcooked; overdone.

scòtto (2), *m.* ***1*** price; reckoning; penalty; score: **pagare lo s.**, to pay the price (for st.); to pay the penalty (for st.); to suffer the consequences (of st.); to pay for st. ***2*** (*stor.*) scot.

scout (*ingl.*), **A** *m.* e *agg.* Scout. **B** *f.* Girl Guide; Girl Scout (*USA*).

scoutismo, *m.* Scouting.

scoutista, *V.* **scout**.

scoutìstico, *a.* Scout (*attr.*); Scouting.

scovàre, *v. t.* ***1*** (*stanare*) to dig* out; to unearth; to draw* out; to start; to rouse; to put* up; to flush; to drive* out: **s. una lepre**, to dig out a hare; to drive a hare out of its hole; **s. la volpe**, to draw out (*o* to unearth) a fox; **s. un fagiano**, to rouse (*o* to flush, to put up) a pheasant ***2*** (*fig.*: *trovare*) to find*, to find* out, to unearth, to dig* up; (*rintracciare*) to track down, to run* to earth (*o* to ground), to hunt out: **Ho scovato una pensioncina deliziosa**, I've found a charming little pension; **Scovalo da te**, find out about it for yourself; **Non so dove lui abbia scovato quella notizia**, I don't know where he dug up (*o* unearthed) that piece of news; **La polizia finalmente lo scovò in un paesino del Piemonte**, the police ran him to earth in a small Piedmont village.

scovolàre, *v. t.* to clean (with a swab).

scovolìno, *m.* ***1*** (*per pipe*) pipe cleaner ***2*** (*per bottiglie*) bottlebrush.

scóvolo, *m.* swab.

Scòzia, *f.* (*geogr.*) Scotland.

scòzia, *f.* (*archit.*) scotia.

scozzàre, *v. t.* to shuffle: **s. le carte**, to shuffle the cards.

scozzàta, *f.* (*alle carte*) shuffle.

scozzése, A *a.* Scottish; (*per le persone o la lingua, anche*) Scots; (*prodotto in Scozia*) Scotch: **un avvocato s.**, a Scots (*o* Scottish) lawyer; **un accento s.**, a Scottish (*o* Scots) accent; **il dialetto s.**, the Scottish dialect; Scots; **il calcio s.**, Scottish football; **whisky s.**, Scotch whisky; Scotch; **alla s.**, after the Scottish fashion. • **danza s.**, schottische (*ted.*) □ **doccia s.**, hot and cold shower □ **gonnellino s.**, kilt □ **tessuto s.**, tartan. **B** *m.* e *f.* Scotsman* (*f.* Scotswoman*); Scot: **gli Scozzesi**, the Scots. **C** *m.* (*il dialetto inglese parlato in Scozia*) Scots; (*il gaelico s.*) Scottish Gaelic. **D** *f.* (*danza*) schottische (*ted.*).

scozzonàre, *v. t.* ***1*** (*domare, anche fig.*) to break* in; to train: **s. un cavallo**, to break in a horse ***2*** (*fig.*: *insegnare i primi rudimenti*) to break* in; to teach* the rudiments to.

scozzonatóre, *m.* (horse-)breaker; trainer.

scozzonatùra, *f.* (*anche fig.*) breaking-in; training: **dare una s. a q.**, to break in sb.; to train sb.

scozzóne, *m.* (horse-)breaker; trainer.

scrànna, *f.* high-backed chair; (*seggio di giudice*) bench. • (*fig.*) **sedere a s.**, to lay down the law.

screanzàto, A *a.* ill-mannered; ill-bred; unmannerly; rude; boorish: **un ragazzo s.**, an ill-mannered boy. **B** *m.* (*f.* **-a**) ill-mannered (*o* ill-bred, rude) person; boor (*m.*).

screditàre, A *v. t.* to discredit; to throw* discredit (on); to undermine the credibility of; (*di teorie, notizie e sim.*) to discredit, to explode: **Non voglio screditarlo**, I don't want to discredit him; (*leg.*) **s. un teste**, to undermine the credibility of a witness. **B screditàrsi,** *v. i. pron.* to bring* discredit upon oneself; to become* discredited; to lose* credit; to lose* credibility.

screditàto, *a.* discredited; disgraced; in disrepute; (*di teorie, notizie e sim.*) discredited, exploded: **uno statista s.**, a discredited politician.

scrédito, *m.* discredit; disrepute.

screening, *m. invar.* screening.

scremàre, *v. t.* to skim; (*anche fig.*) to cream off: **s. il latte**, to skim the milk.

scremàto, *a.* skimmed: **latte s.**, skimmed milk; skim-milk.

scrematrìce, *f.* cream-separator; skimmer.

scrematùra, *f.* skimming; (*anche fig.*) creaming off.

screpolàre, A *v. t.* (*pelle, labbra*) to chap, to crack; (*intonaco, vernice*) to crack. **B** *v. i.* e **screpolàrsi,** *v. i. pron.* (*di pelle e labbra*) to chap, to get* chapped, to crack; (*di intonaco, vernice*) to crack; (*di ceramica*) to craze.

screpolàto, *a.* (*di pelle e labbra*) chapped, cracked; (*di intonaco, vernice*) cracked; (*di ceramica*) crazed.

screpolatùra, *f.* (*di pelle e labbra*) chap, chapping; (*di intonaco, vernice*) crack. • **mani piene di screpolature**, chapped hands.

screziàre, *v. t.* to variegate; to streak; to speckle; to fleck; to dapple.

screziàto, *a.* ***1*** variegated; streaked; shot; speckled; flecked: **fiori screziati**, variegated flowers; **marmo s.**, veined marble; **s. di rosso**, streaked (*o* shot) with red ***2*** (*multicolore*) multicoloured; many-coloured; dappled; motley.

screziatùra, *f.* variegation; speckling; dapple.

scrèzio, *m.* dissension; disagreement; difference; variance; friction; tiff (*fam.*): **Ci fu tra loro qualche s.**, there was dissension among them; they were at variance; **uno s. tra innamorati**, a lovers' tiff.

scriba, *m.* ***1*** (*copista*) scribe; copyist ***2*** (*stor.*) Scribe: **gli Scribi e i Farisei**, the Scribes and Pharisees.

scribacchiàre, *v. i.* (*scrivere in modo affrettato*) to scribble, to scrawl; (*prendere nota*) to jot down; (*scrivere cose da poco*) to scribble, to hack: **s. un appunto**, to scribble (*o* to jot down) a note; **s. per un giornale**, to scribble for a newspaper.

scribacchìno, *m.* (*f.* **-a**) scribbler; (*scrittore da poco*) hack; (*impiegatuccio*) penpusher.

scricchiolaménto, *m.* creaking; squeaking.

scricchiolànte, *a.* creaking; creaky; squeaking; squeaky.

scricchiolàre, *v. i.* ***1*** (*cigolare*) to creak, to squeak; (*di neve, ghiaia e sim.*) to crunch: **La porta scricchiola**, the door creaks (*o* squeaks); **Il ghiaccio scricchiolava paurosamente**, the ice creaked frightfully; **La neve gelata scricchiolava sotto i miei passi**, the frozen snow crunched under my feet; **s. sotto i denti**, to crunch under one's teeth; **una penna che scricchiola**, a scratchy pen; **scarpe [scale] che scricchiolano**, creaky shoes [stairs] ***2*** (*fig.*: *mostrare segni di cedimento*) to creak.

scricchiolìo, *m.* creaking; squeaking.

scrìcciolo, *m.* ***1*** (*zool., Troglodytes troglodytes*) wren; (*la femmina*) jenny wren ***2*** (*fig.*) mite; shrimp: **Quel bimbo è uno s.**, he's a mite (*o* a shrimp) of a child; **uno s. d'uomo**, a shrimp of a man. ● **avere il cervello di uno s.**, to have the brain of a bird □ **mangiare come uno s.**, to eat like a bird.

scrìgno, *m.* casket; box.

scriminatùra, *f.* parting (of the hair). ● **avere la s. a sinistra**, to have one's hair parted on the left □ **Dove porti la s.?**, where do you part your hair?

scrìmolo, *m.* ***1*** (extreme) edge; verge; brink; border: **lo s. di un tetto**, the edge of a roof; **lo s. di un precipizio**, the verge (*o* brink) of a precipice ***2*** (*geogr.*) ridge.

scripofilìa, *f.* scripophily.

scripòfilo, *m.* (*f.* **-a**) scripophile.

scristianàre, scristianiẓẓàre, A *v. t.* to dechristianize; to unchristianize. **B scristianàrsi, scristianiẓẓàrsi,** *v. i. pron.* to turn (away) from Christianity.

scristianiẓẓazióne, *f.* dechristianization; unchristianization.

scriteriàto, A *a.* brainless; scatter-brained; foolhardy; irresponsible. **B** *m.* (*f.* **-a**) scatter-brain.

scrìtta, *f.* writing; (*su cartelli*) notice, sign; (*iscrizione*) inscription; (*sui muri*) graffiti (*sing. e pl.*).

scrìtto, A *a.* ***1*** written (*anche fig.*); in writing (*pred.*): **la lingua scritta**, the written language; **leggi scritte**, written laws; **leggi non scritte**, unwritten laws; **un ordine s.**, a written order; an order in writing; **Non abbiamo nulla di s.**, we have nothing written (*o* in writing); **s. a macchina**, typewritten; **s. a mano**, handwritten; written down in longhand ***2*** (*voluto dal destino*) destined; fated; bound: **Era s. che scegliessero lui**, he was destined to be chosen; **Era s. che fosse così**, it was bound to happen. **B** *m.* ***1*** (*cosa scritta*) writing; (*documento*) paper, document; (*lettera*) letter; (*biglietto*) note; (*esame s.*) written examination: **Vidi che sul foglio c'era dello s.**, I saw that there was writing on the paper; **Mi hanno fatto firmare uno s.**, they made me sign a paper; **Ricevo proprio ora un tuo s.**, I have just received your letter (*o* note); **superare gli scritti**, to pass the written exams ***2*** (*opera letteraria o scientifica*) writing (*generalm. al pl.*); work: **scritti critici**, works of criticism; critical works; **scritti postumi**, posthumous writings; **uno s. minore di Manzoni**, a minor work by Manzoni; **scritti scelti**, selected writings; **scritti apocrifi**, apocryphal writings; apocrypha ***3*** (*scrittura*) (hand)writing; hand: **uno s. illeggibile**, an illegible hand. ● **s. in fronte** (*o* **in faccia, in viso**), written on (*o* all over) one's face: **Aveva l'invidia scritta in faccia**, envy was written on his face □ **in** (*o* **per**) **s.**, in writing; written (*agg.*): **rispondere per s.**, to reply in writing; to send a written reply; **mettere per s.**, to put down in writing; to write down.

scrittóio, *m.* writing desk; writing table; (*con ribalta*) bureau* (*GB*).

scrittóre, *m.* (*f.* **-trice**) writer; author (*f. anche* authoress): **gli antichi scrittori**, the ancient writers; **un celebre s.**, a famous writer (*o* author).

scrittòrio, *a.* writing (*attr.*): **materiale s.**, writing materials (*pl.*).

scrittrìce, *V.* **scrittore.**

scrittùra, *f.* ***1*** (*lo scrivere*) writing: **sala di s.**, writing room; **s. creativa**, creative writing ***2*** (*alfabeto, caratteri*) writing, script; (*calligrafia*) handwriting, hand: **l'invenzione della s.**, the invention of writing; **s. cuneiforme**, cuneiform writing (*o* script); **s. gotica [carolina]**, Gothic [Carolingian] script; **s. chiara [leggibile, incerta]**, clear [legible, shaky] handwriting; **non saper leggere la s. di q.**, to be unable to read sb.'s handwriting; **bella s.**, fair hand; (*calligrafia*) calligraphy, penmanship; **mettere in bella s.**, to write out in fair hand; **s. a mano**, longhand; **s. a macchina**, typewriting ***3*** (*leg.*) legal paper, document; (*atto notarile*) deed; (*contratto*) contract: **con s. pubblica**, by a public deed; **firmare una s.**, to sign a contract ***4*** (*teatr., cinem.*) contract; engagement ***5*** (*rag.*: *s. contabile*) record; (*al pl.*) accounts; (*a partita doppia*) entry: **scritture contabili**, (account) books; accounts ***6*** (*relig.*) – **la (Sacra) S.** (*o* **le Sacre Scritture**), the (Holy) Scripture (*o* Scriptures); the Holy Writ. ● (*elab.*) **programma di s.**, word processor □ (*elab.*) **testina di s.**, write head.

scritturàbile, *a.* ***1*** (*teatr., cinem.*) that may be engaged; suitable for engagement ***2*** (*comm.*) enterable; suitable for entry.

scritturàle (1), A *m.* (*scrivano*) clerk; (*copista*) copyist, scrivener, scribe; (*mil.*) clerk. **B** *a.* (*comm.*) book-keeping (*attr.*); account (*attr.*). ● **moneta s.**, bank money.

scritturàle (2), (*relat. alla Sacra Scrittura*) **A** *a.* Scriptural. **B** *m.* scripturalist.

scritturalìṣmo, *m.* scripturalism.

scritturàre, *v. t.* ***1*** (*teatr., cinem.*) to engage; to sign on; to sign up ***2*** (*rag.*) to enter; to record.

scritturazióne, *f.* ***1*** (*teatr., cinem.*) engagement; signing on; signing up ***2*** (*rag.*) entering; entry; record.

scritturista, *m.* e *f.* scripturist; scripturalist.

scritturìstico, *a.* scriptural.

scrivanìa, *f.* writing desk; writing table.

scrivàno, *m.* (*impiegato*) clerk; (*copista*) copyist, scribe. ● (*naut.*) **s. di bordo**, only mate (*GB*); (*stor.*) purser, supercargo.

scrivènte, A *a.* writing. **B** *m.* e *f.* writer.

scrìvere, A *v. t.* ***1*** to write*; (*annotare, trascrivere*) to write* down, to take* down; (*compilare*) to write* out: **s. un racconto [una lettera]**, to write a story [a letter]; **s. un appunto**, to write down a note; **Scrivilo, o te lo dimenticherai**, write it down, otherwise you'll forget it; **L'impiegato scrisse il mio nome**, the clerk wrote (*o* took) down my name; **s. un assegno**, to write (out) a cheque; **s. a q.**, to write to sb.; **s. una lettera a q.**, to write sb. a letter; **Scrive a casa una volta la settimana**, he writes home once a week; **Benissimo, vado subito a scrivergli**, very well, I'll write off to him at once; **È tutto il giorno che scrive**, he's been writing away all day; **s. grande [piccolo]**, to write large [small]; **s. con facilità**, to write with ease; (*buttar giù*) to write off; **s. per il teatro**, to write for the stage; **s. sui giornali**, to write for the papers; **s. poesie**, to write poetry; **guadagnarsi la vita scrivendo**, to make a living by writing; **insegnare [imparare] a s.**, to teach [to learn] how to write ***2*** (*le lettere d'una parola*) to spell; to write*: **una parola scritta male**, a word spelt incorrectly; a mis-spelt word; **Come si scrive il tuo nome?**, how do you spell your name?; **Questa parola si pronuncia come si scrive**, this word is pronounced as it is written ***3*** (*comm.*: *registrare*) to enter: **s. una somma a credito [a debito]**, to enter a sum on the credit-side [on the debit-side]. ● **s. a macchina**, to type; to typewrite □ **s. a mano**, to write in longhand □ **s. a matita**, to write in pencil; to pencil: **Preferisco s. a matita**, I prefer to write in pencil; **A matita scrisse queste parole**, he pencilled these words □ **s. a penna**, to write in ink □ **s. bene**, (*con bella scrittura*) to write a good (*o* fair) hand; (*essere un buono scrittore*) to write well, to be a good writer □ **s. come si parla**, to write as one speaks □ **s. q.c. di getto**, to write off st.; to run off st.; to dash off □ **s. q.c. di proprio pugno**, to write st. in one's own hand □ **s. due righe**, to drop a line □ **s. fitto**, (*s. tanto*) to write away; (*a righe ravvicinate*) to write closely, to write all over st. □ **s. in cifra**, to write in cipher; to cipher □ **s. in lingua**, to write in Italian; not to write in dialect □ **s. in stampatello**, to print: **s. il proprio nome in stampatello**, to print one's name □ **s. il proprio nome in un modulo**, to fill in one's name □ **s. per esteso**, to write out; to write in full □ **s. sotto dettatura**, to write from dictation; to take dictation; to write at sb.'s dictation □ **s. tra le righe**, to write between the lines □ **s. un numero in cifre**, to write a number in figures □ **s. un numero in lettere**, to write out a number; to spell a number □ **carta da s.**, writing paper □ **chi scrive**, the present writer; (*il sottoscritto*) the undersigned □ **macchina per s.**, typewriter □ **occorrente per s.**, writing materials (*pl.*) □ (*fig.*) **Questa me la scrivo!**, I must remember that! □ **Scrivo 4 e riporto 3**, I write down four and carry three □ **Sul giornale c'è scritto che ci sarà sciopero**, it says in the paper that there is going to be a strike □ **Sul cartello c'è scritto**: **«Attenti al cane»**, the notice says: «Beware of the dog». **B scrìversi,** *v. rifl. recipr.* to write* to each other (*o* to one another).

scrivìbile, *a.* that can (*o* should) be written; writable.

scrivirìtto, *m. invar.* (*mobile*) sloping desk (for writing or reading, while standing at it).

scroccàre, *v. t.* to sponge (st. off *o* on sb.); to scrounge (st. off sb.); to bum (st. off sb.); to cadge (st. from sb.): **s. un pranzo**, to sponge (*o* to scrounge) a dinner; **Posso scroccarti una sigaretta?**, can I scrounge (*o* bum, cadge) a cigarette off you?; **Cerca sempre di s.**, he's always trying to sponge off people; **È uno che scrocca**, he sponges off (*o* on) people; he is a sponger; he is a freeloader (*USA*).

scroccatóre, *V.* **scroccone.**

scrocchiàre, *v. i.* to crack; to crunch; to creak.

scròcchio, *m.* crack; crunch; creak.

scròcco (1), *m.* sponging; scrounging; freeloading (*USA*); cadging: **a s.**, by sponging; **bere [mangiare] a s.**, to sponge a drink [a meal]; **vivere a s.**, to sponge (one's living); to scrounge (a living); to freeload (*USA*); to cadge.

scròcco (2), *m.* (*scatto*) click. ● **coltello a s.**, clasp knife; **serratura a s.**, spring latch.

scroccóne, *m.* (*f.* **-a**) sponger; sponge; scrounger; cadger; freeloader (*USA*): **fare lo s.**, to be a sponger (*o* a cadger, a freeloader); to sponge (*o* to cadge) off people.

scròfa, *f.* ***1*** sow ***2*** (*fig. spreg.*) tart; slut.

scròfola, *f.* (*med.*) scrofula.

scrofolòṣi, *f.* (*med.*) scrophulosis*.

scrofolóso, (*med.*) **A** *a.* scrofulous. **B** *m.* (*f.* **-a**) sufferer from scrofula.

scrofulària, *f.* (*bot., Scrophularia*) scrophularia; figwort.

scrollaménto, *m.* shaking; (*di spalle*) shrugging.

scrollàre, A *v. t.* to shake*: **s. la testa**, to shake one's head; **s. le spalle**, to shrug (one's shoulders); **scrollarsi q.c. di dosso**, to shake st. off. **B scrollàrsi,** *v. i. pron.* ***1*** to shake* oneself ***2*** (*fig.*: *scuotersi*) to stir oneself; to rouse oneself; to wake* up.

scrollàta, *f.* shake; shaking; (*di spalle*) shrug: **una s. di capo**, a shake of the head; **rispondere con una s. di spalle**, to answer with a shrug; **dare una s. a q.c.**, to give st. a shake; to shake st.

scròllo, *m.* shake; shaking.

scrollóne, *m.* shake(-up): **dare uno s. a q.c.**, to give st. a shake; (*sbatacchiare*) to rattle st.

scrosciànte, *a.* (*di cascata, torrente*)

roaring, thunderous, pouring; (*di pioggia*) pouring, pelting; (*di risa*) roaring; (*di applausi*) thunderous.

scrosciàre, *v. i.* (*di cascata, torrente*) to roar, to thunder, to pour; (*di pioggia*) to pour, to pelt; (*di risa*) to roar; (*di applausi*) to thunder: **La pioggia scrosciava**, the rain was pelting down; **Scrosciarono applausi**, there was thunderous applause.

scròscio, *m.* ***1*** (*di cascata, torrente*) roar, thunder; (*di pioggia*: *lo scrosciare*) pelting, pouring; (*un rovescio*) burst, gust shower, downpour; (*di risa*) roar, burst, gale; (*di applausi*) thunder, burst; (*scoppio*) burst: **uno s. di cascata in lontananza**, the roar of a waterfall in the distance; **lo s. della pioggia**, the pelting of the rain; **Fu sorpreso da uno s. di pioggia**, he was caught in a shower (*o* a gust of rain); **scrosci di risa**, roars (*o* gales) of laughter; **uno s. di applausi**, thunderous applause; a burst of applause; **uno s. di pianto**, a fit of weeping ***2*** (*med.*) crepitation. ● **piovere a s.**, to pour (with rain); to pelt (with rain); to pelt down.

scrostaménto, *m.* scraping; stripping; peeling.

scrostàre, **A** *v. t.* ***1*** to take* the crust off ***2*** (*intonaco, vernice, ecc.*) to scrape; to strip; to peel: **s. una parete**, to scrape (*o* to strip) a wall; **s. l'intonaco**, to peel off the plaster. **B** **scrostàrsi**, *v. i. pron.* to scale (off); to peel (off); to flake (off).

scrostàto, *a.* peeling; flaking; scraped; stripped.

scrostatùra, *f.* ***1*** scraping; stripping; peeling ***2*** (*parte scrostata*) peeling patch.

scrotàle, *a.* (*anat.*) scrotal. ● **borsa s.**, scrotum.

scròto, *m.* (*anat.*) scrotum*.

scrùpolo, *m.* ***1*** scruple; qualm: **scrupoli di coscienza**, scruples of conscience; **un uomo senza scrupoli**, a man of no scruples; an unscrupulous (*o* unprincipled) man; **Non occorre avere tanti scrupoli con gente simile**, you need not have too many qualms when dealing with such people; **avere s.** (*o* **farsi s.**) **a fare q.c.**, to have scruples (*o* qualms) about doing st.; to scruple about doing st.; to hesitate to do st; **Non si farebbe s. di uccidere**, he would have no qualms about killing; **Si fa s. di telefonargli**, he hesitates to phone him; **farsi s. di q.c.**, to have qualms about st.; **mettere da parte gli scrupoli**, to lay all scruples aside; **non avere nessuno s.**, to have no scruples; to stick at nothing (*fam.*); **essere tormentato dagli scrupoli**, to be troubled with scruples (of conscience); **mancanza di s.**, lack of scruples; **esatto sino allo s.**, scrupulously exact ***2*** (*cura, diligenza*) care; diligence; conscientiousness; accuracy: **con s.**, accurately; with care; scrupulously; **con ogni s.**, with the utmost care; with great accuracy ***3*** (*ventiquattresima parte dell'oncia*) scruple.

scrupolosaménte, *avv.* scrupulously; (*meticolosamente*) meticulously; (*con particolare attenzione*) with great care, carefully.

scrupolosità, *f.* scrupulosity; scrupulousness; great care; (*meticolosità*) meticulousness.

scrupolóso, *a.* scrupulous; painstaking; (*meticoloso*) meticulous, particular: **la più scrupolosa attenzione**, the most scrupulous attention; **con onestà scrupolosa**, with scrupulous honesty; **ricerca scrupolosa**, painstaking search; **essere troppo s.**, to be over-scrupulous.

scrutàbile, *a.* (*lett.*) scrutable.

scrutàre, *v. t.* to peer at (sb.); to peer into (st.); to search; to study; to scan; to scrutinize; (*indagare*) to search, to inquire into: **s. la faccia di q.**, to peer into sb.'s face; to scan (*o* to search, to study) sb.'s face; **s. l'orizzonte**, to scan the horizon; **s. q. dall'alto in basso**, to size sb. up; to give sb. the once over (*fam.*).

scrutàta, *f.* scrutinizing look; inquiring (*o* inquisitive) look.

scrutatóre, **A** *m.* (*f.* **-trice**) ***1*** (*lett.*) searcher; inquirer; scrutinizer ***2*** (*nelle votazioni*) scrutineer; teller; counter; canvasser (*USA*). **B** *a.* searching; inquisitive; scrutinizing: **con sguardo s.**, with a searching look.

scrutinàre, *v. t.* ***1*** (*nelle elezioni*) to count (the votes); to canvass (*USA*) ***2*** (*nella scuola*) to assign (the term's) marks to ***3*** (*indagare*) to search; to scrutinize.

scrutinatóre, *V.* **scrutatore**, *def. 2.*

scrutìnio, *m.* ***1*** (*esame, indagine*) scrutiny; inquiry; investigation ***2*** (*nelle elezioni*: *votazione*) poll, ballot, voting; (*spoglio dei voti*) vote count (*o* counting), canvassing (*USA*): **s. di lista**, list voting; **s. segreto**, secret ballot; **s. di ballottaggio**, second ballot; **s. uninominale**, uninominal ballot; **nuovo s.**, recount ***3*** (*nella scuola*) assignation of (the term's) marks.

scucire, **A** *v. t.* ***1*** to unstitch; to unpick; to rip; to unseam: **s. un orlo**, to rip a hem ***2*** (*pop.*: *pagare, sborsare*) to cough up; to come* up with; to fork out; to shell out: **Scuci i soldi!**, come on, fork out! **B** **scucirsi**, *v. i. pron.* to come* unstitched; to come* apart at the seams.

scucito, *a.* ***1*** unstitched; ripped (at the seams) ***2*** (*fig.*: *sconnesso*) disconnected; incoherent; rambling: **pensieri scuciti**, incoherent thoughts; **un discorso s.**, a rambling speech.

scucitùra, *f.* ***1*** (*lo scucire*) unstitching; unpicking; unseaming ***2*** (*parte scucita*) unstitched (*o* split) seam; burst seam.

scudàto, *a.* (*lett.*) bearing a shield; (*protetto da scudo*) protected by a shield.

scuderìa, *f.* ***1*** stable; (*di allevamento*) stud (farm) ***2*** (*autom.*) racing stable.

scudétto, *m.* ***1*** (*distintivo*) badge; shield ***2*** (*sport*) championship shield; (*estens.*) first place, championship: **perdere [vincere] lo s.**, to lose [to win] the shield (*o* the championship); **squadra da s.**, team likely to win the championship.

scudièro, **A** *m.* ***1*** shield bearer; armour bearer; groom; (*stor. medievale*) squire ***2*** (*dignitario di corte*) equerry. **B** *a.* – **calzoni alla scudiera**, riding breeches; **guanti alla scudiera**, gauntlets; hunting gloves; **stivali alla scudiera**, jackboots.

scudisciàre, *v. t.* to lash; to whip.

scudisciàta, *f.* lash; (*al pl., anche*) lashing (*sing.*), whipping (*sing.*). ● **prendere a scudisciate**, to lash; to whip.

scudìscio, *m.* lash; (*frustino*) riding whip. ● **Ci vuole lo s.**, he needs a good lashing.

scùdo (1), *m.* ***1*** (*arma difensiva*) shield; buckler ***2*** (*stemma*) (e)scutcheon; shield ***3*** (*schermo protettivo*) shield; screen; plate ***4*** (*fig.*: *difesa*) shield; defence; protection ***5*** (*zool.*) shield, scute, scutum*; (*di crostaceo*) shell, carapace ***6*** (*geol., min.*) shield. ● **s. di plastica** (*della polizia*), riot shield □ (*naut.*) **s. di poppa**, escutcheon □ (*aeron.*) **s. di prua**, bow (*o* nose) cap □ (*mil.*) **s. missilistico**, missile defence □ (*miss.*) **s. termico**, heat shield □ **fare s. a q. con la propria persona**, to shield sb. with one's own body □ **farsi s. di q.c.**, to use st. as a shield □ **farsi s. di q.**, to shield oneself behind sb.; (*fig.*) to hide behind sb. □ (*fig.*) **una levata di scudi**, an outcry; a revolt □ (*fig.*) **portare q. sugli scudi**, to acclaim sb.

scùdo (2), *m.* (*moneta ital.*) scudo*; (*spagn., portoghese*) escudo*; (*franc.*) écu*; (*s. europeo*) ECU.

scùffia, *f.* (*pop.*) ***1*** (*cuffia*) cap; bonnet ***2*** *V.* **sbornia** ***3*** (*cotta*) infatuation; (*giovanile*) crush: **avere una s. per q.**, to have a crush on sb. ● (*naut.*) **fare s.**, to capsize; to turn turtle.

scuffiàre, *v. i.* (*naut.*) to capsize; to turn turtle.

scugnìzzo, *m.* (street) urchin; guttersnipe.

sculacciàre, *v. t.* to spank.

sculacciàta, *f.* **sculacciόne**, *m.* spank; spanking. ● **dare una s. a q.**, to spank sb.

sculettànte, *a.* hip-wiggling; hip-swaying.

sculettàre, *v. i.* to wiggle one's hips; to sway one's hips; to waddle.

scultóre, *m.* (*f.* **-trice**) sculptor (*f.* sculptress); carver: **fare lo s.**, to be a sculptor; **s. in legno**, wood-carver.

scultòreo, **scultòrio**, *a.* ***1*** sculptural; sculpturesque: **bellezza scultorea**, sculpturesque beauty ***2*** (*fig.*: *incisivo*) incisive; clear-cut.

scultrice, *V.* **scultore**.

scultùra, *f.* (*arte dello scolpire*; *opera scolpita*) sculpture; carving: **la s. greca**, Greek sculpture; **s. in marmo [in bronzo]**, sculpture in marble [bronze]; **s. in legno**, wood carving.

sculturàle, *a.* sculptural; of sculpture.

scuòcere, *v. i.* e **scuòcersi**, *v. i. pron.* to overcook; to cook too long; to become* overcooked: **lasciar s.**, to overcook.

scuoiàre, *v. t.* to skin; to flay.

scuoiatóre, *m.* skinner; flayer.

scuoiatùra, *f.* skinning; flaying.

scuòla, *f.* ***1*** school; (*lezioni*) classes; (*insegnamento*) teaching: **s. femminile [maschile]**, girls' [boys'] school; **dopo s.**, after school; **prima di s.**, before school; **andare a s.**, to go to school; **frequentare la s.**, to go to school; to attend school; **essere a s.**, to be at school; **essere** (*o* **trovarsi**) **nella s.**, to be in the school; **lasciare la s.**, (*uscire dall'edificio*) to leave the school; (*smettere di studiare*) to leave school; (*smettere di insegnare*) to leave teaching; **mandare a s.**, to send (*o* to put) to school; **espellere dalla s.**, to expel from school; **La s. comincia alle nove**, school begins at nine; classes begin at nine; **È ora di andare a s.**, it's time to go to school; it's school-time; **Oggi non c'è s.**, there is no school (*o* there are no classes) today; **tre ore di s.**, three classes; three hours of teaching; **la chiusura delle scuole**, the end of the school year; **dedicare la vita alla s.**, to dedicate one's life to teaching ***2*** (*scolaresca e docenti*) school: **C'era tutta la s.**, the whole school was there ***3*** (*fig.*: *ammaestramento*) school; (*lezione*) lesson; (*esempio*) example: **la s. della dura esperienza**, the school of hard experience; **Si formò alla s. del padre**, he followed in his father's footsteps; **Questo ti serva di s.**, I hope this will be a (good) lesson to you; let this be a lesson to you ***4*** (*in arte, filos., letter.*) school: **la s. fiamminga**, the Flemish school; **la s. platonica**, the Platonic school; **la s. romantica**, the Romantic school; **una madonna di s. senese**, a Madonna of the Sienese school. ● **s. alberghiera**, hotel-management school □ **s. aziendale**, business school □ **s. comunale**, municipal school □ **s. dell'obbligo**, compulsory education □ **s. di ballo**, dancing school □ **s. di catechismo**, Sunday school □ **s. di danza**, ballet school □ **s. di equitazione**, riding school □ **s. di perfezionamento** (*all'università*), postgraduate school □ **s. di recitazione**, drama school; acting school □ **s. di scherma**, fencing school □ **s. di taglio**, dressmaking school □ **s. di volo**, flying school □ **s. elementare**, elementary (*o* primary) school; (*in G.B.*) primary school; (*in U.S.A.*) elementary school, grade school □ **s. guida**, driving school; school of motoring □ **s. interpreti**, interpreters' school □ **s. magistrale**, (teachers') training school □ **s. materna**, kindergarten; nursery school; infant school □ **s. media**, secondary (*o* high) school; (*in G.B.*) secondary school; (*in U.S.A.*) high school □ **s. media inferiore**, junior secondary school; (*in G.B.*) secondary school; (*in U.S.A.*) junior high school □ **s. media superiore**, senior secondary school; (*in G.B.*) secondary school; (*in U.S.A.*) high school □ **s. mista**, co-educational school □ **s. parificata**, state-recognized private school □ **s. per corrispondenza**, correspondence school □ **s. privata**, privately-run (*o* private) school; (*in G.B., anche*) public school □ **s. professionale**, vocational school □ **s. pubblica**, (*in G.B.*) state school; (*in U.S.A.*) public school □ **s. serale**, night school; evening classes □ **s. tecnica**, technical school □ **s. tecnica commerciale**, (*in G.B.*) school of commerce; (*in U.S.A.*) commercial high school □ (*equitazione*) **alta s.**, haute école (*franc.*); high school □ **compagno di s.**, schoolfellow; school-friend; schoolmate □ **fare s.**, (*insegnare*) to teach; to hold classes; (*avere seguaci*) to have some followers; (*creare una moda*) to set a fashion □ **giorni di s.**, schooldays □ **riforma della s.**, school reform; educational reform.

scuòlabus, *m.* school bus.

scuolaguìda, *f.* driving school; school of motoring.

scuòtere, A *v. t.* to shake*; to toss; (*agitare*) to stir, to agitate; (*sbatacchiare*) to rattle, to jerk, to jolt; (*far cadere*) to shake* off [down, away], to flick off [down, away]; (*dimenare*) to wag, to waggle, to wiggle; (*destare, rianimare*) to rouse, to stir, to wake* up: **s. il capo** (*o* **la testa**), to shake (*o* to toss) one's head: **In risposta alla mia domanda, scosse la testa**, he shook his head in answer to my question; **S. bene il flacone prima di aprirlo**, shake the bottle well before opening; **s. q.** (*perché si svegli*), to shake sb.; to wake sb. up; **s. q. dall'indolenza**, to rouse sb. from indolence; **s. q. dal torpore**, to shake sb. out of his torpor; **Occorre che q. lo scuota**, he needs stirring up; **s. un tappeto**, to shake a carpet; **s. una tovaglia**, to shake (out) a tablecloth; **s. le mele dall'albero**, to shake down the apples; to shake the apples off the tree; **s. la cenere nel portacenere**, to flick the ash into the ash-tray; **Scosse la cenere dalla giacca**, he shook (*o* flicked) the ash off his jacket; **s. la sabbia dalle scarpe**, to shake sand out of one's shoes; **musica che scuote gli animi**, soul-stirring music; **Fu molto scosso dalla notizia**, he was badly shaken (up) by the news; **La sua fede ne fu scossa**, his faith was shaken; **s. l'indifferenza di q.**, to rouse sb. from indifference; **Il vento scuoteva le foglie**, the wind stirred the leaves; **Il cane scuoteva la coda**, the dog wagged (*o* waggled) his tail. ● (*fig.*) **s. il giogo**, to shake off (*o* to throw off) the yoke □ **s. il pugno contro q.**, to shake one's fist at sb. □ **s. le spalle**, to shrug one's shoulders □ **scuotersi di dosso q.c.**, to shake off st.: **Devi scuoterti di dosso questa malinconia**, you must shake off this melancholy; **Il cavallo agitava la coda per scuotersi di dosso le mosche**, the horse moved its tail to shake off the flies. **B scuòtersi,** *v. i. pron.* to shake* (oneself); (*sobbalzare*) to start, to jump; (*rianimarsi*) to rouse oneself, to wake* up; (*darsi da fare*) to stir oneself, to get* a move on (*fam.*): **La terra si scosse**, the earth shook; **s. dal sonno**, to stir; **Scuotiti!**, wake up!; **Faresti meglio a scuoterti e cercare lavoro**, you had better stir yourself and look for a job. ● (*fig.*: *di persona*) **non s. per nulla**, to take no interest in anything.

scuotiménto, *m.* shaking; tossing; jerking; jotting; jarring; (*il dimenare*) wagging.

scuotipàglia, *m. invar.* (*agric.*) strawwalker.

scuotitóio, *m.* (*mecc.*) shaker.

scùre, *f.* ax(e); (*accetta*) hatchet: **una s. a doppio taglio**, a double-bitted axe; (*stor.*) **essere condannato alla s.**, to be condemned to the axe; to be sent to the block. ● **s. da guerra**, battle-ax □ (*fig.*) **dare un colpo di s. a q.c.**, to axe st. □ (*fig.*) **cadere sotto la s.**, to fall under the axe □ (*fig.*) **darsi la s. sui piedi**, to cut one's own throat □ (*anche fig.*) **tagliato con la s.**, rough-hewn.

scurétto, *m.* window shutter.

scurézza, *f.* darkness; obscurity.

scurire, A *v. t.* to darken; to make* darker; to brown: **Il sole ha scurito il legno**, the sun has darkened the wood; **Si è scurita i capelli**, she has dyed her hair a darker shade; **una faccia scurita dal sole**, a face browned by the sun. **B** *v. i.* e **scurirsi,** *v. i. pron.* to darken; to grow* (*o* to become*, to turn) dark: **I capelli biondi crescendo si scuriscono**, fair hair tends to darken with the years; **Comincia a s.**, it's growing (*o* getting) dark; **Tra poco scurisce**, it will soon grow dark.

scùro (1), A *a.* ***1*** dark; (*di colori*) dark, deep, sombre; (*di carnagione*) dark, swarthy: **blu s.**, dark (*o* deep) blue; **toni scuri**, sombre tones; **una carnagione scura**, a dark (*o* swarthy) complexion; **avere gli occhi scuri**, to have dark eyes; **una stanza scura**, a dark room; **Il cielo era s.**, the sky was dark ***2*** (*fig.*: *tetro*) dark, sombre, sullen, gloomy; (*torvo*) grim: **faccia scura**, grim face; gloomy look; **Perché quella faccia così scura?**, why are you looking so grim (*o* gloomy)?; **Si fece s. in volto**, his face darkened (*o* clouded over). **B** *m.* (*oscurità*) dark, darkness; (*colori scuri*) dark colours: **essere allo s.**, (*al buio*) to be in the dark; (*non sapere*) to be in the dark (about st.); **vestire di s.**, to wear dark (*o* sombre) colours; **Lo s. ti dona**, dark colours suit you; (*fig.*) **i chiari e gli scuri**, the lights and shades.

scùro (2), *m.* (*imposta*) window shutter.

scurrìle, *a.* scurrilous; smutty; bawdy; gross; foul-mouthed: **atti scurrili**, scurrilous acts; **parole scurrili**, gross words.

scurrilità, *f.* ***1*** (*l'essere scurrile*) scurrility; smuttiness; bawdiness ***2*** (*parole scurrili*) scurrility; smut; (*di cose scritte*) bawdy.

scurrilménte, *avv.* scurrilously.

scùṣa, *f.* ***1*** (*atto e parole dello scusare e dello scusarsi*) apology; excuse: **dovere delle scuse a q.**, to owe sb. one's apologies; **presentare le proprie scuse**, to apologize; **mille scuse**, a thousand apologies; **Ti prego di fargli le mie scuse**, please give him my apologies; **Mi devi delle scuse**, you owe me an apology; **chiedere s.**, to apologize (to sb. for st., for doing st.); to beg sb.'s pardon: **Chiesi loro s. del ritardo**, I apologized to them (*o* I begged their pardon) for being late; **Le chiedo s., davvero non intendevo!**, I do beg your pardon (*o* I do apologize), I didn't mean to!; **Chiedo s.!**, (*per una richiesta che si sta per fare*) excuse me!, I beg your pardon!; (*per una mancanza già avvenuta*) (I am) sorry!; **Chiedo s., non ho capito**, I'm sorry, I didn't understand; **Chiedo s., ma qui ti sbagli**, pardon me, but I think you are wrong here; **una lettera di s.**, a letter of apology; **Dovresti scrivergli un biglietto di scuse**, you should write him a note to apologize ***2*** (*motivo a giustificazione*) excuse, justification; (*pretesto*) excuse, pretext, pretence, plea: **una s. meschina** (*o* **una magra s.**), a lame (*o* poor, sorry) excuse; **allontanare q. con una s.**, to send sb. off with an excuse; **Con la s. che gli doleva il capo**, on the pretext that he had a headache; **Ha preso la s. della pioggia per non uscire**, he took the rain as a pretext not to go out; **Non è una s.!**, it's no excuse!; **Non c'è s. che tenga!**, there is no excuse for him [for her, for you, etc.]!; **Ma allora era tutta una s. per farmi venire!**, so it was all a pretext to make me come! ● **accampare scuse**, to find excuses; to make up excuses □ **addurre q.c. come s.**, to plead st.: **L'unica s. che posso addurre è la stanchezza**, I can only plead tiredness □ **avere sempre la s. pronta**, always to have a ready excuse; always to be ready with an excuse □ **Bella s.!**, that's no excuse!; that's a likely story! □ **cercare una s.**, to fish (*o* to grope) for an excuse □ **due righe di scuse**, a note of apology; a note to apologize (*o* to say one is sorry) □ **inventare una s.**, to think up (*o* to make up) an excuse □ **Non ammetto scuse!**, I admit no excuses (*form.*); I won't have any excuses □ **prendere una s. per buona**, to swallow an excuse □ **profondersi in scuse**, to apologize profusely; to be very apologetic □ **tirare fuori una s.**, to come up with an excuse.

scuṣàbile, *a.* ***1*** (*perdonabile*) excusable; forgivable; pardonable ***2*** (*giustificabile*) justifiable.

scuṣànte, *f.* excuse; justification: **non avere scusanti**, to have no excuse.

scuṣàre, A *v. t.* ***1*** to excuse; (*perdonare*) to pardon, to forgive*: **Scusami il ritardo**, excuse me (*o* forgive me) for coming late (*o* if I am late); **Non credo che mi scuserà per quello che ho fatto**, I don't think he will forgive me for what I did; **Scusami** (*o* **mi scusi!**), (*per una richiesta che si sta per fare*) excuse me; (*per una mancanza già avvenuta*) (I am) sorry!; **Sono stato molto sgarbato, scusami (tanto)**, I have been very rude, I'm (so) sorry; **Scusi tanto!**, sorry!, excuse me!; I beg your pardon!; pardon me! (*fam.*); **Scusi, come ha detto?**, (I beg your) pardon?; I'm sorry, what did you say?; **Scusi, che ora è?**, excuse me, what time is it?; **Vogliate scusarlo**, please excuse him; **Vuole scusarmi un momento?**, will you excuse me for a moment?; **Scusami con tua moglie**, please apologize to your wife for me; please make my excuses to your wife ***2*** (*giustificare*) to excuse; to justify: **Niente può s. una tale sgarbataggine**, nothing can excuse such rudeness. ● **s. la propria condotta con l'ignoranza della legge**, to plead ignorance of the law as an excuse for one's conduct □ **Scusi il guanto!**, excuse my glove □ **Scusi l'ora!**, I apologize for the time! □ **Scusi l'incomodo**, I'm sorry to trouble you; sorry for the trouble. **B scuṣàrsi,** *v. rifl.* (*formulare una scusa*) to apologize, to say* one is sorry; (*fornire una scusa*) to excuse oneself; (*giustificarsi*) to justify oneself; (*trovare scuse*) to find* excuses: **s. con q.**, to apologize to sb.; **Mi scuso di essere arrivato tardi**, I apologize (*o* I'm sorry) for being late; **Voglio scusarmi per ieri sera**, I want to apologize (*o* I'm sorry) for last night; **Non puoi scusarti di uno sbaglio simile**, you can't excuse yourself for making such a mistake; **Mio fratello si scusa di non poter venire**, my brother says he's sorry he can't come; my brother apologizes for not being able to come (*form*). ● (*prov.*) **Chi si scusa s'accusa**, he who excuses himself, accuses himself.

scutellària, *f.* (*bot.*) skullcap.

scùter, *V.* **scooter**.

scuterìsta, *m.* e *f.* motor-scooter rider.

ṣdàto, *a.* (*pop.*) hackneyed; trite; overworked.

ṣdaziàbile, *a.* (*comm.*) clearable (through customs).

sdaziaménto, *m.* (*comm.*) clearance (through customs); customs clearance.

ṣdaziàre, *v. t.* (*comm.*) to clear (through customs); to pay* the customs duties (on st.).

ṣdebitàre, A *v. t.* to free (sb.) from debt. **B ṣdebitàrsi,** *v. rifl.* ***1*** (*pagare i propri debiti*) to pay* (off) one's debts; to free oneself from debt ***2*** (*fig.*: *disobbligarsi*) to repay* a kindness; to return a favour; to reciprocate: **Non so come sdebitarmi con lei**, I don't know how to repay her (for her kindness); I don't know how I can repay her kindness.

ṣdegnàre, A *v. t.* ***1*** to disdain; to scorn; to look down upon; to spurn; to despise: **s. le lodi**, to disdain praises; **s. l'aiuto di q.**, to disdain sb.'s help; **s. la compagnia di q.**, to spurn sb.'s company; **Lui sdegna questi divertimenti**, he looks down upon such forms of entertainment; **non s. q.c. [di fare q.c.]**, (*non essere maldisposto*) not to be averse to st. [to doing st.]; not to object to st. [to doing st.]; **Non sdegna di accettare un prestito di quando in quando**, he is not averse to accepting the occasional loan ***2*** (*lett.*: *provocare a sdegno*) to arouse sb.'s indignation; to anger; to incense. **B ṣdegnàrsi,** *v. i. pron.* (*adirarsi*) to get* angry, to be indignant, to be outraged, to be incensed; (*offendersi*) to be offended

ṣdegnàto, *a.* angry; indignant; incensed; outraged; (*offeso*) offended.

ṣdégno, *m.* ***1*** (*disprezzo*) disdain; scorn;

contempt; **avere q. [q.c.] a s.**, to feel disdain (*o* scorn, contempt) for sb. [st.]; to disdain st.; **parole di s.**, disdainful words ***2*** (*indignazione*) indignation; (*ira*) anger: **esprimere il proprio s.**, to express one's indignation; **frenare lo s.**, to check one's anger; **muovere q. a s.**, to arouse sb.'s indignation; **placare lo s. di q.**, to placate sb.'s indignation.

ṣdegnosità, *f.* disdainfulness; scornfulness; (*alterigia*) haughtiness, superciliousness.

ṣdegnóso, *a.* (*sprezzante*) disdainful, scornful, contemptuous; (*altero*) proud, haughty, supercilious, sniffy (*fam.*), snooty (*fam.*); (*scostante*) standoffish: **un'indole sdegnosa**, a proud nature; **Non fare tanto la sdegnosa!**, don't be so snooty!; **Lo guardò s.**, he looked at him with disdain (*o* disdainfully).

ṣdentàre, A *v. t.* to break* the teeth of. **B ṣdentàrsi,** *v. i. pron.* to lose* one's teeth; (*di ruota dentata*) to lose* one's cogs.

Ṣdentàti, *m. pl.* (*zool., Edentata*) Edentata.

ṣdentàto, A *a.* (*senza i denti*) toothless; (*senza qualche dente*) with a few teeth missing; (*di ruota dentata*) with a few cogs missing. **B** *m.* (*zool.*) edentate.

ṣdilinquiménto, *m.* (*svenevolezza*) mawkishness, languour, languor (*USA*); (*al pl.*) mawkish ways.

ṣdilinquìrsi, *v. i. pron.* ***1*** (*essere svenevole*) to get* mawkish (over st.); to get* soppy (over *o* about st.) ***2*** (*andare in deliquio*) to faint; to swoon.

ṣdipanàre, A *v. t.* to unwind*; (*fig.*) to unravel: **s. un gomitolo di lana**, to unwind a ball of wool; **s. un mistero**, to unravel a mystery. **B ṣdipanàrsi,** *v. i. pron.* (*anche fig.*) to unwind*: **Il sentiero si sdipanava davanti a noi**, the path unwound before us.

ṣdoganaménto, *m.* (*comm.*) clearance (through customs); customs clearance; clearing. ● **pratica di s.**, clearance.

ṣdoganàre, *v. t.* (*comm.*) to clear (through customs).

ṣdoganàto, *a.* (*comm.*) cleared; duty-paid; ex bond. ● **non s.**, uncleared; uncustomed.

ṣdogàre, *v. t.* to remove staves from (a cask).

ṣdolcinataménte, *avv.* mawkishly; soppily; sloppily.

ṣdolcinatézza, *f.* ***1*** mawkishness; sugariness; soppiness (*fam. GB*); sloppiness (*fam.*) ***2*** (*parole o comportamento sdolcinati*) *V.* **sdolcinatura**.

ṣdolcinàto, *a.* (*lezioso*) full of affectation, namby-pamby; (*zuccheroso*) sugary, cloying; (*svenevole, sentimentale*) mawkish, mushy (*fam.*), soppy (*fam. GB*), sloppy (*fam.*): **versi sdolcinati**, mawkish verse; **maniere sdolcinate**, mawkish (*o* soppy, sloppy) ways; **canzoni sdolcinate**, soppy songs; **sentimentalità sdolcinata**, cloying sentimentality.

ṣdolcinatùra, *f.* (*spesso al pl.*: *modi o manifestazioni sdolcinati*) mawkishness; mush (*fam.*): **Trovo insopportabili le sue sdolcinature**, I find his mawkishness intolerable; **un film pieno di sdolcinature**, a film full of mush; a mushy film.

ṣdoppiaménto (**1**), *m.* (*divisione a metà*) splitting; halving. ● (*psic.*) **s. della personalità**, split personality.

ṣdoppiaménto (**2**), *m.* (*raddoppiamento*) doubling: **s. delle immagini**, doubling of images.

ṣdoppiàre (**1**), *v. t.* (*rendere semplice ciò che è doppio, separare*) to make* single; to separate.

ṣdoppiàre (**2**), **A** *v. t.* (*dividere in due*) to split* (into two parts); to divide (into two parts); to halve: **s. una classe**, to split a class. **B ṣdoppiàrsi,** *v. i. pron.* (*dividersi in due*) to divide (*o* to be divided) into two parts; to split*; to halve. ● (*fig.*) **Per fare tutto dovrei sdoppiarmi**, I'd need four hands to do everything □ **L'immagine si è sdoppiata**, the image has doubled.

ṣdoppiàto, *a.* (*diviso*) split; halved. ● **immagine sdoppiata**, double image.

ṣdottoreggiàre, *v. i.* to put* on learned airs; to show* off one's learning.

ṣdràia, *V.* **sdraio.**

ṣdraiàre, A *v. t.* to lay* down. **B ṣdraiàrsi,** *v. rifl.* to lie* down; to lay* oneself down: **s. sull'erba**, to lie down on the grass; **s. su un letto**, to lie down (on a bed); **Perché non ti sdrai per qualche minuto?**, why don't you lie down for a few minutes?

ṣdraiàto, *a.* lying (down): **Era s. sul sofà**, he was lying on the coach; **Adoro stare s. nell'erba**, I love to lie in the grass.

ṣdràio, *f. invar.* deckchair; chaise-longue (*franc.*).

sdrammatizzàre, *v. t.* to play down; to defuse; to make* less dramatic: **Il governo cerca di s. la crisi**, the government is trying to play down the crisis; **Con una battuta azzeccata riuscì a s. la situazione**, he managed to defuse the situation with a well-timed joke.

ṣdrucciolaménto, *m.* slipping; sliding.

ṣdrucciolàre, *v. i.* to slip; to slide*; to slither: **s. sul ghiaccio**, to slide (*o* to slip) on the ice; **s. su una buccia di banana**, to slip on a banana peel.

ṣdrucciolévole, *a.* slippery; slippy; slithery: **una strada s.**, a slippery road; **strada non s.**, non-slip road.

ṣdrùcciolo (**1**), *a.* (*fon.*) proparoxytone; stressed on the antepenultimate syllable: **parola sdrucciola**, proparoxytone; **verso s.**, line ending with a proparoxytone.

ṣdrùcciolo (**2**), *m.* ***1*** (*pendio*) (steep) slope ***2*** (*sentiero o vicolo in pendenza*) sloping lane; downhill lane ***3*** (*scivolo*) slide; (*piano inclinato*) chute.

ṣdrucciolóne, *m.* slip; slipping; slide. ● **fare uno s.**, to slip down □ **fare gli sdruccioloni sul ghiaccio**, to slide on the ice.

ṣdrucciolóni, *avv.* sliding; slipping. ● **venire giù s.**, to slide down.

ṣdrucciolóso, *a.* slippery; slithery; slippy.

ṣdrucìre, A *v. t.* ***1*** (*strappare*) to rip; to tear*; to rend* ***2*** (*scucire*) to rip the seams of. **B ṣdrucìrsi,** *v. i. pron.* ***1*** (*strapparsi*) to tear*; to get* torn ***2*** (*scucirsi*) to come* unstitched; to split* (*o* to come* apart) at the seams.

ṣdrucìto, *a.* ***1*** (*strappato*) torn; rent; ripped ***2*** (*scucito*) split at the seams ***3*** (*sbrindellato*) tattered; ragged.

ṣdrucitùra, *f.* ***1*** (*lo strappare*) tearing; rending; ripping up ***2*** (*strappo*) tear; rent; rip ***3*** (*scucitura*) split seam.

se (**1**), **A** *cong.* ***1*** (*condizionale*) if; (*a meno che non*) unless: **Se mi dici la verità, ti aiuterò**, if you tell me the truth, I will help you; **Se verrà, glielo dirò**, if he comes, I will tell him; **Se avete dei dubbi, chiedete al vostro medico**, if in doubt, ask your doctor; **Se studierai molto, sarai promosso**, if you study hard, you will pass your exam(s); **Se fossi in te, non lo farei**, if I were you, I would not do it; **Se sapessi che fare, lo farei**, if I knew what to do, I would do it; **Sarebbe comico, se non fosse così triste**, it would be funny, if it wasn't so sad; **Se per caso venisse, accetteresti di vederlo?**, if he were (*o* was) to come (*o* should he come), would you agree to see him?; **Se mi chiedessero che cosa ne penso, non saprei che rispondere**, if (I were) asked what I think of it, I wouldn't know what to answer; **Se me l'avessero detto, avrei accettato**, if they had told me, I would have accepted; **Disse che se fosse passato da Verona, sarebbe venuto a salutarci**, he said that if he passed through Verona, he would come and see us; **Sarebbe stato molto meglio se avesse pagato tutto subito**, it would have been far better if he had paid the whole sum at once; **La storia d'Europa sarebbe stata diversa, se Napoleone avesse vinto a Waterloo**, had Napoleon won at Waterloo, the history of Europe would have been quite different; **Se dici questo, non hai capito niente**, if you say that, you've understood nothing; **Se non succede niente di imprevisto, non ti chiamo**, I won't phone you, unless something unforeseen happens; **Se lo sciopero non rientrerà, domani non ci saranno autobus**, unless the strike has been called off, there won't be any buses tomorrow ***2*** (*causale*: *dal momento che, quando*) if; when; since: **Come posso aiutarti, se non ho denaro?**, how can I help you, if I have no money?; **Se l'ha detto lui stesso, sarà vero**, it must be true, if (*o* since) he said so himself; **D'accordo, se non vuoi, non vuoi**, all right, if you won't you won't; **Perché comprare un'altra lavatrice, se questa funziona ancora benissimo?**, why buy a new washing machine, when this one is still working all right? ***3*** (*concessivo*) if: **Se ho torto io, hai torto anche tu**, if I am wrong, you are wrong, too; **Se tu hai dei problemi, anch'io ho le mie difficoltà**, if you have problems, I have my worries too; **Se arrivò in ritardo, fu solo di qualche minuto**, he was only a few minutes late, if that; **Ci andrò anche se piove**, I'll go there even if it rains; **Se anche papà aveva torto, tu non dovevi rispondergli a quel modo**, even if Dad was wrong, you shouldn't have answered back ***4*** (*dubit.*) whether; if: **È incerto se accettare o no l'offerta**, he is uncertain whether to accept their offer (or not); **Siamo in dubbio se andare o aspettare ancora**, we are in doubt (*o* we are doubtful) whether to go or wait a bit longer; **Non so se egli venga o no**, I don't know whether he will come or not; **Chiedigli se può venire**, ask him whether (*o* if) he can come; **Chissà se ce la faremo a prendere l'ultimo autobus**, I wonder whether we shall catch the last bus; **Chissà se lei lo sa che è sposato**, does she know he's married, I wonder; **Mi domando se sia il caso di informare il direttore**, I wonder whether I should inform the director (*o* whether the director should be informed); **Vedete un po' voi se sia il caso di avvertirli**, you decide whether they should be told; **Guarda se è arrivato il pacco**, see if the parcel has arrived ***5*** (*desiderativo e nelle escl.*) if (only): **Se solo sapessi!**, if only I knew!; **Se solo l'avessi saputo!**, if only I had known!; **Oh, se potessi andare!**, oh, if only I could go!; **Se sapeste! Ci hanno invitato alla prima della Scala!**, do you want to know something? we've been invited for the opening night at La Scala!; **Se vedessi che bambini simpatici!**, you should see how delightful those children are; **Ma se ti giuro che è vero!**, but I'm telling you it's true!; **Ma se ci siamo già stati!**, but we've already been there!; **Ma se l'ho visto con i miei occhi!**, but I saw him with my own eyes!; **Se ce ne vogliono oggi di soldi per comprare un appartamento!**, the money you need to buy a flat these days!; **Lo so io se è duro far quadrare il bilancio**, I know how hard it is to make ends meet; **Pensa un po' se (non) ero addolorato io!**, now think how sorry I was!; **Pensa se ho fatto i salti di gioia!**, as you can imagine I was on cloud nine!; **E se gli regalassimo un cane?**, what about giving him a dog?; **E se facessimo una lunga passeggiata nel pomeriggio?**, what about a long walk in the afternoon?; **E se ci provassimo anche noi?**, suppose we try too? ● **se almeno**, if only: **Se almeno smettesse di piovere!**, if only it would stop raining; **Se almeno tu me l'avessi detto per tempo!**, I wish you had told me in time □ **se così non fosse**, otherwise □ **Se Dio vuole non è qui**, thank God (*o* thank Heaven), he is not here □ **se è così** (*o* **se le cose stanno così**), if that is the case; if so; in that case: **Se è così non ho più niente da dire**, if so (*o* in that case), I have nothing more to say; **Se le cose stanno così, non c'è più nulla da fare**, if that's the case, there is nothing else to do □ **Se fossi in te**, if I were you □ **Se ho ben capito**, if I've got it right □ **se mai**, (*nel caso* *che*) if, in case; (*nell'eventualità*) in the event of; (*se occorre*) if necessary; (*anzi*) if anything; (*nella peggiore delle ipotesi*) at worst, if the worst comes to the worst; (*al massimo*) at most; (*ammesso che*) if ever: **Se mai dovesse rispondere, fammelo sapere**, let me know if he should answer; **Se mai ti trovassi in difficoltà, puoi sempre telefonarmi**, should you have any problems, you can always ring me; **Se mai morissi, qui c'è il mio testamento**, in case I die (*o* in the event of my death, *form.*), here is my will; **Ricordamelo tu, se mai dovessi dimenticarlo**, in case I forget, please remind me (of it); **Se mai, ne parliamo più tardi**, if necessary, we can talk about it later; **Se mai, ora è più difficile**, if anything, it's more difficult now; **Non gli devo niente; se mai, chi è in debito è lui**, I owe him nothing; if anything, he is the one who is in debt; **Tenterò l'esame comunque, se mai mi bocceranno**, I'll sit for the exam in any case - worst they'll flunk me; **Se mai ho conosciuto un farabutto, quello è tuo fratello**, if ever I met a scoundrel, it's your brother ▫ **se no**, if not; otherwise; or; or else: **Se so qualcosa ti telefono, se no ci vediamo domani**, if I find out (*o* hear) something, I'll phone you, if not (*o* otherwise) we'll see each other tomorrow; **Se mi invitano ci vado, se no, no**, if they invite me I'll go, if they don't I won't; **Scappo, se no faccio tardi**, I must hurry or I'll be late; **Sta' zitto, se no le prendi**, shut up, or else I'll smack you ▫ **se non**, if not; (*eccetto*) but, except: **Ci saranno state duecento persone, se non di più**, there must have been two hundred people, if not more; **È un film se non del tutto riuscito quanto meno interessante**, the film is interesting, if not a complete success; **Non c'era nessuno se non un paio d'impiegati**, there was no one except a couple of clerks; **Non si vedeva altro se non un grande fumo**, you could see nothing but smoke everywhere; all you could see was a huge cloud of smoke; **Che cosa potevo fare, se non accettare le sue condizioni?**, what could I do but accept his terms?; **Chi se non un delinquente avrebbe lasciato solo un bambino così piccolo?**, who but a criminal would have left such a small child alone? ▫ **se non altro**, if nothing else; at least; if only: **Se non altro, mi ha chiesto scusa**, he apologized, if nothing else; at least he apologized; **Potresti ascoltare, se non altro**, you could at least listen to me; **Be', se non altro il vaso non si è rotto**, well, at least the vase didn't break; **Bisogna andarci, se non altro per cortesia**, we must go, if only out of politeness ▫ **se non che**, but: **È un buon giovane, se non che ha qualche difetto**, he is a decent young man, though not without defects ▫ **Se non fosse stato per quel pompiere coraggioso, ora non sarei qui**, I wouldn't be here now, but for that brave fireman ▫ **Se non fosse che ho premura, te ne racconterei delle altre**, if I wasn't in such a hurry, I would tell you much more ▫ **Se non sbaglio** (*o* **se non vado errato**), if I am not wrong (*o* mistaken); unless I am wrong (*o* mistaken): **Se non sbaglio quell'uomo io lo conosco**, I know that man, unless I am mistaken ▫ **se occorre**, if necessary ▫ **se possibile**, if possible ▫ **se pure**, if; if indeed; (*ammesso che*), even if, (even) assuming: **Arriverà presto, se pure non è già qui**, he will arrive soon, if indeed he isn't already here; **Ho con me trecentomila lire, se pure mi basteranno**, I have three hundred thousand lire with me, assuming it's enough ▫ **se si vuole** (*o* **se vogliamo**), in a (certain) sense; if you wish: **Anche lui, se vogliamo, ha torto**, in a certain sense, he, too, is wrong ▫ **come se**, as if; as though: **Lo amo come se fosse mio figlio**, I love him as if he were my son; **Lo dici a me, come se io potessi farci qualcosa**, why are you telling me? I can't do any thing about it; **Come se m'importasse di loro!**, as if I cared about them!; **Come se non lo sapessi!**, as if I didn't know ▫ **E mi chiedi se ti amo?**, do I love you? ▫ **neanche** (*o* **nemmeno**) **se**, not even if: **Non ci vado neanche se mi prega in ginocchio**, even if he begs me on bended knees, I won't go; **Non ci andrei nemmeno se mi pagassero**, I wouldn't go if they paid me ▫ **Non so se mi spiego**, (I don't know) if you get my meaning; if you know what I mean ▫ **Vedi se (non) avevo ragione io?**, see if I wasn't right? **B** *m. invar.* if: **Tutto è a posto, ma resta un ultimo se**, everything is settled, apart from a final if; **Con tutti i suoi se e i suoi ma, non si risolve mai**, with all his ifs and buts, he never makes up his mind.

se (**2**), *pron. pers. atono* (*invece di «si», davanti a «lo», «li», «la», «le», «ne»*) – **Se lo mise in tasca**, he put it in his pocket; **Se l'è preso lui**, he took it; **Se ne parla ancora**, they are still talking about it; **Se la prese con me**, he got angry at me; **Se ne sono andati**, they have left.

se (**3**), *pron. rifl.* (*nelle locuz. pron.: se stesso, se stessa, ecc.*) *V.* **sé**.

sé, **A** *pron. rifl. di 3ª pers. m. e f. sing. e pl.* (*a volte rafforzato con* **stesso** *o* **medesimo**) ***1*** oneself; himself, herself, itself; themselves; one; him, her, it; them: **condurre q. via con sé**, to take sb. away with one; **parlare di sé**, to talk about oneself: **Gli [le] piace parlare di sé**, he [she] likes to talk about himself [herself]; **Amano parlare di sé**, they like to talk about themselves; **È sospettoso e tiene tutto per sé**, he's suspicious and keeps everything to himself; **Pensa per sé** (*o* **se stesso**) **e basta**, he [she] cares for nobody but himself [herself]; **Gente simile non sa pensare altro che a sé** (*o* **a se stessa**), people like that only think about themselves; **Può esser soddisfatta di sé**, she has a right to be pleased with herself; **Gli piace far ridere di sé**, he likes to make people laugh at him (*o* to be laughed at); **Le piace far parlare di sé**, she likes to make people talk about her (*o* to be talked about); **Porta sempre pochi soldi con sé**, he always carries little money on him; **Ha portato con sé sua moglie**, he brought his wife along (with him); **Il tornado lasciò dietro di sé lutti e distruzione**, the tornado left behind death and destruction ***2*** – **di sé** (*auto-*), self-: **amore di sé**, self-love; **compassione di sé**, self-pity; **dimentico di sé**, self-forgetful; **padronanza di sé**, self-control; composure; **padrone di sé**, self-possessed (*agg.*); composed (*agg.*); collected (*agg.*); **pieno di sé**, self-important; **rispetto di sé**, self-respect; **sicuro di sé**, self-confident; **soddisfatto di sé**, self-satisfied; **stima di sé**, self-esteem. ● **a sé**, separately; independently; by itself: **Questa faccenda va considerata a sé**, this thing must be dealt with separately; **un caso a sé stante**, a case by itself; a case apart; a special case ▫ **dare il meglio [il peggio] di sé**, to show oneself at one's best [one's worst] ▫ **da sé**, oneself; by oneself: **Ha fatto tutto da sé**, he [she] did it all by himself [herself]; he [she] did it all single-handed; **Dovrà farlo da sé**, he'll have to do it himself; **I bambini si sono fatti da mangiare da sé**, the children cooked their meal by themselves; **Si mette in funzione da sé**, it starts by itself; it activates itself; **La porta si chiude da sé**, the door shuts by itself; **«Si chiude da sé»**, «self-closing (*o* self-locking) door»; **un uomo che si è fatto da sé**, a self-made man ▫ **dentro di sé** (*nel proprio animo*), deep down; within oneself; to oneself; inwardly: **Dentro di sé non era troppo convinto**, deep down he wasn't fully convinced; **«Staremo a vedere» disse dentro di sé**, «we'll wait and see» he said to himself ▫ **di per sé** (*o* **di per se stesso**), itself; in itself: **La cosa di per sé ha poca importanza**, the thing itself is not very important; **È un esperienza di per sé** (*o* **di per se stessa**) **interessante**, it's an interesting experience in itself ▫ **essere fuori di sé**, to be beside oneself; to be out of one's mind; to have taken leave of one's senses: **Era fuori di sé per l'ira**, he [she] was beside himself [herself] with anger; **Tu sei fuori di te, ragazzo mio**, you're out of your mind, my boy ▫ **essere in sé**, to be oneself ▫ **fra sé**, to oneself: **Borbottava fra sé**, he was mumbling to himself; **parlare [pensare] fra sé**, to talk [to think] to oneself; **«Meno male» disse fra sé e sé**, «thank goodness» she said to herself ▫ **in sé (e per sé)**, itself; in itself; taken by itself: **La cosa in sé e per sé mi lascia abbastanza indifferente**, the thing leaves me rather cold in itself; **Crescere in un ambiente simile è in sé un privilegio**, to grow up in such an environment is itself a privilege ▫ **non essere in sé**, to be beside oneself; to be out of one's mind; to be off one's head ▫ **la parte migliore [peggiore] di sé**, one's better [worse] self ▫ **tornare in sé**, (*rinvenire*) to come round; (*rinsavire*) to come to one's senses, to come to oneself ▫ **Va da sé (che)**, it goes without saying (that) ▫ (*prov.*) **Chi fa da sé, fa per tre**, if you want a thing (well) done, do it yourself ▫ (*prov.*) **Ognun per sé e Dio per tutti**, every man for himself, and God for us all. **B** *m.* (*psic.*) self.

sebàceo, *a.* (*anat.*) sebaceous: **ghiandole sebacee**, sebaceous glands.

sebàcico, *a.* (*chim.*) sebacic.

Sebastiàno, *m.* Sebastian.

Sebastòpoli, *f.* (*geogr.*) Sebastopol.

sebbène, *cong.* although; (even) though: **S. fosse freddo, non accese il fuoco**, although it was cold, he did not light the fire; **Continuò a lavorare, s. fosse molto tardi**, although it was very late, he went on working; **Venne, s. fosse ammalato**, he came, even though he was ill.

sèbo, *m.* (*fisiol.*) sebum.

seborrèa, *f.* (*med.*) seborrh(o)ea.

seborròico, *a.* (*med.*) seborrh(o)eic.

secànte, *a. e f.* (*geom.*) secant.

sécca, *f.* ***1*** (*basso fondale*) shoal, shallows (*pl.*), sandbank; (*all'entrata di un porto o alla foce di un fiume*) sand bar ***2*** (*scarsità d'acqua*) dryness: **il torrente è in s.**, the river is dry; **andare in s.**, to run dry. ● (*fig.*) **abbandonare q. nelle secche**, to leave sb. stranded (*o* high and dry, in the lurch) ▫ (*naut.*) **andare** (*o* **dare**) **in s.**, to run aground ▫ (*naut.*) **in s.**, aground; beached; in low water(s) (*avv.*); high and dry (*pred.*) ▫ (*fig.*) **essere in s.** (*avere pochi soldi*), to be hard-up; to be broke ▫ (*fig.*) **trovarsi nelle secche**, to be stranded; to be high and dry.

seccaménte, *avv.* (*bruscamente*) abruptly, sharply, brusquely, curtly; (*recisamente*) flatly, point-blank, squarely: **dire q.c. s.**, to say st. sharply (*o* brusquely); **rispondere s.**, to answer brusquely (*o* curtly); to give a curt (*o* sharp) answer; **rifiutarsi s.**, to refuse flatly; **negare q.c. s.**, to deny st. point-blank.

seccànte, *a.* (*noioso*) boring, tedious, tiresome, wearisome; (*irritante*) annoying, bothersome, troublesome, irksome, provoking, nagging, aggravating (*fam.*); (*scomodo*) inconvenient: **Non sai quanto sia s.**, you don't know how boring he is; **È molto s. perdere un treno**, it's very annoying to miss a train; **È s. abitare così lontano**, it's inconvenient to live so far away: **un individuo s.**, a boring person; a bore; a pain in the neck (*fam.*); **che faccenda s.!**, what a bother (*o* nuisance)!; how annoying!; how aggravating! (*fam.*).

seccàre, **A** *v. t.* ***1*** to dry; to dry up (*anche fig.*); to desiccate; to parch; (*prosciugare*) to drain; (*far appassire*) to wither up, to sear: **s. i fichi**, to dry figs; **s. il terreno**, to dry up the ground; **s. un pozzo**, to dry up (*o* to drain) a well; **s. la vena poetica di q.**, to dry up sb.'s poetic vein ***2*** (*fig.*: *annoiare*) to bore, to weary; (*irritare, infastidire*) to bother, to annoy, to pester, to plague, to irk, to vex, to nag, to peeve (*fam.*), to aggravate (*fam.*); (*disturbare*) to bother, to trouble, to inconvenience, to put* out: **s. q. con domande sciocche**, to bother (*o* to plague) sb. with foolish questions; **Spero che non ti seccheranno**, I hope they will not bother you; **Fu chiaramente seccata dalla mia risposta**, my answer clearly annoyed (*o* irked) her; **Non mi s.!**, don't bother me!; leave me alone!; **Ti secca se ti lascio solo un istante?**, do you mind if I leave you alone for a second?; **Mi seccava dover ammettere che aveva ragione**, it vexed me to have to admit he was right; **Mi spiace seccarti con questa faccenda**, I'm sorry to bother (*o* to trouble) you with this matter. **B** *v. i.* (*diventare secco*) to dry (up); (*appassire*) to wither: **far s. q.c.**, to dry up; to put (*o* to hang) st. out to dry; **mettere i funghi a s.**, to put the mushrooms out to dry (in the sun). **C seccàrsi,** *v. i. pron.* **1** (*prosciugarsi*) to dry up, to run* dry; (*diventare secco*) to get* dry, to feel* dry; (*appassire*) to wither: **Il torrente si secca in estate**, the river dries up in summer; **Mi si è seccata l'azalea**, my azalea has withered; **A furia di parlare mi si è seccata la lingua**, my tongue feels dry after so much talking; (*scherz.*) **E allora? Ti si è seccata la lingua?**, well? has the cat got your tongue? **2** (*fig.*: *annoiarsi*) to get* bored; (*irritarsi*) to get* annoyed, to get* peeved (*fam.*); (*stufarsi*) to get* fed up.

seccàto, *a.* **1** dried; dried up; desiccated; parched; (*prosciugato*) drained; (*appassito*) withered: **s. al sole**, sun-dried **2** (*fig.*: *annoiato*) bored; (*irritato*) annoyed, irritated, bothered, vexed, irked, aggravated (*fam.*), peeved (*fam.*), put out (*fam., pred.*), in a huff (*fam., pred.*); (*stufo*) tired, fed up (*fam.*): **essere s. di q.c. [con q.]**, to be annoyed at st. [with sb.]; **Era troppo s. per parlare**, he was too irritated to speak; **avere l'aria seccata**, to look annoyed; **uno sguardo s.**, an irritated look; a look of annoyance; **«Sei in ritardo!» disse in tono s.**, «you are late!» he snapped; **Se ne andò tutto s.**, he left in a huff; **Sono s. di tutto**, I'm tired of everything; I'm fed up with everything.

seccatóio, *m.* **1** drying room **2** (*naut.*) squeegee.

seccatóre, *m.* (*f.* **-trice**) bore; tiresome person; nuisance; pest; pain in the neck (*fam.*).

seccatùra, *f.* (*noia*) bore; (*irritazione*) bother, annoyance, vexation, aggravation (*fam.*); (*fastidio*) trouble, inconvenience, nuisance, hassle (*fam.*): **avere molte seccature**, to have a lot of trouble; **Che s.!**, what a nuisance!; how infuriating!; how aggravating! (*fam.*); **Mi spiace darti questa s.**, I'm sorry to trouble you with this; I'm sorry to inflict this upon you; **Non voglio seccature!**, I don't want any trouble! (*o, fam.*, any hassle); **Non voglio dare seccature a nessuno**, I hate causing inconvenience to people; I don't want to inconvenience anyone.

seccherìa, *f.* (*ind. della carta*) dry end.

secchézza, *f.* **1** (*aridità*) dryness (*anche fig.*); aridity: **la s. del terreno**, the dryness of the soil **2** (*magrezza*) thinness; leanness.

sécchia, *f.* **1** bucket; pail **2** (*contenuto di una s.*) bucket(ful); pail(ful) **3** (*gergo studentesco*) swot (*GB*); grind (*USA*). ● (*metall.*) **s. di colata**, ladle.

secchiàta, *f.* **1** bucketful **2** (*gergo studentesco*) stint of swotting.

secchièllo, *m.* (small) bucket: **un s. per il ghiaccio**, an ice-bucket.

sécchio, *m.* **1** pail; bucket: **un s. di latte**, a pail of milk **2** (*contenuto di un s.*) pailful; bucketful. ● **s. del carbone**, coal scuttle □ **s. della spazzatura**, dustbin (GB); garbage can (*USA*).

secchióne, *m.* **1** (*metall.*) ladle **2** (*f.* **-a**) (*gergo studentesco*) swot (*GB*); grind (*USA*).

sécco, A *a.* **1** dry; arid; (*fatto seccare*) dried; (*disseccato, asciutto*) dried up, parched; (*appassito*) withered, sear, dead: **legno s.**, dry wood; **paglia secca**, dry straw; **pane s.**, dry (*o* stale) bread; **un pozzo s.**, a dry well; **un ruscello s.**, a dry brook; **un vento s.**, a dry wind; **vapore s.**, dry steam; **clima s.**, dry climate; **terreni secchi**, dry (*o* arid) lands; **fichi secchi**, dried figs; **legumi secchi**, dried pulses; **un albero s.**, a dead tree; **fiori secchi**, (*appassiti*) withered (*o* dead) flowers; (*fatti seccare*) dried flowers; **una tosse secca**, a dry (*o* a hacking) cough; **vini secchi**, dry wines; **gola secca**, dry (*o* parched) throat; **avere la gola secca**, to be (*o* to feel) dry; to be parched **2** (*magro*) thin; lean; skinny; angular; gaunt: **braccia secche**, thin arms; **gambe secche**, skinny legs; **figura secca**, lean figure; **essere s. come uno stecco** (*o* **come un chiodo**), to be as thin as a rake **3** (*fig.*: *brusco*) abrupt, curt, blunt; (*deciso, reciso*) flat, point-blank, square, sharp; (*di rumore*) dry, sharp: **maniere secche**, brusque manners; **risposta secca**, curt answer; flat reply; **stile secco**, sharp (*o* terse) style; **secca smentita**, curt denial; **un no s.**, a flat no; **rispondere con un no s.**, to refuse point-blank; **rifiuto s.**, point-blank refusal; rebuff; **ordine s.**, sharp order; curt order; **un colpo s.**, a sharp (*o* clean) stroke; a single blow; (*rumore*) sharp noise, clack; **Lo spaccò con un colpo s.**, he split it at a single blow **4** (*Borsa, fin.*) ex dividend; ex interest: **corso s.**, ex dividend price. ● (*fam.*) **Gli è venuto un colpo s.**, (*è morto*) he dropped dead; (*è rimasto sconvolto*) he nearly dropped dead, he nearly died □ **fare s. q.**, to kill sb. □ **perdita secca**, net loss; clean loss □ **restarci s.**, to drop dead (*anche fig.*); **A momenti ci restavo s.**, I nearly died. **B** *m.* **1** (*aridità*) dryness; (*siccità*) drought, dry weather **2** (*parte secca*) dry part. ● (*elettr.*) **a s.** (*scarico*), flat: **batteria a s.**, flat battery □ **essere a s. di q.c.**, to have run out of st.; **essere a s. di quattrini**, to be penniless (*o* broke) □ (*naut.*) **in s.**, aground (*pred.* e *avv.*): **nave in s.**, ship aground; **finire in s.** to run aground □ **lasciare in s.**, (*naut.* e *fig.*) to leave stranded; (*fig.*) to leave (sb.) in the lurch (*o* high and dry) □ **lavare a s.**, to dry-clean □ **lavatura a s.**, dry-cleaning □ **muro a s.**, dry(-stone) wall □ **pila a s.**, dry cell □ **rimanere in s.**, (*naut.* e *fig.*) to be stranded; (*fig.*) to be left without a penny (*o* penniless) □ (*naut.*) **tirare una barca in s.**, to beach a boat.

seccùme, *m.* withered branches and leaves; (*foglie secche*) dead leaves.

secentésco, *a.* **1** (*arte, letter.*) seventeenth-century (*attr.*) **2** (*per estens.*: *ampolloso, barocco*) baroque, pompous; (*di linguaggio*) grandiloquent, euphuistic.

secentèṣimo, *a. num. ord.* e *m.* six hundredth.

secentiṣmo, *m.* **1** (*arte, letter.*) seventeeth-century style **2** (*per estens.*: *concettosità, preziosismo*) preciosity; euphuism.

secentista, *m.* e *f.* **1** (*arte, letter.*) seventeenth-century writer (*o* artist); (*per l'arte italiana*) Seicento writer (*o* artist) **2** (*specialista del Seicento*) seventeenth-century specialist.

secentìstico, *V.* **secentesco**.

secèrnere, *v. t.* (*biol.*) to secrete.

secessióne, *f.* **1** secession; breakaway: **guerra di s.**, war of secession; **C'è stata una s. nel partito**, a faction has broken away from the party **2** (*stor. arte*) Secession.

secessionìsta, A *a.* secessionist; breakaway (*attr.*). **B** *m.* e *f.* secessionist.

secessionìstico, *a.* secessionist (*attr.*); secessional; breakaway (*attr.*).

séco, *pron. pers. m.* e *f.* 3ª *pers. compl. indir.* (*lett.*: *con sé*) (along) with one; (*con lui, lei, esso, loro, ecc.*) (along) with him [her, it, them, etc.]: **Lo presero s.**, they took him (along) with them; they took him along. ● **avere s. del denaro**, to have some money on one □ **Parlava s. medesimo**, he was talking to himself.

secolàre, A *a.* **1** (*vecchio di secoli*) centuries old (*pred.*); century-old (*attr.*); age-old (*attr.*); age-long (*attr.*); ancient: **rancori secolari**, age-long enmities; **una quercia s.**, an ancient oak; **un'istituzione s.**, an age-old institution; **tradizione s.**, age-long (*o* time-honoured) tradition **2** (*laico*) lay, secular; (*mondano*) worldly, temporal; (*eccles.*: *che vive nel secolo*) secular: **potere s.**, secular power; **beni secolari**, worldly goods; **il foro s.**, the secular court (of justice); **il clero s.**, the secular clergy; **il braccio s.**, the secular arm **3** (*che si verifica ogni secolo*) centennial; secular: **celebrazioni secolari**, centennial celebrations; **i giochi secolari**, the secular games; **un carme s.**, a secular hymn (*o* poem). **B** *m.* (*laico*) layman*; secular: **i secolari**, the laity.

secolarésco, *a.* (*lett.*) worldly.

secolarità, *f.* (*lett.*) secularity.

secolariẓẓàre, *v. t.* to secularize; to laicize.

secolariẓẓazióne, *f.* secularization; laicization.

sècolo, *m.* **1** century: **il s. scorso**, the last century; **nel primo s. dell'era cristiana**, in the first century of the Christian era; **un s. avanti Cristo**, a century before Christ; **un s. dopo Cristo**, a century after Christ; **nel terzo s. avanti C. [dopo C.]**, in the third century B.C. [A.D.]; **le guerre del diciassettesimo s.**, the sixteenth-century wars; **questa casa ha un s.**, this house is a century old; **È morto da più d'un s.**, he has been dead for more than a century; **l'avvenimento del s.**, the event of the century; **È uno dei migliori pittori del nostro s.**, he's one of the finest painters of the century **2** (*era, epoca*) era; epoch; age; time (*o* times); days (*pl.*): **il s. di Augusto**, the Augustan Age; **il s. dei lumi**, the Age of Enlightenment; **i secoli bui**, the dark ages; **il s. d'oro della letteratura inglese**, the golden age of English literature; **un dipinto che riflette il gusto del s.**, a painting that reflects the taste of its time (*o* age); **le follie del s.**, the follies of the age; **le meraviglie del nostro s.**, the wonders of our time (*o* of our age) **3** (*fig.*: *tempo lunghissimo*) ages (*pl.*); years (and years) (*pl.*); time immemorial; donkey's years (*pl.*) (*fam.*): **secoli fa**, ages ago; in the year dot (*fam.*); **Non lo vedo da un s.**, I haven't seen him in years (*o* for ages, *o, fam.*, since the year dot, for donkey's years, for yonks); **Ci conosciamo da secoli** (*o* **da un s.**), we've known each other for years (*o* for ages); **Ti ho aspettato un s.**, I have been waiting for you for ages; **Non metterci secoli, per favore**, please don't be too long about it; **La regione è disabitata da secoli**, the region has been uninhabited since time immemorial **4** (*fig.*: *il mondo*) world; (*la vita terrena*) this life: **rinunziare al s.**, to renounce the world; **passare di questo s.**, to leave this life. ● **a cavallo del s.**, at the turn of the century □ **al s.**, (*di religioso*) in the world; (*il cui vero nome è*) whose real name is: **Fra Biagio, al s. Giovanni Bernuzzi**, Fra Biagio, in the world Giovanni Bernuzzi; **Totò, al s. Antonio De Curtis**, Totò, whose real name was Antonio De Curtis □ **con l'andare dei secoli**, in the course of time □ **dal principio dei secoli**, from the dawn (*o* the beginning) of time; from time immemorial □ **figlio del proprio s.**, a product of one's time □ **la fine dei secoli**, the end of time □ **nei secoli**, throughout the ages □ **nei secoli a venire**, in times to come □ **la notte dei secoli**, the beginning of time; the dim past; the night of time: **perdersi nella notte dei s.**, to go back to the beginning of time; to be lost in antiquity □ **per tutti i secoli dei secoli**, world without end; to the end of time; for ever and ever □ **il volgere del s.**, the turn of the century.

secónda, *f.* **1** (*a scuola*) second year; second form (*GB*); second grade (*USA*) **2** (*autom.*)

second gear; second (*fam.*): **inserire la s.**, to engage second gear; **mettere la s.**, to change (*o* to shift) into second; **partire in s.**, to jump-start **3** (*ferr.*) second class: **viaggiare in s.**, to travel second class; **carrozza di s.**, second-class coach **4** (*naut.*) cabin-class **5** (*comm.*) second of exchange **6** (*mat.*) second power; power of two: **elevare alla s.**, to raise to the second power; to square **7** (*mus.*) second: **un intervallo di s. maggiore [minore]**, a major [minor] second **8** (*teatr.*) second performance; second night **9** (*scherma*) seconde. ● **a s. di**, according to; depending on; in accordance with: **a s. delle circostanze**, according to circumstances □ **a s. che**, according to whether; depending on whether □ **comandante in s.**, (*mil.*) second-in-command (*anche fig.*); (*naut.*: *nella marina militare*) second in command, commander (*GB*), executive officer (*USA*, *abbr.* exec); (*nella marina mercantile*) (second) mate.

secondaménto, *m.* **1** (*il secondare*) favouring; compliance; indulgence **2** (*fisiol.*) discharge of the afterbirth.

secondàre, **A** *v. t.* (*appoggiare*) to support, to back; (*agevolare*) to assist, to favour, to favor (*USA*); (*assecondare*) to comply with; (*indulgere*) to indulge, to gratify, to humour, to humor (*USA*): **s. una proposta**, to support a proposal; **s. i desideri di q.**, to comply with sb.'s wishes; **s. le proprie inclinazioni**, to indulge (*o* to gratify) one's inclinations; **s. i capricci di q.c.**, to indulge sb.'s whims; **s. l'umore di q.**, to humour sb. **B** *v. i.* (*fisiol.*) to expel the placenta; to discharge the afterbirth.

secondariaménte, *avv.* **1** secondarily **2** (*in secondo luogo*) secondly; in the second place; second **3** (*in un secondo tempo*) later; subsequently.

secondarietà, *f.* secondariness.

secondàrio, **A** *a.* **1** (*di secondo grado*) secondary: **istruzione secondaria**, secondary education; **scuole secondarie**, secondary schools **2** (*in sottordine, subordinato, complementare, minore, marginale*) secondary; subordinate; side (*attr.*); by (*attr.*); minor, marginal; accessory; incidental: **un'autorità secondaria**, a secondary authority; **avere un ruolo s.**, to play a minor role; **posizione secondaria**, subordinate position; **una questione di importanza secondaria**, a minor matter; a side issue; **accento s.**, secondary stress; **attività secondaria**, sideline; second job; (*econ.*) secondary industry; **effetto s.**, side effect; **ingresso s.**, side entrance; **intreccio s.**, subplot; (*ferr.*) **linea secondaria**, branch line; **prodotto s.**, by-product; **proposizione secondaria**, subordinate (*o* dependent) clause; **strada secondaria**, secondary (*o* minor) road; by-road; **ufficio s.**, branch office **3** (*chim.*, *fis.*, *med.*, *biol.*) secondary **4** (*geol.*) secondary; (*mesozoico*) Mesozoic. **B** *m.* (*geol.*) Mesozoic (era).

secondino, *m.* prison guard; jailer; warder (*GB*).

secóndo (1), **A** *a. num. ord.* **1** second; (*per qualità*) second best; (*per grandezza*) second largest; (*per lunghezza*) second longest; (*per importanza*) second most important; (*successivo, prossimo*) next, latter; (*più giovane di due*) younger: **Giacomo II**, James the Second; **il s. anno**, the second year; **il s. atto**, the second act; act two; **il s. premio**, the second prize; **la seconda volta**, the second time; **un posto di seconda fila**, a seat in the second row; a second-row seat; **un biglietto di seconda classe**, a second-class ticket; **abitare al s. piano**, to live on the second floor; **un s. Raffaello**, a second Raphael; **Per noi è un s. padre**, he is a second father to us; **non essere s. a nessuno**, to be second to none; **Qual è la seconda città d'Italia?**, what's the second largest city in Italy?; **St. Louis è il s. centro ferroviario degli Stati Uniti**, St. Louis is the second most important railroad centre in USA; **Sono entrato per s.**, I went in next; I went in second; **la seconda metà del secolo**, the latter half of the century **2** (*lett.*: *favorevole*) favourable: **venti secondi**, favourable (*o* fair) winds. ● **seconda colazione**, lunch □ **s. fine**, ulterior motive □ **s. impiego** (*o* **lavoro**), second job; sideline; **avere un s. lavoro** (*illegale*), to moonlight (*pop.*) □ **s. nome** (*di mezzo*), middle name □ **s. Ottocento**, the latter half of the nineteenth century □ (*naut.*) **s. ufficiale**, (second) mate □ (*mus.*) **s. violino**, second violin □ **arrivare s.**, to come in second; to finish second □ **di seconda categoria**, second-rate: **un albergo di seconda categoria**, a second-rate hotel □ **di seconda mano**, second-hand: **libri di seconda mano**, second-hand books □ **di s. piano**, minor; lesser □ **in s. luogo**, in the second place; secondly □ **in s. piano**, in the background □ **in un s. tempo**, later; subsequently; at a later date □ (*comm.*) **merci di seconda qualità**, middling goods; seconds □ **minuto s.**, second □ **Non vuole essere s. a nessuno**, he won't play second fiddle to anybody. **B** *m.* (*f.* **-a**) **1** second; latter: **Il primo non valeva niente, il s. era migliore**, the first (one) was no good; the second (one) was better; **Conosco sia Enrico sia suo fratello e mi è più simpatico il s.**, I know both Enrico and his brother and I like the latter better **2** (*minuto s.*, *anche fig.*) second: **Sessanta secondi fanno un minuto**, sixty seconds make a minute; **Aspetta un s.!**, wait a second!; wait a sec!; **fra un s.**, in a second **3** (*padrino in un duello, assistente di pugile*) second: **Fuori i secondi!**, seconds out of the ring! **4** (*mil.*) second-in-command; (*naut.*: *nella marina militare*) commander (*GB*), executive officer (*USA*, *abbr.* exec); (*nella marina mercantile*) (second) mate **5** (*s. piatto*) main (*o* second) course. ● **s. arrivato**, runner-up □ **eterno s.**, runner-up □ **la lancetta dei secondi** (*di un orologio*), the second hand. **C** *avv.*, *V.* **secondariamente**, *def.* 2.

secóndo (2), *prep.* (*conformemente a*) in conformity with, in accordance with, by; (*stando a, a parere di*) according to, in the opinion of; (*in base a, in rapporto con*) according to, depending on: **s. la vostra richiesta**, in conformity with your request; **s. l'uso**, in accordance with custom; **agire s. la legge**, to act in accordance with the law; **s. il bollettino meteorologico**, according to the weather forecast; **s. la Bibbia**, according to the Bible; **s. quel che mi disse**, according to what he told me; **s. le circostanze**, according to circumstances; **ricompensare s. il merito**, to reward according to merit; **Arriverò alle dieci o alle due, s. il treno che prendo**, I'll arrive at either ten or two, depending on which train I take. ● **s. che**, according to whether; depending on whether: **s. che gli piaccia o no**, according to whether he likes it or not □ **s. come si mettono le cose**, depending on how it turns out □ **s. i precedenti accordi**, as previously agreed upon □ **s. il bisogno**, according to one's needs; as needed; as required □ **s. il caso**, according to circumstances □ **s. il giudizio dei più**, in the opinion of the majority; reputedly □ **s. il mio modo di vedere**, to my way of thinking □ **s. il solito**, as usual □ **s. il vento**, with the wind □ **s. l'opinione corrente**, in the current view □ (*comm.*) **s. l'ordine dato**, as per order given □ **s. la corrente**, with the current; (*di fiume*) downstream □ **s. la moda francese**, after the French fashion □ **s. le circostanze**, depending on circumstances □ **s. le clausole del trattato**, under the terms of the treaty □ **s. le condizioni del tempo**, depending on the weather □ **s. le esigenze del caso**, as the occasion may require; as needed □ **s. le istruzioni**, according to the instructions; following the instructions; as instructed □ **s. i piani**, according to plan □ **s. le parole di Dante**, in Dante's words □ **s. le regole**, following the rules; (*fig.*) by the book □ **s. me [te, ecc.]**, in my [your, etc.] opinion; to my (your, etc.) mind □ **s. lui**, according to him; in his opinion □ **s. quanto annunciato al telegiornale**, as was reported in the news □ **Agiremo s. quanto lei ha proposto**, we will do as you suggest □ **s. il mio orologio**, by my watch □ **agire s. coscienza**, to follow one's conscience □ **il Vangelo s. Matteo**, the Gospel according to Matthew □ **vivere s. natura**, to follow nature □ **«Glielo dirai?» «S.»**, «are you going to tell him?» «it depends (*o* it all depends)».

secondogènito, **A** *a.* second-born. **B** *m.* (*f.* **-a**) second born.

secondogenitùra, *f.* secundogeniture.

secrétaire (*franc.*), *m.* secretaire; secretary; bureau* (*GB*).

secretina, *f.* (*biol.*) secretin.

secretivo, *a.* (*biol.*) secreting; secretory.

secréto, (*biol.*) **A** *a.* secreted. **B** *m.* secretion.

secretóre, (*biol.*) **A** *a.* secretory. **B** *m.* secretory organ.

secretòrio, *a.* (*biol.*) secretory; secretionary: **dotto s.**, secretory duct.

secrezióne, *f.* (*biol.*) secretion: **la s. della saliva**, the secretion of saliva.

securitizzazióne, *f.* (*econ.*) securitization.

sèdano, *m.* **1** (*bot.*, *Apium graveolens*) celery **2** (*bot.*) – **s. di montagna** (*Levisticum officinale*), lovage; **s. rapa** (*Apium graveolens rapaceum*), celeriac; **s. dei prati** (*Heracleum sphondylium*), cow parsnip.

sedàre, *v. t.* **1** (*placare, calmare*) to calm, to soothe, to assuage, to placate, to allay; (*pacificare*) to pacify, to compose: **s. il dolore**, to calm (*o* to soothe) pain; **s. la fame**, to assuage (*o* to placate) hunger; **s. le passioni**, to assuage passions; **s. i timori**, to allay fears; **s. una lite**, to intervene to bring an end to a quarrel **2** (*reprimere*) to put* down; to repress: **s. una rivolta**, to put down a rebellion.

sedataménte, *avv.* quietly; calmly.

sedativo, *a. e m.* (*farm.*) sedative.

sedazióne, *f.* (*med.*) sedation.

sède, *f.* **1** (*generalm.*) seat; (*ufficio*) office, premises (*pl.*); (*agenzia*) branch; (*posto in cui ha luogo un'attività temporanea*) centre, center (*USA*), venue; (*dimora stabile*) residence: **La s. del governo italiano è a Roma**, Rome is the seat of the Italian Government; **La fondazione ha s. in un moderno palazzo del centro**, the foundation has its premises (*o* offices) in a modern building in the centre of town; **Il cuore era un tempo considerato la s. delle passioni**, the heart was once considered the seat of passions; **la s. centrale d'una banca**, the head office of a bank; **la s. torinese di una ditta**, the Turin branch (*o* office) of a firm; **L'ufficio ha cambiato s.**, the office has changed premises; **La nostra banca ha sedi in tutto il mondo**, our bank has branches all over the world; **una s. d'esami**, an examination centre; **la s. di un convegno**, the venue of a conference; **La s. del festival quest'anno sarà Bergamo**, Bergamo will be the venue for the festival this year; **fissare la propria s. in un luogo**, to take up residence in a place **2** (*eccles.*) see: **la Santa S.**, the Holy See; **la S. Apostolica**, the Apostolic See; **s. vescovile**, see; diocese; **s. vacante**, vacant Papal See **3** (*per estens.*: *luogo, momento, occasione*) place; time; occasion: **Questa non è la s. adatta per discutere di cose simili**, this is not the best place to discuss such matters; **Ne riparleremo in altra s.**, we'll talk about it at another time **4** (*mecc.*: *di valvola*) seat, seating; (*di cuscinetto*) housing: **s. conica**, conical seat; **s. piana**, flat seat; **ripassare le sedi delle valvole**, to recondition the valve seats. ● **s. centrale**, headquarters (*anche fig.*); head office □ (*mecc.*) **s. di bloccaggio**, lock slot □ **s. distaccata**, branch office □ (*mecc.*) **s. di rotolamento**, race □ **s. legale**, registered office □ **s. stradale**, roadway; carriageway □

s. tranviaria, tram lane; tram lines (*pl.*) □ **città s. di università**, university town □ **fuori s.** (*fuori ufficio*), temporarily absent; out; away □ **in s.** (*in ufficio*), in the office; on the premises □ **in separata s.**, in a special session; (*leg.*) out of court; (*privatamente*) in private; (*in altro momento*) at another time □ **in s. di**, during: **in s. di esami**, during the examinations; **in s. di giudizio**, during judgment; **in s. di discussione**, during the discussion; **in s. di commissione parlamentare**, at committee stage □ **trasferito ad altra s.**, transferred to another town.

sedentarietà, *f.* sedentariness.

sedentàrio, A *a.* sedentary: **una vita sedentaria**, a sedentary life; **un impiego s.**, a sedentary employment; **una popolazione sedentaria**, a sedentary people. **B** *m.* (*f.* **-a**) sedentary person.

sedènte, *a.* ***1*** sitting; seated ***2*** (*arald.*) sejant.

sedére (1), A *v. i.* ***1*** (*essere seduto*) to sit*, to be sitting, to be seated; (*mettersi a sedere*) to sit* (down), to take* a seat, to be seated, (*da una posizione sdraiata*) to sit* up: **Sedeva alla scrivania**, he was sitting (*o* he sat) at the desk; **Sedette accanto al fuoco**, he sat down by the fire; **l'uomo che mi sedeva vicino**, the man seated (*o* sitting) next to me; **Sedete, prego!**, please sit down!; please take a seat! ***2*** (*esercitare il proprio ufficio*) to sit*: **s. giudice**, to sit in judgment ***3*** (*avere seggio*) to sit*, to have a seat; (*essere in riunione*) to sit, to be in session: **s. in Parlamento**, to sit in Parliament; **s. nel consiglio di amministrazione**, to sit on the board of directors; **s. sul trono**, to sit on the throne; **La giuria siede in camera di consiglio da sei ore**, the jury has been sitting for six hours ***4*** (*fig.*: *essere situato*) to sit*; to be situated; to lie*: **Il villaggio siede tra vigne e prati**, the village lies among vineyards and meadows; **Roma siede sulle rive del Tevere**, Rome is situated on the banks of the Tiber. ● (*fig.*) **s. a scranna**, (*dettar legge*) to lay down the law; (*giudicare*) to sit in judgment (on sb.) □ **s. ai piedi di q.**, to sit at sb.'s feet □ **s. al volante di una macchina**, to be at the wheel of a car □ **s. con le gambe incrociate** (*o* **alla turca**), to sit cross-legged □ (*autom.*) **s. davanti [dietro]**, to sit in the front [back] seat □ **s. diritto**, to sit up; to sit erect □ (*fig.*) **s. in cattedra**, to pontificate □ **s. per terra**, to sit on the ground □ **s. scompostamente**, to sprawl; to loll □ **alzarsi da s.**, to stand up; to rise (from one's seat) □ **drizzarsi a s.**, to sit up □ **fare s. q.**, to sit sb. (down); to seat sb.: **Fece s. la vecchietta accanto al fuoco**, he seated the old lady by the fire; **Fai s. la signora!**, give up your seat to the lady! □ **offrire** (*o* **dare**) **da s.**, to offer a seat □ **posti a s.**, seats □ **L'autobus ha 38 posti a s.**, the bus can seat 38 people □ **rimettersi a s.**, to sit down again; to resume one's seat (*form.*) □ (*fig.*) **non stare mai a s.**, to be constantly on the go □ **tirarsi su a s.**, to sit up □ **trovare da s.**, to find a seat. **B sedérsi**, *v. i. pron.* to sit* (down); to seat oneself; to be seated; to take* a seat: **Si sedette nella sua poltrona preferita**, he sat in his favourite armchair; **Sediamoci qui**, let's sit here; **Sediamoci!**, let's sit down!; **s. a tavola**, to sit down at (the) table; **Si sieda, prego**, please sit down; please be seated; **Siediti**, take a seat; take a pew (*scherz.*).

sedére (2), *m.* ***1*** (*l'essere seduto*) sitting ***2*** (*deretano*) bottom; buttocks (*pl.*); backside (*fam.*); bum (*pop. GB*); fanny (*pop. USA*): **dare un calcio nel s. a q.**, to kick sb.'s bottom; **picchiare il s. per terra**, to fall (*o* to land) on one's backside ***3*** (*parte di abito*) seat: **pantaloni rotti nel s.**, trousers torn in the seat. ● (*pop.*) **prendere q. per il s.**, to take the mickey out of sb.; to take sb. for a ride.

sèdia, *f.* chair: **s. a braccioli**, easy chair; armchair; elbow chair; **s. a dondolo**, rocking chair; rocker (*USA*); **s. a rotelle**, wheelchair; **s. a sdraio**, deckchair; chaise-longue (*franc.*); **s. da giardino**, garden chair; **s. di vimini**, basket chair; **s. elettrica**, electric chair; chair (*pop.*); **s. gestatoria**, gestatorial chair; **s. girevole**, swivel chair; **s. impagliata**, straw-bottomed chair; **s. pieghevole**, folding chair. ● **giustiziare sulla s. elettrica**, to electrocute □ **mandare alla s. elettrica**, to send to the electric chair; to fry (*pop.*) □ **morire sulla s. elettrica**, to be electrocuted; to fry (*pop.*).

sediàrio, *m.* gestatorial chair carrier.

sedicènne, A *a.* sixteen-year-old (*attr.*); sixteen years old (*pred.*); aged sixteen (*pred.*): **una ragazza s.**, a sixteen-year-old girl; a girl aged sixteen. **B** *m.* sixteen-year-old boy. **C** *f.* sixteen-year-old girl.

sedicènte, *a.* would-be; self-styled; self-proclaimed.

sedicèṣimo, A *a. num. ord. e m.* sixteenth: **la sedicesima parte**, the sixteenth part. **B** *m.* (*tipogr.*) sexto-decimo; sixteenmo* (*abbr.* 16mo): **in s.**, in sixteenmo; in 16mo; (*fig.*: *piccolo*) small, mini, baby (*attr.*); (*minore*) third-rate.

sédici, *a. num. card. e m.* ***1*** sixteen; (*giorno del mese*) sixteenth: **la camera numero s.**, room (number) sixteen; **avere s. anni**, to be sixteen (years old); **il s. di questo mese**, on the sixteenth of this month; **Sono le (ore) s.**, it is four p.m. ***2*** (*eufem. pop.*: *sedere*) bottom; rear; behind.

sedicìna, *f.* some (*o* about) sixteen: **una s. di libri**, some sixteen books.

sedile, *m.* seat; (*sedia*) chair; (*panca*) bench: **i sedili del parco**, the park benches; **s. anteriore**, front seat; **s. di pietra**, stone bench; (*aeron.*) **s. eiettabile**, ejection seat; **s. girevole**, swivel chair; **s. imbottito**, cushioned chair; **s. pieghevole**, folding seat; **s. posteriore**, (*autom.*) rear seat, back seat; (*di motociclo*) pillion; **s. ribaltabile** (*o* **regolabile**), (*autom.*) reclining (*o* drop) seat; (*di cinema, teatro*) tip-up seat.

sedimentàre, *v. i.* to sediment; to settle.

sedimentàrio, *a.* (*geol.*) sedimentary: **rocce sedimentarie**, sedimentary rocks.

sedimentatóre, *m.* (*tecn.*) sedimentation tank; decanter. ● (*chim.*) **s. centrifugo**, centrifugal settler.

sedimentazióne, *f.* (*chim., geol.*) sedimentation; settling: **vasca di s.**, sedimentation tank; **velocità di s.**, sedimentation rate.

sediménto, *m.* ***1*** (*chim., geol.*) sediment; deposit ***2*** (*fondi, feccia*) grounds (*pl.*); lees (*pl.*); dregs (*pl.*); foots (*pl.*). ● **s. alluvionale**, warp.

sedimentologìa, *f.* (*geol.*) sedimentology.

sediolìno, *V.* **seggiolino**.

sediòlo, *m.* (*ippica*) sulky.

sedizióne, *f.* sedition; rebellion; (*sollevazione*) uprising, riot; (*ammutinamento*) mutiny: **domare una s.**, to put down a rebellion.

sediziosaménte, *avv.* seditiously; riotously.

sediziosità, *f.* seditiousness; treasonableness.

sedizióso, A *a.* (*istigatore alla ribellione*) seditious, seditionary, subversive, treasonous, treasonable; (*rivoltoso*) insurrectionary, riotous, mutinous: **cittadini sediziosi**, seditious citizens; **parole sediziose**, seditious (*o* treasonous) words. **B** *m.* (*f.* **-a**) insurgent; insurrectionist; rioter; rebel.

sèdo, *m.* (*bot.*) stonecrop.

seducènte, *a.* ***1*** seductive; seducing; (*affascinante*) charming, fascinating, captivating ***2*** (*allettante*) alluring; enticing; tempting: tantalizing.

sedùrre, *v. t.* ***1*** (*traviare*) to seduce, to lead* astray; (*ingannare*) to beguile, to mislead*, to cheat: **s. una ragazza**, to seduce a girl ***2*** (*allettare*) to allure, to entice, to tempt; (*affascinare*) to charm, to captivate, to fascinate: **La proposta mi seduce**, the proposal tempts me; **lasciarsi s.**, to be enticed; **Il pubblico fu sedotto dalla sua grazia**, the audience was captivated by her grace.

sedùta, *f.* ***1*** sitting; session; (*riunione, assemblea*) meeting: **una s. della Camera dei Comuni**, a sitting of the House of Commons; **una s. d'un tribunale**, a sitting (*o* a meeting) of a court; a session; **una s. d'emergenza del Consiglio di Sicurezza**, an emergency session of the Security Council; **Bastò una s. per concludere**, one meeting was enough to settle the matter; **una s. di registrazione**, a recording session; **regolari sedute dal parrucchiere**, regular sessions at the haidresser's ***2*** (*consultazione*) consultation; (*visita*) visit ***3*** (*pitt., scult.*) sitting: **un ritratto fatto in tre sedute**, a portrait made in three sittings; **fare una s. per un pittore**, to have a sitting (*o* to sit) for a painter. ● **s. a porte chiuse**, closed-door sitting □ **s. plenaria**, plenary session (*o* meeting) □ **s. dallo psicoanalista**, psychoanalytic sitting □ **s. spiritica**, séance □ **s. stante**, during the sitting (*o* meeting); (*fig.*: *immediatamente*) immediately, at once, forthwith, on the spot, there and then □ **aprire [chiudere] una s.**, to open [to close] a meeting □ **convocare una s.**, to convene a meeting □ **essere in s.**, to be in session; (*di una persona*) to be at a meeting □ **La s. è aperta [tolta]!**, I declare the meeting open [closed]! □ **rimandare una s.**, to ajourn a meeting □ **riprendere una s.**, to resume a meeting □ **riunirsi in s.**, to hold a meeting (*o* a session) □ **sciogliere una s.**, to dissolve a meeting □ **sospendere** (*o* **rinviare**) **una s.**, to ajourn a meeting □ **tenere una s.**, to hold a sitting (*o* a meeting, a session).

sedùto, *a.* sitting; seated: **l'uomo s. dietro di noi**, the man seated (*o* sitting) behind us; **restare s.**, to remain seated; to keep one's seat; **Seduto!**, sit down! ● **Non sta mai s.!**, he is always on the go!

seduttóre, A *m.* seducer; (*dongiovanni*) Don Juan, Lothario. **B** *a.* seductive; alluring; tempting: **promesse seduttrici**, seductive promises.

seduttrìce, *f.* seductress; temptress; charmer; enchantress.

seduzióne, *f.* ***1*** seduction: **le seduzioni della ricchezza**, the seductions of wealth ***2*** (*fascino*) seductiveness, fascination, charm, allure; appeal; (*cosa che alletta*) allurement, enticement, temptation, charm.

sefardita, A *m. e f.* Sephardi*. **B** *a.* Sephardic; Sephardi.

séga, *f.* ***1*** saw: (*metall.*) **s. a caldo**, hot saw; **s. a catena**, chain saw; **s. a mano**, handsaw; (*per tronchi*) pitsaw, whipsaw, two-man saw; **s. a nastro**, band saw; belt saw; **s. a telaio**, frame saw; span saw; **s. chirurgica**, amputation saw; **s. cilindrica**, cylinder saw; **s. circolare**, circular (*o* disk) saw; buzz saw (*USA*); **s. da ferro**, cold saw; **s. da macellaio**, butcher's saw; **s. da traforo**, fret saw; jigsaw; **s. meccanica**, sawing machine; **s. meccanica per legno**, sawmill; **s. multipla**, gang saw; **s. per taglio trasversale**, crosscut saw; **s. per metalli**, hacksaw ***2*** (*volg.*) wank; hand-job. ● **a (denti di) s.**, saw-toothed; saw-edged; serrate(d); (*elettron.*) sawtooth (*attr.*): **coltello a s.**, saw-edged knife; serrate knife □ (*spreg. volg.*) **mezza s.**, drip; jerk (*USA*) □ (*region.*) **fare s.** (*marinare la scuola*), to play truant; to play hooky (*USA*); to cut classes.

segàccio, *m.* (*falegn.*) rip-saw; ripper.

ségala, ségale, *f.* (*bot., Secale cereale*) rye: **farina di s.**, rye flour; **pane di s.**, rye bread. ● **s. cornuta**, ergot.

segalìgno, *a.* (*magro*) lean; lanky; wiry.

segalìno, *a.* rye (*attr.*).

segantino, *m.* sawyer.

segaòssa, *m.* ***1*** butcher's saw ***2*** (*scherz.*: *chirurgo*) sawbones.

segàre, *v. t.* ***1*** to saw*: **s. legna per il fuoco**, to saw wood for the fire; **s. un blocco di marmo**, to saw a block of marble; **s. un tronco**, to saw a log ***2*** (*region.*: *mietere, falciare*) to cut*; to reap; to mow: **s. il fieno**, to cut hay ***3*** (*fig.*: *stringere fortemente*) to saw* (into);

to cut* (into): **Questo elastico mi sega la gamba**, this rubber cuts into my leg. ● (*metall.*) **s. a caldo**, to hot-saw □ **s. metalli**, to hack-saw metals □ **s. secondo la fibra** (**di legno**), to rip.

segatóre, *m.* ***1*** sawyer ***2*** (*region.*: *mietitore, falciatore*) reaper; mower.

segatrìce, *f.* (*falegn., mecc.*) sawing machine; saw.

segatùra, *f.* ***1*** (*il segare*) sawing ***2*** (*region.*: *mietitura, falciatura*) cutting; reaping; mowing ***3*** (*polvere di legno*) sawdust.

seggétta, *f.* close-stool; commode.

sèggio, *m.* seat; chair; (*scanno*) bench; (*stallo*) stall: **il s. di San Pietro**, St. Peter's seat; the Holy Seat; **il s. presidenziale**, the President's chair; **il s. reale**, the royal seat; the throne; **conquistare un s. in Parlamento**, to win a seat in Parliament. ● **s. elettorale**, polling (*o* voting) station; polls (*pl.*); (*i componenti*) board of scrutineers.

sèggiola, *V.* **sedia**.

seggiolàio, *m.* ***1*** (*chi fa seggiole*) chair maker ***2*** (*chi accomoda seggiole*) chair mender ***3*** (*chi vende seggiole*) chair seller.

seggiolàta, *f.* blow with a chair.

seggiolino, *m.* seat; stool; (*per bambini*) baby's chair: (*aeron.*) **s. di pilotaggio**, pilot's seat; **s. pieghevole**, folding seat; folding stool; (*aeron.*) **s. eiettabile** (*o* **ad espulsione**), ejection (*o* ejector) seat.

seggiolóne, *m.* ***1*** big chair ***2*** (*per bambini*) high chair.

seggiovìa, *f.* chair lift.

sèggo, 1ª *pers. sing. indic. pres. di* **sedere**

segherìa, *f.* sawmill.

seghétta, *f.* small saw; (*per aprire fiale*) small file.

seghettàre, *v. t.* to serrate.

seghettàto, *a.* serrate(d); jagged; saw-toothed: **foglia a margine s.**, serrate leaf; **coltello a lama seghettata**, serrate knife.

seghettatùra, *f.* serration; serrate edge.

seghétto, *m.* (*per metalli*) hacksaw. ● **s. alternativo**, jigsaw.

segmentàle, *a.* segmental.

segmentàre, **A** *v. t.* ***1*** to segment; to divide into segments ***2*** (*fig.*: *frazionare*) to subdivide; to split* up ***3*** (*elab.*) to segment. **B** **segmentàrsi,** *v. i. pron.* to divide into segments.

segmentàrio, *a.* segmentary.

segmentazióne, *f.* segmentation; division into segments; (*biol.*) cleavage.

segménto, *m.* ***1*** (*geom., biol., ling.*) segment: **s. circolare**, circular segment; **s. di linea**, line segment; **s. ellittico**, segment of an ellipse; **s. sferico**, segment of a sphere ***2*** (*parte*) section; piece; part ***3*** (*di motori*) piston ring, ring; (*per freni*) brake lining ***4*** (*elab.*) segment; (*di memoria*) partition.

segnacàṣo, *m.* (*gramm.*) preposition.

segnàcolo, *m.* (*lett.*) sign; mark; (*simbolo*) symbol, emblem.

segnalaménto, *m.* signalling.

segnalàre, **A** *v. t.* ***1*** (*fare segnalazioni*) to signal, to make* a signal (*o* signals); (*indicare con un segnale*) to signal, to indicate, to mark (out): **s. un ordine**, to signal an order; **s. un incrocio**, to signal a crossroads; **s. un pericolo**, to signal a danger; **s. una secca**, to mark a shoal; **s. che ci si vuole fermare**, to signal (*in auto*: to indicate) one wants to stop; **L'uscita era segnalata da una freccia**, the exit was marked (*o* indicated) by an arrow; **s. con bandiere**, to flag-signal; to wig-wag; **s. con l'eliografo**, to heliograph; **s. con razzi**, to flare; **s. per mezzo di semaforo**, to semaphore ***2*** (*rendere noto, riferire*) to report, to notify, to communicate, to announce; (*far conoscere*) to indicate, to point out, to show, to mention, to bring* to (sb.'s) notice (*o* attention), to call (*o* to draw) sb.'s attention to; (*mettere in evidenza*) to highlight: **s. un guasto**, to report (*o* to notify) a breakdown; **s. q. alla polizia**, to report sb. to the police; **s. una difficoltà**, to point out a difficulty; to call sb.'s attention to a difficulty; **Mi segnalò alcuni titoli**, he mentioned a few titles to me; **Ci hanno segnalato un caso interessante**, an interesting case was brought to our attention (*form.*); we were told of an interesting case ***3*** (*fare il nome di q.*) to mention; (*raccomandare*) to recommend, to propose, to mark out: **Fu segnalato per la promozione**, he was recommended (*o* proposed) for promotion. **B** **segnalàrsi,** *v. rifl.* to distinguish oneself: **s. in una battaglia**, to distinguish oneself in a battle.

segnalàto, *a.* ***1*** (*indicato*) signalled; marked: **una curva ben segnalata**, a well-indicated bend ***2*** (*notevole*) outstanding, renowned, noteworthy, conspicuous, signal (*attr.*); (*grande*) great; (*famoso*) famous, celebrated: **segnalate imprese**, signal achievements; **uomini segnalati**, celebrated men; **Fammi il s. favore di tacere!**, do me the favour of shutting up!

segnalatóre, **A** *a.* signalling, signaling (*USA*). **B** *m.* ***1*** (*chi segnala*) signaller, signaler (*USA*) ***2*** (*naut.*) signalman* ***3*** (*ferr.*) signalman*; (*con bandiere*) flagman ***4*** (*aeron.*) batsman ***5*** (*apparecchio per trasmettere segnali*) signaller, signaler (*USA*); (*luminoso*) beacon, light; (*acustico*) horn, hooter, buzzer; (*indicatore*) indicator: **s. di pressione dell'olio**, oil pressure indicator.

segnalazióne, *f.* ***1*** (*il segnalare*) signalling, signaling (*USA*); (*segnale*) signal, sign: **s. ottica**, visual signalling; **s. acustica**, sound signalling; **s. a lampi**, flash signalling; **s. con bandiera**, flag signalling; wig-wagging; (*mil.*) **s. in codice**, coding; **apparecchio di s.**, signal apparatus; **cabina di s.**, signal cabin (*o* box); **sistema di allarme a s.**, signal alarm; **segnalazioni stradali**, road signs; **fare segnalazioni**, to make signals; to signal ***2*** (*informazione*) notice, mention, report; (*avviso*) warning; (*menzione*) mention, nomination, recognition, recommendation: **Ho comprato questo libro su s. di un amico**, I bought this book after it was recommended to me by a friend. ● **degno di s.**, noteworthy; worth of note.

segnàle, *m.* signal; sign; (*specialm. luminoso*) beacon; (*autom.*) sign, marking; (*aeron.*) marker; (*elettr., radio, TV*) signal; (*telef.*) tone, signal: **Al s. convenuto ci fermammo**, at the agreed signal we stopped; **dare il s. dell'avanzata**, to give the signal for advance; **fare segnali con una bandiera**, to make signals with a flag; to wig-wag. ● (*ferr.*) **s. a braccio mobile**, semaphore signal □ (*ferr.*) **s. a disco**, disk signal □ **s. a distanza**, distance signal □ **s. a luce intermittente**, flashing beacon □ **s. acustico**, sound signal; beep; tone; (*cicalino*) buzzer: **Si prega di parlare dopo il s. acustico**, please speak after the beep □ (*TV*) **s. audio**, sound (*o* audio) signal □ (*mil.*) **s. di adunata**, assembly □ **s. d'allarme**, warning signal; alarm; (*ferr.*) communication cord (*GB*), emergency brake; (*antiaereo*) air-raid warning □ **s. d'arresto**, stop signal; (*autom.*) stop sign □ (*ferr.*) **s. di blocco**, block signal □ **s. di cessato allarme**, all-clear signal □ (*TV*) **s. d'immagine** (*o* **video**), picture (*o* video) signal □ **segnali di fumo**, smoke signals □ (*aeron.*) **segnali di limite**, boundary markers □ (*telef.*) **s. di linea libera**, (*prima di comporre il numero*) dialling tone (*GB*), dial tone (*USA*); (*dopo aver composto il numero*) ringing tone (*GB*) □ (*telef.*) **s. di occupato**, engaged tone (*GB*); busy signal (*o* tone) (*USA*) □ **s. di partenza**, starting signal; (*sport*) start; (*naut.*) Blue Peter □ (*ferr.*) **s. di passaggio a livello**, road-crossing signal □ **s. di pericolo**, danger signal; (*autom.*) warning sign; (*radio*) distress signal □ (*autom.*) **segnali di prescrizione** (*o* **di divieto**), signs giving orders □ (*naut.*) **s. di secca**, shoal mark □ (*autom.*) **s. di stop**, stop sign □ (*autom.*) **segnali direzionali**, directionals □ (*mil.*) **s. fumogeno**, smoke signal □ **s. luminoso**, signal light; light beacon; (*razzo*) flare □ **s. orario**, time signal; pips (*fam.*) □ (*autom.*) **segnali orizzontali** (*sulla carreggiata*), road markings □ **s. pirotecnico**, rocket □ **s. stradale**, road sign □ (*radio*) **s. unidirezionale costante**, beam: (*aeron.*) **volare seguendo un s. unidirezionale**, to fly a beam □ **cifrario** (*o* **codice**) **dei segnali**, code of signals; signal-book □ **fare segnali con fuochi**, to make fire-signals □ (*ferr.*) **pannello dei segnali**, signal board □ (*elettron.*) **rapporto s. rumore**, signal-to-noise ratio.

segnalètica, *f.* ***1*** system of signs; sign system; signal system ***2*** (*segnali*) signs (*pl.*), signals (*pl.*); (*cartelli*) signposts (*pl.*); (*di autostrada*) (warning) signals above lanes: **s. stradale**, (road) signs (*pl.*); (traffic) signals (*pl.*); **s. verticale**, (road *o* traffic) signs (*pl.*); **s. unificata**, standardized road signs; **s. orizzontale**, (road) markings (*pl.*); **«S. in rifacimento»**, «markings being repainted»; «signs being repaired».

segnalètico, *a.* identifying; identification (*attr.*): **dati segnaletici**, identification marks; **foto segnaletica**, identification photo; **cartellino s.**, fingerprint card (*o* record).

segnalibro, *m.* bookmark; bookmarker.

segnalimite, *m.* road marker.

segnalinee, *m. invar.* (*sport*) linesman*.

segnapósto, *m.* place card.

segnaprèzzo, *m. invar.* price tag; price label.

segnapùnti, **A** *m. e f. invar.* scorekeeper; marker; tallyman*. **B** *m.* (*tabellone*) scoreboard; (*libretto*) scorebook; (*cartoncino, scheda*) scorecard, card.

segnàre, **A** *v. t.* ***1*** (*mettere un segno*) to mark, to put* a mark on; (*spuntare*) to tick; (*con un marchio, anche fig.*) to brand; (*tracciare*) to draw*, to trace; (*incidere, solcare*) to mark, to line, to score; (*assol.*: *lasciare un segno*) to leave* one's mark: **s. gli errori a matita rossa**, to mark (*o* to underline) the mistakes in red pencil; **s. il bestiame con un marchio**, to brand the cattle; **s. q.c. nella memoria**, to impress st. on sb.'s memory; **s. un passo in margine a un libro**, to mark a passage in the margin of a book; (*comm.*) **s. i prezzi sulla merce**, to mark the prices on the goods; **s. la linea di confine**, to draw the boundary line; **s. un accento**, to mark an accent; **I dolori gli hanno segnato il volto**, sorrows have lined his face; **esperienze che segnano**, experiences that leave their mark ***2*** (*prendere nota di*) to note down, to write* down, to make* a note of, to jot down, to take* down; (*registrare*) to keep* a record of, to enter, to record; (*mettere in conto*) to charge to sb.'s account, to put* down, to mark up, to score up, to chalk up (*fam.*), to charge down (*USA*): **s. la data**, to write down the date; **s. le spese**, to note down (*o* to keep a record of) the expenses; **s. le entrate e le uscite**, to enter income and expenditure; **s. i punti**, to mark the game; to keep (*o* to record) the score; **segnarsi un appunto**, to jot down a note; **Questa me la segno**, I'll make a note of that; (*fig.*) I'll remember that; **Segna i nomi di quei due**, take down the names of those two; **Non ho soldi con me, me lo segna?**, I haven't got money on me, can you mark it up? ***3*** (*indicare*) to mark, to signal, to indicate, to show*; (*additare*) to point at; (*di strumento, orologio, ecc.*) to read*, to say*, to tell*, to record, to register: **s. l'inizio [la fine] di q.c.**, to mark (*o* to signal) the beginning [the end] of st.; **Quell'episodio segnò la fine della loro amicizia**, that event marked the end of their friendship; **La linea bianca segna il livello massimo**, the white line indicates the maximum level; **Il sentiero è chiaramente segnato sulla carta**, the path is clearly shown on the map; **Il barometro segna una bassa pressione**, the barometer marks (*o* registers) low pressure; **Il contatore segna...**, the meter reads...; **L'orologio segna le ore**, the clock tells the time; **L'orologio segna le quattro**, the clock says (*o* makes it) four; **Il mio orologio non segna l'ora giusta**, my watch doesn't give the right time; **Il termometro segnava cinquanta gradi all'ombra**, the thermometer gave (*o* registered, recorded) 50° in the shade; **Il campanello segnò la fine della lezione**, the bell marked the end of the class ***4*** (*scalfire*) to mark; (*graffiare*) to scratch; (*ammaccare*) to dent: **I chiodi dei suoi scarponi hanno segnato il pavimento**, his hobnails have marked the floor; **Non s. il tavolino!**, don't scratch the table! ***5*** (*sport*) to score (*anche assol.*): **s. tre punti**, to score three points; **s. un goal**, to score a goal; **Il Genoa ha segnato a due minuti dalla fine**, Genoa scored two minutes before the end; (*calcio*) **s. di testa**, to head (the ball) in. ● **s. a credito**, to credit □ **s. a debito**, to debit □ **s. a fuoco**, to brand □ **s. q. assente**, to mark sb. absent □ **s. con asterisco**, to asterisk; to star □ **s. con un frego**, to cross out; to score out □ **s. q.c. con una croce**, to put a cross against st. □ **s. i confini di q.c.**, to mark (off) the boundaries of st.; to mark off st. □ **s. il destino di q.**, to seal sb.'s fate □ (*mil.* e *fig.*) **s. il passo**, to mark time □ **s. le carte da gioco**, to mark the cards □ (*comm.*) **s. prezzi più alti [più bassi]**, to mark up [to mark down] □ (*fig.*) **s. q. a dito**, to point the finger at sb. □ (*mus.*) **s. il tempo**, to beat time □ (*comm.*) **s. una somma a credito [a debito] di q.**, to credit [to debit] sb. with an amount. **B segnàrsi**, *v. rifl.* (*farsi il segno della croce*) to cross oneself; to make* the sign of the cross.

segnataménte, *avv.* signally; especially; chiefly; mainly; particularly.

segnatàsse, *m. invar.* postage-due stamp.

segnatèmpo, *m. invar.* (*persona*) timekeeper; (*strumento*) timer; telltale.

segnàto, *a.* ***1*** marked; (*di volto*) marked, lined, worn; (*con un marchio*) branded: **carte segnate**, marked cards; **una pecora segnata**, a branded sheep; (*fig.*) a marked person; **un volto s. dalla fatica**, a face lined (*o* worn) with fatigue ***2*** (*fig.: deciso, stabilito*) decided; settled; fixed; sealed: **Il loro destino era ormai s.**, their fate was sealed. ● **s. da cicatrici**, scarred □ (*fig.*) **s. da Dio**, ill-favoured; deformed □ **s. dal tempo**, time-worn; showing signs of age □ **s. dalle intemperie**, weather-beaten.

segnatùra, *f.* ***1*** (*il segnare*) marking ***2*** (*segno*) mark sign ***3*** (*numero di collocazione d'un libro*) pressmark; call number ***4*** (*tipogr.*) signature (mark) ***5*** (*sport*) score; weathervane ***6*** (*eccles.*) Signatura: **S. Apostolica**, Apostolic Signatura.

segnavènto, **A** *m. invar.* weathercock; scoring. **B** *a.* – **gallo s.**, weathercock.

segnavìa, *m. invar.* (*alpinismo*) trail sign.

ségnico, *a.* sign (*attr.*).

ségno, *m.* ***1*** sign; mark; (*marchio*) brand; (*impronta*) print, impression, stamp; (*traccia*) trace, track; (*graffio*) scratch; (*tacca*) dent, notch; (*cicatrice*) scar; (*voglia*) birthmark: **segni convenzionali**, conventional signs; **segni di interpunzione**, punctuation marks; (*mecc.*) **segni di lima**, file marks; **il s. della croce**, the sign of the cross; (*astron.*) **i segni dello zodiaco**, the signs of the Zodiac; the Zodiac signs; **nato sotto il s. dell'Ariete**, born under the sign of Aries; **segni di passi**, footprints; **Vidi i segni del loro passaggio nel fango**, I saw their footprints in the mud; **un tavolo pieno di segni**, a table full of dents and marks; **Si vede ancora il s. della ferita?**, does the scar still show?; **lasciare un s. su q.c.**, to leave a mark on st.; **La guerra ha lasciato i segni**, the war has left its scars ***2*** (*segnale*) signal, sign; (*cenno*) sign, motion; (*col capo*) nod; (*con la mano*) wave; (*gesto*) gesture: **Al s. convenuto uscirono tutti**, they all left at the agreed sign (*o* signal); **un s. della mano**, a sign (*o* a gesture) of the hand; a wave of the hand; **alzare le mani in s. di resa**, to raise one's hand in sign of surrender ***3*** (*indizio*) sign, indication, evidence; (*prova*) token, proof; (*sintomo*) symptom; (*presagio*) omen: **un s. d'intelligenza**, a mark of intelligence; **un s. dei tempi**, a sign of the times; (*med.*) **un s. di tubercolosi**, a symptom of tuberculosis; **dare segni di stanchezza**, to show signs of weariness; **un s. di distinzione**, a mark of distinction; **La porta recava segni di scasso**, the door showed evidence of having been forced; **Le dette un anello come s. del suo amore**, he gave her a ring as a token of his love; **È s. che vuol piovere**, it's a sign that it is going to rain; **Se sbadigli, è s. che hai fame**, if you yawn, it means (*o* it's because) you are hungry; **Le cose non danno s. di voler migliorare**, things don't show signs of improvement; things don't seem to be on the mend; **Non c'è s. di vita in questo luogo**, there is no sign of life in this place; **È un cattivo s.**, it's a bad omen ***4*** (*simbolo*) sign, mark, symbol; (*emblema*) emblem, badge: **La colomba è s. di pace**, the dove is a symbol of peace ***5*** (*bersaglio*) mark; target: **tiro a s.**, target shooting; target practice ***6*** (*limite*) limit, extent; (*grado*) degree; (*punto*) point: **a tal s. che**, to such a degree (*o* an extent) that; **fino a questo s.**, up to this point ***7*** (*vestigio*) sign; trace; vestige; remains (*pl.*): **i segni dell'antica Roma**, the vestiges of ancient Rome ***8*** (*mat.*) sign: **s. più [meno]**, plus [minus] sign; **s. positivo [negativo]**, positive [negative] sign; **s. di radice**, root (*o* radical) sign; **segni uguali [diversi]**, like [unlike] signs. ● **segni caratteristici**, distinguishing features (*o* marks); characteristics □ **s. di controllo**, check; tick □ **s. d'intesa**, signal; (*con l'occhio*) wink; (*col capo*) nod □ (*prosodia*) **s. di lunga o di breve**, quantity mark □ (*tipogr.*) **s. di paragrafo**, section (*abbr.*: sect) □ (*tipogr.*) **segni di ripetizione**, ditto marks □ **s. tipografico**, character □ (*fig.*) **andare a s.**, to hit home □ **avere la testa a s.**, to have a level head □ **Buon s.!**, that's a good sign! □ (*fig.*) **colpire nel s.**, to hit the mark; to hit home; to be right on the mark □ **comunicare a segni**, to use sign language □ **di s. opposto**, opposite (*agg.*) □ **essere fatto s. di scherzi**, to be the butt for jokes □ **essere fatto s. del disprezzo generale**, to be the object of general contempt □ **Era fatto s. all'ammirazione generale**, he was admired by everyone □ **far segno a q. di fare q.c.**, to make a sign to sb. to do st. □ **far s. con la mano**, to beckon (with the hand): **Mi fece s. di seguirlo**, he beckoned me to follow □ **far s. con la testa**, to motion; to nod: **Mi fece s. d'uscire**, he motioned me to go out □ **far s. di no**, to shake one's head □ **far s. di sì**, to nod one's assent (*o* agreement) □ **fare un s. con la mano a q.** (*salutando*), to wave one's hand to sb. □ **farsi il s. della croce**, to cross oneself; to make the sign of the cross □ **lasciare il s.**, to leave one's mark; to tell (on sb., st.): **Sono cose che lasciano il s.**, things like these leave their mark on you; **La vita che conduce comincia a lasciare il s. su di lui**, the life he leads is beginning to tell on him □ **mettere a s. un colpo**, to hit the target (*o* the mark); (*fig.*) to score □ (*fig.*) **passare il s.**, to overstep the mark (*o* the limit); to go too far □ **perdere il s.** (*in un libro*), to lose one's place (in a book).

ségo, *m.* tallow: **una candela di s.**, a tallow candle. ● **ingrassare col s.**, to tallow; to grease.

ségolo, *m.* pruning knife*.

segóne, *m.* cross-cut saw; pitsaw.

segóso, *a.* tallowy; tallowish.

segregaménto, *m. V.* **segregazione**.

segregànte, *a.* segregating; segregative.

segregàre, **A** *v. t.* to isolate; to shut* away; to seclude; (*tenere separato*) to segregate; (*un prigioniero e sim.*) to place in confinement, to keep* incommunicado: **s. un malato contagioso**, to isolate a contagious patient. **B segregàrsi**, *v. rifl.* to isolate oneself; to seclude oneself; to withdraw*; to segregate oneself: **s. dal mondo**, to withdraw from the world.

segregàto, *a.* isolated; confined; cut off; incommunicado (*pred.*); (*separato*) segregated; (*appartato*) secluded, sequestered; (*solitario*) solitary: **prigionieri tenuti segregati**, prisoners held incommunicado; **far vita segregata**, to lead a secluded life; to live in retirement; **vivere s. dal mondo**, to live cut off (*o* isolated) from the rest of the world.

segregazióne, *f.* ***1*** isolation; seclusion; segregation ***2*** (*leg.*) confinement: **s. cellulare**, solitary confinement; solitary (*fam.*). ● **s. razziale**, (racial) segregation; apartheid □ **in s.** (*di prigionieri e sim.*), incommunicado (*pred.*).

segregazionismo, *m.* segregation.

segregazionista, **A** *a.* segregationist; segregated: **scuola s.**, segregated school. **B** *m.* e *f.* segregationist.

segregazionistico, *a.* segregationist.

segréta (1), *f.* dungeon.

segréta (2), *f.* (*relig.*) secreta*; secret.

segretaménte, *avv.* secretly; in secret; in private; covertly; (*confidenzialmente*) confidentially, in confidence; (*furtivamente*) stealthily, on the sly, underground, behind the scenes.

segretària, *f. V.* **segretario**.

segretariàle, *a.* secretarial.

segretariàto, *m.* ***1*** (*carica, mansioni di segretario*) secretaryship; secretariat ***2*** (*ufficio, personale*) secretariat.

segretàrio, *m.* (*f.* **-a**) ***1*** secretary; assistant ***2*** (*zool., Sagittarius serpentarius*) secretary-bird; serpent eater. ● **s. comunale**, town clerk □ **s. di ambasciata**, secretary of embassy □ **segretaria d'azienda**, secretary □ **s. di direzione**, executive secretary □ (*cinem.*) **s. di edizione**, continuity girl; continuity man □ **s. di legazione**, secretary of legation □ (*cinem., TV*) **s. di produzione**, manager's assistant □ **s. di redazione**, editorial secretary □ (*cinem.*) **s. di scena**, floor assistant □ **S. di Stato**, (*in Vaticano*) Secretary of State; (*in U.S.A.: ministro degli Esteri*) Secretary of State □ (*letter.*) **s. galante**, book of love letters □ **s. generale**, secretary-general □ **s. privato** (*o* **particolare**), private (*o* personal) secretary □ **Primo S.**, Chief Secretary □ **fare da s. a q.**, to act as a secretary to sb.

segreteria, *f.* ***1*** (*ufficio*) secretary's office; secretariat ***2*** (*persone addette a una s.*) secretarial staff; secretaries (*pl.*); secretariat. ● **S. di Stato**, Secretariat of State □ **s. di un'università**, registrar's office □ **s. telefonica**, (*servizio*) answering service; (*apparecchio*) answering machine.

segretézza, *f.* secrecy; privacy: **confidare nella s. di q.**, to rely on sb.'s secrecy; **con** (*o* **in**) **s.**, secretly; in secret; confidentially; **in gran s.**, in all secrecy; **dire q.c. a q. in tutta s.**, to tell sb. st. in strict confidence.

segretìssimo, *a.* highly confidential; top secret; hush-hush (*fam.*).

segréto, **A** *a.* secret; (*riservato*) confidential, classified, private, inside (*attr.*); (*nascosto*) hidden; (*clandestino*) underground, backdoor (*attr.*), backstairs (*attr.*), underhand, hole-and-corner, sneaking; (*occulto*) occult; (*intimo*) intimate, inmost, hidden; (*appartato*) secluded; (*discreto*) discreet, reserved, close: **una porta segreta**, a secret (*o* a private) door; **una società segreta**, a secret society; **un agente s.**, a secret agent; **un matrimonio s.**, a secret marriage; **una ricetta segreta**, secret recipe; **fondi segreti**, secret funds; **scrutinio s.**, secret voting; ballot; **servizio s.**, (*d'informazioni militari*) secret service, intelligence; (*polizia*) secret police; **documenti segreti**, classified papers; **informazioni segrete**, confidential (*o* inside) information; **conoscenze segrete**, inside knowledge; **attività segrete**, undercover activities; **una faccenda segreta**, hole-and-corner affair; **intrighi segreti**, underhand dealings; **un dolore s.**, a hidden pain; **una gioia segreta**, a secret (*o* intimate) joy; **pensieri segreti**, inmost (*o* hidden) thoughts; **tenere q.c. s.**, to keep st. secret (*o* private, hidden); to keep st. to oneself; to keep st. under one's hat (*fam.*). ● **in s.**, in secret; in secrecy; secretly; (*in confidenza*) in confidence, confidentially: **dire q.c. a q. in s.**, to tell sb. st. in secrecy. **B** *m.* ***1*** secret: **il s. del successo**, the secret of success; **i segreti della natura [della scienza]**, the secrets of nature [of science]; **un s. industriale [commerciale]**, a industrial [trade] secret; **confidare un s.**, to confide a secret to sb.; to entrust sb. with a secret; **essere a parte di un s.**, to be in on a secret; to be privy to a secret; **lasciarsi sfuggire un s.**, to let out a secret; to let the cat out of the bag (*fam.*); to blab (*fam.*); **mantenere un s.**, to keep a secret; **mettere q. a parte d'un s.**, to let sb. into a secret; **strappare un s. di bocca**, to prise a secret out of sb.; **svelare un s.**, to reveal (*o* to disclose) a secret; **tradire un s.**, to betray a secret; **non aver segreti per q.**, to have no secrets for sb.; to keep nothing from sb. **Non è un s. per nessuno**, that's no secret for anybody ***2*** (*segretezza*) secrecy; privacy: **s. epistolare**, secrecy of correspondence; **il s. della confessione**, the secret of the confessional; **s. istruttorio**, judicial secrecy; **s. professionale** (*o* **d'ufficio**), professional secrecy; **s. bancario**, banking secrecy ***3*** (*intimo*) depths (*pl.*); (*luogo nascosto*) depth, thick, heart, recesses (*pl.*): **nel s. del proprio cuore**, in the depths of one's heart; **Sorrideva, ma nel s. fumava di rabbia**, he was smiling, but deep down (*o* secretly, inside) he was fuming with rage; **nel s. della foresta**, in the depth (*o* in the thick) of the forest ***4*** (*congegno segreto*) combination: **un lucchetto col s.**, a combination padlock. ● **i segreti del mestiere**, the tricks of the trade □ **un s. di famiglia**, a skeleton in the cupboard (*fam.*) □ **s. di Stato**, official secret; state secret □ **un s. di Pulcinella**, an open secret □ **nel s. del cuore**, in the depth of one's heart □ **nel s. dell'urna**, in the privacy of the polling booth □ **sotto il s. della confessione**, under the seal of confession □ **violazione del s. professionale**, breach of confidence.

seguàce, *m. e f.* follower; adherent; supporter; disciple: **un s. della filosofia platonica**, a follower of Platonic philosophy; a Platonist; **un s. di Cristo**, a follower (*o* a disciple) of Christ; **i s. di un partito**, the supporters of a party.

seguènte, A *a.* following; next; subsequent; succeeding: **il giorno s.**, the following (*o* next) day; the day after; **il mese [la settimana, l'anno] s.**, the following month [week, year]; **la pagina s.**, the next page; **negli anni seguenti**, in the succeeding years; **Gli avvenimenti seguenti furono una sorpresa per tutti**, subsequent events were a surprise for everyone; **Il corteo si muoverà nel s. ordine**, the procession will move in the following order; **nel modo s.**, as follows; this way. **B** *m. e f.* next person; next one; next part: **Avanti il s.!**, next, please!

segùgio, *m.* ***1*** (*zool.*) bloodhound; sleuthhound ***2*** (*fig.*: *investigatore, poliziotto*) sleuth; bloodhound; detective. ● (*fig.*) **avere i segugi alle calcagna**, to have the police hot on one's heels.

seguire, A *v. t.* ***1*** to follow; to come* after; to go* after; (*inseguire, ricercare*) to pursue, to track, to trail; (*percorrere*) to follow, to keep* to, to go* by; (*esercitare, praticare*) to practise; (*tenersi al corrente*) to keep* abreast of: **Vai avanti tu e io ti seguirò**, you go first and I'll follow (you); **Il tuono segue il lampo**, thunder follows lightning; **s. q.**, to follow sb.; (*pedinarlo*) to shadow sb., to dog sb.'s footsteps; **s. una pista**, to follow a trail; (*fig.*) to follow up a clue; (*naut.*) **s. una rotta**, to follow a course; (*anche fig.*) **s. un sentiero**, to follow (*o* to take) a path; **s. la strada principale**, to follow (*o* to keep to) the main road; **s. percorsi diversi**, to go by different routes; **s. i consigli di q.**, to follow sb.'s advice; to go along with sb.; **s. l'esempio di q.**, to follow the example of sb.; to follow in sb.'s tracks; to take a leaf out of sb.'s notebook (*fam.*); **s. i dettami della coscienza**, to follow the dictates of one's conscience; **s. il piacere**, to follow (*o* to pursue) pleasure; **s. i propri studi**, to pursue one's studies; **s. la moda**, to follow the fashion; **s. una dottrina**, to follow a doctrine; **coloro che seguono San Tommaso**, those who follow St. Thomas; the followers of St. Thomas; **s. una professione**, to follow (*o* to practise) a calling (*o* a profession); **s. una regola**, to follow a rule; **s. un metodo**, to follow (*o* to practise) a method; **Parlava così svelto che non riuscivo a seguirlo**, he spoke so fast that I couldn't follow him; **s. una trasmissione**, to follow a programme; **Non ho seguito gli ultimi sviluppi**, I didn't follow (*o* keep abreast of) the latest developments ***2*** (*frequentare*) to attend: **Numerosi studenti seguono le sue lezioni**, a lot of students attend his lectures; **s. un corso di tedesco**, to attend a course of German; to take classes in German ***3*** (*istruire privatamente*) to coach: **s. uno studente che prepara un esame**, to coach a student for an exam ***4*** (*sorvegliare, sovrintendere a*) to oversee*; to supervise; to control: **s. i lavori [gli operai]**, to oversee (*o* to supervise) the works [the workmen]. ● **s. a ruota q. [q.c.]**, to follow hot on the heels of sb. [st.] □ **s. dappresso**, to follow closely; to be close behind; to follow hard after □ (*fig.*) **s. il proprio naso**, to follow one's nose □ **s. la corrente**, to go downstream; (*fig.*) to go with the stream, to swim with the tide □ **s. la propria inclinazione**, to follow one's bent □ **s. la propria via**, to go one's own way □ **s. la via gerarchica**, to go through the official channels □ **s. la via giusta**, to take the right path □ (*fig.*) **s. le orme di q.**, to follow in sb.'s footsteps (*o* path); to follow in sb.'s wake □ **s. le tracce** (*o* **le orme**) **di q.c.**, to trace st.; to trail st.; to track st. □ **s. una linea dura**, to take a strong line; to take the hard line □ **s. q. passo passo**, to tag behind sb. □ **lasciare che le cose seguano il loro corso**, to let things run their course □ **Lo seguii con lo sguardo mentre s'allontanava**, my eyes followed him as he was walking away. **B** *v. i.* ***1*** to follow; to ensue; (*accadere*) to happen: **Alla guerra segue spesso la carestia**, famine often follows war; famine is often the sequel of war; **Seguì un silenzio sconcertato**, a bewildered silence followed (*o* ensued); **Non puoi immaginare quel che seguì**, you can't imagine what followed; **Mi chiedo che cosa seguirà ora**, I wonder what will happen now; **Segua quel che deve s., io ci vado lo stesso**, whatever the consequences, I am going all the same ***2*** (*risultare*) to follow; to ensue; to come* out: **Ne segue che dovrai arrangiarti da solo**, it follows that you'll have to fend for yourself; **Non ne seguirà nulla**, nothing will come out of it ***3*** (*continuare*) to continue: **«Segue a p. 46»**, «continued on p. 46». ● **come segue**, as follows □ **con quel che segue**, and all the rest □ **Scrivi quanto segue**, write down this □ **Segue a tergo**, please turn over; continued on next page □ (*nei telegrammi*) **Segue lettera**, letter following (*o* follows) □ (*prov.*) **A una disgrazia ne segue un'altra**, it never rains but it pours.

seguitàre, *v. t. e i.* to go* on; to carry on; to continue: **s. il proprio lavoro**, to carry on one's work; to go on with one's work; **L'aveva incominciato, ma non lo ha seguitato**, he had begun it, but he did not go on with it; **s. a fare q.c.**, to go on doing st.; to carry on; **Seguitò a parlare come se niente fosse**, he continued speaking (*o* carried on) as if nothing had happened; **Fino a quando seguiterai a lavorare?**, how long will you go on working?; **Spero che non seguiti a piovere**, I hope it will not go on raining (*o* it will stop raining); **Seguita a cantare!**, go on singing!; sing on!

séguito, *m.* ***1*** (*scorta*) retinue; train; suite; entourage (*franc.*); attendants (*pl.*): **l'imperatore e il suo s.**, the Emperor and his retinue; **essere al s. dell'ambasciatore**, to be among the ambassador's suite; **girare il mondo al s. di un gruppo rock**, to travel round the world following a rock band ***2*** (*seguaci, imitatori, fautori*) followers (*pl.*); backers (*pl.*); supporters (*pl.*): **una dottrina che non ebbe s.**, a doctrine that had no followers ***3*** (*aderenza, consenso*) following; audience: **avere molto s. in un'assemblea**, to have a large following in an assembly ***4*** (*serie, sequela*) succession; series; sequence; train; suite; run; streak (*fam.*): **un s. di disgrazie**, a series (*o* a run) of misfortunes; **un s. di idee [di pensieri]**, a train of ideas [of thought]; **un s. di vittorie**, a series (*o* a succession) of victories; a winning streak ***5*** (*continuazione*) continuation, sequel, rest, follow-up; (*conseguenze*) sequel, consequence: **il s. d'un racconto**, the continuation of a story; **Ti racconterò il s. un'altra volta**, I'll tell you the sequel (*o* the rest of it) some other time; **La nostra avventura ha avuto un s.**, there was a follow-up to our adventure. ● (*nei giornali, nelle riviste, ecc.*) **il s. al prossimo numero**, to be continued (in our next issue) □ **aver s.** (*avere successo*), to catch on □ **dare s. a q.c.**, to carry out st.; to execute st.: (*comm.*) **Ci duole di non poter dare s. alla Vostra ordinazione**, we regret that we cannot carry out your order □ **di s.**, uninterruptedly; at a stretch; on end; non-stop; (*uno dietro l'altro*) in a row, in (quick) succession: **per quattro ore di s.**, for four hours on end; **Si mangiò sei uova di seguito**, he ate up six eggs in a row □ **e così di s.**, and so on; and so forth □ **fare s. a q.c.**, to follow (up) st.: (*comm.*) **facendo s. alla nostra lettera del 15 marzo**, following (up) our letter dated March 15th □ **facendo s. alle vostre disposizioni**, further to your instructions □ **in s.**, afterwards; later on □ **in s. a**, in consequence of; as a result of; following; further to (*form.*); (*a causa di*) owing to, on account of, because of □ **non avere s.**, to come to nothing □ **viaggiare senza s.**, to travel unattended.

sèi (1), *2ª pers. sing. indic. pres. di* **essere**.

sèi (2), *a. num. card. e m.* six: **sei ragazzi**, six children; **Datemene sei, per favore**, give me six, please; **un ragazzo di sei anni**, a six-year-old (boy); **in gruppi di sei**, in sixes; **il sei settembre**, the sixth of September; September, 6th; **Sono le (ore) sei**, it is six (o' clock); **sei o settecento persone**, six or seven hundred people; **una rivoltella a sei colpi**, a six-shooter; **un tiro a sei**, a coach and six; a six-in-hand; **(nave a) sei alberi**, six-master.

Seiàno, *m.* (*stor.*) Sejanus.

seicentésco, *V.* **secentesco**.

seicènto, A *a. num. card.* six hundred. **B** *m.* ***1*** (*il numero*) six hundred ***2*** (*il secolo*) the seventeenth century; (*per l'arte italiana*) Seicento.

seiènne, *a.* ***1*** six-year-old (*attr.*); six years old (*pred.*); aged six (*pred.*) ***2*** (*lett.*: *che dura da sei anni*) six-year (*attr.*).

seigiórni, *f.* (*sport*) six-day bicycle race.

seigiornìsta, *m.* (*sport*) competitor in a six-day bicycle race.

seimila, *a. num. card. e m.* six thousand.

selaginèlla, *f.* (*bot.*) selaginella.

sélce, *f.* (*miner.*) flint, flintstone, chert; (*per pavimentazione stradale*) paving stone.

selciàio, *V.* **selciatore**.

selciàre, *v. t.* to pave (with flints); to flag.

selciàto, A *a.* paved; flagged. **B** *m.* pavement; paving.

selciatóre, *m.* paver; paviour.

selciatùra, *f.* **1** (*il selciare*) paving; flagging **2** (*selciato*) pavement; paring.

selcióso, *a.* flinty; flint (*attr.*); flint-like.

Selène, *f.* (*mitol.*) Selene.

selènico (1), *a.* (*lett.*) lunar.

selènico (2), *a.* (*chim.*) selenic: **acido s.**, selenic acid.

selènio, *m.* (*chim.*) selenium: (*fis.*) **cellula fotoelettrica al s.**, photoelectric selenium cell.

selenióso, *a.* (*chim.*) selenious: **acido s.**, selenious acid.

selenìta, *m.* e *f.* (*lett.*) lunarian.

selenìte (1), *f.* (*miner.*) selenite.

selenìte (2), *V.* **selenita**.

selenìtico (1), *a.* (*miner.*) selenitic.

selenìtico (2), *a.* (*lunare*) selenitic; lunar.

selenodeṣìa, *f.* (*astron.*) selenodesy.

selenodónte, *a.* e *m.* (*zool.*) selenodont.

selenografìa, *f.* (*astron.*) selenography; lunar geography.

selenogràfico, *a.* (*astron.*) selenographic (al).

selenògrafo, *m.* (*f.* **-a**) selenographer; selenographist.

selenologìa, *f.* (*astron.*) selenology.

selenològico, *a.* (*astron.*) selenological.

selenòlogo, *m.* (*f.* **-a**) selenologist.

selenòṣi, *f.* (*med.*) selenosis.

selenotopografìa, *f.* selenotopography.

selettivaménte, *avv.* selectively.

selettività, *f.* (*anche radio*) selectivity.

selettìvo, *a.* selective (*anche radio*); particular.

selettocoltùra, *f.* selective breeding.

selettóre, A *m.* selector; (*manopola*) switch: (*telef.*) **s. automatico**, automatic dialling unit; (*radio*) **s. di banda**, band selector; (*TV*) **s. di canale**, channel selector; (*tel.*) **s. di gruppo**, group selector; (*aeron.*) **s. di rotta**, course--line selector; (*radio*) **s. d'onda**, wave selector; (*radar*) **s. di distanza**, range selector; (*tel.*) **s. finale**, final selector. **B** *a.* selecting; selective.

selèucidi, *m. pl.* (*stor.*) Seleucids; Seleucidae.

selezionaménto, *m.* selection; selecting; choosing; picking out; sorting.

selezionàre, *v. t.* to select; to choose*; to pick out; to hand-pick; to cull; (*fare una cernita*) to sort (out), to grade; (*vagliare*) to screen; (*agric.*) to breed*; (*zootecnia*) to breed, to grade up: **s. gli atleti in vista di una gara**, to select (*o* to choose) the athletes for a competition; **s. i candidati**, to screen applicants; **s. una razza a pelo corto**, to breed a short--haired race; **La squadra era stata selezionata con cura**, the team were all hand-picked; **s. i vestiti secondo le taglie**, to sort out clothes by size.

selezionàto, *a.* selected; chosen; picked; (*di prima scelta*) select, choice, hand-picked.

selezionatóre, A *m.* (*f.* **-trice**) selector; grader; sorter. **B** *a.* selecting; selective; selection (*attr.*).

selezionatrice, *f.* (*mecc., elab.*) sorter.

selezióne, *f.* **1** selection; choice; picking; (*cernita*) sorting, grading: (*biol.*) **s. artificiale [naturale]**, artificial [natural] selection; **s. del personale**, personnel selection; **operare una s.**, to make a selection; to select **2** (*agric., zootecnia*) breeding **3** (*radio*: *selettività*) selectivity **4** (*telef.*) dialling: **s. a pulsanti**, push-button dialling; **s. automatica**, automatic dialling. ● **s. attitudinale**, aptitude test □ (*zootecnia*) **s. genetica**, stirpiculture □ **s. preliminare**, screening □ (*autom.*) **dispositivo di s. delle marce**, gearshift.

self-service (*ingl.*), *m.* **1** (*tecnica di vendita*) self-service **2** (*ristorante*) self-service restaurant, cafeteria; (*distributore*) self-service filling station.

sèlla, *f.* **1** saddle: **s. da donna** (*o* **all'amazzone**), lady's saddle; side-saddle; pillion; **il pomo [le cinghie] d'una s.**, the pommel [the girths] of a saddle; **cavallo da s.**, saddle horse; saddler; **balzare in s.**, to leap into the saddle; **essere in s.**, to be in the saddle (*anche fig.*); to be saddled up; **levare la s. a un cavallo**, to unsaddle a horse; to take the saddle off a horse; **mettere la s. a un cavallo**, to saddle a horse; to saddle up; to put the saddle on a horse; **montare in s.**, to get into the saddle; to saddle up; **stare in s.**, to be in the saddle **2** (*geogr.*) col; saddle **3** (*cucina*) saddle: **una s. di montone**, a saddle of mutton. ● (*anat.*) **s. turcica**, sella turcica; pituitary fossa □ **cavalcare senza s.**, to ride bareback □ (*anche fig.*) **rimettersi in s.**, to get into the saddle again □ **saper [non saper] stare in s.**, to be a good [a poor] horseman; to ride well [badly] □ **sbalzare q. di sella**, to unsaddle sb.; to unhorse sb.; (*fig.*) to knock sb. off his perch.

sellàio, *m.* saddler.

sellàre, *v. t.* to saddle (up); to put* a saddle on: **Sellò il cavallo e partì**, he saddled his horse (*o* he saddled up) and rode away.

sellàto, *a.* saddled: **un cavallo s.**, a saddled horse.

sellatùra, *f.* saddling (up).

sellerìa, *f.* **1** (*bottega del sellaio*) saddler's shop; saddlery **2** (*attività*) saddlery **3** (*ripostiglio dei finimenti*) saddle room; harness room **4** (*autom., ferr.*) upholstering: **reparto s.**, upholstering shop **5** (*finimenti*) saddlery.

sellìno, *m.* **1** (*di bicicletta, motocicletta*) saddle **2** (*parte del finimento del cavallo da tiro*) back (*o* harness) pad **3** (*moda, stor.*) bustle. ● **s. posteriore**, pillion: **sedere sul s. posteriore**, to ride pillion.

sèltz, *m.* (*anche*: **acqua di S.**, *f.*) Seltzer (water); soda (water): **vermut al s.**, vermouth and soda; **un sifone di acqua di s.**, a siphon of soda water.

sélva, *f.* **1** wood (*spesso pl.*); (*foresta*) forest: **una s. di abeti**, a wood of fir-trees **2** (*fig.*: *grande quantità*) mass; multitude; forest; host: **una s. di capelli**, a mass of hair; **una s. di difficoltà**, a host of difficulties; **una s. di lance**, a forest of spears.

selvaggiaménte, *avv.* wildly; savagely; barbarously; (*come un selvaggio*) like a savage.

selvaggìna, *f.* game: **s. da pelo**, furred game; **s. da penna**, feathered game; game birds (*pl.*); **s. di pelo e di penna**, fur and feather; **s. minuta** (*non volatili*), ground game.

selvàggio, A *a.* **1** wild; savage; (*non addomesticato*) untamed; (*non civilizzato*) uncivilized, barbarous, primitive; (*violento*) wild, unruly, uncontrolled; (*crudele, feroce*) barbarous, savage, heinous, atrocious; (*scontroso*) sullen, surly; (*rozzo*) rude, rough, uncouth; (*di luoghi*: *disabitato, aspro*) wild, desolate, stark: **animali selvaggi**, wild animals; **piante selvagge**, wild plants; **tribù selvagge**, wild (*o* savage) tribes; **un territorio s.**, a wild (*o* a desert, desolate) place; a wild country; **regioni selvagge**, wild regions; wilds; wilderness (*sing.*); **un paese s.**, a wild (*o* uncivilized, primitive) country; **azioni selvagge**, savage actions; savagery (*sing.*); **un delitto s.**, a savage (*o* heinous) crime; **urla selvagge**, wild screams; **un ragazzo s.**, a wild (*o* an unruly) boy; a sullen boy **2** (*incontrollato*) wild, uncontrolled, indiscriminate, wild--cat; (*illegale*) illegal: **edilizia selvaggia**, indiscriminate building; **parcheggi selvaggi**, illegal parking; **sciopero s.**, wild-cat strike. **B** *m.* (*f.* **-a**) (*anche fig.*) savage: **vivere come un s.**, to live like a savage; to live primitively. ● **avere del s.**, to be rather wild; to be wildish.

selvatichézza, *f.* wildness; savageness; (*rozzezza*) roughness, uncouthness, rudeness; (*scontrosità*) sullenness, surliness, unsociableness, unsociability.

selvàtico, A *a.* wild; (*non domestico*) untame(d); (*rozzo*) rough, uncouth, coarse; (*non socievole*) unsociable: **terreno s.**, wild land; wilderness; **un asino s.**, a wild ass; an onager; **un fiore s.**, a wild flower; **un'oca selvatica**, a wild goose; **un pero s.**, a wild pear--tree; **un carattere s.** an unsociable character. **B** *m.* **1** (*selvaggina*) game **2** (*odore di selvaggina*) smell of game, gamy smell; (*sapore di selvaggina*) taste of game, gamy taste: **puzzare di s.**, to smell wild (*o* gamy); **sapere di s.**, to taste wild (*o* gamy).

selvaticùme, *m.* **1** (*cose selvatiche*) wild things (*pl.*) **2** (*carattere selvatico*) wildness; roughness.

selvicoltóre, selvicoltùra, *V.* **silvicoltore, silvicoltura**.

selvóso, *a.* woody; wooded.

selz, *V.* **seltz**.

Sem, *m.* (*Bibbia*) Shem.

semafòrico, *a.* semaphoric; semaphore (*attr.*).

semaforìsta, *m.* semaphorist; (*segnalatore*) signaller, signalman*.

semaforiẓẓàre, *v. t.* to put* traffic lights: **s. una strada**, to put traffic lights in a street.

semàforo, *m.* **1** (*segnale per il traffico*) (traffic) lights (*pl.*); (*cartello*) traffic signals (*pl.*): **un s.**, a set of (traffic) lights; **s. verde [rosso, giallo]**, green [red, amber] light; **s. con lampeggio** (*o* **a intermittenza**), flashing amber lights (*pl.*); **Al s. gira a destra**, turn right at the traffic lights; **Scendi dopo il prossimo s.**, get off after the next set of lights; **Ho trovato tutti i semafori rossi**, the lights were against me all the way; (*fam.*) **bruciare un s.**, to shoot the lights **2** (*ferr.*) signal; semaphore: **braccio del s.**, semaphore arm; semaphore blade (*USA*) **3** (*naut.*) signal station.

semantèma, *m.* (*ling.*) semanteme.

semàntica, *f.* (*ling.*) semantics (*pl. col verbo al sing.*).

semanticità, *f.* (*ling.*) semantic character (*o* nature).

semàntico, *a.* (*ling.*) semantic.

semantìsta, *m.* e *f.* semanticist.

semaṣiologìa, *f.* (*ling.*) semasiology; semantics (*pl. col verbo al sing.*).

semaṣiològico, *a.* (*ling.*) semasiological; semantic.

semaṣiòlogo, *m.* (*f.* **-a**) semasiologist; semanticist.

sembiànte, *m.* (*lett.*) **1** (*fattezze*) countenance; features (*pl.*); face: **un s. grazioso**, delicate features; **un s. aperto**, an open face **2** (*aspetto, apparenza*) semblance; appearance; aspect. ● **far s.**, to pretend; to feign □ **in s.**, in appearance (only).

sembiànza, *f.* **1** (*aspetto*) aspect, look, appearance; (*guisa*) guise, semblance, likeness; (*figura*) figure, form; (*parvenza*) semblance: **in s. di angelo**, in the guise of an angel; **fatto a s. di Dio**, made in the likeness of God; **una s. di libertà**, a semblance of freedom; token freedom; **il falso sotto le sembianze del vero**, falsehood in semblance of truth **2** (*pl.*) (*fattezze*) looks (*pl.*); (*lineamenti*) features (*pl.*), countenance. ● **avere belle sembianze**, to be good-looking □ **far sembianze**, to pretend; to feign.

sembràre, *v. i.* **1** (*rif. a sensazioni, impressioni*) to seem, to feel* (*entrambi con costr. pers. o impers.*); (*alla vista*) to look; (*all'udito*) to sound; (*assomigliare*: *alla vista*) to look like, (*all'udito*) to sound like, (*al gusto*) to taste like, (*al tatto*) to feel* like, (*all'olfatto*) to smell* like: **Sembra che sia un uomo onesto**, he seems to be an honest man; he looks like an honest man; **Sembrava triste [sconcertato, sperduto]**, he looked sad [bewildered, lost]; **Sembri stanco**, you look tired; **Sembrava irremovibile, ma alla fine cedette**, he seemed adamant, but in the end he relented; **La casa sembrava vuota dopo la loro partenza**, the house felt empty after they left; **La stanza sembra spoglia senza i quadri**, the room looks bare without the pictures; **Parli**

che sembri il padron di casa, you sound as if you owned the place; **Mi sembra un sogno**, it seems (*o* it sounds, feels) like a dream; it's like a dream; **Mi sembra d'essere in paradiso!**, it's just like paradise!; **Sembra vero**, (*non finto*) it looks real; (*la verità*) it sounds true; **Mi sembra che tu stia bene**, you look well; **Sembra un vecchio**, he looks like an old man; **Sembra suo fratello**, he looks like his brother; **Il lago sembra uno specchio**, the lake is like a mirror; **Sembra che voglia piovere**, it looks like rain; **Sembra che voglia essere una bella giornata**, it looks like being a fine day; **Sembra di essere in estate**, it feels like summer; **La notte sembrava non finire mai**, it felt as if the night would never end; **La notizia ci sembrò assai strana**, the news sounded very strange; **La sua spiegazione sembra convincente**, his explanation sounds convincing; **Sembra miele**, it tastes like honey; **Sembra di vetro [di velluto]**, it feels like glass [like velvet] ***2*** (*rif. a opinioni, giudizi, supposizioni*) to seem, to appear (*entrambi con costr. pers. o impers.*); to think*; to feel*; to find*: **Sembra che tu sia nei guai**, it seems you are in trouble; you seem (*o* appear) to be in trouble; **Sembra la persona giusta per questo posto**, he seems the right man for this job; **Mi sembra che tu abbia torto**, I think you are wrong; it seems to me that you are wrong; **Mi sembra che si sia ambientata bene**, she seems (*o* appears) to have settled down nicely; **Mi sembra di averlo già conosciuto da qualche parte**, I think (*o* I have the impression) I've already met him somewhere; **Mi è sembrato fosse mio dovere rispondere**, I felt it was my duty to answer; **Mi sembrò strano che non telefonasse**, it struck me as odd that he didn't ring; **Mi sembra che questo sia il momento di agire**, it seems to me that this is the time to act; **Mi sembra brutto non dargli una mano**, I think it's a shame not to give him a hand; **Gli sembrò di udire un fruscio**, he thought (*o* seemed, fancied) he heard a rustle; **Non mi sembra**, I don't think so; **Non ti sembra?**, don't you think so?; don't you agree?; **È un po' tardi, non ti sembra?**, it's rather late, don't you think?; **Non mi sembra giusto**, I don't think (*o* feel) it's right; I don't find it right; **Non gli sembrò di commettere una scorrettezza**, he didn't think he was doing anything improper; **Che te ne sembra?**, what do you think of it?; **Come ti sembra questo caffè?**, how do you like this coffee?; **Non mi sembra vero!**, I can't believe it!; **Fa' come ti sembra meglio**, do as you think best; **(Così) sembra**, so it seems; so it appears: **«Che fa? Vuole andarsene?» «Sembra»**, «what's the matter? does he want to go?» «so it seems»; **Sembra di sì**, it seems so; it appears so; **Mi sembra di sì**, I think (*o* guess) so; **Mi sembra di no**, I don't think so; I guess not; **Voleva sapere la mia età. Ma ti sembra?**, she wanted to know how old I was! what a cheek! ***3*** (*impers.*: *risultare*) to seem; to appear: **Sembra che stia molto meglio**, she seems (*o* appears) to feel much better; **Sembra che l'abbia insultato davanti a tutti**, it appears he insulted him in front of everyone ***4*** (*piacere, volere*) to like; to please; to wish (*tutti con costr. pers.*): **Fa' come ti sembra**, do as you like (*o* please, wish); please (*o* suit) yourself. ● **a quanto s.**, by the look (*o* looks) of it; apparently; it seems that; it appears that: **Non verrà nessuno, a quanto sembra**, no one is going to come, by the look of it; it appears no one will come; **A quanto sembra, sei nei guai**, you appear to be in trouble; **A quanto sembra, lui non ne sapeva nulla**, apparently he didn't know anything about it.

séme, m. ***1*** seed; (*di arancia, pera, ecc.*) pip: **s. di papavero**, poppy seed; **s. di zucca**, pumpkin seed; **semi di fiori**, flower seeds; **semi commestibili**, edible seeds; **i semi di un'arancia**, the pips of an orange; **piante cresciute dal s.**, plants grown from seed; **grano da s.**, seed-corn; **olio di semi**, seed oil; **arance senza semi**, pipless oranges ***2*** (*sperma*) seed; semen; sperm: **banca del s.**, sperm bank ***3*** (*fig.*: *origine, causa*) seed; germ; cause: **il s. della discordia [dell'odio]**, the seeds of discord [of hatred]; **gettare il s. d'una dottrina**, to sow the seeds of a doctrine; **gettare il s. del dubbio**, to plant the seed of doubt ***4*** (*discendenza*) seed; progeny; offspring: **il s. d'Adamo**, the seed of Adam ***5*** (*delle carte da gioco*) suit: **due carte dello stesso s.**, two cards of the same suit. ● **s. (da) bachi**, silkworm eggs (*pl.*) □ **semi oleosi**, oil-seeds □ **s. santo**, santonica; wormseed.

semeiografìa, f. **semiografia**.

semeiologìa, V. **semiologia**.

semeiòlogo, m. (f. **-a**) (*med.*) semeiologist.

semeiòtica, f. (*med.*) sem(e)iotics (*pl. col verbo al sing.*); sem(e)iology; symptomatology.

semeiòtico, a. (*med.*) sem(e)iotic(al); sem(e)iologic(al).

seménta, f. ***1*** (*il seminare*) sowing; seeding ***2*** V. **semente**.

seménte, f. seed.

sementìre, v. i. to seed.

semènza, f. ***1*** seed ***2*** (*region.*: *semi di zucca abbrustoliti*) roasted pumpkin seeds ***3*** (*fig. lett.*: *discendenza*) seed; offspring; progeny ***4*** (*fig. lett.*: *origine*) seed; origin; cause; source.

semenzàio, m. (*anche fig.*) seedbed; nursery.

semenzàle, m. (*agric.*) seedling.

semestràle, a. ***1*** (*che dura un semestre*) six-month (*attr.*): **corso [contratto] s.**, six-month course [contract] ***2*** (*che si ripete ogni sei mesi*) six-monthly; half-yearly; semestral; biannual; semiannual: **una rivista s.**, a six-monthly (magazine); **chiusura s.**, semiannual closing; **pagamenti semestrali**, six-monthly (*o* half-yearly) payments; **dividendi semestrali**, half-yearly dividends; **a scadenza s.**, half-yearly.

semestralità, f. ***1*** biannual character ***2*** (*rata semestrale*) six-montly instalment; (*pagamento semestrale*) biannual (*o* six-monthly) payment.

semestralménte, avv. every six months; twice a year; half-yearly; six-monthly.

semèstre, m. ***1*** (*periodo di sei mesi*) semester; half-year; six-month period (*o* term) ***2*** (*pagamento semestrale*) six-monthly payment (*o* instalment): **pagare un s. d'affitto anticipato**, to pay six months' rent in advance; **pagare a semestri**, to pay every six months.

semiacèrbo, a. half-ripe.

semianalfabèta, **A** a. semiliterate. **B** m. e f. semiliterate person.

semianalfabetismo, m. semiliteracy.

semiapèrto, a. half-open; (*di porta, anche*) ajar (*pred.*).

semiàrco, m. (*archit.*) haunch.

semiàsse, m. ***1*** (*geom.*) semiaxis* ***2*** (*autom.*) axle shaft; driveshaft.

semiautomàtico, a. semiautomatic.

semiautomatizzàto, a. semiautomated.

semibàrbaro, a. semi-barbarian; half-barbarian; semi-savage; semi-civilized.

semibarrièra, f. half-barrier.

semibiscròma, f. (*mus.*) hemidemisemiquaver; sixty-fourth note (*USA*).

semibrève, f. (*mus.*) semibreve; whole note (*USA*).

semibùio, a. dimly lit; half-lit: **un corridoio s.**, a dimly lit corridor.

semicadènza, f. (*mus.*) half-cadence; half-close.

semicatino, m. (*arch.*) semidome.

semicèrchio, m. (*anche geom.*) semicircle; half-circle.

semichiùso, a. half-closed; half-shut.

semicingolàto, (*autom.*) **A** a. half-tracked. **B** m. half-track.

semicircolàre, a. semicircular.

semicìrcolo, m. (*geom.*) semicircle; half-circle.

semicirconferènza, f. (*geom.*) semicircumference.

sèmico, a. (*ling.*) semic.

semiconduttóre, m. (*fis.*) semiconductor.

semiconsonànte, e *deriv.* V. **semivocale** e *deriv.*

semiconvitto, m. day-school.

semiconvittóre, m. (f. **-trice**) day-pupil; day-boy (*m.*); day-girl (*f.*).

semicopèrto, a. half-covered.

semicòro, m. (*mus.*) semichorus.

semicròma, f. (*mus.*) semiquaver; sixteenth note (*USA*).

semicùpio, m. hip bath.

semideponènte, (*gramm.*) **A** a. semideponent. **B** m. semideponent (verb).

semidesèrtico, a. (*geogr.*) semidesert (*attr.*).

semidetenzióne, f. day release.

semidiàmetro, m. (*geom.*) semidiameter.

semidìo, m. (*mitol.*) demigod.

semidistrùtto, a. half-destroyed.

semidóppio, a. (*bot.*) semi-double.

semidùro, a. (*metall.*) medium hard.

semiesònero, m. partial exemption.

semifinàle, f. (*sport*) semifinal.

semifinalista, m. e f. (*sport*) semifinalist.

semiflùido, a. (*fis.*) semifluid.

semifréddo, **A** a. half-cold. **B** m. semifreddo (Italian soft ice-cream).

semigràsso, a. medium fat.

semigratùito, a. half-price.

semigrùppo, m. (*mat.*) semigroup.

semilavoràto, (*ind.*) **A** a. semifinished; semimanufactured. **B** m. semifinished (*o* unfinished product; semimanufactured) product.

semilìbero, **A** a. half-free. **B** m. (f. **-a**) ***1*** half-free man* ***2*** (*leg.*) prisoner on day release.

semilibertà, f. ***1*** half freedom ***2*** (*leg.*) day release.

semilìquido, a. (*fis.*) semiliquid.

semilùcido, (*tecn.*) a. semigloss.

semilunàre, a. semilunar; crescent-shaped: (*anat.*) **valvola s.**, semilunar (valve).

semimìnima, f. (*mus.*) crotchet; quarter note (*USA*).

semimòrto, a. half-dead.

semimpermeàbile, a. partially impermeable.

sémina, f. seeding; sowing: **s. a spaglio**, broadcast; broadcasting; **stagione della s.**, sowing time (*o* season); **patate da s.**, seed potatoes.

seminàbile, a. sowable; ready to be sown (*pred.*).

seminagióne, f. ***1*** seeding; sowing ***2*** (*tempo della semina*) sowing time (*o* season).

seminàle, a. (*agric., fisiol.*) seminal: **vasi seminali**, seminal vessels; **liquido s.**, seminal fluid.

seminàre, v. t. ***1*** to sow*; to seed: **s. il grano [le patate]**, to sow wheat [potatoes]; **s. un campo a grano**, to sow a field with wheat ***2*** (*fig.*: *diffondere*) to sow*, to spread*; (*spargere, sparpargliare*) to scatter, to spread*, to strew*, to drop: **s. discordia**, to sow dissension; **s. odio**, to sow the seeds of hatred; **s. scandalo**, to spread scandal; **s. i vestiti per tutta la casa**, to scatter (*o* to drop) one's clothes all over the house; **s. q.c. per la strada**, to drop st. along the road ***3*** (*fig. fam.*: *lasciare indietro*) to leave* behind; to outdistance; to leave* standing; to shake* off; to give* the slip: **Con un ultimo sprint riuscì a s. l'avversario**, with a final sprint he left his opponent standing; **Seminò il pedinatore**, he shook off his shadow; **La seguii per un'ora ma alla fine mi seminò**, I followed her for an hour but eventually she gave me the slip. ● (*agric.*) **s. a righe**, to drill □ (*agric.*) **s. a spaglio**, to broadcast □ (*fig.*) **s. denari**, to be a spendthrift □ (*fig.*) **s. nella sabbia**, to sow in the sand □ (*fig.*) **s. zizzania**, to sow dissension; to make mischief □ **Gli sta bene! Ha raccolto quel che ha seminato**, it serves him right! he has got what he asked for! □ (*prov.*) **Chi mal semina, mal raccoglie**, sow thin and mow thin □ (*prov.*) **Chi semina vento raccoglie tempesta**, sow the wind and reap the whirlwind □ (*prov.*) **Chi non semina non raccoglie**, he that does not sow, does not mow.

seminariàle, *a.* (*di seminario universitario*) seminar (*attr.*).

seminarile, *a.* seminary (*attr.*); of a seminar (*pred.*).

seminàrio, *m.* ***1*** (*eccles.*) seminary ***2*** (*esercitazione universitaria*) seminar. ● **s. di lavoro**, workshop.

seminarista, *m.* (*eccles.*) seminarist; seminarian.

seminaristico, *a.* ***1*** (*di seminario*) of a seminary; seminary (*attr.*) ***2*** (*di seminarista*) of a seminarist; seminarist (*attr.*).

seminativo, *a.* (*agric.*) fit for seed.

seminàto, **A** *a.* ***1*** sown; seeded: **terreno s.**, sown ground ***2*** (*sparso*) sown; scattered; spread; strewed; strewn: **un cielo s. di stelle**, a sky sown (*o* scattered) with stars; **una vita seminata di incidenti**, a life strewn with accidents. **B** *m.* sown ground. ● (*fig.*) **uscire dal s.**, to wander from the subject (*o* the point); to digress.

seminatóio, *m.* seeder.

seminatóre, *m.* (*f.* **-trice**) sower. ● **s. di scandali**, scandalmonger □ **s. di zizzania**, sower of dissension; mischief-maker.

seminatrice, *f.* (*mecc.*) sowing machine; seeder: **s. a spaglio**, wheelbarrow seeder; **s. a righe**, drill.

seminatùra, *f.* ***1*** (*semina*) seeding; sowing ***2*** (*tempo della semina*) sowing season.

seminfermità, *f.* (*med.*) partial infirmity. ● (*leg.*) **s. mentale**, partial insanity.

seminférmo, *a.* e *m.* (*f.* **-a**) semi-invalid.

seminifero, *a.* (*bot., anat.*) seminiferous.

seminterràto, *m.* (*edil.*) basement; (*appartamento*) basement flat.

seminùdo, *a.* half-naked; seminude.

semiografia, *f.* symbolic notation.

semiologia, *f.* (*ling.*) semiology; semiotics (*pl. col verbo al sing.*).

semiològico, *a.* (*ling.*) semiologic(al).

semiòlogo, *m.* (*f.* **-a**) semiologist.

semiónda, *f.* (*fis., radio, ecc.*) half-wave.

semiopàco, *a.* semiopaque.

semioscurità, *f.* semidarkness; half-darkness; twilight.

semioscùro, *a.* half-dark.

semiòsi, *f.* sem(e)iosis*.

semiòtica, *f.* semiotics (*pl. col verbo sing.*).

semiòtico, *a.* semiotic(al).

semipagàno, *a.* half-pagan; semipagan.

semiparassita, (*bot.*) **A** *a.* semiparasitic. **B** *m.* semiparasite; hemiparasite.

semiperiferia, *f.* inner suburbs (*pl.*).

semiperiodo, *m.* (*scient.*) half-cycle.

semipermeàbile, *a.* semipermeable.

semipermeabilità, *f.* semipermeability.

semipiàno, *m.* (*geom.*) half-plane.

semipièno, *a.* (*mezzo pieno*) half-full; (*quasi pieno*) almost full.

semiprezióso, *a.* semiprecious.

semiprodótto, *m.* (*mat.*) half-product

semiprofessionismo, *m.* (*sport*) semiprofessionalism.

semiprofessionista, *m.* e *f.* (*sport*) semiprofessional; semipro (*fam.*).

semiprofessionistico, *a.* (*sport*) semiprofessional: **il basket s.**, semiprofessional basketball.

semiraffinàto, *a.* semirefined.

Semiràmide, *f.* Semiramis.

semirètta, *f.* (*geom.*) half-line.

semirigido, *a.* semirigid (*anche aeron.*); semiflexible; stiff.

semirimòrchio, *m.* (*autom.*) semitrailer.

semisconosciùto, *a.* virtually unknown.

semiscopèrto, *a.* half-uncovered.

semisécco, *a.* (*enologia*) demi-sec.

semisecolàre, *a.* (*che ricorre ogni mezzo secolo*) semicentennial; (*che è vecchio di mezzo secolo*) half a century old (*pred.*); fifty-year-old (*attr.*).

semiselvàggio, *a.* half-savage; semi-savage; half-wild; (*rozzo, incivile*) uncivilized, uncouth.

semisèrio, *a.* half-serious; (*teatr.*) seriocomic.

semisezióne, *f.* half section.

semisfèra, *f.* (*geom.*) hemisphere; half-sphere.

semisfèrico, *a.* (*geom.*) hemispheric; hemispherical.

semisòlido, *a.* (*fis.*) semisolid.

semisómma, *f.* (*mat.*) half-sum.

semispàzio, *m.* (*geom.*) half space.

semispènto, *a.* almost (*o* nearly) out; half-extinguished; half-dead; half-out; (*fioco*) faint, weak, lifeless: **Il fuoco è s.**, the fire is nearly out; **con voce semispenta**, in a faint voice; **uno sguardo s.**, a lifeless glance.

semisvòlto, *a.* half-unwrapped.

semita, **A** *m.* e *f.* Semite. **B** *a.* Semitic.

semitàppa, *f.* (*sport*) half-lap.

semitico, *a.* Semitic: **lingue semitiche**, Semitic languages; **popoli semitici**, Semitic peoples.

semitista, *m.* e *f.* Semitist.

semitistica, *f.* Semitics (*pl. col verbo al sing.*).

semitóndo, *a.* half-round.

semitònico, *a.* (*mus. fon.*) semitonic.

semitòno, *m.* (*mus.*) semitone; half-step (*USA*): **abbassare di un s.**, to lower by a semitone; to flatten; to flat (*USA*); **alzare di un s.**, to raise by a semitone; to sharpen; to sharp (*USA*).

semitrasparènte, *a.* semitransparent; almost transparent.

semitrasparènza, *f.* semitransparent quality.

semiufficiàle, *a.* semiofficial; quasi-official.

semivestito, *a.* half-dressed.

semivivo, *a.* (*lett.*) half-dead; nearly dead (*pred.*); only half-alive.

semivocàle, *f.* (*fon.*) semivowel.

semivocàlico, *a.* (*fon.*) semivocalic.

semivuòto, *a.* half-empty.

semmài, *V.* **se mai** *alla voce* **se**, *cong.*

sémola, *f.* ***1*** (*fior di farina*) superfine flour; (*crusca*) bran: **pane di s.**, superfine bread ***2*** (*fam.: lentiggini*) freckles (*pl.*).

semolàta, *f.* bran mash.

semolàto, *a.* refined: **zucchero s.**, caster (*o* refined) sugar.

semolatrice, *f.* (*ind.*) purifier: **s. a gravità**, gravity purifier.

semolino, *m.* ***1*** (*farina*) semolina ***2*** (*minestra di s.*) semolina soup.

semolóso, *a.* ***1*** (*pieno di semola*) branny ***2*** (*fam.: lentigginoso*) freckled.

semovènte, **A** *a.* ***1*** self-moving; self-propelled ***2*** (*automatico*) automatic(al). **B** *m.* (*pezzo d'artiglieria*) self-propelled gun.

semovènza, *f.* self-motion; self-propulsion.

Sempióne, *m.* (*geogr.*) Simplon.

sempitèrno, *a.* (*lett.*) sempiternal; eternal; everlasting. ● **in s.**, eternally; for ever (and ever).

sémplice (1), **A** *a.* ***1*** (*costituito d'un solo elemento*) simple; single: **un nodo s.**, a simple knot; (*bot.*) **un tulipano s.**, a single tulip; **un filo s.**, a single thread ***2*** (*non mescolato o combinato con altro*) simple; unmixed; pure; uncombined; uncompounded: **un colore s.**, a simple colour; **un corpo s.**, a simple body ***3*** (*non complesso o complicato*) simple, plain, unadorned, unsophisticated; (*facile*) easy; (*elementare*) elementary; (*schietto*) direct, straightforward; (*naturale*) natural, artless, unaffected, unassuming; (*alla buona*) homespun, homely (*GB*): **L'ipotesi più s.**, the simplest hypothesis; **un compito (un problema) s.**, a simple (*o* an easy) task (problem); **ignorare le regole più semplici**, to ignore the simplest (*o* the very first) rules; **È la cosa più s. del mondo**, it's the easiest thing; **un cuore s.**, a simple heart; **uno stile s.**, a simple (*o* an unadorned) style; **un pasto s.**, a plain (*o* a homely) meal; **un vestito s.**, a plain dress; **avere modi semplici**, to have simple (*o* unassuming, direct) ways; **E' una faccenda molto s.**, it's a very straightforward matter; **uno stile s.**, a plain, unadorned style; **virtù semplici**, homespun virtues ***4*** (*null'altro che*) simple, mere, pure, bare, plain, sheer, but (*avv.*); (*soltanto*) only, very, just (*avv.*): **una s. supposizione**, a mere conjecture; **essere un s. caporale**, to be a simple corporal; to be just a corporal; **rispondere con un s. sì o no**, to answer with a plain «yes» or «no»; **puro e s.**, pure and simple; sheer; stark: **la (pura e) s. verità**, the simple (*o* mere, plain) truth; **una follia pura e s.**, stark madness; **una (pura e) s. perdita di tempo**, a sheer waste of time; **Il s. fatto della sua presenza mi irrita**, the very fact he is here irritates me; **È un imbroglione puro e s.**, he's just a swindler ***5*** (*di persona*) simple, open, straightforward; (*ingenuo*) ingenuous, candid, simple-minded, naive, guileless; (*alla buona*) unpretentious, plain: **essere d'animo s.**, to be simple-hearted; **gente s.**, plain folk ***6*** (*chim., mat.*) simple: **una frazione s.**, a simple fraction. ● **s. cittadino**, private citizen □ (*bur.*) **in carta s.**, on unstamped paper □ (*naut.*) **marinaio s.**, ordinary seaman; rating (*GB*) □ (*rag.*) **partita s.**, single-entry book-keeping □ (*mat.*) **la regola del tre s.**, the rule of three □ (*mil.*) **soldato s.**, private (soldier). **B** *m.* e *f.* ***1*** simple (*o* artless, unsophisticated) person; simple-hearted person ***2*** (*semplicione*) simpleton.

sémplice (2), *m.* (*erba medicinale*) simple (*arc.*); herb: **giardino dei semplici**, herb garden.

sempliceménte, *avv.* ***1*** (*in modo semplice*) simply; in a simple manner; with simplicity; plainly; plain: **vestire s.**, to dress simply; to wear plain clothes; **vivere s.**, to live simply; to live a simple life; **parlare s.**, to speak in a simple manner (*o* way); to speak plain ***2*** (*solamente*) just; simply; solely; merely; only; but: **È s. un operaio**, he is just (*o* simply) a workman; **Voglio s. dirti questo**, I just want to tell you this; **Volevo s. vederlo**, I just wanted to see him (*o* it); **Gli chiesi s. il nome**, I merely asked his name ***3*** (*con animo semplice*) simply; artlessly; ingenuously; candidly.

sempliciàrio, *m.* herbal.

semplicióne, **A** *m.* (*f.* **-a**) simpleton; ninny; dupe; booby; mug (*fam.*); sucker (*fam.*). **B** *a.* simple; simple-minded; gullible; naive.

semplicioneria, *f.* simplicity; simple-mindedness; ingenuousness; credulity; gullibility.

sempliciòtto, *V.* **semplicione**.

semplicismo, *m.* oversimplification; superficiality.

semplicista (1), **A** *a.* simplistic; superficial. **B** *m.* e *f.* superficial person; person given to oversimplification.

semplicista (2), *m.* (*erborista*) herbalist; herborist.

semplicistico, *a.* simplistic; oversimplifying; superficial; facile.

semplicità, *f.* ***1*** simplicity; simpleness; plainness: **la s. d'una teoria**, the simplicity of a theory; **s. di maniere**, simplicity of ways; (*modi semplici*) simple ways; **s. di stile**, simplicity of style; simple style: **Il romanzo è scritto con grande s. di stile**, the novel is written in a very simple style; **s. di vita**, simplicity of life; simple living; **con s.**, simply: **vestire con s.**, to dress simply ***2*** (*naturalezza*) naturalness, easiness, artlessness; (*schiettezza, chiarezza*) simplicity, straightforwardness: **comportarsi con s.**, to behave with naturalness; **Ti parlo con grande s.**, I'm telling you this quite straightforwardly **3** (*innocenza*) simplicity, innocence, guilessness, artlessness; (*ingenuità*) simplicity, naivety, naiveté, ingenuousness; (*semplicioneria, dabbenaggine*) credulity, gullibility, simple-mindedness.

semplificàre, A *v. t.* **1** to simplify; to make* simpler; (*agevolare*) to make* easier, to facilitate, to lighten; (*sveltire, snellire*) to streamline: **Devi s. la tua proposta, se vuoi che sia accettata**, you must simplify your proposal, if you want it to be accepted; **Gli elettrodomestici ci hanno semplificato la vita**, household appliances have made our life easier; **Le nuove disposizioni non semplificano i miei compiti**, the new directions do not lighten my task; **s. una procedura**, to simplify (*o* to streamline) a procedure; **Per s. elimineremo i passaggi intermedi**, to make things simpler, we'll eliminate the intermediate steps **2** (*mat.*) to simplify; to reduce; to cancel: **s. una frazione [un'equazione]**, to simplify a fraction [an equation]; **s. i fattori comuni**, to cancel common factors. **B semplificarsi,** *v. i. pron.* **1** to become* (*o* to get*) simpler (*o* easier): **In questo modo le cose si semplificano**, things become easier this way **2** (*mat.*) to cancel.

semplificativo, *a.* simplifying.

semplificàto, *a.* simplified.

semplificatóre, A *m.* (*f.* **-trice**) simplifyer. **B** *a.* simplifying.

semplificazióne, *f.* **1** simplification; simplifying **2** (*mat.*) simplification; reduction; cancellation.

sèmpre, *avv.* **1** (*in ogni tempo*) always, ever; (*in ogni momento*) at all times; (*in ogni circostanza*) on all occasions: **avere q.c. s. presente**, always to bear st. in mind; never to forget st.; **Visse s. povero**, he was always a poor man; **E' s. gentile con tutti**, he is always kind to everyone; **Quel ragazzo parla s.**, that boy is always speaking; that boy never stops speaking (*o* never keeps quiet); **Mi è s. piaciuto**, I have always liked it; **Ti vorrò s. bene**, I shall always love you; **Non andrà s. così!**, it will not always be like that!; **S. guai!**, always trouble!; **L'ufficio informazioni è s. aperto**, the information bureau is open at all times; **non s.**, not always; **ora e s.**, now and for ever; **s., fin dalla mia infanzia**, ever since I was a boy (*o* a girl); **S. ai suoi ordini!**, ever at your service!; (*nella chiusa d'una lettera*) **S. tuo**, yours ever; ever yours **2** (*tutto il tempo, dall'inizio alla fine*) all the time; throughout (*avv.* e *prep.*): **Piovve s.**, it rained all the time; **Devi averlo s. saputo**, you must have known it all the time; **Durante il viaggio ha letto s.**, he read throughout the journey **3** (*ancora, tuttora*) still: **C'era s. speranza**, there was still hope; **C'è s. tempo**, there is still plenty of time; **Abitate s. a Verona?**, are you still living in Verona?; **Dorme s.**, he is still asleep (*o* sleeping); **Sei s. contento di lui?**, are you still satisfied with him? **4** (*anche* **pur s.**: *comunque, tuttavia*) always; anyhow; however; still; nevertheless: **Posso s. tentare**, I can always try; anyhow, I can try; **Avevi pur s. torto**, however (*o* still), you were wrong; **È pur s. vero che...**, it is nevertheless true that...; **Be', posso s. riprovarci**, still, I can try again; **Avrà sbagliato, ma è s. mio fratello**, he may have been wrong, but he's still my brother **5** (*in composizione con un agg. attr.*) ever-: **importanza s. crescente**, ever-growing importance; **un numero s. crescente di persone**, an ever-increasing number of people; **un rischio s. presente**, an ever-present risk **6** (*davanti a un compar., con valore intensivo*) – **s. meno**, less and less; still less: **s. meno ciarliero**, less and less talkative; **lavorare s. meno**, to work less and less; **s. peggio**, worse and worse; **s. meglio**, better and better; **s. maggiore**, ever-increasing; ever-growing; greater and greater; **s. più**, more and more; increasingly; ever more: **s. più facile**, easier and easier; increasingly easier; **s. più interessante**, more and more interesting; **una stampa s. più invadente**, an ever more (*o* an increasingly) intrusive press; **Mi piace s. più**, I like it more and more. ● **s. attuale**, evergreen □ **s. che**, provided (that); as long as: **Verremo, s. che non piova**, we shall come, provided that it does not rain; **Lo farò, s. che tu lo voglia**, I'll do it, that is, if you want me to □ **s. nuovo**, ever new □ **da s.**, from time immemorial; from time out of mind; always; all the time: **Quell'usanza esisteva da s.**, that custom existed from time immemorial; **Lo conosco da s.**, I have always known him; **Credo proprio che lo sapesse da s.**, he must have known it all the time □ **di s.**, usual; habitual; as ever: **la sua allegria di s.**, his usual cheerfulness; **E' rimasto quello di s.**, he's the same as ever; he hasn't changed □ **fama che durerà s.**, everlasting fame □ **per s.**, for ever; for evermore (*enfat.*); (*definitivamente*) for good: **Ha lasciato il paese per s.**, he has left the country for good; **Tuo per s.**, yours forever; **Perduto per s.!**, lost for ever!; **Addio per s.!**, farewell for ever! □ **salire s. più (in alto)**, to go (to climb) up and up; (*crescere*) to become higher and higher □ **scendere s. più (in basso)**, to go further and further down; (*fig.*) to sink lower and lower □ **una volta per s.**, once and for all: **Te lo dico una volta per s.!**, I am telling you once and for all! □ **I ragazzi sono s. ragazzi**, boys will be boys.

sempreverde, *a., m.* e *f.* (*bot.*) evergreen.

semprevivo, *m.* (*bot., Sempervivum tectorum*) houseleek; hen-and-chickens.

Semprònio, *m.* Sempronius.

sèna, *f.* (*bot., Cassia*) senna.

senàle, *m.* (*naut.*) snow mast, trysail mast.

senapàto, *a.* mustard (*attr.*): **carta senapata**, mustard paper; **impiastro s.**, mustard plaster (*o* poultice).

sènape, *f.* **1** (*bot., Brassica alba*) white mustard **2** (*Brassica nigra*) black mustard **3** (*farina di s.*) (flour of) mustard: **impiastro di s.**, mustard plaster (*o* poultice) **4** (*salsa*) mustard. ● (*bot.*) **s. selvatica** (*Sinapis arvensis*), charlock □ **color s.**, mustard yellow.

senapièra, *f.* mustard pot.

senapismo, *m.* (*med.*) mustard plaster (*o* poultice).

senàrio, (*metrica*) **A** *a.* of six syllables; six-syllable; (*metrica classica*) of six feet, six-foot. **B** *m.* six-syllable line; (*metrica classica*) senarius*.

senàto, *m.* **1** senate: **il s. romano**, the Roman Senate; **la presidenza del S.**, the presidency of the Senate; **s. accademico**, university senate **2** (*sede del s.*) senate house.

senatoconsùlto, *m.* (*stor. romana*) senatus consultum*.

senatoràto, *m.* senatorship.

senatóre, *m.* (*f.* **-trice**) senator; member of the Senate: **essere eletto s.**, to be elected senator (*o* to the senate); **s. a vita**, life member of the Senate.

senatoriàle, senatòrio, *a.* senatorial; of a senator: **dignità s.**, senatorial rank; **province senatorie**, senatorial provinces.

senècio, senecióne, *m.* (*bot.*: *Senecio vulgaris*) groundsel.

senegalése, *a., m.* e *f.* Senegalese: **i senegalesi**, the Senegalese.

senescènte, *a.* (*lett.*) senescent.

senescènza, *f.* senescence.

senése, *a., m.* e *f.* Sienese, Siennese: **i senesi**, the Sienese.

senìle, *a.* old; old-age (*attr.*); of old age; (*med.*) senile: **decadimento s.**, senile decay; **demenza s.**, senile dementia; **disturbi senili**, old-age complaints; **avere un aspetto s.**, to look old; **età s.**, old age.

senilismo, *m.* (*med.*) premature senility.

senilità, *f.* old age; (*med., biol.*) senility.

senior (*lat.*), *a.* e *m.* senior: **Paolo Zecchi s.**, Paolo Zecchi senior (*abbr.* sr).

senióre, *m.* senior.

Sènna, *f.* (*geogr.*) (the) Seine.

sénno, *m.* (common) sense; judg(e)ment; (practical) wisdom; (*discernimento*) discernment: **un uomo di s.**, a man of sense; **non aver s.**, to have no common sense; **adoperare il proprio s.**, to use one's common sense; **chiunque abbia un po' di senno**, anyone with a bit of common sense; anyone worth his salt. ● **il s. di poi**, hindsight □ **una cosa fatta con s.**, a sensible thing □ **essere fuori di s.**, to be out of one's (right) mind; to be out of one's wits (*o* senses); to be off one's head (*fam.*) □ **perdere il s.** (*o* **uscire di s.**), to take leave of one's senses; to lose one's mind (*o* wits); to go out of one's mind □ **un ragazzo senza s.**, a senseless (*o* a brainless) boy □ **tornare in s.**, to come to one's senses □ (*prov.*) **Del s. di poi sono piene le fosse**, it's easy to be wise after the event.

sennò, *avv.* (*fam.*) otherwise; or else.

sennonché, *cong.* but; except that.

séno (1), *m.* **1** (*petto*) breast; bosom: **il s. sinistro**, the left breast; **un bel s.**, a beautiful bosom; **stringere q. al s.**, to press (*o* to hug) sb. to one's breast; **nascondere q.c. in s.**, to hide st. in one's bosom; **tumore al s.**, breast tumour; **allattare un neonato al s.**, to breast-feed a baby **2** (*eufem.*: *grembo*, *anche fig.*) womb: **portare un figlio in s.**, to carry a child in one's womb; **benedetto il frutto del tuo s.**, blessed is the fruit of thy womb; **nel s. della terra**, in the womb (*o* in the bowels) of the earth **3** (*fig.*: *animo*) bosom; heart; breast: **nutrire in s. un rancore**, to harbour a grudge in one's heart; **nutrire in s. una speranza**, to cherish a hope in one's heart **4** (*cavità*) bosom; cavity: **il s. d'una baia [d'una valle]**, the bosom of a bay [of a valley] **5** (*anat.*) sinus*; cavity: **s. frontale**, frontal sinus. ● (*geogr.*) **s. di mare**, inlet; creek; bay □ (*fig.*) **in s. a**, in the bosom of; within; among: **in s. alla famiglia**, in the bosom of one's family; **in s. al partito democratico**, within the Democratic Party; **in s. all'assemblea**, among the members of the assembly □ (*fig.*) **scaldarsi una serpe in s.**, to warm (*o* to cherish) a snake in one's bosom.

séno (2), *m.* (*mat.*) sine (*abbr.*: sin): **il s. di un angolo**, the sine of an angle; **s. iperbolico**, hyperbolic sine (*abbr.* sinh; Sh).

Senòcrate, *m.* (*stor.*) Xenocrates.

senofobia, senòfobo, *V.* **xenofobia, xenofobo.**

Senofónte, *m.* (*stor. lett.*) Xenophon.

senonché, *V.* **sennonché.**

sensàle, *m.* (*comm.*) broker; middleman*; intermediary: **s. marittimo**, shipbroker; **s. di matrimonio**, matchmaker.

sensatamente, *avv.* sensibly; judiciously. ● **parlare s.**, to talk sense.

sensatézza, *f.* sensibleness; good sense; common sense; judiciousness.

sensàto, *a.* sensible; reasonable; sound; sane; wise; well-advised; common-sense (*attr.*); judicious: **spese sensate**, judicious purchases; **un'idea [un'osservazione] sensata**, a sensible idea [remark]; **una spiegazione sensata**, a reasonable (*o* sound) explanation; **un uomo s.**, a sensible man; **un atteggiamento s.**, a common-sense attitude; **Fu molto s., da parte tua**, that was very sensible of you; **dire cose sensate**, to talk sense.

sensazionàle, *a.* sensational; thrilling; exciting: **una vittoria s.**, a sensational victory; **notizie sensazionali**, thrilling news; **S.!**, that's sensational!; that's fantastic!; how exciting!

sensazionalismo, *m.* sensationalism.

sensazióne, *f.* **1** sensation; feeling: **s. auditiva**, auditory sensation; **s. tattile**, tactile sensation; **una s. di calore**, a sensation of warmth; a sense of heat; **una s. di freddo**, a feeling of cold; a chill; **Ho una s. di freddo**

alla schiena, I feel a chill in my back; **una s. di dolore**, a feeling of pain; **provare una s. di gioia**, to feel a sensation of joy *2* (*intuizione, impressione, sospetto*) feeling; sensation; sense; hunch (*fam.*): **una s. di paura**, a feeling of fear; **avere la s. di un pericolo**, to sense a danger; **Ho la s. che succederà qualcosa di spiacevole**, I have a feeling that something unpleasant will happen; **Ho la s. che stiano macchinando qualcosa di grosso**, I have a hunch they are plotting something big *3* (*impressione viva*) sensation; stir; excitement: **fare s.**, to cause (*o* to create) a sensation. ● **a s.**, sensational: **un romanzo a s.**, a sensational novel.

senserìa, *f.* (*comm.*) brokerage; broker's commission (*o* fee).

sensìbile, A *a.* *1* (*atto a essere percepito dai sensi*) sensible; perceptible: **fenomeni sensibili**, sensible (*o* perceptible) phenomena; **il mondo s.**, the sensible world *2* (*che ha sensibilità fisica o emotiva*) sensitive; (*che reagisce*) responsive, sympathetic, susceptible, accessible; (*facile a commuoversi*) tender-hearted: **La lingua è uno degli organi piu sensibili**, the tongue is one of the most sensitive organs; **avere la pelle s.**, to have a sensitive skin; **un bambino s.**, a sensitive child; **essere s. alle critiche**, to be sensitive to criticism; to be thin-skinned (*fam.*); **essere s. alla gentilezza**, to respond to kindness; **essere s. alla bellezza**, to appreciate beauty; **un pubblico s.**, a responsive (*o* appreciative) audience; **essere s. alle sventure altrui**, to be sensitive to other people's misfortunes; **essere s. al fascino femminile**, to be susceptible to feminine charm; **s. all'adulazione**, susceptible to flattery; **avere l'animo s.**, to be tender-hearted *3* (*mecc., radio, fotogr., ecc.*) sensitive: **bilancia s.**, sensitive balance; **pellicola s.**, sensitive film; **termometro s.**, sensitive thermometer *4* (*rilevante*) sensible; perceptible; appreciable; considerable: **un abbassamento s. della temperatura**, a sensible fall in temperature; **una differenza s. di peso**, a sensible (*o* an appreciable) difference in weight; **una perdita s.**, a considerable loss. **B** *m.* (*il mondo s.*) tangible world; what can be perceived by the senses. **C** *f.* (*mus.*) leading (*o* sensible) note; subtonic.

sensibilità, *f.* *1* (*fisiol.*) sensitivity; sensation; feeling: **la s. della pelle**, the sensitivity of the skin; skin sensitivity; **la s. tattile**, tactile sensitivity; **s. al dolore**, sensitivity to pain; **Ho perso la s. di due dita**, I've lost all feeling (*o* sensation) in two fingers; **avere molta s. ai rumori**, to be very sensitive to noise; **privo di s.**, insensitive; numb *2* (*delicatezza di sentimenti*) sensitivity, delicacy, sensibility; (*disposizione a sentire vivamente*) sensitivity, feeling, sympathy, responsiveness, tender-heartedness: **s. d'animo**, delicacy of feeling; fine feelings (*pl.*); **una persona di grande s.**, a person of great delicacy of feeling; a highly sensitive person; **s. artistica**, artistic feeling; **s. estetica**, aesthetic sense; **s. morbosa**, morbid sensitiveness; **privo di s.**, insensitive; callous; **non avere la minima s. per q.c.**, to be totally insensitive to st. *3* (*mecc., radio, fotogr., ecc.*) sensitivity; sensibility: **la s. di una pellicola**, the sensitivity of a film; **un termometro di grande s.**, a highly sensitive thermometer; (*radio, TV*) **s. di variazione**, variational sensitivity; (*TV*) **s. luminosa**, luminous sensitivity.

sensibilizzàre, A *v. t.* *1* (*fotogr.*) to sensitize *2* (*rendere consapevole*) to awaken; to make* aware: **s. l'opinione pubblica a q.c.**, to awaken public opinion to st. **B sensibilizzàrsi**, *v. i. pron.* to become* aware (of).

sensibilizzatóre, *m.* (*fotogr.*) sensitizer.

sensibilizzazióne, *f.* (*fotogr.*) sensitization.

sensibilménte, *avv.* *1* sensibly; sensitively *2* (*in modo rilevante*) sensibly; considerably; noticeably.

sensìle, *a.* (*naut.*) – **remo s.**, sweep.

sensìsmo, *m.* (*filos.*) sensationalism.

sensista, (*filos.*) *m.* e *f.* sensationalist.

sensìstico, *a.* (*filos.*) sensationalistic.

sensitiva, *f.* (*bot., Mimosa pudica*) sensitive plant.

sensitività, *f.* sensitivity; sensitiveness: **la s. del nervo ottico**, the sensitivity of the optic nerve.

sensitivo, A *a.* *1* (*atto a sentire*) sensitive; sensory: **la facoltà sensitiva**, the sensory faculty *2* (*dei sensi*) sensitive; sense (*attr.*) sensuous; sensory; sensorial: **la vita sensitiva**, sensitive life; **percezioni sensitive**, sensitive (*o* sense, sensuous) perceptions; **organo s.**, sensory organ *3* (*facile a commuoversi*) sensitive; impressionable; tender-hearted: **natura sensitiva**, sensitive nature; impressionable disposition. **B** *m.* (*f.* **-a**) *1* sensitive (person) *2* (*medium*) psychic; medium.

sensitometrìa, *f.* (*fotogr.*) sensitometry.

sensitomètrico, *a.* (*fotogr.*) sensitometric.

sensitòmetro, *m.* (*fotogr.*) sensitometer.

sènso, *m.* *1* (*facoltà di ricevere le sensazioni*) sense; sensibility; faculty of sensation (*o* of feeling): **Gli animali sono dotati di s.**, animals are endowed with sensibility; **gli organi del s.**, the organs of sense; the sense (*o* sensory) organs; **i cinque sensi**, the five senses *2* (*sensazione*) sense, sensation, feeling; (*sentimento, coscienza*) sense, feeling: **un s. di freddo**, a feeling (*o* a sensation) of cold; **un s. di paura**, a sensation of fear; **non avere il s. del pericolo**, to have no sense of danger; **un s. di disagio**, a feeling of discomfort; **un s. di felicità**, a feeling of happiness; a happy feeling; **avere il s. del dovere**, to have a sense of duty; **un s. di gratitudine [di vergogna]**, a sense of gratitude [of shame] **un s. di tristezza [di orgoglio]**, a sad [a proud] feeling; **provare un s. di tristezza [di orgoglio, di smarrimento, di gratitudine]**, to feel (*o* to be) sad [proud, bewildered, grateful]; **avere il s. del bello**, to have a feeling for beauty; to be sensitive to beauty *3* (*pl.*: *sensualità*) senses; sensuality (*sing.*); flesh (*sing.*): **il piacere dei sensi**, the pleasure of the senses (*o* of the flesh); **mortificare i sensi**, to mortify the flesh *4* (*pl.*: *conoscenza, coscienza*) consciousness: **perdere i sensi**, to lose consciousness; to faint; to pass out; **riprendere i sensi**, to recover (*o* to regain) consciousness; to come round; to come to; **privo di sensi**, uncounscious; senseless *5* (*significato*) sense, meaning, point; (*s. generale*) (general) drift, gist, hang (*fam.*): **il s. d'una parola [d'una frase]**, the sense (*o* the meaning) of a word [of a sentence]; **s. letterale [figurato, proprio]**, literal [figurative, proper] sense; **il s. della vita**, the meaning of life; what life is about; **nel s. migliore della parola**, in the best sense of the term; **parole prive di (*o* senza) s.**, words without sense (*o* meaning); meaningless words; **afferrare il s. di q.c.**, to grasp the meaning of st.; **avere s.**, to make sense: **Non ha s.**, it does not make any sense; (*è inutile*) there is no point, it's useless (*o* pointless) **Dici cose senza s.**, you are talking nonsense; **dare un altro s. alle parole di q.**, to alter the meaning of sb.'s words; **non capire il s. di q.c.**, not to understand the meaning of st.; **Che s. c'è a fare una cosa del genere?**, what's the sense (*o* point) of doing that?; **Che s. ha discuterne?**, what's the point of discussing it?; **Non ripetermi tutto, dammene solo il s. (generale)**, don't give me every word of it, just the general drift *6* (*direzione*) direction; way, **in s. opposto**, in the opposite direction; the opposite way; **in tutti i sensi**, in every direction; in all directions; **Va in quel s.!**, go that way *7* (*modo*) way; manner; (*pl.*: *termini*) terms: **Si può fare nell'un s. o nell'altro**, you can do it either way; **Scrivigli in questo s.** write to him in these terms. ● **s. antiorario**, anti-clockwise direction; **in s. antiorario**, anti-clockwise □ **s. civico**, public spirit □ **s. della misura**, (*delle dimensioni*) an eye for sizes; (*fig.*) sense of proportion: **Non ha il s. della misura** (*esagera*), he doesn't know when to stop □ **s. della realtà**, grip on reality: **Ha perso il senso della realtà**, he's lost his grip on reality □ **il s. dell'orientamento**, a sense of direction □ **il s. dell'umorismo**, sense of humour: **mancare di s. dell'umorismo**, to have no sense of humour □ **s. di colpa**, guilty feeling; self-reproach; (*psic.*) guilt: **provare un s. di colpa**, to feel guilty; to have a guilty feeling; **farsi venire i sensi di colpa**, to blame oneself; to feel guilty □ **s. di marcia**, direction; (*traffico stradale*) **doppio s. di marcia**, two-way traffic □ (*anche fig.*) **s. di gelo**, chill □ **s. di malessere**, malaise □ **s. di nausea**, queasiness; sick feeling □ (*mecc.*) **s. di rotazione**, direction of rotation □ **s. morale**, morals (*pl.*) □ **s. orario**, clockwise direction; **in s. orario**, clockwise □ (*traffico stradale*) **s. unico**, one way; one-way traffic (*o* street): **strada a s. unico**, one-way street □ (*traffico stradale*) **s. vietato**, no thoroughfare; no entry □ **a s.**, loosely; in one's own words: **ripetere q.c. a s.**, to repeat st. in one's own words; **tradurre a s.**, to translate loosely; to give a rough translation; to translate the gist (of st.) □ **ai sensi di**, according to; in accordance with; in conformity with; under: **ai sensi di legge**, according to the law; under the law □ **buon s.**, (commom *o* good) sense; sound judgment: **un uomo di buon s.**, a man of sense; a sensible man □ **Nessuna persona di buon s. accetterebbe condizioni simili**, no man in his right mind would accept such terms □ **doppio s.**, double meaning; double entendre (*franc.*); (*gioco di parole*) pun; (*traffico stradale*) two-way traffic □ **strada a doppio s.**, two-way street □ **fare s.**, (*fare impressione*) to disgust, to repel, to give the creeps (*fam.*); (*nauseare*) to make (one) feel sick, to turn sb.'s stomach: **Gli scarafaggi mi fanno s.**, I find beetles repulsive; **La vista del sangue mi fa s.**, I cannot stand the sight of blood; the sight of blood makes me sick □ (*nelle lettere, form.*) **Gradisca i sensi della mia stima**, Yours faithfully □ **in s. affermativo [negativo]**, affirmatively [negatively]: **rispondere in s. affermativo [negativo]**, to answer in the affirmative [in the negative] □ **in s. lato**, in a broad sense; broadly speaking □ **in s. restrittivo**, in a narrow sense □ **in s. stretto**, strictly speaking; in the strict sense of the word □ **in un certo s.**, in a sense: **In un certo s. quello che dici è giusto**, what you say is true in a sense □ **nel s. della larghezza**, breadthwise □ **nel s. della lunghezza**, lengthwise □ **sesto s.**, sixth sense.

sensóre, *m.* *1* (*tecn.*) sensor; detector: **s. solare**, solar sensor; (*elettron.*) **s. di luce**, photodetector; photosensor *2* (*elab.*) pecker; sensor.

sensoriàle, *a.* sensory; sensorial.

sensòrio, A *a.* sensory; sensorial: **i nervi sensori**, the sensory nerves. **B** *m.* sensorium*.

sensuàle, *a.* *1* (*dei sensi*) sensuous; sensual *2* (*relativo o incline ai piaceri dei sensi*) sensual, sensuous, carnal, fleshy; (*voluttuoso*) voluptuous, sexy: **i piaceri sensuali**, sensual (*o* carnal) pleasures; **un uomo s.**, a sensual (*o* a voluptuous) man; a sensualist; **labbra sensuali**, sensual (*o* sensuous) lips; **voce s.**, sexy voice.

sensualìsmo, *m.* sensualism.

sensualista, *m.* e *f.* sensualist.

sensualìstico, *a.* sensualistic.

sensualità, *f.* sensuality; sensuousness; voluptuousness.

sensuóso, *a.* (*lett.*) sensuous.

sentènza, *f.* *1* (*leg.*) decision; judg(e)ment; ruling; findings (*pl.*); order; (*verdetto di condanna*) sentence; (*di divorzio*) decree: **la s. della corte**, the ruling (*o* decision, findings) of the court; **La s. fu favorevole all'imputa-**

to, the court ruled in favour of the defendant; **emettere una s.**, to pass judgment; **pronunciare una s. contro q.**, to pronounce sentence on sb.; **ricorrere in appello contro una s.**, to appeal against a decision ***2*** (*aforisma*) aphorism, maxim, precept; (*detto*) saying, saw. ● (*leg.*) **s. arbitrale**, (arbitrator's) award □ (*leg.*) **s. capitale** (*o* **di morte**), capital (*o* death) sentence □ (*leg.*) **s. di assoluzione**, acquittal □ (*leg.*) **s. di condanna**, conviction; sentence; verdict of guilty □ (*leg.*) **s. di rinvio a giudizio**, order of committal for trial □ (*leg.*) **s. dichiaratoria di fallimento**, adjudication in bankruptcy □ (*leg.*) **s. in contumacia**, decision (*o* judgment) by default. ● **il Libro delle Sentenze**, the Book of Sentences □ **sputare sentenze**, to be sententious; to moralize; to pontificate.

sentenziàre, *v. i.* ***1*** to pass judgment; to judge; to rule; to decide; to decree ***2*** (*sputare sentenze*) to be sententious; to moralize; to pontificate.

sentenziosità, *f.* sententiousness.

sentenzióso, *a.* ***1*** (*ricco di massime*) sententious, aphoristic, gnomic; (*moralistico*) moralistic ***2*** (*spreg.*) pompous, sententious.

sentièro, *m.* path (*anche fig.*); pathway; track; (*viottolo*) footpath, lane; (*vialetto*) walk: **un s. attraverso il bosco**, a path through the woods; **un s. di campagna**, a country lane; **un s. aspro**, a rough track; **i sentieri della gloria**, the paths of glory; **prendere un s.**, to take a path; (*fig.*) **seguire il retto s.**, to follow the right path; (*anche scherz.*) **essere sul s. di guerra**, to be on the war-path.

sentimentàle, **A** *a.* ***1*** (*affettivo*) emotional; of feeling(s); sentimental: **vita s.**, emotional life; **valore s.**, sentimental value; **motivi sentimentali**, sentimental reasons; **relazione s.**, sentimental attachment; **avventura s.**, love affair; romance ***2*** (*romantico*) romantic; (*pieno di sentimento*, *commovente*) sentimental, soulful (*iron.*): **una ragazza s.**, a romantic girl; **canzoni sentimentali**, sentimental songs; **un romanzo s.**, a sentimental (*o* romantic) novel. **B** *m. e f.* sentimental person; romantic; sentimentalist. ● **fare il s.**, to be sentimental; to sentimentalize.

sentimentalismo, *m.* sentimentalism; emotionalism; sloppiness (*fam.*); slush (*fam.*).

sentimentalista, *m. e f.* sentimentalist.

sentimentalità, *f.* sentimentality; mawkishness.

sentimentalménte, *avv.* sentimentally.

sentiménto, *m.* ***1*** (*stato d'animo, moto dell'animo*) feeling, emotion, sentiment; (*sensazione*) sensation; (*senso*) sense: **un s. di gioia [di pietà, di odio]**, a feeling of joy [of pity, of hatred]; **sentimenti intensi**, strong feelings (*o* emotions); **fare appello al s.**, to appeal to feelings; **lasciarsi guidare dal s.**, to let oneself be guided (*o* to be led) by emotions (*o* by feelings); **un uomo di nobili sentimenti**, a man of noble feelings; a high-minded man; **ferire i sentimenti di q.**, to hurt sb.'s feelings; **il s. dell'amicizia**, a sense of friendship; **provare un s. di amicizia per q.**, to have a feeling of friendship (*o* to feel friendship) for sb.; **il s. della pietà**, the sentiment of pity; **il s. dell'onore**, (sb.'s) sense of honour; **il s. morale**, the moral sense; **il s. religioso**, the religious sentiment; **un s. di calma**, a sensation of calm ***2*** (*facoltà di sentire*) feeling: **non avere un briciolo di s.**, not to have a grain of feeling ***3*** (*opinione*) mind; opinion; point of view; sentiment: **mutare sentimenti**, to change one's point of view (*o* one's mind); **rimanere del medesimo s.**, to be of the same mind; **avere un alto s. di sé**, to have a high opinion of oneself ***4*** (*pl.*: *conoscenza*) consciousness (*sing.*); (*sensi, senno*) senses: **perdere i sentimenti**, to lose consciousness; **far tornare q. in sentimenti**, to bring sb. to his senses. ● **con s.**, with feeling; with emotion: **suonare con s.**, to play with feeling □ (*fam.*) **con tutti i sentimenti**, to the best of one's ability; with loving care □ **di buoni sentimenti**, good-natured □ **essere fuori di ogni s.**, to be beside oneself (with rage); to have taken leave of one's senses □ **uscir di s.**, to fly off the handle.

sentina, *f.* ***1*** (*naut.*) bilge: **acqua di s.**, bilge water; **pompa di s.**, bilge pump ***2*** (*fig.*) receptacle; den; sink: **una s. di vizi**, a den of vice.

sentinèlla, *f.* sentry; sentinel; guard; (*vedetta*) lookout: **dare il cambio alla s.**, to relieve the sentry; **essere di s.**, to be on sentry-duty; to be on sentry-go; **montare di** (*o* **la**) **s.**, to mount guard; (*fig.*) **fare la s. a q. [q.c.]**, to watch (*o* to stand guard) over sb. [st.]; to keep an eye on sb. [st.]; **Resta tu di s. alla bici, mentre io sono dentro**, you keep an eye on the bike while I'm inside. ● (*naut.*) **s. sottomarina**, submarine sentry; telltale.

sentire (1), **A** *v. t.* ***1*** (*provare sensazioni*) to feel*: **s. fame [sete]**, to feel (*o* to be) hungry [thirsty]; **s. freddo [caldo]**, to feel (*o* to be) cold [warm]; **s. sonno**, to feel (*o* to be) sleepy; **s. una gran stanchezza**, to feel (*o* to be) very tired; **s. un dolore al ginocchio**, to have a pain in the knee; **s. male allo stomaco**, to have a pain in the stomach; **s. tremare la terra**, to feel the earth shake; **Sentii q. scuotermi**, I felt sb. shaking me; **Senti come pesa!**, feel the weight of it! ***2*** (*rif. al tatto*) to feel*: **Senti com'è liscio**, feel how smooth it is; **Senti che ruvidezza**, feel the coarseness; **Senti che lana soffice**, feel how soft this wool is; **Sentivo un chiodo nella scarpa**, I could feel a nail in my shoe; **Gli sentii il polso**, I felt his pulse; **Senti se l'acqua è abbastanza calda**, feel whether the water is warm enough ***3*** (*rif. al gusto*) to taste; to try: **s. il sapore di q.c.**, to taste st.; **Senti un po' questo vino**, taste (*o* try) this wine; **Senti se il sugo va bene**, see if the sauce tastes all right; taste (*o* try) the sauce and tell me if it's all right ***4*** (*rif. all'olfatto*) to smell*; (*annusare*) to scent: **s. l'odore di q.c.** (*o* **q.c. all'odore**), to smell st.; **s. bruciare q.c.**, to smell st. burning; **Non sento nessun odore**, I can't smell anything; **Il cane ha sentito l'odore del fagiano**, the dog has scented the pheasant ***5*** (*rif. all'udito*: *udire*) to hear*; (*ascoltare*) to listen (to st.): **s. un rumore**, to hear a noise; **s. q. cantare [gridare]**, to hear sb. singing [shouting]; **Gliel'ho sentito dire più di una volta**, I heard him say so more than once; **Non l'ho mai sentito dire una parola**, I have never heard him say a word; **Fu sentita piangere**, she was heard crying; **s. una conferenza**, to hear a lecture; **Hai sentito?**, did you hear (that)?; **Da qui non si sente niente**, we can't hear a thing from here; **Sentite quel che accadde poi**, listen to what happened next; **Senti che rumore strano fa la lavatrice**, listen to the funny noise the washing machine is making; **Sentimi bene!**, listen to me!; **Sento gente**, I hear somebody coming; **Senti che cosa vuole**, go and see what he wants; ask him (*o* find out) what he wants; **s. il cuore a q.** (*auscultare*), to listen to sb.'s heart; **s. soltanto la voce dell'ambizione**, to listen only to the voice of ambition ***6*** (*venire a sapere*) to hear*; to learn*: **Ho sentito che vai in Canada**, I hear you are going to Canada; **Hai sentito delle nuove nomine?**, did you hear of the new appointments?; **Avete sentito del licenziamento di Pedretti?**, did you hear about Pedretti being given the sack?; **Ho sentito del suo incidente per puro caso**, I learnt of her accident by sheer chance; **Hai sentito l'ultima?**, have you heard the latest? ***7*** (*consultare*) to see*; to go* and see*; to talk to; to ask; to consult: **Faresti bene a s. un dottore**, you should (go and) see a doctor; **Su questa faccenda voglio s. un avvocato**, I want a lawyer's opinion on this matter; **Prima senti tua moglie**, ask (*o* talk to) your wife first; see what your wife has to say first ***8*** (*essere intimamente certo*) to feel*, to sense; (*rendersi conto di, capire*) to understand*, to realize: **Sento che il ragazzo ha detto la verità**, I feel that the boy told the truth; **Sento che è mio dovere parlarti apertamente**, I feel it my duty to speak frankly to you; **Sentii che qualcosa di terribile stava per accadere**, I felt something dreadful was about to happen; **Sentii che mi nascondeva qualcosa**, I sensed she was keeping something back; **Quando mi guardò, sentii che dovevo dirgli tutto**, when he looked at me, I realized I had to tell him everything ***9*** (*provare emozioni o sentimenti*) to feel*; to be (+ *agg. o p. p.*); to experience: **s. ammirazione**, to feel admiration (for); to admire; **s. dolore**, to feel pain; to be in pain; **s. invidia**, to feel envy (of); to envy; **s. orrore**, to feel horror; to be horrified; **s. pietà**, to feel pity (for); to be sorry (for); **s. riconoscenza**, to feel (*o* to be) thankful (for); **s. spavento**, to be frightened (by); **s. l'obbligo di fare q.c.**, to feel obliged to do st.; **Non sento più niente per lui**, I no longer feel anything for him ***10*** (*risentire di, soffrire per*) to feel*; to suffer from: **s. il caldo [il freddo]**, to feel the heat [the cold]; to suffer from the heat [from the cold]; **s. il tempo**, to feel the weather; **s. la fatica**, to feel the strain; **s. il freno**, to feel the bit; **Ero troppo giovane per s. la mia perdita**, I was too young to feel my loss ***11*** (*all'imper., per richiamare l'attenzione di q.*) – **Senti, ora è meglio che io vada**, listen, I'd better go now; **Senta per favore, dove sono i taxi?**, excuse me please, where is the taxi rank?; **Sentite un po', ragazzi, non sarebbe ora di chiudere per oggi?**, I say, folks, shall we call it a day?; **Senta, non ho tempo da perdere!**, Look, I have no time to waste!; **Ehi, senta, è il mio cappotto quello!**, hey, you, that's my coat! ● **sentirsi l'acquolina in bocca**, to feel one's mouth water □ **sentirsi addosso la febbre**, to feel feverish □ **s. gli anni**, to feel one's age □ **s. dire** (*o* **avere sentito dire**), to hear: **Ho sentito dire che andrà in Australia**, I hear that he is going to Australia □ (*fig.*) **s. le due campane**, to listen to both sides □ **s. la lezione a un ragazzo**, to make a boy repeat his lesson □ **s. la mancanza di q. [di q.c.]**, to miss sb. [st.] □ **s. Messa**, to hear (*o* to attend) Mass □ **s.** (*o* **sentirsi**) **un nodo alla gola**, to feel a tightness in one's throat □ **s. parlare di q. [q.c.]**, to hear of (*o* about) sb. [st.]: **Non hai mai sentito parlare dei punk?**, haven't you ever heard of punks?; **Ho sentito parlare molto bene di te**, I have heard very good things about you □ **s. il parere di un medico**, to get a medical opinion □ **s. puzza di bruciato**, to smell (something) burning; (*fig.*) to smell a rat □ **s. il solletico**, to be ticklish □ **A quel che sento, vuol lasciarci**, I hear he wants to leave us; he wants to leave us, from what I hear □ **A sentir lui**, according to him; from what he says; the way he talks (*fam.*) □ **Che** (**cosa**) **sento!**, listen to him [her, them, etc.]! □ **farsi s.**, (*di persona*: *parlare forte*) to make oneself heard; (*essere sentito*) to be heard, to be overheard; (*parlare apertamente*, *protestare*) to speak out (*o* up), to speak one's mind; (*di cosa*: *essere udibile*) to be heard; (*essere percepibile*) to make itself felt; (*avere conseguenze, incidere*) to tell, to take its toll: **Te lo dico dopo, qui non voglio farmi s.** I'll tell you later, I don't want to be overheard (*o* I don't want people to hear); **Non farti s. a dire cose simili**, don't let people hear you say such things; **Alla prossima riunione mi farò s.!**, at the next meeting I'll speak out!; **Sono mesi che non si fa s.**, I haven't heard from him for months; **Ha una voce che si fa s. da un capo all'altro della strada**, he can be heard from one end of the street to the other; **Il freddo comincia a farsi s.**, the cold is beginning to make itself felt; **Le conseguenze della stretta creditizia sull'eco-**

nomia cominciano a farsi s., the credit squeeze is beginning to tell on the economy; **I tagli imposti dal bilancio sulla sanità cominciano a farsi s.**, budget cuts are taking their toll on the health service □ **non s. nemmeno le cannonate** (*dormire sodo*), to sleep like a log □ **non s. nulla** (*essere insensibile*), to have no feelings; to be insensitive; to be callous □ **Non sento più le gambe**, I have lost all feeling in my legs; my legs have gone numb; (*fig.*: *essere stanco morto*) I can hardly stand up □ **Non vuol s. ragioni**, he won't listen to reason □ **(Ma) sentitelo!**, (just) listen to him! □ **Senti che roba!**, listen to that! □ **Senti senti!**, well, I never!; you don't say so! □ **Senti un po' questa!**, listen to this! □ **stare a s.**, to listen (to): **Stavano a s. ciò che dicevamo**, they were listening to what we were saying; **Stammi a s.**, listen (to me) □ **stare a s. dietro l'uscio**, to eavesdrop □ **Si sente che è francese**, you can tell (*o* hear) he is French □ **In questa casa ci si sente**, this house is haunted. **B** *v. i.* *1* (*avere sensazioni*) to feel*: **I morti non possono s.**, the dead cannot feel *2* (*avere sapore*) to taste, to savour; (*avere odore*) to smell*: **s. d'acido**, to taste sour; **s. di buono**, to taste good; to smell good; **s. di muffa**, to smell mouldy (*o* musty) *3* (*udire*) to hear*: **Non (ci) sente, è sordo**, he cannot hear, he is deaf; **non s. (*o* non sentirci) da un orecchio**, to be deaf in one ear. ● (*fig.*) **Da quell'orecchio non ci sente**, he won't hear about it. **C** **sentirsi**, *v. rifl.* *1* to feel*; to be: **s. bene**, to feel (*o* to be) well; **s. male**, to feel unwell; not to feel well; **s. stanco**, to feel tired; **Come ti senti oggi?**, how are you feeling today?; how are you today?; **Non mi sento troppo bene**, I don't quite feel myself; I feel out of sorts; **Che cosa ti senti?**, what do you feel?; **Mi sento un'oppressione qui**, I have a feeling of oppression right here; **s. a proprio agio**, to be at one's ease; to feel at home; **s. incapace di fare q.c.**, to feel unable to do st.; **s. obbligato a q.**, to feel obliged to sb. *2* (*s. in grado*) to feel* up to; (*aver voglia*) to feel* like: **Non mi sento (*o* me la sento) di fare una lunga passeggiata oggi**, I don't feel up to a long walk today; **Non mi sento di mangiare adesso**, I don't feel like eating just now; **Non mi sento di criticare il suo operato**, I don't feel I can criticize his actions; **Non me la sento di dirglielo con tutti i guai che ha**, I haven't got the heart to tell him with all the worries he's got. ● **s. in colpa**, to feel guilty □ **s. in debito verso q.**, to feel indebted sb. □ **s. in dovere di fare q.c.**, to feel one has to do st.; to feel duty-bound to do st.; to feel it one's duty to do st. □ **s. mancare**, to feel faint □ **s. svenire**, to feel faint □ **Mi sentii morire**, my heart sank □ **Me la sentivo!**, I knew it!; I felt it coming □ **Non se l'è sentita** (*per paura*), he chickened out (*fam.*) □ **Sarò bocciato, me la sento**, I have a feeling I'm going to fail; I'll flunk it, I can feel it □ **Me lo sento nelle ossa**, I can feel it in my bones.

sentire (2), *m.* (*lett.*: *sentimento*) sentiment; feeling: **un uomo di alto s.**, a man of noble feelings.

sentitaménte, *avv.* sincerely; warmly; heartily; (*con tutto il cuore*) with all one's heart.

sentito, *a.* *1* (*sincero*) sincere; warm; heartfelt: **sentiti ringraziamenti**, my sincere thanks; **i nostri più sentiti auguri**, our best (*o* warmest) wishes; **sentite congratulazioni**, heartfelt congratulations *2* (*udito*) heard. ● **per s. dire**, by hearsay.

sentóre, *m.* *1* (*accenno, sospetto*) inkling; feeling; sign: **Avevo avuto s. che qualcosa non andava**, I had had an inkling (*o* a feeling) that something was wrong; **C'è s. di uno sciopero imminente**, there are signs (*o* inklings) of an impending strike; **La polizia ebbe s. della rapina**, the police got wind of the robbery *2* (*lett.*: *odore*) scent, smell; (*sgradevole*) bad smell.

senussìṣmo, *m.* (*stor. relig.*) Senus(s)ism.

senussìta, **A** *a.* (*stor. relig.*) Senus(s)ian. **B** *m.* Senus(s)i*.

senùsso, *m.* (*stor. relig.*) Senus(s)i*; Sanusi*.

sènza, **A** *prep.* without; -less (*suff. agg.*); -lessly (*suff. avv.*); minus (*fam.*): **una scatola s. coperchio**, a box without the lid; **uscire s. cappello**, to go out without a hat (*o* with no hat on); **un divano s. cuscini**, a sofa without cushions; **un uomo s. ambizioni**, a man with no ambitions; an unambitious man; **viaggiare s. biglietto [senza bagaglio]**, to travel without a ticket [without any luggage]; **Il passeggero è s. biglietto [senza bagaglio]**, the passenger hasn't got a ticket [has no luggage]; **Ritornò dieci anni dopo senza un occhio**, he came back ten years later minus an eye; **s. di me [di te, di lui]**, without me [you, him]; **s. peso**, weightless; **s. quattrini**, without money; penniless; **s. sale**, without salt; saltless; **s. successo**, without success; unsuccessful (*agg.*); unsuccessfully (*avv.*); **s. aiuto**, without anybody's help; unhelped (*pred.*); unassisted (*pred.*); **È rimasta senza soldi**, she hasn't got any money left; she has run out of money; **Siamo s. caffè**, we have run out of coffee; we haven't got any coffee left; we are out of coffee; **rimanere s. amici**, to be left with no friends (*o* without any friends, friendless); **Prendi il tè col latte o senza?**, do you take tea with or without milk? ● **senz'altro**, without doubt; certainly; definitely; of course; without fail: **Verremo senz'altro**, we'll certainly (*o* definitely) come; **«Posso telefonarle a casa?» «Ma senz'altro!»**, «Can I ring you at home?» «But of course!» (*o* «By all means!»); **«È in gamba, no?» «Ah, senz'altro»**, «He's good, isn't he?» «Oh, absolutely» □ **s. casa**, homeless □ (*Borsa, fin.*) **s. dividendi**, ex dividend □ **s. dubbio**, without any doubt; doubtless (*agg.*); undoubtedly (*avv.*) □ **s. fine**, endless (*agg.*); endlessly (*avv.*); without end □ **s. fallo**, without fail □ **s. incidenti**, without incident □ **s. indugio**, without delay □ (*Borsa, fin.*) **s. interessi**, ex interest □ **s. mezzi termini**, without mincing (one's) words □ **s. paragone**, without equal; matchless (*agg.*); incomparable (*agg.*); unequalled (*agg.*) □ **s. parole**, dumb; speechless: **un dolore s. parole**, a dumb grief; **Sono rimasta s. parole**, I was left speechless □ **fare s. q.c.**, to do without st.: **Puoi farne s.?**, can you do (*o* go, manage) without it? □ **non s.**, not without: **«E va bene, verrò» rispose non senza una certa esitazione**, «all right, I'll come» he answered not without some hesitation □ (*sport*) **otto s. (timoniere)**, coxless eight □ (*sport*) **quattro s.**, coxless four. **B** *cong.* without (+ *gerundio*): **s. dire nulla**, without saying a word; **s. mangiare niente**, without eating anything; **s. saperlo**, without knowing; unawares (*avv.*); **Mi rispose s. alzare gli occhi**, he answered me without looking up; **s. che glielo dicessi**, without my telling him; **Voglio venire senza che nessuno lo sappia**, I want to come without anyone knowing. ● **s. badare a**, regardless of: **s. badare a spese**, regardless of expenses □ **s. contare**, (*escludendo*) not counting, excluding, leaving out (*o* aside), without; (*per non dire di, in aggiunta a*) not to mention, over and above: **C'erano cinquanta persone, s. contare i bambini**, there were fifty people there, not counting the children; **È un progetto che ci farà onore, s. contare il lato economico**, it's a project that will do us credit, not to mention (*o* over and above) the economic side □ **s. contare (*o* dire) che**, not counting that; not to mention that. **C** *m.* (*bridge*) no trumps.

senzadìo, *m.* e *f. invar.* godless person.

senzapàtria, *m.* e *f. invar.* *1* stateless (*o* displaced) person *2* (*spreg.*) unpatriotic person.

senzatétto, *m.* e *f. invar.* homeless person; person left destitute. ● **i s.**, the homeless; the destitute.

senziènte, *a.* (*lett.*) sentient.

sèpalo, *m.* (*bot.*) sepal.

separàbile, *a.* separable; detachable; divisible.

separabilità, *f.* separability; separableness; divisibility.

separaménto, *m. V.* **separazione**.

separàre, **A** *v. t.* *1* to separate; to divide; to divorce; to part; (*tenere lontano*) to keep* apart: **I Pirenei separano la Spagna dalla Francia**, the Pyrenees separate Spain from France; **s. i letti**, to separate the beds; **Provammo a s. i due contendenti**, we tried to part (*o* to separate) the two fighters; **Nella ressa furono separati**, they were parted by the crowd; **Nulla ci separerà più**, nothing can part us (*o* can keep us apart) now; we shall never be parted; **Eravamo separati da uno stretto sentiero**, a narrow path was between us; we were separated by a narrow path; **Non si può s. la salute pubblica dalla politica**, you cannot divorce public health from politics *2* (*distinguere*) to keep* separate, to set* apart, to separate, to dissociate, to distinguish, to tell*; (*fare una cernita*) to sort out: **s. il buono dal cattivo**, to separate the good from the bad; **saper s. il giusto dall'ingiusto**, to be able to distinguish (*o* to tell) right from wrong; **Non riesco a separarlo dalle sue azioni**, I cannot dissociate him from what he did; **s. i fatti dalle dicerie**, to separate facts from hearsay; to keep facts separate from hearsay; **s. le mele buone da quelle marce**, to sort out the good apples from the bad ones; **s. i coltelli dalle forchette**, to sort out knives and forks; **Da tutti altri li separa un interesse per l'occulto**, an interest for the occult is what distinguishes them (*o* sets them apart) from all the others *3* (*chim., fis.*) to split*. **B** **separàrsi**, *v. rifl.* e *rifl. recipr.* to part; to separate; to split* up; to part company (with); (*di una coppia*) to separate, to break* up, to split* up (*fam.*): **s. da q.**, to part from (*o* with) sb.; **Scambiarono due parole e poi si separarono**, they exchanged a few words and then parted (*o* separated); **Siamo stati soci per tre anni, ma poi abbiamo deciso di separarci**, we were partners for two years, but then decided to part company; **I due amici si separarono adirati**, the two friends parted in anger; **Separiamoci da amici**, let us part friends; **Mi sono separata da lui due mesi fa**, I separated from him two months ago; we split two months ago; **Ci siamo separati senza acrimonia**, we separated without any bitterness.

separataménte, *avv.* *1* separately *2* (*uno alla volta*) one at a time; one by one; severally.

separatìṣmo, *m.* (*polit.*) separatism.

separatìsta, **A** *a.* (*polit.*) separatist. **B** *m.* e *f.* separatist; separationist.

separatìstico, *a.* (*polit.*) separatist(ic).

separàto, **A** *a.* *1* separate; (*di coniugi*) separated: **camere separate**, separate rooms; **conti separati**, separate accounts; **Sono separati legalmente**, they are legally separated; **vivere separati**, to live separate (*o* apart) *2* (*distinto*) separate; distinct; discrete: **I due concetti devono rimanere separati**, the two ideas must be kept separate (*o* distinct). ● **in separata sede**, in private; in confidence. **B** *m.* (*f.* -a) separated man* (*f.* woman*). ● **i divorziati e i separati**, the divorced and the separate.

separatóre, **A** *m.* (*chim., ind., miner., fis.*) separator; (*idraul.*) catcher (basin); (*elettr.*) spreader: **s. centrifugo**, centrifugal separator; **s. magnetico**, magnetic separator; **s. di polvere**, dust trap. **B** *a.* separating.

separazióne, *f.* separation; division; parting; severance; divorce; (*dissociazione*) dissociation; (*secessione*) secession; (*segregazione*) segregation: **una s. dolorosa**, a sad separation (*o* parting); **incontrarsi dopo una lunga s.**, to meet after a long separation; **s. legale**, legal (*o* judicial) separation; **una s. tra arte e società**, a divorce between art and society; **la s. dell'anima dal corpo**, the separation of the soul from the body. ● (*tecn.*) **s. a urto**, impingement □ (*leg.*) **s. consensuale**, separation by mutual consent □ (*leg.*) **s. dei beni**, separation of property □ (*TV*) **s. dei segnali**, separation of (picture) signals □ (*polit.*) **s. di poteri**, division of powers □ (*miss.*) **s. di stadio**, staging □ **linea di s.**, line of demarcation.

séparé (*franc.*), *m.* (*scompartimento*) alcove, booth; (*saletta*) private room.

sepiolite, *f.* (*miner.*) sepiolite; meerschaum.

sepolcràle, *a.* **1** sepulchral; mortuary: **pietra s.**, sepulchral stone; tombstone; gravestone; **monumento s.**, sepulchral monument; tomb **2** (*fig.*) sepulchral; funereal; dismal; gloomy: **voce s.**, sepulchral voice; **silenzio s.**, dismal silence **3** (*letter.*) graveyard (*attr.*): **poesia s.**, graveyard poetry.

sepolcréto, *m.* cemetery; graveyard; burial ground.

sepólcro, *m.* sepulchre; (*tomba*) tomb, grave: **i sepolcri di Santa Croce**, the tombs in Santa Croce; **il Santo S.**, the Holy Sepulchre. ● (*fig.*) **s. imbiancato**, whited sepulchre; hypocrite □ (*fig.*) **condurre al s.**, to be the death of sb. □ (*fig.*) **scendere nel s.**, to die; to go to one's last resting-place.

sepólto, *a.* **1** (*seppellito*) buried: **s. vivo**, buried alive; **una città sepolta**, a buried city; **È morto e s.**, he is dead and buried **2** (*fig.*: *immerso*) buried; steeped; immersed; sunk; plunged: **s. nei libri**, buried in books **3** (*fig.*: *nascosto*) buried, hidden, concealed; (*perso*) lost: **s. tra i libri**, buried among the books; **ricordi sepolti nel cuore**, memories buried in the heart; **s. nell'oblio**, lost in oblivion; **s. in fondo a una cassapanca**, hidden at the bottom of a chest. ● **i sepolti**, the dead □ (*eccles.*) **le sepolte vive**, cloistered nuns.

sepoltùra, *f.* **1** (*il seppellire*) burial; interment; entombment; sepulture: **ricevere s. cristiana**, to be given Christian burial; **privare della s. ecclesiastica**, to deny Christian burial; **dare s. a q.**, to bury sb. **2** (*luogo della s.*) burial place, sepulchre; (*tomba*) grave, tomb.

seppelliménto, *m.* burial; interment: **s. di rifiuti**, landfill.

seppellìre, A *v. t.* **1** (*deporre nella tomba*) to bury; to inter: **s. i morti**, to bury the dead; **essere sepolto in mare**, to be buried at sea **2** (*nascondere sottoterra*) to bury; to hide*: **s. un osso [un tesoro]**, to bury a bone [a treasure]; **La valanga seppellì un villaggio**, the avalanche buried a village; **La casa era quasi seppellita sotto la neve**, the house was half buried under snow **3** (*fig.*: *dimenticare*) to bury; to forget*: **s. il ricordo di q.c.**, to bury the memory of st. ● (*fig.*) **s. l'ascia di guerra**, to bury the hatchet □ **s. i rancori**, to bury all grudges □ (*scherz.*) **Ci seppellirai tutti**, you'll survive us all □ (*scherz.*) **Ha già sepolto due mariti**, she has already buried two husbands. **B seppellirsi,** *v. rifl.* (*fig.*) to bury oneself; to be buried; to hide* oneself away; to shut* oneself up: **s. fra i libri**, to bury oneself in one's books; **s. in campagna**, to bury oneself in the country; **s. in casa**, to shut oneself up in one's house; **s. nelle memorie del passato**, to be buried in the memories of the past.

seppellitóre, *m.* (*f.* **-trice**) burier; (*becchino*) grave-digger.

sèppi, *1ª pers. sing. pass. rem. di* **sapere**.

séppia, A *f.* (*zool.*, *Sepia officinalis*) cuttlefish; cuttle. ● **nero di s.**, sepia □ **osso di s.**, cuttlebone. **B** *m. e a.* (*colore*) sepia.

seppiàto, *a.* sepia-coloured; sepia (*attr.*).

seppùre, *cong.* **1** (*quandanche*) even if; even though: **S. mi chiedesse scusa, non lo riprenderei con me**, even if he apologized, I wouldn't take him back with me **2** (*ammesso che, sempre che*) if; if indeed; assuming that: **Vedremo il da farsi quando arriverà, s. arriverà**, we'll see what can be done when he arrives, if he does arrive (*o* assuming he will arrive); **Lo mangerò più tardi, s. ne avrò voglia**, I'll eat it later, if I feel like; **Ne avrà letto venti pagine, s. l'ha fatto**, he must have read twenty pages, if that.

sèpsi, *f.* (*med.*) sepsis*.

sequèla, *f.* **1** chain; train; string; succession; series*; sequence: **una s. di disgrazie**, a series (*o* succession) of misfortunes; a chapter of accidents; **una s. di rimostranze**, a series of complaints; **una s. di insulti**, a stream of insults; **una s. di imprecazioni**, a string of curses **2** (*med.*) sequela*.

sequènza, *f.* **1** (*serie ininterrotta*) sequence; series*; succession; run; chain: **una s. di imprevisti**, a series (*o* succession) of unforeseen circumstances; **Ho avuto una s. di sfortune**, I had a run of bad luck; **disporre in s.**, to arrange in order (*o* in sequence); **in s. alfabetica**, in alphabetical order **2** (*cinem.*) sequence: **s. di collegamento**, montage sequence; **s. di passaggio**, transitional sequence **3** (*giochi di carte*) sequence, run; (*bridge*) suit: **una s. di picche**, a sequence (*o* a run) of spades; **s. corta [lunga]**, short [long] suit; (*poker*) **s. reale**, straight flush **4** (*mat.*) series: **s. armonica**, harmonic series **5** (*elab.*) sequence; (*di caratteri*) string **6** (*eccles.*) sequence; prose **7** (*mus.*, *stor.*) sequence.

sequenziàle, A *a.* sequential: **analisi s.**, sequential analysis; **elaboratore s.**, sequential computer; (*elab.*) **accesso s.**, sequential access. **B** *m.* (*eccles.*) book of liturgical sequences.

sequestràbile, *a.* distrainable; attachable; seizable; sequestrable.

sequestrànte, *m.* **1** (*leg.*) sequestrator; distrainer, distrainor **2** (*chim.*) sequestrant.

sequestràre, *v. t.* **1** (*leg.*) to attach, to impound, to distrain upon, to seize, to sequester, to sequestrate; (*confiscare*) to confiscate, to seize: **s. i beni di q.**, to sequestrate sb.'s property; to distrain upon sb.'s belongings; **s. le armi e la refurtiva**, to seize the weapons and the stolen goods; **s. le carte e i libri di q.**, to confiscate sb.'s papers and books **2** (*portar via*) to confiscate; to take* away; to seize: **La polizia gli sequestrò tutte le sigarette**, the police confiscated all his cartons of cigarettes; **Il professore gli ha sequestrato la rivista**, the teacher took away (*o* confiscated) the magazine from him **3** (*rapire*) to kidnap **4** (*segregare*) to confine; to segregate: **essere sequestrato in casa**, to be confined (*o* kept) indoors; **La pioggia mi sequestra in casa**, the rain keeps me indoors.

sequestratàrio, *m.* (*leg.*) sequestrator; official receiver.

sequestràto, A *a.* **1** (*leg.*) seized; distrained **2** (*rapito*) kidnapped. **B** *m.* (*f.* **-a**) **1** (*leg.*) distrainee **2** (*rapito*) kidnapped person.

sequestratóre, *m.* (*f.* **-trice**) **1** (*leg.*) sequestrator; distrainer, distrainor **2** (*rapitore*) kidnapper.

sequèstro, *m.* **1** (*leg.*) distress; distraint; seizure; sequestration; attachment; (*confisca*) confiscation, seizure: **s. dei beni**, distress of possessions; seizure of property; **La polizia ordinò il s. dell'oppio**, the police ordered the seizure of the opium; **il s. di un'arma**, the confiscation of a weapon; **s. giudiziario**, judicial attachment; **s. di azioni**, sequestration of shares; **sotto s.**, under sequestration (*o* attachment); attached: **beni sotto s.**, attached goods; **mettere sotto s.**, to place under distraint; to seize; to attach; **ordine di s.**, order of attachment; **disporre un s.**, to levy a distress; **il s. dei beni della chiesa**, the seizure of the estates of the church **2** (*di persona*) unlawful restraint, illegal confinement; (*per estorsione*) kidnapping.

sequòia, *f.* (*bot.*) **1** (*Sequoia gigantea*) giant sequoia; big tree; wellingtonia **2** (*Sequoia sempervirens*) redwood.

séra, *f.* evening; night: **domani s.**, tomorrow evening (*o* night): **ieri s.**, yesterday evening; last night: **Ieri s. siamo usciti**, we went out last night; **questa s.**, this evening; tonight; **di s.** (*o* **la s.**), in the evening: **studiare di** (*o* **la**) **s.**, to study in the evening; **La s. le piaceva far tardi**, she liked to stay up late in the evening; **la s. del sette**, on the evening of the 7th; **Arriveremo domenica sera**, we shall arrive on Sunday evening; **una di queste sere**, one of these evenings. ● **a s. inoltrata**, well into the evening □ **a tarda s.**, late into the evening □ **abito da mezza sera**, party dress (*o* frock) □ **abito da s.**, evening dress □ **Buona s.!**, good evening! □ **dare la buona s. a q.**, (*incontrandosi*) to say good evening to sb.; to wish sb. good evening; (*accomiatandosi*) to say goodbye to sb. □ **dalla mattina alla s.**, from morning till night □ **di prima s.**, early in the evening; (*sull'imbrunire*) at nightfall, at dusk □ **di s. tardi**, late in the evening □ **giornale della s.**, evening paper □ **la stella della s.**, the evening star □ **Si fa s.**, it's getting (*o* growing) dark; night is falling □ **sul far della s.**, at nightfall □ **verso s.**, at dusk.

seraccàta, *f.* (*geol.*) seracs (*pl.*).

seràcco, *m.* (*geol.*) serac.

seràfico, *a.* seraphic (*anche fig.*); seraphical: **ardore s.**, seraphic ardour; **cori serafici**, seraphic choirs; **con aria serafica**, with a seraphic expression. ● **l'ordine s.** (*dei Francescani*), the Franciscan order.

serafìno, *m.* (*teol.*) seraph*.

seràle, *a.* evening (*attr.*); of the evening; night (*attr.*): **le ore serali**, the evening hours; the hours of the evening; **una scuola s.**, an evening (*o* a night) school.

seralménte, *avv.* **1** (*di sera*) in the evening **2** (*ogni sera*) every evening; nightly.

Seràpide, *f.* (*mitol.*) Serapis.

seràta, *f.* **1** evening; night: **le lunghe serate invernali**, the long winter evenings; **passare la s. con q.**, to spend the evening with sb.; **prendersi una s. di libertà**, to take a night off; **in s.**, in the evening; (*stasera*) tonight, sometime this evening; **È stata proprio una bella s.**, it's been a really pleasant evening; **Che s. incantevole!**, what a splendid evening (*o* night)! **2** (*ricevimento serale*) (evening) party; reception; soirée (*franc.*): **s. danzante**, dance; ball **3** (*teatr.*) night; performance: **s. d'addio**, farewell performance; **s. di beneficenza**, charity performance; **s. di inaugurazione**, opening night; **s. di gala**, gala night; **s. unica**, one-night stand.

seratànte, *m. e f.* (*teatr.*) artist in whose honour a benefit (*o* gala) performance is held.

serbàre, A *v. t.* **1** (*mettere da parte*) to lay* aside, to put* away, to put* by, to store up; (*risparmiare*) to save, to spare: **s. q.c. per l'inverno**, to put st. by for the winter; to store up st. for the winter; **s. le proprie forze**, to save one's strength; to spare oneself **2** (*tenere da parte*, *riservare*) to keep*; to save; to reserve: **s. il posto a q.**, to keep (*o* to save) a seat for sb.; **Ti ho serbato una fetta di torta**, I've kept a slice of the cake for you **3** (*mantenere, conservare*) to keep*, to retain, to maintain; (*sentimenti*) to nourish, to cherish, to harbour, to bear*: **s. fede**, to keep faith; **s. un segreto**, to keep a secret; **s. intatte le proprie facoltà**, to retain one's faculties intact; **s. una speranza**, to cherish a hope; **s. un dolce ricordo di q.**, to cherish (*o* to have) fond memories of sb.; to remember sb. dearly. ● **s. gratitudine verso q.**, to be grateful to sb. □ **s. invidia**, to envy □ **s. odio**, to hate □ **s. rancore**, to bear (*o* to harbour) a grudge (against) □ **s. il proprio sangue freddo**, to keep a cool head. **B serbàrsi,** *v. rifl.* to keep*; to remain; to be: **s. fedele a q.**, to remain (*o* to be) faithful to sb.; **s. in buona salute**, to keep well.

serbatóio, *m.* ***1*** tank; cistern; reservoir; chamber: **s. della benzina**, petrol tank; gasoline (*o* gas) tank (*USA*); **s. d'acqua**, water tank; cistern; water reservoir; (*a torre*) water tower; **s. del carburante**, fuel tank; **s. per l'olio**, oil tank; (*di lampada*) fountain ***2*** (*di armi da fuoco*) magazine ***3*** (*di penna stilografica*) fountain; well; barrel ***4*** (*chim.*) receiver ***5*** (*fig.*) repository: **un s. di informazioni**, a repository of information. ● (*mecc.*) **s. a caduta**, gravity tank □ **s. di alimentazione**, feed tank □ **s. di compensazione**, surge tank □ **s. di livello**, gauge tank □ **s. di stoccaggio**, storage tank □ (*geol.*) **s. magmatico**, magma chamber □ **s. piezometrico**, standpipe □ (*aeron.*) **s. sganciabile**, drop tank □ (*tecn.*) **s. sopraelevato**, standpipe.

sèrbo (1), *m.* – **in s.**, in store; in reserve; put aside (*pred.*): **avere in s.**, to have in store (*o* in reserve); **Ho una sorpresa in s. per voi**, I have a surpise in store for you; **mettere in s.**, to save; to put* aside (*o* by); to store up; to lay (*o* to set) aside; **tenere in s.**, to keep in store; to keep by.

sèrbo (2), *a. e m.* (*f.* **-a**) Serb; Serbian.

serbocroàto, *a. e m.* (*f.* **-a**) Serbo-Croat; Serbo-Croatian.

serenaménte, *avv.* ***1*** serenely; with serenity; peacefully; in peace; tranquilly; calmly ***2*** (*con imparzialità*) impartially; fairly: **giudicare s.**, to judge fairly; to be impartial.

serenàta, *f.* ***1*** serenade: **fare la s. a q.**, to serenade sb. ***2*** (*mus.*) serenade; serenata*.

serendipità, *f.* serendipity.

serenèlla, *f.* (*bot., Syringa vulgaris*) lilac.

serenìssimo, *a.* (*titolo onorifico*) (Most) Serene: **Sua Altezza Serenissima**, His Serene Highness.

serenità, *f.* ***1*** serenity; clearness; (*quiete*) quietness, calmness: **la s. del cielo [del mare]**, the clearness (*o* serenity) of the sky [of the sea] ***2*** (*fig.*: *tranquillità*) serenity; tranquillity; peace; peacefulness: **la s. di un volto**, the serenity of a face; **s. d'animo**, peace of mind; contentedness; equanimity: **sopportare le sventure con s. d'animo**, to bear misfortunes with equanimity; **affrontare la vita con s.**, to face life with serenity; **giudicare con s.**, to judge fairly; to be impartial ***3*** (*fig.*: *obiettività*) objectiveness; impartiality ***4*** (*titolo*) Serenity; Serene Highness.

seréno, **A** *a.* ***1*** (*d'aria, cielo, ecc.*) serene, calm; (*chiaro, limpido*) clear, limpid; (*senza nuvole*) cloudless, unclouded: **notte serena**, limpid (*o* cloudless) night; **cielo s.**, clear (*o* cloudless) sky ***2*** (*fig.*: *tranquillo*) serene, tranquil, peaceful, calm, composed, easy, equable, even-tempered; (*non turbato*) unperturbed, unworried, untroubled, equanimous: **vita serena**, peaceful (*o* quiet) life; **con animo s.**, with equanimity; **carattere calmo e s.**, peaceful nature; easy temperament; even-tempered disposition; **rimanere s. in circostanze avverse**, to remain unperturbed (*o* to keep an equal mind) in a time of trouble; **Mi sento s. riguardo al futuro**, I feel serene about the future ***3*** (*fig.*: *obiettivo*) unbias(s)ed; objective; impartial; unprejudiced: **giudizio s.**, unbiased opinion. ● **dormire a ciel s.**, to sleep under the stars; to sleep in the open □ (*fig.*) **un fulmine a ciel s.**, a bolt from the blue. **B** *m.* clear sky; clearness. ● (*anche fig.*) **il s. dopo la tempesta**, the calm after the storm □ **al s.**, in the open air □ **rimettersi al s.**, to clear up □ **Torna il s.**, it is clearing up again.

sergènte, *m.* ***1*** (*mil.*) sergeant: **s. maggiore**, (*in G.B.*) staff sergeant; (*in U.S.A.*) sergeant major; **s. di giornata**, duty sergeant; **s. istruttore**, drill sergeant; **s. pilota**, (*in G.B.*) flight sergeant; (*in U.S.A.*) chief master sergeant ***2*** (*fig.*) sergeant major; drillmaster ***3*** (*falegn.*) (carpenter's) clamp.

Sèrgio, *m.* Sergius; Serge.

seriàle, *a.* serial (*anche mus., elab.*); seriate.

serialìsmo, *m.* (*mus.*) serialism.

serialità, *f.* serial nature (*o* character).

serializzàre, *v. t.* to serialize.

serializzazióne, *f.* serializing; serialization; arrangement in a series.

seriaménte, *avv.* seriously; earnestly; with seriousness; in earnest; (*con gravità*) gravely; (*con intensità*) hard: **essere s. ammalato**, to be seriously ill; **parlare s.**, to speak seriously (*o* in earnest).

seriàre, *v. t.* (*stat.*) to seriate.

seriàto, *a.* (*stat.*) seriate.

seriazióne, *f.* (*stat.*) seriation.

serìceo, *a.* (*lett.*) silky; silken.

sericìna, *f.* (*ind. tess.*) sericin; silk gum (*o* glue).

sericìte, *f.* (*miner.*) sericite.

sèrico, *a.* (*lett.*) silky (*anche fig.*); silk (*attr.*); silken: **industria serica**, silk industry; **vesti seriche**, silken garments; **capelli serici**, silky hair.

sericolo, *a.* sericultural.

sericoltóre, *m.* (*f.* **-trice**) sericulturist; silkworm breeder.

sericoltùra, *f.* sericulture; silkworm breeding.

sèrie, *f.* ***1*** series*; succession; sequence; run; train; string; chain; (*fila*) line, row; (*gamma*) range, gamut; (*giro*) round, circuit: **una s. di grandi statisti**, a series of great statesmen; **una s. di vittorie [di sconfitte]**, a series (*o* succession, run) of victories [of defeats]; **una s. concatenata di fatti**, a chain of events; **una s. di disavventure**, a series of accidents; a chapter of accidents (*fam.*); **una lunga s. di re**, a long line of kings; **una s. di case**, a row of houses; **una s. di colloqui ad alto livello**, a round of high-level talks; **una lunga s. di successi**, a run of successes; **tutta una s. di**, a whole series of; **disporre in s.**, to arrange a sequence; to order ***2*** (*collezione, assortimento*) set: **una s. di francobolli**, a set of stamps; **una s. di cacciaviti [di pesi]**, a set of screwdrivers [of weights] ***3*** (*comm.*: *di prodotti*) line ***4*** (*sport*) division; league: **s. A [B]**, First [Second] Division; **un incontro di s. B**, a Second-Division match; **entrare in s. A**, to get into the First Division; **Il Milan guida la s. A**, Milan is top of the First Division ***5*** (*scient.*) series*: (*mat.*) **s. armonica**, harmonic series; (*chim.*) **s. del metano**, methane series ***6*** (*mus.*) series* ***7*** (*elab.*) set; (*di caratteri*) string. ● (*tipogr.*) **s. di caratteri**, fount; font (*USA*) □ **una s. di conferenze**, a series of lectures; (*un gruppo*) a set of lectures □ (*teatr.*) **una s. di spettacoli**, a run; (*una tournée*) a tour □ (*mecc.*) **s. di trasformazione**, conversion kit □ **s. ininterrotta**, sequence; continuum □ **s. televisiva**, TV series; serial □ (*comm., ind.*) **di s.**, current (*agg.*); production (*attr.*): **modello di s.**, current (*o* production) model □ (*fig.*) **di s. B**, second-class (*attr.*); second-rate (*attr.*): **cittadino di s. B**, second-class citizen; **cinema di s. B**, second-rate cinema □ **fuori s.**, custom-built; special: **automobile fuori s.**, custom-built car; (*comm., ind.*) **modello fuori s.**, special model □ **in s.**, in series (*anche fis., chim.*); (*secondo un ordine*) in a series, in a sequence, seriatim (*avv.*), seriate (*agg.*): **fatto** (*o* **prodotto**) **in s.**, mass-produced; (*di abiti*) ready-to-wear (*attr.*) □ **numero di s.**, serial number □ **produrre in s.**, to mass-produce □ **produzione** (*o* **fabbricazione**) **in s.**, mass production □ **ridurre in s.**, to serialize □ (*sport*) **testa di s.**, seed (player).

serietà, *f.* ***1*** seriousness; earnestness; honesty; (*affidabilità*) reliablility, soundness; (*competenza*) competence: **s. di aspetto**, gravity (*o* seriousness) of appearance; **la s. di una ditta**, the reliability of a firm; **una persona di grande s.**, a very reliable person; an honest (*o* upright) person; **con s.**, seriously; in a serious manner; **in tutta s.**, in all seriousness; **pieno di s.**, quite serious ***2*** (*gravità*) seriousness; gravity: **la s. della situazione politica**, the seriousness of the political situation.

serigrafìa, *f.* (*tipogr.*) serigraphy; silkscreen printing; screen process; (*l'esemplare ottenuto*) serigraph.

serigràfico, *a.* (*tipogr.*) silkscreen (*attr.*).

serìmetro, *m.* (*ind. tess.*) serimeter.

serìna, *f.* (*chim.*) serine.

sèrio, **A** *a.* ***1*** serious; earnest; serious-minded; (*grave, pensoso*) grave, thoughtful; (*posato, assennato*) sober, steady; (*impassibile*) straight-faced; (*affidabile, onesto*) reliable, responsible, sound; (*competente*) competent: **una faccia seria**, a serious face; **Perché così s.?**, why so serious (*o* thoughful)?; **con la faccia seria**, with a serious (*o* thoughtful, grave) expression; **un giovane s.**, a sober young man; **musica seria**, serious music; **una ditta seria**, a reliable (*o* solid) firm; **un impiegato s.**, a responsible employee; **un artigiano s.**, a competent craftsman; **s. di carattere**, serious-minded ***2*** (*grave*) serious; grave: **una malattia seria**, a serious illness; **una situazione seria**, a serious situation; **una seria difficoltà**, a serious (*o* grave) difficulty. ● **fare la faccia seria**, (*rimanere impassibile*) to keep a straight face; (*diventare grave in viso*) to look grave (*o* thoughtful). **B** *m.* (*serietà*) seriousness; gravity. ● **il s. e il faceto**, the serious and the humorous □ **sul s.**, seriously; in earnest; (*davvero*) really, indeed: **Mi piace sul s.!**, I really like it!; I do like it!; not to be joking: **Questa volta se n'è andato sul s.**, this time he's left for good; **fare sul s.**, to be in earnest; to mean it; not to be joking: **Questa volta fa sul s.**, this time he really means it; this time it's for real (*fam.*); this time he means business (*fam.*); **Dici sul s.?**, really?; are you serious?; do you mean it?; **Dico sul s.**, I'm talking seriously (*o* in earnest); I'm being serious; I mean it; **prendere q.c. sul s.**, to take st. seriously.

seriografìa, *f.* (*med.*) serial radiography.

seriògrafo, *m.* (*med.*) serialograph; seriograph.

serìola, *f.* (*zool., Seriola dumerili*) amberjack.

serióre, *a.* (*lett.*) later; subsequent.

serióso, *a.* serious; grave; staid.

serittèrio, *m.* (*zool.*) serictery; silk gland.

sermóne, *m.* ***1*** sermon; homily: **fare un s.**, to deliver (*o* to preach) a sermon; **il s. della montagna**, the Sermon on the Mount ***2*** (*fig.*) sermon; lecture: **fare un s. a q.**, to give sb. a lecture; to lecture sb.

sermoneggiàre, *v. i.* (*lett.*) to sermonize; to preach.

seròtino, *a.* ***1*** (*lett.*) evening (*attr.*); vespertine ***2*** (*tardivo*) late; tardy (*lett.*).

serotonìna, *f.* (*biochim.*) serotonin.

sèrpa, *f.* ***1*** (*cassetta del cocchiere*) coach box ***2*** (*sedile di diligenza*) (stage-coach) seat ***3*** (*naut.*) beak head.

serpàio, *m.* (*nido di serpi*) nest of snakes; (*luogo pieno di serpi*) snake-infested place, snake-pit.

serpànte, *m.* (*naut.*) heads cleaner.

sèrpe (1), *f.* ***1*** (*zool.*) serpent; snake ***2*** (*fig.*) snake (in the grass). ● **a s.**, serpentine; winding; snaky; (*a spirale*) coiled □ **scaldare** (*o* **scaldarsi**) **una s. in seno**, to cherish a snake in one's bosom; to nurse a viper in one's bosom.

sèrpe (2), *V.* **serpa**.

serpeggiaménto, *m.* winding; twisting; meandering; (*tortuosità*) tortuousness, sinuosity.

serpeggiànte, *a.* winding; twisting; meandering; serpentine; tortuous; sinuous: **fiume s.**, meandering (*o* winding) river; **strada s.**, twisting (*o* winding) road.

serpeggiàre, *v. i.* ***1*** to wind*; to twist; to meander; (*muoversi in spire*) to coil: **Il fiume serpeggia nella valle**, the river winds its way through the valley; **Il sentiero sale serpeggiando**, the path winds (its way) up; **La stra-**

da serpeggia su per la montagna, the road twists and turns up the side of the mountain *2* (*fig.*: *diffondersi*) to spread*: **Il malumore serpeggiava tra il popolo**, discontent was spreading among the people.

serpentària, *f.* (*bot.*, *Aristolochia serpentaria*) serpentary; snakeroot.

serpentàrio (1), *m.* (*zool.*, *Sagittarius serpentarius*) serpent-eater; secretary-bird.

serpentàrio (2), *m.* (*luogo dove si allevano i serpenti*) snake-house; serpentarium*.

serpènte, *m.* *1* (*zool.*) snake; serpent: **serpenti innocui [velenosi]**, harmless [venomous] snakes; **il s. che tentò Eva**, the serpent that tempted Eve *2* (*pelle conciata di s.*) snakeskin: **una borsa di s.**, a snakeskin bag *3* (*fig.*) snake (in the grass). ● (*zool.*) **s. a sonagli** (*Crotalus*), rattlesnake; rattler □ (*zool.*) **s. corridore** (*Coluber constrictor*), black racer □ **s. d'acqua**, water snake □ **s. dagli occhiali**, spectacled snake □ (*zool.*) **s. frusta** (*Coluber flagellum*), whip snake □ (*zool.*) **s. marino**, sea serpent □ (*econ.*) **s. monetario**, snake □ **brutto come un s.**, as ugly as sin (*o* as a toad) □ (*anche fig.*) **fossa dei serpenti**, snake-pit □ **incantatore di serpenti**, snake-charmer □ **spoglia di s.**, slough □ **uomo s.**, contortionist.

serpentésco, *a.* of a serpent; snaky; snake-like; serpentine (*anche fig.*).

serpentifórme, *a.* serpentiform; snake-like; snake-shaped.

serpentina, *f.* *1* (*linea serpeggiante*) winding line; serpentine *2* (*mecc.*) coil *3* (*geol.*) serpentine *4* (*bot.*, *Polygonum bistorta*) bistort; snakeweed *5* (*aeron.*) snaking *6* (*sci*) zig-zagging *7* (*mil.*, *stor.*) serpentine. ● **una strada a s.**, a winding road.

serpentino, **A** *a.* (*di serpente*) serpentine, serpent's, of a serpent, of a snake; (*che ha forma o qualità di serpente*) serpent-like, snake-like, snaky: **denti serpentini**, serpent's teeth. ● (*fig.*) **lingua serpentina**, venomous tongue □ (*miner.*) **pietra serpentina**, serpentine. **B** *m.* *1* (*miner.*) serpentine *2* (*mecc.*) coil: **s. di condensazione [di raffreddamento]**, condenser [refrigerating] coil *3* (*mil.*, *stor.*) serpentine.

serpentóne, *m.* (*mus.*, *stor.*) serpent.

serpìgine, *f.* (*med.*) serpigo*.

serpiginóso, *a.* (*med.*) serpiginous.

serpillo, **serpollino**, *m.* (*bot.*, *Thymus serpyllum*) wild thyme.

sérqua, *f.* (*sfilza*) series; string; volley: **una s. di figli**, a series of children; **una s. di bestemmie**, a string of oaths; **una s. di insulti**, a volley of abuse.

sèrra (1), *f.* greenhouse; glasshouse; conservatory; (*riscaldata*) hothouse; (*vivaio*) nursery: **fiore di s.**, hothouse flower; (*fig.*) hothouse plant; **effetto s.**, greenhouse effect.

sèrra (2), *f.* (*geogr.*) sierra; mountain range.

serrabòzze, *m. invar.* (*naut.*) shank painter.

serradàdi, *m. invar.* (*mecc.*) wrench (for nuts).

serrafila, **A** *m.* last in file; (*mil.*) file closer. **B** *f.* (*naut.*) rearmost ship.

serrafilo, *m.* (*elettr.*) terminal.

serrafórme, *m. invar.* (*tipogr.*) quoin.

serràggio, *m.* *1* (*mecc.*) clamping; (*di un dado*) tightening *2* (*fucinatura*) grip.

serràglio (1), *m.* (*insieme di animali*; *luogo in cui sono tenuti*) menagerie.

serràglio (2), *m.* (*residenza del sultano*) seraglio.

serraménti, *m. pl.* *1* (*edil.*: *porte e finestre*) doors and windows; (*intelaiature*) door and window frames *2* (*persiane*) shutters.

serramentista, *m.* door and window fitter.

serrànda, *f.* *1* (*chiusura a saracinesca*) roll-up (*o* rolling) shutter *2* (*di forno*) (oven) door *3* (*di chiusa*) lock gate.

serrapennóne, *m.* (*naut.*) leech line.

serrapèzzi, *m. invar.* (*mecc.*) chuck.

serrapièdi, *m. invar.* (*ciclismo*) toe clip.

serràre, **A** *v. t.* *1* (*chiudere*) to shut*, to close; (*con una sicura*) to fasten, to secure; (*a chiave*) to lock up; (*con chiavistello*) to bolt: **s. un cassetto**, to shut a drawer; to lock a drawer; **s. un uscio [una finestra]** to shut (*o* to close) a door [a window]; **Serrò tutte le entrare**, he secured all the entrances; **Tutti i negozi sono serrati**, all the shops are closed; **La casa è serrata da parecchi anni**, the house has been closed up for several years *2* (*chiudere stringendo*) to close, to clench, to clasp, to tighten, to grip; (*premere*) to press; (*tra due cose o persone*) to sandwich: **s. gli occhi**, to close (*o* to screw up) one's eyes; **s. i pugni**, to clench one's fists; **s. i denti**, to clench (*o* to set) one's teeth; **s. le braccia al petto**, to clasp one's arms to one's breast; **s. le labbra**, to tighten (*o* to compress) one's lips; **s. un dado**, to tighten a bolt; **s. un pezzo in un morsetto**, to grip a piece in a clamp *3* (*intensificare, accelerare*) to speed* up; to quicken: **s. il ritmo**, to speed up the pace; **s. l'andatura**, to quicken one's pace *4* (*incalzare*) to press hard upon; to close in on: **s. il nemico**, to press hard upon the enemy *5* (*naut.*) to furl; to take* in: **s. le vele**, to furl (*o* to take in) the sails *6* (*mecc.*) to clamp; to tighten. ● (*tipogr.*) **s. a cuneo**, to quoin □ **s. a doppia mandata**, to double lock □ (*fig.*) **s. a sette chiavi**, to bolt and bar □ **s. q. al petto** (*o* **al seno**), to clasp (*o* to fold) sb. in one's arms □ **s. bottega**, to close down; to shut up shop □ (*naut.*) **s. il vento**, to haul the wind □ **s. le file**, to close ranks; to close up: **S. le file!**, close up! □ **denti serrati**, clenched teeth □ **sentirsi s. il cuore**, to feel one's heart torn (by st.) □ **una vista che serra il cuore**, a sight that wrings your heart □ **Il pianto gli serrava la gola**, tears choked him □ (*prov.*) **s. la stalla quando i buoi sono scappati**, to lock the stable door after the horse has bolted. **B** *v. i.* (*chiudersi*) to shut*, to close; (*a chiave*) to lock: **un uscio che serra bene**, a door that closes (*o* locks) easily. **C serràrsi**, *v. rifl.* *1* (*rinchiudersi*) to lock oneself; to shut* oneself: **Andò a s. in camera sua**, she locked herself in her room *2* (*addossarsi, pigiarsi*) to crowd; to press; to move up; to jam: **s. intorno a q.**, to crowd (*o* to press) around sb.; **s. addosso a q.**, to press against sb; **s. contro un muro**, to press against a wall; **Serratevi e fate un po' di posto**, move up and make room. **D serràrsi**, *v. i. pron.* *1* (*chiudersi*) to lock; to shut* *2* (*stringersi*) to tighten; to close on: **La sua mano si serrò sul coltello**, his hand tightened round the knife; **Le sue labbra si serrarono**, his lips (*o* his mouth) tightened.

serraschière, *m.* seraskier.

sèrra sèrra, *m. invar.* crush; press; pushing and shoving.

serràta, *f.* (*sospensione forzata dal lavoro*) lock-out: **fare una s.**, to lock out workers.

serrataménte, *avv.* *1* (*in modo incalzante*) closely *2* (*in modo conciso*) concisely.

serràte, *m. invar.* (*sport*) forcing; all-out effort. ● **s. finale**, grandstand finish.

serràto, *a.* *1* (*chiuso*) closed; shut; tight; tightly shut: **una finestra serrata**, a closed window; **negozi serrati**, shut-up shops; **occhi serrati**, tightly shut eyes; **pugni serrati**, clenched (*o* tight) fists *2* (*fitto*) close, serried, closely-knit, tightly-woven; (*compatto*) compact; (*spesso*) thick: **punti serrati**, close stitches; **ranghi serrati**, serried ranks; **un tessuto s.**, a close (*o* a tightly-woven) material *3* (*fig.*: *conciso*) close; concise; brief and to the point: **un ragionamento s.**, a close argument; **uno stile s.**, a concise style *4* (*rapido*) fast; (*incalzante*) pressing: **trotto s.**, fast trot; **a ritmo s.**, at a fast pace; quicky.

serràtula, *f.* (*bot.*: *Serratula tinctoria*) saw wort.

serratùra, *f.* lock: **forzare una s.**, to break (*o* to force) a lock; **s. a combinazione**, dial lock; combination lock; permutation lock; **s. a doppia mandata**, double(-turn) lock; **s. a lucchetto**, padlock; **s. a cilindri**, cylinder (*o* Yale) lock; **s. a nottolini**, lever tumbler lock; **s. con scatto**, latch; **s. di sicurezza**, safety lock; child-proof lock; **s. seghettata**, warder lock; **buco della s.**, key-hole.

serrétta, *f.* (*naut.*: *del pagliolo*) grating; (*del fondo*) bottom board. ● **serrette di boccaporto**, hatch battens □ **serrette dei trincarini**, spirketting.

Sèrse, *m.* (*stor.*) Xerxes.

sèrto, *m.* (*lett.*) wreath; chaplet; garland; crown: **s. di fiori**, garland of flowers; **s. di alloro**, laurel wreath (*o* crown); **s. regale**, crown.

Sertòrio, *m.* (*stor.*) Sertorius.

sèrva, *f.* *1* servant*; servant girl; (*cameriera*) maid *2* (*schiava, anche fig.*) slave *3* (*fig.*: *persona pettegola*) gossip; (*donna volgare*) washerwoman*. ● **s. padrona**, bossy maid □ **da s.**, low; vulgar □ **ciarle da s.**, backstairs gossip.

servàggio, *m.* (*lett.*) servitude; serfdom; bondage; thraldom.

servàlo, *m.* (*zool.*, *Felis serval*) serval; bush-cat.

servènte, **A** *a.* attendant. ● **cavalier s.**, (lady's) escort. **B** *m.* e *f.* (*servitore, servitrice*) servant. **C** *m.* *1* (*mil.*) member of a gun crew; gunner: **i serventi di un pezzo**, the gun's crew *2* (*elab.*) server.

serventése, *V.* **sirventese**.

servétta, *f.* *1* young maid; servant girl; slavey (*fam.*) *2* (*spreg.*) gossip *3* (*teatr.*) soubrette (*franc.*).

serviàno, *a.* (*stor.*) Servian; of Servius Tullius: **le mura serviane**, the Servian walls.

servìbile, *a.* *1* (*utilizzabile*) us(e)able; serviceable *2* (*che si può servire*) that can be served.

serviènte, *m.* (*eccles.*) server; altar boy.

servìgio, *m.* service; favour: **rendere un s. a q.**, to do sb. a favour; **servigi resi alla patria**, services rendered to one's country.

servile, *a.* *1* servile; slavish; slave (*attr.*); (*umile*) menial: **condizione s.**, servile condition; **di nascita s.**, of servile birth; (*stor.*) **guerre servili**, slave wars; servile wars; **manodopera s.**, servile (*o* slave) labour; (*eccl.*) **lavoro s.**, servile work; **un lavoro s.** (*umile*), a menial task *2* (*fig.*: *ossequioso*) servile, slavish, obsequious; (*adulatore*) fawning, cringing, toad-eating; (*abietto*) abject, base, vile: **adulazione s.**, fawning flattery; toad-eating; **imitazione s.**, slavish imitation; **comportamento s.**, obsequious behaviour (*o* manners, *pl.*); **animo s.**, base nature; **individuo s.**, fawner; lick-spittle; toad-eater; toady *3* (*gramm.*) auxiliary.

servilìsmo, *m.* **servilità**, *f.* servilism; servility; slavishness; (*ossequiosità*) obsequiousness, subservience, cringe; (*adulazione*) toad-eating, sycophancy.

servire, **A** *v. t.* *1* to serve: **s. Dio [il diavolo]**, to serve God [the devil]; **s. la patria [il re]**, to serve one's country [the king]; **s. una causa**, to serve a cause *2* (*rif. a domestici, anche fig.*) to wait (up)on, to attend (up)on; (*essere a servizio*) to be in (sb.'s) service, to work for: **Fui servito da due domestici**, I was waited upon by two servants; **farsi s.**, to be waited upon; **Maria ci serve da vent'anni**, Maria has been in our service (*o* has been working for us) for twenty years *3* (*nei negozi*) to serve; to attend to: **s. un cliente**, to serve (*o* to attend to) a customer; **La stanno servendo?**, are you being served (*o* attended to)?; **In che posso servirla?**, can I help you?; **Servo quel cliente da dieci anni**, I have served that customer for ten years; **s. molta gente**, to have many customers *4* (*cibo, bevande*) to serve, to serve up, to give* (*un commensale*) to serve*, to help (sb. to st.): **s. il pranzo**, to serve dinner; **Il pranzo è servito**, dinner is served; **Il pesce è stato servito**, the fish has been served; **Servirono il caffè in sa-**

lotto, the coffee was served in the drawing-room; **s. qualcosa di caldo**, to serve up something hot; **Non serviamo pasti caldi**, we do not serve hot meals; **Servite prima la signora**, serve the lady first; **Ti servirò io**, I'll serve you; **Lo servii della carne**, I helped him to some meat; **Posso servirle un po' di salsa?**, may I help you to some sauce?; **s. a q. da bere**, to give sb. a drink; to pour sb. a drink; to help sb. to a drink; **Ti servo il caffè?**, shall I pour you out the coffee? ***5*** (*fornire un servizio a*) to serve; to cater for: **La metropolitana serve solo alcune zone della città**, the underground serves only some areas of the city; **Il nostro quartiere è ben servito**, our suburb is well served; **Un solo ospedale serve quattro comuni**, one hospital caters for four municipalities ***6*** (*aiutare, essere utile*) to serve, to attend to, to help, to do* something (for sb.); (*iron.*) to serve (*o* to pay) out, to fix: **Posso servirvi?**, can I help (*o* serve) you in any way?; can I do anything for you?; can I be of service to you?; **In che posso servirla?**, what can I do for you?; **Ora ti servo io!**, I'm going to fix you! ***7*** (*mil.*) to serve: **s. un pezzo**, to serve a gun ***8*** (*sport*) to serve: **s. una palla**, to serve a ball ***9*** (*giochi di carte*) to deal* (out): **Si servono cinque carte a ciascun giocatore**, you deal five cards to each player. ● (*fig.*) **s. q. a dovere**, to serve sb. out; to sort sb. out; to give sb. what he deserves □ (*fig.*) **s. due padroni**, to serve two masters □ (*fig.*) **s. q. in ginocchio**, to wait on sb. hand and foot □ **s. Messa**, to serve (at) Mass □ **Per servirla!**, at your service! **B** *v. i.* ***1*** (*prestare servizio*) to work: **s. come autista**, to work as a driver; **La ragazza serve in quella casa**, the girl works (*o* is a maid) in that house; **s. in un ristorante**, to work as (*o* to be) a waiter in a restaurant; **andare a s.**, to go into service ***2*** (*in un negozio*) to serve; (*a tavola*) to wait, to serve: **s. al banco**, to serve at the counter; **s. a tavola**, to wait at table ***3*** (*mil.*) to serve; to do* military service: **s. nell'esercito [in marina]**, to serve in the army [in the navy]; **Servì sotto Napoleone**, he served under Napoleon ***4*** (*fare funzioni di*) to serve (as, for); to act (as); to do* duty (for): **s. da guida a q.**, to act as sb.'s guide; **s. da interprete**, to act as an interpreter; **s. di norma [di scusa, di pretesto]**, to serve as a rule [as an excuse, as a pretext]; **Questa stanza serve da ripostiglio**, this room serves as a lumber-room; **Questa cassa servirà da tavolo**, this crate will do duty for a table; **La lettura mi serve di passatempo**, reading helps me to pass the time ***5*** (*essere usato, essere utile*) to be used (for), to be for, to come* in handy (*o* useful), to serve, to be useful, to help; (*giovare*) to be of use (*o* of service), to do* some good, to work, to be of avail, to profit: **Gli occhi servono a guardare**, the eyes are there for looking; **A che cosa serve questo?**, what is this thing for?; what do you use this thing for?; **Serve a tener chiusa la porta**, it's for keeping (*o* it is used to keep) the door shut; **Questo aggeggio ci potrà s.**, this gadget may come in handy; **Prendilo se ti può s.**, take it if you have a use for it (*o* if you think you can use it); **s. a uno scopo**, to serve (*o* to answer) a purpose; **Un esempio servirà per spiegare la mia tesi**, an example will serve to make my point; **Come introduzione servirà forse un aneddoto**, an anecdote might serve by way of introduction; **Quella scusa non ti servirà**, that excuse will be of no use to you (*o* will not serve you, will not avail you); **Non serve proprio a niente**, it's really no use; it's quite useless; it's totally pointless; it's no good (*fam.*); **Serve a poco**, it is of little use (*form.*: of little avail); **L'incontro non servì a nulla**, the meeting did not work; **Parlargli è servito a qualcosa**, speaking to him did some good; **Qui il coraggio non serve**, courage is of no avail here; **animali che servono all'uomo**, animals useful to man; **parole che non servono a nulla**, useless words; **Tanto, a che serve?**, what's the use (*o* the good, the point) of it, anyway?; **A che serve dirglielo?**, what's the use (*o* the good, the point) of telling him?; **Non serve ripeterglielo**, it is no use (*o* no good) telling him again; **Piangere non serve a nulla**, crying is no use; crying won't help; there's no point in crying; **S. solo a farmi arrabbiare**, it only makes me angry ***6*** (*occorrere*) to need: **Ti serve nulla?**, is there anything you need?; can I do anything for you?; **Non mi serve il dizionario**, I don't need a dictionary; **Ti servirebbe un cappotto nuovo**, you could do with a new overcoat ***7*** (*indulgere*) to serve; to indulge; to gratify: **s. alle passioni**, to gratify (one's) passions ***8*** (*sport*) to serve: **s. bene [male]**, to serve well [badly]; **A chi tocca s.?**, whose serve (*o* service) is it? ***9*** (*giochi di carte*) to deal*. ● **s. allo scopo**, to answer the (*o* one's) purpose; to serve one's turn; to do the trick (*fam.*) □ **s. di esempio**, to be an example: **Che questo ti serva di esempio**, let this be an example to you □ **s. di lezione**, to serve as a lesson □ **Tanto serve**, that's enough; that will do □ (*prov.*) **Chi non ha servito non sa comandare**, he that would command must serve. **C servirsi**, *v. i. pron.* ***1*** (*usare*) to use; to make* use (of): **Mi servirò di questo dizionario**, I shall use this dictionary; **s. del treno**, to travel by train; to use the train; **Per andare in centro è consigliabile non s. della macchina**, it is advisable not to use the car to go into town; **È chiaro che si sono serviti di te**, it's clear they used you; **Posso servirmi del suo telefono?**, can I use (*o* can I make use of) your telephone? ***2*** (*fornirsi, essere cliente*) to buy* (*o* to get*) (st.), to be a regular customer; (*di banca*) to bank with: **Lei dove si serve per la carne?**, where do you buy (*o* get) your meat?; **Mi servo da quel libraio**, I buy my books at that bookseller's; **Non mi servo da quella sarta**, I don't get my clothes made by that dressmaker; **Non mi servo spesso da lui**, I am not a regular customer of his; **Di quale banca ti servi?**, whom do you bank with? ***3*** (*prendere*) to help oneself: **s. di q.c.**, to help oneself to st.; **Serviti, per favore**, please help yourself; **Su, servitevi!**, do help yourselves!; **È un negozio dove ci si serve da soli**, it's a shop where you serve yourself; it's a self-service shop.

servita, *m.* (*eccl.*) Servite.

servito, *a.* ***1*** served (*pred.*): **Il pranzo è s.**, dinner is served ***2*** (*poker*) pat: **Sono s.**, I stand pat.

servitóra, *f.* ***1*** servant; maid; domestic ***2*** (*fig.*) servant.

servitoràme, *m.* (*spreg.*) servants (*pl.*); (*fig.*) lackeys (*pl.*).

servitóre, *m.* ***1*** (*domestico*) manservant; man*; servant; domestic; valet: **s. in livrea**, liveried servant; **fare il s.**, to be a servant ***2*** (*chi serve un ideale*) servant: **un fedele s. della patria**, a faithful servant to his country ***3*** (*nelle formule di cortesia*) servant: **Vostro s. umilissimo**, your most obedient servant ***4*** (*carrello*) dumbwaiter; (*attaccapanni mobile*) clothes-tree (*o* -stand), hall stand, hall tree (*USA*).

servitorésco, *a.* (*spreg.*) servile; lackey (*attr.*).

servitù, *f.* ***1*** (*stato o condizione di chi serve*) servitude; (*schiavitù*) slavery, slavedom, thraldom; (*cattività*) captivity, bondage: **s. della gleba**, serfdom; **la s. del peccato**, the slavery to sin; **gemere in s.**, to groan in servitude; **ridurre in s.**, to reduce to slavery (*o* bondage) ***2*** (*fig.*: *legame, impedimento*) chains (*pl.*); shackles (*pl.*); restraint ***3*** (*insieme delle persone di servizio*) servants (*pl.*); domestic staff: **i quartieri della s.**, the servants' quarters ***4*** (*leg.*) servitude; easement: **s. personali**, personal servitudes; **s. prediali**, praedial (*o* real) servitudes; **s. apparenti**, apparent easements; **s. passive**, negative easements; **s. di passaggio**, right of way.

serviziévole, *a.* ***1*** (*che presta volentieri i suoi servigi*) obliging; helpful ***2*** (*premuroso*) thoughtful; considerate; helpful.

servizio, *m.* ***1*** (*attività, lavoro, prestazione*) service; duty; work: **ore di s.**, service hours; work time; **essere in attività di s.**, to be in active service ***2*** (*rif. a personale domestico*) service: **andare a s.**, to go out to (*o* to go into) service; **assumere al proprio s.**, to take into one's service; **essere a s.**, to be in service; **mettere q. a s.**, to put sb. out to (*o* into) service; **personale di s.**, domestic staff; servants; **persona di s.**, servant; **donna di s.**, maid; **donna a mezzo s.**, part-time help; charwoman (*GB*) ***3*** (*al ristorante, ecc.*) service; (*come voce del conto anche*) service charge: **Si mangia bene ma il s. lascia molto a desiderare**, the food is good but the service leaves much to be desired; **Nel prezzo è compreso il s.**, the service is included in the price; **S. incluso**, no service charge; **S. escluso**, service not included ***4*** (*mil.*) service; duty: **s. militare** (*o* **di leva**), national (*o* military) service; **fare il s. militare**, to do one's national service; **s. obbligatorio**, compulsory military service; **prestare s. in marina**, to serve in the navy; **s. di guardia**, guard duty; watch duty; **s. di sentinella**, sentry duty; **di s.**, on duty; **ufficiale di s.**, duty office ***5*** (*complesso di mezzi di pubblica utilità*) service; (*pl.*: *impianti elettrici, di fognatura, ecc. d'una città*) utilities; (*pl.*: *attrezzature*) facilities; (*pl.*: *il terziario*) services, service industries: **pubblici servizi**, public services (*o* utilities); **servizi sociali**, social services: **s. aereo**, air service; **s. di assistenza infermieristica**, nursing service; **s. di autobus**, bus service; **s. ferroviario**, train service; **s. postale**, postal (*o* mail) service; **s. sanitario**, health service; **s. telefonico**, telephone service; **servizi sportivi**, sports facilities ***6*** (*eccles.*) service: **il s. divino**, divine service; **il s. funebre**, the burial service ***7*** (*atto utile e gradito*) service; favour, favor (*USA*); turn: **rendere un s. a q.**, to do sb. a service (*o* a favour); **cattivo s.**, disservice; bad turn; **rendere un buon [un cattivo] s. a q.**, to do sb. a good [a bad] service; to do sb. a good [a bad] turn; **Quello fu l'ultimo s. che gli resi**, that was the last favour I did him; **grazie ai buoni servizi di q.**, thanks to sb.'s good offices ***8*** (*comm.*) department; division; service: **s. acquisti**, purchase department; **s. assistenza clienti**, customer (*o* after-sales) service ***9*** (*serie di oggetti*) service; set: **s. da tavola**, dinner service (*o* set); **s. da tè**, tea service (*o* set); **s. di porcellana**, china set; **s. di posate**, set of cutlery ***10*** (*giorn.*) report, feature, story, write-up, reportage, coverage, series of articles; (*radio, TV*) report, coverage: **Rossi ha fatto un bel s. sulla Scandinavia**, Rossi has written a good series of articles on Scandinavia ***11*** (*sport*) serve; service: **Ha un s. fortissimo**, she has a powerful serve; **perdere il s.**, to lose the service ***12*** (*pl.*: *faccende domestiche*) cleaning (*sing.*); chores (*fam.*): **fare i servizi a q.**, to do the cleaning for sb.; to char for sb. (*fam. GB*) ***13*** (*pl.*: *servizi igienici*) bathroom (*sing.*); bathroom and lavatory; (*cucina e bagno*) bathroom and kitchen: **un appartamento con doppi servizi**, a flat with two bathrooms. ● **s. a domicilio**, home delivery □ **s. all'americana** (*da tavola*), place mats (*pl.*) □ **s. assistenza**, (*tecnica*) servicing; (*autom.*: *sulle autostrade*) road service; (*soccorso stradale*) breakdown service □ **s. civile**, community service □ **s. di assistenza sociale**, welfare work □ **s. di ristorazione**, catering □ **s. di sicurezza**, security service □ **s. informazioni**, information service; (*nelle stazioni*) travel information centre; (*telef.*) directory enquiry □ (*mil.*) **servizi logistici**, supplies and communications □ **s. notturno**, night duty □ **servizi sanitari**, health-care services □ **S. Sanitario Nazionale**, National Health Service □ **s. segreto**, secret service; (*mil.*) intelligence service □ **s. stampa**, the press □ **al s. di Sua Maestà**, on His (*o* Her) Majesty's service □ **Al suo s.!**, at your service! □ (*autom.*) **area di s.**, service area □ **ascensore di s.**, service lift □ **avere venti anni di s.**, (*di domestico, soldato, funzionario, ecc.*) to have served twenty years; (*d'impiegato, operaio, ecc.*) to have been twenty years (with a firm), to have worked twenty years (for a firm) □ (*econ.*) **beni e servizi**, goods and services □ **essere di s.**, to be on duty □ **non essere di s.**, to be off duty □ **fare s.**, (*di ufficio, ecc.*) to be open; (*di mezzo di trasporto*) to run; (*di persona*) to be on duty: **L'ufficio non fa s. a quell'ora**, the office is not open (*o* is closed) at that time of the day; **L'autobus non fa s. il giovedì**, the bus does not run on Thursdays □ **fuori s.**, (*di persone*) not on duty, off duty; (*fuori uso*) out of order; (*di nave, linea elettrica, ecc.*) out of commission: **L'ascensore è fuori s.**, the lift is out of order □ **in s.** (*anche di impianti, ecc.*), in service □ **in s. attivo**, (*mil.*) on the active list; (*bur.*) employed □ **lasciare il s.**, (*dimettersi*) to resign (from one's post); (*andare in pensione*) to retire; (*di domestico*) to leave service □ (*ind.*) **mettere in s.**, to start □ **mettersi al s. di q.** (*a sua disposizione*), to place oneself at sb.'s disposal (*o* service) □ **mezzo s.**, part time: **a mezzo s.**, part-time (*attr.*) □ **piccoli servizi**, odd jobs □ **per s.**, on business: **viaggiare per s.**, to travel on business; **viaggio per s.**, business trip □ **porta** [**scala, entrata**] **di s.**, back door [stairs, entrance] □ **prendere s.**, (*di impiegato*) to take up (a job), to join (a firm); (*di domestico*) to take service (with sb.); (*cominciare il turno di lavoro*) to come (*o* to go) on duty □ **prestare s.**, to serve; to work □ (*mil.*) **richiamare in s.**, to call up again □ **smontare dal s.**, to come off duty □ (*autom.*) **stazione di s.**, service (*o* filling) station □ **turno di s.**, shift; spell (*o* turn) of duty; (*di poliziotti, ospedalieri*) duty: (**elenco dei**) **turni di s.**, duty roster □ (*prov.*) **fare un viaggio e due servizi**, to kill two birds with one stone.

sèrvo, *m.* *1* (*servitore*) (domestic) servant; lackey (*fig., spreg.*): **un s. devoto**, an dedicated (*o* affectionate) servant; **s. di Dio**, servant of God; God's servant; **s. del potere**, lackey of the Establishment *2* (*fig.*: *schiavo*) slave: **essere s. del denaro**, to be the slave of money; **È s. dei capricci di sua moglie**, he is a slave to his wife's whims *3* (*nelle formula di cortesia*) servant: **S. vostro, signora!**, your servant, Ma'am! ● (*stor.*) **s. della gleba**, serf; bondman; villein □ (*teatr.*) **s. di scena**, stage hand □ **s. muto**, dumbwaiter □ **s. scala**, chair lift □ **da s.**, servile.

servocomàndo, *m.* (*mecc.*) servo control.

servofréno, *m.* (*autom.*) servo brake.

servomeccànica, *f.* servoengineering.

servomeccanico, *a.* servomechanical.

servomeccanismo, *m.* (*mecc.*) servomechanism.

servomotóre, *m.* (*mecc.*) servomotor.

servosistèma, *m.* servo system.

servostèrzo, *m.* (*autom.*) power steering.

sèsamo, *m.* (*bot., Sesamum indicum*) sesame; til: **olio di s.**, sesame oil. ● **Apriti s.!**, open sesame!

sesamòide, (*anat.*) *a.* e *m.* sesamoid.

sesquiòssido, *m.* (*chim.*) sesquioxide.

sesquipedàle, *a.* (*lett.*) sesquipedalian.

sèssa, *f.* (*geogr.*) seiche (*franc.*).

sessagenàrio, *a.* e *m.* (*f.* **-a**) (*lett.*) sexagenarian.

sessagèsima, *f.* (*eccl.*) Sexagesima.

sessagesimàle, *a.* (*fis.*) sexagesimal.

sessagèsimo, *a.* (*lett.*) sixtieth.

sessàggio, *m.* (*tecn.*) sexing.

sessànta, *a. num. card.* e *m.* sixty: **una donna di s. anni**, a sixty-year-old woman; a woman aged sixty (*o* of sixty); **essere sui s.**, to be about sixty (*o* sixtyish); to be in one's sixties; **gli anni S.**, the Sixties; the 60s; **nel '60**, in nineteen-sixty.

sessantaquattrèsimo, **A** *a. num. ord.* e *m.* sixty-fourth **B** *m.* (*tipogr.*) sixty-fourmo (abbr.: 64mo): **in s.**, sixty-fourmo; **un libro in s.**, a sixty-fourmo.

sessantenàrio, *m.* sixtieth anniversary.

sessantènne, **A** *a.* sixty-year-old (*attr.*); sixty years old (*pred.*); aged sixty; of sixty. **B** *m.* e *f.* sixty-year-old person; a person of sixty.

sessantènnio, *m.* period of sixty years.

sessantèsimo, *a. num. ord.* e *m.* sixtieth.

sessantìna, *f.* (*sessanta*) sixty; (*circa sessanta*) about (*o* some) sixty: **la prima s.**, the first sixty; **una s. di ragazzi**, about (*o* some) sixty boys and girls; **un uomo vicino alla s.**, a man approaching sixty; **È sulla s.** (*ha circa sessant'anni*), he is about sixty; (*ha passato i sessant'anni*) he is in his sixties.

sessantottésco, *a.* relating to the 1968 protest movement; 1968 (*attr.*).

sessantottino, *m.* (*f.* **-a**) activist in the 1968 protest movement.

sessantottismo, *m.* ideology of the 1968 protest movement.

sessantottista, **A** *a.* relating to the 1968 protest movement; 1968 (*attr.*). **B** *m.* e *f.* activist in the 1968 protest movement.

sessantòtto, **A** *a. num. card.* sixty-eight. **B** *m.* *1* sixty-eight *2* the 1968 protest movement.

sessàre, *v. t.* (*pollicoltura*) to sex.

sessatóre, *m.* (*f.* **-trice**) (*pollicoltura*) sexer.

sessennàle, *a.* *1* (*che dura sei anni*) six-year long; six-year (*attr.*); sexennial: **un periodo s.**, a six-year period *2* (*che ricorre ogni sei anni*) occurring (*o* that occurs) every six year; sexennial.

sessènnio, *m.* six-year period; (period of) six years.

sèssile, *a.* (*bot., zool., med.*) sessile.

sessióne, *f.* session; term: **la s. autunnale**, the autumn session; **in s. straordinaria**, in special session.

sessismo, *m.* sexism.

sessista, *a., m.* e *f.* sexist.

sèsso, *m.* *1* sex; gender: **l'altro s.**, the opposite sex; **l'antagonismo fra i sessi**, sex antagonism; **il s. femminile**, the female sex; (*le donne*) womankind, women (*pl.*); **il s. maschile**, the male sex; (*gli uomini*) men (*pl.*); **di s. femminile** [**maschile**], female [male]; of the female [male] sex; **ambo i s.**, both sexes; both males and females: **persone d'ambo i sessi**, both males and females; both men and women; **senza s.**, sexless; **cambiare s.**, to change sex; **cambiamento di s.**, sex change; **un film pieno di scene di s.**, a film full of explicit sex; **discriminazione in base al s.**, sex (*o* gender) discrimination *2* (*organi genitali*) sex; genitals (*pl.*); sex (*o* sexual) organs (*pl.*). ● **il s. debole**, the weak(er) sex □ **il s. forte**, the sterner sex □ **il gentil s.**, the fair (*o* gentle) sex.

sèssola, *f.* (*naut.*) bailer.

sessuàle, *a.* sexual; sex (*attr.*); gender (*attr.*): **gli organi sessuali**, the sexual organs; the organs of sex; **caratteri sessuali**, sexual traits; **discriminazione s.**, sex (*o* gender) discrimination; sexism; **educazione s.**, sex education; **identità s.**, gender identity; **malattie sessuali**, sexual diseases; **rapporti sessuali**, sexual intercourse (*sing.*).

sessualità, *f.* sexuality.

sessualizzazióne, *f.* (*biol.*) sexualization.

sessuàto, *a.* (*biol.*) (*rif. al sesso e alla riproduzione*) sexual; (*sessualmente differenziato*) sexed.

sessuofobìa, *f.* (*psic.*) sex phobia.

sessuofòbico, *a.* relating to sex phobia.

sessuòfobo, *m.* (*f.* **-a**) sufferer from sex phobia.

sessuologia, *f.* sexology.

sessuològico, *a.* sexological.

sessuòlogo, *m.* (*f.* **-a**) sexologist.

sèsta, *f.* *1* (*eccl.*) sext *2* (*mus.*) sixth.

sestànte, *m.* *1* (*astron., naut.*) sextant: **s. a bolla d'aria**, bubble sextant; **s. aereo**, air sextant *2* (*moneta romana*) sextans*.

sestàrio, *m.* (*stor.*: *misura romana di capacità*) sextary.

sestèrzio, *m.* (*moneta romana*) sesterce.

sestétto, *m.* (*anche mus.*) sextet.

sestière, *m.* (*quartiere*) quarter; district; ward.

sestìle, **A** *a.* (*astron.*) sextile. **B** *m.* (*sesto mese dell'anno romano*) Sextilis.

sestìna, *f.* *1* (*poesia*: *stanza di sei versi*) six-line stanza, sestet; (*componimento*) sestina; sextain *2* (*mus.*) sextuplet.

Sèsto, *m.* Sextus.

sèsto (**1**), *a. num. ord.* e *m.* sixth.

sèsto (**2**), *m.* *1* (*archit.*) curve (of an arch): **arco a s. acuto**, pointed (*o* ogival) arch; ogive; **arco a s. rialzato**, raised arch; **arco a tutto s.**, round arch *2* (*disposizione normale, ordine*) (good) order: **mettere q.c. in** (*o* **a**) **s.**, to put (*o* to set) st. in order; to put (*o* to set) st. straight (*o* right); to settle st.; **porre in s. i propri affari**, to put one's affairs in order; to settle one's affairs *3* (*tipogr.*) format; sexto. ● **fuori s.**, (*non allineato*) out of true; (*in disordine*) out of order; (*che non si sente bene*) out of sorts □ **rimettere q. in s.**, to fix sb. up □ **rimettersi in s.**, (*finanziariamente*) to recover financially, to get back on one's feet again (*fam.*); (*ristabilirsi*) to get back on one's feet again, to get back into shape.

sestogradista, *m.* e *f.* (*alpinismo*) sixth-degree climber.

sestùltimo, *a.* last but five; six-last.

sestuplicàre, *v. t.* to multiply by six; to sextuple.

sestùplice, *a.* (*lett.*) sextuple; sixfold.

sèstuplo, **A** *a.* sextuple; sixfold; six times as great. **B** *m.* sextuple; amount six times as big; six times as much: **guadagnare il s.**, to earn six times as much.

set (*ingl.*), *m. invar.* *1* (*insieme di elementi*) set: **un set di valigie**, a set of suitcases; **un set di chiavi**, a set of keys *2* (*gruppo di oggetti usati insieme, necessaire*) set; kit: **set da cucito**, sewing kit *3* (*cinem.*) set: **sul set**, on the set; **set all'aperto**, location *4* (*tennis*) set.

séta, *f.* silk: **s. pura**, real (*o* pure) silk; **s. artificiale**, artificial silk; **s. da ricamo**, embroidery silk; **l'industria della s.**, the silk industry; **di s.**, (*fatto di s.*) made of silk, silken, silk (*attr.*); (*che sembra s.*) silken, silky; **un abito di s.**, a silk dress; **calze di s.**, silk stockings; **un velo di s.**, a silk (*o* silken) veil; **capelli di s.**, silken (*o* silky) hair; **pelle di s.**, silky skin; **vestirsi di s.**, to dress in silk; **morbido come la s.**, as soft as silk; silky; silken. ● **s. cangiante**, shot silk □ **s. cotta** (*o* **sgommata**), degummed (*o* scoured) silk □ **s. cruda**, raw silk; shantung □ **s. floscia**, slack silk □ **s. greggia**, raw silk □ **s. lavata**, stone-washed silk □ **s. marezzata**, moire; watered silk □ **s. ritorta**, net silk □ **s. vegetale**, botany silk □ **articoli di s.**, silks □ **baco da s.**, silkworm □ **cascami di s.**, silk waste □ **filati di s.**, silk yarns.

setacciàre, *v. t.* *1* to sieve; to sift *2* (*fig.*: *esaminare con cura*) to sift (through), to search, to go* through (with a fine-tooth comb); (*perquisire*) to comb, to search: **s. un archivio**, to sift through an archive; **Setacciammo fra le sue carte**, we sifted through his papers; we went through his papers with a fine-tooth comb; **La polizia ha setacciato tutto il distretto alla ricerca dei sequestratori**, the police have combed the whole district for the kidnappers.

setacciàta, *f.* sieving; sifting.

setacciatùra, *f.* *1* sieving; sifting *2* (*fig.*) sifting; screening; combing; searching.

setàccio, *m.* sieve; sifter: **s. di fili metallici,** wire sieve (*o* sifter). ● **passare al s.** *V.* **setacciare,** *def.* 2.

setàceo, *a.* silk-like; silky; silken.

setaiòlo, *m.* (*f.* **-a**) *1* silk merchant; dealer in silks *2* (*tessitore di seta*) silk weaver.

séte, *f.* *1* thirst: **avere s.,** to be thirsty; (*fig.*: *di terreno*) to be parched (*o* thirsty); **levarsi la s.,** to quench one's thirst; **morire di s.,** to die of thirst; (*fig.*) to be dying of thirst, to be parched; **Le noccioline fanno venir s.,** peanuts make you thirsty *2* (*fig.*: *desiderio ardente*) thirst; longing; yearning; craving: **s. di ricchezza [d'onori, di vendetta],** thirst for wealth [for honours, for revenge]; **avere s. di q.c.,** to thirst for (*o* after) st.; to lust after (*o* for); to long for st.; to yearn for (*o* after) st.; to crave (for) st.: **avere s. di potere,** to thirst for honours; **avere s. di sangue,** to lust for blood; to be bloodthirsty; **avere s. di vendetta,** to thirst for revenge.

seterìa, *f.* *1* *V.* **setificio** *2* (*pl.*: *filati, tessuti di seta*) silk goods (*pl.*); silks (*pl.*).

setificàto, *a.* silky; with a silky finish.

setificio, *m.* silk mill; silk factory.

sétola, *f.* bristle: **pennello di setole,** bristle brush. ● **capelli come setole,** bristly hair.

setolóso, setoluto, *a.* bristly; bristled; setose; hispid.

setóne, *m.* (*vet.*) seton.

setóso, *a.* silk-like; silky; silken

sètta, *f.* *1* sect; (*fazione*) faction, party *2* (*società segreta*) secret society.

settànta, *a. num. card.* e *m.* seventy: **un uomo di s. anni,** a seventy-year-old man; a man aged seventy (*o* of seventy); **essere sui s.,** to be about seventy (*o* seventyish); to be in one's seventies; **gli anni S.,** the seventies; the 70s; **nel '70,** in nineteen-seventy. ● (*Bibbia*) **i S.** (*o* **la versione dei S.**), the Septuagint.

settantenàrio, *m.* seventieth anniversary.

settantènne, **A** *a.* seventy-year-old; seventy years old (*pred.*); aged seventy (*pred.*); of seventy. **B** *m.* e *f.* seventy-year-old person; a person of seventy.

settantènnio, *m.* period of seventy years.

settantèṣimo, *a. num. ord.* e *m.* seventieth.

settantina, *f.* (*settanta*) seventy; (*circa settanta*) some (*o* about) seventy: **la prima s.,** the first seventy; **una s. di vacche,** about seventy cows; **un uomo vicino alla s.,** a man approaching seventy; **È sulla s.,** (*ha circa settant'anni*) he is about seventy; (*ha passato i settant'anni*) he is in his seventies.

settàrio, **A** *a.* *1* (*di setta*) sectarian *2* (*fazioso*) sectarian; party (*attr.*); factious; partisan: **fini settari,** party purposes; **spirito s.,** sectarian (*o* party) spirit; **tendenze [gelosie] settarie,** sectarian sympathies [jealousies]. **B** *m.* (*f.* **-a**) *1* (*appartenente a una setta*) sectary *2* (*persona faziosa*) sectarian; factious person.

settarìṣmo, *m.* sectarianism.

sètte, *a. num. card.* e *m.* seven: **i s. peccati mortali,** the seven deadly sins; **le s. virtù,** the seven virtues; **la città dei s. colli,** the seven-hilled City; **la guerra dei s. anni,** the Seven Years' War; **un mostro con s. teste,** a seven-headed monster; **un ragazzo di s. anni,** a boy of seven; a seven-year-old (boy); **Sono le (ore) s.,** it is seven (o' clock). ● (*fig.*) **chiudere q.c. con s. sigilli,** to close st. hermetically (*o* tightly) □ **un s. nei pantaloni,** a tear in one's trousers: **farsi un s. nei pantaloni,** to rip (*o* to tear) one's trousers □ **prendere un s. nel tema,** to get seven (out of then) in the essay □ (*fig.*) **portare ai s. cieli,** to sing sb.'s praise; to praise sb. to the skies.

settebèllo, *m.* *1* (*carte da gioco*) seven of diamonds *2* (*fig.*) ace up one's sleeve; ace in the hole.

settecentésco, *a.* of the eighteenth century; eighteenth-century (*attr.*): **l'arte [la letteratura] settecentesca,** eighteenth-century art [literature].

settecentèṣimo, *a. num. ord.* e *m.* seven--hundredth.

settecentista, *m.* e *f.* *1* (*arte, letter.*) eighteenth-century writer [artist, philosopher, etc.] *2* (*specialista del Settecento*) eighteenth--century specialist.

settecentìstico, *a.* eighteenth-century (*attr.*).

settecènto, **A** *a. num. card.* seven hundred. **B** *m.* *1* (*il numero*) seven hundred *2* (*il secolo*) (the) eighteenth century; (*per l'arte italiana, anche*) Settecento: **gli scrittori del S.,** eighteenth-century writers.

settèmbre, *m.* September.

settembrino, *a.* September (*attr.*); in September.

settembrista, *m.* (*stor.*) Septembrist.

settemila, *a. num. card.* e *m.* seven thousand.

settemviràto, *m.* (*stor. romana*) septemvirate.

settèmviro, *m.* (*stor. romana*) septemvir*.

settenàrio, **A** *a.* *1* (*metrica*) seven-syllable (*attr.*); (*metrica classica*) of seven and a half feet *2* (*mus.*) septuple: **misura settenaria,** septuple time. **B** *m.* (*metrica*) seven-syllable line; (*metrica classica*) septenary.

settennàle, *a.* *1* (*che dura sette anni*) seven--year (*attr.*); seven years' (*attr.*); lasting seven years (*pred.*); septennial: **piano s.,** seven-year plan *2* (*che ricorre ogni sette anni*) septennial; recurring every seven years.

settennàto, *m.* seven-year period; septennate; (*di carica pubblica*) seven-year term (of office).

settènne, *a.* *1* (*di età*) seven-year-old (*attr.*); seven years old (*pred.*); aged seven (*pred.*); of seven *2* (*che dura sette anni*) seven-year.

settènnio, *m.* (period of) seven years; septennium*.

settentrionàle, **A** *a.* northern; northerly; north (*attr.*): **Europa s.,** Northern Europe; **Italia s.,** North(ern) Italy; **America s.,** North America; **emisfero s.,** northern hemisphere; **i paesi settentrionali,** the northern countries; **lato s.,** north side; **vento s.,** north(ern) wind. **B** *m.* e *f.* Northerner.

settentrionalìṣmo, *m.* *1* (*polit.*) tendency to support the political and economical predominance of Northern Italy *2* (*ling.*) Northern Italian idiom.

settentrionalista, *m.* e *f.* supporter of the political and economical predominance of Northern Italy.

settentrióne, *m.* *1* (*punto cardinale*) north: **il vento di s.,** the north wind *2* (*regione settentrionale*) North: **il s. d'Italia,** the North of Italy; North Italy; **popoli del s.,** peoples of the North; northern peoples.

settenviràto, settènviro, *V.* **settemvirato, settemviro.**

sètter, *m.* (*zool.*) setter.

setticemìa, *f.* (*med.*) septic(a)emia; blood poisoning.

setticèmico, *a.* (*med.*) septic(a)emic.

setticlàvio, *m.* (*mus.*) (system of) seven clefs.

sèttico, *a.* (*med.*) septic: **ferita settica,** septic wound.

sèttile, *a.* sectile.

sèttima, *f.* (*mus.*) seventh.

settimàna, *f.* *1* week: **il principio [la fine] della s.,** the beginning [the end] of the week; **la s. prossima [scorsa],** next [last] week; **tre lezioni la s.,** three lessons a week; **una vacanza di sei settimane,** a six weeks' holiday *2* (*salario di una s. di lavoro*) week's pay; week's wages (*pl.*) *3* (*gioco di ragazzi*) hopscotch. ● **s. bianca,** winter holiday week □ **s. corta** (*lavorativa*), five-day week □ **s. di Pasqua,** Easter week □ **s. grassa,** Shrovetide □ **s. lavorativa,** work week; working week □ **S. Santa,** Holy Week □ **a metà s.,** midweek; half through the week □ **due settimane,** fortnight □ **entro questa s.,** by the end of this week □ **essere pagato a s.,** to be paid by the week □ **fine s.,** week-end □ **fra una s.,** in a week's time; in a week □ **in s.,** before the end of the week; within this week □ **ogni due [tre] settimane,** every two [three] weeks; every other [third] week □ **una s. dopo l'altra,** week after week; week in, week out □ **una s. sì e una s. no,** in alternate weeks.

settimanàle, **A** *a.* weekly; week (*attr.*); week's (*attr.*): **paga s.,** weekly (*o* week's) pay; **riunione s.,** a weekly meeting. **B** *m.* (*periodico*) weekly (magazine): **un nuovo s. letterario,** a new literary weekly.

settimanalménte, *avv.* weekly; every week; once a week; (*a settimana*) by the week: **pagare s.,** to pay by the week.

settimino, **A** *a.* seven months' (*attr.*). **B** *m.* *1* seven months' child *2* (*mus.*) septet; septette.

Settimio Sevèro, *m.* (*stor.*) Septimius Severus.

sèttimo, *a. num. ord.* e *m.* seventh. ● (*fig.*) **essere al s. cielo,** to be in the (*o* one's) seventh heaven; to be on cloud nine.

sètto, *m.* *1* (*anat.*) septum*: **s. nasale,** nasal septum *2* (*bot.*) dissepiment *3* (*edil.*) parting wall.

settóre (1), *m.* *1* (*geom., elab., fis., mecc.*) sector: **s. circolare,** sector of a circle; **s. sferico,** sector of a sphere; **s. rotante,** sector dish; **s. dentato,** sector gear *2* (*parte, porzione*) sector: **s. rappresentativo,** significant sector; cross-section *3* (*posti di un'aula*) seats (*pl.*): **energiche proteste dal s. radicale,** strong protest from the Radical seats *4* (*area, zona, anche mil.*) sector; area; zone: **s. di tiro,** fire sector; firing area *5* (*fig.*: *ramo, campo di un'attività*) sector, field, line, sphere, area; (*comm.*: *reparto*) area, division: **il s. della ricerca scientifica,** the field of scientific reasearch; **s. vendite,** sales area; **s. tessile,** textile sector; textile industry; **s. dei servizi,** service sector; **s. economico,** product sector; **s. monetario,** monetary field; **s. pubblico [privato],** public [private] sector; **s. terziario,** tertiary sector; **il s. della pesca,** the fishing industry.

settóre (2), *m.* (*med.*) prosector. ● **perito s.,** forensic surgeon.

settoriàle, *a.* *1* sectorial *2* (*fig.*) sectional: **interessi settoriali,** sectional interests.

settorialìṣmo, *m.* sectionalism.

settuagenàrio, **A** *a.* septuagenarian; seventy-year old (*attr.*). **B** *m.* (*f.* **-a**) septuagenarian; seventy-year old person.

settuagèṣima, *f.* (*eccles.*) Septuagesima.

settuagèṣimo, *a.* (*lett.*) seventieth.

settuplicàre, *v. t.* to multiply by seven; to increase sevenfold; to septuple.

sèttuplo, **A** *a.* sevenfold; septuple. **B** *m.* seven times as much; amount seven times as big; septuple.

severaménte, *avv.* severely; sternly; strictly; harshly; with severity (*o* sternness, strictness): **castigare q. s.,** to punish sb. with severity; **trattare q. s.,** to be severe on sb.; to deal severely with sb.; to be hard on sb. (*fam.*).

severità, *f.* *1* (*rigore, durezza*) severity, strictness, sternness, harshness, rigour; (*rigidità*) rigidity: **la s. d'un rimprovero,** the severity of a reproach; **trattare q. con la massima s.,** to treat sb. very strictly (*o* with the utmost rigour); to deal very severely with sb.; **usare troppa s. con q.,** to be too strict with sb. *2* (*austerità*) austerity; (*serietà, gravità*) sternness, seriousness, severity, gravity; (*sobrietà*) severity, starkness: **s. di vita,** austerity of life; **la s. di una situazione,** the gravity of a situation; **s. di linee,** severity of lines; **la s. di un paesaggio,** the starkness of a landscape.

sevèro, *a.* *1* (*rigoroso, duro*) severe, strict, stern, harsh, rigorous, stiff; (*rigido*) rigid: **genitore s.,** strict parent; **giudice s.,** severe (*o* harsh) judge; **punizione severa,** severe (*o* harsh, stiff) punishment; **severa sorveglianza,** strict surveillance; **studi severi,** severe studies; **esame s.,** rigorous (*o* severe) examination; **essere s. con i propri alunni,** to be strict (*o* severe) with one's pupils; **Sei troppo s. col ragazzo**, you are too harsh on (*o* strict with) the boy ***2*** (*austero*) austere; (*serio, grave*) stern, serious, severe, grave; (*sobrio*) stern, severe, sober, stark; (*ingente, grave*) severe, serious: **stile s.**, severe style; **volto s.**, stern face; **le linee severe di un palazzo**, the severe (*o* stark) lines of a building; **perdite severe**, serious losses; **subire una severa sconfitta**, to suffer a severe defeat.

sevizia, *f.* (*specialm. al pl.*) torture. ● **sottoporre q. a sevizie**, to torture sb.

seviziàre, *v. t.* (*anche fig.*) to torture.

seviziatóre, *m.* (*f.* **-trice**) torturer.

sévo, *m.* tallow.

sexy (*ingl.*), *a.* sexy.

sezionàle, *a.* sectional.

sezionaménto, *m.* ***1*** sectioning; sectionalizing; dissection ***2*** (*med.*) dissection.

sezionàre, *v. t.* ***1*** to section; to sectionalize; to dissect ***2*** (*med.*) to dissect ***3*** (*elettr.*) to isolate; to disconnect.

sezionatóre, *m.* (*elettr.*) isolator; isolating (*o* disconnecting) switch.

sezióne, *f.* ***1*** (*parte*) section; part; subdivision; compartment; segment: **le sezioni d'un libro**, the sections (*o* subdivisions) of a book; **una s. della popolazione**, a segment of the population; (*mus.*) **la s. degli ottoni**, the brass section ***2*** (*ripartizione di uffici, istituti, ecc.*) division; department; bureau; office; station: (*leg.*) **s. civile [penale]**, civil [criminal] division (*o* court); **s. chirurgica**, surgical department; **s. di lingue straniere**, foreign languages department; **s. di partito**, local branch of a party; party office; **s. di polizia**, police station; **s. elettorale**, polling station; **s. motori**, engine division; **s. scolastica**, stream; **capo di s.**, head of division ***3*** (*mil.*) section; unit: **una s. di mitragliatrici**, a machine-gun section ***4*** (*aeron.*) section: **s. alare**, wing section ***5*** (*chir.*) section; (*anat.*) dissection ***6*** (*mat., geom., fis.*) section: **s. aurea**, golden section; **s. conica**, conic section; (*fig.*) **s. d'urto**, cross section; **piano di s.**, section plane ***7*** (*archit.*) section; profile; (*spaccato*) cutaway view: **s. orizzontale [longitudinale, verticale]**, plane (*o* horizontal) [longitudinal, vertical] section; **s. parziale**, part section; **s. ribaltata**, revolved section; **s. trasversale**, cross-section; transverse section; **in s.**, in section; cutaway (*agg.*) ***8*** (*geol., biol.*) section ***9*** (*costr.*) cutting; cut.

sfaccendàre, *v. i.* (*fam.*) to be busy; to bustle about; to be on the go: **s. per casa**, to be busy about the house; to do the house-work.

sfaccendàto, A *a.* idle. **B** *m.* (*f.* **-a**) idler; lounger; loafer; layabout: **Il bar era pieno di sfaccendati**, the bar was full of loafers; **Quello s. di tuo figlio!**, that layabout son of yours!; **fare lo s.**, to be an idler; to lounge (*o* to loaf) about.

sfaccettàre, *v. t.* to facet; to cut* facets on. ● (*fig.*) **s. una questione**, to look into all the aspects of a question.

sfaccettàto, *a.* ***1*** faceted ***2*** (*fig.*) many-sided.

sfaccettatùra, *f.* ***1*** (*lo sfaccettare*) faceting ***2*** (*faccette*) facets (*pl.*) ***3*** (*fig.*) aspect; facet.

sfacchinàre, *v. i.* (*fam.*) to slave (away); to slog; to toil; to drudge.

sfacchinata, *f.* hard work; tough job; grind; slog; sweat; drudge; struggle: **Il trasloco è stato una vera s.**, moving has been really hard work; **Che s. preparare questo esame!**, what a grind it's been to prepare this exam!; **Arrivammo dopo una s. di sei ore**, we got there after a six-hour struggle.

sfacciatàggine, *f.* impudence; brazenness; effrontery; gall; cheek (*fam.*); nerve (*fam.*); lip (*fam.*); sass (*fam. USA*): **avere la s. di dire [di fare] q.c.**, to have the impudence to say [to do] st.; **Ebbe la s. di chiederne ancora**, he had the nerve to ask for more; **Che s.!**, what impudence!; what cheek!; the cheek of it!; **Ci vuole una bella s.!**, it takes some nerve!; I call that pretty cool!

sfacciataménte, *avv.* impudently; brazenly; brazen-facedly; cheekily.

sfacciatèllo, A *a.* pert; saucy; impertinent; cheeky. **B** *m.* (*f.* **-a**) pert (*o* saucy, cheeky) boy (*f.* girl).

sfacciàto, A *a.* ***1*** impudent; brazen(-faced); insolent; cheeky (*fam.*); nervy (*fam.*); fresh (*fam.*); sassy (*fam. USA*); (*spudorato*) shameless, unashamed: **menzogna sfacciata**, impudent (*o* brazen-faced, blatant) lie; **risposta sfacciata**, impudent (*o* cheeky) answer; **ragazza sfacciata**, cheeky girl; (*svergognata*) shameless girl; **sfacciata adulazione**, shameless (*o* unashamed) flattery; **una fortuna sfacciata**, shameless good luck; the devil's own luck (*fam.*) ***2*** (*vistoso*) showy; gaudy; garish: **tinte sfacciate**, gaudy (*o* garish) colours. **B** *m.* (*f.* **-a**) impudent person; cheeky one; brazenface; snip (*fam. USA*): **fare lo s.**, to be cheeky; **Che s.!**, he's got some nerve!

sfacèlo, *m.* (*disfacimento*) decay, dissolution, dilapidation, break-up, undoing; (*rovina*) ruin, breakdown, wreck, disaster, shambles (*sing.*); (*crollo*) collapse, downfall: **lo s. d'una città**, the decay of a town; **s. morale**, moral decay; **lo s. di un impero**, the dissolution (*o* collapse) of an empire; **in s.**, in decay; breaking up (*pred.*); broken-up (*agg.*); dilapidated (*agg.*); in ruins; collapsing; going to pieces; in shambles: **un partito in s.**, a party that is breaking up; a party in shambles; **una costruzione in s.**, a dilapidated building; **un'azienda in s.**, a collapsing firm; **andare in s.**, to fall into decay; to go to rack and ruin (*o* to the dogs) (*fam.*); **È uno s.!**, it's a disaster!; it's a complete shambles!

sfagiolàre, *v. i.* (*fam.*: *andare a genio*) to suit down to the ground; to be right up (*o* down) one's alley; to be keen on (*costr. pers.*): **La tua idea mi sfagiola**, your plan suits me down to the ground; **Quel tizio non mi sfagiola**, I'm not keen on that fellow.

sfagliàre, A *v. t.* (*nel gioco*) to discard; to throw* away. **B** *v. i.* ***1*** (*nel gioco*) to discard ***2*** (*di animale*) to shy.

sfàglio, *m.* ***1*** (*nel gioco*) discarding; discard ***2*** (*di animale*) shy.

sfagnéto, *m.* sphagnum bog.

sfàgno, *m.* (*bot., Sphagnum*) sphagnum*; bog moss.

sfàlcio, *m.* (*agric.*) mowing.

sfaldàbile, *a.* ***1*** flaky; scaly ***2*** (*miner.*) spathic.

sfaldaménto, *m.* ***1*** flaking; scaling; exfoliation; (*fig.*) crumbling, breakdown ***2*** (*miner.*) cleavage.

sfaldàre, A *v. t.* to flake; to scale; to exfoliate. **B sfaldàrsi,** *v. i. pron.* ***1*** to flake (off); to scale (off); to exfoliate; (*fig.*) to crumble, to break* up ***2*** (*miner.*) to cleave*.

sfaldatùra, *f.* ***1*** flaking; scaling; exfoliation ***2*** (*miner.*) cleavage: **piano di s.**, cleavage plane.

sfalerite, *f.* (*miner.*) sphalerite.

sfalsaménto, *m.* stagger; staggering.

sfalsàre, *v. t.* ***1*** (*mecc., edil.*) to stagger; to offset* ***2*** (*deviare, scansare*) to ward off; to parry; to deflect; to turn aside.

sfalsàto, *a.* ***1*** (*mecc., edil.*) staggered ***2*** (*fig.*) out of sync.

sfamàre, A *v. t.* to satisfy (*o* to appease) (sb.'s) hunger; (*dare da mangiare*) to feed*: **Basta per s. un centinaio di uomini**, that's enough to feed a hundred men. **B sfamàrsi,** *v. rifl.* to satisfy (*o* to appease) one's hunger; to have enough to eat; to have one's fill; (*mangiare*) to eat*: **non avere di che s.**, to have nothing to eat; **Non riesco mai a sfamarmi**, I never seem to have enough to eat.

sfangaménto, *m.* (*miner.*) desliming.

sfangàre, A *v. t.* ***1*** (*pulire dal fango*) to clean the mud off (st.) ***2*** (*miner.*) to deslime. ● (*fam.*) **sfangarla** (*o* **sfangarsela**), (*cavarsela*) to get off, to get away with it; (*evitare q.c.*) to get out of it, to shirk it; to cop out of it. **B** *v. i.* (*fam.*) to waddle through mud.

sfangatóre, *m.* deslimer.

sfàre, A *v. t.* to undo*. **B sfàrsi,** *v. i. pron.* ***1*** (*liquefarsi*) to melt (away), to dissolve, to thaw; (*di cibo*: *diventare liquido*) to go* watery, (*diventare molle*) to get* (*o* to go*) soggy (*o* mushy): **La neve si sfarà presto**, the snow will soon melt away (*o* thaw); **La mousse si è sfatta**, the mousse has gone all watery; **I fagioli si sono sfatti**, the beans have gone mushy ***2*** (*sbriciolarsi*) to pulverize; to crumble ***3*** (*di persona*: *sfiorire*) to lose* one's looks; (*perdere la forma fisica*) to get* flabby; (*di faccia*) to sag.

sfarfallaménto, *m.* ***1*** (*cinem., TV*) flicker ***2*** (*tremolio*) fluttering; flickering ***3*** (*autom.*) wobble; shimmy: **s. delle ruote anteriori**, front-wheel wobble ***4*** (*mecc.*) flutter ***5*** *V.* **sfarfallatura**.

sfarfallàre, *v. i.* ***1*** (*svolazzare, anche fig.*) to flutter about; to flit about ***2*** (*tremolare*) to flutter; to flicker ***3*** (*fig.*: *commettere spropositi*) to blunder; (*dire sciocchezze*) to talk nonsense ***4*** (*autom.*) to wobble; to shimmy ***5*** (*mecc.*) to flutter ***6*** (*cinem., TV*) to flicker ***7*** (*di baco da seta*) to come* out of (*o* to emerge from) the cocoon.

sfarfallatùra, *f.* (*di baco da seta*) emerging from the cocoon.

sfarfallìo, *m.* ***1*** (*lo svolazzare*) fluttering; flitting about ***2*** (*tremolio*) flutter; fluttering; flicker; flickering ***3*** (*cinem., TV*) flicker; flickering.

sfarfallóne, *m.* (*fam.*) blunder; howler (*fam.*); bloomer (*fam.*): **fare uno s.**, to make a blunder; to blunder.

sfarinaménto, *m.* pulverization; crumbling.

sfarinàre, A *v. t.* (*ridurre a farina*) to grind* to flour; (*ridurre in polvere*) to reduce to powder, to pulverize; (*sbriciolare*) to crumble. **B** *v. i.* e **sfarinàrsi,** *v. i. pron.* to be reduced to powder; (*sbriciolarsi*) to crumble; (*spappolarsi*) to become* floury (*o* soft); (*sciogliersi*) to melt: **s. in bocca**, to melt in the mouth; **una terra che (si) sfarina**, a crumbly soil; **Le patate si sono sfarinate**, the potatoes have gone floury.

sfarinàto, A *a.* pulverized; (*farinoso*) floury, mealy. **B** *m.* (*ind.*) flour; meal.

sfàrzo, *m.* pomp; luxury; splendour; (*magnificenza*) magnificence, grandiosity, grandeur; (*ostentazione*) ostentation, lavish display, showiness.

sfarzosità, *f.* ***1*** (*sontuosità*) luxuriousness; sumptuousness; gorgeousness; magnificence; pomp and circumstance ***2*** (*vistosità*) gaudiness; showiness.

sfarzóso, *a.* ***1*** (*sontuoso, lussuoso*) luxurious; sumptuous; splendid; magnificent; grand; opulent; gorgeous: **un appartamento s.**, a luxurious flat; **una festa sfarzosa**, a sumptuous feast; **un arredamento s.**, opulent furnishings; **vesti sfarzose**, gorgeous clothes ***2*** (*vistoso*) ostentatious; showy; loud; gaudy: **gioielli sfarzosi**, gaudy jewels; **lusso s.**, ostentatious luxury.

sfaṣaménto, *m.* ***1*** (*elettr.*) phase displacement; phase difference: **angolo di s.**, phase(-)displacement) angle ***2*** (*fis.*) phase shift ***3*** (*fig.*: *di situazione*) lag; bad timing; lack of sync (*fam.*) ***4*** (*disorientamento*) bewilderment; confusion.

sfaṣàre, *v. t.* ***1*** (*elettr.*) to displace the phase of; to put* out of phase ***2*** (*fig.*) to bewilder; to confuse.

sfaṣàto, *a.* ***1*** (*elettr.*) out of phase; (*di motore*) with faulty timing ***2*** (*fig.*: *di cose o situazioni*) ill timed; not well timed; out of sync (*fam.*) ***3*** (*disorientato*) bewildered; confused; dazed; in a daze.

sfaṣatóre, *m.* (*elettr.*) phase shifter.

sfaṣatùra, *f.* *V.* **sfasamento**.

sfasciacarròzze, *m.* (*autom.*) car wrecker; car breaker.

sfasciaménto, *m.* ***1*** (*lo sfasciare*) shattering; smashing; wrecking; breaking up; crashing ***2*** (*il crollare*) crumbling; collapsing; collapse; breakdown.

sfasciàre (1), *v. t.* ***1*** (*disfare la fasciatura*) to unbandage; to remove the bandage (from); to unswathe ***2*** (*un neonato*) to unswaddle.

sfasciàre (2), A *v. t.* ***1*** (*fracassare*) to shatter; to smash; to wreck; to break* up; to crash: **s. una sedia**, to smash a chair; **s. un'automobile**, to wreck a car; **Ha sfasciato la moto contro un palo**, he crashed his motorbike into a post ***2*** (*demolire, smantellare*) to demolish, to dismantle; (*autom.*) to wreck. **B sfasciàrsi,** *v. i. pron.* ***1*** (*fracassarsi*) to get* smashed, to be smashed up, to be wrecked, to crash; (*disintegrarsi, crollare*) to crumble, to collapse, to break* up, to go* to pieces (*fam.*), to go* to the dogs (*fam.*): **L'automobile si sfasciò contro un muro**, the car crashed into a wall; **La sedia gli si è sfasciata sotto**, the chair collapsed under him; **L'impero si sfasciò nel giro di mezzo secolo**, within the next fifty years the empire had crumbled (*o* was in ruin); **Morta la madre, la famiglia si sfasciò**, after the mother died the family broke up ***2*** (*fig.*: *perdere la snellezza*) to get* flabby; to lose* one's figure.

sfasciàto (1), *a.* (*senza bende*) unbandaged, unswathed, (*di neonato*) unswaddled.

sfasciàto (2), *a.* ***1*** (*a pezzi*) in pieces; smashed; wrecked ***2*** (*fig.*: *di persona o del corpo*) flabby; shapeless.

sfasciatùra, *f.* unbandaging; removing of the bandage(s); unswathing, (*di neonato*) unswaddling. ● **Per la s. è meglio aspettare il dottore**, we'd better wait for the doctor to remove the bandage(s).

sfascicolàre, *v. t.* to break* up (a book) into (its) sections (*o* signatures).

sfàscio, *m.* (*sfacelo*) collapse, ruin, wreck, breakdown; (*caos*) caos, havoc, shambles (*sing.*): **essere allo s.**, to be about to collapse; to be in total caos; to be a shambles; **lo s. del servizio postale**, the caos (*o* the shambles) in the mail service.

sfasciùme, *m.* ***1*** (*rovine*) ruins (*pl.*); debris; rubble ***2*** (*fig. spreg.*) wreck ***3*** (*geol.*) debris: **s. morenico**, morain.

sfataménto, *m.* exploding; discrediting; disproving; debunking: **lo s. d'una teoria**, the exploding of a theory.

sfatàre, *v. t.* to explode; to discredit; to disprove; to debunk: **s. una leggenda,** to discredit a legend; **s. una teoria**, to explode a theory; **s. un'illusione**, to destroy (*o* to shatter) an illusion.

sfaticàre, *v. i.* (*region.*) to work hard; to toil; to slave away; to drudge.

sfaticàta, *f.* hard work; tough job; grind; slog; sweat; drudge; struggle.

sfaticàto, A *a.* idle; (*pigro*) lazy. **B** *m.* (*f.* **-a**) idler; loafer; layabout; (*scansafatiche*) shirker.

sfàtto, *a.* ***1*** (*disfatto*) undone; unmade: **letto s.**, unmade bed ***2*** (*liquefatto*) melted: **cera sfatta**, melted wax ***3*** (*troppo cotto*) overcooked, overdone; (*fradicio*) soggy, mushy: **patate sfatte**, soggy potatoes ***4*** (*troppo maturo*) overripe ***5*** (*sfiorito*) overblown ***6*** (*floscio*) flabby: **un corpo s.**, a flabby figure.

sfavillaménto, *m.* sparkle; sparkling; glitter; glittering.

sfavillànte, *a.* sparkling; glittering; bright; flashing; twinkling; (*raggiante*) radiant: **il sole s.**, the radiant sun; **un rubino s.**, a flashing ruby; **occhi sfavillanti**, sparkling eyes.

sfavillàre, *v. i.* ***1*** (*emettere faville*) to spark; to give* out sparks; to sparkle ***2*** (*fig.*: *risplendere*) to sparkle, to glitter, to twinkle, to beam; (*essere radiante*) to glow, to be radiant: **occhi che sfavillano di gioia**, eyes beaming (*o* sparkling) with joy; **Il suo volto sfavillava di gioia**, his face was radiant (*o* was glowing) with joy.

sfavillìo, *m.* sparkling; glittering; twinkling; glowing.

sfavóre, *m.* ***1*** (*disapprovazione*) disfavour, disfavor (*USA*); disapproval; displeasure: **guardare con s. a q.c.**, to look on st. with disapproval (*o* disfavour); to disapprove of st. ***2*** (*discredito*) discredit, disgrace; (*svantaggio*) disadvantage, detriment: **Quella decisione andò a nostro s.**, that decision turned to our disadvantage (*o* went against us). ● **a s.**, against (*prep.*); unfavourably (*avv.*): **decidere a s. di q. [q.c.]**, to decide against sb. [st.]; **votare a s.**, to vote against □ **vento a s.**, contrary wind.

sfavorévole, *a.* (*non propizio*) unfavourable, unfavorable (*USA*), bad, inopportune, unfortunate; (*svantaggioso*) disadvantageous; (*contrario*) adverse, contrary, against (*prep.*); (*negativo*) negative: **circostanze sfavorevoli**, unfavourable circumstances; **congiuntura s.**, unfavourable economic trend; **un momento s.**, a bad time; an unfavourable moment (*form.*); **Purtroppo lei è arrivato in un momento piuttosto s.**, I fear you arrived at a rather unfavourable (*o* unfortunate) time; **venti sfavorevoli**, contrary (*o* adverse, foul) winds; **bollettino meteorologico s.**, adverse weather report; **una giuria s.**, an adverse jury; **una risposta s.**, a negative answer; **essere s. a un progetto**, to be against a plan; **La reazione dell'opinione pubblica fu s.**, public opinion reacted against; **avere un'opinione s. di**, to have a poor opinion of; **ricevere un'impressione s. di**, to be unfavourably impressed by; **dare voto s.**, to vote against.

sfavorevolménte, *avv.* unfavourably.

sfavorìre, *v. t.* to be unfavourable to; to be against; to work against; to hamper; to treat unfairly: **L'andamento del mercato sfavorisce gli investimenti**, the market trend is unfavourable to investments; **Questo sistema elettorale sfavorisce i partiti piccoli**, this electoral system works against small parties; **L'atleta fu sfavorito dal suolo bagnato**, the athlete was hampered by the wet ground; **A scuola mi ha sempre sfavorito l'essere figlio del preside**, being the principal's son worked against me at school; **Non capisco come puoi dire che ti hanno sfavorito**, I don't undestand how you can say you've been treated unfairly.

sfebbràre, A *v. t.* to bring* the temperature down: **Queste capsule dovrebbero sfebbrarlo**, these tablets should bring his temperature down. **B** *v. i.* – **Verso sera il paziente sfebbrò**, the patient's temperature came down towards evening.

sfebbràto, *a.* without a temperature; no longer feverish: **essere s.**, to be no longer feverish.

sfècide, *m.* (*zool.*) digger wasp.

Sfècidi, *m. pl.* (*zool., Sphecidae*) Sphecidae.

sfegatàrsi, *v. i. pron.* (*fam.*) ***1*** (*adoperarsi al massimo*) to strain oneself; to wear* oneself out; to sweat blood: **Non sfegatarti a difenderlo**, don't strain yourself to defend him ***2*** (*sgolarsi*) to shout oneself hoarse.

sfegatàto, *a.* (*fam.*) enthusiastic; ardent; hot; fanatical: **un repubblicano s.**, an ardent republican; **un tifoso s. del Genoa**, an enthusiastic supporter of Genoa; **È uno s. lettore di horror**, he's a horror-fiction buff; he is mad about horror novels; **È un melomane s.**, he's an opera buff; he is mad about opera.

sfeltràre, *v. t.* (*ind. tess.*) to pluck.

sfeltratùra, *f.* (*ind. tess.*) plucking.

sfenodónte, *m.* (*zool., Sphenodon punctatum*) tuatara.

sfenoidàle, *a.* (*anat.*) sphenoid(al).

sfenòide, *a.* e *m.* (*anat.*) sphenoid.

sfèra, *f.* ***1*** (*geom.*) sphere; (*oggetto sferico*) sphere, orb, globe, ball: **la superficie [il volume] della s.**, the area [the volume] of the sphere; **la s. celeste**, the celestial sphere; the sky; the heavens (*pl.*); **la s. terrestre**, the terrestial sphere; the globe; **s. di cristallo**, crystal ball ***2*** (*fig.*: *ambiente*) sphere (of life), circle, set; (*campo, ambito*) sphere, range, scope, province, field, domain: **gente della stessa s.**, people belonging to the same sphere of life (*o* set); **le sfere giornalistiche**, the ranks of journalists; the journalistic set; **la s. delle proprie conoscenze**, one's circle (*o* sphere) of acquaintances; **muoversi in una s. elevata**, to move in high circles; **s. d'influenza**, sphere of influence; **s. d'azione**, sphere (*o* range) of action; **la s. privata**, the private sphere; private life; privacy; **Ciò non rientra nella mia s. di competenza**, this lies outside my scope (*o* my sphere); **la s. sociale**, the social sphere; **la s. delle lettere**, the literary domain (*o* field); **nella s. delle idee astratte**, in the field of abstract ideas ***3*** (*mecc.*) ball: (*ind.*) **sfere macinanti**, grinding balls; **cuscinetto a sfere**, ball bearing ***4*** (*lancetta di orologio*) hand; pointer ***5*** (*eccles.*: *parte dell'ostensorio*) orb (of a monstrance). ● **s. armillare**, armillary sphere □ **la s. dell'aria**, the atmosphere; the upper air □ (*sport*) **la sfera di cuoio**, the (leather) ball □ **a s.**, spherical □ (*fig.*) **le alte sfere**, high circles □ **la musica delle sfere**, the music of the spheres □ **penna a s.**, ball-point pen.

sferétta, *f.* spherule.

sfericaménte, *avv.* spherically.

sfericità, *f.* roundness; sphericity.

sfèrico, *a.* spherical (*anche geom.*); globe-shaped; round; orbed: **un corpo s.**, a spherical body.

sferìre, *v. t.* (*naut.*: *vele*) to unbend*; (*paranchi*) to unreeve.

sferistèrio, *m.* (*sport*) ball court; pelota court.

sferoidàle, *a.* spheroidal.

sferòide, *m.* (*geom.*) spheroid.

sferòmetro, *m.* (*fis., mecc.*) spherometer.

sferragliaménto, *m.* rattling; rattle; clattering; clatter; clanging; clanking.

sferragliàre, *v. i.* to rattle; to clatter; (*di treni, tram e sim.*) to clang, to clank.

sferràre, A *v. t.* ***1*** (*un cavallo*) to unshoe* ***2*** (*liberare dai ferri, dalle catene*) to unshackle; to unfetter ***3*** (*fig.*: *scatenare*) to launch, to deliver; (*dare con forza*) to land, to deal*, to lash out: **s. un assalto**, to launch (*o* to deliver) an attack; **s. un pugno**, to land a punch; **s. un colpo**, to deal a blow; to hit; **s. un calcio**, to kick; **Cominciò a s. calci selvaggi**, he lashed out with savage kicks; **un cavallo che sferra calci**, a horse that kicks ***4*** (*naut.*) to drag (anchor). **B sferràrsi,** *v. i. pron.* (*di cavallo*) to cast* (*o* to lose*) a shoe.

sferratùra, *f.* (*di un cavallo*) unshoeing.

sferruzzàre, *v. i.* to knit* away.

sfèrza, *f.* whip; horsewhip; lash (*anche fig.*); scourge (*anche fig.*): **la s. della critica**, the lash of criticism; **la s. del vento**, the lashing of the wind; **la s. del sole**, the merciless rays of the sun.

sferzànte, *a.* ***1*** lashing; whipping: **pioggia s.**, lashing rain ***2*** (*fig.*: *mordente*) cutting; biting; scathing: **parole sferzanti**, biting (*o* scathing) words; **risposta s.**, cutting reply.

sferzàre, *v. t.* ***1*** to whip; to horsewhip; to lash; to slash; to thrash; to flog; to scourge: **s. un cavallo**, to lash a horse (with a whip); to whip a horse; **s. a sangue**, to slash; **s. l'aria (con q.c.)**, to swish (st.); **le onde sferzate dal vento**, the waves scourged by the wind; **la pioggia sferzava i vetri**, the rain lashed (against) the panes ***2*** (*fig.*: *criticare*) to lash out at (*o* against); to scourge; to chastise: **s. i vizi e le follie del proprio tempo**, to scourge (*o* to chastise) the vices and follies of one's time.

sferzàta, *f.* ***1*** blow (*o* cut) with a whip; lash; slash: **dare una s. a q.**, to give sb. a lash; to whip sb. ***2*** (*fig.*: *critica pungente*) lashing; lash; sharp rebuke; sharp criticism.

sfiaccolàre, *v. i.* (*di candela e sim.*) to flare.

sfiammàre, A *v. t.* to reduce the inflammation (of st.); to soothe. **B** *v. i.* to flare up; to blaze up. **C sfiammàrsi,** *v. i. pron.* to become* less inflamed.

sfiancàre, A *v. t.* **1** (*sfondare*) to break* through **2** (*spossare*) to exhaust; to tire out; to wear* out; to fag out (*fam.*): **La salita la sfiancò presto**, the climb soon exhausted her; **Basta, mi hai sfiancato!**, that's enough, you've fagged me out!; **s. un cavallo**, to blow (*o* to override) a horse. **B sfiancàrsi,** *v. i. pron.* **1** (*sfondarsi*) to break* open; to burst*; to cave in **2** (*logorarsi*) to exhaust oneself; to tire oneself out.

sfiancàto, *a.* **1** (*esausto*) exhausted; worn out; done up (*fam. GB*); fagged (*fam.*) **2** (*di animale*: *coi fianchi rientranti*) hollow--flanked.

sfiataménto, *m.* leakage; escape; exhaust.

sfiatàre, A *v. i.* **1** (*fuoriuscire*) to leak; to escape; to vent **2** (*emettere vapori*) to give* off (st.); to let* out (st.): **un tubo che sfiata**, a pipe giving off steam [gas]. **B sfiatàrsi,** *v. i. pron.* **1** (*di strumenti musicali*) to lose* tone; to crack **2** (*fam.*: *sgolarsi*) to talk (*o* to shout, to yell) oneself hoarse: **Mi sono sfiatato per fargliela capire**, I have talked myself hoarse trying to make him understand; **s. inutilmente**, to waste one's breath.

sfiatàto, *a.* **1** (*di strumento musicale*) toneless; cracked **2** (*senza fiato*) breathless, out of breath, panting, puffed (*fam.*), (*per un colpo allo stomaco*) winded; (*senza voce*) wheezy; (*rauco*) hoarse: **un tenore s.**, a wheezy tenor.

sfiatatóio, *m.* **1** vent (hole); airhole **2** (*mecc.*) breather; (*edil.*) ventiduct, ventilator; (*min.*) blower **3** (*zool.*) blowhole; jet; spiracle; blower (*fam.*).

sfiatatùra, *f.* **1** *V.* **sfiatamento 2** (*apertura*) vent; hole; leak.

sfiàto, *V.* **sfiatatoio.**

sfibbiàre, *v. t.* to unbuckle; to unfasten; to unclasp.

sfibraménto, *m.* **1** fibre extraction **2** (*fig.*: *logorio*) enervation, enervating; (*indebolimento*) enfeeblement, weakening, fatigue, debilitation.

sfibrànte, *a.* exhausting; gruelling; fatiguing; wearing; draining; enervating; nerve-racking: **lavoro s.**, exhausting (*o* gruelling) work; **caldo s.**, exhausting (*o* enervating) heat; **attesa s.**, nerve-racking wait.

sfibràre, A *v. t.* **1** (*togliere le fibre*) to defibrate; to defibre; to free the fibres from (st.) **2** (*fig.*: *sfinire*) to exhaust, to fatigue, to drain; (*logorare*) to wear* out, to enervate; (*indebolire*) to enfeeble, to weaken, to debilitate, to sap (sb.'s) strength: **Un'attesa simile ti sfibra**, a long wait like this exhausts you (*o* is exhausting); **Il troppo lavoro lo ha sfibrato**, too much work has worn him out; he has overworked himself **3** (*ind. cartaria*: *legno*) to grind*; (*stracci*) to break*. **B sfibràrsi,** *v. i. pron.* to exhaust oneself; to wear* oneself out.

sfibràto, *a.* **1** (*privo di fibre*) defibrated **2** (*fig.*: *esausto*) exhausted, worn-out; (*indebolito*) weakened, enfeebled; (*logorato*) enervated, drained.

sfibratóre, *m.* (*mecc., ind. cartaria*) grinder; (*per stracci*) breaker.

sfibratùra, *f.* **1** fibre extraction **2** (*ind. cartaria*) grinding.

sfida, *f.* **1** challenge; (*provocazione*) defiance; (*scommessa a fare q.c. di difficile*) dare: **s. a duello**, challenge to a duel; **una s. alle convenzioni**, a challenge to conventions; **s. elettorale**, electoral challenge; **un gesto di s.**, a gesture of defiance; **parole di s.**, challenging words; defiant words; **sguardo [tono] di s.**, challenging (*o* defiant) glance [tone]; **una s. da ragazzi**, a dare **2** (*sport*) challenge; (*l'incontro*) challenge match. • **cartello di s.**, cartel □ **con aria [tono] di s.**, defiantly □ **lanciare una s.**, to challenge; to throw down the gauntlet □ **raccogliere** (*o* **accettare**) **la s.**, to accept (*o* to take up) the challenge; to take up (*o* to pick up) the gauntlet.

sfidànte, A *a.* challenging. **B** *m. e f.* challenger.

sfidàre, A *v. t.* to challenge; to defy; to dare; (*andare contro*) to fly* in the face of; (*affrontare*) to defy, to brave, to face, to take* on; (*mettere alla prova*) to tempt: **s. q. a duello**, to challenge sb. to a duel; to call sb. out; to call sb. down (*USA*); **s. q. alla corsa**, to challenge sb. to run a race; **Ti sfido a scacchi**, I'm going to challenge you to a game of chess; **Lo sfido a provare che non è vero**, I defy him to disprove it; **Sfido chiunque a fare meglio di così**, I challenge anyone to do better than that; **Mi sfidò a seguirlo**, he dared me to follow him; **Sei sicuro di poter s. la concorrenza?**, are you sure you can take on the competition?; **Se sei così bravo ti sfido a fare lo stesso**, if you are so good, I dare you to do the same; **Ti sfido a ripeterlo!**, I dare you to repeat it!; **s. il buon senso**, to defy common sense; to fly in the face of common sense; **s. i superiori [la legge]**, to defy one's superiors [the law]; **s. un pericolo [la morte]**, to defy (*o* to face) danger [death]; **s. l'ira di q.**, to defy (*o* to dare) sb.'s wrath; **s. gli elementi**, to brave the elements; **s. la Provvidenza**, to tempt providence; **s. la sorte**, to tempt one's good luck; to push one's luck; **s. i secoli**, to defy the centuries. • **Sfido (io)!**, naturally!; of course!; I should say so!: **Sfido che non l'hai trovato, era qui**, of course you didn't find him, he was here. **B sfidàrsi,** *v. rifl. recipr.* to challenge each other (*o* one another): **s. a duello**, to challenge each other to a duel; to call each other out.

sfidàto, A *a.* challenged; defied. **B** *m.* (*f.* **-a**) person challenged; challengee.

sfidatóre, A *m.* (*f.* **-trice**) (*lett.*) challenger. **B** *a.* challenging.

sfidùcia, *f.* **1** distrust; want (*o* lack) of trust (*o* of confidence); mistrust: **manifestare la propria s.**, to show one's distrust; to express one's lack of confidence; **guardare a q.c. con s.**, to view st. with mistrust; **avere s. in q.**, to mistrust sb.; to have no trust in sb.; **s. in se stesso**, lack of self-confidence: **avere s. in se stesso**, to lack self-confidence; to mistrust one's own abilities **2** (*polit.*) vote of no confidence: **votare la s.**, to pass a vote of no confidence.

sfiduciàre, A *v. t.* to discourage; to dishearten: **La più piccola cosa lo sfiducia**, the smallest matter discourages him. **B sfiduciàrsi,** *v. i. pron.* to get* discouraged; to lose* heart: **Non sfiduciarti per un insuccesso**, don't lose heart for just one failure; don't let one failure discourage you.

sfiduciàto, *a.* discouraged; disheartened; downhearted; dispirited; downcast.

sfiga, *f.* (*volg.*) jinx; rotten luck (*fam.*); shit (*volg.*).

sfigàto, A *a.* (*volg.*: *sfortunato*) jinxed; fucked (*volg.*). **B** *m.* (*f.* **-a**) unlucky person; loser; poor bastard (*m., fam.*); bum (*m., pop.*).

sfigmico, *a.* (*med.*) sphygmic.

sfigmografia, *f.* (*med.*) sphygmography.

sfigmògrafo, *m.* (*med.*) sphygmograph.

sfigmogràmma, *m.* (*med.*) sphygmogram.

sfigmomanòmetro, *m.* (*med.*) sphygmomanometer.

sfiguràre, A *v. t.* (*deturpare*) to disfigure, to mar, to blemish, to deface, to spoil; (*stravolgere*) to distort, to twist: **Il colpo gli ha sfigurato il naso**, his nose has been disfigured by the blow; **La rabbia gli sfigurava il viso**, fury distorted his features; his face was twisted with fury; **Le nuove costruzioni hanno sfigurato il paesaggio**, the new buildings have defaced (*o* disfigured) the landscape. **B** *v. i.* (*fare cattiva impressione*) to make* a bad impression, to cut* a poor (*o* sorry) figure; (*apparire inferiore*) to be outdone; (*essere meno bello, elegante, ecc.*) to look poor (shabby, cheap), to disappear: **Non voglio s. davanti al tuo capo**, I don't want to make a bad impression on your boss; **È gente che non vuole s. coi vicini**, they don't want to be outdone by their neighbours; **Questi bicchieri sfigurano un po' vicino al servizio di porcellana**, these glasses look rather cheap next to the china service; **Questa camicetta non ci sfigura sulla mia gonna nera**, this blouse doesn't look too bad with my black skirt.

sfiguràto, *a.* disfigured; defaced; marred; (*stravolto*) distorted, twisted: **L'incidente lo lasciò s.**, the accident left him disfigured; **L'uomo aveva il volto s. dall'ira**, the man's face was distorted by rage.

sfilàccia, *f.* (*ind. tess.*) bast.

sfilacciàre, A *v. t.* to fray; to ravel; (*una corda*) to unlay, to untwist, to pick. **B** *v. i.* e **sfilacciàrsi,** *v. i. pron.* to fray; to unravel: **una stoffa che si sfilaccia facilmente**, a material that frays easily.

sfilacciàto, *a.* frayed: **polsini sfilacciati**, frayed cuffs; **corda sfilacciata**, frayed rope; (*a un'estremità*) unlaid rope.

sfilacciatrice, *f.* (*mecc.*) rag-grinding (*o* rag--tearing) machine; rag grinder; devil.

sfilacciatùra, *f.* **1** (*lo sfilacciare*) unravelling, fraying; (*a macchina*) grinding **2** (*lo sfilacciarsi*) fraying **3** (*parte sfilacciata*) fray; frayed part.

sfilaménto, *m.* **1** unthreading; unstringing **2** (*di paracadute*) opening; deployment.

sfilàre (1), A *v. t.* **1** to unthread; (*perle e sim.*) to unstring*; (*una corda*) to slip off; (*carne dallo spiedo*) to unspit, to take* off the spit: **s. la gugliata dall'ago** (*o* **s. l'ago**), to unthread the needle; to draw out the thread from the needle; **s. perle**, to unstring pearls; **s. una corda dal moschettone**, to slip a rope off the snaplink **2** (*togliere di dosso*) to slip off; to take* off; to peel off: **L'infermiera sfilò le pantofole al malato**, the nurse took off the patient's slippers; **Si sfilò l'anello (dal dito)**, he slipped off his ring; **Si sfilò il maglione e si mise una giacca**, he slipped off his sweater and put on a jacket; **Mi sfilai di dosso la maglietta bagnata**, I slipped out of the wet T-shirt; **Si sfilò i jeans**, she peeled off her jeans **3** (*calze*) to ladder (*GB*); to make* (a pantyhose) run (*USA*): **Ho sfilato le calze nuove!**, I've laddered my new tights!; I have a run in my new pantyhose! **4** (*un tessuto, un orlo*) to draw* out a thread (*o* threads) from; to pull the threads out of: **s. una tela**, to draw out the threads from a piece of cloth. **B sfilàrsi,** *v. i. pron.* **1** (*di cosa infilata*) to get* unthreaded; (*di perle e sim.*) to come* (*o* to get*) unstrung: **L'ago si è sfilato**, the needle has got unthreaded; **La collana si è sfilata**, the beads have come unstrung **2** (*di calza*) to ladder (*GB*); to run* (*USA*).

sfilàre (2), *v. i.* **1** (*passare in fila, anche mil.*) to parade; to file; to march; to troop; to pass by (in procession): **s. in parata**, to march on parade; to troop the colour (*GB*); **I soldati sfilarono dinanzi al colonnello**, the soldiers marched past the colonel; **s. tra due ali di folla**, to file between two lines of people **2** (*di modelli di alta moda*) to be shown, to be paraded (on the catwalk); (*di indossatrici*) to model: **Oggi sfileranno i nuovi modelli di Armani**, Armani's new creations will be paraded on the catwalk today; **Ha sfilato per tutti i grandi stilisti**, she has modelled for all the great fashion designers **3** (*fig.*: *susseguirsi*) to follow one after the other; to pass; to go*; to parade; to run*: **Mille ipotesi mi sfilarono in testa**, a thousand conjectures ran (*o* raced) through my head.

sfilàta, *f.* **1** (*il procedere in fila*) passing (in procession); filing off; trooping; (*parata*) parade; (*mil.*) march past, trooping the colour (*GB*); (*in costume*) pageant: **la s. delle truppe**, the march past (of the troops); **una s. di modelli**, a fashion parade (*o* show); **assistere alla s. di un corteo**, to be present at the passing of a procession **2** (*sfilza, lunga successione*) long line; long row; string; series*;

succession: **una s. d'alberi**, a long line (*o* row) of trees; **una s. di citazioni**, a string of quotations; **una s. di di bugie [d'imprecazioni]**, a string of lies [of curses]; **s. di automobili**, a line of cars; (*in corteo*) cavalcade, motorcade (*USA*).

sfilatino, *m.* (*filoncino di pane*) French loaf*.

sfilàto, A *a.* ***1*** (*di calza*) laddered (*GB*); having a run in it (*USA*): **Hai una calza sfilata**, your tights are laddered; there's a run in your pantyhose ***2*** (*di perle e sim.*) unstrung. **B** *m.* (*ricamo*) drawn-thread work; drawn work.

sfilatùra, *f.* ***1*** (*lo sfilare un ago, ecc.*) unthreading; (*perle e sim.*) unstringing ***2*** (*smagliatura*) ladder (*GB*); run (*USA*).

sfilettàre, *v. t.* (*rif. a pesci*) to fillet; to bone.

sfilza, *f.* string; series*; succession; stream: **una s. di errori**, a string of mistakes; **una s. di imprecazioni**, a stream of oaths.

sfilzàre, *V.* **sfilare (1)**.

sfinge, *f.* ***1*** (*mitol., archeol.*) Sphinx ***2*** (*fig.*) sphinx*; enigma: **da [di] s.**, sphinx-like ***3*** (*zool., Sphinx*) hawk moth; sphinx moth (*USA*). ● (*zool.*) **s. testa-di-morto** (*Acherontia atropos*), death's head moth.

sfingenina, *V.* **sfingosina**.

sfìngeo, *a.* (*lett., anche fig.*) sphinx-like.

sfingomielìna, *f.* (*biochim.*) sphingomyelin.

sfingoṣina, *f.* (*biochim.*) sphingosine.

sfiniménto, *m.* (*spossatezza*) exhaustion; weariness; extreme weakness; collapse; lassitude; faintness.

sfinire, A *v. t.* to wear* out; to exhaust; to drain; to tire out: **La febbre l'ha sfinito**, the fever has exhausted him. **B sfinirsi,** *v. i. pron.* to tire (*o* to wear*) oneself out; to get* exhausted.

sfinitézza, *f.* faintness; weariness; extreme weakness; lassitude.

sfinito, *a.* exhausted; worn out; tired out; spent; all in (*fam.*); dead-beat (*fam.*); washed-out (*fam.*); fagged out (*fam. GB*); knocked up (*fam. GB*); done up (*fam. GB*); knocked out (*fam. USA*); pooped (*pop. USA*).

sfintère, *m.* (*anat.*) sphincter.

sfintèrico, *a.* (*anat.*) sphincteral; sphincteric.

sfioccàre, *v. t.* e **sfioccàrsi,** *v. i. pron.* to fray (out); to unravel. ● **Le nuvole si sfioccavano piano nel cielo**, the clouds were slowly breaking up in the sky.

sfioraménto, *m.* ***1*** skimming; brushing (against); grazing ***2*** (*fig.*) skimming; touching (on, upon).

sfioràre, *v. t.* ***1*** to touch (lightly); to brush (against); to skim; to skim along (*o* over, through); to graze: **I gabbiani sfioravano le onde**, the gulls were skimming the waves; **La palla gli sfiorò il viso**, the ball grazed his face; **I raggi del sole sfiorano le cime dei monti**, the sun's rays are grazing the mountain tops; **Ho sfiorato la porta appena verniciata**, I brushed against the freshly-painted door; **Le sfiorò i capelli**, he brushed (*o* touched) her hair ***2*** (*fig.*: *trattare superficialmente*) to skim over; to touch on; to scratch the surface of: **Nell'intervista il problema dell'immigrazione fu solo sfiorato**, the immigration problem was only touched on in the interview; **Abbiamo appena sfiorato questo tema, ne parleremo ancora**, we have just scratched the surface of this subject, we'll have to come back to it ***3*** (*fig.*: *raggiungere quasi*) to be very close (*o* near) to, almost to touch, to be just short of; (*essere prossimo a*) to come* close to, to verge on, to border on; (*di età*) to be approaching, to be pushing, to be getting on for: **s. il successo**, to be on the verge of success; to come close to success; **s. la vittoria**, to come close to winning; **una tesi che s. il ridicolo**, a thesis bordering on the ludicrous; **Sfiora i cinquanta**, he is approaching fifty; he is pushing fifty ***4*** (*scremare*) to skim: **s. il latte**, to skim milk. ● **Un sorriso le sfiorava le labbra**, a smile hovered about her lips □ **Non mi sfiorò il minimo dubbio**, no doubt crossed my mind □ **Non lo sfiorò il sospetto che potessero licenziarlo**, the thought never crossed his mind that he could be sacked; he never dreamed he could be sacked.

sfioratóre, *m.* spillway.

sfioratùra, *f.* (*del latte*) skimming.

sfiorire, *v. i.* ***1*** (*bot.*: *perdere i fiori*) to lose* one's blossoms; (*perder i petali*) to drop (*o* to shed*) one's petals; (*appassire*) to fade, to wither: **Quelle rose rosse sfioriranno presto**, those red roses will soon fade (*o* wither); **Le peonie cominciano a s.** peonies are overblown ***2*** (*fig.*: *perdere la freschezza*) to fade; to lose* one's looks; to wither: **La giovinezza sfiorisce presto**, youth soon fades; **Le preoccupazioni la fecero s. in pochi anni**, worries made her lose her looks (*o* withered her) in a few years.

sfiorito, *a.* ***1*** (*di piante*) that has lost his blossoms, no longer in blossom; (*appassito*) faded, withered: **una rosa sfiorita**, a faded rose; **un pesco s.**, a peach tree no longer in blossom ***2*** (*fig.*) faded; withered: **un volto s.**, a withered face.

sfiorittùra, *f.* (*anche fig.*) fading; withering.

sfirèna, *f.* (*zool., Sphyraena sphyraena*) spet.

sfittàre, A *v. t.* to vacate; to leave* vacant: **s. un appartamento**, to vacate a flat. **B sfittàrsi,** *v. i. pron.* to become* vacant.

sfittire, *v. t.* e **sfittirsi,** *v. i. pron.* to thin out.

sfitto, *a.* vacant; unlet; untenanted; tenantless: **una camera sfitta**, a vacant room.

sfizio, *m.* (*region.*) whim; fancy; fancy notion.

sfiziosità, *f.* fancy object; fancy thing.

sfizióso, *a.* (*region.*) fancy (*attr.*); fanciful.

sfocàre, *v. t.* (*fotogr.*) to put* out of focus.

sfocàto, *a.* ***1*** (*fotogr.*) out-of-focus (*attr.*); out of focus (*pred.*); fuzzy; blurred ***2*** (*fig.*) blurred; hazy; vague; indefinite.

sfocatùra, *f.* (*fotogr.*) fuzziness; blurring.

sfociàre, *v. i.* ***1*** to flow into; to empty (oneself); to drain; to disembogue: **I fiumi sfociano nel mare**, rivers flow into the sea ***2*** (*fig.*: *avere come conseguenza*) to result; to lead*.

sfócio, *m.* ***1*** (*sbocco di acque*) mouth; outlet; disemboguement ***2*** (*fig.*) outlet; way out: **studi senza uno s. professionale**, a course of studies with no professional outlet; **una situazione senza s.**, a situation with no way out.

sfoderàbile, *a.* ***1*** (*rif. a fodera interna*) with detachable lining ***2*** (*rif. a fodera esterna*) with a removable cover.

sfoderaménto, *m.* ***1*** (*lo sguainare*) unsheathing ***2*** (*fig.*: *esibizione*) display; ostentation; showing off.

sfoderàre (1), *v. t.* ***1*** (*levare dal fodero*) to draw*; to pull out; to unsheathe: **s. la spada**, to draw (*o* to unsheathe, to pull out) one's sword ***2*** (*fig.*: *rivelare inaspettatamente*) to produce; to come* out with; to lay* out; to reveal: **Sfoderò un sacco di ragioni**, he came out with all sorts of reasons; **Ha sfoderato una notevole conoscenza della questione**, he revealed a remarkable knowledge of the matter; **s. un sorriso**, to flash a smile ***3*** (*fig.*: *esibire*) to display; to parade; to show* off: **s. la propria cultura**, to parade one's learning.

sfoderàre (2), *v. t.* ***1*** (*levare la fodera interna*) to unline; to take* out (*o* to remove) the lining (of st.): **s. una giacca**, to take out the lining of a jacket ***2*** (*levare la fodera esterna*) to take* off (*o* to remove) the cover.

sfoderàto (1), *a.* (*senza fodero*) unsheathed.

sfoderàto (2), *a.* ***1*** (*senza fodera interna*) unlined ***2*** (*senza fodera esterna*) with the cover(s) off.

sfogàre, A *v. t.* to vent; to give* vent to; to pour out; to release; to work off; to give* free rein to: **s. la propria delusione**, to vent one's disappointment; **s. la rabbia**, to vent (*o* to pour out, to release) one's anger; to let off steam (*fam.*); **s. il proprio dolore**, to pour out one's grief; to give full vent to one's grief; **s. q.c. su q. [q.c.]**, to vent st. on sb. [st.]; to take st. out (*o* off) on sb. [st.]; to work off st. on (*o* against) sb. [st.]: **Non devi s. la tua irritazione sui bambini**, you shouldn't vent (*o* take out) your frustration on the children; **Deve pur s. la sua delusione**, he must work off his disappointment; **Sfogò il suo malumore facendoci lavorare il doppio**, he worked off his bad mood by making us work twice as much; **s. il proprio entusiasmo**, to give vent to one's enthusiasm; **Il regista ha sfogato tutta la sua fantasia barocca**, the director has given free rein (*o* free play) to his baroque imagination. **B** *v. i.* ***1*** (*fuoriuscire*) to escape, to issue, to go* out, to pour out, to find* a vent (through), to find* an outlet; (*riversarsi*) to flow into: **I gas di combustione sfogano da quello scarico**, exhaust gases escape through that vent; **lasciar s.**, to vent; to let st. escape (*o* pour out) ***2*** (*fig.*: *prorompere*) to find* vent (*o* relief); to be relieved: **un dolore che sfoga in pianto**, a grief that finds relief in tears; **Il malcontento sfogò in tumulti**, discontent led to rioting. **C sfogàrsi,** *v. i. pron.* ***1*** (*liberarsi di sentimenti accumulati*) to relieve (*o* to give* vent to) one's feelings; to get* a load off one's chest (*fam.*); to blow* off (*o* to let* off, to work off) steam (*fam.*); to work it off; to get* it off one's system: **s. su q. [q.c.]**, to take it out on (*o* off) sb. [st.]; to work it off on (*o* against) sb. [st.]; **s. con q.c.**, to pour out (*o* to open) one's heart to sb.; to unburden one's heart to sb.; to unbosom (*o* to open) oneself with sb.; **Ecco, bravo, sfogati su di me!**, that's it, go ahead, take it out on me!; **Devo pur sfogarmi in qualche modo**, I must work it off somehow; **Dirglielo non servirà a nulla, ma almeno mi sarò sfogato**, it'll be no use telling him, but at least I'll have had my say (*o* I'll get it off my chest); **Non ne posso più, ho bisogno di sfogarmi con qualcuno**, I cannot go on like this, I must tell somebody ***2*** (*di persona*: *dare fondo alle proprie energie*) to let* off steam, to run* about, to run* wild (*divertirsi, avere avventure*) to sow one's wild oats (*fam.*); (*di malattia*) to run* (*o* to take*) one's course; (*di temporale e sim.*) to die down: **Lascia che il bambino si sfoghi un po'**, let the child run wild for a while; **Lascia che tuo figlio si sfoghi**: **a sposarsi c'è tempo**, let your son sow his wild oats, he's got plenty of time to get married; **Aspettiamo che il temporale si sfoghi**, let's wait until the storm has died down. ● **s. a mangiare gelati**, to eat one's fill of icecreams □ **s. a sciare**, to ski from morning till night □ **s. contro q.**, to tell sb. what one thinks of him.

sfogatóio, *m.* vent (hole); outlet.

sfoggiàre, A *v. t.* to show* off; to display; to make* a display of; to parade; to flaunt; (*indossare*) to wear, to sport: **s. la propria erudizione**, to show off (*o* to flaunt) one's learning; **s. la propria ricchezza**, to flaunt one's wealth; **Non vedeva l'ora di s. il suo anello di diamanti**, she couldn't wait to show off (*o* to flaunt) her diamond ring; **Sfoggerai la tua argenteria per il pranzo?**, are you going to display your silver cutlery at your dinner?; **s. la propria abilità**, to parade one's skill; **Sfoggiava un sorriso soddisfatto**, he was parading a pleased grin; **Le signore sfoggiavano tutte abiti di sartoria**, all the ladies wore haute couture frocks; **Sua moglie sfoggiava una pelliccia di visone**, his wife was sporting a mink coat. **B** *v. i.* to show off.

sfòggio, *m.* display; show; parade; showing off; ostentation; (*pompa*) pomp, luxury: **uno s. d'erudizione**, a display of learning; **Con un raro s. di cortesia, le cedette il passo**, in an unusual display of courtesy, he stood aside to let her pass; **Sulla tavola c'era un grande s. di cristalleria**, there was a rich display of crystal on the table; **fare s. di q.c.**, to show off st.; to parade st.; to flaunt st.; to make a display of st.; **fare un grande s. di destrezza**, to make a great show of dexterity; **fare grande s. di gioielli**, to flash one's jewellery; **con grande s. di biglietti da centomila**, with much flashing around of one hundred thousand lire notes; **fare s. di grossi nomi**, to drop names.

sfòglia, *f.* **1** (*lamina*) lamina*; plate; foil; leaf*; flake **2** (*cucina*) rolled-out pastry; sheet (of pastry); round (of pastry): **tirare la s.**, to roll out the pastry; **pasta s.**, flaky pastry; puff pastry.

sfogliàre (1), **A** *v. t.* (*levare le foglie a*) to strip the leaves off; to strip; (*levare i petali a*) to pluck the petals off: **s. un ramo**, to strip a branch (of its leaves); to strip the leaves off a branch; **s. il granturco**, to strip maize; to husk corncobs. ● (*fig.*) **s. la margherita**, to dilly-dally. **B sfogliàrsi**, *v. i. pron.* (*perdere foglie*) to shed* leaves; (*perdere petali*) to drop petals.

sfogliàre (2), **A** *v. t.* (*girare le pagine*) to turn* over the pages of, to leaf through; (*scorrere frettolosamente*) to skim (*o* to flick, to glance) through, to take* a glance at: **Non leggevo, lo stavo solo sfogliando**, I wasn't reading it, just turning over the pages; **Sfogliai il giornale e lo misi da parte**, I skimmed through the paper and put it aside; **s. un codice miniato**, to leaf through an illuminated manuscript. **B sfogliàrsi**, *v. i. pron.* **1** (*perdere i fogli*) to lose* one's pages: **Questo libro si sta sfogliando tutto**, this book is losing its pages; the pages of this book are coming loose **2** (*sfaldarsi*) to flake off; to scale; to exfoliate.

sfogliàta (1), *f.* (*lo sfogliare un libro e sim.*) (quick) glance; browse: **dare una s. a un libro**, to take a glance at a book; to glance (*o* to skim) through a book; to browse through a book.

sfogliàta (2), *f.* (*cucina*) puff-pastry cake.

sfogliatèlla, *f.* (*cucina*) puff with ricotta and candied fruit.

sfogliatrìce, *f.* **1** (*agric.*) leaf stripper **2** (*tecn.*) veneer lathe.

sfogliatùra, *f.* (*agric.*) leaf-stripping; (*del granturco*) maize-stripping.

sfógo, *m.* **1** (*via d'uscita, anche fig.*) vent; way out; outlet: **s. dell'aria**, air vent; **apertura di s.**, vent hole; **aprire uno s. per il fumo**, to provide an outlet for the smoke; **uno s. alle proprie emozioni**, an outlet for one's emotions; **dare s. alle emozioni**, to release one's emotions; **dare s. alla propria ira**, to give vent to (*o* to vent, to unleash) one's anger; **una stanza senza s.**, a cramped room; **un appartamento senza s. di balconi**, a flat with no balconies; **un paese senza s. sul mare**, a country with no outlet to the sea **2** (*fig.*: *manifestazione dei propri sentimenti*) outburst, outpourings (*pl.*); (*sollievo*) relief: **uno s. di lacrime**, an outburst of tears; **Il suo s. mi sorprese**, his outburst surprised me; **trovare s. nelle lacrime [nel lavoro]**, to find relief in tears [in work]; **un dolore senza s.**, a pent-up grief **3** (*fig.*: *libero gioco*) free play; free rein: **dare (libero) s. alla propria fantasia**, to give free play to one's imagination **4** (*fam.*: *eruzione cutanea*) rash; eruption.

sfolgoraménto, *m.* flashing; flaring; glaring; blazing.

sfolgorànte, *a.* flashing; flaring; shining; glaring; blazing; radiant; (*scintillante*) sparkling, glittering; (*brillante*) brilliant: **gioielli sfolgoranti**, sparkling jewels; **sole s.**, blazing sun; **ingegno s.**, brilliant mind; **s. di bellezza**, radiant with beauty; **s. di gioia**, shining (*o* sparkling) with joy.

sfolgoràre, *v. i.* to flash; to flare; to shine*; to glare; to blaze; (*scintillare*) to sparkle, to glitter: **La distesa di neve sfolgorava al sole**, the snowfield glared in the sunlight; **Il sole sfolgorava senza pietà**, the sun was blazing mercilessly; **I suoi occhi sfolgoravano di felicità**, her eyes sparkled (*o* shone) with happiness.

sfolgoreggiàre, (*lett.*) *V.* **sfolgorare**.

sfolgorìo, *m.* flashing; flaring; glaring; blaze; blazing; (*scintillio*) sparkling, glittering: **La città era uno s. di luci**, the city was a blaze of lights; the city was ablaze with lights.

sfollagènte, *m.* truncheon (*GB*); nightstick (*USA*); baton.

sfollaménto, *m.* **1** (*d'una folla*) dispersion; dispersal; dispersing (of a crowd) **2** (*da una città*) evacuation.

sfollàre, **A** *v. i.* **1** (*uscire da un luogo*) to empty; to flow out; to file out; to clear: **Il pubblico sfollava lentemente dallo stadio**, the public was slowly flowing out of (*o* emptying) the stadium **2** (*trasferirsi per motivi di sicurezza*) to evacuate; to move: **Durante la guerra sfollammo in un paesino del Piemonte**, during the war we moved to a small village in Piedmont; **I bambini furono fatti s. in campagna**, the children were evacuated into the country **3** (*disperdersi*) to disperse; to scatter: **Dobbiamo lasciare s.**, we must let the crowd disperse. **B** *v. t.* **1** (*allontanare una folla*) to disperse; to scatter: **s. una piazza**, to disperse the people in a square **2** (*evacuare*) to evacuate: **s. i superstiti dalla zona del disastro**, to evacuate the survivors from the disaster area **3** (*svuotare un luogo*) to empty; to clear; to vacate: **La pioggia sfollò le strade**, the rain emptied the streets **4** (*sfoltire*) to thin out. **C sfollàrsi**, *v. i. pron.* to empty; to clear; to thin out.

sfollàto, **A** *a.* evacuated. **B** *m.* (*f.* **-a**) evacuee.

sfoltiménto, *m.* thinning; thinning out; (*di popolazione di animali*) culling.

sfoltire, **A** *v. t.* to thin (out); to prune; (*di personale*) to reduce; (*di popolazione di animali*) to cull: **farsi s. i capelli**, to have one's hair thinned out; **s. un bosco**, to thin out a wood; **s. il personale**, to reduce the staff; **Devi s. il tuo tema**, you must prune down your essay. **B sfoltìrsi**, *v. i. pron.* to thin (out): **Vedo che i suoi capelli cominciano a sfoltirsi**, I see your hair is beginning to thin.

sfoltita, *f.* thinning (out). ● **dare una s. alla siepe**, to thin the hedge □ **farsi dare una s. ai capelli**, to have one's hair thinned out.

sfoltitrice, *f.* thinning shears (*pl.*).

sfondaménto, *m.* **1** breaking (down); staving in; smashing in; crashing; (*il rompere il fondo*) knocking the bottom out **2** (*mil.*) breakthrough.

sfondàre, **A** *v. t.* **1** (*rompere il fondo di*) to break* the bottom of, to knock the bottom out of; (*far crollare*) to make* (st.) cave in: **s. una scatola**, to knock the bottom out of a box; **s. una poltrona**, to break the seat of an armchair; **La neve ha sfondato il tetto**, the snow made the roof cave in **2** (*abbattere*) to break* down, to break* (*o* to burst*, to force) open, to knock down, to break* through; (*rompere*) to stave in, to smash in (*o* down), to crash into, to crack, to bash in (*fam.*): **s. una porta**, to break down a door; to bash in a door; **s. un parapetto [un muro]**, to knock down a parapet [a wall]; **La folla sfondò i cordoni della polizia**, the crowd broke through the police cordons; **s. un negozio**, to break into a shop; **L'urto le sfondò due costole**, the crash broke two of her ribs; **s. la testa a q.**, to crack sb.'s skull; **Per entrare dovetti s. il vetro**, to go in I had to break the pane; **Il pallone sfondò la vetrina**, the ball crashed into the shop-window; (*pop.*) **Ti sfondo la faccia!**, I'll smash your face in! **3** (*logorare consumando*) to wear* out (*o* through); to wear* holes in: **s. le scarpe**, to wear one's shoes out **4** (*mil.*) to break* through; to pierce through: **s. il fronte nemico**, to break through the enemy's line. **B** *v. i.* **1** (*riuscire in una carriera*) to make* a name for oneself; to make* good; to make* it; to come* out on top; to make* the grade **2** (*superare il limite previsto*) to go* over the limit. **C sfondàrsi**, *v. i. pron.* **1** (*perdere il fondo*) to burst* (*o* to break*) at the bottom **2** (*sfasciarsi*) to split* open, to burst*; (*crollare*) to cave in **3** (*consumarsi per il logorio*) to become* worn through; to wear* out.

sfondàto, **A** *a.* **1** (*che non ha più fondo*) bottomless; without a bottom; staved in: **Questa poltrona è sfondata**, the springs of this armachair have gone; **una botte sfondata**, a staved-in barrel **2** (*fig.*: *insaziabile*) never satisfied; insatiable; voracious. ● **essere ricco s.**, to be rolling in money; to be loaded □ **scarpe sfondate**, worn-out shoes; gaping shoes. **B** *m.* (*pitt.*) trompe-l'oeil perspective.

sfóndo, *m.* **1** (*pitt.*) background; ground: **lo s. di un quadro**, the background of a picture; **Madonna e santi su s. oro**, Madonna and saints on a gold ground **2** (*in un campo visivo*) background: **essere sullo s.** (*anche fig.*), to be in the background; **Lo fotografai sullo s. del tramonto**, I took a photo of him against the sunset; **figura di s.**, background figure; **La scena aveva come s. una pineta**, the scene had a pine forest in the background; **La sua figura si stagliava su uno s. di fiamme altissime**, her silhouette stood out against a background of leaping flames **3** (*fig.*: *ambiente storico, sociale, ecc.*) background; backdrop; setting: **lo s. d'un dramma**, the setting of a play; **Il romanzo ha per s. le prime lotte sindacali**, the novel is set at the time of the first trade-union struggles; **un film a s. storico**, a film with a historical background; **un delitto a s. politico**, a crime with political connotations **4** (*teatr.*) backdrop; backcloth.

sfondóne, *m.* (*fam.*) gross mistake; blunder; howler (*fam.*); bloomer (*fam.*).

sforacchiàre, *v. t.* to riddle (with holes).

sforacchiatùra, *f.* **1** (*lo sforacchiare*) riddling with holes **2** (*serie di fori*) whole series of holes.

sforàre, *v. i.* (*fam.*) **1** (*andare oltre il tempo stabilito*) to overrun*; to overshoot* the time: **Il telegiornale ha sforato di mezz'ora**, the news overran by half an hour **2** (*superare un preventivo*) to overrun*; to overspend*.

sforbiciàre, **A** *v. t.* to cut* up; to snip; to clip; to scissor through (st.); to trim. **B** *v. i.* (*calcio, nuoto*) to do* a scissors kick; to scissors-kick.

sforbiciàta, *f.* **1** cut; snip; clipping; trim; trimming: **dare una s. ai capelli**, to give sb.'s hair a trimming; to trim sb.'s hair **2** (*sport*: *atletica*) scissors; (*calcio, nuoto*) scissors kick.

sforbiciatùra, *f.* cutting; trimming; snipping.

sformàre, **A** *v. t.* **1** (*far perdere la forma a*) to pull (*o* to put*) out of shape; to spoil* the shape of; to distort; to deform **2** (*togliere dalla forma*) to take* out of (*o* to remove from) the mould; to turn out: **s. un budino**, to turn out a pudding **3** (*fonderia*) to strip. **B sformàrsi**, *v. i. pron.* to lose* one's shape; to get* out of shape: **Il golf si è tutto sformato**, the jumper has completely lost its shape; **Con la gravidanza si è sformata**, the pregnancy has ruined her figure.

sformàto, **A** *a.* (*che non ha più forma*) shapeless, out of shape; (*deformato*) misshapen, crooked: **un cappello [un maglione] sformato**, a shapeless hat [sweater]. **B** *m.* (*cucina*) flan.

sformatùra, *f.* (*metall.*) shake-out; stripping.

sfornaciàre, *v. t.* to take* out of the furnace.

sfornàre, *v. t.* **1** (*estrarre dal forno*) to take* out of the oven; to remove from the oven: **s. il pane**, to take the bread out of the oven **2** (*fig.*: *produrre*) to turn out, to bring* out; (*in grande quantità*) to churn out, to grind* out: **Quando sfornerai il tuo nuovo romanzo?**, when are you going to bring out your new novel?; **s. un libro ogni sei mesi**, to churn out a book every three months; **Il computer è più che una macchina per s. dati**, computers are more than just machines for grinding out datas; **Sforna un figlio ogni due anni**, she drops a child every second year (*fam.*).

sfornellàre, *v. i.* (*fam.*) to be busy cooking; to be busy at the gas rings; to bustle around the kitchen.

sfornire, *v. t.* to deprive; to strip.

sfornito, *a.* **1** (*mancante, privo di*) lacking (in); without; destitute (of); unprovided (with): **s. di denaro**, without any money; **s. d'intelligenza**, lacking in intelligence; **s. del necessario**, destitute (of means); without resources; **Furono lasciati sforniti di tutto**, they were left unprovided for **2** (*rif. a merci*) unstocked; unsupplied; poorly stocked: **un negozio piuttosto s.**, a poorly stocked shop **3** (*mil.*) undefended.

sfóro, *m.* (*teatr.*) gap; slit.

sfortùna, *f.* bad luck; ill luck; hard (*o* tough) luck; (*disgrazia*) misfortune, mischance: **avere s.**, to be unlucky; to be out of luck; **avere s. al gioco [con le donne, nell'amore]**, to be unlucky at gambling [with women, in love]; **portare s.**, (*di cose*) to bring bad luck; (*di azioni*) to be bad luck (*o* unlucky); **essere perseguitato dalla s.**, to be dogged by misfortune; **Che s.!**, how unlucky!; that's too bad!; what a shame!; **È una vera s.!**, it's a real shame!; **S. volle che...**, as (ill) luck would have it...; **Ebbi la s. di non trovarlo in casa**, I was unlucky enough not to find him at home; **Sì, ho avuto la s. di conoscerlo**, yes, I have had the misfortune of meeting him.

sfortunataménte, *avv.* unluckily; unfortunately; by mischance; sad to say.

sfortunàto, *a.* unlucky; out of luck (*pred.*); unfortunate; luckless; (*destinato alla sventura*) ill-fated, ill-starred: **un giorno s.**, an unlucky day; a black-letter day; **un'impresa sfortunata**, a unlucky (*o* luckless, ill-fated) enterprise; **essere s.**, to be unlucky; to be down on one's luck. ● (*prov.*) **s. al gioco, fortunato in amore**, unlucky at cards, lucky in love.

sforzàndo, *avv.* e *m.* (*mus.*) sforzando.

sforzàre, **A** *v. t.* **1** (*forzare, sottoporre a tensione*) to force; to strain: **s. il passo**, to force the pace; **s. la voce**, to force one's voice; **s. la vista**, to strain one's eyes; **s. il motore**, to strain the engine **2** (*costringere*) to force; to compel: **Sforzalo a mangiare qualcosa**, force him to eat something **3** (*scassinare*) to force; to force open; to break* open: **s. una porta [una serratura]**, to force a door [a lock] open. **B sforzàrsi**, *v. i. pron.* **1** (*fare sforzi*) to strain oneself; to exert oneself; to push oneself: **Non devi sforzarti, sei ancora debole**, you are still weak, you shouldn't strain yourself; **Si sforza sempre troppo**, he always pushes himself too hard (*o* overstrains himself) **2** (*costringersi*) to force oneself: **Devi sforzarti di mangiare se vuoi guarire**, you must force yourself to eat if you want to recover **3** (*fare di tutto per*) to strain; to strive* (to do st., after st., for st.); to make* an effort; to try hard; to take* pains; to try one's best; to endeavour: **s. di vedere**, to strive to see; **s. di capire**, to strive (*o* to try hard) to understand; **s. di non piangere**, to try hard not to cry; to keep back one's tears; **s. di raggiungere la perfezione**, to strive after perfection; **Mi sforzai di scrivere in modo leggibile**, I made an effort (*o* I took pains) to write legibly; **Si è sempre sforzato di essere gentile con lei**, he has made every effort to be nice to her; **Si sforzò in ogni modo di aiutare l'amico**, he made every effort (*o* he endeavoured in every way) to help his friend; **Coraggio, sforzati!**, come on, do make an effort; (*iron.*) **Non sforzarti ad aprirmi la porta, sai!**, don't strain yourself to open the door for me!; (*iron.*) **Mille lire? Perbacco, si è sforzato!**, one thousand lire? he's really strained himself; **s. per nulla**, to waste one's efforts.

sforzataménte, *avv.* forcedly; (*controvoglia*) against one's will. ● **ridere s.**, to give a forced laugh □ **La ragazza sorrideva s.**, there was a forced smile on the girl's face.

sforzàto, *a.* **1** (*stentato*) forced; strained **2** (*artificioso*) unnatural; artificial; false: **un sorriso s.**, a forced (*o* strained) smile **3** (*arbitrario*) forced; strained; arbitrary; far-fetched: **un'interpretazione sforzata**, a strained (*o* an arbitrary) interpretation **4** (*mus.*) sforzato.

sforzatùra, *f.* **1** (*lo scassinare*) forcing; forcing open; breaking open **2** (*il sottoporre a tensione*) forcing; straining; (*tensione di energie*) strain **3** (*cosa sforzata*) far-fetched notion; exaggeration; distortion; strained thing: **Nel romanzo ci sono molte sforzature**, the novel is full of far-fetched episodes (*o* of strained effects).

sforzésco, *a.* of the Sforzas; Sforza (*attr.*): **la dinastia sforzesca**, the dynasty of the Sforzas; **il castello s.**, the Sforza castle.

sfòrzo, *m.* **1** effort; strain; exertion: **uno s. di volontà [di memoria]**, an effort of will [of memory]; **s. mentale**, mental effort; **s. vano**, vain effort; **sforzi congiunti**, combined efforts; **s. di guerra**, war effort; **fare uno s.**, to make an effort; **fare sforzi**, to strain oneself; **Non fare sforzi!**, don't strain yourself!; **evitare gli sforzi**, to avoid all exertions (*o* strains); **fare q.c. senza s.**, to do st. without effort (*o* effortlessly); **dopo molti sforzi**, after much effort; **fare ogni s. per**, to make every effort (*o* an all-out effort) to; to do one's utmost to; to spare no pains to; to strain after (st.); **nonostante gli sforzi**, in spite of all (one's) efforts (*o* exertions); **Non mi è di nessuno s.**, it is no effort to me; **I loro sforzi furono premiati col successo**, their efforts were rewarded with success **2** (*tensione eccessiva*) strain; overexertion: **uno s. di nervi**, a strain on the nerves; **uno s. d'attenzione**, a strain on one's attention **3** (*mecc.*) stress; strain: **s. di flessione**, bending stress; **s. di taglio**, shearing stress; **s. di torsione**, torsional stress; **mettere sotto s.**, to put under stress **4** (*ferr.*) effort; force: **s. di trazione**, tractive effort (*o* force). ● **Bello sforzo!**, it isn't too difficult!; not much merit in that! □ (*iron.*) **Che s.!**, what a strain!

sfòttere, (*pop.*) **A** *v. t.* to poke fun at; to tease; to take* the mickey out of (*fam. GB*); to razz (*fam. USA*). **B sfòttersi**, *v. rifl. recipr.* to tease each other.

sfottiménto, *m.* (*pop.*) poking fun (at sb.); teasing; mickey-taking (*fam. GB*); razzing (*fam. USA*).

sfottitóre, *m.* (*f.* **-trice**) tease; tormentor.

sfottitùra, *f.* **sfottò**, *m. invar.* teasing; put-on (*fam.*); mickey-taking (*fam. GB*); razz (*fam. USA*).

sfracellàre, **A** *v. t.* to smash; to shatter; to crush: **Il macigno gli ha sfracellato le gambe**, the boulder shattered (*o* crushed) his legs to a pulp; **s. il cranio a q.**, to smash sb.'s head in. **B sfracellàrsi**, *v. i. pron.* to smash; to shatter; to crash: **La barca si sfracellò sugli scogli**, the boat smashed against the rocks; **È andato a s. contro un camion**, he crashed into a lorry.

sfragìstica, *f.* sphragistics (*pl. col verbo al sing.*).

sfragìstico, *a.* sphragistic.

sfrangiàre, *v. t.* e **sfrangiàrsi**, *v. i. pron.* (*anche fig.*) to fray.

sfrangiàto, *a.* **1** (*con frangia*) fringed; (*sfilacciato*) frayed **2** (*bot.*) laciniate; laciniated; fimbriate.

sfrangiatùra, *f.* **1** (*lo sfrangiare*) fraying **2** (*parte con frangia*) fringe; (*parte sfilacciata*) **4** fray.

sfratàrsi, *v. i. pron.* to leave a monastic order.

sfrattàre, **A** *v. t.* **1** (*eseguire lo sfratto*) to evict; to turn out: **s. qualcuno per morosità**, to evict sb. for non-payment of rent **2** (*dare lo sfratto*) to give* notice to quit. **B** *v. i.* **1** (*lasciare un'abitazione*) to move (out) **2** (*fam.: andarsene*) to quit*; to get* out (*o* off, away); to move away.

sfrattàto, **A** *a.* evicted. **B** *m.* (*f.* **-a**) evicted tenant; evictee.

sfràtto, *m.* eviction; turning out: **ordine di s.**, eviction order; notice to quit (*fam.*): **dare [ricevere] lo s.**, to give [to receive] notice to quit.

sfrecciàre, *v. i.* to speed*; to shoot* past; to zoom; to dart; to whiz(z) (*fam.*); to zip: **Le auto sfrecciavano sull'autostrada**, cars sped (*o* whizzed) along the motorway; **Mi sfrecciarono davanti due ragazzini**, two boys darted (*o* whizzed, zipped) past me; **Un'allodola sfrecciò nel cielo**, a lark darted through the air.

sfregaménto, *m.* **1** rubbing; scraping; fretting; chafing; friction **2** (*med.*) rub: **s. pleurico**, friction rub.

sfregàre, **A** *v. t.* **1** (*strofinare*) to rub, to rub down, to scour, to scrub; (*per lucidare*) to rub up, to polish: **s. il lavandino con la paglietta**, to scour (*o* to scrub) the kitchen sink with wire-wool; **s. il pavimento**, to scrub the floor; **s. q.c. con carta vetrata**, to rub st. down with sandpaper; **sfregarsi gli occhi**, to rub one's eyes; **s. il gomito contro la parete**, to rub one's elbow against the wall; **s. un fiammifero**, to strike a match **2** (*far strisciare*) to scrape: **s. una sedia sul pavimento**, to scrape a chair on the floor **3** (*graffiare*) to scratch, to scrape, to graze; (*irritare*) to chafe: **s. una mano contro un tronco**, to scrape a hand on a trunk; **Il maglione mi sfrega sulla pelle**, this sweater is chafing my skin. **B** *v. i.* (*strisciare*) to scrape (st.); to get scratched: **La macchina sfregò contro il paracarro**, the car scraped the kerbstone.

sfregatùra, *f.* **1** rubbing; friction **2** (*graffio*) scratch; mark.

sfregiàre, **A** *v. t.* **1** (*con arma tagliente*) to slash; to gash; to carve up (*pop.*): **s. il viso a q.**, to slash sb.'s face **2** (*deturpare*) to deface; to disfigure: **s. un dipinto**, to deface a painting. **B sfregiàrsi**, *v. i. pron.* to slash one's face; to be disfigured; to be gashed (*o* slashed): **In un raptus si è sfregiato col rasoio**, in a fit of madness he slashed his face with a razorblade; **Nell'incidente si è sfregiato**, he was disfigured in the accident.

sfregiàto, *a.* defaced; disfigured; scarred: **un volto s.**, a disfigured (*o* scarred) face; **rimanere s.**, to be defaced (*o* disfigured).

sfregiatóre, *m.* (*f.* **-trice**) **1** (*chi sfregia con arma*) slasher **2** (*chi deturpa*) defacer; disfigurer.

sfrégio, *m.* **1** (*taglio*) slash; gash; cut **2** (*cicatrice*) scar: **lasciare uno s.**, to leave a scar **3** (*graffio*) scratch **4** (*deturpazione*) defacement; disfigurement: **fare uno s. a un quadro**, to deface a picture **5** (*fig.*) affront; insult; offence: **fare uno s. a q.**, to insult sb.

sfrenàre, **A** *v. t.* (*lasciare libero*) to let* loose; to unbridle; to unrein; to give* free play; to let* (st.) run wild: **s. la lingua**, to let one's tongue run wild; **s. la fantasia**, to give free play to one's imagination; to let one's imagination run wild. **B sfrenàrsi**, *v. i. pron.* (*scatenarsi*) to break* loose from all restraint; to let* oneself go; to run* wild; to go* on a rampage.

sfrenataménte, *avv.* without restraint; wildly.

sfrenatézza, *f.* **1** lack of restraint; wildness; unrestraint; disorderliness **2** (*di costumi*) licence; licentiousness; dissoluteness; wantonness; wild abandon **3** (*comportamento sfrenato*) wild behaviour; excess; disorderly behaviour.

sfrenàto, *a.* **1** (*senza freni*) unrestrained, unchecked, uncontrolled, unbridled; (*scatenato*) wild, reckless, disorderly; (*precipitoso*) headlong; (*esagerato*) immoderate, extravagant, unruly: **ambizione sfrenata**, unbridled ambition; **pianto s.**, uncontrolled weeping; **riso s.**, unrestrained laughter; wild laughter; **gioia sfrenata**, unbounded joy; **corsa sfrenata**, headlong run; **passione sfrenata**, unruly passion; **lusso s.**, extravagant luxury; **un ragazzo s.**, a wild boy **2** (*licenzioso*) licentious; dissolute; wanton.

sfrìdo, *m.* **1** (*comm.*) shrinkage; wastage; loss **2** (*ind.*) loss; waste; scrap; slug; swarf.

sfrìggere, sfrigolàre, *v. i.* to sizzle; to hiss; to frizzle; to fizz; to spit*; to sputter; to splutter: **Quando l'olio sfrigola aggiungere la cipolla**, when the oil is sizzling add the onion; **La candela sfrigolava**, the candle was sputtering.

sfrigolìo, *m.* sizzling; hissing; frizzling; fizzing; sputtering; spluttering.

sfriṣàre, *v. t.* (*region.*) to scratch; to graze; to scrape.

sfrittellàre, *v. t.* (*fam.*) to spatter (with grease, sauce, etc.): **Ti sei sfrittellato la cravatta**, you've spattered your tie.

sfrondaménto, *m.* **1** leaf-stripping; pruning **2** (*fig.*) pruning; cutting; trimming.

sfrondàre, **A** *v. t.* **1** (*levare le fronde a*) to strip (st.) of leaves; to prune; to trim: **s. un albero**, to strip a tree of its leaves; (*diradarne le fronde*) to prune a tree **2** (*fig.*) to prune; to cut*; to slash: **s. un articolo**, to cut an article. **B sfrondàrsi**, *v. i. pron.* (*perdere le fronde*) to shed* (*o* to lose*) one's leaves.

sfrondatùra, *f. V.* **sfrondamento**.

sfrontataménte, *avv.* impudently; with effrontery; shamelessly; cheekily (*fam.*).

sfrontatézza, *f.* impudence; effrontery; boldness; brazenness; shamelessness; forwardness; gall; cheek (*fam.*); nerve (*fam.*); sass (*fam. USA*): **Ha avuto la s. di rispondere**, he had the impudence to answer back; he was impudent enough to answer back; **Che s. quel ragazzo!**, the gall (*o* cheek, nerve) of that boy!; how brazen-faced of that boy!

sfrontàto, **A** *a.* impudent; bold; brazen(-faced); shameless; unashamed; forward; cheeky (*fam.*); nervy (*fam. USA*); fresh (*fam.*); sassy (*fam. USA*): **parole sfrontate**, impudent words; sass (*sing.*); **una menzogna sfrontata**, a shameless (*o* bare-faced) lie; **modi sfrontati**, shameless (*o* forward, bold) manners; **un ragazzo s.**, a cheeky boy; **una ragazza sfrontata**, a forward (*o* a cheeky) girl. **B** *m.* (*f.* **-a**) impudent person; cheeky one (*fam.*); brazenface: **fare lo s.**, to be insolent; to be fresh (*fam.*); to sass (*fam. USA*); **Che s.!**, he's got a nerve!; he is a cheeky one!

sfrusciàre, *v. i.* to rustle.

sfrùscio, *m.* rustling.

sfruttàbile, *a.* exploitable; usable; (*min.*) workable.

sfruttaménto, *m.* (*anche fig.*) exploitation; utilization: **lo s. d'una miniera**, the exploitation of a mine; **lo s. delle classi lavoratrici**, the exploitation of the working classes; **uno s. eccessivo delle risorse**, overexploitation (*o* depletion) of resources; **s. della manodopera**, exploitation (*o* sweating) of labour; sweating system.

sfruttàre, *v. t.* **1** (*anche fig.*) to exploit; (*fare uso di*) to use, to utilize, to make* (good) use of, to put* (*o* to turn) to good account, to tap: **s. le risorse naturali d'un paese**, to exploit the natural resources of a country; **s. le proprie doti**, to exploit (*o* to make good use of) one's talents; **s. le proprie amicizie** (*per far carriera*), to exploit one's connections; **s. un'occasione**, to exploit an opportunity; **s. una miniera**, to work a mine; **s. le acque di un fiume**, to harness a river; **s. al massimo**, to exploit to the utmost; to make the most (of); to make optimum use (of); to take full advantage (of); to maximize; **s. razionalmente q.c.**, to make rational (*o* optimum) use of st.; **s. lo spazio sino in fondo**, to make maximum use of space; **s. eccessivamente il terreno**, to overexploit (*o* to deplete) the soil; **Non sfruttiamo abbastanza gli impianti**, we are not making maximum use of our plants; **In questo lavoro potrai sfruttare le tue conoscenze**, in this job you'll be able to use your knowledge **2** (*fig.*: *far lavorare per il proprio vantaggio*) to exploit, to overwork, to sweat; (*vivere alle spalle di*) to live off: **s. la classe operaia**, to exploit the working classes; **s. i propri operai**, to sweat one's workers; **s. una donna**, to live off a woman; **Si lascia s. da tutti**, he allows people to take advantage of him; he lets himself be exloited by everyone **3** (*fig.*: *approfittare di*) to take* advantage of; to avail oneself of; to profit by; to follow up: **s. un'occasione**, to take advantage of an opportunity; to seize the opportunity; **È un'occasione da s.**, we must seize this opportunity; **s. q.c. fino in fondo**, to make the most of st.; **s. la dabbenaggine altrui**, to take advantage of sb.'s credulity; **s. un vantaggio [un successo]**, to follow up an advantage [a success].

sfruttàto, **A** *a.* (*anche fig.*) exploited. **B** *m.* (*f.* **-a**) exploited person.

sfruttatóre, *m.* (*f.* **-trice**) exploiter; profiteer. ● **s. di donne**, pimp.

sfuggènte, *a.* **1** (*di mento, fronte*) receding **2** (*evasivo*) evasive; shifty; slippery: **sguardo s.**, evasive look; **individuo s.**, shifty character; **s. come un'anguilla**, as slippery as an eel.

sfuggévole, *a.* fleeting; transient; transitory: **immagini sfuggevoli**, fleeting images.

sfuggevolézza, *f.* fleetingness; transience; transitoriness.

sfuggìre, **A** *v. t.* (*scansare, schivare*) to avoid; to shun; to elude; to eschew; to keep* away from; to shirk: **s. i pericoli**, to avoid dangers; **s. le responsabilità**, to shirk responsibilities; **Tutti lo sfuggono**, everybody shuns (*o* avoids) him. **B** *v. i.* **1** (*sottrarsi*) to avoid; to escape (from); to evade; to elude; to get* away (from); to slip (*fam.*); to give* (sb.) the slip (*fam.*): **s. alla giustizia [alla legge]**, to evade justice [the law]; **s. alla cattura**, to avoid (*o* to escape) capture (*o* being captured); **s. ai propri nemici**, to elude one's enemies; **s. ai propri inseguitori**, to evade one's pursuers; to give one's pursuers the slip (*fam.*); **Tu non mi sfuggirai**, you will not escape from me; **Idioti! Ve lo siete lasciato s.**, idiots! you let him slip; **Non possiamo s. alla realtà dei fatti**, we cannot get away from the facts **2** (*scampare*) to avoid; to escape: **s. alla morte [a un incidente]**, to escape death [an accident] **3** (*scappare*) to slip; to escape: **Una ciocca di capelli le sfuggiva dal berretto**, a strand of hair escaped from under her cap; **Dalla porta socchiusa sfuggiva del fumo**, smoke was escaping from the half-closed door; **s. di mano**, to slip out of one's hand(s); to get out of control (*fig.*); **lasciarsi s. qualcosa di mano**, to let st. slip from ones' hand (*o* through one's fingers) (*anche fig.*); to drop st.; **lasciarsi s. l'occasione**, to let the opportunity slip (*o* pass by); to miss the opportunity; to miss the bus (*fam.*); **Non lasciartelo s., è un affare**, snap it up, it's a bargain; **Sentiva che la vita gli sfuggiva a poco a poco**, he felt his life slowly ebbing away; (*sport*) **Il portiere si è lasciato s. la palla**, the goalkeeper failed to catch the ball **4** (*uscire dalla memoria*) to slip (from) one's mind (*o* memory); to escape: **Mi sfugge il nome**, the name has slipped from my mind; **In questo momento mi sfugge il suo nome**, his (*o* her) name escapes me for the moment **5** (*passare inosservato*) to escape: **s. all'attenzione**, to escape (sb.'s) notice; to pass (*o* to go) unnoticed (*o* unobserved); **Nulla gli sfugge**, nothing escapes him; he never misses anything; **Ti è sfuggito questo errore**, you have overlooked this mistake; **Quel particolare mi era sfuggito**, I hadn't noticed that detail; I missed that detail **6** (*non capire*) to escape: **Mi sfugge il significato**, the meaning escapes me **7** (*di parole, suoni*) to escape one's lips; to slip: **Gli sfuggì un gemito**, a moan escaped his lips; **Mi è proprio sfuggito**, it just escaped my lips; **lasciarsi s. q.c.**, to let slip st.; to let out st.; to utter st.: **lasciarsi s. un'osservazione non gentile**, to let slip an unkind remark; **lasciarsi s. un segreto**, to let out a secret; to let the cat out of the bag (*fam.*); to blab (*fam.*); **Le sfuggì detto che si erano visti**, she let slip they had met; **senza lasciarsi s. una lamentela**, without uttering a word of complaint; **Non lasciarti s. una parola su tutto ciò**, don't let out a single word on this; breathe not a word about this. ● **s. al controllo di q.**, to be beyond sb.'s control □ **s. a ogni definizione**, to defy definition.

sfuggìta, *f.* – **di s.**, (*in fretta*) in a hurry, hurriedly, hastily; (*brevemente*) briefly: **L'ho visto di s.**, I saw him briefly; (*lo intravidi*) I just caught a glimpse of him.

sfumàre, **A** *v. i.* **1** (*svanire*) to vanish, to fade (away), to disappear; (*andare in fumo*) to go* (*o* to end) up in smoke, to come* to nothing, to fall* through: **L'incontro ormai sfumava dalla sua memoria**, the meeting was fading from her memory; **Le nostre speranze sfumarono presto**, our hopes soon vanished; **Il mio viaggio è sfumato**, my trip has fallen through; **Tutti i loro progetti sono sfumati**, all their plans went up in smoke (*o* came to nothing); **Hai lasciato s. un'occasione unica**, you let a unique opportunity slip through your fingers; you missed a unique opportunity **2** (*di colori*) to shade off (*o* away); to gradate; to fade: **un rosso che sfuma nel viola**, a red shading off into purple; **Le due tinte sfumano l'una nell'altra**, the two colours fade into one another. **B** *v. t.* **1** (*disegno*) to shade off, to gradate, to grade, to tone down, to soften; (*con sfumino*) to stump, to soften: **s. una tinta [un'ombra]**, to gradate a colour [a shade] **2** (*mus.*) to lighten; to soften **3** (*fig.*: *attenuare, ammorbidire*) to soften; to tone down **4** (*capelli*) to trim; to taper **5** (*stirare al vapore*) to steam.

sfumàto, **A** *a.* **1** (*dileguato*) vanished, faded; (*andato in fumo*) gone (*o* ended) up in smoke (*pred.*), fallen through, come to nothing (*pred.*): **speranze sfumate**, vanished (*o* faded) hopes; **un accordo s.**, a deal (that has) fallen through; **sogni sfumati**, dreams that came to nothing; **un matrimonio s.**, a broken-off engagement **2** (*di colori*) shaded; (*morbido*) soft, mellow, pastel (*attr.*) **3** (*di luce*) soft; mellow; faint **4** (*fig.*: *vago*) vague, hazy; (*attenuato*) toned-down, understated: **sentimento s.**, vague emotion; **affermazione sfumata**, understatement **5** (*di capelli*) tapered. **B** *m.* (*pitt.*) sfumato.

sfumatùra, *f.* **1** (*lo sfumare*) shading off; gradation; toning down **2** (*gradazione di colore*) gradation; shade; tone; nuance; hue: **le sfumature di colore dell'arcobaleno**, the gradations of colour in the rainbow; **tutte le sfumature del rosso**, all the shades of red; **una s. più chiara**, a lighter shade; **una bella s. di azzurro**, a lovely tone of blue **3** (*fig.*) nuance, shade; (*traccia, accenno*) tinge, hint, touch; (*sottinteso*) suggestion, overtone: **una lieve s. di significato**, a delicate shade of meaning; a nuance; **Sa cogliere la più piccola s.**, he can pick up the slightest nuance; **una s. d'ironia**, a tinge (*o* hint) of irony; **C'era una s. di minaccia nelle sue parole**, there was an overtone of menace in his words **4** (*di capelli*) tapering.

sfumìno, *m.* (*disegno*) stump.

sfùmo, *m.* (*disegno*) stumping.

sfuriàta, *f.* **1** (*sfogo d'ira*) outburst (of anger) **2** (*rabbuffo*) scolding; tirade; telling-off (*fam.*); talking-to (*fam.*): **fare sfuriate**, to lose one's temper; to flare up; to fly off the handle (*fam.*); **fare una s. a q.**, to lash out against sb.; to get mad at sb.; to jump down sb.'s throat (*fam.*); to give sb. the edge of one's tongue (*fam.*); to chew out sb. (*fam.*

USA); **prendersi una s.**, to be told off (*fam.*); to be carpeted (*fam.*) ***3*** (*tempesta breve e violenta*) storm: **s. di pioggia**, rainstorm; downpour; **s. di vento**, gust of wind.

sfùṣo, *a.* (*venduto sciolto*) loose; by measure (*pred.*).

ṣgabèllo, *m.* (*panchetto*) stool, tabouret; (*poggiapiedi*) footstool, footrest. ● (*fig.*) **farsi s. di q.**, to make use of sb.; to exploit sb.

ṣgabuzzino, *m.* ***1*** (*ripostiglio*) cupboard (*GB*); closet (*USA*); cuddy; glory-hole (*fam.*) ***2*** (*fig.*: *bugigattolo*) closet; cubby-hole; hole.

ṣgamàre, *v. i.* (*pop.*) to understand*; to suss out (*pop.*).

ṣgambàre, *v. i.* e **ṣgambàrsi,** *v. i. pron.* ***1*** (*camminare a lunghi passi*) to stride* (along) ***2*** (*camminare a lungo e con fatica*) to trudge; to tramp; to slog.

ṣgambàta, *f.* ***1*** (*fam.*) long walk, trudge, slog; (*corsa*) run ***2*** *V.* **sgambatura**.

ṣgambàto, *a.* ***1*** (*senza gambo*) stalkless; without a stalk; stemless ***2*** (*stanco*) tired out ***3*** (*di indumento*) with legs cut high; with high legs.

sgambatùra, *f.* (*equitazione*) warm-up; sweat.

ṣgambettàre, **A** *v. i.* ***1*** (*dimenare le gambe*) to kick (one's legs) ***2*** (*dei bambini piccoli*) to toddle ***3*** (*camminare a passi corti e rapidi*) to trip; to scurry; to scuttle; to patter. **B** *v. t.* (*far cadere con uno sgambetto*) to trip (up).

ṣgambétto, *m.* trip: **fare lo s. a q.**, to trip sb. up; (*fig.*) to oust sb., to supplant sb.

ṣganasciàre, **A** *v. t.* to dislocate the jaw. **B** **ṣganasciàrsi,** *v. i. pron.* (*slogarsi le ganasce*) to dislocate one's jaws. ● **s. dalle risa**, to laugh one's head off; to fall about laughing; to roar with laughter; to be convulse with laughter □ **s. dagli sbadigli**, to yawn away; to catch flies (*fam. USA*).

ṣganasciàta, *f.* roar of laughter.

ṣganascióne, *m.* (*region.*) slap (in the face); box on the ear.

ṣganciàbile, *a.* releasable; that can be unhooked; that can be disconnected; that can be disengaged.

ṣganciabómbe, *m.* (*aeron. mil.*) bomb release (gear).

ṣganciaménto, *m.* ***1*** unhooking; unfastening ***2*** (*aeron. mil.*) releasing; dropping ***3*** (*mil.*) disengagement ***4*** (*ferr.*) uncoupling ***5*** (*mecc.*) release; releasement.

ṣganciàre, **A** *v. t.* ***1*** (*slacciare i ganci di*) to unhook, to unfasten the hook (*o* hooks) of; (*liberare*) to unfasten, to disengage, to disconnect: **s. un vestito**, to unfasten (the hooks of) a dress ***2*** (*aeron. mil.*) to release; to drop: **s. bombe su una città**, to drop bombs on a town ***3*** (*ferr.*) to uncouple: **s. una vettura**, to uncouple a coach ***4*** (*mecc.*) to release; to disengage ***5*** (*fam.*: *sborsare*) to come* up with; to stump up; to fork out (*o* up); to shell out. **B** **ṣganciàrsi,** *v. i. pron.* ***1*** to get* (*o* to come*) unhooked; to unhook ***2*** (*ferr.*) to come* uncoupled; to uncouple ***3*** (*fig.*: *staccarsi*) to break* (*o* to get*) away; to break* (*o* to cut*) loose; to get* clear: **Devi sganciarti da lui**, you must get away from him!; **Spero di riuscire a sganciarmi**, I hope to be able to get away ***4*** (*mil.*) to disengage oneself.

ṣgàncio, *m.* (*aeron. mil.*) release.

ṣgangheràre, **A** *v. t.* ***1*** (*levare dai gangheri*) to unhinge; to knock off the hinges; to knock down ***2*** (*sconquassare*) to wreck; to break* up; to smash; to knock to pieces; to bust (*fam.*). **B** **ṣgangheràrsi,** *v. i. pron.* – **s. dalle risa**, to split one's sides with laughing; to laugh fit to burst; to roar (*o* to howl) with laughter; to roll with laughter; to laugh one's head off.

ṣgangheratàggine, *f.* ***1*** (*disordine, disorganizzazione*) disorderliness; ramshackle (*o* dilapidated) condition; messy state; shambles (*sing.*); unholy mess (*fam.*); discombobulation (*fam.*) ***2*** (*sguaiataggine*) rowdiness; disordeliness; slouchiness; loutishness; coarseness; grossness.

ṣgangherataménte, *avv.* ***1*** (*disordinatamente*) haphazardly; in a slapdash manner; every which way; any old way ***2*** (*sguaiatamente*) coarsely, grossly; (*rumorosamente*) loudly, noisily, uproariously; (*smodatamente*) immoderately: **ridere s.**, to laugh uproariously; to roar with laughter; **sbadigliare s.**, to yawn loudly.

ṣgangheràto, *a.* ***1*** (*traballante*) rickety, shaky; (*malconcio*) ramshackle, tumbledown, dilapidated, clapped-out (*fam. GB*), ratty (*fam. USA*): **mobili sgangherati**, rickety furniture; **una vecchia macchina sgangherata**, a ramshackle (*o* clapped-out) old car; a rattletrap (*fam.*); a junk heap (*fam.*); a crate (*fam.*); **un garage s.**, a ramshackle (*o* tumbledown) garage ***2*** (*caotico*) ramshackle, haywire (*fam.*), raunchy (*fam. USA*), grungy (*fam. USA*); (*fig.*: *sconnesso*) disconnected, disjointed, incoherent, inconsequent: **un'orchestra sgangherata**, a ramshackle orchestra; **un discorso s.**, a disjointed (*o* an incoherent) speech ***3*** (*sguaiato*) rowdy, coarse, gross, disorderly; (*rumoroso*) loud, noisy, uproarious, roaring: **risa sgangherate**, roaring laughters; roars (*o* howls) of laughter.

ṣgarbatàggine, **ṣgarbatézza,** *f.* ***1*** impoliteness; rudeness; incivility ***2*** (*azione sgarbata*) incivility; discourtesy.

ṣgarbataménte, *avv.* impolitely; rudely; curtly.

ṣgarbàto, **A** *a.* ill-mannered; impolite; rude; uncivil: **una persona sgarbata**, a rude person; a boor; **una risposta sgarbata**, a curt (*o* rude) reply; **modi sgarbati**, bad manners; **Non essere s. con la nonna**, don't be rude to Granny. **B** *m.* (*f.* **-a**) rude person; boor (*m.*).

ṣgarberìa, *f.* ***1*** (*comportamento maleducato*) bad manners (*pl.*); impoliteness; rudeness; incivility ***2*** (*atto sgarbato*) incivility; unkindness; gaucherie; discourtesy: **Sono stufo delle sue sgarberie**, I'm tired of his incivilities; **È stata una s. non invitarlo**, it was unkind (*o* discourteous) not to invite him.

ṣgàrbo, *m.* incivility; unkindness; discourtesy; slight; disrespect: **fare uno s. a q.**, to treat sb. with disrespect; to be rude to sb.; **ricevere uno s.**, to be slighted; **Ho paura che lo prenderà come uno s.**, I fear she'll take it as a slight on her (*o* she'll feel slighted).

ṣgarbugliàre, *v. t.* to disentangle; to unravel.

ṣgargiànte, *a.* (*vivace*) bright, brightly-coloured, gorgeous, gaudy, flamboyant; (*vistoso*) loud, garish, showy, flashy: **colori sgargianti**, gaudy colours; **fiori sgargianti**, brightly-coloured flowers; **un vestito s.**, a showy dress; **una cravatta a tinte sgargianti**, a loud tie.

ṣgarràre, *v. i.* ***1*** (*sbagliare*) to be wrong; (*mancare di precisione*) to be inaccurate ***2*** (*venir meno all'osservanza di un dovere*) to go* wrong; to slip up; to fail; to be at fault: **Ha sgarrato e deve pagare**, he slipped up and he must pay for it. ● **Questo orologio non sgarra un minuto**, this watch keeps perfect time □ **Il mio orologio sgarra di tre minuti al giorno**, (*va avanti*) my watch gains three minutes a day; (*ritarda*) my watch loses three minutes a day □ **Eccolo! lui non sgarra un minuto**, here he is: he is never one minute late (*o* he is always dead on time).

ṣgarrettàre, *v. t.* ***1*** (*tagliare i garretti*) to hock; to hamstring* ***2*** (*agric.*) to cut* back.

ṣgàrro, *m.* ***1*** (*errore*) failure; slip; fault ***2*** (*gergo crim.*) slight; snub.

ṣgàrza, *f.* (*zool., Ardea cinerea*) grey (*o* common) heron.

ṣgarzàre, *v. t.* to scrape away (*o* off).

ṣgarzino, *m.* scratch knife.

ṣgaṣàre, **A** *v. t.* ***1*** (*togliere il gas a una bevanda*) to make* (a drink) go flat ***2*** (*fam.*: *dare gas a un automobile*) to rev up (the engine). **B** **ṣgaṣàrsi,** *v. i. pron.* ***1*** (*di bevanda gasata*) to become* flat ***2*** (*pop.*: *scoraggiarsi, deprimersi*) to cool off; to be turned off; to be cheesed off (*GB*) ***3*** (*pop.*: *ridimensionarsi*) to come* down to earth; to come* off it.

ṣgaṣàto, *a.* ***1*** (*di bevanda gasata*) flat ***2*** (*pop.*: *senza entusiasmo, depresso*) down; beat; turned off; cheesed off (*GB*).

ṣgattaiolàre, *v. i.* to sneak in [out, etc.]; to slip in [out, etc.]; (*allontanarsi*) to steal* away, to slink* away (*o* off): **s. in una stanza**, to sneak into a room; **Sgattaiolò non visto in giardino**, he slipped off unseen into the garden; **Sgattaiolai in camera mia**, I slunk away to my bedroom; **s. dal proprio nascondiglio**, to slink out of one's hiding-place.

ṣgavazzàre, *v. i.* (*pop.*) to carouse; to booze.

ṣgelàre, *v. t.* e *v. i.* e **ṣgelàrsi,** *v. i. pron.* to thaw; to melt; to defrost: **s. le tubazioni dell'acqua**, to thaw out the water-pipes; **s. il frigo**, to defrost the fridge; (*fig.*) **s. l'ambiente**, to melt the ice; **Sta sgelando**, it's thawing; **La carne non si è ancora sgelata**, the meat hasn't thawed yet.

ṣgelàto, *a.* thawed; defrosted; ice-free.

ṣgelatóre, *m.* (*aeron.*) deicer.

ṣgèlo, *m.* thaw.

ṣghémbo, **A** *a.* ***1*** (*obliquo*) skew, slanting, slantwise, oblique, cater-cornered (*USA*), catty-cornered (*USA*); (*storto*) crooked, lopsided, awry (*pred.*), aslant (*pred.*) ***2*** (*geom.*) not in the same plane. ● **a** (*o* **di**) **s.**, obliquely; crookedly; slantingly: **camminare a s.**, to walk crookedly. **B** *avv.* obliquely; crookedly; slantingly; on the slant; crabwise.

ṣgheronàto, *a.* gusseted; gored.

ṣghèrro, *m.* ***1*** (*stor.*) hireling ***2*** (*bravaccio*) thug; bully ***3*** (*spreg.*: *poliziotto*) pig.

sghiacciaménto, *m.* (*aeron.*) de-icing.

ṣghiacciàre, *v. t.*, *v. i.* e **ṣghiacciàrsi,** *v. rifl.* to thaw; to melt; to defrost.

sghiacciatóre, *m.* (*aeron.*) de-icer.

sghiaiatóre, *m.* (*tecn.*) desilting basin.

ṣghignazzàre, *v. i.* (*ridere con scherno*) to laugh scornfully, to sneer; (*ridere rumorosamente*) to roar (with laughter), to guffaw.

ṣghignazzàta, *f.* (*risata di scherno*) scornful laughter, sneer; (*risata rumorosa*) roar of laughter, sneer; guffaw, belly laugh, horse--laugh: **fare una s.**, to guffaw.

ṣghimbèscio, *V.* **sghembo**.

ṣghiribizzo, *m.* whim; notion; fancy; caprice.

ṣgnaccàre, *v. t.* (*region.*) ***1*** (*sbattere*) to fling*; to sling*; to chuck; to slam ***2*** (*schiacciare*) to flatten; to pancake. ● (*gergo mil.*) **s. dentro**, to nick.

ṣgobbàre, *v. i.* (*fam.*) ***1*** to slave; to slog; to drudge; to grind*; to sweat it; to graft (*GB*) ***2*** (*studiare molto*) to grind*; to bone up (on st.); to cram; to mug up; to swot (*GB*): **Devo s. se voglio passare in matematica**, I must bone up on maths, if I want to pass; **s. per un esame**, to cram (*o* to mug up, to swot up) for an exam; **s. sui libri**, to swot over one's books. ● **s. come un mulo**, to work like a horse; to work one's fingers to the bone □ **s. senza sosta**, to keep one's nose to the grindstone.

ṣgobbàta, *f.* (*fam.*) ***1*** (piece of) drudgery; grind; sweat; slog; grafting (*GB*) ***2*** (*periodo di studio*) grind; cramming; mugging up; swot (*GB*). ● **fare una bella s.**, to put one's back into it.

ṣgòbbo, (*fam.*) *m.* drudgery; grind; sweat; donkey work.

ṣgobbóne, *m.* (*f.* **-a**) (*fam.*) ***1*** drudge; grind; grafter (*GB*) ***2*** (*a scuola*) plodder; slogger; grind; swot (*GB*); swotter (*GB*).

ṣgocciolaménto, *m.* drip; dripping; drip--drop.

ṣgocciolàre, **A** *v. t.* ***1*** (*far cadere a gocce*) to (let*) drip; to pour slowly: **Stai sgocciolando dappertutto!**, you are dripping (water, oil, etc.) everywhere!; **s. un po' d'olio nella padella**, to pour a few drops of oil into the frying pan ***2*** (*vuotare delle ultime gocce*) to drain (*o* to empty) (to the last drop): **s. un fiasco**, to drain a flask (to the last drop). **B** *v.*

i. to drip; to drain; to run*; (*di candela*) to gutter, to run*: **Il rubinetto sgocciolava**, the tap was dripping; **La pioggia sgocciolava dagli alberi**, the rain was dripping from the trees; **mettere q.c. a s.**, to put st. to drain; **Fallo s. bene**, drain it well.

ṣgocciolatóio, *m.* ***1*** (*edil.*) drip; dripstone ***2*** (*scolapiatti*) draining board.

ṣgocciolatùra, *f.* ***1*** (*lo sgocciolare*) dripping; drip ***2*** (*gocce cadute*) drips (*pl.*), drops (*pl.*); (*gocce residue*) (very) last drops (*pl.*) ***3*** (*difetto di verniciatura*) runs (*pl.*).

ṣgocciolìo, *m.* dripping; drip-drop; drip, drip, drip: **Udivamo lo s. della pioggia**, we heard the drip, drip, drip of the rain.

ṣgócciolo, *m.* ***1*** dripping; drip ***2*** (*ultime gocce*) last drops (*pl.*). ● **agli sgoccioli**, running out; getting low; almost over: **Il vino è agli sgoccioli**, the wine is almost finished; we are running out of wine; there is hardly any wine left; **Le scorte di benzina sono agli sgoccioli**, petrol reserves are getting low (*o* running out); **Le mie finanze sono agli sgoccioli**, I'm running out of money; I'm on my last financial legs; **essere agli sgoccioli**, (*non poterne più*) to be at the end of one's tether; (*stare per morire*) to be at one's last gasp; **essere agli sgoccioli del mese**, to be at the very end of the month.

ṣgolàrsi, *v. i. pron.* to talk (*o* to shout) oneself hoarse. ● **s. inutilmente**, to waste one's breath.

ṣgomberàre, *V.* sgombrare.

ṣgómbero, *m.* ***1*** (*lo sgombrare*) clearing (up, out, off), tidying (up), emptying; (*rimozione*) removal, clearance; (*evacuazione*) evacuation: **lo s. di una cantina**, the clearing (out) of a cellar; **Hai finito lo s. della tua cantina?**, have you finished clearing out your cellar?; **lo s. delle macerie**, the clearance of debris; **La polizia ha ordinato lo s. della zona**, the police have ordered the evacuation of the area ***2*** (*trasloco*) move; removal; vacation. ● **fare lo s.** (*traslocare*), to move (house); to move out □ **stanza di s.**, boxroom; storeroom; lumber room (*GB*); glory-hole (*fam.*).

ṣgombranéve, *m.* snowplough, snowplow (*USA*).

ṣgombràre, A *v. t.* ***1*** (*lasciare libero*) to clear (out, off), to empty out, to free; (*evacuare*) to evacuate: **s. la tavola**, to clear the table; to clear the things off the table; **s. un cassetto**, to empty out a drawer; **Bisogna s. il garage da tutte le cianfrusaglie**, we must clear all the junk out of the garage; **s. le strade dal traffico**, to clear the streets of traffic; **s. la mente dai pregiudizi**, to clear one's mind of prejudices; to free one's mind from prejudices; **s. una città**, to evacuate a town; (*in tribunale*) **far s. l'aula**, to clear the court ***2*** (*un alloggio*) to vacate; to move out; to leave*: **Sgombriamo l'appartamento oggi**, we are vacating the flat today; we are moving out today ***3*** (*naut.*) to clear: **s. il ponte**, to clear the deck. ● **s. il terreno**, to clear the ground (*anche fig.*) □ **s. il terreno da ogni fraintendimento**, to clear the air □ **s. l'intestino**, to loosen (*o* to void) the bowels. **B** *v. i.* ***1*** (*andarsene*) to clear out (*o* off); to buzz off (*fam.*); to scram (*fam.*) ***2*** (*cambiare casa*) to move (house); to move out: **Sgombriamo questa settimana**, we are moving out this week.

ṣgómbro (1), *a.* clear (of); free (from); unobstructed (by); unencumbered (with); open; (*vuoto*) empty: **strade sgombre dal traffico**, roads clear of traffic; **Il cielo era s. di nuvole**, the sky was free of clouds (*o* unclouded, cloudless); **una mente sgombra di dubbi**, a mind free from doubt; **Lasciare s. un appartamento**, to vacate a flat.

ṣgómbro (2), *V.* sgombero.

ṣgómbro (3), *m.* (*zool., Scomber scombrus*) mackerel.

ṣgomentàre, A *v. t.* to dismay; to daunt; to consternate; to frighten; to fill with fear: **La notizia lo sgomentò**, he was dismayed at the news; **Ogni cosa mi sgomenta**, everything fills me with fear; **È un tipo che non si lascia s.**, he is not easily daunted. **B ṣgomentàrsi,** *v. i. pron.* to be dismayed; to be daunted; to lose* heart; to get* frightened: **Non sgomentarti alle prime difficoltà**, don't let yourself be daunted by the first difficulties; don't lose heart at the first difficulties.

ṣgoménto, A *a.* dismayed; daunted; shocked; awe-struck; awe-stricken; consternated; appalled. **B** *m.* dismay; shock; consternation: **mostrare s.**, to show consternation: **riempire di s.**, to fill with dismay; to dismay; **lasciarsi vincere dallo s.**, to be dismayed.

ṣgominàre, *v. t.* to rout; to put* to rout; to disperse; to scatter; to crush; (*fig.*) to defeat, to trounce, to thrash.

ṣgomitàre, *v. i.* to elbow (one's way); to jostle for space; (*fig.*) to jockey (*o* to jostle) (for st.): **Sgomitò per arrivare in prima fila**, he elbowed his way to the front row; (*fig.*) **s. per arrivare in cima**, to jockey (*o* to jostle) for position; **Dovrai s. per riuscire in questo campo**, you'll have to use your elbows to get somewhere in this field.

ṣgomitolàre, *v. t.* e **ṣgomitolàrsi,** *v. i. pron.* to unwind*.

ṣgommàre, A *v. t.* ***1*** to remove the gum from; to ungum ***2*** (*ind. tess.*) to degum ***3*** (*autom.*) to strip (a car, etc.) of the tyres. **B** *v. i.* (*pop.*) to make* the tyres squeal; to burn rubber (*pop.*): **Partirono sgommando**, they left with a squeal of tyres; they burned rubber.

ṣgommàta, *f.* (*pop.*) squeal (*o* squealing) of tyres; noise of squealing tyres.

ṣgommàto, *a.* ***1*** (*senza gomma*) not gummed; ungummed; with no gum on ***2*** (*ind. tess.*) degummed ***3*** (*autom.*: *senza gomme*) tyreless, without tyres; (*con le gomme consumate*) with worn-out tyres.

ṣgommatùra, *f.* (*ind. tess.*) degumming.

ṣgonfiàbile, *a.* deflatable.

ṣgonfiaménto, *m.* ***1*** deflating; deflation; collapse; (*di pneumatico*) going flat ***2*** (*attenuazione del gonfiore*) reduction of the swelling.

ṣgonfiàre, A *v. t.* ***1*** to deflate; to let* the air out (of); to flatten: **s. un pallone**, to deflate a balloon ***2*** (*togliere il gonfiore*) to bring* down (*o* to reduce) the swelling (of) ***3*** (*fig.*: *ridimensionare*) to deflate, to puncture, to put* down, to bring* down, to prick the bubble of; (*attenuare*) to play down: **s. la presunzione di q.**, to bring sb. down a peg or two; **s. l'orgoglio di q.**, to puncture sb.'s pride; to prick the bubble of sb.'s pride; **s. una notizia**, to play down a piece of news ***4*** (*pop.*: *seccare*) to bore (sb.) stiff; to be a bore: **Ci aveva sgonfiato con le sue chiacchiere**, he had bored us stiff with his yap yap yap. **B** *v. i.* e **ṣgonfiàrsi,** *v. i. pron.* ***1*** to become* deflated; to go* flat: **Il pallone (si) è sgonfiato**, the balloon has gone flat ***2*** (*perdere il gonfiore*) to go* down ***3*** (*fig.*: *perdere entusiasmo*) to be deflated; (*perdere baldanza*) to come* down a peg (or two) (*fam.*) ***4*** (*pop.*: *seccarsi*) to be fed up (*o* bored stiff).

ṣgonfiàto, *a.* ***1*** deflated; flat; (*forato*) punctured, pricked: (*anche fig.*) **un pallone s.**, a pricked balloon ***2*** *V.* **sgonfio**, *def.* *2* e *3*.

ṣgonfiatùra, *f.* deflation; deflating.

ṣgónfio, *a.* ***1*** deflated; flat ***2*** (*di pneumatico*: *a terra*) flat; (*parzialmente*) soft ***3*** (*che ha perso il gonfiore*) gone down (*pred.*): **La mano è sgonfia**, the swelling in the hand has gone down.

ṣgonfiòtto, *m.* (*cucina*) fritter; doughnut.

ṣgonnellàre, *v. i.* (*fam.*) to swish one's skirt; to sway one's hips; to sashay (*USA*).

ṣgórbia, *f.* (*falegn.*) gouge. ● **s. triangolare**, corner chisel.

ṣgorbiàre, *v. t.* ***1*** (*scarabocchiare*) to scrawl; to scribble ***2*** (*macchiare*) to blot; to blotch; to smudge; to stain.

ṣgorbiatùra, *f.* scrawl; scribble.

ṣgòrbio, *m.* ***1*** (*scarabocchio*) scrawl; scribble; squiggle ***2*** (*macchia*) blot; stain ***3*** (*disegno mal fatto*) daub; scrabble ***4*** (*fig.*: *persona brutta e sgraziata*) abortion; freak.

ṣgorgàre, A *v. i.* to gush out; to pour; to flow; to spout; to spurt; to jet; to well; to stream out; to spring*: **L'acqua sgorgava da sotto il masso**, the water was flowing (*o* gushing) from under the rock; **Il sangue sgorgò dalla ferita**, blood gushed (*o* spouted) from the wound; **Le sgorgarono le lacrime**, tears welled up in her eyes; tears flowed from her eyes; **parole che sgorgano dal cuore**, words that pour (*o* flow, spring) from the heart. **B** *v. t.* (*sturare*) to clear; to unclog: **s. uno scarico intasato**, to clear a blocked drain.

ṣgórgo, *m.* outrush; outflowing; gush; jet; spout.

ṣgottàre, *v. t.* (*naut.*) to bail.

ṣgozzàre, *v. t.* ***1*** (*tagliare la gola*) to cut* (*o* to slit*) the throat (of) ***2*** (*massacrare*) to butcher; to slaughter.

ṣgradévole, *a.* disagreeable; unpleasant; unappealing; unsavoury; distasteful; nasty; off-putting; bad: **odore s.**, unpleasant (*o* a nasty) smell; **persona s.**, disagreeable individual; **aspetto s.**, unappealing (*o* off-putting) appearance; **abitudini sgradevoli**, distasteful habits; (*disgustose*) unsavoury habits.

ṣgradevolézza, *f.* disagreeableness; unpleasantness; unsavouriness; distastefulness.

ṣgradito, *a.* unwelcome; undesired; disagreeable; obnoxious; unpleasant; displeasing: **una notizia sgradita**, unwelcome news; **ospite s.**, unwelcome (*o* undesired) guest; **sgradita sorpresa**, disagreeable surprise; **riuscire s.**, to be unwelcome.

ṣgraffignàre, *v. t.* (*fam.*) to nick; to lift; to pinch; to swipe: **Mi hanno sgraffignato l'orologio**, my watch has been nicked; **Chi mi ha sgraffignato i cioccolatini?**, who's swiped my chocolates?

ṣgràffio, *m.* (*pop.*) scratch: **farsi uno s.**, to scratch oneself.

ṣgrammaticàre, *v. i.* to make* grammatical mistakes.

ṣgrammaticàto, *a.* ungrammatical; grammatically wrong; not grammatical: **frase sgrammaticata**, ungrammatical (*o* incorrect) sentence; **La costruzione è sgrammaticata**, the construction is not grammatical (*o* is grammatically wrong); **parlare [scrivere] in modo s.**, to make grammatical mistakes in speaking [in writing]; **un biglietto s.**, a note full of grammatical mistakes.

ṣgrammaticatùra, *f.* grammatical mistake.

ṣgranaménto, *m.* (*di legumi*) shelling, hulling; (*di granturco*) husking.

ṣgranàre (1), A *v. t.* ***1*** (*legumi*) to shell, to hull; (*granturco*) to husk; (*cotone*) to gin ***2*** (*dire in serie*) to pour out; to let* loose: **Sgranò una sfilza di imprecazioni**, he poured out a string of curses. ● **s. gli occhi**, to open one's eyes wide; to goggle □ **s. il rosario**, to tell one's beads. **B ṣgranàrsi,** *v. i. pron.* ***1*** (*sbriciolarsi*) to crumble; (*sfaldarsi*) to flake ***2*** (*sfilare allungandosi*) to file; to stream: **Il corteo si sgranava lungo il viale**, the procession was filing down the avenue.

ṣgranàre (2), *v. t.* (*mecc.*) to ungear; to throw* out of gear.

ṣgranàto (1), *a.* ***1*** (*di legumi*) shelled, hulled; (*di granturco*) husked; (*di cotone*) ginned ***2*** (*fig.*, *di occhi*) wide open: **con gli occhi sgranati**, with one's eyes wide open.

ṣgranàto (2), *a.* (*mecc.*) ungeared.

ṣgranatóio, *m.* (*agric.*) husker.

ṣgranatóre, *m.* (*f.* **-trice**) sheller; huller; husker.

ṣgranatrice, *f.* ***1*** *V.* sgranatoio ***2*** (*ind. tess.*) cotton gin.

ṣgranatùra, *f.* (*di legumi*) shelling, hulling; (*del granturco*) husking; (*del cotone*) ginning.

șgranchìre, *v. t.* to stretch: **sgranchirsi le gambe**, to stretch one's legs.

șgranellàre, *v. t.* (*l'uva*) to pick grapes (from a bunch).

șgranocchiàre, *v. t.* to crunch; to munch: **s. un biscotto**, to crunch a biscuit.

șgrassàggio, *m.* **1** dregreasing **2** (*ind. tess.*) scouring.

șgrassànte, (*ind.*) **A** *a.* degreasing; scouring. **B** *m.* degreaser.

șgrassàre, *v. t.* **1** (*togliere il grasso*) to remove the grease (from); (*un liquido*) to skim the fat (from) **2** (*ind.*) to degrease; to scour: **s. la lana**, to scour wool.

șgrassatùra, *f.* **1** degreasing (operation) **2** (*ind. tess.*) scouring.

șgravàre, A *v. t.* (*liberare da un peso, anche fig.*) to relieve; to ease; to unload; to unburden; to take* st. off sb.; to free sb. from st.: **s. q. da un peso**, to relieve (*o* to ease) sb. of a load; **s. q. da una responsabilità**, to relieve sb. of a responsibility; **s. q. da un gran pensiero**, to relieve sb. of a great worry; to take a load off sb.'s mind; **s. q. da un timore**, to ease sb.'s mind of a fear; **s. q.c. da un debito**, to free sb. from a debt; **s. i contribuenti da un'imposta**, to relieve the taxpayers of a tax; **s. q. da un obbligo**, to acquit sb. of an obligation; **sgravarsi la coscienza**, to ease one's conscience. **B** *v. i.* e **șgravàrsi,** *v. i. pron.* (*partorire*) to be delivered of a child; (*di animale*) to bring* forth. **C șgravàrsi,** *v. i. pron.* (*alleggerirsi*) to unburden oneself; to relieve oneself (of); to ease oneself (of): **s. da un dubbio**, to ease (*o* to relieve) oneself (*o* one's mind) of a doubt.

șgràvio, *m.* **1** (*lo sgravare*) unloading; relieving; relief; easing; lightening; reduction: **s. di responsabilità**, easing (*o* lightening) of responsibility **2** (*fisc.*) relief; allowance; abatement; reduction: **s. fiscale**, tax relief; tax cut; abatement **3** (*fig.*) alleviation; relief: **Per me è un grosso s. se te ne occupi tu**, it's a great relief for me (*o* it eases my work a lot) if you take care of it. ● **a** (*o* **per**) **s.**, in justification □ **per s. di coscienza**, for conscience' sake.

șgraziataménte, *avv.* clumsily; awkwardly; gracelessly.

șgraziàto, *a.* clumsy; awkward; gauche; lumbering; uncouth; ungainly; ungraceful; graceless; (*sgradevole*) unlovely, disagreeable, unsightly.

șgretolaménto, *m.* crumbling; falling to pieces; mouldering, moldering (*USA*).

șgretolàre, A *v. t.* to crumble; to crush; to grind*; to shatter; to erode. **B șgretolàrsi,** *v. i. pron.* to crumble; to shatter; to erode; to fall* to pieces; to fall* apart; to disintegrate; to moulder, to molder (*USA*): **un muro che si sgretola**, a crumbling wall; **rocce che si sgretolano**, crumbling rocks; **Il suo impero commerciale si sgretolò in pochi anni**, his commercial empire crumbled (*o* fell apart, disintegrated) in a few years.

șgretolìo, *m.* crumbling away; shattering; mouldering, moldering (*USA*).

șgridàre, *v. t.* to scold; to rebuke; to take* to task; to tell* off (*fam.*); to dress down (*fam.*); to pull* up (*fam.*); to carpet (*fam.*); to tick off (*fam. GB*); to call* down (*fam. USA*); to bawl out (*fam. USA*); to chew out (*fam. USA*).

șgridàta, *f.* scolding; telling-off (*fam.*); talking-to (*fam.*); dressing-down (*fam.*); roasting (*fam.*); ticking-off (*fam. GB*); call-down (*fam. USA*): **fare una s. coi fiocchi a q.**, to give sb. a (good) dressing-down; to give sb. the edge of one's tongue; to haul sb. over the coals; to have sb. on the carpet.

șgrigliatóre, *m.* (*tecn.*) grate cleaner.

șgrìnfia, *V.* **grinfia.**

șgrommàre, *v. t.* to scrape the tartar (off st.).

șgrommatùra, *f.* scraping of tartar.

șgrondàre, A *v. i.* (*gocciolare*) to drip; to trickle; to drain: **Sgrondavo di sudore**, I was dripping with sweat; **mettere q.c. a s.**, to put st. to drain; **far s. il bucato**, to let the washing drip. **B** *v. t.* to drain: **s. l'insalata**, to drain the salad; **s. un fiasco**, to drain a flask.

șgrondatùra, *f.* draining; dripping.

șgróndo, *m.* **1** (*lo sgrondare*) draining; dripping **2** (*liquido che sgronda*) dripping. ● **a s.**, slanted (*agg.*); on an incline.

șgroppàre, A *v. t.* (*rovinare la groppa a*) to break* the back of (an animal). **B** *v. i.* (*di cavallo*) to buck.

șgroppàta, *f.* **1** buck-jump; buck; bucking **2** (*breve cavalcata*) short gallop **3** (*fam.*: *fatica*) sweat; grind; slog.

șgroppàto, *a.* (*di cavallo*: *sfiancato*) worn out; (*magro*) hollow-flanked.

șgropponàre, A *v. i.* (*di cavallo*) to buck. **B** *v. i.* e **șgropponàrsi,** *v. i. pron.* (*fam.*: *sgobbare*) to break* one's back; to drudge.

șgropponàta, *f.* (*fam.*: *sgobbata*) backbreaking job; sweat; drudgery; grind.

șgrossaménto, *m.* **1** (*il digrossare*) trimming down **2** (*lo sbozzare*) roughing out; rough-hewing; rough-casting **3** (*fig.*) licking into shape; polishing; refinement.

șgrossàre, A *v. t.* **1** (*digrossare*) to trim down **2** (*sbozzare*) to rough out; to rough-cast*; to rough-hew* **3** (*fig.*) to lick into shape, to polish, to refine; (*addestrare*) to ground, to train. ● **s. al laminatoio**, to rough-roll □ **s. al tornio**, to rough-turn. **B șgrossàrsi,** *v. i. pron.* to become* refined.

șgrossatùra, *f.* **1** (*il digrossare*) trimming down **2** (*lo sbozzare*) roughing out; rough-hewing; rough-casting. ● **s. al tornio**, rough-turning □ **s. d'un foro**, rough-boring.

șgrovigliàre, *v. t.* to unravel; to untangle; to disentangle.

șgrugnàre, A *v. t.* (*fam.*) to smash (*o* to bash) (sb.'s) face in. **B șgrugnàrsi,** *v. i. pron.* to smash one's face.

șgrugnàta, *f.* **șgrùgno,** *m.* (*fam.*) punch; cuff.

șgrumàre, **șgrumatùra,** *V.* **sgrommare, sgrommatura.**

șguaiatàggine, *f.* **1** coarseness; commonness; loutishness; vulgarity **2** (*atto sguaiato*) coarse action; vulgarity.

șguaiàto, A *a.* (*sfrenato*) wild, unbecoming, unseemly; (*volgare*) coarse, common, uncouth, vulgar, loutish: **risata sguaiata**, wild laughter; guffaw; **modi sguaiati**, unbecoming ways; coarse manners; **gesto s.**, coarse gesture; **ragazza sguaiata**, coarse (*o* common) girl. **B** *m.* (*f.* **-a**) uncouth person; coarse person.

șguainàre, *v. t.* to unsheathe; to unscabbard; to draw*; to bare: **s. la spada**, to draw one's sword.

șgualcìre, A *v. t.* to crumple; to crush; to crease; to wrinkle: **s. una gonna** [**un foglio**], to crumple a skirt [a sheet of paper]; **s. un cappello**, to crush a hat. **B șgualcìrsi,** *v. i. pron.* to crumple; to crease: **Questo tipo di stoffa si sgualcisce subito**, this kind of cloth crumples (*o* creases) easily.

șgualcìto, *a.* creased; crumpled.

șgualcitùra, *f.* crease; crumple.

șgualdrìna, *f.* slut; tart; whore.

șguància, *f.* (*equitazione*) cheek strap.

șguàncio, *m.* (*archit.*) splay.

șguàrdo, *m.* **1** (*occhiata*) look, glance; (*s. fisso*) gaze, stare: **uno s. triste**, a sad look; **uno s. di traverso**, a side glance; **s. rapito**, enraptured gaze; **s. vitreo**, glassy stare; **dare uno s. a q.c.**, to have (*o* to take) a look at st.; to take a glance at st.; **lanciare uno s. a q.**, to cast a glance at sb. **2** (*occhi*) eye(s): **abbassare lo s.**, to lower one's eyes; to look down; **con lo s. basso**, with one's eyes downcast; **attirare gli sguardi**, to attract all eyes; **cercare q. con lo s.**, to look (a)round for sb.; **distogliere lo s. da q.** [**q.c.**], to look away from sb. [st.]; **evitare lo s. di q.**, to avoid sb.'s eyes; **sfuggire agli sguardi di q.**, to escape sb.'s notice; **sollevare lo s.**, to raise one's eyes; to look up. ● **s. d'insieme**, overall view □ **al primo s.**, at a first glance; (*a prima vista*) at a glance, at first sight □ **esposto agli sguardi**, exposed to view □ **fin dove arriva lo s.**, as far as the eye can see □ **non degnare q.** [**q.c.**] **di uno s.**, not even to look at sb. [st.] □ **occhi senza s.**, dull eyes; glassy eyes.

șguarnìre, *v. t.* **1** to untrim; to strip (st.) of its trimming; to strip the trimming off (st.): **s. un cappello**, to untrim a hat **2** (*mil.*) to dismantle; to leave* undefended: **s. una fortezza**, to dismantle a fortress.

șguarnìto, *a.* **1** untrimmed: **un cappello s.**, an untrimmed hat **2** (*mil.*) dismantled; undefended.

șguàttera, *f.* scullery maid; kitchen maid; drudge (*anche fig.*).

șguàttero, *m.* sculleryboy.

șguazzàre, *v. i.* **1** to splash about; to slop about; to slosh about; to paddle: **s. nell'acqua**, to splash about in the water; **Le anitre sguazzavano nello stagno**, the ducks were paddling in the pond **2** (*avvoltolarsi, anche fig.*) to wallow; to welter; to roll: (*anche fig.*) **s. nel fango**, to wallow in mud; **s. nella ricchezza** (*o* **nell'oro**), to be rolling in money; **s. nell'ozio**, to welter in idleness **3** (*fig.*: *essere a proprio agio*) to revel in; to be in one's element; to go* to town (on st.) (*fam.*): **Nei pettegolezzi lui ci sguazza**, he revels in gossip; **I giornali ci stanno sguazzando in questa storia**, the papers have gone to town on this story **4** (*fig.*: *starci largo*) to be lost; to swim*: **s. in un vestito**, to swim in a dress; **In queste scarpe ci sguazzo**, these shoes are far too big for me **5** (*di liquido in un recipiente*) to slosh about; to slop about: **L'acqua sguazzava nella bottiglia**, the water was sloshing about in the bottle.

șguìncio, *m.* (*archit.*) splay. ● **a** (*o* **di**) **s.**, obliquely; aslant; askance; askew; side (*attr.*) □ **occhiata di s.**, side glance.

șguinzagliàre, *v. t.* **1** (*sciogliere dal guinzaglio*) to unleash, to slip (from a leash), to let* loose; (*aizzare*) to set on: **s. un cane**, to unleash a dog; **Gli sguinzagliò dietro i cani**, he set the dogs on him **2** (*fig.*) to set* on: **s. i poliziotti dietro a q.**, to set the police on sb.

șgusciàre (1), **A** *v. t.* (*levare dal guscio*) to shell; to shuck (*USA*); to pod; to hull; to husk; to peel: **s. i piselli** [**noci**], to shell (*USA*: to shuck) peas [nuts]; **s. uova**, to shell eggs; **s. il granturco**, to husk (*o* to shuck) corn; **s. gamberetti**, to peel prawns. **B** *v. i.* to hatch.

șgusciàre (2), *v. i.* **1** (*sfuggire*) to slip; to wriggle: **s. fra le dita**, to slip through (*o* out of) one's fingers; **s. di mano**, to slip out of one's hands; **Il gatto mi sgusciò dalle braccia**, the cat wriggled out of my arms **2** (*fig.*: *muoversi o allontanarsi furtivamente*) to slip in [out, etc.], to steal* in [out, etc.], to slink* away [out, etc.]; (*districarsi*) to wriggle out (of): **s. in una stanza**, to slip (*o* to steal) into a room; **s. dal proprio nascondiglio**, to slink out of one's hiding-place; **Riuscii a s. dal finestrino laterale**, I managed to wriggle out of the side window.

șgusciatrìce, *f.* (*agric.*) shelling machine; hulling machine.

șgusciatùra, *f.* (*agric.*) shelling; hulling.

șgùscio, *m.* (*sgorbia per cesellatori*) chaser's gouge.

shaker (*ingl.*), *m. invar.* cocktail shaker.

shakeràre, *v. t.* to mix (st.) in a shaker; to shake*.

shakespeariàno, *a.* (*letter.*) Shakespearean, Shakespearian.

shampoo (*ingl.*), *m. invar.* shampoo: **fare uno s.**, to shampoo one's hair.

shantung, *m. invar.* (*ind. tess.*) shantung.

sherpa, *m. invar.* sherpa.

sherry (*ingl.*), *m.* (*enologia*) sherry.

shiftare, *v.t.* (*elab.*) to shift.

shimmy (*ingl.*), *m.* *1* (*ballo*) shimmy *2* (*autom.*) shimmy.

shintoìsmo, e *deriv.* *V.* **scintoismo,** e *deriv.*

shivaìsmo, *m.* (*stor., relig.*) Sivaism.

shoccànte, shoccàre, *V.* **scioccante, scioccare.**

shock (*ingl.*), *m. invar.* (*anche med.*) shock: **essere sotto s.**, to be suffering from shock; to be in shock; **essere in stato di s.**, to be in a state of shock; **È stato un grave s. per loro**, it has been a serious shock for them; **s. anafilattico**, anaphylactic shock; **s. da siero**, serum sickness; **s. insulinico**, insulin shock.

shockterapìa, *f.* (*med.*) shock therapy; shock treatment.

shopping (*ingl.*), *m. invar.* shopping: **fare lo s.**, to do one's shopping; to go shopping.

shuntàre, *v. t.* (*elettr.*) to shunt.

si (**1**), **A** *pron. rifl. di 3ª pers.* *1* (*con v. rifl.*) oneself; himself; herself; itself; themselves (*spesso tuttavia sono omessi*): **spiegarsi**, to explain oneself; **lavarsi**, to wash oneself; to wash; **prepararsi**, to get ready; **vestirsi**, to get dressed; **La ragazza si guardò nello specchio**, the girl looked at herself in the mirror; **Mio marito si alza sempre alle sei**, my husband always gets up at six; **Si divertirono**, they enjoyed themselves; **Si è ferita con un coltello**, she cut herself with a knife; **Si sono nascosti in cantina**, they hid in the cellar; **Come mi vide il cane si fermò**, the dog stopped as soon as it saw me *2* (*nei v. rifl. apparenti corrisponde all'agg. poss. ingl.*) – **lavarsi le mani**, to wash one's hands; **Rita si studiò il naso nello specchio**, Rita studied her nose in the mirror; **Si levò il cappello**, he took his hat off *3* (*nei v. i. pron. non ha corrispondente: l'ingl. usa un v. i. o una costruzione passiva*) – **pentirsi**, to repent; **annoiarsi**, to get (*o* to become) bored; **stancarsi**, to get (*o* to become) tired; **chiudersi**, to close; to be closed; to shut; **rompersi**, to break; to be broken; **recarsi**, to go; **allontanarsi**, to move off; to go away; to leave; **La porta si aprì adagio**, the door opened slowly (*o* was opened slowly); **Si è dimenticato di dirmelo**, he forgot to tell me; **Si accorsero del danno troppo tardi**, they became aware of the damage when it was too late *4* (*come dativo etico non ha corrispondente*) – **Si è comprato una moto nuova**, he bought a new motorbike; **Si è bevuto tutta la bottiglia**, he drank off the whole bottle; **Si sono mangiati due piatti di minestra**, they ate up (*o* polished off) two bowlfuls of soup; **Si è giocato una fortuna al casinò**, he gambled away a whole fortune at the casino; **Si è fatta una bella dormita**, she had a good sleep; **Non sa quel che si dice**, he doesn't know what he is talking about. **B** *pron. recipr.* each other (*fra due*); one another (*fra più di due*) (*tuttavia è a volte omesso*): **Si sono sempre piaciuti**, they have always liked each other; **Si scrivono da parecchi mesi**, they have been writing to each other for several months; **Si vogliono tutti bene**, they are all fond of one another; **Si rispettano (l'un l'altro)**, they respect each other; **Si baciarono**, they kissed; **Si incontrarono a Londra**, they met in London. **C** *pron. indef.* *1* one; you; we; they; people; everybody; men; man (*ma a volte corrisponde a una costruzione passiva*) – **Si vede che sei felice**, one can see you are happy; **Non si è mai troppo vecchi per imparare**, one is (*o* you are) never too old to learn; **In Italia si beve molto caffè**, in Italy we (*o* they, people) drink a lot of coffee; coffee is drunk a lot in Italy; **Si parte!**, we're leaving!; **Come si apre questa scatola?**, how do you open this box?; **Si fa così**, you do it this way; this is how you do it; this is how it is done; **Si sa che...**, everybody knows that...; **Che cosa si dirà di te?**, what will people say of you?; **Si dice che...**, they (*o* people) say that...; (*corre voce*) it is reported that...; rumour has it that...; **Si direbbe che...**, one would say that...; **Di me [di lei] si dice che ...**, I am said [she is said] to ...; **Si dice che il film sia eccellente**, they say that the film is excellent; the film is said to be excellent; **Si dice che tu sia generoso**, you are said to be generous; it is said you are generous; **Si dice che siano una coppia felice**, they are said (*o* believed) to be a happy couple; **Di lui non si sa molto**, very little is known about him; **Mi si dice che...**, I am told that...; **A suo tempo ti si dirà che cosa fare**, you will be told what to do in time *2* (*con valore passivo*) – **Si vide un bagliore nel cielo**, a flash was seen in the sky; **Qui si fabbricano dei bei cappelli**, fine hats are made here; **Qui si parla inglese**, English (is) spoken here; **Si affittano appartamenti**, flats to let. ● **Non si sa mai!**, you never can tell! □ **Si sa!**, of course!

si (**2**), *m.* (*mus.*) B; si: **il si bemolle**, B flat; **la chiave di si**, the B clef; **si maggiore [minore]**, B major [minor].

sì (**1**), **A** *avv.* *1* (*affermazione*) yes; (*in una votazione*) ay(e); (*nel rito del matrimonio*) I do: **«È vero?» «Sì»**, «is it true?» «yes, it is»; **«Hai letto la lettera?» «Sì»**, «have you read the letter?» «yes, I have»; **«Studi l'inglese?» «Sì»**, «do you study English?» «yes, I do»; **«Hai studiato la poesia a memoria?» «Sì»**, «did you study the poem by heart?» «yes, I did»; **«Andranno a Roma?» «Sì»**, «will they go to Rome?» «yes, they will»; **«Vuoi un po' di tè?» «Sì, grazie»** «would you like some tea?» «yes, please»; **«Vuole vedere il giornale?» «Oh, sì, grazie»**, «do you want to have a look at the paper?» «oh, yes, thank you»; **«Lo conosci bene?» «Sì e no»**, «do you know him well?» «yes and no»; **«Ho comprato una macchina nuova» «Ah sì?»**, «I've just bought a new car» «have you?»; **«Viene anche lui?» «Ma sì»**, «is he coming too?» «of course he is»; **«Tu non conosci Giulio, vero?» «Ma sì che lo conosco»**, «you don't know Giulio, do you?» «of course I do!»; **«Non me l'hai dato!» «Ma sì che te l'ho dato!»**, «you didn't give it to me!» «yes I did!»; **«Siete favorevoli alla proposta?» «Sì!»**, «is everybody in favour of the proposal?» «aye»; **Il «sì» dello sposo non si sentì quasi**, the bridegroom's «I do» was almost inaudible *2* (*uso enfatico*) – **E sì che te l'avevo detto più volte**, and yet I had told you more than once; **E sì che era un così bravo ragazzo!**, and to think he used to be such a good boy!; **Questa sì che è bella**, that's a good one *3* (*con valore concessivo*) yes, of course; all right; granted; admittedly: **È nuovo, sì, ma non mi piace**, all right, it's new, but I don't like it; **È sì un politico intelligente, ma non mi dà affidamento**, admittedly he is a skilful politician, but I don't think he is a reliable one. ● (*iron.*) **Sì, domani!**, some hope! □ **sì e no** (*circa*), about; around: **Saranno sì e no due etti**, it'll be about two hundred grams □ **sì o no**, yes or no; yea or nay: **Dimmi solo sì o no**, just tell me yes or no (*o* yea or nay); **Hai capito, sì o no?**, have you understood or not?; did you understand or didn't you?; **È venuto, sì o no?**, did he come or didn't he?; **Ti decidi sì o no?**, are you going to make up your mind or not? □ **Certo che sì!**, yes, of course!; certainly! □ **Credo di sì**, I think so □ **dire di sì**, to say yes □ **far cenno di sì**, to nod (in assent) □ **forse (che) sì e forse (che) no**, maybe or maybe not □ **Pare di sì**, it seems so; it looks like it; so it appears □ **più sì che no**, very likely; very probable □ **più no che sì**, very unlikely □ **rispondere di sì**, to answer yes: **Gli ho chiesto se era soddisfatto e mi ha risposto di sì**, I asked him whether he was satisfied and he said yes (*o* he said he was) □ **Se c'è lui, non vengo**: **altrimenti sì**, if he is there, I'm not coming; otherwise, I am □ **Spero di sì**, I hope so □ **uno sì e uno no**, every second (*o* other)...: **La sua giacca aveva un bottone sì e uno no**, every second button on his jacket was missing; **un giorno sì e l'altro no**, every other day □ (*fam.*) **una giornata sì**, a good day; a red-letter day. **B** *m.* *1* yes; yea: **Rispondi con un semplice sì o no**, answer with a plain yes or no (*o* yea or nay) *2* (*voto favorevole*) ay(e); yes: **i sì e i no**, the ayes (*o* yeses) and noes; **I sì prevalgono** (*o* **sono in maggioranza**), the ayes have it; **in caso di vittoria dei sì**, in case of a victory of the ayes (*o* yeses); **Ha vinto il sì**, the ayes (*o* yeses) carried the day. ● **decidere per il sì**, to decide to say yes; to say yes; to agree □ **essere tra il sì e il no**, to be undecided; to hover between yes and no; to be unable to make up one's mind.

sì (**2**), **A** *avv.* (*lett.*: *così*) so; such: **un giorno sì bello**, so beautiful a day; such a beautiful day. **B** *cong.* so: **sì da**, so as to; so that. ● **fare sì che q. faccia q.c.**, to get (*o* to persuade) sb. to do st.: **Farò sì che egli compia il suo dovere**, I'll see to it that he does his duty; I will get him to do his duty □ **fare sì da**, to manage to; to see to it that: **Feci sì da accontentarlo**, I managed to satisfy him.

sìa, *1ª, 2ª* e *3ª pers. sing. congiunt. pres. di* **essere**.

sial, *m.* (*geol.*) sial.

siàlico, *a.* (*geol.*) sialic.

siamése, *a., m.* e *f.* Siamese: **i siamesi**, the Siamese; **fratelli siamesi**, Siamese twins; **un gatto s.**, a Siamese cat.

siàmo, *1ª pers. pl. indic. pres.* e *congiunt. pres. di* **essere**.

sia... sia, *cong.* *1* (*tanto... quanto*) both... and: **Sia Bruno sia suo fratello andarono a Milano ieri**, both Bruno and his brother went to Milan yesterday *2* (*o... o*) whether... or; either... or: **Sia che gli piaccia, sia che non gli piaccia**, whether he likes it or not; **Sia Tizio sia Caio, per me fa tutt'uno**, whether (*o* either) Tom or Dick, for me it's just the same.

Sìbari, *f.* (*geogr., stor.*) Sybaris.

sibarìta, *m.* e *f.* *1* (*stor.*) Sybarite *2* (*fig.*) sybarite.

sibarìtico, *a.* sybaritic: **pranzi sibaritici**, sybaritic dinners.

sibbène, (*lett.*) *V.* **sebbene**.

Sibèria, *f.* *1* (*geogr.*) Siberia *2* (*fig.*) very cold place.

siberiàno, **A** *a.* *1* Siberian *2* (*fig.*) icy; freezing; bitterly cold. **B** *m.* (*f.* **-a**) Siberian.

siberìte, *f.* (*miner.*) siberite.

sibilànte, **A** *a.* *1* hissing; whistling; sibilant; whizzing *2* (*fon.*) sibilant. **B** *f.* (*fon.*) sibilant.

sibilàre, *v. i.* to hiss; to whistle; to sibilate; to whiz(z); to zip: **il serpente sibilò**, the snake hissed; **Una freccia passò sibilando**, an arrow whizzed past; **Il vento sibilava tra i rami**, the wind whistled through the branches.

Sibìlla, *f.* Sibyl, Sybil.

sibìlla, *f.* *1* (*mitol.*) Sibyl: **la s. Cumana**, the Cumaean Sibyl *2* (*fig., scherz.*) sibyl; fortune-teller.

sibillìno, *a.* *1* Sibylline: **i libri sibillini**, the Sibylline Books *2* (*fig.*) sibylline; cryptic; mysterious; enigmatic: **parole sibilline**, sibylline (*o* cryptic, enigmatic) words; **un sorriso s.**, a sibylline (*o* a cryptic, mysterious) smile.

sìbilo, *m.* *1* hiss; hissing sound; whistle; whistling; whiz(z); whizzing: **il s. del vapore**, the hiss of steam; **il s. del vento**, the whistling of the wind; **Il palloncino si afflosciò con un s.**, the balloon collapsed with a hissing sound *2* (*med.*) tinnitus*.

sic (*lat.*), *avv.* sic; thus.

sicàrio, *m.* hired killer; hitman*; gunman*; assassin; cut-throat.

siccatìvo, *a.* (*chim.*) drying; siccative.

sicché, *cong.* *1* *V.* **cosicché** *2* (*perciò*) so; therefore; thus: **Tu sei qui, s. rimarrò anch'io**, you are here, so I am staying, too *3* (*ebbene*) well: **S. vieni o rimani?**, well, are you coming or not?

siccità, *f.* drought; dryness. ● **periodo di s.**, dry spell.

siccitóso, *a.* droughty; dry.

siccóme, *cong.* as; since: **S. non c'eri, ritornai a casa**, as you were not in, I went back home.

Sicìlia, *f.* (*geogr.*) Sicily.

siciliàna, *f.* (*mus.*) siciliana; sicilienne.

sicilianìsmo, *m.* (*ling.*) Sicilianism.

sicilianità, *f.* Sicilian character.

siciliàno, *a.* e *m.* (*f.* **-a**) Sicilian: **i Siciliani**, the Sicilians; **i Vespri Siciliani**, the Sicilian Vespers.

siclo, *m.* (*stor.*) shekel*.

sicofànte, *m.* ***1*** (*stor.*) sycophant ***2*** (*lett.*: *delatore*) informer; tale-bearer.

sicomòro, *m.* (*bot.*, *Ficus sycomorus*) sycamore.

sicònio, *m.* (*bot.*) syconium*.

sicòsi, *f.* (*med.*) sycosis*.

sìculo, *a.* e *m.* ***1*** (*stor.*) Sicul(i)an ***2*** (*lett.* o *scherz.*: *siciliano*) Sicilian.

sicumèra, *f.* assurance; self-assurance; self-sufficiency; presumption; arrogance; (*altezzosità*) haughtiness.

sicùra, *f.* (*mecc.*) safety catch: **mettere la s.**, to put on the safety catch; **togliere la s.**, to release the safety catch; **Ha la s.?**, is the safety catch on?

sicuraménte, *avv.* ***1*** (*certamente*) surely; certainly; definitely; of course ***2*** (*senza pericolo*) safely; in safety.

sicurézza, *f.* ***1*** (*assenza di pericolo*) safety; security: **un senso di s.**, a feeling of security; **misure di s.**, safety measures; **la campagna per la s. stradale**, the campaign for road safety; **La s. anzitutto!**, safety first!; **un'automobile che offre la massima s.**, a car offering maximum safety ***2*** (*certezza*) certainty; (*attendibilità*) reliability: **dire q.c. con s.**, to say st. with certainty; **la s. di una notizia**, the reliability of a piece of news; **Non lo so con s.**, I can't say with certainty; I don't know for certain; **Voglio avere la s. di trovarli**, I want to be certain (*o* sure) to find them; **avere la s. di ciò che si dice**, to be sure of what one says ***3*** (*fiducia*) confidence, trust; (*padronanza, disinvoltura*) confidence, assurance, sureness: **mancanza di s.**, lack of confidence; **ispirare s.**, to inspire confidence; **s. di sé**, self-confidence; self-assurance; **rispondere con s.**, to answer with assurance (*o* without hesitation); **s. nella mira**, sureness of aim; **guidare con s.**, to drive with confidence. ● **la s. del posto di lavoro**, security of employment ◻ **s. nazionale**, national security ◻ **s. sociale**, social security ◻ **s. sul lavoro**, industrial safety; safety at work ◻ (*mecc.*) **arresto di s.**, safety catch ◻ **carcere di massima s.**, top security prison ◻ **cassetta di s.**, strongbox ◻ **cintura di s.**, safety belt ◻ **il Consiglio di Sicurezza delle Nazioni Unite**, the United Nations Security Council ◻ **di s.**, safety (*attr.*); (*a prova di bambino*) child-proof ◻ **dispositivo di s.**, safety (*o* fail-safe) device ◻ (*autom.*) **distanza di s.**, safe distance: **rispettare la distanza di s.**, to keep at safe distance ◻ **forze di s.**, security forces ◻ **lampada di s.**, safety lamp ◻ **limite di s.**, safety limit ◻ **misure di s.**, safety measures; precautionary measures ◻ **per maggior s.**, for safety's sake; for greater safety; to be on the safe side (*fam.*) ◻ **un pericolo per la s. nazionale**, a security risk ◻ **Pubblica S.**, police force; the police: **agente di Pubblica S.**, policeman ◻ **serratura di s.**, safety lock; (*autom.*) child-proof lock ◻ **i servizi di s.** (*polizia speciale, controspionaggio*), the security forces; the security police ◻ **spilla di s.**, safety pin ◻ **uscita di s.**, emergency door (*o* exit) ◻ (*mecc.* e *fig.*) **valvola di s.**, safety valve ◻ **vetro di s.**, safety glass.

sicùro, **A** *a.* ***1*** (*che non presenta o non corre pericoli*) safe, secure; (*protetto*) sheltered, protected; (*senza rischi, anche comm.*) safe, sound, copper-bottomed: **strade sicure**, safe roads; **guida s.**, safe driving; **luogo s.**, safe place; **Eravamo sicuri da ogni attacco**, we were secure from all attack; **Mi sentivo s. del mio avvenire**, I felt secure about my future; **un lavoro s.**, a secure job; **È sicura quella scala?**, is that ladder secure (*o* safe)?; **investimento s.**, safe (*o* copper-bottomed) investment; **un affare s.**, a sound piece of business ***2*** (*certo*) sure, certain, confident, positive; (*garantito*) safe, certain, assured, guaranteed, secure, settled, surefire (*fam.*); (*che non sbaglia*) unfailing, unerring, accurate, foolproof (*fam.*); (*saldo*) secure, steady, firm; (*fiducioso, tranquillo*) confident, collected, resolute: **una prova sicura**, (a) sure proof; **andare incontro a morte sicura**, to face certain death; **s. di sé**, sure of oneself; self-confident; self-assured; **troppo s. di sè**, too sure of himself; too self-confident; overconfident; cocksure; **Sono s. di quel che dico**, I am sure (*o* certain) of what I am saying; **Ero s. che sarebbe venuto**, I was (*o* felt) sure (*o* certain, confident) he would come; **Ne sei s.?**, are you sure?; **Sono s. di non averlo visto**, I am positive I didn't see him; **Non ne sono proprio s.**, I am not quite sure; **La vittoria è sicura**, victory is assured; **rendita sicura**, settled (*o* assured) income; **Non esistono sistemi sicuri per vincere al totocalcio**, there are no surefire methods to win at the pools; **Il profitto è s.**, the profit is assured (*o* guaranteed); **gusto s.**, unerring taste; **con mano sicura**, with a steady (*o* sure) hand ***3*** (*attendibile*) reliable; (*fidato*) safe, trustworthy, trusty, tried, steady, reliable, dependable: **fonte sicura**, reliable source; **un'informazione sicura**, reliable information; a straight tip (*fam.*); **in mani sicure**, in safe hands; **amici sicuri**, trusty friends; **Puoi fidartene**: **è un uomo s.**, you can trust him, he is a reliable man ***4*** (*esperto*) skilled; skilful; clever; expert; confident; good: **essere s. nel maneggio delle armi**, to be skilled in handling weapons; **È s. nella guida**, he is an expert (*o* a confident) driver; **Non mi sento abbastanza s. per l'esame**, I don't feel confident enough for the exam; **Non è s. in matematica**, he is rather shaky in maths. ● **s. come in una botte di ferro**, as safe as houses; as safe as the Bank of England ◻ **s. del fatto proprio**, self-assured; that knows what he is doing (*o* what he is about) ◻ **a colpo s.**, without fail ◻ **andare a colpo s.**, to be dead certain about st. ◻ **cavallo s.**, (*tranquillo*) quiet horse; (*vincente*) dead cert (*anche fig.*) ◻ **con animo s.**, confidently; steadily; calmly ◻ **dare q.c. per s.**, (*esserne certo*) to be sure (*o* certain) about st.; (*garantirlo*) to guarantee st.; (*assicurarlo per vero*) to state st. as a fact ◻ **poco s.**, (*pericoloso*) unsafe; (*incerto*) uncertain; (*debole*) shaky; (*infido*) unrealiable ◻ **Il tempo non è s.**, the weather is unsettled yet. **B** *m.* ***1*** (*luogo s.*) safety; safe place; safe custody: **essere al s.**, to be in safety; to be safe; to be out of harm's way; **mettere al s.**, to put in a safe place (*o* in safe custody); to put out of harm's way; **mettere al s. da**, (*garantire contro*) to insure against; (*proteggere da*) to secure from; **Qui staremo al s.**, we'll be safe here ***2*** (*certezza*) certainty. ● **andare sul s.**, to play it safe; to be on the safe side; to take no risks ◻ **di s.**, surely; certainly; for certain; undoubtedly; for sure (*fam.*): **Verrà di s.**, he will certainly come; he is sure to come; **Pioverà di s.**, it will certainly rain; it's surely going to rain; it's bound to rain ◻ (*fig.*) **giocare sul s.**, to play for safety ◻ **per stare al s.**, to be on the safe side: **Anche se c'era il sole, presi l'ombrello per stare al s.**, though the sun was shining, I took my umbrella to be on the safe side. **C** *avv.* surely; certainly; definitely; positively; you bet (*fam.*); sure (*fam. USA*); sure thing (*fam. USA*); (*naturalmente*) naturally, of course; (*proprio così*) quite so: **«Vuoi proprio partire?» «S.»**, «do you really want to leave?» «of course I do»; **S. che c'ero**, of course I was there; **S. che gliele ho cantate chiare!**, you bet I gave him a piece of my mind!

sicurtà, *f.* ***1*** (*leg.*: *mallevadoria*) security, guarantee; (*garanzia*) guaranty ***2*** (*assicurazione*) insurance.

sidecar (*ingl.*), *m. invar.* (*autom.*) ***1*** (*carrozzino*) sidecar ***2*** (*motocarrozzetta*) motorcycle sidecar.

sideràle, *a.* (*astron.*) sidereal; star (*attr.*); space (*attr.*): **giorno [tempo] s.**, sidereal day [time]; **viaggi siderali**, star (*o* space) voyages.

sidèreo, *a.* (*astron.*) sidereal; star (*attr.*): **mese [giorno] s.**, sidereal month [day]; **rivoluzione siderea**, sidereal revolution; **luce siderea**, star light. ● (*miner.*) **pietre sideree**, siderolites.

siderìte, *f.* (*miner.*) siderite; chalybite.

siderografìa, *f.* siderography.

siderolìte, *f.* (*miner.*) siderolite.

sideròsi, *f.* (*med.*) siderosis.

sideròstato, *m.* (*astron.*) siderostat.

siderurgìa, *f.* iron metallurgy; (*ind. siderurgica*) steel and iron industry.

siderùrgico, **A** *a.* iron (*attr.*); steel and iron (*attr.*): **industria siderurgica**, steel and iron industry; **stabilimento s.**, ironworks; steelworks; **operaio s.**, steelworker; ironworker. **B** *m.* (*operaio*) steelworker, ironworker; (*industriale*) steel manufacturer.

Sidóne, *f.* (*geogr., stor.*) Sidon.

sidro, *m.* (*di mele*) cider; (*di pere*) perry.

sièdo, 1ª *pers. sing. indic. pres. di* **sedere**.

siemens (*ted.*), *m.* (*elettr.*) siemens.

sienìte, *m.* (*miner.*) syenite.

siepàglia, siepàia, *f.* overgrown hedge.

sièpe, *f.* ***1*** hedge: **una s. di mortella**, a myrtle hedge; **s. morta [viva]**, dead [quickset] hedge; **s. di arbusti**, hedgerow; **s. di cinta**, hedge; hedging ***2*** (*ippica, atletica*) hurdle: **corsa siepi**, hurdle race ***3*** (*fig.*: *barriera*) hedge; fence; wall; barrier: **una s. di lance**, a wall of spears; **far s.**, to form a barrier.

sièrico, *a.* serous; serum (*attr.*).

sièro, *m.* ***1*** (*del latte*) whey ***2*** (*biol.*) serum* ***3*** (*da iniettare*) serum*: **s. antivipera**, snake (*o* viper) serum; **s. della verità**, truth serum (*o* drug).

sieroalbumìna, *f.* (*med.*) serum albumin.

sierodiàgnosi, *f.* (*med.*) serodiagnosis*.

sieroglobulìna, *f.* (*chim.*) serum globulin.

sierologìa, *f.* serology.

sierològico, *a.* serologic; serological.

sieronegatìvo, *a.* (*med.*) seronegative; (*rif. all'AIDS, anche*) HIV negative.

sieropositìvo, *a.* (*med.*) seropositive; (*rif. all'AIDS, anche*) HIV positive.

sieroprofilàssi, *f.* (*med.*) seroprophylaxis*.

sierósa, *f.* (*anat.*) serosa*; serous membrane.

sierosità, *f.* serosity.

sieróso, *a.* serous: **membrane sierose**, serous membranes.

sieroterapìa, *f.* (*med.*) serotherapy.

sieroteràpico, *a.* serotherapeutical.

sierovaccinazióne, *f.* (*med.*) serovaccination.

sièrra, *f.* (*geogr.*) sierra.

sièsta, *f.* siesta; (afternoon) nap: **fare la s.**, to take one's siesta; to have a nap.

siète, 2ª *pers. pl. indic pres. di* **essere**.

siffàtto, *a.* such: **con siffatta gente**, with such people.

sìfilide, *f.* (*med.*) syphilis; pox (*fam.*).

sifilìtico, *a.* e *m.* (*f.* **-a**) (*med.*) syphilitic.

sifilòma, *m.* (*med.*) syphiloma*.

sifonaménto, *m.* siphoning.

sifóne, *m.* ***1*** siphon, syphon; (*di fogna, ecc.*) trap: **s. da seltz**, soda siphon; siphon bottle (*USA*); **barometro a s.**, siphon barometre; **manometro a s.**, siphon gauge; **s. intercettatore**, stench trap; stink trap; **s. a tenuta idraulica**, running trap ***2*** (*zool.*) siphon; (*degli afidi*) siphuncle.

sigaràia, *f.* ***1*** (*operaia*) cigar maker; cigarette maker ***2*** (*venditrice*) cigarette girl.

sigaràio, *m.* worker in a tobacco manufactury.

sigarétta, *f.* cigarette: **un pacchetto [una**

stecca] **di sigarette**, a packet [a carton] of cigarettes; **s. con filtro**, filter(-tipped) cigarette; filter tip; **s. senza filtro**, non-filter cigarette.

sigarétto, *m.* cigarillo*; cigarito*.

sigaro, *m.* cigar; cheroot: **a forma di s.**, cigar-shaped; **scatola da sigari**, cigar box.

Sigfrido, *m.* (*letter.*) Siegfried.

sigillàre, *v. t.* to seal (*anche leg.* e *fig.*); to seal up: **s. con la ceralacca [con un'ostia, con piombini]**, to seal with sealing wax [with a wafer, with lead]; **s. una busta**, to seal (up) an envelope; **s. una fessura**, to seal (up) a crack; **s. un accordo**, to seal (*o* to set the seal on) an agreement; **s. una porta**, to seal a door.

sigillatùra, *f.* sealing; sealing up.

sigillo, *m.* (*l'oggetto*) seal, signet; (*l'impronta*) seal: **anello con s.**, signet ring; **sotto s.**, under seal; **mettere** (*o* **apporre**) **i sigilli a q.c.**, to affix the seals to st.; to seal st.; to seal st. up: **rimuovere i sigilli**, to remove the seals; **spezzare un s.**, to break a seal; **Il s. è intatto**, the seal is unbroken (*o* intact); (*anche fig.*) **mettere il proprio s. a q.c.**, to set one's seal to st.; (*fig.*) **mettere il s. alle labbra a q.**, to seal sb.'s lips; (*fig.*) **Ho il s. alla bocca**, my lips are sealed. ● (*bot.*) **s. di Salomone** (*Polygonatum multiflorum*), Solomon's seal □ **s. di Stato**, State Seal □ **s. privato**, privy seal (*fig.*) **chiuso con sette sigilli**, hermetically sealed; hermetic □ **gran s.**, great seal □ **sotto il s. della confessione**, under the seal of confession □ (*leg.*) **violazione dei sigilli**, breaking of seals.

sigillografia, *f.* sphragistics (*pl. col verbo al sing.*).

Sigismóndo, *m.* Sigismund; Siegmund.

sìgla, *f.* **1** (*iniziali*) initials (*pl.*); (*monogramma*) monogram; (*acronimo*) acronym; (*marchio*) mark, imprint; (*abbreviazione*) abbreviation: **mettere la propria s.**, to put one's initials (to, upon); to sign (*o* to mark) with one's initials; to initial **2** (*comm.*) trade-mark name. ● **s. di una casa editrice**, publisher's mark; imprint; colophon □ (*radio, TV*) **s. musicale**, signature (tune); theme song.

siglàre, *v. t.* **1** (*mettere le iniziali*) to initial, to put* one's initials to (*o* upon); (*con un monogramma*) to mark with a monogram: **s. una correzione**, to initial an alteration **2** (*fig.*: *firmare, stipulare*) to sign; to stipulate: **Gli accordi sono stati siglati al vertice di Parigi**, the agreements were signed at the Paris summit.

siglàrio, *m.* abbreviation key.

siglatùra, *f.* initialling.

sìgma, **A** *m.* e *f.* (*diciottesima lettera dell'alfabeto greco*) sigma. ● **a forma di s.**, sigmate. **B** *m.* (*anat.*) sigmoid flexure.

sigmàtico, *a.* (*ling.*) sigmatic.

sigmatìsmo, *m.* (*med.*) sigmatism.

sigmoidèo, *a.* sigmoid; sigmoidal: (*anat.*) **valvole sigmoidee**, sigmoid valves.

sigmoidite, *f.* (*med.*) sigmoiditis.

significànte, **A** *a.* significant; significative; meaningful; (*espressivo*) expressive. **B** *m.* (*ling.*) signifier.

significàre, *v. t.* **1** (*voler dire*) to mean*; to signify: **Non sapere che cosa significhi una parola**, not to know what a word means (*o* the meaning of a word); **Che cosa significa questa parola?**, what does this word mean?; what is the meaning of this word?; **La parola latina «pater» significa padre**, the Latin word «pater» means father; **Che significa tutto questo rumore?**, what does all this noise mean?; **Un'incidente nucleare significherebbe la fine di questa regione**, a nuclear accident would spell (*o* mean) the end of this region **2** (*valere*) to mean*; to matter; to signify; to be of consequence: **La tua amicizia significa molto per me**, your friendship means a great deal to me; **Il denaro non significa nulla per me**, money means nothing to me; money is of no consequence to me **3** (*indicare, simboleggiare*) to mean*; to show; to indicate; to represent; to stand* for; to symbolize; to be a symbol of: **Il nero significa lutto**, black indicates (*o* stands for) mourning; **Quel gesto significava chiaramente che tutto era finito tra noi**, that gesture clearly meant (*o* indicated) that it was all over between us; **I gigli significano purezza**, lilies are a symbol of purity **4** (*lett.*: *manifestare, esprimere*) to signify; to make* known; to show*: **s. il proprio consenso con un cenno del capo**, to signify one's agreement with a nod.

significatività, *f.* significance; meaningfulness.

significativo, *a.* **1** significant; significative; meaning(ful); telling; knowing; (*espressivo*) expressive: **uno sguardo s.**, a meaningful (*o* significant, knowing) look; (*mat.*) **cifre significative**, significant figures **2** (*importante*) significant, important, telling; (*notevole*) considerable, noticeable: **un risultato s.**, an important (*o* a significant) result; **un s. abbassamento della pressione**, a considerable fall in pressure.

significàto, *m.* **1** meaning; (*senso*) sense, import: **il s. di una parola**, the meaning of a word; **una parola con sei significati distinti**, a word with six distinct meanings; **s. proprio [figurato]**, proper [figurative] meaning; **s. recondito**, hidden meaning; **dare s. a q.c.**, to attach meaning to st.; **senza s.**, meaningless; senseless; **denso di s.**, full of meaning; meaningful; eloquent; significant; knowing **2** (*fig.*: *importanza, valore*) importance; value; significance; purport: **attribuire un grande s. a q.c.**, to attach great importance to st.

signóra, *f.* **1** lady; woman*: **Mi presenta quella s.?**, will you introduce me to that lady?; **Carlo, servi la s.**, Carlo, serve the lady; **Chi è quella bella s.?**, who is that beautiful woman?; **L'automobile era guidata da una s. di mezza età**, the car was driven by a middle-aged woman (*o* lady); **Può dare una mano alla s.?**, can you give a hand to this lady?; **una vecchia s.**, an old lady **2** (*al vocat. senza nome*) madam; lady: **Buon giorno, s.**, good morning, madam; **Mia cara s., lei è sempre la benvenuta**, my dear lady, you are always welcome; **Signore e signori!**, ladies and gentlemen! **3** (*davanti al nome e cognome o al cognome, anche al vocat.*) Mrs; (*per non specificare lo stato anagrafico*) Ms: **la s. Joan Brown**, Mrs Joan Brown; **Quella s. è la s. Smith**, that lady is Mrs Smith; **Buona sera, s. Brown**, good evening, Mrs Brown **4** (*davanti ai titoli professionali non ha corrispondente e si usa quando possibile il cognome*) – **la signora professoressa**, the teacher, Mrs...; **Signora maestra, Gianni mi tira i capelli!**, Miss, Gianni keeps pulling my hair! **5** (*davanti ai titoli nobiliari*) – **La s. contessa è uscita**, the Countess is out; **la s. duchessa**, Her Ladyship; **la s. duchessa di Argyle**, (her ladyship) the duchess of Argyle; **S. Duchessa!**, Your Ladyship! **6** (*donna di classe, di rango*) lady; (*donna ricca*) rich woman*, lady: **È una vera s.**, she is a real lady; **modi da s.**, ladylike manners; **Non è certo una s.!**, she's no lady!; **Vive da gran s.**, she leads the life of a great lady **7** (*moglie*) wife*: **Arrivederci, signor Merli, e mi saluti la sua s.**, goodbye, Mr Merli, and please remember me to your wife (*o* to Mrs Merli); **il signor (Walter) Bianchi e s.**, Mr and Mrs (Walter) Bianchi **8** (*donna sposata*) married woman* **9** (*padrona di casa*) mistress; (*usato da un domestico*) Madam: **È in casa la s.?** (*rivolgendosi a un domestico*), is your mistress at home?; **La s. tornerà alle cinque**, Madam will be home at five **10** (*relig.*) Lady: **Nostra S.**, Our Lady **11** (*padrona, dominatrice*) Lady; Mistress: **la s. del castello**, the lady of the castle; **Venezia era la s. dell'Adriatico**, Venice was the Mistress of the Adriatic. ● (*nelle lettere*) **Gentile S.**, Dear Madam □ **per s.**, ladies'; lady's: **parrucchiere per s.**, ladies' hairdresser.

signoràggio, *m.* (*stor., econ.*) seigniorage.

signóre, *m.* **1** gentleman*; man*: **Chi è quel s.?**, who is that gentleman (*o* man)?; **È un s. molto gentile**, he is a very kind man (*o* gentleman); **Nel mio scompartimento c'erano due signori che non la smettevano mai di parlare**, in the compartment I travelled in there were two men who never stopped talking; **un vecchio s.**, an old gentleman; **Questo s. vorrebbe parlarle**, this gentleman would like to speak to you **2** (*al vocat. senza nome*) sir (*pl.* gentlemen): **Dopo di lei, s.**, after you, sir; **sì, s.**, yes, sir; **no, s.**, no, sir; **Mio caro s.**, my dear sir; **Desidera, s.** (*o* **Il s. desidera**)?, can I help you, sir?; **Signori, vi prego, un po' di ordine!**, order, gentlemen, please!; **Signori e Signore!**, Ladies and Gentlemen! **3** (*davanti al nome e cognome o al cognome, anche al vocat.*) Mr (*abbr. di* Mister): **Il signor Smith è qui, s.**, Mr Smith is here, sir; **Come sta, signor Smith?**, how are you, Mr Smith?; **i signori Smith** (*coppia di coniugi*), Mr and Mrs Smith; **i signori Smith, Brown e Robinson**, Messrs Smith, Brown and Robinson **4** (*davanti ad alcuni titoli di cariche, solo al vocat.*) Mr; (*davanti ai titoli professionali non ha corrispondente*): **Benvenuto nel nostro paese, signor Presidente**, welcome to our country, Mr President; **Signor Presidente, chiedo la parola**, I ask leave to speak, Mr Chairman; **Signor Ministro, devo protestare!**, Minister, I must protest!; **il signor dottore [avvocato, ministro, ecc.]**, the doctor [the lawyer, the minister, etc.] **5** (*davanti ai titoli nobiliari*) – **il signor conte**, the Count; **il signor duca di Monmouth**, (his lordship) the duke of Monmouth; **Signor Duca!**, your Lordship! **6** (*gentiluomo, uomo di rango*) gentleman*; (*uomo ricco*) rich man*, lord: **un s. di campagna**, a country gentleman; **Si è comportato da gran s.**, he behaved like a fine gentleman; **modi da gran s.**, gentlemanlike manners; **È un gran s.**, he is a very rich (*o* wealthy) man; **darsi arie da gran s.**, to act the lord; **fare il (gran) s.**, to live like a lord **7** (*padrone di casa*) master; (*padrone, proprietario*) owner, master: **Dov'è il s.?** (*rivolgendosi a un domestico*), where is your master?; **essere s. di se stesso**, to be one's own master **8** (*relig.*) Lord; God: **il giorno del S.**, the Lord's Day; **Benedicimi, o S.**, bless me, O Lord; **Pietà di noi, o S.**, Lord, have mercy on us; **S.!** (*o* **S. Iddio!**), Lord!; good Lord!; **Il S. ti benedica!**, God bless you!; **Sia fatta la volontà del S.**, God's will be done **9** (*stor.*: *principe, governante*) lord, ruler, prince; (*sovrano*) liege: **il s. del castello**, the lord of the manor; **i signori rinascimentali**, the Renaissance rulers; **Cangrande s. di Verona**, Cangrande, Prince of Verona; **Vi ringrazio, mio s.**, I thank you, my lord (*o* my liege) **10** (*enfat.*: *eccellente*) – **un signor appartamento**, a superb flat; **Questo è un signor caffè**, this is excellent coffee; **un signor cappotto**, a very stylish coat. ● **s. della guerra**, war-lord □ **i signori e i poveracci**, the haves and the have-nots □ **un signor nessuno**, a mere nobody □ (*nelle lettere*) **Egregio S.**, Dear Sir □ **Egregi Signori**, Dear Sirs (*GB*); Gentlemen (*USA*).

signoreggiàre, **A** *v. t.* **1** (*regnare, dominare*) to rule (over); to dominate **2** (*fig.*: *frenare*) to master; to dominate: **s. i pensieri**, to master one's thoughts; **s. la mente**, to dominate one's mind. **B** *v. i.* to rule (over); to domineer (over).

signorìa, *f.* **1** (*dominio*) dominion; domination; rule; sway; lordship; seign(i)ory: **la s. degli spagnoli in Italia**, the Spanish domination in Italy; **sotto la s. dei Viscontis**, under the rule of the Visconti **2** (*stor.*) seign(i)ory; signory; signoria* (*ital.*) **3** (*titolo*) Lordship (*m.*), Ladyship (*f.*); (*nella corrispondenza*) you: **Sua S.**, His Lordship; Her Ladyship; **Vostra S.**, Your Lordship [Ladyship]; **La Vostra S. è invitata a...**, you are invited to...

signorile, *a.* ***1*** (*degno di un signore*) gentlemanly, gentlemanlike; (*degno di una signora*) ladylike: **un aspetto s.**, a gentlemanly [ladylike] appearance; **modi signorili** gentlemanlike [ladylike] manners ***2*** (*distinto, raffinato*) distinguished; refined; stylish; exclusive; luxury (*attr.*); high-class: **un quartiere s.**, an exclusive neighbourhood; **un appartamento s.**, a luxury flat.

signorilità, *f.* distinction; refinement; urbanity; good breeding. ● **s. di aspetto**, gentlemanly appearance.

signorilménte, *avv.* (*da signore*) in a gentlemanly way, as befits a gentleman; (*da signora*) in a ladylike way, as befits a lady.

signorìna, *f.* ***1*** (*ragazza*) young lady, girl; (*rif. a una donna*) lady; (*donna nubile*) unmarried woman*, single girl, bachelor girl (*fam.*), spinster (*leg.* o *spreg.*): **Conosci quella s.?**, do you know that young lady?; **un collegio per signorine**, a college for young ladies; **Chi è quella bella s.?**, who is that beautiful girl?; **Alla s. piacciono i gatti**, the lady (*o* Miss X) loves cats; **È signora o s.?**, is she married or single? ***2*** (*al vocat. senza nome*) madam; miss (*fam.*); young lady (*iron.*) ***3*** (*col nome o il cognome, anche al vocat.*) Miss: **la s. Maria**, Miss Mary; **la s. Smith**, Miss Smith; **le signorine Smith**, the Miss Smiths; (*meno com.*) the Misses Smith ***4*** (*giovane padrona*) young mistress. ● **nome da s.**, maiden name.

signorinèlla, *f.* missy.

signorino, *m.* ***1*** (*figlio del padrone, anche al vocat.*) master ***2*** (*giovanotto*) young gentleman ***3*** (*iron.*) his lordship: **Il s. è troppo stanco per rifarsi il letto**, his lordship is too tired to make his bed.

signornò, *avv.* no, sir.

signoróne, *m.* (*fam.*) wealthy man*.

signoròtto, *m.* lordling; squire. ● **s. di campagna**, country gentleman.

signorsì, *avv.* yes, sir; (*naut.*) aye aye, sir.

silàggio, *m.* (*agric.*) silage; ensilage.

silène, *m.* (*bot.*) catchfly.

Silèno, *m.* (*mitol.*) Silenus.

silèno, *m.* (*zool., Macaca albibarbata*) wanderoo.

silènte, *a.* (*lett.*) silent; quiet; still; voiceless.

silenziàre, *v. t.* to silence; to muffle; (*elettron.*) to squelch: **s. un motore**, to muffle a motor.

silenziàrio, *m.* (*stor.*) silentiary.

silenziatóre, *m.* ***1*** (*autom.*) silencer; muffler (*USA*) ***2*** (*di arma da fuoco*) silencer ***3*** (*fig.: impedimento a parlare*) gag: **mettere il s. alla stampa**, to gag the press.

silènzio, *m.* ***1*** silence; hush; (*calma, quiete*) silence, stillness, quiet, hush: **s. assoluto**, complete (*o* perfect) silence; **Nella casa regnava il s.**, silence reigned in the house; all was quiet in the house; **Tra la folla cadde il s.**, silence (*o* a hush) fell on the crowd; **nel s. della notte**, in the silence (*o* still) of night; **lunghi silenzi tra una parola e l'altra**, long silences between words; **ascoltare in s.**, to listen in silence; **costringere** (*o* **ridurre**) **q. al s.**, to silence sb.; to reduce sb. to silence; to shut* up sb. (*fam.*); **fare** (*o* **restare in**) **s.**, to be (*o* to keep) silent (*o* quiet); **imporre il s.**, to enforce silence; **mantenere il s.**, to keep silent; **osservare [rompere] il s.**, to keep [to break] the silence; **soffrire in s.**, to suffer in silence (*o* silently); **S.!**, silence!; be (*o* keep) quiet!; hush!; stop talking!; shut up!; hold your tongue! ***2*** (*mil.: segnale del s.*) last post (*GB*); lights-out; taps (*pl. con verbo al sing., USA*): **suonare il s.**, to sound lights-out; to sound taps (*USA*). ● **s. di tomba**, dead silence □ **s. di morte**, deathlike silence □ **s. radio**, radio blackout; radio silence □ **s. stampa**, news blackout □ **la chiesa del s.**, the clandestine (*o* underground) church □ **cadere nel s.**, to fall into obscurity □ **comprare il s. di q.**, to buy sb.'s silence □ **passare q.c. sotto s.**, to pass over st. in silence; to keep quiet about st. □ (*eccl.*) **regola del s.**, vow of silence □ (*prov.*) **Il s. è d'oro**, silence is golden; least said, soonest mended.

silenziosaménte, *avv.* silently; in silence; quietly; mutely; noiselessly; soundlessly.

silenziosità, *f.* silence; quietness; stillness; noiselessness; (*taciturnità*) taciturnity, quietness.

silenzióso, *a.* silent; quiet; still; voiceless; soundless; noiseless; mute; (*taciturno*) taciturn, quiet, silent: **una casa silenziosa**, a quiet (*o* noiseless) house; **con passo s.**, with noiseless steps; **motore s.**, noiseless engine; **una notte silenziosa**, a silent night; **starsene s.**, to keep silent (*o* quiet); (*polit.*) **maggioranza silenziosa**, silent majority.

silèsia, *f.* (*ind. tess.*) silesia; twill.

silfide, *f.* (*mitol.* e *fig.*) sylph. ● **leggera come una s.**, sylphlike.

silfo, *m.* (*mitol.*) sylph.

silhouette (*franc.*), *f. invar.* ***1*** (*arte*) silhouette ***2*** (*sagoma*) silhouette; outline; profile ***3*** (*linea snella*) figure: **avere una bella s.**, to have a fine figure.

silicàtico, *a.* ***1*** (*miner.*) silica (*attr.*) ***2*** (*chim.*) silicate (*attr.*).

silicàto, *m.* (*miner., chim.*) silicate: **s. di potassio**, potassium silicate; **s. di soda**, soda silicate.

sìlice, *f.* (*miner.*) silica: (*chim.*) **gel di s.**, silica gel.

silìceo, *a.* (*miner.*) siliceous, silicious.

silìcico, *a.* (*chim.*) silicic.

silicìcolo, *a.* (*bot.*) silicicolous.

silìcio, *m.* (*chim.*) silicon.

silicizzàre, *v. t.* **silicizzàrsi,** *v. i. pron.* ***1*** (*geol.*) to silicify ***2*** (*metall.*) to siliconize.

silicizzazióne, *f.* ***1*** (*geol.*) silicification ***2*** (*metall.*) siliconization.

silicóne, *m.* (*chim.*) silicone.

silicòsi, *f.* (*med.*) silicosis*.

sìliqua, *f.* (*bot.*) siliqua*; silique; pod.

siliquàstro, *m.* (*bot., Cercis siliquastrum*) Judas tree; redbud.

siliquétta, *f.* (*bot.*) silicle.

siliquifórme, *a.* (*bot.*) siliquose; siliquous.

sìllaba, *f.* syllable: **s. tonica [atona]**, accented [unaccented] syllable; **s. lunga [breve]**, long [short] syllable; **s. aperta [chiusa]**, open [closed] syllable; **dividere in sillabe**, to divide into syllables; to syllabify; to syllabize; **divisione in sillabe**, division into syllables; syllabification; **parola d'una sola s.**, monosyllabic word; monosyllable; **parola di tre sillabe**, three-syllable(d) word; **s. per s.**, syllabically; **non dire** (*o* **proferire**) **s.**, not to utter (*o* to say) a word; **Non una s.!**, not a syllable!; **non mutare una s.**, not to change a syllable (*o* a word).

sillabàre, *v. t.* ***1*** to syllabify; to syllabize; to divide into syllables ***2*** (*compitare*) to spell.

sillabàrio, *m.* spelling book; primer; ABC.

sillabazióne, *f.* syllabification.

sillàbico, *a.* syllabic: **accento s.**, syllabic accent; **aumento s.**, syllabic augment; **canto s.**, syllabic singing; **divisione sillabica**, division into syllables; syllabification.

sìllabo, *m.* ***1*** (*eccl.*) syllabus* ***2*** (*programma di corsi*) syllabus*.

sillèpsi, sillèssi, *f.* (*gramm.*) syllepsis*.

sìlloge, *f.* (*lett.*) sylloge; collection; compilation; anthology.

sillogìsmo, *m.* (*filos.*) syllogism: **le premesse [la conseguenza] d'un s.**, the premises [the conclusion] of a syllogism.

sillogìstica, *f.* (*filos.*) syllogistic(s).

sillogisticaménte, *avv.* syllogistically.

sillogìstico, *a.* (*filos.*) syllogistic(al): **ragionamento s.**, syllogistic reasoning; reasoning by syllogisms. ● **in forma sillogistica**, in the form of a syllogism.

sillogizzàre, *v. i.* e *t.* (*filos.*) to syllogize.

silo, *m.* silo*; storage bin. ● **s. orizzontale [verticale]**, bunker [tower] silo □ **s. per cereali**, grain silo; elevator (*USA*) □ **s. per minerale**, ore bin □ **immagazzinamento in s.**, ensilage □ **immagazzinare in s.**, to ensile.

silòfago, *V.* **xilofago**.

silòfono, e *deriv. V.* **xilofono**.

silografìa, *f.* ***1*** xylography; wood-engraving ***2*** (*copia a stampa*) xylograph; woodcut.

silogràfico, *a.* xylographic(al).

silògrafo, *m.* (*f.* **-a**) xylographer; xylographist.

silologìa, *f.* xylology.

silòlogo, *m.* (*f.* **-a**) xylology expert (*o* specialist).

silos, *V.* **silo**.

silotèca, *f.* collection of wood specimens; wood collection

siltite, *f.* (*geol.*) siltstone.

siluraménto, *m.* ***1*** (*mil.*) torpedoing ***2*** (*fig.: destituzione*) ousting, unseating; (*licenziamento*) sacking, firing; (*di piani, ecc.*) torpedoing, sabotage.

silurànte, *f.* (*mil.*) torpedo boat.

siluràre, *v. t.* ***1*** (*mil.*) to torpedo ***2*** (*fig.: destituire*) to oust, to unseat, to finish; (*licenziare*) to sack, to fire; (*piani, ecc.*) to torpedo, to sink*, to scupper, to sabotage: **un tentativo di s. il nuovo progetto di legge**, an attempt to scupper the new bill.

siluratóre, *m.* (*mil.* e *fig.*) torpedoer.

siluriàno, silùrico, *a.* e *m.* (*geol., stor.*) Silurian.

silurifìcio, *m.* torpedo factory.

silurifórme, *a.* torpedo-shaped.

siluripèdio, *m.* (*naut.*) torpedo firing range.

silurìsta, *m.* (*naut.*) torpedoman*; torpedoist.

silùro, *m.* ***1*** (*mil.*) torpedo*: **s. aereo**, aereal torpedo; **s. a baffi**, whiskered torpedo; **s. elettrico [magnetico]**, electric [magnetic] torpedo; **camera siluri**, torpedo compartment; **lanciare un s.**, to fire a torpedo ***2*** (*zool., Silurus glanis*) sheat-fish. ● (*fig.*) **Questa manovra è un s. contro il governo**, this manoeuvre is an attempt to bring down (*o* to scupper) the government

Silvàno, *m.* Silvanus, Sylvanus.

silvàno, *a.* (*lett.*) sylvan, silvan; woodland (*attr.*): **una scena silvana**, a sylvan (*o* a woodland) scene; **divinità silvane**, sylvan deities; **flora silvana**, sylvan flora.

silvèstre, *a.* wild; sylvan, silvan; woodland (*attr.*); forest (*attr.*); (*selvoso*) woody, wooded: **animali [fiori, piante] silvestri**, wild animals [flowers, plants]; **un tratto s.**, a wooded stretch of land; a woodland.

Silvèstro, *m.* Sylvester, Silvester. ● **la notte di San S.**, New Year's Eve.

Silvia, *f.* Sylvia; Silvia.

silvia, *f.* ***1*** (*bot., Anemone nemorosa*) wood anemone ***2*** (*zool., Sylvia*) warbler.

silvìcolo, *a.* woodland (*attr.*); forest (*attr.*).

silvicoltóre, *m.* (*f.* **-trice**) sylviculturist, silviculturist; forester.

silvicoltùra, *f.* sylviculture, silviculture; forestry.

Silvio, *m.* Sylvius, Silvius.

silvite, *f.* (*miner.*) sylvite; sylvine.

sima, *m.* (*geol., archit.*) sima.

simàtico, *a.* (*geol.*) simatic

simbiónte, *m.* (*biol.*) symbiont.

simbiòsi, *f.* (*biol.*) symbiosis*: **s. mutualistica**, mutual symbiosis; mutualism.

simbiòtico, *a.* (*biol.*) symbiotic(al).

simboleggiaménto, *m.* symbolization; symbolizing.

simboleggiàre, *v. t.* to symbolize; to be a symbol of; to represent; to stand* for; to emblematize: **Il bianco simboleggia la purezza**, white symbolizes (*o* is a symbol of, stands for) purity.

simboleggiatùra, *f.* symbols (*pl.*).

simbòlica, *V.* **simbologia**, *def. 1.*

simbolicaménte, *avv.* symbolically; by (*o* in) symbols.

simbolicità, *f.* symbolic nature.

simbòlico, *a.* ***1*** symbolic(al); emblematic: **carattere [gesto] s.**, symbolic character [gesture]; **linguaggio s.**, symbolic language; **logica simbolica**, symbolic logic ***2*** (*nominale*) nominal; token (*attr.*): **affitto s.**, nominal rent; **somma simbolica**, nominal (*o* token) sum.

simbolismo, *m.* (*letter., arte*) symbolism.

simbolista, (*letter., arte*) **A** *m.* e *f.* symbolist. **B** *a.* symbolistic; symbolic.

simbolistico, *a.* (*letter., arte*) symbolistic; symbolic.

simbolizzàre, *v. t.* to symbolize.

simbolizzazióne, *f.* symbolization.

sìmbolo, *m.* ***1*** symbol; emblem; sign: **Il leone è il s. del coraggio**, the lion is the symbol of courage; **La croce è il s. della fede cristiana**, the cross is the symbol of Christianity ***2*** (*segno grafico*) symbol; sign; notation: **il s. del dollaro**, the dollar sign; **simboli fonetici**, phonetic signs (*o* notations); **simboli chimici**, chemical symbols; **«Au» è il s. dell'oro**, «Au» is the symbol of gold; **simboli numerici**, numeric symbols ***3*** (*relig.*) symbol; creed: **il s. degli Apostoli**, the Apostles' Creed; **il s. di Nicea**, the Nicene Creed ***4*** (*elab.*) symbol; token.

simbologìa, *f.* ***1*** (*scienza*) symbology ***2*** (*sistema di simboli*) symbology; simbols (*pl.*).

Simeóne, *m.* Simeon.

sìmico, *a.* (*geol.*) simatic.

similàre, *a.* similar; like; such; (*omogeneo*) homogeneous: **la vendita di creme, cosmetici e prodotti similari**, the sale of creams, cosmetics and like products (*o* and the like); **particelle similari**, homogeneous particles.

similarità, *f.* similarity; (*omogeneità*) homogeneity.

sìmile, **A** *a.* ***1*** (*che ha parziale identità*) similar, like, -like (*suff.*), alike (*pred.*); (*affine*) akin (*pred.*), kindred: **persone di gusti simili**, people of similar tastes; **simili nella forma [per il colore]**, similar in shape [in colour]; **in modo s.**, in a similar way; in like manner; similarly; likewise; **essere s.**, (*nell'aspetto*) to look like; (*nel suono*) to sound like; (*nel gusto*) to taste like: **È una sostanza s. alla gelatina**, it is a substance that looks like gelatine; **È un po' s. allo zenzero**, it tastes rather like ginger; **essere simili d'aspetto**, to look like each other (*o* one another); to be alike; **Le due sorelle sono molto simili fra loro**, the two sisters are (*o* look) very much alike; **s. a un'ala**, wing-like; **s. a seta**, silk-like; silky; **s. a crema**, cream-like; creamy ***2*** (*tale, di tal fatta*) such: **un uomo s.**, such a man; **uomini simili**, such men; **con s. gente**, with such people; with people such as these; **in un momento s.**, at a time like that [this]; **una cosa s.**, such a thing; a thing like that; **Hai mai sentito una cosa s.?**, did you ever hear such a thing (*o* a thing like that, anything like it, the like of it)?; **Non farò una cosa s.**, I will do no such thing (*o* nothing of the kind); **Cose simili non dovrebbero accadere**, such things should not happen; **nulla di s.**, nothing like that; nothing of the kind; no such thing □ **qualcosa di s.**, something similar; something like that; something of the kind; some such thing; **Non avevo mai visto nulla di s.**, I had never seen anything like it (*o* the like, the like of it) ***3*** (*geom.*) similar: **figure [triangoli] simili**, similar figures [triangles]. **B** *m.* e *f.* ***1*** (*cosa o persona s.*) like: **i miei simili**, my likes; the likes of me (*fam.*); **e simili**, and such; and the like; and suchlike (*fam.*): **Sara ama la musica, la pittura e simili**, Sara is fond of music, painting, and the like ***2*** (*il prossimo*) fellow man*; fellow creatures (*pl.*): **Dobbiamo amare i nostri simili**, we must love our fellow creatures. ● (*prov.*) **Ogni s. ama il suo s.**, birds of a feather flock together.

similitùdine, *f.* ***1*** (*retor.*) simile ***2*** (*geom.*) similarity: **s. geometrica**, geometrical similarity; **la legge della s.**, the law of similarity ***3*** (*lett.*: *somiglianza*) likeness; resemblance.

similménte, *avv.* similarly; in a similar way; likewise; in like manner.

similòro, *m.* pinchbeck; tombac, tombak; ormolu; Dutch metal.

similpèlle, *f.* (*ind.*) imitation leather; leatherette.

simmetallismo, *m.* (*econ., fin.*) symmetallism, symmetalism (*USA*).

simmetrìa, *f.* symmetry: **s. bilaterale [raggiata]**, bilateral [radial] symmetry; **mancanza di s.**, lack of symmetry; **senza s.**, without symmetry; unsymmetrical (*agg.*).

simmètrico, *a.* symmetric(al).

Simóne, *m.* Simon.

simonìa, *f.* simony.

simonìaco, **A** *a.* simoniac(al). **B** *m.* (*f.* **-a**) simoniac.

simpatètico, *a.* (*lett.*) sympathetic.

simpatìa, *f.* ***1*** (*attrazione*) liking, fondness, fancy, attraction; (*preferenza, predilezione*) preference, partiality, predilection; (*favore, benevolenza*) favour, goodwill, benevolence: **avere** (*o* **provare**) **s. per q. [q.c.]**, to have a liking for sb. [st.]; to like sb. [st.]; to be fond of sb. [st.]; **avere una reciproca s.**, to like each other; to be fond of each other; **provare una s. per q.**, to take a liking to sb.; to feel attracted to sb.; **ispirare s.**, to be likeable; to inspire a liking; **prendere in s. q. [q.c.]**, to take a liking (*o* a fancy) to sb. [to st.]; to take to sb. [to st.]: **Lo presi subito in s.**, I took to him at once; **C'è s. tra di noi**, we like one another; **Non c'è s. tra di loro**, there is little love lost between them; **una s. passeggera**, a passing fancy; **conquistarsi la s. di q.**, to win sb.'s favour; **conquistarsi la s. generale**, to make oneself popular with everybody; **Il suo piano è stato visto con s. dagli elettori**, his plan gained goodwill among voters; **guardare a q.c. con s.**, to look upon st. with favour (*o* with approbation); **Ha le sue simpatie**, he has his preferences ***2*** (*carica di s.*) likableness; charm: **un uomo di grande s.**, a very likeable man; a man of great charm; **Laura è di una s.!**, Laura is such a nice girl; Laura is such fun ***3*** (*cosa o persona che piace*) favourite; like: **Quel gatto è la mia s.**, that cat is my favourite; **simpatie e antipatie**, likes and dislikes ***4*** (*partecipazione ai sentimenti di q.*) sympathy; fellow-feeling: **per s.**, out of sympathy; **esprimere la propria s.**, to express one's sympathy ***5*** (*med.*) sympathy: **per s.**, by sympathy. ● **andare a s.** (*o* **a simpatie**), to judge (*o* to act) on the basis if personal liking □ **entrare in s.**, to take to sb.: **Sono entrati subito in s.**, they took to one another immediately; they hit it off at once (*fam.*); **È entrato nelle simpatie della maestra**, his teacher has taken a liking to him; he has become a favourite with his teacher □ **Quella ragazza mi fa molta s.**, I like that girl; I have a soft spot for that girl □ **un sorriso di s.**, a friendly (*o* warm, understanding) smile.

simpaticaménte, *avv.* nicely; (*piacevolmente*) pleasantly, agreeably.

simpaticità, *f.* niceness; likableness; congeniality; pleasantness; agreeableness.

simpàtico (1), *a.* nice; likeable; pleasant; amusing; genial; engaging; winning; agreeable; fun (*fam.*); (*gradevole*) congenial, pleasant, enjoyable: **una ragazza simpatica**, a nice girl; **un carattere allegro e s.**, a cheerful, genial disposition; **un sorriso s.**, an engaging smile; **modi simpatici**, winning ways; **È stata una serata simpatica**, it's been a lovely (*o* very enjoyable) evening!; **Che idea simpatica!**, what a pleasant (*o* charming, clever) idea!; **È molto s.**, he is very nice (*o*, *USA*: real nice); he's great fun (*fam.*); **di aspetto s.**, nice-looking; pleasant-looking; **ambiente s.**, pleasant environment; congenial surroundings (*pl.*); **È riuscito s. a tutti**, they all took to him; everybody liked him; he became popular with everyone; **trovare q. s.**, to like sb.; to find sb. very nice; **Quel ragazzo non mi è affatto s.**, I don't like that boy at all. ● **inchiostro s.**, sympathetic (*o* invisible) ink.

simpàtico (2), (*anat.*) **A** *a.* sympathetic. **B** *m.* autonomic (*o* sympathetic) nervous system.

simpaticolìtico, *a.* (*med.*) sympatholitic.

simpaticóne, *m.* (*f.* **-a**) (*fam.*) great fun; scream; hoot; gas (*USA*).

simpaticotònico, *a.* (*farm.*) sympathicotonic.

simpatizzànte, **A** *a.* sympathizing. **B** *m.* e *f.* sympathizer; supporter: **i simpatizzanti della destra e della sinistra**, rightist and leftist sympathizers; **un s. del movimento antinucleare**, a supporter of the anti-nuclear movement.

simpatizzàre, *v. i.* ***1*** (*entrare in simpatia*) to take* a liking (to); to take* to; to click (*fam.*); to hit* it off (*fam.*): **Simpatizzarono subito**, they took an immediate liking to each other; they took to each other straightaway; they clicked (*o* hit it off) at once; **Non simpatizzano**, they don't like each other; they don't get on well (together) ***2*** (*avere affinità di opinioni, idee, ecc.*) to be in favour of; to favour: **Simpatizza per i laburisti**, his sympathies hie with Labour.

simpatrìa, *f.* (*biol.*) sympatry.

simpàtrico, *a.* (*biol.*) sympatric.

simpètalo, *a.* (*bot.*) sympetalous.

simplèsso, *m.* (*mat.*) simplex: **metodo del s.**, simplex method.

simplex, *m.* (*telef.*) single line.

simpodiàle, simpòdico, *a.* (*bot.*) sympodial.

simpòdio, *m.* (*bot.*) sympodium*.

simpòsio, *m.* ***1*** (*banchetto*) symposium*; drinking-party ***2*** (*convegno*) symposium*; conference.

simpsonite, *f.* (*miner.*) simpsonite.

simulàcro, *m.* ***1*** (*immagine*) simulacrum*; image ***2*** (*parvenza*) simulacrum*, shadow; (*finzione*) pretence, sham ***3*** (*mecc.*) mock-up.

simulàre, **A** *v. t.* ***1*** (*fingere*) to simulate; to pretend; to feign; to fake; to counterfeit; to sham: **s. dolore**, to feign grief; **s. indifferenza [sorpresa, la pazzia]**, to feign indifference [surprise, madness]; **s. una rapina**, to fake a robbery; **s. una malattia**, to fake illness; to pretend to be hill; (*per non lavorare*) to malinger; **s. la sordità**, to feign deafness; to pretend one is deaf; **s. la voce di q.**, to counterfeit sb.'s voice ***2*** (*riprodurre artificialmente*) to simulate. **B** *v. i.* to pretend; to feign; to sham; to dissemble.

simulataménte, *avv.* with simulation; feignedly.

simulàto, *a.* ***1*** simulated; pretended; feigned; assumed; counterfeit; sham; fake; mock: **volo s.**, simulated flight; **gentilezza simulata**, assumed (*o* feigned) kindness; **malattia simulata**, fake (*o* sham) illness; **battaglia simulata**, mock battle ***2*** (*econ., leg.*) simulated; mock; sham; fictitious: **vendita simulata**, fictitious sale; **atto s.**, sham transaction; sham; **contratto s.**, simulated (*o* sham) contract.

simulatóre, *m.* (*f.* **-trice**) ***1*** (*impostore*) simulator, sham, shammer, dissembler, pretender, pseudo*, impostor; (*ingannatore*) deceiver, cheater; (*finto malato*) malingerer ***2*** (*aeron., miss.*) simulator: **s. di volo**, flight simulator; **s. spaziale**, space simulator.

simulatòrio, *a.* simulative; simulant.

simulazióne, *f.* (*il simulare*) simulation; simulating; feigning; pretence; sham; shamming: **l'arte della s.**, the art of simulating; (*leg.*) **s. di reato**, simulation of offence; (*leg.*) **s. di contratto**, sham transaction.

simultànea, *f.* simultaneous translation. ● **tradurre in s.**, to translate (*o* to interpret)

simultaneously.
simultaneaménte, avv. simultaneously; at the same time; concurrently.
simultaneismo, m. (*pitt.*) simultaneity.
simultaneista, m. e f. *1* (*traduttore simultaneo*) simultaneous translator *2* (*scacchi*) chess player playing several games at once *3* (*pitt.*) exponent of simultaneity.
simultaneità, f. simultaneity; simultaneousness.
simultàneo, a. simultaneous; concurrent: **avvenimenti simultanei**, simultaneous events; **azione simultanea**, simultaneous action; (*scacchi*) **partite simultanee**, simultaneous games; (*l'evento*) simultaneous (*sing.*, *abbr.* simul.); **traduzione simultanea**, simultaneous translation.
simùn, m. (*vento*) simoom, simoon.
sinafia, f. (*metrica*) synaphe(i)a.
sinagòga, f. synagogue.
sinagogàle, a. synagogal, synagogical.
sinaitico, a. Sinaitic; Sinai (*attr.*).
sinalèfe, f. (*ling.*) synaloepha, synaloephe.
sinallàgma, m. (*leg.*) reciprocity; bilaterality.
sinallagmàtico, a. (*leg.*) synallagmatic: **contratto s.**, synallagmatic (*o* mutual, bilateral, reciprocal) contract.
sinàntropo, m. sinanthropus; Peking man.
sinàpsi, f. *1* (*anat.*) synapse; synapsis* *2* (*biol.*) synapsis*.
sinàptico, a. (*anat.*, *biol.*) synaptic.
sinartròsi, f. (*med.*) synarthrosis*.
sinàssi, f. (*stor.*) synaxis.
sincàrpico, V. **sincarpo**.
sincàrpio, m. (*bot.*) syncarp.
sincàrpo, a. (*bot.*) syncarpous.
sincategorematico, a. (*filos.*) syncategorematic.
sinceraménte, avv. sincerely; with sincerity; truly; faithfully; (*francamente*) candidly, frankly, honestly; genuinely; (*apertamente*) openly. ● (*nelle lettere*) **S. suo**, yours sincerely.
sinceràre, **A** v. t. (*lett.*) to make* sure; to assure; to convince. **B sinceràrsi,** v. i. pron. to make* sure (*o* certain): **s. di q.c.**, to make sure of st.; **Mi sincerai che sarebbe venuto**, I made sure (that) he would come.
sincerità, f. sincerity; sincereness; (*veridicità*) truth, truthfulness, veraciousness, honesty; (*fedeltà*) faithfulness; (*lealtà*) loyalty; (*franchezza*) candour, frankness, openness, honesty; (*schiettezza*) genuineness: **con s.**, with sincerity; sincerely; **con tutta s.**, (speaking) in all sincerity.
sincèro, a. *1* sincere; earnest; real; heartfelt; (*veritiero*) true, truthful, honest; (*fedele*) faithful; (*leale*) loyal; (*franco*) candid, frank, open, honest, direct, straightforward; (*autentico, schietto*) genuine: **amico s.**, sincere (*o* faithful, loyal) friend; **parole sincere**, true words; heartfelt words; **innamorato s.**, faithful lover; **dolore s.**, sincere (*o* real, genuine) grief; **sincere congratulazioni**, heartfelt congratulations; **per essere s.**, to be quite honest; **Sii s., non ti piace**, be honest, you don't like it; **Non sei stato s. con me**, you didn't tell me the truth *2* (*di liquido*) unadulterated; pure; unmixed: **acqua sincera**, pure water; **vino s.**, unadulterated wine.
sinché, cong. *1* (*per tutto il tempo che*) as long as *2* (*fino al momento in cui*) until; till.
sincinesia, f. (*med.*) synkinesis; synkinesia.
sincìpite, m. (*anat.*) sinciput*.
sincizio, m. (*biol.*) syncytium*.
sinclàsi, f. (*geol.*) synclasis.
sinclinàle, **A** f. (*geol.*) syncline. **B** a. synclinal.
sincopàle, a. (*med.*) syncopal.
sincopàre, v. t. (*ling.*, *mus.*) to syncopate.
sincopàto, a. (*ling.*, *mus.*) syncopated.
sìncope, f. *1* (*ling.*, *mus.*) syncopation *2* (*med.*) syncope.
sincrètico, a. (*filos.*, *ling.*, *relig.*) syncretic; syncretistic.
sincretismo, m. (*filos.*, *ling.*, *relig.*, *relig.*) syncretism.
sincretista, m. e f. (*filos.*, *ling.*) syncretist.
sincretistico, a. (*filos.*, *ling.*, *relig.*) syncretistic.
sincrociclotróne, m. (*fis. nucl.*) synchro-cyclotron.
sincrolàmpo, m. (*fotogr.*) synchroflash.
sincronia, f. synchrony.
sincrònico, a. *1* synchronous *2* (*ling.*) synchronic(al).
sincronismo, m. synchronism. ● **velocità di s.**, synchronous speed.
sincronistico, a. synchronistic.
sincronizzàre, **A** v. t. to synchronize; to sync (*fam.*: *cinem.*, *TV*, *elab.*): **Sincronizziamo gli orologi**, let's synchronize our watches. **B sincronizzàrsi,** v. i. pron. to synchronize; to time one's movements; to sync (*fam.*).
sincronizzàto, a. synchronized; (*mecc.*, *autom.*) synchromesh (*attr.*): **nuoto s.**, synchronized swimming; **cambio (di velocità) s.**, synchromesh (gear); synchro (*fam.*).
sincronizzatóre, m. (*tecn.*) synchronizer.
sincronizzazióne, f. synchronization; synchronizing; sync (*fam.*: *cinem.*, *TV*, *elab.*).
sìncrono, a. synchronous; synchronic(al): (*fis.*) **alternatore s.**, synchronous alternator.
sincronoscòpio, sincroscòpio, m. (*fis.*) synchronoscope; synchroscope.
sincrotróne, m. (*fis. nucl.*) synchrotron.
sindacàbile, a. *1* (*verificabile*) verifiable, checkable, controllable; (*nella contabilità*) liable to audit (*o* inspection) *2* (*censurabile*) censurable; disputable; questionable.
sindacàle (1), a. *1* (*di sindaco di città*) mayoral; mayor's; of a mayor: **la carica s.**, the office of a mayor; mayoralty; **ordinanza s.**, mayor's ordinance *2* (*fin.*: *di sindaco di società*) auditorial; auditors'; of auditors: **collegio s.**, board of auditors.
sindacàle (2), a. (*di sindacato*) (trade-)union (*attr.*); of trade unions; labour (*attr.*); labor (union) (*attr.*, *USA*): **accordo s.**, trade-union agreement; **azione s.**, trade-union action; **delegato s.**, shop stewart; committeeman (*USA*); **libertà sindacali** freedom to form [to join] a union; **lotte sindacali**, (trade-)union struggles; **movimento s.**, trade-union movement; trade unionism; **organizzazione s.**, trade-union organization; **agitazioni sindacali**, labour unrest; **rivendicazioni sindacali**, (trade-)union demands; **vertenza s.**, union (*o* trade, labour, industrial) dispute.
sindacalése, m. trade-union jargon.
sindacalismo, m. trade unionism; unionism; labor movement (*USA*): **aziendale**, business unionism; **s. rivoluzionario**, syndicalism.
sindacalista, m. e f. *1* trade unionist; trade-union officer; union representative; (*dirigente*) labour leader *2* (*esperto in materia sindacale*) expert in trade-union matters *3* (*stor.*: *fautore del sindacalismo rivoluzionario*) syndicalist.
sindacalistico, a. *1* (trade-)union (*attr.*); unionist *2* (*stor.*: *rif. al sindacalismo rivoluzionario*) syndicalist (*attr.*).
sindacalizzàre, **A** v. t. to unionize; to organize into a (trade) union. **B sindacalizzàrsi,** v. i. pron. to become* organized into a (trade) union.
sindacalizzazióne, f. unionization.
sindacàre, v. t. *1* (*controllare*) to inspect, to control, to check, to supervise, to verify; (*i conti*) to audit *2* (*fig.*: *criticare, censurare*) to censure, to criticize; (*fam.*: *commentare, criticare*) to comment on, to pass comments on.
sindacàto (1), m. (*controllo*) supervision, control, check, verification; (*dei conti*) audit.
sindacàto (2), **A** m. *1* (*organizzazione dei lavoratori*) trade(s) union; union; labor union (*USA*): **s. di categoria**, craft union; **s. aziendale** (*o* **d'impresa**), company union; **s. dei metalmeccanici**, metalworkers' union; **s. ferrovieri**, rail union; **iscriversi a un s.**, to join a union *2* (*econ.*, *fin.*) syndicate; trust; pool; cartel: **s. azionario**, voting trust; **s. commerciale**, cartel; **s. industriale**, manufacturing trust; **s. di compratori**, buying syndicate; **s. di controllo**, controlling syndicate; **s. padronale**, employers' association. **B** a. (*fin.*) syndicated.
sindacatóre, m. (f. **-trice**) *1* auditor; inspector; controller; checker *2* (*fig.*) criticizer; censor.
sindachéssa, f. (*scherz.*) V. **sindaco**.
sìndaco, m. *1* (*di città*) (town) mayor *2* (*fin.*: *di società*) auditor: **s. effettivo [supplente]**, standing [substitute] auditor; **collegio dei sindaci**, board of auditors.
sindattilia, f. (*med.*) syndactylism.
sindattilo, a. (*med.*) syndactyl(ic).
sindèresi, f. *1* (*filos.*) synderesis*; synteresis* *2* (*fam.*) senses (*pl.*); clarity of mind. ● (*scherz.*) **perdere la s.**, to flip one's lid; to lose all one's marbles.
sindesi, f. (*ling.*) syndesis.
sindètico, a. (*ling.*) syndetic.
sìndone, f. (*stor.*, *relig.*) sindon; shroud: **la Sacra S.**, the Holy Shroud; Christ's Sindon.
sìndrome, f. (*med.* e *fig.*) syndrome: **s. di Down**, Down's syndrome; (*scherz.*) **s. da licenziamento**, sack (*o* axe) syndrome; **s. di Stoccolma**, Stockholm syndrome; **s. da astinenza**, withdrawal symptoms (*pl.*).
sinechia, f. (*med.*) synechia*.
sinecùra, f. *1* (*eccl.*) sinecure *2* (*fig.*) sinecure; no-show job (*fam.*).
sinèddoche, f. (*retor.*) synecdoche.
sine die (*lat.*), locuz. avv. sine die; indefinitely.
sinèdrio, m. *1* (*stor. greca*) synedrion*; synedrium* *2* (*stor. ebraica*) Sanhedrin *3* (*per estens.*: *consesso*) assembly.
sinèresi, f. (*ling.*, *chim.*) syn(a)eresis*.
sinergia, f. (*fisiol.* e *fig.*) synergy.
sinèrgico, a. (*fisiol.*) synergetic; synergistic.
sinergismo, m. (*farm.*, *teol.*) synergism.
sinesi, f. (*gramm.*) synesis.
sinestèsi, f. (*psic.*) syn(a)esthesia.
sinestesia, f. (*fisiol.*, *psic.*, *ling.*) syn(a)esthesia.
sinfisi, f. (*anat.*) symphysis*.
sinfonia, f. *1* (*mus.*) symphony; (*stor.*) sinfonia; (*di opera*) overture: **la nona s. di Beethoven**, Beethoven's ninth symphony; **s. concertante**, sinfonia concertante *2* (*fig.*) symphony: **una s. di colori**, a symphony of colours *3* (*fam.*: *cosa detta e ridetta*) same old tune; (*predica*) sermon.
sinfònico, a. (*mus.*) symphonic; symphony (*attr.*); orchestral: **musica sinfonica**, orchestral (*o* symphonic) music; **concerto s.**, orchestral concert; **orchestra sinfonica**, symphony orchestra.
sinfoniétta, f. (*mus.*) sinfonietta.
sinfonismo, m. (*mus.*) symphonic nature; (*genere*) symphonic music.
sinfonista, m. e f. (*mus.*) symphonist.
sinforòsa, f. *1* (*cappello da donna*) Dolly Varden *2* (*fig.*) old flirt; mutton dressed as a lamb.
singalése, a., m. e f. Sin(g)halese (*pl. invar.*).
singènesi, f. (*biol.*, *geol.*) syngenesis.
singenètico, a. (*biol.*, *geol.*) syngenetic.
singhiozzàre, v. i. *1* (*avere il singhiozzo*) to hiccup, to hiccough *2* (*piangere a singhiozzi*) to sob *3* (*fig.*: *avanzare a scatti*) to jerk along; to move in fits and starts.
singhiózzo, m. *1* (*movimento respiratorio*) hiccup, hiccough: **avere il s.**, to have the hiccups; **Mi è venuto il s.**, I started to hiccup (*o* to hiccough) *2* (*nel pianto dirotto*) sob: **trattenere un s.**, to stifle (*o* to hold back) a sob; **dire fra i singhiozzi**, to sob (out); **ricominciare coi singhiozzi**, to start sobbing again; **scoppiare in singhiozzi**, to burst out sobbing. ● (*fig.*) **a s.** (*o* **a singhiozzi**), fitfully; in fits and starts; jerkily □ **addormentarsi fra i singhiozzi**, to sob oneself to sleep □ (*fig.*) **avanzare a singhiozzi**, to jerk (*o* to

jolt) along □ **sciopero a s.**, on-off strike.

singleton, *m.* **1** (*bridge*) singleton **2** (*mat.*) one-element set.

singolàre, A *a.* **1** (*gramm.*) singular **2** (*unico, raro, notevole*) singular; unique; uncommon; striking; excellent; extraordinary; remarkable; signal: **dono s.**, singular (*o* unique) gift; **fenomeno s.**, singular phenomenon; **un uomo di s. coraggio**, a man of singular (*o* extraordinary) courage; **di s. importanza**, of exceptional importance **3** (*insolito*) singular, unusual, uncommon, striking; (*strano*) curious, strange, quaint, peculiar, queer; (*eccentrico*) eccentric, bizarre, odd, queer, weird: **vestito s.**, unusual dress; **fattezze singolari**, striking features; **gusti singolari**, curious (*o* odd, peculiar) tastes; **tipo s.**, peculiar fellow; queer fish (*fam.*); funny old basket (*fam.*). ● **singolar tenzone**, single combat. **B** *m.* **1** (*gramm.*) singular: **al s.**, in the singular **2** (*tennis*) singles (*pl.*): **s. maschile** [**femminile**], men's [women's] singles.

singolarista, *m. e f.* (*tennis*) singles player.

singolarità, *f.* **1** (*unicità*) singleness; oneness **2** (*eccellenza*) singularity; excellence **3** (*particolarità*) distinctiveness, particularity, peculiarity; (*originalità*) singularity, originality, strangeness, quaintness; (*rarità*) rarity, uniqueness **4** (*stranezza*) singularity; strangeness; peculiarity; queerness; oddity; weirdness **5** (*mat.*) singularity.

singolarizzàre, *v. t.* (*gramm.*) to make* singular.

singolarménte, *avv.* **1** (*a uno a uno*) one by one; singly; individually; separately; severally **2** (*particolarmente*) singularly; particularly; uncommonly; unusually; remarkably; exceptionally **3** (*stranamente*) strangely; curiously; peculiarly; oddly; weirdly.

singolìsta, *m.* (*tennis*) singles player.

sìngolo, A *a.* **1** (*separato*) single; individual; separate; several: **camera singola**, single room; single; **letto s.**, single bed; **firma singola**, separate signature; **molecole singole**, single molecules; **i poteri dei singoli stati**, the powers of the individual states; **casi singoli**, individual cases; **le singole prove**, the separate proofs; (*leg.*) **responsabilità singola**, single liability; **ogni s. giorno**, every single day **2** (*unico*) single; sole: **copia singola**, single copy; **un caso s.**, a single case; a one-off **3** (*semplice, non doppio*) simple; onefold. **B** *m.* **1** (*individuo*) individual **2** (*tennis*) singles (*pl.*): **s. maschile**, men's singles **3** (*cannottaggio*) single sculler **4** (*telef.*) single line.

singùlto, *V.* **singhiozzo**.

siniscalcàto, *m.* (*stor.*) **1** (*carica*) seneschalship **2** (*provincia*) seneschalsy.

siniscàlco, *m.* (*stor.*) seneschal; steward.

sinistr, *inter.* left: **Fianco s.!**, left turn!; **Attenti a s.!**, eyes left!; **Fronte a s.!**, left face!; **Per fila s.!**, left wheel!

sinìstra, *f.* **1** (*mano s.*) left (hand): **scrivere con la s.**, to write with the left (hand) **2** (*lato sinistro*) left (side); left-hand side: **una casa sulla s.**, a house on the left-hand side; **la s. d'un fiume**, the left bank of a river; **a s.**, on the left; to the left: **Era lì a s.**, it was there on the left; **Sedeva alla mia s.**, he was seated on my left; **svolta a s.**, left turn; **svoltare a s.**, to turn (to the) left; **tenere la s.**, to keep left; **voltarsi a s.**, to turn to the left; (*autom.*) **guida a s.**, left-hand drive **3** (*polit.*) Left; left wing: **la S.**, the Left; **l'estrema S.**, the extreme (*o* radical) left; **idee di s.**, left-wing (*o* leftist) views; **votare per la s.**, to vote Left; **uomo di s.**, left-winger; leftist; **È molto di s.**, he is very left **4** (*naut.*) port: **a s.**, to port; **sulla s.**, on the port side; **virare a s.**, to put the helm to port; to port the helm; **Accostare a s.!**, steer to port!; **Tutto a s.!**, hard aport!

sinistrabilità, *V.* **sinistrosità**, *def. 1.*

sinistraménte, *avv.* in a sinister way; ominously; (*in modo minaccioso*) threateningly, with hostility.

sinistràre, *v. t.* to damage; to cause damage to.

sinistràto, A *a.* injured; damaged. ● **zona sinistrata**, disaster area. **B** *m.* (*f.* **-a**) victim (of a disaster).

sinistrése, *m.* (*iron., spreg.*) leftist jargon.

sinistrismo, *m.* leftism; left-wing trend (*o* tendency).

sinìstro, A *a.* **1** left; left-hand: **gamba** [**mano**] **sinistra**, left leg [hand]; **lato s.**, left side; left-hand side; **guanto s.**, left-hand glove; **il lato s. della strada**, the left-hand side of the street **2** (*minaccioso*) sinister, grim, baleful, evil; (*spettrale*) unearthly, lurid, spooky (*fam.*); (*di cattivo auspicio*) ominous, ill-omened, inauspicious, calamitous: **faccia sinistra**, sinister face; **aspetto s.**, sinister countenance; **individuo dall'aria sinistra**, sinister-looking character; **umorismo s.**, grim sense of humour; **luce sinistra**, lurid light; spooky light (*fam.*); **tempi sinistri**, calamitous days; **segni sinistri**, ominous signs; **sinistri presagi**, bad omens. **B** *m.* **1** (*incidente*) accident; (*scontro*) crash; (*danno*) damage: **il luogo del s.**, the site of the accident; **assicurazione contro i sinistri**, insurance against accidents; accident insurance; **liquidare un s.**, to pay off damages **2** (*pugno dato con la sinistra*) left-hand blow, left-hander; (*boxe*) (straight) left **3** (*calcio*) left-foot shot: **Mise in rete di s.**, he scored with a left-foot shot.

sinistrogiro, *a.* **1** (*geom.*) left-hand(ed) **2** (*fis., chim.*) levorotatory; levogyrate.

sinistròide, (*polit.*) **A** *a.* leftist; left-wing; lefty (*fam.*); pink (*fam.*). **B** *m. e f.* leftist; left-winger.

sinistròrso, A *a.* **1** sinistrorse; sinistrorsal; left-hand; backhanded: **spirale sinistrorsa**, sinistrorse spiral; **scrittura sinistrorsa**, backhanded writing **2** (*mecc.*) left-hand(ed); counter-clockwise: **vite sinistrorsa**, left-hand screw **3** (*polit., scherz.*) leftish; left-of-centre **4** (*zool.*) sinistrorse, sinistral; (*bot.*) sinistrorse. **B** *m.* (*f.* **-a**) (*polit.*) leftist.

sinistrosità, *f.* (*ass.*) **1** (*rif. a un individuo o a un gruppo*) liability to accidents **2** (*rif. a un'area o a un periodo*) number of accidents.

sinizèsi, *f.* (*gramm.*) synizesis*.

sino, A *prep.* **1** (*di tempo*) until; till; up to; up till: **s. a stasera**, until this evening; **s. a ieri**, up until (*o* to) yesterday; **s. alla fine**, till the end **2** (*di luogo*) as far as; to: **Arrivai s. a Milano**, I went as far as Milan; **s. all'ultima goccia**, to the last drop. **B** *avv.* (*persino*) even; actually.

sinodàle, *a.* (*eccl.*) synodal. ● **l'età s.**, the Tridentine age.

sinòdico, *a.* (*astron.*) synodic(al): **il mese s.**, the synodical month.

sìnodo, *m.* **1** (*eccl.*) synod: **un s. generale**, a general synod; **il Santo S.**, the Holy Synod **2** (*astron.*) conjunction.

sinologìa, *f.* Sinology.

sinòlogo, *m.* (*f.* **-a**) Sinologist; Sinologue.

sinonimìa, *f.* **1** synonymity **2** (*sinonimo*) synonym.

sinonìmico, *a.* synonymic.

sinònimo, A *a.* synonymous: **una parola sinonima di un'altra**, a word synonymous with another. **B** *m.* synonym: **dizionario dei sinonimi**, dictionary of synonyms; **lo studio dei sinonimi**, the study of synonyms; synonymic(s).

sinòpia, *f.* **1** (*miner.*) sinopite **2** (*pitt.*) sinopia*.

sinòpsi, *V.* **sinossi**.

sinóra, *avv.* so far; until now; up to now; (*form., bur.*) to date.

sinòssi, *f.* synopsis*.

sinostòsi, *f.* (*med.*) synostosis*.

sinotibetàno, *a. e m.* (*ling.*) Sino-Tibetan.

sinòttico, *a.* synoptic(al): **tavola sinottica**, synoptic table; **i Vangeli sinottici**, the Synoptic Gospels.

sinòvia, *f.* (*anat.*) synovia.

sinoviàle, *a.* (*anat.*) synovial: **membrana s.**, synovial membrane.

sinovite, *f.* (*med.*) synovitis.

sinsèpalo, *a.* (*bot.*) synsepalous.

sintàgma, *m.* (*ling.*) syntagm; syntagma*.

sintagmàtico, *a.* (*ling.*) syntagmatic.

sintantoché, *cong.* until; till; as long as.

sintàssi, *f.* syntax. ● (*gramm.*) **la s. dei tempi**, the sequence of tenses □ **un errore di s.**, a syntactic error □ **un periodo senza s.**, a badly-constructed sentence.

sintàttica, *f.* (*filos.*) syntactics (*pl. col verbo al sing.*).

sintàttico, *a.* (*gramm.*) syntactic(al); of syntax: **le regole sintattiche**, the rules of syntax.

sinterizzàre, *v. t.* (*metall.*) to sinter.

sinterizzazióne, *f.* (*metall.*) sintering.

sintesi, *f.* synthesis* (*anche filos., scient.*); (*compendio*) compendium, epitome, summary, resumé (*franc.*); (*succo*) gist, essentials (*pl.*): **una s. di storia e leggenda**, a synthesis of history and legend; **fare una s.** (**di**), to make a synthesis (of); to synthesize, to synthetize; to make a summary (of); to summarize; **Non dirmi tutto, fammene solo una s.**, don't tell me everything, just give me the essentials (*o* the gist of it); **in s.**, in short; in brief; briefly said; in a few words; in a nutshell; **per s.**, by synthesis. ● (*bot.*) **s. clorofilliana**, photosynthesis □ (*chim.*) **la s. dell'acqua**, the synthesis of water □ (*TV*) **la s. di una partita**, the highlights of a match □ **capacità di s.**, ability to synthetize □ (*chim.*) **gas di s.**, synthesis gas □ **prodotti di s.**, synthetic (*o* synthesis) products.

sinteticaménte, *avv.* **1** synthetically; briefly; succinctly; concisisely; tersely **2** (*chim.*) by synthesis.

sinteticità, *f.* conciseness; brevity; succinctness; terseness.

sintètico, *a.* **1** (*frutto di sintesi*) synthetic(al): (*filos.*) **metodo s.**, synthetic method; **lingua sintetica**, synthetic language **2** (*artificiale*) synthetic; artificial; man-made: **fibre sintetiche**, synthetic (*o* man-made) fibres; synthetics; **gomma** [**resina**] **sintetica**, synthetic rubber [resin] **3** (*conciso, succinto*) concise; condensed; succinct; terse; economical: **stile s.**, terse style; **giudizio s.**, concise judgment.

sintetismo, *m.* (*filos.*) syntheticism.

sintetizzàre, *v. t.* to synthesize, to synthetize; to make* a synthesis of; (*compendiare*) to condense, to epitomize; (*riassumere*) to summarize, to sum up.

sintetizzatóre, *m.* (*mus.*) synthesizer.

sintogràmma, *m.* (*radio*) tuning scale.

sintomaticità, *f.* symptomatic nature; revealing nature.

sintomàtico, *a.* **1** (*med.*) symptomatic(al) **2** (*indicativo*) indicative; significant; suggestive (of st.); revealing.

sintomatologìa, *f.* (*med.*) symptomatology.

sìntomo, *m.* **1** (*med.*) symptom; sign: **i sintomi d'una malattia**, the symptoms of a disease; **ai primi sintomi di influenza**, at the first signs of a flu **2** (*segno, indizio*) sign; symptom; indication: **un s. di debolezza**, a symptom (*o* a sign) of weakness; **deboli sintomi di ripresa economica**, slight signs (*o* indications) of an economic recovery.

sintonìa, *f.* **1** (*radio*) tuning; syntony: **s. acuta**, sharp tuning; **acutezza di s.**, tuning sharpness; **banda di s.**, tuning band; **fuori s.**, out of tune (*anche fig.*); **in s.**, tuned; **indicatore di s.**, tuning indicator; **mettere in s.**, to tune in **2** (*fig.*) agreement; syntony: **essere in s. con q.**, to be on the same wave-length as sb.

sintònico, *a.* (*radio*) syntonic.

sintonizzàbile, *a.* (*radio*) tunable: **non s.**, non-tunable.

sintonizzàre, A *v. t.* **1** (*radio*) to tune; to syntonize **2** (*fig.*) to tune (to); to harmonize (with). **B sintonizzàrsi**, *v. i. pron.* (*anche fig.*) to tune in (to st.); to be tuned in (to st.).

sintonizzàto, *a.* (*radio*) tuned: **una radio sintonizzata su una stazione tedesca**, a radio tuned to a German station; **Restate sintonizzati sul nostro programma**, stay tuned to our program; **non s.**, untuned.

sintonizzatóre, *m.* (*radio*) tuner; syntonizer: **s. a pulsante**, push-button tuner; **s. multiplo**, multiple tuner.

sintonizzazióne, *f.* (*radio*) tuning; syntonization: **s. di antenna in parallelo**, parallel antenna tuning; **s. doppia**, double-spot tuning; **s. accurata**, fine-tuning

sintropìa, *f.* (*fis.*) syntropy.

sintròpico, *a.* (*fis.*) syntropic.

sinuàto, *a.* (*bot.*) sinuate.

sinuosità, *f.* ***1*** (*andamento sinuoso*) sinuosity; sinuousness; winding course; meandering: **la s. d'un sentiero**, the sinuosity of a path; **la s. d'un fiume**, the meandering (*o* winding course) of a river ***2*** (*tortuosità, anche fig.*) tortuosity; deviousness ***3*** (*flessuosità*) sinuosity; suppleness; litheness.

sinuóso, *a.* ***1*** (*serpeggiante*) sinuous; winding; wandering; meandering; twisting; serpentine; snaky: **il corso s. d'un fiume**, the winding course of a river; **sentiero s.**, sinuous (*o* meandering) path ***2*** (*flessuoso*) supple; pliant; lithe ***3*** (*bot.*) sinuate.

sinusite, *f.* (*med.*) sinusitis.

sinusoidàle, *a.* (*mat.*) sinusoidal.

sinusòide, *f.* (*mat.*) sinusoid.

sionismo, *m.* (*polit.*) Zionism.

sionista, *a., m.* e *f.* (*polit.*) Zionist.

sionistico, *a.* (*polit.*) Zionistic.

sipariétto, *m.* (*teatr.*) ***1*** (*breve numero*) entr'acte (*franc.*) ***2*** (*sipario supplementare*) entr'acte curtain; drop-curtain.

sipàrio, *m.* (*teatr.*) curtain; drop-curtain: **dietro il s.**, behind the curtain; **alzare** [**calare**] **il s.**, to raise [to drop *o* to lower] the curtain; **Si alza il s.**, the curtain rises; **Cala il s.**, the curtain drops (*o* falls, is lowered); **Giù il s.!**, curtain!; **Su il s.!**, curtain up! ● (*fig.*) **calare il s. su q.c.** (*mettere a tacere*), to draw the curtain over st. □ **È calato il s. sulla questione degli accordi bilaterali**, the curtain has gone down on the matter of bilateral agreements □ (*fig.*)

siparista, *m.* curtain-man

Siracusa, *f.* (*geogr.*) Syracuse.

siracusàno, **A** *a.* Syracusan; of Syracuse; from Syracuse. **B** *m.* (*f.* **-a**) Syracusan.

sire, *m.* ***1*** (*lett.*) lord ***2*** (*al vocat.*: *maestà*) Sire.

sirèna (1), *f.* ***1*** (*mitol.*) siren (*anche fig.*); mermaid; sea-maid: **un canto di s.**, a siren song; **dalla voce di s.**, siren-voiced ***2*** (*fig.*: *donna seducente*) siren; femme fatale (*franc.*) ***3*** (*zool., Siren*) siren.

sirèna (2), *f.* (*apparecchio per segnali acustici*) siren, horn; (*di fabbrica*) hooter: **la s. d'una nave**, a ship's siren; **una s. elettrica**, an electric siren; **s. da nebbia**, foghorn; **s. dell'ambulanza**, ambulance siren; **a sirene spiegate**, with sirens wailing (*o* blaring).

sirenétta, *f.* ***1*** little mermaid ***2*** (*mus.*) bird-call.

sirènide, *m.* (*zool.*) sirenian.

Sìria, *f.* (*geogr.*) Syria.

sirìaco, *a.* e *m.* Syriac.

siriàno, *a.* e *m.* (*f.* **-a**) Syrian (*f.* Syrian woman*).

sirice, *m.* (*zool.*) wood wasp; horntail.

sirima, *f.* (*metrica*) sirima.

sirìnga, *f.* ***1*** (*med.*) syringe: **s. ipodermica**, hypodermic syringe; **s. monouso**, throwaway syringe ***2*** (*mecc.*) syringe; gun: **s. per olio**, oil syringe; **s. per grasso**, grease gun; **s. per lubrificazione**, oil gun ***3*** (*cucina*) icing syringe ***4*** (*mus.*) syrinx*; panpipe; panpipes (*pl.*); pipes of Pan (*pl.*) ***5*** (*bot., Syringa*) syringa*; lilac.

siringàre, **A** *v. t.* to syringe; (*iniettare*) to inject (by means of a syringe). **B siringàrsi**, *v. i. pron.* (*gergo della droga*) to be on the needle.

siringatùra, *f.* syringing; injection; injecting.

sirìnge, *f.* (*zool.*) syrinx*.

Sìrio, *m.* (*astron.*) Sirius; Dog-Star.

Sirte, *f.* (*geogr.*) Syrtis.

sirte, *f.* (*lett.*) syrtis*; quicksand (*anche fig.*): **le sirti della politica**, the quicksands of politics.

sìrtico, *a.* (*geogr.*) Syrtic; of Syrtis.

serventése, *m.* (*letter.*) sirvente.

sìsal, *f.* ***1*** (*bot., Agave sisalana*) sisal (plant) ***2*** (*fibra tessile*) sisal (hemp).

Sìsifo, *m.* (*mitol.*) Sisyphus: **la fatica di S.**, the labour of Sisyphus; (*fig.*) **una fatica di S.**, a labour of Sisyphus; a Sisyphean toil (*o* task).

sìsma, *m. V.* **sismo.**

sismicità, *f.* (*geol.*) seismicity.

sìsmico, *a.* seismic(al); earthquake (*attr.*): **onda sismica**, seismic wave; **zona sismica**, seismic zone; earthquake zone.

sìsmo, *m.* seism; earthquake.

sismografìa, *f.* seismography.

sismogràfico, *a.* seismographic(al).

sismògrafo, *m.* seismograph.

sismogràmma, *m.* seismogram.

sismologìa, *f.* seismology.

sismològico, *a.* seismologic(al).

sismòlogo, *m.* (*f.* **-a**) seismologist.

sismòmetro, *m.* seismometer.

sismoscòpio, *m.* seismoscope.

sissignóra, *inter.* yes, madam.

sissignóre, *inter.* yes, sir.

sistèma, *m.* ***1*** system: **s. filosofico**, philosophical system; system of philosophy; **s. di carrucole**, system of pulleys; **s. di misure**, measuring system; **s. digerente** [**muscolare, nervoso**], digestive [muscular, nervous] system; **s. idrografico**, hydrographic system; **s. metrico decimale**, metric system; **s. politico**, political system; **s. solare**, solar system; **un s. di canali**, a system (*o* a network) of canals ***2*** (*metodo*) system, method, process; (*modo*) way, means (*sing.*); (*modo di agire*) manner; (*abitudine*) habit: **un s. infallibile**, an infallible method; a fool-proof method; **lavorare senza s.**, to work without method; **Ci sono diversi sistemi per farlo**, there are different ways of doing it; **Troveremo il s.**, we'll find the way; **Non è mio s. fare cose del genere**, I'm not in the habit of doing such things; **Devi cambiar s., caro mio**, you must change your ways, my dear; **Questo non è il s. di studiare**, this is not the way to study; **Con lui ci vuole il s. forte**, you need a firm hand with him; **È il momento di adottare il s. forte**, we need to take firm action; **Ma che sistemi!**, what a way to do things [to act, to behave, etc.]! ***3*** (*polit.*) (the) Establishment; (the) system; (the) power structure ***4*** (*calcio*) MW formation: **giocare con il s.**, to play the MW formation ***5*** (*nei giochi basati su pronostici*) system; (*al totocalcio*) permutation, perm. ● (*fotogr.*) **s. a tre colori**, three-colour process □ **s. aureo**, gold standard □ (*fin.*) **s. bancario** [**monetario**], banking [monetary] system □ (*fotogr.*) **s. bicromico**, two-colour process □ **s. d'allarme**, burglar alarm □ (*fin.*) **s. dei cambi**, exchange system □ **s. di fognature**, sewerage □ **s. di leve**, leverage □ **s. di vita**, way of life □ (*elab.*) **s. operativo**, operating system □ (*ind.*) **s. d'impianto**, installation: **s. d'impianto centrale** [**locale**], central [local] installation □ (*tecn.*) **s. d'ingranaggi**, gearing □ **s. di riferimento**, frame of reference □ (*elab.*) **s. esperto**, expert system □ (*elab.*) **s. interattivo**, interactive system □ **adottare un s.**, to adopt (*o* to follow) a system (*o* a method) □ **analisi dei sistemi**, systems analysis □ **con s.**, methodically; systematically □ **ingegneria dei sistemi**, systems engineering □ **per s.**, (*per abitudine*) habitually, customarily, as a practice; (*per partito preso*) intentionally, deliberately.

sistemàre, **A** *v. t.* ***1*** (*disporre*) to arrange, to lay* out; (*collocare*) to put*, to place, to lay* out, to fit, to find* a place for, to set*, to leave*; (*mettere in ordine*) to put* (*o* to place) in order, to tidy (up), to fix up, to sort out: **s. dei fiori**, to arrange flowers; **s. i vassoi sul tavolo**, to lay out the trays on the table; **Sistemò le cose in modo che nessuno potesse lamentarsi**, he arranged things so that nobody could complain; **s. i golf nel cassetto**, to put the jumpers in the drawer; **Riuscii a s. tutti i vestiti nell'armadio**, I managed to fit all my clothes into the wardrobe; **Devo s. il carrello da qualche parte**, I must find a place for the trolley; **Sistemalo dove ti pare**, just put (*o* leave) it where you wish; **s. la casa**, to tidy up the house; **sistemarsi i capelli**, to tidy up one's hair; **s. i libri sullo scaffale**, to sort out the books on the shelf ***2*** (*regolare, definire*) to settle, to solve, to square, to fix (up), to define; (*sbrogliare*) to sort out, to straighten out, to fix: **s. una faccenda**, to settle a matter; to sort out a matter; to put a matter right; **s. una lite**, to settle (*o* to arrange) a quarrel; **s. i propri affari**, to settle one's affairs; to set one's house in order (*fam.*); **s. i particolari di un contratto**, to fix up the details of a contract; **s. un conto**, to settle an account (*o* a bill); **s. i conti con q.**, to settle up with sb.; (*anche fig.*) to square accounts with sb.; **avere una questione da s. con q.**, to have an account to settle with sb.; to have a bone to pick with sb. (*fam.*); **Ho sistemato tutto io col direttore**, I've fixed everything up (*o* sorted everything out) with the manager ***3*** (*riparare*) to fix, to repair; (*mettere a posto*) to adjust, to set*: **s. un rubinetto**, to fix a tap; **s. una frattura**, to set a fracture ***4*** (*alloggiare, ospitare*) to accommodate; to find* accommodation for; to house; to lodge; to put* up (*fam.*); to fix up (*fam.*): **I profughi furono sistemati in alberghi**, the refugees were accommodated (*o* housed) in hotels; **s. q. per la notte**, to put (*o* to fix) sb. up for the night (*fam.*); **Ti posso s. nella stanza degli armadi**, I can put you up in the spare room ***5*** (*fam.*: *trovare lavoro a q.*) to get (*o* to find*) (sb.) a job; to fix up (with a job): **s. q. presso una ditta**, to find sb. a job in a firm; **L'ha sistemato suo zio al Ministero**, his uncle has fixed him up with a job at the Ministry ***6*** (*far sposare*) to marry off ***7*** (*fam.*: *dare una lezione*) to sort out; to fix; to take* care of: **Ti sistemo io!**, I'll fix you! ***8*** (*ridurre a sistema*) to systematize; to systemize; to reduce to system. **B sistemàrsi**, *v. rifl.* ***1*** (*stabilirsi*) to settle; to be established; to be located (*USA*): **s. a Londra**, to settle in London; **s. in campagna**, to settle in the country; **Ci siamo felicemente sistemati a Torino**, we are happily settled (*o* established) in Turin; **Ti sei già sistemato?**, have you found somewhere to live yet?; are you located yet? (*USA*) ***2*** (*accomodarsi*) to settle (oneself) down; (*ambientarsi, mettersi a posto*) to settle in: **s. in poltrona**, to settle down in an armchair; **Si è sposato e sistemato**, he is married and settled down; **Quando ci saremo sistemati, verrete a cena da noi**, you must come for dinner, when we've settled in ***3*** (*trovare un'occupazione*) to find* a job: **S'è sistemato bene all'Alitalia**, he has found a good job at Alitalia ***4*** (*sposarsi*) to get* married (to sb.); to marry (sb.). **C sistemàrsi**, *v. i. pron.* (*andare a posto, aggiustarsi*) to right oneself; to straighten up; to work out; to sort itself out: **La situazione dovrebbe sistemarsi presto**, the situation should right itself soon; **Vedrai che tutto si sistemerà**, things will straighten up (*o* work out), you'll see.

sistemàta, *f.* tidying up: **Dai una s. alle tue cose sul tavolo**, tidy up your things on the table; **Datti una s.!**, tidy yourself up.

sistemàtica, *f.* systematics (*pl.*, *col verbo al sing.*).

sistematicaménte, *avv.* **1** (*con metodicità*) systematically; methodically; in a systematic way **2** (*invariabilmente*) invariably; regularly.
sistematicità, *f.* systematic nature; (*metodicità*) methodicalness; (*metodo*) method. ● **con s.,** methodically; systematically.
sistemàtico, *a.* systematic(al); (*metodico*) methodical, orderly: **un tentativo s.,** a systematical attempt; **lavoro s.,** methodical work; **una persona sistematica,** a methodical person.
sistematizzàre, *v. t.* to systematize.
sistematizzazióne, *f.* systematization.
sistemazióne, *f.* **1** (*ordinamento*) arrangement; arranging; ordering; layout: **la s. dei mobili,** the arrangement of the furniture; **la s. dei libri negli scaffali,** the ordering of (the) books on the shelves; **s. provvisoria,** temporary arrangement **2** (*definizione, regolamento*) settlement, settling, arrangement, fixing up; (*pagamento*) settlement, payment: **la s. dei propri interessi,** the settlement of one's affairs; **la s. d'un contratto,** the settlement of a contract; **la s. di una controversia sindacale,** the settlement of a labour dispute; **provvedere alla s. d'un conto,** to settle (*o* to pay) an account (*o* a bill) **3** (*di macchinari, impianti*) layout; (*messa a punto*) setting **4** (*posto, impiego*) job; post; position: **trovare una buona s.,** to find a good job **5** (*alloggio*) accommodation; lodging: **trovare s. per la notte,** to find accommodation for the night; to be fixed up for the night (*fam.*); **La mia s. in quella città era definitiva,** I had settled down in that town for good.
sistèmico, *a.* systemic.
sistemìsta, *m.* e *f.* **1** (*studioso di teoria dei sistemi*) expert in systems theory **2** (*elab.*) systems analyst system engineer **3** (*nei giochi basati su pronostici*) systems player **4** (*calcio*) manager who adopts the MW formation.
sistemìstica, *f.* systems theory.
sistemìstico, *a.* systems theory (*attr.*); of systems theory.
sistilo, *a.* e *m.* (*archit.*) systyle.
Sisto, *m.* (*stor.*) Sixtus.
sistola, *f.* hose.
sistole, *f.* (*fisiol., metrica*) systole.
sistòlico, *a.* (*fisiol.*) systolic.
sistro, *m.* (*stor.*) sistrum*.
sitar, *m.* (*mus.*) sitar.
sitarista, *m.* e *f.* (*mus.*) sitarist.
sitibóndo, *a.* **1** (*lett.*) thirsty; parched **2** (*fig.*: *avido*) thirsting (for, after); avid (for); eager (for): **s. di onori,** thirsting after honours; **s. di potere,** thirsting for power; **s. di sangue,** bloodthirsty; **essere s. di q.c.1,** to thirst after (*o* for) st.
sit-in (*ingl.*), *m. invar.* sit-in.
sito (1), *a.* (*lett., bur.*) situated; placed; located: **un fabbricato s. in via Marconi,** a building situated in via Marconi.
sito (2), *m.* **1** (*lett.*: *luogo*) place, locality, spot, site, situation; (*paese*) country, land: **un bel s.,** a fine place (*o* spot) **2** (*archeol.*) site.
sitofobia, *f.* (*med.*) sitophobia.
sitologia, *f.* sitology; dietetics (*pl., col verbo al sing.*).
sitòlogo, *m.* (*f.* **-a**) dietician, dietitian.
sitomania, *f.* (*med.*) sitomania.
situàre, A *v. t.* to place; to put*; to set*; to locate: **s. le difese,** to place the defences; **Questo lo situa al primo posto,** this puts him in the front; **Non riesco a s. bene la sua faccia,** I cannot quite place her face. **B situàrsi,** *v. rifl.* e *i. pron.* **1** (*porsi*) to place oneself; to put* oneself; to position oneself **2** (*trovarsi*) to be situated; to be; to find* one's place **3** (*accadere*) to take* place; to happen; to occur.
situàto, *a.* situated; placed; located.
situazionàle, *a.* situational.
situazióne, *f.* situation; position; condition; (*circostanze*) state (of affairs), circumstances (*pl.*); (*le cose*) things (*pl.*): **s. difficile,** difficult position; plight; predicament; fix (*fam.*); pickle (*fam.*); **s. imbarazzante,** embarrassing (*o* awkward) situation (*o* position); **s. pericolosa,** dangerous position; hot spot (*fam.*); **l'odierna s. politica,** the present political situation; **la s. del tempo,** weather conditions; **la s. del mercato,** the market situation; **essere padrone della s.,** to be master of the situation; **trovarsi in una triste s.,** to be in a sad (*o* a sorry) plight; **La s. è bruttissima,** things are looking very bad; **La s. sta evolvendo rapidamente,** the situation is evolving rapidly; things are moving fast; **Questa è la s.,** such is the situation; this is how things stand at present. ● **s. commerciale,** business □ **s. congiunturale,** business (*o* economic) situation □ (*rag.*) **s. contabile,** statement of account □ **s. debitoria,** indebtedness □ (*rag.*) **s. di cassa,** cash position; cash statement □ **s. di fatto,** state of affairs (*o* of things); existing (*o* present) situation □ **s. finanziaria,** financial position; financial standing □ **s. senza via d'uscita,** impasse □ **affrontare la s.,** to face the situation; to face the music (*fam.*); to take the bull by the horns (*fam.*) □ **È perfettamente in grado di affrontare la s.,** he is perfectly capable of coping with (*o* handling) the situation □ (*iron.*) **una bella s.,** a pretty pass □ **data la s.,** in the circumstances □ **mettersi nella s. di q.,** to put oneself in sb.'s shoes □ **mostrarsi all'altezza della s.,** to rise to the occasion □ **Nella tua s., io agirei diversamente,** in your position (*o* if I were you), I would act differently □ **rovesciare la s.,** to turn the tables.
situla, *f.* (*archeol.*) situla*.
sivaìsmo, *V.* **shivaismo.**
sivièra, *f.* (*metall.*) ladle.
Sivìglia, *f.* (*geogr.*) Seville.
sizigia, *f.* (*astron.*) syzygy.
sizigiàle, *a.* (*astron.*) syzygial: **marea s.,** syzygial tide.
skate-board (*ingl.*), *m. invar.* skateboard: **correre sullo s.,** to skateboard.
skating (*ingl.*), *m. invar.* (*sport*: *su ghiaccio*) ice-skating; (*su rotelle*) roller-skating.
sketch (*ingl.*), *m. invar.* sketch; variety act (*o* number).
ski-lift (*ingl.*), *m. invar.* ski lift.
skipper (*ingl.*), *m. invar.* (*naut.*) skipper.
slabbràre, A *v. t.* **1** to chip the edge (*o* rim) of: **s. un vaso,** to chip the rim of a bowl **2** (*slargare*) to widen; to open out; to enlarge: **s. una ferita,** to open out a wound. **B slabbràrsi,** *v. i. pron.* **1** (*di vaso e sim.*) to chip **2** (*di ferita*) to open; to gape **3** (*di indumento*) to get* loose at the border.
slabbratùra, *f.* **1** (*di vaso e sim.*) chipping (at the edge) **2** (*punto slabbrato*) chipped edge; chip **3** (*di ferita*) opening; gaping **4** (*mecc.*) burr.
slacciàre, A *v. t.* to unlace; to untie; to loosen; to unfasten; to undo*; (*sbottonare*) to unbutton; (*fibbia, cintura*) to unbuckle, to unclasp, to unstrap: **s.** (*o* **slacciarsi**) **le scarpe,** to unlace one's shoes; to untie one's shoe--laces; **s. un nodo,** to untie (*o* to loosen) a knot. **B slacciàrsi,** *v. i. pron.* to come* unlaced (*o* untied, undone); to get* loose; (*sbottonarsi*) to come* unbuttoned.
slacciàto, *a.* unlaced; untied; unfastened; undone; (*sbottonato*) unbottoned: **con le scarpe slacciate,** with one's shoes unlaced.
slàlom, *m.* (*sport*) slalom.: **s. gigante [speciale],** giant [special] slalom. ● **fare lo s. tra la folla,** to zig-zag (*o* to weave) through the crowd □ **fare lo s. tra il traffico,** to weave among the traffic.
slalomista, *m.* e *f.* (*sport*) slalom racer.
slam, *m.* (*bridge, tennis*) slam: **grande [piccolo] s.,** grand [little] slam.
slanciàre, A *v. t.* to throw*; to fling*: **s. in alto un braccio,** to throw (*o* to fling) up an arm; **s. indietro la testa,** to fling back one's head. **B slanciàrsi,** *v. rifl.* **1** (*scagliarsi*) to throw* oneself; to fling* oneself; to rush; to dash: **Si slanciò tra le mie braccia,** he threw himself into my arms; **s. nella mischia,** to rush into the fray; **Gli si slanciarono contro,** they rushed at him; they threw themselves upon him; **Il ragazzo si slanciò fuori della stanza,** the boy rushed (*o* dashed) out of the room **2** (*avventurarsi*) to throw* oneself (into); to venture (on, upon): **s. in un'impresa,** to venture on an enterprise. **C slanciàrsi,** *v. i. pron.* (*protendersi*) to soar; to reach (up): **Due grattacieli si slanciavano verso le nuvole,** two skyscrapers reached up to the clouds; **colonne che si slanciano verso l'alto,** soaring columns.
slanciàto, *a.* **1** (*snello*) slender; slim: **una colonna slanciata,** a slender column; **una ragazza slanciata,** a tall, slim girl **2** (*alto*) high; soaring.
slàncio, *m.* **1** (*il gettare*) throw; (*movimento energico*) rush, dash, dart, run; (*salto*) leap, jump; (*rincorsa*) run, run-up: **uno s. della gamba,** a throw of the leg; **Con uno s. raggiunse l'uscita,** with a dart (*o* a dash, a leap) he reached the exit; he darted (*o* dashed, leapt) to the exit; **gettarsi con uno s. su q.,** to make a dash at sb.; to pounce (*o* to rush) upon sb.; **Salì le scale di s.,** he leapt up the stairs; **prendere lo s.,** to take a run-up **2** (*fig.*: *impulso*) impulse; fit; outburst; rush; surge; transport: **in uno s. di generosità,** in a fit (*o* rush) of generosity; **uno s. d'entusiasmo,** a rush of enthusiasm; **uno s. di affetto,** a surge of affection; **di s.,** on (an) impulse: **agire di s.,** to act on an impulse **3** (*foga*) blaze, fire, dash, impetus, eagerness, ebullience, gusto; (*energia*) élan, bounce, momentum, go (*fam.*), pizzazz (*fam.*): **una sonata eseguita con s.,** a sonata played with gusto (*o* with a dash); **s. oratorio,** blaze of oratory; **mancare di s.,** (*di cosa*) to lack momentum; (*di persona*) to be half-hearted, to lack go **4** (*aspetto slanciato*) slenderness; (*di edificio, arco*) soaring lines (*pl.*) **5** (*naut.*) rake: **s. di prua,** rake of the stem. ● (*filos.*) **s. vitale,** élan vital (*franc.*).
slang (*ingl.*), *m. invar.* (*ling.*) slang; (*gergo specializzato*) jargon.
slargaménto, *m.* widening; broadening; opening out.
slargàre, A *v. t.* to widen; to make* wider; to enlarge; to make* larger; to broaden; to open out: **s. un'apertura,** to widen an opening; **s. un golf,** to stretch a pullover. **B slargàrsi,** *v. i. pron.* to widen; to open out; to spread* out; to expand; to broaden: **Il viottolo più avanti si slargava,** the lane widened further up; **La strada si slarga in un piazzale,** the road opens out into a square; **Il maglione si è slargato,** the sweater has stretched (*o* has lost its shape); **Mi si slargò il cuore,** my heart lifted.
slargatùra, *f.* **1** widening; broadening; opening out; enlargement **2** (*punto slargato*) widening.
slàrgo, *m.* widening.
slattaménto, *m.* weaning.
slattàre, *v. t.* to wean.
slavàto, *a.* (*sbiadito*) washed out, watery, washy; (*pallido*) pale, colourless, wan, whey--faced; (*insipido*) insipid, dull, flat, vapid: **colore s.,** watery (*o* faded) colour; **viso s.,** colourless face; **descrizione slavata,** flat (*o* dull) description; **personaggi slavati,** colourless (*o* dull) characters.
slavatùra, *f.* (*chiazza scolorita*) faded patch.
slavina, *f.* landslide; (*di neve*) snowslide.
slavìsmo, *m.* Slavism.
slavista, *m.* e *f.* Slavist; Slavicist.
slavistica, *f.* Slavic studies (*pl.*).
slavizzàre, A *v. t.* to Slavicize. **B slavizzàrsi,** *v. i. pron.* to become* Slavic.
slavizzazióne, *f.* Slavicization.
slàvo, A *a.* Slavonic; Slavic: **popoli di lingua slava,** Slavonic-speaking (*o* Slavic-speaking) people. **B** *m.* (*f.* **-a**) Slav; (*ling.*) Slavonic,

Slavic.

ṣlavofilìa, f. **slavofilìṣmo,** m. Slavophilism.

ṣlavòfobo, A a. Slavophobic. **B** m. (f. **-a**) Slavophobe.

ṣlavòfono, A a. Slavonic-speaking; Slavic--speaking. **B** m. (f. **-a**) Slavonic(-language) speaker; Slavic(-language) speaker.

ṣleàle, a. (*infedele*) disloyal, unfaithful, faithless; (*falso*) false, untrue; (*scorretto, disonesto*) unfair, dishonest, deceitful, treacherous, foul; (*non sportivo*) unsportsmanlike: **servitori sleali**, unfaithful (*o* disloyal) servants; **amico s.**, false friend; **colpo s.**, unfair (*o* foul, treacherous) blow; **gioco s.**, foul play; **mezzi sleali**, unfair (*o* dishonest) means; **concorrenza s.**, unfair competition (*o* practice); **avversario s.**, treacherous opponent; **comportamento s.**, unsportsmanlike behaviour.

ṣlealménte, avv. disloyally; unfaithfully; faithlessly; falsely; (*scorrettamente*) unfairly, foul; (*a tradimento*) treacherously: **agire s.**, to play foul; to hit below the belt (*fam.*); **trattare q. s.**, to treat sb. unfairly; to play sb. foul.

ṣlealtà, f. ***1*** (*infedeltà*) disloyalty, unfaithfulness, faithlessness; (*falsità*) falseness, deceitfulness; (*tradimento*) treachery, treacherousness; (*scorrettezza, disonestà*) unfairness, unfair play, foul play, dishonesty ***2*** (*atto sleale*) disloyalty; treachery; deceit.

ṣlegaménto, m. ***1*** (*lo slegare*) untying; loosening; unfastening; unbinding; undoing ***2*** (*fig.*: *incoerenza*) looseness; disconnectedness; disjointedness.

ṣlegàre, A v. t. to untie; to loosen; to unfasten; to unbind*; to undo*; (*liberare*) to set* free, to release: **s. un pacco**, to untie a parcel; **s. i polsi a q.**, to untie (*o* to unbound) sb.'s wrists; **s. i prigionieri**, to release the prisoners; **s. un cane**, to release (*o* to unleash) a dog; **s. un nodo**, to undo a knot. **B ṣlegàrsi,** v. rifl. e i. pron. ***1*** (*liberarsi*) to get* loose; to free oneself ***2*** (*sciogliersi*) to come* untied (*o* unbound, loose, undone).

ṣlegàto, a. ***1*** (*non legato*) untied; unbound; undone; loose ***2*** (*di libro*) unbound ***3*** (*fig.*) loose; disconnected; disjointed: **idee slegate**, disconnected ideas.

ṣlegatùra, f. ***1*** untying; loosening; undoing; unfastening; unbinding ***2*** (*fig.*) looseness; disjointedness.

ṣlèppa, f. (*region.*) ***1*** (*sberla*) slap (in the face) ***2*** (*gran quantità*) heap; load.

Ṣlèsia, f. (*geogr.*) Silesia.

ṣlip, m. invar. ***1*** (*mutande*: *da uomo*) briefs (*pl.*), (under)pants, Y-fronts (*pl.*); (*da donna*) briefs (*pl.*), panties (*pl.*) ***2*** (*costume da bagno maschile*) bathing trunks (*pl.*); (*parte di bikini*) bikini bottom.

ṣlitta, f. ***1*** sledge; sleigh; sled (*USA*): **s. tirata da cavalli [da cani]**, horse-drawn [dog--drawn] sledge (*o* sled); sledge drawn by horses [by dogs]; **andare in s.**, to travel in a sledge (*o* a sleigh); to sledge; to sleigh; to go sleighing; **cane da s.**, sledge dog; husky ***2*** (*artiglieria*) chassis* ***3*** (*mecc.*) slide; (*di pressa*) ram; (*di tornio*) saddle: **s. portafresa**, cutter slide; **s. portautensile**, tool slide; cutter slide; **s. trasversale**, cross slide.

ṣlittaménto, m. ***1*** (*di veicoli*) skid, skidding, side-slip; (*di aereo*) side-slip ***2*** (*mecc.*: *scorrimento*) slipping; slippage: (*autom.*) **s. della frizione**, clutch slippage ***3*** (*cinem.*) slippage ***4*** (*fig.*: *spostamento*) shift, shifting, drift, slide, sliding; (*caduta*) decline, fall, drop; (*rinvio*) postponement, deferment: **La riunione subirà uno s.**, the meeting will be postponed; there will be a postponement in the date of the meeting (*form.*); (*econ.*) **s. monetario**, decline of currency; decline in value; (*econ.*) **s. salariale**, wage drift.

ṣlittàre, v. i. ***1*** (*scivolare*) to skid, to slide, to slip; (*mecc.*) to slip: **s. lungo un pendio**, to slide down a slope; **s. sul bagnato**, to slip on wet ground; **La frizione [la cinghia del ventilatore] slitta**, the clutch [the fan belt] slips (*o* is slipping) ***2*** (*sbandare*) to skid; (*d'aereo*) to side-slip: **L'automobile slittò sulla strada bagnata**, the motor-car skidded on the wet road ***3*** (*spostarsi*) to shift; to drift: **Il partito sta slittando verso sinistra**, the party is slipping to the left ***4*** (*econ.* e *fig.*) to slide*: **s. nella recessione**, to slide into a recession ***5*** (*essere rinviato*) to be postponed; to be put off: **Il termine di consegna è slittato di un mese**, the deadline has been postponed (*o* put off) for a month.

ṣlittàta, f. (*di veicoli*) skid; (*d'aereo*) side--slip.

ṣlittìno, m. sledge; sled (*USA*).

ṣlittovìa, f. (*sport*) sledge-lift.

ṣlìvoviz, m. slivovitz.

ṣlogaménto, m. V. **slogatura**.

ṣlògan, m. invar. slogan; catch phrase; tag line; message: **s. propagandistico**, propaganda slogan; **s. pubblicitario**, advertising slogan (*o* catch phrase); **uno s. efficace**, an effective slogan (*o* catch prase); **cantare s.**, to chant slogans.

ṣlogàre, A v. t. to sprain; to wrench; to twist; to strain; to dislocate; (*vet.*) to splay: **slogarsi la caviglia [il polso]**, to sprain (*o* to wrench, to twist, to dislocate) one's ankle [one's wrist]; **Mi slogai il pollice della mano sinistra**, I strained the thumb of my left hand. **B ṣlogàrsi,** v. i. pron. to get* dislocated.

ṣlogàto, a. sprained; strained; twisted; dislocated: **una caviglia slogata**, a sprained ankle.

ṣlogatùra, f. sprain; strain; dislocation.

ṣloggiàre, A v. t. ***1*** to turn out; to drive* out; to eject; to oust; to dislodge (*anche mil.*) ***2*** (*sfrattare*) to turn out; to evict. **B** v. i. ***1*** (*lasciare un appartamento*) to move out; to quit* ***2*** (*fam.*: *andarsene*) to clear out, to buzz off (*pop.*), to scram (*pop.*); (*spostarsi*) to budge; (*alzarsi*) to get* off (*fam.*): **Ragazzi, qui è meglio s.**, better clear out, boys; **Sloggia, ho da fare**, buzz off, I'm busy; **Sloggia dal divano**, get off the sofa ***3*** (*mil.*) to decamp.

ṣlombàrsi, v. i. pron. (*fig.*) to break* one's back; to wear* oneself out.

ṣlombàto, a. ***1*** (*esausto*) worn out; exhausted; fagged out (*fam.*) ***2*** (*fiacco*) feeble; enervated; nerveless; flaccid: **uno stile s.**, a nerveless style.

sloop, m. invar. (*naut.*) sloop: **attrezzato a s.**, sloop-rigged.

Slovàcchia, f. (*geogr.*) Slovakia.

ṣlovàcco, a. e m. (f. **-a**) Slovak.

ṣlovèno, a. e m. (f. **-a**) Slovenian.

slow (*ingl.*), m. invar. (*mus.*) modern waltz; slow fox-trot.

ṣmaccàto, a. ***1*** (*esagerato*) excessive; extravagant; fulsome: **lodi smaccate**, extravagant praises ***2*** (*sfacciato*) undisguised, barefaced; (*spudorato*) shameless, brazen: **adulazione smaccata**, shameless flattery; **favoritismo s.**, undisguised favouritism; **imitazione smaccata**, undisguised (*o* shameless) imitation ***3*** (*troppo dolce*) sickly-sweet; cloying.

ṣmacchiàre, v. t. to remove stains (from st.); to clean.

ṣmacchiatóre, m. ***1*** (f. **-trice**) (dry-)cleaner ***2*** (*prodotto*) stain remover; spot remover.

ṣmacchiatùra, f. removing of stains; cleaning: **s. a secco**, dry-cleaning.

ṣmàcco, m. humiliating defeat; humiliation; blow; comedown; letdown; slap in the face (*fam.*): **subire uno s.**, to be defeated; to suffer a comedown; **La non rielezione è stata un vero s. per lui**, not being returned was a real slap in the face for him.

ṣmagàre, v. t. to disenchant; to disillusion.

ṣmagàto, a. disenchanted; disillusioned.

ṣmagliànte, a. glowing; beaming; dazzling; brilliant; radiant: **colori smaglianti**, glowing colours; **luce s.**, dazzling light; **un sorriso s.**, a radiant (*o* flashing, beaming) smile.

ṣmagliàre, A v. t. ***1*** (*una rete*) to break* the meshes of; (*una catena*) to break* the links of; (*le calze*) to ladder (*GB*), to make* (a pantyhose) run (*USA*), to have a run (in one's pantyhose) (*USA*) ***2*** (*la cute*) to cause stretch marks to appear; to develop stretch marks. **B ṣmagliàrsi,** v. i. pron. ***1*** (*di rete, catena, e sim.*) to break*; (*di calze*) to ladder (*GB*), to run* (*USA*): **Le calze di seta si smagliano facilmente**, silk stockings ladder (*USA*: run) easily; **Mi si è smagliata una calza**, I laddered my tights; I've got a ladder in my tights; I've got a run in my pantyhose (*USA*) ***2*** (*della cute*) to develop stretch marks.

ṣmagliatùra, f. ***1*** (*di calza*) ladder (*GB*); run (*USA*) ***2*** (*della cute*) stretch mark ***3*** (*fig.*: *mancanza di coesione*) discontinuity; (*soluzione di continuità*) gap, break; (*difetto*) flaw ***4*** (*med.*) stria*.

ṣmagnetiẓẓàre, v. t. (*fis.*) to demagnetize; to degauss.

ṣmagnetiẓẓatóre, m. (*fis.*) demagnetizer.

ṣmagnetiẓẓazióne, f. (*fis.*) demagnetization; demagnetizing; degaussing.

ṣmagriménto, m. thinning; loss of weight; (*in seguito a dieta*) slimming.

ṣmagrìre, A v. i. to get* thin; to grow* (*o* to become*) thinner; to lose* weight; (*con una dieta*) to slim. **B** v. t. to make* thin (*o* thinner); to make* (sb.) lose weight; to have a thinning (*o* a slimming) effect (on sb.).

ṣmaliziàre, A v. t. to sharpen the wits (of sb.); to wake up; to teach* a thing or two (*fam.*). **B ṣmaliziàrsi,** v. i. pron. ***1*** (*impratichirsi*) to get* the hang of (st.); to get* to know the ropes ***2*** (*farsi furbo*) to get* smart; to learn* a thing or two (*fam.*).

ṣmaliziàto, a. (*che la sa lunga*) knowing, wordly-wise, seasoned, that has been around, that knows a thing (*o* a trick) or two; (*scaltrito*) cunning, crafty.

ṣmallàre, v. t. to husk (nuts); to remove (the) husks from (nuts).

ṣmaltàre, v. t. ***1*** to enamel; (*ceramica*) to glaze: **s. il ferro**, to enamel iron; **s. a vetrina**, to glaze ***2*** (*fotogr.*) to glaze ***3*** (*fig.*: *ornare*) to stud: **Fiori di ogni colore smaltavano il pendio**, flowers of every colour studded the slope.

ṣmaltàto, a. ***1*** enamelled; enamel (*attr.*); (*di ceramica*) glazed: **stoviglie s.**, enamel ware ***2*** (*di unghie*) varnished; lacquered; painted ***3*** (*cosparso*) studded: **un prato s. di fiori**, a meadow studded with flowers.

ṣmaltatóre, m. (f. **-trice**) enameller; enamellist; (*di ceramica*) glazer.

ṣmaltatrice, f. (*fotogr.*) glazer; glazing machine: **s. rotativa**, rotary glazer; **s. piana**, flat-bed glazer.

ṣmaltatùra, f. ***1*** enamelling; (*di ceramica*) glazing ***2*** (*fotogr.*) glazing. • **s. a vetrina**, glazing.

ṣmalteria, f. enamel factory.

ṣmaltiménto, m. ***1*** (*il digerire*) digestion; digesting ***2*** (*comm.*: *esaurimento*) selling off; disposing; disposal; **s. delle scorte**, selling off (*o* disposal) of stock ***3*** (*eliminazione*) disposal, removal, getting rid of; (*deflusso*) drainage, draining: **s. dei rifiuti**, waste disposal; **s. delle acque luride**, draining (away) of sewage ***4*** (*disbrigo*) getting through; finishing off: **s. della corrispondenza**, getting through the mail; **s. dell'arretrato**, getting through a backlog.

ṣmaltìre, v. t. ***1*** (*digerire*) to digest: **s. un pranzo**, to digest a meal; **s. un pasto pesante con una dormita**, to sleep off a heavy meal ***2*** (*comm.*: *esaurire*) to sell* off; to dispose of; to clear: **s. le rimanenze**, to dispose of one's surplus stock ***3*** (*eliminare*) to dispose of, to get* rid of; (*far defluire*) to drain, to discharge: **s. il grasso superfluo**, to get rid of excess fat; (*con l'esercizio*) to work off excess fat; **s. i rifiuti**, to dispose of the waste ***4*** (*sbrigare*) to get* through; to clear (off); to dispatch: **s. le pratiche arretrate**, to get through a backlog of paperwork; **s. la posta**, to clear off the mail. ● **s. q.c. col sonno**, to sleep st. off □ **s. q.c. con l'esercizio**, to work st. off □ **s. il traffico**, to get the traffic moving □ **s. la rabbia**, to work off one's anger; (*camminando*) to walk off one's anger □ **s. la sbornia**, to sober up; (*dormendo*) to sleep it off □ **Sta smaltendo la s.**, he's nursing a hangover □ **s. un raffreddore**, to shake off a cold.

ṣmaltista, *m. e f.* enameller; enamellist; enamel worker

ṣmaltite, *f.* (*miner.*) smaltite.

ṣmaltitóio, *m.* drain.

ṣmaltitóre, *a.* waste (*attr.*); discharge (*attr.*); drainage (*attr.*).

ṣmàlto, *m.* ***1*** enamel: **lo s. del lavandino**, the enamel of the sink; **s. a fuoco**, stove enamel; **una collezione di smalti**, a collection of enamels ***2*** (*ceramica*) glaze ***3*** (*fotogr.*) glaze ***4*** (*anat.*) enamel ***5*** (*per unghie*) nail polish; nail varnish ***6*** (*fig.*: *brillantezza*) shine, lustre; (*capacità combattiva*) combativeness, combative spirit, edge: **perdere s.**, to lose one's shine; to lose one's edge ***7*** (*arald.*) tincture. ● **a s.**, enamelled; enamel (*attr.*) □ **decorare a s.**, to enamel; to inlay with enamel □ **decorazione a s.**, enamelling □ **fritta di s.**, enamel frit □ **pittura a s.**, enamel □ **rivestito di s.**, enamel-coated; enamel (*attr.*) □ **verniciatura a s.**, enamel painting.

ṣmammàre, *v. i.* (*pop.*) to clear off; to beat* it; to scram; to get* lost.

ṣmanacciàre, *v. i.* ***1*** (*fam.*: *agitare le mani*) to wave one's hands about; to gesticulate ***2*** (*calcio*) to hit* (the ball) with the flat of the hand ***3*** (*pop.*: *palpeggiare*) to grope.

ṣmanacciàta, *f.* ***1*** (*fam.*) blow with the hand; cuff; slap ***2*** (*pop.*: *palpata*) groping.

ṣmanaccióne, *m.* (*pop.*) groper.

ṣmancerìa, *f.* (*specialm. al pl.*) affectation; mawkishness; affected manners; mincing ways; simpering ways: **fare smancerie**, to be mawkish (*o* affected).

ṣmanceróso, *a.* affected; mincing; mawkish; simpering.

ṣmandrappàto, *a.* (*pop.*) ***1*** (*debole*) washed out; pooped; worn to a frazzle ***2*** (*malmesso, scalcinato*) frowzy.

ṣmanettàre, *v. i.* (*pop.*) to rev up.

ṣmangiàre, *v. t.* to eat* away; to wear* away; to corrode; to eat* into.

ṣmangiucchiàre, *V.* **mangiucchiare**.

ṣmània, *f.* ***1*** (*agitazione, irrequietezza*) nervousness, restlessness, agitation, nerves (*pl.*), fidgets (*pl.*), jitters (*pl.*) (*fam.*); (*frenesia*) frenzy, rage: **avere la s.**, to have the fidgets; to fidget; to have ants in one's pants (*pop.*); **dare s.** (*o* **mettere la s. addosso**), to give the fidgets (*o* the jitters); **dare in smanie**, to rage; to rave; to work oneself up into a frenzy; to go on a rampage ***2*** (*impazienza*) impatience, eagerness, itch; (*voglia ardente*) craze, rage, mania, craving, yearning, yen, addiction: **la s. di finire tutto subito**, the impatience to get everything done as soon as possible; **Gli è venuta la s. di andare a Parigi**, he's got a burning itch to go to Paris; he's dying to go to Paris; **s. del gioco**, gambling mania; addiction to gambling; **s. di successo**, craving for success; **s. di ricchezze**, thirst (*o* craving) for wealth.

ṣmaniànte, *a.* ***1*** fidgety; agitated; restless; jittery (*fam.*) ***2*** (*impaziente*) impatient, itchy, feverish, burning; (*che desidera ardentemente*) eager, craving, longing, yearning, crazy (*fam.*) ***3*** (*in delirio*) raving; delirious; frenzied.

ṣmaniàre, *v. i.* ***1*** (*essere irrequieto*) to fidget, to have the fidgets (*o* the jitters), to be restless, to fret, to chafe, to champ at the bit; (*a letto*) to toss and turn: **Sta' tranquillo e non s.!**, be quiet and don't fidget!; **Ha smaniato tutta la notte per la febbre**, she tossed and turned all night with a temperature ***2*** (*fig.*: *essere fuori di sè*) to fume; to be frantic; to have worked oneself into a frenzy; to be on a rampage ***3*** (*fig.*: *desiderare ardentemente*) to yearn (for st., to do st.); to crave (for st., to do st.); to long (for st., to do st.); to be dying (for st., to do st.); to hanker (after st.); to be crazy (about st.): **Smania di andare a vivere da solo**, he longs to move into a place of his own; **Il bambino smaniava di trovarsi fuori all'aperto**, the child yearned to be out of doors.

ṣmanigliàre, *v. t.* (*naut.*) to unshackle.

ṣmaniosaménte, *avv.* eagerly; longingly; yearningly.

ṣmanióso, *a.* ***1*** (*irrequieto*) fidgety, restless, antsy (*pop.*); (*agitato*) agitated, frantic, frenzied, feverish, burning: **una voglia smaniosa di uscire**, a restless longing to go out ***2*** (*bramoso*) eager; longing; yearning; craving; itching; thirsting; crazy (*fam.*): **s. di cominciare q.c.**, eager to begin st.; raring to go (*fam.*); **essere s. di rivedere gli amici**, to be longing to see one's friends again; **s. di indipendenza**, yearning for independence; **s. di vendetta**, thirsting for revenge; **s. di sciare**, itching to go skiing.

ṣmantellaménto, *m.* ***1*** (*abbattimento, anche fig.*) dismantling; dismantlement; demolition; pulling down; taking down; breaking-up: **lo s. di una base militare**, the dismantling of a military base; **lo s. di un impianto**, the demolition of a plant; **lo s. del sistema mutualistico**, the dismantlement of the health service ***2*** (*confutazione*) demolition; refutation; disproval: **lo s. di un'accusa**, the demolition of a charge.

ṣmantellàre, *v. t.* ***1*** (*abbattere, anche fig.*) to dismantle; to demolish; to pull down; to take* apart: **s. una casa** [**una fortezza, una centrale nucleare**], to dismantle a house [a fort, a nuclear power plant]; **s. una nave**, to dismantle (*o* to strip) a ship ***2*** (*fig.*: *confutare*) to demolish; to refute; to disprove: **s. le argomentazioni di q.**, to demolish sb.'s arguments; **s. un'accusa**, to demolish (*o* to refute, to disprove) a charge.

ṣmarcàre, (*sport*) **A** *v. t.* to free (from marking). **B** **ṣmarcarsi,** *v. i. pron.* to free oneself (from one's marker); to shake* off one's marker.

ṣmargiassàta, *f.* brag; bragging; bluster; swagger; braggadocio; swashbuckling; gasconade: **dire smargiassate**, to brag; to talk big; to shoot a line (*fam.*).

ṣmargiàsso, *m.* braggart; boaster; show-off; big mouth (*fam.*); swaggerer; swashbuckler; hector; **fare lo s.**, to show off; to brag; to boast; to swagger; to hector.

ṣmarginàre, *v. t.* ***1*** (*tagliare i margini*) to trim the margins (*o* the edges) (of st.) ***2*** (*tipogr.*) to bleed* (off).

ṣmarginatùra, *f.* ***1*** (*legatoria*) trimming of margins ***2*** (*tipogr.*) bleeding (off).

ṣmargottàre, *v. t.* (*agric.*) to remove the layer(s) (from st.).

ṣmarriménto, *m.* ***1*** (*perdita*) loss; losing; mislaying; misplacement; miscarriage: **lo s. del portafoglio**, the loss of one's wallet; **lo s. d'una lettera**, the miscarriage of a letter; **denunciare lo s. di q.c.**, to report the loss of st. ***2*** (*turbamento*) bewilderment, confusion; (*sbigottimento*) dismay, consternation: **essere colto da s.**, to be filled with dismay; to be bewildered (*o* dismayed); **avere un attimo di s.**, to be at a loss for moment; **in stato di s.**, confused ***3*** (*svenimento*) fainting fit; swoon.

ṣmarrìre, **A** *v. t.* to lose*; to mislay*; to misplace: **s. una chiave**, to lose (*o* to mislay) a key; **Il pacco è stato smarrito**, the parcel has been mislaid; **Mi accorsi che avevo smarrito un guanto**, I suddenly missed a glove; **s. il filo (del discorso)**, to lose the thread; **s. la ragione**, to lose one's reason (*o* one's wits); **s. i sensi**, to lose consciousness; **s. la strada**, to lose one's way; to lose oneself; to get lost. **B** **ṣmarrirsi,** *v. i. pron.* ***1*** (*perdere la strada*) to lose* one's way; to lose* oneself; to get* lost; to stray: **Ci smarrimmo nel bosco**, we got lost in the woods ***2*** (*fig.*: *confondersi, essere perplesso*) to be at a loss, to be bewildered (*o* perplexed, puzzled); (*turbarsi*) to be upset, to be dismayed: **Alle sue domande mi smarrii**, I was bewildered by his questions. ● **s. d'animo**, to lose heart.

ṣmarrito, *a.* ***1*** (*perduto*) lost; mislaid; missing: **un passaporto s.**, a lost (*o* mislaid) passport; **persone smarrite**, missing persons; **oggetti smarriti**, lost property; **un cane s.**, a lost dog; **andare s.**, to get lost: **La lettera andò smarrita**, the letter got lost in the mail; **pecorella smarrita**, lost sheep ***2*** (*confuso, perplesso*) bewildered, perplexed, puzzled, at a loss (*pred.*); (*turbato*) dismayed, upset: **con l'occhio s.**, with a bewildered look; **avere un'aria smarrita**, to look bewildered (*o* perplexed, puzzled).

ṣmarronàre, *v. i.* (*pop.*) (*sbagliare*) to blunder; to make* a boo-boo.

ṣmarronàta, *f.* (*pop.*) (*sbaglio*) blunder; boo-boo; howler.

ṣmascellàrsi, *v. i. pron.* to dislocate one's jaws. ● **s. dalle risa**, to roar with laughter.

ṣmascheraménto, *m.* unmasking; (*fig., anche*) exposure, exposing, disclosure.

ṣmascheràre, **A** *v. t.* ***1*** (*levare la maschera*) to unmask ***2*** (*fig.*: *rivelare*) to unmask, to uncloak, to uncover, to unveil, to expose, to disclose; (*scoprire*) to find* out, to rumble (*fam. GB*): **s. una spia** [**un traditore**], to unmask a spy [a traitor]; **s. un'impostura**, to expose an imposture; **s. un complotto**, to disclose (*o* to uncover) a conspiracy; **La polizia ha smascherato i loro piani**, the police rumbled their plans (*fam.*); **Il ladro è stato smascherato**, the thief was found out. **B** **ṣmascheràrsi,** *v. rifl.* ***1*** (*togliersi la maschera*) to unmask; to take* off one's mask ***2*** (*fig.*: *gettare la maschera*) to unmask, to tear* off one's mask, to reveal one's true nature; (*tradirsi*) to give* oneself away.

ṣmascheratóre, *m.* (*f.* **-trice**) unmasker; uncoverer; discloser; exposer.

ṣmascolinizzàre, *v. t.* to emasculate; to demasculinize.

ṣmascolinizzazióne, *f.* emasculation; demasculinization.

ṣmatassàre, *v. t.* to unwind* (a skein, a hank).

ṣmaterializzàre, **A** *v. t.* to dematerialize; to disembody. **B** **ṣmaterializzàrsi,** *v. i. pron.* to dematerialize; to become* disembodied; (*scomparire*) to disappear.

ṣmaterializzazióne, *f.* dematerialization; disembodiment; (*scomparsa*) disappearance.

ṣmattonàre, *v. t.* to remove the bricks (of st.); to demolish.

ṣmazzàta, *f.* (*giochi di carte*: *distribuzione*) deal; (*mano*) hand.

ṣmègma, *m.* (*fisiol.*) smegma.

ṣmembraménto, *m.* ***1*** dismemberment; (*squartamento*) quartering ***2*** (*fig.*) dismantling; dispersion; breaking up; break-up; splitting up: **lo s. di una nazione**, the dismemberment of a country; **lo s. di una raccolta di quadri**, the dispersion of a collection of paintings; **lo s. di una famiglia**, the breaking up (*o* break-up) of a family.

ṣmembràre, *v. t.* ***1*** to dismember; (*squartare*) to quarter, to tear* limb from limb ***2*** (*fig.*) to dismantle; to disperse; to break* up; to split* up: **s. una nazione** [**una società**], to dismember a country [a society]; **s. una biblioteca**, to disperse a library.

ṣmemoratàggine, **ṣmemoratézza,** *f.* ***1*** forgetfulness; absent-mindedness; lack of memory: **soffrire di s.**, to suffer from forgetfulness; to be absent-minded ***2*** (*dimenticanza*) lapse of memory.

ṣmemoràto, **A** *a.* ***1*** (*dimentico*) forgetful; (*distratto*) absent-minded ***2*** (*stordito*) stupid; bewildered. **B** *m.* (*f.* **-a**) ***1*** forgetful person ***2*** (*persona distratta*) absent-minded person.

ṣmentire, A *v. t.* (*dimostrare la falsità*) to prove wrong, to confute, to give* the lie to, to belie; (*negare, sconfessare*) to deny, to disavow; (*ritrattare*) to take* back, to withdraw*, to recant, to retract: **I fatti ti smentiscono**, the facts prove you wrong (*o* give you the lie); **s. le voci d'una crisi**, to deny rumours of a crisis; **Il ministro ha smentito di aver parlato di dimissioni**, the minister denied having said he might resign; **Il testimone smentì la sua deposizione**, the witness retracted (*o* took back) his deposition; **Il regalo che mi ha fatto smentisce la sua fama di avaro**, the present he gave me belies his reputation as a miser; **Non ha smentito la sua fama di donnaiolo**, he lived up to his reputation as a womanizer. **B ṣmentirsi**, *v. rifl.* (*contraddirsi*) to contradict oneself: **Ecco, ti sei smentito**, there, you have contradicted yourself; **Non si smentisce mai** (*è sempre il solito*), he never changes; he is always the same (*o* true to type); **La sua avidità non si smentisce mai**, he is always the same greedy self; trust him to be greedy; you can always count on his greed.

ṣmentìta, *f.* denial; refutation; confutation; (*sconfessione*) disavowal, contradiction; (*ritrattazione*) recantation: **una recisa s. del governo**, a flat denial on the part of the government; **s. ufficiale**, formal denial; **non temere le smentite**, not to be afraid of being contradicted; **dare una s. a q.**, to prove sb. wrong; to confute sb.; **I fatti gli hanno dato la s.**, facts have proved him wrong (*o* have given him the lie); **dare una s. a q.c.**, (*negare*) to deny st.; (*dimostrare falso*) to disprove st., to prove st. wrong.

ṣmeraldino, *a.* emerald-green; emerald (*attr.*): **occhi smeraldini**, emerald-green eyes.

ṣmeràldo, A *m.* emerald: **un anello con uno s.**, an emerald ring; **taglio a s.**, emerald cut. **B** *a.* emerald (*attr.*): **verde s.**, emerald green.

ṣmerciàbile, *a.* (*comm.*) sal(e)able; marketable.

ṣmerciabilità, *f.* sal(e)ability; marketability.

ṣmerciàre, *v. t.* (*comm.*) to sell*; to sell* off; to market: **roba che non si smercia facilmente**, goods that do not sell easily; unsaleable goods.

ṣmèrcio, *m.* (*comm.*: *di merci*) sale, market, marketing; (*di negozio e sim.*) turnover: **trovare s.**, to find a market; to sell; **avere molto s.**, to have a good market; to sell easily; **C'è un grande s. di questo prodotto**, this product sells fast; **un negozio che ha poco s.**, a shop with a low turnover.

ṣmerdàre, (*volg.*) **A** *v. t.* **1** to smear with shit; (*per estens.*: *sporcare*) to foul, to soil, to dirty **2** (*fig.*: *svergognare*) to put* to shame, to show up; (*umiliare*) to drag through the mud. **B ṣmerdàrsi**, *v. i. pron.* **1** to smear oneself with shit; (*per estens.*: *sporcarsi*) to dirty oneself **2** (*fig.*) to make* a fool of oneself.

ṣmèrgo, *m.* (*zool.*, *Mergus*) merganser; sawbill: **s. maggiore** (*Mergus merganser*), goosander; **s. minore** (*Mergus serrator*), red-breasted merganser.

ṣmerigliàre, *v. t.* to polish with emery; (*mecc.*) to grind: **s. le valvole**, to grind the valves; **s. il vetro**, to grind glass.

ṣmerigliàto, *a.* **1** (*ricoperto di polvere di smeriglio*) emery (*attr.*): **carta smerigliata**, emery paper **2** (*a smeriglio*) polished with emery; (*mecc.*) ground: **vetro s.**, ground glass; (*con effetto decorativo*) frosted glass.

ṣmerigliatrice, *f.* **1** (*mecc.*) grinder **2** (*falegn.*) sander; sandpapering machine.

ṣmerigliatùra, *f.* **1** emery-polishing **2** (*mecc.*) grinding **3** (*falegn.*) sanding; sandpapering **4** (*di vetro*) grinding; (*decorativa*) frosting.

ṣmerìglio (1), *m.* (*miner.*) emery: **lima a s.**, emery stick; **mola a s.**, emery wheel; **polvere di s.**, emery powder; **tela s.**, emery cloth.

ṣmerìglio (2), *m.* **1** (*zool.*, *Lamna nasus*) porbeagle **2** (*zool.*, *Falco columbarius*) merlin; pigeon hawk (*USA*).

ṣmerlàre, *v. t.* to scallop; to trim (*o* to border) with scallops.

ṣmerlatùra, *f.* **1** (*lo smerlare*) scalloping; scallop-edging **2** (*bordo*) scallop border.

ṣmèrlo, *m.* scallop; scallop border. ● **punto (a) s.**, buttonhole stitch.

ṣmésso, *a.* cast-off; second-hand: **abiti smessi**, cast-off clothes; **roba smessa**, cast-offs (*pl.*); **Le regalò un abito s.**, she gave her an old dress of hers; **Da piccola portavo i vestiti smessi da mia sorella**, as a child I used to wear my sister's hand-me-down (*o*, *GB*, reach-me-down) clothes.

ṣméttere, A *v. i.* to stop; to cease (*form.*); to quit*; to give* up; to have done; (*interrompersi*) to stop, to break* off, to leave* off: **s. di piangere**, to stop crying; **s. di parlare**, to stop talking; to break off; to shut up; to fall silent; **s. di studiare**, to give up one's studies; to leave school; **s. di fumare**, to give up (*o* to quit) smoking; to cut out smoking (*fam.*); **s. di bere**, to give up (*o* to quit) drinking (*o* alcohol); to cut out drinking (*fam.*); to dry out (*pop.*); **Ho smesso di sperare che ritorni**, I have given up hoping he'll come back; **Ho smesso di vederlo un anno fa**, I stopped seeing him a year ago; **s. di lavorare**, (*interrompere il lavoro*) to stop working; (*lasciare un lavoro*) to leave (*o* to quit) a job; **Smetto di lavorare alle sei**, I stop work at six; I clock off (*o* clock out) at six; I knock off at six (*fam.*); **Ricominciamo da dove abbiamo smesso**, let's start again from where we left off; **Aspettiamo che smetta la pioggia**, let's wait until the rain stops (*o* until it stops raining, for the rain to stop); **Ha smesso di nevicare?**, has the snow stopped?; has it stopped snowing? **B** *v. t.* **1** to stop; to end; to give* up; to quit*; to cease; to discontinue; to cut* out (*fam.*); to pack in (*fam. GB*): **s. il lavoro**, (*interrompere*) to stop working; (*lasciare*) to leave work, to leave (*o* to quit) a job; **s. un'attività**, to cease (*o* to discontinue) an activity; **s. le ostilità**, to cease hostilities; **s. le pubblicazioni**, to cease publication; **Smise la scuola a quindici anni**, he left school at fifteen; **Smettila!**, stop it!; have done with it!; drop it! (*fam.*); cut it out (*fam.*); **Ma smettila!** (*non dire sciocchezze*), come off it!; **Smettila con le lamentele**, stop complaining; **Smettetela di bisticciare**, stop quarrelling; (*fam.*) **Smettetela di far casino!**, cut the noise!; **Non la smetteva più di parlare**, he just went on and on and on; **Ditegli che la smetta una buona volta**, tell him to stop it once and for all **2** (*non mettere più, scartare*) to cast* off; to discard; to stop wearing.

ṣmezzàre, *V.* **dimezzare**.

ṣmidollàre, A *v. t.* **1** (*levare il midollo*) to extract (*o* to remove) the marrow (from a bone) **2** (*fig.*: *svigorire*) to enfeeble; to weaken. **B ṣmidollàrsi**, *v. i. pron.* to lose* one's strength (*o* vigour, energy); to grow* weak; to go* soft.

ṣmidollàto, A *a.* spineless; weak-kneed; gutless; wimpish (*fam.*); wet (*GB*). **B** *m.* (*f.* **-a**) spineless person; namby-pamby (*fam.*); wimp (*fam.*); drip (*pop.*).

ṣmielàre, *v. t.* to extract honey (from the honeycomb).

ṣmielatóre, *m.* honey extractor.

ṣmielatùra, *f.* honey extraction.

ṣmilitarizzàre, *v. t.* to demilitarize.

ṣmilitarizzàto, *a.* demilitarized: **zona smilitarizzata**, demilitarized zone.

ṣmilitarizzazióne, *f.* demilitarization.

ṣmilzo, *a.* **1** (*magro*) thin; slim; lean: **un ragazzetto s.**, a thin (*o* a slim) boy; **un ragazzo lungo lungo e s.**, a lanky boy **2** (*fig.*: *di poca sostanza*) thin; meagre; insubstantial: **un romanzetto s.** an insubstantial novel; **una busta paga smilza**, a meagre pay-packet.

ṣminaménto, *m.* mine removal, mine clearing, bomb disposal; (*naut.*) minesweeping.

ṣminàre, *v. t.* to clear of mines.

ṣminatùra, *V.* **sminamento**.

ṣminchionàre, *v. t.* (*volg.*) to make* a fool of; to make* (sb.) look like a fool.

ṣminuiménto, *m.* **1** diminution; lessening **2** (*fig.*) belittling.

ṣminuìre, A *v. t.* **1** (*diminuire*) to diminish; to lessen; to reduce **2** (*fig.*) to belittle; to disparage; to demean; to cheapen; to detract from; to play down. **B** *v. i.* to diminish; to lessen; to reduce. **C ṣminuìrsi**, *v. rifl.* (*fig.*) to belittle oneself; to demean oneself.

ṣminuzzaménto, *m.* breaking into small pieces; cutting up; mincing; (*lo sbriciolare*) crumbling.

ṣminuzzàre, A *v. t.* **1** (*ridurre in pezzettini*) to break* up, to break* into bits, to chop up, to cut* up, to mince, to shred, to comminute; (*sbriciolare*) to crumble, to reduce to crumbs: **s. il pane**, to crumble bread **2** (*fig.*) to enter into all the details (*o* particulars) (of st.). **B ṣminuzzàrsi**, *v. i. pron.* to break* up; to break* into bits; to crumble.

ṣminuzzatùra, *f.* **1** (*lo sminuzzare*) breaking into bits, chopping up, cutting up, mincing, shredding; (*lo sbriciolare*) crumbling **2** (*insieme di pezzetti*) fragments (*pl.*), bits (*pl.*); (*briciole*) crumbs (*pl.*).

ṣminuzzolàre, e *deriv.* *V.* **sminuzzare**, e *deriv.*

Ṣmirne, *f.* (*geogr.*) Smyrna.

ṣmirniòta, A *a.* Smyrnaean. **B** *m.* e *f.* Smyrnaean; Smyrniote.

ṣmistaménto, *m.* **1** (*ferr.*) shunting; switching (*USA*): **stazione di s.**, shunting station; marshalling yard; switchyard (*USA*) **2** (*della posta, di merci*) sorting; clearing **3** (*telef.*) putting through **4** (*mil.*) posting **5** (*sport*) passing.

ṣmistàre, *v. t.* **1** (*ferr.*) to shunt; to switch (*USA*) **2** (*posta, merci*) to sort; to clear **3** (*telef.*) to put through **4** (*mil.*) to post **5** (*sport*) to pass.

ṣmistatóre, A *a.* clearing; sorting; (*ferr.*) shunting, switching (*USA*). **B** *m.* (*f.* **-trice**) sorter; clearer; (*ferr.*) shunter, switchman* (*USA*).

ṣmiṣurataménte, *avv.* beyond (*o* above) measure; exceedingly; immoderately; excessively; exorbitantly.

ṣmiṣuratézza, *f.* **1** (*immensità*) immensity, enormousness; (*l'essere sconfinato*) boundlessness, immeasurability **2** (*dismisura*) immoderateness; excessiveness.

ṣmiṣuràto, *a.* **1** (*immenso*) immense, enormous, huge, extraordinary; (*sconfinato*) boundless, unbounded, measureless, immeasurable, infinite: **l'Oceano s.**, the boundless Ocean; **lo spazio s.**, immeasurable (*o* boundless, infinite) space; **ricchezza smisurata**, enormous wealth; **un'ambizione smisurata**, boundless (*o* unbounded) ambition; **altezza smisurata**, immense (*o* extraordinary) height **2** (*esagerato*) immoderate; inordinate; excessive; exorbitant; extravagant: **prezzi smisurati**, exorbitant (*o* excessive) prices; **richieste smisurate**, extravagant demands.

ṣmithsonite, *f.* (*miner.*) smithsonite.

ṣmitizzàre, *v. t.* to debunk; to deglamourize; (*ridimensionare*) to get* back into perspective, to remove the aura of myth: **s. la società del benessere [la tecnologia]**, to debunk the affluent society [technology]; **s. Hollywood**, to deglamourize Hollywood; **s. Garibaldi**, to remove the aura of myth surrounding Garibaldi.

ṣmitizzazióne, *f.* debunking; deglamourizing; (*ridimensionamento*) getting back into perspective, realistic reappraisal.

ṣmobiliàre, *v. t.* to remove the furniture (from a room, a flat); to unfurnish: **s. una stanza**, to unfurnish a room.

ṣmobiliàto, *a.* unfurnished.

ṣmobilitàre, *v. t.* (*mil.*) to demobilize; to demob (*fam.*); to disband.
ṣmobilitazióne, *f.* (*mil.*) demobilization; demob (*fam.*); disbandment.
ṣmobilizzàre, *v. t.* (*econ.*) to disinvest; to unfreeze*.
ṣmobilìzzo, *m.* (*econ.*) disinvestment; unfreezing.
smoccicàto, *a.* snotty.
ṣmoccolàre, A *v. t.* to snuff: **s. una candela**, to snuff a candle. **B** *v. i.* ***1*** (*di candela*: *colare*) to drip ***2*** (*pop.*: *bestemmiare*) to curse; to swear*; to cuss (*pop. USA*).
ṣmoccolatóio, *m.* snuffers (*pl.*); pair of snuffers.
ṣmoccolatùra, *f.* ***1*** (*lo smoccolare*) snuffing ***2*** (*parte carbonizzata del lucignolo*) snuff.
ṣmodataménte, *avv.* immoderately; inordinately; excessively; incontinently; without restraint; extravagantly.
ṣmodatézza, *f.* unrestraint; lack of restraint; excess; incontinence; extravagance.
ṣmodàto, *a.* immoderate; inordinate; unrestrained; uncontrolled; excessive; extravagant; overweening: **risa smodate**, unrestrained (*o* uncontrolled) laughter; **appetiti smodati**, excessive appetites; **ambizione smodata**, overweening ambition.
ṣmoderataménte, *avv.* immoderately; without moderation; (*eccessivamente*) excessively, to an excessive degree, to excess; (*esageratamente*) with exaggeration, extravagantly.
ṣmoderatézza, *f.* immoderateness; immoderation; excess; overindulgence.
ṣmoderàto, *a.* (*esagerato*) excessive, inordinate, exaggerated; (*senza moderazione*) intemperant, overindulgent: **richieste smoderate**, inordinate requests; **essere s. nel mangiare**, to eat inordinately; to overindulge in eating.
ṣmog (*ingl.*), *m. invar.* smog. ● **senza s.**, smogless.
ṣmòking, *m. invar.* dinner-jacket; tuxedo (*USA*).
ṣmollàre, A *v. t.* (*fam.*) to loosen. **B ṣmollàrsi,** *v. i. pron.* to get* loose; to loosen (up).
ṣmonacàre, A *v. t.* to dismiss from a monastic order. **B ṣmonacàrsi,** *v. i. pron.* to leave* a monastic order.
ṣmontàbile, *a.* that can be dismantled (*o* disassembled, taken apart); knockdown (*attr.*): **mobili smontabili**, knockdown furniture.
ṣmontàggio, *m.* (*mecc.*) taking down; taking apart; dismantlement; disassembly; stripping: **s. di motori**, taking apart of engines; **s. generale**, stripping; strip.
ṣmontàre, A *v. i.* ***1*** (*scendere*) to get* off (*o* down), to dismount, to alight (*form.*): **s. da cavallo**, to get off a horse; to get down (*o* to dismount, to alight) from a horse; **s. da una bicicletta [da una motocicletta]**, to get off a bicycle [a motorcycle]; **s. dal treno [dal tram, dall'autobus]**, to get off (*o* alight from) the train [the tram, the bus]; **Lasciami s. dalla scala**, let me get off the ladder; **Smonto alla prossima stazione**, I'm getting off at the next station ***2*** (*cessare il servizio, il lavoro*) to go* off duty; to stop work; to clock out (*o* off); to knock off (*fam.*): **Smontiamo ora?**, shall we knock off now?; **s. di servizio**, to go off duty; **s. di sentinella**, to go off guard duty ***3*** (*afflosciarsi*) to sink*, to go* flat, to settle; (*ritornare liquido*) to go* runny: **Come si evita che il soufflé smonti?**, how do you prevent the soufflé from sinking (*o* going flat?); **Non lasciar s. la panna**, don't let the whipped cream go runny. **B** *v. t.* ***1*** (*far scendere*: *da un veicolo*) to drop (off), to put* down, to set* down, to let* off; (*scaricare*) to unload, to take* off: **Il tram mi smonta davanti casa**, the tram drops me (*o* lets me off) right outside my house; **Dove vuoi che ti smonti?**, where shall I drop you off? ***2*** (*scomporre in pezzi*) to disassemble; to dismount; to dismantle; to take* apart; to knock down; to take* to pieces; to pull down; to strip: **s. un motore**; to dismantle (*o* to strip) an engine; **s. un armadio**, to dismantle (*o* to knock down) a wardrobe; **s. un orologio [una radio]**, to dismantle a watch [a radio]; to take a watch [a radio] apart; **s. un giocattolo**, to take a toy apart ***3*** (*rimuovere*) to take* down, to take* off, to remove; (*da una montatura*) to unset*: **s. una porta**, to take down (*o* to unhinge) a door; **s. una ruota [uno pneumatico]**, to remove (*o* to change) a wheel [a tyre]; **s. una gemma**, to unset a gem ***4*** (*far afflosciare*) to make* (st.) go flat, to make* (st.) flop (*o* settle); (*far ritornare liquido*) to make* (st.) go runny: **Il caldo ha smontato la panna**, the heat has made the whipped cream go runny ***5*** (*fig.*: *ridimensionare*) to defuse; to deflate: **s. uno scandalo [una notizia]**, to deflate a scandal [a report] ***6*** (*dimostrare l'infondatezza*) to demolish: **s. un'accusa**, to demolish a charge ***7*** (*fig.*: *togliere entusiasmo*) to dampen; (*scoraggiare*) to discourage, to dishearten; (*fare abbassare le arie*) to cut* down to size, to take* down a peg or two: **Niente lo smontava**, nothing could dampen his spirits; **non lasciarsi s. facilmente**, not to be easily discouraged; **s. le speranze**, to dampen one's hopes. **C ṣmontàrsi,** *v. i. pron.* (*scoraggiarsi*) to lose* heart.
ṣmontatóre, *m.* (*f.* **-trice**) dismantler; disassembler.
ṣmontatùra, *f.* ***1*** (*scomposizione in pezzi*) dismantlement; disassembly; take-down ***2*** (*fig.*: *cosa scoraggiante*) anticlimax; put-down; dampener.
ṣmòrfia, *f.* ***1*** grimace; face: **un'orribile s.**, a hideous grimace; **una s. insoddisfatta [disgustata]**, a wry [disgusted] face; **fare una s.**, to make (*o* to pull) a face; to grimace; to twist (*o* to screw up) one's face; **fare una s. di dolore**, to grimace (with pain); **fare una s. delusa**, to make a wry face; **Quando ha visto i cavolfiori, ha fatto una s.**, when he saw the cauliflower, he made a face; **Mio fratello sa fare delle smorfie incredibili**, my brother can twist his face into hilarious grimaces; my brother can pull the most hilarious faces; **Non dovete fare smorfie alla maestra!**, you mustn't make faces at your teacher!; **Bevi lo sciroppo senza fare smorfie**, drink up your syrup without making a fuss ***2*** (*espressione affettata*) simper; (*broncio*) pout, moue (*franc.*); (*moina*) blandishment, cajolery: **una ragazzina piena di smorfie**, a simpering little girl; **Non mi fido di tutte le sue smorfie**, I don't trust all his blandishments; **fare smorfie**, to simper, to pout.
ṣmorfióso, A *a.* ***1*** (*capriccioso*) naughty; fussy ***2*** (*lezioso*) simpering, mincing; (*che si dà arie*) affected, snotty, posh, la-di-da. **B** *m.* (*f.* **-a**) simpering person; affected person; insufferable person. ● **fare la smorfiosa con q.**, to coquette with sb.; to flirt with sb.
ṣmorìre, *v. i.* to look pale; to disappear: **La fodera del divano smuore contro questa tappezzeria**, the cover of the sofa disappears against this wallpaper.
ṣmòrto, *a.* ***1*** (*pallido*) pale; wan; livid; pallid: **viso s.**, pale (*o* wan) face; **s. di paura**, pale (*o* livid) with fear ***2*** (*di colore*: *slavato*) pale, faded, washy, dead; (*non brillante*) dull, flat, muddy: **tinte smorte**, pale hues; flat colours; **un rosso s.**, a dull (*o* muddy) red ***3*** (*fig.*: *scialbo*) colourless, expressionless, lacklustre, dull, lifeless, toneless; (*fiacco*) languid, listless: **voce smorta**, colourless voice; **stile s.**, dull style; **sguardo s.**, lifeless (*o* listless) look.
ṣmorzaménto, *m.* *V.* **smorzatura**.
ṣmorzàndo, *avv.* e *m.* (*mus.*) smorzando.
ṣmorzàre, A *v. t.* ***1*** (*diminuire l'intensità*) to damp down, to dampen, to tone down, to soften, to subdue, to dim, to dull, to weaken; (*suoni*) to lower, to deaden, to muffle; (*luci*) to dim, to soften; (*colori*) to tone down, to flatten; (*placare*) to assuage, to appease, to mitigate, to allay; (*attutire*) to soften, to cushion, to break*, to blunt, to reduce, to deaden: **s. la voce**, to lower one's voice; **s. l'appetito**, to damp the appetite; **s. l'entusiasmo di q.**, to dampen sb.'s enthusiasm; to pour cold water on (*o* over) sb.'s enthusiasm (*fam.*); **s. un suono**, to muffle (*o* to deaden) a sound; **tende che smorzano la luce**, curtains that soften the light; **un tappeto che smorzava il suono dei passi**, a carpet that deadened the sound of footsteps; **s. una tinta**, to tone down a colour; **s. il fuoco**, to lower the flames; **s. il dolore**, to deaden pain; **s. l'ira di q.**, to appease sb.'s anger; **s. ogni speranza**, to dampen all hopes; **s. un colpo**, to soften a blow; **s. una caduta**, to cushion (*o* to break) a fall; **s. l'impatto**, to reduce (*o* to deaden) the impact; **Il suo sorriso voleva s. le sue critiche**, her smile was meant to soften her criticism ***2*** (*spegnere*) to extinguish, to put* out; (*estinguere*) to quench, to slake, to slack, to slacken: **s. un fuoco**, to put out (*o* to douse, to extinguish) a fire; **s. un lume**, to put out (*o* to douse) a light; **s. una candela**, to put (*o* to blow) out a candle; **s. la calce**, to slake lime; **s. la sete**, to quench (*o* to slake) thirst ***3*** (*sport*: *tennis*) to make* a drop shot; (*baseball*) to bunt ***4*** (*fis.*: *oscillazioni*) to damp; to dampen. ● (*autom.*) **s. i fari**, to dip the headlights □ **s. l'allegria di una festa**, to put a damper on a party (*fam.*). **B ṣmorzàrsi,** *v. i. pron.* ***1*** (*di suono, luce*) to grow* faint(er), to die down, to fade away; (*di colore*) to tone down, to soften; (*svanire*) to fade, to damp down; (*quietarsi*) to be assuaged, to be appeased: **La musica si smorzava nella lontananza**, the sound of music grew fainter in the distance (*o* was fading away); **La luce del giorno si smorzava**, daylight was fading; **Le mie speranze ormai si sono smorzate**, my hopes have faded by now ***2*** (*spegnersi*) to go* out: **Il fuoco si è smorzato**, the fire has gone out.
ṣmorzàta, *f.* (*tennis*) drop shot; (*baseball*) bunt.
ṣmorzàto, *a.* ***1*** damped; (*di suono*) muffled, deadened, soft; (*di luce*) dim; (*di colore*) toned down, subdued, soft ***2*** (*fis.*) damped ***3*** (*tennis*) drop (*attr.*): **servizio s.**, drop service; **palla smorzata**, drop shot.
ṣmorzatóre, *m.* ***1*** (*mecc.*) damper: **s. ad aria**, air damper; **s. di vibrazioni**, vibration damper; **s. magnetico**, electromagnetic damper; **s. per attrito**, frictional damper ***2*** (*mus.*) muffler; damper.
ṣmorzatùra, *f.* ***1*** (*di suoni*) deadening, muffling, softening; (*di luci*) dimming, softening, shading; (*di colori*) toning down, shading, flattening ***2*** (*fis.*) damping ***3*** (*mus.*) diminuendo. ● (*pitt.*) **s. delle tinte**, scumble.
ṣmòsso, *a.* ***1*** (*spostato*) shifted, displaced; (*fuori posto*) out of place (*pred.*) ***2*** (*malfermo*) loose: **un dente s.**, a loose tooth ***3*** (*di terreno*) loose; (*arato*) turned, tilled.
ṣmottaménto, *m.* landslip; landslide.
ṣmottàre, *v. i.* to slip down; to slide* down.
ṣmottatùra, *f.* (*zona di smottamento*) landslide region; (*terra smossa nello smottare*) landslip, landslide.
ṣmozzàre, *v. t.* to cut* (*o* to lop) off.
ṣmozzatùra, *f.* cutting (*o* lopping) off.
ṣmozzicàre, *v. t.* ***1*** (*rompere in pezzetti*) to break* into small pieces; to crumble ***2*** (*sbocconcellare*) to nibble; to munch. ● **s. le parole**, to mumble.
ṣmozzicàto, *a.* in pieces (*pred.*); crumbly; crumbling; bitty; (*di pane e sim.*) nibbled, munched. ● **parole smozzicate**, mumbled words.
ṣmozzicatùra, *f.* breaking into pieces; crumbling.
ṣmùngere, *v. t.* ***1*** (*rendere smunto*) to

emaciate; to wear* out **2** (*sfruttare*) to exploit, to sweat; (*sottrarre denaro*) to squeeze, to drain, to suck dry, to milk, to soak (*USA*), (*del fisco*) to bleed* (sb.) white.

ṣmùnto, *a.* (*emaciato*) haggard, gaunt, emaciated, lean; (*pallido*) pale, wan, pasty.

ṣmuòvere, A *v. t.* **1** to shift; to move; to dislodge: **s. un armadio [un masso]**, to move (*o* to shift) a wardrobe [a boulder]; **Non riuscii a s. la macchina**, I couldn't move the car; **s. un masso**, to dislodge a rock **2** (*il terreno*) to turn (over); (*arare*) to plough **3** (*fig.*: *dissuadere*) to move; to budge; to dissuade; to deter: **s. q. dai suoi propositi**, to dissuade sb. from carrying out his plans; **Nessuna supplica riuscì a smuoverlo**, no entreaty could budge him; **Non lasciarti s. dalle sue lacrime**, don't let yourself be moved by her tears **4** (*fig.*: *scuotere, destare*) to stir (up); to arouse: **s. l'opinione pubblica**, to stir up public opinion; **Non riesco a s. il suo interesse**, I cannot arouse his interest. ● (*fig.*) **s. le acque**, to stir things up □ **s. l'intestino**, to move the bowels □ (*fig.*) **s. mari e monti**, to move heaven and earth. **B ṣmuòversi,** *v. i. pron.* **1** (*spostarsi*) to move; to shift; to budge **2** (*fig.*: *cambiare proposito*) to change one's mind; to be moved.

ṣmuràre, *v. t.* **1** (*togliere dal muro*) to unwall; to take* off a wall **2** (*abbattere un muro*) to knock down (*o* to tear* down) a wall.

ṣmussaménto, *m.* **1** rounding off **2** (*fig.*) softening; smoothing.

ṣmussàre, A *v. t.* **1** (*un angolo, uno spigolo*) to round off; (*mecc., edil.*) to bevel, to chamfer **2** (*una lama, una punta*) to blunt **3** (*fig.*) to soften; to smooth down. ● **s. le asperità del proprio carattere**, to become less intractable. **B ṣmussàrsi,** *v. i. pron.* (*di lama*) to become* blunt.

ṣmussàto, *a.* **1** (*mecc.*) bevelled; chamfered **2** (*di lama*) blunt **3** (*fig.*) softened; smoothed.

ṣmussatùra, *f.* **ṣmùsso,** *m.* **1** (*lo smussare*) rounding off; (*mecc.*) bevelment, bevelling, chamfering **2** (*parte smussata*) bevel, chamfer; (*di lama*) blunted part.

snack (*ingl.*), *m.* snack.

snack-bar (*ingl.*), *m. invar.* snack bar.

ṣnaturaménto, *m.* degeneracy; perversion; parody; (*distorsione*) distortion; (*travisamento*) misrepresentation. ● **lo s. del paesaggio**, the devastation of the landscape.

ṣnaturàre, A *v. t.* (*alterare*) to pervert the nature of; (*distorcere*) to distort, to pervert; (*travisare*) to misrepresent: **Il film ha snaturato il tema del romanzo**, the film distorted the theme of the novel; **s. il pensiero di q.**, to misrepresent sb.'s ideas; **un'edilizia che snatura il paesaggio**, buildings that devastate the landscape. **B ṣnaturàrsi,** *v. i. pron.* to degenerate.

ṣnaturàto, *a.* **1** (*alterato*) changed; (*distorto*) distorted, depraved; (*travisato*) misrepresented **2** (*crudele*) degenerate; inhuman; unnatural; cruel; heartless; wicked: **padre s.**, unnatural (*o* heartless) father; **figlio s.**, unnatural (*o* degenerate) son.

ṣnazionaliẓẓàre, *v. t.* to denationalize.

ṣnazionaliẓẓazióne, *f.* denationalization.

ṣnebbiàre, *v. t.* **1** (*dissipare la nebbia*) to dispel (*o* to drive* away) the fog (*o* the mist) (from st.); to defog **2** (*fig.*) to clear (up); to uncloud: **s. il cervello**, to clear the brain; to uncloud the brain; to blow away the cobwebs; **s. le idee**, to clear one's thoughts.

ṣnebbiàto, *a.* **1** (*senza nebbia*) fogless; clear (of fog) **2** (*fig.*) clear; unclouded: **mente snebbiata**, clear head; unclouded mind.

ṣnebbiatóre, *m.* defogger.

ṣnellènte, *a.* slimming

ṣnellézza, *f.* **1** (*l'essere sottile*) slenderness; slimness **2** (*agilità*) agility; nimbleness; suppleness.

ṣnelliménto, *m.* **1** slimming **2** (*fig.*: *l'accelerare*) speeding up, accelerating, expediting; (*semplificazione*) simplification, streamlining, facilitation: **s. del traffico**, speeding up of the traffic; **s. delle procedure**, expediting of procedures; streamlining of bureaucracy; **Occorre uno s. delle procedure**, there is a need to streamline bureaucracy; we must cut the red tape (*fam.*).

ṣnellìre, A *v. t.* **1** (*assottigliare*) to make* slimmer; to slim: **Questo vestito ti snellisce**, this dress makes you slimmer **2** (*fig.*: *rendere più rapido, più efficiente*) to speed* up, to accelerate, to expedite; (*semplificare*) to simplify, to streamline, to facilitate: **s. il traffico**, to speed up the traffic; **s. l'iter burocratico**, to streamline the bureaucracy; to cut the red tape (*fam.*); **s. lo stile di un racconto**, to simplify the style of a short-story. **B ṣnellìrsi,** *v. i. pron.* **1** to grow* slender (*o* slim); (*dimagrire*) to slim, to lose* weight; **Ti sei snellita in vacanza**, you have slimmed over the holidays **2** (*accelerare*) to speed* up, to flow faster (*o* more smoothly); (*semplificarsi*) to simplify, to be streamlined.

ṣnèllo, *a.* **1** slender; slim: **una ragazza alta e snella**, a tall, slender girl; **dita snelle**, slender fingers; **una colonna snella**, a slender column; **avere la vita snella**, to be slim-waisted **2** (*agile*) agile, nimble, supple, lissom; (*spedito*) brisk **3** (*fig.*: *spigliato*) straightforward; easy; clear-cut.

ṣnervaménto, *m.* **1** (*lo snervarsi*) enervation; weakening; debilitation **2** (*di metallo*) yield; yielding: **carico di s.**, yield point.

ṣnervànte, *a.* enervating; stressful; debilitating; (*logorante*) exhausting, gruelling, wearing; (*esasperante*) exasperating, trying, infuriating, nerve-racking, frustrating: **clima s.**, enervating climate; **attesa s.**, exasperating wait; **lavoro s.**, gruelling work; **tensione s.**, nerve-racking tension.

ṣnervàre, A *v. t.* to enervate; to unnerve; to weaken; to debilitate; (*logorare*) to stress, to exhaust, to try, to wear* out: **caldo che snerva**, enervating heat; **vita che snerva**, stressing life; **Questa attesa mi snerva**, this wait is wearing me out. **B ṣnervàrsi,** *v. i. pron.* to become* enervated; to get* exhausted.

ṣnervatézza, *f.* nervelessness; enervation; (*fiacchezza*) weakness, feebleness, weariness, exhaustion.

ṣnervàto, *a.* nerveless; enervate; enervated; debilitated; (*logorato*) exhausted, worn out, weary; (*fiacco*) weak, feeble, spiritless, limp: **prosa snervata**, nerveless prose.

ṣnidàre, *v. t.* **1** (*selvaggina*) to put* up; to flush out; to rouse: **s. un fagiano**, to put up (*o* to flush out) a pheasant; **s. una volpe**, to rouse a fox **2** (*fig.*: *far uscire allo scoperto*) to flush out, to dislodge, to drive* out, to draw out, to drag out; (*col fumo*) to smoke out; (*con le bombe*) to bomb out: **s. il nemico da una posizione**, to dislodge (*o* to drive out) the enemy from a position; **s. dei cecchini**, to flush out snipers; **Non è facile snidarlo da casa**, it's a job to drag him out of his house **3** (*fig.*: *scoprire*) to track down: **La polizia è riuscita a s. i rapinatori**, the police has finally tracked down the robbers.

ṣniffàre, *v. i. e v. t.* **1** (*annusare*) to sniff **2** (*gergo della droga*) to sniff; to snort; to blow*.

ṣniffàta, *f.* (*gergo della droga*) snort; snifter; blow.

ṣniffatóre, *m.* (*f.* **-trice**) (*gergo della droga*) sniffer; snifter; blow-head.

ṣniffo, *V.* **sniffata.**

ṣnòb, A *a.* snobbish; genteel; snooty (*fam.*); high-toned (*USA*). **B** *m. e f.* snob.

ṣnobbàre, *v. t.* **1** (*disdegnare*) to look down on; to be sniffy (*o* snooty) (about st.) **2** (*ignorare, infischiarsi di*) to shrug off; to snub; to rebuff: **s. un invito**, to snub an invitation **3** (*non salutare*) to give (sb.) the cold shoulder; to cold-shoulder; to cut*.

ṣnobìṣmo, *m.* snobbery; snobbishness; snobbism.

ṣnobìstico, *V.* **snob, A.**

ṣnocciolàre, *v. t.* **1** (*togliere il nocciolo*) to stone; to pit (*USA*): **s. ciliegie [susine]**, to stone cherries [plums] **2** (*fig. fam.*: *pagare*) to shell out; to fork out; to cough up **3** (*fig. fam.*: *dire tutto d'un fiato*) to reel off, to rattle off; (*spiattellare*) to blab out, to blurt out: **Mi ha snocciolato tutti i nomi dei giocatori**, he reeled off all the players' names; **s. una poesia**, to rattle off a poem; **s. la verità**, to blurt out the truth.

ṣnocciolatóio, *m.* stone remover; stoner; pitter (*USA*).

ṣnocciolatùra, *f.* stone-removing; stoning; pitting (*USA*).

ṣnodàbile, *a.* jointed; articulated.

ṣnodàre, A *v. t.* **1** to unknot; to untie; to undo*; (*slegare*) to loosen, to unfasten: **s. una fune**, to untie a knot in a rope; to unknot a rope **2** (*fig.*: *sciogliere*) to loose; to loosen; to exercise; to make* supple: **s. le gambe**, to exercise one's legs; to warm up; to limber up; **s. la lingua**, to loosen the tongue; **s. un manichino**, to loosen the joints of a dummy **3** (*mecc.*: *rendere snodato*) to joint. **B ṣnodàrsi,** *v. i. pron.* **1** (*slegarsi*) to come* loose (*o* untied, unknotted) **2** (*serpeggiare*) to wind*; (*di corteo*: *sfilare*) to file, to unwind*; (*di serpe*) to uncoil, to slide*, to slither: **Il sentiero si snodava su per il colle**, the path wound up the hill; **Il corteo si snodò lungo il viale**, the procession filed down the avenue; **Il cobra si snodò lentamente**, the cobra uncoiled slowly; **Nell'erba si snodava una biscia**, a water-snake was sliding (*o* slithering) through the grass **3** (*articolarsi*) to be jointed.

ṣnodàto, *a.* **1** (*slegato*) loose **2** (*articolato*) jointed, articulated; (*che si può piegare*) folding: **manichino s.**, jointed dummy; **gamba snodata**, articulated leg; **metro s.**, folding rule; (*mecc.*) **giunto s.**, articulated joint **3** (*flessibile*) supple; flexible; double-jointed: **giunture snodate**, supple joints; **un acrobata con le membra snodate**, an acrobat with double-jointed limbs.

ṣnodatùra, *f.* **1** (*articolazione*) joint **2** *V.* **snodo.**

ṣnòdo, *m.* **1** (*mecc.*) articulation; articulated joint: **s. a ginocchiera**, toggle joint; **s. a sfera**, ball joint; **a s.**, jointed (*agg.*); **provvedere di s.**, to joint **2** (*svincolo*) junction; interchange; **s. ferroviario**, railway junction; **s. autostradale**, motorway interchange (*o* junction).

ṣnudàre, *v. t.* to unsheathe; to draw*: **s. la spada**, to draw one's sword.

so, *1ª pers. sing. indic. pres. di* **sapere.**

soàve, *a.* sweet; soft; gentle; mild; (*generalm. iron.*) suave: **una s. melodia**, a sweet melody; **una voce s.**, a sweet (*o* soft, tender) voice; **uno sguardo s.**, a gentle look; **un profumo s.**, a sweet odour.

soavità, *f.* sweetness; softness; gentleness; mildness; (*generalm. iron.*) suavity.

sobbalzàre, *v. i.* **1** (*fare sbalzi continui*) to jolt; to jog; to bump; to jerk; to joggle: **La vecchia automobile procedeva sobbalzando**, the old car was jolting along **2** (*trasalire*) to start; to give* a start; to leap*: **s. a ogni rumore**, to start at every noise; **s. di paura**, to start in fear; **Il ragazzo sobbalzò al suono della mia voce**, the boy started at the sound of my voice; **far s. q.**, to give sb. a start; to startle sb.; **Il cuore mi sobbalzò dalla felicità**, my heart leapt with joy.

sobbàlzo, *m.* **1** (*scossone*) jolt; bump; jerk; jar; jog: **procedere a sobbalzi**, to jolt (*o* to bump) along; to move jerkily along **2** (*sussulto*) start: **svegliarsi con un s.**, to wake with a start; **avere un s.**, to give a start; to start; **dare un s. a q.**, to give sb. a start; to startle sb.

sobbarcàre, A *v. t.* to burden; to load down; to weigh down: **s. q. a una spesa**, to burden sb. with an expense. **B sobbarcàrsi,** *v. rifl.* to take* upon oneself; to undertake*: **s. a un lavoro**, to take upon oneself a task.

sobbolliménto, *m.* (*anche fig.*) simmering.

sobbollire, *v. i.* (*anche fig.*) to simmer.

sobbórgo, *m.* **1** (*quartiere periferico*) suburb; (*dintorni*) outskirts: **la vita nei sobborghi di una grande città**, life in the suburbs of a big city (*o* in suburbia) **2** (*paese vicino a una città*) village on the outskirts (of a city).

sobillaménto, *m.* instigation; incitement; stirring up.

sobillàre, *v. t.* to instigate; to foment; to incite; to stir up.

sobillatóre, *m.* (*f.* **-trice**) instigator; agitator; inciter; fomenter; (*agitapopolo*) rabble-rouser.

sobillazióne, *f.* instigation.

sobrietà, *f.* **1** (*moderazione*) temperance; moderation; abstemiousness: **s. del cibo [del bere]**, moderation (*o* temperance) in eating [drinking] **2** (*semplicità*) sobriety; simplicity: **s. di stile**, sobriety of style.

sòbrio, *a.* **1** (*moderato, misurato*) sober; moderate; abstemious; temperate: **un uomo s. nel bere**, a moderate drinker **2** (*semplice, austero*) sober, frugal, plain, simple, austere; (*non vistoso*) subdued, unostentatious, quiet: **risposta sobria**, sober reply; **stile s.**, plain (*o* simple) style; **fare vita sobria**, to have a sober life-style; **tinte sobrie**, subdued colours; **gusti sobri**, quiet tastes **3** (*non ubriaco*) sober: **rimanere s.**, to stay sober.

socchiùdere, *v. t.* **1** (*chiudere non del tutto*) to half-close; to close a little: **s. una porta**, to half-close a door; **s. gli occhi**, to half-close one's eyes; (*per vedere meglio*) to screw up one's eyes; to squint **2** (*aprire un po': porte, finestre*) to half-open, to open a little (*o* a crack), to leave* ajar; (*occhi*) to half-open: **Socchiuse gli occhi e mi sorrise**, he half-opened his eyes and smiled at me; **Fa caldo, socchiudi un po' la finestra**, it's hot, open the window a little; **Socchiuse la porta per vedere chi c'era**, he opened the door a crack to see who was there.

socchiùso, *a.* half-closed; half-shut; half-open; (*di porta, finestra, anche*) ajar (*pred.*): **con gli occhi socchiusi**, with half-opened eyes; with one's eyes half open; **La porta era socchiusa**, the door was ajar.

sòccida, *f.* (*leg.*) agistment.

soccidànte, *m.* e *f.* (*leg.*) bailor of cattle in agistment.

soccidàrio, sòccio, *m.* (*leg.*) agistor.

sòcco, *m.* (*teatr.*) sock: (*fig.*) **calzare il s.**, to write comedies.

soccombènte, (*leg.*) **A** *a.* losing: **parte s.**, losing party. **B** *m.* e *f.* losing party.

soccombènza, *f.* (*leg.*) position of loser.

soccómbere, *v. i.* **1** (*essere costretto a cedere*) to succumb; to give* way; to give* in; to yield; to surrender; to give* oneself up: **s. alla tentazione**, to succumb to temptation; **s. al dolore**, to surrender (*o* to give way) to grief **2** (*essere vinto*) to be overcome; (*morire*) to succumb, to die. ● (*leg.*) **s. in giudizio**, to lose one's case.

soccórrere, **A** *v. t.* to help; to aid; to assist; to succour; to rescue; to relieve: **s. chi è in pericolo**, to help people in distress; **s. gli afflitti**, to relieve the distressed; **s. una città assediata**, to succour (*o* to relieve) a besieged town. **B** *v. i.* (*lett.*: *sovvenire*) to come* to mind; to occur: **Mi soccorre un esempio**, an example comes to my mind.

soccorrévole, *a.* (*lett.*) helping; assisting; relieving; charitable: **una mano s.**, a helping hand.

soccorritóre, **A** *a.* helping; rescue (*attr.*): **squadra soccorritrice**, rescue squad. **B** *m.* (*f.* **-trice**) helper; aider; rescuer; reliever.

soccórso, *m.* **1** (*aiuto*) help; aid; assistance; succour; relief; rescue: **un s. in denaro**, financial (*o* pecuniary) aid; **fondo di s.**, relief fund; **chiamare (a) s.**, to call (out) for help; **chiedere s.**, to ask for help; **venire in s.**, to come to the aid (*o* rescue) (of); **dare (*o* prestare) s.**, to bring help; to lend aid (*o* assistance); **organizzare i soccorsi**, to organize aid (*o* relief); **I soccorsi tardarono ad arrivare**, the rescue squad took a long time to arrive; **provvedere al s. dei profughi**, to provide relief for the refugees; **mandare soccorsi agli alluvionati**, to send relief to the victims of the floods **2** (*med.*) aid: **pronto s.**, first aid; **posto di s.**, first-aid station; **prestare i primi soccorsi**, to give first aid **3** (*mil.*) reinforcements (*pl.*); support **4** (*sovvenzione*) aid; (financial) assistance; subvention. ● **s. aereo [navale]**, air [sea] rescue □ **s. stradale**, road service; breakdown service □ **chiamata di s.**, call for help (*o* aid) □ (*leg.*) **omissione di s.**, failure to rescue □ **nave di s.**, rescue ship □ **segnale di s.**, distress signal □ **società di mutuo s.**, mutual aid society; (mutual) benefit society; friendly society □ **squadra di s.**, rescue team.

soccòscio, *m.* (*macelleria*) rump.

socialdemocràtico, (*polit.*) **A** *a.* Social Democratic. **B** *m.* (*f.* **-a**) Social Democrat.

socialdemocrazìa, *f.* (*polit.*) Social Democracy; (*partito socialdemocratico*) Social Democratic Party.

sociàle, **A** *a.* **1** (*rif. alla società umana*) social; (*relativo al benessere della società*) welfare (*attr.*): **ordine s.**, social order; **contratto s.**, social contract; **giustizia s.**, social justice; **doveri sociali**, social duties; **relazioni sociali**, social relations; social intercourse; **scienze sociali**, social sciences; **Stato s.**, welfare state; **assistente s.**, social (*o* welfare) worker; **assistenza s.**, welfare work; **previdenza s.**, social security; **pensione s.**, old-age pension; state pension **2** (*di un'associazione*) social; club (*attr.*): **le attività sociali**, the club's activities; **cena s.**, social dinner **3** (*fin.*: *di società di persone*) of a partnership, partnership (*attr.*); (*di società di capitali*) of a company, company (*attr.*), corporate (*USA*): **patrimonio s.**, partnership property; corporate property (*o* assets); **ragione s.**, company title; corporate name; firm name; business name; style; **capitale s.**, registered capital; company's capital; corporate capital (*USA*); **libri sociali**, company's books; **sede s.**, head office; registered office; **statuto s.**, articles of association. ● (*stor.*) **la guerra s.**, the social war. **B** *m.* (*i problemi sociali*) society, social issues; (*attività s.*) social activity, welfare (*o* social) work: **avere un forte senso del s.**, to have a strong social awareness; **l'importanza del s.**, the importance of social issues; **essere impegnato nel s.**, to be involved in social work.

socialìsmo, *m.* (*polit.*) Socialism.

socialìsta, *a.*, *m.* e *f.* (*polit.*) Socialist.

socialìstico, *a.* (*polit.*) Socialist; Socialistic.

socialistòide, (*polit.*, *spreg.*) **A** *a.* leaning towards Socialism. **B** *m.* e *f.* Socialist sympathizer.

socialità, *f.* sociality; social relations (*pl.*).

socializzàre, **A** *v. t.* (*econ., psic.*) to socialize. **B** *v. i.* (*psic.*) to socialize; to mix: **Il bambino socializza bene con i compagni**, the boy socializes well with his schoolfriends; **Non sono un tipo che socializza facilmente**, I don't mix easily.

socializzazióne, *f.* (*econ., psic,*) socialization.

socialménte, *avv.* socially. ● **individuo s. pericoloso**, danger to society (*o* to the community).

società, *f.* **1** society; community; commonweath: **la s. umana**, human society; **la s. feudale**, feudal society; **dentro la [fuori della] s.**, within [outside] society; **essere un pericolo per la s.**, to be a danger to society (*o* to the community) **2** (*associazione*) society; association; circle; club: **s. bocciofila [calcistica]**, bowling [football] club; **s. di mutuo soccorso**, mutual aid society; (mutual) benefit society; friendly society; **s. segreta**, secret society; **s. politica [letteraria, sportiva]**, political [literary, sports] circle (*o* club, association) **3** (*econ., fin.*: *di capitali*) company; (*di persone*) partnership; (*azienda*) firm, company, concern: **s. a conduzione familiare**, family-run company; **s. a partecipazione statale**, government-controlled company; **s. anonima**, joint-stock company; corporation (*USA*); **s. a responsabilità limitata [illimitata]**, limited [unlimited] company; **s. armatrice**, shipowners' company; **s. consociata**, sister company; **s. controllata (*o* figlia)**, subsidiary company; subcompany; **s. d'assicurazione**, insurance company; **s. di navigazione**, shipping company; **s. ferroviaria**, railway company; **S. del Gas**, Gas Company; **s. di comodo**, dummy company; **s. di controllo**, holding (company); **s. di fatto**, de facto (*o* unregistered) company; **s. edilizia**, (*di credito*) building society; (*azienda*) building firm, firm of builders; **s. finanziaria**, finance company; holding company; **s. fittizia**, dummy (*o* bogus, sham) company; **s. immobiliare**, (*di credito*) building society; (*di compravendita*) property company, real estate company; (*impresa di costruzioni*) building firm; **s. in accomandita semplice**, limited (*o* special) partnership; **s. in compartecipazione**, joint venture; **s. in nome collettivo**, general (*o* unlimited) partnership; **s. madre**, parent company; **s. per azioni**, joint-stock company; corporation (*USA*); **s. quotata in borsa**, listed company (*GB*); **atto costitutivo di una s.**, memorandum of association; **scioglimento d'una s.**, dissolution of a partnership; **entrare in s. con q.**, to enter into partnership with sb.; **liquidare una s.**, to wind up a partnership [a company] **4** (*ambiente sociale*) society: **la buona s.**, polite society; **frequentare la s.**, to move in society. ● **s. dei consumi**, consumer society □ (*stor.*) **la S. delle Nazioni**, the League of Nations □ **s. di massa**, mass society □ **s. opulenta**, affluent society □ **S. per la protezione degli animali**, Society for the Prevention of Cruelty to Animals □ **s. riconosciuta**, approved society □ **abito da s.**, evening dress □ **ai margini della s.**, on the fringe of society □ **alta s.**, high society; smart set □ **andare in s.**, to go into society □ **avere q.c. in s. con q.**, to share st. with sb. □ **comprare q.c. in s.**, to go shares in buying st.; to split the cost of st. □ **fare s. con q.**, to associate oneself with sb. □ **giochi di s.**, parlour (*o* party) games □ **i rifiuti della s.**, the dregs of society; the outcasts of society □ **l'onorata s.** the honourable society; the Mafia □ **la s. del benessere**, the affluent society □ **maniere di s.**, polite manners □ **mettersi in s. con q.**, to go into partnership (*o* into business) with sb.; (*per comprare q.c.*) to go shares (in buying st.) with sb., to split the costs (of st.) with sb. □ **presentare una ragazza in s.**, to introduce a girl into society; to bring a girl out □ **vita di s.**, social life.

societàrio, *a.* (*fin.*: *di società di capitali*) of a company, company (*attr.*), corporate (*USA*); (*di società di persone*) of a partnership, partnership (*attr.*): **assetto s.**, company structure; **diritto s.**, corporate law; **capitale s.**, company's (*o* corporate) capital.

sociévole, *a.* sociable; companionable; gregarious; friendly; genial; clubbable (*fam.*): **persona s.**, gregarious person; good mixer (*fam.*); **poco s.**, rather unsociable.

socievolézza, *f.* sociability; sociableness; companionableness; friendliness.

socievolménte, *avv.* sociably; companionably; gregariously.

socinianèṣimo, *m.* (*stor. relig.*) Socinianism.

sociniàno, *a.* e *m.* (*stor. relig.*) Socinian.

sòcio, *m.* (*f.* **-a**) **1** (*membro di associazione*) member; affiliate: **s. onorario**, honorary member; **s. fondatore**, charter member; **s. or-**

dinario [**sostenitore, vitalizio**], ordinary [supporting, life] member; **riunione dei soci**, members' meeting; **farsi s. d'un circolo**, to join a club; to become a member of a club ***2*** (*econ., fin.*) partner; associate; member; (*consocio*) copartner, consociate; (*azionista*) shareholder: **s. accomandante**, limited (*o* sleeping) partner; silent partner (*USA*); **s. accomandatario**, unlimited (*o* general) partner; **s. anziano**, senior partner; **s. effettivo** (*o* **gerente**), active (*o* managing) partner; **s. giovane**, junior partner; **s. nominale**, nominal partner; **s. occulto**, secret (*o* silent) partner; **assemblea dei s.**, company meeting; **È stato mio s. in parecchie imprese commerciali**, he has been my associate in several business enterprises ***3*** (*di accademia o società scientifica*) fellow: **i Soci della Royal Geographical Society**, the Fellows of the Royal Geographical Society.

socioanàlisi, *f.* socioanalysis.

sociobiologìa, *f.* sociobiology.

sociobiològico, *a.* sociobiological.

sociobiòlogo, *m.* (*f.* **-a**) sociobiologist.

socioculturàle, *a.* socio-cultural.

sociodinàmico, *a.* sociodynamic.

sociodràmma, *m.* (*psic.*) role playing.

socioeconòmico, *a.* socioeconomic.

sociogènesi, *f.* sociogenesis.

sociogenètico, *a.* sociogenetic; sociogenic.

sociogràmma, *m.* sociogram.

socioletto, *m.* (*ling.*) sociolect.

sociolinguista, *m.* e *f.* sociolinguist.

sociolinguìstica, *f.* sociolinguistics (*pl. col verbo al sing.*).

sociolinguìstico, *a.* sociolinguistic.

sociologìa, *f.* sociology: **s. industriale**, industrial sociology; **s. del diritto**, sociology of law.

sociològico, *a.* sociological.

sociologismo, *m.* sociologism.

sociòlogo, *m.* (*f.* **-a**) sociologist; social scientist.

sociometrìa, *f.* sociometry.

sociomètrico, *a.* sociometric.

sociopolìtico, *a.* sociopolitical.

sociosanitàrio, *a.* sociomedical; national health (*attr.*).

socioterapìa, *f.* (*psic.*) sociotherapy.

Sòcrate, *m.* Socrates.

socràtico, *a.* e *m.* (*filos.*) Socratic: **il metodo s.**, the Socratic method; **la filosofia socratica**, Socratic philosophy.

sòda, *f.* ***1*** (*chim.*) sodium carbonate; soda: **s. caustica**, sodium hydroxide; caustic soda; **s. per lavare**, washing soda; **s. naturale**, natron ***2*** (*acqua di s.*) soda (water).

sodàglia, *f.* (*agric.*) untilled land.

sodàle, *m.* (*letter.*) companion; friend; schoolfellow.

sodalìte, *f.* (*miner.*) sodalite.

sodalìzio, *m.* ***1*** (*società*) society; association; brotherhood; sodality ***2*** (*lett.*: *legame di amicizia*) companionship; fellowship.

sodanìtro, *m.* (*miner.*) soda niter; Chile saltpeter.

sodàre, *v. t.* (*ind. tess.*) to full.

sodatóre, *m.* (*ind. tess.*) fuller.

sodatùra, *f.* (*ind. tess.*) fulling.

soddisfacènte, *a.* satisfactory; satisfying; fine; fair; gratifying; (*discreto*) acceptable, tolerable, right enough, fair enough: **risposta s.**, satisfactory answer; **reddito s.**, fair income; **progressi soddisfacenti**, satisfactory progress (*sing.*).

soddisfacentemènte, *avv.* satisfactorily.

soddisfaciménto, *m.* ***1*** (*soddisfazione*) gratification; satisfaction ***2*** (*adempimento*) fulfilment; discharge ***3*** (*pagamento*) payment.

soddisfàre, *v. t.* e *i.* ***1*** to satisfy; to meet*; to fulfil; to comply with; (*appagare*) to gratify, to please, to indulge; (*placare*) to satisfy, to appease, to sate; (*accontentare*) to satisfy, to please, to content: **s. i desideri di q.**, to satisfy (*o* to gratify) sb.'s wishes; **s. i propri bisogni**, to satisfy one's needs; **s. la propria curiosità**, to satisfy one's curiosity; **s. la fame** [**la sete**], to satisfy (*o* to appease) one's hunger [thirst]; **s. le aspettative di q.**, to meet (*o* to fulfil) sb.'s expectations; **s. una condizione**, to satisfy (*o* to meet) a condition; **s. la domanda**, to meet the demand; **s. le esigenze di q.**, to meet (*o* to answer) sb.'s requirements; **s. (a) una richiesta**, to meet (*o* to comply with) a request; **s. un capriccio**, to indulge (*o* to gratify) a whim; **s. l'occhio**, to please (*o* to be pleasing to) the eye; **s. la proprie ambizioni**, to fulfil one's ambitions; **s. i clienti**, to satisfy (*o* to please) one's customers; **Non posso s. tutti quanti**, I cannot please everybody; **Il mio lavoro non mi soddisfa**, I get no satisfaction out of my job; **Niente lo soddisfa**, nothing satisfies (*o* pleases) him; **Le tue spiegazioni non mi soddisfano**, your explanations do not satisfy (*o* convince) me ***2*** (*adempiere*) to satisfy; to fulfil; to meet*; to carry out; to perform; to discharge: **s. i** (*o* **ai**) **propri impegni**, to honour (*o* to meet) one's commitments; **s. una promessa**, to fulfil a promise; **s. (a) un dovere**, to perform (*o* to discharge, to fulfil) a duty ***3*** (*pagare*) to discharge; to pay* (off): **s. un debito**, to discharge (*o* to pay) a debt; **s. i propri creditori**, to pay off one's creditors ***4*** (*fare ammenda, riparare*) to make* amends for; to make* reparation for; to atone for: **s. un'offesa**, to atone for an offence ***5*** (*essere in accordo con*) to satisfy; to meet*: **La mia teoria soddisfa tutte le premesse**, my theory satisfies all the premises ***6*** (*mat.*) to fulfil. ● **s. gli obblighi militari**, to do one's military service.

soddisfàtto, *a.* ***1*** satisfied (with); pleased (with); gratified (with); contented (with); content (with) (*pred.*); happy (with); (*compiaciuto*) self-satisfied, complacent, smug; (*che ci prova gusto*) gleeful: **avere un'aria soddisfatta**, to look pleased; **Perché fai quella faccia soddisfatta?**, why are you looking so pleased (*o* so smug)?; **Sono molto s. di quello che ho saputo**, I'm very pleased with what I've been told; **Non sono s. del tuo rendimento**, I am not satisfied with your performance; **essere s. di sé**, to be pleased with oneself; **Non sono ancora s. di quello che ho scritto**, I'm still not happy with what I've written; (*iron.*) **Sarai s. finalmente!**, I hope you're happy (*o* pleased) now!; **Ecco, ora piange: sei s.?**, there, you've made her cry; are you happy (*o* do you feel better) now?; **«Te l'avevo detto io!» esclamò tutto s.**, «I told you so» he said gleefully; **È soddisfattissimo della sua nuova casa**, he's as pleased as Punch with his new house; **non s.**, dissatisfied; unhappy ***2*** (*adempiuto*) satisfied; fulfilled; honoured; performed; discharged: **un impegno s.**, a commitment honoured ***3*** (*pagato*) paid-off; paid-up: **un debito s.**, a paid-up debt.

soddisfazióne, *f.* ***1*** (*il soddisfare*) satisfaction; gratification: **la s. dei propri desideri**, the satisfaction (*o* gratification) of one's wishes ***2*** (*piacere, compiacimento*) satisfaction, pleasure, contentedness, joy; (*autocompiacimento*) complacency, smugness; (*gusto compiaciuto*) relish, glee: **con mia grande s.**, much to my satisfaction; to my great satisfaction; **un lavoro che dà molte soddisfazioni**, a rewarding (*o* fulfilling, satisfying) job; **I lavori di casa danno poche soddisfazioni**, you get very little satisfaction out of household chores; **Suo figlio gli dà molte soddisfazioni**, he is very proud of his son; **Non gli ho dato s.**, I gave him no satisfaction; **Perché gli dài la s. di vederti arrabbiato?**, why do you give him the satisfaction of seeing you angry?; **Mi sono preso la s. di dirglielo personalmente**, I had the pleasure of (*o* I got a lot of satisfaction out of) telling him personally; **Che s. ci provate a prenderlo in giro?**, what is the fun of teasing him?; **Mi diede la notizia con una s. che non mi piacque**, he gave me the news in a gleeful tone I didn't like ***3*** (*riparazione*) satisfaction; reparation; redress; amends (*pl.*): **chiedere** [**dare, ottenere**] **s.**, to demand [to give, to obtain] satisfaction. ● (*iron.*) **Bella s.!**, I hope you are satisfied! □ **essere** (*o* **riuscire**) **di piena s.**, to be entirely satisfactory □ **levarsi la s. di**, to have the satisfaction of □ **provare una grande s.**, to be very pleased; to be delighted.

sodézza, *f.* firmness; compactness; consistency; (*durezza*) hardness; (*solidità*) solidity: **la s. delle sue carni**, the firmness of her flesh.

sòdico, *a.* (*chim.*) sodic; sodium (*attr.*).

sòdio, *m.* (*chim.*) sodium: **bicarbonato di s.**, sodium bicarbonate; (baking) soda; bicarb (*fam.*); **carbonato di s.**, sodium carbonate; soda; **cianuro di s.**, sodium cyanide; **cloruro di s.**, sodium chloride; **idrossido di s.**, sodium hydroxide; caustic soda; **nitrato di s.**, sodium nitrate.

sòdo, **A** *a.* ***1*** (*solido, compatto, robusto*) hard; solid; compact; consistent; firm; set: **carni sode**, firm flesh; **muscoli sodi**, hard muscles; **mani sode**, hard (*o* robust) hands; **terreno s.**, (*compatto*) hard (*o* compact) soil; (*non lavorato*) fallow (*o* unbroken) ground; **uovo s.**, hard-boiled egg; (*cucina*) **impasto sodo**, firm (*o* stiff) dough (*o* mixture); **Aspetta che il budino sia s.**, wait until the pudding is firm (*o* has set) ***2*** (*forte, violento*) hard: **pugno** [**colpo**] **s.**, hard blow; **darle sode** (*picchiare duro*), to hit hard; (*anche fig.*) **darle** (*o* **suonarle**) **sode a q.**, to give sb. a sound beating (*o* thrashing); to thrash sb.; (*anche fig.*) **prenderle sode**, to get a sound beating (*o* thrashing); to be thrashed ***3*** (*fig.*: *saldo, solido*) solid; sound; well-founded: **argomenti sodi**, solid reasons; **sode qualità**, sound qualities. **B** *avv.* hard; soundly: **lavorare** [**studiare**] **s.**, to work [to study] hard; **dormire s.**, to sleep soundly; to sleep like a log (*fam.*); **picchiare s.**, to hit hard. **C** *m.* (*terreno duro*) firm (*o* hard) ground: (*anche fig.*) **costruire sul s.**, to build on firm ground; (*fig.*) **tenere i piedi sul s.**, to keep both feet on the ground; **poggiare sul s.**, to stand on firm ground. ● **guardare al s.**, to focus on facts □ **venire al s.**, to come to the point; to come down to brass tacks (*fam.*); to come to the nitty-gritty (*fam. USA*) □ **C'è del s.**, it's a sound business □ **C'è del s. in quell'affare**, that deal is worth looking into.

Sòdoma, *f.* (*Bibbia*) Sodom.

sodomìa, *f.* ***1*** sodomy; buggery ***2*** (*omosessualità maschile*) male homosexuality.

sodomìta, *m.* sodomite; bugger.

sodomìtico, *a.* sodomitical.

sodomizzàre, *v. t.* to sodomize; to bugger.

sodomizzazióne, *f.* sodomization; buggering.

sofà, *m.* sofa; chesterfield (*GB*); davenport (*USA*).

sofferènte, **A** *a.* suffering; (*dolente*) pained, afflicted, painstricken; (*che non sta bene*) ailing, unwell, not well, ill: **l'umanità s.**, suffering humanity; **espressione s.**, pained look; **È s. di cuore** [**di fegato**], he suffers from heart-trouble [liver trouble]; **È ancora s.**, he is still unwell; he is still ailing. **B** *m.* e *f.* sufferer: **i sofferenti di emicrania**, sufferers from migraine; migraine sufferers; **s. d'asma**, asthmatic; **s. d'insonnia**, insomniac; **pregare per i sofferenti**, to pray for those who suffer.

sofferènza, *f.* ***1*** (*dolore fisico*) suffering, pain, agony; (*dolore spirituale*) suffering, pain, grief, affliction, agony, distress; (*patimento*) misery, hardship, trouble, trial: **essere insensibile alle sofferenze di q.**, to be indifferent to sb.'s sufferings; **mitigare le sofferenze di q.**, to alleviate (*o* to relieve) sb.'s sufferings; **una vita piena di sofferenze**, (*di dolori*) a life full of suffering (*o* pains, misery); (*di stenti*) a life full of hardship (*o* trials, trouble); **morire fra atroci sofferenze**, to die in terrible pain; **sofferenze inaudite**, untold suffering; **È una s. vederlo così ridotto**, it's painful to see him in that state; **È una s. sentirlo cantare**, it's a torture to hear him sing **2** (*comm.*: *ritardo nel pagamento d'un debito*) delay in paying a debt: **cambiale in s.**, unpaid (*o* outstanding, overdue) bill. ● **compagno di s.**, fellow-sufferer.

soffermàre, A *v. t.* to stop (for a moment): **Soffermai la mia attenzione sulla foto**, I stopped for a moment to look at the photo. **B soffermàrsi**, *v. i. pron.* **1** (*fermarsi un po'*) to stop (for a while); to pause; to make* a pause: **s. ogni tanto**, to stop (*o* to pause) now and again; **Mi soffermai a guardare la scena**, I stopped for a while to look at the scene **2** (*fig.*) to pause upon; to dwell* on (*o* upon); to linger over (*o* on, upon): **s. su una parola**, to linger over a word; **s. a pensare al passato**, to linger over the past; **Si soffermò sui particolari**, (*indugiò*) he dwelt upon the details; (*entrò nei particolari*) he went into details.

soffèrto, *a.* **1** (*patito*) suffered, felt, known, experienced; (*sopportato*) endured, borne: **i dolori s.**, the pain one has suffered; **Non poteva dimenticare la fame sofferta da bambino**, he could not forget the hunger he had known as a child; **Ricordo il freddo s.**, I can remember how cold it was **2** (*tormentato, difficile*) painful; difficult; hard; laboured; hard-fought: **decisione sofferta**, difficult (*o* hard, painful) decision; **vittoria elettorale sofferta**, hard-fought electoral victory; **un romanzo molto s.**, a laboriously-conceived novel.

soffiàggio, *m.* (*metall.*) blow: **s. finale**, after-blow.

soffiànte, A *a.* blowing; blow (*attr.*). **B** *f.* (*mecc.*) blower.

soffiàre, A *v. i.* **1** (*emettere aria*) to blow*: **s. forte nel palloncino**, to blow hard into the balloon; **s. sul caffè perché si raffreddi**, to blow on one's coffee to cool it; **s. in un fischietto**, to blow a whistle; **soffiarsi sulle dita**, to blow on one's fingers; **s. su una candela e spegnerla**, to blow out a candle **2** (*del vento*) to blow*: **Il vento soffiava da nord**, the wind was blowing from the north; **Soffiava un forte vento**, a strong wind was blowing; it was blowing hard **3** (*ansare*) to puff; to pant; to blow*; to wheeze; to breathe hard: **Lo sentivo s. dietro di me sul sentiero**, I could hear him panting behind me on the path; **s. come un mantice**, to puff and pant; to puff (*o* to blow, to wheeze) like a grampus; to be gasping for breath **4** (*sbuffare*) to fume; to snort: **s. di rabbia**, to fume with rage; **s. d'impazienza**, to snort with impatience **5** (*del gatto*) to spit*; (*della balena*) to blow* **6** (*pop.*: *spifferare*) to blab, to blow* the gaff, to spill* the beans; (*fare la spia*) to sing*, to rat (on sb.), to squeal (on sb.), to grass (on sb.) (*GB*): **Chi ha soffiato alla polizia la pagherà cara**, whoever squealed (*o* grassed) on us to the police will pay for it. ● (*fig.*) **s. sul collo a q.**, to breath down sb.'s neck □ (*fig.*) **s. sul fuoco**, to fan the flames; to blow on the coals; to stir up strife. **B** *v. t.* **1** to blow*; to puff: **s. fumo di sigaretta**, to blow out cigarette smoke; **s. il fumo in faccia a q.**, to blow (*o* to puff) smoke into sb.'s face; **s. via la polvere da un libro**, to blow the dust off a book; **s. il naso a q.**, to blow sb.'s nose; **Soffiati il naso**, blow your nose; **s. il vetro**, to blow glass **2** (*nel gioco della dama*) to huff: **s. una pedina**, to huff a man **3** (*pop.*: *riferire in segreto*) to whisper, to tip off; (*spifferare*) to blab out, to blurt out: **s. q.c. nell'orecchio a q.**, to whisper st. in sb.'s ear; **s. la verità**, to blab out (*o* to blurt out) the truth; **s. tutto**, to spill the beans; to blab; to sing; to squeal; to blow the whistle **4** (*fam.*: *sottrarre con astuzia*) to pinch; to relieve (sb. of st.); to swipe; to steal*: **Chi mi ha soffiato la penna?**, who pinched (*o* swiped) my pen?; **Il ladro gli soffiò l'orologio**, the thief relieved him of his watch; **La sua migliore amica le ha soffiato il ragazzo**, her best friend has stolen her boyfriend from her; (*sport*) **Maldini ha soffiato la palla a Vialli**, Maldini has stolen the ball from Vialli; **s. a q. il posto** (*di lavoro*), to steal sb.'s job; to elbow out sb.; **Mi ha soffiato il posto** (*a sedere*), he's pinched (*o* stolen) my seat.

soffiàta, *f.* **1** blow; blast; puff: **una s. di vento**, a puff of wind; **dare una s. sul fuoco**, to give the fire a blow; to blow on the fire; **darsi una buona s. di naso**, to give one's nose a good blow **2** (*fam.*: *informazione riservata*) hint, tip, hot tip, tip-off, (inside) dope (*USA*); (*spiata*) tip-off, whistle-blowing: **Fu arrestato grazie a una s.**, he was arrested thanks to a tip-off; **fare una s. alla polizia**, to tip off the police; to grass (on sb.) to the police (*GB*); to blow the whistle with the police.

soffiàto, *a.* blown; puffed: **vetro s.**, blown glass; **riso s.**, puffed rice; **granturco s.**, popcorn.

soffiatóre, *m.* **1** (*operaio vetraio*) glass-blower **2** (*pop.*: *delatore*) whistle-blower; grass; squealer; stool pigeon.

soffiatrìce, *f.* blowing machine.

soffiatùra, *f.* **1** blowing **2** (*ind. vetraria*) glass-blowing **3** (*metall.*) blowhole **4** (*tecn.*) gas pocket.

sòffice, A *a.* (*morbido*) soft, velvety, tender; (*leggero*) fluffy, downy, light, spongy; (*cedevole*) yielding; (*di terreno*) loose, light, spongy: **lana s.**, soft wool; fluffy wool; **nuvole soffici**, fluffy clouds; **neve s.**, soft snow; **erba s.**, soft grass; **capelli soffici**, soft hair; silken hair; **guanciale s.**, soft (*o* downy) pillow; **letto s.**, soft bed; **coperta s.**, soft blanket; **pelo s.**, velvety fur; **impasto s.**, spongy (*o* light) mixture; **panino s.**, soft roll; **s. al tatto**, soft to the touch; **rendere s.**, to soften. **B** *m.* something soft: **dormire sul s.**, to sleep on something soft.

sofficità, *f.* (*morbidezza*) softness; (*leggerezza*) fluffiness, downiness, lightness, sponginess; (*cedevolezza*) yield; (*di terreno*) looseness, lightness, sponginess.

soffierìa, *f.* (*metall.*) furnace bellows (*pl.*).

soffiétto, *m.* **1** (*mantice a mano*) (pair of) bellows (*pl.* o *sing.*) **2** (*di carrozza*) hood **3** (*fotogr.*) bellows (*pl.* o *sing.*) **4** (*ferr.*) bellows (*pl.* o *sing.*) **5** (*gergo giornalistico*) puff; plug; write-up. ● (*fam.*) **fare il s.**, to blow the whistle; to spill the beans □ **piegare a s.**, to fold like an accordion □ **porta** (*o* **parete**) **a s.**, folding door (*o* partition) □ **valigia a s.**, expanding suitcase.

sóffio, *m.* **1** (*alito*) breath (*anche fig.*); puff: **s. animatore**, breath of life; **spegnere una candela con un s.**, to blow out a candle **2** (*d'aria, fumo, ecc.*) puff, whiff, breath; (*violento*) gust, blast: **un s. di vento**, a breath of wind; a gust of wind; **Non c'era un s. di vento**, there wasn't a whiff of air; **un s. d'aria**, a whiff (*o* a puff) of air; **un s. d'aria fresca**, a breath (*o* a blow) of fresh air; **il s. del mantice**, the blowing of the bellows **3** (*del gatto*) spit; spitting **4** (*ispirazione*) inspiration **5** (*med.*) murmur: **s. cardiaco**, cardiac murmur **6** (*radio*) hiss; hissing: **s. microfonico**, microphone hiss. ● **a un s. da**, within an ace of □ **di** (*o* **per**) **un s.**, by a hair's breadth; by the skin of one's teeth: **vincere per un s.**, to win by a hair's breadth; **Me la sono cavata per un s.**, I got out by the skin of my teeth; I had a narrow escape; **Per un s. il vaso non mi cadde in testa**, the vase missed me by a hairbreadth (*o* by an inch) □ **in un s.**, (*in un attimo*) in an instant, in a flash, in the twinkling of an eye, in a jiffy (*fam.*); (*sottovoce*) in a whisper: **dire q.c. in un s.**, to say st. in a whisper; to whisper st.

soffióne, *m.* **1** (*canna per soffiare nel fuoco*) blow pipe (*o* tube) **2** (*geol.*) (jet of steam issuing from a) fumarole: **s. boracifero**, boric-acid fumarole **3** (*bot.*, *Taraxacum officinale*) dandelion **4** (*pop.*: *spione*) whistle-blower; squealer; grass.

soffìtta, *f.* attic; loft; (*abbaino*) garret: **vivere in una s.**, to live in a garret; (*anche fig.*) **relegare in s.**, to relegate (*o* to consign) to the attic.

soffittàre, *v. t.* (*edil.*) to ceil; to provide with a ceiling.

soffittatùra, *f.* ceiling work; ceiling.

soffìtto, *m.* ceiling: **s. a cassettoni**, coffered ceiling; lacunar (ceiling); **s. a graticcio di canne**, cane-mesh ceiling; **s. a travi di legno**, wooden-beam ceiling; **s. a rete**, mesh-ceiling; **s. a volta**, arched ceiling.

soffocaménto, *m.* choking; stifling; suffocation (*anche med.*); suffocating; smothering: **morire per s.**, to be choked to death; to suffocate; **una sensazione di s.**, a suffocating sensation.

soffocànte, *a.* choking; stifling; suffocating; (*di calore*) stifling, sultry; (*oppressivo*) oppressive: **polvere s.**, choking dust; **caldo s.**, stifling (*o* sultry) heat; sultriness; (*anche fig.*) **atmosfera s.**, stifling atmosphere; **un amore s.**, an oppressive love.

soffocàre, A *v. t.* **1** to suffocate; to stifle; to choke; to smother; (*uccidere per soffocamento*) to choke (sb.) to death, to suffocate, to smother; (*strangolare*) to strangle, to throttle: **s. il respiro**, to stifle the breath; **Il fumo mi soffocava**, the smoke choked me; **Il caldo ci soffocava**, we were stifled by the heat; **s. q. con le proprie attenzioni**, to smother sb. with kindness; to fuss over sb.; **Questo colletto mi soffoca**, this collar is choking (*o* strangling) me; **Questo cespuglio soffoca i miei fiori**, this bush is choking (*o* smothering) my flowers; **Il giardino era soffocato dalle erbacce**, the garden was choked up with weeds; **s. ogni progresso**, to stifle all progress; **Mandò giù il nocciolo d'una susina che quasi lo soffocò**, he swallowed a plumstone and was almost choked to death; **Il ladro soffocò la vecchia con un cuscino**, the burglar smothered the old woman with a pillow; **s. q. di baci**, to smother sb. with kisses **2** (*spegnere*) to smother; to put* out: **s. il fuoco, to smother the fire**; **s. le fiamme**, to smother the flames **3** (*fig.*: *reprimere*) to choke back (*o* down), to stifle, to smother, to quell, to fight* down, to suppress, to repress, to put* down, to stamp out; (*zittire*) to silence: **s. il proprio dolore**, to choke back one's grief; **s. il proprio sdegno**, to choke down (*o* to stifle) one's indignation; **s. la rabbia**, to choke back one's anger; **s. la libertà**, to suppress (*o* to throttle) freedom; **s. la voce della coscienza**, to silence one's conscience; **s. un grido**, to stifle a cry; **s. un singhiozzo**, to choke back (*o* to stifle, to smother) a sob; **s. una risata**, to repress a laugh; **s. uno sbadiglio**, to stifle (*o* to fight down, to suppress) a yawn; **s. una ribellione**, to stifle (*o* to quell, to stamp out, to put down) a rebellion; **s. q.c. sul nascere**, to nip st. in the bud **4** (*fig.*: *mettere a tacere*) to hush up; to cover up; to scotch: **s. uno scandalo**, to hush up (*o* to cover up) a scandal; **s. una diceria**, to scotch a rumour. **B** *v. i.* to choke; to suffocate; to be stifled: **Mi sento s.**, I feel stifled (*o* suffocated); I'm suffocating; **s. dal caldo**, to be stifled by the heat; to swelter; **Qui si soffoca**, it is stifling here; **Soffocavo di rabbia**, I was choking with rage.

soffocàto, *a.* **1** choked; chocked-back; choked-down; stifled; strangled; suffocated; smothered; (*debole*) feeble, faint: **gemito s.**, stifled (*o* feeble) moan; **pianto s.**, choked-back tears; **risata s.**, suppressed laugh; **voce soffocata**, choked (*o* strangled) voice; **morire s.**, to choke to death; to suffocate; to be choked to death **2** (*privato d'aria e luce*) choked; choked up; suffocated: **un campo s. dai rovi**, a field choked with briars.

soffocazióne, *f.* V. **soffocamento**.

sòffoco, *m.* stifling (*o* heavy) heat; sultriness;

mugginess; muggy weather.

soffóndere, (*lett.*) **A** *v. t.* to suffuse; to tinge. **B soffóndersi,** *v. i. pron.* to become* suffused; to be tinged.

soffregaménto, *m.* (gentle) rubbing.

soffregàre, *v. t.* to rub (gently): **soffregarsi gli occhi**, to rub one's eyes.

soffribile, *a.* sufferable; endurable; bearable; tolerable.

soffrìggere, *v. t.* e *i.* to fry lightly; to brown.

soffrìre, A *v. t.* ***1*** (*patire*) to suffer; to feel*; to go* through: **s. atroci dolori**, to suffer terrible pain; **s. il caldo [il freddo]**, to feel (*o* to suffer from) the heat [the cold]; **s. il mal di mare**, to suffer from sea-sickness; to be sea-sick; to be a poor sailor; **s. il solletico**, to be ticklish; **s. la fame**, to go hungry; to starve; **s. la sete**, to suffer (from) thirst; **s. le pene dell'inferno**, to go through hell; to endure the pains of hell; **Me l'hanno fatta s. la promozione**, I had to sweat to get promoted; **un prodotto che soffre l'umidità**, a product that is affected by humidity ***2*** (*subire*) to suffer; to undergo*; to sustain; to endure: **s. insulti**, to suffer insults; **s. una perdita**, to suffer (*o* to sustain) a loss; **s. grandi privazioni**, to suffer (*o* to undergo) great hardships; **s. un torto**, to suffer a wrong; **s. l'estremo supplizio [il martirio]**, to suffer death [martyrdom]; **s. il carcere**, to experience prison ***3*** (*tollerare*) to stand*, to bear*, to put* up with, to suffer, to endure, to tolerate; (*permettere*) to allow, to permit: **Non posso s. quell'individuo**, I cannot stand (*o* bear) that fellow; **Non posso s. una cosa simile**, I cannot stand (*o* put up with) such a thing; **Come puoi s. una tale insolenza?**, how can you suffer such insolence?; **Non posso s. di vederlo così abbattuto**, I cannot bear to see him so dejected; **Non può s. che lo si lasci in disparte**, he cannot stand being left out of things; **Non posso s. che tu maltratti quella povera bestia**, I cannot allow you to ill-treat that poor animal. **B** *v. i.* ***1*** (*patire, sentire dolore*) to suffer; to be in pain: **Soffre molto?**, is she in great pain?; **morire senza s.**, to die without suffering (*o* without pain, painlessly); **Mi fa s. di vederlo così**, it pains me to see him like that; **I reumatismi la fanno s. oggi**, her rheumatism is playing up today; **s. in silenzio**, to suffer in silence; **s. dentro**, to suffer inwardly; **Ha sofferto per la morte del padre**, his father's death was a great blow to him; **Soffro per te**, my heart aches for you; **s. di emicranie**, to suffer from headaches; **s. di cuore**, to have a heart condition; to have a dicky heart (*fam.*); **s. di fegato**, to suffer from liver troubles; to be liverish; **s. di allucinazioni**, to suffer from hallucinations; to see things (*fam.*); **s. di mal d'amore**, to be lovesick ***2*** (*essere danneggiato*) to suffer; to be injured (*o* impaired): **Ne soffrirà la tua reputazione**, your reputation will suffer from it; **Gli olivi hanno sofferto per il gelo**, the olive trees were damaged by the frost (*o* suffered as a result of the frost, felt the frost badly).

soffritto, *m.* (*cucina*) onion and herbs browned in oil.

soffusióne, *f.* (*med.*) suffusion.

soffùso, *a.* (*lett.*) suffused; overspread: **s. di luce**, suffused with light; **s. di felicità**, suffused with joy; **un volto s. di rossore**, a blushing face; **occhi soffusi di lacrime**, eyes dim with tears; **La sua fronte era soffusa di sudore**, a film of perspiration covered his brow.

Sofia, *f.* Sophia.

sofișma, *m.* ***1*** (*filos.*) sophism ***2*** (*cavillo*) quibble, cavil; (*al pl. anche*) sophistry, quibbling, casuistry: **Non sopporto i suoi sofismi**, I cannot stand his quibbling (*o* casuistry, sophistry).

sofista, *m.* e *f.* ***1*** (*filos.*) sophist ***2*** (*pedante*) casuist; quibbler; hairsplitter.

sofistica, *f.* (*filos.*) sophistry.

sofisticàre, A *v. i.* (*cavillare*) to quibble, to cavil, to be captious, to split* hairs, to chop logic; (*criticare*) to find* fault (with st.). **B** *v. t.* (*adulterare*) to adulterate; to doctor: **s. il latte**, to adulterate milk (with water); **s. i vini**, to doctor wines.

sofisticatézza, *f.* sophistication; over-refinement; affectation.

sofisticàto, *a.* ***1*** (*adulterato*) adulterated; doctored ***2*** (*ricercato*) sophisticated; over-refined; affected ***3*** (*raffinato, elaborato*) sophisticated; advanced; elaborate; highly developed: **tecniche sofisticate**, advanced techniques; **le tecnologie più sofisticate**, state-of-the-art technology.

sofisticatóre, *m.* (*f.* **-trice**) adulterator.

sofisticazióne, *f.* adulteration; doctoring: **s. alimentare**, food adulteration.

sofisticherìa, *f.* ***1*** sophistry ***2*** (*cavillo*) quibble, cavil; (*al pl. anche*) casuistry, hairsplitting, quibbling: **Le sue obiezioni non sono che sofisticherie**, his objections are mere quibbles (*o* casuistry, hairsplitting).

sofistico, A *a.* ***1*** (*filos.*) sophistic(al): **ragionamento s.**, sophistical reasoning; **sillogismo s.**, sophistic syllogism ***2*** (*cavilloso*) pedantic, captious, hairsplitting, quibbling; (*pignolo*) pedantic, fault-finding, nitpicking, niggling, fussy. **B** *m.* (*f.* **-a**) quibbler; caviller; hairsplitter; pedant.

sòfo, *m.* (*lett. scherz.*) savant.

Sòfocle, *m.* Sophocles.

Sofonișba, *f.* Sophonisba.

soft (*ingl.*), *a. invar.* ***1*** (*morbido, tranquillo*) soft; subdued; gentle; quiet; cosy; pleasant: **musica s.**, soft music; **tinte [luci] s.**, subdued colours [lights]; **atmosfera s.**, laid-back atmosphere ***2*** (*moderato*) moderate; measured; mild: **È su posizioni piuttosto s.**, he has fairly moderate views.

software (*ingl.*), *m. invar.* (*elab.*) software: **s. di base**, basic software.

soggettista, *m.* e *f.* (*cinem.*) scenario writer; script writer; scripter.

soggettiva, *f.* (*cinem.*) subjective shot.

soggettivàre, *v. t.* ***1*** (*rendere soggettivo*) to subjectivize; to subjectify ***2*** (*interpretare soggettivamente*) to interpret subjectively; to subjectify.

soggettivazióne, *f.* subjectivization; subjectification.

soggettivișmo, *m.* ***1*** (*filos.*) subjectivism ***2*** (*estens.*) subjectivity.

soggettivista, *m.* e *f.* (*filos.*) subjectivist.

soggettivìstico, *a.* (*filos.*) subjective; subjectivistic.

soggettività, *f.* subjectivity; subjectiveness: **la s. di un giudizio**, the subjectivity of a value judgment.

soggettivo, *a.* subjective: **il metodo s.**, the subjective method; **la realtà soggettiva**, subjective reality; **un'impressione soggettiva**, a subjective (*o* personal) impression; (*gramm.*) **proposizione soggettiva**, subjective clause.

soggètto (1), *a.* ***1*** (*sottoposto*) subject: **un paese [un popolo] s.**, a subject country [people]; **colonie soggette alla Gran Bretagna**, colonies subject to Britain; **essere s. a una legge [a norme]**, to be subject to a law [to rules]; **Il corpo è s. allo spirito**, the body is subject to the spirit ***2*** (*dipendente*) dependent (on): **La disposizione è soggetta all'approvazione del comitato direttivo**, the regulation is dependent on (*o* subject to) the approval of the board ***3*** (*esposto, incline*) subject; liable; prone; exposed; inclined: **essere s. al mal di mare**, to be prone to seasickness; to suffer from sea-sickness; **essere s. ad infreddature**, to be subject to colds; to be apt (*o* inclined) to catch colds; **essere s. all'ira**, to be prone to anger; **Gli uomini sono soggetti alla tentazione**, men are subject to temptation; **una regione soggetta a inondazioni**, a region subject (*o* exposed) to flooding. ● **s. a dazio**, chargeable with duty; dutiable; customable; **non s. a dazio**, non-dutiable □ **s. a imposta**, liable to tax; taxable; leviable; **non s. a imposta**, tax free □ **s. a incidenti**, accident-prone □ **s. a modifiche**, subject to alterations □ **s. a vigilanza speciale**, under special surveillance □ **s. ad aumento**, subject to increase.

soggètto (2), *m.* ***1*** (*argomento, tema*) subject; (subject-)matter; theme; topic: **il s. d'un libro [d'una commedia, d'un quadro]**, the subject of a book [of a play, of a painting]; **catalogo [indice] per soggetti**, subject catalogue [index] ***2*** (*gramm.*) subject: **s. grammaticale**, grammatical (*o* formal) subject; **s. logico**, logical subject; **Il verbo deve concordare col s.**, the verb must agree with the subject ***3*** (*filos.*) subject: **s. morale**, moral subject ***4*** (*med.*) subject: **s. anemico**, anaemic subject; **s. isterico**, hysterical subject ***5*** (*leg.*) subject; party: **s. di diritto**, subject of law; **i soggetti di un processo**, the parties to an action ***6*** (*iron.* o *spreg.*) fellow; person; individual; character; lot (*fam.*); sort (*fam.*); customer (*pop.*): **cattivo s.**, bad lot; bad sort; **s. pericoloso**, dangerous individual (*o* character); **s. poco raccomandabile**, untrustworthy person; bad lot; nasty customer; **s. difficile**, difficult case; **È un bel s.**, he's a funny character ***7*** (*mus.*) subject ***8*** (*cinem.*) story; treatment. ● (*teatr.*) **recitare a s.**, to extemporize; (*improvvisare*) to improvise, to ad-lib.

soggezióne, *f.* ***1*** subjection; (*servaggio*) bondage, thraldom, servitude; (*sottomissione*) submission, acquiescence, obeisance: **s. al divino volere**, submission to God's will; **s. alle leggi**, subjection to the laws; **in stato di s.**, in a state of subjection; subjected; **fare atto di s.**, to make obeisance; to submit; to kowtow ***2*** (*riguardo timoroso*) awe; (*imbarazzo*) uneasiness: **avere (*o* provare) s. di q.**, to stand in awe of sb.; to feel uneasy in the presence of sb.; **dare (*o* incutere, mettere) s.**, to make (sb.) feel uneasy; to be awesome; to be formidable; **che incute s.**, formidable; awesome; awe-inspiring; **pieno di s. intimorita**, awe-struck; **mettersi in s.**, to be (*o* to feel) shy; **tenere q. in s.**, to hold sb. in awe; **non avere s. di nessuno**, to fear no man; to be fearless.

sogghignàre, *v. i.* to sneer; to curl one's lips; to smile sarcastically (*o* contemptuously).

sogghigno, *m.* sneer; sarcastic (*o* contemptuous) smile.

soggiacére, *v. i.* ***1*** (*essere sottoposto, soggetto*) to be subject, to be subjected; (*cedere*) to submit, to bow, to give* in, to yield: **s. alla legge**, to be subject to the law; **s. ai capricci di q.**, to be subject to sb.'s caprices; **s. alla volontà altrui**, to be subject (*o* to bow) to the will of others; **s. a un sopruso**, to submit (*o* to yield) to an imposition ***2*** (*essere più in basso*) to be placed lower (than); (*fig.*) to underlie* ***3*** (*soccombere*) to succumb; to yield.

soggiogaménto, *m.* subjugation; subjection.

soggiogàre, *v. t.* ***1*** (*sottomettere*) to subjugate; to submit; to subdue; to conquer; to enslave: **s. un paese**, to subjugate (*o* to conquer, to enslave) a country ***2*** (*fig.*: *reprimere*) to conquer; (*dominare*) to dominate, to captivate, to mesmerize: **s. le proprie passioni**, to conquer one's passions; **s. q.c. con lo sguardo**, to dominate sb. with a look; to mesmerize; to hypnotize; **Ha soggiogato i suoi seguaci**, he has mesmerized his followers; **La sua bellezza lo soggiogava**, he was captivated by her beauty.

soggiogatóre, *m.* (*f.* **-trice**) (*lett.*) subjugator; conqueror; subduer.

soggiornàre, *v. i.* to stay (for a time); to spend* (some time); to stop (for a time); to sojourn (*lett.*): **s. per alcuni giorni in un luogo**, to stay (*o* to stop) for a few days in a place; to spend a few days in a place.

soggiórno, *m.* ***1*** (*permanenza*) stay; residence; sojourn (*lett.*): **breve s.**, short stay; **un s. di tre settimane a Londra**, a three weeks' stay in London; **fare s. in un luogo**, to spend some time in a place; **fare un breve s.**, to make a brief stay ***2*** (*stanza di s.*) living-room; lounge. ● (*leg.*) **s. obbligato**, obligatory (*o* mandatory) residence □ **centro** (*o* **località**) **di s.**, resort □ **obbligo** [**divieto**] **di s.**, duty [prohibition] to reside □ **permesso di s.**, residence permit □ **tassa di s.**, visitor's tax.

soggiùngere, *v. t.* e *i.* to add: **Devo s. che...**, I must add that...; **«L'ho visto anch'io», soggiunsi**, «I saw him, too», I added.

soggiuntìvo, *m.* (*gramm.*) subjunctive (mood).

soggólo, *m.* ***1*** (*dell'abito monacale*) wimple ***2*** (*nei finimenti del cavallo*) throatlatch; throatlash ***3*** (*di berretto*) chin strap.

sogguardàre, *v. t.* to peer at; to peep at; to peek at; to steal* a glance at; to look furtively at.

sòglia, *f.* ***1*** (*di ingresso*) threshold; doorstep; door: **s. di pietra**, stone threshold; **fermarsi sulla s.**, to stop on the threshold (*o* doorstep); **aspettare sulla s.**, to wait at the door; **oltrepassare** (*o* **varcare**) **la s.**, to step over the threshold (*anche fig.*); to cross the threshold (*anche fig.*); (*entrare*) to step in, to go in, to come in; (*uscire*) to step out, to go out, to come out; **Non varcherà mai più questa s.!**, he will never darken my doorstep again! ***2*** (*fig.*: *prossimità, vigilia*) threshold, verge, brink; (*primordio, principio*) threshold, dawn, dawning: **la s. della vecchiaia**, the threshold of old age; **la s. della civiltà**, the threshold (*o* dawn) of civilization; **la s. della vita**, the threshold (*o* dawn) of life; **essere sulla s. dei settant'anni**, to be nearing seventy; **Siamo alle soglie di una grande scoperta**, we are on the verge of a great discovery; **alle soglie della guerra**, on the brink of war; **L'estate è alle soglie**, summer is at the door (*o* at hand, upon us) ***3*** (*scient.*) threshold: (*fis.*) **s. di scissione**, fission threshold; **s. di udibilità**, threshold of audibility; (*fisiol.*) **s. di sensibilità**, threshold of sensitivity; **s. del dolore**, threashold of pain; **s. della coscienza**, threshold of consciousness ***4*** (*geol.*) sill.

sòglio, *m.* throne; seat: **il s. regio** [**pontificio**], the royal [papal] throne.

sògliola, *f.* (*zool.*, *Solea solea*) sole.

sognàbile, *a.* imaginable; conceivable.

sognànte, *a.* dreamy; lost in reverie: **occhi sognanti**, dreamy eyes.

sognàre, **A** *v. t.* ***1*** to dream* (about st., sb.): **Sogno spesso**, I often dream; **Mi pareva di s.**, I thought I was dreaming; **Sogno o son desto?**, is it true or am I dreaming?; **Che cosa hai sognato?**, what did you dream about?; **Sognavo di trovarmi in un'isola deserta**, I dreamt I was on a desert island; **Ho sognato di morire**, I dreamt I was dying; **Sognò di avere le ali**, he dreamt he had wings; **s. la propria madre**, to dream about one's mother; **Devo averlo sognato**, I must have dreamt it ***2*** (*fantasticare*) to dream; to daydream: **Muoviti, non star lì a s.**, hurry up, don't stand there dreaming!; **s. a occhi aperti**, to daydream; to stargaze ***3*** (*fig.*: *desiderare ardentemente*) to dream* of; to have dreams of; to be one's dream (to do st.); to long (for st., to do st.): **Sogna di diventare una ballerina**, she dreams of becoming a dancer; **Sognavo di vivere in campagna**, I had dreams of living in the country; it was a dream of mine to live in the country; **Sogna solo di tornare a casa**, he only dreams of going back home; he longs to go home; **Sognavamo una vacanza ai tropici**, we were dreaming of (*o* longing for) a holiday in the Tropics; **Se lo sogna ad occhi aperti questo viaggio**, he thinks of nothing else but this trip ***4*** (*fig.*: *pensare, immaginare*) to dream*; to dream* of; to think* of; to imagine; to fancy; to suppose: **L'hai detto o me lo sono sognato?**, did you say so, or did I dream it?; **Me lo sarò sognato!**, I must have dreamt it!; **Non mi sognavo certo che si sarebbe fatto vivo**, I little dreamt (*o* I never imagined) that he would turn up; **Non avrei mai sognato di ottenere quel posto**, I would never have dreamt I could get that job; **Non me lo sarei mai sognato!**, I could never have imagined such a thing!; **Chi se lo sarebbe sognato che un film simile non avrebbe avuto successo?**, who could have imagined (*o* thought) that a film like that would be a flop?; **I miei problemi non ve li sognate neppure**, you can have no idea of what my problems are; **Una casa così io non me la sognavo nemmeno**, a house like this was beyond my wildest dreams; **Non mi sognerei mai di fare una cosa simile!**, I'd never dream of doing such a thing!; **Telefonargli? Non me lo sogno neanche!**, phone him? I wouldn't dream of it! ***5*** (*fig.*: *illudersi*) to be kidding oneself: **Tu sogni se credi che lui accetterà**, you are kidding yourself if you think he'll accept; **Te lo sogni l'aumento di stipendio!**, you can forget about a pay rise! **B** *v. i.* e **sognàrsi**, *v. i. pron.* (*vedere in sogno*) to dream*: **(Mi) sognai di mio padre**, I dreamt about my father.

sognàto, *a.* (*agognato*) dreamed-of; hoped-for; longed-for.

sognatóre, **A** *a.* dreamy. **B** *m.* (*f.* **-trice**) ***1*** dreamer ***2*** (*fig.*: *chi fantastica*) daydreamer, stargazer; (*chi è poco pratico*) dreamer; (*visionario*) visionary.

sógno, *m.* dream (*anche fig.*); (*fantasticheria*) fancy, daydream, reverie: **fare un s.**, to have a dream; **fare brutti sogni**, to have bad dreams; **svegliarsi da un brutto s.**, to awake from a bad dream; **vedere q. in s.**, to see sb. in a dream; **apparire in s.**, to appear in dream; **Sembra un s.**, it's like a dream; I can't believe it!; **È un bel s. che non si attuerà mai**, it's a beautiful dream that will never come true; **La vita è un s.**, life is like a dream; **l'uomo dei miei sogni**, the man of my dreams; **un vestito ch'era un s.**, a dream of a dress. ● **s. a occhi aperti**, waking dream; daydream; reverie □ **s. di gioventù**, youthful dream □ **Sogni d'oro!**, sweet dreams! □ **coronare un s. d'amore**, to fulfil a dream of love □ **credere nei sogni**, to believe in dreams □ **di s.**, enchanting; marvellous; fabulous; dream (*attr.*): **una vista di s.**, an enchanting view; **spiagge di s.**, fabulous beaches; **una vacanza di s.**, a dream holiday; **una ragazza di s.**, a dream girl □ **interprete di sogni**, dream-reader □ **libro dei sogni**, book of dreams □ **mondo dei sogni**, dreamworld: **vivere nel mondo dei sogni**, to live in a dreamworld (*o* in a world of one's own) □ **Neanche** (*o* **Neppure, Nemmeno**) **per s.!**, not in the least!; most certainly not!; I wouldn't dream of it!; nothing doing! (*fam.*); not a chance! (*fam.*); no way! (*fam.*): **«Faresti una cosa simile?» «Neanche per s.»**, «would you do such a thing?» «I wouldn't dream of it!»; **«E tu ci sei andata?» «Ma nemmeno per s.!»**, «did you go?» «certainly not!»; **«Mi presti un po' di soldi?» «Nemmeno per s.»**, «can you lend me some money?» «no way» □ **il paese dei sogni** (*il sonno*), dreamland □ **passare come un s.**, to vanish like a dream □ **passare dal s. alla realtà**, to pass from dreams to reality.

sòia, *f.* (*bot.*, *Glycine max*) soya bean, soybean (*USA*): **salsa di s.**, soy sauce.

soirée (*franc.*), *f. invar.* soirée; soiree.

sol (1), *m.* (*mus.*) G; sol: **chiave di sol**, G clef.

sol (2), *m.* (*chim.*) sol.

solàio, *m.* ***1*** (*soffitta*) attic; loft ***2*** (*edil.*) floor: **s. a travicelli**, joisted floor; **s. a travi di legno**, wooden-beam floor; **s. incastrato**, built-in floor; **s. in cemento armato**, reinforced-concrete floor; **s. in ferro** [**in legno**], iron [wooden] floor; **s. con isolamento acustico**, sound-proof floor; **s. misto in cemento armato e laterizio**, tile-lintel floor.

solaménte, *V.* **solo, C.**

solanàcea, *f.* (*bot.*) solanaceous plant.

Solanàcee, *f. pl.* (*bot.*, *Solanaceae*) Solanaceae.

solanìna, *f.* (*chim.*) solanin(e).

solàre (1), *a.* ***1*** solar; sun (*attr.*): **anno** [**giorno, ora**] **s.**, solar year [day, hour]; **batteria s.**, solar panel; **bussola s.**, sun compass; **cella** (*o* **cellula**) **s.**, solar cell; **eclissi s.**, solar eclipse; **energia s.**, solar energy; **lampada s.**, sun lamp; **luce s.**, sunlight; **macchia s.**, sun spot; **orologio s.**, solar clock; sundial; **pannello s.**, solar panel; **raggio s.**, sunbeam; sunray; ray of sunlight; **sistema s.**, solar system; **spettro s.**, solar spectrum; **vento s.**, solar wind ***2*** (*fig.*: *radioso*) sunny; radiant; bright: **carattere s.**, sunny nature; **bellezza s.**, radiant beauty ***3*** (*fig.*: *evidente, lampante*) patent; manifest; crystal-clear ***4*** (*anat.*) solar: **plesso s.**, solar plexus.

solàre (2), *V.* **suolare**.

solàre (3), *a.* – (*edil.*) **lastrico s.**, sunroof; sundeck (*USA*).

solarìmetro, *m.* (*geofisica*) solarimeter; pyranometer.

solàrio, *V.* **solarium**.

solarità, *f.* (*lett.*) brightness; radiance.

solarium, *m. invar.* solarium*.

solarizzàre, *v. t.* ***1*** (*fotogr.*) to solarize ***2*** (*edil.*) to equip with solar panels.

solarizzazióne, *f.* ***1*** (*fotogr.*) solarization ***2*** (*edil.*) installation of solar panels.

solatìo, **A** *a.* sunny. **B** *m.* side facing south: **a s.**, facing south; on the south side.

solatùra, *V.* **suolatura**.

solazióne, *f.* (*chim.*) solation.

solcàre, *v. t.* ***1*** (*scavare solchi, anche fig.*) to plough, to plow (*USA*), to furrow, to rut; (*rigare*) to line, to score, to streak; (*attraversare*) to run* through, to cut* across: **s. un campo**, to plough a field; **Il terreno era solcato da segni di ruote**, the ground was rutted with wheel marks; **rughe che solcano il volto**, wrinkles that line the face; **una fronte solcata dal dolore**, a forehead furrowed by grief; a grief-furrowed forehead; **Le lacrime le solcavano le guance**, tears were running down her cheeks; **Numerosi sentieri solcano questo bosco**, several paths run through this wood; **s. le onde**, to plough the waves; **s. gli oceani**, to sail the oceans; **I lampi solcavano il cielo**, lightning streaked (*o* cut across) across the sky ***2*** (*mecc.*) to groove.

solcàto, *a.* ***1*** furrowed; grooved; lined; streaked; scored; rutted: **guance solcate dalle lacrime**, cheeks streaked with tears; **una fronte solcata di rughe**, a furrowed brow ***2*** (*biol.*) sulcate ***3*** (*bot.*) rivulose.

solcatùra, *f.* ***1*** ploughing, plowing (*USA*); furrowing ***2*** (*mecc.*) grooving.

sólco, *m.* ***1*** (*agric.*) furrow; drill: **aprire i solchi**, to cut furrows; to furrow; to plough, to plow (*USA*); **seminare nei solchi**, to sow in drills (*o* in furrows) ***2*** (*incisione, traccia*) rut; track; furrow; trench; streak: **solchi di ruote**, ruts of wheels; **solchi di sci**, ski-tracks; **i solchi dei lampi**, the streaks of lightning ***3*** (*scanalatura*) groove ***4*** (*scia*) wake ***5*** (*ruga*) furrow; wrinkle: **i solchi della vecchiaia**, the furrows of old age ***6*** (*fig.*: *frattura*) split; rift; cleavage: **Tra di loro si è aperto un s. profondo**, there is a deep rift between them ***7*** (*geol.*) crack; crevice ***8*** (*anat.*) sulcus*. ● **il s. fra i seni**, cleavage □ (*fig.*) **seguire il s. di q.c.**, to follow in sb.'s wake (*o* footsteps) □ (*fig.*) **uscire dal s.**, to go astray; (*divagare*) to get of the point.

solcòmetro, *m.* (*naut.*) log: **s. a elica**, patent log; **s. di fondo**, ground log; **tamburo del s.**, log reel.

soldanèlla, *f.* (*bot.*) ***1*** (*Soldanella alpina*) soldanella ***2*** (*Convolvulus soldanella*) sea bindweed; sea bells (*pl.*).

soldatàglia, *f.* (*spreg.*) mercenary troops

(*pl.*); mercenaries (*pl.*).

soldatésca, *f.* troops (*pl.*); soldiery.

soldatésco, *a.* soldierly; soldierlike; martial; military; army (*attr.*): **maniere soldatesche**, military ways.

soldatéssa, *f.* ***1*** woman* soldier; service--woman* ***2*** (*scherz.*: *donna autoritaria*) battleaxe; sergeant-major.

soldatino, *m.* ***1*** young soldier; recruit ***2*** (*giocattolo*) toy soldier; (*di piombo*) tin soldier.

soldàto, *m.* ***1*** soldier; serviceman*; man* (*spesso come suff.*); (*s. semplice*) private ***2*** (*fig.*: *difensore, campione*) soldier; champion; defender: **s. di Cristo**, soldier of Christ; **s. della libertà**, champion (*o* defender) of freedom ***3*** (*zool.*) soldier: **formica s.**, soldier ant. ● **s. a cavallo**, mounted soldier; horse--soldier; trooper □ **s. del genio**, engineer; sapper □ **s. della milizia**, militiaman □ **s. della riserva**, reservist □ **s. di artiglieria**, artilleryman □ **s. di cavalleria**, cavalryman; horse--soldier; trooper □ **s. di fanteria**, infantryman; foot-soldier □ **s. di leva**, conscript; draftee □ **s. di ventura**, soldier of fortune □ **s. mercenario**, mercenary soldier □ **s. scelto**, lance corporal (*GB*); private first class (*USA*) □ **s. semplice**, private (soldier) □ **andare s.**, to join the army; to enlist □ **fare il s.**, to be (*o* to serve) in the army; to be a soldier; (*fare il servizio militare*) to do national service □ **giocare ai soldati**, to play at being soldiers □ **partire s.**, to join the army; to enlist □ (*fam.*) **tornare da s.**, to finish national service □ **ufficiali e soldati**, officers and men.

sòldo, *m.* ***1*** (*moneta*) coin; penny*: **un s. di rame**, a copper coin; **una manciata di soldi**, a handful of coins; **non spendere un s.**, not to spend a single penny ***2*** (*pl.*: *denaro in genere*) money (*sing.*); (*contante*) cash (*sing.*): **fare soldi**, to make money; **non avere soldi**, to have no money; **Ci sono rimasti pochi soldi sul conto**, we have very little money left in the bank; **Mi servono dei soldi**, I need some money; **Hai soldi con te?**, have you got any money (*o* cash) on you?; **L'ha sposato per i soldi**, she married him for his money ***3*** (*moneta ital.*) soldo*; (*moneta franc.*) sou ***4*** (*mil.*) pay: **essere al s. di q.**, to be in the pay of sb. (*o* in sb.'s pay). ● **soldi a palate**, bags (*o* piles) of money: **fare soldi a palate**, to make piles of money □ **soldi per le piccole spese**, pocket-money □ **soldi facili**, easy money □ **a corto di soldi**, short of money □ **(alto come) un s. di cacio**, knee-high to a grasshopper □ **da pochi soldi**, cheap □ **due** (*o* **quattro**) **soldi**, (*pochissimo*) very little; next to nothing; a mere pittance; peanuts (*fam.*): **Mi è costato due soldi**, I paid next to nothing for it; **L'ho comprato per quattro soldi**, I bought it for a song; **Per quei quattro soldi che prendo!**, for all the money I get!; **da due** (*o* **quattro**) **soldi**, cheap; dirt cheap; two-bit (*attr.*); dime-a-dozen (*USA*) □ **Non vale un s.**, it isn't worth a penny; it isn't worth a (red) cent (*USA*) □ **pieno di soldi**, well-heeled (*fam.*); rolling in money (*fam.*); stinking rich (*fam.*); loaded (*pop.*) □ **senza un s.** (*o* **soldi**), penniless; broke; hard up; clean (*pop.*): **È senza un s.**, he hasn't got a penny; he's penniless; he's broke; he hasn't got two pennies to rub together (*fam. GB*); **È rimasto senza un s.**, ha hasn't got any money left □ **un bel po' di soldi**, quite a bit (of money); a pretty penny (*fam.*) □ **un sacco di soldi**, lots (*o* bags, piles, stacks) of money; a mint of money; a fortune: **fare un sacco di soldi**, to make money like a mint; to make money hand over fist; **costare un sacco di soldi**, to cost a fortune (*o* the earth).

sóle, *m.* ***1*** sun: **Il s. si leva**, the sun rises (*o* comes up); **Il s. tramonta**, the sun sets (*o* goes down, goes under); **Il s. era alto [basso] sull'orizzonte**, the sun was high [low] above the horizon; **luce del s.**, sunlight; sunshine; **milioni di soli**, millions of suns ***2*** (*luce, calore del s.*) sun; sunlight; sunshine: **s. e ombra**, sunlight and shadows; **in pieno s.**, in bright sunshine; **giornata di s. [senza s.]**, sunny [sunless *o* overcast] day; **Oggi c'è s.** (*o* **è una giornata di s.**), it's a sunny day; it is sunny today; the sun is out today; **Non c'è s.**, the sun is not out; it's overcast; **qualche ora di s.**, a few hours of sunshine; **passeggiare al s.**, to walk in the sunshine; **sedere [sdraiarsi] al s.**, to sit [to lie] in the sun; **esposto al s.**, exposed to the sun; **illuminato dal s.**, sunlit; **avere il s. negli occhi**, to have the sun in one's eyes; **crogiolarsi al s.**, to bask in the sun; **prendere il s.** (*o* **essere sdraiato al s.**), to sun oneself; to sunbathe; **una stanza piena di s.**, a room full of sunshine; a sunny room; **una stanza senza s.**, a sunless room; **Hai bisogno di s. e aria pura**, you need plenty of sun and fresh air. ● **Il s. picchia**, the sun is beating down □ **s. che spacca le pietre**, blazing sun □ **s. di mezzanotte**, midnight sun □ **s. implacabile [feroce]**, merciless [cruel] sun □ **s. nascente [morente]**, rising [dying] sun □ **s. offuscato**, clouded sun □ **abbronzato dal s.**, suntanned □ **adoratore del s.**, sun-worshipper □ **adorazione del s.**, sun-worship □ (*fig.*) **alla luce del s.**, openly □ **alzarsi col s.**, to rise with the sun □ (*fig.*) **aprire gli occhi al s.** (*nascere*), to see the light (of day) □ (*fig.*) **avere q.c. al s.**, to own a bit of land □ **bagno di s.**, sunbathing; (*med.*) sunbath □ **bello come il s.**, as beautiful as the morning star □ **bruciato dal s.**, sunburnt □ **cappello da s.**, sun-hat □ **chiaro come il s.**, as clear as daylight □ **colpo di s.**, sunstroke □ **cotto al s.**, sunbaked □ **culto del s.**, sun-worship □ **cura del s.**, sunbathing; **fare la cura del s.**, to sunbathe □ **danza del s.**, sun dance □ **giocare contro s.**, to play into the sun □ **ombrellino da s.**, parasol; sunshade □ **occhiali da s.**, sunglasses □ (*anche fig.*) **posto al s.**, place in the sun □ (*scherz.*) **il posto dove non batte il s.**, the backside □ **prendere il s.**, to sunbathe □ **raggio di s.**, ray of sunlight; sunbeam; sunray □ **scottato dal s.**, sunburnt □ **scottatura da s.**, sunburn □ **il sorgere** (*o* **la levata**) **del s.**, sunrise; sunup (*USA*) □ **sprazzo di s.**, burst of sunlight □ **il tramonto del s.**, sunset; sundown □ (*fig.*) **vedere il s. a scacchi**, to be behind bars □ (*prov.*) **Nulla di nuovo sotto il s.**, nothing new under the sun.

solécchio, *m.* – **fare** (*o* **farsi**) **s.**, to shield one's eyes with one's hand.

solecismo, *m.* solecism.

soleggiàre, *v. t.* to sun; to place in the sun; to expose to the sun; (*per asciugare*) to dry in the sun.

soleggiàto, *a.* exposed to the sun; sunny.

solènne, *a.* ***1*** solemn; formal; ritual; ceremonious: **festa s.**, solemn feast; **messa s.**, solemn Mass; high Mass; **rito s.**, solemn (*o* formal) ritual; **encomio s.**, solemn encomium; **giorno s.**, solemn day; **giuramento [promessa, voto] s.**, solemn oath [promise, vow] ***2*** (*serio*) solemn, grave, sober, (highly) serious; (*imponente*) dignified, grand, imposing, majestic, awesome, awe-inspiring: **parole solenni**, solemn (*o* grave) words; **s. ammonimento**, solemn warning; **portamento s.**, grave (*o* dignified) bearing; **dall'aspetto s.**, solemn-looking; **fare la faccia s.**, to look grave; **edificio s.**, imposing building ***3*** (*fig.*: *tremendo, enorme*) terrific, almighty; (*assoluto*) utter, thorough, downright, outright, perfect, out-and-out: **s. pugno**, terrific blow; **s. sgridata**, thorough scolding; **solenni litigate**, terrific rows; **s. perfidia**, outright wickedness; **bugia s.**, downright (*o* utter) lie; **un s. imbecille**, a downright (*o* perfect) idiot; **s. briccone**, thorough scoundrel; **prendersi una sbornia s.**, to get thoroughly drunk; to get as tight as an owl (*fam.*) ***4*** (*leg.*: *di atto*) under seal (*pred.*).

solennemènte, *avv.* (*in forma solenne*) solemnly; with solemnity; with full ceremony.

solennità, *f.* ***1*** (*carattere solenne*) solemnity; formality: **la s. dell'inaugurazione**, the solemnity of the inauguration ***2*** (*gravità*) gravity, seriousness; (*maestosità*) solemnity, grandiosity, impressiveness, awesomeness: **parlare con s.**, to speak solemnly (*o* gravely); **la s. del panorama**, the grandiosity of the landscape ***3*** (*ricorrenza solenne, festa*) feast--day; holiday; celebration; solemn occasion; solemnity: **le s. religiose e civili**, religious and civil holidays; **in questa s.**, in this solemn day (*o* occasion); **la s. del Natale**, Christmas; the Christmas celebrations; **celebrare una s.**, to celebrate a feast day (*o* solemnity) ***4*** (*cerimonia*) solemnity; ceremony; rite; pomp: **con tutte le solennità**, with all (proper) solemnity; with all due ceremony; with all the pomp.

solennizzàre, *v. t.* to celebrate; to solemnize: **s. la Pasqua**, to celebrate Easter; **s. una vittoria**, to celebrate a victory.

solenoidàle, *a.* (*fis.*) solenoidal.

solenòide, *m.* (*elettr.*) solenoid: **s. del motorino d'avviamento**, starter solenoid.

solére, *v. i.* (*lett.*) to be accustomed to; to be used to; to be in the habit of; to be wont to: **Soleva andare a letto tardi**, she was accustomed to going to bed late; she used to go to bed late; **Egli suole bere molto**, he is in the habit of drinking heavily; **Soleva parlare per ore di seguito**, he would talk (*o* was wont to talk) for hours and hours; **Non solevi parlare così!**, you used not to talk like that! ● **Come suole (accadere)**, as usually happens; as is wont to happen □ **Come si suol dire**, as they say □ **Si soleva dire che...**, it used to be said that...

solèrte, *a.* industrious; hard-working; painstaking; (*diligente*) diligent, active; (*zelante*) zealous.

solèrzia, *f.* industriousness; industry; (*diligenza*) diligence, activity; (*zelo*) zeal.

solétta, *f.* ***1*** (*di calza*) (stocking) sole; foot* ***2*** (*di scarpa*) insole; inner sole ***3*** (*edil.*) slab.

solettàre, *v. t.* ***1*** (*una scarpa*) to insert (*o* to fit) an insole (in) ***2*** (*edil.*) to slab.

solettatùra, *f.* ***1*** (*di scarpa*) fitting an insole ***2*** (*edil.*) slabbing.

solétto, *a.* – **solo s.**, all alone; on (*o* by) one's lonesome.

sòlfa, *f.* ***1*** (*mus.*) (tonic) sol-fa: **battere la s.**, to beat time; to sol-fa ***2*** (*fig.*: *ripetizione monotona*) old story; tune: **la solita s.**, the same old story; more of the same; **Quando vide i soldi cambiò s.**, when he saw the money, he changed his tune; **Oh, insomma, cambia s.!**, do stop going on about it! **Basta con questa s.!**, have done with it!

solfanèllo, *V.* **zolfanello**.

solfàra, *f.* sulphur deposit; sulphur mine.

solfàre, *V.* **solforare**.

solfatàra, *f.* (*geol.*) solfatara; sulphurous volcano.

solfatàro, *m.* sulphur miner.

solfatazióne, *f.* (*chim.*) sulphation.

solfàto, *m.* (*chim.*) sulphate, sulfate (*USA*): **s. di magnesio**, magnesium sulphate; (*farm.*) Epsom salts (*pl.* o *sing.*); **s. di rame**, copper sulphate; blue vitriol; **s. di sodio**, sodium sulphate; **s. di zinco**, zinc sulphate; white vitriol; **s. ferroso**, ferrous sulphate.

solfatùra, *V.* **solforatura**.

solfeggiàre, *v. t.* (*mus.*) to sol-fa; to solmizate.

solféggio, *m.* (*mus.*) ***1*** (*metodo di insegnamento*) tonic sol-fa; solmization ***2*** (*esercizio vocale*) solfeggio*; sol-fa exercise: **fare i solfeggi**, to do sol-fa exercises; to sol-fa.

solferino, *a.* e *m.* solferino.

solfidràto, *m.* (*chim.*) sulphydrate.

solfidrico, *a.* (*chim.*) sulphuretted: **acido s.**, hydrogen sulphide; sulphuretted hydrogen.

solfifero, *a.* sulphur-bearing.

solfitàre, *v. t.* to sulphite.

solfito, *m.* (*chim.*) sulphite: **s. di sodio**, sodium sulphite.

solfonàre, *v. t.* (*chim.*) to sulphonate.
solfonazióne, *f.* (*chim.*) sulphonation.
solfóne, *m.* (*chim.*) sulphone.
solfònico, *a.* (*chim.*) sulphonic.
solforàre, *v. t.* *1* (*agric.*) to sulphur *2* (*ind.*) to sulphurize.
solforàto, *a.* (*chim.*) *1* (*che contiene zolfo*) sulphur; sulphur(e)ous *2* (*trattato con zolfo*) sulphured; sulphurized. ● **idrogeno s.,** sulphuretted hydrogen; hydrogen sulphide.
solforatrìce, *f.* (*agric.*) sulphurator.
solforatùra, *f.* (*agric.*) sulphuring.
solforazióne, *f.* (*ind.*) sulphurization.
solfòrico, *a.* (*chim.*) sulphuric: **acido s.,** sulphuric acid; **anidride solforica,** sulphuric anhydride; **etere s.,** sulphuric ether.
solforóso, *a.* (*chim.*) sulphurous: **acido s.,** sulphurous acid; **anidride solforosa,** sulphurous anhydride; sulphur dioxide.
solfùro, *m.* (*chim.*) sulphide: **s. di ferro,** ferrous (*o* iron) sulphide; **s. di mercurio,** mercuric sulphide; black mercury; **s. di piombo,** lead sulphide; **s. di zinco,** zinc sulphide.
solicèllo, *m.* pale sun; feeble sun.
solidàle, *a.* *1* (*concorde*) in agreement (with), on sb.'s side, (solidly) behind (sb.); (*unito*) united: **essere s. con i lavoratori,** to be on the wage-earners' side; **essere s. con un amico accusato ingiustamente,** to stand by a friend wrongly accused; **Sono tutti solidali con me,** they all agree with me; they all sympathize with me; they are all behind me; **I lavoratori sono solidali su questo punto,** the workers are united on this issue; **dichiararsi s. con q.,** to declare oneself on sb.'s side *2* (*leg.*) jointly liable; jointly responsible; (*di responsabilità*) joint and several: **obbligazioni solidali,** joint and several obligations; **responsabilità individuale e s.,** joint and several liability *3* (*mecc.*) integral (with).
solidalménte, *avv.* *1* (*con solidarietà*) with solidarity *2* (*leg.*) jointly and severally.
solidaménte, *avv.* solidly; firmly.
solidarietà, *f.* *1* solidarity; sympathy: **manifestazione di s.,** show of solidarity; **Mi espresse la sua s.,** he declared his solidarity; he sympathised with me; **sciopero di s.,** sympathetic (*o* sympathy) strike; **scioperare per s. con i portuali,** to come out in sympathy with the dockers *2* (*leg.*) solidarity; joint liability; joint responsibility.
solidarìsmo, *m.* solidarism.
solidarìstico, *a.* solidarity (*attr.*).
solidarizzàre, *v. i.* to solidarize; to sympathize.
solidézza, *V.* **solidità.**
solidificàbile, *a.* solidifiable.
solidificàre, *v. t.* **solidificàrsi,** *v. i. pron.* to solidify; to harden; to set*; to congeal; (*gelare*) to freeze*.
solidificazióne, *f.* solidification; hardening; setting; congealing; (*col freddo*) freezing: **intervallo di s.,** solidification range; **punto di s.,** freezing point.
solidità, *f.* *1* solidity; solidness; (*compattezza*) compactness: **rapporto di s.,** solidity ratio *2* (*fig.*) solidity; stability; soundness; staunchness; (*saldezza, robustezza*) firmness, strength, sturdiness; (*validità*) soundness, validity; (*affidabilità*) soundness, reliability: **la s. di un'obiezione,** the validity (*o* strength) of an objection; **la s. d'un edificio,** the solidity of a building; **la s. d'una dottrina,** the solidity (*o* soundness) of a doctrine; **la s. di una ditta,** the soundness of a firm *3* (*di colori*) fastness; solidity.
sòlido, **A** *a.* *1* solid; (*compatto*) compact: **un corpo s.,** a solid body; **stato s.,** solid state; **allo stato s.,** in the solid state; **cibi solidi,** solid food (*sing.*); solids *2* (*geom.*) solid: **geometria solida,** solid geometry; **figura solida,** solid figure; **angolo s.,** solid angle *3* (*fig.*) solid; stable; sound; staunch; (*robusto*) firm, strong, sturdy; (*valido*) sound, valid; (*affidabile*) sound, well-established, reliable: **motivi solidi,** solid (*o* sound) reasons; **una cultura solida,** solid learning; **solida amicizia,** staunch friendship; **ditta solida,** solid (*o* sound, reliable) firm; **reputazione solida,** sound reputation; **solide fondamenta,** firm foundations; (*fig.*) solid basis (*sing.*); **edificio s.,** solid building; **un uomo di solida corporatura,** a man of sturdy build; a sturdily built man; **gambe solide,** strong legs; **È solida questa scala?,** is this ladder stable (*o* firm)?; **avere una presa solida,** to have a firm (*o* strong) grip; **muovere obiezioni solide,** to raise valid objections *4* (*di colori*) fast; solid. **B** *m.* *1* (*corpo allo stato s.*) solid: **i solidi e i liquidi,** solids and liquids *2* (*geom.*) solid *3* (*leg.*) – **in s.,** joint (*agg.*); jointly and severally (*avv.*): **obbligazione in s.,** joint obligation; **obbligarsi in s.,** to bind oneself jointly and severally.
solidùngo, **solidùngolo,** *a.* (*zool.*) solidungulate; solidungular.
soliflussióne, *f.* **soliflùsso,** *m.* (*geogr.*) solifluction; solifluxion.
solilòquio, *m.* soliloquy; monologue: **fare un s.,** to make a soliloquy; to soliloquize.
Solimàno, *m.* (*stor.*) Suleiman; Solyman.
solìngo, *a.* (*lett.*) solitary; lonesome; lonely; alone (*pred.*): **luogo s.,** solitary spot; lonely place.
solìno, *m.* *1* (*colletto staccato*) detachable collar: **s. inamidato** (*o* **duro**), starched collar *2* (*d'uniforme di marinaio*) sailor collar.
solìpede, *a.* (*zool.*) soliped; solipedous.
solipsìsmo, *m.* (*filos.*) solipsism.
solipsìsta, *m.* e *f.* (*filos.*) solipsist.
solipsìstico, *a.* (*filos.*) solipsistic.
solìsta, (*mus.*) **A** *m.* e *f.* soloist: **voce da s.,** solo voice; **s. di pianoforte,** solo pianist. **B** *a.* solo: **violino s.,** solo violin.
solìstico, *a.* (*mus.*) solo; soloistic: **esecuzione solistica,** solo performance.
solitaménte, *avv.* usually; generally; as a rule.
solitària, *f.* *1* (*alpinismo*) solo climb *2* (*naut.*) solo voyage.
solitàrio, **A** *a.* *1* (*solo, isolato*) lonely, lonesome, solitary, deserted; (*appartato*) secluded, sequestered: **casa solitaria,** lonely house; **strada solitaria,** solitary (*o* lonely) road; **cuori solitari,** lonely hearts; **luogo s.,** solitary (*o* secluded) spot; **fare vita solitaria,** to live a solitary (*o* lonely) life; to live all alone *2* (*di persona: che ama stare solo*) solitary; lone: **navigatore s.,** lone sailor; (*anche fig.*) **lupo s.,** lone wolf; **È un carattere s.,** he is a solitary type; he is a loner *3* (*fatto da solo*) solitary; solo: **volo s.,** solo flight; **navigazione solitaria,** solo voyage. **B** *m.* *1* (*gioco di carte*) patience; solitaire (*USA*): **fare un s.,** to play a game of patience *2* (*brillante*) solitaire; (*anello con un s.*) solitaire (ring). **C in solitàrio,** *locuz. avv.* solo.
sòlito, **A** *a.* *1* (*abituale*) usual, customary, habitual; (*sempre lo stesso*) same old: **la solita folla,** the usual crowd; **la mia solita passeggiata,** my usual (*o* customary) walk; **all'ora solita,** at the usual time; **il s. pessimista,** the same old pessimist; **la solita storia,** the same old story; **la solita vita,** the usual life; the same old life; **il s. tran tran,** the same old routine *2* – **Sono s. alzarmi presto,** I usually get up early; I get up early as a rule; **In campagna ero s. fare lunghe passeggiate,** when I was in the country I used to (*o* I would) go for long walks. ● **Siamo alle solite!,** it's the same old thing!; here we go again! (*fam.*) □ **È una delle sue solite!,** he is up to his tricks again. **B** *m.* usual: (*al bar, ecc.*) **Il s., per favore!,** the usual, please!; **come al s.** (*o* **secondo il suo s.**), as usual; **Secondo il suo s. arrivò tardi,** as usual she arrived late; **fuori del s.,** unusual; **più [meno] del s.,** more [less] than usual; **prima [più tardi] del s.,** later [earlier] than usual. ● **di s.,** usually; generally; habitually; as a rule: **Di s. ci vediamo il martedì,** we usually meet on Tuesday; **Di s. dove trascorri l'estate?,** where do you usually spend the summer?; **Come di s. accade,** as usually happens.
solitùdine, *f.* *1* (*l'essere solo*) solitude; loneliness; solitariness; seclusion: **soffrire di s.,** to suffer from loneliness; to feel lonely; **vivere in s.,** to live in seclusion; to live a solitary life *2* (*luogo solitario*) solitude; wilderness; solitary place.
sollazzaménto, *m.* amusement; entertainment.
sollazzàre, **A** *v. t.* to amuse; to keep* amused; to entertain: **s. i bambini,** to keep the children amused. **B** **sollazzàrsi,** *v. i. pron.* to amuse oneself; to enjoy oneself; to have a good time.
sollazzévole, *a.* (*lett.*) amusing; entertaining; enjoyable; (*allegro*) merry, jolly: **un gioco s.** an amusing game; **una compagnia s.,** a merry company.
sollàzzo, *m.* *1* (*divertimento*) amusement; entertainment; fun *2* (*zimbello*) figure of fun; laughing-stock. ● (*scherz.*) **darsi ai sollazzi,** to have a good time.
sollecitaménte, *avv.* *1* (*con prontezza*) promptly; readily; expeditiously; quickly *2* (*con cura premurosa*) with solicitude; solicitously.
sollecitaménto, *m.* *1* (*l'affrettare*) speeding up; hastening; hurrying; urging on *2* (*il chiedere con insistenza*) solicitation; urging; pressing; pleading.
sollecitàre, *v. t.* *1* (*affrettare*) to hasten; to quicken; to hurry: **s. il passo,** to hasten (*o* to quicken) one's pace *2* (*far premura, esigere*) to urge, to press, to demand, to request urgently; (*chiedere con insistenza*) to solicit, to beg for, to petition for, to plead for, to tout for: **Sollecitò un mio intervento a favore della mozione,** he urged that I should speak (*o* he urged me to speak) in favour of the motion; **s. una risposta da q.,** to press sb. for an answer; to urge sb. to answer; **s. le riforme,** to press for reforms; **s. il governo a varare una nuova politica dell'occupazione,** to press the government for a new employment policy; **Dovresti s. la sarta perché ti finisca il cappotto,** you should tell the dressmaker to finish your coat quickly; **s. voti,** to tout for votes; to canvass for a party [a candidate]; **s. un aiuto,** to solicit (*o* to beg for) help; **s. contributi,** to solicit contributuons; **s. un favore,** to solicit a favour; **s. complimenti,** to fish for compliments *3* (*comm.*) to urge; to demand; to request: **s. la consegna della merce,** to request the delivery of the goods; **s. il pagamento di una fattura,** to demand payment of an invoice *4* (*stimolare, spronare*) to urge; to press; to incite; to spur; to goad; to rouse; to stir; to stimulate: **Lo sollecitai ad andare all'incontro,** I pressed (*o* urged, spurred) him to go to the meeting; **s. q. ad agire,** to urge sb. into action; **s. la fantasia,** to rouse (*o* to stir) the imagination *5* (*mecc.*) to stress.
sollecitatóre, *m.* (*f.* **-trice**) *1* solicitor; pleader; urger; petitioner *2* (*stimolatore*) urger; instigator; stirrer.
sollecitatòria, *f.* (*comm., bur.*) reminder; follow-up letter.
sollecitatòrio, *a.* (*comm., bur.*) soliciting; reminding: **lettera s.,** reminder; follow-up letter.
sollecitazióne, *f.* *1* (*richiesta insistente*) solicitation; (earnest) request; plea; appeal; urging: **cedere alle sollecitazioni di q.,** to yield to sb.'s pleas (*o* appeals, urging) *2* (*comm.*) request; reminder: **s. di pagamento,** request for payment *3* (*stimolo, incitamento*) spur; stimulus; goad: **una s. a impegnarsi a fondo in q.c.,** a spur to throw oneself into st. *4* (*mecc.*) stress: **s. d'urto,** impact stress; **s. di compressione,** compressive stress; **s. di flessione,** bending stress; **s. di torsione,** torque stress; **s. statica,** static stress *5* (*edil.*) strain.

sollécito (1), *a.* ***1*** (*pronto, veloce*) prompt; ready; quick; fast; speedy: **servizio s.**, fast service; **consegne sollecite**, quick deliveries; **risposta sollecita**, prompt (*o* early) reply; **pagamento s.**, ready payment; **ritorno s.**, prompt return ***2*** (*solerte, zelante*) diligent; zealous; eager; willing; helpful: **un impiegato s.**, a diligent employee; **un domestico molto s.**, a very zealous servant; **un ragazzino molto s.**, a very helpful (*o* willing) little boy ***3*** (*riguardoso, premuroso*) thoughtful, considerate, attentive, helpful, solicitous; (*memore*) mindful, careful: **una madre s. del benessere dei figli**, a mother attentive to her children's well-being; **s. verso le persone anziane**, helpful to (*o* attentive to) elderly people; **s. verso gli altri**, thoughtful of others; **essere s. della salute di q.**, to be solicitous about sb.'s health; **s. del proprio buon nome**, mindful (*o* careful) of one's good name.

sollécito (2), *m.* (*comm., bur.*) reminder; request: **s. di pagamento**, reminder for payment; **ultimo s. di pagamento**, final reminder (*o* request); **mandare** (*o* **inoltrare**) **un s.**, to send a reminder; **lettera di s.**, reminder; follow-up letter.

sollecitùdine, *f.* ***1*** (*prontezza*) promptness; promptitude; readiness; quickness; dispatch; expeditiousness: **fare tutto con s.**, to do everything with promptness (*o* promptly), with dispatch; **rispondere con s.**, to answer with promptness (*o* promptly); **Favorite inviarci la merce con cortese s.**, please send us the goods at your earliest convenience ***2*** (*solerzia*) diligence; zealousness; eagerness; willingness ***3*** (*premura, cura*) thoughtfulness, care, concern, consideration, considerateness, solicitude; (*al pl.*: *attenzioni*) attentions, kindness (*sing.*): **mostrare molta s. per q.**, to show great concern for sb.; **La sua s. verso i nonni è commovente**, her care for her grandparents is very moving; **circondare q. di mille sollecitudini**, to lavish a thousand attentions on sb.

solleóne, *m.* ***1*** dog days (*pl.*) ***2*** (*grande calura*) summer heat.

solleticaménto, *m.* ***1*** tickling; titillation ***2*** (*fig.*) tickling; titillation; thrill; urge; stimulation.

solleticànte, *a.* ***1*** tickling ***2*** (*fig.*: *stimolante*) attractive, inviting, stimulating; (*stuzzicante*) appetizing, tempting, mouth-watering: **una vivanda s.**, an appetizing dish; **un'offerta s.**, a tempting offer.

solleticàre, *v. t.* ***1*** to tickle; to titillate: **s. i piedi a q.**, to tickle sb.'s feet ***2*** (*fig.*) to tickle, to titillate; to tempt; to arouse; to wet; to stimulate; to attract: **s. la curiosità di q.**, to tickle (*o* to arouse) sb.'s curiosity; to intrigue sb.; **s. la propria ambizione** [**la propria vanità**], to tickle one's ambition [one's vanity]; **cibo che solletica il palato**, food that tickles the palate; **La proposta mi solletica**, the proposal tickles (*o* tempts, attracts) me; **s. l'appetito**, to tempt (*o* to wet, to stimulate) the appetite; **s. q. a fare q.c.**, to prompt sb. to do st.

sollético, *m.* ***1*** tickle; tickling: **fare il s. a q.**, to tickle sb.; **soffrire il s.**, to be ticklish ***2*** (*fig.*: *voglia*) itch; prick. ● (*fig.*) **Le tue minacce mi fanno il s.**, your threats leave me cold.

sollevàbile, *a.* rais(e)able; liftable: **ponte s.**, lift-bridge.

sollevaménto, *m.* ***1*** (*il sollevare*) raising, lifting, lift, uplift; (*con un cricco*) jacking up; (*l'issare*) hoisting, heaving, heave: **meccanismo di s.**, lifting gear; hoisting gear; **impianto di s.**, lifting apparatus; hoisting apparatus ***2*** (*sport*) – **s. pesi**, weightlifting ***3*** (*geol.*) uplift; upheaval; (*corrugamento*) folding ***4*** (*rivolta*) *V.* **sollevazione**.

sollevàre, A *v. t.* ***1*** (*levare, alzare*) to raise (*anche fig.*), to lift, to put* up, to hold* up; (*con un calcio*) to kick up; (*drizzare*) to rear; (*issare*) to hoist, to heave*; (*con un cricco*) to jack up: **s. gli occhi**, to raise one's eyes; to look up; **s. la testa**, to lift (*o* to raise) one's head; **A quel rumore il cane sollevò la testa**, the dog reared his head at that noise; **s. grida** [**proteste**], to raise cries [protests]; **s. il bicchiere**, to raise one's glass; **s. il coperchio**, to raise (*o* to lift) the lid; **s. la mano**, to put up (*o* to hold up) one's hand; **s. un nugolo di polvere**, to raise a cloud of dust; **Il vento sollevava ondate paurose**, the wind raised fearful waves; **s. q.c. da terra**, to lift st. (from the ground); **s. una sedia** [**un peso**], to lift a chair [a weight]; (*sport*) **s. il peso**, to lift the weight; **Non riesco a sollevarlo: è troppo pesante**, I can't lift it, it's too heavy; **Sollevò il vaso con gran cura**, she lifted the vase carefully; **Sollevai il bambino e me lo misi in spalla**, I hoisted the child onto my shoulder; **s. l'àncora**, to heave anchor; **La gru sollevò la macchina**, the crane hoisted the car into the air; **s. le speranze di q.**, to raise sb.'s hopes; **s. il morale a q.**, to raise (*o* to lift) sb.'s spirits; to raise (*o* to boost) sb.'s morale; to cheer sb. (up) ***2*** (*fig.*: *dare sollievo*) to relieve, to comfort, to cheer, to ease sb.'s mind; (*rianimare*) to revive: **s. gli afflitti**, to comfort the afflicted (*o* those who are in sorrow); **Il solo pensiero mi solleva**, the mere thought of it comforts me (*o* is a great comfort to me, eases my mind); **L'aria fresca mi sollevò un poco**, the fresh air revived me a bit ***3*** (*fig.*: *far insorgere*) to raise; to rouse; to stir up; to stir to mutiny (*o* to revolt): **s. il popolo** [**il paese**] **contro il tiranno**, to raise (*o* to stir up) the people [the country] against the tyrant; **s. i minatori**, to stir the miners to revolt; **s. la ciurma**, to stir the crew to mutiny ***4*** (*fig.*: *manifestare, dare voce a*) to raise; to bring* up (*o* forward); to voice: **s. una questione**, to bring up a matter; to raise an issue; **s. un dubbio**, to raise (*o* to voice) a doubt; **s. un'obiezione**, to raise an objection; **s. un'obiezione di principio**, to object on principle ***5*** (*fig.*: *suscitare*) to raise; to start; to set* off; to give* rise to: **s. una discussione**, to start a discussion; **s. un putiferio**, to raise hell (*o* the devil, Cain) ***6*** (*fig.*: *liberare*) to relieve, to release; (*esonerare*) to relieve, to dismiss: **Mi ha sollevato da un gran peso**, he relieved me of a great burden; he took a great weight off my shoulders; **s. q. da un grave compito**, to relieve sb. of a serious task; **s. q. da una promessa**, to release sb. from a promise; **s. q. da un incarico**, to relieve sb. of his task; to dismiss sb. **B sollevàrsi,** *v. i. pron.* ***1*** (*alzarsi*: *di persone o animali*) to get* up; to rise*; to lift oneself; to heave oneself: **Si sollevò a fatica dalla poltrona**, he heaved himself out of his armchair; **s. a forza di braccia**, to hoist oneself up ***2*** (*alzarsi*: *di cose*) to rise*, to get* up, to lift; (*in aria*) to take* off: **Si sollevò il vento**, the wind rose; **Prima che potessimo partire, si sollevò la nebbia**, before we could start, a fog rose; **Questa botola non si solleva**, this trapdoor won't lift; **L'aereo si sollevò dalla pista**, the airplane took off from the runway; **Il mare si sollevava ritmicamente**, the sea rose rhythmically ***3*** (*fig.*: *riprendersi*) to recover (from st.); to get* over (st.); to cheer up; to pick oneself up: **s. da un grave colpo**, to recover from a hard blow; **Non si è più sollevata dalla morte del marito**, she never recovered from (*o* got over) her husband's death ***4*** (*insorgere*) to rise*; to revolt: **sollevarsi in armi**, to rise in arms.

sollevàto, *a.* (*rasserenato*) relieved; cheered up; better: **Mi sento decisamente s.**, I feel decidedly relieved; **Oggi mi sento più s.**, I'm feeling better today.

sollevatóre, A *m.* (*f.* **-trice**) ***1*** (*chi solleva*) lifter; hoister ***2*** (*mecc.*) lift(er); hoist; elevator: (*autom.*) **s. idraulico**, hydraulic hoist; **s. meccanico**, mechanical power-lift; **s. elettromagnetico**, magnet lifter ***3*** (*sport*) lifter: **s. di pesi**, weightlifter ***4*** (*agitatore*) agitator; ringleader; rouser. **B** *a.* lifting; hoisting. ● (*anat.*) **muscolo s.**, elevator.

sollevazióne, *f.* (*ribellione di popolo*) rising; uprising; revolt; insurrection; rebellion.

sollièvo, *m.* relief; comfort: **un sospiro di s.**, a sigh of relief; **con mio grande s.**, to my great relief; **dare s.**, to give (*o* to bring) relief; to relieve; **Questa medicina ti darà s.**, this medicine will bring you relief (*o* will ease the pain); **Le tue parole le sono state di grande s.**, your words have been a great comfort to her; **non trovare un momento di s.**, to have not a moment's peace; **Che s.!**, what a relief!

sollùchero, *m.* rapture; ravishment; ecstasy (of delight): **andare in s.**, to go into raptures; to be enraptured; **mandare in s.**, to send into raptures; to enrapture.

solmiṣazióne, *f.* (*mus.*) solmization.

sólo, A *a.* ***1*** (*senza compagnia*) alone (*pred.*), by oneself, on one's own; (*non assistito, incustodito*) unattended; (*non accompagnato*) unaccompanied, unescorted; (*solitario*) lonely, lonesome, lone: **essere sempre s.**, to be always alone; **lasciare q. s. in casa**, to leave sb. alone in the house; **ritornare a casa s.**, to go back home alone (*o* by oneself); **vivere s.**, to live alone (*o* on one's own, by oneself); **Passammo la serata da soli**, we spent the evening by ourselves; **Ci lasciarono sole**, we were left alone (*o* on our own); **tutto s.**, all alone; quite by oneself; **Finalmente soli!**, on our own (*o* alone) at last!; **Si sente sola in quella grande casa**, she feels lonely (*o* lonesome) in that big house; **Che ci facevano due ragazze sole in quel locale?**, what were two unaccompanied (*o* unescorted) girls doing in that place?; **da s.** (*senza aiuto*) alone, by oneself, on one's own, single-handed, unassisted, solo; (*di macchine e sim.*) unattended, automatically (*avv.*); **crescere i figli da sola**, to bring up one's children alone; **fare q.c. da s.**, to do st. by oneself (*o* single-handed): **L'ho fatto da s.**, I did it (by) myself; **Fallo da s.**, do it yourself; **un volo da s.**, a solo flight; **una macchina che funziona da sola**, a machine that works unattended; **La luce si è spenta da sola**, the light went off by itself ***2*** (*unico*) only, single, (only *o* just) one, unique; (*esclusivo*) sole: **Hanno un figlio s.**, they have (only *o* just) one son; **È il s. figlio che abbiano**, he is their only son; **È la mia sola speranza**, it's my one (*o* only) hope; **È il s. amico che ho**, he is the only friend I have; **genitore s.**, single parent; **Sullo scaffale c'era un s. libro**, there was just one book on the shelf; **Nella stanza c'era una sola persona**, there was just one (*o* only one) person in the room; **Ho sentito un s. sparo**, I heard a single shot; **Non un sol uomo sfuggì al massacro**, not a single man escaped the massacre; **Non c'è stato un s. momento in cui non l'avessi sotto gli occhi**, I didn't take my eyes off him for a single moment; **Non ce ne fu uno s. che mi aiutasse**, not one of them helped me; **Io sono il s. responsabile**, I am the only one responsible; I alone am responsible; **una sola volta**, only once; just once; **il s. proprietario**, the sole owner; **Credo in un s. Dio**, I believe in one God; **Quella fu la sola volta che lo vidi**, that was the only time I saw him; I saw him just that once; **un uomo con un occhio** [**un braccio**] **s.**, a one-eyed [one-armed] man; **Di donne come lei ce n'è una sola**, there is no other woman like her ***3*** (*solamente, unicamente*) only; just; alone (*pred.*); mere; very: **una rivista per soli uomini**, a magazine for men only; **ingresso ai soli soci**, (admittance to) members only; **L'uomo non vive di s. pane**, man cannot live on bread alone; **Andiamoci noi due soli**, let's go there just the two of us; **Due soli candidati furono promossi**, only two candidates passed; **Basta un s. cenno**, a mere hint is sufficient; **Ci basta la tua sola parola**, your word alone (*o* just your word) is enough for us; **Il s. pensiero mi rat-**

trista, the mere (*o* the very) thought of it makes me sad; it makes me sad just to think of it **4** (*mus.*) solo; unaccompanied: **suite per violino s.**, suite for solo violin. ● **s. al mondo**, alone in the world □ **s. e unico**, one and only □ **s. soletto**, all on one's own; all by oneself; by (*o* on) one's lonesome □ **s. come un cane**, all alone □ (*fig.*) **avere due braccia sole**, to have one pair of hands □ **da s. a s.**, tête-à-tête (*franc.*); in private: **avere un colloquio da s. a s. con q.**, to see sb. in private (*o* tête-à-tête); to have a tête-à-tête with sb. □ **Dio s. lo sa!**, God only knows □ **essersi fatto da s.**, to be a self-made man □ **parlare da s.**, to talk to oneself □ (*prov.*) **Meglio soli che male accompagnati**, better alone than in bad company. **B** *m.* (*f.* **-a**) **1** (*l'unico*) the only one; the only man* (*f.* woman*); alone (*pred.*): **Paolo è il s. a sapere di noi**, Paolo is the only one who knows about us; Paolo alone knows about us; **Non siete i soli a pensarlo**, you are not the only ones who think so; you are not alone in thinking so **2** (*pl.*) (*mus.*: *cantanti*) soloists; (*strumenti*) solo instruments: **fantasia per soli, coro e orchestra**, fantasia for soloists, chorus and orchestra; **a s.**, solo. **C** *avv.* only; just; but; alone (*pred.*); (*semplicemente*) just, merely: **s. una volta**, only (*o* just) once; **s. per farti piacere**, just to please you; **Ce n'erano s. due**, there were only (*o* just) two; **Volevo s. vederti**, I only (*o* just) wanted to see you; **L'ho s. visto**, I only saw him; **Ho visto s. lui**, I saw only him; **Ha s. tre anni**, he is just (*o* only, but) three; **Non può capire, è s. un bambino**, he's just (*o* only, but) a child, he cannot understand; **Sei s. uno stupido!**, you're nothing but a fool!; **Ho fatto s. una capatina per un saluto**, I just dropped in to say hullo; **S. lui può farlo**, he alone can do it; **S. Giorgio sapeva la verità**, Giorgio alone knew the truth; **S. l'orgoglio la trattenne**, pride alone stopped her; **S. di frutta ho speso trentamila lire**, I paid thirty thousand lire just for the fruit; **Ho speso un milione s. di piatti e bicchieri**, I spent a million on plates and glasses alone; **S. a pensarci mi viene rabbia**, it makes me mad just to think of it; **Posso dirti s. quello che so**, I can only tell you what I know; **Se s. sapeste!**, if only you knew!; **Se s. cessasse di piovere!**, if only it would stop raining!; **Se s. sorridesse!**, if only she would smile!; **Se s. l'avessi saputo!**, had I but known!; if only I had known!; **non s..., ma anche**, not only..., but also (*o* but even): **Non s. mi ha consigliato, ma mi ha anche prestato dei soldi**, not only did he give me his advice, but he also lent me some money; **Non s. non è venuto, ma non ha neanche telefonato**, not only did he not come, but he didn't phone either. **D** *cong.* (*anche*: **s. che**) **1** (*però*) but; only: **D'accordo, s. voglio che venga anche tu**, all right, but (*o* only) I want you to come too; **Ti aiuterei volentieri, s. che ho troppo da fare**, I'd help you with pleasure, only I'm too busy **2** (**se s.**) if only: **Ti aiuterei volentieri, s. che potessi**, I'd help you with pleasure, if only I could.

Solóne, *m.* (*stor.*) Solon.

solstiziàle, *a.* (*astron.*) solstitial: **punti solstiziali**, solstitial points.

solstìzio, *m.* (*astron.*) solstice: **s. d'estate** [**d'inverno**], summer [winter] solstice.

soltànto, *V.* **solo, C.**

solùbile, *a.* **1** soluble: **s. al caldo**, soluble when heated; **s. in acqua**, soluble in water; water-soluble; **rendere s.**, to make soluble **2** (*risolvibile*) solvable; soluble: **un problema s.**, a solvable problem.

solubilità, *f.* **1** solubility **2** (*risolvibilità*) solvability.

solubilizzàre, *v. t.* to solubilize.

solùto, *m.* (*chim.*) solute.

solutóre, *m.* (*f.* **-trice**) solver; solution finder.

soluzióne, *f.* **1** (*chim.*) solution; (*farm.*) liquor: **la s. di un sale in acqua**, the solution of a salt in water; **s. di sale e acqua**, solution of salt and water; **s. alcalina**, alkaline solution; **s. satura**, saturated solution; **s. di ammoniaca**, liquor ammoniae; **aumentare** [**diluire**] **la concentrazione della s.**, to strengthen [to dilute] the solution **2** (*mat.*) (re)solution: **la s. delle equazioni di secondo grado**, the solution of second-degree equations; **la s. di un'equazione** [**di un problema**] (*il risultato*), the solution to an equation [to a problem] **3** (*risposta a un quesito, a una situazione*) solution, answer; (*via d'uscita*) way out; (*accordo*) settlement, arrangement, agreement: **la s. di un enigma**, the solution (*o* the answer, the key) to a puzzle; **la s. al nostro problema**, the solution (*o* the answer) to our problem; **s. provvisoria**, temporary solution; stopgap; **s. di compromesso**, compromise solution; **s. di ripiego**, makeshift solution; **proporre una s.**, to propose a solution (*o* an answer); **di difficile** [**facile**] **s.**, difficult [easy] to solve; **È la s. migliore per tutti i suoi guai**, it's the best answer to all his troubles; **L'unica s. è vendere**, the only solution (*o* answer, way out) is to sell; **s. pacifica di una controversia**, peaceful settlement of a dispute; **venire a una s.**, to come to an agreement (*o* arrangement); to take (*o* to make) a decision **4** (*pagamento*) payment; settlement; discharge; solution: **pagamento in un'unica s.**, single payment; settlement in one amount; **pagare in un'unica s.**, to make a single payment; to pay outright (*o* at one go). ● (*autom.*) **s. anticongelante**, anti-freeze □ **s. di continuità**, break; interruption; gap; solution of continuity: **senza s. di continuità**, uninterruptedly; without a gap; without a break; without solution of continuity □ (*med.*) **s. di continuo**, solution of continuity □ (*med.*) **s. tampone** (*o* **tamponata**), buffer (solution).

solvatàre, *v. t.* (*chim.*) to solvate.

solvatazióne, *f.* (*chim.*) solvation.

solvàto, *m.* (*chim.*) solvate.

solvènte, A *a.* **1** (*chim.*) solvent **2** (*comm.*) solvent; paying; reliable: **Mi occorre un prestito per restare s.**, I need a loan to stay solvent; **clienti solventi**, paying customers; **impresa s.**, reliable (*o* solvent) firm. **B** *m.* e *f.* **1** (*chim.*) solvent; (*diluente*) thinner; (*tecn.*) vehicle; (*pitt.*) medium **2** (*comm.*) payer; paying person.

solvènza, *f.* (*comm.*) solvency.

solvìbile, *a.* (*comm.*) solvent.

solvibilità, *f.* (*comm.*) solvency.

sòma (**1**), *f.* burden (*anche fig.*); load; pack: **bestia da s.**, beast of burden; pack animal. ● **scaricare la s.**, to unload □ **mettere la s.**, to load.

sòma (**2**), *m.* (*biol.*) soma*.

sòma (**3**), *m.* (*relig. indù*) soma.

Somàlia, *f.* (*geogr.*) Somalia; (*stor.*) Somaliland.

sòmalo, A *a.* Somalian; Somali. **B** *m.* (*f.* **-a**) Somali.

somaràggine, *f.* **1** (*stupidità*) stupidity, foolishness, blockheadedness; (*ignoranza*) ignorance **2** (*atto o discorso da somaro*) stupidity; idiocy; foolish thing.

somàro, *m.* (*f.* **-a**) **1** ass; donkey; (*il maschio*) jackass; (*la femmina*) she-ass, jenny **2** (*fig.*: *ignorante*) dunce, blockhead, ignoramus; (*stupido*) jackass (*m.*), fool: **un s. bardato**, a pompous fool (*o* ass).

somàtico, *a.* (*biol.*) somatic: **cellule somatiche**, somatic cells; **caratteri somatici**, somatic types.

somatizzazióne, *f.* (*psic.*) somatization.

somatologìa, *f.* (*antropol.*) somatology; physical anthropology.

somatològico, *a.* somatologic(al).

somatometrìa, *f.* somatometry.

somatotropìna, *f.* (*biol.*) somatotropin.

somatòtropo, *a.* (*biol., chim.*) somatotropic. ● **ormone s.**, somatotropin.

sombrèro, *m.* sombrero*.

someggiàbile, *a.* (*mil.*) transportable by pack animal.

someggiàre, *v. t.* (*mil.*) to transport by pack animal.

somière, *m.* **1** (*cassa dell'organo*) wind chest **2** (*lett.*: *bestia da soma*) pack animal.

somigliànte, *a.* resembling; alike (*pred.*); (*simile*) similar, like: **essere s. a q.**, to be like sb.; to resemble sb.; **Siamo molto somiglianti**, we are very much alike; **un ritratto s.**, a good likeness; **nulla di s. a**, nothing similar to; nothing in common with; no resemblance to; **in modo s.**, in a similar way; in like manner; (*allo stesso modo*) in the same way, likewise.

somigliànza, *f.* resemblance; similarity; likeness: **C'è una certa** [**una stretta**] **s. fra i due**, there is a certain [a close] resemblance between the two; **Iddio creò l'uomo a sua immagine e s.**, God created man in His own image and likeness.

somigliàre, A *v. i.* **1** (*essere simile*) to be like; to look like; to take* after; to favour (sb.); to resemble (sb., st.); to be similar to: **s. q.** (*o* **a q.**), to be like sb., to resemble sb.; **s. al padre** [**alla madre**], to take after one's father [one's mother]; **s. a q. nell'aspetto** [**nella voce**], to look [to sound] like sb.; **s. esattamente a q.**, to be exactly like sb.; to be the living image of sb.; to be the spitting image (*o* dead spit) of sb. (*fam.*); **Somiglia molto a suo fratello**, he and his brother are very like each other; **Il tuo caso somiglia moltissimo al mio**, your case is very much like mine **2** (*lett.*: *paragonare*) to compare; to liken. **B** **somigliarsi,** *v. rifl. recipr.* to look like each other; to resemble each other (*o* one another); to be alike; to be similar; to be like each other: **Le due sorelle si somigliano**, the two sisters resemble each other; **Si somigliano molto**, they are very much alike; **Madre e figlia si somigliavano straordinariamente**, mother and daughter were extraordinarily alike; there was a striking resemblance between mother and daughter; **s. come due gocce d'acqua**, to be as like as two peas.

sómma, *f.* **1** (*risultato dell'addizione*) sum, amount: **la s. totale**, the total amount; the sum total; **Una squadra è più della s. delle sue parti**, a team is more than the sum of its parts; **Confrontiamo le nostre somme**, let's compare our sums (*o* totals, results) **2** (*addizione*) addition; sum: **fare una s.**, to do an addition; to work out a sum; to add up: **Fai la s.**, add it up; **fare la s. di due numeri**, to add up two numbers **3** (*quantità di denaro*) sum; amount; (*cifra*) figure: **una grossa** [**una piccola**] **s. di denaro**, a large [a small] sum of money; **una s. di cento sterline**, a sum of one hundred pounds; **la s. dovuta**, the amount due; **La s. prevista era di quattro milioni**, the estimated amount was four million (lire); **depositare una s. in banca**, to deposit an amount of money in the bank; **fino a una certa s.**, up to a certain amount: **Ho pagato una s. non indifferente**, I paid quite a considerable figure (*o* amount) **4** (*complesso, insieme*) sum (total); whole; whole amount; aggregate: **la s. delle esperienze umane**, the sum (total) of human experience; **la s. degli individui che costituiscono una società**, the aggregate of the individuals who constitute a society; **la s. dei nostri sforzi**, our combined efforts **5** (*sostanza, succo*) gist, main point, essence; (*conclusione*) sum, conclusion **6** (*lett.*: *compendio*) sum; summary; epitome: **la S. Teologica di San Tommaso**, the Summa Theologica of St. Thomas. ● **s. accantonata**, allocation; earmarked sum □ **s. complessiva**, grand total □ (*letter.*) **la s. del comando**, the supreme power □ (*fig.*) **la s. delle somme** (*la conclusione finale*), the final conclusion; the upshot; the end □ (*fis.*) **la s. delle velocità**, the addition of velocities □ **s. forfettaria**, lump sum □ **una bella s.**, a good round sum □ **una**

bella sommetta, a tidy sum □ (*fam.*) **fare le somme** (*contare*), to do sums; **bravo a fare le somme**, good at sums □ **in s.**, to sum up; in short; in brief; in a few words □ **tirare le somme**, to cast up accounts; (*fig.*) to sum up, to draw conclusions □ (*fig.*) **tirate le somme**, in sum; all in all; all things considered; taking everything into account.

sommàcco, *m.* (*bot., Rhus coriaria*) sumac(h).

sommaménte, *avv.* (*grandemente*) very, greatly, extremely, most, exceedingly, highly, deeply, to a high degree; (*sopra ogni cosa*) above everything, above all: **s. utile**, extremely (*o* most) useful; **s. importante**, greatly important; of the greatest (*o* utmost) importance; **s. grato**, deeply (*o* extremely) grateful; very much obliged; **amare s. la giustizia**, to love justice above everything.

sommàre, A *v. t.* ***1*** (*addizionare*) to add (up, together); to sum up: **s. tre cifre**, to add up three figures; **s. un numero con un altro numero**, to add a number to another one; to add up (*o* to sum up) two numbers; **Somma cinque a nove e ottieni quattordici**, add five and nine and you get fourteen ***2*** (*aggiungere, calcolare*) to add (up); to take* into account: **Al tempo impiegato devi s. anche la fatica**, you must add the trouble to the time it took; **Sommati insieme, i fatti formano un quadro chiaro**, the facts add up to a clear picture; **Quando sommi tutte queste cose, ti accorgi di quanto c'è da fare**, when you add everything up (*o* when you add all these things together, when you take all these things into account), you realize how much there is to do. **B** *v. i.* (*ammontare*) to amount to; to add up to; to come* to; to total: **I feriti sommano a venti**, the wounded amount to twenty. ● **tutto sommato**, all things considered; all in all; taking everything into account; at the end of the day (*fam.*); (*dopo tutto*) after all. **C sommàrsi**, *v. i. pron.* ***1*** (*aggiungersi*) to add to: **Lo sciopero si sommò a tutte le altre difficoltà**, the strike added to all the other difficulties ***2*** (*aumentare*) to build* up.

sommariaménte, *avv.* summarily; (*in breve*) in short, in brief, briefly; (*superficialmente*) perfunctorily.

sommarietà, *f.* summariness; cursoriness; sketchiness.

sommàrio (1), *a.* ***1*** (*per sommi capi*) summary, concise; (*breve*) brief, short ***2*** (*affrettato*) cursory, hasty, sketchy; (*superficiale*) perfunctory ***3*** (*leg.*) summary: **giustizia sommaria**, summary justice; **un procedimento s.**, summary proceedings. ● **esporre in modo s.**, to state briefly; to summarize; to sum up.

sommàrio (2), *m.* ***1*** (*riassunto*) summary; (*compendio*) synopsis*, compendium*, digest, abstract ***2*** (*indice*) (table of) contents. ● (*radio, TV*) **il s. delle notizie**, the news headlines; the news in brief; the news roundup □ **il s. di un articolo**, the subheading of an article.

sommatóre, *m.* (*elab.*) adder.

sommatòria, *f.* (*mat.*) summation.

sommatòrio, *a.* (*mat.*) summative; cumulative.

sommazióne, *f.* (*fisiol., mat.*) summation.

sommelier (*franc.*), *m. invar.* wine waiter; sommelier.

sommèrgere, *v. t.* ***1*** to submerge; (*inondare*) to flood, to engulf; (*affondare*) to sink* ***2*** (*fig.: colmare*) to overwhelm; (*inondare*) to flood, to submerge, to inundate, to deluge, to swamp: **s. q. di premure**, to overwhelm sb. with attentions; **s. di domande**, to submerge with questions; **s. di richieste**, to deluge (*o* to swamp, to flood) with requests; **essere sommerso di lettere**, to be inundated (*o* flooded, swamped, deluged) with letters; **essere sommerso dal lavoro**, to be up to one's neck in work (*fam.*); **essere sommerso dai debiti**, to be up to one's neck in debts.

sommergìbile, A *a.* submergible; submersible; (*affondabile*) sinkable. **B** *m.* (*naut.*) submarine; sub: **s. di lunga crociera**, fleet submarine; **s. di media crociera**, sea-going submarine; **s. oceanico**, ocean-going submarine; **s. posamine**, mine-laying submarine; **s. (a propulsione) nucleare**, nuclear(-powered) submarine; **s. tascabile**, midget submarine.

sommergibilista, *m.* (*naut.*) submariner.

sommèrso, A *a.* ***1*** submerged; flooded; under water; covered (*o* overflowed) with water; (*affondato*) sunken: **un villaggio s.**, a submerged village; a village under water; **rocce sommerse**, submerged rocks; **un tesoro s.**, a sunken treasure ***2*** (*fig., econ.*) hidden; black: **economia sommersa**, hidden (*o* black) economy. **B** *m.* (*econ.*) hidden (*o* black) economy.

sommessaménte, *avv.* (*a bassa voce*) in a low voice; softly; quietly.

somméso, *a.* ***1*** (*sottomesso*) submissive; meek: **avere un fare s.**, to have a submissive demeanour ***2*** (*di suono*) low; soft; subdued; quiet: **parlare con voce sommessa**, to speak in a low voice (*o* softly, quietly).

sommier (*franc.*), *m. invar.* divan-bed; sofa bed; davenport (*USA*).

somministrànte, *m.* e *f.* (*leg.*) purveyor.

somministràre, *v. t.* ***1*** to administer; to give*: **s. i Sacramenti**, to administer the Sacraments; **s. l'Estrema Unzione**, to administer the Extreme Unction (*form.*); to perform the last rites (over sb.); **s. una medicina**, to give (*o* to administer) a medicine; to dose; **Il farmaco non va somministrato ai diabetici**, the medicine should not be given to diabetics ***2*** (*scherz.: affibbiare*) to deal*; to deliver; to land: **s. un pugno**, to deal a blow ***3*** (*leg.*) to purvey.

somministratóre, *m.* (*f.* **-trice**) ***1*** administrator; giver ***2*** (*leg.*) purveyor.

somministrazióne, *f.* ***1*** administration: **la s. dei Sacramenti**, the administration of the Sacraments; **la s. d'una medicina**, the administration of a medicine; **La s. del farmaco va fatta a stomaco pieno**, the medicine should be taken after meals ***2*** (*leg.*) purveyance.

sommissióne, *f.* submissiveness.

sommità, *f.* (*anche fig.*) top, summit, peak; (*apice*) apex*, pinnacle: **la s. d'una collina**, the top of a hill; **la s. del capo**, the top of the head; **toccare la s. dell'arte**, to reach the summit of art.

sómmo, A *a. superl.* (*il più alto*) (the) highest; (*supremo*) high, supreme, superlative; (*il massimo*) (the) greatest, (the) utmost, maximum, paramount; (*eccellente*) excellent, outstanding; (*sublime*) sublime; (*divino*) divine: **le somme cime dei monti**, the highest peaks of the mountains; **il s. bene**, the supreme good; **il s. potere**, the supreme power; **somma bontà**, supreme goodness; **s. pazienza**, enormous patience; **s. felicità**, crowning happiness; **il S. Poeta**, the divine Poet; **il S. Pontefice**, the Supreme Pontiff; **s. sacerdote**, high priest; **un s. artista**, an outstanding artist; **trattare q. con s. riguardo**, to show the greatest consideration for sb.; **con s. disprezzo**, with the utmost contempt; **con s. attenzione**, with the greatest attention; **con somma cura**, with the utmost (*o* with maximum) care; **una questione di somma importanza**, a question of the greatest (*o* of paramount) importance; **in s. grado**, to the highest degree; to the utmost. ● **per sommi capi**, summarily □ **riassumere per sommi capi**, to summarize; to sum up. **B** *m.* top; summit; peak; (*fig.*) height, peak, acme, pinnacle, apex*: **il s. del monte**, the top of the mountain; **raggiungere il s. del successo**, to reach the peak of success; **il s. della perfezione**, the height of perfection; **essere al s. della gioia**, to be bursting with joy.

sommoscàpo, *m.* (*archit.*) upper shaft (*o* scape).

sommòssa, *f.* (up) rising; revolt; insurrection; rebellion: **fare una s.**, to rise in rebellion; to break out in revolt; **reprimere una s.**, to repress a rising; to put down a rebellion.

sommoviménto, *m.* agitation; commotion; tumult: **In piazza c'era un gran s.**, there was much commotion in the square.

sommovitóre, *m.* (*f.* **-trice**) instigator; agitator; stirrer; inciter.

sommozzatóre, *m.* ***1*** (*f.* **-trice**) (*con autorespiratore*) scuba diver; (*senza autorespiratore*) skin-diver ***2*** (*naut.*) frogman*. ● **attrezzatura per sommozzatori**, diving apparatus.

sommuòvere, *v. t.* ***1*** to stir; to disturb; to agitate ***2*** (*fig.*) to stir up; to rouse; to instigate; to incite: **s. gli animi**, to stir up (*o* to rouse) feelings; **s. alla rivolta**, to incite to rebellion.

sonaglièra, *f.* collar with bells; harness bells (*pl.*).

sonàglio, *m.* harness bell; (*di slitta*) sleigh bell; (*sonaglino*) rattle. ● (*zool.*) **serpente a sonagli**, rattlesnake.

sonànte, A *a.* ***1*** sounding; sonorous; resonant; ringing: **frasi sonanti**, sonorous sentences ***2*** (*fon.*) sonant. ● **denaro** (*o* **moneta**) **s.**, ready money; ready cash: **pagare in moneta s.**, to pay cash down (*o* ready cash); to pay good money. **B** *f.* (*fon.*) sonant.

sònar (*ingl.*), *m. invar.* (*naut.*) sonar.

sonàre, *V.* **suonare**.

sonàta, *f.* ***1*** (*mus.*) sonata: **s. per pianoforte**, sonata for piano; piano sonata; **s. per violino e pianoforte**, sonata for piano and violin; **s. da camera**, sonata da camera; **s. da chiesa**, sonata da chiesa; **forma-s.**, sonata form ***2*** *V.* **suonata**.

sonatina, *f.* (*mus.*) sonatina.

sonatìstico, *a.* (*mus.*) sonata (*attr.*); of a sonata.

sonàto, sonatóre, *V.* **suonato, suonatore**.

sónda, A *f.* ***1*** (*med.*) probe; tube: **s. gastrica**, stomach tube (*o* pump) ***2*** (*miss.*) probe: **s. lunare**, moon (*o* lunar) probe; **s. spaziale**, space probe ***3*** (*ind. min.*) drill: **s. a percussione**, percussion (*o* churn) drill; **s. a rotazione**, rotary drill; **s. campionatrice** (*o* **da carotaggio**), core drill; sampler ***4*** (*naut.*) sounding line; sounding lead ***5*** (*mecc.*) feeler ***6*** (*meteor.*) sonde. **B** *a.* sounding: **pallone s.**, sounding balloon.

Sónda, *f.* (*geogr.*) Sunda.

sondàbile, *a.* soundable; capable of being sounded.

sondàggio, *m.* ***1*** (*naut.*) sounding: **s. acustico**, echo sounding ***2*** (*ind. min.*) drilling; boring: **s. a percussione**, percussive boring; **s. con fango misto ad aria**, aerated-mud drilling; **s. sottomarino**, offshore (*o* submarine) drilling; **impianto di s.**, drilling rig ***3*** (*med.*) sounding; probing; searching ***4*** (*fig.*) probing, sounding; (*indagine*) inquiry, survey, research, poll: **s. d'opinione**, opinion poll; canvass; **s. di mercato**, market survey; **s. statistico**, statistical survey; **s. ufficioso**, straw poll; **fare un s.**, to carry out a survey; to make inquiries; to conduct research; to take a poll; to poll; to canvass; **fare un s. presso q.**, to sound sb. out; **Prima di decidere proverò a fare qualche s.**, I'll make some inquiries (*o* I'll put out a feeler, *fam.*) before taking a decision; **I sondaggi fatti mostrano un notevole cambiamento nelle scelte alimentari**, polls taken show a considerable change in food choice.

sondàre, *v. t.* ***1*** (*naut.*) to sound; to plumb; to fathom ***2*** (*min.*) to drill; to bore ***3*** (*med.*) to sound; to probe; to search ***4*** (*fig.*) to plumb; to fathom; to sound out; to probe; (*fare un sondaggio*) to poll, to survey, to canvass; **s. l'animo umano**, to plumb man's soul; **s. i sentimenti di q.**, to sound sb.'s feeling; to sound out sb.; **s. il mercato**, to survey the market; **s. l'opinione pubblica**, to sound out (*o* to poll, to canvass) public opinion; **s. l'elettorato di una regione**, to canvass a region; **Bisogna sondarlo e scoprire che intenzioni ha**, we must sound him out about his intentions; **Prima voglio s. il terreno**, I want to test the ground first; I want to put out some feelers first (*fam.*); I want to see how the land lies first.

sondatóre, *m.* (*tecn.*) driller.

sonerìa, *V.* **suoneria**.

sonettìsta, *m.* e *f.* sonneteer.

sonétto, *m.* sonnet: **s. elisabettiano**, Elizabethan sonnet; **s. petrarchesco**, Petrarchan sonnet; **corona** (*o* **ghirlanda**) **di sonetti**, sonnet sequence; **s. caudato**, tailed sonnet.

sonicchiàre, *v. i.* e *v. t.* (*suonare svogliatamente*) to play idly; (*pianoforte*) to tickle the ivories (*scherz.*); (*chitarra e sim.*) to strum; (*violino e sim.*) to scrape; (*un motivo*) to pick out: **Stava sonicchiando la «Marcia turca»**, she was picking out the «Turkish March» on the piano.

sònico, *a.* sonic; sound (*attr.*): **barriera sonica**, sound barrier; **boato s.**, sonic boom.

sonnacchióso, *a.* ***1*** (*pieno di sonno*) drowsy; sleepy; half-asleep; slumberous: **occhi sonnacchiosi**, sleepy (*o* slumberous) eyes; eyes full of sleep ***2*** (*fig., lett.*: *torpido*) torpid; dull; sluggish.

sonnambulìsmo, *m.* (*med.*) somnambulism; sleepwalking.

sonnàmbulo, *m.* (*f.* **-a**) somnambulist; sleepwalker.

sonnecchiàre, *v. i.* ***1*** to doze; to nod; to drowse; to nap; to slumber: **s. seduto al fuoco**, to sit nodding by the fire; **s. su un libro**, to doze over a book; **s. dopo pranzo**, to doze (*o* to nap, to take a nap) after lunch ***2*** (*fig.*: *non impegnarsi a fondo*) to take* it easy.

sonnellìno, *m.* nap; catnap; snooze; forty winks (*pl.*); lie-down; shut-eye (*fam.*): **fare un s.**, to have (*o* to take) a nap; to have forty winks; to doze.

sonnìfero, **A** *a.* (*lett.*) soporific; somniferous; sleep-inducing: **le proprietà sonnifere dell'oppio**, the soporific virtues of opium. **B** *m.* (*farm.*) sleeping pill (*o* tablet); sleeping draught; soporific; narcotic.

sonnilòquio, *m.* somniloquy.

sonnìloquo, *m.* (*f.* **-a**) somniloquist.

sónno, *m.* sleep; (*leggero*) slumber: **Il s. è necessario alla salute**, sleep is necessary to health; **un s. ristoratore**, a refreshing sleep; **fare un lungo** [**un bel**] **s.**, to have a long [a good] sleep; **avere s.**, to be (*o* to feel) sleepy; **prendere s.**, to get to sleep; (*addormentarsi*) to go to sleep, to fall asleep: **Non riuscivo a prendere s.**, I couldn't get to sleep; **Finalmente ha preso s.**, he's gone to sleep at last; **fra il s. e la veglia**, between sleep and waking. • **s. agitato**, broken (*o* fitful, uneasy, troubled, restless) sleep ◻ **s. da sbornia**, drunken sleep ◻ **il s. del giusto**, the sleep of the just ◻ (*fig.*) **il s. della ragione**, the sleep of reason ◻ **il s. eterno**, the big (*o* long) sleep; eternal rest ◻ **s. ininterrotto**, unbroken sleep ◻ **s. leggero**, light sleep; **avere il s. leggero**, to be a light sleeper ◻ **s. pesante** (*o* **duro**), heavy sleep; **avere il s. pesante**, to be a heavy sleeper; to sleep like a log ◻ **s. pomeridiano**, afternoon nap ◻ **s. profondo**, deep sleep; sound sleep; **dormire di un s. profondo**, to be fast asleep; to sleep soundly; **addormentarsi d'un s. profondo**, to fall into a deep sleep; to fall sound (*o* fast) asleep ◻ **s. ristoratore**, refreshing sleep ◻ **avere la testa pesante di s.**, to be heavy with sleep; to be drowsy ◻ **cascare** (*o* **crollare**) **dal s.**, to be asleep on one's feet; to be ready to drop with sleep ◻ **colpo di s.**, fit of drowsiness ◻ **conciliare il s.**, to make sleepy; to have a soporific effect; to send (*o* to put) to sleep; (*aiutare a dormire*) to help to go to sleep ◻ **disturbi del s.**, sleep disorders ◻ (*fig.*) **dormire sonni tranquilli**, to sleep easy ◻ (*fam.*) **impastato di s.**, full of sleep; drowsy ◻ **essere vinto dal s.**, to be overcome with sleep ◻ **fare tutto un s.**, to sleep through the night ◻ **immerso nel s.**, fast asleep; deep in sleep ◻ **lottare col s.**, to fight sleep ◻ **malattia del s.**, sleeping sickness ◻ **mettere** (*o* **far venire**) **s.**, to make sleepy; to send (*o* to put) to sleep; to have a soporific effect: **Questa musica mi fa venir s.**, this music makes me sleepy (*o* is sending me to sleep) ◻ **morire di s.**, to be ready to drop with sleep; to be asleep on one's feet ◻ **occhi pieni di s.**, eyes clogged with sleep ◻ (*fam.*) **l'omino del s.**, the sandman ◻ **parlare nel s.**, to talk in one's sleep ◻ **perdere il s.**, to lose sleep ◻ **il primo s.**, one's first sleep ◻ **riprendere il s.**, to go to sleep again; to go back to sleep ◻ (*fam.*) **rubare le ore al s.** (*per studiare*), to burn the midnight oil ◻ **terapia** (*o* **cura**) **del s.**, sleep-cure; narcotherapy ◻ **togliere il s. a q.**, to keep sb. awake; to make sb. lose one's sleep ◻ **vincere il s.**, to overcome one's sleepiness.

sonnolènto, *a.* ***1*** (*pieno di sonno*) sleepy; drowsy; half-asleep: **occhi sonnolenti**, sleepy eyes; eyes full of sleep ***2*** (*che concilia il sonno*) drowsy; soporific; sleep-inducing: **una giornata sonnolenta**, a drowsy day ***3*** (*fig.*: *lento, pigro*) sleepy; drowsy; sluggish; lazy: **un villaggio s.**, a sleepy village; **un fiume s.**, a lazy river.

sonnolènza, *f.* ***1*** sleepiness; drowsiness; somnolence ***2*** (*fig.*: *pigrizia, torpore*) sluggishness; torpor; laziness; lethargy. • **essere preso da s.**, to be heavy with sleep; to be drowsy ◻ **Ho una s. tale che non posso tenere gli occhi aperti**, I feel so sleepy that I cannot keep my eyes open ◻ **indurre** (*o* **mettere**) **s.**, to be soporific; to make (sb.) feel sleepy ◻ **scuotersi dalla s.**, to shake off one's torpor

sóno, *1ª pers. sing.* e *3ª pers. plur. indic. pres. di* **essere**.

sonògrafo, *m.* sonograph.

sonòmetro, *m.* sonometer.

sonoraménte, *avv.* ***1*** sonorously; (*rumorosamente*) loudly ***2*** (*fig.*) soundly; roundly: **sconfiggere s.**, to thrash; to trounce; to beat hollow (*fam.*); **essere s. battuto**, to be soundly beaten; to take a beating (*o* a trouncing); (*alle elezioni*) to lose by a landslide.

sonorìsta, *m.* e *f.* (*cinem.*) sound engineer.

sonorità, *f.* ***1*** (*pienezza di suono*) sonority, sonorousness, roundness; (*risonanza*) resonance ***2*** (*acustica*) acustics (*pl.*) ***3*** (*fon.*) sonance.

sonorizzàre, **A** *v. t.* ***1*** (*fon.*) to sonorize; to voice ***2*** (*cinem.*) to add a soundtrack; to post-synchronize; to post-synch (*fam.*). **B** **sonorizzàrsi,** *v. i. pron.* (*fon.*) to be sonorized; to be voiced.

sonorizzazióne, *f.* ***1*** (*fon.*) sonorization; voicing ***2*** (*cinem.*) adding of a soundtrack; post-synchronization; post-synch (*fam.*); post-synching (*fam.*).

sonòro, **A** *a.* ***1*** sounding; sonorous; resonant; resounding; ringing; loud: **metallo s.**, sonorous metal; **voce sonora**, sonorous voice; **risa sonore**, sonorous (*o* ringing) laughter; loud laughter; **schiaffo s.**, resounding slap ***2*** (*fig.*: *altisonante*) sonorous; round; rolling; high-sounding: **un periodare s.**, sonorous (*o* rolling) periods (*pl.*); **frasi sonore**, high-sounding sentences ***3*** (*fig.*: *clamoroso*) resounding: **sonora sconfitta**, resounding defeat; thrashing; trouncing ***4*** (*fis., cinem.*) sound (*attr.*): **onde sonore**, sound waves; **effetti sonori**, sound effects; **colonna sonora**, sound track; **film s.**, sound film; sound motion picture ***5*** (*fon.*) voiced. **B** *m.* (*cinem.*) ***1*** (*film s.*) sound film; sound motion picture; talking picture; talkie (*fam.*); **l'avvento del s.**, the early days of sound films (*o* of the talkies) ***2*** (*colonna sonora*) soundtrack.

sontuosità, *f.* sumptuosity; sumptuousness; luxuriousness.

sontuóso, *a.* sumptuous; magnificent; superb; splendid; grand; grandiose: **casa sontuosa**, sumptuous (*o* magnificent) house; **pranzo s.**, sumptuous (*o* superb) dinner; **abito s.**, splendid (*o* magnificent) dress.

soperchiàre, e *deriv.* *V.* **soverchiare**, e *deriv.*

sopiménto, *m.* (*lett., fig.*) soothing; assuagement; appeasement.

sopìre, *v. t.* ***1*** (*lett.*: *addormentare*) to send* to sleep; to lull (to sleep) ***2*** (*fig.*: *calmare*) to lull; to soothe; to subdue; to allay; to assuage; to appease; to dull: **s. il dolore**, to lull (*o* to soothe, to sedate) pain; to assuage sorrow; **s. le passioni**, to soothe (*o* to assuage) passions; **s. i sensi**, to dull one's senses.

sopìto, *a.* ***1*** (*lett.*: *addormentato*) dozing; asleep ***2*** (*fig.*: *calmato*) placated; subsided; subdued; sedated; appeased; alleviated: **ira sopita**, placated anger; **dolore s.**, alleviated pain.

sopóre, *m.* ***1*** drowsiness; doziness ***2*** (*med.*) sopor; stupor.

soporìfero, *a.* soporific, soporiferous (*anche fig., scherz.*); sleep-inducing: **un discorso s.**, a soporific speech.

soppalcàre, *v. t.* to build an intermediate floor (in st.).

soppàlco, *m.* (*edil.*) intermediate floor; (*soffittatura*) false ceiling.

sopperìre, *v. i.* ***1*** (*provvedere*) to provide for; to meet*; to satisfy: **s. alle spese**, to meet expenditure; **s. alle esigenze di q.**, to satisfy sb.'s needs ***2*** (*supplire*) to make* up for; to compensate for: **Sopperisce alla semplicità dei suoi vestiti con una grande cura dei particolari**, she compensates for the simplicity of her clothes with great attention to detail.

soppesàre, *v. t.* ***1*** to weigh in one's hands: **Soppesai la pietra**, I weighed the stone in my hands ***2*** (*fig.*: *ponderare*) to weigh (up); to ponder: **s. i pro e i contro**, to weigh up the pros and cons; **s. le parole**, to weigh one's words.

soppiantàre, *v. t.* to supersede; to supplant; to displace; to oust: **La televisione a colori ha completamente soppiantato quella in bianco e nero**, colour television has completely superseded (*o* supplanted) black and white television; **È stato soppiantato da un collega**, he was ousted by a colleague; **Fu soppiantato nel cuore di lei da un rivale più giovane**, he was displaced in her heart by a younger rival.

soppiàtto, *a.* – **di s.**, by stealth; stealthily; furtively; covertly; surreptitiously; sneakingly; on the sly: **avanzare di s.**, to creep stealthily (*o* furtively); **andarsene di s.**, to steal away; to slink off; **entrare di s.**, to steal in; to slip in; **guardare q. di s.**, to look covertly (*o* surreptitiously) at sb.; to cast a furtive (*o* covert) glance at sb.; to sneak a look at sb.

sopportàbile, *a.* endurable; tolerable; bearable; sufferable.

sopportabilità, *f.* endurableness; tolerability; bearableness.

sopportàre, *v. t.* ***1*** (*reggere, sostenere*) to bear*, to sustain, to carry, to take*; (*resistere senza danno*) to withstand*, to bear*, to stand*: **s. il peso di q.c.**, to bear (*o* to sustain, to carry) the weight of st.; **un materiale in grado di s. le alte temperature**, a material that can withstand (*o* bear) high temperatures; **non s. gli sbalzi di temperatura**, not to tolerate changes in temperature; **s. uno sforzo**, to take a stress ***2*** (*patire, subire*) to suffer, to bear*, to undergo*; (*sostenere, resistere*) to endure, to bear*, to put* up with; (*tollerare*) to bear*, to suffer, to tolerate, to stand*: **s. umiliazioni**, to suffer (*o* to endure) humiliations; **s. il dolore**, to endure (*o* to bear, to suffer) pain; **s. la propria sorte**, to put up with one's lot; **s. una perdita con coraggio**, to bear a loss bravely; **La colpa è tua e devi s. le conseguenze**, it's your fault and you must bear (*o* abide by, *form.*) the consequences; you've made your bed and you must lie on it (*fam.*); **s. i disagi**, to put up with discomfort; **s. il caldo**, to stand the heat; **s. la vista del sangue**, to stand the sight of blood; **Non lo sopporto proprio quell'uomo**, I really cannot bear (*o* stand) that man; **Non sopporto le tue insolenze**, I can't tolerate your insolent ways; **Non ti sopporto quando parli così**, I can't stand it when you talk like that; **Se sapessi quante ne ho dovuto sopportare**, if you knew what I had to put up with.

sopportazióne, *f.* (*resistenza*) endurance; (*tolleranza*) forbearance, tolerance, patience; (*condiscendenza*) condescension: **al di là d'ogni s.**, past (*o* beyond) endurance; **dimostrare molta s.**, to show remarkable powers of endurance; to show great forbearance; **giungere ai limiti della s.**, to come to the end of one's endurance (*o* patience); **La mia s. ha un limite**, my patience has a limit; **ascoltare q. con s.**, to listen condescendingly to sb.

soppressióne, *f.* **1** (*cessazione*) suppression; cancellation: **la s. d'un libro**, the suppression of a book; **la s. di un servizio**, the cancellation of a service **2** (*abolizione*) suppression, abolition; (*sciolgimento*) dissolution, breaking-up, disbandment: **la s. delle garanzie costituzionali**, the suppression of constitutional guarantees; **la s. d'una legge**, the abolition of a law; **la s. di un ordine religioso**, the dissolution of a religious order; **la s. di un ente**, the disbandment of an institution **3** (*repressione*) suppression: **la s. d'una rivolta**, the suppression of an insurrection **4** (*cancellazione*) deletion; omission: **la s. di un paragrafo**, the deletion of a paragraph **5** (*leg.*: *occultamento*) concealment; (*distruzione*) destruction: **s. di atti d'ufficio**, suppression (*o* concealment) of documents; **s. di cadavere**, destroying a body; **s. di corrispondenza**, destruction of correspondence; **s. di stato**, concealment of birth **6** (*uccisione*) killing; dispatching; liquidation; elimination.

soppressóre, *m.* (*elettr.*) suppressor: **s. di scintilla**, spark suppressor; **s. di disturbi radio**, radio interference suppressor; (*telef.*) **s. d'eco**, echo suppressor.

sopprìmere, *v. t.* **1** (*far cessare*) to suppress; to cancel: **s. un giornale [un libro]**, to suppress a newspaper [a book]; **s. un servizio**, to cancel a service **2** (*abolire*) to abolish; to eliminate; to do* away with: **s. un'istituzione**, to abolish an institution; **s. una linea ferroviaria**, to cut a railway line **3** (*tagliare, cancellare*) to cut*; to delete: **s. una parte di articolo**, to cut a portion of an article **4** (*reprimere*) to suppress; to put* down: **s. una rivolta**, to suppress (*o* to put down) an insurrection **5** (*uccidere*) to kill, to dispatch, to liquidate, to eliminate; (*animali*) to put* down: **s. un prigioniero**, to dispatch a prisoner; **Ho dovuto far s. il mio gatto**, I had to have my cat put down.

soppùnto, *m.* (*cucito*) blind stitch.

sópra, A *prep.* **1** (*per indicare sovrapposizione con contatto, anche fig.*) on; upon; on top of; onto: **la neve s. i campi**, the snow on the fields; **il libro s. il tavolo**, the book on the table; **pietra s. pietra**, stone upon stone; **essere portato s. una barella**, to be carried on a stretcher; **portare un carico s. le spalle**, to carry a burden on one's shoulders; **mettere un coperchio s. la pentola**, to put a lid on the saucepan; **Il gatto saltò s. la cassapanca**, the cat jumped onto the chest; **gettarsi s. q.**, to jump on s.; **La responsabilità cade tutta s. (di) te**, the responsibility lies entirely on you; **La tua tesi si fonda s. pure congetture**, your thesis rests upon mere conjecture; **Scrivici s. l'indirizzo**, write the address on it; **dieci monete, una s. l'altra**, ten coins, one on top of the other; **S. il primo maglione se ne è messo un secondo**, he put a second sweater on top of the first **2** (*per indicare sovrapposizione senza contatto, o contatto con l'idea di protezione, rivestimento e sim., o movimento al di sopra, anche fig.*) over: **una finestra che guarda s. un giardino**, a window that looks out over a garden; **una spada che pende s. il capo di q.**, a sword hanging over sb.'s head; **Il sole era già s. i monti**, the sun was already over the mountains; **un tappeto steso s. il pavimento**, a carpet laid over the floor; **Lega un pezzo di carta s. la bocca del vaso**, tie a piece of paper over the top of the jar; **Si mise una mano s. la bocca**, she put a hand over her mouth; **Per non bagnarsi si mise la giacca s. la testa**, he put his jacket over his head so as not to get wet; **Laura si chinò s. la tastiera**, Laura bent over the keyboard; **Portava il cappotto s. il pigiama**, he was wearing his coat over his pyjamas; **portare la lana s. la pelle**, to wear wool next to the skin; **L'aeroplano volava s. la città**, the aeroplane was flying over the town; **Si passò una mano s. gli occhi**, he passed a hand over his eyes **3** (*al di s. di, a un livello superiore, più in alto di, proprio s.*) above; (*a nord di*) above, north of: **s. il livello del mare**, above sea level; **s. il livello stradale**, above street level; **s. zero**, above zero; **s. la media**, above average; **Egli è s. a te nella lista**, he is above you in the list; **Emerge s. tutti**, he stands out above all others; **l'appartamento s. di noi**, the flat above us; **Abito s. un ristorante**, I live above a restaurant; **un bosco s. il lago**, a wood above the lake; **L'aereo salì s. le nubi**, the aeroplane climbed above the clouds; **Ha un neo s. l'occhio destro**, he has a mole above his right eye; **La luna brillava proprio s. il campanile**, the moon was shining right above the bell-tower; **Le gonne vanno s. il ginocchio quest'anno**, skirts are worn above the knees this year; **Agitava un bastone s. la testa**, he was waving a stick above his head; **Appendiamo il quadro s. il divano**, let's hang the picture above the sofa; **Il cielo s. di noi si stava riempiendo di nuvoloni**, huge clouds were gathering in the sky above us; **Voghera è s. Tortona**, Voghera is north of Tortona **4** (*fig.*: *rif. a superiorità, dominio e sim.*) over: **comandare s. una città**, to rule over a town; **regnare s. molti popoli**, to reign over many peoples; **Chi hai s. di te in ufficio?**, who is above you in the office? **5** (*rif. a successione temporale*) upon; on top of; after: **fare errori s. errori**, to make mistake after mistake; **una disgrazia s. l'altra**, one misfortune after (*o* on top of) another; **Non bere il vino s. il latte!**, don't drink wine on top of milk! **6** (*rif. a età, prezzi, ecc.*: *oltre*) over; above: **È s. i cinquanta**, he is over fifty; **I ragazzi s. i quindici anni**, boys and girls over (*o* older than) fifteen (*o* above the age of fifteen); **I bambini s. il metro pagano il biglietto**, children over (*o* taller than) one metre must pay; **I costi sono s. i cento milioni**, the costs are above one hundred million; **Questo quadro è valutato s. i cinquanta milioni**, this painting is worth more than (*o* over) fifty million lire **7** (*più, a preferenza di*) over; above; more than: **s. ogni cosa**, above all; more than anything else; most of all; **Mi piace s. ogni altra cosa**, I like it more than anything else; **Questo gli importa s. ogni cosa**, this is what matters most to him; **amare q. s. tutti**, to love sb. more than anyone else **8** (*intorno a*) on; about: **un commento s. le ultime vicende**, a comment on the latest events; **un saggio s. la scultura romana**, a critical essay on Roman sculpture; **Ci dica la sua opinione s. quanto ha sentito**, give us your opinion on what you have heard. ● (*econ.*) **s. la pari**, above par □ **s. pensiero**, lost (*o* deep) in thought; absent-mindedly (*avv.*) □ **averne fin s. i capelli (di)**, (*essere stufo*) to be fed up to one's back teeth (with), to be sick to death (with); (*essere occupatissimo*) to be up to one's eyes (in) □ (*fig.*) **passare s. q.c.**, to pass over st.; to overlook st. □ **piangere s. q.c.**, to cry over st. □ (*fig.*) **stare s. q.**, to be on top of sb.; to keep after sb. □ **tornare s. un argomento**, to go back to a topic □ **tornare s. una decisione**, to go back on a decision □ **uno s. l'altro**, one on top of the other; one after the other. **B** *avv. e agg. invar.* **1** (*in luogo o posizione più elevata*) up, on, above; (*rispetto a due*) upper (*agg.*); (*sopra a tutti*) on top, top (*attr.*): **Posalo qui s. vicino a me**, put it here next to me; **Il tuo libro dev'essere là s., sullo scaffale**, your book must be up there, on the shelf; **Si sta bene qui s.**, it's nice up here; **Spingetelo più s.**, push it higher (*o* farther) up; **Guardate bene s. e sotto**, look carefully above and underneath; **la parte s.**, the upper part; **Metti s. le cose più fragili**, put the more delicate things on top; **un lenzuolo con s. un monogramma**, a sheet with initials embroidered on it; **una torta con s. le ciliegine**, a cake with candied cherries on top; **un divano con s. una coperta**, a sofa with a rug over it; **il piano di s.**, the floor above; **il labbro di s.**, the upper lip; **il cassetto [lo scaffale] di s.**, (*a un altro*) the drawer [the shelf] above; (*a tutti*) the top drawer [shelf]; (*di due*) the upper shelf; **da s.**, (*da più in alto*) from above, from higher up; (*dal piano di s.*) from upstairs: **visto da s.**, seen from above; **Il rumore viene da s.**, the noise is coming from upstairs; **Lo guardò da s. gli occhiali**, she looked at him over the rim of her glasses **2** (*in superficie*) on top: **È un po' rovinato s.**, it's slightly damaged on top; **S. c'è cioccolato e dentro marmellata di albicocche**, there is chocolate on top and apricot jam inside; **È in legno di pino con s. una mano di vernice**, it's pinewood with a coat of paint on top **3** (*a un piano superiore*) upstairs; upper (*agg.*): **È andato (di) s.**, he has gone upstairs; **Dev'essere (di) s.**, he must be upstairs; **Abitano (di) s.**, they live upstairs; **l'appartamento di s.**, the upstairs flat; the flat above; **in una delle stanze di s.**, in one of the upper (*o* upstairs) rooms; **la famiglia di s.**, the family on the floor above; the family upstairs **4** (*precedentemente*) above: **come s.**, as above; **come abbiamo detto s.**, as we said above; **s. indicato**, above-mentioned; **il passo s. citato**, the passage quoted above; **Vedi la nota s.**, see the note above. ● **al di s. di**, above; beyond; over: **al di s. d'ogni sospetto**, beyond (*o* above) suspicion; **Tutti i bambini al di s. dei sei anni devono andare a scuola**, all children above six years of age (*o* over six) must go to school; **Ciò è al di s. della mia comprensione**, this is above (*o* beyond) my understanding; **porre l'onore al di s. di tutto il resto**, to place honour above everything else; **vivere al di s. del propri mezzi**, to live beyond (*o* above) one's means; **Gli lanciò un'occhiata al di s. del bicchiere**, she cast him a glance over the rim of her glass □ (*sport*) **dal di s.**, overhand (*agg.*): **lancio dal di s.**, overhand bowl (*o* bowling); **palla lanciata dal di s.**, overhand ball □ (*bur.*) **di cui s.**, above-mentioned (*agg.*); aforesaid (*agg.*) □ **dormirci s.**, to sleep on it □ (*fig.*) **metterci una pietra s.**, to forget the whole thing; to let bygones be bygones □ (*bur.*) **quanto s.**, the above □ **riderci s.**, to laugh about it. **C** *m.* (*parte superiore*) top, upper part; (*lato superiore*) top side: **il (di) s. del coperchio**, the top (*o* the upper part) of the lid.

soprabbondàre, e *deriv.* *V.* **sovrabbondare,** e *deriv.*

sopràbito, *m.* overcoat; topcoat.

sopraccaricàre, sopraccàrico, *V.* **sovraccaricare, sovraccarico.**

sopraccàssa, *f.* (*di orologio*) outer case.

sopraccennàto, *a.* above-mentioned.

sopraccìglio, *m.* (*pl.* **sopraccigli,** *m.* o **sopracciglia,** *f.*) (*anat.*) eyebrow: **sopracciglia folte**, thick (*o* bushy) eyebrows; **alzare un s.**, to raise an eyebrow; **aggrottare i sopraccigli**, to frown; to knit one's eyebrows.

sopracciliàre, *a.* (*anat.*) superciliary; of the eyebrow; eyebrow (*attr.*): **l'arcata s.**, the superciliary arch.

sopraccitàto, *a.* quoted above (*pred.*); above-quoted; above-stated; (*sopraddetto*) above-mentioned, above-said.

sopraccóda, *f.* o *m.* (*zool.*) upper tail coverts (*pl.*).

sopraccolóre, *m.* top coat (of paint).

sopraccopèrta, **A** *f.* **1** coverlet; counterpane; bedspread **2** (*di libro*) dust jacket; (dust) cover. **B** *avv.* (*naut.*) on deck.

sopraàcqueo, *a.* above water; supernatant.

sopracùto, *m.* (*mus.*) note above top C.

sopraddàzio, *m.* additional (*o* extra) duty; surcharge; surtax.

sopraddétto, *a.* above-said; aforesaid; above-mentioned.

sopraddominànte, *f.* (*mus.*) submediant (*GB*); superdominant (*USA*).

sopraddòte, *f.* additional dowry.

sopraebollizióne, *f.* (*fis.*) overboiling.

sopraeccèdere, e *deriv.* *V.* **sopreccedere**, e *deriv.*

sopraedificàre, e *deriv.* *V.* **sopredificare**, e *deriv.*

sopraelencàto, *a.* above-listed; listed above (*pred.*).

sopraelevàre, e *deriv.* *V.* **soprelevare**, e *deriv.*

sopraespósto, *a.* above-stated; above-mentioned.

sopraffàre, *v. t.* **1** to overwhelm; to overcome*; to overpower; to get* the better of; to bow down; to lay* low; (*opprimere*) to oppress, to crush: **s. i propri nemici**, to overwhelm (*o* to crush) one's enemies; **essere sopraffatto dal dolore**, to be overwhelmed (*o* bowed down) with grief; **La gioia mi sopraffece**, I was overwhelmed with joy; **La curiosità mi sopraffece e aprii la porta**, curiosity got the better of me and I opened the door **2** (*soffocare*) to drown; to cover; to blanket: **Le sue proteste furono sopraffatte dagli applausi**, her protests were drowned by the cheers.

sopraffàtto, *a.* overcome; overwhelmed; bowed down; crushed; laid low: **Eravamo sopraffatti dalla sorpresa**, we were overcome with astonishment; **Sedeva a testa bassa, s. dalla vergogna**, he sat with bent head, overcome by shame.

sopraffattóre, *m.* (*f.* **-trice**) oppressor; despot; bully; overbearing (*o* domineering) person.

sopraffattòrio, *a.* overbearing; domineering; bullying.

sopraffazióne, *f.* **1** (*il sopraffare*) overwhelming; overcoming; crushing **2** (*sopruso*) abuse (of power); imposition; injustice; outrage.

sopraffilàre, *v. t.* (*cucito*) to overcast*.

sopraffilo, *m.* (*cucito*) overcast(ing).

sopraffinèstra, *f.* (*archit.*) fanlight.

sopraffino, *a.* **1** superfine; extra fine; of the very best quality; (*eccellente*) excellent, first-rate, first-class: **merce sopraffina**, first-rate goods; **zucchero s.**, extra fine sugar **2** (*fig.*) consummate; refined; supreme; masterly, extreme: **gusti sopraffini**, refined tastes; **ipocrita s.**, consummate hypocrite; **crudeltà sopraffina**, extreme cruelty; **con arte sopraffina**, with consummate artistry; **ladro s.**, master thief.

sopraffóndere, *v. t.* (*fis.*) to supercool.

sopraffóndo, *m.* (*di cornice*) passe-partout.

sopraffuṣióne, *f.* (*fis.*) superfusion; supercooling.

sopraggittàre, *v. t.* to whipstitch; to overcast*.

sopraggitto, *m.* whipstitch; overcast(ing): **cucire con il s.**, to whipstitch; to overcast; **punto a s.**, whipstitch.

sopraggiùngere, **A** *v. i.* **1** (*arrivare all'improvviso*) to arrive; to come*; to turn up; to show up; to supervene (*form.*): **Ero lì da mezz'ora quando il mio amico sopraggiunse**, I had been there for half an hour when my friend turned up; **Dovesse s. la morte...**, should death supervene...; **Sopraggiunse la notte**, night came (*o* fell) **2** (*accadere all'improvviso*) to arise*; to occur; to happen; to crop up; to turn up; to supervene (*form.*): **Sopraggiungeva sempre qualcosa a sconvolgere i miei piani**, something would always occur to interfere with my plans; **È sopraggiunto un intoppo**, a snag has emerged; **Purtroppo è sopraggiunta una difficoltà**, unfortunately a difficulty has arisen; **Sopraggiunsero complicazioni cardiache**, heart complications arose. **B** *v. t.* (*cogliere all'improvviso*) to come* upon; to overcome*; to catch* up; to overtake*; to seize (*al passivo*): **Lo sopraggiunse un malore**, a sudden faintness came upon him; he was suddenly taken ill; **Il temporale ci sopraggiunse**, we were caught by the storm; **La lepre fu sopraggiunta dai cani**, the hare was seized by the dogs.

sopraggiùnta, *f.* addition: **per s.**, in addition; moreover; besides; into the bargain; to boot.

sopraindicàto, *a.* above-stated; above-mentioned; aforesaid.

sopraintèndere, *V.* **soprintendere**.

sopralluògo, *m.* inspection; survey; on-the-spot investigation: **fare un s.**, to make an inspection; **disporre un s.**, to order an on-the-spot investigation.

sopràlzo, *m.* *V.* **soprelevazione**.

sopramànica, *f.* oversleeve.

soprammenzionàto, *a.* above-mentioned; aforesaid.

soprammercàto, *m.* – **per s.**, in addition; into the bargain; on the top of it; to boot.

soprammòbile, *m.* ornament; knick-knack.

sopramondàno, *a.* supermundane; ultramundane; otherwordly.

sopramóndo, *m.* (*filos.*) supermundane sphere.

sopranazionàle, *a.* supranational.

sopranazionalità, *f.* supranationality.

sopranista, *m.* (*mus.*) sopranist; treble singer.

soprannaturàle, **A** *a.* supernatural; (*prodigioso, non di questo mondo*) unearthly, uncanny; (*sovrumano*) superhuman; (*divino*) divine, heavenly: **un essere s.**, a supernatural being; a divine being; **fenomeni soprannaturali**, supernatural phenomena; **forza s.**, supernatural (*o* superhuman) strength. **B** *m.* supernatural: **credere nel s.**, to believe in the supernatural.

soprannaturaliṣmo, *m.* (*filos.*) supernaturalism.

soprannaturalità, *f.* supernaturality; supernaturalism.

soprannazionàle, *V.* **sopranazionale**.

soprannazionalità, *V.* **sopranazionalità**.

soprannòlo, *m.* (*naut.*) extra (*o* back) freight; primage.

soprannóme, *m.* nickname; name: **ricevere un s.**, to get a nickname; to be nicknamed.

soprannominàre, *v. t.* to call; (*dare un nomignolo*) to nickname, to dub.

soprannominàto (1), *a.* (*chiamato con soprannome*) called, known as; (*con un nomignolo*) nicknamed: **Re Giovanni s. Senzaterra**, King John called Lackland; **Michele s. Trippa**, Michele nicknamed Fatty.

soprannominàto (2), *V.* **sopranominato**.

soprannotàto, *a.* aforesaid; above-mentioned.

soprannumeràrio, *a.* supernumerary; extra: **impiegato s.**, supernumerary (*o* extra) employee; **osso s.**, supernumerary bone.

soprannùmero, **A** *m.* excess; surplus. ● **in s.**, extra; supernumerary; in excess; redundant: **personale in s.**, redundant staff; **assumere personale in s.**, to employ extra staff. **B** *a. invar.* extra: **ore s.**, extra hours.

sopràno, (*mus.*) **A** *m.* (*registro*) treble; soprano*: **chiave di s.**, treble (*o* soprano) clef; **voce di s.**, soprano voice; **cantare da s.**, to be a soprano; to sing as a soprano. **B** *m.* o *f.* (*cantante*) soprano*: **s. leggero** [**drammatico**], coloratura [dramatic] soprano; **mezzo s.**, mezzo(-soprano). **C** *a.* treble; soprano: **viola s.**, treble viol; **sax s.**, soprano sax.

sopranominàto, *a.* above-mentioned (*attr.*); mentioned above (*pred.*).

sopranormàle, *a.* e *m.* paranormal.

soprappàrto, **A** *m.* second birth. **B** *avv.* in labour; in travail: **essere s.**, to be in labour; **morire s.**, to die in childbirth.

soprappassàggio, *V.* **sovrappassaggio**.

soprappensièro, *avv.* **1** lost in thought (*pred.*); abstracted (*agg.*); preoccupied; musing (*agg.*) **2** (*distrattamente*) absent-mindedly; unthinkingly; absently.

soprappéso, *m.* – **per s.**, besides; in addition; for good measure.

soprappiù, *m.* surplus; extra; addition; excess; superfluity: **Questo è un s.**, this is an extra; **in** (*o* **per**) **s.**, in addition; as an extra; (*inoltre*) moreover.

soprappòrta, *f.* **1** (*edil.*) fanlight **2** (*archit.*) ornamental panel (over a door).

soprapprèzzo, *V.* **sovrapprezzo**.

soprapproduzióne, *V.* **sovrapproduzione**.

soprapprofitto, *m.* (*econ.*) excess profit(s), extra profit(s).

soprapùbico, *a.* (*anat.*) suprapubic.

soprarazionàle, *a.* superrational.

soprascàrpa, *f.* overshoe; golosh, galosh. ● **soprascarpe da neve**, arctics (*USA*) □ **soprascarpe di gomma**, rubber overshoes; rubbers (*USA*).

soprasegmentàle, *a.* (*ling.*) suprasegmental.

soprasensìbile, **A** *a.* supersensible; supersensual. **B** *m.* suprasensible.

soprasènso, *m.* **1** (*sesto senso*) sixth sense **2** (*letter.*) oversense.

soprassàlto, *m.* start; jump; jerk: **avere un s.**, to give a start; to jump; to start; **di s.**, with a start; (*ad un tratto*) all of a sudden: **balzare in piedi di s.**, to jump up with a start; **svegliarsi di s.**, to wake up with a start.

soprassaturazióne, *f.* (*chim.*) supersaturation.

soprassàturo, *a.* (*chim.*) supersaturated.

soprassedére, *v. i.* **1** to postpone; to delay; to defer; to put* off: **s. a una decisione**, to put off a decision **2** (*aspettare*) to wait: **Soprassedettero per qualche giorno**, they waited for a few days.

soprassicurazióne, *f.* overinsurance.

soprassòglio, *m.* **1** (*archit.*) lintel; architrave **2** (*rialzo di argine*) bank of sandbags.

soprassòldo, *m.* extra pay; special allowance.

soprassuòla, *f.* protective sole.

soprassuòlo, *m.* **1** topsoil **2** (*piante arboree*) vegetation; growth.

soprastallìa, *f.* (*naut.*) demurrage.

soprastampàre, e *deriv.* *V.* **sovrastampare**, e *deriv.*

soprastànte, **A** *a.* above. **B** *m.* e *f.* supervisor; overseer; superintendent.

soprastàre, *v. i.* (*soprintendere*) to supervise; to oversee*; to superintend.

soprastruttùra, *V.* **sovrastruttura**.

sopratònica, *f.* (*mus.*) supertonic.

soprattàcco, *m.* heel-tap; lift.

soprattàssa, *f.* surtax; additional (*o* extra, special) tax; surcharge; extra charge: **s. comunale**, local additional tax; **s. postale**, additional (*o* excess) postage; (*per affrancatura insufficiente*) postage due; **lettera con s.**, surcharged letter.

soprattassàre, *v. t.* to surtax; to surcharge; to levy an extra tax (on st.).

soprattètto, *m.* upper sheet (of a tent).

soprattitolo, *m.* (*tipogr.*) half title.

soprattùtto, *avv.* (*più di tutto*) above all, most, most of all, more than anything else; (*specialmente*) especially, particularly, in particular; (*principalmente*) principally, chiefly, mainly, mostly, largely, primarily: **Ciò che voglio s. è un po' di pace**, what I want above all is a little peace and quiet; **Dei suoi quadri mi piacciono s. le nature morte**, of all his paintings I especially (*o* particularly) like the still-lives; **È il suo silenzio che mi preoccupa s.**, it's her silence that worries me most; **La Gran Bretagna è s. un paese industriale**, Britain is primarily an industrial country.

sopravalutàre, e *deriv. V.* **sopravvalutare**, e *deriv.*

sopravanzàre, A *v. t.* (*superare*) to surpass; to excel; to outdo*. **B** *v. i.* **1** (*restare d'avanzo*) to be left: **il tempo che ci sopravanza**, the time that is left to us; **Non mi sopravanzerà nulla**, I'll have nothing left **2** (*sporgere*) to jut out; to stand* out.

sopravànzo, *m.* **1** excess; surplus: **di s.**, in excess **2** (*residuo*) residue; rest; remainder. ● **Ce n'è di s.**, there's enough and to spare; there is more than enough.

sopravènto, *V.* **sopravvento.**

sopravvalutàre, *v. t.* to overestimate; to overrate: **Non s. le tue capacità**, don't overrate your abilities; **s. una difficolta**, to overestimate a difficulty; **s. le proprie forze**, to overrate one's strength; **Non sopravvalutarti**, don't overrate yourself.

sopravvalutazióne, *f.* **1** over-estimation; overrating **2** (*econ.*) overvaluation.

sopravvenièнza, *f.* **1** sudden (*o* unexpected) occurrence; unforeseen event; supervention (*form.*); (*eventualità*) contingency, juncture **2** (*econ.*) contingency; (*rag.*) contingent item: **sopravvenienze attive**, contingent assets; **sopravvenienze passive**, contingent liabilities.

sopravvenìre, *v. i.* **1** (*sopraggiungere*) to arrive (*o* to come*) unexpectedly; to appear; to come* upon the scene; to turn up; to show up; to come* up; to crop up (*fam.*); to supervene; (*di fenomeni atmosferici*) to fall*, to set* in: **Proprio in quel momento sopravvenne un vigile**, at that very moment a traffic warden came upon the scene; **Dopo il raffreddore sopravvenne la febbre**, after the chill, a fever set in; **Quando sopravvenne la notte...**, when night fell...; **Sopravvenne il buio**, darkness fell upon the scene; **Sopravvenne un furioso temporale**, a thunderstorm set in **2** (*accadere*) to happen; to occur; to arise*; to turn up; to crop up (*fam.*): **Sto aspettando che sopravvenga qualche cosa**, I'm waiting for something to happen; **Sono sopravvenuti alcuni intoppi imprevisti**, some unespected problems have cropped up.

sopravventàre, *v. t.* (*naut.*) to get* to windward; to weather.

sopravvènto, A *avv.* **1** (*naut.*) windward: **essere s. a q.c.**, to be to windward of st.; to have the weather gage of st.; **navigare s.**, to sail to windward; to have the weather gage; **tenersi s.**, to keep to windward; to keep the weather gage; **Barra s.!**, up with the helm! **2** (*aeron.*) upwind. **B** *a.* windward; weather: **lato s.**, windward (*o* weather) side; **costa s.**, weather coast. ● **le Isole S.**, the Windward islands. **C** *m.* (*naut.*) windward (side); weather side; (*vantaggio del s.*) weather gage: **conservare il s.**, to keep the weather gage. ● (*fig.*) **avere il s.**, to prevail; to win □ (*fig.*) **prendere il s. su**, to get the upper hand of (*o* over); to get the better of; to prevail over; (*sopraffare*) to overwhelm.

sopravvèste, *f.* overall; (*stor.*) surcoat.

sopravvìa, *f.* overpass; flyover (*GB*).

sopravvissùto, A *a.* (*anche fig.*) surviving. **B** *m.* (*f.* **-a**) **1** survivor **2** (*fig.*: *persona dalle idee superate*) relic of the past; old fogey (*fam.*).

sopravvivènte, A *a.* surviving. **B** *m.* e *f.* survivor.

sopravvivènza, *f.* **1** survival; outliving: **poche probabilità di s.**, few chances of survival; **lotta per la s.**, struggle for survival; **corso di s.**, survival course; **in caso di s. della moglie**, if the wife outlives her husband **2** (*leg.*, *stat.*) survivorship.

sopravvìvere, *v. i.* **1** (*continuare a vivere*) to live; to live on (*anche fig.*); to survive; to come* out alive: **Non credo che il paziente sopravviverà**, I don't think the patient will live; **s. nella memoria di q.**, to live on in sb.'s memory **2** (*vivere più a lungo*) to survive, to outlive; (*durare più a lungo*) to outlast: **s. ai propri figli**, to survive one's children; **Le sopravvisse di pochi mesi**, he outlived her by a few months; **Gli alberi che ho piantato sopravviveranno ai miei nipoti**, the trees I planted will outlive my grand-children **3** (*scampare*) to survive; to outlive; to live through; to see* out: **s. a una sciagura**, to survive a disaster; **s. a tre guerre**, to survive (*o* to live through) three wars.

sopreccedènte, *a.* surplus (*attr.*); in excess.

sopreccedènza, *f.* surplus; excess; glut: **in s.**, in surplus; surplus (*attr.*); in excess; excess (*attr.*); in extra quantity.

soprecccèdere, A *v. t.* to exceed; to surpass; to go* far beyond. **B** *v. i.* to be in excess; to be excessive.

sopredificàre, *v. t.* to build* on top (of st.); to superstruct; to erect as a superstructure (of st.).

sopredificazióne, *f.* **1** (*il sopredificare*) building on top **2** (*parte sopredificata*) superstructure.

soprelevaménto, *m. V.* **soprelevazione.**

soprelevàre, *v. t.* **1** (*edil.*) to add storeys to; to raise; to build* on top of; to increase the height of: **s. un edificio di un piano**, to add a storey to a building; to raise a building by a storey **2** (*strade, rotaie ferroviarie*) to superelevate; to bank.

soprelevàta, *f.* (*ferrovia*) elevated railway, elevated (railroad) (*USA*); (*strada*) overpass, flyover (*GB*); (*curva*) banked curve.

soprelevàto, *a.* **1** (*edil.*) raised: **edificio s.**, raised building; **piano s.**, extra storey **2** (*di ferrovia, di curva*) superelevated, banked. ● **strada soprelevata**, overpass; fly over (*GB*).

soprelevazióne, *f.* **1** (*edil.*) raising; addition of extra storeys **2** (*di strade, rotaie ferroviarie*) superelevation; bank **3** (*piano sopraelevato*) added storey.

soprintendènte, *m.* e *f.* (*amm.*) superintendent, supervisor, commissioner, head; (*di museo, biblioteca*) curator; (*di azienda agricola*) estate agent, steward; (*sorvegliante*) overseer: **s. alle ferrovie**, railway superintendent; **s. ai lavori pubblici**, superintendent of public works; **s. alle dogane**, commissioner of customs; **s. ai lavori**, clerk of the works; **s. alle Belle Arti**, head of Monuments and Fine Arts Office.

soprintendènza, *f.* **1** superintendence; supervision: **avere la s. di q.c.**, to superintend (*o* to supervise) st.; **Gli è stata affidata la s. dei lavori**, he has been made supervisor of the works; he has been charged with the supervision of the works (*form.*) **2** (*l'ufficio*) office, bureau (*USA*), agency (*USA*); (*la carica*) superintendency: **Bisogna rivolgersi alla S. alle Belle Arti**, you must apply to the Monuments and Fine Arts Office; **s. scolastica**, school superintendency.

soprintèndere, *v. i.* to superintend; to supervise; to direct; to oversee*: **s. ai lavori**, to superintend (*o* to supervise, to direct) the works; **s. al carico d'una nave**, to superintend the loading of a ship.

sopròsso, *m.* bony outgrowth; (*vet.*) splint.

soprùso, *m.* abuse of power; abuse; imposition; outrage: **commettere un s.**, to commit an abuse; **porre fine ai soprusi**, to put an end to abuse; **essere vittima di un s.**, to suffer an imposition; **Ma questo è un vero s.!**, this is an imposition!; this is an outrage!

soqquàdro, *m.* mess; total chaos; havoc; shambles (*sing.*): **mettere la casa a s.**, to turn the house upside-down; **I licenziamenti hanno messo a s. l'ufficio**, the sackings have caused chaos in the office; **L'appartamento era a s. dopo la visita dei ladri**, the flat was in a shambles after the burglars' raid.

sòrba, *f.* **1** (*frutto del sorbo*) sorb apple; service berry: **s. selvatica**, rowan berry **2** (*fig. region.*: *botta, percossa*) blow.

sorbettàre, *v. t.* **1** (*congelare*) to freeze* **2** (*fig. fam.*: *sopportare controvoglia*) to put* up with (sb., st.); to sit* out (*o* through) (st.).

sorbettièra, *f.* ice-cream maker; ice-cream box.

sorbettière, *m.* (*f.* **-a**) worker in an ice-cream factory.

sorbétto, *m.* sorbet; sherbet (*USA*).

sòrbico, *a.* (*chim.*) – **acido s.**, sorbic acid.

sorbìre, *v. t.* **1** to sip: **s. il caffè [un liquore]**, to sip coffee [a liquor] **2** (*fig.*: *sopportare con rassegnazione*) to put* up with (sb., st.); to swallow (st.); to sit* out (*o* through) (st.): **Mi sono dovuto s. quel noioso tutta la serata**, I had to put up with that bore for the whole evening; **Per amor suo si sorbisce eroicamente conferenze pesantissime**, he bravely sits out the most boring lectures just to please her.

sorbìte, *f.* **1** (*chim.*) sorbitol **2** (*metall.*) sorbite.

sorbitòlo, *m.* (*chim.*) sorbitol.

sòrbo, *m.* (*bot.*, *Sorbus domestica*) sorb; service tree. ● **s. selvatico** (*Sorbus aucuparia*), mountain ash; rowan.

sòrbola, *V.* **sorba.**

sorcìno, *a.* mouse-coloured; mouse-grey; mous(e)y.

sórcio, *m.* (*zool.*, *Mus*) mouse*. ● (*fig.*) **far vedere i sorci verdi a q.**, to give sb. a hard time; to put sb. through the mill.

sordàggine, *f.* temporary deafness; hardness of hearing; slight deafness.

sordàstro, *a.* slightly deaf; hard of hearing.

sordidézza, *f.* **1** (*sporcizia, anche fig.*) sordidness; filthiness; sleaze **2** (*fig.*: *grettezza*) sordidness; meanness.

sòrdido, *a.* **1** (*sporco*) sordid; filthy **2** (*fig.*: *turpe*) sordid; vile; base; mean; sleazy **3** (*fig.*: *gretto*) sordid; mean.

sordìna, *f.* (*mus.*) mute; sordino*; sourdine; damper; (*di pianoforte*) soft pedal: **mettere la s. a un violino**, to mute a violin; **suonare con la s.**, to play with the mute on; (*di pianoforte*) to soft-pedal. ● **in s.**, softly; (*fig.*: *senza clamore*) quietly, discreetly; (*nascostamente*) on the quiet, on the sly: **cantare in s.**, to sing softly; to hum; **Il suo quarto matrimonio fu celebrato in s.**, his fourth wedding was a quiet affair.

sordità, *f.* deafness.

sórdo, A *a.* **1** deaf: **s. da un orecchio**, deaf in one ear; **s. dalla nascita**, deaf from birth; born deaf; **un po' s.**, slightly deaf; a bit hard of hearing **2** (*fig.*) deaf; indifferent; insensitive; impervious; heedless: **essere s. alle rimostranze di q.**, to be deaf to sb.'s complaints; **s. alla ragione**, deaf (*o* impervious) to reason; **s. ai problemi sociali**, indifferent to social problems **3** (*di suono, rumore, ecc.*) dull, hollow, flat; (*attutito*) muffled, muted: **rumore s.**, dull sound; **tonfo s.**, dull thud; **con voce sorda**, in a hollow (*o* flat) voice; **tromba sorda**, muted (*o* muffled) trumpet **4** (*di locale*) echoless; with poor (*o* bad) acoustics: **una stanza sorda**, an echoless room; **un teatro s.**, a theatre with poor acoustics; **La vecchia sala è sorda**, the acoustics of the old hall are very bad **5** (*di dolore*) dull **6** (*nascosto, segreto*) covert; secret; underlying; underhand; sly: **s. rancore**, covert hatred; **opposizione sorda**, underhand opposition; **C'era una sorda rivalità**

tra i due fratelli, there was a veiled rivalry between the two brothers; **fare una guerra sorda a q.**, to oppose sb. secretly ***7*** (*fon.*) unvoiced. ● **s. come una campana**, as deaf as a post □ **s. spaccato**, stone-deaf. **B** *m.* (*f.* **-a**) deaf man* (*f.* woman*): **scuola per sordi**, school for the deaf. ● **fare il s.**, to turn a deaf ear □ (*fig.*) **parlare ai sordi**, to waste one's breath; to cry (*o* to talk) to the winds □ (*prov.*) **Non c'è peggior s. di chi non vuol sentire**, none so deaf as those that will not hear.

sordomutìṣmo, *m.* deaf-mutism.

sordomùto, *a.* e *m.* (*f.* **-a**) deaf-mute: **il linguaggio dei sordomuti**, sign language.

sordóne (1), *m.* (*mus.*) sordone.

sordóne (2), *m.* (*zool.*: *Prunella collaris*) accentor.

sorèlla, A *f.* ***1*** (*anche fig.*) sister: **s. maggiore [minore]**, (*tra due*) elder [younger] sister; (*tra molte*) eldest [youngest] sister; (*fam.*) big [little] sister; **fratelli e sorelle**, brothers and sisters; siblings (*form.*): **Non avendo né fratelli né sorelle, ero molto solo**, not having either brothers or sisters (*o* any siblings), I was very much alone; **s. da parte di madre [padre]**, half-sister on the father's [mother's] side; **amarsi come sorelle**, to love one another like sisters; to be like sisters; **amore da** (*o* **di**) **s.**, sisterly love; **le nostre sorelle femministe**, our feminist sisters; **condizione di sorelle**, sisterhood ***2*** (*di cose identiche o accoppiate*) match: **Trovami la s. di questa scarpa**, find me the match of this shoe; **Queste sedie sono sorelle**, these chairs match ***3*** (*suora*) sister: **sorelle della Carità**, Sisters of Charity; **s. laica**, lay sister. ● **s. adottiva**, adoptive sister □ **s. di latte**, foster sister □ **s. consanguinea**, half-sister on the father's side □ **s. gemella**, twin sister □ **s. germana**, full sister; sister-german □ **s. uterina**, half-sister on the mother's side; uterine sister □ (*mitol.*) **le tre sorelle**, the three (*o* fatal) sisters; the Fates □ (*mitol.*) **le nove sorelle**, the nine sister-goddesses; the Muses □ (*econ.*) **le sette sorelle**, the Seven Sisters. **B** *a.* sister (*attr.*); closely related: **nave s.**, sister ship; **arti sorelle**, sister arts; **città sorelle**, sister cities; **lingue sorelle**, closely related languages.

sorellànza, *f.* ***1*** sisterhood ***2*** (*legame reciproco fra cose*) relationship; affinity.

sorellàstra, *f.* (*figlia di uno dei due genitori*) half-sister; (*figlia del patrigno o della matrigna*) stepsister.

sorgènte, A *a.* rising; arising: **il sole s.**, the rising sun. **B** *f.* ***1*** (*geogr., geol., miner.*) spring; well; (*di fiume*) source, (river) head, fountainhead: **s. sulfurea**, sulphur spring; **s. sotterranea**, subterranean spring; **s. termale**, hot (*o* thermal) spring; (*terme*) spa; **acqua di s.**, spring water; **Il Po ha le sue sorgenti sul Monviso**, the sources of the Po are on Monviso; the Po rises from Monviso ***2*** (*fis.*) source: **s. di luce**, light source ***3*** (*fig.*: *origine*) source; fountain head; origin: **la s. di tutti i nostri mali**, the origin of all our woes; **s. di felicità**, source of happiness; **s. di guadagni [di ricchezza]**, source of profits [of wealth]; (*fig.*) **risalire alla s. di q.c.**, to go back to the source of st.; to go to the roots of st.

sorgentìfero, sorgentìzio, *a.* spring (*attr.*); of a spring: **bacino s.**, spring catchment basin (*o* area).

sórgere, A *v. i.* ***1*** (*levarsi, anche fig.*) to rise*; to arise*; to spring* up: **A che ora sorge il sole?**, what time does the sun rise?; **Sorse un vento che fece tremare la casa**, a strong wind arose and shook the house; **s. a parlare**, to rise to speak; **s. in armi**, to rise in arms; **s. in piedi**, to rise (from one's seat); to stand up; **Dalla folla sorse un grido**, a shout rose from the crowd ***2*** (*ergersi*) to rise*, to stand*; (*apparire alla vista*) to arise*, to loom: **Il castello sorgeva su uno sperone di roccia**, the castle stood (*o* rose) on a rocky spur; **In lontananza sorgevano montagne boscose**, wooded mountains rose (*o* loomed) in the distance ***3*** (*scaturire*: *di fiume*) to rise*; (*di sorgente*) to spring* ***4*** (*fig.*: *nascere, emergere*) to arise*; to rise*; to emerge; to spring* up; to come* up; to crop up (*fam.*): **Sono sorte nuove difficoltà**, new difficulties have arisen (*o* have cropped up); **Sorse una discussione**, a discussion arose; **Mi sorse un dubbio improvviso**, a sudden doubt arose in my mind; I was struck by a sudden doubt; **La sua domanda mi fece s. un sospetto**, his question aroused my suspicions (*o* made me suspicious); **Sorsero nuovi villaggi**, new villages sprang up ***5*** (*assurgere*) to rise* (to); to attain (st.): **I Medici sorsero a grande potenza**, the Medicis rose to great power; **s. a grande fama**, to rise to great fame; to attain great fame. ● (*naut.*) **s. sull'ancora**, to ride at anchor □ **far s.**, to give rise; to cause; to bring* about. **B** *m.* (*di astro*) rising: **il s. del sole**, the rising of the sun; sunrise; sunup (*USA*).

sorgìva, *f.* (*lett.*) spring.

sorgìvo, *a.* spring (*attr.*): **acqua sorgiva**, spring water.

sórgo, *m.* (*bot., Sorghum vulgare*) sorghum; durra; Indian (*o* common) millet.

sorïàno, *m.* (*gatto s.*) tabby (cat).

sorìte, *m.* (*filos.*) sorites*.

sormontàbile, *a.* surmountable.

sormontàre, A *v. t.* ***1*** to scale; to surmount; (*superare in altezza*) to rise* above: **s. una balza dopo l'altra**, to scale (*o* to surmount) one crag after another ***2*** (*di acque*) to overflow: **s. le sponde**, to overflow the banks ***3*** (*fig.*) to overcome*; to surmount: **s. una difficoltà [un ostacolo]**, to surmount a difficulty [an obstacle]. **B** *v. i.* (*sovrapporsi*) to overlap.

sornióne, A *a.* sly; deep; crafty; sneaky: **tono s.**, sly tone; **un tipo s.**, a deep one; **dare un'occhiata sorniona a q.**, to glance slyly at sb. **B** *m.* (*f.* **-a**) deep one; sly one; sly dog (*m., fam.*); slyboots (*fam.*).

sòro, *m.* (*bot.*) sorus*.

sororàle, *a.* (*lett.*) sisterly; sororal: **affetto s.**, sisterly love.

sororàto, *m.* (*antrop.*) sororate.

sororicida, *m.* e *f.* sororicide.

sororicìdio, *m.* sororicide.

soròṣio, *m.* (*bot.*) multiple fruit.

sorpassàre, *v. t.* ***1*** (*passare davanti*) to pass, to go* [to walk, to run*, to ride*, etc.] past, (*anche con un veicolo*) to overtake*; (*andare oltre*) to go* beyond, to overstep, to overrun*; (*salire più in alto*) to rise* above, to top: **s. q. senza notarlo**, to pass (*o* to go past) sb. without noticing him; **In Italia è vietato s. a destra**, overtaking on the right is forbidden in Italy; **L'acqua ha s. il davanzale**, the water has risen above the window sill; **Li abbiamo sorpassati nel fatturato**, we have topped their sales ***2*** (*superare, dimostrarsi superiore*) to surpass, to excel, to beat*, to outdo*, to outstrip, to outrun*; (*eccedere*) to overstep, to exceed; **s. q. in coraggio**, to surpass sb. in courage; **s. q. in astuzia**, to outwit sb.; **s. un concorrente**, to outrun a competitor; **L'allievo ha sorpassato il maestro**, the pupil has excelled his teacher; **s. q. in altezza**, to be taller than sb.; to surpass sb. in height; **s. un limite**, to overstep a limit; **s. ogni limite**, to surpass all limits; **s. il limite di velocità**, to exceed the speed-limit.

sorpassàto, A *a.* (*superato, non più attuale*) old-fashioned; outmoded; dated; out-of-date; out-dated; obsolete; out (*pred.*). **B** *m.* (*f.* **-a**) old-fashioned person; old fogey (*fam.*); fossil (*fam.*); has-been (*fam.*).

sorpàsso, *m.* (*autom.*) overtaking; passing: **effettuare un s.**, to overtake; **s. pericoloso**, overtaking in dangerous circumstances; **divieto di s.**, no overtaking; **corsia di s.**, fast lane.

sorprendènte, *a.* surprising; astonishing; amazing; (*inatteso*) unexpected, unlooked-for: **Ha un coraggio s.**, his courage is amazing; **Ho delle notizie sorprendenti**, I have some astonishing news.

sorprèndere, A *v. t.* ***1*** (*cogliere di sorpresa*) to surprise; to catch*: **La moglie tornò e li sorprese**, his wife came back and surprised them (*o* caught them in the act); **s. q. mentre sta rubando**, to catch sb. stealing; **s. q. in flagrante**, to catch sb. in the act (*o* red-handed); **s. un ladro che sta entrando in una casa**, to surprise a burglar in the act of breaking into a house; **essere sorpreso dalla polizia**, to be caught by the police; **s. il nemico**, to surprise the enemy; **Mi sorpresi a parlare da solo**, I caught myself speaking to myself; **essere sorpreso da un temporale**, to be caught in a storm; to be overtaken by a storm; **essere sorpreso dalla morte**, to be overtaken by death (*form.*); to die suddenly ***2*** (*fig.*: *meravigliare*) to surprise; to astonish; to amaze: **Il loro arrivo improvviso ci sorprese tutti**, their sudden arrival surprised us all; **Tu mi sorprendi**, you surprise me; (*mi meraviglio di te*) I'm surprised at you; **Non mi sorprenderebbe se si rimangiasse tutto**, I shouldn't be surprised (*o* it wouldn't surprise me) if he went back on his word; **Mi sorprende che tu dubiti di me**, I'm surprised that you should have doubts about me; **Niente più mi sorprende**, nothing surprises me any longer; **Quello che più sorprende è il suo silenzio**, what is most surprising is his silence. ● **s. la buona fede di q.**, to take advantage of sb.'s confidence (in one). **B sorprèndersi,** *v. i. pron.* (*meravigliarsi*) to be surprised (*o* astonished, amazed): **Ti sorprendi di vedermi qui?**, are you surprised to see me here?; **Non c'è da sorprendersene**, there is nothing to be surprised at; (it's) no wonder; **Non mi sorprendo più di nulla**, nothing surprises me any longer.

sorprésa, *f.* ***1*** (*improvvisata*) surprise: **una s. gradita [sgradita]**, a pleasant [an unpleasant] surprise; **una brutta s.**, a nasty surprise; **La sua elezione fu una s. per tutti**, his election came as a surprise for everyone; **fare una s. a q.**, to have a surprise for sb.; to surprise sb.; to spring a surprise on sb.; **Volevo farti una s.**, I wanted it to be a surprise for you; I wanted to surprise you; **Ma che bella s.!**, what a lovely surprise!; **La s. è un elemento essenziale in questi casi**, surprise is an essential element in such cases ***2*** (*meraviglia*) surprise; astonishment; amazement; wonder: **con mia grande s.**, much to my surprise; **con s. di tutti**, to the surprise of everybody; **Puoi immaginare la nostra s.**, you can imagine our amazement; **non destare la minima s.**, not to arouse the least surprise; **espressione di s.**, astonished look ***3*** (*irruzione*) raid: **La polizia fece una s. nella bisca clandestina**, the police made a raid on the gambling-house. ● **a s.**, surprise (*attr.*); unexpected (*agg.*): **visita a s.**, surprise visit; **esito a s.**, unexpected outcome □ **di s.**, surprise (*attr.*); by surprise; sudden (*agg.*): **attaccare di s.**, to attack by surprise; **attacco di s.**, surprise (*o* sudden) attack; raid □ (*iron.*) **avere in serbo una s.**, to have something up one's sleeve □ **cogliere q. di s.**, to take sb. by surprise (*o* unawares); to catch sb. off his guard (*o* on the hop); to throw sb. a curve (*fam. USA*) □ **destare s.**, to cause surprise □ **provare s.**, to be surprised (*o* astonished) (at st.) □ **riaversi dalla s.**, to recover from one's surprise □ **uovo di Pasqua con la s.**, Easter egg with a surprise inside.

sorpréso, *a.* (*stupito*) surprised; puzzled; nonplussed; amazed; astonished: **uno sguardo s.**, a look of surprise; **Mi lanciò un'occhiata sorpresa**, she glanced at me in surprise; **restare s.**, to be surprised; to be nonplussed; to be taken aback; **fare la faccia sorpresa**, to look amazed; (*fingere*) to pretend to be amazed.

sorrèggere, A *v. t.* ***1*** (*sostenere*) to support; to sustain; to hold* up; to prop up: **s. il tetto**, to support the roof; **Sorreggilo, sta svenendo**, hold him up, he's about to faint ***2*** (*fig.*) to sustain; (*incoraggiare*) to encourage; (*aiutare*) to assist, to help: **Lo sorregge la speranza**, he is sustained by hope; **La fede in Dio lo sorresse nelle sue sventure**, his faith in God helped him through his misfortunes. **B sorrèggersi**, *v. rifl.* (*sostenersi*) to sustain oneself; (*tenersi ritto*) to stand* (upright), to stay on one's feet: **Non mi sorreggevo**, I was unable to stand.

sorridènte, *a.* ***1*** smiling; (*allegro*) cheerful: **occhi sorridenti**, smiling eyes; **Tua madre è sempre s.**, your mother is always cheerful ***2*** (*fig.*: *di luogo*) pleasant.

sorrìdere, *v. i.* ***1*** to smile (*anche fig.*); (*scoprendo i denti*) to grin: **s. a q.**, to smile at sb.; **Che cosa ti fa s.?**, what is making you smile?; **Gli sorrideva la vita**, life smiled (up)on him; **s. di q. [q.c.]**, to smile at sb. [st.]; **s. di piacere**, to smile (*o* to grin) with pleasure; **s. con aria di superiorità**, to smirk; to sneer ***2*** (*fig.*: *attrarre, piacere*) to like (*costr. pers.*); to appeal; to please: **È un'idea che mi sorride**, I like the idea; **Quel progetto non mi sorride affatto**, that plan doesn't appeal to me at all.

sorrìso, *m.* ***1*** smile; (*che scopre i denti*) grin: **largo s.**, broad smile; grin; **s. ironico [di derisione]**, ironical [scornful] smile; **s. raggiante**, beaming smile; **s. di superiorità**, superior smile; smirk; **s. affettato**, simper; **s. a denti stretti**, tight-lipped smile; **s. a fior di labbra**, faint smile; **s. compiaciuto**, smug smile; **s. forzato**, forced (*o* strained) smile; **fare un s.**, to smile; to give a smile; **con il s. sulle labbra**, with a smile on one's lips; **Un s. gli illuminò il volto**, a smile (o a grin) lit up his face ***2*** (*fig.*) smile; sweetness; charm; pleasantness: **il s. della fortuna**, Fortune's smile; **il s. della campagna**, the sweetness of the countryside. ● **abbozzare un s.**, to smile faintly; to half smile □ **acconsentire con un s.**, to smile consent □ **atteggiare la bocca al s.**, to assume a smiling expression □ **avere sempre il s. sulle labbra**, to be always smiling □ **avere un s. per tutti**, to have a smile for everyone □ **essere tutto sorrisi**, to be all smiles □ **senza s.** unsmiling □ **trattenere un s.**, to suppress a smile.

sorsàta, *f.* mouthful; gulp; draught; swig: **mandare giù una s. d'acqua**, to swallow a mouthful of water; **vuotare il bicchiere in una s.**, to empty the glass in one gulp (*o* draught); **una s. di birra fresca**, a draught of cool beer; **Bevve una lunga s. di whisky**, he took a long swig of whisky; **bere a lunghe sorsate**, to take long draughts; to drink deep.

sorseggiàre, *v. t.* to sip; to drink* (in small sips): **s. il tè**, to sip (one's) tea.

sórso, *m.* ***1*** mouthful; draught; gulp; drink; (*piccolo*) sip: **bere un s. d'acqua**, to drink (*o* to take) a little (*o* mouthful of) water; to have a drink of water; to drink some water; **Dammi un s. d'acqua**, give me a drink of water (*o* some water); **un s. di birra**, a draught of beer; **bere a lunghi sorsi**, to take long draughts; to drink deep; **bere a piccoli sorsi**, to take small sips; to sip; **bere q.c. in un s.**, to swallow st. in one gulp; to drink st. in one draught ***2*** (*piccola quantità*) drop; spot; tot (*fam.*): **prendere un s. di q.c.**, to take (*o* to have) a drop (*o* a spot) of st.; **Vuoi un s. di brandy?**, will you have a drop of brandy?; **Solo un s.!**, just a drop! ● **un s. d'aria fresca**, a breath of fresh air □ **un s. di troppo**, a drink too many.

sòrta, *f.* kind; sort; type; shape; manner; description: **d'ogni s.** (*o* **di tutte le sorte**), of every kind; of all sorts; of every description; of every size and shape; **ogni s. di libri**, all kinds (*o* all sorts) of books; books of all kinds; **gente d'ogni s.**, people of all kinds (*o* sorts); all manner (*o* kinds) of people; **pericoli d'ogni s.**, all kinds of risks; **Che s. di persona è sua moglie?**, what kind of person is his wife?; **È una s. di budino di cioccolato**, it's a kind (*o* sort) of chocolate mousse; **Aveva in testa una strana s. di cappello**, he wore a strange kind of hat; **Non mi piacciono individui della sua s.**, I don't like people of his kind; **della peggior s.**, of the worst kind (*o* type); **due [tutti] d'una s.**, two [all] of a kind. ● **di s.**, whatever; whatsoever: **senza spesa di s.**, without any expense whatever; with no expense at all; **Non c'è problema di s.**, it is no trouble at all (*o* whatsoever) □ **dirne di tutte le sorte a q.**, to call sb. all sorts of names □ **Gliene fanno d'ogni s.**, they play all sorts of tricks on him □ **Quel ragazzo ne fa d'ogni s.**, that boy is always up to mischief.

sòrte, *f.* ***1*** (*fortuna*) fortune, luck; (*destino*) fate, destiny, doom, lot, the stars (*pl.*); (*caso, evento fortuito*) chance, opportunity: **la buona [la cattiva] s.**, good [bad *o* hard] luck; **s. avversa**, ill luck; **i tiri della s.**, the tricks of fortune (*o* of fate); **le sorti d'un paese**, the future (*o* the destiny) of a country; **meritare una s. migliore**, to deserve a better fate (*o* lot); **accettare la propria s.**, to accept one's fate (*o* lot); **imprecare contro la s.**, to curse (one's) luck (*o* fate); **La s. ha deciso altrimenti**, fate (*o* luck) decided otherwise; **La mia s. è segnata**, my doom is sealed; **decidere della s. di q.**, to decide sb.'s fate; **Come volle la s.**, as luck (*o* chance) would have it; **Ciascuno è schiavo della propria s.**, every man is a slave to his own destiny; **affidarsi alla s.**, to trust to chance; **far decidere q.c. alla s.**, to leave st. to chance; **Ho avuto la s. di incontrare Pirandello**, I had the luck to meet Pirandello once ***2*** (*condizione*) lot; state; condition: **essere contento della propria s.**, to be happy with one's lot; **lamentarsi della propria s.**, to complain of one's lot (*o* condition) ***3*** (*pl.*) (*strumenti per trarre un pronostico*) lots: **gettare le sorti**, to cast lots. ● **avere in s. q.c.**, (*di bello*) to have the fortune to have st., to be lucky enough to have st., to be blessed with st.; (*di spiacevole*) to be cursed with st., to have the ill fortune to have st., to be unfortunate enough to have st.: **Ho avuto in s. una bella famiglia**, I have had the fortune to have a wonderful family; **Ho avuto in s. amici generosi**, I am lucky enough to have generous friends; **aver avuto in s. il dono dell'eloquenza**, to be blessed with the gift of eloquence □ **condividere la s. di q.**, to share sb.'s lot □ **estrarre a s. q.c.**, to draw for st.; to raffle st.: **I premi furono estratti a s.**, the prizes were drawn for (*o* raffled) □ **fare buon viso a cattiva s.**, to make the best of a bad bargain; to put a brave (*o* good) face on it [on st.] □ **in balia della s.**, at the mercy of fate (*o* of chance) □ **nella buona e nella cattiva s.**, for better or for worse; through thick and thin □ **per buona s.**, luckily; fortunately □ **per mala s.**, unluckily; unfortunately □ **predire la s. a q.**, to tell sb. his fortune □ **rimettersi alla s.**, to leave it to chance □ **sfidare la s.**, to defy chance; to push (*o* to press) one's luck: **È meglio non sfidare la s.**, it's better not to push our luck too far □ **Le sorti si capovolsero**, the tide turned □ **La s. volle che...**, it chanced that...; as luck would have it... □ **tentare la s.**, to try one's luck (*o* fortune); to take a chance □ **tirare a s.**, to draw (*o* to cast) lots; to draw: **Tirammo a s. per chi doveva andare in cerca di benzina**, we drew lots to decide who had to go for petrol; **tirare a s. un nome**, to draw a name; **decidere tirando a s.**, to decide by lot □ **Toccò in s. a lui di andare per primo**, the lot fell on him to go first □ **La sua s. è segnata**, his hour has struck.

sorteggiàbile, *a.* that can be decided by lot.

sorteggiàre, *v. t.* to decide (*o* to choose*) by lot; to draw*; to draw* for; to draw* (*o* to cast*) lots for: **s. un nome**, to draw a name; **s. un premio**, to draw for a prize; **Il vincitore è stato sorteggiato**, the winner was chosen by lot.

sorteggiàto, A *a.* drawn (*pred.*): **i numeri sorteggiati**, the numbers drawn. **B** *m.* (*f.* **-a**) winner; name [person] drawn.

sortéggio, *m.* drawing (*o* casting) of lots; lot; draw: **per** (*o* **a**) **s.**, by lot; **fare il s.**, to draw; to hold the draw; **Fu fatto il s.**, the lots were drawn; they drew lots.

sortilègio, *m.* (*magia*) sorcery, witchcraft; (*incantesimo*) (magic) spell, charm: **fare sortilegi**, to practice sorcery (*o* witchcraft); **gettare un s.**, to cast a spell; **essere vittima di un s.**, to be a victim of sorcery; to be under a spell.

sortìre (**1**), *v. t.* ***1*** (*lett.*: *avere in sorte*) to be endowed with: **s. un grande ingegno**, to be endowed with great talent ***2*** (*ottenere*) to achieve; to obtain: to have; to get*; to produce; to meet* with: **s. l'esito desiderato**, to have (*o* to produce) the desired effect; **s. la vittoria**, to achieve victory; to win; **s. buon effetto**, to meet with success; to be successful; **non s. buon effetto**, to be unsuccessful; **s. l'effetto contrario**, to have the opposite effect; to boomerang (*fam.*).

sortìre (**2**), *v. i.* ***1*** (*uscire a sorte*) to be drawn (by lot); to come* up ***2*** (*mil.*) to make* a sortie; to sally ***3*** (*region.*: *uscire*) to go* out.

sortìta, *f.* ***1*** (*mil.*) sortie; sally: **una s. cieca**, a night sortie; **fare una s.**, to make a sortie; to sally ***2*** (*teatr.*) entrance ***3*** (*battuta*) sally; quip; witticism; witty remark ***4*** (*region.*: *uscita*) going out; exit.

sorvegliànte, *m. e f.* guard; caretaker; keeper; watchman* (*m.*); (*soprintendente*) superintendent, surveyor, overseer: **un s. notturno**, a night watchman.

sorveglianza, *f.* ***1*** (*osservazione*) surveillance, watch, keeping, care, caretaking; (*guardia*) guard: **sotto s.**, (*tenuto d'occhio*) under surveillance, under observation; (*sotto custodia*) under guard; **tenere q. sotto s.**, to keep sb. under guard; to keep a close watch on sb.; **stretta s.**, close watch (*o* guard, surveillance); **s. speciale**, police surveillance; **sfuggire alla s. di q.**, to evade sb.'s surveillance; to give sb. the slip (*fam.*); **esercitare la massima s.**, to keep careful watch; **I bambini sono affidati alla sua s.**, the children are entrusted to her care ***2*** (*soprintendenza*) superintendence; supervision; overseeing: **avere la s. dei lavori**, to be charged with the supervision of works; to superintend works.

sorvegliàre, *v. t. e i.* ***1*** (*vigilare*) to guard; to watch; to keep* watch on: **s. un prigioniero**, to guard a prisoner; **s. le attività di q.**, to keep watch on sb.'s activities; to keep tabs on sb. (*fam.*); **s. le uscite**, to guard (*o* to stand guard at) the exits; **Le strade erano tutte sorvegliate dalla polizia**, the roads were all policed ***2*** (*studiare, controllare*) to watch (out); to monitor; to follow: **s. le mosse dell'avversario**, to watch out for the opponent's moves; **s. il traffico**, to monitor the traffic: **s. l'andamento delle vendite**, to follow (*o* to monitor) sales ***3*** (*soprintendere*) to superintend; to supervise; to oversee* ***4*** (*badare a*) to look after, to mind, to watch, to attend to, to tend; (*tener d'occhio*) to keep* an eye on: **s. i bambini**, to look after (*o* to mind) the children; to keep an eye on the children; **Mi puoi s. il negozio mentre sono fuori?**, can you look after the shop while I'm away?; **Sorveglia il latte**, mind the milk; keep an eye on the milk.

sorvegliàto, A *a.* guarded; watched; looked-after; kept under watch; monitored; policed. **B** *m.* (*f.* **-a**) person kept under surveillance: **s. speciale**, person kept under police surveillance.

sorvolàre, *v. t. e i.* ***1*** (*aeron.*) to fly* over; to overfly*: **L'aeroplano sorvolò la città**, the aeroplane flew over the city; **s. a bassa quota**, to fly low over; to buzz (*fam.*) ***2*** (*fig.*) to pass over; to overlook; to disregard; to gloss over; (*omettere*) to leave* out, to omit, to skip: **s. sui particolari**, to pass over the details; **Quanto a questo, meglio s.!**, as to that, the less said...

sorvólo, *m.* (*aeron.*) flight over; overflight; flying over: **il s. della regione**, the flight over the region; **durante il s. dell'obiettivo**, during the flight over the target; while flying over the target.

S.O.S., *m.* SOS (*anche fig.*); distress call: **lanciare un S.O.S.**, to send out an SOS (*o* a distress call); to send out a call for help.

soscrizióne, *f.* publisher's imprint; colophon.

sòsia, *m.* second self; double: **incontrare il proprio s.**, to meet one's double.

sospèndere, *v. t.* **1** (*appendere*) to hang*; to suspend: **s. un lampadario al soffitto**, to hang (*o* to suspend) a chandelier from the ceiling; **s. un peso a un'estremità di una fune**, to hang a weight at one end of a rope; **s. un'amaca tra due alberi**, to sling (*o* to swing) a hammock between two trees **2** (*fig.*: *interrompere*) to suspend, to stop, to interrupt, to cancel, to call off, to cease, to abort; (*rinviare*) to put* off, to adjourn, to defer, to postpone, to delay: **s. il lavoro**, to stop work; to stop working; (*fare un intervallo*) to break off; **s. la pubblicazione**, to suspend (*o* to cease) publication; **s. lo stipendio**, to stop the pay; **s. le trattative**, to interrupt negotiations; **s. la fornitura del gas**, to cut off the gas; **s. un servizio d'autobus**, to suspend (*o* to cancel) a bus service; **s. tutti i voli**, to cancel all flights; **s. un progetto**, to cancel (*o* to abort) a plan; **s. una cura**, to stop a treatment; **s. una partita per la pioggia**, to cancel (*o* to call off) a match because of rain; **s. una rappresentazione**, to call off (*o* to cancel) a performance; **s. la partenza**, to put off one's departure; **s. le ostilità**, to suspend hostilities; **s. le ricerche dei sopravvisuti**, to call off the search for survivors; **s. le attività**, to cease all activities; (*di azienda e sim.*) to shut down, to close, to shut up shop (*fam.*); **s. una seduta**, to adjourn a meeting; (*di parlamento*) to rise: **La seduta è sospesa**, the meeting is adjourned; **La seduta è stata sospesa a tempo indeterminato**, the meeting has been adjourned «sine die»; **s. i lavori**, to suspend work; to adjourn; (*di parlamento*) to rise: **La commissione sospese i lavori**, the committee was ajourned **3** (*fig.*: *una persona*) to suspend: **s. q. da un impiego**, to suspend (*o* to remove) sb. from his duties; **s. uno studente (da scuola)**, to suspend a student (from school); **s. q. dall'università**, to suspend sb. from university; to send sb. down (*GB*); **s. un giocatore**, to suspend a player; **s. un sacerdote «a divinis»**, to suspend a priest (from religious duties) **4** (*comm., leg.*) to suspend; to stop; to cease; to stay: **s. un assegno**, to stop a cheque; **s. i pagamenti**, to stop (*o* to cease, to suspend) payment; **s. un'azione legale**, to stay proceedings; **s. una sentenza**, to remit a sentence; to stay judgment. ● (*fig.*) **s. il giudizio**, to suspend judgment.

sospensióne, *f.* **1** (*l'attaccare in alto*) suspension, suspending; (*l'appendere*) hanging up **2** (*interruzione*) suspension, interruption, break, check, halt, stoppage, cessation, (*di gas, elettricità, ecc.*) cut; (*differimento*) adjournment, postponement, delay, deferment, putting off: **s. delle ostilità**, suspension of hostilities; **s. di un servizio pubblico**, suspension (*o* cancellation) of a public service; **s. dell'energia elettrica**, power cut; **s. d'una condanna a morte**, postponement of a death sentence; **s. di una riunione [di una seduta]**, adjournment of a meeting [of a sitting]; **s. del lavoro**, cessation of work; work stoppage; **s. della paga**, stoppage of pay; **s. delle attività**, cessation of (*o* halt to) activities; (*di azienda e sim.*) close-down, shutdown **3** (*di una persona*) suspension: **s. da un ufficio**, suspension from office; **s. d'uno studente**, suspension of a student; **s. disciplinare** (*dal lavoro*), disciplinary lay-off; (*eccles.*) **s. a divinis**, suspension from religious duties **4** (*fig.*: *ansia*) suspense; anxiety; apprehension: **qualche attimo di s.**, a few seconds' suspense; **con grande s. d'animo**, with great suspense (*o* apprehension) **5** (*comm.*) suspension; stoppage: **s. dei pagamenti**, suspension of payment **6** (*chim.*) suspension: **s. colloidale**, colloidal suspension; **restare in s.**, to remain in suspension; **particelle in s.**, suspended particles **7** (*mecc.*) suspension: **s. elastica**, elastic suspension; **bracci della s.**, suspension arms; **s. cardanica**, gimbals (*pl.*); (*autom.*) **s. anteriore**, front-wheel suspension. ● (*leg.*) **s. condizionale** (*della pena*), probation □ **s. della patente**, confiscation of the driving licence □ **lampada a s.**, hanging lamp; suspension lamp □ **ponte a s.**, suspension bridge □ **puntini di s.**, dots.

sospensiva, *f.* (*bur.*) adjournment; postponement; delay; (*leg.*) abeyance: **chiedere la s.**, to ask for a delay.

sospensivo, *a.* (*anche fig.*) suspensive: **veto s.**, suspensive veto. ● **punti sospensivi**, dots.

sospensóre, *m.* suspensor; suspender; hanger.

sospensòrio, **A** *a.* (*anat.*) suspensory: **un muscolo s.**, a suspensory muscle. **B** *m.* suspensory (bandage); (*sport*) jock-strap.

sospéso, **A** *a.* **1** suspended; (*appeso, anche*) hanging: **una lampada sospesa al soffitto**, a lamp suspended (*o* hanging) from the ceiling; **s. nel vuoto**, hanging in mid-air (*o* suspended in space); **essere s. a una corda**, to hang (*o* to swing) from a rope; **penzolare s. a una catena**, to dangle from a chain; **una minaccia s. sul capo**, a threat hanging over one's head; **ponte s.**, suspension bridge; **pulviscolo s. nell'aria**, particles suspended in the atmosphere; **Nella stanza era s. un pesante odore di cipolle**, a strong smell of onions hung in the room; **Per un attimo il falco parve s. nel cielo**, the hawk hovered for a second **2** (*interrotto*) suspended, interrupted; (*rinviato*) adjourned, postponed, deferred **3** (*di persona, come misura disciplinare*) suspended **4** (*fig.*: *incerto*) doubtful, hesitating, hesitant, uncertain; (*perplesso*) hanging, dangling; (*trepidante*) on edge: **s. tra il sì e il no**, uncertain; hesitant; unable to make up one's mind; **Sono rimasto un po' s. di fronte alle sue richieste**, his requests left me a bit uncertain; **Il romanzo finisce lasciandoti s.**, the novel leaves you dangling at the end. ● **col fiato s.**, with bated breath; on edge: **Mi guardava col fiato s.**, he looked at me with bated breath; **lasciare col fiato s.**, to leave on edge □ **con l'animo s.**, uncertain; in suspense: **rimanere con l'animo s.**, to be in suspense; **stare con l'animo s.**, to be anxious; to be on tenterhooks □ (*anche fig.*) **essere s. a un filo**, to hang by a thread □ **in s.**, undecided, unsettled, outstanding, pending; (*bur.*) in abeyance; (*comm.*) unpaid, outstanding; (*fig.*) anxious, in suspense: **conto in s.**, outstanding account; unpaid bill; (*fig.*) **avere un conto in s. con q.**, to have a matter to settle with sb.; **lasciare q.c. in s.** (*non deciso*), to leave st. pending (*o* undecided, unsettled); **lasciare in s. il discorso**, to leave the matter hanging; **tenere q.c. in s.**, to hold st. over; **Resta tutto in s. finché non lo vede lui**, everything is to be held over until he sees it; **tenere q. in s.**, to keep (*o* to hold) sb. in suspense; **tenere una pratica in s.**, to hold a matter in abeyance; **tenere in s. un pagamento**, to hold over a payment; **tenere tutto in s. fino all'ultimo minuto**, to let everything hang to the last minute. **B** *m.* (*pratica in s.*) outstanding (*o* pending) matter; (*conto da pagare*) outstanding payment, unpaid bill.

sospettàbile, *a.* suspect; open to suspicion; questionable; suspectable.

sospettàre, **A** *v. t.* **1** to suspect: **È sospettato di assassinio**, he is suspected of murder; **s. un'insidia**, to suspect a plot; **s. che si stia macchinando q.c.**, to suspect that something is being plotted; to smell a rat (*fam.*); **Sospettavo che mi stesse derubando di nascosto**, I had a suspicion he was robbing me behind my back; **Era un pezzo che sospettavo la cosa**, I had had my suspicions for some time **2** (*credere, immaginare*) to think*; to imagine; to surmise; to suspect: **Non avrei mai sospettato in voi tanto coraggio**, I would never have thought you had so much courage; **Lo sospettavo**, I thought as much. **B** *v. i.* **1** (*nutrire sospetti*) to suspect (sb., st.); to get* suspicious; to have one's suspicions: **Egli non sospetta di niente**, he doesn't suspect anything; he hasn't the least suspicion; **La polizia sospettò subito di lui**, the police suspected him immediately; **Il capo incominciava a s.**, the boss was getting suspicious **2** (*diffidare*) to suspect (st.); to be suspicious (of); to mistrust (sb., st.); not to trust (sb., st.): **Egli sospetta di tutti**, he doesn't trust anybody; **s. della buona fede di q.**, to doubt sb.'s good faith.

sospètto (1), **A** *a.* **1** (*di cui si sospetta*) suspicious, suspect, questionable, doubtful, dubious, fishy (*fam.*), rum (*fam. GB*); (*sospettato*) suspected (*pred.*): **circostanze sospette**, suspicious circumstances; **contegno s.**, suspicious behaviour; **tipo s.**, suspicious character; **rumori sospetti**, suspicious noises; **Tutta la faccenda mi pare alquanto sospetta**, the whole story looks rather suspect (*o* fishy, *fam.*) to me; **L'affermazione del ladro è sospetta**, the thief's statement is suspect; **di provenienza sospetta**, of doubtful (*o* dubious, questionable) origin; **attività sospette**, suspicious activities; monkey business (*fam.*); rum doings (*fam. GB*); **Avete visto niente di s.?**, did you see anything suspicious?; **un giudice s. di parzialità**, a judge suspected of partiality; **Questi funghi hanno l'aria molto sospetta**, these mushrooms look very suspect to me **2** (*presunto*) suspected: **sospetta commozione cerebrale**, suspected concussion. **B** *m.* (*f.* **-a**) (*persona sospetta*) suspect: **La polizia ha fermato tutti i sospetti**, the police are detaining all the suspects.

sospètto (2), *m.* **1** suspicion; (*dubbio*) doubt, misgiving: **s. fondato [infondato]**, well-founded [unfounded] suspicion; **avere (*o* nutrire) un s.**, to have a suspicion; **avere dei sospetti su q.**, to have doubts about sb.; **guardare q. con s.**, to look at sb. with suspicion (*o* suspiciously, distrustfully, with misgiving); to cast a suspicious glance at sb.; **Su di lui pesa un s. terribile**, he is suspected of something dreadful; **destare sospetti**, to arouse suspicion; **essere al di sopra d'ogni s.**, to be above suspicion; **essere tenuto in s. da q.**, to be suspected by sb.; **mettere q. in s.**, to make sb. suspicious; to arouse sb.'s suspicions; **scacciare ogni s.**, to dispel all doubts and fears **2** (*sensazione, sentore*) suspicion; feeling; notion; hunch; inkling: **Ho il s. che non sia del tutto onesta**, I have a suspicion she is not entirely honest; **Ho il vago s. che mi stiamo prendendo in giro**, I have a notion they are pulling my leg; **Ho l'orribile s. che stiano per darmi lo sfratto**, I have a horrible feeling I'm about to receive an eviction order.

sospètto (3), *m.* (*fam.*: *piccola quantità*) hint; touch; dash; suspicion.

sospettosaménte, *avv.* suspiciously.

sospettosità, *f.* suspiciousness; mistrustfulness.

sospettóso, *a.* suspicious; mistrustful; distrustful: **sguardo s.**, suspicious look; **essere s. di tutto e di tutti**, to be suspicious (*o* mistrustful) of everything and everyone; to suspect everything and everyone.

sospìngere, *v. t.* **1** (*spingere in avanti*) to drive* (forward); to push (forward, along); to propel: **s. una carrozzina per bambini**, to push a pram; **essere sospinto dal vento**, to be driven by the wind **2** (*fig.*: *incitare*) to drive*; to urge; to incite; to push: **s. q. a fare q.c.**, to urge (*o* to drive) sb. to do st.; **s. q. alla di-**

sperazione, to drive sb. to despair.

sospinto, *a.* – **a ogni piè s.**, at every moment; on every occasion; at every turn; ceaselessly.

sospirare, A *v. i.* (*anche fig.*) to sigh: **s. di sollievo [per il dolore]** to sigh with relief [with grief]; **s. per q. [q.c.]**, to sigh (*o* to pine) for sb. [st.]. **B** *v. t.* (*desiderare*) to long for, to sigh for, to look forward to, to hanker for (*o* after), to pine for, to yearn for, to crave for; (*rimpiangere*) to hanker for, to think* with nostalgia of: **s. la pace**, to long (*o* to sigh) for peace; **s. una vacanza**, to long for a holiday; **Sospira per lui e lui nemmeno si accorge di lei**, she is sighing (*o* pining) for him and he doesn't even notice her; **s. gli anni scomparsi**, to hanker for bygone years; **s. il paese lontano**, to feel homesick. ● **s. come un mantice**, to sigh like a furnace □ **far s. q.**, to make sb. suffer □ **far s. q.c. a q.**, to keep sb. waiting (*o* longing, yearning) for st. □ **farsi s.**, to keep sb. waiting: **Ti sei fatto proprio s.!**, you've kept me waiting so long!

sospirato, *a.* longed-for; yearned-for; eagerly awaited: **quel s. giorno**, that longed-for day.

sospiro, *m.* sigh: **profondo s.**, deep sigh; **mandare un s.**, to heave (*o* to give, to fetch) a sigh; **con un s. di sollievo [di rammarico]**, with a sigh of relief [of regret]; **dare un s. di sollievo**, to sigh with relief. ● **con lacrime e sospiri**, weeping and sighing □ **costare molti sospiri**, to cause a lot of trouble □ (*lett.*) **mandare (*o* rendere) l'ultimo s.**, to breathe one's last □ **il Ponte dei Sospiri**, the Bridge of Sighs.

sospiroso, *a.* **1** sighing; full of sighs **2** (*malinconico*) melancholy; plaintive.

sossopra, *V.* **sottosopra**.

sosta, *f.* **1** halt; stop; stay; (*durante un viaggio*) stopover; (*pausa*) pause, rest; (*interruzione*) break; (*tregua*) respite: **una s. di un'ora**, an hour's break; **la s. per il pranzo**, the lunch break; **fare (una) s.**, to halt; to stop; to have a rest (*o* a break, a halt); (*in un viaggio, con pernottamento*) to stop over, to have a stay: **Facciamo una s. di cinque minuti**, let's have a five minutes' break; **Ho fatto una s. di qualche giorno ad Atene**, I had a few day's stay (*o* stopover) in Athens; I stopped over in Athens for a few days; **fare s. per una notte in un posto**, to spend the night (*o* to stay for the night, to stop over) in a place; **La nave farà s. a Malta**, the ship will call at Malta; **Dopo varie soste, raggiungemmo la vetta**, after several rests, we reached the top; **non dare s.**, to give no rest (*o* peace, respite); **non trovare s.**, to find no rest (*o* peace) **2** (*parcheggio*) parking; waiting: **divieto di s. (*o* s. vietata)**, no parking; no standing; no waiting; **lasciare la macchina in s.**, to leave the car parked; **parcheggiare in s. vietata**, to leave the car in a no-parking area. ● (*comm.*) **merci in s.**, goods on demurrage □ **senza s.**, incessant (*agg.*); incessantly (*avv.*); without a break; round the clock; non-stop: **lavorare senza s.**, to work non stop (*o* round the clock); **un viaggio senza soste intermedie**, a non-stop journey.

sostantivale, *a.* (*gramm.*) substantival.

sostantivare, *v. t.* (*gramm.*) to substantivize; to nominalize; to use as a noun.

sostantivato, *a.* substantivized; nominalized; used (*o* functioning) as a noun: **aggettivo s.**, adjective used (*o* functioning) as a noun; absolute adjective; adnoun.

sostantivazione, *f.* (*gramm.*) substantivization; nominalization.

sostantivo, (*gramm.*) **A** *a.* substantive: **verbo s.**, substantive verb. **B** *m.* substantive; noun.

sostanza, *f.* **1** substance (*anche filos.*); matter; material; stuff: **la s. prima**, the first (*o* primary) substance; **la s. di cui è fatta una cosa**, the material (*o* the stuff) of which a thing is made; **sostanze liquide [gassose, solide]**, liquid [gaseous, solid] substances; **sostanze medicinali**, medicinal substances; drugs; **sostanze chimiche**, chemicals; **sostanze alimentari**, foodstuffs; **s. colorante**, colouring matter; dye; dyestuff; **s. grassa**, fatty matter; **s. radioattiva**, radioactive substance; **s. tossica**, poisonous substance; toxicant **2** (*parte essenziale*) essence, substance, pith; (*succo*) gist: **la s. delle cose**, the essence of things; **la s. d'un libro [d'un discorso]**, the essence (*o* the essential points) of a book [of a speech]; **la s. di quanto egli disse**, the gist of what he said **3** (*nutrimento*) nourishment; sustenance: **cibo che dà s.**, nourishing (*o* substantial) food; food full of sustenance; **dare s.**, to nourish; to be nourishing **4** (*pl.*) (*patrimonio*) property (*sing.*); possessions; wealth (*sing.*); riches; substance (*sing.*): **accumulare sostanze**, to accumulate wealth (*o* riches); **dissipare le proprie sostanze**, to squander one's wealth. ● (*anat.*) **s. bianca**, white matter □ (*edil.*) **s. bituminosa**, bituminous material □ (*chim.*) **s. corrosiva**, corroding substance □ (*anat.*) **s. grigia**, grey matter □ **badare alla s. delle cose**, to look to the essence of things; **badare alla s. e non alla forma**, to mind the substance, not the form □ **di poca s.**, insubstantial; thin; weak; lightweight: **un romanzo di poca s.**, a lightweight novel □ **di s.**, substantial; consistent □ **in buona s.**, ultimately □ **in s.**, (*essenzialmente*) essentially, ultimately, in substance; (*in conclusione*) to sum up, in conclusion: **Ha parlato molto ma in s. non ha detto granché**, he talked a lot but said little of substance; **Ma in s., che cosa volete?**, what do you want, in conclusion? □ **sacrificare la s. per l'apparenza**, to sacrifice the substance for the appearance.

sostanziale, A *a.* **1** (*essenziale*) substantial, essential; (*fondamentale*) fundamental, basic, intrinsic, material: **la parte s. d'un discorso**, the essential part (*o* the core) of a speech; **prova s.**, substantial proof; **poca differenza s.**, little fundamental (*o* substantial, material) difference **2** (*leg.*) substantive. **B** *m.* (the) substantial; (*sostanza*) substance.

sostanzialismo, *m.* (*filos.*) substantialism.

sostanzialistico, *a.* (*filos.*) of substantialism.

sostanzialità, *f.* substantiality.

sostanziare, A *v. t.* **1** to substantiate; to substantialize **2** (*dare forza, solidità, credibilità*) to substantiate; to strengthen; to back up. **B sostanziarsi,** *v. i. pron.* to be substantiated (*o* substantialized).

sostanziosità, *f.* **1** (*di cibo*) nutritiousness; nourishing properties (*pl.*) **2** (*ricchezza di contenuto*) richness; substantiveness.

sostanzioso, *a.* **1** (*che dà sostanza*) nourishing; nutritious; filling; substantial: **cibo s.**, nourishing food; **colazione sostanziosa**, filling (*o* substantial) breakfast **2** (*fig.*: *abbondante*) substantial, handsome, generous; (*ricco*) rich, full of substance, pithy, meaty, juicy: **compenso s.**, handsome (*o* generous) reward; **un discorso breve ma s.**, a brief but pithy speech; **un libro s.**, a meaty book; **terreno s.**, rich soil.

sostare, *v. i.* **1** (*fermarsi*) to stop; to halt; to stay; (*autom.*) to stop, to wait, to stand: **s. per riprendere fiato**, to stop to get one's breath back **2** (*fare una pausa*) to pause; to halt; to have a break **3** (*soffermarsi*) to pause; to dwell (upon st.).

sostegno, *m.* **1** (*base, supporto*) support; prop; stand: **servire di s. a q.c.**, to serve as a support (*o* prop) to st.; to prop st.; to support st. **2** (*mecc., edil.*) prop, brace, bearing; (*a L*) bracket; (*verticale*) standard, stanchion, post; (*montante*) post, upright; (*di muro*) prop, buttress, shore: **i sostegni del tetto**, the roof supports; **i sostegni di una libreria**, the uprights of a bookcase; **Questa parete ha bisogno di un s.**, this wall needs a prop (*o* needs propping up) **3** (*fig.*) support, backing, prop, buttress; (*aiuto*) support, help, stay, mainstay, staff; (*conferma*) support, backing, corroboration: **il s. della maggioranza**, the support of the majority; **s. morale**, moral support; **s. finanziario**, financial support (*o* backing); **essere il s. della famiglia**, to be the chief support of one's family; **Sarà il s. della mia vecchiaia**, he will be the staff of my old age; **a s. di**, in support of; **portare prove a s. del proprio convincimento**, to produce evidence in support of (*o* in corroboration of, corroborating) one's belief; **A s. della sua tesi non seppe portare argomenti**, he could not produce arguments to corroborate his thesis; **Ci occorre il s. di tutto il partito**, we need the support (*o* the backing) of the whole party **4** (*econ.*) support: **La banca centrale dovrà intervenire a s. della lira**, the central bank will have to step in in support of (*o* to support) the lira; **misure di s.**, back-up measures **5** (*maniglia su autobus e sim.*) strap. ● **insegnante di s.**, remedial teacher; assistant teacher (for handicapped children) □ **muro di s.**, retaining (*o* breast) wall □ **struttura di s.**, supporting structure (*o* framework).

sostenere, A *v. t.* **1** (*essere il sostegno di*) to support, to prop, to hold* up; (*reggere il peso di*) to sustain the weight of, to carry the weight of, to take* (*o* to bear*) the weight of, to bear* the strain of; (*impedire di cadere*) to hold* up: **Queste colonne sostengono il tetto**, these columns prop up (*o* hold up, bear the strain of) the roof; **Questo scaffale non può s. il peso di tutti i libri**, this shelf cannot carry the weight of all the books; **Questa sedia non ti sosterrà**, this chair won't carry your weight; **Non capisco cosa lo sostenga, sembra sospeso.** I can't understand what holds it up, it seems suspended in mid-air; **Sostienilo, altrimenti cadrà**, hold him up, or he will fall; **S. la testa a q.**, to hold sb.'s head up; **Lo sostenni per la vita**, I held him up by the waist **2** (*subire, essere sottoposto a*) to sustain; to bear*; to stand*; to suffer: **s. una grave perdita**, to suffer a heavy loss; **s. privazioni**, to suffer (*o* to bear) hardship; **s. il martirio**, to suffer martyrdom; (*anche fig.*) **s. l'urto di q.c.**, to bear the brunt of st. **3** (*sopportare*) to stand*, to bear*; (*far fronte a*) to meet*, to stand* up to; (*resistere, contrastare*) to withstand*, to meet*, to resist: **Non so come fai a s. questa tensione**, I don't know how you can bear this tension; **s. la vista di q.c.**, to bear (*o* to stand) the sight of st.; **s. lo sguardo di q.**, to meet sb.'s eye; **s. una prova**, to stand a test; **s. un esame**, to take an exam; to sit an exam (*GB*); **s. il confronto con**, to stand comparison with; **s. le spese**, to meet (*o* to bear) the expenses; to foot the bill (*fam.*); **Abbiamo sostenuto forti spese**, we incurred heavy costs; **s. la concorrenza**, to stand up to competition; to meet (all) competition; **s. un assedio**, to withstand a siege; **s. un assalto dei nemici**, to resist an enemy attack **4** (*appoggiare q.*) to support, to back, to stand* by, to stick* by, to be with, to stand* up for, to second; (*appoggiare q.c.*) to support, to back, to uphold*, to stand* (*o* to stick*) up for, to second, to boost; (*aiutare, confortare*) to help, to assist; (*difendere, tenere alto*) to defend, to keep* up: **s. un partito politico**, to support a political party; **s. un candidato**, to back a candidate; **s. il proprio punto di vista**, to defend one's point of view; **s. una causa**, to stand up for (*o* to uphold, to support) a cause; **s. i diritti delle minoranze**, to uphold the rights of minorities; **s. i propri diritti**, to stick up for one's rights; **s. un diritto**, to defend a right; **s. un amico nel bisogno**, to help a friend in need; **Mi hanno sostenuto molto dopo la morte di mio marito**, they were a great support after my husband's death; **Ti sosterremo fino in fondo**, we'll back (*o* be with, be behind, stick by, stand by) you all the way; **s. finanziariamente**, to back; (*imprese e sim.*) to underwrite; **Dobbiamo s. il**

buon nome dell'azienda, we must keep up the good name of our firm; **Temo che non potremo s. a lungo un tenore di vita così alto**, I am afraid we cannot keep up such a high standard of living for long ***5*** (*proclamare*) to state, to maintain, to assert; (*asserire*) to hold*, to claim, to contend; (*argomentare*) to argue, to advocate: **s. la propria innocenza**, to assert one's innocence; to maintain that one is innocent; **s. che una cosa non è vera**, to maintain that st. is not true; **Sostiene che gliel'avete detto voi**, he claims you told him; **Secondo quanto sostiene la stampa**, according to the press; **Non concordo con la tesi sostenuta dal collega**, I don't agree with the thesis held by my colleague; **Sostenne con forza che si doveva [non si doveva] firmare l'accordo**, he argued strongly in favour of [against] the ratification of the treaty; **Sostenne la necessità di nominare una commissione di vigilanza**, he advocated the appointment of an invigilating committee ***6*** (*provvedere al mantenimento di*) to support; to provide for; to maintain; to keep*: **s. una famiglia numerosa**, to support (*o* to keep, to provide for) a big family ***7*** (*dare forza*) to sustain, to give strength; (*nutrire*) to nourish, to be nourishing: **Bevi questo, vedrai che ti sosterrà**, drink this, it'll give you strength ***8*** (*ricoprire, esercitare*) to hold*; to occupy: **s. una carica importante**, to hold an important office; to occupy an important position ***9*** (*teatr.* e *fig.*: *una parte, un ruolo*) to play; to act; to be: **Ha sostenuto la parte di Mascia nelle «Tre sorelle»**, she played (*o* she was) Masha in «Three Sisters»; **Il ruolo di Amleto è stato sostenuto da un attore poco noto**, a little-known actor played Hamlet; Hamlet was played by a little-known actor; **s. il ruolo principale**, to play the lead ***10*** (*comm.*) to keep* up; to support: **s. i prezzi**, to keep up prices; **s. la piazza**, to keep up the market-price; to support the market. ● **s. una conversazione**, (*fare conversazione*) to carry on a conversation; (*mantenerla viva*) to keep the conversation going □ **s. il mare**, (*di persona*) to be a good sailor; (*di nave*) to ride well □ **s. il vino**, to hold one's wine □ (*leg.*) **s. l'accusa**, to prosecute a case: **L'accusa era sostenuta da...** the prosecuting lawyer was... □ (*leg.*) **s. la difesa di q.**, to defend sb.; to be counsel for sb.: **La difesa era sostenuta da X.**, X. was counsel for the defence □ (*mus.*) **s. una nota**, to sustain (*o* to hold) a note. **B sostenérsi**, *v. rifl.* e *i. pron.* ***1*** (*reggersi in piedi*) to support oneself; to stand*; to stand* up; to keep* upright; (*appoggiandosi a q.c.*) to lean* (on st., against st.): **s. su di un piede**, to stand on one leg; **s. a fatica**, to have difficulty in standing up (*o* in keeping upright); **s. con un bastone**, to lean on a stick; **Si sostenne al muro**, he leant against a wall ***2*** (*di cose*: *essere sostenuto*) to be sustained (*o* supported); (*stare ritto*) to stand* ***3*** (*fig.*: *essere valido*) to stand*; to be convincing; to hold water: **È una teoria che non si sostiene**, it's a theory that won't stand (*o* that doesn't hold water) ***4*** (*mantenersi vigoroso*) to sustain oneself; to keep* up one's strength: **s. con cibi sostanziosi**, to sustain oneself on nourishing food; **bere caffè per s.**, to drink coffee to keep up one's strength ***5*** (*mantenersi*) to support oneself; to keep* oneself; to survive: **Guadagna quel tanto da s.**, he earns just enough to support himself; **L'associazione non può s. solo con le quote sociali**, the society cannot survive on membership fees alone. **C sostenérsi**, *v. rifl. recipr.* ***1*** to support one another (*anche fig.*); to lean* on one another ***2*** (*fig.*) to sustain one another; to hang* together; to stick* together: **Dobbiamo sostenerci tra noi fratelli**, we brothers must stick together.

sostenìbile, *a.* ***1*** (*sopportabile*) bearable; endurable; tolerable; sustainable: **dolore s.**, bearable pain; **Questa situazione non è più s.**, this situation is no longer bearable (*o* cannot be tolerated any longer) ***2*** (*affrontabile*) bearable; that can be borne; that can be met: **costi sostenibili**, bearable costs; costs that can be met ***3*** (*di opinioni, idee*) tenable; maintainable; defensible; arguable; plausible: **affermazione s.**, tenable statement.

sostenibilità, *f.* ***1*** (*sopportabilità*) bearableness; endurableness; tolerableness; tolerability ***2*** (*di opinioni, idee*) tenability; plausibility; defensibility.

sosteniménto, *V.* **sostentamento**, *def. 2.*

sostenitóre, **A** *m.* (*f.* **-trice**) supporter; backer; upholder; advocate; champion: **s. d'una persona**, supporter (*o* backer) of a person; **s. d'una causa**, supporter (*o* champion, advocate) of a cause; **s. d'una teoria**, upholder (*o* advocate) of a theory; **s. dei diritti della donna**, champion (*o* supporter, advocate) of women's rights; (*sport*) **s. di una squadra**, supporter (*o* follower) of a team: **i s. del Milan**, Milan supporters (*o* followers). **B** *a.* supporting; contributing: **socio s.**, contributing member.

sostentaménto, *m.* ***1*** (*mantenimento*) maintenance; sustenance; support; keep: **provvedere al s. di q.**, to provide for sb.'s maintenance; to support sb.; **procacciarsi il s.**, to earn one's livelihood; **trarre il proprio s. dalla pesca**, to earn one's livelihood from fishing; to live off the sea; **scarso s.**, scanty sustenance; **mezzi di s.**, means of support; livelihood; subsistence ***2*** (*nutrimento*) (means of) sustenance; nourishment.

sostentàre, **A** *v. t.* ***1*** to support; to maintain; to provide for; to keep*: **s. i poveri**, to support the poor; **s. la famiglia**, to provide for (*o* to support) one's family ***2*** (*fis., aeron.*) to sustain; to support. **B sostentàrsi**, *v. rifl.* to support (*o* to keep*) oneself; to live (on); to feed* (on); to subsist: **s. a base di frutta**, to live (*o* feed) on fruit; **non avere di che s.**, to have nothing to live on.

sostentatóre, **A** *m.* (*f.* **-trice**) supporter; maintainer. **B** *a.* supporting (*aeron.*) lifting: **gas s.**, lifting gas.

sostentazióne, *f.* ***1*** *V.* **sostentamento** ***2*** (*aeron.*) lift.

sostenutézza, *f.* ***1*** (*riserbo*) reservedness, reserve; (*freddezza*) stiffness, aloofness, standoffishness (*fam.*) ***2*** (*solennità*) loftiness; solemnity ***3*** (*robustezza*) firmness; stiffness; thickness.

sostenùto, **A** *a.* ***1*** (*riservato*) reserved, uncommunicative; (*freddo*) distant, stiff, cold, aloof, remote, standoffish (*fam.*), offish (*fam.*): **mantenere un contegno s.**, to be reserved; to keep aloof; **modi sostenuti**, distant (*o* stiff, aloof) manners; **rispondere in tono s.**, to answer stiffly ***2*** (*solenne*) elevated; lofty: **stile s.**, elevated style ***3*** (*robusto*) firm; stiff; thick: **stoffa sostenuta**, stiff material ***4*** (*di velocità, ecc.*) fast; steady: **velocità** (*o* **andatura**) **sostenuta**, high speed; **ritmo s.**, steady pace; fast pace; (*di musica*) steady rhythm, swing: **procedere a ritmo s.**, to proceed at a rapid pace ***5*** (*comm., econ.*) continuing high (*pred.*); stable; steady; strong; stiff: **prezzi sostenuti**, prices continuing high; **mercato s.**, steady market; **cambi sostenuti**, steady rates of exchange ***6*** (*mus.*) sostenuto ***7*** (*aeron.*) borne: **s. dall'aria**, air-borne. **B** *m.* (*f.* **-a**) – **fare il s.**, to be standoffish; to get* on one's high horse.

sostituènte, *m.* (*chim.*) substituent.

sostituìbile, *a.* replaceable; substitutable; (*interscambiabile*) interchangeable.

sostituibilità, *f.* replaceability; substitutability; (*interscambiabilità*) interchangeability.

sostituìre, **A** *v. t.* ***1*** (*mettere al posto di*) to replace (st. with st.): **s. una parola a un'altra**, to replace a word with another one; **L'hanno sostituito con uno più giovane**, they replaced him with a younger man; **Potete s. la panna con un po' di latte**, you can replace cream with milk; you can use milk instead of cream ***2*** (*prendere il posto di*) to replace, to substitute, to take* the place of, to supersede, to supplant; (*fare le veci di*) to act (*o* to substitute, to step in, to stand* in) for, to deputize for, to sub for (*fam.*); (*in un comitato e sim.*) to sit* in for: **s. un collega in malattia**, to stand in for a collegue away on sick leave; **I tubi di plastica hanno ormai sostituito quelli di rame**, plastic pipes have superseded (*o* replaced) copper ones; **Ti sostituisco io mentre sei via**, I'll stand in for you while you are away ***3*** (*dare il cambio*) to relay; to spell (*USA*) ***4*** (*cambiare, rimpiazzare*) to replace; to change: **s. il televisore**, to change the TV set; to buy a new TV set; **s. i pneumatici**, to replace the tyres ***5*** (*teatr.*) to double; to understudy ***6*** (*sport*) to stand* in for. **B sostituirsi**, *v. rifl.* ***1*** (*rimpiazzare*) to take* the place of; to substitute for: **Nessuno si accorse che si era sostituito a suo fratello**, no one noticed that he had taken his brother's place ***2*** (*alternarsi*) to take* turns; to alternate; to spell each other (*USA*); (*anche mil.*) to relieve each other: **Si sostituivano alla guida**, they took turns (*USA*: spelled each other) at the wheel.

sostitutìvo, *a.* substitutive; substitute (*attr.*): **imposta sostitutiva**, substitute tax.

sostitùto, *m.* ***1*** (*vice*) substitute; deputy; assistant: **il s. del direttore**, the director's assistant; **Mi presentò il suo s.**, he introduced his deputy to me; **Non potendo venire di persona, mandò un s.**, as he could not come personally, he sent a substitute ***2*** (*rimpiazzo*) substitute: replacement; surrogate; stand-in; relief; backup; sub (*fam.*); (*di medico o prete*) locum; (*teatr.*) understudy, double. ● **S. Procuratore della Repubblica**, Assistant Public Prosecutor □ **s. temporaneo**, stopgap.

sostituzióne, *f.* ***1*** (*rimpiazzo*) replacement, substitution; (*cambiamento*) changing, change ***2*** (*chim., mat.*) substitution. ● (*autom.*) **s. della ruota**, wheel change □ (*autom.*) **s. delle pastiglie dei freni**, brake relining □ (*leg.*) **s. di persona**, impersonation □ (*leg.*) **s. testamentaria**, substitution □ **agire in s. di q.**, to take sb.'s place □ **in s. di**, as a substitute (*o* replacement) for; in place of; instead of.

sostràto, *m.* ***1*** (*strato sottostante*) substratum*; lower layer: **un s. di roccia**, a substratum (*o* lower layer) of rock ***2*** (*fig.*) substratum*; basis*; foundation; (*sfondo*) background: **il s. filosofico di un'ideologia**, the philosophical foundation of an ideology; **un s. di superstizioni popolari**, underlying superstitions; **il s. sociale di una persona**, a person's social background ***3*** (*geol., ling.*) substratum*.

sostruzióne, *f.* (*edil.*) substructure; understructure; substruction.

soteriologìa, *f.* (*teol.*) soteriology.

soteriològico, *a.* (*teol.*) soteriological.

sottàbito, *m.* petticoat; slip.

sottacére, *v. t.* to omit (to say); to leave* out; to fail to mention; to keep* to oneself; to conceal.

sottacéto, **A** *avv.* – **conservare** (*o* **mettere**) **s.**, to pickle. **B** *a.* pickled: **peperoni s.**, pickled peppers. **C** *m. pl.* pickles.

sottaciùto, *a.* (deliberately) omitted; unmentioned; concealed.

sottàcqua, *avv.* under water: **nuotare s.**, to swim under water. ● (*fig.*) **lavorare s.**, to scheme.

sottalimentazióne, *f. V.* **sottoalimentazione.**

sottàna, *f.* ***1*** (*sottoveste*) petticoat; slip ***2*** (*region.*: *gonna*) skirt: **s. a pieghe**, pleated skirt ***3*** (*eccles.*) cassock; soutane ***4*** (*fam.*: *donna*) skirt: **correre dietro alle sottane**, to chase women; to be a womanizer; to run after anything in a skirt (*fam.*). ● **essere attaccato alle sottane della mamma**, to be tied to one's mother's apron-strings.

sottàrco, *m.* (*archit.*) underside of an arch.

sottécchi, *avv.* furtively; covertly; secretly; out of the corner of one's eye: **guardare q. (di) s.**, to look at sb. furtively (*o* covertly); to cast a furtive (*o* covert, sidelong) glance at sb.; to peep at sb.

sottèndere, *v. t.* ***1*** (*geom.*) to subtend ***2*** (*fig.*: *implicare*) to imply; (*essere alla base di*) to underpin.

sottentràre, *v. i.* to take* the place of; to replace (sb.); to substitute (sb.): **s. a q.**, to take sb.'s place.

sotterfùgio, *m.* subterfuge; deception; artifice; guile; underhand way; (*espediente, trucco*) expedient, trick, dodge: **ricorrere ai sotterfugi**, to resort to subterfuge; **ottenere q.c con un s.**, to obtain st. by subterfuge; **Sono stufo dei tuoi sotterfugi**, I'm fed up with your underhand ways; **È un s. per non pagare le tasse**, it's a dodge to avoid paying taxes; **vivere di sotterfugi**, to live by one's wits. ● **di s.**, (*segretamente*) secretly; (*di soppiatto*) stealthily, by stealth, on the sly.

sottèrra, *V.* sottoterra.

sotterràbile, *a.* that may be buried.

sotterraménto, *m.* burial; burying; interment.

sotterrànea, *f.* (*ferr.*) underground (railway); subway (*USA*); tube (*fam. GB*).

sotterràneo, **A** *a.* ***1*** underground; subterranean: **sorgenti sotterranee**, subterranean springs; **ferrovia sotterranea**, underground (railway); subway (*USA*); **passaggio s.**, underground passage; tunnel; **rifugio s.**, underground shelter; **prigione sotterranea**, dungeon; **boato s.**, underground rumble; **il mondo s.**, the underworld ***2*** (*fig.*: *nascosto*) hiden, subterranean, underlying, secret; (*clandestino*) underground, clandestine: **economia sotterranea**, hidden (*o* black) economy; **organizzazione sotterranea**, underground (*o* secret, clandestine) organization; **manovre sotterranee**, secret manoeuvres; **moti sotterranei dell'animo**, secret stirrings. **B** *m.* (*scantinato*) basement, cellar; (*di castello e sim.*) vault; (*cripta*) crypt; (*pl.*) (*prigioni*) dungeons.

sotterràre, *v. t.* (*seppellire*) to bury, to inter (*form.*), to lay* underground; (*nascondere*) to hide* (in the ground); (*agric.*: *semi*) to sow*, to plant: **s. i morti**, to bury the dead; **s. un tesoro**, to bury a treasure; **s. le radici di una pianta**, to inter the roots of a plant; **s. una tubazione**, to lay the pipes underground. ● (*fig.*) **s. l'ascia di guerra**, to bury the hatchet □ (*fig.*) **andare a farsi s.**, to hide away in shame □ (*scherz.*) **Ha sotterrato quattro mariti**, she has buried four husbands □ (*scherz.*) **Finirà per sotterrarci tutti**, he'll bury us all.

sotterràto, *a.* buried; interred; (placed) underground: **morto e s.**, dead and gone; dead and buried (*anche fig.*); (*fig.*) over and done with.

sottéso, *a.* ***1*** (*geom.*) subtended ***2*** (*fig. lett.*: *venato*) tinged (with): **s. di malinconia**, tinged with melancholy.

sottigliézza, *f.* ***1*** thinness; fineness: **Fui colpito dalla s. dei suoi capelli**, I was struck by the fineness of her hair; **Il fil di ferro deve essere della s. giusta**, the wire must be of the right thickness ***2*** (*magrezza*) thinness; (*esilità*) slenderness, slimness ***3*** (*fig.*: *finezza*) fineness, subtlety; (*acutezza*) acuteness, sharpness, keenness; (*astuzia*) subtlety, shrewdness; (*raffinatezza*) refinement: **la s. di una distinzione**, the fineness of a distinction; **la s. di un'argomentazione**, the subtlety of sb.'s reasoning; **s. di giudizio**, sharpness of judgment; keen judgment; **s. di mente**, acuteness of mind; quick-wittedness; subtlety ***4*** (*particolare, minuzia*) nicety; (*cavillo*) cavil, quibble; (*pignoleria*) hairsplitting: **sottigliezze verbali**, verbal niceties; **Le sue obiezioni non mi sembrano che sottigliezze**, his objections seem to me to be mere quibbles (*o* mere hairsplitting).

sottìle, **A** *a.* ***1*** (*che ha poco spessore*) thin; (*fine*) fine; (*stretto*) narrow: **carta s.**, thin paper; **filo metallico s.**, thin wire; **parete s.**, thin wall; **polvere s.**, fine dust; **capelli sottili**, fine hair; **orlo s.**, narrow border ***2*** (*esile*) thin; slim; slender: **gambe sottili**, thin legs; **una ragazza alta e s.**, a tall, slim girl; **ramoscelli sottili**, slender twigs ***3*** (*fig.*: *leggero*) fine, light; (*lieve*) slight, delicate, subtle; (*debole, tenue*) tenuous, thin, slight, slender: **brezzolina s.**, light breeze; **profumo s.**, subtle scent; **voce s.**, thin voice; **aria s.**, thin air; **un s. vantaggio**, a slight advantage; **una s. speranza**, a slender (*o* slim) hope ***4*** (*fig.*: *fine*) fine, fine-drawn, subtle, nice; (*acuto*) subtle, acute, keen, sharp; (*astuto*) subtle, shrewd, sly; (*insidioso*) subtle, insidious; (*cavilloso*) quibbling, hairsplitting: **distinzione s.**, fine (*o* fine-drawn, nice) distinction: **fare una s. distinzione**, to draw a fine distinction; **umorismo s.**, subtle sense of humour; subtle wit; **orecchio s.**, sharp ear; keen hearing; **ragionamento s.**, subtle reasoning; **mente s.**, subtle (*o* acute) mind; **ingegno s.**, keen (*o* sharp, subtle) mind; **un piano s.**, a shrewd plan. ● **s. come un capello**, hair-thin □ **s. come un foglio di carta**, paper-thin □ **mal s.**, consumption □ **sorriso s.**, thin-lipped smile. **B** *m.* thin part. ● **andare** (*o* **guardare**) **per il s.**, (*sottilizzare*) to split hairs, to put too fine a point on st.; (*essere pignolo*) to be fussy (*o* fastidious, particular, overnice).

sottilétta, *f.* slice of processed cheese.

sottilizzàre, *v. i.* to split* hairs; to put* too fine a point on st.; to be overnice; (*cavillare*) to cavil, to quibble.

sottilménte, *avv.* ***1*** (*finemente*) finely; minutely ***2*** (*fig.*: *con sottigliezza*) finely, nicely; (*con accuratezza*) finely, minutely, carefully, in detail; (*con acume*) subtly, with subtlety, sharply; (*con astuzia*) shrewdly.

sottinsù, *avv.* – **di s.**, from underneath; from below. ● **Mi guardò di s.**, he squinted up at me.

sottintèndere, *v. t.* ***1*** (*lasciare non detto*) to leave* out, to leave* unsaid; (*impers.*) to be undestood; (*alludere, lasciar capire*) to imply, to suggest, to hint, to drive*, to indicate, to signify: **Questi particolari li possiamo s.**, these details can be left unsaid; **Si sottintende che le spese sono a carico vostro**, it is understood that the costs are to be met by you; **Capii quello che sottintendeva con quel complimento**, I understood what he was implying (*o* suggesting) with that compliment; **E con questo che cosa vuoi s.?**, what exactly do you mean (*o* imply) by that?; what are you driving at?; **Le sue parole lasciano s. che non gl'importa nulla**, his words imply (*o* suggest) that he doesn't care; (*gramm.*) **s. il verbo di una frase**, to leave out the verb in a sentence; **Si sottintende!**, that's obvious!; of course! ***2*** (*implicare*) to involve; to imply: **Il lavoro sottintende dei sacrifici**, work involves sacrifices.

sottintéso, **A** *a.* ***1*** understood; implied; implicit; (*tacito*) tacit, unexpressed: **permesso s.**, implicit permission; **consenso s.**, implied consent; **condizioni espresse o sottintese**, conditions expressed or understood; **Era s. che saresti venuto anche tu**, it was understood you were coming too ***2*** (*gramm.*) understood: **Il soggetto è s.**, the subject is understood. **B** *m.* implicit meaning; implied reference; underlying assumption; implication; (*allusione*) allusion, hint; (*insinuazione*) innuendo, insinuation. ● **È s.!**, of course!; naturally; that's understood! □ **Resta s. che la prossima volta tocca a me**, it goes without saying that next time it'll be my turn □ **parlare per sottintesi**, to speak allusively; to hint □ **parlare senza sottintesi**, to speak openly.

sótto, **A** *prep.* ***1*** (*per indicare posizione sottostante*) under (*anche fig.*); (*al di sotto*) beneath, underneath: **s. un albero**, under a tree; **s. il cielo [il mare]**, under the sky [the sea]; **s. terra**, under the earth (*o* the ground); underground; below (the) ground; **sott'acqua**, under (*o* below) water; **s. una coperta**, under (*o* beneath) a blanket; **s. le lenzuola**, between the sheets; **infilare una lettera s. un libro**, to slip a letter under a book; **passare s. un ponte**, to pass under a bridge; **un livido s. un occhio**, a bruise under one eye; **Il catino è s. il lavandino**, the bowl is under (*o* underneath) the sink; **Mettilo s. a tutto quanto**, put it right underneath; **S. la camicia non portava niente**, he wore nothing under (*o* underneath) his shirt; **uno specchio appeso s. un'applique**, a mirror hanging beneath a wall lamp; **Era in piedi s. il balcone**, he was standing under (*o* underneath) the balcony; **Era seduto s. il quadro**, he was sitting under (*o* beneath) the painting; **Ho tre persone che lavorano s. di me**, I have three people working under me; **Sul gradino s. di lei c'era uno scarafaggio**, on the step beneath her there was a cockroach; **S. di loro si apriva una valle deserta**, an empty valley opened beneath them; **Uscì da s. il letto**, he crawled out from under the bed; **Si tolse l'ombrello da s. il braccio**, he took the umbrella from under his arm; **s. i propri occhi**, before (*o* beneath, under) one's (very) eyes; **vivere s. lo stesso tetto**, to live under the same roof; **Lo troverai s. la lettera M**, you'll find it under the letter M; **un cuore d'oro s. dei modi burberi**, a heart of gold under gruff manners ***2*** (*a un livello inferiore, più in basso*) below; (*a sud di*) south of, below: **l'appartamento s. il nostro**, the flat below ours; the downstairs flat; **s. il livello del mare**, below sea-level; **s. l'equatore**, below the equator; **s. il limite di velocità**, below the speed limit; **s. la media**, below average; (*fin.*) **s. la pari**, below par; **s. costo**, below cost; **s. zero**, below zero; **Proprio s. la cappella c'era una fontana**, right below the chapel there was a fountain; **a un miglio s. Roma**, one mile south of Rome ***3*** (*per indicare subordinazione, influsso, condizione*) under: **s. Augusto**, under Augustus; **s. il dominio francese**, under (the) French rule; **s. la protezione di q.**, under the protection of sb.; under sb.'s wing; **Ha studiato s. Toscanini**, he studied under (*o* with) Toscanini; **s. l'impulso del momento**, under the impulse of the moment; **essere s. contratto con una ditta**, to be under contract with a firm; **essere s. il fuoco del nemico**, to be under enemy fire; **essere s. l'influenza dell'alcol**, to be under the influence of alcohol **s. falso nome**, under an assumed name; **s. lo pseudonimo di**, under the pseudonym of ***4*** (*rif. a quantità, prezzi, ecc.*: *meno di*) under; below; less than: **s. il kilometro**, less than a kilometer; **i bambini s. i sei anni**, children under six; **un giovane s. i trent'anni**, a young man under thirty; **essere di poco s. il quintale**, to be just under (*o* below) one hundred kilos; **Costa s. le diecimila**, it costs less than ten thousand lire; **la vegetazione s. i duemila metri**, vegetation below two thousand metres ***5*** (*in locuzioni di tempo*: *in prossimità di*) near, around; (*durante*) at, during: **s. il Natale [la Pasqua]**, at Christmastime [Eastertime]; **s. Natale [Pasqua]**, just before (*o* approaching) Christmas [Easter]; **s. gli esami**, near examination-time; shortly before the examinations; **Siamo s. esami**, it's exam time; the exams are on; we are having exams ***6*** (*cucina*) in; under: **sott'olio**, in oil; **s. sale**, under salt; in brine; **sott'aceto**, pickled (*agg.*). ● **s. altro nome**, under another name □ **s. questo aspetto**, from this point of view □ **s. chiave**, under lock and key □ **s. giuramento**, on (*o* under) oath □ **s. ogni punto di vista**, from every point of view □ **s. pena di morte**, on (*o* under) pain of death □ **s. peso**, underweight (*agg.*) □ **s. la pioggia**, in the rain

▫ **s. voce**, in a low voice; softly ▫ **s. processo**, ou trial ▫ (*fig.*) **avere q.c. s. il naso**, to have st. under one's nose ▫ (*fig.*) **essere s. terra**, to be dead and buried ▫ **finire s. un autobus**, to be run over by a bus ▫ (*fig.*) **mettere q. s. i piedi**, to treat sb. like dirt (*o* like a doormat) ▫ **mettere q.c. s. i denti**, to have a bite ▫ **passare q.c. s. silenzio**, to pass over st. (in silence); to keep quiet about st. ▫ **prendere q.c. s. gamba**, to make light of st.; to undervalue st. ▫ **ridere s. i baffi**, to laugh up one's sleeve ▫ **tenere q. [q.c.] sott'occhio**, to keep an eye on sb. [st.]. **B** *avv. e agg. invar.* **1** (*in luogo o posizione sottostante*) under, below, beneath, underneath, lower (*agg.*); (*in fondo*) at the bottom, right underneath, bottom (*attr.*): **qui [lì] s.**, under here [there]; **Non c'è nulla s.**, there is nothing underneath (*o* under it); **una foto con s. una didascalia**, a photo with a caption underneath (*o* under it); **Portava un maglione e s. una camicia di lana**, he wore a sweater with a woollen shirt underneath; **Firmi qui s.**, sign at the bottom (*o* underneath, here below); **Questo libro va sopra o s.?**, does this book go on top or at the bottom?; **la terrazza s.**, the terrace below; **il labbro di s.**, the lower lip; the underlip; **il cassetto s.**, (*di due*) the lower drawer; (*di diversi*) the bottom drawer; (*immediatamente s.*) the drawer underneath **2** (*con idea di movimento: giù*) down: **Scendete s.**, come down; **Portatemelo qui s.**, bring it down here; **Ehi, voi lì s.!**, hey, you, down there!; **più s.**, lower down: **Il quadro lo voglio più s.**, I want the painting hung lower down **3** (*a un piano inferiore*) downstairs: **È andato di s.**, he went downstairs; **Dev'essere di s.**, he must be downstairs; **Abitano s.**, they live downstairs; **le stanze di s.**, the downstairs rooms; **la famiglia di s.**, the family downstairs **4** (*di seguito*) below; further on: **vedi s.**, see below; **vedi s. la tavola 6**, see Table 6 below; **come verrà spiegato più s.**, as will be explained further on **5** (*fig.: rif. a punteggio*) down: **s. di venti punti**, down by twenty points **6** (*fig.: in passivo, in perdita*) short (*agg.*); in the red: **Siamo s. di venti milioni**, we are two million short (*o* in the red); we are short by two million. ● **S. a chi tocca!**, who's first?; who's next?; next! ▫ **S., al lavoro!**, come on, let's get down to work! ▫ **S.!** (*all'attacco*), go for them!; set on them!; lay into them! ▫ **s. s.**, (*nel fondo*) deep down; (*intimamente, in fondo in fondo*) deep down, underneath; (*segretamente*) in secret, secretly, on the quiet: **È un brav'uomo s. s.**, he's a good man deep down; **Non dissi niente ma s. s. ero felicissimo**, I said nothing but I inwardly rejoiced; **Era tutto sorrisi, ma s. s. stava lavorando per spedirmi via**, he was all smiles, but he was planning to get rid of me ▫ **Il suo rendimento è al di s. delle sue capacità**, his performance is beneath his abilities ▫ **andare s.**, (*affondare, immergersi*) to go down (*o* under); (*tramontare*) to go down, to go below the horizon, to set; (*essere investito*) to be run over; (*perdere denaro, punti, ecc.*) to go down ▫ **dal di s.**, from underneath; (*sport*) underhand (*attr.*): **lancio dal di s.**, underhand bowl (*o* bowling); **palla lanciata dal di s.**, underhand ball ▫ (*fam.*) **darci s.** (*lavorare sodo*), to keep at it; to keep one's nose to the grindstone ▫ (*pop., anche fig.*) **farsela s.**, to piss in one's pants; to shit in one's pants ▫ **farsi s.**, (*avvicinarsi*) to draw near (*o* nearer), to come closer, to close in; (*spingersi innanzi*) to push oneself forward ▫ **Forza, ragazzi, fatevi s.!** (*servitevi*), tuck in, boys! ▫ **guardare q. di s. in su**, to peer (*o* to squint) up at sb. ▫ **mettere q. s.**, (*fam.: investirlo con un automezzo*) to run sb. over; (*fam.: farlo lavorare*) to set sb. to it, to set sb.'s nose to the grindstone ▫ (*fam.*) **mettersi s.** (*cominciare a fare*), to get down to st.; to set to ▫ (*fig.*) **Qui c'è s. qualcosa**, there must be something behind it; there's something fishy about this ▫ (*fam.*) **rimettersi s.** (*ricominciare a lavorare*), to get back to it ▫ **tenere s. q.**, (*farlo lavorare*) to keep sb. to it, to keep sb.'s nose to the grindstone; (*tiranneggiarlo*) to keep sb. under one's thumb, to have sb. twisted round one's little finger. **C** *m.* (*parte inferiore*) bottom, underneath; (*lato inferiore*) underside: **il s. d'un piatto**, the underside of a plate.

sottoalimentàre, *v. t.* (*med., tecn.*) to underfeed*.

sottoalimentàto, *a.* underfed.

sottoalimentazióne, *f.* underfeeding.

sottoascèlla, *f.* dress shield.

sottobànco, *avv.* under the counter; underhand: **vendere [comprare] q.c. s.**, to sell [to buy] st. under the counter; **merci s.**, under-the-counter goods; **una cosa fatta s.**, an underhand affair. ● (*fig.*) **mettere q.c. s.**, to hush st. up.

sottobicchière, *m.* coaster; mat.

sottobórdo, *avv.* (*naut.*) alongside: **portarsi s.**, to come up alongside; (*comm.*) **franco s.**, free alongside ship.

sottobòsco, *m.* **1** underwood; brushwood; underbrush; undergrowth; scrub **2** (*fig., spreg.*) shadow world; low life: **il s. della politica**, the shadow world of politics.

sottobottiglia, *m.* coaster; (bottle-)mat.

sottobràccio, *avv.* arm-in-arm: **camminare s. con q.**, to walk arm-in-arm with sb.; **tenere q. s.**, to be arm-in-arm with sb.

sottocapitalizzàto, *a.* (*econ.*) undercapitalized.

sottocapitalizzazióne, *f.* (*econ.*) undercapitalization.

sottocàpo, *m.* **1** (*aiutante del capo*) assistant chief; deputy chief **2** (*naut.*) (*in G.B.*) leading seaman; (*in U.S.A.*) petty officer 3rd class.

sottocaudàle, *a.* (*zool.*) subcaudal.

sottòcchio, *avv.* under (*o* before) one's eyes; in front of one; before one: **Ce l'ho proprio s.**, I have it here before me; I've got it right under my eyes; **capitare s.**, to come under one's eyes: to happen to see (st.); to chance upon (st.); to stumble on (st.): **Mi è capitato s. un articolo interessante**, I happened to see (*o* I chanced upon) an interesting article; an interesting article has come under my eyes (*form.*); **tenere s. q.**, to keep an eye on sb.

sottoccupàto, *a.* (*econ.*) underemployed.

sottoccupazióne, *f.* (*econ.*) underemployment.

sottochiàve, *avv.* under lock and key; locked away; locked up: **tenere un documento s.**, to keep a document under lock and key (*o* locked away); **mettere q.c. s.**, to lock st. up.

sottocìpria, *m. e f. invar.* foundation cream.

sottocitàto, *a.* undermentioned; mentioned below (*pred.*).

sottoclàsse, *f.* **1** (*biol.*) subclass **2** (*stat.*) bracket.

sottocóda, *m. invar.* **1** (*di finimenti*) crupper; dock **2** (*zool.*) subcaudal feathers (*pl.*).

sottocòdice, *m.* (*ling.*) subcode.

sottocommissióne, *f.* subcommittee; subcommission.

sottoconsùmo, *m.* (*econ.*) underconsumption.

sottocopèrta, (*naut.*) **A** *f.* lower deck(s); underdeck. **B** *avv.* below (deck): **andare s.**, to go below.

sottocòppa, *m. invar.* **1** (*centrino*) coaster; (*piattino*) saucer **2** (*autom.*) underpan.

sottocorrènte, *f.* undercurrent.

sottocorticàle, *a.* (*anat.*) subcortical.

sottocòsto, **A** *avv.* below cost; under price; at a loss; at a sacrifice: **comprare q.c. s.**; to buy st. below cost; **vendere q.c. s.**, to sell st. under price (*o* at a loss, at a sacrifice); to undersell st.; to sell off st. **B** *a.* below-cost; distress (*attr.*): **merce s.**, distress goods; goods selling below cost.

sottocrostàle, *a.* (*geol.*) subcrustal.

sottocultùra, *f.* subculture.

sottocuòco, *m.* (*f.* **-a**) undercook; assistant chef.

sottocutàneo, *a.* subcutaneous: **iniezione sottocutanea**, subcutaneous (*o* a hypodermic) injection.

sottocùte, **A** *m.* (*anat.*) subcutis. **B** *avv.* subcutaneously.

sottodialètto, *m.* (*ling.*) subdialect.

sottodivisióne, *m.* subdivision.

sottodominànte, *f.* (*mus.*) subdominant.

sottoelencàto, *a.* listed below (*pred.*)

sottoespórre, *v. t.* (*fotogr.*) to underexpose.

sottoesposizióne, *f.* (*fotogr.*) underexposure.

sottoespósto, *a.* (*fotogr.*) underexposed.

sottofamiglia, *f.* (*biol.*) subfamily.

sottofàscia, **A** *avv.* under wrapper; in a wrapper; under cover. **B** *m. invar.* printed matter (sent under wrapper).

sottofondazióne, *f.* (*edil.*) underpinning.

sottofóndo, *m.* **1** (*edil.*) foundation; bed **2** (*cinem., TV, radio*) background: **s. musicale** (*o* **musica di s.**), background music **3** (*fig.*) undercurrent; undertone; underlying layer: **un s. di gelosia**, an undercurrent of jealousy; **un s. di malinconia**, an undertone of melancholy.

sottogàmba, *avv.* – **prendere s.**, to make light of; not to take seriously enough; to attach no importance to; (*sottovalutare*) to underestimate, to underrate: **Prese s. la sua malattia**, he made light of his illness; he attached no importance to his illness; **Prende sempre s. i suoi compiti**, he never takes his duties seriously enough; **Non è avversario da prendersi s.**, he should not be underrated as an opponent.

sottogènere, *m.* **1** (*zool., bot.*) subgenus; subspecies **2** (*letter.*) subgenre.

sottogóla, *m. e f. invar.* (*di copricapo*) chin-strap; (*di finimenti*) throatlash, throatlatch.

sottogónna, *f.* underskirt; petticoat; (*rigida*) stiff petticoat.

sottogovèrno, *m.* party patronage.

sottogrùppo, *m.* **1** (*anche chim., mat.*) subgroup **2** (*mecc.*) subassembly.

sottoinsième, *m.* (*mat., elab.*) subset: **s. proprio**, proper subset.

sottolineàre, *v. t.* **1** to underline; to underscore: **s. a matita rossa**, to underline with a red pencil **2** (*fig.: mettere in evidenza*) to underline; to stress; to highlight; to emphasize: **Voglio s. i pericoli che si prospettano**, I want to underline the dangers involved; **s. l'importanza di una decisione**, to stress (*o* to emphasize) the importance of a decision **3** (*fig.: accentuare*) to accentuate; to heighten: **un vestito che sottolinea la vita**, a dress that accentuates the waist **4** (*tipogr.*) to italicize.

sottolineatùra, *f.* **1** underlining; underscoring; underline **2** (*fig.*) stressing; emphasizing; stess; emphasis; accent.

sottolinguàle, *a.* (*anat.*) sublingual.

sott'òlio, sottolio, *avv. e a. invar.* in oil: **tonno s.**, tunny fish in oil; **mettere s.**, to preserve in oil.

sottolivèllo, *m.* (*ind. min.*) sublevel.

sottomànica, *m.* undersleeve.

sottomàno, **A** *avv.* **1** (*di nascosto*) underhand, under the counter, on the sly; (*segretamente*) secretly: **pagamento s.**, underhand (*o* under-the-counter) payment; **denaro dato s.**, backhander; payola (*fam. USA*); **passare un biglietto s.**, to slip a note secretly **2** (*a portata di mano*) (close) at hand; handy; within easy reach; close by: **avere s. q.c.**, to have st. close at hand (*o* handy); **tenere q.c. s.**, to keep st. handy; **venire s.**, to chance upon (st.) **3** (*sport*) underhand: **tirare la palla s.**, to bowl underhand. **B** *m.* (*cartella*) desk pad; writing pad.

sottomàrca, *f.* affiliated brand.

sottomarìno, **A** *a.* submarine; underwater; subacqueous; undersea: **cavo s.**, submarine cable; **fauna sottomarina**, underwater fauna; **navigazione sottomarina**, underwater navigation; **corrente sottomarina**, undercurrent. **B** *m.* (*naut.*) submarine; sub.

sottomascellàre, *a.* (*anat.*) submaxillary.

sottomésso, *a.* **1** (*assoggettato*) subdued; subject; subjected: **nazioni sottomesse**, subject nations **2** (*rispettoso e ubbidiente*) submissive; meek; obedient: **un ragazzo s.**, a submissive boy.

sottométtere, A *v. t.* **1** (*assoggettare*) to subjugate; to subdue; to subject: **s. un popolo**, to subjugate a people **2** (*rendere ubbidiente*) to reduce to obedience; to tame; to render submissive **3** (*subordinare*) to subordinate **4** (*sottoporre*) to submit: **s. un caso a un tribunale**, to submit a case to a court. **B sottométtersi,** *v. i. pron.* to submit; to yield; to surrender oneself; to give* in: **s. alla volontà di Dio**, to submit to God's will; **s. a una regola**, to submit to a rule.

sottomissióne, *f.* **1** subduing; subjugation; subjection: **la s. della Galilea**, the subjugation of Galilee **2** (*l'essere sottomesso*) submission; (*docilità*) submissiveness, meekness, obedience: **con tutta s.**, with all due submission; **fare atto di s.**, to make an act of submission (*o* of obedience); to submit.

sottomişùra, *avv.* undersize (*agg.*).

sottomùltiplo, *a.* e *m.* (*mat.*) submultiple.

sottonotàto, *a.* noted (*o* mentioned, named) below (*pred.*).

sottopagàre, *v. t.* to underpay.

sottopàlco, *m.* (*teatr.*) understage.

sottopància, *m. invar.* **1** girth; cinch (*USA*) **2** (*gergo mil.*) aide-de-camp; (*per estens.*: *aiuto*) flunky, man* Friday, gofer (*USA*) **3** (*gergo TV*) caption.

sottopassàggio, sottopàsso *m.* **1** (*per pedoni*) subway (*GB*); underground passage; underpass **2** (*per veicoli*) underpass; (*ferr.*) subway (*USA*).

sottopéntola, *m.* tablemat.

sottopéso, sótto peso, (*med.*) **A** *m.* less--than-average weight. **B** *a. invar.* underweight.

sottopiàtto, *m.* mat; (*di ceramica*) plate.

sottopiède, *m.* **1** (*di scarpa*) arch support; (*soletta*) insole **2** (*di calzone*) foot-strap.

sottopopolàto, *a.* underpopulated

sottopopolazióne, *f.* underpopulation.

sottopórre, A *v. t.* **1** (*indurre a subire*) to subject; to expose: **s. q. a una cura**, to subject sb. to treatment; to treat sb.; **s. q. a una disciplina di ferro**, to subject sb. to strict discipline; **s. q. a un rischio**, to expose sb. to a risk (*o* to danger); **s. a censura**, to censor; **s. a controllo**, to test; to check; to vet; **s. a critiche**, to criticize; to subject (*o* to expose) to criticism; **s. a interrogatorio**, to question; to interrogate; **s. a restrizioni**, to restrict; to impose restrictions on; **s. a tortura**, to torture; to subject to torture; **s. a trazione**, to subject to tension; **s. a un esame**, to examine; **s. a un attento esame**, to examine carefully; to subject to careful examination; **s. a uno stress**, to subject to stress; **essere sottoposto a**, to be submitted (*o* subjected, exposed, put) to; to undergo: **essere s. agli agenti atmosferici**, to be exposed to atmospheric agents; **essere sottoposto a una prova severa**, to be put to (*o* to undergo) a severe test; to be rigourously tested **2** (*fig.*: *presentare*) to submit; to put*; to present; to pose; (*rag.*) to render: **s. un caso a un tribunale**, to submit a case to a court; **s. un progetto al giudizio di q.**, to submit a plan to sb.; **s. un problema a q.**, to present sb. with a problem; to ask sb. something; **s. i conti alla fine del mese**, to render accounts at the end of the month; **Il progetto di legge sarà sottoposto al Senato domani**, the bill will be submitted to (*o* will go before) the Senate tomorrow; **s. un documento alla firma di q.**, to have a document signed by sb.; **s. una domanda a q.**, to pose a question to sb.; to ask sb. a question **3** (*soggiogare*) to subdue; to subjugate; to subject. **B sottopórsi,** *v. i. pron.* **1** (*rendersi oggetto*) to subject oneself: **s. al ridicolo [alle critiche]**, to subject oneself to ridicule [to criticism] **2** (*subire*) to undergo*; to go* through: **s. a un intervento chirurgico**, to undergo an operation; to undergo surgery **3** (*sobbarcarsi*) to take* on; to undertake*: **s. a un lavoro**, to undertake a task **4** (*sottomettersi*) to submit; to yield; to surrender oneself: **s. alla volontà di Dio**, to submit to God's will.

sottopòrtico, *m.* interior of a portico; porch

sottopósto, A *a.* **1** (*soggetto*) submitted; subjected; subject; inferior **2** (*esposto*) exposed. **B** *m.* (*f.* **-a**) subordinate; inferior; underling (*spreg.*).

sottopotére, *V.* **sottogoverno.**

sottoprefètto, *m.* subprefect.

sottoprefettùra, *f.* subprefecture.

sottoprèzzo, *avv.* at a reduced price; at a discount; at a cut price (*o* rate); below price.

sottoprodòtto, *m.* (*ind.*) by-product; residual product.

sottoproduttìvo, *a.* (*econ.*) underproductive.

sottoproduzióne, *f.* (*econ.*) underproduction.

sottoprogràmma, *m.* (*elab.*) subroutine; procedure.

sottoproletariàto, *m.* lumpenproletariat; underclass.

sottoproletàrio, *m.* (*f.* **-a**) lumpenproletarian.

sottopùnto, *V.* **soppunto.**

sottòrdine, *m.* (*biol.*) suborder. ● **in s.**, (*in grado subordinato*) in a subordinate position, subordinate (*agg.*), lower (*agg.*); (*d'importanza secondaria*) of minor importance, minor (*agg.*): **avere un ruolo in s.**, to have a subordinate (*o* minor) role; to play second fiddle (*fam.*); **passare in s.**, to become less urgent; to be put to one side; **porre in s. una faccenda**, to attach less importance to a matter.

sottorégno, *m.* (*biol.*) subkingdom.

sottoscàla, *m. invar.* (*edil.*) understairs (*pl.*); (*ripostiglio*) cupboard, closet (under the stairs).

sottoscapolàre, *a.* (*anat.*) subscapular.

sottoscritto, A *a.* **1** (*bur.*) undersigned **2** (*firmato*) signed: **un accordo s. da ambo le parti**, an agreement signed by both parties **3** (*fin.*) underwritten; subscribed **4** (*scritto sotto*) subscript. **B** *m.* **1** (*bur.*) (the) undersigned: **noi sottoscritti**, we the undersigned **2** (*scherz.*: *io*) yours truly.

sottoscrittóre, A *a.* (*firmatario*) signatory. **B** *m.* (*f.* **-trice**) **1** (*firmatario*) signer, undersigner, signatory; (*contributore*) contributor, subscriber **2** (*fin.*: *di titoli*) underwriter; subscriber.

sottoscrìvere, A *v. t.* **1** (*firmare*) to undersign; to endorse; to sign; to subscribe: **s. una lettera [una petizione]**, to sign a letter [a petion]; **s. un documento**, to endorse a document; **s. un testamento**, to undersign a will; (*come testimone*) to witness a will **2** (*aderire versando una somma*) to subscribe; to contribute; to take* out: **s. un abbonamento a una rivista**, to subscribe (*o* to take out a subscription) to a magazine; **s. un prestito**, to subscribe a loan; **s. una polizza d'assicurazione**, to take out an insurance policy; **s. una somma per gli alluvionati**, to contribute (*o* to subscribe) a sum to the victims of the floods **3** (*fig.*: *aderire a*) to underwrite*, to endorse; (*approvare*) to subscribe to, to agree with, to support: **s. una tesi**, to subscribe to a thesis; **s. un programma**, to endorse a programme; **Non sottoscrivo quello che ha detto il collega**, I don't agree with what my colleague has just said **4** (*fin.*) to underwrite*; to subscribe for. **B** *v. i.* (*aderire*) to subscribe; to support; to contribute; to adhere: **s. per una forte somma**, to subscribe (*o* to contribute) a large sum; **s. per un certo numero di copie**, to subscribe for a certain number of copies.

sottoscrizióne, *f.* **1** (*il sottoscrivere*) signing; (*firma*) signature **2** (*raccolta di adesioni*) subscription; (*colletta*) collection: **aprire una s.**, to open a subscription; (*di denaro*) to open a collection, to raise funds, to collect money **3** (*fin.*) underwriting.

sottosegretariàto, *m.* undersecretaryship.

sottosegretàrio, *m.* (*f.* **-a**) undersecretary.

sottosèlla, *m. invar.* saddle pad.

sottosezióne, *f.* subsection; subdivision: **diviso in sottosezioni**, divided into subsections; subsectioned.

sottosistèma, *m.* subsystem.

sottosópra, A *avv.* **1** (*capovolto*) upside down; wrong side (*o* wrong end) up; bottom up; topsy-turvy; arsy-versy (*pop.*): **rivoltare s. q.c.**, to turn st. upside down **2** (*fig.*: *in grande scompiglio*) upside down; topsy-turvy; in turmoil; in a mess; in a muddle; in a shambles; shambolic (*agg.*); at sixes and sevens (*fam. GB*); jumbled up: **mettere tutto s.**, to throw everything upside down; **La casa è tutta s. per il trasloco**, the house is in a shambles (*o* at sixes and sevens) because of the move; **Mi hai messo s. tutte le mie cose**, you've jumbled up all my things; you've made a mess of all my things **3** (*agitato*) in confusion, in a mess, in a flutter (*fam.*), in (*o* all of) a dither (*fam.*); (*sconvolto*) upset: **La notizia ci gettò tutti s.**, the news upset us all (*o* threw us all into confusion); **La zia era tutta s. all'idea del loro arrivo**, Auntie was all of a dither at the idea of their arrival; **Ho lo stomaco s.**, my stomach is upset. **B** *m.* shambles (*sing.*); (utter) confusion; mess; muddle; jumble.

sottospàzio, *m.* (*mat.*) subspace.

sottospècie, *f. invar.* **1** (*biol.*) subspecies* **2** (*sottogenere*) subgenre; (*spreg.*) lower species*.

sottosquàdro, *m.* undercut.

sottòssido, *m.* (*chim.*) suboxide.

sottostànte, *a.* underlying; below (*pred.*); (*inferiore*) lower: **le pianure sottostanti**, the plains below.

sottostàre, *v. i.* **1** (*stare sotto*) to underlie* (st.); to be (*o* to lie*) beneath (st.) **2** (*fig.*: *essere sottoposto, soggetto*) to be subject to; to be subordinate to; to be under; to obey: **s. alle leggi di natura**, to be subject to (*o* to obey) the laws of nature; **dover s. a q. nel lavoro**, to be subordinate to (*o* to be under, to have to obey) sb. in one's job; **s. alle fisime di q.**, to be subject to sb.'s whims **3** (*fig.*: *piegarsi*) to submit; to yield; to give* in; to bow: **s. a minacce**, to submit to threats; **s. a compromessi**, to submit (*o* to give in) to compromise; **Ho le mani legate, sono costretto a s.**, my hands are tied, I cannot but submit; **s. alla volontà di q.**, to bow to sb.'s will.

sottostazióne, *f.* (*elettr.*, *ferr.*) substation: **s. di smistamento**, shunting substation; switching substation.

sottosterzànte, *a.* (*autom.*) understeering.

sottosterzàre, *v. i.* (*autom.*) to understeering.

sottosterzàta, *f.* (*autom.*) understeering.

sottostèrzo, *m.* (*autom.*) understeer.

sottostìma, *f.* underestimation; underrating; undervaluation.

sottostimàre, *v. t.* to underestimate; to underrate; to undervaluate.

sottostruttùra, *f.* (*edil.*) substructure; understructure. ● **s. di ponte**, bridge foundation.

sottosuòlo, *m.* **1** (*agric.*) subsoil, undersoil; (*geol.*) subsurface **2** (*scantinato*) basement; cellar. ● **nel s.**, undergound □ **le ricchezze del s.**, mineral wealth.

sottoşviluppàto, *a.* (*econ.*) underdeveloped: **i paesi sottosviluppati**, the underdeveloped countries.

sottoşvilùppo, *m.* (*econ.*) underdevelopment.

sottotangènte, *f.* (*geom.*) subtangent.

sottotenènte, *m.* second lieutenant; (*aeron.*: *in G.B.*) pilot officer, (*in U.S.A.*) second lieutenant. • (*naut.*) **s. di vascello**, (*in G.B.*) sub-lieutenant; (*in U.S.A.*) lieutenant junior grade □ **s. medico**, assistant medical officer.

sottotèrra, A avv. underground: **nascondere q.c. s.**, to hide st. underground. • (*fig.*) **andare s.**, to die □ (*fig.*) **essere s.**, to be dead and buried □ **Avrei voluto nascondermi s.**, I could have died of shame; I wished the earth would open up and swallow me. **B** m. (*ambiente sotterraneo*) basement; cellar.

sottotétto, m. (*edil.*) loft; attic; garret.

sottotìpo, m. (*bot., zool.*) subtype.

sottotitolàre, v. t. (*cinem.*) to subtitle.

sottotitolazióne, f. (*cinem.*) subtitling; subtitles (*pl.*).

sottotìtolo, m. **1** (*cinem.*) subtitle **2** (*di libro*) subtitle; (*di articolo*) subhead, subheading.

sottotòno, avv. (*giù di forma*) not at one's best, below par, off; (*dimesso*) quiet, subdued.

sottotràccia, a. (*elettr.*) into chase.

sottoutilizzàre, v. t. to underutilize.

sottoutilizzazióne, f. **sottoutilizzo,** m. underutilization.

sottovalutàre, A v. t. (*anche fig.*) to undervalue; to underestimate; to underrate: **s. un avversario**, to underestimate (*o* to underrate) an opponent; **s. un rischio**, to underestimate a risk. **B sottovalutàrsi,** v. rifl. to undervalue oneself.

sottovalutazióne, f. undervaluation; underestimation; underrating.

sottovarietà, f. subvariety.

sottovàṣo, m. flower-pot dish (*o* saucer).

sottovéla, avv. (*naut.*) under sail.

sottovènto, (*naut.*) **A** m. leeward; lee (side): **marea di s.**, lee tide. **B** a. invar. leeward; lee; downwind: **costa s.**, lee shore; **il versante s. di una montagna**, the downwind side of a mountain. • **le Isole S.**, the Leeward Islands. **C** avv. on the lee; downwind: **scadere s.**, to drop to leeward; **essere a s. di q.c.**, to be in the lee of st.; **s. a noi**, under our lee: **Barra s.!**, luff the helm!

sottovèste, f. slip; petticoat.

sottovìa, f. (*autom.*) underpass.

sottovóce, avv. **1** in a low voice; softly; under one's breath; in a whisper: **parlare s.**, to speak in a low voice; to speak low; to speak softly; **dire q. s.**, to whisper st.; **canterellare s.**, to hum; **parole dette s.**, whispered words **2** (*mus.*) sotto voce.

sottovuòto, A avv. (*fis.*) in a vacuum; in a void. • **confezionare q.c. s.**, to vacuum-pack st. **B** a. invar. (*ind.*) vacuum-packed (*agg.*); vacuum-sealed (*agg.*); vacuum-canned (*agg. USA*): **caffè s.**, vacuum-packed coffee.

sottozèro, avv. below zero; below freezing point.

sottraèndo, m. (*mat.*) subtrahend.

sottràrre, A v. t. **1** (*portare via*) to remove, to take* away, to withdraw*; (*tirare via*) to pull away: **s. q.c. alla vista altrui**, to remove (*o* to hide) st. from sight; **Gli sottrassero i figli**, they took his children away from him **2** (*rubare*) to steal*, to purloin, to abstract (*eufem.*), to pinch (*fam.*); (*appropriarsi indebitamente*) to embezzle, to misappropriate: **s. del denaro da una cassaforte**, to steal money from a safe; **s. il portafogli a q.**, pinch sb.'s wallet; **s. una lettera**, to steal (*o* to purloin) a letter **3** (*detrarre*) to subtract; to deduct; to take* off: **s. le spese**, to deduct (*o* to take off) expenses **4** (*liberare*) to deliver; to rescue (from); to get* (sb.) out of (st.): **s. q. alla morte**, to rescue sb. from death; **s. q. a un pericolo**, to get sb. out of danger; **s. q. alle grinfie di q.**, to put sb. out of sb.'s reach **5** (*mat.*) to subtract. **B sottràrsi,** v. rifl. (*sfuggire*) to escape, to get* out of, to avoid; (*a doveri, ecc.*) to shirk, to dodge, to sidestep, to evade, to cop out of (*fam.*): **s. a un pericolo**, to escape danger; **s. alla cattura**, to escape capture; **s. all'arresto**, to avoid arrest; **s. alla morte**, to escape death; **s. alla punizione**, to escape punishment (*o* being punished); **s. alla prigione**, to avoid prison (*o* going to prison); **s. alla vista**, to hide from sight; **s. alla giustizia**, to evade justice; **s. al servizio militare**, to evade (*o* to dodge) national service; **s. a una responsabilità**, to shirk a responsibility; to cop out (of a responsibility); **s. al fisco**, to avoid taxation; to dodge taxes.

sottrattìvo, a. subtractive.

sottrazióne, f. **1** (*il rimuovere*) removal; taking away; pulling away; withdrawal **2** (*il rubare*) stealing, purloining, theft, pinching (*fam.*); (*appropriazione indebita*) embezzlement, misappropriation **3** (*deduzione*) deduction; deducting **4** (*mat.*) subtraction: **il segno della s.**, the subtraction sign. • (*leg.*) **s. di minorenni**, abduction of minors.

sottufficiàle, m. **1** (*mil.*) non-commissioned officer (*abbr.*: NCO) **2** (*naut.*) petty officer.

soubrette (*franc.*), f. invar. (*teatr.*) soubrette.

soufflé (*franc.*), m. invar. (*cucina*) soufflé.

soul (*ingl.*), m. invar. (*mus.*) soul music.

souplesse (*franc.*), f. (*specialm. sport*) nimbleness; suppleness; lithness; agility. • **vincere in s.**, to win hands down.

souvenir (*franc.*), m. invar. souvenir.

sovènte, avv. (*lett.*) often; frequently.

soverchiaménte, avv. excessively; immoderately; too much.

soverchiànte, a. overwhelming; overpowering; crushing.

soverchiàre, v. t. **1** (*lett.*: *sormontare*) to overflow: **Il fiume soverchiò le sponde**, the river overflowed its banks **2** (*fig.*: *superare*) to surpass; to exceed; to outweigh; to excel; to outdo*: **Non c'è chi lo soverchi in astuzia**, nobody can excel him in cunning **3** (*fig.*: *sopraffare*) to overwhelm; to overpower; to overcome*; (*di suoni*) to drown, to cover: **s. i propri nemici**, to overcome one's enemies; **Le voci soverchiavano la musica**, the voices drowned the music.

soverchiatóre, m. (f. **-trice**) oppressor.

soverchierìa, f. abuse (of power); imposition; oppression; outrage; (*al pl. anche*) browbeating (*sing.*), bullying (*sing.*).

sovèrchio, (*lett.*) **A** a. excessive; too much; too great; surplus; over-: **soverchi scrupoli**, excessive scruples; **zelo s.**, excessive zeal; **peso s.**, surplus weight; **soverchia indulgenza**, over-indulgence. **B** m. excess; surplus; superabundance; surfeit.

sovesciàre, v. t. (*agric.*) to green-manure; to plough under, to plow under (*USA*).

sovèscio, m. (*agric.*) green manure.

soviet, m. invar. soviet.

soviètico, A a. Soviet: **l'Unione Sovietica**, the Soviet Union; the U.S.S.R. **B** m. (f. **-a**) citizen of the Soviet Union.

sovietiẓẓàre, v. t. to Sovietize.

sovietiẓẓazióne, f. Sovietization.

sovietologìa, f. Sovietology.

sovietòlogo, m. (f. **-a**) Sovietologist.

sóvra, (*lett.*) V. **sopra**.

sovrabbondànte, a. **1** (*in eccesso*) superabundant; excess (*attr.*); surplus (*attr.*); redundant **2** (*fig.*: *turgido, esagerato*) turgid; bombastic; flamboyant; redundant.

sovrabbondanteménte, avv. superabundantly; excessively; redundantly.

sovrabbondànza, f. **1** (*quantità eccessiva*) exorbitance; superfluity; surfeit; excess; surplus; glut; redundance: **s. di manodopera**, surplus labour; **una s. di zucchero sul mercato**, a glut of sugar on the market; **una s. di aggettivi**, an excessive use of adjectives; too many adjectives **2** (*grande ricchezza*) superabundance; overflow; surfeit; exuberance; luxuriance; profusion: **s. di cibo**, superabundance (*o* surfeit) of food; **una s. di lodi**, a profusion of praise **3** (*fig.*: *turgore, esagerazione*) turgidity; bombast; flamboyance.

sovrabbondàre, v. i. **1** (*essere in eccesso*) to be superabundant; to be in excess; to superabound: **Le pesche sovrabbondano quest'estate**, there is a surfeit (*o* a glut) of peaches this summer **2** (*avere in eccesso*) to overflow with, to be loaded with, to have too much of, to superabound in; (*dare in eccesso*) to lavish, to overindulge in, to be generous with: **piante che sovrabbondano di frutti**, trees loaded with fruit.

sovraccapitaliẓẓàre, v. t. (*econ.*) to overcapitalize.

sovraccaricàre, v. t. **1** to overload (*anche elettr., telef.*); to overburden; to overcharge; to surcharge: **s. di lavoro**, to overburden with work; to overwork; **s. una linea telefonica**, to overload (*o* to congest) a telephone line; **s. il bagagliaio di un'auto**, to overload the boot of a car **2** (*fig.*: *appesantire*) to overburden; to load: **s. di decorazioni**, to overdecorate; to overload with decoration.

sovraccàrico, A a. **1** overloaded (*anche elettr., telef.*); overburdened; overcharged: **essere s. di lavoro**, to be overloaded (*o* overburdened) with work; to be overworked; to be up to one's ears in work; **Le linee sono sovraccariche**, the lines are overloaded (*o* congested) **2** (*fig.*: *traboccante*) overbrimming; (*strapieno*) packed, crammed; (*eccessivo*) exaggerated, excessive: **un autobus s. di passeggeri**, a bus crammed with passengers; **decorazione sovraccarica**, exaggerated decoration. **B** m. overload (*anche elettr., telef.*); excess weight: (*elettr.*) **determinare un s.**, to overload; to cause an overload; **un s. di lavoro**, an overload (of work); **s. demografico**, overspill; **Bisogna togliere il s.**, we must get rid of the excess weight.

sovraccopèrta, V. **sopraccoperta**.

sovracompressióne, V. **surcompressione**.

sovracomprèsso, V. **surcompresso**.

sovracorrènte, f. (*elettr.*) overcurrent.

sovraemissióne, f. (*fin.*) overissue.

sovraespórre, v. t. (*fotogr.*) to overexpose.

sovraesposiẓióne, f. (*fotogr.*) overexposure.

sovraespósto, a. (*fotogr.*) overexposed.

sovraffaticàre, A v. t. to overtire; to tire out; to wear* out; to overstrain; to overwork; to overexert. **B sovraffaticàrsi,** v. i. pron. to overtire oneself; to tire oneself out; to overstrain oneself.

sovraffollaménto, m. overcrowding.

sovraffollàto, a. overcrowded; jam-packed (*fam.*).

sovraimpórre, e *deriv.* V. **sovrimporre**, e *deriv.*

sovraimpressióne, V. **sovrimpressione**.

sovrainnestàre, v. t. (*agric.*) to double-graft.

sovrainnèsto, m. (*agric.*) double-graft(ing).

sovraintèndere, e *deriv.* V. **soprintendere**, e *deriv.*

sovralimentàre, v. t. **1** to overfeed* **2** (*tecn.*) to supercharge.

sovralimentàto, a. **1** overfed **2** (*mecc.*) supercharged; boosted.

sovralimentatóre, m. (*mecc.*) supercharger; booster.

sovralimentazióne, f. **1** overfeeding; overeating **2** (*mecc.*) supercharging; boosting.

sovrametàllo, m. (*mecc.*) surplus stock.

sovràna, f. **1** V. **sovrano 2** (*numism.*) sovereign.

sovranaménte, avv. **1** (*regalmente*) royally; regally **2** (*fig.*: *supremamente*) supremely; utterly; completely.

sovranità, f. **1** (*autorità di sovrano*) sovereignty; royalty; suzerainty **2** (*potere sovrano*) sovereignty; sovereign power; suzerainty: **la s. del parlamento**, the sovereignty of Parliament; **la s. popolare**, the sovereignty of the people; **diritto di s.**, sovereign rights (*pl.*); **esercitare la s.**, to exercise sovereignty (*o* sovereign power); **rinunciare alla s. su una regione**, to give up sovereignty over a region **3** (*supremazia*) sovereignty; supremacy: **la s. della legge**, the supremacy of the law.

sovrannaturàle, V. **soprannaturale**.

sovràno, A *a.* ***1*** sovereign: **potere s.**, sovereign power; **stato s.**, sovereign state; **il popolo s.**, the sovereign people ***2*** (*sommo, supremo*) supreme; sovereign; paramount: **autorità sovrana**, supreme authority; **poeta s.**, supreme poet; **La pace qui è sovrana**, here peace reigns; **un s. disinteresse**, supreme (*o* total, absolute) lack of interest; **Il benessere dei cittadini deve essere s.**, the people's welfare must be paramount ***3*** (*del sovrano*) sovereign; (*del re*) the king's; (*della regina*) the queen's: **grazia sovrana**, the king's [queen's] grace. **B** *m.* (*f.* **-a**) sovereign; ruler; monarch; king (*f.* queen): **alla presenza del s.**, before the sovereign [the king, the queen]; **i sovrani**, the king and queen.

sovraoccupazióne, *f.* (*econ.*) overemployment.

sovraordinàto, *a.* (*ling.*) superordinate.

sovrappassàggio, sovrappàsso, *m.* (*cavalcavia*) overpass; flyover (*GB*).

sovrappensièro, *V.* **soprappensiero.**

sovrappéso, *m.* (*med.*) excess weight.

sovrappiù, *V.* **soprappiù.**

sovrapponìbile, *a.* superimposable.

sovrappopolàre, *v. t.* to overpopulate.

sovrappopolàto, *a.* overpopulated.

sovrappopolazióne, *f.* overpopulation.

sovrappórre, A *v. t.* ***1*** (*mettere sopra*) to superimpose, to place (*o* to put*, to lay*) on top; (*coprire parzialmente*) to overlap; (*far combaciare*) to match: **s. due figure [due colori]**, to superimpose two figures [two colours]; **s. due fogli**, to lay two sheets one upon the other; **Devi s. questo pezzo a quello**, you must put this piece on top of that one; **s. perfettamente due triangoli**, to match two triangles ***2*** (*fig.*: *anteporre*) to set* above, to give* first place to; (*imporre*) to impose on: **s. il proprio interesse al bene pubblico**, to set one's interest above the general good ***3*** (*mat., geom., fis.*) to superpose ***4*** (*mecc., elab.*) to overlap. **B sovrappórsi,** *v. i. pron.* ***1*** (*imporsi*) to place oneself above; (*sostituirsi*) to replace, to usurp: **L'esecutivo non deve s. alla magistratura**, the government must not place itself above the judiciary ***2*** (*porsi sopra ad altro*) to be superimposed, to be (*o* to lay*) one upon another; (*coprire parzialmente*) to overlap; (*combaciare*) to match: **I quattro strati si sovrappongono**, the four layers are superimposed one upon another; **Le due illustrazioni si erano sovrapposte**, the two pictures had been superimposed one on top of the other; **Le tegole devono s. ordinatamente**, the roof-tiles must overlap neatly ***3*** (*fig.*: *aggiungersi*) to be superimposed (to); (*accavallarsi*) to overlap; (*di suono*: *soffocare*) to drown: **Ai vecchi problemi se ne sono sovrapposti dei nuovi**, there are new problems on top of the old ones; **interessi che si sovrappongono**, interests that overlap; overlapping interests; **Su tutte si sovrappose la voce di basso del nonno**, Granfather's bass drowned all the other voices.

sovrapposizióne, *f.* ***1*** superimposing; superimposition; (*parziale*) overlapping; (*esatta*) matching: **s. di immagini**, superimposing of pictures ***2*** (*fig.*) superimposition; (*accavallamento*) overlapping: **Qui c'è una s. di interessi**, there is an overlapping of interests here ***3*** (*mat., geom., fis.*) superposition ***4*** (*mecc., radio*) overlap ***5*** (*elab.*: *di programmi*) overlay; (*di tempi*) overlapping, overlap.

sovrappósto, *a.* ***1*** laid upon; placed on top; superimposed; overlapping; overlapped ***2*** (*mat., geom., fis.*) superposed.

sovrappressióne, *f.* (*idraul.*) overpressure; extra pressure; plenum: **s. di acqua**, extra water pressure; **sistema in s.**, plenum system.

sovrapprèzzo, *m.* surcharge; excess charge; overprice.

sovrapprodùrre, *v. t.* (*econ.*) to overproduce.

sovrapproduzióne, *f.* (*econ.*) overproduction.

sovrapprofitto, *m.* profit

sovrascorriménto, *m.* (*geol.*) overthrust.

sovrastàmpa, *f.* overprint; surprint.

sovrastampàre, *v. t.* to overprint; to surprint.

sovrastampàto, *a.* overprinted; surprinted.

sovrastànte, *a.* (*che s'innanza*) rising above, towering above; (*che sta sopra*) overlooking, overhanging.

sovrastàre, *v. t.* e *i.* ***1*** (*dominare dall'alto*) to rise* above; to tower above; to soar above; to dominate; to overtop; to overhang*: **La cattedrale sovrastava tutti gli edifici vicini**, the cathedral rose above the surrounding buildings; **il colle che sovrasta alla valle**, the hill dominating the valley ***2*** (*fig.*: *essere superiore*) to surpass; to be superior to ***3*** (*fig.*: *essere imminente*) to impend over; to threaten; to loom over; to hang* over: **Era ignaro del pericolo che gli sovrastava**, he was unaware of the impending danger.

sovrasterzànte, *a.* (*autom.*) oversteering. ● **essere s.**, to oversteer.

sovrasterzàta, *f.* (*autom.*) oversteering.

sovrastèrzo, *m.* oversteer.

sovrastimàre, *v. t.* to overvalue; to overestimate; (*fig.*) to overrate.

sovrastruttùra, *f.* ***1*** (*anche filos.*) superstructure ***2*** (*fig.*: *complicazione, aggiunta*) overtone; complication; (*al pl.*) trappings.

sovrastrutturàle, *a.* superstructural.

sovratemporàle, *a.* supratemporal.

sovreccitàbile, *a.* overexcitable; highly-strung.

sovreccitabilità, *f.* overexcitability.

sovreccitàre, A *v. t.* to overexcite. **B sovreccitàrsi,** *v. i. pron.* to become* (*o* to get*) overexcited.

sovreccitàto, *a.* overexcited; overwrought; overstrung; fevered.

sovreccitazióne, *f.* overexcitement.

sovrimpórre, *v. t.* to superimpose. ● **s. una tassa**, to impose an extra tax.

sovrimpòsta, *f.* (*fin.*) additional (*o* extra) tax; surtax; surcharge: **s. sul reddito**, income surtax; **applicare una s.**, to surtax.

sovrimpressióne, *f.* ***1*** (*tipogr.*) overprinting; overprint ***2*** (*fotogr.*) double exposure.

sovrimprèsso, *a.* (*tipogr.*) overprinted.

sovrintelligìbile, *a.* beyond human understanding.

sovrintèndere, e *deriv. V.* **soprintendere**, e *deriv.*

sovrumanità, *f.* superhuman nature.

sovrumàno, *a.* (*anche fig.*) superhuman: **poteri sovrumani**, superhuman powers; **sforzo s.**, superhuman effort.

sovvenire, A *v. t.* (*lett.*: *soccorrere*) to assist; to help; to aid. **B** *v. i.* ***1*** (*venire in aiuto*) to come* to the aid of; (*provvedere*) to meet*: **s. ai bisogni di q.**, to meet sb.'s needs ***2*** (*tornare alla mente*) to occur, to come* to mind; (*ricordare*) to remember: **Non mi sovvenne il suo nome**, his name did not occur to me; **Proprio non mi sovviene**, I can't remember at all. **C sovvenirsi,** *v. i. pron.* (*ricordarsi*) to remember: **Non mi sovvenni delle tue parole**, I didn't remember your words; **Non me ne sovvengo**, I can't remember.

sovvenzionaménto, *m. V.* **sovvenzione.**

sovvenzionàre, *v. t.* to subsidize; (*finanziare*) to finance: **s. una scuola**, to subsidize a school.

sovvenzionàto, *a.* subsidized; funded, financially backed.

sovvenzionatóre, *m.* (*f.* **-trice**) subsidizer; financial backer.

sovvenzióne, *f.* subsidy; subvention; financial backing; grant; aid; (*econ.*) bounty; (*lascito*) endowment: **sovvenzioni statali**, state grants; **concedere una s.**, to grant a subsidy; **godere di una s.**, to be subsidized; to benefit from a grant; **sovvenzioni all'agricoltura**, aid to agriculture; farming subsidies; **s. all'esportazione**, export bounty (*o* subsidy).

sovversióne, *f.* subversion; overthrow; subversive activities (*pl.*).

sovversivìsmo, *m.* subversivism.

sovversìvo, *m.* (*f.* **-a**) subversive.

sovvertiménto, *m.* subversion; overthrow; overthrowing; overturning; upheaval: **s. dell'ordine costituito**, subversion of the established order; **s. di valori**, subversion of values; **Si propongono come scopo il s. delle istituzioni democratiche**, they aim at subverting democratic institutions.

sovvertire, *v. t.* to subvert; to overthrow*; to overturn; to upset*: **s. un principio [un ordine di cose]**, to subvert a principle [an order of things]; **s. una famiglia**, to upset (*o* to break up) a family.

sovvertitóre, A *m.* (*f.* **-trice**) subverter; overthrower. **B** *a.* subversive.

sozzaménte, *avv.* filthily; foully.

sozzerìa, (*region.*) *V.* **sozzura.**

sózzo, *a.* ***1*** filthy; dirty; soiled; grubby; foul: **mani sozze**, filthy (*o* dirty, grubby) hands; **Hai la maglietta tutta sozza di grasso**, your T-shirt is filthy with grease ***2*** (*fig.*) filthy; dirty; foul; sordid; nasty: **sozzi guadagni**, filthy earnings; **una sozza faccenda**, a sordid business.

sozzùme, *m.* filth; dirt.

sozzùra, *f.* ***1*** (*l'essere sozzo*) filthiness (*anche fig.*); dirtiness; foulness ***2*** (*cosa sozza*) filthy (*o* dirty, foul) thing; filth ***3*** (*fig.*) filthy words; filthy behaviour (*sing.*); filth (*sing.*).

spaccalégna, *m.* woodcutter; limberman* (*USA*); lumberjack (*USA*).

spaccamontàgne, spaccamónti, *m.* swaggerer; braggart; brag; boaster.

spaccaòssa, *m.* cleaver.

spaccapiètre, *m.* stonebreaker.

spaccàre, A *v. t.* (*rompere*) to break* (up), to smash, to crack; (*in due*) to split*, to cleave*, to cut* open; (*fare a pezzi*) to chop, to hew*; (*frantumare*) to shatter; (*fendere*) to crack, to rift, to rend*; (*far scoppiare*) to burst*: **s. le pietre**, to break stones; **s. una vetrina**, to break (*o* to smash) a shop-window; **s. una noce**, to crack a nut; **s. la legna**, to chop wood; **s. un pezzo di legno [tronchi]**, to split a piece of wood [logs]; **s. la testa a q.**, to break (*o* to crack) sb.'s skull; to cleave sb.'s skull open; to brain sb.; **Il gelo ha spaccato i tubi**, the cold burst the pipes; **s. il cuore a q.**, to break sb.'s heart; **una vista che spacca il cuore**, a heart-breaking (*o* heart-rending) sight; **una questione che spaccherà la maggioranza**, an issue that will split the majority; **s. q.c. in tre**, to break st. into three parts. ● (*fig.*) **s. il capello in quattro**, to split hairs; to chop logic □ **s. il minuto**, (*di orologio*) to keep perfect time; (*di persona o evento*) to be dead on time □ (*pop.*) **s. la faccia a q.**, to smash (*o* to bash) sb's face in □ **un sole che spacca le pietre**, a blazing (*o* scorching) sun: **C'è un sole che spacca le pietre**, the sun is blazing down (*o* scorching); today is a scorcher □ **O la va o la spacca!**, here goes!; here we go!; it's all or nothing!; it's do or die! **B spaccàrsi,** *v. i. pron.* (*rompersi*) to break* (up, apart), to crack, to smash; (*andare in frantumi*) to shatter; (*fendersi*) to crack, to split*, to fissure, to cut* open, to cleave*; (*scoppiare*) to burst*: **Il legno di pino si spacca bene** pinewood cleaves easily; **Mi si è spaccato il bicchiere in mano**, the glass shattered in my hands; **L'asse si è spaccata nel centro**, the board split in the middle; **Attenti, il ghiaccio si sta spaccando!**, careful! the ice is breaking up; **Il paese si spaccò in due sulla questione dell'aborto**, the country split (o was divided) over the abortion issue.

spaccàta, *f.* ***1*** (*lo spaccare*) breaking; cracking; chopping: **dare una s. alla legna**, to chop some wood ***2*** (*ginnastica*) splits (*pl.*): **fare la s.**, to do the splits ***3*** (*pop.*: *furto*) smash-and-grab raid.

spaccato, A *a.* **1** (*rotto, con spaccature*) broken, cracked; (*con fessura*) split, cleft; (*fatto a pezzi*) chopped, hewn; (*scoppiato*) burst: **trave spaccata**, split beam; **legna spaccata**, chopped wood; **labbra spaccate**, cracked lips; **un partito s.**, a split (*o* divided) party **2** (*fig.*: *vero e proprio*) downright; absolute; thorough; out-and-out; through and through: **un fiorentino s.**, a Florentine through and through; **un bugiardo s.**, a downright liar **3** (*fig.*: *tale e quale*) the spitting (*o* dead) image of: **Quel bambino è suo fratello s.**, that boy is the spitting image of his brother. ● **sordo s.**, stone-deaf. **B** *m.* **1** (*archit.*) cutaway view; (vertical) section **2** (*fig.*) cross-section: **uno s. della società**, a cross-section of society.

spaccatùra, *f.* **1** (*lo spaccare*) breaking; splitting; cleaving; chopping; hewing **2** (*crepa, fenditura*) split; cleft; fissure; crack; rift; rent; cleavage **3** (*fig.*: *profonda divisione politica*) cleavage; rift; split; faultline: **ridurre [allargare] la s. tra le due parti**, to narrow [to widen] the split between the two parties.

spacchettàre, *v. t.* to unpack; to unwrap.

spacciàre, A *v. t.* **1** (*smerciare*) to sell* (off); to give* out **2** (*vendere clandestinamente*) to peddle; to traffic in; (*droga*) to peddle, to push (*fam.*) **3** (*mettere in circolazione*) to circulate; to utter: **s. monete false**, to circulate counterfeit coins **4** (*far passare per*) to pass off (as): **Cercava di s. quel quadro per un Van Gogh**, he tried to pass that painting off as a Van Gogh; **Non puoi spacciarmela per tua sorella!**, you can't pass her off to me as your sister! **5** (*divulgare*) to spread*; to give* out; to tell*: **s. una notizia**, to spread a piece of news; **s. fandonie**, to tell fibs **6** (*finire, uccidere*) to finish off; to dispatch; to carry off: **La polmonite l'ha spacciato**, the pneumonia finished him off (*o* carried him off). **B spacciàrsi**, *v. rifl.* (*dare a credere di essere*) to give* oneself out (to be, *o* as); to pass oneself off (as): **s. per avvocato [per conte]**, to pass oneself off as a lawyer [as a count].

spacciàto, *a.* done for; as good as dead; kaput (*fam.*); dished (*fam.*): **Poveraccio, ormai è s.**, he's done for (*o* he's a goner), poor devil; **Se la banca non ci fa un prestito siamo spacciati**, if the bank doesn't agree to a loan, we're done for; **dare q. per s.**, to give sb. up (for dead); to write sb. off (*fam.*); **I medici lo danno per s.**, the doctors have given him up; the doctors say he's done for (*o* have written him off) (*fam.*).

spacciatóre, *m.* (*f.* **-trice**) trafficker; peddler: **s. di denaro falso**, trafficker in counterfeit money; **s. di droga**, drug peddler, drug pusher (*fam.*).

spàccio, *m.* **1** (*vendita*) sale; trading: **lo s. di alcolici**, sale of spirits; **s. illegale**, illicit trading; trafficking; peddling: **s. clandestino di alcolici**, illicit trading in liquor; bootlegging (*USA*); **lo s. della droga**, drug peddling (*o* pushing); (*su larga scala*) the drug trade; **arrestato per s. di droga**, arrested for drug pushing **2** (*luogo di vendita*) shop; store: **s. di tabacchi**, tobacconist's (shop); **s. di vino**, wine-shop; off-licence (*GB*) **3** (*mil.*) canteen, post-exchange (*USA*, *abbr.* P.X.); (*aziendale*) factory shop, company store (*USA*).

spàcco, *m.* **1** (*fenditura*) fissure, cleft, split, slit; (*incrinatura*) crack **2** (*moda*) slash, slit; (*di giacca, cappotto*) vent: **gonna con lo s.**, slit skirt **3** (*strappo*) tear; rent; split: **farsi uno s. nella giacca**, to tear (*o* to split) one's jacket. ● (*agric.*) **innesto a s.**, cleft-graft.

spacconàta, *f.* boast; bragging; tall story; braggadocio*; big talk; big words: **Non credergli, è solo una s.**, don't believe him, he's just boasting (*o* bragging); **dire spacconate**, to boast; to talk big.

spaccóne, *m.* braggart; brag; braggadocio*; boaster; blowhard; **fare lo s.**, to brag; to boast.

spàda, *f.* **1** sword; (*da scherma*) épée (*franc.*): **il fodero [l'elsa] d'una s.**, the sheath [the hilt] of a sword; **brandire la s.**, to brandish one's sword; **cingere la s.**, to gird the sword; **rinfoderare la s.** (*anche fig.*), to sheathe one's sword; **sguainare la s.**, to draw (*o* to unsheathe) one's sword; **tirare di s.**, to fence; **colpo di s.**, sword thrust; **ferita di s.**, sword cut **2** (*tiratore di s.*) swordsman*; fencer; blade: **essere una buona s.**, to be a good swordsman (*o* blade) **3** (*pl.*) (*seme delle carte da gioco*) swords. ● **s. alla mano**, sword in hand □ **la s. di Damocle**, the sword of Damocles □ **la s. della giustizia**, the sword of justice □ **a s. tratta**, with drawn sword; (*fig.*) with all one's might, passionately, to the hilt: **difendere q. [q.c.] a s. tratta**, to defend sb. [st.] to the hilt; to take up cudgels for sb. [st.] □ **danza delle spade**, sword dance □ **diritto come una s.**, as straight as a poker (*o* a ramrod) □ (*anche fig.*) **incrociare la s. con q.**, to cross swords with sb. □ **morire con la s. in pugno**, to die fighting □ **passare a fil di s.**, to put to the sword; to slaughter □ (*prov.*) **Chi di s. ferisce di s. perisce**, he that lives by he sword, shall die by the sword □ (*prov.*) **Ne uccide più la lingua che la s.**, the pen is mightier that the sword.

spadaccino, *m.* swordsman*; fencer; blade.

spadàio, *m.* sword maker.

spadellàre, *v. t.* (*mancare il tiro*) to miss.

spàdice, *m.* (*bot.*, *zool.*) spadix*.

spadifórme, *a.* (*lett.*) sword-shaped; ensiform.

spadino, *m.* dress-sword; smallsword.

spadista, *m.* e *f.* (*scherma*) fencer; épéeist.

spadóna, *f.* (*bot.*) Williams pear.

spadóne, *m.* broadsword.

spadroneggiàre, *v. i.* (*spreg.*) to domineer; to lord it; to throw* one's weight about; to lay* down the law.

spaesaménto, *m.* disorientation; feeling of being lost; lost feeling; bewilderment.

spaeṣàto, *a.* out of one's element; lost; bewildered.

spaghettàta, *f.* (*fam.*) spaghetti meal. ● **Facciamoci una bella s.**, let's have a nice dish of spaghetti.

spaghetteria, *f.* spaghetti restaurant.

spaghétto, *m.* **1** (*spago sottile*) string; twine **2** (*pl.*) (*cucina*) spaghetti (*sing.*): **Ottimi, questi s.**, this spaghetti is excellent; **uno s.**, a string of spaghetti; **s. al pomodoro**, spaghetti with tomato sauce **3** *V.* **spago (2)**.

spaginàre, *v. t.* (*tipogr.*) to alter the paging (*o* pagination) of (a book).

spaginatùra, *f.* (*tipogr.*) altering of the pagination.

spagliàre (1), A *v. t.* to remove the straw from. **B spagliàrsi**, *v. i. pron.* to lose* the straw covering.

spagliàre (2), *v. i.* (*straripare*) to overflow*; to flood.

spagliatùra, *f.* removing of the straw.

spàglio, *m.* **1** (*straripamento*) overflowing; flooding **2** (*agric.*, *nella locuz.*) **a s.**, broadcast: **semina a s.**, broadcasting; **seminare a s.**, to sow (*o* to scatter seed) broadcast.

Spàgna, *f.* (*geogr.*) Spain. ● **cera di S.**, sealing wax □ (*bot.*) **erba s.** (*Medicago sativa*), lucern(e) □ **pan di S.**, sponge cake.

spagnòla, *f.* **1** *V.* **spagnolo 2** (*med.*) Spanish influenza; Spanish flu.

spagnoleggiàre, *v. i.* **1** to follow Spanish fashions; to affect Spanish manners **2** (*spreg.*) to behave haughtily.

spagnolésco, *a.* (*spreg.*) haughty; arrogant.

spagnolétta, *f.* **1** (*di cotone o seta*) spool; reel **2** (*serrame per finestra*) espagnolette **3** (*fam.*: *arachide*) peanut.

spagnoliṣmo, *m.* Hispanicism.

spagnòlo, A *a.* Spanish. **B** *m.* (*f.* **-a**) Spaniard; (*f.* Spanish woman*): **gli Spagnoli**, the Spaniards. **C** *m.* (*ling.*) Spanish.

spàgo (1), *m.* **1** string; twine: **s. grosso**, thick string; cord; **un gomitolo [un pezzo] di s.**, a ball [a piece] of string; **un pacco legato con s.**, a parcel tied up with string **2** (*filo da calzolaio*) waxed thread. ● (*fig.*) **dare s. a q.**, to let sb. talk; to humour sb..

spàgo (2), *m.* (*fam.*: *paura*) scare; fright: **Che s. ha avuto!**, he was scared stiff!; he got really scared!; **prendersi un bello s.**, to be scared out of one's wits.

spaiaménto, *m.* separation (of a pair); uncoupling.

spaiàre, *v. t.* to separate (a pair); to uncouple.

spaiàto, *a.* odd; unmatched; uncoupled; unpaired: **scarpa spaiata**, odd shoe.

spalancaménto, *m.* throwing open; opening wide.

spalancàre, A *v. t.* to open wide; to throw* open; to fling* open: **s. gli occhi**, to open one's eyes wide; to goggle; **s. la bocca**, to open one's mouth wide; to gape; **s. le braccia**, to open one's arms wide; to throw open one's arms; **s. una finestra [una porta]**, to fling (*o* to throw) a window [a door] open; **s. la porta con un calcio**, to kick the door wide open; **s. le ali**, to spread one's wings; (*fig.*) **s. le orecchie**, to keep one's ears open. **B spalancàrsi**, *v. i. pron.* to open wide; to burst* open; to be thrown (*o* flung) open; (*di fosso e sim.*) to yawn, to gape: **La porta si spalancò**, the door was flung open; **I suoi occhi si spalancarono dallo stupore**, her eyes opened wide in amazement; **Ai nostri piedi si spalancava un'enorme buca**, a deep hole gaped before us.

spalancàto, *a.* wide-open; outstretched; spread out; gaping: **La porta era spalancata e da dentro non veniva rumore**, the door was wide-open and no noise came from inside; **occhi spalancati**, wide-open eyes; **Aveva gli occhi spalancati dalla sorpresa**, he was wide--eyed with surprise; **guardare con occhi spalancati**, to stare wide-eyed; to goggle; to be goggle-eyed (*fam.*); **braccia spalancate**, open (*o* outstretched) arms; **bocca spalancata**, gaping mouth; mouth wide-open; **Mi guardò a bocca spalancata**, he looked at me open--mouthed; he gaped at me; **Teneva il giornale s. davanti a sé**, he had the paper spread out before him.

spalàre, *v. t.* to shovel: **s. via**, to shovel away; **s. un sentiero nella neve**, to shovel a path through the snow. ● **s. il grano**, to winnow corn □ (*naut.*) **s. i remi**, to feather the oars.

spalàta, *f.* **1** shovelling **2** (*quantità*) shovelful. ● **dare una s. a q.c.**, to shovel st.

spalatóre, *m.* (*f.* **-trice**) shoveller.

spalatrice, *f.* **1** shoveller **2** (*agric.*) grain aerator.

spalatùra, *f.* shovelling.

spàlla, *f.* **1** shoulder: **portare un bambino su una s.**, to carry a child on one shoulder; **battere una mano sulla s. di q.**, to pat sb. on the shoulder; to pat sb.'s shoulder; **spalle larghe [quadrate, curve]**, broad [square, stooping] shoulders; **spalle buone**, strong shoulders; **un par di spalle**, broad shoulders; a fine pair of shoulders; **tirare su** (*o* **raddrizzare**) **le spalle**, to throw back one's shoulders; **stringersi nelle spalle** (*o* **scrollare, alzare le spalle**), to shrug (one's shoulders); **alzata di spalle**, shrug **2** (*pl.*) (*schiena, dorso*) back: **dare le spalle a q.c.**, to have one's back (turned) on st.; **voltare le spalle a q.c.**, to turn one's back to st.; (*fig.*) to turn one's back on st.; **portare un peso sulle spalle**, to carry a weight on one's back; (*anche fig.*) **una pugnalata alle spalle**, stab in the back **3** (*di montagna, collina*) shoulder **4** (*parte d'un vestito*) shoulder: **Questa giacca è stretta di spalle**, this jacket is narrow across the shoulders; **s. imbottita**, padded shoulder **5** (*cucina*) shoulder: **prosciutto di s.**, shoulder ham **6** (*tipogr.*) shoulder **7** (*edil.*) abutment **8** (*teatr.*) stooge; straight man; feed (*GB*): **fare da s. a q.**, to stooge for sb. ● **s. a s.**, shoulder to shoulder;

side by side □ (*mil.*) **Spall'arm!**, *V.* **spallarm** □ (*naut.*) **s. del timone**, rudder bow □ **una s. per piangere**, a shoulder to cry on □ **a s.**, on one's back: **trasportare q.c. a s.**, to carry st. on one's back; to shoulder st. □ (*fig.*) **accarezzare le spalle a q.**, to dust sb.'s jacket (*fam.*) □ **anni di esperienza sulle spalle**, years of experience behind one □ **avere parecchi anni sulle spalle**, to be getting on (in years); to be rather long in the tooth (*fam.*) □ **assalire il nemico alle spalle**, to take the enemy in the rear □ **attaccare alle spalle**, to attack from behind □ **avere q.c. alle spalle**, to have st. behind one's back □ **avere la testa sulle spalle**, to have a (good) head on one's shoulders □ **avere le spalle larghe** (*o* **buone spalle**), to be broad-shouldered; (*anche fig.*) to have broad shoulders □ (*fig.*) **avere le spalle al muro**, to have one's back to the wall □ (*fig.*) **avere le spalle coperte**, to be well covered □ (*fig.*) **avere q.c. [q.] sulle proprie s.**, to carry (*o* to be saddled with) the responsibility for st. [sb.]; to have st. [sb.] on one's hands: **avere una famiglia numerosa sulle spalle**, to have a large family to support (*o* on one's hands) □ **cogliere q. alle spalle**, to take sb. unawares; to catch sb. unprepared □ (*fig.*) **coprire le spalle di q.**, to cover sb.'s shoulders □ **dire q.c. dietro le spalle di q.**, to say st. behind sb.'s back □ **Ero proprio alle tue spalle**, I was right behind you □ **fare** (*o* **tenere**) **s. a q.** (*spalleggiarlo*), to back sb. up □ **farsi largo con le spalle**, to shoulder one's way □ **gettare la responsabilità [la colpa] sulle spalle di q. altro**, to shift the responsibility [the blame] on to sb. else (*o* on to other shoulders) □ (*fig.*) **gettarsi q.c. dietro le spalle**, to forget about st.; to take no further notice of st. □ (*fig.*) **guardare** (*o* **proteggere**) **le spalle a q.**, to guard sb.'s back; to protect (*o* to cover) sb. □ **guardarsi alle spalle**, to look over one's shoulder □ **lavorare di spalle**, to shoulder one's way: **Lavorando di spalle arrivarono in prima fila**, they shouldered their way to the front row □ **lasciarsi qc. alle spalle**, to leave st. behind one □ **mettersi q.c. in s.**, to shoulder st. □ **portare q. sulle spalle** (*in trionfo*), to carry sb. shoulder-high □ **prendersi una responsabilità sulle spalle**, to shoulder a responsibility; to take a responsibility upon oneself □ **ridere alle spalle di q.**, to laugh at sb. behind his back □ (*mus.*) **violino di s.**, second violin; (*fig. scherz.*) second fiddle □ **vivere alle spalle di q.**, to live off (*o* on) sb.; to live at sb.'s expense □ (*fig.*) **voltare** (*o* **volgere**) **le spalle a q.** (*fig.*), to turn one's back on sb.; (*non salutare*) to cold-shoulder; (*fuggire*), to run away; to turn tail.

spallàccio, *m.* **1** (*di zaino*) shoulder strap **2** (*di armatura*) shoulder plate.

spallàrm, **A** *inter.* shoulder arms! **B** *m.* – **ordinare lo s.**, to order to shoulder arms.

spallàta, *f.* **1** (*urto*) push (*o* shove) with the shoulder: **dare una s. a q.**, to give sb. a shove with one's shoulder; to shoulder sb. out of the way; **scostare q. con una s.**, to shoulder sb. out of the way; **farsi largo a spallate**, to shoulder one's way (through st.); **Buttò giù la porta con una s.**, he knocked the door down with his shoulder **2** (*alzata di spalle*) shrug (of the shoulder). ● (*fig.*) **dare una s. al governo**, to bring down (*o* to unseat) the government; to give the government a death-blow.

spallazióne, *f.* (*fis. nucl.*) spallation.

spalleggiaménto, *m.* backing; support.

spalleggiàre, **A** *v. t.* **1** to back; to support **2** (*mil.*) to carry (st.) on one's shoulders; to shoulder. **B** **spalleggiàrsi**, *v. rifl. recipr.* to back (*o* to support) each other (*o* one another).

spallétta, *f.* **1** (*parapetto*) parapet: **la s. d'un ponte**, the parapet of a bridge **2** (*edil.*) embrasure **3** (*argine*) embankment; bank.

spallièra, *f.* **1** (*di sedia, poltrona, ecc.*) back **2** (*di letto*: *testata*) head; (*fondo*) foot **3** (*di piante*) espalier **4** (*attrezzo ginnico*) wall bars (*pl. GB*); stall bar (*USA*).

spallìna, *f.* **1** (*mil.*) (*dorata*) epaulette, epaulet (*USA*); (*striscia con gradi*) shoulder mark: **guadagnarsi le spalline**, to win one's epaulettes **2** (*di indumento femm.*) shoulder strap: **senza spalline**, strapless **3** (*imbottitura*) shoulder pad.

spallóne, *m.* (*pop.*) smuggler.

spallùccia, *f.* – **fare spallucce**, to shrug (one's shoulders).

spallucciàta, *f.* shrug (of the shoulders).

spalmàre, **A** *v. t.* to smear; to spread*; to daub; to apply; (*ricoprire*) to coat, to cover, to plaster, to lay* on; (*impiastrare*) to smudge, to smear; (*soffregando*) to rub: **s. con l'olio**, to smear with oil; to oil; **s. di pece**, to smear with pitch; to tar; **spalmarsi il viso di crema**, to apply cream to one's face; **s. il burro su una fetta di pane**, to spread butter on to a slice of bread; to butter a slice of bread; **s. una teglia di burro**, to butter a baking-tin. **B** **spalmàrsi**, *v. rifl.* to smear; to rub (st.) on one's body: **Si spalmò tutta di crema solare**, she smeared sun-tan cream all over herself. **C** **spalmàrsi**, *v. i. pron.* to spread*: **La margarina si spalma meglio del burro**, margerine spreads more easily than butter.

spalmàta, *f.* applying; smearing; spreading; (*con olio*) oiling; (*soffregando*) rubbing: **darsi una s. di crema in faccia**, to apply some cream to one's face.

spalmatrice, *f.* (*mecc.*) spreader; spreading machine.

spalmatùra, *f.* **1** (*lo spalmare*) smearing, spreading; (*soffregando*) rubbing; (*con olio*) oiling, greasing; (*con pece*) tarring **2** (*lo strato*) layer; coat.

spàlto, *m.* **1** (*bastione*) bastion; glacis; (*merlato*) battlement **2** (*pl.*) (*gradinate di stadio*) terraces.

spampanàre, **A** *v. t.* to strip of foliage; to thin out: **s. le viti**, to strip the vines of their foliage; to thin out the vines. **B** **spampanàrsi**, *v. i. pron.* (*di fiori*) to be overblown.

spampanàto, *a.* **1** (*di viti*) stripped **2** (*di fiori*) overblown.

spampanatùra, *f.* stripping of foliage; thinning out.

spanàre, *v. t.* **spanàrsi**, *v. i. pron.* (*mecc.*) to strip.

spanàto, *a.* (*mecc.*) stripped.

spanatùra, *f.* (*mecc.*) stripping.

spanciàre, **A** *v. i.* **1** (*di tuffatore*) to belly-flop **2** (*aeron.*) to do* a belly-landing; to pancake. **B** **spanciàrsi**, *v. i. pron.* – **s. dal ridere** (*o* **dalle risa**), to split one's sides (with laughter).

spanciàta, *f.* **1** (*colpo con la pancia*) belly flop: **prendere una s.**, to do a belly flop **2** (*scorpacciata*) big feed: **fare una s. di q.c.**, to gorge (*o* to stuff) oneself with st. **3** (*aeron.*) belly-landing; belly flop; pancake (landing).

spàndere, **A** *v. t.* **1** (*allargare, distendere*) to spread* (out); to lay* out: **s. i panni lavati**, to lay out the washing; **s. una vela**, to spread (*o* to open) a sail; **L'albero spande i rami**, the tree spreads out its branches **2** (*versare, spargere*) to shed*, to pour out, to gush; (*rovesciare*) to spill*, to slop; (*gocciolare*) to leak: **s. sangue**, to shed blood; **s. lacrime**, to shed tears; **s. acqua**, to leak water; (*orinare*) to make (*o* to pass) water: **Questo vaso spande acqua**, this vase leaks **3** (*diffondere*) to spread*; to give* out (*o* off); to diffuse; to shed*: **La candela spandeva una luce fioca**, the candle gave out a dim light; **s. un buon profumo**, to give off a good smell; **s. terrore**, to spread terror **4** (*divulgare*) to spread*; to divulge; to circulate: **s. una notizia**, to spread a piece of news **5** (*spalmare*) to spread*; to smear: **Spandete uniformemente la cera sul pavimento**, spread the wax evenly over the floor **6** (*sparpagliare*) to scatter; to strew*; to spread*. ● **spendere e s.**, to squander one's money; to spash out; to throw one's money about. **B** **spàndersi**, *v. i. pron.* **1** (*allargarsi, diffondersi*) to spread*: **Le macchie d'olio si spandono**, oil stains spread; **La notizia si sparse subito per il paese**, the news spread at once throughout the village **2** (*riversarsi, anche fig.*) to pour out: **s. per le vie**, to pour into the streets. ● **s. a macchia d'olio**, to spread like wildfire.

spandicéra, *m. invar.* floor polisher.

spandiconcime, *m. invar.* (*agric.*) manure spreader.

spandifièno, *m. invar.* (*agric.*) tedder.

spandighiàia, *f. invar.* gravel spreader.

spandiletàme, *m. invar.* (*agric.*) manure spreader.

spandiliquàme, *m. invar.* (*agric.*) sewage spreader.

spandiménto, *m.* **1** spreading: **s. di concimi**, manure spreading **2** (*versamento*) spilling; pouring out.

spandisàbbia, *m. invar.* (*tecn.*) sand spreader.

spandisàle, *f. invar.* salt spreader.

spanditrice, *f.* (*tecn.*) spreader; spreading machine.

spaniàre, **A** *v. t.* to remove from birdlime. **B** **spaniàrsi**, *v. i. pron.* **1** to free oneself from birdlime **2** (*fig.*) to disentangle oneself; to get* out of a tight spot.

spàniel (*ingl.*), *m. invar.* (*zool.*) spaniel.

spànna, *f.* **1** handbreadth; span **2** (*misura approssimativa*) a few inches; a few centimetres: **a una s. dal muro**, a few centimetres (*o* inches) from the wall; **Sarà largo due spanne al massimo**, it can't be more than eighteen inches wide. ● (*scherz.*) **alto una s.**, knee-high to a grasshopper □ **andare a spanne**, to calculate approximatively; to give a rough guess □ **lavoro fatto a spanne**, rough job □ **misurare a spanne**, to span.

spannàre, *v. t.* (*il latte*) to skim (milk).

spannatóia, *f.* skimmer.

spannatùra, *f.* skimming.

spannòcchia, *f.* *V.* **spannocchio**.

spannocchiàre, *v. t.* to husk (*o* to strip, to shuck) corn.

spannocchiatùra, *f.* corn-husking; corn--shucking.

spannòcchio, *m.* (*zool., Penaeus carinatus*) edible prawn.

spantanàre, **A** *v. t.* (*fig.*) to get* (sb.) out of a fix. **B** **spantanàrsi**, *v. i. pron.* to get* out of a fix.

spaparacchiàrsi, **spaparanzàrsi**, *v. rifl.* (*fam.*) to sprawl; to slump: **s. sul divano**, to sprawl on the sofa; **s. al sole**, to bask in the sun.

spappagallàre, *v. i.* **1** (*ripetere come un pappagallo*) to repeat like a parrot **2** (*blaterare*) to jabber; to chatter; to prattle.

spappolaménto, *m.* pulping; mashing: **s. chimico**, chemical pulping.

spappolàre, **A** *v. t.* to reduce (*o* to crush) (st.) to a pulp (*o* to mush): **Hai spappolato le pesche a forza di cuocerle**, you've cooked the peaches to a mush; **La pressa gli ha spappolato una mano**, the press crushed his hand to a pulp. **B** **spappolàrsi**, *v. i. pron.* (*disfarsi*) to get* mushy; to be reduced (*o* crushed) to a pulp.

spappolàto, *a.* mushy; pappy; soggy; reduced to a pulp: **patate spappolate**, mushy (*o* soggy) potatoes; **un piede s.**, a foot reduced to a pulp; a badly-mangled foot. ● (*scherz.*) **avere il cervello s.**, to be soft in the head.

spappolatóre, *m.* (*ind. cartaria*) kneader; pulper.

sparacchiàre, *v. i.* to fire intermittently.

sparachiòdi, *f. invar.* riveting gun.

sparagèlla, **sparaghella**, *f.* (*bot., Asparagus acutifolius*) wild asparagus.

sparagnìno, *a.* (*region.*: *tirchio*) closefisted; stingy.

sparàre (1), **A** *v. i.* **1** to shoot*; (*fare fuoco*) to fire: **s. a una lepre**, to shoot at a hare; **s. a un bersaglio**, to shoot at a target; **s. a q. alla testa [alle gambe]**, to shoot sb. in the head [in the legs]; **Gli sparò al cuore**, she shot him in the heart; **Gli hanno sparato alla schiena**, he was shot in the back; **s. addosso a q.**, to shoot at sb.; (*senza prendere la mira*) to take a pot-shot at sb.; **Spari bene**, you shoot well; **Diede l'ordine di s.**, he gave the order to fire; **«Non sparate!»**, «don't shoot!»; **Ci stanno sparando**, we are being shot at; **Sparò due o tre volte**, he fired two or three times; **«Posso farti una domanda?» «Spara»**, «can I ask you a question?» «shoot away» ***2*** (*di colore*) to dazzle; to be dazzling. ● **s. a bruciapelo**, to fire point-blank; to blast □ **s. a salve**, to fire a blank; to fire salvoes □ **s. a vista**, to shoot on sight □ **s. a zero**, to fire (*o* to shoot) at point-blank range; to fire point-blank; (*fig.*) to lash out (against) □ (*fig.*) **s. nel mucchio**, to lash out indiscriminately □ **spararsi**, to shoot oneself: **spararsi alla testa**, to shoot oneself in the head □ **È come s. sulla Croce Rossa**, it's like taking money from blind beggars. **B** *v. t.* to shoot*; to fire; to discharge: **s. un fucile**, to fire (*o* to discharge) a gun; **s. un colpo di fucile**, to fire a shot; **s. un colpo in aria**, to shoot in the air. ● **s. calci**, to kick sb.: **s. un calcio a q.**, to deal sb. a kick; to kick sb. □ **s. fandonie**, to brag; to shoot a line; to talk big; to tell tall stories □ (*sport*) **s. (il pallone) in rete**, to shoot at goal □ (*fig.*) **s. l'ultima cartuccia**, to play one's last card □ **s. una cifra**, (*per indovinare*) to guess a figure; (*dire un prezzo*) to come out (*o* to name) with a figure □ **s. una domanda**, to fire (*o* to shoot) a question □ **s. una notizia in prima pagina**, to splash a story all over the front page □ **s. una salva**, to fire a volley □ **s. una salva di ventun cannoni**, to fire a salute of twenty-one guns □ **spararle grosse**, to talk big; to tell stories; to tell lies □ **spararsi un colpo in testa**, to put a bullet through one's head □ (*pop.*) **spararsi una coca**, to have a Coke.

sparàre (2), *v. t.* (*sventrare con un lungo taglio*) to split* open; to cut* lengthwise.

sparàta, *f.* ***1*** discharge; volley ***2*** (*fig.*: *spacconata*) brag; boast; boasting: **Nessuno ci crede più alle sue sparate**, no one believes his boasts anymore ***3*** (*fig.*: *scenata, sfogo*) outburst; (*attacco verbale*) attack, verbal onslaught.

sparàto (1), *m.* (*di camicia*) shirtfront.

sparàto (2), *a.* (*fam.*: *veloce*) fast; like a shot; flat out: **partire s.**, to be off like a shot; **andare s.**, to go flat out; to belt along (*fam GB*); to barrel (along, down, etc.) (*fam. USA*).

sparatóre, *m.* (*f.* **-trice**) shooter.

sparatòria, *f.* shooting; firing; gunfire; (*scambio di fucilate*) exchange of shots; (*fra malviventi*) shoot-out, gun battle, gunfight.

sparecchiaménto, *m.* clearing away; clearing (of the table).

sparecchiàre, *v. t.* ***1*** to clear away: **s. la tavola**, to clear the table; to clear away the dishes; to clear away ***2*** (*fam.*: *mangiare tutto*) to eat* up; to dispatch; to dispose of; to finish off.

sparéggio, *m.* ***1*** (*differenza fra due conti*) difference; disparity; deficit ***2*** (*sport*) play-off: **incontro di s.**, play-off; deciding game; decider.

spàrgere, **A** *v. t.* ***1*** (*disseminare, sparpagliare*) to scatter; to strew*; to spread*; to disperse; to disseminate: **spargere fogli dappertutto**, to scatter sheets of paper everywhere; **I tifosi avevano sparso lattine e cartacce dappertutto**, the spectators had strewn tins and wrappers all over the place; **L'assassino aveva sparso indizi falsi in tutto l'appartamento**, the murderer had disseminated false clues all over the flat; **s. il seme**, to sow, to scatter seed ***2*** (*cospargere*) to scatter; to strew*; to spread*; to sprinkle; to pepper: **s. sale [zucchero] sul cibo**, to sprinkle salt [sugar] on food; **s. sale su una strada**, to scatter salt on a road; **s. il letame**, to spread manure; **s. fiori su una tomba**, to strew flowers over a grave; **s. la ghiaia sul vialetto**, to scatter (*o* to strew) gravel on the path; to strew the path with gravel; **s. qua e là**, to sprinkle; to intersperse; **Aveva sparso allusioni ambigue per tutto l'articolo**, he had peppered (*o* sprinkled) his article with ambiguous allusions ***3*** (*versare*) to shed*; to pour out; to spill: **s. sangue**, to shed blood; **s. lacrime**, to shed tears ***4*** (*divulgare*) to spread*; to put* about; to broadcast*: **s. false notizie**, to spread (*o* to put about) false information; **s. q.c. ai quattro venti**, to spread st. far and wide; to broadcast st. ***5*** (*emanare*) to shed*; to give* out (*o* off): **s. un debole chiarore**, to shed a dim light; **s. calore**, to give off heat. **B** **spàrgersi**, *v. i. pron.* ***1*** (*sparpagliarsi, disperdersi*) to spread*; to scatter; to disperse: **La folla si sparse dappertutto**, the crowd dispersed everywhere; **I poliziotti si sparsero all'inseguimento**, the policemen scattered in pursuit ***2*** (*diffondersi*) to spread* (abroad): **La voce si sparse in un baleno**, the news spread like wildfire; **La sua fama si è sparsa in tutto il mondo**, his fame has spread worldwide.

spargiménto, *m.* ***1*** scattering; strewing ***2*** (*il versare*) shedding; (out)pouring: **s. di sangue**, shedding of blood; bloodshed.

spargipépe, *m. invar.* pepper pot; (*a macinino*) pepper mill.

spargisàle, *m. invar.* salt-cellar (*GB*); salt shaker (*USA*).

spargitàlco, *m. invar.* talcum sprinkler

spargitóre, *m.* (*f.* **-trice**) spreader; shedder.

sparigliàre, *v. t.* to break* up a pair of; to unmatch.

sparìre, *v. i.* ***1*** to disappear; to vanish; to fade away; to be gone; to go* away; **s. via in un baleno**, to be gone in a twinkle; **Il sole sparì dietro una nuvola**, the sun disappeared behind a cloud; **La neve sparirà presto**, the snow will soon disappear; **Purtroppo la cicatrice non sparirà**, unfortunately the scar will not go away (*o* fade); **Mi sono sparite le chiavi**, my bunch of keys has vanished; **È sparito coi soldi**, he vanished (*o* cleared out, made away) with the money; **La torta è sparita subito**, the cake disappeared in a twinkling; **Dove eravate spariti?**, where had you gone off to?; **s. senza lasciar traccia**, to vanish without a trace ***2*** (*cessare di esistere*) to pass away. ● **s. alla vista**, to disappear (*o* to vanish) from sight; to be lost to sight □ **s. dalla faccia della terra**, to vanish from the face of the earth □ **Sparisci!**, get lost!; clear out! □ **apparire e s.**, to appear and disappear □ **far s. q.c.**, (*far scomparire*) to make st. disappear (*o* vanish), to spirit st. away; (*nascondere*) to hide st.; (*mangiare*) to put away, to make off with; (*rubare*) to pinch st., to lift st.: **far s. una chiave**, to hide a key; **Gli hanno fatto s. il cappello**, somebody has hidden his hat; **far s. tutti i cioccolatini**, to make off with all the chocolates □ **far s. q.** (*ucciderlo*), to do away with sb. (*fam.*); to dispose of sb.

sparizióne, *f.* disappearance.

sparlàre, *v. i.* ***1*** to talk behind (sb.'s) back; to gossip (about); to speak* ill (of); to malign (sb.); to backbite* (sb.); to bitch about (sb.) (*pop.*); to badmouth (sb.) (*pop. USA*) ***2*** (*parlare a sproposito*) to talk nonsense.

sparlatóre, *m.* (*f.* **-trice**) backbiter; gossip.

spàro (1), *m.* ***1*** (*lo sparare*) firing; shooting: **congegno di s.**, firing device; firing lock ***2*** (*colpo*) shot, (*tirato a casaccio*) pot-shot (*fam.*); (*rumore*) report, crack; (*al pl.*) shots, firing (*sing.*): **uno s. di fucile**, a rifle-shot; a gunshot; the crack (*o* the report) of a gun; **sentire uno s.**, to hear a shot (*o* a crack).

spàro (2), *V.* **sarago**.

sparpagliaménto, *m.* scattering; strewing; spreading; throwing about.

sparpagliàre, **A** *v. t.* to scatter; to strew*; to throw* about; to disperse; to litter: **Il vento ha sparpagliato tutti i fogli**, the wind scattered all the sheets; **s. le carte da gioco sul tavolo**, to scatter the cards on the table; **s. i vestiti per tutta la stanza**, to scatter one's clothes about the room; **Aveva sparpagliato i gusci sul pavimento**, he had littered the floor with shells. **B** **sparpagliàrsi**, *v. i. pron.* to scatter; to disperse: **s. nelle vie**, to scatter through the streets; **Diede ordine ai suoi di s.**, he ordered his men to scatter; **Sparpagliamoci!**, let's scatter.

sparpagliataménte, *avv.* scatteredly; in disorder.

sparpagliàto, *a.* scattered; dispersed; strewn: **libri sparpagliati**, scattered books.

sparsaménte, *avv.* sparsely; here and there.

spàrso, *a.* ***1*** (*sparpagliato*) scattered; strewn; littered: **fogli sparsi**, scattered sheets of paper; **case s. sul pendio**, houses scattered over the hillside; **cartacce sparse per terra**, dirty wrappers littering the ground; **scritti sparsi**, scattered (*o* uncollected) writings; **piogge sparse**, scattered showers ***2*** (*cosparso*) scattered; spread; strewn; covered: **s. di fiori**, strewn with flowers ***3*** (*sciolto*) loose: **fogli sparsi**, loose sheets; **con i capelli sparsi**, with one's hair loose ***4*** (*rado*) occasional; stray: **qualche s. visitatore**, a few occasional visitors ***5*** (*versato*) spilt; shed: **latte s.**, spilt milk; **sangue s.**, shed blood. ● **in ordine s.**, (*alla spicciolata*) by two and threes, severally; (*mil.*) in open order.

spartachìsmo, *m.* Spartacism.

spartachista, *m. e f.* Spartacist.

Spàrtaco, *m.* Spartacus.

spartanaménte, *avv.* Spartanly; like a Spartan; (*fig.*) austerely.

spartàno, **A** *a.* Spartan: **educazione spartana**, Spartan upbringing. **B** *m.* (*f.* **-a**) Spartan (*f.* Spartan woman*): **gli Spartani**, the Spartans.

sparteina, *f.* (*chim.*) sparteine.

spartiàcque, *m. invar.* (*geogr.*) watershed; divide; ridge.

spartibile, *a.* dividable.

spartifuòco, *m. invar.* (*teatr.*) safety curtain.

spartinéve, *m. invar.* snowplough, snowplow (*USA*).

spartire, *v. t.* ***1*** (*dividere in parti*) to share out; to divide; to split*; to apportion; to carve up (*fam.*): **s. cento sterline fra cinque persone**, to share out (*o* to split) one hundred pounds among five people; **Spartimmo il denaro in parti uguali**, we divided the money equally; **spartirsi i profitti**, to share the profits; to carve up the profits (*fam.*); **Ci spartimmo il bottino**, we shared out the loot ***2*** (*separare, dividere*) to separate; to divide; to part: **s. due litiganti**, to part two brawlers; **s. i capelli**, to part one's hair ***3*** (*mus.*) to score. ● **non avere nulla da s. con q.**, to have nothing to do with sb. □ **Non voglio aver nulla da s. con loro**, I don't want to have anything to do with them; I will have no truck with them.

spartisémi, *m.* (*agric.*) grapeseed separator.

spartito (1), *a.* divided; shared; split.

spartito (2), *m.* (*mus.*) score: **s. d'opera**, piano score.

spartitràffico, **A** *a.* – **aiuola s.**, central reservation (*GB*); median strip (*USA*); **banchina s.**, traffic divider; **isola s.**, traffic island; **striscia** (*o* **linea**) **s.**, centre line. **B** *m. invar.* traffic island; traffic divider; (*colonnina*) traffic bollard.

spartitùra, *f.* ***1*** *V.* **spartizione** ***2*** (*scriminatura*) parting.

spartizióne, *f.* sharing out; division; apportionment; carving up: **La s. dell'eredità**, the division (*o* sharing-out) of the inheritance; **la s. dei profitti**, profit sharing; **la s. di un territorio**, the carving-up of a region; **s. politica**, political carve-up.

spàrto, *m.* ***1*** (*bot., Lygeum spartum*) esparto;

esparto grass **2** (*fibra*) esparto.
sparutézza, *f.* **1** leanness; gauntness; haggardness **2** (*esiguità*) scantiness; meagreness.
sparùto, *a.* **1** lean; spare; gaunt; haggard **2** (*di numero esiguo*) scant; scanty; meagre.
sparvièro, *m.* **1** (*zool., Accipiter nisus*) sparrowhawk **2** (*edil.*) hawk; mortarboard; hod.
spaṣimànte, *m.* e *f.* (*scherz.*) admirer; suitor (*m.*).
spaṣimàre, *v. i.* **1** to suffer agonies; to be racked (with st.): **Ho spasimato tutta la notte**, I suffered agonies all night long; **s. per il dolore**, to be racked with pain; **s. per la gelosia**, to be racked with jealousy **2** (*fig.*: *desiderare*) to long; to yearn; to crave; to pine: **Spasimavo di vederti**, I was longing to see you. ● **s. per q.**, to be head over ears in love with sb. (*fam.*).
spaṣimo, *m.* (*dolore acuto, anche fig.*) pang; agonies (of pain) (*pl.*); anguish; torment; throes (*pl.*): **gli spasimi della fame**, the pangs of hunger; **lo s. dell'amore [del rimorso]**, the pangs of love [of remorse]; **gli s. dell'agonia**, the throes of death; **morire tra gli spasimi**, to die in torment.
spàṣmo, *m.* (*med.*) spasm: **s. facciale**, facial spasm; **s. muscolare**, muscular spasm; cramp; twitch; jerk; **s. dell'esofago**, esophagospasm.
spaṣmodicaménte, *avv.* **1** (*affannosamente*) agonizingly; painfully **2** (*a scatti*) jerkily **3** (*a intermittenza*) intermittently; fitfully; in fits and starts.
spaṣmòdico, *a.* **1** (*med.*) spasmodic(al): **contrazioni spasmodiche**, spasmodic contractions; cramps; twitches **2** (*fig.*: *affannoso, tormentoso*) agonizing; nerve-racking: **attesa spasmodica**, nerve-racking wait **3** (*fig.*: *a scatti*) jerky; (*intermittente*) spasmodical, fitful, in fits and starts.
spaṣmofilìa, *f.* (*med.*) spasmophilia.
spaṣmòfilo, *a.* (*med.*) spasmophilic; spasmophile.
spaṣmolìtico, *a.* e *m.* (*farm.*) spasmolytic; antispasmodic.
spassàre, A *v. t.* to amuse. **B spassàrsi,** *v. i. pron.* (*divertirsi*) to have a very good (*o* a great) time; to have fun; to have a fun time (*USA*): **Ci siamo spassati alla tua festa**, we had a great time at your party; your party was fun; **Ci siamo spassati a guardare le foche**, we had fun looking at the seals; **spassarsela**, to have fun, to live it up; **spassarsela un mondo**, to have a grand time; to have the time of one's life; to have a whale of a time (*fam.*); to have a ball (*fam.*).
spassionataménte, *avv.* dispassionately; impartially; with an unbiassed mind.
spassionatézza, *f.* dispassionateness; impartiality.
spassionàto, *a.* dispassionate; impartial; unbias(s)ed: **un parere s.**, an impartial opinion; **con animo s.**, with an unbiased mind; dispassionately.
spàsso, *m.* **1** (*divertimento*) fun; (*passatempo*) pastime: **prendersi qualche s.**, to have some fun; **Hai rovinato tutto lo s.**, you've ruined all the fun; **È uno s. viaggiare con loro**, it's great fun travelling with them; **darsi agli spassi**, to live it up; **prendersi s. di q.**, to poke fun at sb.; **così tanto per s.**, just for the fun of it; just for a lark (*fam. GB*); **Che s.!**, what fun! **2** (*fig.*: *cosa o persona spassosa*) funny thing [person]; laugh; scream (*fam.*); riot (*fam.*); hoot (*fam. GB*); giggle (*fam. GB*); gas (*fam. USA*): **Che s. quel film!**, what a laugh that film was; that was a really funny film; **Tutta la scena è stata uno s.**, the whole scene was a giggle from beginning to end; **uno s. di ragazza**, a scream of a girl; a fun girl (*USA*); **La festa di Gigi è stata uno s. che non ti dico**, Gigi's party was a real riot **3** (*passeggiata*) walk; stroll: **andare a s.**, to go for a walk; **portare q. a s.**, to take sb. for a walk; (*fig.*) to lead sb. up the (garden) path (*fam.*); **portare a s. il cane**, to walk the dog. ● (*fig.*) **essere** (*o* **trovarsi**) **a s.** (*senza lavoro*), to be out of work □ (*fig.*) **mandare q. a s.**, (*sbarazzarsene*) to get rid of sb., to send sb. packing; (*licenziarlo*) to sack sb., to fire sb., to give sb. his walking papers □ (*fig.*) **Va' a s.**, get lost!
spassóso, *a.* funny; hilarious; fun (*pred.*); fun (*attr. USA*): **cosa [persona] spassosa**, funny thing [person]; laugh; scream.
spàstico, *a.* e *m.* (*med.*) spastic.
spastoiàre, A *v. t.* to unhobble; to unfetter. **B spastoiàrsi,** *v. i. pron.* (*fig.*) to free oneself; to disentangle oneself; to get* out (of).
spàta, *f.* (*bot.*) spathe.
spàtico, *a.* (*miner.*) spathic; spathose.
spàto, *m.* (*miner.*) spar: **s. pesante**, heavy spar; barite; **s. d'Islanda**, Iceland spar.
spàtola, *f.* **1** spatula; (*cucina, pitt.*) palette knife; (*mecc.*) paddle: **s. per mastice**, putty knife; **a s.**, spatulate(d) **2** (*zool., Platalea leucorodia*) spoonbill.
spatolàto, *a.* (*bot.*) spatulate(d).
spauràcchio, *m.* **1** (*spaventapasseri*) scarecrow **2** (*fig.*) scarecrow; bugbear; bugaboo*; bogey(man*): **spauracchi per spaventare i bambini**, bugbears to scare children; **essere lo s. di q.**, to be sb.'s bugbear; **Sembri uno s. con quel cappello**, you look like a scarecrow with that hat on; **A giugno c'è lo s. degli esami**, in June we'll have the exams hanging over us.
spauriménto, *m.* frightening; scaring.
spaurìre, A *v. t.* to frighten; to scare. **B spaurìrsi,** *v. i. pron.* to take* fright; to be (*o* to get*) scared (*o* frightened).
spaurìto, *a.* frightened; scared; fearful; in fear: **Mi guardò s.**, he gave me a scared look; **con occhi spauriti**, with frightened eyes; with fear in one's eyes.
spavaldaménte, *avv.* defiantly; boldly; arrogantly; insolently.
spavalderìa, *f.* **1** defiance; boldness; daring; arrogance; insolence **2** (*vanteria*) boast; brag.
spavàldo, A *a.* defiant; bold; daring; arrogant: **un sorriso s.**, a bold smile; **con aria spavalda**, with a daring look; **contegno s.**, defiant manners. **B** *m.* bold fellow; (*smargiasso*) show-off, braggart: **fare lo s.**, to be a show-off.
spaventapàsseri, *m.* (*anche fig.*) scarecrow.
spaventàre, A *v. t.* to frighten; to give* (sb.) a fright; to scare; to spook (*fam. USA*); to put* the wind up (*fam.*); (*far sobbalzare*) to startle: **Le tue parole non mi spaventano**, your words don't frighten me; **Mi spavento al solo pensarci**, the very thought of it frightens me; **Il temporale la spaventò**, she was scared by the storm; **Mi hai spaventato, come hai fatto a entrare?**, you startled me (*o* gave me a fright): how did you get in?; **Tu mi spaventi**, you frighten me; **Niente lo spaventa**, nothing scares him; nothing daunts him; **Qualcosa spaventò il cavallo**, something spooked the horse; **s. a morte q.**, to scare sb. to death; to give sb. the fright of his life; to scare the living daylights out of sb. (*fam.*). **B spaventàrsi,** *v. i. pron.* to be frightened (of st.); to take* fright (at st.); to panic; to be afraid (of st.); to be scared (of st.); to get* the wind up (*fam.*): **Non ti spaventare per così poco!**, it's nothing to be afraid of; **Si spaventò e fuggì**, he took fright and fled; **s. per un nonnulla**, to panic over nothing; **Ti spaventi per così poco**, are you so easily scared?; do you scare so easily?; **Mi spaventai terribilmente**, I was frightened out of my wits; I was scared stiff (*fam.*); **Il cavallo si è spaventato**, the horse took fright.
spaventàto, *a.* frightened; in a fright; scared.
spaventévole, *V.* **spaventoso**.
spavénto, *m.* **1** fright; fear; scare; terror: **provare s.**, to feel fear; to be afraid; **provare un grosso s.**, to take a great fright; **tremare dallo s.**, to tremble with fear; **rimettersi dallo s.**, to get over the fright; **fare s.**, (*spaventare*) to give a fright, to frighten, to scare; (*essere spaventoso*) to be (*o* to look) frightful; **incutere s.**, to frighten; to inspire fear; **un pensiero che incute s.**, a fear-inspiring thought **2** (*vista spaventosa*) frightful (*o* awful) sight; fright; sight: **Quella donna è un vero s.!**, that woman is a real fright (*o* sight)! ● **brutto da fare s.**, frightfully ugly; hideous; as ugly as sin □ **Che s.!**, (*che paura*) how frightful!, how scary!; (*che orrore*) how dreadful!, how awful!, how horrible! □ **La tua stanza è conciata da far s.**, you room is in a frightful mess □ **Si è conciata da far s.**, she looks a fright □ **far morire q. di s.**, to frighten sb. to death (*o* out of his wits); to scare the living daylights out of sb. (*fam.*) □ **morire dallo s.**, to die of fright; (*fig.*) nearly to die of fright, to be scared to death, to be scared stiff, to be frightened out of one's wits.
spaventosaménte, *avv.* **1** frightfully; dreadfully; hideously; horribly **2** (*fig.*) tremendously; awfully; terribly.
spaventosità, *f.* frightfulness; hideousness.
spaventóso, *a.* **1** (*che incute paura*) frightful, dreadful, fearful, frightening; (*orribile*) terrible, awful, appalling, ghastly, hideous, horrible: **Che storia spaventosa!**, what a dreadful story!; **un baratro s.**, a fearful chasm; **precipitare da un'altezza spaventosa**, to fall from a frightful height; **tempo s.**, awful (*o* ghastly) weather; **sogni spaventosi**, frightening (*o* terrible, dreadful drams); **un delitto s.**, a hideous crime; **spaventose minacce**, horrible threats **2** (*fam.*: *straordinario*) incredible, tremendous, fantastic; (*enorme*) enormous, huge; (*che lascia allibiti*) appalling: **avere una fortuna spaventosa**, to have incredible luck; **una quantità spaventosa**, an enormous quantity; **spaventosa ignoranza**, appalling ignorance. ● **Guida in modo s.**, he drives terribly; he's an awful driver.
spaziàle, *a.* spatial space (*attr.*): **arte s.**, spatial art; **distribuzione s.**, spatial distribution; **capsula s.**, space capsule; **era s.**, space age; **medicina s.**, space medicine; **nave s.**, spaceship; spacecraft; **ricerca s.**, space research; **sonda s.**, space probe; **volo s.**, space flight.
spazialiṣmo, *m.* (*arte*) spatialism.
spazialista, *m.* e *f.* (*arte*) statialist.
spazialità, *f.* (*anche arte*) spatiality.
spaziaménto, *m.* spacing.
spaziàre, A *v. i.* **1** (*muoversi liberamente*) to move freely; to run* free; to sweep*: **Qui si può s.**, we can move freely here; there is plenty of room here; **In campagna i ragazzi possono s. a piacere**, children can run free in the country; **Il falco spaziava nel cielo**, the hawk swept through the sky **2** (*fig.*) to sweep*; to range: **I miei occhi spaziarono sull'orizzonte**, my eyes swept the horizon; **s. per tutti i campi del sapere**, to range over all the fields of knowledge; **Nel suo intervento spaziò da Dante a Dario Fo**, his speech ranged from Dante to Dario Fo. **B** *v. t.* (*anche tipogr.*) to space (out).
spaziàto, *a.* (*anche tipogr.*) spaced (out).
spaziatóre, *a.* spacing; space (*attr.*): **barra spaziatrice**, space-bar.
spaziatùra, *f.* (*anche tipogr.*) spacing; space.
spazieggiàre, *v. t.* **1** to space **2** (*tipogr.*) to space; to letterspace.
spazieggiatùra, *V.* **spaziatura**.
spazientìre, A *v. t.* (*irritare*) to try (sb.'s) patience; to make (sb.) impatient: **Non lo s.**, don't try his patience; don't provoke him; **L'attesa mi spazientiva**, the wait made me impatient (*o* was trying my patience). **B** *v. i.* e **spazientìrsi,** *v. i. pron.* to lose* patience; to become* impatient; (*irritarsi*) to chafe (at), to have no patience (with): **Mi spazientii e me ne andai**, I lost patience and left; **Mi spazientivo di fronte alla sua lentezza**, I chafed at his slowness.

spazientito, *a.* irritated; exasperated; impatient; out of patience.

spàzio, *m.* ***1*** space: **s. tridimensionale**, tridimensional space; **il concetto di tempo e di s.**, the concept of time and space; **s. cosmico**, cosmic space; outer space; **s. interplanetario [interstellare]**, interplanetary (interstellar) space; **la conquista dello s.**, the conquest of space; **l'uomo nello s.**, man in space; **gravitare nello s.**, to gravitate in space ***2*** (*estensione limitata*) space, clearance; (*posto, anche fig.*) room; (*distanza*) distance; (*area*) area, tract, stretch: **lo s. fra due rotaie [fra le righe]**, the space between two rails [between the lines]; **C'è abbastanza s. per tutti**, there's enough room for everyone; **C'è giusto lo s. per far passare una macchina**, there is just enough clearance for one car; **Ci occorre più s.**, we need more room; **s. per rigirarsi**, elbow-room; **Ho poco s. per muovermi** (*anche fig.*), I haven't much room to move; I haven't much elbow-room; **La sua risposta non lascia s. ad altre conclusioni**, his answer doesn't leave room for any other conclusions; **fare s. a q.**, to make room for sb.; **occupare troppo s.**, to take up too much room (*o* space); **L'articolo non fu pubblicato per mancanza di s.**, the article was not published for lack of space; **lo s. percorso**, the distance covered (*o* run); **lo s. che separa A da B**, the distance separating A from B; **uno s. verde tra gli edifici**, a green area between the buildings; **spazi pubblici**, public areas ***3*** (*periodo di tempo*) period; space; span; lapse: **in un breve s. di tempo**, in a short space (*o* period, lapse) of time; **nello s. di sei mesi**, in the space of six months; within six months; **nello s. di un'ora**, in the space of an hour; within an hour; before an hour was out ***4*** (*fig.*: *opportunità*) scope: **un lavoro che non offre molti spazi**, a job that doesn't offer much scope ***5*** (*tipogr.*) space: **s. da 4 [da 3, ecc.]**, 4-em [3-em, etc.] space; **s. finissimo**, hair-space; **s. in bianco**, blank (space); **s. doppio**, double space ***6*** (*mus.*) space ***7*** (*mat.*) space: **s. vettoriale**, vector space. ● **s. per le gambe**, leg room □ **s. a quattro dimensioni**, four-dimensional space; space-time (continuum) □ **s. abitabile**, living space □ **s. aereo**, airspace □ **s. di frenatura**, braking distance □ **s. di manovra**, room to manoeuvre; (*fig.*) leeway □ **s. pubblicitario**, advertising space □ **s. televisivo**, slot; air time □ **s. vitale**, living space; lebensraum (*ted.*) □ **s.-tempo**, space-time □ **dare s. a q.c.**, to give space to st.: **I giornali hanno dato ampio s. alla notizia**, the papers gave ample space to the news □ **essere alla ricerca del proprio s. professionale**, to be in search of one's professional niche □ **ritagliarsi uno s.**, to cut out a niche for oneself.

spaziosaménte, *avv.* spaciously.

spaziosità, *f.* spaciousness; vastness; wideness; roominess.

spazióso, *a.* spacious; large; vast; wide; broad; roomy: **stanza spaziosa**, spacious (*o* large) room; **appartamento s.**, spacious (*o* roomy) flat; **armadio s.**, roomy wardrobe; **strada spaziosa**, wide road; **fronte spaziosa**, broad forehead.

spàzio-tèmpo, *m. invar.* (*fis.*) space-time.

spaziotemporàle, *a.* (*fis.*) space-time (*attr.*).

spazzacamìno, *m.* chimney sweep(er).

spazzafórno, *m.* oven brush.

spazzamìne, *m. invar.* (*naut.*) minesweeper.

spazzanéve, *m. invar.* snowplough, snowplow (*USA*): **s. a turbina**, rotary snowplough; snowblower; **sciare a s.**, to snowplough.

spazzàre, *v. t.* ***1*** to sweep* (*anche estens.*): **s. il pavimento**, to sweep the floor; **s. una stanza [le strade, un camino]**, to sweep a room [the streets, a chimney]; **Il vento spazza via le foglie morte [le nuvole]**, the wind sweeps away the dead leaves [the clouds]; **Le onde spazzarono il ponte**, the waves swept the deck; **La piena ha spazzato via tre villaggi**, the flood swept away three villages ***2*** (*fig.*: *cancellare*) to wipe out; to sweep away (*o* aside): **s. i pregiudizi**, to wipe out prejudice; **s. via ogni obiezione**, to sweep aside all objections; **Il nostro mondo fu spazzato via dalla guerra**, our world was wiped out by the war; **s. via tutto**, to make a clean sweep of everything; (*al gioco*) to sweep the board.

spazzàta, *f.* sweep; sweep-out: **dare una s. a una stanza**, to sweep out a room; to give the room a sweep.

spazzatóio, *V.* **spazzaforno**.

spazzatóre, **A** *m.* (*f.* **-trice**) sweeper. **B** *a.* sweeping: **macchina spazzatrice**, sweeping machine; sweeper.

spazzatrìce, *f.* (*per strade*) street sweeper.

spazzatùra, **A** *f.* ***1*** (*lo spazzare*) sweeping ***2*** (*rifiuti*) rubbish; refuse; trash (*USA*); garbage (*USA*): **bidone della s.**, dustbin (*GB*); rubbish bin (*GB*); garbage (*o* trash) can (*USA*); **buttare q.c. nella s.**, to throw st. into the dustbin; **camion della s.**, dustcart (*GB*); garbage truck (*USA*); **mucchio di s.**, rubbish (*USA*: garbage) heap; (*fig.*) junk pile; **raccolta della s.**, rubbish (*USA*: garbage) collection; **trovare q.c. nella s.**, to find st. in the rubbish. ● **trattare q. come s.**, to treat sb. like dirt. **B** *a. invar.* trashy; junk: **romanzo s.**, trashy novel; **cibo s.**, junk food.

spazzaturàio, *m.* dustman* (*GB*); garbage collector (*USA*).

spazzìno, *m.* (*f.* **-a**) ***1*** street cleaner; street-sweeper ***2*** *V.* **spazzaturaio**.

spàzzola, *f.* ***1*** brush: **s. per abiti**, clothes brush; **s. da cappelli**, hat brush; **s. da capelli**, hairbrush; **s. metallica**, wire brush ***2*** (*zool.*) scopula*; scopa*. ● (*elettr.*) **s. del distributore**, rotor (arm) □ (*autom.*) **s. del tergicristallo**, windscreen wiper blade □ **baffi tagliati a s.**, toothbrush moustache (*sing.*) □ **capelli a s.**, crew cut: **portare i capelli a s.**, to wear a crew cut.

spazzolàre, *v. t.* ***1*** to brush: **spazzolarsi gli abiti [i capelli]**, to brush one's clothes [one's hair]; **s. contropelo**, (*una stoffa*) to brush against the nap; (*un animale*) to brush the wrong way ***2*** (*fig. fam.*: *ripulire dei soldi*) to clean out; (*mangiare*) to put* away, to make* off with; **s. le tasche a q.**, to clean out sb.

spazzolàta, *f.* brush; brush-up: **dare una s. ai capelli**, to give one's hair a brush; to brush one's hair; **dare una s. alla giacca**, to give the coat a brush-up; **Verrà via con una s.**, it'll brush off.

spazzolatrìce, *f.* brushing machine.

spazzolatùra, *f.* brushing.

spazzolifìcio, *m.* brush factory.

spazzolìno, *m.* (small) brush: **s. da denti**, toothbrush; **s. per le unghie**, nailbrush.

spazzolóne, *m.* scrubbing brush; scrubber.

speaker (*ingl.*), *m. invar.* ***1*** (*radio, TV*) announcer; newsreader; newscaster ***2*** (*sport*) commentator ***3*** (*polit.*) speaker.

specchiàio, *m.* mirror maker.

specchiàrsi, **A** *v. rifl.* to look at oneself in a mirror; to look at one's reflection: **Prima di uscire, si specchia cento volte**, before going out she looks at herself in the mirror a hundred times; **s. in una fontana [nelle vetrine]**, to look at one's reflection in a fountain [in the shop-windows]. ● (*fig.*) **s. in q.**, to model oneself on sb. **B** *v. i. pron.* (*riflettersi*) to be reflected; to be mirrored: **I cipressi si specchiano nel lago**, the cypress trees are reflected (*o* mirrored) in the lake.

specchiàto, *a.* exemplary; flawless; spotless; upright: **un uomo di specchiata virtù**, a man of exemplary virtue.

specchièra, *f.* ***1*** (*specchio grande*) (large) mirror; pier glass ***2*** (*toletta*) dressing table.

specchiétto, *m.* ***1*** (*piccolo specchio*) (hand-)mirror: (*autom.*) **s. retrovisore**, driving mirror; rear-view mirror; (*autom.*) **s. laterale**, wing mirror ***2*** (*compendio*) compendium*, synopsis*; (*prospetto*) table, schedule. ● **s. per le allodole**, mirror decoy for larks; (*fig.*) decoy, blind, stalking-horse, window dressing.

spècchio, *m.* ***1*** mirror (*anche fig.*); looking glass; glass: **s. convesso [parabolico, deformante]**, convex [parabolic, deforming] mirror; **s. a mano**, hand-mirror; **s. da parete**, wall mirror; **guardarsi allo s.**, to look at oneself in the mirror (*o* in the glass); **Gli occhi sono lo s. dell'anima**, the eyes are the mirror (*o* the windows) of the soul; **Lo s. non è bugiardo**, the mirror doesn't lie; **Il romanzo moderno è lo s. della nostra epoca**, the modern novel is the mirror of our time ***2*** (*prospetto*) prospectus, register, schedule, table, list; (*orario*) timetable: **s. delle assenze**, register of absences; **s. delle ore lavorative**, time-sheet; **specchi del programma di lavoro**, programme schedules ***3*** (*fig.*: *esempio*) model; example; pattern: **uno s. di onestà**, a model (*o* an example) of honesty; **È uno s. di tutte le virtù**, he is a pattern of all virtues ***4*** (*superficie liscia*) sheet; mirror: **Il mare oggi è uno s.**, the sea is a mirror (*o* as smooth as glass) today; **s. d'acqua**, sheet (*o* stretch, expanse) of water ***5*** (*pallacanestro*) scoreboard. ● (*naut.*) **s. di poppa**, transom □ (*calcio*) **s. della porta**, goal mouth □ (*bot.*) **s. di Venere** (*Specularia speculum Veneris*), Venus's looking-glass □ (*TV*) **s. elicoidale**, mirror screw □ (*med.*) **s. frontale**, forehead mirror □ **s. parabolico**, parabolic mirror □ **s. retrovisore**, *V.* **specchietto** □ (*cinem.*) **s. riflettore**, reflex mirror □ (*TV*) **s. segreto**, candid camera □ **s. ustorio**, burning-glass □ **a s. del lago [del mare]**, overlooking the lake [the sea] □ **armadio a s.**, wardrobe with a mirror □ (*fig.*) **farsi s. di q.**, to model oneself on sb. □ **galleria degli specchi**, hall of mirrors □ **liscio come uno s.**, as smooth as glass □ **lucidare q. a s.**, to polish st. until it shines □ **pulito come uno s.**, spick-and-span □ **scrittura a s.**, mirror writing.

spècial, *m. invar.* (*ingl.*) (*TV*) special.

speciàle, *a.* ***1*** special; (*particolare*) particular, peculiar: **favore s.**, special favour; **dieta s.**, special diet; **precauzioni speciali**, special precautions; **inviato s.**, special correspondent; **tribunale s.**, special court; **treno s.**, special (*o* extra) train; **niente di s.**, nothing special; **nessuna ragione s.**, no particular reason; **una faccenda di s. importanza**, a matter of peculiar importance; **Che cos'ha di tanto s. quel film?**, what's so special about that film? ***2*** (*scelto*) special; choice; (top-)quality (*attr.*); premium; outstanding; select: **vini speciali**, choice wines; **caffè s.**, top-quality coffee; **clienti speciali**, select customers ***3*** (*curioso, originale*) peculiar; curious; singular; different: **Ha delle idee un po' speciali sul matrimonio**, he has rather curious (*o* peculiar, singular) ideas on marriage; **È sempre stata un po' s.**, she's always been a bit different; **È un tipo tutto s.**, he's quite a character. ● **in modo s.**, (e)specially; particularly; in particular.

specialìsta, **A** *m. e f.* specialist (*anche med.*); expert; (*tecnico*) engineer, technician: **s. della gola**, throat specialist; **uno s. in malattie della pelle**, specialist in skin diseases; **uno s. in questioni economiche**, an expert in economic matters; **uno s. in radiotecnica**, a radio engineer; **uno s. del ramo**, an expert in the field (*o* in the line); **consultare uno s.**, to consult a specialist (*o* an expert); (*sport*) **uno s. del salto in alto**, an athlete specializing in the high jump. **B** *a.* – **medico s.**, specialist.

specialìstico, *a.* specialistic; specialist (*attr.*); specialist's; specialized: **conoscenze specialistiche**, specialist knowledge; **linguaggio specialistico**, specialized language; (*med.*) **visita specialistica**, specialist's examination.

specialità, *f.* ***1*** (*particolarità*) peculiarity; uniqueness ***2*** (*ramo particolare di studio, di* *ricerche*) speciality; specialty (*USA*); specialization; special subject (*o* field); branch; line: **La sua s. era l'entomologia**, his speciality was entomology; **Qual è la sua s., professore?**, what's your line (*o* branch) of studies, professor?; **La mia s. è la poesia del Trecento**, my special field (of research) is fourteenth-century poetry ***3*** (*prodotto speciale*) speciality; specialty (*USA*); special product (*o* article): **È una s. della ditta**, it is a speciality of the firm; **s. dello chef**, chef's speciality; **Il risotto allo zafferano è una s. lombarda**, saffron risotto is a Lombard speciality ***4*** (*sport*) event: **s. atletiche**, athletics events; **la s. dei duecento metri ostacoli**, the two hundred metre hurdle (event). ● **s. farmaceutiche**, branded pharmaceuticals; proprietary (*o* patent) medicines; proprietaries.

specializzàndo, *m.* (*f.* **-a**) postgraduate (*USA*: graduate) student.

specializzàre, A *v. t.* to specialize. **B specializzàrsi,** *v. rifl.* to specialize (*anche biol.*); to become* a specialist; to qualify: **s. in storia orientale**, to specialize in oriental history; **s. in psichiatria**, to specialize in psychiatry.

specializzàto, *a.* specialized; qualified; skilled; (*mecc., elab.*) special-purpose: **operaio s. [non s.]**, skilled [unskilled] worker; **tecnico s.**, qualified technician; **manodopera specializzata**, skilled (*o* qualified) labour; **impresa specializzata**, specialized firm; **settore s.**, specialized field; **medico s.**, specialist; **macchina utensile specializzata**, special-purpose machine tool; **La nostra ditta è specializzata in prodotti di pulizia**, our firm specializes in cleaning products.

specializzazióne, *f.* specialization (*anche econ., biol.*); qualification; (*università*) specialization, postgraduate (*USA*, graduate) studies (*pl.*): **corso di s.**, qualifying (*o* specialization) course; (*università*) postgraduate (*USA*: graduate) course; **s. in medicina del lavoro**, specialization in occupational medicine; **conseguire una s.**, to specialize; to qualify; **Ha una s. in farmacia**, he is a qualified chemist (*USA*: pharmacist); **scuola di s.**, postgraduate (*USA*: graduate) school.

specialménte, *avv.* (e)specially; particularly; in particular.

speciazióne, *f.* (*biol.*) speciation.

spècie (1), *f. invar.* ***1*** kind; sort: **Che s. di uomo è?**, what kind of man is he?; **Che s. di favore vuoi?**, what sort (*o* kind) of favour do you want?; **Abbiamo merci di ogni s.**, we have goods of all kinds; **gente di ogni s. e di ogni razza**, people of every kind and description; **È una s. di mago**, he's a sort of magician; **un furfante della peggior s.**, a scoundrel of the worst sort; **La tiorba è una s. di liuto**, a theorbo is a kind of lute; **«È un commercialista?» «Una s.»**, «is he an accountant?» «sort of» ***2*** (*scient.*) species*: **la s. umana**, the human species; mankind; **le s. animali**, (the) animal species; **l'origine della s.**, the origin of the species ***3*** (*sembianza, aspetto*) guise; appearance; shape; species: **in s. umana**, in human shape; **mutare s.**, to change appearance; **sotto le s. di un venditore ambulante**, in the guise of a pedlar; (*relig.*) **le S. Eucaristiche**, the Species; (*relig.*) **sotto le s. del pane e del vino**, under the species of bread and wine. ● **fare s.**, to strike (sb.) as odd; to surprise: **Non mi farebbe s. se venisse stasera**, I shouldn't be surprised if he came tonight; **Non mi fa s. questo sfoggio di ricchezza**, this show of wealth doesn't strike me as odd; **Mi fa s. il tuo comportamento**, your behaviour surprises me; **Gli fece molta s. sentirla parlare così sgarbatamente**, he was very surprised to hear her speak so rudely □ **in s.**, (e)specially; in particular; particularly; above all: **da te in s.**, especially from you; from you in particular □ **nella s.**, in this [that] particular case □ **sotto s. di**, (*in aspetto di*) under the appearance of; (*col pretesto di*) with the pretext (*o* excuse) of.

spècie (2), *avv.* (e)specially; particularly: **Mi piace la campagna, s. di primavera**, I like the countryside, especially (*o* particularly) in spring.

specifica, *f.* ***1*** (*comm.*) detailed (*o* itemized) list; detailed note; bill: **Mandatemi una s. delle merci**, please send me a detailed list of the goods; **la s. delle spese giudiziarie**, the bill of costs ***2*** (*tecn.*) specifications (*pl.*); data sheet ***3*** (*elab.*) statement.

specificàbile, *a.* specifiable.

specificaménte, *avv.* specifically; particularly; in particular.

specificàre, *v. t.* to specify; to define; to make* clear; to be precise about; to mention explicitly; to state precisely; (*elencare*) to itemize: **s. gli usi di q.c.**, to specify the uses of st.; **s. le proprie ragioni**, to state one's reasons; **s. le circostanze [le accuse]**, to define the circumstances [the charges]; **Specifica meglio quello che intendi**, be more precise (*o* be clearer) about what you mean; **Non specificò il motivo della sua partenza**, he did not state the reason for his departure; **s. nome e indirizzo**, to state (*o* to give) one's full name and address; **s. le spese**, to itemize all expenses.

specificataménte, *avv.* specifically; in detail; precisely.

specificatìvo, *a.* specificative; specifying.

specificàto, *a.* specified; detailed; itemized: **una nota specificata delle spese**, an itemized note of expenses; **non s.**, unspecified; undertailed.

specificazióne, *f.* specification (*anche leg.*); detailed note; itemized list: **s. delle funzioni**, job specification; **s. delle merci in magazzino**, detailed list of goods on stock; **s. dei prezzi delle merci**, list of goods prices. ● (*gramm.*) **complemento di s.**, genitive case; genitive phrase.

specificità, *f.* specificity.

specìfico, A *a.* ***1*** (*della specie*) specific: **caratteri specifici**, specific characteristics (*o* characters); **differenze specifiche**, specific differences ***2*** (*particolare*) specific, particular, peculiar, special; (*preciso*) precise, explicit: **causa specifica**, specific cause; **motivo s.**, specific (*o* special) reason; **accuse specifiche**, specific charges; **nel caso s.**, in this [that] specific (*o* particular) case (*o* instance); **avere uno scopo s.**, to have a precise aim. ● **malattia specifica**, specific disease □ (*fis.*) **peso s.**, specific gravity (*o* weight) □ (*fam.*) **rimedio s.**, specific remedy. **B** *m.* ***1*** (*farm.*) specific (remedy) ***2*** (*peculiarità*) peculiarity; specific (*o* peculiar) nature: **lo s. del mezzo televisivo**, the peculiarity of the television medium; **Entriamo nello s. dell'accusa rivolta all'imputato**, let us examine in detail the charge against the accused. ● **nello s.**, in the specific instance.

specillàre, *v. t.* (*med.*) to probe; to explore.

specillo, *m.* (*med.*) stylet; probe; sound; explorer (*USA*).

specimen (*lat.*), *m. invar.* ***1*** (*saggio, campione*) specimen; sample ***2*** (*di libro*) specimen (page) ***3*** (*banca*) signature specimen.

speciosaménte, *avv.* speciously; ostensibly.

speciosità, *f.* speciosity; speciousness; ostensibility.

speciόso, *a.* specious; ostensible: **argomento s.**, specious argument; **ragioni speciose**, specious (*o* ostensible) reasons.

speck (*ted.*), *m. invar.* Tyrol smoked ham.

spèco, *m.* ***1*** (*lett.*: *spelonca*) cave; cavern; den ***2*** (*anat.*) canal.

spècola, *f.* observatory.

spècolo, *m.* (*med.*) speculum*.

speculàbile, *a.* fit for speculation.

speculàre (1), A *v. t.* to speculate on (*o* about); to inquire into: **s. i misteri della natura**, to speculate on the mysteries of nature. **B** *v. i.* ***1*** to speculate (on *o* about st.); to inquire (into st.); to meditate (on st.) ***2*** (*Borsa, fin.*) to speculate; to gamble; to play; to operate: **s. sui titoli**, to speculate (*o* to job) in stocks; **s. in Borsa**, to speculate (*o* to gamble) on the Stock Exchange; to play the market; **Perse tutto il suo patrimonio speculando in Borsa**, he lost his fortune gambling on the Stock Exchange; **s. al rialzo**, to bull; to operate for a rise; **s. al ribasso**, to bear; to operate for a fall ***3*** (*sfruttare una situazione*) to exploit; to play on; to take* advantage of; to trade on; to capitalize on; to cash in on (*fam.*): **s. sulle disgrazie altrui**, to exploit other people's misfortunes; **Ha speculato sulla sua ingenuita**, he took advantage of her naivety; **s. sulle paure di q.**, to play on sb.'s fears; **s. sulle difficoltà economiche di q.**, to capitalize (*o* to cash in) on sb.'s economic difficulties.

speculàre (2), *a.* specular; mirror (*attr.*): **riflessione s.**, specular reflection; **superficie s.**, specular surface; **immagine s.**, mirror image; **scrittura s.**, mirror writing.

specularità, *f.* specularity.

speculativaménte, *avv.* speculatively.

speculatìvo, *a.* speculative (*anche fin.*); meditative: **una mente speculativa**, a speculative mind; **filosofia speculativa**, speculative philosophy; (*fin.*) **operazioni speculative**, speculative transactions; (*fin.*) **un'impresa di natura speculativa**, an undertaking of a speculative character.

speculatóre, *m.* (*f.* **-trice**) ***1*** (*pensatore*) thinker; speculator ***2*** (*Borsa, fin.*) speculator, gambler, dealer, plunger, operator, venturer; (*profittatore*) profiteer: **s. edilizio**, property speculator; **s. in Borsa**, stock gambler. ● **s. al rialzo**, bull; long □ **s. al ribasso**, bear; short □ **s. professionista**, professional speculator □ **s. senza scrupoli**, wildcatter □ **s. sui titoli di nuova emissione**, stag.

speculatòrio, *a.* (*fin.*) speculative: **manovre speculatorie**, speculative manoeuvres.

speculazióne, *f.* ***1*** (*riflessione*) speculation; investigation, meditation; thought: **s. filosofica**, philosophical speculation; **immerso in profonde speculazioni**, deep in meditation ***2*** (*Borsa, fin.*) speculating; speculation; gambling; gamble; operation; venture; profiteering; (*aggiotaggio*) agiotage: **una s. rischiosa [sfortunata]**, a risky [an unsuccessful] speculation; **una s. sbagliata**, a bad speculation; **s. in borsa**, speculation on the Stock Exchange; **s. al rialzo [al ribasso]**, bull [bear] speculation; **una s. edilizia**, a property speculation; **la s. edilizia**, property speculating; **partecipare a una s.**, to join in a speculation; **fare una s.**, to make a speculation; **sbagliare una s.**, to make a bad speculation; **Si è arricchito con una s. riuscita**, he made his money with one lucky venture ***3*** (*sfuttamento di circostanze*) expediency; opportunism; gamble: **E tutta una s. politica**, it's just political opportunism.

spèculum (*lat.*), *m. invar.* (*med.*) speculum*.

spedalità, *f.* hospitalization.

spedalizzàre, *v. t.* to hospitalize.

spedàre, *v. t.* – (*naut.*) **s. l'ancora**, to trip the anchor.

spedire, *v. t.* ***1*** (*merci, lettere, ecc.*) to send*; to dispatch; (*per posta*) to mail, to post, to send by post; (*comm.*) to consign, to freight; (*via mare*) to ship; (*inoltrare*) to forward; (*rimettere*) to remit: **s. per via aerea**, to send (*o* to post) by airmail; to airmail; **s. via mare**, to send by ship (*o* by sea); to ship; **s. per ferrovia**, to send by rail; **Ti spedirò il pacco la settimana prossima**, I'll send (*o* post, mail) you the parcel next week; **Te lo spedirò per posta**, I'll post (*o* mail) it to you; **Ti spedii l'assegno qualche tempo fa**, I posted (*o* mailed) you the cheque some time ago; **Hai spedito gli inviti?**, did you send out the invitations?; **s. la merce**, to send (*o* to forward) the goods; (*per mare*) to ship the goods; **La prego di s. le mie lettere a questo indirizzo**, kindly forward my letters to this address; **s. q.c. a mezzo corriere**, to send st. through a forwarding agent; **s. a piccola [a grande] velocità** (*per treno*), to send by slow [by fast] train; **s. in busta aperta**, to send as printed matter; **s. per raccomandata**, to send by registered mail, to register; **s. come campione**, to send by sample-post; **s. contro assegno**, to send cash on delivery (*abbr.*: C.O.D.); **s. sotto fascia**, to send under cover; **s. per pacco postale**, to send (*o* to forward, to dispatch) by post; to post; to mail ***2*** (*persone*) to send* (out, off); to dispatch; (*mandare via*) to pack off, to whisk off: **L'ho spedito a comprarmi le sigarette**, I sent him out to buy me some cigarettes; **s. in collegio**, to send off to boarding-school; **s. a letto i bambini**, to pack the children off to bed; **L'hanno spedito in Australia col primo aereo**, they packed him off to Australia by the first plane; **s. in prigione**, to send off to prison; **s. q. all'altro mondo**, to send sb. to kingdom come ***3*** (*sbrigare*) to dispatch; to finish off; to settle. ● (*leg.*) **s. una causa**, to enter a case □ (*farm.*) **s. una ricetta**, to make up a prescription.

speditézza, *f.* expedition; promptness; speed; quickness; (*nel parlare o nello scrivere*) fluency.

speditivo, *a.* (*lett.*) expeditious; quick.

spedito, A *a.* ***1*** (*sollecito, pronto*) prompt, ready, expeditious; (*veloce*) fast, quick: **essere s. nel fare q.c.**, to be prompt to do st.; **passo s.**, quick (*o* lively) step; **andare a passo s.**, to walk quickly ***2*** (*sciolto*) fluent; free; effortless: **pronunzia spedita**, fluent pronunciation ***3*** (*fam.*: *spacciato*) done for; hopeless. **B** *avv.* ***1*** expeditiously; promptly; quickly ***2*** (*in modo sciolto*) fluently: **parlare s.**, to speak fluently.

speditóre, A *m.* (*f.* **-trice**) sender; forwarder; consignor. **B** *a.* forwarding.

spedizióne, *f.* ***1*** (*comm.*) consignment; forwarding; (*via mare*) shipment, shipping; (*di lettere, pacchi*) dispatch: **Vi farò presto un'altra s.**, I'll send you another consignment soon; **spese di s.**, forwarding (*o* shipping) charges; **s. per ferrovia**, forwarding by rail; **fare una s.**, to ship a consignment; **La s. della merce fu ritardata dallo sciopero dei portuali**, the shipment of the goods was delayed by the dockers' strike; **istruzioni per la s.**, forwarding (*o* shipping) instructions; **ricevuta di s.**, consignment receipt; **bollettino di s.**, consignment note ***2*** (*scient., mil.*) expedition: **s. militare [navale]**, military [naval] expedition; **s. geografica [archeologica]**, geographical [archaeological] expedition; **organizzare una s.**, to organize an expedition; **partecipare a una s.**, to take part in (*o* to go on) an expedition; **s. di soccorso**, relief expedition; **s. punitiva**, punitive expedition; **Si sta preparando una s. polare**, a Polar expedition is being prepared. ● **agenzia di s.**, forwarding (*o* shipping) agency □ **avviso di s.**, advice note □ **contratto di s.**, shipping contract □ (*mil.*) **corpo di s.**, expeditionary force □ **Avete voglia di fare una s. in città?**, do you fancy going into town? □ **spese di s.**, freight; forwarding (*o* shipping) charges; (*postali*) postage, postage and packing.

spedizionière, *m.* ***1*** (*comm.*) carrier; forwarder; forwarding agent ***2*** (*naut., anche* **s. marittimo**) shipper; shipping agent; freighter.

spegnàre, *v. t.* to redeem (from pawn).

spègnere, A *v. t.* ***1*** (*fuoco, sigaretta*) to put* out, to extinguish; (*soffiando*) to blow* out; (*gas, luce, radio, TV, motore*) to turn off, to switch off*: **s. le fiamme**, to extinguish the flames; **Prima di lasciare il campeggio, spensero il fuoco**, before leaving the camping ground they put out (*o* they doused) the fire; **s. una candela con un soffio**, to put out (*o* to blow out) a candle; **s. una sigaretta**, to put out a cigarette; (*premendola*) to stub out a cigarette; (*form.*) to extinguish a cigarette; **Il vento spense il fiammifero**, the wind blew out the match; **s. un incendio**, to put out a fire; **s. il gas**, to turn off the gas; **s. il motore**, to switch off (*o* to shut off, to kill) the engine; **s. la radio [il televisore]**, to switch off (*o* to turn off) the radio [the television]; **s. la luce**, to put out (*o* to turn off, to switch off) the light ***2*** (*fig.*: *far cessare, estinguere*) to stifle; to extinguish; to kill: **s. l'amore di q.**, to extinguish (*o* to kill) sb.'s love; **s. le proprie ambizioni [passioni, speranze]**, to stifle one's ambitions [passions, hopes]; **s. la sete**, to quench one's thrist ***3*** (*fig.*: *smorzare*) to muffle; to deaden; to dull; to dim: **La neve spegne i rumori**, snow muffles sounds. ● **s. la calce viva**, to slake (*o* to quench) lime □ **s. un debito**, to pay off a debt □ **s. un'ipoteca**, to discharge a mortgage □ **s. la polvere**, to lay the dust. **B spègnersi,** *v. i. pron.* ***1*** (*di luce, fuoco*) to be extinguished, to go* out, to die down (*o* out); (*di macchine e sim.*) to cut* out, to stop; (*di motore*) to stall: **A un tratto i lumi si spensero**, all of a sudden the lights were extinguished (*o* went out); **Il fuoco nel camino si spegneva lentamente**, the fire in the hearth was dying out slowly; **Mi si è spento il sigaro**, my cigar has gone out; **L'incendio si spense prima dell'arrivo dei vigili del fuoco**, the fire burnt (itself) out before the fire-brigade arrived; **Il riscaldamento si spegne automaticamente di notte**, the heating cuts out automatically at night; **Il motore si spegneva facilmente**, the engine stalled easily ***2*** (*fig.*: *venire meno, scomparire*) to die down; to fade away; to die away: **In questi ultimi anni il suo entusiasmo si è spento**, in these last few years his enthusiasm has died down; **I suoi ricordi si andavano spegnendo**, his memories were fading (away); **Le mie speranze si sono spente**, my hopes have died away; **Il rumore della folla si spense a poco a poco**, the noise of the crowd gradually died away ***3*** (*fig.*: *morire*) to pass away; to die: **Si è spenta serenamente ad ottant'anni**, she passed away peacefully at the age of eighty.

spegniménto, *m.* ***1*** extinction; (*di fuoco, ecc.*) putting out; (*per un soffio*) blowing out; (*con interruttore*) turning off, switching off ***2*** (*di macchine e sim.*) cutting out, stopping; (*di motore*) stalling ***3*** (*elettron.*) quenching. ● (*metall.*) **s. di un forno**, blowing-out.

spegnitóio, *m.* snuffer; extinguisher.

spegnitóre, *m.* (*f.* **-trice**) extinguisher.

spegnitùra, *V.* **spegnimento.**

spelacchiaménto, *m.* tearing out (*o* off) (patches of) hair; tearing out (*o* off) fur.

spelacchiàre, A *v. t.* to tear* (patches of) hair [of fur] (off st.). **B spelacchiàrsi,** *v. i. pron.* to lose* (patches of) hair [of fur]; to become* worn: **La mia pelliccia si è spelacchiata sui gomiti**, my fur coat is worn bare on the elbows.

spelacchiàto, *a.* ***1*** (*di stoffa*) worn, threadbare; (*di pelliccia*) with bare patches ***2*** (*di animale*) mangy ***3*** (*scherz.*: *con pochi capelli*) scanty-haired; bald in patches; thin on top ***4*** (*fig.*: *malconcio*) shabby.

spelàre, A *v. t.* to remove the hair [the fur] (from st.). **B** *v. i.* e **spelàrsi,** *v. i. pron.* to lose* one's hair [one's fur].

spelàto, *a.* ***1*** hairless; furless ***2*** (*di pelliccia*) worn bare; furless; bare in patches ***3*** (*di stoffa*) threadbare; worn.

spelatùra, *f.* ***1*** removing of the hair [of the fur]; (*parte spelata*) hairless [furless] patch ***2*** (*ind. tess.*) cotton waste.

spèlda, *V.* **spelta.**

spelèo, *a.* cave (*attr.*); spel(a)ean.

speleologia, *f.* spel(a)eology; (*sport*) spelunking, caving, potholing (*GB*).

speleològico, *a.* spel(a)eological.

speleòlogo, *m.* (*f.* **-a**) spel(a)eologist; (*dilettante*) spelunker, caver, potholer (*GB*).

speleonàuta, *m.* e *f.* endurance speleologist.

spellàre, A *v. t.* ***1*** (*scuoiare*) to skin; to flay; to hide: **s. un coniglio**, to skin a rabbit ***2*** (*fam.*: *graffiare*) to bark, to scrape, to graze, to rub the skin off (st.), to skin; (*sbucciare*) to peel: **spellarsi un ginocchio**, to scrape (*o* to graze) a knee; **spellarsi una mano**, to scrape (*o* to graze) a hand; **Il sole mi ha spellato il naso**, the sun has made my nose peel ***3*** (*fam.*: *chiedere prezzi esosi*) to fleece; to rip off: **Fu spellato di tutto il suo denaro**, he was fleeced of all his money. ● (*fig.*) **Il pubblico si spellava le mani**, the public was clapping their hands off. **B spellàrsi,** *v. i. pron.* ***1*** to peel: **Gli si spellò il viso**, his face peeled ***2*** (*di serpenti*) to cast* (*o* to shed*) one's skin.

spellatùra, *f.* ***1*** (*il levare la pelle*) skinning; flaying ***2*** (*escoriazione*) scrape; graze; excoriation.

spelling (*ingl.*), *m. invar.* spelling: **fare lo s. di una parola**, to spell a word.

spelónca, *f.* ***1*** (*caverna*) cave; cavern; grotto ***2*** (*fig.*: *abitazione squallida*) den; hovel. ● (*fig.*) **una s. di ladri**, a den of thieves.

spèlta, *f.* (*bot., Triticum spelta*) spelt.

spème, (*lett.*) *V.* **speranza.**

spendacción‌e, *m.* (*f.* **-a**) spendthrift; squanderer; spender.

spèndere, *v. t.* ***1*** to spend*: **s. molto per i libri**, to spend a lot on books; **s. troppo in vestiti**, to spend too much on clothes; **Non fai che s.**, you're always spending; **s. denaro [tempo]**, to spend money [time]; **s. il proprio denaro oculatamente**, to spend one's money wisely; to lay out one's money carefully; **Quanto ti hanno fatto s. in quell'albergo?**, how much did they charge you in that hotel?; **Si spende bene in questo negozio**, you get good value for money in this shop ***2*** (*fare spese*) to make* purchases; to spend* one's money: **saper s.**, to know how to spend one's money ***3*** (*impiegare*) to spend*; to use; to employ; to expend (*form.*): **s. tutte le proprie forze**, to spend (*o* to use up) all one's energy; **s. tempo e fatica per fare q.c.**, to expend time and energy in doing st.; **s. gli anni migliori della vita in un lavoro**, to spend the best years of one's life on a task; **Spesi due ore per convincerla**, it took me two hours to persuade her; **La giornata fu spesa in ricerche senza esito**, the day was taken up by (*o* was spent in, went in) unsuccessful inquiries; **Spendi pure il mio nome**, make use of my name if you like ***4*** (*fig.*: *sprecare*) to waste; to throw* away: **s. il fiato**, to spend (*o* to waste) one's breath. ● **s. a piene mani**, to spend with a free hand; to be free with one's money □ **s. al di sopra delle proprie possibilità**, to spend beyond one's means; to overspend □ **s. con larghezza**, to spend lavishly; to be free with one's money □ **s. con parsimonia**, to be careful with one's money □ **s. e spandere**, to throw one's money around; to blow one's money; to splash out; to spend money like water; to make money fly □ **s. un occhio della testa**, to pay through the nose; to pay an arm and a leg (*o* a small fortune) □ **s. un patrimonio**, to spend a fortune □ **s. una parola**, to spend a word □ **s. una parola per q.**, to put in a good word for sb. □ (*prov.*) **Chi più spende, meno spende**, cheapest is dearest.

spenderéccio, *a.* ***1*** (*che ama spendere*) spendthrift (*attr.*); thriftless; lavish; extravagant; prodigal ***2*** (*costoso*) expensive; costly.

spendìbile, *a.* that can be spent; spendable.

spendibilità, *f.* availability for spending.

spendicchiàre, *v. t.* e *i.* ***1*** (*spendere poco*) to spend* carefully; to be careful with one's money ***2*** (*spendere molto*) to spend* freely; to lavish (one's money).

spenditóre, *m.* (*f.* **-trice**) spender.

spèngere, e *deriv. V.* **spegnere** e *deriv.*

spennacchiàre, A *v. t.* ***1*** to pluck ***2*** (*fig.*

fam.) to fleece; to rip off. **B spennacchiàrsi,** *v. i. pron.* to moult; to lose* (*o* to shed*) one's feathers.

spennacchiàto, *a.* *1* plucked; featherless *2* (*scherz.*: *semicalvo*) thinning on top; balding.

spennàre, A *v. t.* *1* to pluck; to pull out the feathers of: **s. un pollo**, to pluck a fowl *2* (*fig.*: *far pagare troppo*) to fleece; to rip off. **B spennàrsi,** *v. i. pron.* to moult; to lose* (*o* to shed*) one's feathers.

spennàta, spennatùra, *f.* *1* plucking *2* (*fig.*) fleecing; rip-off.

spennellàre, *v. t.* e *i.* to paint (*anche med.*); to brush: **s. una ferita con tintura di iodio**, to paint a wound with iodine; **s. lo steccato**, to paint the fence; **s. una torta con uovo**, to brush the top of a cake with egg yolk.

spennellàta, *f.* painting; brushing: **dare una s. a q.c.**, to paint st.; to brush st.

spennellatùra, *f.* (*anche med.*) painting.

spensierataggine, *V.* **spensieratezza.**

spensierataménte, *avv.* *1* (*allegramente, serenamente*) light-heartedly; cheerfully; blithely *2* (*senza darsi pensiero*) lightly, breezily, in a happy-go-lucky fashion; (*sventatamente*) carelessly, thoughtlessly.

spensieratézza, *f.* *1* (*allegria*) light-heartedness; cheerfulness; blitheness *2* (*assenza di preoccupazioni*) lightness, breeziness, carefree attitude, happy-go-lucky attitude; (*sventatezza*) carelessness, thoughtlessness.

spensieràto, A *a.* *1* (*allegro*) light-hearted; cheerful; blithe *2* (*senza pensieri*) breezy, carefree, happy-go-lucky; (*sventato*) careless, thoughtless, unthinking. **B** *m.* (*f.* **-a**) happy-go-lucky person.

spènto, *a.* *1* (*di fuoco*) extinguished, out (*pred.*); (*di apparecchio, motore, luce, ecc.*) (turned *o* switched) off (*pred.*), out (*pred.*): **Trovammo l'incendio già s. quando arrivammo**, we found the fire already extinguished when we arrived; **Il fuoco è s.**, the fire is out; **a luci spente**, with lights out; **a motore s.**, with the engine switched off; **sigaretta spenta**, burnt-out cigarette *2* (*estinto, scomparso*) extinct; dead: **vulcano s.**, extinct volcano *3* (*fig.*: *scialbo, smorto*) dull; lacklustre; dead; lifeless: **colori spenti**, dull (*o* dead) colours; **occhi spenti**, dull (*o* lifeless) eyes; **voce spenta**, dull voice. • **calce spenta**, slaked lime.

spenzolàre, A *v. t.* to dangle; to hang* (down, out). **B** *v. i.* to dangle; to hang* (down); to be suspended. **C spenzolàrsi,** *v. rifl.* (*sporgersi*) to lean* out; to hang* out: **s. dal balcone**, to lean out (*o* to hang) over the railing of the balcony.

spenzolóni, *avv.* dangling; hanging (down, out) (*pred.*): **con le gambe s.**, with one's legs dangling; **con le braccia (a) s.**, with one's arms hanging down; **un cane con la lingua s.**, a dog with its tongue hanging out.

speràbile, *a.* to be hoped (for).

Speranza, *f.* Hope.

speranza, *f.* *1* hope; (*aspettazione*) expectation; (*prospettiva*) prospect; (*fiducia*) trust: **Il verde è il colore della s.**, green is the colour of hope; **avere s. di vincere**, to have hopes of winning; **speranze vane [folli, caduche]**, vain [mad, short-lived] hopes; **una vaga s.**, a vague (*o* lingering) hope; **ferma s.**, firm hope; **avere buone [forti] speranze di successo [di essere eletto]**, to have high hopes of success [of being elected]; **avere poche speranze**, to have little hope (*o* few hopes); **un successo al di là delle nostre speranze**, a success beyond our expectations; **non avere nessuna s. di essere promosso agli esami**, to have no hope of passing the exams; **Non c'è più s. che sia sopravvissuto**, there is no longer any hope that he may have survived; **Non c'è più s. per lui**, he is past (*o* beyond) hope; it's all up with him; **Questa risposta non dà adito a** (*o* **offre**) **molte speranze**, this reply doesn't inspire great hopes (*o* hold out much hope); **Ti scrivo nella s. che tu sia ancora a Parigi**, I'm writing to you in the hope you're still in Paris; (*nelle lettere*) **nella s. di ricevere presto una vostra risposta**, hoping to hear from you soon *2* (*persona in cui si spera*) hope; promise; hopeful: **Quel figlio è la sua unica s.**, that son is her only hope; **una giovane s. del cinema italiano**, a young promise of the Italian cinema; **giovani speranze del nuoto**, young promises (*o* hopefuls) in swimming. • **abbandonare ogni s.**, to give up (*o* to abandon) all hope □ **aprire il cuore alla s.**, to open one's heart to hope □ (*geogr.*) **il Capo di Buona S.**, the Cape of Good Hope □ **caso senza s.**, hopeless (*o* desperate) case □ **chiudere il cuore alla s.**, to shut hope out of one's heart □ **cullarsi in vane speranze**, to cherish vain hopes □ **deludere le speranze di q.**, to disappoint (*o* to fall short of) sb.'s hopes (*o* expectations) □ **di belle speranze**, of promise; promising; (*iron.*) of great expectations □ **distruggere le speranze di q.**, to dash (*o* to destroy) sb.'s hopes □ **un filo di s.**, a gleam (*o* a ray) of hope □ **una mezza s.**, a faint hope □ **motivo di s.**, cause for hope □ **nutrire la s. di**, to set (*o* to pin) one's hopes on; to entertain hopes of; to hold out hopes: **Nutre la s. di vedere suo figlio dottore**, he has set his hopes on his son's becoming a doctor; **I dottori non nutrivano più speranze per lui**, the doctors held out no hope of his recovery □ **offrire s. di**, to hold out hopes of □ **pieno di speranze**, full of hopes; very hopeful □ **riporre le proprie speranze in**, to set (*o* to pin) one's hopes on □ **oltre ogni s.**, beyond all hope (*o* expectation) □ **un residuo di s.**, a lingering hope □ **rinunciare a ogni s.**, to give up all hope □ **vivere di s.**, to live on hope □ **vivere nella s. di fare q.c.**, to live in the hope of doing st. □ (*prov.*) **La s. è l'ultima a morire**, hope is the last to die □ (*prov.*) **Chi di s. vive disperato muore**, who lives by hope will die by hunger □ (*prov.*) **Finché c'è vita c'è s.**, while there's life there's hope.

speranzóso, *a.* hopeful; expectant; full of hope.

speràre (1), A *v. t.* *1* to hope; (*confidare*) to trust, to confide; (*augurarsi*) to wish: **Speravo di vederti ieri**, I hoped (*o* I was hoping) to see you yesterday; **Spero di riuscire**, I hope to succeed; **Speravano un aiuto dai genitori di lui**, they hoped for help from his parents; **Speriamo una guarigione completa**, let us hope for a complete recovery; **Spero ch'egli possa venire**, I hope he will be able to come; **Speravamo tutti che riuscisse**, we all hoped he might succeed; **Spero di non mettermi a piangere quando lo vedrò**, I hope I won't cry when I see him; **Sperava di non essere vista**, she hoped not to be seen; **Spero di non averti svegliato**, I hope I didn't wake you up; **Spera sempre che lui ritorni**, she keeps hoping he will come back **Spero proprio che la notizia non sia vera**, I do hope the news is not true; **Spero di no**, I hope not; **Spero di sì**, I hope so; **Che spera? tempi migliori?**, what's he hoping for? better times? *2* (*aspettarsi*) to expect: **Non sperava di vederla così presto**, he did not expect to see her so soon; **Che altro possiamo s. ora?**, what else can we expect now? **B** *v. i.* to hope: **s. in Dio**, to hope in God; **s. nel futuro**, to hope in the future; **Spero nel tuo prossimo ritorno**, I'm hoping you'll come back soon; **s. nella guarigione di q.**, to hope for sb.'s recovery; to hope sb. will recover; **Spero ancora nel suo aiuto**, I keep hoping he will help me; **s. molto in q.**, to expect a lot from sb.; **s. in giorni migliori**, to hope for better days; **s. nell'impossibile**, to hope against hope; **Speriamo bene!**, let's hope for the best!; **Spero bene!**, I should hope so!; **s. per il meglio**, to hope for the best; **Voglio** (*o* **Vorrei**) **s.!**, I should hope so!

speràre (2), *v. t.* (*guardare controluce*) to look at (st.) against the light; (*uova*) to candle.

speràto, *a.* hoped-for; wished-for; expected.

speratùra, *f.* (*lo sperare le uova*) candling.

spèrdere, A *v. t.* (*lett.*: *disperdere*) to disperse; to scatter. **B spèrdersi,** *v. i. pron.* (*smarrirsi*) to lose* oneself; to get* lost (*anche fig.*); to lose* one's way; to go* astray: **C'eravamo sperduti nel buio**, we had lost our way in the dark; **È un romanzo così complicato che ci si sperde**, it's such a complicated novel that you get lost in it.

sperdùto, *a.* *1* (*perduto*) lost: **essere s. nel buio**, to be lost in the dark *2* (*fig.*: *smarrito*) lost, bewildered; (*a disagio*) ill at ease, uncomfortable, out-of-place: **sentirsi s.**, to feel lost (*o* bewildered) *3* (*fig.*: *isolato, solitario*) out-of-the-way; remote; isolated; secluded.

sperequàre, *v. t.* to unequalize.

sperequàto, *a.* disproportionate; unequal.

sperequazióne, *f.* (*econ.*) inequality, disproportion, unequal distribution; (*squilibrio*) imbalance, disparity: **s. dei redditi**, inequality of income; **s. della ricchezza**, unequal distribution of wealth; **s. tributaria**, disproportionate taxation.

spergiuràre, A *v. i.* to perjure oneself; to forswear* oneself. • **giurare e s.**, to swear again and again. **B** *v. t.* to swear* falsely: **s. il nome di Dio**, to swear falsely in the name of God; **s. il vero**, to swear falsely.

spergiuratóre, *m.* (*f.* **-trice**) (*lett.*) perjurer.

spergiùro, A *a.* perjured; forsworn. **B** *m.* *1* (*f.* **-a**) (*chi spergiura*) perjurer; false swearer *2* (*giuramento falso*) perjury.

spèrgola, *f.* (*bot.*, *Spergula arvensis*) spurry.

spericolàto, A *a.* (*audace*) daring; (*incosciente*) reckless, madcap, foolhardy: **un'impresa spericolata**, a daring undertaking; **guidatore s.**, reckless driver; **un piano s.**, a madcap scheme. **B** *m.* (*f.* **-a**) daredevil; reckless person.

sperimentàbile, *a.* testable; that can be experienced.

sperimentabilità, *f.* testability.

sperimentàle, *a.* experimental: **scienza s.**, experimental science; **un teatro s.**, an experimental theatre.

sperimentalismo, *m.* (*filos.*) experimentalism.

sperimentalista, *m.* e *f.* experimentalist.

sperimentalménte, *avv.* experimentally; by way of experiment.

sperimentàre, A *v. t.* *1* (*provare*) to experiment with, to try (out); (*sottoporre a prova*) to test, to put* to the test (*anche fig.*): **s. un nuovo metodo**, to experiment with a new method; **s. una teoria**, to test a theory; **s. il funzionamento di un apparecchio**, to test the working of a device; **s. l'efficacia di una medicina**, to test the efficacy of a drug; **s. la propria resistenza**, to test one's endurance; to put one's endurance to the test; **s. l'amicizia di q.**, to put sb.'s friendship to the test; **s. una nuova disposizione dei mobili**, to try out a new arrangement of the furniture *2* (*fare esperienza di, provare*) to experience; to have experience of; to undergo*; to endure: **s. la sofferenza**, to experience suffering; **È una sensazione che ho sperimentato anch'io**, I too have experienced that sensation. **B sperimentàrsi,** *v. rifl.* to test oneself; to put* oneself to the test.

sperimentàto, *a.* *1* (*che ha esperienza*) experienced; expert; skilled; seasoned; veteran: **un chirurgo s.**, an experienced surgeon *2* (*provato*) proven (*o* proved), tried; (*noto*) known; (*collaudato*) tested, (well-)tried: **amicizia sperimentata**, proven friendship; **rimedio s.**, proven remedy; **metodo s.**, tested method.

sperimentatóre, *m.* (*f.* **-trice**) experimenter; tester.

sperimentazióne, *f.* experimentation;

testing; trial; trial-and-error; (*esperimento*) experiment: **tecniche di s.**, testing techniques; **Siamo ancora in fase di s.**, we are still at the experimental stage (*anche fig.*); **Il prodotto è ancora in fase di s.**, the product is still being tested (*o* on trial); **L'unico modo per ottenere qualche risultato è la s.**, the only way to get any results is by trial-and-error.

sperlàno, *m.* (*zool.*, *Osmerus eperlanus*) European smelt; sparling.

spèrma, *m.* (*biol.*) sperm; semen*.

spermacèti, *m.* (*zool.*) spermaceti.

spermatèca, *f.* (*zool.*) spermatheca.

spermàtico, *a.* ***1*** (*anat.*) spermatic; spermous; sperm (*attr.*): **cordone s.**, spermatic cord; **liquido s.**, spermatic fluid ***2*** (*bot.*) spermic.

spermàtide, *n.* (*biol.*) spermatid.

spermatocita, spermatocito, *m.* (*biol.*) spermatocyte.

Spermatòfite, *f. pl.* (*bot.*, *Spermatophyta*) Spermatophyta.

spermatòfora, *f.* (*biol.*) spermatophore.

spermatogènesi, *f.* (*biol.*) spermatogenesis.

spermatogònio, *m.* (*biol.*) spermatogonium*.

spermatorrèa, *f.* (*biol.*) spermatorrhoea.

spermatozòide, *n.* (*bot.*) spermatozoid.

spermatozòo, *m.* (*biol.*) spermatozoon*.

spermicida, (*med.*) **A** *a.* spermicidal. **B** *m.* spermicide.

spèrmico, *a.* (*bot.*) spermic; spermal.

spermidótto, *m.* (*anat.*) spermiduct; spermaduct.

spernacchiàre, *v. t.* (*pop.*) to blow* a raspberry at; to jeer at.

speronaménto, *m.* (*naut.* e *estens.*) ramming.

speronàre, *v. t.* (*naut.* e *estens.*) to ram.

speronàta, *f.* ***1*** (*colpo di sperone*) kick of the spurs; (*fig.*) spurring ***2*** (*naut.* e *estens.*) ramming.

speronàto, *a.* ***1*** (*fornito di speroni*) spurred ***2*** (*zool., bot.*) spurred; calcarate.

speróne, *m.* ***1*** spur ***2*** (*naut.*) ram ***3*** (*sporgenza rocciosa*) spur ***4*** (*archit.*) spur; buttress ***5*** (*zool., bot.*) spur; calcar*.

speronèlla, *f.* (*bot., Delphinium*) delphinium; larkspur.

sperperaménto, *m.* squandering; frittering away; dissipation; dissipating; wasting.

sperperàre, *v. t.* to squander; to fritter away; to dissipate; to run* through; to waste: **s. un patrimonio**, to squander (*o* to fritter away) a fortune; **s. il denaro**, to waste money; **s. le proprie energie**, to dissipate one's energies; to waste one's efforts.

sperperatóre, *m.* (*f.* **-trice**) squanderer; dissipater; wastrel; spendthrift; waster.

sperperio, *m.* (continuous) squandering; frittering away; (continuous) wasting: **un assurdo s. di risorse**, an absurd wasting of resources.

spèrpero, *m.* waste; frittering away; squandering; dissipation: **s. di denaro [di tempo]**, waste (*o* frittering away) of money [of time, etc.]; **s. di energie**, waste of energies.

spèrso, *a.* ***1*** (*smarrito*) lost; (*di animale, anche*) stray: **un cane s.**, a stray dog ***2*** (*sperduto, a disagio*) lost; out-of-place; ill at ease.

spersonalizzàre, A *v. t.* to depersonalize; to make* impersonal. **B spersonalizzàrsi,** *v. i. pron.* to lose* one's personality; to become* impersonal.

spersonalizzazióne, *f.* depersonalization.

sperticàrsi, *v. i. pron.* (*profondersi*) to lavish (st.), to be profuse in; (*esagerare*) to overdo* (st.), to exaggerate (st.): **s. in elogi**, to be profuse in one's praise; to lavish praises.

sperticàto, *a.* excessive; extravagant; exaggerated; lavish: **lodi sperticate**, excessive (*o* extravagant) praise.

spésa, *f.* ***1*** expense; expenditure; spending; (*rag., econ., anche*) outlay; (*costo*) cost, charge; (*tassa, imposta*) charge, fee, due: **spese impreviste**, unforeseen expenses; **Le spese superano le entrate**, expenditure exceeds income; **sostenere la s. di q.c.**, to bear the cost of st.; **ridurre le proprie spese**, to cut down one's expenses; **incorrere in grandi spese**, to incur great expenditure; **Ho avuto molte spese quest'anno**, I've had a lot of expenses this year; **Supereremo le spese previste dal budget**, we'll exceed the budgetary expenditure; **Nel bilancio di quest'anno c'è una s. enorme per gli armamenti**, in this year's budget there is an enormous outlay for armaments; **Il governo dovrà aumentare le tasse o tagliare le spese**, the government must either raise taxes or cut spending; **La s. per nuovi macchinari sarà alta**, the outlay (*o* expenditure) for new machinery will be high; **Quant'è la s.?**, what is the cost?; **La s. si aggira sul milione**, the cost is around one million; **fare grandi spese**, to spend a lot of money; **fare spese folli**, to spend extravagantly; **Oggi ho fatto spese folli!**, I've been on a wild spending spree today!; **Fu condannato ai danni e alle spese**, he was sentenced to pay damages and costs ***2*** (*compere*) shopping, (*al mercato, USA*) marketing; (*acquisto*) purchase, buy (*fam.*): **fare la s.**, to do the shopping; to do the marketing (*USA*); **fare spese in centro**, to go shopping (*o* to shop) in town; **spese di Natale**, Christmas shopping; **Ti ho fatto un po' di s. per domani**, I've done you some shopping for tomorrow; **farsi mandare a casa la s.**, to have one's shopping delivered; **un'ottima s.**, an excellent buy; **Quest'automobile non è stata una bella s.**, this car was not a good buy. ● **spese a carico del destinatario**, charges forward □ **spese accessorie**, incidental expenses (*o* charges) □ **spese assegnate**, charges forward □ **spese correnti**, standing expenses □ **spese di bollo**, stamp charges (*o* dues) □ **spese di dogana**, customs expenses (*o* charges) □ **spese di esercizio**, running (*o* operating) expenses (*o* costs) □ **spese di fabbricazione**, manufacturing costs □ **spese di facchinaggio**, porterage □ **spese di gestione**, running (*o* operating) expenses (*o* costs) □ **spese di imballaggio**, packing charges (*o* expenses) □ **spese d'impianto**, start-up costs □ **spese di magazzinaggio**, storing expenses (*o* charges) □ **spese di manodopera**, labour costs □ **spese di manutenzione**, maintenance charges □ upkeep expenses; cost of upkeep □ **spese di rappresentanza**, entertainment expenses □ **spese di registro**, registration charges (*o* dues, fees) □ **spese di riparazione**, cost of repairs; repair charges □ **spese di trasporto**, freightage; transport charges □ **spese di viaggio**, travelling expenses □ **spese escluse [incluse]**, exclusive [inclusive] of costs (*o* charges); charges excluded [included] □ **spese funebri**, funeral expenses □ **spese generali**, overhead expenses; overheads □ **spese in conto capitale**, capital expenditure (*o* spending) □ **spese legali**, legal costs □ **spese minute**, petty expenses (*o* petties) □ **spese portuali**, port charges □ **spese postali**, postal charges; postage □ **s. preventivata**, estimated expenditure □ **s. pubblica**, public expenditure □ **spese scolastiche**, school fees □ **spese straordinarie**, extra expenses □ **spese varie**, sundry expenses □ **spese vive**, out-of-pocket expenses □ **a proprie spese**, at one's expense; (*fig.*) to one's cost: **imparare q.c. a proprie spese**, to learn st. to one's cost; to learn st. the hard way □ (*anche fig.*) **a spese di q.**, at sb.'s expense: **viaggiare a spese della ditta**, to travel at one's firm's expense □ **a spese della comunità** (*o* **dei contribuenti**), on taxpayers' money □ **funerali a spese dello Stato**, state funeral □ **a spese pubbliche**, at public expense □ **borsa della s.**, shopping bag □ **con poca s.**, with little expense □ **conto spese**, expense account □ **coprire le spese**, to cover the cost(s) □ **dividere le spese**, to share the expenses; to go halves □ **escluse le spese**, charges excluded; exclusive of charges □ **esente da spese**, free of charge; no charge; charges paid □ **far fronte a una s.**, to meet an expense □ (*fig.*) **fare le spese di q.c.**, to pay for st. □ **mettere in conto spese**, to charge the expenses to the firm □ **non badare a spese**, to spare no expense □ **nota spese**, bill of costs; expense account □ **più le spese**, without charges □ **ripartire le spese**, to share the expenses □ **senza le spese**, without charges □ **senza s.**, at no expense; at no cost □ **stare sulle spese**, to travel at one's own expenses; not to have one's expenses covered by one's firm □ **tagliare le spese**, to cut down on expenses (*o* expenditure, spending) □ **tagli alle spese**, spending cuts □ (*fig.*) **È più la s. che l'impresa**, it's not worth (one's) while.

spesàre, *v. t.* to pay* (sb.'s) expenses: **Sono s. dalla ditta**, my company pays all my expenses.

spesàto, *a.* with all expenses paid.

spéso, *a.* spent: **ben s.**, well spent; **mal s.**, wasted; badly used; **non s.**, unspent.

spessìmetro, *m.* (*mecc.*) thickness (*o* feeler) gauge.

spessìssimo, *avv.* very often; very frequently; many times.

spésso, A *a.* ***1*** (*denso*) thick; dense; heavy; compact: **brodo s.**, thick soup; **nebbia spessa**, thick (*o* dense) fog; **spessi vapori**, dense (*o* heavy) vapours ***2*** (*che ha un certo spessore*) thick: **un foglio di carta spessa**, a sheet of thick paper; **un muro s. mezzo metro**, a wall half a metre thick; **stoffa spessa**, thick material ***3*** (*fitto, folto*) thick; dense: **capelli spessi**, thick hair; **un bosco s.**, a dense forest ***4*** (*frequente*) frequent, repeated; (*numeroso*) numerous: **colpi spessi**, frequent blows; **spesse volte**, often; frequently; many a time. **B** *avv.* often; frequently: **Lo incontro s.**, I often meet him; **Veniva qui s.**, he used to come here often; **Lo vedi s.?**, do you see him often (*o* much)?; do you see much of him?; **non s.**, not often; seldom; rarely; **s. e volentieri**, very often; (**anche**) **troppo s.**, (all) too often.

spessóre, *m.* ***1*** thickness: **lo s. del ghiaccio**, the thickness of the ice; **avere lo s. di quattro centimetri**, to be four centimetres thick; **lo s. d'una volta**, the thickness of a vault ***2*** (*mecc.*) thickness; (*diametro*) gauge; (*zeppa*) shim; (*autom.: di freni*) lining: **s. circolare**, circular thickness; **s. per freni**, brake lining; **sostituire gli spessori**, to reline; (*aeron.*) **s. relativo**, thickness ratio ***3*** (*fig.*: *profondità, complessità*) depth, insight; (*peso*) weight; (*importanza*) prominence: **un romanzo del tutto privo di s.**, a novel without any depth; **notevole s. critico**, considerable critical insight.

spetezzàre, *v. i.* (*pop.*) to break* wind; to fart (*volg.*).

spettàbile, *a.* (*comm.*) esteemed. ● (*in un indirizzo*) **S. Ditta X e Y**, Messrs. X & Y □ (*in apertura di lettera*) **S. Ditta**, Dear Sirs (*GB*); Gentlemen (*USA*).

spettacolàre, *a.* spectacular; (*straordinario*) spectacular, extraordinary, fantastic.

spettacolarità, *f.* spectacularity.

spettacolarizzàre, A *v. t.* to make* spectacular; to turn into a spectacle (*o* into something spectacular); to turn into a show. **B spettacolarizzàrsi,** *v. i. pron.* to turn into a show; to become* spectacular.

spettacolarizzazióne, *f.* turning (st.) into a show: **la s. delle elezioni**, turning an election into a show.

spettàcolo, *m.* ***1*** (*vista di cosa non ordinaria*) spectacle; sight; view; scene: **Il vecchio ubriaco era un triste s.**, the poor, old drunk was a sad spectacle; **La valle offriva uno s. grandioso**, the valley offered a grandiose view; **Che s.!**, what a sight!; **uno s. di sangue**, a gory scene ***2*** (*teatr.*) performance, show; (*commedia, tragedia, dramma*) play;

(*cinem.*) showing: **s. pomeridiano**, afternoon performance; matinée; **s. di varietà**, variety show; **spettacoli teatrali**, shows and plays; **s. televisivo**, television show; television programme (*USA*: program); **s. di beneficenza**, benefit performance; **s. di gala**, gala performance; **s. continuato**, continuous performance; continuity; **ultimo s.** (*di film*), late showing; **A che ora comincia il primo s.?**, at what time does the first performance begin?; **uscire prima della fine dello s.**, to leave before the end of the play [film, show, etc.]. ● **Lo s. deve continuare**, the show must go on □ **uno s. nello s.**, a show within the show □ **dare s.**, (*farsi notare*) to attract attention, to make people look (*o* stare) at one; (*rendersi ridicolo*) to make an exhibition of oneself: **Smettila! Stai dando s.**, stop it! you are making people stare at us □ **dare s. di q.c.** (*mettere in mostra*), to show off st.; to display st.; to parade st. □ **industria dello s.**, show business; showbiz.

spettacolosaménte, *avv.* spectacularly.

spettacolóso, *a.* spectacular; (*fig.*: *straordinario*) extraordinary, spectacular, terrific (*fam.*): **successo s.**, extraordinary success.

spettànte, *a.* due; owing.

spettànza, *f.* ***1*** (*pertinenza*) concern; competence; business: **Non è di mia s.**, it is no concern (*o* business) of mine; **essere di s. di q.**, to be sb.'s concern ***2*** (*ciò che compete per l'attività prestata*) what is owing (*o* due); (*remunerazione*) remuneration; (*onorario*) fee: **liquidare a q. le sue spettanze**, to pay sb. his dues.

spettàre, *v. i.* ***1*** to be (sb.'s) concern (*o* business); to rest (*o* to lie*) with; to fall* on; to be up to; to be incumbent on (*form.*): **Spetta a lui avvertirli**, it's his business to warn them; **Spetta a lei decidere**, it's up to her to decide; the decision lies with her; **Non spetta a me dirlo**, it is not up to me to say; **Questa volta pagare spetta a me**, it's my turn to pay this time; **Non spetta a noi il diritto di giudicare**, we have no right to judge; **s. per dovere a q.**, to be sb.'s duty ***2*** (*appartenere di diritto*) to be due to; to be owed to; to go* to; to come* to: **Ciò mi spetta di diritto**, this is due to me by right; I am entitled to this; **il denaro che mi spetta**, the money I am entitled to; the money that comes to me; **Mi spettano cinquantamila lire**, I am entitled to fifty thousand lire; I am owed (*o* they owe me) fifty thousand lire; **Ti darò solo quello che ti spetta**, I'll give you only what is due to you.

spettatóre, *m.* (*f.* **-trice**) ***1*** (*astante*) bystander, onlooker, looker-on; (*testimone*) witness: **essere s. di q.c.**, to witness st.: **Fummo spettatori dell'incidente**, we witnessed the accident ***2*** (*di teatro, cinema, ecc.*) member of the audience; (*di TV*) viewer; (*di sport*) spectator; (*al pl.*: *pubblico*) audience (*sing.*): **C'erano molti spettatori**, there was a large audience; **Gli spettatori sono pregati di non appaudire**, members of the audience are kindly requested not to applaude; **Uno s. si alzò e se ne andò**, a man in the audience stood up and left; **Alcuni spettatori cominciarono a rumoreggiare**, a few people in the audience began to boo.

spettegolàre, *v. i.* to gossip.

spettinàre, A *v. t.* to ruffle (sb.'s) hair; to tousle (sb.'s) hair; to mess up (sb.'s) hair; to dishevel (sb.'s) hair: **Il vento lo spettinò**, the wind ruffled his hars; **Non mi s.**, don't mess up my hair. **B spettinarsi,** *v. rifl.* e *i. pron.* to ruffle (*o* to dishevel) one's hair; to get* one's hair in a mess: **Si spettinò i capelli con un gesto nervoso**, he ruffled his hair with a nervous gesture; **Guarda come ti sei spettinata!**, look what a mess your hair is in!

spettinàto, *a.* ***1*** (*di capelli*: *non pettinato*) uncombed, unkempt, untidy; (*scompigliato*) tousled, ruffled, dishevelled, in a mess ***2*** (*coi capelli in disordine*) with one's hair ruffled; with dishevelled hair; with one's hair in a mess.

spettràle, *a.* ***1*** ghostlike; ghostly; phantom (*attr.*); unearthly; spectral; spookish (*fam.*); spooky (*fam.*); ghastly: **una figura s.**, a ghostlike figure; **avere un aspetto s.**, to look like a ghost; **luce s.**, ghostly (*o* spooky) light; **pallore s.**, unearthly (*o* ghastly) pallor; **sorriso s.**, ghastly smile; **atmosfera s.**, spooky atmosphere ***2*** (*fis.*) spectral; spectrum (*attr.*): **analisi s.**, spectral (*o* spectrum) analysis.

spèttro, *m.* ***1*** (*fantasma*) ghost; spectre, specter (*USA*); phantom; wraith; spook (*fam.*); apparition; shadow: **avere paura degli spettri**, to be afraid of ghosts; **lo s. della guerra**, the spectre of war; **Sembra uno s.**, he looks like a ghost; **È ridotto che pare uno s.**, he looks ghastly; he is worn to a shadow ***2*** (*fis.*) spectrum*: **s. a bande**, band spectrum; **s. a diffrazione**, diffraction spectrum; **s. solare**, solar spectrum; **s. visibile**, visible (*o* ocular) spectrum; **s. infrarosso**, infrared spectrum; **s. ultravioletto**, ultraviolet spectrum; **s. di assorbimento** [**di emissione**], absorption [emission] spectrum ***3*** (*raggio di azione*) spectrum: **ad ampio s.**, wide-spectrum (*attr.*); (*fig.*) wide-ranging, broad: **antibiotico ad ampio s.**, wide-spectrum antibiotic; **indagine ad ampio s.**, wide-ranging investigation; broad survey ***4*** (*zool.*: *Vampyrum spectrum*) spectre-lemur.

spettrobolòmetro, *m.* (*astron.*) spectrobolometer.

spettrochìmica, *f.* spectrochemistry.

spettrochìmico, *a.* spectrochemical.

spettrocolorìmetro, *a.* (*fis.*) spectrocolorimeter.

spettroeliogràfico, *a.* (*astron.*) spectroheliographic.

spettroeliògrafo, *m.* (*astron.*) spectroheliograph.

spettroeliogràmma, *m.* (*astron.*) spectroheliogram.

spettroelioscòpico, *a.* (*astron.*) spectrohelioscopic.

spettroelioscòpio, *m.* (*astron.*) spectrohelioscope.

spettrofotometrìa, *f.* (*fis.*) spectrophotometry.

spettrofotomètrico, *a.* (*fis.*) spectrophotometric.

spettrofotòmetro, *m.* (*fis.*) spectrophotometer.

spettrografìa, *f.* (*fis.*) spectrography: **s. di massa**, mass spectrography.

spettrogràfico, *a.* (*fis.*) spectrographic.

spettrògrafo, *m.* (*fis.*) spectrograph: **s. a raggi X**, X-ray spectrograph; **s. di massa**, mass spectrograph.

spettrogràmma, *m.* (*fis.*) spectrogram.

spettrometrìa, *f.* (*fis.*) spectrometry.

spettromètrico, *a.* (*fis.*) spectrometric.

spettròmetro, *m.* (*fis.*) spectrometer.

spettroscopìa, *f.* (*fis.*) spectroscopy.

spettroscòpico, *a.* (*fis.*) spectroscopic(al).

spettroscòpio, *m.* (*fis.*) spectroscope: **s. a raggi catodici**, cathode-ray spectroscope; **s. a reticolo**, diffraction spectroscope.

speziàle, *m.* (*arc.*: *farmacista*) apothecary; druggist.

speziàre, *v. t.* to flavour with spices; to add spices to; to spice; (*fig.*) to spice.

speziàto, *a.* spiced; spicy.

spèzie, *f. pl.* spices.

spezierìa, *f.* ***1*** (*drogheria*) grocer's shop; grocery ***2*** (*arc.*: *farmacia*) apothecary's shop ***3*** (*pl.*) (*assortimento di spezie*) spicery; spices (*pl.*).

spezzàbile, *a.* breakable. ● **non s.**, unbreakable.

spezzàre, A *v. t.* ***1*** to break*; (*fare a pezzi, frantumare*) to break* up, to shatter, to smash; (*staccare*) to break* off, to snap off; (*spaccare*) to split*, to chop; (*di schianto*) to snap, to crack; (*recidere*) to sever; (*fratturare*) to fracture: **s. q.c. in due**, to break st. in two; **s. un ramo**, (*in due*) to break (*o* to snap) a branch; (*dall'albero*) to break off (*o* to snap off) a branch; **s. la legna**, to chop wood; (*anche fig.*) **s. il ghiaccio**, to break the ice; **s. il cuore a q.**, to break sb.'s heart; **La tensione spezzò la corda**, the tension snapped the rope; **s. il cibo a q.**, to cut up sb.'s food; **s. ogni legame**, to sever every link; **Il calcio del mulo gli spezzò una gamba**, the mule kicked him and fractured his leg; **Caddi e mi spezzai un braccio**, I fell and broke an arm ***2*** (*interrompere*) to break*, to interrupt; (*suddividere*) to break* up, to split*, to divide: **Questo appuntamento mi spezza la mattina**, this appointment breaks up my morning; **s. il viaggio**, to break one's journey; **s. il viaggio in tre tappe**, to break up the journey in three stages; **s. la giornata**, to break up the day; (*mus.*) **s. una nota**, to split a note. **B spezzàrsi,** *v. i. pron.* to break*; (*frantumarsi*) to break* up, to shatter, to smash; (*staccarsi*) to break* off, to snap off; (*di schianto*) to snap, to part; (*dividersi, anche fig.*) to break* up, to split* up; (*fratturarsi*) to fracture: **Se lo lascerai cadere, si spezzerà**, if you drop it, it will break; **Credevo che il cuore mi si spezzasse**, I thought my heart would break; **Il ramo si spezzò sotto il peso della neve**, the branch snapped under the weight of the snow; **s. di netto**, to snap off neatly. ● **s. una lancia in favore di q.**, to break a lance in sb.'s defence □ **s. gli ormeggi**, to break moorings □ **s. il pane con q.**, to break bread with sb. □ **s. le reni a q.**, to break the back of sb. □ **Non posso mica spezzarmi in due!**, I can't be in two places at once! □ (*prov.*) **Mi spezzo ma non mi piego**, I break but I do not bend.

spezzatìno, *m.* ***1*** (*la carne*) steak ***2*** (*il piatto*) stew: **s. di montone**, Irish stew.

spezzàto, A *a.* ***1*** broken; shattered; split; chopped: **ala spezzata**, broken wing; **linea spezzata**, broken line; **legna spezzata**, chopped wood ***2*** (*fig.*: *interrotto*) broken, interrupted; (*frammentario*) broken, disconnected, disjointed, fragmentary: **ritmo s.**, broken rhythm; **frasi spezzate**, broken sentences; **Mi ha fatto un discorso s.**, he told me a disconnected story. **B** *m.* ***1*** (*completo maschile*) unmatched jacket and trousers ***2*** (*teatr.*) flat.

spezzatóre, *m.* (*macelleria*) chopper.

spezzatrìce, *f.* divider.

spezzatùra, *f.* ***1*** (*lo spezzare*) breaking; splitting; chopping ***2*** (*rottura, frattura*) break: **s. di parola**, word-break; **Questo periodo ha troppe spezzature**, this sentence is too broken up ***3*** (*volume scompagnato*) odd volume ***4*** (*Borsa*) odd lot; fraction.

spezzettaménto, *m.* dividing (*o* cutting up) into small pieces; breaking up.

spezzettàre, *v. t.* to divide into small pieces; to break* up; (*tagliando*) to cut up, to chop up; (*sbriciolare*) to crumble; (*frammentare*) to divide up, to break* up, to cut* up: **s. una tavoletta di cioccolato**, to break up a chocolate bar; **s. un biscotto**, to crumble a biscuit; **s. una proprietà**, to divide up (*o* to break up) an estate; **s. una frase**, to break up a sentence.

spezzettatùra, *f.* *V.* **spezzettamento.**

spezzìno, A *a.* of La Spezia; from La Spezia; La Spezia (*attr.*). **B** *m.* (*f.* **-a**) inhabitant of La Spezia; native of La Spezia.

spezzonàre, *v. t.* (*mil.*) to bomb with incendiary (*o* fragmentation) bombs.

spezzóne, *m.* ***1*** (*mil.*) fragmentation bomb: **s. incendiario**, incendiary bomb ***2*** (*pezzo, frammento, segmento*) piece; block: **uno s. di ore**, a block of hours ***3*** (*cinem.*) clip ***4*** (*metall.*: *di lamiera, profilato*) cut-down size, crop end; (*pezzo da forgiare*) forging stock. ● (*naut.*) **s. di cima**, lanyard.

spìa, A *f.* ***1*** (*agente segreto*) spy: **fare la s.**, to be a spy; to play the spy; to spy ***2*** (*dela-*

tore) spy; informer; tale-bearer; whistle-blower (*pop.*); grass (*pop. GB*); fink (*pop. USA*); (*di bambino*) telltale, sneak: **s. della polizia**, police informer; nark (*pop.*); **fare la s.**, to play the spy; to inform; to tell (on sb.); to squeak (on sb.) (*fam.*); to blow the whistle (on sb.) (*pop.*); to grass (on sb.) (*pop. GB*); (*di bambini*) to tell tales, to sneak **3** (*fig.*: *indizio*) sign; indication; evidence; clue: **una s. della crisi imminente**, a sign of the imminent crisis; **un malessere sociale che ha la sua s. nella protesta giovanile**, a social malaise that is evidenced by youthful protest **4** *V.* **spioncino** **5** (*tecn.*: *indicatore*) indicator; (*a indice, a lancetta*) gauge; (*luminosa*) warning light; (*di gas*) pilot (light): **s. (della temperatura) dell'acqua**, water temperature gauge (*o* indicator); (*autom.*) **s. dell'olio**, oil (pressure warning) light; **s. dello scaldabagno** (*a gas*); pilot light. **B** *a.* spy (*attr.*): **aereo s.**, spy plane; **lampadina s.**, pilot light.

spiaccicàre, A *v. t.* to squash; to crush: **s. un fico**, to squash a fig; **s. un insetto**, to squash an insect; **s. il cappello**, to crush one's hat. **B spiaccicàrsi,** *v. i. pron.* to squash; to get* squashed; to get* crushed.

spiaccichìo, *m.* **1** (*continuo spiaccicare*) squashing; crushing **2** (*roba spiaccicata*) squash; pulp; mess.

spiacènte, *a.* sorry; regretful: **Siamo spiacenti dell'accaduto**, we are sorry about what happened; we regret what happened; **Sono s. di non poter partecipare alla riunione**, I regret that I will be unable to attend the meeting; (*meno form.*) I am sorry, but I won't be able to attend the meeting; **S., ma non posso aiutarti**, sorry, I can't help you.

spiacére, A *v. i.* **1** (*addolorare*) to be sorry (*costr. pers.*); (*essere triste*) to be sad (*o* saddening): **Mi spiace che non stai bene**, I'm sorry you're not feeling well; **Spiace saperli così soli**, it's sad to know they are so lonely **2** (*disturbare, dare fastidio*) to mind (*costr. pers.*): **Se non ti spiace, verrei un'altra volta**, if you don't mind, I'd rather come some other time; **Le spiace se apro il finestrino?**, do you mind if I open the window?; **Non mi spiacerebbe un viaggetto in America**, I would't mind a trip to America **3** (*riuscire sgradito*) to be displeasing (*o* unpleasant). **B spiacérsi,** *v. i. pron.* to be sorry.

spiacévole, *a.* unpleasant; disagreeable; displeasing; (*sgradevole*) obnoxious, objectionable, unwelcome, distasteful; (*increscioso*) regrettable, unfortunate: **un'esperienza s.**, a disagreeable (*o* unpleasant) experience; **verità spiacevoli**, unpleasant truths; **uno s. malinteso**, an unfortunate (*o* regrettable) misunderstanding; **odore s.**, unpleasant (*o* obnoxious) smell; **compito s.**, disagreeable duty; **confronti spiacevoli**, invidious comparisons; **sapore s.**, unpleasant (*o* disagreeable, unpalatable) taste; **porporzioni non spiacevoli**, not displeasing proportions.

spiacevolézza, *f.* unpleasantness; disagreeableness; distastefulness.

spiàggia, *f.* beach; (*riva*) shore: **s. libera**, public beach; **s. sabbiosa**, sandy beach; **s. di ciottoli**, pebbly beach; shingle (beach); **in** (*o* **sulla**) **s.**, on the beach; (*a riva*) ashore, on the shore; **andare in s.**, to go down to the beach; **I bagnanti erano tutti sulla s.**, the bathers were all on the beach; **borsa** [**cappello**] **da s.**, beach bag [hat]; **abbigliamento da s.**, beachwear; **vita di s.**, sunbathing and swimming: **fare vita di s.**, to spend most of one's time on the beach; to spend one's time sunbathing and swimming. ● (*scherz.*) **tipo da s.**, beach bum (*pop.*) □ (*fig.*) **ultima s.**, last chance (*o* resort).

spianàbile, *a.* that can be levelled (*o* straightened out, flattened).

spianaménto, *m. V.* **spianatura**.

spianàre, A *v. t.* **1** (*rendere piano*) to level, to make* level, to flatten, to straighten out; (*rendere liscio*) to smooth: **s. il terreno**, to level the ground (*anche fig.*); to make the ground level; **s. un campo da gioco**, to level a sports ground; **s. una lamiera**, to straighten out (*o* to flatten) a sheet; **s. mediante pressione**, to flatten; **s. la fronte**, to smooth one's forehead; **s. le cuciture di un vestito**, to flatten (*o* to smooth) the seams of a dress **2** (*fig.*) to smooth; to iron out: **s. le difficoltà**, to smooth (*o* to iron out) difficulties; **s. la strada** (*o* **il cammino**) **a q.**, to smooth (*o* to pave) the way for sb.; to make things smooth for sb. **3** (*radere al suolo*) to raze (to the ground): **s. una fortezza**, to raze a fortress to the ground **4** (*di arma da fuoco*) to level: **s. il fucile contro q.**, to level one's gun at sb. ● (*mecc.*) **s. a livello**, to flush □ **s. col bulldozer**, to bulldoze □ **s. col martello**, to hammer out □ **s. col rastrello**, to rake level □ (*mecc.*) **s. con rulli**, to roll □ (*fig.*) **s. le costole a q.**, to give sb. a good thrashing (*o* hiding) □ (*cucina*) **s. la pasta**, to roll out the dough. **B** *v. i.* to be level (*o* flat). **C spianàrsi,** *v. i. pron.* (*distendersi*) to relax: **Il suo viso si spianò in un sorriso**, his features relaxed in a smile.

spianàta, *f.* **1** (*lo spianare*) levelling, flattening, straightening out; (*il lisciare*) smoothing **2** (*luogo pianeggiante*) level ground, flat area; (*panoramico*) esplanade. ● **dare una s. a q.c.**, to level st.; to flatten st.; to straighten out st.

spianàto, *a.* **1** (*appiattito*) flat; level; even; flush **2** (*liscio*) smooth **3** (*di arma*) levelled; aimed.

spianatóia, *f.* pastry board; rolling board.

spianatóio, *m.* rolling pin.

spianatrice, *f.* (*mecc.*) flattener; flattening machine; straightening machine.

spianatùra, *f.* levelling; flattening; straightening out; (*il lisciare*) smoothing.

spiàno, *m.* – **a tutto s.**, (*senza interruzione*) without a break, non-stop; (*con tutte le forze*) flat out, all out, as hard as one can: **lavorare a tutto s.**, to work flat out (*o* non-stop, round the clock); **gridare a tutto s.**, to shout at the top of one's voice; to bawl; **spendere a tutto s.**, to spend money like water; **chiacchierare a tutto s.**, to talk nineteen to the dozen.

spiantàre, A *v. t.* **1** (*sradicare*) to uproot; to dig* up by the roots; to pull* out; to extirpate, to eradicate: **s. un albero**, to uproot a tree; to dig a tree up by the roots **2** (*sconficcare*) to pull* out; (*scavando*) to dig* out: **s. un palo**, to pull (*o* to dig) out a pole **3** (*fig.*) to ruin; to bring* to ruin. **B spiantàrsi,** *v. i. pron.* to ruin oneself; to be ruined.

spiantàto, A *a.* (*ridotto in miseria*) ruined; penniless; broke (*pred.*). **B** *m.* (*f.* **-a**) penniless person; pauper; beggar.

spiàre, *v. t.* **1** (*studiare di nascosto*) to spy on (*o* upon), to keep* a close watch on, to pry into (st.), to snoop; (*occhieggiare di nascosto*) to peer, to peep; (*origliare*) to eavesdrop: **s. le mosse del nemico**, to spy on the enemy's moves; **Mi hai spiato!**, you were spying on me!; **s. i movimenti di q.**, to keep a close watch on sb.'s movements; to spy on sb.; **s. i fatti dei vicini.**, to pry into one's neighbours' doings; **s. attraverso le imposte**, to peer through the shutters; **s. dal buco della chiave**, to peep through the keyhole; **s. da dietro la porta**, to eavesdrop behind the door **2** (*aspettare con ansia*) to watch (out) for; to wait for; to look out for: **s. il momento migliore per fare q.c.**, to watch (out) for the best moment to do st. **3** (*cercare di decifrare*) to try to judge (*o* to read); to watch out for: **Parlando, spiava l'effetto che facevano le sue parole su Tony**, while talking, she was trying to read on Tony's face the effect her words were having on him.

spiàta, *f.* (*delazione*) tip-off (*pop.*); whistle-blowing (*pop.*); grassing (*pop. GB*): **fare una s. a q.**, to tip off sb.; to blow the whistle on sb.; to grass to sb.

spiattellàre, *v. t.* (*fam.*) **1** (*rivelare*) to blab, to babble; (*lasciarsi sfuggire*) to blurt out; (*dire apertamente*) to speak* out, to tell* in no uncertain terms: **È andato a s. tutto ai giornalisti**, he blabbed (*o* babbled) to the press; **s. tutta la verità**, to blurt out the whole truth; (*confessare*) to spill the beans (*fam.*); **Gli ho s. chiaro e tondo quello che pensavo di lui**, I told him in no uncertain terms what I thought of him **2** (*mostrare chiaramente*) to thrust*: **Mi spiattellò l'assegno sotto il naso**, he thrust the cheque under my nose.

spiazzaménto, *m.* **1** (*sport* e *fig.*) wrong-footing **2** (*econ.*) crowding out.

spiazzàre, *v. t.* **1** (*sport*) to wrong-foot: **Spiazzò il portiere con una finta e segnò**, he wrong-footed the goalkeeper with a dummy and scored **2** (*fig.*) to catch* unprepared (*o* off-guard, on the hop); to wrong-foot; to cut* the ground from under (sb.'s) feet: **Le dichiarazioni del ministro hanno spiazzato l'opposizione**, the minister wrong-footed the opposition with his declarations **3** (*econ.*) to crowd out.

spiazzàto, *a.* **1** (*sport*) wrong-footed **2** (*fig.*) caught unprepared; off one's guard; wrong-footed.

spiàzzo, *m.* open space; (*erboso*) green; (*radura*) clearing.

spiccàce, spiccàgnolo, *a.* (*di frutto*) freestone (*attr.*).

spiccàre, A *v. t.* **1** (*cogliere*) to pick, to pluck; (*staccare*) to detach, to cut* off, to sever: **s. un frutto** [**un fiore, una foglia**], to pick (*o* to pluck) a fruit [a flower, a leaf]; **Con un colpo di mannaia, gli spiccò il capo dal busto**, with one blow of the axe, he cut off (*o* he severed) his head from his shoulders **2** (*pronunciare distintamente*) to pronounce distinctly; to enunciate; to articulate: **s. le parole**, to pronounce one's words distinctly; **s. ogni sillaba**, to articulate each syllable **3** (*leg.*: *emettere*) to issue: **s. un ordine** [**un mandato di cattura**], to issue an order [a warrant of arrest] **4** (*comm.*) to draw*; to make* out: **s. una cambiale**, to draw a bill of exchange; **s. un assegno**, to make out a cheque. **B** *v. i.* to stand* out; to be conspicuous: **La ragazza spiccava fra tutte le altre per la sua eleganza**, the girl stood out among all the others for her elegance; **un colore che spicca su quello sfondo**, a colour that stands out against that background; **Quel ragazzo spicca per il suo silenzio**, that boy is conspicuous for his silence. ● **s. il bollore**, to begin to boil □ **s. un salto**, to take a leap; to leap; to jump □ **s. il volo**, to fly off; to take (to) flight (*anche fig.*). **C spiccàrsi,** *v. i. pron.* (*di frutti*) to separate from the stone; to be a freestone.

spiccataménte, *avv.* distinctly; conspicuously; clearly; markedly.

spiccàto, *a.* **1** (*colto*) picked; plucked **2** (*nitido*) distinct, conspicuous, clear; (*marcato*) marked, strong: **avere una spiccata inclinazione per q.c.**, to have a marked tendency to st. (*o* a flair for st.); **uno s. accento tedesco**, a marked (*o* strong, broad) German accent.

spicchio, *m.* **1** (*di agrumi*) segment; (*di frutta in genere*) slice, quarter; (*di aglio*) clove: **a spicchi**, in slices (*o* segments); sliced: **un limone a spicchi**, a lemon in segments; **una mela a spicchi**, a sliced apple **2** (*di oggetti vari*) segment; wedge; (*fettina*) slice; (*di stoffa*) gore: **uno s. di torta** [**di formaggio**], a thin slice of cake [of cheese]; **gli spicchi di un ombrello**, the gores of an umbrella; **fare a spicchi**, to divide into segments **3** (*archit.*) gore. ● **s. di luna**, a crescent (of moon) □ (*mat.*) **s. sferico**, lune □ **gonna a spicchi**, gored skirt.

spicciàre, A *v. t.* **1** (*sbrigare*) to get* through; to get* (st.) done quickly; to finish off; to dispatch: **Spiccio questo lavoro e sono da te**, I'll just get through this and be with you in a moment **2** (*servire in fretta*) to serve (*o* to attend to) quickly: **s. un avventore**, to serve a customer quickly. **B** *v. i.* (*sgorgare*) to gush forth (*o* out); to spurt out. **C spicciàrsi,** *v. i. pron.* to hurry up; to be quick; to hasten: **Spicciati!**, hurry up!; be quick!; get a move on (*fam.*).

spicciativo, *a.* **1** brisk; prompt; quick; summary; curt; unceremonious **2** (*che usa metodi spicciativi*) brisk; businesslike; no-nonsense (*attr.*); brusque.

spiccicàre, A *v. t.* **1** (*staccare*) to unstick*; to separate; to peel off; to remove; to detach: **s. un francobollo**, to peel a stamp off **2** (*fig.*: *pronunziare distintamente*) to articulate; to utter; to pronounce distinctly: **s. le parole**, to articulate the words; **Non riuscì a s. una parola**, he couldn't utter a word; **Non spiccica una parola di francese**, he can't speak a word of French. **B spiccicàrsi,** *v. i. pron.* **1** (*staccarsi*) to come* off; to peel off; to come* unstuck **2** (*fig.*: *di persona*) to tear* oneself away: **s. da q. [da un luogo, ecc.]**, to tear oneself away from sb. [from a place, etc.]. ● **s. q. di torno**, to get rid of sb.

spiccicàto, *a.* (*region.*) the spitting image of: **È suo padre s.**, he's the spitting image of his father.

spiccio (1), *a.* (*veloce*) brisk, prompt, quick, fast; (*sbrigativo*) short, curt, bluff, summary; (*sollecito*) prompt: **una decisione spiccia**, a quick decision; **risoluzioni spicce**, brisk resolutions; **mezzi spicci**, summary measures; **modi spicci**, brisk manners; curt (*o* bluff) manners; **un lavoretto s.**, a fast job; **qualcosa di s. da mangiare**, a quick bite. ● **alla spiccia**, (*senza cerimonie*) simply, unceremoniously, without too much fuss; (*in fretta*) briskly, quickly, hurriedly, hastily; (*sbrigativamente*) curtly, summarily □ **andare per le spicce**, to waste no time; (*venire al sodo*) to go straight to the point, to make short work of st., to make it short and sweet (*fam.*).

spiccio (2), *V.* **spicciolo.**

spicciolàme, *m.* small change; loose money.

spicciolàre (1), *v. t.* (*agric.*) to pick; to strip.

spicciolàre (2), *v. t.* (*cambiare in moneta spicciola*) to change (into small money): **s. una sterlina**, to change a pound note.

spicciolàto, *a.* in coins (*pred.*); small; loose. ● **alla spicciolata**, (*pochi per volta*) a few at a time, in dribs and drabs; (*uno per volta*) one by one, separately.

spicciolo, A *a.* **1** (*di denaro*) in coins (*pred.*); small; loose: **soldi spiccioli**, (small) change (*sing.*); **mille lire spicciole**, a thousand liras in small change **2** (*semplice*) simple; plain: **alcuni commenti spiccioli**, a few simple comments; **in parole spicciole**, in plain words; **Per dirla in parole spicciole**, to put it plainly; plainly said. **B** *m. pl.* small coins; (small) change (*sing.*): **cambiare in spiccioli**, to change (into small change); **Non ho spiccioli**, I have no change.

spicco, *m.* relief; vividness; prominence: **dare s. a una notizia**, to give prominence to a piece of news; **fare s.**, to stand out; to catch the eye; **di s.**, prominent; leading: **figura di s.**, prominent (*o* leading) personality; **È una notizia di s.**, it's headline (*USA*: top-line) news.

spicconàre, *v. t.* e *i.* to pickax(e).

spicilègio, *m.* (*lett.*) anthology.

spìcola, spìcula, *f.* (*zool., astron.*) spicule.

spider (*ingl.*), *m.* e *f. invar.* (*autom.*) sports car; two-seater.

spidocchiàre, A *v. t.* to delouse. **B spidocchiàrsi,** *v. rifl.* to delouse oneself.

spiedàta, *f.* skewered pieces of food: **una s. di polli**, a row of chickens on a spit.

spiedino, *m.* **1** (*l'oggetto*) skewer **2** (*cucina*) (shish) kebab (*o* kabob): **spiedini di carne e verdure**, kebabs of meat and vegetables.

spièdo, *m.* **1** (*cucina*) spit: **allo s.**, (roasted) on the spit **2** (*stor.*) spear.

spiegàbile, *a.* explainable; explicable; accountable.

spiegaménto, *m.* **1** spreading out; unfolding **2** (*sfoggio*) display; exhibition **3** (*mil.*) deployment: **un imponente s. di truppe e di mezzi**, an impressive deployment of troops and vehicles.

spiegàre, A *v. t.* **1** (*elucidare*) to explain, to elucidate; (*interpretare*) to expound, to construe, to interpret; (*chiarire*) to explain, to set* out, to make* clear, to clarify; (*dire, mostrare*) to explain, to show, to tell*; (*motivare*) to explain, to account for, to put* down to; (*capire*) to understand*, to make* sense of: **s. un problema [il significato di q.c.]**, to explain a problem [the meaning of st.]; **s. un geroglifico [una sciarada, un mistero, la causa di q.c.]**, to explain a hieroglyph [a charade, a mystery, the cause of st.]; **s. una teoria**, to expound a theory; **s. una poesia [il Vangelo]**, to interpret (*o* to expound) a poem [the Gospel]; **s. Dante**, to give a lesson (*o* to lecture) on Dante; **Non mi volle s. le sue ragioni**, he would not explain his motives; he would not make his motives clear to me; **Sei riuscita a s. bene il tuo progetto?**, did you manage to explain (*o* to set out) your plan clearly?; **Spiegami cosa devo fare**, explain to me (*o* tell me) what I should do; **Ora ti spiego come funziona**, now I'll show you how it works; **Questo spiega il suo ritorno**, this accounts for his return; this explains why he came back; **Come spiega lei la presenza di quest'arma?**, how do you account for the presence of this weapon?; **Non so spiegarmi il suo silenzio**, I can't understand his silence; **Non riesco a spiegarmi questa lettera**, I can't make sense of this letter; **I tuoi mal di testa io li spiegherei con il troppo lavoro**, I would put your headaches down to overwork **2** (*stendere*) to unfold, to spread* out, to lay* out, to loose out; (*aprire*) to open out; (*srotolare*) to unroll, to unfurl: **s. una mappa**, to unfold (*o* to open out) a map; **Tolse il vestito dalla valigia e lo spiegò sul letto**, she took the dress out of the suitcase and spread it out (*o* laid it out) on the bed; **Spiegò i giornali sul pavimento**, he laid the newspapers out on the floor; (*anche fig.*) **s. le ali**, to unfold (*o* to spread) one's wings; **s. le vele**, to unfurl the sails; (*far vela*) to make sail; **s. la bandiera**, to unfurl the flag **3** (*mil.*) to deploy: **s. le truppe**, to deploy the troops **4** (*fig.*: *mostrare*) to display; to show*: **s. un grande coraggio [grande intelligenza]**, to display great courage [great intelligence]. ● **s. a ventaglio**, to fan out □ (*mus.*) **s. la voce**, to sing in full voice; to sing full-throatedly □ **s. per filo e per segno**, to explain in detail; to spell out; to detail. **B spiegàrsi,** *v. rifl.* to explain oneself; to make* one's meaning clear; to make* oneself understood (*o* clear): **Lascia che mi spieghi meglio**, let me explain myself better; **In tedesco mi spiego a stento**, I have difficulty in making myself understood in German; **Non lo voglio più vedere, mi sono spiegata?**, I don't want to see him again, have I made myself clear?; **Forse non mi sono spiegato bene**, perhaps I have not been clear enough (*o* did not made myself clear); **Mi spiego?**, do you see what I mean?; do you get my meaning (*o* point, drift)?; **Non so se mi spiego**, (I don't know) if you see what I mean; (*iron. anche*) if you take my meaning: **Sono più che buoni amici, non so se mi spiego**, they are more than just good friends, if you see what I mean; **Le fa la corte, ma ancora non si è spiegato**, he is courting her, but he hasn't made his intentions clear yet. **C spiegàrsi,** *v. i. pron.* **1** (*essere spiegato*) to be explained, to be (*o* to become*) clear, to be accounted for; (*essere chiaro*) to be clear, to make* sense: **Adesso tutto si spiega**, now everything is clear (*o* is explained); **Il suo comportamento non si spiega**, his behaviour doesn't make sense **2** (*stendersi*) to unfold, to spread* out; (*aprirsi*) to open out; (*di vele, di bandiere*) to unfurl: **I fiori si spiegano al mattino**, flowers open out in the morning; **Il battaglione si spiegò su un fronte di un miglio**, the battalion spread out over a one-mile front. **D spiegàrsi,** *v. rifl. recipr.* (*venire a una spiegazione*) to clear things up; to have a frank talk; to have it (*o* the matter) out.

spiegàto, *a.* open; spread out; laid out; unfolded; (*di vele, ecc.*) unfurled: **ad ali spiegate**, with open wings; **a vele spiegate**, with unfurled sails; in full sail; **a bandiere spiegate**, with flags flying; **a voce spiegata**, full-throated (*pred.*): **cantare a voce spiegata**, to sing full-throatedly; to sing out.

spiegatùra, *f.* spreading out; unfolding.

spiegazióne, *f.* explanation; elucidation; (*interpretazione*) interpretation; (*motivazione*) explanation, reason, motive; (*lezione*) lesson: **la s. del problema**, the explanation of the problem; **poche parole di s.**, a few words of explanation; **Non c'è s.**, there is no explanation (*o* it's inexplicable); **Non c'è s. plausibile per il suo comportamento**, there is no plausible reason for his behaviour; **senza spiegazioni**, without an explanation; **domandare una s. a q.**, to ask sb. for an explanation; **dare una s. di q.c.**, to give an explanation for st.; to account for st.; **Non so trovare la s. di ciò**, I can't find an explanation for this. ● **arrivare a una s.**, to come to an understanding □ **avere una s. con q.**, to have a frank talk with sb.; to have it out with sb. □ **domandare spiegazioni a q.**, to call sb. to account.

spiegazzàre, A *v. t.* to crease; to crumple; to wrinkle; to rumple: **s. un vestito**, to crease a dress; **s. un foglio di carta**, to crumple up a sheet of paper. **B spiegazzàrsi,** *v. i. pron.* to crease; to crumple; to wrinkle; to get* crushed (*o* creased, wrinkled, crumpled): **una stoffa che si spiegazza facilmente**, a material that creases easily; **La tua giacca si è tutta spiegazzata**, your jacket has got all creased; **Il giornale si è spiegazzato**, the paper got crumpled.

spiegazzatùra, *f.* **1** creasing; crumpling **2** (*piega*) crease.

spietatézza, *f.* pitilessness; mercilessness; cold-bloodedness; ruthlessness; relentlessness; (*crudeltà*) cruelty.

spietàto, *a.* pitiless; merciless; cold-blooded; heartless; ruthless; (*crudele*) cruel; (*inesorabile*) merciless, relentless, inexorable, fierce, bitter: **un tiranno s.**, a pitiless tyrant; **una morte spietata**, a cruel death; **parole spietate**, ruthless words; **concorrenza spietata**, fierce (*o* ruthless) competition; **lotta spietata per il potere**, ruthless (*o* bitter) fight for power; **sorte spietata**, inexorable fate; **un'analisi spietata dei mali del paese**, a dispassionate analysis of the the country's evils; **fare una corte spietata a una ragazza**, to court a girl relentlessly.

spietràre, *v. t.* (*agric., tecn.*) to stone; to remove stones.

spietratùra, *f.* (*agric., tecn.*) removal of stones.

spifferàre, A *v. t.* (*fam.*) to blab, to tell*, to talk, to shoot* one's mouth (*fam.*); (*fare la spia*) to tip off, to snitch (*fam.*), (*specialm. tra ragazzi*) to sneak (*fam.*): **Hanno spifferato ogni cosa**, they've blabbed everything; **Sono andati a spifferargli tutto**, they have told him everything; **s. un segreto**, to spill the beans (*fam.*); to blow the gaff (*fam.*). **B** *v. i.* (*fischiare del vento tra le fessure*) to whistle.

spifferàta, *f.* (*fam.*) tip-off: **L'hanno preso grazie a una s.**, they caught him thanks to a tip-off; **Questa è stata di certo una s.!**, somebody must have blabbed.

spìffero, *m.* (*fam.*: *corrente d'aria*) draught.

spifferóne, *m.* (*f.* **-a**) (*fam.*) blabbermouth; (*spia*) telltale, tale-bearer, (*specialm. tra ragazzi*) sneak.

spiga, *f.* ear; spike: **una s. di grano**, an ear of wheat; **s. secondaria**, spikelet; **infiorescenza a s.**, spike; spica; **fare la s.**, to spike; **mettere le spighe**, to spike up; (*di grano e sim.*) to ear, to come into ear. ● **a s.**, (*bot.*) spicate, spike-like, spike-shaped; (*di motivo*) herring-bone (*attr.*) □ **disegno a s.**, herring-bone pattern □ **mattonato a s.**, herring-bone brick-work □ **punto a s.**, herring-bone stitch.

spigàre, *v. t.* to spike up; (*di grano e sim.*) to ear, to come* into ear.

spigàto, *a.* ***1*** (*bot.*) spiked; spicate ***2*** (*di tessuto*) herring-bone (*attr.*).

spigatùra, *f.* ***1*** (*bot.*) spiking; earing ***2*** (*di tessuto*) herring-bone pattern.

spighétta, *f.* ***1*** (*bot.*) spikelet ***2*** (*sartoria*) braid; trimming.

spigionàrsi, *v. i. pron.* to be vacated; to remain vacant.

spigionàto, *a.* vacant; untenanted.

spigliataménte, *avv.* (*con naturalezza e disinvoltura*) easily, confidently, effortlessly, in a relaxed (*o* easy, natural) manner, with ease, self-possessedly, in a free and easy manner; (*con brio e noncuranza*) blithely, jauntily, airily.

spigliatézza, *f.* (*naturalezza disinvolta*) ease, naturalness, confidence, lack of constraint, self-possession, free and easy manners; (*brio noncurante*) blitheness, jauntiness, airiness.

spigliàto, *a.* ***1*** (*naturale, disinvolto*) easy, relaxed, self-possessed, unconstrained, free and easy; (*brioso*) blithe, jaunty, sprightly: **un giovane s.**, a self-confident young man; **maniere spigliate**, easy (*o* relaxed) manners; **avere un fare s.**, to be self-possessed (*o* relaxed) ***2*** (*energico, spedito*) brisk; quick; no-nonsense: **passo s.**, brisk step.

spignattàre, *v. i.* (*fam.*) to busy oneself with the cooking (*o* withy pots and pans).

spignoraménto, *m.* ***1*** (*leg.*) release from distress ***2*** (*riscatto*) redemption; (*da un pegno*) taking out of pawn.

spignoràre, *v. t.* ***1*** (*leg.*) to release from distress ***2*** (*riscattare*) to redeem; (*una cosa data in pegno*) to take* out of pawn.

spigo, *m.* (*bot.*) ***1*** (*Lavandula officinalis*) lavender ***2*** (*Lavandula latifolia*) spike lavender; aspic.

spìgola, *f.* (*zool., Morone labrax*) bass*.

spigolàre, *v. t.* (*anche fig.*) to glean: **s. un campo**, to glean a field; **s. notizie**, to glean news.

spigolatóre, *m.* (*f.* **-trice**) (*anche fig.*) gleaner.

spigolatùra, *f.* ***1*** (*lo spigolare, anche fig.*) gleaning ***2*** (*pl.*) (*fig.*: *notizie raccolte qua e là*) gleanings, snippets (*fam.*), scraps (*fam.*).

spìgolo, *m.* edge (*anche geom.*); corner; (*archit.*) edge, arris: **uno s. vivo [smussato]**, a sharp [rounded] edge; **urtare contro lo s. d'un tavolino**, to knock against the corner of a table; **smussare gli spigoli**, to round off the corners. ● (*fig.*) **essere tutto spigoli**, to be very rough □ (*fig.*) **smussare gli spigoli del proprio carattere**, to become less intractable □ **viso tutto spigoli**, angular face.

spigolosità, *f.* ***1*** angularity ***2*** (*fig.*) harshness; intractability; tetchiness.

spigolóso, *a.* ***1*** angular; sharp-cornered; sharp-edged ***2*** (*fig.*: *ossuto*) bony; angular ***3*** (*fig.*: *scontroso, irritabile*) difficult; intractable; tetchy; spiky; prickly; cantankerous.

spigonàrdo, *V.* **spigo**.

spigrìre, **A** *v. t.* to shake* (sb.) out of (his) laziness; to rouse (sb.) to action. **B spigrirsi**, *v. i. pron.* to shake* off one's laziness; to rouse oneself out of one's laziness.

spilla, *f.* ***1*** (*gioiello*) brooch: **una s. di brillanti**, a diamond brooch ***2*** (*spillo*) pin: **s. da cravatta**, tiepin; **s. da balia** (*o* **di sicurezza**), safety pin.

spillàre (1), **A** *v. t.* ***1*** (*forare*) to tap; to broach: **s. una botte**, to tap a cask ***2*** (*attingere dalla botte*) to tap; to draw* off: **s. vino**, to tap wine ***3*** (*fig.*) to tap; to touch; to squeeze: **s. notizie a q.**, to tap sb. for information; **s. denari a q.**, to tap (*o* to touch) sb. for money; to squeeze (*o* to get) money out of sb.: **Giorgio spillò dieci sterline al vecchio**, Giorgio tapped the old man for ten pounds. ● **s. le carte (da gioco)**, to fan the cards. **B** *v. i.* to drip; (*stillare*) to ooze.

spillàre (2), *v. t.* ***1*** (*appuntare con uno spillo*) to pin ***2*** (*unire con punti metallici*) to staple.

spillàtico, *m.* (*leg.*) pin money.

spillatùra, *f.* ***1*** (*di botte e sim.*) tapping; broaching ***2*** (*unione con spillo*) pinning; (*con punto metallico*) stapling.

spillo, *m.* ***1*** pin: **aghi e spilli**, pins and needles; **la capocchia d'uno s.**, a pin's head; **cuscinetto per spilli**, pin-cushion; **s. di sicurezza** (*o* **da balia**), safety pin; **s. per capelli**, hairpin; **s. da cravatta**, tiepin; **appuntare q.c. con uno s.**, to fasten st. with a pin; to pin st. (down, up); **colpo** (*o* **puntura**) **di s.** (*anche fig.*), pinprick; **foro di s.**, pinhole ***2*** (*stiletto per forare le botti*) broach ***3*** (*spilla*) brooch ***4*** (*mecc.*: *di valvola*) plunger; valve core: **valvola a s.**, needle valve ***5*** (*fonderia*) vent rod (*o* wire); pricker. ● **In questo cassetto non ci sta più nemmeno uno s.**, this drawer is chock-full □ **tacchi a s.**, spike heels; spikes (*fam.*); stiletto heels (*GB*); stilettos (*fam. GB*) □ (*fig.*) **uccidere q. a colpi di s.**, to worry sb. to death.

spillóne, *m.* (*spillo per cappelli*) hatpin, bodkin; (*per sciarpa*) scarf pin.

spilluzzicàre, *v. t.* ***1*** to peck at; to pick at; to nibble (at); (*assol.*) to have a nibble: **s. un grappolo d'uva**, to peck at a bunch of grapes; **s. tra un pasto a l'altro**, to have a nibble between meals ***2*** (*fig.*: *raggranellare*) to scrape up (*o* together); to rake up (*o* together) ***3*** (*fig.*: *rubacchiare*) to pinch; to pilfer.

spillùzzico, *m.* – **a s.**, bit by bit; little by little; in driblets; **mangiare q.c. a s.**, to peck at st.; to nibble st.

spilorcerìa, *f.* stinginess; niggardliness; miserliness; close-fistedness; cheeseparing; meanness (*GB*).

spilórcio, **A** *a.* stingy; niggardly; miserly; close-fisted; mean (*GB*); cheap; penny-pinching; close; tight. **B** *m.* (*f.* **-a**) niggard; miser; skinflint; penny-pincher.

spilungóne, *m.* (*f.* **-a**) lanky man* (*f.* woman*); spindleshanks (*fam.*); beanpole (*fam.*).

spin (*ingl.*), *m. invar.* (*fis.*) spin: **s. isotopico**, isotopic spin; isospin; **numero quantico di s.**, spin quantum number.

spina, *f.* ***1*** thorn; spine; prickle: **le spine di una rosa**, the thorns of a rose; **le spine di un cactus**, the spines of a cactus; **irto di spine**, full of thorns; thorny; prickly; **senza s.**, thornless; spineless ***2*** (*fig.*: *cruccio*) thorn in the flesh, cross; (*tormento*) worry, pain, torment, grief: **Quel figlio è per me una s.**, that son is a thorn in my flesh (*o* is my cross); **Ognuno ha le sue spine**, everyone has his worries ***3*** (*elettr.*) plug: **s. con interruttore**, switch plug; **s. di contatto**, connecting plug; **s. di prova**, test plug; **s. tripolare**, three-pin plug; **inserire [staccare] la s.**, to put in [to pull out] the plug; to plug in [to unplug] st. ***4*** (*mecc.*) pin; peg: **s. conica**, taper pin; **s. a occhio**, eye-pin; **s. di torsione**, torque pin; **s. di sicurezza**, break-pin; **s. cilindrica**, parallel pin ***5*** (*lisca*) fishbone; bone: **avere una s. in gola**, to have a bone stuck in one's throat; **pesce senza spine**, boneless fish ***6*** (*naut.*) eyebolt ***7*** (*cannella di botte*) tap, spigot; (*foro*) bunghole ***8*** (*zool.*: *aculeo*) spine; quill; thorn ***9*** (*anat.*) spine: **s. dorsale**, backbone; spine; **s. bifida**, spina bifida. ● (*fig.*) **una s. nel cuore**, a worry; a torment □ (*fig.*) **una s. nel fianco**, a thorn in the side (*o* in the flesh) □ **s. telefonica**, telephone jack □ **a s. di pesce**, herring-bone (*attr.*): **disegno [tessuto] a s. di pesce**, herring-bone pattern [cloth] □ **birra alla s.**, draught beer □ **corona di spine**, crown of thorns □ (*fig.*) **letto di spine**, bed of thorns □ (*fig.*) **senza s. dorsale**, spineless; without backbone: **un uomo senza s. dorsale**, a spineless man; a man without backbone; a wimp □ (*fig.*) **stare** (*o* **essere**) **sulle spine**, to be on tenterhooks □ (*prov.*) **Non c'è rosa senza s.**, no rose without a thorn.

spinàcio, *m.* ***1*** (*bot., Spinacia oleracea*) spinach ***2*** (*pl.*) (*cucina*) spinach (*sing.*). ● **s. selvatico** (*Chenopodium bonus-henricus*), fat-hen.

spinacrìsti, *f.* (*bot., Lycium*) Christ's-thorn; matrimony vine; bastard jasmine.

spinàle, *a.* (*anat.*) spinal; of the backbone: **il midollo s.**, the spinal marrow; the spinal cord.

spinàre, *v. t.* to bone; to fillet.

spinarèllo, *m.* (*zool., Gasterosteus aculeatus*) stickleback.

spinaròlo, *m.* (*zool., Squalus acanthias*) spiny (*o* picked) dogfish.

spinàto, *a.* ***1*** (*irto di spine*) barbed: **filo s.**, barbed wire ***2*** (*a spina di pesce*) herring-bone (*attr.*) ***3*** (*di pesci*: *privato delle lische*) boned; boneless.

spinatrice, *f.* (*tecn.*) broaching machine.

spinèllo (1), *m.* (*miner.*) spinel (ruby).

spinèllo (2), *m.* (*pop.*) joint: **farsi uno s.**, to smoke a joint.

spinéto, *m.* thorn thicket.

spinétta, *f.* (*mus.*) spinet.

spingàrda, *f.* (*mil., stor.*) ***1*** (*catapulta*) springal(d) ***2*** (*mortaio*) mortar ***3*** (*grosso fucile da caccia*) mounted gun.

spingere, **A** *v. t.* ***1*** to push; to drive*; (*con violenza*) to shove, to propel, to thrust*, to hustle; (*far rotolare*) to roll, to wheel, to trundle; (*cacciare, infilare*) to poke, to thrust*; (*guidare, condurre*) to drive*: **s. una porta**, to push a door; **s. una macchina**, to push a car; **s. il tavolo contro la parete**, to push the table against the wall; **s. q. in acqua**, to push sb. into the water; **s. q. da parte**, to push (*o* to shove, to thrust, to sweep) sb. aside; **s. un palo nel terreno**, to drive a stake into the ground; **Spinse il piatto verso di me**, he pushed the plate towards me; **La folla lo spinse in prima fila**, the crowd pushed him to the front; **Non spingete!**, don't push!; **La corrente lo spinse a riva**, the current drove him ashore; **Lo spinsero nella macchina e partirono di gran carriera**, they hustled (*o* bundled) him into the car and drove off at top speed; **Entrò spingendo un carrello col caffè**, she wheeled in a trolley with the coffee; **Spingeva innanzi a sé una carretta traballante**, he was trundling a wobbly cart before him; **L'esplosione mi spinse contro il muro**, the explosion propelled me against the wall; **Spinse il bastone nella tana**, he poked his stick into the hole; **Emma spinse la testa nella stanza per vedere che succedeva**, Emma poked her head into the room to see what was up; **Un ragazzo spingeva i maiali verso il porcile**, a boy was driving the pigs towards their sty ***2*** (*fig.*: *indurre*) to induce; (*stimolare*) to urge, to spur, to drive*, to sting*; (*istigare*) to prompt, to push, to egg on, to incite; (*costringere*) to make*, to compel, to force: **s. q. alla disperazione [al suicidio, al delitto]**, to drive sb. to despair [to suicide, to crime]; **Il bisogno mi spinge a chiederti aiuto**, I am driven by necessity to ask you for help; **Che cosa ti ha spinto a fare questa sciocchezza?**, what made you do such a foolish thing?; **s. q. all'azione**, to spur (*o* to sting, to incite, to stir) sb. to action; **Spinse i compagni a ribellarsi**, he urged (*o* incited) his friends to rebel; **I miei mi spingono a studiare medicina**, my parents are urging me to take up medicine; **È stato il marito a spingerla alla pittura**, it was her husband who urged her to take up painting ***3*** (*fig.*: *portare fino a un certo punto*) to push; to carry; to press: **s. q.c. fino al ridicolo**, to carry st. to ridiculous extremes; **s. troppo oltre la propria curiosità**, to push one's curiosity too far; **s. uno scherzo oltre i limiti**, to carry a joke too far; **s. le proprie ambizioni troppo in alto**, to carry one's ambitions too far; **Negli ultimi dieci minuti di gioco il Cagliari spinse a fondo il suo attacco**, in the last ten minutes' play Cagliari pressed home its attack **4** (*fig.*: *mandare avanti, accelerare*) to speed* up: **s. una pratica**, to speed up a matter **5** (*promuovere*) to plug; to hype: **s. un prodotto**, to plug a product. ● **s. lontano lo sguardo**, to gaze into the distance □ **s. il motore**, to force the engine □ **s. un pulsante**, to press a button. **B** *v. i.* (*fare pressione*) to press (against): **La folla spingeva contro il cordone dei poliziotti**, the crowd pressed against the police cordon. ● **s. con la pertica** (*una barca*), to punt □ (*naut.*) **s. con i remi**, to row □ **Spingi e spingi, ce l'ha fatta**, by dint of insisting he got what he wanted. **C spingersi,** *v. i. pron.* **1** (*avanzare*) to push ahead (*o* on, forward): **s. avanti**, to push forward; to thrust oneself forward; **s. tra la folla**, to push (one's way) through the crowd **2** (*fig.*: *arrivare*) to push on; to go*; to get*; to venture: **Ci spingeremo fino al prossimo paese**, we'll push on to the next village; **s. troppo lontano**, to go too far; **Si spinsero fino alle cascate**, they went as far as the waterfalls; **L'anno prossimo mi spingerò fino a Mosca**, next year I'll venture as far as Moscow; **Si è spinto ancor più in là, rivelando che la nomina era stata imposta dall'alto**, he went even further and revealed that the appointment had been imposed from above; **s. al punto di negare l'evidenza**, to go so far as to deny what is self-evident; **Non credevo che si sarebbe spinto fino a questi punti**, I didn't think he would go to such extremes. **D spingersi,** *v. rifl. recipr.* to jostle (each other).

spinnaker (*ingl.*), *m. invar.* (*naut.*) spinnaker.

spino (1), *m.* **1** (*bot.*) thorn; thornbush; brier; bramble **2** *V.* **spina,** *def. 1.* ● (*bot.*) **s. di Giuda** (*Gleditschia triacanthos*), honey locust.

spino (2), *a.* – **pero s.**, prickly pear; **uva spina**, gooseberry.

spinóne, *m.* (*zool.*) griffon.

spinosità, *f.* **1** (*l'avere spine*) thorniness; prickliness; spinosity **2** (*pl.*) (*spine*) thorns **3** (*fig.*: *difficoltà*) thorniness; ticklishness; delicacy.

spinóso, *a.* **1** (*pieno di spine*) thorny; prickly; spiny; spinous: **piante spinose**, thorny plants; **ramo s.**, thorny branch **2** (*fig.*: *arduo*) thorny; (*delicato*) tricky, ticklish, delicate: **materia spinosa**, thorny subject; **faccenda spinosa**, delicate matter; tricky business (*fam.*); **un argomento un po' s.**, a rather delicate subject **3** (*fig.*: *scorbutico*) prickly, tetchy; (*suscettibile*) touchy, difficult **4** (*anat.*) spinous: **processo s.**, spinous process.

spinòtto, *m.* **1** (*mecc.*) gudgeon pin (*GB*); wrist pin (*USA*) **2** (*elettr.*: *spina*) plug.

spinoziàno, *a.* (*filos.*) Spinozist.

spinozìsmo, *m.* (*filos.*) Spinozism.

spinta, *f.* **1** push; (*forte*) shove, thrust, hustle, jostle: **dare una s. a q.**, to push sb.; to give sb. a push (*o* a shove, a thrust); **ricevere una s.**, to be pushed; to get (*o* to receive) a push (*o* a shove); **Qualcuno le diede una s.**, somebody pushed her; **Mi ha fatto cadere con una s.**, he pushed me and I fell; he pushed me down; **Lo cacciò via con una s.**, he shoved him away; **aprire la porta con una s.**, to push the door open; **farsi largo a spinte**, to shove (*o* to push, to elbow, to shoulder) one's way; **dare una s. a q. per aiutarlo a salire**, to push sb. up; to give sb. a leg-up (*fam.*); (*autom.*) **Datemi una s. per farmi partire**, give me a push to help me start the engine; **s. di gomito**, nudge **2** (*forza esercitata*) driving (*o* propelling) force; propulsion; thrust: **la s. dei motori**, the propelling force of the engines; **s. verso l'alto**, upthrust; **s. verso l'esterno**, out-thrust **3** (*fis., mecc.*) thrust: **s. assiale**, axial thrust; **s. idrostatica** (*o* **di Archimede**) buoyancy; **s. con torsione**, wrench; **cuscinetto di s.**, thrust bearing **4** (*edil.*) thrust; pressure: **s. della terra**, earth thrust (*o* pressure); **s. orizzontale** (*di un arco*), drift; **s. del vento**, wind pressure **5** (*aeron., naut.*) thrust: **s. aerostatica**, aerostatic thrust; buoyancy; **s. al decollo**, take-off thrust; **s. dell'elica**, screw-propeller thrust; **s. di galleggiamento**, buoyancy **6** (*fig.*: *stimolo*) spur, urge, incentive, stimulus*, motivation, drive; (*impulso*) impulse, boost, impetus*; (*energia*) drive: **La fama è la s. che acuisce lo spirito di sacrificio**, fame is the spur that sharpens the spirit of sacrifice; **Questa sarà per lui una s. a decidere**, this will spur him to make up his mind; **la s. data all'industria**, the boost (*o* the shot in the arm) given to industry **7** (*fig.*: *aiuto*) push, helping-hand, leg-up (*fam.*), lift; (*appoggio*) backing, string-pulling; (*buona parola*) good word: **Ogni tanto ha bisogno di una s.**, every now and then he needs a push; **dare una s. a q.**, to lend sb. a helping-hand; to give sb. a leg-up; **finire la scuola a forza di spinte**, to be pushed through school; **far carriera grazie alle spinte**, to get ahead because of one's connections; **Ci vorrebbe una s. da parte sua per far passare il nostro progetto**, we need a helping hand from him to have our plan approved; **Non potresti dare una s. per sollecitare quest'affare?**, couldn't you put in a good word to hurry up this natter? ● (*econ.*) **s. al rialzo**, upward pressure □ (*econ.*) **s. inflazionistica**, inflationary tendency □ **darsi la s. per saltare q.c.**, to propel oneself over st. □ **fare a spinte**, to push each other.

spintarèlla, *f.* **1** light push; nudge **2** (*fig.*: *appoggio*) backing, helping hand, string-pulling, leg-up (*fam.*); (*buona parola*) good word: **Per fargli avere quel posto c'è voluta una s.**, he needed a helping hand to get that job; he got the job because someone gave him a leg-up **3** (*sport*) push.

spinterògeno, *m.* (*autom.*) (battery) coil ignition; (*distributore*) distributor.

spinteròmetro, *m.* (*fis.*) spark gap: **s. a gas**, gas gap; **s. a sfere**, sphere gap; **s. a ponte**, needle gap.

spinto, *a.* **1** (*indotto*) pushed, driven, led, urged, prompted; (*disposto*) inclined, disposed: **sentirsi s. ad aiutare q.**, to feel an urge to help sb.; **Sono s. a dirgli di lasciar perdere**, I am inclined to tell him to let it be; **sentirsi s. verso la musica**, to have a bent for music; **s. agli estremi**, pushed to the extreme **2** (*esagerato*) excessive, overdone; (*audace*) daring, bold, risky; (*scabroso*) bawdy, risqué, dirty, smutty, rude: **velocità spinta**, excessive speed; **idee spinte**, daring ideas; **gioco s.**, risky game; **barzelletta spinta**, bawdy (*o* risqué) joke **3** (*autom.*: *di motore*) supercharged; boosted; souped-up (*fam.*). ● **vuoto s.**, high vacuum.

spintonàre, *v. t.* (*fam.*) to shove; to push; to jostle.

spintóne, *m.* shove; violent push; jostle, thrust: **dare uno s.**, to give a shove (*o* a push); **farsi avanti a spintoni**, to push (*o* to elbow) one's way; **far carriera a spintoni**, to push one's way to the top.

spintóre, *m.* (*naut.*) push boat.

spiombàre (1), *v. t.* (*togliere la piombatura*) to break* the (leaden) seals of; to unseal.

spiombàre (2), A *v. t.* **1** (*spostare dalla linea a piombo*) to put* out of plumb **2** (*far cadere*) to topple. **B** *v. i.* **1** (*presentare un appiombo irregolare*) to be out of plumb; to lean* to one side (*o* from the vertical) **2** (*essere molto pesante*) to be very heavy.

spionàggio, *m.* espionage; spying: **s. industriale**, industrial espionage; **rete di s.**, spy network; **romanzo di s.**, spy story; **accusare di s.**, to charge with espionage.

spioncino, *m.* peephole; spyhole; judas hole; (*ind., mecc.*) peephole, inspection hole.

spióne, *m.* (*f.* **-a**) spy; informer; (*di bambino*) telltale, sneak.

spionìstico, *a.* spy (*attr.*); spying; espionage (*attr.*): **rete spionistica**, spy network; **attività spionistica**, spying.

spiovènte, A *a.* **1** (*ricadente*) drooping; (*fluente*) flowing, streaming: **baffi spioventi**, drooping moustache; **capelli spioventi fino a mezza schiena**, hair flowing down one's back; **ciocche spioventi**, streaming wisps of hair **2** (*inclinato*) sloping; drooping; inclined; (*archit.*) weathered: **spalle spioventi**, sloping (*o* drooping) shoulders; **tetto s.**, sloping roof; **davanzale s.**, weathered sill. ● (*sport*: *calcio*) **calcio** (*o* **tiro**) **s.**, high ball (*o* shot). **B** *m.* **1** (*di tetto*) slope **2** (*geogr.*: *versante*) versant; slope **3** (*sport*: *calcio*) high ball (*o* shot). ● (*archit.*) **a s.**, weathered.

spiòvere, *v. i.* **1** (*cessare di piovere*) to stop raining: **Aspetta che spiova**, wait till it stops raining **2** (*scorrere in giù*) to flow down: **le acque che spiovono dall'Appennino**, the water flowing down from the Apennines **3** (*ricadere*) to fall*; to hang* (*o* to come*) down; to droop: **I capelli le spiovevano sulle spalle**, her hair fell over her shoulders.

spira, *f.* **1** (*giro di spirale*) coil **2** (*pl.*) (*di serpente*) coils **3** (*voluta*) spiral coil; curl; convolution; eddy: **spire di fumo**, coils of smoke; **spire di nebbia**, eddies of mist **4** (*elettr., mecc.*) turn; coil: **spire inattive**, dead turns; **spire morte**, dead-end turns; **la s. d'una molla**, the turn (*o* coil) of a spring **5** (*archit.*) scroll. ● **avvolgere a spire**, to coil up □ **avvolgersi a spire**, to coil (oneself) □ **fatto a spire**, spiral; whorled; curled.

spiràglio, *m.* **1** (*fessura*) crack, chink, narrow opening, vent, fissure, airhole; (*apertura*) break, rift: **guardare da uno s.**, to look through a crack (*o* a chink); **lasciare uno s. per l'aria**, to leave a narrow opening for air; **uno s. di sereno**, a break in the clouds; **uno s. nel fitto della foresta**, a rift in the thick foliage of the forest **2** (*naut.*) skylight **3** (*fig.*: *soffio*) breath; (*barlume*) gleam, glimmer: **uno s. d'aria**, a breath of air; **uno s. di luce**, a glimmer of light; **vedere uno s. di luce**, to see daylight; **uno s. di speranza**, a gleam (*o* glimmer, ray) of hope **4** (*fig.*: *possibilità, speranza*) opportunity; chance; hope: **aprire uno s. alle trattative**, to open up an opportunity for negotiation.

spiràle, A *a.* spiral. **B** *f.* **1** (*geom., mat.*) spiral; helix: **s. destrorsa [sinistrorsa]**, right-handed [left-handed] spiral; **s. di Archimede**, Archimedean spiral **2** (*formazione a s.*) spiral; helix; coil; curl; convolution; volution; whorl; loop: **una s. di fumo**, a coil (*o* a wreath) of smoke; **le spirali di una conchiglia**, the convolutions of a shell **3** (*di orologio*) hairspring **4** (*fig.*) spiral; escalation: **s. dei prezzi**, spiral of prices; price spiral; **s. prezzi-salari**, price-wage spiral; **s. inflazionistica**, inflationary spiral; **una s. di violenza**, an escalation in violence **5** (*med., anche* **s. intrauterina**) coil; IUD (*o* intrauterine device). ● **a s.**, spiral; helical; coiled; winding; convoluted; twisted □ **colonna a s.**, twisted column □ (*mecc.*) **molla a s. cilindrica**, spiral spring □ (*mecc.*) **molla a s. conica**, volute spring □ **nebulosa a s.**, spiral nebula □ **salire a s.**, to spiral up □ **scala a s.**, winding (*o* spiral staircase).

spiralifórme, *a.* spiraliform; spiral; helical.

spirànte, *a.* e *f.* (*fon.*) spirant.

spirantizzàre, A *v. t.* (*ling.*) to spirantize. **B spirantizzàrsi,** *v. i. pron.* to become* spirantized.

spirantizzazióne, *f.* (*ling.*) spirantization.

spiràre (1), A *v. i.* **1** (*soffiare*) to blow*: **Spira un forte vento di tramontana**, a strong wind is blowing from the north; **Oggi non spi-**

ra un alito di vento, there isn't a breath of air today *2* (*emanare*) to emanate; to exhale; to come*: **Un orrendo fetore spirava dalla fogna**, a terrible smell came from the sewer; **Un dolce profumo spirava dal giardino**, a sweet fragrance emanated from the garden. **B** *v. t.* *1* (*emanare*) to exhale; to send* off: **s. fragranza**, to exhale fragrance *2* (*fig.*) to radiate; to give* off; to express: **I suoi occhi spirano dolcezza**, her eyes radiate tenderness. ● (*fig.*) **Che aria spira?**, which way is the wind blowing? □ (*fig.*) **Spira aria di burrasca**, there is a storm (*o* trouble) in the air; there is a storm (*o* trouble) brewing; the atmosphere is stormy □ (*fig.*) **Non spira buon vento**, there is an ill-wind blowing.

spiràre (2), A *v. i.* *1* (*morire*) to die; to pass away; to breathe one's last: **Mio zio è spirato stamane**, my uncle passed away this morning; **Sembrava fosse lì lì per s.**, he seemed on the point of breathing his last *2* (*finire, terminare*) to come* to an end; (*scadere*) to expire, to fall* due: **La tregua spirerà domani**, the truce will expire tomorrow. **B** *m.* (*fine*) end, close; (*scadenza*) expiry.

spirèa, *f.* (*bot., Spiraea ulmaria*) spir(a)ea; meadowsweet.

spirifórme, *a.* spiral; spiraliform.

spirillo, *m.* (*biol.*) spirillum*.

spiritàto, A *a.* *1* (*invaso dal demonio*) possessed (*pred.*) *2* (*in preda a grande agitazione*) wild; frantic; beside oneself; haunted: **occhi spiritati**, wild eyes; wild look; **espressione spiritata**, haunted (*o* wild) expression. **B** *m.* (*f.* **-a**) one possessed: **urlare come uno s.**, to shriek like one possessed.

spiritèllo, *m.* *1* genie; pixy; sprite; (*folletto buono*) elf, (*maligno*) goblin *2* (*bambino vivace*) imp; little devil.

spiritico, *a.* spiritualistic; spiritistic. ● **seduta spiritica**, séance.

spiritismo, *m.* spiritualism; spiritism; table-lifting (*fam.*); spirit-rapping (*fam.*).

spiritista, *m.* e *f.* spiritualist; spiritist; spirit-rapper (*fam.*).

spiritistico, *a.* spiritualistic; spiritistic.

spirito (1), *m.* *1* (*ente immateriale intelligente, essenza personificata*) spirit; ghost; soul: **puro s.**, pure spirit; **il regno degli spiriti**, the realm of spirits; **gli spiriti celesti** (*o* **angelici**), the celestial (*o* angelic) spirits; the angels; **gli spiriti maligni** (*o* **infernali**), the evil spirits; the demons; **gli spiriti beati**, the souls of the blessed; **gli spiriti dannati**, the souls of the damned; the damned; **gli spiriti del Purgatorio**, the souls in Purgatory; **lo s. di un antenato**, the spirit of an ancestor; **gli s. della foresta**, the spirits of the forest; **s. folletto**, sprite; pixy; goblin; **lo S. Maligno**, the Evil One; **lo S. Santo**, the Holy Spirit; the Holy Ghost *2* (*anima, animo*) spirit, soul, ghost, mind; (*mente, intelligenza*) mind, spirit, soul: **lo s. e la carne**, the spirit and the flesh; **s. vitale**, spirit of life; **i valori dello s.**, spiritual values; **le cose dello s.**, spiritual things; things of the spirit; **essere con q. in s.**, to be with sb. in spirit; **rendere lo s.**, to give up the ghost; **esalare l'ultimo s.**, to breathe one's last; **Lo s. è pronto, ma la carne è debole**, the spirit is willing but the flesh is weak; **lo s. e la materia**, mind and matter; **nutrire lo s.**, to nourish the mind *3* (*persona*) spirit; mind: **i grandi spiriti del passato**, the great minds of the past; **uno s. superiore**, a lofty soul (*o* mind); **È uno s. eletto**, he is a great soul; **Fu lo s. della rivolta**, he was the leading spirit of the revolt; **un bello s.**, a wit; a wag *4* (*natura, carattere*) character, nature; (*disposizione d'animo, atteggiamento*) spirit, attitude, feeling, sense; (*stato d'animo*) mood, state of mind, spirits (*pl.*): **s. ribelle**, rebellious nature; **grandezza [piccolezza] di s.**, greatness [smallness] of mind; **s. di contraddizione**, contrariness; spirit of contradiction; **fare q.c. per puro s. di contraddizione**, to do st. out of pure contrariness; **s. di osservazione**, (spirit of) observation: **avere s. di osservazione**, to be observant; **s. di sacrificio**, (spirit of) self-sacrifice; **avere s. di sacrificio**, to be self-sacrificing; **s. di imitazione**, imitativeness; **s. di iniziativa**, enterprise; drive; gumption (*fam.*); go spirit (*fam.*); **s. di corpo**, esprit de corps (*franc.*); clannishness; **s. di parte**, party (*o* partisan) spirit; factiousness; **s. di squadra**, team spirit; **s. di vendetta**, vindictiveness; revengefulness; **s. competitivo**, competitiveness; **s. materno**, maternal attitude; **s. pratico**, practical turn of mind; practical sense; common sense; **s. pubblico**, public spirit; **Ha uno s. di pietà verso tutti**, he has a pious attitude towards everyone; **Affronta le difficoltà della vita con uno s. di serenità**, he tackles the difficulties of life with a serene attitude (*o* spirit); **Non sono nelle condizioni di s. per vedere gente**, I'm not in the (right) mood to see people; **sollevare lo s.**, to raise the spirits (*pl.*); (*tranquillizzare*) to relieve the mind *5* (*fantasma*) spirit; ghost; phantom: **evocare uno s.**, to raise a spirit; **credere negli spiriti**, to believe in ghosts; **una casa frequentata dagli spiriti**, a haunted house *6* (*significato essenziale*) spirit; inner meaning; deep sense; substance: **seguire lo s. della legge**, to go by (*o* to obey) the spirit of the law; **Lo s. di quest'opera è difficile da capire**, the inner meaning of this work is difficult to understand *7* (*caratteristica, essenza*) genius; essence: **lo s. di una nazione**, the genius of a nation; **lo s. dei tempi**, the spirit of the age (*o* of the times) *8* (*arguzia*) wit; (*umorismo*) sense of humour: **persona di s.**, (*arguta*) witty person; (*con senso dell'umorismo*) person with a sense of humour; (*che sta allo scherzo*) a good sport; **s. caustico**, dry humour; pointed wit; **s. di patata** (*o* **di rapa**) (*fam.*), stale (*o* forced) humour; **battuta** (*o* **motto**) **di s.**, witticism; witty remark; wisecrack (*fam.*); **fare dello s.**, to be witty; to be funny; to crack jokes; (*dello spirito di patata*) to try to be funny; **mancare di s.**, to have no sense of humour *9* (*vivacità*) spirit, life, liveliness; (*vigore*) drive, energy, vigour, go (*fam.*), pep (*fam.*): **Ci mette tanto s. in tutto ciò che fa**, he puts so much life into everything he does; **un'esecuzione piena di s.**, a spirited (*o* sprightly) rendition. ● **s. profetico**, prophetic spirit □ (*scherz.*) **bollenti spiriti**, excitable temper (*sing.*) □ (*Bibbia*) **i poveri di s.**, the poor in spirit □ **un povero di s.** (*uno sciocco*), a poor idiot; a fool; a simpleton □ **presenza di s.**, presence of mind.

spirito (2), *m.* (*alcol*) spirit; alcohol: **s. denaturato**, methylated spirit; **s. di legno**, methyl alcohol; wood spirit; **lampada a s.**, spirit lamp; **ciliegie sotto s.**, cherries in alcohol.

spirito (3), *m.* (*gramm. greca*) breathing: **s. aspro [dolce]**, rough [smooth] breathing.

spiritosàggine, *f.* *1* wittiness *2* (*atto, detto spiritoso*) witticism; piece of wit; quip; wisecrack (*fam.*); (*spreg.*) poor humour, facetious remark, feeble joke.

spiritosaménte, *avv.* wittily; facetiously; humorously.

spiritosità, *V.* **spiritosaggine**.

spiritóso, A *a.* *1* humorous; full of humour; funny; amusing; facetious (*spesso spreg.*); (*arguto*) witty, clever: **osservazione spiritosa**, humourous remark; **parlatore s.**, witty speaker; **idea spiritosa**, clever idea; **regalo s.**, amusing present; **battuta spiritosa**, witticism; quip; crack; one-liner; **Le tue osservazioni non sono molto spiritose**, your remarks are not very funny (*o* amusing); **Non sei affatto s.**, you're not funny at all *2* (*alcolico*) alcoholic; spirituous: **bevanda spiritosa**, alcoholic drink **B** *m.* (*f.* **-a**) – **Non fare lo s.!**, don't try to be funny; don't be facetious!; **Non fare lo s., o sparo**, don't try to be clever, or I'll shoot.

spiritual (*ingl.*), *m. invar.* (negro) spiritual.

spirituàle, A *a.* spiritual; unwordly: **natura s.**, spiritual nature; **godimento s.**, spiritual delight; **il potere s. della chiesa**, the spiritual power of the Church; **esercizi spirituali**, spiritual exercises; **direttore s.**, spiritual director; **padre s.**, spiritual father; (*confessore*) father confessor. **B** *m.* spiritual: **lo s. e il temporale**, the spiritual and the temporal.

spiritualismo, *m.* (*filos.*) spiritualism.

spiritualista, *m.* e *f.* (*filos.*) spiritualist.

spiritualistico, *a.* (*filos.*) spiritualistic.

spiritualità, *f.* spirituality; unwordliness.

spiritualizzàre, A *v. t.* *1* to spiritualize *2* (*idealizzare*) to idealize. **B spiritualizzàrsi,** *v. i. pron.* to be spiritualized.

spiritualizzazióne, *f.* *1* spiritualization *2* (*idealizzazione*) idealization.

spiritualménte, *avv.* spiritually.

spirochèta, *f.* (*biol.*) spiroch(a)ete.

spirochetòsi, *f.* (*med.*) spiroch(a)etosis.

spirogira, *f.* spirogyra.

spiroidàle, *a.* spiral; spiraliform.

spirometria, *f.* (*med.*) spirometry.

spiromètrico, *a.* (*med.*) spirometric.

spiròmetro, *m.* (*med.*) spirometer.

spirto (*poet.*), *V.* **spirito**.

spiumàre, *v. t.* *1* to pluck: **s. un pollo**, to pluck a hen *2* (*fig.*: *carpire quattrini*) to fleece.

spizzicàre, *V.* **spilluzzicare**.

spizzico, *m.* – **a s.** (*o* **a spizzichi**), in dribs and drabs; in driblets; bit by bit; little by little; a little at a time.

splàncnico, *a.* (*anat.*) splanchnic: **nervi splancnici**, splanchnic nerves.

splancnocrànio, *m.* (*anat.*) splanchnocranium; viscerocranium.

splancnologia, *f.* (*med.*) splanchnology.

spleen (*ingl.*), *m. invar.* melancholy; gloom; spleen.

splenalgia, *f.* (*med.*) splenalgia.

splendènte, *a.* bright; shining; brilliant; resplendent; beaming; (*pulitissimo*) shining, gleaming, spick-and-span.

splèndere, *v. i.* (*anche fig.*) to shine*; to beam; to be bright; (*luccicare*) to glitter: **Il sole splendeva**, the sun was shining (*o* beaming down); **Il suo volto splendeva di gioia**, his face shone (*o* was bright) with joy; **s. come l'oro**, to glitter like gold.

splendidaménte, *avv.* splendidly; wonderfully; (*sfarzosamente*) splendidly, magnificently, gorgeously, sumptuously; (*con liberalità*) lavishly, grandly, on a grand scale.

splendidézza, *f.* (*splendore*) splendour, brightness; (*sfarzosità*) magnificence, gorgeousness, splendour, sumptuousness, grandeur, pomp; (*liberalità*) lavishness, liberality, munificence.

splèndido, *a.* *1* (*splendente, fulgido*) splendid; brilliant; shining; wonderful; glorious: **tempo s.**, glorious weather; **un tramonto s.**, a glorious (*o* a gorgeous) sunset; **un sole s.**, a dazzling sun; **una settimana di s. sole**, a week of brilliant sunshine; **una vittoria splendida**, a splendid (*o* shining) victory *2* (*lussuoso, sfarzoso*) splendid; magnificent; gorgeous; sumptuous; grand; stately: **un tempio s.**, a magnificent temple; **una sala splendida**, a splendid hall; **un vestito s.**, a gorgeous dress; **una splendida cerimonia**, a magnificent ceremony *3* (*eccezionale, ottimo*) splendid; wonderful; brilliant; striking; stunning; superb; excellent; top (*fam.*); capital (*fam.*): **una splendida ragazza**, a gorgeous (*o* stunning) girl; **una splendida occasione**, a splendid (*o* wonderful, magnificent, excellent, top) opportunity; **Che splendida idea!**, what a splendid (*o* brilliant) idea!; **uno s. lavoro**, a brilliant piece of work; **fare un matrimonio s.**, to make an excellent (*o* brilliant) marriage; **Sei stato s.!**, you were wonderful (*o* brilliant)! *4* (*liberale*) generous; munificent; liberal; handsome;

lavish; generous: **uno s. ospite**, a generous (*o* lavish) host.

splendóre, *m.* ***1*** (*luminosità*) splendour; brightness; brilliance; radiance; glow: **lo s. di una fiamma**, the brightness (*o* glow) of a flame; **lo s. del sole**, the dazzling brilliance of the sun ***2*** (*bellezza*) splendour, radiance, bloom, prime, glory; (*magnificenza*) splendour, magnificence, pomp, sumptuousness, grandeur, stateliness, pomp; (*al pl.*: *lussi*) luxury: **pieno s.**, full splendour, full bloom; prime: **nel pieno s. della giovinezza**, in the radiance of youth; in full bloom; **una donna nel pieno s. della sua bellezza**, a woman in the full splendour of her beauty; **lo s. d'un tramonto**, the glory of a sunset; **lo s. degli addobbi**, the magnificence of the decorations; **gli splendori delle corti rinascimentali**, the splendour of Renaissance courts; **La città era uno s. di luci**, the city was ablaze with lights; **La tavola era uno s. di argenti e porcellane**, the table looked magnificent with its array of china and silver; **È uno s. di ragazza**, she is a stunning girl; she is a beauty; **Sei uno s., oggi!**, you are looking splendid today!; **Ha una casa che è uno s.**, her house is magnificent; **La tua cucina è sempre uno s.**, your kitchen is always spotless (*o* spick-and-span); **l'antico s. di una famiglia**, the past splendour of a family; **Sono finiti gli splendori**, the days of splendour (*o* of luxury) are over; **vivere tra gli splendori**, to live in luxury ***3*** (*fis.*) brightness.

splène, *m.* (*anat.*) spleen.

splenectomia, *f.* (*chir.*) splenectomy.

splenètico, A *a.* ***1*** (*med.*) splenic ***2*** (*malinconico*) splenetic. **B** *m.* (*f.* **-a**) (*persona malinconica*) splenetic.

splènico, A *a.* (*anat.*) splenic; splenetic: **arteria [vena] splenica**, splenic artery [vein]. **B** *m.* (*f.* **-a**) (*med.*) person affected with a disorder of the spleen.

splènio, *m.* (*anat.*) splenius*.

splenite, *f.* (*med.*) splenitis.

splenomegalia, *f.* (*med.*) splenomegaly.

spòcchia, *f.* (*fam.*) conceit; bumptiousness; haughtiness; arrogance.

spocchióso, *a.* (*fam.*) conceited; bumptious; haughty; arrogant.

spodestaménto, *m.* ***1*** (*il privare del potere*) deprivation (*o* depriving) of power, removal from power; (*il privare del trono*) dethronement; (*rimozione da una carica*) removal from office, ejection, ousting ***2*** (*esproprio*) dispossession; ousting.

spodestàre, *v. t.* ***1*** (*privare del potere*) to deprive of power; (*privare del trono*) to depose, to dethrone; (*destituire*) to remove from office, to eject, to oust ***2*** (*privare della proprietà*) to dispossess: **s. q. delle proprie terre**, to dispossess sb. of his land.

spodestàto, *a.* (*privato del potere*) deprived of power; (*privato del trono*) deposed, dethroned; (*rimosso*) removed from office, ejected, ousted.

spoetizzànte, *a.* disenchanting; disillusioning; deflating.

spoetizzàre, *v. t.* ***1*** to disenchant (sb.); to disillusion (sb.); to take* the poetry (*o* the magic) out of (st.): **Non voglio spoetizzarti**, I don't want to disenchant you ***2*** (*per estens.*: *disgustare*) to sicken; to disgust.

spòglia, *f.* ***1*** (*di rettili, ecc.*) slough ***2*** (*fonderia*) draft ***3*** (*mecc.*) rake ***4*** (*pl.*) (*preda di guerra*) spoils (of war); booty (*sing.*): **spoglie opime**, spolia opima; honourable spoils; (*fig.*) rich booty ***5*** (*cadavere*) body; remains (*pl.*): **la s. mortale** (*o* **le spoglie mortali**), the mortal remains ***6*** (*lett.*: *veste*) garment; dress; (*al pl., anche*) clothes. ● **sotto mentite spoglie**, in disguise.

spogliàre, A *v. t.* ***1*** to strip; to bare: **s. un albero di tutte le foglie**, to strip a tree of all its leaves; **s. una sala dalle decorazioni**, to strip a room of its decorations; **s. la propria prosa di ogni fronzolo**, to strip one's prose of all frills ***2*** (*svestire*) to undress; to strip: **Spoglialo e mettilo a letto!**, undress him and put him to bed!; **Lo spogliarono ma non gli trovarono addosso nulla**, they stripped him but found nothing on him; **s. q. con gli occhi**, to undress sb. with one's eyes ***3*** (*fig.*: *privare*) to strip; to shear* (*generalm. al pass.*); to deprive; to divest; to dispossess: **s. q. d'ogni avere**, to strip sb. of all his possessions; **s. q. di ogni autorità**, to strip (*o* to deprive) sb. of all authority; **Lo spogliarono della sua carica e degli onori**, they divested him of his office and honours; **L'hanno di ogni autorità**, he has been shorn of all authority ***4*** (*fig.*: *depredare*) to rob, to strip; (*saccheggiare*) to plunder, to pillage, to despoil; (*ripulire dei soldi*) to clean out: **s. una casa**, to rob a house; **I ladri gli hanno spogliato l'appartamento**, the burglars stripped his flat; **s. una città**, to plunder (*o* to pillage) a town; **s. un museo**, to despoil a museum; **L'hanno spogliato al poker**, he got cleaned out at poker ***5*** (*fare lo spoglio di*) to go* through; to sift through: **s. la corrispondenza**, to go through the mail; **s. le schede elettorali**, to go through (*o* to count) the ballot papers. ● **s. il riso**, to husk (*o* to hull) rice. **B spogliàrsi,** *v. rifl.* e *i. pron.* ***1*** (*svestirsi*) to undress; to strip; to take* off one's clothes: **Non vuoi spogliarti e fare il bagno?**, aren't you going to undress and have a swim?; **Fra lo stupore generale, la ragazza si spogliò da capo a piedi**, to the amazement of everyone, the girl stripped from head to toe; **Devo spogliarmi tutto o basta che mi tolga la camicia?**, do I have to strip or is it enough if I just take off my shirt?; **Sei solo capace di spogliarti!**, all you can do is to take off your clothes! ***2*** (*di alberi, ecc.*) to shed* (st.); to lose* (st.): **In autunno gli alberi si spogliano (delle foglie)**, trees shed (*o* lose) their leaves in autumn; **Le rose si sono spogliate dei petali**, the roses have shed their petals ***3*** (*fig.*: *privarsi*) to deprive oneself of; to strip oneself of; to divest oneself of; to give* up: **Si è spogliato di tutto per le sorelle**, he deprived (*o* stripped) himself of (*o* he gave up) everything for his sisters; **s. di un diritto**, to give up a right ***4*** (*fig.*: *liberarsi*) to rid* oneself of; to put* aside: **Si spogliò di ogni prevenzione**, he rid himself of (*o* he put aside) all prejudice ***5*** (*di rettile*) to slough one's skin; to cast* one's slough.

spogliarellista, *m.* e *f.* stripteaser; stripper.

spogliarèllo, *m.* striptease: **fare lo s.**, to do a striptease.

spogliàto, *a.* ***1*** (*svestito*) undressed; stripped; naked; nude ***2*** (*privato*) deprived; robbed; cheated ***3*** *V.* **spoglio**.

spogliatóio, *m.* dressing-room; changing room; locker room; (*guardaroba*) cloakroom.

spogliatóre, *m.* (*f.* **-trice**) (*chi spoglia, rubando*) despoiler; plunderer.

spogliazióne, *V.* **spoliazione**.

spòglio (1), *a.* ***1*** (*nudo, disadorno*) naked; bare; bleak: **alberi spogli**, naked (*o* bare) trees; **una parete spoglia**, a bare wall; **una campagna spoglia**, a barren countryside ***2*** (*privo, libero*) devoid (of); free (from): **s. di pregiudizi**, free from prejudice.

spòglio (2), *m.* (*computo*) counting; (*esame*) scrutiny, perusal, examination; (*selezione*) sorting: **s. dei voti**, counting of votes; count; **fare lo s. dei voti**, to count the votes; **s. di documenti**, scrutiny (*o* perusal) of papers; **fare lo s. di q.c.**, to sort st.; to go through st.; to sift through st.: **fare lo s. della corrispondenza**, to sort (*o* to go through) the mail; **Ho fatto lo s. di queste frasi e ne ho eliminate parecchie**, I have sifted through these phrases and rejected quite a few.

spòiler, *m. invar.* (*aeron., autom.*) spoiler.

spòla, *f.* ***1*** (*ind. tess.*: *bobina*) spool, bobbin; (*filato avvolto sulla s.*) cop ***2*** (*di macchina da cucire*) bobbin ***3*** (*navetta*) shuttle. ● **fare la s.**, to go to and fro, to shuttle; (*di mezzi di trasporto*) to shuttle, to ply; (*di viaggiatori*) to commute.

spolatrice, *f.* (*ind. tess.*) bobbin winder.

spolatùra, *f.* (*ind. tess.*) spooling.

spolétta, *f.* ***1*** (*piccola spola*) small spool ***2*** (*di ordigno esplosivo*) fuse: **s. ad azione ritardata**, delayed-action fuse; **s. a doppio effetto** (*o* **a tempo e percussione**), combination fuse; **s. a percussione**, percussion fuse; (*miss.*) **s. anteriore**, nose fuse; **s. a tempo**, time fuse ***3*** (*di macchina per cucire*) bobbin.

spolettàre, *v. t.* (*di ordigno esplosivo*) to fuse.

spolettièra, *f.* (*ind. tess.*) winder; winding frame.

spoliazióne, *f.* ***1*** (*appropriazione di cose altrui*) dispossession; stripping ***2*** (*saccheggio*) spoliation; despoliation; plunderage; pillage.

spoliticizzàre, *v. t.* to depoliticize; to make* non-political.

spoliticizzazióne, *f.* depoliticization.

spollonàre, *v. t.* (*agric.*) to sucker.

spollonatùra, *f.* (*agric.*) suckering.

spolmonàrsi, *v. i. pron.* to talk (*o* to shout) oneself hoarse.

spolpàre, A *v. t.* ***1*** (*privare della polpa*) to strip the flesh (off st.); to pick: **s. un osso**, to pick a bone; **s. una gallina**, to pick the meat from a hen ***2*** (*fig.*) to fleece (*fam.*); to bleed* white (*USA*: dry) (*fam.*); to clean out (*fam.*): **Le tasse mi hanno spolpato**, I've been bled white by taxes; **s. q. al gioco**, to clean sb. out at gambling. **B spolpàrsi,** *v. i. pron.* ***1*** to be reduced to skin and bone ***2*** (*fig.*) to bleed* oneself white (*pop.*).

spolpàto, *a.* stripped of flesh; picked clean (*pred.*): **un osso s.**, a bone picked clean.

spoltrire, *V.* **spoltronire**.

spoltroneggiàre, *v. i.* to idle about; to loaf about.

spoltronire, A *v. t.* to shake* (sb.) out of (his) laziness; to rouse; to wake* up: **Il ragazzo ha bisogno di qualcuno che lo spoltronisca**, the boy needs someone to wake him up. **B spoltronirsi,** *v. i. pron.* to shake* off one's laziness; to rouse oneself; to pull one's socks up (*fam.*); to get* a move on (*fam.*): **Devi spoltronirti o finirai male**, you must pull your socks up or you'll be in trouble.

spolveràre (1), *v. t.* ***1*** to dust; (*con la spazzola*) to brush; (*assol.*) to dust, to do the dusting: **s. i mobili**, to dust the furniture; **spolverarsi gli abiti**, to brush one's clothes; **Devo ancora s.**, I have still to dust (*o* to do the dusting); (*iron.*) **s. le spalle** (*o* **il groppone**) **a q.**, to dust sb.'s jacket (*o* coat) to beat sb. up ***2*** (*fig.*: *mangiare tutto*) to eat* up; to polish off; to gobble up; to wolf down (*fam.*): **Spolverò via la pizza in un baleno**, he polished off the pizza in a flash ***3*** (*fig.*: *rubare*) to clean (a place); to make* off with: **I ladri spolverarono tutto**, the burglars made off with everything (*o* stripped the place clean, cleaned out the place).

spolveràre (2), *v. t.* ***1*** (*cospargere*) to dredge; to dust; to sprinkle: **s. un dolce di zucchero**, to dust (*o* to sprinkle) a cake with sugar ***2*** (*di disegno*) to pounce.

spolveràta (1), *f.* dusting; (*con la spazzola*) brushing: **dare una s. a q.c.**, to give st. a dusting; to dust st.; **dare una s. a q.** (*fig.*), to beat sb. up; to dust sb.'s jaket.

spolveràta (2), *f.* (*il cospargere di q.c.*) dusting; sprinkling: **dare una s. di zucchero a un dolce**, to dust a cake with sugar.

spolveratóre, *m.* (*f.* **-trice**) duster.

spolveratùra, *f.* ***1*** (*lo spolverare*) dusting; (*con spazzola*) brushing ***2*** (*fig.*: *infarinatura*) smattering; superficial knowledge.

spolverino (1), *m.* ***1*** (*piumino per spolverare*) duster; whisk: **s. di penne**, feather duster ***2*** (*spazzoletta di barbiere*) neckbrush ***3*** (*vasetto per cospargere con una sostanza in polvere*) dredger; duster; sprinkler.

spolverino (2), *m.* (*soprabito per automobi-*

listi) dust coat (*GB*), duster (*USA*); (*soprabito leggero da donna*) duster coat.

spolverizzàre, *v. t.* ***1*** (*polverizzare*) to pulverize; to powder ***2*** (*cospargere con una sostanza in polvere*) to dredge; to dust; to sprinkle: **s. un dolce di zucchero**, to dust a cake with sugar ***3*** (*disegno*) to pounce.

spólvero, *m.* ***1*** (*polvere minuta di q.c.*) dust; (fine) powder: **s. di carbone**, charcoal dust ***2*** (*disegno*) pouncing ***3*** (*fig.*: *infarinatura*) smattering.

spompàre, *v. t.* (*fam.*) to do* in; to wear* out; to knacker (*pop. GB*); to poop (out) (*fam. USA*).

spompàto, *a.* (*fam.*) done in; worn out; fagged out (*pop. GB*); knackered (*pop. GB*); pooped (out) (*fam. USA*).

spónda, *f.* ***1*** (*riva*) bank; side; shore: **s. d'un fiume**, bank of a river; riverside; **s. d'un lago**, shore of a lake; lakeshore; **s. del mare**, seaside; seashore ***2*** (*bordo*) edge; border: **s. del letto**, edge of the bed ***3*** (*parapetto*) parapet: **la s. d'un ponte**, the parapet of a bridge ***4*** (*del tavolo da biliardo*) cushion: **tirare di s.**, to shoot from the cushion ***5*** (*di carro e sim.*) board; panel; side: **s. laterale**, sideboard; **s. posteriore**, tailboard (*GB*); tailgate (*USA*).

spondàico, *a.* (*metrica*) spondaic: **un esametro s.**, a spondaic hexameter.

spondèo, *m.* (*metrica*) spondee.

sponderuòla, *f.* rebate (*USA*: rabbet) plane.

spondilìte, *f.* (*med.*) spondylitis.

spòndilo, *m.* (*anat.*) vertebra*.

spondiloartrìte, *f.* (*med.*) spondylarthritis.

spondilòṣi, *f.* (*med.*) spondylosis.

spongìna, *f.* (*biol.*) spongin; keratose.

sponsàle, A *a.* (*lett.*) nuptial; matrimonial. **B** *m. pl.* ***1*** (*promessa di matrimonio*) betrothal (*sing.*) ***2*** (*lett.*: *matrimonio*) nuptials; wedding (*sing.*).

spònsor, *m.* e *f. invar.* sponsor.

sponsoriẓẓàre, *v. t.* to sponsor; (*appoggiare*) to back.

sponsoriẓẓatóre, A *a.* sponsoring. **B** *m.* (*f.* **-trice**) sponsor.

sponsoriẓẓazióne, *f.* sponsoring; (*appoggio*) backing.

spontaneaménte, *avv.* spontaneously; with spontaneity; of one's own accord; naturally: **fare q.c. s.**, to do st. of one's own accord; **piante che nascono s.**, plants that grow naturally.

spontaneìṣmo, *m.* (*polit.*) spontaneous political activism.

spontaneìstico, *a.* (*polit.*) maverick (*attr.*).

spontaneità, *f.* spontaneity; spontaneousness; naturalness; directness; unaffectedness.

spontàneo, *a.* ***1*** (*di propria volontà*) spontaneous; voluntary; willing; free; free-will (*attr.*): **offerta spontanea**, spontaneous (*o* free) offer; **confessione spontanea**, voluntary confession; **dono s.**, spontaneous gift; **di propria spontanea volontà**, of one's own free will ***2*** (*naturale, privo d'artificio*) natural; spontaneous; direct; artless; unaffected; unstudied; unsophisticated; careless; free and easy: **gesto s.**, natural gesture; **stile s.**, unaffected style; **grazia spontanea**, careless (*o* natural, unstudied) grace; **una ragazza molto spontanea**, a direct, unsophisticated (*o* spontaneous) girl; **Mi venne s. dirgli di venire a trovarci**, it came natural to me to ask him to come and see us; **poco s.**, studied; affected ***3*** (*istintivo*) spontaneous; instinctive; involuntary: **movimento s.**, spontaneous movement; **reazione spontanea**, instinctive reaction; **provare una spontanea simpatia per q.**, to feel an instinctive liking for sb.; to feel instinctively attracted to sb. ***4*** (*senza intervento esterno*) spontaneous: **combustione spontanea**, spontaneous combustion ***5*** (*bot.*) spontaneous; native; volunteer: **vegetazione spontanea**, spontaneous (*o* native, indigenous) vegetation; **pianta spontanea**, volunteer plant.

spònte (*lat.*), *avv.* – (*scherz.*) **(di) spinte o (di) s.**, willy-nilly; whether one likes it or not.

spopolaménto, *m.* depopulation.

spopolàre, A *v. t.* to depopulate; to reduce the population of; to empty: **L'industrializzazione spopolò le campagne**, industrialization depopulated the countryside; **Il ponte ha spopolato la città**, the long weekend empied the town; **Il colera spopolò interi villaggi**, cholera decimated entire villages. **B** *v. i.* (*fam.*: *avere successo*) to have (*o* to be) a big success; to draw* crowds; to be all the rage; to be (*o* to score) a hit: **una cantante che spopola**, a singer that draws crowds; **Laura spopola stasera, con quel vestito di lamé**, Laura is having a big success tonight, in that lamé gown. **C spopolàrsi,** *v. i. pron.* to become* depopulated; to decrease in population; (*svuotarsi*) to empty.

spopolàto, *a.* depopulated; (*vuoto*) empty, deserted.

spoppàre, *v. t.* to wean.

spòra, *f.* (*biol., bot.*) spore.

Spòradi, *f. pl.* (*geogr.*) (the) Sporades.

sporadicaménte, *avv.* sporadically; occasionally.

sporadicità, *f.* infrequency; sporadicalness; rarity. ● **Nonostante la s. dei nostri incontri, c'era molta simpatia tra di noi**, even though we met so rarely, we liked each other very much.

sporàdico, *a.* sporadic(al); isolated; occasional; scattered: **un caso s.**, a sporadic (*o* an isolated) case; **casi sporadici**, scattered cases; **qualche visita sporadica**, a few occasional visits; **colera s.**, sporadic cholera.

sporàngio, *m.* (*bot.*) sporangium*; spore-case.

sporcacciόna, *f.* filthy (*o* dirty) woman*; slattern; slut; sloven; (*donna immorale*) slut.

sporcacciόne, A *a.* dirty; filthy. **B** *m.* filthy (*o* dirty) man*; sloven; slob; beast; (*uomo immorale*) lecher, goat (*fam.*): **un vecchio s.**, a dirty old man.

sporcàre, A *v. t.* ***1*** to dirty (*anche fig.*); to soil; to foul; to begrime; to make* (*o* to get*) dirty (*o* filthy); (*macchiare*) to stain; (*impiastricciare*) to smear: **s. un vestito**, to dirty a dress; **s. di fango il pavimento**, to muddy the floor; to dirty the floor with mud; **s. di sangue**, to stain with blood; **s. di sugo la tovaglia**, to stain the tablecloth with sauce; **sporcarsi il fazzoletto di rossetto**, to smear one's handkerchief with lipstick; to get lipstick on one's handkerchief; (*anche fig.*) **sporcarsi le mani**, to dirty (*o* to soil) one's hands; to get one's hands dirty; **Ti sei sporcato la faccia di vernice**, you've smeared your face with paint; **Mi sono sporcata la camicetta di unto**, I've got grease stains on my blouse; **Non voglio sporcarmi il golfino nuovo**, I don't want to get my new pullover dirty; (*eufem.*) **Il gatto ha sporcato per terra**, the cat has fouled (*o* made a mess on) the floor; (*eufem.*) **Portare il cane a s.**, to take the dog out ***2*** (*fig.*: *deturpare*) to foul; to soil; to stain; to sully: **s. il proprio buon nome**, to sully one's reputation. **B sporcàrsi,** *v. rifl.* e *i. pron.* ***1*** (*di persona*) to get* dirty (*o* filthy); to dirty oneself: **Mi sono sporcata pulendo la cantina**, I got all dirty (*o* I dirtied myself) cleaning the cellar; **Non ti s.!**, don't get dirty! ***2*** (*di cosa*) to get* dirty (*o* soiled); to get* stained; to dirty; to soil; to stain: **È un divano che si sporca facilmente**, this sofa gets dirty easily; **Si è sporcato il tappeto**, the carpet got dirty; **La macchina si è tutta sporcata di fango**, the car has got mud all over it ***3*** (*fig.*) to soil (*o* to sully) oneself, to dirty one's hands; (*abbassarsi*) to lower oneself, to debase oneself, to degrade oneself: **A stare con quella gente ci si sporca**, it is degrading to mix with those people; **Non mi sporco a trattare con lui**, I don't degrade myself by dealing with him; I don't want to soil my hands dealing with him.

sporchévole, *a.* that gets dirty easily; that dirties easily; easily stained.

sporcìzia, *f.* ***1*** (*l'essere sporco*) dirtiness; filthiness; grubbiness; foulness; uncleanness ***2*** (*cosa sporca*) dirt; filth; muck (*fam.*); grime; mess: **vivere nella s.**, to live in filth ***3*** (*fig.*) filth; obscenity; indecency: **fare sporcizie**, to do filthy things.

spòrco, A *a.* ***1*** (*non pulito*) dirty, filthy, foul, grubby, grimy, soiled, mucky (*fam.*); (*macchiato*) stained, smudgy: **mani sporche**, dirty (*o* filthy, grubby) hands; **viso s.**, dirty face; **Hai le mani sporche**, your hands are dirty; **biancheria sporca**, dirty linen; **(colore) bianco s.**, dirty white; off-white; **scarpe sporche**, soiled shoes; **piatti sporchi**, dirty dishes; **s. di fango**, muddy: **Aveva le scarpe tutte sporche di fango**, his shoes were all muddy; **s. di fuliggine**, sooty; **s. d'inchiostro**, ink-stained; **s. di sangue**, blood-stained; bloody: **mani sporche di sangue**, blood-stained hands; **s. di unto**, greasy; oily: **mani sporche di unto**, greasy hands ***2*** (*fig.*: *turpe*) dirty, nasty, foul; (*osceno*) dirty, obscene, lewd, coarse; (*disonesto*) dirty, shady: **parole sporche**, dirty (*o* four-letter) words; foul language (*sing.*); **barzelletta sporca**, dirty (*o* coarse) joke; **lavoro s.**, dirty work; **denaro s.**, dirty money; **una faccenda sporca**, a dirty (*o* shady) business; **agire in modo s.**, to play dirty. ● **avere la coscienza sporca**, to have a guilty conscience □ **avere la fedina (penale) sporca**, to have a police (*o* a criminal) record □ (*fam.*) **avere la lingua sporca**, to have a coated (*o* a furred) tongue □ **farla sporca**, to play a dirty trick; to do the dirty (on sb.) □ **suono s.**, muddy sound. **B** *m.* dirt; filth; grime; muck (*fam.*).

sporgènte, A *a.* projecting; jutting; protruding; protuberant; prominent: **una rupe s.**, a projecting (*o* an overhanging) rock; **tetto s.**, projecting roof; **denti sporgenti**, protruding (*o* buck) teeth; **occhi sporgenti**, bulging (*o* prominent) eyes; **mento s.**, prominent chin; **zigomi sporgenti**, prominent cheekbones. **B** *m.* (*naut.*) landing stage.

sporgènza, *f.* ***1*** projection; jut; protrusion; bulge: **una s. della roccia**, a jut in the rock-face; a jutting rock; **Sento una s. qui sotto**, I can feel a protuberance (*o* something jutting out, a sort of bulge) underneath ***2*** (*archit., geol.*) overhang; ledge; shelf: **la s. d'un tetto**, the overhang of a roof.

spòrgere, A *v. t.* to stretch out; to hold* out; to thrust* forward; to stick* out; to protrude: **s. la mano**, to stretch out one's hand; **s. la lingua**, to stick one's tongue out; **s. il mento**, to thrust one's chin forward; to stick out one's chin; **s. un braccio per far segno di fermarsi**, to hold out an arm to signal to stop; **s. la testa dal finestrino**, to stick (*o* to thrust) one's head out of the window; to lean out of the window. ● (*leg.*) **s. querela contro q.**, to sue sb.; to take action against sb. **B** *v. i.* to project; to jut out; to stick* out; to stand* out; to protrude; (*sovrastare*) to overhang*: **Dal muro sporgeva solo la capocchia del chiodo**, only the head of the nail stood out (*o* protruded) from the wall; **un promontorio che sporge nel mare**, a promontory jutting out into the sea; **uno scoglio che sporge sul torrente**, a rock overhanging the stream; **Di quanto sporge la mensola?**, how much does the shelf stick out?; **Qui c'è un mattone che sporge**, there is a brick jutting out here. **C spòrgersi,** *v. rifl.* to lean* out; to hang* over: **s. dalla ringhiera**, to hang over the railings; **s. sopra una siepe**, to lean over a hedge; **Non ti sporgere dal finestrino**, don't lean out of the window.

sporìdio, *m.* (*bot.*) sporidium*.

sporìfero, *a.* (*bot.*) sporiferous.

sporoblàsto, *m.* (*zool.*) sporoblast.

sporocàrpo, *m.* (*bot.*) sporocarp.

sporofìllo, *m.* (*bot.*) sporophyl(l).

sporòfito, *m.* (*bot.*) sporophyte.

sporogèneṣi, *f.* (*biol.*) sporogenesis.

sporògeno, *a.* (*biol.*) sporogenous; sporogenic.
sporogonia, *f.* (*bot.*) sporogony.
sporogònio, *m.* (*bot.*) sporogonium*.
sporologia, *f.* (*bot.*) study of spores.
Sporozòi, *m. pl.* (*zool.*, *Sporozoa*) Sporozoa.
sporozòo, *m.* (*zool.*) sporozoar.
sport, A *m. invar.* ***1*** sport: **s. estivi [invernali]**, summer [winter] sports; **s. professionistico [dilettantistico]**, professional [amateur] sport; **s. a squadre**, team sports; **lo s. della pallacanestro**, basketball; **lo s. del calcio**, soccer; football; **fare dello s.**, to do some form of sport; to be a sporty type, to be a sportsman (*f.* sportswoman); **Fai qualche s.?**, do you do any sport?; **Che s. fate a scuola?**, what sports do you do at school? ***2*** (*hobby*) hobby; pastime. ● **fare q.c. per s.**, to do st. for fun (*o* for sport). **B** *a.* sports (*attr.*).
spòrta, *f.* ***1*** shopping bag; (*di vimini*) basket, shopping basket ***2*** (*quantità di roba che la s. contiene*) bag(ful); basket(ful): **una s. di pane**, a basketful of bread. ● (*fig.*) **un sacco e una s.**, a lot (of); lots (of): **Prendine pure, noi ne abbiamo un sacco e una s.**, do take some, we've got lots □ **darne un sacco e una s.**, to give (sb.) a good thrashing (*o* a good hiding); to beat up □ **dirne un sacco e una s.**, to heap abuse (on sb.); to give (sb.) a piece of one's mind (*o* a mouthful); to give (sb.) the rough edge of one's tongue □ **prenderne un sacco e una s.**, to take a beating.
sportellìsta, *m.* e *f.* (*di ufficio*) counter clerk; (*di banca*) (bank) teller.
sportèllo, *m.* ***1*** door: **lo s. di una gabbia [di un armadio]**, the door of a cage [of a wardrobe]; **s. dell'automobile**, car door; door of the car; **s. del treno**, train door; carriage door ***2*** (*di portone, porta*) wicket ***3*** (*di ufficio*) counter; desk; window: **s. bancario**, bank counter; **s. di cassa**, cash desk; **s. della biglietteria**, ticket counter; **s. informazioni**, information counter (*o* desk); (*banca*) **s. automatico**, automatic teller machine; **essere addetto allo s.**, to be a counter clerk; **fare la coda davanti allo s.**, to queue up at a counter ***4*** (*agenzia*) branch: **La mia banca ha sportelli in tutto il mondo**, my bank has branches all over the world ***5*** (*di trittico*) (flanking) panel. ● (*banca*) **chiudere gli sportelli**, to stop (*o* to suspend) payments.
sportivaménte, *avv.* sportingly; like a (good) sport; in a sporting way.
sportività, *f.* sportsmanship.
sportivo, A *a.* ***1*** (*relativo allo sport*) sports (*attr.*); sporting: **la pagina sportiva d'un giornale**, the sports page (*o* section) of a newspaper; **abbigliamento s.**, sportswear; **campo s.**, sports field; **circolo s.**, sports club; **evento s.**, sporting event; **giornalista s.**, sports writer; **stampa sportiva**, sporting press; sports newspapers; **macchina sportiva**, sports car ***2*** (*che pratica sport*) sport-loving; athletic; physically active: **uomo s.**, sport-loving man; sportsman; outdoor man; **essere molto s.**, to do a lot of sport; to be a sportsman; **fare vita sportiva**, to go in for sports ***3*** (*di abito*) casual: **giacca sportiva**, casual jacket ***4*** (*generoso, leale*) sportsmanlike; sporting; fair: **comportamento s.**, sportsmanlike behaviour; **comportarsi in modo s.**, to behave in a sporting way; **giocare in modo s.**, to play fair; **gesto s.**, sporting gesture; **spirito s.**, sporting spirit: **Non hai proprio spirito s.**, you are no sportsman; you are no sport. **B** *m.* (*f.* **-a**) ***1*** (*chi fa dello sport*) sportsman* (*f.* sportswoman*) ***2*** (*chi si comporta sportivamente*) sportsman* (*f.* sportswoman*) ***3*** (*tifoso*) (sports) fan; (sports) devotee.
spòrto, *m.* ***1*** (*imposta di legno*) (wooden) shutter ***2*** (*archit.*) projection.
spòrula, *f.* (*zool.*, *bot.*) sporule.
sporulazióne, *f.* (*biol.*) sporulation; spore formation.
spòsa, *f.* bride; (*moglie*) wife*, spouse: **Ecco la s.!**, here comes the bride!; **la futura s.**, the bride-to-be; **promessa s.**, betrothed; fiancée; **s. di guerra**, war bride; **s. legittima**, lawful (*o* wedded) wife. ● **la s. di Dio** (*la Chiesa*), the Church, the spouse of God □ **una s. di Cristo**, a bride of Christ; a nun □ **abito da s.**, wedding dress; bridal gown □ **andare s.**, to marry; to get married □ **dare in s.**, to give in marriage; to marry □ **prendere in s.**, to marry; to take to (*o* as a) wife.
sposalìzio, *m.* wedding; marriage; nuptial ceremony; (*lett.*) nuptials (*pl.*).
sposàre, A *v. t.* ***1*** (*prendere in matrimonio*) to marry; to get* married (to): **Sposò un francese**, she married a Frenchman; **Sposò una vedova**, he married a widow ***2*** (*celebrare un matrimonio*) to marry; to join in marriage; to wed: **Li sposò il vescovo**, they were married by the bishop ***3*** (*dare in matrimonio*) to marry (off); to give* in marriage: **Sposò la figlia a un giovane molto ricco**, he married his daughter to a very rich young man; **Ha sposato anche la quinta figlia**, he married off his fifth daughter as well ***4*** (*fig.*: *unire*) to combine; to wed; to unite; to match: **s. la vacanza e il lavoro**, to combine work with a holiday; **s. la semplicità alla bellezza**, to combine simplicity with beauty ***5*** (*fig.*: *aderire a*) to embrace; to espouse; to join: **s. una causa**, to embrace a cause. ● **s. Gesù**, to take the veil □ **s. una persona di condizione inferiore**, to marry beneath one. **B sposàrsi,** *v. rifl.* e *rifl. recipr.* ***1*** to marry; to get* married: **Si è sposato tre volte**, he got married three times; **Si sposò con un uomo molto più vecchio di lei**, she married a man much older than her; **Domani si sposano**, they are getting married tomorrow; **Si sposarono per amore**, it was a love-match; **s. bene**, to marry into a good family; to marry money; **s. civilmente**, to get married at the registry office; **s. fra consanguinei**, to intermarry ***2*** (*fig.*: *accompagnarsi*) to go* well (with); to blend well; to look well: **Questo rosso si sposa bene con i brasati**, this red goes well with pot roasts; **Arancione e rosa sono due colori che non si sposano**, orange and pink do not look well together.
sposàto, *a.* married; wedded.
sposìna, *f.* (*sposa giovane*) young bride; (*sposa recente*) newly married woman*.
sposìno, *m.* (*sposo giovane*) young bridegroom; (*sposo recente*) newly wedded man*. ● **gli sposini**, the newlyweds.
spòso, *m.* ***1*** bridegroom; (*marito*) husband, spouse ***2*** (*al pl.*: *sposo e sposa*) bride and bridegroom, newly-wed couple, newlyweds; (*marito e moglie*) married couple, husband and wife: **Gli sposi erano molto giovani**, the bride and bridegroom were both very young; **festeggiare gli sposi**, to celebrate the newly-wed couple (*o* the newlyweds); **brindare agli sposi**, to toast the bride and bridegroom. ● **gli sposi novelli**, the newlyweds □ **gli sposi promessi**, the engaged couple; the betrothed □ **una coppia di sposi**, a married couple; **i futuri sposi**, the bride and bridegroom-to-be □ **oggi sposi**, just married.
spossaménto, *m.* V. **spossatezza**.
spossànte, *a.* tiring; exhausting; tiresome; wearisome; fatiguing; enervating; prostrating: **lavoro lento e s.**, slow, exhausting work; **clima** s. enervating climate; **Come sei s.!**, how tiresome you are!
spossàre, A *v. t.* to tire out; to exhaust; to weary; to wear* out; to fatigue; to enervate; to prostrate: **lavoro che spossa**, work that tires one out; tiresome work. **B spossàrsi,** *v. i. pron.* to get* tired (*o* exhausted); to wear* oneself out; to exhaust oneself.
spossatézza, *f.* tiredness; exhaustion; weariness; fatigue; prostration; (*debolezza*) weakness, limpness: **s. fisica**, bodily fatigue; **essere in uno stato di s.**, to be in a state of exhaustion; to be exhausted.
spossàto, *a.* tired out; exhausted; worn out; weary; fatigued; prostrate.
spossessaménto, *m.* dispossession; ousting.
spossessàre, A *v. t.* to dispossess; to divest; to deprive; to oust: **s. un re del regno**, to dispossess a king of his crown; to depose (*o* to dethrone) a king; **s. q. dei suoi diritti**, to divest sb. of his rights; **s. q. del poco che ha**, to deprive sb. of the little he has. **B spossessàrsi,** *v. rifl.* to deprive oneself (of st.).
spostàbile, *a.* moveable; removable; transferable.
spostaménto, *m.* ***1*** shift; shifting; drift; moving; swing; sway; (*trasferimento*) movement, displacement, move, shift, transfer: **uno s. dei prezzi**, a shift in prices; **uno s. dell'opinione pubblica**, a shift (*o* a swing) in public opinion; **uno s. della maggioranza verso posizioni più moderate**, a sway of the majority towards more moderate positions; **Lo s. di questo armadio va fatto in due**, it will take two to shift this wardrobe; **s. d'aria**, blast; pressure wave; **s. di truppe**, movement of troops; **s. in un'altra città**, move to a different town; **s. di sede**, transfer of office; **lo s. dal terminal all'aeroporto**, the transfer from terminal to airport; **In questo lavoro devo fare continui spostamenti**, I have to travel a lot in this job; **uno s. della popolazione dal centro alla periferia**, a drift of population from the centre of town to the suburbs ***2*** (*cambiamento*) change: **s. d'orario**, change in the timetable ***3*** (*fis.*, *chim.*) displacement: **s. angolare**, angular displacement; **s. elettrico**, electric displacement; **s. magnetico**, magnetic displacement ***4*** (*mecc.*: *traslazione*) traverse; (*cambio di posizione*) shifting: **lo s. del carico**, cargo shifting ***5*** (*naut.*) displacement: **una nave con uno s. di 5.000 tonnellate**, a ship of 5,000 tons displacement ***6*** (*elab.*) displacement.
spostàre, A *v. t.* ***1*** to move; to shift; to budge; to displace: **s. i mobili**, to move (*o* to shift) the furniture; to push the furniture around; **È troppo pesante, non riesco a spostarlo**, it's too heavy, I can't budge it; **Sposta la sedia un po' più a destra**, move the chair a bit to the right; **Ha spostato tutte le mie carte**, he has moved (*o* displaced) all my papers; **s. la propria attenzione da una cosa a un'altra**, to shift one's attention from one thing to another; **s. il peso da un piede all'altro**, to shift from one foot to the other; **s. l'accento**, to shift the accent; **s. una parola**, to change the position of a word ***2*** (*trasferire*) to move; to transfer: **s. un impiegato da un ufficio a un altro**, to move (*o* to transfer) an employee from one office to another ***3*** (*di date, ore*: *cambiare*) to change; (*differire*) to put* off, to postpone: **s. la data degli esami**, to change (*o* to postpone) the date of the exams; **Sposterò l'ora della partenza perché tu possa raggiungermi**, I'll change the time of my departure so that you can join me ***4*** (*naut.*) to displace ***5*** (*elab.*) to shift; to displace. ● (*mecc.*) **s. a scatti**, to jog; to joggle; to hitch □ (*mecc.*) **s. in senso trasversale**, to traverse □ (*fig.*) **s. montagne**, to move mountains □ (*mecc.*) **s. progressivamente**, to inch. **B spostàrsi,** *v. rifl.* e *i. pron.* to move; to shift; to edge; to budge; (*cambiare posto*) to change one's place; (*viaggiare*) to travel, to get* about: **Occupi tutto il divano, spostati!**, move over, you're taking up the whole sofa!; **Spostatevi e fatemi passare**, get out of the way and let me through; **Mi spostai più vicino al tavolo**, I edged closer to the table; **Si spostò prima che l'insegnante entrasse in aula**, he changed his place before the teacher came into the classroom; **I suoi occhi si spostarono sul nuovo venuto**, her eyes shifted to the newcomer; **Non si è spostato di un millimetro dalle sue posizioni**, he hasn't budged an

inch from his position; **L'elettorato si è spostato verso il centro**, the electorate has shifted (*o* swayed) towards the centre; **Decidemmo di spostarci in biblioteca**, we decided to move (*o* to ajourn) the library; **s. in automobile**, to travel by car; **s. spesso**, to travel a lot: **Devo spostarmi spesso per lavoro**, my job involves travelling a lot; **s. continuamente**, to shift about; (*viaggiare molto*) to be always on the move; **Ogni sei mesi si sposta in un'altra città**, every six months he moves to a different town.

spostàto, A *a.* shifted; displaced; transferred; (*fuori posto*) out of place. **B** *m.* (*f.* **-a**) misfit; dropout.

spot (*ingl.*), *m. invar.* ***1*** (*cinem., teatr.*) spotlight ***2*** (*elettr., TV*) spot; (*pubblicità*) ad, advert, commercial.

spranga, *f.* (iron) bar; (*di porta*) bolt: **due giovinastri armati di spranghe**, two yobs armed with iron bars; **mettere la s. a un uscio**, to bolt (*o* to bar) a door.

sprangàre, *v. t.* ***1*** (*chiudere con la spranga*) to bar; to bolt ***2*** (*picchiare con una spranga*) to bash with an iron bar.

sprangàta, *f.* blow with a bar.

sprangatùra, *f.* barring; bolting.

spray (*ingl.*), **A** *m. invar.* ***1*** (*nebulizzatore*) atomizer; spray; sprayer; aerosol: **darsi il profumo con lo s.**, to spray oneself with perfume ***2*** (*prodotto*) spray: **s. per insetti**, insect spray; **s. per capelli**, hairspray. **B** *a. invar.* spray (*attr.*): **lacca s.**, spray lacquer; **confezione s.**, spray can (*o* tin).

sprazzo, *m.* ***1*** (*di liquido*) splash; spurt; jet ***2*** (*raggio, anche fig.*) flash, shaft; (*barlume*) gleam, glimmer, flicker: **uno s. di luce**, a flash of light; **uno s. di sole**, a shaft of sunlight; a sunburst; **uno s. di speranza**, a gleam of hope ***3*** (*scoppio, manifestazione improvvisa*) burst; flash: **uno s. d'allegria**, a burst of gaiety; **uno s. di umorismo**, a flash of wit; **uno s. di memoria**, a flash; **uno s. d'ingegno** (*un'idea brillante*), a brainwave (*fam.*); **a sprazzi**, in flashes; on and off; intermittently; fitfully; fitful (*agg.*); at intervals: **sole a sprazzi**, bright (*o* sunny) intervals.

sprecàre, A *v. t.* to waste; to squander; to throw* away; to fritter away: **s. denaro**, to waste (*o* to throw away) one's money; **s. il tempo**, to waste (*o* to fritter away) one's time; **s. le proprie energie**, to waste one's efforts (*o* energy); **s. il fiato**, to waste one's breath (*o* words); **s. la propria vita**, to throw away one's life; **s. una buona occasione**, to miss a good opportunity; to let a good opportunity slip; **s. un colpo**, to waste a shot; (*sport*) **s. un pallone**, to miss a shot. **B sprecàrsi**, *v. i. pron.* ***1*** (*sprecare energie*) to waste one's energy; to exert oneself ***2*** (*iron.*) to overstrain oneself; to overexert oneself; to put* oneself out: **Mi raccomando, non sprecarti ad aiutarmi!**, please don't overstrain yourself (*o* don't put yourself out) to help me!; **Si è sprecato a regalarmi dei cioccolatini**, he went so far as to buy me some chocolates.

sprecàto, *a.* wasted; squandered; frittered (*o* thrown) away: **Sono soldi sprecati**, it's a waste of money; it's money wasted (*o* thrown away); it's money down the drain (*fam.*); **È tempo s.**, it's a waste of time; **È fiato s.**, it's a waste of breath; **occasione sprecata**, lost opportunity; **talento s.**, wasted talent; **Sei s. in questo ufficio**, you're wasted in this office; **È un regalo s. per lei**, this present is wasted on her.

sprèco, *m.* waste; loss; squandering; profligacy: **C'è troppo s. in questa casa**, there's too much waste in this house; **Che s. d'energia!**, what a waste of energy!; **s. di tempo e di denaro**, waste (*o* loss) of time and money. ● **a s.** (*in grande quantità*), in plenty; in abundance; galore □ **fare s. di q.c.**, to waste st.

sprecóne, *m.* (*f.* **-a**) waster; squanderer; wastrel; spendthrift.

spregévole, *a.* despicable; contemptible; mean; vile; low; cheap; base.

spregiàre, *v. t.* (*lett.*) to despise; to scorn; to disdain; to hold* in contempt; to contemn (*lett.*): **s. gli adulatori**, to despise flatterers; **s. gli onori**, to despise honours.

spregiatìvo, A *a.* ***1*** disparaging; derogatory; derogative ***2*** (*gramm.*) pejorative. **B** *m.* (*gramm.*) pejorative.

spregiatóre, *m.* (*f.* **-trice**) (*lett.*) despiser; contemner.

sprègio, *m.* ***1*** (*disprezzo*) contempt; scorn; disdain: **avere in s.**, to hold in contempt; to despise; to scorn; to disdain; **in s. alla più elementare cortesia**, in contempt of the most elementary courtesy ***2*** (*atto offensivo*) affront, insult, slight; (*dispetto*) spite: **fare uno s. a q.**, to insult sb.; to offer an affront to sb.; **fare q.c. per s.**, to do st. out of spite.

spregiudicataménte, *avv.* ***1*** (*senza pregiudizi*) in an unprejudiced way; without prejudice; open-mindedly ***2*** (*con anticonformismo*) boldly; unconventionally ***3*** (*senza scrupoli*) unscrupulously.

spregiudicatézza, *f.* ***1*** freedom from prejudice; open-mindedness ***2*** (*anticonformismo*) unconventionality; daring; audacity ***3*** (*mancanza di scrupoli*) unscrupulousness.

spregiudicàto, A *a.* ***1*** (*che non ha pregiudizi*) unprejudiced; open-minded; unbiased; dispassionate ***2*** (*anticonformista*) unconventional; bold; audacious; daring; uninhibited ***3*** (*senza scrupoli*) unscrupulous; unprincipled. **B** *m.* (*f.* **-a**) unscrupulous (*o* unprincipled) person.

sprèmere, *v. t.* ***1*** to squeeze; to press: **s. un'arancia**, to squeeze an orange; **s. il succo di un limone**, to squeeze (*o* to press, to crush) the juice out of a lemon; **s. le olive**, to press olives; **s. una lacrima**, to squeeze out a tear ***2*** (*fig.*) to squeeze; to bleed*; to milk: **s. denaro a q.**, to squeeze money out of sb.; **Le tasse ci spremono tutti i soldi**, taxes are bleeding us white; **s. q. come un limone**, (*cavargli soldi*) to milk (*o* to squeeze) sb. dry; (*farlo parlare*) to put sb. through the wringer, to grill sb. ● (*fig.*) **spremersi il cervello** (*o* **le meningi**), to rack (*o* to cudgel) one's brains.

spremiagrùmi, *m. invar.* citrus-fruit squeezer.

spremifrùtta, *m. invar.* fruit squeezer; juice extractor.

spremilimóni, *m. invar.* lemon squeezer.

spremitóio, *m.* squeezer.

spremitóre, A *m.* (*f.* **-trice**) squeezer. **B** *a.* squeezing.

spremitùra, *f.* ***1*** (*lo spremere*) squeezing; pressing; squashing; (*delle olive*) pressing ***2*** (*il succo*) juice.

spremùta, *f.* ***1*** *V.* **spremitura** ***2*** (*bibita*) (fresh) juice: **s. di limone** (**di arancio**), lemon (orange) juice. ● **dare una s. a q.c.**, to squeeze st.; to squash st.

spremùto, *a.* squeezed; crushed; pressed: **limone s.**, squeezed (*o* crushed) lemon; **olive spremute**, pressed olives.

spretàrsi, *v. i. pron.* to leave* the priesthood.

spretàto, A *a.* unfrocked. **B** *m.* unfrocked priest; ex-priest.

sprezzànte, *a.* disdainful; scornful; contemptuous; (*altezzoso*) arrogant, haughty. ● **con aria s.**, disdainfully; scornfully □ **mostrarsi s.**, to show disdain; to turn up one's nose (at sb., st.) (*fam.*).

sprezzàre, *v. t.* (*lett.*) to despise; to scorn.

sprezzatóre, *m.* (*f.* **-trice**) (*lett.*) despiser; scorner.

sprezzatùra, *f.* ***1*** (*lo sprezzare*) despising; scorning ***2*** (*opposto di «ricercatezza»*) studied carelessness; nonchalance.

sprèzzo, *m.* disdain; scorn; contempt; (*noncuranza*) indifference, heedlessness, disregard: **s. del pericolo**, indifference to danger. ● **con s. del pericolo**, heedless of danger.

sprigionaménto, *m.* emission; release; exhalation; efflux: **s. di calore**, emission of heat; **s. di gas**, release of gas.

sprigionàre, A *v. t.* (*emettere*) to give* off, to release, to emit, to let* out, to send* forth (*o* out), to exhale; (*eruttare*) to erupt, to spurt: **s. calore** [**luce**], to give off (*o* to emit) heat [light]; **s. gas** [**energia**], to release gas [energy]; **s. scintille**, to send forth sparks. **B sprigionàrsi**, *v. i. pron.* to be released; to emanate; to exhale; to issue; (*con forza*) to burst* out, to erupt; (*di liquidi*) to gush out, to spurt.

sprimacciàre, *v. t.* to shake* up; to fluff up; to plump up: **s. un guanciale**, to shake up a pillow.

sprimacciàta, *f.* shake; fluffing up; plumping up.

sprinkler (*ingl.*), *m. invar.* (*tecn.*) sprinkler head.

sprint (*ingl.*), (*sport*) **A** *m. invar.* ***1*** sprint; spurt; burst; dash: **s. finale**, final sprint; **fare uno s.**, to break into a sprint; **Con un ultimo s. tagliò il traguardo**, with a final sprint he crossed the finishing line; **Con uno s. riuscì a raggiungerla**, he put on a spurt and caught up with her ***2*** (*autom.*: *ripresa*) pick-up. **B** *a.* sports (*attr.*): **automobile s.**, sports car.

sprizzàre, *v. t. e i.* ***1*** (*di liquidi*) to spurt; to spray; to squirt ***2*** (*fig.*) to be bursting with; to be bubbling (*o* brimming) over with: **s. salute** (**da tutti i pori**), to be bursting with health; **s. allegria** [**ottimismo**], to be bubbling over with joy [with optimism].

sprìzzo, *m.* ***1*** (*di liquido*) spurt; spray; squirt: **uno s. di sangue**, a spurt of blood ***2*** (*fig.*: *lampo*) flash; spark: **uno s. di luce**, a flash of light; **uno s. d'ingegno**, a spark of genius; a brainwave (*fam.*).

sprofondaménto, *m.* ***1*** sinking; sinkage; (*crollo*) collapse; (*cedimento*) subsidence, giving way, caving in ***2*** (*parte sprofondata*) sunken part; hollow; depression.

sprofondàre, A *v. i.* (*affondare*) to sink*, to go* to the bottom; (*crollare*) to collapse; (*cedere*) to give* way, to subside, to cave in; (*precipitare*) to fall* (down): **Sprofondavamo nella sabbia impalpabile**, we sank into the powder-like sand; **s. in un materasso**, to sink into a mattress; **Alcune case sprofondarono**, some houses collapsed; **Il pavimento sprofondò**, the floor gave way (*o* caved in); **Il tetto è sprofondato sotto il peso della neve**, the roof collapsed (*o* caved in) under the weight of the snow; **Il terreno sprofondò sotto i nostri piedi**, the ground gave way under our feet; **La strada era sprofondata per trenta metri**, the road had subsided for thirty metres; **Sprofondarono in un baratro**, they fell into an abyss. ● **s. nella disperazione**, to be overcome by despair □ **far s.**, to sink; to plunge □ **Avrei voluto s.!**, I wished the ground would open and swallow me up!; I could have curled up and died! **B** *v. t.* to plunge; to throw*; to cast*; to precipitate: **s. un peccatore nell'inferno**, to cast a sinner into hell; **La notizia lo sprofondò nella disperazione**, the news plunged him into despair; **s. le mani in tasca**, to bury one's hands into one's pockets. **C sprofondàrsi**, *v. rifl.* ***1*** to sink*: **s. in una poltrona**, to sink (*o* to drop down) into an arm-chair ***2*** (*fig.*: *immergersi*) to sink*; to become* (*o* to get*) absorbed (*o* immersed, engrossed): **s. nella meditazione**, to bury oneself (*o* to sink into) deep thought; **s. in un libro**, to become absorbed in a book; **s. nel sonno**, to sink into sleep.

sprofondàto, *a.* ***1*** (*affondato*) sunk (*anche fig.*), sunken; (*crollato*) collapsed; (*che ha ceduto*) caved in, subsided: **s. in una poltrona**, sunk in an armchair ***2*** (*fig.*: *immerso*) sunken; lost; absorbed; engrossed; immersed: **s. nella meditazione**, lost in meditation; **s. in un libro**, absorbed (*o* buried) in a book.

sprofóndo, *m.* gulf; chasm.

sproloquiàre, *v. i.* (*blaterare*) to ramble, to

waffle, to speechify, to hold forth; (*farnetica-re*) to rant, to rave.

sprolòquio, *m.* (*lungo discorso inconcludente*) rambling speech (*o* words, *pl.*), rigmarole, claptrap; (*farneticazione*) ranting, raving.

spronàre, *v. t.* ***1*** to spur: **s. un cavallo**, to spur (on) a horse ***2*** (*fig.*) to spur (on); to drive*; to urge (on); to goad; to prod: **L'ambizione lo spronò al successo**, ambition spurred him to success; **s. q. a fare q.c.**, to goad sb. into doing st.; **s. la propria coscienza**, to prod one's conscience; **s. uno studente pigro**, to prod a lazy student; **Ha bisogno d'essere spronato**, he needs the spur (*o* some prodding); **s. q. con l'esempio**, to set sb. a good example.

spronàta, *f.* ***1*** touch of the spur; spurring ***2*** (*fig.*) spurring (on); goad; prod: **Ha bisogno di una s.**, he needs to be pushed; he needs a good prod.

spróne, *m.* ***1*** spur: **un paio di sproni**, a pair of spurs; **dar di s. a un cavallo**, to spur (on) a horse; to set spurs to a horse; **con gli sproni ai piedi**, wearing spurs; spurred ***2*** (*fig.*) spur; stimulus*; drive; (*pungolo*) goad, prod, needle, sting: **lo s. della miseria**, the spur of poverty; **Le tue parole gli sono state di s.**, your words spurred him into action ***3*** (*sartoria*) yoke. ● **a spron battuto**, at top (*o* full) speed; (*fig.*: *in gran fretta*) immediately, fast, promptly: **andare a spron battuto**, to ride at full gallop; **tornare a spron battuto**, to race back □ (*fig.*) **non aver bisogno di sproni**, to need no incentive.

spronèlla, *V.* **speronella**.

sproporzionàle, *a.* disproportionate; out of proportion.

sproporzionàto, *a.* disproportionate; out of proportion (to); (*fuori scala*) out of scale; (*eccessivo*) excessive, disproportionate: **spese sproporzionate alla propria rendita**, expenses out of proportion to one's income; **una testa sproporzionata al resto del corpo**, head out of all proportion to the rest of the body; **una reazione del tutto sproporzionata**, an excessive (*o* a disproportionate) reaction.

sproporzióne, *f.* disproportion; want (*o* lack) of proportion; imbalance: **C'è una certa s. tra le due parti del film**, there is a certain disproportion between the two parts of the film; **la s. tra domanda e offerta**, the disproportion between supply and demand.

spropositàto, *a.* ***1*** (*pieno di spropositi*) full of gross mistakes ***2*** (*fam.*: *enorme*) exaggerated; enormous; huge; out of all proportion; (*eccessivo*) excessive, inordinate.

spropòsito, *m.* ***1*** (*errore*) gross (*o* bad) mistake; error; howler (*fam.*); (*sciocchezza*) nonsense, rubbish: **Fece lo s. di sposare in vecchiaia**, he made the mistake (*o* error) of marrying in old age; **una traduzione piena di spropositi**, a translation full of gross mistakes; **dire spropositi**, to talk nonsense (*o* rubbish); to talk through one's hat (*o* out of the top of one's head) (*fam.*); **Ho detto uno s.?**, did I say something wrong?; did I say something silly? ***2*** (*fam.*: *quantità straordinaria*) awful lot; heaps (*pl.*); bags (*pl.*): **Il mese passato abbiamo fatto uno s. di telefonate**, we made an awful lot of phonecalls last month; **Ho mangiato uno s. di pastasciutta**, I ate heaps of pasta; **pagare q.c. uno s.**, to pay a fortune for st.; **far pagare q.c. uno s.**, to charge an appalling sum for st.; **Ti costerà uno s.**, it will cost you the earth (*o* a mint of money) ***3*** (*azione avventata*) something rash (*o* desperate); something one will regret: **Corretegli dietro, potrebbe fare uno s.!**, run after him, he might want to do something desperate! ● **a s.**, (*in modo non pertinente*) out of place, not to the point, irrelevantly; (*in modo inopportuno*) at the wrong moment, out of turn, inopportune (*agg.*), ill-timed (*agg.*): **intervenire a s.**, to blunder in; to barge in; to intervene out of turn; **parlare a s.**, to speak at the wrong moment (*o* out of turn); to speak irrelevantly; **rispondere a s.**, to answer irrelevantly.

sprovincializzàre, A *v. t.* to make* less provincial (*o* insular); to free from provincialism. **B sprovincializzàrsi,** *v. i. pron.* to become* less provincial (*o* insular).

sprovvedutézza, *f.* ***1*** (*l'essere impreparato*) unpreparedness; unawareness ***2*** (*inesperienza*) inexperience; rawness ***3*** (*ingenuità*) ingenuousness; innocence; naivety.

sprovvedùto, A *a.* ***1*** (*impreparato*) unprepared: **Lei mi trova un po' s. su questo argomento**, I'm afraid I am a bit unprepared on this point; **Il ragazzo è completamente s. davanti alla vita**, the boy was totally unprepared to face life ***2*** (*inesperto*) inexperienced; raw; incompetent: **In questo campo sono del tutto s.**, I'm totally inexperienced in this field ***3*** (*semplice, ingenuo*) simple; naive; innocent; ingenuous: **gente sprovveduta che si lascia ingannare facilmente**, naive people that are easily taken in; **I lettori più sprovveduti ne saranno scioccati**, the more ingenuous readers will be shocked. **B** *m.* (*f.* **-a**) ***1*** (*incompetente*) incompetent ***2*** (*sempliciotto*) simpleton; naive person; simple soul.

sprovvìsto, *a.* (*privo*) lacking in, short of, destitute of; (*non fornito*) unsupplied with, unprovided with: **La guarnigione era sprovvista di munizioni**, the garrison was unprovided with ammunition; **essere s. di tutto**, to be short of (*o* to lack) everything; to be completely destitute; **del tutto s. di buone maniere**, totally lacking in (*o* devoid of) manners; **essere s. di fantasia**, to lack imagination; **Siamo momentaneamente sprovvisti di questo articolo**, this item is temporarily out of stock. ● **alla sprovvista**, unawares; unexpectedly; by surprise; off one's guard; on the hop (*fam.*): **cogliere q. alla sprovvista**, to take sb. unawares (*o* by surprise); to catch sb. off his guard (*o* on the hop).

sprùe, *f. invar.* (*med.*) sprue.

spruzzabiancherìa, *m. invar.* sprinkler.

spruzzàre, *v. t.* to spray; to sprinkle; (*schizzare*) to spurt; (*inzaccherare*) to spatter, to splatter, to splash: **Si spruzzò un po' di profumo sul collo**, she sprayed some perfume on her neck; **Le spruzzai un po' d'acqua sul viso per farla rinvenire**, I sprinkled some water on her face to make her come round; **Questo rubinetto spruzza acqua da tutte le parti**, this tap is spurting water everywhere; **s. di fango**, to spatter (*o* to splatter) with mud; **spruzzarsi d'olio la camicia**, to splatter one's shirt with oil; to splatter oil on one's shirt.

spruzzàta, *f.* ***1*** (*lo spruzzare*) spraying; sprinkle; sprinkling; splash; splashing; spatter; spattering; splattering: **una s. di profumo**, a spray of perfume; **una s. di zucchero a velo**, a sprinkle of icing sugar; **darsi una s. di lacca ai capelli**, to spray some hairspray on one's hair ***2*** (*breve pioggia*) light shower, spatter of rain; (*breve nevicata*) snow flurry, sprinkling of snow.

spruzzatóre, *m.* spray; sprayer; atomizer; vaporizer; (*di acqua*) sprinkler; (*di vernice*) spray gun: **s. di profumo**, perfume spray; **bomboletta con s.**, spray can. ● (*autom.*) **s. compensatore**, auxiliary jet □ (*autom.*) **s. di carburatore ad iniezione**, spray nozzle.

spruzzatùra, *f.* spraying; sprinkling; vaporizing: **s. a caldo [a freddo]**, hot [cold] spraying.

spruzzétta, *f.* (*chim.*) wash bottle.

sprùzzo, *m.* spray; sprinkle; sprinkling; jet; spurt; splash: **s. d'acqua**, sprinkling of water; **s. di fango**, splash of mud; **s. di saliva**, sputter (*o* jet) of saliva; **s. di sangue**, spurt of blood; **s. di pioggia**, spatter of rain; **s. di neve**, sprinkling of snow; snow flurry; **gli spruzzi delle onde**, the sea spray; the spray from the waves; **Mettici uno s. di soda**, add a dash (*o* a splash) of soda-water. ● **a s.**, spray (*attr.*): **pistola a s.**, spray gun; **vernice a s.**, spray paint; **verniciatura a s.**, spray painting.

spudorataménte, *avv.* impudently; shamelessly; brazenly; with great cheek.

spudoratézza, *f.* impudence; shamelessness; effrontery; cheek (*fam.*); gall (*fam.*); nerve (*fam.*): **avere la s. di fare q.c.**, to have the impudence (*o* effrontery, cheek) to do st.; **Che s.!**, what impudence!; what check!; what (a) nerve!

spudoràto, A *a.* impudent; shameless; brazen-faced: **una ragazza spudorata**, a shameless girl; **una menzogna spudorata**, a barefaced (*o* shameless) lie. **B** *m.* (*f.* **-a**) impudent (*o* shameless) person; brazen-face.

spùgna, *f.* ***1*** (*zool.*) sponge: **pescatore di spugne**, sponge diver ***2*** (*oggetto per pulire*) sponge: **lavare q.c. con una s.**, to wash st. with a sponge; to sponge st. (down); **lavarsi con la s.**, to sponge oneself (down); **pulire q.c. con una s.**, to wipe st. clean with a sponge; to sponge st. down; **s. artificiale**, synthetic sponge ***3*** (*tessuto spugnoso*) (terry) towelling; sponge cloth: **accappatoio di s.**, (towelling) bathrobe; **asciugamano di s.**, towel ***4*** (*fig.*: *gran bevitore*) sponge; soak; boozer: **bere come una s.**, to drink like a fish; to be a boozer. ● **bagnato come una s.**, drenched; soaked (to the skin); dripping wet □ (*fig.*) **dare un colpo di s. a q.c.**, to whitewash st.; to wipe st. out; to wipe the slate clean □ (*fig.*) **gettare la s.**, to throw (*o* to chuck) in the towel (*o* the sponge) □ (*fig.*) **passare la s. sopra q.c.** (*dimenticare*), to forget all about st.; to wipe the slate clean; to let bygones be bygones: **E va bene, passiamoci sopra la s.**, all right, let's forget all about it.

spugnàre, *v. t.* to sponge (down); to wash (*o* to clean, to wipe) with a sponge.

spugnàta, *f.* ***1*** *V.* **spugnatura** ***2*** (*colpo dato con una spugna*) blow with a sponge: **Si prese una s. in piena faccia**, a sponge hit him full in the face.

spugnatùra, *f.* ***1*** sponging; sponge-down ***2*** (*med.*) sponge bath.

spugnétta, *f.* (*per francobolli*) damper.

spugnòla, *f.* **spugnòlo,** *m.* (*bot.*, *Morchella esculenta*) morel.

spugnosità, *f.* sponginess.

spugnóso, *a.* ***1*** spongy; sponge (*attr.*); sponge-like: **pietra spugnosa**, spongy rock; **platino s.**, spongy platinum; **stoffa spugnosa**, spongy material; (*per asciugamani*) sponge cloth, towelling ***2*** (*anat.*) cancellate; cancellous: **osso s.**, cancellate bone.

spulàre, *v. t.* (*agric.*) to winnow; to fan.

spulatrìce, *f.* winnowing machine; fanning mill; fan.

spulatùra, *f.* (*agric.*) winnowing; fanning.

spulciàre, A *v. t.* ***1*** to rid* of fleas; to pick the fleas from ***2*** (*fig.*: *esaminare con cura*) to go* through (*o* over); to pore over; to scrutinize; to inspect closely; to sift through: **s. i conti**, to go through (*o* over) the accounts; **s. q.c. in cerca di informazioni**, to sift through st. for information ***3*** (*raccogliere qua e là*) to put* together; to gather here and there: **Ho spulciato qualche notiziola per il tuo articolo**, I've put together a few scraps of news for your article. **B spulciàrsi,** *v. rifl.* to search for fleas; to get* rid of fleas.

spulciatùra, *f.* ***1*** seach for fleas; getting rid of fleas ***2*** (*fig.*) close inspection; scrutiny.

spùma, *f.* ***1*** foam; froth; (*di marosi*) spume, surf: **la s. del mare**, the foam of the sea; sea-foam; **onde crestate di s.**, waves crested with spume; **la s. in un bicchiere di birra**, the froth on a glass of beer ***2*** (*bevanda*) effervescent soft drink ***3*** (*cucina*) mousse. ● (*miner.*) **s. di mare**, meerschaum; sepiolite.

spumànte, A *a.* foaming; foamy; frothy; (*effervescente*) frothy, bubbly, fizzy, sparkling. ●

(*fig.*) **s. di rabbia**, fuming with anger; foaming at the mouth (*fam.*). **B** *m.* sparkling wine; bubbly wine; bubbly (*fam.*).

spumàre, *v. i.* to foam; to froth; (*fare le bollicine*) to fizz, to bubble, to sparkle. ● **birra che spuma**, frothy beer.

spumeggiànte, *a.* **1** foamy; frothy; (*di onde, anche*) spuming, surfy; (*di vino*) bubbling, sparkling **2** (*fig.*: *vivace*) bubbling; sparkling; scintillating; effervescent.

spumeggiàre, *v. i.* to foam; to froth; (*di onde, anche*) to spume, to surf; (*di vino*) to sparkle, to bubble.

spumiglia, *f.* (*cucina*) meringue.

spumóne, *m.* (*cucina*) spumone; spumoni.

spumosità, *f.* foaminess; frothiness; spumescence: **la s. della birra**, the frothiness of beer.

spumóso, *a.* **1** foamy; frothy; spumy; spumescent **2** (*fig.*: *leggero*) light; frothy; flimsy: **dolce s.**, light cake; sponge.

spùnta, *f.* (*bur.*: *verifica*) ticking off, check (off) (*USA*); (*segno usato*) tick, check (*USA*).

spuntàre (1), A *v. t.* **1** (*rompere la punta di*) to blunt; to break* the point (*o* the tip) of: **s. un ago [un coltello]**, to blunt a needle [a knife]; **s. una penna**, to break the point (*o* the nib) of a pen **2** (*tagliare la punta*) to cut* the tip off; to trim: **s. un sigaro**, to cut the tip off a cigar; **s. i baffi [la barba]**, to trim a moustache [a beard]; **farsi s. i capelli**, to have one's hair trimmed; **s. una siepe [un ramo]**, to trim a hedge [a branch] **3** (*levare spilli o aghi*) to unpin: **s. un orlo**, to unpin a hem **4** (*fig.*: *superare*) to overcome*; to get* round: **s. una difficoltà [un ostacolo]**, to overcome a difficulty [an obstacle]. ● **spuntarla**, to make it; to win through (*o* out); to get through; (*riuscire a fare a modo proprio*) to have (*o* to get) one's own way: **La spunterò, costi quel che costi**, I'll make it (*o* I'll win through), no matter what the cost; **Alla fine l'ha spuntata lui e siamo andati al cinema**, he had his way in the end and we went to the cinema; **Con me non la spunteranno**, they won't get their own way with me □ **spuntarla su q.**, to get the better of sb. **B** *v. i.* **1** (*cominciare a nascere, a sorgere*: *del sole, ecc.*) to rise*, to come* up; (*del giorno*) to break*, to come*; (*di piante, fiori, ecc.*) to sprout; (*di capelli*) to begin* to grow; (*di denti*) to cut* (one's teeth) (*costr. pers.*); (*di lacrime*) to well up, to rise*, to start; (*fig.*: *manifestarsi*) to rise*, to be born: **Il sole [la luna] spuntava nel cielo**, the sun [the moon] was rising in the sky; **Spunta l'aurora [il giorno]**, dawn [day] is breaking; **Quando spunterà quel giorno, saremo felici**, when that day comes, we'll be happy; **A febbraio cominciano a s. i primi crochi**, the first crocuses begin to sprout in February; **Spuntano i fiori [i germogli]**, the flowers [the shoots] are sprouting; **A mio figlio cominciano a s. i primi denti**, my son is beginning to cut his first teeth; **Gli spuntarono le lacrime agli occhi**, tears welled up in (*o* rose to) his eyes; his eyes filled with tears; **Spuntò un raggio di speranza nel mio cuore**, a ray of hope glimmered in my heart; hope rose in my heart **2** (*apparire*) to appear, to come* out, to emerge; (*far capolino*) to peep, to stick* out; (*sbucare*) to pop up (*o* out), to spring* up (*o* out): **Vidi la ragazza s. dall'angolo**, I saw the girl appearing round the corner; **Spuntò da dietro la mia automobile**, he came out (*o* emerged) from behind my car; **Da dove spunti?**, where are you coming from?; where did you spring from?; **Solo il naso spuntava da sotto le coperte**, only his nose was sticking out of the blankets; **Da dietro le nuvole spuntava il sole**, the sun was peeping out from behind the clouds; **Un debole sorriso gli spuntò sulle labbra**, a faint smile appeared on his lips; he smiled faintly; he gave a faint smile. **C spuntàrsi,** *v. i. pron.* **1** (*perdere la punta*) to get* blunt; to become* blunted; to lose* one's point (*o* tip): **Si è spuntata la spada**, the sword has got blunt (*o* has become blunted); **Mi s'è spuntata la matita**, my pencil has lost its point (*o* has become blunt) **2** (*staccarsi*) to become* unpinned (*o* unfastened) **3** (*fig.*: *svanire*) to die down; to lose* effect; to soften: **La sua ira si spuntò dopo pochi minuti**, his anger died down after a few minutes. **D** *m.* (*del giorno*) break, breaking; (*di piante, fiori*) sprouting: **allo s. del giorno**, at break of day; at daybreak; **allo s. dell'alba**, at break of dawn; at dawn; **allo s. del sole**, at sunrise; at sun-up (*USA*).

spuntàre (2), *v. t.* **1** (*controllare, facendo un segno*) to tick (off); to check (off) (*USA*): **Spuntò ogni voce dall'elenco**, he ticked off every item on the list; **Ha spuntato la merce man mano che arrivava**, he checked the goods as they arrived **2** (*di prezzi*) to fetch; to obtain; to get*.

spuntàre (3), *v. i.* (*mecc.*) to get* going; to pick up.

spuntàta (1), *f.* (*taglio della punta*) trim; trimming. ● **dare una s. a q.c.**, to trim st.

spuntàta (2), *V.* **spunta**.

spuntàto, *a.* **1** (*senza punta*) blunt; pointless: **una matita spuntata**, a blunt pencil **2** (*di vino*) sour.

spuntatóre, *m.* (*f.* **-trice**) (*verificatore*) checker.

spuntatrìce, *f.* (*mecc.*) chamfering machine; (*ind. tess.*) snipping machine.

spuntatùra (1), *f.* **1** *V.* **spuntata (1) 2** (*parte tagliata*) trimmings (*pl.*); cliping (*pl.*); ends (*pl.*): **s. di sigari**, cigar ends (o tips) **3** (*macelleria*) cut beneath sirloin and ribs **4** (*mecc.*) chamfering **5** (*ind. tess.*) snipping **6** (*metall.*) crop(-end).

spuntatùra (2), *V.* **spunta**.

spuntellàre, *v. t.* to unprop; to remove the props (from st.).

spuntigliàre, *v. t.* to smooth with emery powder.

spuntiglio, *m.* emery powder.

spuntino, *m.* snack; bite; (*a metà mattina*) elevenses: **fare uno s.**, to have a snack; to have a bite to eat.

spùnto (1), *m.* **1** (*teatr., mus.*) cue **2** (*punto di partenza*) starting point; (*occasione*) occasion, opportunity; (*suggerimento*) idea, cue, hint: **offrire lo s.**, to give the idea; to offer the occasion; **cogliere lo s. per**, to take the opportunity to; **L'affermazione di Giulia fu lo s. per una vivace discussione**, Giulia's statement was the starting point of a lively discussion; **Prendendo lo s. dall'ultima domanda, vorrei parlarvi di un altro esperimento**, taking my cue from the last question, I'd like to tell you of another experiment; **Il romanzo prende s. da un fatto veramente accaduto**, the novel was inspired by a real event; **Da dove ha preso lo s. per il suo film?**, where did you get the idea for your film? **3** (*di vino*) sourness; sour taste; acidity: **vino che ha lo s.**, wine that has gone (*o* that tastes) sour.

spùnto (2), *m.* **1** (*mecc.*: *avviamento*) starting; (*accelerazione*) acceleration; pick-up **2** (*sport*: *scatto*) sprint.

spuntóne, *m.* **1** spike **2** (*mil.*) spontoon; halfpike **3** (*alpinismo*) sharp projection (of rock).

spunzóne, *V.* **spuntone**.

spupazzàre, *v. t.* (*fam.*) **1** (*coccolare*) to cuddle; to pet **2** (*iron.*: *badare a, intrattenere*) to entertain; to act as nursemaid; to shepherd about; (*sopportare*) to put* up with: **spupazzarsi i nipoti**, to act as nursemaid to one's grandchildren; **Mi sono dovuta spupazzare per tre giorni le mogli dei delegati stranieri**, I had to spend three days shepherding the wives of the foreign delegates about.

spurgaménto, *V.* **spurgo**.

spurgàre, A *v. t.* **1** (*purgare, nettare*) to clean (out); to purge; to drain; to flush; (*mecc.*) to bleed*: **s. un fosso**, to clean a ditch **2** (*espellere*) to discharge; to eject: **s. il catarro**, to discharge phlegm; to expectorate; to spit; **La ferita deve s.**, the wound must discharge. **B spurgàrsi,** *v. i. pron.* (*espettorare*) to expectorate; to discharge phlegm; to spit*.

spùrgo, *m.* **1** (*il purgare*) cleaning; purge; purging; draining; flushing; (*mecc.*) bleeding **2** (*l'espellere*) discharge; ejection; (*l'espettorare*) expectoration, expectorating, spitting, discharge of phlegm **3** (*materia spurgata*) discharge; (*catarro*) expectoration, phlegm, spit.

spùrio, *a.* **1** (*non legittimo*) illegitimate; bastard **2** (*non autentico*) spurious; false: **opere spurie**, spurious works **3** (*anat.*) false: **coste spurie**, false ribs. ● (*zool.*) **ala spuria**, spurious (*o* bastard) wing.

sputacchiàre, A *v. i.* **1** (*sputare spesso*) to spit* (and spit*) **2** (*espellere saliva, nel parlare*) to splutter. **B** *v. t.* to spit* out: **Il bambino sta sputacchiando la pappa**, the baby is spitting out its pap.

sputacchièra, *f.* spittoon; cuspidor (*USA*).

sputacchìna, *f.* (*zool.*) cuckoo-spit insect.

sputàcchio, *m.* spittle; gob of spit (*pop.*).

sputàre, *v. t.* e *i.* to spit*: **s. per terra**, to spit on the ground; **Quando parla sputa**, he splutters (*o* sprays saliva) when he speaks; (*anche fig.*) **Sputa fuori!**, spit it out!; (*fig.*) **s. addosso a q.**, to spit on sb.; **s. in faccia a q.**, to spit in sb.'s face; (*fig.*) **s. su q.c.**, to spit at (*o* on) st.; **s. un nocciolo**, to spit out a stone; **s. sangue**, to spit blood; (*fig.*) to sweat blood. ● (*fig.*) **s. nel piatto in cui si mangia**, to bite the hand that feeds one □ (*fig.*) **s. veleno**, to spit venom; to have a venomous tongue □ (*fig.*) **Sputa l'osso!**, spit it out!; confess! □ (*fig.*) **s. i polmoni**, (*tossire fortissimo*) to spit up one's lungs (*fam.*); (*sfiatarsi*) to talk oneself out of breath □ **s. sentenze**, to be sententious; to moralize; to pontificate.

sputasénno, sputasentènze, *m.* e *f. invar.* (*spreg.*) pontificating person; wiseacre; know-all; smart alec(k).

sputàto, *a.* (*fam.*: *identico*) spitting image; the dead spit: **È suo nonno s.**, he's the spitting image of his grandfather.

sputnik, *m. invar.* sputnik.

spùto, *m.* **1** (*l'atto*) spitting **2** (*grumo sputato*) spittle; gob of spit (*pop.*); (*med.*) sputum*: **fare uno s. sanguigno**, to spit blood **3** (*saliva*) spit; saliva. ● (*fig.*) **a uno s.**, within spitting distance □ **essere appiccicato con lo s.**, to be stuck on with spit.

sputtanaménto, *m.* (*volg.*) **1** (*rovina dell'altrui reputazione*) exposing; shaming; smearing sb.'s reputation **2** (*perdita della propria reputazione*) disgrace; shame; loss of face.

sputtanàre, (*volg.*) **A** *v. t.* to expose; to shame. **B sputtanàrsi,** *v. i. pron.* to disgrace oneself; to lose* face.

squadernàre, *v. t.* to spread* open; to open out; to display: **Mi squadernò la lettera davanti agli occhi**, he spread the letter open before my eyes; he put the letter under my nose.

squàdra (1), *f.* (*da disegno*) square, triangle (*USA*); (*mecc.*) square: **s. di legno [di metallo]**, wooden [metal] square; **s. a 45 gradi**, mitre square; **s. a T [*o* s. doppia]**, T(-)square; **s. a triangolo**, set square; **s. battente**, try square; **s. da falegname**, framing square; **s. esagonale**, hexagonal square; **s. falsa**, bevel (square); **s. fissa**, try square; set square. ● (*disegno*) **a s.**, at right angles □ **fuori s.**, out of square; (*fig.*: *sfasato*) out of sorts □ **uscire di s.**, (*di disegno*) to be out of line; (*fig.*: *uscire dall'ordine*) to go off the rails, to go astray; (*perdere la pazienza*) to lose one's patience, to get mad, to fly off the handle (*fam.*).

squàdra (2), *f.* **1** (*sport*) team; side; squad: **s. di calcio [di rugby, di pallacanestro]**, football [rugby, basketball] team; **compagno di s.**, team mate; **gioco di s.**, team play; **una bella s.**, a fine team; a fine set of players; **s. vincente [perdente]**, winning [losing] team (*o* side); **s. in casa**, home side ***2*** (*polizia*) squad: **s. del buon costume**, vice squad; **s. mobile**, flying squad; **s. speciale**, task force ***3*** (*gruppo di persone organizzate in un lavoro*) team, set, party, crew, outfit (*fam.*); (*di operai*) gang; (*di turno*) shift, relay: **Una s. di operai sta sgombrando le macerie**, a gang of workmen are clearing away the debris; **una s. di pompieri [di minatori]**, a team of firemen [of miners]; **una s. di tecnici**, a team of technicians; **una s. di cameramen**, a crew of cameramen ***4*** (*fam.*: *gruppo*) set; bunch; crew; lot; party; outfit; gang; batch: **Bella s. di amici che hai!**, you've got a fine set of friends!; **Arrivò una s. di ragazzini urlanti**, a bunch (*o* a gang) of screaming kids came up; **Avanti, fa' entrare la prossima s. di candidati!**, all right, let in the next batch of applicants! ***5*** (*mil.*) squad: **s. artificieri**, bomb squad; **a squadre**, in (*o* by) squads ***6*** (*naut.*) squadron. ● (*stor.*) **s. d'azione fascista**, Fascist action squad □ **s. di corvée**, fatigue party □ **s. di soccorso**, rescue party; (*di ricerca*) search party □ **s. di turno**, duty squad; duty team; relay team; shift □ (*ferr.*) **s. rialzo**, section gang (*USA*) □ **capo s.**, foreman; ganger □ **lavorare a squadre**, to work in teams □ **lavoro di s.**, team work □ **spirito di s.**, team spirit.

squadràccia, *f.* (*spreg.*) ***1*** gang; bad lot ***2*** fascist action squad.

squadràre, *v. t.* ***1*** (*mettere in squadra*) to square (*anche fig.*); to square up; to make* square: **s. legname**, to square timber ***2*** (*osservare attentamente*) to look (sb.) up and down; to study; to measure: **s. q. da capo a piedi**, to look sb. up and down; to give sb. the once-over (*fam.*).

squadràto, *a.* square; (*di pietre, legno, ecc.*) squared.

squadratóre, *m.* squarer.

squadratùra, *f.* squaring.

squadrìglia, *f.* (*naut., aeron.*) squadron. ● **comandante di s.**, (*aeron.*) squadron leader; (*naut.*) commodore.

squadrismo, *m.* (*stor.*) Fascist action squads (*pl.*).

squadrista, *m.* e *f.* (*stor.*) member of a Fascist action squad.

squàdro (1), *m.* ***1*** (*lo squadrare*) squaring ***2*** (*agrimensura*) surveyor's cross.

squàdro (2), *m.* (*zool., Squatina squatina*) angel shark; angel fish.

squadróne, *m.* (*mil.*) squadron.

squagliaménto, *m.* melting; liquefying; (*di ghiaccio*) thawing, thaw.

squagliàre, A *v. t.* to melt; to liquefy. **B squagliàrsi,** *v. i. pron.* ***1*** (*liquefarsi*) to melt; to liquefy; (*di crema e sim.*) to become* runny; (*di ghiaccio*) to thaw: **Il burro si squaglia facilmente**, butter melts easily; **La neve si squagliò presto**, the snow soon melted away ***2*** (*fig., anche* **squagliarsela**) (*svignarsela*) to slink* away, to sneak away (*o* off), to do* a bunk (*pop. GB*); (*scappare*) to make* off, to clear off, to buzz off (*fam. GB*), to scram (*fam.*), to get the hell out of (*fam.*): **Squagliamocela, ragazzi!**, let's clear off, boys!; **L'ha messa incinta e poi se l'è squagliata**, he got her pregnant and then cleared off (*o* did a bunk).

squalìfica, *f.* (*anche sport*) disqualification: **tre giornate di s.**, a three day's disqualification; **s. del campo**, disqualification of the ground; home ban.

squalificàbile, *a.* disqualifiable.

squalificàre, A *v. t.* (*anche sport*) to disqualify. **B squalificàrsi,** *v. i. pron.* to bring* discredit upon oneself.

squalificàto, *a.* ***1*** (*sport*) disqualified ***2*** (*screditato*) disqualified; discredited; disgraced.

squalificazióne, *f.* disqualification; disqualifying.

squallidézza, *f. V.* **squallore**.

squàllido, *a.* ***1*** (*desolato*) bleak; dreary; cheerless; desolate; dismal: **una campagna squallida**, a dreary countryside; **una squallida spiaggia**, a dismal beach ***2*** (*misero*) drab, dingy, miserable; (*malconcio*) seedy, down-at-heel, grotty (*fam. GB*), mean-looking (*USA*), squalid: **periferia squallida**, dingy suburbs (*pl.*); **una stanza squallida**, a drab (*o* dingy, cheerless) room; **un uomo dall'aspetto s.**, a seedy-looking man; **Entrammo in uno s. caffè**, we went into a grotty cafe; **una squallida stamberga**, a squalid hovel; **vivere nella più squallida miseria**, to live in utter squalor ***3*** (*sordido*) squalid; seamy; sleazy: **una squallida storia di sfruttamento**, a seamy tale of exploitation.

squallóre, *m.* ***1*** (*desolazione*) bleakness; cheerlessness; dreariness: **lo s. del luogo**, the dreariness of the place; **s. culturale**, cultural wasteland ***2*** (*condizione misera*) shabbiness; drabness; dinginess; squalor ***3*** (*sordidezza*) squalor; seaminess.

squàlo, *m.* (*zool.*) shark. ● **s. azzurro** (*Prionace glauca*), blue shark □ **s. balena** (*Rhincodon typus*), whale shark □ **s. della Groenlandia** (*Somniosus microcephalus*), Greenland shark; nurse shark □ **s. elefante** (*o* **pellegrino**) (*Cetorhinus maximus*), basking shark □ **s. tigre** (*Galeocerdo arcticus*), tiger shark.

squàma, *f.* ***1*** (*zool.*) scale; plate ***2*** (*bot.*) squama* ***3*** (*med.*) scale; scurf; squama*. ● **a squame**, scaly; squamous.

squamàre, A *v. t.* to scale. **B squamàrsi,** *v. i. pron.* to scale off; to flake off; to exfoliate.

squamàto, *a.* scaled; scaly; covered with scales

squamatùra, *f.* squamation.

squamifórme, *a.* (*biol.*) squamiform.

squamosità, *f.* scaliness; squamousness.

squamóso, *a.* scaly; scaled; squamous; squamose; (*che si sfalda*) flaky: **pelle squamosa**, scaly skin.

squarciagóla, *vc.* – **a s.**, at the top of one's voice: **gridare a s.**, to shout at the top of one's voice.

squarciaménto, *m.* tearing; rending; ripping.

squarciàre, A *v. t.* to tear*; to slash; to slit*; to rend*; to rip; to break* through; (*fig.*: *spezzare*) to rend*, to shatter: **s. un lenzuolo**, to rip a sheet; **Il folle squarciò la tela con un cacciavite**, the madman slashed the canvas with a screwdriver; **Il sole squarcia le nuvole**, the sun is breaking through the clouds; **Un grido squarciò il silenzio**, a scream shattered (*o* rent) the silence; **Un lampo squarciò la notte**, a flash of lightning rent the night. **B squarciàrsi,** *v. i. pron.* to be torn (*o* rent); to split*; to rend*; to rip: **La vela si squarciò**, the sail was rent; **Le nuvole si squarciarono**, the clouds parted; there was a break (*o* a rift) in the clouds.

squarciatùra, *f.* ***1*** (*lo squarciare*) tearing; rending; ripping ***2*** (*squarcio*) tear; rent; rip.

squàrcio, *m.* ***1*** tear; rent; rift; split; rip; gash; slash; **uno s. nel vestito**, a tear in the dress; **uno s. nelle nuvole**, a rift (*o* a break) in the clouds; **uno s. di sole**, a ray of sunshine; a sunburst; **fare uno s.**, to make a rent; to tear; to rend; to rip ***2*** (*fig.*: *brano letterario, poetico, musicale*) passage.

squartaménto, *m.* quartering; cutting up; carving up.

squartàre, *v. t.* ***1*** to quarter; to cut* up; to carve up; (*massacrare*) to butcher ***2*** (*stor.*) to quarter: **Il traditore fu impiccato e squartato**, the traitor was hanged and quartered.

squartatóio, *m.* butcher's cleaver; chopper.

squartatóre, *m.* (*f.* **-trice**) quarterer. ● **Jack lo s.**, Jack the ripper.

squartatùra, *f.* quartering; cutting up.

squàrto, *m.* quartering.

squash, *m. invar.* (*sport*) squash.

squassàre, *v. t.* to shake* violently; to jolt; to rock.

squattrinàto, A *a.* penniless; hard up (*fam.*); on the rocks (*fam.*); broke (*fam.*). **B** *m.* (*f.* **-a**) penniless person; pauper; beggar.

squilibràre, A *v. t.* ***1*** to unbalance; to put* out of balance; to upset ***2*** (*turbare l'equilibrio mentale*) to unbalance; to derange ***3*** (*dissestare*) to wreck. **B squilibràrsi,** *v. i. pron.* to lose* one's balance; to be upset.

squilibràto, A *a.* ***1*** (*fuori equilibrio*) unbalanced; off balance; lopsided: **carico s.**, unbalanced load; **alimentazione squilibrata**, unbalanced diet ***2*** (*pazzo*) unbalanced; (mentally) deranged; insane; unhinged: **mente squilibrata**, deranged mind; **comportamento s.**, insane behaviour. **B** *m.* (*f.* **-a**) lunatic; madman* (*f.* madwoman*).

squilìbrio, *m.* ***1*** (*perdita di equilibrio*) imbalance; want (*o* lack) of balance; unbalance (*anche stat.*): **lo s. del carico**, the imbalance of the load; **s. finanziario**, financial imbalance; **s. tra domanda e offerta**, imbalance between demand and supply; **s. della bilancia commerciale**, trade deficit ***2*** (*pazzia*) (mental) derangement; lunacy; insanity: **dare segni di s.**, to show signs of insanity.

squilla (1), *f.* ***1*** (*piccola campana*) (small) bell ***2*** (*campanaccio dei bovini*) cowbell.

squilla (2), *f.* (*region., zool., Squilla mantis*) squilla; mantis shrimp.

squillànte, *a.* ***1*** (*di suoni*) ringing; clear; (*acuto*) shrill, high-pitched: **voce s.**, ringing voice; **tromba s.**, blearing trumpet; shrill bugle; **con suono s.**, with a ringing sound; **campane squillanti**, pealing bells ***2*** (*di colori*) bright: **verde s.**, bright green.

squillàre, *v. i.* to ring* (out); to peal; (*di tromba*) to blare: **Squillavano le campane**, the bells were ringing (*o* pealing); **Le trombe squillarono**, the trumpets blared; there was a flourish of trumpets; **Squillò il telefono**, the telephone rang; **La sua voce squillò nel silenzio**, her voice rang in the silence.

squillo, A *m.* ring; ringing; peal; (*di tromba*) blast, blare: **uno s. di risa**, a peal of laughter; **Aprì al primo s. di campanello**, he opened the door after the first ring of the bell; **Il telefono fece due squilli**, the telephone rang twice; **lo s. di una tromba**, the blare of a trumpet; a trumpet blare; **uno s. di trombe**, a flourish of trumpets. ● (*fam.*) **dare uno s.** (*telefonare*), to give a ring; to ring up; to give a tinkle (*GB*); to buzz; to give a buzz □ (*fig.*) **senza squilli di tromba**, without fanfare. **B** *a.* – **casa s.**, brothel; (**ragazza**) **s.**, call girl.

squìncio, *V.* **sguincio**.

squinternàre, *v. t.* ***1*** (*un libro e sim.*) to take* apart ***2*** (*mettere sottosopra*) to disarrange, to mix up, to mess; (*sgangherare*) to wreck ***3*** (*fig.*: *scombussolare*) to upset*; to unhinge.

squinternàto, A *a.* ***1*** (*di libro e sim.*) taken apart; falling to pieces ***2*** (*sottosopra*) disarranged, messed up, mixed up; (*sgangherato*) wrecked, rickety, shaky, broken down ***3*** (*fig.*: *strambo*) eccentric; (*un po' matto*) crazy, funny in the head (*fam.*), nutty (*fam.*), screwy (*fam.*). **B** *m.* (*f.* **-a**) (*persona stramba*) eccentric person; oddball (*fam.*); crackpot (*fam.*).

squiṣitaménte, *avv.* exquisitely; (*straordinariamente*) extraordinarily, uniquely.

squiṣitézza, *f.* ***1*** exquisiteness; delicateness; daintiness; (*di sapore, cibo*) deliciousness ***2*** (*specialm. al pl.*: *cosa squisita*) delicacy; dainty. ● **una s. di cibo**, delicious food □ **s. di pensieri**, delicate thoughts.

squiṣìto, *a.* exquisite; excellent; very fine; refined; consummate; (*delicato*) delicate, dainty; (*di sapore, cibo*) delicious, excellent; (*scelto*) choice: **maniere squisite**, exquisite (*o* perfect) manners; **cortesia squisita**, great (*o* exquisite) courtesy; **un padrone di casa s.**, a perfect host; **Tua madre ha un gusto s.**, your mother has excellent (*o* exquisite) taste; **un pensiero s.**, a delicate thought; **un artista s.**, a consummate artist; **di squisita fattura**, of delicate workmanship; **una statuetta squisita**, a dainty statuette; **Questa salsa ha un gusto s.**, this sauce tastes delicious; **un dolce s.**, a delicious cake; **i bocconi più squisiti**, the choicest morsels; **vino s.**, excellent (*o* choice) wine.

squittìo, *m.* squeaking; squealing; screeching; (*di uccelli*) cheeping, chirping.

squittìre, *v. i.* to squeak; to squeal; to screech; (*di uccelli*) to cheep, to chirp.

ṣradicaménto, *m.* (*anche fig.*) uprooting; eradication; extirpation.

ṣradicàre, A *v. t.* (*anche fig.*) to uproot; to root out; to eradicate; to extirpate: **Il vento sradicò alcuni alberi**, the wind uprooted some trees; **s. le male erbe**, to extirpate weeds; **s. la superstizione**, to root out superstition; **s. le cattive abitudini**, to eradicate (*o* to get rid of) bad habits; **s. q. dal suo ambiente**, to uproot sb. from his environment. **B ṣradicàrsi,** *v. rifl. e i. pron.* ***1*** (*di persona*) to uproot oneself ***2*** (*di cosa*) to become* uprooted.

ṣradicàto, A *a.* (*anche fig.*) uprooted; rootless; eradicated; extirpated; (*di persone*) uprooted, rootless. **B** *m.* (*f.* **-a**) déraciné; rootless person.

ṣradicatóre, *m.* (*f.* **-trice**) uprooter; eradicator; extirpator.

ṣragionaménto, *m.* false reasoning; fallacy; error; (*ragionamento strampalato*) raving, nonsense.

ṣragionàre, *v. i.* to rave; to talk nonsense.

ṣregolataménte, *avv.* ***1*** immoderately; without moderation; intemperately: **bere s.**, to drink immoderately (*o* too much) ***2*** (*in modo dissoluto*) in a disorderly way; wildly: **vivere s.**, to lead a disorderly life.

ṣregolatézza, *f.* ***1*** (*l'essere senza regola*) intemperance; immoderateness; immoderation; lack of moderation ***2*** (*l'essere scapestrato, dissolutezza*) disorderliness; unruliness; recklessness; wildness; dissoluteness ***3*** (*atto sregolato*) excess (*specialm. al pl.*).

ṣregolàto, *a.* ***1*** (*che è senza regola*) immoderate; intemperate: **essere s. nel bere**, to be an immoderate drinker ***2*** (*disordinato*) irregular; haphazard; caotic ***3*** (*scapestrato, dissoluto*) reckless; wild; disorderly; dissolute: **un giovane s.**, a wild young man; **una condotta sregolata**, disorderly (*o* extravagant) behaviour; **fare una vita sregolata**, to lead a disorderly life ***4*** (*autom., mecc.*) out of adjustment: **puntine (del ruttore) sregolate**, (contact breaker) points out of adjustment.

ṣrotolàre, A *v. t.* (*cose arrotolate a tubo*) to unroll, to roll out; (*spago, filo*) to unwind*, to unreel; (*funi*) to uncoil, to unreel; (*bandiere*) to unfurl. **B ṣrotolàrsi,** *v. i. pron.* to unroll; to unwind*; to uncoil; to unreel; to unfurl.

srotolatóre, *m.* (*ind. cartaria*) unroller.

sss, st, *inter.* sh!

stabbiàre, A *v. t.* ***1*** (*bestiame*) to fold; to pen ***2*** (*concimare*) to manure. **B** *v. i.* to be kept (*o* to stay) in a fold; to be folded.

stabbiatùra, *f.* (*agric.*) manuring.

stàbbio, *m.* ***1*** (*recinto per bestie*) fold; pen; (*porcile*) pigsty ***2*** (*letame*) manure; dung.

stabbiòlo, *m.* (*porcile*) pigsty; pigpen.

stàbile, A *a.* ***1*** (*saldo*) stable; solid; steady; firm; (*econ.*) undepressed: **fondamenta stabili**, stable (*o* firm, steady) foundations; **muro s.**, solid wall; **scala s.**, steady ladder; **governo s.**, stable government; **una persona s. nei propositi**, a stable (*o* steadfast) person; **mercato s.**, undepressed market ***2*** (*permanente; durevole*) permanent; regular; standing; lasting; settled: **un lavoro s.**, a steady (*o* permanent, regular) job; **dare a q. una sistemazione s.**, to find sb. a regular job; **tempo s.**, settled weather; **bel tempo s.**, steady good weather; **un'offerta s.**, a firm offer; **domicilio s.**, permanent address; **residenza s.**, permanent residence; **popolazione s.**, settled population; **pace s.**, lasting (*o* enduring) peace ***3*** (*costante*) stable; steady; constant: **carattere s.**, stable character; **salute s.**, constant good health; **prezzi stabili**, stable prices; **Tutto procede in modo s.**, things are stable; things are on an even keel ***4*** (*di colori*) fast; solid ***5*** (*fis., chim.*) stable. ● **beni stabili**, real estate □ (*teatr.*) **compagnia s.**, repertory company; rep (*fam.*) □ **dimora s.**, fixed address; fixed abode: **non avere dimora s.**, to have no fixed address □ (*mus.*) **direttore s.**, permanent conductor □ **in pianta s.**, permanent; regular; (*di impiegato*) on the regular (*o* permanent) staff; (*stabilmente*) regularly, permanently: **personale in pianta s.**, regular (*o* permanent) staff □ (*mus.*) **orchestra s.**, permanent orchestra □ (*teatr.*) **teatro s.**, repertory theatre. **B** *m.* ***1*** (*edificio*) building; (*casa*) house: **in questo s.**, in this building; on these premises (*pl.*) ***2*** (*teatro s.*) repertory theatre.

stabiliménto, *m.* ***1*** (*lo stabilire*) establishment; institution: **lo s. dei termini di un accordo**, the establishment of the terms of an agreement; **lo s. di un ente pubblico**, the institution of a public body ***2*** factory; plant; works (*pl. col verbo al sing. o al pl.*): **Il nostro s. produce laminati plastici**, our factory produces laminated plastics; **s. chimico**, chemical plant; **uno s. siderurgico**, an iron and steel works; **s. tessile**, textile mill; **s. per la produzione della gomma sintetica**, synthetic rubber factory; **s. di lavorazione**, processing plant ***3*** (*pl.*) (*colonie, presidi commerciali*) settlements; colonies. ● **s. balneare**, bathing establishment; lido; bathhouse; public baths (*pl.*) □ **s. carcerario**, prison; house of correction □ **s. penale**, penal colony □ **s. termale**, spa; watering place.

stabilìre, A *v. t.* ***1*** (*istituire, fissare*) to establish; to set*; to fix; (*sistemare*) to settle; (*definire, determinare*) to define, to determine, to state, to lay* down; (*concordare*) to agree on (*o* upon): **Riuscimmo a s. una filiale in quella città**, we managed to establish a branch in that city; **s. il proprio domicilio in una città**, to take up one's residence in a town; **s. il prezzo di q.c.**, to fix the price of st.; to set a price on st.; **Stabilimmo un prezzo soddisfacente per entrambi**, we agreed on a price that was satisfactory to both; **s. una data**, to fix (*o* to agree upon) a date; **Stabiliamo questa faccenda una volta per sempre**, let's settle this matter once and for all; **s. il significato di una parola**, to define the meaning of a word; **Il contratto stabilisce le date di consegna**, the contract states the delivery dates; **s. le proprie condizioni**, to name one's terms; **s. delle norme**, to lay down (*o* to establish) rules; **s. la procedura da seguire**, to fix (*o* to settle, to lay down) the procedure to be followed ***2*** (*accertare*) to establish; to ascertain: **s. un fatto**, to establish a fact; **Dobbiamo s. la sua colpevolezza**, we must ascertain his guilt ***3*** (*proporsi, decidere*) to decide upon; to resolve; to arrange: **s. il da farsi**, to decide upon what to do; **Stabilì di recarsi a Roma**, he decided to go to Rome; **Stabilimmo di incontrarci di nascosto**, we arranged to meet secretly; **L'incontro fu stabilito per l'indomani**, the meeting was arranged for the following day; **Abbiamo stabilito di fare a metà**, we have agreed to go halves ***4*** (*deliberare, decretare*) to decree: **Che cosa stabilisce la legge a questo proposito?**, what does the law decree (*o* say) on this matter? ● **s. un contatto con q.**, to establish a contact with sb.; to contact sb.; to liaise with sb. □ **s. un precedente**, to establish a precedent □ **s. per legge**, to enact □ **s. un primato**, to set a record. **B stabilìrsi,** *v. rifl.* to settle; to establish oneself; to set* up house; to locate (*USA*): **Mi stabilirò in quella città**, I'll settle in that town; **Appena sposati si stabilirono a Genova**, after they got married they set up house in Genoa.

stabilità, *f.* ***1*** stability; firmness; steadiness; solidity: **la s. d'un edificio**, the stability of a building; **la s. d'un governo**, the stability of a government; **s. di carattere**, stability (*o* firmness) of character; **la s. di un impiego**, the permanence of a position; **s. dei prezzi**, price stability; (*chim.*) **s. chimica**, chemical stability; (*aeron.*) **s. dinamica [statica]**, dynamic [static] stability; (*naut.*) **la s. di una nave**, the stability of a ship ***2*** (*di colori*) fastness.

stabilìto, *a.* established; (*fissato*) fixed, stated, set, appointed; (*convenuto*) settled, agreed, arranged: **Resta s. che...**, it is agreed that... ● **l'ordine s.**, the law.

stabilitùra, *f.* (*edil.*) skim coat; white coat.

stabiliẓẓànte, *A a.* (*chim.*) stabilizing. **B** *m.* (*chim.*) stabilizer.

stabiliẓẓàre, A *v. t.* to stabilize; to steady; to give* stability to; to make* stable (*o* steady); (*fin., anche*) to peg: **s. il cambio**, to stabilize the exchange; **s. i prezzi**, to stabilize prices; **s. il mercato**, to peg the market. **B stabiliẓẓàrsi,** *v. i. pron.* to stabilize; to steady; to become* stable (*o* steady); to settle; to level off.

stabiliẓẓàto, *a.* stabilized; steady; (*fin., anche*) pegged: **cambio s.**, steady exchange; **prezzi stabilizzati**, pegged prices; (*aeron.*) **s. dalla pressione**, pressure-stabilized.

stabiliẓẓatóre, A *m.* (*chim., elettr., naut., aeron.*) stabilizer: **s. automatico**, automatic (*o* built-in) stabilizer; **s. di frequenza**, frequency stabilizer; **s. giroscopico**, gyrostabilizer; **s. girostatico**, gyrostatic stabilizer; **s. di corrente**, current regulator; **s. di tensione**, voltage stabilizer (*o* regulator); (*aeron.*) **s. orizzontale**, tailplane. **B** *a.* stabilizing: **apparecchio s.**, stabilizing apparatus (*o* device).

stabiliẓẓazióne, *f.* stabilization; steadying; (*fin. anche*) pegging: **s. dei prezzi**, price stabilization (*o* pegging); pegging of prices; **s. dei salari**, wage stabilization.

stabilménte, *avv.* ***1*** steadily; firmly ***2*** (*permanentemente*) permanently.

stabulàre, *v. t. e i.* (*zootecnia*) to stable; to stall; (*di pesci*) to farm.

stabulàrio, *m.* (*canile municipale*) dog pound.

stabulazióne, *f.* (*zootecnia*) stabling; stalling; (*di pesci*) farming.

stacanoviṣmo, *m.* ***1*** (*stor.*) Stakhanovism ***2*** (*iron.*) over-zeal; over-eagerness.

stacanovista, A *m. e f.* ***1*** (*stor.*) Stakhanovite ***2*** (*iron.*) workaholic; workhorse; eager beaver (*scherz.*). **B** *a.* ***1*** (*stor.*) Stakhanovite ***2*** (*iron.*) over-zealous.

staccàbile, *a.* detachable.

staccàre, A *v. t.* ***1*** to take* off; to detach; to remove; (*spezzare*) to break* off; (*tagliare*) to cut* off; (*strappare*) to tear* off, to rip off, to pull off, to pull out, to tear* out; (*con un morso*) to bite* off; (*tirare giù*) to take* down; (*cogliere*) to pick, to pluck; (*scollare*) to peel off, to unstick*; (*scucire*) to unstitch: **s. un bottone**, to take off a button; **s. un quadro dalla parete**, to take down a picture (from the wall); to take a picture off the wall; **s. le tende**, to take down the curtains; **Aiutami a s. questa maniglia**, help me take this handle off; **s. la tappezzeria**, to tear the wallpaper off; to remove the wallpaper; **s. un assegno dal libretto**, to tear off a cheque; to tear a cheque out of the cheque-book; (*scriverlo*) to write (*o* to make out, to draw) a cheque; **s. un foglio dal calendario**, to tear off a leaf from the calendar; **s. una pagina da un blocco**, to tear a page out of a notebook; **s. un tagliando**, to detach a coupon; **Staccò una pesca e me la porse**, he picked a peach and handed it to me; **s. un'etichetta**, to peel off a label; **Il bambino staccò tutto il pelo dell'orsacchiotto**, the child pulled all the hair off the teddy-

-bear; **Staccò tutti i petali della margherita**, he pulled all the petals off the daisy ***2*** (*slegare, sciogliere*) to unfasten, to untie, to unbind*; (*allentare*) to loosen; (*sganciare*) to unhook, to unhitch, to uncouple: **Staccò l'orologio dalla catena**, he unfastened the watch from the chain; **s. i buoi**, to unyoke the oxen; **s. un cane dal guinzaglio**, to let a dog off the lead; **s. i cavalli**, to unharness the horses; **s. un rimorchio**, to unhook a trailer; **s. un vagone**, to uncouple a coach ***3*** (*scostare*) to move away; to pull away; to remove: **s. una sedia dal muro**, to move a chair away from the wall ***4*** (*separare*) to separate; to take* away; to tear* away: **s. una questione dall'altra**, to separate one question from another; **Fu staccato dai suoi in tenera età**, he was separated from his parents at an early age; **Lo staccarono a forza dal padre**, they tore him away from his father ***5*** (*distanziare*) to leave* behind; to outdistance; to outstrip: **Ha staccato tutti gli altri concorrenti**, he outstripped all the other competitors; **A metà della corsa staccò tutti vincendo con facilità**, at the half-way stage he left everyone behind and won the race easily ***6*** (*elettr., mecc.*) to disconnect; to unplug; to cut* off: **Stacca la batteria e pulisci i morsetti**, disconnect the battery and clean the terminals; **s. la corrente**, to cut off the power; **s. il telefono**, to disconnect (*o* to unplug) the telephone; **Staccami il ferro, per favore**, could you unplug the iron, please? **B** *v. i.* ***1*** (*risaltare*) to stand* out; to show up: **Il ritratto non stacca bene sul fondo**, the portrait does not stand out well against the background; **Questo colore stacca bene sul bianco**, this colour stands out (*o* shows up) well against white ***2*** (*fam.*: *cessare il lavoro*) to clock off (*o* out); to go* off duty; to knock off (*fam.*): **Stacca sempre mezz'ora prima degli altri**, he always knocks off half an hour before the others. ● **s. la corsa**, to start running □ (*autom.*) **s. la frizione**, to release the clutch □ (*mus.*) **s. le note**, to play staccato □ **s. gli occhi da q.c. [q.]**, to take one's eyes off st. [sb.] □ **s. le parole**, to pronounce (*o* to enunciate) each word clearly; to articulate each word. **C staccarsi**, *v. i. pron.* ***1*** to come* off (*o* out, away); to come* loose; to come* unstuck; to peel off; to break* off; to get* (*o* to become*) detached: **Si è staccato il francobollo dalla busta**, the stamp has come off the envelope; **Questa etichetta si sta staccando**, this label is peeling off; **La torta non si è staccata bene**, the cake didn't come off cleanly; **Il quadro è caduto perché si è staccato il chiodo**, the picture fell because the nail came out; **Si è staccato un bottone dalla mia giacca**, a button has come off my jacket; **La spina si è staccata dalla presa**, the plug came out of the socket; **Si è staccato un ramo dall'albero**, a branch has broken off (from) the tree; **Non so come si siano staccate queste candele d'accensione**, I don't know how these sparking plugs got loose ***2*** (*sciogliersi, slegarsi*) to break* loose, to break* away; (*sganciarsi*) to get* (*o* to come*) unhooked: **Alcuni animali del circo si staccarono dalle catene**, some of the circus animals broke loose from their chains; **Nella tempesta le navi si staccarono dagli ormeggi**, the ships broke loose (*o* away) from their moorings in the storm; **È un mistero come questa vettura si sia staccata**, it's a mystery how this coach came (*o* got) unhooked ***3*** (*scostarsi*) to move away; to pull away; to get* away: **Si staccò dalla spiaggia**, he moved away from the shore; **La nave si stava staccando lentamente dal molo**, the ship was pulling slowly away from the pier ***4*** (*sollevarsi*) to take* off; to lift; to become* airborne: **La mongolfiera si staccò adagio da terra**, the balloon lifted slowly into the air; **Ci eravamo appena staccati da terra che tutte le luci si spensero**, the moment we became airborne all the lights went out ***5*** (*separarsi*) to leave*; to part; to tear* oneself away: **Non sapeva s. da suo figlio**, he couldn't bear to part from his son; **Non riuscivo a staccarmi da quei luoghi**, I couldn't tear myself away from those places; **Dovrai staccarti dai tuoi quando farai il servizio militare**, you'll have to leave your parents when you do your national service ***6*** (*fig.*: *abbandonare, rinunciare a*) to leave*; to forsake*; to give* up; to detach oneself: **s. dai piaceri del mondo**, to detach oneself from worldly pleasures; to turn one's back on the world; **s. da una brutta abitudine**, to give up a bad habit ***7*** (*specialm. sport*: *distaccare*) to pull ahead; to break* away; to outdistance: **Dopo tre giri si staccò dal gruppo**, after three laps he pulled ahead of the group (*o* he broke away from the group); **Dovrai staccarti dagli altri molto prima della fine della corsa**, you'll have to outdistance the others long before the end of the race ***8*** (*essere differente*) to differ; to be different: **Il fratello si stacca molto dalla sorella nei gusti**, the brother differs greatly from his sister in taste; **Queste due lingue non si staccano molto l'una dall'altra**, these two languages are not very different from each other.

staccàto, A *a.* ***1*** loose; off; unstuck; (*elettr.*) disconnected, off; (*mecc.*) disengaged; (*isolato*) detached ***2*** (*mus.*) staccato. **B** *m.* (*mus.*) staccato.

stàccio, e *deriv. V.* **setaccio**, e *deriv.*

staccionàta, *f.* ***1*** stockade; fence ***2*** (*equitazione*) hurdle.

stàcco, *m.* ***1*** (*distacco*) detachment; separation ***2*** (*fig.*: *intervallo*) break; gap; space; interval; pause; (*divario*) difference; (*sconnessione*) disconnection: **lasciare uno s. tra due paragrafi**, to leave a space between two paragraphs; (*radio, TV*) **s. pubblicitario**, advertising (*o* commercial) break; **Facciamo uno s.**, let's have a break; **Ho bisogno di uno s. completo**, I need a complete break ***3*** (*fig.*: *risalto*) relief, prominence; (*contrasto*) contrast: **fare s.**, to stand out; to contrast; to be conspicuous ***4*** (*sport*: *salto*) take-off ***5*** (*cinem.*) cut.

stadèra, *f.* steelyard: **i bracci d'una s.**, the arms of a steelyard. ● **s. a ponte**, weighbridge.

stàdia, *f.* (*topogr.*) stadia rool; levelling rod; levelling staff.

stàdio, *m.* ***1*** (*sport*) stadium*; ground ***2*** (*fig.*: *periodo, fase*) stage; period; phase: **il primo s. della civiltà**, the first stage of civilization; **l'ultimo s. della tisi**, the last stage of consumption; **s. di sperimentazione**, experimental phase; **I lavori sono a uno s. abbastanza avanzato**, the works are at a fairly advanced stage (*o* phase) ***3*** (*di missile o razzo*) stage: **un razzo a tre stadi**, a three-stage rocket ***4*** (*antica misura greca*) stadium*.

staff (*ingl.*), *m. invar.* ***1*** staff*; personnel ***2*** (*équipe*) team: **uno s. di tecnici**, a team of technicians.

stàffa, *f.* ***1*** (*equitazione*) stirrup: **infilare i piedi nelle staffe**, to put one's feet in the stirrups; **allungare [accorciare] le staffe**, to lengthen [to shorten] the stirrups; **reggere la s.** (*a chi monta*), to hold the stirrup; **occhio della s.**, stirrup iron; **cinghia della s.**, stirrup leather ***2*** (*predellino di carrozza*) footboard ***3*** (*sottopiede*) foot-strap ***4*** (*mecc., edil.*) stirrup; bracket; clamp: **s. centrale**, spring band; **s. a U**, U-bolt; **s. per grondaie**, strap ***5*** (*metall.*) flask; moulding box: **s. a cerniera**, snap (flask); **falsa s.**, loose flask ***6*** (*naut.*) clamp ***7*** (*anat.*) stirrup bone; stapes ***8*** (*alpinismo*) stirrup. ● **s. della vanga**, footrest (of a spade) □ (*Banca*) **s. scalare**, interest table □ **bicchiere della s.**, one for the road; stirrup cup □ (*fig.*) **essere con il piede nella s.**, to be ready to leave □ (*fig.*) **perdere le staffe**, to lose one's temper; to blow up; to hit the roof (*fam.*); to fly off the handle (*fam.*) □ (*fig.*) **tenere il piede in due staffe**, to run with the hare and hunt with the hounds.

staffàle, *m.* footrest (on a spade).

staffàre, *v. t.* (*mecc., edil.*) to stirrup.

staffàto, *a.* caught in the stirrup.

staffétta, A *f.* ***1*** dispatch rider; courier; runner; (*battistrada*) outrider ***2*** (*sport*: *corsa a s.*) relay race; relay; (*squadra*) relay team: **s. quattro per cento**, four by one hundred metres relay; (*nuoto*) **s. stile libero**, free-style relay. **B** *a.* – (*ferr.*) **locomotiva s.**, pilot engine.

staffettista, *m.* e *f.* (*sport*) relay racer.

staffière, *m.* ***1*** (*palafreniere*) groom ***2*** (*servitore di casa signorile*) footman*; lackey.

staffilàre, *v. t.* ***1*** to scourge; to lash; to flog; to whip; to horsewhip; to thrash ***2*** (*fig.*: *criticare*) to lash.

staffilàta, *f.* ***1*** (*colpo di staffile*) lash; whiplash: **Gli furono date dieci staffilate**, he was given ten lashes ***2*** (*al calcio*) stinging shot; net-breaker ***3*** (*fig.*: *dolore acuto*) shot (of pain); exquisite pain ***4*** (*fig.*: *critica bruciante*) scathing remark (*o* comment).

staffilatóre, *m.* (*f.* **-trice**) scourger (*anche fig.*); lasher (*anche fig.*); flogger.

staffile, *m.* ***1*** (*di staffa*) stirrup leather; stirrup strap ***2*** (*sferza di cuoio*) scourge; lash; whip.

stafilìno, *a.* (*anat.*) uvular.

stafilocòccia, *f.* (*med.*) staphylococcosis*.

stafilocòccico, *a.* (*biol.*) staphylococcic; staphylococcal.

stafilocòcco, *m.* (*biol.*) staphylococcus*.

stafilòma, *m.* (*med.*) staphyloma.

stafisàgria, *f.* (*bot., Delphinium staphisagria*) stavesacre.

stage (*franc.*), *m. invar.* period of training.

stagflazióne, *f.* (*econ.*) stagflation.

staggiàre, *v. t.* (*agric.*) to prop up.

stàggio, *m.* ***1*** (*di scala a pioli*) shaft; (*di telaio da ricamo*) support; (*di sedia*) back upright ***2*** (*regolo di gabbia*) bar.

stagionàle, A *a.* seasonal: **malattie stagionali**, seasonal diseases; **attività stagionali**, seasonal activities; **occupazione s.**, seasonal employment; **la migrazione s. degli uccelli**, the seasonal migration of birds. **B** *m.* e *f.* seasonal (*o* temporary) worker.

stagionaménto, *m. V.* **stagionatura**.

stagionàre, *v. t.* e *i.* to season; (*all'aria aperta*) to weather; (*far maturare*) to ripen, to mature; (*vini o liquori*) to age: **s. il legname**, to season (*o* to weather) timber; **s. il vino**, to age wine.

stagionàto, *a.* ***1*** seasoned; (*all'aria aperta*) weathered; (*fatto maturare, maturo*) ripe, mature, aged: **legno ben s.**, well-seasoned wood; **formaggio s.**, ripe (*o* mature) cheese; **vino s.**, mature (*o* ripe, aged, mellow) wine ***2*** (*fig. scherz.*: *attempato*) getting on in years (*pred.*); rather long in the tooth (*pred.*): **un uomo s.**, a man getting on in years; **È una ragazza piuttosto stagionata**, she is rather long in the tooth; she is no chicken (*fam.*).

stagionatóre, *m.* (*f.* **-trice**) seasoner.

stagionatùra, *f.* seasoning; (*all'aria aperta*) weathering; (*il far maturare*) ripening, maturing, ageing: **la s. del legname**, the seasoning (*o* weathering) of timber.

stagióne, *f.* ***1*** (*parte dell'anno*) season: **il ciclo** (*o* **l'avvicendarsi**) **delle s.**, the cycle of seasons; **la bella s.**, spring and summer; **la brutta s.**, autumn and winter; **la s. estiva**, summertime; **la s. invernale**, wintertime; **la s. primaverile**, springtime; **la s. delle piogge**, the rainy (*o* wet) season; **la s. asciutta**, the dry season ***2*** (*condizioni atmosferiche*) weather: **la s. calda**, hot weather; **la s. fredda**, cold weather; **Abbiamo avuto una bella s.**, we have had lovely weather; **Che s. orribile!**, what horrible weather! ***3*** (*periodo*) season; time: **la s. dei fiori**, the flower season; **la s. del raccolto**, harvest time; **la s. degli amori**, the mating season; **la s. balneare**, the bathing season; **la s. turistica**, the tourist season; **Non è la s. per fare i bagni**, this is not the right season for bathing; **La s. della caccia è aperta**, it is open season *4* (*teatr.*) season: **la s. lirica [concertistica]**, the opera [concert] season; **È scritturata per tutta la s.**, she has been engaged for the whole season. ● **s. morta**, dead (*o* dull, off) season; slack time □ **alta s.**, high season; peak season: **prezzi di alta s.**, peak(-season) prices □ **aver fatto la propria s.**, (*essere superato*) to have had one's day; (*essere un po' malconcio*) to have seen better days □ **avere molte stagioni sulle spalle**, to be getting on in years □ **bassa s.**, low season; off season: **prezzi di bassa s.**, off-season prices □ **di s.**, of season; in season; seasonal (*agg.*): **frutta di s.**, fruit in season □ **fuori s.**, out of season □ **mezza s.**, between season; mid-season: **abiti da mezza s.**, between--season clothes □ **per tutte le stagioni**, for all seasons □ **saldi di fine s.**, end-of-season sales.

stagirita, *m.* e *f.* (*abitante di Stagira*) Stagirite: **lo S.** (*Aristotele*), the Stagirite.

stagliàre, A *v. t.* to cut* unevenly; to hack; to notch. **B stagliàrsi,** *v. i. pron.* to be silhouetted; to stand* out: **s. contro il cielo**, to be silhouetted against the sky.

stagliàto, *a.* silhouetted; outlined; in relief; in outline; in profile; projected: **s. contro il cielo**, silhouetted against the sky.

stagnàio, *m.* *1* (*calderaio*) tinker *2* (*lattoniere*) tinsmith; tinman*.

stagnaménto, *m.* (*il ristagnare*) stagnation; stagnating.

stagnànte, *a.* *1* stagnant; stagnating; (*di acqua anche*) brakish, stale *2* (*fig.*) stagnant; stagnating; slack; dull; sluggish.

stagnàre (1), A *v. i.* *1* (*ristagnare, di acque*) to stagnate; (*di fumo e sim.*) to hang* *2* (*cessare di fluire*) to cease to flow; to stop (flowing) *3* (*fig.*) to stagnate; to be (*o* to become*) stagnant; to be slack (*o* sluggish). **B** *v. t.* to stop (the flow of); to stanch; to staunch: **s. un'emorragia**, to stop a haemorrhage: **Cercai di s. il sangue**, I tried to stanch the blood (*o* to stop the bleeding).

stagnàre (2), *v. t.* *1* (*metall.*) to tin, to tin--plate; (*saldare*) to solder *2* (*chiudere ermeticamente*) to make* watertight.

stagnàta, *f.* soldering. ● **dare una s. a q.c.**, to solder st.

stagnàto, *a.* *1* (*metall.*) tinned, tin-plated; (*saldato*) soldered *2* (*chiuso ermeticamente*) watertight. ● **lamiera stagnata**, tin-plate.

stagnatùra, *f.* tinning; tin-plating; (*saldatura*) soldering.

stagnazióne, *f.* (*anche econ.*) stagnation.

stagnicoltóre, *m.* (*f.* **-trice**) fish farmer.

stagnicoltùra, *f.* fish-farming.

stagnìna, *f.* (*recipiente*) tin (can).

stagnìno, *V.* **stagnaio.**

stàgno (1), *m.* (*chim.*) tin: **s. in fogli**, sheet tin; **s. in pani**, block tin. ● **saldare a s.**, to solder □ **saldatura a s.**, soldering.

stàgno (2), *m.* (*bacino d'acqua stagnante*) pond; pool; backwater.

stàgno (3), *a.* (*a tenuta d'acqua*) watertight; (*a tenuta d'aria*) airtight; hermetic: **compartimenti stagni**, watertight compartments; **chiusura stagna**, airtight closure (*o* seal); **s. al gas**, gastight. ● (*fig.*) **a compartimenti stagni**, in watertight compartments.

stagnòla, *f.* tinfoil; foil; silver paper.

stàio, *m.* (*pl.* **staia**, *f., nella def. 1*; **stai**, *m., nella def. 2*) *1* (*misura di capacità*) bushel *2* (*recipiente*) bushel. ● (*fig.*) **a staia**, bushels of (*USA*); a lot of □ (*fig. scherz.*) **cappello a s.** (*cilindro*), top hat; stovepipe hat (*fam.*).

stalagmìte, *f.* stalagmite.

stalagmìtico, *a.* stalagmitic(al).

stalagmòmetro, *m.* (*fis.*) stalagmometer.

stalammìte, *V.* **stalagmite.**

stalattìte, *f.* stalactite.

stalattìtico, *a.* stalactitic(al).

Stalingràdo, *f.* (*geogr.*) Stalingrad.

staliniàno, *a.* (*polit.*) Stalinist.

stalinìsmo, *m.* (*polit.*) Stalinism.

stalinista, *m.* e *f.* (*polit.*) Stalinist.

stalinizzàre, *v. t.* (*polit.*) to Stalinize.

stalinizzazióne, *f.* (*polit.*) Stalinization.

stàlla, *f.* *1* (*per bovini*) cattleshed, cowshed, cowhouse, barn (*USA*), byre; (*per i cavalli*) stable, stall; (*per le pecore*) sheepfold: **mozzo di s.**, stableboy *2* (*bestiame*) livestock. ● (*fig.*) **sembrare una s.**, to be like a pigsty □ **dalle stelle alle stalle**, from the sublime to the ridiculous □ (*prov.*) **chiudere la s. quando i buoi sono scappati**, to shut (*o* to lock) the stable door when the horse has bolted.

stallàggio, *m.* *1* stabling; livery *2* (*spesa dello s.*) stabling (*o* livery) charge.

stallàre, *v. i.* (*aeron.*) to stall.

stallàtico, A *a.* stable (*attr.*). **B** *m.* *1* (*concime s.*) (stable) manure *2* (*stallaggio*) stabling; livery.

stalleréccio, *a.* stable (*attr.*).

stallìa, *f.* (*naut.*) lay-days (*pl.*): **giorni di s.** (*o* **stallie**), lay-days.

stallière, *m.* stableman*; stableboy; groom; hostler.

stallìno, *a.* stalled; stall-reared: **un cavallo s.**, a stalled horse.

stàllo, *m.* *1* (*seggio*) stall; seat: **s. di coro**, choir stall *2* (*aeron.*) stall: **andare in s.**, to stall *3* (*scacchi*) stalemate *4* (*fig.*) stalemate; deadlock; standoff: **essere in una situazione di s.**, to be in a stalemate; **mettere in una situazione di s.**, to stalemate *5* (*elab.*) deadlock.

stallóne, *m.* *1* stallion; studhorse *2* (*scherz., di uomo*) stud.

stamàne, stamàni, stamattìna, *avv.* this morning: **L'ho visto s.**, I saw him this morning.

stambécco, *m.* (*zool., Capra ibex*) ibex; steinbock; rock-goat.

stambèrga, *f.* hovel; shanty; hut.

stambùgio, *m.* cubbyhole; small dark room.

stamburaménto, *m.* *1* drumming; drumbeats (*pl.*); thumping (on the drum) *2* (*fig.*: *proclama*) trumpeting (about); (*grande elogio*) hype, touting, puffing.

stamburàre, A *v. i.* to drum away; to thump away. **B** *v. t.* (*fig.*: *proclamare*) to trumpet; (*esaltare*) to hype, to tout, to puff.

stamburàta, *f.* *1* drumming; thumping; (*rullo di tamburi*) roll of drums *2* (*fig.*: *proclama*) trumpeting; (*grande elogio*) hype, touting, puffing.

stàme (1), *m.* *1* (fine-carded) wool *2* (*filo*) thread. ● (*fig.*) **lo s. della vita**, the thread of life.

stàme (2), *m.* (*bot.*) stamen*.

stamìgna, stamìna, *f.* (*ind. tess.*) *1* (*per fare stacci, vagli, ecc.*) estamin *2* (*per fare bandiere, ecc.*) bunting.

staminàle (1), *a.* (*bot.*) staminal.

staminàle (2), *m.* (*naut.*) futtock.

stamìneo, *a.* (*bot.*) staminal.

staminìfero, *a.* (*bot.*) staminiferous.

stàmpa, *f.* *1* (*lettere o figura stampata*) print: **s. chiara [grande, piccola]**, clear [large, small] print; **una s. a colori**, a colour print; **Voglio tre stampe di ogni negativa**, I want three prints of each negative *2* (*arte, atto dello stampare*) printing: **l'invenzione della s.**, the invention of printing; **s. a mano [a macchina, a colori]**, hand [machine, colour] printing *3* (*fig.*: *giornali, giornalisti*) press; papers (*pl.*): **s. estera**, foreign press; **s. locale [periodica, politica, scientifica, religiosa]**, local [periodical, political, scientific, religious] press; **s. a grande tiratura**, mass-circulation press; **le leggi sulla s.**, press laws; **La s. fu invitata al ricevimento**, the press was invited to the reception; **Ne ha parlato tutta la s.**, all the papers were full of it; **comparire sulla s.**, to appear in the press (*o* in the papers) *4* (*riproduzione*) print; (*incisione*) engraving; (*litografia*) lithograph: **una bella s. del Settecento**, a beautiful eighteenth-century print (*o* engraving) *5* (*al pl.*: *materiale stampato*) printed matter (*sing.*): **spedire q.c. come stampe raccomandate**, to send st. as registered printed matter; **«Stampe»** (*nelle spedizioni postali*), «printed matter» *6* (*elab.*) print; hard copy; printing *7* (*fig.*: *genere*) kind; sort; stamp. ● **s. a caratteri mobili**, movable-type printing □ (*fotogr.*) **s. a contatto**, contact printing □ (*tipogr.*) **s. a incavo**, intaglio printing □ (*tipogr.*) **s. a linee colorate**, dye-line print □ **s. a rilievo**, relief printing; letterpress □ **s. in offset**, offset process; (*la cosa stampata*) offset print □ **s. pubblicitaria**, advertising matter; (*spreg.*) junk mail □ **s. rosa**, women's magazines □ **s. scandalistica**, gutter press; yellow press □ **s. su tessuto**, textile printing □ **addetto s.**, press aid (*o* attaché, secretary); (*di attore e sim.*) press agent □ **agenzia di s.**, press (*o* news) agency □ **andare in s.**, to go to press: **Mentre andiamo in s.**, as we are going to press; **al momento di andare in s.**, at presstime □ **buona [cattiva] s.**, good [bad] press □ **avere** (*o* **godere**) **buona s.**, to have a good press □ **campagna di s.**, press campaign □ **carattere di s.**, type □ **carta da s.**, printing paper □ **circolo della s.**, press club □ **comunicato s.**, press release □ **conferenza s.**, press conference □ **dare q.c. alle stampe**, to send st. to (the) press; to publish □ **diffamazione a mezzo s.**, libel □ **errore di s.**, misprint; printing error □ **fresco di s.**, off (*o* straight from) the press; newly printed □ **in corso di s.**, in (the) press; at press; printing (*pred.*) □ **in s.**, in (the) press: **Il libro è già in s.**, the book is already in the press □ **inchiostro da s.**, printing (*o* printer's) ink □ **libertà di s.**, freedom (*o* liberty) of the press □ **macchina da s.**, printing machine □ **mandare in s.**, to send to press □ **mandare in s. in tutta fretta**, to rush to print □ **ritaglio di s.**, presscutting □ **sala s.**, pressroom □ **tribuna della s.**, (*polit.*) press gallery; (*sport*) press box □ **ufficio s.**, press office.

stampàbile, *a.* *1* (*su cui si può stampare*) suitable to be printed; (*pronto per la stampa*) ready for printing *2* (*pubblicabile*) printable; (*meritevole di pubblicazione*) fit to be printed. ● **non s.**, unprintable; unfit to be printed.

stampàggio, *m.* *1* (*mecc.*) pressing; (*con maglio*) drop-forging; (*a mano*) swaging: **s. a caldo**, hot-pressing; press-forging; **matrice per s. a caldo**, swaging-die *2* (*coniatura*) coinage; striking *3* (*della plastica*) (compression) moulding.

stampànte, A *a.* printing: **macchina s.**, printing machine; printing press; printer. **B** *f.* (*elab.*) printer: **s. a laser**, laser printer; **s. a getto d'inchiostro**, ink jet printer; **s. a margherita**, daisy wheel printer; **s. a matrice**, matrix printer; **s. a punti**, dot printer; **s. ad aghi**, dot impact printer; **s. elettrostatica**, electrostatic printer; **s. parallela**, parallel printer.

stampàre, A *v. t.* *1* (*imprimere*) to stamp; to imprint; to impress: **s. il proprio nome sulla merce**, to stamp (*o* to imprint) one's name on one's goods; **far s. il proprio nome su q.c.**, to have one's name printed on st.; **s. un tessuto**, to print a fabric; **s. orme nella neve**, to leave (*o* to impress) footprints in the snow; **s. un bacio in fronte a q.**, to plant a kiss on sb.'s forehead *2* (*tipogr., fotogr.*) to print; to run* off: **s. gli indirizzi sulle buste**, to print the addresses on the envelopes; **s. fotografie**, to print photographs; **s. un giornale [un libro, un'incisione]**, to print a newspaper [a book, an engraving]; **s. banconote**, to print banknotes; **s. mille volantini**, to print (*o* to run off) one thousand leaflets; **Stampami dieci copie di questo questionario**, run off ten copies of this questionnaire; **farsi s. dei biglietti da visita**, to have a visiting card printed; **s. a mano**, to print by hand; **s. a rotocalco**, to print in photogravure; **s. a colori**, to print in colour *3* (*pubblicare*) to publish; to print; to put* out: **Vuole s. le sue poesie**, he wants to publish his poems (*o* to have his poems published); **La loro casa editrice ha stampato molte opere teatrali**, their publishing house has published many theatrical works ***4*** (*fig.*) to imprint; to impress: **Voglio stamparti nella mente queste cose**, I want to impress these things on your mind; **Stampatelo bene in testa!**, get this into your mind! ***5*** (*mecc.*) to press; to forge; (*plastica*) to mould: **s. a caldo** (*con la pressa*), to hot-press; to press-forge; **s. a mano**, to swage; **s. con il maglio**, to drop-forge; **s. con la pressa**, to press ***6*** (*coniare*) to coin; to strike*: **s. medaglie [monete]**, to coin (*o* to strike) medals [coins]. ● **Si stampi** (*su una bozza*), passed for printing; **dare il si stampi**, to approve for printing. **B stamparsi**, *v. i. pron.* (*fig.*) to print itself; to become* impressed (*o* imprinted): **Quelle parole gli si stamparono nella mente**, those words printed themselves on his memory.

stampatèllo, A *m.* block (*o* capital) letters (*pl.*); block capitals (*pl.*): **scrivere un titolo in s.**, to write a title in block letters (*o* in capitals); **s. il proprio nome in s.**, to print one's name; to write one's name in block letters. **B** *a.* block (*attr.*).

stampàto, A *a.* ***1*** (*scritto a stampa*) printed: **un testo s.**, a printed text; **materiale s.**, printed matter ***2*** (*pubblicato*) published; (put) out; in print ***3*** (*fig.*: *impresso*) printed; impressed; imprinted: **s. nella memoria**, printed in one's memory; **s. in mente**, imprinted (*o* impressed) on one's mind; **avere** (*o* **portare**) **q.c. s. in viso**, to have st. printed all over one's face ***4*** (*mecc.*: *con pressa*) pressed; (*a caldo*) press-forged; (*con maglio, a caldo*) drop-forged; (*di plastica*) moulded ***5*** (*ind. tess.*) printed; figured: **stoffa stampata**, printed fabric ***6*** (*coniato*) coined; struck ***7*** (*elettron.*) printed: **circuito s.**, printed circuit. **B** *m.* ***1*** (*testo s.*) printed copy ***2*** (*modulo*) (printed) form; (*opuscolo*) booklet, brochure: (*volantino*), leaflet, handbill, flyer (*USA*) ***3*** (*al pl.*) printed matter (*sing.*): **stampati pubblicitari**, advertising matter (*sing.*); **«Stampati»** (*nelle spedizioni postali*), «printed matter» ***4*** (*ind. tess.*) printed material; print ***5*** (*elab.*) printout; hard copy.

stampatóre, *m.* (*f.* **-trice**) ***1*** (*tipografo*) printer; typographer; pressman* (*m.*) ***2*** (*chi imprime stoffe*) printer ***3*** (*addetto al maglio*) hammerman* (*m.*).

stampatrice, *f.* ***1*** printing machine; printing press ***2*** (*di pellicole cinematografiche*) printer; printing machine.

stampatùra, *f. V.* **stampaggio.**

stampèlla, *f.* ***1*** crutch: **camminare con le stampelle**, to go on crutches ***2*** (*per abiti*) hanger.

stamperìa, *f.* ***1*** (*tipogr.*) printing works (*pl., col verbo al sing. o al pl.*); printing office; printery (*USA*); (*di piccole dimensioni*) printshop ***2*** (*per tessuti*) printworks; printery (*USA*).

stampìglia, *f.* (*timbro*) stamp; rubber stamp.

stampigliàre, *v. t.* to stamp; to rubber-stamp.

stampigliatrice, *f.* stamping machine.

stampigliatùra, *f.* stamping; rubber-stamping.

stampinàre, *v. t.* (*riprodurre con uno stampino*) to stencil.

stampinatùra, *f.* (*il riprodurre con uno stampino*) stencilling.

stampino, *m.* ***1*** (*stampiglia*) stamp ***2*** (*per l'impressione di disegni, lettere, numeri*) stencil ***3*** (*punteruolo*) punch ***4*** (*cucina*) little mould. ● (*fig.*) **fatto con lo s.**, mass-produced.

stampista, *m.* (*mecc.*: *operaio*) die-sinker.

stampita, *f.* (*letter., mus.*) estampie.

stàmpo, *m.* ***1*** (*cucina*) mould; shape: **s. per budini**, pudding mould; **s. per ghiaccio**, ice mould; ice can ***2*** (*tecn.*) die; stamp; mould; (*matrice*) matrix*; (*per gesso, materie plastiche*) mould: **s. a caldo**, swage; **s. abbozzatore**, blocking die; blocker; **s. aperto**, open die; **s. di gomma**, rubber stamp; **s. di piega**, forming die; **s. fisso**, stationary die; **s. formatore**, blank mould; **s. mobile**, moving die; **s. per bordare**, curling die; **s. per chiodi**, rivet set; riveting die; **s. per coniatura**, minting die; **s. per finitura**, finishing die; **s. per il vetro**, blow mould; **s. per imbutitura**, drawing die; **s. per punzonatura**, piercing die; **incisione dello s.**, die-sinking ***3*** (*scult.*) mould; (*calco*) cast: **lo s. per una statua**, the mould for a statue; **s. in gesso**, plaster cast ***4*** (*fig.*: *indole*) stamp, mould; (*genere, tipo*) kind, sort, stamp: **gente di ogni s.**, people of all kinds (*o* sorts); **Devi evitare uomini del suo s.**, you must avoid men of his stamp; **un gentiluomo di antico s.**, a gentleman of the old school; **Siete tutti dello stesso s. voialtri!**, you are all the same! ***5*** (*uccello da richiamo*) decoy. ● (*fig.*) **fatto con lo s.**, mass-produced □ (*fig.*) **Se n'è perso lo s.**, they don't make them like him any more.

stampóne, *m.* (*tipogr.*) final proof; proof-sheet.

stanàre, *v. t.* ***1*** to drive* out; to rouse; to start; to flush out; to ferret out: **I cani stanarono la volpe**, the dogs drove out the fox ***2*** (*fig.*) to flush out, to ferret out; (*scherz.*: *convincere a uscire*) to get* to go out, to dig* out: **La polizia li ha stanati finalmente**, the police have at last flushed them out; **Non si riesce a stanarlo, è un vero orso**, he's a real bear, you can't dig him out of his home.

stànca, *f.* ***1*** (*di marea*) slack water; (*di fiume o piena*) maximum level of flood: **Il Po è in s.**, the Po is at maximum level ***2*** (*fig.*) stagnation; slack period; valley (*USA*): **L'editoria è in una fase di s.**, the publishing trade is going through a slack period; **È un periodo di s. per gli affari**, business is slack.

stancaménte, *avv.* tiredly; wearily; (*pigramente*) lazily.

stancànte, *a.* tiring; wearisome; (*faticoso*) strenuous, fatiguing; (*noioso*) tiresome, boring: **È un lavoro lento e s.**, it's slow, tiresome work; **Come sei s.!**, how tiresome you are!

stancàre, A *v. t.* ***1*** (*rendere stanco*) to tire (out); to exhaust; to wear* (out); to fatigue; to strain: **La lunga passeggiata lo aveva stancato moltissimo**, the long walk had tired him out; **s.** (*o* **stancarsi**) **gli occhi a forza di leggere**, to strain one's eyes with reading; **È il troppo lavoro che ti ha stancato**, you have overworked yourself; **s. la mente**, to tire the mind; **s. i cavalli**, to tire the horses; **Lavorare stanca**, work is tiring; **un gusto che stanca**, a cloying taste; **un lavoro che stanca**, a wearisome (*o* tiresome) job ***2*** (*logorare, fiaccare*) to wear* out; to tire out; to harass: **s. l'avversario**, to wear out one's opponent; **s. il nemico**, to harass the enemy ***3*** (*annoiare*) to tire, to weary, to bore, to pall (on sb.); (*infastidire*) to annoy, to bother, to be tiresome: **Quella ragazza mi stanca**, that girl bores me; **un piacere che non stanca mai**, a pleasure that never palls on you; **un colore che a lungo andare può stancare**, a colour you can grow tired of; **Non stancarmi con le tue sciocche domande**, don't bother me with your foolish questions; **Alla lunga stanca con le sue barzellette**, he can become tiresome with his jokes. **B stancarsi**, *v. i. pron.* ***1*** (*affaticarsi*) to get* tired; to grow* weary: **Non voglio stancarmi**, I don't want to get tired; **Sono debole e mi stanco subito**, I am weak and get tired quickly (*o* and tire easily); **Mi stanco a camminare**, walking tires me; **s. a forza di parlare**, to talk oneself hoarse ***2*** (*essere stanco di q.c.*) to tire; to grow* (*o* to get*) tired (*o* weary); to get* bored; to get* fed up: **Mi stancai del mare**, I grew weary of the sea; **Il bambino si era stancato dei suoi vecchi giocattoli**, the child had got tired of his old toys; **Mi ero stancata di aspettarli**, I had got tired of waiting for them; **Non si stanca mai di stare davanti alla TV**, he is never tired of sitting in front of the TV; **Si è stancato di sua moglie e l'ha lasciata per una ventenne**, he had grown tired of (*o* got fed up with) his wife and left her for a twenty-year-old; **s. a morte di q. [q.c.]**, to be sick and tired of sb. [st].

stanchévole, *V.* **stancante.**

stanchézza, *f.* tiredness; weariness; fatigue; lassitude: **s. fisica**, physical tiredness; bodily fatigue; **s. mentale**, mental fatigue; **vinto dalla s.**, overcome by tiredness; **dare segni di s.**, to show signs of tiredness (*o* fatigue); **sfinito dalla s.**, tired out; worn out; **sentire una grande s.**, to feel very tired; to feel drained; **avere una grande s. addosso**, to feel extremely tired; **Mi sento un po' di s.**, I feel a little tired; **Mi dà una tale s.!**, it makes me so tired!; **Non mi reggevo dalla s.**, I was so tired I could barely stand up; I was ready to drop with weariness; I was dead on my feet; **Che s.!**, oh, I am tired!

stànco, *a.* ***1*** (*spossato, fiacco*) tired; weary; fatigued; exhausted: **fisicamente [psichicamente] s.**, physically [mentally] tired; **sentirsi s.**, to feel tired; **sembrare s.**, to look tired; **s. per la lunga camminata**, tired for the long walk; **s. per il troppo lavoro**, overworked; **Sono così s. che non riesco nemmeno a scrivere**, I am so tired that I can't even write; **Sono troppo s. per proseguire**, I'm too tired to go any further; **Ho gli occhi stanchi**, my eyes are tired; **avere i piedi stanchi**, to have sore (*o* aching) feet; **voce stanca**, tired voice; **s. morto**, dead tired; exhausted; tired out; dog-tired; washed out (*fam.*); fagged out (*fam.*); beaten (*fam.*); dead beat (*fam.*); whacked (*fam.*); bushed (*fam.*); done up (*fam.*); knackered (*pop. GB*); pooped (*fam. USA*) ***2*** (*stufo*) tired; weary; bored; sick (and tired) (*fam.*); fed up (*fam.*): **s. di leggere [di parlare]**, tired of reading [of talking]; **Sono s. di lavorare tanto**, I'm tired of working so hard; **Sono s. di fare le stesse cose tutti i giorni**, I'm tired of (*o* fed up with) doing the same things day after day; **Sono s. delle tue lamentele**, I'm tired of (*o* fed up with) your complaints; **Sono s. di questi libri**, I'm fed up with these books; **Siamo stanchi della pastasciutta**, we are sick of pasta; **s. di vivere** [*o* **della vita**], life-weary; **s. del mondo**, world-weary. ● (*comm.*) **mercato s.**, slack market □ (*scherz.*) **nato s.**, born lazy □ (*agric.*) **terreno s.**, tired (*o* overworked) soil.

stand (*ingl.*), *m. invar.* ***1*** (*padiglione*) stand, pavilion; (*banco di vendita*) stall ***2*** (*sport*: *tribuna*) stand; grandstand.

stàndard (*ingl.*), **A** *m. invar.* ***1*** (*livello, norma, tenore*) standard: **s. elevato**, high standard; **attenersi a uno s. comune**, to follow a common standard; **uno s. di vita accettabile**, a decent standard of living; (*sport*) **lo s. di un atleta**, an athlete's standard level of performance ***2*** (*comm., econ.*) standard: **s. argenteo**, silver standard ***3*** (*TV*) (TV) line standard. **B** *a.* (*normale, unificato*) standard, normal; (*comune, tipico*) routine, stock, typical: **procedure s.**, standard procedures; **formato s.**, standard (*o* normal) size; **prodotto s.**, standard product; **lavoro s.**, routine work; **risposta s.**, routine (*o* stock) answer.

standardizzàre, *v. t.* to standardize (*anche fig.*); (*produrre in serie*) to mass-produce.

standardizzàto, *a.* standardized; (*prodotto in serie*) mass-produced.

standardizzazióne, *f.* standardization; (*produzione in serie*) mass-production.

standista, *m. e f.* ***1*** (*titolare di uno stand*) exhibitor ***2*** (*addetto a uno stand*) stand assistant.

standistico, *a.* stand (*attr.*); exhibition (*attr.*).

stànga, *f.* ***1*** (*barra*) bar: **mettere la s. alla porta**, to bar the door ***2*** (*di carro, di carroz-*

za) shaft **3** (*di aratro*) beam **4** (*fam.*: *persona alta e magra*) beanpole.

stangàre, *v. t.* **1** (*sbarrare*) to bar; to bolt **2** (*percuotere con una stanga*) to hit* with a bar; to beat* up **3** (*fig.*: *far pagare troppo*) to sting*; to fleece; to rip off; to bleed*: **Il fisco mi ha stangato**, taxes have bled me white **4** (*calcio*) to shoot* **5** (*gergo scolastico*: *bocciare*) to fail; to flunk (*fam.*): **Mi hanno stangato in fisica**, I flunked physics; I failed in physics; **La prof l'ha stangato**, his prof flunked him.

stangàta, *f.* **1** blow with a bar: **prendersi una s. in testa**, to be knocked (*o* hit) on the head with a bar **2** (*fig.*: *danno, batosta*) blow, knock, shock; (*spesa elevata*) blow, squeeze: **Che s. quel conto!**, that bill came as a real shock!; **s. fiscale**, tax squeeze; tough budget; **prendere una s. agli esami**, to flunk the exams **3** (*sport*: *calcio*) shot.

stanghétta, *f.* **1** (*piccola stanga*) small bar **2** (*mecc.*) bolt **3** (*di occhiali*) sidepiece; stem; bow (*USA*): **occhiali a s.**, spectacles **4** (*mus.*) bar-line.

stangóne, *m.* **1** (*grossa stanga*) heavy bar **2** (*f.* **-a**) (*fig.*: *persona molto alta*) beanpole.

Stanislào, *m.* Stanislaus.

stannàto, *m.* (*chim.*) stannate.

stànnico, *a.* (*chim.*) stannic: **acido s.**, stannic acid.

stannìfero, *a.* stanniferous.

stannìte, *f.* (*chim., miner.*) stannite.

stannóso, *a.* (*chim.*) stannous: **acido s.**, stannous acid.

stanòtte, *avv.* **1** tonight **2** (*la notte passata*) last night.

stànte, A *a.* – **1 a sé s.**, apart; separate; distinct: **una questione a sé s.**, a separate issue; **un appartamento a sé s.**, a separate flat **2** (*corrente*) current: **mese s.**, current month; **seduta s.**, during the meeting; (*fig.*) immediately, at once, on the spot: **prendere una decisione seduta s.**, to take a decision on the spot; to take a snap decision. **B** *prep.* considering; owing to; on account of; in consideration of; in view of; because of: **s. la pioggia**, owing to the rain. ● **s. che**, as; since; seeing that.

stantìo, A *a.* **1** (*non fresco*) stale; old; rancid; (*di odore*) stuffy, musty, fusty: **pane s.**, stale bread; **uovo s.**, stale (*o* bad) egg; **burro s.**, rancid butter; **aria stantia**, stale (*o* fusty, musty) air **2** (*fig.*: *vecchio*) stale; (*trito, vieto*) hoary, worn-out, threadbare, trite; (*antiquato*) stuffy, fusty, musty: **notizie stantie**, stale news; **barzelletta stantia**, hackneyed (*o* hoary) joke; **erudizione stantia**, musty learning; **idee stantie**, stuffy notions. **B** *m.* (*giusto*) stale taste; (*odore*) stale (*o* musty) smell: **sapere di s.**, to taste stale; **odore di s.**, stale (*o* musty) smell.

stantùffo, *m.* (*mecc.*) piston; (*di pressa idraulica*) plunger; (*di siringa*) plunger: **s. a disco**, flat piston; **s. a mantello**, skirt-type piston; **s. a pattino**, slipper piston; **s. di compensazione**, balance piston; **s. flottante**, floating piston; **corsa dello s.**, piston stroke; **fascia elastica dello s.**, piston ring; **perno dello s.**, piston pin; **stelo dello s.**, piston rod.

stànza, *f.* **1** room: **una s. vuota [piccola, ammobiliata]**, an empty [small, furnished] room; **appartamento di quattro stanze**, four-roomed flat; **stanze a pian terreno**, rooms on the ground floor; downstair(s) (*o* groundfloor) rooms; **stanze di sopra**, upstair(s) rooms; **s. sul retro**, back room; **s. attigua**, next room; **s. da letto**, bedroom; **s. da bagno**, bathroom; **s. da pranzo**, dining-room; **s. degli armadi**, spare room; lumber room (*GB*); **s. dei bambini**, nursery; **s. di lavoro**, workroom; **s. di soggiorno**, living room; **una s. libera**, a vacant room; **stanze da affittare**, rooms to let; **s. in affitto**, rented room; lodgings (*pl.*); digs (*fam. GB*) **2** (*luogo di dimora*) (place of) residence: **prendere s. in un luogo**, to take up one's residence in a place **3** (*poesia*) stanza: **s. spenseriana**, Spenserian stanza. ● (*fig.*) **s. dei bottoni**, control room □ (*banca, fin.*) **s. di compensazione**, (bankers') clearing house; clearance house □ **s. mortuaria**, mortuary □ **Stanze Vaticane**, Vatican Stanze □ (*mil.*) **essere di s.**, to be stationed.

stanziàbile, *a.* appropriable; allocable.

stanziàle, *a.* **1** permanent; fixed; sedentary; resident **2** (*mil.*) standing; permanent **3** (*zool.*) non-migratory; sedentary.

stanziaménto, *m.* **1** (*lo stanziare*) appropriation, allocation; (*per fini speciali*) earmarking, setting aside; (*somma stanziata*) appropriation, allocation, budget, allocated (*o* earmarked) sum, sum set aside; (*fondo*) fund: **approvare uno s. di fondi per l'edilizia popolare**, to approve an allocation of funds for council-housing; **ridurre gli stanziamenti**, to cut allocations (*o* appropriations); **s. pubblicitario**, advertising budget; **uno s. di 4 miliardi per la riforestazione**, 4,000m lire earmarked for reforestation **2** (*lo stabilirsi*) settlement; establishment.

stanziàre, A *v. t.* to appropriate; to allocate; to earmark; to set* apart. **B stanziàrsi,** *v. i. pron.* **1** to settle; to establish oneself **2** (*mil.*) to be quartered; to be stationed.

stanziatóre, A *a.* appropriating; allocating. **B** *m.* (*f.* **-trice**) appropriator; allocator.

stanzino, *m.* **1** (*ripostiglio*) cupboard, cubbyhole, closet (*USA*); (*spogliatoio*) dressing room **2** (*eufem.*: *gabinetto*) lavatory; toilet.

stappàre, A *v. t.* **1** to uncork; to unstop; to open; (*una bottiglia col tappo metallico*) to uncap: **s. una bottiglia di vino**, to uncork (*o* to open) a bottle of wine **2** (*orecchi*) to clear the wax (from); (*disotturare*) to unclog, to unstop, to unplug: **Devo farmi s. l'orecchio destro**, I must have my right ear cleared of wax. ● **Stappati bene le orecchie perché te lo dirò una volta sola**, pin back your ears and listen carefully; listen, and listen good (*USA*). **B stappàrsi,** *v. i. pron.* (*disotturarsi*) to clear; (*di orecchie*) to pop.

star (*ingl.*), *f. invar.* **1** (*cinem., TV*) star: **tutte le s. di Hollywood**, all the Hollywood stars **2** (*naut.*) star.

star del crédere, *locuz. m.* (*leg., comm.*) del credere.

stàre, *v. i.* **1** (*anche* **starsene**: *trattenersi, restare*) to stay; to remain: **Mi chiese di s. con lui per un po'**, he asked me to stay (*o* to remain) with him for a while; **Sta' dove sei; non ti muovere!**, stay where you are; don't move!; **Sta' quanto ti pare!**, stay as long as you like!; **Si va o si sta?**, are we going or are we staying?; **s. a letto**, to stay in bed; **s. in casa**, to stay (*o* to keep) indoors; **Oggi me ne sto a casa**, today I'm staying at home; **s. alzato**, to stay up; **s. seduto**, to remain seated; to sit; **s. sveglio**, to stay awake; **s. fermo**, to stand (*o* to keep) still; **s. indietro**, to stand back; **s. in disparte**, (*stare da una parte*) to stand apart; (*non intervenire*) to stand aside (*o* by); **s. sotto la pioggia**, to stay (*o* to remain) out in the rain; **s. al sole [all'ombra]**, to stay (*o* to stand) in the sun [in the shade]; **Stai vicino a me e non ti perderai**, stay (*o* stick) close to me and you won't get lost; **Stette fuori tutta la notte**, he stayed (*o* was) out all night; **Starò fuori casa due giorni**, I'll be away (from home) for two days; **Esco, ma non starò fuori molto**, I'm going out, but I won't be (gone for) long; **Stette a contemplare il quadro per un pezzo**, he stood gazing at the picture for a long time; **Sono dovuta s. a sentire tutta la sua conferenza**, I had to sit through his lecture; **Stette lì a capo chino**, he remained (*o* stood) there with bowed head; **Stette un po' (a pensare) e poi rispose di sì**, he was silent for a second and then said yes **2** (*anche* **starsene**: *essere in una posizione o situazione, trovarsi*) to be; (*in piedi*) to stand*; (*seduto*) to sit*; (*mantenersi*) to keep*: **La banca sta a pochi metri da qui**, the bank is a few metres from here; **Dove sta lo scotch?**, where is the scotch tape?; **s. a scuola**, to be at school; **s. in poltrona**, to sit in an armchair; **s. in piedi**, to stand; **s. in ginocchio**, to kneel; **s. diritto**, (*in piedi*) to stand up straight; (*seduto in posizione eretta*) to sit up straight; **s. saldo**, to stand firm (*o* fast); **s. tranquillo**, to be (*o* to keep) calm; **Stai tranquillo!**, don't worry!; **Adesso sto più tranquillo**, now I feel more relaxed (*o* better) about it; **s. zitto**, to keep quiet; to be silent; to hold one's tongue; **Sta' zitto!**, be (*o* keep) quiet!; shut up!; hold your tongue!; **Sta' fermo!**, keep still!; **s. attento [buono, ecc.]**, to be careful [good, etc.]; **Sta' attento!**, be careful!; mind what you're doing!; watch out!; **s. comodo**, to be comfortable; **Se ne stava tutto solo** (*o* **solo soletto**), he was all alone; **s. sull'uscio**, to stand in the doorway; **s. al balcone [alla finestra]**, to be on the balcony [at the window]; **Stava ai piedi delle scale**, he stood at the foot of the stairs; **s. a dieta**, to be on a diet **3** (*sentirsi, essere*) to be; to feel*: **s. bene**, (*di salute*) to be well, to feel well, to feel all right; (*di condizioni finanziarie*) to be well off; (*essere comodo*) to be comfortable; **s. male**, (*essere malato*) to be ill; (*avere nausea*) to feel sick; (*di condizioni finanziarie*) to be badly off; **Come stai?**, how are you?; **Stai bene ora?**, do you feel all right now?; **s. peggio [meglio]**, (*di salute*) to be (*o* to feel) better [worse]; (*di condizioni di vita*) to be better off [worse off]; **Stammi bene!**, look after yourself!; take care!; **Si sta bene qui**, it's nice (*o* pleasant) here; **Si sta bene da noi**, it's nice where we live (*o* at our place); **Non ci sto bene su questo divano**, I'm not comfortable on this sofa **4** (*essere*) to be; to stand*: **Dunque, le cose stanno così**, now, it's like this (*o* this is how things are); **Così stanno le cose**, that is how things stand; that is the way it is; that's the size of it (*fam.*); **Stando così le cose**, if that's how things stand; that being so; in that case; **dire le cose come stanno**, to be frank; **Qui sta il problema**, this is the problem; **Qui sta il bello!**, (*il problema*) that is the whole point!, that is the rub!; (*il divertente*) that is the beauty of it!; **Sta di fatto che lui non si è visto**, the fact is he didn't turn up **5** (*vivere, abitare*) to live; (*essere ospite*) to stay: **Sta da solo**, he lives on his own; **s. uscio a uscio con q.**, to live next door to sb.; **s. in campagna**, to live in the country; **Sta in Inghilterra sei mesi all'anno**, he lives in England for six months of the year; **Vado a s. con mia zia**, I am going to stay with my aunt **6** (*andare*) to be; to go*: **Oggi sono stato dai miei nonni**, I have been to my grandparents' today; **Sei stato dal commercialista?**, have you been to the tax consultant?; **Dove siete stati?**, where have you been?; **Ci siete poi stati in Grecia?**, did you go to Greece in the end? **7** (*seguito da un gerundio, per indicare lo svolgersi dell'azione*) to be (+ *gerundio*): **Sto leggendo**, I am reading; **Stava leggendo quando lo chiamai**, he was reading when I called him; **Ti stavano chiamando**, they were calling you; **Ti siamo studiando da tre giorni**, we've been watching you for three days; **Stai partendo?**, are you leaving?; **Sei venuto che noi stavamo già lavorando da un po'**, when you arrived we had been working for some time; **A quest'ora staranno mangiando**, they'll be eating at this hour; **Sta facendosi buio**, it's getting dark; **Sta mettendosi al brutto**, it looks like rain; **Mi sto annoiando a morte**, I'm bored to tears; **Chissà che cosa starà combinando in camera sua?**, I wander what he's up to in his room **8** (**s. per** + *inf.*: *essere sul punto di*) to be about to; to be on the point of; to be going to; to be ready to: **Sta per comprarsi una casa nuova**, he is about to buy (*o* he is on the point of buying) a new house; **Come stavo per dire**, as I was going to (*o* about to) say; **Stavo per rispondere, quando colsi una sua occhiata**, I was about to (*o* I was going to) answer, when I caught his eye; **Stava già per piangere**, she was ready to cry; she was on the verge of tears **9** (**s. a** + *inf.*, *con significati vari*) – **s. ad aspettare**, to hang about waiting; **s. a pensare**, to stop to think; to think; to reflect; **Siamo stati a chiacchierare per una buona mezz'ora**, we chatted for a good half hour; **Stammi a sentire!**, listen to me!; **Stiamo a vedere come si comporta**, let's wait and see how he behaves; **Sta' a vedere che si rimangia tutto**, I bet he'll go back on his word; **Perché stai a discutere con loro?**, why do you waste your time arguing with them?; **Non s. a dirmi che non puoi**, don't tell me you cannot; **Sta sempre a seccarmi**, he is always bothering me; **Sta sempre a fumare quella sua pipa puzzolente**, he's always smoking that smelly pipe of his; **Questo sta a dimostrare che non vuole vendere**, this shows you he does not want to sell **10** (*anche* **starci**: *trovare posto*) to fit, to go*; (*essere contenuto*) to fit into, to go* into: **In questa macchina ci stiamo comodamente in cinque**, five can fit easily into this car; this car can easily sit five (people); **In quanti si sta in ascensore?** how many people can go into the lift?; how many people can the lift carry?; **Non ci si sta in tre su questo divano**, this sofa does not sit (*o* is not designed for) three people; **Se vi stringete, ci sto anch'io**, if you move closer, I can squeeze in; **Ci sta un litro nella brocca?**, does this jug hold a litre?; **Ci sta di misura**, it just fits in; **Ti ci stanno i miei occhiali in borsa?**, can you fit my glasses into your bag?; **In questa valigia non ci sta più niente**, there is no more room in this suitcase; **Se non ci sta, dovrai lasciarlo qui**, if there is no room for it, you'll have to leave it here; **quanto ne può s. in un sacco**, as much as a bag can hold; **Non riusciva a farcene s. di più**, he couldn't get (*o* fit) any more in **11** (*spettare a, toccare a*) to be up to, to be for, to lie* with; (*essere il turno di*) to be (sb.'s) turn: **Sta a lui decidere**, it's up to him (to decide); **Non sta a me dirti se hai torto o ragione**, it's not for me to say whether you are right or wrong; **Se stesse a me, direi di no**, if it were up to me (*o* if it depended on me), I would say no; **Non sta a te dare ordini**, it's not up to you (*o* it's not for you) to give orders; **La decisione finale sta al ministro**, the final decision lies with the minister; **Sta a lui dare le carte**, it's his turn to deal **12** (*parteggiare, aderire*) to side (with sb., st.); to be on (sb.'s) side; to adhere (to st.): **Con chi stai? con me o con lui?**, which side are you on, mine or his?; who(m) are you siding with, me or him?; **Starò sempre con il diritto contro la forza**, I'll always side with right against might; **s. con un partito**, to adhere to (*o* to side with) a party **13** (*seguire, obbedire a*) to follow (out), to observe, to obey, to stick* to; (*attenersi a, credere a*) to stick* to, to go* by; (*fidarsi di*) to rely on: **Starai alle mie istruzioni**, you'll follow out my instructions; **Devi s. alle regole**, you must observe (*o* stick to) the rules; (*fig. fam.*) you must play the game; **s. ai fatti**, to stick (*o* to keep) to facts; **s. alle parole di q.**, to rely on (*o* to accept) sb.'s word; **Io sto a quello che mi dice lui**, I'm going by what he said to me; **Stando alle tue parole, non dovrei fidarmi di lui**, from what you say, I shouldn't trust him; **Stando alle apparenze, ha ragione lui**, on the face of it, he is right **14** (*consistere*) to consist (in); to lie* (in); to be: **Il loro vantaggio sta nel fatto che sono del posto**, their advantage lies in the fact that they are locals; **La difficoltà sta nel lanciare il razzo nell'orbita giusta**, the difficulty lies in sending the rocket into the right orbit; **Qui sta il suo debole**, that's his weak point **15** (*dipendere*) to depend (on): **Se stesse in me, sarebbe già finito**, if it depended on me, it would already be over; **Tutto sta che lui non passi il segno**, it all depends on his not going beyond the limit; **Tutto sta se potrà mantenere la promessa**, it all depends on (*o* the whole point is) whether he can keep his promise **16** (*significare*) to stand* for: **GB sta per Gran Bretagna**, GB stands for Great Britain **17** (*costare*) to cost*: **A quanto sta ora il grano?**, what does wheat cost now?; what's the price of wheat now? **18** (*mat.*: *nei rapporti*) to be; (*nelle divisioni, anche* **starci**) to go* into: **Due sta a dieci come tre sta a quindici**, two is to ten as three is to fifteen; **Il tre nel nove sta tre volte**, three goes into nine three times; **Il sette nel tre non ci sta**, seven into three won't go **19** (*nel gioco*: *non volere altre carte*) to stick*: **Sto!**, I'm sticking!; stick! ● **s. a cuore**, to have (st.) at heart; to worry about; to be anxious about (*tutti con costr. pers.*): **A me sta a cuore la tua futura felicità**, I have your future happiness at heart; **Le sta a cuore avere sue notizie**, she is anxious to hear from him □ (*fig.*) **s. a occhi aperti**, to keep one's eyes open; to keep one's eyes peeled (*fam.*) □ **s. a pennello**, to fit (sb.) like a glove; to fit (sb.) to a T □ **s. addosso a q.**, (*premere contro*) to be right against sb., to push sb.; (*fig.*: *sollecitare*) to keep on at sb.; (*incalzare*) to be breathing down sb.'s neck, to stand over sb. □ **s. ai fatti**, to stick to facts □ **s. allo scherzo**, to take something in good part; to take a joke: **sapere s. allo scherzo**, to be able (*o* to know how) to take a joke □ **s. ai patti**, to stand by an agreement; to stand to the terms of an agreement; to keep a bargain; to keep one's word □ **s. alla larga**, to keep off; to give (st., sb.) a wide berth □ **s. alla prova**, to stand the test □ **s. bene.**, (*di aspetto*) to look well, to look all right; (*addirsi*) to suit (sb., st.), to go well (with); (*essere ben fatto*) to be polite, to be good manners, to be done: **Sta bene qui il quadro?**, does the picture look well here?; **Questo vestito ti sta bene**, this dress suits you (*o* looks well on you); you look well in that dress; **Secondo te questa giacca sta bene con questi pantaloni?**, would you say this jacket goes well with these trousers?; **Non sta bene leccarsi le dita**, it is bad manners to lick your fingers; licking one's fingers is not done; **Ben ti sta!**, serves you right!; that'll teach you!; **Sta bene!** (*va bene, d'accordo*), all right; fine; very well; okay □ **s. bene a** (*piacere*), to like (*costr. pers.*): **Non mi sta bene che tu inviti a casa gente senza informarmi**, I don't like your inviting people home without telling me □ **s. con q.**, (*avere una relazione*) to go steady with sb., to date sb. (*USA*), to carry on with (*fam.*), to hang around with sb. (*fam.*); (*convivere*) to live with sb. □ **s. dietro a q.**, (*incalzarlo*) to keep on at sb., to keep after sb.; (*inseguirlo*) to keep up with sb.; (*pedinarlo*) to tail sb., to shadow sb., to dog sb.; (*sorvegliarlo*) to keep an eye on sb., to keep tabs on sb.; (*fargli la corte*) to be (*o* to run) after sb., to chase sb. □ **s. in guardia**, to be on one's guard; to be on the look-out (*o* on the alert) □ **s. in pena per q.**, to worry (*o* to be worried) about sb. □ **s. male** (*di aspetto*), not to look well; not to suit (sb., st.); not to go well with (st.): **Il giallo mi sta male**, yellow does not suit me (*o* does not look well on me); **Questa camicia sta male con i jeans**, this shirt does not go well with jeans □ **s. senza**, to do without: **Non puoi s. senza la tua pipa per un'ora?**, can't you do without your pipe for an hour?; **s. senza far nulla tutto il giorno**, to spend all day doing nothing □ **s. simpatico** [**antipatico**], to like [not to like] (*costr. pers.*): **Mi sta simpatico** [**antipatico**], I like [don't like] him □ **s. su**, (*stare in piedi*) to stand up; (*con la schiena*) to stand upright; (*alzato la sera*) to stay up, to sit up; (*farsi coraggio*) to bear up; to cheer up □ **s. sul chi vive**, to be on the alert; to be on the look-out □ **s. sulle generali**, to be vague (about st.); to keep (*o* to stick) to generalities; to be non-committal □ **s. sulle proprie**, to keep aloof; to be reserved; to be standoffish; to be stuck up (*fam.*); to be uppity (*fam.*) □ **starci** (*essere d'accordo*), to agree; to be willing; to go along with st.; to be game (*fam.*), to be in on st. (*fam.*), to play ball (*pop.*): **Vorremmo fargli un regalo, ci stai anche tu?**, we'd like to give him a present, are you in on it too (*o* shall we count you in)?; **D'accordo, ci sto, ma non so come andrà a finire**, all right, I'll go along with your idea, but I don't know how it will all end up; **Io non ci sto a pagare più degli altri**, I am not prepared to pay more than the others; **A queste condizioni non ci stiamo**, at these conditions we can't agree (*fam.* we won't have any, we won't play ball); (*eufem.*) **È una che ci sta**, she's an easy lay; she's easy (*USA*) □ **Come stai a quattrini?**, how do you stand (*o* are you fixed, are you off) for money? □ **far s. q.c. in q.c.**, to fit st. into st.; (*a forza*) to squeeze (*o* to pack, to cram) st. into st.: **Vedi se riesci a far s. questa valigia nel bagagliaio**, see if you can fit this suitcase into the boot; **La stanza è piccola, non so se riusciremo a farci s. tutti i mobili**, the room is small, I don't know whether we will be able to fit all the furniture in; **Forse riesco a farci s. anche un salto in banca**, maybe I can just fit (*o* squeeze) in a call at the bank □ (*fig.*) **far s. q. al suo posto**, to put sb. in his place □ **lasciar s.**, to leave; to leave (*o* to let) (sb., st.) alone; (*non occuparsi di*) not to interfere with (*o* in) (st.): **Lascia s., faccio io**, leave it, I'll do it; **Lascia s. la mia roba!**, leave my stuff alone!; **Non mi lascia mai s.**, he never leaves me alone; **Lasciami s., non ho voglia di scherzare!**, leave me alone (*o* leave me be), I don't feel like joking; **Lasciamo s. le cose come sono!**, let's leave matters as they stand (*o* are); **Lascia s. i miei fatti personali!**, don't interfere in my personal affairs!; **Lascia s. gli affari che non ti riguardano!**, mind your own business!; **Lasciamo s. il fatto che...**, apart from (*o* not to mention) the fact that...; **Onesto? Lasciamo s.!**, he honest? well, the less said... □ **non s. in sé dalla gioia** [**dalla curiosità**], to be beside oneself with joy [with curiosity] □ **non s. né in cielo né in terra**, to be totally ridiculous; to be utter nonsense □ **saper s. al proprio posto**, to know one's place □ **saper s. a tavola**, to have good table-manners □ **Non sa s. a tavola**, he has no table-manners □ **Se devo s. a quello che vedo...**, going by (*o* judging by) what I see... □ (*fam.*) **Sta' a vedere se è vero**, it all depends on whether it is true; it may be true and then again it may not.

stàrna, *f.* (*zool.*, *Perdix perdix*) (grey) partridge.

starnàre, *v. t.* to draw*.

starnazzàre, *v. i.* **1** to flutter; to flap **2** (*fig. scherz.*: *fare chiasso*) to cackle; to squawk.

starnutàre, *V.* **starnutire**.

starnutatòrio, *a.* e *m.* sternutatory.

starnutìre, *v. i.* to sneeze.

starnùto, *m.* sneeze; (*scient.*) sternutation: **fare uno s.**, to sneeze; **soffocare uno s.**, to stifle a sneeze; **una serie di starnuti**, a sneezing fit.

start (*ingl.*), *m. invar.* **1** (*cinem.*) opening shot; (*segno su un fotogramma*) start (*o* cue) mark **2** (*sport*) starting signal; start.

stàrter (*ingl.*), *m. invar.* (*autom., sport*) starter.

stasàre, **A** *v. t.* to unclog; to unstop: **s. un tubo**, to unclog a pipe; **s. gli orecchi a q.**, to unstop sb.'s ears; **s. il naso**, to blow one's nose. **B stasàrsi**, *v. i. pron.* to become* unclogged; to clear; (*di orecchie*) to pop: **A valle mi si stasarono le orecchie**, once on flat ground, my ears popped.

staséra, *avv.* this evening; tonight.

stàși, *f.* **1** (*med.*) stasis; stagnation: **una s.**

sanguigna, a stagnation of the blood ***2*** (*fig.*: *ristagno*) standstill; stagnation; lull; slump (*fam.*): **C'è una s. negli affari**, business is at a standstill; **una s. nel commercio [nelle contrattazioni]**, a lull in trade [in negotiations].

stàsimo, *m.* (*letter.*) stasimon*.

statàle, A *a.* state (*attr.*); government (*attr.*); civil; public; state-owned: **scuola s.**, state school; public school (*USA*); **controllo s.**, state control; **impiegato s.**, state employee; civil (*o* public) servant; **amministrazione s.**, Civil Service; **funzionario s.**, civil servant; **servizi statali**, public services; **autorità s.**, public authority; **a partecipazione s.**, state-controlled. **B** *m.* e *f.* civil servant; state employee. **C** *f.* (*strada s.*) main road; highway (*USA*); (*in G.B.*) A-road; (*in U.S.A.*) state route.

statalișmo, *m.* (*polit.*) statism.

statalista, *m.* e *f.* (*polit.*) statist.

statalìstico, *a.* (*polit.*) statist (*attr.*).

statalizzàre, *v. t.* (*polit., econ.*) to nationalize: **s. un'industria**, to nationalize an industry.

statalizzatóre, A *a.* nationalizing. **B** *m.* (*f.* **-trice**) nationalizer.

statalizzazióne, *f.* (*polit., econ.*) nationalization.

statère, *m.* (*numism.*) stater.

staterèllo, *m.* small state; (*spreg.*) petty state.

stàtica, *f.* (*fis., econ.*) statics (*pl. col verbo al sing.*).

staticità, *f.* ***1*** static nature; static character ***2*** (*immobilità*) immobility; motionlessness ***3*** (*ristagno*) stagnation; inertia.

stàtico, *a.* ***1*** (*fis., mecc.*) static; statical: **elettricità statica**, static electricity; **equilibrio s.**, static equilibrium ***2*** (*immobile*) static, motionless, set; (*inattivo*) inactive, inert, lifeless, dull: **una figura statica**, a static (*o* motionless) figure; **un'espressione statica**, a set expression.

statino, *m.* ***1*** (*bur.*) statement; record ***2*** (*modulo per esami*) examination form.

statista, *m.* e *f.* statesman* (*f.* stateswoman*); (*personalità politica*) politician.

statìstica, *f.* ***1*** (*scienza*) statistics (*pl. col verbo al sing.*) ***2*** (*raccolta di dati*) statistics (*pl.*); statistical data (*pl.*); (*il singolo dato*) statistic: **la s. delle nascite**, birth statistics; **statistiche demografiche**, vital statistics; **Tutte le statistiche mostrano uno spostamento**, all statistical data show a shift; **fare una s.**, to draw up (some) statistics; **dare una s.**, to quote a statistic; **esperto di s.**, statistician.

statìstico, *a.* statistical: **dati statistici**, statistical data; statistics; **dato s.**, statistic.

stativo (1), *a.* (*ling.*) stative.

stativo (2), *m.* (*di microscopio*) stand.

statizzàre, e *deriv. V.* **stabilizzare**, e *deriv.*

stàto, *m.* ***1*** (*condizione, situazione*) state, condition; (*stadio*) stage: **lo s. delle cose**, the state of things (*o* of affairs); the situation; **lo s. del mondo**, the state of the world; the world state; **lo s. del terreno**, the condition of the soil; **Il suo s. è piuttosto grave**, his condition is rather serious; **Nel suo s. non può lavorare**, he can't work in his condition; **Non è in s. di partire**, he's in no condition to leave; **in buono s.**, in good condition (*o* shape, repair); in good trim; in good nick (*fam.*); **in cattivo s.**, in bad condition (*o* shape, repair); in a state of disrepair; in poor order; **essere in uno s. da far pietà**, to be in a sorry (*o* pitiful) state; to be in a bad way; **Ma guardati in che s. sei!**, look in what state you are in!; **s. d'animo**, mood; frame of mind; cheer (*fam.*): **Non sono nello s. d'animo giusto**, I'm not in the right mood (*o* frame of mind); **Se tu sapessi il mio s. d'animo**, if you knew how I feel; **s. di avanzamento dei lavori**, progress of work; **s. di conservazione**, state of preservation; **s. di emergenza**, state of emergency; red alert (*fam.*); **s. d'incoscienza**, unconsciousness; **s. di manutenzione**, state of repair; **s. di salute**, state of health; **essere in s. di shock**, to be in a state of shock; **s. di ubriachezza**, drunken state: **guidare in s. di ubriachezza**, to drive under the influence of drink; **s. fisico [mentale]**, physical [mental] state; **prodotti allo s. naturale**, products in their raw (*o* natural) state; **allo s. attuale**, under present conditions; at present ***2*** (*condizione sociale*) condition, station; (*posizione elevata*) position, standing, status; (*ceto*) class, rank; (*gruppo sociale*) estate: **di basso s.**, of low (*o* humble) condition (*o* station); **una persona di un certo s.**, a person of some standing; **migliorare il proprio s.**, to better one's position; **i doveri del proprio s.**, the duties of one's station (*o* position); **s. laico [religioso]**, lay [religious] condition; **Quella gente pensa più allo s. di una persona che alle sue doti morali**, those people think more of a person's social position than of his moral virtues; **i tre Stati**, the three Estates; **gli Stati Generali**, the States General; **il Terzo S.**, the Third Estate; **il Quarto S.**, the proletariat ***3*** (*leg., bur.*) status: **s. giuridico**, juridical (*o* legal) status; legal standing; **s. coniugale**, marital status; wedlock; conjugality; **s. civile**, marital (*o* civil) status; **ufficiale di s. civile**, Registrar; **ufficio di s. civile**, registry (*o* register) office; **s. di famiglia**, family status; **s. libero**, unmarried status; (*celibe*) bachelorhood; (*nubile*) spinsterhood ***4*** (*polit.*) state; (*paese*) country; (*nazione*) nation: **gli Stati europei**, the European states; **i rapporti tra la Chiesa e lo S.**, the relations between Church and State; **gli Stati Uniti d'America**, the United States of America; the States (*fam.*); **lo S. Pontificio**, the Papal State; **Capo dello S.**, Head of State; **visita di S.**, state visit; **di proprietà dello S.**, state-owned; **scuola [università, religione, prigione] di S.**, state school [university, religion, prison]; **S. assistenziale** (*o* **sociale** *o* **del benessere**), welfare state; **S. cuscinetto**, buffer State; **S. di diritto**, constitutional state; **S. di polizia**, police state; **S. indipendente**, independent state; **S. laico [confessionale]**, confessional [denominational] state; **S. nazionale**, nation state; **S. satellite**, satellite state; **S. sovrano**, sovereign state; **ferrovie dello S.**, state railways; **impiegato dello S.**, civil (*o* public) servant; state employee ***5*** (*fis.*) state: **s. fondamentale**, ground state; **s. solido [liquido]**, solid [liquid] state; **allo s. liquido**, in a liquid state; **in s. di equilibrio**, in equilibrium; in a state of balance; **a s. solido**, solid-state (*attr.*) ***6*** (*mil.*) – **lo S. Maggiore**, the General Staff; (*fig.*: *chi è al comando*) the leading members: **capo di S. Maggiore**, Chief of Staff; **ufficiale di S. Maggiore**, Staff officer. ● **s. di coma**, coma □ **s. d'allarme**, red alert: **essere in s. di allarme**, to be on red alert □ **s. di arresto**, (*leg.*) detainer; **in s. di arresto**, under custody; under arrest □ **s. di assedio**, state of siege □ (*comm.*) **s. di cassa**, cash situation □ (*fin.*) **s. di fallimento**, bankruptcy □ **s. di guerra**, state of war: **una nazione in s. di guerra**, a nation at war □ (*relig.*) **s. di grazia**, state of grace □ (*econ.*) **s. di inattività** (*o* **di stagnazione**), stagnation; doldrums (*pl.*) □ (*comm.*) **s. di insolvenza**, insolvency □ **s. di necessità**, necessity: **agire in s. di necessità**, to act out of necessity □ **s. di servizio**, record of service □ (*fin.*) **s. fallimentare**, near bankrupcy condition □ (*eufem.*) **s. interessante**, pregnancy: **una donna in s. interessante**, a pregnant woman; a woman in pregnancy (*o* with child); an expectant mother □ **s. ipnotico**, trance □ (*comm.*) **s. passivo**, net deficiency □ (*comm.*) **s. patrimoniale**, financial standing; (*di un'azienda*) financial statement □ (*fig.*) **Andiamo, non farne un affare di S.!**, come on! there's no need to make such a fuss (*o* a song and dance) about it! □ **allo s. brado**, in a wild (*o* natural) state; running wild (*pred.*) □ **allo s. grezzo**, in the rough; in the raw □ **allo s. latente**, dormant □ **colpo di S.**, coup (d'état) (*franc.*) □ (*gramm.*) **complemento di s. in luogo**, prepositional phrase of position □ **delitto di S.**, state-backed crime □ **demanio di S.**, state property □ (*fam.*) **essere in uno s.** (*essere agitato*), to be in a dither; to be all worked-up; to be all hot and bothered □ **in s. di accusa**, under accusation □ (*fig.*) **in s. di grazia**, at one's best; in top form: **Muti ha diretto in s. di grazia**, Muti conducted magnificently; Muti's conducting was truly inspired □ **ragion di S.**, reason of state; cold statecraft □ **uomo di S.**, statesman □ (*gramm.*) **verbi di s.**, verbs of state.

statocisti, *f.* (*zool.*) statocyst.

statolàtra, *m.* e *f.* statolater; worshipper of the state.

statolatrìa, *f.* statolatry; state-worship.

statòlder, *m. invar.* (*stor.*) stad(t)holder.

statolderàto, *m.* (*stor.*) stad(t)holderate; stad(t)holdership.

statòlite, statolito, *m.* (*biol.*) statolith.

statolìtico, *a.* (*biol.*) statolithic.

statóre, *m.* ***1*** (*mecc.*) stator: **protezione a persiana sullo s.**, louver stator guard ***2*** (*lett.*) Stator: **Giove S.**, Jupiter Stator.

statoreattóre, *m.* (*aeron.*) ram-jet engine.

statorecettóre, *a.* (*fisiol.*) – **organo s.**, statoreceptor.

statoscòpio, *m.* (*aeron.*) statoscope.

stàtua, *f.* statue: **s. di marmo [di bronzo]**, marble [bronze] statue; **s. equestre**, equestrian statue; **scolpire una s.**, to sculpt (*o* to carve) a statue; **innalzare una s.**, to put up (*o* to raise) a statue; **la S. della Libertà**, the Statue of Liberty; **stare fermo come una s.**, to be as still as a statue.

statuàle, *a.* state (*attr.*); government (*attr.*).

statuària, *f.* (*arte*) statuary.

statuàrio, *a.* ***1*** statuary: **marmo s.**, statuary marble; **l'arte statuaria**, statuary; the art of sculpture ***2*** (*fig.*) statuesque: **bellezza statuaria**, statuesque beauty; **posa statuaria**, statuesque posture.

statuétta, statuìna, *f.* statuette; figurine.

statuìre, *v. t.* to decree; to ordain; to enact.

statuizióne, *f.* (*leg.*) decree; ordaining; enactment.

statunitènse, A *a.* United States (*attr.*) (*abbr.*: U.S., US). **B** *m.* e *f.* United States (*o* U.S., US) citizen.

statu quo (*lat.*), *locuz. m. invar.* status quo: **ristabilire lo s.**, to restore the status quo.

statùra, *f.* height; size; (*anche fig.*) stature: **la s. d'un uomo**, the height of a man; **alto di s.**, tall; **basso di s.**, short; **piccolo di s.**, small; **di s. bassa**, short (*o* small) in stature; **di s. media**, of average height; **al di sotto della s. media**, below average height; undersized; **un uomo di grande s. morale**, a man of high moral stature; **crescere di s.**, to grow; (*fig.*) to grow in stature.

status (*lat.*), *m. invar.* status: **s. giuridico**, legal status.

status quo, *V.* **statu quo**.

statutàrio, *a.* statutory; statute (*attr.*): **una dichiarazione statutaria**, a statutory declaration; **una legge statutaria**, a statute law.

statùto, *m.* (*leg.*) ***1*** statute; charter; (*costituzione*) constitution: **lo s. del Regno d'Italia**, the statute of the Kingdom of Italy; **s. regionale**, regional statute; **lo s. dell'ONU**, the charter of the United Nations; **lo s. dei lavoratori**, the workers' statute of rights; **regione a s. speciale**, region with special autonomy ***2*** (*complesso di deliberazioni normative*) by-laws (*pl.*) ***3*** (*di società*) charter; (*di società di persone*) articles of partnership (*pl.*); (*di società di capitali*) articles of association (*pl. GB*), articles of incorporation (*pl. USA*) ***4*** (*stato giuridico*) legal status.

staurolite, *f.* (*miner.*) staurolite.

stavòlta, *avv.* (*fam.*) this time.

staziògrafo, *m.* (*naut.*) station pointer.

stazionàle, *a.* (*relig.*) stational.

stazionaménto, *m.* standing; stopping; (*parcheggio*) parking. ● **freno di s.**, handbrake; emergency brake.

stazionàre, *v. i.* to stand*; to stop; (*parcheggiare*) to park.

stazionarietà, *f.* stationariness.

stazionàrio, *a.* ***1*** stationary; stable; steady: **temperatura stazionaria**, stationary temperature; **condizioni di salute stazionarie**, stationary state of health; **situazione stazionaria**, steady (*o* stable) situation ***2*** (*econ.*) stationary; statical; static; stable ***3*** (*fis.*) stationary; standing; steady: **onde stazionarie**, stationary (*o* standing) waves (*o* vibrations); **orbita stazionaria**, stationary orbit; **stato s.**, steady state. ● **nave stazionaria**, stationary ship □ **uccelli stazionari**, non-migratory birds □ **volo s.**, hover.

stazióne, *f.* ***1*** (*trasporti*) station; depot (*USA*); terminal; terminus: **s. ferroviaria**, railway station; (*nodo*) junction; **s. della metropolitana**, underground station; tube station (*GB*); subway station (*USA*); **s. di autobus**, bus station (*o* terminal, terminus); bus depot (*USA*); **s. dei taxi**, taxi rank; **s. marittima**, harbour station; ocean terminal; **accompagnare q. alla s.**, to take sb. to the station; **andare a prendere q. alla s.**, to meet sb. at the station; **Il treno ferma in tutte le stazioni**, the train calls at every station; **Il treno entrò in s.**, the train pulled into the station (*o* pulled in); **s. capolinea**, terminus (station); **s. centrale**, central station; **s. con fermata facoltativa**, flag stop; whistle stop (*USA*); **s. di arrivo**, arrival station; destination; **s. di destinazione** (*merci*), receiving station; **s. di manovra**, marshalling yard; sorting depot; **s. di partenza**, starting point; point of departure; (*merci*) forwarding station; (*stor.*) **s. di posta**, post house; **s. di smistamento**, shunting station; switchyard; **s. di testa**, terminal station; railhead; terminal; terminus; **s. di transito**, transit (*o* through) station; **s. di trasbordo**, interchange station; transfer; **s. in disuso**, ghost station; **s. intermedia**, intermediate (*o* through) station; **s. principale**, main station ***2*** (*radio*) station: **s. clandestina**, pirate station; **s. di ascolto**, listening station; **s. emittente**, broadcasting station; **s. locale**, local (*USA*: spot) station; **s. radiogoniometrica**, direction-finding station; **s. relé** (*o* **ripetitrice**), relay (*o* repeater) station; transceiver; **s. ricevente**, receiving station; **s. secondaria**, outstation; **s. trasmittente**, transmitting (*o* sending) station ***3*** (*sede di impianto*) station: **s. di rifornimento**, petrol (*USA*: gas) station; filling station; garage; **s. di servizio**, service area (*o* station); gas station (*USA*) ***4*** (*sede di distaccamento*) station; post: **s. di frontiera**, frontier post (*o* station); **s. di polizia**, police station; station house (*USA*); (*distrettuale*) precinct (*USA*); **s. sanitaria**, sanitary post (*o* station); **s. commerciale**, trading station; trading (out)post ***5*** (*osservatorio scientifico*) observatory; station: **s. meteorologica**, weather (*o* meteorological) station; **s. sismica**, seismic observatory; **s. di entomologia agraria**, agricultural entomology observatory ***6*** (*naut., mil., miss.*) station: **s. navale**, naval station; **s. telemetrica**, range-finding station; **s. di punteria generale**, gun control station; **s. orbitale**, orbital platform; **s. spaziale**, space station ***7*** (*luogo di villeggiatura*) resort: **s. balneare**, seaside resort; **s. estiva [invernale]**, summer [a winter] resort; **s. climatica**, health resort; (health) spa; **s. termale**, spa; watering place ***8*** (*posizione*) position: **s. eretta**, standing position; **s. supina**, lying position ***9*** (*fermata*) stop; halt: **fare s.**, to make a stop (*o* a halt); to stop; to call. ● (*eccles.*) **le stazioni della Via Crucis**, the stations of the Cross □ (*elab.*) **s. di comando**, control station □ (*elab.*) **s. di lavoro**, work station □ **s. di monta** (*per equini*), stud farm.

stàzza, *f.* ***1*** (*naut.*) tonnage; burden; (*di barca a vela*) rating: **s. lorda** (*o* **totale**), gross tonnage; **s. netta [lorda]**, net [gross] tonnage; **diritti di s.**, tonnage dues; **ponte di s.**, tonnage deck; **una nave di trecento tonnellate di s.**, a ship with a tonnage of two hundred tons; a ship with a three hundred tons burden; **s. di regata**, rating; **s. di registro**, registered tonnage; **misurare la s.**, to gauge the tonnage ***2*** (*fig.*: *corporatura robusta*) heavy build; bulk: **Ha una bella s.**, he is heavily built; he is quite bulky.

stazzaménto, *m. V.* **stazzatura**.

stazzàre, *v. t.* (*naut.*) ***1*** (*di nave*: *avere capacità*) to have a tonnage of; (*di barca a vela*) to rate (*o* to admeasure) at: **una nave che stazza 20.000 tonnellate**, a ship with a tonnage of 20,000 tons; **Quanto stazza questa nave?**, what is the tonnage of this ship? ***2*** (*misurare la stazza di*) to measure the tonnage of; (*di barca a vela*) to rate, to admeasure.

stazzatóre, *m.* (*naut.*) (tonnage) gauger.

stazzatùra, *f.* (*naut.*) ***1*** (*misurazione della stazza*) tonnage measurement; (*di barca a vela*) rating ***2*** (*capacità di una nave*) tonnage; (*di barca a vela*) rating.

stàzzo, *m.* pen; (*per pecore*) fold.

stazzonàre, *v. t.* to rumple; to crumple; to crease.

stazzonàto, *a.* rumpled; crumpled; creased.

steapsìna, *f.* (*biol.*) steapsin.

stearàto, *m.* (*chim.*) stearate.

steàrico, *a.* (*chim.*) stearic: **acido s.**, stearic acid. ● **candela stearica**, tallow candle.

stearìna, *f.* (*chim.*) stearin(e).

steatìte, *f.* (*miner.*) steatite; soapstone.

steatopigìa, *f.* steatopygia; steatopygy.

steatòpigo, *a.* steatopygic; steatopygous.

steatòsi, *f.* (*med.*) steatosis*.

stécca, *f.* ***1*** (*asta, assicella*) stick, slat, rod; (*di ombrello*) rib; (*di veneziana*) slat, lath; (*di persiana*) louvre (*USA*: louver); (*di ventaglio*) stick; (*di busto, anche* **s. di balena**) whalebone, busk; (*di colletto*) collar stiffener ***2*** (*med.*) splint; (*di metallo*) iron: **mettere le stecche a una gamba fratturata**, to splint a fractured leg ***3*** (*da biliardo*) cue: **s. corta**, quarter butt; **essere una buona s.**, to be a good billiard player ***4*** (*mus.*) false (*o* wrong, cracked) note: **fare** (*o* **prendere**) **una s.**, to sing [to play, to hit] a false note; to miss a note; to crack on a high note ***5*** (*confezione*: *di sigarette*) carton; (*di cioccolato*) bar ***6*** (*pop.*: *tangente*) bribe; backhander (*fam. GB*); payola (*fam. USA*).

steccàia, *f.* pilework.

steccàre, **A** *v. t.* ***1*** (*chiudere con uno steccato*) to fence; to fence in; to surround with a fence: **s. l'orto**, to fence the kitchen garden ***2*** (*med.*) to splint; to put* in splints ***3*** (*un busto, un corpetto*) to insert whalebones (in); (*un colletto*) to insert the stiffeners (in) ***4*** (*cucina*: *lardellare*) to larder. **B** *v. i.* ***1*** (*nel biliardo*) to miscue ***2*** (*mus.*) to sing* (*o* to play) a false note; to crack on a high note.

steccàta, *f.* ***1*** *V.* **steccato** ***2*** (*colpo di stecca*) blow with a stick (*o* a rod).

steccàto, *m.* ***1*** fence; picket fence; fencing; paling; (*stecconata*) stockade, palisade: **circondare con uno s.**, to surround with a fence; to fence (in); **s. di cinta**, ring fence; enclosure ***2*** (*equitazione*) rails (*pl.*).

steccatùra, *f.* ***1*** (*cingere con uno steccato*) fencing (in) ***2*** (*med.*) splinting ***3*** (*di busto, corpetto*) stiffening with (*o* insertion of the) whalebones.

stecchétto, *m.* small stick; (small) twig. ● **a s.**, (*rif. al cibo*) on short commons (*o* rations), on a strict diet; (*rif. ai soldi*) on short allowance, short of money: **Il dottore mi ha messo a s. per dimagrire**, my doctor has put me on a strict diet to make me lose weight; **Sua moglie lo tiene a s.**, his wife keeps him on short rations; **Devo stare a s. fino al ventisette**, I must be careful with my money until pay-day; **Suo padre lo tiene a s.**, his father keeps him short of money; his father is very tight-fisted with him.

stecchièra, *f.* cue rack.

stecchìno, *m.* ***1*** (*stuzzicadenti*) toothpick ***2*** (*bastoncino*) small stick. ● **magro come uno s.**, as thin as a rake.

stecchìre, **A** *v. t.* (*uccidere*) to kill on the spot (*o* outright); to kill stone dead; to bump (*o* to knock) off (*fam.*); to cool (*pop.*); to chill (*pop.*): **Stecchì il cinghiale al primo colpo**, he killed the boar stone dead with the first shot; **Ha stecchito la vecchia con un colpo di vanga**, he bumped off the old woman with a spade. **B** *v. i.* e **stecchirsi,** *v. i. pron.* ***1*** (*diventare secco*) to dry up; to wither ***2*** (*diventare magro*) to grow* (*o* to get*) very thin (*o* lean); to shrivel ***3*** (*diventare rigido*) to stiffen; to become* rigid.

stecchìto, *a.* ***1*** (*magrissimo*) skinny; scrawny; skin and bone(s) (*pred.*); lanky; emaciated: **gambe stecchite**, scrawny legs; spindle legs; **essere secco s.**, to be just skin and bone(s) ***2*** (*di piante*) dried up; withered ***3*** (*fam.*: *irrigidito*) stiff: **s. dal freddo**, stiff with cold ***4*** (*fam.*: *morto*) stone-dead; stiff; dead as a doornail (*o* as mutton); (*ucciso*) killed on the spot (*o* outright): **cadere morto s.**, to fall stone-dead; **rimanere s.**, to be killed on the spot ***5*** (*fam.*: *stupefatto*) flabbergasted; numb: **La notizia mi lasciò s.**, I was flabbergasted by the news.

stécco, *m.* ***1*** stick; (*ramoscello*) (dry) twig: **un fuoco di stecchi**, a fire of twigs; **gambe sottili come stecchi**, legs as thin as two sticks; spindle legs ***2*** (*fig.*: *persona magra*) skeleton; skin and bones (*pred.*): **essere ridotto uno s.**, to be skin and bones; to be as lean as a rake.

stecconàre, *v. t.* to stockade.

stecconàta, *f.* **stecconato,** *m.* stockade; paling; fence; enclosure.

steccóne, *m.* post; pale; stake.

stechiometrìa, *f.* (*chim.*) stoich(e)iometry.

stechiomètrico, *a.* (*chim.*) stoich(e)iometric(al).

Stefània, *f.* Stephanie.

Stéfano, *m.* Stephen. ● **(il giorno di) Santo S.**, Boxing Day.

stégola, *f.* (*agric.*) plough-stilt.

stegosàuro, *m.* (*paleont.*, *Stegosaurus*) stegosaur.

stèle, *f.* ***1*** stele; stone; (*archeol.*) stele, stela*: **s. commemorativa**, memorial stone (*o* stele); **s. di confine**, boundary stone, landmark; **s. sepolcrale**, funeral stele; **una s. romana**, a Roman stele; **la s. di Rosetta**, the Rosetta stone ***2*** (*bot.*) stele; vascular cylinder.

Stélla, *f.* Stella; Estella.

stélla (1), *f.* ***1*** (*corpo celeste e forma*) star: **la s. del mattino [della sera]**, the morning [evening] star; **stelle fisse**, fixed stars; **s. doppia**, double star; **s. di neutroni**, neutron star; **s. nana [gigante, supergigante]**, dwarf [giant, supergiant] star; **s. polare**, North (*o* Pole) star; **s. filante** (*o* **cadente**), falling star; shooting star; **s. a cinque punte**, five-point star; **a forma di s.** (*o* **fatto a s.**), starlike; star-shaped; stellate; **un cielo pieno di stelle**, a sky full of stars; a starlit sky; **senza stelle**, starless; **il tremolio delle stelle**, the twinkling of the stars; **occhi che sembrano stelle**, starry eyes; eyes shining like stars; **Trovai la strada alla luce delle stelle**, I found my way by starlight ***2*** (*fig.*: *destino, fortuna*) star; fate; destiny: **nascere sotto una buona [una cattiva] s.**, to be born under a lucky [an unlucky] star; **È scritto nelle stelle**, it is (written) in the stars; **Ringrazia la tua buona s. se non sei finito come lui!**, thank your lucky stars if you didn't end up like him!; **Segui la tua s.**, follow your star; **La sua s. sale**, his star is rising (*o* is in the ascendant); **La sua s. sta tramontando**, his sun is setting ***3*** (*fig.*: *divo o diva*) star: **s. del cinema [della televisione]**, film [television] star ***4*** (*di cavallo*) blaze; star ***5*** (*rotella dello sperone*) rowel ***6*** (*mecc.*)

row: **a s. semplice**, single-row; **a doppia s.**, double-row ***7*** (*tipogr.*: *asterisco*) asterisk; star ***8*** (*fig.*: *appellativo affettuoso*) darling: **Sei una s.!**, you are a darling!; **Sei la mia s.!**, you are my treasure; you are my honeybun! (*USA*); **Povera s.!**, poor darling!; poor thing! ***9*** (*bot.*) – **s. alpina** (*Leontopodium alpinum*), edelweiss; (*bot.*) **s. di Natale** (*Euphorbia pulcherrima*), poinsettia; **s. di sera** (*Oenothera biennis*), evening primrose. ● **s. cometa**, comet □ **la s. dei Re Magi**, the star of the Magi (*o* of Bethlehem) □ **la s. di David**, the star of David □ (*zool.*) **s. di mare** (*Asterias*), starfish □ **s. filante** (*di carnevale*), streamer □ **andare alle stelle** (*di prezzi*), to go sky-high; to (sky-)rocket □ (*elettr.*) **collegamento a s.**, Y- (*o* star) connection □ **congelatore a tre stelle**, three-star freezer □ **dormire sotto le stelle**, to sleep out in the open □ **essere alle stelle** (*di prezzi*), to be sky-high □ **generale a quattro stelle**, four-star general □ (*aeron.*) **motore a s.**, radial engine □ (*fig.*) **portare alle stelle**, to praise to the skies; to rave about; to puff up; to hype □ **un ristorante con due stelle**, a two-star restaurant □ (*fig.*) **vedere le stelle**, to see stars.

stélla (2), *f.* (*naut.*) star.

stellage, *m. invar.* **stellàggio**, *m.* (*Borsa*) double option.

stellànte, *a.* ***1*** (*poet.*: *cosparso di stelle*) studded with stars; full of stars; starred; starry ***2*** (*lucente come stella*) star-like; shining like a star; as bright as a star: **occhi stellanti**, star-like (*o* starry) eyes.

stellàre, *a.* ***1*** (*astron.*) star (*attr.*); stellar; astral: **splendore s.**, starlight; stellar light; **ammasso s.**, star cluster; **catalogo s.**, star catalogue; **corrente s.**, star drift ***2*** (*che ha forma di stella*) star-shaped; stellar; stellate; star-like: **figura s.**, stellar figure. ● **guerre stellari**, star wars □ (*mecc.*) **motore s.**, radial engine □ (*astron.*) **terremoto s.**, starquake.

stellària, *f.* (*bot.*, *Stellaria media*) stitchwort.

stellàto (1), **A** *a.* ***1*** (*pieno di stelle*) full of stars; starlit; starry; (*fig.*) studded with stars, star-splangled, starred: **cielo s.**, starry (*o* star-lit) sky; **la bandiera stellata** (*degli U.S.A.*), the star-spangled banner; the Stars and Stripes ***2*** (*fatto a stella*) star-shaped; stellate; stellar ***3*** (*di cavallo*) blazed. **B** *m.* (*cielo stellato*) starry sky.

stellàto (2), (*naut.*) **A** *a.* lean; wedgelike. **B** *m.* – **s. di poppa**, run; **s. di prora**, entrance.

stellétta, *f.* ***1*** (*mil.*) star ***2*** (*tipogr.*) asterisk; star.

stellina, *f.* (*giovane attrice*) starlet. ● (*bot.*) **s. odorosa** (*Asperula odorata*), woodruff.

stellionàto, *m.* (*leg.*) stellionate.

stellióne, *m.* (*zool.*, *Agama stellio*) starred lizard.

stelloncino, *m.* (*giorn.*) paragraph; short item (of news).

stèlo, *m.* ***1*** (*bot.*) stem; stalk; (*di erba*) blade: **lo s. d'un fiore**, the stem of a flower; **rose a s. lungo**, long-stemmed roses ***2*** (*sostegno*) stem; stand: **lo s. di un calice**, the stem of a goblet; **lampada a s.**, standard (*o* floor) lamp ***3*** (*mecc.*) stem; shaft: **lo s. d'una valvola**, a valve stem; **s. dello stantuffo**, piston rod ***4*** (*ferr.*: *di rotaia*) web.

stèmma, *m.* coat of arms; armorial bearings (*pl.*); escutcheon; device; badge: **lo s. di famiglia**, the family coat of arms.

stemmàrio, *m.* (*arald.*) armorial.

stemmàto, *a.* blazoned; emblazoned; armorial.

stemperàre, **A** *v. t.* ***1*** (*diluire*) to dilute; to dissolve; to melt; (*mescolare*) to mix: **s. una pastiglia**, to melt a tablet; **s. i colori**, to mix colours; **s. la farina in un po' d'acqua**, to mix flour with a little water; to stir a little water into the flour ***2*** (*fig.*) to dilute; to water down ***3*** (*metalli*) to soften: **s. l'acciaio**, to soften steel. **B stemperarsi**, *v. i. pron.* ***1*** (*diluirsi*) to be diluted; to dissolve; to melt; to mix ***2*** (*fig.*) to melt; to dissolve: **s. in lacrime**, to melt (*o* to dissolve) into tears ***3*** (*di metalli*: *perdere la tempra*) to become* (*o* to get*) untempered (*o* soft).

stempiàrsi, *v. i. pron.* to go* bald (*o* to recede) at the temples; to have a receding hairline.

stempiàto, *a.* bald at the temples; with a receding hairline.

stempiatùra, *f.* receding hairline.

sten (*ingl.*), *m.* o *f. invar.* (*pistola mitragliatrice*) Sten (gun).

stendardière, *m.* standard bearer.

stendàrdo, *m.* ***1*** (*mil.*) standard; ensign; banner: **alzare lo s.**, to raise the standard; **sotto lo s. di**, under the standard of ***2*** (*gonfalone*) flag; banner ***3*** (*bot.*) vexillum*; banner; standard.

stèndere, **A** *v. t.* ***1*** (*distendere, allungare*) to stretch out, to extend, to put* out, to reach out, to hold* out; (*per rilassare*) to stretch, to relax: **s. le gambe sotto il tavolo**, to stretch out (*o* to extend) one's legs under the table; **Stese la mano per afferrare la corda**, he stretched (*o* reached) out his hand to grab the rope; **Stese la mano ma io finsi di non vederla**, he held out his hand but I pretended not to see it; **s. i muscoli**, to stretch (*o* to relax) the muscles ***2*** (*mettere a giacere*) to lay*: **s. q. sul letto**, to lay sb. on the bed ***3*** (*spiegare*) to spread* (out); to lay* (out): **s. le reti**, to spread (*o* to lay, to set) the nets; **s. le ali**, to spread one's wings; **s. un tappeto**, to lay a carpet; **s. il bucato sull'erba**, to spread out the washing on the grass; **s. la tovaglia**, to put on the table-cloth; **Stese le fotografie sul tavolo**, he spread (*o* laid) out the photos on the table ***4*** (*appendere*) to hang* out: **s. il bucato**, to hang out the washing ***5*** (*mettere per iscritto*) to draw* up; to write; (*in abbozzo*) to draft: **s. un contratto**, to draw up a contract; **s. un'accusa contro q.**, to draw up a charge against sb.; **s. una relazione**, to draft (*o* to draw up) a report; **s. una denuncia**, to make a written report; to report; **s. il verbale**, (*durante la riunione*) to take the minutes; (*dopo la riunione*) to write up the minutes; **s. un piano di battaglia**, to draw up a plan of battle; **Ho già steso i primi due capitoli del mio libro**, I've already written the first two chapters of my book ***6*** (*spalmare*) to spread*; to lay*: **s. il burro sul pane**, to spread butter on bread; **s. la vernice su q.c.**, to lay paint on st. ***7*** (*pop.*: *abbattere*) to knock flat (*o* down), to floor, to KO; (*uccidere*) to knock off, to knock dead: **s. a terra q. con un pugno**, to knock sb. down with a punch; **Lo stese al primo colpo**, he knocked him dead at the first shot ***8*** (*fig. fam.*: *lasciare attonito*) to bowl over: **La notizia mi stese**, I was bowled over by the news ***9*** (*metalli*) to hammer out ***10*** (*ind. tess.*) to tenter. ● (*fig.*) **s. la mano** (*chiedere l'elemosina*), to hold one's hand out □ **s. la pasta**, to roll out the pastry □ (*fig.*) **s. un velo su q.c.**, to draw a veil over st. **B stèndersi**, *v. rifl.* e *i. pron.* ***1*** (*estendersi*) to stretch (out); to spread* out; to extend; to lie*: **Il mio podere si stende fino al confine svizzero**, my plot of land stretches as far as the Swiss border; **La pianura padana si stende per più di 40.000 kilometri quadrati**, the Po Valley extends over more than 40,000 square kilometres; **Il deserto si stendeva a perdita d'occhio**, the desert stretched as far as the eye could see; **La città si stendeva ai loro piedi**, the town lay at their feet ***2*** (*allungarsi*) to stretch oneself out; (*sdraiarsi*) to lie* down: **s. per terra**, to stretch oneself out (*o* to lie down) on the ground; **Si stese sul letto**, he lay down on the bed. ● **s. a ventaglio**, to fan out.

stendibiancheria, *m. invar.* clotheshorse; (*esterno*) washing line.

stendifili, *m. invar.* (*mil.*) linesman*; lineman* (*USA*).

stenditóio, *m.* ***1*** (*locale*) drying room ***2*** (*attrezzo*) clotheshorse ***3*** (*ind. tess.*) tenter.

stenditóre, *m.* (*f.* **-trice**) (*ind. tess.*) tenter.

stenditrice, *f.* (*ind. tess.*: *macchina*) tenter.

stenditùra, *f.* ***1*** spreading; stretching (out) ***2*** (*ind. tess.*) tentering.

stenia, *f.* (*med.*) vital energy; strength.

stènico, *a.* (*med.*) sthenic.

stenoalino, *a.* (*biol.*) stenohaline.

stenòbate, *a.* (*biol.*) stenobathic.

stenoblòcco, *m.* shorthand pad.

stenocardia, *f.* (*med.*) stenocardia; angina pectoris.

stenodattilografia, *f.* shorthand typing.

stenodattilogràfico, *a.* shorthand-typing (*attr.*).

stenodattilògrafo, *m.* (*f.* **-a**) shorthand typist; stenographer (*USA*).

stenografàre, *v. t.* to write* (*o* to take* down) in shorthand; to shorthand; to stenograph.

stenografàto, *a.* (written) in shorthand.

stenografia, *f.* shorthand; stenography.

stenograficaménte, *avv.* in shorthand.

stenogràfico, *a.* ***1*** shorthand (*attr.*); stenographic(al); of stenography: **metodo s.**, stenographic method; **scrittura stenografica**, (writing in) shorthand; stenography ***2*** (*fig.*: *conciso*) brief; summary; concise.

stenògrafo, *m.* (*f.* **-a**) shorthand writer; stenographer (*USA*).

stenogràmma, *m.* stenograph.

stenoscritto, *m.* shorthand text.

stenòsi, *f.* (*med.*) stenosis*.

stenotermia, *f.* (*biol.*) stenothermy.

stenotèrmo, *a.* (*biol.*) stenothermal; stenothermic.

stenotipia, *f.* stenotypy.

stenotipista, *m.* e *f.* stenotypist.

stentacchiàre, *v. i.* (*fam.*) to find* it hard; to struggle.

stentàre, *v. i.* ***1*** (*durare fatica*) to find* it hard; to be hardly (*o* barely) able; to have difficulty; to have trouble: **Stento a crederti**, I find it hard (*o* difficult) to believe you; I can hardly believe you; **Egli stenta ancora a camminare**, he still has some difficulty in walking; **Stentavo molto a capirlo**, I had a lot of difficulty in understanding him; I could hardly understand him: **Ha stentato molto a trovare lavoro**, he had a lot of trouble finding a job ***2*** (*essere riluttante*) to be reluctant; to be unwilling; to be slow: **Stenta ad ammettere di aver avuto torto**, he is unwilling to admit he was wrong ***3*** (*assol.*, *anche* **s. la vita**: *mancare del necessario*) to feel* the pinch of poverty; to be badly off; to be hard up; barely to scrape a living; to find it hard (*o* to struggle) to make both ends meet.

stentataménte, *avv.* ***1*** (*con difficoltà*) with difficulty; not without effort ***2*** (*in povertà*) in poverty; on a shoestring (*fam.*).

stentatézza, *f.* ***1*** (*difficoltà*) difficulty ***2*** (*povertà*) poverty, hardship, privation; (*pochezza*) exiguity, scantiness ***3*** (*crescita stentata*) stuntedness.

stentàto, *a.* ***1*** (*fatto con fatica*) difficult, hard, laboured; (*sforzato*) strained, constrained; (*ottenuto con fatica*) hard-earned, hard-won; (*risicato*) narrow: **stile s.**, laboured style; **sorriso s.**, strained (*o* wooden) smile; **pane s.**, hard-earned bread; **una stentata maggioranza**, a narrow majority; **parlare un italiano s.**, to speak broken Italian ***2*** (*pieno di stenti*) hard: **condurre una vita stentata**, to lead a hard life (*o* a miserable existence); to lead a dog's life (*fam.*) ***3*** (*cresciuto a stento*) scrubby; stunted; crabbed; underdeveloped; undersized: **piante stentate**, scrubby plants.

stènto, *m.* ***1*** (*difficoltà*) difficulty; effort; pains (*pl.*): **a s.**, with difficulty; hardly; barely; scarcely: **fare q.c. a s.**, to do st. with difficulty; to be hardly able to do st.: **Lo leggevo a s.**, I was barely able to read it; **Lo sentivo a s.**, I could hardly hear him; **Avanzammo a s.**, we proceeded with difficulty; **Riuscii**

a s. a entrare nella sala affollata, I had to push my way into the crowded room; **passare un esame a s.**, to scrape through an exam; **Sa a s. come si chiama**, he barely knows his name; **Me lo posso a s. permettere**, I can scarcely afford it; **senza s.**, without difficulty; without any effort; easily **2** (*pl.*) (*povertà*) privation (*sing.*); hardships; poverty (*sing.*): **crescere fra gli stenti**, to grow up in poverty; **vivere negli stenti**, to live in poverty; to lead a hard life (*o* a miserable existence); **una vita di stenti**, a life of privation (*o* of hardships); a hard life.

Stèntore, *m.* (*mitol.*) Stentor.

stentòreo, *a.* stentorian: **con voce stentorea**, in a stentorian voice.

stéppa, *f.* (*geogr.*) steppe.

stéppico, *a.* steppe (*attr.*).

steppificazióne, *f.* steppe formation; transformation into a steppe.

steppóso, *a.* steppe-like.

steradiànte, *m.* (*mat.*) steradian.

steràngolo, *m.* (*mat.*) solid angle.

stèrco, *m.* dung; excrement; droppings (*pl.*); (*di vacca*) cowpat; (*di uccelli*) mute.

stercobilìna, *f.* (*biol., chim.*) stercobilin.

stercoràceo, *a.* dung (*attr.*); stercoraceous; stercoral.

stercoràrio, **A** *a.* stercoral; dung (*attr.*): (*zool.*) **scarabeo s.** (*Geotrupes stercorarius*), dung beetle. **B** *m.* (*zool., Stercorarius pomarinus*) skua; jaeger (*USA*).

stèreo, **A** *a.* (*fis., radio*) stereophonic; stereo: **impianto s.**, stereo (set); record unit. **B** *m.* (*impianto s.*) stereo (set); record unit.

stereoagnoṣìa, *f.* (*med.*) stereoagnosis.

stereoagnòstico, *a.* (*med.*) stereoagnostic.

stereòbate, *m.* (*archit.*) stereobate.

stereoblàstula, *f.* (*biol.*) stereoblastula.

stereochìmica, *f.* stereochemistry.

stereochìmico, *a.* stereochemical.

stereocinematografìa, *f.* stereoscopic cinematography.

stereocomparatóre, *m.* (*fotogr.*) stereocomparator.

stereofonìa, *f.* (*fis., radio*) stereophony.

stereofònico, *a.* (*fis., radio*) stereophonic; stereo: **cuffia stereofonica**, stereophone; **effetto s.**, stereophonic effect; **impianto s.**, stereo (set); **nastro (magnetico) s.**, stereotape.

stereofotografìa, *f.* stereoscopic photography; stereophotography.

stereofotogràmma, *m.* stereogram; stereograph.

stereofotogrammetrìa, *f.* stereophotogrammetry.

stereognòstico, *a.* (*fisiol.*) stereognostic.

stereografìa, *f.* (*med.*) stereography.

stereogràfico, *a.* (*geom.*) stereographic(al).

stereogràmma, *m.* **1** (*mat., geol.*) stereogram **2** *V.* **stereofotogramma**.

stereoiṣomerìa, *f.* (*chim.*) stereoisomerism.

stereoiṣòmero, (*chim.*) **A** *a.* stereoisomeric. **B** *m.* stereoisomer.

stereòma, *m.* (*bot.*) stereome.

stereometrìa, *f.* (*geom.*) stereometry.

stereomètrico, *a.* (*geom.*) stereometric(al).

stereoscopìa, *f.* **1** (*fis., fisiol., fotogr.*) stereoscopy **2** (*fotografia stereoscopica*) stereograph; stereoscopic photograph.

stereoscòpico, *a.* (*fis., fisiol., fotogr.*) stereoscopic.

stereoscòpio, *m.* (*fis.*) stereoscope: **s. a riflessione**, reflecting stereoscope; **s. a rifrazione**, lenticular stereoscope; **s. a specchio**, mirror stereoscope.

stereospecìfico, *a.* (*chim.*) stereospecific.

stereotipàre, *v. t.* (*tipogr.*) to stereotype.

stereotipàto, *a.* **1** (*tipogr.*) stereotyped; stereo: **lastra stereotipata**, stereo plate; stereotype **2** (*fig.*) stereotyped; conventional; cliché (*attr.*); hackneyed: **formula stereotipata**, stereotyped formula; **espressioni stereotipate**, stereotyped (*o* hackneyed) phrases; clichés; **sorriso s.**, fixed (*o* impersonal) smile.

stereotipìa, *f.* **1** (*procedimento tipogr.*) stereotypy; stereotype **2** (*lastra*) stereotype; (*stampa*) stereotype print **3** (*psic.*) stereotypy.

stereotìpico, *a.* (*tipogr.*) stereotyped; stereotype (*attr.*): **lastra stereotipica**, stereotype; stereo plate.

stereotipìsta, *m.* e *f.* (*tipogr.*) stereotyper; stereotypist.

stereòtipo, **A** *a.* (*tipogr.*) stereotype; stereotyped; stereo: **edizione stereotipa**, stereotype edition; **lastra stereotipa**, stereotype; stereo plate. **B** *m.* **1** (*psic.*) stereotype **2** (*ling.*) cliché: **parlare per stereotipi**, to speak in clichés; **pieno di stereotipi**, cliché-ridden (*agg.*).

stereoviṣóre, *m.* stereoscope.

stèrico, *a.* (*chim.*) steric.

stèrile, *a.* **1** (*infecondo*) barren; sterile; infertile; unprolific: **donna [coppia] s.**, sterile (*o* barren) woman [couple]; **vacca s.**, sterile cow **2** (*agric.*) barren; sterile; poor; unproductive; fruitless: **terreno s.**, barren (*o* sterile) land; dead soil; **pianta s.**, sterile (*o* barren) plant **3** (*fig.*) sterile; barren; jejune; empty; (*inutile*) vain, pointless, futile: **scrittore s.**, sterile author; **mente s.**, barren mind; **vita s.**, sterile (*o* empty, vain, barren) life; **anno s.**, sterile (*o* barren, blank) year; **lavoro s. di soddisfazioni**, unrewarding job; **dibattito s.**, sterile (*o* pointless) debate; **rimpianti sterili**, vain regrets; **tentativo s.**, fruitless (*o* futile, sterile) attempt **4** (*med.*: *asettico*) sterile; sterilized: **ambiente s.**, sterile environment; **soluzione s.**, sterile solution; **siringa s.**, sterlilized syringe. ● (*miner.*) **roccia s.**, waste; spoil; muck.

sterilìre, *v. t.* to render barren.

sterilità, *f.* **1** barrenness; sterility; childlessness **2** (*agric.*) barrenness; unproductiveness; fruitlessness; (*di terreno, anche*) poorness **3** (*fig.*) barrenness; sterility; unproductiveness **4** (*med.*: *asepsi*) sterility.

sterilizẓàre, *v. t.* (*anche med.*) to sterilize: **s. il latte**, to sterilize milk; **s. alla fiamma**, to flame; **s. un gatto**, to sterilize (*o* to neuter, to doctor) a cat; to fix a cat (*fam.*).

sterilizẓàto, *a.* sterilized; (*di animali*) neutered, doctored.

sterilizẓatóre, **A** *m.* (*f.* **-trice**) (*persona, apparecchio*) sterilizer. **B** *a.* sterilizing.

sterilizẓazióne, *f.* sterilization; (*di animali, anche*) neutering, doctoring, fixing (*fam.*).

sterilménte, *avv.* sterilely; unfruitfully; vainly.

sterlétto, *m.* (*zool., Acipenser ruthenus*) sterlet.

sterlìna, *f.* pound; (*lira s.*) sterling: **La s. britannica è divisa in cento pence**, the British pound is divided into one hundred pence; **La s. fluttua ancora**, sterling (*o* the pound) is still floating; **A quant'è la s. oggi?**, what's the value of sterling (*o* of the pound) today?; **l'area della s.**, the sterling area; **un biglietto da venti sterline**, a twenty-pound note; **pagare in sterline**, to pay in pounds; **Guadagna circa duecento sterline la settimana**, he earns about two hundred pounds a week.

sterlineàre, *v. t.* (*tipogr.*) to unlead.

sterlineatùra, *f.* (*tipogr.*) unleading; removal of leads.

sterminàbile, *a.* exterminable.

sterminàre, *v. t.* to exterminate; to destroy; to kill off; to wipe out: **s. i topi**, to exterminate rats and mice; **Hanno sterminato tutti i cervi senza pietà**, they ruthlessly killed off all the deer; **L'intera popolazione fu sterminata**, the whole population was wiped out.

sterminatézza, *f.* boundlessness; unboundedness; endlessness.

sterminàto, *a.* boundless; unbounded; measureless; endless; immense: **lo s. oceano**, the boundless ocean; **pianura sterminata**, endless plain; **pazienza sterminata**, infinite (*o* endless) patience; **ignoranza sterminata**, unbounded ignorance.

sterminatóre, **A** *m.* (*f.* **-trice**) exterminator; destroyer. **B** *a.* exterminating; destroying. ● **l'angelo s.**, the angel of death.

stermìnio, *m.* **1** extermination; (*distruzione*) destruction; (*strage*) slaughter, massacre: **La battaglia finì in uno s.**, the battle ended in a massacre; **campi di s.**, death camps; **guerra di s.**, total war **2** (*fig. fam.*: *quantità immensa*) huge quantity; awful lot; heaps (*pl.*): **C'era uno s. di gente**, there were an awful lot of people; there was a terrible crowd.

stèrna, *f.* (*zool., Sterna hirundo*) tern; sea swallow.

sternàle, *a.* (*anat.*) sternal; of the breastbone.

stèrno, *m.* (*anat.*) sternum*; (*com.*) breastbone.

sternocleidomastoidèo, **A** *a.* – **muscolo s.**, sternocleidomastoid muscle. **B** *m.* sternocleidomastoid (muscle).

sternutàre, **sternutire**, *V.* **starnutire**.

sternùto, *V.* **starnuto**.

stèro, *m.* (*unità di misura di capacità*) stere.

steròide, *m.* (*biochim.*) steroid.

steroidèo, *a.* (*biochim.*) steroidal.

steròlo, *m.* (*biochim.*) sterol.

sterpàglia, *f.* brushwood; scrubwood.

sterpàia, *f.* **sterpàio**, *m.* brushwood; scrub.

sterpàme, *m.* brushwood; scrubwood; underbrush.

sterpàzzola, *f.* (*zool., Sylvia communis*) (common) whitethroat.

sterpéto, *m.* brushwood; scrub; scrubland.

stèrpo, *m.* **1** (*ramoscello secco*) twig; stick; dry branch; (*al pl., anche*) brushwood (*sing.*), (*esca per il fuoco*) kindling (*sing.*): **un fuoco di sterpi**, a fire of twigs; **terreno pieno di sterpi**, brushwood; scrub; scrubland **2** (*arbusto*) thornbush; bramble.

sterpóso, *a.* **1** (*pieno di sterpi*) scrubby; covered with underbrush: **terreno s.**, scrubland **2** (*spinoso*) prickly; brambly.

sterraménto, *m.* digging out (*o* up); excavation; excavating.

sterràre, *v. t.* to dig* out (earth); to excavate (earth).

sterràto, **A** *a.* **1** dug up; excavated **2** (*privo di massicciata*) unmetalled; dirt (*attr.*): **strada sterrata**, dirt road. **B** *m.* (*terreno s.*) dirt patch; (*terra scavata*) dug (*o* excavated) earth, loose earth, dirt.

sterratóre, *m.* digger; navvy.

stèrro, *m.* **1** (*lo sterrare*) digging out (*o* up); excavation; excavating: **lavori di s.**, diggings; excavations; earthworks **2** (*terra scavata*) dug (*o* excavated) earth; loose earth; dirt **3** (*luogo sterrato*) earthwork; diggings (*pl.*); dirt patch.

stertóre, *m.* (*med.*) stertor.

stertoróso, *a.* (*med.*) stertorous.

sterzànte, *a.* (*autom.*) steering: **asse s.**, steering head (*o* axle).

sterzàre, *v. t.* e *i.* **1** (*autom.*) to steer; to turn the wheel; to swerve: **Sterza un poco a destra**, steer (*o* turn the wheel) slightly to the right; **Sterzò di colpo per evitarmi**, he swerved suddenly to avoid me **2** (*fig.*) to swerve; to veer; to deviate; to shift.

sterzàta, *f.* **1** (*autom.*: *lo sterzare*) steering; (*effetto*) swerve: **dare una s. improvvisa**, to swerve suddenly; **fare una s. a destra**, to swerve to the right; **una leggera s.**, a slight turn of the wheel **2** (*fig.*) swerve; veer; sudden shift; abrupt change: **una s. a destra nella direzione del partito**, a sudden shift to the right in the party leadership.

sterzatùra, *f.* (*autom.*) steering.

stèrzo, *m.* **1** (*autom.*) steering gear; (*volante*) (steering) wheel: **scatola dello s.**, steering gear box; **dare un colpetto di s.**, to turn the wheel slightly; **s. duro [dolce]**, hard [easy] steering **2** (*di bicicletta, motocicletta*: *manubrio*) handlebar.

stésa, *f.* (*serie di cose stese*) display.

stéso, *a.* **1** spread (out); (*allungato*) stretched out; (*teso*) outstretched; (*sdraiato*) lying: **colori stesi male**, unevenly spread colours; **I giornali erano stesi sul tavolo**, the newspapers were spread out on the table; **La trovai stesa per terra**, I found her stretched out on the ground; **con le braccia [le mani] stese**, with outstretched arms [hands]; **Mentre era s. sul letto, squillò il telefono**, while he was lying on the bed, the telephone rang **2** (*appeso*) hanging: **Le lenzuola erano stese alle finestre**, the sheets were hanging from the windows **3** (*redatto*) drawn up; (*abbozzato*) drafted.

stéssi, 1ª e 2ª *pers. sing. congiunt. imperf. di* **stare**.

stésso, A *a. dimostrativo* **1** (*uguale, identico*) same: **Avremo lo s. allenatore dell'anno scorso**, we'll have the same coach as last year; **Non voglio mangiare sempre le stesse cose**, I don't want to eat the same things at every meal; **la stessa solfa**, the same old story; **Abbiamo gli stessi amici**, we have the same friends; **Non parliamo la stessa lingua**, we do not speak the same language; **Siamo allo s. punto di prima**, we are back to where we were before; **Su questa faccenda siamo dello s. parere**, we agree (*o* we are at one) on this matter; **Abitano in dieci nello s. appartamento**, there are ten of them living in the same (*o* in one) flat; **Io agirei nello s. modo**, I would act in the same way; I would do the same; **È lo s. identico colore del tuo golf**, it's the very same colour as your jumper; **Suo marito e lo sconosciuto erano la stessa persona**, her husband and the mysterious man were one and the same person; **Venne a trovarmi proprio nello s. giorno in cui ero a Firenze**, he came to see me on the very same day I was in Florence **2** (*pari*) equal; same: **Sono della stessa età**, they are of equal (*o* of the same) age; **avere gli stessi diritti**, to have equal rights **3** (*rafforzativo dei pron. rifl.*) -self* (*suff.*): **me s.**, myself; **te s.**, yourself; thyself (*poet.*); **se s.**, (*di persona*) himself; (*di cosa*) itself; (*indef.*) oneself; **se stessa**, (*di persona*) herself; (*di cosa*) itself; **noi stessi**, ourselves; (*pl. di maestà*) ourself; **voi stessi**, yourselves; **se stessi** (*o* **se stesse**), themselves; (*indef.*) oneself: **Gli egoisti pensano sempre a se stessi**, selfish people always think of themselves; **essere fedele a se s.**, to be true to oneself; **Ama il prossimo tuo come te s.**, love your neighbour as yourself; **Conosci te s.**, know thyself; **Deve solo prendersela con se s.**, he has only himself to blame; **essere in pace con se stessi**, to be at peace with oneself; **La cosa era di per se stessa sbagliata**, the thing was wrong in itself; **Il film in se s. non era male, ma non meritava di vincere**, the film as such wasn't bad, but it didn't deserve to win **4** (*rafforzativo dei pron. pers. sogg. e dei sost., con valore di «in persona»*) -self* (*suff.*): **io s.**, I myself; I... myself; **tu s.**, you yourself; you... yourself; **egli** (*o* **lui**) **s.**, he himself; he... himself; **ella** (*o* **lei**) **stessa**, she herself; she... herself; **esso s.**, it itself; it... itself; **noi stessi**, we ourselves; we... ourselves; (*pl. di maestà*) we ourself; we... ourself; **voi stessi**, you yourselves; you... yourselves; **essi** (*o* **loro**) **stessi**, they themselves; they... themselves; **esse** (*o* **loro**) **stesse**, they themselves; they... themselves: **Mi aprì la porta lui s.**, he himself opened the door for me; **Lo farò io s.**, I'll do it myself; **Dovreste andarci voi stessi**, you should go there yourselves; **Guardate voi stessi se non ci credete**, have a look yourselves if you don't believe it; **Credo che dovremmo cominciare noi stessi a dare il buon esempio**, I think we should begin to set the example ourselves; **Io s. lo vidi partire**, I myself saw him leave; **Il maestro s. non avrebbe potuto fare meglio**, the teacher himself could not have done better; **Ci fecero parlare con lo s. amministratore delegato**, we were able to speak to the managing director in person (*o* himself) **5** (*rafforzativo di sost., con valore di «addirittura», «proprio», «persino»*) very; (*al sing.*) itself; (*al pl.*) themselves; (*con agg. poss.*) own, very: **Quell'uomo è la gentilezza stessa**, that man is kindness itself; **Non solo lo stile, ma la trama stessa lasciavano molto a desiderare**, not only the style, but the plot itself left much to be desired; **La nostra stessa vita è in pericolo**, our very life is in danger; **Sua madre stessa non l'avrebbe riconosciuto**, his own mother wouldn't have recognized him; **Lo feci con queste stesse mani**, I did it with these very hands; **Lo udii con i miei stessi orecchi**, I heard it with my own ears; **oggi s.**, today; this very day: **Ci andrò oggi s.**, I'll go there today; **in quel momento s.**, at that very moment; **Lo dice la parola stessa**, the word itself makes it clear. ● **al tempo s.**, at the same time: **un libro utile e al tempo s. divertente**, a useful and at the same time entertaining book □ **per ciò s.**, for this very reason; precisely because of this. **B** *pron. dimostrativo* **1** (*la stessa persona*) same; same man* [woman*]: **Sei sempre lo s.!**, you are always the same!; **Non era più lo s. dopo quell'incidente**, he was no longer the same man after that accident; **È sempre lo s., lo chef?**, is the chef still the same?; **Siete gli stessi dell'altra volta?**, are you the same (people) as the other time?; **È lo s. che ha telefonato prima**, it's the same man that phoned earlier on; **Dopo un colloquio col leader della maggioranza, il presidente ha incaricato lo s. di formare il nuovo governo**, after meeting the leader of the majority, the president asked him to form the new government **2** (*la stessa cosa*) same (thing): **Per me è lo s.**, it's (all) the same to me; **Anche lui ti dirà lo s.**, he'll tell you the same thing; **Che venga o non venga, fa lo s.**, it's (all) the same (*o* it does not make any difference) whether he comes or not; **Si è rotto? Fa lo s., tanto non mi serviva**, did it break? never mind, I didn't really need it; **Giorgio si alzò e io feci lo s.**, Giorgio stood up and I did likewise (*o* the same); **e lo s. dicasi per...**, and the same is true of (*o* goes for)...; **Svitare il tappo del radiatore e controllare se lo s. è pieno**, unscrew the radiator cap and check if the radiator is full. **C** *avv.* (*in ogni modo*) (all) the same; just the same; anyway; (*nello s. modo*) the same: **Andremo a vederlo lo s.**, we'll go and see him all the same (*o* anyway); **«Come andiamo oggi?» «Più o meno lo s. di ieri»**, «how are we today?» «much the same as yesterday».

stesùra, *f.* **1** (*compilazione*) drawing up; writing up: **la s. d'un contratto**, the drawing up of a contract **2** (*abbozzo*) draft; (*redazione*) version: **Questa è solo la prima s.**, this is just the first draft; **Fece cinque stesure del suo primo romanzo**, he rewrote his first novel five times; **Questa poesia esiste in due stesure**, there are two versions of this poem **3** (*documento*) text; wording; (*abbozzo*) draft **4** (*di colori, vernici*) laying; spreading; (*mano*) coat.

stetoscopìa, *f.* (*med.*) stethoscopy.

stetoscòpico, *a.* (*med.*) stethoscopic(al).

stetoscòpio, *m.* (*med.*) stethoscope.

stetti, 1ª *pers. sing. pass. rem. di* **stare**.

Stettìno, *f.* (*geogr.*) Stettin.

steward (*ingl.*), *m. invar.* steward.

stia (1), 1ª, 2ª e 3ª *pers. sing. congiunt. pres. di* **stare**.

stia (2), *f.* (*agric.*) hencoop; hutch.

stiacciàto, *m.* (*scult.*) stiacciato.

stiaccìno, *m.* (*zool.*, *Saxicola rubetra*) whinchat.

stiància, *f.* (*bot.*, *Typha latifolia*) reed mace; cat's-tail; bulrush.

stibìna, *f.* **1** (*miner.*) stibnite **2** (*chim.*) stibine.

stick (*ingl.*), *m. invar.* stick: **s. di sapone per barba**, shaving stick; **s. deodorante**, deodorant stick; **s. di rossetto**, lipstick.

sticòmetro, *m.* (*tipogr.*) type (*o* line) gauge.

sticomitìa, *f.* (*letter.*) stichomythia; stichomythy.

stif(f)èlius, *m.* (*redingote*) frock coat.

Stìge, *m.* (*mitol.*) Styx.

stìgio, *a.* (*mitol.*) Stygian.

stigliàre, *v. t.* (*ind. tess.*) to scutch; to swingle.

stigliatrice, *f.* (*mecc.*) scutching machine; scutcher; swingle.

stigliatùra, *f.* (*ind. tess.*) scutching; swingling.

stìglio, *m.* (*ind. tess.*) scutcher.

stìgma, *m.* **1** (*marchio*) stigma; brand; mark **2** (*bot.*, *zool.*) stigma*.

stìgmate, *f. pl.* **1** (*med.*, *relig.*) stigmata **2** (*fig.*) brand (*sing.*); stigma (*sing.*); marks; signs.

stigmàtico, *a.* (*bot.*, *fis.*) stigmatic.

stigmatismo, *m.* (*fis.*) stigmatism.

stigmatizzàre, *v. t.* (*fig.*) to stigmatize; to censure; to brand; to denounce.

stigmatizzazióne, *f.* (*fig.*) stigmatization; censure; branding; denouncement.

stilàre, *v. t.* to draw* up; to write* up; to draft.

stilàta, *f.* (*archit.*) pier.

stilb, *m.* (*fis.*) stilb.

stilbite, *f.* (*miner.*) stilbite.

stilbo, *m.* (*zool.*, *Stilbum splendidum*) golden wasp.

stile, *m.* **1** (*arte, letter.*) style: **s. gotico [romanico, coloniale]**, Gothic [Romanesque, colonial] style: **una chiesa in s. romanico**, a church in the Romanesque style; a Romanesque church; **s. Impero [Luigi XV]**, Empire [Louis XV] style: **un comò s. Impero**, an Empire chest of drawers; **mobili in s.**, reproduction (*o* period) furniture; **nello s. di Raffaello**, in Raphael's style; after the manner of Raphael; **s. tragico [comico, romantico]**, tragic [comic, romantic] style; **s. ampolloso [sobrio, ricercato]**, bombastic [sober, refined] style; **una composizione di s. romantico**, a composition in the romantic style; **s. poetico**, poetic diction; **bello s.**, fine writing; **uno scrittore senza s.**, a writer lacking in style **2** (*eleganza, raffinatezza*) style; class; flair: **avere s.**, to have style (*o* class); to be stylish: **non avere s.**, to lack style (*o* class); **avere s. nel vestire** (*o* **vestirsi con s.**), to dress stylishly; **avere un certo s.**, to have a certain style; to have flair; **Ha un suo s.**, he has a style of his own; he has his own individual style; **con s.**, in style; stylishly: **fare q.c. con s.**, to do st. in style; **un tocco di s.**, a touch of style; **È una donna di s.**, she is a woman with style (*o* class); she has style (*o* class) **3** (*modo di fare q.c., tecnica*) style; (*modo di essere, di comportarsi*) style, manner, way, fashion, habit: **s. impeccabile**, perfect style; **s. da manuale**, textbook style; **una giacca di s. italiano**, an Italian(-style) jacket; **cambiare s.**, to change one's style; **parlare nel proprio s. consueto**, to talk in one's usual style; **È nel suo s. lamentarsi sempre**, it's typical of him (*o* it's his style, it's like him) to be always complaining; **Non è nel mio s. rispondere alle malignità**, it is not my style to answer malicious remarks; **Lo s. è l'uomo**, the style is the man **4** (*sport*) style: (*nuoto*) **s. libero**, crawl: **nuotare a s. libero**, to do the crawl; **nuotare con s.**, to have a good stroke **5** (*rif. al sistema calendariale*) style: **s. giuliano [gregoriano]**, old [new] style **6** *V.* **stilo**. ● **eleganza di s.**, elegance □ **in grande s.**, in grand style; on a large scale.

stilè, *a.* (*elegante*) stylish; smart.

stilèma, *m.* (*letter.*) stylistic feature.

stilettàta, *f.* **1** (*colpo di stiletto*) stab **2** (*fig.*) shooting (*o* stabbing) pain; jab of pain; stab; stitch; pang: **una s. al fianco**, a shooting pain (*o* a stitch) in the side; **una s. di rimorso**, a stab of remorse.

stilètto, *m.* stiletto*; dagger.
stilifórme, *a.* styliform.
stilismo, *m.* (*letter., arte*) stylism.
stilista, *m. e f.* **1** (*letter., arte*) stylist **2** (*moda, arredamento*) designer; stylist: **s. di moda**, fashion designer; couturier (*franc.*): **s. in capelli**, (hair) stylist.
stilistica, *f.* stylistics (*pl. col verbo al sing.*).
stilistico, *a.* stylistic.
stilita, stilite, *m.* (*eccles.*) stylite.
stilizzàre, *v. t.* to stylize.
stilizzàto, *a.* stylized.
stilizzazióne, *f.* stylization.
stilla, *f.* (*lett.*) drop; droplet; bead: **s. di rugiada**, dewdrop; **bere fino all'ultima s.**, to drink to the last drop; **stille di sudore**, drops (*o* beads) of sweat; **a stille**, in drops; **a s. a s.**, drop by drop.
stillàre, A *v. t.* to drip; to ooze; to exude: **Stillavo sudore**, I was dripping sweat; **Il pino stilla resina**, the pine-tree exudes resin. ● (*fig., fam.*) **stillarsi il cervello**, to cudgel (*o* to rack, to puzzle) one's brains. **B** *v. i.* to drip; to trickle; to ooze; to exude: **Il sangue stillava dalla ferita**, blood was trickling from the wound; **Dal soffitto stillava un po' d'acqua**, water dripped from the ceiling.
stilliberista, *m. e f.* (*sport*) freestyle swimmer.
stillicidio, *m.* **1** dripping; drip, drip, drip: **Lo s. del rubinetto mi faceva impazzire**, the incessant drip, drip, drip of the tap was driving me mad **2** (*fig.*) steady (*o* constant) trickle; endless series; stream: **uno s. di notizie contradditorie**, a constant trickle of contradictory news; **uno s. di telefonate**, an endless stream of phonecalls.
stilnovismo, *m.* (*letter.*) (adherence to the) (dolce) stil novo style.
stilnovista, (*letter.*) **A** *m.* (dolce) stil novo poet. **B** *a.* (dolce) stil novo (*attr.*).
stilnovistico, *a.* (*letter.*) (dolce) stil novo (*attr.*).
stilnòvo, *m.* (*letter.*) (dolce) stil novo.
stilo, *m.* **1** (*stor.*) stylus*; style **2** (*della stadera*) beam; (*di bilancia*) needle; (*dello gnomone*) style; (*braccio del giradischi*) stylus **3** (*pugnale*) stiletto*; dagger **4** (*zool., bot.*) style.
stilòbate, *m.* (*archit.*) stylobate.
stilòforo, A *a.* (*archit.*) column-bearing. **B** *m.* **1** (*archit.*) column-bearing figure **2** (*portapenna*) penholder.
stilogràfica, *f.* fountain pen.
stilogràfico, *a.* stylographic; fountain-pen (*attr.*): **inchiostro s.**, fountain-pen ink; **penna stilografica**, fountain pen.
stiloide, *a.* (*anat.*) styloid.
stima, *f.* **1** (*valutazione*) estimate, (e)valuation, appraisal, appreciation, rating, assessment; (*prezzo stimato*) valuation, estimate: **la s. di una proprietà [di un gioiello]**, the valuation of an estate [of a jewel]; **fare la s. di un gioiello**, to assess the value of a jewel; to make an evaluation of a jewel; **fare una s. dei danni**, to make an assessment of damage; to assess damage; **Dammi una s. approssimata del costo**, give me a rough estimate of the cost; **La s. del patrimonio fu sbagliata**, the appraisal of the estate was mistaken; **s. prudenziale**, conservative estimate; **s. eccessiva**, overestimate; **s. catastale**, cadastral estimate (*o* survey); **valore di s.**, estimated value **2** (*buona opinione*) esteem; estimation; regard; good opinion; respect; credit; appreciation; consideration: **avere molta s. di q.**, to think highly of sb.; to hold sb. in high esteem (*o* high regard); to have a high opinion of sb.; **perdere la s. di q.**, to lose sb.'s esteem (*o* good opinion); to go down in sb.'s estimation; **crescere nella s. di q.**, to go up in sb.'s estimation; **guadagnarsi la s. dei colleghi**, to win the respect of one's colleagues; **godere la s. di tutti**, to enjoy general respect; to be generally appreciated; **degno di s.**, worthy; respectable; estimable; **manifestazione di s.**, expression of regard (*o* esteem); appreciation; **s. di sé**, self-esteem; **successo di s.**, succès d'estime (*franc.*) **3** (*naut.*) reckoning: **s. della posizione**, dead reckoning; **fare la s. della propria posizione**, to calculate one's position by dead reckoning; **errore di s.**, difference between estimated and observed position; **punto di s.**, estimated position **4** (*agric.*) stock: **stime morte**, dead stock; **stime vive**, live stock.
stimàbile, *a.* **1** (*valutabile*) estimable; valuable; assessable; appraisable **2** (*rispettabile*) respectable; worthy; estimable.
stimàre, A *v. t.* **1** (*valutare*) to estimate; to value; to appraise; to rate; to assess: **s. il valore di q.c.**, to estimate (*o* to appraise, to assess) the value of st.; to put (*o* to set) a value to st.; **s. una proprietà**, to value a property; **s. i danni**, to assess damage; **L'incendio ha causato danni stimati a tre miliardi**, the fire caused damage estimated at two billion lire; **s. una distanza**, to estimate (*o* to calculate) a distance; **fare s. q.c.**, to have st. valued **2** (*apprezzare*) to value; to think* highly of; to appreciate; to esteem: **I suoi superiori lo stimano molto**, his superiors think highly of him (*o* value him greatly); **È un uomo che tutti stimano**, he is held in high consideration (*o* regard, esteem) by everyone; **Come compositore era poco stimato**, as a composer he was not much thought of (*o* appreciated); **Lo stimo molto come economista**, I rate him highly as an economist **3** (*giudicare, ritenere*) to consider; to think*; to judge; to count; to deem; to repute; to regard: **Stimo inutile questa lettera**, I consider this letter useless; **Stimo che la miglior cosa sia di non cedere**, I think the best thing to do is not to give in; **Lo stimo molto intelligente**, I consider him (to be) very intelligent; I regard him as very intelligent **4** (*naut.*) to calculate by dead reckoning. ● **s. q.c. al di sopra [al di sotto] del suo valore**, to overestimate [to underestimate] st. □ **s. q.c. a occhio**, to make a rough estimate of st. **B stimàrsi,** *v. rifl.* to consider oneself; to think* oneself: **Non si stima capace di riuscire**, he doesn't consider himself capable of succeeding; **s. fortunato**, to consider (*o* to count, to think) oneself lucky; **Non mi stimo degno di un tale onore**, I don't consider myself worthy of such an honour; **s. moltissimo**, to have a very high opinion of oneself.
stimàto, *a.* **1** (*valutato*) estimated; valued; appraised: **valore s.**, estimated value; **prezzo s.**, valued price **2** (*apprezzato*) reputable; highly considered; highly-regarded; much thought of; well-reputed; of high repute; esteemed: **un cardiologo molto s.**, a highly considered cardiologist; a cardiologist of high repute **3** (*naut.*) estimated **4** (*nelle lettere*) – **Abbiamo ricevuto la stimata vostra del...**, we have received your letter of the...
stimatóre, *m.* (*f.* **-trice**) (*comm.*) appraiser; assessor; estimator; valuer; valuator.
stimma, stimmate, *V.* **stigma, stigmate**.
stimmatizzàre, *V.* **stigmatizzare**.
stimolànte, A *a.* stimulating; attractive; stirring; challenging; tantalizing; exhilarating: **esempio s.**, stimulating (*o* stirring) example; **idea s.**, stirring (*o* attractive) idea; **problema s.**, challenging problem; **proposta s.**, attractive proposal; **esperienza s.**, stirring (*o* exhilalating) experience. **B** *m.* (*farm.*) stimulant.
stimolàre, *v. t.* **1** (*incitare, spronare*) to stimulate, to incite, to spur, to drive*; (*pungolare*) to goad, to prod: **L'ambizione lo stimolò al successo**, ambition spurred him on to success; **Il nuovo clima economico stimolerà la domanda**, the new economic climate will stimulate demand; **s. q. con la speranza d'un premio**, to stimulate sb. with the hope of reward **2** (*eccitare*) to stir up, to rouse, to tantalize; (*acuire*) to stimulate, to whet: **s. l'invidia**, to rouse (*o* to stir up) envy; **s. la curiosità di q.**, to rouse (*o* to stir up) sb.'s curiosity; **s. l'appetito**, to whet one's appetite **3** (*fisiol.*) to stimulate. **4** (*usare il pungolo*) to goad: **s. i buoi**, to goad oxen.
stimolatóre, A *m.* (*f.* **-trice**) stimulator; inciter. ● (*med.*) **s. cardiaco**, pacemaker. **B** *a.* stimulating; stirring; inciting.
stimolazióne, *f.* stimulation (*anche fisiol.*); incitement.
stimolo, *m.* **1** (*incitamento*) stimulus*; incitement; incitation; pressure; incentive; urge; spur; goad: **Per agire ha bisogno di uno s.**, he needs incitement to act; **decidere sotto lo s. dell'urgenza**, to decide under pressure; **s. sessuale**, sexual urge **2** (*assillo*) prick; pang; sting: **lo s. della fame**, the pangs of hunger; **lo s. della coscienza**, the prick of conscience **3** (*fisiol.*) stimulus* **4** (*lett.*: *pungolo per i buoi*) goad. ● **gli stimoli naturali**, the demands of nature.
stincàta, *f.* blow (*o* kick) on the shin.
stinco, *m.* **1** shin(bone); (*anat.*) tibia* **2** (*zool.*) cannon-bone **3** (*cucina*) shin: **s. di vitello**, shin of veal. ● (*fig.*) **non essere uno stinco di santo**, to be far from being a saint; to be no angel.
stingere, A *v. t.* to fade; to bleach: **Il sole aveva stinto il tappeto**, the sun had faded the carpet. **B** *v. i.* to fade; to run*: **una stoffa che non stinge**, a material that does not fade; **La camicetta ha stinto su tutto il bucato**, the colour of the blouse ran and stained all the washing; **che non stinge**, colourfast; fast; solid. **C stingersi,** *v. i. pron.* to fade; to discolour.
stinto, *a.* faded; discoloured; rusty.
stipàre, A *v. t.* (*cose o persone*) to crowd, to huddle, to cram, to pack, to jam; (*solo cose*) to stuff: **Li stiparono tutti in una stanza**, they crowded (*o* packed) them all into a room; **Fummo stipati nella sala d'aspetto**, we were huddled into the waiting room; **Il pubblico stipava il cinema**, the audience packed the cinema; the cinema was packed (with people); **Stipò in fretta le carte nel cassetto**, he hurriedly stuffed (*o* crammed) the papers into the drawer; **s. abiti in un baule**, to cram (*o* to pack) clothes into a trunk; to pack a trunk with clothes. **B stipàrsi,** *v. i. pron.* (*accalcarsi*) to crowd, to huddle, to throng, to be pressed together; (*riempirsi*) to fill up: **Ci stipammo sotto la pensilina**, we crowded under the shelter; **Il teatro andava stipandosi**, the theatre was filling up.
stipàto, *a.* crowded; thronged; crammed; packed; stuffed; jam-packed; packed full; chockfull (*fam.*); chock-a-block (*fam.*): **essere s. di gente**, to be crowded (*o* thronged, jam-packed) with people; **Eravamo stipati in sei per cabina**, we were packed six to a cabin; **I mezzi erano stipati**, buses and trams were chock-a-block with people; **uno stadio s.**, a packed stadium; **una stanza stipata di mobili**, a room stuffed with furniture; **una congerie di oggetti stipati in un cassetto**, a motley collection of things crammed in a drawer.
stipe, *f.* (*archeol.*) votive offerings (*pl.*).
stipendiàre, *v. t.* **1** (*assumere*) to employ; to take* on; to hire **2** (*retribuire con uno stipendio*) to pay* a salary (*o* wages) (to sb.).
stipendiàto, A *a.* salaried; paid; (*pagato da, al servizio di*) paid, on sb.'s payroll: **impiegati stipendiati**, salaried employees; **lavoro s.**, paid job; **È s. dal comune**, he is in the employ of the town council (*o* on the town council payroll). **B** *m.* (*f.* **-a**) salaried person; employee.
stipèndio, *m.* salary; pay; earnings (*pl.*): **s. mensile [settimanale]**, monthly [weekly] pay; **s. arretrato**, back pay; **s. base**, basic salary; **s. fisso**, regular salary (*o* pay); **s. lordo**, gross salary; **s. netto**, net salary; take-home pay; **s. ridotto**, half-pay; **ritirare lo s.**,

to draw one's salary; **ricevere uno s.**, to receive a salary; **Ho un buono s.**, I am well paid; I get a good salary; **essere allo s. di q.**, to be on sb.'s payroll; **aumento di s.**, (pay) rise (*GB*); (pay) raise (*USA*); salary increase; **basato sullo s.**, earnings-related.

stipettàio, *m.* cabinet maker.

stipetteria, *f.* cabinet-making.

stipétto, *m.* cabinet; (*armadietto*) locker.

stipite, *m.* ***1*** (*archit.*) jamb; post: **s. di porta**, door jamb; doorpost; **s. di finestra**, window jamb; **s. in pietra**, jambstone ***2*** (*bot.*) stipe; stalk; (*fusto*) trunk ***3*** (*fig.*: *ceppo, origine*) stock; strain.

stipo, *m.* cabinet.

stipola, *f.* (*bot.*) stipule.

stipolàto, *a.* (*bot.*) stipulate(d).

stipsi, *f.* (*med.*) constipation; costiveness.

stipula, *V.* **stipulazione**.

stipulànte, (*leg.*) **A** *a.* stipulating. **B** *m.* e *f.* stipulator; stipulating party.

stipulàre, *v. t.* (*redigere*) to draw* up; (*concordare*) to agree upon, to enter into, to contract; (*pattuire*) to stipulate, to condition, to provide: **s. un contratto**, to enter into a contract; (*redigerlo*) to draw up a contract; **s. un accordo**, to enter into an agreement; **s. una polizza di assicurazione**, to take out an insurance policy.

stipulàto, *a.* (*redatto*) drawn up; (*pattuito*) stipulated; (*concordato*) agreed upon: **i patti stipulati**, the terms agreed upon; **prezzo s.**, agreed price.

stipulazióne, *f.* (*stesura*) drawing-up; (*accordo*) agreement; (*contratto*) contract: **la s. d'un contratto**, the drawing up of a contract.

stiracalzóni, *m. invar.* trouser press.

stiracchiaménto, *m.* ***1*** (*l'allungare distendendo*) stretching; stretch ***2*** (*fig. fam.*: *il mercanteggiare*) haggling; bargaining ***3*** (*fig. fam.*: *il distorcere*) forcing; straining; quibbling (over st.).

stiracchiàre, **A** *v. t.* ***1*** (*allungare distendendo*) to stretch: **s. le gambe**, to stretch one's legs ***2*** (*tirare in lungo*) to draw* out. **B** *v. t.* e *i.* ***1*** (*fig. fam.*: *forzare*) to strain; to stretch; to force; to quibble over: **s. il significato d'una frase**, to strain the meaning of a sentence; **s. una legge**, to stretch a law ***2*** (*fig. fam.*: *mercanteggiare*) to haggle (over); to bargain (for, over): **Non mi piace stare a s.**, I don't like haggling over prices (*o* bargaining); **s. il** (*o* **sul**) **prezzo di q.c.**, to haggle over the price of st. **C stiracchiàrsi**, *v. rifl.* to stretch.

stiracchiàto, *a.* (*forzato*) forced, strained; (*lambiccato*) far-fetched.

stiracchiatùra, *f.* (*interpretazione forzata*) forced (*o* strained) interpretation; far-fetched conclusion; quibbling: **Queste sono stiracchiature**, these interpretations are far-fetched.

stiràggio, *m.* ***1*** (*il distendere*) stretching ***2*** (*dei capelli*) straightening.

stiramàniche, *m. invar.* sleeve board.

stiraménto, *m.* ***1*** (*il distendere*) stretching; stretch, extension ***2*** (*med.*) straining; pulling; strain; sprain: **s. muscolare**, muscle sprain.

stiràre, **A** *v. t.* ***1*** (*allungare distendendo*) to stretch: **s. le gambe** [**le braccia**], to stretch one's legs [one's arms] ***2*** (*col ferro da stiro*) to iron; to press: **s. un paio di calzoni**, to iron a pair of trousers; **s. a vapore**, to steam-iron; **Oggi devo s.**, I have to do the ironing today; **bucato da s.**, ironing; **una stoffa che si stira bene**, a material that irons well; **che non si stira**, non-iron (*attr.*); drip-dry (*attr.*); wash and wear (*attr.*) ***3*** (*lisciare*) to smooth down: **Si stirò la gonna per coprire le ginocchia**, she smoothed her skirt down over her knees ***4*** (*i capelli*) to straighten ***5*** (*med.*) to strain; to pull: **stirarsi un muscolo**, to pull a muscle ***6*** (*ind. tess.*) to draw*. **B stiràrsi**, *v. rifl.* to stretch.

stiràta, *f.* ***1*** stretching; stretch ***2*** (*stiratura frettolosa*) quick press.

stiràto, *a.* ***1*** ironed; pressed: **camicie stirate**, ironed shirts; **la roba stirata**, the ironing ***2*** (*med.*) strained; pulled.

stiratóio, *m.* ***1*** (*panno per stirare*) ironing blanket; ironing board cover ***2*** (*ind. tess.*) drawing frame.

stiratóre, *m.* (*f.* **-trice**) ironer.

stiratrice, *f.* ***1*** ironing machine ***2*** *V.* **stiratoio**.

stiratùra, *f.* ***1*** (*di tessuti*) ironing; pressing: **s. a vapore**, steam-ironing ***2*** (*dei capelli*) straightening ***3*** (*ind. tess.*) drawing ***4*** (*mecc.*) stretching ***5*** (*med.*) strain(ing); pulling.

stirène, *V.* **stirolo**.

stireria, *f.* laundry.

Stìria, *f.* (*geogr.*) Styria.

stirizzìre, **A** *v. t.* to warm: **s. le mani**, to warm one's hands. **B stirizzìrsi**, *v. rifl.* to warm oneself.

stiro, *m.* ***1*** ironing; pressing: **asse da s.**, ironing board; **ferro da s.**, iron ***2*** (*ind. tess.*) drawing.

stiròlo, *m.* (*chim.*) styrene; styrol.

stirpe, *f.* (*lignaggio*) line, lineage, stock, ancestry; (*nascita*) birth, origin, extraction; (*discendenza*) descent, issue, progeny, seed; (*famiglia, anche fig.*) family, kin, race: **essere di nobile s.**, to be of noble birth (*o* stock, descent, extraction); **Fu l'ultimo della sua s.**, he was the last of his line; **la s. dei Plantageneti**, the Plantagenet line; **una s. di eroi**, a race of heroes; **la s. di Adamo**, the seed of Adam; **lingue della stessa s.**, languages of the same family.

stitichézza, *f.* constipation; costiveness.

stitico, *a.* ***1*** suffering from constipation; constipated; costive ***2*** (*fig.*: *misero, striminzito*) scanty; poor ***3*** (*fig.*: *taccagno*) niggardly; mean; stingy.

stiva, *f.* (*naut.*) hold: **s. di poppa**, after hold; **ponte di s.**, orlop (deck); **s. per il carbone**, bunker; **mettere nella s.**, to stow.

stivàggio, *m.* (*naut.*) stowage: **s. alla rinfusa**, stowage in bulk; **spese di s.**, stowage (charges).

stivalàio, *m.* boot maker.

stivalàto, *a.* booted; wearing boots.

stivàle, *m.* boot: **mettersi** [**togliersi**] **gli stivali**, to put on [to take off] one's boots; **stivali al ginocchio**, knee-high boots; **stivali al polpaccio**, half-boots; **stivali alla scudiera**, jackboots; **stivali all'inglese**, top boots; **stivali da equitazione**, riding boots; **stivali da pesca**, waders; **stivali di gomma**, rubber boots gumboots; Wellington boots (*o* wellingtons, *fam.* wellies) (*GB*). ● **lo S.** (*l'Italia*), Italy □ **gli stivali delle sette leghe**, the seven-leagued boots □ (*spreg.*) **dei miei stivali**, third-rate; worthless: **quell'avvocato dei miei stivali!**, that third-rate (*o* pettyfogging) lawyer!; **quel dottore dei miei stivali!**, that quack! □ **il gatto con gli stivali**, Puss in Boots □ (*fig.*) **lustrare gli stivali a q.**, to lick sb.'s boots.

stivaleria, *f.* boot factory.

stivalétto, *m.* boot; ankle boot: **stivaletti con l'elastico ai lati**, elastic-sided boots; gaiters (*USA*); **stivaletti per pattinaggio**, skating boots.

stivalóne, *m.* ***1*** high boot; (*mil.*) Wellington boot ***2*** (*per pescatori*) wader.

stivàre, *v. t.* ***1*** (*naut.*) to stow; to steeve: **s. merci alla rinfusa**, to stow goods in bulk ***2*** (*caricare*) to load ***3*** (*pigiare*) to cram; to pack; to stuff.

stivàto, *a.* ***1*** (*naut. e di carico in genere*) stowed ***2*** (*fig.*: *pigiato*) packed; crammed; crowded; stuffed.

stivatóre, *m.* (*naut.*) stevedore; longshoreman* (*USA*); stower.

stizza, *f.* irritation; annoyance; vexation; anger; pique; huff; (ill-)temper: **un gesto di s.**, a gesture of annoyance; an irritated gesture; **un momento di s.**, a fit of (ill-)temper; a moment of anger; **nascondere la propria s.**, to hide one's annoyance (*o* irritation); **farsi prendere dalla s.**, to lose one's temper; to get into a huff; **pieno di s.**, in a huff; vexed; highly annoyed.

stizzìre, **A** *v. t.* to irritate; to annoy; to vex; to make* (sb.) cross; to get* into a hoff; to peeve (*fam.*); to rile (*fam.*); to bug (*fam.*). **B** *v. i.* e **stizzìrsi**, *v. i. pron.* to get* cross (*o* tetchy, testy); to get* into a huff.

stizzìto, *a.* cross; irritated; vexed; annoyed; piqued; in a huff (*pred.*); in a temper (*pred.*); riled (*fam.*); bugged (*fam.*): **un gesto s.**, an irritated gesture; **un'occhiata stizzita**, a cross look; **Se ne andò tutto s.**, he left in a huff; **«Potevi dirmelo!» esclamò s.**, «you could have told me!» he huffed (*o* snapped).

stizzosaménte, *avv.* irritably; testily; huffily; in a temper; in a huff: **dire s.**, to say; to huff.

stizzosità, *f.* testiness; tetchiness; peevishness; fractiousness.

stizzóso, *a.* ***1*** (*che si stizzisce facilmente*) easily-offended; irascible; bad-tempered; cantankerous; testy; tetchy; peevish; fretful; fractious: **carattere s.**, irascible temper; tetchiness; peevishness; **un bambino s.**, a peevish (*o* fractious) child ***2*** (*indispettito*) cross; huffy; testy; petulant: **parole stizzose**, testy words; **voce stizzosa**, petulant voice ***3*** (*insistente*) persistent: **tosse stizzosa**, persistent cough.

sto, *1ª pers. sing. indic. pres. di* **stare**.

stòa, *f.* (*archit. greca*) stoa; portico.

stocàstico, *a.* (*stat.*) stochastic.

stoccafisso, *m.* stockfish; dried cod. ● **rigido come uno s.**, as stiff as a poker □ (*fig.*) **sembrare uno s.**, to look like a rake.

stoccàggio, *m.* (*comm.*) storage; warehousing; stockpiling.

stoccàta, *f.* ***1*** (*colpo di stocco*) (rapier) thrust; stab: **vibrare una s. a q.**, to aim a thrust at sb. ***2*** (*scherma*) thrust; hit: **una s. andata a segno**, a hit; **mettere a segno una s.**, to score a hit ***3*** (*calcio*) shot at goal ***4*** (*fig.*: *battuta pungente*) gibe; hit; dig; (home) thrust ***5*** (*fig.*: *richiesta di denaro*) touch: **Mi ha dato una s. di cinquantamila lire**, he touched me for fifty thousand lire.

stoccatóre, *m.* (*f.* **-trice**) ***1*** (*scherma*) thruster; (*calcio*) shooter ***2*** (*fig.*: *chi dice battute pungenti*) giber ***3*** (*fig.*: *chi chiede denaro*) cadger; sponger.

stocchista, *V.* **stockista**.

stòcco (**1**), *m.* (*arma da punta*) rapier. ● **bastone da s.**, swordstick.

stòcco (**2**), *m.* (*fusto del granturco*) cornstalk.

Stoccólma, *f.* (*geogr.*) Stockholm.

stock (*ingl.*), *m. invar.* (*comm.*) stock; inventory.

stockista, *m.* e *f.* (*comm.*) wholesaler; stockist (*GB*).

stòffa, *f.* ***1*** (*tessuto*) cloth; material; fabric: **s. di lana** [**di seta, di cotone**], wollen [silk, cotton] fabric (*o* cloth, material, fabric); **s. alta** [**bassa**], wide [narrow] material; **s. leggera** [**pesante**], light [heavy] cloth (*o* material, fabric); **s. fantasia**, fancy cloth; **s. per abiti**, (*da donna*) dress material; (*da uomo*) suiting; **s. da cappotti**, coat material; **negozio di stoffe**, draper's shop; drapery store (*USA*); **un taglio di s.**, a cut (*o* length) of material; **Occorrono quattro metri di s. per fare quel vestito**, it will take four metres of cloth to make that dress ***2*** (*fig. fam.*: *capacità*) stuff; makings (*pl.*): **Tu hai la s. del direttore d'orchestra**, you have the makings of a conductor; **Il ragazzo ha della s., bisogna farlo studiare**, the boy has got talent, he should go on with his studies; **avere la s. per fare l'ufficiale**, to be officer material; **Non ha la s. per riuscire**, he hasn't got what it takes to succeed; **Non ho la s. dell'eroe**, mine is not the stuff heroes are made of; **Lui è fatto di tutt'altra s.**, he is made of a different stuff altogether.

stoicaménte, *avv.* stoically; with stoicism; unflinchingly; with fortitude; like a stoic.

stoicismo, *m.* ***1*** (*filos.*) Stoicism ***2*** (*fig.*)

stoicism; fortitude: **sopportare q.c. con s.**, to endure st. with stoicism (*o* stoically).

stòico, A *m.* (*f.* **-a**) **1** (*filos.*) Stoic **2** (*fig.*) stoic. **B** *a.* **1** (*filos.*) Stoic; of the Stoics: **filosofia stoica**, stoic philosophy **2** (*fig.*) stoic(al): **con fermezza stoica**, with stoic fortitude; stoically.

stoìno, *m.* doormat.

stòla, *f.* **1** (*sciarpa di pelliccia*) stole: **s. di visone** [**di ermellino**], mink [ermine] stole **2** (*eccl.*) stole **3** (*stor.*) stole.

stolidaménte, *avv.* dully; obtusely; stupidly.

stolidézza, stolidità, *f.* stupidity; dullness; obtuseness; slow wit.

stòlido, A *a.* stupid; obtuse; dull; slow-witted; (*sciocco*) foolish, stupid. **B** *m.* (*f.* **-a**) dolt; blockhead; fool.

stóllo, *m.* (*agric.*) pole (of a haystack).

stolóne (1), *m.* (*fregio di piviale*) orphrey.

stolóne (2), *m.* **1** (*bot.*) stolon; runner **2** (*zool.*) stolon.

stoltaménte, *avv.* foolishly; stupidly.

stoltézza, *f.* **1** foolishness; stupidity **2** (*azione stolta*) foolish action, folly, stupidity; (*parole stolte*) nonsense, stupid talk.

stólto, A *a.* foolish; stupid: **opinione stolta**, foolish (*o* stupid) opinion; **s. orgoglio**, foolish pride; **parlare da s.**, to speak foolishly (*o* like a fool). **B** *m.* (*f.* **-a**) fool; idiot.

stòma, *m.* (*bot.*) stoma*.

stomacàle, *a.* stomachic; stomachal; stomach (*attr.*).

stomacànte, *V.* **stomachevole**.

stomacàre, A *v. t.* (*anche fig.*) to nauseate; to disgust; to revolt; to turn sb.'s stomach; to make* sick; to sicken: **cibo che stomaca**, nauseating food; **Quella visita mi stomacò**, that sight turned my stomach (*o* made me sick). **B stomacàrsi,** *v. i. pron.* to feel* sick; to be nauseated; to be disgusted.

stomacàto, *a.* (*anche fig.*) sick; nauseated; disgusted; revolted.

stomachévole, *a.* (*anche fig.*) nauseating; disgusting; revolting; sickening; loathsome: **odore s.**, disgusting (*o* sickening) smell; **cibo s.**, nauseating (*o* revolting) food; **vista s.**, nauseating sight; **comportamento s.**, revolting behaviour; **moine stomachevoli**, disgusting cajolery.

stomàchico, *a.* e *m.* (*farm.*) stomachic.

stòmaco, *m.* **1** stomach; tummy (*infant.*): **avere uno s. debole** [**robusto**], to have a weak [a strong] stomach; **mal di s.**, stomach-ache; a pain in the stomach; tummy-ache (*infant.*); **bruciore allo s.**, heartburn; **crampi allo s.**, stomach cramps; **rovinarsi lo s.**, to ruin (*o* to spoil) one's stomach; **essere delicato di s.**, to have a weak digestion; (*fig.*) to be squeamish **2** (*fig. fam.*: *coraggio*) strong stomach, nerve, guts (*pl.*, *fam.*); (*sfacciataggine*) nerve, impudence, effrontery, cheek: **Ci vuole un bello s. per guardare film simili!**, it takes a strong stomach to watch such films!; **non avere lo s. di fare q.c.**, not to have the nerve to do st.; **Ha avuto lo s. di chiedermi un aumento**, he had the nerve (*o* the impudence) to ask for a rise. ● **da prendersi a s. pieno** [**vuoto**], to be taken on a full [an empty] stomach □ **rimanere sullo s.** (*di cibo*), to be indigestible; not to have digested (st.): **Le melanzane mi rimangono sempre sullo s.**, I cannot digest aubergines; I always find aubergines indigestible □ (*fig.*) **avere sullo s.**, to stick in one's throat; (*non sopportare*) not to stand, not to stomach: **Quelle parole ce le avevo proprio sullo s.**, those words really stuck in my throat; **L'ho sullo s.**, I can't stand him □ **avere lo s. in disordine**, to have an upset stomach □ **avere un vuoto allo s.**, to feel faint with hunger □ **avere uno s. di struzzo** (*o* **di ferro**), to have a cast-iron stomach □ **bocca dello s.**, pit of the stomach; solar plexus: **dare a q. un pugno sulla bocca dello s.**, to hit sb. in the solar plexus □ **dare allo s.**, to sicken; to nauseate; to disgust □ **dare di s.**, to be sick (*GB*); to throw up; to vomit □ **riempirsi lo s.**, to fill one's stomach □ **rimettere a posto lo s.**, to settle one's stomach □ (*anche fig.*) **rivoltare lo s.**, to turn sb.'s stomach, to make sb. stomach turn, to make sick: **sentirsi rivoltare lo s.**, to feel one's stomach turn: **Mi si rivoltò lo s. a quella vista**, the sight of it sickened me; that sight turned my stomach □ **togliersi un peso dallo s.**, to take a load off one's mind.

stomacóso, *V.* **stomachevole**.

stomàtico, *a.* **1** (*bot.*) stomatal **2** (*med.*) stomatic.

stomatite, *f.* (*med.*) stomatitis*.

stomatologia, *f.* (*med.*) stomatology.

stomatològico, *a.* (*med.*) stomatologic(al).

stomatòlogo, *m.* (*f.* **-a**) stomatologist.

stomatòpode, *m.* (*zool.*) stomatopod.

Stomatòpodi, *m. pl.* (*zool.*, *Stomatopoda*) Stomatopoda.

stonacàre, *v. t.* to remove plaster from; to unplaster.

stonàre (1), A *v. i.* **1** (*su uno strumento*) to play (*o* to be) out of tune (*o* off key, off pitch), to go* out of tune; (*di voce*) to sing* (*o* to be) out of tune (*o* off key), to sing* flat [sharp]; (*fare una stecca*) to sing* a false note, to miss a note: **Il violino sta stonando**, the violin is playing out of tune (*o* off key); **Il tenore stonò nella prima romanza**, the tenor went out of tune (*o* off pitch) during the first aria **2** (*fig.*: *stridere*) to jar, to clash, not to go* well with; (*non essere in sintonia, essere fuori posto*) to be out of keeping, to strike* a false note, to be out of place: **Il colore del divano stona con la tappezzeria**, the colour of the sofa clashes with the wallpaper; **Le sue parole stonavano con le sue maniere**, his words were out of keeping with his manners; **una nota che stona**, a jarring note. **B** *v. t.* – **Hai stonato il si**, your B was off pitch (*o* was flat, was sharp).

stonàre (2), *v. t.* (*confondere*) to upset*; to bewilder; to disturb.

stonàto, *a.* **1** (*di strumento, voce*) out of tune, off key, off pitch, (*troppo grave*) flat, (*troppo acuto*) sharp; (*di nota*) false, wrong, flat, sharp, off pitch; (*di suono*) jarring, unpleasant: **pianoforte s.**, out-of-tune piano; **La campana diede un suono s.**, the bell gave out a jarring sound; the bell jangled **2** (*di persona*) tone-deaf; unmusical **3** (*fig.*) out of place; out of keeping; jarring; clashing; false: **Il suo intervento fu una nota stonata**, his remark struck a false note.

stonatùra, *f.* **1** (*mus.*: *lo stonare*) singing (*o* playing, being, going) out of tune (*o* off key, off pitch); (*nota stonata*) wrong (*o* off-pitch) note; (*dissonanza*) jar, dissonance, clash: **fare una s.**, to sing (*o* to play, to hit) a false note **2** (*fig.*: *cosa che stona*) jarring note; false note: **essere una s.**, to be a jarring note; to strike a false note; to be out of place; to disagree; to clash.

stop (*ingl.*), *m. invar.* **1** (*telegr.*) stop **2** (*segnale stradale*) stop sign; halt sign: **fermarsi allo s.** (*o* **rispettare lo s.**), to stop at the stop sign; **Non si ferma mai agli s.**, he always runs stop signs (*fam.*); **intimare lo s.**, to halt **3** (*autom.*) stop-light **4** (*calcio*) stop: **fare uno s.**, to stop (*o* to trap) the ball **5** (*boxe*) block; stop **6** (*naut.*) time; instant **7** (*imper.*) – **S., fermi tutti!**, stop everybody!

stóppa, *f.* tow; (*da calafato*) oakum; (*imbottitura*) stuffing. ● **capelli di s.**, (*dritti*) stringy hair □ **carne che sembra s.**, tough (*o* stringy) meat □ **color s.**, tow-coloured; flaxen □ **gambe di s.**, wobbly legs □ (*fig.*) **pulcino nella s.**, babe-in-arms □ **uomo di s.**, man of straw; spineless man; man without backbone; wimp.

stoppàccio, *m.* wad; wadding.

stoppàre (1), *v. t.* (*turare con stoppa*) to stop up with tow; to plug.

stoppàre (2), *v. t.* **1** (*fermare*) to stop; to halt **2** (*calcio*) to stop; to trap.

stoppàta, *f.* (*calcio*) stopping; stop; trapping.

stoppatóre, *m.* (*calcio*) stopper.

stóppia, *f.* (*agric.*) stubble.

stoppino, *m.* **1** (*di candela*) wick **2** (*miccia per fuochi artificiali*) slow match **3** (*ind. tess.*) rove; sliver.

stoppóso, *a.* **1** (*simile a stoppa*) towy; towlike **2** (*tiglioso*) tough, stringy; (*senza sugo*) dry: **carne stopposa**, tough (*o* stringy) meat; **arance stoppose**, dry (*o* juiceless) oranges **3** (*di capelli*) stringy; dry.

storàce, *m.* e *f.* **1** (*bot.*, *Styrax officinalis*) storax; styrax **2** (*resina*) storax **3** (*balsamo*) (Levant) storax.

stòrcere, A *v. t.* **1** to twist; to wrench; to wring*: **s. un braccio a q.**, to twist sb.'s arm; to give a twist to sb.'s arm; **s. una chiave**, to twist a key; **s. un asciugamano bagnato**, to wring out a wet towel; **s. la bocca**, to twist one's mouth; (*fare una smorfia*) to make a (wry) face, to curl up one's lips; **s. gli occhi**, to roll one's eyes; (*fig.*) **s. il naso**, to turn up one's nose **2** (*piegare*) to bend*; (*deformare*) to warp, to buckle: **s. un chiodo**, to bend a nail; **Il calore ha storto le sbarre**, the heat warped the bars **3** (*fig.*: *alterare*) to twist; to distort; to alter: **s. il significato delle parole di q.**, to twist the meaning of sb.'s words **4** (*slogarsi*) to sprain; to wrench; to twist; to dislocate: **storcersi una caviglia**, to sprain (*o* to twist, to wrench) one's ankle; **storcersi un polso**, to twist (*o* to wrench) one's wrist. **B stòrcersi,** *v. rifl.* e *i. pron.* **1** (*contorcersi*) to twist; to writhe: **Si storceva in preda al dolore**, he writhed in pain **2** (*piegarsi*) to bend*; to get* bent; to twist; to warp; to buckle: **La chiave si è tutta storta**, the key got badly bent; **Mi si storse la caviglia**, my ankle twisted under me.

storciménto, *m.* twisting; wrenching; twist; wrench.

stordiménto, *m.* **1** daze; stunned condition; stupor (*anche med.*); stupefaction: **provare s.**, to feel dazed (*o* stunned, giddy); **riprendersi dallo s.**, to come out of a daze; **Il suo s. durò qualche minuto**, he continued to feel dazed for several minutes; **in stato di s.**, in a daze; in a stupor; dazed; **s. ubriaco**, drunken stupor; fuddle **2** (*sbalordimento*) stupefaction; bewilderment.

stordire, A *v. t.* **1** (*intontire*) to daze, to stun, to stupefy; (*frastornare*) to bewilder, to muddle, to confuse, to distract; (*assordare*) to deafen: **La notizia l'ha stordita**, the news stunned her; she was stunned by the news; **s. q. con un colpo alla testa**, to stun (*o* to daze) sb. with a blow on the head; **Il colpo mi aveva un po' stordito**, the blow had dazed me; **I rumori forti mi stordiscono**, loud noises daze (*o* deafen) me; **fracasso che stordisce**, stunning (*o* deafening) noise; **Mi stordirono di domande**, they kept firing questions at me; **Basta un bicchiere per stordirlo**, one glass is enough to befuddle him **2** (*fig.*: *sbalordire*) to stun; to astound; to astonish; to bowl over. **B stordirsi,** *v. rifl.* to stupefy oneself; to dull one's senses; (*con l'alcol*) to drink oneself into a stupor.

storditàggine, *f.* **1** (*disattenzione*) absent-mindedness; carelessness; heedlessness **2** (*stupidità*) foolishness; silliness; stupidity **3** (*azione stordita, errore*) foolish thing (to do), foolish mistake, blunder; (*detto sciocco*) foolish remark.

storditézza, *V.* **storditaggine,** *def. 1.*

stordito, A *a.* **1** (*intontito*) dazed, stunned, stupefied, (*dall'alcol*) befuddled; (*frastornato*) bewildered, distracted, light-headed, giddy; (*assordato*) deafened: **s. dai tranquillanti**, stupefied by drugs; in a drug-induced stupor; **Era s. dalla botta in testa**, the knock on the head had left him stunned (*o* dazed); **Si guardò attorno s.**, he looked round in bewilderment (*o* in a daze); **sentirsi s.**, to feel dazed; **s. dal dolore**, stunned (*o* distracted) with grief; **s. dal successo**, giddy (*o* light--headed) with success **2** (*privo di sensi*) stunned; senseless; knocked unconscious: **Cadde a terra s.**, he fell down senseless; he was knocked unconscious (*o* senseless) **3** (*sbadato, sventato*) careless; heedless; thoughtless; silly; scatterbrained: **Che stordita, mi sono chiusa fuori casa!**, how silly (*o* careless) of me! I've locked myself out. **B** *m.* (*f.* **-a**) silly person; scatterbrain; ass.

stòria, *f.* **1** history: **la s. umana**, human history; **il corso della s.**, the course of history; **il giudizio [la lezione] della s.**, the judgment [the lesson] of history; **imparare dalla s.**, to learn from history; **studiare la s.**, to study history; **una data importante nella s. italiana**, an important date in Italian history; **la s. di una città**, the history of a town; **insegnare s.**, to teach history; **s. antica [medievale, moderna]**, ancient [medieval, modern] history; **s. greca [romana]**, Greek [Roman] history; **s. naturale**, natural history; **s. sacra**, sacred history; **s. dell'arte [della scienza, del cinema]**, history of art [of science, of cinema]; **s. delle idee**, history of ideas; **la s. d'Italia [d'Inghilterra]**, the history of Italy [of England]; **«S. della letteratura francese»**, «A History of French Literature»; **lezione [esame] di s.**, history lesson [exam]; **libro di s.**, history book; **professore di s.**, (*all'università*) professor of history, history professor; (*nella scuola*) history teacher **2** (*racconto, narrazione, favola*) story; tale: **la s. della mia vita**, the story of my life; **la s. della conquista della luna**, the story of the conquest of the moon; **Raccontami una s.!**, tell me a story!; **un libro di storie**, a book of tales; **storie di avventure**, tales of adventure; adventure stories; adventure yarns (*fam.*); **s. di fate**, fairy tale; fairy story; **s. di fantasmi**, ghost story; **la s. di Biancaneve**, the story of Snow--white; **una s. che non finiva più**, an endless yarn **3** (*vicenda narrata, faccenda, cosa*) story; affair; thing; business; matter: **Dunque, la s. è questa**, now then, here's the whole story (*o* this is how it went); **Che s.! Ma tu ci credi?**, what a story! do you really believe it?; **Questa è un'altra s.**, that is another story (*o* matter); **Bisogna finirla con questa s.**, this story must stop; it's time to put an end to this thing; **C'entra anche lui in questa s.?**, is he involved in this matter (*o* affair, thing) too?; **una brutta s.**, a nasty (*o* an ugly) story (*o* business); **una s. sporca**, a nasty (*o* an unsavoury) story (*o* affair); **una s. di occasioni mancate**, a story of missed opportunities; **È sempre la stessa s.**, it's always the same old story (*o* thing); **È una s. lunga**, it's a long story (*o* tale); **Mi dicono tutti la stessa s.**, they all tell me the same story (*o* tale); **C'è dietro tutta una s.**, there's a whole story behind it; (*scherz.*) thereby hangs a tale; **Hai sentito la s. del nuovo contratto?**, did you hear about the new contract?; **Non voglio più saperne di questa s.**, I don't want to hear any more about this **4** (*diceria*) story, tale, rumour; (*frottola*) story, tale, yarn, fiction, lie, fib (*fam.*); (*sciocchezza*) nonsense, rubbish: **Ho sentito un sacco di storie sul loro matrimonio**, I've heard all sorts of stories (*o* tales) about their marriage; **Circolano molte storie su di loro**, rumours are rife about them; **una s. che non regge**, a story that won't hold (*o* won't wash); **raccontare storie**, to tell tales; to spin yarns: **Non raccontare storie!**, don't tell tales (*o* fibs); **Sono tutte storie**, it's all tales; it's all fiction; it's all nonsense **5** (*pl.*) (*obiezioni, difficoltà*) objection (*sing.*), question, fuss (*sing.*); (*pretesto*) excuse, pretext: **fare (delle) storie**, to raise objections; to object (to st.); **fare un sacco di storie**, to kick up a fuss; **Quando gli ho chiesto quel documento, ha fatto delle storie**, when I ask him for that paper, he raised objections; **Ha fatto un sacco di storie per venire anche lui**, he kicked up a fuss because he wanted to come too; **Ci segua senza fare storie**, come with us without making a fuss; **Non fare tante storie, dimmi sì o no!**, don't beat about the bush (*o* don't fudge), answer yes or no!; **Questa è una delle sue storie per non partire**, this is just one of his pretexts (*o* excuses) for not leaving. ● **Storie!**, rubbish!; nonsense!; (*ma va'!*) go on!, get away with you! □ **s. d'amore**, love story; love affair □ **s. di copertina**, cover story □ **s. orale**, oral history □ (*fig.*) **s. vecchia**, ancient history; old hat (*fam.*) □ **appartenere alla s.**, to belong to history; (*al passato*) to belong to the past □ **avere una s. con q.**, (*avere a che fare*) to have to do with sb.; (*avere una relazione*) to have an affair with sb. □ **Basta con questa s.!**, enough of this!; I won't hear any more of this! □ **Che cosa sono queste storie?**, what's going on here? □ **Che storie sono queste?**, what's the big idea? □ **È s. autentica, ti dico!**, it's absolutely true, I promise you! □ **fare s.**, to make history; to become history: **una decisione che ha fatto s.**, a decision that made history □ **passare alla s.**, to go down in history □ **per la s.**, for the record □ **Poche storie!**, don't make a fuss! □ **Quante storie!**, what a fuss!; all that fuss! □ **senza tante storie**, without any fuss; without question; without objecting; unquestioningly □ **La s. è maestra di vita**, history is a teacher of life.

storicaménte, *avv.* historically; from a historical point of view; (*veramente*) really, actually: **s. fondato**, based on history; **un personaggio s. esistito**, a person that really (*o* actually) existed; a historical character.

storicìsmo, *m.* (*filos.*) historicism.

storicista, *m. e f.* (*filos.*) historicist.

storicìstico, *a.* (*filos.*) historicist (*attr.*).

storicità, *f.* historicity; historical authenticity.

storicizzàre, *v. t.* to historicize; (*porre in un contesto storico*) to put* in a historical context, to view in a historical perspective.

storicizzazióne, *f.* historicization.

stòrico, **A** *a.* **1** (*della storia o relativo alla storia*) historical; historic: **fatto s.**, historical fact (*o* event); **avvenimenti storici**, historical events; **personaggio s.**, historical character; **studi storici**, historical studies; **critica storica**, historical criticism; **materialismo s.**, historical materialism; **grammatica storica**, historical grammar; **metodo s.**, historical method; **dare una lettura storica di un evento**, to place a fact in a historical perspective; **dare un giudizio s. di un evento**, to assess an event from a historical point of view; **romanzo s.**, historical novel; **film s.**, historical film; **centro s.**, historic centre; old town; **luogo s.**, historic place; (*gramm.*) **presente s.**, historical present **2** (*degno di essere ricordato*) memorable; historic; to be remembered (*pred.*); momentous; epoch-making; watershed (*attr.*): **una giornata storica**, a historic day; a day to be remembered; **discorso s.**, memorable speech; **decisione storica**, momentous (*o* epoch-making, historic, watershed) decision **3** (*fam.*: *noto a tutti*) well-known: **Questa è una cosa storica**, that is well-known. **B** *m.* (*f.* **-a**) historian; historiographer.

stórico-critico, *a.* historico-critical.

storièlla, *f.* **1** (*breve storia*) anecdote; brief story **2** (*barzelletta*) funny story; joke: **È una buona s.**, that's a good joke **3** (*frottola*) tale; fib (*fam.*): **raccontare storielle**, to tell tales.

storiografia, *f.* historiography.

storiogràfico, *a.* historiographic(al).

storiògrafo, *m.* (*f.* **-a**) historiographer; historian.

storióne, *m.* (*zool.*, *Acipenser sturio*) sturgeon.

stormire, **A** *v. i.* to rustle. **B** *m.* rustling; rustle.

stórmo, *m.* **1** (*di uccelli*) flight; flock; (*di quaglie*) bevy; (*di pernici*) covey; (*di insetti*) swarm: **uno s. di rondini**, a flight of swallows; **uno s. d'oche selvatiche**, a flock of wild geese; **uno s. di zanzare**, a swarm of mosquitoes **2** (*frotta*) flock; swarm; bevy: **uno s. di bambini**, a swarm of children; **uno s. di ragazze ridacchianti**, a bevy of giggling girls **3** (*aeron.*) formation. ● **a stormi**, in flocks □ **suonare a s.**, to ring the tocsin.

stornàre, *v. t.* **1** (*allontanare*) to ward off; to stave off; to turn aside; to avert; to avoid: **s. il pericolo**, to avert the danger; **s. un colpo**, to ward off (*o* to turn aside) a blow **2** (*fig.*: *distogliere*) to divert; (*dissuadere*) to dissuade, to turn (sb. from st.), to put* off: **s. l'attenzione di q. da q.c.**, to divert sb.'s attention from st.; **s. q. dal suo proposito**, to dissuade (*o* to turn) sb. from his purpose; to make sb. change his mind; to talk sb. out of doing st.; **s. q. da tristi pensieri**, to take sb.'s mind from his worries **3** (*rag.*) to transfer; to reverse; to divert; (*illecitamente*) to siphon off: **s. una somma**, to transfer an amount; **s. una scrittura**, to reverse an entry **4** (*comm.*: *annullare*) to cancel: **s. un contratto**, to cancel a contract; **s. un'ordinazione**, to cancel an order.

stornellàre, *v. i.* to sing* stornelli.

stornellàta, *f.* singing of stornelli.

stornellatóre, *m.* singer of stornelli.

stornèllo (1), *m.* (*mus.*, *lett.*) stornello*; ditty.

stornèllo (2), *V.* **storno (2)**.

stórno (1), *a.* (*zool.*) dapple-grey: **un cavallo s.**, a dapple-grey (horse).

stórno (2), *m.* (*zool.*, *Sturnus vulgaris*) starling. ● **s. roseo** (*Pastor roseus*), pastor.

stórno (3), *m.* **1** (*rag.*) transfer; reversal; diversion: **lo s. di fondi**, the diversion of funds; **uno s. di scrittura**, a reversal of entry **2** (*comm.*: *annullamento*) cancellation: **lo s. di un'ordinazione**, the cancellation of an order. ● **fare lo s. d'una somma**, to transfer an amount.

storpiaménto, *V.* **storpiatura**, *def. 1* e *2*.

storpiàre, **A** *v. t.* **1** (*rendere storpio*) to cripple; (*azzoppare*) to lame; (*mutilare*) to maim; (*rendere deforme*) to cripple, to deform: **L'incidente l'ha storpiato per sempre**, the accident crippled him permanently; **L'artrite mi ha storpiato le mani**, arthritis has deformed (*o* crippled) my hands **2** (*fig.*: *pronunziare male*) to mispronounce; (*dire male*) to mangle; (*scrivere con errori*) to misspell: **s. un nome**, to mispronounce (*o* to misspell) a name; **s. le parole**, to mangle (*o* to mispronounce) words **3** (*eseguire male*) to bungle; to botch. **B** **storpiàrsi,** *v. i. pron.* to be crippled (*o* lamed, maimed); to become* a cripple.

storpiàto, *a.* **1** (*deforme nelle membra*) crippled, deformed, misshapen; (*mutilato*) maimed; (*zoppo*) lame **2** (*fig.*: *pronunziato male*) mispronounced; (*detto male*) mangled; (*scritto con errori*) misspelt: **parole storpiate**, mangled (*o* mispronounced) words **3** (*eseguito male*) bungled, botched: **lavoro s.**, bungled job; bungle; botch.

storpiatùra, *f.* **1** (*di membra*) crippling, maiming; (*azzoppatura*) laming **2** (*fig.*: *il pronunziare male*) mispronouncing, mispronounciation; (*il dire male*) mangling; (*lo scrivere con errori*) misspelling: **la s. d'una parola**, the mangling (*o* mispronunciation) of a word **3** (*l'eseguire male*) bungling; botching **4** (*fig.*: *distorsione*) alteration; misrepresentation; distorsion **5** (*cosa mal fatta*) bungle; botch.

stòrpio, **A** *a.* crippled; crooked; maimed; (*zoppo*) lame: **Era nato s.**, he had been born a cripple. **B** *m.* (*f.* **-a**) cripple.

stòrta (1), *f.* (*torsione*) twist; (*distorsione*) wrench, twist, sprain: **Mi dette una s. al braccio**, he gave my arm a twist; he twisted my arm; **Presi una brutta s. al piede nel saltare giù dall'albero**, I gave my ankle a bad wrench (*o* I twisted my ankle badly) when I jumped off the tree.

stòrta (2), *f.* (*chim.*) retort; still.

stortignàccolo, *a.* (*fam.*) lopsided; crooked.

stòrto, *a.* ***1*** (*piegato*) twisted, bent, crooked; (*sbilenco, sbieco*) crooked, lopsided, awry, askew, to one side, at an angle: **bastone s.**, crooked (*o* bent) stick; **linea storta**, crooked line; **un quadro appeso s.**, a picture hung crooked (*o* askew); **Hai la cravatta storta**, your tie is askew (*o* awry); **camminare s.**, to walk crookedly (*o* lopsidedly); **gambe storte**, crooked (*o* bandy, bow) legs: **avere le gambe storte**, to be bandy-legged (*o* bow-legged); **bocca storta**, twisted (*o* lopsided) mouth; **naso s.**, crooked nose; **occhi storti**, cross eyes; squint (*sing.*): **avere gli occhi storti**, to be cross-eyed (*o* squint-eyed); to have a squint; to squint; **avere un occhio s.**, to have a cast in one eye ***2*** (*fig.*: *sbagliato*) wrong; false; mistaken: **idee storte**, mistaken ideas ***3*** (*sfortunato, sfavorevole*) bad; wrong; awry: **giornata storta**, bad day; **andare s.**, to go wrong; to go awry: **Oggi mi è andato tutto s.**, everything went wrong today. • **fare la bocca** (*o* **la faccia**) **storta**, to pull a face; to make a wry face □ **guardare s. q.**, to look askance at sb.; to give sb. a nasty look □ **sorriso s.**, strained (*o* twisted) smile.

stortùra, *f.* ***1*** (*deformità*) crookedness; deformity ***2*** (*fig.*: *deformazione.*) twist; (*idea errata*) bent (*o* wrong) idea (*o* notion), error.

stovìglie, *f. pl.* crockery (*sing.*); kitchenware (*sing.*); tableware (*sing.*); (*piatti*) dishes; (*posate*) cutlery (*sing.*): **lavare le s.**, to do the dishes; to do the washing up; to wash up.

stozzàre, *v. t.* (*mecc.*) to slot.

stozzatóre, *m.* (*mecc.*) slotter.

stozzatrìce, *f.* (*mecc.*) slotter; slotting machine.

stozzatùra, *f.* (*mecc.*) slotting.

stòzzo, *m.* (*mecc.*) slotter.

strabenedìre, *v. t.* (*fam.*) ***1*** to shower blessings upon; to bless heartily (*o* with all one's heart) ***2*** (*iron.*: *mandare all'inferno*) to send* (sb.) to hell.

strabére, *v. i.* to drink* too much; to drink* heavily; to drink* like a fish; to booze (*fam.*).

stràbico, **A** *a.* cross-eyed; squint-eyed; walleyed; cock-eyed; (*med.*) strabismic, strabismal: **essere un po' s.**, to have a squint; to have a cast in one eye; **guardare s.**, to squint. **B** *m.* (*f.* **-a**) cross-eyed person; squinter; squint-eye; (*med.*) strabismic person.

strabiliànte, *a.* amazing; astounding; astonishing; breath-taking; stunning.

strabiliàre, **A** *v. t.* to amaze; to astound; to astonish; to take* sb.'s breath away; to dumbfound; to stun. **B** *v. i.* to be amazed; to be astonished; to be dumbfounded; to be stunned. • **C'è da s.**, that's amazing! □ **cose da far s.**, amazing things.

strabiliàto, *a.* amazed; in amazement (*pred.*); (greatly) astonished.

strabìşmo, *m.* (*med.*) strabismus; squint; (*leggero*) cast in one eye: **s. convergente**, convergent squint; **s. divergente**, divergent squint; walleye; **essere affetto da s.**, to squint; to be cross-eyed.

straboccàre, (*pop.*) *V.* **traboccare**.

strabocchévole, *a.* ast; huge; enormous; overflowing: **un numero s.**, an exorbitant number; **una folla s.**, a huge crowd.

strabometrìa, *f.* (*med.*) strabometry.

strabòmetro, *m.* (*med.*) strabometer.

strabuzzaménto, *m.* goggling; rolling (one's eyes).

strabuzzàre, *v. t.* to goggle; to roll (one's eyes): **Stabuzzò gli occhi e svenne**, he rolled his eyes and fainted; **Stabuzzò gli occhi incredulo**, he goggled in amazement; his eyes popped.

stracannàggio, *m.* (*ind. tess.*) rewinding.

stracannàre, *v. t.* (*ind. tess.*) to rewind*.

stracannatùra, *f.* (*ind. tess.*) rewinding.

stracàrico, *a.* (*eccessivamente carico*) overloaded, overladen, overburdened, weighed down, loaded down; (*strapieno*) overcrowded, packed, chock-full (*fam.*): **L'auto è stracarica**, the car is overloaded; **Il pesco è s. di frutti**, the peach-tree is weighed down with fruit; **Sono tornata dalla spesa stracarica di sacchetti**, I came back from the shops loaded down with bags; **È s. di lavoro**, he's overburdened with work; he is up to his ears in work; **Il treno era s. oggi**, the train was packed today.

stràcca, *V.* **stracchezza**.

straccàle, *m.* (*di bestia da soma*) breeching strap.

straccàre, **A** *v. t.* (*pop.*) to tire out; to exhaust; to fag out (*fam.*); to poop (*fam. USA*). **B** **straccàrsi,** *v. i. pron.* to get* tired; to exhaust oneself: **Mi sono proprio s.**, I'm really exhausted; I'm really fagged out (*o* whacked out, pooped out).

stracchézza, *f.* (*pop.*) ***1*** (*stanchezza*) tiredness; exhaustion; fatigue ***2*** (*svogliatezza*) indolence; sluggishness; slackness.

stracchìno, *m.* stracchino (a mild, soft cheese).

stracciàbile, *a.* that can be torn; tearable.

stracciaiòlo, *m.* ragman*; rag-and-bone man*; old-clothes man*.

stracciàre, **A** *v. t.* ***1*** to tear* up; to tear* to pieces; to rip up; to rend*; to shred: **s. una lettera**, to tear up a letter; **s. un foglio in pezzettini**, to tear (*o* to rip) a sheet into small pieces; **s. q.c. in due**, to tear st. in two (*o* in half) ***2*** (*ind. tess.*) to comb ***3*** (*fig. fam.*: *stravincere*) to lick; to thrash; to whack; to cream (*pop. USA*): **s. gli avversari**, to lick (*o* to thrash) the opposing team; **Ha stracciato tutti nelle ultime elezioni**, he won by a landslide in the last election. • (*fig.*) **stracciarsi le vesti**, to cry shame. **B** **stracciàrsi,** *v. i. pron.* to tear*; to rip; to get* torn; to rend*.

stracciatèlla, *f.* (*cucina*) stracciatella (broth with egg, semolina and Parmesan cheese).

stracciàto, *a.* ***1*** (*strappato*) torn, ripped up, rent; (*a brandelli*) ragged, tattered, in rags, in tatters ***2*** (*di persona*) ragged; tattered; (dressed) in rags; in tatters ***3*** (*fig.*: *di prezzi*) bargain (*attr.*); giveaway (*attr.*); knockdown (*attr.*): **L'ho comprato a un prezzo s.**, I bought it at bargain price; **Vendiamo tutto a prezzi stracciati**, we are selling everything at giveaway (*o* knockdown) prices.

stracciatùra, *f.* ***1*** (*lo stracciare*) tearing (to pieces); rending; shredding ***2*** (*strappo*) tear; rent ***3*** (*ind. tess.*) combing.

stràccio (1), *m.* ***1*** (*cencio*) rag: **pulirsi le mani in uno s.**, to wipe one's hands on a rag; **essere vestito di stracci**, to be dressed in rags; to be ragged (*o* tattered, in tatters); **commerciare in stracci**, to deal in rags; **industria [commercio] degli stracci**, rag industry [trade] ***2*** (*cencio per pulire*) cloth; rag: **s. per le scarpe**, shoe cloth; **s. per pavimenti**, floor cloth; **s. per la polvere**, duster ***3*** (*scherz.*: *vestito*) rag, stitch, shred of clothing; (*al pl., spreg.*: *vestiti sciatti*) shabby clothes; (*cose personali*) rags: **non avere uno s. addosso**, not to have a shred of clothing (*o* a stitch) on; **Non ho uno s. di vestito da mettermi stasera**, I haven't got a thing to wear tonight; **Prendi i tuoi stracci e sparisci**, pick up your rags and clear out ***4*** (*ind. tess.*) combings (*pl.*). • **Non abbiamo uno s. di prova**, we haven't got a shred (*o* a scrap) of evidence □ **Non ha trovato uno s. di marito**, she couldn't find a husband at any price □ **uno s. di lavoro**, any job whatever □ (*ind. tess.*) combings (*pl.*) □ **ridotto uno s.**, (*di vestito*: *sporco, malconcio*) filthy; (*di persona*) worn out, worn to a frazzle □ **sentirsi uno s.**, to feel like a wet rag; to feel worn out; to be worn to a frazzle; to be in shreds.

stràccio (2), *a.* (*stracciato*) torn, ragged, tattered, in rags, in tatters; (*logoro*) worn(-out): **roba straccia**, rags; **carta straccia**, waste-paper.

straccióne, *m.* (*f.* **-a**) ***1*** (*persona cenciosa*) ragged person; scarecrow; (*generalm. bambino*) ragamuffin ***2*** (*poveraccio*) beggar (*f.* beggar woman*); tramp (*m.*).

straccivéndolo, *m.* ragman*; rag-and-bone man*; old-clothes man*.

stràcco, *a.* ***1*** (*pop.*: *esausto, anche* **s. morto**) tired out; worn out; exhausted; dead tired; dog-tired; fagged out (*fam.*); whacked (*fam.*); pooped (out) (*fam. USA*) ***2*** (*fig.*) weak; tepid; lukewarm: **un sentimento s.**, a lukewarm feeling. • **alla stracca**, indolently; lazily; sluggishly.

stracontènto, *a.* (*fam.*) overjoyed; beside oneself with joy; as happy as a king (*fam.*); as pleased as Punch (*fam.*).

stracòtto, **A** *a.* ***1*** (*cotto troppo*) overdone; overcooked ***2*** (*fam.*: *innamoratissimo*) crazy (about sb.); head over heels in love (with sb.). **B** *m.* (*cucina*) stew.

stracuòcere, *v. t.* to overdo*; to overcook; to cook too much.

stràda, *f.* ***1*** road; street: **s. residenziale [di periferia]**, residential [suburban] street; **una s. di negozi**, a street of shops; a shopping street; **s. di campagna**, country road; **s. di montagna**, mountain road; **una s. del centro**, a street in the centre; a downtown street (*USA*); **la s. per Monza**, the Monza road; **s. in costruzione**, road under construction; **strade piene di gente e di traffico**, streets crowded with people and traffic; **all'angolo della s.**, at the street corner; **La banca è sull'altro lato della s.**, the bank is across (*o* on the other side of) the street (*o* the road); **in mezzo alla s.**, in the middle of the street (*o* the road): **camminare in mezzo alla s.**, to walk in the middle of the road; **sulla** (*o* **per**) **s.**, on the road; in the street (*GB*); on the street (*USA*): **Eravamo di nuovo per s., diretti al paese successivo**, we were once more on the road, heading for the next village; **L'ho trovato per s.**, I found it in the street (*USA*: on the street); **incontrare q. per s.**, to meet sb. in the street (*USA*, on the street); **cresciuto per la s.**, grown up in the streets; **La finestra dà** (*o* **guarda**) **sulla s.**, the window looks on to the street (*o* the road); **un ristorante lungo la s.**, a roadside restaurant; **tenere i ragazzi lontano dalla s.**, to keep youngsters off the streets; **In che s. abitate?**, which street do you live in?; **attraversare la s.**, to cross the street (*o* the road); **fare [aprire] una s.**, to build [to open] a road; **Dove sbocca questa s.?**, where does this road lead to (*o* come out)? ***2*** (*percorso, cammino, via, anche fig.*) way; path; route; (*direzione*) direction: **conoscere la s.**, to know the way; **domandare la s.**, to ask the (*o* one's) way; **mostrare la s.**, to show the way; **sbagliare s.**, to take (*o* to go) the wrong way; to take the wrong turning; to go wrong; **smarrire** (*o* **perdere**) **la s.**, to lose the (*o* one's) way; **trovare un intralcio sulla propria s.**, to find an obstacle on one's way (*o* path); **La posta è sulla mia s.**, the post office is on my way; **fermarsi per s.**, to stop on the way; **indugiare per s.**, to loiter on the way; **allungare la s.**, to go the long way; **andare per la s. più corta**, to take the shortest way (*o* route); **a metà s.**, half-way; midway; **È a un'ora di s. da qui**, (*a piedi*) it's an hour's walk from here; (*in automobile*) it's an hour's drive from here; **Qual è la s. più breve per il Municipio?**, what is the shortest way to the Town Hall?; **Che s. si fa per andare in piazza Ascoli?**, how do you get to Piazza Ascoli?; **C'è molta s. per Fidenza?**, is it a long way to Fidenza?; **Ci sono tre kilometri di s.**, it is three kilometres; **C'è molta s. per arrivare al lago**, it's a long way to the lake; the lake is a long way off (*o* away); **Non c'è più molta s.**, it isn't much further now; it isn't far now; **Abbiamo ancora molta s. da fare**, we have a long way to go yet; **Ho dormito per tutta la s.**, I slept all the way; **aprire la**

s., to open (*o* to pave) the way: **una scoperta che apre la s. a ulteriori ricerche**, a discovery that paves the way for further research; **Ha aperto una nuova s. nella ricerca sul cancro**, he has blazed a trail in cancer research; **aprire nuove strade** (*fig.*), to break fresh (*o* new) ground; **una laurea che apre molte strade**, a degree that opens many doors; **aprirsi una s. nella neve**, to clear a way through the snow; **aprirsi una s. nel fitto della foresta**, to cut a path through the forest; **essere [mettere q.] sulla buona s.**, to be [to put sb.] on the right track; **Io direi di continuare su questa s.**, I'd say to keep (*o* to go) on like this (*o* to keep moving in this direction); **Non so che s. prendere**, I don't know which way to go; (*fig.*) I don't know which way to turn; **trovare la s. di casa**, to find one's way home; **fare la s. a piedi**, to walk; **fare la s. con q.**, to go with sb.; **Faremo un pezzo di s. insieme**, we'll go part of the way together **3** (*fig.*: *mezzo*) way; course: **tentare ogni s. possibile**, to try every possible way; **È la sola s. che mi rimane**, it's the only course left to me (*o* open to me). ● **s. a doppia carreggiata**, dual carriageway; divided highway (*USA*) □ **s. a doppio senso**, two-way street □ **s. a quattro corsie**, four-lane motorway (*USA*: highway) □ **s. a senso unico**, one-way street □ **s. asfaltata**, asphalt road □ **s. carrozzabile**, carriageway □ **s. chiusa** (*o* **cieca**), dead-end; cul-de-sac (*franc.*); (*cartello*) «no through road» □ **la s. della perdizione [della virtù, del vizio]**, the road to perdition [to virtue, to vice] □ **s. di circonvallazione**, bypass □ **s. di deviazione**, loop road □ **s. di grande comunicazione**, arterial road □ **s. di grande traffico**, causeway □ **s. di scorrimento veloce**, freeway; clearway; throughway □ **s. dissestata** (*cartello*), uneven road □ **s. facendo**, on the way; en route (*franc.*) □ **s. ferrata**, railway; railroad □ **s. ghiaiata**, gravel road □ **s. in macadam**, macadamized road □ **s. maestra**, main road; highway □ **s. nazionale**, arterial road; trunk road (*GB*) □ **s. panoramica**, scenic road (*o* route) □ **s. principale**, main road; (*di centro abitato*) high street (*GB*), main street (*USA*), main drag (*pop. USA*) □ **s. privata**, private street; private road □ **s. romana**, Roman road □ **s. sbarrata**, blocked road; (*cartello*) «road closed» □ **s. sdrucciolevole**, slippery road □ **s. secondaria**, by-way; byroad; side road; secondary (*o* minor) road □ **s. selciata** (*o* **lastricata**), paved road □ **s. senza uscita**, cul-de-sac; blind alley; dead-end □ **s. statale**, main road; highway (*USA*); (*in G.B.*) A-road; (*in U.S.A.*) state route □ **s. sterrata**, dirt road □ **s. traversa**, (*scorciatoia*) shortcut; (*secondaria*) byroad, byway, side-street □ **s. vicinale**, local road □ **a ogni angolo di s.**, at every street corner □ **andare per la propria s.**, to go one's way; **Andammo ciascuno per la sua s.**, we went our separate ways □ **cambiare s.**, to change direction; to take another road; (*cambiare sistema, vita*) to change one's ways □ **chiedere s.**, to ask the way □ **ciglio della s.**, edge of the road □ **codice della s.**, rules of the road; highway code □ **colmo della s.**, crown of the road □ (*ciclismo*) **corsa su s.**, road race □ **dare s.**, to give way □ **darsi alla s.**, (*darsi alla prostituzione*) to become a prostitute; (*diventare bandito*) to take to the highway, to become a highwayman □ **divorare la s.**, to eat up the miles □ **donna di s.**, streetwalker; prostitute □ **essere sulla s. giusta [sbagliata]**, to be on the right [wrong] way (*o* track, path) □ **essere su una cattiva s.**, to have taken an evil course □ **fare s.**, (*fare carriera*) to go far; to go a long way; to do well for oneself; to get on (*o* ahead) in life: **una ragazza che farà s.**, a girl that will go far; **Se continui così, farai poca s.**, if you go on like this, you won't go very far; **Ne ha fatta di s., da allora!**, he's come quite a long way since! □ **fare s. a q.** (*precedere*), to lead the way; to show (sb.) the way □ **farsi s.**, (*aprirsi un passaggio*) to make [to work, push] one's way; (*apparire*) to reveal oneself, to become manifest, to grow, to dawn (on, upon sb.): **farsi s. tra la folla**, to push one's way through the crowd; **Si fece s. tra la folla a gomitate**, he elbowed his way through the crowd; **La verità si fece s. a poco a poco**, the truth slowly became manifest; **Cominciava a farsi s. in me un tremendo sospetto**, a terrible suspicion was dawning upon me (*o* was growing in my mind) □ **fuori s.**, (*su strada sbagliata*) on the wrong road; (*fuori pista*) off the road; (*isolato*) out of the way, off the beaten track; (*in errore*) on the wrong track, wide out, wide of the mark; (*sport*) cross-country (*attr.*): **andare fuori s.** (*di veicolo*), to go (*o* to drive) off the road; **essere fuori s.**, (*aver sbagliato strada*) to have taken the wrong road; (*essere in errore*) to be on the wrong track, to be wide out (*o* wide of the mark), to be after a false scent, to be barking up the wrong tree (*fam.*); **mettere fuori s.**, to mislead; to put on the wrong track; to put (*o* to throw) off the scent (*o* off the track); to lead astray □ **ladro di s.**, common robber (*o* thief); (*stor.*) highwayman □ **linguaggio da s.**, coarse language □ **manutenzione delle strade**, road maintenance □ **mettere q. in mezzo alla s.**, to turn sb. out of doors; (*sfrattarlo*) to put sb. on the street; (*fig.*) to reduce sb. to poverty □ **mettersi in** (*o* **per**) **s.**, to be on one's way; to set off; to hit the road (*fam.*); to make tracks (*fam.*) □ **mettersi su** (*o* **prendere**) **una cattiva s.**, to go wrong; to go to the bad □ **porta di s.**, street door □ (*autom.*) **prestazione su s.**, on-road performance □ (*autom.*) **prova su s.**, road test □ **spianare la s. a q.**, to smooth the way for sb.; to pave sb.'s way □ **ragazzo di s.**, street urchin □ **ritrovarsi per s.**, to find oneself turned out on the streets □ **tagliare la s. a q.**, to cut across sb.'s path; to shoot out in front of sb.; (*autom.*) to cut in on sb., to cut ahead of sb.; (*fig.*) to get in sb.'s way, to bar sb.'s way □ (*autom.*) **tenere la s.**, to hold the road □ (*autom.*) **tenuta di s.**, road-holding; grip: **La mia macchina ha una buona tenuta di s.**, my car holds the road well (*o* has a good grip) □ (*fig.*) **togliere q. dalla s.**, to pick sb. up from the street; to take sb. out of the gutter □ **trasporti su s.**, road haulage □ **trovare la propria s.**, to find one's way □ **trovare la s. fatta**, to have one's way already paved; to have it easy □ **l'uomo della s.**, the man in the street; the common man □ (*prov.*) **Chi lascia la s. vecchia per la nuova sa quel che lascia, non sa quel che trova**, better the devil you know than the devil you don't know □ (*prov.*) **La s. dell'inferno è lastricata di buone intenzioni**, the road to hell is paved with good intentions □ (*prov.*) **Tutte le strade conducono a Roma**, all roads lead to Rome.

stradàle, **A** *a.* road (*attr.*); of the road: **arteria s.**, road; thoroughfare; highway; **carta s.**, road map; (*di città*) street map; **cartello s.**, roadsign; **fondo s.**, roadbed; (**titolare d'**)**impresa di costruzioni stradali**, road contractor; **incidente s.**, road accident; **lavori stradali**, road works; **manutenzione s.**, upkeep of the roads; road maintenance; **piano s.**, roadway; **polizia s.**, traffic police; (*in autostrada*) highway police; **regolamento s.**, traffic regulation; rules of the road. **B** *f.* (*polizia s.*) traffic police; highway police.

stradàrio, *m.* road book; street guide.

stradicciòla, **stradina**, *f.* lane; (*vicolo*) alley; (*sentiero*) path.

stradino, *m.* roadman*; road mender.

stradista, *m.* (*sport*) road-racing cyclist.

stradivàrio, *m.* (*mus.*) Stradivarius.

stradóne, *m.* wide road; main road; (*viale*) avenue.

strafalcióne, *m.* gross mistake; howler (*fam.*).

strafàre, *v. i.* to overdo* it (*o* things); to do* too much (*o* more than required): **Deve sempre s.!**, she always overdoes things!

strafàtto, *a.* **1** (*troppo maturo*) overripe **2** – **fatto e s.**, (*finito*) over and done with, long since done; (*ripetuto*) done over and over again; done again and again **3** (*gergo della droga*) stoned out of one's mind; zonked out.

strafilàggio, *m.* (*naut.*) **1** (*l'operazione*) lacing **2** (*cordicella*) lashing.

strafilàre, *v. i.* (*naut.*) to lace.

strafogàrsi, *v. i. pron.* (*pop.*) to stuff oneself (with); to gorge oneself (with); to scoff (st.).

strafóro, *m.* – **di s.**, stealthily; on the sly; secretly: **fare q.c. di s.**, to do st. on the sly.

strafottènte, (*fam.*) **A** *a.* impudent; insolent; cheeky. **B** *m.* e *f.* impudent person. ● **Non fare tanto lo s.!**, don't be so cheeky!

strafottènza, *f.* (*fam.*) impudence; insolence; cheek; couldn't-care-less attitude.

strafóttersi, **strafregàrsi**, *v. i. pron.* (*volg.*) not to give a damn (about); not to care (*o* give) a hoot (*o* two hoots); not to give a shit (about) (*volg.*): **Me ne strafotto di tutti**, I don't care a damn about anybody; **E chi se ne strafotte?**, I don't give a damn (*o* a shit); I couldn't care less. ● **avere soldi a strafottere**, to have loads of money.

stràge, *f.* **1** (*massacro*) massacre; carnage; butchery; bloodshed: **la s. degli innocenti**, the slaughter (*o* massacre) of the innocents; **La ribellione finì in una s.**, the revolt ended in bloodshed (*o* in a carnage); **fare s.** (*massacrare*), to slaughter; to massacre; to butcher: **fare s. di stambecchi**, to slaughter (*o* to butcher) a large number of ibexes; **Agli esami è stata una s.**, the exams went disastrously; **fare s. di cuori**, to break many hearts; **s. di Stato**, state-organized killings **2** (*danno, distruzione*) havoc; destruction; damage: **Le piogge fecero s. dei raccolti**, the rains made havoc of the crops; **Il gelo ha fatto s. degli ulivi**, the frost killed off many olive-trees **3** (*pop.*: *grande quantità*) crowds; heaps; masses.

stragismo, *m.* terrorism.

stragista, *m.* e *f.* terrorist.

stragiudiziàle, *a.* (*leg.*) extrajudicial; out-of-court (*attr.*). ● **accordo s.**, out-of-court settlement.

stràglio, *V.* **strallo**.

stragodére, *v. i.* (*fam.*) to be overjoyed; to be on cloud nine (*fam.*).

stragónfio, *a.* (*fam.*) over-inflated; puffed up; bloated.

stragrànde, *a.* very large; huge; enormous; exorbitant; overwhelming: **un numero s.**, an enormous (*o* huge) number; **una s. maggioranza**, an overwhelming majority.

stralciàre, *v. t.* **1** (*estrarre, togliere*) to remove; to take* out; to extract; to excerpt: **s. una partita da un conto**, to remove an item from an account; **s. un passo da un libro**, to take (*o* to extract, to excerpt) a passage from a book **2** (*liquidare*) to wind* up; to liquidate: **s. un'azienda**, to liquidate a firm **3** (*agric.*) to prune.

stralciatùra, *f.* (*agric.*) pruning.

stràlcio, **A** *m.* **1** (*lo stralciare*) removing; removal; taking out; extracting; excerpting **2** (*brano, passo stralciato*) extract; excerpt **3** (*liquidazione*) winding up; liquidation. ● **vendere a s.**, to sell at bargain prices; to sell off; to clear. **B** *a.* – **legge s.**, abridged version of an act.

stràle, *m.* (*anche fig.*) dart; arrow shaft; barb: **gli strali di Cupido**, Cupid's darts; **gli strali della critica**, the barbs of criticism.

stràllo, *m.* (*naut.*) stay: **s. di trinchetto**, forestay; **s. di mezzana**, mizzen stay; **s. di maestra**, mainstay; **vele di s.**, staysails.

stralodàre, *v. t.* to overpraise; to praise excessively; to extol; to crack up (*fam.*).

stralunàre, *v. t.* to roll: **s. gli occhi**, to roll one's eyes; (*spalancarli*) to goggle.

stralunàto, *a.* **1** (*di occhi*) goggling; rolling;

staring: **con gli occhi stralunati**, with staring (*o* rolling) eyes; **con gli occhi stralunati dal terrore**, staring in terror **2** (*stravolto*) distracted; distraught; dazed; bewildered.
stramaledètto, *a.* (*pop.*) cursed; blasted; damned; bloody (*GB*).
stramaledire, *v. t.* (*pop.*) to curse; to damn and blast.
stramatùro, *a.* (*fam.*) overripe.
stramazzàre, *v. i.* to fall* heavily; to drop; to collapse; to slump: **s. a terra lungo disteso**, to fall full length to the ground; **Il mulo stramazzò sotto il peso**, the mule collapsed under the weight.
stramazzàta, *f.* heavy fall.
stramàzzo, *m.* **1** *V.* **stramazzone 2** (*idraul.*) mill weir; overfall orifice. ● (*in alcuni giochi di carte*) **fare** (*o* **dare**) **s.**, to win all but one game.
stramazzóne, *m.* heavy fall; nasty tumble; cropper (*fam.*). ● **dare uno s. in terra**, to fall heavily to the ground; to come a cropper (*fam.*).
strambàre, *v. i.* (*naut.*) to gybe.
strambàta, *f.* (*naut.*) gybing; gybe.
stramberìa, *f.* **1** (*l'essere strambo*) oddity; oddness; strangeness; eccentricity; quirkness; queerness; freakishness; weirdness **2** (*parola o idea stramba*) quirk; vagary; fantasy; fad **3** (*comportamento strambo*) quirk; oddity; eccentricity; peculiarity; idiosyncracy: **Ognuno ha le sue stramberie**, all people have their oddities (*o* their little quirks); **un tipo noto per le sue stramberie**, a man well-known for his eccentricities; **le stramberie della moda attuale**, the vagaries (*o* eccentricities) of current fashion.
stràmbo, *a.* (*bizzarro, stravagante*) odd; peculiar; funny; quirky; cranky; strange; queer; eccentric; wacky (*fam.*); barmy (*fam. GB*); loony (*pop.*); weird; erratic: **tipo s.**, funny character; oddball; bit of a crank; bit of a loony (*pop.*); weirdo (*fam.*); kook (*fam. USA*); **vecchio s.**, cranky old man; old codger (*fam.*); **contegno s.**, strange (*o* odd, weird) behaviour; **modi di fare strambi**, quirky (*o* cranky) ways; erratic manners; **un cappellino s.**, a funny hat; **Si è messo in testa idee strambe**, he's got funny ideas (*o* weird notions) into his head.
strambòtto, *m.* (*letter.*) strambotto*.
stràme, *m.* (*agric.*) **1** (*lettiera*) straw; litter **2** (*foraggio*) fodder; hay; straw **3** (*concime organico*) mulch.
stramònio, *m.* (*bot., Datura stramonium*) jimsonweed; thorn-apple; stramonium*.
strampalàto, *a.* (*fam.: sconclusionato, assurdo*) crazy, absurd, nonsensical, incoherent, cockeyed (*fam.*); (*strambo*) odd, crazy, weird: **proposta strampalata**, absurd proposal; **progetto s.**, cockeyed scheme; **discorso s.**, incoherent speech; **idee strampalate**, crazy (*o* weird) notions.
strampalerìa, *f.* **1** strangeness; eccentrity; oddity; queerness **2** (*atto, detto di persona strampalata*) oddity; eccentricity; absurdity.
stranaménte, *avv.* strangely; oddly; curiously; queerly.
stranézza, *f.* **1** (*l'essere strano*) strangeness; oddity; eccentricity; queerness; (*l'essere insolito*) unusualness, singularity, unfamiliarity **2** (*atto, discorso strano*) oddity; eccentricity; quirk: **Ognuno ha le sue stranezze**, all people have their oddities; **fare stranezze**, to behave oddly; **dire stranezze**, to say odd things.
strangolaménto, *m.* strangulation; strangling; throttling; (*strozzamento*) choking: **morte per s.**, death by strangulation.
strangolàre, A *v. t.* **1** to strangle; to throttle; (*strozzare*) to choke: **Fu strangolato nel sonno**, he was strangled in his sleep; **Questo colletto mi strangola**, this collar is choking (*o* strangling) me; **Morì strangolato da un chicco di riso**, he choked to death on a grain of rice **2** (*fig.*) to strangle; to stifle; to squeeze: **Il debito pubblico strangola l'economia del paese**, public debt is strangling (*o* stifling) the country's economy; **Il crollo dei prezzi degli immobili strangola i proprietari**, falling house prices are squeezing home owners. **B strangolàrsi**, *v. i. pron.* **1** to strangle (oneself); to choke **2** (*fig.*: *affannarsi*) to strangle oneself; to be rushed off one's feet.
strangolàto, *a.* **1** (*soffocato*) strangled; choked; throttled **2** (*fig.*: *affrettato*) rushed.
strangolatóre, *m.* (*f.* **-trice**) strangler; throttler.
strangolatòrio, *a.* **1** strangulating **2** (*fig.*) oppressive.
stranguglióne, *m.* (*generalm. al pl.*) **1** (*vet.*) strangles (*pl.*) **2** (*singhiozzo*) hiccup, hiccough.
strangùria, *f.* (*med.*) strangury.
straniaménto, *m.* estrangement; alienation; distancing.
straniànte, *a.* estranging; alienating; distancing
straniàre, A *v. t.* to estrange; to alienate: **s. q. dalla famiglia**, to estrange sb. from his family. **B straniàrsi**, *v. rifl.* to become* estranged; (*o* alienated); to distance oneself; to drift apart.
stranièro, A *a.* **1** foreign; alien: **lingua straniera**, foreign language; **terra straniera**, foreign land; **accento s.**, foreign accent; **turista s.**, foreign tourist; **esercito s.**, foreign army; **occupazione straniera**, foreign occupation; **sentirsi s.**, to feel a stranger **2** (*esotico*) outlandish; exotic. **B** *m.* (*f.* **-a**) **1** foreigner; (*bur.*) alien; (*sconosciuto*) stranger **2** (*popolo nemico*) (the) enemy: **essere oppressi dallo s.**, to be under foreign occupation; **cacciare lo s.**, to drive away the enemy.
stranìto, *a.* (*intontito*) dazed; confused; bewildered; stupid.
stràno, *a.* strange; odd; curious; singular; unusual; peculiar; queer; mystifying; weird; eccentric; (*buffo*) funny; (*inquietante*) eerie, uncanny; (*sospetto*) fishy: **È una persona molto strana**, he is a very odd person; **contegno s.**, strange (*o* odd) behaviour; **dall'aspetto s.**, strange-looking; odd-looking; **tipo s.**, odd (*o* peculiar) fellow; oddball; crank; **strani fenomeni**, odd phenomena; **strana coincidenza**, curious (*o* odd) coincidence; **È successo un fatto s.**, something odd (*o* strange, curious) has happened; **avere l'aria strana**, he looked odd (*o* peculiar, funny); **Mi diede un'occhiata molto strana**, he gave me very peculiar glance; **avere una strana premonizione**, to have a weird (*o* uncanny) premonition; **Non c'è nulla di s.**, there's nothing strange (*o* odd, unusual, remarkable) about that; **sentirsi s.**, to feel funny (*o* out of sorts); **in modo s.**, in a strange manner; strangely; oddly; queerly; **s. a dirsi**, strange to say; oddly (*o* strangely, funnily) enough; **S. che non te l'abbia detto**, funny (*o* curious, strange, odd) he didn't mention it; **s., ma vero**, strange but true; true enough.
straordinariaménte, *avv.* extraordinarily; uncommonly; exceptionally; (*estremamente*) extremely.
straordinariàto, *m.* (*bur.*) probationary period; probation.
straordinarietà, *f.* extraordinariness; exceptionality; uncommonness; unusualness.
straordinàrio, A *a.* **1** extraordinary; remarkable; exceptional; out of the ordinary; uncommon; unusual; (*singolare*) singular, remarkable, unique; (*ottimo, eccezionale*) outstanding, astonishing, striking, tremendous, terrific (*fam.*), fabulous (*fam.*): **scoperta straordinaria**, extraordinary discovery; **donna di bellezza straordinaria**, woman of singular (*o* striking) beauty; **uomo s.**, remarkable (*o* exceptional) man; **una persona di straordinaria intelligenza**, a person of uncommon intelligence; **un cuoco s.**, a first-class cook; **s. interesse**, unique interest; tremendous interest; **occasione straordinaria**, unique opportunity; **successo s.**, outstanding (*o* immense) success; **tempo s.**, fabulous weather: **vista straordinaria**, spectacular view; **Non crederti tanto s.**, don't think you are so special; **Non ci vedo nulla di s., saprei farlo anch'io**, I don't see anything particularly clever in that; I could do it too **2** (*speciale*) special; extraordinary; exceptional: **misure straordinarie**, extraordinary (*o* exceptional) measures; **edizione straordinaria**, special (edition); **vendita straordinaria**, special (*o* bumper) sale; **treno s.**, special (*o* relief) train; **assemblea straordinaria**, extraordinary meeting; **spese straordinarie**, extraordinary expenses **3** (*bur.*: *aggiuntivo*) temporary; supernumerary; relief (*attr.*): **impiegato s.**, temporary clerk; **insegnante s.**, temporary (*o* relief) teacher; **lavoro s.**, overtime. **B** *m.* **1** (*lavoro s.*) overtime; (*compenso per il lavoro s.*) overtime pay, extra pay: **fare lo s.**, to be on overtime; to do overtime; to work overtime; **pagare a q. lo s.**, to pay sb. extra for overtime **2** (*f.* **-a**) (*impiegato s.*) temporary clerk **3** (*cosa straordinaria*) extraordinary thing.
straorzàre, *v. i.* (*naut.*) to yaw; to broach to.
straorzàta, *f.* (*naut.*) yaw.
strapagàre, *v. t.* to overpay*.
straparlàre, *v. i.* **1** (*dire sciocchezze*) to talk nonsense; to blather; to drivel **2** (*farneticare*) to rave; to ramble; to be delirious; to talk wildly.
strapazzaménto, *m.* **1** (*lo strapazzare*) ill-treatment; rough treatment; maltreatment; mishandling **2** *V.* **strapazzo.**
strapazzàre, A *v. t.* **1** (*trattare senza riguardi*) to treat badly; to take* no care of; to mishandle; to maul; to mangle: **s. i giocatolli**, to treat one's toys badly; **s. un'auto**, to mishandle a car; **s. un vestito**, to take no care of a dress; **s. un pezzo di musica**, to mangle a piece of music **2** (*malmenare*) to manhandle; to knock about; (*fig.*) to maul **3** (*rimproverare*) to scold, to tell* off, to tear* into (*fam.*), to haul (sb.) over the coals (*fam.*); (*criticare con violenza*) to slate, to lambast **4** (*affaticare eccessivamente*) to overwork; to wear* out; to overtire. ● **s. un uovo**, to scramble an egg. **B strapazzàrsi**, *v. rifl.* to overwork oneself; to tire (*o* to wear*) oneself out.
strapazzàta, *f.* **1** (*sgridata*) scolding; telling-off; tongue-lashing: **dare** (*o* **fare**) **una s. a q.**, *V.* **strapazzare,** *def. 3* **2** (*fatica eccessiva*) overwork; fatigue.
strapazzàto, *a.* **1** (*malconcio*) battered; in a poor state; mangled **2** (*affaticato*) worn out; tired out; exhausted; overworked **3** (*pieno di fatiche*) hard; tough; full of hardships: **vita strapazzata**, hard life. ● (*cucina*) **uova strapazzate**, scrambled eggs.
strapàzzo, *m.* overwork; strain; exertion; stress; (*sregolatezza*) excess: **evitare ogni s.**, to avoid all exertion; **rimettersi dagli strapazzi del viaggio**, to recover from the strain of the journey; **vita di strapazzi**, life full of excesses; **Alla tua età non dovresti fare questi strapazzi**, you shouldn't overstrain yourself (*o* overdo things) like that at your age. ● **abiti da s.**, working clothes □ (*spreg.*) **da s.**, third-rate; petty; twopenny-halfpenny; worthless □ **attore da s.**, barnstormer □ **avvocato da s.**, pettifogger; shyster □ **dongiovanni da s.**, third-rate Don Juan □ **medico da s.**, quack □ **pittore da s.**, dauber □ **scrittore da s.**, scribbler; hack(-writer).
strapazzóne, *m.* (*f.* **-trice**) (*sciupone*) careless person.
strapazzóso, *a.* hard; tiring; tiresome: **una vita strapazzosa**, a hard life.
strapèrdere, *v. i.* (*perdere molto*) to lose* heavily (*o* a lot); (*perdere sempre*) to lose* all the time; (*essere sconfitto*) to lose* badly, to be wiped out.
strapièno, *a.* overfull; full up; crammed;

packed; jam-packed; chock-full (*fam.*); (*traboccante*) overflowing: **un armadio s. di vestiti**, a wardrobe crammed (*o* bursting) with clothes; **Il cinema era s.**, the cinema was packed (*o* full to capacity); **autobus strapieni**, overcrowded (*o* jam-packed) buses; **Sono s., non mangio altro**, I'm bloated, I can't eat any more.

strapiombànte, *a.* (*alpinismo*) overhanging; projecting.

strapiombàre, *v. i.* **1** (*non essere a piombo*) to be out of the perpendicular; to be out of (*o* off) plumb; to lean* on one side: **s. a sinistra**, to lean to the left **2** (*sporgere*) to overhang*; to jut (out) **3** (*scendere a perpendicolo*) to fall* sheer; to drop sheer.

strapiómbo, *m.* (*luogo scosceso*) (sheer) cliff, (*precipizio*) precipice; (*alpinismo*) overhang, projection: **uno s. di duecento metri**, a two-hundred-metre cliff; **cadere da uno s.**, to fall off a cliff; **affacciarsi sullo s.**, to lean out over the precipice; **parete a s.**, sheer rockface; **scogliera a s.**, overhanging (*o* sheer) cliff; **La scogliera cadeva a s. sulla spiaggia**, the cliff fell sheer to the beach.

strapotènte, *a.* overpowerful; overmighty.

strapotènza, *f.* excess of power; excessive might.

strapotére, *m.* excessive power.

strappàbile, *a.* tearable.

strappacuòre, *a. invar.* heart-breaking; heart-rending; distressing.

strappalàcrime, *a. invar.* moving; weepy (*fam.*); tear-jerking (*fam.*). ● **romanzo** (*o* **film**) **s.**, tear-jerker (*fam.*); weepie (*fam.*).

strappaménto, *m.* (*med.*) wrench; pull; sprain.

strappàre, A *v. t.* **1** (*lacerare*) to tear, to rip; (*fare a pezzi*) to tear* up, to rip up: **Ho strappato il lenzuolo**, I've torn (*o* ripped) the sheet; **Mi sono strappato la manica**, I've ripped (*o* torn) my sleeve; **Attenta a non s. le pagine**, be careful not to tear the pages; **Letta le lettera, la strappò**, he read the letter and tore it up **2** (*tirar via*) to pull out, to pull away, to draw*, to extract, to pluck, to strip; (*con forza, anche fig.*) to tear* off (*o* out), to rip off (*o* out), to wrench, to wrest; (*di colpo, anche fig.*) to snatch; (*sradicare*) to pull up: **s. un dente**, to pull out (*o* to draw) a tooth; **s. i petali di un fiore**, to pull off the petals of a flower; **s. la carta da un pacco**, to rip the wrapper off a parcel; **s. la tappezzeria dal muro**, to strip the wallpaper off a wall; **s. una pagina da un libro**, to rip (*o* to tear) a page out of a book; **Il ladro le strappò la borsetta**, the thief snatched her handbag; **Qualcuno ha strappato il filo del telefono**, someone ripped out the telephone wire; **Mi strappò il bambino dalle braccia**, he snatched the baby from my arms; **s. un palo dal terreno**, to wrench a pole out of the ground; **s. le penne a un uccello**, to pluck a bird; **strapparsi le sopracciglia**, to pluck one's eyebrows; **strapparsi i capelli**, to tear out one's hair; **strapparsi gli abiti di dosso**, to tear off one's clothes; **s. le erbacce**, to pull up weeds; **s. una pianta**, to pull up (*o* to uproot) a plant; **Se lo strappavano di mano l'un l'altro**, they were fighting over it; **La guerra lo strappò alla famiglia**, war tore him from his family; **s. q. alla morte**, to rescue sb. from death; (*enfat.*) to snatch sb. from the jaws of death; **s. il cuore a q.**, to wring (*o* to tear) sb.'s heart: **una scena che strappa il cuore**, a heart-rending (*o* heart-tearing) scene **3** (*fig.*: *estrarre*) to wring*, to force, to extract; (*carpire*) to snatch, to worm: **Gli strappò una confessione fasulla**, he wrenched (*o* he wrung) a false confession out of him; **s. un segreto a q.**, (*con la forza*) to wring a secret from sb.; (*con l'astuzia*) to worm a secret out of sb.; **s. la verità a q.**, to get (*o* to force) the truth out of sb.; **Non riuscì a strappargli una parola**, he couldn't get a word out of him; **s. le lacrime a q.**, to draw tears from sb.; to move sb. to tears; **s. un favore a q.**, to get a favour from (*o* out of) sb.; **s. una promessa**, to extract a promise; **s. applausi**, to draw applause; **s. la vittoria**, to snatch victory. **B strapparsi**, *v. rifl.* e *i. pron.* **1** (*allontanarsi*) to tear* oneself away: **Si strappò dal suo abbraccio**, he tore himself from her arms **2** (*lacerarsi*) to tear*, to get* torn; (*spezzarsi*) to tear*, to snap: **Questa carta si strappa facilmente**, this paper tears easily; **Mi si è strappata la giacca**, my jacket got torn; **La fune si strappò con uno schiocco**, the rope snapped.

strappàta, *f.* pull; tug; snatch; wrench; yank (*fam.*): **Diede una s. alla corda**, he gave a tug at the rope.

strappàto, *a.* (*lacerato*) torn*, ripped; (*s. da q.c.*) torn-off.

strappatrice, *f.* (*ind. tess.*) stripping machine.

strappista, *m.* (*sport*: *sollevamento pesi*) snatch lifter.

stràppo, *m.* **1** tear; rent; rip: **Hai uno s. nei calzoni**, you have a tear in your trousers; **C'è uno s. in questa stoffa**, there's a rent in this cloth; **ricucire uno s.**, to sew a rent (*o* a tear); **pieno di strappi**, very torn; tattered; **farsi uno s. nel vestito**, to tear one's dress **2** (*strappata*) pull; tug; snatch; (*strattone*) jerk, wrench, yank (*fam.*); (*fig.*) wrench: **Con uno s. lo spago si spezzò**, with one pull (*o* tug) the string broke; **Con uno s. le portò via la borsa**, with one snatch he took her handbag away from her; he snatched her handbag; **Diede uno s. e il cassetto venne fuori**, he gave a pull and the drawer came out; **La partenza dal paese natio fu per lui un grande s.**, leaving his native village was a great wrench for him; (*sollevamento pesi*) **s. a due braccia**, two-handed snatch **3** (*fig.*: *eccezione*) exception: **fare uno s. alla regola**, to make an exception to the rule; to bend the rule slightly; to stretch a point; **fare uno s. alla legge**, to stretch the law **4** (*fig.*: *rottura*) split; rift; rent: **uno s. all'interno del partito**, a split within the party **5** (*med.*) sprain; wrench; sprained muscle **6** (*fig. fam.*: *passaggio in macchina*) lift **7** (*ciclismo*) spurt. ● (*fig.*) **a strappi**, in (*o* by) fits and starts; jerkily.

strapuggiàre, *v. i.* (*naut.*) to pay* off.

strapuggiàta, *f.* (*naut.*) paying off.

strapuntino, *m.* **1** folding seat **2** (*naut.*) hammock mattress.

straricco, *a.* immensely rich; rolling in money (*pred.*); filthy rich (*fam.*).

straripaménto, *m.* overflowing; overflow; flooding; flood.

straripànte, *a.* (*anche fig.*) overflowing.

straripàre, *v. i.* to overflow*; to flood.

Strasbùrgo, *f.* (*geogr.*) Strasbourg.

strascicaménto, *m.* **1** trailing; dragging; scuffling; (*di piedi*) shuffling, shuffle, scuffle **2** (*fig.*: *di parole*) drawling; drawl.

strascicàre, A *v. t.* **1** to drag; to trail; to scuffle; to shuffle: **s. una cassetta di frutta**, to drag a crate of fruit; **s. la gonna a terra**, to trail one's skirt on (*o* along) the ground; **camminare strascicando i piedi**, to drag one's feet; to shuffle; to scuffle **2** (*fig.*: *tirare per le lunghe*) to drag out; to draw* out; to protract: **s. il lavoro**, to drag out one's work **3** (*fig.*: *pronunciare lentamente*) to drawl: **s. le parole**, to drawl one's words; **Parlava strascicando le parole**, he spoke with a drawl. **B** *v. i.* to trail; to drag: **La coperta strascica sul pavimento**, the blanket is trailing on the floor. **C strascicarsi**, *v. rifl.* to drag one's feet; to drag oneself along; to shuffle one's feet; to shuffle along.

strascicàto, *a.* shuffling; dragged; trailing; (*di parole*) drawling, drawled: **passi strascicati**, shuffling steps; **pronuncia strascicata**, drawl.

strascichìo, *m.* dragging; shuffling; shuffle; scuffle: **uno s. di passi**, a shuffling of steps; a shuffle (*o* scuffle) of feet.

stràscico, *m.* **1** (*di un abito*) train: **reggere lo s. a q.**, to hold up sb.'s train; (*fig.*) to toady to sb. **2** (*fig.*: *conseguenza negativa, postumo*) after-effects (*pl.*); sequel; aftermath; legacy; backwash; (*med.*) sequela*: **gli strascichi della guerra**, the aftermath of war; **La cosa ebbe uno s. antipatico**, the episode had an unpleasant sequel; **uno s. d'odio**, a legacy of hatred; **gli strascichi di una sbornia**, a hangover; **gli strascichi del tifo**, the after-effects (*o* the sequelae) of typhus **3** (*naut.*) trawl: **rete a s.**, trawl (net); dragnet; **pesca a s.**, trawling **4** (*segno lasciato dalle lumache*) trail **5** (*di pronuncia*) drawl: **parlare con lo s.**, to speak with a drawl; to drawl **6** (*caccia*) drag: **caccia con lo s.**, drag hunt.

strasciconi, *avv.* shufflingly; dragging one's feet; dragging oneself. ● **camminare (a) s.**, to shuffle along.

strascinàre, *V.* **trascinare**.

strascinio, *m.* dragging; trailing; (*di piedi*) shuffling, scuffle; shuffle.

stràscino, *m.* (*naut.*) trawl net; trail net; drag net.

strass, *m. invar.* paste; strass; rhinestone.

stratagèmma, *m.* stratagem; ruse; device; scheme; trick; dodge (*fam.*): **escogitare uno s.**, to devise a stragatem; to think up a trick; **ricorrere a uno s.**, to resort to a stratagem; **ottenere q.c. con uno s.**, to get st. by trickery (*o* by subterfuge).

stratèga, *m.* **1** strategist: **s. da tavolino**, armchair (*USA*: closet) strategist **2** *V.* **stratego**.

strategia, *f.* (*mil.*) strategics (*pl. con verbo al sing.*); (*anche fig.*) strategy.

stratègico, *a.* (*mil.* e *fig.*) strategic(al): **posizione strategica**, strategic position; **punto s.**, strategic point; vantage point; **ritirata strategica**, strategic retreat; **mossa strategica**, strategical move; (*fig.*, *anche*) shrewd (*o* clever) move.

stratègo, *m.* (*stor.*) strategus*, strategos*.

stratificàre, A *v. t.* (*anche geol., stat.*) to stratify; to form (*o* to arrange) in strata (*o* layers). **B stratificarsi**, *v. i. pron.* to stratify; to form strata (*o* layers); to bed.

stratificàto, *a.* stratified; in strata; in layers; (*geol.*) stratified, bedded: **rocce stratificate**, stratified rocks.

stratificazióne, *f.* **1** stratification (*anche stat.*); layering: **stratificazioni storiche**, historical stratifications; **stratificazioni sociali**, social stratifications; social strata **2** (*geol.*) stratification, bedding: **piano di s.**, bedding plane; **s. incrociata**, cross-bedding.

stratifórme, *a.* (*geol., meteor.*) stratiform.

stratigrafia, *f.* **1** (*geol.*) stratigraphy **2** (*med.*) tomography.

stratigràfico, *a.* **1** (*geol.*) stratigraphic(al) **2** (*med.*) tomographic.

stratigrafo, *m.* (*med.*) tomograph.

stratigràmma, *m.* (*med.*) tomogram.

stratimetria, *f.* (*geol.*) measurement of strata.

stràto, *m.* **1** layer; bed; stratum*; sheet; (*di legno e tessuto*) ply; (*rivestimento*) coat, coating: **s. sottile**, thin layer; film; **s. superficiale**, surface layer; film; coat; (*di terreno*) topsoil; **s. di polvere**, layer of dust; **s. di mattoni**, layer of bricks; **s. di vernice**, coat (*o* coating) of paint; **s. di ghiaccio**, layer (*o* sheet) of ice; film of ice; **s. di foglie [di paglia]**, bed of leaves [of straw]; **s. di neve**, blanket of snow; **compensato a quattro strati**, four-ply wood; **s. laminare**, laminar layer; **gli strati dell'aria**, the strata of the air; **strati di argilla**, strata of clay; **spalmare uno s. di burro**, to spread some butter; **alternare strati di formaggio e di polenta**, alternate layers of cheese and polenta; **a strati**, in layers; layered; layer (*attr.*): **disporre a strati**, to arrange in layers; to layer; **torta a strati**, layer cake **2** (*meteor.*) stratus*; layer: **s. d'inversione**, inversion layer **3** (*fig.*: *ceto, classe*) stratum*; class; level: **strati di popolazione**, strata of population ***4*** (*geol.*) stratum*; bed; layer: **s. acquifero**, water-bearing stratum; aquifer; **s. carbonifero**, coal bed; **s. sabbioso**, sand bed; **s. solido**, (hard)pan; **affioramento superficiale di uno s.**, outcrop ***5*** (*miner.*) seam; ledge; measure: **s. di carbone**, seam of coal ***6*** (*ling.*) phase; period. ● (*chim. industriale*) **s. di ossido**, oxide coating □ (*fis. nucl.*) **s. elettronico**, electron shell □ (*edil.*) **s. filtrante**, filter bed □ (*radio*) **s. ionizzato**, ionized layer □ (*mecc.*) **s. limite**, boundary layer □ (*fotogr.*) **s. sensibile**, sensitive layer □ (*mecc.*) **s. vorticoso**, vortex sheet.

stratocrazìa, *f.* military government.

stratocùmulo, *m.* (*meteor.*) strato-cumulus*; cumulo-stratus*.

stratonèmbo, *m.* (*meteor.*) nimbostratus*.

stratopàusa, *f.* (*meteor.*) stratopause.

stratosfèra, *f.* (*meteor.*) stratosphere.

stratosfèrico, *a.* ***1*** (*meteor.*) stratospheric(al) ***2*** (*fig.*) stratospheric; exorbitant; (*astruso*) abstruse, recondite.

strattonàre, *v. t.* to tug; to jerk; to pull; to yank (*fam.*); (*sport*) to shove.

strattóne, *m.* tug; jerk; pull; yank (*fam.*): **liberarsi con uno s.**, to free oneself with a jerk; **dare strattoni a q.c.**, to tug (*o* to pull) at st.; to yank at st.; **procedere a strattoni**, to jerk along.

stravaccàrsi, *v. i. pron.* (*fam.*) to sprawl (out).

stravaccàto, *a.* sprawling: **s. sulla poltrona**, sprawling (*o* sprawled out) in the armchair.

stravagànte, A *a.* bizarre; peculiar; odd; fancy; eccentric; idiosyncratic; weird; impossible; erratic; kooky (*fam. USA*): **idea s.**, bizarre (*o* fancy) notion (*o* idea); **condotta s.**, odd (*o* peculiar) behaviour; **tipo s.**, eccentric (*o* odd, weird) character; oddball (*fam.*); weirdo (*fam.*); kook (*fam. USA*); **abbigliamento s.**, eccentric (*o* bizarre, fancy) clothes. ● (*letter.*) **rime stravaganti**, additional poems. **B** *m.* e *f.* eccentric (*o* odd, weird) character; oddball (*fam.*); weirdo (*fam.*); kook (*fam. USA*).

stravagànza, *f.* ***1*** eccentricity; oddness; oddity; weirdness; strangeness ***2*** (*comportamento stravagante*) odd behaviour; eccentricity; eccentric ways (*pl.*); vagaries (*pl.*): **la s. del tempo**, the vagaries of the weather; **vestire con s.**, to dress eccentrically.

stravècchio, *a.* ***1*** very old; ancient; (*stantio*) stale; **cappotto s.**, ancient coat; **barzelletta stravecchia**, stale joke ***2*** (*stagionato*) mature; seasoned; aged; **formaggio s.**, mature (*o* aged) cheese; **vino s.**, very old (*o* vintage) wine.

stravedére, *v. t.* e *i.* to see* things: **Tu stravedi, non c'è nessuno!**, you are seeing things, there's no one here; **Stravedo tanto sono a pezzi**, I'm so fagged out I see one thing for another. ● (*fig.*) **s. per q.**, to dote on sb.; to be crazy about sb. (*fam.*).

stravéro, *a.* (*fam.*) absolutely true. ● **È s., ti dico!**, it's the gospel truth, I tell you!

stravìncere, A *v. t.* to triumph (over sb.); to crush; to walk over; to lick (*fam.*); to whack (*fam.*); to cream (*pop. USA*). **B** *v. i.* to win* hands down (*o* all along the line); to sweep the board: **s. alle elezioni**, to win by a landslide.

straviziàre, *v. i.* to overindulge; to eat* and drink* too much (*o* to excess); to be intemperate; to carouse.

stravìzio, *m.* intemperance; excess; debauchery; (*abuso di cibo*) overeating; (*disordine nel bere*) overdrinking: **vita di stravizi**, life of debauchery; debauched (*o* intemperate) life; **fare stravizi**, (*nel mangiare*) to overeat, to eat too much; (*nel bere*) to drink too much; **darsi agli stravizi**, to give oneself over to a life of debauchery; (*scherz.*) to indulge oneself.

stravòlgere, A *v. t.* ***1*** (*distorcere*) to twist, to distort; (*stralunare*) to roll: **s. i lineamenti**, to distort (*o* to twist) sb.'s features; **s. gli occhi**, to roll one's eyes ***2*** (*fig.*: *turbare, agitare*) to upset* badly: **La notiza lo stravolse**, the news upset him badly ***3*** (*fig.*: *travisare, snaturare*) to twist; to distort: **Ha stravolto le mie parole**, he distorted my words; **s. la verità**, to distort the truth. **B stravòlgersi,** *v. i. pron.* to twist; (*di occhi*) to roll about.

stravolgiménto, *m.* ***1*** (*lo storcere*) twisting; (*di occhi*) rolling ***2*** (*travisamento*) twisting; distorting; distortion.

stravòlto, *a.* ***1*** (*distorto*) twisted; contorted; convulsed; haggard; wild: **lineamenti stravolti dall'ira**, features contorted with anger; **viso s. dalla fatica [dal dolore]**, face haggard with fatigue [with pain]; **occhi stravolti**, rolling eyes; wild eyes; eyes popping out of one's head ***2*** (*fig.*: *sconvolto*) badly upset, distraught, incoherent; (*esausto*) exhausted; (*squilibrato*) deranged, unhinged: **s. dalla morte del fratello**, badly upset by his brother's death; **s. dall'ira**, incoherent with rage; **una mente stravolta**, a deranged mind ***3*** (*travisato*) distorted; twisted; radically altered.

straziànte, *a.* ***1*** agonizing; excruciating; racking; piercing; heart-rending; lacerating; harrowing: **un dolore (fisico) s.**, an agonizing (*o* excruciating) pain; **un grido s.**, a piercing shriek; **il racconto s. delle mie sventure**, the harrowing tale of my misfortunes; **spettacolo s.**, heart-rending sight ***2*** (*scherz.*) ghastly; appalling; excruciating.

straziàre, *v. t.* ***1*** (*dilaniare, anche fig.*) to tear* to pieces; to tear* apart; to mangle; to lacerate: **s. un corpo**, to tear a body to pieces; **La macchina gli straziò un braccio**, the machine mangled his arm; **La guerra straziava il paese**, the country was lacerated (*o* torn apart) by war ***2*** (*torturare, anche fig.*) to torture; to excruciate; to harrow; to rack; to rend*; to torment: **s. il cuore a q.**, to rend (*o* to wring) sb.'s heart; **s. gli orecchi**, to grate (*o* to jar) upon one's ears; **musica che strazia gli orecchi**, excruciating music ***3*** (*fig.*: *malmenare, sconciare*) to mangle; to botch; to spoil*; to murder: **s. una lingua**, to mangle a language; **s. un pezzo di musica**, to murder a piece of music.

straziàto, *a.* ***1*** (*dilaniato, anche fig.*) torn to pieces; torn apart; lacerated; mangled: **un paese s. dalla guerra**, a country lacerated (*o* torn apart) by war ***2*** (*torturato*) tortured; harrowed; racked; tormented: **s. dai rimorsi**, torn by remorse; **col cuore s. dal dolore**, with one's heart racked with grief.

stràzio, *m.* ***1*** (*scempio*) tearing to pieces; tearing apart; mangling; laceration: **fare s. d'un cadavere**, to tear a body to pieces ***2*** (*atroce dolore*) torment; agony; torture; misery: **lo s. del rimorso**, the torture of remorse; **Questo è uno s.**, this is torture (*o* agony); **morire fra gli strazi**, to die in torment; **È uno s. saperli così poveri**, it's heart-rending to know they are so poor; **mettere fine allo s. di q.**, to put an end to sb.'s misery ***3*** (*fam.*: *fastidio, seccatura, tormento*) torment; nuisance; bore: **Questo film è uno s., andiamocene**, this film is simply boring (*o* simply ghastly), let's leave; **Piantala, sei uno s.**, do stop it, you are insufferable! ***4*** (*fig.*: *sciupio*) waste; wastage.

strèga, *f.* ***1*** witch; sorceress: (*anche fig.*) **caccia alle streghe**, witch-hunt ***2*** (*megera*) hag, old crone; (*donna bisbetica*) hellcat, vixen, shrew, nagging woman*; (*donna odiosa*) cat, bitch: **quella vecchia s.**, that old hag; **Sua moglie è una vera s.**, his wife is a regular shrew; **Va in giro conciata come una s.**, she goes around dressed like an old hag; **Quella s. di Alice è andata a spifferargli tutto**, Alice has gone and told him everything, the bitch! ● **brutta come una s.**, as ugly as sin □ (*ricamo*) **punto a s.**, herring-bone stitch.

stregàre, *v. t.* ***1*** (*fare un incantesimo*) to bewitch; to cast* a spell on; to hex (*USA*) ***2*** (*fig.*) to bewitch; to enchant; to fascinate; to charm.

stregàto, *a.* bewitched; enchanted.

stregóne, *m.* (*mago*) wizard; magician, sorcerer; enchanter; conjurer; (*presso popoli primitivi*) witch doctor, medicine man.

stregonerìa, *f.* ***1*** witchcraft; wizardry; sorcery; magic; witchery ***2*** (*incantesimo*) spell: **fare una s.**, to cast a spell.

stregonésco, *a.* magic; witch (*attr.*); witchlike; wizard (*attr.*).

strégua, *f.* rate; standard; way; manner: **A questa s. non so quando finiremo**, at this rate I don't know when we will finish; **alla s. di un criminale**, like a criminal; as if he were a criminal; **alla stessa s.**, in the same way; alike: **trattare tutti alla stessa s.**, to treat everybody alike; **giudicare tutti alla stessa s.**, to judge everybody with the same yardstick.

strelìtzia, *f.* (*bot.*, *Strelitzia reginae*) strelitzia; bird-of-paradise flower.

stremàre, *v. t.* to exhaust; to tire out; to wear* out.

stremàto, *a.* exhausted; tired out; spent; ready to drop; dead on one's feet (*fam.*): **s. dal caldo**, exhausted (*o* worn out, enervated) by the heat; **s. dal lavoro**, overworked; **s. dalla fatica**, exhausted by hard work; ready to drop with fatigue.

strèmo, *m.* extreme limit; very end; extremity: **lo s. della vita**, the end of one's life; **essere allo s. delle forze**, to have no strength left; to be on one's last legs (*fam.*); **ridurre q. allo s.**, to exhaust sb.; to wear sb. out; **essere (ridotto) allo s.** (*finanziariamente*), to have reached the end of one's resources; to have reached rock-bottom; to be down to one's last penny.

strènna, *f.* gift; present: **strenne natalizie**, Christmas presents; **libro s.**, gift-book.

strenuaménte, *avv.* (*coraggiosamente*) bravely, boldly, valiantly, courageously; (*accanitamente*) strenuously, stubbornly; doggedly, with great determination.

strenuità, *f.* (*lett.*) bravery; boldness; valiantness; courage.

strènuo, *a.* ***1*** (*coraggioso*) brave; bold; valiant; courageous: **opporre una strenua resistenza**, to put up a valiant resistance ***2*** (*accanito*) strenuous; stubborn; dogged; determined: **uno s. difensore dei diritti delle minoranze**, a strenuous defender of minority rights; **strenui sforzi**, strenuous efforts ***3*** (*infaticabile*) untiring; tireless; unflagging: **s. lavoratore**, untiring worker.

strepitàre, *v. i.* ***1*** (*fare fracasso*) to make* noise; to make* a din; to clatter ***2*** (*vociferare*) to clamour, to vociferate; (*protestare*) to be in an uproar; (*urlare*) to shout, to yell, to howl, to roar.

strepitìo, *m.* din; roar; clatter; rattle.

strèpito, *m.* (*forte rumore*) din; racket; (great) noise; roar; (*di cose picchiate o sbatacchiate*) loud clatter, rattle; (*di cose metalliche*) clank, clang, clash; (*di ruote*) rumble, rumbling; (*di voci*) clamour, hubbub, din, roar, uproar, yelling: **lo s. delle onde [del vento]**, the roar of the waves [of the wind]; **lo s. del treno**, the rumbling of the train; **uno s. di ruote sull'acciottolato**, a rumble of wheels on the paving stones; **uno s. di macchine da scrivere**, a clatter of typewriters; **Ascoltavo lo s. della grandine sul tetto**, I was listening to the hail rattling on the roof; **uno s. di catene**, a clanking of chains; **I cani affamati facevano grande s.**, the dogs were clamouring for food; **Non fate tanto s., ragazzi!**, don't make such a racket, children!; **Dal piano di sopra veniva uno s. di voci furiose**, a clamour of angry voices came from upstairs. ● (*fig.*) **fare molto s.**, to cause a sensation; (*avere successo*) to be a hit, to be all the rage.

strepitóso, *a.* ***1*** (*fragoroso*) roaring;

clamorous; thunderous; deafening; uproarious: **applausi strepitosi**, loud (*o* thunderous) applause; a roar (*o* a storm) of applause; **risa strepitose**, uproarious laughter; a gale of laughter **2** (*fig.*: *clamoroso*) sensational, resounding, outstanding; (*meraviglioso*) striking, smashing (*fam.*), stunning (*fam.*): **successo s.**, resounding (*o* sensational) success; howling success (*fam.*); smash hit (*fam.*); **vittoria strepitosa**, overwhelming victory; **una strepitosa vittoria dell'opposizione**, a landslide victory of the opposition; **Il Milan ha giocato una partita strepitosa**, Milan played a smashing game; **È una ragazza strepitosa!**, she's a stunningly beautiful girl!

streptococcemìa, *f.* (*med.*) streptococc(a)emia.

streptocòcco, *m.* streptococcus*.

streptolisìna, *f.* (*biochim.*) streptolysin.

streptomicète, *m.* (*biol.*) streptomyces*.

streptomicìna, *f.* (*farm.*) streptomycin.

stress (*ingl.*), *m. invar.* **1** stress; strain; pressure: **lo s. degli esami**, the stress (*o* the pressure) of examinations; **una fase di s.**, a stressful period; **essere sottoposto a troppi s.**, to be placed under too much stress **2** (*med.*, *fis.*) stress.

stressànte, *a.* stressful; nerve-racking; high-pressure; (*fam.*: *noioso*) tiresome: **Comprare una casa può essere un'esperienza s.**, buying a house can be a stressful (*o* nerve-racking) experience; **lavoro s.**, a high-pressure job; **vita s.**, stressful life; **Come sei s.!**, how tiresome you are!

stressàre, A *v. t.* to wear* down (*o* out); to exhaust; to put* under stress; to subject to stress (*o* to great pressure): **Guidare in città mi stressa**, I find driving in town very stressful (*o* nerve-racking). **B stressàrsi,** *v. i. pron.* to be under too much pressure: **Si stressa troppo col suo nuovo lavoro**, he is under too much pressure in his new job.

stressàto, *a.* stressed; strained; under stress (*pred.*).

strétta, *f.* **1** (*atto, effetto dello stringere*) grasp, grip, hold, clasp, clench, clutch, grab, squeeze; (*abbraccio*) embrace, hug: **allentare la s.**, to release one's hold (*o* grip); **s. alla gola**, stranglehold; **s. di mano**, handshake; handgrip; grasp: **Ha una robusta s. di mano**, he has a powerful grasp; **dare una s. di mano a q.**, to shake sb.'s hand; to shake hands with sb.; (*con energia*) to wring (*o* to pump) sb.'s hand; **Mi sciolsi dalla sua s.**, I freed myself from his embrace (*o* from his arms); **la s. del gelo**, the grip of frost; **una s. alla vite**, a tightening of the screw; **dare una s. a un bullone**, to tighten a bolt; (*fig.*) **dare una s. alla cinghia**, to tighten one's belt **2** (*fig.*: *stringimento, angoscia*) pang; stab: **provare una s. al cuore**, to feel a pang in one's heart **3** (*calca, mischia*) crush; press; throng: **sottrarsi alla s. della folla**, to get away from the crush of the crowd **4** (*fig., specialm. al pl.*: *strettezze, difficoltà*) predicament; dire straits (*pl.*); tight corner; tight spot (*fam.*): **le strette del bisogno**, the straits of necessity; **essere alle strette**, to be in a tight corner (*o, fam.*, in a tight spot); to be in a predicament; to have one's back to the wall; **mettere q. alle strette**, to bring pressure to bear on sb.; to drive sb. into a corner; to put sb. with his back to the wall; to press sb. hard; **Messo alle strette, confessò tutto**, under pressure, he admitted everything; **trovarsi finanziariamente alle strette**, to find oneself in straitened circumstances **5** (*fin.*) squeeze; crunch; tightening: **s. finanziaria [monetaria, creditizia]**, financial [monetary, credit] squeeze; **s. fiscale**, fiscal tightening **6** (*geogr.*) (mountain) pass; narrow (passage); bottleneck **7** (*mus.*) stretta*; stretto*. ● **s. finale**, final rush: **La campagna elettorale è alla s. finale**, it is the final rush in the electoral campaign.

strettaménte, *avv.* **1** tight(ly); fast: **legare q.c. s.**, to bind st. tight(ly); **Aggrappati s.!**, hold on fast (*o* tight)!; **s. collegato**, closely connected (*o* linked) **2** (*rigorosamente*) strictly; closely: **osservare s. le regole**, to observe the rules strictly; **È s. vietato**, it is strictly forbidden; **s. sorvegliato**, closely watched; **s. necessario**, strictly necessary; **s. confidenziale**, strictly confidential; **in via s. confidenziale**, in the strictest confidence.

strettézza, *f.* **1** narrowness; tightness: **la s. della strada**, the narrowness of the road; **la s. di una giacca**, the tightness of a jacket; **s. di mente**, narrow-mindedness **2** (*pl.*) (*fig.*: *povertà, ristrettezza*) straitened circumstances; poverty (*sing.*); financial difficulties: **essere in strettezze**, to be in straitened circumstances; to be hard up; **vivere in strettezze**, to live in poverty.

strétto (1), A *a.* **1** (*angusto*) narrow; tight: **strada stretta**, narrow road; **passaggio [corridoio] s.**, narrow passage [corridor]; **curva stretta**, sharp (*o* narrow, tight) bend (*o* curve); tight turn: **prendere una curva stretta**, to take a bend too sharply (*o* too tightly); **fare una curva stretta**, to make a sharp turn; to go round a tight bend; **spalle strette**, narrow shoulders; **s. di spalle**, (*di persona*) narrow-shouldered (*attr.*) **2** (*di abiti e sim.*) tight; (*aderente*) tight-fitting, close-fitting: **scarpe strette**, tight shoes; shoes that pinch; **scarpe strette in punta**, shoes that are too tight across the toes; **Quel vestito le va un po' s.**, that dress is a bit tight on her; **Questa giacca è stretta di spalle**, this jacket is tight at the shoulders **3** (*serrato*) tight; fast; (*di denti, pugni*) clenched; (*legato, anche fig.*) tied, bound, linked: **coi pugni stretti**, with clenched fists; **s. nel pugno**, clenched in one's hand; held tight; **a denti stretti**, with clenched teeth; **labbra strette**, tight (*o* compressed) lips; **nodo s.**, tight knot; **stretti legami**, close ties (*o* links, connections); **Tenevo s. il filo**, I held the cord tight; I clutched the cord; I was holding on (tight) to the cord; **La tenne stretta tra le braccia**, he held her tight in his arms; **tenere q. s. per la mano**, to hold sb.'s hand tightly; **Si teneva s. alla mia mano**, he held on tight to my hand; **Lo legò s. alla sedia**, he tied him fast (*o* tied him up) to the chair; **avere lo stomaco s. [la gola stretta]**, to feel a tightness in one's stomach [in one's throat]; **avere il cuore s.**, to have a heavy heart; to feel a pang in one's heart; **s. nelle catene**, bound in chains; **Erano stretti da una lunga amicizia**, they were bound by a close friendship; they had been close friends for years **4** (*esiguo, ristretto, scarso*) narrow; bare: **stretta maggioranza**, narrow majority; **s. margine di guadagno**, narrow margin of profit; **entro limiti molto stretti**, within very narrow limits **5** (*rigoroso*) strict; close; rigorous: **stretta disciplina**, strict discipline; **stretta osservanza delle regole**, strict (*o* rigorous) observance of (*o* conformity to) the rules; **cattolico [vegetariano] di stretta osservanza**, strict Catholic [vegetarian]; **stretta sorveglianza**, close (*o* strict) surveillance; close (*o* strict) watch; close supervision: **tenere q. sotto stretta sorveglianza**, to keep sb. under close surveillance; to keep a close watch on sb.; **regola stretta**, strict rule; **obbligo s.**, firm obligation; **È nostro s. dovere**, we are bound in duty; we are duty-bound; it is our bounden duty; **la stretta verità**, the strict (*o* naked) truth; **di stretta necessità**, of strict necessity; strictly necessary; essential: **oggetti di stretta necessità**, items of strict necessity; **generi di stretta necessità**, essential goods; staple goods; **mantenere uno s. riserbo su q.**, to observe strict silence on st.; to maintain a strict reserve on st.; to be tight-lipped about st.; **digiuno s.**, strict fast **6** (*intimo, prossimo*) close; near: **amici stretti**, close friends; **amicizia stretta**, close friendship; **parenti stretti**, close relatives; close (*o* near) relations; next of kin; **stretta parentela**, close relationship (*o* kinship); **essere in stretti rapporti con q.**, to be in close contact with sb.; **stretta collaborazione**, close collaboration **7** (*preciso*) exact; precise; strict: **attenersi allo s. significato delle parole**, to stick to the exact (*o* strict) meaning of each word; **nel senso s. della parola**, in the strict (*o* exact) sense of the word **8** (*rif. alla pronuncia*: *chiuso*) close, closed; (*di lingua o dialetto*) impenetrable: **vocale stretta**, close(d) vowel; **parlare un siciliano s.**, to speak in an impenetrable Sicilian dialect **9** (*addossato, vicino*) close, hugging, huddled; (*pigiato*) packed, squeezed, pressed, huddled, close together; (*racchiuso*) hemmed in, wedged: **camminare s. al muro**, to walk close to the wall; **Eravamo stretti al muro**, we were right against (*o* pressed against) the wall; **Si teneva s. a me**, he kept close (*o* huddled close) to me; **stretti stretti**, close together; huddled together; **s. da ogni parte**, (*anche fig.*) hemmed in on all sides; **Erano stretti come sardine**, they were packed like sardines; **tenersi stretti gli uni agli altri**, to keep close together; to cling together; (*addossarsi*) to huddle together; **Sedevano stretti l'uno all'altro sulla panchina**, they sat huddled together on the bench; **Qui si sta troppo stretti**, we are cramped in here **10** (*costretto*) driven; constrained: **s. dal bisogno**, driven by need; constrained by want. ● **s. contatto**, close contact: **essere in s. contatto con q.**, to be in close contact with sb.; **Teniamoci in s. contatto**, let's keep in close contact □ (*fig.*) **s. in una morsa**, held (*o* caught) in a vice; hemmed in on all sides □ **lo s. necessario**, that which is strictly necessary; the bare minimum; the bare necessities: **Presi con me solo lo s. necessario**, I only took the bare minimum with me; **fare lo s. necessario**, to do the bare minimum; **lo s. necessario per vivere**, the bare necessities of life □ **stretta somiglianza**, close resemblance □ **allo s.**, cramped (*agg.*); squeezed (*agg.*): **Siamo un po' allo s. qui**, we are rather cramped here; **vivere allo s.**, to live in cramped conditions (*o* quarters) □ **a s. rigor di termini**, strictly speaking □ (*fig.*) **andare** (*o* **stare**) **s.**, not to suit; to cramp: **Quel lavoro gli va s.**, that job does not suit him; he feels shackled in that job; **La definizione di giornalista gli sta stretta**, he resents being called a journalist □ (*fig.*) **tenere q. s. in pugno**, to have sb. in one's power □ (*fig.*) **tenere stretti i cordoni della borsa**, to be tight-fisted □ **tenersi s. ai fatti**, to stick to facts; to keep strictly to facts. **B** *avv.* tight(ly); close(ly); fast: **legare q.c. ben s.**, to tie st. tight; to make st. fast; **Non avvolgerlo troppo s.!**, don't wrap it too tight; **Avvitate ben s. il coperchio**, screw the lid on tightly; **Mi abbracciò s.**, he hugged me tightly.

strétto (2), *m.* **1** (*geogr.*) strait; straits (*pl.*); narrows (*pl.*): **lo S. di Gibilterra**, the Straits of Gibraltar; **lo S. di Messina**, the Straits of Messina; **lo S. di Magellano**, Magellan's Strait; the Straits of Magellan **2** (*mus.*) stretto*.

strettóia, *f.* **1** narrow passage; bottleneck (*fam.*): **Più avanti c'è una s.**, the road narrows further up **2** (*fig.*) difficulty; difficult situation; tight spot (*fam.*).

strettóio, *m.* (*mecc.*) (*torchio*) press; (*morsetto*) clamp.

strìa, *f.* **1** (*riga sottile*) stripe; streak; vein **2** (*archit., anat., geol., bot.*) stria* **3** (*geol.*) groove.

strïàre, *v. t.* **1** to streak; to stripe; to striate; (*graffiare*) to scratch, to score **2** (*geol.*) to score.

strïàto, *a.* **1** streaked; striped; stripy; veined; barred: **capelli striati di grigio**, hair streaked with grey; **penne di uccello striate di azzurro**, bird's feathers barred with blue; **marmo**

s., veined (*o* streaked) marble; **cielo s. di rosa**, sky streaked (*o* shot) with pink; **il mantello s. di un animale**, the striped (*o* barred, stripy) coat of an animal ***2*** (*graffiato*) scratched; scored ***3*** (*geol.*) scored ***4*** (*anat.*) striated.

striatùra, *f.* ***1*** (*stria*) streak; stripe; vein; bar: **un giglio bianco con striature rosse,** a white lily with red streaks; **marmo con striature verdi**, marble with green veins (*o* streaks); marble veined (*o* streaked) with green ***2*** (*insieme di strie*) streaking; striping; zebra markings (*pl.*); striation ***3*** (*geol.*) stria*; striation ***4*** (*bot., zool.*) stria*.

stricco, *m.* (*naut.*) runner and tackle.

stricnina, *f.* (*chim.*) strychnine.

stricninişmo, *m.* (*med.*) strychninism.

stridènte, *a.* ***1*** (*acuto*) strident, shrill, screeching, screechy, stridulous, squeaking; (*aspro*) harsh, rasping, grating, jarring: **ruote stridenti**, screeching wheels; **porta s.**, squeaky door; **voce s.**, shrill (*o* stridulous) voice; **il rumore s. di un freno**, the screeching of a brake ***2*** (*fig.*: *contrastante*) clashing; jarring; conflicting: **colori stridenti**, jarring (*o* clashing) colours; **contrasto s.**, sharp (*o* striking) contrast; **nota s.**, jarring note.

stridere, *v. i.* ***1*** (*emettere un suono acuto*) to squeak, to screech, to shriek, to creak; (*emettere un suono aspro*) to rasp, to grate, to jar; (*cigolare*) to squeak, to creak, to screech; (*scricchiolare*) to scrape, to scratch; (*di liquido o metallo caldo*) to hiss; (*di animali*: *emettere strida*) to squeal, to screech, to shriek; (*di insetti*) to chirp, to chirr: **una porta che stride sui cardini**, a door that squeaks (*o* creaks) on its hinges; **Il cancello stride tutte le volte che viene aperto**, the gate creaks every time it is opened; **Il treno si arrestò stridendo**, the train screeched to a halt; **Il ferro rovente stridette nell'acqua**, the red-hot iron hissed as it was plunged into the water; **Il pennino strideva sul foglio**, the nib scraped on the paper; **ruote che stridono sulla ghiaia**, wheels crunching on the gravel; **Una civetta stridette lontano**, an owl shrieked in the distance ***2*** (*fig.*) to clash; to jar; to conflict: **Il colore del tuo cappello stride col colore del tuo abito**, the colour of your hat clashes with the colour of your dress.

stridìo, *m.* squeaking; screeching; shrieking; creaking; rasping; (*di insetti*) chirping, chirring.

strìdo, *m.* (*pl.* **strida**, *f.*) shriek; screech; squeak; squeal; shrill cry; scream: **strida che s'alzavano al cielo**, shrill cries rising to the sky; **dare** (*o* **emettere**) **uno s.**, to give a screech (*o* a shriek, a squeal); to screech; to shriek; to squeak; to squeal.

stridóre, *m.* creaking; screeching; screech; shrieking; squealing; jarring; jar; grating sound; (*scricchiolio*) scraping, scrape, scratching, scratch; (*di insetti*) chirping, chirring; (*di denti*) gnashing: **s. di freni**, screeching (*o* squealing) of brakes; **arrestarsi con uno s. di gomme**, to come to a screeching halt; **s. di denti**, gnashing of teeth.

stridulànte, *a.* (*zool.*) stridulant.

stridulàre, *v. i.* (*zool.*) to stridulate.

stridulàto, *a.* (*zool.*) stridulating: **organo s.**, stridulating organ.

stridulazióne, *f.* (*zool.*) stridulation.

stridulo, *a.* strident; stridulous; squeaky; shrill; sharp; grating; twangy: **il canto s. delle cicale**, the strident notes of cicadas; **fischio s.**, shrill whistle; **risata stridula**, shrill laugh; **voce stridula**, shrill (*o* grating, strident, squeaky) voice; **le note stridule di un violino**, the grating sound of a violin.

strige, *f.* (*zool.*) strix; (*pop.*: *gufo*) screech owl.

Strigifórmi, *m. pl.* (*zool., Strigiformes*) Strigiformes.

strigile, *m.* (*archeol.*) strigil.

striglia, *f.* currycomb.

strigliàre, A *v. t.* ***1*** (*pulire con la striglia*) to curry; to groom; to rub down; to dress down: **s. un cavallo**, to curry (*o* to groom, to rub down) a horse ***2*** (*fig.*: *rimproverare*) to scold; to give (sb.) a dressing-down; to haul over the coals; to lecture ***3*** (*fig.*: *esaminare severamente*) to put* through the mill. **B strigliàrsi,** *v. rifl.* (*scherz.*) to groom oneself; to spruce oneself up.

strigliàta, *f.* ***1*** (*passata di striglia*) rub-down; grooming; dressing-down; currying ***2*** (*fig.*) scolding; dressing-down; tongue-lashing; lecture: **dare una s. a q.**, to give sb. a dressing-down; to lecture sb.; to haul sb. over the coals.

strigliatóre, *m.* groom.

strigliatùra, *f.* currying; grooming; rub--down; dressing-down.

strigolo, *m.* (*bot., Silene inflata*) bladder campion.

strillàre, A *v. i.* ***1*** to scream; to shriek; to cry: **Perché strillano così?**, why are they screaming like that?; **s. di paura**, to shriek with fear ***2*** (*parlare a voce molto alta*) to shout; to yell: **Non s., non sono sorda**, don't scream (*o* yell), I'm not deaf ***3*** (*fig.*: *risentirsi, protestare*) to make* a fuss: **Cominciò a s. che gli avevamo distrutto la macchina**, he kicked up a fuss, saying we had ruined his car. **B** *v. t.* (*dire a voce molto alta*) to shout (out); to yell (out): **Strillò un «ciao!» e corse via**, she yelled out good-bye and ran off.

strillàta, *f.* ***1*** (*grido*) shout; sharp cry; yell ***2*** (*rabbuffo*) scolding; telling off.

strillo, *m.* scream; shriek; (shrill, piercing) cry; screech: **fare uno s.**, to scream; to shriek; **cacciare uno s.**, to let out a shriek (*o* a screech).

strillonàggio, *m.* selling newspapers in the streets.

strillóne, *m.* (*f.* **-a**) ***1*** (*fam.*: *chi strilla molto*) screamer; (*chi parla a voce molto alta*) shouter ***2*** (*venditore ambulante di giornali*) news vendor.

strillòzzo, *m.* (*zool., Emberiza calandra*) corn bunting.

striminzire, A *v. t.* ***1*** (*ridurre*) to reduce; to cut* down; to thin down ***2*** (*smagrire*) to make* (sb., st.) look thinner. **B striminzirsi,** *v. rifl.* e *i. pron.* ***1*** (*fasciarsi di indumenti troppo stretti*) to lace oneself too tightly ***2*** (*dimagrire*) to thin; to grow* thin; to become* thinner.

striminzito, *a.* ***1*** (*molto magro o sottile*) thin; lean; skinny; meagre: **braccia striminzite**, thin arms; **un ragazzino s.**, a skinny boy ***2*** (*scarso, misero*) scanty, skimpy, meagre; (*stento*) stunted: **vestito s.**, skimpy dress; **un libretto s.**, a meagre little book; **tema s.**, poor essay; **alberello s.**, stunted tree; **un gruppetto s.**, a meagre group.

strimpellaménto, *m.* (*di pianoforte e sim.*) pounding, banging; (*di chitarra e sim.*) strumming; (*di violino e sim.*) scraping.

strimpellàre, *v. t.* (*suonare mediocremente*) to play (an instrument) clumsily; (*il pianoforte e sim.*) to pound (on); (*la chitarra e sim.*) to strum (on); (*il violino e sim.*) to scrape: **s. un motivetto al pianoforte**, to pick out a tune on the piano; **s. sul pianoforte**, to pound on the piano.

strimpellàta, *f.* clumsy playing; (*di pianoforte e sim.*) pounding; (*di chitarra e sim.*) strumming; (*di violino e sim.*) scraping.

strimpellatóre, *m.* (*f.* **-trice**) clumsy player; (*di pianoforte e sim.*) pounder; (*di chitarra e sim.*) strummer; (*di violino e sim.*) (gut--)scraper.

strimpellio, *V.* **strimpellamento**.

strinàre, A *v. t.* to singe; (*stirando, anche*) to scorch. **B strinàrsi,** *v. i. pron.* to scorch.

strinàto, *a.* singed; scorched: **pollo s.**, singed chicken; **odore di s.**, smell of singeing.

strinatùra, *f.* singeing; scorching; singe; scorch.

strìnga, *f.* ***1*** lace; string: **stringhe per scarpe**, (shoe)laces; (shoe)strings ***2*** (*elab., ling.*) string: **s. di caratteri**, character string.

stringàre, *v. t.* ***1*** to lace up; to tie up with a string ***2*** (*fig.*) to condense; to compress; to make* concise.

stringatézza, *f.* conciseness; concision; terseness; succinctness.

stringàto, *a.* ***1*** laced up; lace-up; tied up: **scarpe stringate**, lace-up shoes; lace-ups ***2*** (*fig.*) condensed; concise; succint; terse.

stringènte, *a.* ***1*** (*impellente*) urgent; pressing: **bisogni stringenti**, pressing needs ***2*** (*che persuade*) convincing; cogent; persuasive; forcible: **ragioni stringenti**, convincing reasons; **logica s.**, cogent logic; cogency.

stringere, A *v. t.* ***1*** (*serrare fortemente, impugnare*) to hold* tight(ly), to clasp, to grasp, to grip, to clench, to tighten (on, round st.); (*strizzare*) to squeeze, to press; (*abbracciare*) to hug: **Il ladro stringeva nella mano un coltello**, the thief was clasping a knife in his hand; **Stringendo in pugno la torcia, il giovane entrò nel cunicolo**, clasping the torch, the young man stepped into the tunnel; **s. una fune**, (*afferrarla*) to grasp a rope; (*reggerla*) to hold a rope; **s. forte q.c.**, to hold st. tight; to clasp st; **s. q.c più forte**, to tighten one's grip on st.; to squeeze st. harder; **Mi strinse il braccio**, she clasped (*o* gripped, squeezed) my arm; her hand tightened round my arm; **s. la mano a q.**, to squeeze (*o* to press) sb.'s hand; (*afferrare*) to clasp (*o* to grip) sb.'s hand; (*come saluto*) to shake sb.'s hand, to shake hands with sb.; **Mi strinse forte la mano**, he shook me firmly by the hand; **s. il braccio con un laccio per fermare il sangue**, to tighten a tourniquet round sb.'s arm to stop the bleeding; **Il cane stringeva fra i denti un osso**, the dog held a bone between its teeth; **Si stringeva le mani disperato**, he was clasping (*o* wringing) his hands in despair; **stringersi la testa fra le mani**, to hold one's head in one's hands; **La strinse fra le braccia**, he hugged her; he folded her in his arms; he threw his arms about her; **Corse incontro al figlio e se lo strinse al seno**, she ran to her son and clasped him to her bosom; **La bambina si stringeva la bambola al petto**, the little girl was hugging her doll; **Si stringeva al petto la mano ferita**, he was nursing his wounded hand; **una notizia che mi strinse il cuore**, news that saddened me (*o* that wrung my heart); **Il pianto mi stringeva la gola**, I had a lump in my throat; I felt a tightness in my throat; tears were choking me; **Il terrore mi stringeva al gola,** I was choking with fear ***2*** (*serrare avvitando*) to tighten; to screw up: **s. un morsetto**, to tighten a clamp; **s. un bullone [una vite]**, to tighten (*o* to screw up) a bolt [a screw]; **s. i freni**, to tighten the brakes; (*fig.*) to tighten the reins ***3*** (*chiudere*) to tighten; to clench; to shut; to close: **s. gli occhi**, (*chiuderli*) to close one's eyes; (*socchiuderli*) to narrow (*o* to screw up) one's eyes; **s. le labbra**, to tighten (*o* to compress) one's lips; **s. i denti**, (*anche fig.*) to clench (*o* to set, to grit) one's teeth; (*solo fig.*) to grin and bear it, to bite the bullet; **s. il pugno**, to clench (*o* to double) one's fist ***4*** (*restringere*) to tighten; (*di vestiti*) to take* in, to catch* in: **s. un nodo**, to tighten a knot; **s. i cordoni della borsa** (*anche fig.*), to tighten the purse strings; (*anche fig.*) **s. la cintura** (*o* **la cinghia**), to tighten one's belt; **Il ladro le strinse la calza intorno al collo**, the burglar tightened the stocking round her neck; **s. un vestito**, to take in a dress ***5*** (*circondare*) to surround; to close in (on); to hem in: **Ero stretto da tutte la parti**, I was hemmed in on all sides; I was completely surrounded; **s. il nemico da vicino**, to close in on the enemy ***6*** (*spingere, premere*) to push; to crush; to squeeze: **La folla lo strinse contro il parapetto**, the crowd pushed (*o* crushed) him against the parapect; **La macchina mi superò e mi strinse**, the car overtook me and cut in in front of me (*o, pop. GB*, carved me up) ***7*** (*stipulare, concludere*) to make*; to form; to enter into; to seal: **s. un'alleanza**, to make (*o* to form) an alliance; **s. un patto**, to enter into (*o* to make, to seal) a pact; **s. un accordo**, to enter into an agreement; **s. un trattato**, to draw up a treaty ***8*** (*essere stretto, anche assol.*) to be tight; (*di scarpe, anche*) to pinch; (*intorno al collo*) to choke, to strangle, to suffocate: **Queste scarpe (mi) stringono in punta**, these shoes are tight across the toes (*o* pinch my toes); **La giacca stringe troppo**, the jacket is too tight; **La gonna (mi) stringe un po' sui fianchi**, the skirt is a bit tight around the hips; **Questo colletto mi stringe**, this collar is choking (*o* strangling) me ***9*** (*sintetizzare, anche assol.*) to abbreviate, to make* (st.) short (*o* brief), to cut* (st.) short, to be brief; (*riassumere*) to sum up; (*concludere*) to conclude, to come* to the point: **Vidi qualcuno sbadigliare tra il pubblico e decisi di s.**, I noticed some people yawning in the audience and decided to cut my talk short; **Stringi!**, make it short!; come to the point! ***10*** (*accelerare*) to quicken; to speed* up; to step up: **s. il passo**, to quicken one's pace; to step on it (*fam.*); **s. i tempi**, to step up the pace; to speed things up; to conclude; (*mus.*) **s. il tempo**, to quicken the tempo ***11*** (*assol.*: *essere astringente*) to cause constipation; to make one constipated. ● **s. amicizia con q.**, to strike up a friendship with sb. □ **s. d'assedio una città**, to lay siege to a town □ (*naut.*) **s. il vento**, to haul up; to close the wind; to sail close to the wind □ **stringi stringi**, in the end; in conclusion; all in all: **Stringi stringi, non si è concluso niente**, we didn't get anywhere in the end; **Insomma, stringi stringi, i soldi te li hanno dati?**, well, did they give you the money in the end?; **Stringi stringi, non è granché**, it is nothing special, all in all □ (*prov.*) **Chi troppo vuole nulla stringe**, grasp all, lose all. **B** *v. i.* (*incalzare, urgere*) to press; to be pressing; to be running out (*o* short): **Il tempo stringe**, time is pressing (*o* is running out); time is running short. ● (*calcio*) **s. a rete**, to press on towards the goal. **C stringersi**, *v. rifl. e i. pron.* ***1*** (*accostarsi*) to draw* close (to); to press against; to cling* to; to hug; to huddle: **s. al muro**, to draw close to (*o* to press against) the wall; **Il bimbo si stringeva alla mamma**, the child clung to his mother; **s. gli uni agli altri**, to huddle together; **s. nelle spalle**, to shrug (one's shoulder) ***2*** (*circondare*) to gather round; to surround; to draw* up around; to cluster round; (*fig.*: *sostenere, appoggiare*) to rally around: **Ci stringemmo intorno al professore**, we gathered round the teacher; **Si strinsero intorno al fuoco**, they clustered round the camp fire; **Una folla in tripudio si strinse intorno al vincitore**, a cheering crowd surrounded the winner; **Il partito si strinse intorno a lui**, his party rallied around him ***3*** (*avvolgersi in q.c.*) to draw* st. around one; to wrap oneself tighter (into st.): **La vecchietta si strinse nello scialle**, the old woman drew her shawl around her ***4*** (*spostarsi per fare posto*) to move over (*o* up); to squeeze up; to bunch up: **s. per far entrare q.**, to move up to let sb. in; **Nessuno accennò a s. per fare un po' di posto**, no one seemed willing to move up and make room; **Stringetevi un po' e fatemi sedere**, move up and let me sit down ***5*** (*restringersi*) to shrink; (*diventare più stretto*) to narrow: **una stoffa che non si stringe**, a material that does not shrink; **Più avanti la valle si stringeva**, the valley narrowed further up ***6*** (*serrarsi*) to tighten: **La sua mano si strinse sul mio braccio**, his hand tightened around (*o* clasped) my arm; **A quelle parole mi si strinse il cuore**, (*per la pena*) those words wrung my heart; (*per lo scoramento*) at those words my heart sank; **Bussai alla porta del direttore generale con lo stomaco che mi si stringeva**, I had butterflies in my stomach when I knocked on the general manager's door.

stringiménto, *m.* ***1*** (*il serrare fortemente*) clasping; grasping; gripping; clenching; hugging ***2*** (*l'avvitare, il legare*) tightening. ● (*fig.*) **s. di cuore**, pang in one's heart; heavy heart.

stringinàso, *m. invar.* (*sport*) nose-clip. ● **occhiali a s.**, pince-nez (*franc.*).

strippàggio, *m.* (*chim.*) stripping.

strippàre, *v. i.* (*pop.*) to stuff oneself; to gorge; to guzzle.

strippàta, *f.* (*pop.*) blow-out: **fare una s.**, to stuff oneself (with st.); to have a blow-out.

strip-tease (*ingl.*), *m. invar.* strip-tease.

striscia, *f.* ***1*** (*lista*) strip, slip; (*nastro*) ribbon, band: **s. di carta**, strip (*o* slip) of paper; **s. di stoffa**, strip of cloth; **s. di terra**, strip of land; **s. di cuoio**, strip (*o* strap) of leather; thong; (*coramella*) strop; **s. di pelle**, strip (*o* ribbon) of skin; **tagliare q.c. a strisce**, to cut st. into strips ***2*** (*riga*) stripe, band, streak, bar; (*bordo*) border; (*traccia, scia*) trail: **una stoffa azzurra con strisce bianche**, some material with white stripes; **s. di sangue**, trail of blood; **s. di luce**, bar (*o* streak) of light; **s. di fumo**, trail of smoke; **s. di sporco**, streak of dirt; **una tappezzeria a strisce**, a striped wallpaper; **Un sergente ha tre strisce sulla manica**, a sergeant has three stripes on his sleeve ***3*** (*autom.*) line; (*pl.*) (*strisce pedonali*) zebra (*o* pedestrian) crossing (*sing.*): **s. continua**, continuous line; **doppia s.**, double line; **s. tratteggiata**, divided line; **attraversare sulle strisce**, to cross at the zebra crossing ***4*** (*fumetto*) (comic) strip ***5*** (*aeron.*) strip. ● (*edil.*) **s. di rinforzo**, cleat.

strisciaménto, *m.* ***1*** (*il passare sopra o rasente a q.c.*) crawling; creeping; slithering; stealing ***2*** (*il trascinare*) dragging; scraping; shuffling ***3*** (*fig.*) fawning; toadying.

strisciànte, *a.* ***1*** (*che striscia*) crawling; creeping ***2*** (*fig.*: *servile*) fawning, toadying, servile; (*untuoso*) unctuous, oily, smarmy; (*furtivo*) sneaking, sneaky, shifty, creeping, wormy: **adulazione s.**, servile flattery; **individuo s.**, slimy (*o* sneaking) individual; creep (*fam.*); crawler (*fam.*); **modi striscianti**, unctuous (*o* oily, smarmy) ways; sneaking ways ***3*** (*bot.*) creeping; repent: **pianta s.**, creeping (*o* repent) plant; creeper; **radice s.**, creeping roots ***4*** (*zool.*) creeping; reptant. ● (*econ.*) **inflazione s.**, creeping inflation □ **C'è in giro un'influenza s.**, there is a flu about.

strisciàre, **A** *v. i.* ***1*** (*avanzare sul ventre*) to creep*; to crawl; to slither: **La lumaca strisciava lungo il tronco**, the snail was creeping along the trunk; **Strisciammo verso il nemico**, we crept towards the enemy; **Il gatto strisciò verso l'uccello**, the cat crept towards the bird; **Il serpente s'infilò strisciando in un buco**, the snake slithered into a hole ***2*** (*avanzare rasente o di soppiatto*) to creep; to sneak; to steal*: **s. lungo il muro**, to creep along the wall; **La volpe strisciò via**, the fox stole away ***3*** (*strascicare*) to trail, to drag; (*sfiorare*) to brush, to shave; (*sfregare*) to graze, to scrape against, to scratch: **Hai la vestaglia che striscia per terra**, your dressing-gown is trailing on the floor; **rami che strisciano al suolo**, trailing branches; **Una mano strisciava nell'acqua**, a hand was trailing in the water; **La macchina strisciò contro il guardrail**, the car scraped against the guardrail ***4*** (*fig.*: *umiliarsi*) to grovel. **B** *v. t.* ***1*** (*sfiorare*) to graze; to scrape; to scratch: **La pallottola gli strisciò la guancia**, the bullet grazed his cheek; **s. l'acqua**, to touch the water; **Mi ha strisciato tutta la fiancata**, he scratched the whole side of my car ***2*** (*strascicare*) to drag; to shuffle: **s. una sedia**, to scrape a chair on the floor; to drag a chair; **s. i piedi**, to shuffle (*o* to drag) one's feet; **far s. un mobile pesante**, to drag a heavy piece of furniture. **C strisciàrsi**, *v. rifl.* ***1*** (*sfregarsi*) to rub (oneself): **L'orso si strisciava contro l'albero**, the bear was rubbing itself against the tree ***2*** (*fig.*: *adulare*) to fawn (on sb.); to toady (to sb.).

strisciàta, **strisciatura**, *f.* ***1*** (*lo strisciare*) grazing; scraping; rubbing ***2*** (*graffio*) scratch, graze; (*segno*) score, mark: **una s. sul parafango**, a scratch on the mudguard; **un pavimento pieno di strisciate**, a floor covered with marks ***3*** (*tipogr.*) galley proof ***4*** (*fotogr.*) flight strip.

striscio, *m.* ***1*** (*lo strisciare*) shuffle ***2*** (*graffio*) graze, scrape; (*segno*) score, mark ***3*** (*med.*) smear. ● **ballo con lo s.**, shuffle □ **colpire di s.**, to graze □ **colpo di s.**, glancing blow □ **ferita di s.**, superficial wound; scratch.

striscióne (**1**), *m.* ***1*** (*grande striscia con scritta*) banner: **s. pubblicitario**, advertising banner; **gli striscioni del comizio**, the banners of the rally; **s. del traguardo**, finishing line ***2*** (*segno*) score; mark.

striscióne (**2**), **striscióni**, *avv.* (by) crawling; (by) dragging: **avanzare s.**, to creep*; to crawl; **camminare s.**, to drag oneself along.

stritolàbile, *a.* grindable; crushable.

stritolaménto, *m.* grinding; crushing.

stritolàre, *v. t.* ***1*** to grind*; to crush; to crunch: **s. sassi**, to grind stones; **s. una gamba a q.**, to crush sb.'s leg; **Il cane stritolava un osso**, the dog was crunching a bone ***2*** (*fig.*) to crush; to demolish: **argomenti che stritolarono l'avversario**, arguments that crushed the opponent. ● (*fam.*) **Se lo piglio, lo stritolo!**, if I catch him, I'll make mincemeat of him!

stritolatóre, **A** *a.* grinding; crushing; crunching. **B** *m.* (*f.* **-trice**) grinder; crusher.

stritolìo, *m.* crunching noise; grinding noise.

strizióne, *f.* (*metall.*) necking; neck-down.

strizza, *f.* (*fam.*) scare; funk: **avere s.**, to be scared; to be in a funk; **All'ultimo momento gli è venuta s.**, at the last moment he got the wind up (*o* he got cold feet); **prendersi una s.**, to get a fright; to get scared.

strizzacervèlli, *m. e f. invar.* (*fam.*: *psichiatra*) headshrinker; shrink; couch doctor.

strizzàre, *v. t.* to squeeze; (*torcere*) to wring*: **s. un limone**, to squeeze a lemon; **s. un lenzuolo**, to wring a sheet; **s. gli occhi**, to screw up (*o* to narrow) one's eyes; to peer; to squint; **s. l'occhio (a q.)**, to wink (at sb.).

strizzàta, *f.* squeeze; wring: **Mi diede una s. al braccio**, he gave my arm a squeeze; he squeezed my arm; **dare una s. al fazzoletto**, to wring (*o* to squeeze) the handkerchief; **s. d'occhio**, wink.

strizzatóio, *m.* wringer; mangle.

strizzatùra, *f.* squeezing; wringing.

strizzóne, *m.* ***1*** (*strizzata*) powerful squeeze ***2*** (*fam.*: *fitta*) sharp (*o* shooting) pain; stab (of pain).

strobilazióne, *f.* (*zool.*) strobilation.

stròbilo, *m.* ***1*** (*bot.*) strobile; strobilus* ***2*** (*zool.*) strobila*; strobile.

strobofotografia, *f.* stroboscopic photography.

stroboscopìa, *f.* (*fis.*) stroboscopy.

stroboscòpico, *a.* (*fis.*) stroboscopic(al): **effetto s.**, stroboscopic effect.

stroboscòpio, *m.* (*fis.*) stroboscope.

stròfa, *f.* verse; stanza; (*nella poesia greca*) strophe.

strofantìna, *f.* (*chim.*) strophanthin.

strofànto, **stròfanto**, *m.* (*bot.*, *Strophanthus*) strophanthus.

stròfe, *V.* **strofa**.

stròfico, *a.* (*poesia*) strophic(al).

strofinàccio, *m.* cloth; rag; wiper; (*per lavare i piatti*) dish cloth; (*per asciugare*) tea towel, dishtowel (*USA*); (*per pavimenti*) floor cloth; (*per spolverare*) duster.

strofinaménto, *m.* (*sfregamento*) rubbing,

scrubbing, scouring; (*per lucidare*) polishing.

strofinàre, A *v. t.* (*fregare*) to rub, to scrub, to scour; (*per lucidare*) to polish; (*per asciugare*) to wipe; (*per riscaldare*) to rub, to chafe: **s. le pentole con la paglietta**, to scour the saucepans with iron wool; **s. un pavimento**, to scrub a floor; **s. l'argenteria con un panno morbido**, to polish the silver with a soft cloth; **Questa macchia andrà via strofinando**, this stain will rub away; **Il cane mi strofinò il muso contro la gamba**, the dog rubbed his head against my leg; **s. un fiammifero**, to strike a match; **strofinarsi gli occhi**, to rub one's eyes; **strofinarsi le mani col sapone**, to rub one's hands with soap. **B strofinàrsi,** *v. rifl.* to rub oneself: **s. contro q.c.**, to rub oneself against st.: **Il gatto si strofinò contro la porta**, the cat rubbed itself against the door; (*fig.*) **s. a q.** (*adularlo*), to toady to sb.; to fawn on sb.

strofinàta, *f.* rub; scrub; scouring; (*per lucidare*) polish: **dare una s. a q.c.**, to give st. a rub (*o* a scrub).

strofinìo, *m.* rubbing.

strofòide, *f.* (*mat.*) strophoid.

stròlaga, *f.* (*zool., Colymbus*) grebe.

strologàre, A *v. t.* (*profetizzare*) to foretell*; to predict; to prophesy. **B** *v. i.* (*almanaccare*) to puzzle (*o* to rack, to cudgel) one's brains.

stròma, *m.* (*biol.*) stroma*.

stromàtico, *a.* (*biol.*) stromal; stromatic.

strombàre, *v. t.* (*archit.*) to splay.

strombatùra, *f.* (*archit.*) splay; embrasure.

strombazzàre, A *v. t.* ***1*** (*riferire*) to trumpet; to spread about; to shout from the rooftops: **Strombazzarono il fatto per tutto il paese**, they trumpeted the story all over the town; **È andata a strombazzarlo ai quattro venti**, she shouted it from the rooftops ***2*** (*vantare, propagandare*) to boast; to extol; to puff (*fam.*); to hype (*fam.*); to plug: **s. la qualità di q.c.**, to puff (*o* to hype) st.; **s. le proprie virtù**, to blow one's own trumpet **B** *v. i.* (*suonare il clacson*) to toot; to honk.

strombazzàta, *f.* ***1*** (*di tromba*) blast; blare ***2*** (*di clacson*) blast on one's horn; tooting; honking ***3*** (*fig.*) puff; hype; ballyhoo.

strombazzatóre, *m.* (*f.* **-trice**) ***1*** (*divulgatore*) trumpeter ***2*** (*millantatore*) boaster; braggart ***3*** (*elogiatore*) trumpeter; extoller; glorifier ***4*** (*chi suona forte il clacson*) tooter; honker.

strombettàre, *v. i.* ***1*** to blare into a trumpet ***2*** (*suonare il clacson*) to toot; to honk.

strombettàta, *f.* ***1*** (*di tromba*) blast; blare ***2*** (*di clacson*) toot; honk.

strombettìo, *m.* (*di tromba*) blasts (*o* blares) of trumpets (*pl.*).

strómbo (1), *m.* (*zool., Strombus gigas*) conch.

strómbo (2), *m. V.* **strombatura**.

strombolïàno, *a.* (*geol.*) Strombolian.

stroncaménto, *m.* ***1*** (*il troncare*) breaking off ***2*** (*fig.: repressione*) crushing; putting down.

stroncàre, *v. t.* ***1*** (*troncare*) to break* off; to snap off; to cut* off: **s. un ramo**, to break (*o* to cut) off a branch ***2*** (*fig.: uccidere, distruggere*) to cut* down; to *cut off; to strike* down; to cut* short: **Fu stroncato nel fiore degli anni**, his life was cut short; he was struck down in his prime; **La fame e le malattie hanno stroncato molte vite**, hunger and diseases cut short many lives; **Fu stroncato da un infarto**, he was struck down by a heart attack; **L'incidente gli stroncò la carriera**, that incident cut short his career; (*fam.*) **Se mi capita a tiro, lo stronco!**, if I set my hands on him, I'll tear him apart! ***3*** (*fig.: reprimere*) to crush; to break*; to put down: **s. una rivolta**, to crush (*o* to put down) a revolt; **s. una diceria**, to scotch a rumour; to put an end to gossip; **s. la febbre**, to bring down the temperature; **s. un raffreddore**, to fight off a cold ***4*** (*fam.: spossare*) to wear* out; to tire out; to exhaust: **Stare dietro al bambino mi stronca**, looking after the child wears me out (*o* is exhausting); **La spesa mi ha stroncato le braccia**, my arms are aching after carrying the shopping ***5*** (*fig.: criticare duramente*) to tear* apart (*o* to pieces); to slate (*GB*); to pan (*fam.*): **La critica ha stroncato il suo ultimo romanzo**, the critics tore his latest novel apart; **s. un film**, to pan a film.

stroncatóre, A *a.* (*di critica*) highly critical; crushing; savage. **B** *m.* (*f.* **-trice**) (*critico severo*) harsh (*o* destructive) critic; detractor.

stroncatùra, *f.* ***1*** (*il troncare*) breaking off; cutting off ***2*** (*fig.*) crushing criticism; destructive review; savage attack; slating (*GB*); panning (*fam.*).

stròngilo, *m.* (*zool.*) strongylus.

stronzàggine, *f.* (*volg.*) ***1*** (*l'essere odioso o malvagio*) meanness; bitchiness (*pop.*); bloody-mindedness (*fam. GB*); shittiness (*volg.*) ***2*** (*comportamento da stronzo*) shitty ways (*pl., volg.*) ***3*** *V.* **stronzata**.

stronzàta, *f.* (*volg.*) ***1*** (*azione odiosa*) rotten (*o* dirty) trick; shitty thing (*volg.*): **È stata una s. la sua di non aiutarmi**, it was shitty of him (*o* he was a shit) not to help me ***2*** (*scemenza*) (bull)shit (*volg.*); crap (*volg.*): **dire stronzate**, to talk crap; to be full of shit.

strònzio, *m.* (*chim.*) strontium.

strónzo, *m.* (*volg.*) ***1*** (*escremento*) turd; shit ***2*** (*fig.: persona odiosa*) bastard; bitch (*f.*); shit; fink (*USA*); turd.

stropicciaménto, *m.* rubbing; (*di piedi*) scuffling, shuffling.

stropicciàre, A *v. t.* ***1*** (*fregare*) to rub, to massage; (*i piedi*) to scuffle, to shuffle: **Mi stropicciavo il braccio**, I was rubbing (*o* massaging) my arm; **stropicciarsi le mani**, to rub one's hands; **stropicciarsi gli occhi**, to rub one's eyes ***2*** (*fam.: sgualcire*) to crumple; to crease; to rumple; to muss (up) (*USA*): **stropicciarsi gli abiti**, to crumple one's clothes. **B stropicciàrsi,** *v. i. pron.* ***1*** (*sgualcirsi*) to crease; to get* creased ***2*** (*pop.*) not to care; not to give a damn (*fam.*): **Me ne stropiccio di lui!**, I don't give a damn about him!

stropicciàta, *f.* rub; rubbing: **dare una bella s. a q.c.**, to give st. a good rub. ● **darsi una s. alle mani**, to rub one's hands.

stropicciàto, *a.* (*sgualcito*) crumpled; creased.

stropicciatùra, *f.* ***1*** (*sfregamento*) rubbing ***2*** (*sgualcitura*) crumpling; creasing; rumpling.

stropiccìo, *m.* rubbing; (*di piedi*) scuffling, shuffling; shuffle.

stroppiàre, *v. t.* (*fam.*) to cripple. ● (*prov.*) **Il troppo stroppia**, you can have too much of a good thing; too much breaks the bag.

stròppo, *m.* (*naut.*) strop.

stròzza, *f.* (*fam.*) throat; gullet; windpipe: **afferrare q. per la s.**, to seize sb. by the throat; **La parola gli rimase nella s.**, the word stuck in his throat; **La lisca gli si è piantata nella s.**, the fish bone got stuck in his windpipe (*o* gullet); **Urlavo con quanto fiato avevo nella s.**, I was shouting at the top of my voice.

strozzalìno, *m.* (*bot.: Cuscuta epilium*) flax dodder.

strozzaménto, *m.* ***1*** (*lo strangolare*) strangling; throttling; chocking to death ***2*** (*il soffocare*) choking ***3*** (*compressione*) compression ***4*** (*med.*) strangulation: **s. erniario**, hernia strangulation ***5*** (*mecc.*) throttling; choking.

strozzàre, A *v. t.* ***1*** (*uccidere strangolando*) to throttle; to strangle; to choke to death ***2*** (*soffocare*) to choke; to strangle: **La cravatta mi strozza**, this tie is choking (*o* strangling) me; **Mi sento s.**, I'm choking ***3*** (*occludere*) to block, to occlude, to throttle, to choke; (*comprimere*) to pinch ***4*** (*fig.: far pagare molto*) to fleece; to rip off. **B strozzàrsi,** *v. rifl.* e *i. pron.* ***1*** to choke to death; to strangle: **Si è quasi strozzato con una lisca**, he nearly choked to death on a fish bone; **Si è strozzato con la corda del bucato**, he strangled himself with the clothesline ***2*** (*per estens.: restringersi*) to narrow; to become* narrower.

strozzascòtte, *m. invar.* (*naut.*) clam cleat.

strozzàto, *a.* ***1*** throttled; strangled; choked to death ***2*** (*soffocato*) choked; choking; stifled: **grido s.**, stifled cry; **voce strozzata**, choked (*o* choking) voice ***3*** (*di collo di recipiente*) narrow-necked; (*di tubi e sim.*) suddenly narrowing ***4*** (*med.*) strangulated: **ernia strozzata**, strangulated hernia.

strozzatóio, *m.* (*naut.*) compressor.

strozzatóre, *m.* (*f.* **-trice**) strangler.

strozzatùra, *f.* ***1*** *V.* **strozzamento**, *def. 1* e *2* ***2*** (*restringimento*) narrowing; narrow passage; (*di recipiente*) narrow neck; (*stradale*) bottleneck: **la s. di un tubo**, a narrowing in a pipe; **la s. di una clessidra**, the waist of an hour-glass; **La strada ha una s. a un kilometro da qui**, one kilometre from here there is a bottleneck (*o* the road narrows) ***3*** (*econ.*) bottleneck ***4*** (*med.*) strangulation; stricture.

strozzinàggio, *m.* usury; extorsion; loan-sharking (*fam.*).

strozzinésco, *a.* usurer's (*attr.*); of a usurer.

strozzìno, *m.* (*f.* **-a**) ***1*** (*usuraio*) usurer; loan shark (*fam.*) ***2*** (*per estens.: persona avida*) money-grubber; bloodsucker; extortioner; vampire.

struccàre, A *v. t.* to remove the make-up (of). **B struccàrsi,** *v. rifl.* to take* off one's make-up.

struccàto, *a.* without make-up.

struccatùra, *f.* **strùcco,** *m.* removal of make-up.

strùdel (*ted.*), *m. invar.* (*cucina*) strudel.

struggènte, *a.* (*pieno di desiderio*) yearning, longing; (*doloroso*) poignant, distressing, tormenting: **sguardo s.**, longing glance; **s. nostalgia**, acute longing; **desiderio s.**, longing; yearning; **melodia s.**, poignant tune; **ricordi struggenti**, poignant memories; **pena s.**, distressing grief; **Provava una tenerezza s.**, he felt an immense tenderness.

strùggere, A *v. t.* ***1*** (*liquefare*) to melt; to liquefy; (*neve, ghiaccio, anche*) to thaw: **s. la cera**, to melt (*o* to liquefy) wax ***2*** (*fig.: consumare lentamente*) to consume, to eat* up; (*angosciare*) to distress, to torment: **Un desiderio ardente lo struggeva**, a burning desire was consuming him; **Il rimorso lo strugge**, he is tormented by remorse; **Quel pensiero mi struggeva**, that thought distressed me. **B strùggersi,** *v. i. pron.* ***1*** (*liquefarsi*) to melt; to liquefy; (*di neve, ghiaccio, anche*) to thaw: **La neve si strusse al sole**, the snow melted away in the sun; **un bignè che si strugge in bocca**, a cream puff that melts in your mouth; (*fig.*) **s. in lacrime**, to melt into tears ***2*** (*fig.: languire*) to pine away, to waste away, to be consumed (with); (*di invidia, rimorso, ecc.*) to be eaten up (by), to be consumed (with); (*desiderare ardentemente*) to pine, to long, to yearn, to eat one's heart out, to burn*: **s. nel ricordo di q.**, to pine away for sb.; **s. dal dolore**, to be consumed with grief; **Si struggeva dal desiderio di rivederlo**, she was pining for him; she was consumed with the desire to see him again; **s. d'invidia [di gelosia]**, to be consumed (*o* eaten up) with envy [jealousy]; to eat one's heart out; **s. dal desiderio [dalla curiosità]**, to burn with desire [with curiosity]; **Mi struggevo di sapere la verità**, I was longing to learn the truth; **s. dalla voglia di fare q.c.**, to be longing (*o* yearning) to do st.

struggiménto, *m.* ***1*** (*liquefazione*) melting; liquefaction; thawing ***2*** (*tormento*) distress; pain; grief; heartache; anguish; torment; agony: **Provai un grande s. a quella vista**, my heart ached at that sight; **È uno s. avere i figli lontani**, it's painful when your children are away; **È uno s. vedere i suoi sforzi per camminare**, it is agony (*o* heart-breaking) to see his efforts to walk; **s. di cuore**, heartache ***3*** (*desiderio intenso*) longing; yearning.

strùma, *m.* (*med.*) goitre.
strumentàle, A *a.* **1** instrumental: **causa s.**, instrumental cause; **dati strumentali**, instrumental data; **musica s.**, instrumental music; **osservazione s.**, instrumental observation; (*gramm.*) **caso s.**, instrumental case; **fare un uso s. di q.c.**, to exploit st.; to make instrumental use of st.; **avere una concezione s. di q.c.**, to see st. as something to be used (*o* exploited); **una decisione puramente s. volta a ottenere nuovi vantaggi**, a purely pragmatic decision to obtain further advantages **2** (*aeron.*) instrument (*attr.*): **volo [navigazione] s.**, instrument (*o* blind) flight; **atterraggio s.**, instrument landing **3** (*econ.*) instrumental; producer (*attr.*); auxiliary: **beni strumentali**, instrumental (*o* producer, auxiliary) goods. **B** *m.* (*gramm.*: *caso s.*) instrumental case.
strumentalismo, *m.* (*filos.*) instrumentalism.
strumentalità, *f.* instrumentality.
strumentalizzàre, *v. t.* (*usare come puro strumento*) to make* use of; to use; to take* advantage of; to exploit; to manipulate; to capitalize on; to make* an instrument of: **s. una notizia a fini di propaganda**, to exploit (*o* to use, to manipulate) a piece of news for propaganda purposes; **s. la protesta operaia**, to exploit the workers' protest; **Mi ha semplicemente strumentalizzato**, he simply made an instrument of me (*o* used me).
strumentalizzazióne, *f.* exploitation; manipulation; instrumental use.
strumentalménte, *avv.* **1** instrumentally **2** (*fig.*) as something to be used (*o* exploited): **concepire q.c. s.**, to see st. as something to be used (*o* exploited).
strumentàre, *v. t.* (*mus.*) to orchestrate; to instrument.
strumentàrio, *m.* (set of) instruments (*o* tools); kit; equipment.
strumentatóre, *m.* (*f.* **-trice**) (*mus.*) orchestrator.
strumentazióne, *f.* **1** (*mus.*) orchestration; instrumentation **2** (*complesso di strumenti*) instruments (*pl.*); equipment; instrumentation: (*aeron.*) **s. di bordo**, flight instruments (*o* instrumentation).
strumentìni, *m. pl.* (*mus.*) woodwinds.
strumentìsta, *m.* e *f.* **1** (*mus.*) instrumentalist **2** (*tecn.*) instrument designer.
struménto, *m.* **1** instrument; (*attrezzo*) tool, implement: (*anche fig.*) **s. di lavoro**, (work) tool; **gli strumenti del falegname [dell'idraulico]**, a carpenter's [a plumber's] tools; **strumenti agricoli**, farm tools (*o* implements); **strumenti scientifici**, scientific instruments; **strumenti ottici [chirurgici]**, optical [surgical] instruments; **s. di punizione [di tortura]**, instrument of punishment [of torture] **2** (*tecn.*) instrument: **s. a quadrante**, dial instrument; (*aeron.*) **strumenti di bordo**, flight instruments; **s. di laboratorio**, laboratory instrument; **s. di misurazione**, measuring instrument; meter; **s. di precisione**, precision instrument (*o* tool); **s. indicatore** (*o* **a indice**), indicator; **s. registratore**, recorder; **s. topografico**, surveying instrument; **avere in mano tutti gli strumenti del mestiere**, to know the tools of the trade **3** (*mus.*) instrument: **strumenti a fiato**, wind instruments; winds; (*di legno*) woodwinds; **strumenti a corde**, stringed instruments; strings; **strumenti ad ancia**, reed instruments; reeds; **strumenti a tastiera**, keyboard instruments; **strumenti a percussione**, percussion instruments; **strumenti a corde pizzicate**, plucked instruments **4** (*fig.*: *mezzo*) instrument; tool; means: **s. di pace**, instrument of peace; **s. della provvidenza**, instrument of providence; **s. di persuasione**, means of persuasion; **Fu lo s. involontario di un disastro**, he was the unwitting cause of a disaster; **essere lo s. della vendetta di q.**, to be the instrument of sb.'s revenge; **È uno s. nelle loro mani**, he is a tool in their hands; **Si sono serviti di te come di uno s.**, they made a tool of you **5** (*leg.*) instrument; deed: **redigere uno s.**, to draw up a deed.
strusciaménto, *m.* rubbing; (*di piedi*) shuffling.
strusciàre, A *v. t.* **1** (*strofinare*) to rub; (*sfregare*) to scrape: **Ho s. la manica su della vernice fresca**, I rubbed my sleeve against wet paint; **s. il parafango contro il muro**, to scrape the mudguard against the wall; **s. i piedi**, to shuffle one's feet **2** (*gualcire*) to crease, to crumple, to rumple; (*logorare*) to wear* out. **B strusciàrsi,** *v. rifl.* **1** to rub (oneself) **2** (*fig.*: *adulare*) to fawn (on sb.); to toady (to sb.).
strusciàta, *f.* **1** (*lo strusciare*) rub; rubbing **2** (*graffio*) scrape; (*segno*) mark, score.
strùscio (1), *m.* rubbing; (*di piedi*) shuffling.
strùscio (2), *m.* (*region.*: *passeggio domenicale*) Sunday promenade (*o* stroll) along the main street.
strusciόne, *m.* (*f.* **-a**) (*fam. spreg.*) **1** (*chi sciupa gli abiti*) person careless about his clothes **2** (*adulatore*) toady; fawner.
strùtto, *m.* lard.
struttùra, *f.* **1** (*composizione, organizzazione*) structure; organization; construction; fabric; system; frame; framework; make-up; texture; pattern: **la s. dell'universo**, the structure of the universe; **la s. di una pianta [di una roccia]**, the structure of a plant [of a rock]; **la s. di una frase**, the structure (*o* construction) of a sentence; **la s. di un romanzo**, the structure of a novel; **una s. di pensiero**, a structure (*o* framework) of thought; **s. mentale**, mental make-up; **s. sociale**, social structure (*o* organization, fabric); **cambiare l'intera s. della società**, to change the whole structure (*o* framework) of society **2** (*intelaiatura, ossatura*) structure; framework; frame: **la s. del corpo umano**, the structure of the human body; **la s. di un ponte [di una volta]**, the structure of a bridge [of a vault]; **una s. in ferro**, an iron structure (*o* frame) **3** (*linea, forma*) structure; framework: **la s. ardita di un grattacielo**, the daring structure of a skyscraper; **un edificio dalla s. pesante**, a heavy-looking (*o* ponderous) building **4** (*corporatura*) build; frame: **una s. robusta**, a strong build **5** (*costruzione*) construction: **una s. in ferro**, a steel construction **6** (*impianto, complesso*) facility; structure; framework: **strutture sportive [sanitarie]**, sports [health] facilities. ● (*aeron.*) **s. a guscio**, monocoque □ (*aeron.*) **s. a rivestimento resistente**, stressed-skin structure □ (*archit.*) **s. a ventaglio**, fantail □ (*chim.*) **s. ad anello**, ring structure □ (*fis.*) **s. atomica**, atomic structure □ (*biol.*) **s. cellulare**, cellular structure □ (*chim.*) **s. cristallina**, crystalline structure □ (*edil.*) **s. in cemento armato**, reinforced-concrete structure □ (*geol.*) **s. fluidale**, fluidal texture □ (*geol.*) **s. lamellare**, sheeting □ (*mecc.*) **s. nervata**, ribwork □ (*edil.*) **s. portante**, carrying structure □ (*aeron.*) **s. primaria**, primary structure □ (*fis.*) **s. molecolare**, molecular structure □ (*ling.*) **s. profonda**, deep structure □ (*ling.*) **s. superficiale**, surface structure □ (*chim.*) **formula di s.**, structural formula.
strutturàle, *a.* structural; constructional: **adattamenti strutturali**, structural modifications; **debolezza s.**, structural (*o* constructional) weakness; **linguistica s.**, structural linguistics.
strutturalismo, *m.* (*biol.*, *ling.*, *psic.*, *letter.*) structuralism.
strutturalista, *m.* e *f.* (*biol.*, *ling.*, *psic.*, *letter.*) structuralist.
strutturalìstico, *a.* (*biol.*, *ling.*, *psic.*, *letter.*) structuralist(ic).
strutturàre, A *v. t.* to structure; to organize; to frame. **B strutturàrsi,** *v. i. pron.* to be structured (*o* organized).
strutturàto, *a.* structured; organized: **un complesso di elementi ben strutturati**, a set of well structured elements.
strutturazióne, *f.* **1** (*lo strutturare*) structuring; organizing **2** (*modo in cui q.c. è strutturato*) structure; construction; organization.
strutturista, *m.* e *f.* (*tecn.*) structural engineer.
strutturìstica, *f.* (*fis.*) structural chemistry.
strùzzo, *m.* (*zool.*, *Struthio camelus*) ostrich. ● (*fig.*) **avere uno stomaco di s.**, to have a cast-iron stomach □ **fare come lo s.** (*o* **fare la politica dello s.**), to bury one's head in the sand; to play ostrich.
stuàrdo, *a.* (*stor.*) Stuart. ● **colletto alla stuarda**, whisk.
stuccàre (1), *v. t.* **1** (*decorare a stucco*) to stucco **2** (*riempire di stucco*) to putty; to fill up (with putty, with plaster); to plaster: **s. un foro**, to fill up a hole; **s. i vetri di una finestra**, to putty the panes of a window; **s. una fessura nel muro**, to plaster over a crack in the wall.
stuccàre (2), A *v. t.* (*nauseare*) to nauseate; to make* sick; (*annoiare*) to bore, to weary. **B stuccàrsi,** *v. i. pron.* (*averne abbastanza, stufarsi*) to have had enough of; to be fed up with; to get* sick of: **I cioccolatini mi stuccano**, I soon get sick of chocolates.
stuccàto, *a.* **1** (*decorato a stucchi*) stuccoed **2** (*riparato con stucco*) plastered; filled up with putty.
stuccatóre, *m.* (*f.* **-trice**) stucco decorator; plasterer.
stuccatùra, *f.* **1** (*lo stuccare*) puttying; plastering: **la s. di un vetro**, the puttying of a window-pane; **Il soffitto ha bisogno di una s.**, the ceiling needs plastering **2** (*lo stucco*) putty; (*decorazione a stucco*) stucco, stucco-work: **È venuta via la s.**, the putty has come off; **mobili con stuccature dorate**, furniture with gilt stuccoes (*o* stucco-work).
stucchévole, *a.* **1** (*nauseante*) nauseous; nauseating; sickening; sickly; cloying **2** (*sdolcinato*) sickening; sugary; cloying; mawkish **3** (*noioso*) boring; tiresome; tedious.
stucchevolézza, *f.* **1** (*l'essere nauseante*) nauseousness; sickliness; cloyingness **2** (*sdolcinatura*) cloyingness; sickliness; sugariness; mawkishness **3** (*l'essere noioso*) tiresomeness; tediousness.
stùcco (1), *m.* (*rilievo ornamentale*) stucco; (*materiale riempitivo*) putty, filler; (*gesso*) plaster: **gli stucchi di un soffitto barocco**, the stuccoes (*o* stucco-work) on a Baroque ceiling; **decorare a s.**, to stucco; **decorazioni a s.**, stuccoes; stucco-work; **s. da vetrai**, glaziers' putty; **s. per legno**, putty; **mettere lo s. a un vetro**, to putty a pane; **turare con lo s.**, to fill with putty; to plaster. ● (*fig.*) **rimanere di s.**, to be left speechless (*o* gaping); to be thunderstruck; to be dumbfounded.
stùcco (2), *a.* **1** (*nauseato*) sick; nauseated; cloyed **2** (*annoiato*) fed up (with); bored (with).
stuccóso, *V.* **stucchevole.**
studentàto, *m.* (years of) studentship.
studènte, *m.* (*f.* **-téssa**) student; (*di scuola media*) schoolboy (*f.* schoolgirl); (*alunno, alunna*) pupil: **s. di liceo**, secondary-school (*USA*: high-school) student; **s. universitario**, university student; undergraduate; **s. di prima [di seconda]**, first- [second-]former; **s. del primo anno** (*all'università*), first-year student; freshman; fresher (*GB*); **s. del secondo anno** (*all'università*), second-year student; sophomore (*USA*); **s. di biologia [di legge]**, biology [law] student; student of biology [law]; **s. di medicina**, medical student; medic (*fam.*); **la vita di s.**, student life; **casa dello s.**, student's residence; hall of residence (*GB*); dormitory (*USA*).
studentésco, *a.* student (*attr.*); students'

(*attr.*): **manifestazione studentesca**, student demonstration; **movimento s.**, students' movement.

studentéssa, *V.* **studente**.

studiacchiàre, *v. t.* e *i.* to study fitfully; to study without enthusiasm.

studiàre, A *v. t.* **1** (*una disciplina*) to study; to do*; (*di studenti universitari, anche*) to read*: **A scuola studiamo inglese, latino e matematica**, we study (*o* do) English, Latin and maths at school; **Ha studiato fisica**, he studied (*o* read, did) physics; he read for a physics degree; **s. il violino [il pianoforte]**, to study the violin [the piano]; **Studia filosofia all'università di Padova**, he is studying (*o* reading, doing) philosophy at Padua University **2** (*imparare*) to study; to learn*; to do*: **s. a memoria una poesia**, to learn a poem by heart; to memorize a poem; **s. la lezione di geometria**, to do (*o* to learn) one's geometry lesson; (*teatr.*) **s. la parte**, to study one's part **3** (*assol.*: *frequentare*) to go*, to study; (*essere studente, andare a scuola*) to be a student, to go* to school; (*esercitarsi*) to practice: **Ha studiato alla Bocconi**, he went to (*o* studied at) Bocconi University; **s. dai preti**, to go to (*o* to attend) a Catholic school; **s. da medico [da avvocato]**, to study medicine [law]; **Aveva studiato col Carducci**, he had studied with (*o* under) Carducci; **s. molto poco [sodo, di mala voglia]**, to study (*o* to work) very little [hard, unwillingly]; **s. da solo**, to study (*o* to work) on one's own; **Devo andare a s. per domani**, I must go and do some work for tomorrow; **s. tutta la notte**, to stay up all night; **Non ha voglia di s.**, he is not fond of studying; **Studia piano cinque ore al giorno**, he practices on the piano for five hours each day; **Tu studi o lavori?**, are you a student or do you work?; **Non ha deciso se vuole s. o lavorare**, he hasn't made up his mind whether he wants to go on with his studies or get a job; **I suoi non hanno potuto farlo s.**, his family couldn't afford to let him continue his education (*o* go on with his studies) **4** (*esaminare*) to examine; to study; to look at; to look into; to investigate; (*scientificamente*) to research into, to do research on: **s. i comportamenti della folla**, to study crowd behaviour; **s. un manoscritto**, to examine a manuscript; **s. un avversario**, to study an opponent; **Si studiava le sopracciglia allo specchio**, she was examining her eyebrows in the mirror; **s. una questione [una teoria]**, to examine (*o* to look into, to consider) a problem [a theory]; **s. la struttura della famiglia nella Roma antica**, to study (*o* to research into) family structure in ancient Rome; **s. bene la cosa**, to look well into the matter; to do one's homework (*fam.*); **Voglio prima s. la situazione**, I want to look about me first **5** (*progettare, mettere a punto*) to plan (out); to work out; to think* out (*o* up): **s. il modo di fare q.c.**, to work out how to do st.; **s. un piano di fuga**, to work out (*o* to think up) an escape plan; **Ho studiato un sistema che dovrebbe funzionare**, I've worked out a system that should work **6** (*meditare, ponderare*) to ponder; to weigh: **s. le proprie mosse**, to ponder one's moves; **s. le proprie parole**, to weigh one's words. ● **studiarle tutte**, to try everything: **Le ho studiate tutte, ma non riesco a farlo funzionare**, I tried everything, but I cannot get it to work □ **Le studia proprio tutte!**, he's always got a trick up his sleeve! **B studiàrsi,** *v. rifl.* e *i. pron.* **1** (*osservarsi*) to study oneself; to examine oneself: **s. allo specchio**, to study oneself in the mirror **2** (*ingegnarsi*) to try; to endeavour: **Si studiava di contentarlo**, he tried (*o* he endeavoured) to please him.

studiataménte, *avv.* **1** (*di proposito*) studiedly; studiously; deliberately; purposely; intentionally; on purpose **2** (*in modo ricercato*) studiedly; with affectation.

studiàto, *a.* **1** (*meditato*) studied; calculated; deliberate; intentional; pondered; premeditated; carefully-considered (*attr.*) **2** (*affettato*) studied; affected.

stùdio, *m.* **1** study; studying: **lo s. della storia [del latino]**, the study of history [of Latin]; **dedicare il proprio tempo allo s.**, to devote one's time to studying; **essere amante dello s.**, to be fond of studying; **un ragazzo dedito allo s.**, a studious boy; **un'opera frutto di un lungo s.**, a work of painstaking scholarship; **secondo gli studi più recenti**, according to the latest studies; **studi classici [scientifici]**, classical [scientific] studies; **studi irregolari**, irregular studies; **studi superiori**, advanced studies; university education; **borsa di s.**, scholarship; grant; **compagno di studi**, schoolfriend; schoolmate; **corso di studi**, course of studies; **vacanza di s.**, educational holiday; **soggiorno di s.**, period of research; **uomo di s.**, scholar; **incominciare [continuare, interrompere, finire] gli studi**, to begin [to continue, to interrupt, to finish] one's studies; **fare i propri studi**, to study; to be educated: **Ha fatto i suoi studi a Torino**, he was educated (*o* studied) in Turin; **Ha fatto studi di violoncello con Casals**, he studied the cello with (*o* under) Casals; **fare studi regolari**, to pursue a course of regular studies; **avere fatto studi universitari**, to have a university education **2** (*ricerca*) research; (*analisi*) analysis, survey, inquiry; (*esame*) examination, study, scrutiny, consideration; **Sta facendo uno s. sulle popolazioni nomadi dell'Africa**, he is doing a reseach on (*o* he is reasarching into) African nomadic populations; **s. del mercato**, market analysis; **s. di fattibilità**, feasibility study; **un attento s. della situazione**, a careful study of the situation; **La proposta è allo s.**, the proposal is under consideration (*o* is being considered) **3** (*progetto*) plan: **lo s. per un ponte**, the plan for a bridge **4** (*saggio critico, composizione musicale, bozzetto*) study: **Ha scritto uno s. sul Leopardi**, he has written a study on Leopardi; **Suonò uno s. di Brahms**, he played a study by Brahms; **studi per un ritratto**, studies for a portrait; **uno s. di nudo**, a study from the nude **5** (*stanza da studio*) study **6** (*ufficio di professionista*) office; studio*; practice; agency: **s. legale**, (*azienda*) law firm, legal practice; (*ufficio*) lawyer's office, solicitor's office (*GB*), (*di penalista, in G.B.*) chambers (*pl.*); **s. medico**, medical practice; surgery; **s. dentistico**, dentist's surgery; **s. notarile**, notary's chambers (*pl.*); **aprire uno s. medico [legale]**, to set up a medical [legal] practice; **s. fotografico**, photographer's studio; **lo s. di un pittore**, a painter's studio; **s. pubblicitario**, advertising agency **7** (*cinem., TV*) studio* **8** (*lett.*: *cura, diligenza, premura*) care; pains (*pl.*): **Metteva s. in ogni cosa che faceva**, he took care (*o* great pains) over everything he did **9** (*stor.*: *università*) university: **lo s. bolognese**, the University of Bologna. ● **a bello s.**, on purpose; deliberately; intentionally.

studiòlo, *m.* small study; private room.

studiosaménte, *avv.* **1** (*diligentemente*) studiously; diligently **2** *V.* **studiatamente**.

studióso, A *a.* **1** (*diligente*) studious; fond of studying; diligent: **un ragazzo s.**, a studious boy **2** (*premuroso*) caring, studious; (*desideroso*) eager, anxious: **s. del bene altrui**, caring for other people's welfare; **s. di piacere**, eager to be liked. **B** *m.* (*f.* **-a**) (*dotto*) scholar, learned man* (*f.* woman*); (*esperto*) expert; (*chi studia q.c., ricercatore*) student, researcher; (*scienziato*) scientist: **Non sono uno s.**, I'm no scholar; **gli studiosi di letteratura**, students of literature; **È uno s. di storia antica**, he is a student of ancient history; **Gli studiosi non concordano nell'interpretazione del fenomeno**, experts do not agree on how to interpret this phenomenon; **s. di Machiavelli**, Machiavelli scholar (*o* expert); **s. dei classici**, classical scholar; classicist; **s. di cose orientali**, Orientalist; **s. di statistica**, statistician.

stuellàre, *v. t.* (*med.*) to tampon; to tent.

stuèllo, *m.* (*med.*) tampon; tent.

stùfa, *f.* **1** stove; (*per riscaldamento*) heater, fire, radiator: **s. a carbone**, coal stove; **s. a gas**, gas stove; gas fire (*o* heater); **s. a legna**, wood(-burning) stove; **s. economica**, kitchen range; cooker (*GB*); stove (*USA*); **s. elettrica**, electric fire (*o* radiator); **tubo da s.**, stove pipe **2** (*geol.*) steam vent; stufa. ● **Questa stanza è una s.!**, this room is stifling!

stufaiòla, *f.* (*cucina*) casserole.

stufàre, A *v. t.* **1** (*cucina*) to stew **2** (*fam.*: *annoiare*) to bore, to tire; (*perdere attrattiva*) to pall: **Cominci a s.**, you're beginning to bore me; **Questo disco mi ha un po' stufato**, I've become rather bored with this record; **Mi hanno stufato le loro continue discussioni**, I'm sick and tired of their endless quarrelling; **Le vacanze in campeggio hanno cominciato a stufarmi**, camping holidays have begun to pall on me **3** (*i bozzoli*) to stifle. **B stufàrsi,** *v. i. pron.* (*fam.*: *annoiarsi*) to get* (*o* to become*) bored (*o* tired); (*stancarsi*) to get* fed up, to get* browned off (*GB*); (*averne abbastanza*) to have had enough, to be fed up (*fam.*): **Non ti stufi mai del tuo lavoro?**, do you never get tired of your job?; **Mi sono stufata di mangiare insalata**, I'm tired of eating salad; **Mi sono stufata di ascoltarli**, I've had enough of listening to them; **Si è stufata di lui e l'ha piantato**, she got fed up with him (*o* she had enough of him) and left him; **Mi stufai di aspettare e me ne andai**, I got fed up with waiting and left; **s. a morte**, to be bored to death (*o* to tears).

stufàto, (*cucina*) **A** *a.* stewed: **carne stufata**, stewed meat. **B** *m.* stew: **s. di verdure**, vegetable stew; **s. di coniglio**, rabbit stew.

stufatùra, *f.* (*dei bozzoli*) stifling.

stùfo, *a.* (*fam.*) tired (with); sick (and tired) (of); fed up (with); cheesed off (*fam. GB*); browned off (*fam. GB*); (*annoiato*) bored (with): **Sono s. di mangiare sempre carne**, I'm tired of having meat at every meal; **Sono s. di te**, I'm sick of you; I've had enough of you; **Non siete ancora stufi di televisione?**, haven't you had enough of watching TV?; **Basta, sono s.!**, that's it! I've had enough; **s. da morire**, bored to death (*o* to tears); (*fam.*) **s. marcio**, sick and tired; fed up to one's back teeth (*fam.*).

stuòia, *f.* matting; mat.

stuoino, *m.* **1** (*per piedi*) doormat **2** (*tenda*) slatted sun blind.

stuòlo, *m.* crowd; flock; swarm; band: **uno s. di mosche**, a swarm of flies; **uno s. di rondini**, a flock of swallows; **uno s. di ammiratori**, a swarm of admirers; **uno s. di soldati**, a band of soldiers.

stùpa, *m. invar.* (*archit.*) stupa.

stupefacènte, A *a.* **1** (*che stupisce*) amazing; astonishing; astounding; stunning: **notizie stupefacenti**, amazing news **2** (*farm.*) stupefacient; stupefying; narcotic: **sostanza s.**, narcotic. **B** *m.* drug; narcotic: **traffico degli stupefacenti**, drug traffic.

stupefàre, A *v. t.* to amaze; to astonish; to astound; to stun. **B stupefàrsi,** *v. i. pron.* to be amazed (*o* astounded, astonished).

stupefatto, *a.* amazed; astonished; astounded; stunned; aghast; thunderstruck: **rimanere s.**, to be astounded (*o* amazed, thunderstruck); to be greatly taken aback.

stupefazióne, *f.* **1** (*stupore, meraviglia*) amazement; astonishment; wonder **2** (*med.*) stupor; stupefaction.

stupèndo, *a.* wonderful; marvellous, marvelous (*USA*); gorgeous; superb; stupendous; stunning (*fam.*); terrific (*fam.*); fantastic (*fam.*); fabulous (*fam.*); super (*fam.*): **un quadro s.**, a marvellous picture; **una stupenda ragazza**, a beautiful (*o* stunning) girl; **uno spettacolo s.**, a stupendous (*o* a superb) sight; **una giornata stupenda**, a wonderful (*o* fabulous) day.

stupidàggine, *f.* **1** (*l'essere stupido*) stupidity; silliness; foolishness; daftness: **La sua s. non ha limiti**, there is no limit to his stupidity **2** (*azione stupida*) stupid (*o* silly, daft, foolish) thing; (*errore stupido*) stupid mistake; (*cosa, idea stupida; discorso stupido*) inanity, (piece of) nonsense, rubbish, rot (*fam.*), baloney (*fam. USA*), hogwash (*fam. USA*): **È stata una s. dargli la macchina**, it was silly to let him take the car; **Hai fatto una s. a non comprarlo**, it was stupid of you not to buy it; **Hai fatto una bella s.**, that was a really stupid thing to do; **fare stupidaggini**, to do stupid things; to behave foolishly; **Non fare stupidaggini, mi raccomando**, I hope you won't do anything silly; **dire una s.**, to say something stupid; **dire stupidaggini**, to talk nonsense (*o* rot); **Dice tante di quelle stupidaggini!**, he talks such a lot of nonsense!; **Ma non dire stupidaggini!**, don't be silly (*o* daft)!; **Stupidaggini!**, nonsense!; rubbish!; rot!; baloney! **3** (*oggetto da poco*) mere trifle, little nothing; (*cosa da nulla*) nothing to worry about, nothing much.

stupidaménte, *avv.* stupidly; foolishy; like a fool.

stupidàta, *V.* **stupidaggine**, *def. 2.*

stupidìre, *V.* **istupidire**.

stupidità, *f.* **1** (*l'essere stupido*) stupidity; idiocy; foolishness: **2** (*parola, osservazione stupida*) stupidity; stupid remark; idiocy.

stupidìto, *V.* **istupidito**.

stùpido, A *a.* **1** (*tardo di mente*) stupid, dumb, dense, thick(headed), dim(witted); (*sciocco, fatuo*) stupid, silly, foolish, daft: **Non essere s.!**, don't be stupid (*o* silly, daft)!; don't be a fool (*o* an ass)! **2** (*di cosa: sciocco*) stupid, foolish, nonsensical, inane, daft, dumb, dimwitted; (*banale*) trifling. **B** *m.* (*f.* **-a**) stupid person; fool; thickhead; blockhead; dimwit (*fam.*); berk (*fam. GB*); nerd (*fam. USA*); jerk (*fam. USA*): **Non fare lo s.!**, don't be a fool!; stop playing the fool!

stupìre, A *v. t.* to surprise; to amaze; to astonish; to astound; to fill with wonder: **La sua reazione non mi stupisce affatto**, his reaction does not surprise me in the least; **Ti stupisce il suo silenzio?** are you surprised (*o* do you marvel) at his silence?; **Non finisci mai di stupirmi**, you never cease to amaze me; **Non mi stupirebbe trovarcelo**, I wouldn't be surprised to find him there. **B** *v. i.* e **stupirsi**, *v. i. pron.* to be surprised; to be amazed (*o* astonished, astounded); to wonder (at); to marvel (at): **Non mi stupisco più di nulla**, nothing surprises me any longer; **Mi stupisco che non ti abbia informato**, I'm surprised he didn't inform you; I wonder why he didn't inform you; **Mi stupisco di te!**, I am surprised at you!; **Mi stupisco del suo coraggio**, I marvel at his courage; **Non mi stupirei di scoprire che hai ragione tu**, I wouldn't be surprised to find you are right.

stupìto, *a.* amazed; astonished; (greatly) surprised: **restare s.**, to be amazed (*o* astonished); **Aveva l'aria stupita**, he looked surprised; **Mi guardò s.**, he looked at me in amazement (*o* with surprise).

stupóre, *m.* **1** wonder; amazement; astonishment; astoundment; (great) surprise: **un'esclamazione di s.**, a cry of surprise; an exclamation of astonishment; **con mio grande s.**, to my great astonishment; **essere preso da s.**, to be filled with wonder; to be greatly surprised; to be astonished (*o* amazed, astounded); **riempire q. di s.**, to amaze sb.; to fill sb. with wonder **2** (*med.*) stupor; stupefaction.

stuporóso, *a.* stupefying.

stupràre, *v. t.* to rape.

stupratóre, *m.* rapist.

stùpro, *m.* rape.

stùra, *f.* (*di bottiglie*) uncorking, opening; (*di barile, botte*) unbunging: **dare la s. a un barile**, to unbung a cask; **dare la s. a una bottiglia**, to uncork a bottle; to draw the cork from a bottle. ● (*fig.*) **dare la s. a q.c.**, to open the floodgates of st.; to start (doing st.); (*rif. a emozioni*) to give vent to st.: **dare la s. ai ricordi**, to open the floodgates of one's memories; **dare la s. alle critiche**, to give vent to one's criticism; **dare la s. alla propria rabbia**, to give vent to one's anger; **dare la s. alle lacrime**, to start crying; to turn on the waterworks (*scherz.*); **dare la s. ai pettegolezzi**, to set tongues wagging.

sturabottìglie, *m. invar.* bottle opener; (*cavatappi*) corkscrew.

sturalavandìni, *m. invar.* plunger; plumber's helper.

sturaménto, *m.* **1** (*di bottiglia*) uncorking, opening; (*di botte, barile*) unbunging **2** (*disotturazione*) unblocking; unclogging; unstopping.

sturàre, A *v. t.* **1** (*una bottiglia*) to uncork, to open; (*un barile, una botte*) to unbung **2** (*disotturare*) to clear; to unblock; to unclog: **s. un lavandino**, to unblock (*o* to clear) a sink; **s. uno scarico intasato**, to clear a blocked drain; **s. un condotto**, to unclog a pipe; **s. gli orecchi a q.**, to clear sb.'s ear of wax. ● (*fig.*) **Sturati bene gli orecchi!**, take the plugs out of your ears and listen! **B sturarsi**, *v. i. pron.* (*disotturarsi*) to unblock; to clear; to unclog; (*di orecchi*) to pop.

stuzzicadènti, *m. invar.* toothpick.

stuzzicaménto, *m.* **1** (*il punzecchiare*) prodding; poking; picking **2** (*il provocare*) teasing; provoking; vexing **3** (*l'invogliare*) stirring; whetting; tempting.

stuzzicànte, *a.* (*invogliante, eccitante*) exciting, stirring, stimulating, challenging, intriguing, whetting, tempting, tantalizing; (*appetitoso*) appetizing, mouth-watering.

stuzzicàre, *v. t.* **1** (*punzecchiare*) to prod, to poke, to pick; (*solleticare*) to tickle; (*toccare continuamente*) to finger, to touch: **Lo stuzzicai con la matita**, I poked (*o* pricked) him with the pencil; **Mi stuzzicava con una piuma**, he kept tickling me with a feather; **s.** (*o* **stuzzicarsi**) **i denti**, to pick one's teeth; **Non stuzzicarti gli occhi!**, don't touch your eyes!; **Smetti di s. quella crosta!**, stop fingering that scab! **2** (*fig.*: *provocare, molestare*) to tease, to needle, to provoke; (*prendere in giro*) to tease, to banter: **Lo stuzzicavano continuamente**, they were always teasing him; **s. il gatto**, to tease the cat; **Se mi stuzzicano, io reagisco**, if I am provoked, I react **3** (*fig.*: *eccitare, stimolare*) to excite; to whet; to stir: **s. l'appetito**, to whet sb.'s appetite; to give (sb.) an appetite; to make sb.'s mouth water: **Questo odore mi stuzzica l'appetito**, this smell makes my mouth water **s. l'attenzione di q.**, to excite sb.'s attention; **s. la curiosità di q.**, to excite (*o* to whet) sb.'s curiosity; to intrigue sb.; **s. un vespaio**, to stir up a hornets' nest **4** (*attizzare*) to poke; to stir: **s. il fuoco**, to poke (*o* to stir) the fire.

stuzzichìno, *m.* **1** (*f.* **-a**) (*fam.*: *chi stuzzica*) tease; teaser **2** (*bocconcino per aperitivi*) titbit, nibbler, munchy (*fam. USA*); (*spuntino*) snack.

su, A *prep.* **1** (*sovrapposizione con contatto*) on; upon; (*con movimento*) on, onto (*o* on to), up; (*in cima a*) on top of: **Metti quel libro sul tavolo!**, put that book on the table; **Sull'armadio c'era una valigia**, there was a suitcase on (*o* on top of) the wardrobe; **Hai un capello sulla spalla**, you've got a hair on your shoulder; **Le fondamenta poggiano sulla roccia**, the foundations rest (*o* lie) on rock; **Hai messo il francobollo sulla lettera?**, did you put the stamp on the letter?; **Le cassette erano state messe una sull'altra**, the crates had been piled one on top of the other; **Scrivimi il tuo numero di telefono sul giornale**, write down your phone number on the paper; **sdraiarsi sul letto**, to lie down on the bed; **salire in piedi sulla sedia**, to climb onto the chair; **arrampicarsi su un albero**, to climb up a tree; **Salì sul treno**, he got on (*o* onto) the train; **camminare su una fune tesa**, to walk a tight-rope; **naufragare su un'isola deserta**, to be shipwrecked on a desert island; **Io mi baso su quello che sento**, I go on what I hear **2** (*sovrapposizione senza contatto, o contatto con l'idea di protezione, difesa, rivestimento*) over: **Gli astronauti si trovano ora sull'Australia**, the astronauts are now over Australia; **La nube atomica rimase sospesa sul deserto per molto tempo**, the atomic cloud hung over the desert for a long time; **Ci pendeva sul capo la minaccia del licenziamento**, the threat of dismissal hung over us; **Ci sono tre ponti su questo fiume**, there are three bridges over this river; **Portava i capelli sciolti sulle spalle**, she wore her hair loose over shoulders; **Si tirò il cappello sugli occhi**, he pulled his hat over his eyes; **Sulla camicia indossava una giacca a quadri**, he wore a checked jacket over his shirt; **Dovresti portare la lana sulla pelle**, you should wear wool next to your skin; **Si spalmò la crema sul viso**, he spread cream over his face; **Hai farina su tutta la faccia**, you've got flour all over your face; **passare l'aspirapolvere sul pavimento**, to pass the vacuum cleaner over the floor; **Mettiti qualcosa sulle spalle, fa freddo**, it's cold, put something over your shoulders; **vegliare su q.**, to watch over sb. **3** (*dominio, superiorità, anche fig.*) over: **avere un grande vantaggio su q.**, to have a great advantage over sb.; **regnare su un paese**, to rule over a country; **una vittoria sul nemico**, a victory over the enemy; **torreggiare su tutti**, to tower over everyone **4** (*al di sopra di, più in alto di*) above: **Città del Messico è a più di duemila metri sul mare**, Mexico City is more than two thousand metres above sea-level **5** (*lungo*) on, along; (*affacciato su*) on to (*o* onto): **Parigi è sulla Senna**, Paris is on the Seine; **una casa sul lungomare**, a house on the seafront; **Passeggiai sul lungomare**, I walked along the seafront; **un negozio sul corso**, a shop on the main street; **Il nostro appartamento dà sul cortile interno**, our flat looks on to the inner courtyard; **La finestra si apriva su un giardino**, the window opened onto a garden; **sull'orlo del precipizio**, on the edge of the cliff; **sull'orlo di un disastro**, on the brink of disaster **6** (*approssimativamente*) about, around, roughly; (*di tempo*) at, about, around: **pesare sui cinquanta kili**, to weigh around (*o* about) fifty kilos; **Avremo fatto sui duecento kilometri**, we should have covered roughly two hundred kilometres; **sul mezzodì**, about noon; **sul fare dell'alba**, about dawn; **sul presto**, early; **sul tardi**, late; **sul finire del secolo**, towards the end of the century; **un uomo sulla sessantina**, a man about (*o* around) sixty; **La stoffa è sul rosso**, the material is reddish (*o* sort of red); **Sono un po' sul perplesso**, I'm sort of perplexed **7** (*direzione, verso*) towards, to, on, upon; (*contro*) on, at: **Le divisioni blindate puntarono sulla capitale**, the armoured divisions headed towards (*o* made for) the capital; **la Marcia su Roma**, the March on Rome; **Spararono sulle trincee nemiche**, they fired on (*o* at) the enemy trenches; **puntare il fucile su q.**, to aim one's gun at sb.; **Avevo gli occhi di tutti puntati su di me**, all eyes were upon me **8** (*riguardo a, intorno a*) on; about: **Scrisse un libro sulla vecchiaia**, he wrote a book on old age; **Su che cosa parlerai?**, what will you talk about?; **Su quest'argomento potrei dire molto**, I could say a lot about (*o* on) this subject **9** (*per indicare una successione*) after; upon: **fare errori su errori**, to make mistake after mistake (*o* mistakes upon mistakes); **fare promesse su promesse**, to make one promise after another; **costruire q.c. pietra su pietra**, to build st. stone by stone; **non lasciare pietra su pietra**, not to leave a stone standing; **bere birra sul whisky**, to drink beer after (*o* on top of) whisky **10** (*per indicare una proporzione*) out of: **sette su dieci**, seven out of ten; **due giorni su tre**, two days out of three; **Quattro su nove votarono contro**, four out of nine voted against. ● **su campione**, by sample □ **su consiglio di**, on the advice of □ **su misura**, made-to-measure; tailor-made; custom-built □ **su ordinazione**, to order □ **su richiesta**, on request; on demand □ **sui due piedi**, there and then; on the spot □ **sul punto di fare q.c.**, about to do st.; on the point of doing st. □ **sul momento**, at first □ **sull'istante**, immediately. **B** avv. **1** (*posizione: sopra*) on, upon, over; (*in alto*) up; (*al piano di sopra*) upstairs: **Mettilo qui su**, put it up here; **una torta con su dieci candeline**, a cake with ten candles on it; **un tavolo con su una tovaglia**, a table with a tablecloth on it; **È già su la minestra?**, is the soup already on?; **Devi scriverci su l'indirizzo**, you must write the address on it; **Sono tutti su sul tetto**, they are all up on the roof; **Su ci sono due camere da letto e il bagno**, upstairs there are two bedrooms and the bathroom; **un negozio con su la serranda**, a shop with the shutter up; **La tapparella non vuole star su**, the blind won't stay up; **stare su fino a tardi**, to stay (*o* to sit) up until late **2** (*moto o direzione verso l'alto*) up; (*ai piani superiori*) upstairs: **andare su**, to go up; to go upstairs; **là su**, up there; **qui su**, up here; **Venite su a bere qualcosa**, come on up and have a drink; **Se non vieni su subito, le buschi**, if you don't come up at once, you'll get a spanking; **saltare su**, to jump up; **mettere su casa**, to set up house; **andare su per i monti**, to go up into the mountains; **Lo tirarono su dal pozzo**, they hauled him up from (*o* out of) the well; **Il pallone va su**, the balloon is going up; **su e giù**, up and down: **Non va né su né giù**, it won't go up or down; **in su**, (*verso l'alto*) up, upwards; (*in avanti*) up, onwards: **andare in su**, to go up; **guardare in su**, to look up (*o* upwards); **a faccia in su**, face up(wards); looking up; **dalla cintola in su**, from the waist up; **una gamba ingessata dalla caviglia in su**, a leg in plaster from the ankle up; **prezzi da dieci sterline in su**, prices from ten pounds upwards; **bambini dai sei anni in su**, children aged six and over; **da Roma in su**, north of Rome; **Da Chiusi in su il treno fa tutte le fermate**, from Chiusi onwards the train stops at every station; **più su**, (*più in alto*) higher up; (*più oltre*) (further) up, farther up: **Spostalo più su**, move it higher up; **Abitano tre piani più su**, they live ten floors (further) up; **tre isolati più su, nella Cinquantesima Strada**, three blocks (farther) up 50th Street **3** (*indosso*) on: **Metti su il golf**, put on your jumper; **Aveva su un cappottino leggero**, she had a light coat on; she wore a light coat **4** (*esclam.*) come on!; there!: **Su, fa' presto!**, come on, hurry!; get a move on!; **Su, dimmi tutto**, come on, tell me all; **Su, ecco fatto!**, there you are!; **Su, su, non piangere!**, there, there, don't cry!; **Su, coraggio!**, cheer up!; **Su, da bravo**, there's a good boy ● **Su con la vita!**, cheer up! □ **su e giù** (*avanti e indietro*), up and down; to and fro; back and forth: **camminare su e giù**, to walk up and down □ **su e giù** (*viavai*), V. **su e giù** □ **su per giù**, more or less; about; roughly; approximately; give or take a few: **Dovrai pagare su per giù cinque sterline**, you'll have to pay five pounds, more or less; you'll have to pay roughly five pounds □ **su su fino a**, up to: **dalla dattilografa su su fino al direttore**, from the typist up to the director; **su su fino in cima**, up to the top □ **di sotto in su**, from underneath; up: **guardare q. di sotto in su**, to look up at sb. □ **essere su**, (*essere alzato*) to be up; (*di morale*) to be in good spirits, to be up: **Sono su alle cinque ogni mattina**, I'm up at five every morning; **Sono su dalle sei**, I've been up since six □ **gente molto (in) su**, very important people □ **mettere su arie**, to put on airs □ **Lo ha messo su contro di me**, he has turned him against me □ **Pensaci su!**, think it over! □ **riderci su**, to laugh about it; **Non sono cose da riderci su**, it's no laughing matter; it's no joke.

suaccennàto, V. **sopraccennato**.

suadènte, a. **1** (*che persuade*) persuasive; convincing; winning: **parole suadenti**, persuasive words **2** (*carezzevole*) soft; (*allettante*) inviting, alluring, tempting: **voce s.**, soft voice; **persona dalla voce s.**, soft-spoken person.

suaṣìvo, V. **suadente**.

suàsso, V. **svasso**.

sub, m. e f. invar. (*sport*) (*in apnea*) skin-diver, free diver; (*con respiratore*) scuba diver.

subaccollàre, v. t. (*leg.*) to subcontract.

subàcido, a. (*chim.*) subacid.

subàcqueo, **A** a. underwater; submarine; subaqueous; subaquatic: **piante subacquee**, subaqueous plants; **cavo s.**, submarine cable; **pesca subacquea**, underwater fishing; **nuoto s.**, (*in apnea*) skin diving; (*con respiratore*) scuba diving; **fucile s.**, spear gun; **maschera subacquea**, goggles (*pl.*). **B** m. (f. **-a**) (*sport*) skin-diver; scuba diver.

subacùto, a. (*med.*) subacute.

subaèreo, a. subaerial.

subaffittànte, m. e f. sublessor

subaffittàre, v. t. to sublet*; to sublease.

subaffitto, m. sublease; subtenancy: **dare in s.**, to sublet; to sublease; **prendere in s.**, to sublease.

subaffittuàrio, m. (f. **-a**) subtenant; (*leg.*) sublessee.

subaffluènte, m. subtributary

subagènte, m. subagent; under-agent.

subagenzìa, f. subagency.

subalpino, a. (*geogr.*) subalpine; (*bot.*) alpestrine.

subalternànte, f. (*logica*) superaltern.

subalternazióne, f. (*logica*) subalternation.

subaltèrno, **A** a. **1** subordinate; junior; subaltern; subservient: **ruolo s.**, subordinate role; **posizione subalterna**, subordinate (*o* dependent) position **2** (*mil.*) subordinate; junior **3** (*logica*) subaltern: **proposizione subalterna**, subaltern proposition; subalternate. **B** m. (f. **-a**) **1** subordinate; underling (*spreg.*) **2** (*mil.*) subaltern.

subantàrtico, a. (*geogr.*) subantarctic.

subappaltàre, v. t. to subcontract; to sublet*.

subappaltatóre, **A** a. subcontracting. **B** m. (f. **-trice**) subcontractor.

subappàlto, m. subcontract.

subappenninico, a. (*geogr.*) subapennine (*attr.*).

subàrtico, a. (*geogr.*) subarctic.

subatlàntico, agg. (*geogr.*) sub-Atlantic

subatòmico, a. (*fis.*) subatomic.

sùbbia, f. stone cutter's chisel.

subbiàre, v. t. to chisel.

sùbbio, m. (*ind. tess.*) beam: **s. dell'ordito**, warp beam; **s. del tessuto**, cloth beam.

subbùglio, m. (*confusione*) ado, bustle, hubbub, turmoil, flurry; (*agitazione*) commotion, stir, fluster, great fuss, unrest, excitement; (*scompiglio*) muddle, mess, shambles (*sing.*): **C'era un gran s. per il loro arrivo**, there was a great commotion (*o* much ado) over their arrival; **mettere in s. la casa**, to turn the house upside-down; **mettersi in s. per nulla**, to make a great fuss over nothing; **Siamo in pieno s. per il trasloco**, we are in a total shambles because of the move; **La svalutazione ha provocato s. in Borsa**, the devaluation caused unrest on the Stock Exchange; **Che cos'era tutto quel s. per strada?**, what was all that commotion in the street for?; **avere lo stomaco in s.**, to have an upset stomach.

subcellulàre, a. (*biol.*) subcellular.

subcònscio, V. **subcosciente**.

subcontinènte, m. (*geogr.*) subcontinent.

subcontraènte, m. e f. (*leg.*) subcontractor.

subcontrarietà, f. (*logica*) subcontrariety.

subcontràrio, a. (*logica*) subcontrary.

subcontràtto, m. (*leg.*) subcontract.

subcorticàle, a. (*bot.*) subcortical.

subcosciènte, (*psic.*) **A** a. subconscious. **B** m. subconscious; subconscious mind; subconsciousness.

subcosciènza, f. V. **subcosciente**.

subcultùra, f. subculture.

subdelegàre, v. t. (*leg.*) to subdelegate.

subdeṣèrtico, a. (*geogr.*) semidesert (*attr.*); semiarid.

subdolaménte, avv. insidiously; stealthily; deviously; obliquely; deceitfully; shiftily; in an underhand way.

sùbdolo, a. (*insidioso*) insidious, wily, sly, subtle; (*furtivo*) surreptitious; (*sfuggente*) sneaky, shifty; (*losco, ambiguo*) devious, ambiguous, shady, equivocal, deceitful, dodgy: **domanda subdola**, insidious question; **malattia subdola**, insidious disease; **sorriso s.**, ambiguous smile; **maniere subdole**, shifty ways; **mezzi subdoli**, devious means; **proposta subdola**, shady (*o* equivocal) proposal.

subduzióne, f. (*geol.*) subduction.

subeconomàto, m. vice-treasureship; (*di università*) assistant-bursarship.

subecònomo, m. vice-treasurer; (*di università*) assistant bursar.

subecumène, f. (*geogr.*) subecumene.

subenfitèuṣi, f. (*leg.*) subemphyteusis.

subentrànte, **A** a. **1** incoming; taking over; succeeding **2** (*med.*) subintrant: **coliche subentranti**, subintrant colics. **B** m. e f. successor; replacement.

subentràre, v. i. **1** (*prendere il posto di*) to take* the place of; to take* over from; to replace; to step in (sb.'s) place; to succeed: **È il signore che è subentrato ai vecchi inquilini**, he is the man who took the place of the previous tenants; **Alla morte del padre è subentrato il figlio**, the son stepped in after his father's death; **s. alla direzione**, to succeed as director; **Al mio posto subentrerà una persona più giovane**, a younger person will replace me; **s. a q. in un contratto**, to succeed to sb. in a contract; to take over sb.'s contract **2** (*supravvenire*) to follow; to arise*; to set* in; to supervene: **Alle sue parole subentrò un gelido silenzio**, his words were followed by a frosty silence; **Se non subentrano complicazioni è salvo**, if no complications arise (*o* set in) he is out of danger.

subéntro, m. replacement; succession; taking over; stepping in; (*di contratto*) transfer.

subequatoriàle, a. (*geogr.*) subequatorial.

subèrico, a. (*chim.*) suberic.

subericoltùra, e deriv. V. **sughericoltura**, e deriv.

suberificàre, (*bot.*) **A** v. t. to suberize. **B suberificarsi**, v. i. pron. to be suberized.

suberificazióne, f. (*bot.*) suberization.

suberìna, f. (*chim.*) suberin.

suberizzàto, a. (*bot.*) suberized.

suberóso, a. (*bot.*) suberose; suberous.

subglaciàle, a. (*geol.*) subglacial.

subingrèsso, m. (*leg.*) succession.

subinquilino, m. (f. **-a**) subtenant.

subire, v. t. **1** (*essere sottoposto a*) to undergo*; to stand*; to go* through (*oppure con una costr. passiva*): **s. una trasformazione**, to undergo a transformation; **Il progetto di legge ha subito notevoli modifiche**, the bill underwent several modification (*o* was considerably modified); **Il programma subirà qualche variazione**, there will be some changes to the programme; **Le partenze subiranno forti ritardi**, departures will be greatly delayed; **s. un'operazione (chirurgica)**, to undergo an operation; to be operated on; (*leg.*) **s. un processo**, to stand trial; **s. un processo di calcificazione**, to undergo calcification **2** (*patire*) to suffer; to sustain; to meet* with; to be subjected to; to undergo*; to experience; to receive (*oppure con una costr. passiva*): **s. un torto**, to be wronged; to suffer a wrong; **s. un'offesa**, to be offended; **s. un affronto**, to receive an affront; to be insulted; **s. uno scacco**, to suffer a setback; to meet with a check; to be checked; **s. un rifiuto [un rovescio]**, to meet with a refusal [a failure]; **s. un forte danno**, to suffer (*o* sustain) considerable damage; to be severely damaged; **s. un incidente**, to have an accident; to meet with an accident; **s. una sconfitta**, to suffer a defeat; to be defeated; to lose; **s. una perdita**, to experience a loss; **s. forti perdite**, to suffer (*o* to sustain) heavy losses; (*leg.*) **s. una condanna**, to be convicted (*o* sentenced); **s. una punizione**, to suffer (*o* to be subjected to) punishment; to be punished; **s. il fascino di q.**, to be fascinated by sb.; **s. passivamente q.c.**, to take st. lying down (*fam.*) **3** (*sopportare*) to put* up with; to bear*; to endure: **Ho dovuto subirlo per tre ore**, I had to put up with him for three hours; **dover s. le prepotenze di q.**, to have to submit to sb.'s bullying; **s. le conseguenze di q.c.**, to bear the consequences of st.; to pay for st.; to face the music (*fam.*).

subirrigazióne, *f.* (*agric.*) subirrigation.

subissàre, A *v. t.* **1** (*sprofondare*) to sink* **2** (*mandare in rovina*) to ruin **3** (*fig.*: *ricoprire, colmare*) to overwhelm; to inundate; to swamp: **s. q. di lodi [di cortesie]**, to overwhelm sb. with praise [with kindness]; **Siamo subissati di telefonate [di richieste]**, we are inundated (*o* swamped) with phone calls [with requests]; **L'oratore fu subissato di urla**, the speaker was hooted down. **B** *v. i.* (*cadere in rovina*) to collapse.

subìsso, *m.* **1** (*sfacelo, rovina*) collapse; utter ruin; destruction **2** (*fig. fam.*: *quantità enorme*) shower; flood; deluge; heaps (*pl.*); no end: **un s. di lodi**, a shower of praise; **un s. di insulti**, a flood of abuse; **un s. di applausi**, a storm of applause; **un s. di regali**, heaps of presents; **un s. di gente**, a huge crowd; **Costano un s.**, they cost a fortune (*o* a mint).

subitaménte, *avv.* **1** (*improvvisamente*) suddenly; all of a sudden; unexpectedly **2** (*immediatamente*) at once; immediately.

subitaneaménte, *avv.* suddenly; abruptly; all of a sudden; unexpectedly.

subitaneità, *f.* suddenness; unexpectedness.

subitàneo, *a.* sudden; unexpected: **una morte subitanea**, a sudden death.

sùbito (1), *a.* (*lett.*) **1** (*improvviso*) sudden **2** (*pronto*) prompt; ready; (*rapido*) fast.

sùbito (2), *avv.* **1** (*senza indugio*) at once; immediately; directly; straightaway; right; rightaway; pronto (*fam.*): **Partiamo s.**, we're leaving at once; **Vennero da me s.**, they came to me directly; **Torno s.**, I'll be right back; **Arrivo s.!**, I'll be right over!; **Lo faccio s.**, I'll do it right now (*o* straightaway); **mettersi s. all'opera**, to set down to work at once; **Vieni qui s.!**, come here immediately (*o* at once)!; **Va' a prenderlo, e s. anche!**, go and fetch it this instant!; **«Mi dai una mano?» «S.!»**, «can you give me a hand?» «sure!» **2** (*prestissimo*) in a moment, in no time; (*in breve*) soon: **Aspettami, ho s. finito**, wait for me, I'll be finished in a moment; **Sono s. pronta**, I'll be ready in no time; **Lo farò subitissimo**, I'll do it in less than no time; **Mi stanco s.**, I soon get tired; **Capii s. che mi taceva qualcosa**, I immediately understood he was keeping something back; **È s. fatto**, it's soon done **3** (*poco, appena*) immediately; soon; just: **s. dopo**, soon afterwards; soon after: **Io sono arrivato alle due e loro s. dopo**, I came at two and they arrived immediately afterwards; **s. dopo le dieci**, just after ten; **s. prima**, just before; **s. fuori città**, just out of town; **s. dietro di noi**, immediately behind us; **Mi veniva s. dietro**, he walked hard (*o* close) behind me; **La seconda telefonata arrivò s. dietro la prima**, the second phone call came immediately after the first **4** (*comm.*) down: **Centomila s. e il resto in tre rate**, one hundred thousand down and the remainder in three instalments.

sublacùstre, *a.* (*geol.*) sublacustrine.

sublimàre, A *v. t.* **1** (*lett.*: *esaltare*) to exalt, to sublimate; (*elevare spiritualmente*) to sublime **2** (*chim.*) to sublimate; to sublime **3** (*psic.*) to sublimate. **B** *v. i.* (*chim.*) to sublime. **C sublimàrsi,** *v. i. pron.* to sublimate (*anche psic.*); to be sublimed.

sublimàto, *m.* (*chim.*) sublimate: **s. corrosivo**, corrosive sublimate.

sublimazióne, *f.* (*anche chim., psic.*) sublimation.

sublìme, A *a.* sublime, lofty; (*eccellente*) excellent; (*iron.*: *assoluto*) sublime, blissful, total: **eroismo s.**, sublime heroism; **bellezza s.**, sublime beauty; **poesia s.**, sublime poetry; **stile s.**, sublime (*o* lofty) style; **ideali sublimi**, lofty (*o* soaring) ideals; **s. idiozia**, sublime (*o* blissful) idiocy; **s. indifferenza**, sublime (*o* total) indifference. **B** *m.* sublime: **dal s. al ridicolo**, from the sublime to the ridiculous.

subliminàle, *a.* (*psic.*) subliminal.

sublimità, *f.* sublimity; sublimeness; (*eccellenza*) excellence.

sublinguàle, *a.* (*anat.*) sublingual: **ghiandole sublinguali**, sublingual glands.

sublitoràle, *a.* (*geogr.*) sublittoral.

sublocàre, *v. t.* (*leg.*) to sublet*; to sublease.

sublocatàrio, *m.* (*f.* **-a**) (*leg.*) subtenant; (*leg.*) sublessee.

sublocatóre, *m.* (*f.* **-trice**) (*leg.*) sublessor.

sublocazióne, *f.* (*leg.*) subtenancy; sublease: **dare in s.**, to sublet; to sublease; **prendere in s.**, to sublease.

sublunàre, *a.* sublunary: **mondo s.**, sublunary world.

submarginàle, *a.* (*econ.*) submarginal.

submicroscòpico, *a.* submicroscopic.

subminiaturizzazióne, *f.* (*tecn.*) ultraminiaturization.

submontàno, *a.* (*geogr.*) submontane.

subnormàle, (*med.*) *a., m.* e *f.* subnormal.

subnormalità, *f.* subnormality.

subnucleàre, *a.* (*fis.*) subnuclear.

suboceànico, *a.* suboceanic.

subodoràre, *v. t.* to suspect; to sense; to smell*: **s. un pericolo [un trucco]**, to suspect (*o* to smell) danger [some trick]; **s. un complotto**, to smell a plot; **Accettai la sua proposta, ma subodoravo un'insidia**, I accepted his proposal, but I suspected something underneath it; **Subodoravo qualcosa**, I had my suspicions; I smelled a rat (*fam.*).

suborbitàle, *a.* (*aeron., miss.*) suborbital.

subordinaménto, *m. V.* **subordinazione**.

subordinànte, *a.* (*gramm.*) subordinating.

subordinàre, *v. t.* (*anche gramm.*) to subordinate: **s. i divertimenti allo studio**, to subordinate amusements to study; **s. ogni cosa al proprio interesse**, to subordinate everything to one's own interests; **Ha subordinato la propria accettazione al parere della moglie**, he will only accept if his wife agrees; he will hear his wife's opinion before agreeing.

subordinàta, *f.* (*gramm.*) subordinate (*o* dependent) clause.

subordinataménte, *avv.* subordinately; dependently; conditionally.

subordinativo, *a.* (*gramm.*) subordinating: **congiunzioni subordinative**, subordinating conjunctions.

subordinàto, A *a.* **1** (*subalterno, dipendente*) subordinate; dependent; under (*prep.*): **lavoro s.**, subordinate job; **impiegato s.**, (subordinate) employee; **in posizione subordinata**, in a subordinate position; **Sono s. a lui**, I am subordinate to him; I am under him **2** (*condizionato*) subject; subordinate; dependent: **s. all'approvazione di q.**, subject to sb.'s approval **3** (*gramm.*) subordinate: **proposizione subordinata**, subordinate (*o* dependent) clause. **B** *m.* (*f.* **-a**) subordinate; inferior; employee.

subordinazióne, *f.* subordination; dependence.

subórdine, *m.* – **in s.**, subordinate (*agg.*); in a subordinate position: **un ruolo in s.**, a subordinate role; **essere in s.**, to be in a subordinate position; to be subordinate to; **svolgere un lavoro in s.**, to do a subordinate job.

subornàre, *v. t.* (*leg.*) to suborn; to bribe; to tamper (with sb.): **s. un testimone**, to suborn a witness.

subornatóre, (*leg.*) **A** *a.* suborning; bribing; tampering. **B** *m.* (*f.* **-trice**) suborner; briber; tamperer.

subornazióne, *f.* (*leg.*) subornation; bribery; tampering.

subpolàre, *a.* (*geogr.*) subpolar.

subrettìna, *f.* young variety actress.

subsidènte, *a.* (*geol.*) subsident.

subsidènza, *f.* (*geol.*) subsidence.

subsònico, *a.* (*aeron.*) subsonic.

substràto, *V.* **sostrato**.

subtotàle, *m.* subtotal.

subtropicàle, *a.* (*geogr.*) subtropical.

subumàno, *a.* subhuman.

suburbàno, *a.* suburban.

suburbicàrio, *a.* (*eccles.*) suburbicarian.

subùrbio, *m.* suburb.

subùrra, *f.* (*lett.*) slums (*pl.*).

succedàneo, A *a.* substitutive; ersatz; succedaneous. **B** *m.* substitute; ersatz.

succèdere, A *v. i.* **1** (*subentrare a*) to succeed; to come* after: **È succeduto a suo zio alla testa dell'azienda**, he succeeded his uncle at the head of the firm; **Alla morte del vecchio re gli successe al trono la figlia**, when the old king died his daughter succeeded him on the throne; **Chi mi succederà in questo posto?**, who will succeed me in this post? **2** (*seguire*) to follow: **Alla tempesta succede il bel tempo**, good weather follows a storm; **Il tuono succede al lampo**, thunder follows lightning **3** (*accadere*) to happen; to take* place; to come* about; to go* on; to occur; to befall*: **Che cosa è successo?**, what happened?; **Qualsiasi cosa succeda, voi non muovetevi**, whatever happens, don't move; **È successo così: stavo camminando...**, it happened like this: I was walking; **È successo che mi trovavo lì quando accadde l'incidente**, I happened to be there when the accident occurred; **Sono cose che succedono!** (*o* **Succede!**), these things will happen!; **Può s. di tutto**, anything can happen; **Chissà che cosa avrebbe potuto s. in altre circostanze**, who knows what might have happened in different circumstances; **Gli è successa una grave disgrazia**, something terrible happened to him; a great misfortune befell him (*lett.*); **Ma guarda che cosa doveva succedermi!**, of all the things that could have happened to me!; **Succedono tutte a me**, it always happens to me; **Qui stanno succedendo cose strane**, strange things are happening (*o* going on) here; **Insomma, si può sapere che sta succedendo qui?**, will somebody tell me what's going on here?; **Allora, gente, che succede?**, well, folks, what's up?; **Ehi, che cosa ti succede?**, hey, what's the matter with you (*o* what's come over you?, what's wrong with you?); **Succederà il finimondo!**, there'll be hell to pay!; **succeda quel che succeda**, come what may; whatever happens; no matter what happens. **B succèdersi,** *v. rifl. recipr.* to follow each other (*o* one another); to follow (up)on one another; (*trascorrere*) to pass: **I lampi si succedevano ininterrottamente**, flashes of lightning followed one upon the other without a break; **Le giornate si succedevano tutte uguali**, the days passed unvaryingly.

succèdersi, *m.* succession; sequence; series*; course: **un continuo s. di problemi**, an unending series of problems; **un s. di insuccessi [di disgrazie]**, a series of setbacks [of misfortunes]; **il s. degli avvenimenti**, the course of events; **col s. delle stagioni**, with the passing of the seasons.

succeditrìce, *f.* *V.* **successore**.

successìbile, (*leg.*) **A** *a.* entitled to succeed. **B** *m.* e *f.* person entitled to succeed.

successióne, *f.* ***1*** succession: **s. al trono**, succession to the throne; (*stor.*) **le guerre di s.**, the Wars of Succession ***2*** (*leg.*) succession; inheritance: **s. ereditaria [testamentaria]**, hereditary [testamentary] succession; **linea di s. diretta [collaterale]**, direct [collateral] line of succession; **liquidare una s.**, to wind up an estate; **imposta di s.**, inheritance tax; death duty ***3*** (*seguito, serie*) succession, course, sequence, series*, run, train; (*progressione*) sequence, order: **una s. di gravi errori**, a succession of bad mistakes; **la s. degli avvenimenti**, the course (*o* order) of events; **La linea è una s. di punti**, a line is a sequence of points; **s. logica**, logical succession; **in s.**, in sequence: **disporre in s.**, to order in a sequence; **ordinare q.c. in s. di data [di grandezza]**, to order st. by date [by size]; **in s. alfabetica**, in alphabetical order (*o* sequence) ***4*** (*mat.*) sequence; progression.

successivaménte, *avv.* afterwards; later; then.

successivo, *a.* ***1*** following; next; subsequent: **Vennero il giorno s.**, they came the following day (*o* the next day, the day after); **Il giovedì s. non si presentò**, on the following Thursday he didn't show up; **Le settimane successive furono calmissime**, the subsequent (*o* following, next few) weeks were very calm; **in un momento s.**, subsequently; afterwards ***2*** (*uno dopo l'altro*) successive; consecutive: **a ondate successive**, one wave after another.

succèsso, *m.* ***1*** (*buon esito*) success: **avere s.**, to be successful; to meet with (*o* to have) success; to make* it; to come off: **Vedremo presto se questa invenzione avrà s.**, we'll soon see if this invention is going to be successful; **avere una serie di successi**, to have a series of successes; **avere s. nella vita**, to be successful (*o* to succeed, to make it) in life; **avere molto s.**, to be very successful; to be very popular; to win great acclaim; **avere s. presso il pubblico**, to meet with the public's approval; **Questo tuo progetto non avrà mai s.**, this plan of yours will never succeed (*o* come off); **una canzone di s.**, a very popular song; **non avere s.**, not to succeed; to fail; to be unsuccessful; **che non ha (avuto) s.**, unsuccessful; **Non ebbe s. negli esami di concorso**, he failed in the competitive exams; **un tentativo senza s.**, an unsuccessful attempt; **Fece un altro tentativo, ma senza s.**, he made another attempt but without (*o* with no) success; **Era un'impresa rischiosa, ma lui riuscì a portarla a termine con s.**, it was a daring attempt, but he carried it off; **partecipare con s. a una gara**, to win a competition; **avere un s. strepitoso (*o* un successone)**, to have a huge (*o* resounding, roaring, thundering) success; to be a smash hit (*fam.*) ***2*** (*vittoria*) victory: **portare una squadra al s.**, to lead a team to victory; **s. elettorale**, electoral victory ***3*** (*esito*) outcome; result(s); issue ***4*** (*opera di successo*) success; hit; bomb (*fam.*); blockbuster (*fam.*): **Il nuovo musical fu il s. della stagione**, the new musical was the hit of the season; **Queste canzoni erano i successi della mia adolescenza**, these songs were hits when I was a teenager; **un s. commerciale**, a commercial success; **un s. discografico**, a hit; **un s. editoriale**, a best-seller. ● (*teatr., cinem.*) **s. di cassetta**, box-office success □ **s. di stima**, succès d'estime (*franc.*) □ **avere s. con le donne**, to be popular with women □ **la chiave del s.**, the key to success □ **con s.**, successful (*agg.*); successfully (*avv.*) □ **coronato dal s.**, successful □ **di s.**, successful; hit (*attr.*): **uno scrittore di s.**, a successful author; a best-selling author; **un motivo di s.**, a hit tune □ **guastato dal s.**, spoilt by success □ (*prov.*) **Un s. ne chiama un altro**, nothing succeeds like success.

successóre, *m.* (*f.* **succeditrice**) successor; incomer; (*erede*) heir, inheritor.

successòrio, *a.* (*leg.*) succession (*attr.*); inheritance (*attr.*): **diritto s.**, law of succession; **imposta successoria**, death duty; inheritance tax.

succhiaménto, *m.* sucking; suction.

succhiàre, *v. t.* ***1*** to suck; to suck in (*o* up): **s. il latte materno**, to suck one's mother's breast; **s. il biberon**, to suck the bottle; **s. un uovo**, to suck an egg; **s. il sangue da una ferita**, to suck blood from a wound; **s. una caramella**, to suck a sweet; **s. la pipa**, to suck at one's pipe; **s. una Coca con la cannuccia**, to suck a Coke through a straw; **succhiarsi il pollice**, to suck one's thumb; **Molti insetti succhiano il nettare dei fiori**, many insects suck in the nectar from flowers; **s. q.c. fino all'ultima goccia**, to suck st. dry ***2*** (*assorbire*) to absorb; to draw* up; to suck up: **La spugna succhia l'acqua**, a sponge absorbs water; **Le piante succhiano l'umidità dal suolo**, plants suck up moisture from the soil. ● (*ciclismo*) **s. la ruota di q.**, to stick to sb.'s wheel □ (*fig.*) **s. il sangue a q.**, to suck the lifeblood out of sb. □ (*fig.*) **avere succhiato q.c. col latte materno**, to have learnt st. at one's mother's knee.

succhiàta, *f.* suck.

succhiatóio, *m.* (*zool.*) sucker.

succhiatóre, **A** *a.* sucking. **B** *m.* (*f.* **-trice**) sucker.

succhiellaménto, *m.* (*falegn.*) gimleting; boring; wimbling.

succhiellàre, *v. t.* (*falegn.*) to gimlet; to bore; to wimble.

succhièllo, *m.* (*falegn.*) gimlet; auger; wimble. ● **s. per botti**, vent faucet.

sùcchio, *m.* (*bot.*) sap.

succhióne, *m.* ***1*** (*agric.*) sucker ***2*** (*fam.*: *parassita*) sponger.

succhiòtto, *m.* ***1*** (*ciuccio*) (baby's) dummy (*GB*); pacifier (*USA*) ***2*** (*segno di bacio*) hickey.

succiacàpre, *m.* (*zool.*, *Caprimulgus europaeus*) goatsucker; nightjar.

succiamèle, *m.* (*bot.*, *Orobanche*) broomrape.

succinàto, *m.* (*chim.*) succinate: **s. di sodio**, sodium succinate.

succìngere, *v. t.* (*lett.*) to gird.

succìnico, *a.* (*chim.*) succinic.

succinìte, *f.* (*miner.*) succinite.

sùccino, *m.* (*miner.*) amber.

succintaménte, *avv.* ***1*** scantily: **s. vestita**, scantily dressed ***2*** (*fig.*) succinctly; concisely; briefly.

succintézza, *f.* (*fig.*) succinctness; conciseness; brevity.

succinto, *a.* ***1*** (*di indumento*: *rialzato in vita*) tucked up; (*per estens.*: *corto, scollato*) scanty: **in abiti succinti**, scantily dressed ***2*** (*fig.*: *breve*) succinct; concise; brief.

succitàto, *a.* above-mentioned; above-stated.

succlàvio, *a.* (*anat.*) subclavian: **arteria [vena] succlavia**, subclavian artery [vein]; **muscolo s.**, subclavian muscle.

sùcco, *m.* ***1*** juice: **il s. d'un limone [di un'arancia]**, the juice of a lemon [of an orange]; **s. di limone [d'arancia]**, lemon [orange] juice; **s. di frutta**, fruit juice ***2*** (*fisiol.*) juice: **s. gastrico**, gastric juice ***3*** (*fig.*) gist; pith; substance; essence; point: **il s. d'un libro**, the gist of a book; **il s. d'un discorso**, the essence (*o* the gist) of a speech; **il s. di una storiella**, the point of a joke; **Non ripetermi tutto, dammene solo il s.**, don't repeat every word of it, just give me the gist (*o* the main points).

succosaménte, *avv.* pithily.

succosità, *f.* ***1*** juiciness; succulence ***2*** (*fig.*) pithiness.

succóso, *a.* ***1*** (*pieno di succo*) juicy; succulent: **un limone s.**, a juicy lemon ***2*** (*fig.*) pithy: **un discorso s.**, a pithy speech.

sùccube, *m.* e *f.* ***1*** (*nella demonologia*) succubus* ***2*** (*per estens.*) slave; captive: **essere s. di q.**, to be dominated by sb; **marito s. della moglie**, hen-pecked husband.

sùccubo, *V.* **succube**.

succulènto, *a.* ***1*** succulent; juicy: **frutta succulenta**, succulent fruit ***2*** (*gustoso*) tasty; succulent: **un pranzo s.**, a tasty meal.

succulènza, *f.* succulence.

succursàle, *f.* (*comm.*) branch; branch office; branch house: **il direttore della s.**, the branch manager; **aprire una s.**, to open a branch office; **s. postale**, branch post office; **agenzia s.**, branch office.

sùcido, *a.* (*di lana*) greasy; grease (*attr.*).

sud, *m.* (*geogr.*) ***1*** (*punto cardinale*) south: **un appartamento esposto a sud**, a flat facing south; **il lato sud della casa**, the side of the house facing south; the southern side of the house; **vento del sud**, south wind; **a sud**, in the south; south; to the south (of): **Salerno è a sud di Napoli**, Salerno is to the south of Naples; **andare a sud**, to go south; **un volo diretto a sud**, a southbound flight; **la città più a sud dell'emisfero australe**, the southernmost town in the southern hemisphere; **verso sud**, south; southwards: **viaggiare [navigare] verso sud**, to travel [to sail] south; **muoversi verso sud**, to move south (*o* southwards, in a southerly direction); **dirigersi verso s.**, to head south; to be southbound; **del sud**, southern; south (*attr.*): **la Francia del Sud**, the south of France; Southern France; **l'America del Sud**, South America; **sud-est**, *V.* **sudest**; **sud-ovest**, *V.* **sudovest** ***2*** (*il Meridione*) south: **il Sud dell'Europa**, the south of Europe; **il profondo Sud**, the deep south; **vivere nel Sud**, to live in the south; **paesi del Sud**, southern countries; **gente del Sud**, southern people; southerners; **i mari del Sud**, the South Seas. ● (*astron.*) **la Croce del Sud**, the Southern Cross □ (*astron.*) **il Polo Sud**, the South Pole.

sudafricàno, *a.* e *m.* (*f.* **-a**) South African.

sudamericàno, *a.* e *m.* (*f.* **-a**) South American.

sudàmina, *f.* (*med.*) sudamen*.

sudanése, *a.*, *m.* e *f.* Sudanese.

sudàre, **A** *v. i.* ***1*** to sweat; to perspire (*scient.* o *eufem.*): **s. per il caldo**, to sweat with heat; **La pelle suda**, the skin perspires; **s. abbondantemente**, to sweat profusely; **Io sudo pochissimo**, I sweat very little; **Mi sudavano le mani dalla paura**, my hands were sweating (*o* sweaty) with fear; **La corsa mi ha fatto s.**, the run made me sweat ***2*** (*fig.*: *faticare*) to work (*o* to toil) hard; to sweat (*fam.*): **Devo s. per imparare queste cose**, I have to work hard to learn these things; **s. sui libri**, to sweat (*o* to pore) over one's books; **Ho dovuto s. per fargli cambiare idea**, I had a job making him change his mind ***3*** (*trasudare*) to sweat; to drip; to ooze. **B** *v. t.* ***1*** (*trasudare*) to sweat; to ooze; to exude: **Il vaso suda acqua**, the vase is oozing water ***2*** (*guadagnare faticosamente, sudarsi q.c.*) to toil (for st.); to earn (st.) the hard way: **Tutti questi soldi li ho sudati**, I have earned all this money the hard way; **L'ho sudata la mia vittoria**, I had to work really hard to win. ● **s. freddo**, to be in a cold sweat: **Ogni volta che sento quella voce sudo freddo**, every time I hear that voice my blood runs cold (*o* I go into a cold sweat) □ **s. il pane**, to toil for one's bread; to earn one's bread by the sweat of one's brow □ **s. sangue**, to sweat blood □ **s. sette camicie**, to work very hard; to slave away; to sweat blood; to sweat one's guts out (*fam.*); to have a hard job (doing st.).

sudàrio, *m.* ***1*** (*stor. romana*) sudarium* ***2***

(*lenzuolo funebre*) shroud.

sudàta, *f.* *1* sweat: **una bella s.**, a good sweat; **Ti serve una bella s. per mandar via la febbre**, you have to sweat out this fever; **fare una s.**, to have a sweat; to come out in a sweat *2* (*fig.*: *fatica*) hard work; sweat (*fam.*); grind (*fam.*); slog (*fam. GB*): **È stata una s., ma ce l'ho fatta**, it was hard work (*o* a real sweat), but I made it.

sudatìccio, **A** *a.* sweaty; clammy; moist (with sweat): **mani sudaticce**, sweaty (*o* clammy) hands. **B** *m.* sweat; perspiration: **odore di s.**, smell of sweat; sweaty smell.

sudàto, *a.* *1* sweaty; sweating; in a sweat (*pred.*); wet with perspiration (*pred.*): **volti sudati**, sweaty faces; faces wet with perspiration; **Il bambino è tutto s.**, the child is in a sweat *2* (*fig.*: *ottenuto con fatica*) hard-earned; earned the hard way; hard-won: **denaro s.**, hard-earned money; **sudati risparmi**, hard-earned savings; **vittoria sudata**, hard-won victory.

sudatòrio, *m.* (*archeol.*) sudatorium*; sweating-room.

sudcoreàno, *a.* e *m.* (*f.* **-a**) South Korean.

suddelegàre, *V.* **subdelegare**.

suddétto, *a.* *1* above-said; aforesaid; above-named; above-stated *2* (*rag.*: *nelle fatture, ecc.*) ditto.

suddiaconàto, *m.* (*eccles.*) subdiaconate; subdeaconate.

suddiàcono, *m.* (*eccles.*) subdeacon.

suddistinguere, *v. t.* to subdistinguish.

suddistinzióne, *f.* subdistinction.

sudditànza, *f.* subjection.

sùddito, *m.* (*f.* **-a**) subject: **un s. fedele**, a faithful subject; **un s. britannico**, a British subject.

suddividere, *v. t.* *1* to (sub)divide; to split* up; to separate: **s. una proprietà in appezzamenti**, to subdivide (*o* to split up) an estate into lots; **s. gli studenti secondo le classi**, to separate (*o* to split up) the students according to their forms *2* (*spartire*) to share out; to split*; to apportion: **s. i costi**, to split costs: **s. le spese**, to share expenses.

suddivisìbile, *a.* (sub)divisible.

suddivisióne, *f.* (sub)division; (sub)dividing; splitting up.

sudequatoriàle, *a.* south of the Equator (*pred.*).

sudèst, *m.* southeast: **dirigersi verso s.**, to head southeast; (*naut.*) **fare rotta verso s.**, to sail (*o* to head) for southeast; **di s.**, southeastern; southeast (*attr.*); **vento di s.**, southeast wind; southeaster; southeasterly (wind); **rivolto a s.**, facing southeast.

sudicerìa, *f.* *1* (*l'essere sudicio*) dirtiness; filthiness; foulness *2* (*sudiciume*) filth; dirt; rubbish; muck (*fam.*) *3* (*fig.*: *atto indecente*) indecency; (*discorso indecente*) obscenity, indecency, smut: **dire delle sudicerie**, to use foul language; to be foul-mouthed; to talk smut; **un libro pieno di sudicerie**, an obscene book.

sùdicio, **A** *a.* *1* dirty (*anche fig.*); filthy (*anche fig.*); foul; grimy: **Hai la faccia sudicia**, your face is dirty; **vestiti sudici**, dirty clothes; **piatti sudici**, dirty (*o* unwashed) dishes; **sudicie stradicciole**, filthy lanes; **bianco s.**, dirty white; **s. avaro**, dirty niggard; **mestiere s.**, dirty job *2* (*fig.*: *indecente*) dirty; obscene; smutty: **discorsi sudici**, dirty talk; smut: **una canzone sudicia**, an obscene song. **B** *m.* *1* (*sudiciume*) dirt; filth; grime; muck (*fam.*): **togliere il s.**, to remove the dirt *2* (*fig.*) dirt; filth; immorality.

sudicióna, *f.* dirty woman*; slattern; (*anche fig.*) slut.

sudicióne, *m.* dirty man*; (*anche fig.*) filthy man*.

sudiciùme, *m.* *1* dirt; filth; grime; muck (*fam.*): **una stanza piena di s.**, a room full of dirt; a dirty room; **lavare il s.**, to wash away the dirt *2* (*fig.*) dirt; smut.

sudista, (*stor. USA*) **A** *a.* Southern; Confederate. **B** *m.* e *f.* Southerner; Confederate.

sud-occidentàle, *a.* (*geogr.*) southwestern; southwest (*attr.*); southwesterly.

sudoràle, *a.* (*med.*) sudoral. ● (*med.*) **febbre s.**, undulant fever.

sudorazióne, *f.* perspiration; sweating.

sudóre, *m.* *1* sweat; sweating; perspiration (*scient.* o *eufem.*): **gocce di s.**, beads of sweat; **in un bagno di s.**, dripping with sweat; **madido** (*o* **molle, grondante**) **di s.**, dripping with sweat; **Il s. gli colava lungo le guance**, sweat was dripping (*o* running) down his cheeks; **Aveva la fronte imperlata di s.**, his forehead was covered with beads of sweat; **asciugarsi il s. dalla fronte**, to wipe the sweat off one's forehead; **provocare il s.**, to induce (*o* to bring on) sweating (*o* perspiration); **s. freddo**, cold sweat: **Mi viene il s. freddo** (*o* **Mi vengono i sudori freddi**) **al solo pensarci**, I break out into a cold sweat at the mere thought of it; it makes me shudder even to think of it *2* (*fig.*) hard work; toil; labours (*pl.*); sweat: **i frutti dei miei sudori**, the fruits of my labours; **Tutto questo s. per nulla!**, all this hard work for nothing!; **guadagnarsi il pane col s. della fronte**, to earn one's living by the sweat of one's brow; **Questa casa mi è costata s.**, I had to sweat to be able to buy this house.

sud-orientàle, *a.* (*geogr.*) southeastern; southeast (*attr.*); southeasterly.

sudorìfero, sudorìfico, **A** *a.* sudoriferous; sudorific; sudatory: **agente s.**, sudatory agent. **B** *m.* (*farm.*) sudorific.

sudoriparo, *a.* sudoriparous; sudoriferous: (*anat.*) **ghiandole sudoripare**, sudoriferous glands; sweat glands.

sudòvest, *m.* *1* southwest: **dirigersi verso s.**, to head southwest; (*naut.*) **fare rotta** (*o* **andare**) **verso s.**, to sail (*o* to head) for southwest; **rivolto a s.**, facing southwest; **vento di s.**, southwest wind; southwester; southwesterly (wind) *2* (*naut.*: *cappello di tela cerata*) sou'wester.

sudtirolése, *a.*, *m.* e *f.* South Tyrolean.

sudvietnamita, *a.*, *m.* e *f.* South Vietnamese.

su e giù, *locuz. m. invar.* *1* (*movimento verticale*) up-and-down motion *2* (*andirivieni*) coming and going; toing and froing; bustle: **C'era un continuo s. di gente**, there was an endless coming and going; people were coming and going (o bustling about) all the time *3* (*fig.*: *fluttuazione*) fluctuations (*pl.*): **il s. della Borsa**, the fluctuations fot the Stock Exchange.

suespósto, *a.* (*bur.*) above-mentioned; above-stated.

sufficiènte, **A** *a.* *1* (*bastevole*) sufficient; enough: **una quantità s.**, a sufficient quantity; sufficiency; enough: **una quantità s. di provviste**, enough supplies; a sufficiency of supplies; **Ha denaro s. per vivere**, he has enough money to live on; **Non credo che questo pane sarà s. per tutti**, I don't think this bread will be enough (*o* will do, will suffice) for all; **Abbiamo viveri sufficienti per un mese**, we have sufficient food supplies for a month; **Credi che diecimila lire siano sufficienti?**, do you think ten thousand lire will be enough?; **più che s.**, more than enough; enough and to spare; plenty: **Un kilo è più che s.**, one kilo is plenty; **Ha denaro più che s. per mantenere una famiglia**, he has more than enough money (*o* he has money enough and to spare) to support a family; **un compenso più che s.**, a more than satisfactory remuneration; **entrate più che sufficienti**, a comfortable income; **È appena s. per tre**, there is just enough for three; **Ho appena il tempo s. per fare le valigie**, I have just enough time to pack my cases; **uno stipendio appena s.**, a living wage *2* (*borioso*) self-important; haughty; conceited; stuck-up (*fam.*): **Ha un'aria s. che non mi piace**, he has a conceited air about him that I don't like; **Parla sempre con quel tono s.**, he always speaks in that self-important tone *3* (*voto scolastico*) pass (mark): **Ho preso s. in matematica**, I got a pass in maths; **Il giudizio sulla scheda era**: **s.**, the comment on the report was: pass. ● **maggioranza s.**, working majority □ (*leg.*) **prove sufficienti**, sufficient evidence □ (*filos.*) **ragione s.**, sufficient reason. **B** *m.* enough: **Ha il s. per vivere**, he has enough to live on. ● **fare il s.**, to give oneself airs.

sufficienteménte, *avv.* sufficiently; enough: **La tua risposta non è s. esauriente**, your reply is not sufficiently exhaustive.

sufficiènza, *f.* *1* sufficiency: **a s.**, sufficiently; enough: **Ho tempo a s.**, I have enough time; **cibo a s.**, enough food; food enough; **Hai mangiato a s.?**, have you eaten enough?; did you have enough to eat?; **Ne ho a s. di voi!**, I've had enough of you! *2* (*voto scolastico*) pass (mark): **Ha avuto la s. scarsa in latino**, he managed to scrape a pass in Latin *3* (*boria*) self-importance; haughtiness; conceit; stuck-up airs (*pl. fam.*): **Ha un'aria di s.**, he has a conceited air about him.

suffissàle, *a.* (*ling.*) suffixal.

suffissàre, *v. t.* (*ling.*) to suffix; to add as a suffix.

suffissàto, *a.* (*ling.*) with a suffix; formed by the addiction of a suffix; suffixed.

suffissazióne, *f.* (*ling.*) suffixation.

suffisso, *m.* (*ling.*) suffix.

suffissòide, *m.* (*ling.*) second element of a coumpound word.

sufflè, *V.* **soufflè**.

suffraganeità, *f.* (*eccles.*) status of suffragan; suffraganship.

suffragàneo, *a.* (*eccles.*) suffragan: **vescovo s.**, bishop suffragan; suffragan (bishop).

suffragàre, *v. t.* *1* (*lett.*: *sostenere*) to support; to back; to corroborate, to substantiate; to uphold*; (*comprovare*) to bear* out: **s. un'affermazione con prove**, to support (*o* to back, to corroborate) a statement with evidence; **Le ragioni che suffragano la mia tesi**, the reasons that bear out my opinion *2* (*relig.*) to pray for; to intercede for: **s. le anime dei defunti**, to pray for the souls of the dead.

suffragazióne, *f.* *1* support; substantiation; corroboration; backing *2* (*relig.*) intercession: **la s. dei defunti**, the prayers for the departed.

suffragétta, *f.* suffragette.

suffràgio, *m.* *1* (*voto*) suffrage; franchise; vote: **s. universale**, universal suffrage; **il diritto di s.**, the (right to) vote; the franchise *2* (*lett.*: *appoggio*) support, backing, corroboration, substantiation; (*approvazione*) approval: **portare argomentazioni a s. di una tesi**, to bring arguments in support of (*o* to substantiate) a case; **ottenere il s. di q.**, to win sb.'s approval *3* (*relig.*) intercession; suffrages (*pl.*): **una messa di s. per i defunti**, a mass for the souls of the dead.

suffragismo, *m.* suffragism.

suffragista, *m.* e *f.* suffragist.

suffrùtice, *m.* (*bot.*) suffrutex*.

suffruticóso, *a.* (*bot.*) suffruticose.

suffumicaménto, *m.* suffumigating.

suffumicàre, *v. t.* to suffumigate.

suffumigio, *m.* suffumigation(s).

sùfi, *m. invar.* (*st. relig.*) Sufi.

sùfico, *a.* (*st. relig.*) Sufic.

sufismo, *m.* (*st. relig.*) Sufism.

sufita, (*st. relig.*) **A** *a.* Sufic. **B** *m.* Sufi.

suggellàre, *v. t.* (*anche fig.*) to seal: **s. una lettera**, to seal a letter; **s. un patto con una stretta di mano**, to seal a pact with a handshake.

suggèllo, *m.* (*anche fig.*) seal. ● **Si scambiarono doni a s. della rinnovata amicizia**, they exchanged gifts to seal (*o* as pledges of) their renewed friendship.

sùggere, (*poet.*) *V.* **succhiare**.

suggeriménto, *m.* *1* (*idea suggerita, consi-*

glio) suggestion; (piece of) advice; hint; tip; lead; indication; pointer; cue; (*proposta*) proposal: **Avanzai alcuni suggerimenti su come agire**, I made a few suggestions on how to act; **Qualcuno ha suggerimenti da fare per domani?**, has anyone got any suggestions for tomorrow?; **chiedere un s. a q.**, to ask sb. for advice; **dare un buon s. a q.**, to give sb. good advice (*o* a good piece of advice); to give sb. a good tip; **seguire un buon s.**, to follow a good piece of advice; **I suoi suggerimenti si dimostrarono utilissimi**, his tips (*o* his advice, his indications) proved very useful; **Dammi un s. su come risolvere la questione**, give me a lead on how to solve this problem; **Non so proprio che altro s. darti**, I really don't know what else to suggest to you; **Non mi fu dato alcun s. su come tradurlo**, I was given no pointers on how to translate it; **dietro s. di q.**, as suggested by sb.; on sb.'s advice (*o* suggestion) ***2*** (*a teatro, a scuola*) prompt.

suggerire, *v. t.* ***1*** to suggest; to hint; (*proporre*) to propose, to prompt; (*consigliare*) to advise; (*dire*) to tell*: **Suggerii un piano ai miei amici**, I suggested a plan to my friends; **Hanno suggerito il tuo nome come possibile direttore**, your name has been suggested as a possible director; **Posso suggerirle di andarci di persona?**, might I suggest that you go there yourself?; **Mi suggerì di rivolgermi a un avvocato**, he advised me to go to a lawyer; **E con questo che cosa vorresti s.?**, what exactly do you mean by that?; what are you hinting at?; **Mi si suggerì di scrivere subito**, they suggested (that) I should write at once; I was advised to write at once; **Non c'è bisogno che tu mi suggerisca quello che devo fare**, there's no need for you to tell me what to do ***2*** (*far venire in mente*) to suggest; to bring* to mind ***3*** (*a teatro, a scuola*) to prompt: **s. a un compagno**, to prompt a schoolmate; **s. a un attore**, to prompt an actor; to give an actor a prompt; **Non suggerite!**, no prompting!

suggeritóre, *m.* (*f.* **-trice**) (*teatr.*) prompter: **buca del s.**, prompt box.

suggestionàbile, *a.* easily influenced; impressionable; suggestible.

suggestionabilità, *f.* impressionability; suggestibility.

suggestionàre, **A** *v. t.* to influence; to make* an impression on: **Non voglio suggestionarti, ma è bene che tu sappia alcune cose**, I don't want to influence you, but I think you should know a thing or two; **Quel film lo suggestionò tanto che gli tolse il sonno**, that film made such an impression on him that he could not get to sleep; **lasciarsi s.**, to let oneself be influenced. **B** **suggestionàrsi**, *v. i. pron.* to be influenced: **un ragazzo facile a s.**, a very impressionable boy.

suggestionàto, *a.* (*influenzato*) (strongly) influenced; (*colpito*) impressed, struck; (*affascinato*) attracted, charmed, fascinated, carried away: **S. dal documentario, decise di provare il deltaplano**, fascinated by the documentary, he decided to try hang-gliding.

suggestióne, *f.* ***1*** (*istigazione*) suggestion; instigation: **fare q.c. per s. di q.**, to do st. at sb.'s instigation ***2*** (*psic.*) suggestion: **guarire q. con la s.**, to cure sb. by suggestion; **s. ipnotica**, hypnotic suggestion ***3*** (*fig.*: *fascino*) beauty, appeal, charm, fascination, magic, evocative power, atmosphere; (*grandiosità*) awesomeness, grandeur; **la s. di un paesaggio**, the beauty of a landscape; **Subire la s. della musica**, to be strongly affected by music; **Un quadro carico di suggestioni romantiche**, a painting full of romanticism; a powerfully romantic painting.

suggestività, *f.* (*fascino*) charm, fascination, evocative power, atmosphere; (*grandiosità*) grandeur, awesomeness, impressiveness.

suggestivo, *a.* ***1*** (*che suggerisce idee*) stimulating, suggesting st.; (*attraente*) attracting, tempting; (*che evoca ricordi*) evocative: **proposta suggestiva**, stimulating proposal; **ipotesi suggestive**, hypotheses suggesting interesting possibilities ***2*** (*fig.*: *pieno di fascino*) charming; full of charm; full of atmosphere; full of character; full of history ***3*** (*leg.*) leading: **domande suggestive**, leading questions.

sùghera, *f.* (*bot.*, *Quercus suber*) cork oak; cork tree.

sugheràio, *m.* cork worker; cork processor.

sugherèllo, *m.* (*zool.*, *Trachurus trachurus*) scad.

sugheréta, *f.* **sugheréto**, *m.* cork plantation; cork-forest.

sughericolo, *a.* cork (*attr.*).

sughericoltóre, *m.* cork planter (*o* grower).

sughericoltùra, *f.* cork growing; cork production.

sugherificio, *m.* cork factory.

sùghero, *m.* ***1*** (*corteccia dell'albero*) cork; (*bot.*) phellem: **s. granulato**, granulated cork; **quercia da s.**, (*bot.*, *Quercus suber*) cork oak; cork tree; **tappo di s.**, cork; **scarpe con la suola di s.**, cork-soled shoes ***2*** (*turacciolo*) cork; stopper ***3*** (*galleggiante*) float; (*di lenza*) bob. ● (*fig.*, *di persona*) **essere come un s.**, to be like a cork.

sugheróso, *a.* ***1*** cork (*attr.*); suberose; suberic: **corteccia sugherosa**, cork (bark) ***2*** (*sim. a sughero*) corky; cork-like; like cork (*pred.*).

sùgna, *f.* ***1*** (*strutto*) lard; pork fat ***2*** (*morchia*) grease.

sugnóso, *a.* ***1*** (*che ha sugna*) lardy ***2*** (*untuoso*) like lard (*pred.*); greasy.

sùgo, *m.* ***1*** (*succo*) juice: **il s. di un'arancia**, the juice of an orange; **s. d'arancia**, orange juice; **pomodori senza s.**, juiceless tomatoes; **il s. della carne** (*di cottura*), meat juice; gravy ***2*** (*condimento*) sauce: **s. di pomodoro [di noci]**, tomato [walnut] sauce; **s. d'arrosto**, gravy; dripping; **spaghetti al s.**, spaghetti with tomato sauce ***3*** (*fig.*) essence; substance; gist; point: **il s. d'un discorso**, the essence of a speech; **un discorso senza s.**, a pointless (*o* an empty) speech; **il s. di quanto egli disse**, the gist of what he said; **Non c'è s.**, (*è inutile*) there isn't any (*o* there's no) point; (*non è divertente*) there's no fun; **Che s. c'è?**, what's the good of it?; where's the fun of it?

sugosità, *f.* juiciness; succulence.

sugóso, *a.* ***1*** juicy; succulent: **frutta sugosa**, juicy fruit ***2*** (*fig.*) full of substance; pithy: **un discorso s.**, a pithy speech.

suicìda, **A** *a.* suicidal; (*fig.*, *anche*) self-destructive: **manie suicide**, suicidal manias; **propositi suicidi**, suicidal intentions: **manifestare propositi suicidi**, to reveal suicidal intentions; **persona che manifesta propositi suicidi**, suicidal person; **missione s.**, suicide mission; **politica s.**, suicidal policy. **B** *m.* e *f.* suicide: **morire s.**, to commit suicide; to kill oneself; **È da suicidi guidare a quella velocità**, it is suicidal (*o* suicide) to drive at that speed.

suicidàrsi, *v. rifl.* to commit suicide (*anche fig.*); to suicide (*USA*); to kill oneself; (*eufem.*) to lay hands on (*o* to make* away with, to do* away with) oneself: **s. con un colpo di pistola**, to shoot oneself; **Decidere in questo senso significa s.**, this decision means suicide.

suicìdio, *m.* suicide (*anche fig.*); self-murder: **tentare il s.**, to attempt suicide; **spingere (*o* portare) q. al s.**, to drive sb. to suicide; **s. morale [professionale]**, moral [professional] suicide; **È un s. partire con un tempo simile**, it is suicide to leave in this weather.

sui generis (*lat.*), *locuz. agg.* peculiar (*agg.*); unique; sui generis (*posposto o pred.*).

suindicàto, *V.* **sopraindicato**.

suinìcolo, *a.* pig (*attr.*); pig-breeding (*attr.*); pig-farming (*attr.*).

suinicoltóre, *m.* pig breeder; pig farmer.

suinicoltùra, *f.* pig-breeding; pig-farming.

suino, (*zool.*) **A** *a.* pig (*attr.*); swine (*attr.*): **carne suina**, pork. **B** *m.* pig; hog; swine*: **allevamento di suini**, pig-farm; **carne di s.**, pork (meat); **mandria di suini**, swine herd; **Sei un s.!**, you're a pig (*o* a swine)!

suite (*franc.*), *f. invar.* ***1*** (*mus.*) suite ***2*** (*appartamento*) suite: **una s. di tre stanze**, a three-room suite.

suk, *m. invar.* (*mercato arabo*) souk, suq.

sùla, *f.* (*zool.*: *Sula*) gannet; **s. bassana** (*Sula bassana*), solan goose.

sulfamìdico, (*farm.*) **A** *a.* sulphonamide (*attr.*). **B** *m.* sulphonamide; sulfa drug.

sulfanilammìde, *f.* (*chim.*) sulphanilamide.

sulfanìlico, *a.* (*chim.*) sulphanilic.

sulfoemoglobina, *f.* (*chim.*) sulphaemoglobin.

sulfùreo, *a.* sulphurous; sulphureous; sulphur (*attr.*): **vapori sulfurei**, sulphureous vapours; **sorgente sulfurea**, sulphur spring.

sùlla, *f.* (*bot.*, *Hedysarum coronarium*) sulla (clover); French honeysuckle.

sullodàto, *a.* above-mentioned.

sultàna, *f.* ***1*** sultana ***2*** (*divano*) ottoman.

sultanàle, *a.* sultanic; sultan's (*attr.*).

sultanàto, *m.* sultanate.

sultanìna, *a.* – **(uva) s.**, sultana.

sultàno, *m.* sultan. ● **pollo s.** (*zool.*, *Porphyrio porphyrio*), sultan □ (*fig. scherz.*) **fare una vita da s.**, to live like a lord.

sumèrico, *a.* Sumeric; Sumerian.

sumèro, *a.* e *m.* Sumerian.

sumerologìa, *f.* Sumerology

sumerologo, *m.* (*f.* **-a**) Sumerologist.

sùmma, *f.* (*lat.*) summa*.

summentovàto, *V.* **summenzionato**.

summenzionàto, *a.* above-mentioned; above-named; mentioned above (*pred.*).

summit (*ingl.*), *m. invar.* ***1*** summit ***2*** (*collett.*: *dirigenti*) leaders (*pl.*): **il s. del partito**, the party leaders.

sùnna, *f.* (*relig.*) Sunna(h).

sunnismo, *m.* (*relig.*) Sunni; Sunnism.

sunnita, *a.*, *m.* e *f.* (*relig.*) Sunnite; Sunni.

sunnominàto, *a.* above-named; above--mentioned; mentioned above (*pred.*).

sunnotàto, *a.* aforesaid.

sunteggiàre, *v. t.* to summarize; to sum up; to make* a precis of.

sùnto, *m.* summary; résumé; synopsis; abridgement; precis: **fare il s. di un capitolo**, to make a summary (*o* a precis) of a chapter; to summarize a chapter; **Dimmelo in s.**, tell me in brief; give me the gist of it.

suntuàrio, *a.* (*stor.*) sumptuary: **legge suntuaria**, sumptuary law.

suntuóso, e *deriv.* *V.* **sontuoso**, e *deriv.*

suo, **A** *a. poss. di 3ª pers. sing.* ***1*** (*di lui*) his; (*di lei*) her; (*di cosa o animale*) its; (*suo proprio*) his own, her own, its own: **suo padre**, (*di lui*) his father; (*di lei*) her father; **suo marito**, her husband; **sua moglie**, his wife; **la campagna e i suoi svantaggi**, the countryside and its disadvantages; **le sue sorelle**, (*di lui*) his sisters; (*di lei*) her sisters; **Il cucciolo sta giocando con la sua pallina**, the puppy is playing with its ball; **la scatola con il suo coperchio**, the box with its lid; **Glielo ha detto un suo amico**, one of his friends (*o* a friend of his) told him; **Un suo amico mi ha detto che si è licenziata**, a friend of hers told me she left her job; **È arrivata con due sue zie**, she arrived with two of her aunts; **Ho saputo da Paola che sei sua amica**, I've heard from Paola you are a friend of hers; **È andato in Francia con quei suoi colleghi**, he has gone to France with those colleagues of his; **Vuole la roba sua**, he [she] wants his [her] (own) stuff; **Vuol sempre fare a modo suo**, he [she] always wants to have his [her] own way; **Sono parole sue**, these are his [her] very words; **L'ha fatto Carla con le sue mani**, Carla made it with her own hands; **Mio marito ha le sue opinioni su come crescere un figlio**, my husband has his own ideas on how to bring up a child; **Tua moglie ha un'automobile sua?**, does your wife have a car of her own?; **Anche lei ha i suoi difetti**, she too has her faults; **Sta prendendo il suo solito bicchiere di birra**, he's having his usual glass of beer; **un luogo che ha un suo fascino particolare**, a spot that has a charm of its own **2** (*forma di cortesia*) your: **Quando verrà a trovarmi con sua figlia?**, when will you come and visit me with your daughter?; **Voglio ringraziarla della sua gentilezza**, I want to thank you for your kindness; **in seguito alla sua lettera del 10 c.m.**, with regard to your letter of the 10th of this month **3** (*come pred. nominale*: *di lui*) his; (*di lei*) hers; (*di cortesia*) yours: **Quell'automobile non è sua**, that car isn't his [hers]; **Quella casa che ti vuol vendere non è sua, è di suo padre**, the house she [he] wants to sell you isn't hers [his], it's her [his] father's; **Scusi, è sua questa rivista?** excuse me, is this magazine yours?; **Non riesco a chiudere il barattolo. Sei sicura che sia suo il coperchio?**, I can't get this cap to screw on to the jar; are you sure it belongs to it? **4** (*con valore indef.*) one's; (*suo proprio*) one's own **5** (*in forme ellittiche*) – **Ne ha fatta un'altra delle sue**, he has been up to his usual tricks; (*di bambino*) he has been up to mischief again; **Ognuno ha le sue (pene)**, everyone has his own troubles; **Non voglio stare dalla sua**, I don't want to be on his [her] side; **Noi stiamo tutti dalla sua**, we are all on his side (*o* for him); **Vuole sempre dire la sua**, he [she] always wants to have his [her] say; **Ecco Mario, brindiamo alla sua**, here's Mario, let's drink his health; **Alla sua, caro dottore!**, here's wishing you health, doctor!; **Sta molto sulle sue**, (*è riservato*) he is very reserved, he keeps himself very much to himself; (*è borioso*) he is very aloof, he is very standoffish (*o* uppity) (*fam.*); **Siete stati scortesi con lui e adesso lui sta sulle sue**, you were rude to him and now he is keeps very much to himself. ● **Sua Eminenza**, His Eminence □ **Sua Grazia**, His [Her] Grace □ **Sua Maestà**, His [Her] Majesty □ **Sua Santità**, His Holiness □ (*nelle lettere*) **Suo John Smith**, yours sincerely, John Smith □ **Non è affar suo**, it's none of his [her] business; it's no business of his [hers] □ **Lo voglio fare per amor suo**, I want to do it for her [his] sake □ **Deve avere i suoi annetti**, she must be well on in years; she is rather long in the tooth (*fam.*) □ **Ormai avrà i suoi ottant'anni suonati**, he'll be well over eighty by now □ **Vive per conto suo**, he lives on his own (*o* by himself) □ **La nonna ha detto che vuole andarci per conto suo**, Gran said she wants to go on her own □ **Lascialo fare per conto suo**, let him manage on his own □ **Deve avere un santo dalla sua**, he must have a lucky star □ **Ogni cosa a suo tempo**, there is a time for everything. **B** *pron. poss. di 3ª pers. sing.* (*di lui*) his; (*di lei*) hers; (*di cosa o animale*) its own (*raro*); (*di cortesia*) yours: **Dammi il tuo libro e il suo**, give me your book and his [hers]; **Prendine una delle sue!**, take one of hers [of his]; **Questo cappotto è il mio, quello il suo**, this coat is mine, that one is his [hers]; **Il cane ha mangiato la zuppa del gatto e ha lasciato la sua**, the dog ate the cat's food and left its own; **Il suo è un marito ideale**, hers is an ideal husband; **Ho provato con questa chiave ma non mi pare la sua**, I tried this key, but I don't think it fits. **C** *m.* **1** (*denaro, averi, proprietà, ecc.*) his [her, your] own money [income, property, land, etc.]: **Ha del suo**, she has money of her own; **Vive del suo**, he lives on his income; **Ci rimette del suo**, he is losing his own money; **Ha costruito sul suo**, he built a house on his own land **2** (*il dovuto*) his [her, one's] share (*o* due): **a ciascuno il s.**, give every man his due **3** (*opera propria*) his [her, your] own work: **In questo tema non c'è niente di suo**, this essay is not his own work **4** – (*pl.*) **i suoi**, (*genitori*) his [her, your] parents (*o* people); (*parenti, familiari*) his [her, your] family (*o* relatives, folks, *fam.*); (*sostenitori, seguaci*) his [her, your] supporters (*o* followers).

suòcera, *f.* **1** mother-in-law **2** (*fig.*) nagging woman; scold: **fare la s.**, to nag (at) sb.

suòcero, *m.* father-in-law.

suòla, *f.* **1** (*di scarpa*) sole: **s. interna**, inner sole; **s. di gomma [di cuoio, di corda]**, rubber [leather, rope] sole; **scarpe con s. di gomma**, rubber-soled shoes; **scarpe con la s. di corda**, espadrilles (*franc.*); **s. doppia**, double sole; **s. consunta**, worn sole; **s. chiodata**, hob-nailed sole; **mezza s.**, half-sole; **rifare le suole**, to put new soles (on a pair of shoes); to sole; **far rifare le suole**, to have one's shoes resoled; **cuoio per suole**, sole leather **2** (*zool.*) sole **3** (*di sci, aratro, pialla*) sole **4** (*di freno*) lining **5** (*metall.*) hearth; sole; bottom; (*di forno a riverbero*) laboratory **6** (*ferr.*: *di rotaia*) flange **7** (*naut.*) sole **8** (*ind. min.*) floor; pad.

suolàre, *v. t.* to sole.

suolatùra, *f.* soling.

suòlo, *m.* ground; soil; land: **a livello del s.**, at ground level; **cadere al s.**, to fall to the ground; **radere al s.**, to raze to the ground; **s. fertile [sterile]**, fertile [sterile] soil; **s. agricolo**, agricultural land; **s. edificabile**, building soil; **s. pubblico**, public property; **il s. nativo**, one's native soil (*o* land); **vivere su s. straniero**, to live in a foreign land. ● (*aeron.*) **effetto s.**, ground-effect.

suonàre, **A** *v. t.* **1** to sound; (*campanelli, campane*) to ring*; (*strumenti mus., dischi*) to play; (*strumenti a fiato*) to blow*, to play: **Il signore ha suonato?**, did you ring, sir?; **s. per il pranzo**, to ring for dinner; **Ho suonato e risuonato, ma la porta non si è aperta**, I rang and rang but the door didn't open; **Suonano alla porta**, the door-bell is ringing; **s. le campane**, to ring the church bells; **s. il gong**, to sound the gong; **s. l'allarme**, to sound the alarm; **s. il piano [il violino]**, to play the piano [the violin]; **s. la batteria [il timpano]**, to play the drums [the kettledrum]; **s. il flauto**, to play the flute; **L'arbitro suonò il fischietto**, the referee blew his whistle; **s. il clacson**, to hoot (*o* to toot) the horn; (*forte*) to honk the horn **2** (*eseguire suonando*) to play; to perform: **s. q.c. al piano**, to play st. on the piano; **s. una sinfonia [un valzer]**, to play a symphony [a waltz]; **La radio suonava un motivetto**, a light tune was playing on the radio; **s. a orecchio**, to play by ear; **s. a memoria**, to play from memory (*o* without music); **s. a prima vista**, to sight-read; **s. in pubblico**, to play (*o* to perform) in public **3** (*di orologi*: *battere le ore*) to strike*; to chime: **L'orologio ha appena suonato le sei**, the clock has just struck six **4** (*mil.*) to sound: **s. il silenzio.**, to sound lights-out (*USA*: taps); **s. la ritirata**, to sound the retreat; **s. la sveglia**, to sound reveille **5** (*lett.*: *significare*) to mean*: **«Soma» in greco suona «corpo»**, «soma» means «body» in Greek. ● (*fig.*) **suonarle a q.**, (*picchiare q. di santa ragione*) to beat up sb., to beat sb. black and blue, to give sb. a good (*o* a sound) thrashing; (*sconfiggere*) to lick sb., to thrash sb., to trounce sb., to shellac sb., to cream sb. (*pop. USA*). **B** *v. i.* **1** (*emettere un suono*) to sound; (*di campanello, campana*) to ring*, to go*, to tinkle; (*di strumento mus., disco*) to play: **Suona il telefono**, the phone is ringing; **È suonata la campanella**, the school-bell has just gone; **Suonò un gong**, a gong rang; **Mi suonano le orecchie**, my ears are ringing; **La radio suonava a tutto volume**, the radio was blaring out; **Il mio flauto non suona bene**, my flute does not play well **2** (*essere suonatore*) to play: **s. in un'orchestra**, to play in an orchestra **3** (*delle ore*: *scoccare*) to strike*; (*di sveglia*) to ring*, to go* off: **Sono appena suonate le nove**, the clock has just struck nine; **La sveglia suonerà alle sei**, the alarm clock will ring (*o* will go off) at six **4** (*lett.*: *risuonare*) to ring*; to resound; to re-echo: **Le tue parole ancora mi suonano nell'orecchio**, your words are still ringing in my ears; **La casa suonava di risate**, the house rang with laughter **5** (*di parole udite*) to sound, to ring*; (*di parole lette*) to read*: **s. vero [falso]**, to sound (*o* to ring) true [false]; **s. sinistramente [dolcemente]**, to have a sinister [a sweet] sound; **Questa frase suona male**, this sentence does not sound right; **So che ti suonerà molto strano**, I know it will sound very strange to you; **parole che suonarono come una condanna**, words that sounded (*o* rang) like a sentence. ● **s. a distesa**, to peal □ **s. a festa**, to chime □ **s. a doppio**, to ring a full peal □ **s. a martello** (*o* **a stormo**), to ring the tocsin □ **s. a morto**, to toll; to knell □ **s. a raccolta**, to beat to arms; to sound the rally.

suonàta, *f.* **1** (*atto ed effetto del suonare*) ring; ringing: **una s. di campanello**, a ring at the door: **Udii una s. di campanello**, there was a ring at the door; I heard the bell ring; **una s. di clacson**, a toot on the horn **2** (*fam.*: *bastonatura*) beating, thrashing; (*sconfitta*) beating, thrashing, licking, trouncing: **Gli ho dato una s. di quelle**, I gave him a sound beating **3** (*fam.*: *conto salato*) rip-off; (*imbroglio*) swindle, rip-off: **prendersi una s.**, to be ripped off.

suonàto, *a.* **1** (*compiuto, scoccato*) past: **Ho quarant'anni suonati**, I am past forty; **Sono le quattro suonate**, it's past four **2** (*matto*) off one's head; daft; nuts (*pop.*); cracked (*pop.*) **3** (*intontito*) groggy; dopey; zonked (*pop.*) **4** (*di pugile*) punch-drunk; groggy.

suonatóre, *m.* (*f.* **-trice**) player; performer; musician: **s. di piano**, piano player; pianist; **s. di violino**, violin player; violinist; **s. di cornamusa**, piper; **s. di jazz**, jazzman; **s. ambulante**, street musician; strolling musician; busker. ● (*fam.*) **Buona notte (ai) suonatori!**, that's the end!

suonerìa, *f.* (*di orologio*) striking mechanism; (*congegno di segnalazione*) ringer, bell: **s. elettrica**, electric bell; **s. d'allarme**, alarm (bell); **s. telefonica**, telephone ringer (*o* bell); **caricare la s. della sveglia**, to wind up the alarm.

suòno, *m.* **1** sound: **velocità del s.**, velocity (*o* speed) of sound; sonic speed; **fisica del s.**, physics of sound **2** (*rumore, tono, vibrazione*) sound; ring; tone: **s. gradevole**, pleasant sound; **s. discordante**, discordant sound; jar; clash; jangle; **s. metallico**, metallic sound (*o* note); clang; **s. nasale**, nasal sound; twang; **un s. confuso di molte voci**, a confused sound of many voices; **il s. d'un violino [d'un pianoforte]**, the sound of a violin [of a piano]; **il s. delle campane**, the ringing (*o* chiming) of the bells; **Si udì un s. di campana**, a bell rang; a bell was heard; **il s. del campanello**, the ring of a (door-)bell; **Mi svegliai al s. del telefono**, I woke up to the sound of the telephone; **un lontano s. di corni**, distant bugle calls; a far-away braying of bugles; **Non mi piace il s. di questo violino**, I don't like the sound of this violin; **un s. di risate**, a ring of laughter; **La sua voce ha un s. noto**, her voice has a familiar ring to it; **riconoscere q. al s. della voce**, to recognize sb. by the sound of his voice; **senza s.**, soundless; **mandare un s.**, to give (out) (*o* to emit) a sound (*o* a ring, a note): **una moneta che manda un s. falso**, a coin that gives a false ring (*o* that rings false) **3** (*musica*) sound; music; tune; playing: **ballare al s. di un violino**, to dance to the playing (*o* to the sound, to the music) of a violin; **suoni e canti**, music and songs **4** (*fon.*) sound: **s. aperto [chiuso]**, open [close] sound; **s. dolce [duro]**, soft [hard] sound: **La lettera «g» può avere un s. dolce o duro**, «g» can be either hard or soft; **suoni**

vocalici, vocalic (*o* vowel) sounds. ● (*mus.*) **s. armonico**, harmonic overtone □ (*mus.*) **s. differenziale**, differential tone □ **s. di pifferi [di cornamuse]**, piping □ **s. di clacson**, toot; honk; (*leggero*) tootle □ **marciare a suon di musica**, to march to music □ **L'oratore fu zittito a suon di fischi**, the speaker was hissed into silence □ **Fu accolto a suon di musica [a suon di fischi]**, he was welcomed with music [with loud boos] □ **L'hanno costretto a suon di bastonate**, they beat him into doing it □ **L'hanno convinto a suon di bigliettoni**, he was bribed into doing it □ **Te lo farò capire a suon di sberle**, I'll clobber it into you □ **direttore del s.**, sound director □ (*aeron.*) **muro** (*o* **barriera**) **del s.**, sound barrier □ **tecnico del s.**, sound engineer.

suòra, *f.* nun; sister; (*il titolo*) sister: **suore della Misericordia**, Sisters of Mercy; **Suor Maria**, Sister Mary; **essere s.**, to be a nun; **farsi s.**, to become a nun; to take the veil.

sùper, **A** *a.* **1** (*fam.*: *eccezionale*) super; fantastic; fabulous; smashing; top: **una vacanza s.**, a super (*o* fabulous) holiday; **un piatto s.**, a super (*o* scrumptious) dish **2** (*di benzina*) premium; four-star **B** *f.* (*benzina s.*) four-star petrol (*GB*); premium gasoline (*USA*).

superàbile, *a.* surmountable; superable.

superabilità, *f.* superability.

superaffollaménto, *m.* overcrowding.

superaffollàto, *a.* overcrowded; jam-packed (*fam.*).

superalcòlico, **A** *a.* high-proof; strong; hard. **B** *m.* strong (*o* hard) drink (*o* liquour); hard stuff (*fam.*); (*generalm al pl.*) (high-proof) spirit.

superalimentazióne, *f.* overfeeding; supernutrition; overeating.

superallenaménto, *m.* (*sport*) overtraining: **sottoporre a s.**, to overtrain.

superallenàre, *v. t.* (*sport*) to overtrain.

superaménto, *m.* **1** overcoming; surmounting; getting over; (*di un esame*) getting through **2** (*autom.*) overtaking.

superàre, *v. t.* **1** (*essere superiore a*) to exceed, to top, to be over (st.); (*di persona*) to surpass, to excel, to outdo*, to do* better than, to beat*: **s. ogni previsione** (*o* **aspettativa**), to surpass (*o* to exceed) all expectations; **La produzione supera il fabbisogno**, production exceeds requirements; **Il debito pubblico ha superato il prodotto nazionale lordo**, the national debt topped the country's gross national product; **Il conteggio finale superava quota centomila**, the final count topped one hundred thousand; **Il pacco superava i cinque kili**, the parcel was over five kilos (in weight); **Il prezzo supera il milione**, the price is over one million; **La strada non supera i sei metri di larghezza**, the road is not more than six metres wide; **Quando le azioni superano le diecimila lire, vendile!**, when the shares are over (*o* go over) ten thousand lire, sell them!; **Ha superato tutti i compagni nell'esame**, he did better than any other student (*o* topped all the other students) in the exam; **L'allievo ha superato il maestro**, the pupil has surpassed (*o* excelled, outdone) his master; **Nessuno lo supera nello sci [in facciatosta]**, no one can beat him in skiing [for cheek]; **Ha trovato chi lo supera**, he has found his better; **Ti sei fatto s. da un ragazzino!**, you've let a schoolboy beat you!; **s. in numero**, to outnumber; to exceed in number; **s. in velocità**, to be faster than; to exceed in speed; **s. in altezza [in lunghezza, in peso]**, to be higher (*o* taller) [longer, heavier] than; to exceed in height [in length, in weight]; **s. in intelligenza [in cultura]**, to surpass in intelligence [in learning]; to be cleverer [more learned] than; **s. in coraggio [in virtù, in forza]**, to be braver [more virtuous, stronger] than; to excel in courage [in virtue, in strength]; **s. in astuzia**, to be more cunning than; to outwit; to outsmart (*fam.*); **s. di gran lunga**, to outclass; to outstrip; to run rings around; to beat (sb.) hollow (*fam.*); **s. di dieci punti**, (*durante una partita*) to be ten points ahead of; (*alla fine di una partita*) to have scored ten points more than **2** (*oltrepassare*) to get* over, to climb over, to get* past, to go* beyond; (*attraversare*) to cross; (*percorrere*) to cover; (*passare davanti a*) to pass, to overtake*, to outstrip: **s. un muro**, to get (*o* to climb) over a wall; **s. una vetta**, to climb over a mountain peak; **s. un fiume [un burrone, un confine]**, to cross a river [a ravine, a border]; **Una volta superato l'incrocio, prendi la seconda a destra**, once (you are) past the crossing, take the second (street) on the right; **s. grandi distanze**, to cover long distances; **Con uno sprint superò tutti gli avversari**, with a final sprint he outstripped (*o* outpaced) all the other competitors; **s. il traguardo**, to pass the finishing line; **Ha appena superato la trentina**, he is just over thirty; he has just turned thirty; **Ha superato abbondantemente la quarantina**, he is well over forty; he won't see forty again (*fam.*); **aver superato l'età consentita**, to have exceeded (*o* to be beyond) the age limit; **Il fiume ha superato il livello di guardia**, the river is over the high-water mark; **Lei ha superato il limite di velocità**, you have exceeded the speed limit; **Quest'automobile supera i 200 kilometri orari**, this car exceeds (*o* does more than) 200 kilometres an hour; **Mi superò mentre rallentavo per fermarmi**, he passed (*o* he overtook) me as I was slowing down to stop; **s. in curva**, to overtake (*o* to pass) on a bend; **In Italia è vietato s. a destra**, overtaking on the right is forbidden in Italy; **Non farti s. da quel pirata**, don't let that cowboy driver overtake you **3** (*fig.*: *vincere, sormontare*) to overcome*; to surmount; to get* over; to pass; to get* through: **s. una difficoltà [un ostacolo]**, to overcome (*o* to surmount, to negotiate) a difficulty [an obstacle]; **s. una malattia**, to get over an illness; **Abbiamo potenti nemici da s.**, we have powerful enemies to overcome; **s. un pericolo**, to overcome (*o* to surmount) a danger; **s. una crisi [una perdita]**, to get over a critical phase [a loss]; **s. la prova**, to pass the test; **s. un esame**, to pass (*o* to get through) an exam; **s. le semifinali**, to win (*o* to get through) the semifinals; **aiutare q. a s. q.c.**, to see sb. through st. **4** (*naut.*: *di nave a vela*) to overhaul. ● **s. la comprensione di q.**, to pass sb.'s understanding; to be beyond sb. □ **s. ogni immaginazione**, to be beyond one's wildest fancies; to be inconceivable □ **s. ogni limite**, to pass the limit (*o* all limits); to be beyond the pale □ **s. il limite di sopportazione**, to be past bearing □ **s. ogni primato**, to break all records □ **s. se stesso**, to overdo oneself; to surpass oneself.

superàto, *a.* old-fashioned; outdated; out-of-date; outmoded; superseded; old-time (*fam.*); out (*fam.*): **idee superate**, old-fashioned ideas; **metodo s.**, obsolete method; **credenze superate**, outdated beliefs; **modello s.**, superseded (*o* obsolete) model.

superàttico, *m.* penthouse.

superattivo, *a.* superactive.

superbaménte, *avv.* **1** (*con superbia*) proudly; haughtily; arrogantly **2** (*magnificamente*) superbly; magnificently; splendidly.

supèrbia, *f.* pride; haughtiness; arrogance: **essere pieno di s.**, to be full of pride (*o* conceit); **gonfiarsi di s.**, to be swollen with pride; **mettere su s.**, to put on airs. ● (*prov.*) **La s. andò a cavallo e tornò a piedi**, pride goes before a fall.

superbióso, *a.* haughty; arrogant; stuck-up (*fam.*); uppity (*fam.*).

supèrbo, **A** *a.* **1** (*che ha, che mostra superbia*) proud; haughty; arrogant: **tono s.**, haughty (*o* arrogant) tone; **parole superbe**, proud words: **risposta superba**, arrogant answer; **È troppo s. per accettare il nostro invito**, he is too haughty to accept our invitation; **andare s. di q.**, to be proud of sb. **2** (*nobile*) noble; (*magnifico*) superb, magnificent, noble; (*splendido*) splendid: **superbi tesori d'arte**, superb treasures of art; **palazzo s.**, magnificent building; **Quel cavallo è un s. animale**, that horse is a noble (*o* superb) animal; **dono s.**, splendid gift; **un'esecuzione superba**, a splendid performance **3** (*altissimo, eccelso*) lofty; sublime. **B** *m.* (*f.* **-a**) proud person.

superbóllo, *m.* (*amm.*) additional road tax.

superbómba, *f.* blockbuster; (*bomba all'idrogeno*) H-bomb.

superburòcrate, *m.* top civil servant; top government official; mandarin.

supercarburànte, *m.* premium petrol (*USA*: gasoline).

supercàrcere, *m.* maximum security prison.

superceménto, *m.* high-resistance concrete.

supercentrifuga, *f.* supercentrifuge.

superclàsse, *f.* (*bot., zool.*) superclass.

superclorazióne, *f.* (*chim.*) overclorination.

supercolòsso, *m.* (*cinem.*) mammoth production.

superconduttività, *f.* (*fis.*) superconductivity.

superconduttivo, *a.* (*fis.*) superconductive.

superconduttóre, *m.* (*fis.*) superconductor.

superconduzióne, *f.* (*fis.*) superconduction.

supercritico, *a.* (*chim.*) supercritical.

superdecoràto, **A** *a.* much-decorated. **B** *m.* (*f.* **-a**) much-decorated person.

superdònna, *f.* (*iron.*) great woman*; great lady. ● **Si crede una s.**, she thinks she is a cut above everyone else □ **arie da s.**, grand airs.

superdòse, *f.* overdose.

superdotàto, **A** *a.* **1** highly-gifted; highly-talented **2** (*scherz., rif. a doti fisiche*) well-endowed. **B** *m.* (*f.* **-a**) highly-gifted person; (*scherz.*) well-endowed person.

Super-Ègo, *V.* **Super-Io**.

supererogatòrio, *a.* (*teol.*) supererogatory.

supererogazióne, *f.* (*teol.*) supererogation.

supereterodina, *f.* (*radio*) superheterodyne: **s. a doppia conversione di frequenza**, double superheterodyne; **s. a segnale unico**, single-signal superheterodyne.

superfamiglia, *f.* (*bot., zool.*) superfamily.

superfecondazióne, *f.* (*biol.*) superfecundation.

superfetazióne, *f.* (*scient.* e *fig.*) superf(o)etation.

superficiàle, **A** *a.* **1** (*di superficie*) superficial; surface (*attr.*): **strato s.**, surface layer; (*fis.*) **tensione s.**, surface tension **2** (*poco profondo*) superficial; surface (*attr.*); skin-deep: **ferita s.**, superficial (*o* skin-deep) wound **3** (*fig.*) superficial, surface (*attr.*), shallow; (*affrettato*) hasty, cursory, sketchy, casual: **una conoscenza s. di q.c.**, a superficial knowledge of st.; a smattering of st.; **persona s.**, superficial person; **cultura s.**, superficial (*o* skimpy) education; **impressioni superficiali**, surface impressions; **osservatore s.**, superficial observer; **occhiata s.**, cursory glance; **lettura s.**, hasty read; **A un esame s. non sembrava una cosa grave**, at a superficial examination it did not look serious. **B** *m.* e *f.* superficial person.

superficialità, *f.* (*anche fig.*) superficiality; shallowness: **con s.**, superficially; in a superficial way; cursorily.

superficialménte, *avv.* **1** superficially **2** (*in superficie*) on the surface.

superficiàrio, *a.* (*leg.*) surface (*attr.*): **proprietà superficiaria**, surface right.

superficie, *f.* **1** (*lato esterno, piano*) surface; **la s. terrestre**, the surface of the earth; **la s. dell'acqua**, the surface of the water; **la s. di un tavolo**, the top of a table; **una s. levigata [scabrosa]**, a smooth [rough] surface; **risalire alla s.**, to come to the surface; to surface; **in s.**, on the surface; (*sopra la terra*) above ground: **lavorare in s.**, to work above ground

2 (*strato superficiale*) layer; coat *3* (*fig.*: *esteriorità*) surface; exterior; outer appearance: **fermarsi alla s.**, to stay on the surface; **andare oltre la s. delle cose**, to go beyond appearances; to go below the surface of things; **amicizie che si fermano alla s.**, superficial friendships; **cortesia che non va oltre la s.**, surface politeness *4* (*geom.*) surface; area: **s. piana**, plane surface; **s. sferica**, spherical; **calcolare la s. d'un quadrato**, to calculate the (surface) area of a square; **una s. di cinquanta metri quadrati**, an area of fifty square metres; **misure di s.**, square measures; **la s. di un appartamento**, the square footage of a flat. ● (*aeron.*) **s. alare**, wing area □ (*mat.*) **s. algebrica**, algebraic area □ (*mecc.*) **s. di attrito**, rubbing area □ (*mecc.*) **s. di scorrimento**, sliding (*o* slide) surface □ (*edil.*) **superfici edificabili**, buildable areas □ (*geol.*) **s. freatica**, water table □ (*aeron.*) **s. inferiore dell'ala**, wing underside □ **s. portante**, (*tecn.*) bearing surface; (*aeron.*) supporting surface □ (*naut.*) **s. velica**, sail area □ (*leg.*) **diritto di s.**, building right; building lease □ (*naut.*) **navigare in s.**, to sail on the surface □ (*naut.*) **navigazione in s.**, surface sailing □ **trasporti di s.**, above-ground transport.

superficie-ària, *locuz. a. invar.* (*mil.*) surface-to-airs.

superficie-superficie, *locuz. a. invar.* (*mil.*) surface-to-surface.

superfinitùra, *f.* (*mecc.*) superfinishing.

superfluidità, *f.* (*fis.*) superfluidity.

superflùido, *a.* (*fis.*) superfluid.

superfluità, *f.* superfluity; superfluousness.

supèrfluo, A *a.* superfluous; surplus (*attr.*); excess; redundant; non-essential; needless; unnecessary: **Il cibo s. fa più male che bene**, superfluous food does more harm than good; **spese superflue**, superfluous (*o* unnecessary) expenses; **parole superflue**, superfluous words; **peso s.**, excess weight; **È s. dire che...**, needless to say, ...; **Ogni ulteriore commento sarebbe s.**, any further comment would be superfluous. **B** *m.* superfluous (*o* non-essential) things; surplus.

superfosfàto, *m.* (*chim.*) superphosphate.

supergalàssia, *f.* (*astron.*) supergalaxy.

supergigànte, *a.* e *f.* (*astron.*) supergiant (star).

Super-Io, *m.* (*psic.*) super-ego.

superióra, *f.* (*eccles.*) Mother Superior.

superioràto, *m.* (*eccles.*) office of a Superior.

superióre, A *a.* *1* (*più elevato*) higher; superior: **grado s.**, higher degree; **istruzione s.**, higher education; **animali superiori**, higher animals; **un essere s.**, a superior (*o* higher) being; **volontà s.**, superior will; **ingegno** (*o* **mente**) **s.**, higher (*o* superior) mind; **il s. interesse della nazione**, the higher interest of the country *2* (*maggiore*) higher; superior; greater: **prezzo [temperatura, velocità] s.**, higher price [temperature, speed]; **s. di numero**, superior in number; **I nemici ci erano superiori di numero**, the enemy outnumbered us; **statura s. alla media**, above-average height; **quantità s. al 20%**, quantity exceeding 20%; **di età s. ai venti anni**, above (*o* over) twenty; **una somma s.**, a higher sum; a larger amount; **velocità s. al limite consentito**, speed exceeding the permitted limit *3* (*migliore*) superior; better: **qualità s.**, superior (*o* higher) quality; **essere s. a q. per forza [intelligenza]**, to be superior to sb. in strength [intelligence]; to be stronger [more intelligent] than sb.; **Questa stoffa è s. a quella**, this cloth is better than that (one); **Il film è di gran lunga s. al libro**, the film is vastly superior to the book; **essere s. per durata**, to be longer-lasting; to last longer; **sentirsi s. a tutti**, to feel above (*o* superior to) everyone; **Gli sono s. in tutto**, I outmatch (*o* excel, surpass) him in everything; **prodotto decisamente s.**, a decidedly better (*o* superior) product; **un esito s. alle aspettative**, a result beyond expectations *4* (*sovrastante*) upper: **mascella [labbro] s.**, upper jaw [lip]; **arti superiori**, upper limbs; arms; **i ceti sociali superiori**, the upper classes; **gli strati superiori dell'atmosfera**, the upper strata of the atmosphere; **i piani superiori di una casa**, the upper floors of a house; **Abito al piano s.**, (*di una casa a due piani*) I live on the upper floor (*o* upstairs); (*di una casa a diversi piani*) I live on the floor above (*o* upstairs); **salire al piano s.**, to go upstairs; **il corso s. di un fiume**, the upper reaches of a river *5* (*fig.*: *al di sopra*) above (*prep.*); beyond (*prep.*): **Sta conducendo una vita s. ai suoi mezzi**, he is living above (*o* beyond) his means; **Questo compito è s. alle mie capacità**, this task is beyond my abilities; **s. alle mie possibilità** (*troppo caro*), beyond (*o* above) my possibilities (*o* means, purse); **essere s. ai pettegolezzi**, to be above gossip; **Si crede s. a queste cose**, he thinks himself above these things; **assumere un atteggiamento s.**, to put on airs of superiority; **sentirsi s.**, to feel superior *6* (*di grado superiore*) senior; higher: **le classi superiori di una scuola**, the senior classes of a school; **scuola media s.**, senior secondary school; **ufficiale s.**, senior officer; **dirigente s.**, senior manager; **ordini superiori**, orders from above: **Per ordine s. devo prendere in consegna questa automobile**, I have been ordered to take charge of this car *7* (*più avanzato*) advanced: **studi superiori**, advanced studies; **matematica s.**, advanced mathematics; **Faccio il primo anno di fisica s.**, I'm in my first year of advanced physics *8* (*geol.*) Upper: **Cretaceo S.**, Upper Cretaceous *9* (*eccles.*) superior: **il Padre s.**, the Father Superior. **B** *m.* *1* superior: **rispettoso verso i superiori**, respectful to one's superiors; **Che mi importa se è mio s.?**, who cares if he is my superior? *2* (*eccles.*) Superior.

superiorità, *f.* superiority; advantage; excellence: **La sua s. è indiscussa**, his superiority is undisputed; **s. morale [intellettuale]**, moral [intellectual] superiority; **far sentire la propria s.**, to make one's superiority felt; **vantare la s. di q.c.**, to boast of the excellence of st.; **s. di grado**, superiority of rank; **s. di forze**, superior strength; **s. numerica**, superior numbers (*pl.*); numerical superiority; **arie di s.**, airs of superiority; **complesso di s.**, superiority complex; **in condizioni di s.**, at an advantage.

superiorménte, *avv.* (*nella parte superiore*) on the upper part; above; at the top.

superlativaménte, *avv.* superlatively; in the highest degree.

superlatìvo, A *a.* *1* (*sommo, eccellente*) superlative; excellent: **bellezza superlativa**, superlative beauty *2* (*gramm.*) superlative: **il grado s.**, the superlative degree. **B** *m.* (*gramm.*) superlative: **il s. relativo**, the relative superlative; **il s. assoluto**, the absolute superlative; **al s.**, in the superlative.

superlavóro, *m.* overwork.

superléga, *f.* (*metall.*) superalloy.

supermercàto, *m.* supermarket.

supermetanièra, *f.* methane supertanker.

superminimo, *m.* extra allowance on minimum pay.

supèrno, *a.* (*lett.*) supernal; supreme; (*celeste*) celestial, heavenly: **la grazia superna**, supernal grace; **le cose superne**, celestial things.

supernòva, *f.* (*astron.*) supernova.

supernutrizióne, *f.* supernutrition; overfeeding.

sùpero (1), A *a.* *1* (*lett.*: *divino*) supernal; divine *2* (*bot.*) superior. **B** *m. pl.* (*mitol.*) (the) gods.

sùpero (2), *m.* (*comm.*: *eccedenza*) surplus; excess; extra.

superomismo, *m.* (*filos.*: *la teoria*) doctrine of the superman; (*il comportamento*) superman behaviour.

superordinàto, *m.* (*ling.*) superordinate.

superórdine, *m.* (*bot.*) superorder.

superòtto, *a.* e *m. invar.* (*cinem.*) super-eight.

superperito, *m.* court-appointed expert; chief expert.

superperizia, *f.* court-appointed expert's report.

superpetrolièra, *f.* (*naut.*) supertanker.

superpotènza, *f.* superpower.

superproduzióne, *f.* (*econ.*) overproduction.

superprofitto, *m.* surplus (*o* extra) profit.

supersònico, *a.* (*aeron.*) supersonic.

supèrstite, A *a.* surviving. **B** *m.* e *f.* survivor: **È l'unico s. del naufragio**, he is the sole survivor of the shipwreck.

superstizióne, *f.* superstition.

superstiziosità, *f.* superstitiousness.

superstizióso, *a.* superstitious.

superstràda, *f.* clearway (*GB*); freeway (*USA*); expressway (*USA*).

superstràto, *m.* (*ling.*) superstratum*.

supertàssa, *f.* surtax; surcharge; additional tax.

supertèste, supertestimòne, *m.* e *f.* key witness.

superumàno, *a.* superhuman.

superuòmo, *m.* *1* (*filos.*) superman*: **la teoria del s.**, the theory of the superman *2* (*iron.*) great man*. ● **darsi arie da s.**, to give oneself airs; to throw one's weight about.

supervalutàre, *v. t.* to overvalue; to overestimate: **s. l'usato**, to overvalue second-hand goods.

supervalutazióne, *f.* overvaluation: **s. dell'usato nel campo dell'auto**, overvaluation of second-hand cars.

supervisióne, *f.* supervision; superintendence.

supervisóre, *m.* (*f.* **-a**) supervisor; superintendent; overseer.

supinatóre, *a.* – (*anat.*) **muscolo s.**, supinator.

supinazióne, *f.* supination.

supìno (1), *a.* supine (*anche fig.*); (lying) on one's back; face upwards: **posizione supina**, supine position; **Dormo s.**, I sleep lying on my back; **Il ragazzo cadde s.**, the boy fell on his back; **rassegnazione supina**, supine (*o* servile) resignation; **ignoranza supina**, crass (*o* gross) ignorance.

supìno (2), *m.* (*gramm.*) supine.

suppellèttile, *f.* *1* (*arredamento*) furnishings (*pl.*); furniture; (*attrezzatura*) equipment: **suppellettili di casa**, house furniture; household goods; **le suppellettili d'una chiesa**, the furnishings of a church *2* (*archeol.*) grave goods (*pl.*).

suppergiù, *avv.* (*fam.*: *circa*) about, approximately, roughly, more or less; (*quasi*) nearly, almost, practically: **È s. lo stesso**, it's roughly (*o* practically) the same; **Abbiamo s. la stessa età**, we are about the same age; **Saranno state s. trenta persone**, there must have been about thirty people, give or take a few.

supplementàre, *a.* *1* (*aggiuntivo*) additional, extra, further, supplementary, accessory; (*integrativo*) supplementary, supplemental: **tariffa s.**, additional (*o* extra) charge; **razioni supplementari**, extra food rations; **compenso s.**, extra pay (*o* fee); **costi supplementari**, additional (*o* extra) costs; **indagini supplementari**, further investigations; **preventivo s.**, supplementary estimate; **ore supplementari di lavoro**, overtime *2* (*geom.*) supplementary: **angoli supplementari**, supplementary angles. ● (*sport*) **tempi supplementari**, extra time (*sing.*) □ **treno s.**, relief (*o* unscheduled) train.

suppleménto, *m.* *1* (*aggiunta, integrazione*) supplement; addition: **un s. delle proprie entrate**, a supplement to one's earnings; **un s. di ferie**, extra holidays; **un s. di dolce**, a second helping of dessert; **un s. di indagini**, further investigations **2** (*sovrapprezzo*) supplement; extra (*o* additional) charge; surcharge: **C'è da pagare un s. di diecimila lire**, there is an additional charge (*o* a supplement) of ten thousand lire; (*ferr.*) **s. di tariffa**, extra (*o* excess) fare; (*ferr.*) **s. rapido**, express-train (*o* inter-city) supplement; (*negli alberghi*) **s. per camera singola**, single room supplement **3** (*di giornale*) supplement: **il s. letterario [domenicale]**, the literary [Sunday] supplement of a newspaper **4** (*geom.*) supplement: **il s. d'un arco [d'un angolo]**, the supplement of an arc [of an angle].

supplentàto, *m.* temporary job; temporary post; (*di insegnanti*) temporary teaching job, supply teaching: **Ho fatto tre mesi di s.**, I was (*o* worked as) a supply teacher for three months.

supplènte, A *a.* temporary; substitute (*attr.*); deputy (*attr.*); (*di insegnante*) temporary, supply (*attr.*). **B** *m. e f.* deputy; substitute; sub (*fam.*); temp (*fam.*); (*insegnante s.*) supply (*o* temporary) teacher.

supplènza, *f.* temporary job; temporary post; (*di insegnante*) temporary teaching job: **fare una s.**, to act as a substitute; (*di insegnante*) to have a temporary teaching job.

suppletivo, suppletòrio, *a.* supplementary; additional: **esami suppletivi**, supplementary examinations; **sessione suppletiva di esami**, special examination session; (*polit.*) **elezioni suppletive**, by-elections; (*leg.*) **norme suppletive**, supplementary norms.

supplì, *m. invar.* (*cucina*) rice croquette.

sùpplica, *f.* plea; entreaty; supplication; (*petizione*) petition: **cedere alle suppliche di q.**, to yield to sb.'s pleas (*o* entreaties); **rivolgere una s. a**, to implore; to beseech; to beg; to make a supplication to; **tono di s.**, pleading tone; **presentare una s. a q.**, to present a petition to sb.

supplicànte, A *a.* pleading; beseeching; imploring; entreating; suppliant. **B** *m. e f.* petitioner; suppliant.

supplicàre, *v. t.* to plead; to implore; to beseech*; to beg; to entreat: **s. Iddio**, to beseech God; **s. misericordia**, to plead for mercy; **Lo supplicai di ripensarci**, I implored (*o* begged) him to think again; **s. q. per ottenere q.c.**, to plead with sb. for st.

supplicatòrio, *a.* supplicatory: **una lettera supplicatoria**, a supplicatory letter.

sùpplice, (*lett.*) *V.* **supplicante**.

supplichévole, *a.* imploring; appealing; beseeching; pleading; entreating; suppliant: **uno sguardo s.**, an imploring (*o* an appealing, pleading) glance; **atteggiamento s.**, pleading attitude; **Mi rivolse un'occhiata s.**, he looked at me beseechingly.

supplìre, A *v. i.* (*compensare*) to make* up for; to compensate for: **s. alla mancanza di q.c.**, to make up for the lack of st.: **Non è molto intelligente ma supplisce con l'applicazione**, he is not very clever but he makes up for it with application; **s. alla mancanza di memoria**, to compensate for the loss of memory. **B** *v. t.* to stand* in for; to take* the place of; to substitute for; to sub for (*fam.*); (*di cose*) to do* duty for: **s. un professore**, to stand in for a teacher; **L'ha supplito il dottor Bianchi**, Dr. Bianchi substituted for him.

suppliziàre, *v. t.* to torture; to torment.

supplìzio, *m.* **1** (*tortura*) torture; (*tormento*) torture, torment, agony, anguish: **il s. della ruota**, (the torture of) the wheel; **il s. della fame**, the torment of hunger; **Stare con lui è un vero s.**, it's a real torture to stay with him; **Ascoltarla suonare è un s.**, it's agony to hear her playing; **Queste scarpe sono un s.**, these shoes are killing me **2** (*esecuzione capitale*) death; execution: **condurre al s.**, to lead to death (*o* to execution); **l'estremo s.**, death penalty; capital punishment. ● (*mitol.* e *fig.*) **il s. di Tantalo**, the torment of Tantalus; (*fig.*) **far patire il s. di Tantalo**, to tantalize.

supponènte, *a.* (*altezzoso*) haughty; arrogant; supercilious; snooty; uppity (*fam.*); stuck-up (*fam.*); toffee-nosed (*fam. GB*).

supponènza, *f.* (*altezzosità*) haughtiness; arrogance; superciliousness; snootiness; stuck-up manners (*pl., fam.*).

supponìbile, *a.* imaginable; presumable.

suppórre, *v. t.* **1** to suppose; (*presumere*) to expect, to presume; (*immaginare*) to imagine; (*ritenere*) to assume, to think*, to reckon, to guess (*USA*): **Le cose stavano molto peggio di quanto io non supponessi**, things were far worse than I supposed; **«Il dottor Livingstone, suppongo»**, «Doctor Livingstone, I presume»; **Ti troverai anche tu là, suppongo**, you are going to be there too, I presume (*o* I expect); I expect you'll be there too, won't you?; **«Verrà?» «Suppongo di sì»**, «will he come?» «I imagine so (*o* I guess so, I reckon)»; **Suppongo di no**, I suppose not; I don't expect so; I don't think so; **Tutti supposero che io lo conoscessi perché eravamo entrati insieme**, as we had come in together, everyone assumed I knew him; **lasciar s. q.c. a q.**, to lead sb. to believe st. **2** (*fare una supposizione*) to suppose; to imagine: **Supponiamo che sia vero**, let's suppose (*o* let's say) it's true; **Supponi di trovarti in un'isola deserta**, imagine you are on a desert island; **supposto che**, suppose; supposing.

supportàre, *v. t.* **1** (*sostanziare*) to support; to bear* out; to back **2** (*elab.*) to support.

suppòrto, *m.* **1** (*mecc.*) support; rest; stand; bearing: **s. a T**, T-rest; **s. a muro**, wall bearing; **s. di banco**, main bearing; **s. per tubi**, pipe stand; **s. di spinta**, step bearing; **cappello del s.**, bearing cap; **s. del perno**, journal bearing **2** (*aiuto, sostegno*) support; backing; help: **col s. della famiglia**, with the backing of one's family **3** (*elab.*) medium*: **s. di memorizzazione**, storage medium. ● (*autom.*) **s. del differenziale**, differential carrier □ (*radio*) **s. della valvola**, tube socket □ (*aeron.*) **s. di antenna radio**, mast □ (*naut.*) **s. di tenda**, awning stanchion.

suppositòrio, *m.* (*farm.*) suppository.

supposizióne, *f.* (*ipotesi*) supposition, assumption; (*congettura, illazione*) surmise, conjecture, guess (*fam.*): **L'articolo si basava solo su supposizioni**, the article was based on mere suppositions; **La loro s. che la guerra sarebbe finita in sei mesi risultò errata**, their assumption that the war would end in six months proved wrong; **una s. infondata**, a groundless assumption; **fare una s.**, to make an assumption; **La mia è solo una s.**, mine is just a guess.

suppósta, *f.* (*farm.*) suppository.

suppósto, *a.* supposed; presumed; assumed: **i nostri supposti avversari**, our presumed opponents; **il s. fidanzato della ragazza**, the girl's supposed fiancé. ● **s. che**, even if; even supposing.

suppuràre, *v. i.* to suppurate; to fester; to discharge.

suppurativo, *a.* suppurative.

suppurazióne, *f.* suppuration: **venire a s.**, to suppurate.

supremazìa, *f.* supremacy; mastery; ascendance; primacy: **la s. di Atene sulla Grecia**, the supremacy of Athens over Greece.

suprèmo, *a.* **1** supreme: **la Corte Suprema**, the Supreme Court; **il Capo S. della Chiesa**, the Supreme Head of the Church; **il Consiglio S.**, the Supreme Council; **l'Ente S.**, the Supreme Being; **l'autorità suprema**, the supreme authority; **assumere il comando s.**, to assume the supreme command; **il s. sacrificio**, the supreme sacrifice **2** (*massimo, sommo*) great, greatest, highest, utmost, paramount; (*straordinario*) extraordinary, supreme: **con sua suprema soddisfazione**, to his great satisfaction; **Appresi la notizia con suprema gioia**, I learnt the news with the greatest (*o* the utmost) joy; **in grado s.**, in the highest degree; **una questione di suprema importanza**, a matter of the utmost (*o* of the highest, of paramount) importance; **uno sforzo s.**, a supreme effort; **la suprema lode**, the greatest (*o* highest) praise; **una donna di suprema bellezza**, a woman of extraordinary beauty **3** (*ultimo, estremo*) last: **il Giudizio S.**, the Last Judgment; **il s. addio**, the last farewell; **l'ora suprema**, one's last hour. ● **il Capo S. dello Stato**, the Head of State □ (*mil.*) **il Comandante S.**, the Commander-in--Chief □ (*mil.*) **comando s.**, general headquarters.

sùra (1), *f.* (*relig. islamica*) sura.

sùra (2), *f.* (*anat.*) calf.

surah, *m. invar.* (*ind. tess.*) surah.

suràle, *a.* (*anat.*) sural.

suralimentazióne, *V.* **superalimentazione**.

surclassàre, *v. t.* (*anche sport*) to outclass.

surcompressióne, *f.* (*autom.*) supercompression.

surcomprèsso, *a.* (*autom.*) supercompressed.

surcontràre, *v. t.* (*bridge*) to redouble.

surcontre (*franc.*), *m. invar.* (*bridge*) redouble.

surf (*ingl.*), *m. invar.* **1** (*ballo*) surf **2** (*sport*) surfing: **fare del s.**, to surf.

surfactànte, (*chim.*) **A** *a.* surface-active; surfactant. **B** *m.* surface-active agent; surfactant.

surfing (*ingl.*), *V.* **surf**, *def. 2.*

surfista, *m. e f.* (*sport*) surfer.

surgelaménto, *m.* deep-freezing; deep freeze.

surgelàre, *v. t.* to deep-freeze*.

surgelàto, A *a.* deep-frozen. **B** *m.* deep-frozen food.

surgelazióne, *f.* deep-freezing; deep freeze.

suriettivo, *a.* (*mat.*) surjective.

suriezióne, *f.* (*mat.*) surjection.

surmenage (*franc.*), *m. invar.* **1** overwork; overstrain; overexertion **2** (*sport*) overtraining.

surmolotto, *m.* (*zool., Rattus norvegicus*) Norway rat; brown rat; sewer rat.

surplace (*franc.*), *m. invar.* (*ciclismo*) surplace.

surplus (*franc.*), *m. invar.* (*econ.*) surplus: **s. agricoli**, farm surpluses.

sùrra, *f.* (*vet.*) surra.

surreàle, *a.* surreal; weird; absurd; surrealistic.

surrealismo, *m.* (*letter., arte*) surrealism.

surrealista, (*letter., arte*) **A** *m. e f.* surrealist. **B** *a.* surrealist; surrealistic: **il movimento s.**, the surrealist movement.

surrealìstico, *a.* (*letter., arte*) surrealistic.

surrenàle, *a.* (*anat.*) suprarenal: **ghiandole surrenali**, suprarenal (*o* adrenal) glands.

surrène, *m.* (*anat.*) suprarenal (*o* adrenal) gland.

surrettizio, *a.* surreptitious.

surrezióne, *f.* (*leg.*) subreption.

surricordàto, *a.* afore-mentioned; aforesaid; above-mentioned.

surriferito, *a.* above-mentioned; aforesaid; referred to above (*pred.*).

surriscaldaménto, *m.* **1** overheating **2** (*fis.*) superheating.

surriscaldàre, A *v. t.* **1** (*anche fig.*) to overheat **2** (*fis.*) to superheat. **B surriscaldàrsi,** *v. i. pron.* (*anche fig.*) to get* overheated; to overheat.

surriscaldàto, *a.* **1** (*anche fig.*) overheated: **motore s.**, overheated engine **2** (*fis.*) superheated: **vapore s.**, superheated steam.

surriscaldatóre, *m.* superheater.

sùrroga, *V.* **surrogazione**.

surrogàbile, *a.* replaceable.

surrogaménto, *m. V.* **surrogazione**.

surrogàre, *v. t.* **1** (*mettere in luogo d'un altro*) to replace; to substitute: **s. q. con q. altro**, to replace sb. with sb. else **2** (*subentrare ad altri*) to replace; to substitute for; to stand* in for: **s. l'operaio licenziato**, to replace the dismissed worker **3** (*leg.*) to subrogate.

surrogàto, *m.* substitute; replacement; ersatz: **La margarina è un s. del burro**, margarine is a substitute for butter; **s. di caffè**, ersatz coffee.

surrogatòrio, *a.* **1** (*sostitutivo*) substitutional; substitute (*attr.*) **2** (*leg.*) subrogating; subrogation (*attr.*).

surrogazióne, *f.* **1** (*sostituzione*) substitution; replacement **2** (*leg.*) subrogation.

survivalịsmo, *m.* survivalism.

survivalista, *m.* e *f.* survivalist.

survivalìstico, *a.* survivalist (*attr.*).

survoltàre, *v. t.* (*elettr.*) to boost.

survoltóre, *m.* (*elettr.*) (voltage) booster.

Susànna, *f.* Susanna(h). ● (*fig.*) **fare la casta S.**, to play the innocent.

suscettànza, *f.* (*elettr.*) susceptance.

suscettìbile, *a.* **1** (*capace di subire modificazioni*) susceptible of; liable to; capable of; open to; accessible to: **essere s. di miglioramento**, to be susceptible of improvement; **s. all'adulazione**, accessible to flattery **2** (*ombroso, facile a offendersi*) susceptible; oversensitive; touchy (*fam.*); prickly (*fam.*).

suscettibilità, *f.* susceptibility; oversensitiveness; touchiness (*fam.*). ● **ferire la s. di q.**, to hurt sb.'s feelings; to wound sb.'s susceptibilities.

suscettività, *f.* **1** susceptibility; receptivity **2** (*fis.*) susceptibility: **s. magnetica**, magnetic susceptibility.

suscettìvo, *a.* (*filos.*) susceptible; receptive.

suscitàre, *v. t.* to arouse; to excite; to provoke; to give* rise to; to raise; to stir up; to spark off; to kindle: **s. invidia**, to excite envy; **s. il riso**, to provoke laughter; to raise a laugh; **s. interesse**, to arouse (*o* to excite, to spark off, to kindle) interest; **s. curiosità**, to excite curiosity; **s. odio [malumori]**, to arouse hatred [ill-will]; **s. l'indignazione generale**, to cause widespread indignation (*o* an outcry); **s. l'ammirazione di tutti**, to excite general admiration; **s. compassione**, to arouse pity; **s. uno scandalo**, to provoke (*o* to cause) a scandal; **s. una controversia**, to give rise to a controversy; **s. una rivolta**, to stir up (*o* to spark off) a revolt; **s. una passione in q.**, to kindle (*o* to wake) a passion in sb.; **s. pettegolezzi**, to set tongues wagging; **s. un vespaio**, to stir up a hornets' nest.

suscitatóre, *m.* (*f.* **-trice**) exciter; provoker.

susìna, *f.* (*bot.*) plum: **s. scura**, mussel plum; **s. damaschina**, damson; **s. di macchia**, sloe; **s. regina Claudia**, greengage.

susìno, *m.* (*bot., Prunus domestica*) plum(-tree). ● **s. di macchia** (*Prunus spinosa*), sloe □ **s. selvatico** (*Prunus insititia*), damson; bullace.

suspense (*ingl.*), *f. invar.* suspense: **un film pieno di s.**, a film full of suspense.

suspicióne, *f.* (*leg.*) suspicion.

susseguènte, *a.* subsequent; following; ensuing.

susseguentemènte, *avv.* subsequently; after(wards).

susseguìre, **A** *v. t.* e *i.* to follow; to come* after: **Al lampo sussegue il tuono**, thunder follows lightning. **B susseguirsi**, *v. rifl. recipr.* to follow (*o* to succeed) one another: **I treni si susseguono a breve distanza**, trains follow one another at short intervals; **i giorni si susseguirono senza mutamenti**, the days passed unchangingly. **C** *m.* succession: **un s. di sventure**, a succession of disastersr.

sussidiàre, *v. t.* to subsidize: **s. i profughi**, to subsidize the refugees.

sussidiàrio, **A** *a.* subsidiary; auxiliary; ancillary; (*supplementare*) supplementary, additional, reserve (*attr.*): **un esercito s.**, an auxiliary army; **mezzi sussidiari**, subsidiary (*o* reserve) means; **società sussidiaria**, subsidiary company; **fermata sussidiaria**, additional stop. **B** *m.* (*libro di testo*) primary textbook.

sussidiatóre, **A** *m.* (*f.* **-trice**) subsidizer. **B** *a.* subsidizing.

sussìdio, *m.* **1** (*soccorso, aiuto*) aid; help; relief: **fondo di s.**, relief fund; **sussidi didattici**, educational (*o* teaching) aids; **sussidi audiovisivi**, audiovisual aids; **una traduzione senza il s. del vocabolario**, a traslation without the help of a dictionary **2** (*sovvenzione*) subsidy; grant; allowance; benefit: **sussidi all'agricoltura [all'edilizia]**, agricultural [housing] subsidies; **chiedere un s. allo Stato**, to ask for a state grant; **s. di disoccupazione**, unemployment benefit; dole (*fam.*): **ricevere il s. di disoccupazione**, to receive unemployment benefit; to be on the dole (*fam.*); to be on welfare (*fam.*); **s. (per) malattia**, sick-benefit; sick-pay; **s. di invalidità**, disability benefit; **s. familiare**, family allowance **3** (*sostegno*) support.

sussiègo, *m.* (*contegnosità*) self-importance, pomposity, pretentiousness, airs (*pl.*); (*arroganza*) haughtiness, hauteur (*franc.*), superciliousness, condescension: **un'aria di s.**, an air of self-importance; **darsi un tono di s.**, to give oneself airs; **mettersi in s.**, to put on airs; **trattare q. con s.**, to treat sb. condescendingly.

sussiegóso, *a.* (*contegnoso*) self-important, pompous, pretentious; (*arrogante*) haughty, supercilious, condescending.

sussistènte, *a.* subsistent; subsisting; existing; (*valido*) valid, sound.

sussistènza, *f.* **1** (*esistenza*) existence; subsistence **2** (*sopravvivenza, sostentamento*) subsistence; sustenance; support; livelihood: **economia di s.**, subsistence economy: **mezzi di s.**, means of subsistence (*o* livelihood, support); **livello di s.**, subsistence level **3** (*mil.*) provisioning, victualling; (*l'ufficio*) Catering Corps; (*le provvigioni*) supplies (*pl.*), provisions (*pl.*).

sussìstere, *v. i.* **1** (*esistere*) to subsist, to exist; (*esserci*) to be; (*sopravvivere*) to survive: **Non sussistono più dubbi sulla sua colpevolezza**, there are no more doubts about his guilt; **Sussistono ancora superstizioni millenarie**, age-old superstitions still survive; **Il reato non sussiste**, no offence was committed **2** (*avere fondamento*) to be valid; to hold* true (*o* good): **ragioni che non sussistono**, invalid reasons.

sussultàre, *v. i.* **1** (*trasalire*) to start; to give* a start; to startle; to jump; to flinch: **Sussultai per lo spavento**, I started back in fear; **Mi hai fatto s.**, you made me jump; you startled me (*o* gave me a start); **Sussultò nel sentirsi insultato**, he started at the insult; **Il mio cuore sussultò di felicità**, my healt lept with joy **2** (*sobbalzare*) to shake*; to jolt; to tremble; **Sussultava dalle risa [dai singhiozzi]**, she was shaking with laughter [with sobs]; **Il pavimento cominciò a s.**, the floor began to shake under our feet; **La macchina sussultava sulla strada sterrata**, the car jolted along on the dirt road.

sussùlto, *m.* **1** (*trasalimento*) start; jump: **Si risvegliò con un s.**, he woke up with a start; he was started out of his sleep; **avere (*o* dare) un s.**, to give a start; **Ebbe un s. di gioia**, her heart leapt for joy **2** (*scossa*) shake; shock; tremor; jolt: **La terra ebbe un s.**, the earth shook.

sussultòrio, *a.* (*geol.*) sussultatory.

sussùmere, *v. t.* (*filos.*) to subsume.

sussunzióne, *f.* (*filos.*) subsumption.

sussurràre, *v. t.* e *i.* (*anche fig.*) to whisper; to murmur: **s. q.c. all'orecchio di q.**, to whisper st. in sb.'s ear; **Sussurrano le foglie al vento**, the leaves are whispering in the wind; **Si sussurra che non siano sposati**, it is whispered they are not married; **Vanno sempre sussurrando contro di noi**, they are always murmuring against us.

sussurratóre, **A** *m.* (*f.* **-trice**) murmurer. **B** *a.* whispering; murmuring.

sussurrìo, *m.* (*anche fig.*) whispering; murmuring.

sussùrro, *m.* (*anche fig.*) whisper; murmur: **La donna mi parlò in un s.**, the woman spoke to me in a whisper; **La sua voce era poco più che un s.**, her voice was little more than a whisper; **il s. del vento**, the whisper (*o* whispering) of the wind.

sùsta, *f.* (*di occhiali*) sidepiece; stem; bow (*USA*).

sutùra, *f.* (*anat., med.*) suture.

suturàle, *a.* (*anat., med.*) sutural.

suturàre, *v. t.* (*med.*) to suture.

suvvìa, *inter.* come on!; here!; there!; now then!: **S., deciditi!**, come on, make up your mind; **S., prendilo**, here, do take it; **S., non piangere**, there, don't cry; **S., ora basta**, now then, that's enough.

suzióne, *f.* suction.

ṣvaccàre, *v. i.* e **ṣvaccàrsi**, *v. i. pron.* (*pop.*) to founder; to break* down; to come* to nothing.

ṣvaccàto, *a.* (*pop.*) sloppy; shoddy; coming apart at the seams.

ṣvàcco, *m.* (*pop.*) sloppiness; total shambles (*sing.*).

ṣvagàre, **A** *v. t.* **1** (*ricreare*) to amuse; to keep* amused; to entertain: **Svaga il bambino con questi giocattoli**, keep the child amused with these toys; **Trovo che i gialli mi svagano**, I find detective novels entertaining **2** (*distrarre*) to take* (sb.'s) mind off (st.); to distract; to divert: **Cercammo di svagarlo un poco dal pensiero di lei**, we tried to take his mind off her; **Non si riesce a svagarla dal lavoro**, you can't distract her from her work. **B ṣvagàrsi**, *v. i. pron.* **1** (*divertirsi*) to enjoy oneself; to have fun; to relax: **Dopo tanto lavoro ha bisogno di s.**, after so much work he needs a bit of fun **2** (*distrarsi*) to take* one's mind off (st.).

ṣvagatàggine, **ṣvagatézza**, *f.* absent-mindedness; inattention; forgetfulness; dreaminess.

ṣvagàto, **A** *a.* absent-minded; inattentive; forgetful; dreamy. **B** *m.* (*f.* **-a**) absent-minded (*o* dreamy) person.

ṣvàgo, *m.* amusement; entertainment; fun; recreation; relaxation; diversion; escape; (*passatempo*) pastime: **Hai bisogno di un po' di s.**, you need some relaxation (*o* a diversion); **Non mancano di certo gli svaghi qui**, there are plenty of amusements here; there are a lot of things to do here; **Quali sono i tuoi svaghi?**, how do you spend your free time?; **Alcuni considerano il giardinaggio come uno s.**, some people look upon gardening as a recreation; **prendersi un po' di s.**, to relax; to have some fun.

ṣvaligiaménto, *m.* burglary; looting; robbing; ransacking.

ṣvaligiàre, *v. t.* to burgle, to break* into (a house); to rob (a bank); to loot; to ransack; to clean out (*fam.*): **Gli hanno svaligiato la casa**, they have ransacked (*o* cleaned out) his house.

ṣvaligiatóre, *m.* (*f.* **-trice**) burglar; house-breaker; robber; looter.

ṣvalorizzàre, *v. t.* to depreciate.

ṣvalutàbile, *a.* (*econ.*) depreciable.

ṣvalutàre, **A** *v. t.* **1** (*econ.*) to devalue, to undervalue; (*comm.*) to mark down: **s. la sterlina**, to devalue the pound; **s. alcuni dei propri articoli**, to mark down some of one's articles **2** (*fig.*: *sminuire, sottovalutare*) to belittle; to disparage; to depreciate; to decry; to underrate; to underestimate. **B ṣvalutàrsi**, *v. i. pron.* (*econ.*) to depreciate.

ṣvalutazióne, *f.* **1** (*econ.*) devaluation, depreciation, undervaluation; (*comm.*) depreciation: **la s. della lira**, the devaluation of the lira; **s. fluttuante**, floating devaluation; **s. monetaria**, currency devaluation (*o* depreciation); **subire una s. del 20%**, to undergo a depreciation of 20%; **tasso di s.**, devaluation rate **2** (*fig.*) belittlement; disparagement; depreciation.

svampàre, *v. i.* **1** (*uscire fuori con vampate*) to blaze; to flare; to burst* out **2** (*fig.: diminuire d'intensità*) to die down; to cool down (*o* off).

svampìre, (*region.*) *V.* **svaporare**.

svampìto, (*fam.*) **A** *a.* **1** (*svanito*) feeble-minded; wandering; not all there (*fam.*); barmy (*fam. GB*) **2** (*leggero, fatuo*) empty-headed; scatterbrained; bird-brained; flighty. **B** *m.* (*f.* **-a**) scatterbrain.

svaniménto, *m.* (*lett.*) fading away; vanishing; disappearance; disappearing; (*di luce, suoni*) fading away, dying away.

svanìre, *v. i.* **1** (*perdere odore, sapore*) to lose* (its) flavour (*o* aroma); (*di profumo*) to lose* (its) scent, to wear* off: **Il vino svanisce, se non è ben imbottigliato**, wine loses its flavour (*o* strength), if it is not well bottled **2** (*svaporare*) to evaporate **3** (*fig.: dileguarsi, sparire*) to vanish, to disappear, to dissolve; (*gradatamente*) to fade (*o* to die) away, to wear* off; (*finire in niente*) to vanish, to be lost, to come* to nothing: **Di colpo la visione svanì**, suddenly the vision vanished; **È svanito nel nulla**, it vanished into thin air; **Così dicendo svanì nella nebbia**, with these words she disappeared (*o* melted) into the fog; **La memoria svanisce con gli anni**, memory fades with age; **Sapeva che la sua bellezza sarebbe svanita**, she knew her beauty would fade away; **L'eco delle risa a poco a poco svanì**, the echo of laughter gradually died away; **Le tue speranze di successo sono svanite**, your prospects of success have vanished (*o* have come to nothing); **Le mie illusioni [paure] ben presto svanirono**, my illusions [fears] soon vanished (*o* were soon gone); **La luce ormai svaniva**, light was fading; **I soldi vinti alla lotteria sono svaniti nel giro di un mese**, the lottery money vanished within a month **4** (*fig.: placarsi*) to die down; to cool down; (*di dolore fisico*) to abate: **Gli è svanita l'ira**, his anger has cooled down.

svanìto, *a.* **1** (*scomparso*) vanished; disappeared: **ricordi svaniti**, vanished memories **2** (*venuto meno, sfumato*) vanished; faded; dissolved: **speranze svanite**, vanished hopes; **una visione svanita**, a faded vision **3** (*senza più profumo, aroma*) faded; stale; vapid; flat: **profumo s.**, faded scent; **vino s.**, stale wine **4** (*di persona: smemorato, confuso*) feeble-minded; forgetful; addle-brained; (*specialm. di anziano*) gaga (*fam.*): **una vecchietta un po' svanita**, a rather forgetful (*o* addle-brained) old lady; **Suo nonno è completamente s.**, his grandfather is completely gaga **5** (*sventato*) flighty; light-headed; vacuous.

svantaggiàto, A *a.* (*in posizione di svantaggio*) at a disadvantage (*pred.*); (*in condizione di inferiorità*) disadvantaged, underprivileged: **partire s. rispetto a q.**, to start at a disadvantage compared sb.; **Gli studenti che vengono da famiglie meno abbienti si trovano svantaggiati**, students coming from less affluent families are at a disadvantage (*o* are penalized); **i bambini più svantaggiati**, the more underprivileged children. **B** *m.* (*f.* **-a**) disadvantaged person.

svantàggio, *m.* **1** (*posizione sfavorevole*) disadvantage, handicap, odds (*pl.*); (*aspetto sfavorevole*) drawback, inconvenience, obstacle, snag (*fam.*): **Purtroppo ha lo s. di essere un po' troppo vecchio**, unfortunately he has the disadvantage of being too old (*o* his age is a handicap); **Il suo s. principale è il non parlare francese**, his chief handicap is not knowing French; **Decidemmo di partecipare nonostante il grosso s.**, we decided to participate despite heavy odds; **i vantaggi e gli svantaggi**, the advantages and disadvantages; the pros and cons; **mettere [trovarsi] in condizioni di s.**, to put [to be] at a disadvantage; **Questo è per noi uno s. enorme**, it's a serious drawback (*o* handicap) for us; **Quali sono i possibili svantaggi di questa linea di azione?**, what are the drawbacks of this line of action?; **Ci sono svantaggi nel lavoro a metà tempo**, a part-time job has its snags (*o* drawbacks, inconveniences) **2** (*danno*) detriment; loss: **Stare sempre al chiuso va tutto a s. della sua salute**, to be closeted all day is detrimental to his health; **L'affare si concluse a loro s.**, the deal turned out badly for them **3** (*sport*) – **La squadra svedese aveva cinque secondi di s.**, the Swedish team was five seconds behind.

svantaggiosaménte, *avv.* disadvantageously; unfavourably; to one's disadvantage.

svantaggióso, *a.* **1** disadvantageous; unfavourable; poor; bad: **posizione svantaggiosa**, disadvantageous (*o* unfavourable) position; **cambio s.**, unfavourable (rate of) exchange; **affare s.**, poor bargain **2** (*dannoso*) detrimental; prejudicial.

svànzica, *f.* **1** (*moneta austriaca*) Zwanziger **2** (*pl.*) (*scherz.: denaro*) dough (*pop.*); lolly (*pop.*); wampum (*pop. USA*).

svaporaménto, *m.* evaporation.

svaporàre, *v. i.* **1** (*evaporare*) to evaporate; (*perdere odore, sapore*) to lose* (its) flavour (*o* aroma); (*di profumo*) to lose* (its) scent: **L'etere svapora rapidamente**, ether evaporates quickly **2** (*fig.: raffreddarsi, sbollire*) to cool down (*o* off); to calm down: **Aspettiamo che gli svapori l'ira**, let's wait till his anger cools down; **Gli è svaporato tutto l'entusiasmo**, all his enthusiasm has cooled off.

svaporàto, *V.* **svanito**, *def. 4*.

svaporazióne, *f.* evaporation.

svariàre, A *v. t.* **1** (*rendere vario*) to vary; to diversify **2** (*svagare*) to amuse; to entertain. **B** *v. i.* to be varied (in colour); to vary (in colour).

svariataménte, *avv.* variously; in various (*o* different) ways.

svariatézza, *f.* variation; variousness; variety.

svariàto, *a.* **1** (*vario*) varied; diversified: **colori svariati**, varied colours; **interessi svariati**, diversified interests **2** (*diverso*) various; different: **abiti di fogge svariate**, clothes of different styles **3** (*pl.*) (*molti e diversi*) many; several; sundry; a number of: **Svariate persone gli fecero i complimenti**, several (*o* a number of) people complimented him; **Gliel'ho detto svariate volte**, I have told him several (*o* a number of, many) times.

svarióne, *m.* bad mistake; howler (*fam.*).

svasaménto, *m. V.* **svasatura**.

svasàre, *v. t.* **1** (*cambiare di vaso*) to repot **2** (*scampanare*) to flare: **s. una gonna**, to flare a skirt **3** (*mecc.*) to flare; (*un foro*) to ream, to countersink*.

svasàto, *a.* **1** (*scampanato*) flared **2** (*mecc.*) flared; (*di foro*) countersunk.

svasatùra, *f.* **1** (*il cambiare di vaso*) repotting **2** (*scampanatura*) flaring; flare **3** (*mecc.*) flaring; flare; (*di foro*) countersinking **4** (*archit.*) embrasure.

svàso, *m.* (*archit.*) embrasure.

svàsso, *m.* (*zool., Podiceps*) grebe: **s. maggiore** (*Podiceps cristatus*), great crested grebe; **s. piccolo** (*o* **turco**) (*Podiceps nigricollis*), black-necked grebe; eared grebe (*USA*).

svàstica, *f.* swastika; fylfot.

svecchiaménto, *m.* modernization; renewal; updating.

svecchiàre, *v. t.* to modernize; (*rinnovare*) to renew; (*aggiornare*) to update, to bring* (st.) up-to-date: **s. la lingua di un testo**, to update the language of a text; **s. le strutture di un'azienda**, to modernize (*o* to streamline) the structures of a firm; **s. un appartamento**, to modernize a flat; **s. il guardaroba**, to renew one's wardrobe; **s. un vocabolario**, to update a dictionary; to bring a dictionary up-to-date.

svecciàre, *v. t.* (*agric.*) to scour.

svecciatóio, **svecciatóre,** *m.* shelling machine; sheller.

svedése, A *a.* Swedish. **B** *m. e f.* (*abitante*) Swede (*f.* Swedish woman*). **C** *m.* **1** (*lingua*) Swedish **2** (*fiammifero*) safety match.

svéglia, A *f.* **1** (*lo svegliare, lo svegliarsi*) waking up; (*ora della s.*) waking-up time: **S. alle sei domani**, tomorrow everybody up at six **2** (*segnale*) call; early call: **La s. è alle cinque**, the call (*o* early call) is for five o'clock; **dare la s. a q.**, to wake sb. up; to call sb.; **A che ora vuole la s. domani?**, at what time do you wish to be called (*o* to be woken up) tomorrow?; **servizio s.**, waking service; **s. telefonica**, telephone waking service **3** (*orologio*) alarm clock; (*suoneria*) alarm: **La mia s. non ha suonato stamattina**, my alarm didn't go off (*o* failed to go off) this morning; **caricare la s.**, to wind up the alarm-clock; **mettere la s. alle sei**, to set the alarm (clock) for six; **spegnere la s.**, to switch off the alarm; **radio s.**, clock radio **4** (*mil.*) reveille: **suonare la s.**, to sound the reveille. **B** *inter.* – **S., sono le sette!**, wake up, it's seven!; it's seven, time to wake up!; **S.!**, wake up!; (*scherz.*) wakey wakey!; (*fig. anche*) look sharp!, look alive!, look snappy!

svegliàre, A *v. t.* **1** to wake* (up); to awake*; to rouse: **Il vento mi ha svegliato stanotte**, the wind woke me (up) last night; **Svegliami presto domattina!**, wake (*o* call) me early tomorrow morning!; **Fu svegliato da un fruscio nel corridoio**, he was roused (*o* awakened) by a rustle in the corridor; **Lo svegliai da un sonno profondo**, I roused (*o* I awoke) him from a deep sleep; **Il rumore della perforatrice lo svegliò d'un tratto**, the noise of the drill suddenly awoke him; **Non lo sveglierebbero nemmeno le cannonate**, it would take a bomb to wake him up; he is dead to the world; **un fracasso da s. i morti**, a din that would raise the dead **2** (*fig.: animare, scuotere*) to wake* up, to rouse, to liven up; (*scaltrire*) to wake* up, to sharpen sb.'s mind, to open (sb.'s) eyes, to teach* (sb.) a thing or two: **Cerca di s. quell'indolente**, try and rouse that lazybones; **L'esercito l'ha un po' svegliato**, being in the army has woken him up a bit **3** (*fig.: risvegliare*) to awaken; to arouse; to rouse; to stir: **s. l'interesse [la curiosità] di q.**, to awaken (*o* to arouse) sb.'s interest [curiosity]; **s. l'invidia [il sospetto]**, to arouse envy [suspicion]; **s. l'appetito di q.**, to whet (*o* to stimulate) sb.'s appetite; **Lo svegliai dal suo torpore**, I roused him from his torpor; **s. il senso del dovere in q.**, to arouse sb.'s sense of duty. ● (*prov.*) **Non s. il can che dorme**, let sleeping dogs lie. **B svegliàrsi,** *v. i. pron.* **1** to wake* (up); to awake*: **Non si sveglia mai prima delle otto**, he never wakes up before eight o'clock; **Mi sono svegliato tre volte stanotte**, I woke three times last night; **s. di soprassalto**, to awake (*o* to wake up) with a start; **s. da un brutto sogno**, to wake from a bad dream; **non s. in tempo**, not to wake up in time; to oversleep; **s. dal letargo**, to reawaken; **Svegliati!**, wake up!; (*fig., anche*) look sharp!, look alive!, look snappy! **2** (*fig.: risvegliarsi*) to reawaken; to rekindle; to be roused: **Vedendola di nuovo, tutto il mio amore si svegliò**, all my love rekindled on seeing her again; **Tutta la natura si sveglia in primavera**, all nature reawakens in spring; **Gli si è svegliato l'appetito**, he has found his appetite **3** (*fig., di vento: levarsi*) to rise*: **Si svegliò una tramontana gelida**, an icy north wind rose **4** (*fig.: scaltrirsi*) to wake* up; to open one's eyes: **Si è finalmente svegliato alla realtà**, he's woken up to reality at last.

svegliarìno, *m.* (*fam.: aiuto a svegliarsi*) eye-opener; (*promemoria*) reminder; (*rimprovero*) ticking-off.

véglio, *a.* **1** (*desto*) awake (*pred.*): **restare s. tutta la notte**, to stay awake the whole night; **completamente s.**, wide-awake; **Alle cinque ero già sveglissimo**, I was already wide-awake at five; **La musica mi ha tenuto s.**, the music kept me awake; **Mi ha tenuto s. tutta notte a raccontarmi dei suoi guai**, he kept up all night telling me about his troubles; **Non riuscì a stare s.**, he didn't manage to stay awake; **Non riuscivo a restare s.**, I couldn't keep my eyes open; **Appena s. guardai fuori della finestra**, as soon as I woke up (*o* as soon as I was awake) I looked out of the window; **Ti hanno operato da s.?**, were you conscious during the operation?; **a mente sveglia**, once awake; when awake **2** (*fig.*: *pronto*) quick(-witted), nimble-witted, ready-witted, alert, on the ball (*fam.*); (*intelligente*) bright; (*furbo*) open-eyed, wide-awake, sharp, smart, knowing.

ṣvelaménto, *m.* disclosure; disclosing; revealing; revelation; unveiling.

ṣvelàre, A *v. t.* to disclose; to reveal; to unveil; to uncover; to unfold; to lay* bare: **s. il nome di q.**, to disclose (*o* to reveal) sb.'s name; **s. un segreto**, to reveal a secret; **s. un mistero**, to unveil a mystery; **s. le proprie intenzioni**, to reveal (*o* to disclose) one's intentions; **La sua voce svelava una certa preoccupazione**, her voice revealed (*o* betrayed) a certain anxiety. **B ṣvelàrsi,** *v. rifl.* to reveal oneself; to show* oneself: **s. per quello che si è**, to show one's true character; **Si è svelato per quell'invidioso che è**, he has revealed himself for the envious man he is; **Si è svelata in pieno tutta la sua cattiveria**, his malice showed itself to the full.

ṣvelatùra, *f.* (*pitt.*) removal of the glazing.

ṣvelenàre, ṣvelenìre, A *v. t.* **1** (*togliere il veleno*) to unpoison; to remove the poison (*o* the sting) from **2** (*fig.*) to take* the sting from; to take* the edge off; to soften. **B ṣvelenàrsi, ṣvelenìrsi,** *v. i. pron.* to give* vent to one's bitterness (*o* bitter feelings).

ṣvèllere, *v. t.* (*anche fig.*) to uproot; to eradicate; to extirpate.

ṣveltaménte, *avv.* quickly; fast.

ṣveltézza, *f.* **1** (*rapidità*) quickness, swiftness, speediness, speed, rapidity, celerity, dispatch; (*efficienza*) briskness: **s. di mano**, sleight of hand; **La sua s. alla calcolatrice è incredibile**, his speed with the adding machine is incredible; **Voglio che questo lavoro sia fatto con s.**, I want this work done quickly (*o* with dispatch) **2** (*prontezza*) quickness; alertness; readiness; promptitude; promptness; sharpness: **s. di mente**, quickness (*o* readiness) of mind; **La s. delle sue risposte rivela una mente ordinata**, the promptness of his answers reflects his orderly mind **3** (*forma slanciata*) slimness; trimness; slenderness.

ṣveltiménto, *m.* **1** quickening; speeding up: **lo s. del traffico stradale**, the speeding up of road traffic **2** (*il rendere più efficiente*) streamlining; simplification: **s. delle procedure**, streamlining (*o* simplification) of procedures; (*bur.*) **lo s. di una pratica**, cutting through the red tape.

ṣveltina, *f.* (*volg.*) quickie.

ṣveltìre, A *v. t.* **1** to quicken; to make* quicker; (*accelerare*) to speed up; (*rendere più agile*) to make* nimbler; (*rendere più elastico*) to make* suppler: **s. il passo**, to quicken one's pace; to hurry up; **Questi nuovi macchinari hanno sveltito il processo d'imbottigliamento**, this new machinery has made the bottling process quicker (*o* has speeded up the bottling process); **s. il traffico**, to speed up traffic; **s. la produzione**, to speed up production; **s. i propri movimenti**, to make one's movements suppler (*o* more agile); **Lo studio sveltisce la mente**, study quickens the mind **2** (*rendere disinvolto, svegliare*) to wake* up; to open (sb.'s) eyes; to sharpen sb.'s mind: **Ha bisogno di essere sveltito**, he needs wakening up (*o* rousing) **3** (*rendere più snello*) to slim, to trim (down); (*rendere più slanciato*) to streamline: **un abito che la sveltisce**, a dress that makes her look slimmer; **s. la sagoma di q.c.**, to trim st. down; to streamline st. **4** (*abbreviare*) to shorten: **s. una frase [un romanzo]**, to shorten a sentence (a novel) **5** (*semplificare*) to simplify; to streamline: **s. una procedura**, to simplify a procedure; **s. un processo produttivo**, to streamline a manufacturing process. **B ṣveltìrsi,** *v. i. pron.* **1** to speed* up; to become* quicker (*o* quick); (*diventare più agile*) to become* nimbler (*o* suppler): **s. nel fare q.c.**, to become quicker in doing st. **2** (*diventare piu spigliato, svegliarsi*) to wake* up; to liven up; to look sharp: **Dovrai sveltirti, se vorrai fare strada nella vita**, you'll have to wake up (*o* to look sharp), if you want to get on in life.

ṣvèlto, *a.* **1** (*rapido, pronto*) quick, fast, speedy, prompt, swift; (*abile*) brisk, deft; (*agile*) nimble, limber, nippy (*fam.*): **s. a capire**, quick at grasping things; quick on the uptake (*fam.*); **un cameriere s. a servire**, a waiter that is quick at serving; **una segretaria svelta**, a brisk (*o* an efficient) secretary; a secretary that is quick at her job; **passo s.**, quick (*o* fast, brisk, smart) pace: **camminare con passo s.**, to go at a brisk pace; **S.!**, quick!; hurry up! **2** (*intelligente*) quick (-witted); sharp-witted; bright; lively; smart; alert **3** (*slanciato*) slim; slender; svelte; streamlined: **una figuretta svelta**, a neat, trim figure; a svelte figure; **colonne svelte**, slender columns; **un ponte dalle linee svelte**, a streamlined bridge. ● **s. di mano**, (*che ruba*) light-fingered, nimble-fingered; (*manesco*) free with one's fists □ **essere s. di lingua**, to have a quick tongue; to be always ready with an answer □ **alla svelta**, quickly; sharp; fast: **fare le cose alla svelta**, to do things quickly; **Cerca di fare alla svelta**, try and be quick about it; **un lavoro fatto un po' troppo alla svelta**, a job done a bit too quicky; a rather hurried job □ (*prov.*) **Chi è s. a mangiare è s. a lavorare**, quick at meat, quick at work.

ṣvenàre, A *v. t.* **1** to open (*o* to cut*, to sever) (sb.'s) veins **2** (*fig.*) to bleed* (sb.) dry. **B ṣvenàrsi,** *v. rifl.* **1** to open (*o* to cut*) one's veins; to slash one's wrists: **Si è svenato con una lametta da barba**, he slashed his wrists with a razor-blade **2** (*fig.*) to spend* one's last penny; to bleed* oneself dry.

ṣvéndere, *v. t.* (*comm.*) to sell* off; to sell* at a loss; to undersell*, to sell* below cost.

ṣvéndita, *f.* (*comm.*) selling-off; underselling; (clearance) sale: **s. di fine stagione**, end-of-season sale; **s. di liquidazione**, winding-up sale; **prezzo di s.**, sell-off price.

ṣvenévole, *a.* maudlin; oversentimental; mawkish; soppy; languorous; (*affettato*) affected, simpering, mincing.

ṣvenevolézza, *f.* **1** sentimentality; mawkishness; soppiness; languour; schmaltz (*USA*); (*affettazione*) affectation **2** (*al pl.*: *atti svenevoli*) sentimentality; affectation; simpering ways (*pl.*); mincing ways (*pl.*).

ṣvenevolménte, *avv.* mawkishly; affectedly.

ṣveniménto, *m.* faint; fainting fit; swoon (*lett.*): **essere colto da uno s.**, to have a fainting fit; to faint; to swoon (*lett.*): **andare soggetto agli svenimenti**, to be subject to fainting.

ṣvenìre, *v. i.* to faint; to become* unconscious; to pass out; to swoon (*lett.*): **Dalla fame [dalla paura] svenni**, I fainted from hunger [from fright]; **Alcune ragazze svennero dal caldo**, some girls fainted because of the heat; **sentirsi s.**, to feel faint; **Qui c'è un caldo da s.**, it's stifling hot in here; **Non s. quando te lo dico**, hold on tight while I tell you; **È di una lungaggine che fa s.**, his slowness can drive you mad.

ṣventagliàre, A *v. t.* **1** (*agitare come un ventaglio*) to wave; to shake*; to flourish: **s. un giornale**, to wave a newspaper; **Gli sventagliò il contratto sotto il naso**, he waved (*o* shook) the contract under his nose; **Mi sventagliò in faccia una mazzetta di banconote**, he flourished a wad of banknotes in my face **2** (*fare vento*) to fan: **sventagliarsi la faccia col giornale**, to fan oneself with a newspaper **3** (*aprire a ventaglio*) to fan out; to spread* **4** (*di arma automatica*) to spray (bullets). **B ṣventagliàrsi,** *v. rifl.* to fan oneself.

ṣventagliàta, *f.* **1** fanning **2** (*di arma automatica*) spray of bullets; sweeping (*o* fanning) burst of fire: **una s. di mitra**, a burst of sub-machine gun fire.

ṣventàre, *v. t.* **1** (*far fallire*) to foil; to thwart; to frustrate; to baffle: **s. una rapina**, to foil a robbery; **s. i piani di q.**, to thwart (*o* to foil, to frustrate) sb.'s plans; **Riuscirono a s. i piani del nemico**, they succeeded in baffling (*o* thwarting) the enemy's plans; they succeeded in frustrating their enemies in their plans; **s. un attacco**, to foil an attack **2** (*allontanare*) to avert; to ward off: **s. un pericolo**, to ward off a danger **3** (*naut.*) to spill*: **s. una vela**, to spill a sail. ● **s. una mina**, to disarm a mine.

ṣventatàggine, *V.* **sventatezza.**

ṣventataménte, *avv.* heedlessly; thoughtlessly; recklessly; rashly.

ṣventatézza, *f.* **1** (*sconsideratezza*) heedlessness; thoughtlessness; injudiciousness; recklessness; rashness **2** (*sbadataggine*) carelessness; thoughtlessness **3** (*atto sconsiderato*) thoughtless (*o* reckless, rash) action **4** (*atto sbadato*) careless action; blunder; oversight.

ṣventàto, A *a.* **1** (*sconsiderato*) heedless; thoughtless; reckless; rash; madcap **2** (*sbadato*) careless; scatterbrained; feather-brained (*fam.*). **B** *m.* (*f.* **-a**) thoughtless (*o* rash) person; scatterbrain.

ṣvèntola, *f.* **1** (*ventola*) fire-fan; fan **2** (*fam.*: *scapaccione*) slap, smack, backhander, clout (*fam.*), clump (*fam.*); (*pugno*) cuff, haymaker (*fam. USA*): **mollare una s. a q.**, to deal sb. a clout; to fetch (*o* to land) sb. one **3** (*boxe*) swing; roundhouse (*USA*). ● (*fig.*) **orecchie a s.**, flap ears.

ṣventolaménto, *V.* **sventolio.**

ṣventolàre, A *v. t.* **1** (*agitare*) to wave; to flutter; to shake*; to flourish: **s. il fazzoletto**, to wave one's handkerchief; **s. le lenzuola**, to shake the sheets; **s. una lettera [un telegramma]**, to flourish a letter [a telegram]; **Il vento faceva s. le vele**, the wind flapped the sails **2** (*fare vento*) to fan: **s. il viso a q.**, to fan sb.'s face; **s. il fuoco**, to fan the fire. **B** *v. i.* to flap; to wave; to flutter: **Le vele sventolavano al vento**, the sails were flapping in the wind; **La bandiera sventola sulla torre**, the flag is waving on the tower. **C ṣventolàrsi,** *v. rifl.* to fan oneself.

ṣventolàta, *f.* **1** (*lo sventolare*) flapping; waving; fluttering **2** (*lo sventolarsi*) fanning.

ṣventolìo, *m.* flapping; waving; fluttering: **s. di bandiere**, waving of flags; flag-waving.

ṣventraménto, *m.* **1** disembowelment; drawing; cleaning out; gutting **2** (*fig.*: *il demolire*) demolition, demolishing, tearing down, knocking down; (*lo svuotare*) gutting.

ṣventràre, *v. t.* **1** (*togliere le interiora*) to disembowel; to eviscerate; to draw*; to clean out; to gut: **s. un pollo**, to draw a chicken; **s. un pesce**, to gut a fish **2** (*ferire al ventre*) to rip (*o* to slash) sb. open; to stab in the stomach **3** (*fig.*: *demolire*) to demolish, to knock down, to tear* down, to clear; (*svuotare*) to gut: **s. un quartiere fatiscente**, to demolish a slum; **Hanno sventrato interi quartieri per far passare la soprelevata**, they tore down whole areas to make room for the overpass; **L'esplosione sventrò il palazzo**, the explosion gutted the building.

ṣventùra, *f.* **1** misfortune; bad (*o* ill) luck: **La s. si accaniva su di noi**, we were dogged by misfortune; **predire la s.**, to predict bad luck; to foretell misfortune; **Ci hanno portato s.**, they brought us bad luck; **perseguitato [provato] dalla s.**, dogged [tried] by misfortune; **Per mia s. non trovai nessuno**, unfortunately I found no one there; **S. volle che....** (*o* **Fu una s. che...**), as ill luck would have it... **2** (*disgrazia*) misfortune, mishap, woe; (*calamità*) disaster, calamity, catastrophe; (*incidente*) accident: **una vita piena di sventure**, a life full of misfortunes; **La sua morte è una s. per la scienza**, his death is a great loss to (*o* a tragedy for) science; **raccontare le proprie sventure**, to tell the tale of one's woes; **accorrere sul luogo della s.**, to rush to the scene of the accident. ● **compagno di s.**, fellow-sufferer; companion in misfortune □ **per colmo di s.**, to crown (*o* to top) it all; to add to sb.'s misery.

ṣventurataménte, *avv.* unluckily; unfortunately.

ṣventuràto, A *a.* **1** (*sfortunato*) unlucky; unfortunate; luckless; ill-fated; star-crossed; hapless (*lett.*): **Sono proprio s., io!**, I'm really unlucky!; **la sventurata ragazza**, the unfortunate girl; **in quello s. giorno**, on that unlucky (*o* ill-fated) day; **amanti sventurati**, star-crossed lovers **2** (*sciagurato*) wretched. **B** *m.* (*f.* **-a**) unlucky person; wretch.

ṣvenùto, *a.* unconscious; senseless: **cadere s.**, to faint; to fall unconscious (*o* senseless).

ṣvergàre, *v. t.* **1** (*ridurre in verghe*) to make* into bars **2** (*naut.*) to unbend*.

ṣverginaménto, *m.* defloration; deflowering.

ṣverginàre, *v. t.* to deflower.

ṣvergognaménto, *m.* putting to shame; shaming; disgracing.

ṣvergognàre, *v. t.* to put* to shame; to shame; to disgrace; (*smascherare*) to expose, to unmask: **Lo svergognai davanti a tutti**, I exposed him in front of everybody.

ṣvergognatézza, *f.* shamelessness; impudence; brazenness; immodesty.

ṣvergognàto, A *a.* shameless; impudent; brazen-faced; (*impudico*) immodest, shameless: **uno s. mentitore**, a brazen-faced liar; **Che s.!**, what an impudent rascal he is!; **Che svergognata!**, what a shameless woman! **B** *m.* (*f.* **-a**) shameless person.

ṣvergolaménto, *m.* **1** (*lo svergolare*) twisting; warping **2** (*deformazione*) twist; warp; warpage; distortion **3** (*aeron.*) twist; warping: **s. aerodinamico**, aerodynamic twist.

ṣvergolàre, A *v. t.* to twist; to warp; to distort. **B ṣvergolàrsi,** *v. i. pron.* **1** to become* twisted; to get* warped **2** (*aeron.*) to twist; to warp.

ṣvergolàto, *a.* twisted; warped; distorted.

ṣvernaménto, *m.* wintering; (*biol.*) hibernating.

ṣvernàre, *v. i.* to winter; (*biol.*) to hibernate: **s. in Riviera**, to winter on the Riviera.

ṣverniciàre, *v. t.* to remove paint from; to strip of paint.

ṣverniciatóre, *m.* (*f.* **-trice**) paint remover; stripper.

ṣverniciatùra, *f.* removal of paint; paint-stripping.

ṣvérẓa, *f.* splinter.

ṣverẓàre, *v. t.* to splinter.

ṣverẓino, *m.* **1** (*spago ritorto*) whipcord **2** (*cordicella della frusta*) lash.

ṣvescicàre, *v. t.* **ṣvescicàrsi,** *v. i. pron.* (*fam.*) to blister.

ṣvestire, A *v. t.* **1** to undress; to strip: **s. un bambino**, to undress a child; **Lo svestirono completamente**, they stripped him of all his clothes **2** (*fig.*: *togliere il rivestimento*) to take* (st.) off; to strip: **s. un libro della copertina**, to take the cover off a book; **s. un divano**, to strip a sofa **3** (*fig.*: *privare*) to divest. **B ṣvestirsi,** *v. rifl.* e *i. pron.* **1** to undress (oneself); to take* off one's clothes; to strip: **Si svestì e si infilò nel letto**, he undressed (*o* took off his clothes) and slipped into bed **2** (*fig.*) to rid oneself of; to lay* aside; to shed*: **Si svestì della sua superbia**, he laid aside his pride; **Il bosco si era svestito delle foglie**, the wood had shed its leaves.

Ṣvetònio, *m.* (*stor. letter.*) Suetonius.

ṣvettaménto, *m.* V. **svettatura**.

ṣvettante, *a.* towering; soaring: **le svettanti guglie del duomo**, the towering spires of the cathedral.

ṣvettàre (1), *v. t.* (*agric.*) to poll; to lop.

ṣvettàre (2), *v. i.* **1** (*di albero*) to wave its top **2** (*per estens.*: *ergersi*) to stand* out; to rise* (up); to soar; to spire.

ṣvettatóio, *m.* lopping shears (*pl.*).

ṣvettatùra, *f.* (*agric.*) polling; lopping.

Ṣvèvia, *f.* (*geogr.*) Swabia.

ṣvèvo, *a.* e *m.* (*f.* **-a**) Swabian.

Ṣvèzia, *f.* (*geogr.*) Sweden.

ṣvezzaménto, *m.* **1** weaning **2** (*il disabituare*) breaking of a habit; weaning.

ṣvezzàre, A *v. t.* **1** to wean **2** (*disabituare*) to wean (sb. from st.). **B ṣvezzàrsi,** *v. i. pron.* to get* rid of a habit.

ṣviaménto, *m.* **1** (*il far deviare*) deviation; misdirection; sidetracking; (*di un colpo*) warding off: **uno s. delle indagini**, a diversion of investigations **2** (*fig.*: *traviamento*) straying; going astray; leading astray; wandering; lapse **3** (*distrazione*) deflection; diversion: **s. dell'attenzione**, diversion of attention **4** (*ferr.*) derailment.

ṣviàre, A *v. t.* **1** (*stornare*) to divert; to avert; to ward off; to turn aside: **s. un pericolo**, to avert (*o* to ward off) a danger; **Il cinturone sviò il colpo**, the belt warded off the blow **2** (*volgere altrove*) to divert; to sidetrack: **s. l'attenzione di q. da q.c.**, to divert sb.'s attention from st.; **s. le ricerche**, to divert the search; **s. il discorso**, to change the subject **3** (*mettere fuori strada*) to lead* astray; to misdirect **4** (*fig.*: *distogliere*) to draw* away; to turn aside (*o* away); to distract: **s. q. dallo studio**, to distract sb. from his studies **5** (*fig.*: *traviare*) to lead* astray: **L'avevano sviato i compagni**, his companions had led him astray. **B** *v. i.* e **ṣviàrsi,** *v. i. pron.* to stray; to go* astray (*o* off the right path).

ṣviàto, *a.* (*traviato*) led astray (*pred.*); misguided.

ṣvicolàre, *v. i.* **1** (*fam.*: *svignarsela*) to slip away; to sneak off; to slink* off **2** (*fig.*: *eludere un argomento*) to be evasive; to fudge; to equivocate.

ṣvignàre, *v. i.* e **ṣvignàrsela,** *v. i. pron.* to slink* away (*o* off); to slip away; to steal* away; to decamp; to beat* it (*pop.*); to do* a bunk (*pop.*); to hook it (*pop.*).

ṣvigoriménto, *m.* enfeeblement; weakening; debilitation.

ṣvigorire, A *v. t.* to enfeeble; to weaken; to sap; to debilitate: **s. la mente**, to weaken the mind. **B ṣvigorirsi,** *v. i. pron.* to lose* one's vigour; to grow* weak (*o* feeble).

ṣviliménto, *m.* **1** debasement **2** (*svalutazione*) depreciation; reduction; devaluation.

ṣvilire, *v. t.* **1** to debase **2** (*svalutare*) to depreciate; to reduce; to devaluate: **s. i prezzi**, to reduce prices.

ṣvillaneggiaménto, *m.* insulting; abusing.

ṣvillaneggiàre, A *v. t.* to insult; to abuse. **B ṣvillaneggiàrsi,** *v. rifl. recipr.* to abuse each other (*o* one another).

ṣviluppàbile, *a.* developable.

ṣviluppàre, A *v. t.* **1** (*far crescere, incrementare*) to develop; to expand; to increase: **s. un'azienda**, to develop (*o* to expand) a business; **s. le risorse naturali di un paese**, to develop the natural resources of a country **2** (*potenziare*) to strengthen; to develop; to build* up: **s. il corpo**, to strengthen the body; **s. i muscoli**, to build up the muscles; **s. la mente**, to develop (*o* to improve) one's mind **3** (*elaborare, svolgere*) to develop, to handle, to treat; (*mettere a punto*) to work out; (*ampliare*) to enlarge, to amplify: **s. un'idea**, to develop an idea; **s. un piano d'attacco**, to work out a plan of attack; **s. un tema**, to writ [to speak] at length on a subject **4** (*produrre* to generate; (*di gas e sim.*) to generate, t emit, to give* off, to discharge, to release (*provocare*) to cause, to start, to set* off: s **calore**, to generate heat; **una reazione chimi ca che sviluppa gas tossici**, a chemical reac tion that generates toxic gases; **La scintilla h sviluppato un incendio**, the spark started fire **5** (*disfare, sciogliere*) to untie, to undo* to loosen; (*srotolare*) to unroll: **s. un nodo** to untie (*o* to undo, to loosen) a knot; **s. q dalle spire di un serpente**, to loosen (*o* t free) sb. from a serpent's coils **6** (*fotogr.*) t develop; to process **7** (*mat.*) to develop: s **un'equazione**, to develop an equation (*geom.*) to develop; to expand. **B ṣvilupparsi** *v. i. pron.* e *rifl.* **1** (*crescere, maturare*) t develop; to grow*; to mature: **La farfalla s sviluppa nel bozzolo**, the butterfly develops in a cocoon; **Il pulcino si sviluppa nell'uovo** a chick develops in the egg; **Il bambino si sviluppa bene**, the child is growing well **2** (*raggiungere la pubertà*) to reach puberty, to develop; (*mestruarsi*) to menstruate, to develop: **La bambina si è sviluppata tardi**, the little girl developed (*o* menstruated) late **3** (*aumentare, rafforzarsi*) to develop; to strengthen: **L'altezza media della popolazione si è sviluppata molto in questo secolo**, the average height of the population has grown a great deal in this century; **I muscoli si sviluppano con l'esercizio**, muscles strengthen (*o* are strengthened, are built up) with exercise **4** (*espandersi*) to expand; to develop: **Il commercio afro-asiatico si sviluppa rapidamente**, Afro-Asiatic trade is expanding (*o* developing) rapidly; **Questo è un ramo dell'industria che si svilupperà presto**, this is a branch of industry that will soon develop **5** (*svolgersi*) – **Il racconto si sviluppa lungo due trame**, the story has a double plot; **Il percorso si sviluppa su un terreno misto**, the route crosses a mixed terrain **6** (*scoppiare*) to break* out; (*iniziare*) to begin*, to start: **Si è sviluppata un'epidemia**, an epidemic has broken out; **Si è sviluppato un incendio**, a fire has broken out **7** (*venire emesso*) to issue; to be emitted; to be discharged **8** (*lett.*: *svincolarsi*) to break* free (*o* loose): **Non riusciva a s. da quella stretta**, he could not break free (*o* loose) from that grip.

ṣviluppàto, *a.* **1** developed; fully grown; mature: **fisicamente s.**, physically developed; **poco s.**, underdeveloped **2** (*cresciuto, irrobustito*) strong; robust; sturdy **3** (*aumentato*) increased; developed; expanded.

ṣviluppatóre, *m.* (*fotogr.*) developer.

ṣviluppatrìce, *f.* (*cinem., fotogr.*) developing tank.

ṣvilùppo, *m.* **1** development; growth; (*rafforzamento*) strengthening: **il corretto s. fisico e psichico di un bambino**, the correct physical and psychic development of a child; **s. fisico [morale]**, physical [moral] development; **s. insufficiente**, underdevelopment; **raggiungere il pieno s.**, to reach full growth (*o* development); to be fully developed; to attain maturity; **l'età dello s.**, the age of development; puberty; **lo s. delle malattie**, the growth of disease; **lo s. dei muscoli**, the strengthening of the muscles **2** (*espansione*) expansion; development; growth: **lo s. di una città [del commercio]**, the expansion (*o* the growth) of a city [of trade]; **Il paese attraversa un periodo di rapido s.**, the country is going through a phase rapid growth; **lo s. di un'azienda**, the development (*o* growth) of a business; **un'azienda in pieno s.**, a thriving business; **arrestare lo s. di q.c.**, to check the development of st.; (*comm.*) **s. delle vendite**, sales promotion; **s. edilizio**, housing boom; **area di s.**, development area; **paese in via di s.**, developing country **3** (*estensione*) length: **lo s. della rete autostradale**, the total length of the motorway network **4** (*evoluzione*) development: **gli sviluppi di una situazione [di una crisi]**, the developments of a situation [of a crisis] **5** (*elaborazione*) working out; development: **lo s. di un piano d'attacco**, the working out of a plan of attack; **lo s. di un'idea**, the development of an idea; **lo s. di un racconto**, the development (*o* the treatment) of a story; **dare più s. alle parti descrittive**, to expand the descriptive parts; (*mus.*) **lo s. di un tema**, the development of a theme **6** (*fis., chim.: emissione*) generation; evolvement: **lo s. di gas [d'elettricità]**, the generation of gas [of electricity] **7** (*fotogr.*) development; processing **8** (*mat.*) development **9** (*geom.*) development; expansion.

ṣvinàre, *v. t.* (*agric.*) to draw* off (wine from a vat); to rack off (wine).

ṣvinatùra, *f.* (*agric.*) drawing off (of wine from a vat); racking off (of wine).

ṣvincolaménto, *m.* **1** (*il liberare da un vincolo*) release; releasing; setting free; disengagement; disengaging **2** (*leg.*) redeeming; redemption **3** (*comm.*) clearance; clearing.

ṣvincolàre, A *v. t.* **1** (*liberare da un vincolo*) to release; to set* free; to free; to disengage **2** (*leg.*) to release; to redeem: **s. una proprietà**, to redeem an estate **3** (*comm.: sdoganare*) to clear: **s. merci dalla dogana**, to clear goods through customs. **B ṣvincolàrsi,** *v. rifl.* to release oneself; to free oneself; to disengage oneself; to cut* loose.

ṣvincolo, *m.* **1** (*leg.*) release; redemption: **s. di oggetti impegnati**, redemption of pawned articles **2** (*comm.*) clearance; clearing: **certificato di s.**, clearance certificate **3** (*autostrade*) junction; interchange.

ṣviolinàre, *v. t.* (*fam.*) to sweet-talk; to soft-soap.

ṣviolinàta, ṣviolinatùra, *f.* (*fam.*) blarney; soft soap; sweet-talk.

ṣvirgola, *f.* (*pop.*) **1** heavy blow **2** (*sport*) slice.

ṣvirgolàre, *v. t.* (*pop.*) **1** to hit* (*o* to strike*) violently **2** (*sport*) to slice.

ṣvirilizzàre, *v. t.* to emasculate; to unman.

ṣviṣaménto, *m.* distortion; misrepresentation; twisting; perversion.

ṣviṣàre, *v. t.* to distort; to misrepresent; to misinterpret; to twist; to pervert: **s. i fatti**, to distort (*o* to strain, to stretch) the truth; **s. le parole di q.**, to misinterpret sb.'s words; **s. il significato d'una frase**, to twist the meaning of a sentence.

ṣvisceraménto, *m.* **1** disembowelling; drawing; gutting **2** (*fig.*) thorough examination; dissection; in-depth analysis.

ṣvisceràre, A *v. t.* **1** (*sventrare*) to disembowel; to draw*; to gut: **s. un pesce**, to gut a fish **2** (*fig.*) to examine (st.) thoroughly (*o* in depth); to dissect; to thrash out (*fam.*): **s. un argomento**, to examine a subject in depth; **s. una questione**, to examine an issue from every possible point of view; to thrash out a question. **B ṣvisceràrsi,** *v. rifl.* to dote (on sb.).

ṣviscerataménte, *avv.* passionately; ardently; with all one's heart; heart and soul: **amare q. s.**, to love sb. passionately; to dote on sb.; **Ama s. il teatro**, he is passionately found of theatre.

svisceratézza, *f.* passionateness; ardour; intensity.

ṣvisceràto, *a.* **1** (*appassionato*) passionate; ardent: **amore s.**, passionate love; **ammirazione sviscerata**, ardent (*o* unbounded) admiration **2** (*esagerato.*) excessive; fulsome; extravagant: **lodi sviscerate**, extravagant praise.

ṣvista, *f.* oversight; slip; mistake: **fare una s.**, to make a slip; **per una s.**, by mistake; inadvertently.

ṣvitaménto, *m. V.* **svitatura**.

ṣvitàre, *v. t.* e **ṣvitàrsi,** *v. i. pron.* (*mecc.*) to unscrew.

ṣvitàto, A *a.* **1** (*mecc.*) unscrewed **2** (*fam.: strambo*) daft; screwy; barmy; whacky; unhinged; hook(y) (*USA*). **B** *m.* (*f.* **-a**) (*fam.*) oddball; crackpot; screwball (*fam. USA*).

ṣvitatùra, *f.* (*mecc.*) unscrewing.

Ṣvìzzera, *f.* (*geogr.*) Switzerland.

ṣvìzzera, *f.* (*cucina*) hamburger.

ṣvìzzero, A *a.* Swiss: **il confine s.**, the Swiss border; **le guardie svizzere**, the Swiss Guards. **B** *m.* **1** (*f.* **-a**) (*abitante della Svizzera*) Swiss (*f.* Swiss woman*) **2** (*soldato del Papa*) Swiss Guard.

ṣvogliàrsi, *v. i. pron.* to lose* interest (in st.).

ṣvogliatàggine, *f. V.* **svogliatezza**.

ṣvogliataménte, *avv.* listlessly; unwillingly; (*indolentemente*) indolently, lazily.

ṣvogliatézza, *f.* listlessness; indolence; slackness; laziness.

ṣvogliàto, A *a.* listless; unwilling; indolent; slack; lazy. **B** *m.* (*f.* **-a**) indolent person; lazybones (*fam.*).

ṣvolazzaménto, *m.* fluttering; flitting.

ṣvolazzànte, *a.* **1** flying about; fluttering; flitting: **un uccello s.**, a fluttering bird **2** (*agitato dal vento*) flapping; fluttering; streaming; wind-swept: **bandiere svolazzanti**, flapping flags; **capelli svolazzanti**, streaming (*o* wind-swept) hair **3** (*con svolazzi*) ornate; embellished: **firma s.**, ornate signature; signature with a flourish.

ṣvolazzàre, *v. i.* **1** to flutter; to fly* about; to flit (*anche fig.*): **L'uccello svolazzava nella gabbia**, the bird was fluttering (its wings) in the cage; **Le farfalle svolazzavano tra i fiori**, butterflies were flitting among the flowers: **Svolazza da una ragazza all'altra**, he flits from one girl to the next **2** (*sbattere al vento*) to flap; to flutter; to stream.

ṣvolàzzo, *m.* **1** (*lo svolazzare*) fluttering; flitting **2** (*nella scrittura*) curlicue; flourish: **firmare con lo s.**, to sign with a flourish **3** (*fig.: ornamento retorico*) embellishment; flourish.

ṣvòlgere, A *v. t.* **1** (*srotolare*) to unwind*, to uncoil, to unroll; (*spiegare*) to unfold; (*un pacco, ecc.*) to unwrap: **s. un gomitolo di lana**, to unwind a ball of wool; **s. una pellicola [una pezza di stoffa]**, to unroll a film [a roll of cloth]; **s. una fune**, to uncoil a rope; **s. un giornale**, to unfold a newspaper; **s. un pacco**, to unwrap a parcel; **s. il filo della lenza**, to pay out a fishing line **2** (*sviluppare, trattare*) to develop; to treat; to write* out; (*risolvere*) to work out: **s. un'idea**, to develop an idea; **Svolse l'argomento in modo esauriente**, he treated the subject thoroughly; **s. un tema**, to write an essay; **s. un problema**, to work out a problem **3** (*attuare, eseguire*) to carry out (*o* on); to perform; to do*: **s. un programma di lavoro**, to carry out a programme of work; **s. un compito**, to carry out (*o* to execute) a task; **s. un lavoro**, to do a job; **s. un'inchiesta**, to carry out an inquiry; **s. una missione**, to carry out a mission; **s. un'intensa attività**, to be extremely busy; **s. le funzioni di direttore**, to act as director; **s. un piano d'attacco**, to carry out a plan of attack. **B ṣvòlgersi,** *v. i. pron.* **1** (*srotolarsi*) to unwind*; to unroll: **La pellicola si svolge automaticamente**, the film unwinds automatically **2** (*accadere*) to happen, to occur; (*avere luogo*) to take* place; (*procedere*) to go* (on), to go* off: **Questa scena incresciosa si svolse proprio sotto i nostri occhi**, this regrettable scene happened (*o* occurred, took place) under our very eyes; **La vita si svolge, al solito, tranquilla**, life goes on in its usual peaceful way; **Mi racconti come si sono svolti i fatti**, tell me what happened exactly; **La manifestazione si è svolta ordinatamente**, the demonstration took place without incidents; **La partita si svolgerà a Firenze**, the game will be played in Florence; **Sono sicuro che tutto si svolgerà secondo i piani**, I am sure that everything will go off according to plan **3** (*essere ambientato*) to be set: **La vicenda si svolge nella Roma del Seicento**, the story is set in seventeenth-century Rome.

ṣvolgiménto, *m.* **1** (*srotolamento*) unwinding, unrolling; (*spiegamento*) unfolding **2** (*trattazione*) treatment; development: **lo s. di un argomento**, the treatment of a subject; **lo s. di un'idea**, the development of an idea **3** (*esecuzione*) carrying out; performance; execution; progress; (*sviluppo*) development; (*andamento*) course; (*sequenza*) sequence, order: **lo s. di un piano**, the execution of a plan; **essere in (corso di) s.**, to be under way; to be in progress; **nello s. delle proprie funzioni**, in the course of one's duty; **La cerimonia ha avuto regolare s.**, the ceremony took place as scheduled; **durante lo s. della cerimonia**, while (*o* as) the ceremony was taking place; **La manifestazione ha avuto uno s. regolare**, the demonstration went off without incidents; **assistere allo s. del fatto**, to witness the fact; **durante lo s. dei fatti**, during the course of events; **ricostruire lo s. dei fatti**, to reconstruct the order of events **4** (*componimento*) composition; essay: **Lo s. del tema è un po' superficiale**, the essay is rather superficial **5** (*mus.*) development (section) **6** (*elab.*) run.

ṣvòlta, *f.* **1** (*curva*) bend; turn; turning; corner: **La strada fa una s.**, the road turns (*o* bends); **una strada che ha delle svolte pericolose**, a road with dangerous bends; **Fermati dopo la seconda s.** stop after the second turning; **Sulla s. c'è un panettiere**, there's a baker on the corner; **attenti alla s.**, take care at the corner; take care when you turn **2** (*lo svoltare*) turning: **fare una s. improvvisa**, to turn suddenly **3** (*fig.*) turning point: **segnare una s.**, to mark a turning point; **una s. storica**, a turning point (in history); an epoch-making event; **una decisione che segna una s.**, an epoch-making decision; **s. radicale**, U-turn; watershed; **essere a una s. nella propria vita**, to be at a turning point in one's life **4** (*polit.*) shift. ● (*autom.*) **divieto di s. a destra [a sinistra]** (*cartello*), no right [left] turn □ (*autom.*) **divieto di s. a destra e a sinistra** (*cartello*), ahead only □ **obbligo di s. a destra**, right turn.

ṣvoltàre, *v. i.* to turn: **s. a sinistra [a destra]**, to turn (to the) left [right]; **s. all'angolo**, to turn the corner.

ṣvoltàta, *f.* **1** (*lo svoltare*) turning **2** *V.* **svolta**.

ṣvòlto, *a.* **1** unwound; uncoiled; (*spiegato*) unfolded; (*srotolato*) unrolled; (*di un pacco, ecc.*) unwrapped **2** (*sviluppato*) developed; (*eseguito*) carried out **3** (*trattato*) developed: dealt with.

ṣvoltolàre, *v. t.* to unroll; to unwrap.

ṣvuotaménto, *m.* **1** emptying (out); draining; depletion; evacuation **2** (*elab.*) depletion; unloading.

ṣvuotàre, *v. t.* **1** to empty (out); to clear out; to void; to drain; to deplete: **s. una bottiglia [un sacco]**, to empty a bottle [a bag]; **s. un serbatoio**, to drain a tank; **s. l'intestino**, to void the bowels; **I ladri hanno svuotato la cassaforte**, the burglars emptied (*o* cleared out) the safe; **s. le tasche** (*borseggiare*), to pick sb.'s pockets **2** (*fig.*) to empty; to deprive; to divest: **s. una frase d'ogni significato**, to empty a phrase of all meaning **3** (*elab.*) to deplete; to unload.

ṣvuotàto, *a.* **1** emptied; empty; drained **2** (*fig.: esausto*) drained; spent; exhausted.

swap, *m.* (*fin.*) swap.

ṣwattàre, *v. t.* (*elettr.*) to make* wattless.

swing (*ingl.*), *m. invar.* (*mus., boxe*) swing.

t, T

T, t, *f.* o *m.* (*diciottesima lettera dell'alfabeto ital.*) T, t: **mettere il taglietto alle t**, to cross one's t's. ● (*telef.*) **t come Torino**, t for Tommy; t for Tare (*USA*) □ **a forma di T**, T-shaped □ **incrocio a T**, T-junction □ **squadra a T**, T-square; tee-square.

tabaccàio, *m.* (*f.* **-a**) tobacconist; (*il negozio*) tobacconist's, cigar store (*USA*).

tabaccàre, *v. i.* to take* snuff.

tabaccherìa, *f.* tobacconist's (shop); cigar store (*USA*).

tabacchicoltóre, *m.* (*f.* **-trice**) tobacco grower.

tabacchicoltùra, *f.* tobacco-growing.

tabacchièra, *f.* snuffbox.

tabacchifìcio, *m.* tobacco factory (*o* mill).

tabacchìno, *m.* (*f.* **-a**) ***1*** tobacco-worker ***2*** (*region.*) *V.* **tabaccaio.**

tabàcco, A *m.* ***1*** (*bot., Nicotiana tabacum*) tobacco-plant; tobacco ***2*** tobacco; (*da fiutare*) snuff: **t. da fumo**, smoking tobacco; **t. da pipa**, pipe tobacco; **t. dolce**, mild tobacco; **t. grossolano**, shag; **t. trinciato**, cut tobacco; **t. in foglie**, leaf tobacco; **presa di t.**, pinch of snuff; **borsa da t.**, tobacco pouch; **manifattura di tabacchi**, tobacco factory; **rivendita di tabacchi**, tobacconist's (shop); cigar store (*USA*); **fiutare t.**, to take snuff. **B** *a. invar.* (*color t.*) tobacco brown; tobacco-coloured.

tabaccóne, *m.* snuff-taker.

tabaccóso, *a.* (*macchiato di tabacco*) tobacco-stained; (*che odora di tabacco*) smelling of tobacco, snuffy: **alito t.**, smoker's breath.

tabàgico, *a.* tobacco (*attr.*).

tabagìsmo, *m.* (*med.*) nicotinism.

tabagìsta, *m.* e *f.* heavy smoker.

tabàrro, *m.* ***1*** heavy cloak ***2*** (*scherz.*) overcoat.

tabàsco, *m.* tabasco (sauce).

tàbe, *f.* ***1*** (*med.*) tabes*: **t. dorsale**, tabes dorsalis ***2*** (*fig.*) rot; corruption.

tabèlla, *f.* ***1*** (*prospetto*) table, schedule, chart; (*lista*) list: **t. dei prezzi**, price list: **t. degli orari**, timetable; **t. base dei salari**, wage scale; (*naut.*) **t. di deviazione**, deviation table; **t. di marcia**, (*sport*) schedule; (*fig.*) timetable, work schedule: **disporre in tabelle**, to tabulate ***2*** (*tabellone*) (notice) board.

tabellàre, *a.* ***1*** (*disposto in tabelle*) tabular; tabulate; schedule (*attr.*): **dati tabellari**, tabular data; **disposizione t.**, tabulation; **aumento di stipendio t.**, salary rise according to a union scale; (*ass.*) **tariffa t.**, schedule rate; specific rate ***2*** (*di tavoletta*) table (*attr.*).

tabellìna, *f.* (*tavola pitagorica*) multiplication table.

tabellóne, *m.* ***1*** (notice) board ***2*** (*per affissioni*) hoarding; billboard (*USA*): **t. pubblicitario**, advertising hoarding; billboard ***3*** (*per il punteggio*) scoreboard ***4*** (*pallacanestro*) backboard. ● **t. per l'esame della vista**, eye chart.

tabernàcolo, *m.* ***1*** (*ciborio*) tabernacle, ciborium*; (*cappella*) shrine ***2*** (*relig. ebraica*) Tabernacle ***3*** (*mil., stor.*) tent; marquee.

tabètico, *a.* (*med.*) tabetic; tabescent.

tabì, *m.* (*tessuto*) tabby.

tàbico, *a.* (*med.*) tabetic.

tablìno, *m.* (*archeol.*) tablinum*.

tabloid (*ingl.*), *m.* e *a. invar.* tabloid: **formato t.**, tabloid format.

tablòide, *m.* (*farm.*) tabloid; tablet.

tabù, *a.* e *m.* (*anche fig.*) taboo: **Quell'argomento è t.**, that subject is taboo; **una questione t.**, a taboo question; **dichiarare q.c. t.**, to taboo st.; to place st. under a taboo.

tabuàto, *a.* (*ling.*) tabooed.

tabuizzàre, *v. t.* to taboo.

tabula rasa (*lat.*), *locuz. f. invar.* tabula rasa; blank sheet: **fare t. di q.c.**, to make a clean sweep of st.

tabulàre (1), *a.* (*anche mat.*) tabular.

tabulàre (2), *v. t.* (*mat., stat.*) to tabulate: **t. dati statistici**, to tabulate statistics.

tabulàrio, *m.* (*archeol.*) tabularium*; tabulary.

tabulàto, *m.* ***1*** (*tabella*) tabulation ***2*** (*elab.*) printout.

tabulatóre, *m.* tabulator; tab.

tabulatrìce, *f.* (*elab.*) tabulating machine.

tabulazióne, *f.* tabulation; tabulating.

tac, *inter.* ***1*** (*rumore*) click; clack ***2*** (*fig.*) lo and behold; all of a sudden.

tàcca, *f.* ***1*** notch; nick; dent; indentation: **fare una t. su un bastone**, to cut a notch in a stick; to notch a stick; **un coltello pieno di tacche**, a knifeblade full of nicks (*o* dents); **una t. sul bordo del tavolo**, a dent in the edge of the table ***2*** (*tipogr.*) nick ***3*** (*fig.*: *livello*) class; kind; stamp ***4*** (*fig.*: *difetto*) fault; flaw; blemish ***5*** (*alpinismo*) foothold. ● **t. di contrassegno**, tally mark □ (*mil.*) **t. di mira**, backsight □ (*fig.*) **di mezza t.**, insignificant; small-time (*attr.*): **ladro di mezza t.**, small-time thief.

taccagnerìa, *f.* stinginess; meanness; niggardliness.

taccàgno, A *a.* stingy; mean; close-fisted; tight-fisted; niggardly; miserly. **B** *m.* (*f.* **-a**) miser; niggard; skinflint; meanie (*fam.*): **Non fare il t.!**, don't be so mean!; don't be such a skinflint!

taccamàcca, *f.* (*bot.*) tacamahac; tacmahack.

taccàta, *f.* (*naut.*) keel-block; (*al pl. anche*) stocks.

taccheggiàre (1), *v. t.* (*tipogr.*) to interlay*; to underlay*.

taccheggiàre (2), *v. t.* e *i.* (*rubare nei negozi*) to shoplift.

taccheggiatóre, *m.* (*f.* **-trice**) shoplifter.

tacchéggio (1), *m.* (*tipogr.*) interlaying; underlaying; make-ready.

tacchéggio (2), *m.* (*furto nei negozi*) shoplifting.

tàcchete, *V.* **tac.**

tacchettàre, *v. i.* (*fam.*) to tap (*o* to clack) one's heels.

tacchettìo, *m.* tapping (*o* clacking) of heels.

tacchétto, *m.* ***1*** (*di scarpe femminili*) (thin) heel ***2*** (*di scarpe di calciatori*) stud ***3*** (*naut.*) cleat ***4*** (*ind. tess.*) picker.

tacchìna, *f.* (*zool.*) turkey hen.

tacchìno, *m.* (*zool., Meleagris gallopavo*) turkey; (*il maschio*) turkey(cock); gobbler (*fam.*): **arrosto di t.**, roast turkey. ● **Pare un t. quando fa la ruota**, (*si pavoneggia*) he's as proud as a peacock; (*è soddisfattissimo*) he's as pleased as Punch.

tacchinotto, *m.* young turkey; (turkey) poult.

tàccia, *f.* (bad) reputation; name: **Ha la t. di bugiardo**, he has a reputation for lying (*o* for being a liar).

tacciàbile, *a.* chargeable (with); liable to be accused (*o* to the imputation) (of).

tacciàre, *v. t.* to accuse (sb. of st.); to charge (sb. with st.); to call (sb. st.): **t. q. di tradimento**, to accuse sb. of treason; **t. q. di bugiardo**, to call sb. a liar.

tàcco, *m.* ***1*** heel; heel-piece: **tacchi alti [bassi]**, high [low] heels: **scarpe con i tacchi alti [bassi]**, high-heeled [low-heeled] shoes; **tacchi a spillo**, stiletto heels (*GB*); spike heels (*USA*); **senza tacchi**, flat-heeled; **rifare i tacchi a un paio di scarpe**, to re-heel a pair of shoes ***2*** (*tipogr.*) interlay; underlay ***3*** (*cuneo*) wedge; chock. ● **t. e punta**, heel-and-toe (*attr.*) □ (*fig.*) **alzare** (*o* **battere**) **i tacchi**, to take to one's heels; to show a clean pair of heels □ (*calcio*) **colpo di t.**, heel □ **girare (su)i tacchi**, to turn (*o* to spin) on one's heels □ **sbattere i tacchi**, to click one's heels.

tàccola (1), *f.* (*difetto*) defect; flaw; blemish; fault.

tàccola (2), *f.* (*zool., Corvus monedula*) jackdaw.

tàccola (3), *f.* (*bot., region.*) mangetout; sugar pea.

taccóne, *m.* ***1*** (*toppa*) patch ***2*** (*metall.*) scab.

taccuìno, *m.* note-book; pocket-book.

tacére, A *v. i.* ***1*** (*di persone*) to be silent (*o* quiet); (*rimanere in silenzio*) to keep* silent, to keep* quiet, to hold* one's peace; (*smettere di parlare*) to fall* silent, to shut* up: **Tace sempre**, he is always silent; **La legge tace su questo**, the law is silent on this point; **t. per la vergogna [per la paura]**, to be too ashamed [afraid] to speak; **Ho taciuto, ma ora vi dirò tutto**, I've kept silent, but now I'll tell you everything; **Ho parlato abbastanza: adesso tacerò**, I've said enough, now I will shut up; **Tacque per qualche secondo e poi riprese**, she was silent for a few seconds, and then went on; **t. di q.c.**, to keep quiet about st.; **Faresti meglio a t., se non vuoi guai**, you'd better hold your tongue, if you don't want to get into trouble; **Quand'è così, taccio**, if things are like that, I've nothing more to say; **Taci!**, hush!; (do) be quiet!; hold your tongue! (*fam.*); shut up! (*pop.*); belt up (*pop. GB*); can it! (*pop. USA*) ***2*** (*di cose*: *non fare rumore*) to be silent, to be still; (*cessare di fare rumore*) to stop, to cease, to die (down); (*di strumento musicale*: *non suonare*) not to be playing; (*smettere di suonare*) to stop playing: **La città taceva**, the city was silent (*o* still); **Tace ogni rumore**, all is silent; **Tutto taceva**, everything was still; **Il rumore tacque di colpo**, the noise stopped suddenly. **B** *v. t.* (*non dire*) to say* nothing about, not to say* a word about, to hold* back, to withhold*, not to mention, to keep* quiet about, to pass over in silence, to suppress; (*omettere, tralasciare*) to omit, to leave* out: **Tacque una cosa importante**, he omitted (*o* left out, did not mention) an important thing; **Tacque il nome dei suoi complici**, he refused to name his accomplices; **t. la verità**, to hold back the truth; **La persona di cui tacerò il nome**, the person whose name I shall not mention; **Tu mi stai tacendo qualcosa**, you are keeping something back from me, you are holding out on me; **Non posso t. che...**, I cannot avoid saying that...; **I particolari sono stati volutamente taciuti**, the details have been suppressed; **I giornali tacciono i nomi**

degli arrestati, the papers do not give the names of the people detained. ● **far t. q.** [**q.c.**], to silence sb. [st.]; to reduce sb. [st.] to silence; (*zittire*) to hush sb.: **far t. le batterie nemiche**, to silence the enemy batteries; **far t. la voce della coscienza**, to silence one's conscience; **far t. un bambino con una caramella**, to hush a child with a sweet; **Fa' t. i bambini!**, do keep those children quiet!; **Fate t. quella radio!**, turn off that radio! □ **mettere t. uno scandalo**, to hush up a scandal □ **mettere a t. una chiacchiera**, to scotch a rumour □ **per t. di...**, not to mention... □ **saper t.**, to know when to keep silent; (*saper tenere un segreto*) to know how to keep a secret □ (*prov.*) **Chi tace acconsente**, silence gives (*o* means) consent. **C** *m.* silence: (*prov.*) **Un bel tacer non fu mai scritto**, silence is golden.

tacheometrìa, *f.* tacheometry; tachymetry.

tacheomètrico, *a.* tacheometric; tachymetric.

tacheòmetro, *m.* tacheometer; tachymeter.

tachicardìa, *f.* (*med.*) tachycardia.

tachicàrdico, *a.* e *m.* (*med.*) tachycardiac.

tachifagìa, *f.* (*med.*) tachyphagia.

tachifemìa, *f.* (*med.*) tachyphemia.

tachiglosso, *m.* (*zool.*, *Tachyglossus aculeatus*) tachyglossus*; echidna; porcupine anteater.

tachigrafìa, *f.* tachygraphy; shorthand (writing).

tachigràfico, *a.* tachygraphic.

tachìgrafo, *m.* (*autom.*) tachograph.

tachilalìa, *f.* (*psic.*) tachylalia.

tachimetrìa, *f.* (*fis.*) tachometry.

tachimètrico, *a.* tachymetric.

tachìmetro, *m.* speedometer; speed indicator; tachometer: (**cavo**) **flessibile per t.**, speedometer cable. ● **t. di bicicletta**, cyclometer.

tachióne, *m.* (*fis. nucl.*) tachyon.

tachipessìa, *f.* deep-freezing.

tachipnèa, *f.* (*med.*) tachypn(o)ea.

tachipsichìsmo, *m.* (*psic.*) tachypsychism.

tachisme (*franc.*), *m. invar.* (*pitt.*) tachisme.

tachistoscòpio, *m.* (*psic.*) tachystoscope.

tacitaménto, *m.* **1** (*di scandali e sim.*) hushing up; covering up **2** (*di creditori*) paying off.

tacitàre, *v. t.* **1** (*mettere a tacere*) to silence; (*scandali e sim.*) to hush up, to cover up, to suppress: **Lo tacitò con una sola parola**, he silenced him with one word **2** (*creditori*) to pay* off.

tacitiàno, *a.* **1** (*letter.*) Tacitean **2** (*fig.*) laconic.

Tàcito, *m.* (*stor. letter.*) Tacitus.

tàcito, *a.* **1** (*silenzioso*) silent; quiet: **tacita preghiera**, silent prayer; **t. rimprovero**, silent reproach **2** (*non espresso*, *implicito*) tacit; unspoken; implied: **t. accordo**, tacit (*o* unspoken) agreement; **t. consenso**, implied (*o* implicit) consent; (*leg.*) **accettazione tacita**, tacit acceptance.

taciturnità, *f.* taciturnity; uncommunicativeness; silence.

tacitùrno, *a.* taciturn; reserved; uncommunicative; quiet; silent.

taciùto, *a.* unsaid; unspoken; untold; unstated.

tackle (*ingl.*), *m. invar.* (*calcio*) tackle; tackling: **È molto bravo nel t.**, he's very good at tackling.

tactìsmo, *V.* **tattismo**.

Taddèo, *m.* Thaddeus.

tafanàrio, *m.* (*pop. scherz.*) backside (*fam.*); bum (*pop. GB*); ass (*pop. USA*).

tafàno, *m.* **1** (*zool.*, *Tabanus*) horsefly; gadfly **2** (*fig.*) pest; gadfly; nuisance.

tafferùglio, *m.* brawl; brawling; scuffle; scuffling: **Si cacciò nel t.**, he joined the brawl; **Nacque un t.**, a brawl began; **All'uscita dello stadio scoppiarono tafferugli**, brawling broke out outside the stadium.

taffetà, *V.* **taffettà**.

tàffete, *inter.* **1** (*rumore*) bump!; bang! **2** (*fig.*) suddenly; all of a sudden; lo and behold. ● **Quando, t.!, capita proprio lui**, then, when I least expected him, there he was.

taffettà, *m.* (*ind. tess.*) taffeta.

tafofobìa, *f.* (*med.*) taphephobia.

tagète, *m.* (*bot.*, *Tagetes*) marigold; tagetes.

tàglia (**1**), *f.* **1** (*tributo di guerra*) tribute: **imporre una t. su q.**, to levy a tribute on sb. **2** (*prezzo del riscatto*) ransom: **una t. di cento milioni**, a ransom of a hundred million **3** (*premio di cattura*) reward; price; head money; bounty (*USA*): **mettere una t. su q.**, to put (*o* to set) a price on sb.'s head; **riscuotere la t.**, to collect the reward; **Gli pende sul capo una t. di 4.000 dollari**, he's got a 4,000-dollar reward hanging over his head; **cacciatore di taglie**, bounty hunter **4** (*corporatura*) build, frame, height; (*misura di abiti*) size: **un uomo di mezza t.**, a man of medium build (*o* height); **di t. robusta**, well-built (*agg.*); **un cane di t. media** [**piccola**], a medium-sized [small-sized] dog; **portare la t. 46**, to wear (*o* to take) size 14; **Che t. hai?**, what is your size?; what size do you take?; **t. unica**, one size only; **t. forte**, outsize; **t. superiore al normale**, oversize.

tàglia (**2**), *f.* (*specialm. naut.*: *paranco*) (twofold) tackle.

tagliabórdi, tagliabórdo, *m.* (*attrezzo da giardinaggio*) edger.

tagliabórse, *m.* e *f. invar.* (*stor.*) cutpurse; pickpocket.

tagliabòschi, *m. invar.* wood-cutter; wood(s)man*; lumberer (*USA*); lumberjack (*USA*).

tagliacàrte, *m. invar.* paperknife*; letter opener.

tagliàcque, *m. invar.* (*edil.*) cutwater.

tagliaèrba, *m. invar.* lawn-mower.

tagliafiàmma, *m. invar.* (*mecc.*) flame-trap.

tagliafièno, *m. invar.* (*agric.*) hay cutter.

tagliafili, *m.* wire-cutter.

tagliafuòco, A *m. invar.* **1** (*edil.*) fire-stop; fire-barrier **2** (*di teatro*) safety curtain **3** (*agric.*) firebreak. **B** *a. invar.* fire-stopping; fire-breaking.

taglialégna, *m. invar.* wood-cutter wood(s)-man*; logger lumberer (*USA*); lumberjack (*USA*).

tagliamàre, *m. invar.* (*naut.*) cutwater.

tagliàndo, *m.* coupon; (*scontrino*) voucher, slip, check, ticket: **t. per la benzina**, petrol (*USA*: gasoline) coupon; **t. di controllo**, contents slip; (*autom.*) **fare il t.**, to have one's car serviced.

tagliapàsta, *m. invar.* (*cucina*) pastry cutter (*o* wheel); jagging wheel.

tagliapiètre, *m. invar.* stone-cutter; stone-mason.

tagliàre, A *v. t.* **1** to cut*; (*recidere*) to sever; (*con forza*) to slash; (*affettare*) to slice; (*in pezzi*) to chop, to cut* up; (*trinciare*) to carve; (*falciare*) to mow, to scythe; (*con le forbici*) to snip, to clip, to scissor; (*abbattere*) to cut* down, to fell, to axe: **t. un diamante**, to cut a diamond; **t. le pagine di un libro**, to cut the pages of a book; **t. la gola a q.**, to cut (*o* to slit) sb.'s throat; **t. un albero**, to cut down (*o* to fell, to chop) a tree; **t. una siepe**, to clip a hedge; **t. legna**, to cut (*o* to chop) wood; **t. un pollo**, to carve a chicken; **t. q.c. a pezzi**, to cut st. into pieces (*o* into bits); to cut up; to chop; (*con violenza*) to hack to pieces; **t. a metà**, to cut in half (*o* in halves); to halve; **t. in due**, to cut in two; to bisect; **t. in quattro**, to cut into four; to quarter; **t. a dadini**, to dice; to cube; **t. a strisce**, to cut into strips; **t. il grano**, to reap (*o* to cut) the wheat; **t. il fieno**, to mow the hay; **t. l'erba del prato**, to cut the grass; to mow the lawn; **t. le gomme di un'auto**, to slash the tyres of a car; **t. una strada nella foresta**, to cut on out (*o* to open) a path in the forest; **tagliarsi un dito**, to cut one's finger; **t. le vene**, to cut (*o* to slash) one's wrists **2** (*staccare tagliando*, *tagliar via*) to cut* off; to chop off; to lop off; to snip off; to trim off; to clip: **t. la testa a q.**, to cut sb.'s head off; **Si è tagliato di netto un dito**, he cut off his finger; **t. una rosa dal cespuglio**, to snip off a rose; **t. i rami di un albero**, to lop off the branches of a tree; **t. via il superfluo**, to trim off the excess; **tagliarsi i capelli**, (*da soli*) to cut one's hair; (*dal parrucchiere*) to have one's hair cut, to get a haircut; **tagliarsi la barba**, (*accorciarla*) to trim one's beard; (*raderla*) to shave off one's beard; **tagliarsi le unghie**, to clip (*o* to pare) one's nails **3** (*ritagliare*) to cut* out: **t. un vestito**, to cut out a dress; **t. una camicetta da un pezzo di stoffa**, to cut a blouse out of a length of material; **La mia sarta taglia bene**, my dressmaker cuts beautifully **4** (*interrompere*) to cut* off; to stop: **t. i rifornimenti al nemico**, to cut off the enemy's supplies; **t. la luce** [**il gas**], to cut off the electricity [the gas] supply; **t. il telefono**, to disconnect (*o* to cut off) the phone **5** (*eliminare, cancellare*) to cut* (out), to delete, to eliminate; (*abbreviare*) to shorten, to cut* (down); (*ridurre*) to cut* down (*o* back): **t. alcune battute da una commedia**, to cut a few lines of a play; **La censura ha tagliato tre scene del film**, the censors cut three scenes from the film; **t. un articolo**, to shorten (*o* to cut down) an article; **t. le spese**, to cut back (*o* down on) expenses **6** (*attaversare*) to cut* through; (*intersecare*) to cross, to cut* across: **Il sentiero tagliava il bosco**, the path cut through the wood; **una strada che ne taglia un'altra**, a road that crosses another; **una linea che ne taglia un'altra**, a line cutting (*o* intersecting) another; (*naut.*) **t. la rotta a q.**, to cut across sb.'s bows **7** (*med.*: *amputare*) to cut off, to amputate; (*incidere*) to lance, to cut* into: **Gli dovranno t. la gamba**, they'll have to cut off (*o* amputate) his leg; his leg will have to come off; **t. un ascesso**, to lance (*o* to cut into) an abscess **8** (*enologia*) to mix: **t. un vino**, to mix two wines **9** (*droga*) to cut* **10** (*sport*: *tennis, ecc.*) to cut*; to slice **11** (*nei giochi di carte*: *il mazzo*) to cut*; (*con un atout*) to trump: **t. le carte** (*o* **il mazzo**), to cut the pack; **t. una donna con il due di briscola**, to trump a queen with a two. ● (*Per espressioni come* **t. la corda**, **t. il traguardo**, **t. i viveri**, *ecc.*, *V. sotto* **corda**, **traguardo**, **viveri**, *ecc.*) □ (*fig.*) **t. q.c. alla radice**, to nip st. in the bud □ **t. corto**, to come to the point; to cut a long story short □ **t. una curva**, to cut a corner □ **t. di netto con q.**, to break off (relations) with sb.; to sever all relations with sb. □ **t. fuori**, (*escludere*) to leave out, to exclude, to isolate; (*non attraversare*) to by-pass: **L'hanno tagliato fuori in quell'affare**, he was left out on that deal; **Mi sentivo tagliato fuori in quell'ambiente**, I felt out of place (*o* isolated) in that milieu; **L'autostrada taglia fuori la città**, the motorway by-passes the town □ **t. su misura**, to cut to shape; (*di abiti*) to cut to measure, to tailor: **un vestito tagliato su misura**, a tailored suit; **È tagliato su misura per te**, (*anche fig.*) it's made to measure for you □ **una nebbia da t. col coltello**, a fog that you could cut with a knife; a pea-souper (*fam.*) □ **vento che taglia la faccia**, biting (*o* vicious) wind. **B** *v. i.* **1** to cut*; (*essere affilato*) to be sharp: **Questo coltello taglia**, this knife cuts well (*o* is sharp); **forbici che non tagliano**, scissors that won't cut **2** (*prendere una scorciatoia*) to cut* across: **Tagliammo per i campi**, we cut across the fields; **Invece di fare il giro, taglio diritto**, I'll cut straight across instead of going all the way round. **C tagliarsi,** *v. rifl.* e *i. pron.* **1** to cut* oneself: **Mi sono tagliato facendomi la barba**, I cut myself (*o* my face) while shaving **2** (*rompersi, dividersi*) to split*: **La seta si taglia facilmente nelle pieghe**, silk splits easily in the folds **3** (*intersecarsi*) to cross; to intersect.

tagliaréte, *m. invar.* (*naut.*) net cutter.

tagliasigari, *m.* cigar cutter.

tagliastràcci, *m. invar.* (*ind. cartaria*) rag cutter; rag chopper.
tagliàta, *f.* **1** (*taglio*) cut, cutting; (*spuntatura*) trim, trimming: **dare una t. alla barba**, to give one's beard a trim; **una t. di capelli**, a haircut **2** (*d'erba, di fieno*) mowing; (*di grano*) reaping **3** (*cucina*) thinly-sliced raw meat **4** (*tennis*) slice **5** (*abbattuta d'alberi*) felling (of trees); clearing.
tagliatartùfi, *m. invar.* truffle cutter.
tagliatelle, *f. pl.* (*cucina*) noodles; tagliatelle.
tagliàto, *a.* **1** cut: **diamante t.**, cut diamond; **panno t.**, cut cloth; **un film t.**, a film with cuts; **edizione tagliata [non tagliata]**, cut [uncut *o* unabridged] edition **2** (*fig.*: *predisposto*) cut out; with a bent (for); with a talent (for): **Il ragazzo è t. per la meccanica [per l'economia]**, the boy has a bent for anything to do with engines [for economics]; **t. per far l'avvocato**, cut out to be a lawyer; **essere t. per la musica**, to have a talent for music; **Non ci sono proprio t.**, I'm really not cut out for it; my talents lie elsewhere **3** (*adatto*) right; tailor-made; made to measure: **un lavoro t. per q.**, a job tailor-made for sb.; **un marito t. apposta per lei**, a husband made to measure for her **4** (*di vino*) blended; mixed **5** (*di droga*) cut **6** (*arald.*) per bend sinister. ● **t. a zero**, (close-)cropped □ (*fig.*) **t. all'antica**, old-fashioned; of the old school □ (*fig.*) **t. con l'accetta**, rough-hewn □ **t. fuori**, cut out; cut off: **Mi sento un po' t. fuori in questo paesino**, I feel rather cut off from things in this village □ (*sport*) **palla tagliata**, cut (*o* sliced) ball □ **capelli tagliati corti**, short hair □ **roccia tagliata a picco**, sheer cliff.
tagliatóre, *m.* (*f.* **-trice**) **1** cutter **2** (*di carne*) carver **3** (*di gemme*) gem-cutter; lapidary.
tagliatrìce, *f.* (*mecc.*) cutting-machine; cutter.
tagliatùra, *f.* **1** cutting **2** (*ritaglio*) cutting; cut piece.
tagliaùnghie, *m. invar.* nail clippers (*pl.*).
tagliauòva, *m. invar.* egg slicer.
tagliavènto, *m. invar.* **1** (*naut.*) storm sail **2** (*mil.*) nose cap.
tagliazòlle, *m. invar.* lawn aerator.
taglieggiaménto, *m.* extortion.
taglieggiàre, *v. t.* **1** (*tassare*) to levy taxes from; to impose a tribute on **2** (*estorcere denaro*) to extort (*o* to wring*, to squeeze) money from.
taglieggiatóre, *m.* (*f.* **-trice**) extortioner; bloodsucker (*pop.*).
tagliènte, **A** *a.* **1** (*affilato*) sharp; sharp-edged; cutting: **coltello t.**, sharp knife; **Questo coltello ha il filo molto t.**, this knife has a very fine (*o* sharp) edge; **strumento t.**, sharp-edged tool; **profilo t.**, sharp profile **2** (*fig.*) sharp; cutting; biting; trenchant; keen; caustic; tart: **lingua t.**, sharp (*o* cutting, caustic) tongue; **voce t.**, sharp (*o* harsh) voice; **parole taglienti**, biting words; **osservazione t.**, tart remark; **vento t.**, biting wind. **B** *m.* (*taglio di una lama*) (cutting) edge; bit; lip.
taglière, *m.* trencher; chopping board (*o* block); cutting board; (*per pane*) bread board.
taglierìna, *f.* **1** (*mecc.*) shears (*pl.*) **2** (*ind. cartaria*) cutter; (*a ghigliottina*) guillotine **3** (*fotogr.*) trimmer.
taglierìni, *m. pl.* (*cucina*) fine noodles; taglierini.
tagliétto, *m.* **1** (*piccola ferita*) small cut; nick **2** (*della lettera t*) horizontal stroke: **fare il t. alle t**, to cross one's t's.
tàglio, *m.* **1** (*il tagliare*) cutting, trimming, chopping; (*di erba*) mowing; (*di raccolti*) reaping; (*di carni cotte*) carving; (*dei capelli*) haircutting, haircut: **il t. del vetro**, glass-cutting; **il t. della barba**, the trimming of the beard; **fare il t. di un bosco**, to cut down a wood; **fare il t. di un prato**, to mow a meadow; **il t. di un istmo**, the opening of an isthmus; **il t. della testa**, beheading: **Fu condannato al t. della testa**, he was sentenced to being beheaded; he was sent to the block; **un sarto bravo nel t.**, a tailor who is an expert at cutting **2** (*incisione, ferita*) cut; slash; slit; incision: **un t. nella stoffa**, a slit in the fabric; **un tavolo pieno di tagli**, a table full of cuts; **praticare un t.**, to make an incision; to cut; **t. netto**, clean cut; slash; **t. vivo**, sharp cut; **t. superficiale**, slight cut; **un t. profondo in una gamba**, a deep cut in a leg; **un t. in faccia**, a cut on one's face; **Mi sono fatto un t. al dito**, I have cut my finger **3** (*med.*: *incisione*) incision; (*amputazione*) amputation: **Si dovette procedere al t. del braccio**, the arm had to be amputated; **praticare un t. nell'ascesso**, to make an incision in the abscess **4** (*fig.*: *riduzione, eliminazione*) cut; cutting; cutback: **tagli alle spese**, spending cuts; cuts (*o* cutbacks) in expenditure; **t. radicale**, slash; **fare un t. in un discorso [in un film]**, to make a cut in a speech [in a film]; **fare ampi tagli a q.c.**, to cut st. drastically; to slash st.; **Il programma subirà qualche t.**, there will be some cuts to the programme; **un «Amleto» senza tagli**, the uncut version of «Hamlet» **5** (*fig.*: *interruzione, fine*) break: **t. netto**, clean break; **dare un t. al passato**, to make a break with the past; **Decisi di dare un t. alla discussione**, I decided to put an end to the discussion; **dare un t. a una relazione**, to break off a relationship; (*fam.*) **Dacci un t.!**, stop it!; cut it out! **6** (*macelleria*) cut (of meat): **t. grasso [magro]**, fatty [lean] cut of meat; **t. nella lombata**, loin cut; a cut off the loin; **t. per spezzatino [per lesso]**, cut of meat for stewing [boiling] **7** (*pezzo di stoffa*) length (of material): **un t. d'abito**, (*da uomo*) a suit-length; (*da donna*) a dress-length **8** (*parte tagliente, filo*) (cutting) edge; cutting side: **il t. di un rasoio**, the edge of a razor; **t. affilato [smussato]**, sharp [blunt] edge: **un rasoio col t. smussato**, a blunt razor; **La lama ha perso il t.**, the blade has lost its edge (*o* has become blunt); **fare [sciupare] il t. a una lama**, to sharpen [to blunt] a blade; **dalla parte del t.**, on the cutting side **9** (*costa, lato*) edge: **il t. dorato di un libro**, the gilt edge of a book; **di t.**, edgeways; edgewise (*USA*); on edge; edge-on: **mettere i libri di t.**, to place the books edge-on; **mattoni messi di t.**, bricks laid on edge **10** (*foggia*) cut, style; (*di capelli*) hairstyle: **il t. di una giacca**, the cut of a jacket; **Il t. dei pantaloni è un po' fuori moda**, the style of the trousers is a little old-fashioned; **di t. sportivo**, casual (*agg.*); **di t. classico**, with a classical cut; **di buon t.**, well-cut (*agg.*); well-tailored (*agg.*); **di t. inglese**, English-style (*agg.*); **Ti sta bene questo t. (di capelli)**, this hairstyle suits you **11** (*fig.*: *impostazione*) slant; tone: **dare un t. nuovo a un argomento**, to put a new slant on a subject; **un articolo di t. divulgativo**, a popular article **12** (*di titoli, banconote*) denomination: **banconote di grosso [di piccolo] t.**, high-denomination [low-denomination] notes **13** (*formato*) size **14** (*sport*: *tennis, ecc.*) cut **15** (*mecc.*) shear; shearing stress: **sforzo di t.**, shearing stress; **resistenza al t.**, resistance to shearing stress **16** (*oreficeria*) cut: **t. a smeraldo [a rosetta]**, emerald [rose] cut **17** (*geol.*) shear **18** (*di vini*) blending; mixing: **vino da t.**, blending wine **19** (*mus.*: *lineetta*) ledger-line. ● (*med.*) **t. cesareo**, Caesarian (section) □ **il t. della t**, the horizontal stroke of the t □ (*anche fig.*) **a doppio t.**, double-edged (*agg.*) □ (*di torte e sim.*) **al t.**, (sold) by the slice □ **arma da t.**, cutting (*o* sharp) weapon □ (*giorn.*) **articolo di t.**, centrally-placed article □ **bosco da t.**, copse(wood) □ (*fig.*) **cadere** (*o* **venire**) **a t.**, to come at the right moment; to come pat □ **colpire di t.**, to hit edgeways (*USA*: edgewise); (*una palla*) to slice, to cut □ **colpo di t.**, (*con la mano*) chop; (*a una palla*) slice, cut □ **ferita (di arma) da t.**, slash; stab □ **legna da t.**, timber □ **maestro di t.** (*sarto*), cutter □ **scuola di t.**, dressmaking school; tailoring school □ (*edil.*) **pietra da t.**, freestone □ **strumento da t.**, cutting (*o* sharp) tool.
tagliòla, *f.* (*anche fig.*) trap; snare: **cadere in una t.**, to fall into a trap; **essere preso in una t.**, to be caught in a trap (*o* a snare); **preparare una t.**, to set a trap.
tagliolini, *V.* **taglierini.**
tagliòlo, *m.* (*scalpello*) chisel; (*punzone*) punch. ● **t. a freddo**, cold chisel □ **t. da incudine**, hardy.
taglióne (1), *m.* talion; retaliation: **legge del t.**, lex talionis (*lat.*); an eye for an eye, a tooth for a tooth; **applicare la legge del t.**, to retaliate (on sb.).
taglióne (2), *m.* (*edil., tecn.*) cut-off wall.
tagliuzzaménto, *m.* cutting up; chopping; (*con le forbici*) snipping.
tagliuzzàre, *v. t.* **1** to cut* up; to cut* into small pieces; to chop; (*con le forbici*) to snip: **t. un nastro**, to cut up a ribbon; **t. le verdure**, to chop the vegetables **2** (*intaccare, scheggiare*) to chip at; to whittle: **t. un ramoscello**, to whittle (*o* to chip at) a twig.
Tàgo, *m.* (*geogr.*) Tagus.
taguàn, *m.* (*zool.*, *Petaurista petaurista*) taguan; flying squirrel.
tahitiàno, *a.* e *m.* (*f.* **-a**) Tahitian (*f.* Tahitian woman*).
tàiga, *f.* taiga.
tailandése, *V.* **thailandese.**
tailleur (*franc.*), *m. invar.* skirt and jacket; suit.
talàltro, **A** *agg. indef.* that; some other; another: **nella tale o talaltra circostanza**, in this or some other (*o* in another) occasion; **la tale o talaltra persona [cosa]**, such and such a person [thing]. **B** *pron. indef.* **1** (*correl. di «taluno»*) some (*pl.*); others (*pl.*): **Taluno dice una cosa, t. ne dice un'altra**, some say one thing, some (*o* others) say another **2** (*correl. di «talvolta»*) other times; sometimes. ● **il tale e il t.**, so and so and such and such.
tàlamo, *m.* **1** (*bot., anat.*) thalamus*: **t. ottico**, optic thalamus **2** (*lett.*: *letto nuziale*) (nuptial) bed; (*camera nuziale*) bridal chamber. ● (*lett.*) **condurre al t.**, to wed.
talàre, *a.* – **veste** (*o* **abito**) **t.**, cassock; soutane: (*fig.*) **indossare la veste t.**, to take holy orders; (*fig.*) **lasciare la veste t.**, to leave the priesthood.
talàri, *m. pl.* (*mitol.*) talaria.
talassemìa, *f.* (*med.*) thalass(a)emia; thalassan(a)emia; Cooley's an(a)emia.
talàssico, *a.* (*geogr.*) thalassic.
talassobiologìa, *f.* biological oceanography.
talassòcrate, *m.* (*lett.*) thalassocrat.
talassocrazìa, *f.* (*lett.*) thalassocracy.
talassofilìa, *f.* (*bot., zool.*) thalassophilia.
talassofobìa, *f.* (*psic.*) thalassophobia.
talassografìa, *f.* oceanography; thalassography.
talassogràfico, *a.* oceanographic; thalassographic.
talassògrafo, *m.* oceanographer; thalassographer.
talassologìa, *f.* oceanics (*pl. col verbo al sing.*).
talassoterapìa, *f.* (*med.*) thalassotherapy.
talassoteràpico, *a.* (*med.*) thalassotherapeutic.
talché, *cong.* (*lett.*) so that.
tàlco, *m.* **1** (*miner.*) talc; talcum **2** (*per cosmesi*) talcum powder; talc (*fam.*).
talcoscìsto, *m.* (*geol.*) talcschist.
talcóso, *a.* (*miner.*) talcose; talcous.
tàle, **A** *a.* **1** (*simile, siffatto*) such (a): **Non avevo mai visto una t. povertà**, I had never seen such poverty; **Non credevo che fosse una rovina t.**, I didn't think it was such a disaster; **Tali cose non si possono tollerare**, such things cannot be tolerated **2** (*nelle esclamazioni*) such (a): **Mi sono presa un t. spavento!**, I got such a fright!; **Suo marito è di una t. noia!**, her husband is such a bore!; **Ho**

una t. paura!, I am so frightened! *3* (*in correl. con «che», «da»*) such... that; such... as: **La sua bontà era t. che mi commossi**, his kindness was such that I was moved; **Non è t. da piacere a tutti**, it isn't such that everyone will like it; it isn't such as to please everyone; **Il freddo fu t. che gelò il laghetto**, it was so cold (*o* such was the cold) that the pond froze; **t. da resistere a ogni tipo di sforzo**, strong enough to resist all kinds of stress *4* (*in correl. con «quale»: pari*) such as; (*simile*) just like; (*identico*) just the same, (just) as: **Non fu una situazione t. quale me l'ero immaginata**, it was not a situation such as I had imagined; **t. e quale il mio**, just like mine; **t. e quale suo fratello**, just like his brother; (*di aspetto*) the spitting image of his brother; **Sei rimasta t. e quale!**, you are just the same!; **Ne ho vista una t. e quale al mercato**, I saw just such a one (*o* an identical one) at the market; **È t. e quale l'ho comperato**, it's in exactly the same condition as I bought it; **Lascialo t. e quale!**, leave it exactly as it is!; **le sue parole tali e quali**, his very words *5* (*preceduto da art. determ., per indicare persona o cosa che non si vuole specificare*) such and such (a): **il t. giorno, alla t. ora**, on such and such a day, at such and such a time *6* (*questo, quello*) this; that; such: **in t. luogo**, in that place; **in t. modo**, in that way; **in tal caso**, in that case; **Tali cose non sono successe per caso**, those things did not happen by chance; **Tali furono le sue ultime parole**, such were his last words; **Il termine di presentazione è il 20 aprile. Le domande pervenute dopo t. data...**, the deadline is 20 April. Applications submitted after that date... *7* (*così, uguale*) such: **Erano tutte promesse e tali sono rimaste**, they were all promises and such they have remained; **La sua salute un tempo così eccellente non è più t.**, his health is no longer as excellent as it once was *8* (*preceduto da agg. dimostrativo, è idiom.*): **quella t. signora**, that lady; **quella t. villa dopo l'incrocio**, that big house past the crossroads; **quel t. Marconi che abbiamo conosciuto a Roma**, that Mr Marconi (*fam*: that Marconi man) we met in Rome *9* (*un certo*) a, an; certain; one: **un t. signor Rossi**, a certain Mr Rossi; one Mr Rossi. ● **tali e tanti [tante]**, so many □ **come t.** (*o* **in quanto t.**), as such □ **di tal fatta**, such □ (*prov.*) **T. padre, t. figlio**, like father, like son. **B** *pron. indef. m.* person; man*; fellow; someone; chap (*fam. GB*), bloke (*fam. GB*); guy (*USA*): **C'è un t. che ti cerca**, there's someone (*o* a man) looking for you; **Ho visto quel t. che ti ha venduto la macchina**, I met that man (*o* fellow, guy) who sold you the car; **Quel t. della banca mi ha detto di passare domani**, that man in the bank told me to call in tomorrow; **Hai visto quel t.? sai chi dico**, did you see you-know-who? **C** *pron. indef. f.* woman*; girl: **L'ho saputo da una t.**, I had it from some woman; **Se torna quella t. dite che non ci sono**, if that woman comes back, tell her I'm out. ● **il t. e il talaltro**, this man and that □ **il [la] tal dei tali**, so-and-so; such-and-such (a person): **il signor [la signora] Tal dei tali**, Mr [Mrs] So-and-so.

talèa, *f.* (*bot.*) scion; cutting.

talèd, *m.* (*relig. ebraica*) talleth.

talentàccio, *m.* (*fam.*) rough and ready talent.

talentàre, *v. i.* (*lett.*) to please; to like (*costr. pers.*).

talènto (1), *m.* *1* (*grande ingegno*) talent; parts (*pl.*): **pieno di t.**, full of talent; talented; **un uomo di grande t.**, a man of great talent; a talented man; a man of parts; **t. sprecato**, wasted talent *2* (*inclinazione*) talent, gift, aptitude, bent; (*abilità*) flair: **t. precoce**, precocious talent; **t. naturale**, unschooled talent; **un giovane pianista di grande t.**, a very talented young pianist; **avere t.**, to be talented; **avere t. musicale**, to have a talent (*o* a gift) for music; to be musical; **avere t. per il disegno**, to have a talent for drawing; **Ha t. nella disposizione dei fiori**, she has a flair for arranging flowers; **privo di t.**, untalented; ungifted *3* (*persona dotata di t.*) talented person: **un giovane t.**, a talented young man; **un nuovo t. della lirica**, a talented young singer *4* (*piacere, fantasia*) liking; fancy: **seguire il proprio t.**, to follow one's fancy; **a proprio t.**, to one liking; as one likes.

talènto (2), *m.* (*antica moneta*) talent: **la parabola dei talenti**, the parable of the talents.

Talète, *m.* (*stor.*) Taletes.

Talìa, *f.* (*mitol.*) Thalia.

talidomide, *m.* (*farm.*) thalidomide.

taliṣmànico, *a.* talismanic(al).

taliṣmàno, *m.* talisman; amulet; charm.

tàllero, *m.* (*antica moneta*) thaler.

tallico, *a.* (*chim.*) thallic.

tàllio, *m.* (*chim.*) thallium.

tallire, *v. i.* (*bot.*) to sprout; to germinate, to tiller.

tallito, *a.* (*bot.*) germinated.

tallitùra, *f.* (*bot.*) germination.

tàllo, *m.* (*bot.*) thallus*; (*germoglio*) sprout.

tallòfita, *f.* (*bot.*) thallophyte.

tallòlio, *m.* (*chim.*) tall oil.

tallonàggio, *m.* (*rugby*) heeling; hooking.

tallonaménto, *m.* *1* (*inseguimento*) close pursuit; (*pedinamento*) shadowing, tailing (*fam.*) *2* (*sport*) heeling, tailing; (*rugby*) hooking, heeling.

tallonàre, *v. t.* *1* (*seguire da vicino*) to be hot (*o* to tread*) on sb.'s heels; (*pedinare*) to shadow, to tail (*fam.*) *2* (*sport*) to keep* close behind, to heel, to tail; (*rugby*) to hook, to heel.

tallonàta, *f.* kick with the heel; (*rugby*) hooking.

tallonatóre, *m.* (*rugby*) hooker.

talloncìno, *m.* *1* (*cedola staccabile*) coupon; slip; stub; counterfoil; receipt *2* (*sulle scatole di medicinali*) price ticket *3* (*comm.*) talon *4* (*breve inserzione pubblicitaria*) classified (ad).

tallóne (1), *m.* *1* heel: **girare sui talloni**, to turn on one's heel(s); (*anche fig.*) **il t. d'Achille**, Achilles' heel *2* (*rinforzo della calza*) heel *3* (*di coltello*) tang *4* (*di pneumatico*) bead *5* (*dell'aratro*) landside.

tallóne (2), *m.* (*cedola*) coupon; voucher.

tallóso, *a.* (*chim.*) thallous.

talménte, *avv.* (*con agg. o avv.*) so; (*con verbo*) so much: **È t. piccolo che non riesco a vederlo**, it's so tiny that I can't see it; **Era t. adirato da non riuscire a parlare**, he was so angry that he couldn't speak; he couldn't speak, he was so angry (*fam.*); **Quel libro mi è piaciuto t. che voglio rileggerlo**, I enjoyed that book so much that I want to read it again; **Sono talmente simpatici!**, they are such nice people!

talmùd, *m.* (*stor. ebraica*) Talmud.

talmùdico, *a.* (*stor. ebraica*) Talmudic, Talmudical.

talmudista, *m.* Talmudist.

talóra, *V.* **talvolta**.

tàlpa, *f.* *1* (*zool.*, *Talpa europaea*) mole *2* (*pelliccia*) moleskin *3* (*fig.: persona ottusa*) dullard; dolt; blockhead *4* (*scavatrice*) tunnelling machine; excavator *5* (*fig.: infiltrato*) mole. ● **cieco come una t.**, as blind as a bat.

talùno, **A** *a. indef.* (*al pl.*) some; certain: **Ci sono taluni errori**, there are some mistakes; **in taluni casi**, in some (*o* certain) cases. **B** *pron. indef.* (*f.* **-a**) *1* (*qualcuno*) somebody; someone: **T. potrebbe dire che...**, someone might say that... *2* (*pl.*) (*alcune persone*) some; some people: **Vi sono taluni che credono...**, there are some people who believe...; **taluni dei presenti**, some of those present.

talvòlta, *avv.* sometimes; at times; on occasion; occasionally: **Mi è successo t. di incontrarlo**, I sometimes (occasionally) happened to meet him; **Questa medicina può causare t. mal di testa**, this medicine can sometimes cause a headache.

tamandua, *m.* (*zool.*, *Tamandua*) tamandua; lesser anteater.

tamarindo, *m.* *1* (*bot.*, *Tamarindus indica*) tamarind (*anche il frutto*) *2* (*la bevanda*) tamarind (drink).

tamarisco, *m.* *V.* **tamerice**.

tàmaro, *m.* (*bot.*, *Tamus communis*) black bryony.

tambarèllo, *m.* (*zool.*, *Auxis thazard*) frigate mackerel; plain bonito*.

tambùcio, *m.* (*naut.*) companion hatch.

tamburàre, *v. t.* (*falegn.*) to double-panel.

tambureggiaménto, *m.* *1* drumming *2* (*fig.: di armi da fuoco*) drumfire.

tambureggiànte, *a.* *1* drumming *2* (*fig.: battente*) beating; hammering; pounding; drumming: (*mil.*) **fuoco t.**, drumfire; pounding.

tambureggiàre, *v. i.* *1* to drum *2* (*fig.*) to drum; to beat*; (*anche mil.*) to pound.

tamburellàre, *v. i.* (*anche fig.*) to drum; to beat* a tattoo: **t. con le dita sul tavolo**, to drum one's fingers on the table; to drum on the table with one's fingers; **t. con impazienza**, to beat the devil's tattoo; **La pioggia tamburellava sul tetto**, the rain was drumming (*o* beating down) on the roof.

tamburellio, *m.* drumming; (*insistente*) (devil's) tattoo.

tamburellista, *m. e f.* tambourine player.

tamburèllo, *m.* *1* (*mus.*) tambourine; (*stor.*) timbrel, tabor *2* (*sport*) tamburello *3* (*telaio per ricamo*) tambour; tabo(u)ret.

tamburino, *m.* *1* (*suonatore di tamburo*) drummer; drum *2* (*giorn.*) entertainments guide.

tambùro, *m.* *1* (*mus.*) drum; (*suonatore di t.*) drummer: **il rullo del t.**, the roll of the drum; **suono di t.**, drumbeat; **battere il t.**, to beat a drum; **suonare il t.**, to play the drum; **a suon di t.**, to the sound of drums; **battere la mazza sul t.**, to beat the drum with a drumstick; **t. maggiore**, drum-major; **pelle del t.**, drumhead *2* (*mecc.*) drum; reel; cylinder *3* (*di freno*) brake drum: **freno a t.**, drum brake *4* (*di orologio*) barrel *5* (*di rivoltella*) cylinder; drum *6* (*archit.: di colonna*) drum; (*di cupola*) drum, tambour *7* (*naut.: del timone*) rudder-head; (*di ruota a pale*) paddle-box *8* (*elab.*) drum *9* (*telaio per ricamo*) tambour; tabo(u)ret. ● (*mecc.*) **t. di avvolgimento**, winding drum □ (*ind. tess.*) **t. di cardatrice**, swift □ (*naut.*) **t. del solcometro**, log reel □ (*fig.*) **a t. battente**, immediately; on the double; in double-quick time □ (*fig.*) **battere il t.**, to blow one's trumpet.

tamerìce, *f.* (*bot.*, *Tamarix gallica*) tamarisk.

Tamerlàno, *m.* (*stor.*) Tamerlane; Tamburlaine.

tàmia, *m.* (*zool.*, *Tamias striatus*) chipmunk; striped squirrel.

Tamigi, *m.* (*geogr.*) Thames.

tàmil, *a. m. e f. invar.* Tamil.

tamilico, *a.* Tamil.

tampinàre, *v. t.* (*region. fam.*) *1* (*seguire*) to follow *2* (*infastidire*) to pester.

tampòco, *avv.* (*scherz., preceduto da «né»*) nor: **Non ci sono andato né t. ho intenzione di andarci**, I didn't go, nor do I intend to go.

tamponaménto, *m.* *1* plugging; stopping; padding *2* (*med.*) tamponage; tamponade; plugging *3* (*autom.*) nose-to-tail crash; collision; bump: **t. a catena**, pile-up *4* (*elab.*) buffering.

tamponàre, *v. t.* *1* to plug; to stop; to pad: **t. una perdita**, to stop a leak; (*fig.*) to fill (*o* to plug) a gap *2* (*med.*) to tampon; to pack; to plug: **t. una ferita**, to pack a wound; **t. un'emorragia**, to tampon a hemorrage *3* (*autom.*) to bump (*o* to run*, to crash) into; to collide with *4* (*chim.*) to buffer.

tampóne, **A** *m.* *1* (*materiale per tamponare*)

plug; stopper; wad; pack *2* (*cuscinetto*) pad; (*per timbri*) ink-pad: **t. di carta assorbente**, blotting pad *3* (*assorbente interno*) tampon *4* (*med.*) tampon; plug; pack; swab *5* (*ferr., chim., elettr., elab.*) buffer: **t. a molla**, spring buffer. **B** *a. invar.* *1* (*chim., elettr., elab.*) buffer (*attr.*): (*chim.*) **soluzione t.**, buffer solution; (*elettr.*) **batteria [circuito] t.**, buffer battery [circuit]; (*elab.*) **zona t.**, buffer area *2* (*fig.*) stopgap: **legge t.**, stopgap law; **misure t.**, stopgap measures.

tam-tàm, *m.* *1* tam-tam; tom-tom *2* (*fig.*) grapevine.

tàna, *f.* *1* lair; hole; den; (*di volpe*) earth; (*di coniglio*) burrow: **la t. del leone**, the lion's den (*o* lair); **la t. del lupo**, the wolf's lair; **La volpe si cacciò nella t.**, the fox ran to earth *2* (*fig.: nascondiglio*) den; lair; hide-out; **una t. di ladri**, a den of thieves *3* (*fig.: stamberga*) dog-hole; hovel *4* (*fig.: nei giochi infantili*) home.

tanacéto, *m.* (*bot., Tanacetum vulgare*) tansy; costmary.

tanàglia, *V.* **tenaglia**.

tanatofobìa, *f.* (*psic.*) thanatophobia.

tanatologìa, *f.* (*med.*) thanatology.

tanatològico, *a.* (*med.*) thanatological.

tanatoscopìa, *f.* (*med.*) necroscopy.

tanatòsi, *f.* (*zool.*) thanatosis.

tànca, *f.* *1* can; jerry-can *2* (*naut.*) tank.

tàndem, *m. invar.* *1* tandem (bicycle) *2* (*estens.*) tandem; pair; duo; twosome: **I due soci sono un t. eccezionale**, the partners are a magnificent duo (*o* twosome); **lavorare in t.**, to work in tandem; **un libro scritto in t.**, a book written in tandem.

tanè, *m.* chestnut brown.

tanfàta, *f.* whiff (of bad smell).

tànfo, *m.* *1* (*puzzo*) stench; stink *2* (*odore di muffa*) musty (*o* mouldy) smell, fustiness; (*odore di chiuso*) stale smell.

tànga, *m.* tanga; G-string.

tangènte, A *a.* (*anche geom.*) tangent. **B** *f.* *1* (*geom.*) tangent (line) *2* (*quota, rata*) share; quota; portion *3* (*in traffici illeciti*) bribe; cut (*fam.*); kickback (*fam.*); rake-off (*pop.*); payola (*pop. USA*). ● (*fig.*) **filare per la t.**, to slink away (*o* off); to make off □ (*fig.*) **partire per la t.**, to go off at a tangent.

tangentière, *m.* (*f.* **-a**) person who demands kickbacks.

tangentìzio, *a.* kickback (*attr.*).

tangentocrazìa, *f.* (*polit.*) corrupt administration; kickback rule (*fam.*).

tangentòide, *f.* (*mat.*) tangent curve.

tangènza, *f.* *1* (*geom.*) tangency: **punto di t.**, tangential point *2* (*aeron.*) ceiling: **quota di t.**, ceiling quota.

tangenziàle, A *a.* *1* (*geom.*) tangential *2* (*fig.*) tangential; marginal. **B** *f.* *1* (*geom.*) tangent (line) *2* (*strada*) by-pass; ring (*o* circular) road.

tàngere, *v. t.* (*lett.*) *1* (*toccare*) to touch *2* (*riguardare*) to concern.

Tàngeri, *f.* (*geogr.*) Tangier.

tànghero, *m.* bumpkin; yokel; oaf; boor; lout.

tangìbile, *a.* *1* tangible; touchable *2* (*fig.*) tangible; palpable; concrete; manifest: **prove tangibili**, tangible proofs (*o* evidence); **vantaggio t.**, tangible (*o* concrete, manifest) benefit.

tangibilità, *f.* tangibility.

tàngo, A *m.* (*mus.*) tango*: **ballare il t.**, to dance the tango; to tango. **B** *a.* – **rosso t.**, tangerine.

tangóne, *m.* (*naut.: buttafuori*) boomkin; (*asta di posta*) lower boom, swinging boom. ● **t. di fiocco**, jib boom.

tanguìno, *m.* (*bot., Tanghinia venenifera*) ordeal tree.

tànica, *f.* *1* can; jerry-can *2* (*aeron.*) tank.

tank (*ingl.*), *m. invar.* tank.

tankista, *m.* tanker.

tannànte, (*conceria*) **A** *a.* tanning. **B** *m.* tanning agent.

tannàre, *v. t.* (*conceria*) to tan.

tannàto, *m.* (*chim.*) tannate.

tànnico, *a.* (*chim.*) tannic: **acido t.**, tannic acid.

tannìno, *m.* (*chim.*) tannin.

tantàlico, *a.* (*chim.*) tantalic: **acido t.**, tantalic acid.

tantàlio, *m.* (*chim.*) tantalum.

Tàntalo, *m.* (*mitol.*) Tantalus: (*anche fig.*) **il supplizio di T.**, the torments of Tantalus.

tàntalo, *m.* (*zool., Ibis ibis*) wood ibis*.

tantìno, A *pron. indef.* bit; little (*o* tiny) bit; fraction; (*rif. a liquidi*) drop, dash, touch, spot: **Dammene un t.**, give me a tiny bit; **Adesso guadagno un t. di più**, I'm earning a fraction more now; **un t. d'acqua**, a drop of water; **Mettici anche un t. di vodka**, add a dash (*o* a spot) of vodka as well. **B un tantino,** *locuz. avv.* *1* a little (bit); a thought; a fraction: **Mi sono annoiato un t.**, I got a little (bit) bored: **Sta un t. meglio**, he feels a little (bit) better; **un t. più in alto**, a fraction higher; **un t. troppo scuro**, a shade too dark *2* (*rif. a tempo*) a bit; a moment; a sec (*fam.*).

tànto, A *a.* *1* (*con valore intensivo*) so much; (*una tale quantità*) so much (*pl.* so many); such a lot of; (*tale*) such (a): **Ci vuole tanta pazienza!**, it takes so much patience!; **Ho t. (di quel) lavoro da fare!**, I have so much (*o* such a lot of) work to do!; **C'era tanta (di quella) gente**, there were so many people; **Che te ne fai di tanta lana?**, what do you do with so much (*o* all that) wool?; **Non fare tante storie**, don't make such a fuss; **Dove corri con tanta furia?**, where are you rushing to in such a hurry?; **Non mi aspettavo tanta eleganza**, I wasn't expecting so much elegance; **Ci vuole t. tempo!**, it takes such a long time (*o* so long)!; **Ha t. denaro da poter fare ciò che vuole**, he has such a lot of (*o* so much) money that he can do what he likes; **Tanta è la sua invidia, che non sopporta di vedermi**, such (*o* so great) is his jealousy, that he cannot stand the sight of me *2* (*molto*) a lot of; a great (*o* good) deal of; plenty of; (*specialm. in frasi neg. e interr.*) much (*pl.* many): **Ho tante cose da dirti**, I have a lot of things to tell you; **C'è ancora tanta strada da fare**, there is still a long way to go; **Ho visto tanta miseria**, I saw a lot of poverty; **Non ho t. denaro con me**, I haven't got much money on me; **Non conosco tanta gente in questa città**, I don't know many people in this town *3* (*nei compar. di uguaglianza, in correl. con «quanto»*) as much (*pl.* as many); (*al neg.*) as (*o* so) much (*pl.* as *o* so many): **Ho t. diritto quanto te**, I have as much right as you (have); **Qui ci puoi mettere tanti libri quanti lì**, you can put as many books here as (you can) there; **Non abbiamo t. lavoro quanto voi**, we have not as much work (*o* such a lot of work) as you (have); **Ci sono tante sedie quanti sono gli invitati?**, are there as many chairs as there are guests?; **Ti saranno pagate tante ore quante avrai lavorato**, you will be paid for as many hours as you work *4* (*altrettanto, spesso in correl. con «tanto»*) so much (*pl.* so many): **Erano immobili come tante statue**, they just stood there like so many statues; **Tante teste, tanti pareri**, so many men, so many minds; **Tante parole, tanti errori**, there are as many mistakes as there are words *5* (*in costr. compar., con «più»*) the more; (*con «meno»*) the less (*pl.* the fewer): **Tante più lezioni salterai, tanta più fatica farai in seguito**, the more classes you miss, the more work you'll have to do later on; **Quanto più aveva successo nel lavoro, t. meno tempo dedicava ai suoi**, the more successful he was in his job, the less time he had for his family; **Tanti meno sbagli, tanti più punti**, the fewer the mistakes, the higher the score *6* (*un certo numero o quantità non specificati*) so much (*pl.* so many): **ogni tante ore**, every so many hours; **Per t. lavoro fatto riceverai tanti soldi**, for so much work done, you'll get so much. **B** *avv.* *1* (*con agg. e avv.: così, talmente*) so, so very, (*con agg. e sost.*) such: **È t. bravo!**, he is so clever!; **Sono vicini t. gentili**, they are such nice neighbours; **Si stava t. bene qui!**, it was so pleasant here!; **Era t. semplice!**, it was so simple!; **Sono t. stanco che non riesco ad addormentarmi**, I am so tired that I cannot go to sleep; **Sia t. cortese da lasciarci soli**, be so kind as to leave us alone; **È t. matto da provarcisi**, he's mad enough to want to try it; **Non può essere t. stupido da non capire**, he can't be so stupid as not to understand *2* (*con verbi*) so much; so hard; (*così a lungo*) so long: **L'amava t.!**, he loved her so much!; **Ha lavorato t.**, he worked so hard; **Non posso aspettare t.**, I can't wait so long; **Starai via t.?**, will you be away long?; **Non mangiare t.**, don't eat so much; **Vorrei t. che fosse tutto finito**, how I wish it were all over!; **Scusi t.!**, I'm terribly sorry; I do beg your pardon; **Ha lavorato t. ieri che dorme ancora**, he worked so much yesterday that he is still asleep; **Ho mangiato t. da bastarmi fino a domani**, I have eaten enough to last me until tomorrow *3* (*in frasi neg., con agg. e avv.: molto, troppo*) so; very; all that (*fam.*): **Non è t. lontano**, it isn't so (*o* all that, very) far; **Non è poi t. caro questo ristorante, no?**, this restaurant is not so (*o* all that) expensive, is it? *4* (*nei compar. di uguaglianza, in correl. con «quanto»: con agg. e avv.*) as: **È t. bella quanto intelligente**, she is as beautiful as she is intelligent; **È t. largo quanto lungo**, it is as wide as it is long; **Non è t. abile quanto il suo socio**, he isn't as clever as his partner; **Sarà lungo t. (così)** (*facendo il gesto*), it is about so long (*o* as long as this, this long) *5* (*nei compar. di uguaglianza, in correl. con «quanto»: con verbi*) as much [long, hard, etc.]: **Lavora t. quanto può**, he works as much as he can; **Non s'è fermato t. quanto aveva promesso**, he didn't stop for as long as he had promised; **Tu non studi t. quanto dovresti**, you don't study as hard as you should; **T. lavori, t. guadagni**, you get paid for what you do *6* (*in costr. compar. neg., in correl. con «quanto»*) so much: **Non è t. avaro, quanto piuttosto prudente nello spendere**, he is not so much mean, as very careful with his money; **Piangeva non t. di dolore, quanto di rabbia**, she was crying not so much out of pain, as out of frustration; **Non si tratta t. di costi, quanto di qualità**, it is not so much a matter of costs, as of quality *7* (*in costr. compar. con «più» o «meno»: con agg. e avv.*) the + *compar.*: **Quanto più costoso è il materiale, t. più alto deve essere il prezzo**, the more expensive the material, the higher the price; **I jeans sono t. più ricercati quanto più sono sbiaditi**, jeans are all the more sought after the more faded they are *8* (*con verbi, in costr. compar. con «più»*) the more; (*con «meno»*) the less: **Quanto più insisti, t. meno mi convinci**, the more you insist, the less you convince me; **Quanto più studi, t. più impari**, the more you study, the more you learn; **Quanti più errori faceva, t. più si arrabbiava**, the more mistakes he made, the angrier he got *9* (*in correl. con «quanto»: con sost. e pron.*) both: **Conosco t. lui quanto suo padre**, I know both him and his father; **Quello che dirò riguarda t. voi quanto me**, what I am going to say concerns both you and me (*o* you as well as me) *10* (*con valore moltiplicativo*) as much (*pl.* as many); as big [long, wide, etc.]: **due [tre] volte t.**, twice [three times] as much; **grosso dieci volte t.**, ten times as big; **lungo sei volte t.**, six times as long *11* (*soltanto*) just: **t. per cambiare**, just for a change; **t. per farti piacere**, just to please you; **t. per (il gusto di) fare**, just for the hell of it (*fam.*); just for kicks (*pop.*); **L'ho detto t. per dire**, I said it just to say omething; **Parla t. per parlare**, he speaks ıst for the sake of speaking. ● **t. che**, so much o that: **Mi caricavano di lavoro, t. che alla ine me ne sono andata**, they overworked me, o much so that in the end I left □ **t. è vero he...**, so much so that...; and the proof of it that... □ **t. meglio**, so much the better; all ie better: **T. meglio per lui!**, so much the etter for him! □ **t. meno**, least of all; still less: **lessuno ha il diritto di lamentarsi, t. meno u**, nobody has a right to complain, you least f all; **Se tu non ci vai, t. meno (andrò) io**, f you don't go, neither will I □ **t. peggio**, so nuch the worse; all the worse: **Se non vieni . peggio per te**, if you don't come, so much he worse for you □ **t. per cominciare**, for one hing; for a start □ **t. per dirne una**, for one hing □ **t. più che**, all the more so as □ **T. vale he ti dica tutto**, I may as well tell you everyhing; **T. valeva restarcene a casa**, we might s well have stayed at home □ **né t. né poco** *o* **quanto**), not a bit; not at all; not in the east: **Non mi interessa né t. né poco**, I'm not nterested in the least; I'm not at all interested; **Non mi importa né t. né poco**, I don't care ne bit; I couldn't care less. **C** *pron. indef.* **1** a ot; lots; (*specialm. in frasi neg.*) much (*pl.* many); (*al pl.*: *molte persone*) a lot of people, nany people: **Non ne voglio t.**, I don't want nuch (*o* a lot); **Tanti dicono che non è vero**, many (*o* many people, a lot of people) say that t isn't true; **Dieci uomini non sono tanti per fare quel lavoro**, ten men aren't a lot for that job; **Centomila lire non è poi t.**, a hundred thousand lire is not much, really (*o* isn't not all that much); **Sei pagine non sono tante**, six pages are not many (*o* a lot); **Eravamo in tanti**, there were a lot of us; **L'hanno sentito in tanti**, lots of people heard it; **Non c'è voluto t. per convincerlo**, it didn't take much to convince him; **Non credevo che sarebbe arrivato a t.**, I didn't think he would go that far; **Sarà t. se riuscirò a finire per venerdì**, it'll be already something if I manage to finish by Friday **2** (*per indicare una quantità indeterminata*) so much (*pl.* so many); such a lot (*fam.*); that much: **T. io avevo da dirti**, that much I had to tell you; **Non vuol pagare più di t.**, he won't pay more than so much (*o* that); **Non mi sono preoccupato più di t.**, I didn't worry overmuch (*o* all that much); **tanti dei nostri e tanti dei loro**, so many of our men, so many of theirs; **Non faccio come tanti**, I don't do as so many do; **t. di guadagnato**, so much the better **3** (*quantità specifica indicata da un gesto*) so much; this much; as much as this: **Dammene t. così**, give me so (*o* this) much; **Devo stringere il vestito ancora di t. così**, I must take in the dress by this much more; **Sono più alta di lei di t. così**, I am this much taller that she; I am taller than she is by this much **4** (*ellittico*: *denaro, spazio, tempo, ecc.*) – **Ne ha t. da fare il signore**, he has enough money to live like a lord; **Non c'è t. da passare in due**, there isn't enough room for two to pass; **Non ha t. da vivere**, he hasn't got much to live; **È t. che se n'è andato?**, has he been gone for long?; **Ho t. in mano da mandarlo in prigione**, I have got enough (evidence) to send him to prison; **Gliene ho date tante che se lo ricorderà**, I gave him such a thrashing that he will remember it; **Me ne ha fatte tante!**, I had to put up with so much from him!; **Ne ho viste tante in vita mia**, I've seen so many things in my life; **Gliene ho dette tante che non lo farà più**, I gave him such a piece of my mind that he won't do it again. ● **tant'è** (*è inutile*), what's the good?; it makes no difference: **Gliel'ho detto e ridetto, ma tant'è!**, I told him a hundred times, but what's the good?; **Tant'è, ha deciso di partire e partirà**, he's got it into his head to leave and there's an end to it □ **T. ha detto e t. ha fatto che alla fine gli ho venduto il quadro**, he pestered me so much, that in the end I sold him the picture □ **T. fece che ottenne ciò che desiderava**, he insisted so much that (*o* by dint of insisting) he got what he wanted □ **a dir t.**, at the most □ **Era vestito da diavolo, con t. di coda e forcone**, he was dressed up as a devil, complete with tail and pitchfork; **un omone con t. di baffi**, a big man with a fine moustache; **Mi guardò con t. d'occhi**, he stared at me □ **di t. in t.** (*o* **ogni t.**), every now and then; occasionally; every once in a while; from time to time □ **... e t. basta**, ... and that's that □ **Cento e tanti**, about one hundred; one hundred something; **Nel 1700 e tanti**, in 1700 and something □ **Se fa t. di muovere un dito...**, if he does so much as stir a finger...; if he so much as stirs a finger...; **Se fai t. di aprire bocca...**, if you so much as utter one word... □ (*fig.*) **fare t. di cappello a q.**, to take one's hat off to sb. □ **Fece t. d'occhi**, his (*o* her) eyes popped □ **Se t. mi dà t.**, if I have to go by that; if that's the way it is □ **Poco o t., dovrai fartelo bastare**, you'll have to make do with it, whether you like it or not. **D** *cong.* (*perché, comunque, infatti*) – **Può venire anche lui se vuole, t. c'è posto**, he can come too if he likes, there's plenty of room; **Strappa pure la foto, t. io ho il negativo**, tear up the photo if you wish, I still have the negative; **Non prendertela, t. ormai è fatta**, don't take it so hard, it's too late to do anything about it; **T. è lo stesso**, it does not make a difference; (*è tutto inutile*) it just can't be helped. **E** *m.* – **un t.**, so much: **un t. al mese**, so much a month; **un t. al kilo**, so much per kilo; **un t. per cento**, so much per cent; a percentage; **Mi daranno un t. al mese**, they'll give me a fixed sum each month; **Prenderò solo quel t. che mi serve**, I'll only take as much as I need; **Le dà solo quel t. che basta per fare la spesa**, he only gives her just enough to do the shopping; **Mi bastò quel t. per capire**, that little was enough for me to understand.

tàntra, *m.* (*relig. indù*) Tantra.

tàntrico, *a.* (*relig. indù*) Tantric.

tantrişmo, *m.* (*relig. indù*) Tantrism.

tanzanìano, **A** *a.* (*geol.*) Tanzanian. **B** *m.* (*f.* **-a**) native of Tanzania; inhabitant of Tanzania.

tào, *m.* (*relig. cinese*) Tao.

taoişmo, *m.* (*relig. cinese*) Taoism.

taoìsta, *a.*, *m.* e *f.* (*relig. cinese*) Taoist.

taoìstico, *a.* (*relig. cinese*) Taoistic.

tapìno, **A** *a.* wretched; miserable; pitiful. **B** *m.* (*f.* **-a**) wretch.

tapiòca, *f.* **1** (*bot.*, *Manihot utilissima*) cassava **2** (*cucina*) tapioca.

tapìro, *m.* (*zool.*, *Tapirus*) tapir.

tapis roulant (*franc.*), *locuz. m. invar.* **1** (*ind.*) conveyor belt; travelling apron **2** (*per persone*) moving footpath (*o* walkway); travolator.

tàppa, *f.* **1** (*luogo di sosta*) halting place; (*sosta*) halt, stop, layover (*USA*): **fare t.**, to make a stop; to halt; to stop off; **viaggio senza tappe**, journey without stops **2** (*parte d'un percorso*) stage; leg: **Ci si va in tre tappe**, you get there in three stages; **la prima t. di un viaggio**, the first leg of a journey; **a piccole tappe**, by easy stages **3** (*fig.*) phase; stage: **le tappe della civiltà**, the phases of civilization; **di t. in t.**, stage by stage **4** (*sport*) lap; leg; section; stretch; stage: **le tappe del giro d'Italia**, the stages in the Tour of Italy; **corsa a tappe**, stage race; **t. a cronometro**, timed lap. ● **a tappe**, by stages □ (*fig.*) **bruciare le tappe**, to shoot ahead; to forge ahead: **Ha bruciato le tappe nella carriera**, he made rapid progress in his career; he shot to the top.

tappabùchi, *m.* e *a. invar.* stopgap: **fare da t.**, to act as a stopgap: **soluzione t.**, stopgap (solution); temporary fix (*fam.*).

tappabùco, *m.* (*gergo giorn.*) filler.

tappàre, **A** *v. t.* **1** (*chiudere con un tappo*) to bung; to cork (up); to cap: **t. una botte**, to bung a cask; **t. una bottiglia**, to cork a bottle **2** (*otturare*) to stop up; to plug; to fill; to block up; (*sigillare*) to seal up: **t. un foro**, to stop (*o* to plug) a hole; **t. una falla**, to stop a leak; (**o t. tutte le finestre**, to seal up all windows. ● **t. la bocca a q.**, to stop sb.'s mouth; (*zittire*) to shut sb. up; to silence sb. □ **t. la bocca a q. per sempre**, to silence sb. up for ever □ **tapparsi la bocca**, to cover one's mouth; (*fig.*) to keep one's mouth shut, to hold one's tongue, to shut up □ (*fig.*) **t. un buco** (*pagare un debito*), to pay off a debt □ (*anche fig.*) **tapparsi il naso**, to hold one's nose □ (*anche fig.*) **tapparsi gli occhi**, to close one's eyes □ **tapparsi gli orecchi**, to put one's hands over one's ears; (*fig.*) to stop one's ears. **B** **tappàrsi**, *v. rifl.* to shut oneself up: **t. in casa**, to shut oneself up (in one's house).

tapparèlla, *f.* (*pop.*) rolling (*o* roller) shutter; roll-up shutter.

tapparellista, *m.* e *f.* (*fam.*: *installatore*) rolling shutter fitter; (*aggiustatore*) rolling shutter repairer.

tappatrìce, *f.* (*enologia*) corking machine.

tappetìno, *m.* rug; mat.

tappéto, *m.* carpet; rug; mat; (*nelle palestre*) canvas, mat: **t. di iuta**, jute carpet; **t. di lana**, wool carpet (*o* rug); **t. da bagno**, bath mat; **t. da tavolo**, table cover; **t. persiano**, Persian carpet (*o* rug); **t. alto**, thick (*o* long-pile) carpet; **t. rasato**, short-pile carpet; **Pare di camminare su un t.**, it's like walking on a carpet; **un t. di margherite**, a carpet of daisies. ● **t. di preghiera**, prayer rug □ **t. erboso**, lawn; turf; greensward □ **t. verde**, green baize; (*estens.*: *tavolo da gioco*) gambling table: **perdere al t. verde**, to lose at the gambling table □ (*boxe*) **andare al t.**, to be down: **È andato al t. per cinque secondi**, he was down for a count of five seconds □ (*mil.*) **bombardamento a t.**, carpet (*o* saturation) bombing □ **mettere** (*o* **mandare**) **al t.**, (*boxe*) to have (sb.) on the canvas; (*fig.*) to floor, to knock down □ (*fig.*) **mettere una questione sul t.**, to bring up something.

tappezzàre, *v. t.* **1** (*le pareti, con stoffa*) to hang* (with tapestry); (*con carta*) to paper **2** (*i mobili*) to upholster; to cover **3** (*fig.*: *ricoprire*) to cover; to plaster: **Grandi manifesti tappezzavano i muri**, huge posters covered the walls; **una parete tappezzata di foto**, a wall plastered over with photos; **un muro tappezzato d'edera**, an ivy-covered wall.

tappezzerìa, *f.* **1** (*di stoffa*) tapestry; (*di carta*) wallpaper **2** (*di mobili*) upholstery **3** (*arte del tappezziere*) upholstering. ● (*fig.*) **fare da t.** to be a wallflower.

tappezzière, *m.* (*f.* **-a**) **1** (*di pareti*) paper hanger; decorator (*GB*) **2** (*di mobili*) upholsterer.

tàppo, *m.* **1** (*di botte, barile*) bung; (*di bottiglia, ecc.*) stopper; (*di sughero*) cork; (*metallico*) cap; (*di lavandino, ecc.*) plug: **t. di legno**, wooden bung; **t. di vetro**, glass stopper; **t. da champagne**, champagne cork; **t. a corona**, crown cap; **t. a vite**, screw cap (*o* top); (*mecc.*) screw plug; **mettere il t. a una bottiglia**, to cork a bottle; **togliere il t. a una bottiglia**, to uncork (*o* to draw the cork from) a bottle; to uncap a bottle **2** (*materiale che ostruisce*) plug: **t. di cerume**, plug of wax; **t. di fuliggine**, plug of soot **3** (*fam.*: *persona bassa di statura*) half-pint; shorty; squirt. ● (*autom.*) **t. del radiatore**, radiator cap □ **t. di sicurezza**, safety valve □ (*mil.*, *stor.*) **t. di volata**, tompion □ **tappi per le orecchie**, ear plugs □ **sapere di t.** (*di vino*), to be corked.

tàpsia, *f.* (*bot.*, *Thapsia garganica*) thapsia.

tàra (1), *f.* (*comm.*) tare: **dedurre la t. d'uso**, to deduct the customary tare; **t. media**, average tare; **al netto di t.**, net (of tare); **vendere senza t.**, to sell gross weight as net weight. ● (*fig.*) **fare la t. a q.c.**, to take st. with a grain (*o* a pinch) of salt.

tàra (2), *f.* **1** (*med.*) hereditary defect (*o* taint) **2** (*fig. difetto*) taint; flaw; blemish; fault.

tarabùşo, *m.* (*zool.*, *Botaurus stellaris*)

bittern; bull of the bog.

tarallo, taralluccio, *m.* (*cucina*) «tarallo», «taralluccio» (ring-shaped biscuit). ● (*fig.*) **finire a tarallucci e vino,** to reach an amicable agreement; to make it up in an amicable way.

tarantèlla, *f.* (*mus.*) tarantella.

tarantino, A *a.* Taranto (*attr.*); from Taranto. **B** *m.* (*f.* **-a**) native of Taranto; inhabitant of Taranto.

tarantismo, *m.* (*med.*) tarantism.

taràntola, *f.* (*zool.*, *Lycosa tarentula*) tarantula; wolf-spider.

tarantolato, *a.* ***1*** bitten by a tarantula ***2*** (*med.*) affected with tarantism.

tarantolismo, *m.* (*med.*) tarantism.

tararà, *f.* (*agric.*) winnower.

taràre, *v. t.* ***1*** (*comm.*) to tare ***2*** (*mecc.*) to set*; to adjust; to calibrate.

taràssaco, *m.* (*bot.*, *Taraxacum officinale*) taraxacum; dandelion.

taràto (1), *a.* ***1*** (*comm.*) tared ***2*** (*mecc.*) set; adjusted; calibrated.

taràto (2), *a.* ***1*** (*med.*) with a hereditary defect ***2*** (*fig.*) corrupted; tainted.

taratùra, *f.* ***1*** (*comm.*) taring ***2*** (*mecc.*) setting; adjustment; calibration.

tàrchia, *f.* (*naut.*) spritsail.

tarchiàto, *a.* square-built; burly; thickset; sturdy; stocky.

tardàre, A *v. i.* ***1*** (*essere in ritardo*) to be late: **t. a un appuntamento,** to be late for an appointment; **t. nei pagamenti,** to be late in paying ***2*** (*indugiare*) to be late (*o* long); to delay; to take* (a long) time: **Tardò due settimane a rispondere,** he was two weeks late in replying; **Se non avessi tardato tanto a venire, l'avresti incontrato,** if you hadn't been so late in coming, you'd have met him; **t. a capire,** to be slow in understanding; **Non tardai a capire le sue intenzioni,** I soon realized (*o* I wasn't long in realizing) what he had in mind. **B** *v. t.* to delay; to defer; to procrastinate: **t. la consegna della merce,** to delay the delivery of the goods.

tardézza, *f.* ***1*** (*lentezza*) slowness; tardiness ***2*** (*fig.*: *di mente*) dullness (of mind); denseness; thickness.

tàrdi, *avv.* late: **Si alza t.,** he gets up late; **È davvero così t.?,** is it really as late as that?; **lavorare fino a t.,** to work until late; **Arriva sempre t. a scuola,** he is always late for school; **Si sta facendo t.,** it's getting late; **Ormai è t.,** it's too late now; **far t.,** to be late; (*restare alzato fino a t.*) to stay up late: **Doveva arrivare alle quattro, ma ha fatto t.,** he should have been here at four o'clock, but he was late; **Mi si è fatto t.,** I'm really late; **fare t. in ufficio,** to stay in the office until late; **far fare t. a q.,** to keep sb.; **più t.,** later; later on: **Ci vediamo più t.,** see you later; **qualche giorno più t.,** a few days later; **Di questo ne parliamo più t.,** we'll talk about that later on. ● **A più t.!,** see you later □ **al più t.,** at the latest: **Tornerò al più t. domenica,** I'll come back on Sunday at the latest □ **presto o t.,** sooner or later □ **sul** (*o* **verso il**) **t.,** latish □ **sul t. del pomeriggio,** late in the afternoon □ (*prov.*) **Chi t. arriva male alloggia,** first come, first served □ (*prov.*) **Meglio t. che mai,** better late than never.

tardìgrado, *m.* (*zool.*) tardigrade; water-bear.

tardivaménte, *avv.* tardily; belatedly; (too) late.

tardività, *f.* lateness; tardiness.

tardìvo, *a.* ***1*** (*di fenomeno stagionale*) late; belated: **inverno t.,** late (*o* belated) winter; **pesche tardive,** late peaches ***2*** (*che viene troppo tardi*) belated; overdue; tardy: **scuse tardive,** belated (*o* tardy) apologies; **rimedio t.,** belated remedy; **pentimento t.,** tardy repentance: **Il suo pentimento è un po' t.,** his repentance has come rather late ***3*** (*fig.*: *di persona*) tardy; backward; retarded.

tàrdo, *a.* ***1*** (*lento*) slow, tardy; (*pigro*) sluggish, lazy: **t. nei movimenti,** slow in one's movements; **t. nel prendere decisioni,** slow in making up one's mind; (*lett.*) **passi tardi,** slow steps ***2*** (*di tempo*) late: **a ora tarda,** at a late hour; **a tarda sera,** late at night; **nel t. pomeriggio,** in the late afternoon; late in the afternoon; **Arrivammo in tarda mattinata,** we arrived late in the morning; **il t. Rinascimento,** the late Renaissance; **un'opera t.-rinascimentale,** a late-Renaissance work ***3*** (*di età*) advanced; old: **tarda età,** advanced (*o* old) age: **essere in tarda età,** to be advanced in years; **morire in t. età,** to die very old (*o* at an advanced age) ***4*** (*che giunge tardi*) tardy; belated: **una confessione tarda,** a tardy confession ***5*** (*fig.*: *di sviluppo mentale*) slow; slow-witted; obtuse; dull; dull-witted; dense; backward: **ingegno t.,** slow wit; **t. di mente,** slow-witted; backward; **È un po' t. di comprendonio,** he's a bit slow on the uptake (*fam.*).

tardogòtico, *m.* (*arte*) late Gothic; flamboyant Gothic.

tardóna, *f.* (*scherz.*) passée woman*; old girl (*fam.*); mutton dressed (up) as a lamb (*fam.*).

tardóne, *m.* (*f.* **-a**) (*fam.*: *persona lenta*) slowcoach (*fam.*).

tàrga, *f.* ***1*** (*piastra di pietra, legno, porcellana*) plaque; (*di metallo*) plate; (*col nome*) nameplate: **t. d'ottone,** brass plate; **t. commemorativa,** commemorative plaque; **t. votiva,** votive tablet; **Il premio consiste in una t. d'argento,** the prize is a silver plate (*o* shield) ***2*** (*autom.*) numberplate (*GB*); license plate (*USA*); registration plate (*Austr.*): **numero di t.,** registration number ***3*** (*stor.*) target; shield.

targàre, *v. t.* (*autom.*) to provide with a numberplate (*USA*: license plate).

targàto, *a.* ***1*** (*autom.*) provided with a numberplate (*USA*: license plate): **un'auto targata Sondrio,** a car with a Sondrio numberplate (*o* registration number) ***2*** (*fig.*) labelled.

targatùra, *f.* (*autom.*) issuing of (*o* provision with) a numberplate (*USA*: license plate).

targhétta, *f.* (*sulla porta*) nameplate, door--plate; (*piastrina*) tag, tally.

targhettatrice, *f.* addressing machine; Addressograph (*marchio*); addresser.

targóne, *m.* (*bot.*, *Artemisia dracunculus*) tarragon.

tarì, *m.* (*numism.*) tari.

tarìffa, *f.* ***1*** rate; tariff; (*prezzo*) price, charge; (*nei trasporti*) fare: **t. alberghiera,** hotel rate (*o* price); **t. assicurativa,** insurance rate; **t. daziaria,** municipal customs rate; **t. doganale,** customs tariff; **tariffe ferroviarie,** railway fares; **t. postale,** postage; postal rate; **tariffe professionali,** professional fees; **tariffe telefoniche,** telephone rates (*o* charges) ***2*** (*tariffario*) tariff; list (*o* schedule) of rates; price list. ● **t. differenziale,** differential tariff □ (*telef.*) **t. diurna** [**notturna**], day [night] rate □ **t. fissa** (*o* **forfettaria**), flat rate; standard charge □ **t. intera,** full (*o* adult) rate; (*trasporti*) full fare □ **t. oraria,** hourly rate □ **t. protettiva,** protective tariff □ **t. ridotta,** reduced (*o* cut) rate; (*trasporti*) reduced (*o* concessionary, cheap) fare □ **t. salariale,** wage rate □ **t. scalare,** scale rate □ **t. sindacale,** union scale □ **t. supplementare,** additional charge □ (*ass.*) **t. tabellare,** schedule rate; specific rate □ **t. tutto compreso,** inclusive rate; package deal (*o* offer) □ (*trasporti*) **biglietto a t. intera** [**ridotta**], full-fare [reduced-fare] ticket □ (*trasporti*) **biglietto a mezza t.,** half-fare ticket.

tariffàle, *a.* tariff (*attr.*); rate (*attr.*): **norma t.,** tariff regulations.

tariffàre, *v. t.* to put* a tariff on; to tariff; to fix the price of.

tariffàrio, A *a.* tariff (*attr.*); rate (*attr.*); price (*attr.*): **aumento t.,** rate increase; **liste tariffarie,** price lists; **norme tariffarie,** tariff regulations; standard tariffs. **B** *m.* tariff; list (*o* schedule) of rates; price list: **t. doganal**[**e**], customs tariff.

tariffazióne, *f.* fixing of tariffs; fixing of rat[es] (*o* prices); (*trasporti*) fixing of fares.

tarlàre, A *v. t.* to eat*. **B** *v. i.* e **tarlàrsi,** *v. i. pr*[*on.*] to become* worm-eaten; to be worm-eaten.

tarlatàna, *f.* (*ind. tess.*) tarlatan.

tarlàto, *a.* worm-eaten; worm-holed.

tarlatùra, *f.* ***1*** (*il foro*) worm-hole ***2*** (*la pc*[*ol*]*vere*) dust from worm-eaten wood.

tàrlo, *m.* ***1*** (*zool.*) woodworm; worm: **disi**[**n**]**festazione dai tarli,** woodworm control; **ro**[**s**]**[o] dai tarli,** worm-eaten ***2*** (*fig.*) worm; gnaw[-]ings (*pl.*); pangs (*pl.*): **il t. del dubbio** [**dell**[**a**] **coscienza**], the worm of doubt [[of] conscience]; **il t. del rimorso,** the worm ([*o*] pangs) of remorse.

tàrma, *f.* (*zool.*, *Tinea*) moth.

tarmàre, A *v. t.* (*di tarma*) to eat*. **B** *v. i.* [*e*] **tarmàrsi,** *v. i. pron.* to become* moth-eaten; [to] be moth-eaten.

tarmàto, *a.* moth-eaten.

tarmatùra, *f.* moth-hole.

tàrmica, *f.* (*bot.*, *Achillea ptarmica*) sneeze[-]wort.

tarmìcida, *m.* moth-killer.

taròcco (1), *m.* (*carta da gioco*) tarot: **u**[**n**] **mazzo di tarocchi,** a pack of tarots; **giocar**[**e**] **a tarocchi,** to play tarots.

taròcco (2), *m.* (*varietà di arancio*) Sicilia[n] blood orange.

taròzzo, *m.* (*naut.*) ***1*** (*di sartie*) sheer batte[n] ***2*** (*di biscaglina*) rung.

tarpàn, *m. invar.* (*zool.*, *Equus gmelinii*) tarpar[n]

tarpàre, *v. t.* (*anche fig.*) to clip: **t. le ali a q**[**.**], to clip sb.'s wings.

Tarpèo, *a.* (*stor.*) Tarpeian: **la Rupe Tarpea**, the Tarpeian Rock.

Tarquìnio, *m.* (*stor.*) Tarquin; Tarquinius.

tarsàle, *a.* (*anat.*) tarsal: **ossa tarsali,** tarsa[l] bones.

tarsalgìa, *f.* (*med.*) tarsalgia.

tàrsia, *f.* (*arte*) intarsia; tarsia; marquetry.

tàrsio, *m.* (*zool.*, *Tarsius*) tarsier.

tàrso, *m.* (*anat.*) tarsus*.

tartagliaménto, *m.* stuttering; stammering[;] stutter; stammer.

tartagliàre, A *v. i.* to stutter; to stammer. **B** [*v.*] *t.* to stutter out; to stammer out; to mutter: **Tartagliò qualcosa e se ne andò,** he mutterer[d] something and went off.

tartaglióne, *m.* (*f.* **-a**) stutterer; stammerer.

tartàna, *f.* ***1*** (*naut.*) tartan ***2*** (*rete a strascico*) trawl-net.

tartàreo, *a.* (*lett.*) Tartarean; infernal.

tartarésco, *a.* (*stor.*) Tartaric; Tartarian.

tartàrico, *a.* (*chim.*) tartaric: **acido t.,** tartari[c] acid.

tàrtaro (1), *m.* ***1*** (*mitol.*) Tartarus ***2*** (*lett.*: *inferno*) hell; underworld.

tàrtaro (2), *a.* e *m.* (*f.* **-a**) Tartar; Tatar. ● (*cucina*) **bistecca alla tartara,** steak tartare □ **salsa tartara,** tartar sauce; tartare.

tàrtaro (3), *m.* ***1*** (*chim.*) tartar: **cremore di t.,** cream of tartar; **t. emetico,** tartar emetic ***2*** (*med.*) tartar; scale ***3*** (*del vino*) tartar; argol.

tartarùga, *f.* ***1*** (*zool.*) tortoise; (*di mare*) turtle: **t. azzannatrice** (*Chelydra serpentina*) snapping turtle; snapper; **t. embricata** (*Eretmochelys imbricata*) hawksbill (turtle); **t. d'acqua dolce,** terrapin; water tortoise; **t. verde** (*o* **franca**) (*Chelonia mydas*) green turtle; **guscio di t.,** tortoise shell; (*cucina*) **brodo di t.,** turtle soup ***2*** (*il materiale*) tortoiseshell: **pettine di t.,** tortoiseshell comb ***3*** (*fig.*: *persona lenta*) snail; slowcoach; slowpoke (*USA*). ● **a passo di t.,** at a snail's pace.

tartassaménto, *m.* harrassment; ill-treatment; (*di domande*) grilling.

tartassàre, *v. t.* ***1*** (*strapazzare*) to harass, to give* a hard time, to be hard on; (*maltrattare*) to harass, to ill-treat: **La polizia l'ha tartassato di domande,** the police harassed him with questions (*o* put him through the mill); **t. q. a un esame,** to give sb. a hard time (*o* to

rill sb., to put sb. through the mill) in an oral) exam; **t. uno strumento**, to torture an nstrument **2** (*far pagare molto*) to fleece, to ip off; (*del fisco*) to bleed, to soak (*USA*).
rtìna, *f.* (*cucina*) canapé.
rtràto, *m.* (*chim.*) tartrate.
rtrazìna, *f.* (*chim.*) tartrazine.
rtufàia, *f.* truffle-ground.
rtufàio, *m.* truffle-seller.
rtufàre, *v. t.* (*decorare*) to garnish with ruffles; (*insaporire*) to flavour with trouffles.
rtufàto, *a.* (*cucina*) truffled; with truffles.
rtufìcolo, *a.* truffle (*attr.*): **zona tartufico-a**, truffle region.
rtuficoltóre, *m.* truffle grower.
rtuficoltùra, *f.* truffle-growing.
rtùfo (1), *m.* **1** (*bot., Tuber*) truffle; earthnut: **t. bianco** (*o* **d'Alba**) (*Tuber magnatum*), white truffle; **t. nero** (*Tuber melanosporum*), black (*o* French) truffle; **cane da t.**, ruffle-dog **2** (*naso del cane*) nose. ● (*zool.*) **t. di mare** (*Venus verrucosa*), sea truffle.
rtùfo (2), *m.* (*ipocrita*) Tartuffe (*franc.*); hypocrite.
àsca, *f.* **1** pocket; (*di valigia, borsa, ecc.*) compartment, division, pocket: **t. interna [esterna]**, inside [outside] pocket; **tasche dei calzoni [della giacca]**, trouser [jacket] pockets; **con la mani in t.**, with one's hands in one's pockets; **una t. piena di spiccioli**, a pocketful of small change; **mettersi q.c. in t.**, to put st. into one's pocket; to pocket st.; **mettersi in t. un bel po' di soldi** (*disonestamente*), to line one's pocket; **frugarsi in t.**, to search one's pockets; **Si riempì le tasche di cioccolatini**, he filled (*o* stuffed) his pockets with chocolates; **vuotare** (*o* **vuotarsi**) **le tasche**, to empty (*o* to turn out) one's pockets **2** (*pl.*) (*fig.: disponibilità finanziarie*) pocket (*sing.*): **troppo caro per le mie tasche**, too expensive for my pocket **3** (*anat.*) pouch **4** (*geol., ind. min.*) nest **5** (*cucina*) pastry bag. ● **t. ad aletta**, flap pocket □ **t. applicata** (*o* **a toppa**), patch pocket □ **tasche ben fornite**, well-lined pockets □ (*ind. min.*) **t. di carico**, pocket □ **t. finta**, false pocket □ (*zool.*) **t. del nero**, ink-bag □ **t. posteriore**, (*dei calzoni*) hip pocket □ **t. tagliata**, slit pocket □ (*fig.*) **avere le tasche vuote**, to be out of pocket; to be penniless; to be broke (*fam.*) □ (*fig.*) **averne le tasche piene di**, to be fed up with; to be sick and tired of; to have had one's fill (*o* more than enough) of; to have had a bellyful of (*pop.*) □ **Ha i soldi che gli bruciano in t.!**, money is burning a hole in his pocket! □ **conoscere q.c. come le proprie tasche**, to know st. like the back of one's hand; to know st. inside out □ **da t.**, pocket (*attr.*): **coltello da t.**, pocket knife; **fazzoletto da t.**, pocket handkerchief □ **di t. propria**, out of one's own pocket: **pagare di t. propria**, (*anche fig.*) to pay out of one's own pocket; (*fig.*) to pay for it; **rimetterci di t. propria**, to end up out of pocket; to stand to lose □ (*fig.*) **mettere mano alla t.**, to put one's hand in one's pocket; to dip into one's pocket; to dig into one's purse □ (*fig.*) **riempire le tasche di q.**, to line sb.'s pockets □ **ripulire** (*o* **vuotare**) **le tasche a q.** (*derubarlo*), to empty (*o* to clean, to rifle) sb.'s pockets; to clean sb. out □ **rivoltare** (*o* **rovesciare**) le tasche, to turn out one's pockets □ (*fig.*) **rompere le tasche a q.**, (*infastidire*) to bother, to pester, to aggravate (*fam.*); (*essere noioso*) to be a pain in the neck (*fam.*), to be aggravating (*fam.*) □ (*anche fig.*) **starsene con le mani in t.**, to stand (around) with one's hands in one's pockets; to loaf about □ **A me non viene niente in t.**, I am not getting anything out of it; I have nothing to gain from it □ **avere la vittoria in t.**, to be sure of one's victory.
tascàbile, A *a.* pocket (*attr.*); pocket-sized; (*piccolissimo*) tiny, miniature, pint-sized: **dizionario t.**, pocket dictionary; **corazzata t.**, pocket battleship; **edizione t.**, paperback (*o* pocket) edition; **formato t.**, pocket-size; **lampadina t.**, pocket flashlight; **Venere t.**, pocket Venus. **B** *m.* paperback; pocket book.
tascapàne, *m. invar.* haversack.
tascàta, *f.* pocketful.
taschìna, *f.* (*filatelia*) stamp envelope.
taschìno, *m.* (small) pocket; (*della giacca*) breast-pocket; (*del panciotto*) waistcoat (*USA*: vest) pocket; **orologio da t.**, pocket watch.
taşmaniàno, *a.* e *m.* (*f.* **-a**) Tasmanian.
tàssa, *f.* (*imposta, tributo*) tax; (*econ., comm.*) duty, dues; (*di iscrizione, registrazione e sim.*) fee: **imporre una t. su q.c.**, to levy a tax on st.; to tax st.; **pagare le tasse**, to pay (one's) taxes; **Su queste entrate non si pagano tasse**, no tax is payable on these earnings; **pagare due milioni di tasse**, to pay two million in taxes; **ridurre le tasse**, to reduce taxation; to cut taxes (*fam.*). ● **t. di ammissione**, admission fee □ (*naut.*) **t. d'ancoraggio**, anchorage □ **t. di bollo**, stamp duty □ **t. di circolazione**, road tax □ **t. di consumo**, excise duty □ **t. d'esame**, examination fee □ **t. d'esercizio**, trade-licence tax □ **t. di frequenza**, tuition fee □ **t. di successione**, death duty □ **t. d'iscrizione**, registration fee; (*a un club*) club dues; (*a un sindacato*) union dues □ **t. di pedaggio**, toll □ **t. di registro**, registration fee □ **t. di soggiorno**, tourist tax; visitors' tax □ **t. fondiaria**, land duty □ **t. postale a carico**, postage unpaid □ **t. procapite**, head tax □ **t. proporzionale**, ad valorem duty □ **tasse scolastiche**, school (*o* tuition) fees □ **t. sugli alcolici**, tax on spirits □ **t. sui cani**, dog licence (fee) □ **t. sulle importazioni**, import duty □ **agente delle tasse**, tax inspector □ **esattore delle tasse**, tax collector; taxman □ **esente da tasse**, exempt from tax; tax-free; (*di merci*) duty-free.
tassàbile, *a.* taxable; chargeable (with duty); assessable.
tassàmetro, *m.* taximeter; meter (*fam.*): **t. di parcheggio**, parking meter.
tassàre, A *v. t.* to tax; to levy a tax on; (*accertare l'imponibile*) to assess, to tax: **t. i cittadini**, to tax the citizens; **t. gli alcolici**, to tax spirits; **t. una proprietà [un reddito]**, to assess a property [an income]; **t. una lettera**, to surcharge a letter; **t. alla fonte**, to tax at source; **t. eccessivamente**, to overtax. **B tassàrsi,** *v. rifl.* to agree to pay; to contribute: **Ci siamo tassati tutti di cinquantamila lire per aprire un fondo di soccorso**, we all contributed fifty thousand lire towards a relief fund.
tassativaménte, *avv.* absolutely; peremptorily; strictly; definitely: **È t. vietato**, it is strictly forbidden; **Si è t. opposto al progetto**, he declared himself absolutely against the plan.
tassatività, *f.* peremptoriness; obligatoriness; finality.
tassativo, *a.* strict; express; definite; peremptory; absolute; imperative: **ordini tassativi**, strict (*o* express) orders; **termine t. di consegna**, final deadline; **un no t.**, a definite (*o* an absolute) no; **necessità tassativa**, absolute necessity; imperative need.
tassàto, *a.* **1** taxed **2** (*gravato da imposta*) taxed; subject to duty **3** (*posta*) postage-due; carrying a surcharge.
tassazióne, *f.* taxation; charging; (*accertamento dell'imponibile*) assessment, taxation: **t. doppia**, double taxation; **t. forfettaria**, standard taxation; **t. separata**, separate assessment (*o* taxation); **reddito soggetto a t.**, assessable (*o* taxable) income.
tassellàre, *v. t.* **1** to dowel; to plug **2** (*prelevare un tassello*) to cut* out a wedge from; to plug: **t. un'anguria**, to plug a water-melon.
tassellàto, A *a.* **1** (*riparato con tasselli*) dowelled; plugged **2** (*formato da tasselli*) tessellate(d). **B** *m.* parquet.
tassellatùra, *f.* dowelling; plugging.
tassèllo, *m.* **1** (*per riparazioni*) dowel; plug; wedge **2** (*edil.*) nog **3** – **t. a espansione**, screw (*o* wall) anchor **4** (*per decorazione*) tessera* **5** (*sartoria*) gusset **6** (*prelievo per assaggio*) (sample) plug; wedge.
tassèma, *m.* (*ling.*) taxeme.
tassì, *m.* taxi; taxi-cab.
tassia, *f.* (*bot.*) arrangement; -taxis (*suff.*): **t. fogliare**, phyllotaxis.
tassidermìa, *f.* taxidermy.
tassidèrmico, *a.* taxidermic; taxidermal.
tassidermista, *m.* e *f.* taxidermist.
tassinàro, (*region.*) *V.* **tassista**.
tassinomìa, e *deriv. V.* **tassonomia**, e *deriv.*
tassista, *m.* e *f.* taxi driver; cab driver.
tàsso (1), *m.* (*zool., Meles meles*) badger: **pelo di t.**, badger's hair; **pennello di t.**, badger's-hair brush. ● **t. fetente** (*Mydaus javanensis*) teledu □ **dormire come un t.**, to sleep like a log.
tàsso (2), *m.* (*bot., Taxus baccata*) yew. ● **t. barbasso** *V.* **tassobarbasso**.
tàsso (3), *m.* (*incudine*) stake.
tàsso (4), *m.* **1** (*stat.*) rate: **t. di crescita**, rate of growth; growth rate; **t. di mortalità [di natalità, di sopravvivenza]**, death [birth, survival] rate; **t. di criminalità**, crime rate; **t. di disoccupazione**, jobless (*o* unemployment) rate; **un t. di accuratezza del 90%**, a 90% accuracy rate **2** (*banca, econ., fin.*) rate; (*rapporto*) ratio*: **t. attivo** (*o* **d'impiego**), lending rate; **t. bancario di riferimento**, prime rate; base rate (*GB*); **t. di capitalizzazione**, yield; **t. d'interesse**, rate of interest; interest rate.; **t. di liquidità**, liquidity ratio; **t. di produzione**, turnover rate; **t. di sconto**, rate of discount; discount rate; **t. fluttuante**, floating rate; **t. legale di interesse**, official rate of interest; **t. primario**, prime rate; **t. ufficiale di sconto**, bank rate; minimum lending rate **3** (*med.*) rate; level: **t. di emoglobina**, emoglobine level.
tassobarbàsso, *m.* (*bot.*, *Verbascum thapsus*) mullein; Aaron's rod.
tassòdio, *m.* (*bot.*, *Taxodium distichum*) swamp (*o* bald) cypress.
tassonomìa, *f.* taxonomy; systematics (*pl. col verbo al sing.*).
tassonòmico, *a.* taxonomic(al).
tassonomista, *m. e f.* taxonomer; taxonomist.
tastàre, *v. t.* **1** (*palpare*) to feel*; to touch; to handle: **Tastò il pacco**, he felt the parcel; **Avanzai nel corridoio tastando la parete**, I felt my way down the corridor; **Tastò il muro in cerca dell'interruttore**, he felt about for the switch; **t. il polso a q.**, to feel sb.'s pulse; (*fig.*) **t. il polso all'elettorato**, to feel the pulse of the electorate **2** (*scandagliare*) to sound, to try, to fathom; (*fig.: una persona*) to sound out: **Prima di attraversare il guado, tastate il fondo**, before crossing the ford, try the bottom; **Tastalo un po' su questa faccenda**, sound him out on this matter. ● **t. il terreno**, *V. sotto* **terreno**.
tastàta, *f.* feel; touch; (*palpata*) grope: **dare una t. a q.c.**, to feel st.
tastatóre, *m.* (*tecn.*) tracer point; feeler pin.
tasteggiàre, *v. t.* **1** to feel* slightly **2** (*mus.: il piano e sim.*) to run one's fingers over the keyboard; (*un flauto e sim.*) to finger.
tastièra, *f.* **1** (*mus.: di pianoforte e sim.*) keyboard; (*di violino e sim.*) fingerboard: **t. elettronica**, electronic keyboard; **t. muta**, dumb piano (*o* keyboard); **strumento a t.**, keyboard instrument; **genio della t.**, keyboard genius **2** (*di macchina per scrivere e sim.*) keyboard **3** (*elab.*) keyboard; keyset. ● **telefono a t.**, push-button telephone.
tastierino, *m.* keypad: (*elab.*) **t. numerico**, number keypad.
tastierista, *m.* e *f.* keyboard operator; keyboarder; (*mus.*) keyboard player, (*specialm. di tastiera elettronica*) keyboardist.
tàsto, *m.* **1** (*di macchina per scrivere, ecc.*)

key; (*pulsante*) button; (*del telegrafo*) tapper: **battere sui tasti**, to tap the keys; **t. incolonnatore**, tabulation key; **t. delle maiuscole**, shift key; **t. di registrazione**, record button; **t. di ritorno**, backspacer; return key; **t. spaziatore**, spacebar; spacing bar; **t. tabulatore**, tab key ***2*** (*mus.*: *di strumento a tastiera*) key; (*di strumento a corde*) fret ***3*** (*tatto*) touch; feel: **al t.**, by touch; to the touch: **riconoscere q.c. al t.**, to recognize st. by touch (*o* by the feel of it); **andare a t.**, (*anche fig.*) to grope one's way ***4*** (*fig.*: *argomento*) subject; matter; note: **t. doloroso**, painful subject; **t. delicato**, delicate subject; tender (*o* sore) spot; sore point: **toccare un t. delicato**, to touch on a delicate subject; **È pericoloso toccare quel t.**, keep off that subject; **toccare il t. giusto [sbagliato]**, to strike the right [wrong] note; **battere sullo stesso t.**, to harp on st.; to keep on about st. ***5*** (*tassello, prelievo*) sample; (*di formaggio*) wedge.

tastóni, *avv.* gropingly: **camminare [procedere] (a) t.**, to grope one's way.

tàta, *f.* (*infant.*: *bambinaia*) nanny; nana.

tàtaro, *V.* **tartaro (2)**.

tàttica, *f.* ***1*** (*la scienza mil.*) tactics (*pl. col verbo al sing.*): **t. navale**, naval tactics ***2*** (*fig.*: *linea d' azione*) tactics (*pl.*), tactic; (*strategia*) strategy, stratagem, ploy; (*sistema*) policy, method, way of dealing: **t. difensiva**, defensive tactics; **t. dilatoria**, delaying tactics; **t. della sorpresa**, surprise tactics; **La sua t. era tutta sbagliata**, his tactics were all wrong; (*sport*) **t. di gioco**, playing tactics; (*sport*) **t. di gara**, game plan; **cambiare t.**, to change tactics; **Con lui quella t. non serve**, you are using the wrong tactic with him; that's the wrong way of dealing with him.

tatticismo, *m.* use of tactics; (*spreg.*) chicanery, deviousness, devious ways (*pl.*).

tàttico (1), **A** *a.* ***1*** (*mil.* e *fig.*) tactical: **armi tattiche**, tactical weapons; **bombardamento t.**, tactical bombing; **posizione tattica**, tactical position; **schieramento t.**, tactical formation; **errore t.**, tactical error; **mossa tattica**, tactical move; tactic ***2*** (*chim.*) tactic: **polimero t.**, tactic polymer. **B** *m.* (*f.* **-a**) tactician.

tàttico (2), *m.* (*biol.*) taxic.

tatticóne, *m.* (*f.* **-a**) (*fam.*) manoeuvrer; sly fox.

tàttile, *a.* tactile: **organi tattili**, tactile organs; **sensazione t.**, feel; **avere una grande sensibilità t.**, to have a very fine sense of touch (*o* a very fine touch).

tattilità, *f.* tactility.

tattismo, *m.* (*biol.*) taxis*.

tàtto, *m.* ***1*** touch; feel: **il senso del t.**, the sense of touch; **morbido al t.**, soft to the touch; **Hai il t. finissimo**, you have a very fine (*o* delicate) touch; **riconoscere q.c. al t.**, to recognize st. by touch (*o* by the feel of it) ***2*** (*fig.*: *diplomazia*) tact; tactfulness; finesse: **avere t.**, to be tactful; **agire con t.**, to act tactfully; **mancare di t.**, to lack (in) tact; to be tactless; **persona di t. [senza t.]**, tactful [tactless] person; **una faccenda che richiede t.**, a matter requiring tact; a sensitive (*o* a delicate) matter; **mancanza di t.**, lack of tact; tactlessness; **Che mancanza di t., la sua!**, how tactless of him!

tatuàggio, *m.* tattoo; (*la pratica*) tattooing.

tatuàre, **A** *v. t.* to tattoo: **farsi t. un polso**, to have one's wrist tattooed. **B tatuàrsi**, *v. rifl.* (*farsi tatuare*) to have oneself tattooed.

tatuàto, *a.* tattooed.

tàu, *m.* o *f.* (*diciannovesima lettera dell'alfabeto greco*) tau.

taumaturgìa, *f.* thaumaturgy.

taumatùrgico, *a.* thaumaturgic(al); miraculous; wonder-working.

taumatùrgo, *m.* performer of miracles; wonder-worker; thaumaturge.

taurifórme, *a.* bull-shaped; in the shape of a bull.

taurina, *f.* (*biochim.*) taurine.

taurino, *a.* ***1*** taurine; of a bull; bull (*attr.*): **razza taurina**, taurine breed ***2*** (*fig.*) taurine; bull-like; bull (*attr.*): **un collo t.**, a bull neck; **forza taurina**, bull-like strength; **Ha un fisico t.**, he is a bull of a man.

tauromachìa, *f.* tauromachy; bullfighting.

tauròtrago, *m.* (*zool.*, *Taurotragus oryx*) eland.

tautòcrona, *f.* (*fis.*) tautochrone.

tautologìa, *f.* tautology.

tautològico, *a.* tautologic(al).

tautomerìa, *f.* (*chim.*) tautomerism.

tautòmero, *a.* (*chim.*) tautomeric. ● **composto t.**, tautomer.

tautosillàbico, *a.* (*ling.*) tautosyllabic.

tavèlla, *f.* (*edil.*) hollow flat block; hollow flat tile.

tavellàto, **tavellonàto** *a.* (*edil.*) made of (*o* built with) hollow flat blocks (*o* tiles).

tavellóne, *m.* (*edil.*) hollow flat block.

tavèrna, *f.* ***1*** (*osteria*) tavern, wine-shop, inn; (*spreg.*: *bettola*) low tavern, booze joint (*pop.*), dive (*pop.*) ***2*** (*ristorante in stile rustico*) country-style restaurant; inn ***3*** (*in una villa*) basement recreation room. ● **discorsi da t.**, vulgar (*o* low) talk.

tavernétta, *f.* ***1*** (*piccolo ristorante*) inn; country-style restaurant ***2*** (*in una villa*) basement recreation room.

tavernière, *m.* (*f.* **-a**) tavern-keeper; inn-keeper; host (*f.* hostess); landlord (*f.* landlady).

tàvola, *f.* ***1*** (*per i pasti*) table: **La minestra è in t.**, the soup is on the table; **sedersi (*o* mettersi) a t.**, to sit down to lunch [to dinner, etc.]; to sit down to eat; **essere a t.**, to be having lunch [breakfast, etc.]; **alzarsi da t.**, to leave the table; to rise from the table; **apparecchiare la t. (*o* mettere t.)**, to lay (*o* to set) the table; **sparecchiare la t. (*o* togliere t.)**, to clear the table; to clear up; **portare q.c. in t.**, to serve st.; **servire in t.**, to serve (*o* to wait) (at table); **non saper stare a t.**, to have poor table manners; **a capo t.**, at the head of the table; **A t.!**, lunch [dinner] is ready!; **Il pranzo è in t.**, dinner is served; **biancheria da t.**, table linen; **servizio da t.**, dinner service (*o* set); **vino da t.**, table wine ***2*** (*banco da lavoro*) bench: **t. del falegname**, carpenter's bench ***3*** (*piano di legno*) (wooden) board, panel; (*di marmo*) slab; (*asse*) plank: **t. del pavimento**, floorboard; **pavimento di tavole**, wooden floor; **dipinto su t.**, painting on wood ***4*** (*tabella, prospetto*) table: **tavole sinottiche**, synoptic tables; (*mat.*) **t. pitagorica**, multiplication table; (*mat.*) **tavole di logaritmi**, logarithm tables; (*chim.*) **t. periodica**, periodic table; (*med.*) **tavole anatomiche**, anatomical tables; **tavole dei pesi e delle misure**, tables of weights and measures; **tavole di mortalità**, mortality tables; **t. della marea**, tide-table ***5*** (*illustrazione*) plate: **t. a colori**, coloured plate; **t. fuori testo**, plate ***6*** (*dipinto*) painting: **una t. del Guercino**, a painting by Guercino. ● **t. a vela**, (*lo sport*) windsurfing; (*la tavola*) sailboard □ (*stor.*) **le Tavole Amalfitane**, the Tables of Amalfi; the Amalfitan Code □ (*mus.*) **t. armonica**, sounding board □ **t. calda**, (*i piatti*) hot dishes (*pl.*); (*il locale*) cafeteria, café, lunch bar, snack bar, luncheonette □ (*mil.*) **t. d'alzo**, range table □ **le tavole del palcoscenico**, the boards (of the stage): **calcare le tavole del palcoscenico**, to tread the boards □ (*Bibbia*) **le Tavole della Legge**, the Tables of the Law □ (*naut.* e *fig.*) **t. di salvezza**, safety plank □ (*mil.*) **t. di tiro**, firing table □ **t. fredda**, (*i piatti*) cold dishes (*pl.*), buffet; (*il banco*) cold counter □ **t. geografica**, map □ (*gioco*) **t. reale**, backgammon □ **t. rotonda**, (*dibattito*) forum, panel; (*convegno*) round-table conference □ (*letter.*) **la T. Rotonda**, the Round Table □ **amare la buona t.**, to be a gourmet; to love good food (*o* good cuisine) □ (*stor. romana*) **le Dodici Tavole**, the Twelve Tables □ **i piaceri della t.**, the plea ures of the table □ (*fig.*) **tenere t. imbandit** to keep open house.

tavolàccio, *m.* plank-bed.

tavolàme, *m.* planking; boarding. ● (*edil.*) **da rivestimento**, sheeting.

tavolàta, *f.* table: **una t. di dieci persone**, table of ten people.

tavolàto, *m.* ***1*** boarding; (*parete di tavole* boarding, dividing wall, wooden partition; (*rivestimento*) wainscot(ing); (*pavimento tavole*) planking, wooden floor ***2*** (*geogr.* tableland; plateau* (*franc.*) ***3*** (*naut.* planking.

tavolétta, *f.* ***1*** (*piccola tavola*) tablet: **t. di ce ra** (*per scrivere*), wax tablet; **t. cuneiform** cuneiform tablet ***2*** (*assicella*) small boar (*per pavimenti*) batten; (*per tetti*) batte shingle ***3*** (*di prodotti commestibili*) bar; (*a farmaci*) tablet: **t. di cioccolata**, bar c chocolate. ● (*geodesia*) **t. pretoriana**, plane -table □ (*elab.*) **t. grafica**, digitizing pad (*autom.*) **andare a t.**, to drive flat out; to ste on the gas (*USA*); to step on it □ **gioco dell tre tavolette**, three-card monte.

tavolière, *m.* ***1*** board; (*scacchiera*) chess board, draughtboard: **giochi da t.**, boar games ***2*** (*geogr.*) tableland; plateau (*franc.*).

tavolino, *m.* (small) table; (*scrittoio*) writin table, desk: **i tavolini di un caffè**, the table of a café; **t. da gioco**, card table; **t. da notte** bedside table; night-table; **t. da toeletta** dressing table; **t. a tre gambe**, three-legge table; **tavolini a incastro**, nest of table (*sing.*); **t. ribaltabile**, collapsible (*o* folding table. ● (*fig.*) **al t.**, theoretically; in theory; o paper (*fam.*) □ **lavoro da t.**, deskwork □ **po litico [stratega] da t.**, armchair (*USA* closet) politician [strategist] □ (*fig.*) **star tutto il giorno a t.**, to sit at one's desk all day long; to spend all day over one's book [papers] □ **vittoria a t.**, victory decided b arbitration.

tàvolo, *m.* table; board; (*scrivania*) desk, writing table: **t. allungabile**, extendable (*o* extensible) table; **t. anatomico**, dissecting table; **t. da biliardo**, billiard table; (*elab.*) **t. di comando**, (control) console; (*telef.*) **t. di commutazione**, switchboard; **t. da cucina**, kitchen table; **t. da disegno**, drawing board; **t. da gioco**, gambling (*o* gaming) table; (*piccolo e quadrato*) card table; **t. da lavoro**, worktable; (*tecn.*) workbench; **t. di marmo**, marble(-topped) table; (*cinem.*) **t. di montaggio**, splicing table; **t. operatorio**, operating table; **t. da pranzo**, dining table; **t. col piede centrale**, pedestal table; **t. pieghevole**, folding (*o* collapsible) table; **t. ribaltabile**, drop table; **t. da stiro**, ironing-table; ironing-board; **t. verde**, green table; **piano del t.**, table top. ● **un t. di bridge [di poker]**, a bridge [poker] table □ **t. dei negoziati**, negotiating table □ **t. delle trattative**, bargaining table □ (*fig.*) **mettere (*o* porre) sul t.**, to put on the table; to table (*GB*).

tavolóne, *m.* ***1*** large table ***2*** (*grosso asse*) thick board; batten.

tavolòzza, *f.* (*arte* e *estens.*) palette.

tàxi, *m. invar.* taxi; taxi-cab; cab (*USA*). ● **t. aereo**, taxiplane; air taxi.

tàxis, *m.* (*chir.*) taxis*.

taxista, *V.* **tassista**.

taylorismo, *m.* (*econ.*) Taylorism.

taylorista, *m.* e *f.* Taylorite.

tayloristico, *a.* Taylor (*attr.*); Taylor's.

tazebào, *V.* **dazebao**.

tàzza, *f.* ***1*** cup; (*alta*) mug; (*ciotola*) bowl: **t. da tè**, teacup; **t. da caffè**, coffee-cup; **tazze e piattini**, cups and saucers ***2*** (*il contenuto*) cup; cupful: **una t. di tè [di caffè]**, a cup of tea [of coffee]; **una t. di brodo**, a bowl of consommé ***3*** (*vaso del w.c.*) pan; bowl ***4*** (*vasca di fontana*) basin ***5*** (*mecc.*) bucket; scoop; ladle ***6*** (*ind. min.*) skip.

tazzétta, *f.* (*bot., Narcissus tazetta*) polyanthus narcissus.

tazzina, *f.* coffee-cup.

tbc, *f.* (*med., fam.*) tuberculosis; TB.

te, *pron. pers. m. e f. 2ª pers. sing.* **1** (*compl. ogg. e indir.*) you; (*te stesso*) yourself: **Cercano te**, they are looking for you; **Te l'avevo detto**, I told you so; **Voglio dartelo io**, I want to give it to you personally; **Volevo darne anche a te**, I wanted to give you some too; **Tocca a te**, (*è il tuo turno*) it's your turn; (*spetta a te*) it's up to you; **Parlo con te**, I am talking to you; **Parlano tutti di te**, they are all talking about you; **Devi farlo da te**, you must do it by yourself (*o* alone); **Devi decidere da te**, you must decide for yourself; **Immagino che lo saprai da te come si fa**, I expect you know yourself (*o* you already know) how to do it; **Possiamo venire da te ora?**, can we come over (to your place) now?; **se fossi in te**, if I were you; **(in) quanto a te**, as for you; **Pensa per te!**, mind your own business! **2** (*come sogg. in frasi escl.*) you: **Beato te!**, lucky you!; you lucky thing!; **Contento te!**, suit yourself!; as long as you are satisfied...; **Povero te!**, (*poverino*) you poor thing!; (*saranno guai per te*) you'll be in for it, you'll catch it, you'll regret it **3** (*come sogg. nei compar. e come pred.*) you: **È ricco come te**, he is as rich as you are; **Ne sappiamo quanto te**, we know as much as you do; **Pareva proprio te**, he really looked like you; **Io non sono te**, I am not you.

tè, *m.* **1** (*bot., Thea sinensis*) tea-plant **2** (*bevanda*) tea: **tè indiano [cinese]**, Indian [China] tea; **tè forte** (*o* **carico**), strong tea; **tè leggero**, weak tea; **tè verde**, green tea; **tè al limone**, tea with lemon; lemon tea; **tè col latte**, tea with milk; **tè in bustine**, teabags (*pl.*); **l'ora del tè**, tea-time; **il tè delle cinque**, five-o'clock tea; **un invito a un tè**, an invitation to tea; **prendere il tè**, to have tea; **fare il tè**, to make (*o* to brew) some tea; **dare un tè**, to invite people to tea; to give a tea-party (*form.*); **pacchetto di tè**, packet of tea; **bustina di tè**, teabag; **tazza di tè**, cup of tea; **tazza da tè**, teacup; **servizio da tè**, tea set (*o* service). ● **tè danzante**, thé dansant; tea-dance □ (*bot.*) **tè del Canada** (*Gaultheria procumbens*) wintergreen; teaberry □ **casa da tè**, teahouse □ **sala da tè**, tearoom.

tèa, *a. e f.* – **rosa tea**, tea-rose.

teandria, *f.* (*teol.*) theandry.

teandrismo, *m.* (*teol.*) theandrism.

teantropia, *f.* (*teol.*) theanthropism.

teatino, *m.* (*eccles.*) Theatine.

teatràbile, *a.* dramatic; suitable for the stage.

teatràle, *a.* **1** theatrical; theatre, theater (*USA*) (*attr.*); (*rif. al recitare, anche*) acting; (*rif. ai lavori teatrali, anche*) dramatic, drama (*attr.*): **compagnia t.**, theatrical (*o* theatre) company; **spettacolo t.**, theatrical performance: **allestire uno spettacolo t.**, to stage a performance; **una scrittura t.**, a theatrical engagement; **la professione t.**, the acting profession; **critico t.**, drama critic; **lavoro [opera] t.**, play; **prima t.**, first night **2** (*fig.: istrionico, enfatico*) theatrical; histrionic; emphatic; stagy: **gesto t.**, theatrical gesture; **pose teatrali**, dramatics; histrionics; theatrics.

teatralità, *f.* theatricality; theatrics (*pl.*).

teatralizzàre, *v. t.* to overdramatize; to exaggerate.

teatrànte, *m. e f.* **1** (*teatr.*) actor (*f.* actress); comedian; Thespian; (*spreg.*) second-rate actor, ham **2** (*fig. spreg.*) theatrical (*o* histrionic) person.

teatrino, *m.* **1** (*per bambini*) toy theatre **2** (*di burattini*) puppet theatre.

teàtro, *m.* **1** (*edificio, sala*) theatre, theater (*USA*); (theatre-)house: **un t. greco**, a Greek theatre; **i teatri di Londra**, London theatres; **t. dell'opera** (*o* **lirico**), opera-house; **t. all'aperto**, open-air theatre; **t. a pianta circolare**, theatre-in-the-round; **sala del t.**, auditorium; **t. esaurito [mezzo vuoto]**, full [half-empty] house; **Il t. era gremito**, the theatre was packed; there was a full house **2** (*genere di spettacolo*) theatre: **preferire il t. al cinema**, to prefer the theatre to the cinema; **andare a t.**, to go to the theatre; to go to see a play [a show, etc.]; **frequentatore dei teatri**, regular theatre-goer; **Non ho mai visto Olivier a t.**, I never saw Olivier on stage; **t. di prosa**, prose theatre; **t. di varietà**, variety theatre; music-hall (*GB*); vaudeville (*USA*); **t. d'opera** (*o* **lirico**), opera; **t. d'operetta**, operetta; **t. delle marionette**, puppet shows (*pl.*) **3** (*il pubblico*) audience; house; theatre: **Fu un delirio di tutto il t.**, the audience (*o* the house) was in raptures; **Il suo gesto suscitò l'ilarità di tutto il t.**, his gesture brought the house down **4** (*l'attività*) theatre; stage: **gente di t.**, theatre people (*pl.*); theatre professionals (*pl.*); **fare del t.**, to act; **darsi al t.**, to go on the stage; **adattamento per il t.**, adaptation for the stage; stage adaptation; **scrivere per il t.**, to write for the theatre (*o* for the stage); **ritirarsi dal t.**, to retire from the stage; **t. stabile**, repertory company (*GB fam.*: rep); stock company (*USA*); **t. sperimentale**, experimental theatre (*o* productions, *pl.*) **5** (*genere lett.*) theatre; drama; plays (*pl.*): **il t. greco**, Greek theatre (*o* drama); **il nuovo t. italiano**, the new Italian theatre; **il t. di Shakespeare**, Shakespeare's plays; Shakespearean drama; **il t. dell'assurdo**, the theatre of the absurd; **t. comico**, comedy; **t. tragico**, tragedy; **t. popolare**, popular theatre; **t. dialettale**, vernacular theatre **6** (*fig.: luogo d'azione*) scene; site; stage; theatre: **Il castello fu t. di un feroce delitto**, the castle was the scene of a grim murder; **t. di guerra**, theatre of war; (*mil.*) **t. delle operazioni**, theatre of operations. ● **il T. alla Scala**, the Scala Theatre; La Scala □ (*med.*) **t. anatomico**, anatomical theatre □ **il t. del mondo**, the world's stage □ (*cinem.*) **t. di posa**, studio □ **il t. della storia**, the stage of history □ (*mil.*) **di t.**, theatre (*attr.*): **missili di t.**, theatre missiles □ **eroe da t.**, stage hero □ **Tutto il mondo è t.**, all the world is a stage.

Tebàide, *f.* (*geogr., stor.*) Thebaid.

tebàide, *f.* (*fig.: luogo solitario*) desert; solitude.

tebaina, *f.* (*chim.*) thebaine.

tebaismo, *m.* (*med.*) opiumism.

Tebàldo, *m.* Theobald.

tebàno, **A** *a.* Thebaic; Theban. **B** *m.* (*f.* **-a**) Theban.

Tèbe, *f.* (*geogr. stor.*) Thebes.

tèca, *f.* **1** (*per reliquie*) reliquary; shrine **2** (*bot., anat.*) theca*: **t. cranica**, brain case.

Technicòlor, *m.* (*marchio: cinem.*) Technicolor.

Tècla, *f.* Thecla.

tecnèto, tecnèzio, *m.* (*chim.*) technetium.

tècnica, *f.* **1** (*insieme di procedimenti*) technique: **t. bancaria**, banking; **t. aziendale**, business administration technique; business management; **tecniche di direzione aziendale**, management techniques; **t. del disegno**, drawing technique; draughtsmanship; **t. pittorica**, painting technique; brushwork; **t. teatrale**, stagecraft; **t. delle vendite**, salesmanship **2** (*tecnologia*) technics (*pl. col verbo al sing.*); technology; engineering: **le antiche t. di costruzione**, ancient building technologies; **una realizzazione della t. moderna**, an achievement of modern technology; **t. mineraria**, mining engineering; **t. elettronica**, electronics (*pl. col verbo al sing.*) **3** (*abilità t.*) technique: **un pittore di grande t.**, a painter of extraordinary technique; **Suona con passione, ma la sua t. è scadente**, he plays with passion, but his technique is poor **4** (*fig.: metodo, accorgimento*) way; method: **Ho provato con questa t. e mi pare che funzioni**, I tried this method and it seems to work.

tecnicaménte, *avv.* technically.

tecnicismo, *m.* **1** technicality: **perdersi nei tecnicismi**, to get lost in technicalities **2** (*ling.*) technical term.

tecnicista, *m. e f.* technicist.

tecnicistico, *a.* too technical.

tecnicità, *f.* technicalness; technicality.

tecnicizzàre, *v. t.* to technicalize.

tecnicizzazióne, *f.* technicalization.

tècnico, **A** *a.* technical: **termine t.**, technical term; **cognizioni tecniche**, technical knowledge; **particolari tecnici**, technical details; (*spreg.*) technicalities; **ufficio t.**, technical office; engineering department; **direttore t.**, technical manager; **procedimento t.**, technique; **chiedere un parere t.**, to ask for a technical opinion; **linguaggio t.**, specialized language; technical jargon; **scuola tecnica** (*o* **istituto t.**), technical school. ● (*boxe*) **KO t.**, technical knock-out □ **motivi di ordine t.**, technical reasons. **B** *m.* (*f.* **-a**) technician; technicist; engineer; (*esperto*) expert, specialist: **t. del collaudo**, test engineer; **t. di laboratorio**, laboratory technician; (*cinem.*) **t. delle luci**, light technician; **t. della manutenzione degli ascensori**, lift engineer; (*cinem.*) **t. del suono**, sound engineer; **t. specializzato**, engineer; **t. della televisione**, television engineer; **Dovremo sentire il parere di un t. della materia**, we'll have to have the opinion of an expert (in the field); **chiamare il t. per riparare il frigo**, to call a repairman to fix the fridge; **L'industria ha bisogno di tecnici**, industry needs specialized people.

tecnigrafo, *m.* drafting machine.

tecnòcrate, *m. e f.* technocrat.

tecnocràtico, *a.* technocratic.

tecnocrazia, *f.* technocracy.

tecnofibra, *f.* (*ind. tess.*) man-made fibre.

tecnogràfico, *a.* technographic(al).

tecnologia, *f.* technology: **t. meccanica**, mechanical technology.

tecnològico, *a.* technological.

tecnologizzàre, *v. t.* to technologize.

tecnòlogo, *m.* (*f.* **-a**) technologist.

tecnopatia, *f.* (*med.*) occupational disease.

tecnopolimero, *m.* (*chim., ind.*) engineering resin.

tecnostruttùra, *f.* (*econ.*) technostructure.

tecnotrònica, *f.* technotronics (*pl. col verbo al sing.*).

tecnotrònico, *a.* technotronic.

tèco, *pron. pers.* (*lett.*) with you.

tectite, *f.* (*miner.*) tektite.

tèda, *f.* (*lett.*) torch: **la teda nuziale**, the bridal torch.

tedescheggiàre, *v. i.* to imitate the Germans.

tedeschismo, *m.* (*ling.*) Germanism.

tedeschizzàre, *v. t.* to Germanize.

tedésco, **A** *a.* German. ● **alla tedesca**, in the German manner; German-style. **B** *m.* **1** (*f.* **-a**) German (*f.* German woman*): **i Tedeschi**, the Germans **2** (*lingua*) German: (*ling.*) **alto [basso] t.**, Hight [Low] German; (*ling.*) **antico alto t.**, Old High German.

tedescofilia, *f.* Germanophilia.

tedescòfilo, *a. e m.* (*f.* **-a**) Germanophile.

tedescofobìa, *f.* Germanophobia.

tedescòfobo, **A** *a.* Germanophobic. **B** *m.* (*f.* **-a**) Germanophobe.

tedescòfono, **A** *a.* German-speaking. **B** *m.* (*f.* **-a**) German speaker.

tediàre, **A** *v. t.* to bore; to tire; to weary; (*infastidire*) to bother, to vex, to annoy. **B tediàrsi,** *v. i. pron.* to get* bored.

tèdio, *m.* tedium; wearisomeness; boredom; ennui (*franc.*): **t. della vita**, ennui; tedium (vitae) (*lat.*); **una vita di tedio**, a tedious (*o* dreary) life; **provare t. per q.c.**, to be weary of st.; **venire a t. a q.**, to weary sb.

tediosità, *f.* tediousness; tiresomeness; wearisomeness; dullness; monotony; dreariness; (*fastidio*) bother, annoyance.

tedióso, *a.* tedious; tiresome; boring; dreary; wearying; (*fastidioso*) bothersome, irksome, vexing.

tedòforo, *m.* (*lett.*) torch-bearer.
tèflon, *m.* (*marchio*) Teflon.
teflonàre, *v. t.* to coat with Teflon.
tefrite, *f.* (*miner.*) tephrite.
tegamàta, *f.* panful.
tegàme, *m.* ***1*** pan; saucepan: **pentole e tegami**, pots and pans; **cuocere in** (*o* **al**) **t.**, to cook in a pan; **uova al t.**, fried eggs ***2*** (*contenuto*) panful.
tegamino, *m.* (small) frying pan; skillet: **uova al t.**, fried eggs.
tegenària, *f.* (*zool.*, *Tegenaria domestica*) house spider.
téglia, *f.* baking-tin; pie-dish; baking-pan.
tégola, *f.* ***1*** tile: **t. comune** (*o* **piana**), plain tile; **t. di colmo**, ridge tile; **t. alla fiamminga**, pantile; **tegole a spiovente**, weathered tiles; **t. di ardesia**, slate; **tetto di tegole**, tile roof; **coprire un tetto con tegole**, to tile a roof; **copertura con tegole**, tile covering; tiling ***2*** (*fig.*) blow; shock.
tegumentàle, **tegumentàrio,** *a.* integumental; integumentary.
teguménto, *m.* (*anat.*, *biol.*) integument; tegument.
teicoltóre, *m.* (*f.* **-trice**) tea grower.
teicoltùra, *f.* tea-growing.
teièra, *f.* tea-pot. ● **copri-t.**, tea-cosy.
teìna, *f.* (*chim.*) theine.
teìsmo, *m.* (*filos.*) theism.
teìsta, *m.* e *f.* (*filos.*) theist.
teìstico, *a.* (*filos.*) theistic(al).
tek, *m.* (*bot.*, *Tectona grandis*) teak; (*il legno*) teak(wood).
téla, *f.* ***1*** cloth: **una pezza di t.**, a roll of cloth; **tessere** (*o* **fare**) **la t.**, to weave cloth; **t. batista**, cambric; **t. cachi**, khaki; **t. canapina**, hempen cloth; **t. cerata**, oilcloth; waxcloth; oilskin; (*incerata*) tarpaulin; **t. d'amianto**, asbestos cloth; **t. d'Olanda**, Holland cloth; **t. da asciugamani**, towelling; **t. da camicie**, shirting; **t. da imballaggio**, packing cloth (*o* material); **t. da lenzuola**, sheeting; **t. da materassi**, ticking; **t. da sacco**, sacking; bagging; sackcloth; burlap; **t. da vele**, canvas; sail-cloth; **t. di canapa**, canvas; hemp cloth; **t. di cotone**, cotton cloth; (*grezza*) dungaree; **t. di iuta**, jute cloth (*o* canvas); (*grezza*) hessian, gunny; **t. di lino**, linen; **t. gommata**, rubberized canvas; **t. grezza**, rough cloth; burlap; canvas; (*di iuta*) hessian, gunny; **t. impermeabile**, waterproof cloth; **t. olona**, duck; canvas; **t. smeriglio**, emery cloth; **t. stampata**, print; **t. per borse** (*o* **valigie**), bagging; **rilegato in t.**, cloth-bound; **rilegatura in t. [in mezza t.]**, cloth [half-cloth] binding; **scarpe di t.**, canvas shoes ***2*** (*per dipingere*) canvas; (*dipinto su t.*) painting, canvas: **un quadro** (**dipinto**) **su t.**, a picture (painted) on canvas; **una t. di Raffaello**, a painting by Raphael ***3*** (*sipario*) curtain: **alzare [calare] la t.**, to raise [to lower *o* to drop] the curtain; **Cala la t.**, the curtain drops (*o* falls); **S'alza la t.**, the curtain rises ***4*** (*autom.*: *di pneumatico*) ply; warp. ● (*fig.*) **la t. di Penelope**, a never-ending (*o* an endless) task □ (*zool.*) **t. di ragno**, spider's web; cobweb □ (*fig.*) **far t.** (*svignarsela*), to make oneself scarce; to scram (*pop.*), to beat it (*pop.*) □ (*fig.*) **ordire una t. contro q.**, to plot against sb.
telàggio, *m.* weaving; weave.
telàio, *m.* ***1*** loom: **t. a mano**, hand loom; **t. a pedali**, treadle loom; **t. da ricamo**, embroidery frame; tambour; **t. meccanico**, power loom; **t. per maglieria**, knitting loom; knitter; **battenti del t.**, loom shutters; **pettine del t.**, loom card ***2*** (*struttura, armatura, intelaiatura*) frame: **t. di letto**, bed-frame; **t. di porta**, door-frame; **t. di finestra**, window-frame; casement; casing; (*scorrevole*) sash ***3*** (*autom.*) chassis*; undercarriage ***4*** (*di bicicletta*) frame ***5*** (*tipogr.*) chase ***6*** (*fotogr.*) frame; mount.
telamóne, *m.* (*archit.*) telamon*.
telàre, *v. i.* (*pop.*: *scappare*) to make* oneself scarce; to beat* it (*pop.*); to scram (*pop.*); to scarper (*pop.*).
telàto, *a.* linen (*attr.*): **carta telata**, linen paper.
tèle, *f.* (*fam.*) *V.* **televisione**.
teleabbonàto, *m.* (*f.* **-a**) television-licence payer.
teleàrma, *f.* (*mil.*) guided weapon; missile.
teleaudioconferènza, *f.* audio teleconference.
teleaudiovisìvo, *a.* tele-audiovisual.
teleautografia, *f.* (*TV*) teleautography.
teleautogràfo, *m.* (*TV*) Teleautograph (*marchio*).
telebómba, *f.* (*mil.*) guided bomb; smart bomb (*fam.*).
telebórsa, *f.* (*Borsa*) stock ticker.
telebùssola, *f.* (*naut.*) remote-indicating compass.
telecabina, *f.* cable-car.
telecàmera, *f.* television camera; telecamera. ● **a portata della t.**, on-camera □ **fuori portata della t.**, off-camera.
telecettóre, *m.* (*fisiol.*) teleceptor.
telecinecàmera, *f.* (*cinem.*, *TV*) telecine(-camera).
telecinematografia, *f.* telecine; TV films (*o* movies) (*pl.*).
telecinèsi, *f.* (*occultismo*) telekinesis*.
telecinètico, *a.* (*occultismo*) telekinetic.
telecomandàre, *v. t.* to operate by remote control.
telecomandàto, *a.* radio-controlled; remote-controlled; tele-operated.
telecomàndo, *m.* radio control; (*anche TV*) remote control; (*il dispositivo*) remote-control (device).
telecomunicàre, *v. t.* to communicate by radio, television, wire, etc.; to broadcast*.
telecomunicazióne, *f.* telecommunication; (*al pl. anche*) telecoms (*pl. col verbo al sing.*).
teleconferènza, *f.* teleconference.
telecontrollàre, e *deriv. V.* **telecomandare**, e *deriv.*
telecòpia, *f.* fax; facsimile.
telecopiatrice, *f.* facsimile machine (*o* unit); fax machine.
telecopiatùra, *f.* facsimile transmission; faxing.
telecrònaca, *f.* ***1*** (*il servizio*) television report: **t. diretta [differita]**, live [recorded] television report; **Ci sarà una t. diretta della cerimonia**, there will be a live television report on the ceremony; the ceremony will be televised live ***2*** (*il commento, specialm. sportivo*) running commentary: **fare la t. di una partita**, to give a running commentary of a match.
telecronista, *m.* e *f.* (TV) commentator; telecaster.
telediagnosi, *f.* (*med.*) telediagnosis*.
telediffóndere, *v. t.* to telecast*; to televise.
telediffusióne, *f.* television broadcasting; telecast.
teledipendènte, **A** *a.* TV addicted. **B** *m.* e *f.* TV addict; couch potato (*fam.*).
teledipendènza, *f.* TV addiction.
teledocumentazióne, *f.* (*elab.*) teledocumentation.
teledràmma, *m.* television play; teleplay.
teledrìn, *m.* (*telef.*) beeper.
teleelaborazióne, *f.* (*elab.*) teleprocessing.
tèlefax, *m. invar.* (*tel.*) fax; facsimile.
telefèrica, *f.* ***1*** (*impianto*) cableway; aerial ropeway; telpherage (*o* telferage) ***2*** (*la cabina*) cablecar; telpher (*o* telfer). ● **t. a va e vieni**, jig-back.
telefèrico, *a.* cableway (*attr.*); telpher (*o* telfer) (*attr.*).
teleferista, *m.* telpher (*o* telfer) operator; telpherman* (*o* telferman*).
telefilm, *m. invar.* TV serial.
telefonàre, *v. t.* e *i.* to telephone; to phone; to ring* up (*fam.*); to call (up) (*USA*); to give* (sb.) a ring (*o* a call) (*fam.*): **Mi ha telefonato che verrà**, he phoned me to say that he will come; **Se ci sono difficoltà, telefonami**, if there are any difficulties, ring me up (*o* call me); **Ti telefonerò**, I shall give you a ring; **Ho provato a telefonarti, ma era sempre occupato**, I tried to get you on the phone, but the line was engaged. ● **t. a carico del destinatario**, to phone reverse-charge (*GB*); to reverse the charge (*GB*); to call collect (*USA*) □ **t. in teleselezione**, to phone long-distance.
telefonàta, *f.* (telephone) call; phonecall; ring (*fam.*); buzz (*fam.*); tinkle (*fam. GB*): **t. interurbana**, long-distance call; toll call (*USA*); **t. urbana**, local call; **t. in teleselezione**, STD (*abbr. di* subscriber trunk dialling) call (*GB*); DDD (*abbr. di* direct distance dialing) call (*USA*); **fare una t.**, to make a telephone call (*o* a phonecall, a call); to give (sb.) a ring (*fam.*); **Ti passo la t. nella tua stanza**, I'll put the call through to your room; **prendere una t.**, to take a call.
telefonia, *f.* telephony: **t. senza fili**, wireless telephony.
telefonicaménte, *avv.* by telephone; by phone; on (*o* over) the phone.
telefònico, *a.* telephonic; telephone (*attr.*): **apparecchio t.**, telephone (set); **cabina telefonica**, telephone kiosk (*o* box, booth); call box (*GB*); **centralino t.**, telephone exchange; switchboard; **chiamata telefonica**, telephone call, phonecall; **distretto t.**, telephone area; **elenco t.**, telephone directory (*o* book); **impianto t.**, telephone installation; **linea telefonica**, telephone line; **rete telefonica**, telephone system; **servizio t.**, telephone service; **scheda telefonica**, telephone card; phonecard; **trasmissione telefonica**, telephonic transmission.
telefonino, *m.* (*fam.*) cellular telephone; cellphone (*fam.*).
telefonista, *m.* e *f.* ***1*** (*di centrale telefonica*) (telephone) operator ***2*** (*negli uffici, ecc.*) telephonist.
telèfono, *m.* ***1*** telephone; phone (*fam.*): **t. automatico**, automatic telephone; **t. cellulare**, cellular telephone; cellphone (*fam.*); **t. da campo**, field-telephone; **t. duplex**, party line; shared line; **t. a gettoni**, token-operated phone; **t. interno**, extension (phone); interphone; **t. a monete**, coin-operated phone; **t. a muro**, wall-mounted telephone; **t. portatile**, portable (*o* mobile) telephone; **t. pubblico**, public telephone; payphone; **t. a scheda**, cardphone; **t. a tastiera**, push-button telephone; **t. sotto controllo**, bugged (*o* tapped) telephone; **abbonato al t.**, (telephone) subscriber: **colpo di t.**, call; ring (*fam.*); buzz (*fam.*); tinkle (*fam. GB*); **fili del t.**, telephone wires; **numero di t.**, telephone number; phone number; **Suonò il t.**, the telephone rang; **Il t. dà libero**, the telephone is ringing; **Il t. dà occupato**, the line is engaged (*USA*: busy); **alzare il t.**, to pick up the phone; **mettere giù il t.**, to hang up; to put down the phone; **buttare giù il t. a q.** to put the phone down on sb.; to hang up on sb.; **chiamare q. al t.**, *V.* **telefonare**; **essere al t.**, to be on the phone; **parlare con q. al t.**, to speak to sb. over (*o* on) the phone; **Rimanga al t., per favore**, please hold the line (*o* hold on); **rispondere al t.**, to answer the phone; to take a call; **La vogliono al t.**, you are wanted on the telephone; **Me l'ha detto Mimma per t.**, Mimma told me about it on the phone; **prendere ordinazioni per t.**, to take order over the phone; **T.! qualcuno risponda!**, (the) telephone's ringing! will someone go and answer? ***2*** (*servizio pubblico*) telephone service. ● **«T. amico»**, Helpline □ **t. caldo**, hot line □ (*fam.*) **i telefoni**, the telephone service: **impiegato dei telefoni**, telephone employee.
telefotografia, *f.* ***1*** (*il sistema*) telephotography ***2*** (*l'immagine trasmessa*) telephoto-

graph; telephoto.

elefotogràfico, *a.* telephotographic.

elefotometria, *f.* (*ottica*) telephotometry.

elefotòmetro, *m.* telephotometer.

elegènico, *a.* telegenic.

elegiornàle, *m.* television news; newscast; news bulletin; news (*fam.*).

elegrafàre, *v. t.* e *i.* to telegraph; to wire (*fam.*); (*per cavo sottomarino*) to cable.

elegrafia, *f.* telegraphy: **la t. senza fili**, wireless telegraphy.

elegraficaménte, *avv.* ***1*** by telegram; telegraphically; (*per cavo sottomarino*) by cable ***2*** (*fig.*) briefly; concisely; tersely; in a few words.

elegràfico, *a.* ***1*** telegraphic; telegraph (*attr.*): **cavo t.**, telegraph cable; **messaggio t.**, telegraphic message; **filo t.**, telegraph wire; **servizio t.**, telegraph service; **dispaccio t.**, telegram ***2*** (*fig.*) brief; telegraphic; concise; terse: **stile t.**, concise style; **con brevità telegrafica**, with telegraphic brevity; very concisely.

elegrafista, *m.* e *f.* ***1*** telegraph operator; telegraphist; telegrapher ***2*** (*mil.*) signaller.

elègrafo, *m.* ***1*** telegraph: **t. senza fili**, wireless telegraph; **t. Morse**, Morse telegraph; **t. da campo**, field-telegraph; **fili del t.**, telegraph wires; **pali del t.**, telegraph poles ***2*** (*ufficio*) telegraph office.

telegràmma, *m.* telegram; wire (*fam.*); (*per cavo sottomarino*) cable: **t. con risposta pagata**, reply-paid (*o* prepaid) telegram; **t. ordinario**, ordinary-rate telegram; **mandare un t.**, to send a telegram; to wire; to cable.

teleguidàre, e *deriv.* *V.* **telecomandare** e *deriv.*

teleinformàtica, *f.* telematics (*pl. col verbo al sing.*); teleprocessing.

Telèmaco, *m.* (*letter.*) Telemachus.

telemàtica, *f.* telematics (*pl. col verbo al sing.*); data communication.

telemàtico, *a.* telematic; telecommunication (*attr.*).

telemeccànica, *f.* telemechanics (*pl. col verbo al sing.*).

telemeccànico, *a.* telemechanic.

telemedicina, *f.* (*med.*) telemedicine.

telemessàggio, *m.* (*TV*) televised speech.

telemetràggio, *m.* telemetering.

telemetràre, *v. t.* to telemeter.

telemetria, *f.* telemetry; range-finding.

telemètrico, *a.* telemetric(al).

telemetrista, *m.* telemetrist; range-taker.

telèmetro, *m.* telemeter; range-finder.

telemişùra, *f.* telemetering.

telemişurazióne, *f.* telemetering; telemetry.

telencèfalo, *m.* (*anat.*) telencephalon.

telenovèla (*portoghese*), *f.* (South American) soap opera; soap (*fam.*).

teleobiettivo, *m.* (*fotogr.*) telephoto lens. ● **fotografia con il t.**, telephotography.

teleologia, *f.* (*filos.*) teleology.

teleològico, *a.* (*filos.*) teleologic(al).

Teleòstei, *m. pl.* (*zool., Teleostei*) Teleostei.

teleòsteo, *m.* (*zool.*) teleost.

telepatia, *f.* telepathy.

telepàtico, *a.* telepathic.

telepilotàre, e *deriv.* *V.* **telecomandare**, e *deriv.*

telepredicatóre, *m.* (*f.* **-trice**) televangelist.

teleprogràmma, *m.* TV program(me).

teleproiètto, *m.* (*mil.*) guided weapon; missile.

telequiz, *m.* TV quiz.

teleradiografia, *f.* (*med.*) teleradiography.

teleradiotraşméttere, *v. t.* to simulcast*; to broadcast* simultaneously on radio and television.

teleregolàre, *v. t.* to telecontrol.

teleregolazióne, *f.* telecontrol.

teleria, *f.* linen goods (*pl.*); textiles (*pl.*); fabrics (*pl.*); drapery: **negozio di t.**, draper's shop; drapery.

telericevènte, **A** *a.* television receiving. **B** *f.* television receiving station.

telericévere, *v. t.* to receive TV signals.

telericezióne, *f.* reception of TV signals

telerilevaménto, *m.* remote sensing.

teleriprésa, *m.* (*cinem.*) television shot.

teleriscaldaménto, *m.* district heating.

teleromànzo, *m.* TV adaptation of a novel; novel serialized on TV.

teleruttóre, *m.* (*elettr.*) remote-control switch; contactor. ● **t. di avviamento**, solenoid starter.

teleschérmo, *m.* telescreen; television screen.

telescopia, *f.* telescopy.

telescòpico, *a.* telescopic: (*fotogr.*) **mirino t.**, telescopic range-finder.

telescòpio, *m.* telescope: **t. a rifrazione**, refracting telescope; **t. zenitale**, zenith telescope; **t. equatoriale**, equatorial; **a t.**, telescopic: (*mecc.*) **giunto a t.**, telescopic joint.

telescrivènte, *f.* teleprinter (*GB*); telex; teletypewriter (*USA*); (*per quotazioni di Borsa*) tape machine (*GB*), ticker (*USA*).

telescriventista, *m.* e *f.* teletypist; telex operator.

telescuòla, *f.* educational TV programmes (*pl.*).

telesegnalazióne, *f.* (*elettr.*) remote signalling; remote indication.

teleselettivo, *a.* (*telef.*) subscriber trunk dialling (*abbr.*: STD) (*attr., GB*); direct distance dialing (*abbr.*: DDD) (*attr., USA*).

teleselezióne, *f.* (*telef.*) subscriber trunk dialling (*GB*; *abbr.*: STD); direct distance dialing (*USA*; *abbr.*: DDD); **telefonata in t.**, STD call; **prefisso di t.**, STD code number; **chiamare in t.**, to call STD; to dial direct; **t. passante**, private branch exchange (*abbr.*: PBX).

teleşina, *f.* (*gioco di carte*) stud poker.

telesişma, **telesişmo,** *m.* (*geofisica*) teleseism.

telesismologia, *f.* (*geofisica*) teleseismology.

telesónda, *f.* (*meteor.*) radiosonde; radiometeorograph.

telesorveglianza, *f.* closed-circuit monitoring system.

telespettatóre, *m.* (*f.* **-trice**) televiewer.

telespia, *f.* (*telef.*) tapping device; tap.

telestàmpa, *f.* telexed news service.

telestampànte, *V.* **telescrivente.**

telesteşia, *f.* tel(a)esthesia.

telestruménto, *m.* remote indication instrument.

teletermografia, *f.* telethermography.

teletèx, *m. invar.* (*marchio, tel.*) Teletex.

teletèxt, *m. invar.* (*tel.*) teletext.

teletraşméttere, *v. t.* ***1*** (*trasmettere a distanza*) to transmit over a long distance ***2*** (*TV*) to televise; to telecast*; to broadcast* (*o* to give*, to show*) on television: **t. una partita**, to broadcast (*o* to show) a match on TV; **t. via cavo**, to cablecast.

teletraşmettitóre, *m.* television transmitter; telecaster: **t. via cavo**, cablecaster.

teletraşmissióne, *f.* ***1*** (*trasmissione a distanza*) long-distance transmission; telecommunication ***2*** (*TV*) television broadcast; telecast; TV programme. ● **t. via cavo**, cablecast.

teletraşmittènte, (*TV*) **A** *a.* television broadcasting (*attr.*). **B** *f.* television broadcasting station.

telétta, *f.* ***1*** (*sartoria*) interfacing; interlining ***2*** (*ind. tess.*) sliver.

teleutènte, *m.* e *f.* television subscriber; television licence-holder; (*telespettatore*) televiewer, television viewer.

televéndita, *f.* TV (*o* television) sale.

televenditóre, *m.* (*f.* **-trice**) TV salesman* (*f.* saleswoman*).

televideo, *m.* (*TV*) Teletext (*marchio*); Videotext (*marchio*).

televişióne, *f.* ***1*** television; TV; the telly (*fam.*); the (goggle) box (*fam. GB*); the tube (*fam. USA*): **t. in bianco e nero**, black-and-white television; **t. a colori**, colour television (*o* TV); **t. a circuito chiuso**, closed-circuit television; **t. locale**, local TV station; **t. privata**, commercial (*o* private) television; **t. pubblica** (*o* **di Stato**), public (*o* state) television; **t. via cavo**, cable television; **accendere** [**spegnere**] **la t.**, to turn on [to switch off] the television; **guardare la t.**, to watch television (*o* TV); **vedere q.c. alla t.**, to see st. on television (*fam.*: on the box, on the telly, on the tube); **spettacolo in onda alla t.**, television programme (*USA*: program); **trasmettere per t.**, to broadcast on TV; to televise; **Che cosa danno alla t. stasera?**, what's on TV (*fam.*: on the telly) tonight? ***2*** *V.* **televisore.**

televişivo, *a.* television (*attr.*); TV (*attr.*): **programma t.**, television (*o* TV) programme; **trasmissione televisiva**, telecast; TV programme; **apparecchio t.**, television (*o* TV) set; **originale t.**, teleplay.

televişóre, *m.* television (*o* TV) set; television: **un t. a colori**, a colour TV set.

tèlex, *m. invar.* telex. ● **trasmettere a mezzo t.**, to telex.

telferàggio, *m.* telpherage.

tellina, *f.* (*zool.*) tellin; cockle; clam.

tellùrico (1), *a.* (*geol.*) telluric: **movimenti tellurici**, telluric movements.

tellùrico (2), *a.* (*chim.*) telluric.

tellùrio, *m.* (*chim.*) tellurium.

télo, *m.* ***1*** (*pezza di stoffa*) length (*o* piece) of material (*o* of fabric, of cloth): **un t. di lino**, a length of linen; **una gonna a tre teli**, a three-piece skirt ***2*** (*riquadro generalm. di stoffa*) sheet; canvas; (*di spugna*) towel: **t. da bagno**, bath towel; **t. da spiaggia**, beach towel; **t. di salvataggio** (*o* **da salto**) (*dei pompieri*), jumping sheet; **t. impermeabile**, tarpaulin; **t. mimetico**, camouflage sheet.

telofàşe, *f.* (*biol.*) telophase.

telóne, *m.* (*riquadro di stoffa o sim.*) large sheet; (large piece of) canvas; (*impermeabile*) tarpaulin.

teloşlitta, *f.* (*dei pompieri*) canvas chute.

tèlson, *m.* (*zool.*) telson.

tèma (1), *m.* ***1*** (*argomento*) subject; topic; theme: **il t. di un discorso**, the theme of a speech; **un t. di attualità**, a topical subject; **il t. del dolore in Pascoli**, the theme of suffering in Pascoli; **andare fuori t.**, to wander off the subject; to digress; **stare** (*o* **attenersi**) **al t.**, to keep to the subject (*o* point); to stick to one's text ***2*** (*a scuola*: *composizione*) essay, composition, theme, (*d'esame*) paper; (*traduzione*) translation: **t. in classe**, composition (*o* essay) written in class; **svolgere un t.**, to write an essay (*o* a composition); **dare un t.**, to set an essay ***3*** (*mus.*) theme, motive; (*di sonata, di fuga*) subject: **t. melodico**, motive; **t. e variazioni**, theme with variations; **variazioni su un t.**, variations on a theme; **il t. musicale di un film**, the theme song (*o* the signature tune) of a film ***4*** (*ling.*) theme; stem; root. ● (*astrol.*) **t. di natività**, nativity; birth chart □ **a t.**, theme (*attr.*).

tèma (2), *f.* (*lett.*: *timore*) fear: **per t. di**, for fear that; lest: **Corsero via per t. di essere visti**, they ran away for fear of being seen (*o* lest they should be seen); **senza t. di essere scoperti**, unafraid (*o* with no fear) of being discovered; not fearing to be discovered.

temàtica, *f.* (main) themes (*pl.*).

temàtico, *a.* ***1*** (*anche mus.*) thematic; theme (*attr.*): **variazione tematica**, thematic variation; **guida tematica**, thematic catalogue ***2*** (*ling.*) thematic; of the stem: **vocale tematica**, thematic vowel.

tematişmo, *m.* (*mus.*) thematic nature (*o* character).

tematiżżàre, *v. t.* (*ling.*) to thematize.

tematiżżazióne, *f.* (*ling.*) thematization

temerariaménte, *avv.* **1** (*audacemente*) with daring **2** (*avventatamente*) rashly; recklessly; foolhardily **3** (*sfrontatamente*) impudently; brazenly.

temerarietà, *f.* **1** (*audacia*) dare-devil attitude; bravado; temerity **2** (*avventatezza*) rashness; recklessness; foolhardiness **3** (*sfrontatezza*) impudence; effrontery.

temeràrio, A *a.* **1** (*audace*) daring; dare-devil (*attr.*); devil-may-care (*attr.*): **impresa temeraria**, daring deed; piece of bravado **2** (*avventato*) rash; reckless; foolhardy: **giudizio t.**, rash judgment **3** (*sfrontato*) impudent; brazen-faced. **B** *m.* (*f.* **-a**) rash person; dare-devil.

temére, A *v. t.* **1** to fear; to dread; to be afraid of: **non t. le fatiche [le privazioni, le difficoltà]**, not to be afraid of (*o* to fear) exertion [hardship, difficulties]; **t. la morte**, to fear death; **Non vi temo**, I'm not afraid of you; I don't fear you; **non t. nulla**, to fear nothing; **Cominciava a t. le sue collere**, she was beginning to dread his angry outbursts; **Si temeva un nuovo scoppio di violenza**, a new explosion of violence was feared; **t. il peggio**, to fear the worst; **Temeva di sbagliare**, he was afraid of making a mistake; **Temo di non riuscire**, I'm afraid I might not succeed; **Ha seriamente temuto di non farcela**, he was seriously afraid he would not make it; **Temevo che avrebbe parlato**, I was afraid he might speak; **C'è da t. che i negoziati si trascineranno per mesi**, it is to be feared that the negotiations will drag on for months; **Temo che ne vedremo di peggio**, I fear there is worse to come; **Non mi avvicinai, temendo di svegliarlo**, I didn't get close to him, fearing to wake him up; **Non ho telefonato perché temevo di disturbarvi**, I didn't phone because I was afraid I might disturb you; **Temevo che avrei peggiorato le cose**, I was afraid I would make things worse; **Temo che sia già partito**, I'm afraid he will already have left; **Temo che gli dispiacerà**, I fear he will be displeased; **Temo di sì**, I am afraid (*o* fear) so; **Temo di no**, I am afraid (*o* fear) not **2** (*riverire, rispettare*) to fear; to stand* in awe of: **Ama e teme Dio**, he loves and fears God; **Temeva un poco il collega più anziano**, he stood in slight awe of his older colleague; **Sa farsi t.**, he commands respect **3** (*patire*) not to be able to stand (*o* to take); to suffer from: **piante che temono il freddo**, plants that can't stand the cold. ● **Teme il calore** (*scritto su bottiglie, ecc.*), store in a cool place □ **Teme la luce** (*scritto su bottiglie, ecc.*), do not expose to light □ **Teme l'umidità** (*scritto su casse, ecc.*), keep dry; store in a dry place □ **non t. confronti**, to be beyond compare (*o* unmatchable, unrivalled) □ **non t. la concorrenza**, to be highly competitive. **B** *v. i.* to fear; to be afraid; (*preoccuparsi*) to worry, to be worried: **t. per la salvezza di q.**, to fear for sb.'s safety; **t. per la propria vita**, to fear for one's life; **Non t., arriveremo in tempo!**, don't worry, we'll get there in time; **Non t., avrà quel che si merita**, never fear, he'll get his just deserts; **Non t., siamo amici!**, don't be afraid, we are friends!; **Abbi fiducia in lui e non t.**, trust him and do not fear (*o* fear not)!; **Non hai nulla da t.**, you have nothing to fear (*o* to worry about); **Non c'è nulla da t.**, there is nothing to be afraid of; **Come temevo, abbiamo perso il contratto**, we lost the contract, as I feared.

temerità, *f.* temerity.

Tèmi, *f.* (*mitol.*) Themis.

temìbile, *a.* **1** (*che incute timore*) formidable; redoutable; fearsome; to be feared: **un avversario t.**, a formidable opponent **2** (*terribile, pericoloso*) fearful; dreadful; dangerous: **temibili conseguenze**, fearful consequences.

Temìstocle, *m.* (*stor.*) Themistocles.

tèmolo, *m.* (*zool., Thymallus thymallus*) grayling.

tempàccio, *m.* nasty (*o* foul) weather.

tempàrio, *m.* (*ind.*) time (and motion) study; time-charts (*pl.*).

tèmpera, *f.* **1** (*pitt.; tecnica*) tempera, distemper; (*dipinto*) tempera painting, distemper: **colori a t.**, tempera colours; **dipingere a t.**, to distemper; **ritratto a t.**, tempera portrait; distemper **2** *V.* **tempra**.

temperalàpis, temperamatite, *m. invar.* pencil-sharpener.

temperamentàle, *a.* temperamental; humoural.

temperaménto, *m.* **1** temperament; disposition; temper; character; personality: **un t. artistico**, an artistic temperament; **un t. allegro**, a cheerful disposition; **un t. focoso**, a fiery temper; **essere di t. generoso**, to have a generous disposition (*o* nature); to be generous; **Siamo due temperamenti diversi**, we have different characters; **un uomo di t.**, a man of character **2** (*costituzione*) temperament: **t. linfatico**, lymphatic temperament; **t. nervoso**, nervous temperament **3** (*fig.: mitigazione*) mitigation, tempering, relief; (*compromesso*) compromise, adjustment **4** (*mus.*) temperament.

temperamìne, *m. invar.* lead sharpener.

temperànte, *a.* temperate; moderate; sober; abstemious: **t. nel bere**, moderate in drinking.

temperànza, *f.* temperance; moderation; measure; abstemiousness; sobriety: **t. nel mangiare [nel bere]**, moderation in eating [in drinking]; **con t.**, in moderation.

temperàre, A *v. t.* **1** (*addolcire, mitigare*) to temper; to mitigate; to soften: **t. la severità**, to temper one's severity; **t. un castigo**, to mitigate a punishment; **Temperò il rimprovero con un sorriso**, she softened her reproach with a smile **2** (*frenare*) to control; to moderate; to curb; to check **3** (*fare la punta*) to sharpen: **t. una matita**, to sharpen a pencil **4** (*mus.*) to temper **5** *V.* **temprare**. **B temperàrsi,** *v. rifl.* (*contenersi*) to be moderate; to be temperate: **t. nel bere**, to be moderate in drinking.

temperàto, *a.* **1** (*misurato, mite*) temperate; mild: **clima t.**, temperate (*o* mild) climate; (*geogr.*) **zona temperata**, temperate zone **2** (*sobrio*) moderate; sober; abstemious: **t. nel mangiare**, moderate in eating; **vita temperata**, sober life **3** (*appuntito*) sharpened **4** (*mus.*) tempered: **ben t.**, well-tempered **5** *V.* **temprato**.

temperatùra, *f.* temperature: **la t. di un corpo [dell'aria]**, the temperature of a body [of the air]; **t. alta [bassa]**, high [low] temperature; **t. ambiente**, room temperature; **abbassamento [rialzo] di t.**, fall [rise] in temperature; **sbalzo di t.**, sudden change in temperature; **La t. è in aumento [in diminuzione]**, the temperature is rising [falling]; **misurare la t. a q.**, to take sb.'s temperature. ● (*chim., fis.*) **t. assoluta**, absolute temperature □ (*chim., fis.*) **t. critica**, critical temperature □ (*metall.*) **t. di colata**, tapping temperature □ (*chim., fis.*) **t. di condensazione**, dew point □ (*fis.*) **t. di congelamento**, freezing temperature □ (*fis.*) **t. di ebollizione**, boiling temperature □ (*fis.*) **t. di fusione**, melting point.

tempèrie, *f. invar.* (*anche fig.*) climate.

temperìno, *m.* **1** penknife*; pocket-knife* **2** (*temperamatite*) pencil-sharpener.

tempèsta, *f.* **1** storm; tempest: **t. di grandine**, hailstorm; **t. di mare**, seastorm; storm at sea; **t. di neve**, snowstorm; blizzard; **t. di sabbia**, sandstorm; **t. di vento**, windstorm; gale; **t. elettromagnetica**, electric storm; **t. magnetica**, magnetic storm; (*naut.*) **t. bianca**, white squall; **mare in t.**, stormy sea; **nubi di t.**, storm clouds; **vento di t.**, gale; squall; **bloccato dalla t.**, storm-bound; **sbattuto dalla t.**, storm-tossed; tempest-tossed; **Il tempo minaccia t.**, the weather looks stormy (*o* threatening); **Si scatenò la t.**, the storm broke out; **La t. infuria**, the storm is raging; **La si è calmata**, the storm has blown over (*naut.*) **fuggire la t.**, to run before the storm to scud **2** (*fig.: grave turbamento, tumulto*) tumult; turmoil; storm; whirl: **t. politica [finanziaria]**, political [financial] turmoil; **un t. di pensieri**, a tumult of thoughts; **avere il cuore in t.**, to be in a state of turmoil; **Le decisioni del consiglio scatenarono una t.**, the decisions of the board raised a storm **3** (*fig.: grande quantità*) storm; tempest; shower hail: **una t. di fischi**, a gale (*o* storm) of hisses; **una t. di domande**, a shower (*o* barrage) of questions; **una t. di sassi [di pugni]**, a shower of stones [of blows]. ● (*fig.*) **una t. in un bicchiere d'acqua**, a storm in a teacup □ **la quiete che precede la t.**, the calm before the storm □ (*fig.*) **Oggi tira aria di t.!** the atmosphere is stormy today!; watch out for squalls! □ (*prov.*) **Chi semina vento raccoglie t.**, sow the wind and reap the whirlwind.

tempestàre, A *v. i.* **1** (*del tempo*) to rage: **Tempestò tutta la notte**, the storm raged all night **2** (*fig.: dare in escandescenze*) to storm; to rage, to go* [to be] on a rampage; (*rumoreggiare*) to storm: **Quando si accorse dell'errore il direttore prese a t.**, when the director discovered the mistake, he went on a rampage; **Il bambino tempestava per uscire**, the little boy was throwing a tantrum because he wanted to go out. **B** *v. t.* **1** (*riempire di colpi*) to batter; to pound; to hammer: **t. di pugni una porta**, to hammer on the door with one's fists; **t. di colpi l'avversario**, to hammer one's opponent with blows; to pound one's opponent; **Prese un sasso e cominciò a t. la porta**, he took a stone and began to batter the door; **Le nostre batterie tempestavano di colpi il nemico**, our troops were pounding the enemy **2** (*subissare*) to assail, to hail (*o* to rain, to shower) st. upon sb., to inundate; (*tormentare*) to pester, to harass: **t. q. di domande**, to bombard sb. with questions; to submit sb. to a barrage of questions; to fire questions at sb.; **t. q. di lettere**, to inundate (*o* to deluge) sb. with letters **3** (*ornare fittamente*) to stud.

tempestàto, *a.* (*ornato fittamente*) studded; (*cosparso*) strewn: **t. di brillanti**, studded with diamonds; diamond-studded; **t. di stelle**, star-studded; **un prato t. di margherite**, a lawn strewn with daisies.

tempestio, *m.* (*fig.*) shower; hail; storm: **un t. di pugni**, a shower of blows; **un t. di domande**, a storm (*o* a barrage, a firing) of questions.

tempestivaménte, *avv.* at the right time (*o* moment); in good time.

tempestività, *f.* timeliness; opportuneness; seasonableness.

tempestìvo, *a.* (*al momento opportuno*) timely, opportune, seasonable; (*al momento migliore*) well-timed; (*sollecito*) prompt: **rimedio t.**, timely remedy; **t. intervento**, prompt arrival.

tempestóso, *a.* **1** (*di tempesta*) stormy; wild; raging; thundery: **mare t.**, stormy (*o* raging) sea; **cielo t.**, stormy sky; **notte tempestosa**, wild night **2** (*fig.*) stormy; tumultuous; rowdy; tempestuous: **una vita tempestosa**, a stormy life; **una riunione tempestosa**, a stormy (*o* rowdy) meeting; **una passione tempestosa**, a stormy (*o* wild) passion.

tèmpia, *f.* (*anat.*) temple: **Gli battevano le tempie**, his temples were beating; **una sassata alla t.**, a blow on the temple; **Cominci ad avere le tempie grigie**, you are going grey at the temples; **spararsi alla t.**, to shoot oneself in the head.

tempiàle, *m.* (*ind. tess.*) temple.

tempificàre, *v. t.* to time; to schedule.

tèmpio, *m.* **1** temple; (*fig., anche*) shrine, sanctuary: **il t. di Giove**, the temple of Jove; **il t. della giustizia**, the temple (*o* shrine) of justice **2** (*chiesa*) church; temple **3** (*sinagoga*) temple; synagogue.

tempișmo, *m.* ***1*** (good sense of) timing: **intervenire con t.**, to intervene with perfect timing; **Che t.!**, how timely!; what a sense of timing! ***2*** (*senso del ritmo*) sense of rhythm.

tempista, *m. e f.* ***1*** (*chi sa agire al momento giusto*) person with a good sense of timing: **saper essere t.**, to know when to act ***2*** (*chi ha senso del ritmo*) person with a sense of rhythm; person who can keep time ***3*** (*mus.*) good timekeeper ***4*** (*tecnico addetto alla rilevazione dei tempi*) timekeeper; time recorder (*o* taker); timer.

templàre, *a. e m.* (*stor.*) Templar.

tèmpo, *m.* ***1*** time: **lo spazio e il t.**, space and time; **l'idea del t.**, the idea of time; **perdere la nozione del t.**, to lose the notion (*o* the conception) of time; **il fluire [il trascorrere] del t.**, the flowing [the passing] of time; **la misurazione del t.**, the measuring of time; time-measuring; **il t. presente**, the present; **il t. passato**, the past; **il t. futuro**, the future; **Il t. vola** (*o* **fugge**), time flies; **Il t. passa**, time goes by (*o* passes); **Il t. passava lentamente**, time dragged on; **Il t. non passava mai**, time didn't seem to pass; **Il t. si fermò**, time stood still; **Il t. stringe**, time is getting short (*o* running out); **Il t. è scaduto**, time is up; **Il t. non mi manca**, I have plenty of time; **un intervallo di t.**, an interval of time; **uno spazio di t.**, a space (*o* an amount) of time; a period; **avere un mese [un anno] di t.**, to have a month [a year]; **misurare [calcolare] il t.**, to measure [to calculate] time: **calcolare il t. che ci vuole per...**, to calculate the time it takes to...; **fare buon uso del proprio t.**, to make good use of one's time; **passare il t. a giocare**, to pass (*o* to spend) one's time playing; **ricuperare il t. perduto**, to make up for lost time; **saper distribuire il proprio t.**, to know how to divide (*o* to apportion) one's time; **sprecare il proprio t.**, to waste one's time; **Hai bisogno di molto t. per prepararti?**, do you need much time to get ready?; **Datemi solo il t. necessario per fare la valigia**, just give me time to pack up; **Ho appena il t. di farle una telefonata**, I have just time to give her a ring; **Non ho t. di rispondergli**, I've no time to answer him; **Non avere furia, hai tutto il t.**, don't rush, you've got all the time in the world; **Non abbiamo più t.**, we've got no time left; we've run out of time; **trovare il t. di fare q.c...**, to find time to do st.; to make time for st.; **avere un minuto di t.**, to have a minute to spare; **Posso rubarti un attimo di t.?**, can I take just a moment of your time?; could you spare me just a second?; **Mi ha dedicato un po' del suo t.**, he gave me a little of his time; **C'è t.!**, there is plenty of time!; **Non c'è (più) t.**, there is no time (left); **Non c'è il t. materiale per avvertirlo**, there isn't time to warn him; **È t. di andare**, it's time to go; it's time we went; **È t. che tu parta**, it's time you left; **Ci vuole t.**, it takes time; **Ci vorrà un certo t.**, it'll take some time; **Ci vuole tanto di quel t.!**, it takes such a long time (*o* so long)!; **Quanto t. ci vuole per andarci?**, how long does it take to go there?; **Quanto t. c'è a Natale?**, how long is it until Christmas?; how many days away is Christmas?; **un lavoro che richiede t.**, a time-consuming job; **Dove sei stata tutto questo t.?**, where have you been all this time?; **un t.**, once; at one time; long ago: **Come si faceva un t.**, as was once the fashion; **t. fa** (*o* **addietro**), some time ago; a while back; **molto t. fa**, a long time ago; ages ago; a long while back; way back; **arrivare in t.**, to arrive in time; **da t.**, for a long time; for quite some time: **Sono qui da t.**, I have been here for a long time; **Da t. attendeva quel momento**, he had long been waiting for that moment; **È tornato da poco t.**, he came back a short while ago; **È da qualche t. che non lo vedo**, I haven't seen him for some time; it's some time since I last saw him; **Ci conosciamo da un sacco di t.**, we've known each other for ages (*fam.*: for donkey's years, for yonks); **Da quanto t. studi l'inglese?**, how long have you been learning English?; **fra qualche t.**, in a while; shortly; **molto t.**, a long time; quite a while; ages: **Ci vuole molto t.**, it takes a long time (*o* ages); **È passato molto t. da allora**, a long time has passed since then; it was a long time ago; **Ne avrò per molto t.**, it'll take me a long time; **molto t. prima [dopo]**, long before [after]; much earlier [later]; **dopo molto t.**, after a long time; **Fece ben poco in tutto quel t.**, he did precious little all that time; **nello stesso t.**, at the same time; **per qualche t.**, for some time; **per tutto il t.**, all the time; the whole time: for the whole length (*o* duration) of: **Dormii per tutto il t.**, I slept all the time; **Per tutto il t. della conferenza non fece che guardare l'orologio**, for the whole duration of the lecture he kept looking at his watch; **Per tutto il t. non ha fatto che bere**, he drank non-stop; **qualche t. dopo**, some time later; **poco t. dopo**, shortly (*o* soon) after; after a short time; a little later; **in poco t.**, in a short time; soon; before long; in a little while; **T. un anno se lo sarà dimenticato**, he'll have forgotten it before the year is out (*o* in a year's time, within a year) ***2*** (*epoca, era*) time (*spesso al pl.*); days (*pl.*); age; period: **tempi antichi [moderni]**, ancient [modern] times: **del t. antico**, of ancient times; of old; **nei tempi antichi**, in ancient times; **nei tempi andati**, in the past; in the old days; in days of old (*o* of yore) (*lett.*); in olden times (*lett.*); **parlare dei vecchi tempi**, to talk about old times; **È proprio come ai vecchi tempi**, it's just like old times; **un t.**, once; at one time: **i miei amici di un t.**, my friends of old; my one-time (*o* former) friends; **tempi difficili**, hard (*o* difficult) times; **il nostro t.**, our time (*o* times); **il t. della giovinezza**, the time of youth; **t. di guerra**, wartime; time of war; **t. di pace**, peacetime; time of peace; **tempi d'oro**, golden days; **ai tempi della regina Elisabetta**, in the days of Queen Elizabeth; in Elizabethan times; **a quel t.**, then; at that (*o* the) time; **a quei tempi**, in those times; (back) in those days; back then: **A quei tempi non si usava che le ragazze uscissero sole**, in those days girls didn't go out alone; **ai miei tempi**, in my time (*o* day); when I was young; **Fu un grande attore ai suoi tempi**, he was a great actor in his time; **Ci fu un t. in cui...**, there was a time when...; time was when... ***3*** (*momento, stagione, periodo*) season; time: **il t. delle piogge**, the rainy season; **il t. della nidificazione [della mietitura, della caccia]**, the nesting [harvest, hunting] season; **il t. dello studio**, study time; **il t. del lavoro**, work-time; **t. di estate**, summertime; **t. di Quaresima**, Lent; **t. pasquale**, Eastertime; Eastertide; **Siamo in t. di Natale**, it's Christmastime; **al t. delle rose**, when the roses are in bloom ***4*** (*età di uomo o di animale*) age: **Quanto t. ha il bambino?**, how old is the child?; **lineamenti senza t.**, ageless features ***5*** (*periodo del servizio militare, della prigionia*) term; time: **Ha già fatto metà del suo t. dentro**, he's already served half his time ***6*** (*atmosferico*) weather: **t. bello [piovoso, sereno]**, good [rainy, fine] weather; **t. costante [variabile]**, stationary [changeable] weather; **t. infernale** (*o* **da lupi, da cani**), filthy (*o* foul, beastly, appalling, abominable, lousy) weather; **previsioni del t.**, weather forecast (*sing.*); **un cambiamento del t.**, a change (*o* a turn) in the weather; **Com'è il t.** (*o* **Che t. fa**)?, what's the weather like?; how's the weather?; **Il t. regge** (*o* **si mantiene**), the weather is holding; **Oggi c'è un t. primaverile**, it feels like spring today; **Se il t. lo permette** (*o* **t. permettendo**), weather permitting; **Vuoi uscire con questo t.?**, do you want to go out in this weather?; **sentire il t.**, to feel the weather ***7*** (*mus.*: *ritmo, velocità*) time, tempo; (*battuta*) beat; (*movimento*) movement: **t. di valzer**, waltz time; **t. di minuetto**, minuet time; tempo di minuetto; **t. binario**, duple (*o* two) time; **t. ternario**, triple (*o* three) time; **t. esatto**, strict time; **t. in levare** (*o* **debole**), upbeat; **t. in battere** (*o* **forte**), downbeat; **indicazione del t.**, time signature; **a t.**, in time; on the beat; **fuori t.**, out of time; **contro t.**, off the beat; **andare a t.**, to keep time; to go in time; **non andare a t.** (*o* **essere fuori t.**), to be out of time; **entrare a t.**, to come in on the beat; **entrare fuori t.**, to miss the entrance; **ballare a t.**, to dance in time; **segnare** (*o* **battere**) **il t.**, to mark (*o* to beat) time; **battere in quattro tempi**, to beat four to the bar; **affrettare** (*o* **stringere**) **il t.**, to quicken the beat (*o* the tempo); **allargare** (*o* **allentare**) **il t.**, to slacken the beat (*o* the tempo); **un passo di danza a quattro tempi**, a dance step in four movements; **i tempi di una sinfonia**, the movements of a symphony; **una sonata in tre tempi**, a sonata in three movements; **t. di marcia**, alla marcia (*ital.*); march ***8*** (*sport*) time: **t. di gioco**, playing time; **primo [secondo] t.**, first [second] half; **fine del primo t.**, half-time; **a due minuti dall'inizio del 2° t.**, two minutes into the 2nd half (*o* from half-time); **tempi supplementari**, extra time (*sing.*); **t. massimo**, time-limit: **essere dentro il t. massimo**, to be within the time-limit; **fuori t. massimo**, after the time-limit; **t. scaduto**, full time; **realizzare un buon t.**, to record (*o* to register, to achieve) a good time; **migliorare il proprio t.**, to improve (*o* better) one's time; **tenere un buon t.**, to make good time; **cronometrare i tempi di un atleta**, to time an athlete; **corsa contro il t.**, race against time ***9*** (*fase*) stage; phase: **L'operazione fu eseguita in due tempi**, the operation was performed in two stages; **fare q.c. in più tempi**, to do st. in stages ***10*** (*parte*) part: **spettacolo in due tempi**, show in two parts; **il secondo t. di un film**, the second part of a film ***11*** (*gramm.*) tense: **t. presente [passato]**, present [past] tense; **tempi semplici [composti]**, simple [compound] times; **avverbi di t.**, adverbs of time; time adverbs; **complemento di t.**, prepositional phrase of time. ● **t. a venire**, aftertime □ **t. assoluto**, absolute time □ **in tempi brevi**, quickly; as soon as possible: **Bisogna prendere una decisione in tempi brevi**, we must decide quickly □ (*elab.*) **t. di accesso**, access time □ **t. di cottura**, cooking time □ **t. di Greenwich**, Greenwich Mean Time (*abbr.*: GMT) □ **t. improduttivo**, downtime □ **tempi di lavorazione**, production (*o* process) time □ **t. libero**, spare time; leisure; free time □ **t. massimo**, maximum time □ **t. medio**, (*sport*) average time; (*astron.*) mean time □ **t. morto**, idle time □ **t. perduto**, lost time: **rifarsi del t. perduto**, to make up for lost time □ **t. pieno**, full-time: **un lavoro a t. pieno**, a full-time job; **lavorare a t. pieno**, to work full time □ **t. perso**, wasted time; a waste of time: **È tutto t. perso**, it's all a waste of time (*o* wasted time) □ (*fotogr.*) **t. di posa**, exposure time; speed □ (*elab.*) **t. reale**, real time: **in t. reale**, in real time; **informazioni in t. reale**, real-time information □ **t. relativo**, relative time □ (*astron.*) **t. siderale**, sidereal time □ (*astron.*) **t. solare**, solar time □ **t. sprecato**, wasted time; a waste of time □ **tempi tecnici**, time requirement □ (*astron.*) **t. universale**, Greenwich Mean Time (*abbr.*: GMT) □ **t. utile**, time allowed; time-limit: **in t. utile**, in time; within the time-limit □ (*astron.*) **t. vero**, apparent time □ **a far t. da**, as from; starting from □ **a mezzo t.**, part-time: **lavorare a mezzo t.**, to work part-time; **un lavoro a mezzo t.**, a part-time job □ **a suo t.**, in due time; when the time comes: **Te lo dirò a suo t.**, I'll tell you in due time □ **a t.**, (*di meccanismo*) time (*attr.*); (*di attività*) on a time basis, time (*attr.*): **bomba a t.**, time bomb; **serratura a t.**, time lock; **contratto a t.**, contract on a time basis; time contract; **lavoro pagato a t.**, time-work; **retribuzione a t.**, payment on a time basis; time wages □ **a t. debito**, in due time; at the proper time; when the (right) time comes; in the fullness of time □ **incarico a t. determinato**, temporary appointment □ **a t. di primato**, in record time □ **a t. e luogo**, at the proper time and place; at the right time □ **a t. indeterminato**, sine die (*lat.*) □ **a t. perso**, in one's spare time □ **Dipinge a t. perso**, he paints as a hobby □ **adattarsi ai tempi** (*o* **andare con i tempi**), to move with the times □ **affrettare i tempi**, to speed things up; to hurry things; to quicken the pace □ **Al t.!**, (*alt!*) stop!, hold it!; (*da capo*) back to the beginning! □ **al t. che Berta filava** (*o* **al t. dei tempi**), in days of old; long long ago; once upon a time; in times gone by; in bygone times (*o* days); at the dawn of time; in the year dot (*fam.*) □ **al t. stesso** (*o* **a un t., nello stesso t.**), at the same time; simultaneously: **ridere e piangere al t. stesso**, to laugh and cry at the same time; **Risposero tutti a un t.**, they all answered at once (*o* together) □ **l'alba dei tempi**, the dawn (*o* the beginning) of time; when time began □ **all'altezza dei tempi**, up to date □ **Altri tempi!**, things were different then: **cose d'altri tempi**, things of the past (*o* of bygone times) □ **ammazzare il t.**, to kill time; to fill in time □ **aver fatto il proprio t.**, to have had one's day; to be out of date □ **battere q. sul t.**, to get in before sb. □ **Beati quei tempi!** (*o* **Bei tempi!**), those were the days! □ **il buon t. antico** (*o* **andato**), the good old days □ **buttare via il t.**, to waste one's time □ **Che tempi!**, (*rif. al presente*) what times we live in!; (*rif. al passato*: *belli*) those were the days!; (*brutti*) they were hard times! □ **col t.** (*o* **con l'andare del t.**), with time; in time, as time goes by; eventually: **Col t. capii che aveva ragione lui**, in time I came to understand he was right; **Col t. ti ci abituerai**, you'll get used in time (*o* eventually) □ **con i tempi che corrono**, the way things are now; these days; in this day and age □ **cose di ogni t.**, timeless things □ **da t. immemorabile**, from (*o* since) time immemorial; from time out of mind □ **dare** (*o* **lasciare**) **t. al t.**, to let things take their course; not to rush it: **Calma, calma, da' t. al t.!**, calm down, all in good time! □ **darsi al bel** (*o* **al buon**) **t.**, to have a good time □ **di notte t.**, at night; by night □ **di questi tempi**, these days; nowadays: **Di questi tempi è meglio non andare in giro soli**, these days it's better not to go out alone □ **di t. in t.**, from time to time; every now and then □ **di tutti i tempi**, of all time: **il più entusiasmante spettacolo di tutti i tempi**, the most exciting show of all time □ **È t. di finirla con questa faccenda**, it's time to put a stop (*o* an end) to this business; it's time this thing were stopped □ **È t. di mangiare**, it's dinner [lunch] time □ **È t. di andare a dormire, bambini**, (it's) time for bed (*o* bedtime), children □ **Era t.!**, at long last! □ **Era t. che si decidesse**, it was high time (that) he made up his mind □ **fare il bello e il cattivo t.**, to lay down the law; to lord it over everyone □ **fare a** (*o* **in**) **t. a** (*o* **essere in t. per**), to be (just) in time to; to have enough time to; to make it in time for (st.): **Vieni, fai ancora in t. a vederlo**, come in, you're still in time to see him; **Sono ancora in t. per quel lavoro?**, am I still in time for that job?; **Non farò a t. a prendere il treno delle sette e un quarto**, I won't make it in time for the seven-fifteen train □ **essere figlio del proprio t.**, to be the child of one's time □ **guadagnare t.**, to gain time □ **cercare di guadagnare t.**, to play for time □ (*naut.*) **fuggire il t.**, to run before the storm □ **I tempi sono maturi**, the times are ripe □ **in arretrato coi tempi**, (*antiquato*) behind the times; (*in ritardo*) behind time (*o* schedule) □ **in metà t.**, in half the time □ **in ordine di t.**, in chronological order □ **in un primo t.**, at first □ **in un secondo t.**, afterwards; later on; (*ripensandoci*) on second thoughts □ **un'infinità di t.**, ages; heaps of time; donkey's years (*fam.*); yonks (*fam.*) □ **ingannare il t.**, to kill time; to while away time □ **che lascia il t. che trova**, feeble; empty: **una misura economica che lascia il t. che trova**, a feeble economic measure; **Sono minacce che lasciano il t. che trovano**, they are empty threats; they are threats that make no impression on anyone □ **lottare contro il t.**, to work against time (*o* against the clock) □ **motore a due [a quattro] tempi**, two-stroke [four-stroke] engine □ **nato prima del t.**, born before one's time □ **nel più breve t. possibile**, as quickly as possible □ **nel t.**, in time □ **nel t. che fu**, in times gone by; in days of old; long ago □ **nella notte dei tempi**, in the mists of time □ **nello stesso t.**, at the same time □ **Non è t. di scherzare**, this is no time to joke □ **ogni cosa a suo t.**, all in good time; there is a time for everything □ **per t.**, early; in time; (*in anticipo*) beforehand, early: **alzarsi per t.**, to get up early □ (*fig.*) **parlare del bello e del cattivo t.**, to discuss the weather □ (*elab.*) **partizione del t.**, time-sharing □ **perdere t.**, to waste (*o* to lose) time: **Non ha perso t. a farsi amicizie utili**, he didn't waste time (*o* wasted no time) in making friends with useful people; **Non farmi perdere t.**, don't waste my time; **Mi ha fatto perdere t. prezioso**, he made me waste precious time; **Non ho t. da perdere in chiacchiere**, I can't waste time chatting; **avere t. da perdere**, to have time on one's hands; to have time to spare; **Non c'è t. da perdere**, there is no time to lose (*o* to be lost) □ **una perdita di t.**, time wasted; a waste of time □ **portare via del t.**, to take time: **una cosa che porta via tutto il t.**, a time-consuming thing □ **precorrere i tempi**, to be ahead (*o* in advance) of one's time □ **prendere t.**, to take time; (*temporeggiare*) to play for time, to stall: **Non rispondere subito, prendi t.**, don't answer straightaway, take your own time □ **prima del t.** (*in anticipo*), before time □ **Quelli eran tempi!**, those were the days! □ **È solo questione di t.**, it's only a matter (*o* a question) of time □ **rimandare ad altro t. [a miglior t.]**, to put off to another time (*o* until some other time) [to a more convenient time] □ **ritagli di t.**, one's spare time □ **segnare il t.**, (*di orologio*) to tell the time; (*scherz.*, *di dolori*) to indicate a change (*o* a turn) in the weather; (*battere il t.*) to beat time, to keep time □ **senza por t. in mezzo**, without wasting (*o* losing) time; without delay; promptly □ **senza t.**, timeless □ **stare al passo coi tempi**, to keep up with (*o* abreast of) the times; to move (*o* to march) with the times □ **stringere i tempi**, to quicken the pace □ **Questi ultimi tempi sono stati terribili**, these last few months have been awful; **in questi ultimi tempi**, lately; recently; of late □ **unità di t.**, unit of time □ (*prov.*) **Chi ha t. non aspetti t.**, there is no time like the present; make hay while the sun shines □ (*prov.*) **Il t. è denaro**, time is money □ (*prov.*) **Il t. è galantuomo**, time will tell □ (*prov.*) **Il t. guarisce tutti i mali**, time is a great healer (*o* heals all wounds) □ (*prov.*) **Il t. viene per chi sa aspettare**, everything comes to him who waits.

tèmpora, *f. pl.* (*eccles.*) Ember days.

temporàle (1), *a.* (*anat.*) temporal: **la regione t.**, the temporal region.

temporàle (2), **A** *a.* ***1*** (*del tempo*) temporal; of time; time (*attr.*): **dimensione t.**, temporal dimension; **limiti temporali**, time limits ***2*** (*eccles.*) temporal; secular; worldly: **beni temporali**, temporal goods; temporalities; **potere t. e spirituale**, temporal and spiritual powers ***3*** (*gramm.*) temporal; of time; time (*attr.*): **avverbio t.**, temporal adverb; adverb of time; **proposizione t.**, time clause. **B** *f.* (*gramm.*) time clause.

temporàle (3), *m.* rainstorm; thunderstorm; storm (*anche fig.*): **t. estivo**, summer storm; **Scoppiò un t.**, a storm broke; **Fu colto dal t.**, he was caught in the storm; **Il t. si scaricò lontano**, the storm burst in the distance; **Minaccia un t.**, a storm is threatening; **aria di t.**, stormy atmosphere; (*fig.*) **Oggi tira aria di t.!** there is a storm brewing today!; (*fig.*) **T. in vista!**, watch out for squalls!

temporalésco, *a.* storm (*attr.*); stormy: **nubi temporalesche**, storm clouds; **cielo t.**, stormy sky.

temporalişmo, *m.* (*polit.*) (advocacy of the) temporal power of the Church.

temporalità, *f.* ***1*** temporality; wordliness ***2*** (*pl.*) (*eccles.*) temporalities.

temporaneaménte, *avv.* temporarily; provisionally; for the time being.

temporaneità, *f.* temporariness; transitoriness; transience.

temporàneo, *a.* ***1*** (*provvisorio*) temporary, provisional, interim; (*di fortuna*) makeshift: **beneficio t.**, temporary benefit; **impiego t.**, temporary job ***2*** (*passeggero*) passing; transitory; transient; impermanent.

temporeggiaménto, *m.* temporizing; playing for time; waiting game (*fam.*).

temporeggiàre, *v. i.* to play for time; to stall (for time); to temporize; to delay; to play a waiting game (*fam.*).

temporeggiatóre, **A** *a.* temporizing; delaying. **B** *m.* (*f.* **-trice**) temporizer. ● **Fabio Massimo il T.**, Fabius Maximus Cunctator.

temporibus illis (*lat.*), *locuz. avv.* long ago; in days of old; in bygone days; in olden times (*lett.*); in days of yore (*lett.*).

temporizzàre, *v. t.* (*mecc.*) to time.

temporizzatóre, *m.* (*elettr.*) timer; time-switch.

temporizzazióne, *f.* (*mecc.*) timing.

tèmpra, *f.* ***1*** (*tecn.*: *operazione*) tempering; hardening; (*del vetro*) tempering: **t. in bianco**, bright hardening; **t. in acqua [in olio]**, water [oil] quenching; **bagno di t.**, quenching bath ***2*** (*tecn.*: *proprietà*) temper: **acciaio di buona t.**, steel of good temper; well-tempered steel; **dare la t.**, to temper; to harden ***3*** (*fig.*: *carattere*) temper, mettle, fibre, fiber (*USA*), spirit, grain; (*costituzione*) constitution, build, fibre: **t. morale**, moral fibre; **mostrare la propria t.**, to show one's mettle; **Un uomo della sua t. riuscirà dove altri hanno fallito**, a man of his mettle will succeed where others failed; **un uomo di t. robusta**, a man of strong constitution (*o* build); **una gran t. di lavoratore**, a strenuous worker; **di t. eroica**, cast in a heroic mould ***4*** (*di voce*, *di strumento*) timbre.

tempràre, **A** *v. t.* ***1*** (*tecn.*) to temper; to harden; (*con liquido*) to quench: **t. il vetro**, to temper glass; **t. l'acciaio**, to temper (*o* to quench) steel ***2*** (*fig.*) to strengthen; to temper; to harden; to toughen; to season: **La vita lo ha temprato**, life has toughened him. **B temprarsi**, *v. rifl. e v. i. pron.* (*diventare più forte*) to strengthen; to toughen; to harden; to get* harder: **t. con lo sport**, to strengthen with sport; **Il suo carattere si è temprato nell'esercito**, his character was strengthened in the army.

tempràto, *a.* ***1*** (*tecn.*) tempered; hardened ***2*** (*fig.*) hardened; strengthened; seasoned; toughened; tough; inured: **t. a tutte le fatiche**, hardened (*o* seasoned) to all hardships; **t. alle sofferenze**, inured to suffering.

tempùscolo, *m.* (*scient.*) infinitesimal division of time.

tenàce, *a.* ***1*** (*robusto*) tough, hard, strong, sturdy; (*fortemente adesivo*) adhesive, tenacious: **un metallo t.**, a strong metal; **filo t.**, strong thread; **colla t.**, strong glue ***2*** (*fig.*: *saldo*) firm, tenacious, enduring, strong-minded, steadfast; (*perseverante*) incessant, unceasing, constant; (*persistente*) steady, persevering, unflagging, incessant; (*instancabile*) strenuous, untiring; (*incrollabile*) stubborn, dogged, die-hard: **memoria t.**, retentive memory; **amicizia t.**, strong (*o* enduring) friendship; **odio t.**, undying hatred; **lavoratore t.**, strenuous worker; **proposito t.**, stubborn resolve; **sforzi tenaci**, strenuous (*o* untiring) efforts; **t. rifiuto**, persistent refusal; stubborn refusal; **un t. ottimista**, a die-hard optimist; **opporre una t. resistenza**, to put up a dogged (*o* strenuous) resistance; **Conservava la speranza t. di rivederla**, he clung to the hope of seeing her again; **essere t. nelle proprie convinzioni**, to be set in one's beliefs.

tenàcia, *f.* tenacity; tenaciousness; (*persistenza*) persistence, fastness; (*perseveranza*) perseverance, firmness, steadfastness, constancy, dedication; (*ostinazione*) stubbornness, doggedness: **la t. di certi ricordi**, the persistence of certain memories; **t. di propositi**, firmness of purpose; **sostenere con t. le proprie ragioni**, to defend one's point tenaciously; **t. negli affetti**, constancy of affections.

tenacità, *f.* toughness.

tenàglia, *f.* ***1*** (*specialm. al pl.*) pincers (*pl.*); nippers (*pl.*); (*pinza*) tongs (*pl.*); pliers (*pl.*): **un paio di tenaglie**, a pair of pincers (*o* tongs): **t. per metallo**, wire tongs; **t. da fabbro**, blacksmith's tongs; **t. di sospensione**, girder-tongs; **tenaglie del dentista**, dental forceps ***2*** (*pl.*) (*pop.*: *chele*) pincers; claws; nippers ***3*** (*mil.*: *fortificazione*) tenaille. ● **a t.**, (*forma*) pincer-shaped □ (*mil.*) **attacco [manovra] a t.**, pincer(s) attack [movement] □ **Ci sono volute le tenaglie per levargli le parole di bocca**, I had to drag every word out of him.

tenalgia, *f.* (*med.*) tenodymia; pain in a tendon.

tenar(e), *a.* – (*anat.*) **eminenza t.**, thenar eminence.

tènda, *f.* ***1*** (*ricovero*) tent; (*a padiglione*) marquee: (*mil.*) **t. da campo**, field tent; **t. canadese**, ridge tent; **t. a casetta**, frame tent; **t. conica**, bell-tent; **t. a due teli**, pup tent; shelter tent (*USA*); **t. del circo**, circus tent; big top; **t. dei pellirosse**, tepee; **piantare una t.**, to pitch a tent; **smontare una t.**, to take down a tent; **levare le tende** (*togliere il campo*), to strike camp; **dormire in t.**, to sleep in a tent (*o* under canvas) ***2*** (*di finestra, ecc.*) curtain; (*da alzare*) blind, (window) shade (*USA*); (*pesante*) drapes (*pl., USA*), draperies (*pl., USA*): **t. avvolgibile**, roller blind; shade (*USA*); **t. per doccia**, shower curtain; **t. alla veneziana**, Venetian blind; **aprire** (*o* **tirare**) **le tende**, to draw the curtains; **scostare una t.**, to pull back a curtain; **abbassare le tende**, to pull down the blinds ***3*** (*esterna, da sole*) awning; sunshade; sunblind: **t. di negozio**, awning; **riparare un terrazzo con tende**, to protect a terrace with awnings. ● (*med.*) **t. a ossigeno**, oxygen-tent □ (*fig. fam.*) **levare le tende**, to go away; to pack up (and go); to make tracks; to decamp □ (*fig.*) **piantare le tende**, to settle down; to set up home; to take up one's residence.

tendàggio, *m.* curtains (*pl.*); drapes (*pl., USA*); draperies (*pl., USA*).

tendàme, *m.* drapery; curtains (*pl.*); drapes (*pl.*).

tendènza, *f.* ***1*** (*disposizione, attitudine*) tendency; bent; inclination; leaning: **Ha t. per la pittura**, he has a bent for painting; **dimostrare t. allo studio**, to show an inclination for study ***2*** (*propensione, inclinazione*) tendency; propension; proneness; inclination; leaning: **una t. ai mal di testa**, a tendency to headaches: **avere t. ai mal di testa**, to be prone to headaches; **una t. alla pinguedine**, a tendency to plumpness; **la t. umana all'egoismo**, man's tendency to selfishness; **una t. alla malinconia**, a proneness to melancholy; **mostrare cattive tendenze**, to show bad leanings; **tendenze omicide**, homicidal tendencies; **Ha t. a minimizzare le cose**, he tends to make light of things ***3*** (*orientamento*) trend (*anche econ.*); drift; set: **la t. del pensiero moderno**, the trend of modern thought; **la t. diffusa del commercio europeo**, the general drift of European trade; **t. di mercato**, market trend; **le tendenze della moda**, fashion trends; **la t. dell'opinione pubblica**, the trend of public opinion ***4*** (*in politica*) leaning; camp; colour; sympathy; party: **un politico di tendenze centriste.**, a politician with leanings towards the centre; **Di che t. è?**, what's his colour?; **sostenitori di opposte tendenze**, supporters of rival camps (*o* parties). ● **t. al rialzo**, (*Borsa*) bullish tendency, bullishness; (*econ.*) upward (*o* rising) trend, uptrend, upturn □ **t. al ribasso**, (*Borsa*) bearish tendency, bearishness; (*econ.*) downward (*o* falling) trend, downtrend; downturn.

tendenziàle, *a.* tendential.

tendenzialménte, *avv.* basically; tendentially; by and large: **È t. sincero**, he is basically sincere; **un mercato t. stabile**, a tendentially stable market; **Sono t. favorevole a questa politica**, I am by and large in agreement with this policy.

tendenziosità, *f.* tendentiousness; bias.

tendenzióso, *a.* tendentious; biased: **informazioni tendenziose**, tendentious information. ● **domanda tendenziosa**, leading question.

tènder (*ingl.*), *m. invar.* (*ferr.*) tender.

tèndere, A *v. t.* ***1*** (*allungare*) to stretch (out), to hold* out, to extend; (*porgere*) to hold* out, to stretch out, to hand: **t. le braccia a q.**, to hold out one's arms to sb.; **t. un braccio per prendere q.c.**, to stretch out an arm for st.; **t. il collo**, to stretch (*o* to crane) one's neck; **t. la mano**, to hold out one's hand; **Tese una gamba per farlo inciampare**, he stuck out a leg to trip him up; **Gli tesi il telegramma senza parlare**, I handed him the telegram without a word ***2*** (*mettere in tensione*) to stretch; to tighten; to pull*; to pull* tight; to make* taut; to strain: **t. una corda**, to tighten a rope; to pull a rope tight; to make a rope taut; **t. una corda fra due alberi**, to stretch (*o* to extend) a rope between two trees; **t. una fune al massimo [fino a spezzarla]**, to strain (*o* to tighten) a rope to breaking point [till it breaks]; **t. un arco**, to bend (*o* to draw) a bow; **t. un elastico**, to pull (*o* to stretch) a rubber band; **t. le corde di un violino**, to tighten the strings of a violin; **t. una molla**, to stretch a spring; **t. i muscoli**, to bulge one's muscles; **t. ogni nervo**, to strain every nerve; **t. le redini**, to tighten the reins ***3*** (*predisporre*) to lay*; to set*; to prepare: **t. un'imboscata**, to lay an ambush; to wait in ambush; **t. un'insidia**, to lay a snare; **t. le reti**, (*per pescare*) to lay the nets; (*fig.*) to set a trap; (*anche fig.*) **t. una trappola** (*o* **un tranello, un trabocchetto**), to lay (*o* to set) a trap ***4*** (*distendere*) to lay*; to spread*: **t. un telo sopra i bagagli**, to spread a tarpaulin over the luggage; **t. la pelle di un tamburo**, to brace a drum; **t. le ali**, to spread one's wings; **t. le vele**, (*sciogliere*) to spread (*o* to unfurl) the sails, to make sail; (*del vento*) to fill the sails. ● (*fig.*) **t. la mano**, (*aiutare*) to offer sb. a helping hand, to give a hand; (*chiedere la carità*) to hold out one's hand □ **t. la mente a q.c.**, to apply one's mind to st.; to give thought to st. □ (*fig.*) **t. l'orecchio**, to strain one's ears; to prick up one's ears: **Sentendo il proprio nome tese l'orecchio**, on hearing her own name, she pricked up her ears □ **t. lo sguardo**, to screw up one's eyes. **B** *v. i.* ***1*** (*essere incline*) to tend, to be prone, to be inclined, to incline, to lean*, to gravitate; (*accennare, mostrare una tendenza a*) to tend, to trend: **Tende a essere geloso del fratello**, he tends to be jealous of his brother; **Tendi un po' troppo alla faciloneria**, you are a bit too prone to carelessness; **t. all'esagerazione**, to tend to exaggerate; **t. a ingrassare**, to tend to put on weight; to be inclined to grow fat; **un materiale che tende a deformarsi**, a material that tends (*o* that is likely) to warp; **Tendo a non credere a quel che dice**, I am inclined not to believe what he says; **t. al misticismo**, to lean towards mysticism; (*polit.*) **t. a sinistra [a destra]**, to lean to the left [to the right]; to have leanings towards the left [the right]; **Il tempo tende al brutto**, the weather is getting worse; **tempo tendente al bello**, weather promising to be fine; **L'industria tende ad accentrarsi in questa regione**, industry tends to be concentrated in this region; **Mi sembra che le cose tendano a peggiorare**, things seem to be getting worse; **I prezzi tendono a salire**, prices are trending upwards ***2*** (*aspirare, mirare*) to aim; to aspire; to strive*; to be intended: **t. alla perfezione**, to aim at perfection; to strive for perfection; **Tende a diventare senatore**, he aims at becoming senator; **t. a una meta**, to have an aim (*o* a goal); **La sua manovra tendeva a sbloccare la situazione di stallo**, his move was intended to overcome the deadlock; **A che cosa tendeva con quell'osservazione?**, what was he driving at (*o* what did he have in mind) with that remark? ***3*** (*avvicinarsi*) to verge: **un azzurro che tende al verde**, a blue verging on green; **Questo vino tende al dolce**, this wine is on the sweet side (*o* is sweetish) ***4*** (*muoversi, dirigersi*) to tend; to move; to turn: **un sentiero che tende verso ovest**, a path turning to the west; **I gas tendono verso l'alto**, gases move upwards. ● (*mat.*) **t. a zero**, to vanish. **C tèndersi,** *v. i. pron.* to stretch; to tighten; to tauten; to grow* taut; to contract: **Se lo bagni, si tende**, if you wet it, it'll stretch (*o* tighten); **Il cavo si era teso**, the cable had grown taut; **Gli si tesero i muscoli del collo**, his neck muscles tautened; **pelle che si tende**, skin that becomes (*o* feels) taut.

tendicaténa, *m. invar.* (*mecc.*) chain stretcher.

tendicìnghia, *m. invar.* (*mecc.*) belt tightener.

tendicòllo, *m. invar.* collar-stiffener.

tendifilo, *m. invar.* (*ind. tess.*) thread-tensioner.

tendina, *f.* curtain; (*da alzare*) blind, shade (*USA*): **tendine di pizzo**, lace curtains; **t. avvolgibile**, roller blind; shade (*USA*) **tirare le tendine**, to draw the curtains; **abbassare le tendine**, to pull down the blinds. ● (*elab.*) **menù a t.**, drop-down menu □ (*fotogr.*) **otturatore a t.**, focal-plane shutter.

tèndine, *m.* (*anat.*) tendon; sinew: **t. d'Achille**, Achilles tendon; **t. del ginocchio**, hamstring; (*vet.*) **t. del garretto**, hamstring; **guaina del t.**, tendon sheath.

tendineo, *a.* (*anat.*) tendinous; tendon (*attr.*).

tendinite, *f.* (*med.*) tendinitis, tendonitis.

tendiscàrpe, *m. invar.* shoe-tree.

tenditóio, *m.* ***1*** (*cavalletto*) clotheshorse; clothes drier ***2*** (*locale*) drying room.

tenditóre, *m.* (*mecc.*) turnbuckle.

tendóne, *m.* ***1*** big tent; marquee: **t. del circo**, circus tent; big top (*fam.*); **I rinfreschi erano serviti sotto un t.**, the buffet was laid out in a marquee ***2*** (*di negozio*) awning; (*da sole*) awning, sunblind; (*sopra l'ingresso di un albergo, teatro e sim.*) canopy, marquee (*USA*).

tendòpoli, *f.* camp; tent city; (*per rifugiati*) refugee camp.

tènebra, *f.* (*specialm. pl.*) ***1*** darkness; dark; obscurity; shadows (*pl.*): **folta** (*o* **fitta**) **t.**, thick darkness; deep shadows (*pl.*); **le tenebre della notte**, the darkness of the night; **il calare** (*o* **cadere**) **delle tenebre**, nightfall; dark; dusk: **Le tenebre scesero sulla terra**, darkness fell on the earth; **vivere nelle tenebre**, to live in darkness ***2*** (*fig.*) darkness, obscurity, gloom, murk, night; (*mistero*) mystery: **le tenebre dell'ignoranza**, the darkness (*o* night) of ignorance; **un episodio av-**

volto nelle tenebre, an episode shrouded in mystery. ● **col favore delle tenebre**, under cover of darkness □ **le potenze delle tenebre**, the powers of darkness □ **il Principe delle tenebre**, the Prince of Darkness □ (*eccles.*) **ufficio delle tenebre**, office of Tenebrae.

tenebrióne, *m.* (*zool.*, *Tenebrio molitor*) mealworm.

tenebrosità, *f.* ***1*** darkness; gloom; murkiness ***2*** (*fig.*) darkness, obscurity; (*mistero*) mystery, secrecy.

tenebróso, **A** *a.* ***1*** dark; tenebrous; gloomy; murky: **luogo t.**, dark place; **carattere t.**, gloomy character; **notte tenebrosa**, dark (*o* murky) night ***2*** (*fig.*: *misterioso*) dark; mysterious: **intrigo t.**, dark intrigue; **pensieri tenebrosi**, dark thoughts. **B** *m.* – (*scherz.*) **bel t.**, man with dark good looks.

tenènte, *m.* (*mil.*) (*in G.B.*) lieutenant; (*in U.S.A.*) first lieutenant; **t. colonnello**, lieutenant-colonel; (*aeron.*, *in G.B.*) wing commander; **t. di vascello**, lieutenant; **t. pilota**, (*in G.B.*) flying officer; (*in U.S.A.*) first lieutenant.

tenènza, *f.* lieutenancy.

tenére, **A** *v. t.* ***1*** (*stringere, reggere, sostenere*) to hold*; (*afferrare*) to hold*, to catch*, to grab: **t. il cappello in mano**, to hold one's hat in one's hand; **t. q. per mano [per un braccio]**, to hold sb. by the hand [by the arm]; **t. un bambino in braccio**, to hold a baby in one's arms; **t. la penna con la sinistra**, to hold the pen with one's left hand; **Tienimi un attimo la borsa**, hold my bag for a second, please; **Tienimi la scala**, hold (*o* steady) the ladder for me; **il gancio che tiene il quadro**, the hook supporting the picture; **i pilastri che tengono su il soffitto**, the pillars that hold up (*o* support, prop up) the ceiling; **t. su q.**, (*sorreggerlo*) to hold sb. up; (*fargli coraggio*) to keep sb.'s spirits up, to cheer sb. up; **Si teneva la testa fra le mani**, he was holding his head in his hands; **Tenetelo, non fatevelo scappare!**, hold him, don't let him run off! ***2*** (*seguito da agg., avv. o compl.*: *mantenere, conservare, trattenere, mettere*) to hold*; to keep*: **t. stretto** (*o* **forte**) **q.c.**, to hold st. tightly; to hold on tightly to st.; **t. ferma una scala**, to hold a ladder steady; **t. fermo q.**, to hold sb.; to restrain sb.; **t. la finestra aperta**, to keep (*o* to leave) the window open; **t. aperta la porta**, to keep (*o* to leave) the door open; (*per far passare q.*) to hold the door open (for sb.); **t. accesa la luce**, to keep the light on; **t. lontano q.c. [q.]**, to keep st. [sb.] off; **t. nascosto q.c. a q.**, to keep st. from sb.; **t. q. tranquillo**, to keep sb. quiet; **t. q.c. pronto**, to keep st. ready; **t. q. prigioniero**, to keep sb. prisoner; **t. insieme**, to hold together: **un vecchio macinino tenuto insieme con lo spago**, an old crate held together by bits of string; **Tenne a casa il figlio**, she kept her son at home (*o* in); **t. q. a letto**, to keep sb. in bed; **Tenete in alto le mani!**, hold your hands up!; **t. le braccia lungo i fianchi**, to keep one's arms by one's sides; **t. in caldo del cibo**, to keep food hot; **t. q.c. in fresco**, to keep st. cool (*o* in a cool place); **Mi tenne su fino alle due**, he kept me awake (*o* up) until two; **t. su i prezzi**, to keep prices up (*o* high); **t. su la testa**, to hold up one's head; **t. giù la testa**, to keep one's head down; **t. giù il cibo**, to keep down one's food; **t. fuori q. da un affare**, to keep sb. out of a deal; **Tieni dentro la pancia!**, hold in your stomach!; **La polizia teneva indietro la folla**, the police held (*o* kept) back the crowd; **t. q.c. in equilibrio**, to keep st. balanced; **t. la propria camera in ordine**, to keep one's room tidy (*o* in order); **t. le mani in tasca**, to keep one's hands in one's pockets; **t. in testa il cappello**, to keep one's hat on; **Tengo sempre in tasca carta e penna**, I always carry (*o* have) a pen and paper in my pocket (*o* on me); **un lume da t. sulla scrivania**, a lamp to keep on a desk; a desk-lamp; **Lo tengo in gabbia**, I keep it in a cage; **Vollero tenermi a colazione**, they wanted me to stay for lunch ***3*** (*trattenere a fatica, reprimere*) to hold*; to hold* back; to restrain; to keep* under control; to keep* back; to stop; to prevent: **t. il fiato**, to hold one's breath; **t. le lacrime**, to hold back one's tears; **Chi lo tiene più?**, who can stop him now?; **Fa' pure, nessuno ti tiene**, go on, no one's keeping (*o* stopping) you; **Non so chi mi tiene dal dargli un pugno**, I don't know what's keeping me from punching him; **Non riesco a t. quel bambino!**, I can't keep that child under control ***4*** (*serbare*) to keep*; to hold* on to; to save: **Vi ho tenuto un po' di torta**, I've kept some of the cake for you; **Teniamolo per dopo**, let's save it for later; **Tienimi un posto**, keep a seat for me; **t. q.c. per ricordo**, to keep st. as a souvenir; **Tieni il biglietto e non perderlo**, hold on to your ticket; **Tenga pure il cappello!**, do keep your hat on!; **Tenga il resto**, keep the change; **t. un segreto**, to keep a secret ***5*** (*comm.*) to keep*; to stock: **Non teniamo questo articolo**, we don't keep (*o* stock) this article ***6*** (*all'imper.* : *prendere*) to take*: **Tieni questo cioccolatino**, take this chocolate ***7*** (*badare a*) to look after; to mind; (*bambini*) to baby-sit*: **Ho una baby-sitter che mi tiene i bambini**, I have a baby-sitter to look after my children; **Mi potresti t. il gatto?**, could you look after my cat?; **t. la casa a q.**, to run the house for sb. ***8*** (*occupare*) to hold*; (*gestire, amministrare*) to run*, to manage, to keep*; (*governare*) to rule: **t. una posizione [una carica]**, to hold a position [an office]; **t. una scuola [un negozio]**, to run a school [a shop]; **La guarnigione tenne il forte per tre mesi**, the garrison held the fort for three months ***9*** (*avere tenuta, trattenere*) to hold*; to preserve: **t. l'acqua**, to hold water; **non t. l'acqua**, to leak; **t. il caldo**, to preserve the heat ***10*** (*contenere*) to hold*; to take*; to contain: **La brocca tiene un litro**, the jug holds one litre; **Lo stadio tiene oltre cinquantamila spettatori**, the stadium holds (*o* has seats for, can sit) over fifty thousand people ***11*** (*occupare spazio*) to take* up; to occupy: **Il camion teneva quasi tutta la strada**, the lorry took up almost the whole width of the road; **Il tavolo tiene metà della stanza**, the table takes up half the room ***12*** (*seguire, attenersi a, adottare*) to hold*; to keep* to; to follow; to adopt: **La nave tiene la rotta**, the ship is holding her course; **t. la strada maestra**, to keep to the main road; **t. un metodo**, to follow a method; **t. una dieta**, to keep to a diet; **t. dietro a una traccia [a un argomento]**, to follow a clue [an argument]; **Tenne una cattiva condotta**, he behaved badly; his conduct was unsatisfactory; (*fig.*) **Non so che strada t.**, I don't know which course to take (*o* to follow, to choose, to adopt) ***13*** (*dare, offrire, riunire, organizzare*) to keep*; to hold*; to give*; to throw*: **t. una riunione [una seduta]**, to hold a meeting [a sitting]; **t. una conferenza stampa [un consiglio di guerra]**, to hold a press conference [a council of war]; **t. una lezione**, to give a lecture; to lecture; **t. un corso**, to hold (*o* to run) a course; **t. un discorso**, to make (*o* to give, to deliver) a speech; **t. una festa**, to hold (*o* give, throw) a party ***14*** (*impiegare, dare lavoro a*) to keep*: **Tiene un cuoco e un segretario**, he keeps a cook and a secretary ***15*** (*considerare, ritenere*) to consider; to regard; to hold*; to think*; to deem: **t. caro q.**, to hold sb. dear; **t. q.c. per certo**, to consider (*o* to regard) st. certain; to hold st. as a fact; **t. q.c. per buono**, to regard st. as true; to believe st.; **Lo teniamo per un bravo giovane**, we consider him a good youth; **t. q. in gran conto**, to think highly of sb.; to hold sb. in high regard; **t. q. in dispregio**, to despise sb. ***16*** (*mus.*) to hold* (on); to sustain: **t. una nota**, to hold a note; **Tieni quel fa per tutto il suo valore**, give that F its full value. ● **t. q. a battesimo**, to stand godfather [godmother] for sb. □ **t. a bada q.**, to keep sb. at bay; to hold sb. off □ **t. a bada i creditori**, to stall one's creditors □ **t. q. a corto di q.c.**, to keep sb. short of st. □ **t. q. a dieta**, to keep sb. on a diet □ **t. a freno**, to control; to keep in check □ **t. a galla**, to keep afloat □ **t. a mente**, to keep in mind □ **t. a posto la lingua**, to hold one's tongue; (*non essere impertinente*) to keep a civil tongue in one's head (*fam.*) □ (*eufem.*) **t. a posto le mani**, to keep one's hands to oneself □ (*aeron.*) **t. a terra**, to ground □ **t. q. all'oscuro di q.c.**, to keep sb. in the dark about st.; to hold out on sb. (*fam.*) □ **t. allegra la compagnia**, to be the life and soul of the party □ **t. buono q.**, (*tenere calmo*) to keep sb. quiet, to keep sb. under control; (*rabbonire*) to mollify, to placate □ **t. buono un creditore**, to stall a creditor □ **tenersi buono q.**, to keep on good terms with sb. □ **t. caldo**, to keep warm: **La pelliccia mi terrà caldo**, my fur coat will keep me warm □ **t. i conti** (*o* **la contabilità**), to keep accounts (*o* the books) □ **t. conto di q.c.**, to calculate st.; to consider st.; to make allowance for st.; to allow for st.; **Tieni conto che è sposata**, you must consider she is a married woman; **Tieni conto che a tavola saremo in sei**, you must calculate for six at dinner; **Nel tagliare la stoffa tieni conto dell'orlo**, when cutting the fabric you must make allowance (*o* allow) for the hem; **Non tenne conto dei miei consigli**, he ignored (*o* disregarded) my advice □ **t. da conto q.c.**, to take care of st.; to treat st. with care; to look after st.: **t. da conto il denaro**, to take care of (*o* to look after) one's money □ **t. d'occhio q. [q.c.]**, to keep an eye on sb. [st.] □ **t. desta l'attenzione di q.**, to hold sb.'s attention □ **t. la destra [la sinistra]**, to keep to the right [to the left] □ **t. fede**, *V. sotto* **fede** □ **t. q. in ansia**, to keep sb. in a state of anxiety; to worry sb.; to keep sb. in suspense (*o* on tenterhooks) □ **t. q. in piedi**, (*non lasciarlo sedere*) to keep sb. standing; (*tenerlo alzato fino a tardi*) to keep sb. up □ **t. q. in soggezione**, to make sb. feel uneasy; to awe sb. □ **t. q.c. in serbo**, to keep st. by; to put st. aside □ **t. q. in sospeso**, to keep sb. in suspense □ **t. q.c. in sospeso**, to hold st. over; to hold st. in abeyance □ **t. q. in vita**, to keep sb. alive □ **t. mano**, to aid and abet □ (*naut.*) **t. il mare**, to be seaworthy □ (*fam.*) **tenersi la pancia (dal ridere)**, to hold one's sides (with laughter) □ **t. il passo**, to keep in step □ **t. un buon passo**, to keep up a good pace □ **t. le parti di q.**, to side with sb. □ **tenersi q.c. per detto**, to take the lesson to heart □ **t. q.c. per sé**, (*non divulgarlo*) to keep st. for oneself; (*essere reticente*) to hold st. back □ **t. presente q.c.**, to bear st. in mind □ (*autom.*) **t. la strada**, to hold the road □ **t. testa a**, *V. sotto* **testa** □ **t. vivo l'interesse di q.**, to keep sb.'s interest alive; **t. vivo un ricordo**, to keep a memory alive □ (*fig.*) **saper t. in mano la penna [i pennelli]**, to be a good writer [painter] □ **Ah! ti tengo!**, I've got you! □ **imparare a t. la spada**, to learn to fence. **B** *v. i.* ***1*** (*essere tenace, rimanere fisso*) to hold*: **mastice che tiene**, putty that holds; **La molla non tiene più**, the spring won't hold any more; **una lampo che non tiene**, a zipper that won't stay up; **colori che tengono**, fast colours ***2*** (*avere tenuta, non perdere*) to be tight; not to leak; to hold*: **Il rubinetto tiene [non tiene]**, the tap does not leak [leaks] ***3*** (*resistere, reggere, non cedere*) to hold* (on, out, up); to stand* up: **Non so quanto terrà la mia pazienza**, I don't know how long my patience will hold; **Speriamo che il motore tenga fino al garage**, let's hope the engine holds out as far as the garage; **Terrà la corda?**, will the rope hold?; **Il partito ha tenuto bene alle ultime elezioni**, the party stood up well in the last election; **Il mercato tiene**, the market is holding up quite well; **Il loro ma-**

trimonio sembra t., their marriage seems to hold out; **Il nemico attaccò, ma la prima linea tenne**, the enemy attacked but the front line held firm; (*fig.*) **t. duro**, to hold on; not to give in; to set one's teeth; (*continuare nonostante tutto*) to plod on, to soldier on; (*sopportare*) to grin and bear it (*fam.*) ***4*** (*essere credibile*) to be credible; to stand* up; to hold* water: **La sua scusa non tiene**, his excuse doesn't hold water (*o*, *fam.*: won't wash); **Non c'è scusa che tenga!**, there is no excuse for it!; I won't listen to (*o* stand for) any excuses!; **Non c'è ragione che tenga**, there is no reason for it; **È una versione che non terrà in tribunale**, this version of facts won't stand up in court ***5*** (*parteggiare per*) to side with; to be on (sb.'s) side; to be for; to support; to back; to root for (*fam.*): **Tengo per la libertà**, I'm for liberty; **Tiene dalla mia (parte)**, he's on my side; **Per che squadra tieni?**, what's your (favourite) team? ***6*** (*spesso* **tenerci**: *dare importanza a*) to value (st.), to prize (st.), to attach (*o* to give*) importance to, to be particular (*o* fussy) about, to be a stickler for; (*avere caro*) to value (st.), to be keen on, to care about, to like (st.) very much; (*essere fiero*) to be proud of; (*volere*) to want (st.); (*ambire*) to be set on; to be keen on: **Ci tengo ad andare a quella riunione**, that meeting is very important, I can't miss it; **Ci tiene a fare tutto da sola quando ha ospiti**, she insists on doing everything herself when she entertains; **Ci tiene molto alla disciplina**, he is a stickler for discipline; **Ci terrei a conoscerlo**, I would very much like to meet him; **Tiene molto alla sua bellezza**, she values her beauty very much; **t. al proprio lavoro**, to be keen on one's job; **t. alla salute**, to take one's health seriously; **Ci tengo alla pelle**, I value my life; **Non ci tiene ad avere bei vestiti**, she does not care about fine clothes; **Ci tengo ad avere una bella casa**, I am very house-proud; **Tengo a dirlo!**, I want to make that clear!; **Se proprio ci tenete**, if you really want to ***7*** (*procedere, seguire*) to keep*; to follow: **Tieni a sinistra**, keep to the left; **t. dietro a q.**, to follow sb.; (*fig.*) to keep up with sb. ***8*** (*somigliare*) to be like; (*prendere da*) to take* after. **C tenérsi**, *v. rifl.* ***1*** (*aggrapparsi*) to hold* (oneself); (*appoggiarsi*) to lean*: **t. stretto a una corda**, to hold on tightly to a rope; **Tienti alla mia mano**, hold my hand; **Si tenne al muro per non cadere**, he leaned against the wall so as not to fall ***2*** (*rimanere in una certa posizione o condizione*) to keep* (oneself); to stand*; to stay: **t. fermo**, to hold (*o* to keep) still; **t. in equilibrio**, to keep one's balance; **t. in sella**, to sit in the saddle; **t. in piedi**, to stand; **t. lontano**, to keep away; to keep off; to stand back: **t. lontano da q. [q.c.]**, to keep away from sb. [st.]; (*evitare*) to avoid sb. [st.]; to give sb. [st.] a wide berth (*fam.*); **Tenetevi vicino a me**, keep close to me; **t. fuori dai guai**, to keep out of trouble; **t. indietro**, to stand back; **t. in disparte**, to hold oneself apart; to keep oneself to oneself; **Tienti caldo!**, keep (yourself) warm! ***3*** (*considerarsi*) to consider oneself; to hold* oneself: **Non mi tengo obbligato**, I don't consider myself obliged; **Non me ne tengo responsabile**, I don't hold myself responsible for it ***4*** (*trattenersi*) to keep*; to refrain; (*solo al neg.*) to help (+ *gerundio*): **Egli non poté t. dall'osservare che...**, he couldn't keep from remarking that...; **Mi tenni dal rispondere**, I refrained from answering; **Non potei tenermi dal ridere**, I couldn't help laughing ***5*** (*attenersi*) to stick* to, to keep* to; (*seguire*) to follow; (*ricordare*) to remember: **t. ai fatti [all'argomento]**, to keep (*o* to stick) to the facts [to the point]; **Tienti sempre alle regole**, always follow (*o* stick to) the rules; **Tienti a quanto ti ho detto**, remember what I've told you. ● **t. a galla**, to keep afloat; to float □ (*naut.* e *fig.*) **t. al largo da q.c.**, to steer clear of st. □ (*fig.*) **t. al largo da q.**, to give sb. a wide berth (*fam.*) □ **t. in contatto con q.**, to keep in touch with sb. □ **t. in esercizio**, to practice; to keep one's hand in; to keep up (st.) □ **t. in guardia**, to keep (*o* to be) on the lookout; to watch out □ **t. pronto**, to be ready □ **Si è tenuto sulle sue**, (*ha detto poco*) he was very noncommittal, he gave away very little; (*è stato distaccato*) he was very reserved (*o* stiff, distant).

tenerézza, *f.* ***1*** tenderness; (*morbidezza*) softness: **la t. di una bistecca**, the tenderness of a steak; **la t. di un legno**, the softness of a wood ***2*** (*fig.*: *affetto*) tenderness; fondness; affection; love; loving care: **Sentì un'improvvisa t.**, he felt a sudden tenderness; **uno slancio di t.**, a surge of affection; **uno sguardo di t.**, a loving (*o* an affectionate, a fond) glance; **con t.**, fondly; lovingly; affectionately; **Mi parlò con grande t.**, he spoke to me with great affection (*o* very affectionately); **fare t.**, (*commuovere*) to move; to be moving (*o* touching); to be sweet: **Non ti fanno t. questi cuccioli?**, aren't these puppies sweet?; **Che t.!**, how sweet!; how touching! ***3*** (*indulgenza*) lenience; softness: **Con lui non ci vogliono troppe tenerezze**, one shouldn't be too lenient with him ***4*** (*pl.*) (*premure*) loving care (*o* kindness) (*sing.*); (*parole affettuose*) endearments, sweet nothings: (*di innamorati*) **scambiarsi tenerezze**, to whisper sweet nothings to each other; to bill and coo (*fam.*).

tenerizzatóre, *m.* (*macelleria*) tenderizer; tenderiser.

tènero, **A** *a.* ***1*** (*morbido, molle*) tender; soft: **insalatina tenera**, tender lettuce; **carne tenera**, tender meat; **legno t.**, soft wood ***2*** (*fig.*: *affettuoso*) tender, fond, loving, affectionate; (*sentimentale*) sentimental, fond: **cuore t.**, soft (*o* tender) heart; **un padre t.**, a loving father; **parole tenere**, fond (*o* loving) words; endearments ***3*** (*fig.*: *delicato*) tender; soft; delicate; gentle: **teneri germogli**, tender buds; **una tenera pianticella**, a delicate little plant; **colori teneri**, soft colours; **un azzurro t.**, a soft blue; a delicate shade of blue; **tenera età**, tender age (*o* years): **Si è sposato alla tenera età di settant'anni**, he got married at the tender age of seventy; **un bambino in tenera età**, a child of tender age (*o* years); **fin dalla più tenera età**, from one's earliest childhood ***4*** (*fig.*: *indulgente*) soft; kind; tender; lenient: **Non essere troppo t. con lui**, don't be too soft (*o* lenient) with him; **I critici non sono stati teneri col suo nuovo romanzo**, the critics have not been kind to his new novel. ● (*di cavallo*) **t. di bocca**, tender-mouthed □ **t. come il burro**, as soft as butter. **B** *m.* ***1*** (*parte tenera*) tender (*o* soft) part: **Si mangia il t.**, one eats the tender part; **cadere sul t.**, to fall on soft ground; **colpire nel t.**, to hit a soft spot ***2*** (*fig.*) – **C'è del t. tra di loro**, they are keen on each other; they are more than just good friends; **Io credo che abbia del t. per te**, I think he's keen on you.

tenerùme, *m.* ***1*** (*parte tenera*) tender (*o* soft) part; soft spot ***2*** (*cartilagine*) cartilage; gristle ***3*** (*fig.*: *sdolcinatezza, smancerie*) mawkishness; soppiness; corn (*fam.*).

tenèsmo, *m.* (*med.*) tenesmus.

tènia, *f.* (*zool.*, *Taenia*) tapeworm; t(a)enia*.

teniàsi, *f.* (*med.*) t(a)eniasis.

tenìbile, *a.* tenable; maintanable: **posizione t. [non t.]**, tenable [untenable] position.

tenìfugo, *a.* e *m.* (*farm.*) t(a)eniafuge.

tenitóre, *m.* (*f.* **-trice**) (*gestore*) keeper; manager: **t. di una bisca**, gambling-house keeper.

tènnis, *m. invar.* ***1*** (*sport*) tennis: **giocare a [fare del] t.**, to play tennis; **campo da t.**, tennis court; **maestro di t.**, tennis teacher (*o* coach); **racchetta da t.**, tennis racket; **scarpe da t.**, tennis shoes; plimsolls; **t. su prato**, lawn tennis; **t. da tavolo**, table tennis; ping-pong ***2*** (*impianto sportivo*) tennis club: **È al t.**, he's at the tennis club.

tennìsta, *m.* e *f.* tennis player.

tennìstico, *a.* tennis (*attr.*).

tènno (*giapponese*), *m.* Tenno*.

tenonatrìce, *f.* (*tecn.*) tenoner.

tenóne, *m.* (*tecn.*) tenon.

tenóre, **A** *m.* ***1*** (*modo, maniera*) way, style, tenor; (*standard*) standard: **Non so come possono mantenere il loro t. di vita**, I don't know how they can keep up their standard of living; **avere un t. di vita al di sopra dei propri mezzi**, to live beyond one's means; **cambiare t.**, to change one's ways; **Seguitando di questo t., non otterrai un bel nulla**, you'll get nowhere, if you go on like this ***2*** (*forma, tono, senso*) tone; tenor: **il t. della lettera**, the tone of the letter; **Parlò in questo t.**, he said words to that effect ***3*** (*percentuale di sostanza contenuta in q.c.*) content; level: **un alto t. di proteine**, a high protein content; **cibi ad alto t. di grassi**, food with a high fat content; high-fat food ***4*** (*mus.*) tenor: **t. drammatico [lirico]**, dramatic [lyric] tenor; **t. di grazia**, light-lyric tenor; tenore di grazia; **voce da t.**, tenor (voice); **cantare da t.**, to sing tenor; **chiave di t.**, tenor clef. ● (*bur.*, *leg.*) **a t. di**, in accordance with; according to; by: **a t. dell'art. 7**, according to article 7; **a t. di legge**, by law; in accordance with the law. **B** *a.* (*mus.*) tenor (*attr.*): **sax t.**, tenor sax.

tenoreggiàre, *v. i.* ***1*** (*mus.*, *di baritono*) to sing* tenor ***2*** (*scherz.*) to play the tenor.

tenorìle, *a.* (*mus.*) tenor (*attr.*): **una voce t.**, a tenor voice.

tenorrafìa, *f.* (*chir.*) tenorraphy.

tenotomìa, *f.* (*chir.*) tenotomy.

tensioattività, *f.* (*chim.*, *fis.*) surface activity.

tensioattìvo, **A** *a.* (*chim.*, *fis.*) surface-active. **B** *m.* surface-active agent.

tensiògrafo, *m.* (*fis.*, *ing.*) recording tensiometer; recording strain gauge.

tensiometrìa, *f.* (*scient.*) tensiometry.

tensiomètrico, *a.* (*scient.*) tensiometric.

tensiòmetro, *m.* (*scient.*, *tecn.*) tensiometer.

tensióne, *f.* ***1*** (*il tendere*) tension, stretch(ing); (*lo stato di t.*) tension, tightness, tenseness, tautness, strain: **la t. delle corde**, the tension of the strings; **t. muscolare**, muscular tension; **una molla sotto t.**, a spring under tension; **mettere sotto t. un cavo**, to subject a cable to tension ***2*** (*fig.*) tension; tenseness; stress; strain; pressure: **t. nervosa**, nervous tension; tenseness; stress; strain; **t. mentale**, mental strain; **t. internazionale**, international tension; **tensioni in famiglia**, family tensions; **vita di t.**, stressful life; **vivere in t.**, to live in a state of tension; **essere in t.**, to be under strain (*o* pressure); to be tense; **una scena piena di t. drammatica**, a highly dramatic scene; a scene full of drama; **C'è molta t. al summit di pace**, there is great tension at the peace summit; **C'è una certa t. tra le due nazioni**, relations between the two countries are rather tense (*o* strained) ***3*** (*fis.*) tension, strain; (*pressione*) pressure: **t. superficiale**, surface tension; **la t. di un gas**, gas pressure ***4*** (*elettr.*) tension; voltage: **t. di carico**, load voltage; **t. di griglia**, grid voltage; **t. di linea**, line voltage; **bassa [alta] t.** low [high] tension: **linea a bassa [ad alta] t.**, low-tension [high-tension] line; **caduta di t.**, voltage drop; **filo sotto t.**, live (*o* hot) wire; **regolatore di t.**, voltage regulator; **elevare la t. di q.c.**, to boost st. ***5*** (*med.*) pressure: **t. arteriosa**, blood pressure.

tensìvo, *a.* (*med.*) tensive.

tensóre, **A** *a.* ***1*** tension (*attr.*) ***2*** (*anat.*) tensor: **muscolo t.**, tensor muscle. **B** *m.* ***1*** (*anat.*) tensor ***2*** (*mat.*) tensor: **t. di ordine zero**, tensor of zero rank; **t. di ordine uno**, tensor of rank one.

tensoriàle, *a.* (*mat.*) tensorial; tensor (*attr.*).

tentàbile, **A** *a.* ***1*** (*che si può tentare*) attemptable; open to trial ***2*** (*che si può indur-*

re in tentazione) temptable; open to temptation. **B** *m.* (everything) possible: **tentare il t.**, to try everything possible (*o* every possible way); to leave no stone unturned (*fam.*).

tentacolàre, *a.* ***1*** tentacular ***2*** (*fig.*) tentacular; sprawling; pervasive: **una città t.**, a sprawling city; **un'organizzazione t.**, a ubiquitous organization.

tentacolato, (*zool.*) *a.* tentacled.

tentàcolo, *m.* (*zool.* e *fig.*) tentacle.

tentàre, *v. t.* e *i.* ***1*** (*provare*) to try; to attempt; to make* an attempt: **Ho tentato due volte di parlargli**, I tried to speak to him twice; **Tenterò in ogni modo di dissuaderlo**, I'll try everything (*o* my hardest) to make him change his mind; **t. la scalata della parete est**, to attempt the ascent of the east wall; **L'atleta tenterà ora i sette metri**, the athlete will now attempt a seven-metre jump; **t. il suicidio**, to attempt suicide; **t. la fuga**, to try to escape; to attempt an escape; **Tentiamo con questo cacciavite**, let's try this screwdriver; **È inutile t.**, it's no use trying; there's no point in trying; **Vale la pena di t.**, it's worth trying (*o* a try); **Tentiamo!**, let's try; let's have a try; let's give it a try (*fam.*); let's have a shot at it (*fam.*) ***2*** (*mettere alla prova*) to try, to test, to put* to the test; (*sperimentare*) to try (out): **t. la fedeltà di q.**, to test sb.'s loyalty; to put sb.'s loyalty to the test; **t. una nuova cura**, to try out a new cure ***3*** (*indurre in tentazione*) to tempt; (*allettare*) to tempt, to attract, to lure, to entice: **È il diavolo che ti tenta**, it is the devil that is tempting you; **Sono tentato di scrivergli una letteraccia**, I'm tempted (*o* I have half a mind) to write him a nasty letter; **È un'idea che mi tenta**, I am rather tempted; **Il progetto mi tenta**, the plan is tempting; **Non ti tenta quella camicetta?**, aren't you tempted by that blouse?; **Andiamo, lasciati t.!**, come on, be a devil! (*fam.*) ***4*** (*tastare, saggiare*) to try; to test; to feel*: **t. il terreno**, to try (*o* to feel) the ground; **Tentò la porta ma era chiusa a chiave**, he tried the door but it was locked; **t. il fondo del fiume con un bastone**, to test the depth of a river with a stick ***5*** (*lett.*: *toccare lievemente*) to touch; to feel*: **t. le corde di un liuto**, to touch the strings of a lute ***6*** (*leg.*) to attempt. ● (*fam.*) **t. il colpo con q.**, to try it out on sb.; to try to pull a fast one on sb. □ **t. il tutto per tutto**, to make an all-out attempt (*o* effort, bid) □ **t. l'impossibile**, (*fare di tutto*) to do everything in one's power, to do one's utmost; (*tentare un'impresa impossibile*) to attempt the impossible (*o* impossibilities) □ **t. la fortuna** (*o* **la sorte**), to try one's luck □ **t. la Provvidenza**, to tempt Providence □ **t. ogni mezzo**, to try every possible way; to do everything in one's power; to do one's utmost □ **t. un sorpasso**, to try to overtake □ **t. tutte le strade**, to explore every avenue; to leave no stone unturned □ **tentarle tutte**, to try everything □ **Tenta e ritenta...**, try and try again...; by dint of trying □ (*prov.*) **T. non nuoce**, (there is) no harm in trying; it doesn't hurt to try.

tentativo, *m.* ***1*** attempt; try; effort; shot (*fam.*); go (*fam.*); (*per conquistare o raggiungere q.c.*) bid: **t. di evasione**, attempt to escape (*o* at escaping); escape attempt; attempted evasion; bid for freedom; **t. di resistenza**, an attempt at resistance (*o* at resisting); **un t. inutile [riuscito]**, a useless [successful] attempt; **un t. andato a vuoto**, a failed (*o* fruitless) attempt; **un t. disperato**, a desperate attempt; **un t. destinato a fallire**, a doomed attempt; **fare un t.**, to make an attempt (*o* a bid); to try; to have a try (*o* a shot, a go) (*fam.*): **Tutti i tentativi fallirono**, all attempts failed; **un t. per ottenere il controllo della società**, a bid to gain control of the company; **riuscire al primo t.**, to succeed at the first attempt (*o* try); to succeed the first time; **Ha saltato sedici metri al secondo t.**, he jumped sixteen metres at the second try; **Farò un t. in banca per vedere se ho lasciato lì le chiavi**, I'll try the bank to see if I left my keys there ***2*** (*leg.*) attempt: **t. di riconciliazione**, attempt at reconciliation. ● **t. di corruzione**, offering of bribes □ (*sport*) **t. di primato**, record bid □ **t. di suicidio**, suicide attempt □ **andare per tentativi**, to proceed by trial and error.

tentato, *a.* (*leg.*) attempted: **t. omicidio**, attempted murder; **t. suicidio**, attempted suicide; **tentata violenza carnale**, indecent assault.

tentatóre, A *m.* (*f.* **-trice**) tempter (*f.* temptress). **B** *a.* tempting; alluring; enticing; seductive: **con un sorriso t.**, with a tempting smile; **un dolce t.**, a tempting sweet; **È un diavolo t.**, he can tempt like the devil himself.

tentazióne, *f.* temptation: **resistere alla t.**, to resist temptation: **Non resistei alla t. di sbirciare attraverso le tende**, I couldn't resist the temptation to peer through the curtains; **indurre in t.**, to lead into temptation: (*nel «Padre nostro»*) **Non ci indurre in t.**, lead us not into temptation; **cedere a una t.**, to give in (*o* to succumb) to a temptation; **cadere in t.**, to fall into temptation; **vincere una t.**, to conquer a temptation; **Che t. questa torta**, what a temptation (*o* how tempting) this cake is!; **Provò la forte t. di contraddirlo**, he was sorely tempted to contradict him; **le tentazioni della gola**, culinary delights.

tentenna, *m.* e *f. invar.* ditherer; silly-shallyer; waverer.

tentennaménto, *m.* ***1*** (*traballamento*) wobbling; tottering ***2*** (*oscillazione*) shaking; wag: **Mi rispose con un t. del capo**, he shook his head in reply ***3*** (*fig.*: *esitazione*) hesitation; indecision; wavering; dithering; shilly-shallying; hemming and hawing (*fam.*): **Dopo molti tentennamenti decise per il sì**, after much dithering (*o* a good deal of vacillation, of hemming and hawing), he agreed.

tentennànte, *a.* ***1*** (*traballante*) wobbly; shaky; tottering; unsteady ***2*** (*oscillante*) shaky ***3*** (*fig.*: *esitante*) hesitant; wavering; dithering; shilly-shallying (*fam.*): **t. tra l'accettare e il rifiutare**, wavering between acceptance and refusal; **un comportamento t.**, shilly-shallying.

tentennàre, A *v. t.* to shake*: **t. il capo**, to shake one's head. **B** *v. i.* ***1*** (*traballare*) to totter; to shake*; to wobble: **un dente che tentenna**, a wobbly tooth; **La lampada tentennò e cadde**, the lamp tottered and fell ***2*** (*ondeggiare*) to shake* ***3*** (*fig.*: *esitare*) to hesitate; to be undecided; to waver; to dither; to shilly-shally (*fam.*); to sit* on the fence (*fam.*); to hem and haw (*fam.*): **Ho cercato di persuaderlo, ma tentenna sempre**, I tried to persuade him, but he's still undecided (*o* he's still hesitating, he keeps hemming and hawing); **t. tra una linea di condotta e l'altra**, to hesitate (*o* to waver) between two lines of conduct.

tentennio, *m.* ***1*** continued shaking ***2*** (*fig.*) hesitation; wavering.

tentóni (a), *avv.* gropingly: **andare (a) t.**, to grope (*o* to feel) one's way; **Scese (a) t. in cantina**, he groped his way down to the cellar; **Cercai a t. l'interruttore**, I felt about for the switch.

tentrèdine, *f.* (*zool.*, *Hoplocampa*) sawfly.

tènue, A *a.* ***1*** (*sottile, esile*) slender; thin: **uno stelo t.**, a slender stalk ***2*** (*rado, impalpabile*) thin; tenuous: **una t. nebbiolina**, a thin mist; **un t. velo di vernice**, a thin layer of paint ***3*** (*lieve*) slight; light; gentle: **un t. miglioramento**, a slight improvement; **un t. venticello**, a gentle breeze ***4*** (*debole*; *vago*) weak; vague; faint; tenuous; slim; flimsy: **una t. speranza**, a slender (*o* slim, tenuous) hope; **un t. indizio**, a vague clue; **una t. possibilità**, a vague possibility; an off chance; **un t. spiraglio**, a faint glimmer; **un t. bagliore**, a faint glimmer of light ***5*** (*esiguo, poco consistente*) slight; insubstantial; meagre ***6*** (*di colori*) delicate; soft; pale; subdued: **un rosa t.**, a pale (*o* delicate) pink. ● (*fon.*) **consonante t.**, tenuis* □ (*anat.*) **intestino t.**, small intestine. **B** *m.* (*anat.*) small intestine.

tenuità, *f.* ***1*** slenderness; tenuity, tenuousness; exiguity; weakness; slightness; flimsiness; insubstantiality ***2*** (*di colori*) softness; subduedness.

tenùta, *f.* ***1*** (*proprietà terriera*) estate, land, holding; (*agricola*) farm: **Possiede una vasta t. nel meridione**, he has a vast estate in the South; **una piccola t.**, a small holding (*o* farm) ***2*** (*capacità*) capacity: **la t. d'un serbatoio**, the capacity of a tank; **un serbatoio della t. di dodici litri**, a tank holding twelve litres; **Che t. ha quella tanica?**, how much does that can hold? ***3*** (*abbigliamento*) clothes (*pl.*); costume; outfit; gear (*fam.*); rig (*fam.*): **t. sportiva**, (*da sport*) sports clothes, sports gear (*fam.*); (*non elegante*) casual clothes; **t. da sci**, skiing outfit; **t. da calciatore**, football strip; **t. da casa**, casual clothes; **t. di fatica** (*o* **da lavoro**), working clothes; fatigues (*pl.*); **t. di gala**, gala uniform; (*fig.*) one's best clothes; (*scherz.*) finery, glad rags (*pl.*); **t. estiva**, light (*o* summer) clothes; **t. da mare**, beach outfit; **Hai visto la sua t. da equitazione?**, did you see her riding outfit?; (*fam.*) **Che ci fai in quella t.?**, why did you get rigged up like that?; what have you got into that gear for?; **in gran t.**, very elegant (*agg.*); all dressed up, in full rig (*fam.*) ***4*** (*mil.*) uniform; dress; kit: **t. di marcia**, battle-dress; **t. di guerra**, battle-kit; **t. di servizio**, fatigue-dress; fatigues (*pl.*); **t. di ordinanza**, regimentals (*pl.*); **alta t.**, full dress (*o* uniform); **bassa t.**, undress uniform ***5*** (*tecn.*: *capacità di trattenere*) tightness; seal: **la t. di un tubo**, the tightness of a pipe; **t. a liquido [a secco]**, wet [dry] seal; **t. ermetica**, hermetic seal: **recipiente a t. ermetica**, hermetically-sealed (*o* perfectly tight) container; **t. di olio**, oil seal; **t. idraulica**, wet seal; **t. stagna**, (water)tightness; **a t. d'acqua**, waterproof (*agg.*); watertight (*agg.*); **a t. d'aria**, airtight (*agg.*); **a t. di gas**, gasproof (*agg.*); **anello di t.**, grummet; **dispositivo [guarnizione] di t.**, seal ***6*** (*sport*: *resistenza*) stamina*; staying power ***7*** (*rag., comm.*) keeping: **t. dei libri**, book-keeping. ● (*fin.*) **la t. della lira**, the solidity of the lira □ (*autom.*) **t. di strada**, roadholding; grip: **avere una buona t. di strada**, to have good road-holding □ **muro a t.**, watertight wall.

tenutaria, *f.* (*di bordello*) madam; brothel-keeper.

tenutàrio, *m.* (*f.* **-a**) ***1*** (*proprietario*) owner; holder ***2*** (*gestore*) keeper; manager: **t. di una casa da gioco**, manager of a gambling-house; **t. di un bordello**, brothel-keeper.

tenùto, *a.* ***1*** (*in dovere*) obliged; bound; liable: **È t. a pagare**, he is obliged to pay; he has to pay; **Non sono t. ad andare**, I am not obliged to go; I need not go; I don't have to go; **Lei non è t. a rispondere**, you are not bound to answer; you don't have to answer; you may not answer; **Siamo tenuti a fare qualcosa per aiutarli**, we have a duty (*o* we ought) to do something to help them; **L'assicurazione non è tenuta al risarcimento**, the insurance is not liable for damages; **Gli ammessi al cantiere sono tenuti a indossare il casco di protezione**, people admitted to the building-site are required to wear safety helmets; **Nessuno di voi è t. a fare l'impossibile**, none of you is expected to do the impossible; **t. per legge**, legally bound ***2*** (*di terreno*) kept (for); planted (with): **terra tenuta a pascolo**, land kept for grazing; pastoral land; **un campo t. a grano**, a field planted with corn ***3*** (*mantenuto, curato*) kept: **un giardino ben t.**, a well-kept garden; **un appartamentino molto ben t.**, a neat little flat ***4*** (*mus.*) sustained; held: **una nota tenuta**, a sustained note.

tenzonàre, *v. i.* **1** to contend; to combat; to fight **2** (*fig.*: *disputare*) to dispute; to fight.

tenzóne, *f.* **1** combat; contest: **singolar t.**, single combat; duel: **affrontarsi in singolar t.**, to join in single combat; to fight a duel; **sfidare q. a singolar t.**, to challenge sb. to a duel **2** (*stor., letter.*) tenson; poetic contest **3** (*fig.*: *disputa*) dispute; argument; hot debate.

teobròma, *m.* (*bot., Theobroma cacao*) cacao.

teobromìna, *f.* (*chim.*) theobromine.

teocèntrico, *a.* theocentric.

teocentrismo, *m.* theocentrism; theocentricism.

teocrasìa, *f.* theocrasy.

teocràtico, *a.* theocratic(al): **governo t.**, theocratic rule.

teocrazìa, *f.* theocracy.

Teòcrito, *m.* (*letter.*) Theocritus.

teodicèa, *f.* (*teol.*) theodicy.

teodolìte, *m.* (*topogr.*) theodolite.

Teodòra, *f.* Theodora; (*dim.*) Dora.

Teodorìco, *m.* (*stor.*) Theodoric.

Teodòro, *m.* Theodore.

Teodòsia, *f.* (*stor.*) Theodosia.

teodosiàno, *a.* Theodosian: **il codice t.**, the Theodosian code.

Teodòsio, *m.* (*stor.*) Theodosius.

teofanìa, *f.* (*teol.*) theophany.

teofillìna, *f.* (*chim.*) theophylline.

Teòfilo, *m.* Theophilus.

Teofràsto, *m.* (*filos.*) Theophrastus.

teogonìa, *f.* theogony.

teogònico, *a.* theogonic.

teologàle, *a.* theological: **le virtù teologali**, the theological virtues.

teologìa, *f.* theology; divinity.

teològico, *a.* theological.

teologizzàre, *v. i.* to theologize.

teòlogo, *m.* (*f.* **-a**) theologian.

teorèma, *m.* (*mat.*) theorem: **t. di Pitagora**, Pythagorean theorem (*o* proposition).

teoremàtico, *a.* (*mat.*) theorematic.

teorèsi, *f.* theorizing activity; speculation.

teorèta, *m. e f.* theorist; theoretician.

teorètica, *f.* theoretical philosophy; theoretics (*pl. col verbo al sing.*).

teoreticaménte, *avv.* theoretically.

teorètico, *a.* (*filos.*) theoretic(al); speculative.

teorìa, *f.* **1** theory: **la t. dell'evoluzione**, the theory of evolution; **la t. dei quanti**, quantum theory; **la t. e la pratica**, theory and practice; **esame di t.**, examination on theory; **in t.**, in theory; theoretically; **Dovrebbe funzionare, in t.**, in theory (*o* theoretically), it should work; **conoscere q.c. solo in t.**, to have a purely theoretical knowledge of st. **2** (*modo di pensare*) theory; notion; idea: **Ha delle teorie curiose sull'educazione dei figli**, he has some strange notions (*o* ideas) on how to bring up children **3** (*lett.*: *corteo*) procession, train; (*fila*) string, long line: **una lunga t. di sacerdoti**, a long procession of priests.

teòrica, *f.* theoretics (*pl. col verbo al sing.*).

teoricaménte, *avv.* theoretically; in theory.

teoricità, *f.* theoretical nature; abstract.

teòrico, **A** *a.* **1** theoretic(al): **vantaggio t.**, theoretical advantage; **un problema puramente t.**, a purely theoretical problem; **un corso t.-pratico**, a theoretical and practical course; **esame t.**, examination on theory. **2** (*ipotetico*) theoretical; hypothetical. **B** *m.* (*f.* **-a**) theoretician; theorist: **un t. marxista**, a Marxist theoretician; **un t. della dieta mediterranea**, a theorist of the Mediterranean diet.

teorizzàre, *v. t.* **1** (*affrontare teoricamente*) to discuss theoretically; to build up a theory about **2** (*speculare*) to theorize; to speculate.

teorizzatóre, *m.* (*f.* **-trice**) theorizer; theorist.

teorizzazióne, *f.* theorization.

teosofìa, *f.* theosophy.

teosòfico, *a.* theosophic(al).

teòsofo, *m.* (*f.* **-a**) theosophist.

tèpalo, *m.* (*bot.*) tepal.

tepidàrio, *m.* (*archeol.*) tepidarium*.

tepidézza, tèpido, *V.* **tiepidezza, tiepido**.

tepóre, *m.* warmth: **i primi tepori della primavera**, the first warmth of spring.

téppa, teppàglia, *f.* (bunch of) hooligans; (bunch of) yobs (*GB*); rabble; mob.

teppìsmo, *m.* hooliganism; hoodlumism; yobbery (*GB*); thuggery.

teppìsta, *m. e f.* hooligan; hoodlum; thug; yob (*GB*); punk (*USA*).

teppìstico, *a.* hooligan (*attr.*); hoodlum (*attr.*); thuggish.

ter, *a.* third.

terapèuta, *m. e f.* (*med.*) therapist; therapeutist.

terapèutica, *f.* (*med.*) therapeutics (*pl. col verbo al sing.*).

terapèutico, *a.* (*med.*) therapeutic(al); curative; healing.

terapìa, *f.* (*med.*) therapy; treatment: **t. chirurgica**, surgical therapy; (*psic.*) **t. di gruppo**, group therapy; **t. d'urto**, drastic (*o* aggressive) therapy; (*fig.*) shock therapy; **t. di rinforzo**, reinforcement therapy; **sottoporsi a t.**, to undergo treatment.

teràpico, *a.* (*med.*) therapeutic(al).

terapìsta, *m. e f.* therapist.

teratogènesi, *f.* (*biol.*) teratogenesis.

teratògeno, *a.* (*biol., med.*) teratogenic. ● **farmaco** (*o* **agente**) **t.**, teratogen.

teratologìa, *f.* (*biol.*) teratology.

teratològico, *a.* (*biol.*) teratological.

teratòma, *m.* (*med.*) teratoma*.

tèrbio, *m.* (*chim.*) terbium.

terebìnto, *m.* (*bot., Pistacia terebinthus*) terebinth.

tèrebra, *f.* (*zool.*) terebra*.

terebrànte, **A** *a.* **1** (*zool.*) terebrant **2** (*di dolore*) piercing. **B** *m.* (*zool.*) terebrant insect.

terebrazióne, *f.* (*ind. min., edil.*) boring; drilling.

terèdine, *f.* (*zool., Teredo navalis*) ship-worm.

tereftalàto, *m.* (*chim.*) terephthalate.

tereftàlico, *a.* (*chim.*) terephthalic.

Terènzio, *m.* Terence.

Terèsa, *f.* Theresa.

teresiàno, *a.* **1** (*eccles.*) Teresian; Theresian **2** (*stor.*: *di Maria Teresa d'Austria*) of Maria Theresa.

teresìna, *f.* (*gioco di carte*) stud poker.

tèrgere, *v. t.* (*lett.*) **1** to wipe (off, away); to dry: **t. il sudore**, to wipe off one's sweat; **tergersi le lacrime**, to dry one's tears **2** (*pulire*) to clean: **t. una ferita**, to clean a wound.

tergicristàllo, *m.* (*autom.*) windscreen wiper; windshield wiper (*USA*).

tergilunòtto, *m.* (*autom.*) rear window wiper.

tergiversàre, *v. i.* to tergiversate; to equivocate; to evade the issue; to shuffle; to beat* about the bush (*fam.*).

tergiversatóre, *m.* (*f.* **-trice**) tergiversator; equivocator.

tergiversazióne, *f.* tergiversation; evading the issue; shuffling; beating about the bush (*fam.*).

tèrgo, *m.* back; rear: **dare** (*o* **voltare**) **il t.** (*o* **le terga**) **a q.**, to turn one's back on sb.; **venire da t.**, to come from behind (*o* the rear); **a t.**, (*di foglio*) on the back; overleaf: **scrivere a t.**, to write on the back; **vedi a t.** please see overleaf; please turn over (*abbr.*: P.T.O.).

terilène, *m. invar.* (*marchio*: *ind. tess.*) Terylene; Dacron (*USA*).

teriomorfìsmo, *m.* theriomorphism.

teriomòrfo, *a.* theriomorfic; theriomorfous.

tèrital, *m. invar.* (*marchio*: *ind. tess.*) Terital.

termàle, *a.* thermal: **acque termali**, thermal waters; **sorgenti termali**, hot springs; **stazione t.**, spa; watering place.

tèrme, *f. pl.* **1** thermal baths; hot springs; (*stazione termale*) spa (*sing.*) **2** (*archeol.*) thermae; baths: **le t. di Diocleziano**, Diocletian's baths.

tèrmico, *a.* (*fis.*) thermic; thermal; heat (*attr.*): **capacità termica**, heat capacity; **condizioni termiche**, thermic conditions; **barriera termica**, thermal barrier; **energia termica**, thermal energy; **motore t.**, heat engine; **proprietà termiche**, thermal properties; **raggi termici**, thermic rays; **bottiglia termica**, thermos flask; **escursione termica**, temperature range; (*fis. nucl.*) **neutrone t.**, thermal neutron; **scudo t.**, thermal shield; **tuta termica**, thermal suit.

termidoriàno, *a. e m.* (*stor.*) Thermidorian.

Termidòro, *m.* (*stor. franc.*) Thermidor (*franc.*).

terminàbile, *a.* terminable; that can be finished.

terminal (*ingl.*), *m. invar.* **1** (*di linea aerea*) (air) terminal **2** (*comm.*) terminal **3** (*capolinea*) terminus.

terminàle, **A** *a.* **1** (*finale*) final; terminal; last: **il tratto t. di un'autostrada**, the final stretch of a motorway; **la fase t. di un progetto**, the final stages of a plan; **stazione t.**, terminus **2** (*med.*) terminal: **cancro t.**, terminal cancer; **malato t.**, terminally-ill patient **3** (*di confine*) boundary (*attr.*): **pietra t.**, boundary stone; terminus* **4** (*bot.*) terminal: **gemma t.**, terminal bud. **B** *m.* (*comm., elab., tel.*) terminal: **t. di cavo**, cable terminal; **t. bancario**, bank terminal; **t. video**, video terminal (*o* display).

terminalìsta, *m. e f.* (*elab.*) terminalist.

terminàre, **A** *v. t.* to end; to finish; to terminate: **t. la discussione**, to end the discussion; **Voglio t. in pace i miei giorni**, I want to end my days in peace; **t. un lavoro**, to finish a job; **t. di fare q.c.**, to finish doing st. **B** *v. i.* to end; to come* to an end; to be over; to finish; (*cessare*) to cease: **Là termina la strada**, the road ends (*o* comes to an end) there; **parole che terminano in consonante**, words ending (*o* terminating) in a consonant; **La riunione terminò alle undici**, the meeting ended (*o* closed, came to an end) at eleven o'clock; **Il film termina in modo triste**, the film has a sad ending; **La lezione è terminata**, the lesson is finished (*o* is over).

terminatóre, *m.* (*astron.*) terminator.

terminazióne, *f.* **1** (*gramm.*) ending; termination **2** (*fine, tratto terminale*) end; ending; termination: **terminazioni nervose**, nerve endings.

tèrmine, *m.* **1** (*fine*) end; close: **il t. della vita**, the end (*o* the close) of life; **il t. della strada**, the end of the road; **al t. della riunione**, at the end (*o* close) of the meeting; **mancano ancora venti minuti al t. della partita**, there are still twenty minutes to go to the end of the match; **aver t.**, to finish; to end; to be over; to come to an end; **mettere** (*o* **porre**) **t. a q.c.**, to put an end (*o* a stop) to st.; **mettere t. a uno scandalo**, to put an end to a scandal; **portare** (*o* **condurre**) **q.c. a t.**, to carry out st.; to complete st.; to conclude st.; to bring st. to an end; to carry st. through: **portare a t. un lavoro**, to carry out a job; **La polizia ha portato a t. le indagini**, the police have completed their investigation; **condurre a t. un affare**, to conclude (*o* to pull off) a deal; to strike a bargain; **volgere al t.**, to draw to an end (*o* to a close); to be nearing completion: **Le vacanze volgono al t.**, the holidays are drawing (*o* coming) to an end; **Il nostro lavoro volge al t.**, our job is nearing completion (*o* nearly done) **2** (*limite di tempo*) (time) limit, term, date; (*periodo*) time, (given) period: **t. iniziale**, initial date; **t. finale**, expiry date; due date; **t. ultimo** (*o* **massimo, di scadenza**), deadline: **il t. ultimo per la presentazione delle domande**, the deadline for submitting applications; **Il t. è scaduto**, the time has expired; **Non ci sono termini**, there are no time limits; **entro il** (*o* **nel**) **t. di due mesi**, within (the space of) two months; **entro il** (*o* **nel**) **più breve t. possibile**, within the shortest possible time; as soon as possible; **Il lavoro dev'essere finito nel t. stabilito**, the work must be finished within the prescribed time; **trascorso questo t.**, at the end of this period; **fissare un t.**, to fix a date (*o* a deadline); **porre un t. a q.c.**, to set a limit to st.; **prolungare il t.**, to extend the time (limit) ***3*** (*ambito, limite*) limit; bound: **rimanere nei termini della cortesia**, to keep within the bounds of courtesy ***4*** (*confine*) boundary; (*segno di confine*) boundary mark, landmark, terminus*: **Il fosso segna il t. del podere**, the ditch marks the boundary of the farm ***5*** (*condizione, elemento*) term; main point: **i termini di un contratto**, the terms (*o* conditions) of a contract; **i termini di una questione**, the main points of a question; **t. di confronto**, term of comparison; standard ***6*** (*parola, modo di esprimersi*) term; word: **t. scientifico [tecnico, letterario]** scientific [tecnical, literary] term; **il t. giusto**, the right term (*o* word); **t. improprio**, wrong word; misnomer; **in termini astratti**, in abstract terms; **Parlò di me in termini molto lusinghieri**, he spoke about me in glowing terms; **Si è espresso in questi termini**, he spoke in those terms; that is what he said; **Gli ho scritto in questi termini...**, I wrote to him as follows:...; **Dunque, la situazione sta in questi termini**, now then, this is the situation (*o* this is how things stand); **in altri termini**, in other words; to put it differently; **Parliamoci in termini chiari**, let's be plain with one another; let's use plain words (*o* language); **Non la metterei in questi termini**, I wouldn't put it in those terms (*o* that way) ***7*** (*pl.*) (*punto di vista, angolatura*) terms: **in termini di profitto**, in terms of profits ***8*** (*mat., logica*) term: **i due termini di una frazione**, the two terms of a fraction; **i termini di un sillogismo**, the terms of a syllogism; **il primo t. di un paragone**, the first term of a comparison; **ridurre una frazione ai minimi termini**, to reduce a fraction to its lowest terms ***9*** (*fine, scopo*) aim; goal; object; target: **il t. delle sue aspirazioni**, the object of his aspirations; **il t. dei nostri sforzi**, the aim (*o* goal) of our efforts. ● (*comm.*) **il t. di una cambiale**, the expiry date of a bill □ **t. di consegna**, delivery term (*o* date) □ (*comm.*) **il t. di un contratto**, the termination of a contract □ (*leg.*) **t. di preavviso**, period of notice □ (*leg.*) **t. di prescrizione**, period of limitation □ **termini legali** (*periodo di tempo*), prescribed times □ **a buon t.**, progressing well; making good progress: **Il lavoro è a buon t.**, the work is progressing well; **Le trattative sono a buon t.**, negotiations are making good progress □ **a breve t.**, short-term; short-dated; short □ **a lungo t.**, long-term; long-dated; long □ **a rigor di termini**, strictly speaking □ **a termini di legge**, according to the law; legally □ (*comm.*) **cambiale a breve t.**, short-dated bill □ (*gramm.*) **complemento di t.**, indirect object □ (*comm.*) **consegna a t.**, forward delivery □ **contratto a t.**, time contract □ **contraddizione in termini**, contradiction in terms □ **decorrenza di termini**, expiration of time □ **essere in buoni termini con q.**, to be on good terms with sb. □ (*fin.*) **mercato a t.**, futures market □ **misurare** (*o* **pesare**) **i termini**, to weigh one's words □ **moderare i termini**, to moderate one's language; to mind one's words (*o* how one speaks) □ (*fin.*) **obbligazioni a breve t.**, short bonds □ **mezzi termini**, vague words; equivocations: **esprimersi in mezzi termini**, to equivocate; to beat about the bush, to pussyfoot (*fam.*); **parlare senza** (*o* **non usare**) **mezzi termini**, to speak in no uncertain terms (*o* candidly, frankly); not to mince matters (*o* one's words); to be outspoken □ (*med.*) **parto a t.**, full-term delivery □ (*ass.*) **polizza a t.**, time policy □ **prestito a breve t.**, short-term loan □ (*fig.*) **ridurre q.c. ai minimi termini**, (*semplificare al massimo*) to reduce st. to its simplest terms; (*ridurre al massimo*) to reduce st. to next to nothing □ (*fig.*) **essere ridotto ai minimi termini** (*essere logoro, consumato*), to be worn down to nothing □ **vendita a t.**, forward sale.

terminiṣmo, *m.* (*filos.*) terminism.

terminista, *m.* (*filos.*) terminist.

terministico, *a.* (*filos.*) terministic.

terminologia, *f.* terminology; terms (*pl.*); vocabulary.

terminològico, *a.* terminological.

termistóre, *m.* (*elettr.*) thermistor.

termitàio, *m.* termitarium*; termites' nest.

tèrmite (1), *f.* (*zool.*) termite; white ant.

termite (2), *f.* (*chim.*) thermite.

termoaderènte, *a.* (*tecn.*) thermoadhesive.

termoadeṣióne, *f.* (*tecn.*) thermoadhesion.

termoanesteṣia, *f.* (*med.*) thermoan(a)esthesia.

termobaròmetro, *m.* (*fis.*) thermobarometer.

termobattèrio, *m.* (*biol.*) thermobacterium*.

termobilància, *f.* (*chim.*) thermobalance.

termocautèrio, *m.* (*med.*) thermocautery.

termocettóre, *m.* (*fisiol.*) thermoreceptor.

termochìmica, *f.* thermochemistry.

termochìmico, *a.* thermochemic(al).

termocinètica, *f.* (*fis.*) thermokinetics (*pl. col verbo al sing.*).

termocinètico, *a.* (*fis.*) thermokinetic.

termocoagulazióne, *f.* (*med.*) thermocoagulation.

termocoibènte, *V.* **termoisolante**.

termocompressióne, *f.* (*fis.*) thermal compression.

termocompressóre, *m.* (*fis.*) thermal compressor.

termoconvettóre, *m.* (*fis.*) convector.

termocopèrta, *f.* (*marchio*) electric blanket.

termocòppia, *f.* (*fis.*) thermocouple.

termocùlla, *f.* incubator.

termodiffuṣióne, *f.* (*fis.*) thermodiffusion; thermal diffusion.

termodinàmica, *f.* (*fis.*) thermodynamics (*pl. col verbo al sing.*).

termodinàmico, *a.* (*fis.*) thermodynamic(al).

termoelemènto, *m.* (*fis.*) thermoelement.

termoelettricità, *f.* (*fis.*) thermoelectricity.

termoelèttrico, *a.* (*fis.*) thermoelectric(al).

termoelettróne, *m.* (*fis.*) thermoelectron.

termoelettrònica, *f.* (*fis.*) thermoelectronics (*pl. col verbo al sing.*).

termoelettrònico, *a.* (*fis.*) thermoelectronic.

termoestesìa, *f.* (*med.*) thermesthesia.

termòfilo, *a.* (*biol.*) thermophilic; termophilous: **organismo t.**, termophile.

termòforo, *m.* heating-pad; warming-pad.

termogalvanòmetro, *m.* (*fis.*) thermogalvanometer.

termogèneṣi, *f.* (*biol.*) thermogenesis.

termogenètico, *a.* (*biol.*) thermogenetic.

termògeno, *a.* thermogenic.

termografia, *f.* thermography.

termogràfico, *a.* thermographic.

termògrafo, *m.* (*fis.*) thermograph.

termogràmma, *m.* thermogram.

termoigrògrafo, *m.* hygrothermograph.

termoindurènte, *a.* (*chim.*) thermosetting: **materia plastica t.**, thermosetting composition.

termoióne, *m.* (*fis.*) thermion.

termoiònica, *f.* (*fis.*) thermionics.

termoiònico, *a.* (*fis.*) thermionic: **corrente termoionica**, thermionic current; **valvola termoionica**, thermionic valve (*USA*: tube).

termoiṣolànte, (*fis.*) **A** *a.* thermal insulation (*attr.*). **B** *m.* thermal insulation.

termolàbile, *a.* (*fis.*) thermolabile.

termòliṣi, *f.* (*biol., chim.*) thermolysis.

termologia, *f.* (*fis.*) thermology.

termològico, *a.* (*fis.*) thermological.

termoluminescènza, *f.* (*fis.*) thermoluminescence.

termomagnètico, *a.* (*fis.*) thermomagnetic.

termomagnetiṣmo, *m.* (*fis.*) thermomagnetism.

termomanòmetro, *m.* (*fis.*) thermal pressure gauge.

termometrìa, *f.* (*fis.*) thermometry.

termomètrico, *a.* thermometric(al).

termòmetro, *m.* ***1*** thermometer: **t. a massima [a minima]**, maximum [minimum] thermometer; **t. ad alcol**, spirit thermometer; **t. a rovesciamento**, reversion thermometer; **t. centigrado**, centigrade thermometer; **t. clinico**, clinical thermometer; **t. da bagno**, bath thermometer; **t. elettrico**, electric thermometer; **Il t. segna** (*o* **indica**) **20°**, the thermometer reads 20° ***2*** (*per estens.*: *temperatura*) temperature: **Il t. sale [scende]**, the temperature is rising [dropping] ***3*** (*fig.*: *indice*) indicator; sign.

termominerale, *a.* thermal; warm-water (*attr.*): **sorgente t.**, thermal (*o* warm-water) spring.

termonucleàre, *a.* (*fis.*) thermonuclear.

termopila, *f.* (*fis.*) thermopile.

Termòpili, *f. pl.* (*stor.*) Thermopylae.

termoplàstica, *f.* (*tecn.*) thermoplastic.

termoplasticità, *f.* thermoplasticity.

termoplàstico, *a.* thermoplastic.

termoreattóre, *m.* (*fis.*) thermal reactor.

termoregolàre, *v. t.* to maintain (st.) at a steady temperature.

termoregolatóre, A *m.* ***1*** (*tecn.*) thermostat; thermoregulator ***2*** (*fisiol.*) thermoregulator. **B** *a.* ***1*** (*tecn.*) heat-regulating ***2*** (*fisiol.*) thermoregulatory.

termoregolazióne, *f.* ***1*** (*tecn.*) heat regulation ***2*** (*fisiol.*) thermoregulation.

termoresistènte, *a.* (*tecn.*) heat resistant.

tèrmos, *V.* **thermos**.

termosaldàre, *v. t.* to weld.

termosaldatrice, *f.* welding machine; welder.

termosaldatùra, *f.* welding.

termoscòpio, *m.* (*fis.*) thermoscope.

termosensibile, *a.* thermosensitive.

termosfèra, *f.* (*scient.*) thermosphere.

termosifóne, *m.* ***1*** (*sistema di riscaldamento*) central heating ***2*** (*radiatore*) radiator.

termostàbile, *a.* (*fis.*) thermostable.

termostatàre, *v. t.* (*tecn.*) to thermostat.

termostàtica, *f.* (*fis.*) thermostatics (*pl. col verbo al sing.*).

termostàtico, *a.* (*tecn., fis.*) thermostatic.

termòstato, *m.* thermostat.

termotècnica, *f.* thermotechnics (*pl. col verbo al sing.*).

termoterapìa, *f.* (*med.*) thermotherapy.

termotropiṣmo, *m.* (*bot.*) thermotropism.

termoventilatóre, *m.* fan heater.

termoventilazióne, *f.* air-heating.

termoviṣióne, *f.* (*scient.*) thermal imaging.

tèrna, *f.* ***1*** (*gruppo di tre*) set of three; trio* ***2*** (*lista di tre nomi*) list of three; short list: **entrare nella t.**, to be shortlisted. ● (*calcio*) **t. arbitrale**, referee and two linesmen.

ternàrio, A *a.* ***1*** ternary; threefold ***2*** (*chim., mat.*) ternary: **composto t.**, ternary compound ***3*** (*poesia*) three-syllable (*attr.*): **verso t.**, three-syllable line; **metro t.**, tercet ***4*** (*mus.*) ternary; triple: **forma ternaria**, ternary form; **ritmo t.**, triple time. **B** *m.* (*metrica*) ***1*** (*terza rima*) «terza rima» ***2*** (*terzina*) tercet.

ternàto, *a.* (*bot.*) ternate.

tèrno, *m.* (*tombola, lotto*) three winning numbers; winning triplet. ● (*fig.*) **vincere un t. al lotto**, to hit the jackpot; to strike lucky.

terotecnologia, *f.* terotechnology.

terpène, *m.* (*chim.*) terpene.

terpènico, *a.* (*chim.*) terpenic.

terpina, *f.* (*chim.*) terpin.

terpineòlo, *m.* (*chim.*) terpineol.

tèrra, *f.* ***1*** (*il pianeta*) earth: **la rotazione della t.**, the rotation of the earth; **la vita sulla t.**, life on earth; **in cielo e in t.**, in heaven and on earth ***2*** (*il mondo*) world; earth: **la pace sulla t.**, peace on earth; **su questa t.** in this world; on earth; **lasciare questa t.**, to leave this world; **i beni della t.**, earthly (*o* wordly) goods **3** (*l'opposto di acqua e di mare*) land: **sulla t. e sul mare**, on the land and on the sea; (*naut.*) **avvistare t.**, to sight land; to make a landfall; **viaggiare per t. e per mare**, to travel by land and sea; **vento di t.**, land wind; (*mil.*) **forze di t.**, land forces **4** (*t. coltivabile*) land; earth: **lavorare la t.**, to till the land; **t. coltivata**, land under crop; tilled land; (*fig.*) **ritornare alla t.**, to go back to the land; **fame di terre**, land-hunger; **lavoratore della t.**, (*coltivatore*) farmer; (*bracciante*) farm labourer; **i prodotti della t.**, agricultural produce **5** (*proprietà terriera*) land; estate: **essere proprietario di terre**, to own land; to be a landowner; **Ha terre in Brasile**, he has an estate in Brazil **6** (*terriccio*) earth; soil; dirt: **riempire un buco di t.**, to fill a hole with earth; **strappare radici dalla t.**, to pull roots from the earth; **una manciata di t.**, a handful of earth; **Ai bambini piace giocare con la t.**, children love playing in the dirt; **macchine per muovere la t.**, earth-moving machines; **t. smossa**, loose earth; **t. buona**, good soil; **t. ricca di minerali**, soil rich in minerals; **una zolla di t.**, a clod of earth; **odore di t.**, earthy smell; **mani sporche di t.**, earth-stained hands; **scarponi sporchi di t.**, mud-caked boots **7** (*suolo, terreno*) ground, earth; (*pavimento*) ground, floor: **scavare la t.**, to dig the ground; **La t. tremò per dieci secondi**, the earth shook for ten seconds; **a sei metri da [sotto] t.**, six metres above [under, below] (the) ground; **dormire per t.** to sleep on the ground (*in casa*: on the floor); **sedersi in t.**, to sit down on the ground (*in casa*: on the floor); **alzarsi da t.**, to get up from the ground (*in casa*: from the floor); to get to one's feet; (*alzarsi in volo*) to take off; **Alzati subito da t.!**, get up at once!; **È caduto in t. e si è rotto**, it fell and broke; **Cadde a t. privo di sensi**, he fell senseless to the ground; **guardare per t.**, to look down; **sotto t.**, underground: below ground: **nascondere [seppellire] q.c. sotto t.**, to hide [to bury] st. underground; **insetti che vivono sotto t.**, insects living underground (*o* below ground) **8** (*paese, regione, territorio*) land, region, territory; (*nazione, patria*) country: **una t. sconosciuta**, an unknown land (*o* region); **terre incolte**, waste lands; **terre abitate**, inhabited lands (*o* territories); **Questa è t. italiana**, this is Italian territory; **t. natale**, native land; homeland; **Siamo in t. straniera**, we are on foreign land (*o* in a foreign country) **9** (*elettr.*) earth (*GB*); ground (*USA*): **filo della t.**, earth wire; ground wire; **messa a t.**, earthing; grounding; **mettere a t.**, to earth; to ground. ● **terre alte**, highlands □ **terre alluvionali**, alluvial soil □ **terre basse**, lowlands □ **t. battuta**, packed earth; dirt: **pavimento di t. battuta**, earthen floor; **strada di t. battuta**, dirt road □ (*fig.*) **t. bruciata**, scorched earth: **tattica della t. bruciata**, scorched-earth policy (*o* strategy) □ **t. colorante**, colouring earth □ **t. consacrata**, consecrated (*o* holy) ground □ **t. cotta**, *V.* **terracotta** □ **t. da pipe**, pipeclay □ **t. da porcellana**, kaolin □ **t. d'elezione**, spiritual homeland □ (*mil.*) **t. di nessuno**, no man's land □ (*pitt.*) **t. d'ombra**, umber: **t. d'ombra bruciata [naturale]**, burnt [raw] umber □ (*geogr.*) **T. del Fuoco**, Tierra del Fuego □ **t. di riporto**, filling earth; made ground □ (*pitt.*) **t. di Siena**, sienna: **t. di Siena bruciata**, burnt sienna □ **le terre emerse**, the land masses of the globe □ **t. ferma**, *V.* **terraferma** □ **t. grassa**, loam □ (*naut.*) **T. in vista!**, land ho! □ **la T. Promessa**, the Promised Land □ (*chim.*) **terre rare**, rare earths □ **t. refrattaria**, fireclay □ **la T. Santa**, the Holy Land □ **t. t.**, (*raso t.*) close to the ground, at ground level; (*fig.*: *concreto*) down-to-earth, matter-of-fact, no-nonsense (*attr.*); (*fig.*: *mediocre*) ordinary, mediocre, prosaic, lacklustre □ **a fior di t.**, at ground level □ (*autom.*) **a t.**, flat: **una gomma a t.**, a flat tyre; **Abbiamo una gomma a t.**, we have a puncture; one of the tyres is flat □ (*naut.*) **a t.**, ashore □ (*fig.*) **a t.**, (*giù di morale*) down, depressed, low, in low spirits; (*finanziariamente*) badly off, broke; (*fisicamente*) low, poorly, run-down, in bad shape: **In questi giorni ho il morale a t.**, I'm feeling very low these days □ **avere terre al sole**, to own land □ (*fig.*) **buttare a t.**, to get down; to depress; to dishearten □ (*geogr.*) **braccio di t.**, promontory □ (*fig.*) **coi piedi per t.**, with one's feet (firmly) on the ground; down-to-earth; practical; no-nonsense □ **lasciare a t.**, (*naut.*: *non prendere a bordo*) to leave behind; (*aeron.*: *non far volare*) to ground □ (*geogr.*) **lingua di t.**, tongue of land; spit □ **la Madre t.**, Mother Earth □ (*fig.*) **mettere a t.**, to weaken; (*finanziariamente*) to leave (sb.) broke: **L'influenza l'ha messo a t.**, he still feels very poorly (*o* weak) after the flu □ **mettere piede a t.**, to set foot on the ground □ (*fig.*) **muovere cielo e t.**, to move heaven and earth □ (*fig.*) **Si sarebbe voluto nascondere sotto t.**, he wished the earth would open and swallow him up; he could have curled up and died (*fam.*) □ (*fig.*) **non stare né in cielo né in t.**, to be totally absurd (*o* ridiculous, ludicrous) □ (*fig.*) **non toccare t. dalla gioia**, to be beside oneself with joy; to be on cloud nine (*fam.*) □ (*fig.*) **per mare e per t.**, everywhere; high and low □ (*aeron.*) **personale di t.**, ground staff □ **piano t.**, ground floor □ (*naut., aeron.*) **prendere [toccare] t.**, to land □ **raso t.**, close to the ground; at ground level: **tagliare un albero raso t.**, to cut a tree to the ground; **L'uccello volava raso t.**, the bird was skimming the ground □ **restare a t.**, to be left behind; (*perdere un mezzo*) to miss (a bus, a plane, etc.); (*non imbarcarsi*) to stay ashore, to be left ashore; (*aeron.*) to be grounded □ (*fig.*) **rimettere i piedi per t.**, to come down to earth □ **scendere a t.**, (*da una nave*) to go ashore, to disembark; (*da un aereo*) to disembark; (*atterrare*) to land □ (*astrol.*) **segno di t.**, earth sign □ (*fig.*) **sentirsi mancare la t. sotto i piedi**, to feel the ground open beneath one; to feel lost □ (*fig.*) **sotto t.** (*morto*), dead; dead and buried □ (*anche fig.*) **tenere i piedi per t.**, to keep one's feet (firmly) on the ground □ **toccare t.**, (*naut.*) to land; (*aeron.*) to touch down, to land □ **via di t.**, land route; **per via di t.**, by land; land (*attr.*); (*posta*) surface (*attr.*) □ **le viscere della t.**, the bowels of the earth.

tèrra-ària, *locuz. a.* (*mil.*) ground-to-air.

terracòtta, *f.* **1** (*il materiale*) baked clay; terracotta; earthenware: **fatto di t.**, earthen; earthenware; terracotta (*attr.*); **vaso di t.**, earthenware pot; terracotta vase; **vasellame di t.**, earthenware; **color t.**, terracotta (*attr.*) **2** (*oggetto di t.*) terracotta.

terràcqueo, *V.* **terraqueo**.

terrafèrma, *f.* (*continente*) mainland; (*opposto al mare*) (dry) land, terra firma (*lat.*): **una città di t.**, a mainland city; **sbarcare sulla t.**, to set foot on dry land.

terràglia, *f.* **1** earthenware **2** (*pl.*) (*oggetti in t.*) pottery (*sing.*); earthenware (*sing.*).

terràgnolo, *a.* terrestrial; terricolous.

terramàra, *f.* (*archeol.*) terramara*.

terramicìna, *f.* (*marchio*: *farm.*) Terramycin.

Terranòva, *f.* (*geogr.*) Newfoundland.

terranòva, *m. invar.* (*cane*) Newfoundland.

terrapièno, *m.* **1** embankment; bank **2** (*mil.*) terreplein; rampart; earthwork.

terràqueo, *a.* terraqueous. ● **il globo t.**, the globe.

terràrio, *m.* terrarium*.

tèrra-tèrra, *locuz. a.* (*mil.*) ground-to-ground.

terràzza, *f.* **1** (*edil.*: *al piano terra*) terrace; (*balcone*) balcony, terrace; (*sul tetto*) flat roof, sunroof, terrace **2** (*di terreno*) terrace: **coltivazione a terrazze**, terrace-cultivation; **giardini a terrazze**, terraced gardens.

terrazzaménto, *m.* terracing.

terrazzàre, *v. t.* to terrace.

terrazzière, *m.* navvy; digger.

terrazzino, *m.* **1** balcony **2** (*alpinismo*) ledge.

terràzzo, *m.* **1** (*edil.*) balcony, terrace; (*sul tetto*) flat roof, sunroof, terrace **2** (*geol.*) terrace; bench; offset. ● **pavimentazione a t.**, terrazzo paving.

terremotàre, *v. t.* (*fig.*) to throw* into chaos; to create havoc in; to disrupt.

terremotàto, **A** *a.* devastated by an earthquake: **regione terremotata**, region devastated by an earthquake; **famiglie terremotate**, families made homeless by an earthquake. **B** *m.* (*f.* **-a**) earthquake victim.

terremòto, *m.* **1** earthquake; quake (*fam.*); (*non grave*) earth tremor: **scossa di t.**, (earthquake) shock; tremor; **zona soggetta a terremoti**, area subject to earthquakes; seismic area; **un t. del 6° grado della scala Richter**, an earthquake measuring 6 on the Richter scale **2** (*fig.*: *sconvolgimento*) havoc; chaos; disruption; uproar: **Le parole del ministro provocarono un t. in aula**, the minister's words caused an uproar in the house **3** (*fig.*: *ragazzo vivace*) live wire. ● **t. stellare**, starquake.

terréno (1), *a.* **1** ground (*attr.*): **piano t.**, ground floor; first floor (*USA*); **stanza terrena**, ground-floor room **2** (*mondano*) earthly; worldly: **gioie terrene**, earthly joys; **beni terreni**, worldly goods; **vita terrena**, earthly life; life on this earth.

terréno (2), *m.* **1** (*estensione di terra*) ground; land; country; terrain (*anche mil.*): **t. ondulato [pianeggiante]**, undulating [level] ground; **t. collinoso**, hilly ground (*o* country); **t. roccioso**, rocky ground (*o* country); **t. boscoso**, woodland; wooded country; **t. erboso**, grassland; **t. coltivabile**, arable land; **t. incolto**, wild country; **t. paludoso**, marshy ground; marshland; swamp; **t. brullo**, barren land; wasteland; **t. accidentato**, rough (*o* rugged) ground (*o* terrain); **t. nemico**, enemy terrain; **le irregolarità del t.**, the asperities of the ground (*o* of the terrain) **2** (*suolo*) soil; ground: **t. sabbioso [argilloso]**, sandy [clayey] soil; **un t. poco adatto per le rose**, a soil ill suited to growing roses; **t. fertile [magro]**, fertile [poor] soil; **dissodare il t.**, to break up the ground; **piantare un palo nel t.**, to drive a pole into the ground; **Era riverso sul t.**, he was lying on the ground **3** (*terra sfruttata*) land; (*appezzamento*) piece (*o* plot) of land; (*campo*) field: **t. agricolo**, agricultural land; farmland; **t. da pascolo**, pasture (*o* grazing) land; **t. da vigna**, vine land; **t. boschivo**, wooded land; **Questo è tutto t. fabbricabile**, this is all building land; **un t. fabbricabile**, a building site; **vendere un t.**, to sell a piece of land; **essere proprietario di molti terreni**, to own a lot of land; **proprietario di terreni**, landowner **4** (*zona, area, territorio*) ground; land; terrain; area: **perlustrare il t.**, to reconnoitre the land; **Conosce bene il t.**, he knows the area (*o* the region, the ground) very well **5** (*fig.*: *campo d'azione, ambito*) ground; field: **Mi muovevo su un t. a me poco noto**, I was treading on unfamiliar ground; **Sei tu l'esperto su questo t.**, you are the expert in this field; **affrontare una questione sul t. legale**, to discuss the legal side of a problem; **Lo scontro deve restare sul t. politico**, the clash must be confined to the political arena **6** (*sport*) (sports) ground; field: **giocare sul proprio t.**, to play on home ground; **il t. avversario**, the opponent's ground; **t. di gioco**, field; pitch; **t. di gara** (*arena*), course; **t. pesante**, heavy pitch **7** (*campo di battaglia*) battlefield. ● **t. demaniale**, public land □ **t. di caccia**, hunting ground □ **t. di gioco** (*per bambini*), playground □ (*fig.*) **il t. di uno scontro**, the battlefield □ (*fig.*) **t. fertile**, fertile ground; good breeding ground □ (*mil. e fig.*) **t. minato**, mined area; minefield □ **contendere il t. palmo a palmo**, to fight for every inch of ground

□ (*anche fig.*) **guadagnare t.**, to gain ground □ **incontrarsi in t. neutro**, to meet on neutral ground □ (*anche fig.*) **perdere t.**, to lose ground □ (*fig.*) **preparare il t.**, to prepare the ground; to pave the way □ **riguadagnare t.**, to catch up; (*fig.*) to make up for lost ground □ **scendere sul t.**, (*mil.*) to go into battle; (*per un duello, per un incontro sportivo*) to take the field □ **sentirsi mancare il t. sotto i piedi**, to feel the ground giving way under one's feet; (*fig.*) to feel the ground open beneath one, to feel lost □ (*anche fig.*) **studiare il t.**, to study (*o* to reconnoitre) the ground □ **tastare il t.**, to test (*o* to explore) the ground; to feel one's way; (*fig.*) to see the lie of the land, to see which way the wind is blowing, to put out a feeler, to fly a kite (*fam.*): **tastare il t. con q.**, to sound sb. out.; **Facciamo questo passo per tastare il t.**, let's make this move to see which way the wind is blowing; let's fly this kite □ (*fig.*) **trovare il t. adatto**, to find fertile ground.

tèrreo, *a.* (*di viso*) ashen; wan: **t. in viso**, ashen-faced; **diventare t. in viso**, to turn ashen.

terrèstre, A *a.* **1** (*della terra*) terrestrial; earth's (*attr.*); earth (*attr.*): **magnetismo t.**, terrestrial magnetism; **la crosta t.**, the earth's crust; **il diametro t.**, the earth's diameter **2** (*che vive sulla t.*) terrestrial: **animali terrestri**, terrestrial animals **3** (*di terra*) land (*attr.*): (*mil.*) **forze terrestri**, land forces; **mina t.**, landmine. ● **paradiso t.**, earthly paradise. **B** *m.* e *f.* earthman* (*m.*); earthwoman* (*f.*); earthling; terrestrial.

terribile, *a.* **1** (*che incute paura*) terrible; terrifying; fearful; fearsome: **una minaccia t.**, a terrible threat; **un mostro t.**, a terrifying monster **2** (*orribile, tremendo*) horrible; awful; dreadful; shocking; **una scenata t.**, a dreadful scene; **bambino t.**, dreadful (*o* awful) child; little terror (*scherz.*); **Sei proprio t.!**, you are dreadful!; **È stato un anno t. per le viti**, it's been a horrible (*o* an awful) year for the vines **3** (*con valore rafforzativo*) dreadful; awful; terrific: **Ho una fretta t.**, I'm in a dreadful hurry; I'm in a devil of a hurry; **Fa un freddo t.**, it's terribly (*o* awfully, bitterly, perishing) cold; **Ho una fame t.**, I'm starving; **un rumore t.**, a terrific noise; **un t. mal di testa**, a splitting headache.

terribilità, *f.* terribleness; fearfulness; awfulness; dreadfulness.

terricciàto, *m.* (*agric.*) compost.

terriccio, *m.* soil; dirt; (*coltivabile*) topsoil, mould; (*per coltivazione in vaso*) loam.

terricolo, *a.* (*zool., bot.*) terricolous; terrestrial; land (*attr.*).

terrier, *m. invar.* (*cane*) terrier: **t. scozzese**, Scotch terrier; **t. irlandese**, Irish terrier.

terrièro, *a.* landed; land (*attr.*); landowning: **proprietà terriera**, landed property; **proprietario t.**, landowner; landed proprietor.

terrificànte, *a.* terrifying; appalling; hair-raising; dreadful; blood-curdling.

terrificàre, *v. t.* to terrify; to appal.

terrifico, *a.* terrifying.

terrigeno, *a.* (*geol.*) terrigenous.

terrigno, *a.* (*color terra*) earth-coloured; (*terreo*) sallow, wan.

terrina, *f.* bowl; basin.

territoriàle, *a.* territorial: **acque territoriali**, territorial waters; (*leg.*) **competenza t.**, territorial jurisdiction; **ingrandimenti territoriali**, territorial expansion; (*mil.*) **la milizia t.**, the Territorial Army; **difesa t.**, internal defence.

territorialismo, *m.* (*biol.*) territoriality

territorialistico, *a.* territorialist.

territorialità, *f.* territoriality.

territòrio, *m.* **1** territory; ground; land; (*area*) area, district, region: **i territori costieri**, coastal territories (*o* lands, regions, areas); **t. montuoso**, mountainous territory; **t. francese**, French territory; **t. dello Stato**, state territory; **t. del comune**, municipal land (*o* territory); **territori d'oltremare**, overseas territories; **t. nemico**, hostile territory; **t. neutro**, neutral ground **2** (*biol.*) territory **3** (*fig.*: *area di competenza*) territory; field; beat (*fam.*); turf (*pop.*) **4** (*sport*) territory □ **il t. della Diocesi**, the Diocesan possessions □ **t. di vendita**, sales area. ● (*leg.*) **competenza del t.**, territorial jurisdiction □ **ingrandimento del t.**, territorial expansion.

terróne, *m.* (*f.* **-a**) (*spreg.*) southerner.

terróre, *m.* **1** terror; dread: **il t. della morte** [**del contagio**], the terror of death [of infection]; **racconti del t.**, tales of terror; **equilibrio del t.**, balance of terror; **regno del t.**, reign of terror; **La solitudine è il t. degli anziani**, loneliness is what the elderly dread most; **incutere t. in q.**, to strike terror into sb.'s heart; **avere il t. di q.c.**, to be terrified by (*o* of) st.; to dread st.: **Ho il t. del vuoto**, I am terrified of heights; **Ha il t. delle malattie**, he has a dread of all diseases; **urlare di t.**, to scream with terror; **Vive nel continuo t. di essere scoperto**, he lives in constant terror of being found out; **sacro t.**, mortal terror; **in preda al t.**, terror-stricken (*agg.*) **2** (*persona o cosa che causa t.*) terror; bugbear: **Il mio t. è l'esame orale**, my bugbear is the oral exam; **La banda era il t. del quartiere**, the gang was the terror of the neighbourhood **3** (*stor.*) (the) Terror.

terrorismo, *m.* terrorism.

terrorista, *m.* e *f.* terrorist.

terroristico, *a.* terrorist (*attr.*): **attentato t.**, terrorist attack; **attività terroristiche**, terrorist activities; **regime t.**, terrorist regime.

terrorizzàre, *v. t.* to terrorize; to terrify.

terróso, *a.* **1** (*simile a terra*) earthy; earth-like: **materiale t.**, earthy material **2** (*sporco di terra*) earth-soiled; muddy: **mani terrose**, muddy (*o* earth-soiled) hands; **acqua terrosa**, muddy water.

Tersicore, *f.* (*mitol.*) Terpsichore.

Tersite, *m.* (*letter.*) Thersites.

tèrso, *a.* **1** clear; limpid; (*pulito*) clean: **vetro t.**, clear glass; **acqua tersa**, clear water; **cielo t.**, clear (*o* unclouded, cloudless) sky **2** (*fig.*) terse; crisp; polished: **stile t.**, terse style.

Tertulliàno, *m.* (*letter.*) Tertullian.

tèrza, *f.* **1** (*autom.*) third (gear): **mettere la t.**, to change (*o* to shift) into third (gear) **2** (*scuola*) third form (*o* class); third grade (*USA*): **essere in t.**, to be in third form; **la t. elementare** [**liceo**], the third form at elementary [high] school **3** (*mus.*) third **4** (*eccles.*) terce, tierce **5** (*scherma*) tierce **6** (*ferr.*) third class; third (*fam.*) **7** (*mat.*) power of three: **quattro alla t.**, four to the power of three.

terzàna, *f.* (*med.*) tertian (fever).

terzarolàre, *v. t.* (*naut.*) to reef.

terzaròlo, *m.* (*naut.*) reef: **prendere** [**sciogliere**] **un t.**, to take in [to let out] a reef; **far t.**, to reef; **una mano di terzaroli**, a reef.

terzàvola, *f.* great-great-grandmother.

terzàvolo, *m.* great-great-grandfather.

terzèra, *f.* (*edil.*) purlin.

terzétto, *m.* **1** (*mus.*) trio* **2** (*gruppo di tre*) trio*; threesome; three (people); group of three: **Bel t.!**, a fine trio they are!

terziàrio, A *a.* (*econ., geol., chim.*) tertiary: **l'era terziaria**, the Tertiary period; **il settore t.**, the service (*o* tertiary) industry (*o* sector). **B** *m.* **1** (*eccles., geol.*) tertiary: **t. francescano**, Franciscan tertiary; **il T.**, the Tertiary **2** (*econ.*) service (*o* tertiary) industry (*o* sector); services (*pl.*): **gli addetti al t.**, people employed in the services sector; **il t. avanzato**, hight-tech service industry.

terziarizzàre, *v. t.* to expand the service (*o* tertiary) sector.

terziarizzazióne, *f.* expansion of the service (*o* tertiary) industry.

terziatùra, *f.* (*agric.*) third ploughing.

terzina, *f.* **1** (*poesia*) tercet: **t. dantesca**, «terza rima» **2** (*mus.*) triplet.

terzino, *m.* **1** (*calcio*) (full) back: **il t. destro** (**sinistro**), the right (left) back **2** (*fiasco piccolo*) third of a flask.

terzista, *m.* e *f.* outside contractor.

tèrzo, A *a. num. ord.* third: **il t. giorno del mese**, the third day of the month; **il t. capitolo**, the third chapter; chapter three; **la terza fila**, the third row; **Alessandro T.**, Alexander the Third; **la terza persona singolare**, the third person singular; **il t. atto**, the third act; act three; **atto secondo, scena terza**, Act two, Scene three. ● (*leg.*) **t. acquirente**, subsequent buyer □ **t. anniversario**, third anniversary; triennial □ (*leg.*) **t. arbitro**, umpire □ **t. centenario**, tercentenary; tricentenary □ **terza copia**, triplicate □ (*leg.*) **t. di buona fede**, bona fide holder □ **terza età**, Third Age; senior citizens (*pl.*): **facilitazioni per la terza età**, special terms for senior citizens; **università della terza età**, further education for senior citizens □ **t. grado**, third degree: **interrogatorio di t. grado**, third degree (questioning); **fare il t. grado a q.**, to give sb. the third degree; to grill sb. □ (*stor.*) **la Terza Italia**, modern Italy □ **il T. Mondo**, the Third World □ (*eccles.*) **T. Ordine**, tertiary order □ (*giorn.*) **terza pagina**, literary page: **scrittore di terza pagina**, literary contributor (to a newspaper) □ (*radio*) **il t. programma**, the third programme □ **il T. Reich**, the Third Reich □ (*poesia*) **terza rima**, «terza rima» □ **il t. sesso**, the third sex □ (*polit.*) **il T. Stato**, the Third Estate □ (*autom.*) **terza velocità**, third gear □ **decimo t.**, thirteenth □ **di terz'ordine**, third-rate (*attr.*); cheap □ **in t. luogo**, in the third place; thirdly; third □ **ustioni di t. grado**, third-degree burns. **B** *m.* **1** (*num. ord. e frazione*) third; **un t.**, one third; a third; the third part; **aumento di un t.**, increase of one third; **una bottiglia piena per due terzi**, a bottle two-thirds full; **dormire un t. della notte**, to sleep a third of the night; **rinunciare a un t. dei propri averi**, to renounce the third part of one's possessions; **il t. di una fila**, the third in a row **2** (*terza persona*) third; third person; someone (*o* somebody) else; third party (*anche leg.*): **Fui il t. a entrare**, I was the third person to go in; I went in third; **il t. di cinque fratelli**, the third brother of five; **il parere di un t.**, the opinion of a third person (*o* party); an outside opinion; **Ci serve un t. per poter giocare**, we need a third person to play; **Fece da t.**, he was the third; he made up the third; **L'ha saputo da terzi**, he had it from a third party (*o* from a third person, from someone else); **Non dirlo a terzi!**, don't tell anybody else!; **in presenza di terzi**, in the presence of a third party; **in possesso di terzi**, in (the) possession of a third party. ● (*logica*) **t. escluso**, excluded middle □ **t. incomodo**, unwanted third party: **fare da t. incomodo**, to play gooseberry □ **a danno di terzi**, to the detriment of third parties □ **assicurazione contro terzi**, third-party insurance □ **danno contro terzi**, third-party damages □ **fare il t.** (*in un gioco*), to make a third □ **per conto terzi**, on behalf of a third party. **C** *avv.* (*in t. luogo*) thirdly; in the third place; third: **T., perché non è tornato?**, thirdly, why didn't he come back?

terzogènito, *a.* e *m.* (*f.* **-a**) third-born.

terzomondismo, *m.* Third Worldism.

terzomondista, *m.* e *f.* Third Worlder.

terzomondistico, *a.* Third World (*attr.*).

terzùltimo, *a.* e *m.* last but two; third last; antipenultimate.

terzuòlo (**1**), *m.* (*zool.*) t(i)ercel.

terzuòlo (**2**), *m.* (*agric.*) third-cut hay.

tésa, *f.* **1** (*di cappello*) brim; (*di berretto*) peak, visor: **cappello a t. larga**, broad-brimmed hat **2** (*delle reti*) laying.

tesafili, *m.* (*elettr.*) wire-stretcher.

tesàggio, *m.* stretching.

tesàre, *v. t.* **1** to stretch **2** (*naut.*) to haul taut; to set* taut.

tesàta, tesatura, *f.* **1** stretching **2** (*naut.*)

hauling taut.

teṣaurizzàre, *v. t.* e *i.* (*econ.*) to hoard; to treasure up: **t. l'oro**, to hoard gold.

teṣaurizzatóre, *m.* (*f.* **-trice**) (*econ.*) hoarder.

teṣaurizzazióne, *f.* (*econ.*) hoarding; treasuring.

tèschio, *m.* skull; (*come simbolo*) death's head: **t. e tibie incrociate**, skull and crossbones.

Teṣèo, *m.* (*mitol.*) Theseus.

tèṣi, *f.* ***1*** (*teoria, asserzione*) thesis*; theory; point: **t. e antitesi**, thesis and antithesis; **la t. di fondo**, the main thesis; **sostenere una t.**, to uphold a thesis; **una t. sballata**, a preposterous theory; **romanzo a t.**, novel of ideas; **La sua t. è che non c'è stato reato**, his theory is that (*o* he believes that) no offence was committed; **A sostegno della sua t. mi fece vedere le lettere**, to prove his point he showed me the letters; **Gli investigatori sostengono la t. dell'omicidio**, the investigators think it is a case of murder ***2*** (*dissertazione*) thesis*; dissertation: **t. di laurea**, degree (*o* graduation) thesis; **discutere la t.**, to discuss one's thesis ***3*** (*mus., poesia*) thesis*.

teṣìna, *f.* paper; short dissertation.

tèsla, *m.* (*fis.*) tesla.

téso, *a.* ***1*** (*disteso*) outstretched; extended: **a braccia tese**, with outstretched arms; **Sedeva con la mano tesa**, he sat with his hand outstretched ***2*** (*in tensione*) taut, tight, stretched; (*contratto*) tense, drawn: **una fune tesa**, a taut (*o* tight, stretched) rope; **muscoli tesi**, tense (*o* taut) muscles; **lineamenti tesi**, drawn features ***3*** (*fig.*) tense, strained; (*di persona*) tense, on edge (*pred.*), nervous, high-strung, uptight (*fam.*): **L'atmosfera era tesa**, the atmosphere was tense (*o* strained); **faccia tesa**, drawn face; **Hai l'aria tesa**, you look strained; **nervi tesi**, nerves on edge; strained nerves; **È un ragazzino molto t.**, he is a high-strung little boy; **situazione tesa**, tense (*o* strained) situation; **rapporti tesi**, strained relations: **essere in rapporti tesi con q.**, to be on strained terms with sb. ***4*** (*intento, mirante a*) intent on; bent on; striving for: **t. al successo**, bent on success; **t. alla vittoria**, striving for victory; **t. al profitto**, intent on making a profit. ● (*naut.*) **brezza tesa**, fresh breeze □ **orecchie tese**, *V. sotto* **orecchio**.

teṣoreggiàre, *v. t.* to hoard (up).

teṣorerìa, *f.* treasury; teasurer's office: **la T. dello Stato**, the State Treasury.

teṣorière, *m.* (*f.* **-a**) treasurer.

teṣòro, *m.* ***1*** treasure: **tesori nascosti**, hidden treasures; **tesori d'arte**, art treasures; **una moglie che è un t.** (*o* **un t. di moglie**), a treasure of a wife; **la libertà è il t. più prezioso**, freedom is the most precious treasure ***2*** (*somma enorme, patrimonio*) fortune: **costare un t.**, to cost a fortune; **Aveva accumulato un t.**, he had accumulated a fortune ***3*** (*tesoreria*) treasury; treasure house: **il t. di una cattedrale**, a cathedral treasury; **buoni del T.**, Treasury bills; Treasury bonds (*USA*); **Ministero del T.**, *V. sotto* **ministero**; **Ministro del T.**, *V. sotto* **ministro** ***4*** (*fig.: persona cara, anche come appellativo*) darling; dear; love; honey (*USA*); sweetheart (*USA*): **Vengo, t.!**, I'm coming, darling (*o* dear); **Sei il mio t.!**, you are my darling!; **Che t. di bambina!**, what a dear little girl!; **Che t. sei stata!**, you have been a real treasure (*o* a dear)!; **Che t. di figlio!**, what a wonderful son! ● (*anche leg.*) **t. trovato**, treasure trove □ **caccia al t.**, treasure hunt □ **far t. di q.c.**, to treasure st.; to bear st. in mind □ **Un buon amico vale un t.**, a good friend is worth his weight in gold.

Tèspi, *m.* (*stor.*) Thespis: **carro di T.**, Thespis's cart; (*teatr.*) travelling theatre.

Tessàglia, *f.* (*geogr.*) Thessaly.

tessàlico, *a.* Thessalian.

tèssalo, *a.* e *m.* (*f.* **-a**) Thessalian.

tessellàto, *a.* tessellated.

tèssera, *f.* ***1*** card; pass; ticket: **t. ferroviaria**, season ticket; railway pass; **t. di giornalista**, press card; **t. di riconoscimento**, identification card; **t. d'ingresso**, admission (*o* entrance) card; pass; **presentare la t. all'ingresso**, to show one's card at the entrance; **t. d'iscrizione**, membership card; **t. di partito**, party membership card; **t. di sindacato**, union card; **t. magnetica**, magnetic card ***2*** (*tassello di mosaico*) tessera* ***3*** (*pezzo del domino*) domino*.

tesseraménto, *m.* ***1*** (*iscrizione*) enrolment; registration; membership: **campagna di t. di un partito**, party membership campaign ***2*** (*razionamento*) rationing.

tesseràre, **A** *v. t.* ***1*** (*iscrivere*) to give* a membership card to; to enrol; to register ***2*** (*razionare*) to ration. **B** **tesseràrsi,** *v. i. pron.* to get* a membership card; to join; to enrol: **t. a un partito**, to join a party.

tesseràto, **A** *a.* ***1*** (*iscritto*) holding a membership card, card-carrying; (*abbonato*) holding a season ticket: **socio t.**, card-carrying member; **gli spettatori tesserati**, spectators holding a season ticket ***2*** (*razionato*) rationed. **B** *m.* (*f.* **-a**) (*iscritto*) holder of a membership card, (card-carrying) member; (*abbonato*) holder of a season ticket.

tèssere, *v. t.* ***1*** to weave*: **t. cotone [lana, seta]**, to weave cotton [wool, silk]; **t. un tappeto**, to weave a rug; **Il ragno tesseva la sua tela**, the spider was weaving its web; (*ind. tess.*) **t. in diagonale**, to twill ***2*** (*fig.: inventare*) to make* up; to spin* out; to weave*: **t. un lungo racconto**, to make up (*o* to spin out) a long story ***3*** (*fig.: ordire*) to hatch; to plot; to scheme: **t. una congiura**, to hatch a plot; **t. frodi**, to scheme. ● **t. ghirlande di fiori**, to wreathe garlands of flowers □ **t. le lodi di q.**, to sing sb.'s praises □ **t. le proprie lodi**, to blow one's own trumpet.

tesserìno, *m.* card; pass; ticket; (*di associazione*) membership card; (*di identificazione*) identification card; (*del treno, dell'autobus*) season ticket, weekly ticket.

tèssile, **A** *a.* textile: **industria t.**, textile industry; **fibre tessili**, textile fibres; **prodotti tessili**, textiles; textile fabrics; soft goods. **B** *m.* ***1*** (*f.* **-a**) textile worker ***2*** (*pl.*) (*prodotti*) textiles; textile fabrics; soft goods: **fabbrica di tessili**, textile factory; **negozio di tessili**, draper's (shop).

tessitóre, *m.* (*f.* **-trice**) ***1*** weaver: **un t. di lana**, a wool weaver ***2*** (*fig.: orditore*) plotter; schemer.

tessitùra, *f.* ***1*** (*il tessere*) weaving: **la t. della seta**, silk weaving; **t. a mano**, hand-weaving; **t. meccanica**, power-loom weaving ***2*** (*metodo di tessitura; trama*) weave: **una stoffa di t. inglese**, a fabric of English weave; **t. rada**, loose weave ***3*** (*stabilimento tessile*) textile (*o* weaving) factory; weaving mill ***4*** (*fig.: struttura*) structure; composition; texture: **la t. di un romanzo**, the structure of a novel ***5*** (*mus.*) tessitura* ***6*** (*geol.*) texture.

tessutàle, *a.* (*biol.*) tissue (*attr.*).

tessùto, *m.* ***1*** fabric; material; cloth; stuff; (*al pl., collett.*) fabrics, textiles, soft goods: **t. di seta [di lana, di cotone]**, silk [woollen, cotton] fabric (*o* material, cloth); **t. a maglia**, knitted fabric; **t. fabbricato a mano**, hand-woven material; **occuparsi di tessuti**, to deal in textiles; **fabbrica di tessuti**, textile factory; **negozio di tessuti**, draper's (shop); **t. a quadretti [a righe]**, checked [striped] fabric; **t. diagonale**, twill; **t. fantasia**, patterned fabric; **t. impermeabile**, waterproof cloth; **t. ingualcibile**, crease-resisting fabric; **t. misto**, union; **t. pettinato**, worsted fabric; **non t.**, disposable fabric ***2*** (*biol.*) tissue: **t. connettivo [epiteliale, muscolare]**, connective [epithelial, muscular] tissue ***3*** (*fig.*) web; tissue; fabric: **un t. di menzogne**, a tissue (*o* a pack) of lies; **il t. della società**, the fabric of society; **t. urbano**, the fabric (*o* the structure) of a city.

test (*ingl.*), *m. invar.* test: **t. a scelte multiple**, multiple-choice test; **t. attitudinale**, aptitude (*o* ability) test; **t. caratteriologico**, personality test; **t. di associazione**, association test; **t. di assunzione**, employment test; **t. di intelligenza**, intelligence test; **t. di rendimento**, performance test; (*med.*) **t. cutaneo**, patch test.

tèsta, *f.* ***1*** (*capo*) head: **colpire q. alla t.**, to hit sb. on the head; **t. calva**, bald head; **t. di ricci**, curly head; **scolpire una t.**, to carve a head; **t. di vitello**, calf's head; **girare la t.**, to turn one's head; (*per non vedere*) to look the other way; **scuotere la t.**, to shake one's head; **sollevare la t.**, to raise (*o* to lift) one's head; **tenere la t. alta**, to hold one's head up (*o* high); **tenere la t. bassa**, to hang (*o* to bow) one's head; **camminare a t. bassa**, to walk with one's head down; **Mi sentivo girare la t.**, I felt dizzy (*o* giddy); I felt my head going round (*o* spinning); **fare un cenno con la t.**, to nod one's head; **mettersi in t. il cappello**, to put one's hat on; **tagliare la t. a q.**, to cut sb.'s head off; to behead sb.; **Gli aerei passarono rombando sulle nostre teste**, the planes roared over our heads (*o* overhead); **più alto di mezza t.**, half a head taller; **senza t.**, headless; **a due teste**, two-headed ***2*** (*ingegno*) head; brain; brains (*pl.*); wits (*pl.*): **È una bella t.**, he's got good brains; **Ha t. per gli affari**, he's got a very good business brain; **Che t.!**, what a brain!; **usare la propria t.**, o use one's head (*o* brain) ***3*** (*fam.: persona testarda*) stubborn (*o* hardheaded, mulish, pigheaded) person: **Che t. sei!**, you are stubborn! ***4*** (*persona, individuo*) person: **Ci sono troppo teste in quel progetto**, too many people are involved in that plan ***5*** (*parte iniziale; posizione iniziale o preminente*) head; top; lead; front: **la t. della colonna**, the head of the column; **marciare in t. alla colonna**, to march at the head of the column; to lead the column; **Camminava in t. a tutti**, he was walking ahead of everybody; **la t. del treno**, the front of the train; **in t. alla pagina**, at the head (*o* top) of the page; **Siamo in t. nella produzione casearia**, we are leading the field in cheese production; **essere alla t. di un'impresa commerciale**, to be at the head of a business; **Chi c'è in t. alla ditta?**, who's head of the firm?; **essere alla t. di un partito**, to lead (*o* to be the leader of) a party; **Il suo nome era in t. alla lista**, his name was at the top of (*o* topped, headed) the list; (*sport*) **essere in t. alla classifica**, (*di sport a squadre*) to be at the top of the league; (*tennis, autom. e sim.*) to be leading the championship; **Lewis è passato in t.!**, Lewis is now in (*o* has now taken) the lead! ***6*** (*parte larga di un oggetto*) head: **la t. di un chiodo [di un martello]**, the head of a nail [of a hammer] ***7*** (*chim.: nella distillazione*) forerun; fronts (*pl.*). ● (*mecc.*) **t. a croce**, crosshead □ **t. a t.**, (*di uno scontro*) head-to-head, one against the other; (*di una gara*) neck and neck, nip and tuck (*USA*): **uno scontro t. a t.**, a head-to-head confrontation; **correre t. a t.**, to run neck and neck (*USA*: nip and tuck); **È stato un t. a t. fino all'ultimo voto**, it was neck and neck (*USA*: nip and tuck) down to the last vote □ **t. d'aglio**, garlic bulb; head of garlic □ (*naut.*) **t. d'albero**, masthead □ (*fig.*) **t. calda**, hotheaded □ (*mecc.*) **t. del cilindro**, cylinder head □ (*autom.*) **t. coda**, *V.* **testa-coda** □ **t. coronata**, crowned head □ (*mil.*) **teste di cuoio**, anti-guerrilla troops □ (*fam.*) **t. di legno** (*o* **di rapa**), thickhead; blockhead; fathead; chump □ (*fam.*) **t. dura**, (*persona ostinata*), stubborn person □ (*anat.*) **t. del femore**, head of the femur □ (*fig.*) **t. matta**, madcap; screwball □ **t. di moro**, (*colore*) dark brown; (*naut.*) cap; (*arald.*) Saracen's head □ **t. di morto**, death's head; (*con tibie incrociate*) skull and crossbones; (*zool., Acherontia atropos*) death's head moth □ **t. o croce**, heads or tails: **fare a t. o croce**, to toss up; to toss a coin; **vincere**

a t. o croce, to win the toss □ (*fig.*) **t. quadra**, (*persona decisa*) steady (*o* well-balanced) person; (*persona ostinata*) stubborn person □ **t. pesante**, thick head; (*per una sbronza*) hangover: **Mi svegliai con la t. pesante**, I woke up with a thick head [with a hangover] □ (*mil.*) **t. di ponte**, bridgehead □ (*mil.*) **t. di sbarco**, beachhead □ (*tennis*) **t. di serie**, seed; seeded player □ (*naut.*) **t. del timone**, rudder-head □ **t. di turco**, (*bersaglio, zimbello*) butt, target; (*capro espiatorio*) scapegoat, whipping boy □ **t. d'uovo**, egghead □ (*fig.*) **t. vuota**, empty-headed person; fool □ **a t.** (*per ciascuno*), each; per head; per person: **pagare un milione a t.**, to pay one million each; **un tanto a t.**, so much per head □ (*fig.*) **a t. alta**, proudly; with one's head held high: **andare a t. alta**, to walk tall □ **a t. bassa**, (*abbattuto*) crestfallen (*agg.*); (*a precipizio*) headlong, head-first: **Se ne andò a t. bassa**, he went away crestfallen (*o* hanging his head); **buttarsi in q.c. a t. bassa**, to plunge headlong (*o* head-first) into st.; to jump into st. at the deep end □ **a t. in giù**, (*capovolto*) head down, upside down; (*a capofitto*) head-first, headlong □ **a t. nuda** (*o* **scoperta**), bareheaded □ **agire di t. propria**, to act without consulting anyone; to make one's own decisions; to do (st.) off one's own bat □ **andare alla t.**, to go to one's head: **Il vino le andò subito alla t.**, the wine went straight to her head; **un vino [un successo] che va alla t.**, a heady wine [success] □ **avere debiti [lavoro] fin sopra la t.**, to be up to one's ears in debts [work] □ **averne fin sopra la t. di q. [q.c.]**, to have had more than enough (*o* all one can take) of sb. [st.]; to be sick and tired (*o* sick to death) of sb. [st.] (*fam.*); to be fed up with sb. [st.] (*fam.*) □ **avere in t. q.c.**, to have st. in mind □ **avere la t. a posto**, to be sensible (*o* level-headed); **non avere la t. a posto**, not to be right in the head □ (*fig.*) **avere la t. dura**, to be stubborn (*o* obstinate) □ (*fig.*) **avere la t. fra le nuvole**, to have one's head in the clouds; to be woolgathering □ (*fig.*) **avere la t. sul collo** (*o* **sulle spalle**), to be a responsible (*o* sensible, level-headed) person; to have one's head screwed on the right way (*fam.*) □ **avere q.c. per la t.**, to have st. on one's mind: **Ho ben altro per la t.**, (*altri problemi*) I have other things on my mind; (*altri progetti*) I have other fish to fry □ (*mecc.*) **battere in t.**, to knock; to ping □ (*anche fig.*) **cacciatore di teste**, head-hunter □ (*anche fig.*) **chiedere la t. di q.**, to want sb.'s head □ (*fig.*) **chinare la t.**, to submit; to obey; to yield □ (*sport*) **colpire la palla di t.**, to head the ball □ **colpo di t.**, (*sport*) header; (*fig.*) rash decision, impulse □ (*fig.*) **con la t. nel sacco**, without reflecting (*o* thinking); like a fool □ **dalla t. ai piedi**, from head to foot (*o* to toe); from top to toe: **Era vestita di rosso dalla t. ai piedi**, she was dressed in red from head to toe; **fradicio dalla t. ai piedi**, soaking wet; **Lo squadrai dalla t. ai piedi**, I looked him up and down □ (*fig.*) **dare alla t.**, to go to one's head; to turn one's head □ **Dove hai la t.?**, what were you thinking of?; how could you be so careless? □ **Non mi entra in t.**, I can't get it into my head □ **Ero via con la t.**, I wasn't thinking □ (*fig.*) **far girare la t. a q.**, to make sb.'s head spin; (*far innamorare*) to make sb. lose his head □ **fare t. al nemico**, to face the enemy □ (*fam.*) **fare una t. così** (*o* **come un pallone**) **a q.**, to talk sb.'s head off □ (*fig.*) **fasciarsi la t. prima d'essersela rotta**, to cross one's bridges before one comes to them □ **ficcare un'idea in t. a q.**, to drill (*o* to drum, to hammer) an idea into sb.'s head □ **essere fuori di t.** (*o, fam.*: **non esserci con la t.**), to be out of one's mind; to be off one's head (*pop.*) □ **giurare sulla t. di q.**, to swear on sb.'s head □ (*fig.*) **lavata di t.**, scolding; telling off (*fam.*); dressing down (*fam.*) □ **lavoro di t.**, brain-work □ **levarsi** (*o* **togliersi**) **q. [q.c.] dalla t.**, to get sb. [st.] out of one's head; to forget sb. [st.]; to put sb. [st.] out of one's mind □ **mal di t.**, *V. sotto* **male** □ **Ha messo in t. a mio figlio che deve studiare legge**, he has convinced my son that he should study law □ **mettersi in t. q.c.**, to get st. into one's head: **Si è messo in t. idee strane**, he got strange notions into his head □ **Si è messo in t. di andare a vivere in campagna**, he's taken it into his head to go and live in the country □ **Mi ero messo in t. di comprare quell'azienda**, I had set my mind on buying that business □ (*fig.*) **mettere la t. a partito**, to turn over a new leaf; to mend one's ways; (*sistemarsi*) to settle down □ (*sport*) **mezza t.**, short head: **arrivare primo per mezza t.**, to arrive first by a short head □ **montare la t. a q.**, to put ideas into sb.'s head □ **montarsi la t.**, to get ideas into one's head; to get a swollen head; to get above oneself □ **pagare con la t.**, to pay with one's life □ **passare di t.**, to slip one's mind □ **passare per la t.**, to come into sb.'s head; to cross sb.'s mind: **Non mi è mai passato per la t.**, it never came into my head (*o* crossed my mind); **Ma che cosa ti passa per la t.?**, what on earth are you thinking of? □ **la pena della t.**, the death penalty □ **pena la t.**, on pain of death □ (*fig.*) **perdere la t.**, to lose one's head; to panic □ **perdere la t. per q.**, to fall head over heels in love with sb. □ **piegare la t. di fronte all'evidenza**, to bow to evidence □ **ragionare con la propria t.**, to use one's head □ **rimetterci la t.**, (*morire*) to lose one's life; (*perdere*) be the loser □ **rompersi la t.**, to break one's head; (*fig.*: *scervellarsi*) to rack one's brains □ **Gli saltò in t. di licenziarsi e andare in Patagonia**, he upped and chucked his job in and left for Patagonia □ **Che ti salta in t.?**, what do you think you're doing?; what's the big idea? (*fam.*) □ (*fig.*) **Non so dove sbattere la t.**, I don't know which way to turn □ **scommettere** (*o* **giocarsi**) **la t.**, to bet anything: **Ci scommetto la t. che non si fa vedere**, I bet you he won't show up □ (*calcio*) **segnare di t.**, to head the ball in □ (*fig.*) **senza t.** (*scervellato*), mindless; brainless: **fare le cose senza t.**, to do things without reflecting (*o* without thinking first); to rush into things □ (*fig.*) **tenere la t. a posto**, to keep one's head; to keep a cool head □ **tenere t. a q.**, to stand up to sb.; to hold one's own against sb.; to be a match for sb. □ **tenere t. a q.c.**, to keep st. at bay; to field st.: **Ha dovuto tener t. alla domande di una stampa inferocita**, he had to field the questions of a furious press □ (*fig.*) **uscirne con la t. rotta**, to come off badly; to have the worst of it □ **vincere [perdere] per una t.**, to win [to lose] by a head □ (*prov.*) **Chi non ha t. abbia gambe**, a forgetful head makes a weary pair of heels.

testàceo, *a.* (*zool.*) testaceous; testacean; shelled: **molluschi testacei**, shelled molluscs.

tèsta-códa, *locuz. m. invar.* (*autom.*) **fare un t.**, to spin through 180 degrees.

testamentàrio, *a.* (*leg.*) testamentary; of will; by will: **clausola testamentaria**, clause of will; **disposizione testamentaria**, disposition by will: **per disposizione testamentaria**, by will; according to the will; **erede t.**, testamentary heir; **esecutore t.**, executor; **successione testamentaria**, testamentary succession.

testaménto, *m.* ***1*** (*leg.*) will; (will and) testament: **fare t.**, to make one's will; **lasciare q.c. a q. per t.**, to leave st. to sb. by will; to will (*o* to bequeath) st. to sb.; **disporre per t.**, to dispose (of st.) by will; **escludere q. dal t.**, to remove sb. from one's will; to cut sb. out (*o* off); **ricevere per t.**, to inherit (by will); **erede per t.**, heir according to the will; **impugnare un t.**, to contest a will; **senza aver fatto t.**, intestate; **che ha fatto t.** (*di persona deceduta*), testate; **autenticare** (*o* **omologare**) **un t.**, to prove (*USA*: to probate) a will; to grant probate; **omologazione di un t.**, probate; **copia autenticata di t.**, probate copy; **t. congiuntivo e reciproco**, double will □ **t. nullo**, invalid will; **t. nuncupativo**, nuncupative will; **t. olografo**, holographic will; holograph; **t. pubblico**, solemn will; **t. segreto**, sealed will; **t. spirituale [politico]** spiritual [political] testament ***2*** (*Bibbia*) Testament: **l'Antico e il Nuovo T.**, the Old and New Testaments.

testànte, (*leg.*) *m. e f.* testator (*m.*); testatrix* (*f.*).

testardàggine, *f.* stubbornness; obstinacy pig-headedness; cussedness (*fam.*).

testàrdo, **A** *a.* stubborn; obstinate headstrong; pig-headed; cussed (*fam.*): **t. come un mulo**, as stubborn as a mule; mulish **B** *m.* (*f.* **-a**) stubborn person.

testàre (1), *v. i.* (*leg.*) to make* one's will. ● **capacità di t.**, testamentary capacity.

testàre (2), *v. t.* (*sottoporre a test*) to test.

testàta, *f.* ***1*** (*estremità*) head: **t. d'un letto** headboard; head of the bed; **t. d'una vallata** head of a valley; **t. d'un ponte**, bridgehead (*archit.*) **t. di una colonna**, head of a column (*autom.*) **t. del motore**, cylinder head ***2*** (*giorn.*: *intestazione col nome*) masthead flag; (*il nome del giornale*) newspaper name (*estens.*: *il giornale*) newspaper: **t. indipendente**, independent newspaper ***3*** (*tipogr.*) headpiece ***4*** (*mil.*) warhead: **t. nucleare**, nuclear warhead ***5*** (*colpo con la testa*) – **dare una t. a q.**, to hit sb. with one's head; to head-butt sb.; **Ho dato una t. contro il tavolo**, to bump (*o* to knock) my head against (*o* on) the table; (*fig.*) **dare testate contro il muro**, to bang one's head against a wall.

testàtico, *m.* (*leg.*) head money; poll tax; capitation.

testatina, *f.* (*tipogr.*) running head; title.

testatóre, *m.* (*f.* **-trice**) *V.* **testante**.

teste, *V.* **testimone**.

testé, *avv.* (*lett.*) just now: **t. arrivato**, just now arrived.

tester (*ingl.*), *m. invar.* multimeter.

testicolàre, *a.* (*anat.*) testicular.

testìcolo, *m.* (*anat.*) testicle; testis*.

testièra, *f.* ***1*** (*dei finimenti del cavallo*) head piece; headstall ***2*** (*modisteria*) dummy head; block ***3*** (*del letto*) headboard ***4*** (*di poltrona*) headrest.

testificàre, *v. t.* to testify; to certify; to state.

testimòne, **A** *m. e f.* ***1*** (*leg.*) witness: **essere chiamato come t.**, to be called as a witness; **produrre dei testimoni**, to bring forward witnesses; to call evidence; **t. giurato**, sworn witness; **t. a carico [a discarico]**, witness for the prosecution [for the defence]; **t. auricolare**, ear-witness; **t. oculare**, eyewitness; **fare da t. a un testamento**, to witness a will; **banco dei testimoni**, witness box; witness stand (*USA*) ***2*** (*di matrimonio*) witness; (*dello sposo*) best man*: **fare da t. a q.**, to be sb.'s best man ***3*** (*chi può attestare q.c.*) witness: **essere t. di q.c.**, to witness st.; **Dio m'è t. che non c'ero**, as God is my witness, I wasn't there; **Mi sei t. che non l'ho insultato**, you can bear witness I didn't insult him; **davanti a testimoni**, in front of witnesses; **Attese per dirglielo che non vi fossero testimoni**, she waited until there was no one about before telling him. ● (*relig.*) **T. di Geova**, Jehovah's Witness. **B** *m.* (*sport*: *nelle corse a staffetta*) baton.

testimoniàle, **A** *a.* (*leg.*) witness (*attr.*); of a witness; of witnesses; testimonial: **esame t.**, examination of witnesses; **prova t.**, parol (*o* witness) evidence; **scrittura t.**, written evidence. **B** *m.* witnesses (*pl.*); evidence.

testimoniànza, *f.* ***1*** (*leg.*) evidence, testimony; (*il testimoniare*) giving evidence: **t. giurata**, sworn evidence; **t. orale**, verbal evidence; oral testimony; **falsa t.**, perjury; false testimony; **ascoltare la t. di q.**, to hear sb. as witness; **rendere t.**, to testify; to give evidence ***2*** (*fig.*) witness, evidence, testimony; (*dimostrazione, prova*) proof, token, testimonial: **secondo la t. dei contemporanei**, according to contemporary evidence; **resti che sono testimonianze di un'antica civiltà**, remains that bear witness to an ancient civilization; **una t. di affetto [di stima]**, a token of affection [of esteem]. ● **Non dire falsa t.**, thou shalt not bear false witness.

testimoniàre, A *v. t.* to witness; to evidence; to testify; (*comprovare*) to be evidence of, to bear* witness to: **Posso t. che è vero**, I can testify that it is true; **Testimoniò che il collega era rimasto in ufficio**, he testified that his colleague had remained in the office; **Quel gesto testimonia la sua generosità**, that gesture is evidence of (*o* bears witness to) his generosity; **t. il falso**, to commit perjury; to give false testimony. **B** *v. i.* (*deporre*) to give* evidence (*o* witness), to testify; (*attestare*) to attest to: **Verranno a t.**, they will come to give evidence; **t. a favore di [contro] q.**, to give evidence for [against] sb.; **t. contro i propri complici**, (*in G.B.*) to turn King's (*o* Queen's) evidence; (*in U.S.A.*) to turn state evidence; **t. sull'innocenza di q.**, to attest to sb.'s innocence.

testimònio, *m.* (*fam.*) *V.* **testimone.**

testina, *f.* **1** (*cucina*) calf's head **2** (*tecn.*) head: **t. di registrazione**, recording head.

testista, *m.* e *f.* (*psic.*) tester.

tèsto (1), *m.* **1** (*le parole*) text: **il t. di una lettera [di una conferenza]**, the text of a letter [of a lecture]; **t. originale**, original text; **t. integrale**, full (*o* unabridged) text; **t. scritto**, written text; script; **il t. esatto di una clausola**, the exact wording of a clause; **il t. di una canzone**, the lyrics of a song; **t. pubblicitario**, (advertising) copy; **emendare un t.**, to emend a text; **attenersi al t.**, to stick to the text; **allontanarsi dal t.**, to stray from the text; **errore di (*o* nel) t.**, textual error **2** (*libro*) text, book; (*opera*) work: **un t. di filosofia**, a philosophy book; **t. scolastico**, schoolbook; **libri di t.**, textbooks; **una collana di testi classici**, a collection of classical texts (*o* classical works, classics); **testi sacri**, sacred texts; holy books (*o* scriptures); (*la Bibbia*) the Holy Scriptures **3** (*tipogr., di contro a illustrazioni*) letterpress. ● **t. a fronte**, parallel text □ **il t. della legge**, the wording of the law □ (*tipogr.*) **t. di stampa**, copy □ (*leg.*) **t. unico**, consolidation act □ (*tipogr.*) **caratteri di t.**, body types □ (*filol.*) **critica del t.**, textual criticism □ **fare t.**, to be authoritative; to carry authority (*o* weight); to count: **Quello che dice lui non fa t.**, his opinion is not authoritative (*o* does not count); **In fatto di lingua quell'autore fa t.**, that author is an authority on language; **edizione che fa t.**, standard edition □ **illustrazione (*o* tavola) fuori t.**, plate.

tèsto (2), *m.* (*cucina*) baking tray.

testóne, *m.* **1** (*testa grossa*) big head **2** (*f.* **-a**) (*fig.*: *zuccone*) blockhead, chump, fathead; (*testardo*) stubborn (*o* obstinate, pig-headed) person **3** (*pop.*: *un milione*) one million lire.

testosteróne, *m.* (*biol.*) testosterone.

testuàle, *a.* **1** (*del testo*) textual; text (*attr.*): **critica t.**, textual criticism; **interpretazione t.**, text interpretation **2** (*alla lettera*) verbatim, word-for-word, literal; (*preciso*) exact, precise, very: **una citazione t.**, a word-for-word quotation; **un resoconto t.**, a verbatim account; **le sue testuali parole**, his precise (*o* very) words.

testualménte, *avv.* (*alla lettera*) verbatim, literally, word for word; (*esattamente*) exactly, precisely.

testùggine, *f.* **1** (*zool.*) tortoise; (*di mare*) turtle **2** (*mil., stor.*) testudo*.

testurizzàre, *v. t.* (*ind. tess.*) to texture.

testurizzazióne, *f.* (*ind. tess.*) texturing.

tèta, *m.* e *f.* (*ottava lettera dell'alfabeto greco*) theta.

tetania, *f.* (*med.*) tetany.

tetànico, *a.* (*med.*) tetanic; tetanus (*attr.*): **infezione tetanica**, tetanic infection; **contrazione tetanica**, tetanic contraction.

tètano, *m.* (*med.*) tetanus; lockjaw (*fam.*).

tête-à-tête (*franc.*), *m.* e *a. invar.*, *avv.* tête-à-tête: **Abbiamo avuto un t.**, we had a tête-à-tête; **una conversazione t.**, a tête-à-tête conversation.

Tèti, *f.* (*mitol.*) Thetis.

tètico, *a.* (*mus., poesia*) thetic.

tetraboràto, *m.* (*chim.*) tetraborate: **t. sodico**, sodium tetraborate; borax.

tetrabòrico, *a.* – (*chim.*) **acido t.**, tetraboric acid.

tetrabromùro, *m.* (*chim.*) tetrabromide.

tetraciclina, *f.* (*marchio*: *farm.*) tetracycline.

tetraclorometàno, *m.* (*chim.*) tetrachloromethane.

tetraclorùro, *m.* (*chim.*) tetrachloride: **t. di carbonio**, carbon tetrachloride.

tetracòrdo, *m.* (*mus.*) tetrachord.

tetracromìa, *f.* (*tipogr.*) four-colour process.

tètrade, *f.* tetrad.

tetradimensionàle, *a.* four-dimensional.

tetraèdrico, *a.* (*geom.*) tetrahedral.

tetraedrite, *f.* (*miner.*) tetrahedrite.

tetraèdro, *m.* (*geom.*) tetrahedron*.

tetraetile, *a.* (*chim.*) tetraethyl: **piombo t.**, tetraethyl lead.

tetrafluorùro, *m.* (*chim.*) tetrafluoride.

tetràggine, *f.* **1** (*aspetto tetro*) gloom, gloominess, dismalness, dreariness, cheerlessness; (*oscurità*) gloom, darkness **2** (*umore tetro*) gloom; moroseness; sullenness; black mood; despondency.

tetragonàle, *a.* (*geom., geol.*) tetragonal.

tetràgono, A *a.* **1** (*geom.*) tetragonal **2** (*fig., lett.*) proof (against); steadfast; four-square; unyielding. **B** *m.* (*geom.*) tetragon.

tetragràmma, *m.* **1** (*parola di quattro lettere*) tetragram **2** (*Bibbia*) Tetragrammaton* **3** (*mus., stor.*) four-line stave (*USA*: staff).

tetralina, *f.* (*chim.*) tetrahydronaphthalene; Tetralene (*marchio*).

tetralogia, *f.* tetralogy.

tetràmero, *a.* (*biol.*) tetramerous.

tetràmetro, *m.* (*poesia*) tetrameter.

tetraóne, *m.* (*zool.*, *Tympanuchus cupido*) prairie chicken; prairie grouse.

tetrapàk, *m. invar.* (*marchio*: *ind.*) carton.

tetraplegia, *f.* (*med.*) quadriplegia; tetraplegia.

tetraplègico, *a.* e *m.* (*f.* **-a**) (*med.*) quadriplegic; tetraplegic.

tetràpode, *m.* (*zool., tecn.*) tetrapod.

tetrapodìa, *f.* (*poesia*) tetrapody.

tetràrca, *m.* (*stor.*) tetrarch.

tetrarcàto, *m.* (*stor.*) tetrarchate.

tetrarchìa, *f.* (*stor.*) tetrarchy.

tetràstico, *m.* (*poesia*) tetrastich.

tetràstilo, *a.* (*archit.*) tetrastyle.

tetratòmico, *a.* (*fis.*) tetratomic.

tetravalènte, *a.* (*chim.*) tetravalent; quadrivalent.

tetravalènza, *f.* (*chim.*) tetravalence.

tètro, *a.* **1** (*scuro*) gloomy, dark, sombre; (*triste, squallido*) dismal, grim-looking, cheerless, gloomy, bleak; (*sinistro*) grim, forbidding: **sotterraneo t.**, dark underground passage; **locale t.**, bleak room; **un edificio t.**, a grim-looking (*o* dismal) building **2** (*fig.*) gloomy; glum; dismal: **uno sguardo t.**, a gloomy (*o* grim) look; **avere la faccia tetra**, to look glum; **umore t.**, gloom; dark mood; despondency.

tètrodo, *m.* (*radio*) tetrode.

tetròssido, *m.* (*chim.*) tetroxide.

tétta, *f.* (*fam.*) breast; tit (*fam.*); boob (*fam.*).

tettarèlla, *f.* (*del poppatoio*) teat, nipple (*USA*); (*ciuccio*) dummy (*GB*), pacifier (*USA*).

tétto, *m.* **1** (*di edificio*) roof: **il t. d'una casa**, the roof of a house; the housetop; **a t.**, under the eaves: **una finestra a (*o* sotto il) t.**, a window under the eaves (*o* the roof); **togliere il t. a un edificio**, to unroof a building; **t. a capanna (*o* a due spioventi)**, saddle roof; **t. a una falda**, pent roof; lean-to roof; **t. a guglia**, spire roof; **t. a mansarda**, mansard (roof); **t. a terrazza**, flat roof; **t. a padiglione**, hip roof; **t. a punta**, steep roof; **t. di paglia**, thatched roof; **t. di tegole**, tiled roof **2** (*di veicolo*) roof; top: **t. apribile**, sunroof; sliding roof; **t. rigido**, hard top **3** (*estens.*: *casa*) roof; home: **t. natio (*o* paterno)**, family home; birthplace; **sotto lo stesso t.**, under the same roof; **Non ha un t.**, he hasn't got a roof over his head; **essere senza t.**, to be homeless; **i senza t.**, the homeless **4** (*fig.*: *limite massimo*) ceiling; upper limit: **mettere un t. alle spese sanitarie**, to put a ceiling to health expenditure; **I tassi sono volati al t. record del 15%**, rates have soared to a record 15%; **il t. del disavanzo pubblico**, the upper limit of the state deficit. ● (*geogr.*) **il t. del mondo** (*l'Everest*), the roof of the world □ (*leg.*) **abbandono del t. coniugale**, desertion.

tettogènesi, *f.* (*geol.*) tectogenesis.

tettóia, *f.* roofing; covering; shelter; canopy; (*contro un muro*) penthouse, lean-to roof: **la t. della stazione**, the station canopy; **la t. di una fermata d'autobus**, a bus shelter; **ripararsi sotto una t.**, to shelter under a roof; **una t. di frasche**, a covering made of branches.

tettònica, *f.* (*geol.*) tectonics (*pl. col verbo al sing.*): **t. a placche (*o* a zolle)**, plate tectonics.

tettònico, *a.* (*geol.*) tectonic.

tettonite, *f.* (*geol.*) tectonite.

tettùccio, *m.* **1** (*autom.*) *V.* **tetto**, *def.* 2 **2** (*aeron.*) canopy.

tèucrio, *m.* (*bot.*, *Teucrium*) germander.

tèucro, *a.* e *m.* (*lett.*) Teucrian; Trojan.

teurgìa, *f.* (*filos., relig.*) theurgy.

teùrgico, *a.* (*filos., relig.*) theurgic.

teùrgo, *m.* (*filos., relig.*) theurgist.

teutóne, *m.* (*stor.*) Teuton.

teutònico, *a.* Teutonic. ● **l'ordine t.**, the Teutonic Order.

Tévere, *m.* (*geogr.*) (the) Tiber.

texàno, *a.* e *m.* (*f.* **-a**) Texan (*f.* Texan woman*).

thài, *m. invar.* (*lingua*) Thai.

thailandése, A *a.* Thai; of Thailand. **B** *m.* e *f.* Thai (*f.* Thai woman*): **i Tailandesi**, the Tais. **C** *m,.* (*lingua*) Thai.

Thailàndia, *f.* (*geogr.*) Thailand.

thèrmos, *m. invar.* thermos (bottle); thermos flask; vacuum flask.

thrilling (*ingl.*), **A** *a. invar.* (*di film, romanzo, ecc.*) exciting; full of suspense. **B** *m. invar.* **1** (*emozione*) excitement; suspense **2** (*film, romanzo*) thriller.

ti (1), *pron. pers. m.* e *f.* 2ª *pers. sing.* **1** (*compl. ogg.*) you, (*poet., relig.*) thee; (*compl. indir.*) (to, for) you, (*poet., relig.*) (to, for) thee: **Ti loda**, he praises you; **Ti racconterò ogni cosa**, I'll tell you everything; **Eccoti**, there you are; **Ti ho comprato una cravatta**, I've bought you a tie; **Ti ho messo le camicie nel primo cassetto**, I've put your shirts in the top drawer; **Lavati le mani!**, wash your hands!; **Ti vuoi togliere la giacca?**, do you want to take off your coat? **2** (*coi verbi rifl.*) yourself (*o idiom.*); (*poet., relig.*) thyself: **Spiegati meglio**, explain yourself better; **Non ti diverti?**, aren't you enjoying yourself?; **Ti sei sporcato tutto**, you've got all dirty; **Ti devi lavare prima di pranzo**, you must wash before dinner **3** (*coi verbi i. pron.*) – **Ti ricordi di loro?**, do you remember them?; **Ti sei offeso?**, were you upset? **4** (*con valore rafforzativo*) – **Ti sei bevuto tutta la Coca**, you drank all the Coke; **Che ti credevi?**, what did you expect?; **Chi ti credi d'essere?**, who do you think you are?

ti (2), *f.* o *m.* (*lettera*) t; T; tee.

tiamina, *f.* (*biol., chim.*) thiamine.

tiàra, *f.* tiara.

tiazina, *f.* (*chim.*) thiazine.

tiazòlo, *m.* (*chim.*) thiazole.

Tiberìade, *f.* (*geogr.*) Tiberias.

tiberìno, *a.* of the Tiber; Tiber (*attr.*).
Tibèrio, *m.* (*stor.*) Tiberius.
tibetàno, *a.* e *m.* (*f.* **-a**) Tibetan.
tìbia, *f.* *1* (*anat.*) tibia*; (*com.*) shinbone *2* (*mus., stor.*) tibia*. ● **teschio e tibie incrociate**, skull and crossbones.
tibiàle, *a.* (*anat.*) tibial.
tibioastragàlico, *a.* (*anat.*) astragalotibial.
tibiotàrsico, *a.* (*anat.*) tibiotarsal.
Tibùllo, *m.* (*letter.*) Tibullus.
tibùrio, *m.* (*archit.*) base of a cupola.
tiburtìno, *a.* of Tivoli. ● **pietra tiburtina**, travertin(e).
tic, A *m.* *1* (*med.*) tic *2* (*mania*) mania. **B** *inter.* e *m.* click: **Ho sentito uno strano «tic» dentro il televisore**, I've just heard a strange click inside the TV set.
ticchettàre, *v. i.* (*di orologio*) to tick, to tick-tock; (*di tacchi*) to click, to tap; (*di pioggia*) to patter, to tap; (*di macchina da scrivere*) to clack, to tap.
ticchettìo, *m.* (*di orologio*) ticking, tick-tocking, tick; (*di tacchi*) clicking, tapping; (*di pioggia*) patter, pitter-patter, tapping; (*di macchina da scrivere*) tapping, clacking.
ticchio (1), *m.* *1* (*tic nervoso*) tic *2* (*fig.*) whim; fancy: **Gli saltò il t. di studiare il cinese**, he suddenly took it into his head to learn Chinese; he decided to learn Chinese on a whim.
tìcchio (2), *m.* (*macchiolina*) speckle.
ticchiolàto, *a.* speckled.
ticchiolatùra, *f.* (*bot.*) scab.
ticket (*ingl.*), *m. invar.* *1* (*med.*) charge: **t. sui medicinali**, prescription charge *2* (*buono pasto*) meal ticket; luncheon voucher.
tictàc, tictòc, *inter.* e *m.* (*dell'orologio*) tick, tick-tock, tick-tack; (*del cuore*) ticking: **fare t.**, to tick; to go tick-tock.
tientibène, *m. invar.* (*naut.*) lifeline.
tiepidaménte, *avv.* tepidly; coolly; half-heartedly.
tiepidézza, *f.* (*anche fig.*) tepidity; lukewarmness.
tièpido, *a.* tepid; lukewarm; warmish; (*fig., anche*) half-hearted, cool, unenthusiastic: **un bagno t.**, a tepid bath; **caffè t.**, lukewarm coffee; **applausi tiepidi**, half-hearted applause; **accoglienza tiepida**, unenthusiastic reception; **successo t.**, lukewarm success.
Tièste, *m.* (*letter.*) Thyestes.
tifàre, *v. i.* (*fam.*) to support; to be a fan of; to back; to cheer (*o* to shout) for; to root for (*fam.*): **t. per la Roma**, to support (*o* to be a fan of) Roma; to root for Roma; **t. per un candidato**, to back (*o* to support) a candidate.
tìfico, *a.* (*med.*) typhic.
tiflìte, *f.* (*med.*) typhlitis.
tiflografìa, *f.* Braille writing; embossed (*o* raised) printing.
tiflògrafo, *m.* brailler; Braillewriter.
tiflologìa, *f.* typhlology.
tifo, *m.* *1* (*med.*) typhus (fever) *2* (*fam.*) support; enthusiasm; following; rooting (*fam.*): **fare il t. per una squadra**, to support a team; to be a fan of a team; to root for a team; **Faremo il t. per te**, we'll root for you; **Sugli spalti il t. era alle stelle**, supporters were cheering madly on the terraces.
tifòide, *a.* (*med.*) typhoid.
tifoidèa, *f.* (*med.*) typhoid (fever).
tifoidèo, *V.* **tifoide**.
tifóne, *m.* typhoon: **il t. «Lily»**, typhoon «Lily».
tifoserìa, *f.* (*fam.*) supporters (*pl.*); following; fans (*pl.*); rooters (*pl.*) (*fam.*).
tifóso, A *a.* *1* (*med.*) typhous *2* (*fam.*) supporting; rooting for (*fam.*). **B** *m.* (*f.* **-a**) *1* (*med.*) sufferer from typhus *2* (*fam.*) supporter; fan; follower; booster; rooter (*fam.*): **un t. del rugby**, a rugby supporter (*o* fan).
tight (*ingl.*), *m. invar.* (*abito da cerimonia*) morning dress: **giacca del t.**, morning coat; tailcoat; cutaway.

tìglio, *m.* *1* (*bot., Tilia europaea*) lime, lime-tree, linden; (*Tilia americana*) bass-wood, bass: **infuso di t.**, lime tea *2* (*fibra*) fibre; bass; bast.
tigliόso, *a.* *1* fibrous; sinewy *2* (*di carne*) stringy; tough.
tìgna, *f.* (*med.*) tinea; ringworm.
tignòla, *f.* (*zool., Tinea*) moth.
tignósa, *f.* (*bot.*) Amanita.
tignóso, A *a.* *1* (*med.*) affected with ringworm *2* (*region: avaro*) mean; stingy; tight-fisted *3* (*region.: ostinato*) stubborn. **B** *m.* (*f.* **-a**) *1* (*med.*) sufferer from ringworm *2* (*region.: persona avara*) miser; skinflint *3* (*region.: persona ostinata*) stubborn person.
tigràto, *a.* striped; streaked: **mantello t.**, striped (*o* streaked) coat; **gatto t.**, tabby (cat).
tigratùra, *f.* stripes (*pl.*).
tigre, *f.* *1* (*zool., Panthera tigris*) tiger: **t. del Bengala**, Bengal tiger; **t. dai denti a sciabola**, sabre-tooth tiger; **feroce come una t.**, as fierce as a tiger; **t. femmina**, female tiger, tigress *2* (*fig.: donna aggressiva*) tigress. ● (*fig., polit.*) **t. di carta**, paper tiger □ (*fig.*) **cavalcare la t.**, to ride the tiger □ (*fig.*) **cuore di t.**, cruel heart.
tigrésco, *a.* tiger-like; tigerish.
Tìgri, *m.* (*geogr.*) (the) Tigris.
tigròtto, *m.* tiger cub.
tilacìno, *m.* (*zool., Thylacinus cynocephalus*) thylacine; Tasmanian wolf*; Tasmanian tiger.
tilde, *m.* o *f.* (*segno ortografico*) tilde.
tilt (*ingl.*), *m. invar.* (*fam.*) – **andare in** (*o* **fare**) **t.**, (*di flipper*) to jam; (*guastarsi, anche fig.*) to seize up, to go haywire (*fam.*): **Il computer è andato in t.**, the computer has gone haywire; **Il traffico era in t.**, the traffic had seized up; **Dopo otto ore di scrivania sono in t.**, after eight hours at my desk my mind is blown (*o* my brain seizes up).
timbàllo, *m.* *1* (*mus.*) timbal; kettledrum *2* (*cucina*) flan; timbale.
timbràre, *v. t.* to stamp; to rubber-stamp; (*una lettera*) to postmark, to frank: **t. a secco**, to emboss; **t. una cambiale**, to enface a draft; **t. il cartellino**, to punch the clock; (*all'inizio del lavoro*) to clock in; (*all'uscita*) to clock out (*o* off); (*fig.: fare un lavoro dipendente*) to have a nine-to-five job.
timbratrìce, *f.* (*mecc.*) stamping-machine; stamper.
timbratùra, *f.* stamping; (*di lettera*) post-marking, franking.
tìmbrico, *a.* (*mus.*) timbre (*attr.*); timbric; pertaining to tone-colour.
timbro, *m.* *1* (*arnese per bollare*) stamp: **t. di gomma**, rubber stamp; **t. per data**, date stamp; dater; **t. a secco**, embossing stamp *2* (*bollo*) stamp; (*postale*) postmark: **mettere il t. su q.c.**, to stamp st.; (*a secco*) to emboss st.; (*una lettera*) to postmark st., to frank st.; **data del t. postale**, date of the postmark *3* (*mus.*) timbre; tone-colour; quality *4* (*tono, accento*) tone; ring: **un t. sarcastico**, a sarcastic tone *5* (*fon.*) timbre.
timer (*ingl.*), *m. invar.* (*tecn.: di forno, ecc.*) auto-timer; timer.
tìmico, *a.* (*anat.*) thymic; thymus (*attr.*).
timidézza, *f.* shyness; timidity; (*ritrosia, impaccio*) self-consciousness, bashfulness, shamefacedness.
tìmido, A *a.* *1* shy; timid; (*ritroso, impacciato*) self-conscious, bashful, shamefaced: **un ragazzo t. e taciturno**, a shy, silent boy; **t. come un coniglio**, as timid as a rabbit; **un t. sorriso**, a shy smile *2* (*fig.: debole*) faint; timid: **un t. raggio di sole**, a faint (*o* pale) ray of sunshine; **un t. accenno di pace**, a first hint of peace. **B** *m.* (*f.* **-a**) shy person.
timìna, *f.* (*chim.*) thymine.
timo (1), *m.* (*bot., Thymus vulgaris*) thyme.
timo (2), *m.* (*anat.*) thymus*.
timocràtico, *a.* (*polit.*) timocratic(al).
timocrazìa, *f.* (*polit.*) timocracy.
timòlo, *m.* (*chim.*) thymol.

timòma, *m.* (*med.*) thymoma*.
Timóne, *m.* (*stor.*) Timon.
timóne, *m.* *1* (*naut.*) rudder; helm: **t. compensato**, balance(d) rudder; **t. di fortuna**, jury-rudder; **t. a vento**, wind rudder; **t. di profondità** (*di sommergibile*), diving plane (*o* rudder); hydroplane; **barra del t.**, tiller; **drit... to del t.**, rudderpost; **ruota del t.**, steering wheel; helm; **essere al t.**, to be at the helm (*o* at the wheel); **mettersi al** (*o* **prendere il**) **t.**, to take the helm (*o* the wheel, the tiller); **rispondere al** (*o* **sentire il**) **t.**, to answer to the helm; **T. alla banda!**, helm hard over! *2* (*aeron.*) rudder: **t. di direzione**, (vertical) rudder; **t. di profondità**, elevator *3* (*fig.*) helm; rudder: **il t. dello Stato**, the helm of state; **essere al** [**prendere il**] **t. di una ditta**, to be at [to take over] the helm of a firm ... (*di carro*) shaft *5* (*di aratro*) beam *6* (*di rimorchio*) drawbar.
timonerìa, *f.* (*autom., aeron., naut.*) steering gear.
timonièra, *f.* (*naut.*) steering compartment; wheelhouse; pilot house.
timonière, *m.* (*naut.*) helmsman*; steersman*; (*di scialuppa, lancia, ecc.*) coxswain (*abbr.*: cox).
timonièro, *a.* (*naut., aeron.*) rudder, helm (*attr.*). ● (*zool.*) **penne timoniere**, rectrices.
timoràto, *a.* respectful; scrupulous: **coscienza timorata**, scrupulous conscience; **t. delle leggi**, respectful of the law; **t. di Dio**, God-fearing; devout.
timóre, *m.* *1* (*paura*) fear, dread; (*apprensione*) fear, worry, misgiving, alarm: **vivere in continuo t.**, to live in constant fear; **Furono presi da improvviso t.**, a sudden fear came over (*o* seized) them; **t. irragionevole**, unreasonable fear; **t. infondato**, groundless fear; **timor panico**, panic (fear); **avere t. di q.** [**di q.c.**], to fear (*o* to dread) sb. [st.]; to be afraid of sb. [st.]: **Avevo t. che pensasse male di me**, I was afraid he would think ill of me; **Avevo t. di annoiarvi**, I was afraid of boring you; **tacere per t. di fare sbagli**, to keep silent for fear of making mistakes; **Gli stava vicino per t. che cadesse**, he kept close to him for fear he might fall; **nutrire timori per il futuro**, to fear for the future; to be worried about the future; **Non abbiate t.!**, don't be afraid!; (*non preoccupatevi!*) never fear!, don't worry! *2* (*soggezione, t. reverenziale*) fear; awe: **Il preside gli incuteva molto t.**, he stood in great awe of the headmaster; **timor di Dio**, fear of God.
timoróso, *a.* fearful; timorous; timid; shy; afraid (*pred.*): **un bambino t.**, a timid child; **essere t. di q.** [**q.c.**], to fear sb. [st.]; to be afraid of sb. [st.]; **t. di sbagliare**, fearful (*o* afraid) of making mistakes.
Timòteo, *m.* Timothy.
timpanàto, *a.* (*arch.*) gabled.
timpànico, *a.* (*anat.*) tympanic.
timpanìsmo, *m.* (*med.*) tympanites; tympany; meteorism.
timpanìsta, *m.* e *f.* (*mus.*) kettledrummer; tympanist.
timpanìte, *f.* (*med.*) *1* *V.* **timpanismo** *2* (*infiammazione dell'orecchio*) tympanitis; otitis media.
tìmpano, *m.* *1* (*anat.*) tympanum*; (*com.*) eardrum *2* (*mus.*) kettledrum: **i timpani**, kettledrums; timpani; timps (*fam.*) *3* (*archit.*) tympanum*; tympan; gable. ● **duro di timpani**, hard of hearing □ **che spacca i timpani**, deafening; ear-splitting; ear-shattering □ **rompere i timpani a q.**, to burst sb.'s eardrums; (*fig.*) to deafen sb.
tinàia, *f.* vat room; wine cellar.
tinca, *f.* (*zool., Tinca tinca*) tench.
tinèllo, *m.* breakfast room; (small) dining room.
tìngere, A *v. t.* *1* to dye; (*dipingere*) to paint; (*colorire*) to colour, to color (*USA*): **t. la stoffa**, to dye cloth; **t. q.c. di rosso**, to dye st. red;

tingersi i capelli, to dye one's hair; **t. le pareti**, to paint the walls; **tingersi le labbra**, to paint one's lips; to use lipstick; **tingersi le unghie**, to paint one's nails; **Un delicato rossore le tinse il viso**, a faint blush coloured her cheeks ***2*** (*macchiare*) to stain, to spot; (*insudiciare*) to dirty: **tingersi le mani d'erba**, to stain one's hands with grass ***3*** (*lett.*: *colorare lievemente*) to tinge; to tint; to tincture: **Il sole tingeva i monti di rosa**, the sun tinged the mountains pink; **acqua tinta di vino**, water tinged with wine. **B tingersi**, *v. rifl.* e *i. pron.* ***1*** (*tingersi i capelli*) to dye one's hair; (*truccarsi*) to use (*o* to wear*) make-up: **È bionda, ma si tinge**, she is blonde, but she dyes her hair; **Si tinge molto**, she uses (*o* wears) lots of make-up ***2*** (*colorarsi*, *anche fig.*) to be tinged; to become* tinged; to take* on a hue; to turn: **Il cielo si tinse di ocra**, the sky became tinged with ochre (*o* turned ochre); **I monti si tinsero di rosa**, the mountains took on a rosy hue; **La sua felicità si tingeva di malinconia**, her happines was tinged with melancholy; **t. di rossore**, to blush ***3*** (*macchiarsi*) to be stained: **L'acqua si tinse di sangue**, the water became red with blood.

tingitùra, *f.* dyeing; painting.

tinnìre, *v. i.* (*lett.*) to tinkle; to jingle.

tinnito, *m.* (*lett.*) tinkle; tinkling; jingle; jingling.

tinnulo, *a.* (*lett.*) tinkling; jingling; jingly.

tino, *m.* ***1*** vat (*anche ind.*); tun; (*tinozza*) tub: **t. di fermentazione**, fermenting vat; (*per la birra*) tun; **t. di tintura**, dyeing vat; **tintura al t.**, vat dyeing ***2*** (*metall.*) shaft: **forno a t.**, shaft furnace.

tinòzza, *f.* tub; vat; (*per il bucato*) washtub; (*per il bagno*) bathtub.

tinta, *f.* ***1*** (*tinteggiatura*) dyeing; tinting ***2*** (*materia colorante*) dye, dyestuff; (*vernice*) paint: **tinte per stoffa**, dyes for fabrics; fabric dyes; **una mano di t.**, a coat of paint; **mescolare due tinte**, to mix two dyes; **Prese tinte e pennelli e si mise al lavoro**, he took up paints and brushes and set to work; **prendere bene la t.**, to dye well ***3*** (*per capelli*) dye; (*leggera*) tint: **farsi fare la t.**, to have one's hair tinted (*o* dyed) ***4*** (*colore*, *anche fig.*) colour, color (*USA*), hue; (*delicato*) tint, tinge; (*sfumatura*) shade, touch, undertone: **t. calda [scura, morbida]**, warm [dark, soft] hue (*o* colour); **t. smorta**, dead (*o* dull) colour; **t. perlacea**, pearly hue; **t. più chiara**, lighter shade; **t. sfumata**, soft shade; **t. unita**, plain colour; **in t. unita**, plain(-coloured); self-coloured; **t. solida**, fast colour; **una bella t. di verde**, a lovely shade of green; **tinte sontuose**, rich colours; **la t. della tua carnagione**, the colour of your complexion; **fusione di tinte**, blend of colours; **perdere la t.**, to lose colour; to fade. ● (*pitt.*) **t. a colla**, size-colour □ **t. ad acqua**, colourwash; distemper □ (*fig.*): **descrivere** (*o* **dipingere**) **q.c. a fosche tinte**, to paint st. in dark colours; to paint a dismal picture of st. □ (*fig.*) **vedere tutto a tinte fosche**, to see things painted black; to look on the dark side of things □ (*fig.*) **a forti tinte**, sensational; lurid: **un reportage a forti tinte**, a sensational story; **un dramma a forti tinte**, a sensational play; a melodrama □ (*fig.*) **vedere tutto a tinte rosee**, to see things through rose-coloured spectacles (*o* rose-tinted glasses) □ (*fig.*) **calcare le tinte**, to exaggerate; to overstress (st.); to embroider (upon st.); to stretch (st.) □ **in t.**, of the same colour; matching: **tailleur con scarpe e borsetta in t.**, a jacket and skirt with matching handbag and shoes □ **mezza t.**, half-tone; half shade; (*pitt.*) *V.* **mezzatinta** □ (*fig.*) **smorzare le tinte di q.c.**, to play (*o* to tone) st. down □ (*fig.*) **Sono tutti della stessa t.**, they are all of the same kind; they are tarred with the same brush.

tintarèlla, *f.* sun-tan; tan: **prendere la t.**, to get sun-tanned; to get a tan.

tinteggiàre, *v. t.* ***1*** (*dipingere*) to paint; to tint: **t. la facciata di una casa**, to paint the front of a house; **t. a calce**, to whitewash; **t. a tempera**, to colourwash; to distemper ***2*** (*tingere qua e là*) to dab colours onto.

tinteggiatóre, *m.* painter.

tinteggiatùra, *f.* painting; paintwork: **t. a calce**, whitewash painting; **t. a tempera**, colourwash painting; distemper; **La t. non è stata fatta bene**, the painting wasn't done well; the paintwork isn't good.

tintinnàbolo, *m.* tintinnabulum*; bell.

tintinnàre, *v. i.* to tinkle; to jingle; to ring*; to go* ting-a-ling (*fam.*); (*di vetro e metallo, anche*) to clink, to chink: **I campanelli tintinnavano piano**, the bells were tinkling softly; **In tasca gli tintinnavano delle chiavi**, a bunch of keys jingled in his pocket; **I bicchieri tintinnarono**, the glasses clinked; **far t.**, to tinkle; to jingle; to clink; to jangle; **Diede un pugno sul tavolo che fece t. i piatti**, the plates clattered when he struck his fist on the table.

tintinnìo, *m.* tinkling; jingling; jangling; clinking.

tintinnire, *V.* **tintinnare**.

tinto, *a.* ***1*** (*colorato*) dyed, coloured, colored (*USA*); (*lievemente*) tinged: **un vestito t.**, a dyed dress; **t. di rosso**, dyed red (*attr.*); **capelli tinti**, dyed hair; **capelli neri tinti**, black dyed hair; **un cielo t. di rosso**, a sky tinged with red; a red-tinged sky ***2*** (*tinteggiato*) painted ***3*** (*macchiato*) stained: **dita tinte di inchiostro**, finger stained with ink; ink--stained (*o* inky) fingers ***4*** (*truccato*) painted: **una faccia tinta**, a painted face; **unghie tinte**, painted nails ***5*** (*fig.*) tinged. ● **t. e ritinto**, dyed many times.

tintóre, *m.* (*f.* **-a**) ***1*** dyer ***2*** (*gestore di lavanderia*) (dry-)cleaner.

tintorìa, *f.* ***1*** (*la tecnica*) dying ***2*** (*stabilimento di tintoria*) dyeworks ***3*** (*lavanderia*) (dry--)cleaner's (shop).

tintoriàle, *a.* (*chim.*) dyeing.

tintòrio, *a.* dyeing; dye (*attr.*).

tintùra, *f.* ***1*** (*il tingere*) dyeing; painting ***2*** (*materia colorante*) dye: **t. per i capelli**, hair dye; tint ***3*** (*colore*) tint; colour, color (*USA*) ***4*** (*chim.*) tincture: **t. di iodio**, (tincture of) iodine.

tioàcido, *m.* (*chim.*) thioacid.

tiobarbitùrico, *a.* – (*chim.*) **acido t.**, thiobarbituric acid.

tiofène, *m.* (*chim.*) thiophen(e).

tiògeno, *a.* (*chim.*) thioindigoid.

tiònico, *a.* thionic.

tiòrba, *f.* (*mus.*) theorbo.

tiorbista, *m.* e *f.* (*mus.*) theorbist.

tiosolfàto, *m.* (*chim.*) thiosulphate: **t. di sodio**, sodium thiosulphate; hypo.

tiosolfòrico, *a.* – (*chim.*) **acido t.**, thiosulfuric acid.

tiourèa, *f.* (*chim.*) thiourea.

tipàccio, *m.* ***1*** (*mascalzone*) scoundrel; rogue; nasty character; bad lot (*fam.*) ***2*** (*individuo losco*) mean-looking fellow; ugly customer (*pop.*).

tipicità, *f.* typicalness; typicality.

tipico, *a.* typical; classic; (*caratteristico*) characteristic, peculiar; (*t. di luogo*) local: **un esempio t.**, a classic example; **È il t. americano all'estero**, he is the classic (*o* typical) American abroad; **un t. villaggio inglese**, a typically English village; **un t. caso di gelosia**, a classic case of jealousy; **i sintomi tipici dell'influenza**, the typical (*o* classic) symptoms of flu; **uno stile che è t. degli anni '50**, a style that is typical of (*o* peculiar to) the 1950s; **È una sua frase tipica**, it's one of his typical phrases; **Non è t. del suo modo di fare**, it's uncharacteristic of him; it's not like him; **T. di lui!**, how typical of him!; that's him all over!; that's just like him!; **cucina tipica**, local cuisine; **prodotti tipici**, local products.

tipizzàre, *v. t.* ***1*** to typify ***2*** (*standardizzare*) to standardize.

tipizzazióne, *f.* ***1*** typification ***2*** (*standardizzazione*) standardization.

tìpo, **A** *m.* ***1*** type; standard; pattern: **il t. napoletano**, the Neapolitan type; **tipi di vita animale**, types of animal life; **il t. longilineo**, the tall, slender type; **il classico t. di bellezza mediterranea**, the classic type of (*o* the typical) Mediterranean beauty ***2*** (*genere, varietà*) type, kind, sort; (*qualità*) quality; (*modello*) type, model, style; (*marca*) make, brand: **un t. di riscaldamento**, a type of heating; **un t. di formaggio**, a kind of cheese; **sigarette di t. turco**, Turkish-type cigarettes; **Che t. di persona è?**, what sort (*o* kind) of person is he?; what's he like?; **Che t. di lavoro fa?**, what kind of job does he do?; **di ogni t.**, of all sorts (*o* kinds); of every description; **gente di ogni t.**, people of all sorts; all sorts of people; **È il t. di persona che cambia idea ogni momento**, he's the sort of person that keeps changing his mind; **Non è il t. dell'imbroglione**, he's not the cheating type (*fam.*); **Non sei il mio t.**, you're not my type; **Va solo con gente del suo t.**, he only mixes with people of his own kind; **adatto a tutti i tipi di auto**, suitable for all makes of cars; **L'altro t. mi sembra più funzionale**, the other model looks more practical; **Questo vestito non mi piace; ha qualcosa di t. un po' diverso?**, I don't like this dress; have you got something in a different style?; **un governo di t. presidenziale**, a presidential government; **un'auto di t. sportivo**, a sports car; **misure di t. economico**, economic measures; **una stoffa t. velluto**, a velvety kind of material; **un dolce t. crostata**, a sort of tart; **Hai qualcosa t. aspirina?**, have you got something like an aspirine (*o* some kind of aspirine)? ***3*** (*fam.*: *persona*) type, person; (*uomo*) man*, fellow, guy (*USA*), character, bloke (*fam. GB* e *Austr.*), chap (*fam. GB*); (*donna*) woman*, girl: **La sua ragazza è un t. sportivo**, his girlfriend is the outdoor type; **È il t. ideale per questo lavoro**, he's the right type for this job; **un t. alla Bogart**, a Bogart type; **Non riesco a capire che t. è**, I can't make out what sort of man he is [of woman she is]; I can't make (*USA*: figure) him [her] out; **un t. bonario**, an easy-going sort of person; **un t. equivoco**, a dubious character; **un t. simpatico**, a likeable person; **C'è un t. che ti cerca**, there's a man (*USA*: a guy) looking for you; **Chi è quel t.?**, who is that fellow (*o* man, guy, bloke)?; **Non è t. da lasciarsi imbrogliare facilmente**, he is not one to be taken in easily; **Sei un bel t.!**, you are a one!; you are really something! (*pop.*) ***4*** (*persona attraente*) type: **Non è bella ma è un t.**, she's no beauty, but she is a type ***5*** (*pl.*) (*tipogr.*) type: **stampato con i tipi del Bodoni**, printed in Bodoni type; **uscito per i tipi della casa editrice X**, published by X (*o* under the imprint of X) ***6*** (*bot.*, *zool.*) phylum* ***7*** (*teol.*) type ***8*** (*numism.*) type. ● (*scherz.*) **t. da spiaggia**, beach bum (*pop.*) □ (*teatr.*) **i tipi della commedia dell'arte**, the masks of the commedia dell'arte □ **t. unificato**, standard type □ **sul t. di**, rather like; -type: **Il mio cappello è sul t. del tuo**, my hat is rather like yours; **un attore sul t. di John Wayne**, a John Wayne-type actor. **B** *a. invar.* (*che può fungere da campione*) standard, model, average (*agg.*); (*tipico*) typical, stock: **impianto t.**, standard installation; **formato t.**, standard size; **una risposta t.**, a standard reply; **la famiglia t.**, the average family; **l'italiano t.**, the typical (*o* stock) Italian.

tipocomposizióne, *f.* typesetting.

tipografìa, *f.* ***1*** (*procedimento*) typography ***2*** (*stamperia*) printing works; printing office; printery (*USA*).

tipogràfico, *a.* typographic(al); printing (*attr.*): **industria tipografica**, typographic industry; **stabilimento t.**, printing works; **ca-**

rattere t., type (character); **inchiostro t.**, printing ink; **norme tipografiche**, house style (*sing.*).

tipògrafo, *m.* (*f.* **-a**) printer; typographer.

tipolitografia, *f.* typolithography.

tipologia, *f.* typology.

tipològico, *a.* typologic(al).

tipometria, *f.* (*tipogr.*) typometry.

tipòmetro, *m.* (*tipogr.*) line gauge.

tip tap, A *inter.* tap-tap. **B** *m.* ***1*** (*suono*) tap--tapping ***2*** (*ballo*) tap dance; tap dancing: **ballare il t.**, to tap dance; **ballerino di t.**, tap dancer.

tiptologia, *f.* ***1*** (*occultismo*) typtology; spirit--rapping ***2*** (*codice di colpi*) tapped code.

tìpula, *f.* (*zool.*, *Tipula*) daddy-long-legs; crane-fly.

TIR, Tir, *m. invar.* articulated lorry (*GB*); trailer truck (*USA*); rig (*USA*); semitrailer.

tirabàci, *m.* kiss-curl (*GB*); spit curl (*USA*).

tirabòzze, (*tipogr.*) **A** *m.* proof press. **B** *m.* e *f.* (*operaio*) proof press operator.

tirabràce, *m.* baker's rake; oven rake.

tirabusciò, *m.* (*pop.*) corkscrew.

tiracampanèllo, *m.* bell-rope.

tiràggio, *m.* draught, draft (*USA*): **avere poco t.**, to have little draught; **avere un buon t.** to draw well; **t. forzato**, forced draught; **t. indotto**, induced draught.

tiralàtte, *m. invar.* breast-pump.

tiralinee, *m.* drawing-pen; ruling-pen.

tiralòro, *m. invar.* gold-wire drawer.

tiramòlla, *V.* **tiremmolla**.

tiranneggiaménto, *m.* tyrannizing.

tiranneggiàre, A *v. t.* ***1*** to tyrannize over; (*opprimere*) to oppress ***2*** (*estens.*: *trattare con prepotenza*) to tyrannize; to bully; to order around (*o* about): **t. la famiglia**, to tyrannize one's family; **t. i sottoposti**, to bully the people under one. **B** *v. i.* to be tyrannical (*o* domineering, despotic); to tyrannize: **Ha sempre tiranneggiato**, he has always been tyrannical.

tirannésco, *a.* tyrannous; despotic.

tirannìa, *f.* tyranny (*anche fig.*); oppression; despotism: **Questa è una t.!**, this is tyranny!

tirannicida, A *m.* e *f.* tyrannicide. **B** *a.* tyrannicidal.

tirannicìdio, *m.* tyrannicide.

tirànnico, *a.* ***1*** tyrannical; tyrannous; oppressive; despotic ***2*** (*autoritario, dispotico*) despotic, domineering, oppressive, overbearing, bossy (*fam.*); (*prepotente*) bullying.

tirànnide, *f.* tyranny; despotism; oppression.

tirànno (1), A *m.* (*f.* **-a**) (*anche fig.*) tyrant; despot; oppressor; dictator: **soffrire sotto un t.**, to suffer under a tyrant; **un professore che è un t.**, a tyrant of a teacher; a real martinet; **È un t. in famiglia**, he is a tyrant (*o* a dictator) at home; **comportarsi da t.**, to be a tyrant: to be tyrannical (*o* despotic, dictatorial); to push people around. **B** *a.* tyrannical; tyrannous; dictatorial; domineering: **un padre t.**, a dictatorial father; **passione tiranna**, tyrannical passion. ● **Il tempo è t.**, time is a hard master.

tirànno (2), *m.* (*zool.*, *Tyrannus*) (tyrant) flycatcher. ● (*Tyrannus tyrannus*) kingbird.

tirannosàuro, *m.* (*paleont.*: *Tyrannosaurus rex*) tyrannosaur(us).

tirànte, *m.* ***1*** (*mecc.*) tie rod (*o* bar); tension rod (*o* bar): **t. del freno**, brake rod ***2*** (*naut.*) fall ***3*** (*edil.*) tie beam ***4*** (*di stivale*) bootstrap ***5*** (*mus.*: *d'organo*) coupler; (*di tamburo*) brace.

tirapièdi, A *m.* e *f.* (*spreg.*: *persona di second'ordine*) underling, dogbody, gofer (*fam. USA*); (*seguace servile*) hanger-on, yes--man*, henchman* **B** *m.* (*stor.*) hangman's assistant.

tirapròve, *V.* **tirabozze**.

tirapùgni, *m.* knuckle-duster.

tiràre, A *v. t.* ***1*** to pull; to draw*; to haul; (*trascinare*) to drag; (*a strattoni*) to tug, to yank; (*a rimorchio*) to tow: **i buoi tiravano il carro**, the oxen pulled the cart; **una carrozza tirata da quattro cavalli**, a coach drawn by four horses; **un cavallo che non tira**, a horse that doesn't pull; **Tiravano uno di qua e uno di là**, one was pulling one way and one the other; **t. una corda**, to pull a rope; **Tirai un capo della corda e il nodo si sfece**, I tugged at one end of the rope and the knot came undone; (*autom.*) **t. il freno a mano**, to pull the handbrake; **tirarsi il cappello sugli occhi**, to draw (*o* to pull down) one's hat over one's eyes; **t. il grilletto**, to pull the trigger; **t. le tende**, to draw the curtains; **t. la porta** (*chiuderla*), to shut the door; **t. i capelli a q.**, to pull sb.'s hair; **t. q. per la manica**, to pull sb. by the sleeve; to pull (*o* to pluck) sb.'s sleeve; **t. q. da parte** (**o in disparte**), to draw (*o* to take) sb. aside (*o* to one side); **Tiralo un po' più a destra**, pull it a bit further to the right; **Tira in là la sedia**, move the chair over; **Si è tirato addosso la libreria**, he pulled the bookcase down on top of him; **t. avanti q.c.**, to pull st. forward; **t. dentro la pancia**, to draw in one's stomach; (*fig.*) **Mi hanno tirato dentro in questo affare**, they have dragged me into this deal; **Si tirò dietro la porta**, he pulled the door to after him; **Se lo tirarono dietro legato**, they dragged him tied up behind them; **Il bambino entrò tirandosi dietro un trenino**, the child came in trailing a toy train; **Lo tirarono fuori dalle macerie**, they pulled him out of the rubble; **Hanno dovuto tirarlo fuori dal suo nascondiglio**, they had to drag him out of his hiding-place; **Tirò fuori la valigia da sotto il letto**, he dragged the suitcase from under the bed; **t. giù un vaso dalla mensola**, to take (*o* to get) a vase down from the shelf; **t. giù le tendine**, to let down the blinds; **t. giù il sipario**, to bring down the curtain; **t. indietro**, (*ritirare*) to pull back, to withdraw; (*scostare*) to draw back; **t. su il secchio dal pozzo**, to pull up the well-bucket; **t. su le tapparelle**, to pull up the blinds; **t. su il finestrino**, to push up the window; **t. su q.c. da terra**, to pick st. up (from the floor); **t. su la testa**, to raise (*o* to lift) one's head; **tirarsi su le calze**, to pull up one's socks; **tirarsi su le maniche**, to roll up one's sleeves; **Si tirò su i pantaloni e si sedette**, he hitched up his trousers and sat down; **tirarsi su i capelli**, to put up (*o* to pin up) one's hair; **t. su un muro**, to build (*o* to put up) a wall; **Tira via il tavolino**, get the table out of the way; **t. via un chiodo da un muro**, to pull a nail out of a wall; **t. via un dente**, to pull (out) a tooth; **Tira via la mano!**, take your hand off! ***2*** (*lanciare*) to throw*; to toss; to cast*: **t. la palla a q.**, to throw (*o* to toss) the ball to sb.; **t. i dadi**, to throw (*o* to cast, to shoot) (the) dice; **t. fiori**, to throw flowers; **t. sassi a q.**, to throw (*o* to cast) stones at sb. **t. frecce**, to shoot arrows; **t. una bomba a mano**, to throw a hand-grenade ***3*** (*sparare*) to shoot*; to fire: **t. una fucilata a q.**, to fire a shot at sb.; to shoot at sb.; **Non ho tirato neanche un colpo**, I didn't fire a single shot; **t. al bersaglio**, to fire at the target; **t. a una lepre**, to shoot at a hare; **dare ordine di t.**, to give order to shoot (*o* to fire) ***4*** (*estrarre*) to draw*; to get* out; to extract: **t. il vino da una botte**, to draw wine from a barrel; **Non riesco a tirargli di bocca una parola**, I can't get a word out of him ***5*** (*tendere*) to stretch; to extend; to draw*: **t. un elastico**, to stretch an elastic; **t. l'arco**, to draw one's bow ***6*** (*stampare*) to print; to pull; to run* off: **t. diecimila copie di un libro**, to print ten thousand copies of a book; **Tiramene trenta copie**, run off thirty copies, please; **t. una bozza**, to pull a proof ***7*** (*volg.*: *piacere*) to turn on (*fam.*); to give* the hots (*pop.*). ● **t. a cera il pavimento**, to wax the floor □ **t. a lucido**, to polish; to shine □ (*sport*) **t. (la palla) a rete**, to shoot □ **tirarsi addosso maledizioni**, to bring down curses on one's head □ **Si è tirato addosso le critiche di tutti**, he has attracted widespread criticism □ **t. avanti la baracca**, to make both ends meet; (*con difficoltà*) to scrape a living □ **un faccino che tira baci**, a pretty face that wants to be kissed □ **t. una boccata di sigaretta**, to pull (*o* to take a drag) at a cigarette □ **t. calci** to kick □ (*fig.*) **t. la cinghia**, to tighten one's belt; to stint oneself □ **t. il collo a un pollo**, to wring a chicken's neck □ (*fig.*) **Se arriva in ritardo gli tiro il collo**, if he is late, I'm going to wring his neck □ **t. una conclusione** to draw a conclusion □ (*fig.*) **t. troppo la corda**, to go too far □ (*fam.*) **t. le cuoia**, to pop off; to peg out (*fam.*); to kick the bucket (*pop.*); to cash in one's chips (*pop.*) □ **t. q. dalla propria parte**, to bring sb. round to one's point of view; to win sb. over (to one's side) □ (*anche fig.*) **t. dentro le unghie**, to draw in one's claws □ **Si tira sempre dietro la moglie**, he always drags his wife around with him □ **Si tirava dietro una turba d'ammiratori**, she was followed by a crowd of fans □ **t. fuori la lingua**, to pull (*o* to stick) out one's tongue □ **t. fuori**, (*estrarre*) to take out, to get out; to pull out; to produce; (*fig.*) to produce, to come up with, to make with (*fam. USA*): **t. fuori i soldi**, to produce (*o* to come up with) the money; (*fam.*: *sborsare*) to pay up, to cough up, to fork out, to stump up; **t. fuori una scusa**, to come up with an excuse; **t. fuori la verità**, to come out with the truth; **Abbiamo fame, tira fuori i panini!**, we're starving! make with the rolls! (*fam. USA*); **t. q. fuori dai guai**, to get sb. out of trouble; **t. fuori q. (di prigione)**, to get sb. out (of prison) □ **t. giù bestemmie**, to swear; to blaspheme □ **t. giù i prezzi**, to lower (*o* to reduce, to bring down) prices □ **t. q. giù dal letto**, to drag sb. out of bed □ **t. il fiato**, to draw breath; to get back one's breath; (*fig.*) to breathe again □ (*fig.*) **t. i fili** (**o le fila**), to pull the strings □ **t. un filo**, (*tendere*) to put up a line; (*di una calza, di un golf*) to pull a thread; to snag (st.) □ **t. un frego su q.c.**, to score out st.; to cross out st.; (*fig. fam.*) to forget about st., to let bygones be bygones □ (*sport* e *fig.*) **t. il gruppo**, to take the lead; to set the pace □ (*fam.*) **t. in ballo q.c.**, (*coinvolgere*) to drag in st.; (*menzionare*) to drag st. in (*o* up): **Non è il caso di t. in ballo sua moglie**, (there's) no need to drag in his wife; **Perché t. sempre in ballo la politica?**, why drag politics into everything? □ **t. q.c. in lungo** (**o per le lunghe**), to draw (*o* to spin) st. out (*fam.*), to protract st.; (*ritardare*) to delay st.; (*posporre*) to put off st. □ **tirarla in lungo**, (*essere prolisso*) to spin it out; (*per guadagnare tempo*) to try to gain time, to play for time □ (*naut.*) **t. in secco una barca**, to haul a boat ashore; to beach a boat □ **t. indietro le lancette dell'orologio**, to set (*o* to put) back (the hands of) one's watch □ **t. il latte**, to suck milk □ **t. una linea**, to draw a line □ (*fam.*) **t. moccoli**, to swear; to curse □ **t. gli orecchi a q.**, to pull (*o* to tweak) sb.'s ears; (*fig.*) to scold sb.; to pull sb. up; to tell sb. off □ (*fam.*) **t. la paga**, to draw (*o* to collect) one's pay □ **t. un pugno a q.**, to punch sb. □ **t. le reti**, to draw in (*o* to haul in) the nets □ **t. uno schiaffo a q.**, to slap sb.'s face; to box sb.'s ear □ **t. la sfoglia**, to roll out the dough □ **t. le somme**, to cast up accounts; to do the adding up; (*fig.*) to sum up st., to reach a conclusion □ **t. un sospiro**, to heave (*o* to give) a sigh □ (*fig.*) **t. su**, (*rincuorare*) to cheer up; (*dare energia*) to pick up; (*fam.*: *vomitare, anche assol.*) to throw up, to bring up □ (*naut.*) **t. su l'ancora**, to weigh anchor □ **t. su un bambino**, to bring up a child □ **t. su col naso**, to sniff □ **t. su un numero** (*a tombola, ecc.*), to draw a number □ **t. su i prezzi**, to put up prices □ (*naut.*) **t. su una vela**, to clew up a sail □ **t. la volata a q.**, (*sport*) to set the pace; (*fig.*) to smooth sb.'s way (*o* path) □ (*autom., sport*) **farsi t.**, to draft □ **Una ciliegia tira l'altra**, cherries are moreish □ **una parola tira l'altra**, one thing leads to another. **B** *v. i.* **1** (*avere tiraggio*) to draw*: **Il camino non tira**, the chimney doesn't draw well; **La pipa tirava bene**, the pipe drew well **2** (*soffiare*) to blow*: **Tirava un freddo vento di tramontana**, a cold wind was blowing from the north; (*anche fig.*) **Da che parte tira il vento?**, which way is the wind blowing?; **Non tira vento**, there is no wind **3** (*di abiti*) to be tight: **t. in vita**, to be tight at the waist; **t. sui fianchi**, to be tight round the hips **4** (*essere teso*) to feel* tight: **Mi tira la pelle**, my skin feels tight **5** (*econ.*: *essere fiorente*) to do* well, to be thriving; (*vendere*) to sell*: **Il mercato delle utilitarie tira bene**, the economy car market is thriving (*o* is doing well); **È un prodotto che non tira**, this product doesn't sell **6** (*autom.*) to respond: **un motore che tira bene**, an engine that responds well; **La mia automobile non tira in salita**, my car is sluggish uphill **7** (*essere ripido*) to be steep **8** (*mirare*, *avere come scopo*) to aim at; to be after; to have an eye on: **Tira a finire al più presto**, he aims at getting it over with quickly; **Non è innamorata di lui**; **tira solo ai suoi quattrini**, she isn't in love with him; she is just after his money; **t. all'eredità**, to have an eye on the inheritance **9** (*cercare di*) to try, to attempt; (*tendere a*) to have a tendency to, to be inclined, to be apt: **Attento, è uno che tira a imbrogliare**, be careful, he'll try to cheat you **10** (*di colore*: *tendere*) to verge on; to border on; to shade into: **un rosso che tira al marrone**, a red verging on (*o* shading into) brown; a brownish red **11** (*somigliare*) to take* after **12** (*volg.*: *provare eccitazione sessuale*) to have (*o* to get*) a hard-on. ● **t. a campare**, to get by as best as one can; to take things easy □ **t. a indovinare**, to guess; to venture a guess □ **t. a sorte**, to draw (*o* to cast) lots; to draw straws: **Tiriamo a sorte per chi deve montare la tenda**, let's draw for putting up the tent □ (*anche fig.*) **Tira aria di tempesta**, a storm is in the air (*o* is brewing) □ (*fam.*) **t. avanti**, (*continuare*) to go on, to carry on; (*durare*) to last, to keep going; (*procedere senza scosse*) to be on an even keel, to tick over (*GB*); (*nonostante le avversità*) to struggle on, to soldier on; (*alla meglio*) to scrape along, to plod on: **Tiriamo avanti per un'altra ora**, let's go on for one more hour; **Non ce la faccio più a t. avanti**, I can't go on like this; **In quelle condizioni non tirerà avanti per molto**, he can't last long in that condition; **«Come va?» «Si tira avanti»**, «how are you getting on?» «not too bad» (*o* «ticking over», «could be worse») □ **t. di boxe**, to box □ **t. di scherma**, to fence □ **Tira diritto fino al fiume**, keep going until you come to the river □ **Ha tirato diritto senza salutare**, he went past without saying hello □ **t. dritto per la propria strada**, to go one's way □ **tira e molla** *V.* **tiremmolla** □ **t. sul prezzo**, to bargain; to haggle; to try to bring down the price □ **t. sulle spese**, to cut down on expenses □ **t. tardi** (*o* **giorno, mattina**), to stay up late □ (*fam.*) **t. via** (*lavorare male*), to botch things, to cut corners: **t. via col lavoro**, to do one's work in a hurry; to cut corners; to botch one's work □ **t. via sui particolari**, to gloss over the details. **C tirarsi**, *v. rifl.* to draw* (oneself); to pull (oneself); (*trascinarsi*) to drag: **Tirati più vicino!**, draw nearer!; come closer!; **t. da parte** (*o* **in disparte, in là**), to draw aside (*o* to one side); **t. indietro**, (*retrocedere*) to draw back, to stand back, to back away; (*fig.*: *rinunciare*) to back out (of st.), (*per paura*) to chicken out (*fam.*): **Tiratevi indietro e lasciate passare**, stand back and make room; **All'ultimo momento ebbe paura e si tirò indietro**, he got cold feet at the last moment and backed out (*fam.*: chickened out); **t. su**, (*alzarsi*) to stand up, to get up; (*raddrizzarsi*) to draw oneself up, (*da seduto*) to sit up straight; (*di morale*) to cheer up; (*ristabilirsi*) to feel better; **t. su a sedere**, to sit up; **t. in là**, to step to one side; **t. via**, to get away (from somewhere); to move off.

tirasségno, *m.* target shooting; shooting practice; (*luogo*) shooting range; (*al luna park*) shooting gallery.

tirastivàli, *m.* boot-jack.

tiràta, *f.* **1** pull; tug; (*strappo*) wrench, wrest: **una t. di briglia**, a tug at the bridle; **dare una t. alla fune**, to tug at a rope; to give a rope a pull; **una t. di capelli**, a tug (*o* a pull) at sb.'s hair; **dare una t. d'orecchi a q.**, to pull (*o* to tweak) sb.'s ears; (*fig.*) to pull sb. up, to tell sb. off; **t. d'orecchi**, ear-pulling; (*fig.*) telling off, talking-to **2** (*discorso polemico*) tirade; harangue; rant: **Fece una t. contro i politicanti**, he delivered a tirade against petty politicians **3** (*fig.*: *attività ininterrotta*) go, stretch; (*di lavoro, di viaggio*) haul, pull: **fare q.c. in una t. sola**, to do st. in one go (*o* at a stretch); **Ho fatto una t. unica da Monaco a Firenze**, I drove from Munich to Florence in one go (*o* non-stop); **una t. di sei ore**, a six hours' haul **4** (*boccata di fumo*) puff; draw; pull; drag (*fam.*): **Spense la sigaretta dopo qualche t.**, he put out his cigarette after a few puffs; **dare una t. di pipa**, to pull at one's pipe; to take a draw on one's pipe **5** (*fam.*: *sorsata*) pull; swig.

tiratàrdi, *m.* e *f. invar.* (*fam.*) **1** (*chi va a dormire tardi*) night owl **2** (*persona lenta*) dawdler; slowcoach; slowpoke.

tiràto, *a.* **1** (*in tensione*) taut; tense; drawn tight: **corda tirata**, taut cord **2** (*fig.*: *sforzato*) forced; strained: **sorriso t.**, strained smile **3** (*fig.*: *stanco*) drawn; haggard; pinched: **faccia tirata**, drawn (*o* haggard) face **4** (*di stretta misura*) narrow; neck-and-neck (*fam.*); nip-and-tuck (*fam. USA*): **una vittoria tirata**, a narrow (*o* neck-and-neck) victory **5** (*avaro*) tight-fisted; stingy; close; mean. ● **t. a lucido**, (*pulito*) shining, spick-and-span, spit and polish (*GB*), squeaky clean; (*elegante*) smart, dressed up to the nines (*fam.*) □ (*fig.*) **t. coi denti**, far-fetched □ **t. per le lunghe** (*o* **in lungo**), drawn-out; spun out □ (*fam.*) **t. via** (*malfatto*), shoddy; slovenly; botched.

tiratóre, *m.* (*f.* **-trice**) shooter; shot: **un bravo [cattivo] t.**, a good [bad] shot; **ottimo t.**, crack shot; dead shot; **t. scelto**, sharpshooter; marksman; **t. d'arco**, archer; **t. di scherma**, fencer. ● **franco t.**, (*mil.*) sniper; (*polit.*) member who votes secretly against his own party.

tiratróne, *m.* (*elettron.*) thyratron.

tiratùra, *f.* **1** (*lo stampare*) printing **2** (*quantità di copie stampate*) print run; edition; (*di giornali*) circulation: **Tutta la t. del libro è stata venduta**, the edition has been sold out; **Che t. farete?**, how many copies are you going to print?; **un giornale con una t. di 600.000 copie**, a newspaper with a circulation of 600,000 copies; **una rivista ad alta t.**, a high-circulation magazine; **una prima t. di ventimila copie**, a first run of twenty thousand copies **3** (*di bozze*) (proof-)pulling. ● **t. limitata**, limited edition □ **nuova t.**, reissue; new impression.

tiravolista, *m.* trapshooter.

tirchierìa, *f.* tight-fistedness; close-fistedness; stinginess; meanness; miserliness.

tìrchio, **A** *a.* tight-fisted; close-fisted; niggard; miserly; stingy; mean; mingy (*fam. GB*); cheap (*fam. USA*). **B** *m.* (*f.* **-a**) miser; skinflint; penny-pincher; cheapskate (*fam.*); tightwad (*fam. USA*); meanie (*fam.*).

tirèlla, *f.* trace.

tiremmòlla, (*fam.*) **A** *m. invar.* (*esitazione*) wavering; dithering; shilly-shallying; blowing hot and cold (*fam.*): **dopo un lungo t.**, after much hesitation (*o* shilly-shallying); **i t. del governo sulla riforma**, the government's dithering (*o* shilly-shallying) over the reform; **un t. di dichiarazioni e smentite**, a seesaw of statements and denials. **B** *m.* e *f. invar.* (*persona indecisa*) ditherer; shilly-shallyer (*fam.*).

tireòṣi, *f.* (*med.*) thyreosis.

tireotòssico, *a.* (*med.*) thyrotoxic.

tireotossicòṣi, *f.* (*med.*) thyrotoxicosis.

tireotropina, *f.* (*biochim.*) thyrotropin; thyrotrophin.

Tirèsia, *m.* (*mitol.*) Tiresias.

tirétto, *m.* (*region.*: *cassetto*) drawer.

tiristóre, *m.* (*elettron.*) thyristor.

tiritèra, *f.* **1** (*filastrocca*) nursery rhyme **2** (*estens.*) long-winded yarn; patter; prattle; spiel (*fam.*); same old story: **Attaccò la sua t. sulla bontà dei suoi prodotti**, he started his usual patter (*o* spiel) on how good his products were; **È la solita t.**, it's the same old story; **una t. di nomi, date e titoli**, a boring list of names and dates.

Tiro, *f.* (*geogr.*, *stor.*) Tyre.

tiro, *m.* **1** (*trazione*) pull; tug; draught: **dare un t. alla fune**, to give a pull at the rope; **animali da t.**, draught animals; **cavallo da t.**, draught-horse; workhorse **2** (*animali che tirano*) team: **un t. di buoi**, a team of oxen; **un t. a due**, a two-in-hand; **un t. a quattro**, a four-in-hand; a coach and four; **un t. a sei**, a coach and six **3** (*lancio*) throw; cast: **un t. di dadi**, a throw at dice; **Di chi è il t.?**, whose throw is it? **4** (*sport*) shot; throw: **t. a rete**, shot at (the) goal; **t. di testa**, header; **sbagliare il t.**, to miss the shot [the throw] **5** (*mil.*: *fuoco*) fire: **t. diretto [indiretto]**, direct [indirect] fire; **t. radente**, grazing fire; **t. in bianco**, blank fire; **t. a zero**, point-blank firing; **t. di sbarramento**, barrage (fire); **t. d'appoggio**, supporting fire; (*anche fig.*) **t. incrociato**, crossfire; **aprire il t.**, to open fire; **regolare il t.**, to adjust fire; (*anche fig.*) **essere [venire] sotto t.**, to be [to come] under fire **6** (*di armi*: *colpo, sparo*) shot; (*lo sparare*) shooting, firing: **Fece due tiri e colse nel centro**, he had two shots and hit the centre; **Ci restavano pochi tiri**, we had few shots left; **Con un t. prese due quaglie**, he got two quails with a single shot; **t. da lontano**, long shot; **t. a vuoto**, wide (*o* wild) shot; **sbagliare il t.**, to miss the target; **un t. con l'arco**, a bowshot; **esercitazione di t.**, target practice; **gara di t.**, shooting contest; **poligono di t.**, shooting range; **scuola di t.**, firing-school **7** (*mira*) aim: **correggere il t.**, to adjust the aim **8** (*portata*: *di arma*) range; (*di mano*) reach; (*distanza*) distance: **essere [venire] a t.**, to be [to come] within range; to be [to come] within reach; **essere fuori t.**, to be out of range; to be out of reach; **a t. di fucile**, within rifle-shot; within shooting distance **9** (*fam.*: *boccata di sigaretta*) puff; draw; pull; drag (*fam.*): **La sigaretta si spense al primo t.**, the cigarette went out after the first puff; **Mi fai fare un t.?**, can I have a puff (*o* a drag)? **10** (*scherzo*) trick; turn: **giocare** (*o* **fare**) **un t. a q.**, to play a trick on sb.; **un bel t.**, a clever trick; **un brutto t.**, a dirty (*o* shabby) trick; **t. mancino** (*o* **birbone**), dirty (*o* nasty, foul) trick **11** (*gergo dei drogati*) sniff; snort: **un t. di coca**, a sniff of coke. ● (*pallacanestro*) **t. a canestro**, shot □ **t. alla fune**, tug-of-war □ **t. al piattello**, clay-pigeon shooting; trapshooting □ **t. al piccione**, pigeon shooting □ **t. a segno**, target shooting; shooting practice; (*luogo*) shooting range; (*al luna park*) shooting gallery □ (*caccia*) **t. a volo**, wing shooting; wing shot □ (*sport*) **t. con l'arco**, archery □ (*calcio*) **t. da fermo**, set piece □ (*pallacanestro*) **t. libero**, free throw □ **a un t. di schioppo** (*o* **di sasso**), within a stone's throw; within easy distance □ **a t. di voce**, within calling distance; within earshot □ (*mil.*) **centrale di t.**, sighting station; central control □ **in t.** (*fam.*: *elegante*), snazzy; spiffy (*USA*) □ **tenere q. sotto t. con una pistola**, to have sb. covered with a gun □ **Se mi viene a t.…**, if I get my hands on him…; **Se mi viene**

a t. di dirglielo, if I get the chance to tell him.

tirocinànte, A *a.* training; trainee. **B** *m.* e *f.* tiro; trainee; apprentice; probationer; novice.

tirocìnio, *m.* apprenticeship; training; (*periodo di prova*) period of training; (*specialm. di un medico*) traineeship: **fare t.**, to do one's training; to serve one's apprenticeship; **t. didattico**, teaching practice; **t. legale**, legal training; **fare t. legale**, to be articled to a lawyer; **corso di t.**, training course.

tiròide, *f.* (*anat.*) thyroid.

tiroidectomìa, *f.* (*chir.*) thyroidectomy.

tiroidèo, *a.* (*anat.*) thyroid (*attr.*); thyroidal: **la ghiandola tiroidea**, the thyroid gland.

tiroidìna, *f.* (*farm.*) thyroid extract.

tiroidìsmo, *m.* (*med.*) thyroidism.

tiroidìte, *f.* (*med.*) thyroiditis.

tirolése, A *a.*, *m.* e *f.* Tyrolese; Tyrolean: **un cappello alla t.**, a Tyrolese hat. **B** *f.* (*mus.*) Tyrolienne (*franc.*).

Tiròlo, *m.* (*geogr.*) (the) Tyrol; (the) Tirol.

tirosìna, *f.* (*chim.*) tyrosine.

tiroxìna, *f.* (*fisiol.*) thyroxin(e).

tirrènico, *a.* Tyrrhenian.

tirrèno, *a.* Tyrrhene; Tyrrhenian. ● (*geogr.*) **il (Mar) T.**, the Tyrrhenian Sea.

tirso, *m.* (*mitol.*, *bot.*) thyrsus*.

Tirtèo, *m.* (*letter.*) Tyrtaeus.

tisàna, *f.* infusion; herb tea; tisane.

Tisbe, *f.* (*mitol.*) Thisbe.

tìsi, *f.* (*med.*) tuberculosis (*abbr.*: TB); phthisis; consumption.

tisichézza, *f.* ***1*** (*med.*) tubercular condition; consumption ***2*** (*fig.*) extreme thinness; emaciation.

tìsico, A *a.* ***1*** (*med.*) tuberculous; phthisical; consumptive: **morire t.**, to die of consumption ***2*** (*fig.*) stunted: **alberelli tisici**, stunted trees. **B** *m.* (*f.* **-a**) (*med.*) TB sufferer; consumptive.

tisiologìa, *f.* (*med.*) phthisiology.

tisiòlogo, *m.* (*f.* **-a**) phthisiologist.

tissulàre, *a.* (*biol.*) tissue (*attr.*).

titanàto, *m.* (*chim.*) titanate.

titànico (1), *a.* titanic; gigantic; colossal; enormous: **sforzi titanici**, titanic efforts.

titànico (2), *a.* (*chim.*) titanic: **acido t.**, titanic acid.

titànio, *m.* (*chim.*) titanium.

titanìsmo, *m.* Titanism.

titàno, *m.* ***1*** (*mitol.*) Titan ***2*** (*fig.*) titan; giant; colossus: **un t. del commercio**, a giant in the world of commerce.

titanomachìa, *f.* (*mitol.*, *letter.*) Titanomachy.

titillaménto, *m.* titillation; tickling.

titillàre, *v. t.* to titillate; to tickle: **Dolci suoni gli titillavano gli orecchi**, sweet notes tickled his ears; **t. la fantasia**, to tickle one's fancy.

titillatòrio, *a.* titillative.

Tito, *m.* Titus.

titoìsmo, *m.* (*polit.*) Titoism.

titoìsta, *a.*, *m.* e *f.* (*polit.*) Titoist.

titolàre (1), A *a.* ***1*** (*a pieno titolo*) regular; official: **il professore t.**, the regular professor ***2*** (*che ha solo il titolo*) titular: **vescovo t.**, titular bishop ***3*** (*eccles.*) titular: **santo t.**, titular saint ***4*** (*sport*) regular; first-string (*attr.*). **B** *m.* e *f.* ***1*** (*detentore*) holder; (*di impiego, posto, ecc.*) occupant, incumbent; (*responsabile*) person in charge: **t. di conto**, account holder; **t. di brevetto**, patent holder; **t. di cattedra**, (*all'università*) holder of a chair, full professor; (*nella scuola*) regular teacher; **Chi è il t. di questo ufficio?**, who is in charge of this office? ***2*** (*proprietario*) owner; proprietor (*m.*); proprietress (*f.*) ***3*** (*eccles.*) titular ***4*** (*sport*) regular player; first-string player.

titolàre (2), *v. t.* ***1*** (*chim.*) to titrate ***2*** (*giorn.*) to headline; to carry a headline: **t. in articolo**, to headline an article; **I giornali oggi titolano a piena pagina**, newspapers are carrying banner headlines today ***3*** (*cinem.*, *TV*) to insert the credit titles; to title.

titolarità, *f.* (*leg.*) title; legal ownership.

titolàto, A *a.* ***1*** titled ***2*** (*nobile*) titled; coroneted ***3*** (*chim.*) titrated. **B** *m.* titled person; noble; nobleman* (*f.* noblewoman*).

titolatrìce, *f.* (*cinem.*, *TV*) titler.

titolatùra, *f.* ***1*** titling ***2*** (*insieme di titoli*) titles (*pl.*); (*di giornale*) headlines (*pl.*).

titolazióne, *f.* ***1*** (*chim.*) titration ***2*** (*ind. tess.*) count ***3*** (*giorn.*) headlining; headline writing.

titolétto, *m.* (*tipogr.*) running head (*o* title).

titolìsta, *m.* e *f.* ***1*** (*giorn.*) headline writer ***2*** (*tipogr.*) headline setter.

tìtolo, *m.* ***1*** (*di libro, film, quadro, ecc.*) title; (*giorn.*, *TV*) headline: **il t. di un romanzo [di una commedia]**, the title of a novel [of a play]; **L'opera porta il t. seguente**, the work bears the following title; **il t. e il sottotitolo**, the title and subtitle; **senza t.**, untitled; **t. a tre colonne**, headline on three columns; **t. a tutta pagina**, banner headline; screamer; **t. sensazionale**, splash headline; screamer; **a titoli cubitali**, in banner headlines; (*TV*) **i titoli delle notizie**, the news headlines ***2*** (*intestazione, rubrica*) head; heading; entry; rubric ***3*** (*nobiliare, onorifico, accademico*) title: **t. nobiliare**, title of rank; aristocratic title; **t. di conte**, title of count; **t. baronale**, baronial title; **t. di cavaliere**, knighthood; **Gli fu conferito il t. di cavaliere**, he was knighted; a knighthood was conferred on him; **t. ereditario**, hereditary title ***4*** (*appellativo, epiteto*) name: **Merita il t. d'eroe**, he is worthy of the name of hero; **Gli diede tutti i titoli possibili**, he called him all possible names ***5*** (*qualifica*) qualification: **t. di studio**, educational qualification; degree; **titoli accademici [professionali]**, academic [professional] qualifications; **un concorso per titoli**, a competition based on qualifications; **elenco dei titoli allegati**, list of enclosed documents ***6*** (*sport*) title: **t. di campione del mondo**, world (champion) title; **detentore del t.**, title holder; **partita per il t.**, title match ***7*** (*ragione, motivo*) reason; motive: **Non è un t. sufficiente**, it isn't a good enough reason ***8*** (*diritto*) title; right; claim: **Che t. ha al trono?**, what title has he to the throne?; what are his claims to the throne?; **A che t. me lo chiedi?**, by what right are you asking me?; **non avere nessun t. per q.c.**, to have no right (*o* claim) to st.; not to be entitled to st.: **Non ha nessun t. per pretendere quel posto**, he has no right (*o* claim) to that post; **a giusto t.**, with every right; **a pieno t.**, with full rights; legitimately ***9*** (*leg.*) title: **t. di proprietà**, title; **t. legittimo**, just title; **Non ha nessun t. alla proprietà**, he has no title to the estate; **t. esecutivo**, writ of execution; **successore a t. universale [particolare]**, universal [singular] successor ***10*** (*fin.*: *azione*) share, security, (*al pl.*, *anche*) stock (*sing. collett.*); (*obbligazione*) debenture, bond; (*documento*) certificate, instrument, paper: **titoli azionari**, shares; **titoli azionari di prim'ordine**, blue chips; **titoli al portatore**, stock to bearer; bearer bonds; **titoli del debito pubblico**, state securities; debentures; bonds; **titoli di credito**, certificates of credit; credit instruments; **titoli di rendita**, annuity bonds; **titoli solidi**, gilt-edged securities; **titoli di Stato**, state bonds; government (*o* state) securities (*o* stock); **titoli differiti**, deferred shares; **titoli negoziabili**, negotiable instruments; **titoli nominativi**, registered (*o* inscribed) stock (*o* shares); **titoli obbligazionari**, bonds; debentures; **titoli ordinari**, common stock; **titoli privilegiati**, preference (*o* preferred) stock (*o* shares); **titoli pubblici**, Government stock; **titoli quotati**, listed securities (*o* stock); **mercato dei titoli**, share (*o* stock) market; **movimento di titoli**, transfer of securities ***11*** (*di leghe metalliche*) content, percentage; (*di metalli preziosi, monete*) fineness ***12*** (*ind. tess.*) count ***13*** (*chim.*) titre, titer (*USA*); strength ***14*** (*eccles.*) title. ● (*tipogr.*) **t. corrente**, running head; heading □ (*autom.*) **t. della miscela**, mixture strength □ (*cinem.*, *TV*) **titoli di coda**, closing credits □ (*cinem.*, *TV*) **titoli di testa**, opening credits □ (*meteor.*) **t. di umidità dell'aria**, water vapour ratio □ **a t. di**, as (a); by way of: **a t. confidenziale**, in confidence; confidentially; (*comm.*) **a t. di acconto**, by way of advance; **a t. d'amicizia**, as a friend; as a mark of good feeling; **a t. di carità**, as charity; **a t. di curiosità**, out of curiosity; **a t. di esempio**, by way of example; **a t. di favore**, as a favour; (*fisc.*) **a t. d'imposta**, as a tax; **a t. d'informazione**, by way of information; **a t. di prestito**, as a loan; **a t. di prova**, on trial; by way of trial; **a t. gratuito**, free of charge; voluntary; (*leg.*) without consideration: **atto a t. gratuito**, voluntary deed; **a t. oneroso**, for a money consideration; **a t. personale**, in a personal capacity; **a t. privato**, in a private capacity; privately.

titolóne, *m.* (*giorn.*) streamer; banner headline.

titubànte, *a.* hesitant; hesitating; doubtful; vacillating; wavering; shilly-shallying; dithering; faltering: **Si mostrò t. ad accettare l'impiego**, he was undecided whether to accept the job; **voce t.**, hesitant (*o* faltering) voice; **sorriso t.**, uncertain smile; **Mi è sembrato piuttosto t.**, he looked rather undecided.

titubànza, *f.* hesitation; hesitancy; indecision; irresolution; wavering; shilly-shallying; hemming and hawing (*fam.*): **parlare con t.**, to speak hesitatingly.

titubàre, *v. i.* to hesitate; to waver; to vacillate; to be undecided; to be in two minds; to hem and haw (*fam.*); to dither; to falter.

tivù, *f. invar.* (*fam.*) *V.* **televisione**.

tixotropìa, *f.* (*chim.*) thixotropy.

tìzia, *f.* woman*; girl; someone: **È venuta una t. a chiedere di te**, a woman came looking for you; **la t. della cassa**, the girl at the cashier's desk.

tizianésco, *a.* ***1*** (*pitt.*) of Titian; Titian's; Titianesque ***2*** (*di capelli*) titian; auburn.

Tiziàno, *m.* Titian.

tìzio, *m.* man*; someone; person; guy (*USA*); character; fellow; chap (*fam. GB*), bloke (*fam. GB* e *Austr.*): **C'era qui un t. che ti cercava**, someone came looking for you; **Lo conosci quel t. laggiù?**, do you know that man (*USA*: guy) over there?; **Si è messa con un t. che non conosco**, she's having an affair with someone I don't know; **il t. della lavapiatti**, the dishwasher man. ● **T., Caio e Sempronio**, Tom, Dick and Harry.

tizzo, tizzóne, *m.* ember; brand (*lett.*); firebrand (*lett.*); (*di carbone*) coal: **t. ardente**, ember; (*di carbone*) live coal; **t. spento**, dead coal. ● (*fig.*) **t. d'inferno**, thorough scoundrel □ **nero come un t.**, as black as coal; coal-black.

tlàspi, *m.* (*bot.*, *Thlapsia arvense*) pennycress.

tmèsi, *f.* (*ling.*) tmesis*.

to', *inter.* (*fam.*) ***1*** (*prendi!*) here; here you are: **To', piglia**, here, take this; **To' i soldi per il giornale**, here's the money for the paper; **Lo vuoi? To'**, do you want it? here you are; **To', questo libro è per te**, here, take this book, it's for you; **To', Fido, vieni qui**, here, Fido, come ***2*** (*di stupore*) well now; look; fancy; oh: **To', chi si vede!**, well now! look who's here!; **To', non ci avevo pensato**, well, I hadn't thought of that; **To', c'è anche lui**, oh, he's here too, is he.

toast (*ingl.*), *m. invar.* ***1*** (*fetta tostata*) slice of toast ***2*** (*sandwich tostato*) toasted sandwich.

Tobìa, *m.* Tobias; Tobiah.

tobòga, *m. invar.* ***1*** (*sport*) toboggan ***2*** (*scivolo*) slide; chute.

toc, *inter.* knock: **Toc toc, chi è?**, knock knock, who's there?.

toccàbile, *a.* ***1*** touchable ***2*** (*fig.*) tangible; palpable; concrete.

toccànte, *a.* (*commovente*) touching; moving; affecting.

toccàre, A *v. t.* ***1*** to touch: **Non toccarlo,**

scotta, it's hot, don't touch it; **Gli toccò la fronte e sentì che scottava**, he touched his forehead and felt it was burning; **Non t. i miei libri!**, don't touch my books!; **Lo schienale della sedia tocca il muro**, the back of the chair touches the wall; **Mi toccò col gomito e ridacchiò**, he nudged me and chuckled; **Lo toccò sulla spalla per avvertirlo**, he tapped him on the shoulder to warn him; **t. le corde di una chitarra**, to touch the strings of a guitar; to strum a guitar; **Si sbriciola solo a toccarlo**, it crumbles at the touch; **Non l'ho toccata neanche con un dito**, I never laid a finger on her ***2*** (*tastare, saggiare*) to feel*, to finger; (*maneggiare*) to handle: **Toccò col piede il terreno**, he felt the ground with his foot; **Si prega di non t. la merce**, please do not handle the goods; **Ha il vezzo di toccarsi sempre il naso**, he is always fingering his nose ***3*** (*raggiungere*) to reach; to touch; to hit*: **La sua testa quasi toccava il soffitto**, his head almost touched the ceiling; **La sua vestaglia toccava terra**, her dressing-gown swept the ground; **Le cime dei monti sembravano t. il cielo**, the mountain tops seemed to touch the sky; **t. la meta**, to reach one's goal; **t. la velocità del suono**, to reach the speed of sound; **t. livelli record**, to hit record levels; **t. il fondo**, (*in acqua*) to touch bottom; (*fig.*) to hit the bottom, to reach rock-bottom; **t. i duecento all'ora**, to touch 200 km an hour; **t. la settantina**, to be seventyish; to be pushing seventy ***4*** (*mettere mano a*) to touch: **Stette tre giorni senza t. cibo**, he didn't touch food for three days; **Non tocco il violino da sei anni**, I haven't touched the violin for six years; **Non ha mai toccato un libro**, he has never opened a book ***5*** (*modificare, cambiare*) to change: **non t. una virgola**, not to change a word; **La traduzione è fatta e non intendo toccarla più**, the translation is ready and I do not intend to make any more changes ***6*** (*passare da un luogo*) to pass through; (*naut.*: *fare scalo*) to call at: **Abbiamo solo toccato Vienna**, we only passed through Vienna; **Nel nostro giro abbiamo toccato le principali città**, our tour took us to the main cities; **La nave toccherà Atene e Istanbul**, the ship will call at Athens and Istanbul ***7*** (*fig.*: *accennare, sfiorare*) to touch on (*o* upon); to mention; to broach: **Toccò parecchi argomenti**, he touched on various subjects; **Il libro tocca solo di sfuggita il problema dell'adozione**, the book only touches upon (*o* mentions in passing) the adoption question; **non t. un argomento**, to be silent on (*o* about) a matter; not to broach a subject ***8*** (*fig.*: *commuovere*) to touch; to move; to affect: **Le sue parole ci hanno toccato profondamente**, her words affected (*o* moved) us deeply ***9*** (*offendere, ferire*) to touch, to offend, to hurt*, to harm; (*criticare*) to criticize: **Le tue meschinità non mi toccano**, your pettiness doesn't touch me; **Tutte quelle critiche non lo toccano**, all that criticism leaves him cold; **t. q. nell'orgoglio**, to hurt sb.'s pride; **t. q. nell'interesse**, to harm sb.'s interests; to hit sb. in the pocket (*fam.*); **t. q. nell'onore**, to offend sb.'s honour; **Guai a toccarle suo figlio!**, you dare not criticize her son; **Non bisogna toccarlo nei suoi principi religiosi**, you mustn't offend his religious principles ***10*** (*interessare*) to touch, to affect; (*riguardare*) to concern, to regard, to touch on: **La notizia non mi tocca personalmente**, the news doesn't affect (*o* concern) me personally; **La cosa mi tocca da vicino**, the matter touches me closely; **parole che toccano il mio buon nome**, words that cast doubt on my honour ***11*** (*fam.*: *prendere, buscare*) to get*: **Stasera le tocchi!**, you'll get a beating tonight! ***12*** (*nella scherma*) to touch ***13*** (*assol.*: *toccare il fondo*) to touch bottom: **Si tocca lì?**, can you touch bottom over there? ● **t. il bersaglio**, to hit the target □ **t. i bicchieri** (*per brindare*), to clink (*o* to touch) glasses □ (*fig.*) **t. il cielo con un dito**, to be in the seventh heaven; to walk on air; to be on cloud nine (*fam.*) □ (*fig.*) **t. q.c. con mano**, to see st. with one's own eyes; to have proof (of st.); **far t. q.c. con mano**, to give sure proof of st.; to make (sb.) realize st. □ (*fig.*) **t. la corda giusta**, to touch the right chord; to strike the right note □ **t. il cuore**, to move: **È riuscita a toccargli il cuore**, she succeeded in moving him □ (*fig.*) **t. ferro**, to touch wood □ (*boxe*) **t. i guantoni**, to touch gloves □ (*Borsa*) **t. il minimo**, to drop to a low □ (*sport*) **t. la palla con le mani**, to handle the ball □ (*fig.*) **t. nel segno**, to hit the mark □ (*fig.*) **t. sempre lo stesso tasto**, to harp on the same string □ (*fig.*) **t. q. sul vivo**, to touch sb. on the quick (*o* on the raw) □ (*fig.*) **t. un tasto delicato**, to touch on a sore point (*o* a tender spot) (with sb.) □ (*fig.*) **t. un tasto falso**, to strike a false note □ **t. terra**, (*naut.*) to land; (*aeron.*) to land, to touch down □ **t. il vertice**, to reach the peak □ **Non lo toccherei neanche con le molle**, I wouldn't touch it with a barge pole. **B** *v. i.* ***1*** (*essere il turno di*) to be (sb.'s) turn; to be next: **Tocca a te!**, it's your turn (*o* play); (*a dama, a scacchi*) it's your move; (*in una coda*) you're next; **A chi tocca muovere?**, whose move is it?; **Tocca a te fare le carte**, it's your turn to deal; it's your deal; **A chi toccano i piatti?**, whose turn is it to do the washing up? ***2*** (*spettare a*) to be up to; to lie* with; to be (sb.'s) duty (*o* job): **Tocca a te dargli la triste notizia**, it is your duty to break him the bad news; **Non tocca a me parlare per tutti**, it's not up to me to speak for all of us; **Non toccava a te giustificarlo**, it was not your job to justify him ***3*** (*accadere, capitare*) to happen; (*toccare in sorte*) to be (sb.'s) lot, to fall* to (sb.'s) lot, to befall* (*lett.*): **Mi spiace proprio per quel che gli è toccato**, I'm so sorry for what happened to him; **Questa è la sorte che gli è toccata**, this is the lot that has fallen on him; **Guardate un po' che mi tocca!**, look what I've got to put up with! ***4*** (*ricadere su*) to fall* to; to fall* on (*o* upon): **Toccò a me dargli la notizia**, it fell to me to break the news to him; **La maggior parte del lavoro toccò a me**, most of the work fell upon me; **Tocca sempre a me pagare**, I'm the one who always has to foot the bill ***5*** (*andare, essere assegnato*) to go* to; (*ottenere*) to get* (*costr. pers.*): **L'eredità toccherà interamente alla moglie**, the inheritance will go entirely to his wife; **Mi toccarono soltanto 100.000 lire**, I only got one 100,000 lire; **Non m'è toccato quasi nulla**, I got (*o* I was given) next to nothing ***6*** (*avere diritto a*) to be entitled to (*costr. pers.*); to have a right to (*costr. pers.*); (*essere dovuto*) to be (sb.'s) due: **Mi toccherebbero dieci giorni di congedo**, I should be entitled to ten days' leave; **Voglio quel che mi tocca, e basta!**, I only want my due! ***7*** (*dovere, essere costretto*) to have to (*costr. pers.*); to be obliged to (*costr. pers.*); to be forced to (*costr. pers.*): **Vi toccherà aspettare molto**, you'll have to wait a long time; **Mi è toccato tornare in ufficio**, I had to go back to the office; **Mi toccò accettare e tacere**, I was forced to accept and keep quiet; **Gli tocca fare il lavoro più ingrato**, he's been lumbered with the worst job. ● **A chi tocca, tocca**, that's fate; it's the luck of the draw □ **Sotto a chi tocca!**, who's next? **C toccàrsi**, *v. rifl.* (*eufem.*: *masturbarsi*) to abuse oneself. **D toccàrsi**, *v. rifl. recipr.* to touch (each other, one another); to meet*: **Le loro schiene si toccavano**, their backs touched; **Gli estremi si toccano**, extremes meet.

toccasàna, *m. invar.* (*anche fig.*) cure-all; panacea; wonder drug; universal remedy.

toccàta, *f.* ***1*** touch; feel: **una t. di mano**, a touch of the hand; **Basta una t. per mandarlo a terra**, a touch is enough to knock it over; **Da' una t. a questo velluto**, have a feel of (*o* feel) this velvet ***2*** (*mus.*) toccata*.

toccatìna, *f.* ***1*** (*mus.*) toccatina; short sonata prelude ***2*** (*pop.*) quick grope.

toccàto, *a.* ***1*** (*commosso*) touched; moved ***2*** (*mattoide*) *V.* **tocco** ***3*** (*scherma* e *fig.*) touché (*franc.*) ***4*** (*di frutto*: *ammaccato*) bruised.

toccatùtto, *m.* e *f.* (*scherz.*) – **È una t.**, she can't keep her hands off things; she wants to be touching everything.

tócco (1), *a.* (*mattoide*) touched; odd; funny (in the head); cracked (*pop.*); screwy (*pop.*); weird (*pop.*); loopy (*pop.*).

tócco (2), *m.* ***1*** touch; (*tatto*) feel: **il t. di una mano sudata**, the touch of a sweaty hand; **un t. di bacchetta magica**, a touch of the magic wand; **Basta il minimo t. per mandarlo in frantumi**, the slightest touch is enough to shatter it; **riconoscere q.c. al t.**, to recognize st. by the feel of it; **un pianista dal t. leggero**, a pianist with a light touch ***2*** (*colpo battuto*) knock; rap; tap: **Si sentirono due tocchi all'uscio**, two knocks were heard at the door ***3*** (*accenno, un poco*) touch, dab, spot; (*sfumatura*) shade, hint, tinge: **un t. di rossetto**, a dab of lipstick; **darsi un t. di cipria**, to dab one's face with powder; **C'era un t. di delusione nella voce**, there was a hint of disappointment in his voice ***4*** (*di pennello* e *fig.*) stroke; touch: **un t. di pennello**, a stroke of the brush; a brush stroke; **l'ultimo t.**, the finishing (*o* final, last) touch ***5*** (*impronta caratteristica*) touch: **il t. dell'artista**, the touch (*o* the hand) of the artist; **un t. personale**, a personal touch ***6*** (*rintocco*) stroke; (*rintocco funebre*) knell, toll: **due tocchi di campana**, two strokes of the bell; **un t. di orologio**, a stroke of the clock ***7*** (*l'una*) one o'clock (p.m.): **al t.**, at one o'clock.

tòcco (3), *m.* (*pezzo*) piece; chunk; hunk: **un t. di carne [di formaggio]**, a chunk of meat [of cheese]; (*fam.*) **un t. d'uomo alto così**, a tall hunk of a man; (*fam.*) **un bel t. di ragazza**, a smashing girl; a nice bit of skirt (*pop.*).

tòcco (4), *m.* ***1*** (*copricapo di magistrati, professori, ecc.*: *rotondo senza tesa*) cap, toque; (*con tesa quadrata*) square cap, mortarboard: **in t. e toga**, in cap and gown ***2*** (*cappello femminile*) toque.

tocoferòlo, *m.* (*biol.*) tocopherol.

tocologìa, *f.* (*med.*) tocology, tokology.

toelètta, *V.* **toilette**.

tòfo, *m.* (*med.*) tophus; chalkstone.

tòga, *f.* ***1*** (*stor. romana*) toga ***2*** (*di avvocati, magistrati, professori, ecc.*) robe; gown: **in tocco e t.**, in cap and gown ***3*** (*estens.*: *la professione legale*) the legal profession; the Bar: **lasciare la t.**, to leave the legal profession; **accedere alla dignità della t.**, to be admitted to the Bar.

togàto, *a.* ***1*** (*stor. romana*) togaed; clad in a toga; togated ***2*** (*di magistrato, professore*) gowned; in (*o* wearing) a gown; robed ***3*** (*di carriera*) stipendiary: **giudice t.**, stipendiary magistrate ***4*** (*fig.*: *solenne*) stately; dignified; solemn.

tògliere, **A** *v. t.* ***1*** to take* away [off, down, out]; (*indumenti*) to take* off; (*rimuovere*) to remove, (*strofinando*) to rub off, (*spazzolando*) to brush off, (*tirando*) to pull out, (*con due dita*) to pick, (*con un colpetto*) to flick off: **Gli hanno tolto tutto ciò che aveva**, they took away everything he had; **Togliete di lì quella roba**, take that stuff away from there; clear away that stuff; **t. le bende**, to remove the bandages; **Lo tolsero da quella scuola**, they took him away (*o* withdrew him) from that school; **Il brano è stato tolto da un testo universitario**, the passage has been taken from a university textbook; **Togliti la giacca**, take off your jacket; **Togli il cappotto al bambino**, take the child's coat off; **togliersi i guanti**, to pull off one's gloves; **t. di dosso i vestiti**, to take off one's clothes; to strip; **Togli le mani di tasca!**, take your hands out of your pockets; **t. un libro dallo scaffale**, to take down a book from the shelf; to take a book off the shelf; **t. un quadro dalla parete**, to take down a picture; **t. un chiodo dal muro**, to pull a nail out of the wall; **Lei gli tolse un capello dalla manica**, she picked a hair off his sleeve; **t. il cibo di bocca a q.**, to take the food out of sb.'s mouth; **t. una macchia da un vestito**, to remove a stain from a dress; **Gli tolsero l'incarico**, they removed him from office; **Mi hanno tolto le tonsille**, I had my tonsils out ***2*** (*dedurre, sottrarre*) to take* away; to subtract; to deduct: **Da sette tolgo cinque e resta due**, take five from seven and it leaves two; **t. il venti per cento dal prezzo**, to deduct twenty per cent from the price ***3*** (*eliminare, escludere*) to eliminate; to cut*; to strike* out: **È troppo lungo, bisognerà t. qualcosa**, it's too long, something will have to be cut; **t. un nome da un elenco**, to strike a name off a list; **Ciò non toglie che sia onesto**, that doesn't mean he is not honest ***4*** (*liberare*) to free; to relieve; to rescue; to get* out: **Mi hai tolto un gran peso!**, you have relieved (*o* freed) me of a great burden!; **t. q. dalla prigionia [da un pericolo]**, to rescue sb. from captivity [from danger]; **t. q. dai pasticci**, to get sb. out of trouble ***5*** (*sottrarre*) to take*; to steal*; to lift; to pinch (*fam.*): **Tolgo qualche ora allo studio**, I steal a few hours from my studies; **La morte gli ha tolto due figli**, death took away two of his children. ● (*mil.*) **t. l'assedio [il blocco]**, to raise the siege [the blockade] ◻ **togliersi un capriccio**, to satisfy (*o* to indulge) a whim ◻ (*mecc.*) **t. il carico da una molla**, to relieve a spring ◻ (*elettr.*) **t. il contatto**, to break contact; to switch off ◻ **t. la corrente**, to cut off the power ◻ **t. una curiosità a q.**, to satisfy sb.'s curiosity: **Toglimi una curiosità, quanti anni ha sua moglie?**, tell me something, how old is his wife? ◻ (*fig.*) **t. q. dalla strada**, to pick sb. up out of the gutter ◻ **togliersi q.c. [q.] dalla testa**, to put (*o* to get) st. [sb.] out of one's head: **Togliti dalla testa che ci sia gente disposta ad aiutarci**, you can put it out of your head that people will be ready to help us; **Toglitelo dalla testa!**, forget it! ◻ **t. un dente**, to take out (*o* to pull out, to extract) a tooth ◻ **t. q.c. di mano a q.**, to take st. from sb. ◻ **t. di mezzo q.c.**, to take st. out of the way; to get rid of st.; to clear away st.; to do away with st.: **Togli di mezzo quella sedia!**, take that chair out of the way!; **Bisogna t. di mezzo queste difficoltà**, we must do away with these difficulties ◻ **t. di mezzo q.**, to get rid of sb.; (*uccidere o imprigionare*) to put sb. out of the way, to dispose of sb. ◻ **togliersi di torno** (*o* **dai piedi**) **q. [q.c.]**, to get sb. [st.] out of one's way; to get rid of sb. [st.] ◻ **t. il disturbo** (*andarsene*), to take one's leave ◻ **t. il divieto**, to lift the ban ◻ **t. un dubbio a q.**, to clear sb.'s mind of a doubt; to clear a doubt up for sb.: **Toglimi un dubbio: arrivano domenica o lunedì?**, tell me something, are they coming on Sunday or on Monday? ◻ **t. l'embargo**, to lift the embargo ◻ **togliersi la fame**, to appease one's hunger ◻ **t. il fiato**, to take (sb.'s) breath away; (*assillare*) to pester ◻ **t. il freno**, to release the brake ◻ **t. le mani di dosso a q.**, to take one's hands off sb. ◻ (*naut.*) **t. gli ormeggi**, to unmoor ◻ **t. la parola a q.**, not to allow sb. to speak any further; to cut somebody short ◻ **t. le parole di bocca a q.**, to take the words out of sb.'s mouth ◻ **togliersi il pensiero**, to get st. off one's mind ◻ **togliersi un peso dalla coscienza**, to relieve (*o* to get a weight off) one's conscience ◻ **togliersi un peso dal cuore**, to get a load off one's chest, to be relieved; (*rivelando q.c.*) to get st. off one's chest ◻ **t. il piacere a q.**, to take away sb.'s pleasure ◻ **t. il saluto a q.**, to cut sb. ◻ **t. la seduta**, to ajourn the meeting ◻ **t. la sete**, to quench (sb.'s) thirst ◻ **t. i sigilli**, to remove (*o* to break) the seals ◻ **togliersi la soddisfazione di raccontare tutto**, to give oneself the satisfaction of telling all ◻ **t. il sonno**, to keep (sb.) awake at night ◻ (*naut.*) **t. il vento a**, to blanket ◻ **t. la vita a q.**, to take sb.'s life ◻ **togliersi la vita**, to take one's own life ◻ **togliersi un vizio**, to break a habit ◻ **togliersi la voglia di q.c.**, to satisfy one's desire for st. **B tògliersi**, *v. rifl.* (*allontanarsi*) to get* away [off, out, etc.]; to go* away: **Toglietevi di lì**, get away from (*o* out of) there; **Togliti!**, go away!; **Togliti dalla mia sedia!**, get off my chair; **t. dai piedi** (*o* **t. di mezzo**), to get out of the way; (*andarsene*) to clear off (*o* out); **t. da un impiccio**, to get out of a scrape; to scrape through.

toh, *V.* **to'**.

toilette (*franc.*), *f. invar.* ***1*** (*il mobile*) toilet; dressing table; dresser (*USA*) ***2*** (*camerino*) dressing room ***3*** (*gabinetto*) toilet; rest room (*USA*) ***4*** (*abito elegante*) dress; outfit; costume; toilette: **t. da sera**, evening gown; **mettersi in gran t.**, to dress up; to be in full dress; to put on one's finery ***5*** (*cura della persona*) toilet: **Impiegò un'ora a far t.**, she spent an hour over her toilet.

Tòkio, *f.* (*geogr.*) Tokyo.

tòlda, *f.* (*naut.*) deck.

tolemàico, *a.* Ptolemaic: **il sistema t.**, the Ptolemaic system.

tolétta, *V.* **toilette**.

tolettatùra, *f.* (*di cani, gatti, ecc.*) grooming.

tolleràbile, *a.* tolerable; endurable; bearable.

tollerabilità, *f.* tolerability, tolerableness; bearableness.

tollerabilménte, *avv.* tolerably; reasonably; fairly.

tolleránte, *a.* ***1*** tolerant; broad-minded ***2*** (*indulgente*) indulgent; easy-going; lenient.

tolleránza, *f.* ***1*** (*sopportazione, resistenza*) tolerance; endurance: **avere t. per il freddo [il caldo]**, to tolerate (*o* to be able to stand) the cold [the heat]; **avere t. per il dolore**, to be able to endure pain; **t. ai farmaci**, tolerance of drugs; **avere spirito di t.**, to be tolerant; **limite di t.**, limit to (sb.'s) endurance ***2*** (*accettazione, rispetto*) tolerance; toleration; broadmindedness: **t. politica**, political tolerance; **t. del culto**, religious toleration ***3*** (*indulgenza*) indulgence; leniency ***4*** (*margine, scarto*) tolerance; margin; leeway: **una t. di dieci minuti sull'orario stabilito**, a ten-minute margin on the fixed time; **lasciare un certo margine di t.**, to leave some leeway ***5*** (*comm.*) allowance: **t. sul peso**, weight allowance; allowance on weight ***6*** (*mecc.*) tolerance. ● **casa di t.**, brothel.

tolleràre, *v. t.* ***1*** (*resistere fisicamente*) to tolerate; to bear*; to endure; to stand*: **Tollero il freddo più che il caldo**, I can bear (*o* stand) the cold better than the heat; **t. il dolore**, to bear pain; **t. bene una medicina**, to tolerate a medicine well; **Non tollero la panna**, cream doesn't agree with me ***2*** (*sopportare*) to tolerate; to bear*; to endure; to stand*; to put* up with: **t. un insulto**, to endure an insult; **Non tollero quell'individuo**, I can't stand (*o* abide) that man; **Devo tollerarla anche se mi è antipatica**, much as I dislike her, I have to put up with her; **La sua presenza qui è solo tollerata**, he is here only on sufferance ***3*** (*permettere*) to tolerate, to allow, to let*; (*accettare*) to accept, to countenance: **Non tollero simili sprechi**, I won't tolerate such waste; **Nel partito non sono tollerati i dissenzienti**, dissenters are not tolerated in the party; **Non tollero che tu risponda così a tua madre**, I won't have you answer back to your mother; **Non possiamo t. che questa azione resti impunita**, we cannot allow this act to (*o* let this act) go unpunished ***4*** (*ammettere, concedere*) to allow; to accept: **È tollerato un ritardo di qualche minuto**, a few minutes' delay is allowed.

Tolomèo, *m.* (*stor.*) Ptolemy.

Tolóne, *f.* (*geogr.*) Toulon.

Tolósa, *f.* (*geogr.*) Toulouse.

tòlto, **A** *a.* (*eccetto*) except for; with the exception of; apart from; bar. **B** *m.* – **il mal t.**, ill-gotten gains (*pl.*).

tolù, *m.* (*bot., Toluifera balsamum*) tolu.

toluène, *m.* (*chim.*) toluene.

tolùico, *a.* (*chim.*) toluic.

toluidina, *f.* (*chim.*) toluidine.

toluòlo, *m.* (*chim.*) toluol.

tomàia, *f.* **tomàio**, *m.* upper; vamp.

tómba, *f.* ***1*** tomb; grave: **le tombe dei re di Francia**, the tombs of the kings of France; **t. di famiglia**, family vault; **dalla culla alla t.**, from the cradle to the grave; **essere con un piede nella t.**, to have one foot in the grave; (*fig.*) **rivoltarsi nella t.**, to turn in one's grave; **muto come una t.**, as silent as the grave; (*fig.*) **Sarò una t.**, my lips are sealed; **silenzio di t.**, deathly (*o* deathlike) silence; **voce di t.**, sepulchral voice; **portare q. alla t.**, to kill sb.; to be the death of sb. ***2*** (*fig.: luogo tetro*) tomb; gloomy place.

tombàcco, *m.* (*metall.*) tombac.

tombàle, *a.* tomb (*attr.*); grave (*attr.*): **una pietra t.**, a tombstone; a gravestone.

tombaménto, *m.* (*edil.*) filling.

tombarèllo, *m.* (*trasporti*) tipper.

tombaròlo, *m.* (*pop.*) grave-robber.

tombino, *m.* manhole.

tómbola (1), *f.* bingo; housey-housey; lotto: **giocare a t.**, to play bingo; **fare t.**, to win; **T.!**, bingo!; house!

tómbola (2), **A** *f.* (*fam.: caduta*) fall; tumble: **fare una t.**, to tumble; to have a tumble; to come a cropper (*fam.*). **B** *inter.* oops!; oops-a-daisy!

tombolàre, *v. i.* (*fam., anche fig.*) to tumble; to come a cropper (*fam.*): **t. giù da cavallo**, to tumble off one's horse; **t. dalle scale**, to tumble down the stairs.

tombolàta, *f.* (a) game of bingo (*o* of lotto).

tómbolo (1), *m.* ***1*** (*cuscino per merletti*) lace pillow: **lavorare al t.**, to make lace on a lace pillow; **merletto al t.**, pillow lace ***2*** (*cuscino cilindrico*) bolster ***3*** (*fam. scherz.: persona grassoccia*) tubby person; roly-poly person; podge (*fam.*).

tómbolo (2), *m.* (*duna costiera*) tombolo; sand-and-gravel bar.

toménto, *m.* (*bot.*) tomentum*.

tomentóso, *a.* (*bot.*) tomentose; tomentous.

tomismo, *m.* (*filos.*) Thomism.

tomista, *m.* e *f.* (*filos.*) Thomist.

tomìstico, *a.* (*filos.*) Thomistic(al).

Tommàso, *m.* Thomas: **San T. d'Aquino**, St Thomas Aquinas; (*fam.*) **essere come San T.**, to be a Doubting Thomas.

tòmo, *m.* ***1*** tome; volume: **un vocabolario in otto tomi**, a dictionary in eight tomes ***2*** (*fam.: tipo*) character; sort; card; customer: **un bel t.**, a queer card (*o* customer, fish).

tomografìa, *f.* (*med.*) tomography: **t. assiale computerizzata** (*abbr.*: TAC), computerized axial tomography (*abbr.*: CAT).

tomògrafo, *m.* (*med.*) tomograph.

tomogràmma, *m.* (*med.*) tomogram.

tònaca, *f.* ***1*** (*di frate*) frock, habit; (*di monaca*) habit: **gettare la t.**, to give up the frock; **vestire la t.**, to take the habit; (*di monaca*) to take the veil ***2*** (*di prete*) cassock; soutane (*franc.*): **gettare la t. alle ortiche**, to leave the priesthood ***3*** (*anat.*) tunic; tunica ***4*** (*metall.*) loam mould.

tonacèlla, *f.* (*eccles.*) tunicle; dalmatic.

tonàle, *a.* ***1*** (*mus.*) tonal; tone (*attr.*): **accordo t.**, tonal chord; **serie t.**, tone series (*o* row) ***2*** (*ling., pitt.*) tone (*attr.*): **pittura t.**, tone painting; **lingue tonali**, tone languages.

tonalismo, *m.* ***1*** (*mus.*) tonality; tonalism ***2*** (*pitt.*) stress on tonality.

tonalità, *f.* ***1*** (*mus.*) tonality; key: **la t. di una scala**, the tonality of a scale; **t. maggiore [minore]**, major [minor] key; **la t. di re minore**, the key of D-minor; **In che t. è scritto questo pezzo?**, in what key (*o* tonality) is this piece written? *2* (*pitt.*) tonality *3* (*sfumatura di colore*) shade; tone; hue: **una t. di rosso**, a shade of red; **Non mi piacciono le t. che hai scelto per il salotto**, I don't like your colour scheme for the lounge.

tonànte, *a.* thundering; loud; booming; resounding: **voce t.**, thundering (*o* booming) voice. ● **Giove T.**, Jove the Thunderer.

tonàre, *V.* **tuonare**.

tónchio, *m.* (*zool.*) weevil.

tonchióso, *a.* weevily; infested with weevils.

tondeggiànte, *a.* rounded; roundish; round: **alture tondeggianti**, rounded hills; **fianchi tondeggianti**, rounded (*o* curved) hips; **un viso t.**, a roundish face; **una forma t.**, a rounded (*o* curved) shape.

tondeggiàre, *v. i.* to be roundish.

tondèllo, *m.* *1* round *2* (*numism.*) blank.

tondino, *m.* *1* (*dischetto*) round; disc *2* (*sottobicchiere*) coaster; (*piattino*) saucer *3* (*edil.*) reinforcing iron rod *4* (*archit.*) astragal.

tóndo, **A** *a.* *1* round: **cappello t.**, round hat; **viso t.**, round face; **parentesi tonda**, round bracket; **ballo t.**, round dance *2* (*grassoccio*) round; chubby; plump *3* (*fig.*: *preciso*) round; full; exact: **un mese t.**, a full month; **Sono due settimane tonde**, it is a full two weeks; **Sono diecimila tonde tonde**, it's exactly ten thousand. ● **cifra tonda**, round figure: **il totale in cifra tonda**, the total in round figures; the round figure; **fare cifra tonda**, to round up [down] a figure; to make a round figure. **B** *m.* *1* (*cerchio*) circle; ring: **tracciare un t.**, to draw a circle; **in t.**, in a circle; in a ring: **disporsi in t.**, to form a circle (*o* a ring); **danzare in t.**, to dance in a ring; **girare in t.**, to go round and round; to go round in circles *2* (*disco*) round; disc *3* (*piatto*) (round) plate *4* (*sottocoppa*) coaster *5* (*tipogr.*) Roman (type) *6* (*pitt.*, *scult.*) tondo*; (*medaglione ornamentale*) roundel, medallion. ● **a tutto t.**, in full relief; in the round: **scultura a tutto t.**, full relief sculpture; **un personaggio raffigurato a tutto t.**, a character drawn in the round □ **chiaro e t.**, *V. sotto* **chiaro**.

tónfete, *inter.* plop!; splash!

tónfo, *m.* *1* (*rumore*) thud; (*in acqua*) splash: **il t. misurato dei remi**, the steady splash of the oars; **cadere con un t.**, to fall with a thud; to thud (onto st.); to splash (into st.) *2* (*caduta*) fall, tumble; (*fig.*) downfall, crash: **fare un t.**, to tumble; (*fig.*) to crash, to come a cropper (*fam.*).

tònica, *f.* (*mus.*) tonic; keynote; fundamental.

tonicità, *f.* (*mus.*) tonal quality.

tònico, **A** *a.* (*ling.*, *mus.*, *med.*) tonic: **accento t.**, tonic accent; stress-accent; **acqua tonica**, tonic (water); **amaro t.**, (tonic) bitter; **spasmo t.**, tonic spasm. **B** *m.* *1* (*farm.*, *cosmesi*) tonic: **t. per la pelle**, skin tonic *2* (*bevanda stimolante*) tonic; pick-me-up (*fam.*).

tonificànte, *a.* invigorating; tonic; (*specialm. di aria*) bracing.

tonificàre, *v. t.* to invigorate; to tone up; to strengthen; to brace: **t. i muscoli**, to tone up the muscles; **Una doccia ti tonificherà**, you'll find a shower invigorating.

tonificazióne, *f.* toning up; strengthening.

tonitruànte, *a.* thundering; roaring; booming.

tonnàra, *f.* tunny-fishing nets (*pl.*).

tonnàto, *a.* (*cucina*) tuna (*attr.*); tunny (*attr.*): **salsa tonnata**, tuna (*o* tunny) sauce; **vitello t.**, veal with tuna sauce.

tonneggiàre, *v. t.* **tonneggiàrsi,** *v. rifl.* (*naut.*) to warp; to kedge.

tonnéggio, *m.* (*naut.*) warping: **cavo di t.**, warp; kedge rope; **ancora di t.**, kedge (anchor).

tonnellàggio, *m.* (*naut.*) tonnage: **t. di stazza**, tonnage; **t. di dislocamento**, displacement tonnage; **t. lordo [netto]**, gross [net] tonnage.

tonnellàta, *f.* *1* ton: **t. metrica**, tonne (*1000 kg*); metric ton; **t. americana**, short (*o* net) ton (*907,18 kg*); **t. inglese**, long ton (*1016 kg*) *2* (*naut.*) ton: **t. di dislocamento**, displacement ton; **t. d'ingombro**, measurement (*o* shipping) ton; **t. di noleggio**, freight ton; **t. di stazza** (*o* **di registro**), register ton; ton capacity; **portata in tonnellate**, ton burden.

tonnétto, *m.* (*zool.*, *Euthynnus alliteratus*) little tunny; little tuna; false albacore.

tonnina, *f.* (*cucina*) pickled tunny.

tónno, *m.* *1* (*zool.*, *Thunnus thynnus*) tunny; tuna *2* (*carne del t.*) tunny(-fish); tuna: **t. sott'olio**, tunny in olive oil.

tòno, *m.* *1* tone; (*inflessione, timbro*) timbre; (*altezza*) pitch; (*accento*) accent, strain: **il t. della voce**, the tone of (sb.'s) voice; **il t. di un articolo**, the tone of an article; **regolare il t. della radio**, to adjust the tone of the radio; **abbassare [alzare] il t. della voce**, to lower [to raise] one's voice; **Non rispondermi con quel t. (di voce)!**, don't answer me in that tone (of voice)!; **t. aspro [dolce, alto, basso]**, harsh [sweet, high, low] tone; **t. acuto**, high-pitched tone; **in t. canzonatorio [altezzoso, imperioso, di preghiera]**, in a mocking [haughty, commanding, pleading] tone; **t. sommesso**, subdued tone; undertone: **in t. sommesso**, in an undertone; softly; quietly; **t. monotono**, monotonous tone; monotone; **t. nasale**, nasal tone; twang *2* (*mus.*) tone; (*intonazione*) tune; (*altezza*) pitch; (*chiave*) key: **intervallo di tre toni**, three-tone interval; **quarti di t.**, quarter-tones; **essere in t. [fuori t.]**, to be in tune [out of tune]; **salire [calare] di un t.**, to rise [to fall] by a tone; **calare di t.**, to fall in pitch; **dare il t.**, to give the note; **dare il t. a uno strumento**, to tune an instrument; **t. di do**, key of C (major); **t. maggiore [minore]**, major [minor] key; **il dolce t. di una viola**, the sweet tone of a viola *3* (*di colori*) tone; hue; shade: **toni scuri [accesi]**, dark [bright] tones; **toni freddi [caldi]**, cold [warm] tones (*o* hues); **i toni del verde**, green hues (*o* shades); **toni sfumati**, subtle tones *4* (*med.*) tone; tonus*: **t. muscolare**, muscle tone; tonus; **dare t. ai muscoli**, to tone up the muscles; **t. cardiaco**, heartbeat *5* (*carattere, stile, tenore*) tone; style; tenor: **alzare il t. di un quartiere**, to raise the tone of a neighbourhood; **dare un certo t. a q.c.**, to lend a certain tone to st.; **un t. di vita modesto**, a modest life style; **completo di t. elegante**, elegant outfit; **in t. dimesso**, simply; unobtrusively *6* (*ling.*) tone. ● **cambiar t.**, to use a different tone; (*cambiar musica*) to change one's tune: **Cambia t. quando parli con me!**, use a different tone when you speak to me! □ (*fig.*) **calare di t.**, to go down; to deteriorate □ **dare il t.**, to set the tone: **Parigi dà sempre il t. alla moda europea?**, does Paris still set the tone for European fashion?; **dare il t. alla conversazione**, to set the tone of the conversation □ **darsi t.**, to put on airs; to make oneself important □ **darsi un t. da intellettuale**, to affect an intellectual air □ **giù di t.** (*non in forma*), not at one's best; off; out of sorts □ **in t. con**, in accord (*o* keeping) with; (*di abbigliamento*) matching: **Le sue parole non erano in t. con la sua espressione**, his words were not in accord with his expression; **guanti in t. col cappello**, gloves matching the hat □ **regolatore del t.**, tone-control □ **rispondere a t.**, (*a proposito*) to answer to the point; (*per le rime*) to answer back, to give as good as one gets □ **rispondere sullo stesso t.**, to answer in kind □ **sotto t.**, (*giù di forma*) not at one's best, below par, off; (*pacato, dimesso*) quiet, subdued □ **su di t.**, (*in forma*) very fit, in high spirits; (*raffinato*) refined, stilish, classy (*fam.*) □ **Non devi prenderla su questo t.**, you mustn't take it like that □ **Se la metti su questo t., è inutile continuare a discutere**, if that's your attitude, there's no point in continuing the discussion.

tonometria, *f.* (*fis.*, *chim.*, *med.*) tonometry.

tonòmetro, *m.* (*fis.*, *med.*) tonometer.

tonsilla, *f.* (*anat.*) tonsil.

tonsillàre, *a.* (*anat.*) tonsillar.

tonsillectomìa, *f.* (*chir.*) tonsillectomy.

tonsillite, *f.* (*med.*) tonsillitis.

tonsillòtomo, *m.* (*med.*) tonsillotome.

tonsùra, *f.* (*eccles.*) tonsure.

tonsuràre, *v. t.* (*eccles.*) to tonsure.

tonsuràto, (*eccles.*) **A** *a.* tonsured. **B** *m.* tonsured person.

tontina, *f.* (*leg. stor.*) tontine.

tónto, **A** *a.* dull; slow; slow-witted; dense; thick; lumpish. **B** *m.* (*f.* **-a**) simpleton; lump; fathead; blockhead. ● **fare il finto t.**, to pretend not to understand; to play dumb.

tontolóne, **A** *a.* dim; thick. **B** *m.* (*f.* **-a**) clot; dolt; dimwit.

top (*ingl.*), *m. invar.* *1* (*blusa*) sleeveless top *2* (*culmine*) top; peak.

topàia, *f.* *1* rats' nest; mouse-nest *2* (*fig.*) hovel.

topàzio, *m.* (*miner.*) topaz.

topiàrio, *a.* – **arte topiaria**, topiary art.

tòpica (1), *f.* (*retor.*) topic.

tòpica (2), *f.* (*fam.*) gaffe; blunder; bloomer; faux pas (*franc.*): **fare una t.**, to make a gaffe; to blunder; to drop a brick (*fam.*); to put one's foot in it (*fam.*).

topicida, **A** *m.* rat-poison; rat-killer. **B** *a.* rat-destroying.

tòpico, *a.* *1* (*retor.*) topical *2* (*med.*, *farm.*) topical; local.

topinambùr, *m.* (*bot.*, *Helianthus tuberosus*) Jerusalem artichoke.

topino, *m.* *1* (*piccolo topo*) small mouse*; mouselet *2* (*zool.*, *Riparia riparia*) sand martin.

topless (*ingl.*), *m.* (*moda*) topless garment; (*còstume da bagno*) topless (bathing) suit, topless.

tòpo, *m.* (*zool.*, *Mus*) mouse*; (*ratto*) rat: **t. campagnolo** (*Microtus arvalis*), field vole; **t. d'acqua** (*Arvicola amphibius*), water vole; **t. delle case** (*Mus musculus*), house mouse; **t. di fogna**, water rat; sewer rat; **t. muschiato** (*Ondatra zibethica*), muskrat; musquash; **t. delle piramidi** (*Jaculus jaculus*), jerboa; **t. gigante** (*Mus malabaricus*), bandicoot; **infestato dai topi**, rat-infested. ● (*fig.*) **t. d'appartamento**, burglar □ (*fig.*) **t. d'albergo**, hotel thief □ (*fig.*) **t. d'auto**, person who breaks into cars □ (*fig.*) **t. di biblioteca**, bookworm □ **color t.**, mouse colour □ **grigio t.**, mouse grey □ (*fig.*) **fare la fine del t.**, to be caught like a rat in a trap □ (*prov.*) **Quando non c'è la gatta i topi ballano**, when the cat is away, the mice will play.

topografia, *f.* topography.

topogràfico, *a.* topographic(al). ● **carta topografica**, map.

topògrafo, *m.* topographer.

Topolino, *m.* Mickey Mouse.

topolino, *m.* *1* small (*o* young) mouse*; mouselet *2* (*fig.*) lively child*; imp.

topologia, *f.* topology.

topològico, *a.* topological.

toponimia, *f.* toponymy.

toponimico, *a.* toponymic(al).

topònimo, *m.* place-name; toponym.

toponomàstica, *f.* toponymy.

toponomàstico, *a.* toponymic(al).

toporàgno, *m.* (*zool.*, *Sorex araneus*) shrew.

tòpos (*greco*), *m. invar.* topos*.

tòppa, *f.* *1* patch: **tasca a t.**, patch pocket; **mettere una t. a q.c.**, to put (*o* to sew) a patch on st.; (*fig.*) to patch up st., to put a Band-Aid on st. (*fam.*) *2* (*buco della serratura*) keyhole; (*serratura*) lock: **girare la chiave nella t.**, to turn the key in the lock.

toppàre, *v. t.* (*pop.*: *sbagliare*) to make* a mistake; to blunder; to botch (up).

tòppo, *m.* *1* (*ceppo*) stump *2* (*mecc.*) block; stock.

toppóne, *m.* patch; reinforcement.

tor, *V.* **torr**.

Torà, *f.* (*relig. ebraica*) Torah.
toràce, *m.* (*anat.*) thorax*; chest.
toracentèṣi, *f.* (*chir.*) thoracentesis*; thoracocentesis*.
toràcico, *a.* (*anat.*) thoracic; chest (*attr.*).
toracoplàstica, *f.* (*chir.*) thoracoplasty.
toracoscopia, *f.* (*med.*) thoracoscopy.
toracotomia, *f.* (*chir.*) thoracotomy.
tórba, *f.* peat.
tórbida, *f.* **1** flood water **2** (*min.*) ore pulp.
torbidézza, **torbidità**, *f.* (*anche fig.*) turbidity; turbidness; cloudiness; muddiness: **t. atmosferica**, atmosferic turbidity.
tórbido, **A** *a.* **1** cloudy; muddy; turbid: **acqua torbida**, cloudy (*o* muddy) water; **caffè t.**, muddy coffee; **vino t.**, cloudy (*o* turbid) wine **2** (*fig.*: *fosco*) turbid; dark; gloomy; grim; murky: **fantasia torbida**, turbid imagination; **sguardo t.**, grim look; **pensieri torbidi**, dark thoughts **3** (*fig.*: *inquieto*) troubled: **tempi torbidi**, troubled times. **B** *m.* (*pl.*) (*tumulti*) disturbances; disorder (*sing.*); trouble (*sing.*). ● (*fig.*) **pescare nel t.**, to fish in troubled waters □ **C'è del t. in questa faccenda**, there's something fishy here.
torbidùme, *m.* turbid (*o* cloudy) matter.
torbièra, *f.* peat-bog; peat-moss.
torbóso, *a.* peaty; peat (*attr.*): **terreno t.**, peat soil.
torcènte, *a.* – (*fis.*) **momento t.**, twisting moment; torque.
tòrcere, **A** *v. t.* **1** to twist; to wring*: **t. un filo di ferro**, to twist a wire; **t. un braccio a q.**, to twist sb.'s arm; **t. la biancheria lavata**, to wring out the washing; **t. il collo a una gallina**, to wring a hen's neck; **t. tre fili insieme**, to twist three strands together; **torcersi le mani**, to wring one's hands **2** (*incurvare*) to bend*: **t. una sbarra di ferro**, to bend an iron bar. **B** *v. i.* (*voltare*) to turn; to bend*; to twist: **La strada torce a sinistra**, the road turns (*o* twists) to the left. ● **t. la bocca**, to make a wry mouth (*o* face); to grimace (in disgust) □ (*fig.*) **non t. un capello a q.**, not to touch a hair on sb.'s head □ **t. il naso**, to turn up one's nose □ **t. lo sguardo**, to avert one's eyes; to look away □ (*fig.*) **dare del filo da t. a q.**, to make things hard (*o* tricky) for sb. □ **Hai trovato chi ti darà filo da t.**, you have found (*o* met) your match □ **Questo problema mi ha dato del filo da t.**, this problem has been a hard nut to crack. **C tòrcersi**, *v. rifl.* e *i. pron.* **1** (*piegarsi*) to twist; to bend*: **rami che si torcono al vento**, branches that twist in the wind; **un metallo che si torce facilmente**, a metal that bends easily **2** (*contorcersi*) to writhe: **t. di dolore**, to writhe in pain; **t. dalle risa**, to split one's sides (*o* to roll about) with laughter.
torchiàre, *v. t.* **1** to press **2** (*fam.*: *interrogare*) to grill; to give (sb.) the third degree.
torchiatóre, *m.* presser.
torchiatùra, *f.* pressing.
torchiétto, *m.* **1** (*legatoria*) binding press **2** (*fotogr.*) printing frame.
tòrchio, *m.* press: **t. idraulico**, hydraulic press; (*tipogr.*) **t. a mano**, hand press; **t. a vite**, screw press; **t. per olio**, olive press; **t. per vino**, winepress; **t. tipografico**, printing press. ● **essere sotto il t.**, (*tipogr.*) to be in (the) press; (*fig.*: *essere interrogato*) to be grilled □ (*fig.*) **mettere q. sotto il t.**, (*interrogarlo*) to grill sb., to give sb. the third degree; (*far faticare*) to put sb. through the mill.
tòrcia, *f.* torch; flambeau (*franc.*): **t. a vento**, windproof torch; **t. elettrica**, electric torch; flashlight.
torcibudèlla, *m. invar.* (*pop.*) rotgut.
torcicòllo, *m.* **1** stiff neck; crick in the neck; (*med.*) wryneck, torticollis: **avere il t.**, to have a stiff neck (*o* a crick in the neck) **2** (*zool.*, *Iynx torquilla*) wryneck.
torcièra, *f.* **1** (*candeliere*) candleholder; candelabrum* **2** (*reggitorcia*) torch holder.
torcière, *m.* **1** *V.* **torciera** **2** (*portatore di torcia*) torch-bearer.
torciglióne, *m.* **1** (*spirale*) spiral; twist **2** (*cercine*) head-ring; pad **3** (*acconciatura femm.*) turban. ● **a t.**, spiral; twisted.
torciménto, *m.* (*il torcere*) wringing; twisting.
torcìmetro, *m.* (*ind. tess.*) twist counter.
torcinàso, *m.* barnacles (*pl.*).
torcitóio, *m.* **1** wringer **2** (*ind. della seta*) throwing-mill.
torcitóre, *m.* (*f.* **-trice**) **1** twister; wringer **2** (*ind. della seta*) throwster.
torcitrice, *f.* (*macchina*) twister; (*ind. della seta*) throwing-machine.
torcitùra, *f.* **1** (*ind. tess.*) twist(ing) **2** (*ind. della seta*) throwing.
torcolière, *m.* (*tipogr.*) pressman*.
tordéla, **tordèlla**, *f.* (*zool.*, *Turdus viscivorus*) mistle thrush; storm–cock.
tórdo, *m.* (*zool.*, *Turdus*) thrush: **t. americano** (*Turdus migratorius*), robin; **t. beffeggiatore** (*Mimus polyglottus*), mocking-bird; **t. sassello** (*Turdus iliacus*), redwing. ● **grasso come un t.**, as fat as a goose; as plump as a dumpling.
toreador (*spagn.*), *V.* **torero**.
toreàre, *v. i.* to fight* bulls.
torèllo (1), *m.* **1** (*zool.*) young bull; bullock **2** (*fig.*) strong young man*.
torèllo (2), *m.* (*naut.*) garboard (strake).
torèro, *m.* toreador (*spagn.*); bullfighter.
torèutica, *f.* toreutics (*pl. col verbo al sing.*).
tòrico, *a.* (*geom.*) toric.
torinése, **A** *a.* of Turin (*pred.*); from Turin; Turin (*attr.*). **B** *m.* e *f.* native of Turin; inhabitant of Turin.
Torino, *f.* (*geogr.*) Turin.
tòrio, *m.* (*chim.*) thorium.
torite, *f.* (*miner.*) thorite.
tórlo, *V.* **tuorlo**.
tórma, *f.* **1** (*di animali*) herd **2** (*di persone*) crowd; swarm; throng; troop: **a torme**, in swarms.
tormalina, *f.* (*miner.*) tourmaline. ● **t. nera**, schorl.
torménta, *f.* snowstorm; blizzard: **sorpresi dalla t.**, caught in a snowstorm.
tormentàre, **A** *v. t.* (*torturare, affliggere*) to torment, to torture, to rack, to harass, to trouble; (*molestare*) to worry, to badger, to nag, to pester, to plague; (*stuzzicare*) to torment, to tease: **Era tormentato dalla gelosia**, he was tormented (*o* racked) by jealousy; **I reumatismi lo tormentano**, he is plagued with rheumatism; **Eravamo tormentati da sciami di zanzare**, swarms of mosquitoes pestered us; we were plagued by swarms of mosquitoes; **Mi tormentavano dubbi atroci**, terrible doubts were nagging me; I was beset by terrible doubts; **Mio nipote mi tormenta per un prestito**, my nephew is pestering me for a loan; **essere tormentato dai creditori**, to be badgered by creditors; **Non t. il gatto!**, stop teasing the cat!; **Che cosa ti tormenta?**, what's worrying you? **B tormentàrsi**, *v. rifl.* to worry; to fret; to torment oneself.
tormentàto, *a.* **1** tormented; tortured; anguished: **un'anima tormentata**, a tormented (*o* anguished) spirit; **t. dalla sfortuna**, dogged by misfortune **2** (*inquieto*) restless; haunted **3** (*accidentato*) uneven; rough; bumpy: **un percorso t.**, a rough road; (*autom.*) a bumpy ride **4** (*difficile*) vexed; much discussed; burning: **una questione tormentata**, a vexed issue (o question).
tormentatóre, *m.* (*f.* **-trice**) tormentor; torturer.
tormentilla, *f.* (*bot.*, *Potentilla tormentilla*) tormentil; septfoil.
tormentina, *f.* (*naut.*) storm jib; spitfire jib.
torménto, *m.* (*dolore, tortura*) torment, torture, suffering, agony, anguish, excruciating pain; (*fastidio, molestia*) torment, plague, pest, nuisance, harrassment: **i tormenti dell'inferno**, the torments of hell; **il t. del cavalletto**, the torture of the rack; **provare i tormenti della gelosia**, to undergo the torments of jealousy; **i tormenti della fame**, the pangs of hunger; **il t. della povertà**, the pinch of poverty; **una vita di tormenti**, a life full of suffering; a tormented existence; **subire tormenti**, to be in torment; **morire fra i tormenti**, to die in torment; **Abbiamo avuto il t. delle zanzare**, we were plagued by mosquitoes; **Quel bambino è un t.**, that child is a pest; **Quel figlio è il suo t.**, that son of hers is a constant worry for her; **Queste scarpe sono un vero t.**, these shoes are sheer agony; **Il pranzo è stato un t.**, the dinner was an ordeal.
tormentóso, *a.* (*doloroso*) tormenting, nagging, distressful, excruciating, agonizing; (*angoscioso, molesto*) worrying, troublesome, vexing: **un t. mal di testa**, a nagging (*o* an excruciating) headache; **un dubbio t.**, a tormenting (*o* nagging) doubt; **pensieri tormentosi**, tormenting (*o* troublesome) thoughts; **attesa tormentosa**, agonizing wait; **ansia tormentosa**, gnawing anxiety.
tornacónto, *m.* advantage; profit; benefit; (*interesse*) interest: **Pensi sempre al tuo t.**, you only think of your own interest; **Non c'è t.**, it doesn't pay; it isn't worth while.
tornàdo, *m.* tornado; whirlwind; hurricane.
tornànte, **A** *m.* hairpin bend; sharp turn. ● **strada a tornanti**, winding road. **B** *a.* – (*calcio*) **ala t.**, linkman.
tornàre, *v. i.* **1** to return; to get* back; to go* back; to come* back; (*essere di ritorno*) to be back: **partire per non t. più**, to leave never to return; **Ne sono tornati la metà**, only half of them came back; **Arrivederci, e torni a trovarmi!**, goodbye, and do come again; **Tornate presto!** (*non fate tardi*), don't be late!; **Torno subito**, I'll be right back; (*su un cartello*) back soon; **t.** (*o* **tornarsene**) **a casa**, to go [to come] (back) home; **È tornato al suo paese**, he has gone back home; **t. a letto**, to get back into bed; **t. in casa**, to go [to come] back in; **A che ora torna da scuola?**, what time does he come home from school?; **t. da Firenze**, to return (*o* to get back, to come back) from Florence; **t. indietro**, to go back; to turn back; to get back; **Ho dato la mia parola e non tornerò indietro**, I gave my word and I won't go back on it; **t. a piedi**, to walk back; to return on foot; **t. in automobile**, to drive back; to return by car; **t. in aereo**, to fly back; to return by plane; **t. in autobus**, to return by bus; **t. in treno**, to go back by train; to take the train back; **t. a nuoto**, to swim back; **t. di corsa**, to run back; **t. alle vecchie abitudini**, to revert (*o* to go back) to one's old habits **2** (*ricomparire, ripresentarsi*) to return; to be back; to come* back; to reappear; to recur: **È tornata la primavera**, spring is back again; **È tornata la corrente**, the power is back; **Gli è tornata la febbre**, he has a temperature again; **È una bella occasione che non tornerà più**, it's a good opportunity that won't come (*o* offer itself) again; **Il tema della lontananza torna spesso nei suoi romanzi**, distance is a recurring theme in his novels; **t. alla mente** (*o* **alla memoria**), to come back (to one's mind); (*ricordare*) to remember: **Il nome non mi torna alla mente**, I can't remember the name; **far t. q.c. alla mente di q.**, to remind sb. of st.; to bring back st. to sb.; **I biscotti mi faranno t. la sete**, the biscuits will make me thirsty again; **Lo spavento gli fece t. la parola**, the fright brought his voice back **3** (*essere, risultare*) to be: **t. comodo**, to be convenient (for sb.); **t. utile**, to come in useful (*o* handy); **t. a credito di q.**, to speak well for sb.; to do sb. credit; **t. a danno di q.**, to be detrimental to sb.; to rebound upon sb.; to count against sb.; **Gli tornerà a onore**, this will be to his credit; this will do him credit; **Torna tutto a tuo vantaggio**, it's all to your advantage; **Questo mi tor-**

na nuovo, that's news to me *4* (*essere esatto, quadrare*) to be right (*o* correct), to balance, to square, to add up, to work out; (*essere giusto*) to make* sense, to sound (*o* to seem) right; (*andare a posto*) to work out: **Il totale torna**, the total is right; **I conti non tornano**, the accounts do not balance; (*fig.*) there's something wrong here, something doesn't add up here; **far t. i conti**, to balance the accounts; **C'è qualcosa che non torna qui**, (*qualcosa di sbagliato*) there's something not quite right here, something doesn't quite add up here; (*qualcosa di sospetto*) there's something odd (*o* fishy) here; **Il suo ragionamento non torna**, his reasoning doesn't make sense; **Ti torna?**, does it seem (*o* sound) right to you?; does it make sense to you?; **Tutto torna come previsto**, it's exactly as we expected; everything has worked out to plan *5* (*ridiventare*) to become* again: **t. povero**, to become poor again; **t. pulito**, to be clean again; to come up clean again; **t. di moda** (*o* **in uso**), to become fashionable again; to come back into fashion; **t. giovane**, to regain one's youth; to feel young again; **t. sano** (*o* **in salute**), to recover one's health; to be restored to health; **Tornò ad essere il solito indifferente di sempre**, he went back to being his old indifferent self; **t. quello di prima**, to be one's former self again; to go back to what one was before; **Questo vestito è tornato come nuovo**, this dress is as good as new *6* (*ricominciare*) to start again; to go* back; to resume: **t. al lavoro** (*o* **a lavorare**), to go back to work; to resume work; **t. a insegnare**, to go back to teaching; **t. a sorridere**, to smile again; to cheer up; **t. a dire**, to repeat; to say again; to tell again: **Torno a dirti che non ne ho voglia**, I'm telling you again I don't feel like it; **Si torna a parlare di...**, the subject of... has come up again; **È tornato a piovere**, it has started raining again; **t. a fare lo stesso errore**, to repeat the same mistake. ● **Torniamo a noi**, let's get back to the point □ **t. alla normalità**, to go (*o* to get) back to normal □ **t. al passato**, to put the clock back □ **t. a posto**, to go back into place; (*con uno scatto*) to click (*o* to spring) back into place □ **t. a puntino**, to come pat □ **t. al punto di partenza**, to go back to one's starting-point; to come full circle; (*ritrovarsi daccapo*) to be back to square one (*fam.*) □ **t. col pensiero a q.c.**, to think back on st.; to recall st. □ **t. conto a q.**, to be to sb.'s advantage; (*valere la pena*) to be worth while, to pay □ **t. in possesso di q.c.**, to regain possession of st.; to recover st. □ **t. in sé**, to come to one's senses; (*rinvenire*) to come round, to come to □ **t. in vita**, to come back to life □ **t. indietro col pensiero**, to cast one's mind back (to st.); to think back (on st.) □ **t. su q.c.**, to go back to st.; to take up st. again; (*avere un ripensamento*) to have second thoughts about st.: **Voglio t. sulla questione del pagamento**, I want to take up the question of payment again □ (*di cibo*) **t. su a q.**, to repeat on sb. □ **t. sulle proprie decisioni**, to go back on one's decisions; to change one's mind □ **t. sui propri passi**, to turn back; to retrace one's steps □ **Questo verso non torna**, this line does not scan □ **Vado e torno**, I'll be right back; I won't be a second.

tornasóle, *m. invar.* (*chim.*) litmus: **cartina di t.**, litmus paper; **prova con la cartina di t.**, litmus test.

tornàta, *f.* *1* (*seduta di assemblea*) sitting; session *2* (*giro*) round: **una t. di consultazioni**, a round of talks; **t. elettorale**, ballot; round of voting *3* (*poesia*) envoy; envoi.

torneàre, *v. i.* (*stor.*) to tourney; to joust.

tornèlla, *f.* **tornèllo**, *m.* turnstile.

tornèo, *m.* *1* (*stor.*) tournament; tourney; (*giostra*) joust *2* (*sport, giochi*) tournament: **un t. di scherma [di scacchi]**, a fencing [a chess] tournament.

tornése, *m.* (*numism.*) livre tournois (*franc.*).

tórnio, *m.* (*mecc.*) lathe: **t. a copiare**, duplicating (*o* copying) lathe; **t. a pedale**, treadle wheel; **t. a revolver**, turret (*o* capstan) lathe; **t. automatico**, automatic lathe; **t. (automatico) da viteria**, screw machine; **t. da banco**, bench lathe; **t. da legno**, wood-turning lathe; **t. da vasaio**, potter's wheel; **t. frontale**, end (*o* face) lathe; **t. verticale**, boring mill; **lavorare al t.**, to lathe; to turn (on a lathe); **fatto al t.**, turned (on a lathe); (*di vasi e sim.*) made on a wheel.

tornìre, *v. t.* *1* (*mecc.*) to lathe; to turn (on a lathe): **t. a spoglia**, to back off (on the lathe); **t. con mandrino**, to mandrel *2* (*fig.*) to polish up; to turn: **t. i propri versi**, to polish up one's verses; **t. una frase**, to turn a sentence.

tornìto, *a.* *1* (*mecc.*) turned (on a lathe) *2* (*fig.*: *tondeggiante*) shapely; well-shaped; rounded: **braccia ben tornite**, rounded arms; **membra tornite**, shapely limbs *3* (*fig.*: *di versi, frasi*) well-turned; polished: **versi torniti**, polished lines; **una frase ben tornita**, a well-turned sentence.

tornitóre, *m.* (*f.* **-trice**) (*mecc.*) turner; (*di ceramica*) thrower: **t. in legno**, wood-turner.

tornitùra, *f.* (*mecc.*) *1* turning; (*di ceramica*) throwing *2* (*residui*) turnings (*pl.*).

tórno, **A** *m.* – **un breve t. di tempo**, a brief lapse of time; a short while; **in quel t. di tempo**, at about that time; during that time. ● **levarsi q. di t.**, to get rid of sb.; to get sb. off one's hands (*o* off one's back) (*pop.*) □ **Levati di t.!**, get out!; clear off! (*pop.*); get lost! (*pop.*). **B** **tórno tórno**, *locuz. avv.* all (a)round.

tòro (1), *m.* *1* (*zool.*) bull: **forte come un t.**, as strong as a bull; **Pareva un t. inferocito**, he looked like a maddened bull *2* (*astron.*) Taurus; the Bull *3* (*astrol.*) Taurus *4* (*Borsa*) bull. ● (*fig.*) **prendere il t. per le corna**, to take the bull by the horns □ (*fig.*) **tagliare la testa al t.**, to settle the matter once and for all; to clinch it once and for all; to cut the Gordian knot □ **argomento che taglia la testa al t.**, clinching argument; clincher.

tòro (2), *m.* *1* (*geom., bot., anat.*) torus* *2* (*archit.*) torus*; tore.

toroidàle, *a.* (*geom.*) toroidal.

toròide, *f.* (*geom.*) toroid.

tòron, *m.* (*fis. nucl.*) thoron.

torpèdine (1), *f.* (*zool., Torpedo*) torpedo*; electric ray; numb-fish.

torpèdine (2), *f.* (*mil.*) torpedo*; (*mina subacquea*) (submarine) mine.

torpedinièra, *f.* (*mil.*) torpedo-boat.

torpèdo, *f. invar.* (*autom.*) torpedo.

torpedóne, *m.* (motor)coach; bus.

torpidézza, *f.* *1* torpor; torpidity; (*intorpidimento*) numbness *2* (*fig.*: *indolenza*) torpor; torpidity; sluggishness; dullness.

tòrpido, *a.* *1* torpid; (*intorpidito*) numb *2* (*fig.*) torpid; sluggish; slow; dull; lethargic.

torpóre, *m.* *1* torpor; stupor; (*intorpidimento*) numbness; (*sonnolenza*) sleepiness, drowsiness *2* (*fig.*) torpor; sluggishness; slowness; dullness; lethargy.

torr, *m.* (*fis.*) torr*.

torraiòlo, *a.* – **colombo t.**, rock dove.

tórre, *f.* *1* tower; turret: **t. campanaria**, bell tower; belfry; **t. merlata**, crenellated tower; **t. pendente**, leaning tower; **t. di guardia** (*o* **di vedetta**), watch-tower *2* (*aeron., mil.*) tower; turret: (*naut.*) **t. di comando**, conning tower; (*aeron.*) **t. di controllo**, control tower; (*naut.*) **t. corazzata**, turret; (*miss.*) **t. di lancio**, launching tower *3* (*ind., mecc.*) tower: **t. di raffreddamento**, cooling-tower; **t. di perforazione**, derrick; **t. di trivellazione petrolifera**, oil derrick *4* (*scacchi*) rook; castle *5* (*tarocchi*) Falling Tower. ● (*fig.*) **t. d'avorio**, ivory tower □ (*anche fig.*) **la t. di Babele**, the tower of Babel □ **t. del faro**, lighthouse □ **la T. di Londra**, the Tower of London □ **la T. di Pisa**, the Tower of Pisa; the Leaning Tower □ **saldo come t.**, as solid as a tower.

torrefàre, *v. t.* to roast; to torrefy: **t. il caffè**, to roast cofferbeans; **caffè torrefatto**, roasted coffee.

torrefazióne, *f.* *1* roasting; torrefaction *2* (*negozio*) coffee-shop.

torreggiànte, *a.* towering.

torreggiàre, *v. i.* (*anche fig.*) to tower: **t. su tutti gli altri**, to tower above all the others.

torrènte, *m.* *1* stream; torrent; creek (*USA*): **t. montano**, mountain stream; **t. in piena**, flooding torrent (*o* stream) *2* (*fig.*) torrent; stream; flood: **un t. di lacrime**, a flood of tears; **un t. di lava**, a stream of lava; **un t. di fuoco**, a stream of fire; **un t. di improperi**, a torrent (*o* stream) of abuse; **un t. di parole**, a flood (*o* torrent) of words; **un t. di sangue**, a stream of blood. ● **a torrenti**, in torrents: **Piove a torrenti**, it's raining in torrents; it's pouring; **sangue a torrenti**, streams of blood.

torrentìzio, *a.* torrential; torrent-like: **corso d'acqua a regime t.**, torrential stream.

torrenziàle, *a.* torrential: **pioggia t.**, torrential rain; pouring rain.

torrétta, *f.* *1* (*archit., mil., aeron.*) turret *2* (*di sommergibile*) tower: **t. di comando**, conning tower.

tòrrido, *a.* torrid; burning; scorching: **zona torrida**, Torrid Zone; **clima t.**, torrid climate; **giornate torride**, scorching days.

torrióne, *m.* *1* embattled tower; keep (*stor.*) *2* (*naut.*) turret *3* (*alpinismo*) tower; gendarme.

torróne, *m.* «torrone»; almond nougat.

torsiòmetro, *m.* *1* (*ind. tess.*) twist counter *2* (*mecc.*) torsion meter; torquemeter.

torsionàle, *a.* torsional; torsion (*attr.*).

torsióne, *f.* *1* torsion; twisting; twist; (*rotazione*) rotation, turn: **la t. dei muscoli**, muscle torsion; **la t. del polso**, the turn of the wrist; **la t. del busto**, the rotation of the bust; **la t. del collo**, the twisting of the neck; **t. violenta**, wrenching; wrench *2* (*mecc., fis.*) torsion; twist: **barra di t.**, torsion bar; **bilancia di t.**, torsion balance; **molleggio a barra di t.**, torsion-bar suspension; **sollecitazione di t.**, torsional (*o* torque) stress *3* (*ginnastica*) twist *4* (*ind. tess.*) twisting; twist *5* (*med.*) torsion *6* (*mat.*) torsion; second curvature.

tórso, *m.* *1* trunk; torso* (*anche di statua*): **a t. nudo**, bare-chested; **mettersi a t. nudo**, to strip to the waist; to take off one's shirt *2* *V.* **torsolo**.

tórsolo, *m.* core: **t. di mela**, apple core.

tòrta, *f.* cake; pie; (*crostata*) tart: **t. di frutta**, fruit cake; **t. alla crema**, cream cake; **t. di mele**, apple-pie; apple-tart; **t. di spinaci**, spinach-pie; **t. a strati**, layer cake; **t. gelato**, ice-cream cake; **t. margherita**, sponge cake; **t. nuziale**, wedding cake; **t. rustica**, savoury pie. ● **comicità delle torte in faccia**, custard-pie humour; slapstick comedy □ **È finita a torte in faccia**, it ended up in slapstick □ **diagramma a t.**, pie chart □ (*fig.*) **una fetta della t.**, a slice of the cake □ (*fig.*) **spartirsi la t.**, to cut (up) the cake; to share out the spoils.

tortellìni, *m. pl.* (*cucina*) tortellini.

tortèllo, *m.* (*cucina*) *1* (*pl.*) «tortelli» (kind of ravioli) *2* (*frittella*) fritter.

torticcio, (*naut.*) **A** *agg.* cable-laid; hawser-laid. **B** *m.* cable-laid rope.

tortièra, *f.* cake-tin; baking-tin; pie-tin.

tortiglia, *f.* twine; cord.

tortiglióne, *m.* spiral: **a t.**, spiral; twisted; spirally (*avv.*); **colonna a t.**, spiral column; **baffi a t.**, twisted (*o* twirled) moustache.

tòrtile, *a.* spiral; twisted: **colonna t.**, spiral column.

tortìno, *m.* (*cucina*) pie: **un t. di carciofi**, an artichoke-pie.

tòrto (1), *a.* (*ritorto*) twisted; (*curvo*) bent; (*storto*) crooked.

tòrto (2), *m.* *1* (*errore*) wrong: **non saper distinguere tra la ragione e il t.**, not to know right from wrong; **avere t.**, (*sbagliare*) to be wrong; (*non aver agito bene*) to be in the wrong: **Hai t. a non volerle parlare**, you are wrong to refuse to speak to her; **Avevo t. io,**

ti chiedo scusa, I'm sorry, I was in the wrong; **Chi perde ha sempre t.**, the loser is always wrong; **dare t. a q.**, to blame sb.; to say sb. is wrong: **Io gli ho sempre dato t.**, I've always said he was wrong; **Perché dai sempre t. a me?**, why must you always blame me?; **Spero che i fatti mi diano t.**, I hope the facts will prove me wrong; **riconoscere di avere t.**, to admit one is wrong; **essere dalla parte del t.**, to be in the wrong; **mettersi** (*o* **passare**) **dalla parte del t.**, to put oneself in the wrong **2** (*ingiustizia*) wrong, injustice; (*colpa*) fault: **Si lamentava dei torti ricevuti**, he complained about the wrongs he had suffered; **ricevere** (*o* **subire**) **un t.**, to be wronged; **raddrizzare i torti**, to right wrongs; **fare un t. a q.**, to do sb. a wrong; **fare t. a q.**, to wrong sb.; to be unjust with sb.: **Mi fai t. se pensi che non m'importi**, you are being unjust to me if you think I don't care; **Ciò fa t. alla tua intelligenza**, this doesn't do justice to your intelligence; **avere un t. verso q.**, to have done sb. wrong; **riconoscere i propri torti**, to acknowledge one's faults; **avere dei torti**, to have one's faults; **Ho il solo t. di averle voluto troppo bene**, my only fault was to love her too much. ● **a t.**, wrongly; (*ingiustamente*) wrongfully, unjustly: **accusare q. a t.**, to accuse sb. wrongfully; **Si lamenta a t.**, he is wrong to complain □ **a t. o a ragione**, rightly or wrongly; right or wrong □ **avere t. marcio**, to be dead wrong □ **Non hai tutti i torti**, you're not entirely wrong; you have a point; there's something in what you say; (*non sei da biasimare*) you can't be entirely blamed (*o* faulted) □ **Non posso darle t.**, I can't blame her.

tórtora, **A** *f.* (*zool.*, *Streptopelia turtur*) turtledove: **t. domestica** (*Streptopelia risoria*) ringdove. **B** *a. invar.* dove (*attr.*): **grigio t.**, dove grey.

tortrice, *f.* (*zool.*, *Tortrix*) tortricid (moth).

tortuosaménte, *avv.* **1** tortuously (*anche fig.*); windingly **2** (*fig.*) deviously; circuitously; in an underhand way.

tortuosità, *f.* **1** tortuosity; circuitousness: **le t. di una strada**, the twisting and turning of a road **2** (*fig.*) tortuousness; circuitousness; convolutedness; (*ambiguità*) deviousness.

tortuóso, *a.* **1** winding; tortuous; meandering: **una strada tortuosa**, a winding road; **un fiume t.**, meandering river **2** (*fig.*: *involuto*) tortuous, circuitous, convoluted; (*subdolo*) devious, crooked.

tortùra, *f.* **1** torture: **mettere alla t.**, to put to (the) torture; **subire la t.**, to undergo torture; **strumento di t.**, instrument of torture; **morire sotto la t.**, to die under torture **2** (*tormento*) torture; torment; agony; excruciating pain: **la t. della sete**, the torments of thirst; **la t. del mal di testa**, the agonies of a headache; **Avere le scarpe strette è una t.**, it's torture to wear tight shoes; **Questa sedia è un vero strumento di t.**, this chair is real agony to sit on; **Gli esami sono stati una t.**, the exams were a real torment.

torturàre, **A** *v. t.* **1** to torture **2** (*tormentare*) to torture; to torment; to rack: **La gelosia lo torturava**, he was tormented with jealousy; **torturarsi il cervello**, to rack (*o* to cudgel) one's brains; **Ero torturato da mille dubbi**, a thousand doubts were gnawing at me. **B torturàrsi**, *v. rifl.* (*fig.*) to torment oneself.

tórvo, *a.* grim; surly; black; (*minaccioso*) threatening: **Mi guardò con occhio t.**, he gave me a grim look.

tóșa, *f.* (*ind. della lana*) shearing; clipping. ● **lana di t.**, fleece wool.

toșacàni, *m.* dog-clipper.

toșaèrba, *m.* o *f. invar.* lawnmower.

toșàre, *v. t.* **1** to shear*; to clip: **t. il gregge**, to shear the flock; **t. una siepe**, to clip a hedge; **t. il cane**, to clip the dog **2** (*scherz.*: *rapare*) to crop; to scalp (*scherz.*): **t. i capelli alle reclute**, to crop the recruits' hair; **farsi t.**, to have one's hair cropped (*o* cut short) **3** (*fig.*) to fleece; to rip off **4** (*monete*) to sweat.

toșasièpi, *m.* o *f.* (pruning) shears (*pl.*).

toșatóre, *m.* (*f.* **-trice**) shearer; clipper.

toșatrice, *f.* (*macchina*) (*per pecore*) sheepshearing machine; (*per cani*) clippers (*pl.*); (*per prati*) lawnmower.

toșatùra, *f.* **1** shearing; clipping: **la t. delle pecore**, sheepshearing **2** (*di capelli*) haircut; crop **3** (*di monete*) sweating.

Toscàna, *f.* (*geogr.*) Tuscany.

toscanaménte, *avv.* in Tuscan style.

toscaneggiàre, *v. i.* to speak* (*o* to write*) in the Tuscan style; to affect the Tuscan manner.

toscanișmo, *m.* Tuscan idiom.

toscanità, *f.* Tuscan nature.

toscanizzàre, *v. t.* to Tuscanize.

toscàno, **A** *a.* Tuscan. **B** *m.* **1** (*f.* **-a**) Tuscan (*f.* Tuscan woman*) **2** (*dialetto*) Tuscan **3** (*sigaro*) «toscano» (kind of strong cigar).

tósco, *a.* e *m.* (*lett.*) Tuscan.

toșóne, *m.* fleece: **il Toson d'oro**, the Golden Fleece.

tósse, *f.* cough: **t. convulsa** (*o* **asinina, canina**), whooping cough; (*med.*) pertussis; **avere la t.**, to have a cough; **t. secca**, dry (*o* hacking) cough; hack; **t. stizzosa**, persistent cough; **accesso di t.**, coughing fit; fit of coughing; **un colpo di t.**, a cough.

tossialimentàre, *a.* food-poisoning (*attr.*).

tossicchiàre, *v. i.* to cough slightly; to give* a little cough; to clear one's throat; to hem.

tossicità, *f.* toxicity.

tòssico, **A** *a.* toxic; poisonous; toxicant: **gas t.**, toxic gas; **dose tossica**, toxic dose; **rifiuti tossici**, toxic waste. **B** *m.* **1** (*veleno*) poison; toxicant **2** (*f.* **-a**) (*pop.*: *tossicodipendente*) drug addict; drughead (*pop.*); drug-fiend (*pop.*); junkie (*pop.*). ● **amaro come il t.**, as bitter as gall.

tossicodipendènte, **A** *a.* drug-addicted. **B** *m.* e *f.* drug addict.

tossicodipendènza, *f.* drug addiction.

tossicologìa, *f.* toxicology.

tossicològico, *a.* toxicological.

tossicòlogo, *m.* (*f.* **-a**) toxicologist.

tossicolóso, *a.* having a persistent cough.

tossicòmane, *m.* e *f.* drug addict.

tossicomanìa, *f.* (*med.*) toxicomania.

tossicòși, *f.* (*med.*) toxicosis*.

tossiemìa, *f.* (*med.*) tox(a)emia.

tossìfugo, (*farm.*) **A** *a.* cough-relieving; antitussive. **B** *m.* cough remedy; cough mixture.

tossina, *f.* (*biol.*) toxin.

tossinfettivo, *a.* (*med.*) toxinfectant.

tossinfezióne, *f.* (*med.*) toxic infection.

tossire, *v. i.* to cough: **Tossì per avvertirlo**, he coughed to warn him; **t. sangue**, to cough (*o* to spit) up blood; **t. a colpi secchi**, to hack.

tostacaffè, *m.* coffee-roaster.

tostapàne, *m. invar.* toaster.

tostàre, *v. t.* to toast; (*abbrustolire*, *torrefare*) to roast: **t. il pane**, to toast bread; **t. il caffè**, to roast coffee; **t. le mandorle**, to roast almonds.

tostatrice, *f.* (*tecn.*) toaster.

tostatùra, *f.* toasting; (*torrefazione*) roasting.

tostino, *m.* coffee-roaster.

tòsto (1), *avv.* (*lett.*: *subito*) at once, promptly; (*presto*) soon, quickly: **Fu t. fatto**, it was soon done; **ben t.**, very soon; **Uscì t.**, he went out quickly. ● **t. che**, as soon as: **T. che la vide le corse dietro**, as soon as he saw her, he ran after her □ **t. o tardi**, sooner or later.

tòsto (2), *a.* **1** (*region.*: *duro*) hard: **pane t.**, hard (*o* stale) bread **2** (*pop.*: *grintoso*) tough, gritty, hard-bitten; (*eccezionale*) fantastic, great.

tòsto (3), *V.* **toast**, *def.* 2.

tot, **A** *a. indef. invar.* **1** (*pl.*) (*tanti, tante*) so many: **con una spesa di tot lire**, with an expense of so many lire **2** (*tale*) such and such: **il giorno tot**, on such and such a day. **B** *pron. indef.* so much: **spendere tot per il vitto**, to spend so much on food.

totàle, **A** *a.* (*complessivo*) total, entire, whole, overall, aggregate; (*assoluto, completo*) total, complete, absolute, utter, out-and-out, unqualified: **l'importo t.**, the total amount; **spesa t.**, total (*o* overall, aggregate) expenditure; **anestesia t.**, total anesthesia; **eclissi t.**, total eclipse; **guerra t.**, total war; **resa t.**, complete surrender; **rovina t.**, complete (*o* utter) ruin; **nel più t. silenzio**, in total (*o* utter) silence; **una t. mancanza d'interesse**, a total (*o* complete) lack of interest; **un t. fallimento**, a complete failure; an absolute fiasco; **Avete la nostra t. approvazione**, you have our unqualified approval. **B** *m.* total; sum (total); inclusive sum: **il t. di un'addizione**, the total of an addition; **t. complessivo**, grand total; **t. parziale**, subtotal; **fare il t.**, to add up the total; to total; to tot up. ● **in t.**, in all; all told; altogether; in the aggregate: **Eravamo trenta in t.**, there were thirty of us in all (*o* all told); **Quanto fa in t.?**, what's the total?; how much is it altogether?; how much does it add up to?

totalità, *f.* totality; entirety; whole: **preso nella sua t.**, taken as a whole. ● **la t. dei presenti**, all those present □ **nella t. dei casi**, in all cases □ **Allo sciopero ha partecipato la t. del personale**, the whole staff went out on strike.

totalitàrio, *a.* **1** (*totale, assoluto*) absolute; total; complete **2** (*polit.*) totalitarian: **regime t.**, totalitarian regime.

totalitarișmo, *m.* (*polit.*) totalitarianism.

totalitaristico, *a.* (*polit.*) totalitarian.

totalizzànte, *a.* (*coinvolgente*) all-absorbing; highly demanding.

totalizzàre, *v. t.* **1** (*calcolare il totale*) to add up; to total; to tot up **2** (*ottenere un totale*) to reach a total, to total; (*sport*) to score, to notch up (*fam.*): **t. dieci vittorie**, to score ten victories; **t. quaranta punti**, to score twenty (points).

totalizzatóre, *m.* **1** (*sport*) totalizator; totalizer; pari-mutuel (*USA*); tote (*fam.*) **2** (*parte della calcolatrice*) result register; totalizator.

totalizzazióne, *f.* totalization.

tòtano, *m.* (*zool.*, *Loligo vulgaris*) squid.

tòtem, *m. invar.* (*etnol.*) totem.

totèmico, *a.* (*etnol.*) totemic.

totemișmo, *m.* (*etnol.*) totemism.

TOTIP, *m.* horse-racing pools (*pl.*).

totocàlcio, *m.* (football) pools: **giocare al t.**, to do the pools; **vincere al t.**, to win the pools; **Ha vinto dieci milioni al t.**, he won ten millions in the pools; **schedina del t.**, football pools coupon.

totonéro, *m.* (*fam.*) illegal betting on football matches.

tottavilla, *f.* (*zool.*, *Lullula arborea*) wood-lark.

touche (*franc.*), *m. invar.* (*rugby*) touch; (*rimessa in gioco*) line-out.

toupet (*franc.*), *m. invar.* hairpiece; toupee.

toupie (*franc.*), *f. invar.* (*mecc.*) router.

tourbillon (*franc.*), *m. invar.* **1** (*calcio*) whirlwind attack **2** (*rapido susseguirsi*) whirlwind; flurry.

tour de force (*franc.*), *locuz. m. invar.* **1** (*sport*) tour de force; feat of strength **2** (*impresa faticosa*) tour de force; feat; ordeal.

tournée (*franc.*), *f. invar.* tour: **andare in t.**, to tour; **essere in t.**, to be on tour.

tourniquet (*franc.*), *m. invar.* **1** (*tornante*) hairpin bend **2** (*tornello*) turnstile.

tout court (*franc.*), *locuz. avv.* tout court; simply; briefly.

tovàglia, *f.* **1** tablecloth; cloth: **mettere** (*o* **stendere**) **la t.**, to lay (*o* to spread) the tablecloth **2** (*d'altare*) altar-cloth.

tovagliàto, *m.* **1** table linen; napery **2** (*tipo di tessuto*) material for table linen.

tovagliétta, *f.* – **t. all'americana**, placemat.

tovagliòlo, *m.* (table) napkin; serviette.

toxoplașmòși, *f.* (*med.*) toxoplasmosis*.

tòzzo (1), *a.* stocky; squat; dumpy; stumpy;

thickset; stubby: **un edificio t.**, a squat building; **un uomo t.**, a stocky (*o* stumpy, thickset) man; **dita tozze**, stubby fingers; **corporatura tozza**, stocky build: **avere una corporatura tozza**, to be stocky (*o* stockily built).

tòzzo (2), *m.* piece; morsel: **un t. di pane**, a piece (*o* morsel) of bread. ● (*fig.*) **per un t. di pane**, for next to nothing; for a song: **L'ha venduto per un t. di pane**, he sold it for next to nothing; **L'ho avuto per un t. di pane**, I bought it for a song; **Lavora tanto per un t. di pane**, he works so hard for so little.

tra, *prep.* **1** (*luogo, relazione*) (*specialm. fra due*) between; (*specialm. fra più di due*) among; (*reciprocità*) (with) each other: **una strada tra due muri**, a road between two walls; **La proprietà è divisa tra noi due [tra noi tre]**, the property is divided between the two of us [among the three of us]; **tra fratelli**, among brothers; **Se vuoi, sistemiamo la cosa tra di noi**, we can settle the matter between the two of us, if you wish; **Ragazzi, dividiamoci i soldi tra di noi**, let's share the money among us, boys; **C'è poco da scegliere tra l'uno e l'altro [tra tutti]**, there isn't much to choose between them [among them]; **un gusto tra il dolce e il salato**, a taste halfway between sweet and salty; **tra le sette e le otto**, between seven and eight; **Si assomigliano tutti tra loro**, they all look like each other; **Sono in lite tra loro**, they are on bad terms with each other **2** (*in mezzo a*) among, in, in the middle of, amid, amidst; (*attraverso*) through: **Si perse tra la folla**, he lost himself in the crowd; **Mi feci largo tra la folla**, I made my way through the crowd; **Scomparve tra le onde**, he vanished amid the waves; **Scese dall'aereo tra gli applausi della folla**, he got off the plane amidst the cheering of the crowd; **una riunione tra amici**, a gathering among friends; **Rovistò tra vecchie foto**, he rummaged through old photos; **Tiene il testamento tra un mucchio di vecchie carte**, he keeps his will together with a heap of old papers; **Passa tutto il tempo tra i libri**, he spends all his time among his books; **Un po' di luce filtrava tra le imposte**, a little light was filtering through the shutters; **Spuntò di tra gli alberi**, he appeared suddenly from among the trees **3** (*tempo, distanza*) in; within: **tra due giorni**, in two days' time; **tra sei anni**, in six years; six years from now; six years hence; **Ci vediamo tra una settimana**, we shall meet again in a week's time; **La merce sarà qui tra un mese**, the goods will be here within a month; **tra poco**, in a little while; shortly; presently; **tra una ventina di minuti**, in about twenty minutes; **Tra due kilometri c'è il distributore**, the petrol station is two kilometres from here **4** (*partitivo*) of; among: **È il migliore tra tutti**, he is the best of all; **primo tra tutti**, first of all; **uno tra tanti**, one of (*o* among) many; **un esempio tra tanti**, one example among many; **uno tra mille**, one in a thousand; **Fu tra i primi ad arrivare**, he was among the first to arrive; he arrived with the first; **alcuni tra i miei colleghi**, some of my colleagues; **Tra le due sorelle preferisco la più giovane**, of the two sisters I prefer the younger one; **Chi tra (di) voi?**, which of you?; **Chi c'è tra voi che vuol parlare?**, who is there among you that would like to speak?; **Tra tutti quanti non ce n'è uno che mi piaccia**, there isn't a single one I like among the lot of them **5** (*per indicare una fascia di valori*) between; about: **Può costare tra i venti e i trenta milioni**, it can cost anything from twenty to thirty million; **Il pacco dovrebbe arrivare tra oggi e domani [tra il 5 e il 6, tra il 10 e il 20]**, the parcel should arrive today or tomorrow [about the 5th or 6th, sometime between the 10th and the 20th]; **Dobbiamo decidere tra oggi e domani**, we must take a decision within the next twenty-four hours (*o* before tomorrow night); **ragazzi tra i 10 e i 14 anni**, boys and girls aged 10 to 14; **Avrà tra i venti e i trent'anni**, he must be in his twenties. ● **tra l'altro**, among other things; (*inoltre*) besides □ **tra andare e tornare**, there and back: **Ti ci vorranno due ore tra andare e tornare**, it'll take you two hours there and back □ **tra le braccia**, in one's arms □ **tra due fuochi**, between two fires □ **tra il riso e il pianto**, half laughing and half crying □ **tra sé**, to oneself: **Parlava tra sé**, he was talking to himself □ **tra il sì e il no**, uncertain; undecided □ **tra tutto**, in all; altogether: **Tra tutto ho pagato cinquantamila lire**, I paid fifty thousand lire in all; **Tra tutti erano in venti**, there were twenty of them in all □ **Tra una cosa e l'altra, siamo tornati che erano le sette**, what with one thing and another, it was seven by the time we got back □ **tra la vita e la morte**, between life and death □ **Tra casa, marito e figli ho sempre le giornate piene**, what with the housework, my husband and the children, my days are full □ **detto tra noi** (*o* **resti tra noi**), between ourselves; between you and me (and the lamp-post *o* and the brick wall).

trabàccolo, *m.* (*naut.*) lugger.

traballaménto, *m.* tottering; staggering; lurching; reeling; wobbling; (*di veicoli*) jolting, bumping.

traballànte, *a.* (*vacillante*) tottering, staggering, reeling, teetering; (*di oggetti*: *sgangherato, malfermo*) shaky, unsteady, rickety, wobbly, wonky (*pop.*); (*sussultante*) shaking, jolting, jerking: **un governo t.**, a shaky (*o* tottering) government; **un'argomentazione t.**, a shaky argument; **camminare con passo t.**, to totter (*o* to stagger); **un tavolo t.**, a rickety (*o* wobbly) table.

traballàre, *v. i.* (*vacillare*) to totter (*anche fig.*), to stagger, to reel, to teeter, to lurch; (*di oggetto*: *essere malfermo*) to rock, to wobble, to be wobbly, to be unsteady (*o* rickety); (*sussultare*) to shake*, to bump, to jerk, to jolt: **Nell'alzarsi traballò un poco**, he staggered a little as he got up; **Si diresse traballando verso la porta**, he staggered (*o* lurched, reeled) towards the door; **Quella ditta traballa**, that firm is tottering; **Il governo traballa**, the government is tottering; **Fa' attenzione con quella sedia**: **traballa**, it's a rickety chair, be careful; **La vecchia automobile traballava**, the old car was bumping along; **Si sentì un brontolio e la terra cominciò a t.**, there was a low rumble and the earth began to shake.

traballìo, *m.* (*serie di sobbalzi*) bumping; jolting.

traballóne, *m.* (*scossone*) bump; jolt: **L'autobus si arrestò con un t.**, the bus jolted to a halt; **procedere a traballoni**, to bump (*o* to jolt) along; **camminare a traballoni**, to stagger along.

trabàtto, *m.* (*agric.*) sieve.

tràbea, *f.* (*archeol.*) trabea*.

trabeazióne, *f.* (*archit.*) trabeation; entablature.

trabìccolo, *m.* **1** (*per scaldaletto*) wooden frame for a bed-warmer **2** (*fam.*: *di mobile*) rickety piece of furniture **3** (*fam.*: *di veicolo*) jalopy; crock; heap; crate (*fam.*) **4** (*fam.*: *aggeggio*) gadget; contraption; arrangement.

traboccànte, *a.* (*anche fig.*) overflowing; brimming (over): **bicchiere t.**, brimming glass; **col cuore t. di gioia**, with a heart overflowing with joy; **t. di entusiasmo**, brimming over with excitement; **una dispensa t. di provviste**, a larder bursting with food.

traboccàre, *v. i.* **1** (*anche fig.*) to overflow*, to brim over, to run* over, to spill over; (*di liquido che bolle*) to boil over: **Il grano traboccava dal sacco**, the corn was overflowing from the sack; **Il mio cuore traboccava di gioia**, my heart was overflowing with joy; **t. di entusiasmo**, to brim over with excitement; **Il lago trabocca**, the lake is overflowing; **Il latte è traboccato**, the milk has boiled over; **lasciar t. l'acqua della vasca**, to let the water in the bath-tub run over; **Non far t. la birra**, don't spill the beer; **La sua ira traboccò improvvisa**, his pent-up anger suddenly burst out; **Le strade traboccavano di folla**, the streets were overflowing with people **2** (*di bilancia*) to turn: **La bilancia traboccò**, the scales turned; **far t. la bilancia**, to tip the scales. ● **È la goccia che fa t. il vaso**, it is the last straw that breaks the camel's back.

trabocchétto, **A** *m.* **1** (*con botola*) (opening with a) trapdoor, (*teatr. anche*) vampire; (*scavato nel suolo*) trap, pitfall **2** (*fig.*) snare; trap; pitfall: **tendere un t.**, to lay a trap; **cadere in un t.**, to fall into a trap. **B** *a. invar.* trick (*attr.*): **domanda t.**, trick question.

trabocchévole, *a.* overflowing; superabundant.

trabócco (1), *m.* overflow, overflowing.

trabócco (2), *m.* (*mil., stor.*) trebuchet.

trac, *m. invar.* stage fright.

tracagnòtto, **A** *a.* squat; stocky; stockily built; stumpy; dumpy; podgy. **B** *m.* (*f.* **-a**) squat (*o* dumpy) person.

tracannàre, *v. t.* to gulp down; to knock back (*fam.*); to swill: **t. un bicchiere di vino**, to gulp down a glass of wine.

traccagnòtto, *V.* **tracagnotto**.

traccheggiàre, **A** *v. i.* (*temporeggiare*) to play for time; to stall; to temporize; to dally. **B** *v. t.* (*ritardare*) to delay; to hold* back; to withhold*; to keep* (sb.) waiting (for st.): **Traccheggia il consenso**, he is holding back (*o* withholding) his consent.

tracchéggio, *m.* **1** delay; stalling; playing for time **2** (*nella scherma*) false attack.

tràccia, *f.* **1** trace; sign; (*impronta, orma*) track; (*di piedi, anche*) footstep, footprint, footmark; (*striscia*) trail; (*nella caccia, anche*) scent, spoor; (*residuo*) trace: **le tracce del veicolo**, the tracks of the vehicle; **le tracce del cane**, the dog's tracks; **Non c'è t. di polvere**, there's no trace of dust; **una t. lasciata dal ladro**, a trace left by the thief; **tracce fresche sulla neve**, fresh tracks in the snow; **tracce di passi sulla sabbia**, footprints on (*o* in) the sand; **la t. di una lumaca**, the trail of a snail; **una lunga t. di segatura [di polvere da sparo]**, a long trail of sawdust [of gunpowder]; **una t. di sangue sul pavimento**, a trail of blood on the floor; **tracce di sangue sui vestiti**, traces of blood on the clothes; **I cani seguivano dappresso le tracce (della selvaggina)**, the hounds were hot on the trail (*o* the scent); **trovare la t.** (*nella caccia*), to pick up the trail (*o* the spoor); **perdere le tracce di q.**, to loose sb.'s trail; (*fig.*: *non avere più notizie*) to loose all trace of sb.; **far perdere le proprie tracce**, (*a un inseguitore*) to shake off (sb.), to give (sb.) the slip, to cover up one's tracks; (*scomparire*) to disappear; **essere sulle tracce di q.**, to be on sb.'s tracks; **essere sulla buona t.**, (*fig.*) to be on the right track; **seguire le tracce di q.**, to follow sb.'s tracks; (*fig.*) to follow in sb.'s footsteps; **La polizia segue una t. falsa**, the police are on a false track **2** (*vestigio*) trace; remnant; evidence; vestige: **Dell'antica città non rimase t.**, no trace (*o* vestige) was left of the ancient city; **le tracce di un'antica bellezza**, the remnants of former beauty; **Il palazzo conservava tracce di un antico splendore**, the building still showed evidence of past splendours **3** (*segno*) trace; mark; sign: **Non c'era t. umana**, there was no trace (*o* sign) of human beings; **Scomparve senza lasciare t. (di sé)**, he disappeared without leaving a trace; **Il tempo ha lasciato tracce sul suo volto**, time has left its marks on his face; **Porta in viso le tracce di una vita disordinata**, his face bears the signs of a disorderly life **4** (*accenno, venatura*) trace; hint; tinge; suggestion: **una t. di tristezza nella sua voce**, a hint of sadness in her voice

5 (*linee principali*) outline; general plan; sketch; guidelines (*pl.*): **la t. di un discorso**, the outline of a speech; **Ci illustrò una t. del suo piano**, he outlined his plan to us; **la t. di un romanzo**, the general plan of a novel; **dare una t. su cui agire**, to give guidelines to follow; **Non so da dove cominciare, dammi una t.**, I don't know where to start, give me a lead **6** (*di magnetofono*) track **7** (*edil.*) chase: **sotto t.**, into chase; chased **8** (*chim., med.*) trace: **tracce di albumina nelle urine**, traces of albumin in the urine; **in tracce**, in traces; **elemento in tracce**, trace element **9** (*elettron., elab., fis.*) track: **t. d'impulso**, pip **10** (*mat.*) trace. ● (*caccia*) **t. fresca**, hot (*o* warm) scent □ **t. luminosa**, luminous trail; (*TV*) scan.

traccialinee, *m. invar.* (*ind.*) tracer.

tracciaménto, *m.* tracing; lay-out: **il t. delle strade**, the lay-out of the roads.

tracciànte, **A** *a.* tracing. ● **proiettile t.**, tracer bullet. **B** *m.* (*chim.*) tracer.

tracciàre, *v. t.* to trace (out) (*anche fig.*); to mark out; to lay* out; to plot; to draw* (*anche fig.*); (*su una mappa*) to map out; (*a grandi linee*) to outline, to sketch out; (*fig.*) to design, to plan, to sketch: **t. un modello sulla stoffa**, to trace a pattern on the cloth; **t. la pianta di una casa**, to trace out the plan of a house; **t. una linea di condotta**, to trace (out) a course of action; **t. un campo da tennis**, to mark out a tennis-court; **t. una linea**, to draw a line; **t. uno schema**, to draw out a scheme; **t. un diagramma**, to plot a diagram; **t. un itinerario**, to map out a route; **t. lo schema di un romanzo**, to sketch out a novel; **t. il quadro della situazione**, to outline the situation; **t. le fondamenta**, to mark out the foundations; **t. la pianta di un giardino**, to lay out a garden; **strade e viali tracciati bene**, well--laid-out streets and avenues; **t. una strada nuova**, to mark out a new road; (*progettarla*) to plan a new road; (*costruirla*) to build a new road; **t. un arco**, to describe an arc; **t. una curva termometrica**, to plot a temperature curve; (*naut.*) **t. la rotta di una nave**, to plot a ship's course; **t. un sentiero nella foresta**, to open a track through the forest; (*fig.*) **t. la via**, to lead the way.

tracciàto, *m.* **1** (*abbozzo*) tracing; plan; sketch; outline; (*di strada*) lay-out **2** (*percorso*) course; route: **il t. di un fiume**, the course of a river; **il t. di una ferrovia**, the route of a railway; (*sport*) **t. di gara**, (marked) course **3** (*diagramma*) graph; (*elab.*) plot **4** (*naut., aeron.*) plot.

tracciatóre, *m.* **1** (*elettron., fis., med.*) tracer **2** (*elab., naut.*) plotter **3** (*f.* **-trice**) (*operaio*) marker.

tracciatrìce, *f.* (*mecc.*) jig borer.

tracciatùra, *f.* tracing; drawing.

tràce, *a., m. e f.* Thracian.

trachèa, *f.* (*anat.*) trachea*; (*com.*) windpipe.

tracheàle, *a.* (*anat.*) tracheal.

trachèide, *f.* (*bot.*) tracheid*.

tracheite, *f.* (*med.*) tracheitis.

tracheotomìa, *f.* (*chir.*) tracheotomy.

trachìno, *m.* (*zool., Trachinus draco*) weever.

trachìte, *f.* (*miner.*) trachyte.

Tràcia, *f.* (*geogr.*) Thrace.

tracimàre, *v. i.* to overflow*; to spill* over.

tracimazióne, *f.* overflowing; spilling over.

tràcio, *a. e m.* (*f.* **-a**) Thracian.

tracodónte, *m.* (*paleont.*) thracodon.

tracòlla, *f.* **1** shoulder belt; (*mil.*) baldric; (*di borsa*) shoulder strap: **a t.**, over one's shoulder; across the shoulder; baldric-wise **2** (*estens.*: *borsa a t.*) shoulder bag.

tracollàre, *v. i.* **1** (*perdere l'equilibrio*) to lose* one's balance; to overbalance; to tip over **2** (*crollare, anche fig.*) to collapse; to crash. ● (*anche fig.*) **far t. la bilancia**, to tip the scales.

tracòllo, *m.* collapse; crash; breakdown; (*econ.*) crash, collapse, slump, slide, downfall: **un t. di salute**, a breakdown (in health); **La sua salute ha avuto un t.**, he suffered a breakdown in health; **il t. dei suoi piani**, the collapse of his plans; **un t. finanziario**, a financial downfall; **un t. dell'economia**, a slump (*o* slide) in the economy; **un t. in Borsa**, a crash (*o* a collapse) in the Stock Exchange; **Ieri il mercato dei titoli ha subito un forte t.**, the bottom fell out of the stock--market yesterday; **il t. di una valuta**, the collapse of a currency; **una società sull'orlo del t.**, a firm on the verge of collapse; **portare q. al t.**, to bring sb. to ruin. ● (*fig.*) **dare il t. alla bilancia**, to tip the scales.

tracòma, *m.* (*med.*) trachoma.

tracomatóso, (*med.*) **A** *a.* trachomatous. **B** *m.* (*f.* **-a**) person suffering from tracoma.

tracotànte, **A** *a.* arrogant; overbearing; haughty. **B** *m. e f.* arrogant person.

tracotànza, *f.* arrogance; haughtiness.

tradescànzia, *f.* (*bot., Tradescantia*) spiderwort.

tradiménto, *m.* **1** betrayal; (*leg., polit.*) treason: **il t. dei propri alleati**, the betrayal of one's allies; **alto t.**, high treason; **commettere un t. contro q.**, to betray sb. **2** (*infedeltà*) infidelity; adultery **3** (*inganno*) betrayal; (*slealtà*) treachery, foul play, sell-out (*fam.*): **a t.**, treacherously; by treachery; (*improvvisamente*) unexpectedly, by surprise: **attacco a t.**, treacherous attack; (*fig.*) stab in the back; **cogliere q. a t.**, to catch sb. unawares; (*fig.*) to take sb. by surprise; **Gli hanno strappato il consenso a t.**, they tricked him into giving his assent.

tradìre, **A** *v. t.* **1** to betray; to turn traitor; to double-cross; to inform against; to sell* out (*fam.*): **t. la patria [la propria causa]**, to betray one's country [one's cause]; **t. gli interessi di q.**, to betray sb.'s interests; **t. la fiducia di q.**, to betray sb.'s trust; **Credi che potrebbe t.?**, do you think he could turn traitor?; **È stato tradito dal suo complice**, his accomplice informed against him (*fam.*: fingered him, grassed on him); **Quella parola lo tradì**, that word betrayed him; **Il pallore tradiva la sua commozione**, his pallor betrayed his emotion **2** (*essere infedele*) to be unfaithful to; to cheat on (*fam.*); to two-time (*fam.*): **t. la moglie**, to be unfaithful to (*o* to cheat on) one's wife **3** (*ingannare*) to deceive; to prove false to: **Se la memoria non mi tradisce**, if my memory doesn't deceive me **4** (*rivelare*) to betray; to reveal; to give* away: **t. un segreto**, to betray a secret; to blab; **Fu tradito dalla sua pronuncia**, his accent gave him away **5** (*venire meno a*) to fail (sb., in st.), to let* down; (*non rendere giustizia a*) to misinterpret, to misrepresent: **Non tradirmi!**, don't fail me; don't let me down; **Le forze lo tradivano**, his strength was failing him; **t. il proprio dovere**, to fail in one's duty; **t. l'ospitalità**, to fail in one's duty as a host (*o* as a guest); **t. un autore [un testo]**, to misinterpret an author [a text]; **t. il pensiero di q.**, to misrepresent sb.'s ideas; **Gli avvenimenti tradirono le sue speranze**, events did not come up to his expectations. ● **t. il giuramento**, to break one's oath □ **t. le aspettative di q.**, to fail to come up to sb.'s expectations □ **t. la verità**, to distort the truth. **B tradirsi**, *v. rifl.* to give* oneself away.

traditóre, **A** *m.* (*f.* **-trice**) **1** traitor (*f.* traitress); betrayer: **t. della patria**, traitor to one's country; (*scherz.*) **Perché non sei venuto, t.?**, you traitor, why didn't you come? **2** (*ingannatore*) deceiver. **B** *a.* treacherous; deceitful; deceptive; false; (*infedele*) unfaithful: **Qui il ghiaccio è t.**, the ice is treacherous here; **marito t.**, unfaithful husband; **una speranza traditrice**, a false hope; **vino t.**, deceptively strong wine.

tradizionàle, *a.* **1** (*della tradizione*) traditional; customary: **feste [usi] tradizionali**, traditional celebrations [customs] **2** (*convenzionale*) conventional **3** (*abituale*) traditional; customary; habitual; usual.

tradizionalìsmo, *m.* traditionalism.

tradizionalìsta, *m. e f.* traditionalist.

tradizionalìstico, *a.* traditionalistic.

tradizionalménte, *avv.* **1** traditionally; customarily **2** (*secondo la tradizione*) by tradition; by custom.

tradizióne, *f.* **1** tradition; custom; heritage: **le tradizioni di un popolo**, a people's traditions; **t. orale**, oral tradition; **t. scritta**, written tradition; records (*pl.*); **t. antichissima**, immemorial tradition; **tradizioni popolari**, folk customs; folklore; **fondato sulla t.**, based on tradition; traditional; **mantenere una t.**, to keep up with a tradition; **rompere la t.**, to break with tradition; **È t. da noi mangiare il tacchino a Natale**, it is a tradition with us to eat turkey on Christmas day; **per t.**, by tradition; traditionally **2** (*leg.*) tradition; delivery; transfer: **la t. di una proprietà**, the transfer of an estate.

tradótta, *f.* (*mil.*) troop train.

traducènte, *m.* (*ling.*) semantic equivalent.

traducianèṣimo, *m.* (*teol.*) traducianism.

traduciàno, *m.* (*teol.*) traducian.

traducìbile, *a.* **1** translatable; that can be translated **2** (*fig.*: *esprimibile*) that can be expressed; expressible. ● **non t.**, untranslatable; (*fig.*) that cannot be expressed.

traducibilità, *f.* translatability.

tradunionìṣmo, *m.* trade unionism.

tradunionìsta, *m. e f.* trade unionist.

tradunionìstico, *a.* trade union (*attr.*).

tradùrre, **A** *v. t.* **1** to translate; to turn; to render: **t. dal latino in italiano**, to translate from Latin into Italian; **t. alla lettera**, to translate literally; **t. parola per parola**, to translate word for word; **t. a senso**, to translate freely; to paraphrase; **t. a prima vista (o all'impronta)**, to translate at sight; **t. male**, to mistranslate **2** (*fig.*) to express; to put* (st. into st.): **t. q.c. in parole chiare**, to put st. into simple words; to put st. simply; **t. in atto un'idea**, to put an idea into practice (*o* into effect); to carry out an idea; **t. q.c. in cifre**, to put st. into figures **3** (*leg.*: *condurre*) to take*; (*trasferire*) to transfer: **t. q. davanti al giudice**, to take sb. to court; **t. q. in carcere**, to imprison sb. **B tradùrsi**, *v. i. pron.* to become*; to turn into: **Il progetto si tradusse in un affare lucroso**, the plan turned into a profitable business; **t. in realtà**, to come true.

traduttìvo, *a.* translating.

traduttologìa, *f.* translation studies (*pl.*).

traduttóre, **A** *a.* translating. **B** *m.* **1** (*f.* **-trice**) translator; (*interprete*) interpreter **2** (*testo*) crib; pony (*USA*); trot (*USA*).

traduzióne, *f.* **1** translation; version: **una t. dal francese in italiano**, a translation from French into Italian; **una t. dell'«Eneide»**, a translation (*o* a version) of the «Aeneid»; **fare una t.**, to do a translation; **L'ho letto in t.**, I read it in translation; **t. letterale [libera]**, literal [free] translation; **t. approssimativa**, loose (*o* rough) translation; **t. fedele**, close (*o* faithful) translation; **t. improvvisata**, extempore translation; **t. sbagliata**, mistranslation; **t. a prima vista**, sight translation; **t. interlineare**, interlinear translation; **t. col testo a fronte**, translation with parallel text; **t. simultanea [consecutiva]**, simultaneous [consecutive] translation; (*elab.*) **t. automatica**, computer-aided translation **2** (*leg.*) transfer: **la t. dei detenuti**, the transfer of the prisoners.

traènte, **A** *a.* (*che tira*) drawing, pulling, hauling; (*fig.*) driving, leading: **cavo t.**, hauling cable; pull-rope; **forza t.**, driving force; (*econ.*) **settore t.**, driving (*o* leading) sector **B** *m. e f.* (*comm.*) drawer.

traènza, *f.* (*comm.*) drawing.

trafelàto, *a.* breathless; out of breath; panting; gasping for breath: **Staccò i cavalli trafelati**, he unharnessed the panting horses; **Arrivò tutto t.**, he arrived quite out of breath.

trafèrro, *m.* (*elettr.*) air gap.

trafficànte, *m.* e *f.* dealer; trader; wheeler-dealer (*fam. spreg.*); (*in attività illecite*) trafficker: **t. d'armi**, arms dealer; trafficker in arms; **t. di bestiame**, cattle dealer; **t. di droga**, drug trafficker (*o* runner).

trafficàre, A *v. i.* ***1*** to trade; to deal*; to wheel and deal (*fam. spreg.*); (*illecitamente*) to traffic: **t. in grano**, to trade in corn; **t. in valuta straniera**, to deal in foreign currency; **t. in stupefacenti**, to traffic in drugs ***2*** (*fig.*: *affacendarsi*) to busy oneself; to bustle about; to rush about. **B** *v. t.* (*vendere, specialm. illecitamente*) to traffic in; (*barattare*) to barter.

trafficàto, *a.* busy; traffic-congested.

traffichìno, *m.* (*f.* **-a**) (*spreg.*) intriguer; schemer; trafficker.

tràffico, *m.* ***1*** traffic: **un gran t.**, a lot of traffic; **t. stradale [aereo, ferroviario, automobilistico]**, road [air, train, car] traffic; **t. marittimo**, maritime (*o* sea) traffic; **t. a senso unico**, one-way traffic; **t. in entrata [in uscita]**, incoming [outboud] traffic; **Un incidente ha bloccato il t.**, an accident held up the traffic; **La polizia ha bloccato il t. per due ore**, the police halted traffic for two hours; **deviare il t.**, to divert traffic; **chiudere una strada al t.**, to close a road to traffic; **dirigere il t.**, to direct the traffic; **t. intenso**, heavy traffic; **strada di grande t.**, busy road; **ingegneria del t.**, traffic engineering; **regolazione del t.**, traffic control ***2*** (*comm.*) trade; trading; wheeling-and-dealing (*fam. spreg.*); (*baratto*) batter; (*illecito*) illicit trade, traffic, trafficking: **i traffici con l'estero**, foreign trade; **il t. del grano**, the corn trade; **t. di sigarette**, traffic in contraband cigarettes; **t. d'armi [di droga]**, traffic in arms [in drugs]; arms [drug] traffic; **t. di valuta**, traffic in currency ***3*** (*fam.*: *gran movimento, attività*) activity, rush, bustling about; (*daffare, fatica*) hard work, job; (*confusione*) to-do, ado, fuss: **C'era un gran t. di gente stamattina in ufficio**, there were a lot of people coming and going (*o* there was plenty of activity) in the office this morning; **Quanto t. per cosa così semplice!**, what a to-do (*o* what fuss) for something so straightforward!

trafficóne, *m.* (*f.* **-a**) (*spreg.*) intriguer; schemer; wheeler-dealer (*fam.*); hustler.

trafiggere, *v. t.* ***1*** to transfix; to pierce through; (*con spada e sim.*) to run* through; (*pugnalare*) to stab; (*con una lancia*) to spear; (*ferire*) to wound ***2*** (*fig.*) to pierce; to shoot* through: **Le sue parole mi trafissero il cuore**, his words pierced my heart; **Un dolore gli trafisse la gamba**, a pain shot through his leg; **L'urlo mi trafisse le orecchie**, the shriek pierced my ears.

trafila, *f.* ***1*** (*procedura, iter*) procedure; channels (*pl.*): **passare per una t.**, to go through a procedure; **seguire la normale t.**, to go through the usual channels; **t. burocratica**, bureaucratic procedures (*pl.*); red tape (*fam.*); **Ho dovuto fare la solita t. burocratica**, I had to go through the usual endless red tape ***2*** (*serie di prove o operazioni*) series; routine: **una t. di collaudi**, a long series of tests; **la solita t. delle cose da fare**, the usual routine; **Lascia fare a lui che conosce la t.**, let him do it, he knows what needs to be done ***3*** (*metall.*) draw-plate; die-plate ***4*** (*ind. della gomma*) strainer.

trafilàre, *v. t.* (*metall.*) to draw*; to wire draw: **t. a caldo**, to hot-draw; **t. a freddo**, to cold-draw.

trafilàto, (*metall.*) **A** *a.* drawn: **t. a caldo**, hot-drawn; **t. a freddo**, cold-drawn; **t. al banco**, bench-drawn. **B** *m.* drawn product; **trafilati metallici**, wirework (*sing.*).

trafilatóre, *m.* (*f.* **-trice**) wireworker.

trafilatrice, *f.* (*mecc.*) draw-bench; (wire)-drawing machine.

trafilatura, *f.* ***1*** (*metall.*) (wire)drawing: **t. a caldo [a freddo]**, hot-drawing [cold-drawing] ***2*** (*ind. della gomma*) straining. ● **banco di t.**, draw-bench.

trafilerìa, *f.* (*ind. metall.*) drawing mill; wire-works (*pl.*).

trafilétto, *m.* (*giorn.*) paragraph; short article; (*satirico*) lampoon.

trafitta, *V.* **trafittura**, *def. 2.*

trafittùra, *f.* ***1*** (*il trafiggere*) piercing through; stabbing; running through; transfixion ***2*** (*fitta*) pang; stab; piercing (*o* sharp) pain.

traforàre, *v. t.* ***1*** to pierce; to perforate; (*trivellare*) to bore, to drill; (*aprire una galleria*) to tunnel through: **La pallottola gli traforò la coscia**, the bullet pierced his thigh; **t. il metallo**, to perforate metal; **t. una montagna**, to bore a tunnel through a mountain ***2*** (*su legno, cuoio e sim.*) to do* fretwork on ***3*** (*ricamo*) to embroider with open-work.

traforàto, *a.* ***1*** (*lavorato a traforo*) fret-worked ***2*** (*di ricamo e sim.*) open-work (*attr.*): **una camicetta traforata**, an open-work blouse; **punto t.**, open-work stitch.

traforatrice, *f.* (*mecc.*) boring-machine; (*sega*) fret-sawing machine.

traforazióne, *V.* **traforo**, *def. 1.*

trafóro, *m.* ***1*** (*l'operazione*) piercing, perforation; (*trivellatura*) boring, drilling; (*l'aprire una galleria*) tunnelling: **il t. del metallo**, the perforation of the metal; **È cominciato il t. della collina**, the tunnelling through the hill has begun ***2*** (*galleria*) tunnel: **il t. del Sempione**, the Simplon tunnel ***3*** (*intaglio*) tracery; (*lavoro su legno*) fretwork; (*gioco*) fretwork kit: **seghetto da t.**, fretsaw; jigsaw ***4*** (*lavoro su stoffa*) open-work: **ricamo a t.**, open-work embroidery.

trafugaménto, *m.* purloining; stealing; theft.

trafugàre, *v. t.* to purloin; to steal*: **Mi trafugò un anello**, he stole a ring from me.

tragèda, (*lett.*) *V.* **tragediografo**.

tragèdia, *f.* ***1*** (*letter.*) tragedy: **una t. di Shakespeare**, a tragedy by Shakespeare; **la t. greca**, Greek tragedy ***2*** (*fig.*: *fatto drammatico*) tragedy, tragic event; (*sciagura*) disaster, catastrophe; (*incidente*) accident: **La morte del padre fu una vera t.**, their father's death was a terrible tragedy; **una t. mineraria**, a mining disaster; **il luogo della t.**, the scene of the accident (*o* of the disaster) ***3*** (*fig. fam.*: *dramma*) fuss; (*scenata*) scene, row: **fare una t.** (*o* **tragedie**), to make (*o* to kick up) a fuss; to get worked up; to make a scene; **Quante tragedie per una macchiolina!**, all that fuss for a tiny stain!; **Torniamo presto o la mamma farà tragedie**, let's go back early or mother will get all worked up; **Su, avanti, non farne una t.!**, come on, don't make a thing ot it!; **Quando ha detto in casa che era incinta è scoppiata una t.**, when she told her family she was pregnant all hell broke loose.

tragediògrafo, *m.* (*f.* **-a**) tragedian; dramatist.

traghettaménto, *m.* ferrying (across).

traghettàre, *v. t.* to ferry; to cross: **t. q. al di là del fiume**, to ferry sb. across the river; **t. le macchine sull'altra riva**, to ferry the cars across.

traghettatóre, *m.* ferryman*.

traghétto, *m.* ***1*** (*luogo d'imbarco*) ferry ***2*** (*nave t.*) ferry-boat; ferry: **salire sul t.**, to board the ferry; **t. per automobili**, car ferry; **t. ferroviario**, train ferry ***3*** (*tragitto*) crossing; ferrying ***4*** (*trasbordo*) ferriage. ● **diritto di t.**, ferry.

tragicità, *f.* (*anche fig.*) tragical nature; tragicalness.

tràgico, A *a.* (*anche fig.*) tragic(al): **attore t.**, tragic actor; tragedian; **attrice tragica**, tragic actress; tragedienne (*franc.*); **stile t.**, tragic style; **avvenimento t.**, tragic event; **morte tragica**, tragic death; **È specializzato in parti tragiche**, he specializes in tragic roles. **B** *m.* ***1*** (*autore*) tragedian; dramatist: **i tragici greci**, the Greek tragedians ***2*** (*attore*) tragic actor; tragedian ***3*** (*tragicità*) tragedy, tragicalness; (*fatto t.*) tragedy: **la teoria del t. in Aristotele**, Aristotle's theory of tragedy; **Il t. è che i soccorsi non sono arrivati a tempo**, the tragedy of it was that the rescue party didn't get there in time. ● (*fam.*) **fare il t.**, to dramatize things; to get worked up (about st.) □ (*fam.*) **metterla sul t.**, to take st. tragically.

tragicòmico, *a.* (*anche fig.*) tragicomic(al).

tragicommèdia, *f.* (*anche fig.*) tragicomedy.

tragitto, *m.* ***1*** (*percorso*) way; route: **il t. più breve**, the shortest way (*o* route); **Una parte del t. l'abbiamo fatta in aereo**, we flew part of the way; **lungo il t.**, on the way ***2*** (*viaggio*) journey, trip; (*in auto*) drive; (*in aereo*) flight; (*a cavallo, in autobus*) ride; (*per mare*) passage, crossing: **un lungo t. in macchina**, a long journey by car; a long drive.

tràgo, *m.* (*anat.*) tragus*.

tràgolo, **tràgulo,** *m.* (*zool.*, *Tragulus*) chevrotain.

traguardàre, *v. t.* to sight.

traguàrdo, *m.* ***1*** (*sport*) winning post; finishing post; finishing line: **tagliare il t.**, to cross the finishing line first; to breast the tape; **arrivare primo al t.**, to come in first ***2*** (*fig.*: *meta, obiettivo*) goal; target: **raggiungere il proprio t.**, to achieve one's goal; (*econ.*) **t. produttivo**, production target ***3*** (*di arma da fuoco*) sight; (*di strumenti ottici*) level, back-sight, vane.

Traiàno, *m.* (*stor.*) Trajan.

traiettòria, *f.* ***1*** trajectory; flight; path; course; track: **la t. di un proiettile**, the trajectory of a bullet; **la t. di una freccia**, the flight of an arrow; **la t. di una meteora**, the track (*o* path) of a meteor ***2*** (*autom., ind.*) path ***3*** (*miss.*) path.

tràina, *f.* tow-rope; tow-line. ● **pesca a t.**, troll □ **pescare a t.**, to troll.

trainànte, *a.* drawing; pulling; hauling; (*fig.*) driving, leading: (*econ.*) **settore t.**, driving sector; engine; **paese t.**, leading country.

trainàre, *v. t.* to draw*; to pull; to haul; (*rimorchiare*) to tow: **La locomotiva traina dieci vagoni**, the engine draws ten carriages; **un carro trainato da due buoi**, a cart drawn by two oxen; **farsi t.**, to have oneself pulled along; (*in auto*) to have one's car towed, to be taken on tow.

training (*ingl.*), *m. invar.* training; apprenticeship: **un periodo di t.**, a training period; **fare il proprio t.**, to do training; to train; (*psic.*) **t. autogeno**, autogenous training.

tràino, *m.* ***1*** (*il trainare*) drawing, pulling, haulage; (*il rimorchiare*) towing, tow: **al t.**, on tow: **avere q.c. al t.**, to have st. on tow; **gancio da t.**, hitch; **fune da t.**, tow-line; tow-rope ***2*** (*carico trainato*) load; train ***3*** (*treggia*) sled; sledge ***4*** (*fig.*: *forza traente*) driving force: **fare da t. all'economia**, to be the driving force behind the economy.

trait d'union (*franc.*), *locuz. m. invar.* ***1*** (*tratto grafico*) hyphen ***2*** (*fig.*) link; (*intermediario*) intermediary: **fare da t.**, to be a link; to act as an intermediary.

tralasciàre, *v. t.* ***1*** (*interrompere*) to stop; to interrupt; to abandon: **t. gli studi**, to interrupt one's studies; **t. la cura**, to stop one's treatment ***2*** (*omettere*) to leave* out, to miss out, to omit, to skip; (*trascurare*) to neglect, to pass over, to fail (to do st.): **Nel copiare il testo ho tralasciato una frase**, in copying out the text I left out a sentence; **Tralasciò una circostanza importante**, he left out (*o* failed to mention) an important circumstance; **Tralascia pure i particolari**, leave out (*o* omit) the details; **tralasciando il fatto che...**, not to mention that...; to say nothing of the fact that...

tràlcio, *m.* shoot: **un t. di vite**, a vine-shoot; **un t. d'edera**, a spray of ivy.

tralìccio, *m.* ***1*** (*tela grossa*) ticking; tick ***2*** (*intelaiatura, struttura*) lattice(-work); trestle(-work); frame: **a t.**, lattice (*attr.*); **t. di sostegno d'un ponte**, trestle; **ponte a t.**, trestle-bridge ***3*** (*elettr.*) pylon.

tralice, *vc.* – **in t.**, slantingly; slantwise; sideways; askance: **guardare q. in t.**, to look sideways at sb.; (*con sospetto*) to look askance at sb.; **un'occhiata in t.**, a sideways glance; a look out of the corner of one's eye.

tralignaménto, *m.* degeneration; degeneracy; deviation.

tralignàre, *v. i.* to degenerate; to deviate; to go* astray.

trallalà, trallallèra, *inter.* tra-la-la.

tralucènte, *a.* translucent; transparent: **alabastro t.**, translucent alabaster.

tralùcere, *v. i.* ***1*** to be transparent: **vetro che traluce**, transparent glass ***2*** (*brillare*) to shine*: **La luna traluceva tra le nubi**, the moon was shining through the clouds; (*fig.*) **La gioia gli traluceva dagli occhi**, joy was shining in his eyes.

tram, *m. invar.* tram; tramcar; street car; trolley car (*USA*). ● (*fig.*) **perdere il t.**, to miss the boat.

tràma, *f.* ***1*** (*di tessuto*) weave, texture; (*nella tessitura*) woof, weft: **una stoffa a t. rada [fitta]**, a fabric with a loose [a tight] weave; **ordito e t.**, warp and weft ***2*** (*fig.*: *macchinazione*) plot; scheme; machination; conspiracy: **ordire una t.**, to hatch (*o* to lay) a plot ***3*** (*fig.*: *intreccio*) plot; story(-line): **la t. di un romanzo**, the plot of a novel; **La t. è avvincente, ma lo stile è sciatto**, the story is gripping, but the style is sloppy; **t. secondaria**, subplot; counterplot.

tramàglio, *m.* trammel (net).

tramandàre, *v. t.* to hand down; to hand on; to pass on; to transmit: **t. di padre in figlio**, to hand down from father to son; **t. ai posteri**, to hand down to posterity; **essere tramandato**, to be handed on; to come down.

tramàre, *v. t.* ***1*** (*ind. tess.*) to weave* ***2*** (*fig.*) to hatch; to plot; to scheme; to intrigue; to engineer: **Tramano contro di noi**, they are plotting against us; **t. contro la sicurezza dello Stato**, to conspire against the state; **t. una congiura**, to hatch a plot; to plot a conspiracy.

trambùsto, *m.* confusion; turmoil; bustle; hustle and bustle; stir; hubbub; ado: **In quel t. non si capiva più nulla**, it was impossible to make sense of anything in all that confusion (*o* hubbub); **il t. della partenza**, the bustle of leaving; **Nel paese c'era un gran t. per i risultati elettorali**, the country was in a stir (*o* in a turmoil) over the electoral results.

tramenàre, *v. i.* to rummage (about).

tramenìo, *m.* rummaging; (*agitazione, movimento*) moving about, bustle.

tramestàre, *v. i.* to rummage (about).

tramestìo, *m.* rummaging about; (*agitazione*) moving about, scurrying; (*confusione*) bustle, stir.

tramèẓẓa, *f.* ***1*** (*di calzatura*) slip-sole ***2*** *V.* **tramezzo (1)**.

trameẓẓàre, *v. t.* ***1*** to divide; to partition (off) ***2*** (*intramezzare*) to interpose; to insert; (*fogli*) to interleave.

trameẓẓìno, *m.* ***1*** sandwich ***2*** (*uomo sandwich*) sandwich man*.

tramèẓẓo (1), *m.* ***1*** partition; (*muro*) partition wall ***2*** (*sartoria*) insertion; insert.

tramèẓẓo (2), *V.* **frammezzo.**

tràmite, A *m.* ***1*** (*intermediario*) intermediary; link; go-between: **fare** (*o* **agire**) **da t.**, to act as an intermediary ***2*** (*via, mezzo*) way; means; medium; vehicle. ● **per il t.**, through; by means of; via: **per il t. di q.**, through sb.; **Il Ministro comunicherà la risposta per il t. della Prefettura**, the Ministry will communicate its reply via the Prefecture. **B** *prep.* (*per mezzo di*) through; by: **pagamento t. banca**, payment through a bank; **Te lo farò sapere t. mio fratello**, I'll let you know through my brother; **t. la posta**, by post.

tramòggia, *f.* hopper: **catena di tramogge**, hopper chain; (*ferr.*) **carro a t.**, hopper car; **finestra a t.**, hopper-frame window.

tramontàna, *f.* ***1*** north wind: **Oggi tira la t.**, today the north wind is blowing ***2*** (*settentrione*) north: **una finestra che guarda a t.**, a window facing north. ● (*fig.*) **perdere la t.**, to lose one's bearings; to be all at sea.

tramontàre, A *v. i.* ***1*** to set*; to go* down; to sink*: **appena tramonta il sole**, as soon as the sun sets; **La luna è tramontata prima di mezzanotte**, the moon went down before midnight ***2*** (*fig.*) to fade; to decline; to wane; to come to an end; to pass away: **La bellezza tramonta presto**, beauty soon fades; **Le mie speranze tramontarono presto**, my hopes soon waned. **B** *m. V.* **tramonto.**

tramónto, *m.* ***1*** setting; (*del sole*) sunset, sundown: **il t. della luna**, the setting of the moon; **verso il t.**, towards sunset; **al t.**, at sunset; at dusk; **dall'alba al t.**, from dawn to dusk ***2*** (*fig.*) decline; fading; waning; wane: **il t. della giovinezza**, the fading of youth; **il t. di una moda**, the decline of a fashion; **il t. della vita**, the end (*o* the decline, the evening) of life; **essere al t.**, to be on the wane; (*essere anziano*) to be in one's declining years; **sul viale del t.**, on the decline; on one's way out; waning.

tramortiménto, *m.* (*svenimento*) fainting (fit); passing out.

tramortìre, A *v. t.* to stun; to knock out. **B** *v. i.* (*svenire*) to faint; to pass out.

tramortìto, *a.* ***1*** stunned; knocked out ***2*** (*privo di sensi*) senseless; unconscious.

trampolière, *m.* (*zool.*) wader; stilt.

trampolìno, *m.* ***1*** (*sport*: *per tuffi*) springboard, diving-board; (*sci*) ski-jump; (*atletica*) trampoline: **tuffarsi dal t.**, to dive from a springboard ***2*** (*fig.*) springboard; launching pad: **Quel film fu il t. del suo successo**, that film was the springboard for his success; **servire da t. a q.**, to be a stepping-stone for sb.; to give sb. a leg up.

tràmpolo, *m.* ***1*** stilt: **camminare sui trampoli**, to walk on stilts; **reggersi sui trampoli**, to balance on stilts; (*fig.*) to be shaky, (*di ragionamento*) not to hold water ***2*** (*pl.*) (*fig.*: *tacchi altissimi*) very high heels; (*gambe lunghe*) spindly legs, spindle shanks.

tramutaménto, *m.* ***1*** transformation; change ***2*** (*trasferimento*) transfer.

tramutàre, A *v. t.* ***1*** to transform; to change; to turn; to convert: **Il principe fu tramutato in un rospo**, the prince was changed (*o* turned) into a toad; **t. l'elettricità in calore**, to convert electricity into heat ***2*** (*trasferire*) to transfer ***3*** (*travasare*) to decant ***4*** (*trapiantare*) to transplant. **B tramutàrsi,** *v. rifl.* e *i. pron.* ***1*** to change (*o* to turn) oneself into: **Giove si tramutò in toro**, Jupiter turned himself into a bull ***2*** to be transformed; to be turned; to turn; to change: **La zucca si tramutò in carrozza**, the pumpkin was turned into a coach; **La sua cordialità si tramutò in sostenutezza**, his warmth turned to aloofness.

tramutazióne, *V.* **tramutamento.**

tramvài, tramvìa, *V.* **tranvai, tranvia.**

trance (*ingl.*), *f. invar.* ***1*** trance: **essere in t.**, to be in a trance; **cadere in t.**, to fall (*o* to go) into a trance; **mandare q. in t.**, to send sb. into a trance; **uscire dalla t.**, to come out of the trance; **in (stato di) t.**, in a (state of) trance ***2*** (*fig.*: *estasi*) ecstasy.

tranche (*franc.*), *f. invar.* ***1*** (*cucina*) tranche; slice ***2*** (*fin.*) tranche.

trància, *f.* ***1*** (*mecc.*) shearing machine; shears (*pl.*): **t. a ghigliottina**, guillotine shears; **t. da banco**, bench shears ***2*** (*taglierina*) cutter ***3*** (*fetta*) slice.

tranciàre, *v. t.* ***1*** (*mecc.*) to shear*; to blank ***2*** (*tagliare di netto*) to cut* off.

tranciatóre, *m.* (*f.* **-trice**) shearer.

tranciatrìce, *V.* **trancia** *def. 1 e 2.*

tranciatùra, *f.* (*mecc.*) shearing. ● **t. a stampo**, blanking □ **punzone per t.**, blanking die.

tràncio, *m.* (*fetta*) slice.

trancìsta, *V.* **tranciatore.**

tranèllo, *m.* ***1*** trap; snare: **preparare** (*o* **tendere**) **un t.**, to lay (*o* to set) a trap; **cadere in un t.**, to fall into a trap; **attirare in un t.**, to lure into a trap ***2*** (*difficoltà nascosta*) trap, pitfall; (*imbroglio nascosto*) trick, catch: **una traduzione piena di t.**, a translation full of pitfalls; **Ti giuro che non c'è nessun t.**, there is no catch, I swear it; **domanda a t.**, trick question.

trangugiàre, *v. t.* ***1*** to swallow; to gulp down; (*mangiare in fretta*) to bolt down, to gobble: **t. una medicina**, to gulp down a medicine; **t. il pranzo**, to bolt down one's dinner ***2*** (*fig.*) to swallow: **t. un boccone amaro**, to swallow a bitter pill.

trànne, *prep.* except; save; but; bar; apart from: **tutti t. lui**, all except (*o* but) him; **aperto tutti giorni t. il martedì**, open all days, except Tuesday (*o* Tuesday excepted); **È tutto t. che un bravo pittore**, he is anything but a good painter; **T. che per qualche imprecisione, il lavoro era ben fatto**, the job was well done, apart from a few minor defects; **Di lui non so niente t. che fa il biologo**, I know nothing about him except that he is a biologist.

tranquillaménte, *avv.* ***1*** (*con tranquillità*) quietly, peacefully, tranquilly; (*con calma*) calmly, leisurely: **dormire t.**, to sleep peacefully; **prendere le cose t.**, to take things calmly; **passeggiare t.**, to walk leisurely; **Fa' pure t.**, take your time ***2*** (*senza preoccuparsi*) without qualms; without fear (*o* hesitation): **Digli t. quello che pensi**, have no qualms about telling him what you think ***3*** (*senza rischi*) safely; without danger: **Potete fare t. il bagno qui**, you can safely swim here ***4*** (*facilmente, comodamente*) easily: **una macchina che fa t. i 200**, a car that can easily do 200 km per hour ***5*** (*freddamente*) coolly; (*con disinvoltura*) happily, airily: **Mi rispose t. che un prestito era fuori discussione**, he coolly answered me that a loan was out of the question; **Parlano t. di spendere altri cinque miliardi**, they talk airily of spending another five billion.

tranquillànte, A *a.* tranquillizing: **effetto t.**, tranquillizing effect. **B** *m.* (*farm.*) tranquillizer.

tranquillàre, *V.* **tranquillizzare.**

tranquillità, *f.* ***1*** calm; quiet; peace; leisure; (*immobilità, silenzio*) stillness, calmness; (*riposo*) rest, quiet: **la t. della notte**, the peace (*o* stillness) of the night; **la t. del mare**, the calmness of the sea; **riportare la t. nel paese**, to bring peace back to the country; **Ha bisogno di t. per riprendersi**, he needs peace and quiet to recover; **un momento di t.**, a moment of peace; a moment's peace; **Ne riparleremo con più t. domani**, we'll discuss it with greater calm tomorrow; **esaminare la situazione con t.**, to examine the situation calmly; **Faccia pure con t.**, do it in your own time; take your time ***2*** (*in senso morale*) tranquillity; peace; ease: **t. di spirito**, peace of mind ***3*** (*fiducia*) confidence; ease. ● (*astron.*) **il Mare della T.**, the Sea of Tranquillity.

tranquilliẓẓànte, *a.* reassuring; calming; tranquillizing: **parole tranquillizzanti**, reassuring words.

tranquilliẓẓàre, A *v. t.* ***1*** to calm; to quieten; to tranquillize: **t. la popolazione**, to calm the people down ***2*** (*rassicurare*) to reassure; to ease (sb.'s) mind; to set* (sb.'s) mind at rest. **B tranquilliẓẓàrsi,** *v. i. pron.* ***1*** to calm oneself; to calm down ***2*** (*rassicurarsi*) to be reassurred.

tranquìllo, *a.* ***1*** (*pacato*) calm; peaceful; quiet; tranquil; at ease; leisurely: **un mare t.**, a calm sea; **sonno t.**, peaceful sleep; **un angolino t.**, a quiet corner; **gente tranquilla**, quiet people; **Ho la coscienza tranquilla**, my conscience is easy (*o* clear); **vita tranquilla**, peaceful life; **passeggiata tranquilla**, leisurely walk; **Mi rispose con voce tranquilla**, he answered me in a calm voice (*o* calmly); **morire t.**, to die in peace; to pass away peacefully; **Lasciatelo t.!**, leave him alone!; let him be!; **Bambini, state tranquilli!**, do be quiet, children! *2* (*non preoccupato*) calm; unworried: **È sempre t. prima degli esami**, he is always calm before exams; **Stia t., andrà tutto bene**, don't worry, everything will be all right; **Sono t. sul futuro**, I am confident about the future. ● (*fig.*) **dormire (sonni) tranquilli**, not to worry.

transahariano, *a.* trans-Saharan.

transalpino, *a.* transalpine.

transaminàşi, *f.* (*biochim.*) transaminase.

transappenninico, *a.* trans-Apennine (*attr.*).

transatlàntico, **A** *a.* transatlantic. **B** *m.* (*naut.*) (transatlantic) liner.

transàtto, *a.* (*leg.*) settled; compounded.

transazionàle, *a.* (*psic.*) transactional.

transazionalişmo, *m.* (*psic.*) transactionalism.

transazióne, *f.* *1* arrangement; adjustment; compromise: **accettare una t.** to agree to a compromise; **venire a una t.**, to come to (*o* to reach) a compromise *2* (*leg.*) settlement; transaction; composition: **t. amichevole**, friendly composition; **t. extragiudiziale**, out-of-court settlement *3* (*comm.*) composition; (*operazione*) transaction, dealing, deal *4* (*Borsa*) transaction *5* (*elab.*) transaction.

transcodifica, *f.* transcoding.

transcodificàre, *v. t.* to transcode.

transcodificatóre, *m.* transcoder.

transcodificazióne, *f.* transcoding.

transcontinentàle, *a.* transcontinental.

transcutàneo, *a.* (*med.*) endermic.

transdanubiàno, *a.* transdanubian.

transeat (*lat.*), *inter.* let it pass.

transènna, *f.* *1* (*archit.*) transenna* *2* (*barriera*) barrier; (*per una folla*) crush barrier.

transennàre, *v. t.* to put barriers; to cordon off.

transessuàle, *a.*, *m.* e *f.* transsexual.

transessualità, *f.* transsexualism.

transètto, *m.* (*archit.*) transept.

transeùnte, *a.* (*lett.*) transient; transitory; ephemeral.

transfer (*ingl.*) *m. invar.* (*tecnol.*) transfer.

transferàşi, *f.* (*biochim.*) transferase.

transferrina, *f.* (*biochim.*) transferrin.

trànsfert (*franc.*), *m. invar.* (*psic.*) transference.

trànsfuga, *m.* e *f.* (*lett.*) *1* deserter *2* (*fig.*) turncoat.

transgènico, *a.* (*biochim.*) transgenic.

transiberiàna, *f.* trans-Siberian railway.

transiberiàno, *a.* trans-Siberian.

transiènte, *a.* (*fis.*) transient.

transìgere, **A** *v. i.* *1* (*comm.*, *leg.*) to settle; to compound: **t. con i creditori**, to settle (*o* to compound) with one's creditors *2* (*venire a patti*) to come* to (*o* to reach) an agreement; to come* to terms; to compromise: **Credo che finiranno col t.**, I think they will come to terms in the end; **t. con la propria coscienza**, to compromise with one's conscience *3* (*cedere*) to compromise; to give* in; to yield: **È una cosa su cui non transigo**, I am not willing to compromise over this; **In fatto di puntualità non transige**, he is a stickler for punctuality. **B** *v. t.* (*leg.*) to settle; to compound.

transilvànico, *a.* Transylvanian.

transistor, *m. invar.* (*elettron.*) transistor: **radio a t.**, transistor (radio).

transistóre, *V.* **transistor**.

transistorizzàre, *v. t.* to transistorize.

transistorizzazióne, *f.* transistorization.

transitàbile, *a.* practicable; passable; negotiable: **strade transitabili**, passable (*o* practicable) roads; **Il valico non è t.**, the pass is unnegotiable; **strada t. con catene**, road where chains are required; **Il ponte non è t. per i veicoli**, the bridge is not open to vehicles.

transitabilità, *f.* practicability; negotiability: **stato di t. di una strada**, condition of a road; road condition; **bollettino della t. delle strade**, report on road conditions.

transitàre, *v. i.* to pass; to drive*; (*viaggiare*) to travel; (*di mezzi pubblici*) to run*: **lasciar t. il treno**, to let the train pass; **L'autobus transita ogni venti minuti**, the bus runs every ten minutes; **È proibito t. per quella strada**, there is no transit through that street.

transitività, *f.* transitivity.

transitivo, *a.* (*gramm.*, *mat.*) transitive: **verbo t.**, transitive verb; **proprietà transitiva**, transitive property.

trànsito, *m.* *1* transit; (*passaggio*) passage, way: **merci in t.**, goods in transit; **passeggeri in t.**, passengers in transit; transit passengers; **diritto di t.**, right of way; **uccelli di t.**, birds of passage; **Un carro impediva il t.**, a cart was blocking the way; **Il t. è interrotto**, the road is closed to traffic; (*per lavori in corso*) the road is up; **Siamo solo in t.**, we are just passing through *2* (*astron.*) transit *3* (*lett.*: *morte*) passing away; death. ● **t. riservato ai pedoni** (*cartello*), pedestrians only □ (*comm.*) **bolletta di t.**, transit-duty receipt □ (*autom.*) **divieto di t.** (*cartello*), no thoroughfare; no through road □ **sala transiti** (*in un aeroporto*), transit lounge □ **stazione di t.**, intermediate station.

transitorietà, *f.* transitoriness; (*fugacità*) impermanence, transience; (*temporaneità*) temporariness.

transitòrio, *a.* *1* (*passeggero*) transitory, passing, momentary; (*fugace*) transient, fleeting: **fenomeno t.**, transitory (*o* passing) phenomenon; **In questo mondo tutto è t.**, everything is transient in this world; **felicità transitoria**, fleeting happiness *2* (*provvisorio*) temporary; provisional: **provvedimento t.**, provisional regulation; **sistemazione transitoria**, temporary arrangement; (*leg.*) **disposizioni transitorie**, temporary laws.

transizióne, *f.* (*anche fis.*) transition: **un periodo di t.**, a period of transition. ● **governo di t.**, stop-gap (*o* caretaker) government.

translagunàre, *a.* across the lagoon (*pred.*).

translùcido, *V.* traslucido.

transluàre, *a.* translunar(y).

transnazionàle, *a.* transnational.

transoceànico, *a.* transoceanic.

transònico, *a.* (*aeron.*) transonic.

transpacifico, *a.* transpacific.

transpolàre, *a.* transpolar; polar: **la rotta t.**, the polar route.

transrazziàle, *a.* transracial.

transumanàre, *V.* **trasumanare**.

transumànte, *a.* transhumant.

transumànza, *f.* transhumance.

transumàre, *v. i.* to practice transhumance; to move to other pastures.

transurànico, *a.* (*chim.*) transuranium (*attr.*); transuranic: **elementi transuranici**, transuranic elements.

transustanziàrsi, *v. i. pron.* (*teol.*) to transubstantiate.

transustanziazióne, *f.* (*teol.*) transubstantiation.

transvolàre, *V.* **trasvolare**.

trantràn, *m.* (*fam.*) routine; daily grind: **il solito t.**, the same old routine; the usual daily grind.

tranvài, *m. invar.* tram; streetcar (*USA*); trolley-car (*USA*).

tranvia, *f.* tramline; tramway; streetcar line (*USA*).

tranviàrio, *a.* tram (*attr.*); tramway (*attr.*): **linea tranviaria**, tramline; **servizio t.**, tram service.

tranvière, *m.* *1* tram driver; streetcar operator (*USA*) *2* (*bigliettaio*) (tram) conductor.

trapanaménto, *m.* *V.* **trapanazione**.

trapanàre, *v. t.* *1* (*mecc.*) to drill; to bore: **t. una tavola di legno**, to drill a hole through a plank *2* (*chir.*) to trepan, to trephine; (*odontoiatria*) to drill. ● (*fig.*) **Questo rumore mi trapana il cervello**, this noise goes right through my head.

trapanatóre, *m.* (*f.* **-trice**) (*operaio*) driller.

trapanatrice, *f.* (*mecc.*) drilling machine; drill; boring machine.

trapanatùra, **trapanazione**, *f.* *1* (*mecc.*) drilling; boring *2* (*chir.*) trepanation; (*odontoiatria*) drilling.

tràpano, *m.* *1* (*mecc.*) drill: **t. ad aria compressa**, air drill; **t. a colonna**, drill press; pillar drill; **t. a mano**, hand drill; **t. a percussione**, percussion (*o* hammer) drill; **t. a punta elicoidale**, twist drill; **t. a vite**, spiral drill; **t. da petto**, breast drill; **t. elettrico**, electric (*o* power) drill *2* (*chir.*) trepan, trephine; (*odontoiatria*) drill: **t. indolore**, high-speed drill.

trapassàbile, *a.* pierceable.

trapassàre, **A** *v. t.* *1* (*passare da parte a parte*) to pierce, to penetrate, to go* through: (*trafiggere*) to run* through, to transfix; (*perforare*) to bore through: **La pallottola trapassò il muro**, the bullet pierced (*o* bored through) the wall; **Il chiodo gli trapassò la mano**, the nail pierced (*o* ran through) his hand; **Gli trapassò il petto con la spada**, he ran through him with his sword; (*fig.*) **t. il cuore a q.**, to break (*o* to pierce) sb.'s heart *2* (*andare oltre*) to go* beyond; to exceed. **B** *v. i.* *1* (*penetrare*) to pass through *2* (*morire*) to die; to pass away.

trapassàto, *m.* *1* (*gramm.*) past perfect; pluperfect *2* (*pl.*) (the) dead; (the) deceased.

trapàsso, *m.* *1* transition; passage: **il t. dalla veglia al sonno**, the transition from wakefulness to sleep; **epoca di t.**, period of transition *2* (*morte*) death; passing: **Ebbe un t. sereno**, he had a quiet death; he passed away peacefully; **l'ora del t.**, the hour of death *3* (*leg.*) transfer; conveyance: **il t. d'una proprietà**, the conveyance of a property.

trapelàre, *v. i.* *1* (*di liquidi*) to seep, to leak, to ooze; (*di luce*) to filter: **Il vino trapela dalla botte**, the wine is oozing from the barrel; **Dalle imposte trapelava un po' di luce**, a faint light filtered through the shutters *2* (*fig.*) to leak out; to transpire; to filter through; to become* known: **La notizia è trapelata**, the news has leaked out (*o* got out); **È trapelato che...**, it traspired that...; the news filtered through that...; **Dalle sue parole trapelava l'imbarazzo**, his words betrayed (*o* revealed) his embarrassment; **lasciar t. una notizia**, to leak a piece of news; **lasciar t. un segreto**, to let a secret out; **senza lasciar t. nulla di quello che faceva**, without letting out anything about what he was doing.

trapezifórme, *a.* trapeziform.

trapèzio, *m.* *1* (*geom.*) trapezium* (*GB*); trapezoid (*USA*) *2* (*attrezzo ginnico*) trapeze *3* (*anat.*: *muscolo*) trapezius; (*osso*) trapezium*.

trapezista, *m.* e *f.* trapeze artist; trapezist; aerialist (*USA*).

trapezoèdro, *m.* (*geom.*) trapezohedron*.

trapezoidàle, *a.* trapezoid(al).

trapezòide, **A** *a.* trapezoid(al). **B** *m.* *1* (*geom.*) trapezoid (*GB*); trapezium* (*USA*) *2* (*anat.*) trapezoid.

trapiantàbile, *a.* transplantable.

trapiantàre, **A** *v. t.* *1* (*orticultura*) to transplant, to bed out, to replant; (*rinvasare*) to repot *2* (*chir.*: *organi*) to transplant; (*tessuti*) to graft. **B** **trapiantàrsi**, *v. rifl.* (*emigrare*) to move, to migrate; (*stabilirsi*) to settle.

trapiantatóio, *m.* gardener's trowel.

trapiantatrice, *f.* (*mecc.*) transplanting machine.

trapiànto, *m.* *1* transplanting; transplantation; replantation *2* (*chir.*) transplant; graft: **t. del cuore**, heart transplant; **t. cutaneo**, skin graft; **t. della cornea**, corneal graft; **t. osseo**, bone graft; **t. di rene**, kidney transplant.

trapiantologia, *f.* (*chir.*) transplant surgery; implant surgery.

tràppa, *f.* Trappist monastery.

trappista, **A** *a.* Trappist. **B** *m.* *1* Trappist *2* (*fig.*) hermit: **Fa una vita da t.**, he lives like a hermit; he lives in seclusion.

tràppola, *f.* ***1*** trap; (*con laccio*) snare: **t. per topi**, mousetrap; rat-trap; **t. per conigli**, rabbit snare; **t. esplosiva**, booby-trap; **scavare una t.**, to dig a trap ***2*** (*fig.*) trap, snare; (*insidia*) pitfall: **Attenti, è una t.!**, watch out! it's a trap!; **una traduzione piena di trappole**, a translation full of pitfalls; **t. mortale**, death trap ***3*** (*fam.*: *marchingegno*) contraption; widget; gizmo (*USA*) ***4*** (*fam.*, *di veicolo*) heap; crate; old crock (*o* banger); jalopy. ● **cadere in una t.**, to fall into a trap □ (*anche fig.*) **essere in t.**, to be trapped □ (*anche fig.*) **far scattare una t.**, to spring a trap (on sb.) □ **prendere in t.**, to catch in a trap; to trap; to snare; (*fig.*, *anche*) to ensnare, to entrap □ **tendere una t. a q.**, to set a trap for sb.; to lay a snare for sb.

trappolerìa, *f.* (*fam.*) trick; trickery.

trappolóne, *m.* (*fam.*) trickster; rogue; cheat.

trapùnta, *f.* quilt; duvet; eiderdown (*GB*); comfort (*fam. USA*).

trapuntàre, *v. t.* ***1*** to quilt ***2*** (*ricamare*) to embroider.

trapùnto, **A** *a.* ***1*** quilted ***2*** (*ricamato*) embroidered ***3*** (*cosparso*) dotter; studded: **t. di stelle**, studded (*o* dotted) with stars; star-studded; star-spangled. **B** *m.* ***1*** quilting ***2*** (*ricamo*) embroidery.

tràrre, **A** *v. t.* ***1*** to pull; to draw* (*anche fig.*); (*estrarre*) to extract, to take* out, to draw* out; (*trascinare*) to drag: **Trasse a sé lo sgabello**, he drew the stool towards him; he pulled up the stool; **t. q. a riva**, to pull (*o* to drag) sb. ashore; **Lo trasse a sé e lo abbracciò**, she drew him towards her and hugged him; **t. q. in disparte**, to draw (*o* to take) sb. aside; **t. fuori q.c. dalla tasca**, to take (*o* to pull) st. out of one's pocket; **t. la spada dal fodero**, to draw one's sword (from its sheath); to unsheath one's sword; **Gli esempi sono tratti da scrittori viventi**, the examples are taken (*o* drawn) from living authors; **t. il fiato**, to draw breath; **t. q. dalla miseria [dal pericolo]**, to rescue sb. from poverty [from danger] ***2*** (*condurre*) to lead*; (*portare*) to bring*: **t. q. a salvamento**, to lead sb. to safety; **t. q. in rovina**, to lead sb. to ruin; **t. q. in tentazione**, to lead sb. into temptation ***3*** (*ricavare*) to get*, to derive, to obtain, to make*; (*di film e sim.*) to adapt from, to base on: **t. piacere da q.c.**, to take pleasure from (*o* in) st.; **t. beneficio** (*o* **giovamento**), to derive (*o* to gain, to get) benefit; **t. vantaggio da q.c.**, to benefit from st.: **Che vantaggio ne hai tratto?**, what did you get out of it?; **t. lucro da q.c.**, to make a profit on st.; **t. profitto da q.c.**, to profit by st.; to turn st. to good account; to capitalize on st. ***4*** (*comm.*) to draw*: **t. una cambiale**, to draw (*o* to issue) a bill of exchange; **t. una cambiale su q.**, to draw on sb.; **t. a vista**, to draw on sight; **t. allo scoperto**, to overdraw. ● **t. a sorte**, to draw lots □ **t. ammonimento**, to take warning □ **t. una conclusione**, to draw (*o* to derive) a conclusion; **t. conclusioni avventate**, to jump to conclusions □ **t. le conseguenze**, to draw the conclusions □ **t. q. da un impiccio**, to get sb. out of trouble (*fam.*: a fix) □ **t. q. d'inganno**, to undeceive sb.; to open sb.'s eyes □ **t. esempio da q.**, to draw one's example from sb.; to follow sb.'s example □ **t. in arresto**, to arrest □ **t. in errore**, to mislead □ **t. in inganno**, to mislead; to deceive □ **t. ispirazione**, to draw (*o* to derive) inspiration □ **t. la morale**, to draw the moral □ **t. origine da**, to originate from (*o* in, with); to derive from □ **t. partito da q.c.**, to take advantage of st. □ **t. un senso da q.c.**, to make sense of st. □ **t. un sospiro**, to heave a sigh. **B** *v. i.* (*comm.*: *spiccare una tratta*) to draw*. **C** **tràrsi,** *v. rifl.* ***1*** to draw*: **t. indietro**, to draw back; to fall back; to pull back; **t. da parte**, to draw (*o* to step) aside; to move to one side; **Si trasse vicino al portone**, he drew close to the door ***2*** (*levarsi fuori*) to get* out of.

trasaliménto, *m.* start; jump.

trasalìre, *v. i.* to start; to give* a start; to jump: **t. per lo spavento**, to start with fright; **far t.**, to make (sb.) jump; to startle; **t. per il dolore**, to wince with pain.

trașandatézza, *f.* shabbiness; slovenliness; untidiness; sloppiness.

trașandàto, *a.* ***1*** (*disordinato, trascurato*) shabby; slovenly; untidy: **vestiti trasandati**, shabby clothes; **essere t. nel vestire**, to dress shabbily ***2*** (*fatto con negligenza*) careless; slipshod; slapdash; shabby; disorganized; sloppy: **stile t.**, careless (*o* slipshod) style; **lavoro t.**, slipshod piece of work.

trașbordàre, **A** *v. t.* to transfer; (*specialm. di merci*) to tran(s)ship. **B** *v. i.* (*cambiare treno, nave, ecc.*) to change: **Si deve t. a Firenze**, you have to change at Florence.

trașbórdo, *m.* transfer; (*specialm. di merci*) tran(s)shipment.

trascégliere, *v. t.* to pick out; to select; to choose*; to cull.

trascendentàle, *a.* ***1*** (*filos.*) transcendental ***2*** (*fam.*: *eccezionale*) special; exceptional; extraordinary: **Non è niente di t.**, there's nothing special about it; it's nothing much; it's nothing to write home about (*fam.*).

trascendentalișmo, *m.* (*filos.*) transcendentalism.

trascendentalìsta, *m.* e *f.* (*filos.*) transcendentalist.

trascendentalità, *f.* transcendental nature; transcendentality.

trascendènte, *a.* ***1*** (*filos.*) transcendent ***2*** (*mat.*) transcendental: **numeri trascendenti**, transcendental numbers.

trascendentișmo, *m.* (*filos.*) transcendentalism.

trascendentìsta, *m.* e *f.* (*filos.*) transcendentalist.

trascendènza, *f.* (*filos.*, *mat.*) transcendence; transcendency.

trascéndere, **A** *v. t.* to transcend; to surpass; to be beyond: **Dio trascende il mondo**, God transcends the world; **un concetto che trascende la capacità umana**, a concept that surpasses human understanding; **Questo compito trascende le sue capacità**, this task is beyond his abilities (*o* beyond him). **B** *v. i.* (*perdere il controllo di sé*) to lose* one's self-control (*o* one's temper), to get* carried away; (*eccedere*) to exaggerate: **Si scusò per aver trasceso**, he apologized for having lost his temper (*o* for getting carried away); **t. nel bere**, to drink too much; **t. a vie di fatto**, to come to blows.

trascinaménto, *m.* ***1*** (*anche fig.*) dragging; pulling ***2*** (*chim.*) entrainment ***3*** (*TV*) hangover ***4*** (*elab.*) transport; feed: **t. a trattore**, tractor feed; **t. a frizione**, friction feed.

trascinànte, *a.* (*entusiasmante*) gripping; enthralling; infectious; sweeping; overwhelming: **spettacolo t.**, gripping (*o* enthralling, overwhelming) performance; **ritmo t.**, infectious rhythm; **oratoria t.**, sweeping oratory.

trascinàre, **A** *v. t.* ***1*** to drag (*anche fig.*); to pull: **t. una sedia**, to drag a chair; **t. una gamba**, to drag a leg; **camminare trascinando i piedi**, to drag one's feet; to shuffle; **Trascinai il baule nell'ingresso**, I dragged (*o* pulled, lugged) the trunk into the hall; **t. una rete**, to trawl a net; **Trascinò il colpevole dal preside**, he dragged the culprit to the headmaster; **Ci trascinerà tutti con sé nella rovina**, he'll drag us all to ruin after him; **t. q. [il nome di q.] nel fango**, to drag sb. [sb.'s name] through mud (*o* mire); **t. una vita di stenti**, to drag out a wretched existence; **t. q. al** (*o* **sulla via del**) **male**, to lead sb. astray ***2*** (*trasportare*) to carry away; to sweep* away: **La barca fu trascinata via dalla corrente**, the boat was carried (*o* swept) away by the current; **La folla lo trascinò lontano**, the crowd carried him away; **Fu trascinato dalla passione**, he was carried away by passion ***3*** (*fig.*: *avvincere, entusiasmare*) to carry away; to sweep* away; to rouse: **Il suo discorso li trascinò tutti**, they were roused by his words; **lasciarsi t. dall'entusiasmo**, to get carried away with excitement; **una musica che trascina**, an enthralling piece of music; music that sweeps you off your feet; **un oratore che trascina**, a rousing speaker. **B** **trascinàrsi,** *v. rifl.* e *i. pron.* ***1*** (*avanzare a fatica*) to drag oneself: **Si trascinò fino al telefono**, he dragged himself to the phone; **Riusciva appena a t.**, he could scarcely drag himself along; **t. per terra**, to crawl ***2*** (*andare per le lunghe*) to drag (on): **La faccenda si trascina da anni**, the matter has been dragging on for years; **La conversazione si trascinava**, the conversation dragged; **Le ore si trascinavano**, time dragged (on).

trascinatóre, **A** *m.* (*f.* **-trice**) (*chi incita*) driving force; (*chi entusiasma*) spellbinder, swayer, rouser. **B** *a.* driving; swaying; rousing: **un discorso t.**, a rousing speech.

trascoloraménto, *m.* discoloration.

trascoloràre, *v. i.* **trascolorarsi,** *v. i. pron.* to change colour; (*impallidire*) to grow* pale.

trascórrere, **A** *v. t.* to spend*; to pass: **t. il tempo chiacchierando**, to pass one's time chatting; **t. le vacanze all'estero**, to spend one's holidays abroad. **B** *v. i.* ***1*** (*del tempo*) to pass; to go* by; to elapse: **Gli anni trascorrono veloci**, the years pass quickly; **È trascorso un anno dalla sua partenza**, a year has gone by (*o* passed) since he left ***2*** (*muoversi, passare*) to move; to pass.

trascórso, **A** *a.* past: **gli anni trascorsi**, the past years; **la settimana appena trascorsa**, the past week; last week. **B** *m.* (*generalm. pl.*) past (*sing.*); past record (*sing.*); (*errori*) past errors (*o* lapses, faults); (*scappatelle*) escapades: **Nonostante i suoi trascorsi, è stato rieletto**, he has been re-elected, despite his past record (*o* in spite what he did); **trascorsi penali**, criminal record; **trascorsi di gioventù**, youthful escapades; errors of one's youth.

trascrìtto, *a.* transcribed: **documento t.**, transcribed document; transcript.

trascrittóre, *m.* (*f.* **-trice**) transcriber; copyist.

trascrìvere, *v. t.* ***1*** (*mettere per iscritto*) to write* out, to take* down, to record; (*copiare*) to copy (out), to transcribe: **Trascrissi le sue risposte**, I wrote out his answers; **t. un numero di telefono nella propria agenda**, to copy a telephone number into one's address book; **t. una frase [una poesia]**, to copy out a sentence [a poem]; **t. in bella**, to make a fair copy; **t. un codice**, to transcribe a codex ***2*** (*registrare*) to register; to record: **t. una legge**, to register a law ***3*** (*mus.*) to transcribe.

trascrizióne, *f.* ***1*** transcription; copying (*copia trascritta*) transcript, copy: **errore di t.**, mistake in copying ***2*** (*leg.*) registration; recording ***3*** (*mus.*) transcription.

trascuràbile, *a.* negligible; unimportant; marginal; trifling; minor.

trascuràre, **A** *v. t.* ***1*** (*non curarsi di*) to neglect: **t. il lavoro [la moglie]**, to neglect one's work [one's wife]; **t. i propri doveri**, to neglect (*o* to be neglectful of, to be negligent of) one's duties; **Trascurò di avvertirmi**, he failed to warn me ***2*** (*non tener conto di*) to disregard; to neglect; to ignore; to overlook: **Trascurò i miei consigli**, he disregarded my advice ***3*** (*omettere*) to omit, to leave* out; (*dimenticare*) to forget*: **Non hai trascurato nessun particolare**, you have not omitted (*o* left out) a single detail; **t. i decimali**, to leave out the decimals; **Ho trascurato di dire che la riunione è stata rimandata**, I forgot to say the meeting has been postponed. **B** **trascuràrsi,** *v. rifl.* to neglect oneself; to let* oneself go.

trascuratàggine, trascuratézza, *f.* ***1*** (*negli-*

genza) carelessness; negligence **2** (*sciatteria*) untidiness; shabbiness; sloppiness.

trascuràto, *a.* **1** (*negligente*) negligent; remiss; careless: **t. nel fare il proprio dovere**, negligent (*o* remiss) in doing one's duty; **Sei t. in tutto quello che fai**, you are careless in everything you do **2** (*sciatto*) careless; untidy; shabby; sloppy; slipshod: **t. nel vestire**, shabbily dressed; careless in one's dress; **uno stile t.**, a careless (*o* slipshod, sloppy) style; **3** (*che non riceve cure*) neglected; (*non amato*) uncared for: **un raffreddore t.**, a neglected cold; **un bambino t.**, an uncared for child; **Si sentiva t. dal genitori**, he felt neglected by his parents.

traşdùrre, *v. t.* (*fis.*) to transduce.

traşduttóre, *m.* (*fis.*) transducer.

traşduzióne, *f.* (*tecn.*) transduction.

trasecolaménto, *m.* amazement; astonishment.

trasecolàre, *v. i.* to be amazed; to be astonished; to be astounded; to be flabbergasted; to be left speechless: **Ma davvero? Io trasecolo!**, really? I am astonished (*o* speechless)!; **far t.**, to amaze; to astonish; **una cosa da far t.**, an amazing (*o* astonishing) thing.

trasferìbile, A *a.* **1** transferable: **Il biglietto non è t.**, the ticket is not transferable; **voto t.**, transferable vote **2** (*leg.*) conveyable; transferable; assignable **3** (*di assegni e sim.*) negotiable: **assegno non t.**, non-negotiable cheque (*USA*: check) **4** (*di carattere o disegno autoadesivo*) dry transfer (*attr.*). **B** *m.* transfer.

trasferibilità, *f.* transferability; (*di assegni*) negotiability.

trasferiménto, *m.* **1** (*spostamento*) transfer; removal; move; reassignment; shift: **il t. della sede centrale a Milano**, the transfer of the head office to Milan; **chiedere il t.**, to ask for a transfer; to ask to be moved (*o* shifted); **Il suo t. è stato richiesto dalla dirigenza**, his removal was requested by the management; **il t. di un ufficiale**, the transfer of an official; **t. di domicilio**, change of address; move **2** (*trasloco*) move; house-moving; removal: **dopo il nostro t. a Roma**, after we moved to Rome **3** (*leg.*: *cessione*) transfer; conveyance; assignment: **il t. di una proprietà [di un diritto]**, the transfer (*o* conveyance) of a property [of a right] **4** (*elab.*) transfer **5** (*eccles.*) translation.

trasferire, A *v. t.* **1** to transfer; to move; to remove; (*spostare*) to shift: **t. un impiegato**, to transfer an employee; **t. truppe**, to move troops; **Il nostro ufficio sarà trasferito a Londra**, our office will be transferred (*o* removed) to London; **t. il proprio domicilio**, to move; to change address; **t. il peso da un piede all'altro**, to shift one's weight from one foot to the other; **Trasferì su di lui tutto il suo affetto**, she transferred all her love to him **2** (*leg.*) to convey; to transfer; to assign; to make* over: **t. un diritto [una proprietà]**, to convey a title [an estate]; **Trasferì la proprietà dell'appartamento alla figlia**, he made the flat over to his daughter **3** (*eccles.*) to translate. **B trasferirsi**, *v. rifl.* e *i. pron.* to move; to remove: **Mi sono trasferito a Roma**, I have moved to Rome; **Trasferiamoci in salotto**, let's move to the sitting room; **L'agenzia si è trasferita in via Mazzini**, the branch office has moved to via Mazzini.

trasférta, *f.* **1** transfer; (*viaggio per lavoro*) business trip: **essere in t.**, to be away on business **2** (*spese di t.*) travelling expenses (*pl.*); travelling allowance **3** (*sport*) away match; away game: **in t.**, away: **giocare in t.**, to play away; **vittoria in t.**, away win (*o* victory). ● (*tecnol.*) **macchina a t.**, transfer.

trasfiguràre, A *v. t.* to transfigure; to transform: **La sua faccia era trasfigurata dalla gioia**, his face was transfigured with joy; **La vita di campagna l'ha trasfigurato**, life in the country has transformed him; **t. a realtà dei fatti**, to misrepresent facts. **B trasfiguràrsi**, *v. i. pron.* to be transformed; to become* transfigured.

trasfigurazióne, *f.* transfiguration.

trasfóndere, *v. t.* **1** to transfuse **2** (*fig.*) to infuse; to instil(l).

trasformàbile, *a.* **1** convertible; changeable; transformable: **un divano t. in un letto**, a sofa that changes (*o* converts, turns) into a bed **2** (*autom.*) convertible.

trasformabilità, *f.* convertibility; changeability; transformability.

trasformàre, A *v. t.* **1** to change; to transform; to turn; to convert; to metamorphose: **Aretusa fu trasformata in fonte**, Arethusa was changed (*o* turned) into a spring; **Ho trasformato la seconda camera in studio**, I have turned (*o* converted) the second bedroom into a study; **Il matrimonio l'ha trasformato**, marriage has changed him; **t. il proprio aspetto**, to change one's appearance; **t. l'acqua in ghiaccio**, to change (*o* to transform, to turn) water into ice; **t. materie prime in prodotti finiti**, to convert raw materials into finished products; (*fin.*) **t. titoli in liquido**, to convert shares into cash; **t. in legge un disegno di legge**, to pass a bill **2** (*rugby*) to convert **3** (*calcio*) – **t. un rigore**, to score from a penalty. **B trasformàrsi**, *v. i. pron.* to be transformed; to change; to turn into; to become*: **Il bruco si trasformò in farfalla**, the caterpillar changed (*o* turned) into a butterfly; **Quando è tra amici si trasforma**, he is a different man when he is with his friends; **La sua impresa si è trasformata in leggenda**, his feat has become a legend.

trasformàta, *f.* (*mat.*) transform.

trasformàto, *a.* **1** transformed; changed; altered **2** (*rugby*) converted **3** (*calcio*) – **rigore t.**, goal scored from a penalty.

trasformatóre, *m.* **1** (*f.* **-trice**) transformer; changer **2** (*elettr.*) transformer: **t. bifase**, two-phase transformer; **t. riduttore [elevatore]**, step-down [step-up] transformer; **t. di alta [bassa] frequenza**, high-frequency [low-frequency] transformer; **t. di corrente**, current transformer; **t. di tensione**, voltage transformer.

trasformazionàle, *a.* (*ling.*) transformational: **grammatica t.**, transformational grammar.

trasformazionalişmo, *m.* (*ling.*) transformationalism.

trasformazionalista, *m.* e *f.* (*ling.*) transformationalist.

trasformazióne, *f.* **1** transformation; metamorphosis; change; conversion; (*lavorazione*) processing: **subire una t.**, to undergo a transformation; **Quante trasformazioni!**, how many changes!; **la t. della sala da pranzo in salotto**, the conversion of the dining-room into a drawing-room; **la t. delle materie prime**, the processing of raw materials **2** (*elettr.*, *mat.*) transformation **3** (*rugby*) conversion.

trasformişmo, *m.* **1** (*biol.*) transformism; evolutionism **2** (*polit.*) transformism.

trasformista, *m.* e *f.* **1** (*polit.*) transformist **2** (*teatr.*) quick-change actor.

trasformistico, *a.* **1** (*biol.*) transformistic **2** (*polit.*) transformist.

trasfuşionàle, *a.* (*med.*) transfusion (*attr.*): **centro t.**, transfusion centre.

trasfuşióne, *f.* (*med.*) transfusion: **t. di sangue**, blood transfusion; **fare una t. a q.**, to give sb. a blood transfusion.

traşgredire, *v. t.* e *i.* to violate; to break*; to infringe; to contravene; to offend against; to disobey; to transgress; to trespass against: **t. (a) una legge**, to break (*o* to infringe) a law; **t. la legge**, to break (*o* to violate) the law; **t. (a) un ordine**, to contravene (*o* to disobey) an order; **t. (a) una regola**, to contravene (*o* to break) a rule; **t. (a) un patto**, to violate an agreement; **t. (al)le norme di sicurezza**, to contravene (*o* to violate) safety regulations; **t. (a) un principio morale**, to transgress (*o* to trespass against) a moral principle; **t. il quinto comandamento**, to disobey the fifth commandment.

trasgreditrice, *V.* **trasgressore**.

traşgressióne, *f.* **1** violation; breaking; infringement; contravention; offence; transgression; trespass: **la t. ai comandamenti**, the violation of the commandments; **la t. della legge**, the infringement (*o* breaking) of the law; **t. delle norme**, violation (*o* contravention) of rules; **Ogni t. sarà punita**, offenders will be prosecuted **2** (*geol.*) transgression.

trasgressività, *f.* transgressiveness; unconventionality.

traşgressivo, *a.* transgressive; offending; (*anticonvenzionale*) unconventional, outrageous.

traşgressóre, *m.* (*f.* **traşgreditrice**) offender; infringer; violator; breaker; transgressor; trespasser: **t. della legge**, law-breaker; law-offender; traspasser; **I trasgressori saranno puniti**, offenders will be prosecuted.

traşlàre, *v. t.* to transfer; to take*; to move.

traşlàto, A *a.* figurative; metaphorical: **in senso t.**, in a figurative sense. **B** *m.* (*retor.*) figure of speech; metaphor: **per t.**, figuratively; **parlare per traslati**, to speak figuratively.

traşlatóre, *m.* (*tel.*) translator; repeater.

traşlatòrio, *a.* (*fis.*) translational; translatory: **moto t.**, translatory motion.

traşlazióne, *f.* **1** (*trasferimento*) transfer: **la t. di una salma**, the transfer of a body **2** (*fis.*, *mat.*, *astron.*) translation: **moto di t.**, translatory motion **3** (*mecc.*) translation; traverse **4** (*fisc.*) transfer; shifting: **t. d'imposta**, shifting of tax; tax shifting **5** (*eccles.*) translation **6** (*psic.*) transference.

traşlitteràre, *v. t.* (*ling.*) to transliterate.

traşlitterazióne, *f.* (*ling.*) transliteration.

traşlocàre, A *v. t.* to move; to relocate: **t. un ufficio [un negozio]**, to move (*o* to relocate) an office [a shop]; **t. mobili**, to move furniture. **B** *v. i.* (*di abitazione*) to move (house); (*di uffici e sim.*) to move (premises), to be relocated: **Domani comincio a t.**, I'll start moving tomorrow; **L'ufficio ha traslocato in centro**, the office has moved (*o* has been relocated) to the centre of town.

traşlocazióne, *f.* (*biol.*) translocation.

traşlòco, *m.* removal; move: **fare t.**, to move (house); **giorno di t.**, moving day; **spese di t.**, removal expenses; **impresa di traslochi**, removal company; removalists (*pl.*).

traşlucidità, *f.* translucency.

traşlùcido, *a.* translucent; translucid.

traşméttere, A *v. t.* **1** (*far passare*, *trasferire*) to transmit, to transfer, to hand on, to pass on; (*tramandare*) to hand down: **t. un diritto**, to pass on (*o* to transfer) a right; **t. una malattia**, to transmit a disease; **Mi hai trasmesso il raffreddore**, you've passed your cold on to me; **Ha trasmesso a tutti il suo ottimismo**, he infected everyone with his optimism; **conoscenze che vengono trasmesse di padre in figlio**, knowledge that is handed down from father to son **2** (*comunicare*) to communicate, to transmit; (*riferire*) to pass on, to relay, to convey: **t. istruzioni [informazioni]**, to communicate (*o* to pass on) instructions [information]; **Il messaggio mi fu trasmesso in ritardo**, the message was passed on (*o* relayed) to me late; **Trasmetta i miei saluti a sua moglie**, please give my regards to your wife **3** (*spedire*) to send*; (*inoltrare*) to forward: **t. un telegramma**, to send a telegram; **t. una richiesta al Ministero**, to forward a request to the Ministry; (*comm.*) **t. un'ordinazione a q.**, to pass an order on sb. **4** (*radio*, *TV*) to broadcast*, to transmit; (*per radio, anche*) to radio, to air; (*per televisione, anche*) to televise, to telecast*: **un canale che**

t. solo notizie, a channel broadcasting only news; **t. musica**, to play music; **Il programma è stato trasmesso ieri**, the programme was broadcast (*o* went on air, was on) yesterday; **Stanno trasmettendo un film**, there is a film on at the moment; they are showing a film; **t. un messaggio per radio**, to transmit a message by radio; to radio a message; **t. sull'intera rete**, to network; **t. a puntate**, to serialize; **t. in diretta**, to broadcast live; **t. in simultanea**, to simulcast ***5*** (*fis.*) to transmit; to convey: **Il ferro trasmette il calore**, iron transmits heat ***6*** (*leg., comm.*) to transfer; to assign; to convey: **t. titoli di credito**, to transfer negotiable instruments. ● **t. con segnali**, to signal □ **t. per telegrafo**, to wire; to telegraph; to cable □ **t. per telescrivente**, to teletype □ **t. per telex**, to telex □ **t. segnali**, to send out (*o* to emit) signals. **B trașméttersi**, *v. i. pron.* ***1*** to be transmitted; to be passed on; to be spread: **La malattia si trasmette per contatto diretto**, the disease is transmitted by direct physical contact ***2*** (*tramandarsi*) to be handed down.

trașmettitóre, *m.* transmitter; sender. ● (*naut.*) **t. di ordini**, speaking-tube.

trașmigràre, *v. i.* ***1*** (*di persone, animali*) to migrate; to transmigrate ***2*** (*delle anime*) to transmigrate ***3*** (*fig.*: *passare*) to pass on.

trașmigrazióne, *f.* migration; transmigration: **t. delle anime**, transmigration of souls.

trașmissìbile, *a.* ***1*** transmissible (*anche med.*); transmittable ***2*** (*leg.*) transferable, conveyable, assignable; (*in eredità*) descendible.

trașmissibilità, *f.* ***1*** transmissibility ***2*** (*leg.*) transferability; assignability.

trașmissióne, *f.* ***1*** (*anche fig.*) transmission; communication; transfer; transference: **la t. di un ordine**, the transmission of an order; **la t. di una malattia**, the transmission (*o* communication) of a disease; **la t. di un diritto**, the transmission of a right; **la t. dei poteri**, the transmission of powers; **la t. del pensiero**, thought transference ***2*** (*spedizione*) sending (off); mailing (off) (*USA*) ***3*** (*radio, TV*) transmission, broadcast, broadcasting; (*di TV, anche*) telecast, telecasting; (*programma*) broadcast, programme, program (*USA*): **t. radiofonica [televisiva]**, radio [television] broadcast (*o* programme); **t. in diretta**, live broadcast; **t. differita**, replay; **t. del giornale radio**, news broadcast; **sala di t.**, broadcasting room; **essere in t.**, to be on air; (*in un messaggio radio*) **Fine della t.**, over and out ***4*** (*fis.*) transmission: **t. di calore per contatto**, transmission of heat by contact; **la t. dell'energia**, energy transmission ***5*** (*mecc.*) transmission; drive: **t. a cinghia**, belt drive; **cinghia di t.**, driving (*o* transmission) belt; **t. idraulica**, hydraulic drive; **t. ad alberi**, shafting; **t. a ruote dentate**, gearing; (*autom.*) **t. anteriore**, front-wheel drive; (*autom.*) **albero di t.**, driving shaft ***6*** (*leg.*) transmission; conveyance; assignment; transfer: **t. per successione**, transmission by descent ***7*** (*elab.*) transmission; communication: **t. dati**, data transmission ***8*** (*pl.*) (*mil.*) signals.

trașmittènte, (*radio, TV*) **A** *a.* transmitting: **apparecchio t.**, transmitter. **B** *f.* ***1*** (*la stazione*) transmitting (*o* broadcasting) station ***2*** (*l'apparecchio*) transmitter; sender.

trașmutàbile, *a.* transmutable.

trașmutabilità, *f.* transmutability.

trașmutazióne, *f.* transmutation.

trasognatézza, *f.* dreaminess; absent-mindedness.

trasognàto, *a.* dreamy; absent; day-dreaming; lost in reverie (*pred.*): **sguardo t.**, dreamy (*o* faraway) look; **avere l'aria trasognata**, to look absent.

traspadàno, *a.* transpadane.

trasparènte, **A** *a.* ***1*** (*limpido, anche fig.*) transparent; clear; limpid: **vetro t.**, transparent glass; **acqua t.**, clear water; **cielo t.**, perfectly clear sky; **prosa t.**, limpid style ***2*** (*di tessuto*) transparent; see-through; sheer; gauzy: **una camicetta t.**, a see-through blouse; **calze t.**, sheer stockings ***3*** (*molto sottile*) wafer-thin: **una fettina t.**, a wafer-thin slice ***4*** (*fig.*: *intuibile*) transparent; clear; obvious: **allusione t.**, clear (*o* transparent) allusion; **intenzioni trasparenti**, clear (*o* obvious) intentions ***5*** (*fig.*: *sincero*) sincere, candid; (*onesto*) open, above-board. **B** *m.* ***1*** (*pubblicità*) transparency ***2*** (*TV, cinem.*) back (*o* background) projection ***3*** (*teatr.*) scrim ***4*** (*tessuto posto sotto un merletto*) backing ***5*** (*pellicola*) transparency.

trasparènza, *f.* ***1*** transparence; transparency; clearness; (*di tessuti*) see-through effect: **guardare q.c. in t.**, to hold st. up to the light; to look at st. against the light ***2*** (*fig.*: *sincerità*) sincerity; (*onestà*) openness.

trasparire, *v. i.* ***1*** to shine* (through st.); (*essere visibile*) to be visible, to show oneself: **Dai vetri traspariva una luce**, a light was shining through the window; **Dagli occhi traspariva la sua gioia**, her eyes glowed with happiness; **La paura le traspariva dagli occhi**, fear was visible (*o* showed itself) in her eyes; **Attraverso il tessuto sottile traspariva il reggiseno**, her bra could be half seen through the thin material; **non lasciare t. le proprie intenzioni**, not to reveal one's intentions; **Il suo viso non lasciava t. emozioni**, his face betrayed no emotion ***2*** (*essere trasparente*) to be transparent.

traspiràbile, *a.* transpirable.

traspiràre, **A** *v. i.* ***1*** (*sudare*) to perspire; to sweat ***2*** (*bot.*) to transpire ***3*** (*fig.*: *trapelare*) to transpire. **B** *v. t.* (*emanare, anche fig.*) to exude.

traspiratòrio, *a.* of transpiration; transpiratory.

traspirazióne, *f.* ***1*** (*cutanea*) perspiration; sweating ***2*** (*bot.*) transpiration.

traspórre, *v. t.* (*anche mus.*) to transpose.

trasportàbile, *a.* transportable; conveyable.

trasportàre, *v. t.* ***1*** (*portare*) to transport; to carry; to take*; to convey: **t. un baule**, to carry a trunk; **t. q.c. per ferrovia**, to transport (*o* to freight) st. by rail; **La barca ci trasporterà all'altra riva**, the boat will carry us to the other bank; **t. q. all'ospedale**, to take sb. to hospital; **I passeggeri sono trasportati all'aeroporto in autobus**, passengers are taken to the airport by bus; **t. truppe**, to move troops; (*in nave*) to ship troops; (*in aereo*) to ferry troops; **t. a forza**, to drag; **t. di peso**, to carry bodily; **t. merci**, to freight (*o* to carry) goods; **t. un carico**, to carry freight; **t. per mare**, to ship; **t. su camion**, to haul; **t. in aereo**, to fly; to ferry; **un romanzo che ci trasporta in pieno Medioevo**, a novel that takes us back to the high Middle Ages ***2*** (*trasferire*) to move; to transfer: **La capitale fu trasportata da Firenze a Roma**, the capital was transferred from Florence to Rome ***3*** (*spingere, sospingere*) to drive*; to carry: **La corrente ci trasportava verso il largo**, the current was carrying us out to sea ***4*** (*fig.*) to carry away; to transport: **Fu trasportato dall'entusiasmo**, he was carried away by enthusiasm; **lasciarsi t. dalla gioia**, to be transported with joy; **lasciarsi t. dall'ira**, to be carried away by anger; to fly into a rage ***5*** (*mus.*) to transpose ***6*** (*di un disegno*: *riportare*) to transfer; (*a spolvero*) to pounce.

trasportàto, *m.* passenger.

trasportatóre, **A** *m.* ***1*** (*vettore*) transporter; carrier: **t. su strada**, haulier, hauler (*USA*); haulage contractor; teamster (*USA*) ***2*** (*mecc.*) conveyer, conveyor; carrier: **t. a catena**, chain conveyor; **t. a nastro**, belt conveyor (*o* carrier); **t. a rulli**, roller conveyor; **t. a tazze**, bucket conveyor; skip hoist ***3*** (*cinem.*) sprocket. **B** *a.* transporting; transport (*attr.*); conveyor (*attr.*): **nastro t.**, conveyor belt.

traspòrto, *m.* ***1*** transport; conveyance; carriage; (*di merce, anche*) freight, haulage, transport: **il t. delle merci**, the transport (*o* freighting, carriage, haulage) of goods; **Le ferrovie effettuano più della metà dei trasporti fra una città e l'altra**, railways (*USA*: railroads) carry over one half of the inter-city freight; **Il t. dei feriti fu ostacolato dalle condizioni del tempo**, weather conditions made it difficult to transfer the wounded; **t. per via di terra**, transport by land; overland transport; **t. per via mare [per via aerea]**, sea [air] freight; **t. su strada**, (road) haulage; **t. interno**, handling; **t. pesante (su strada)**, heavy goods traffic; **spese di t.**, transport charges; carriage; freight charges; freight; **t. a carico del destinatario**, carriage forward; **franco di t.**, carriage paid (*o* free); **Il t. sarà a vostro carico**, carriage shall be to your charge ***2*** (*pl.*) (*sistema di servizi*) transport (*sing.*); transportation (*sing.*); transit (*sing., USA*): **I trasporti erano paralizzati da uno sciopero**, transport was paralized by a strike; **trasporti pubblici [privati, internazionali]**, public [private, international] transport; **t. urbani**, local transport; urban transit (*USA*); **trasporti stradali [marittimi, aerei, ferroviari]**, transport by road [by sea, by air, by rail]; **mezzi di t.**, (means of) transport ***3*** (*fig.*) transport (*lett.*); (*impeto*) surge, fit; (*entusiasmo*) passion, enthusiasm: **in un t. di gioia**, in a surge of delight; **in un t. d'ira**, in a fit of anger; **con t.**, passionately; enthusiastically ***4*** (*naut.*: *nave*) freighter, cargo boat; (*mil.*) troopship, troop carrier, (troop) transport ***5*** (*mus.*) transposition ***6*** (*rif. a disegno*) transfer. ● **t. funebre**, funeral □ **aeroplano da t.**, freighter; (*mil.*) troop carrier; troop transport □ **compagnia di trasporti marittimi**, shipping company □ (*comm.*) **contratto di t. marittimo**, affreightment □ **impresa di trasporti**, haulage contractors (*pl.*); trucking company (*USA*) □ **Ministero dei trasporti**, Ministry of Transport □ **nave da t.**, freighter; cargo boat □ (*mil.*) **nave da t. di truppe** *V. def. 4*.

traspoșitóre, *m.* (*f.* **-trice**) (*specialm. mus.*) transposer.

traspoșizióne, *f.* (*anche mus.*) transposition.

trassàto, (*econ.*) **A** *a.* drawn upon; paying: **banca trassata**, paying bank. **B** *m.* drawee.

trasteverino, *a. e m.* (*f.* **-a**) Trasteverine.

trastullàre, **A** *v. t.* (*far divertire*) to amuse, to entertain; (*giocando*) to play with. **B trastullàrsi**, *v. rifl.* ***1*** (*divertirsi*) to amuse (*o* to entertain) oneself; (*giocare*) to play; (*giocherellare*) to toy; (*fig.*) to toy, to play, to flirt ***2*** (*perdere tempo*) to waste time; to trifle; to dawdle.

trastùllo, *m.* ***1*** (*giocattolo*) toy; plaything (*anche fig.*) ***2*** (*passatempo*) pastime; hobby; sport ***3*** (*zimbello*) laughing stock. ● (*fig.*) **il t. della fortuna**, the plaything of Fate.

trasudaménto, *m.* transudation; oozing; (*infiltrazione*) seepage.

trasudàre, **A** *v. i.* to transude; to ooze: **fluido che trasuda dal corpo**, fluid transuding from the body; **Dai muri trasuda l'umidità**, the damp oozes from the walls. **B** *v. t.* to ooze with: **Il muro trasuda umidità**, the wall is oozing with damp.

trasudativo, **trasudatizio**, *a.* (*med.*) transudative; transudatory.

trasudàto, *m.* (*med.*) transudate.

trasudazióne, *f.* transudation; oozing; (*cutanea*) perspiration, sweat.

trașumanàre, *v. i.* **trașumanàrsi**, *v. rifl.* (*lett.*) to transcend human nature; to be transhumanized.

trașumanazióne, *f.* (*lett.*) transhumanation.

trașversàle, **A** *a.* transverse; transversal; oblique; cross (*attr.*); athwart; (*naut.*) athwartship: **linea t.**, transversal line; cross line; **sezione t.**, cross-section; **strada t.**, *V.* **B** *def. 2*; **taglio t.**, cross cut; **trave t.**, cross girder; (*fis.*) **onda t.**, transverse wave; (*naut.*) **piano t.**, athwartship plane; **in senso t.**, crosswise; transversely; transversally; (*naut.*) athwartship. ● (*polit.*) **alleanza t.**, cross-party alliance. **B** *f.* **1** (*geom.*) transversal **2** (*strada t.*) side street; cross street: **la seconda t. a destra**, the second street (*o* turning) on the right.

traşversalità, *f.* transverseness.

traşversalménte, *avv.* transversely; obliquely; crosswise, crossways; athwart; across; (*naut.*) athwartship: **Tagliai t. per i campi**, I cut across the fields.

traşvèrso, A *a.* transverse; transversal: (*anat.*) **muscoli trasversi**, transverse muscles. **B** *m.* (*edil.*) crossbeam.

traşvolàre, A *v. t.* to fly* across: **t. l'Atlantico**, to fly across the Atlantic. **B** *v. i.* (*fig.*: *trattare di sfuggita*) to pass over; to skim over.

traşvolàta, *f.* (long-distance) flight; (air) crossing: **t. dell'Atlantico**, flight across the Atlantic; Atlantic flight.

traşvolatóre, *m.* (*f.* **-trice**) (long-distance) flyer.

tràtta, *f.* **1** (*traffico illegale*) trade: **t. delle bianche**, white-slave trade; **t. dei negri** (*o* **degli schiavi**), slave trade **2** (*comm.*) draft; bill (of exchange): **t. a vista**, draft on demand; sight draft; **t. bancaria**, banker's draft; **t. scaduta**, overdue draft; **t. allo scoperto**, overdraft; **cambiale t.**, bill of exchange; **girare una t.**, to endorse a draft; **pagare** (*o* **onorare**) **una t.**, to honour a draft; **non pagare** (*o* **disonorare una t.**), to dishonour a bill; **spiccare** (*o* **emettere**) **una t.**, to issue a draft; to draw a bill; **spiccare una t. su q. per q.c.**, to draw a bill on sb. for st. **3** (*di percorso*) distance, leg; (*con un mezzo pubblico*) section, (fare) stage.

trattàbile, *a.* **1** (*di persona*) docile; reasonable; tractable; amenable; malleable; manageable **2** (*tecn.*) treatable; workable **3** (*di argomento*) that can be dealt with; suitable: **non facilmente t.**, not easily dealt with; **un argomento t. in poesia**, a subject suitable for poetry **4** (*contrattabile*) negotiable; subject to negotiation; elastic; (*nelle inserzioni*) o.n.o. (*GB, abbr. di* or nearest offer): **Il prezzo è t.**, the price is negotiable; **60 sterline trattabili**, £ 60 o.n.o.

trattabilità, *f.* **1** (*di persona*) tractability; amenability; manageability; manageableness **2** (*tecn.*) treatableness.

trattaménto, *m.* **1** treatment; handling; deal: **t. di favore**, discriminating treatment; preference; **t. di riguardo**, preference treatment; red-carpet treatment (*fam.*); **t. duro**, harsh treatment; rough handling; punishment (*fam.*); **t. equo**, fair treatment; square deal (*fam.*); **t. ingiusto**, unfair treatment; raw deal (*fam.*); **t. vergognoso**, shabby treatment; indignity; **ricevere un buon t.**, to be treated well; **Le ho riservato un t. speciale**, I've reserved you special treatment; **Ha avuto il t. che si meritava**, he got what (*o* he was treated as) he deserved **2** (*tecn.*) treatment; (*lavorazione, anche*) processing, dressing: **il t. dei metalli**, the treatment of metals; **t. del minerale**, ore dressing; **t. dei rifiuti**, waste processing; **t. delle acque luride**, sewal disposal; **t. limite**, threshold treatment; **t. a freddo**, cold-treating; **t. termico**, heat treatment; **sottoposto a un t. particolare**, specially treated **3** (*servizio*) service; hospitality: **Il t. è peggiorato rispetto all'anno scorso**, the service is not as good as last year **4** (*stipendio*) salary; (*salario*) wages (*pl.*); (*paga*) pay; (*vitto e alloggio*) board and lodging: **t. economico**, pay; **t. pensionistico**, pension; **t. di fine rapporto**, severance pay; **t. di quiescenza**, retirement pension **5** (*med.*) treatment: **t. postoperatorio**, postoperative treatment **6** (*cosmesi*) treatment; care: **t. del viso**, facial (treatment) **7** (*elab.*) processing.

trattàre, A *v. t.* **1** to treat; to handle; to deal* with: **t. male q.**, to treat sb. badly; to ill-treat sb.; **t. q. da amico**, to treat sb. as a friend; **Lo tratta come un figlio**, he treats him as (*o* like) a son; **Mi ha trattato da imbroglione**, he treated me as if I were a cheat; **t. q. duramente**, to treat sb. harshly; to be harsh with sb.; **t. q. onestamente**, to be fair with sb.; **t. q. con bontà**, to be kind to sb.; **Sa t. i bambini**, he knows how to deal with children; **saper t. la gente**, to be good at dealing with people; **So io come t. gente simile**, I know how to handle such people; **t. bene i propri clienti**, to look after one's customers; **La vita l'ha trattato male**, life has treated him unkindly; he has had a poor deal out of life (*fam.*); **In questo albergo ti trattano benissimo**, the service is excellent in this hotel **2** (*maneggiare*) to handle, to treat; (*usare*) to use: **un oggetto da t. con cura**, an object to be treated (*o* handled) carefully; **t. male q.c.**, to mishandle st.; to misuse st. **3** (*svolgere, discutere*) to deal* with; to treat; to handle; to discuss: **Tratterò per primo il problema dell'inquinamento**, I shall deal with the pollution problem first; **Tratterò un tema poco noto**, I shall discuss a little known subject; **t. q.c in modo superficiale**, to touch upon st.; **t. q.c. a fondo**, to deal with st. in depth **4** (*contrattare*) to handle, to transact, to conduct; (*negoziare*) to negotiate: **t. un affare**, to transact a business; **t. l'acquisto di un appartamento**, to negotiate the purchase of a flat; **t. l'unione di due società**, to discuss (*o* to negotiate) the merging of two companies; **t. la pace [un prestito]**, to negotiate peace [a loan]; **t. la resa**, to discuss the terms of surrender **5** (*commerciare*) to deal* in, to handle; (*fare affari*) to trade: **t. articoli di lana**, to deal in woollens; **t. un ramo**, to deal in a line; **La mia ditta non tratta questo articolo**, my firm does not handle this article; **Tratta con tutti i paesi orientali**, he trades with all Asian countries **6** (*lavorare*) to treat; to cure; to process: **t. le pelli col tannino**, to treat skins with tannin; **t. il cuoio [il tabacco]**, to cure leather [tobacco]; **t. con vapore**, to steam; **t. galvanicamente**, to plate; **t. termicamente**, to heat-treat **7** (*med., cosmesi*) to treat: **t. un'influenza con antibiotici**, to treat a flu with antibiotics; **t. la pelle con creme**, to treat the skin with creams **8** (*occuparsi di*) to look after; to take* care of; to handle: **t. gli interessi di q.**, to look after sb.'s interests; (*leg.*) **t. una causa**, to conduct (*o* to plead) a case. ● **t. q. come spazzatura**, to treat sb. like dirt □ **t. q. con i fiocchi**, to do sb. fine (*fam.*) □ **t. q. con i guanti**, to handle sb. with kid gloves □ **t. q. dall'alto in basso**, to look down on sb. **B** *v. i.* **1** (*avere a che fare*) to deal*, to have dealings; (*avere rapporti*) to associate: **Tratterò direttamente con lui**, I'll deal with him personally; **Tratta solo con gente del suo rango**, he only associates with people of his own rank; **Non intendo t. con loro**, I won't have any dealings with them **2** (*discutere*) to discuss; to talk (st.) over: **Tratteremo con loro per questa faccenda**, we'll discuss this matter (*o* we'll talk this matter over) with them personally **3** (*fare trattative*) to have dealings, to treat; (*patteggiare*) to negotiate; (*accordarsi*) to come* to an agreement: **t. col nemico per fare la pace**, to negotiate with the enemy for peace; **Le parti sono pronte a t.**, the parties are ready to negotiate; **t. sul prezzo**, to negotiate a price; to haggle over the price; **Sul prezzo possiamo t.**, we can come to an agreement about the price **4** (*avere come argomento*) to be about; to deal* with; to treat of: **Di che cosa tratta questo libro?**, what is this book about?; **L'articolo tratta del problema dell'adozione**, the article deals with the problem of adoption **5** (*con uso impers.*) to be a question of; to be a matter of; to have to do with; to be: **Si tratta di qualche lira di più**, it is a question of a few more lire; **Si tratta di vita o di morte**, it is a matter of life or death; **Di che film si tratta?**, what film is it?; **Si tratta di una cosa importante**, it is an important question; **il problema di cui si tratta**, the problem in hand; **Qui si tratta di polmonite**, it's a case of pneumonia; **Sentì cigolare la porta, ma pensò che si trattasse del vento**, he heard the door creak, but thought it was just the wind; **Si trattava solo di uno scherzo**, it was only a joke; **Di che si tratta?**, (*che cos'è?*) what is it about?; (*che succede?*) what is the matter?; **Si tratta di mio zio**, (*riguarda lui*) it concerns my uncle, it has to do with my uncle; (*è lui*) it's my uncle; **Dopotutto si tratta dei miei interessi**, after all, my own interests are involved; **Si tratta della nostra libertà**, our freedom is at stake; **Quando si tratta di aiutare, lui sparisce**, when it comes to giving a hand, he disappears; **Si tratta solo di schiacciare un pulsante**, you only have to press a button; **Si tratta di decidere se vogliamo o no spendere una somma simile**, it's a question of deciding (*o* the question is) whether we are prepared to pay so much. **C trattarsi**, *v. rifl.* to treat oneself; to do* oneself (*fam.*); to live: **t. bene**, to treat (*o* to do) oneself well; **t. da signore**, to live like a lord.

trattàrio, *m.* (*econ.*) drawee.

trattatista, *m.* e *f.* writer of treatises.

trattatistica, *f.* treatises (*pl.*).

trattatistico, *a.* treatise (*attr.*).

trattativa, *f.* negotiation; talks (*pl.*); bargaining; treaty: **Le trattative sono fallite**, the negotiations have fallen through; **Sono in corso trattative**, negotiations are under way; **t. sindacale**, labour negotiation; bargaining; **trattative di pace**, peace talks; **trattative commerciali**, business negotiations; **t. privata**, private contract (*o* treaty); **iniziare le trattative con q.**, to enter into negotiations with sb.; **essere in trattative con q.**, to be negotiating with sb.; **sbloccare la t.**, to unlock the talks; **riprendere le trattative**, to resume talks; **tavolo delle trattative**, negotiating table.

trattàto, *m.* **1** treatise; study: **un t. di filosofia [di storia]**, a philosophical [historical] treatise **2** (*accordo*) treaty; agreement: **t. di pace**, peace treaty; **t. commerciale**, trade agreement; commercial treaty; **firmare un t.**, to sign a treaty; **stipulare un t.**, to draw up a treaty; **rompere un t.**, to break (*o* violate) a treaty.

trattazióne, *f.* **1** treatment; handling; discussion: **una t. succinta ma chiara**, a brief but clear handling **2** (*comm.*: *di affari*) handling; dealing.

tratteggiàre, *v. t.* **1** (*abbozzare*) to outline; to sketch **2** (*disegnare con una linea tratteggiata*) to trace (st.) (with a broken line): **t. un percorso sulla cartina**, to trace a route on the map (with a broken line); **t. una linea**, to draw a broken line **3** (*ombreggiare*) to hatch; to section **4** (*fig.*: *descrivere*) to outline.

tratteggiàto, *a.* **1** (*a tratti*) broken; dashed: **linea tratteggiata**, broken (*o* dashed) line **2** (*ombreggiato*) hatched **3** (*fig.*) drawn; described: **un personaggio ben t.**, a well-drawn character.

trattéggio, *m.* **1** (*il tratteggiare*) sketching; outlining **2** (*ombreggiatura*) hatch; hatching: **t. incrociato**, crosshatching.

trattenére, A *v. t.* **1** (*frenare, arrestare, anche fig.*) to hold* (back), to keep* (back), to restrain, to check; (*fermare*) to stop; (*afferrare*) to catch* hold of: **Lo trattenne la paura**, fear held him back; **una diga per t. le acque**, a dam to retain the water; **Mi trattenne per un braccio**, he caught hold of my arm; **Non so che cosa mi trattiene dall'andarmene**, I don't know what's keeping me from leaving; **Chi ti trattiene?**, who's keeping you?; **t. un cavallo**, to rein in a horse; **t. la folla**, to keep (*o* to hold) back the crowd; **t. il respiro**, to hold (*o* to catch) one's breath; **t. le lacrime**, to hold back one's tears; **t. un sospiro**, to repress a sigh; **t. un sorriso**, to suppress a smile; **t. uno sbadiglio**, to stifle a yawn; **t. l'ira**, to check (*o* to hold back, to repress) one's anger *2* (*far restare*) to keep* (back); to detain: **Mi trattenne fino a tardi**, he kept me till late; **Volle trattenermi a pranzo**, he kept me for dinner; **Sono stato trattenuto in ufficio**, I was detained (*o* kept) in the office *3* (*tenere per sé*) to keep*: **t. il resto**, to keep the change; **Trattenne per sé l'originale**, he kept the original for himself *4* (*effettuare una trattenuta*) to withhold*; to stop; to retain; to keep* back; to deduct: **t. le tasse dallo stipendio**, to withhold taxes from (sb.'s) salary; **t. il 2% sulla paga**, to retain 2% out of (sb.'s) pay; to dock 2% from sb.'s pay; **t. lo stipendio a q.**, to stop sb.'s pay; **t. la propria provvigione sulle somme riscosse**, to deduct one's commission from the amounts collected; **t. alla fonte**, to deduct at source *5* (*intrattenere*) to entertain. **B trattenérsi**, *v. rifl.* *1* (*frenarsi*) to check oneself; to control oneself; to keep* oneself; to restrain oneself: **Non riuscii a trattenermi e scoppiai in lacrime**, I couldn't restrain (*o* control) myself and I burst into tears; **Volevo chiedergli se era sua moglie, ma mi trattenni**, I wanted to ask him if she was his wife, but I checked myself; **Mi trattenni a stento dal darle una rispostaccia**, I could hardly keep myself from answering her back; **Non poté t. dal ridere**, he couldn't help laughing; **Deve t. nelle spese**, he must keep down expenses; **Insomma, cerca di trattenerti!**, do try and control (*o* get a hold over) yourself! *2* (*restare*) to remain, to stay; (*fermarsi*) to stop: **Trattenetevi ancora un po'**, stay a little longer; **Mi tratterrò a Milano una settimana**, I shall stop in Milan for a week.

trattenimento, *m.* *1* entertainment: **t. musicale**, musical entertainment *2* (*ricevimento*) reception; party: **t. danzante**, ball.

trattenùta, *f.* (*bur.*) deduction; withholding: **t. sullo stipendio**, deduction from salary; **t. alla fonte**, withholding (*o* deduction) at source; **t. sindacale**, check-off; (*fin.*) **t. d'acconto**, withholding tax.

trattino, *m.* dash; (*di unione*) hyphen: **unire con un t.**, to hyphenate.

tràtto, *m.* *1* (*linea*) line, outline; (*segno*) stroke: **t. di penna**, stroke of the pen; **t. di pennello**, brush-stroke; **cancellare una frase con un t.**, to cross out a sentence (with a stroke of the pen); to strike out a sentence; **con t. fermo**, with a firm stroke; (*anche fig.*) **disegnare q.c. con pochi tratti**, to sketch st. with a few strokes; **a larghi tratti**, in outline; **t. di separazione**, dash; **t. di unione**, hyphen *2* (*di spazio*) stretch, tract, expanse, part; (*tappa*) stage, leg: **un t. di strada non illuminato**, an unlit stretch of road; **Faremo un t. di strada insieme**, we'll walk part of the way together; **camminare per un bel t.**, to walk quite a distance; **Li seguii per un lungo t.**, I followed them a long way; **un t. di mare**, a stretch (*o* expanse) of sea; **un t. di fiume**, a stretch of a river; (*tra due anse*) a reach; **un t. di cielo**, an expanse of sky; **l'ultimo t. del viaggio**, the last leg (*o* stage) of the journey *3* (*di tempo*) period (of time); while: **Tacque per un lungo t.**, he was silent for a long while (*o* long time) *4* (*pezzo*, *segmento*) piece; length; section; segment: **un t. di tubazione**, a length of pipe; (*ferr.*) **t. di binario**, track section *5* (*di libro*) part; (*brano*) passage *6* (*pl.*) (*lineamenti*) features; traits; lineaments: **un viso dai tratti regolari**, a face with regular features *7* (*fig.*: *caratteristica*) trait; feature: **Non mi piace quel t. del suo carattere**, I don't like that trait in his character; **i tratti salienti di un periodo storico**, the salient features of a historical period *8* (*modo di comportarsi*) manners (*pl.*); ways (*pl.*); bearing; behaviour; address: **un t. da gran signore**, gentlemanly bearing; **una grande amabilità di t.**, very amiable manners; **Ha un t. che mi piace molto**, I like his ways *9* (*gesto, impulso*) impulse. ● **t. di corda** (*tortura*), strappado □ **a un t.** (*o* **d'un t.**), suddenly; all of a sudden; all at once □ **a tratti**, at times; at intervals; (every) now and then; from time to time.

trattóre (1), *m.* (*mecc.*) tractor: **t. a cingoli**, caterpillar (tractor); **t. agricolo**, farm tractor; agrimotor.

trattóre (2), *m.* (*f.* **-trice**) (*gestore di trattoria*) inn-keeper; landlord (*f.* landlady).

trattoria, *f.* trattoria; small restaurant; eatery (*fam.*).

trattorista, *m.* e *f.* tractor driver; tractorist.

trattrice, *f.* *1* (*mecc.*) tractor *2* (*mat.*) tractrix*.

tratturo, *m.* sheep-track.

tràuma, *m.* (*med.*) trauma*; (*psic.*) trauma*, shock: **t. cranico**, concussion; **t. psichico**, mental shock; **La morte della moglie fu un t. per lui**, his wife's death was a terrible shock for him.

traumàtico, *a.* (*med.* e *fig.*) traumatic: **febbre traumatica**, traumatic fever; **un'esperienza traumatica**, a traumatic experience.

traumatiṣmo, *m.* (*med.*) traumatism.

traumatiẓẓante, *a.* (*med.* e *fig.*) traumatizing; (*fig.*) shocking, traumatic.

traumatiẓẓàre, *v. t.* (*med.*, *psic.*) to traumatize; (*fig.*) to shock.

traumatiẓẓàto, **A** *a.* (*med.*, *psic.*) traumatized; (*fig.*) shocked. **B** *m.* (*f.* **-a**) traumatized person.

traumatologia, *f.* (*med.*) traumatology; accident surgery.

traumatològico, **A** *a.* traumatology (*attr.*). **B** *m.* (*reparto t.*) traumatology (*o* casualty) ward; traumatology department.

traumatòlogo, *m.* (*f.* **-a**) traumatologist.

travagliàre, **A** *v. t.* to trouble; to torment; to harass. **B travagliarsi**, *v. rifl.* (*lett.*) to torment oneself; to worry.

travagliato, *a.* *1* troubled; tormented; harassed; (*infelice*) unhappy: **infanzia travagliata**, unhappy (*o* troubled) childhood *2* (*difficile*) hard; difficult: **vita travagliata**, hard life.

travàglio, *m.* *1* (*affanno*) trouble; suffering; torment; anguish *2* (*fatica*) toil; labour; travail *3* (*del parto*) labour, labor (*USA*); travail: **in t.**, in labour (*o* in travail); **entrare in t.**, to start labour. ● **t. di stomaco**, stomach upset: **avere t. di stomaco**, to have an upset stomach; to feel sick.

travalicàre, *v. t.* (*lett.*) to pass over; to cross. ● **t. i limiti**, to pass the limit; to go too far.

travaṣaménto, *m.* pouring off; decanting.

travaṣàre, **A** *v. t.* to pour; (*specialm. di liquidi con sedimento*) to decant; (*con sifone*) to syphon: **t. l'acqua dal secchio in un catino**, to pour the water from the bucket into a the bowl; **t. il vino**, to decant wine. **B travaṣarsi**, *v. i. pron.* to spill*.

travaṣatrice, *f.* (*enologia*) transfer pump.

travàṣo, *m.* *1* pouring off; decanting; decantation: **t. del vino**, wine decanting *2* (*med.*) effusion; extravasation: **t. di sangue**, effusion (*o* extravasation) of blood; **t. di bile**, outflow of bile.

travàta, *f.* (*edil.*) *1* (*trave principale*) girder *2* *V.* **travatura**, *def. 1.*

travàto, *a.* *1* (*edil.*) trussed: **soffitto t.**, trussed ceiling *2* (*di cavallo*) with two white socks on the same side.

travatùra, *f.* (*edil.*) *1* (*complesso di travi*) structure, beams (*pl.*); (*di tetto o ponte*) truss: **t. semplice**, king(-post) truss; **t. reticolare**, truss *2* (*operazione*) girding; trussing.

tràve, *f.* *1* (*edil.*) beam; (*specialm. di acciaio*) girder: **t. del tetto**, roof beam; rafter; **t. a sbalzo**, cantilever; **t. armata**, reinforced beam; **t. composta**, built-up beam; **t. di colmo** (*di tetto*), ridge-pole; roof-tree; **t. in aggetto**, overhanging beam; **t. maestra**, crossbeam; main girder; **t. reticolare**, truss; **t. a vista**, rafter: **soffitto con travi a vista**, raftered ceiling *2* (*ginnastica*) beam. ● (*naut.*) **t. di chiglia**, bar keel □ (*aeron.*) **t. di coda**, tail boom (*o* girder) □ (*ferr.*) **t. portante**, body bolster □ (*fig.*) **fare d'ogni fuscello una t.**, to make mountains out of molehills □ (*fig.*) **non vedere la t. nel proprio occhio**, not to see the beam in one's own eye.

travedére, *v. i.* not to see* (things) properly; (*fig.*) to be mistaken, to be wrong.

travéggole, *f. pl.* – (*fam.*) **avere le t.**, to be seeing things; to be far out: **Credevo di avere le t., e invece era proprio lui**, I thought I was seeing things, but it was him all right.

travèrsa, *f.* *1* (*edil.*) transverse beam, crosspiece, traverse; (*di porta o finestra*) transom *2* (*sbarra*) bar; crossbar; barrier *3* (*ferr.*) sleeper; tie (*USA*) *4* (*strada t.*) side street, cross street, turning; (*scorciatoia*) short cut: **la seconda t. a sinistra**, the second street (*o* turning) on the left *5* (*di materasso*) drawsheet *6* (*calcio*) crossbar; bar: **la cima della t.**, the top of the bar. ● **t. della croce**, horizontal arm (of the cross) □ **t. del letto**, slat.

traversàre, *v. t.* *1* *V.* **attraversare** *2* (*alpinismo*) to traverse: **t. una parete**, to traverse the face of a cliff. ● (*naut.*) **t. l'ancora**, to stow the anchor.

traversàta, *f.* *1* crossing; journey across; (*di mare, fiume*) crossing; (*viaggio per mare*) passage, voyage: **la t. di un deserto**, the crossing of a desert; a journey across a desert; **Fece una t. calma**, he had a calm crossing; **pagarsi la t.**, to pay one's passage; **una t. a nuoto della Manica**, a swim across the Channel; a cross-Channel swim *2* (*alpinismo*) traverse.

traversia, *f.* misfortune; accident; (*disavventura*) mishap; (*al pl.*: *vicissitudini*) vicissitudes.

traversina, *f.* (*ferr.*) sleeper; tie (*USA*).

traversino, *m.* (*naut.*) spring.

travèrso, **A** *a.* *1* transversal; transverse; cross: **via traversa**, side street; by-road; **flauto t.**, (transverse) flute; **vento t.**, crosswind *2* (*obliquo*) oblique; slanting; crosswise (*attr.*); askew (*pred.*); slanted. **B** *m.* *1* (*larghezza*) width: **tagliare una stoffa per il t.**, to cut a piece of material on the width; **di t.**, (*perpendicolarmente*) across; (*obliquamente*) obliquely, askew, across (*prep.*); (*di lato*) sideways, sidelong; (*in modo storto*) crookedly: **Si gettò di t. sul letto**, he threw himself across the bed; **Il cane si era accucciato di t. davanti alla porta**, the dog was lying across the entrance; **L'auto si arrestò di traverso sulla corsia del sorpasso**, the car came to a halt across the overtaking lane; **camminare di t.**, to walk sideways; **portare il berretto di t.**, to wear one's cap askew (*o* tilted at an angle); **occhiata di t.**, sidelong glance; **Non vedi che è tutto di t.?**, can't you see it's all crooked? *2* (*naut.*) beam: **al** (*o* **sul**) **t.**, on the beam; abeam: **vento al t.**, wind on the beam; **Avevamo il faro al t.**, the lighthouse was abeam of us; **per il t.**, athwart. ● **andare di t.**, (*di cibo*) to go down the wrong way; (*fig.*: *andare storto*) to go wrong □ **guardare q. di t.**, to look askance at sb.; (*con malevolenza*) to give sb. a nasty look.

traversóne, *m.* *1* (*edil.*) crosspiece *2* (*calcio*) cross *3* (*boxe*) cross.

travertino, *m.* (*miner.*) travertin(e); calcsinter.

travestiménto, *m.* *1* disguise; camouflage; (*in maschera*) masquerade, fancy dress, mask *2* (*parodia*) parody; travesty. ● (*teatr.*) **t. da donna**, drag.

travestire, **A** *v. t.* *1* to disguise (*anche fig.*); (*in maschera*) to dress up, to masquerade *2* (*alterare*) to alter; to transform. **B travestirsi**, *v. rifl.* to disguise oneself (*anche fig.*); (*in maschera*) to dress up, to masquerade: **Si travestì da soldato**, he disguised himself as a soldier; **t. da Arlecchino**, to dress up as Harlequin; **t. da uomo** (*o* **da donna**), to cross-dress.

travestitìsmo, *m.* transvestism; transvestitism; cross-dressing.

travestito, A *a.* disguised; in disguise; (*in maschera*) dressed up, masqueraded: **un poliziotto t.**, a policeman in disguise; an undercover agent. ● (*teatr.*) **t. da donna**, in drag □ **un lupo t. da agnello**, a wolf in sheep's clothing. **B** *m.* transvestite.

travèt, *m. invar.* petty clerk; pen-pusher (*fam.*).

travétto, *m.* (*edil.*) common joist; rafter.

traviaménto, *m.* **1** (*l'essere traviato*) straying; corruption; perdition; debauchery **2** (*il traviare*) corruption; perversion; leading astray.

traviàre, A *v. t.* to lead* astray; to corrupt; to pervert: **Fu traviato dai cattivi compagni**, he was led astray by bad companions. **B traviàrsi,** *v. i. pron.* to go* astray; to debauch oneself.

traviàto, *a.* led astray (*pred.*); misled; (*corrotto*) debauched, corrupted: **giovani traviati**, misled youths.

travicèllo, *m.* joist; rafter. ● **Re T.**, King Log.

travișaménto, *m.* distortion; misinterpretation; misrepresentation; twisting: **t. della verità**, distortion of truth; **t. dei fatti**, misrepresentation of facts; **t. delle parole altrui**, distortion (*o* misrepresentation, twisting) of sb.'s words.

travișàre, *v. t.* to distort; to misinterpret; to misrepresent; to twist: **t. le parole di q.**, to distort (*o* to twist) sb.'s words; **t. i fatti**, to misrepresent the facts; **t. la verità**, to distort the truth.

travolgènte, *a.* overwhelming; overpowering; sweeping; devastating: **la t. furia degli elementi**, the overwhelming fury of the elements; **successo t.**, runaway (*o* roaring) success; **amore t.**, passionate love; **vittoria t.**, sweeping victory; (*elettorale*) landslide victory; **bellezza t.**, breath-taking beauty.

travòlgere, *v. t.* **1** (*trascinare via, anche fig.*) to sweep* away, to carry away; (*abbattere*) to overthrow*, to wreck: **Il vento travolse tutto**, the wind swept everything away; **Le auto furono travolte dalla piena**, the cars were carried away by the flood; **t. ogni ostacolo**, to sweep away all obstacles; (*fig., di persona*) to carry everything (*o* all) before one; **Il crack della società travolse molte piccole imprese**, the company's bankruptcy wrecked many small businesses **2** (*fig.: sopraffare*) to rout; to crush; to overcome*; to overwhelm: **t. ogni resistenza**, to overcome all resistance; **Il nemico travolse le ultime sacche di resistenza**, the enemy crushed the last pockets of resistance; **essere travolto dagli avvenimenti**, to be overcome by events; **essere travolto dalla passione**, to be carried away by passion **3** (*investire*) to run* over.

trazióne, *f.* **1** (*mecc.*) traction, pull; (*tensione*) stretch; (*traino*) draught, draft (*USA*): **forza di t.**, force of traction; **t. meccanica [a vapore, elettrica]**, mechanical [steam, electric] traction; **esercitare una t.**, to exert traction; **veicolo a t. animale**, animal-drawn vehicle; **sottoporre un cavo a t.**, to subject a cable to stretch **2** (*autom.*) drive: **t. anteriore [posteriore]**, front-wheel [rear] drive; **t. diretta**, gearless drive; **t. sulle quattro ruote**, four-wheel drive **3** (*med.*) traction; extension: **una gamba in t.**, a leg in traction.

tre, A *a. num. card.* three: **le tre Grazie**, the three Graces; **Sono le (ore) tre**, it is three o'clock; **Mio figlio ha tre anni**, my son is three (years old); **tre volte tanto [tanti]**, three times as much [many]; **ogni tre ore**, every third hour; every three hours; **tutti e tre**, all three; **eravamo in tre**, there were three of us; **Si gioca in tre**, three can play; **In tre ce la faremo**, the three of us will manage; **tagliare [piegare] q.c. in tre**, to cut [to fold] st. in three. **B** *m.* **1** three; number three: **tre per tre**, three times three; **tre più tre fa sei**, three and three is six; **il tre per cento**, three per cent; **il tre di picche**, the three of spades; **puntare sul tre**, to bet on the three; **È stato estratto il tre**, number three has been drawn; **Abito al tre**, I live at number three **2** (*nelle date*) third: **il tre giugno**, the third of June; June the third; **Il tre del prossimo mese**, on the third of next month. ● (*fig.*) **fare tre** (*finire*), to finish: **Hai fatto due, fa' anche tre**, you might as well finish □ (*mil.*) **in fila per tre**, three deep □ (*mat.*) **la regola del tre**, the rule of three □ (*prov.*) **Chi fa da sé fa per tre**, if you want a thing done, do it yourself □ (*prov.*) **Non c'è due senza tre**, misfortunes never come singly.

treàlberi, *m.* (*naut.*) three-master; three-masted ship.

trèbbia, *f.* **1** (*trebbiatrice*) threshing machine; thresher **2** (*trebbiatura*) threshing.

trebbiàre, *v. t.* to thresh.

trebbiatóre, *m.* thresher.

trebbiatrice, *f.* (*macchina*) threshing machine; thresher.

trebbiatùra, *f.* threshing.

Trebișónda, *f.* (*geogr., stor.*) Trabzon; Trebizond.

trebișónda, *f.* – (*fam.*) **perdere la t.**, (*perdere la calma*) to lose control; (*confondersi*) to become confused.

tréccia, *f.* **1** plait; braid: **t. di paglia**, straw plait; (*elettr.*) **t. di rame**, copper plait; **a t.**, plaited; (*elettr.*) **conduttore a t.**, plaited conductor **2** (*di capelli*) plait, braid, tress (*lett.*); (*treccina*) pigtail: **una ragazzina con le trecce**, a little girl with plaits; **farsi le trecce**, to plait one's hair; **portare** (*o* **avere**) **le trecce**, to wear plaits; **sciogliersi le trecce**, to undo one's plaits **3** (*nei lavori a maglia*) cable: **punto a t.**, cable stitch. ● **t. d'agli [di fichi]**, string of garlic [of figs] □ (*naut.*) **t. di cavi** (*o* **di corde**), fox □ **t. di pane**, twist loaf.

trecentésco, *a.* fourteenth-century (*attr.*); (*per l'arte e la letter. italiane, anche*) Trecento (*attr.*).

trecentèșimo, *a. num. ord.* e *m.* three hundredth.

trecentista, *m.* e *f.* (*scrittore*) fourteenth-century writer; (*artista*) fourteenth-century artist; (*per l'arte e la letter. italiane, anche*) trecentist.

trecènto, A *a. num. card.* three hundred. **B** *m.* **1** three hundred **2** (*il secolo*) the fourteenth century; (*per l'arte e la letter. italiane, anche*) Trecento: **un pittore del T.**, a fourteenth-century painter; a Trecento painter.

tredicènne, A *a.* thirteen years old (*pred.*); thirteen-year-old (*attr.*). **B** *m.* e *f.* thirteen-year-old boy (*m.*); thirteen-year-old girl (*f.*).

tredicèșima, *f.* (*tredicesima mensilità*) year-end bonus.

tredicèșimo, A *a. num. ord.* thirteenth: **la tredicesima parte**, the thirteenth part; **capitolo t.**, the thirteenth chapter; chapter thirteen; **Luigi t.**, Louis the Thirteenth. **B** *m.* one thirteenth.

trédici, A *a. num. card.* thirteen: **Eravamo in t.**, there were thirteen of us; **le (ore) t.**, one o'clock; one p.m.: **il treno delle t.**, the one-p.m. train. **B** *m.* **1** thirteen: **il t. maggio**, the thirteenth of May; May the thirteenth; **Il t. porta sfortuna [fortuna]**, thirteen is an unlucky [a lucky] number; (*fam.*) **fare (un) t.**, to win the (Italian football) pools **2** (*nelle date*) thirteenth: **il tredici maggio**, the thirteenth of May.

tredicista, *m.* e *f.* winner in the (Italian football) pools.

tréfolo, *m.* strand.

tregènda, *f.* **1** (*sabba*) witches' sabbath **2** (*fig.*) pandemonium; chaos. ● **notte di t.**, Walpurgis Night; (*fig.*) stormy night.

trégua, *f.* **1** truce: **chiedere una t.**, to ask for a truce; **accordare una t.**, to grant a truce; **stabilire una t.**, to agree on a truce; **rompere la t.**, to break the truce **2** (*fig.*) rest; respite; pause; break; lull: **concedersi una breve t. dal lavoro**, to give oneself a pause from work; to take a short rest from work; **dare t.**, to give respite; to let up: **I dolori non gli danno t.**, his pains give him no respite (*o* don't let up); **inseguire q. senza dargli t.**, to pursue sb. relentlessly; **t. salariale**, wage (*o* pay) pause; **una t. nella bufera**, a lull in the storm; **senza t.**, without a pause (*o* a break); relentlessly; ceaselessly; non-stop: **lavorare senza t.**, to work without a break (*o* non-stop, without letting up); **piogge senza t.**, endless rain; **Piove senza t. da quattro giorni**, it's been raining non-stop for four days; the rain hasn't let up for four days now. ● **t. d'armi**, truce; armistice; ceasefire □ (*stor.*) **t. di Dio**, truce of God.

tremànte, *a.* trembling; shaking; quivering; shaky; (*di freddo o febbre, anche*) shivering; (*tremulo*) tremulous: **con mano t.**, with a trembling (*o* shaky) hand; **t. di paura**, trembling (*o* shaking) with fear; **con voce t.**, in a trembling (*o* quavering) voice.

tremàre, *v. i.* to tremble; to shake*; (*di freddo o febbre, anche*) to shiver; (*di orrore*) to shudder; (*vibrare*) to vibrate, to quiver, to rattle; (*scuotersi*) to shake*, to rock: **Mi tremavano le mani**, my hands were shaking (*o* shook); **È vecchio e gli trema la mano**, he's old and his hands shake (*o* are unsteady); **Le tremavano le labbra**, her lips were quivering; **t. di paura**, to tremble (*o* to shake) with fear; **t. di rabbia**, to shake with rage; **t. come una foglia**, to tremble (*o* to shake) like a leaf; **t. per tutto il corpo**, to shake all over; **Gli tremò la voce**, his voice trembled (*o* shook); **non t. dinanzi a nessuno**, not to be afraid of anybody; **Tremai al solo pensiero**, I trembled (*o* shuddered) at the very thought; **Tremavo all'idea**, I dreaded the very thought; **Le canne tremano al vento**, the reeds shake in the wind; **sentir t. la terra sotto i piedi**, to feel the ground shake under one's feet; **L'esplosione fece t. la casa**, the blast shook (*o* rocked) the house; **far t. i vetri della finestra**, to rattle the panes; **far t. il governo**, to rattle the government.

tremarèlla, *f.* (*fam.*) shivers (*pl.*); (*paura di apparire davanti a un pubblico*) stage fright: **avere la t.**, to have the shivers; to be all of a tremble; to shake in one's shoes; to experience stage fright; **far venire la t. a q.**, to give sb. the shivers.

tremebóndo, *a.* (*lett.*) trembling; quaking; (*pauroso*) fearful; (*esitante*) dubious, hesitant.

tremèndo, *a.* frightful; awful; terrible; dreadful; ghastly: **una sciagura tremenda**, a terrible accident; **uno spettacolo t.**, a fearful (*o* ghastly) sight; **sofferenze tremende**, terrible sufferings; **Fu un momento t.**, it was a terrible (*o* an awful) moment; **sete tremenda**, terrible (*o* dreadful) thirst; **Oggi fa un caldo t.**, it's awfully hot today; **Faceva un freddo t.**, it was terribly (*o* bitterly) cold; **Portava un vestito t.**, she was wearing a ghastly dress; **un t. seccatore**, a terrible (*o* awful) bore; **bambino t.**, little terror; pest; **professore t.**, martinet.

trementina, *f.* (*chim.*) turpentine: **essenza di t.**, oil of turpentine; **t. grezza**, galipot.

tremila, *a. num. card.* e *m.* three thousand.

tremillèsimo, *a. num. ord.* e *m.* three thousandth.

trèmito, *m.* tremble; shake; shaking; quiver; (*per il freddo, la febbre, anche*) shiver, shivering; (*tremore*) tremor; (*di orrore*) shudder: **Per il suo corpo passò un t.**, a shiver ran through his body; **essere scosso da un t.**, to shake; **Mi prese il t.**, I began to shake; **t. convulso**, convulsive shaking (*o* tremor); the shakes (*pl.*) (*fam.*).

tremolànte, *a.* trembling; quivering; tremulous; (*di luce*) flickering; (*di stelle*) twinkling: **una mano t.**, a trembling hand; **gelati-**

na t., quivering jelly; **una riga t.**, a tremulous line; **voce t.**, trembling (*o* tremulous) voice.

tremolàre, A *v. i.* to tremble; to quiver; to quaver; (*di luce*) to flicker; (*di stelle*) to twinkle: **una fiamma che tremola**, a flickering flame; **una voce che tremola**, a trembling voice. **B** *m. V.* **tremolio**.

tremolìo, *m.* tremble; trembling; tremor; (*di foglie*) quiver, quivering; (*di luce*) flickering; (*di stelle*) twinkling.

trèmolo, A *a. V.* **tremulo**. **B** *m.* **1** (*mus.*) tremolo **2** (*bot., Populus tremula*) aspen; trembling poplar.

tremóre, *m.* **1** tremor **2** (*trepidazione*) trepidation **3** (*med.*) tremor.

trèmulo, *a.* trembling; quivering; tremulous; (*di luce*) flickering; (*di stelle*) twinkling: **con voce tremula**, in a tremulous (*o* trembling) voice; **una fiammella tremula**, a flickering flame.

trench (*ingl.*), *m. invar.* trench-coat.

trenino, *m.* (*giocattolo*) (toy) train; (*modellino*) model (*o* miniature) train.

trèno (1), *m.* **1** train: **Arriverò col t. delle due e mezzo**, I'll arrive by the two-thirty train; **il t. delle sei**, the six o'clock train; **prendere il t.**, to catch a [the] train; **perdere il t.**, to miss one's train; **salire in t.**, to get into (*o* on) the train; **scendere dal t.**, to get off the train; **andare [viaggiare] in t.**, to go [to travel] by train; **arrivo [partenza] di un t.**, arrival [departure] of a train; train arrival [departure]; **viaggio in t.**, train journey; **t. accelerato**, slow train; **t. bestiame**, cattle train; **t. blindato**, armoured train; **t. diretto**, through train; **t. direttissimo**, fast train; **t. feriale**, weekday train; **t. festivo**, train running only on Sunday; **t. merci**, goods train; **t. militare**, troop train; **t. misto**, goods and passenger train; **t. navetta**, shuttle train; **t. postale**, mail train; **t. rapido** (*o* **espresso**), express train; **t. straordinario**, relief train; **t. viaggiatori**, passenger train; **t. a carrozze intercomunicanti**, corridor train; **t. di lusso**, Pullman train; **t. in partenza da**, train departing from; **t. in arrivo a**, train arriving at; **un t. in arrivo [in partenza]**, an in [out] train; **movimento dei treni**, train traffic; **la formazione di un t.**, the making-up of a train; **dare la partenza al t.**, to dispatch the train; **dare via libera a un t.**, to let a train (run) through **2** (*fig.*: *tenore di vita*) tenor (of life); standard (*o* way) of living **3** (*di animale*) quarters (*pl.*): **t. anteriore**, forequarters; **t. posteriore**, hind quarter(s) **4** (*di veicolo*) carriage: **t. anteriore**, forecarriage; **t. posteriore**, rear carriage **5** (*mecc.*) train; mill: **t. di laminazione**, train of rolls; **t. per rotaie**, rail rolling mill **6** (*serie, insieme*) train; set: (*fis.*) **t. d'onde**, wave train; (*mecc.*) **t. d'ingranaggi**, gear train; (*autom.*) **t. di gomme**, set of tyres **7** (*scorta, seguito*) train; following.

trèno (2), *m. V.* **trenodia**.

trenodìa, *f.* (*letter.*) threnode; threnody.

trénta, A *a. num. card.* thirty: **t. lire**, thirty lire; **un mese di t. giorni**, a month having thirty days; **Eravamo in t.**, there were thirty of us; **le sei e t.**, six-thirty; half past six; **È sui trent'anni**, he is about thirty (*o* in his early thirties); **gli anni t.**, the thirties; the 30s **la guerra dei Trent'anni**, the Thirty Years' War. **B** *m.* **1** number thirty; thirty: **È uscito il t.**, number thirty has come up; **Gli hanno assegnato il t.**, he has been given number thirty; **Ha passato i t.**, he is over thirty **2** (*nelle date*) thirtieth: **il t. di aprile**, the thirtieth of April; April the thirtieth. • (*tennis*) **t. a zero**, thirty love □ (*tennis*) **t. pari**, thirty all □ (*fig.*) **Visto che hai fatto t., fa' trentuno**, you might as well finish.

trentaduèṣimo, A *a. num. ord.* e *m.* thirty-second. **B** *m.* (*tipogr.*) thirty-twomo (*abbr.*: 32mo, 32°).

trentamila, *a. num. card.* e *m.* thirty thousand.

trentatré, *a. num. card.* e *m.* thirty-three. • **Dica t.!** (*in una visita medica*), say ninety-nine.

trentennàle, A *a.* (*che dura 30 anni*) thirty-year (*attr.*); (*che avviene ogni 30 anni*) thirty-year (*attr.*), every thirty years. **B** *m.* thirtieth anniversary.

trentènne, A *a.* thirty years old (*pred.*); thirty-year-old (*attr.*). **B** *m.* e *f.* thirty-year-old man* (*m.*); thirty-year-old woman* (*f.*).

trentènnio, *m.* thirty years (*pl.*); thirty-year period.

trentèṣimo, *a. num. ord.* e *m.* thirtieth.

trentina, *f.* **1** (*circa trenta*) about thirty: **una t. di persone**, about thirty people **2** (*i trent'anni*) (age of) thirty; **È un uomo sulla t.**, he's a man of about thirty (*o* in his early thirties); **aver passato la t.**, to be in one's thirties; **avvicinarsi alla t.**, to be pushing thirty (*fam.*).

trentino, A *a.* of Trento; from Trento. **B** *m.* (*f.* **-a**) inhabitant of Trento; native of Trento.

trepestìo, *m.* (*region.*) trampling; shuffle.

trepidànte, *a.* anxious; trembling: **attesa t.**, anxious wait; **Aspettava t. che lei uscisse**, he was anxiously waiting for her to come out.

trepidàre, *v. i.* to be anxious; to be worried; to worry: **Trepida per lui**, she is worried about him; **Trepidava in attesa di una sua telefonata**, she was anxiously waiting for him to ring.

trepidazióne, *f.* anxiety; trepidation; worry: **Aspettammo le notizie con t.**, we waited for the news in trepidation; **stare in t.**, to be anxious.

trèpido, *a.* anxious; (*timido*) timorous, trembling: **un'occhiata trepida**, an anxious look; **attesa trepida**, anxious wait; **un t. bacio**, a timorous kiss.

treppiède, *m.* **1** tripod **2** (*arnese da cucina*) trivet **3** (*sgabello*) three-legged stool.

trequàrti, *m.* **1** (*giacca*) three-quarter-length coat **2** (*chir.*) trocar **3** (*rugby*) three-quarter.

treruòte, *m. invar.* three-wheeler.

trésca, *f.* **1** plot; intrigue **2** (*intrigo amoroso*) (clandestine) love-affair; affair: **Aveva una t. con la cognata**, he was carrying on with his sister-in-law.

trescàre, *v. i.* **1** to plot; to intrigue **2** (*avere una relazione amorosa illecita*) to have a clandestine love-affair (*o* an affair); to carry on.

trescóne, *m.* (*ballo*) «trescone»; country dance.

tréspolo, *m.* **1** trestle; stand; horse; (*per uccelli*) perch **2** (*fam.*: *veicolo malandato*) old crock; crate.

tressètte, *m.* «tressette» (Italian card game).

Trèviri, *f.* (*geogr.*) Trier.

trèvo, *m.* (*naut.*) course.

triàca, *f.* (*farm., stor.*) theriac.

triacànto, *m.* (*bot., Gleditsia triacanthos*) honey locust.

triade, *f.* **1** triad; trinity; trio; triplet: **formare una t.**, to make up a triad **2** (*chim., mus.*) triad.

triàdico, *a.* triadic.

trial (*ingl.*), *m. invar.* **1** (*motociclismo*) motorcycle trials (*pl.*); (*motocicletta*) trial motorcycle **2** (*atletica*) trials (*pl.*).

trialiṣmo, *m.* trialism; triadism.

triangolàre (1), A *a.* **1** (*geom.*) triangular; trigonal **2** (*simile a un triangolo*) triangular; three-cornered **3** (*fig.*: *che interessa tre parti*) triangular; trilateral; three-way: **accordo t.**, triangular (*o* trilateral) agreement. **B** *m.* (*sport*: *incontro t.*) three-way (*o* triangular) meeting.

triangolàre (2), *v. t.* **1** (*geodesia*) to triangulate **2** (*sport*) to make a triangular pass.

triangolarità, *f.* triangularity.

triangolazióne, *f.* **1** (*geodesia*) triangulation **2** (*econ.*) triangular trade **3** (*sport*) triangular pass.

triàngolo, *m.* **1** (*geom.*) triangle: **t. equilatero**, equilateral triangle; **t. isoscele**, isosceles triangle; **t. ottusangolo**, obtuse-angled triangle; **t. rettangolo**, right-angled triangle; **t. scaleno**, scalene (triangle); **t. sferico**, spherical triangle; **a t.**, triangle-shaped; three-cornered; (*fis.*) **il t. delle forze**, the triangle of forces **2** (*oggetto o struttura triangolare*) triangle; tiangular piece: **un t. di stoffa**, a triangular piece of material; **il t. delle Bermude**, the Bermuda triangle; **il solito** (*o* **il classico**) **t.**, the eternal triangle; **il t. industriale**, the industrialized area formed by the provinces of Milan, Turin and Genoa **3** (*mus.*) triangle **4** (*astron.*) – **il T.**, Triangulum **5** (*per neonati*) pilch; (*pannolino*) nappy, diaper (*USA*).

triarchìa, *f.* triarchy.

triàrio, *m.* (*stor.*) triarius* (*lat.*).

Trias, *m.* (*geol.*) Trias.

triàssico, (*geol.*) **A** *a.* Triassic. **B** *m.* Trias; Triassic (period).

triathlon, *m. invar.* (*sport*) triathlon.

triatlèta, *m.* e *f.* triathlete.

triatòmico, *a.* (*chim.*) triatomic.

tribàle, *a.* tribal.

tribaliṣmo, *m.* tribalism.

tribàṣico, *a.* (*chim.*) tribasic.

triboelettricità, *f.* (*fis.*) triboelectricity.

triboelèttrico, *a.* (*fis.*) triboelectric.

tribolàre, A *v. t.* to afflict; to torment; to trouble. **B** *v. i.* **1** (*soffrire*) to suffer; to be tormented (*o* afflicted): **Ha tribolato tutta la vita**, he has suffered all his life; **La lombaggine lo fa t.**, his lumbago is causing him great pains; **Ha sempre fatto t. sua madre**, he has always been a sore trial to his mother; **Ha finito di t.** (*è morto*), his sufferings are over **2** (*faticare*) to have (a lot of) trouble: **Ho tribolato per trovarvi**, I had a lot of trouble finding you; **far t. q.**, to give trouble to sb.; to trouble sb.

tribolàto, *a.* afflicted; tormented; troubled: **vita tribolata**, life full of troubles; hard life.

tribolazióne, *f.* **1** (*patimento*) tribulation; suffering; trouble; hardship: **vita di tribolazioni**, hard life; life full of trouble **2** (*preoccupazione*) worry; trouble: **I figli gli danno solo tribolazioni**, his children give him nothing but worries.

tribolo, *m.* **1** *V.* **tribolazione** **2** (*bot., Tribulus terrestris*) (land) caltrop(s).

tribologìa, *f.* (*fis.*) tribology.

triboluminescènza, *f.* (*fis.*) triboluminescence.

tribórdo, *m.* (*com. per il termine naut.* «*dritta*») starboard.

tribù, *f.* **1** tribe: **membro di t.**, tribesman* (*m.*); tribeswoman* (*f.*) **2** (*fig. scherz.*) crowd, swarm; (*famiglia numerosa*) tribe, clan; (*figli*) brood.

tribùna, *f.* **1** (*per oratori*) tribune; rostrum*; platform: **parlare dalla t.**, to speak from the rostrum **2** (*spazio riservato*) gallery: **t. della stampa**, press gallery; **t. del pubblico**, public gallery **3** (*sport*) stand: **t. centrale**, grandstand **4** (*fig.*: *dibattito*) forum: debate: **t. aperta**, open forum; **t. elettorale**, TV electoral debate; **t. politica**, party political broadcast; **t. sindacale**, TV debate on industrial relations **5** (*archit.*) apse; tribune.

tribunale, *m.* court (of law); law court; tribunal (*anche fig.*); (*l'edificio*) courthouse: **presentarsi in t.**, to appear in court; **citare q. in t.**, (*leg.*) to summon sb. to appear in court; (*denunciare*) to sue sb.; **ricorrere al t.**, to appeal to the court; **comparire davanti a un t.**, to come (up) before a court; **portare q. in t.**, to take sb. to court; **t. civile**, civil court; court of equity; **t. del lavoro**, labour court; industrial tribunal; **t. di prima istanza**, court of first instance; trial court; **t. di seconda istanza**, court of appeal; **t. arbitrale**, arbitration court; **t. ecclesiastico**, spiritual court; **t. fallimentare**, bankruptcy court; **t. internazionale**, international court; **t. militare**, court martial; **t. penale**, criminal court; **t. per minorenni**, juvenile court; **t. supremo**, supreme court; **t. competente**, competent court; court having jurisdiction; **t. fittizio** (*o* **illegale**), kangaroo court; **aula del t.**, courtroom; **palazzo del t.**, courthouse; law courts; **presidente del t.**, presiding judge. ● (*fig.*) **il t. dell'opinione pubblica**, the forum of public opinion □ (*fig.*) **il t. della propria coscienza**, the judgment of one's conscience □ (*fig.*) **il t. di Dio**, God's tribunal.

tribunalésco, *a.* (*spreg.*) legalistic; legal: **linguaggio t.**, legal jargon.

tribunàto, *m.* (*stor.*) tribunate; tribuneship.

tribunésco, *a.* (*spreg.*) bombastic; demagogic; rabble-rousing.

tribunìzio, *a.* (*stor.*) tribunicial, tribunitial; tribunician, tribunitian.

tribùno, *m.* ***1*** (*stor.*) tribune: **t. della plebe**, tribune of the people ***2*** (*fig.*) tribune, people's champion; (*spreg.*) demagogue, rabble--rouser.

tributàre, *v. t.* to render; to give*; to pay*: **t. onori a q.**, to render honours to sb.; **t. grazie**, to give thanks; **t. obbedienza**, to render obedience; **t. omaggio**, to pay homage (*o* tribute).

tributària, *f.* excise and revenue police.

tributàrio, *a.* ***1*** (*che dà tributo*) that pays tribute: **i popoli tributari di Roma**, the peoples that paid tribute to Rome ***2*** (*fisc.*) fiscal; taxation (*attr.*); tax (*attr.*): **diritto t.**, taxation law; **ordinamento t.**, tax system; **riforma tributaria**, tax reform: **anagrafe tributaria**, tax register; **polizia tributaria**, excise and revenue police ***3*** (*geog.*) tributary: **fiume t.**, tributary (river).

tributarìsta, *m.* e *f.* ***1*** (*specialista di diritto tributario*) expert in taxation law ***2*** (*esperto fiscale*) tax consultant; tax (*o* fiscal) expert.

tribùto, *m.* ***1*** (*stor.*) tribute: **pagare un t.**, to pay a tribute; **imporre un t. a una città**, to lay a town under tribute ***2*** (*fisc.*) tax; duty; levy: **imporre un t. a q.**, to levy a tax on sb.; **esentare da un t.**, to exempt from a tax ***3*** (*fig.*) tribute; toll: **t. di fiori**, floral tribute; **t. di sangue**, bloodshed; deaths (*pl.*); **un pesante t. di vite umane**, a heavy toll in human lives.

tricàmere, **A** *a.* three-roomed. **B** *m.* three--roomed flat.

tricèfalo, *a.* three-headed.

triceràtopo, *m.* (*paleontol.*) triceratops.

trichèco, *m.* (*zool.*, *Odobenus rosmarus*) walrus*.

trichìași, *f.* (*med.*) trichiasis.

trichìna, *f.* (*zool.*, *Trichinella spiralis*) trichina*.

trichinòși, *f.* (*med.*) trichinosis*.

tricìclo, *m.* tricycle; trike (*fam.*); (*auto a tre ruote*) three-wheeler.

tricìpite, **A** *a.* ***1*** (*lett.*) three-headed ***2*** (*anat.*) tricipital; triceps (*attr.*). **B** *m.* (*anat.*) triceps (muscle).

triclìnio, *m.* (*archeol.*) triclinium*.

triclìno, (*miner.*) **A** *a.* triclinic. **B** *m.* triclinic system.

tricloroetilène, *m.* (*chim.*) trichloroethylene.

triclorofenòlo, *m.* (*chim.*) trichlorophenol.

triclorùro, *m.* (*chim.*) trichloride.

tricocèfalo, *m.* (*zool.*, *Trichocephalus dispar*) whipworm.

tricofìzia, *a.* (*med.*) ringworm.

tricofobìa, *f.* (*med.*) trichophobia.

tricologìa, *f.* (*med.*) trichology.

tricològico, *a.* (*med.*) trichological.

tricòlogo, *m.* (*f.* **-a**) trichologist.

tricolóre, **A** *a.* tricolour, tricolor (*USA*); tricoloured, tricolored (*USA*): **bandiera t.**, tricolour flag. **B** *m.* tricolour, tricolor (*USA*): **il t. (italiano)**, the Italian tricolour.

tricòma, *m.* ***1*** (*zool.*) hair; bristle ***2*** (*bot.*) trichome.

triconsonàntico, *a.* (*ling.*) triconsonantical.

tricòrde, **tricòrdo**, *a.* (*lett.*) trichord. ● (*mus.*) **strumento t.**, trichord.

tricòrno, *m.* tricorn (hat); cocked hat; three--cornered hat.

tricòși, *f.* (*med.*) trichosis*.

tricot (*franc.*), *m.* (*ind. tess.*) tricot.

tricotomìa, *f.* trichotomy.

Tricòtteri, *m. pl.* (*zool.*, *Tricopter*) Tricoptera.

tricòttero, *m.* (*zool.*) trichopter; caddis-fly.

tricromìa, *f.* (*fotogr.*) ***1*** (*procedimento*) trichromatism; three-colour process ***2*** (*riproduzione*) three-colour printing.

tric trac, *m. invar.* (*gioco*) backgammon; tric-trac.

tricuspidàle, *a.* tricuspid(al).

tricuspidàto, *a.* (*anche bot.*) tricuspidate(d).

tricùspide, *a.* tricuspid: (*anat.*) **valvola t.**, tricuspid valve.

tridàcna, *f.* (*zool.*, *Tridacna gigas*) tridacna; giant clam.

tridàttilo, *a.* (*zool.*) tridactyl(e); tridactylous.

tridènte, *m.* ***1*** trident ***2*** (*agric.*) hay-fork.

tridentìno, *a.* Tridentine: **i decreti tridentini**, the Tridentine decrees; **il Concilio t.**, the Council of Trent.

tridimensionàle, *a.* tridimensional; three--dimensional.

tridimensionalità, *f.* tridimensionality; three-dimensionality.

trìduo, *m.* (*eccl.*) triduum: **celebrare un t.**, to observe a triduum.

trièdrico, *a.* (*geom.*) trihedral.

trièdro, *m.* (*geom.*) trihedron*.

trielìna, *f.* (*chim.*) trichloroethylene.

triennàle, **A** *a.* ***1*** (*che dura tre anni*) triennial; three-year (*attr.*): **una nomina t.**, a three-year appointment; **un corso di studi t.**, a triennial course of studies ***2*** (*che ricorre ogni tre anni*) triennial; three-yearly (*attr.*): **un esame t.**, a triennial examination. **B** *f.* triennial: **La t. di Milano**, the Milan Triennial.

triènnio, *m.* three years (*pl.*); three-year period; triennium*.

triestìno, **A** *a.* of Trieste; from Trieste. **B** *m.* (*f.* **-a**) inhabitant of Trieste; native of Trieste.

trifàșe, *a.* (*elettr.*) three-phase (*attr.*): **circuito t.**, three-phase circuit; **convertitore t.**, three-phase converter; **corrente t.**, three--phase current; **sistema t.**, three-phase system.

trifàșico, *a.* (*elettr.*) three-phase (*attr.*).

trifenilmetàno, *m.* (*chim.*) triphenylmethane.

trìfido, *a.* (*bot.*) trifid.

trifogliàto, *a.* (*bot.*) trifoliate(d).

trifoglìna, *f.* (*bot.*, *Lotus corniculatus*) lotus; bird's-foot trefoil.

trifòglio, *m.* (*bot.*) clover; trefoil; trifolium: **t. bianco** (*Trifolium repens*), white clover; **t. dei campi** (*Trifolium arvense*) hare's foot; **t. incarnato** (*Trifolium incarnatum*), (crimson) clover; **t. d'acqua** (*Menyanthes trefoliata*), buck-bean; **t. pratense** (*Trifolium pratense*), red clover; **t. nero** (*Trifolium hybridum*), alsike (clover); **t. d'Irlanda**, shamrock.

trìfola, *f.* (*region.*: *tartufo*) truffle.

trifolàto, *a.* (*cucina*) ***1*** (*condito con tartufo*) truffled ***2*** (*tagliato sottile e condito con aglio e prezzemolo*) sliced and cooked in oil, with garlic and parsley.

trìfora, *f.* (*archit.*) window with three lights.

triforcàre, *v. t.* **triforcàrsi**, *v. i. pron.* to divide into three (branches).

triforcazióne, *f.* trifurcation.

triforcùto, *a.* trifurcate(d).

trifòrio, *m.* (*archit.*) triforium*.

trifórme, *a.* (*lett.*) triform.

trigamìa, *f.* trigamy.

trìgamo, *a.* trigamous.

trigèmino, **A** *a.* ***1*** (*anat.*) trigeminal: **nervo t.**, trigeminal nerve ***2*** (*di parto*) triplet (*attr.*): **parto t.**, triplet birth; birth of triplets; **fratello t.**, triplet. **B** *m.* (*anat.*) trigeminus*; trigeminal nerve.

trigèșimo, **A** *a. num. ord.* thirtieth. **B** *m.* (*eccles.*: *il giorno*) thirtieth day (after sb.'s death); (*la funzione*) month's mind.

trigètto, *m.* (*aeron.*) trijet.

trìglia, *f.* (*zool.*, *Mullus*) mullet: **t. di fango** (*Mullus barbatus*), red mullet. ● (*fig.*) **fare l'occhio di t. a q.**, to make sheep's eyes at sb.; to give sb. the glad eye.

triglicèride, *m.* (*biochim.*) triglyceride.

trìglifo, *m.* (*archit.*) triglyph.

trigonàle, *a.* (*geom.*, *miner.*) trigonal.

trigonèlla, *f.* (*bot.*, *Trigonella foenum graecum*) fenugreek.

trìgono, **A** *m.* ***1*** (*mus.*, *astron.*) trigon ***2*** (*anat.*) trigone. **B** *a.* trigonal.

trigonometrìa, *f.* (*mat.*) trigonometry: **t. piana [sferica]**, plane [spherical] trigonometry.

trigonomètrico, *a.* (*mat.*) trigonometric(al).

trigràmma, *m.* (*ling.*) trigraph.

trilateràle, *a.* (*anche fig.*) trilateral.

trilàtero, *a.* e *m.* (*geom.*) trilateral.

trilineàre, *a.* (*geom.*) trilinear.

trilìngue, *a.* trilingual.

trilinguìșmo, *m.* trilinguism.

trilióne, *m.* (*mat.*) ***1*** (*mille miliardi*, 10^{12}) billion (*GB*); trillion (*USA*) ***2*** (*un miliardo di milioni*, 10^{18}) trillion (*GB*); quintillion (*USA*).

trilìte, *m.* (*archit.*) trilithon; trilith.

trillàre, *v. i.* to trill; (*di campanello*) to ring*.

trìllo, *m.* ***1*** trill; (*di uccello*, *anche*) warbling; (*di campanello*) ring ***2*** (*mus.*) trill.

trilobàto, **trìlobo**, *a.* (*bot.*) trilobed; trilobate.

trilobìte, *f.* (*paleont.*) trilobite.

trilogìa, *f.* (*letter.*) trilogy.

trilùstre, *a.* (*lett.*) fifteen years old (*pred.*); fifteen-year-old (*attr.*).

trimaràno, *m.* (*naut.*) trimaran; (*abbr.*: tri).

trimestràle, *a.* ***1*** (*che dura tre mesi*) three--month (*attr.*) ***2*** (*che avviene o scade ogni tre mesi*) quarterly, three-monthly; (*di trimestre*) term (*attr.*): **rivista t.**, quarterly (review); **rate a scadenza t.**, quarterly payments; three--monthly instalments; **scrutini trimestrali**, average term marks.

trimestralizzàre, *v. t.* ***1*** (*dividere in trimestri*) to divide into three-month periods ***2*** (*rendere trimestrale*) to make quarterly.

trimestralizzazióne, *f.* division into three--month periods; making (st.) quartely.

trimestralménte, *avv.* quarterly; every three months.

trimèstre, *m.* ***1*** (*periodo di tre mesi*) quarter; three-month period: **lo stipendio di un t.**, a quarter's pay ***2*** (*scolastico*) term; quarter (*USA*); trimester (*USA*) ***3*** (*pagamento trimestrale*) quarterly payment; (*rata trimestrale*) quarterly instalment: **un t. di affitto**, a quarter's rent.

trimètrico, *a.* (*miner.*) trimetric.

trìmetro, *m.* (*poesia*) trimeter: **t. trocaico [giambico]**, trochaic [iambic] trimeter.

trimorfìșmo, *m.* (*miner.*) trimorphism.

trimotóre, (*aeron.*) **A** *a.* three-engined. **B** *m.* three-engined aircraft.

trimùrti, *f.* (*relig. indiana*) Trimurti.

trìna, *f.* ***1*** (*pizzo*) lace ***2*** (*pl.*) (*spreg.*) frills; frillery (*sing.*).

Trinàcria, *f.* (*lett.*, *stor.*) Trinacria; Sicily.

trinàcrio, *a.* (*lett.*, *stor.*) Trinacrian; Sicilian.

trinàto, *a.* (*guarnito di trine*) trimmed with lace.

trìnca, *f.* (*naut.*) gammon; gammoning.

trincàre (1), *v. t.* (*naut.*) to lash; to gammon.

trincàre (2), *v. t.* (*fam.*: *bere*) to guzzle; to knock back (*fam.*) to swill: **Si sono trincati un fiasco**, they have knocked back a flask; **Hanno trincato ieri sera**, they knocked back a few last night.

trincarìno, *m.* (*naut.*) stringer.

trincàta, *f.* (*fam.*) ***1*** (*forte bevuta*) drinking bout; binge ***2*** (*sorsata*) gulp; swig (*fam.*); swill (*fam.*).

trincatùra, *f.* (*naut.*) gammoning.

trincèa, *f.* ***1*** (*mil.*) trench: **t. scoperta**, open trench; **guerra di t.**, trench warfare; **combattere in t.**, to fight in the trenches ***2*** (*edil.*) entrenchment; ditch ***3*** (*ferr.*) cut; cutting.

trinceraménto, *m.* (*mil.*) entrenchment.

trinceràre, **A** *v. t.* (*mil.*) to entrench: **t. una posizione**, to entrench a position; **t. i propri uomini**, to order one's men to dig themselves in. **B trincerarsi,** *v. rifl.* **1** (*mil.*) to entrench oneself; to dig* oneself in **2** (*fig.*) to withdraw*; to hide*; to take* refuge: **t. dietro il segreto d'ufficio**, to withdraw (*o* to hide) behind professional secrecy; **t. nel silenzio**, to take refuge in silence; **t. nelle proprie posizioni**, to dig oneself in.

trincétto, *m.* shoemaker's knife*; skiving knife*; skiver.

trinchettina, *f.* (*naut.*) fore-topmast staysail.

trinchétto, *m.* (*naut.*) **1** (*albero*) foremast **2** (*pennone*) foreyard **3** (*vela inferiore*) foresail.

trinciaforàggi, *m.* (*agric.*) fodder-cutter.

trinciànte, *m.* carver; carving-knife*.

trinciapàglia, *m. invar.* (*agric.*) straw-cutter.

trinciapóllo, trinciapólli, *m. invar.* poultry shears (*pl.*).

trinciàre, A *v. t.* to carve; to cut* up; to chop; to shred: **t. la carne**, to carve meat; **t. tabacco**, to cut tobacco. ● (*fig.*) **t. gesti nell'aria**, to beat (*o* to saw) the air □ (*fig.*) **t. giudizi**, to make rash judgments □ (*fig.*) **t. i panni addosso a q.**, to gossip about sb.; to pull sb. to pieces. **B trinciàrsi,** *v. i. pron.* to split*.

trinciàto, A *a.* **1** cut up; chopped; shredded; (*di carne*) carved **2** (*arald.*) per bend. **B** *m.* (*tabacco*) shag: **t. forte**, strong shag.

trinciatóre, *m.* (*f.* **-trice**) cutter; shredder.

trinciatrice, *f.* (*mecc.*) shredder.

trinciatùra, *f.* **1** cutting up; shredding; (*di carne*) carving **2** (*minuzzoli*) cuttings (*pl.*); shreds (*pl.*).

trincóne, *m.* (*f.* **-a**) (*fam.*) guzzler; boozer; swiller.

trinità, *f.* trinity: **la Santissima T.**, the Holy (*o* the Blessed) Trinity.

trinitàrio, *a.* e *m.* (*teol.*) Trinitarian.

trinitarismo, *m.* (*teol.*) Trinitarianism.

trinitrina, *f.* (*chim.*) trinitrin.

trinitrobenzène, *m.* (*chim.*) trinitrobenzene.

trinitrofenòlo, *m.* (*chim.*) trinitrophenol; picric acid.

trinitroglicerina, *f.* (*chim.*) trinitroglycerin.

trinitrotoluène, trinitrotoluòlo, *m.* (*chim.*) trinitroluene.

trino, *a.* trine; (*teol.*) triune: **Dio uno e t.**, the Triune God (*o* Godhead); God three persons in one.

trinòmio, *m.* (*mat.* e *fig.*) trinomial.

trio, *m.* **1** (*gruppo di tre*) trio*; threesome **2** (*mus.*) trio*.

trìodo, *m.* (*fis.*) triode.

trionfàle, *a.* triumphal; triumphant: **carro t.**, triumphal car (*o* chariot); **arco t.**, triumphal arch; **fare un'entrata t.**, to make a triumphal (*o* triumphant) entry; **accoglienze trionfali**, triumphant welcome; **successo t.**, triumph.

trionfalismo, *m.* triumphalism.

trionfalista, *m.* e *f.* triumphalist.

trionfalìstico, *a.* triumphalist (*attr.*).

trionfalménte, *avv.* triumphantly; victoriously.

trionfànte, *a.* triumphant; exulting: **essere t.**, to exult; to triumph; **Entrò tutto t.**, he came in triumphantly; (*fam.*) **glorioso e t.**, as pleased as Punch; (*teol.*) **la Chiesa t.**, the Church Triumphant.

trionfàre, *v. i.* **1** (*stor. romana*: *celebrare un trionfo*) to triumph **2** (*vincere, prevalere, anche fig.*) to triumph; to overcome*; to prevail: **t. sull'opposizione**, to triumph over the opposition; **t. sulle difficoltà**, to triumph over difficulties; **far t. la giustizia**, to make justice prevail; **La verità presto o tardi trionfa**, truth always prevails in the end; truth will out in the end **3** (*esultare*) to exult **4** (*avere un grande successo*) to be a great success (*o* a hit); to be all the rage (*fam.*): **Il nuovo musical sta trionfando a Londra**, the new musical is a hit (*o* is all the rage) in London.

trionfatóre, A *m.* (*f.* **-trice**) (*vincitore*) winner; triumpher; victor. **B** *a.* triumphing.

trióͅnfo, *m.* **1** (*stor. romana*) triumph: **celebrare il t.**, to celebrate a triumph **2** (*vittoria*) triumph; victory: **il t. del consumismo**, the triumph of consumerism; **festeggiare il t. di una squadra**, to celebrate a team's victory **3** (*grande successo*) triumph; success; hit (*fam.*): **Il suo concerto fu un t.**, his concert was a big success **4** (*relig.*) glory: **il t. dei santi**, the glory of the saints in Heaven **5** (*centro tavola*) centrepiece; épergne (*franc.*) **6** (*nei tarocchi*) trump. ● **accogliere in t.**, to welcome in triumph □ (*archit.*) **arco di t.**, triumphal arch □ **con aria di t.**, triumphantly □ **passare di t. in t.**, to move from triumph to triumph □ **portare q. in t.**, to carry sb. shoulder-high.

triòssido, *m.* (*chim.*) trioxide.

tripanosòma, *m.* (*zool.*, *Trypanosoma*) trypanosome.

tripanosomiasi, *f.* (*med.*) trypanosomiasis*.

tripartìre, *v. t.* to divide into three (parts).

tripartìtico, *a.* (*polit.*) three-party (*attr.*).

tripartitismo, *m.* (*polit.*) three-party system.

tripartìto, A *a.* tripartite; divided into three (parts): **accordo t.**, tripartite agreement. **B** *m.* (*polit.*) three-party government.

tripartizióne, *f.* tripartition.

tripètalo, *a.* (*bot.*) tripetalous.

tripla, *f.* (*mus.*) triple time.

triplàno, *m.* (*aeron.*) triplane.

triplétta, *f.* **1** (*fucile*) three-barrelled shot-gun **2** (*giochi, sport*) triple win, triple hit; (*calcio*) hat-trick **3** (*biochim.*) codon **4** (*bicicletta*) three-seater bicycle.

triplicàre, A *v. t.* to triple; to treble; to triplicate: **t. il salario**, to triple wages; **t. i profitti**, to treble one's profits. **B triplicàrsi,** *v. i. pron.* to treble; to triplicate.

triplicazióne, *f.* triplication.

triplice, *a.* triple; triplicate; threefold: (*stor.*) **la T. Alleanza**, the Triple Alliance; **un t. scopo**, a triple (*o* threefold) aim; **in t. copia**, in triplicate.

triplista, *m.* e *f.* (*sport*) triple jumper.

triplo, A *a.* triple; treble; threefold: **una paga tripla**, triple (*o* treble) wages; (*sport*) **salto t.**, triple jump; hop, step and jump (*fam.*); **whisky t.**, triple (*o* treble) whisky; **filo t.**, three-ply. **B** *m.* triple; three times as much; three times as many: **Nove è il t. di tre**, nine is the triple of three; **Lavoro il t. di te**, I work three times as much as you do; **Erano il t. di noi**, they were three times as many as we were; **È grande il t.**, it's three times as big; **I prezzi sono aumentati del t.**, prices have trebled (*o* have gone up threefold).

triplòmetro, *m.* three-metre rod.

tripode, *m.* tripod.

tripodìa, *f.* (*poesia*) tripody.

tripòdico, *a.* (*poesia*) tripodic.

tripolàre, *a.* **1** (*elettr.*) three-pole **2** (*polit.*) three-way; three-sided; tripartite.

tripolarismo, *m.* (*polit.*) three-way system.

tripoli, *m.* (*miner.*) tripoli; rotten-stone.

tripolino, *a.* e *m.* (*f.* **-a**) Tripolitan.

tripósto, *a. invar.* three-seater (*attr.*).

trippa, *f.* **1** (*cucina*) tripe **2** (*fam. scherz.*) fat; (*pancia*) paunch, pot belly: **mettere su t.**, to put on weight; to get flabby.

trippàio, *m.* (*f.* **-a**) tripe-seller.

tripperia, *f.* tripery.

trippóne, *m.* (*fam.*) **1** (*grossa pancia*) beer belly (*fam.*); big fat stomach **2** (*f.* **-a**) fatty (*fam.*).

tripsina, *f.* (*biochim.*) trypsin.

triptofàno, *m.* (*biochim.*) tryptophan(e).

tripudiàre, *v. i.* to exult; to rejoice: **t. per la vittoria**, to rejoice in victory.

tripùdio, *m.* **1** (*esultanza*) exultation; jubilation; rejoicing: **La notizia fu accolta con t.**, the news was greeted with jubilation; **una folla in t.**, a jubilant (*o* rejoicing) crowd **2** (*fig.*) galaxy; blaze; riot: **un t. di colori**, a riot of colour; **un t. di luci**, a blaze of lights.

trireattóre, *m.* (*aeron.*) trijet.

tirégno, *m.* (*eccles.*) (papal) tiara.

trirème, *f.* (*naut.*, *stor.*) trireme.

tris, *m.* (*poker, ecc.*) three of a kind: **fare t.**, to have three of a kind; **t. d'assi**, three aces.

trisàvola, *f.* great-great-grandmother.

trisàvolo, *m.* great-great-grandfather.

trisecàre, *v. t.* (*geom.*) to trisect.

trisettrice, *f.* (*geom.*) trisectrix*.

trisezióne, *f.* (*geom.*) trisection.

trisillàbico, *a.* trisyllabic.

trisillabo, A *a.* trisyllabic. **B** *m.* trisyllable.

trisma, *m.* (*med.*) trismus; (*com.*) lockjaw.

Trismegisto, *m.* (*mitol.*) Trismegistus.

trismo, *V.* **trisma**.

trisnònna, *f.* great-great-grandmother.

trisnònno, *m.* great-great-grandfather.

trisomia, *f.* (*biol.*) trisomy.

trisòmico, *a.* (*biol.*) trisomic.

Tristàno, *m.* Tristram.

tristanzuòlo, *a.* naughty; mischievous.

triste, *a.* **1** sad; unhappy: **tristi notizie**, sad news; **tristi ricordi**, sad memories; **un t. sorriso**, a sad (*o* sorrowful) smile; **in quella t. occasione**, on that unhappy occasion; **avvilito e t.**, downcast and sad; **sentirsi t.**, to feel sad (*o* low); **avere l'aria t.**, to look unhappy; **È t. che finisca così**, it's sad (*o* how sad) it should end like that **2** (*deprimente*) gloomy; bleak; cheerless; dismal: **un paesaggio t.**, a bleak landscape; **tristi previsioni**, gloomy (*o* dismal) forecasts; **una t. prospettiva**, a cheerless prospect.

tristézza, *f.* **1** sadness; unhappiness: **occhi velati di t.**, eyes veiled with sadness; **gioia mista a t.**, joy mingled with sadness; **Che t. vedere il giardino così ridotto!**, how sad to see the garden in such a state! **2** (*afflizione, evento triste*) sorrow; affliction; misery; trouble: **Quante tristezze nella sua vita!**, how many sorrows (*o* how many troubles) in his life! **3** (*cupezza*) bleakness; gloominess; gloom; cheerlessness.

tristìzia, *f.* (*lett.*) **1** (*malvagità*) wickedness **2** *V.* **tristezza**.

tristo, *a.* **1** (*cattivo*) bad, mean; (*malvagio*) wicked, evil **2** (*meschino*) mean; poor; meagre.

tritàbile, *a.* that can be minced.

tritacàrne, *m. invar.* mincer; mincing machine; meat grinder (*USA*).

tritaghiàccio, *m. invar.* ice crusher.

tritaòssa, *m. invar.* (*zootecnia*) bone crusher; bone grinder.

tritaprezzémolo, *m. invar.* parsley chopper.

tritàre, *v. t.* **1** (*sminuzzare*) to mince; to chop; to cut* up: **t. la carne**, to mince meat; **t. la verdura**, to chop vegetables **2** (*triturare*) to grind*; to crush; to triturate; to pound: **t. il ghiaccio**, to crush ice; **t. il pepe**, to grind pepper.

tritarifiùti, *m. invar.* rubbish (*USA*: garbage) crusher; refuse (*o* trash) shredder; garbage disintegrator (*USA*).

tritatùra, *f.* mincing; chopping; grinding.

tritatùtto, *m. invar.* mincer; food grinder (*USA*); food chopper (*USA*).

triteismo, *m.* (*stor. relig.*) tritheism.

triteista, *m.* (*stor. relig.*) tritheist.

tritèllo, *m.* fine bran.

trìtico, *m.* (*bot.*) triticum.

tritio, *V.* **trizio**.

trito, A *a.* **1** (*tritato*) minced, chopped, cut up; (*sbriciolato*) ground, pounded: **carne trita**, minced meat; mince (*GB*); mincemeat (*USA*); **pane t.**, ground bread; breadcrumbs (*pl.*); **roccia trita**, pounded rock **2** (*fig.*: *banale, risaputo*) trite; stale; stock; outworn; hackneyed: **argomenti triti**, trite subjects; **un'espressione trita**, a hackneyed phrase. ● **t. e ritrito**, hoary; fly-blown; threadbare; old-hat (*pred.*): **una storia t. e ritrita**, a hoary tale; old hat (*fam.*). **B** *m.* (*cucina*) chopped ingredients (*pl.*); mirepoix (*franc.*): **un t. di cipolla**, chopped onion.

tritòlo, *m.* (*chim.*) trinitrotoluene (*abbr.*: TNT).

tritóne, *m.* **1** (*mitol.*) Triton **2** (*zool.*, *Tritu-*

rus) triton; newt **3** (*fis.*) triton.
tritono, m. (*mus.*) tritone.
trittico, m. **1** (*arte*) triptych **2** (*documento doganale*) International Customs Pass; tryptique (*franc.*); pass-sheet.
trittòngo, m. (*fon.*) triphthong.
tritùme, m. shavings (*pl.*); crumbs (*pl.*); shreds (*pl.*).
trituràbile, a. that can be ground; triturable.
trituràre, v. t. to triturate; to grind*; to crush; to pound.
trituratóre, A a. grinding; pounding. **B** m. grinding mill; pounder.
triturazióne, f. grinding; pounding; trituration.
triùmviro, e *deriv. V.* **triunviro,** e *deriv.*
triunviràle, a. (*stor.*) triumviral.
triunviràto, m. (*stor.*) triumvirate.
triùnviro, m. (*stor.*) triumvir*.
trivalènte, a. **1** (*chim.*) trivalent; tervalent **2** (*logica*) three-valued.
trivalènza, f. (*chim.*) trivalence, trivalency; tervalence, tervalency.
trivèlla, f. **1** (*ind. min.*) drill: **t. a graniglia,** shot drill; **t. a percussione,** percussion (*o* churn) drill **2** (*per pozzi*) borer; drill **3** (*falegn.*) gimlet; auger.
trivellaménto, m. *V.* **trivellatura.**
trivellàre, v. t. to drill; to bore: **t. un pozzo di petrolio,** to drill an oil well.
trivellatóre, m. (f. **-trice**) driller; borer.
trivellatùra, trivellazióne, f. drilling; boring; sinking: **t. a rotazione,** rotary drilling; **t. sottomarina,** offshore (*o* submarine) drilling; **t. a getto** (*d'acqua, d'aria*), jetting; **torre di t.,** derrick; **fare trivellazioni,** to drill.
trivèllo, m. (*falegn.*) gimlet; auger.
triviàle, a. **1** (*volgare*) coarse; vulgar; low: **maniere triviali,** coarse manners; **linguaggio t.,** coarse (*o* vulgar) language; **una persona t.,** a vulgar person **2** (*meno com.*: *ovvio, banale*) trivial.
trivialità, f. **1** coarseness; vulgarity; scurrility **2** (*detto triviale*) vulgarity: **dire t.,** to use coarse language **3** (*meno com.*: *banalità*) triviality.
trìvio, m. **1** crossroads (*pl. col verbo al sing.*) **2** (*stor.*: *arti del t.*) trivium*. ● (*fig.*) **da t.,** coarse; vulgar; low.
trìzio, m. (*chim.*) tritium.
trocàico, a. (*poesia*) trochaic.
trocantère, m. (*anat., zool.*) trochanter.
trocantèrico, a. (*anat.*) trochanteric.
trochèo, m. (*poesia*) trochee.
tròclea, f. (*anat.*) trochlea.
trocleàre, a. (*anat.*) trochlear.
tròco, m. (*zool., Trochus*) top-shell.
trofèo, m. **1** trophy: **t. di guerra,** war trophy; **trofei di caccia,** hunting trophies; **t. sportivo,** sports trophy **2** (*mil.*) badge.
tròfico, a. (*med.*) trophic(al).
trofismo, m. (*med.*) trophism.
trofoblàsto, m. (*biol.*) trophoblast.
trofoneuròṣi, f. (*med.*) trophoneurosis.
trofoneuròtico, a. (*med.*) trophoneurotic.
troglodita, m. e f. troglodyte (*anche fig.*); cave-dweller.
trogloditico, a. (*anche fig.*) troglodytic(al).
trogloditiṣmo, m. troglodytism; cave dwelling.
trògolo, m. trough. ● **t. d'incubazione,** hatchery.
Tròia, f. (*geogr.*) Troy.
tròia, f. **1** (*fam.*: *scrofa*) sow **2** (*volg.*: *puttana*) whore; slut.
troiàio, m. (*volg.*: *posto sporco*) pigsty; (*locale di infimo ordine*) sleazy joint (*pop.*), low dive (*pop.*).
troiàno, a. e m. (f. **-a**) Trojan (*f.* Trojan woman*).
troiàta, f. (*volg.*) **1** (*porcheria*) filth; muck; shit (*volg.*) **2** (*azione vergognosa*) filthy trick; shitty trick (*volg.*).
tròica, f. (*anche fig.*) troika.
Tròilo, m. (*letter.*) Troilus.
trómba, f. **1** (*mus.*) trumpet; (*mil.*) bugle: **squillo di t.,** trumpet blast; bugle call; **suonare la t.,** to play the trumpet; (*mil.*) to blow the bugle; **dare fiato alle trombe,** to sound (*o* to blow) the trumpets; (*fig.*) to trumpet **2** (*suonatore di t.*) trumpet player; trumpet; (*mil.*) trumpeter **3** (*autom.*) horn **4** (*pompa*) pump: **t. idraulica,** hydraulic pump; **t. d'incendio,** fire pump; (*naut.*) **t. di sentina,** bilge pump **5** (*delle scale, dell'ascensore*) well **6** (*anat.*) tube: **t. d'Eustachio,** Eustachian tube; **t. di Falloppio,** Fallopian tube **7** (*zool.*: *proboscide*) trunk; proboscis* **8** (*meteor.*) – **t. d'aria,** whirlwind; tornado; **t. marina,** waterspout. ● **la t. del Giudizio,** the last trump □ **la t. dello stivale,** the leg (of a boot) □ (*fig.*) **la t. del vicinato,** gossip; telltale □ (*fig. fam.*) **partire in t.,** to be off like a shot.
trombàre, v. t. **1** (*scherz.*: *bocciare*) to fail; to reject; to flunk (*USA*) **2** (*volg.*: *possedere carnalmente*) to screw; to fuck.
trombétta, f. (toy) trumpet.
trombettière, m. **1** (*mil.*) bugler **2** (*zool.*, *Bucanetes githagineus*) trumpeter bullfinch; (*Psophia crepitans*) trumpeter.
trombettista, m. e f. (*mus.*) trumpet player.
trombina, f. (*biochim.*) thrombin.
trómbo, m. (*med.*) thrombus*.
trombocita, trombocito, m. (*biol.*) thrombocyte.
trombocitopenia, f. (*med.*) thrombocytopenia.
trombocitòsi, f. (*med.*) thrombocytosis*.
tromboflebite, f. (*med.*) thrombophlebitis.
trombonàta, f. (*fam.*) hot air: **una gran t.,** a lot of hot air.
tromboncino, m. **1** (*mil.*) launcher **2** *V.* **trombone,** *def. 4.*
trombóne, m. **1** (*mus.*) trombone **2** (*suonatore di t.*) trombonist **3** (*schioppo*) blunderbuss **4** (*bot., Narcissus pseudo-narcissus*) daffodil; lent-lily **5** (*fam., di persona*) windbag; gasbag; stuffed shirt.
trombonista, m. e f. (*mus.*) trombonist.
trombòṣi, f. (*med.*) thrombosis*.
trombòtico, a. (*med.*) thrombotic.
troncaménto, m. **1** cutting off; breaking off; truncation; severance **2** (*ling.*) apocope **3** (*elab., mat.*) truncation.
troncàre, v. t. **1** (*tagliare*) to cut* off, to chop off, to sever; (*spezzare*) to break* off: **La lama gli troncò un braccio,** the blade cut off (*o* severed) his arm; **t. un ramo,** to break off a branch **2** (*fig.*: *mettere fine*) to break* off, to sever, to cut* short; (*interrompere*) to interrupt: **t. un'amicizia [un fidanzamento],** to break off a friendship [an engagement]; **t. le relazioni politiche,** to break off political relations; **t. ogni rapporto con q.,** to sever all connections with sb.; to break off relations with sb.; **t. una conversazione,** to break off a conversation; **t. la parola in bocca a q.,** to cut sb. short; **t. una discussione,** to cut a discussion short; **t. gli studi,** to interrupt one's studies; **t. la carriera di q.,** to cut short sb.'s career; **t. q.c. sul nascere,** to nip st. in the bud **3** (*ling.*) to apocopate. ● (*fig.*) **t. le gambe** (*affaticare*), to do sb. in (*fam.*) □ (*fig.*) **t. le gambe a q.** (*ostacolare*), to put a spoke in sb.'s wheel.
troncàto, a. **1** (*biol.*) truncate **2** (*arald.*) per fess.
troncatrice, f. (*mecc.*) cropper.
troncatùra, f. **1** cutting off; breaking off (*anche fig.*) **2** (*il punto di troncatura*) cut; break.
tronchése, m. e f. (*mecc.*) (cutting) nippers (*pl.*).
tronchesina, f. cutter; nippers (*pl.*); (*per unghie*) nail clippers (*pl.*): **t. tagliafili,** wire cutter.
trónco (1), a. **1** (*geom.*) truncated: **cono t.,** truncated cone; **piramide tronca,** truncated pyramid **2** (*mozzato*) cut off; (*mutilato*) mutilated, maimed: **rami tronchi,** cut-off branches; **un braccio t.,** a mutilated arm **3** (*fig.*: *smozzicato*) broken; (*interrotto*) unfinished, broken off, incomplete: **frasi tronche,** broken sentences; **una spiegazione tronca,** an incomplete explanation **4** (*ling.*) apocopate(d); (*accentato sull'ultima sillaba*) with the accent on the last syllable. ● **in t.,** (*sui due piedi*) on the spot, without notice; (*incompiuto*) unfinished: **licenziare in t.,** to dismiss without notice; to fire (*o* to sack) on the spot (*fam.*); **rompere in t. il fidanzamento,** to break off the engagement; **arrestarsi in t.,** to stop short; **un lavoro rimasto in t.,** an unfinished job.
trónco (2), m. **1** (*fusto d'albero*) trunk; (*abbattuto, anche*) log: **t. di quercia,** oak trunk; **t. cavo,** hollow trunk; **fatto di tronchi di pino,** made of pine logs; **capanna di tronchi,** log hut; log cabin (*USA*) **2** (*ceppo d'albero nel terreno*) stump; bole **3** (*anat.*) trunk; (upper) body; torso* **4** (*fig.*: *ceppo, stirpe*) stock **5** (*tratto, segmento*) section, stretch; (*diramazione*) branch: **t. di strada,** road section; **t. ferroviario,** railway section **6** (*geom.*) truncated figure; frustum*: **t. di cono,** truncated cone; **t. di piramide,** truncated pyramid **7** (*scult.*) torso* **8** (*archit.*) shaft; trunk: **il t. di una colonna,** the shaft of a column. ● (*aeron.*) **t. centrale** (*della fusoliera*), centre section □ (*naut.*) **t. maggiore,** lower mast: **t. maggiore di maestra,** lower mainmast.
troncóne, m. **1** stump **2** (*moncone*) stump.
troneggiàre, v. i. **1** (*dominare*) to dominate: **A capotavola troneggiava il nonno,** Grandfather dominated from the head of the table; **Una grossa poltrona troneggiava al centro della stanza,** a large armchair dominated the centre of the room **2** (*sovrastare*) to tower: **Troneggiava sugli altri per la sua statura,** he towered above the others.
trónfio, a. **1** (*di persona*) puffed up; self-important; conceited: **La superbia lo rende t.,** he is puffed up with pride; **camminare tutto t.,** to strut; **andare t. di q.c.,** to boast about st.; to crow over st.; **t. come un pavone,** as proud as a peacock **2** (*di stile*) pompous; bombastic; high-flown; inflated.
tròno, m. **1** throne: **t. pontificio [imperiale],** papal [imperial] throne; **salire al t.,** to come to (*o* to ascend) the throne; **rinunciare al t.,** to renounce (*o* to abdicate) the throne; **succedere al t.,** to succeed to the throne; **erede al t.,** heir to the throne; **sala del t.,** throne room **2** (*pl.*) (*teol.*) Thrones.
tropèolo, m. (*bot., Tropaeolum*) tropaeolum*.
tropicàle, a. (*geogr.*) tropical: **clima t.,** tropical climate.
tropicalizzàre, v. t. to tropicalize.
tropicalizzazióne, f. tropicalization.
tròpico, m. (*astron., geogr.*) tropic: **il t. del Cancro,** the Tropic of Cancer; **il t. del Capricorno,** the Tropic of Capricorn; **vivere ai tropici,** to live in the tropics.
tropina, f. (*chim.*) tropine.
tropiṣmo, m. (*biol.*) tropism.
tròpo, m. **1** (*retor.*) trope; figure of speech **2** (*mus.*) trope.
tropologia, f. tropology.
tropològico, a. tropological.
tropopàuṣa, f. (*meteor.*) tropopause.
troposfèra, f. (*meteor.*) troposphere.
troposfèrico, a. (*meteor.*) tropospheric.
tròppo, A avv. **1** (*con agg. e avv.*) too: **t. caldo,** too hot; **t. presto,** too early; **t. bello per essere vero,** too good to be true; **È t. buono per arrabbiarsi,** he's too good to get angry; **È un paese t. freddo per le nostre vacanze,** it's too cold a country for our holidays; **Non avertela t. a male,** don't take it too badly; **La conosco anche t.,** I know her only (*o* all) too well; **Era fin t. vero,** it was only too true; **È fin t. facile, deve esserci qualcosa sotto,** it's almost too easy, there must be a catch somewhere; **Il film era davvero t. lungo,** the film was far (*o* much) too long; **Era t. signora per**

rispondergli, she was too much of a lady to answer him ***2*** (*nel senso di «molto»*) too; so; very: **Lei è t. buono!**, you are so kind!; so very kind of you!; **Non mi sento t. bene**, I'm not feeling too (*o* very) well; **Non ne sarei t. sicuro**, I wouldn't be so sure; **Non sono t. convinto che tu abbia ragione**, I'm not too (*o* so) sure you are right ***3*** (*con verbi*) too much: **Dorme t.**, he sleeps too much; **Il suo guaio è che l'ama t.**, his trouble is that he loves her too much; **Ho mangiato t.**, I have eaten too much; I have overeaten; **Lavori t., dovresti staccare un po'**, you are overworking yourself, you should have a break ***4*** (*di tempo*) too long: **Ho aspettato t.**, I've waited too long; **È t. che aspetto**, I've been waiting too long. **B** *a.* too much (*pl.* too many): **C'è t. inchiostro**, there is too much ink; **C'erano troppe persone**, there were too many people; **Ha t. potere**, he has too much power; **troppa folla**, too large a crowd; **C'è troppa differenza tra queste tinte**, there is too much (*o* too great a) difference between these shades; **È passato t. tempo da allora**, it's too long since then; **Ho troppe cose da fare**, I have too many things to do; **Mi pare che di occasioni ne ha avute fin troppe**, I think he's had more than his fair share of opportunities. **C** *pron.* too much (*pl.* too many; *troppa gente*: too many people): **È t. per lui**, it's too much for him; **Chiedi t.**, you are asking too much; **Questo è davvero t.!**, that's really too much! (*o* a bit much!); **Riprenditi qualche pesca, me ne hai date troppe**, take back some peaches, you've given me too many; **Lo sanno in troppi**, too many people know about it; **Sono in troppi**, they are too many; there are too many of them; **Non comprerò altri dischi, ne ho fin troppi**, I won't buy any more records, I have too many already (*o* as it is); **Hai detto anche t.**, you've said more than enough; you've already said too much; **Mi hai dato duemila lire di t.**, you've given me two thousand lire in excess; **Ha detto qualche parola di t.**, he said a few words too many; **Ha bevuto un bicchiere di t.**, he has had one too many (*fam.*). ● **essere di t.**, (*di cosa*) to be superfluous, not to be needed; (*di persona*) to be in the way, not to be wanted: **Sono di t. se vengo anch'io?**, do you mind if I come too?; will I be in the way if I come too?; **È chiaro che qui sono di t.**, it is clear I am not wanted here □ (*prov.*) **A chi t., a chi niente**, some get too much, some nothing. **D** *m.* (*prov.*) **Il t. stroppia**, too much breaks the bag; it's too much of a good thing.

troppopièno, *m. invar.* overflow.

tròta, *f.* (*zool., Salmo*) trout*: **pescare trote**, to fish for trout; **pesca alla t.**, trout fishing; **t. salmonata**, salmon trout; **t. arcobaleno**, rainbow trout.

troticoltóre, *m.* (*f.* **-trice**) trout breeder.

troticoltùra, *f.* trout-breeding.

trottapiàno, *m. e f. invar.* (*scherz.*) slowcoach.

trottàre, *v. i.* ***1*** to trot: **far t. un cavallo**, to trot a horse ***2*** (*fam.*: *camminare con passo spedito*) to trot, to walk briskly; (*affrettarsi*) to hurry, to run*, to rush; (*correre qua e là*) to be on the trot: **Siamo in ritardo, ci toccherà t.**, we are late, we'll have to rush (*fam.*: to put our skates on); **È tutto il giorno che trotto**, I've been on the trot all day.

trottàta, *f.* ***1*** trot: **fare una t.**, to go for a trot ***2*** (*fig.*) trot, brisk walk; (*con premura*) rush.

trottatóio, *m.* (*ippica*) trotting track.

trottatóre, *m.* trotter.

trotterellàre, *v. i.* ***1*** to trot ***2*** (*fig.*: *di persona*) to trot (*o* to jog) along; (*di bambini*) to toddle.

tròtto, *m.* ***1*** (*ippica*) trot: **correre al t.**, to trot; **mettere un cavallo al t.**, to trot a horse; **rompere il t.**, to break gait; **piccolo t.**, jog trot; **andare al piccolo t.**, to jog trot; **andare al t. serrato**, to go at a steady trot; **corse al t.**, trotting races ***2*** (*fig.*) trot; brisk pace: **camminare di buon t.**, to walk at a brisk pace; **Partì di buon t.**, he trotted off; **Di buon t. arriverò in mezz'ora**, at this rate I shall be there in half an hour.

tròttola, *f.* (spinning) top; whirligig: **far girare una t.**, to spin a top; **girare come una t.**, to spin like a top; to spin (*o* to whirl) around; (*fig.*: *essere indaffarato*) to be on the move (*o* on the trot), to rush about.

trottolàre, *v. i.* to spin* around; to whirl around.

trottolino, *m.* (*f.* **-a**) (*fam.*) ***1*** (*bambino piccolo*) toddler ***2*** (*bambino vivace*) lively child.

trotzkìsmo, *m.* (*polit.*) Trotskyism.

trotzkista, *m. e f.* (*polit.*) Trotskyist.

troupe (*franc.*), *f. invar.* ***1*** (*teatr.*) company; troupe; players (*pl.*) ***2*** (*cinem., TV*) (*gli attori*) cast; (*i tecnici*) crew.

trousse (*franc.*), *f. invar.* ***1*** (*astuccio*) case; kit ***2*** (*borsetta da sera*) evening bag; dress handbag.

trovàbile, *a.* that can be found; findable: **non facilmente t.**, not easily found.

trovadóre, *V.* **trovatore**.

trovadòrico, *a.* (*stor. letter.*) troubadour (*attr.*).

trovànte, *m.* (*geogr.*) erratic.

trovàre, **A** *v. t.* ***1*** to find*: **t. un portafoglio**, to find a wallet; **t. una buona ragione**, to find a good reason; **Trovai l'uscio chiuso**, I found the door closed; **Finalmente ti trovo**, at last I've found you; **La trovai che dormiva**, I found her sleeping; **Ho trovato scritto sul giornale della sua nomina**, I read about his appointment in the papers; **t. accoglienza**, to be welcome; **t. pace [aiuto, giovamento, riposo]**, to find peace [help, relief, rest]; **t. successo**, to meet with success; **t. marito**, to find a husband; **t. lavoro**, to find work (*o* a job); **t. casa**, to find a house; **t. da dormire**, to find somewhere to sleep; **t. da mangiare**, to find something to eat; **t. il tempo di fare q.c.**, to find time to do st.; **t. il momento di fare q.c.**, to find an opportunity to do st.; **Trovavo difficile fare amicizia**, I found it difficult to make friends; **t. per caso**, to find by chance; to come across; to stumble on ***2*** (*scoprire*) to find*, to discover; (*individuare*) to spot, to track down: **Troveremo il colpevole**, we'll find the culprit; **t. la soluzione di un problema**, to find the solution to a problem; **Il dottore gli trovò un soffio al cuore**, the doctor found he had a cardiac murmur; **Colombo trovò un nuovo mondo**, Columbus discovered a new world; **Dopo lunghe ricerche la trovarono nel bar di Nino**, after a long search they tracked her down in Nino's bar ***3*** (*escogitare*) to find*; to come* up with: **t. una scusa**, to find an excuse; **Trova sempre scuse**, he is always coming up with some excuse; **t. un rimedio**, to find a remedy ***4*** (*incontrare, imbattersi in*) to meet* with; to come* across (*o* upon); to run* into: **Ho trovato molti ostacoli**, I met with (*o* came across) many obstacles; **Trovò un carro che sbarrava la strada**, he came upon a cart that was blocking the road; **Entro e chi ti trovo?**, who should I run into as I was going in? ***5*** (*cogliere, sorprendere*) to find*; to catch*: **Lo trovarono che rubava**, they caught him stealing; **L'alba lo trovò ancora sveglio**, dawn found him still awake; **Mi trovi impreparato su questo argomento**, you have caught me unprepared on this matter ***6*** (*pensare*) to think*; (*giudicare, reputare, sembrare*) to find*, to consider: **Trovo che ha perfettamente ragione**, I think he is quite right; **Io lo trovo troppo salato**, I find it too salty; **Trovo impossibile non darti ragione**, I find it impossible not to agree with you; **Trovo giusto informare anche loro**, I think we should let them know too; **Come lo trovi?**, how do you find it?; how do you like it?; what do you think of it?; **Ti trovo un po' pallido**, you look a bit pale; **È un po' strano, non trovi?**, it's rather stange, don't you think? (*o* isn't it?); **«Marta è proprio in gamba» «Tu trovi?»**, «Marta is really clever» «do you think so?». ● **t. da ridire su q.c.**, to find fault with st. □ **t. la morte**, to be killed; to meet one's death (*lett.*) □ **t. modo di fare q.c**, to manage to do st.; to find a way to do st. □ **andare a t.** (*far visita*), to go to see; to call on; to visit; to look up: **Sono andato a t. il mio amico**, I went to see (*o* called on) my friend; **Vieni a trovarci quando sei in città**, look us up when you are in town □ (*fam.*) **È un uomo come non se ne trovano più**, they don't make them like him any more □ **Che cosa ci trovi di strano?**, what's so strange about it? □ **Non capisco che gusto ci trovi**, I can't understand what you see in it □ (*prov.*) **Chi cerca trova**, nothing seek nothing find. **B trovàrsi**, *v. i. pron.* ***1*** (*essere*) to be; (*essere situato*) to be situated, to lie*: **Mi trovo all'aeroporto**, I am at the airport; **t. in pericolo**, to be in danger; **t. in miseria**, to be destitute; **Mi sono trovato davanti a un grosso problema**, I was confronted by a big problem; **Ci troviamo d'accordo su questo**, we are agreed (*o* in agreement) on this; **Il prodotto si trova in vendita nei migliori negozi**, the product is on sale in the best shops; **i paesi che si trovano al centro d'Europa**, the countries that are situated in Central Europe; **L'Irlanda si trova a occidente della Gran Bretagna**, Ireland lies to the west of Great Britain ***2*** (*essere per caso*) to happen to; (*ritrovarsi*) to find* oneself: **Mi trovavo a passare di là**, I happened to pass that way; **Si trovò di fronte alla cattedrale**, he found himself in front of the cathedral ***3*** (*sentirsi*) to feel*; to be: **t. a proprio agio**, to be (*o* to feel) at (one's) ease; **Mi trovo bene qui**, I feel comfortable here; I'm happy here; **Come ti trovi in questo albergo?**, how do you find this hotel?; **t. bene con q.**, to get on well with sb. **C trovàrsi**, *v. rifl. recipr.* (*incontrarsi*) to meet*; (*riunirsi*) to get* together: **Ci troviamo spesso ai giardini**, we often meet in the park; **t. per caso**, to meet by chance; **Dobbiamo trovarci per mettere a punto il programma**, we must get together to decide about the programme.

trovaròbe, *m. e f. invar.* (*teatr.*) property man* (*m.*); propman* (*m.*); property mistress (*f.*).

trovàta, *f.* ***1*** (*idea*) idea, notion; (*trucco*) trick, gimmick; (*idea felice*) bright idea, sudden inspiration, brainwave (*fam.*): **pieno di trovate**, full of ideas; **una delle sue solite trovate**, one of his usual clever ideas (*o* notions); **Che bella t.!**, what a great idea!; **una t. infelice**, an unfortunate idea; **t. pubblicitaria**, publicity gimmick (*o* stunt) ***2*** (*battuta*) witty remark; witticism; quip.

trovatèllo, *m.* (*f.* **-a**) foundling.

trovàto, *a.* – **ben t.**, (*escogitato*) well-thought out, well-devised, clever; (*ben detto*) well said; **Ben t.!** (*come formula di saluto*), well met!; good to see you!

trovatóre, *m.* (*stor. letter.*) troubadour.

trovièro, *m.* (*stor. letter.*) trouvère; trouveur.

trozkìsmo, **trozkista**, *V.* **trotzkismo**, **trotzkista**.

tròzza, *f.* (*naut.*) parrel.

trùca, *f.* (*cinem.*) optical printer.

truccàre, **A** *v. t.* ***1*** (*applicare il trucco*) to make* up; to put* make-up on: **t. un attore**, to make up an actor; **truccarsi gli occhi**, to make up one's eyes; to put eye make-up on ***2*** (*vestire da*) to dress up; (*travestire, anche*) to disguise; (*camuffare*) to camouflage: **L'ho truccato da spazzacamino**, I dressed him up as a chimney-sweep; **t. una nave da guerra da mercantile**, to camouflage a warship as a merchantman ***3*** (*manipolare*) to fix; to rig: **t. le carte**, to mark (*o* to fix) the cards; **t. i dadi**, to load the dice; **t. le elezioni**, to rig an election; **t. un incontro di pugilato**, to fix a boxing match; **t. un motore**, to supercharge (*fam.*: to soup up, to hot up) an engine. **B truccàrsi**, *v. rifl.* ***1*** (*mettersi del trucco*) to put* on make-up; (*specialm. di attore*) to make* up: **Devo truccarmi prima di uscire**, I must put on some make-up before going out; **Si trucca sempre molto poco**, she always wears very little make-up; **Non sa truccarsi**, she does know how to put on (*o* use) make-up; **È in camerino a t.**, he's in his dressing-room making up **2** (*travestirsi*) to dress up; to disguise oneself: **t. da re**, to dress up as a king; **t. da idraulico**, to disguise oneself as a plumber.

truccàto, *a.* **1** (*con trucco sul viso*) made up **2** (*vestito da*) dressed up; (*travestito*) disguised; (*camuffato*) camouflaged **3** (*manipolato*) fixed; rigged: **incontro t.**, fixed match; **elezioni truccate**, rigged election; **carte truccate**, marked cards; **dadi truccati**, loaded dice; **foto truccata**, trick photograph; **macchina truccata**, supercharged (*fam.*: souped-up, hotted-up) car; hot rod (*fam.*).

truccatóre, *m.* (*f.* **-trice**) make-up man* (*f.* woman*); make-up artist.

truccatùra, *f.* **1** (*il truccare*) making-up **2** (*travestimento*) disguise **3** (*il necessario per il trucco*) make-up; cosmetics (*pl.*).

trùcco, *m.* **1** (*artificio illusorio*) trick: **i trucchi del prestigiatore**, a conjurer's tricks; **Dov'è il t.?**, where's the trick?; **È tutto un t.**, it's all a trick; **Ci deve essere un t.!**, there must be a trick in it somewhere!; (*scherz.*) **Il t. c'è ma non si vede!**, that's my secret!; **t. fotografico**, photographic trick (*o* effect); **t. cinematografico**, special effect; trick; **t. scenico**, stage effect **2** (*stratagemma*) trick; gimmick; ruse; scheme; dodge: **i trucchi del mestiere**, the tricks of the trade; **Ha provato tutti i trucchi per non fare il militare**, he tried all sorts of dodges to avoid doing his military service; **Ha cercato di fare uno dei suoi trucchi**, he tried one of his usual tricks; **La sua promessa è solo un t. per guadagnare tempo**, his promise is just a ruse to gain time **3** (*raggiro*) trick, trickery; (*inghippo*) catch: **Mi hanno fatto firmare quel documento con un t.**, I was tricked into signing that paper; **Niente trucchi!**, no tricks!; **Solo un milione? Deve esserci qualche t.**, only one million? there must be some catch somewhere **4** (*truccatura*) make-up; cosmetics (*pl.*); paint: **t. da sera**, evening make-up; **t. teatrale**, stage make-up; **farsi il t.**, to put on make-up; to make oneself up: **usare molto t.**, to wear a lot of make-up; **togliersi il t.**, to remove one's make-up.

trùce, *a.* **1** (*minaccioso*) threatening; (*torvo*) fierce, grim, black: **viso t.**, grim face; **fare la faccia t.**, to look grim; **guardare q. con occhi truci**, to give sb. a black look; to look daggers at sb. **2** (*atroce*) grim, gruesome, atrocious; (*crudele*) cruel; (*feroce*) savage.

trucidàre, *v. t.* to slaughter; to massacre; to slay*; (*assassinare*) to murder.

truciolàre, **A** *a.* chipboard (*attr.*): **pannello t.**, chipboard panel. **B** *m.* chipboard.

truciolàto, *m.* chipboard.

truciolatóre, *m.* chipper.

truciolatrìce, *f.* shredder.

trùciolo, *m.* chip; shaving: **t. di legno**, wood shaving (*o* chip); **trucioli di carta**, paper shavings; **trucioli per imballaggio**, wood shavings.

truculènto, *a.* **1** truculent; fierce; grim-looking; ferocious **2** (*scherz.*: *terrificante*) blood-curdling; gruesome; macabre: **un film t.**, a blood-curdling film.

trùffa, *f.* fraud (*anche leg.*); sharp practice; swindle; cheat; take-in (*fam.*); con (*fam.*): **commettere una t.**, to commit fraud; **essere vittima di una t.**, to be cheated (*o* swindled); (*leg.*) to be the victim of fraud; **condannato per t.**, convicted of fraud; **Vive di truffe**, he lives by fraud (*o* by sharp practice); **t. all'americana**, confidence trick; confidence game (*USA*); con trick (*fam.*); con game (*fam.*); **Gli hanno sottratto tutti i risparmi con una t.**, he has been conned out of all his savings; **Tre milioni? Ma è una t.!**, three million? this is daylight robbery (*o* a rip-off)!

truffaldìno, **A** *a.* fraudulent; cheating; swindling; dishonest; crooked: **impresa truffaldina**, fraudulent enterprise. **B** *V.* **truffatore**.

truffàre, *v. t.* to cheat; to swindle; to take* in; to defraud (*anche leg.*); to con (*fam.*): **Il suo socio l'ha truffato**, he has been cheated by his partner; **Gli hanno truffato un milione**, he was cheated (*o* tricked) out of a million; (*leg.*) he was defrauded of a million; **Vive truffando gli ingenui**, he makes a living by conning dupes out of their money.

truffatóre, *m.* (*f.* **-trice**) swindler; confidence man* (*m.*); con man* (*m.*, *fam.*); (*imbroglione*) cheat, cheater, fraud, crook (*fam.*). ● **il t. truffato**, the biter bit.

truìsmo, *m.* truism; platitude.

trùllo, *m.* (*abitazione rurale pugliese*) trullo*.

trumeau (*franc.*), *m. invar.* secrétaire (*franc.*); secretary.

truògolo, *m.* trough.

trùppa, *f.* **1** (*mil.*) troops (*pl.*); force: **le truppe alleate**, the allied troops (*o* forces); **truppe da sbarco**, landing force(s); **truppe d'assalto**, storm-troops; **truppe di rincalzo**, supporting troops; **t. di rinforzo**, reinforcements **2** (*i soldati*) men (*pl.*); privates (*pl.*); ranks (*pl.*); rank and file: **gli ufficiali e la t.**, officers and men; **uomini di t.**, privates; ranks; rank and file **3** (*fig.*) troop; band; gang; crowd; flock: **una t. di ragazzini**, a troop (*o* band) of schoolboys; **Ha una t. di figli**, he has a brood of children; **I turisti entrarono in t.**, the tourists flocked in; **Sono arrivati in t.**, they came in a body.

truschìno, *m.* (*tecn.*) surface gauge.

trust (*ingl.*), *m. invar.* trust: **t. bancario**, bank (*o* banking) trust; **legislazione anti-t.**, anti-trust legislation; **t. di cervelli**, brain-trust.

tse-tse, *locuz. a.* – **mosca t.** (*zool.*, *Glossina palpalis*) tsetse-fly.

T-shirt (*ingl.*), *f. invar.* T-shirt, tee-shirt.

tu, **A** *pron. pers. m.* e *f. 2ª pers. sing.* **1** you; (*poet.*, *relig.*) thou: **tu ed io**, you and I; **Ehi, tu!**, hey, you there!; **Tu, vattene!**, you, go away!; **Sei tu?**, is that you?; **Ah, sei tu**, oh, it's you; **Così sei stato tu!**, so it was you!; **Entra prima tu**, you go in first; **No, non lo so, dimmelo tu**, no, I don't know; you tell me; **L'hai voluto tu**, you asked for it; **Io vado e tu?**, I'm going, what about you?; **Perché tu sì e lei no?**, why you and not she?; **Né tu né io ne sapevamo nulla**, neither you nor I knew anything about it; **Partito tu, le cose migliorarono**, after you left (*o* with you gone), things improved; **tu stesso**, you... yourself: **L'hai detto tu stesso**, you said so yourself; **Te ne accorgerai tu stesso**, you'll see (for) yourself; **Da allora non sei più tu**, you haven't been the same (*o* yourself) since then; **Aiutarmi tu? Ma se non alzi mai un dito!**, you help me? you never lift a finger!; **Lo dici tu!**, that's what you say; **Sei stato tu a dirlo**, it was you who said it; you were the one who said it; you said it **2** (*con uso impersonale*) you; one: **Se tu ci pensi bene...**, if you think (*o* one thinks) about it... **B** *m.* «tu»; familiar form of address: **dare del tu a q.**, to address sb. familiarly (*o* as «tu»); to be on first-name terms (*o* on a first-name basis) with sb.; **Ci diamo del tu**, we are on first-name terms. ● **a tu per tu**, face to face; (*in privato*) in private: **trovarsi a tu per tu con q.**, to come face to face with sb.; **trovarsi a tu per tu con la morte**, to look death in the face; **Ne parlammo più tardi a tu per tu**, we discussed it later in private □ **contento tu (, contenti tutti)**, as long as you are happy (, everyone is happy); suit (*o* please) yourself (*fam.*).

tuàreg, *m.*, *f.* e *a. invar.* Tuareg*.

tùba, *f.* **1** (*mus.*) tuba: **t. bassa** (*o* **basso t.**), bass tuba **2** (*cappello a cilindro*) top hat: **in t.**, wearing a top hat **3** (*anat.*) tube: **t. uterina** (*o* **di Falloppio**), uterine (*o* Fallopian) tube **4** (*gergo mil.*: *recluta*) raw recruit; rookie (*fam.*); **mezza t.**, *V.* **tubino**, *def. 1.*

tubàggio, *m.* (*med.*) intubation.

tubàre, *v. i.* to coo; (*fig.*, *di innamorati*) to coo, to bill and coo.

tubàrico, *a.* (*anat.*) tubal.

tubatùra, **tubazióne,** *f.* piping; pipes (*pl.*); pipe-line: **t. del gas**, gas pipes (*pl.*); **rete di tubazioni**, piping system.

tubeless (*ingl.*), *m. invar.* (*autom.*) tubeless tyre.

tubercolàre, *a.* (*med.*) tubercular.

tubercolàto, *a.* (*bot.*) tuberculate.

tubercolina, *f.* (*med.*) tuberculin.

tubèrcolo, *m.* (*anat.*, *med.*, *bot.*) tubercle.

tubercolosàrio, *m.* (*med.*) sanatorium*.

tubercolòṣi, *f.* (*med.*) tuberculosis; *TB*: **t. polmonare**, pulmonary tuberculosis; consumption; **t. ossea**, bone tuberculosis.

tubercolóso, **tubercolòtico,** (*med.*) **A** *a.* tuberculous; tubercular; consumptive. **B** *m.* (*f.* **-a**) tubercular patient; consumptive.

tùbero, *m.* (*bot.*) tuber.

tuberósa, *f.* (*bot.*, *Polianthes tuberosa*) tuberose.

tuberosità, *f.* (*anat.*) tuberosity.

tuberóso, *a.* (*bot.*) tuberous; tuberose.

tubettificio, *m.* tube factory.

tubétto, *m.* **1** tube: **t. di dentifricio**, tube of toothpaste; **colori in t.**, tube colours **2** (*ind. tess.*) quill.

tubièra, *f.* (*metall.*) tuyère (*franc.*); twyer.

tubifórme, *a.* tubular; tubate.

tubìno, *m.* **1** (*cappello*) bowler (hat); derby (hat) (*USA*) **2** (*abito*) sheath dress.

tubìsta, *m.* pipe maker; (*idraulico*) plumber, pipe fitter.

tùbo, *m.* **1** tube; pipe; (*di camino*) flue: **t. dell'acqua [del gas]**, water [gas] pipe; **t. di scarico**, waste pipe; drain; **t. della stufa**, stove pipe; smoke tube; **t. di gomma**, hose; hosepipe; **t. di aspirazione**, suction pipe; (*fis.*) **t. a raggi catodici**, cathode-ray tube; (*med.*) **t. di drenaggio**, drain (tube); (*naut.*) **t. di lancio** (*o* **lanciasiluri**), torpedo tube; (*autom.*) **t. di scappamento**, exhaust pipe; **tubi fluorescenti**, fluorescent lighting; (*naut.*) **t. lanciamine**, mine shaft **2** (*anat.*) duct; canal: **t. digerente**, alimentary canal (*o* tract); digestive tract **3** (*fam.*: *niente*) nothing; not a thing: **Che cosa sa? Un t.**, what does he know? not a thing; **Non m'importa un t. di quello che dicono**, I don't care (*o* give) a fig (*o* tuppence) about what they say (*fam.*); **Non capisce un t. di niente**, he doesn't understand a single thing; he's really thick.

tubolàre, **A** *a.* tubular. **B** *m.* tubular tyre.

tùbulo, *m.* **1** small tube; tubule **2** (*anat.*, *bot.*) tubule.

tubulóso, *a.* (*bot.*) tubulous.

tucàno, *m.* (*zool.*, *Ramphastos*) toucan.

Tucìdide, *m.* (*stor.*) Thucydides.

tufàceo, *a.* (*miner.*: *di tufo vulcanico*) tuffaceous, tuff (*attr.*); (*di tufo calcareo*) tufaceous, tufa (*attr.*).

tufèllo, *m.* (*edil.*) tuff block.

tuffàre, **A** *v. t.* to plunge; (*brevemente*) to dip: **t. il capo nell'acqua**, to plunge one's head into the water; **t. una penna nell'inchiostro**, to dip a pen in ink; **t. i biscotti nel tè**, to dunk biscuits in tea; **t. le verdure nell'acqua bollente**, to plunge vegetables into boiling water; **Tuffò la mano nella borsa**, he dived into the bag. **B** **tuffàrsi,** *v. rifl.* e *i. pron.* **1** to dive, to plunge; (*fig.*: *immergersi*) to immerse oneself, to bury oneself: **t. nel lago**, to plunge into the lake; **t. dal trampolino**, to dive from the diving-board; **t. in cerca di perle**, to dive for pearls; **Si tuffò ad acchiappare la palla**, he dived after the ball; **Si tuffò nella nebbia e scomparve**, he plunged into the fog and disappeared; **t. nello studio**, to immerse oneself in one's studies; **t. nel lavoro**, to bury oneself in work; (*fig.*) **t. nella mischia**, to join (*o* enter) the fray; **Si tuffò nelle lotte politiche**, he joined the political fray *2* (*del sole, ecc.*) to sink*; to dip: **Il sole si tuffò nel mare**, the sun sank (*o* dipped, disappeared) into the sea *3* (*aeron.*) to nose-dive.

tuffàta, *f.* *1* dive; plunge *2* (*aeron.*) nose-dive.

tuffatóre, *m.* *1* (*f.* **-trice**) (*sport*) diver *2* (*aeron.*) dive-bomber *3* *V.* **tuffetto**.

tuffétto, *m.* (*zool., Podicipes ruficollis*) little grebe; dabchick.

tuffista, *m.* e *f.* diver.

tuffistica, *f.* (*sport*) diving.

tùffo, *m.* *1* dive; plunge; (*il rumore*) plunge, splash; (*breve bagno*) dip: **fare un t. in acqua**, to take a dive (*o* a plunge) into the water: to dive into the water; **Facciamo un t. veloce prima di cena?**, shall we have a dip before dinner?; **Se non mi lasci in pace, ti faccio fare un t.!**, I'll throw you in, if you don't leave me alone!; **Ascoltavo il t. dei remi**, I listened to the splash of the oars; **t. di testa**, header: **fare un t. di testa**, to take a header; **t. in avanti**, forward dive; **t. all'indietro**, back dive; **t. ad angelo**, swallow (*o* swan) dive; **t. a vite**, spin dive; **t. dal trampolino**, dive from the diving-board *2* (*fig.: slancio*) dive; plunge: **buttarsi a t. su q.c.**, to make a dive for st.; **Con un t. gli fu addosso**, he dived on him; (*calcio*) **parata a t.**, diving save *3* (*aeron.*) nose-dive. ● **Ho avuto un t. al cuore**, my heart skipped a beat □ **E adesso facciamo un t. nel passato**, and now let's go back in time □ **Rivederlo è stato un t. nel passato**, to see him again plunged me back into the past.

tùffolo, *m.* (*zool.: Podiceps nigricollis*) back--necked grebe; eared grebe (*USA*).

tùfo, *m.* (*miner.*) tuff: **t. calcareo**, (calc-)tufa.

tufóso, *V.* **tufaceo**.

tùga, *f.* (*naut.*) deckhouse; wheelhouse.

tugùrio, *m.* *1* hut; hovel; shanty *2* (*fig.*) hole; hovel.

tùia, *f.* (*bot., Thuja*) thuja.

tularemia, *f.* (*med.*) tular(a)emia.

tùlio, *m.* (*chim.*) thulium.

tulipàno, *m.* (*bot., Tulipa gesneriana*) tulip.

tùlle, *m. invar.* (*ind. tess.*) tulle.

tulliàno, *a.* (*letter.*) Ciceronian.

Tùllio, *m.* Tully; Tullius.

tumefàre, **A** *v. i.* to tumefy; to cause (st.) to swell. **B** **tumefàrsi**, *v. i. pron.* to tumefy; to swell* up.

tumefàtto, *a.* swollen; tumefied.

tumefazióne, *f.* tumefaction; swelling.

tumescènte, *a.* tumescent.

tumescènza, *f.* tumescence.

tumidézza, **tumidità**, *f.* *1* tumidity; tumidness; swollenness *2* (*fig. lett.*) tumidity; turgidity; pomposity; bombast.

tùmido, *a.* *1* (*gonfio*) tumid, turgid, swollen; (*carnoso*) fleshy, full: **ventre t.**, swollen belly; **labbra tumide**, full lips *2* (*fig. lett.*) tumid; turgid; inflated; pompous.

tùmolo, *V.* **tumulo**.

tumoràle, *a.* (*med.*) tumoral; tumorous.

tumóre, *m.* (*med.*) tumour, tumor (*USA*): **t. benigno** [**maligno**], benign [malignant] tumour.

tumulàre, *v. t.* to bury; to inter; to entomb.

tumulazióne, *f.* burial; burying; interment.

tùmulo, *m.* *1* (*cumulo di terra*) mound *2* (*archeol.*) tumulus*; barrow; mound: **t. sepolcrale**, burial mound *3* (*lett.: tomba*) tomb; grave.

tumùlto, *m.* *1* tumult (*anche fig.*); (*baraonda*) turmoil, commotion; (*protesta*) uproar, cry, furore: **C'era t. per le strade**, there was great commotion in the streets; **La folla era in t.**, the crowd was clamouring; **Nell'aula si levò un t.**, there was an uproar in the house; **Ho l'anima in t.**, my mind is in (a) turmoil; **un t. d'affetti**, contrasting passions *2* (*sommossa*) riot; disorder; commotion: **Ci sono stati tumulti in diverse città**, riots broke out in various cities; **i tumulti per il pane**, food riots; **reprimere un t.**, to put down a riot.

tumultuànte, **A** *a.* tumultuous; riotous: **la folla t.**, the riotous crowd. **B** *m.* e *f.* rioter.

tumultuàre, *v. i.* *1* (*fare tumulto*) to riot *2* (*di acque e sim.*) to race; to rush.

tumultuóso, *a.* tumultuous; tempestuous; riotous; turbulent: **adunanza tumultuosa**, tumultuous meeting; **folla tumultuosa**, riotous crowd; **acque tumultuose**, tumultuous (*o* turbulent, rushing) waters; **sentimenti tumultuosi**, tempestuous feelings.

tùndra, *f.* (*geogr.*) tundra.

tungstenite, *f.* (*miner.*) tungstenite.

tungstèno, *m.* (*chim.*) tungsten; wolfram.

tungùso, **A** *a.* Tungusian. **B** *m.* *1* (*f.* **-a**) Tungus* *2* (*lingua*) Tungus.

tùnica, *f.* *1* tunic *2* (*anat., bot.*) tunic; tunica.

tunicàto, *a.* (*bot., zool.*) tunicate.

Tùnisi, *f.* (*geogr.*) Tunis.

tunisino, *a.* e *m.* (*f.* **-a**) Tunisian (*f.* Tunisian woman*).

tùnnel, *m. invar.* tunnel: **il t. del Monte Bianco**, the Mont Blanc tunnel; **t. aerodinamico** (*o* **del vento**), wind-tunnel; (*fis.*) **effetto t.**, tunnel effect; (*autom.*) **t. della trasmissione**, transmission hump. ● (*fig.*) **entrare nel t. della droga**, to get hooked on drugs □ (*fig.*) **uscire dal t. di una malattia**, to come through an illness □ (*fig.*) **vedere la luce in fondo al t.**, to see the light at the end of the tunnel.

tùo, **A** *a. poss.* *1* your; (*tuo proprio*) your own; (*poet., relig.*) thy: **il tuo libro**, your book; **la tua casa**, your house; **i tuoi amici**, your friends; **le tue sorelle**, your sisters; **tuo padre e tua madre**, your father and mother; **Chiedi a un tuo amico**, ask one of your friends; **Carlo è un tuo amico?**, is Carlo a friend of yours?; **Ho invitato qualche tuo amico**, I have invited a few friends of yours; **questo tuo figlio**, this son of yours; **L'hai visto coi tuoi occhi?**, did you see it with your own eyes?; **Bada ai fatti tuoi!**, mind your own business!; **Hai una casa tua?**, have you got a house of your own?; **«Venga il Tuo regno»**, «Thy Kingdom come» *2* (*come pred. nominale*) yours: **Questo libro è tuo**, this book is yours; **Questa bicicletta è tua**, this bicycle is yours *3* (*nelle forme ellittiche*) – **Come mi scrivi nell'ultima tua**, as you wrote in your last letter; **Tutti stanno dalla tua**, they are all on your side; (*brindisi*) **Alla tua!**, your (good) health; here's to you; **Tocca a te dire la tua**, it's your turn to say something; **Devi dire sempre la tua**, you must always have your say; **Tu sei sempre della tua, vero?**, you are sticking to your opinion, aren't you?; **Tienti sulle tue**, be noncommital; give away as little as possible; **Non stare così sulle tue**, (*non essere scostante*) don't be so standoffish; (*non essere imbronciato*) don't be so sulky; **Anche tu hai passato le tue**, you've had your own troubles (*o* your share) too; **Ne hai fatta un'altra delle tue**, you've been up to your old tricks (*o* some mischief) again *4* (*in fine di lettera*) yours: (**Affettuosi saluti dalla**) **tua Michela**, yours (affectionately), Michela; love, Michela (*fam.*). **B** *pron. poss.* yours; (*poet., relig.*) thine: **È tuo questo libro?**, is this book yours?; **i miei amici e i tuoi**, my friends and yours; **Mia madre sta parlando con la tua**, my mother is talking to yours; **Tua è la gloria, o Signore**, Thine is the glory, O Lord; **qualcosa** [**niente**] **di tuo**, something [nothing] of your own. **C** *m.* *1* (*denari, averi, ecc.*) what you own, your (own) money (*o* property); (*il dovuto*) your due: **Dopo tutto, spendi del tuo**, after all, it's your own money; **Ci hai rimesso del tuo?**, did you lose on it?; **Sta' contento del tuo**, be happy with what you've got; **Eccoti il tuo**, this is your due *2* (*pl.*) (*genitori*) your parents; (*parenti, familiari*) your relatives, your family, your people, your folks (*fam.*); (*seguaci, sostenitori*) your friends, your followers, your supporters: **Tanti saluti ai tuoi**, my best regards to your family; **Tieni calmi i tuoi e poi discuteremo**, calm down your friends (*fam.*: your crowd), and then we can talk.

tuonàre, *v. i.* *1* (*impers.*) to thunder: **Tuonò tutta la notte**, it thundered all night; **Tuonava e lampeggiava**, there was thunder and lightning; **Si sentiva t. lontano**, distant thunder could be heard *2* (*rimbombare*) to boom; to thunder: **Il cannone tuonava**, the cannon thundered *3* (*fig.: parlare con veemenza*) to thunder; to rail (against st.); to inveigh (against st.): **«Fuori di qui!» tuonò**, «get out!» he thundered; **Il ministro ha tuonato contro gli evasori fiscali**, the minister thundered (*o* inveighed) against tax evaders. ● (*scherz.*) **Tanto tuonò che piovve!**, it had to happen!

tuòno, *m.* *1* thunder: **uno scoppio di t.**, a clap of thunder; **lampi e tuoni**, thunder and lightning; **Si sentiva brontolare il t.**, the rumble of thunder could be heard; **Dopo il fulmine, il t.**, there is lightning before thunder *2* (*fig.: rombo*) rumble; roar; boom: **il t. dei cannoni**, the rumble of guns.

tuòrlo, *m.* yolk.

tùra, *f.* (*tecn., naut.*) cofferdam.

turabottiglie, *m. invar.* corking machine.

turàcciolo, *m.* stopper; plug; (*di botte*) bung; (*di sughero*) cork: **mettere il t. a una bottiglia**, to cork a bottle.

turafàlle, *m. invar.* (*naut.*) stopwater.

turàre, **A** *v. t.* to plug; to stop (up); to fill; (*con sughero*) to cork; (*con stoppa*) to caulk: **t. un buco**, to fill (*o* to stop up, to plug) a hole; **t. una falla**, to stop up a leak; **t. un dente**, to fill a tooth; **t. una bottiglia**, to cork a bottle; **t. la bocca a q.**, to silence sb.; to shut sb. up; **turarsi gli orecchi**, to stop one's ears; (*fig.*) to refuse to listen; **turarsi gli orecchi con della cera**, to stuff one's ears with wax; **turarsi la bocca**, to stop one's mouth; (*fig.*) to shut up; **turarsi gli occhi**, to close one's eyes; **turarsi il naso**, to hold one's nose. **B** **turàrsi**, *v. i. pron.* (*occludersi*) to become* obstructed (*o* blocked); to get* stopped up: **Mi si sono turate le orecchie**, my ears are blocked.

tùrba (**1**), *f.* crowd; throng; multitude; (*spreg.*) rabble, mob: **una t. di monelli**, a crowd of kids; **Gesù predicava alle turbe**, Jesus preached to the multitudes.

tùrba (**2**), *f.* (*med.*) disorder: **Soffriva di turbe nervose**, he suffered from a nervous disorder; **t. psichica**, mental disorder.

turbaménto, *m.* *1* (*agitazione*) anxiety, agitation, disquiet, worry; (*emozione*) shock, emotion: **La sua notizia causò molto t. in famiglia**, his news caused great agitation in his family (*o* badly upset his family); **essere in preda a un profondo t.**, to be deeply upset; **Non poté nascondere il proprio t. davanti a quella povertà**, he couldn't hide his emotion at the sight of such poverty *2* (*il turbare*) disturbance; perturbation; disruption; upset. ● (*leg.*) **t. della quiete pubblica**, breach of the peace.

turbànte, *m.* turban.

turbàre, **A** *v. t.* (*disturbare*) to disturb, to trouble; (*scombussolare*) to upset*, to shake*, to unsettle: **t. la quiete pubblica**, to cause a disturbance; to disturb the peace; **t. una cerimonia**, to disturb a ceremony; **t. il sonno di q.**, to trouble sb.'s sleep; **t. il silenzio**, to break the silence; **t. la pace in famiglia**, to upset the whole family; **È un pensiero che mi turba molto**, it's a thought that disturbs (*o* troubles) me deeply; **La notizia lo turbò**, the news upset him (*o* shook him); **C'è qualcosa che ti turba?**, is something worrying you?; **un film che può t. i bambini**, a film that may upset young children; **t. la digestione**, to upset one's digestion; **t. la mente di q.**, to upset sb.; to unhinge sb.'s mind. **B** **turbàrsi**, *v. i. pron.* to get* upset; (*agitarsi*) to get* worried (over st.).

turbatìva, *f.* (*leg.*) disturbance; nuisance: **t. del possesso**, disturbance of possession; **t. dell'ordine pubblico**, public nuisance.

turbàto, *a.* disturbed; upset; troubled; uneasy; unsettled; (*agitato*) agitated, worried: **Sentendo questo rimase t.**, he was disturbed to hear that; **faccia turbata**, troubled face; **con l'animo t.**, with a troubled (*o* an uneasy) mind; **Hai l'aria turbata**, you look worried; **La sua mente è ancora turbata**, his mind is still unsettled.

Turbellàri, *m. pl.* (*zool.*, *Turbellaria*) Turbellaria.

turbellàrio, *m.* (*zool.*) turbellarian.

turbidimetrìa, *f.* (*chim.*) turbidimetry.

turbidimètrico, *a.* (*chim.*) turbidimetric.

turbina, *f.* (*mecc.*) turbine: **t. a vapore**, steam turbine; **t. a gas**, gas turbine; **t. idraulica**, hydraulic turbine; **t. a reazione**, reaction turbine.

turbinàre, *v. i.* to whirl (*anche fig.*); to swirl; to eddy: **La neve turbinava**, the snow was whirling; **Una nuvola di polvere turbinava nella piazza**, a cloud of dust was swirling in the square; **I pensieri turbinavano nella sua mente**, thoughts were whirling through his head; **far t.**, to whirl.

turbinàto, **A** *a.* (*bot.*, *zool.*) turbinate. **B** *m.* (*anat.*) turbinate bone; nasal concha*.

tùrbine, *m.* ***1*** whirl; storm; (*di vento*) whirlwind: **t. di neve**, snowstorm; **t. di polvere**, dust whirl; dust storm; **t. di sabbia**, sandstorm; **piante divelte dal t.**, plants uprooted by the whirlwind ***2*** (*fig.*) whirl; vortex; whirlwind; turmoil; storm; flurry; bustle: **il t. della vita moderna**, the whirl (*o* bustle) of modern life; **nel t. della danza**, in the vortex of the dance; **un t. di parole**, a whirl of words; **un t. d'idee**, a whirlwind of ideas; **travolto da un t. di passioni**, carried away by a storm (*o* turmoil) of passions; **un t. di ricordi**, a flurry of memories.

turbinìo, *m.* ***1*** whirling; whirl: **un t. di sabbia**, a whirl of sand ***2*** (*fig.*) whirl; flurry; bustle; turmoil: **un t. di gente**, a bustle of people; **un t. di attività**, a flurry of activity.

turbinóso, *a.* (*anche fig.*) whirling; swirling; (*tempestoso*) stormy: **un vento t.**, a stormy wind; **acque turbinose**, swirling waters; **passioni turbinose**, stormy passions.

tùrbo, **A** *a. invar.* turbocharged. **B** *m. invar.* ***1*** (*motore*) turbocharged engine ***2*** (*veicolo*) turbocharged vehicle. **C** *f.* turbocharged car.

turboalternatóre, *m.* (*elettr.*) turboalternator; turbine generator.

turbocistèrna, *f.* (*naut.*) turbine-driven tanker.

turbocomprèsso, *a.* (*mecc.*) turbosupercharged.

turbocompressóre, *m.* (*mecc.*) multistage centrifugal blower; dynamic compressor; turboblower: **t. d'alimentazione**, turbosupercharger.

turbodiesel, **A** *a. invar.* (*autom.*) turbo diesel. **B** *m. invar.* ***1*** (*motore*) turbo diesel engine ***2*** (*veicolo*) turbo diesel.

turbodinamo, *f.* (*mecc.*) turbodynamo; turbogenerator.

turboelèttrico, *a.* (*mecc.*) turbo-electric: **trazione turboelettrica**, turbo-electric drive.

turboèlica, (*aeron.*) **A** *f.* turbopropeller engine; turboprop (engine). **B** *m. invar.* turboprop.

turbogeneratóre, *m.* (*mecc.*) turbogenerator.

turbogètto, *m.* (*aeron.*) turbojet (engine).

turbolènto, *a.* ***1*** (*agitato*) turbulent; tumultuous; stormy; rough: **acque turbolente**, tumultuous waters; **tempi turbolenti**, turbulent (*o* stormy) times; **vita turbolenta**, stormy life ***2*** (*sfrenato*) unruly, boisterous, wild, disorderly; (*litigioso*) rowdy, turbulent: **ragazzo t.**, unruly (*o* wild) boy.

turbolènza, *f.* ***1*** turbulence (*anche fis.*, *meteor.*); disturbance ***2*** (*fig.*: *sfrenatezza*) storminess; wildness; disorderliness; unruliness.

turbolocomotìva, *f.* (*ferr.*) turbine locomotive.

turbomotóre, *m.* (*mecc.*) turbine engine.

turbonàve, *f.* (*naut.*) turbine steamship.

turbopómpa, *f.* (*mecc.*) turbopump.

turbopropulsóre, *m.* turbo-driven propeller; turboprop.

turboràzzo, *m.* (*aeron.*) rocket engine.

turboreattóre, *m.* (*aeron.*) turbojet (engine).

turbosfèra, *f.* (*meteor.*) turbosphere.

turbosónda, *f.* (*ind. min.*) turbodrill.

turbotrèno, *m.* (*ferr.*) turbine train; turbotrain.

turboventilatóre, *m.* (*mecc.*) turbofan.

tùrca, *f.* ***1*** (*divano*) ottoman; divan ***2*** (*gabinetto*) squat toilet.

turcàsso, *m.* quiver.

turchése, *a.*, *m.* e *f.* turquoise.

Turchia, *f.* (*geogr.*) Turkey.

turchinétto, *m.* blu(e)ing.

turchìno, *a.* e *m.* deep blue.

turcimànno, *m.* ***1*** dragoman* ***2*** (*scherz.*: *interprete*) interpreter.

tùrco, **A** *a.* Turkish: **caffè t.**, Turkish coffee; **la lira turca**, the Turkish pound; **bagno t.**, Turkish bath. ● **alla turca**, in the Turkish manner; Turkish □ **ferro t.**, horse-shoe □ **gabinetto alla turca**, squat toilet □ **letto alla turca**, divan □ **sedere** (*o* **sedersi**) **alla turca**, to sit cross-legged. **B** *m.* ***1*** (*f.* **-a**) Turk (*f.* Turkish woman*): **i Turchi**, the Turks ***2*** (*lingua*) Turkish: **parlare t.**, to speak Turkish; (*fig.*) to speak Greek, to talk double-Dutch. ● (*fig.*) **bestemmiare come un t.**, to swear like a trooper □ (*fig.*) **fumare come un t.**, to smoke like a chimney □ (*stor.*) **Giovani turchi**, Young Turks □ (*fig.*) **testa di t.**, (*bersaglio*, *zimbello*) butt, target; (*capro espiatorio*) scapegoat, whipping boy.

turcomànno, *V.* **turkmeno**.

Turènna, *f.* (*geogr.*) Touraine.

turgescènte, *a.* (*med.*) turgescent.

turgescènza, *f.* (*med.*) turgescence.

turgidézza, turgidità, *f.* ***1*** turgidity; turgidness ***2*** (*fig.*) turgidity; inflation; pomposity.

tùrgido, *a.* ***1*** turgid; swollen: **occhi turgidi di lacrime**, eyes swollen with tears; **seni turgidi**, turgid (*o* swollen) breasts ***2*** (*fig.*) turgid; inflated; pompous.

turgóre, *m.* (*lett.*) turgidity; turgidness; (*bot.*) turgor.

turìbolo, *m.* (*eccles.*) censer; thurible.

turiferàrio, *m.* (*eccles.*) censer-bearer; thurifer.

Turìngia, *f.* (*geogr.*) Thuringia.

turióne, *m.* (*bot.*) turion.

turìṣmo, *m.* tourism; tourist trade; touring: **Il t. è la principale risorsa del paese**, tourism (*o* the tourist trade) is the main resource of the country; **t. di massa**, mass tourism; **industria del t.**, tourist trade; **vettura da t.**, touring car; **viaggiare per t.**, to tour; to go touring; **Sono qui per t.**, I am here as a tourist (*o* on holiday); **Ente per il T.**, Tourist Board; **ufficio del t.**, tourist agency; (*autom.*) **gran t.**, gran turismo; GT.

turìsta, *m.* e *f.* tourist; (*gitante*) sightseer, tripper: **t. della domenica**, Sunday tripper.

turìstico, *a.* tourist (*attr.*); touristic; tour (*attr.*); holiday (*attr.*); sightseeing (*attr.*): **attrezzature turistiche**, tourist facilities; **ufficio t.**, tourist agency; (*ferr.*) **biglietto t.**, tourist ticket; **classe turistica**, tourist class; **prezzo t.**, special tourist price; **operatore t.**, tour operator; **guida turistica**, tour guide; **accompagnatore t.**, tour leader; **villaggio t.**, holiday village; **visita turistica**, sightseeing tour; tour.

turkmèno, **A** *a.* Turkoman; Turkman. **B** *m.* ***1*** (*f.* **-a**) Turkoman*; Turkman* ***2*** (*lingua*) Turkmen.

turlupinàre, *v. t.* to cheat; to swindle; to trick; to take* in; to diddle (*fam.*).

turlupinatóre, *m.* (*f.* **-trice**) cheat; swindler; con man* (*m.*, *fam.*).

turlupinatùra, *f.* ***1*** (*il turlupinare*) cheating; swindling ***2*** (*imbroglio*, *raggiro*) cheat; swindle; take-in (*fam.*).

turnazióne, *f.* (*ind.*) shift work; shifts (*pl.*).

turnìsta, *m.* e *f.* shift-worker.

tùrno, *m.* ***1*** turn: **È il mio t.**, it's my turn; **Chi è di t.?**, whose turn is it?; **a t.**, in turn; in turns; turn and turn about: **Parlò a t. con tutti i presenti**, he spoke in turn to all the people present; **fare q.c. a t.**, to take turns doing st. (*o* at st.); to take it in turns to do st.; to do st. in (*o* by) turns; to do st. turn and turn about; **Facciamo a t.**, let's take turns; let's take it in turns; **Laveremo i piatti a t.**, we'll take turns washing up; **Abbiamo guidato a t.**, we took shifts (*o* we alternated; *USA*: we spelled each other) at the wheel; **Vegliammo a t. tre ore ciascuno**, we kept watch three hours each, turn and turn about ***2*** (*di lavoro*) (work)shift: **stabilire il t. dei servizi**, to settle the work shift; **t. di notte [di giorno, di pomeriggio]**, night [day, afternoon] shift; **turni a rotazione**, rotating shifts; **t. in terza** (*o* **pendolare**), swing shift; **fare il t. di notte**, to work the night shift; **Questa settimana sono di t. dalle 9 alle 14**, I'm taking the 9 to 2 shift this week; **lavorare a turni**, to work shifts ***3*** (*servizio*) duty; (*mil.*) guard; (*naut.*) watch: **essere di t.**, to be on duty; **il medico di t.**, the doctor on duty; **t. di guardia**, duty; (*mil.*) guard; (*naut.*) watch ***4*** (*di elezioni*) ballot; round ***5*** (*al ristorante*) sitting. ● (*sport*) **t. eliminatorio**, qualifier; preliminary heat.

tùrpe, *a.* ***1*** (*vergognoso*) base; vile; foul; shameful; infamous: **un t. delitto**, a foul (*o* heinous) crime; **azioni turpi**, base (*o* vile) actions ***2*** (*osceno*) obscene; foul; filthy.

turpilòquio, *m.* scurrilous (*o* coarse, foul, obscene) language.

turpitùdine, *f.* turpitude; baseness; foulness.

turricolàto, *a.* turriculate(d); turreted.

turrito, *a.* towered; many-towered; (*archit.*) turreted: **un castello t.**, a many-towered castle; **una città turrita**, a towered city.

tuscànico, *a.* (*archit.*) Tuscan: **l'ordine t.**, the Tuscan order.

tùssor, *m. invar.* (*ind. tess.*) tussore; tusser; tussah (*USA*).

tùta, *f.* ***1*** (*da lavoro*) overalls (*pl.*), overall (*USA*); boiler suit (*GB*); (*con pettorina*) dungarees (*pl.*), overalls (*pl.*, *USA*): **operai in t.**, workmen in overalls ***2*** (*per attività varie*) suit (*spesso in composizione*): **t. da ginnastica**, tracksuit; **t. da sci**, snowsuit; **t. da gioco**, playsuit; (*aeron.*) **t. antigravitazionale**, anti-G suit; (*mil.*) **t. mimetica**, camouflaged combat clothing; **t. spaziale**, spacesuit; **t. subacquea**, wet suit ***3*** (*moda*) jumpsuit.

tutèla, *f.* ***1*** (*leg.*) guardianship; tutelage; custody; **sotto t.**, under guardianship; **esercitare la t. su un minore**, to have the guardianship (*o* tutelage, custody) of a minor; **Fu affidato alla t. di uno zio**, he was placed in the custody of an uncle; **bambino sotto t.**, child in ward ***2*** (*protezione*) protection, safeguard; (*difesa*) defence; (*conservazione*) preservation: **la t. dei propri interessi**, the safeguarding of one's interests; **agire a t. del propri diritti**, to act in defence of one's rights; **t. dell'ambiente**, protection of the environment; **t. del lavoratore**, labour protection; **t. dell'ordine**, maintenance of law and order; **t. degli interessi del consumatore**, consumer protection; **t. della pace**, defence of peace; peacekeeping; **sotto la t. della legge**, under the protection of the law; **misure di t.**, protective measures; **prendere q. sotto la propria t.**, to take sb. under one's wing.

tutelàre (1), **A** *v. t.* to protect; to defend; to safeguard; to guard: **t. il buon nome della famiglia**, to protect the good name of one's family; **La legge tutela il cittadino**, the law protects the citizen; **t. l'ambiente**, to protect the environment; **t. l'ordine pubblico**, to keep the peace. **B tutelàrsi**, *v. rifl.* to protect oneself; to safeguard oneself; (*prendere precauzioni*) to take* precautions.

tutelàre (2), *a.* guardian (*attr.*); tutelar, tutelary: **divinità tutelari**, guardian deities; **l'angelo t.**, the guardian angel; **giudice t.**, tutelary judge.

tutìna, *f.* ***1*** (*per bambino*) rompers (*pl.*); romper suit; crawlers (*pl.*) ***2*** (*da donna*) leotard.

tùtolo, *m.* (*bot.*) corncob.

tutoràto, *m.* guardianship; tutorship.

tutóre, *m.* (*f.* **-trice**) ***1*** (*leg.*) guardian; warden: **nominare un t.**, to appoint a guardian ***2*** (*protettore*) protector; defender; guardian: **t. dell'ordine (pubblico)**, policeman ***3*** (*agric.*) stake; prop ***4*** (*med.*) brace.

tutòrio, *a.* (*leg.*) tutelary, tutelar: **autorità tutoria**, tutelary authority.

tuttàla, *m. invar.* (*aeron.*) tailless aeroplane.

tuttavìa, *cong.* but; yet; still; nevertheless; however: **Non dovrebbero esserci errori, t. preferisco ricontrollare**, there shouldn't be any errors, but I'd rather check again; **Non si sentiva bene, t. voleva partire**, he didn't feel well, yet he wanted to leave; **Mi sono proprio antipatici, t. credo che accetterò l'invito**, I don't like them at all; still, I think I'll accept their invitation.

tùtto, **A** *a.* ***1*** all; (*intero*) whole: **t. il giorno**, all (the) day; the whole day: **per t. il giorno**, all day (long); **tutta la notte**, all night; the whole night: **È rimasto in piedi (per) tutta la notte**, he stayed up all night; **tutta l'Italia**, all Italy; the whole of Italy; **in** (*o* **per**) **tutta Italia**, all over Italy; throughout Italy; **È conosciuto in t. il mondo**, he is known all over the world; **Ho letto t. il libro**, I've read the whole book; **Passai t. quell'anno a Parigi**, I spent all (of) that year (*o* the whole of that year) in Paris; **lungo tutta la strada**, all along the road; **per tutta una serie di ragioni**, for a whole series of reasons ***2*** (*assoluto, completo*) all; total: **in tutta serietà**, in all seriousness; **con t. il rispetto**, with all due respect; **con tutta franchezza**, quite frankly; **un uomo di tutta fiducia**, a thoroughly reliable man ***3*** (*premesso a un pron. dimostr.*) all; everything: **Presi t. quello che c'era**, I took everything that was there; **Mi ha dato t. quello che aveva**, he gave me everything (*o* all) he had; **T. quello che mi importa è che tu sia felice**, all that matters to me is that you should be happy ***4*** (*pl.*) all; (*ogni*) every; (*ciascuno*) each; (*qualsiasi*) any: **Tutti gli uomini sono uguali**, all men are equal; **Tutti gli studenti devono presentarsi domani**, all the pupils must be present tomorrow; **Andavo in palestra tutti i giorni**, I used to go the gym every day; **Guardai tutti i quadri uno per uno**, I looked at each picture in turn; **Ho letto tutte quante le opere di Shakespeare**, I have read all (of) Shakespeare's works; **a tutti i costi**, at all costs; at any cost; **a tutte le età**, at all ages; at any age; **a tutte le ore**, at all hours; at any hour; **in tutti i luoghi**, in every place; everywhere; **tutti i presenti**, everybody present; **Sono tutte bugie**, it's all lies; **una volta per tutte**, once (and) for all; **Tutte le volte che esce sbatte la porta**, every time he goes out, he slams the door; **Vieni tutte le volte che vuoi**, come whenever (*o* any time) you wish; **C'erano tutti e tre**, all three of them were there; **tutti e cinque i fratelli**, all five brothers; **tutte e due le mani**, both hands ***5*** (*pl.*) (*con un pron. pers.*) all: **noi tutti**, all of us; we all; (*compl.*) us all; **voi tutti**, all of you; you all; **tutti loro**, all of them; they all; (*compl.*) them all ***6*** (*con valore avv.*) all; (*completamente*) completely, entirely, quite: **t. pulito**, all clean; nice and clean (*fam.*); **t. solo**, all alone; quite alone; **t. di legno**, all wood; **È tutta colpa sua**, it's all his fault; **con le mani tutte scorticate**, with his hands all scratched; **t. il contrario**, quite the opposite; **t. pieno**, completely full; full up; **t. pensoso**, deep (*o* lost) in thought; **t. felice**, very happy; as happy as could be; **t. sudato**, all in a sweat; bathed in sweat; **È t. tuo**, it's all yours. ● **tutt'al più**, (*al massimo*) at (the) most, at the outside; (*nel peggiore dei casi*) at (the) worst: **Costerà tutt'al più ventimila lire**, it should cost twenty thousand lire at (the) most; **Tutt'al più si arrabbierà**, at worst he'll get angry □ **tutt'a un tratto**, all at once; all of a sudden □ **Tutt'altro!** (*niente affatto!*), not at all!; quite the opposite (*o* the reverse)!; far from it! □ **tutt'altro che**, anything but; far from: **tutt'altro che stupido**, far from (being) stupid; **tutt'altro che onesto**, anything but honest; **un compito tutt'altro che facile**, a far from easy task; no easy task □ **t. chiesa**, very devout □ **tutt'intero**, whole □ **tutt'intorno**, all around □ **tutt'occhi**, all eyes □ **tutt'orecchi**, all ears □ **tutt'uno**, one and the same; all one: **Per me è tutt'uno**, it's one and the same to me; it's all one (*o* all the same) to me; **In certi casi tacere o mentire è tutt'uno**, in some cases it makes no difference whether one lies or keeps silent; **È tutt'uno con il padrone**, he's hand in glove with the boss □ **a t. andare**, at full speed; all out □ **a tutt'oggi**, up to now; up to and including today □ **a tutta prova**, quite safe; well tried □ **con t.** (*nonostante*), for all: **Con t. il tuo denaro, non sei felice**, for all your money, you're not happy □ **con t. questo** (*tuttavia*), despite all that; and yet □ **di t. punto**, fully; completely; thoroughly: **vestito di t. punto**, fully dressed □ **in tutta fretta**, in a great hurry; in great haste □ (*fig.*) **un uomo t. d'un pezzo**, a man of sterling character □ **Le pensa tutte**, he knows all the tricks. **B** *pron.* ***1*** all; (*ogni cosa*) everything; (*qualsiasi cosa*) anything: **Ecco t.**, that's all; **È t. qui**, that is all; **T. a posto!**, all's well!; **E non è t.**, and that's not all; **T. cambia**, everything changes; **T. è vanità**, all is vanity; **Penserà lui a t.**, he will take care of everything; **T. è finito bene**, everything ended up well; **T. sta che non se ne accorga**, let's hope he won't notice it; it all depends whether he notices it or not; **T., piuttosto che cedere**, anything rather than give in; **Mio marito mangia di t.**, my husband will eat anything; **Prima di diventare attore ha fatto di t.**, he did all sorts of jobs before becoming an actor; **Ha fatto di t., ma non è riuscito**, he did all he could, but to no avail; **Fa di t. per avere quel posto**, he is doing all he can to get that job ***2*** (*pl.*) all; (*ognuno*) everybody, everyone; (*ciascuno*) each (one): **Lo sanno tutti**, everybody knows; **Dicono tutti la stessa cosa**, everybody says the same thing; they all say the same thing; **Nei piccoli paesi tutti si conoscono**, in a small village everyone knows everyone else; **Li guardai tutti uno per uno**, I looked at each (one) in turn; **Zitti tutti!**, silence, everyone!; everyone be quiet! ***3*** (*pl.*) (*noi tutti*) all of us, we all; (*voi tutti*) all of you, you all; (*tutti loro*) all of them, they all: **Ci saremo tutti**, all of us will be there; we will all be there: **Se ne andarono tutti**, all of them (*o* they all) left; **Prendili tutti**, take all (of them) ***4*** (*la cosa più importante*) everything; the most important thing: **La bellezza non è t.**, beauty is not everything; **In questo lavoro la pazienza è t.**, in this job patience is the most important thing. ● **t. compreso**, inclusive of everything; (*comm.*) all in □ **T. fa** (*o* **serve**), every little helps □ **t. quanto**, everything; all of it; every bit of it; the lot; the whole shebang, the whole caboodle (*pop. USA*) □ **t. sommato**, all things considered; all in all; on the whole □ **t. t.**, absolutely everything □ **con t. che** (*sebbene*), although; though □ **del t.**, quite; entirely; completely: **Non è del t. cattivo**, he (*o* it) isn't all bad (*o* so bad); **Non ne sono del t. sicuro**, I'm not entirely sure □ **È t. dire!**, and that's saying something (*o* a lot)! □ (*naut.*) **fuori t.**, overall □ **in t.**, in all; altogether: **Ce n'erano cinque in t.**, there were five in all; **Quanto fa in t.?**, how much is it altogether? □ **in t. e per t.**, entirely; complete (*agg.*); through and through: **fidato in t. e per t.**, entirely trustworthy; **È stata una sorpresa in t. e per t.**, it has been a complete surprise (to me); **È un galantuomo in t. e per t.**, he is an honest man through and through □ (*prov.*) **T. è bene quel che finisce bene**, all's well that ends well. **C** *m.* whole; (*ogni cosa*) everything: **il t. e le parti**, the whole and its parts; **formare un t.**, to constitute a whole; **Consideriamolo come un t.**, let's take it as a whole; **Il t. vi sarà dato domani**, everything will be given you tomorrow. ● **giocare il t. per il t.**, to risk everything; to go for broke (*fam.*).

tuttofàre, **A** *a. invar.* general; menial: **domestica t.**, general maid; maid of all work; **uomo t.**, factotum; handyman*; odd-jobman*; odd-jobber. **B** *m.* e *f. invar.* factotum; dogsbody (*fam.*).

tuttòlogo, *m.* (*f.* **-a**) (*fam.*) all-round expert; polymath; (*iron.*) know-all, know-it-all.

tuttóra, *avv.* still: **Credo che sia t. in Africa**, I think he is still in Africa.

tuttotóndo, *m.* – (*scult.*) **a t.**, in the round.

tutù, *m. invar.* tutu.

tùzia, *f.* (*chim.*) tutty.

tuziorìsmo, *m.* (*filos.*) tutiorism.

tuziorista, (*filos.*) *m.* e *f.* tutiorist.

tuzioristico, *a.* (*filos.*) tutiorist (*attr.*).

tweed (*ingl.*), *m. invar.* (*ind. tess.*) tweed.

twist (*ingl.*), *m. invar.* (*ballo*) twist: **ballare il t.**, to twist.

two step (*ingl.*), *locuz. m. invar.* (*ballo*) two-step.

tze-tze, *V.* **tse-tse**.

tzigàno, *V.* **zigano**.

u,U

U, u, *f.* o *m.* (*diciannovesima lettera dell'alfabeto ital.*) U, u. ● (*telef.*) **u come Udine**, u for Uncle □ **a U, U-**; U-shaped □ **curva a U,** hairpin bend □ (*autom.*) **inversione a U,** U-turn.

uàdi, *m.* (*geogr.*) wadi, wady.

ubbia, *f.* (*pregiudizio*) prejudice; (*timore infondato*) groundless fear; (*idea stramba*) fancy, strange notion, whim.

ubbidiènte, *a.* **1** obedient; dutiful; (*osservante*) observant, compliant: **un ragazzo u.**, an obedient boy; **un cittadino u.**, a dutiful (*o* law-abiding) citizen **2** (*docile*) docile; submissive; biddable.

ubbidiènza, *f.* **1** obedience; dutifulness; (*osservanza*) observance, compliance; (*a un sovrano*) allegiance: **Lo faccio per u.**, I do it out of obedience; **u. cieca [passiva, pronta, assoluta]**, blind [passive, prompt, unquestioning] obedience; **u. al regolamento**, observance of the rules; **dovere u. a q.**, to owe obedience to sb.; **promettere [negare] u.**, to promise [to refuse] obedience; **giurare u. al re**, to swear allegiance to one's king; (*eccles.*) **voto di u.**, vow of obedience **2** (*docilità*) docility, submissiveness; (*sottomissione*) submission: **ridurre all'u.** to reduce (*o* to bring) into submission.

ubbidire, *v. i.* e *t.* **1** to obey (sb., st.); to observe (st.); to comply with (st.); to follow (st.); to abide by (st.): **u. ai genitori**, to obey one's parents; **u. a un ordine**, to obey (*o* to comply with) an order; **u. alle leggi**, to obey (*o* to abide by) the law; **u. alle leggi della natura**, to obey (*o* to follow) the laws of nature; **u. alla coscienza**, to follow one's conscience; **Devi u.**, you must do as you are told; **Gli toccò u.**, he had to obey (*o* to submit); **Non riesco a farmi u. dal cane**, I can't make the dog obey me; **farsi u. da tutti**, to exact obedience from everyone; **Sa farsi u.**, he commands obedience **2** (*di macchina e sim.*: *rispondere*) to respond; to answer; to obey: **u. allo sterzo**, to respond to the steering wheel; **u. al timone**, to answer the helm; **La macchina non ubbidiva più ai comandi**, the car was out of control; **Non mi ubbidisce la gamba**, my leg won't obey me **3** (*fig.*: *cedere, rassegnarsi*) to yield; to submit; to bow; to give* in: **u. alla necessità**, to submit (*o* to bow) to necessity **4** (*essere soggetto*) to be under (sb.'s) rule.

ubertà, *f.* (*lett.*) fertility; fruitfulness.

Ubèrto, *m.* Hubert.

ubertosità, *V.* **ubertà**.

ubertóso, *a.* (*lett.*) fertile; fruitful.

ubicàre, *v. t.* to locate; to situate.

ubicazióne, *f.* location; site; situation; position: **l'u. del nuovo palazzo**, the site of the new building; **La casa ha un'u. ottima**, the house is very conveniently situated; **cambiare u**, to change location; **Non ne conosco l'esatta u.**, I don't know exactly where it is (*o* its exact location).

ubi consistam (*lat.*), *locuz. m. invar.* fixed point; point of reference.

ubiquista, A *m.* e *f.* (*relig.*) ubiquitarian. **B** *a.* **1** (*relig.*) ubiquitarian **2** (*ecol.*) ubiquitous.

ubiquità, *f.* ubiquity; ubiquitousness; omnipresence: **avere il dono dell'u.**, to have the gift of ubiquity; (*scherz.*) to be able to be everywhere at once.

ubiquitàrio, A *m.* (*f.* **-a**) (*relig.*) ubiquitarian. **B** *a.* **1** (*relig.*) ubiquitarian **2** (*dotato di ubiquità*) ubiquitous **3** (*ecol.*) ubiquitous.

ubriacaménto, *V.* **ubriacatura**.

ubriacàre, A *v. t.* **1** to make* (sb.) drunk; to get* (sb.) drunk; (*anche fig.*) to intoxicate, to inebriate: **Basta un bicchiere per ubriacarlo**, one glass is enough to make him drunk; **Lo ubriacarono per gioco**, they got him drunk for fun; **un vino che ubriaca subito**, a wine that goes to your head immediately; **Lo ubriacarono di lodi**, they intoxicated him with praise; **Il successo l'ha ubriacato**, success has gone to his head; **L'odio lo ubriacava**, he was drunk with hatred **2** (*fig.*: *stordire*) to daze; to dazzle; to make* (sb.'s) head spin: **u. di promesse**, to dazzle with promises; **un profumo che ubriaca**, a heady scent. **B ubriacarsi,** *v. i. pron.* **1** to get* drunk; to become* intoxicated (*o* inebriated) (*anche fig.*): **Si ubriaca facilmente**, he gets drunk easily; **bere fino a u.**, to get drunk; **u. di whisky**, to get drunk on whisky; **u. per dimenticare**, to get drunk to forget; **u. di potere**, to let power go to one's head **2** (*fig.*: *infatuarsi*) to become* infatuated (with).

ubriacatùra, *f.* **1** getting drunk; intoxication; inebriation; **prendersi un'u.**, to get drunk; **prendersi un'u. solenne**, to drink oneself under the table **2** (*fig.*) intoxication; inebriation; (*infatuazione*) infatuation: **prendersi un'u. per q.**, to have an infatuation for sb.; to be besotted with sb.

ubriachézza, *f.* drunkenness; intoxication; (*abituale*) inebriation; (*ebbrezza*) tipsiness: **in stato di u.**, in a drunken state; (*leg.*) drunk and incapable: **guidare in stato di u.**, to drive in a drunken state (*o* when drunk); **guida in stato di u.**, drunken driving; **arrestato per u. molesta**, arrested for being drunk and disordely; **smaltire l'u.**, to sober up; **intontimento da u.**, drunken stupor.

ubriàco, A *a.* **1** drunk (*generalm. pred.*); drunken (*specialm. abituale*); intoxicated; inebriated: **tornare a casa u.**, to come home drunk; **u. di birra**, drunk on beer; **due marinai ubriachi**, two drunken sailors; **u. fradicio**, blind (*o* dead, roaring) drunk; as tight as an owl; soaked (*fam.*); sloshed (*pop.*); stoned (*pop.*); plastered (*pop.*); pie-eyed (*pop.*); pissed (*volg.*) **2** (*fig.*) drunk; intoxicated; inebriated; besotted; infatuated: **u. di elogi**, drunk with praise; **u. d'amore**, intoxicated (*o* besotted) with love; **u. di suoni e di luci**, dazed by the lights and the noise; **u. di stanchezza**, drunk with fatigue; dead tired; **u. di sonno**, half asleep. **B** *m.* (*f.* **-a**) drunken man* (*f.* woman*); drunk: **un sonno da u.**, a drunken sleep; **rissa tra ubriachi**, drunken brawl.

ubriacóne, *m.* (*f.* **-a**) drunkard; drunk; sot; boozer (*fam.*); soak (*fam.*).

ucàse, *V.* **ukase**.

uccellagióne, *f.* **1** (*la cattura*) bird-catching **2** (*gli uccelli catturati*) bag; catch.

uccellàio, *m.* bird seller.

uccellàme, *m.* bag; catch.

uccellànda, *f.* bird trap; bird-catching ground.

uccellàre, A *v. i.* to catch* (birds); to go* bird-catching. **B** *v. t.* (*lett.*) to hoodwink; to take* in.

uccellatóio, *V.* **uccellanda**.

uccellatóre, *m.* (*f.* **-trice**) bird catcher; fowler.

uccellièra, *f.* aviary.

uccellino, *m.* little bird; (*infant.*) birdie, dickybird; (*nel nido*) nestling; (*che ha appena messo le penne*) fledg(e)ling. ● (*fig.*) **mangiare come un u.**, to eat like a bird □ (*scherz.*) **Me l'ha detto un u.**, a little bird told me.

uccèllo, *m.* **1** bird; fowl*: **il volo degli uccelli**, the flight of birds; **osservazione degli uccelli**, bird-watching; **nido di u.**, bird's nest; **andare a caccia di uccelli**, to go bird-shooting; (*di uccelli acquatici*) to go fowling; **uccelli acquatici**, waterfowl (*collett.*); aquatic birds; **uccelli selvatici**, wildfowl (*collett.*); wild birds; **u. canoro**, song bird; warbler; **u. corridore**, runner; **u. da gabbia**, cage bird; **u. da richiamo**, decoy; **u. di nido**, nestling; **u. di passo**, bird of passage; **u. fischiatore**, whistler; **u. marino**, sea bird; **u. migratore**, migratory bird; migrant; **u. notturno**, nocturnal (*o* night) bird; **u. palustre**, wader; **u. rapace** (*o* **di rapina, predatore**), bird of prey; raptor **2** (*zool.*) – **u. azzurro** (*Sialia*), bluebird; **u. del paradiso** (*Paradisea*), bird of paradise; **u. delle tempeste** (*Hydrobates pelagicus*), storm (*o* stormy) petrel; Mother Carey's chicken; **u. lira** (*Menura superba*), lyrebird; **u. gatto** (*Dumetella caroliniensis*), catbird; **u. mosca**, hummingbird; **u. parasole** (*Cephalopterus ornatus*), umbrella bird; **u. sarto** (*Orthotomus sutorius*), tailor bird; **u. serpente** (*Anhinga*) darter; snakebird **3** (*volg.*: *pene*) penis; dick (*volg.*); cock (*volg.*); pecker (*volg.*). ● (*fig.*) **u. del malaugurio**, bird of ill omen □ (*fig.*) **uccel di bosco**, escapee; runaway: **essere u. di bosco**, to be on the run (*o* on the loose); to have flown the coop □ (*fig.*) **a volo d'u.**, bird's-eye (*attr.*) □ **vispo come un u.**, as chirpy as a bird □ (*prov.*) **A ogni u. il suo nido è bello**, there's no place like home.

uccìdere, A *v. t.* **1** to kill (*anche assol.*); to slay* (*lett.*); (*con un'arma da fuoco, anche*) to shoot* (down); (*assassinare*) to murder, (*una figura politica*) to assassinate: **u. in battaglia [in duello]**, to kill in battle [in a duel]; **u. a sangue freddo**, to kill in cold blood; **u. con una pugnalata**, to stab to death; **u. con la spada**, to kill with a sword; **u. a botte [a sassate, a cornate]**, to beat [to stone, to gore] to death; **Fu ucciso da una pallottola al cuore**, he was shot through the heart; **Fu ucciso da un cecchino**, he was shot by a sniper; **Gli hanno ucciso il padre**, his father was murdered; **San Giorgio uccise il drago**, St George slayed the dragon; **La polmonite lo uccise in due settimane**, pneumonia killed him in two weeks; **Lo hanno ucciso i dispiaceri**, he died of a broken heart; **farsi u.**, to get oneself killed **2** (*animali*) to kill; (*se feriti o malati*) to destroy, to put* down, to put* to sleep (*eufem.*); (*a caccia*) to kill, to shoot* (down), to bag: **u. il maiale**, to kill the pig; **Abbiamo dovuto farlo u.**, we had to have it put down **3** (*fig.*: *prostrare*) to kill: **Il caldo mi uccide**, the heat is killing me; **La noia mi**

uccide, I am bored to death *4* (*fig.*: *distruggere*) to kill; to destroy; to ruin: **Un parassita ha ucciso le piante**, a pest has killed the plants; **Il gelo uccise i raccolti**, the frost ruined the crops; **u. un sapore**, to kill a flavour; **u. una speranza**, to kill a hope; **u. ogni entusiasmo**, to destroy (*o* to kill) all enthusiasm; **u. ogni libertà**, to destroy all freedom. ● (*fig.*) **u. un uomo morto**, to hit a man when he is down □ (*Bibbia*) **Non u.**, thou shalt not kill. **B uccidersi**, *v. rifl. e i. pron.* *1* (*suicidarsi*) to kill oneself; to commit suicide; (*con arma da fuoco*) to shoot* oneself: **Perché si è uccisa?**, why did she kill herself?; **u. col gas**, to gas oneself *2* (*morire*) to be (*o* to get*) killed; (*fig.*) to kill oneself: **Si è ucciso cadendo dal tetto**, he fell from the roof and was killed; **u. a forza di lavoro**, to kill oneself by overwork; **u. col bere**, to drink oneself to death. **C uccidersi**, *v. rifl. recipr.* to kill each other (*o* one another).

uccisióne, *f.* *1* killing; slaying (*lett.*); (*con arma da fuoco, anche*) shooting; (*assassinio*) murder, (*di figura politica*) assassination *2* (*nella caccia*) kill.

ucciso, **A** *a.* killed; shot (*pred.*); (*assassinato*) murdered, assassinated: **restare u.**, to get killed; **u. in combattimento**, killed in action. **B** *m.* (*f.* **-a**) dead man* (*f.* woman*); victim: **L'u. era un noto avvocato**, the victim was a well-known lawyer; **gli uccisi**, the dead; the victims; (*in battaglia*) the slain.

uccisóre, *m.* killer; slayer (*lett.*); (*assassino*) murderer, (*di figura politica*) assassin.

Ucràina, *f.* (*geogr.*) Ukraine.

ucraìno, *a. e m.* (*f.* **-a**) Ukrainian (*f.* Ukrainian woman*).

udènte, *m. e f.* hearing person. ● **non u.**, deaf person □ **i non udenti**, the deaf.

udìbile, *a.* audible: **appena u.**, barely audible; **uno scoppio u. a grande distanza**, an explosion that can be heard at a great distance.

udibilità, *f.* audibility.

udiènza, *f.* *1* audience; (*colloquio*) interview: **un'u. papale**, an audience with the Pope; **un u. col ministro**, an interview with the Minister; **u. privata**, private audience; **chiedere [concedere, ottenere] u.**, to request [to grant, to be granted] an audience *2* (*leg.*) hearing; sitting; session: **u. in tribunale**, hearing in court; **u. a porte aperte**, hearing (*o* sitting) in open court; **u. a porte chiuse**, (*civile*) hearing in chambers; (*penale*) trial «in camera»; **sospendere** (*o* **rinviare**) **l'u.**, to adjourn the sitting; **togliere l'u.**, to close the sitting; **L'u. è fissata per domani**, the case will be heard (*o* comes up for hearing) tomorrow; **giorno di u.**, day of hearing; **ruolo delle udienze**, cause list; court calendar (*USA*); **in pubblica u.**, in open court *3* (*TV, radio*: *pubblico*) audience. ● **dare u. a q.**, to listen (*o* to pay attention) to sb.; to lend an ear to sb. □ **trovare u. presso q.**, to get a hearing with sb.

udìre, *v. t.* *1* to hear*: **Udii un tonfo**, I heard a thud; **Si udì un grido**, a cry was heard; **L'ho già udita cantare**, (*una donna*) I've heard her sing before; (*una canzone*) I've heard it sung before; **u. q.c. per caso**, to overhear st.; **Non ne ho mai udito parlare**, I've never heard of it; **Ho udito male, oppure...?**, did I mishear, or...?; **Udite!**, listen all!; (*form.*) oyez! *2* (*ascoltare*) to hear*; to listen to; to follow: **Dio udì le mie preghiere**, God heard my prayers; **u. la messa**, to hear mass; **u. le lezioni di q.**, to follow sb.'s lectures; (*leg.*) **u. i testimoni**, to hear the witnesses *3* (*venire a sapere*) to hear*; to learn*; to come* to know: **Ho udito (dire) che...**, I've heard that...

uditìvo, *a.* auditory; auditive: **organo [nervo] u.**, auditory organ [nerve]; **potenza uditiva**, auditory power.

udìto, *m.* hearing: **il senso dell'u.**, the sense of hearing; **Ha l'u. fine**, his hearing is acute (*o* keen); (*iron.*) he has sharp ears; **Ha l'u. debole**, his hearing is poor; **perdere l'u.**, to lose one's hearing; **disturbi dell'u.**, hearing complaints (*o* troubles); **duro di u.**, hard of hearing.

uditòfono, *m.* hearing aid; earphone.

uditóre, *m.* (*f.* **-trice**) *1* hearer; (*ascoltatore*) listener, (*al pl. anche*) audience (*sing.*) *2* (*a scuola*) student sitting in on lessons; auditor (*USA*): **essere u.**, to sit in on a lesson; to audit (*USA*) *3* (*leg.*) auditor.

uditòrio, *m.* audience; listeners (*pl.*); (*seguito*) following: **un u. attento**, an attentive audience; **avere un vasto u.**, to have a large audience (*o* a vast following).

udometrìa, *f.* (*meteor.*) udometry; pluviometry.

udomètrico, *a.* (*meteor.*) udometric; pluviometric.

udòmetro, *m.* (*meteor.*) rain gauge; udometer; pluviometer.

uff, **ùffa**, *inter.* phew!; oh!: **U., che caldo!**, phew! it's hot!; **U., come sei seccante!**, what a nuisance you are!; **U., il treno è di nuovo in ritardo**, the stupid train is late again!; **U., che barba!**, what a drag!

ufficiàle (1), *a.* *1* official; for the record (*pred.*): **notizia u.**, official news; **dichiarazione u.**, official statement; **rendere q.c. u.**, to make st. official; **non u.**, unofficial; off the record *2* (*formale*) formal; official: **cerimonia u.**, official ceremony; **visita u.**, formal (*o* official) visit; **non u.**, informal. ● (*sport*) **gara u.**, competition game [match, etc.] □ **in forma u.**, officially; in official form □ **in veste u.**, in an official capacity □ **in via u.**, officially.

ufficiàle (2), *m.* *1* (*mil.*) officer: **u. dell'esercito [di aviazione, di marina]**, army [air force, naval] officer; **u. del genio**, engineer officer; **u. medico**, medical officer; **u. pagatore**, paymaster; **ufficiali e truppa**, officers and men; **alto u.**, high-ranking officer; **u. di collegamento**, liaison officer; **u. di complemento**, reserve officer; **u. di picchetto** (*o* **di servizio, di giornata**), officer of the day; orderly officer; **u. di stato maggiore**, staff officer; **u. effettivo**, regular officer; **u. in seconda**, executive officer; second-in-command; **u. subalterno**, junior officer; subaltern; **u. superiore**, senior (*o* field) officer *2* (*funzionario*) official; officer: **pubblico u.**, public official. ● **u. di dogana**, customs officer □ (*sport*) **u. di gara**, official; referee; umpire □ **u. di polizia**, police officer □ (*naut.*) **u. di macchina**, engine-room officer; engineer □ (*naut., aeron.*) **u. di rotta**, navigation officer; navigator □ **u. di stato civile**, registrar □ **u. giudiziario**, bailiff; process-server □ **u. postale**, postmaster (*m.*); postmistress (*f.*) □ **u. sanitario**, health officer □ (*naut.*) **primo u.**, (*marina mil.*) executive office; (*marina mercantile*) first mate, first officer.

ufficialità (1), *f.* official character (*o* nature).

ufficialità (2), *f.* (*mil.*) officers (*pl.*).

ufficializzàre, *v. t.* to make* (st.) official; to officialize.

ufficializzazióne, *f.* making (st.) official; officialization.

ufficialménte, *avv.* officially; in an official capacity; formally.

ufficiànte, (*eccles.*) **A** *a.* officiating. **B** *m.* officiant.

ufficiàre, **A** *v. i.* (*eccles.*) to officiate. **B** *v. t.* *1* (*eccles.*) to officiate *2* (*bur.*) to invite.

ufficiatùra, *f.* (*eccles.*) officiating; officiation.

ufficio, *m.* *1* (*il luogo*) office, bureau*; (*i locali*) (office) premises (*pl.*); (*agenzia*) agency, branch; (*reparto*) department: **Arrivò in u. alle dieci**, he got to the office at ten; **Il signor X è in u. [nel suo u.]**, Mr X is at the office [in his office]; **traslocare in nuovi uffici**, to move into new premises; **Lo sa tutto l'u.**, the whole office knows about it; **u. cassa**, cash department (*o* office); **u. centrale**, central (*o* head) office; headquarters (*pl.*); **u. commerciale**, sales department; **u. distaccato**, branch (*o* field) office; **u. estero**, overseas office; **u. informazioni**, inquiry office; (*statale, municipale*) Information Bureau; (*per turisti*) visitors bureau; (*in alberghi, aeroporti, ecc.*) information desk; **u. meteorologico**, weather bureau; **u. oggetti smarriti**, lost-property (office); **u. (del) personale**, personnel department; **u. postale**, post office; **u. prenotazioni**, booking office; **u. spedizioni**, shipping (*o* mailing) department; **u. viaggi** (*o* **turistico**), tourist office; travel bureau (*o* agency); (*comm.*) **u. vendite**, sales department; **lavoro d'u.**, office (*o* clerical, desk) work; **orario d'u.**, office hours (*pl.*); business hours (*pl.*); **palazzo di uffici**, office block *2* (*carica*) office, -ship (*suff.*); (*posizione*) position: **ricoprire un u. importante**, to hold an important office (*o* position); **esercitare l'u. di presidente**, to hold the office of chairman; **u. di cancelliere**, clerkship; **u. di tesoriere**, treasureship; **u. di giudice**, judgeship *3* (*dovere*) duty, office; (*compito*) task, job, assigment; (*funzione*) function, office: **u. di madre [di insegnante]**, a mother's [a teacher's] duty (*o* task); **Consigliare è u. di un amico**, giving advice is a friend's duty; **Qual è il tuo u. qui?**, what's your task (*o* function) here?; **Fu mandato con l'u. di arbitro**, he was sent to act as an arbitrator *4* (*pl.*) (*servigi, aiuto*) offices: **ottenere un posto grazie ai buoni uffici di q.**, to get a job through sb.'s good offices *5* (*impiego, posto*) job; place; post; position *6* (*eccles.*) office; service: **u. divino**, divine office; **u. funebre**, funeral (*o* burial) service; dead office; **dire l'u.**, to say office; **il Sant'U.**, the Holy Office. ● **comunicazione d'u.**, official communication □ (*leg.*) **difensore d'u.**, counsel appointed by the court; public defender (*USA*) □ **doveri d'u.**, official (*o* office) duties □ (*leg.*) **nominato d'u.**, appointed by the court □ (*leg.*) **omissione d'atti d'u.**, neglect of official duty □ (*leg.*) **perseguibile d'u.**, indictable □ (*leg.*) **procedimento d'u.**, prosecution «ex officio» □ **provvedere d'u.**, to act officially □ **ragioni d'u**, official reasons □ **scrivere d'u.**, to write officially □ **segreto d'u.**, official secret.

ufficiosaménte, *avv.* unofficially; off the record; informally; officiously.

ufficiosità, *f.* unofficial character; informality.

ufficióso, *a.* unofficial; off-the-record; informal; officious: **comunicazione [fonte] ufficiosa**, unofficial statement [source]; **in via ufficiosa**, unofficially; off the record; **Quello che ti dico è del tutto u.**, what' I'm telling you is entirely off the record. ● **bugia ufficiosa**, white lie.

uffìzio, *V.* **ufficio**.

ùfo (1), *vc.* – **a ufo**, without paying; for nothing: **mangiare a ufo**, to scrounge (*o* to cadge) a meal; **vivere a ufo**, to live off others.

UFO (2), **Ùfo**, *m. invar.* (*disco volante*) UFO (Unidentified Flying Object).

ufologìa, *f.* ufology.

ufològico, *a.* ufological.

ufòlogo, *m.* (*f.* **-a**) ufologist.

ugandése, *a., m. e f.* Ugandan (*f.* Ugandan woman*).

ugèllo, *m.* (*mecc.*) nozzle; (*di altoforno*) tuyere.

ùggia, *f.* *1* (*noia*) tedium; boredom: **Questa pioggia ti mette l'u. addosso**, this rain gets you down; **Mi è venuto in u. questo lavoro**, I've grown tired of this job *2* (*antipatia*) dislike: **avere q. in u.**, to dislike sb.; **prendere q. in u.**, to take a dislike to sb.

uggiolàre, *v. i.* to whine; to whimper.

uggiolìna, *f.* sensation of hunger.
uggiolìo, *m.* whining; whimpering.
uggiosità, *f.* ***1*** (*noiosità*) boredom; tediousness; dreariness; dullness ***2*** (*molestia*) tiresomeness; irksomeness ***3*** (*del tempo*) gloominess; dullness.
uggióso, *a.* ***1*** (*noioso*) boring; tedious; dreary; dull ***2*** (*irritante*) tiresome; irksome; irritating ***3*** (*del tempo*) gloomy; dull; dismal ***4*** (*irritabile*) irritable; fretful: **Il tempo cattivo mi rende u.**, bad weather makes me irritable (*o* gets me down).
ugnatùra, *f.* chamfer; bevel.
ugnèlla, *f.* ***1*** graver; burin ***2*** (*vet.*) chestnut.
Ùgo, *m.* Hugh.
ùgola, *f.* ***1*** (*anat.*) uvula* ***2*** (*estens.*: *voce*) voice; (*gola*) throat: **u. d'oro**, wonderful voice; **rinfrescarsi l'u.**, to wet one's whistle (*fam.*).
ugonòtto, *a.*, *m.* (*f.* **-a**) (*relig.*) Huguenot.
ùgrico, *a.* (*ling.*) Ugric; Ugrian.
ùgro, *a.* e *m.* Ugrian.
ùgro-finnico, *a.* e *m.* Finno-Ugric; Finno-Ugrian.
uguagliaménto, *m.* equalization; equalizing; (*livellamento*) levelling down.
uguaglianza, *f.* ***1*** (*parità*) equality; parity: **libertà e u.**, liberty and equality; **u. dei diritti**, equality of rights; equal rights (*pl.*); **u. tra i sessi**, equality of the sexes ***2*** (*identità*) identity, sameness; (*uniformità*) uniformity, sameness, evenness: **u. di vedute**, identity of opinions; **Il romanzo ha una certa u. di stile**, there is a certain sameness of style in the novel; **u. di criterio**, uniform criterion; **l'u. del terreno**, the evenness of the ground ***3*** (*mat.*) equality; (*equazione*) equation: **segno d'u.**, equal(s) sign. ● (*gramm.*) **comparativo d'u.**, comparative of equality □ **su una base di u. con**, on an equal footing with.
uguagliàre, A *v. t.* ***1*** (*rendere uguale*) to equalize; to make* equal; to level: **u. redditi [imposte]**, to equalize incomes [taxes]; **La morte uguaglia tutti**, death makes all men equal; death levels all men ***2*** (*pareggiare*) to make* even, to even out; (*tagliando*) to trim; (*livellare*) to level out (*o* off): **u. le differenze sociali**, to even out social differences; **u. una siepe**, to trim a hedge; **u. il terreno**, to level off the ground ***3*** (*essere uguale a*) to equal; to match; to rival: **La bontà in lui uguaglia la modestia**, his kindness equals (*o* rivals) his modesty; **La sua forza uguaglia la tua**, his strength matches (*o* rivals) yours; he is your equal (*o* match) in strength; **u. q. in bellezza**, to equal sb. in beauty; **u. il proprio maestro**, to equal one's teacher; **Nessuno lo uguaglia in egoismo**, he has no equal for selfishness; (*sport*) **u. un record**, to equal a record ***4*** (*considerare uguale*) to consider equal; (*paragonare*) to compare: **Non lo si può u. al predecessore**, he cannot be compared (*o* equalled) to his predecessor; (*è inferiore*) he doesn't compare with his predecessor. **B uguagliàrsi,** *v. rifl.* to consider oneself equal; (*paragonarsi*) to compare oneself: **Osa u. a Verdi**, he dares compare himself to Verdi. **C uguagliàrsi,** *v. i. pron.* to be equal; to be even; to level out.
uguàle, A *a.* ***1*** (*pari*) equal; (*simile*) like, alike (*pred.*), similar; (*identico*) same, identical: **A lavoro u., u. paga**, equal pay for equal work; **u. vantaggio**, equal advantage; **due parti uguali**, two equal parts; **Sono di u. peso**, they are of equal weight (*o* equal in weight); they are the same weight; **Siamo uguali di statura**, we are the same height; **Sono uguali di gusti**, they are alike in tastes; they have the same tastes; **Questo vestito è u. a quello**, this dress is the same as (*o* similar to) that; **Voglio un bottone u. a questo**, I want a button like this one; **È u. al mio**, it is like (*o* the same as, identical to) mine; **uguali tra loro**, like each other; **Sono proprio uguali**, they are exactly the same (*o* identical, exactly alike); **I due colori sono quasi uguali**, the two colours are almost the same (*o* very similar, very close); **sempre gentile, sempre u. con tutti**, always kind, always the same with everyone; **Tutti gli uomini sono uguali davanti alla legge**, all men are equal before the law; **Non ce n'è un altro u. a lui**, he has no equal ***2*** (*mat.*) equal: **espressioni [figure] uguali**, equal expressions [figures]; **tre più quattro (è) u. a sette**, three and four equals (*o* is, makes) seven; **Sia x u. a y**, let x be the equal of y; **Sia x u. a zero**, let x equal zero ***3*** (*uniforme*) even, regular, steady, equable; (*liscio*) even, smooth, flat; (*immutato*) unchanged, unvaried: **L'orlo non è u.**, the edge is not even (*o* is uneven); **camminare con passo u.**, to walk at a regular pace; **con voce u.**, in an even voice; **un clima sempre u.**, an equable climate; **un paesaggio sempre u.**, an unvaried landscape; **una superficie u.**, an even (*o* flat) surface; **La temperatura era sempre u.**, the temperature was unchanged (*o* had not changed). ● (*comm.*) **u. al campione**, up to sample □ (*fig.*) **u. a se stesso**, consistent □ (*fam.*) **u. identico**, identical; a perfect match □ **uguali come due gocce d'acqua**, as like as two peas in a pod □ **Per me è u.** (*non fa differenza*), it's all the same (*o* all one) to me; I don't mind. **B** *m.* e *f.* ***1*** equal; match: **stare coi propri uguali**, to associate with one's equals; **Non troverai l'u. di questa stoffa**, you won't find a match for this material; **non avere u.** (*o* **uguali**), to have no equal (*o* match); to be unrivalled (*o* matchless, peerless) ***2*** (*mat.*) equal(s) sign. **C** *avv.* (just) the same; alike: **Costano u.**, they cost the same; they are just as expensive.
ugualitàrio, *V.* **egualitario.**
ugualitarismo, *V.* **egualitarismo.**
ugualménte, *avv.* ***1*** (*allo stesso modo*) equally; alike: **Vi ringrazio u. entrambi**, I thank you both equally ***2*** (*malgrado tutto*) all the same; nevertheless: **Ci riuscirà u.**, he'll manage all the same; **L'ho fatto u.**, I've done it all the same.
uh, *inter.* ***1*** (*di disgusto*) ugh! ***2*** (*di dolore*) oh!; ah!; ouch! ***3*** (*di meraviglia*) oh!
uhm, *inter.* ***1*** (*di incertezza*) hum; h'm ***2*** (*di scetticismo*) humph.
uistitì, *m.* (*zool.*, *Callithrix jacchus*) marmoset.
ukàse, *m. invar.* (*stor.* e *fig.*) ukase.
ukulèle, *m.* o *f.* (*mus.*) ukulele, ukelele.
ulàno, *m.* (*mil.*) uhlan; ulan.
ùlcera, *f.* (*med.*) ulcer; (*della pelle, com. anche*) sore: **u. gastrica [duodenale]**, gastric [duodenal] ulcer; **u. perforata**, perforated ulcer; **u. molle** (*o* **venerea**), chancroid; (*fam.*) **avere l'u.**, to have a gastric ulcer.
ulcerànte, *a.* (*med.*) ulcerating.
ulceràre, *v. t.* e *v. i.* **ulceràrsi,** *v. i. pron.* (*med.*) to ulcerate.
ulcerativo, *a.* (*med.*) ulcerative; (*ulceroso*) ulcerous: **sostanza ulcerativa**, ulcerative substance; **processo u.**, ulcerous process.
ulcerazióne, *f.* (*med.*) ulceration; lesion.
ulceróso, (*med.*) **A** *a.* ulcerous. **B** *m.* (*f.* **-a**) sufferer from a gastric ulcer.
ùlema, *m. invar.* (*relig. islamica*) ulema.
uligàno, *m.* hooligan.
Ulìsse, *m.* Ulysses.
ulìte, *f.* (*med.*) gingivitis.
ulìva, e *deriv.* *V.* **oliva**, e *deriv.*
ulivèlla, *f.* (*edil.*) lewis.
ulmària, *V.* **olmaria.**
ùlna, *f.* (*anat.*) ulna*.
ulnàre, *a.* (*anat.*) ulnar.
ulterióre, *a.* ***1*** (*successivo*) ulterior, further, subsequent; (*nuovo*) new, fresh, extra: **ulteriori istruzioni [sviluppi]**, further instructions [developments]; **ulteriori prove**, new (*o* fresh) evidence; **fino a u. avviso**, until further notice ***2*** (*lett.*: *più lontano*) further: **Gallia U.**, Further Gaul.
ulteriorménte, *avv.* ***1*** (*ancor più*) further (on); still further ***2*** (*in seguito*) later (on); subsequently.
ùltima, *f.* (*fam.*) (the) latest; (*di notizia, anche*) latest news: **Hai sentito l'u. di mio cugino?**, have you heard my cousin's latest?; **La sai l'u.?** (*barzelletta*), have you heard the latest joke?; **Questa è l'u. che mi fa!**, he won't catch me again!; **Questa è l'u.!**, this is the limit!
ultimàbile, *a.* that can be completed (*o* finished, concluded).
ultimaménte, *avv.* lately; of late; recently: **U. non sta bene**, he hasn't been feeling well lately (*o* of late); **Ci siamo visti u.**, we met recently.
ultimàre, *v. t.* to finish; to complete; to conclude; to bring* to an end; to finalize: **u. un quadro**, to complete a painting; **u. la stampa di un libro**, to finish printing a book; **u. un accordo**, to finalize an agreement.
ultimativo, *a.* final; last; peremptory.
ultimàtum, *m.* ultimatum*.
ultimazióne, *f.* completion; conclusion; finalization.
ultimissima, *f.* (*giorn.*) ***1*** (*ultima edizione*) latest edition ***2*** (*pl.*) (*le notizie più recenti*) stop-press news; spot (*o* latest) news.
ùltimo, A *a.* ***1*** (*finale*) last; final: **l'u. giorno della settimana**, the last day of the week; **l'u. romanzo di Verga**, Verga's last novel; **un u. sforzo**, one last (*o* final) effort; **u. avviso**, final warning; final notice; **ultima chiamata**, final call; (*leg.*) **ultime volontà**, last will and testament; **sino all'ultima lira**, down to the last penny; **Vuole sempre avere l'ultima parola**, he always wants to have the last word; **arrivare u.**, to arrive last ***2*** (*il più recente*) latest, last, newest, most recent, most up-to-date; (*appena trascorso*) last, past; (*il più giovane*) youngest: **l'ultima moda**, the latest fashion; **l'u. film di Woody Allen**, Woody Allen's latest film; **le ultime notizie**, the latest news; **le ultime notizie che ho di lui**, the last (news) I heard about him; **il mio u. figlio**, my youngest son; **nella mia ultima lettera**, in my last letter; **in questi ultimi anni**, in the last few years; **nell'ultima guerra**, in the last (*o* past) war; **l'u. ritrovato in fatto di elettrodomestici**, the latest thing in household electric equipment; **L'ultima volta che ci siamo visti stava bene**, the last time we met (*o* when we last met) he was all right ***3*** (*il più lontano*) last; farthest; back (*attr.*); utmost: **l'u. lembo di terra**, the last strip of land; **l'ultima casa della strada**, the last house in the street; **le ultime file** (*di posti*), the back rows; **l'u. orizzonte**, the farthest horizon; **gli ultimi confini della terra**, the farthest ends (*o* utmost limits) of the earth ***4*** (*il più in basso*) bottom, lowest; (*il più in alto*) top, uppermost: **nell'u. cassetto**, in the bottom drawer; **l'u. piano**, the top floor; **essere all'u. posto**, to be at the bottom of the list; (*fig.*) to rank lowest ***5*** (*il meno probabile, il meno indicato*) last; (*il meno importante*) least: **Era l'ultima cosa da dirgli**, it was the last thing to say to him; **È l'ultima delle mie preoccupazioni**, it is the least of my worries; **non u.**, not least ***6*** (*primario, fondamentale*) ultimate: **Dio è l'ultima perfezione**, God is ultimate perfection; **il fine u. della creazione**, the ultimate aim of creation. ● **l'u. arrivato** (*o* **venuto**), the last to arrive; (*fig.*) a mere nobody □ **gli ultimi arrivati** (*o* **venuti**), the newcomers, the new arrivals; (*in ritardo*) the latecomers □ **l'u. desiderio**, (one's) dying wish □ **l'u. nato**, the youngest born □ **ultime parole famose**, famous last words □ **u. prezzo**, bottom price □ (*comm.*) **u. scorso**, last; ultimo (*abbr.*: ult.): **La vostra del 19 u. scorso**, your letter of the 19th last (*o* ult.) □ **gli ultimi tocchi**, the finishing touches □ **dal primo all'u. uomo**,

from the first man to the last □ **fino all'u. uomo**, to the last man; to a man: **Furono tutti d'accordo fino all'u. uomo**, they agreed to a man □ (*fig.*) **in u. luogo**, finally; lastly □ **negli ultimi tempi**, lately; of late. **B** *m.* (*f.* **-a**) ***1*** (the) last: **Gli ultimi saranno i primi**, the first shall be last; **Entrò con gli ultimi**, he came in with the last; **Fu l'u. ad andare via**, he was the last to leave; he left last ***2*** (*fig.*: *chi è u. per importanza, merito e sim.*) (the) lowest; (the) worst: **È l'u. dei pittori**, he's the worst of painters; **essere l'u. della classe**, to be bottom of the class ***3*** (*u. giorno*) (the) last day: **l'u. del mese**, the last day of the month; **gli ultimi del mese**, the end of the month; **l'u. dell'anno**, New Year's Eve. ● **all'u.**, in the end; at the end; eventually: **All'u. sembrava convinto**, in the end he seemed convinced; **arrivare all'u.**, to arrive at the end □ **da u.**, finally; last; eventually □ **dal primo all'u.**, from first to last; (*tutti quanti*) every last one □ **fino all'u.** (*fino alla fine*), till the end, to the last: **Dichiarò fino all'u. che non voleva vederli**, he insisted to the last he didn't want to see them □ **Lo ripeterò fino all'u. dei miei giorni**, I'll repeat it till the end of my days □ **Li ha mangiati tutti fino all'u.**, he ate every last one of them □ **in u.**, in the end; eventually: **In u. trionferà la giustizia**, justice will triumph in the end □ **lasciare q.c. per u.**, to leave st. till last (*o* for the end) □ **quest'u.** (*di due*), the latter □ **per u.**, last: **Parlò per u.**, he spoke last □ **sull'u.**, towards the end.

ultimogènito, **A** *a.* last-born (*attr.*); youngest. **B** *m.* (*f.* **-a**) last-born (child); youngest.

ultóre, *m.* (*f.* **-trice**) (*lett.*) avenger.

ultra, **ultrà**, **A** *a.* extreme; ultra: **la destra [la sinistra] u.**, the extreme Right [Left]; **un esponente u.**, an extremist; an ultra. **B** *m.* e *f.* ***1*** (*polit.*) ultra; extremist; **gli u. di destra [di sinistra]**, right-wing [left-wing] ultras (*o* extremists) ***2*** (*sport*) rowdy supporter ***3*** (*stor.*) Ultra.

ultracentenàrio, **A** *a.* ultracentenarian; over a hundred years old. **B** *m.* (*f.* **-a**) ultracentenarian.

ultracentrìfuga, *f.* (*tecn.*) ultracentrifuge.

ultracentrifugazióne, *f.* (*tecn.*) ultracentrifugation.

ultracompàtto, *a.* ultracompact.

ultracórto, *a.* (*fis.*) ultrashort: **onde ultracorte**, ultrashort waves.

ultracùstica, *f.* ultrasonics (*pl. col verbo al sing.*); supersonics (*pl. col verbo al sing.*).

ultracùstico, *a.* ultrasonic; supersonic.

ultradèstra, *f.* (*polit.*) extreme Right.

ultrafiltrazióne, *f.* ultra-filtration.

ultrafiltro, *m.* ultrafilter.

ultramarìno, *V.* **oltremarino**.

ultramicròmetro, *m.* (*fis.*) ultramicrometer.

ultramicroscopìa, *f.* (*fis.*) ultramicroscopy.

ultramicroscòpico, *a.* (*fis.*) ultramicroscopic(al).

ultramicroscòpio, *m.* (*fis.*) ultramicroscope.

ultramicròtomo, *m.* (*scient.*) ultramicrotome.

ultramodèrno, *a.* ultramodern.

ultramontanìsmo, *m.* (*relig.*) ultramontanism.

ultramontàno, *a.* ***1*** ultramontane; on the other side of (*o* beyond) the mountains ***2*** (*relig.*) ultramontane.

ultrapastorizzazióne, *f.* ultra-heat treatment (*abbr.*: UHT).

ultrapotènte, *a.* ***1*** highly powerful ***2*** (*radio, mecc.*) high-power (*attr.*).

ultrarallentatóre, *m.* (*cinem.*) ultra-slow-motion camera.

ultraràpido, *a.* very fast; high-speed (*anche fotogr.*).

ultrarósso, *a.* e *m.* (*fis.*) ultrared; infrared.

ultrasensìbile, *a.* ultrasensitive; hypersensitive.

ultrasinistra, *f.* (*polit.*) extreme Left.

ultrasònico, *a.* (*fis.*) ultrasonic; supersonic: **lavaggio u.**, ultrasonic cleaning; **onde ultrasoniche**, supersonic waves; **velocità ultrasonica.**, supersonic speed.

ultrasonografìa, *f.* (*med.*) ultrasonography.

ultrasonòro, *V.* **ultrasonico**.

ultrastruttùra, *f.* (*biol.*) ultrastructure.

ultrastrutturàle, *a.* (*biol.*) ultrastructural.

ultrasuòno, *m.* (*fis.*) ultrasound: **a ultrasuoni**, ultrasonic; ultrasound (*attr.*).

ultrasuonoterapìa, *f.* (*med.*) ultrasound treatment.

ultraterréno, *a.* ultramundane; beyond this world; otherwordly: **vita ultraterrena**, afterlife; **mondo u.**, afterworld.

ultraviolétto, *a.* e *m.* (*fis.*) ultraviolet: **raggi ultravioletti**, ultraviolet rays; **lampada a raggi ultravioletti**, ultraviolet lamp; sunlamp; **fotografia all'u.**, ultraviolet photography.

ultravìrus, *m. invar.* (*biol.*) ultravirus.

ultravuòto, *m.* (*fis.*) ultrahigh vacuum.

ùlula, *f.* (*zool.*, *Surnia ulula*) hawk owl.

ululàre, *v. i.* ***1*** (*di animali*) to howl; to ululate ***2*** (*di vento*) to howl ***3*** (*di sirena e sim.*) to hoot; to wail.

ululàto, **ùlulo**, *m.* ***1*** (*di animali*) howl; ululation ***2*** (*di vento*) howling ***3*** (*di sirena*) hoot; wail; wailing.

ùlva, *f.* (*bot.*, *Ulva lactuca*) ulva*; sea lettuce.

umanaménte, *avv.* ***1*** (*per ciò che riguarda l'uomo*) humanly: **u. possibile**, humanly possible ***2*** (*con umanità*) humanely: **Fu trattato u.**, he was treated humanely.

umanàrsi, *v. rifl.* (*teol.*) to become* incarnate; to be made flesh.

umanazióne, *f.* (*teol.*) incarnation.

umanésimo, *m.* (*stor.*, *letter.*) humanism.

umanista, *m.* e *f.* (*stor.*, *letter.*) humanist.

umanìstico, *a.* ***1*** (*rif. all'umanesimo*) humanistic ***2*** (*rif. alle lingue classiche*) classical: **studi umanistici**, classical studies ***3*** (*letterario*) liberal; humane; arts (*attr.*): **discipline umanistiche**, liberal (*o* humane) studies; humanities; **educazione umanistica**, liberal education; **facoltà umanistiche**: arts faculties.

umanità, *f.* ***1*** (*natura umana*) humanity; human nature ***2*** (*bontà, benevolenza*) humanity; humaneness; human kindness: **trattare q. con u.**, to treat sb. with humanity (*o* humanely); **una persona di grande u.**, a deeply humane person ***3*** (*genere umano*) mankind; humankind; humanity: **i benefattori dell'u.**, the benefactors of mankind; **un crimine contro l'u.**, a crime against humanity (*o* mankind) ***4*** (*studi letterari*) (the) humanities (*pl.*).

umanitàrio, *a.* e *m.* humanitarian; philantropic: **dottrine umanitarie**, humanitarian doctrines; **aiuti umanitari**, humanitarian assistance (*sing.*).

umanitarìsmo, *m.* humanitarianism.

umanizzàre, **A** *v. t.* to humanize; to make* humane; (*civilizzare*) to civilize. **B umanizzàrsi**, *v. i. pron.* to become* humanized; (*incivilirsi*) to become* civilized.

umanizzàto, *a.* humanized; civilized.

umanizzazióne, *f.* ***1*** humanization ***2*** (*teol.*) incarnation.

umàno, **A** *a.* ***1*** (*dell'uomo, degli uomini*) human: **il corpo u.**, the human body; **un essere u.**, a human being; **la condizione umana**, the human condition ***2*** (*naturale*) human; natural: **sbagliare è u.**, to err is human; **È u. che si cerchi di aiutare i propri figli**, it is natural that one should try and help one's children ***3*** (*pieno di umanità*) human, humane, warm; (*gentile*) kind-hearted, considerate; (*comprensivo*) understanding, sympathetic: **una persona molto umana**, a very human (*o* warm) person; **trattamento u.**, humane treatment; **Si comportò in modo molto u. con me**, he was very understanding (*o* considerate) with me; **adoperarsi per una società più umana**, to work for a more humane society. ● (*fig.*) **la bestia umana**, the beast in us □ **rispetto u.**, respect for public opinion. **B** *m.* ***1*** (the) human: **l'u. e il divino**, the human and the divine ***2*** (*pl.*) (*lett.*: *uomini*) human beings; humanity (*sing.*); mankind (*sing.*); humankind (*sing.*).

umanòide, *a.* e *m.* humanoid.

umàto, *m.* (*chim.*) humate.

umbellàto, *a.* (*bot.*) umbellate(d); umbellar.

umbertìno, *a.* of the time of Umberto I.

Umbèrto, *m.* Humbert.

umbilico, e *deriv.* *V.* **ombelico**, e *deriv.*

umbonàto, *a.* (*anche bot.*, *zool.*) umbonate(d).

umbóne, *m.* (*di scudo, bot.*, *zool.*) umbo*.

umbràtile, *a.* (*lett.*) ***1*** (*ombroso*) shady ***2*** (*fig.*, *di persona*: *chiuso*) withdrawn; reserved ***3*** (*fig.*: *indefinito*) indefinable; vague; subtle.

ùmbro, *a.* e *m.* (*f.* **-a**) Umbrian.

umettànte, *m.* (*chim.*) humectant.

umettàre, *v. t.* to moisten: **umettarsi le labbra**, to moisten one's lips.

umettazióne, *f.* moistening.

ùmico, *a.* (*biol.*, *chim.*) humic: **acido u.**, humic acid.

umidézza, *f.* dampness; moistness; humidity.

umidìccio, *a.* dampish; moist; clammy: **stanze umidicce**, dampish rooms; **clima u.**, dampish climate; **mani umidicce**, moist (*o* clammy) hands.

umidificàre, *v. t.* to humidify.

umidificatóre, *m.* humidifier.

umidificazióne, *f.* humidification.

umidità, *f.* humidity; moisture; dampness; damp: **u. relativa [assoluta]**, relative [absolute] humidity; **l'u. dell'aria**, the humidity in the air; **una casa piena di u.**, a very damp house; **C'è molta u. stasera**, it is very damp tonight; **guardarsi dall'u.**, to protect oneself from the damp; **piante che vogliono l'u.**, plants that need moisture; **impregnato di u.**, damp; moist; **macchie d'u.**, damp stains.

ùmido, **A** *a.* ***1*** damp; moist; humid; wet; (*e appiccicoso*) clammy: **aria umida**, humid air; **occhi umidi di pianto**, eyes wet (*o* moist) with tears; **Ha le mani umide di sudore**, his hands are moist (*o* clammy) with sweat; **straccio u.**, damp cloth; **muri umidi**, damp walls ***2*** (*di clima o tempo*) humid; (*piovoso*) wet, rainy; (*pesante*) sticky, muggy. **B** *m.* ***1*** (*umidità*) damp; dampness; humidity ***2*** (*cucina*) stew: **in u.**, stewed: **carne [patate] in u.**, stewed meat [potatoes]; **cuocere in u.**, to stew.

umidóre, *m.* (*lett.*) dampness; moisture.

umìfero, *a.* rich in humus.

umificazióne, *f.* (*biol.*) humification.

ùmile, *a.* ***1*** humble: **un'u. preghiera**, a humble prayer; **contegno u.**, humble manners (*pl.*) ***2*** (*modesto, povero*) humble; modest; **una casa u.**, a modest house; **di umili natali [origini]**, of humble birth [origins] ***3*** (*inferiore*) lowly; menial: **lavoro u.**, menial task ***4*** (*sottomesso*) humble; meek; submissive: **mostrarsi u.**, to show submission. ● **gli umili**, the humble: **gli umili di cuore**, the humble in heart □ **i ceti umili**, the lower classes □ **suo servo umilissimo**, your most humble servant.

umiliànte, *a.* humiliating; demeaning; degrading: **offerta u.**, humiliating offer; **compito u.**, degrading task.

umiliàre, **A** *v. t.* to humiliate; to mortify; to humble: **Disse così per umiliarla**, he said that to humiliate her; **Dio umilia i superbi**, God humbles the proud; **u. gli avversari**, to humble one's opponents; **u. l'orgoglio di q.**, to lower sb.'s pride; **Mi umilia dover chiedere aiuto**, I feel humiliated to have to ask for help. **B umiliàrsi**, *v. rifl.* to humble oneself; to bow one's head; to abase oneself; (*abbassarsi*) to lower oneself, to debase oneself, to demean oneself; (*essere servile*) to cringe, to crawl, to grovel: **Non devi umiliarti così**, you mustn't humble yourself like that; **Dovette u. a chiedere scusa**, he had to bow his head and apologize; **u. davanti a Dio**, to humble (*o* to abase) oneself before God; **u. a fare di tutto**, to lower oneself to doing anything.

umiliazióne, *f.* humiliation; mortification; (*cosa umiliante*) humiliation, indignity, slap in the face (*fam.*); (*degradazione*) degradation, abasement: **un atto di u.**, an act of humiliation: **patire umiliazioni**, to bear humiliations; to suffer indignities; **subire un'u.**, to suffer a humiliation; **Che u.!**, what a humiliation!; how humiliating!

umiltà, *f.* **1** (*l'essere umile*) humility; self-abasement: **finta u.**, false humility; **predicare l'u.**, to preach humility; **in tutta u.**, with all humility; **in segno di u.**, as a sign of humility **2** (*sottomissione*) meekness; submissiveness; submission **3** (*modestia di condizioni*) humbleness; lowliness; meanness; modesty: **u. di natali**, humbleness of birth; humble birth. ● **con u.**, humbly; meekly; modestly.

umoràle, *a.* **1** (*rif. agli umori*) humoral **2** (*incostante*) changeable; erratic.

umóre, *m.* **1** humour, humor (*USA*); (*liquido*) fluid, liquid; (*linfa*) sap: **gli umori del corpo**, the humours of the body; **u. acqueo**, aqueous humour; **Dai muri colava un u. appiccicaticcio**, a sticky liquid was oozing from the walls; **la teoria degli umori**, the theory of humours **2** (*stato d'animo*) mood; temper; humour, humor (*USA*); spirits (*pl.*): **buon u.**, good mood: **di buon u.**, in a good mood; **mettere di** (*o* **il**) **buon u.**, to put in a good mood; **cattivo u.**, bad mood (*o* humour); (ill-)temper: **di cattivo u.**, in a bad mood (*o* temper); ill-humoured; ill-tempered; cross; **di ottimo u.**, in high spirits; **d'u. nero**, in a black mood; **instabilità di u.**, moodiness; **soggetto a sbalzi d'u.**, moody; **Non sono dell'u. giusto**, I'm not in the right mood (*o* frame of mind, vein) (for it) **3** (*capriccio*) whim; caprice. ● (*anat.*) **u. vitreo**, vitreous humour □ **assecondare l'u. di q.**, to humour sb.; to indulge sb.

umorésca, *f.* (*mus.*) humoresque.

umorismo, *m.* humour, humor (*USA*); sense of humour: **u. volgare**, vulgar (*o* coarse) humour; **u. nero**, black humour; **u. macabro**, gallows humour; **l'u. di una situazione**, the humour of a situation; **Non capisco l'u. inglese**, I don't understand the English sense of humour; **avere il senso dell'u.**, to have a sense of humour; (*essere arguto*) to be witty; **fare dell'u.**, to be facetious; to joke; **prendere q.c. con u.**, to see the humorous side of st.

umorista, *m.* e *f.* **1** person with a sense of humour **2** (*scrittore*) humorist **3** (*disegnatore*) cartoonist.

umoristicaménte, *avv.* humorously.

umorìstico, *a.* humorous; funny; comic: **giornale u.**, humorous paper; **storiella umoristica**, funny story; **battuta umoristica**, humorous (*o* witty) remark; **situazione umoristica**, comic situation; **vena umoristica**, comic vein; **lato u.**, funny side; comedy; **spirito u.**, sense of humour.

un, ùna, *V.* **uno**.

unànime, *a.* unanimous: **Furono unanimi nella scelta**, they were unanimous in their choice; **con voto u.**, with a unanimous vote.

unanimeménte, *avv.* unanimously; with one accord (*o* consent).

unanimismo, *m.* unanimism.

unanimità, *f.* unanimity; consensus: **all'u.**, unanimously; with one accord (*o* consent): **eletto [bocciato] all'u.**, elected [rejected] unanimously; **a u. di voti**, with a unanimous vote; **raggiungere l'u.**, to reach unanimous agreement (*o* a unanimous consent); **u. di opinione**, (general) consensus.

unanimitàrio, *a.* unanimous.

una tantum (*lat.*), **A** *locuz. f.* single payment; (*gratifica*) non-recurring allowance; (*imposta*) non-recurring (*GB*: one-off) tax. **B** *locuz. agg.* single; non-recurring; one-off (*GB*): **pagamento u.**, single (*o* one-off) payment. **C** *locuz. avv.* only once.

unciàle, *a.* uncial.

uncinàre, *v. t.* **1** (*modellare a uncino*) to hook **2** (*afferrare*) to hook; to grapple.

uncinàto, *a.* **1** hooked; hook-shaped: **ferro u.**, hooked iron; **naso u.**, hooked nose **2** (*biol.*) uncinate; (*anat., zool.*) unciform: **osso u.**, hamate bone; unciform. ● **croce uncinata**, swastika □ **parentesi uncinate**, angled brackets.

uncinétto, *m.* **1** (*lo strumento*) crochet hook **2** (*il lavoro*) crochet: **lavorare all'u.**, to crochet; **un lavoro all'u.**, a piece of crochet; **una coperta all'u.**, a crocheted blanket.

uncino, *m.* **1** hook: **afferrare con un u.**, to hook; **a u.**, hooked; hook-shaped **2** (*fig.: cavillo*) cavil; pretext **3** (*scherz.: scarabocchio*) pothook **4** (*boxe*) hook.

undazióne, *f.* (*geol.*) crustal motion.

undècimo, *a. num. ord.* e *m.* eleventh.

under (*ingl.*), (*sport*) **A** *a. invar.* under: **un giocatore u. 21**, an under 21 player. **B** *m. invar.* – **gli u. 21**, the under 21 players. **C** *f.* – **la u. 21**, the under 21 team.

undicènne, A *a.* eleven years old (*pred.*); eleven-year-old (*attr.*). **B** *m.* e *f.* eleven-year-old boy (*m.*); eleven-year-old girl (*f.*).

undicèsima, *f.* (*mus.*) eleventh chord.

undicèsimo, *a. num. ord.* e *m.* eleventh.

ùndici, *a. num. card.* e *m.* eleven: **Sono le (ore) u.**, it's eleven o'clock; **l'u. aprile**, the eleventh of April; April the eleventh; (*calcio*) **l'u. juventino**, the Juventus football team.

ungàrico, *a.* (*lett.*) Hungarian.

ùngaro, *a.* e *m.* Hungarian.

ùngere, A *v. t.* **1** (*spalmare di sostanza grassa*) to grease; to oil; to lubricate: **u. una ruota**, to grease a wheel; **u. i cardini**, to oil the hinges; **u. di sego**, to grease with tallow; **u. di burro**, to butter; **ungersi il viso di crema**, to rub cream on one's face; **ungersi i capelli**, to oil one's hair **2** (*sporcare di grasso*) to mark (*o* to stain) with grease; to get* grease (*o* oil) on; to leave* grease marks on: **Hai unto la pagina**, you've left greasy marks on the page; **Ti sei unto la manica**, you've got grease on your sleeve; **uno sciampo che non unge i capelli**, a shampoo that doesn't make (*o* leave) your hair greasy; **Attento, unge!**, be careful, it's greasy! **3** (*eccles.*) to anoint: **Fu unto re**, he was anointed King **4** (*fig.: adulare*) to flatter; to butter up (*fam.*) **5** (*fig.: corrompere*) to bribe; to grease (sb.'s) palm. ● (*fig.*) **u. le ruote**, to oil the wheels. **B ùngersi,** *v. rifl.* e *i. pron.* **1** to grease oneself; to rub on (st.): **u. di abbronzante**, to rub on suntan cream **2** (*macchiarsi di unto*) to get* grease (*o* oil) on oneself; to be greasy: **Guardati, ti sei tutto unto!**, look at you, you're greasy all over!

ungherése, *a.*, *m* e *f.* Hungarian (*f.* Hungarian woman*).

Ungherìa, *f.* (*geogr.*) Hungary.

ùnghia, *f.* **1** nail: **u. delle mani**, fingernail; **u. dei piedi**, toenail: **unghie laccate**, varnished nails; **u. incarnita**, ingrowing (*o* ingrown) nail; **mangiarsi le unghie**, to bite one's nails; **tagliarsi le unghie**, to pare one's nails; **limetta [forbici] per unghie**, nail file [scissors] **2** (*artiglio*) claw; (*di rapace*) talon: **le unghie del gatto**, the cat's claws; **le unghie dell'aquila**, the eagle's talons; **tirare fuori [ritrarre] le unghie**, to put out [to draw in] one's claws **3** (*zoccolo*) hoof*: **u. fessa**, cloven hoof **4** (*pl.*) (*fig.: grinfie*) claws; clutches; grasp (*sing.*): **mettere fuori** (*o* **sfoderare**) **le unghie**, to put out one's claws; **avere q. tra** (*o* **sotto**) **le unghie**, to have sb. in one's clutches (*o* grasp); **Cadde tra le unghie di uno strozzino**, he fell into the clutches of a shark; **Se mi capita sotto le unghie!**, if I get to lay my hands on him! **5** (*fig.: quantità minima*) tiny bit; (*distanza minima*) hair's breadth, fraction: **Tra l'uno e l'altro corre un'u.**, there's a hair's breadth between the two; **C'è mancata un'u.!**, it was close (*o* a near miss)! **6** (*estremità affilata*) edge **7** (*intaccatura*) groove; notch **8** (*archit.*) groin; **9** (*naut.: dell'ancora*) bill. ● (*fig.*) **avere le unghie lunghe**, to be light-fingered □ (*fig.*) **allungare le unghie su q.c.**, to lay one's hands on st. □ (*fig.*) **con le unghie e coi denti**, tooth and nail □ **Mi mangerei le unghie**, I could kick myself □ **pagare sull'u.**, to pay cash on the nail □ (*fig.*) **tagliare le unghie a q.**, to draw sb.'s teeth; to pare (*o* to clip) sb.'s claws.

unghiàta, *f.* **1** scratch; (*la ferita*) (nail-)scratch, claw-mark: **dare un'u. a q.**, to scratch sb. **2** (*intaccatura*) groove; notch.

unghiàto, *a.* (*lett.*) clawed; (*di rapace*) taloned.

unghiatùra, *f.* **1** (*di orologio*) nail-grip **2** (*linguetta sporgente*) tab; finger-grip **3** (*archit.*) bevel; chamfer **4** (*med. leg.*) nail-scratch **5** (*legatoria*) projecting edge (of the cover).

unghièlla, *f.* (*tecn.*) cross-cut chisel.

unghiòlo, *m.* claw.

unghióne, *m.* (*artiglio*) talon; (*zoccolo*) hoof*.

unghiùto, *a.* clawed; long-nailed.

ungitùra, *f.* greasing; oiling; lubrication.

ungueàle, *a.* (*anat.*) nail (*attr.*); ungual; ungular.

unguentàrio, *a.* unguentary: **vaso u.**, unguentary vase.

unguènto, *m.* **1** ointment; unguent; salve **2** (*balsamo*) balsam.

unguicolàto, *a.* (*bot., zool.*) unguicolate.

ùngula, *f.* (*zool.*) hoof*.

ungulàto, A *a.* (*zool.*) ungulate; hoofed. **B** *m.* ungulate.

unguligrado, *a.* (*zool.*) unguligrade.

uniàsse, *a.* (*bot.*) uniaxial.

uniàte, *a., m.* e *f.* (*relig.*) Uniate.

unìbile, *a.* that can be united; unitable; joinable; attachable.

unibilità, *f.* unitability; joinability.

unicaménte, *avv.* only; solely; exclusively.

unicameràle, *a.* (*polit.*) unicameral.

unicameralismo, *m.* (*polit.*) unicameralism.

unicellulàre, unicellulàto *a.* (*biol.*) unicellular.

unicità, *f.* oneness; unicity; uniqueness; singleness; individuality.

ùnico, A *a.* **1** (*solo*) only; one: **È figlio u.**, he is an only child; **il mio u. amico**, my only friend; **l'u. concorrente**, the only candidate; **la mia unica speranza**, my only (*o* one) hope; **Il mio u. desiderio è di vedervi felici**, my one desire is to see you happy; **l'unica cosa che non volevo**, the one thing that I didn't want; **prezzo u.**, one price; **taglia unica**, one size **2** (*esclusivo*) unique; sole; exclusive; one-off (*GB*): **u. erede**, sole (*o* only) heir; **u. agente**, sole agent; **modello u.**, exclusive model; one-off (*GB*); **individuo u.**, unique individual; **esemplare u.**, unique specimen; only copy extant; **pezzo u.**, unique (example); one-off (item) **3** (*singolo*) single: **ferrovia a binario u.**, single-track railway; (*giorn.*) **numero u.**, single issue; (*autom.*) **corsia unica**, single lane **4** (*senza pari*) unique; unrivalled; unparalleled; matchless: **Come attore comico, oggi è u.**, as a comedian, he is unrivalled today; **È un rimedio u.**, it is a unique remedy; **È di una bravura unica**, he is outstanding; **di un'eleganza unica**, extremely elegant; very smart. ● (*relig.*) **l'U. Figlio del Padre**, the Only-Begotten Son □ **u. nel suo genere**, unique of its kind □ (*teatr.*) **atto u.**, one-act play □ **fronte u.**, united front □ **mercato u.**, single market □ **un'occasione**

unica, the chance of a lifetime □ **più u. che raro**, rare to the point of being unique; (*al pl.*) few and far between, thin on the ground □ **solo e u.**, one and only □ (*autom.*) **senso u.**, one way □ (*leg.*) **testo u.**, consolidation act □ **È l'unica!**, it's the only thing to do (*o* the only solution, the only way out); there's no other way: **L'unica è lasciar perdere**, the only thing (to do) is to forget all about it □ (*fam. scherz.*) **Sei u.!**, you are a one!; you are something! **B** *m.* (*f.* **-a**) only one; only person: **Sei l'u. a saperlo**, you're the only one to know; **Siamo stati gli unici a farlo**, we were the only people that did it.

unicòrno, A *a.* (*zool.*) one-horned. **B** *m.* ***1*** (*mitol.*) unicorn ***2*** *V.* **narvalo**.

unicum (*lat.*), *m. invar.* (*esemplare unico*) unicum*; unique specimen.

unidimensionàle, *a.* one-dimensional.

unidirezionàle, *a.* ***1*** (*tecn.*) unidirectional ***2*** (*di circolazione stradale*) one-way (*attr.*).

unidọse, *a.* single-dose (*attr.*).

unifamiliàre, *a.* one-family (*attr.*).

unificàbile, *a.* ***1*** unifiable ***2*** (*che si può standardizzare*) standardizable.

unificabilità, *f.* possibility of being unified.

unificàre, A *v. t.* ***1*** to unify: **u. l'Europa**, to unify Europe ***2*** (*uniformare, standardizzare*) to standardize; to unify: **u. le procedure**, to standardize procedures ***3*** (*combinare*) to unite; (*mettere insieme*) to join, to combine, to pool: **u. gli sforzi**, to unite efforts; **u. le risorse**, to pool one's resources ***4*** (*fin., econ.: fondere*) to consolidate; to merge ***5*** (*tecn.*) to integrate. **B unificàrsi,** *v. rifl. recipr.* (*anche econ., fin.*) to merge; to combine; to fuse; to consolidate.

unificatìvo, *a.* unifying.

unificàto, *a.* ***1*** unified: **l'Italia unificata**, unified Italy ***2*** (*standardizzato*) standardized ***3*** (*fin., econ.*) consolidated; merged.

unificatóre, A *m.* (*f.* **-trice**) unifier. **B** *a.* unifying.

unificazióne, *f.* ***1*** unification: **l'u. d'Italia**, the unification of Italy ***2*** (*standardizzazione*) standardization ***3*** (*fin., econ.: fusione*) consolidation; merger; merging ***4*** (*tecn.*) integration.

uniformàre, A *v. t.* ***1*** (*rendere uniforme*) to make* uniform; (*spianare*) to level, to smooth out ***2*** (*adattare*) to adapt; to conform; to fit: **u. la propria condotta alle leggi**, to conform one's behaviour to the law ***3*** (*standardizzare*) to standardize: **u. le regole**, to standardize rules ***4*** (*tecn.*) to integrate. **B uniformàrsi,** *v. rifl.* to conform; to comply; to abide: **u. alla volontà di Dio**, to conform to God's will; **u. agli ordini**, to comply with the orders; **u. alle regole**, to abide by the rules.

uniformazióne, *f.* ***1*** (*il rendere uniforme*) making uniform ***2*** (*il conformarsi*) conforming; adapting ***3*** (*standardizzazione*) standardization.

unifórme (**1**), *a.* ***1*** (*uguale, regolare, costante*) uniform; even; smooth; level: **distribuzione u.**, uniform distribution; **passo u.**, even (*o* steady) pace; **superficie u.**, level (*o* smooth) surface; **colore u.**, uniform colour; **tasso u.**, even rate; **rendere u.**, to make uniform; to level (out) ***2*** (*invariato, monotono*) unvarying; unchanging; flat; monotonous: **voce u.**, flat voice; monotone; **paesaggio u.**, unchanging (*o* unvarying) landscape; **esistenza u.**, monotonous (*o* unexciting) life ***3*** (*standard*) uniform; standard: **rendere u.**, to standardize ***4*** (*fis., mat.*) uniform: **movimento [temperatura] u.**, uniform motion [temperature].

unifórme (**2**), *f.* uniform; dress: **u. cachi**, khaki; **u. da campo**, battledress; **u. di fatica**, fatigue dress; fatigues (*pl.*); **alta u.**, full-dress uniform; **bassa u.**, undress uniform; **essere in u.**, to wear a uniform; to be in uniform; **un poliziotto in u.**, a uniformed policeman; **indossare l'u.** (*arruolarsi*), to become a soldier; to enlist; to join up (*fam.*).

uniformità, *f.* ***1*** uniformity; (*regolarità*) regularity, evenness, smoothness; (*monotonia*) sameness, monotony ***2*** (*accordo*) agreement; unanimity: **u. di scelte**, unanimity of choice.

unigènito, A *a.* only-begotten; only: **figlio u.**, only child. **B** *m.* ***1*** (*f.* **-a**) only child ***2*** (*relig.*) (the) Only-Begotten Son.

unilabiàta, *a. solo f.* (*bot.*) unilabiate(d).

unilateràle, *a.* unilateral; one-sided: **decisione [contratto] u.**, unilateral decision [contract]; **disarmo u.**, unilateral disarmament; **una visione u. delle cose**, a unilateral (*o* one-sided) vision of things.

unilateralịsmo, *m.* unilateralism.

unilateralità, *f.* unilaterality; one-sidedness.

unilateralménte, *avv.* unilaterally; one-sidedly.

unilineàre, *a.* unilineal; unilateral.

unimandatàrio, *m.* (*comm.*) one-firm representative; sole agent.

unimodàle, *a.* (*stat.*) unimodal.

uninominàle, *a.* (*polit., amm.*) single-member (*attr.*); uninominal: **collegio u.**, single-member constituency; **sistema u.**, uninominal voting system; (**sistema**) **u. a un turno** (*o* **secco**), first-past-the-post voting system; (**sistema**) **u. a due turni**, second ballot.

unióne, *f.* ***1*** union; joining; combination: **l'u. dell'anima col corpo**, the union of body and soul; **un'u. di più elementi**, a combination of different elements; **l'u. delle forze**, the joining of forces ***2*** (*legame*) bond, tie; (*di convivenza*) union, match, marriage: **C'è una forte u. tra di loro**, there is a strong bond between them; **u. matrimoniale**, marriage (union); **È un'u. molto riuscita**, it's a very successful match (*o* marriage); **Dalla loro u. nacquero due figli**, two children were born from their union ***3*** (*fig.: accordo, armonia*) unity; harmony; concord: **u. in famiglia**, harmony in the family; **lavorare in perfetta u.**, to work in perfect harmony (*o* concord) ***4*** (*associazione*) union, association, league, alliance, coalition; (*federazione politica*) union: **un'u. per l'assistenza agli immigrati**, an association for the assistance of immigrants; **l'u. delle sinistre**, the left-wing coalition; **U. europea**, European Community (*abbr.*: EC); **l'U. Sudafricana**, the Union of South Africa; **u. doganale**, customs (*o* tariff) union; **u. dei consumatori**, consumers' union; **u. sindacale**, trade union association ***5*** (*di società*) merger; consolidation ***6*** (*tecn.*) joining. ● (*prov.*) **L'u. fa la forza**, unity is strength; united we stand, divided we fall.

unionịsmo, *m.* ***1*** (*polit., relig.*) unionism ***2*** (*sindacalismo*) trade unionism.

unionista, *m.* e *f.* (*polit., relig.*) unionist.

uniovulàre, *a.* (*biol.*) monovular; uniovular.

unìparo, *a.* (*biol.*) uniparous.

unipolàre, *a.* (*elettr.*) unipolar.

unìre, A *v. t.* ***1*** to unite; to join (together, up); to combine; to put* (*o* to draw*) together: **La sventura unisce gli uomini**, misfortune unites men; **u. le forze**, to join forces; **u. gli sforzi**, to combine efforts; **u. due pezzi di stoffa**, to join two pieces of material; **u. due assi**, to join two boards together; **u. in matrimonio**, to marry; to join in matrimony (*form.*) ***2*** (*collegare*) to connect; to link; to join (up): **Le due città sono unite da una ferrovia**, the two towns are connected (*o* linked, joined up) by a railway; **u. un'isola alla terraferma con un ponte**, to join an island to the mainland with a bridge; **Scrive senza u. le lettere**, he doesn't join up his letters when he writes ***3*** (*vincolare*) to link; to bind*: **Li unisce una vecchia amicizia**, they are linked by an old friendship; **Le due nazioni sono unite da legami secolari**, the two countries are bound by century-old ties; century-old ties link the two countries ***4*** (*combinare*) to combine; (*aggiungere*) to add: **u. la bellezza all'intelligenza**, to combine beauty and intelligence; **u. un uovo all'impasto**, to add an egg to the mix ***5*** (*accludere*) to enclose; to attach: **u. una fattura a una lettera**, to enclose an invoice with a letter. **B unìrsi,** *v. rifl. recipr.* ***1*** (*formare un'unione, congiungersi*) to unite; to get* together; to join (up): **Uniamoci per combattere la miseria**, let us unite to fight (*o* in fighting) poverty; **u. in matrimonio**, to get married; to unite in marriage (*form.*); **L'Inghilterra e la Scozia si unirono nel 1706**, England and Scotland were united in 1706; **u. in società**, to form a partnership; **Le due società dovranno u.**, the two companies will have to merge; **Le due strade si uniscono più avanti**, the two roads join up further on ***2*** (*fig.: armonizzarsi*) to blend*. **C** *v. i. pron.* ***1*** to join; to mingle with; to merge with: **u. a un gruppo**, to join a group; **Si unì a noi per il viaggio**, she joined us for the journey; **u. al gioco [alla conversazione]**, to join in the game [in the conversation] ***2*** (*accompagnarsi*) to be matched: **All'interesse della trama si unisce uno stile vivace**, an interesting plot is matched by a lively style.

unisessuàle, *a.* (*biol.*) unisexual.

unisessualità, *f.* (*biol.*) unisexuality.

unisessuàto, *V.* **unisessuale**.

ùnisex, *a. invar.* (*moda*) unisex.

unìsono, A *a.* ***1*** (*mus.*) unisonous; in unison: **strumenti unisoni**, unisonous instruments: **un coro di voci unisone**, a chorus of voices in unison ***2*** (*fig.*) concordant; unanimous; with one voice (*pred.*). **B** *m.* ***1*** (*mus.*) unison: **cantare all'u.**, to sing in unison ***2*** (*fig.*) unison; agreement; harmony: **essere in perfetto u.**, to be in perfect unison; **agire all'u.**, to act in unison.

unità, *f.* ***1*** (*l'essere uno*) oneness; singleness: **l'u. di Dio**, the oneness of God ***2*** (*caratteristica di ciò che è uno*) unity: (*letter.*) **le u. di tempo, luogo e azione**, the unities of time, place and action; **l'u. d'Italia**, the unity of Italy; **l'u. artistica di un'opera**, the artistic unity of a work; **mancare di u.**, to lack (in) unity; **u. politica**, political unity (*o* union); **u. di intenti**, unity of purpose ***3*** (*misura, valore*) unit: **u. di misura**, unit of measure; **u. di lunghezza [di peso]**, unit of length [of weight]; **u. monetaria**, monetary unit; **La famiglia è considerata l'u. sociale**, the family is considered the unit of society ***4*** (*mat.*) unit; unity: **aumentare un numero di un'u.**, to raise a figure by one unit; **la colonna delle u.**, the units column; **u. frazionaria**, unit fraction; **ridurre all'u.**, to reduce to unity ***5*** (*fis., chim.*) unit: **u. assoluta**, absolute unit; **u. Curie**, Curie; **u. di calore**, thermal unit ***6*** (*mil.*) unit; force: **u. aviotrasportata**, airborne unit; **u. tattica**, tactical unit; **u. operativa**, task force; **le u. da sbarco**, the landing force ***7*** (*naut.*) unit; (war)ship; vessel: **u. navale**, naval unit; **u. di scorta**, convoy ship; **affondare tre u. nemiche**, to sink three enemy ships; **u. di superficie**, surface vessel ***8*** (*aeron.*) aircraft; aeroplane ***9*** (*elab.*) unit; drive: **u. centrale**, central processing unit (*abbr.*: CPU); **u. disco**, disk drive; **u. di uscita**, output drive; **u. video**, display unit. ● (*med.*) **u. coronarica**, coronary unit □ **u. didattica**, teaching (*o* didactic) unit □ **u. sanitaria locale**, local health authority.

unitaménte, A *avv.* unitedly; together; jointly. **B unitaménte a,** *locuz. prep.* together with; along with.

unitarianịsmo, *V.* **unitarismo**.

unitariàno, *a.* e *m.* (*f.* **-a**) (*relig.*) Unitarian.

unitarietà, *f.* unitariness.

unitàrio, A *a.* ***1*** (*rif. all'unità*) unitary; unit: **una politica unitaria**, a unitary policy; **sistema u.**, unitary system; **prezzo u.**, unit price ***2*** (*congiunto*) joint; united; common: **sforzi**

unitari, joint efforts; **programma u.**, common programme *3* (*che ha unità*) unified; harmonious; coherent; organic: **struttura unitaria**, coherent (*o* organic) structure *4* (*relig.*) Unitarian. **B** *m.* (*f.* **-a**) (*relig.*) Unitarian.

unitarìsmo, *m.* (*relig.*) Unitarianism.

unitézza, *f.* *1* (*uniformità*) uniformity *2* (*compattezza*) compactness.

unito, *a.* *1* united; joint; combined: **i nostri sforzi uniti**, our united (*o* joint, combined) efforts; **Tieni unite le ginocchia**, keep your knees together; **a piedi uniti**, with feet close together *2* (*solidale*) united; close; close-knit: **una famiglia unita**, a united (*o* close) family; **Sono molto uniti**, they are very close (*o* very fond of one another); **Dobbiamo restare uniti**, we must stick (*o* hang) together *3* (*ininterrotto*) unbroken; continuous *4* (*aggiunto*) added *5* (*accluso*) enclosed. ● **le Nazioni Unite**, the United Nations □ **il Regno U.**, the United Kingdom □ **tinta unita**, one colour; plain colour; **in tinta unita**, plain-coloured; self-coloured.

univalénte, *a.* (*chim.*) univalent.

univàlve, *a.* (*zool.*) univalve(d).

universàle, A *a.* *1* (*di tutto il mondo*) world (*attr.*), worldwide; (*di tutta l'umanità*) universal: **storia u.**, world history; **pace u.**, world peace; **grammatica u.**, universal grammar *2* (*generale*) general; universal; global: **consenso u.**, general approval; consensus; **compianto u.**, general grief; (*polit.*) **suffragio u.**, universal suffrage (*o* franchise); (*leg.*) **successione a titolo u.**, universal succession; **legge u.**, universal law; **validità u.**, universal validity *3* (*tecn.*) universal: **giunto u.**, universal joint; (*elettr.*) **motore u.**, universal motor; **chiave u.**, skeleton key; **pinze universali**, cutting pliers *4* (*tecnol.*, *elab.*: *multiuso*) general purpose (*attr.*). ● **Biblioteca u.**, World Library □ **il Diluvio u.**, the Flood □ (*med.*) **donatore u.**, universal donor □ **erede u.**, sole heir □ **un genio u.**, a universal genius □ (*relig.*) **il Giudizio u.**, the Last Judgment □ (*fis.*) **gravitazione u.**, gravitation. **B** *m.* *1* (*filos.*) universal *2* (*lett.*: *totalità*) total number; collective whole.

universalìsmo, *m.* universalism.

universalìsta, *m.* e *f.* universalist.

universalìstico, *a.* universalistic; universalist (*attr.*).

universalità, *f.* *1* universality: **l'u. d'un concetto**, the universality of a concept *2* (*totalità*) total number; sum total; totality: **l'u. degli uomini**, the total number of men. ● (*leg.*) **u. di diritto**, universitas juris (*lat.*) □ (*leg.*) **u. di fatto**, universitas rerum (*lat.*).

universalizzàre, A *v. t.* *1* to universalize; to make* universal *2* (*diffondere*) to spread; to generalize; to diffuse. **B universalizzàrsi,** *v. i. pron.* to become* universal; to become* generalized.

universalizzazióne, *f.* *1* universalization *2* (*diffusione*) spreading; generalization; diffusion.

universalménte, *avv.* universally; generally; (*da parte di tutti*) by everybody.

universìade, *f.* (*sport*, *specialm. al pl.*) world university games (*pl.*).

università, *f.* university: **l'u. di Bologna**, the University of Bologna; Bologna University; **l'u. di Oxford**, Oxford University; **andare all'u.**, to go to university; **È all'u.**, he's at university; **iscriversi all'u.**, to enrol at a university; to matriculate; **Ha studiato all'u.** (*o* **fatto l'u.**), he has a university education.

universitàrio, A *a.* university (*attr.*); academic: **studente u.**, university student; undergraduate; **docente u.**, university teacher; academic; **professore u.**, (university) professor; **formazione universitaria**, university education; **ricercatore u.**, university (*o* academic) researcher; **clinica universitaria**, teaching hospital. **B** *m.* (*f.* **-a**) *1* (*studente*) university student; undergraduate *2* (*docente*) academic.

univèrso (1), *a.* (*lett.*) whole; entire: **l'u. mondo**, the whole world.

univèrso (2), *m.* *1* universe; world; (*creato*) creation: **l'origine dell'u.**, the origin of the universe; **la bellezza dell'u.**, the beauty of the universe (*o* of creation); **un u. di sogni**, a world of dreams; **Vive in un u. tutto suo**, he lives in a world of his own *2* (*astron.*) universe; cosmos: **l'u. in espansione**, the expanding universe *3* (*stat.*) universe; population. ● (*ling.*) **u. del discorso**, universe of discourse.

univocità, *f.* univocity.

univoco, *a.* univocal; unequivocal; unambiguous: **in modo u.**, univocally; in one way.

Ùnno, *m.* (*stor.*) Hun.

ùno (1), A *a. num. card.* *1* one: **Dio è uno**, God is one; **La verità è una**, there is only one truth; **un terzo**, one third; **un trentesimo**, one thirtieth; **una persona su mille**, one person in a thousand; **una settimana e due giorni**, one week and two days; **Ha un anno**, it is one year old; **Ci ho messo un giorno**, it took me one day; **una volta**, once; **Mangiava un cioccolatino dopo l'altro**, he was eating one chocolate after another; **Una mela su cinque è marcia**, one apple in five is rotten *2* (*unico*, *stesso*) one; the same: **Risposero tutti a un tempo**, they all replied at the same time (*o* together); **a un modo**, in the same way; similarly; **a una voce**, together; with one voice *3* (*unito*) united: **l'Italia una e indipendente**, Italy united and independent. **B** *m.* *1* one: **Sette più uno fa otto**, seven and one is eight; **aggiungere uno**, to add one; **dieci contro uno**, ten against one; **tre utensili in uno**, three tools in one; **Ce ne saranno uno o due**, there will be one or two; **scrivere un uno** [**tre uno**], to write a one [three ones]; **la stanza (numero) uno**, room (number) one *2* (*il numero uno*) number one: **Ha estratto l'uno**, he has drawn number one *3* (*nelle date*) (the) first: **l'uno di gennaio**, (on) the first of January *4* (*al f.*)(*l'ora*) one o'clock: **È l'una**, it is one o'clock *5* (*il primo anno di un secolo*) (the) year one: **È nato nell'uno**, he was born in the year one (*o* in the first year of the century) *6* (*voto scolastico*) one out of ten *7* (*f.* **ùna**) (*una persona*) one: **Non ci fu uno che protestasse**, not one (of them) complained; **uno solo**, just (*o* only) one; **nemmeno uno**, not a single one; not even one. ● **uno alla volta** (*o* **a uno a uno**), one at a time; one by one; in ones; singly; individually □ **Uno che è** (*o* **sia, fosse**) **uno, non l'ho visto**, I haven't seen a soul □ **Non me ne ha dato uno che sia uno**, he didn't give me a single one □ **uno di troppo**, one too many □ (*boxe*) **uno-due**, one-two □ **Uno, due, tre..., via!**, ready, steady..., go! □ **l'u. e il molteplice**, the one and the many □ (*teol.*) **uno e trino**, triune □ **(l')uno per cento**, one per cent □ **uno dopo l'altro**, one after the other □ **Uno per tutti, tutti per uno**, all for one and one for all □ **uno su due**, one in two; every second (*o* other) one □ **uno su tre**, one in three; every third one □ (*nei giochi*) **andare** (*o* **stare**) **per uno**, to need one to win □ **Delle due una: o è stupido o ha mentito**, it's either one or the other; he's either an idiot or he was lying □ (*fig.*) **numero uno**, *V. sotto* **numero** □ (*fig.*) **È tutt'uno**, it's all the same; it makes no difference □ **Quei due sono tutt'uno**, those two are great friends □ **Vederlo e scappare fu tutt'uno**, the moment he saw him he took to his heels; no sooner did he see him that he took to his heels □ **un tutt'uno**, an organic whole.

ùno (2), *pron. indef.* (*f.* **ùna**) *1* one: **uno di noi** [**di voi, di loro**], one of us [of you, of them]; **uno di questi giorni**, one of these days; **uno dei due**, one of the two; **uno dei tanti**, one of the many; **uno qualsiasi**, any one; **uno qualsiasi dei due**, either; **nemmeno** (*o* **non**) **uno di loro**, none (*o* not one) of them; **Compramene una come quella**, buy me one like that; **Ne voglio uno più grande**, I want a bigger one; **È una delle migliori cantanti**, she's one of the best singers; **È uno del posto**, he is one of the locals; he's a local; **È uno che non saluta mai**, he never says hello; **uno di città**, a city-dweller; a townie (*fam.*) *2* (*qualcuno*) somebody, someone; (*un tale*) a man*, a fellow; (*una tale*) a girl, a woman*: **C'è uno che ti vuole**, there's someone (*o* a man) asking for you; **Incontrai uno**, I met a man; **Ho parlato con una che ti conosce**, I've been talking to a woman (*o* a girl) who knows you *3* (*ciascuno*) each: **mille lire l'uno**, a thousand lire each; **sei per uno**, six each; **Facciamo un po' per uno**, (*dividiamo*) let's have a little each (*o* let's share it); (*facciamo a turno*) let's take it in turns; **pagare metà per uno**, to pay half each; to go fifty-fifty (*o* halves) (with sb.) *4* (*impers.*) one; you: **quando uno è morto**, when one is dead; when you are dead; **Uno potrebbe pensare che...**, one (*o* you) might think that... *5* (*al f.*) (*qualcosa*) something; (*una cosa*) a thing: **Volete sentirne una?**, do you want to know something funny?; **Non gliene va bene una**, nothing seems to go right for him; (*nulla lo soddisfa*) nothing seems to please him; **Ne ha fatta una delle sue**, he's been up to one of his tricks; **per dirne una**, to mention just one thing; **Una ne fa e cento ne pensa**, he's always up to something *6* (*in correl. con «altro»*) – **l'uno..., l'altro...**, the one..., the other...; (*fra due, anche*) the former..., the latter...; **gli uni..., gli altri**, some..., some (*o* others); **l'uno e l'altro**, both: **Conosco bene l'uno e l'altro**, I know both of them well; **gli uni e gli altri**, all of them; they all: **Conosco bene gli uni e gli altri**, I know all of them well (*o* them all); **l'uno o l'altro**, either one or the other; either; **né l'uno né l'altro**, neither one nor the other; neither; (*in presenza di neg.*) either; **sia l'uno sia l'altro**, both; **l'un l'altro**, other; one another: **Sparlano l'uno dell'altro**, they run each other down; **S'aiutano l'un l'altro**, they help each other (*o* one another); **gli uni con gli altri**, one another. ● (*eufem.*) **una di quelle**, a prostitute; one of them □ **uno vale l'altro**, there is little to choose between them; it's six of one and half a dozen of the other, they are much of a muchness (*fam.*).

ùno (3), *art. indeterm.* *1* (*f.* **ùna**) a, an: **uno zio**, an uncle; **un giornale**, a newspaper; **un anno**, a year; **un giorno feriale**, a week-day; **una donna**, a woman; **un erede**, an heir; **un'erede**, an heiress; **un'attrice**, an actress; **un europeo**, a European; **un uomo onesto**, an honest man; **una strada a senso unico**, a one-way street; **una persona educata**, a well-behaved person; **un giorno o l'altro**, one of these days; one day or another; **Un giorno, un contadino...**, one day, a peasant...; **un sabato mattina**, one (*o* on a) Saturday morning *2* (*circa*) about; around; some (*o idiom.*): **Costerà un centomila lire**, it will cost about one hundred thousand lire; **un cento persone**, about a hundred people; **un trenta studenti**, some (*o* about) thirty students; **Ne ho un tre chili**, I have about three kilos; **un quattro o cinque**, four or five *3* (*nelle esclamazioni*, *con valore di «un tale, una tale», o «un vero, una vera»*) – **Fa un caldo là dentro!**, it's so hot in there!; **C'era una vista!**, the view was fantastic!; **Ho una fame!**, I'm starving!; **Ha una macchina!**, you should see his car!; **Tutto ieri è stato un piovere!**, it poured all day yesterday!

untìccio, A *a.* greasy; oily; slimy. **B** *m.* grease; greasy (*o* oily, slimy) stuff.

ùnto (1), A *a.* *1* (*oliato*) greased; oiled;

lubricated **2** (*sporco di unto*) greasy; oily; oil--stained; dirty: **straccio u.**, oily rag; **dita unte**, greasy fingers; **u. e bisunto**, covered in grease; filthy **3** (*eccles.*) anointed. **B** *m.* (*eccles.*) anointed: **l'U. del Signore**, the Lord's Anointed.

ùnto (2), *m.* **1** (*materia grassa*) grease; oil: **macchia d'u.**, grease (*o* oil) stain (*o* mark, spot) **2** (*sugo*) fat.

untóre, *m.* (*f.* **-trice**) (*stor.*) plague-spreader.

untùme, *m.* grease; greasy stuff.

untuosità, *f.* **1** greasiness; oiliness **2** (*materia untuosa*) grease; greasy stuff **3** (*fig.*) unctuousness; oiliness; smarminess.

untuóso, *a.* **1** greasy; oily **2** (*fig.*) unctuous; oily; smarmy.

unzióne, *f.* **1** greasing; oiling **2** (*fig.*: *ipocrisia*) unction; unctuousness; oiliness **3** (*eccles.*) unction; anointment: **Estrema U.**, Extreme Unction; Last Rites (*pl.*).

uòmo, *m.* (*pl.* **uòmini**) **1** (*specie umana, essere umano*) man*; human being: **l'u. preistorico**, prehistoric man; **lo scheletro dell'u.**, the human skeleton; **i diritti dell'u.**, human rights; **L'u. non vive di solo pane**, man cannot live on bread alone; **l'u. del Medioevo**, Medieval man; **l'uguaglianza tra gli uomini**, equality among men; **tutti gli uomini**, all men; mankind, humankind (*sing.*) **2** (*maschio*) man*, male; (*al pl. anche*) menfolk: **gli uomini e le donne**, men and women; **tutti gli uomini adulti**, all adult males; **Gli uomini sono tutti emigrati**, the menfolk have all migrated; **un bell'u.**, a handsome (*o* good--looking) man; **u. di campagna**, countryman; **u. di città**, townsman; **u. d'affari**, businessman; **u. d'azione**, man of action; **una voce d'u.**, a man's voice; **abiti da u.**, men's suits; men's wear (*sing.*); **Si vestì da u.**, she dressed up as a man; **comportarsi** (*o* **agire**) **da u.**, to behave (*o* to act) like a man; **Sii u.!**, be a man!; **farsi** (*o* **diventare**) **u.**, to become a man (*anche relig.*); to reach manhood; to grow up; (*fig.*) **Da allora è un altro u.**, he has been a different man since; **Lui sì che è un u.!**, he is a real man! **3** (*uomo che svolge un lavoro*) man*: **l'u. della lavatrice**, the washing machine man; **l'u. del gas**, the gasman; **l'u. delle pulizie**, the cleaner; **Hai pagato gli uomini?**, did you pay the men? **4** (*mil.*) man*; (*naut.*) man*, hand: **il sergente e i suoi uomini**, the sergeant and his men; **gli uomini dell'equipaggio**, the members of the crew; the crew; the hands; **Tutti gli uomini in coperta!**, all hands on deck! **5** (*tipo*; *un tale*; *l'uomo di cui o a cui si parla*) man*; fellow; guy (*USA*); chap (*fam. GB*); bloke (*fam. GB* e *Austr.*): **È un u. difficile**, he's a difficult man (*o* fellow, chap, guy); **È un u. che non mi piace**, I don't like him (*o* that man); **È venuto un u. a cercarti**, a man came looking for you; **Ecco il nostro u.**, here comes our man; **È l'u. che ci vuole**, he's the right man (*o* the man for us, our man); **Caro il mio u.!**, my dear man (*o* fellow, chap)!; **Furbo, l'u.!**, crafty fellow!; **Senta, buon u.**, look here, my good man; **Ehi, quell'u.!**, hey, you there! **6** (*fam.*: *compagno, marito*) man*, partner; (*amico*) boyfriend; (*amante*) man*, lover: **Non testimonierà contro il suo u.**, she won't give evidence against her man; **È il tuo u.?**, is he your boyfriend?; **Si è messa con un altro u.**, she has taken up with another man; **Ha sicuramente un u.**, she must have a lover. ● (*stor.*) **u. d'arme**, man-at-arms □ **un u. da nulla**, a nobody; a nonentity □ **u. delle caverne**, caveman; cave-dweller □ **l'u. del giorno**, the man of the hour (*o* of the moment) □ **u. di chiesa**, (*ecclesiastico*) churchman; (*chi va in chiesa*) church-goer □ **u. di corte**, courtier; gentleman □ **u. di fatica**, labourer; drudge □ **u. di fiducia**, right-hand man □ **u. di governo**, statesman □ **u. di legge**, man of law □ **u. di lettere**, man of letters; scholar □ **u. di mare**, seaman; sailor □ **u. di mondo**, (*navigato*) man of the world, man who has been around; (*di società*) man about town □ **l'U. di Neanderthal**, Neanderthal man □ **u. d'onore**, man of honour; gentleman □ **u. di paglia**, figure--head; front; dummy; man of straw, straw man (*USA*) □ **u. di parola**, man of his word □ **u. di penna**, writer □ **u. di scienza**, scientist; (*u. colto*) learned man □ **u. di società**, man about town; socialite □ **u. di spettacolo**, artist; performer; man in show business □ **u. di stato**, statesman □ **l'u. della strada**, the man in the street (*USA*: on the street); the common man □ **u. di studio**, scholarly man; scholar □ **u. di toga**, magistrate □ (*relig.*) **l'U. Dio**, God incarnate □ **un u. fatto**, a grown man; (*di ragazzo, anche*) quite a man □ (*naut.*) **U. a** (*o* **in**) **mare!**, man overboard! □ **u. morto**, (*spacciato*) dead man, goner (*pop.*); (*attaccapanni*), clothes-stand: **Fermati o sei un u. morto**, stop or you're a dead man; (*ferr.*) (**dispositivo di**) **u. morto**, dead-man control □ **u. nero**, (*spauracchio*) bogey, bogeyman; (*nei giochi di carte*) jack of spades □ (*sport*) **u. partita**, match winner □ **u. politico**, politician □ **l'u. qualunque**, the man in the street □ **u. radar**, air traffic controller □ **u. rana**, frogman □ **u. ragno**, contortionist □ **u. sandwich**, sandwich man □ **u. scimmia**, apeman □ **u. sportivo**, sporting man; outdoor man □ **l'u. Shakespeare** [**Dante**], Shakespeare [Dante] the man □ **a memoria d'u.**, within living memory □ **a passo d'u.**, at a walking pace: **Il traffico si muoveva a passo d'u.** the traffic was crawling along □ **come un sol u.**, as one man; of one accord; all together □ **Parliamoci da u. a u.**, let's talk man to man □ **una discussione da u. a u.**, a man-to-man discussion □ **fino all'ultimo u.**, to the last man; to a man: **Furono tutti d'accordo fino all'ultimo u.**, they agreed to a man □ **Non sono u. da tollerarlo**, I'm not one to put up with it □ **Non è u. capace di tanto**, he would never go that far; (*non è abbastanza coraggioso*) he is not man enough for it □ **La vita militare ha fatto un u. di lui**, military life has made a man out of him □ **mezzo u.**, half a man □ **un sant'u.**, a saintly man; (*fig.*) a truly good man, a real saint □ (*prov.*) **U. avvisato, mezzo salvato**, forewarned is forearmed □ (*prov.*) **L'u. propone e Dio dispone**, man proposes, God disposes.

uòpo, *m.* (*lett.*) need; necessity: **all'u.**, in case of need; if necessary; **fare all'u.**, to be suited to the purpose; **essere** (*o* **fare**) **d'u.**, to be necessary.

uòṣa, *f.* gaiter.

uòvo, *m.* (*pl.* **uòva**, *f.*) **1** (*di volatile, pesce, rettile*) egg: **fare un u.**, to lay an egg; **un u. appena fatto** (*o* **di giornata**), a new-laid egg; **u. di gallina**, hen's egg; **u. gallato**, fertilized egg; **fatto come un u.**, egg-shaped; **grosso come un u.**, the size of an egg; **chiara** (*o* **bianco**) **d'u.**, egg white; **bere un u.**, to suck an egg; **deporre uova**, to lay eggs; (*di pesci*) to spawn; **sbattere un u.**, to beat an egg **2** (*biol.*) egg; egg cell; ovum*. ● **u. affogato** (*o* **in camicia**), poached egg □ **u. all'occhio di bue** (*o* **al tegame**), fried egg □ **u. alla coque**, soft--boiled egg □ **u. all'ostrica**, prairie-oyster □ **u. bazzotto**, coddled egg □ **u. da tè**, tea-ball □ (*fig.*) **l'u. di Colombo**, the obvious solution: **È l'u. di Colombo!**, it's so obvious!; it was staring me [us, etc.] in the face! □ **u. di Pasqua**, Easter egg □ **uova di rana**, frog-spawn □ **u. in padella**, fried egg □ **u. per rammendare**, darning egg □ **u. sodo**, hard-boiled egg □ **u. strapazzato**, scrambled egg □ (*fig.*) **camminare sulle uova**, to tread warily □ (*fig.*) **cercare il pelo nell'u.**, to pick holes (in st.); to split hairs □ (*fig.*) **guastare** (*o* **rompere**) **le uova nel paniere a q.**, to upset sb.'s apple--cart; to cook sb.'s goose; to queer sb.'s pitch (*fam. GB*) □ (*di pulcino*) **uscire dall'u.**, to hatch □ (*prov.*) **Meglio un u. oggi che una gallina domani**, a bird in the hand is worth two in the bush.

uppercut (*ingl.*), *m. invar.* (*boxe*) uppercut.

ùpupa, *f.* (*zool.*, *Upupa epops*) hoopoe.

uracile, *m.* (*chim.*) uracil.

uragàno, *m.* **1** (*meteor.*) hurricane **2** (*fig.*) storm: **un u. di applausi**, a storm of applause.

Uràli, *m. pl.* (*geogr.*) Ural Mountains; Urals.

uràlico, **A** *a.* **1** (*geogr.*) Ural; of the Urals **2** (*ling.*) Uralian; Uralic. **B** *m.* (*ling.*) Uralic.

uràlo-altàico, *a.* e *m.* (*ling.*) Uralo-Altaic.

uràngo, *V.* **orango**.

uraniàno, *a.* (*astron.*) Uranian.

urànico, *a.* (*chim.*) uranic.

uranìfero, *a.* (*miner.*) uraniferous.

uranile, *m.* (*chim.*) uranyl.

uraninite, *f.* (*miner.*) uraninite.

urànio, *m.* (*chim.*) uranium: **u. arricchito**, enriched uranium.

uranìṣmo, *m.* uranism; passive homosexuality.

uranista, *m.* uranist; passive homosexual.

Uràno, *m.* (*mitol.*, *astron.*) Uranus.

uranografìa, *f.* (*astron.*) uranography.

uranogràfico, *a.* (*astron.*) uranographic(al).

uranògrafo, *m.* (*f.* **-a**) (*astron.*) uranographer; uranographist.

uranometrìa, *f.* (*astron.*) uranometry.

uranomètrico, *a.* (*astron.*) uranometrical.

uranoscopìa, *f.* (*astron.*) uranoscopy.

uranoscòpico, *a.* (*astron.*) uranoscopic.

uranòscopo, *m.* (*zool.*, *Uranoscopus scaber*) stargazer.

uràto, *m.* (*chim.*) urate.

urbanéṣimo, *m.* urbanization.

urbanista, *m.* e *f.* town planner; city planner (*USA*); urbanist (*USA*).

urbanìstica, *f.* town planning; city planning (*USA*); urbanism (*USA*).

urbanìstico, *a.* town planning (*attr.*); city planning (*attr.*, *USA*); urbanistic (*USA*): **consulente u.**, town planning consultant; **progetto u.**, town planning scheme; **complesso u.**, urban complex.

urbanità, *f.* politeness; courtesy; urbanity: **trattare q. con u.**, to be polite with sb.; to treat sb. with courtesy; **u. di modi**, courteous manners.

urbaniẓẓàre, **A** *v. t.* **1** to urbanize **2** (*rendere cortese*) to refine; to polish. **B urbaniẓẓàrsi**, *v. i. pron.* to be (*o* to become*) urbanized.

urbaniẓẓazióne, *f.* urbanization.

Urbàno, *m.* Urban.

urbàno, *a.* **1** urban; city (*attr.*); town (*attr.*); local: **area urbana**, urban area; **centro u.**, town (*o* city) centre; **mura urbane**, city walls; **polizia urbana**, city (*o* local) police **2** (*fig.*) polite; courteous; urbane: **modi urbani**, polite (*o* courteous) manners.

ùrbe, *f.* (*lett.*) city: **l'U.**, the Eternal City; Rome.

ùrca, *inter.* (*region.*) wow!

ùrdu, *a.* e *m.* (*ling.*) Urdu.

urèa, *f.* (*chim.*) urea.

ureàṣi, *f.* (*biochim.*) urease.

urèico, *a.* (*chim.*) ureic; ureal; urea (*attr.*): (*ind.*) **resina ureica**, urea resin.

uremìa, *f.* (*med.*) ur(a)emia.

urèmico, (*med.*) **A** *a.* ur(a)emic. **B** *m.* (*f.* **-a**) person suffering from ur(a)emia.

uretàno, *m.* (*chim.*) urethane.

ureteràle, *a.* (*anat.*, *med.*) ureteral; ureteric.

uretère, *m.* (*anat.*) ureter; urinary duct.

ureterite, *f.* (*med.*) ureteritis.

urètra, *f.* (*anat.*) urethra*.

uretràle, *a.* (*anat.*) urethral.

uretrite, *f.* (*med.*) urethritis.

uretroscopìa, *f.* (*med.*) urethroscopy.

uretroscòpico, *a.* (*med.*) urethroscopic.

uretroscòpio, *m.* (*med.*) urethroscope.

urgènte, *a.* urgent; pressing: **un bisogno u.**, an urgent need; **affari urgenti**, urgent (*o* pressing) business; **impegno u.**, pressing engagement; **chiamata u.**, urgent call; **lettera**

u., urgent letter; **avere u. bisogno di q.c.**, to be in urgent need of st.; to need st. urgently.

urgenteménte, avv. urgently; with urgency.

urgènza, f. ***1*** urgency; (*bisogno urgente*) urgent (*o* pressing) need; (*premura, fretta*) hurry, rush, haste: **Lo farà quando potrà: non c'è u.**, he will do it when he can, there's no urgency (*o* no hurry, no rush); **C'è u. di riforme**, there is an urgent need of reforms; reforms are urgently needed; **Abbiamo u. di denaro**, we are in urgent need (*o* badly in need) of money; **Ho u. di partire**, I must leave as soon as possible; I'm in a hurry to leave; **Ho una certa u.**, I am rather pressed for time; I'm in a bit of a hurry (*fam.*); **una questione della massima u.**, a question of the utmost urgency; **in caso di u.**, if it is urgent; **fare u. a q.**, to urge (*o* to press) sb.; to rush sb. ***2*** (*emergenza*) emergency: **chiamata d'u.**, emergency call; (*med.*) **intervento d'u.**, emergency operation; **chiamare d'u. un'ambulanza**, to make an emergency call for an ambulance; **ricoverare q. d'u.**, to admit sb. as an emergency patient; to rush sb. to hospital (*fam.*); **chirurgia d'u.**, emergency surgery; **soccorso d'u.**, first-aid.

ùrgere, **A** v. i. to be urgent; to be pressing; to be urgently required: **È una faccenda che urge**, it is an urgent matter; **Urge una risposta**, an answer is urgent; **Urgevano aiuti**, help was urgently required; **Urge farlo subito**, it must be done immediately; **Mi urgono soldi**, I need some money badly. **B** v. t. (*lett.*) to urge; to press.

urì, f. (*nella tradizione musulmana*) houri.

ùria, f. (*zool., Uria aalge*) guillemot.

Urìa, m. (*Bibbia*) Uriah.

uricemìa, f. (*med.*) hyperuric(a)emia.

uricèmico, (*med.*) **A** a. hyperuric(a)emic. **B** m. (f. **-a**) person suffering from hyperuric(a)emia.

ùrico, a. (*chim.*) uric: **acido u.**, uric acid.

urìna, f. urine: **analisi delle u.**, urine test.

urinàre, *V.* **orinare**.

urinàrio, a. urinary: **apparato u.**, urinary system.

urinìfero, a. (*anat.*) uriniferous.

urlàre, **A** v. i. ***1*** (*emettere urla*) to howl, to shout, to cry out, to scream, to yell, to bellow, to bawl; (*emettere strida*) to shriek, to screech; (*di animali*) to howl; (*del vento e sim.*) to howl, to wail: **Perché urla il bambino?**, why is the baby screaming?; **Si mise a u. come un ossesso**, he started to shout (*o* to yell) like a madman; **u. di dolore**, to scream (*o* to howl) with pain; **u. di paura**, to scream (*o* to shriek) with fright; **u. a più non posso**, to shout (*o* to yell) one's head off; **Il vento urla**, the wind is howling; **La folla urlava**, the crowd was shouting ***2*** (*alzare la voce*) to raise one's voice; to shout; to yell; to bellow; to bark: **Non u. con me!**, don't raise your voice with me!; don't shout at me!; **«Piantala!» urlò**, «stop it!» he yelled; **«Per di qua!» urlò la guida**, «this way!» the guide shouted; **«In riga!» urlò il sergente**, «fall in!» the sergeant barked. **B** v. t. to shout; to yell; to scream; to bark: **u. ordini**, to shout (*o* to bark) orders; **u. una canzone**, to bawl a song; **u. bestemmie**, to bawl out curses.

urlàta, f. ***1*** (*di rimprovero*) tongue-lashing; dressing-down: **Mi ha fatto un'u.**, he gave me a tongue-lashing (*o* a dressing-down); he bawled me out ***2*** (*di disapprovazione*) shout; hoot; boo.

urlatóre, **A** m. (f. **-trice**) ***1*** howler; shouter; screamer; bawler ***2*** (*cantante degli anni '60*) pop-singer. **B** a. howling (*anche zool.*); shouting; screaming; bawling.

urlìo, m. shouting; screaming; yelling; (*specialm. di animali o del vento*) howling.

ùrlo, m. (*pl.* **urli**, *m., per le grida animali e quelle umane intese singolarmente*; **urla**, *f., per le grida umane in senso collett.*) shout; cry; yell; bellow; scream; howl; (*stridulo*) screech, shriek; (*di animali*) howl; (*del vento e sim.*) howl, wail; (*del mare*) roar; (*al pl., anche*) shouting (*sing.*), screaming (*sing.*), yelling (*sing.*), howling (*sing.*); (*al pl.: clamore*) clamour (*sing.*), roar (*sing.*), uproar (*sing.*): **mandare** (*o* **cacciare**) **un u.**, to give (*o* to let out) a shout (*o* a yell, etc.); **l'u. del lupo**, the howl of the wolf; **l'u. del mare in tempesta**, the roar of a stormy sea; **l'u. della sirena**, the wailing of a siren; **un u. di paura**, a cry (*o* scream, shriek) of fright; **urla di gioia**, shouts of joy; **urla di dolore**, screams (*o* howls) of pain; **urla di scherno**, howls of derision; **le urla dei tifosi**, the shouts (*o* shouting) of supporters; **urli** (*o* **urla**) **d'indignazione**, cries (*o* a clamour) of indignation; an uproar; **zittire q. con urla**, to boo sb. down.

ùrna, f. ***1*** urn: **u. cineraria**, cinerary urn ***2*** (*u. elettorale*) ballot box: **andare alle urne**, to go to the polls; **il responso delle urne**, the election returns; the result of the polling; **Le urne si apriranno alle sette**, polling will begin at seven. ● **Dall'u. uscì il suo nome**, his name was drawn.

ùro, m. (*zool., Bos primigenius*) aurochs; urus*.

urobilìna, f. (*biol.*) urobilin.

urobilinùria, f. (*med.*) urobilinuria.

urochinàṣi, f. (*biol.*) urokinase.

urocordàto, m. (*zool.*) urochordate.

urocròmo, m. (*fisiol.*) urochrome.

urodèlo, m. (*zool.*) urodele.

urogàllo, m. (*zool., Tetrao urogallus*) capercaillie, capercailzie; wood grouse*.

urogenitàle, a. (*anat.*) urogenital.

urografìa, f. (*med.*) urography.

urolitìaṣi, f. (*med.*) urolithiasis.

uròlito, m. (*med.*) urolith.

urologìa, f. (*med.*) urology.

urològico, a. (*med.*) urological.

uròlogo, m. (f. **-a**) urologist.

uronìano, a. (*geol.*) Huronian.

uropìgio, m. (*zool.*) uropygial gland.

uropoièṣi, f. (*fisiol.*) uropoiesis.

uroscopìa, f. (*med.*) uroscopy.

urotropìna, f. (*chim., marchio*) Urotropine.

urrà, inter. hurrah!; hurray!; yippee! (*fam.*).

ursóne, m. (*zool., Erethizon dorsatum*) Canada porcupine.

urtànte, **A** a. (*fig.*) irritating; vexing; annoying. **B** m. (*naut., di mina*) horn; prong.

urtàre, **A** v. t. ***1*** (*colpire, scontrare*) to knock (against), to bang (against), to strike*, to hit*, to run* into; (*solo di persona*) to bump into, to push: **u. il capo contro q.c.**, to bump (*o* to knock, to hit, to bang, to bash) one's head against st.; **u. il tavolo con una sedia**, to bang a chair against the table; **L'automobile urtò il paracarro e sbandò a destra**, the car hit the kerbstone and swerved to the right; **Non si è neanche scusato di avermi urtato**, he didn't even apologize for bumping into me; **u. i passanti**, to bump into (*o* to jostle) the passers-by; **Lo urtai mentre stava scrivendo**, I jogged him while he was writing; **Urtai col gomito il vaso**, I knocked the vase with my elbow; **Il mio piede urtò una radice**, my foot struck against a root; **u. di striscio**, to graze; to rub against ***2*** (*fig.: irritare, indisporre*) to irritate; to annoy; to vex; to upset*: **Cerca di non urtarlo**, try not to irritate him; **u. i nervi a q.**, to get (*o* to jar) on sb.'s nerves ***3*** (*fig.: provocare*) to provoke; (*offendere*) to offend, to hurt*: **Se lo urti, reagisce subito**, if you provoke him, he reacts immediately; **u. la suscettibilità di q.**, to hurt sb.'s feelings. **B** v. i. ***1*** (*andare addosso, andare a sbattere*) to strike*; to hit*; to bump into; to collide with; to crash into; to run* into; (*in retromarcia, anche*) to back into: **La locomotiva urtò contro un treno merci fermo**, the engine crashed into a stationary goods train; **La nave urtò contro uno scoglio**, the ship struck (*o* ran into) a rock; **Girato l'angolo, andai a u. contro un poliziotto**, I turned the corner and bumped into (*o* collided with) a policeman ***2*** (*fig.: imbattersi, incappare*) to come* up against; to strike*: **Urtammo subito in una difficoltà**, we immediately came up against (*o* struck) a difficulty. **C urtàrsi**, v. i. pron. (*irritarsi*) to get* irritated; (*offendersi*) to take* offence (*o* umbrage): **Si urta per un nonnulla**, he takes offence at nothing. **D urtarsi**, v. rifl. recipr. ***1*** (*scontrarsi*) to bump (*o* to run*, to crash) into each other (*o* one another); to collide: **Ci urtammo sulla soglia**, we bumped (*o* ran) into each other (*o* we collided) on the threshold; **I due camion [le due navi] si urtarono nella nebbia**, the two lorries [the two ships] collided in the fog; **u. frontalmente**, to collide head-on ***2*** (*spingersi*) to push; to shove; to jostle: **La gente si urtava per uscire**, people were pushing and shoving (*o* were jostling) to get out ***3*** (*fig.: venire a contrasto*) to disagree strongly; to quarrel; to clash; to fall* out (*fam.*): **Si sono urtati per una questione di denaro**, they quarrelled (*o* fell out) over a money matter.

urtàta, *V.* **urto**.

urticànte, a. urticant.

ùrto, **A** m. ***1*** (*cozzo*) knock, bang, bump, shock; (*collisione*) collision, crash; (*impatto*) impact: **Nonostante l'u., il vetro non si ruppe**, the glass didn't break, despite the knock; **u. frontale**, head-on collision; **Nell'u. l'auto prese fuoco**, the car burst into flames on impact; **entrare in u.**, to collide; to clash ***2*** (*spinta*) push; shove; jostle: **M'ha dato un u. mentre scrivevo**, he gave me a push (*o* he jogged me) while I was writing; **Con un u. lo fece cadere**, he pushed it and knocked it down ***3*** (*mil.: attacco*) attack, strike; (*scontro*) clash: **l'u. del nemico**, the attack of the enemy; the enemy attack; **sostenere il primo u.**, to bear the brunt of the attack; **l'u. fra i due eserciti**, the clash between the two armies; **massa d'u.**, shock troops (*pl.*) ***4*** (*fis., mecc.*) impact; shock: **u. di caduta**, drop impact; **onda d'u.**, shock wave; **sezione d'u.**, cross section ***5*** (*fig.: contrasto*) clash; conflict; collision: **l'u. fra due tesi opposte**, the clash between two contrasting theses; **un u. d'interessi**, a conflict of interests; **essere in u. con q.**, to be at odds (*o* at variance, at loggerheads) with sb.; (*avere rapporti tesi*) to be on bad terms with sb.; **essere in u. con q.c.**, to be at odds (*o* to clash) with st.; **mettersi in u. con q.**, to come into conflict with sb.; to fall out with sb. (*fam.*). ● **u. di vomito**, retch □ (*med.*) **terapia d'u.**, *V.* **urtoterapia**. **B** a. invar. massive: (*med.*) **dose u.**, massive dose.

urtóne, m. violent knock; (*spintone*) hard push, hard shove.

urtoterapìa, f. (*med.*) drastic (*o* aggressive) therapy.

uruguaiàno, a. e m. (f. **-a**) Uruguayan.

uṣàbile, a. usable; that can be used; utilizable.

uṣànza, f. ***1*** (*costume*) custom, tradition; (*al pl., anche*) ways: **l'u. del baciamano**, the custom of handkissing; **C'è l'u. di scambiarsi regali a Natale**, it is the custom to exchange presents at Christmas; **usanze popolari**, folk traditions; folkways; **introdurre [abolire] un'u.**, to introduce [to abolish] a custom; **perpetuare un'u.**, to perpetuate a custom (*o* a tradition); **secondo un'u. locale**, according to a local custom (*o* tradition) ***2*** (*moda*) fashion; trend; vogue: **un'u. passeggera**, a passing fashion; a trend ***3*** (*abitudine*) habit; custom; wont: **com'è sua u.**, as is his habit (*o* wont); **com'è d'u.**, as is customary ***4*** (*leg.*) usance; custom. ● (*prov.*) **Paese che vai, u. che trovi**, when in Rome do as the Romans do.

uṣàre, **A** v. t. ***1*** (*adoperare, servirsi di*) to use, to make* use of; (*impiegare*) to employ; (*maneggiare*) to handle: **Qui dovrò u. il martel-**

lo, I'll have to use the hammer here; **Posso u. il suo telefono?**, may I use (*o* make use of) your phone?; **Usa meglio il tuo denaro**, make a better use of your money; **Capii che mi avevano usato**, I realized that I had been used; **«C'è ancora del latte?» «No, l'ho usato per la crema»**, «is there any milk left?» «no, I used it up for the custard»; **L'ho comprato per usarlo, non per ornamento**, I bought it for use, not for ornament; **Non si usa molto il cappotto con questo clima**, you don't use coats much in this climate; **u. minacce**, to use threats; to threat; **Usa la testa!**, use your head!; **Non sa come u. il tempo libero**, he doesn't know how to employ his spare time; **Sta' attento quando usi i miei libri**, be careful while handling my books **2** (*essere solito*) to be in the habit of; to be accustomed to; to be used (*o* wont) to; (*al pass.*) used to, would: **Usano alzarsi di buon'ora**, they are in the habit of getting up early; **Non uso dimenticare i favori**, I am not in the habit of forgetting favours; **Io non uso fare così**, I am not accustomed (*o* used) to doing so; **Come usava dire mia nonna**, as my grandmother used to (*o* would) say; **Un tempo si usava andare a passeggio sul lungomare**, we once used to promenade along the seafront **3** (*agire con*) to use; to act with; to exercise; to be (+ *agg.*): **u. delicatezza**, to use care; to be careful; **u. prudenza**, to be prudent; **u. pietà**, to be merciful; **u. parsimonia**, to be thrifty **4** (*consumare*) to use up; (*logorare*) to wear* out: **Abbiamo usato molto carbone quest'inverno**, we used up a lot of coal last winter **5** (*in espressioni di cortesia*: *fare*) to do*: **u. una cortesia a q.**, to do sb. a favour: (*iron.*) **Mi usi la cortesia di starmi a sentire**, please do me the favour (*o* be so kind as) to listen to me; **Mi ha usato tante cortesie** (*o* **premure**), he has been so kind to me. ● **usa e getta**, disposable □ **u. la violenza**, to use (*o* to resort to) violence □ **u. violenza a q.**, to do violence to sb.; to lay one's hands on sb.; (*violentare*) to rape sb. **B** *v. i.* **1** (*servirsi*) to make* use of; to avail oneself of: **u. delle proprie capacità**, to make use of one's own abilities; **u. dei propri diritti**, to avail oneself of one's rights **2** (*essere di moda*) to be in (*o* the) fashion; to be fashionable; to be in (*fam.*): **Anni fa usavano gli zoccoloni**, years ago clogs were in fashion; **Quest'anno usa il beige**, beige is fashionable (*o* is in fashion) this year; beige is in this year (*fam.*); **Non usa più**, it's no longer fashionable (*o* not fashionable any more); it's out of fashion; it's out (*fam.*). **C** *v. i. impers.* (*anche nella forma* **usarsi**: *essere comune*) to be the customary; **Qui usa dare la mancia ai camerieri**, it is customary to tip waiters here; we usually tip waiters here; **Da noi s'usa così**, that is what we do; that is the custom with us; **Il giorno dopo, come s'usa, le mandai dei fiori**, the next day, as is the custom, I sent her some flowers.

uṣàto, **A** *a.* **1** (*non più nuovo*) used, second-hand; (*logoro*) worn-out: **automobili usate**, used cars; **mobili usati**, second-hand furniture; **calzoni usati nei ginocchi**, trousers worn-out at the knees; **fiammifero usato**, spent match **2** (*in uso*) in use; used: **i metodi usati in una scuola**, the methods in use in a school **3** (*abituale*) usual, habitual, customary; (*familiare*) well-known, familiar **4** (*abituato*) accustomed (to); used (to): **gente usata alla fatica**, people used to hard work. **B** *m.* **1** (the) ordinary: **fuori dell'u.**, out of the ordinary; unusual **2** (*roba usata*) second-hand things (*pl.*); second-hand goods (*pl.*): **il mercato dell'u.**, the second-hand market.

uṣbèco, *a. e m.* (*f.* **-a**) Uzbek.

uṣbèrgo, *m.* **1** (*stor.*) hauberk **2** (*fig.*) protection; shield; defence.

uscènte, *a.* **1** (*che sta per finire*) closing; expiring: **l'anno u.**, the closing year **2** (*che lascia un ufficio*) retiring; outgoing: **il sindaco u.**, the retiring mayor **3** (*gramm.*) ending: **verbi uscenti in -are**, verbs ending in -are.

uscière, *m.* **1** usher **2** (*fam.*: *ufficiale giudiziario*) bailiff; process-server.

ùscio, *m.* door: **l'u. di casa**, the front door; **affacciarsi all'u.**, to come to the door; **stare sull'u.**, to stand at the door (*o* in the doorway). ● **abitare u. a u. con q.**, to live next door to sb. □ (*fig.*) **fermarsi al primo u.**, to take the first thing that comes up □ **infilare l'u.**, to slip in [out] □ **mettere q. all'u.**, to throw sb. out □ (*fig.*) **prendere l'u.**, to leave; to go away □ (*fig.*) **tra l'u. e il muro**, with one's back to the wall □ (*fig.*) **Non si trovano ad ogni u.**, they don't grow on trees.

uscire, *v. i.* **1** (*andare fuori*) to go* out; (*venire fuori*) to come* out, to emerge; (*andare o venire fuori*) to leave*, to get* out, to walk out; (*salire*) to come up, to surface; (*emergere*) to come* out, to emerge: **u. a passeggio**, to go out for a walk; **È uscito senza cappello**, he went out without his hat; **Mi spiace, è già uscito**, I'm sorry, he has already left (*o* gone); **Uscì senza dare nell'occhio**, he made a quiet exit; **Esci con noi?**, are you coming out with us?; **Stavo per u.**, I was on my way out; **Uscì dalla stanza**, he went [came] out of the room; he left the room; **Digli di u. dal bagno**, tell him to come out of the bathroom; **Il treno esce dalla stazione**, the train is leaving (*o* pulling out of) the station; **L'auto uscì dalla galleria**, the car came out of (*o* emerged from) the tunnel; **u. dall'autostrada**, to leave the motorway; **A che ora esci da scuola?**, what time do you come out of school?; **Il leone uscì dalla gabbia**, the lion got out of its cage; **u. dal letto**, to get out of bed; to get up; **u. dalla macchina**, to get out of the car; **u. dalla cantina** [**dal pozzo**], to come up from the cellar [from the well]; **Come faccio a u. di qui?**, how do I get out of here?; **u. dalla porta principale**, to go out through the main door; to leave by the main door; **u. per la finestra**, to get out through the window; **Si esce per di qui**, this is the way out; **u. sul balcone**, to go out onto the balcony; **u. in** (*o* **per**) **strada**, to go out into the street; **u. in auto**, to go out in the (*o* in one's) car; (*in gita*) to go for a drive; **u. in bicicletta**, to go out on one's bicycle; (*in gita*) to go cycling; **u. a cavallo**, to go riding; **u. di corsa**, to run out; **u. di soppiatto**, to slip out; to steal out; **u. precipitosamente**, to rush out; **u. a marcia indietro**, to back out **2** (*lasciare q.c.*) to leave* (st.); (*ritirarsi da q.c.*) to pull out, to withdraw*: **u. di casa**, to leave one's house; to leave home; **u. dal lavoro**, to leave work; to knock off (*fam.*); (*naut.*) **u. dal porto**, to leave port; **u. dall'ospedale**, to come out of (*o* to leave) hospital; **u. di prigione**, to come out of prison; **u. dalla fila**, to leave one's place in the queue; **Il lavoro che esce dalla nostra fabbrica dev'essere perfetto**, the work that leaves our factory must be perfect; **u. dal partito**, to leave the party; **La società ha annunciato che uscirà dal consorzio**, the company has announced it will pull out of (*o* withdraw from) the consortium **3** (*per divertirsi*) to go* out; to get* out: **Usciamo spesso**, we go (*o* get) out a lot; **Mi ha invitato a u. con lui**, he has asked me out; **u. con q.** (*avere un flirt*), to be sb.'s boyfriend [girlfriend]; to date sb. (*USA*); **Usciamo insieme da qualche mese**, we've been going out together (*USA*: dating) for some months **4** (*di liquidi*: *fuoriuscire*) to come* out, to run*; (*per una perdita*) to leak; (*traboccare*) to overflow, to spill: **Sta uscendo acqua dal rubinetto?**, is water coming out of the tap?; **Gli usciva sangue dal naso**, blood was running from his nose; **Da questo catino esce l'acqua**, this bowl is leaking; **u. a fiotti**, to pump out; to gush out; **u. a getti**, to spurt out **5** (*di gas e sim.*) to come* out; to escape: **Dal camino usciva del fumo**, smoke was coming out of the chimney; **Un getto di vapore uscì dalla ciminiera**, a jet of steam escaped (*o* rose) from the funnel; **Fa' u. l'aria**, let out the air **6** (*essere pubblicato*) to come* out; to be published; to be issued; to appear in print: **È uscito il nuovo decreto**, the new decree has come out; **Il primo numero uscirà il mese prossimo**, the first issue is coming out next month; **Quanti libri escono ogni anno?**, how many books are published (*o* come out) each year?; **È appena uscito**, it's just out **7** (*di strada*: *sboccare*) to lead*: **Questa strada esce sulla piazza**, this street leads to the square; **le strade che escono da Roma**, the roads leading out of Rome **8** (*provenire*) to come*: **Di lì esce un gran puzzo**, there is an awful smell coming from there; **un «sì» che gli usciva dal cuore**, a «yes» which came from his heart; a heartfelt yes **9** (*essere estratto*) to be drawn; to come* out: **Per primo uscì il numero venti**, number twenty was drawn first **10** (*essere prodotto*) to come* out; to be turned out; to be produced: **Dalla fabbrica escono mille pezzi al giorno**, the factory turns out one thousand pieces a day **11** (*sporgere*) to come* out; to stick* out; to jut out; to protrude: **Ti esce il fazzoletto dalla tasca**, your handkerchief is coming out of your pocket; **Il chiodo usciva appena dal muro**, the nail barely stuck out (*o* protruded) from the wall **12** (*nei giochi di carte*) to lead*: **u. a quadri**, to lead diamonds **13** (*gramm.*: *terminare*) to end: **verbi che escono in -are**, verbs that end in -are **14** (*anche* **uscirne**: *cavarsela*) to come* off (*o* out, through); to get* off: **u. dai guai**, to get out of trouble; **u. incolume**, to come out unscathed; **uscirne bene** [**male**], to come off well [badly]; **uscirne a buon mercato**, to get off cheaply. ● **u.** (*o* **uscirsene**) **a dire**, to come out saying □ (*naut.*) **u. al largo**, to head out to sea □ **u. allo scoperto**, to come out into the open; to break cover □ **u.** (*o* **uscirsene**) (**fuori**) **con q.c.** (*dire ad un tratto*), to come out with st.: **Se ne uscì** (**fuori**) **con una proposta un po' strana**, he came out with a rather strange proposal □ **u. dall'adolescenza**, to leave one's adolescence behind; to become a man [a woman] □ **u. dall'argomento**, to get off the subject (*o* the point); to digress □ **u. dalla competenza di q.**, to be outside sb.'s province □ (*fig.*) **u. dai gangheri**, to fly off the handle; to throw a fit (*fam.*) □ (*di un fiume*) **u. dal letto**, to overflow (one's banks) □ (*di lavoro*) **u. dalle mani di q.**, to be made by sb.; to be sb.'s work □ **u. da una malattia**, to recover from (*o* to get over, to pull through) an illness □ **u. dalla neutralità**, to end one's neutrality □ (*del sole*) **u. dalle nuvole**, to break through the clouds □ **u. dall'ordinario**, to be out of the ordinary □ (*fig.*) **u. dalla retta via**, to leave the straight and narrow path; to go astray □ (*ferr.*) **u. dalle rotaie**, to run off (*o* to jump) the rails (*o* the tracks); to derail □ **u. dai ranghi**, to fall out of line □ **u. dal riserbo**, to abandon one's reserve □ (*fig.*) **u. dal seminato**, to wander from the subject (*o* point) □ **u. dalla vista**, to disappear from view □ **u. detto**, to let slip: **Mi uscì detto che lo conoscevo**, I let slip that I knew him □ **u. di bocca**, to come out of (sb.'s) mouth; to escape (sb.); to let slip (*costr. pers.*): **Non gli uscì di bocca una sillaba**, not a syllable came out of his mouth; **Gli uscì di bocca una parolaccia**, he let slip a rude word; **Che non t'esca una parola di bocca!**, don't breathe a word about it! □ (*fig.*) **u. di carica**, to end one's term of office; (*dimettersi*) to resign one's post, to leave office □ (*fig.*) **u. di cervello** (*o* **di senno**), to go out of one's mind; to lose one's wits □ **u. di mano**, (*sfuggire*) to slip out of (sb.'s) hand; (*fig.*) to lose control (of st.) □ **u. di mente a q.**, to slip sb.'s memory; **Il suo nome mi è uscito di mente**, his name has slipped my memory; **Mi è proprio uscito di mente**, it went clean out of my mind □ **u. di minorità**, to come of age □ **u. di scena**, (*di attore*) to go off, to exit, to leave the stage; (*fig.*) to leave the scene, (*ritirarsi*) to bow out □ **u. di sentimento**, to be beside oneself; to go mad □ **u. di strada**. to go off the road □ (*fam.*) **u. fuori** (*essere ritrovato*), to turn up □ (*naut.*) **u. in mare**, to put out to sea □ **u. in un'imprecazione**, to curse; to swear □ **u. in una risata**, to burst into laughter □ **u. vincitore**, to come out the winner; to come out on top □ **fare u. q.**, (*mandarlo fuori*) to send sb. out; (*accompagnarlo fuori*) to show sb. out; (*lasciarlo u.*) to let sb. out □ **L'hanno fatto u. di nascosto dal paese**, they smuggled him [it] out of the country □ (*fig.*) **Mi esce dagli occhi**, I'm fed up with it □ (*fig.*) **Gli occhi gli uscivano dalla testa**, his eyes were popping out of his head □ **Di dov'è uscito quello lì?**, where did that fellow spring from? □ **Di qui non si esce: o è un ladro o uno stupido**, there are no two ways about it: either he's a thief or a fool □ (*teatr.*: *nelle didascalie*) **Esce Amleto**, exit Hamlet; **Escono tutti**, exeunt all □ **Con tre metri un vestito ci esce**, you will get a dress out of three metres; three metres will do for a dress □ **Fa' u. il portafoglio o saranno guai!**, (come) out with the wallet or else!

uscita, *f.* ***1*** (*l'uscire*) getting out, going out, coming out, exit; (*il lasciare*) leaving (*ma spesso si usa una costruzione verbale*): **Andiamo a vedere l'u. della processione**, let's go and see the procession come out; **A che ora è l'u.?**, when do we [you, etc.] go out?; (*dal lavoro*) when do we [you, etc.] leave work?; **È l'ora dell'u. dalla scuola**, it's the time children come out of school; **La sua u. dalla scena politica**, his exit from the political scene; **È la mia prima u. dopo l'influenza**, it's the first time I go out after the flu; **anticipare l'u. dall'ufficio**, to leave the office early; **Spera nell'u. del numero sette**, he hopes number seven will come out (*o* will be drawn); **All'u. dall'ufficio lo trovai che mi aspettava**, when I left (*o* on leaving) the office I found him waiting for me; **Vediamoci all'u. dello spettacolo**, let's meet at the end of the show; **Lo riprendo all'u.**, I'll collect it on my way out; **Vietata l'u.**, no exit ***2*** (*passaggio per cui si esce*) exit; way out (*anche fig.*); passage out; door; (*negli aeroporti*) gate: **Dov'è l'u.?**, where is the exit (*o* the way out, the door)?; **una casa con due uscite**, a house with two exits; **u. principale**, main exit; **Di qui non c'è u.**, there is no way out; (*ferr.*) **mostrare il biglietto all'u.**, to show the ticket at the barrier; **u. di sicurezza**, emergency exit; (*di edificio, anche*) fire escape; **segnale d'u.** (*d'autostrada*), exit sign; (*anche fig.*) **strada senza u.**, dead end; blind alley; cul-de-sac (*franc.*) ***3*** (*di liquido*) outflow, flowing out; (*di gas e sim.*) outlet, escape ***4*** (*sbocco*) outlet; vent; channel; hole; opening ***5*** (*teatr.*) exit; (*entrata in scena*) entrance ***6*** (*liberazione*) release: **u. dal carcere**, release from prison ***7*** (*spesa*) expenditure; expense; outlay; outgo: **le entrate e le uscite**, income and expenditure ***8*** (*pubblicazione*) publication, issue; (*distribuzione*) release: **l'u. di un romanzo**, the publication of a novel; **La rivista ha un'u. settimanale**, the magazine is published weekly; **l'u. di un film**, the release of a film ***9*** (*fig.*: *scappatoia, soluzione*) way out: **Questa è l'unica u. ragionevole**, this is the only reasonable way out ***10*** (*fig.*: *cosa detta*) thing said, words (*pl.*); (*motto di spirito*) joke, quip, sally, witticism, crack (*fam.*): **È stata un'u. infelice**, it was an unfortunate thing to say; **Ha certe uscite bizzarre**, he comes out with the strangest things; **Mi fa morire dal ridere con le sue uscite**, he has me in stitches with his jokes ***11*** (*gramm.*: *desinenza*) ending: **l'u. del dativo**, the dative ending; **u. in vocale**, vowel ending; **parole che hanno l'u. in -a**, words ending in -a ***12*** (*nei giochi di carte*) lead ***13*** (*calcio*: *del portiere*) coming out (of goal) ***14*** (*mil.*: *sortita*) sortie; sally ***15*** (*elettr., elab.*) output: **l'u. di un amplificatore**, the output of an amplifier. ● (*fin.*) **u. di capitali**, capital outflow □ (*comm.*) **uscite di cassa**, cash disbursements; cash outflows □ **buon'u.**, *V.* **buonuscita** □ (*comm.*) **dazio d'u.**, export duty □ (*comm.*) **dichiarazione d'u.**, declaration outwards □ **di prima u.** (*subito*), immediately; right from the start □ **giorno di libera u.**, day off □ **in libera u.**, off duty; (*mil. anche*) on a pass □ **permesso d'u.**, exit permit; (*comm.*) clearance permit □ **posta in u.**, outgoing mail.

uṣignòlo, *m.* (*zool., Luscinia megarhyncha*) nightingale.

uṣitàto, *a.* (*lett.*) used; common; habitual.

ùṣo (1), *m.* ***1*** (*impiego, utilizzazione*) use; purpose: **l'uso delle auto [delle armi]**, the use of cars [of weapons]; **l'uso errato di una locuzione**, the wrong use of a phrase; **l'uso della parola**, the power of speech; **pagare per l'uso di q.c.**, to pay for the use of (*o* to use) st.; **per uso personale**, for one's own personal use; **Serve a molti usi**, it has several uses; it's useful for a lot of things; it serves many purposes; **avere l'uso di q.c.**, to have the use of st.; **avere l'uso della ragione**, to be in one's right mind; **perdere l'uso della ragione**, to lose one's reason; **Ha perso l'uso del braccio destro**, he has lost the use of his right arm; **Non ne conosco l'uso**, I don't know what it's for; **Si è deformato con l'uso**, it has lost its shape with use; **È ancora in uso**, it's still in use (*o* used); **Non è più in uso**, it's no longer used (*o* in use); it's out of use ***2*** (*rif. alla lingua*) usage; (*modo di impiego, significato*) use: **espressione d'uso comune**, commonly used phrase; **una parola d'uso corrente**, an everyday word; **uso letterario [parlato, figurato]**, literary [spoken, figurative] usage; **un'espressione d'uso scritto**, a phrase used in writing; **d'uso antiquato**, obsolete; **d'uso dialettale**, dialectal; dialect (*attr.*); **Non capisco l'uso di questo termine**, I don't understand the use of this term ***3*** (*usanza, costume*) custom, usage; (*abitudine*) habit, custom; (*maniera*) style, way, fashion; (*moda*) fashion: **gli usi di un paese**, the usages (*o* customs) of a country; **usi e costumi**, usages and customs; **Così vuole l'uso**, that is the custom; **secondo gli usi locali**, according to the local customs; **all'uso francese**, in the French style; French-style (*attr.*); in (*o* after) the French way (*o* fashion); **seguire l'uso**, to follow the custom (*o* the fashion); **tornare in uso**, to come back into use (*o* fashion); **È (d')uso mangiare il tacchino a Natale**, it is customary (*o* it is a tradition) to eat turkey at Christmas; **Non è nostro uso aspettare i ritardatari**, we are not accustomed to waiting for latecomers; **consacrato dall'uso**, time-honoured; sanctified by custom ***4*** (*pratica*) practice: **Conosce il francese ma gli manca l'uso**, he knows French but he needs practice; **imparare con l'uso**, to learn with practice ***5*** (*logoramento*) wear: **logorarsi con l'uso**, to wear out; **logoro dall'uso**, worn-out; worn through use ***6*** (*leg.*: *consuetudine*) custom. ● **uso errato**, wrong use; misuse □ **uso famiglia**, family-size (*attr.*) □ **uso improprio**, misuse; unlawful use □ **uso pelle**, imitation-leather (*attr.*) □ **uso smodato**, excessive use; abuse □ **uso seta**, imitation-silk, silk-type (*attr.*) □ **a più usi**, with several uses; multipurpose (*attr.*) □ **a proprio uso e consumo**, at one's own disposal □ **a uso di**, for use; for the use of: **testo a uso dei licei**, textbook for use in secondary schools; **a uso dei bambini**, for the use of children □ **buon uso**, good use: **fare buon uso di q.c.**, to make good use of st.; to put st. to good use □ **cattivo uso**, bad use; misuse: **fare cattivo uso di q.c.**, to make bad use of st.; to misuse st. □ **come d'uso**, as is the custom; as is usual □ **con uso cucina**, with use of kitchen □ **d'uso** (*abituale*), usual; customary; habitual: **lo sconto d'uso**, the usual discount; **con le riserve d'uso**, with the usual reservations □ **d'uso comune**, commonly used □ **d'uso corrente** (*di oggetto*), of everyday use □ (*leg.*) **diritto d'uso**, right of user □ **entrare nell'uso**, to come into use □ **fare l'uso a q.c.** (*abituarsi*), to get used to st. □ **fare uso di q.c.**, to make use of st.; to use st.; (*impiegare, servirsi di*) to employ st.: **fare uso di sonniferi**, to make use of (*o* to take) sleeping pills; **Fa troppo uso di medicine**, he takes too many medicines; **fare modico uso di q.c.**, to use st. sparingly □ **fare uso di un diritto**, to exercise a right □ **fare uso della violenza**, to resort to violence □ **frasi d'uso**, conventional expressions □ **fuori uso**, (*non più usabile*) unserviceable; (*antiquato*) no longer used, old-fashioned; (*guasto*) out of order, not working; (*di parole*) obsolete □ **in uso**, (*attuale*) current, in use; (*in funzione*) in use, operative □ **istruzioni per l'uso**, instructions (*o* directions) (for use) □ **mettere q.c. fuori uso** (*guastare, anche fig.*), to put st. out of action □ **per tutti gli usi**, all-purpose (*attr.*) □ (*med.*) **per uso esterno**, to be applied externally; for external use only □ (*med.*) **per uso interno**, to be taken internally □ **pronto per l'uso**, ready for use.

ùṣo (2), *a.* (*lett.*) used (to st., to doing st.); accustomed (to st., to doing st.); wont (to do st.): **Non sono uso a essere trattato così**, I'm not used (*o* accustomed) to being treated like that; **Ero uso alle fatiche**, I was used to hard work; **com'era uso fare**, as he was wont to do.

ùssaro, **ùssero**, *m.* (*mil.*) hussar.

ussita, *a., m.* e *f.* (*stor. relig.*) Hussite.

ussitiṣmo, *m.* (*stor. relig.*) Hussitism; Hussism.

ùsta, *f.* scent.

ùstascia, *a., m.* e *f.* (*polit.*) Ustashi.

ustionàre, **A** *v. t.* to burn*; (*con liquidi*) to scald. **B** **ustionàrsi**, *v. rifl.* to burn* oneself; (*con liquidi*) to scald oneself.

ustióne, *f.* burn; (*con liquidi*) scald: **u. di primo grado**, first-degree burn; **È morto per le ustioni riportate**, he died as a result of his burns.

ùsto, *a.* (*chim.*) calcined.

ustòrio, *a.* burning: **specchio u.**, burning glass.

uṣuàle, *a.* (*solito*) usual, habitual, customary; (*comune*) common, ordinary, everyday (*attr.*): **il percorso u.**, the usual route; **fatti usuali**, ordinary (*o* everyday) events; **una parola u.**, a common word; **carta u.**, ordinary paper. ● **per l'u.**, usually; as a rule.

uṣualità, *f.* usualness; customariness; commonness.

uṣuàrio, *m.* (*f.* **-a**) (*leg.*) user.

uṣucapióne, *f.* (*leg.*) usucap(t)ion; prescription.

uṣucapìre, *v. t.* (*leg.*) to prescribe; to acquire by prescription.

uṣufruìre, *v. i.* ***1*** (*leg.*) to enjoy in usufruct ***2*** (*valersi di*) to take* advantage of; to avail oneself of; to make* use of; to benefit from; to enjoy: **u. di una legge**, to take advantage of a law; **u. di un vantaggio**, to make use of an advantage; **u. di un'occasione**, to avail oneself (*o* to make use) of an opportunity; **Acquistando due articoli si usufruisce di uno sconto del 20%**, if you buy two articles you can benefit from a 20% discount.

uṣufrùtto, *m.* (*leg.*) usufruct: **avere [lasciare] in u.**, to hold [to leave] in usufruct; **u. a vita**, life tenancy.

uṣufruttuàrio, *a.* e *m.* (*f.* **-a**) (*leg.*)

usufructuary: **u. a vita**, life tenant.

uşùra (1), *f.* usury: **dare** (*o* **prestare**) **a u.**, to lend on usury; (*fig.*) **restituire q.c. a u.**, to pay back st. a hundredfold (*o* with interest, with usury).

uşùra (2), *f.* (*logorio*) wear and tear; wear: **l'u. di una macchina**, the wear and tear of a machine; **l'u. dei pneumatici**, tyre wear; **l'u. del tempo**, the wear and tear of time; **dare segni d'u.**, to show signs of wear; (*mecc.*) **resistenza all'u.**, wear resistance

uşuràio, *m.* (*f.* **-a**) ***1*** usurer; moneylender; (loan) shark (*fam.*) ***2*** (*per estens.*: *avaro*) miser; skinflint.

uşuràre, *v. t.* to wear* out.

uşuràrio, *a.* usurious.

uşurpàre, *v. t.* to usurp; (*diritti*) to encroach on (*o* upon): **u. il trono [un titolo]**, to usurp the throne [a title]; **u. i diritti di q.**, to encroach on (*o* upon) sb.'s rights.

uşurpatìvo, *a.* usurpative.

uşurpatóre, *m.* (*f.* **-trice**) usurper; (*di un diritto*) encroacher.

uşurpazióne, *f.* usurpation; (*di un diritto*) encroachment.

utensile, A *m.* tool; utensil; implement: **utensili da falegname**, carpenter's tools; **utensili agricoli**, agricultural implements; **utensili da cucina**, (kitchen) utensils; **u. per filettare [per tornire]**, threading [turning] tool; **u. da taglio**, cutting tool; **u. portatile**, hand tool. **B** *a.* – **macchina u.**, machine tool.

utensilerìa, *f.* ***1*** (*insieme di utensili*) set of tools; tools (*pl.*) ***2*** (*reparto d'officina*) toolroom ***3*** (*negozio*) hardware shop.

utènte, *m.* e *f.* user; consumer; (*abbonato*) subscriber: **u. del gas**, gas consumer; **u. del telefono**, telephone subscriber; **u. della strada**, road user; **u. di una lingua**, language user; **u. della radio [della televisione]**, radio [television] licence-holder; (*elab.*) **u. finale**, end user.

utènza, *f.* ***1*** (*uso di un servizio*) use; consumption: **l'u. del gas**, gas consumption; **l'u. della caldaia**, the use of the boiler; **canone di u.**, consumption rate ***2*** (*l'insieme degli utenti*) users (*pl.*); consumers (*pl.*); (*telef.*) subscribers (*pl.*); (*radio, TV*) licence-holders (*pl.*).

uterino, *a.* ***1*** (*anat.*) uterine ***2*** (*nato dalla stessa madre*) uterine: **fratello u.**, uterine brother; half-brother on the mother's side ***3*** (*fig. spreg.*: *emotivo, irrazionale*) emotional; irrational.

ùtero, *m.* (*anat.*) uterus*; womb.

ùtile, A *a.* ***1*** (*che serve*) useful, handy, practical, serviceable; (*che aiuta*) helpful, valuable, of help (*attr.*); (*efficace*) effective; (*vantaggioso*) profitable: **conoscenze utili**, (*nozioni*) useful knowledge (*sing.*); (*persone*) useful contacts; **regalo u.**, useful (*o* practical) present; **strumento u.**, useful (*o* handy) tool; **consigli utili**, useful (*o* helpful) advice (*sing.*); **un rimedio u. contro il mal di gola**, an effective remedy against sore throat; **u. alla salute**, good for one's health; **investimento u.**, profitable investment; **tornare u.**, to come in handy (*o* useful); **rendersi u.**, to make oneself useful; **Mi sei stato molto u.**, you've been a great help to me; **Non mi è simpatico, ma mi sarà u.**, I don't like him, but he'll be useful to me; **Se posso essere u. in qualcosa...**, if I can be of help (*o* if I can help) in any way... ***2*** (*consigliabile*) advisable: **Sarebbe u. informarsi prima**, it would be advisable to get some information first; it would be a good idea to find out first ***3*** (*utilizzabile*) usable; (*disponibile*) available: **Di cinque stanze, ce ne sono solo due utili**, of five rooms only two are usable; **spazio u.**, available space. ● **tempo u.**, term: **il tempo u. per la presentazione delle domande**, the term for sending in applications; **presentare i documenti in tempo u.**, to submit one's documents in time □ (*mecc.*) **lunghezza u.**, working length □ (*sport*) **partita u.**, win or even match. **B** *m.* ***1*** (*tornaconto*) advantage; interest: **trarre un u. da q.c.**, to gain an advantage (*o* a profit) from st.; **Non pensa che al suo u.**, he only looks after his own interest; he thinks only of himself ***2*** (*econ., fin., rag.*) profit; income; gain; earnings (*pl.*): **u. netto [lordo]**, net [gross] profit; **un u. del 10%**, a 10% profit; **dividere l'u. a metà**, to split the profit; **partecipare agli utili**, to share (the) profits; **partecipazione agli utili**, profit-sharing; **avere un u.**, to make a profit; **vendere q.c. con un u.**, to sell st. at a profit; **u. d'esercizio**, operating income (*o* profit); profit for the year; **u. di gestione**, operating profit; **utili imponibili**, taxable profits (*o* gains); **utili di capitale**, capital gains; **utili non distribuiti**, retained earnings. ● **unire l'u. al dilettevole**, to combine duty with pleasure.

utilità, *f.* ***1*** (*l'essere utile*) utility; usefulness; use: **l'u. dell'esperienza**, the usefulness of experience; **senza u. pratica**, without any practical use; **essere di poca u.**, to be of little use ***2*** (*vantaggio*) advantage; help; benefit: **Il manuale non mi fu di molta u.**, the handbook wasn't of much help to me ***3*** (*econ.*) utility: **u. marginale**, marginal utility. ● **u. pubblica**, common good (*o* welfare); public interest: **per ragioni di pubblica u.**, in the public interest; for the common good.

utilitària, *f.* (*autom.*) small (*o* economy) car; runabout; compact car (*USA*).

utilitàrio, *a.* e *m.* utilitarian.

utilitarişmo, *m.* (*filos.*) utilitarianism.

utilitarista, *a., m.* e *f.* (*anche filos.*) utilitarian.

utilitaristico, *a.* (*anche filos.*) utilitarian.

utilizzàbile, *a.* usable; useful; utilizable; exploitable; serviceable; (*disponibile*) available: **Questo sacchetto è ancora u.**, this bag is still serviceable (*o* can still be used); **avanzi utilizzabili**, remnants (*di cibo*: leftovers) that can be used; (*econ.*) **manodopera u.**, exploitable labour; (*banca*) **credito u. fino al 15 del mese**, credit available until the 15th of this month.

utilizzabilità, *f.* usability; usableness; availability.

utilizzàre, *v. t.* to use; to utilize; to make* use of; to exploit: **u. i tempi morti**, to utilize idle periods; **u. le risorse del paese**, to utilize (*o* to exploit) the country's resources; **u. gli scarti**, to utilize discards.

utilizzatóre, *m.* (*f.* **-trice**) utilizer; (*econ.*) user.

utilizzazióne, *f.* **utilizzo,** *m.* use; utilization; employment; exploitation.

utopìa, *f.* utopia.

utòpico, *a.* utopian.

utopista, *m.* e *f.* utopian; visionary.

utopistico, *a.* utopian; visionary: **socialismo u.**, utopian socialism.

utricolàre, utricolo, *V.* **otricolare, otricolo.**

utriculària, *f.* (*bot., Utricularia vulgaris*) bladderwort.

ùva, *f.* ***1*** grapes (*pl.*); (*nei composti*) grape: **uva bianca [nera]**, white [black] grapes; **cogliere l'uva**, to pick (the) grapes; **pigiare l'uva**, to tread the grapes; **festa dell'uva**, grape-harvest festival; **uva da tavola**, eating grapes; **un grappolo d'uva**, a bunch of grapes; **un chicco d'uva**, a grape; **succo d'uva**, grape-juice ***2*** (*bot.*) – **uva spina** (*Ribes grossularia*), gooseberry; **uva ursina** (*Arctostaphylos uva-ursi*), bearberry. ● **uva di mare** (*Sargassum bacciferum*), sargasso; gulfweed □ **uva moscata**, muscat grapes (*pl.*) □ **uva passa**, raisins (*pl.*); currants (*pl.*); sultanas (*pl.*) □ **uva sultanina**, sultana.

uvàceo, *a.* grape-like.

ùvea, *f.* (*anat.*) uvea.

uveàle, *a.* (*anat.*) uveal.

uveìte, *f.* (*med.*) uveitis.

uvétta, *V.* **uva passa**, *sotto* **uva.**

uvìfero, *a.* (*lett.*) grape-bearing.

uvulàre, *a.* (*anat., fon.*) uvular.

uvulìte, *f.* (*med.*) uvulitis.

uxoricida, A *m.* uxoricide. **B** *f.* wife that has killed her husband. **C** *a.* (*di uomo*) uxoricidal; (*di donna*) that has killed her husband.

uxoricidio, *m.* (*uccisione della moglie*) uxoricide; (*uccisione del marito*) killing of one's husband.

uxorilocàle, *a.* (*etnol.*) matrilocal.

uxorilocalità, *f.* (*etnol.*) matrilocality.

uxòrio, *a.* (*specialm. leg.*) uxorial: **diritti uxorii**, uxorial rights; **convivenza more u.**, living together like man and wife; cohabitation; de facto marriage.

ùzzolo, *m.* (*fam. region.*) whim; fancy: **Gli è venuto l'u. di viaggiare**, he has taken a fancy to travelling; **levarsi l'u.**, to indulge a whim.

v, V

V, v, *f. o m.* (*ventesima lettera dell'alfabeto ital.*) V, v. ● (*telef.*) **v come Venezia,** v for Victor □ **a v,** V-shaped □ **collo a V,** V-neck.

va, *3ª pers. sing. indic. pres. di* **andare.**

vacànte, *a.* vacant: **cattedra v.,** vacant chair; **posto** (*o* **carica**) **v.,** vacancy; vacant position; **Il posto è ancora v.,** the job is still open (*o* vacant); (*leg.*) **eredità v.,** vacant succession.

vacànza, *f.* **1** holiday; vacation (*USA*; *in G.B. solo di università e tribunali*); (*del Parlamento*) recess: **vacanze di Natale,** Christmas holidays (*USA*: vacation); **vacanze estive,** summer holidays (*USA*: vacation); (*all'università*) long vacation; **Passerò le vacanze al mare,** I'll spend my holidays at the seaside; **andare** [**essere**] **in v.,** to go [to be] on holiday; **Sono andato in v. a Creta,** I went to Crete for my holidays (*o* on holiday); **tornare dalle vacanze,** to come back from one's holidays; **fare un mese di v.,** to take (*o* to have) a month's holiday; **prendersi una settimana di v.,** to take a week off; **giorno di v.,** holiday; day off (work); **Oggi faccio v.,** I'm taking a day off today; **v. (di) studio,** educational holiday **2** (*l'essere vacante*) vacancy; vacuum **3** (*posto vacante*) vacancy.

vacanzière, *m.* (*f.* **-a**) (*fam.*) holiday-maker; vacationer (*USA*); vacationist (*USA*).

vacanzièro, *a.* holiday (*attr.*); holiday-making; (*di festa*) festive.

vacàre, *v. i.* to be vacant.

vacazióne, *f.* (*leg.*) period of professional attendance. ● (*leg.*) **v. della legge,** waiting period (before a law comes into force).

vàcca, *f.* **1** cow: **v. da latte,** milch-cow; **v. che dà molto** [**poco**] **latte,** good [poor] milker **2** (*fig. spreg.*: *donnaccia*) whore; slut. ● (*volg.*) **mandare in v.,** to balls up; to ball up (*USA*) □ (*fig.*) **tempi di vacche grasse,** times of plenty; bonanza □ (*fig.*) **tempi di vacche magre,** lean years.

vaccàio, vaccàro, *m.* cowman*; cowherd; cowboy; cowhand.

vaccàta, *f.* (*volg.*) **1** (*cosa malfatta*) botch-up (*fam.*) **2** (*sciocchezza*) trash; crap (*volg.*): **dire vaccate,** to talk crap **3** (*cibo pessimo*) yucky food (*o* thing).

vaccherìa, *f.* **1** (*stalla*) cowshed **2** (*latteria*) dairy-farm.

vacchétta, *f.* cowhide.

vaccina, *f.* **1** (*carne*) beef **2** (*sterco*) cow-dung.

vaccinàbile, *a.* (*med.*) that can be vaccinated.

vaccinàre, A *v. t.* **1** (*med.*) to vaccinate; to inoculate **2** (*fig.*) to harden (against st.); to inure (to st.). **B vaccinàrsi,** *v. rifl.* (*fig.*) to harden oneself (against st.).

vaccinàto, *a.* **1** (*med.*) vaccinated; inoculated **2** (*fig.*) immune (from); inured (to); hardened (against): **v. contro le delusioni,** inured to disappointment.

vaccinazióne, *f.* (*med.*) vaccination; inoculation; shot (*fam.*): **fare la v. antitetanica,** to be vaccinated against tetanus; **v. di richiamo,** booster (shot).

vaccinico, *a.* (*med.*) vaccinal; vaccine (*attr.*).

vaccino, A *a.* (*di vacca*) vaccine; (*bovino*) bovine, cattle (*attr.*): **latte v.,** cow's milk. **B** *m.* (*med.*) vaccine.

vaccinoprofilàssi, *f.* (*med.*) prophylactic vaccination.

vaccinostilo, *m.* (*med.*) vaccinostyle.

vaccinoterapìa, *f.* (*med.*) vaccine therapy.

vacillaménto, *m.* **1** tottering; staggering; (*di oggetto*) tottering, wobbling **2** (*di luci*) flickering **3** (*fig.*: *incertezza*) vacillation; wavering; shilly-shallying.

vacillànte, *a.* **1** tottering; staggering; unsteady; (*di oggetti*) tottering, unsteady: **passo v.,** unsteady walk (*o* gait) **2** (*di luci*) flickering **3** (*fig.*) vacillating, tottering, shaky; (*incerto*) wavering, irresolute: **fede v.,** wavering faith; **fama v.,** shaky reputation; **regime v.,** tottering regime.

vacillàre, *v. i.* **1** to totter; to stagger; (*di oggetti*) to totter, to wobble: **entrare vacillando,** to totter (*o* to stagger) in; **La pila di libri vacillò e cadde,** the pile of books tottered and fell **2** (*di luci*) to flicker **3** (*fig.*) to totter; to be shaky; (*essere incerto*) to vacillate, to waver, to shilly-shally: **Il governo vacilla,** the government is shaky (*o* is tottering); **La sua fede vacillava,** his faith was wavering; **volontà che non vacilla,** unshakeable determination **4** (*venir meno*) to be failing: **La sua mente vacilla,** his mind is failing.

vacuità, *f.* vacuity; vacuousness; emptiness; inanity.

vàcuo, A *a.* vacuous; vacant; blank; empty; inane: **mente vacua,** empty head; **discorsi vacui,** empty words; **sguardo v.,** vacant (*o* blank, vacuous) stare; **promesse vacue,** empty promises. **B** *m.* vacuum*.

vacuolàre, *a.* (*biol.*) vacuolar; vacuolate(d).

vacuolizzàto, *a.* (*biol.*) vacuolated.

vacùolo, *m.* (*biol.*) vacuole.

vacuòmetro, *m.* (*fis.*) vacuometer.

vàda, *1ª, 2ª e 3ª pers. sing. congiunt. pres. di* **andare.**

vademècum, *m. invar.* vade-mecum; handbook.

vàdo, *1ª pers. sing. indic. pres. di* **andare.**

vadóso, *a.* (*geol.*) vadose.

va e vièni, *locuz. m.* coming and going; to and fro. ● (*mecc.*) **a v.,** to-and-fro (*attr.*).

vaffancùlo, *inter.* (*volg.*) fuck off!; up yours!; sod off!

vagabondàggine, *f.* roaming life.

vagabondàggio, *m.* **1** (*condizione*) vagabondage; (*fenomeno sociale*) vagrancy: **darsi al v.,** to become a vagabond; to take to the road; **arresto per v.,** arrest for vagrancy **2** (*il vagabondare*) wandering (*generalm. al pl.*); roaming: **vagabondaggi artistici,** artistic wanderings; **dopo molti vagabondaggi,** after much roaming.

vagabondàre, *v. i.* to wander about; to roam about; to rove: **Nelle vacanze mi piace v.,** I like to roam about during my holidays; **Vagabondammo un po' per la cittadina,** we wandered (*o* strolled) about the town. ● (*fig.*) **v. col pensiero,** to let one's thoughts wander.

vagabóndo, A *a.* **1** vagabond; vagrant; roving: **vita vagabonda,** vagabond life **2** (*fannullone*) idle; layabout (*attr.*) **3** (*di animali*) stray **4** (*fig.*) wandering; roving: **mente vagabonda,** wandering mind; **spirito v.,** roaming spirit; wanderlust (*ted.*). **B** *m.* **1** (*girovago*) wanderer; rover; drifter **2** (*persona senza fissa dimora*) vagrant; vagabond; tramp; hobo (*USA*); bum (*pop. USA*) **3** (*fannullone*) idler; loafer; bum (*pop. USA*); layabout.

vagàle, *a.* (*anat.*) vagal.

vagànte, *a.* wandering; rambling; roaming; roving; stray: **animali vaganti,** stray animals; **mina v.,** drifting mine; **pallottola v.,** stray bullet.

vagàre, *v. i.* to wander; to ramble; to roam; to rove; to range: **v. per i boschi,** to wander through the woods; **v. per il mondo,** to roam (around) the world; **v. senza meta,** to wander aimlessly; to ramble; **Vagò per terra e per mare,** he roved over sea and land; **Nella foresta vagavano i lupi,** wolves ranged the forest; **Le nuvole vagavano per il cielo,** clouds were drifting across the sky; **v. con la mente,** to let one's thoughts wander.

vagheggiaménto, *m.* **1** (*lett.*: *contemplazione amorosa*) loving contemplation; fond gazing **2** (*desiderio intenso*) longing, yearning, dream; (*di speranza*) cherishing.

vagheggiàre, *v. t.* **1** (*lett.*: *contemplare amorosamente*) to contemplate lovingly; to gaze at (sb., st.) fondly **2** (*desiderare intensamente*) to long (*o* to yearn) for; (*sognare*) to dream* of: **v. una speranza,** to cherish a hope.

vagheggiàto, *a.* longed-for; yearned-for; cherished.

vagheggiatóre, *m.* (*f.* **-trice**) (*lett.*) **1** yearner; cherisher **2** (*corteggiatore*) suitor; wooer.

vagheggino, *m.* gallant; ladies' man*; beau (*franc.*).

vaghézza, *f.* **1** (*indeterminatezza*) vagueness; haziness **2** (*lett.*: *bellezza*) beauty; charm; grace **3** (*lett.*: *piacere*) delight; pleasure **4** (*lett.*: *desiderio*) fancy; longing: **sentire v. per q.c.,** to long for st.; (*scherz.*) **Mi punge v. di un po' di champagne,** I'd fancy some champagne.

vagina, *f.* **1** (*anat.*) vagina* **2** (*lett.*: *guaina*) sheath.

vaginàle, *a.* (*anat.*) vaginal.

vaginismo, *m.* (*med.*) vaginismus.

vaginite, *f.* (*med.*) vaginitis.

vagire, *v. i.* to cry; to wail.

vagito, *m.* **1** cry; wail; (*med.*) vagitus **2** (*pl.*) (*inizi*) stirrings; dawning (*sing.*); birth.

vàglia (1), *f.* (*pregio, merito*) merit, worth; (*abilità*) skill, ability.

vàglia (2), *m. invar.* (*titolo di credito*) money-order: **v. postale,** postal order; **v. telegrafico,** telegraphic money-order; **fare un v.,** to make out a money-order; **v. bancario,** bank draft; **v. cambiario,** promissory note.

vagliàre, *v. t.* **1** to sift; to sieve; to riddle; (*grano e sim.*) to winnow: **v. la ghiaia,** to riddle gravel; **v. la sabbia,** to sieve sand **2** (*ind.*) to riddle; to screen **3** (*fig.*) to examine; to go* through; to look over; to sift; to weigh (up); to screen: **v. le domande,** to examine the applications; **v. le prove,** to sift the evidence; **v. una proposta,** to weigh up a proposal; **v. i candidati,** to screen the candidates; **v. i pro e i contro,** to weigh the pros and cons.

vagliatrice, *f.* (*mecc.*) sifting machine; winnowing fan.

vagliatùra, *f.* **1** sifting; sieving; riddling; winnowing **2** (*ind.*) riddling; screening **3**

(*mondiglia*) siftings (*pl.*); winnowings (*pl.*).

vàglio, *m.* ***1*** sieve; sifter; screen; riddle: **passare al v.**, to sift; to screen; to riddle ***2*** (*fig.*: *cernita*) screening, sifting; (*esame*) close examination, scrutiny: **il v. dei critici**, the scrutiny of critics; critical scrutiny; **La proposta è al v. della commissione**, the proposal is being examined by the committee; **passare q.c. al v.**, to sift st. through; to examine (*o* to look over) st. carefully; to go through st. (with a fine-tooth comb). ● (*ind. min.*) **v. a scosse**, vanner □ (*ind. min.*) **v. a tamburo**, trommel.

vàgo, A *a.* ***1*** (*incerto*) vague; hazy; dim; faint; indefinite: **un v. sospetto**, a vague suspicion; **proposito v.**, vague intention; **una vaga somiglianza**, a faint resemblance; **una vaga conoscenza dei fatti**, a hazy knowledge of the facts; **in un v. futuro**, in the dim and distant future; **Non ne ho la più vaga idea**, I haven't the faintest idea ***2*** (*lett.*: *grazioso*) pretty; fair; lovely ***3*** (*lett.*: *desideroso*) eager (for) ***4*** (*anat.*) vagal: **nervo v.**, vagal nerve; vagus*. **B** *m.* ***1*** (*incertezza*) vagueness: **cadere nel v.**, to be vague; **tenersi nel v.**, to be vague (*o* non-committal); to stick to generalities ***2*** (*anat.*) vagus*; vagal nerve.

vagolàre, *v. i.* to wander about.

vagonàta, *f.* ***1*** wagonload; carload ***2*** (*fig.*: *grande quantità*) load; raft (*USA*).

vagoncino, *m.* ***1*** (*di funivia*) cable-car ***2*** *V.* **vagonetto**.

vagóne, *m.* ***1*** (*ferr.*) (*merci*) van (*GB*), waggon (*GB*), car (*USA*); (*passeggeri*) carriage (*GB*), car, coach (*GB*): **Sarò nel terzo v.**, I'll be in the third carriage (*o* car); **v. merci**, (*scoperto*) goods waggon (*GB*), freight car (*USA*); (*chiuso*) (covered) goods van, boxwagon (*USA*); **v. frigorifero**, refrigerator van; **v. letto**, sleeping car; sleeper; **v. per il trasporto di autovetture**, car carrier; **v. ristorante**, dining car; restaurant car; diner; **v. salotto**, saloon-carriage; **v. postale**, mailcoach; mailcar (*USA*); **v. di servizio**, guard's van; caboose (*USA*) ***2*** (*fam.*: *persona molto grassa*) very fat person; mound of flesh; tub of lard (*fam.*).

vagonétto, *m.* (*ind. min.*) mine-car; tram; tub.

vagonista, *m.* (*ind. min.*) carman*.

vagotomìa, *f.* (*chir.*) vagotomy.

vagotonìa, *f.* (*med.*) vagotonia; vagotony.

vagotònico, *a.* (*med.*) vagotonic.

vài, 2ª *pers. sing. indic. pres. di* **andare**.

vainìglia, *V.* **vaniglia**.

vàio, A *a.* bluish grey. **B** *m.* (*arald.*) vair.

vaiolàto, *a.* (*metall.*) pitted.

vaiolatùra, *f.* (*metall.*) pitting.

vaiòlo, *m.* ***1*** (*med.*) smallpox; variola ***2*** (*agric.*) anthracnose ***3*** (*vet.*) – **v. aviario**, fowlpox; **v. bovino**, vaccinia; cowpox; **v. equino**, horsepox; **v. suino**, swinepox.

vaiolòide, *f.* (*med.*) varioloid.

vaiolóso, (*med.*) **A** *a.* variolous; smallpox (*attr.*); suffering from smallpox: **pustola vaiolosa**, smallpox pustule. **B** *m.* (*f.* **-a**) smallpox patient.

valànga, *f.* ***1*** avalanche: **Fu travolto da una v.**, he was swept away by an avalanche ***2*** (*fig.*) shower; avalanche; flood: **una v. di posta**, an avalanche of letters; **una v. di regali**, a shower of presents; **una v. di applausi**, a storm of applause; **riversarsi a v.**, to flock; to pour; **una v. di voti per i liberali**, a Liberal landslide.

valchirìa, *f.* ***1*** (*mitol.*) Valkyrie, Walkyrie, Valkyr ***2*** (*scherz.*: *donna nordica*) Nordic woman*; (*per estens.*) strapping blonde.

valdése, (*relig.*) *a.*, *m.* e *f.* Waldensian. ● **i Valdesi**, the Waldenses.

valdìsmo, *m.* (*relig.*) Waldensian movement.

valdostàno, A *a.* of the Valle d'Aosta. **B** *m.* ***1*** (*f.* **-a**) inhabitant [native] of the Valle d'Aosta ***2*** (*dialetto*) dialect of the Valle d'Aosta.

valènte, *a.* ***1*** (*abile*) skilful; able; capable; clever ***2*** (*di talento*) talented; gifted.

valentìa, *f.* skill; ability; capability; prowess.

Valentiniàno, *m.* (*stor.*) Valentinian.

Valentino, *m.* Valentine.

valentuòmo, *m.* worthy man*; (*specialm. scherz.*) worthy.

valènza, *f.* (*chim.*) valence; valency: **legame di v.**, valence bond.

valére, A *v. i.* e *t.* ***1*** (*avere valore o merito*) to be worth: **v. molto [poco, qualcosa, tre milioni]**, to be worth a lot [little, something, three million]; **Non vale un gran che**, it's not worth much; **non v. niente**, to be worthless; **un braccialetto che vale parecchio**, a very valuable bracelet; **La sterlina vale più della lira**, the pound is worth more than the lira; **vendere q.c. per quel che vale**, to sell st. for what it's worth; **Si crede di v. chi sa che!**, he thinks the world of himself!; **un uomo che vale**, a very valuable man ***2*** (*avere autorità*) to count; to carry weight: **In quella casa vale più la moglie che il marito**, in that house the wife counts more than the husband; **le mie parole non valgono per loro**, my words carry no weight with them ***3*** (*avere abilità*) to be good: **v. in matematica**, to be good at mathematics; **un attore che vale [che non vale niente]**, a good [a worthless *o* hopeless] actor; **Non vale molto come poeta**, he is not much of a poet ***4*** (*essere valido, contare*) to count: **Quel lancio non vale**, that throw doesn't count; **Questi anni di servizio non valgono per la pensione**, these years of employment don't count towards a pension ***5*** (*essere valido, riconosciuto*) to be valid (*fam.*: good); (*avere vigore*) to be in force; (*riguardare*) to apply: **Vale questo documento?**, is this document valid (*o* good)?; **Questa legge vale tuttora**, this law is still in force; **una regola che vale per tutti**, a rule that applies to (*o* goes for) everyone ***6*** (*servire, giovare*) to be of use, to avail, to be of avail (*form.*); (*riuscire*) to succeed: **Che vale?**, what use is it?; what's the use of it?; **Le mie proteste non valsero nulla**, my protests were of no use (*o* were useless, were of no avail); **Che gli valse aver taciuto?**, what good did it do to him to keep silent?; **Il tuo esempio valse a incoraggiarlo**, your example succeeded in encouraging him; **Un esempio varrà per tutti**, one example will be sufficient (*fam.*: will do); **Che ti valga da esempio!**, let that be an example to you! ***7*** (*avere lo stesso valore*) to be worth: **Una sillaba lunga vale due brevi**, a long syllable is worth two short ones; **Marco vale per tre**, Marco is worth three; **una ragione che vale per mille**, an irresistible (*o* a compelling) argument ***8*** (*significare*) to mean*; to stand* for ***9*** (*procurare*) to bring*; to win*; to earn*: **Il contratto gli valse la promozione**, the contract earned him his promotion ***10*** (*rendere, fruttare*) to produce; to yield; to bring* in. ● **vale a dire**, (*cioè*) that is to say; (*è come dire*) it is as much as to say; (*specificamente*) namely □ **v. la fatica**, to be worth the trouble □ **v. la pena**, *V. sotto* **pena** □ **Vale tant'oro quanto pesa**, he is worth his weight in gold □ **v. un occhio** (**o un Perù, un tesoro**), to be worth a fortune □ **far v. i propri diritti**, to assert one's rights □ **far v. le proprie ragioni**, to make oneself heard; to assert oneself □ **farsi v.**, to assert oneself □ **Non vale!**, it's not fair! □ **Non vale un soldo** (**o uno zero, un fico secco**), it isn't worth a penny (*o* a pin, a fig, a bean) □ **Tanto vale che si vada via**, we may (*o* might) as well go away □ **Tanto valeva che non ne parlasse**, he might as well not have mentioned it □ **Te la do per quel che vale**, I'm telling you for what it's worth □ **Uno vale l'altro**, the one is as good (*spreg.*: as bad) as the other; there is little to choose between them; they are much of a muchness (*fam.*). **B valérsi,** *v. i. pron.* to make* use; to take* advantage; to avail oneself: **Valetevi del mio aiuto**, make use of my help; **v. di ogni opportunità**, to take advantage (*o* to avail oneself) of every opportunity; **Si è valso di me come mediatore**, he used my services as intermediary.

valeriàna, *f.* ***1*** (*bot.*, *Valeriana officinalis*) valerian; garden heliotrope ***2*** (*farm.*) valerian. ● **v. rossa** (*Centranthus ruber*), red valerian.

valerianàto, *m.* (*chim.*) valerianate.

valerianèlla, *f.* (*bot.*, *Valerianella olitoria*) corn salad.

valeriànico, *a.* (*chim.*) valeric: **acido v.**, valeric acid.

Valèrio, *m.* Valerius.

valetudinàrio, *a.* e *m.* (*f.* **-a**) (*lett.*) valetudinarian; valetudinary.

valévole, *a.* valid; good (*fam.*): **un biglietto v. per tre giorni**, a ticket valid for three days; **un incontro v. per il titolo mondiale**, a match valid for the world title.

valgìsmo, *m.* (*med.*) valgus condition.

vàlgo, *a.* (*med.*) valgus.

valicàbile, *a.* that can be crossed; negotiable; passable.

valicabilità, *f.* possibility of crossing; negotiability.

valicàre, *v. t.* to cross: **v. le Alpi [un fiume]**, to cross the Alps [a river].

vàlico, *m.* ***1*** (*l'attraversare*) crossing; passage ***2*** (*passaggio*) (mountain) pass; gap; col. ● **v. di frontiera**, mountain border post.

validàre, *v. t.* to validate.

validazióne, *f.* validation.

validità, *f.* ***1*** validity: **la v. di un matrimonio [di un documento]**, the validity of a marriage [of a document]; **un biglietto con v. di tre giorni**, a ticket valid for three days; **privo di v.**, invalid ***2*** (*fin.*, *ass.*) currency ***3*** (*fondatezza*) soundness, validity; (*efficacia*) effectiveness: **la v. di una tesi**, the soundness of a thesis; **la v. di un argomento**, the validity of an argument ***4*** (*valore*) value; worth.

vàlido, *a.* ***1*** (*valevole*) valid; effective; good (*fam.*): **passaporto v.**, valid passport; **testamento [matrimonio, voto] v.**, valid will [marriage, ballot]; **Il tiro è v.**, the shot is valid; **L'invito è v. per due persone**, the invitation is for (*o* admits) two; **Questa regola non è valida per tutti**, this rule does not apply to (*o* hold for) everyone; **Le mie condizioni sono sempre valide**, my conditions still stand (*o* hold, apply); **orario v.**, effective timetable; (*leg.*) **non v.**, invalid; void; (*nullo*) null ***2*** (*efficace*) effective; substantial; useful: **un v. contributo**, a substantial contribution; **essere di v. aiuto a q.**, to prove of great help to sb. ***3*** (*fondato*) sound; valid; well-grounded: **un argomento v.**, a sound argument; **obiezioni valide**, valid (*o* sound, well-grounded) objections ***4*** (*robusto*) strong; powerful; able-bodied: **tutti gli uomini validi**, all able-bodied men ***5*** (*di valore, di pregio*) good; fine; valuable: **un'opera molto valida**, a very fine work; **il mio più v. collaboratore**, my best collaborator ***6*** (*fin.*, *ass.*) current. ● **v. alle armi**, fit for (military) service.

valigerìa, *f.* ***1*** (*negozio*) leather goods shop ***2*** (*fabbrica*) leather goods factory ***3*** (*assortimento di valigie*) leather goods (*pl.*); leatherware.

valìgia, *f.* suitcase; case; bag: **v. di pelle**, leather suitcase; **v. a soffietto**, expanding suitcase; **fare le valigie**, to pack; (*fig.*) to pack one's things; **disfare le valigie**, to unpack. ● **v. diplomatica**, diplomatic bag.

valigiàio, *m.* (*f.* **-a**) ***1*** (*fabbricante*) leather goods manufacturer ***2*** (*venditore*) leather goods seller.

valìna, *f.* (*biochim.*) valine.

vallàta, *f.* valley.

vàlle, *f.* valley (*fig.* o *poet.*, *anche*) dale, vale: **la v. del Po**, the Po valley; **lo sbocco della v.**, the mouth of the valley; **v. fluviale [glaciale,**

sospesa], river [glacier, hanging] valley; **per monti e per valli**, up hill and down dale; (*fig.: dappertutto*) high and low; **una v. di lacrime**, a vale of tears. ● **le valli di Comacchio**, the marshes of Comacchio □ **a v.**, below; downhill; (*rif. a un fiume*) downstream, down river; (*fig.: che segue*) following; (*fig.: in seguito*) afterwards: **il villaggio più a v.**, the village further down (*o* down below); **scendere a v.**, to go down (to the plain); to make one's way down; to go downhill; **il terreno portato a v. (dal fiume)**, the soil washed downstream; **il Tevere a v. di Roma**, the Tiber downstream from Rome; (*fig.*) **un problema a v. della questione principale**, a problem that follows from (*o* is related to) the main question.

vallècola, *f.* (*anat.*) vallecula*.

vallétta, *f.* **1** (*geogr.*) small valley; dell; hollow **2** (*TV*) assistant.

vallétto, *m.* **1** valet; footman*; (*paggio*) page **2** (*TV*) assistant. ● (*stor.*) **v. d'arme**, squire.

vallicoltùra, *f.* lagoon fish breeding.

valligiàno, A *a.* of the valley(s); valley (*attr.*); (*che abita nella valle*) valley-dwelling. **B** *m.* (*f.* **-a**) inhabitant of the valley(s); valley-dweller.

vallivo, *a.* valley (*attr.*).

vàllo, *m.* **1** (*mil.*) rampart; wall: **v. atlantico**, Atlantic Wall **2** (*stor. romana*) vallum*; wall: **v. di Adriano**, Hadrian's wall **3** (*anat.*) vallum*.

vallóne (1), *m.* (*geogr.*) deep valley; (*gola*) gorge.

vallóne (2), *a.*, *m.* e *f.* Walloon.

vallonèa, *f.* (*bot.*, *Quercus aegilops*) valonia oak.

valóre, *m.* **1** value; worth; (*merito*) merit; (*importanza, peso*) importance, significance, weight: **il v. della vita umana [dell'amicizia]**, the value of human life [of friendship]; **avere [non avere] v.**, to be of value [of no value]; **v. sentimentale** (*o* **affettivo**), sentimental value; **uomini di gran v.**, men of (great) worth; **uno scienziato di v.**, a scientist of merit; a first-class scientist; **un pianista di v.**, an outstanding pianist; **privo di v.** (*o* **senza v.**), worthless; valueless; **dare molto v. a q.c.**, to set (*o* to place) a high value on st.; to value st. greatly; **dare poco v. a q.c.**, to value st. little; **dare troppo v. a q. [q.c.]**, to overestimate sb. [st.]; **obiezioni che non hanno alcun v.**, objections that carry no weight **2** (*idea o qualità importante*) value: **i valori umani [sociali, morali]**, human [social, ethical] values; **scala di valori**, scale of values; **un rovesciamento dei valori**, a subversion of all values **3** (*econ., comm.*) value; (*prezzo*) price: **la teoria dei valori**, the theory of values; **v. nominale [reale]**, face [true] value; **v. intrinseco [estrinseco]**, intrinsic [extrinsic] value; **v. di mercato**, market value; **v. di scambio**, exchange value; **v. commerciale** (*o* **venale**), selling value (*o* price); **v. aggiunto**, value added: **imposta sul v. aggiunto**, value-added tax (*abbr.*: VAT); **aumentare di v.**, to rise in value; to appreciate; **diminuire di v.**, to diminish in value; to depreciate; **gioielli di grande v.**, very valuable jewels; **Che v. ha questo dipinto?**, what is this painting worth?; **un quadro di v. inestimabile**, a priceless picture; **oggetti di v.**, valuables; **di poco v.**, of little value; worth little; **di nessun v.**, worthless; **acquistare merce per il v. di dieci milioni**, to buy ten million lire's worth of goods **4** (*pl.*) (*Borsa: titoli*) stocks and shares; securities; stock (*sing.*): **rialzo [ribasso] dei valori**, rise [fall] in the price of stocks and shares; **valori mobiliari**, securities; stocks and shares; **valori industriali**, industrials; **la Borsa Valori**, the Stock Exchange; (*le quotazioni*) Stock Exchange quotations **5** (*pl.*) (*oggetti preziosi*) valuables; valuable (*o* value) goods **6** (*scient.*) value **7** (*nelle misurazioni*) reading; figure: **i valori massimi [minimi] della temperatura**, highest [lowest] temperature readings **8** (*mus.*) value: **il v. di una nota**, the value of a note **9** (*significato*) value; meaning; force: **Il v. di questa parola dipende dal contesto**, the meaning of this word depends on its context; **v. semantico**, semantic value; **aggettivo con v. di avverbio**, adjective functioning as an adverb (*o* used adverbially) **10** (*validità*) validity; value: **Questo documento non ha v. legale**, this document has no legal value (*o* no value in law); **privo di v.**, invalid; **Le sue parole hanno v. di promessa**, his words are as good as a promise **11** (*coraggio*) valour, valor (*USA*); bravery; courage: **atti di v.**, acts of bravery; deeds of valour; **combattere con v.**, to fight bravely (*o* gallantly); **medaglia al v. militare**, medal for military valour; **medaglia al v. civile**, medal for bravery in peacetime **12** (*pitt.*) value. ● (*rag.*) **valori attivi**, assets □ **valori bollati**, revenue stamps □ (*ass.*) **v. di riscatto**, surrender value □ **v. locativo**, letting (*o* rental) value; (*per il fisco*) rateable value □ **v. monetario**, monetary value □ (*rag.*) **valori passivi**, liabilities □ (*comm.*) **campione senza v.**, free sample: **spedire q.c. come campione senza v.**, to send st. by sample post □ (*comm.*) **dazio al v.**, ad valorem duty □ **giudizio di v.**, value judgment.

valorizzàre, A *v. t.* **1** (*sfruttare*) to exploit, to turn to account, to use to advantage; (*usare vantaggiosamente*) to make* maximum use of, to make* the most of: **v. le risorse naturali**, to exploit natural resources; **v. un'invenzione**, to exploit an invention; **v. un giovane promettente**, to give an opportunity (*o* opportunities) to a promising young man **2** (*aumentare di valore*) to increase (*o* to enhance) the value of; to appreciate **3** (*migliorare*) to improve; to develop: **v. un terreno**, to improve a piece of land **4** (*mettere in risalto*) to bring* out; to set* off; to enhance: **Questo trucco ti valorizza gli occhi**, this make-up sets your eyes off. **B valorizzàrsi,** *v. rifl.* e *i. pron.* **1** to make* the most of oneself; to appear to one's best advantage **2** (*accrescere di valore*) to increase in value, to appreciate **3** (*accrescere d'importanza*) to increase in importance.

valorizzazióne, *f.* **1** (*sfruttamento*) exploitation **2** (*aumento di valore*) increase in value **3** (*miglioramento*) improvement; development; enhancement.

valoróso, *a.* **1** brave; valiant; gallant; courageous: **un soldato v.**, a brave (*o* valiant) soldier **2** (*valente*) able; skilful.

valùta, *f.* currency; money; value: **v. nazionale [estera]**, domestic [foreign] currency; **v. debole [forte]**, soft [hard] currency; **v. pregiata**, hard currency; **v. (a corso) legale**, legal tender; **v. cartacea**, paper currency (*o* money); **v. metallica**, coin money; specie; **pagare in v.**, to pay (in) cash; (*rag.*) **v. di conto**, money of account; (*rag.*) **v. in conto**, value in (*o* on) account; (*banca*) **v. in contanti**, cash value; **in v. aurea [argentea]**, in gold [in silver]; **corso delle valute**, exchange rates. ● (*banca*) **v. 1° gennaio**, interest to run (*o* running) from January 1st □ **perdita di v.**, loss of interest.

valutàbile, *a.* valuable; assessable; reckonable; computable; measurable.

valutàre, *v. t.* **1** (*attribuire un valore*) to value; to estimate; to appraise; to assess: **v. un orologio seicentomila lire**, to value a watch at a six hundred thousand lire; **Valutano la sua fortuna a 30 miliardi**, they estimate his fortune at 30 billion lire; **v. i danni**, to assess damages; **v. troppo**, to overvalue; **v. poco**, to undervalue **2** (*calcolare*) to reckon, to estimate, to calculate; (*misurare*) to gauge: **Valutammo che ci sarebbero voluti due mesi**, we reckoned (*o* calculated, estimated) it would take two months; **La perdita fu valutata intorno al milione di dollari**, the loss was estimated at around one million dollars; **v. le possibilità di riuscita**, to estimate one's chances; **Riesci a v. la distanza?**, can you gauge the distance?; can you tell how far it is? **3** (*stimare, apprezzare*) to value; to esteem; to count: **v. l'onore più della vita**, to value honour more than life; **Tu valuti poco la tua intelligenza**, you underestimate (*o* underrate) your intelligence; **v. troppo**, to overvalue; to overestimate; to overrate; to think too highly of; **Valutati fortunato!**, you can count yourself lucky! **4** (*tenere presente, considerare*) to take* into account; to allow for: **Valutando gli arretrati, mi devono dare dieci milioni**, taking the arrears into account, I am owed ten million **5** (*soppesare*) to weigh; to estimate; to consider; to judge: **v. i pro e i contro**, to weigh the pros and cons; **Sto valutando un'offerta**, I am considering an offer; (*leg.*) **v. le prove**, to weigh evidence **6** (*classificare*) to assess; to grade (*USA*): **v. gli studenti**, to assess students.

valutàrio, *a.* (*fin.*) monetary; money (*attr.*); currency (*attr.*): **norme valutarie**, monetary (*o* currency) regulations; **allineamento v.**, currency alignment; **accordo v.**, monetary agreement.

valutativo, *a.* valuational; evaluative: **criteri valutativi**, criteria of valuation.

valutazióne, *f.* **1** (*determinazione del valore*) evaluation; valuation; assessment; estimation; estimate; appraisal: **v. di un immobile**, valuation of a property; **v. approssimativa**, rough estimate; **v. eccessiva**, overestimate; **v. inadeguata**, underestimate **2** (*accertamento*) assessment: **v. dei danni**, assessment of damage **3** (*calcolo*) reckoning; calculation; computation **4** (*giudizio*) judgment, consideration, weighing; (*classificazione*) rating, assessment: **una v. personale**, a personal judgment; **v. dei candidati**, assessment of applicants. ● (*org. az.*) **v. del lavoro**, job evaluation □ (*scuola*) **scheda di v.**, school report.

vàlva, *f.* (*zool., bot.*) valve.

valvàre, *a.* (*zool., bot.*) valvate; valve (*attr.*).

valvassino, *m.* (*stor.*) vavaso(u)r's vassal.

valvassóre, *m.* (*stor.*) vassal; vavaso(u)r.

vàlvola, *f.* **1** (*mecc.*) valve: **v. a cerniera**, flap valve; **v. a due vie**, two-way valve; **v. a farfalla**, butterfly (*o* throttle) valve; **v. a saracinesca**, gate (*o* sluice) valve; **v. automatica e galleggiante**, ball cock; **v. d'aspirazione**, intake valve; **v. del carburante**, fuel nozzle (*o* jet); (*autom.*) **v. dell'aria**, choke; **v. di scarico**, exhaust valve; **v. di sfiato**, air valve; (*anche fig.*) **v. di sicurezza**, safety valve; (*autom.*) **valvole in testa**, overhead valves **2** (*radio, TV*) valve; tube (*USA*): **v. elettronica** (*o* **termoionica**), thermionic valve; electron tube (*USA*); **apparecchio a cinque valvole**, five-valve (*USA*: five-tube) set **3** (*elettr.: fusibile*) fuse: **v. a tabacchiera**, box fuse; **v. a tappo**, plug fuse; **v. termostatica**, thermostat; **È saltata una v.**, a fuse has blown **4** (*anat.*) valve. ● (*fig.*) **v. di sfogo**, outlet; safety valve.

valvolàre, *a.* **1** (*radio, TV*) valve (*attr.*) **2** (*med.*) valvular.

vàlzer, *m.* waltz: **ballare il v.**, to waltz; **fare un giro di v.**, to do a waltz; (*fig., polit.*) to flirt.

vamp (*ingl.*), *f. invar.* vamp; femme fatale (*franc.*).

vàmpa, *f.* **1** (*intenso calore*) fierce heat: **la v. del sole**, the fierce heat of the sun; **sotto la v. del sole**, under a blazing sun **2** (*fiammata*) flame; blaze; flare; flash: **le vampe di un incendio**, the flames of a fire; **la v. di un cannone**, the flash of a gun; (*di arma da fuoco*) **v. di ritorno**, blowback **3** (*calore al viso*) flush; (*per vergogna*) blush; (*in menopausa*) hot flush, hot flash (*USA*): **far venire le vam-**

pe al viso, to bring a flush to (sb.'s) face; to make sb. flush (*o* blush).

vampàta, *f.* ***1*** (*di calore*) burst of heat; blast; rush: **una v. di aria calda**, a blast (*o* rush) of hot air ***2*** (*di fiamma*) blaze; flare; flame: **L'incendio mandava terribili vampate**, the fire was sending up terrific flames ***3*** (*al viso*) sudden flush; (*per vergogna*) blush: **una v. di rossore**, a sudden blush ***4*** (*fig.*) outburst; burst; flare: **una v. d'ira**, a burst of anger; **una v. di violenza**, an outburst of violence.

vampirésco, *a.* (*fig.*) vampiric; vampire-like; blood-sucking.

vampirismo, *m.* ***1*** vampirism ***2*** (*med.*) necrophilism.

vampirizzàre, *v. t.* (*fig.*) to bleed*.

vampiro, *m.* ***1*** vampire ***2*** (*zool.*) vampire (bat) ***3*** (*fig.*) vampire; (*strozzino*) bloodsucker, shark (*fam.*).

vanàdico, *a.* (*chim.*) vanadic.

vanàdio, *m.* (*chim.*) vanadium.

vanaglòria, *f.* vainglory; vanity; boastfulness; conceit.

vanagloriàrsi, *v. i. pron.* to boast; to brag.

vanaglorióso, *a.* vainglorious; vain; boastful; conceited.

vanaménte, *avv.* vainly; (*invano*) in vain, unsuccessfully, to no avail.

vandàlico, *a.* ***1*** (*stor.*) Vandal; Vandalic ***2*** (*fig.*) vandalistic.

vandalismo, *m.* vandalism.

vàndalo, *m.* ***1*** (*stor.*) Vandal ***2*** (*fig.*) vandal.

Vandèa, *f.* (*geogr.*) Vendée.

vandeàno, *a.* e *m.* (*f.* **-a**) (*geogr.*) Vendean.

vaneggiaménto, *m.* raving.

vaneggiàre, *v. i.* to be delirious; to rave (*anche fig.*).

vanerèllo, *a.* vain; conceited; (*sciocco*) silly.

vanèsio, **A** *a.* vain; conceited; foppish. **B** *m.* (*f.* **-a**) vain person; fop (*m.*).

vanéssa, *f.* (*zool., Vanessa*) vanessa: **v. atalanta** (*Vanessa atalanta*), red admiral; **v. del cardo** (*Vanessa cardui*), painted lady.

vànga, *f.* spade.

vangàre, *v. t.* to dig*; to spade.

vangàta, *f.* ***1*** (*il vangare*) digging over ***2*** (*quantità di terra raccolta*) spadeful ***3*** (*colpo di vanga*) blow with a spade.

vangatóre, *m.* (*f.* **-trice**) digger.

vangatrice, *f.* (*macchina agric.*) digger.

vangatùra, *f.* digging over; spade-work.

Vangèlo, *m.* ***1*** Gospel: **il V. secondo S. Matteo**, the Gospel according to St Matthew; St Matthew's Gospel; **Vangeli apocrifi**, Apocrypha; apocryphal gospels; **predicare il v.**, to preach the Gospel; **il V. di oggi**, the Gospel for today; **durante il V.**, during the Gospel reading ***2*** (*fig.*) gospel: **il v. rivoluzionario**, the revolutionary gospel; (*fam.*) **È v. per lui**, it's gospel truth for him; **prendere q.c. per v.**, to take st. as gospel.

vangile, *m.* (*agric.*) foot-rest.

vanificàre, *v. t.* to frustrate; to thwart; to defeat.

vanificazióne, *f.* frustration.

vaniglia, *f.* ***1*** (*bot., Vanilla planifolia*) vanilla ***2*** (*essenza di v.*) vanilla (essence): **gelato alla v.**, vanilla ice cream.

vanigliàto, *a.* vanilla (*attr.*): **zucchero v.**, vanilla sugar.

vanillina, *f.* (*chim.*) vanillin.

vanilòquio, *m.* ***1*** (*delirio, anche fig.*) raving ***2*** (*fig.*: *chiacchiere vuote*) idle (*o* empty) talk; nonsense; twaddle (*fam.*).

vanità, *f.* ***1*** (*frivolo compiacimento*) vanity; conceit: **pura v.**, sheer vanity; **Lo fa per v.**, he does it out of vanity; **Ha la v. di voler sembrare giovane**, he is vain enough to want to pass as a young man ***2*** (*inutilità*) uselessness; vainness: **la v. di uno sforzo**, the vainness of an effort ***3*** (*caducità, cosa vana*) vanity: **la v. dei beni terreni**, the vanity of wordly goods; **le v. del mondo**, wordly vanities.

vanitóso, **A** *a.* vain; conceited. **B** *m.* (*f.* **-a**) vain person.

vànno, *3ª pers. pl. indic. pres. di* **andare**.

vàno, **A** *a.* ***1*** (*inutile*) vain; useless; idle: **un v. tentativo**, a vain attempt; **vane lacrime**, idle tears; **fatica vana**, useless toil; **Tutte le ricerche furono vane**, the search proved useless ***2*** (*inconsistente, futile*) vain; idle; empty: **vane speranze**, vain (*o* idle) hopes; **vane minacce**, empty threats; **discorsi vani**, idle talk (*sing.*) ***3*** (*vanitoso*) vain; conceited. **B** *m.* ***1*** (*spazio vuoto*) space; (*apertura*) opening: **un v. per l'armadio delle scope**, a space for the broom cupboard; **v. della finestra [della porta]**, window [door] opening ***2*** (*stanza*) room: **un appartamento di quattro vani**, a four-room(ed) flat. ● **v. dell'ascensore**, lift-shaft □ **v. delle scale**, stairwell □ (*autom.*) **v. motore**, engine compartment □ (*autom.*) **v. portabagagli**, boot (*GB*); trunk (*USA*) □ (*autom.*) **v. portaoggetti**, glovebox; glove compartment □ (*aeron.*) **v. strumenti**, instrument panel.

vantàggio, *m.* ***1*** (*profitto*) advantage, profit; (*beneficio*) benefit: **con reciproco v.**, with advantage to both (parties); **trarre v. da q.c.**, to profit by st.; to capitalize on st.; to turn st. to advantage (*o* account); **Questo va tutto a v. vostro**, this is all to your advantage; **volgere q.c. a proprio v.**, to turn st. to one's own advantage; **cercare sempre il proprio v.**, to think only of one's own interest; **avere v. da una cura**, to derive benefit from a treatment; **spendere la propria vita a v. degli altri**, to devote one's life to the service of others ***2*** (*condizione di superiorità*) advantage; edge: **Il tuo piano ha un v. rispetto al mio**, your plan has one advantage over mine; **La sua origine sociale la pone in v. rispetto agli altri** (*o* **le dà un v. sugli altri**), her social background gives her an edge over the others; **il v. del numero [della sorpresa]**, the advantage of numbers [of surprise]; **il v. dell'età**, the advantage of being younger ***3*** (*condizione favorevole, privilegio*) advantage; asset: **È un v. sapere l'inglese**, knowing English is an advantage (*o* an asset); **una professione che dà molti vantaggi**, a profession that has many advantages; **C'è il v. che la scuola è vicina**, the school is very close, which is handy (*o* an advantage) ***4*** (*sport*) lead; (*alla partenza*) (head) start: **Aveva venti metri di v. sul gruppo**, he had (a) ten metres' lead over the group; **Gli diedi un'ora di v.**, I gave him an hour's start; **essere in v. di sette punti**, to lead by seven points; to have a six-point lead; **portarsi in v.**, to take the lead ***5*** (*tennis*) advantage: **v. alla battuta [alla rimessa]**, advantage in [out]; **v. pari**, deuce ***6*** (*tipogr.*) galley. ● (*naut.*) **v. del vento**, wind-gauge □ **vantaggi e svantaggi**, advantages and disadvantages; pros and cons □ **margine di v.**, advantage; lead; edge □ **posizione di v.**, vantage point; advantageous position □ (*calcio*) **regola del v.**, advantage rule.

vantaggióso, *a.* advantageous; profitable; (*favorevole*) favourable: **condizioni vantaggiose**, advantageous (*o* favourable) conditions (*o* terms); **affare v.**, profitable deal; **offerta vantaggiosa**, favourable offer; **Sarà v. per tutti**, it will be to everybody's advantage; it will prove advantageous to everyone.

vantàre, **A** *v. t.* ***1*** (*lodare*) to extol, to praise; (*millantare*) to boast of, to vaunt, to brag of: **Vantò l'intelligenza dei suoi allievi**, he praised the intelligence of his pupils; **Non fa che v. i propri successi**, he is always boasting of his successes ***2*** (*avere il vanto di*) to boast: **una città che vanta una storia gloriosa**, a city that boasts a glorious history. ● **v. un diritto su q.c.**, to have a claim to st.; to lay a claim to st. **B vantàrsi**, *v. rifl. e v. i. pron.* ***1*** (*gloriarsi*) to be proud of: **L'ho fatto e me ne vanto**, I did it and I'm proud of it ***2*** (*millantarsi*) to boast; to brag; to show* off: **Si vanta delle sue imprese**, he boasts of his exploits; **È sempre pronto a v.**, he is always ready to show off; **Non (faccio) per vantarmi, ma...**, I don't want to sound boastful, but...

vanteria, *f.* boasting; showing off; bragging; gas (*fam. USA*): **È una pura v.**, it's mere boasting.

vànto, *m.* ***1*** (*il vantarsi*) boast; boasting ***2*** (*motivo di orgoglio*) merit; pride; boast; credit: **Ha il v. di essere stato il primo**, he can claim the credit for having been the first; **È il v. della famiglia**, he is the pride of his family; **il v. della moderazione**, the virtue of moderation; **La piazza è il v. della città**, the square is the pride of the town; **essere motivo di v. per q.**, to be a source of pride for sb. ● **dare v. a q. di q.c.**, to give sb. credit for st. □ **darsi** (*o* **menare**) **v. di q.c.**, to boast about (*o* of) st. □ (*iron.*) **Bel v.!**, that's hardly something to boast about!

vànvera, *f.* – **a v.**, haphazardly; at random; without thinking: **fare le cose a v.**, to do things haphazardly; **parlare a v.**, to speak without thinking; to talk nonsense; to talk through one's hat (*fam.*).

vapofórno, *m.* steam oven.

vapóre, *m.* ***1*** vapour, vapor (*USA*); fume; (*acqueo*) water vapour, steam: **v. saturo [surriscaldato]**, saturated [superheated] vapour; **v. di scarico**, exhaust vapour; **vapori di benzina**, petrol fumes; (*fig.*) **i vapori del vino**, wine fumes; **macchina a v.**, steam engine; **ferro a v.**, steam iron; **caldaia a v.**, steam-boiler; **bagno a v.**, steam bath; **cuocere a v.**, to steam ***2*** (*naut., anche* **nave a v.**) steamship; steamer: **v. postale**, mail-steamer. ● (*fig.*) **a tutto v.**, full steam ahead; at full speed; full blast □ (*mecc.*) **cavallo v.**, horse-power □ (*fig.*) **il padrone del v.**, the big boss.

vaporétto, *m.* (*naut.*) ***1*** steamboat; steamer ***2*** (*mezzo pubblico di trasporto locale*) vaporetto; water-bus.

vaporièra, *f.* steam locomotive; steam-engine.

vaporimetro, *m.* (*fis.*) vaporimeter.

vaporizzàbile, *a.* (*fis.*) vaporizable.

vaporizzàre, **A** *v. t.* e *i.* ***1*** (*anche fis.*) to vaporize ***2*** (*trattare con vapore*) to steam. **B vaporizzàrsi**, *v. i. pron.* to evaporate.

vaporizzatóre, *m.* (*fis.*) vaporizer; (*nebulizzatore*) atomizer.

vaporizzazióne, *f.* (*fis.*) vaporization; evaporation.

vaporosità, *f.* ***1*** flimsiness; gauziness; (*di capelli*) lighness, softness, body ***2*** (*fig.*: *indeterminatezza*) haziness; vagueness.

vaporóso, *a.* ***1*** flimsy; gauzy; frothy; (*di capelli*) light, soft: **una camicia da notte vaporosa**, a flimsy night-dress ***2*** (*fig.*: *indeterminato*) hazy; vague.

var, *m.* (*elettr.*) var.

varàno, *m.* (*zool., Varanus*) monitor.

varàre, **A** *v. t.* ***1*** (*naut.*) to launch ***2*** (*fig.*) to launch; (*approvare*) to pass: **v. una nuova commedia [un progetto]**, to launch a new comedy [a plan]; **v. una legge**, to pass a law ***3*** (*sport*: *formare*) to form; to draw* up. **B varàrsi**, *v. i. pron.* (*naut.*) to strand.

varàta, *f.* (*ind. min.*) blasting.

varcàre, *v. t.* ***1*** (*attraversare, oltrepassare*) to cross; to pass: **v. le montagne [il confine, la soglia]**, to cross the mountains [the border, the threshold] ***2*** (*fig.*: *superare*) to overstep; to exceed; to go* beyond: **v. i limiti della decenza**, to overstep the bounds of decency; **v. i limiti della pazienza**, to exhaust sb.'s patience; **v. tutti i limiti**, to overstep all limits (*o* the mark); to go too far; to go beyond the pale; **Ho varcato la cinquantina**, I'm over fifty; I'm in my fifties.

vàrco, *m.* opening; passage; way; gap: **Tra due rupi s'apriva un v.**, there was an opening (*o* a gap) between two rocks; **aprirsi un v. nella boscaglia**, to cut one's way through the undergrowth; **aprirsi un v. tra la folla**, to push one's way through the crowd. ● **aspettare q. al v.**, to lie in wait for sb.; (*fig.*) to bide one's time □ (*fig.*) **cogliere q. al v.**, to catch sb. out.

varèa, *f.* (*naut.*) yardarm.

varechìna, *f.* bleach.

variàbile, A *a.* varying; variable; changeable; (*instabile*) unsteady: **prezzi variabili**, varying prices; **peso v.**, varying weight; **umore v.**, changeable mood: **essere di umore v.**, to be moody (*o* changeable); **tempo v.**, changeable (*o* unsettled) weather; **venti variabili**, variable (*o* shifting) winds; **Il barometro è v.**, the barometer is unsteady; (*mat.*) **quantità v.**, variable (quantity); (*gramm.*) **parte v. del discorso**, variable part of speech. **B** *f.* (*mat., stat.*) variable.

variabilità, *f.* **1** variability; variableness; changeability; changeableness; (*instabilità*) unsteadiness; unsettledness: **la v. dei prezzi**, the variability of prices; **la v. del suo umore**, the changeability of his mood **2** (*biol.*) variation. ● (*stat.*) **indice di v.**, variance.

variaménte, *avv.* variously; variedly; in various ways; (*in modi diversi*) in different ways: **una frase v. interpretata**, a sentence interpreted in different ways.

variànte, A *a.* varying; changing; (*diverso*) different. **B** *f.* **1** (*cambiamento*) change; alteration; variation: **apportare una v. al programma**, to make a change in the programme **2** (*versione diversa*) version; model; variant: **la v. senza maniche di un vestito**, the sleeveless model of a dress; **un'auto prodotta in più varianti**, a car produced in different models; **una v. della ricetta**, another version (*o* a variant) of the recipe; **la v. più facile di un percorso**, an easier alternative route **3** (*ling.*) variant: **v. ortografica**, spelling variant; different (*o* variant) spelling **4** (*filol.*) variant (reading).

variànza, *f.* (*stat.*) variance.

variàre, A *v. t.* to change; to vary; (*modificare*) to alter: **v. una dieta**, to vary a diet; **v. l'orario**, to alter the time-table; (*anche iron.*) **tanto per v.**, just for a change. **B** *v. i.* (*mutare*) to vary, to change; (*essere differente, anche*) to differ: **La moda varia ogni anno**, fashions change every year; **Le sue abitudini non variano mai**, his habits never vary (*o* change); **La pena varia secondo il delitto**, the punishment varies according to the crime; **I pareri variano da persona a persona**, opinions differ.

variàto, *a.* varied; diversified: **dieta variata**, varied diet.

variatóre, *m.* **1** (*mecc.*) variator: **v. di velocità**, speed variator **2** (*elettr.*) changer; converter: **v. di frequenza**, frequency changer (*o* converter); **v. di fase**, phase transformer.

variazionàle, *a.* (*fis., mat.*) variational.

variazióne, *f.* variation (*anche mus.*); change; alteration; (*oscillazione*) fluctuation; **v. d'itinerario**, change of route; **v. di colore**, variation in colour; **v. d'orario**, alteration in the timetable; **variazioni del tempo**, changes in the weather; **variazioni del prezzo**, price fluctuation; **I prezzi non subiranno variazioni**, prices will not undergo any change (*o* will not change); **C'è stata una v. al programma**, there has been a change in the programme; **variazioni barometriche**, barometric variations; (*mat.*) **calcolo delle variazioni**, calculus of variations; (*elettr.*) **v. di frequenza**, frequency change; (*mus.*) **variazioni su un tema di Bach**, variations on a theme by Bach; (*naut.*) **v. della bussola**, compass variation; (*econ.*) **variazioni congiunturali**, cyclical fluctuations.

varìce, *f.* (*med.*) varix*; varicose vein.

varicèlla, *f.* (*med.*) chickenpox; varicella.

varicocèle, *m.* (*med.*) varicocele.

varicóso, *a.* (*med.*) varicose: **vene varicose**, varicose veins.

variegàto, *a.* **1** variegated; parti-coloured; multicoloured: **una camelia variegata**, a variegated camellia; **marmo giallo v. di nero**, yellow marble veined with black **2** (*fig.*) variegated; varied; diversified; chequered: **un ambiente v.**, a variegated milieu; **una carriera variegata**, a chequered career.

variegatùra, *f.* variegation.

varietà (1), *f.* **1** (*il variare*) variedness; (*diversità*) variety, diversity; (*gamma*) variety, range, assortment: **la v. del paesaggio**, the variedness of the landscape; **una grande v. di colori**, a wide variety (*o* range) of colours; **un po' di v. nel mangiare**, a little variety in one's food; **Ce n'è di tutte le v.**, they come in a wide variety (*o* in all shapes and sizes) **2** (*divario*) difference; diversity: **v. di opinioni**, difference of opinions **3** (*qualità, genere*) variety; type; kind: **una nuova v. di arance**, a new variety of oranges **4** (*mat.*) manifold.

varietà (2), *m.* (*teatr.*) variety; vaudeville (*USA*): **lavorare nel v.**, to work in variety; **Ieri sera sono stato al v.**, last night I went to a variety show; **teatro di v.**, variety theatre; music-hall (*GB*); vaudeville (theater) (*USA*); **artista del v.**, artiste; **spettacolo di v.**, variety show; **numero di v.**, variety number; act.

vàrio, A *a.* **1** (*variato*) varied; (*mutevole*) changeable: **stile v.**, varied style; **paesaggio v.**, varied landscape (*o* scenery); **umore v.**, changeable mood; **un uomo di varia cultura**, a man of varied culture **2** (*differente, svariato*) various; different; sundry: **per varie ragioni**, for various (*o* sundry) reasons; **abiti di varie misure**, clothes in different sizes; **in vari modi**, in various (*o* several, different) ways; **in varie occasioni**, on various occasions; **articoli vari**, sundry articles; sundries; (*comm.*) **generi vari**, sundries; **spese varie**, sundry expenses; sundries; **le persone più varie**, all sorts of people **3** (*pl.*) (*parecchi*) various; several; a number of: **L'ho visto varie volte**, I saw him several times; **varie persone**, various (*o* a number of) people. ● (*prov.*) **Il mondo è bello perché è v.**, variety is the spice of life. **B** *pron. indef.* (*pl.*) various (*o* several) people. ● (*in titoli di libri, in scritti, ecc.*) **varie**, miscellaneous (matters); sundry (matters) □ **varie ed eventuali**, any other business (*abbr.*: AOB).

variolàto, *a.* speckled; variolated.

variòmetro, *m.* variometer.

variopìnto, *a.* many-coloured; multicoloured; gaily-coloured; (*fig.*) colourful: **fiori variopinti**, many-coloured flowers; **una farfalla variopinta**, a gaily-coloured butterfly; **folla variopinta**, colourful crowd.

varìsmo, *m.* (*med.*) varus condition.

varistóre, *m.* (*elettron.*) varistor.

vàrmetro, *m.* (*elettr.*) varmeter.

vàro (1), *m.* **1** (*naut.*) launch; launching: **il v. di una nave**, the launching of a ship **2** (*fig.*) launching; (*di legge*) passing: **il v. di un progetto**, the launching of a project; **il v. di una legge**, the passing of a bill.

vàro (2), *a.* (*med.*) varus.

var-ora, *f.* (*elettr.*) var-hour.

Varróne, *m.* (*stor.*) Varro.

Varsàvia, *f.* (*geogr.*) Warsaw.

vàrva, *f.* (*geol.*) varve.

vasàio, *m.* (*f.* **-a**) potter.

vasàle, *a.* (*anat.*) vasal.

vàsca, *f.* **1** basin; tank; pond; (*tinozza*) tub: **v. della fontana**, fountain basin; **v. per i pesci**, fish-pond **2** (*da bagno*) bath; bathtub; tub (*USA*) **3** (*piscina*) (swimming-)pool; (*lunghezza di una piscina*) length: **fare sei vasche**, to swim six lengths **4** (*tecn.*) tank; vat: **v. di lavaggio**, swilling tank; **v. di recupero**, backwater tank; **v. di sedimentazione**, settling tank; (*fotogr.*) **v. di sviluppo**, developing tank; (*ind. tess.*) **v. per il candeggio**, bleaching vat; (*naut.*) **v. navale**, test tank.

vascèllo, *m.* (*naut.*) vessel; ship: **v. da guerra**, warship; **v. mercantile**, merchantman*; trading vessel. ● **il V. Fantasma**, the Flying Dutchman.

vaschétta, *f.* **1** basin; tank **2** (*per gelato*) tub **3** (*di carburatore*) float chamber **4** (*di barometro*) reservoir.

vascolàre, *a.* **1** (*anat., bot.*) vascular: **sistema v.**, vascular system **2** (*arte*) vase (*attr.*): **pittura v.**, vase painting.

vascolarizzàto, *a.* (*anat.*) vascularized.

vascolarizzazióne, *f.* (*anat.*) vascularization.

vascolopatìa, *f.* (*med.*) vascular disease.

vascolóso, *a.* (*anat.*) vascular.

vasectomìa, *f.* (*chir.*) vasectomy.

vasectomizzàre, *v. t.* (*chir.*) to vasectomize.

vaselìna, *f.* vaseline.

vasellàme, *m.* **1** (*di porcellana*) china; (*di maiolica*) majolica; (*d'oro*) gold plate; (*d'argento*) silverplate; (*di vetro o cristallo*) glassware **2** (*di terracotta*) crockery, earthenware; (*di stagno*) pewter. ● **v. per cucina**, kitchenware □ **v. per forno**, ovenware.

vasétto, *m.* jar; pot: **un v. di crema**, a jar of cream; **v. della senape**, mustard-pot.

vasistas (*franc.*), *m. invar.* (*edil.*) transom(-window).

vàso, *m.* **1** pot; jar; (*ornamentale*) vase: **un v. di basilico**, a pot of basil; **v. da fiori**, flower-pot; **un v. di miele**, a pot (*o* jar) of honey; **un v. etrusco**, an Etruscan vase; **un v. (pieno) di fiori**, a vase (full) of flowers; **mettere in v.**, to pot **2** (*tecn.*: *recipiente*) vessel; bowl; container; jar; tank: (*fis.*) **v. Dewar**, Dewar vessel (*o* flask); **v. di espansione**, expansion tank **3** (*anat., bot.*) vessel: **v. sanguigno**, blood vessel **4** (*parte della latrina*) bowl; lavatory pan (*GB*) **5** (*eccles.*) vessel. ● **v. da notte**, chamber pot □ (*fig.*) **un v. di coccio tra vasi di ferro**, a defenceless person □ (*fis.*) **vasi comunicanti**, communicating vessels □ (*relig.*) **v. d'elezione**, chosen vessel □ (*mitol.*) **il v. di Pandora**, Pandora's box □ (*fig.*) **portare vasi a Samo**, to carry coals to Newcastle.

vasocostrittóre, (*farm.*) **A** *m.* vasoconstrictor. **B** *a.* vasoconstrictive; vasoconstricting.

vasocostrizióne, *f.* (*med.*) vasoconstriction.

vasodilatatóre, (*farm.*) **A** *m.* vasodilator. **B** *a.* vasodilating.

vasodilatazióne, *f.* (*med.*) vasodilatation, vasodilation.

vasomotilità, *f.* (*anat.*) vasomotion.

vasomotóre, *a.* (*anat., farm.*) vasomotor.

vasomotòrio, *a.* (*anat.*) vasomotor.

vasopressìna, *f.* (*biol.*) vasopressin.

vasospàsmo, *m.* (*med.*) vasospasm.

vasotonìna, *f.* (*biochim.*) vasotonine.

vassallàggio, *m.* **1** (*stor.*) vassalage **2** (*fig.*) subjection; servitude; vassalage.

vassallàtico, *a.* (*stor.*) vassal (*attr.*).

vassàllo, A *m.* **1** (*stor.*) vassal: **v. diretto**, great vassal **2** (*soggetto, suddito*) subject, subordinate, (*stor.*) liegeman*; (*servo*) servant. **B** *a.* vassal; subordinate; dependent: **Stato v.**, vassal state.

vassóio, *m.* **1** tray: **v. da tè**, tea-tray; **Fai passare il v.**, hand the tray round; **un v. di paste**, a trayful of cakes; **v. dei formaggi**, cheese-board; **v. girevole**, dumbwaiter (*GB*); lazy Susan (*USA*) **2** (*edil.*) mortar-board; hawk.

vastità, *f.* vastness; wideness; (*estensione*) extent, expanse: **la v. degli oceani**, the vastness of the oceans; **la v. della sua cultura**, the extent of his learning.

vàsto, *a.* vast; wide; large; (*esteso*) extended, extensive: **una vasta distesa di deserto**, a vast expanse of desert; **una vasta superficie**, a vast (*o* wide) area; **vasti restauri**, extensive repairs; **un v. assortimento**, a wide assortment; **su vasta scala**, on a large scale; large-scale (*attr.*); **vaste conoscenze**, extensive (*o* vast) knowledge (*sing.*); **di vaste proporzio-**

ni, enormous; huge; **di vasta portata**, far-reaching.

vàte, *m.* (*lett.*) ***1*** (*profeta*) prophet ***2*** (*poeta*) poet; bard.

vaticanista, *m. e f.* ***1*** (*studioso*) expert on Vatican affairs ***2*** (*giorn.*) Vatican correspondent ***3*** (*polit.*) supporter of Vatican policy.

vaticàno, *a. e m.* Vatican: **la Città del V.**, the Vatican City; **musei vaticani**, Vatican Museums.

vaticinàre, *v. t.* to vaticinate; to prophesy; to foretell*.

vaticinatóre, **A** *m.* (*f.* **-trice**) vaticinator; prophet (*f.* prophetess). **B** *a.* prophetic.

vaticìnio, *m.* vaticination; prophecy; prediction.

vattelappésca, *avv.* (*fam.*) goodness knows!; your guess is as good as mine.

vaudeville (*franc.*), *m. invar.* (*teatr.*) ***1*** vaudeville; light comedy ***2*** (*in U.S.A.*) vaudeville; variety.

ve (1), *pron. pers. m. e f. 2ª pers. pl.* (to) you: **Ve lo dissi**, I told you; **Ve ne prego**, I beg you; please; **Voglio mostrarvelo**, I want to show it to you.

ve (2), *avv. V.* **ce**.

ve', *inter.* see!; look!: **Ve' che strano!**, how strange, look!; isn't that strange?; **Bada, ve'!**, (*avvertimento*) careful!, watch out!, mind it!; (*ammonizione*) watch it!; **Non cadere, ve'**, mind you don't fall; **Grazie, ve'!**, thanks, then!

vècchia, *f.* old woman*; old lady; (*spreg.*) old hag, old crone: **una v. tutta curva**, a crooked old woman; **V. pazza!**, silly old woman!; (*fam.*) **la mia v.**, (*mia madre*) my old mother; (*mia moglie*) the old woman (*fam.*), the missus (*pop.*).

vecchiàia, *f.* ***1*** old age: **v. inoltrata**, advanced old age; **sulla soglia della v.**, on the threshold of old age; **pensione di v.**, old-age pension; **v. precoce**, early ageing; **morire di v.**, to die of old age ***2*** (*i vecchi*) the aged (*pl.*): **rispettare la v.**, to respect the aged.

vecchiézza, *f.* old age; great age.

vècchio, **A** *a.* ***1*** (*che ha molti anni o che esiste da molto tempo*) old: **un v. soldato**, an old soldier; **un v. cliente**, an old client; **un v. cappotto**, an old coat; **Siamo vecchi amici**, we are old friends; **vecchie abitudini**, old habits; **una vecchia storia**, an old story; **rami vecchi**, dead branches; **l'anno v.**, the old year; **vecchi rancori**, old (*o* long-standing) grudges; **diventare v.**, to grow old; **sentirsi v.**, to feel old; **v. di tre anni**, three years old; **più v.**, older (*compar.*), oldest (*superl.*); (*tra figli o fratelli*) elder (*compar.*), eldest (*superl.*): **È più v. del socio di dieci anni**, he is ten years older than his partner; **l'albero più v. del giardino**, the oldest tree in the garden; **Qual è il più v. dei due fratelli?**, which is the elder of the two brothers?; **Ho tre maschi e lui è il più v.**, I have three sons, and he is the eldest; **È molto più v. di me**, he is much older than I am; he is my elder (*o* senior) by several years ***2*** (*di un tempo*) old, former; (*antiquato*) old-fashioned; (*antico*) ancient: **i vecchi tempi**, the old days; **il mio v. professore**, my old (*o* former) teacher; **abiti di v. stile**, old-fashioned clothes ***3*** (*stantio*) stale: **pane v.**, stale bread; **notizie vecchie**, stale news ***4*** (*stagionato*) aged; seasoned: **vino v.**, old (*o* aged) wine; **legno v.**, seasoned wood. ● **v. come il cucco** (*o* **come Matusalemme**), ancient; as old as the hills □ (*relig.*) **il V. Testamento**, the Old Testament □ **una vecchia volpe**, a cunning old fox □ **essere vecchi del mestiere**, to have been a long time in the trade; to be an old hand (at the job) □ **Plinio il V.**, Pliny the Elder. **B** *m.* ***1*** old man*: **un bel v.**, a fine old man; **Che v. pazzo!**, silly old man!; silly old fool!; **Di che umore è oggi il v.?**, what's the old man's mood like, today?; **Ciao, v. mio!**, hello, old man (*o* old boy)!; (*fam.*) **il mio v.** (*mio padre*), my old man ***2*** (*anziano*) elder: **i vecchi del villaggio**, the village elders ***3*** (*pl.*) old people (*o* folks); the old; the aged: **i vecchi e i malati**, the old and infirm; **casa di riposo per vecchi**, old people's (*o* old folk's) home; **rispettare i vecchi**, to respect the aged (*o* the elderly); (*fam.*) **i miei vecchi** (*i genitori*), my parents; my folks (*USA*) ***4*** (*ciò che è vecchio*) the old; what is old: **sostituire il v. col nuovo**, to substitute what is old with what is new; **C'è molto di v. nel suo nuovo libro**, there is much that is old in his new book; **sapere di v.**, to taste stale; to smell musty; **dare il v. a un vino**, to age a wine artificially. ● (*fig.*) **grande v.**, elder statesman; (*spreg.*) mastermind behind terrorist activity.

vecchiòtto, *a.* oldish; rather old; (*antiquato*) dated, superseded.

vecchiùme, *m.* (*spreg.*) old stuff, junk; (*vecchie idee*) old-fashioned notions (*pl.*).

véccia, *f.* (*bot., Vicia sativa*) vetch; tare.

véce, *f.* ***1*** place; stead; lieu (*franc.*): **fare le veci di q.**, to take sb.'s place; to stand in for sb.; to act in sb.'s stead; **in mia v.**, in my place (*o* stead); instead of me; **firma del genitore o di chi ne fa le veci**, signature of parent or guardian (*o, più generico*: someone else in authority) ***2*** (*lett.*: *mutazione*) change; vicissitude.

vedènte, **A** *a.* seeing; (*dotato di vista*) sighted: **non v.** (*cieco*), sightless; blind. **B** *m. e f.* sighted person: **i non vedenti**, the blind.

vedére, **A** *v. t. e i.* ***1*** (*anche fig.*) to see*: **Ho visto un bel paio di scarpe**, I saw a nice pair of shoes; **Hai visto i miei occhiali**, have you seen my glasses?; **Devi v. che casa meravigliosa!**, you should see what a wonderful house it is!; **Vieni a v. che cosa ho trovato**, come and see what I have found; **Di qui non vedo niente**, I can't see a thing from here; **Vidi arrestare il ladro**, I saw the thief being arrested; **L'ho visto passare sotto la mia finestra**, I saw him go by under my window; **L'ho visto correre verso la stazione**, I saw him running towards the station; **Fu visto entrare in una farmacia**, he was seen going into a chemist's; **v. con l'occhio della mente [con l'immaginazione]**, to see in one's mind's eye [in one's imagination]; **Non si vedeva anima viva**, there wasn't a living soul to be seen; **Di qui si vede il mare**, you can see the sea from here; **Vediamo di che si tratta!**, let's see what all this is about; **Vorrei v. te al mio posto!**, I'd like to see you in my shoes! ***2*** (*assol., anche* **vederci**: *avere il senso della vista*) to see*: **I ciechi non vedono**, the blind cannot see; **Ci vede solo da un occhio**, he can only see with one eye; **vederci bene**, to have good sight; **vederci male**, to have poor sight; **Ci vedi con questa luce?**, can you see in this light?; **Non ci vede più**, he has gone blind; **v. doppio**, to see double ***3*** (*guardare*) to look at; (*spettacoli, film*) to see*; (*la televisione*) to see*, to watch: **Vedi com'è bello!**, look how beautiful it is!; **Vedi, io farei così**, look, this is what I'd do; **Adesso vedi quest'altro libro**, now look at this other book; **Sei stato a v. la «Carmen»?**, did you go and see «Carmen»?; **Stasera voglio v. la partita**, I want to watch the football match tonight; **L'ho visto alla tv**, I saw it on TV; **un film da v.**, a film worth seeing ***4*** (*esaminare, controllare*) to examine; to look at; to have a look at; to look through; to go* through; to check: **Ho visto il tuo programma e mi piace**, I've looked at your programme, and I like it; **Ho visto le sue proposte e non mi piacciono**, I've looked through his proposals, and I don't like them; **Vediamo un po' questi conti**, let's have a look at (*o* go through, check) these accounts; **Dovresti far v. quella caviglia**, you should have that ankle of yours examined (*o* looked at); **Il medico l'ha visto?**, has the doctor seen him? ***5*** (*incontrare*) to see*; to meet*: **L'ho visto in centro**, I saw (*o* met) him in town; **Ditegli che voglio vederlo**, tell him I want to see him; **Non vede mai nessuno**, he never sees anyone; **Il direttore oggi non vuole v. nessuno**, the director is not seeing anyone today; **Lieto di vederla!**, nice to meet you! ***6*** (*visitare*) to see*; to visit: **Non ho mai visto la Sicilia**, I have never been to Sicily; **L'accompagnai a v. la città**, I showed him round the town ***7*** (*consultare*) to see*; to consult: **Prima devo v. il mio avvocato**, I must see my lawyer first; **v. un esperto**, to consult an expert ***8*** (*procurare, fare in modo*) to see*; (*cercare*) to try: **Veda di farmi trovare tutto pronto**, see that everything is ready when I arrive; **Vedi di non usare troppo il braccio**, mind you don't use (*o* try not to use) that arm too much; **Vedi se riesci a trovarmi quell'indirizzo**, see if you can find that address for me; **Non prometto nulla, ma vedrò**, I'm not promising anything, but I'll try ***9*** (*pensare*) to think*; to see*: **Non vedo che difficoltà ci sia**, I can't see what the problem is (*o* what's so difficult about it); **Be', vedremo**, well, we shall see; **vederla allo stesso modo**, to be like-minded; **a mio modo di v.**, in my opinion; the way I see it (*fam.*) ***10*** (*capire*) to see*; to understand*; to realize: **Non vedete che scherza?**, can't you see he's joking?; **Vedo già come andrà a finire**, I can already see how it's going to end; **Non ne vedo il perché**, I can't see why ***11*** (*ricevere*) to see*; to get*; to have: **Non abbiamo ancora visto un soldo**, we haven't seen a penny so far; **In due partite non ho visto una carta buona**, I haven't had one good card in two games. ● (*fig.*) **vederci chiaro**, to get to the bottom of st. □ **v. q.c. di buon occhio [di mal occhio]**, to approve [to disapprove] of st.; to have a liking [a dislike] for sb. □ **vedersi la morte vicina**, to look death in the face □ **v. per credere**, seeing is believing □ (*fig.*) **v. rosso**, to see red □ (*fig.*) **v. tutto nero**, to look on the dark side of things □ (*fig.*) **v. tutto rosa**, to see things through rose-coloured glasses □ **vedersela brutta**, to have a narrow escape: **Me la sono vista brutta**, I thought I'd had it; I had a narrow escape □ **avere a che v.**, to have to do with: **Questo non ha nulla a che v. con voi**, this has nothing to do with you □ **Chi s'è visto s'è visto**, that's that: **Si è preso il denaro e chi s'è visto s'è visto**, he took the money and that was that, he was never seen again □ **Sono cose mai viste!**, it's unheard of! □ **dare a v.**, to show: **Era seccato, ma non voleva darlo a v.**, he was annoyed, but didn't want to show it (*o* it to show); **non dare a v. la propria soddisfazione**, not to show one's satisfaction □ **È da v.**, remains to be seen □ **far v.**, to show: **Fatemi v. i documenti**, show me your papers; **Fammelo un po' v.**, show (it to) me; let me see it; **Fa' v. quella gamba a un dottore**, have a doctor look at that leg; **Gliela farò v.!**, I'll show him! □ **farsi v.** (*mostrarsi*), to show oneself (*o* one's face); to show up; to turn up: **Si vergogna di farsi v. in giro**, he is ashamed to show his face in public; **Non si fece v. alla festa**, he didn't show up at the party; **Guai a te se ti fai ancora v.!**, don't show your face around here any more!; **Il ministro si è fatto v. per pochi minuti**, the minister put in a brief appearance; **Fatti v. quando torni**, come and see us (*o* look us up) when you are back; **Fatti v. dal medico**, you should go and see a doctor; **Si fa v. in giro con gente che non mi piace**, he associates with people I don't like □ **Lo** (*o* **La**) **vedremo!**, we'll see about that! □ **il proprio modo di v. le cose**, one's own way of looking at things □ **Non ci vedo chiaro qui**, there is something fishy here □ (*fig.*) **Non posso vederlo**, I can't stand the sight of him □ **Non la posso v. a sfacchinare così**, I can't bear to see her slaving away like that □ **Non ti ci vedo a fare quel lavoro**, I can't see you in that job □ **Non vedo l'ora di finire**, I can't wait to finish; I'm dying to finish □ **Non vede più in là del suo naso**, he cannot see further than the end of his nose □ **Non l'ho mai visto né conosciuto**, (I've) never heard of him; I don't know him from Adam (*fam.*) □ **non vederci più dalla fame**, to be starving □ **non vederci più dalla rabbia**, (*essere furioso*) to be furious, to be livid (*fam.*); (*infuriarsi*) to see red, to blow one's top (*fam.*), to fly off the handle (*fam.*) □ **non vederci più dalla sete**, to be dying for something to drink □ **senza farsi v.**, without being seen; (*di nascosto*) secretly □ **Si vede che mi ero ingannato**, I must have been mistaken □ **Non è venuto**; **si vede che aveva da fare**, he didn't come; he must have been busy □ **Si vede che non gli interessa**, (*è chiaro*) he's obviously not interested; (*è probabile*) he's probably not interested □ **Si vede ancora il segno?**, does the mark still show? □ **Come si vede che non è di queste parti**, you can tell immediately he is not from around here □ **stare a v.**, (*osservare*) to watch, to stand watching; (*vedere*) to see; (*attendere*) to wait and see: **Invece di aiutarci, stava a v.**, instead of helping us, he just stood there watching; **Staremo a v. come andrà a finire**, we'll see how it ends; **Stiamo a v.!**, let's wait and see; **Sta' a v. che non c'è a casa nessuno**, I bet you there's no one at home □ **Ti vedo bene [un po' pallido]**, you look fine [a bit pale] □ **To', chi si vede!**, look who is here! □ **Non so voi, ma io la vedo male**, I don't know about you, but I fear the worst □ (*fig.*) **Tentate, se volete, ma io la vedo male**, try, if you like, but I think no good will come of it □ **Vedessi in che condizioni vivono**, you should see how they live! □ (*nei rimandi*) **Vedi** (*o* **Si veda**) **a p. 30**, see p. 30; **Vedi sotto [sopra]**, see below [above] □ **Vedi tu**, (*decidi tu*) it's up to you; (*fai tu*) suit yourself □ **Io non ho tempo, vedetevela voi**, I have no time, see about it yourselves (*o* sort it out for yourselves) □ **Veditela con lui**, sort it out (*o* settle it) with him □ **Te la vedrai con tuo padre!**, you'll have your father to deal with! □ (*poker*) **Vedo!**, I'll see you □ **visto che**, considering that; since □ **Viste le circostanze...**, in view of the circumstances... □ **Vorrei v. che non mi pagasse!**, you bet he's going to pay me! □ **Vuoi v. che ci rimette dei soldi?**, I bet you he will lose money on it □ (*prov.*) **Chi vivrà vedrà**, time will tell. **B vedérsi**, *v. rifl.* **1** (*anche fig.*) to see* oneself: **v. allo specchio**, to see oneself in the mirror; **Non mi ci vedo a fare una cosa simile**, I can't see myself doing a thing like that **2** (*trovarsi*) to find* oneself; (*sentirsi*) to feel*: **Si vide abbandonato da tutti**, he found himself abandoned by everyone; **Si vide costretto a sposarla**, he found himself obliged to marry her; **Si vide perduto**, he thought all was lost; he thought he was done for (*fam.*). **C vedérsi**, *v. rifl. recipr.* to see* each other; (*incontrarsi*) to meet*: **Non ci vediamo molto spesso**, we don't meet very often. ● **Ci vediamo!** (*saluto*), see you! **D** *m.* **1** (*vista*) sight: **Al v. quella scena**, at that sight **2** (*apparenza*) appearance, aspect, look; (*impressione*) impression, show: **fare un bel v.**, to make a good impression; (*essere bello*) to be a fine sight **3** (*opinione*) opinion; view: **a mio v.**, in my opinion.

vedétta, *f.* **1** (*posto d'osservazione*) lookout: (*fig.*) **stare di v.**, to be on the lookout **2** (*sentinella*) lookout; vedette (*franc.*) **3** (*naut.*) patrol boat; vedette boat.

vedette (*franc.*), *f. invar.* star.

vèdico, *a.* (*letter.*) Vedic.

védova, *f.* **1** widow: **rimanere v.**, to be left a widow; **v. bianca**, grass widow; **v. di guerra**, war widow; **v. del re**, queen dowager **2** (*zool.*, *Vidua*) whydah; widow-bird **3** (*zool.*) – **v. nera** (*Latrodectes mactans*), black widow.

vedovànza, *f.* widowhood.

vedovile, **A** *a.* widowed; (*di vedova*) widow's (*attr.*); (*di vedovo*) widower's (*attr.*): **abito v.**, widow's weeds; **stato v.**, widowed state; widowhood. **B** *m.* dower.

védovo, **A** *a.* widowed: **madre v.**, widowed mother; **rimanere v. [vedova]**, to be left a widower [a widow]; **È v. [vedova] con due figli**, he [she] is a widower [widow] with two children. **B** *m.* widower.

vedrétta, *f.* (*geol.*) hanging glacier; cirque glacier.

vedùta, *f.* **1** (*panorama*) view, vista, prospect; (*luogo turistico*) sight: **Di quassù c'è una bella v.**, there's a fine view from up here; **una v. di campi e colline**, a view (*o* vista) of fields and hills; **le vedute di Roma**, the sights of Rome **2** (*arte, fotogr.*) view: **vedute di Napoli**, views of Naples; **v. laterale**, side view; **v. a volo d'uccello**, aerial view **3** (*pl.*) (*fig.*: *opinioni, idee*) views; opinions: **Non conosco le sue vedute**, I don't know his views; **di larghe vedute**, broad-minded (*agg.*); **di vedute ristrette**, narrow-minded (*agg.*) **4** (*capacità di vedere*) sight.

vedutìsmo, *m.* (*pitt.*) vedutismo*; landscape painting.

vedutista, *m. e f.* (*pitt.*) vedutista*; landscape painter.

veemènte, *a.* vehement; violent; impetuous; passionate: **urto v.**, violent collision; **invettiva v.**, vehement abuse; **carattere v.**, vehement (*o* hot) temper; **passione v.**, violent passion.

veemènza, *f.* vehemence; impetus; violence: **la v. dell'attacco**, the vehemence of the attack; **con v.**, vehemently.

vegetàle, *a. e m.* vegetable: **olio v.**, vegetable oil; **il regno v.**, the vegetable kingdom; **fibra v.**, vegetable fibre.

vegetalìano, *a. e m.* (*f.* **-a**) vegan.

vegetàre, *v. i.* **1** (*anche fig.*) to vegetate: **Vegeta e basta**, he just vegetates **2** (*di piante*) to grow*.

vegetarianìsmo, *m.* vegetarianism.

vegetarìano, *a. e m.* (*f.* **-a**) vegetarian: **regime v.**, vegetarian diet.

vegetativo, *a.* vegetative.

vegetazióne, *f.* (*anche med.*) vegetation: **v. tropicale**, tropical vegetation; **v. spontanea**, self-sown vegetation; **limite della v.**, tree (*o* timber) line.

vègeto, *a.* **1** thriving; flourishing **2** (*di persona*) strong; vigorous; healthy. ● **vivo e v.**, alive and well; alive and kicking.

vegetominerale, *a.* vegeto-mineral.

veggènte, *m. e f.* **1** seer; soothsayer; prophet (*m.*), prophetess (*f.*) **2** (*indovino*) clairvoyant.

véglia, *f.* **1** (*l'essere sveglio*) wakefulness; waking: **stato di v.**, state of wakefulness; **ore di v.**, waking hours; **tra la v. e il sonno**, between waking and sleeping **2** (*il vegliare*) watch; vigil: **v. d'armi**, vigil at arms; **v. funebre**, vigil; wake; **fare una v. per la pace**, to hold a vigil for peace **3** (*trattenimento*) (evening) party: **v. danzante**, ball; dance.

vegliàrda, *f.* (venerable) old woman*.

vegliàrdo, *m.* (venerable) old man*; ancient.

vegliàre, **A** *v. i.* **1** (*stare sveglio*) to stay* awake; to stay* up; to sit* up: **Veglia sui libri**, he stays up late poring over his books; **Vegliò fino al loro ritorno**, he sat up until they returned; **v. al letto di un malato**, to sit up by the bedside of a sick person **2** (*vigilare*) to keep* watch; to be careful: **Bisogna v. perché non succeda niente**, we must be careful that nothing happens **3** (*prendersi cura di*) to watch over; to look after: **Veglia su di loro!**, watch over them!; **v. sulla sicurezza della nazione**, to watch over the safety of the country. **B** *v. t.* to sit* (up) with; to watch over: **v. un malato**, to sit nursing a sick person; **v. un morto**, to keep vigil beside a dead person; to watch (*o* to hold a wake) over a dead body; **La salma è stata vegliata dai colleghi**, the dead man's colleagues kept vigil over the body.

veglióne, *m.* ball; dance; (*in maschera*) masked ball: **v. di fine d'anno**, New Year's Eve dance.

veicolàre (**1**), *v. t.* **1** (*med.*) to communicate; to transmit; to carry; to be a carrier of: **Gli insetti possono v. malattie infettive**, insects may carry (*o* be carriers of) infectious diseases **2** (*fig.*) to spread*; to diffuse: **v. idee**, to spread ideas.

veicolàre (**2**), *a.* vehicular; vehicle (*attr.*); of vehicles: **circolazione v.**, vehicle (*o* vehicular) traffic. ● (*ling.*) **lingua v.**, lingua franca.

veìcolo, *m.* **1** (*mezzo di trasporto*) vehicle; conveyance: **v. a tre ruote**, three-wheeled vehicle; **v. militare**, military vehicle; **v. spaziale**, spacecraft; spaceship; **v. a cuscino d'aria**, hovercraft; air-cushion vehicle **2** (*med., chim., farm.*) carrier; vehicle: **v. di malattie infettive**, carrier of infectious diseases **3** (*fig.*) vehicle; carrier; medium*: **un v. di idee nuove**, a carrier of (*o* vehicle of, for) new ideas; **i veicoli di informazione**, the vehicles of information; the media.

véla, *f.* **1** (*naut.*) sail: **v. latina**, lateen sail; **v. quadra**, square sail; **v. aurica**, fore-and-aft sail; **v. di gabbia**, topsail; **v. di maestra**, mainsail; **v. di mezzana**, miz(z)en; **v. di straglio**, staysail; **v. di trinchetto**, foresail; **v. di fortuna**, storm-sail; **vele alte**, topsails; **vele maggiori**, lower sails; **issare [spiegare, serrare] le vele**, to hoist [to unfurl, to furl] the sails; **essere sotto v.**, to be under sail; **far v.**, to make (*o* to set) sail; **a vele spiegate**, under sail (*o* canvas); **barca a v.**, sailing boat; sailboat (*USA*); **nave a v.**, sailing ship **2** (*lo sport*) sailing; yachting **3** (*archit.*) web: **volta a v.**, dome (*o* cap) vault. ● (*fig.*) **andare a gonfie vele**, to make good progress; (*di affari e sim.*) to be booming (*o* thriving).

velaccino, *m.* (*naut.*) fore-topgallant (sail).

velàccio, *m.* (*naut.*) topgallant (sail).

velàio, *m.* (*naut.*) sailmaker.

velàme (**1**), *m.* (*naut.*) sails (*pl.*).

velàme (**2**), *m.* (*lett., per lo più fig.*) veil.

velàre (**1**), **A** *v. t.* **1** to veil; to cover with a veil: **v. un quadro**, to veil a picture; **velarsi il viso**, to veil one's face **2** (*fig.*: *coprire, schermare*) to veil, to shade, to dim; (*offuscare*) to dim; (*suoni*) to muffle: **La nebbia velava il sole**, mist veiled the sun; **v. una luce**, to shade a light; **Le lacrime le velarono gli occhi**, her eyes misted over; tears veiled her eyes; **v. un suono**, to muffle a sound **3** (*fig.*: *nascondere*) to conceal; to hide*: **v. le proprie intenzioni**, to conceal one's intentions. **B velàrsi**, *v. rifl. e i. pron.* **1** (*coprirsi con un velo*) to veil oneself; (*portare il velo*) to wear* the veil, to veil one's face **2** (*fig.*: *coprirsi*) to mist over, to cloud over, to grow* dim; (*di voce*) to grow* husky: **Il cielo si velò di nuvole**, the sky clouded over; **Mi si è velata la voce**, my voice has grown husky; **I suoi occhi si velarono di lacrime**, his eyes misted over.

velàre (**2**), *a.* (*fon.*) velar.

velàrio, *m.* (*teatr.*) **1** (*stor.*) awning **2** (*sipario*) curtain.

velarizzàto, *a.* (*ling.*) velarized.

velarizzazióne, *f.* (*ling.*) velarization.

velataménte, *avv.* in a veiled manner; in a roundabout way: **accennare v. a q.c.**, to make a veiled hint at st.

velatino, *m.* **1** rubberized fabric **2** (*fotogr., cinem.*) gauze.

velàto, *a.* **1** veiled: **un quadro v.**, a veiled picture; **una donna velata**, a veiled woman **2** (*fig.*: *mascherato*) veiled: **linguaggio v.**, veiled speech; **velata ipocrisia**, veiled hypocrisy; **una velata allusione**, a veiled hint **3** (*offuscato*) dim, misty; (*di suono*) muffled: **luce velata**, dim light; **occhi velati**, misty eyes; **voce velata**, husky voice. ● **calze velate**, sheer stockings [tights].

velatùra (1), *f.* *1* (*il velare*) veiling *2* (*offuscamento*) dimming *3* (*lieve strato*) thin layer; sprinkling; film: **una v. di cipria**, a fine layer of powder; **una v. di zucchero**, a sprinkling of sugar *4* (*fotogr.*) fog *5* (*pitt.*) glazing.

velatùra (2), *f.* *1* (*naut.*) sail; canvas: **v. di cappa**, storm sail; **una nuova v.**, a new set of sails; **aumentare** [**ridurre**] **la v.**, to make [to shorten] sail *2* (*aeron.*) lifting surface.

velcro, *m. invar.* (*marchio*) Velcro.

veleggiaménto, *m.* *1* (*naut.*) sailing *2* (*aeron.*) soaring; sailpaning; gliding.

veleggiàre, **A** *v. i.* *1* (*naut.*) to sail *2* (*aeron.*) to soar; to sailplane; to glide. **B** *v. t.* (*lett.*) to sail: **v. l'Adriatico**, to sail the Adriatic.

veleggiàta, *f.* (*naut.*) sail.

veleggiatóre, **A** *a.* *1* (*naut.*) sailing *2* (*aeron.*) gliding. **B** *m.* *1* (*aeron.*) glider; sailplane *2* (*pilota di alianti*) glider (*o* sailplane) pilot.

velenìfero, *a.* poisonous; poison (*attr.*); venomous: **ghiandola velenifera**, poison sac.

veléno, *m.* *1* (*anche fig.*) poison; (*di animali*) venom: **L'arsenico è un v. mortale**, arsenic is a deadly poison; **il v. della vipera**, the venom of an adder; **v. per topi**, rat poison; **amaro come il v.**, as bitter as poison; **il v. della gelosia**, the poison of jealousy; **il v. dell'invidia**, the venom of envy; **Mangialo, non è mica v.**, eat it up, it won't do you any harm; (*fig.*) **Per lui il vino è v.**, wine is poison for him; (*di sapore*) **Pare v.!**, it tastes like poison! *2* (*fig.*: *astio, odio*) resentment; rancour; spite; malice: **parole piene di v.**, words full of spite; **avere il v. in corpo**, to be filled with resentment; **avere del v. contro q.**, to have a grudge against sb.; **masticare v.**, to nurse one's resentment; **schizzare v. da tutti i pori**, to exude malice; **sputare v.**, to be venomous; to talk spitefully.

velenosità, *f.* *1* poisonousness (*anche fig.*); venomousness (*anche fig.*); toxicity *2* (*fig.*: *perfidia*) spitefulness; malice.

velenóso, *a.* *1* poisonous; venomous; toxic: **erba velenosa**, poisonous grass; **fungo v.**, poisonous mushroom; **serpente v.**, poisonous (*o* venomous) snake *2* (*fig.*: *perfido*) venomous, malignant, spiteful; (*mordace*) biting: **lingua velenosa**, venomous (*o* spiteful) tongue; **satira velenosa**, biting satire.

veleria, *f.* (*naut.*) sail-loft.

velétta (1), *f.* (*di cappello*) (hat-)veil.

velétta (2), *f.* (*lett.*: *vedetta*) look-out.

vèlico, *a.* sail (*attr.*); sailing (*attr.*): **gare veliche**, sailing competitions; **superficie velica**, sail surface; **navigazione velica**, sailing.

velièro, *m.* sailing ship; sailing vessel; sailer.

velificio, *m.* sail factory.

velina, **A** *f.* *1* (*carta*) tissue-paper; (*foglio*) flimsy *2* (*copia di lettera*) (carbon) copy; flimsy *3* (*giorn.*) press release; handout (*fam.*). **B** *a.* – **carta v.**, tissue-paper.

velişmo, *m.* sailing.

velista, *m. e f.* sailor.

velistico, *a.* sail (*attr.*); sailing.

vèliti, *m. pl.* (*stor. romana*) velites.

velivolo, *m.* (*aeron.*) aircraft; aeroplane; airplane (*USA*).

velleità, *f.* foolish ambition (*o* aspiration); mere wish; fancy; daydream; pipedream; velleity: **v. senili**, senile fancies; **Ha v. letterarie**, he has fanciful literary ambitions; he fancies himself as an author; **Le sue sono pure v.**, it's mere wishful thinking on his part.

velleitàrio, **A** *a.* unrealistic; fanciful; overambitious; wild (*fam.*). **B** *m.* (*f.* **-a**) wishful thinker; dreamer; visionary.

velleitarişmo, *m.* unrealistic ambition; wishful thinking; fanciful notions (*pl.*).

vellicaménto, *m.* tickling; (*fig.*, *anche*) titillation.

vellicàre, *v. t.* to tickle; (*fig.*, *anche*) to titillate.

vellicazióne, *V.* **vellicamento**.

vèllo, *m.* *1* (*di ovino*) fleece *2* (*pellicia*) pelt; fur. ● (*mitol.*) **il V. d'Oro**, the Golden Fleece.

vellóso, *a.* fleecy; hairy: **pecore vellose**, fleecy sheep.

vellutàre, *v. t.* (*ind. tess.*) to give* a velvet finish to (a fabric).

vellutàto, *a.* velvety; velvet-like; velvet (*attr.*): **stoffa vellutata**, velvety material; **pelle vellutata**, velvet skin; **nero v.**, velvety black; **voce vellutata**, velvety voice; (*bot.*) **foglie vellutate**, velutinous leaves.

vellutatrice, *f.* (*ind. tess.*) velvet-pile machine.

vellutatùra, *f.* *1* (*ind. tess.*) napping *2* velvety finish.

vellutino, *m.* *1* fine velvet *2* (*nastrino di velluto*) velvet ribbon.

vellùto, *m.* velvet: **giacca di v.**, velvet jacket; **morbido come il v.**, as soft as velvet; **v. a coste**, corduroy; cord; ribbed velvet; (*a coste sottili*) needlecord; **v. a riccio**, pile velvet; **v. di cotone**, velveteen; **v. di seta**, silk velvet; (*fig.*) **passi di v.**, catlike tread (*sing.*); (*fig.*) **pelle di v.**, velvety skin. ● (*fig.*) **andare sul v.**, to meet no obstacles; (*essere facile*) to be plain sailing.

vélo, *m.* *1* (*anche fig.*) veil: **v. da sposa**, bridal veil; **la danza dei sette veli**, the dance of the seven veils; **sotto il v. della metafora**, under the veil of metaphor; **un v. di mistero**, a veil (*o* shroud) of mystery *2* (*tessuto*) gauze; voile: **un abito di v.**, a voile dress *3* (*fig.*: *strato sottile*) film; thin layer; coating; dusting: **un v. di polvere**, a thin layer of dust; **un v. di ghiaccio**, a film of ice; **un v. di lacrime**, a veil (*o* film) of tears; **un v. di zucchero**, a coating of sugar; **un v. di cipria**, a fine layer of powder; **dare un v. di bianco**, to give a light coat of white (paint) *4* (*fig.*: *accenno*) veil; touch: **C'era un v. di tristezza nella sua voce**, there was a veil of sadness in his voice *5* (*fig.*: *apparenza ingannevole*) veil; cloak; mask *6* (*anat.*, *bot.*) veil; velum*: **v. palatino** (*o* **pendulo**), palatine veil *7* (*fotogr.*) fog. ● **v. di cipolla**, onionskin ◻ (*fig.*) **Gli cadde il v. dagli occhi**, the scales fell from his eyes ◻ (*fig.*) **fare v.**, to veil; to hide; to cloud: **Gli faceva v. l'invidia**, envy clouded his mind (*o* blinded him); **Le nuvole fanno v. al sole**, the clouds are hiding the sun ◻ **parlare senza veli**, to speak plainly; to use plain language ◻ (*eccles.*) **prendere** [**lasciare**] **il v.**, to take [to cast off] the veil ◻ (*fig.*) **stendere un v.** (**pietoso**) **su q.c.**, to draw a veil over st.

velóce, *a.* *1* fast; quick; speedy; rapid; swift: **automobile** [**treno**] **v.**, fast car [train]; **corridore v.**, fast runner; **cavallo v.**, fast (*o* swift) horse; (*autom.*) **guida v.**, fast driving; speeding; **passi veloci**, quick steps; **con un gesto v.**, with a swift (*o* quick) movement; **essere v. a fare i calcoli**, to be quick in calculating; **v. come un fulmine**, as quick as lightning; **più v. del pensiero**, quicker than thought; **Il tempo scorre v.**, time passes quickly; **Gli anni fuggono veloci**, the years slip by *2* (*mus.*) veloce.

velocìmetro, *m.* velocimeter.

velocìpede, *m.* *1* velocipede *2* (*scherz.*: *bicicletta*) bicycle.

velocipedista, *m. e f.* *1* velocipedist *2* (*scherz.*: *ciclista*) cyclist.

velocipedìstico, *a.* cycling (*attr.*); cycle (*attr.*): **Unione Velocipedistica Italiana**, Italian Cycling Association.

velocista, *m. e f.* (*sport*) sprinter.

velocità, *f.* *1* speed; velocity; rate; pace; (*rapidità*) rapidity, swiftness: **la v. della luce**, the speed (*o* velocity) of light; **v. di pensiero**, quickness (*o* rapidity) of thought; **v. nel capire**, quickness in understanding; **v. del vento**, wind velocity; **a una v. di 300 km all'ora**, at a speed of 300 km per hour; **Che v. tenevi?**, how fast were you going?; **Duecento all'ora è una bella v.!**, two hundred km per hour is good going; **aumentare** [**rallentare**] **la v.**, to increase [to reduce] speed; **v. massima**, top speed: **lanciato a v. massima**, going at full (*o* top) speed; **v. ridotta**, reduced speed; **indicatore di v.**, speedometer; **limite di v.**, speed limit; **a v. folle**, at breakneck speed; **a tutta v.**, at full (*o* at top) speed; **a piccola** [**grande**] **v.**, at low [high] speed; **il minimo** [**il massimo**] **di v.**, the lowest [the greatest] possible speed *2* (*mecc.*, *autom.*) gear: **prima v.**, first (*o* bottom) gear; **quarta v.**, fourth (*o* top) gear; **cambio di v.**, gearbox; **cambiare v.**, to change (*o* to shift) gear. ● (*aeron.*) **v. ascensionale**, rate of climb ◻ (*naut.*, *aeron.*) **v. di crociera**, cruising speed ◻ (*naut.*) **v. d'immersione**, diving speed ◻ **v. di marcia**, running speed ◻ (*elab.*) **v. di trasferimento**, transfer rate ◻ (*ferr.*, *comm.*) **a piccola v.**, by goods train ◻ (*autom.*) **eccesso di v.**, speeding ◻ (*sport*) **gara di v.**, race.

velocizzàre, **A** *v. t.* to speed* up; to quicken; to accelerate. **B** **velocizzàrsi**, *v. i. pron.* to quicken: to speed* up.

velocizzazióne, *f.* speeding up; acceleration.

velocréspo, *m.* chiffon.

velòdromo, *m.* (*sport*) velodrome.

velours (*franc.*), *m. invar.* (*ind. tess.*) velour(s).

vèltro, *m.* (*lett.*) greyhound.

véna, *f.* *1* (*anat.*) vein: **le vene e le arterie**, veins and arteries; **tagliarsi le vene** (*dei polsi*), to slash one's wrists; **v. femorale**, femoral vein; **vene varicose**, varicose veins; **v. cava**, vena cava *2* (*venatura*) vein, streak; (*del legno*) grain: **le vene di una pietra**, the veins of a stone *3* (*geol.*, *ind. min.*) vein, lode; (*di carbone*) seam: **v. d'oro**, vein of gold; gold vein; (*fig.*) gold mine; **v. secondaria**, leader *4* (*d'acqua*) spring (of water) *5* (*fig.*: *traccia*) vein; streak: **una v. di tristezza**, a vein of sadness; **una v. d'umorismo**, a streak of humour; **una v. di pazzia**, a streak of madness *6* (*fig.*: *estro*) vein; talent; inspiration: **v. poetica**, poetic vein; **avere la v. poetica**, to have a gift for poetry; **La sua v. musicale si sta esaurendo**, his musical vein (*o* inspiration) is drying up *7* (*umore, disposizione*) mood; disposition; inclination: **in v. di generosità** [**di scherzare**], in a generous [a joking] mood; **essere in v. di fare q.c.**, to feel like doing st.; **Oggi non sono in v.**, I'm not in the right mood (*o* in the mood for it) today. ● **di buona v.**, willingly.

venàle, *a.* *1* (*vendibile*) salable, saleable; for sale: **beni venali**, saleable goods *2* (*di vendita*) sale (*attr.*); selling: **valore v.**, selling value; **prezzo v.**, sale (*o* selling) price *3* (*fig.*) venal; mercenary: **un uomo v.**, a venal (*o* mercenary) man; **motivi venali**, mercenary motives; **un funzionario v.**, a venal official.

venalità, *f.* (*fig.*) venality; mercenariness.

venàre, **A** *v. t.* *1* to vein *2* (*fig.*) to tinge; to vein: **Il rimpianto le venava la voce**, her voice was tinged with regret. **B** **venàrsi**, *v. i. pron.* *1* to become* veined *2* (*fig.*) to be tinged (with st.); to take* on a hint (of st.).

venàto, *a.* *1* veined; streaked; (*di legno*) grained *2* (*fig.*) tinged; veined: **v. di tristezza**, tinged with sadness.

venatòrio, *a.* hunting (*attr.*); game (*attr.*): **stagione venatoria**, hunting season; **leggi venatorie**, game laws; **arte venatoria**, art of hunting; hunting.

venatùra, *f.* *1* (*rete di vene*) veining *2* (*striatura*) vein, streak; (*di legno*, *pelle*) grain: **marmo con venature rosse**, marble with red veins; red-veined marble *3* (*bot.*, *zool.*) venation *4* (*fig.*: *traccia*) trace; hint: **una v. di ironia**, a hint of irony.

vendémmia, *f.* *1* grape harvest; grape-gathring; vintage: **fare la v.**, to harvest grapes **2** *il raccolto*) (grape) harvest, vintage; (*vino he se ne ottiene*) vintage: **una v. abbondan-e**, a good grape harvest **3** (*tempo della v.*) intage (time).

endemmiàbile, *a.* ready for harvesting.

endemmiàio, *m.* (*stor. franc.*) Vendémiaire *franc.*).

endemmiàre, A *v. i.* to harvest (*o* to gather) rapes. **B** *v. t.* **1** to harvest **2** (*fig.*) to harvest; o reap.

endemmiatóre, *m.* (*f.* **-trice**) grape harvest-r (*o* gatherer); vintager.

èndere, A *v. t.* **1** (*mettere, offrire in vendita*) o sell*: **v. un appartamento**, to sell a flat; **Ho deciso di non v.**, I've decided not to sell; **v. q. come schiavo**, to sell sb. as a slave; **v. q.c. caro**, to sell st. at a high price; **v. a buon mercato** (*o* **a pochi soldi**), to sell cheaply; **v. a prezzo di liquidazione**, to sell off; to clear; **v. all'asta** (*o* **all'incanto**), to auction (off); **v. a contanti**, to sell for cash; **v. a credito**, to sell on credit; **v. al metro**, to sell by the metre; **v. a misura**, to sell by the measure; **v. a peso**, to sell by weight; **v. a rate**, to sell hire-purchase (*GB*); to sell on the installment plan (*USA*); (*Borsa*) **v. al ribasso**, to sell off; (*Borsa*) **v. allo scoperto**, to sell short; **v. con facilitazioni di pagamento**, to sell on easy terms; **v. contro assegno**, to sell cash on delivery; **v. di seconda mano**, to sell second-hand; **v. in blocco**, to sell in bulk; **v. in perdita**, to sell at a loss; **v. per conto terzi**, to sell on commission; **v. sotto (il prezzo di) mercato**, to undersell; (*all'estero*) to dump; **v. sottobanco**, to sell under the counter; **v. sottocosto** (*o* **sotto prezzo**), to sell below cost price; **Vendette tutto e partì per l'Australia**, he sold out and left for Australia; **casa da v.**, house for sale **2** (*commerciare*) to sell*; to deal* in; to trade in: **v. pellicce**, to trade in furs; **v. libri usati**, to deal in second-hand books; **v. a domicilio**, to sell door-to-door; **v. all'ingrosso**, to sell wholesale; **v. a mercato nero**, to sell on the black market; **v. al minuto** (*o* **al dettaglio**), to sell retail; to retail **3** – **vendersi**, (*essere venduto*) to sell*; (*costare*) to cost*: **Le mele si vendono bene quest'anno**, apples are selling well this year; **Questo articolo non si vende**, (*non è in vendita*) this article is not for sale; (*si vende male*) this article doesn't sell; **Questo romanzo si vende molto**, this novel is a best seller; **Si vende a 6000 lire al chilo**, it costs 6000 lire a kilo **4** (*fig.: cedere*) to sell*; (*prostituire*) to prostitute: **v. l'anima al diavolo**, to sell one's soul to the devil; **v. la propria libertà**, to sell one's liberty; **v. il proprio corpo**, to sell one's body; to prostitute oneself; **v. la propria penna**, to prostitute one's pen **5** (*tradire*) to betray; to sell* out: **v. un segreto**, to betray a secret; **v. la patria**, to betray one's country; **v. i propri complici**, to sell out one's accomplices. ● (*fig.*) **vendersi anche la camicia**, to sell the shirt off one's back □ (*fig.*) **v. cara la propria vita**, to sell one's life dearly □ (*fig.*) **v. ciance** (*o* **frottole**), to tell tall stories □ (*fig.*) **v. fumo**, to bluff; to swindle □ **v. per v.**, to sell at any price □ **l'arte di v.**, salesmanship □ **Ha salute da v.**, he is as strong as a horse □ **Di intelligenza ne ha da v.**, he is certainly not lacking in intelligence □ **Di frutta ce n'è da v.**, there's more than enough (*o* there are masses of) fruit □ **aver ragione da v.**, to be absolutely right; to be dead right □ **aver pazienza da v.**, to have the patience of a saint □ (*fig. fam.*) **Questa non me la vendi**, you won't make me swallow that; I won't buy that □ **saper v. la propria merce**, to be a good salesman; (*anche fig.*) to know how to sell one's wares; (*fig.*) to be good at selling oneself □ (*fig.*) **Te la vendo come l'ho comprata**, I'm just repeating what I was told □ **Vendesi**, for (*o* on) sale. **B véndersi,** *v. rifl.* **1** to sell* oneself: **v. anima e corpo**, to sell oneself body and soul; **v. al nemico**, to sell oneself (*o* to sell out) to the enemy; **saper v.**, to be good at selling oneself **2** (*spacciarsi*) to pass oneself off **3** (*prostituirsi*) to sell* (*o* to prostitute) oneself.

venderéccio, *a.* **1** marketable; salable, saleable **2** (*fig.: venale*) venal; mercenary.

vendétta, *f.* revenge; vengeance: **sete di v.**, thirst for revenge; **cercare v.**, to seek vengeance; **far v. di q.c.**, to take revenge (*o* to revenge oneself, to take vengeance) for st.; **prendersi la propria v. su q.**, to take revenge on sb.; **per v.**, in (*o* out of) revenge; **nutrire propositi di v.**, to harbour thoughts of revenge; to contemplate revenge; **volere v.**, to want vengeance; **assetato di v.**, thirsting for revenge; **v. di sangue**, blood feud; vendetta (*ital.*); **gridare v.**, to cry out for vengeance; (*di cose: essere scandaloso*) to be outrageous (*o* abominable): **costruzioni che gridano v.**, abominable buildings; eyesores; **gridare v. al cospetto di Dio**, to cry to God for vengeance.

vendìbile, *a.* salable, saleable; marketable.

vendicàbile, *a.* that can be avenged.

vendicàre, A *v. t.* to avenge: **v. il padre**, to avenge one's father; **v. un torto**, to avenge a wrong. **B vendicàrsi,** *v. rifl.* to take* one's revenge (on sb. for st.); to avenge (*o* to revenge) oneself (on sb. for st.); to take* vengeance (for st.): **v. di un'ingiuria**, to take revenge for an insult; **Si vendicheranno su di noi**, they'll revenge themselves (*o* take their revenge) on us.

vendicatività, *f.* vengefulness; vindictiveness.

vendicatìvo, A *a.* vindictive; revengeful. **B** *m.* (*f.* **-a**) vindictive person.

vendicatóre, A *m.* (*f.* **-trice**) avenger; revenger. **B** *a.* avenging; revengeful.

vendifùmo, *m.* e *f. invar.* **1** (*fanfarone*) boaster; person full of hot air **2** (*imbroglione*) swindler; humbug.

véndita, *f.* **1** sale; (*l'attività*) selling: **Le vendite sono aumentate**, sales have risen; **le nostre vendite all'estero**, our foreign sales; **Alla v. della casa ci pensa mia moglie**, my wife is looking after the sale of the house; **Questa merce è in v.**, these goods are on sale (*o* on the market); **È in v. la casa?**, is the house for sale?; **non in v.**, not for sale; not on the market; **mettere q.c. in v.**, to put st. up for sale; **atto di v.**, bill of sale; **condizioni di v.**, conditions (*o* terms) of sale; **contratto di v.**, sale contract; **prezzo di v.**, selling price; **reparto vendite**, sales department; **v. all'asta**, auction (sale); **v. a credito**, credit sale; **v. a domicilio**, door-to-door selling; **v. all'ingrosso**, wholesale; **v. al minuto**, retail (sale); **v. di beneficenza**, jumble sale (*GB*); rummage sale (*USA*); **v. rateale**, hire-purchase (*GB*); installment plan (*USA*) **2** (*bottega*) shop **3** (*stor.: dei Carbonari*) lodge. ● (*Borsa*) **v. a premio**, put option □ **v. al ribasso**, selling off □ (*Borsa*) **v. allo scoperto**, short sale; bear sale □ (*leg.*) **v. coatta**, forced sale □ **v. con patto di riscatto**, sale with right of redemption □ (*Borsa*) **v. fittizia**, fictitious sale; wash sale (*USA*) □ (*leg.*) **v. giudiziale**, judicial sale □ **v. per contanti**, cash sale □ **v. per corrispondenza**, mail-order selling □ **v. sottocosto**, underselling; (*all'estero*) dumping □ **v. su campione**, selling by sample □ **v. totale**, selling-out □ (*leg.*) **v. volontaria**, voluntary sale □ **addetta alle vendite**, saleswoman; salesgirl □ **addetto alle vendite**, salesman □ **conto vendite**, sales account □ **avere un grosso successo di v.**, to sell extremely well; to be a best-seller.

venditóre, *m.* (*f.* **-trice**) seller (*anche in Borsa*); (*leg.*) vendor, vender; (*negoziante*) shopkeeper; (*commesso*) shop assistant, salesman* (*m.*), saleswoman* (*f.*), salesgirl (*f.*): **v. al dettaglio**, retailer; **v. all'ingrosso**, wholesaler; **v. a domicilio**, door-to-door salesman; **v. ambulante**, hawker; street vendor; pedlar. ● (*fig.*) **v. di fumo**, *V.* **vendifumo**.

vendùto, A *a.* **1** sold: **merci vendute**, sold goods **2** (*fig.: corrotto*) corrupt; dishonest; bought; bent (*fam.*): **un funzionario v.**, a corrupt official; **arbitro v.**, corrupt referee. **B** *m.* **1** (*comm.*) goods sold (*pl.*): **salvo il v.**, subject to prior sale (*o* to goods being unsold) **2** (*persona*) corrupt individual.

venefìcio, *m.* poisoning.

venèfico, *a.* poisonous (*anche fig.*); toxic: **erbe venefiche**, poisonous herbs; **gas v.**, poisonous (*o* toxic) gas; **dottrine venefiche**, poisonous doctrines.

veneràbile, *a.* **1** venerable: **età v.**, venerable old age **2** (*relig.*) Venerable **3** (*come titolo*) worshipful. ● (*nella massoneria*) **V. Maestro**, Worshipful Master.

venerabilità, *f.* venerability; venerableness.

veneràndo, *a.* venerable: **veneranda canizie**, venerable white hair; **alla veneranda età di ottant'anni**, at the venerable age of eighty.

veneràre, *v. t.* **1** to revere; to venerate: **v. i genitori**, to revere one's parents; **v. la memoria di q.**, to venerate (*o* to revere) sb.'s memory **2** (*relig.*) to venerate; to worship: **v. i Santi**, to venerate the Saints.

venerazióne, *f.* **1** reverence; veneration; worship: **degno di v.**, worthy of reverence; venerable; **avere della v. per q.**, to feel reverence for sb. **2** (*relig.*) veneration; worship: **la v. dei Santi**, the veneration of the Saints; **avere v. per S. Antonio**, to venerate St Anthony.

venerdì, *m.* Friday: **Torno v.**, I'll be back on Friday; **Viene di v.**, he comes on Fridays; (*relig.*) **il V. Santo**, Good Friday. ● (*scherz.*) **Gli manca un** (*o* **qualche**) **v.**, he has got a screw loose.

Vènere, *f.* **1** (*mitol., astron.*) Venus **2** (*fig.: donna bella*) Venus; beauty: **Non è una v.**, she's no beauty; **bella come una v.**, as beautiful as a goddess **3** (*fig.: amore fisico*) physical love. ● (*arte*) **la V. di Milo**, the Venus de Milo □ (*anat.*) **monte di V.**, mons veneris (*lat.*).

venèreo, *a.* venereal: (*med.*) **malattie veneree**, venereal diseases.

venereologìa, *f.* (*med.*) venereology.

venètico, *a.* e *m.* Venetic.

vèneto, A *a.* of Veneto; from Veneto. **B** *m.* (*f.* **-a**) native of Veneto; inhabitant of Veneto.

Venèzia, *f.* (*geogr.*) Venice.

veneziàna, *f.* (*tenda*) Venetian blind.

veneziàno, A *a.* e *m.* (*f.* **-a**) Venetian (*f.* Venetian woman*): **alla veneziana**, in the Venetian manner (*o* style, way). **B** *m.* (*dialetto*) Venetian (dialect).

venezuelàno, *a.* e *m.* (*f.* **-a**) Venezuelan (*f.* Venezuelan woman*).

vènia, *f.* (*lett.*) pardon; forgiveness: **chiedere v. a q.**, to beg (sb.'s) pardon; **con vostra v.**, begging your pardon.

veniàle, *a.* venial (*anche relig.*); excusable; forgiveable: **peccato v.**, venial sin.

venialità, *f.* veniality.

veniènte, *a.* coming; (*seguente*) next, following.

venìre, A *v. i.* **1** to come*: **Chi viene con me?**, who is coming with me?; **Vengo anch'io!**, I'm coming too; **Vieni da me**, come over to my place; **Ma venite dunque!**, do come on!; **Verrò a trovarti**, I'll come and see you; **Vieni ad aprirmi!**, come and let me in!; **Verrò a prenderti alle sei**, I'll come and pick you up (*o* I'll call for you) at six; **Sei venuto a prendere il pacchetto?**, have you come for the parcel?; **Verrò a pranzo da te**, I'll come to lunch at your place; **v. a piedi**, to come on foot; to walk; **v. in auto**, to come by car; to drive; **v. in bicicletta**, to come by bicycle; **v. a cavallo**, to come on horseback; to ride; **Sono venuto**

ieri sera col treno, I came by train yesterday evening; **il primo che viene**, the first one to come; **Venite di qua**, come this way; **Venne sull'uscio**, he came to the door; **Vengo a chiederti un favore**, I've come to ask you a favour; **Sono venuti a stare a Milano da Parigi**, they have just moved from Paris to Milan; **I suoi nonni vennero in America alla fine del secolo scorso**, his grandparents came over to America at the end of last century ***2*** (*provenire*) to come*; (*derivare*) to derive: **Da dove venite?**, where do you come from?; **Viene da buona fonte**, it comes from a reliable source; **Questa stoffa viene dall'Italia**, this material comes from Italy; **Viene da Roma** (*è di Roma*), he comes from Rome; **Viene da una buona famiglia**, he comes from a good family; **una parola che viene dal latino**, a word that comes (*o* derives) from Latin; **guadagni che gli vengono dalla professione**, the earnings from his profession; **Da dove ti vengono queste informazioni?**, where did you get this information? ***3*** (*arrivare*) to arrive; to come*: **È venuta la posta**, the post has come; **È venuto l'inverno**, winter has arrived; **Dopo gennaio viene febbraio**, February comes after January; **È venuto il momento di pagare** [**di parlare**], the time has come for payment [to speak]; **Venne il giorno tanto desiderato**, the long-awaited day arrived; **quando viene la sera**, when evening falls; **Venne la notte**, night came on (*o* fell); **Aspettiamo che venga il giorno** [**la notte**], let's wait till daybreak [nightfall]; **Mi sta venendo il raffreddore**, I feel a cold coming on; **Verrà la sua ora**, his time will come; **Ora viene il bello**, the best part is coming now; you haven't heard [seen] the best yet ***4*** (*passare*) to move on; to pass; to get* down: **Veniamo ad altro**, let's move on (*o* pass on) to something else; **Veniamo ai fatti**, let's get down to facts ***5*** (*nascere, sorgere, insorgere*) to come*; to rise*; to arise*; to have (got) (*costr. pers.*) : **Gli vennero le lacrime agli occhi**, tears rose (*o* came) to his eyes; **far v. le lacrime agli occhi**, to bring tears to sb.'s eyes; **Gliene parlerò quando verrà l'occasione**, I'll mention it to him when I get the chance (*o* when the opportunity arises); **Mi venne un'idea**, an idea came to me; I had an idea; **Gli è venuta la febbre**, he's got a temperature; **Mi venne un giramento di capo**, I suddenly felt dizzy; **Mi è venuta fame** [**sete**], I'm feeling hungry [thirsty]; **Mi viene un dubbio**, I have a suspicion; I have doubts; **Gli è venuta la paura che...**, he is afraid that...; **Mi viene voglia di dirgli la verità**, I am tempted to tell him the truth; **Non mi viene la parola esatta**, I can't think of the right word ***6*** (*crescere*) to grow*; (*spuntare*) to come* up: **Nei climi freddi il grano non viene**, corn doesn't grow in cold climates; **Queste rose vengono male**, these roses are doing badly; **I piselli non sono ancora venuti**, the peas have not come up yet ***7*** (*riuscire*) to come* off, to come* out, to turn out; (*progredire*) to come* on: **L'esperimento non è venuto**, the experiment has not come off; **La torta non è venuta bene**, the cake has not turned out well; **Il flan mi è venuto benissimo**, my flan was a success; **Tu vieni sempre bene (in fotografia)**, you always come out well (in photos); **Il tuo ricamo viene bene**, your embroidery is coming on nicely ***8*** (*ammontare a*) to come* to; to come* out at: **Ho fatto la somma e mi viene 1256**, I've added it up and it comes to 1256; **Il totale viene 650**, the total comes out at 650 ***9*** (*costare*) to cost*: **Quanto viene?**, how much does it cost?; how much is it?; **Ti verrà più di centomila lire**, it will cost you more than one hundred thousand lire ***10*** (*di festa*: *cadere*) to fall*: **Natale quest'anno viene di domenica**, Christmas falls on a Sunday this year ***11*** (*di numeri estratti*: *uscire*) to come* out: **È venuto il venti**, number twenty has come out ***12*** (*ausiliare nella voce passiva*) to be: **Viene ammirata da tutti**, she is admired by everyone; **E così venne ingannato**, and so he was deceived ***13*** (*seguito da gerundio*) to be: **Ci veniva raccontando la sua storia**, he was telling us his story; **Mi vengo accorgendo che...**, I am beginning to realize that...; **Mi vengo sempre più persuadendo che...**, I am increasingly convinced that... ***14*** (*fam.*: *spettare*) to be owed; to be coming; to be due: **Mi vengono ancora 5000 lire**, I am still owed 5000 lire; I've still got 5000 lire coming to me; **Ti si darà quel che ti viene**, you will receive your due ***15*** (*impers.*: *avere voglia di*) to feel* like (doing st.) (*costr. pers.*): **Mi venne da ridere**, I felt like laughing; **Mi sta venendo sonno**, I feel sleepy; **Mi viene da piangere**, I feel like crying ***16*** (*volg.*: *giungere all'orgasmo sessuale*) to come*. ● **v. a capo di un mistero**, to get to the bottom of a mystery □ **v. a capo di un problema**, to solve a problem □ **v. a conoscenza di q.c.**, to learn of st.: **Siamo venuti a conoscenza che...**, it has come to our knowledge that... □ **v. addosso**, (*avanzare verso*) to rush towards; (*aggredire*) to go for, to rush at; (*investire*) to run over: **Mi venne addosso con un bastone**, he rushed at me with a stick; **L'autobus mi stava venendo addosso**, the bus was rushing towards me (*o* was almost on top of me) □ **v. a dire**, to come and tell: **Non venirmi a dire che non vi conoscete!**, don't come and tell me you don't know each other! □ **v. al dunque**, *V.* **v. al sodo** □ **v. a essere** (*nelle parentele*), to be; to become: **Viene a essermi cugino in secondo grado**, he is my second cousin; **Sposando Graziella, viene a esserti cognato**, by marrying Graziella he becomes your brother-in-law □ **v. a galla**, to come up; to surface; to come (*o* to rise) to the surface: **Il sughero venne a galla**, the cork rose to the surface; (*fig.*) **Prima o poi la verità viene a galla**, truth will out □ **v. alla luce**, (*nascere*) to be born, to see the light of day; (*essere rivelato*) to come to light □ **v. alle mani**, to come to blows □ **v. al mondo**, to come into the world; to be born □ **v. a noia**, to get fed up with (*costr. pers.*); to get tired of (*costr. pers.*): **Quella musica m'è venuta a noia**, I'm fed up with that music □ **v. agli orecchi** (*o* **alle orecchie**), to come to one's ears □ **v. a parole per q.c.**, to have words over st. □ **v. a sapere**, to get to know; to find out; to learn about: **Come sei venuto a sapere dove abita?**, how did you find out where he lives? □ **v. al sodo**, to come to the point; to get down to brass tacks □ **v. a una transazione**, to compound; to compromise □ **v. avanti**, (*avanzare*) to come forward; (*entrare*) to come in □ **v. bene**, (*riuscire*) to turn out well, to be a success; (*fam.*: *essere comodo*) to be convenient □ (*fam.*) **v. buono**, to come in handy (*o* useful) □ **v. dal niente**, to be a self-made man [woman] □ **v. davanti a q.**, to come before sb.; **Se mi viene ancora davanti...**, if I catch sight of him again... □ **v. dietro**, to follow; to come behind □ **v. di moda**, to become fashionable; to come in (*fam.*) □ **v. fatto (di)**, to chance; to happen: **Mi venne fatto di nominarlo**, I happened to mention his name; **Se mi viene fatto di coglierlo mentre ruba...**, if I chance to catch him stealing... □ **v. fuori**, (*essere rivelato*) to come out: **Venne fuori che era stato in prigione**, it came out that he had been in prison □ **v.** (*o* **venirsene**) **fuori con q.c.**, to come out with st. □ **venirne fuori bene**, to come off well □ **v. giù**, to come down; (*per le scale*) to come downstairs: **Vieni giù tu o vengo su io?**, are you coming down or shall I come up?; **Veniva giù un diluvio**, the rain came down in torrents □ **v. incontro a q.**, (*venire verso q.*) to come towards sb., to meet sb.; (*fig.*) to meet sb. halfway: **Abbiamo deciso di venirti incontro**, we've decided to meet you halfway; **incontro ai desideri di q.**, to meet sb. wishes □ **v. in mente**, to occur; to remember (*costr. pers.*): **Mi venne in mente che era giorno di mercato**, it occurred to me (*o* remembered) that it was market-day; **Ma cosa ti viene in mente?**, what's the idea?; where did you get that notion?; what are you thinking of? □ **v. in odio**, to become hateful; to take a dislike (*costr. pers.*): **Mi è venuto in odio**, I've grown to hate (*o* to dislike) it; I have taken a dislike to it; I can't stand it any longer □ **v. meno**, (*svenire*) to faint; (*svanire*) to fade □ **v. meno ai propri doveri**, to neglect one's duties □ **v. meno a un impegno** [**alla parola data**], to break an engagement [one's word] □ **v. meno ai patti**, not to abide by the terms □ **v. meno a q.**, to fail sb.: **v. meno a un amico nel bisogno**, to fail a friend in need; **Le forze mi vennero meno**, my strength failed me □ **v. su**, to come up; (*per le scale*) to come upstairs; (*crescere*) to come up, to grow up: **Le piantine non sono ancora venute su**, the seedlings have not come up yet; **Il bambino vien su bene**, the child is growing up well; **I peperoni mi sono venuti su tutto il giorno**, the peppers repeated on me all day □ **v. via**, to come away; (*staccarsi*) to come off (*o* out, unstuck): **Venni via senza rispondere**, I came away without replying; **Mi è venuto via un bottone dalla giacca**, a button has come off my coat; **Viene via la tinta, se si lava?**, will the colour come out if it is washed?; **È venuta via la manopola**, the knob has come unstuck □ **a v.**, *V.* **che verrà** □ **andare e v.**, to come and go: **Va e viene tutto il giorno**, he runs backwards and forwards all day □ **che verrà** [**verranno**], to come; future (*agg.*): **le generazioni che verranno**, the generations to come; future generations; **negli anni che verranno**, in years to come; **i tempi che verranno**, future times □ **il mese che viene**, the coming month; next month □ **come viene**, as it comes □ **di là da v.**, yet to come; a long way off: **in epoche di là da v.**, in times to come; in the distant future; **Sono cose di là da v.**, these things are a long way off from now □ **dire le cose come vengono**, to say things as they come into one's head □ **far v. q.**, to send for sb.; to call sb.: **Ho fatto v. il medico**, I have sent for the doctor □ **Si fa v. la stoffa da Londra**, he has the material sent to him from London □ **Facciamo v. dell'altro vino**, let's order some more wine □ **A questo modo ti farai v. la febbre**, you'll get a temperature at this rate □ **Mi fa v. l'acquolina in bocca**, it makes my mouth water □ **far v. la nausea**, to make sb. feel sick; (*fig.*) to make sb. sick □ **far v. i brividi**, to make sb. shiver; to give sb. the shivers □ **un va e vieni** (*di gente*), people coming and going □ **Che ti venga un accidente!**, damn you!; drop dead! **B venirsene**, *v. i. pron.* to come*: **Se ne veniva pian piano**, he was coming along slowly; **Invece di v. via, rimase a guardare**, instead of coming away, he stayed to watch.

venóso, *a.* venous: **sangue v.**, venous blood.

ventàglia, *f.* (*stor.*) ventail.

ventàglio, *m.* ***1*** fan ***2*** (*fig.*: *gamma*) range; series; variety: **un v. di proposte**, a series (*o* range) of proposals; **il v. dei prezzi**, the price range ***3*** (*zool.*, *Pecten jacobaeus*) Jacob's scallop. ● **a v.**, fan-shaped (*attr.*); fanwise (*avv.*): **aprirsi a v.**, to open fanwise □ (*mil.*) **disporsi a v.**, to fan out.

ventàta, *f.* ***1*** gust (*o* blast) of wind: **Una v. gli portò via il cappello**, a gust of wind carried off his hat ***2*** (*fig.*) wave; surge: **una v. di ottimismo**, a wave of optimism.

ventennàle, **A** *a.* ***1*** (*che dura 20 anni*) twenty-year (*attr.*) ***2*** (*che ricorre ogni 20 anni*) recurring every twenty years. **B** *m.* twentieth anniversary.

ɘntènne, A *a.* twenty years old (*pred.*); ʌwenty-year-old (*attr.*). **B** *m.* e *f.* twenty-year-old person.

ɘntènnio, *m.* (period of) twenty years: **Dura la un v.**, it has lasted for twenty years; **il ›rossimo v.**, the next twenty years. ● **il v. (fa-cista)**, the Fascist period.

entèṣimo, *a. num. ord.* e *m.* twentieth.

énti, *a. num. card.* e *m.* twenty: **Ha passato i v. anni**, he is over twenty; **le dieci e v.**, twenty ›ast ten; **alle ore v.**, at 8 p.m.; **Abita al v.**, he ›ives at number twenty; **gli anni v.**, the twen-›ies; **È stato estratto il v.**, number twenty was ›rawn.

enticèllo, *m.* gentle (*o* light) breeze.

entilàbro, *m.* ***1*** (*agric.*) winnowing-fan (*o* basket) ***2*** (*mus.*) organ valve.

entilàre, *v. t.* ***1*** to ventilate; to air; to aerate: **v. una stanza**, to air (*o* to ventilate) a room ***2*** (*fig.*) to air; to ventilate: **v. un'idea [una proposta]**, to air an idea [a proposal] ***3*** (*agric.*) to winnow.

entilàto, *a.* airy; (*ventoso*) windy: **una stanza ventilata**, an airy room; **poco v.**, stuffy; **una zona ventilata**, a windy area.

entilatóre, *m.* ***1*** (*mecc.*) fan: **v. elettrico**, electric fan; **v. da soffitto [da muro, da tavolo]**, ceiling [wall, desk] fan; **pala di v.**, fan--blade ***2*** (*edil.*) ventilator.

entilazióne, *f.* ***1*** ventilation: **impianto di v.**, ventilation system; (*med.*) **v. polmonare**, pulmonary ventilation ***2*** (*agric.*) winnowing.

entimila, *a. num. card.* e *m.* twenty thousand.

entimillèṣimo, *a. num. ord.* e *m.* twenty-thousandth.

entina, *f.* ***1*** (*gruppo di 20*) score; twenty: **avere passato la v.**, to be over twenty; to be in one's twenties ***2*** (*circa 20*) about twenty: **una v. d'anni**, about twenty years; **una v. di persone**, about (*o* some) twenty people.

entino, *m.* (*moneta da 20 centesimi*) twenty--cent coin (*o* piece).

ventiquàttro, *a. num. card.* e *m.* twenty-four: **entro ventiquattr'ore**, within twenty-four hours; **ventiquattr'ore su v.**, twenty-four hours a day; around the clock; **alle v.**, at midnight; at twelve p.m.

ventiquattróre, *f. invar.* ***1*** (*valigetta da viaggio*) overnight bag; (*borsa per documenti*) briefcase, attaché case ***2*** (*sport*) twenty-four--hour race.

ventisètte, A *a. num. card.* e *m.* twenty-seven. **B** *m.* (*fam.*: *giorno di paga*) payday.

ventitré, *a. num. card.* e *m.* twenty-three: **le (ore) v.**, eleven p.m. ● **portare il cappello sulle v.**, to wear one's hat at a jaunty (*o* rakish) angle.

vènto, *m.* ***1*** wind; breeze: **v. che taglia la faccia**, biting wind; **Il v. è calato**, the wind has fallen (*o* dropped, died down); **È mutato il v.**, the wind has changed (*o* shifted); **Soffia [fischia] il v.**, the wind is blowing [whistling]; **Oggi tira v.**, it's windy today; **Tirava un forte v.**, the wind (*o* it) was blowing hard; there was a strong wind blowing; **alito di v.**, breath of wind; **colpo (o raffica, folata) di v.**, gust of wind; **soffio (o buffo) di v.**, puff of wind; **battuto dal v.**, windswept; **portato dal v.**, windborne; carried by (*o* on) the wind; **senza v.**, windless; **bandiere spiegate al v.**, flags flying in the wind; **capelli al v.**, windswept (*o* windblown) hair; **foglie che stormiscono al v.**, leaves rustling in the wind; **correre come il v.**, to run like the wind; **v. a raffiche**, squally wind; **v. costante**, steady wind; **v. debole**, gentle wind; light breeze; **v. da sud**, south wind; **v. di burrasca**, gale; **v. di levante**, levanter; east wind; **v. di mare**, sea breeze; **v. di ponente**, west wind; **v. di sud--ovest**, southwest (*o* southwesterly) wind; (*molto forte*) southwester; **v. di terra**, land breeze; **v. di tramontana**, north wind; **venti forti**, strong (*o* high) winds; **v. periodico**, periodic wind; **v. variabile**, variable wind ***2*** (*meteor.*) breeze; wind: **v. fresco**, strong breeze; **v. forte**, strong wind; **v. moderato**, moderate breeze; **v. teso**, fresh breeze; **bava di v.**, light airs (*pl.*) ***3*** (*pop.*: *peto*) wind; gas; fart (*volg.*). ● (*naut.*) **v. al giardinetto**, quarter wind □ (*naut.*, *aeron.*) **v. contrario**, contrary wind; headwind: (*anche fig.*) **avere il v. contrario**, to have the wind against one □ (*aeron.*) **v. di coda**, tailwind □ (*fig.*) **v. di fronda**, spirit of opposition (*o* of rebellion) □ (*naut.*, *aeron.*) **v. di prua**, headwind □ **v. di traverso**, (*naut.*) side wind; (*aeron.*) cross-wind □ (*naut.*) **v. dominante**, prevailing wind □ (*naut.*) **v. in poppa**, aft (*o* stern) wind: **avere il v. in poppa**, to sail before the wind; (*fig.*) to be doing fine □ **v. favorevole (o in favore)**, favourable wind: (*anche fig.*) **avere il v. favorevole**, to have a favourable wind □ (*astron.*) **v. solare**, solar wind □ (*naut.*) **avere il vantaggio del v. su una nave**, to have the weather gauge (*o* gage) of a ship □ **bufera di v.**, windstorm □ **contro v.**, against the wind □ **fare v. a q.**, to fan sb. □ **farsi v.**, to fan oneself □ (*fig.*) **fiutare il v.**, to see how the wind is blowing □ (*fig.*) **gettare al v.**, to throw to the wind(s); to waste □ **gridare ai quattro venti**, to shout from the rooftops; to trumpet abroad; to spread (st.) around □ **groppo di v.**, squall □ (*fig.*) **navigare secondo il v.**, to swim with the tide □ **nodo di v.**, whirlwind □ (*fig.*) **parlare al v.**, to talk to a brick wall; to waste one's breath □ **Qual buon v. ti porta?**, what brings you here? □ **raffica di v.**, windblast □ (*fig.*) **spargere q.c. ai quattro venti**, to spread st. to the four winds (*o* far and wide) □ (*naut.*) **stringere il v.**, to close (*o* to haul to, to sail close to) the wind □ (*fig.*) **un uomo pieno (o gonfio) di v.**, a windbag □ (*fig.*) **voltarsi a tutti i venti**, to be a weathercock □ (*fig.*) **vedere da che parte tira il v.**, to see which way the wind is blowing □ (*naut.*) **tenersi al v.**, to keep the luff □ (*fig.*) **Tira cattivo v. per loro**, things are shaping up badly for them □ **Tira un v. d'acqua**, it's blowing up for rain □ **turbine di v.**, whirlwind □ (*prov.*) **Chi semina v. raccoglie tempesta**, sow the wind and reap the whirlwind.

vèntola, *f.* ***1*** (*per fuoco*) fire-fan ***2*** (*mecc.*) fan; rotor; impeller ***3*** (*portalampade a muro*) (wall) sconce ***4*** (*idraul.*) floodgate; sluice. ● **muro a v.**, partition wall.

ventósa, *f.* ***1*** sucker; suction cup ***2*** (*zool.*) sucker ***3*** (*med.*) cupping glass.

ventosità, *f.* ***1*** windiness ***2*** (*fig.*) conceit; bombast ***3*** (*med.*) flatulence.

ventóso, A *a.* ***1*** windy; gusty; breezy: **una giornata ventosa**, a windy (*o* breezy, gusty) day; **un colle v.**, a windy hill ***2*** (*med.*) flatulent. **B** *m.* (*stor. franc.*) Ventôse (*franc.*).

ventràle, *a.* (*anat.*) ventral: **pinna v.**, ventral fin.

vèntre, *m.* ***1*** (*anat.*) abdomen*; venter (*anche zool.*) ***2*** (*com.*: *pancia*) stomach; belly (*fam.*); tummy (*fam.*): **avere mal di v.**, to have a stomachache (*o* a tummy ache, an upset stomach); **basso v.**, lower belly; **mettersi v. a terra**, to lie on one's stomach; **Non pensa che al v.**, he thinks only of his stomach; **riempirsi il v.**, to fill one's belly ***3*** (*grembo materno*) womb: **Benedetto il frutto del v. tuo**, blessed is the fruit of thy womb ***4*** (*fig.*: *cavità*) belly; (*viscere*) bowels (*pl.*): **il v. di una nave**, the belly of a ship; **nel v. della terra**, in the bowels of the earth ***5*** (*parte rigonfia*) belly: **il v. di una botte**, the belly (*o* bulge) of a barrel ***6*** (*di un'onda*) trough ***7*** (*fis.*) antinode. ● (*fig.*) **v. a terra**, at breakneck speed; (*di cavallo*) at full gallop □ (*fig.*) **v. molle**, soft underbelly □ **colpo al basso v.**, blow below the belt □ **danza del v.**, belly dance.

ventrésca, *f.* (*cucina*) belly of tunny in olive oil.

ventricolàre, *a.* (*anat.*) ventricular.

ventrìcolo, *m.* (*anat.*) ventricle.

ventrièra, *f.* body-belt; girdle.

ventrìglio, *m.* gizzard.

ventrilòquio, *m.* ventriloquism; ventriloquy.

ventrìloquo, A *a.* ventriloqu(i)al. **B** *m.* ventriloquist.

ventùno, A *a. num. card.* e *m.* twenty-one. ● **il v. maggio**, the twenty-first of May; May the twenty-first □ **le (ore) v.**, nine p.m. **B** *m.* (*gioco di carte*) pontoon (*GB*); twenty-one (*USA*).

ventùra, *f.* fortune; luck; chance: **la buona [la mala] v.**, good [bad] luck; **andare in cerca di v.**, to seek one's fortune; **andare alla v.**, to take one's chance; to trust to luck; **per buona v.**, luckily. ● **capitano di v.**, mercenary captain; condottiere (*ital.*) □ **compagnie di v.**, mercenary troops □ **soldato di v.**, soldier of fortune; mercenary.

venturìmetro, *m.* (*fis.*) Venturi (tube).

ventùro, *a.* coming; next; (*futuro*) future: **l'anno v.**, next (*o* the coming) year; **la lezione ventura**, the next lesson.

venturóso, *a.* (*poet.*) lucky; happy.

vènula, *f.* ***1*** (*anat.*) venule ***2*** (*med.*) syringe (for taking blood samples).

venuṣiàno, *a.* e *m.* Venusian.

venustà, *f.* (*lett.*) beauty; grace.

venùsto, *a.* (*lett.*) beautiful; graceful.

venùta, *f.* coming; (*arrivo*) arrival: **Ritarderò la mia v.**, I shall delay my coming; **aspettare la v. di q.**, to wait for sb.'s arrival (*o* for sb. to arrive); **la v. del treno**, the arrival of the train; **la v. del Messia**, the coming of the Messiah; **Alla mia v. non trovai niente di pronto**, when I arrived, I found nothing ready.

venùto, A *a.* coming: **l'uomo v. dal sud**, the man coming from the south. **B** *m.* (*f.* **-a**) comer: **nuovo v.**, newcomer; **primo v.** (*chi arriva per primo*), first comer; **chiedere al primo v.**, to ask the first person that happens to pass by; (*fig.*) **Non è il primo v.**, he's not just anybody.

véra, *f.* ***1*** (*di pozzo*) (well) curb ***2*** (*anello matrimoniale*) wedding ring.

veràce, *a.* ***1*** (*lett.*: *vero*) true: **v. amicizia**, true friendship; **Dio v.**, true God ***2*** (*veritiero*) true; truthful; veracious: **un testimone v.**, a truthful witness; **un racconto v.**, a true story ***3*** (*region.*: *genuino*) genuine; real; authentic: **napoletano v.**, genuine Neapolitan.

veracità, *f.* truthfulness; veracity; truth: **la v. di un racconto**, the truth (*o* veracity) of a story; **la v. della testimonianza**, the truthfulness of the evidence.

veraménte, *avv.* ***1*** (*in verità*) truly; really; indeed: **Sono v. belli**, they are really (*o* truly) beautiful; **«Tutto è andato a monte» «V.?»**, «it's all fallen through» «(has it) really?»; **È un uomo v. di grande cultura**, he is a very learned man indeed ***2*** (*a dire il vero*) to tell the truth; to be honest; as a matter of fact; actually: **A me v. non sembra**, as a matter of fact I don't think so; **V. non ce n'era bisogno**, it wasn't actually necessary; there was no need, really; **«Lo conosci?» «Ma, v...»**, «do you know him?» «well, actually...».

verànda, *f.* veranda(h); porch (*USA*).

verbàle, A *a.* ***1*** verbal; oral; spoken: **ordine [promessa] v.**, verbal order [promise]; **contratto v.**, oral contract; **sottigliezze verbali**, verbal niceties; (*leg.*) **processo v.**, record; minutes (*pl.*) ***2*** (*gramm.*) verbal: **sostantivi [aggettivi] verbali**, verbal nouns [adjectives]. **B** *m.* (*di riunione, processo*) minutes (*pl.*), record; (*di dichiarazione*) statement: **redigere il v.**, to take minutes; to record; to minute; **Fu fatto un v. della discussione**, the discussion was minuted; **mettere a v.**, to put on record; **il v. di una riunione**, the minutes of a meeting; **il v. di una causa**, a court record; **libro dei verbali**, minute book; **v. di contravvenzione**, ticket; order to pay a fine.

verbaliṣmo, *m.* verbalism.

verbalìstico, *a.* verbalistic.

verbalizzàre, A *v. t.* to record; to put on record; to minute. **B** *v. i.* to take* minutes.

verbalizzazióne, *f.* recording; putting on record.

verbalménte, *avv.* verbally; orally; in (*o* with) words.

verbèna, *f.* (*bot., Verbena officinalis*) vervain; verbena.

verbigerazióne, *f.* (*psic.*) verbigeration.

verbigràzia, *avv.* (*lett.*) for example; for instance.

vèrbo, *m.* **1** (*gramm.*) verb **2** (*lett.*: *parola*) word: **Non voleva intendere v.**, he wouldn't listen to a word; **Non disse v.**, he did not say a word; **il v. divino**, the word of God. ● (*teol.*) **il V. incarnato**, the Word made flesh.

verbosità, *f.* verbosity; wordiness; verbiage; longwindedness.

verbóso, *a.* verbose; wordy; longwinded.

verdàstro, A *a.* greenish. **B** *m.* greenish hue.

verdazzùrro, *a.* e *m.* blue-green.

vérde, A *a.* **1** green: **v. chiaro** [**scuro**], light [dark] green; **v. vivo** [**pallido**], bright [pale] green; **v. come l'erba**, as green as grass; **v. bottiglia**, bottle-green; **v. mare**, sea-green; **v. oliva**, olive-green; **v. pisello**, pea-green **2** (*non maturo*) green; unripe: **Le pesche sono ancora verdi**, the peaches are still green; **legna v.**, green wood **3** (*livido*) green; livid: **v. d'invidia**, green with envy; **v. di bile**, livid (*o* white) with fury **4** (*fig.*: *giovane, giovanile*) young; youthful; green; early: **anni verdi**, green years; youth; **v. età**, early youth **5** (*ecol., fin., polit.*) green: **lira v.**, green lira; **il partito v.**, the Green Party. **B** *m.* **1** (*colore*) green: **Il v. è il colore della speranza**, green is the colour of hope; **i verdi di un dipinto**, the greens of a painting; **vestire di v.**, to dress in (*o* to wear) green; **dipingere q.c. di v.**, to paint st. green; **v. bandiera**, bright green; **v. bottiglia**, bottle green; **v. muschio** (*o* **sottobosco**), mossy green **2** (*vegetazione, germogli*) greenness; vegetation; green; greenery: **il v. dei boschi**, the greenness of the woods; **una regione ricca di v.**, a region rich in vegetation; **Non c'è un filo di v.**, there's not a blade of grass; **Si mangia solo il v.**, you only eat the green **3** (*di semaforo*) green (light): **passare col v.**, to cross with the green light **4** (*zona non costruita*) parkland; open spaces (*pl.*): **v. pubblico**, public parks and gardens; **la tutela del v.**, the protection of open spaces (*o* of parkland); **fascia di v.**, green belt **5** (*polit.*) Green: **il partito dei Verdi**, the Green Party; the Greens **6** (*arald.*) vert. ● **v. antico** (*marmo*), verd-antique □ (*fig.*) **al v.**, broke; penniless; hard up: **ridursi al v.**, to be reduced penniless □ **nel v. degli anni**, in one's green years (*o* early youth).

verdeazzùrro, *V.* **verdazzurro**.

verdeggiànte, *a.* verdant.

verdeggiàre, *v. i.* **1** (*diventare verde*) to turn (*o* to become*, to grow*) green **2** (*essere verde*) to be green; to be verdant: **Sotto di noi verdeggiava la valle**, the green valley stretched below us **3** (*tendere al verde*) to be greenish.

verdèllo, *m.* **1** *V.* **verdone, B**, *def.* 1 **2** (*bot.*) summer lemon.

verdemàre, A *a.* sea-green. **B** *m.* sea green.

verderàme, A *m.* **1** (*chim.*) verdigris **2** (*agric.*) Bordeaux mixture. **B** *a.* verdigris (*attr.*).

verdésca, *f.* (*zool., Prionace glauca*) blue shark.

verdétto, *m.* **1** (*leg.*) verdict; findings (*pl.*): **il v. della giuria**, the verdict (*o* findings) of the jury; **v. di assoluzione** [**di condanna**], verdict of not guilty [of guilty]; **emettere** (*o* **pronunciare**) **un v.**, to bring in (*o* to return) a verdict **2** (*sport*) decision: **v. ai punti**, decision on points **3** (*fig.*: *giudizio*) verdict; judgment: **il v. dell'opinione pubblica**, the verdict of public opinion; **Il v. spetta alla storia**, the verdict is left to posterity; **Mi rimetto al v. della posterità**, posterity shall be my judge.

verdìccio, *a.* greenish; pale green.

verdógnolo, *a.* greenish.

verdolìno, *a.* pale (*o* light, tender) green.

verdóne, A *a.* dark (*o* deep) green. **B** *m.* **1** (*zool., Chloris chloris*) greenfinch **2** *V.* **verdesca**.

verdùra, *f.* **1** (*ortaggi*) vegetables (*pl.*); (*spinaci e sim., anche*) greens (*pl.*): **minestra di v.**, vegetable soup; **negozio di frutta e v.**, greengrocer's **2** (*lett.*) greenery; verdure.

verduràio, *m.* (*f.* **-a**) (*region.*) greengrocer.

verecóndia, *f.* (*lett.*) modesty; bashfulness.

verecóndo, *a.* (*lett.*) modest; bashful.

vérga, *f.* **1** (*bacchetta*) rod, staff; (*per fustigare*) rod, cane: **v. del rabdomante**, dowsing (*o* divining) rod; (*Bibbia*) **la v. di Aronne**, Aaron's rod **2** (*segno di autorità*) staff; sceptre, scepter (*USA*); verge: **v. pastorale**, bishop's staff; crozier; **v. regale**, royal sceptre **3** (*di metallo*) bar; rod: **una v. d'oro**, a gold bar; **una v. di ferro**, an iron bar (*o* rod) **4** (*ramoscello*) twig; stick **5** (*ind. tess.*) lease rod; lease bar **6** (*anat., pop.*) penis*. ● (*bot.*) **v. d'oro** (*Solidago virga-aurea*), goldenrod □ **tremare come una v.** (*o* **v. a v.**), to shake like a leaf.

vergàre, *v. t.* **1** (*rigare*) to stripe; to rule; to draw* lines on **2** (*scrivere*) to write*; to draw* up: **v. una lettera**, to write a letter; **v. un rapporto**, to draw up a report.

vergàta, *f.* stroke (*o* blow) of a cane (*o* a rod): **Si prese trenta vergate**, he got thirty strokes of the cane; **una buona dose di vergate**, a good caning (*o* thrashing).

vergatìna, *f.* (*ind. cartaria*) manifold paper.

vergatìno, *m.* (*ind. tess.*) striped cloth.

vergàto, *a.* **1** striped; ruled: **carta vergata**, laid paper **2** (*scritto*) written; drawn up.

vergatùra, *f.* (*ind. cartaria*) **1** (*il vergare*) lineation **2** (*le righe*) laid lines (*pl.*).

vergèlla, *f.* **1** (*metall.*) (wire) rod **2** (*ind. cartaria*) laid wire.

vergènza, *f.* (*geol.*) vergence.

verginàle, *a.* maidenly; virginal; virgin (*attr.*); maiden (*attr.*): **pudore v.**, maidenly modesty; **purezza v.**, virgin purity.

vérgine, A *a.* **1** (*intatto, puro*) virgin: **foresta v.**, virgin forest; **lana v.**, virgin wool; **olio v. d'oliva**, virgin olive oil; **una ragazza v.**, a virgin **2** (*di pellicola e sim.*) blank. **B** *f.* **1** virgin; maiden (*lett.*): (*relig.*) **la V.**, the Virgin; **la Beata V. Maria**, the Blessed Virgin Mary; **le vergini savie** [**stolte**], the wise [foolish] virgins **2** (*astron.*) Virgo; the Virgin **3** (*astrol.*) Virgo.

vergìneo, *V.* **virgineo**.

verginità, *f.* virginity. ● (*fig.*) **rifarsi una v.**, to start again with a clean slate.

vergógna, *f.* **1** (*sentimento di colpevolezza*) shame; (*onta, disonore*) disgrace, discredit; (*scandalo*) scandal: **arrossire di v.**, to blush with shame; **coprire q. di v.**, to cover sb. with shame; **coprirsi di v.**, to be covered with shame; **avere** (*o* **sentire, provare**) **v. di q.c.**, to be ashamed of st.; to feel shame for st.; **Provava v. per non aver aiutato l'amico.**, he was ashamed of not having helped his friend; **pieno di v.**, deeply ashamed; **senza v.**, shameless; **non conoscere la v.**, to have no (sense of) shame; to be shameless; **È la v. della sua famiglia**, he is the disgrace of his family; **Questo parco è una v.!**, this park is a disgrace!; **una cosa che fa v.**, a shameful thing; **cose che fanno v. a tutta la città**, things which discredit the whole city; **Con mia v. devo ammettere che non lo sapevo**, I have to recognize, to my shame, I didn't know; **Che v.!**, how shameful!; **V.!**, shame on you!; for shame! **2** (*imbarazzo, soggezione*) embarrassment, confusion, shamefacedness; (*timidezza*) shyness, bashfulness: **rosso di v.**, red with embarrassment; **avere v. di parlar** to be too shy to speak; **vincere la v.**, overcome one's embarrassament (*o* shyness **Che v.!**, how embarrassing! **3** (*pl.*) (*orga genitali*) private (*o* privy) parts.

vergognàrsi, *v. i. pron.* **1** to be (*o* to feel ashamed: **Si vergognava di piangere**, she w ashamed of her tears; **Mi vergogno di aver avuto per amico**, I'm ashamed of having h him as a friend; **Si vergogna di ammetterl** she is ashamed to admit it; **Mi vergogno fare un regalo così modesto**, I'm ashamed giving such a small present; **Non deve** (*o* **ha nulla di cui**) **v.**, he has nothing to b ashamed of; **Mi vergogno di te**, I am ashame of you; **Mi vergogno per loro**, I am ashame for their sake; **Vergognati!**, you ought to b ashamed of yourself!; shame on you!; **v. com un ladro**, to be terribly ashamed **2** (*provar imbarazzo*) to feel embarrassed; (*essere tim do*) to be shy, to be bashful: **Si vergogna an che del medico**, he is shy even with his docto

vergognóso, *a.* **1** shameful; disgraceful (*spudorato*) outrageous; (*scandaloso* scandalous: **comportamento v.**, disgracefu behaviour; **fortuna vergognosa**, outrageou good luck **2** (*che prova vergogna*) ashame (*pred.*); shamefaced: **Fece un sorrisetto v.** he gave a shamefaced little smile; **Stava i piedi davanti a me tutto v.**, he stood befor me with a shamefaced expression; **È v. dell sua colpa**, he is ashamed of his misdeed **3** (*ti mido*) shy; bashful; self-conscious: **È una ra gazza molto vergognosa**, she is a very sh girl; **Mi rispose in tono v.**, she answere bashfully.

vérgola, *f.* silk twist.

veridicità, *f.* truthfulness; veracity; truth.

verìdico, *a.* truthful; veracious; true.

verìfica, *f.* verification (*anche elab.*); test (*controllo*) check, control; (*ispezione* survey, inspection; (*esame*) examination: **v. dei documenti**, examination (*o* checking) o documents; **una v. di tutto il macchinario** an inspection of all the machinery; **fare la v della merce**, to check the goods; **fare la v. di un'addizione**, to check an addition; **fare un giro di v.**, to make an ispection round (*o* a tour of inspection). ● **v. fiscale**, revenue inspection □ (*rag.*) **v. dei bilanci**, check on statements □ (*rag.*) **v. di cassa**, cash inspection □ (*rag.*) **v. dei conti**, audit; check-up □ (*leg.*) **v. dei poteri**, check of electoral returns □ **v. dei voti**, scrutiny □ (*comm.*) **salvo v.**, on approval.

verificàbile, *a.* verifiable.

verificabilità, *f.* verifiableness; verifiability: (*filos.*) **principio di v.**, verification principle.

verificàre, A *v. t.* to verify (*anche elab.*); to test; (*controllare*) to check; (*ispezionare*) to survey, to inspect; (*esaminare*) to examine: **v. una dichiarazione**, to verify a statement; **v. una teoria**, to verify (*o* to test) a theory; **v. se tutto è pronto**, to check if everything is ready; (*rag.*) **v. i conti** (*o* **la contabilità**), to audit (the accounts); **v. il funzionamento d'una macchina**, to test the working of a machine. **B verificàrsi,** *v. i. pron.* **1** (*avverarsi*) to come* true; to prove correct: **Si è verificata la profezia**, the prophecy has come true **2** (*accadere*) to happen; to occur; to take* place: **Si è verificato un fatto strano**, a strange thing happened; **Se dovesse v. qualche problema...**, should any problem occur...

verificatóre, *m.* (*f.* **-trice**) verifier; (*controllore*) checker; (*collaudatore*) tester; (*ispettore*) surveyor, inspector; (*esaminatore*) examiner. ● (*rag.*) **v. dei conti**, auditor.

verificatrìce, *f.* (*elab.*) verifier.

verificazióne, *V.* **verifica**.

verisìmile, e *deriv. V.* **verosimile**, e *deriv.*

verìsmo, *m.* **1** (*arte, letter.*) verism **2** (*realismo*) realism.

verìsta, A *a.* (*arte, letter.*) veristic. **B** *m.* e *f.*

(*arte, letter.*) verist.

veristico, *a.* (*arte, letter.*) veristic.

verità, *f.* *1* truth; verity: **la v. rivelata**, revealed truth; **le v. eterne**, eternal verities; **le v. scientifiche**, scientific truths; **le v. fondamentali**, ultimate truths; **v. di fede**, revealed truth; **sapere [dire] la v.**, to know [to tell] the truth; **cercare la v.**, to seek the truth; **appurare la v.**, to find out the truth; **accertare la v. di q.c.**, to verify the truth of st.; **È la v. sacrosanta**, it's gospel truth; **la v. pura e semplice**, the plain truth; **Ciò che ho detto è la pura v.**, what I said is absolutely true; **v. sgradevoli**, home truths; bitter truths; **Di' la v., non ne hai voglia**, be honest, you don't feel like it *2* (*veridicità*) truthfulness; truth; veracity: **la v. del racconto**, the truthfulness (*o* the truth) of the story. ● **a** (*o* **per**) **dire la v.**, to tell the truth; to be honest; quite frankly; actually □ (*fig.*) **in v.** (*davvero*), truly; really; in truth (*lett.*) □ (*Bibbia*) **In v., in v. vi dico**, verily I tell you □ **la v., tutta la v., niente altro che la v.**, the truth, the whole truth and nothing but the truth □ **macchina della v.**, lie detector □ **mezza v.**, half-truth □ **siero della v.**, truth serum (*o* drug) □ (*logica*) **valore di v.**, truth value □ (*prov.*) **La v. vien sempre a galla**, truth will out.

veritièro, *a.* *1* (*che è vero*) true *2* (*che dice il vero*) truthful; true; veracious: **testimone v.**, truthful witness; **racconto v.**, true account.

vèrla, *V.* **averla.**

vèrme, *m.* worm (*anche fig.*); maggot; grub: **v. di terra** (*lombrico*), earthworm; **v. del formaggio**, cheese maggot; **v. solitario** (*Taenia solium*), taenia*; tapeworm; **avere i vermi**, to have worms; **sentirsi un v.**, to feel like a worm; **Sei un v.!**, you are a worm!; **il v. dell'invidia**, the worm of envy. ● **nudo come un v.**, stark naked; mother-naked; in the altogether (*fam.*).

vermeil (*franc.*), *m. invar.* vermeil.

vermicèlli, *m. pl.* vermicelli.

vermicolàre, *a.* vermicular; vermiform: (*anat.*) **appendice v.**, vermiform appendix.

vermiculite, *f.* (*miner.*) vermiculite.

vermifórme, *a.* vermiform; wormlike: (*anat.*) **appendice v.**, vermiform appendix.

vermìfugo, (*farm.*) **A** *a.* vermifugal; vermifuge. **B** *m.* vermifuge.

vermiglio, *a. e m.* vermilion.

vermiglióne, *m.* (*chim.*) vermilion.

verminazióne, *f.* (*med.*) vermination.

verminòṣi, *f.* (*vet.*) verminosis*.

verminóso, *a.* wormridden; grubby; maggoty; (*bacato*) wormy.

vèrmut, *m.* vermouth: **v. secco**, dry vermouth; **v. al selz**, vermouth and soda.

vernacolàre, *a.* vernacular.

vernàcolo, *a. e m.* vernacular: **poeta v.**, vernacular poet; **in v.**, in the vernacular.

vernalizẓàre, *v. t.* (*bot.*) to vernalize.

vernalizẓazióne, *f.* (*bot.*) vernalization.

vernazióne, *f.* (*bot.*) vernation.

vernice, *f.* *1* paint; (*trasparente*) varnish: **una mano di v.**, a coat of paint; **V. fresca!**, wet paint!; **v. a fuoco**, stove enamel; **v. a olio**, oil paint; oil varnish; **v. a smalto**, enamel paint; lacquer; **v. a spirito**, spirit varnish; **v. a spruzzo**, spray paint; **v. bituminosa**, bituminous paint; (*fotogr.*) **v. coprente**, opaque; **v. fosforescente**, luminous paint; **v. isolante**, insulating varnish; **v. opaca**, flat varnish; (*fotogr.*) **v. per ritocchi**, dope *2* (*fig.*: *apparenza superficiale*) veneer, gloss; (*di cultura*) smattering: **una v. di buona creanza**, a veneer of good manners *3* (*inaugurazione di una mostra*) vernissage (*franc.*); varnishing day *4* (*pellame*) patent leather: **borsa di v.**, patent-leather bag.

verniciàre, *v. t.* to paint; (*con vernice trasparente*) to varnish: **v. a smalto**, to enamel; to lacquer; **v. a spruzzo**, to spray; **v. a tampone**, to pad; to French-polish; **v. di rosso il cancello**, to paint the gate red.

verniciàta, *f.* (quick) coat of paint.

verniciatóre, *m.* *1* (*f.* **-trice**) painter; varnisher *2* (*dispositivo*) varnishing machine: **v. a spruzzo**, spray gun; sprayer.

verniciatùra, *f.* *1* (*l'operazione*) painting; (*con vernice trasparente*) varnishing: **v. a centrifugazione**, whirling; **v. a fuoco**, oven-baked painting; **v. a immersione**, dipping; **v. a mano**, brush painting; **v. a rullo**, roller coating; **v. a smalto**, enamelling; **v. a spruzzo**, spray painting; **v. a tampone**, French-polishing *2* (*il lavoro fatto*) painting job *3* (*strato di vernice*) coat of paint; coat of varnish *4* *V.* **vernice**, *def. 2.*

vernissage (*franc.*), *m. invar.* vernissage; varnishing day.

véro, **A** *a.* *1* (*verace, veridico*) true: **il v. Dio**, the true God; **una storia vera**, a true story; **suonare v.**, to ring true; **v. erede**, rightful heir; **È v. che torna?**, is it true that he's coming back?; **È proprio v.?**, is that true?; is that really so?; is that a fact?; **Non è forse v.?**, isn't that true?; isn't that so?; **È v. o no?**, is it true or not?; **È v. o non è v. che vi siete incontrati?**, is it or isn't it true that you met? *2* (*reale, effettivo, autentico*) real; true; genuine; veritable: **La ragione vera è un'altra**, the real reason is another; **Nessuno sa il suo v. nome**, no one knows his real name; **Non disse il v. motivo**, he did not give the real motive; **un fatto v.**, a true episode; **vera seta**, real silk; **perle vere**, real pearls; **un v. affare**, a genuine bargain; **caviale di quello v.**, genuine caviar; **Sembra v.!**, it looks real!; (*di ritratti e sim.*) it's so lifelike!; **È v. affetto**, it's real (*o* true) affection; **un v. artista**, a real artist; **una vera signora**, a real lady; **un v. amico**, a real (*o* true) friend *3* (*anche* **v. e proprio**: *completo, perfetto*) thorough; perfect; downright; regular; proper; positive; sheer: **una vera menzogna**, a downright lie; **un v. farabutto**, a proper (*o* a real) bastard; **un v. idiota**, a perfect (*o* proper) fool; **È stata una vera fortuna**, it was really lucky; **È una vera e propria follia**, it's sheer madness; **una vera vergogna**, a positive disgrace; **un v. peccato**, a crying shame. ● **Com'è v. che io sono qui**, as true as I'm standing here □ **com'è v. Dio** (*o* **il cielo**), as God is my witness □ **Me la pagherà, com'è v. Dio!**, he's going to pay for it, I swear! □ **dare q.c. per v.**, to report st. as true □ **È v.!**, (*proprio così!*) exactly!; quite so!; (*ma sicuro!*) of course! □ **È v. che..., però...**, true (*o* to be sure)..., but... □ **Vieni anche tu, (è) v.?**, you are coming too, aren't you?; **Lui lo sa, non è v.?**, he knows, doesn't he?; **Tu non c'eri, (è) v.?**, you weren't there, were you?; **Nevica, v.?**, it's snowing, isn't it?; **Non vi conoscete, v.?**, you don't know each other, do you?; **Dovrebbe tornare fra poco, v.?**, he should be back soon, shouldn't he? □ **Fosse v.!**, if only it were true! □ **«Hai avuto un aumento?» «Fosse v.!»**,« did you get a rise?» «I wish I had!» □ **Niente di più v.!**, nothing could be more true; it's absolutely true □ **Non è v. che ha lasciato la moglie?**, hasn't he left his wife? □ **Non mi par v.!**, I can hardly believe it! □ **Non mi parrebbe v.!**, it would be too good to be true! □ **tant'è v. che**, in fact; so much so that. **B** *m.* *1* (*verità*) truth: **il v. assoluto**, the absolute truth; **la luce del v.**, the light of truth; **il v. e il falso**, truth and falsehood; **C'è un po' di v. in questo**, there is some truth in this; **dire il v.**, to tell the truth; **per amor del v.**, for the sake of truth *2* (*natura, realtà*) life: **disegnare dal v.**, to draw from life; **ritrarre dal v.**, to represent life; **grande al v.**, life-size; **fedele al v.**, true to life. ● **a dire il v.**, to tell the truth; truth to tell; to be honest about it; as a matter of fact; actually □ **a onor del v.**, to tell the truth □ **essere nel v.**, to be right □ **salvo il v.**, saving error.

veróne, *m.* (*lett.*) balcony.

veronése, **A** *a.* Veronese; of Verona. **B** *m.* *1* (*f.* **-a**) Veronese; native of Verona; inhabitant of Verona *2* (*dialetto*) Veronese dialect.

verònica, *f.* (*bot., Veronica officinalis*) speedwell; veronica. ● **v. maggiore** (*Veronica chamaedrys*), bird's eye.

Verònica, *f.* (*eccles.*) Veronica.

verosimigliànte, *V.* **verosimile.**

verosimigliànza, *f.* verisimilitude; likelihood.

verosìmile, *a.* likely; probable; credible: **È v. che non lo sapesse**, very likely he didn't know; he probably didn't know; **poco v.**, unlikely; improbable; **un racconto che ha del v.**, a story that rings true.

verricellista, *m.* wincher; winchman*.

verricèllo, *m.* windlass; winch (*anche naut.*).

verrina, *f.* auger.

vèrro, *m.* (*zool.*) boar.

verrùca, *f.* (*med., bot.*) verruca*; wart.

verrucóso, *a.* (*med., bot.*) verrucose; warty.

versàccio, *m.* *1* (*di scherno*) rude noise, catcall; (*pernacchia*) raspberry; (*grido*) screech: **fare un v.**, to make a rude noise *2* (*smorfia*) grimace; face: **fare versacci**, to pull faces.

versaménto, *m.* *1* pouring; spilling; shedding: **con grande v. di sangue**, with much shedding of blood *2* (*comm.*) deposit, lodgement; (*pagamento*) payment, paying-in: **fare un v.**, to make a deposit; to pay in; **v. in banca**, payment into a bank; **distinta di v.**, paying-in slip; **ricevuta di v.**, deposit receipt; credit slip *3* (*med.*) effusion.

versànte (1), *m. e f.* *1* (*chi esegue un pagamento*) payer *2* (*chi esegue un deposito*) depositor.

versànte (2), *m.* (*geogr.*) side; slope; versant: **il v. italiano delle Alpi**, the Italian side of the Alps.

versàre (1), **A** *v. t.* *1* (*anche fig.*) to pour (out); (*travasare*) to decant: **v. il vino nei bicchieri**, to pour the wine into the glasses; **v. da bere a q.**, to pour out a drink for sb.; to pour sb. a drink; **Versati da bere**, pour yourself a drink; **Versami il caffè, per favore**, pour me the coffee, please; **v. la minestra nei piatti**, to serve (*o* to ladle out) the soup; **v. la farina in una terrina**, to pour the flour into a bowl; **v. le noci dal sacco**, to pour the nuts out of the sack *2* (*rovesciare*) to spill*: **v. il caffè [il sale] sulla tovaglia**, to spill coffee [salt] on the tablecloth; **versarsi addosso del vino**, to spill wine over oneself *3* (*spargere*) to shed*: **v. lacrime**, to shed tears; **v. il sangue per la patria**, to shed one's blood for one's country; **v. il sangue di q.** (*uccidere*), to spill sb.'s blood; **La ferita versava ancora sangue**, the wound was still bleeding; blood was still pouring from the wound *4* (*vuotare, scaricare*) to empty: **Versa il secchio di fuori**, empty the bucket outside; **Il Po versa le sue acque nell'Adriatico**, the Po empties its waters (*o* flows) into the Adriatic *5* (*comm.*) to deposit; to lodge; (*pagare*) to pay* in [out]: **v. un assegno sul conto**, to pay a cheque into one's account; **v. la prima rata**, to pay the first instalment; **v. dieci milioni a q.**, to pay ten million out to sb.; **v. una caparra**, to pay (*o* to put down) a deposit; **v. una somma in deposito**, to make a deposit. ● (*cucina*) **v. a pioggia**, to add slowly □ (*fig.*) **v. acqua sul fuoco**, to pour oil on troubled waters □ (*leg.*) **v. cauzione**, to give security □ (*fig.*) **v. fiumi d'inchiostro**, to write reams. **B** *v. i.* (*perdere*) to leak: **La botte versa**, the barrel is leaking. **C** **versàrsi,** *v. i. pron.* *1* (*rovesciarsi*) to spill*: **Si è versato un po' di vino**, a little wine has spilt *2* (*traboccare*) to overflow; (*per bollore*) to boil over *3* (*sfociare*) to flow; to empty; to run*: **La Dora si versa nel Po**, the Dora flows into the Po *4* (*fig.*: *riversarsi*) to pour out.

versàre (2), *v. i.* (*trovarsi*) to be; to live; to

find* oneself: **v. in pericolo di vita**, to be in danger of death; **v. in miseria**, to live in poverty; **v. in gravi difficoltà finanziarie**, to be in financial straits.

versàtile, *a.* versatile.

versatilità, *f.* versatility.

versàto, *a.* (*esperto*) versed (*attr.*), proficient; (*abile*) skilled (*attr.*).

verseggiàre, **A** *v. t.* to versify; to put* into verse. **B** *v. i.* to versify; to write* verse.

verseggiatóre, *m.* (*f.* **-trice**) versifier; (*spreg.*) rhymester, verse-monger.

verseggiatùra, *f.* versifying; versification.

versétto, *m.* (*della Bibbia*) verse; (*di altro libro sacro*) verset; (*di canto liturgico*) versicle.

versificàre, **A** *v. t.* to versify; to turn into verse. **B** *v. i.* to versify; to write* verse.

versificatóre, *m.* (*f.* **-trice**) versifier.

versificazióne, *f.* versification.

versiliberìsta, *m.* e *f.* writer of free verse.

versióne, *f.* **1** (*traduzione*) version; translation: **una v. dal latino in italiano**, a translation from Latin into Italian; **un esercizio di v.**, a translation exercise **2** (*redazione, trasposizione*) version: **una seconda v. della leggenda**, another version of the legend; **la v. cinematografica di un romanzo**, the film version of a novel **3** (*modello*) model; version: **la v. di lusso di un'auto**, the luxury model of a car; **L'abito esiste in due versioni**, there are two models of the dress **4** (*interpretazione, racconto*) version; account: **dare la propria v. dei fatti**, to give one's version of the facts.

vèrso (1), *m.* **1** (*riga di poesia*) line (of verse); (*in metrica, anche*) verse: **un v. di dieci sillabe**, a ten-syllable line (*o* verse); **una strofa di sei versi**, a six-line verse; **un v. latino**, a line of Latin verse; **Citò due versi di Keats**, he quoted two lines by Keats; **v. giambico**, iambic (verse); **v. piano**, line ending with a paroxytone; **il possente v. di Dante**, Dante's mighty line **2** (*pl.*) (*poesia, di contro a prosa*) verse (*sing.*), poetry (*sing.*); (*composizioni poetiche*) verses, poems: **scrivere versi**, to write verse (*o* poetry); **scrivere in versi**, to write in verse; **un quaderno di versi**, a notebook of verses (*o* poems); **i versi di Byron**, Byron's poetry; **satira in versi**, satire in verse; **traduzione in versi**, verse translation; **mettere q.c. in versi**, to put st. into verse; **versi sciolti**, blank verse; **versi liberi**, free verse **3** (*suono, anche di cosa*) sound, noise; (*grido inarticolato*) cry: **Dalla bocca gli sfuggì un v. strano**, a strange sound escaped from his mouth; **Il motore fa uno strano v.**, the engine is making a strange noise; **Fece un v. di rabbia**, he cried out in anger; **Smettila di fare versi**, stop crying; **Ci furono versi di disapprovazione tra il pubblico**, there were catcalls (*o* boos) in the audience **4** (*di animale*) cry; (*di uccello, anche*) call, song: **il v. di un animale ferito**, the cry of a wounded animal; **il v. del pavone**, the peacock's cry; **il v. dell'anitra selvatica**, the call of the wild duck; **fare il v. del gatto**, to mew like a cat **5** (*gesto caratteristico*) (peculiar) gesture, trick; (*smorfia*) face, grimace: **fare un v.**, to make (*o* to pull) a face **6** (*direzione*) way, direction; (*lato, anche fig.*) side, angle: **Prendete per questo v. e andate diritto**, take this way and go straight on; **Il vento soffiava da ogni v.**, the wind was blowing from all directions; **considerare una faccenda da tutti i versi**, to consider a matter from all sides (*o* angles) **7** (*del legno*) grain; (*di stoffa*) nap; (*di pelo e sim.*) lie: **piallare il legno per il suo v.**, to plane wood with the grain; **spazzolare una stoffa contro il suo v.**, to brush a cloth against the nap; **accarezzare un gatto per il v. del pelo**, to stroke a cat according to the lie of the fur **8** (*maniera, mezzo*) manner; way; means: **Non c'è v. di convincerlo**, there's no way of convincing him; **Non c'è v.!**, it's all useless!; **tentare per ogni v.**, to try (in) every possible way. ● **lasciare andare le cose per il loro v.**, to let things take their course □ **per un v. o per un altro**, one way or another □ **Chi per un v. e chi per un altro**, some for one reason, some for another □ (*fig.*) **prendere q. per il suo v.** [**per il v. sbagliato**], to rub sb. the right way [the wrong way] □ **prendere le cose per il loro v.**, to take things as they come □ **rifare il v. a q.**, to mimic (*o* to imitate) sb.; to take sb. off (*fam.*).

vèrso (2), *m.* (*retro, rovescio*) back, reverse (side); (*di pagina, moneta, anche*) verso*: **il v. di una busta** [**di un assegno**], the back of an envelope [of a cheque]; **il v. di una medaglia**, the reverse of a medal.

vèrso (3), *prep.* **1** (*direzione, anche fig.*) toward(s), to, in the direction of, -ward(s) (*suff.*); (*nei pressi di*) near, in the neighbourhood of: **Andavo v. la stazione**, I was walking towards the station; **Stiamo scivolando v. la guerra**, we are drifting towards war; **guardare v. q.**, to look in sb.'s direction; **L'uomo guardava v. il mare**, the man was looking towards (*o* in the direction of) the sea; **La finestra guarda v. la strada**, the window faces the street; **voltarsi v. destra**, to turn right; **Si mosse v. destra**, he moved to the right; **Si girò v. di me**, he turned towards me; **andare v. casa**, to make (*o* to head) for home; to turn homeward(s); **v. l'alto**, upward(s); **v. il basso**, downward(s); **v. est**, east; eastward(s); towards the east; in a easterly direction; **v. l'esterno**, outward(s); **v. l'interno**, inward(s); **Abita v. lo stadio**, he lives near the stadium **2** (*tempo*) toward(s); (*circa*) about, around: **v. l'alba**, towards dawn; **v. sera**, towards evening; **v. la metà del mese**, towards the middle of the month; **Venne v. le dieci**, he came at about ten o'clock **3** (*nei confronti di*) toward(s); to; with: **essere indulgente v. q.**, to be lenient with sb.; **È sempre gentile v. di me**, he's always kind to me; **V. di voi non ho alcun debito**, I owe you nothing **4** (*lett.: a paragone di*) compared to; in comparison with; beside: **È nulla v. quello che ho sentito**, it is nothing compared to what I heard **5** (*comm.: contro*) against: **consegna v. pagamento immediato**, delivery against immediate payment.

versóio, *m.* (*agric.*) mouldboard.

versóre, *m.* (*fis., mat.*) versor.

vèrsta, *f.* (*unità di misura russa*) verst.

vèrtebra, *f.* (*anat.*) vertebra*.

vertebràle, *a.* (*anat.*) vertebral: **colonna v.**, vertebral (*o* spinal) column; backbone.

vertebràto, *a.* e *m.* vertebrate.

vertènte, *a.* (*leg.*) pending.

vertènza, *f.* controversy; dispute: **v. diplomatica**, diplomatic controversy; **v. giudiziaria**, judicial controversy; (*causa*) lawsuit; **v. sindacale**, labour dispute; **v. operaia**, industrial dispute; **comporre una v.**, to settle a dispute.

vertenziàle, *a.* of a labour dispute: **la situazione v.**, the labour dispute.

vertenzialità, *f.* unrest; conflict.

vèrtere, *v. i.* **1** (*riguardare*) to be about; to concern; to regard: **Su che cosa verteva la discussione?**, what was the discussion about?; **La controversia verte sui confini**, the controversy regards boundaries **2** (*essere in corso*) to be: **Tra di loro verte un'antica questione**, there is an old dispute between them **3** (*leg.*) to be pending.

verticàle, **A** *a.* vertical; perpendicular; upright; (*nella parole incrociate*) down: **linea v.**, vertical line; **palo v.**, upright post; **pianoforte v.**, upright piano; **organizzazione v.**, vertical organization; **caduta v.**, perpendicular fall; **decollo v.**, vertical take-off; **mettere q.c. in posizione v.**, to stand st. upright; **in v.**, along the vertical; vertically; perpendicularly; **Il sei v. è di otto lettere**, six down is an eight-letter word. **B** *f.* **1** vertical; perpendicular: **essere sulla v. di q.c.**, to be right above st. **2** (*ginnastica*) handstand: **fare la v.**, to do a handstand **3** (*di parole incrociate*) down word.

verticalismo, *m.* verticalism.

verticalità, *f.* verticality; verticalness.

verticalménte, *avv.* vertically; perpendicularly; upright: **mettere q.c. v.**, to place st. upright (*o* on end).

vèrtice, *m.* **1** (*cima*) top; summit; peak: **il v. di un monte**, the top (*o* summit) of a mountain **2** (*fig.: culmine*) height; peak; summit: **È al v. della gloria**, he is at the height of his glory; **il v. della carriera**, the peak (*o* summit) of sb.'s career **3** (*geom.*) vertex*; apex*: **il v. di un angolo**, the vertex of an angle **4** (*polit.: le autorità*) leaders (*pl.*); summit: **il v. del partito**, the party leaders; **i vertici dello Stato**, the country's highest authorities; **incontro al v.**, summit meeting **5** (*incontro*) summit meeting; (*conferenza*) summit conference **6** (*i dirigenti*) top management.

verticillàto, *a.* (*bot.*) verticillate.

verticillo, *m.* (*bot.*) verticil; whorl.

verticismo, *m.* oligarchic structure.

verticista, *m.* e *f.* supporter of an oligarchic structure.

verticistico, *a.* oligarchic; of party leaders; of top management: **struttura verticistica**, oligarchic structure; **decisione verticistica**, decision taken at the top.

vertigine, *f.* dizziness; giddiness; (*med.*) vertigo*: **attacco di vertigini**, fit of giddiness; dizzy spell; **soffrire di vertigini**, to suffer from vertigo; to have no head for heights; **avere le vertigini**, to feel dizzy; **Mi dà** (*o* **fa venire**) **le vertigini**, it gives me vertigo; it makes me dizzy; (*anche fig.*) it makes my head spin; **una cifra da far venire le vertigini**, a staggering sum.

vertiginóso, *a.* dizzy; giddy; vertiginous: **altezze vertiginose**, dizzy heights; **rapidità vertiginosa**, dizzy speed; **scollatura vertiginosa**, plunging neckline; **cifre vertiginose**, staggering figures.

verùno, (*lett.*) *V.* **alcuno, nessuno**.

verve (*franc.*), *f.* *invar.* verve; vitality; liveliness; sparkle; enthusiasm.

vérza, *f.* (*bot.*, *Brassica oleracea sabauda*) savoy.

verzellino, *m.* (*zool.*, *Serinus canarius serinus*) serin.

verzière, *m.* (*lett.*) garden; (*orto*) vegetable garden.

verzùra, *f.* (*lett.*) verdure; greenery.

véscia, *f.* (*bot.*, *Lycoperdon*) puffball.

vescica, *f.* **1** (*anat.*) bladder; vesica*: **v. urinaria**, urinary bladder; **v. natatoria**, air bladder; swim bladder **2** (*della pelle*) blister.

vescicàle, *a.* (*anat.*) vesical.

vescicànte, vescicatòrio, *a.* e *m.* vesicant; vesicatory.

vescicazióne, *f.* (*med.*) blistering; vesication.

vescichétta, *f.* **1** (*anat.*) vesicle; bladder: **v. biliare**, gall bladder **2** (*med.*) blister.

vescicola, *f.* (*anat., med., biol.*) vesicle: **v. seminale**, seminal vesicle.

vescicolàre, *a.* (*anat., med., biol.*) vesicular.

vescicóne, *m.* (*vet.*) windgall; thoroughpin.

vescicóso, *a.* (*med.*) vesiculate(d); blistered.

vescovàdo, vescovàto, *m.* **1** (*dignità di vescovo*) bishopric; episcopate **2** (*durata della carica di un vescovo*) episcopate **3** (*residenza del vescovo*) bishop's palace **4** (*diocesi*) bishopric; see.

vescovile, *a.* episcopal; bishop's: **dignità v.**, episcopal dignity; **anello v.**, bishop's ring.

véscovo, *m.* bishop.

vèspa (1), *f.* (*zool.*) wasp.

Vèspa (2), *f.* (*marchio*) Vespa; motor

scooter.

vespàio, *m.* **1** wasps' nest; vespiary **2** (*med.*) favus **3** (*edil.*) loose stone foundation **4** (*fig.*) hornets' nest: **suscitare** (*o* **stuzzicare**) **un v.**, to stir up a hornets' nest.

Vespașiàno, *m.* (*stor.*) Vespasian.

vespașiàno, *m.* (public) urinal.

vèspero, *m.* **1** (*astron.*) Vesper; Hesperus; evening star **2** (*poet.*) vesper.

vespertino, *a.* evening (*attr.*); vespertine: **ore vespertine**, evening hours.

vespista, *m.* e *f.* Vespa-rider; scooterist.

vèspro, *m.* **1** (*eccles.*) Vespers (*pl.*); evensong: **dire il v.**, to say Vespers **2** (*sera*) evening. ● (*stor.*) **i Vespri Siciliani**, the Sicilian Vespers.

vessàre, *v. t.* to oppress; to harass: to grind* down.

vessatóre, **A** *m.* (*f.* **-trice**) oppressor. **B** *a.* oppressive.

vessatòrio, *a.* oppressive; harassing: **un sistema v.**, an oppressive system; (*leg.*) **clausola vessatoria**, onerous clause.

vessazióne, *f.* oppression; harassment: **ribellarsi alle vessazioni**, to rebel against oppression.

vessel (*ingl.*), *m. invar.* (*fis. nucl.*) reactor vessel.

vessillifero, *m.* **1** (*stor. romana*) vexillary; standard-bearer **2** (*fig.*) precursor; forerunner.

vessillo, *m.* **1** standard; banner; (*bandiera*) flag: **il v. della cavalleria**, the cavalry standard **2** (*fig.*) flag; banner: **il v. della libertà**, the banner of liberty **3** (*zool.*) vexillum* **4** (*bot.*) vexillum*; standard.

vestàglia, *f.* dressing gown.

vestagliétta, *f.* (house-)frock.

vestàle, *f.* **1** (*stor. romana*) vestal (virgin) **2** (*fig.*) vestal.

vèste, *f.* **1** (*pl.*) (*indumenti*) clothing (*sing.*); clothes; garments; apparel (*sing.*); attire (*sing.*): **vesti estive**, summer clothes; **vesti femminili** [**maschili**], women's [men's] clothing (*o* clothes); **indossare** [**togliersi**] **le vesti**, to put on [to take off] one's clothes; **povere vesti**, poor clothes; **in ricche vesti**, in rich clothes (*o* attire, apparel); richly dressed **2** (*abito, vestito*) dress, garment; (*lunga*) gown; (*da cerimonia*) robes (*pl.*): **La toga era la v. dei Romani**, the toga was the Roman dress; **una v. semplice**, a simple dress; **v. da sposa**, bridal gown; **v. da camera**, dressing gown; **v. cardinalizia**, cardinal's robes; **v. talare**, cassock **3** (*rivestimento*) casing; covering; cover: **la v. di paglia di un fiasco**, the straw casing of a flask **4** (*fig.*: *aspetto, guisa*) appearance, guise; (*travestimento*) disguise: **una v. di semplicità**, the appearance of simplicity; **un traditore in v. d'amico**, a traitor disguised as a friend **5** (*qualità*) capacity: **nella mia v. di insegnante**, in my capacity as a teacher; **Sono qui in v. di arbitro**, I am here in the capacity of arbitrator; **in v. ufficiale**, in an official capacity; **in v. d'amico**, as a friend **6** (*fig.*: *autorità, diritto*) authority; right: **Non ho v. per agire**, I have no authority to act **7** (*forma, espressione*) form; expression: **v. poetica**, poetic form. ● (*tipogr.*) **v. tipografica**, lay-out; format, get-up □ (*fig.*) **stracciarsi le vesti**, to be indignant; to cry shame.

Vestfàlia, *f.* Westphalia.

vestiàrio, *m.* **1** clothing; (*abiti*) clothes (*pl.*); (*guardaroba*) wardrobe: **capo di v.**, article of clothing; garment; **un ricco v.**, a fine wardrobe; **effetti di v.**, personal effects of clothing **2** (*teatr.*) costumes (*pl.*).

vestiarista, *m.* e *f.* (*teatr.*) costum(i)er.

vestibilità, *f.* wearability.

vestibolàre, *a.* (*anat.*) vestibular.

vestibolo, *m.* **1** hall; lobby **2** (*anat.*) vestibule **3** (*teatr.*) foyer **4** (*archeol.*) vestibule.

vestigio, *m.* (*pl.* **vestigi**, *m.*, *o* **vestigia**, *f.*) **1** (*orma*) footprint **2** (*fig.*: *traccia, resto*) trace; vestige; remains (*pl.*): **vestigia dell'antica gloria**, traces (*o* vestiges) of ancient glory; **le vestigia della Roma imperiale**, the remains of imperial Rome.

vestiménto, *m.* (*lett.*) clothing; clothes (*pl.*).

vestina, *f.* baby's garment.

vestire, **A** *v. t.* **1** to dress: **Vesti i bambini**, dress the children; **La vestì di rosa**, she dressed her (up) in pink **2** (*fornire vestiti*) to clothe: **nutrire e v. la famiglia**, to feed and clothe one's family; **v. gli ignudi**, to clothe the naked **3** (*fare vestiti a*) to make* (sb.'s) clothes: **Veste i figli da sola**, she makes all her children's clothes; **Veste dive famose**, he makes clothes for famous stars; **La veste una bravissima sarta**, she has a wonderful dress-maker **4** (*avere indosso*) to wear*, to have on; (*mettere indosso*) to put* on: **Veste sempre capi firmati**, she always wears designer clothes; **Vestì il camice**, he put on his white coat **5** (*di abito*: *stare bene indosso*) to fit; to hang* well (on): **Questo cappotto ti veste perfettamente**, this coat fits you perfectly; **una giacca che veste bene**, a jacket that hangs well **6** (*fig.*: *ricoprire*) to cover; to clothe: **La neve vestì di bianco i campi**, the snow covered the fields with a white mantle. ● (*fig.*) **v. l'abito talare**, to become a priest □ (*fig.*) **v. la divisa**, to join the army; to become a soldier □ **v. un fiasco**, to cover a flask with a straw casing □ (*fig.*) **v. la toga**, to become a lawyer □ (*relig.*) **Il Figlio di Dio vestì umana carne**, the Son of God took on human form. **B** *v. i.* to be dressed; to dress; to wear* (st.): **Anna veste sempre bene**, Anna is always well dressed; **Veste sempre di grigio**, he is always dressed in (*o* wears) grey; **Mi piace il suo modo di v.**, I like the way she dresses; **saper v.**, to dress with taste; to know how to dress; **v. a lutto**, to wear (*o* to be in) mourning. **C vestirsi**, *v. rifl.* **1** (*mettersi le vesti*) to get* dressed; to dress: **Hai finito di vestirti?**, have you finished dressing?; **Mi vesto subito**, I'll get dressed at once; **v. da solo**, to get dressed by oneself **2** (*provvedersi dei vestiti*) to clothe oneself; (*farsi fare i vestiti*) to have one's clothes made (by sb.): **Costa molto v.**, it costs a lot to clothe oneself; **Si veste dalla sarta**, she has her clothes made by a dressmaker; **v. ai grandi magazzini**, to buy one's clothes in department stores **3** (*indossare vestiti*) to put* on (st.), to wear* (st.); (*essere vestito*) to be dressed, to dress; (*agghindarsi*) to dress up: **Vestiti con abiti pesanti**, put on heavy clothes; **Vestitevi bene, fa freddo**, wrap up well, it's cold; **v. in maschera**, to wear fancy dress; to put on a fancy-dress costume; **Si veste di lana**, she wears wool; **v. di bianco** [**di seta**], to dress in (*o* to wear) white [silk]; **v. per cena**, to dress for dinner; **Bisogna v. bene stasera?**, should we dress up for tonight?; **v. a festa**, to put on one's Sunday clothes (*o* Sunday best); **Si veste sempre bene**, he is always well dressed; **non saper v.**, not to know how to dress **4** (*mascherarsi*) to dress up: **v. da pirata** [**da Cenerentola**], to dress up as a pirate [as Cinderella] **5** (*fig.*: *ricoprirsi*) to be covered (with st.): **I campi si vestono di fiori**, the fields are covered with flowers. **D** *m.* **1** (*vestiario*) clothes (*pl.*): **spendere per il v.**, to spend on clothes **2** (*modo di vestire*) way of dressing.

vestito (**1**), *a.* **1** dressed; clothed (*anche fig.*); clad (*lett.*): **mal v.**, badly dressed; **ben v.**, well dressed; **v. di lana**, dressed in wool; **v. da estate**, dressed for the summer; **v. di bianco**, dressed in white; **Sei vestito troppo pesante**, your clothes are too heavy; **v. da festa**, in one's Sunday clothes (*o* Sunday best); **v. da casa**, wearing casual clothes; **v. di tutto punto**, all dressed up; immaculately dressed; **un muro v. d'edera**, an ivy-clad wall; **colline vestite di verde**, green-clad hills **2** (*bot.*) in the husk: **riso v.**, rice in the husk; paddy. ● (*fig.*) **nascere v.**, to be born with a silver spoon in one's mouth.

vestito (**2**), *m.* (*da uomo*) suit; (*da donna*) dress, frock; (*al pl.*: *abbigliamento, vestiario*) clothing (*sing.*), clothes: **v. di cotone**, cotton dress; **v. da estate**, summer dress (*o* frock); **v. alla marinara**, sailor suit; **v. a giacca**, coat and skirt; **v. a sacco**, sack; **v. lungo**, gown; **v. da mezza sera**, cocktail dress; **v. da sera**, evening dress; **vestiti da lavoro**, working clothes; **vestiti da strapazzo**, clothes for casual wear; casuals (*fam.*); **il v. della domenica**, one's Sunday clothes (*o* Sunday best); **Deve pensare da sé ai vestiti**, he must provide his own clothing.

vestizióne, *f.* **1** dressing **2** (*eccles.*) clothing.

veșuviàna, *f.* (*miner.*) vesuvianite; idrocase.

Veșùvio, *m.* (*geogr.*) Vesuvius.

veteràno, *a.* e *m.* veteran (*anche fig.*); old campaigner: **un v. del Vietnam**, a Vietnam veteran; **un v. del nostro club**, an old member of our club; **un v. del palcoscenico**, a veteran of the stage; **un v. del mestiere**, an old hand at the job; an old-timer (*USA*).

veterinària, *f.* veterinary science.

veterinàrio, **A** *a.* veterinary. **B** *m.* (*f.* **-a**) veterinary (surgeon) (*GB*; *fam.*: vet); veterinarian (*USA*).

vèto, *m.* veto*: **diritto di v.**, right of veto; **mettere** (*o* **opporre**) **il v. a una proposta**, to put a veto on (*o* to veto) a proposal.

vetràio, *m.* **1** (*fabbricante di vetri*) glass-maker; (*chi lavora il vetro*) glassworker **2** (*chi applica lastre di vetro*) glazier **3** (*chi vende vetri*) glassman*; glass merchant.

vetràme, *m.* glassware.

vetràrio, *a.* glass (*attr.*): **industria vetraria**, glass industry; **arte vetraria**, glass-making.

vetràta, *f.* **1** (*ampia finestra*) large window; (*a colori, nelle chiese e sim.*) stained-glass window **2** (*porta a vetri*) glass door **3** (*parete a vetri*) glass wall (*o* partition).

vetràto, **A** *a.* glazed. ● **carta vetrata**, glass-paper; sandpaper. **B** *m.* (*patina di ghiaccio*) glazed frost; verglas.

vetreria, *f.* **1** (*ind.*) glassworks (*pl. col verbo al sing.*) **2** (*oggetti di vetro*) glasswork; glassware.

vetriàta, *V.* **vetrata**.

vetriàto, *a.* glazed.

vétrice, *f.* e *m.* (*bot.*, *Salix viminalis*) (common) osier.

vetrificàbile, *a.* (*ind.*) vitrifiable.

vetrificànte, (*ind.*) **A** *a.* glazing. **B** *m.* glaze.

vetrificàre, *v. t.* e *i.* **vetrificarsi**, *v. i. pron.* to vitrify.

vetrificazióne, *f.* (*ind.*) vitrification; vitrifaction.

vetrina (**1**), *f.* **1** (*di negozio*) (shop-)window: **È in v. dal gioielliere**, it's in the jeweller's window; **allestire una v.**, to dress a window; **guardare le vetrine**, to window-shop **2** (*bacheca*) showcase; display case: **Gli oggetti erano esposti in vetrine**, the objects were on display in showcases **3** (*cristalliera*) glass cupboard. ● (*fig.*) **mettersi in v.**, to show off.

vetrina (**2**), *f.* (ceramic) glaze.

vetrinista, *m.* e *f.* window-dresser.

vetrinistica, *f.* window-dressing.

vetrino, *m.* (*per microscopio*) slide.

vetriòlo, *m.* (*chim.*) vitriol: **v. bianco** [**azzurro, verde**], white [blue, green] vitriol; **olio di v.**, oil of vitriol; **trattare con v.**, to vitriol; to vitriolize. ● (*fig.*) **al v.**, vitriolic.

vétro, *m.* glass: **una lastra di v.**, a sheet (*o* pane) of glass; **un rumore di vetri rotti**, a noise of broken glass; **arte del v.**, glass-making; **v. di finestra**, (window) pane; **mettere i vetri a una finestra**, to fit a window with panes; to glaze a window; **v. blindato**, armoured glass; **v. colorato**, stained glass; **v. di sicurezza**, safety glass; **v. infrangibile**, unbreakable glass; **v. opaco**, opaque glass; **v. opalino**, opal (*o* milk) glass; **v. retinato**, wired glass; **v. smerigliato**, frosted glass; **v. soffiato**, blown glass; **v. stampato**, moulded glass; **v. temperato**, tempered glass; **bicchiere di v.**, glass; **fibra di v.**, fibreglass; **oggetti di v.**, glasswork; glassware; **vetri di Murano**, Venetian glasswork; **soffiare il v.**, to blow glass.

vetrocàmera, *f.* (*edil.*) double glazing.

vetroceménto, *m.* (*chim., edil.*) reinforced concrete and glass blocks (*pl.*).

vetroceràmica, *f.* pyroceram (*marchio*).

vetrocromìa, *f.* (*pitt.*) glass-painting.

vetrofanìa, *f.* decalcomania.

vetroflèx, *m. invar.* (*marchio*) glass wool.

vetrorèsina, *f.* fibreglass, fiberglass (*USA*).

vetróso, *a.* vitreous; glassy.

vétta, *f.* (*anche fig.*) top; peak; summit: **la v. di un monte**, the top of a mountain; **la v. d'un albero**, a treetop; **in v.**, at the top; on top; **arrivare in v.**, to reach the top (*o* the summit); **in v. alla classifica**, at the top of the result list; **la v. della fama**, the peak of fame.

vettóre, A *m.* ***1*** (*mat., fis.*) vector ***2*** (*trasportatore*) carrier: **responsabilità del v.**, carrier's liability ***3*** (*biol.*) vector; carrier. **B** *a.* ***1*** (*mat., fis.*) vector (*attr.*): **raggio v.**, radius vector ***2*** (*miss.*) carrier (*attr.*): **razzo v.**, carrier rocket.

vettoriàle, *a.* (*mat., fis.*) vector (*attr.*); vectorial: **calcolo v.**, vector calculus; **grandezza v.**, vector; **spazio v.**, vector space.

vettovàglia, *f.* (*specialm. al pl.*) victuals (*pl.*); provisions (*pl.*); supplies (*pl.*).

vettovagliaménto, *m.* victualling; provisioning.

vettovagliàre, *v. t.* to victual; to provision.

vettùra, *f.* ***1*** (*carrozza*) coach ***2*** (*ferr.*) carriage (*GB*), coach (*GB*), car (*USA*); (*di tram*) tram, streetcar (*USA*): **v. di prima classe**, first-class carriage; **v. di testa**, first carriage ***3*** (*autom.*) (motor) car: **v. da corsa**, racing-car; **v. d'epoca**, vintage car. ● **v. di piazza**, taxi(cab); cab (*specialm. USA*); (*carrozza*) hackney cab □ (*comm.*) **lettera di v.**, consignment note; waybill □ (*ferr.*) **In v.!**, all aboard!

vetturàle, *m.* carter.

vetturìno, *m.* coachman*; cabman*.

vetustà, *f.* (*lett.*) antiquity; (old) age.

vetùsto, *a.* (*lett.*) ancient; very old.

vezzeggiaménto, *m.* fondling; petting.

vezzeggiàre, *v. t.* to fondle; to pet: **v. un bambino**, to fondle a baby.

vezzeggiativo, A *a.* (*gramm.*) of endearment (*pred.*). **B** *m.* ***1*** (*gramm.*) term of endearment ***2*** (*nomignolo*) pet name.

vézzo, *m.* ***1*** habit; trick; (*cattiva abitudine*) bad (*o* nasty) habit: **Ha il v. di grattarsi l'orecchio**, he has a habit (*o* trick) of scratching his ear; **Ha il v. di mangiarsi le unghie**, he has a habit of biting his nails; **Lo fa per v.**, it's a habit (*o* trick) of his ***2*** (*pl.*) (*leziosità*) affectation (*sing.*), affected manners, airs and graces; (*smancerie*) mincing ways ***3*** (*pl.*) (*fascino, grazia*) charm (*sing.*) ***4*** (*collana*) necklace: **un v. di perle**, a string of pearls. ● **fare un v. a q.**, to fondle sb.

vezzosità, *f.* ***1*** charm; cuteness (*fam.*) ***2*** (*leziosità*) affectation; (*smancerie*) mincing ways (*pl.*).

vezzóso, *a.* ***1*** charming; graceful; cute (*fam.*): **una fanciulla vezzosa**, a charming girl; **un cappellino v.**, a cute little hat ***2*** (*lezioso*) affected; simpering; mincing: **fare la vezzosa**, to put on simpering ways; to simper.

vi (1), A *pron. pers. m. e f. 2ª pers. pl.* ***1*** (*compl. ogg.*) you; (*compl. indir.*) (to) you: **Non vi vidi**, I didn't see you; **Sono venuto a vedervi**, I have come to see you; **Vorrei parlarvi**, I'd like to talk to you; **Vi manderò quel libro**, I'll send you that book; **Vi cercano**, they are looking for you; **Vi siete lavati le mani?** have you washed your hands?; **Guardatevi intorno!**, look around! ***2*** (*coi verbi rifl.*) yourselves (*o idiom.*): **Non stancatevi troppo**, don't tire yourselves too much; **Vi siete stancati?**, did you get tired?; **Vi siete feriti?**, are you hurt? ***3*** (*coi verbi i. pron.*) – **Non vi sentite bene?**, don't you feel well?; **Vi pentirete di ciò**, you'll regret it ***4*** (*coi verbi rifl. recipr.*) each other (*fra due*); one another (*fra più di due*): **Vi somigliate come due gocce d'acqua**, you are exactly like each other; **Non vi conoscete?**, don't you know each another? ***5*** (*con valore rafforzativo*) – **Vi prenderete un raffreddore!**, you'll catch a cold!; **Chi vi credete di essere?**, who do you think you are?; **Fumatevi una sigaretta**, have a cigarette. **B** *pron. dimostr.* (*a ciò*) to it, about it; (*in ciò*) in it: **quando vi si applica**, when he gets down to it; **Non voglio pensarvi più**, I don't want to think about it any more.

vi (2), *avv.* (*di luogo: lì*) there; (*qui*) here: **v'è**, there is; **vi sono**, there are; **In questa strada non v'è anima viva**, there isn't a living soul in this street; **Non vi trovai nessuno**, I didn't find anybody there; **Eccovi**, here you are.

vìa (1), A *f.* ***1*** (*strada*) road; street: **via maestra**, main road; **via principale** (*di una città*), main street; **Abito in via Marconi**, I live in via Marconi; **una via romana**, (*in Roma*) a street in Rome; (*stor.*) a Roman road; **le vie di Napoli**, the streets of Naples; **Questa è la via per Napoli**, this is the road to Naples; **Prenda la prima via a destra**, take the first street on the right; **vie di città e di campagna**, town and country roads; **la Via Appia**, the Appian Way; (*anche fig.*) **via senza uscita**, dead end; blind alley; cul-de-sac (*franc.*) ***2*** (*percorso, tragitto*) way; path; track; route: **la via di casa**, the (*o* one's) way home; **seguire la via più breve**, to take the shortest way (*o* route); **in** (*o* **per**) **via**, on the way; **essere per via**, to be on one's way; **mettersi per via**, to start on one's way; to set out (*o* off); **a mezza via**, halfway; **riprendere la via**, to resume one's way (*o* journey); **aprirsi una via nella foresta**, to open up a path through the forest; **aprirsi la via a forza**, to force one's way; **via d'accesso**, approach (route); **vie di comunicazione**, communication routes; **via d'acqua**, waterway; **via di fuga**, escape route; **via di scampo**, way out; **via d'uscita**, way out; exit; means of egress; (*fig.*) way out, escape; **la via della seta**, the Silk Route; **la via della droga**, the drug route ***3*** (*fig.: cammino, percorso*) path; road; track; course: **la via della gloria** [**della virtù**], the path of glory [of virtue]; **la via della perdizione**, the road to ruin; **la retta via** (*della virtù*), the straight and narrow path; **sulla via giusta**, on the right track; **seguire la via battuta**, to keep to the beaten track; **via di mezzo**, middle course; (*compromesso*) compromise; (*alternativa*) alternative: **Bisogna andare o restare; non c'è via di mezzo**, either we go or we stay; there's no other alternative ***4*** (*fig.: corso, processo*) way; course: **in via di guarigione**, on the way to recovery; (*di ferita*) healing; **in via di costruzione**, in course of construction ***5*** (*fig.: modo, mezzo*) way: **È la via migliore**, it's the best way; **Non c'è via di persuaderlo**, there is no way of persuading him; **tentare tutte le vie**, to try in every way; to explore every avenue; **Non c'è altra via**, there is no other way (*o* nothing else for it); **in via eccezionale**, exceptionally; by way of exception; **in via provvisoria**, provisionally; on a temporary basis; **in via amichevole**, as a friend; (*leg.*) out of court; **in via sperimentale**, as an experiment; **in via confidenziale**, in confidence; **via radio**, by radio; **via satellite**, by satellite ***6*** (*procedimento*) channels (*pl.*): **per via diplomatica** [**gerarchica**], through diplomatic [official] channels; **adire le vie legali**, to take legal steps; to have recourse to legal action ***7*** (*fig.: carriera*) career: **una laurea che apre molte vie**, a degree opening many careers; **Ha scelto la via degli affari**, he has taken up a business career; he has gone into business ***8*** (*alpinismo*) route: **aprire una via**, to open up a new route; **via ferrata**, route with fixed ropes ***9*** (*anat.*) duct; tract: **vie biliari**, biliary ducts; **vie respiratorie**, respiratory tract. ● **la Via Crucis**, the Way of the Cross; (*fig.*) calvary, purgatory: **È stata una via crucis**, it was a real calvary □ **vie di fatto**, violence: **scendere a vie di fatto**, to have recourse to violence □ (*astron.*) **la Via Lattea**, the Milky Way □ **via libera**, (*segnale*) all-clear sign; go-ahead (*o* go) sign; (*fig.: autorizzazione*) go-ahead, green light; (*fig.: sfogo*) free rein, vent: **Via libera!**, all clear!; **dare il via libera**, to give the all-clear; **dare il via libera a un progetto**, to give a plan the go-ahead (*o* the green light); **dare via libera a q.c.**, (*far passare*) to let st. through; (*non opporsi*) to give free rein (*o* vent); **dare libera via alle proprie emozioni**, to give free rein (*o* vent) to one's feelings □ (*leg.*) **in via di diritto**, by right □ **per via aerea**, by air; (*della posta*) by air mail □ **per via di** (*per causa di*), because of; owing to; through: **Tutto per via della tua sbadataggine**, all because of your carelessness; **Lo spettacolo fu rimandato per via della pioggia**, the show was put off owing to (*o* because of) rain; **Lo conosco per via di mio fratello**, I met him through my brother □ **È mio parente per via di madre**, he's related to me on my mother's side □ **per via (di) terra**, by land; overland □ (*med.*) **da prendere per via esterna**, to be used externally □ (*med.*) **da prendere per via orale**, to be taken orally □ (*fig.*) **per vie traverse**, (*indirettamente*) indirectly, by roundabout methods; (*in modo poco onesto*) by devious means, deviously, in an underhand way □ **Le vie del Signore sono infinite**, God's ways are infinite □ (*prov.*) **Chi lascia la via vecchia per la nuova sa quel che lascia, non sa quel che trova**, better the devil you know than the devil you don't □ (*prov.*) **La via dell'inferno è lastricata di buone intenzioni**, (the road to) Hell is paved with good intentions. **B** *prep.* (*passando per*) via: **andare da Milano a Budapest via Vienna**, to go from Milan to Budapest via Vienna.

vìa (2), A *avv.* away; off: **correre via**, to run away (*o* off); **volare via**, to fly away; **andare via**, to go away; to be off; to leave: **Devo andare via**, I must be off; **andare via da un luogo**, to leave a place; **venire via**, to come away; (*di macchia*) to come out; (*staccarsi*) to come off: **Vieni via di lì**, come away from there; **È venuta via la manopola**, the knob has come off; **mandare via q.**, to send sb. away; **Porta via queste cose!**, take these things away; **Il vento gli portò via il cappello**, the wind blew his hat away; **Afferrò un panino e via di corsa**, he grabbed a roll and off he went; **Scappò via come un fulmine**, he was off like a shot; **Starò via due giorni**, I'll be away for two days; **Volevo vederlo, ma era via**, I wanted to see him, but he was away. ● **via via che arrivano**, as they arrive □ **e così via** (*o* **e via dicendo**), and so on. **B** *inter.* ***1*** (*per scacciare*) go away!, get away!, be off!; (*con animali*) shoo!: **Via di lì!**, get away from there! ***2*** (*per far partire*) go!: **Uno, due, tre, via!**, ready, steady, go!; **Pronti? Via!**, ready? go!; **Via con l'orchestra!**, strike up the band! ***3*** (*per sollecitare, incitare, incoraggiare*) come on!: **Via, coraggio!**, come on, cheer up!; **Via, smettila!**, come on, stop it!; **Via, sbrigati!**, come on, hurry up!; **Ma sì, via, facciamolo!**, all right, let's do it!; **Non è andata poi così male, via!**, well, it didn't go so badly after all; **Eh, via! sono cose da dirsi?**, oh, come now! you shouldn't say such things!; **Oh, via, basta con quella radio!**, do turn off that radio, for heaven's sake! **C** *m.* ***1*** (*sport: segnale di partenza*) starting signal; signal to start: **dare il via a una gara**, to start a race;

anche fig.) **pronto al via**, under starter's orders; ready to start; (*anche fig.*) **prendere il via**, to start; to be off; to kick off **2** (*fig.*) word; OK; (*autorizzazione*) green light, go-ahead: **Devi solo dare il via**, you only have to say the word (*o* to give the OK); **dare il via al progetto**, to give the plan the go-ahead (*o* the green light); **dare il via a una discussione**, to open a debate; **La sua frase diede il via a una serrata discussione**, his words touched (*o* triggered) off a lively discussion.

viabile, *a.* practicable.

viabilista, viabilistico, *a.* (road) traffic, road (*attr.*).

viabilità, *f.* **1** road conditions (*pl.*); use of a road: **buona v.**, good road conditions; **La v. è stata interrotta**, the road has been closed to traffic **2** (*rete stradale*) road system (*o* network); roads (*pl.*) **3** (*norme sul traffico*) traffic regulations (*pl.*).

Via Crucis, *V. sotto* **via (1)**.

viadótto, *m.* viaduct.

viaggiànte, *a.* travelling; in transit: (*ferr.*) **personale v.**, train crew.

viaggiàre, A *v. i.* **1** to travel; to journey; to make* a trip; (*per turismo*) to tour; (*in aereo*) to fly: **v. in automobile [aeroplano, treno, nave]**, to travel by car [plane, train, boat]; **v. per divertimento [per studio, per lavoro, per affari]**, to travel for pleasure [for educational purposes, for one's work, on business]; **v. all'estero**, to travel abroad; **v. in prima classe**, to travel first class; **v. su un autobus**, to ride a bus; **Mi piace molto v.**, I like travelling very much; **v. sotto altro nome**, to travel incognito; **v. avanti e indietro**, to commute; **v. in lungo e in largo**, to travel far and wide; **v. con pochi bagagli**, to travel light; **È uno che ha viaggiato**, he has travelled (*o, fam.*: has been around) a lot; he is a well-travelled man **2** (*comm.*: *fare il rappresentante*) to travel: **v. per conto di una ditta**, to travel for a firm **3** (*di veicolo*) to run*, to travel; (*di nave*) to cruise: **v. su rotaie**, to run on rails; **Il treno viaggiava in orario**, the train was running on time; **Il treno viaggia con 40 minuti di ritardo**, the train is 40 minutes late **4** (*di merci*) to travel; to be carried: **La merce viaggia a rischio del mittente**, the goods travel at the sender's risk **5** (*della luce e sim.*) to travel. ● **v. con la fantasia**, to let one's imagination wander. **B** *v. t.* to travel over (*o* round); (*per turismo*) to tour: **v. il mondo**, to travel (*o* to tour) round the world; **Ho viaggiato tutta l'Italia**, I've travelled (*o* toured) all over Italy.

viaggiatóre, A *m.* (*f.* **-trice**) **1** traveller, traveler (*USA*); (*esploratore*) explorer, (*per mare*) voyager **2** (*passeggero*) passenger: **v. di prima classe**, first-class passenger; **treno viaggiatori**, passenger train. ● **v. di commercio**, travelling salesman; commercial traveller. **B** *a.* travelling, traveling (*USA*): **commesso v.**, travelling salesman; commercial traveller; **piccione v.**, carrier pigeon; homing pigeon.

viàggio, *m.* **1** journey; (*per mare, nello spazio*) voyage; (*turistico*) tour; (*breve o di piacere*) trip: **fare un v.**, to go on (*o* to make) a journey [a voyage]; to go on (*o* to take) a trip; **intraprendere un v.**, to set out on a journey; **mettersi in v.**, to set out; to set off; **essere in v.**, to be travelling; to be on a journey; **Sono in v.** (*stanno arrivando*), they are on their way; **un v. di poche ore**, a few hours' journey; **un v. d'un giorno**, a day's journey; **v. in automobile**, car trip (*o* journey); drive; **v. aereo**, journey by plane; flight; **v. per mare**, journey by sea; voyage; **v. per terra**, journey by land; **v. d'esplorazione**, exploration; **v. di piacere [di lavoro]**, pleasure [business] trip; **v. di studio**, study tour (*o* trip); **v. interplanetario**, interplanetary voyage; **v. intorno al mondo**, round-the-world tour (*o* trip); **v. organizzato**, package tour **2** (*pl.*) travels; (*il viaggiare*) travel, travelling (*sing.*), traveling (*USA*): **scrivere un libro sui propri viaggi**, to write a book about one's travels; **un libro di viaggi**, a travel book; **agenzia di v.**, travel agency; **«I viaggi di Gulliver»**, «Gulliver's Travels» **3** (*tragitto*) trip: **Per portare le scatole dovrò fare due viaggi**, I'll have to make two trips to carry the boxes **4** (*gergo della droga*) trip: **farsi un v.**, to go on a trip. ● **v. di andata**, outward journey (*o* voyage); journey (*o* voyage) out □ **v. di nozze**, honeymoon (trip): **essere in v. di nozze**, to be on one's honeymoon; to be honeymooning □ (*naut.*) **v. di prova**, trial trip □ **v. di ritorno**, return journey (*o* voyage); journey (*o* voyage) home □ **v. inaugurale**, maiden voyage □ **v. nel tempo**, journey through time □ **v. senza ritorno**, one-way journey □ **abito da v.**, travelling clothes □ **borsa da v.**, travelling bag □ **Buon v.!**, have a good journey! (*o* a nice trip) □ **compagno di v.**, fellow-traveller □ (*fig.*) **fare un v. a vuoto**, to go on a fool's errand □ (*fig.*) **fare un v. e due servizi**, to kill two birds with one stone □ **spese di v.**, travelling expenses.

viàle, *m.* avenue; boulevard; parkway (*USA*); (*di accesso*) drive; (*di giardino*) path, walk, lane.

vialétto, *m.* path; lane.

viandànte, *m.* e *f.* wayfarer.

viàrio, *a.* road (*attr.*); street (*attr.*): **rete viaria**, road network.

viàtico, *m.* **1** (*relig.*) viaticum **2** (*fig.*) moral support; word of advice.

viavài, *m.* comings and goings (*pl.*); bustle; traffic: **un v. di gente**, people coming and going; **il v. dei treni**, the arrivals and departures of trains; the train traffic.

vibrafonista, *m.* e *f.* (*mus.*) vibraphonist.

vibràfono, *m.* (*mus.*) vibraphone.

vibrànte, *a.* **1** (*che vibra*) vibrating: **nota v.**, vibrating note **2** (*sonoro, energico*) vibrant; resonant: **voce v.**, resonant voice **3** (*fremente*) vibrating; throbbing; thrilling **4** (*ling.*) vibrant.

vibràre, A *v. t.* **1** (*agitare*) to brandish; to wield; to shake*: **v. la spada**, to brandish one's sword **2** (*assestare con forza*) to strike*; to deliver; to deal*: **v. un colpo**, to strike a blow; **v. una pugnalata a q.**, to stab sb. **3** (*scagliare*) to hurl; to cast*; to fling*: **v. una lancia**, to hurl a spear **4** (*tecn.*) to vibrate: **v. il calcestruzzo**, to vibrate concrete. **B** *v. i.* **1** to vibrate; (*con un ronzio*) to twang; (*scuotersi*) to shake*: **L'ultima nota vibrò a lungo**, the last note vibrated for a long time; **far v. una corda**, to make a string vibrate; to cause a string to vibrate; **La terra vibrò**, the earth shook **2** (*tecn.*) to vibrate; to throb; to chatter; to flutter **3** (*fig.*: *di voce*) to vibrate, to quiver, to throb; (*risuonare*) to resound, to ring*: **La sua voce vibrava di emozione**, his voice was quivering with emotion; **Un grido vibrò nell'aria**, a cry rang in the air.

vibràtile, *a.* vibratile.

vibràto, A *a.* (*vigoroso*) forceful; energetic; strong; vehement: **una vibrata protesta**, a strong (*o* vehement) protest. **B** *m.* (*mus.*) vibrato.

vibratóre, *m.* (*fis., tecn., med.*) vibrator: (*fis.*) **v. asincrono**, asynchronous vibrator.

vibratòrio, *a.* vibratory: **moto v.**, vibratory motion; **massaggio v.**, vibromassage.

vibrazionàle, *a.* (*fis.*) vibrational: **numero quantico v.**, vibrational quantum number.

vibrazióne, *f.* **1** (*fis.*) vibration: **v. acustica**, sound vibration **2** (*mecc.*) vibration; chatter; flutter **3** (*scossa*) quivering; vibration; shaking.

vibrióne, *m.* (*biol.*) vibrio*.

vibrissa, *f.* (*anat., zool.*) vibrissa*.

vibrògrafo, *m.* (*fis.*) vibrograph.

vibromassaggiatóre, *m.* massage vibrator; vibromassager.

vibromassàggio, *m.* vibromassage.

vibroscòpio, *m.* (*tecn.*) vibroscope.

vibrotrasportatóre, *m.* (*ind.*) vibrating (*o* vibratory) conveyor.

vibrovàglio, *m.* (*ind. min.*) vibrating screen.

vibùrno, *m.* (*bot., Viburnum*) viburnum.

vicarìa, *f.* (*eccles.*) vicariate; vicarship.

vicariàle, *a.* (*eccles.*) vicarial.

vicariànte, *a.* (*biol., med.*) vicarious.

vicariàto, *m.* (*eccles.*) vicariate; vicarship.

vicàrio, A *m.* **1** substitute; deputy **2** (*eccles.*) vicar: **v. apostolico**, vicar apostolic; **v. foraneo**, vicar forane; **il V. di Cristo**, the Vicar of Christ. **B** *a.* **1** vicarious (*anche med.*); deputy; vicarial **2** (*eccles.*) – **Cardinal v.**, cardinal vicar.

vice, *m.* e *f.* deputy; vice; substitute; sub (*fam.*); (*assistente*) assistant.

viceammiràglio, *m.* vice-admiral.

vicebrigadière, *m.* (*mil.*) sergeant.

vicecomitàle, *a.* of a viscount.

vicecommissàrio, *m.* deputy inspector.

vicecònsole, *m.* vice-consul.

vicedirettóre, *m.* assistant (*o* deputy) director; (*di un'azienda*) assistant (*o* deputy) manager; (*di una scuola*) assistant headmaster; (*di un giornale*) assistant (*o* deputy) editor: **v. generale**, deputy general manager.

vicegovernatóre, *m.* vice-governor; deputy governor.

vicemàdre, *f.* foster mother.

vicènda, *f.* **1** (*evento*) event, adventure, vicissitude; (*storia*) story: **una v. curiosa**, a curious event; **vicende storiche**, historical events; **le vicende personali di q.**, sb.'s life-story; **Mi raccontò le sue vicende in Africa**, he told me of his adventures in Africa; **una vita ricca di vicende**, an eventful life; **alterne vicende**, changing fortunes **2** (*successione*) succession: **una v. di vittorie e sconfitte**, a succession of victories and defeats **3** (*alternanza*) alternation **4** (*agric.*) rotation. ● **a v.**, (*a turno*) in turn; (*l'un l'altro*) each other, one another.

vicendévole, *a.* reciprocal; mutual.

vicendevolménte, *avv.* mutually; reciprocally; each other; one another.

vicentìno, A *a.* of Vicenza; from Vicenza. **B** *m.* **1** (*f.* **-a**) native of Vicenza; inhabitant of Vicenza **2** (*dialetto*) dialect of Vicenza.

vicepàdre, *m.* foster father.

vicepàrroco, *m.* curate.

viceprefètto, *m.* subprefect.

viceprèside, *m.* e *f.* assistant principal; assistant (*o* deputy) headmaster (*m.*); assistant (*o* deputy) headmistress (*f.*).

vicepresidènte, *m.* vice-president; (*di assemblea, ecc.*) vice-chairman*, deputy chairman*.

vicepresidènza, *f.* vice-presidency; (*di assemblea, ecc.*) vice-chairmanship, deputy chairmanship.

vicepretóre, *m.* (*leg.*) deputy magistrate.

vicepretùra, *f.* **1** (*luogo*) deputy magistrate's court **2** (*carica*) office (*o* post) of deputy magistrate.

vicequestóre, *m.* deputy prefect of police.

viceré, *m.* viceroy.

vicereàle, *a.* viceregal.

vicereàme, *m.* viceroyalty.

viceregina, *f.* vicereine.

vicerettóre, *m.* (*di università*) assistant vice-chancellor (*GB*), vice-president (*USA*); (*di collegio*) deputy warden, deputy master.

vicesegretàrio, *m.* assistant secretary; under-secretary.

vicesindaco, *m.* deputy mayor.

vicevèrsa, A *avv.* vice versa (*lat.*); the other way around: **riflettere prima di agire e non v.**, to think before acting and not vice versa; **Le mogli possono portare i mariti e v.**, wives may bring their husbands and vice versa; **da Napoli a Roma e v.**, from Naples to Rome and back. **B** *cong.* (*fam.*: *invece*) but; instead:

Aveva promesso di scrivermi, v. non l'ha fatto, he promised to write to me, but he never did.

vichinga, *f.* ***1*** (*stor.*) Viking woman* ***2*** (*fam. scherz.*) Scandinavian woman*; (*per estens.*) strapping blonde.

vichingo, A *a.* ***1*** (*stor.*) Viking ***2*** (*fam. scherz.*) Scandinavian. **B** *m.* ***1*** (*stor.*) Viking ***2*** (*fam. scherz.*) Scandinavian; Northerner; (*per estens.*) handsome blond-haired man.

vicinàle, *a.* local: **strada v.**, local road.

vicinàme, *m.* (*spreg.*) gossipy neighbours (*pl.*).

vicinànza, *f.* ***1*** (*l'essere vicino*) nearness; closeness; vicinity; proximity: **la v. della stazione**, the nearness (*o* closeness) of the station; **in stretta v.**, in close (*o* near) proximity; **la v. degli esami**, the nearness of the exams; **in v. di Roma**, in the vicinity of Rome; near Rome ***2*** (*pl.*) (*dintorni*) vicinity (*sing.*), neighbourhood (*sing.*), neighborhood (*USA*); surroundings; environs (*franc.*): **Conosce un ristorante nelle vicinanze?**, do you know of a restaurant around here (*o* nearby, in the vicinity)?; **Sta nelle vicinanze di Milano**, he lives just outside Milan; **Conosce tutti nelle vicinanze**, he knows everybody in the neighbourhood. ● **in v. e in lontananza**, far and near.

vicinàto, *m.* ***1*** (*luogo*) neighbourhood, neighborhood (*USA*): **le case del v.**, the houses in the neighbourhood ***2*** (*vicini*) neighbours (*pl.*), neighbors (*USA*): **essere in buoni rapporti con il v.**, to be on good terms with one's neighbours; **rapporti di buon v.**, good neighbourly terms; good neighbourliness (*sing.*); **far parlare tutto il v.**, to set all the neighbours gossiping.

viciniòre, *a.* (*bur.*) neighbouring, neighboring (*USA*).

vicino, A *a.* ***1*** nearby; close; neighbouring (*attr.*), neighboring (*USA*); near; (*accanto*) next: **nella piazza vicina**, in the nearby square; **La Posta è vicinissima**, the post office is close at hand (*o* quite near); **le vicine campagne**, the neighbouring countryside; **nazioni vicine**, neighbouring countries; **il paese v.**, the neighbouring (*o* next) village; **la stanza vicina**, the next room; **Abitano nella casa vicina**, they live next door; **Abitano in due case vicine**, they live close to each other; (*porta a porta*) they live next door to each other; **La nave era vicina al porto**, the ship was near the port; **Qual è l'albergo più v.?**, which is the nearest hotel?; **Ci trovammo vicini a tavola**, we were neighbours at table; **State vicini, se no vi perdete**, keep close or you'll get lost ***2*** (*di parenti, amici*) close; near: **un parente v.**, a near relation; a close relative; **Mi fu v. in quel periodo**, he was close (*o* of great comfort) to me at that time; **È molto v. al presidente**, he is very close to the president ***3*** (*fig.: affine*) close; near: **un colore più v. al rosso che al giallo**, a colour nearer (*o* closer) to red than to yellow; **idee vicine alle mie**, ideas similar to mine ***4*** (*rif. al tempo*) close (*pred.*); near at hand (*pred.*); near (*pred.*); coming: **Natale è v.**, Christmas is near (at hand); **Gli esami sono ormai vicinissimi**, the exams are on top of us (*o* very close); **la vicina Pasqua**, the coming Easter; **Siamo vicini alle elezioni**, we are getting close to election time; **La fine è vicina**, the end is near; **Si era vicini alla mezzanotte**, it was close on midnight; **È v. ai cinquant'anni**, he is going on for (*o* nearing) fifty; **È più v. ai quaranta che ai cinquanta**, he is nearer forty than fifty; **Siamo vicini di età**, we are much of the same age; **Era vicina al parto**, she was approaching childbirth; **Sono v. a perdere la pazienza**, I am about to lose my temper; **È v. alla fine**, (*di persona*) he is near his end; (*di cosa*) it is nearly finished. **B** *m.* (*f.* **-a**) neighbour, neighbor (*USA*); (*della porta accanto*) next-door neighbour, person next door: **Non conosco i vicini**, I don't know my neighbours; **Ero dai vicini**, I was at my neighbours'; **I vicini sono molto rumorosi**, the people next door (*o* our next-door neighbours) are very noisy; **il mio v. di tavola**, the person sitting next to me at table; **Era il mio v. di posto**, he had the seat next to mine. **C** *avv.* near; nearby; near at hand; close; close by (*o* at hand): **La casa è qui v.**, the house is near here; **Tieni sempre v. un buon dizionario!**, always have a good dictionary close at hand!; **Sta' v.!**, keep close!; **Vieni più v.!**, come nearer (*o* closer). **D vicino a,** *locuz. prep.* near; close to; next (to); (*presso*) by; (*accanto a*) beside; (*nelle vicinanze di*) in the neighbourhood of: **una villa v. a Milano**, a house near Milan; **v. a me**, near (to) me; **M'era seduto v.**, he was sitting near (*o* next to) me; **Sta' v. a me**, keep close to me; **Abita v. alla chiesa**, he lives close to (*o* close by) the church; **Metti la sedia v. alla lampada**, put the chair next to the lamp; **Siedi v. a me**, sit next to me; **Vieni a sederti v. a me**, come and sit by (*o* beside) me; **Mi è passato v. senza una parola**, he passed me by without a word; **Tenetevi v. al muro**, keep close to the wall; **Trovammo un posticino v. a un fiume**, we found a nice spot by a river; **v. alla perfezione**, near perfection. ● **v. v.**, very (*o* quite) near □ **da v.**, (*dappresso*) close to; close up; at close quarters; (*fig.*) closely: **quando lo vedemmo da v.**, when we saw him close to; **osservare q.c. da v.**, to observe st. close up; **studiare q.c. da v.**, to study st. closely; **vederci bene da v.**, to see well from close up; **sparare a q. da v.**, to shoot sb. at close range □ (*fig.*) **Ci sei andato v.** (*hai quasi indovinato*), you were close.

vicissitùdine, *f.* vicissitude: **le vicissitudini della vita**, the vicissitudes (*o* the ups and downs) of life.

vìcolo, *m.* alley; lane; backstreet: **v. cieco**, blind alley; (*anche fig.*) dead end.

videàta, *f.* (*elab.*) screen.

vìdeo, (*TV*) **A** *m.* video. **B** *a.* video (*attr.*).

videoamplificatóre, *m.* (*elettron.*) video amplifier.

videocàmera, *f.* video camera.

videocassétta, *f.* (*TV*) video cassette.

videocitòfono, *m.* Video Entryphone (*marchio*).

videodipendènte, A *a.* addicted to TV. **B** *m.* e *f.* TV addict; counch potato (*pop.*).

videodipendènza, *f.* TV addiction.

videodìsco, *m.* videodisc.

videofòno, *V.* **videotelefono**.

videofrequènza, *f.* (*TV*) video frequency.

videogiòco, *m.* video game.

videogràfica, *f.* computer graphics (*pl. col verbo al sing.*).

videogràfico, *a.* videographic.

videolèṣo, A *a.* visually handicapped. **B** *m.* (*f.* **-a**) visually handicapped person.

videolìbro, *m.* book on videodisc.

videomagnètico, *a.* video-tape (*attr.*).

videomùṣica, *f.* videomusic.

videonàstro, *m.* video tape.

videonoléggio, *m.* video-hire.

videoregistràre, *v. t.* to video-tape.

videoregistratóre, *m.* video recorder: **v. a nastro magnetico**, video tape recorder.

videoregistrazióne, *f.* video recording: **v. su nastro**, video tape recording.

videoripréṣa, *f.* television filming.

videoscrittùra, *f.* word processing: **sistema di v.**, word processor.

videosegnàle, *m.* video signal.

videosistèma, *m.* video system.

Videotèl, *m. invar.* (*marchio*) Videotex (*marchio*).

videotelèfono, *m.* videophone.

videoterminàle, *m.* video terminal.

videotraṣméttere, *v. t.* to broadcast* on television; to telecast*.

vìdicon, vidiconoscòpio, *m.* (*TV*) vidicon

vidimàre, *v. t.* ***1*** to authenticate; to certify; endorse ***2*** (*vistare*) to visa.

vidimazióne, *f.* ***1*** authentication; certific tion; endorsement ***2*** (*visto*) visa.

viennése, *a.*, *m.* e *f.* Viennese: **i viennesi,** Viennese.

viepiù, vieppiù, *avv.* (*lett.*) more and mo increasingly.

vietàbile, *a.* that can be forbidden.

vietàre, *v. t.* to forbid*; to prohibit; to ba (*impedire*) to prevent, to stop: **La legge vie il commercio degli stupefacenti**, the la prohibits the traffic of drugs; **v. ai dipender l'uso dell'ascensore**, to prohibit employe from using the lift; **v. la vendita di un pr dotto**, to ban the sale of a product; **Il medi mi ha vietato di fumare**, the doctor h forbidden me to smoke; **Hanno vietato il f mo sui treni**, smoking has been banned trains; **Gli fu vietato di parlare**, he w forbidden to speak; **Mi è stato vietato il vin** I've been forbidden wine; **Chi ci vieta di pa lare?**, who is to prevent (*o* stop) us fro speaking?; **Nulla vieta che tu lo facci** there's nothing to prevent you from doing **v. un film ai minori di 18 anni**, to give a fil an X-rating.

vietàto, *a.* forbidden: **piaceri vieta** forbidden pleasures. ● **Vietata l'affission** stick (*o* post) no bills □ **V. ai minori di 1 anni**, children under 14 not admitted □ **V. ca pestare le aiuole**, please keep off the grass **V. fumare**, no smoking □ **V. l'ingresso,** n admittance; keep out □ **V. il passaggio,** n thoroughfare □ **film v. (ai minori di 18 anni** X-rated film □ **Senso v.**, no entry □ **Sosta vie tata**, no parking.

vietcòng, *a.*, *m.* e *f.* Vietcong.

vietnamìta, *a.*, *m.* e *f.* Vietnamese (*f.* Viet namese woman*): **i vietnamiti**, the Viet namese.

vièto, *a.* trite; hackneyed; antiquated outworn: **idee viete**, hackneyed notions; **pa role viete**, trite words; **usanze viete**, obsolet customs.

vigènte, *a.* in force (*pred.*); effective; opera tive; current: **leggi vigenti**, laws in force.

vìgere, *v. i.* to be in force; to be operative (effective); to be in use (*o* current); to apply **Vige il principio della reversibilità**, th principle of survivorship is in force (applies); **usanze che vigono ancora**, custom still in use.

vigèṣimo, *a. num. ord.* (*lett.*) twentieth.

vigilànte, A *a.* vigilant; watchful; alert. **B** *m* e *f.* overseer; (*guardia*) security guard.

vigilànza, *f.* ***1*** (*sorveglianza*) supervision surveillance; guard; watch; control: **v. delle persone sospette**, surveillance of suspects; **eludere la v. di q.**, to escape sb.'s surveillance; **tenere q. sotto stretta v.**, to keep sb. under close watch; **I bambini giocavano sotto la v. della maestra**, the children were playing under the teacher's surveillance; **v. speciale**, police surveillance; **v. notturna**, night-watchman service; **v. sui prezzi**, price control; **v. dei mari**, control of sea traffic; **comitato di v.**, watch committee; **commissione di v.**, committee of inspection; **servizio di v.**, watch; security service ***2*** (*stato di attenzione*) vigilance; watchfulness; alertness: **allentare la v.**, to relax one's watchfulness; to lower one's guard.

vigilàre, A *v. t.* to watch over; to supervise; (*tenere d'occhio*) to guard, to keep* an eye on: **v. i lavori**, to supervise work; **v. gli scolari durante la ricreazione**, to supervise (the) pupils during recreation. **B** *v. i.* ***1*** to keep* watch; to be on guard: **Occorre v.**, we must be on our guard (*o* keep good watch); **Vigila che siano eseguiti gli ordini**, see that the orders are carried out; **Vigilano al buon ordine**, they see that order is kept ***2*** (*lett.: sta-*

sveglio) to stay awake.
ilàto, A *a.* watched; (*leg.*) under surveillance. ● (*leg.*) **libertà vigilata**, probation. **B** (*f.* **-a**) (*leg.*) person on probation. ● **v. speale**, person under police surveillance.
ilatóre, *m.* overseer; supervisor.
ilatrice, *f.* overseer; supervisor; (*di bamni*) minder: **v. scolastica**, school nurse.
ile, A *a.* vigilant; watchful; alert; widewake: **occhio v.**, watchful eye; **stare con orecchio v.**, to be on the alert (for st.). **B** *m.* **v. urbano**, (local) policeman* (*f.* police oman*); (*addetto al traffico*) traffic arden; **v. del fuoco**, fireman*.
ilia, *f.* **1** eve: **la v. di Natale**, Christmas ve; **alla v. di grandi avvenimenti**, on the ve of great events; **la sera della v. della parnza**, the evening before our departure **2** *ccles.: digiuno*) vigil; fast: **giorno di v.**, fast ay; **osservare** (*o* **rispettare**) **la v.**, to keep st; **fare v.**, to fast **3** (*veglia notturna*) watch. (*stor.*) **v. d'armi**, vigil at arms.
gliaccaménte, *avv.* in a cowardly way; like coward; cravenly.
gliaccheria, *f.* **1** (*l'essere vigliacco*) wardice; cowardliness **2** (*azione da vigliac-*) act of cowardice; cowardly action: **È sta una v. andarsene**, it was cowardly to go way; **Che v.!**, what a cowardly thing to do!
gliàcco, A *a.* cowardly; craven; chicken *pop.*). **B** *m.* (*f.* **-a**) coward.
gna, *f.* vineyard: **lavorare la v.**, to work in e vineyard.
gnaiòlo, *m.* vine-dresser.
gnéto, *m.* vineyard: **La zona è coltivata a igneti**, the region is all vineyards.
gnétta, *f.* **1** (*illustrazione*) illustration; ignette **2** (*v. umoristica*) cartoon.
gnettatùra, *f.* (*ottica, fotogr.*) vignetting.
gnettista, *m.* e *f.* (*disegnatore umoristico*) artoonist.
gógna, *f.* **1** (*zool., Lama vicugna*) vicuña; icuna **2** (*il tessuto*) vicuna (cloth).
góre, m. 1 vigour, vigor (*USA*); energy; rength; force: **un giovane pieno di v.**, a oung man full of vigour; **pianta piena di v.**, igorous plant; **il v. della mente**, the vigour f the mind; **dare v.**, to give strength; **perdere riprendere**] **v.**, to lose [to recover] one's rength; **nel pieno v. delle proprie forze**, at e height of one's strength; **protestare con .**, to protest vigorously **2** (*validità*) force; ffectiveness; validity: **entrare in v.**, to come nto force; to become effective; to take effect; **ssere in v.**, to be in force (*o* effective, operave, current); to be in use.
goria, *f.* vigour, vigor (*USA*); energy; trength.
gorosità, *f.* vigorousness; strength.
goróso, *a.* vigorous; forceful; (*forte*) trong, powerful, robust: **un uomo v.**, a igorous man; **azione vigorosa**, strong (*o* orceful) action; **mente vigorosa**, powerful nind; **cavallo v.**, strong horse; **stile v.**, igorous (*o* robust) style.
le, A *a.* **1** (*codardo*) cowardly: **dimostrarsi .**, to prove cowardly; **azione v.**, cowardly ction **2** (*meschino*) base; miserable; vile; espicable; contemptible; mean: **v. menzogna**, miserable (*o* mean) lie; **sentimenti vili**, ase feelings **3** (*senza valore*) cheap; worthess; inferior; base: **metalli vili**, base metals; **v. denaro**, filthy lucre; **per la v. somma di...**, for the miserable (*o* paltry) sum of... **4** *di nascita umile*) humble; low: **di vili natali**, f humble (*o* low) birth; baseborn (*agg.*). **B** *n.* e *f.* coward: **azione da v.**, cowardly action.
ilipèndere, *v. t.* to vilify; to revile; to scorn; o insult; to defame: **Fu vilipeso da tutti**, he vas universally reviled (*o* vilified); **v. le istiuzioni**, to defame institutions.
ilipèndio, *m.* **1** contemp; scorn; vilification; nsult **2** (*leg.*) public defamation (*o* insult): **. alla bandiera**, public insult to the flag.

villa, *f.* large house; (*in campagna*) house in the country, country place, country-house; (*residenziale*) residence, mansion; (*specialm. nei paesi mediterranei*) villa: **Ha una v. al mare**, he has a house on the coast; **le ville medicee**, the Medici villas; **una v. settecentesca**, an eighteenth-century country residence; **Si è fatto la v.**, he built himself a house in the country; (*fig.*) he's made a fortune; **affittare una v. in Riviera**, to rent a villa on the Riviera.
villàggio, *m.* village; (*piccolo*) hamlet: **v. alpino**, alpine village; **v. turistico**, holiday village; **v. olimpico**, Olympic village; **villaggi sparsi qua e là**, scattered hamlets. ● **lo scemo del v.**, the village idiot.
villàna, *f.* **1** (*lett.: contadina*) countrywoman*; peasant (woman*) **2** (*donna maleducata*) rude woman*; ill-bred woman*: **È una bella v.!**, how rude of her!; she has no manners at all!
villanàta, *f.* (*azione*) rude action, incivility; (*parole*) rude thing (to say), rude words (*pl.*): **Non tollero le sue villanate**, I cannot stand his rudeness; **dire villanate a q.**, to be rude (*o* to say rude things) to sb.
villanèlla, *f.* **1** (*lett.*) country girl; country lass **2** (*mus.*) villanella* **3** (*poesia*) villanelle.
villanésco, *a.* **1** (*contadinesco*) country (*attr.*); peasant (*attr.*) **2** *V.* **villano, A.**
villania, *f.* **1** rudeness; incivility; boorishness; loutishness **2** (*azione*) rude action, incivility; (*parole*) rude language: **fare** (*o* **dire**) **una v. a q.**, to be rude to sb.
villàno, A *a.* (*maleducato*) rude, uncivil; (*zotico*) boorish, loutish: **un gesto v.**, a rude gesture; **modi villani**, rude (*o* very bad) manners; **parole villane**, rude words; **essere v. con q.**, to be rude to sb. **B** *m.* **1** (*lett.: contadino*) peasant; (*stor.*) villein **2** (*uomo maleducato*) rude person; (*uomo zotico*) boor, lout: **comportarsi da v.**, to behave like a boor. ● (*spreg.*) **v. rifatto**, nouveau riche (*franc.*); upstart.
villanoviàno, *a.* e *m.* (*stor.*) Villanovan.
villanzóna, *V.* **villana**, *def.* 2.
villanzóne, *V.* **villano, B**, *def.* 2.
villeggiànte, *m.* e *f.* holiday-maker; vacationer, vacationist (*USA*).
villeggiàre, *v. i.* to spend* one's (summer) holidays; to holiday; to vacation (*USA*).
villeggiatùra, *f.* holiday; (summer) holidays (*pl.*); vacation (*USA*): **andare in v.**, to go on holiday; **tornare dalla v.**, to come back from one's holidays; **Dove avete fatto la v.?**, where did you spend your holidays?; **La v. gli ha fatto bene**, his holiday has done him good; **periodo di v.**, holiday (period); holidays (*pl.*); **luogo di v.**, holiday resort; **stazione di v. invernale**, winter resort.
villeréccio, *a.* (*lett.*) rustic; country (*attr.*); peasant (*attr.*).
villétta, *f.* (*in città*) detached house; (*in campagna*) cottage; (*da affittare, specialm. in Italia o in Francia*) small villa.
villico, *m.* (*f.* **-a**) peasant; countryman* (*f.* countrywoman*).
villino, *m.* *V.* **villetta**.
villo, *m.* (*anat., bot.*) villus*.
villosità, *f.* **1** hairiness; hirsuteness **2** (*anat., bot.*) villosity.
villóso, *a.* **1** hairy; hirsute: **petto v.**, hairy chest; **sopracciglia villose**, bushy eyebrows **2** (*anat., bot.*) villous.
villòtta, *f.* (*mus.*) villot(t)a*.
viltà, *f.* **1** (*vigliaccheria*) cowardice; (*azione da vigliacco*) cowardly action: **Ha taciuto per v.**, he kept silent out of cowardice; **Fu una v. non restare**, it was cowardly not to stay **2** (*lett.: meschinità*) baseness, vileness, meanness; (*azione meschina*) base thing, mean action: **commettere una v.**, to do a base (*o* vile) thing.
vilùcchio, *m.* (*bot., Convolvulus arvensis*) field bindweed.
vilùppo, *m.* (*anche fig.*) tangle; entanglement: **un v. di fili**, a tangle of threads; **un v. di idee**, a tangle of ideas.
vìmine, *m.* wicker; osier: **lavoro in vimini**, wickerwork; basketwork; **un cesto di vimini**, a wicker basket; **sedia di vimini**, wicker (*o* basket) chair.
vinàccia, *f.* marc.
vinacciòlo, *m.* grape-seed (*o* -stone).
vinàio, *m.* (*f.* **-a**) wine-seller; vintner.
vinàrio, *a.* wine (*attr.*): **industria vinaria**, wine industry.
vinavil, *m.* (*marchio*) polyvinyl acetate glue.
vincapervinca, *f.* (*bot., Vinca maior*) greater periwinkle.
vincàstro, *m.* (*lett.*) cane; switch.
vincènte, A *a.* **1** winning: **numero** [**biglietto**] **v.**, winning number [ticket]; **partito v.**, winning party; **dare v. un cavallo**, to tip a horse to win; (*anche fig.*) **puntare sul cavallo v.**, to pick a winner **2** (*che ha successo*) successful: **strategia v.**, successful strategy; **personaggio v.**, winner; **dimostrarsi v.**, to prove successful (*o* a winner); (*di azione, decisione, ecc.*) to pay off. **B** *m.* e *f.* winner.
Vincènzo, *m.* Vincent.
vincere, A *v. t.* **1** to win*: **v. una corsa** [**una gara, le elezioni**], to win a race [a match, the election]; **v. la battaglia** [**la guerra**], to win the battle [the war]; **v. una causa** (*o* **un processo**), to win a case; (*anche fig.*) **v. la partita**, to win the game; **v. un premio**, to win (*o* to carry off, to carry away) a prize; **Gli vinsi diecimila lire a carte**, I won ten thousand lire off him at cards **2** (*battere*) to beat*; (*sconfiggere*) to defeat, to conquer, to vanquish, to overcome*: **Vinse tutti a dama**, he beat everyone at draughts; **v. il nemico**, to beat (*o* to defeat, to overcome) the enemy; **Cesare vinse i Galli**, Caesar defeated (*o* vanquished, overcame, conquered) the Gauls; **La città fu vinta dopo lungo assedio**, the city was taken after a long siege **3** (*sopraffare, superare*) to overcome*, to overwhelm, to get* the better of; (*dominare*) to master: **v. la paura**, to overcome one's fear; **essere vinto dall'emozione**, to be overcome (*o* overwhelmed) by emotion; **Il sonno lo vinse**, sleep overcame him; **v. una difficoltà**, to overcome a difficulty; **v. la prova**, to pass the test; **v. ogni opposizione**, to overcome all opposition; **v. le passioni**, to master one's passions; **v. se stesso**, to master (*o* to control) oneself; **lasciarsi v. dalla tentazione**, to yield to temptation; **lasciarsi v. dall'ira** [**dalla pietà**], to let anger [pity] get the better of one **4** (*sorpassare*) to surpass; to outdo*: **v. q. in bontà** [**in bellezza**], to surpass sb. in goodness [in beauty]; **v. q. in generosità**, to outdo sb. in generosity; **v. q. in astuzia**, to outwit sb.; **La luce del sole vince quella della luna**, the light of the sun is brighter than that of the moon **5** (*riuscire a convincere*) to win* over: **Fu vinto dalle sue preghiere**, he was won over by her prayers. **B** *v. i.* to win*; to carry the day: **Chi ha vinto?**, who won?; **v. per pochi voti**, to win by a few votes; **v. per due a zero**, to win two nil; **Hanno vinto i democratici**, the democrats won (*o* carried the day); **Vinse la proposta di far costruire il ponte**, the motion to build the bridge won (*o* carried the day); **Vinse nella gara di nuoto**, he won the swimming competition; **v. a tombola**, to win at bingo; **Vinca il migliore!**, may the best man win! ● **v. ai punti**, to win on points □ (*anche fig.*) **v. di un'incollatura**, to win by a neck □ **v. di stretta misura**, to win by a narrow margin; to win by a short head (*o* by a nose) □ **V. o morire!**, victory or death! □ **v. senza fatica** (*o* **a mani basse**), to win hands down □ (*fam.*) **vincerla** (**con q.**), to get the upper hand (of sb.); to get the better (of sb.) □ (*prov.*) **Chi la dura la vince**, slow and steady wins the race. **C vincersi,** *v. rifl.*

(*dominarsi*) to control oneself.

vincetòssico, *m.* (*bot., Cynanchum vincetoxycum*) swallowwort.

vinchéto, *m.* osier-bed; osiery.

vìnci, *m.* (*naut.*) winch.

vincìbile, *a.* that can be defeated; vanquishable; vincible.

vìncita, *f.* ***1*** (*il vincere*) win: **v. al lotto [al totocalcio]**, win in the lottery [in the pools]; **v. al gioco**, gambling win ***2*** (*ciò che si vince*) winnings (*pl.*): **intascare la v.**, to pocket one's winnings.

vincitóre, **A** *m.* (*f.* **-trice**) winner; (*di premio*) prize-winner; (*conquistatore*) victor (*f.* victress), conqueror (*f.* conqueress): **v. assoluto**, overall winner; **il v. di Trafalgar**, the victor at Trafalgar; **probabile v.**, probable winner; front-runner; **i vincitori e i vinti**, the victors and the vanquished. **B** *a.* winning; conquering; (*vittorioso*) victorious: **squadra vincitrice**, winning (*o* victorious) team; **esercito v.**, conquering (*o* victor) army; **ritornare v.**, to return victorious (*o* triumphant); **uscire v. da q.c.**, to come through st. successfully.

vìnco, *m.* osier; wicker.

vincolànte, *a.* (*anche leg.*) binding; mandatory.

vincolàre (1), *a.* (*mecc.*) restraining.

vincolàre (2), *v. t.* ***1*** (*anche leg.*) to bind*; (*essere di impaccio*) to tie down, to restrict: **Il giuramento mi vincola al silenzio**, my oath binds me to silence; **Questo contratto mi vincola**, this contract binds me; **Avere un cane ti vincola**, having a dog ties you down ***2*** (*fin.*) to tie up; to lock up: **v. il capitale**, to tie up one's capital ***3*** (*mecc.*) to constrain; to restrain.

vincolatìvo, *a.* (*leg.*) binding.

vincolàto, *a.* ***1*** (*anche leg.*) bound: **v. da una promessa**, bound by a promise; **v. al segreto**, bound to secrecy; **v. per legge**, legally bound ***2*** (*fin.*) tied-up; locked-up: **deposito v.**, time deposit; **in conto v.**, on deposit.

vincolismo, *m.* restrictionism.

vincolìstico, *a.* (*leg.*) restriction, control (*attr.*): **regime v.**, restriction scheme; control.

vìncolo, *m.* ***1*** bond; obligation; (*legame*) tie, link: **v. matrimoniale**, bond of matrimony; marriage tie; wedlock; **v. d'amicizia**, bond of friendship; **v. legale**, binding obligation; restrictive clause; **il v. della legge**, the binding force of law; **vincoli di sangue [di parentela]**, blood [family] ties; **essere sotto il v. del giuramento**, to be bound under oath; **spezzare gli ultimi vincoli**, to break the last ties (*o* links) ***2*** (*mecc.*) constraint; restraint. ● **v. contrattuale**, contractual obligation □ **v. ipotecario**, mortgage □ (*leg.*) **libero da ogni v.**, free from encumbrances.

vìndice, (*lett.*) **A** *a.* avenging; vindicatory. **B** *m.* e *f.* avenger; vindicator.

vinèllo, *m.* light wine; (*spreg.*) thin wine.

vinìcolo, *a.* wine (*attr.*): **industria vinicola**, wine industry.

vinìfero, *a.* wine-producing (*attr.*).

vinificàre, *v. i.* to make* wine.

vinificatóre, *m.* (*f.* **-trice**) wine-maker.

vinificazióne, *f.* wine-making; vinification.

vinìle, *m.* (*chim.*) vinyl.

vinìlico, *a.* (*chim.*) vinyl (*attr.*): **resina vinilica**, vinyl resin.

vinilpèlle, *f.* (*marchio*) imitation leather (made of vinyl resin).

vìno, *m.* wine: **v. bianco [rosso, rosato]**, white [red, rosé] wine; **v. dolce [secco, forte, leggero]**, sweet [dry, strong, light] wine; **v. brûlé**, mulled wine; **v. comune**, cheap wine; plonk (*fam. GB*); **v. da pasto**, table wine; **v. da taglio**, blending wine; **v. d'annata**, vintage wine; **v. della casa**, house wine; **v. del Reno**, Rhine wine; hock; **v. di marca**, vintage wine; **v. di mele**, cider; **v. di sambuco**, elderberry wine; **v. frizzante** (*o* **spumante**), sparkling wine; **v. non spumante**, still wine; **v. nuovo**, new wine; **v. sincero**, genuine wine; **v. tagliato**, adulterated wine; **vini tipici**, local wines; **commerciante di vini**, wine-merchant; **due dita di v.**, a drop of wine; **reggere il v.**, to hold one's wine; **travasare il v.**, to decant wine. ● (*fig.*) **dire pane al pane, v. al v.**, to call a spade a spade □ (*prov.*) **Buon v. fa buon sangue**, good wine engenders good blood.

vinosità, *f.* vinosity.

vinóso, *a.* ***1*** vinous; wine (*attr.*) ***2*** (*che sa di vino*) winy.

vinsànto, *m.* «vinsanto» (sweet wine made with white raisins).

vìnto, **A** *a.* ***1*** that has been [was] won: **il denaro v.**, the money won; the winnings (*pl.*); **una battaglia vinta**, a victorious battle ***2*** (*sconfitto*) beaten; defeated; vanquished: **il nemico v.**, the beaten enemy; **v. in battaglia**, beaten (*o* defeated) in battle; **v. al biliardo**, beaten at billiards ***3*** (*sopraffatto*) overcome: **v. dalla stanchezza**, overcome by tiredness. ● **v. ma non domo**, bloody but unbowed □ **averla vinta**, to have (*o* to get) one's way □ (*fig.*) **darla vinta a q.**, to let sb. have his way; to give in to sb. □ **darle tutte vinte a q.**, to indulge in sb.'s every whim □ (*anche fig.*) **dàrsi per v.**, to give in (*o* up); to quit □ **volerla sempre vinta**, always to want to have one's way. **B** *m.* (*in una gara o contesa*) loser; (*in guerra*) defeated (*o* vanquished) person: **i vinti**, the vanquished; the defeated; **Guai ai vinti!**, woe to the vanquished!

viòla (1), **A** *f.* (*bot., Viola odorata, anche* **v. mammola**) violet: **un mazzolino di viole**, a bunch (*o* posy) of violets. ● **v. del pensiero** (*Viola tricolor*), pansy; heart's ease; love-in--idleness. **B** *a.* e *m.* (*il colore*) violet; purple: **un cappotto v.**, a purple coat.

viòla (2), *f.* (*mus.*) viola; (*stor.*) viol: **v. da gamba**, bass viol; viola da gamba; gamba; **v. d'amore**, viola d'amore.

violàbile, *a.* violable.

violacciòcca, *f.* (*bot., Matthiola incana*) stock; gillyflower: **v. gialla** (*Cheiranthus cheiri*), wallflower.

violàceo, **A** *a.* purple; purplish; mauve: **v. dal freddo**, blue (*o* livid) with cold. **B** *m.* purple.

violàre, *v. t.* ***1*** (*trasgredire*) to break*; to violate; to transgress; to infringe: **v. un patto**, to break a pact; **v. un segreto**, to break a secret; **v. il segreto epistolare**, to violate the secrecy of correspondence; **v. una promessa**, to break a promise; **v. un giuramento**, to violate an oath; **v. la legge**, to break (*o* to infringe) the law; to offend against the law ***2*** (*profanare*) to profane; to desecrate; to defile: **v. una chiesa [una tomba]**, to profane a church [a tomb] ***3*** (*penetrare a forza, anche fig.*) to violate; to break* into; to trespass: **v. l'intimità di q.**, to violate sb.'s privacy; **v. la neutralità di un paese**, to violate the neutrality of a country; **v. il domicilio di q.**, to break into sb.'s house ***4*** (*ledere*) to trespass upon; to infringe upon; to encroach upon: **v. i diritti di q.**, to trespass (*o* to infringe, to encroach) upon sb.'s rights ***5*** (*violentare*) to rape; to ravish; to violate. ● (*calcio*) **v. la rete avversaria**, to score a goal.

violatóre, *m.* (*f.* **-trice**) ***1*** breaker; violator; infringer: **v. della legge**, offender; lawbreaker ***2*** (*profanatore*) profaner; desecrator.

violazióne, *f.* ***1*** (*trasgressione*) violation; transgression; infringement; breach: **v. della legge**, breach (*o* transgression, infringement) of the law; offence; lawbreaking; **v. di contratto**, breach of contract; **v. di brevetto**, infringement of patent ***2*** (*profanazione*) profanation; desecration ***3*** (*penetrazione indebita*) violation; breaking: **v. dei confini territoriali**, violation of territorial boundaries; **v. di domicilio**, unlawful entry; (*con la forza*) housebreaking, burglary; **v. dei sigilli**, breaking of seals; **v. della proprietà**, trespass ***4*** (*lesione*) violation; encroachment: **v. dei diritti di q.**, violation of (*o* encroachment o sb.'s rights.

violentàre, *v. t.* ***1*** to rape; to violate; to fo ***2*** (*fig.*) to do* violence to.

violentatóre, *m.* rapist.

violènto, **A** *a.* violent: **carattere v.**, viole temper; **passione violenta**, violent passic **tempesta violenta**, violent storm; **luce viole ta**, harsh light; **febbre violenta**, very hi temperature; **mezzi violenti**, violent mear violence; **morire di morte violenta**, to me a violent death. **B** *m.* (*f.* **-a**) violent person.

violènza, *f.* violence: **la v. di un uragano [una passione]**, the violence of a hurricane [a passion]; **atto di v.**, act of violence; **rico rere alla v.**, to have recourse to violence; **fa v. a q.**, to do violence to sb. ● (*leg.*) **v. ca nale**, rape; sexual assault □ **la v. negli stac** terrace violence □ (*leg.*) **v. morale**, und influence □ (*leg.*) **v. personale**, assault a battery □ (*leg.*) **v. privata**, coercion; duress **dolce v.**, gentle force (*o* firmness) □ **non** nonviolence □ **usare v. a una donna**, to ra a woman.

violétta, *f.* (*bot., Viola odorata*) violet. ● **africana** (*Saintpaulia jonantha*), Africa violet.

violétto, *a.* e *m.* violet.

violinàio, *m.* violin-maker.

violinista, *m.* e *f.* violinist; fiddler (*fam.*).

violinìstico, *a.* violin (*attr.*); for the violin.

violìno, *m.* ***1*** violin; fiddle (*fam.*): **suonator di v.**, violin player; fiddler (*fam.*) ***2*** (*suon tore*) violinist; (*in un'orchestra*) violin: **pr mo v.**, first violin; leader (*GB*); concertmast (*USA*); **v. di fila**, violinist in an orchestra; **di spalla**, first violin; **v. solista**, solo violin. (*fig.*) **v. di spalla**, henchman □ **chiave di v** G (*o* treble) clef.

violista, *m.* e *f.* viola player.

violoncellista, *m.* e *f.* cellist; violoncellist.

violoncèllo, *m.* cello*; violoncello*.

viòttola, *f.* **viòttolo**, *m.* path; lane.

vìpera, *f.* ***1*** (*zool., Vipera*) viper (*anche fig.*) adder ***2*** (*zool.*) – **v. cornuta** (*Cerastes co nutus*), cerastes*; horned (*o* sand) viper; **della morte** (*Acanthophis antarcticus*), deat adder; **v. soffiante** (*Bitis arientans*), pu adder. ● (*fig.*) **lingua di v.**, viperish (venomous) tongue □ (*fig.*) **nido di vipere** nest of vipers □ **razza di vipere**, breed c vipers □ **rivoltarsi contro q. come una v.**, t turn on sb. venomously.

viperino, *a.* ***1*** viperine ***2*** (*fig.*) viperous viperish; venomous: **lingua viperina**, viperis tongue.

viràggio, *m.* ***1*** *V.* **virata**, *def.* 2 ***2*** (*fotogr.* toning ***3*** (*chim.*) colour change.

viràgo, *f.* (*lett.*) virago; termagant.

viràle, *a.* (*med.*) viral.

viraménto, *m.* *V.* **virata**.

viràre, **A** *v. i.* ***1*** (*naut.*) to tack; to veer: **v. d bordo**, to veer round; to come (*o* to go about; **v. in poppa**, to wear ***2*** (*aeron.*) to tur ***3*** (*nuoto*) to turn ***4*** (*fotogr.*) to tone ***5*** (*chim.* to change colour. **B** *v. t.* (*naut.*) to haul: **v. u cavo**, to haul a cable; **v. l'argano**, to work th capstan.

viràta, *f.* ***1*** (*naut.*) tacking; veer: **v. in poppa** wearing ***2*** (*aeron.*) turn; turning: **L'aeropla no fece una brusca v.**, the aeroplane made a sudden turn ***3*** (*nuoto*) turn: **v. a capriola**, flip turn ***4*** (*fig.*) turnabout; sudden change of tack.

viremia, *f.* (*med.*) vir(a)emia.

virescènte, *a.* (*bot.*) virescent.

virescènza, *f.* (*bot.*) virescence.

virgiliàno, *a.* (*letter.*) Virgilian.

Virgìlio, *m.* Virgil.

virginàle (1), *V.* **verginale**.

virginàle (2), *m.* (*mus.*) virginal.

virginalista, *m.* e *f.* (*mus.*) virginalist.

virgìneo, *a.* (*lett.*) virginal.

virgìnia, **A** *m.* (*tabacco*) Virginia tobacco; (*sigaro*) Virginia cigar. **B** *f.* Virginia cigarette.

virgola, *f.* **1** comma: **doppie virgole**, inverted commas; **punto e v.**, semicolon **2** (*mat.*) (decimal) point: **due v. quattro**, two point four; **zero v. otto**, point eight **3** (*ciocca di capelli*) kiss-curl. ● (*elab.*) **v. fissa [mobile]**, fixed [floating] point □ (*med.*) **bacillo v.**, comma bacillus □ (*fig.*) **guardare a tutte le virgole**, to be fussy (about st.); to be a nitpicker □ (*fig.*) **Non cambiare una v.**, not to change a word.

virgolettàre, *v. t.* to put* in inverted commas (*o* in quotation marks, in quotes).

virgolettàto, *a.* in quotation marks; in quotes; (*citato alla lettera*) quoted word for word (*o* verbatim).

virgolettatùra, *f.* **1** putting (st.) in inverted commas; quoting **2** (*virgolette*) inverted commas (*pl.*); quotation marks (*pl.*); quotes (*pl.*).

virgolétte, *f. pl.* inverted commas; quotation marks; quotes: **aprire [chiudere] le v.**, to open [to close] inverted commas; **tra v.**, in inverted commas; in quotation marks; in quotes; **Aperte [chiuse] le v.**, quote [unquote].

virgùlto, *m.* **1** (*germoglio*) shoot; (*arboscello*) sapling **2** (*fig. lett.*: *rampollo*) offspring; scion.

viridàrio, *m.* (*archeol.*) viridarium*.

virile, *a.* **1** masculine; male (*attr.*); man*'s; manly; virile: **voce v.**, (*di uomo*) man's voice; (*maschia*) manly voice; **membro v.**, male member; **uomo v.**, virile man; **forza v.**, manly strength; **età v.**, manhood; **donna (di aspetto) v.**, masculine (*o* mannish) woman **2** (*fig.*) virile; manly; vigorous: **portamento v.**, manly bearing; **animo v.**, manliness; **coraggio v.**, courage of a man.

virilismo, *m.* (*med.*) virilism.

virilità, *f.* **1** (*mascolinità*) virility; masculinity; manliness; manhood: **dimostrare la propria v.**, to prove one's virility (*o* manliness) **2** (*età virile*) manhood **3** (*fig.*) virility; firmness; strength: **v. di propositi**, strength of purpose.

virilizzàre, **A** *v. t.* to make* virile; to virilize. **B virilizzàrsi**, *v. i. pron.* to become* virile.

virilizzazióne, *f.* virilization.

virilménte, *avv.* manfully; in a manly way.

viriloide, *a.* masculine; mannish.

virióne, *m.* (*biol.*) virion.

virogènesi, *f.* (*biol.*) virus reproduction.

virologia, *f.* (*biol.*) virology.

virològico, *a.* (*biol.*) virological.

viròlogo, *m.* (*f.* **-a**) virologist.

viròsi, *f.* (*med.*) virosis*.

virtù, *f.* **1** virtue: **La v. è premio a se stessa**, virtue is its own reward; **la v. del perdono**, the virtue of forgiveness; **v. civili**, civil virtues; (*teol.*) **le v. cardinali [teologali]**, the cardinal [theological] virtues; **essere ricco di v.**, to be full of virtue; **un modello [un fiore] di v.**, a model [a paragon] of virtue; **praticare la v.**, to practise virtue; **la via della v.**, the path of virtue **2** (*facoltà, proprietà*) faculty; property; virtue; power: **la v. immaginativa**, the power of imagination; **v. percettiva**, perceptive faculty; **le v. curative di certe erbe**, the healing virtues (*o* properties) of certain herbs; **per v. magica**, by the power of magic; **per v. dello Spirito Santo**, by the power (*o* the intervention) of the Holy Ghost; **per v. della preghiera**, by virtue of prayer **3** (*pl.*) (*buone qualità*) good qualities; virtues **4** (*pl.*) (*teol.*: *gerarchia angelica*) Virtues. ● **fare di necessità v.**, to make a virtue of necessity □ **in v. di**, in (*o* by) virtue of: **in v. delle proprie conoscenze**, by virtue of one's knowledge; **in v. di tale legge**, in virtue of that law; **in v. di questo accordo**, under this agreement; **in v. dei poteri conferitimi**, under the power conferred to me.

virtuàle, *a.* virtual: (*fis.*) **immagine v.**, virtual image; (*fis.*) **inerzia v.**, virtual inertia; **realtà v.**, virtual reality.

virtualità, *f.* virtuality.

virtuosismo, *m.* virtuosity.

virtuosìstico, *a.* virtuoso (*attr.*); virtuosic.

virtuosità, *f.* **1** virtuousness **2** (*virtuosismo*) virtuosity.

virtuóso, **A** *a.* virtuous. **B** *m.* (*f.* **-a**) **1** virtuous man* (woman*) **2** (*arte, mus.*) virtuoso*: **un v. del violino**, a violin virtuoso; a virtuoso violinist.

virulènto, *a.* (*anche fig.*) virulent.

virulènza, *f.* (*anche fig.*) virulence; virulency.

virus, *m.* (*biol.*) virus.

vis, *f.* – **vis comica**, comic vein.

visagista, *m. e f.* cosmetologist; beautician.

vis-à-vis (*franc.*), **A** *locuz. avv.* face to face: **C'incontrammo vis-à-vis**, we met face to face; **un incontro vis-à-vis**, a face-to-face meeting. **B** *m. invar.* vis-à-vis (*franc.*).

visceràle, *a.* **1** (*anat.*) visceral **2** (*fig.*) visceral; deep-down; gut (*attr.*).

vìscere, *m.* (*pl.* **visceri**, *m.*, *nelle def. 1 e 2*; **viscere**, *f.*, *nelle def. 3 e 4*) **1** (*anat.*) viscus*: **Il cuore, i polmoni e gli intestini sono visceri**, the heart, the lungs and the intestines are viscera **2** (*pl.*) (*intestini*) bowels; (*di animali*) entrails, innards **3** (*pl.*) (*grembo materno*) womb (*sing.*): **il frutto delle sue v.**, the fruit of her womb **4** (*pl.*) (*fig.*: *profondità*) bowels; entrails: **le v. della terra**, the bowels of the earth.

vìschio, *m.* **1** (*bot.*, *Viscum album*) mistletoe **2** (*pania*) birdlime **3** (*fig.*) trap.

vischiosità, *f.* **1** (*anche fig.*) stickiness: (*econ.*) **la v. dei prezzi**, price stickiness **2** V. **viscosità**.

vischióso, *a.* **1** (*appiccicoso*) sticky; gluey **2** V. **viscoso**.

viscidità, *f.* viscidity; viscosity; clamminess; (*anche fig.*) sliminess, slipperiness.

vìscido, *a.* **1** viscid; viscous; clammy; slimy; (*scivoloso*) slippery: **sostanza viscida**, viscid (*o* viscous) substance; **un'anguilla viscida**, a slimy eel; **mani viscide**, clammy hands; **fanghiglia viscida**, slippery mud; slime **2** (*fig.*) slimy; slippery; oily: **un tipo v.**, a slippery individual; **maniere viscide**, oily manners.

viscidùme, *m.* (*spreg.*) slime; slimy stuff.

visciola, *f.* sour cherry.

visciolo, *m.* (*bot.*, *Prunus cerasus*) sour cherry tree.

viscoelasticità, *f.* (*fis.*) viscoelasticity.

viscónte, *m.* viscount.

viscontèa, *f.* viscount(c)y.

viscontèo (1), *a.* of a viscount.

viscontèo (2), *a.* Visconti (*attr.*); of the Viscontis: **lo stemma v.**, the Visconti coat of arms.

viscontéssa, *f.* viscountess.

viscósa, *f.* (*chim.*) viscose.

viscosimetria, *f.* (*fis.*) viscometry.

viscosimetro, *m.* viscosimeter; viscometer.

viscosità, *f.* (*fis., chim.*) viscosity.

viscóso, *a.* (*fis., chim.*) viscous.

visibile, **A** *a.* **1** (*percepibile*) visible: **effetto v.**, visible effect; **v. a occhio nudo**, visible to the naked eye **2** (*evidente*) evident; manifest; clear; apparent: **segni visibili di effrazione**, clear signs of burglary; **per nessuna ragione v.**, for no apparent reason **3** (*aperto al pubblico*) on view, open to the public, viewable; (*che è permesso vedere*) suitable: **La mostra sarà v. da lunedì**, the exhibition opens (*o* is viewable from) next Monday; **un film v. da tutti**, a film suitable for all **4** (*di persona*) available: **Il direttore è v. dalle quattro alle cinque**, the manager is available (*o* can be seen) from four to five. **B** *m.* visible: **il v. e l'invisibile**, the visible and the invisible.

visibilio, *m.* (*grande quantità*) host; multitude; crowds (*pl.*): **un v. di gente**, crowds of people; **un v. di cose**, a host of things. ● **andare in v.**, to go into ecstasies (*o* raptures) □ **mandare q. in v.**, to throw sb. into ecstasies (*o* raptures).

visibilità, *f.* visibility: **scarsa v.**, poor visibility; **C'era una v. di 50 metri**, there was 50 metres' visibility.

visièra, *f.* **1** (*di elmo, casco*) visor, vizor **2** (*di berretto*) peak; visor. ● (*autom.*) **v. parasole**, glare-shield □ (*autom.*) **v. termica**, defroster.

visigòtico, *a.* (*stor.*) Visigothic.

Visigòto, (*stor.*) **A** *a.* Visigothic. **B** *m.* (*f.* **-a**) Visigoth.

visionàre, *v. t.* **1** (*un film*) to preview **2** (*prendere visione di*) to view; to examine; to inspect.

visionàrio, **A** *a.* visionary; (*di cose, anche*) unrealistic, impractical. **B** *m.* (*f.* **-a**) visionary; day-dreamer.

visióne, *f.* **1** (*il vedere*) view; vision: **v. diretta**, direct view; **campo di v.**, field of vision **2** (*scena, vista*) sight; scene: **una v. orribile**, a horrid sight **3** (*idea, concetto*) idea; outlook; view; picture: **farsi una chiara v. degli avvenimenti**, to get a clear view (*o* picture) of the facts; **una v. pessimistica della vita**, a pessimistic outlook on life **4** (*apparizione*) vision; (*allucinazione*) hallucination: **una v. della Madonna**, a vision of the Virgin; **una v. in sogno**, a vision in a dream; **visioni di gloria**, visions of glory; **soffrire di visioni**, to suffer from visions (*o* hallucinations); to see things (*fam.*) **5** (*proiezione*) showing; screening; release; run: **durante la v. del film**, during the screening of the film; **prima v.**, first release (*o* run); **cinema di prima v.**, first-release (*o* first-run) cinema **6** (*med.*) vision; sight. ● **in v.**, to be looked at; (*comm.*) on approval: **mandare q.c. in v.**, to send st. on approval □ **prendere v. di q.c.**, to take note of st.; to look over st.

visir, *m. invar.* vizier: **Gran V.**, Grand Vizier.

visita, *f.* **1** (*a persone*) visit; (*breve*) call: **una v. a un amico**, a visit to a friend; a call on a friend; **la v. di un amico**, a visit (*o* a call) from a friend; **fare (una) v. a q.**, to pay (sb.) a visit; to visit (*o* to go and see) sb.; (*breve*) to call on sb., to pop (*o* to look, to drop) in on sb. (*fam.*); **fare molte visite**, to do a lot of visiting; **restituire una v.**, to return a visit (*o* a call); **Ero in v. da amici**, I was visiting some friends; **Sono qui in v.**, I am here on a visit; **v. di congedo**, farewell visit; **v. di convenienza**, duty call; **v. di cortesia**, courtesy visit (*o* call) **2** (*a luoghi*) visit; tour: **la v. di un museo**, the tour of a museum; **la v. della città**, the tour of the town; **v. turistica**, sight-seeing; **una v. del ministro a Napoli**, a visit to Naples by the minister; **v. alle carceri**, prison visit; **v. ufficiale**, official (*o* state) visit **3** (*med.*: *esame*) examination; (*a domicilio*) (home) visit, call, (*al pl. anche*) rounds: **Ho ancora molte visite da fare**, I have still several calls to make; **essere in giro per visite**, to be doing (*o* to be out on) one's rounds; **Quanto prende per v.?**, what's his fee?; **v. generale**, check-up; **passare la v. medica**, to pass the medical (*fam.*) **4** (*di un rappresentante e sim.*) call **5** (*eccles.*) visitation: **v. pastorale**, pastoral visitation **6** (*ispezione*) inspection; check: **v. doganale**, customs inspection; **v. sanitaria**, sanitary inspection; **v. fiscale**, official medical check **7** (*chi viene in visita*) visitor, caller; (*paziente*) patient: **Abbiamo visite!**, we have a visitor (*o* visitors). ● (*naut.*) **v. di controllo**, search □ (*mil.*) **v. di leva**, medical examination for call-up; medical (*fam.*) □ (*leg., naut.*) **diritto di v.**, right of search □ **biglietto da v.**, visiting card □ **giro di visite** (*di medico, ecc.*), rounds (*pl.*) □ (*gergo mil.*) **marcare v.**, to report sick □ **ore di v.**, visiting hours.

visitàre, *v. t.* **1** (*persone*) to visit; to call on; to go* and see*; to pay* (sb.) a visit: **v. gli infermi**, to visit the sick; **Viene a visitarla ogni tanto**, he visits her occasionally; he pays her occasional visits **2** (*luoghi*) to visit; to tour: **v. una città [un paese]**, to visit (*o* to tour) a city [a country]; **v. un museo [una chiesa]**, to visit a museum [a church]; **Ho visitato tutte le sale del museo**, I've been all round the museum; **Mi ha portato a v. la sua città**, he took me to see (*o* he showed me round) his home town; **far v. la propria casa agli amici**, to show one's friends around one's house; **La guida ci fece v. tutto il castello**, the guide showed us over the castle ***3*** (*med.*) to examine; to see*: **Il dottore lo sta visitando**, the doctor is examining (*o* seeing) him; **farsi v. dal medico**, to be examined by a doctor; to see the doctor (*fam.*). ● (*fam.*) **Tu devi farti v.!** (*sei matto*), you ought to get your head examined!

viṣitatóre, *m.* (*f.* **-trice**) visitor; caller: **un v. assiduo**, a frequent visitor (*in una casa, anche*: caller); **i visitatori di un museo**, the visitors to a museum. ● (*eccles.*) **v. apostolico**, Apostolic Visitor.

viṣitatrice, *f.* ***1*** *V.* **visitatore** ***2*** (*per incarico di ente assistenziale*) visitress; (*di infermi*) visiting nurse.

viṣitazióne, *f.* (*relig.*) Visitation.

viṣivo, *a.* visual: **la facoltà visiva**, the visual faculty; **organi visivi**, visual organs; **memoria visiva**, visual memory; **campo v.**, visual field; field of vision; **sussidi visivi**, visual aids.

Viṣnu, *m.* (*relig.*) Vishnu.

viṣnuiṣmo, *m.* (*relig.*) Vishnuism.

viṣnuita, *m.* e *f.* (*relig.*) Vishnuite.

viṣnuitico, *a.* (*relig.*) of Vishnu; of Vishnuism.

vìso, *m.* face; countenance: **un v. onesto [sorridente, imbronciato]**, an honest [a smiling, a sulky] face; **colpire q. al v.**, to hit sb. in the face; **guardare q. in v.**, to look sb. in the face; **Si illuminò in v.**, his face (*o* he) lit up; **col v. acceso**, flushed; **Glielo spiattellò sul v.**, he said it straight to his face. ● (*anche scherz.*) **v. pallido**, paleface □ **a v. a v.**, face to face □ **a v. aperto**, frankly; openly □ **Cambiò v. al vedermi**, his expression changed when he saw me □ **fare buon v. a q.**, to welcome sb. □ **fare buon v. a cattivo gioco** (*o* **a cattiva sorte**), to make the best of a bad job (*o* of things); to put on a brave face; to grin and bear it □ **fare il v. dell'arme**, to look threatening □ **fare il v. duro**, to look grim □ **fare il v. lungo**, to pull a long face □ (*fig.*) **gettare q.c. sul v. a q.**, to throw st. in sb.'s face.

viṣóne, *m.* (*zool., Mustela vison*) mink: **pelliccia di v.**, mink coat.

viṣóre, *m.* ***1*** (*per diapositive*) viewer ***2*** (*di telecamera*) view-finder ***3*** (*microlettore*) reader.

vìspo, *a.* lively; sprightly; chirpy; brisk: **un bambino v.**, a lively child; **un vecchietto v.**, a sprightly old man; **occhietti vispi**, bright eyes; **v. come un uccello**, as lively as a cricket; as chirpy as a bird.

vissùto, A *a.* (*ricco di esperienze*) experienced (*anche spreg.*); of the world; wordly-wise: **un uomo v.**, an experienced man; a man of the world. ● **vita vissuta**, real life. **B** *m.* (*le esperienze passate*) experiences (*pl.*); (*psic.*) experience.

vìsta, *f.* ***1*** (*facoltà visiva*) sight; eyesight; vision: **gli organi della v.**, the organs of sight; **Ha la v. buona [cattiva]**, he has good [poor] eyesight; his eyesight is good [poor]; **v. acuta**, keen (*o* sharp) sight; **perdere [riacquistare] la v.**, to lose [to regain] one's sight; **perdita della v.**, loss of sight; **privo della v.**, sightless; blind; **rendere la v. ai ciechi**, to restore sight to the blind; to make the blind see ***2*** (*occhi*) eyes (*pl.*); eye: **malattie della v.**, eye diseases; **Ho la v. stanca**, my eyes are tired; **Mi si annebbiò la v.**, my eyes dimmed; **fin dove arriva** (*o* **si spinge**) **la v.**, as far as the eye can see ***3*** (*capacità di vedere, campo visivo*) sight; view: **sfuggire alla v.**, to escape (sb.'s) sight; to pass unobserved; **Tieni in v. questa lettera**, keep this letter in view; **Mettimi in v. l'assegno**, put the cheque where I can see it ***4*** (*atto del vedere*) sight: **Sviene alla v. del sangue**, he faints at the sight of blood; **alla v. di quello spettacolo**, at the sight of (*o* on seeing) that spectacle; **La sua v. mi irrita**, the sight of him irritates me ***5*** (*veduta, panorama*) view; (*cosa vista, scena*) sight: **La collina ci toglie la v. del mare**, the hill blocks out the view of the sea; **Di qui si gode una bella v.**, there is a fine view from here; **v. d'insieme**, overall view; **v. dall'alto**, bird's-eye view; **v. dal basso**, view from below; **Quella v. lo turbò**, that sight disturbed him. ● **a prima v.**, at first sight; at sight: **innamorarsi a prima v.**, to fall in love at first sight; **Mi pare giusto a prima v.**, at first sight I'd say it's right; **tradurre a (prima) v.**, to translate at sight; **suonare [cantare] a (prima) v.**, to sight-read □ (*comm.*) **a trenta giorni v.**, thirty days after sight □ **a v. d'occhio**, as far as the eye can [could] see; (*sempre più*) visibly, before one's (very) eyes: **Il deserto si stendeva a v. d'occhio**, the desert stretched as far as the eye could see; **La pianta cresceva a v. d'occhio**, the plant was growing before my very eyes; **Dimagriva a v. d'occhio**, he was losing weight visibly □ (*anche fig.*) **avere la v. corta**, to be short-sighted □ **avere la v. lunga**, to be long-sighted; (*fig.*) to have great foresight □ **avere una v. d'aquila**, to be eagle-eyed □ **Ho in v. q.c. d'interessante**, I have st. interesting in view (*o* coming up) □ **Ho in v. una ragazza che fa per te**, I have my eye on a girl that would suit you □ **conoscere q. di v.**, to know sb. by sight □ **fare bella v.**, to make a good impression; to look good □ **fare bella v. di sé**, to be displayed; to be shown to advantage □ **Feci v.** (*o* **le viste**) **di non vederlo**, I pretended not to see him □ **guardare q. a v.**, to watch sb. closely; to keep sb. under close surveillance □ **essere in v.**, (*essere visibile*) to be in (*o* within) sight, to be in view; (*essere imminente*) to be in (*o* within) sight, to be coming up; (*essere noto*) to be well-known, to be in the public eye: **Non c'era in v. anima viva**, not a soul was in sight; **bene in v.**, in full view (*o* sight); conspicuous; **Il giorno dell'inaugurazione è ormai in v.**, the inauguration day is within sight now; **Grossi cambiamenti in v.!**, big changes ahead (*o* in the offing)!; **una personalità molto in v.**, a very well-known person □ **in v. di** (*in prossimità di*), within (*o* in) sight of: **Siamo in v. di Genova**, we are in sight of Genoa □ **mettere q.c. in bella v.**, to display st. to advantage; to show off st. □ **mettersi in v.**, to show off; to make oneself conspicuous □ **occhiali da v.**, spectacles □ **offendere la v.**, to offend (sb.'s) sight □ **offrirsi alla v. di q.**, to show oneself to sb. □ (*comm.*) **pagabile a v.**, payable at sight (*o* on demand) □ **Lo persi di v. tra la folla**, I lost sight of him in the crowd □ **Dopo l'università, ci siamo persi di v.**, we lost touch with each other after university □ **Ha perso di v. la cosa principale**, he has lost sight of the main thing □ **presentarsi alla v. di q.**, to come into sb.'s sight (*o* view); (*al cospetto di q.*) to come before sb. □ (*comm.*) **prestito a v.**, demand loan; call loan (*USA*) □ **punto di v.**, point of view; viewpoint □ **saziarsi la vista di q.c.**, to feast one's eyes on st. □ **sparare a v.**, to shoot on sight □ **Terra in v.!**, land ho! □ (*comm.*) **tratta a v.**, sight (*o* demand) draft □ (*aeron.*) **volo a v.**, contact flying.

vistàre, *v. t.* (*convalidare*) to endorse, to stamp; (*un passaporto e sim.*) to visa; (*una domanda e sim.*) to approve, to okay (*fam.*).

vìsto, A *a.* seen: **le tante cose viste**, the many things seen; **non v.**, unseen; unnoticed. ● **v. e rivisto**, seen again and again; seen a hundred times □ **v. si stampi**, ready for press □ **ben v.**, well thought-of; well-liked; popular; person[a] grata (*lat.*) □ **una cosa vista e stravista**, ol[d] hat (*fam.*) □ **mai v.**, (*nuovo*) unheard o[f]; unprecedented; (*straordinario*) extraordinar[y] □ **mal v.**, unpopular; persona non grata (*lat.*) **B visto che,** *locuz. cong.* since; seeing that; i[n] view of the fact that: **v. che non piove**, sinc[e] it's not raining. **C** *m.* (*convalida*) endorsement, stamp; (*su passaporto e sim.*) visa; (*fi[r]ma d'approvazione*) approval, OK (*fam.*): **v[.] d'ingresso [d'uscita]**, entry [exit] visa; **v. d[i] controllo** (*spunta*), tick; check (*USA*); **chie[]dere un v.**, to apply for a visa; **mettere il v[.] su q.c.**, to endorse st.; to approve st.; to vis[a] st.; to okay st. (*fam.*).

Vìstola, *f.* (*geogr.*) Vistula.

vistosaménte, *avv.* ***1*** (*in modo vistoso*) showily; gaudily; garishly ***2*** (*accentuatamen[]te*) strikingly.

vistosità, *f.* ***1*** (*appariscenza*) showiness[;] flashiness; gaudiness; loudness; garishness ***2*** (*cospicuità*) impressiveness.

vistóso, *a.* ***1*** (*appariscente*) showy; flashy[;] gaudy; loud; garish: **vestito v.**, showy dress[;] **colori vistosi**, gaudy (*o* loud, garish) colours[;] **cravatta vistosa**, flashy (*o* loud) tie; **bellezz[a] vistosa**, showy kind of beauty ***2*** (*notevole*[)] considerable; impressive; huge: **un v. patri[]monio**, a considerable patrimony.

viṣuàle, A *a.* visual: **angolo v.**, visual angle[.] **B** *f.* ***1*** (*veduta*) view; (*campo visivo*) view[;] field of vision: **una bella v.**, a beautiful view[;] **Mi togli la v.**, you are blocking my view ***2*** (*fis.*) line of vision.

viṣualità, *f.* visual quality.

viṣualiẓẓàre, *v. t.* ***1*** (*immaginare*) to visu[]alize; (*rappresentare visibilmente*) to show[;] to represent ***2*** (*elettron., elab.*) to display ● (*med.*) to visualize.

viṣualiẓẓatóre, *m.* ***1*** visualizer ***2*** (*elettron.*[,] *elab.*) display: **v. di controllo**, monito[r] display; **v. di dati**, data display.

viṣualiẓẓazióne, *f.* ***1*** visualization; represen[]tation ***2*** (*elettron., elab.*) display ***3*** (*med.*[)] visualization.

viṣùra, *f.* (*bur.*) inspection; survey.

visus (*lat.*), *m. invar.* (*fisiol., ottica*) sight.

vita (1), *f.* ***1*** life*: **la v. eterna**, eternal life[;] **la v. futura**, future life; **la v. terrena**, life o[n] earth; **questa v.**, this life; **v. dell'anima**[,] spiritual life; **la v. degli insetti [delle piante]**[,] insect [plant] life; **Non c'è v. su Marte**, ther[e] is no life on Mars; **le comodità della v.**, th[e] comforts of life; life's comforts; (*anche fig.*[)] **privo di** (*o* **senza**) **v.**, lifeless; **traccia** (*o* **se[]gno**) **di v.**, sign of life: (*anche fig.*) **non dar[e] segno di v.**, to give no sign of life; **aver car[a] la v.**, to value one's life; **aver v.**, to be alive [□] **dare la v. a q.**, to give life to sb.; **Diede la v[.] per la patria**, he gave his life for his country[;] **essere debitore della v. a q.**, to owe sb. one'[s] life; **lasciarci** (*o* **perdere**) **la v.**, to lose one'[s] life; **mantenere** (*o* **tenere**) **q. in v.**, to keep sb. alive; **riportare in v. q.**, to bring sb. back to life; **salvare la v. a q.**, to save sb.'s life; **rischiare la v.**, to risk one's life; to take one'[s] life into one's hands; **togliere la v. a q.**, t[o] take away sb.'s life; **togliersi la v.**, to take one's life; **tornare in v.**, to come back to life[;] **tra la v. e la morte**, between life and death; **Vi può costare la v.**, it might cost you you[r] life ***2*** (*periodo di vita*) life*; (*durata di un[a] vita*) lifetime, life span: **il lavoro di tutta una v.**, the work of a lifetime; **una volta nella v.**, once in a lifetime; **un'occasione che capit[a] una sola volta nella v.**, the chance of a lifetime; **Ho passato una v. in affari**, I have spent a lifetime in business; **v. media**, average lifetime; **durata massima della v.**, life span; **che dura tutta una v.**, lifelong (*attr.*); **la v. d'un edificio**, the life of a building ***3*** (*modo di vivere*) life*; living: **v. di campagna [di città]**, country [town] life; **v. pubblica [privata]**, public [private] life; **v. sregolata**, isorderly life; **la v. dell'insegnante**, a eacher's life; **v. di collegio**, boarding-school fe; **condizioni di v.**, living conditions; **fare semplice [ritirata, grama]**, to lead a imple [quiet, wretched] life; **cambiare modo di v.**, to change one's way of living ***4*** (*il necessario per vivere*) living: **guadagnarsi la v. insegnando**, to earn (*o* to make) one's iving by teaching; **guadagnarsi la v. a stento**, to scrape a living; **guadagnarsi la v. onestamente**, to earn one's living honestly; **il costo della v.**, the cost of living; **La v. è cara**, he cost of living is high. ***5*** (*animazione*) ife*, animation, action (*pop.*); (*vivacità*) ife*, liveliness; (*vitalità*) vitality: **C'è poca v. in questa cittadina**, there isn't much life in his little town; **Mettici più v.**, put more life n it; **I bambini sono pieni di v.**, the children re full of life; **una città piena di v.**, a lively own; **una commedia piena di v.**, a lively lay; **dar v. alla festa**, to liven up the party; **traboccare di v.**, to be bubbling over with itality; **mancare di v.**, to be lifeless; to be lull. ***6*** (*biografia*) life*; biography; life-story: **le Vite di Plutarco**, Plutarch's Lives; **raccontare la propria v.**, to tell one's life-story ***7*** (*ciò che dà vita*) lifeblood: **La luce è v. per le piante**, light is vital for plants; **Il credito è la v. del commercio**, credit is the ifeblood of commerce. ● **v. agiata**, comfortable life; good life (*fam.*) □ **v. da cane** (*o* **da cani**), dog's life □ **v. di relazione**, social life □ **v. dopo la morte**, life after death; after life □ **v. in comune**, life together: **far v. in comune**, to live together □ **v. mondana** (*di società*), social life: **fare v. mondana**, to lead an active social life □ **v. natural durante**, for the rest (*o* the term) of one's (natural) life; as long as one lives □ **V. mia!**, my dearest! □ **v. vissuta**, real life: **storie di v. vissuta**, real-life stories □ **a v.**, for life; life (*attr.*): **Fu eletto presidente a v.**, he was elected President for life; **senatore a v.**, life senator; **membro a v.**, life-member; (*leg.*) **Fu condannato a v.**, he was sentenced to life imprisonment; he got a life sentence □ (*relig.*) **l'altra v.**, the other life; after life □ **assicurazione sulla v.**, life insurance □ **aver v.** (*durare*), to last: **La società ebbe v. per pochi anni**, the company only lasted a few years □ **avere v. breve [lunga]**, to be short-lived [long-lived] □ **cambiare v.**, to change one's way of living (*o* one's lifestyle); (*ravvedersi*) to mend one's ways, to turn over a new leaf □ **conoscere v., morte e miracoli di q.**, to know all that there is to know about sb. □ **Così è la v.!**, that's life! □ **Darei la v. piuttosto che...**, I'd rather die than... □ (*fig.*) **dare v. a q.c.**, to start st.; to set up st.; (*fondare*) to found st. □ **darsi alla bella v.**, to live it up; to gad about □ **dolce v.**, «dolce vita» □ **durata media della v.**, life expectancy □ **essere in v.**, to be alive □ **fare la gran v.**, to lead a life of luxury □ **fare la v.** (*prostituirsi*), to live the life; to work the streets □ **Fa la v. del gran signore**, he lives like a lord □ **fare una doppia v.**, to lead a double life □ **fare v. da principi** (*o* **da re, da pascià**), to live in the lap of luxury; to lead the life of Riley (*fam.*) □ **essere in fin di v.**, to be dying; to be near one's end □ **in v.**, in life; alive (*pred.*): **rimanere in v.**, to stay alive; to survive □ **In v. non fece molto**, he did not do much while he was alive □ **in v. mia**, in my whole life; in my born days: **Non avevo mai visto niente di simile in v. mia**, I had never seen anything like it in my whole life □ **mantenersi** (*o* **tenersi**) **in v.**, to keep alive □ (*fig.*) **passare a miglior v.**, to breathe one's last □ **pena la v.**, on pain of death □ **per (tutta) la v.**, for life; as long as one lives; lifelong (*agg.*) □ **più caro della v.**, dearer than life itself □ **Questa sì che è v.!**, this is the life! □ **ragazza di v.**, prostitute; streetwalker □ **rendere la v. difficile a q.**, to make life difficult (*o* hard) for sb. □ **rifarsi una v.**, to make a new life for oneself □ **vendere cara** (*o* **a caro prezzo**) **la v.**, to sell one's life dearly □ (*prov.*) **Finché c'è v. c'è speranza**, while there's life there's hope.

vita (2), *f.* (*parte del corpo*) waist; (*circonferenza*) waistline: **afferrare q. per la v.**, to seize sb. by the waist; **Si legò il grembiule in v.**, she tied the apron round her waist; **stretto in v.**, tight at the waist; tight-waisted; **Ho un dolore alla v.**, I feel a pain in my waist; **Ha la v. snella**, she has a slim waist; she is slim-waisted; **v. abbondante**, generous waistline; **Quanto hai di v.?**, what's your waistline? ● **v. alta [bassa]**, long [short] waist □ (*fig.*) **v. di vespa**, wasp waist □ **giro di v.**, waistline □ **Su con la v.!**, keep your shoulders back!; hold yourself straight!; (*fig.*) cheer up!, chin up!

vitaiòlo, *m.* bon viveur (*franc.*); free-liver.

vitàlba, *f.* (*bot.*, *Clematis vitalba*) traveller's-joy; old-man's beard.

vitàle, *a.* ***1*** vital; life (*attr.*): **forza v.**, vital force; **organo v.**, vital organ; **ciclo v.**, life cycle; (*bot.*) **umore v.**, vital fluid ***2*** (*fig.*) vital; crucial; essential: **interessi vitali**, vital interests; **di v. importanza**, vital; crucial ***3*** (*biol.*, *med.*) viable: **vivo e v.**, alive and viable; **seme v.**, viable seed. ● **minimo v.**, subsistence; living wages □ **spazio v.**, vital space; lebensraum (*ted.*).

vitalismo, *m.* (*biol.*) vitalism.

vitalìsta, *m.* e *f.* vitalist.

vitalità, *f.* ***1*** (*anche fig.*) vitality; life; energy ***2*** (*med.*) viability.

vitaliziànte, *m.* e *f.* annuitant.

vitaliziàre, *v. t.* to settle an annuity on.

vitaliziàto, *m.* (*f.* **-a**) annuitant.

vitalìzio, **A** *a.* life (*attr.*); for life: **socio v.**, life member; **assegno v.**, life allowance; **rendita vitalizia**, life annuity. **B** *m.* life annuity: **fare un v.**, to arrange a life annuity.

vitamina, *f.* vitamin: **v. A**, vitamin A.

vitamìnico, *a.* vitaminic.

vitaminizzàre, *v. t.* to vitaminize.

vitaminizzazióne, *f.* vitaminization.

vitaminologìa, *f.* (*biochim.*) vitaminology.

vite (1), *f.* ***1*** (*bot.*, *Vitis vinifera*) vine; grape-vine ***2*** (*bot.*) – **v. bianca** (*Bryonia alba*), white bryony; **v. del Canadà** (*Parthenocissus quinquefolia*), Virginia creeper; woodbine (*USA*).

vite (2), *f.* ***1*** (*mecc.*) screw: **v. autofilettante**, self-tapping screw; **v. d'arresto**, set screw; **v. da legno**, wood screw; **v. di Archimede**, Archimedean screw; **v. di avanzamento**, feeding screw; **v. di collegamento**, fixing screw; **v. maschio [femmina]**, male [female] screw; **v. perpetua**, worm screw; **v. madre**, lead screw; **coperchio a v.**, screw cap; (*anche fig.*) **giro di v.**, turn of the screw; (*fig.*) clampdown, crackdown, tightening: **dare un giro a una v.**, to tighten a screw; (*fig.*) **dare un giro di v. a q.c.**, to clamp down on (*o* to tighten) st.; **allentare una v.**, to loosen a screw ***2*** (*aeron.*) spin: **v. piatta**, flat spin; **v. orizzontale**, roll; **cadere a** (*o* **in**) **v.**, to go into a spin; **uscire di v.**, to come out of a spin.

vitèlla, *f.* heifer.

vitellino, *a.* (*biol.*) vitelline: **membrana vitellina**, vitelline membrane; **sacco v.**, yolk sac.

vitèllo (1), *m.* ***1*** calf*: **v. di latte**, sucking calf ***2*** (*cucina*) veal: **cotolette di v.**, veal cutlets; **arrosto di v.**, roast veal ***3*** (*cuoio*) calfskin; calf: **scarpe di v.**, calf shoes; **rilegato in v.**, calf-bound. ● (*Bibbia* e *fig.*) **il v. d'oro**, the golden calf □ (*zool.*) **v. marino** (*Phoca vitulina*), harbour seal; sea-calf □ (*fig.*) **uccidere il v. grasso**, to kill the fatted calf.

vitèllo (2), *m.* (*biol.*) vitellus; yolk.

vitellóne, *m.* ***1*** (*zool.*) fatted calf* ***2*** (*cucina*) tender (*o* young) beef ***3*** (*fig.*: *di uomo*) layabout; loafer; playboy.

viterìa, *f.* screws and bolts (*pl.*).

vitìccio, *m.* (*bot.*) tendril; cirrus*.

vitìcolo, *a.* wine-growing; viticultural.

viticoltóre, *m.* (*f.* **-trice**) wine grower; viticulturist.

viticoltùra, *f.* ***1*** wine growing; viticulture ***2*** (*la scienza*) vituculture.

vitìfero, *a.* (*lett.*) vine-bearing.

vitigno, *m.* (species of) vine: **un ottimo v.**, a good species of vine; **v. nostrano**, local vine.

vitilìgine, *f.* (*med.*) vitiligo.

vitino, *m.* narrow waist: **v. di vespa**, wasp waist.

vitivinìcolo, *a.* wine growing and producing; wine (*attr.*).

vitivinicoltóre, *m.* (*f.* **-trice**) wine grower and producer.

vitivinicoltùra, *f.* wine growing and producing.

vìtreo, **A** *a.* vitreous; glassy: **occhi vitrei**, glassy eyes. **B** *m.* (*anat.*: *corpo v.*) vitreous body.

vìttima, *f.* (*anche fig.*) victim; (*di sciagura, incidente*) victim, casualty: **immolare una v.**, to offer up a victim; **le vittime del terremoto**, the victims of the earthquake; **le vittime della strada**, road casualties; **L'uragano ha fatto molte vittime**, the hurricane caused many casualties; **essere v. di uno scherzo crudele**, to be the victim of a cruel joke; **cader v. di un imbroglione**, to fall victim of a swindler. ● **v. delle circostanze**, victim of circumstance □ **v. del dovere**, martyr to duty □ **facile v.**, easy victim (*o* prey) □ **fare la v.**, to play the victim (*o* the martyr); to pile on the agony (*fam.*) □ (*iron.*) **Povera v.!**, you poor thing! □ **sentirsi v.**, to feel sorry for oneself.

vittimismo, *m.* self-pity.

vittimista, *m.* e *f.* self-pitier.

vittimìstico, *a.* self-pitying: **atteggiamento v.**, self-pitying attitude.

vittimizzàre, *v. t.* to victimize.

vittimizzazióne, *f.* victimization.

vitto, *m.* ***1*** (*cibo*) food; diet; fare: **procurarsi il v.**, to provide one's own food; **v. sano**, healthy diet; **v. abbondante**, plentiful fare ***2*** (*pasti*) board; meals (*pl.*): **v. e alloggio**, board and lodging.

Vittòria, *f.* Victoria.

vittòria, *f.* ***1*** victory: **v. militare [navale, elettorale]**, military [naval, electoral] victory; **v. facile**, easy victory; walkover (*fam.*); **v. incerta**, doubtful victory; **v. risicata**, narrow victory; **v. sofferta**, hard-won victory; **v. schiacciante**, overwhelming (*o* crushing) victory; (*nelle elezioni, anche*) landslide (victory); **riportare una v. sul nemico**, to win (*o* to gain) a victory over the enemy ***2*** (*fig.*: *trionfo, successo*) triumph; success; achievement: **le vittorie della scienza**, the triumphs (*o* achievements) of science; **grida di v.**, shouts of victory; triumphant shouts ***3*** (*sport*) win: (*boxe*) **v. ai punti**, win on points; (*calcio*) **v. fuori casa [in casa]**, away [home] win. ● **v. di Pirro**, Pyrrhic victory □ **v. morale**, moral victory □ (*fig.*) **avere la v. in mano** (*o* **in pugno**), to have victory in one's grasp □ **cantare v. (per q.c.)**, to crow (over st.) □ **il lauro della v.**, the laurels (*pl.*) of victory □ (*fig.*) **la palma della v.**, the victor's palm.

vittoriàno, *a.* Victorian: **l'età vittoriana**, the Victorian Age.

Vittòrio, *m.* Victor.

vittorióso, *a.* victorious; triumphant; successful: **esercito v.**, victorious army; **tono v.**, triumphant tone; **ritorno v.**, triumphant return; **operazione vittoriosa**, successful operation.

vituperàbile, *a.* censurable; blameworthy; vituperable.

vituperàndo, *V.* **vituperevole**.

vituperàre, *v. t.* to vituperate; to revile; to vilify; to abuse.

vituperativo, *a.* vituperative.

vituperatóre, A *m.* (*f.* **-trice**) vituperator. **B** *a.* vituperating.

vituperévole, *a.* shameful; despicable; contemptible; ignominious; infamous.

vitupèrio, *m.* **1** vituperation; abuse; (*ingiuria*) insult: **Lo coprì di vituperi**, he covered him with insults **2** (*causa di disonore*) disgrace; shame: **Sei il v. della famiglia**, you are a disgrace to your family.

vituperóso, *a.* shameful; disgraceful; ignominious.

viùzza, *f.* narrow street; lane; alley.

viva, *inter.* hurrah; hurray; hooray; up with: **V. i vincitori!**, hurrah for the winners!; **V. il Re!**, long live the King!; **V. l'Inter [la pace]!**, three cheers for Inter [for peace]! ● (*scherz.*) **V. la faccia della sincerità!**, there's plain speaking for you!; that's what I call plain speaking!

vivacchiàre, *v. i.* **1** (*vivere stentatamente*) to scrape (*o* to eke out) a living **2** (*tirare avanti*) to get* along (*o* by); to manage: **«Come va?» «Si vivacchia»**, «how are things with you?» «I'm [we're] getting along».

vivàce, *a.* **1** (*pieno di vita*) lively; vivacious; high-spirited; sprightly: **un ragazzo v.**, a lively boy; **occhi vivaci**, bright (*o* lively) eyes **2** (*pronto*) bright; quick; keen; alert: **intelligenza v.**, lively (*o* keen) intelligence **3** (*animato*) lively; animated; spirited: **una discussione v.**, a lively discussion **4** (*vivido*) bright; vivid: **colore v.**, bright colour; **fiamma v.**, bright flame **5** (*mus.*) vivace.

vivacità, *f.* **1** (*brio*) liveliness; sprightliness; vivacity **2** (*prontezza*) brightness; alertness; quickness **3** (*animazione*) liveliness; animation; vivacity **4** (*vividezza*) brightness; vividness.

vivacizzàre, *v. t.* to liven up; to brighten (up); to enliven; to vitalize.

vivaddìo, *inter.* by God!; by Jove!

vivàgno, *m.* (*cimosa*) selvage; selvedge.

vivàio, *m.* **1** (*di pesci*) (fish) farm; fishery; hatchery: **v. di trote**, trout farm; **v. di ostriche**, oyster farm (*o* park) **2** (*di piante*) nursery; garden centre: **v. forestale**, forest nursery **3** (*fig.*) breeding ground; nursery: **Quell'università fu un v. di scienziati**, that university was a breeding ground for scientists.

vivaista, *m. e f.* **1** (*piscicoltura*) fish breeder (*o* farmer) **2** (*agric.*) nurseryman* (*m.*).

vivaìstico, *a.* **1** (*piscicoltura*) fish-farming; fish-breeding **2** (*agric.*) nursery (*attr.*).

vivaménte, *avv.* (*con calore*) warmly, heartily; (*profondamente*) deeply, profoundly; (*con interesse*) keenly; (*con forza*) strongly: **ringraziare v. q.**, to thank sb. warmly; **v. commosso**, deeply moved; **v. preoccupato**, deeply worried; **v. interessato**, keenly interested; **Mi consigliò v. di accettare**, he strongly advised me to accept.

vivànda, *f.* **1** (*cibo*) food; victuals (*pl.*): **servire le vivande**, to serve food **2** (*pietanza*) dish: **vivande squisite**, excellent dishes.

vivandièra, *f.* (*mil.*) female sutler; vivandière (*franc.*).

vivandière, *m.* (*mil.*) sutler.

vivènte, A *a.* living; alive (*pred.*): **un essere v.**, a living being; a creature; **il più grande attore v.**, the greatest living actor; **È l'immagine v. del padre**, he's the living image of his father. **B** *m.* living being; (*pl.*) (*collett.*) (the) living.

vìvere, A *v. i.* **1** (*essere vivo, esistere*) to live; to be alive: **I pesci vivono nell'acqua**, fish live in water; **Visse al tempo di Augusto**, he lived at the time of Augustus; **Vive ancora**, he is still alive (*o* living); **I dottori dicono che vivrà**, the doctors say he will live; **Visse sino a ottant'anni**, he lived to be eighty; **v. a lungo**, to live long; to be long-lived; **non v. a lungo**, not to live long; (*di cosa*) to be short-lived; **v. fino a tarda età**, to live to a great age; **cessare di v.**, to die; to pass away; **continuare a v.**, to live on; **la volontà di v.**, the will to live; **Vive per i figli**, he lives for his children **2** (*trascorrere la vita, abitare*) to live: **v. onestamente**, to live honestly; to lead an honest life; **v. felice**, to live happily; **v. da gran signore**, to live like a lord; **v. schiavo**, to live the life of a slave; to be a slave; **v. libero**, to live in freedom; to be free; **v. con q.**, to live with sb.; **Vivono insieme [separati]**, they live together [apart]; **v. da solo**, to live alone; **v. in campagna [a Roma, all'estero]**, to live in the country [in Rome, abroad]; **v. presso parenti**, to live with relatives **3** (*sostentarsi, nutrirsi*) to live on, to live by; (*fig.*) to live on, to feed* on: **v. con lo stipendio**, to live on one's salary; **v. con poco**, to get by on little; **v. del proprio lavoro**, to live by one's work; **v. di rendita**, to live on one's private income; **Solo un milione e mezzo? Ma riesci a viverci?**, just one and a half million? how can you live on that?; **guadagnarsi da v.**, to earn a (*o* one's) living; **avere di che v.**, to have enough to live on; **lavorare per v.**, to work for a living; **v. di carne**, to live on meat; **v. di caccia e pesca**, to live by hunting and fishing; **L'uomo non vive di solo pane**, man cannot live on bread alone; **v. di ricordi**, to live on memories; **v. d'ambizione**, to feed on ambition; **Vive solo di sport**, he lives and breathes sport **4** (*di cose immateriali: durare*) to live on: **La sua fama vivrà nei secoli**, his fame will live on through the centuries; **v. nella memoria di q.**, to live on in sb.'s memory **5** (*di cose materiali: durare*) to last; to be alive; to survive; to endure: **un'opera che vive da secoli**, a work that has lasted for centuries; **tradizioni che vivono ancora**, traditions that still survive. ● **v. alla giornata**, to live from hand to mouth □ **v. alle spalle di q.**, to live off sb.; to sponge on sb. (*fam.*) □ **v. col sudore della fronte**, to live by the sweat of one's brow □ **v. di espedienti**, to live by one's wits □ **v. dei frutti della terra**, to live off the land □ **Chi vive?**, who goes there? □ **stare sul chi vive**, to be on the alert; to be on the (*o* to keep a) look out □ (*fig.*) **far v. il commercio [l'industria]**, to foster commerce [industry] □ (*fig.*) **insegnare a q. a v.**, to teach sb. good manners □ (*fig.*) **Lasciami v.!**, give me a moment's peace!; give me a break! (*fam.*) □ **Col figlio via non vive più**, she does nothing but worry now that her son is away □ **il tempo che ancora mi rimane da v.**, what I have left of life □ **saper v.**, to know how to live □ **«Come va?» «Si vive»**, «how are you?» «we're getting by» □ **Si vive una volta sola**, you only live once □ **essere stanco di v.**, to be tired of life □ (*eufem.*) **È uno che ha vissuto da giovane**, he sowed his wild oats in his youth □ **...e vissero felici e contenti**, ...and so they lived happily ever after □ (*tipogr.*) **Vive!**, stet (*lat.*) □ **Vivendo s'impara**, you learn by experience □ **Viveva in quei tempi un uomo...**, there lived at that time a man... □ (*prov.*) **Chi vivrà vedrà**, time will tell □ (*prov.*) **Vivi e lascia v.**, live and let live. **B** *v. t.* (*trascorrere*) to live, to lead*, to spend*; (*attraversare*) to have, to experience, to go* through: **v. la propria vita**, to live one's own life; **v. una vita serena**, to lead a peaceful life; **v. anni lieti**, to spend happy years; **Visse i suoi ultimi anni a Parigi**, he lived out (*o* spent) his last years in Paris; **v. attimi di angoscia**, to live through terrible moments; **v. un dramma**, to go through a terrible experience; **v. le gioie e i dolori di q.**, to share sb.'s joys and pains. ● **v. la propria fede**, to live one's faith □ (*di attore*) **v. la propria parte**, to identify with one's part □ **v. una vita di menzogna**, to live a lie. **C** *m.* **1** (*la vita*) life: **il v. in campagna**, country life; **il v. umano**, human life; **Questo non è v.**, this is not life; **Questo sì che è v.!**, this is the life!; **il quieto v.**, a quiet life; peace and quiet: **p amore del quieto v.**, for the sake of a qui life (*o* of peace and quiet); to avoid disput **2** (*modo di v.*) way of life; way of living (*costo della vita*) cost of living: **Il v. cos carissimo**, the cost of living is very high.

vìveri, *m. pl.* food (*sing.*); victuals; provision supplies: **razionamento dei v.**, foc rationing; **trasporto dei v.**, food transport; **r stare senza v.**, to run short of provisions; **t gliare i v.**, (*mil.*) to cut off supplies; (*fig.*) cut off sb.'s allowance; **rifornire di v. u esercito**, to victual an army; (*mil.*) **foraggi v.**, forage and victuals; (*mil.*) **v. di riserv** iron rations.

vivèrra, *f.* (*zool.*, *Viverra civetta*) civet.

viverrìcola, *f.* (*zool.*, *Viverricula indica* rasse.

viveur (*franc.*), *m. invar.* (bon) viveur; mar -about-town; pleasure-seeker.

vivézza, *f.* **1** (*vivacità*) liveliness, vividness (*di colori*) brightness: **v. d'ingegno**, livelines of mind; **v. d'immagini**, vividness of images **descrivere q.c. con v. d'immagini**, t describe st. in vivid images **2** (*espressività* lifelike quality; vividness: **un ritratto d grande v.**, a very lifelike portrait.

Viviàna, *f.* Vivian.

vivìbile, *a.* liv(e)able.

vivibilità, *f.* liv(e)ableness; liv(e)ability.

vìvido, *a.* vivid; lively; (*di colori*) bright.

vivificàre, *v. t.* to enliven; to liven up; t quicken; to vivify; to revitalize.

vivificativo, *a.* vivifying.

vivificatóre, A *m.* (*f.* **-trice**) vivifier. **B** *a.* vivi fying.

vivificazióne, *f.* vivification; quickening revitalization.

vivinatalità, *f.* (*stat.*) live births (*pl.*).

viviparità, *f.* (*zool.*) viviparity; viviparous ness; viviparism.

vivìparo, (*zool.*) **A** *a.* viviparous. **B** *m* viviparous animal.

vivisettòrio, *a.* vivisectional; vivisectio (*attr.*).

vivisezionàre, *v. t.* **1** to vivisect **2** (*fig.*) t examine minutely; to dissect.

vivisezióne, *f.* **1** vivisection **2** (*fig.*) minute examination; dissection.

vìvo, A *a.* **1** (*vivente*) living; live (*attr.*); alive (*pred.*): **albero v.**, living tree; **animale v.**, living animal; **Dio v. e vero**, the true living God; **pesci vivi**, live fish; **un topo v.**, a live mouse; **prendere un topo v.**, to catch a mouse alive; **Allora mio padre era ancora v.**, at that time my father was still alive (*o* living); **Finché sarò v.**, as long as I live; **Fu sepolto v.**, he was buried alive; **Questo ciliegio è ancora v.**, this cherry tree is still alive; **usi ancora vivi**, traditions that are still alive (*o* that survive); **v. o morto**, dead or alive; **più morto che v.**, more dead than alive; **Sarà sempre v. nel nostro cuore**, he will always have a place in our hearts; **I pregiudizi sono ancora vivi**, prejudice is still lively **2** (*vivace*) lively, animated, brisk; (*acuto*) keen, quick, sharp, bright: **sguardo v.**, lively expression; **La discussione fu viva**, the discussion was lively; **un ragazzo piuttosto v.**, a rather lively boy; **intelligenza viva**, keen intelligence; quick (*o* sharp, bright) mind; **v. interesse**, keen interest; **occhio v.**, bright eye; **una città viva**, a lively town; **commercio v.**, brisk trade **3** (*vivido*) vivid, clear, sharp, graphic; (*di colore, ecc.*) bright, vivid: **descrizione viva**, vivid (*o* graphic) description; **v. ricordo**, vivid memory: **Ne serbiamo un v. ricordo**, we remember him vividly; we cherish his memory; **tener v. il ricordo di q.**, to keep sb.'s memory alive; **stile v.**, vivid style; **rosso v.**, bright red; **fiamma viva**, bright flame; **una luce troppo viva**, a glaring light **4** (*intenso*) intense, keen, living, strong; (*acuto*) sharp; (*urgente*) urgent; (*profondo*) deep; (*sentito*) heart-felt, deep-felt: **v. amore**, intense (*o* deep) love; **v. bisogno**, great (*o* urgent) need; **viva curiosità**, keen curiosity; **viva fede**, living faith; **v. impressione**, deep impression; **viva pietà**, deep pity; **v. ribrezzo**, strong disgust; **viva speranza**, strong hope; **v. desiderio**, keen desire; **provare v. dolore**, to feel deep sorrow; **un v. dolore al braccio**, a sharp pain in the arm; **vivi ringraziamenti**, heart-felt thanks; **vivissimi auguri**, very best wishes **5** (*di rumore*) loud: **Il rumore si fece più v.**, the noise grew louder **6** (*fresco*) fresh: **aria viva**, fresh air; **fonte viva**, fresh spring; **acqua viva**, spring (*o* running) water. ● **v. e parlante**, real live □ **v. e vegeto**, alive and kicking; alive and well □ **Non c'era anima viva**, there wasn't a living soul around □ **argento v.**, quicksilver □ **calce viva**, quicklime □ **calore v.**, burning heat □ **carne viva**, (living) flesh; quick □ **farsi v.**, (*farsi vedere*) to turn up, to show up; (*dare notizie di sé*) to be (*o* to keep) in touch, (*scrivendo*) to drop a line: **Fatti v. ogni tanto**, come and see me every now and then; drop me a line every now and then; **Con me non s'è fatto v.**, I've heard nothing from him; he hasn't been in touch with me; **Gli scriverò tanto per farmi v.**, I'll write to him, just to show I'm still alive □ (*fig.*) **le forze vive del paese**, the vital forces of the country □ **lingua viva**, living language; spoken language □ (*fam.*) **Se non finisce in tempo lo mangio v.**, I'm going to kill him if he doesn't finish in time □ **nato v.**, born alive □ **peso v.**, live weight □ **roccia viva**, live rock; bare rock □ **siepe viva**, quickset hedge □ **spese vive**, actual expenses; out-of-pocket expenses □ **spigolo v.**, sharp edge □ **taglio v.**, sharp cut □ **tener viva la conversazione**, to keep the conversation going; to keep the ball rolling (*fam.*) □ **tener viva la fiamma**, to keep the fire going (*o* burning) □ **l'uso v. di una lingua**, the living use of a language. **B** *m.* **1** (*persona vivente*) living person; (*pl.*) (*collett.*) (the) living **2** (*punto sensibile*) quick; (*fig.*, *anche*) raw, sore point: **mordersi le unghie fino al v.**, to bite one's nails to the quick; **ferire q. sul vivo**, to wound sb. to the quick; (*fig.*) **toccare q. nel** (*o* **sul**) **v.**, to touch sb. … of the column □ … **v. della combattimento**, the thick of the fighting □ **il v. del** … **il v. di una questione**, the heart (*o* the root) of a matter □ **al v.**, (*arte*) to the life; (*con realismo*) in a lifelike manner, realistically: **Lo ritrasse al v.**, he portrayed him to the life; **Lo descrisse al v.**, he described him realistically; he gave a lifelike description of him □ **dal v.**, (*arte*) from life, life (*attr.*); (*di registrazioni, ecc.*) live: **ritratto dal v.**, life portrait; **concerto dal v.**, live concert □ (*tipogr.*) **pagina al v.**, bleed page.

viziàre, **A** *v. t.* **1** to spoil*; to pamper: **v. i figli**, to spoil one's children **2** (*invalidare, anche leg.*) to vitiate: **un'omissione che vizia il contratto**, an omission which vitiates the contract **3** (*corrompere*) to corrupt; to lead* astray **4** (*rovinare*) to spoil; (*inquinare*) to pollute. **B viziàrsi**, *v. i. pron.* to become* spoiled; to acquire bad habits (*o* ways).

viziàto, *a.* **1** spoilt: **un ragazzo v.**, a spoilt boy **2** (*invalido, anche leg.*) vitiated: **un contratto v.**, a vitiated contract **3** (*corrotto*) corrupt; depraved **4** (*inquinato*) polluted; stale; foul: **aria viziata**, stale air.

vìzio, *m.* **1** (*difetto morale*) vice: **essere pieno di vizi**, to have many vices; **il v. della gola**, the vice of gluttony; **il v. di mentire**, the vice of lying; **vivere nel v.**, to live in vice; **Il mio unico v. è il fumo**, my only vice is smoking; **senza vizi**, viceless **2** (*cattiva abitudine*) bad habit: **Ha il v. di fare sempre tardi**, he has a bad habit of always arriving late **3** (*difetto*) defect; flaw: **v. di pronuncia**, speech defect; **v. d'origine**, congenital defect **4** (*irregolarità*, *anche leg.*) defect; flaw; vice: **v. di procedura**, flaw in the proceedings; procedural flaw; **v. intrinseco**, inherent vice; **v. occulto**, latent defect (*o* fault); **v. di consenso**, invalid consent. ● (*med.*) **v. cardiaco**, heart (*o* valvular) defect □ (*teol.*) **i sette vizi capitali**, the seven deadly sins.

viziosità, *f.* **1** depravation; debauchery **2** (*l'essere difettoso*) defectiveness; faultiness.

vizióso, **A** *a.* **1** dissolute; depraved; immoral; corrupt; vicious: **vita viziosa**, dissolute (*o* depraved) life **2** (*difettoso*) defective; faulty: **pronunzia viziosa**, defective pronunciation. ● **circolo v.**, vicious circle. **B** *m.* (*f.* **-a**) depraved person; debauchee; pervert.

vìzzo, *a.* **1** (*avvizzito*) withered; wrinkled; wizened: **fiori vizzi**, withered flowers; **mela vizza**, wrinkled apple; **guance vizze**, withered (*o* wrinkled, wizened) cheeks **2** (*floscio*) flabby.

vocabolàrio, *m.* **1** (*patrimonio lessicale*) vocabulary; lexicon: **v. ricco [limitato, essenziale]**, rich [limited, basic] vocabulary; (*fig.*) **Amicizia è una parola che non esiste nel suo v.**, he doesn't know the meaning of the word friendship **2** (*dizionario*) dictionary: **un v. inglese-italiano**, an English-Italian dictionary; **ricorrere al v.**, to resort to a dictionary.

vocabolarista, *m.* e *f.* lexicographer.

vocàbolo, *m.* word; term: **v. tecnico**, technical term; **il significato di un v.**, the meaning of a word.

vocàle (1), *a.* vocal: (*mus.*) **concerto v. e strumentale**, vocal and instrumental concert; (*anat.*) **corde vocali**, vocal chords.

vocàle (2), *f.* (*fon.*) vowel: **v. atona [tonica]**, atonic [tonic] vowel.

vocàlico, *a.* (*fon.*) vocalic; vowel (*attr.*).

vocalismo, *m.* (*ling.*) vocalism.

vocalista, *m.* e *f.* (*mus.*) vocalist.

vocalità, *f.* **1** vocality **2** (*mus.*) vocalism; vocal style.

vocalizzàre, *v. t.* e *i.* **vocalizzàrsi**, *v. i. pron.* to vocalize.

vocalizzazióne, *f.* (*ling.*, *mus.*) vocalization.

vocalìzzo, *m.* (*mus.*) vocalise.

vocativo, *a.* e *m.* (*gramm.*) vocative: **al v.**, in the vocative (case).

vocazionàle, *a.* vocational.

vocazióne, *f.* vocation; calling; (*dote*) gift, bent: **Ha v. per la medicina**, he has a vocation for medicine; **v. per la vita monastica**, vocation (*o* calling) for the monastic life; **Insegna per v.**, he is a teacher by vocation; **una vera v. per la musica**, a real gift for music; **non avere v. per q.c.**, to have no vocation for st.; not to be cut out for st. (*fam.*).

vóce, *f.* **1** (*anche fig.*) voice: **v. robusta [dolce, roca, imperiosa, squillante, nasale]**, robust [sweet, harsh, imperious, ringing, nasal] voice; **v. di petto**, chest voice; **v. di gola**, throaty voice; **v. di testa**, head voice; **v. in falsetto**, falsetto voice; **v. di donna**, woman's voice; **alzare [levare] la v.**, to raise [to lift] one's voice; to speak up; **abbassare la v.**, to lower one's voice; **avere poca v.**, to have little voice; **essere giù di v.**, to be hoarse; (*di cantante*) not to be in good voice; **non avere v.**, to be voiceless; **perdere la v.**, to lose one's voice; **parlare ad alta v.**, to speak in a loud voice; **pensare ad alta v.**, to think aloud; **a bassa** (*o* **mezza**) **v.**, in a low voice; quietly; **a gran v.**, in a loud voice; aloud; loudly; **con v. sommessa**, in a low voice; quietly; softly; **tono di v.**, tone of voice; **la v. del cuore [della ragione]**, the voice of the heart [of reason]; **la v. del sangue**, the call of blood; **la v. della natura**, the voice of Nature; **la v. del tuono [del vento]**, the voice of thunder [of the wind] **2** (*di animali*) call; cry; (*canto*) song **3** (*diceria*) rumour, rumor (*USA*); story; hearsay: **spargere una v.**, to spread a rumour; **Corrono voci strane**, there are strange rumours about; **Si è sparsa la v. che...**, there is a rumour about that...; **Corre v. che...**, it is rumoured that...; the story goes that...; **voci contraddittorie**, conflicting rumours; **voci di corridoio**, backstairs rumours; **Sono solo voci**, it's only a rumour (*o* only hearsay) **4** (*opinione*) voice; opinion **5** (*mus.*) voice; (*sonorità*) tone: **v. bianca**, treble (voice); **v. di contralto**, contralto (voice); **v. di basso**, bass (voice); **madrigale a quattro voci**, four-part madrigal; **seconda v.**, countermelody; **essere in v.**, to be in good voice; **Il pianoforte ha una bella v.**, the piano has a beautiful tone **6** (*vocabolo*) word, term; (*v. di dizionario*) entry, headword: **v. antiquata**, dated word; **v. tecnica**, technical term; **una v. molto lunga**, a long entry; **una v. con due significati**, a headword with two meanings; **sotto la v. «erba»**, under the entry «grass» **7** (*intestatura*) heading; (*articolo*) item: **Questa merce è compresa sotto la v. «bevande»**, these goods come under the heading «drinks»; **Ne ho parlato sotto quella v.**, I have dealt with it under that heading; **le voci d'una lista**, the items of a list **8** (*gramm.*: *forma del verbo*) voice; (*parte del verbo*) part: **v. attiva [passiva]**, active [passive] voice; **le voci di un verbo**, the parts of the verb. ● (*cinem.*, *TV*) **v. fuori campo**, voice-over □ (*fig.*) **a una v.**, with one voice; unanimously □ **a portata di v.**, within hearing □ **a v.**, verbally; (*di persona*) in person: **un ordine dato a v.**, an order given verbally; **Glielo dirò a v.**, I'll tell him in person (*o* when we meet) □ **a viva v.**, personally; face-to-face □ (*fig.*) **avere v. (in capitolo) in q.c.**, to have a say (*o* a voice) in st. □ **con quanta v. si ha in corpo**, at the top of one's voice □ **coprire la v. di q.**, to cover the sound of sb.'s voice □ **dare una v. a q.**, to call sb. □ **dar v. alle proprie idee**, to give voice to one's ideas □ (*fig.*) **darsi la v.**, to pass the word round □ **dare sulla v. a q.**, (*contraddire*) to contradict sb.; (*zittire*) to shut sb. up □ **fare la v. grossa**, to raise one's voice; to speak threateningly □ **un fil di v.**, a small (*o* thin) voice □ **Sta mutando v.** (*di un ragazzo*), his voice is breaking □ **sotto v.**, under one's breath; low; (*mus.*) sotto voce □ **rifare la v. di q.**, to imitate sb.'s voice □ (*mil.*) **saluto alla v.**, cheer □ **L'ho sentito io dalla sua viva voce**, I heard it myself from his own lips □ **V.!**, louder!; speak up!

vociàre, **A** *v. i.* **1** (*gridare*) to shout; to yell; to bawl **2** (*chiacchierare*) to gossip. **B** *m.* **1** (*il gridare*) shouting; yelling; bawling **2** (*chiacchiere*) gossip.

vociferànte, *a.* vociferating; vociferous; clamorous; shouting.

vociferàre, **A** *v. i.* to vociferate; to bawl; to clamour; to shout. **B** *v. t.* to rumour: **Si vocifera che stiano per chiudere**, it is rumoured that the place is about to close down.

vociferatóre, *m.* (*f.* **-trice**) **1** shouter **2** (*chi sparge notizie*) gossipmonger; rumour-monger.

vociferazióne, *f.* **1** vociferation; shouting **2** (*diceria*) rumour.

vocìo, *m.* shouting; clamour.

vocoder (*ingl.*), *m. invar.* (*telef.*) vocoder.

vòdka, *f.* vodka.

vóga (1), *f.* **1** (*moda*) fashion, vogue; (*popolarità*) popularity: **essere in v.**, to be in fashion (*o* in vogue); to be fashionable; to be in; to be popular; **in gran v.**, very popular; all the rage; **tornare in v.**, to come back (into fashion) **2** (*entusiasmo*) enthusiasm; eagerness; will; keenness: **fare q.c. con v.**, to do st. with eagerness (*o* with a will).

vóga (2), *f.* **1** (*spinta data con i remi*) stroke: **dare la v.**, to give the stroke **2** (*il vogare*) rowing.

vogàre, *v. i.* to row; to oar; (*dando il ritmo*) to stroke; (*con la pagaia*) to scull.

vogàta, *f.* **1** (*il vogare*) row; rowing: **fare**

una v., to have a row; **Ha una v. regolare**, his rowing is steady ***2*** (*spinta data coi remi*) stroke; pull.

vogatóre, *m.* ***1*** (*f.* **-trice**) rower; oarsman* (*m.*) ***2*** (*attrezzo*) rowing machine ***3*** (*maglietta*) singlet (*GB*); undershirt (*USA*).

vòglia, *f.* ***1*** (*desiderio*) desire, wish, longing; (*capriccio*) fancy, whim; (*stato d'animo*) mood, inclination; (*impulso*) urge, impulse; (*brama*) lust: **Non ho nessuna v. di sposarmi**, I have no desire to get married; **piegarsi alle voglie altrui**, to bow to the wishes of others; **cavarsi una v.**, to indulge a whim; **Resistetti alla v. di dargli un pugno**, I resisted the urge to punch him; **v. di potere**, lust for power; **Ho v. di camminare [di piangere]**, I feel like walking [crying]; **Non ho v. di (fare) colazione**, I don't feel like (having) breakfast; **Hai v. di una birra?**, do you fancy a glass of beer?; **Avrei proprio v. di una sigaretta**, I could do with a cigarette; **Possiamo uscire, se ne hai v.**, we can go out, if you feel like it; **Non ho nessuna v. di vederli**, I have no wish to see them; **Non ho v. di vedere gente**, I'm in no mood to see people; **Non ho v. di scherzare**, I'm not in the mood for joking; **una gran v. di tornare a casa**, a longing for home; **Ho una gran v. di rivederla**, I'm longing to see her again ***2*** (*volontà*) will; willingness: **ragazzi senza v. di studiare**, boys without the will to study; **Non ha più v. di vivere**, he has lost the will to live; **la sua v. di aiutare**, his willingness to help; **Ha v. di lavorare**, he (*o* she) wants to work; **Non ha v. di studiare**, he (*o* she) doesn't want to study ***3*** (*desiderio sessuale*) desire; lust ***4*** (*di donna incinta*) craving: **una v. di gelato**, a craving for icecream ***5*** (*macchia della pelle*) birthmark; mark: **v. di fragole**, strawberry mark. ● **Hai v.!** (*certamente sì*), you bet! □ **Sì, hai v.!** (*macché*), are you kidding? □ **Hai v. che sia finito!**, it'll be ages before it's done □ **Hai voglia di gridare! Non ti ascoltano nemmeno**, you can shout until you are blue in the face, they just won't listen to you □ **avere una v. matta di q.c. [di fare q.c.]**, to be dying for st. [to do st.] □ **contro v.**, against one's will □ **di buona v.**, willingly; with pleasure; (*con entusiasmo*) with a will: **lavorare di buona v.**, to work with a will; to work hard □ **di mala v.**, unwillingly; reluctantly □ **Mi fa venire v. di piantare tutto**, it makes me feel like dropping everything □ **Mi sono levata la v. di dirgli quello che pensavo di lui**, I took the satisfaction of telling him what I thought of him □ **una mezza v.**, half a mind □ **morire dalla v. di sapere q.c.**, to be dying (*o* itching) to know st. □ **Muoio dalla v. di bere un tè**, I'm dying for a cup of tea □ **Me ne è passata la v.**, I've lost my appetite for it; I've lost all interest in it; I don't feel like it any more □ **Mi vien v. di...**, I feel like...

vòglio, *1ª pers. sing. indic. pres. di* **volere**.

voglióso, *a.* (*desideroso*) wishful; (*disposto*) willing, eager; (*bramoso*) longing, yearning; (*cupido*) greedy, covetous.

vói, *pron. pers. m. e f. 2ª pers. pl.* ***1*** (*sogg.*) you: **Lo diceste voi**, you said so; **Foste voi a dirlo**, it was you who said so; **Eravate voi?**, was it you?; **Beati voi!**, lucky you! ***2*** (*come pred. nominale*) you: **se io fossi (in) voi**, if I were you ***3*** (*compl. ogg. e indir.*) you: **Vidi voi, non loro**, I saw you, not them; **Tocca a voi decidere**, it's up to you to decide ***4*** (*formula di cortesia*) you: **Voi siete sempre il benvenuto, signore**, you are always welcome, sir. ● **voi due**, the two of you; (*entrambi*) both of you, you both: **C'eravate solo voi due**, there were just the two of you; **Voi due sarete puniti**, you shall both be punished □ **voi stessi** (*o* **proprio voi**), yourselves; you... yourselves: **Pensate solo a voi stessi**, you only think of yourselves; **L'avete detto voi stessi**, you yourselves said so □ **voi tre [quattro, ecc.]**, the three [the four, etc.] of you: **Voi c'eravate tutti e tre**, all three of you were present □ **voi tutti**, all of you; you all □ **da voi**, (*a casa vostra*) at your place, at your house; (*nel vostro paese*) in your country, where you come from; (*nella vostra regione*) in your part of the country; (*nella vostra famiglia*) in your family □ **da voi** (*da soli*), by yourselves: **L'avete fatto da voi?**, did you do it by yourselves? □ **dare del voi**, to use the plural form of address □ **dare del voi a q.**, to address sb. as «voi» □ **A voi!**, (*tocca a voi*) it's your turn!; (*alla vostra salute*) here's to you! □ **Eccomi a voi!**, here I am! □ **Ehi, voi!**, hey, you there!

voiàltri, *pron. pers. m. 2ª pers. pl.* you; you people; you lot (*o* folks) (*fam.*); (*i rimanenti*) the rest of you.

voile (*franc.*), *m. invar.* (*ind. tess.*) voile.

voivòda, *m.* (*stor.*) vaivode, voivode.

volàno, *m.* ***1*** (*sport*: *la palla*) shuttlecock; (*il gioco*) badminton, battledore and shuttlecock ***2*** (*mecc.*) flywheel ***3*** (*fig.*) engine; driving force.

volant (*franc.*), *m. invar.* (*moda*) flounce.

volànte (1), **A** *a.* ***1*** (*che vola, anche fig.*) flying: **pesce v.**, flying fish; **disco v.**, flying saucer; (*aeron.*) **fortezza v.**, flying fortress; (*polizia*) **squadra v.**, flying squad ***2*** (*libero, mobile*) free; movable; loose: (*elettr.*) **presa v.**, movable socket; **foglio v.**, loose leaf (*o* sheet) ***3*** (*fig., di persona*) free-lance: **indossatrice v.**, free-lance model. **B** *f.* (*polizia*) flying squad.

volànte (2), *m.* (*autom.*) steering-wheel; wheel: **essere al v.**, to be at the wheel; **mettersi al v.**, to take the wheel. ● **asso del v.**, ace driver □ **un'auto col v. a destra**, a car with right-hand drive □ **cambio al v.**, gearshift on the steering column.

volantinàggio, *m.* distribution of leaflets; leafleting.

volantinàre, *v. t.* to distribute leaflets; to leaflet.

volantìno (1), *m.* (*mecc.*) handwheel.

volantìno (2), *m.* (*manifestino*) handbill; leaflet.

volàre, *v. i.* ***1*** (*anche fig.*) to fly*; (*spinti dal vento*) to blow*, to be blown: **Gli uccelli volano**, birds fly; **Ho volato su Mil**[illegible] flew over Milan; **Volavano le granate [**[illegible] **i sassi]**, grenades [arrows, stones] were flying; **Volavano le foglie secche**, dead leaves were blowing about; **Mi volò via il foulard**, my scarf was blown away; **Cominciarono a volare gli insulti**, insults began to fly; **Volarono gli schiaffi**, there was an exchange of blows; **Il suo nome volava di bocca in bocca**, his name flew from lip to lip; **Il mio pensiero vola a te**, my thoughts fly to you; **La sua mente volò agli anni di scuola**, his mind flew back to his school years ***2*** (*di tempo*) to fly* (by, past); to pass quicky: **Il tem**[illegible] flies; **Volano gli anni**, the years fly by; **I giorni volavano (via)**, the days flew past; **L'estate è volata in un lampo**, summer has simply flown by ***3*** (*fig.*: *correre*) to fly*; to rush; to speed*: **I bambini volarono incontro alla madre**, the children flew to meet their mother; **Volai alla stazione**, I rushed to the station; **Volò giù per le scale**, she flew down the stairs; **Volo e torno**, I'll be back in no time; **L'automobile volava attraverso la pianura**, the car was speeding across the plain ***4*** (*cadere*) to fall*; to plummet: **È volato giù dal terzo piano**, he fell from the third floor. ● (*aeron.*) **v. ad alta [a bassa] quota**, to fly high [low] □ (*di elicottero*) **v. a punto fisso**, to hover □ (*aeron.*) **v. a velocità di crociera**, to cruise □ (*aeron.*) **v. (a volo) librato**, to glide □ (*aeron.*) **v. da solo**, to solo □ (*fig.*) **v. in cielo**, to go to Heaven □ (*aeron.*) **v. in picchiata**, to dive □ (*aeron.*) **v. in spirale**, to spiral □ **far v.**, to fly; (*del vento*) to blow away (*o* off); (*scagliare*) to throw: **far v. un aeroplano [un aquilone, ecc.]**, to fly an aeroplane [a kite, etc.]; **Il vento gli fece v. via il cappello**, the wind blew his hat off; **far v. i piatti dalla finestra**, to throw the dishes out of the window.

volàta (1), *f.* ***1*** (*volo, anche fig.*) flight: **una v. in aliante**, a flight on a glider; **una v. lirica**, a flight of lyricism ***2*** (*corsa*) rush: **Ho fatto una v. in banca**, I rushed to the bank ***3*** (*caduta*) fall ***4*** (*sport*) (final) sprint: **superare q. in v.**, to sprint past sb.; **vincere in v.**, to sprint home to win ***5*** (*mil.*: *di un cannone*) muzzle, chase ***6*** (*ind. min.*) volley. ● **di v.**, quickly; at top speed; in a hurry; in a rush; in a flash □ **andare di v.**, to rush; to hurry □ **partire di v.**, to dash off; to rush off □ **Torno di v.**, I'll be back in a flash □ **tirare la v.**, (*sport*) to set the pace; (*fig.*) to smooth the way (for st.).

volàta (2), (*tennis*) *V.* **volee**.

volàtile, **A** *a.* ***1*** (*di uccello*) flying ***2*** (*chim.*) volatile. **B** *m.* bird.

volatilità, *f.* volatility.

volatilizzàbile, *a.* (*chim.*) volatilizable.

volatilizzàre, **A** *v. t. e i.* (*chim.*) to volatilize. **B** **volatilizzàrsi**, *v. i. pron.* ***1*** (*chim.*) to volatilize ***2*** (*fig. fam.*: *dileguarsi*) to disappear; to vanish (into thin air).

volatilizzazióne, *f.* (*chim.*) volatilization.

vol-au-vent (*franc.*), *m. invar.* (*cucina*) vol-au-vent.

volée (*franc.*), *f. invar.* (*tennis*) volée; volley: **v. di dritto [di rovescio]**, forehand [backhand] volley.

volènte, *a.* willing: **v. o nolente**, whether one likes it or not; like it or not; willy-nilly.

volenteróso, *a.* willing; eager; keen.

volentièri, *avv.* willingly; gladly; with pleasure: **Lavora v.**, he works willingly; he enjoys his work; **Lo vedrò v.**, I'll see him with pleasure; **«Vuoi venire anche tu?» «V.»**, «would you like to come too?» «with pleasure»; **«Un whisky?» «V.»**, «a glass of whisky?» «I'd love one»; **ben v.**, very willingly; with great pleasure. ● **spesso e v.**, very often.

volére, **A** *v. t.* ***1*** to want: **Voglio i miei soldi**, I want [illegible]; **Il direttore ti vuole**, the director wants you; [illegible] don't want anyone; **Potrebbe** [illegible]**lesse**, he could help us, if he wanted to; **Piange perché vuole la mamma**, he is crying for his mother; **Vuoi venire con me?**, do you want to come with me?; **Vuole partire ora**, he wants to leave now; **Voglio essere ubbidito**, I want to be obeyed; **Voglio che tu sia buono**, I want you to be good; **Non voglio che si sciupi**, I don't want it to get spoiled; **Non volevo che ti disturbassi tanto**, I didn't want (*o* mean) you to go to so much trouble; **Vuole che le cose siano fatte bene**, he wants things to be done well; **Ha voluto parlare**, he wanted to speak; **Volevano picchiarlo**, they wanted to beat him; **Ti vogliono al telefono**, you are wanted on the phone; **C'è uno che ti vuole**, there's someone that wants to see you; there's someone to see you; **I genitori lo vollero prete**, his parents wanted him to become a priest; **Volete che venga anche lui?**, do you want him to come as well?; **Volete altro?**, is there anything else you want?; **Chissà che altro vorrà!**, I wonder what he'll want next!; **Sa quello che vuole**, he knows what he wants; **Si vuol far frate**, he wants to become a monk; **Mi vollero con loro**, they wanted me to go with them; **Nessuno lo vuole per amico**, nobody wants to be his friend ***2*** (*gradire*) to like; to wish; to please; would like (*difett.*): **Fai come vuoi!**, do as you like (*o* want, wish, please)!; **Se vuoi, possiamo restare**, we can stay if you like (*o* wish); **Come volete voi**, as you like (*o* wish, please); **Quando vuoi**, whenever you like (*o* wish); **Vuoi un po' di**

spinaci?, would you like some spinach?; **Volete venire a cena domani?**, would you like to come to dinner tomorrow?; **Vorrei un consiglio**, I'd like your advice; **Vorrei più ordine**, I'd like more tidiness; **Vorrei vederti felice**, I'd like to see you happy; **Voglia o no, così dev'essere**, whether he likes it or not, that's the way it's got to be ***3*** (*desiderare*) to wish, would like (+ *inf.* o *prop. oggettiva*); (*per esprimere un desiderio generalm. irrealizzabile*) to wish (+ *congiunt.*), to wish for (st.), to desire: **Vogliono fare una passeggiata**, they wish (*o* they would like) to go for a walk; **Vorrei essere una rondine [un re, ecc.]**, I wish I were a swallow [a king, etc.]; **Vorrei che tu fossi qui con me**, I wish you were here with me; **Vorrei poterti aiutare**, I wish I could help you; **Vorrei proprio sapere quel che sta succedendo!**, I'd really like to know what's going on here; **Vorrei che mi rispondesse**, I would like him to answer me; **Vorrei tanto che mi scrivesse**, I wish he would write; **Ti vorrei più attento**, I wish you paid (*o* you would pay) more attention; **Avrebbe voluto essere rimasta a casa**, she would have liked to have stayed at home; she wished she had stayed at home; **Avrebbe voluto essere già di ritorno**, he wished himself home again; **Che altro può v.?**, what more could he wish for?; **Ha tutto quello che si può v.**, she has everything one can wish for; **La macchina è così malconcia che nessuno la vuole**, the car is in such an awful state that nobody will have (*o* wants) it; **Tutti vogliono la felicità**, we all desire happiness ***4*** (*preferire*) to prefer, would rather (*condiz. pres.*); (*scegliere, decidere*) to choose*, would rather (*condiz. pres.*): **Vorrei che tu non ci andassi da sola**, I would (*o* I'd) rather you didn't go there alone; **Fa' un po' come vuoi!**, do as you choose!; suit yourself!; **Vollero restare a casa**, they chose to stay at home; **Vorrei non incontrarlo, se non ti spiace**, I'd rather not meet him, if you don't mind; **Piuttosto, vorrei andare a Parigi**, I would rather go to Paris; **Vorrei morire piuttosto che tradire la patria**, I would rather (*o* I would sooner) die than betray my country; **Vorrei che tu venissi oggi anziché domani**, I'd rather you came today instead of tomorrow; **Mi diedero della birra, ma avrei piuttosto voluto del vino**, I was given beer, but I'd have preferred to drink wine ***5*** (*volontà intensa, o nelle richieste, nelle offerte, nelle preghiere*) will (*pres. indic.*), would (*pass. indic. e congiunt., condiz.*); will (would) have (+ *sost. o prop. oggettiva*): **Voglio fare come mi piace**, I will do as I like; **Voglio essere ubbidito**, I will be obeyed; **Vuol fare a modo suo**, he will have his own way; **Non voglio farlo!**, I will not (*o* won't) do it!; **Non vogliono aiutarci**, they won't help us; **Gli dissi che era tardi, ma volle partire lo stesso**, I told him it was late, but he would leave just the same; **Non vollero aiutarci**, they would not (*o* wouldn't) help us; they refused to help us; **Non voglio essere candidato**, I do not intend (*o* I refuse) to be a candidate; **Vorrei chiederti di pensarci su**, I would ask you to think it over; **Vorrei che le cose non stessero così**, I wish things were otherwise; (I) would it were otherwise!; **Volete entrare?**, will you come in?; **Chiesi loro se volevano entrare**, I asked them whether they would (*o* wanted to) come in; **Volete accomodarvi?**, won't you sit down?; **Insomma, volete tacere?**, will you be quiet?; **Allora, vuoi deciderti?**, will you make up your mind?; **Vuoi farmi il piacere di chiudere la porta?**, would you be so kind as to shut the door?; **Vuoi una tazza di tè?**, will you have a cup of tea?; **Che cosa vorreste che facessi?**, what would you have me do?; **Che volevi che facessi? non c'era altra via**, what would you have had me do? (*o* what did you expect me to do?) there was no other way; **Come vuoi che faccia?**, what can I do?; **Non voglio che tu mi risponda così**, I won't have you answer back like that; (*fam.*) **Il chiodo non vuole entrare**, the nail won't go in; (*fam.*) **Il dolore non vuole passare**, the pain won't go away; **Il mulo non voleva più proseguire**, the mule would not go (*o* refused to go) any farther ***6*** (*nelle offerte di fare q.c.*) – **Vuoi che apra la porta?**, shall I open the door?; **Volete che chiuda la finestra?**, shall I shut the window?; **Volete che vi aiuti?**, shall I help you?; **Andiamocene, vuoi?**, let's go away, shall we? ***7*** (*esigere, richiedere*) to require; to need; to call for: **Queste piante vogliono la luce**, these plants require light; **È una faccenda che vuole essere trattata con prudenza**, it's a matter that needs to be handled with care; **È un lavoro che vuole molta attenzione**, it's a job calling for a great deal of attention; **Questo verbo vuole il congiuntivo**, this verb requires (*o* takes) the subjunctive ***8*** (*esigere un prezzo*) to want; (*chiederlo*) to ask: **Ne vuole centomila lire**, he wants one hundred thousand lire for it; **Quanto vuoi per la tua casa?**, how much are you asking for your house? ***9*** (*avere intenzione di*) to be going; to intend: **Che cosa vuoi fare oggi?**, what are you going to do today?; what do you intend to do (*o* doing) today?; **Volevo partire alle cinque, ma ho dovuto cambiare i miei piani**, I was going to leave at five, but I had to change my plans; **Vuoi smetterla o no?**, are you going to stop that or not?; **Voglio sapere la verità prima di lasciarti andare**, I intend to find out the truth before I let you go ***10*** (*pretendere, aspettarsi*) to expect: **Vogliono che lavori il sabato**, they expect me to work on Saturday; **Tu vuoi troppo da lei**, you're expecting too much from her; **Voglio che siate puntuali**, I expect you to be punctual ***11*** (*permettere*) to let*; to allow: **Verrò, se mia madre vuole**, I'll come, if my mother lets me; **Non voglio che tu sperperi il tuo denaro**, I won't let you waste your money ***12*** (*decretare, disporre*) to will; (*concedere*) to grant: **Dio lo vuole!**, God wills it!; it's God's will; **Come Dio vuole!**, as God wills!; **Ci vedremo tra un anno, se Dio vorrà**, we'll meet in a year's time, God willing; **Dio ha voluto così**, it was God's will; **Il destino ha voluto altrimenti**, fate willed it otherwise; it was not to be; **Fortuna volle che quel giorno non uscissi di casa**, that day, as luck would have it, I didn't go out; **Ritornerà quando Dio vorrà**, he'll return when it pleases God ***13*** (*nelle esclamazioni augurali*) would; please: **Dio voglia che...!**, would to God that...!; please God that...!; God grant that...!; **Dio volesse che fosse ancora vivo!**, would to God he were still alive!; if only he were still alive!; **Dio voglia che torni sano e salvo!**, may God bring him back safe and sound!; **Dio non voglia!**, God forbid! ***14*** (*sostenere, asserire, anche impers.*) to say*; to have it: **Vuole un'antica leggenda che...**, an old legend has it that...; according to an old legend...; **Si vuole sia stato avvelenato**, he is thought to have been poisoned ***15*** (*di fenomeni atmosferici*: *stare per*) to be going; to be about; to look like (*o* as if): **Secondo me vuol piovere**, I think it's going to (*o* about to) rain; it looks like rain; **Sembra che il tempo voglia rimettersi**, it looks as if the weather is going to clear up. ● **v. bene a q.**, (*amare*) to love sb.; (*provare affetto*) to be fond of sb.: **Il cane vuol bene al padrone**, the dog loves his master; **Si vogliono molto bene**, they are very fond of each other; (*si amano*) they love each other □ **v. dire** (*significare*), to mean: **Che vuol dire questa parola?**, what does this word mean?; **Gianni..., voglio dire Tito**, Gianni..., I mean Tito; **Questo vuol dire che non torna più**, this means he's gone for good; **Centomila lire di più o di meno non voglio-no dir nulla**, a hundred thousand lire more or less don't make any difference; **Non sa nemmeno che cosa vuol dire lavorare**, he hasn't got the faintest notion of what it means to work; **Be', vuol dire che arriveremo più tardi**, all right, we'll just get there later □ **v. in moglie q.**, to want to marry sb. □ **v. indietro q.c.**, to want st. back □ **v. male a q.**, to wish sb. ill; to bear ill will against sb.; to hate sb. □ **v. morto q.**, to want sb. dead; to want to see sb. dead □ (*fam.*) **v. o volare**, like it or not; whether one likes it or not □ **volerne a q.**, to have a grudge against sb.; to hold (st.) against sb.; to harbour hard feelings against sb.: **Non me ne v.**, don't hold it against me; don't be angry with me □ **Che vuoi che ti dica?**, what can (*o* shall) I say? □ **Che vuole, sono ragazzi!**, they are young, what do you expect?; boys will be boys! □ **L'ha voluto** (*ben gli sta*), he asked for it □ **neanche a volerlo**, not even if you try □ **Non mi volevo persuadere**, I couldn't persuade myself □ **non volendo** (*o* **senza v.**), unintentionally; unwittingly; involuntarily □ **Non vorrai lasciarli fare, spero!**, you don't mean to let them do as they please, do you? □ **Dicano quel che vogliono**, I don't care what they say □ **Qui ti voglio!**, let's see what you can do!; (*ecco il problema!*) here's the rub! □ **Se Dio vuole, è finita!**, it's all over now, thank God! □ **Se l'è voluta!**, he asked for it! □ **Volendo, si potrebbe provare**, we could try, if we think it may work □ **Volevo ben dire!**, I thought as much!; I knew it! □ **Vorrei che si rompesse il collo!**, I hope he'll break his neck! □ **Vorrei morire se non è così**, may I drop dead if it isn't so □ **Vorrei sbagliarmi, ma...**, I may be wrong, but... □ **Vorrei vedere che non venisse!**, you bet he's coming! □ **vuoi... vuoi** (*sia... sia*), both... and; (*o... o*) either... or □ **Vuoi che non ci abbia pensato anch'io?**, do you think it didn't occur to me too? □ **Vuoi vedere che telefona?**, do you want to bet he's going to ring? □ **Vuoi scherzare?**, are you joking (*o* kidding)?; you must be joking (*o* kidding)! □ (*fig.*) **Chi la vuol cruda, chi la vuol cotta**, one man's meat is another man's poison □ (*prov.*) **V. è potere**, where there's a will, there's a way □ (*prov.*) **Chi troppo vuole, nulla stringe**, grasp all, lose all □ (*prov.*) **Chi vuole vada e chi non vuole mandi**, if you want a thing done, go; if not, send □ (*Bibbia*) **Non fare agli altri quello che non vorresti fosse fatto a te**, do unto others as you would be done by. **B volérci**, *v. impers.* (*occorrere*; *essere necessario, opportuno, richiesto*), to take*; to be needed; to be required: **Quanto ci vuole per andare da Bologna a Roma?**, how long does it take to go from Bologna to Rome?; **Mi ci volle un'ora buona per arrivare a casa**, it took me a full hour to get home; **Ci vuole molta pazienza**, you need a lot of patience; **Ci vuole tempo a fare queste cose**, these things take time; **Ci vollero quattro ore a fare quel lavoro**, the job took four hours; **Ci volle tempo prima che la ferita guarisse**, the wound took a long time to heal; **C'è voluto del bello e del buono per convincerlo**, it took a lot of doing to convince him; he took some convincing; **Quanta stoffa ci vuole per un vestito?**, how much material is required for a dress?; **Mettine quanto ce ne vuole**, put in as much as is needed; **Ci vorrebbe uno come lei**, what we need is someone like you; **Qui ti ci vorrebbe un bel sofà**, what you need here is a nice sofa; **Proprio quel che ci vuole!**, (it's) just what's needed; just the job!; bang-on! (*fam. GB*), spot-on! (*fam. GB*); on the button (*fam. USA*); (*di bevanda e sim.*) that'll hit the spot (*fam. USA*); **Ce n'è voluto per arrivare qui!**, it took some doing to get here!; **L'ho persuaso, ma ce n'è voluto!**, I convinced him, but it took some doing! **C** *m.* ***1*** (*volontà*) will: **Sia fatto il v. di Dio**, God's will be done; **il v.**

della maggioranza, the will of the majority; **agire contro il v. di q.**, to act against sb.'s will; **a mio [tuo, ecc.] v.**, according to my [your, etc.] will; **di mio [tuo, ecc.] v.**, of my [your, etc.] own free will; **buon v.**, good will: **di buon v.**, with a good will *2* (*pl.*) (*desideri*) wishes.

volgàre, **A** *a.* *1* (*grossolano*) vulgar, common, gross; (*triviale*) coarse, rude; (*pacchiano*) loud, flashy, tacky (*USA*): **modi volgari**, vulgar manners; **gusti volgari**, common (*o* vulgar) tastes; **gente v.**, common people; **una v. imitazione**, a vulgar (*o* cheap) imitation; **parole volgari**, coarse words; **gesto v.**, coarse (*o* rude) gesture; **vestiti volgari**, flashy clothes *2* (*comune*) common; ordinary: **un v. ladro**, a common thief *3* (*popolare*) popular; (*di forme linguistiche e sim.*) vernacular, vulgar; (*scient.*) popular, common, trivial: **detto [credenza] v.**, popular saying [belief]; **parole dell'uso v.**, words in popular use; **poesia v.**, vernacular poetry; **latino v.**, vulgar Latin; **il nome v. di una pianta**, the popular (*o* common) name of a plant. **B** *m.* vernacular; vulgar tongue: **i volgari d'Italia**, the Italian vernaculars; **opere in v.**, works in the vulgar tongue. ● **cadere nel v.**, to lapse into coarse language; to become vulgar.

volgarișmo, *m.* vulgarism; vernacularism.

volgarità, *f.* *1* (*grossolanità*) vulgarity, commonness, grossness; (*trivialità*) coarseness, rudeness; (*pacchianeria*) loudness, flashiness, tackiness (*USA*) *2* (*linguaggio volgare*) filthy (*o* foul) language: **dire v.**, to use foul language; **dire una v.**, to say something vulgar; **È d'una v.!**, he is so vulgar!

volgarizzaménto, *m.* *1* translation (into the vernacular); vernacularization *2* (*testo tradotto in volgare*) translation (in the vernacular) *3* *V.* **volgarizzazione**.

volgarizzàre, *v. t.* *1* (*tradurre in volgare*) to translate into the vernacular; to vernacularize *2* (*divulgare*) to popularize; to vulgarize.

volgarizzatóre, *m.* (*f.* **-trice**) *1* (*chi traduce*) translator (into the vernacular) *2* (*chi divulga*) popularizer.

volgarizzazióne, *f.* (*divulgazione*) popularization; vulgarization.

volgarménte, *avv.* *1* (*in modo volgare*) vulgarly; coarsely *2* (*comunemente*) popularly; commonly *3* (*in lingua volgare*) in the vernacular.

Volgàta, *V.* **Vulgata**.

vòlgere, **A** *v. t.* *1* (*dirigere, anche fig.*) to turn; to bend*; to direct: **v. gli occhi** (*o* **lo sguardo**) **su q.**, to look towards sb.; to turn one's attention to sb.; **v. le spalle a q.**, (*girare le spalle*) to turn one's back on sb.; (*dare le spalle*) to have one's back to sb.; **v. i passi verso casa**, to turn (*o* to direct one's steps) towards home; **v. la propria attenzione su q.c.**, to turn (*o* to direct) one's attention to st.; **v. il pensiero a q.c.**, to turn one's thoughts to st. *2* (*tradurre*) to turn; to translate; to put*: **v. un brano in greco**, to translate (*o* to put) a passage into Greek. ● **v. q.c. a proprio profitto**, to turn st. to advantage; to capitalize on st. □ **v. q.c. in burla**, to turn st. into a joke; to make a joke of st.; to laugh st. off □ **v. le armi contro q.**, to take up arms against sb. □ **v. la propria ira contro q.**, to pour (*o* to vent) one's anger on sb. □ (*fig.*) **v. le spalle a q.**, (*non salutare*) to give sb. the cold shoulder; (*fuggire*) to flee from sb. □ **v. in fuga il nemico**, to put the enemy to flight □ **v. q.c. nella mente**, to turn st. over in one's mind. **B** *v. i.* *1* (*piegare*) to turn; to bend*: **La strada volge a sinistra**, the road turns (*o* bends) to the left *2* (*tendere*) to verge, to border; (*mutarsi*) to change: **un colore che volge al rosso**, a colour verging (*o* bordering) on red; **Il sole volgeva al tramonto**, the sun was setting; **Il tempo volge al bello**, the weather is changing for the better (*o* is improving); **Il giorno volgeva alla sera**, evening was approaching. ● **v. al meglio**, to take a turn for the better; to improve □ **v. al peggio**, to take a turn for the worse; to deteriorate □ **v. al termine**, to draw to a close; to come to an end: **Il giorno volgeva al termine**, the day was drawing to a close; **Il nostro tempo volge al termine**, our time is coming to an end (*o* is almost up). **C** **vòlgersi,** *v. rifl.* *1* (*girarsi*) to turn; to turn round: **Si volse verso me**, he turned towards me; **da qualunque lato mi volga**, whichever way I turn; **Si volse lentamente**, he turned round slowly *2* (*fig.: dedicarsi*) to turn; to take* up (st.): **v. agli studi classici**, to take up classical studies; **Per consolarsi si volse alla musica**, to console himself he turned to music. **D** **vòlgersi,** *v. i. pron.* *1* (*trasformarsi*) to turn; to change: **Il suo amore si volse in odio**, his love turned to hatred *2* (*fig.: riversarsi*) to be turned; to be directed; to be vented: **Il suo odio si volse contro di noi**, his hatred was directed against us. **E** *m.* passing; course: **col v. degli anni**, with the passing of years; **il v. degli eventi**, the course (*o* tide) of events; **nel v. di tre anni**, in the course (*o* space) of three years.

vólgo, *m.* *1* (*ceto popolare*) lower classes (*pl.*), common people (*pl.*), masses (*pl.*); (*spreg.*) populace, plebs (*pl.*) *2* (*fig. spreg.: massa indistinta*) common herd, hoi polloi: **il v. dei letterati**, the common herd of writers; **uscire dal v.**, to emerge from the herd.

volièra, *f.* aviary.

volitività, *f.* determination; resoluteness.

volitivo, **A** *a.* *1* (*rif. alla volontà*) volitive; volitional; of the will; will (*attr.*): **atto v.**, volitive action; **forza volitiva**, willpower *2* (*di persona*) strong-willed; wilful. **B** *m.* (*f.* **-a**) strong-willed person.

volizióne, *f.* volition.

vòlli, *1ª pers. sing. pass. rem. di* **volere**.

vólo, *m.* *1* (*anche fig.*) flight: **il v. dell'aquila**, the flight of the eagle; **un v. della fantasia**, a flight of imagination (*o* fancy); **v. poetico**, poetic flight of fancy; **privare un uccello del v.**, to deprive a bird of flight; **alzare** (*o* **prendere, spiccare**) **il v.**, to take flight (*o* wing) *2* (*aeron.*) flight; flying: **v. a vista**, contact flying; **v. cieco** (*o* **strumentale**), blind (*o* instrument) flight; **v. notturno**, night flight; **v. di collaudo**, test flight; **v. a punto fisso**, hovering; **v. a rovescio**, inverted flight; **v. a vela** (*o* **librato**), gliding; sailplaning; **v. in picchiata**, dive; diving; **v. senza scalo**, non-stop flight; **v. spaziale**, space-flight; **durata del v.**, flight (*o* flying) time; **scuola di v.**, flying school; **fare un v.**, to fly; **alzarsi in v.**, to take off; **essere in volo**, to be flying; to be airborne; **atto al v.**, airworthy; **Il v. delle due e trenta**, the two-thirty flight; **prenotare un v.**, to book a flight; **incidente di v.**, air crash; flying accident *3* (*salto, slancio*) leap; dive; flier (*fam.*): **Con un v. afferrò la palla**, he caught the ball with a leap; he made a flying catch *4* (*caduta*) fall: **un v. dal quarto piano**, a fall from the fourth floor; **fare un v.**, to fall; to go flying: **fare un v. dal tetto [per le scale]**, to fall from the roof [down the stairs]. ● **a v. d'uccello**, (*in linea retta*) as the crow flies; (*dall'alto*) bird's-eye (*attr.*): **vedere q.c. a v. d'uccello**, to get a bird's-eye view of st. □ **al v.**, (*di premura*) in a hurry (*o* rush); (*velocemente*) in a flash □ **afferrare** (*o* **cogliere**) **q.c. al v.**, to catch st. in full flight; (*fig.: di occasione e sim.*) to seize on st., to seize st. on the spot, to grab st. with both hands; (*di parole*) to overhear st. □ **assistente di v.**, cabin attendant; steward (*m.*); air-hostess (*f.*); stewardess (*f.*) □ (*rugby*) **calcio al v.**, punt □ (*fig.*) **capire q.c. al v.**, to grasp st. at once; to catch on to st. at once; (*un'allusione*) to take the hint □ (*sport*) **colpire al v. una palla**, to volley a ball □ **colpire un uccello in v.**, to shoot a bird on the wing □ **dare libero v. alla fantasia**, to give full rein to one's imagination □ (*fig.*) **far fare un v. a q.c.**, to send st. flying; (*gettare via*) to throw st. away □ **prendere un treno al v.**, to catch a train in the nick of time □ **Lo prenderei al v. se me l'offrissero**, if they offered it to me, I'd take it like a shot □ (*fig.*) **prendere il v.**, (*scappare*) to take flight, to flee; (*sparire*) to disappear, to vanish into thin air: **Il prigioniero ha preso il v.**, the prisoner has fled; **Ha preso il v. con la cassa**, he has run away with the contents of the till; **I gioielli hanno preso il v.**, the jewels have disappeared □ (*aeron.*) **il primo v.**, one's maiden flight.

volontà, *f.* will; (*forza di v.*) willpower: **Sia fatta la v. di Dio**, God's will be done; **forzare la v. di q.**, to force sb.'s will; **imporre la propria v.**, to impose one's will; **Ci si è messo di (buona) v.**, he went about it with a will; **Con tutta la sua buona v., non ha potuto far niente**, with the best will in the world, he was not able to do anything; **v. di ferro**, iron will; **v. ferma**, determined will; **v. debole**, weak will; **sforzo di v.**, effort of will; **contro la propria v.**, against one's will; **di spontanea v.**, of one's own free will; **essere privo di v.**, to have no will of one's own. ● **a v.**, at will; at one's pleasure; as much as one likes: **Puoi prenderne a v.**, you can take as much [as many] as you like □ **Ha v. d'imparare**, he is willing to learn □ **mangiare a v.**, to eat as much as one likes; to eat one's fill (*fam.*) □ **metterci tutta la propria buona v.**, to do (*o* to try) one's best □ **cause indipendenti dalla propria v.**, reasons beyond one's control □ (*leg.*) **ultime v.**, last will and testament (*sing.*) □ **uomini di buona v.**, men of good will □ (*gramm.*) **verbi di v.**, verbs expressing willingness.

volontariaménte, *avv.* voluntarily; of one's own free will.

volontariàto, *m.* *1* (*mil.*) voluntary service *2* (*a scopo professionale*) unpaid apprenticeship *3* (*attività sociale gratuita*) voluntary work *4* (*collett.*) voluntary workers (*pl.*); voluntary services (*pl.*).

volontarietà, *f.* voluntariness.

volontàrio, **A** *a.* *1* voluntary; intentional; spontaneous: **esilio v.**, voluntary exile; **servizio v.**, voluntary service; **offerta volontaria**, spontaneous offer; (*anat.*) **muscolo v.**, voluntary muscle *2* (*leg.*) wilful: **omicidio v.**, wilful murder. **B** *m.* (*f.* **-a**) *1* (*anche mil.*) volunteer: **un esercito di volontari**, an army of volunteers; **offrirsi v.**, to volunteer *2* (*chi collabora gratuitamente*) voluntary worker. ● **v. del sangue**, blood-donor.

volontarișmo, *m.* *1* (*filos.*) voluntarism *2* (*mil.*) volunteering.

volontaristico, *a.* (*filos.*) voluntaristic.

volonteróso, *V.* **volenteroso**.

volovelișmo, *m.* (*sport*) sailplaning; gliding.

volovelista, *m. e f.* (*sport*) sailplaner; glider.

volpacchiòtto, *m.* (*zool.*) fox-cub.

volpàre, *v. i.* (*agric.*) to smut.

vólpe, *f.* *1* (*zool.*) fox; (*la femmina*) vixen: **v. argentata** (*Vulpes fulva*), silver fox; **v. artica** (*o* **bianca**) (*Alopex lagopus*), arctic (*o* white) fox; **v. azzurra**, blue fox; **v. rossa** (*Vulpes vulpes*), red fox; **caccia alla v.**, fox-hunting; **una (partita di) caccia alla v.**, a fox hunt; **coda di v.**, fox brush; **pelliccia di v.**, fox fur; **un collo di v.**, a fox-fur collar *2* (*fig.*) sly fox: **vecchia v.**, sly old fox *3* (*agric.*) smut. ● **v. di mare** (*Alopias vulpinus*), sea-fox

volpino, **A** *a.* *1* fox's; fox (*attr.*); (*simile a volpe*) foxlike *2* (*fig.: astuto*) foxy; wily; cunning: **astuzia volpina**, cunning. **B** *m.* (*zool.*) Pomeranian dog.

volpòca, *f.* (*zool.*, *Tadorna tadorna*) sheldrake; (*la femmina*) shelduck.

volpóne, *m.* (*fig.*) old fox; sly fox.

volt, *m. invar.* (*elettr.*) volt.

vòlta (**1**), *f.* ***1*** time: **una v.**, once; **due volte**, twice; **tre [quattro, ecc.] volte**, three [four, etc.] times; **L'ho visto solo una v.**, I only saw him once; **Meglio una v. che mai**, better once than never; **Una v. presa una decisione, è fatta**, once you have made up your mind there's no going back; **una faccia che, una v. vista, non si dimentica più**, a face that, once seen, is never forgotten; **Tre volte tre fa nove**, three times three is nine; **un paio di volte**, a couple of times; **molte volte**, many times; **qualche v.**, sometimes; **rare volte**, rarely; **per la seconda [terza, ecc.] v.**, for the second [third, etc.] time; **tutte le volte**, every time: **tutte le volte che lo vedo**, every time (*o* whenever) I see him; **uno [due, ecc.] alla v.**, one [two, etc.] at a time; **una cosa alla** (*o* **per**) **v.**, one thing at a time; **una v. [tre volte] per ciascuno**, once [three times] each; **tre volte al giorno**, three times a day; **due volte più grande** (**di**), twice as big (of); twice the size (of); **nove volte su dieci**, nine times out of ten; **Questa v. sono contento**, this time I'm pleased; **Ricordi quella v. che...**, do you remember the (*o* that) time when...; **Non è la prima v. che lo vedo**, it's not the first time I've seen him; **Non sarà l'ultima v.**, it won't be the last time; **l'altra v.**, last time; **Non ci sarà una prossima v.**, there won't be a second time; **Quante volte te l'ho detto?**, how many times (*o* how often) have I told you?; **Tante di quelle volte!**, so many times! ***2*** (*turno*) turn: **quando venne la mia v.**, when my turn came; **Ora viene la v. di Gino**, now it's Gino's turn ***3*** (*giro*) turn; (*curva*) turn, bend: **due volte di chiave**, two turns of the key; **Fece fare due o tre volte al cavallo**, he put the horse through two or three turns; (*naut.*) **v. doppia**, two round turns; (*naut.*) **v. semplice**, hitch; (*naut.*) **dare v. a un cavo**, to belay a rope; to make a rope fast ***4*** (*direzione*) way; direction: **Veniva alla mia v.**, he was coming my way (*o* towards me); **partire alla v. di Torino**, to leave (*o* to set out) for Turin ***5*** (*tipogr.*) reverse; verso*: **bianca e v.**, recto and verso ***6*** (*scherma*) volte ***7*** (*pattinaggio*) counter ***8*** (*danza*) volta. ● **la v. buona**, the right moment (*o* time); one's turn: **È la v. buona**, this is the right moment; this is it; **Verrà la v. buona anche per te**, your turn will come □ **v. per v.**, each time: **Pagalo v. per v.**, pay him each time □ **a mia [tua, ecc.] v.**, in turn □ **a v. di corriere**, by return of mail □ **a volte**, sometimes; at times □ **un'altra v.**, (*la prossima v.*) next time; (*in un'altra occasione*) another time, some other time; (*in passato*) before; (*di nuovo*) again, a second time □ **ancora una v.**, once more (*o* again) □ **per ben cinque volte**, a good five times □ **C'era una v. un re**, once upon a time there was a king □ **certe** (*o* **delle**) **volte**, at times; on occasion □ **Gli ha dato di v. il cervello**, he's gone off his head □ **di v. in v.**, each time □ **gran v.**, (*aeron.*) loop, looping the loop; (*ginnastica*) giant circle □ **due volte tanto**, twice as much □ **È la v. che mi arrabbio!**, this time I'm really going to get angry! □ **in una v.**, at once; at the same time; at (*o* in) one go: **parlare tutti in una v.**, to speak all at once; **fare troppe cose in una v.**, to do too many things at the same time; **L'ha scritto tutto in una v.**, he wrote it at (*o* in) one go □ **Mai una v. che si ricordi del mio compleanno!**, never once does he remember my birthday □ **non so quante volte**, I don't know how many times; time after time; many a time □ **ogni qual v.**, *V.* **ogniqualvolta** □ **pensarci due volte**, to think twice (about st.); **senza pensarci due volte**, without thinking twice; without a second thought □ **Per questa v. passi**, I'll let it go this time (*o* for this once) □ **Smettila per una v.**, leave off for once □ **più volte**, repeatedly; at various times □ **il più delle volte**, more often than not □ **poche volte**, seldom □ **Che sia la prima e l'ultima v.!**, let this be the first and last time □ **Sono più le volte che vince che quelle che perde**, he wins more often than he loses □ **spesse volte**, often □ **una buona v.**, for once: **Sta' zitto una buona v.**, be quiet for once; **Dammi retta una buona v.!**, listen to me for once!; **Smettila una buona v.!**, for heaven's sake, stop it! □ **una v.**, (*un tempo*) once, once upon a time; (*un giorno*) once, one day; (*in un'occasione*) on one occasion, at one time: **una v., quando ero giovane**, once, when I was young; **Una v. accennò a sua moglie**, on one occasion he mentioned his wife; **Ricordo una v. che...**, I remember once, when...; **Una v. qui c'era solo campagna**, there used to be just fields here once; **i bei tempi di una v.**, the good old days □ **È lungo una v. e mezza l'altro**, it's one and a half times the length of the other □ **una v. o due**, once or twice □ **una v. o l'altra**, some time or other; one of these days; (*prima o poi*) sooner or later: **Una v. o l'altra gli rompo il muso**, I'm going smash his face in one of these days □ **una v. (ogni) tanto**, once in a while; every now and then; occasionally: **Viene una v. ogni tanto**, he comes every now and then □ **una v. per tutte**, once and for all □ **una v. tanto** (*per una v.*), for once; for a change: **Una v. tanto hai ragione**, for once you're right □ **un po' alla v.**, a little [*pl.* a few] at a time; (*a poco a poco*) little by little □ **uno alla v.**, one at a time; by turns.

vòlta (**2**), *f.* (*archit.* e *fig.*) vault; vaulting: **v. a botte**, barrel vault; **v. a crociera**, cross vault; **v. a cupola**, dome vault; **v. a vela**, cap vault; **v. a ventaglio**, fan vault; **la v. celeste**, the vault of heaven; the heavens; **soffitto a v.**, vaulted ceiling; **(passaggio a) v.**, archway. ● (*anat.*) **v. cranica**, cranial vault □ (*anat.*) **v. del palato**, palatal arch □ (*anche fig.*) **chiave di v.**, keystone.

voltafàccia, *m. invar.* (*anche fig.*) about-turn, about-face, U-turn, volte-face (*franc.*); (*fig.*: *rottura di accordo*) let-down: **fare un v.**, (*anche fig.*) to do an about-turn (*o* an about-face, a U-turn); to about-turn; to about-face; (*fig.*: *venire meno a q.c.*) to let (sb.) down.

voltafièno, *m. invar.* (*agric.*) (hay) tedder.

voltagabbàna, *m.* e *f. invar.* time-server; weathercock; trimmer; (*traditore*) turncoat.

voltàggio, *m.* (*elettr.*) voltage.

voltàico, *a.* (*elettr.*) voltaic: **pila voltaica**, voltaic pile; **arco v.**, electric arc.

voltaìsmo, *m.* (*elettr.*) voltaism; galvanism.

voltàmetro, *m.* (*elettr.*) voltameter.

voltampere, *m.* (*elettr.*) volt-ampere.

voltamperòmetro, *m.* (*elettr.*) voltammeter.

voltapiètre, *m. invar.* (*zool.*, *Arenaria interpres*) turnstone.

voltàre, **A** *v. t.* ***1*** (*volgere, dirigere*) to turn: **v. il capo**, to turn one's head; **Voltò gli occhi su di me**, he turned his eyes on me; he looked at me; **v. la faccia verso q.**, to turn one's face towards sb.; **v. le spalle a q.**, to turn one's back on sb. (*anche fig.*); to have one's back turned to sb.; **Voltò il cavallo a destra**, he turned his horse to the right ***2*** (*girare*) to turn; (*rivoltare*) to turn over: **v. le pagine di un libro**, to turn the pages of a book; **v. la braciola**, to turn the chop over; **v. pagina**, to turn over the page; (*fig.*) to turn over a new leaf; **v. una moneta**, to turn a coin over; **v. l'angolo**, to turn the corner ***3*** (*distogliere*) to turn away; to avert: **v. il viso**, to turn away (*o* to avert) one's face ***4*** (*rigirare*) to turn round: **v. la barca**, to turn the boat round; **Voltò il cavallo**, he turned his horse round; **Il vento ha voltato la banderuola**, the wind has turned the weathercock round ***5*** (*lett.*: *tradurre*) to translate; to turn. ● (*fig.*) **v. gabbana** (*o* **casacca**), to be a turncoat □ **v. e rivoltare q.c.**, to turn st. over and over □ **v. q.c. in burla**, to make a joke of st.; to laugh st. off. **B** *v. i.* ***1*** (*girare*) to turn; to bend*: **v. all'angolo**, to turn at the corner; **La strada volta a sinistra**, the road turns to the left ***2*** (*mutare*) to turn; to change: **Il tempo volta al bello [al brutto]**, the weather is turning fine [is changing for the worse]. **C voltàrsi**, *v. rifl.* e *i. pron.* ***1*** (*girarsi*) to turn: **v. verso q.**, to turn to sb.; (*fig.*) **v. contro q.**, to turn against sb.; **v. a destra**, to turn right; **Come lo chiamai si voltò**, the moment I called him he turned round; **v. a guardare**, to look back; **v. di scatto**, to wheel about (*o* around, round); to swing round; to spin round; (*fig.*) **non sapere da che parte v.**, not to know which way to turn ***2*** (*rivoltarsi*) to turn over: **v. nel letto**, to turn over in bed; **Si voltò e rivoltò tutta notte**, he tossed and turned the whole night long ***3*** (*cambiare*) to turn; (*del vento*) to shift: **Il tempo si è voltato al brutto**, the weather has turned nasty; **Il vento si è voltato a tramontana**, the wind has shifted to the north.

voltastòmaco, *m. invar.* (*fam.*, *anche fig.*) nausea: **avere il v.**, to feel sick; (*anche fig.*) **dare il v. a q.**, to make sb. sick; to turn sb.'s stomach; to make sb.'s stomach turn; to make sb.'s gorge rise.

voltàta, *f.* ***1*** turn; turning ***2*** (*curva*) turn; turning; bend.

volteggiaménto, *m.* (*di uccelli, aerei*) circling.

volteggiàre, *v. i.* ***1*** (*librarsi in volo*) to circle; to wheel: **Un falco volteggiava sulla pianura**, a falcon was circling (*o* wheeling) above the plain; **L'aereo volteggiava su di noi**, the plane was circling above us ***2*** (*muoversi con giravolte*) to whirl; to twirl: **Guardai i ballerini v. sulla pista**, I watched the dancers twirl on the floor ***3*** (*equitazione, ginnastica*) to vault.

volteggiatóre, *m.* (*f.* **-trice**) (*equitazione, ginnastica*) vaulter.

voltéggio, *m.* (*equitazione, ginnastica*) vault; vaulting.

voltelettróne, *m.* (*elettr.*) electronvolt.

volterriàno, (*letter.*) **A** *a.* of Voltaire; Voltaire's; Voltairean; Voltairian. **B** *m.* Voltairean; Voltairian.

voltiàno, *a.* of Volta; Volta's.

voltimètrico, *a.* (*elettr.*) voltmeter (*attr.*).

voltìmetro, **vòltmetro**, *m.* (*elettr.*) voltmeter.

vòlto (**1**), *a.* ***1*** (*rivolto*) turned: **v. in su [in giù]**, turned up [down]; **naso v. all'insù**, upturned nose; **finestra volta a sud**, window looking south ***2*** (*dedito*) devoted (to st.) ***3*** (*diretto*) directed; aimed; aiming: **misure volte a frenare le spese**, measures aiming at curbing expenditure.

vòlto (**2**), *m.* ***1*** face; (*espressione*) countenance: **v. piacevole**, pleasant face; **v. espressivo**, expressive countenance; **guardare q. in v.**, to look sb. in the face; **acceso in v.**, red in the face; red-faced; **Era cambiato in v.**, he looked changed (*o* different); **volti nuovi per il cinema**, new faces for the cinema ***2*** (*fig.*: *aspetto*) aspect; facet: **i mille volti della realtà**, the thousand facets of reality. ● (*fig.*) **mostrare il proprio vero v.**, to show one's real face (*o* true colours).

voltolàre, **A** *v. t.* to roll: **v. un sasso**, to roll a stone. **B voltolàrsi**, *v. rifl.* to roll about; (*sguazzare*) to wallow: **v. per terra**, to roll about on the ground; **v. nel letto**, to toss and turn in bed; **v. nella mota**, to wallow in mud.

voltolìno, *m.* (*zool.*, *Porzana porzana*) spotted rail; spotted crake.

voltolóne, **voltolóni**, *avv.* rolling about.

voltòmetro, *V.* **voltmetro**.

voltùra, *f.* ***1*** (*rif. a servizi pubblici*) transfer: **v. del telefono**, transfer of the telephone subscription ***2*** (*leg.*) registration of a transfer deed: **v. catastale**, cadastral registration.

volturàre, *v. t.* to transfer; (*leg.*) to register.

volùbile, *a.* ***1*** fickle; inconstant; volatile; flighty; changeable: **carattere v.**, fickle nature; **tempo v.**, changeable (*o* unsettled) weather **2** (*bot.*) twining.

volubilità, *f.* fickleness; inconstancy; flightiness; changeableness.

volubilménte, *avv.* in a fickle manner; inconstantly.

volùme, *m.* **1** (*mat., fis., chim.*) volume: **il v. d'un corpo**, the volume of a body; **unità di v.**, unit of volume; cubic measure **2** (*massa, ingombro*) volume, size, bulk; (*capienza*) (cubic) capacity; (*spazio*) space: **il v. di un baule**, the size of a trunk; **un collo di grosso v.**, a bulky piece of luggage; **occupare molto v.**, to take up a lot of space; to be bulky; **un gran v. di capelli**, a mass of hair; **far v.**, to be voluminous; to be bulky **3** (*quantità*) amount; volume: **un gran v. d'acqua**, a great amount of water; (*mil.*) **v. di fuoco**, volume of fire; **il v. degli scambi economici**, the amount of economic trade; **il v. delle vendite**, the volume of sales; the turnover; **il v. delle esportazioni**, the volume of exports; **aumentare il v. degli affari**, to increase business **4** (*intensità di suono*) volume: **alzare [abbassare, regolare] il v.**, to turn up [to turn down, to adjust] the volume; **a tutto v.**, at full volume; at full blast **5** (*libro*) volume; book: **un v. rilegato**, a bound volume; **un'opera in sei volumi**, a work in six volumes. ● (*autom.*) **auto a due [tre] volumi**, two-[three-]box car □ (*arte*) **il gioco dei volumi**, the interplay of volume and space.

volumenòmetro, *m.* (*fis.*) volumenometer.

volumetrìa, *f.* **1** volumetry; measurement of volume **2** (*chim.*) volumetric analysis.

volumètrico, *a.* volumetric(al).

voluminosità, *f.* voluminosity; voluminousness; bulkiness.

voluminóso, *a.* very large; big; voluminous; bulky; massive: **armadio v.**, very large wardrobe; **gonne voluminose**, voluminous skirts; **pacco v.**, bulky parcel.

volùta, *f.* **1** (*spira*) spiral; whorl; curl: **una v. di fumo**, a spiral (*o* curl, wreath) of smoke **2** (*archit.*) volute; scroll **3** (*zool.*) volute.

volutaménte, *avv.* deliberately; intentionally; on purpose; purposefully.

volùto, *a.* **1** (*desiderato*) desired; wished for: **l'effetto v.**, the desired effect **2** (*commissionato*) commissioned **3** (*intenzionale*) intentional; deliberate: **incidente v.**, intentional accident **4** (*artificioso*) affected; studied; artificial.

voluttà, *f.* **1** (*piacere sensuale*) voluptuousness; sensual pleasure: **la v. dei sensi**, sensual pleasure; **pieno di v.**, voluptuous **2** (*intenso godimento*) pleasure; delight; joy; rapture.

voluttuàrio, *a.* (*superfluo, di lusso*) unnecessary; non-essential; luxury: **spese voluttuarie**, unnecessary expenses; **beni voluttuari**, luxury goods.

voluttuosità, *f.* voluptuousness.

voluttuóso, *a.* voluptuous; sensual: **sguardo v.**, voluptuous look; **labbra voluttuose**, sensual lips.

vòlva, *f.* (*bot.*) volva.

volvènte, *a.* (*mecc., fis.*) rolling: **attrito v.**, rolling friction.

vòlvolo, *m.* (*med.*) volvulus.

vombàto, *m.* (*zool., Phascolomys ursinus*) wombat.

vomeràia, *f.* (*agric.*) share-beam.

vòmere, *m.* **1** (*agric.*) ploughshare **2** (*anat.*) vomer.

vòmica, *f.* (*med.*) vomica*.

vòmico, *a.* vomitory; emetic. ● (*bot.*) **noce vomica**, nux vomica.

vomitàre, A *v. t. e i.* to vomit; to be sick (*GB*); to throw* up (*fam.*); to bring* up (*fam.*); to barf (*pop.*); to puke (*pop.*): **v. sangue**, to vomit blood; **v. per il mal di mare**, to be seasick; **aver voglia di v.**, to feel sick (*o* queasy); to feel like throwing up (*fam.*); **Mi viene da v.**, I think I'm going to be sick (*o* to throw up); **far venire da v.**, (*anche fig.*) to make (sb.) sick, to turn (sb.'s) stomach, to turn (sb.) up (*fam.*); (*fig.*) to make (sb.) feel like throwing up. **B** *v. t.* **1** (*emettere, lanciare fuori*) to vomit; to belch out **2** (*fig.*) to vomit; to pour forth; to spit* out: **Vomitò ingiurie**, he vomited (*o* spat out) insults.

vomitativo, vomitatòrio, *a.* e *m.* (*farm.*) emetic.

vòmito, *m.* **1** (*il vomitare*) vomiting; (*med.*) emesis: **provocare** (*o* **muovere**) **il v.**, to cause vomiting **2** (*materia vomitata*) vomit; sick (*fam.*). ● **avere il v.**, to vomit; to be sick (*GB*); to throw up (*fam.*) □ **conato di v.**, retch: **avere conati di v.**, to retch □ **dare** (*o* **far venire**) **il v. a q.**, (*anche fig.*) to make sb. sick, to turn sb.'s stomach, to turn sb. up (*fam.*); (*fig.*) to make sb. feel like throwing up.

vomizióne, *f.* (*med.*) vomition; vomiting.

vóngola, *f.* (*zool.*) clam.

voràce, *a.* **1** voracious; ravenous; greedy: **un lupo v.**, a ravenous wolf; **fame v.**, ravenous hunger; **Non essere così v.!**, don't be so greedy! **2** (*fig.*) destructive; voracious: **tempo v.**, destructive time; **fiamme voraci**, voracious flames; **un lettore v.**, a voracious reader.

voracità, *f.* voracity, voraciousness; ravenousness; greed: **la v. del lupo**, the voracity of the wolf; **mangiare con v.**, to eat greedily.

voràgine, *f.* chasm; gulf; abyss; pit: **Il terremoto ha aperto una v.**, the earthquake has opened a chasm; **v. senza fondo**, bottomless abyss (*o* pit).

vorrò, *1ª pers. sing. indic. fut. di* **volere**.

vorticàle, *a.* vortical.

vorticàre, *v. i.* to whirl; to swirl.

vòrtice, *m.* **1** (*d'acqua*) whirlpool, eddy; (*d'aria, ecc.*) whirlwind, vortex*; (*turbinio*) whirl: **Annegò in un v.**, he drowned in a whirlpool; **un v. di fiamme**, a vortex of flames; **un v. di fumo [di polvere]**, a vortex (*o* whirl) of smoke [of dust] **2** (*fig.*) whirl; vortex*; frenzy; turmoil: **il v. della vita moderna [degli affari]**, the whirl of modern life [of business]; **un v. di passione**, a frenzy of passion **3** (*fis.*) vortex*.

vorticèlla, *f.* (*zool., Vorticella*) vorticella*.

vorticìsmo, *m.* (*arte*) vorticism.

vorticosaménte, *avv.* vortically; in a whirl; dizzily.

vorticóso, *a.* **1** whirling; vorticose; vortical: **moto v.**, whirling motion; **danza vorticosa**, whirling dance **2** (*incalzante*) dizzy; giddy: **ritmo v.**, dizzy rhythm.

vossignorìa, *m.* e *f.* Your Lordship (*m.*); Your Ladyship (*f.*).

vòstro, A *a. poss.* **1** your; (*v. proprio*) your own: **v. zio**, your uncle; **ai vostri tempi**, in your days; **al v. servizio**, at your service; **Avete già una casa vostra?**, have you already your own house (*o* a house of your own)?; **un v. amico**, one of your friends; a friend of yours; **Che ne è di quel v. cane?**, what happened to that dog of yours?; **Vostra Maestà [Eccellenza]**, Your Majesty [Excellency] **2** (*come pred. nominale*) yours: **Prendetelo, è v.**, take it, it's yours; **Questi libri sono vostri**, these books are yours **3** (*nelle forme ellittiche*) – **Ho ricevuto la vostra del 21 settembre**, I have received your letter of the 21st September; (*brindisi*) **Alla vostra!**, your health!; cheers!; **Ne avete fatta una delle vostre**, you've been up to one of your tricks!; **Sono dalla vostra**, I am on your side; **Dite la vostra**, speak out; have your say **4** (*in fine di lettera*) yours: **saluti dal v. Carlo**, yours, Carlo. **B** *pron. poss.* yours: **Il nostro caso è diverso dal v.**, our case is different from yours; **Questi non sono i miei; sono i vostri**, these are not mine; they're yours; **qualcosa [niente] di v.**, something [nothing] of your own (*o* of yours). **C** *m.* **1** (*denari, averi, ecc.*) what you own, your (own) money (*o* property); (*il dovuto*) your due: **Nessuno toccherà il v.**, nobody will touch your property; **Ci avete rimesso del v.?**, did you lose out on it? **2** (*pl.*) (*genitori*) your parents; (*parenti, familiari*) your relatives, your family, your people, your folks (*fam.*); (*seguaci, sostenitori*) your friends, your followers, your supporters.

votànte, A *a.* **1** voting **2** (*che ha diritto al voto*) eligible to vote. **B** *m.* e *f.* **1** voter **2** (*chi ha diritto al voto*) person eligible to vote; elector: **un'alta [bassa] percentuale di votanti**, a high [low] percentage (*o* turnout) of voters; a heavy [poor] poll.

votàre, A *v. i.* to vote; to give* (*o* to cast*) one's vote; to have (*o* to take*) a vote: **andare a v.**, to go to vote (*o* to the polls); **Ha votato l'85% degli elettori**, 85% of the electors have gone to the polls; **Votiamo!**, let's have a vote; **v. per [contro] q. [un partito]**, to vote for [against] sb. [a party]; **v. a favore di q.c.**, to vote for (*o* in favour of) st.; **v. contro q.c.**, to vote against st.; **v. per la continuazione dello sciopero**, to vote to continue the strike; **v. repubblicano**, to vote Republican; **v. a scrutinio segreto**, to vote by ballot; **v. per alzata di mano**, to vote by show of hands; **v. per appello nominale**, to vote by roll call; **v. per divisione**, to vote by division. **B** *v. t.* **1** to vote; to vote for (*o* in favour of): **v. un partito**, to vote a party; **v. un candidato**, to vote for (*o* to give one's vote to) a candidate; **v. una proposta**, to vote in favour of a proposal; **v. la fiducia [sfiducia]**, to pass a vote of confidence [no confidence]; **v. «sì» [«no»]**, to vote «yes» [«no»]; **v. scheda bianca**, to cast (*o* to return) a blank vote; **v. q. all'unanimità**, to be all for sb. **2** (*approvare*) to pass; to vote (st.) through: **La Camera ha votato il disegno di legge**, the House passed the bill (*o* voted the bill through); **Fu votato che...**, it was decided that... **3** (*consacrare*) to consecrate; to devote; to dedicate; to vow: **v. la propria vita a Dio**, to consecrate one's life to God; **v. un tempio ad Apollo**, to vow a temple to Apollo; **v. tutte le proprie energie a un fine**, to devote all one's energies to an end. **C votàrsi,** *v. rifl.* to devote oneself: **v. alla scienza**, to devote oneself to science; **v. a Dio**, to devote oneself to God. ● (*fig.*) **Non sapere a che santo v.**, to be at one's wits' end; not to know which way to turn.

votàto, *a.* **1** (*dedicato*) devoted; consecrated: **v. alla causa della libertà**, devoted to the cause of freedom **2** (*destinato*) bound: **un tentativo v. al fallimento**, an attempt that is bound to fail; a doomed attempt.

votazióne, *f.* **1** (*il votare*) vote; voting; poll; polling: **v. per acclamazione**, voting by acclamation; **v. per appello nominale**, voting by roll call; **v. a scrutinio segreto**, balloting; ballot; **v. nulla**, void ballot; **v. palese**, open vote; **l'apertura [la chiusura] delle votazioni**, the opening [the close] of the polls; **il risultato della v.**, the returns of the voting (*o* polling); **modalità della v.**, procedure of voting; **scheda di v.**, voting (*o* ballot) paper; **passare alla v.**, to proceed to a (*o* the) vote (*o* ballot); to have (*o* to take) a vote (*o* ballot); **porre in v. una proposta**, to put a proposal to the vote; to take a vote on a proposal **2** (*il risultato della v.*) vote: **v. favorevole**, favourable vote; **v. contraria**, unfavourable vote; **v. unanime**, unanimous vote: **con v. unanime**, by a unanimous vote; unanimously **3** (*v. scolastica*) marks (*pl., GB*); grades (*pl., USA*): **riportare** (*o* **ottenere**) **una buona v.**, to get good marks (*o* grades).

votìvo, *a.* votive: **statua [messa, offerta] votiva**, votive statue [mass, offering].

vóto, *m.* **1** (*promessa*) vow: **fare un v.**, to make (*o* to take) a vow; **aver fatto un v.**, to be under a vow; **fare v. di andare a Lourdes [di non mangiare dolci]**, to make a vow to go to Lourdes [not to eat sweets]; **fare v. di povertà**, to take the vow of poverty; **mante-**

nere un v., to keep one's vow; **mancare al v.**, to break one's vow; **sciogliere un v.**, to fulfil a vow; **sciogliere q. da un v.**, to release sb. from a vow; (*eccles.*) **voti semplici [solenni]**, simple [solemn] vows; (*eccles.*) **prendere** (*o* **pronunziare**) **i voti**, to take vows ***2*** (*offerta*) votive offering: **offrire [portare] q.c. in v.**, to offer [to bring] st. as a votive offering ***3*** (*desiderio, augurio*) wish: **Non era nei nostri voti**, it was not our wish; **formulare voti**, to express one's good wishes; **fare voti per il successo di q.**, to wish sb. success ***4*** (*elettorale*) vote; ballot: **diritto di v.**, right to vote; vote; **v. alle donne**, female suffrage; **v. consultivo**, advisory vote; **v. contrario**, unfavourable vote; nay; no; **v. deliberativo**, effective vote; **v. di fiducia [sfiducia]**, vote of confidence [no confidence]; **v. di lista**, straight ticket (*USA*); **v. di preferenza**, preferential ballot; **v. di scambio**, vote in exchange for favours; **v. diviso**, split ticket (*USA*); **v. favorevole**, favourable vote; aye; **voti fluttuanti**, swing (*o* floating) votes; **v. nullo**, invalid vote; **v. palese**, open vote; **v. per alzata e seduta**, rising vote; **v. per delega**, card vote; **v. (per scrutinio) segreto**, ballot; **v. unanime**, unanimous (*o* solid) vote; **I voti dei laburisti sono aumentati**, the Labour vote has increased; **i voti delle minoranze**, the minority vote; **scheda di v.**, ballot (*o* voting) paper; poll card; **scrutinio dei voti**, vote count: **fare lo scrutinio dei voti**, to count the votes; **chiedere voti**, to solicit (*o* to canvas for) votes; **dare il v.**, to give (*o* to cast) one's vote; **dare il proprio v. a q.**, to give one's vote to sb.; **deporre il proprio v. nell'urna**, to cast one's vote; **mettere q.c. ai voti**, to put st. to the vote; to take a vote on st.; to call a ballot on st.; **ottenere molti voti**, to poll a lot of votes; **sconfiggere ai voti una proposta**, to vote down a proposal ***5*** (*valutazione di merito*) mark (*GB*); grade (*USA*): **brutto** (*o* **cattivo**) **v.**, bad mark; **bel** (*o* **buon**) **v.**, good mark; **a pieni voti**, with full marks; with flying colours; **laurearsi col massimo dei v.**, to get a first-class degree; to get a first. ● **a maggioranza di voti**, by a majority vote □ **a unanimità di voti**, by a unanimous (*o* solid) vote; unanimously □ **avente diritto al v.**, (person) eligible to vote.

voucher (*ingl.*), *m. invar.* voucher.

voyeur (*franc.*), *m. invar.* voyeur; Peeping Tom (*fam.*).

voyeurismo, *m.* voyeurism.

voyeuristico, *a.* voyeuristic.

vu, *f.* o *m.* (*lettera*) v; V. ● **vu doppio**, double-u.

vudù, *m. invar.* (*relig.*) voodoo.

vuduismo, *m.* voodooism; voodoo.

vuduista, *m.* e *f.* voodooist; voodoo.

vuduistico, *a.* (*relig.*) voodooistic; voodoo (*attr.*).

vulcànico, *a.* ***1*** volcanic: **fenomeno v.**, volcanic phenomenon; **pietra vulcanica**, volcanic stone ***2*** (*fig.*: *dinamico*) ebullient, dynamic; (*brillante*) brilliant, inventive, fervid: **temperamento v.**, ebullient temper; **tipo v.**, dynamic person; **ingegno** (*o* **cervello**) **v.**, inventive (*o* brilliant) mind.

vulcanismo, *m.* (*geol.*) volcanism.

vulcanite, *f.* (*geol.*) volcanic rock.

vulcanizzànte, (*ind.*) **A** *a.* vulcanizing. **B** *m.* vulcanizing agent.

vulcanizzàre, *v. t.* (*ind.*) to vulcanize: **v. uno pneumatico**, to vulcanize a tyre.

vulcanizzatóre, *m.* vulcanizer.

vulcanizzazióne, *f.* (*chim., ind.*) vulcanization: **v. a vapore**, steam vulcanization.

Vulcàno, *m.* (*mitol.*) Vulcan.

vulcàno, *m.* volcano*: **v. spento [attivo]**, extinct [active] volcano; **v. quiescente** (*o* **inattivo**), dormant volcano; **v. di fango**, mud volcano; **vulcani lunari**, moon craters. ● (*fig.*) **avere la testa come un v.**, to be brimming with ideas □ (*fig.*) **camminare** (*o* **stare seduti**) **su un v.**, to be sitting on the edge of a volcano; to tread on dangerous ground □ (*fig.*) **essere un v.**, to be bursting with energy.

vulcanologìa, *f.* volcanology; vulcanology.

vulcanològico, *a.* volcanological; vulcanological.

vulcanòlogo, *m.* (*f.* **-a**) volcanologist; vulcanologist.

Vulgàta, *f.* (*relig.*) Vulgate.

vulneràbile, *a.* vulnerable: (*fig.*) **punto v.**, vulnerable (*o* weak) spot.

vulnerabilità, *f.* vulnerability.

vulneràre, *v. t.* ***1*** (*lett.*: *ferire*) to wound ***2*** (*fig.*) to violate.

vulnerària, *f.* (*bot.*, *Anthyllis vulneraria*) kidney vetch; ladies' finger.

vulneràrio, *a.* e *m.* (*farm.*) vulnerary.

vùlva, *f.* (*anat.*) vulva.

vulvàre, *a.* (*anat.*) vulvar; vulval.

vulvària, *f.* (*bot.*, *Chenopodium vulvaria*) stinking goosefoot.

vulvìte, *f.* (*med.*) vulvitis.

vulvovaginàle, *a.* (*anat.*) vulvovaginal.

vulvovaginìte, *f.* (*med.*) vulvovaginitis.

vuòi, *2ª pers. sing. indic. pres. di* **volere**.

vuòle, *3ª pers. sing. indic. pres. di* **volere**.

vuotàggine, *f.* emptiness; vacuity; (*cosa insulsa*) (piece of) nonsense, inanity.

vuotàre, **A** *v. t.* ***1*** to empty; (*sgombrare*) to clear out; (*prosciugare*) to drain: **v. una botte [un catino]**, to empty a cask [a basin]; **v. la credenza [la cantina]**, to empty (*o* to clear out) the cupboard [the cellar]; **v. i cassetti**, to empty (out) the drawers; **v. una stanza di tutti i mobili**, to empty (*o* to clear) a room of all furniture; **v. una cisterna [un pozzo]**, to drain a cistern [a well]; **v. un canale di scolo**, to clear out a drain; **Si vuotò le tasche e trovò alcuni spiccioli**, he emptied (*o* turned out) his pockets and found some change; **v. il piatto**, to empty one's plate; **Vuotò il bicchiere d'un fiato**, he drained his glass; he drank up; **far v. l'aula**, to clear the hall ***2*** (*naut.*) to bail; to pump out: **v. una barca**, to bail (out) a boat; **v. il bacino**, to pump out the dock; **v. la sentina**, to dry out the bilge. ● **v. la casa a q.** (*svaligiarla*), to clean out sb.'s house □ (*fig. fam.*) **v. il sacco**, (*spifferare*) to spill the beans (*pop.*); (*sfogarsi*) to speak one's mind, to speak out □ (*fig.*) **v. le tasche a q.**, to clean sb. out □ (*naut., aeron.*) **v. la zavorra**, to unballast. **B vuotàrsi**, *v. i. pron.* to empty; to be emptied: **La sala si vuota**, the hall is emptying; **La botte s'è vuotata**, the cask is empty; **D'estate la città si vuota**, the city is empty in the summer.

vuotàta, *f.* emptying out: **dare una v. a q.c.**, to empty st. out.

vuotatùra, *f.* emptying out.

vuotézza, *f.* emptiness; vacuity; void.

vuòto, **A** *a.* ***1*** empty; (*non occupato*) empty, free, vacant, unoccupied: **una borsa vuota**, an empty bag; **un fiasco v.**, an empty flask; **un negozio v.**, an empty shop; **tasche vuote**, empty pockets; **un treno mezzo v.**, a half-empty train; **posto v.**, (*a sedere*) empty (*o* vacant) seat; (*impiego*) vacant job (*o* post); **appartamento v.**, (*senza mobili*) empty flat; (*libero*) vacant flat ***2*** (*privo, sprovvisto*) devoid (of), empty (of), lacking (in); (*spoglio*) bare (of): **parole vuote di senso**, words devoid of sense; words empty of meaning; meaningless words; **una stanza vuota di mobili**, a room bare of furniture; **sentirsi v. di forze [di idee]**, to feel drained of strength [of ideas] ***3*** (*fig.*: *senza contenuto*) empty; (*futile*) aimless, meaningless: **parole [promesse] vuote**, empty words [promises]; **esistenza vuota**, aimless life ***4*** (*non scritto*) blank. ● (*anche fig.*) **a mani vuote**, empty-handed: (*fig.*) **rimanere [tornare] a mani vuote**, to be left [to come back] empty-handed □ (*teatr.*) **scena vuota**, empty stage □ (*fig.*) **avere la testa vuota** (*essere sciocco*), to be empty-headed □ (*fig.*) **Ho la testa vuota**, my mind is a complete blank □ (*di camion*) **tornare v.**, to come deadhead. **B** *m.* ***1*** (*spazio libero*) void, air, space; (*cavità*) cavity, hollow; (*intervallo, lacuna*) gap; (*spazio in bianco*) blank: **fissare il v.**, to stare into space; **lanciarsi nel v.**, to jump into space; **penzolare nel v.**, to dangle in the air (*o* in mid-air); **i vuoti fra una sbarra e l'altra**, the spaces between one bar and another; **C'è un v. tra il muro e la libreria**, there is a gap between the wall and the bookcase; **un v. di dieci anni**, a ten-year gap; **Ci sono molti vuoti in platea**, there are many empty seats in the stalls; **riempire i vuoti di un modulo**, to fill in the blanks in a form ***2*** (*recipiente vuoto*) empty: **restituire i vuoti**, to return the empties; **v. a perdere**, non-returnable (*o* disposable) container; **v. a rendere**, returnable container ***3*** (*fig.*: *senso di vuoto*) void: **La sua morte ha lasciato un (gran) v. nella famiglia**, his death has left a void in the family; **Ha lasciato un gran v. fra di noi**, we miss him very much ***4*** (*fig.*: *vacuità*) emptiness; vacuity ***5*** (*fis.*) vacuum: **La natura aborrisce il v.**, Nature abhors a vacuum; **produrre un v.**, to create a vacuum; **v. assoluto**, absolute vacuum; **v. spinto**, high vacuum. ● (*aeron.*) **v. d'aria**, air pocket □ **v. di cassa**, cash deficit □ **v. di memoria**, memory blank □ **v. di potere**, power vacuum □ (*comm., naut.*) **v. per pieno**, dead freight □ (*fig.*) **a v.**, in vain; uselessly; to no purpose; abortive (*agg.*); fruitless (*agg.*); useless (*agg.*): **fare polemiche a v.**, to create useless arguments; **un tentativo a v.**, a fruitless (*o* vain) attempt □ **andare a v.**, (*essere inutile*) to be in vain, to fail, to fall flat, to come to nothing, to miscarry; (*di tiro* e *fig.*) to be wide of the mark □ **assegno a v.**, bad cheque; dud cheque (*fam.*) □ (*fig.*) **cadere nel v.**, to fall on deaf ears □ (*fig.*) **fare il v. intorno a sé**, (*isolarsi*) to isolate oneself; (*rendersi impopolare*) to make oneself very unpopular; (*distanziarsi*) to leave everyone behind □ (*mecc.*) **funzionamento** (*o* **marcia**) **a v.**, idling □ **girare a v.**, (*mecc.*) to idle; (*di chiave*) not to catch □ **mandare a v.**, to spoil; to ruin; to thwart: **mandare a v. un accordo**, to ruin a deal □ **parlare a v.**, to waste one's breath □ **un senso di v. allo stomaco**, a hollow feeling in one's stomach □ (*di prodotti conservati*) **sotto v.**, vacuum-packed □ (*mil.*) **tirare a v.**, to miss the mark.

vuotòmetro, *V.* **vacuometro**.

w, W

W, w, *f.* o *m.* W, w. ● (*telef.*) **w come Washington,** w for William.
wàfer (*ingl.*), *m. invar.* (*biscotto*) wafer.
wagneriàno, *a.* e *m.* (*f.* **-a**) (*mus.*) Wagnerian.
wagon-lit (*franc.*), *locuz. m. invar.* (*ferr.*) wagon-lit; sleeping car; sleeper.
wagon-restaurant (*franc.*), *locuz. m. invar.* restaurant car; dining car.
wahabìșmo, *m.* (*relig. musulmana*) Wah(h)abism.
wahabìta, *m.* e *f.* (*relig. musulmana*) Wah(h)abi.
walchìria, *V.* **valchiria.**
Walhalla, *m.* (*mitol.*) Valhalla; Walhalla.
walkie-talkie (*ingl.*), *locuz. m. invar.* walkie-talkie.
walkìria, *V.* **valchiria.**
Walkman (*ingl.*), *m. invar.* (*marchio*) Walkman.
wàlzer (*ted.*), *V.* **valzer.**
wàpiti, *m.* (*zool., Cervus canadensis*) wapiti*; American elk*.
warrant (*ingl.*), *m. invar.* (*pegno, certificato*) warrant.
Wassermann, *f.* (*med.*) Wasserman test.
wàter (*ingl.*), *m. invar.* ***1*** *V.* **water closet** ***2*** (*tazza del gabinetto*) toilet bowl.
water closet (*ingl.*), *locuz. m. invar.* toilet; lavatory; restroom (*USA*); water closet (*abbr.* WC).
waterpolìsta, *m.* (*sport*) water-polo player.
watt, *m. invar.* (*elettr.*) watt.
wàttmetro, wattòmetro, *m.* (*elettr.*) wattmeter.
wattóra, *f. invar.* (*fis.*) watt-hour.
wattoràmetro, *m.* (*elettr.*) watt-hour meter.
wattsecóndo, *m.* (*elettr.*) watt-second.
watùsso, A *a.* ***1*** Watutsi ***2*** (*fig.*) very tall and slim. **B** *m.* (*f.* **-a**) Watutsi.
wèber (*ted.*), *m. invar.* (*fis.*) weber.
week-end (*ingl.*), *locuz. m. invar.* weekend.
welfarìșmo, *m.* (*polit., econ.*) welfarism.
wellerìșmo, *m.* (*letter.*) Wellerism.
wellingtònia, *V.* **sequoia.**
wèlter (*ingl.*), *m. invar.* (*boxe*) welterweight.
wertherìșmo, *m.* (*letter.*) Wertherism.
wèstern (*ingl.*), *a.* e *m. invar.* (*cinem.*) western.
whisky (*ingl.*), *m. invar.* whisky; whiskey (*Irl., USA*).
widia, *m. invar.* (*metall.*) widia.
willemite, *f.* (*miner.*) willemite.
winchester (*ingl.*), *m. invar.* (*carabina*) Winchester rifle.
windsurf (*ingl.*), *m. invar.* ***1*** (*sport*) windsurfing: **fare del w.,** to windsurf ***2*** (*la tavola*) windsurf board.
windsurfista, *m.* e *f.* windsurfer.
wolfràmio, *m.* (*chim.*) wolfram; tungsten.
wolframite, *f.* (*miner.*) wolframite.
Wotan, *m.* (*mitol.*) Woden; Odin.
wow, *m. invar.* (*fis.*) wow.
würstel (*ted.*), *m. invar.* frankfurter; Vienna sausage.

x, X

X, x, f. o m. ***1*** X, x ***2*** (*mat.*) x. ● (*telef.*) **x come xeres**, x for X-ray □ **a X**, x-shaped □ (*mat.*) **asse delle x**, the x-axis □ **giorno X**, D-day □ **ora x**, H-hour □ **quantità x**, x quantity; unspecified amount □ (*fis.*) **raggi x**, X-rays □ **Il signor X**, Mr X.
xantàto, m. (*chim.*) xantate.
xantène, m. (*chim.*) xanthene.
xàntico, a. (*chim.*) xanthic.
xantìna, f. (*chim.*) xanthine.
xantofilla, f. (*chim.*) xanthophyll.
xantòma, m. (*med.*) xanthoma*.
xantomatóso, a. (*med.*) xanthomatous.
xantóne, m. (*chim.*) xanthone.
xantopsìa, f. (*med.*) xanthopsia.
xenìa, f. (*bot.*) xenia.
xèno, m. (*chim.*) xenon.
xenobiòṣi, f. (*zool.*) xenobiosis.
xenodòchio, m. (*stor.*) xenodochium*.
xenòfilo, (*anche zool.*) **A** a. xenophilous. **B** m. (f. **-a**) xenophile.
xenofobìa, f. xenophobia.
xenofòbico, a. xenophobic.
xenòfobo, **A** a. xenophobic. **B** m. (f. **-a**) xenophobe.
xenogamìa, f. (*bot.*) xenogamy.
xenogèneṣi, f. (*bot.*) xenogenesis.
xenoglossìa, f. (*parapsicologia*) xenoglossia.
xères (*spagn.*), m. (*vino*) sherry.
xeròbio, a. (*biol.*) xerophilous.
xerocòpia, f. xerographic copy; Xerox.
xerocopiàre, v. t. to Xerox.
xerocopiatrice, f. xerographic copier; Xerox machine.
xerodèrma, f. (*med.*) xeroderma; ichthyosis.
xerodermìa, f. (*med.*) xerodermia.
xeròfilo, (*bot.*) **A** a. xerophilous. **B** m. (f. **-a**) xerophile
xeròfito, (*bot.*) **A** a. xerophytic. **B** m. (f. **-a**) xerophyte.
xeroftalmìa, f. (*med.*) xerophthalmia.
xeroftàlmico, a. (*med.*) xerophthalmic.
xeroftàlmo, *V.* **xeroftalmia**.
xerografìa, f. xerography.
xerogràfico, a. xerographic.
xeroradiografìa, f. (*med.*) xeroradiography.
xeroradiogràmma, m. (*med.*) xeroradiograph.
xerosfèra, f. xerosphere.
xeròṣi, f. (*med.*) xerosis*.
xerostomìa, f. (*med.*) xerostomia.
xerotèrmo, (*bot.*) a. xerothermic: **pianta xeroterma**, xerotherm.
xi, m o f. (*quattordicesima lettera dell'alfabeto greco*) xi*.
xifòforo, m. (*zool., Xiphophorus helleri*) swordtail.
xifòide, (*anat.*) **A** a. xiphoid. **B** m. o f. xiphoid (process); xiphisternum*.
xilàno, m. (*chim.*) xylan.
xilèma, m. (*bot.*) xylem.
xilemàtico, a. (*bot.*) xylem (*attr.*).
xilène, m. (*chim.*) xylene.
xilòfago, a. (*zool.*) xylophagous.
xilofonista, m. e f. (*mus.*) xylophonist.
xilòfono, m. (*mus.*) xylophone.
xilografìa, *e deriv. V.* **silografia**, *e deriv.*
xilòlo, m. (*chim.*) xylol; xylene.
xilologìa, *e deriv. V.* **silologia**, *e deriv.*
xilòṣio, m. (*chim.*) xylose.
xoanon (*greco*), m. invar. (*archeol.*) xoanon*.

y, Y

Y, y, *f.* o *m.* ***1*** Y, y ***2*** (*mat.*) y. ● (*telef.*) y **come York**, y for Yellow; y for Yankee (*USA*) □ **a y**, Y-shaped.
yacht (*ingl.*), *m. invar.* yacht: **y. a vela**, sailing yacht.
yàk (*ingl.*), *m. invar.* (*zool.*, *Bos grunniensis*) yak*.
yankee (*ingl.*), *a.*, *m.* e *f. invar.* Yankee.
yard, *m. invar.* yard.
yatagàn, *m. invar.* yataghan.
yemenìta, *a.*, *m.* e *f.* Yemenite.
yen, *m. invar.* yen.
yèti, *m. invar.* yeti; abominable snowman.
yiddish, *a.* e *m. invar.* Yiddish.
ylang-ylang, *m. invar.* (*bot.*, *Cananga odorata*) ylang-ylang.
yòga, *a.* e *m. invar.* (*filos.*) yoga.
yòghin, *V.* **yogin**.
yògico, *a.* yoga (*attr.*).
yògin, *m.* yogi*.
yògurt, *m. invar.* yoghurt; yogurt.
yogurtièra, *f.* yoghurt-maker.
yòle, *V.* **iole**.
Yorkshire terrier (*ingl.*), *locuz. m. invar.* (*zool.*) Yorkshire terrier.
yo-yo, *m. invar.* yo-yo.
yprite, *V.* **iprite**.
ỳpsilon, *V.* **ipsilon**.
yùcca, *f.* (*bot.*, *Yucca*) yucca.
yùppie (*ingl.*), *m.* e *f. invar.* yuppie.
yuppiṣmo, *m.* yuppiedom; yuppie culture.
yùrta, *V.* **iurta**.

z,Z

Z, z, *f. o m.* (*ventunesima lettera dell'alfabeto ital.*) Z, z. ● (*telef.*) **z come Zara**, z for Zebra □ **dall'a alla z**, from A to Z.
ẓabaióne, *m.* zabaglione; egg flip; eggnog.
ẓàbro, *m.* (*zool., Zabrus tenebrioides*) darkling ground beetle.
zac, *inter.* zap; (*colpo di forbici*) snip.
Zaccaria, *m.* Zachariah; Zacharias; Zachary.
zàcchera, *f.* (*schizzo di fango*) splash of mud; mudsplash; spatter.
zaccheróso, *a.* mud-splashed; muddy.
zàcchete, *V.* **zac.**
zaff, *inter.* zap.
zaffàre, *v. t.* **1** (*una botte*) to bung **2** (*med.*) to plug; to tampon.
zaffàta, *f.* **1** (*tanfo*) stench; stink **2** (*spruzzo*) spurt, splash; (*di aria*) blast; (*di gas e sim.*) whiff.
zaffatùra, *f.* **1** (*di botte*) bunging **2** (*med.*) plugging; tamponing.
ẓàffera, *f.* zaffre, zaffer.
ẓafferanàto, *a.* **1** (*condito con zafferano*) saffroned; flavoured with saffron (*pred.*) **2** (*di color zafferano*) saffron-coloured; saffron (*attr.*).
ẓafferàno, A *m.* (*bot., Crocus sativus*; *la droga*) saffron: **risotto con lo z.**, risotto with saffron. **B** *a.* saffron (*attr.*): **giallo z.**, saffron yellow. ● (*bot.*) **z. delle Indie** (*Curcuma longa*), turmeric.
ẓafferanóne, *m.* (*bot., Carthamus tinctorius*) safflower; bastard saffron.
ẓàffete, *V.* **zaff.**
ẓaffirino, *a.* sapphirine; sapphire (*attr.*).
ẓaffiro, *m.* sapphire: **un anello di zaffiri**, a sapphire ring; (*fig.*) **cielo di z.**, sapphire sky.
zàffo, *m.* **1** (*di botte*) bung: **chiudere con lo z.**, to bung **2** (*med.*) plug; tampon.
ẓagàglia, *f.* (*stor.*) assagai, assegai.
ẓàgara, *f.* orange-blossom.
ẓainétto, *m.* schoolbag.
ẓàino, *m.* rucksack; haversack; backpack (*USA*); pack (*USA*); knapsack; (*di scuola*) schoolbag: **mettersi lo z. in spalla**, to shoulder one's pack; **preparare lo z.**, to pack one's rucksack.
ẓairése, *a., m. e f. V.* **zairiano.**
ẓairiàno, *a. e m.* (*f. -a*) Zairian; Zairese.
ẓalòfo, *m.* (*zool., Zalophus*) sea lion.
ẓambiàno, *a. e m.* (*f. -a*) Zambian.
zàmpa, *f.* **1** (*arto di animale*) leg: **animali a quattro zampe**, four-legged animals **2** (*parte terminale dell'arto: di cane, felino*) paw; (*zoccolo*) hoof*; (*di uccello*) claw; (*di insetto*) leg, foot* **3** (*cucina*) leg, foot*; (*di maiale*) trotter: **z. di vitello**, leg of veal; **z. di maiale**, pig's trotter **4** (*fam., dell'uomo: mano*) hand, paw (*fam.*), claw (*fam.*); (*piede*) foot*, trotter (*fam.*), hoof* (*fam.*); (*gamba*) leg, shank: **Giù le zampe!**, hands off!; get you paws off!; **Qua la z.!**, let's shake hands; let's shake on it!; **Muovi le zampe!**, stir your stumps!; step on it! ● **z. davanti**, foreleg; forepaw □ **z. di dietro**, hind leg; hind paw □ (*ferr.*) **z. di lepre**, wing rail □ (*naut.*) **z. d'oca**, crowfoot □ (*fig.*) **zampe di gallina**, (*rughe*) crow's feet; (*scritto indecifrabile*) scrawl (*sing.*) □ **camminare a quattro zampe**, to crawl; to go on all fours □ **pantaloni a z. d'elefante**, flared trousers; flares (*fam.*).
zampàre, *v. i.* to paw (the ground).
zampàta, *f.* **1** blow with a paw **2** (*impronta*) mark; print; track **3** (*calcio dato da una persona*) kick; (*manata*) blow, shove **4** (*fig.: segno inconfondibile*) hand; stamp: **la z. del grande artista**, the hand of a great artist.
zampettàre, *v. i.* **1** (*di animali*) to trot, to scurry, to scamper; (*di uccelli*) to hop **2** (*di persona*) to patter; (*di bambini piccoli*) to toddle.
zampétto, *m.* (*cucina: di maiale*) trotter; (*di agnello*) leg.
zampillàre, *v. i.* to gush; to spurt; to spout.
zampillìo, *m.* gushing; spurting; spouting.
zampillo, *m.* jet; gush; spurt; **gli zampilli di una fontana**, the jets of a fountain; **uno z. di sangue**, a spurt of blood.
zampino, *m.* (*fig.*) paw; hand; finger: **avere lo z. in una faccenda**, to have a hand in a matter; to have a finger in the pie (*fam.*); **Chi ci ha messo lo z.?**, who's had a hand in it?; **Qui c'è lo z. del diavolo**, the devil's had a hand in it.
ẓampiróne, *m.* **1** fumigator **2** (*scherz.: sigaretta scadente*) cheap sigarette; gasper (*fam.*); coffin nail (*fam.*).
zampógna, *f.* «zampogna»; bagpipe; bagpipes (*pl.*).
zampognàro, *m.* piper.
zampóne, *m.* (*cucina*) «zampone» (stuffed pig's trotter).
ẓàna, *f.* **1** (*cesta*) basket **2** (*culla*) cradle.
zànca, *f.* **1** (*tecn.*) clamp **2** (*lett.*) leg.
zanèlla, *f.* (*cunetta*) gutter.
zàngola, *f.* churn.
zangolatùra, *f.* churning.
zànna, *f.* **1** (*di elefante, cinghiale, tricheco*) tusk **2** (*di carnivoro*) fang **3** (*scherz. o spreg.: di persona*) tooth*; fang: **dare di zanne a q.c.**, to sink one's teeth into st.; **mostrare le zanne**, to show one's teeth; to bare one's fangs.
zannàta, *f.* **1** (*colpo di zanna*) thrust (*o* blow) with a tusk **2** (*morso*) bite **3** (*segno lasciato dal morso*) tooth mark; fang mark.
ẓànni, *m.* **1** (*teatr.*) zany **2** (*fig.: buffone*) clown; buffoon; fool.
zannùto, *a.* **1** (*di elefante, cinghiale, tricheco*) tusked **2** (*di carnivoro*) fanged **3** (*spreg.: di persona*) fanged.
Zànte, *f.* (*geogr.*) Zante; Zakinthos.
ẓanẓàra, *f.* **1** (*zool., Culex mosquito*) mosquito*; gnat (*USA*): **puntura di z.**, mosquito bite **2** (*fig.: persona molesta*) nuisance; pest. ● **una vocina da z.**, a thin, piping voice.
ẓanẓaricida, A *m.* insecticide (for mosquitoes). **B** *a.* mosquito-killing.
ẓanẓarièra, *f.* **1** mosquito net (*o* netting) **2** (*per finestre*) fly screen; (*porta con z.*) screen door.
ẓanẓarifugo, A *m.* mosquito repellent. **B** *a.* mosquito repelling.
ẓanẓaróne, *m.* daddy-longlegs.
zàppa, *f.* **1** hoe **2** (*mil.*) trench; sap. ● (*fig.*) **darsi la z. sui piedi**, to defeat one's own ends; to cut one's own throat.
zappàre, *v. t.* to hoe; to dig*: **z. l'orto**, to hoe the garden; (*fig.*) **z. la terra**, to work the land.
zappàta, *f.* **1** (*colpo di zappa*) blow with a hoe **2** (*lo zappare*) hoeing: **Dai una z. all'orto**, give the garden a little hoeing.
zappatèrra, *m. invar.* (*spreg.*) **1** (*contadino*) peasant **2** (*fig.: persona rozza*) clodhopper; bumpkin; boor; hick (*USA*).
zappatóre, *m.* **1** (*f. -trice*) hoer **2** (*contadino*) farm-labourer **3** (*mil.*) sapper.
zappatrice, *f.* (*mecc.*) hoeing-machine; mechanical hoe.
zappatùra, *f.* hoeing; digging.
zappétta, *f.* weeding hoe.
zappettàre, *v. t.* to hoe.
zapping (*ingl.*), *m. invar.* zapping; channel surfing: **fare lo z.**, to zap; to channel surf.
zapponàre, *v. t.* to dig (with a mattock).
zappóne, *m.* mattock.
zar, *m.* tsar, czar.
zarèvic, *m.* tsarevitch, czarevitch.
zarina, *f.* tsarina, czarina.
ẓarismo, *m.* tsarism, czarism.
zarista, *a., m. e f.* tsarist, czarist.
zàttera, *f.* **1** (*galleggiante di tronchi*) raft **2** (*naut.*) raft; (*chiatta*) lighter: **z. di salvataggio**, life raft.
zatteràggio, *m.* (*ind.*) lighterage.
zatterière, *m.* raftsman*.
zatterino, *m.* (*naut.*) punt.
zatteróne, *m.* **1** (*naut.*) large raft **2** (*edil.*) slab: **z. di fondazione**, foundation slab **3** (*mil.*) landing craft **4** (*calzatura femm.*) platform sandal; platform.
ẓavòrra, *f.* **1** (*naut.*) ballast: **imbarcare [gettare] la z.**, to take in [to jettison] ballast **2** (*fig.: roba inutile*) junk; rubbish **3** (*fig.: riempitivo*) makeweight; padding **4** (*fig. spreg., di persona*) dead weight; dead wood.
zavorraménto, *m.* (*naut.*) ballasting.
zavorràre, *v. t.* (*naut.*) to ballast.
zàzzera, *f.* (*capelli lunghi*) long hair, mane (of hair); (*capelli incolti*) mop (*o* shock, thatch) of hair.
zazzerùto, *a.* long-haired; mop-headed; shock-headed.
ẓèbra, *f.* **1** (*zool., Equus zebra*) zebra **2** (*pl.*) (*passaggio pedonale*) zebra crossing (*sing.*).
ẓebràto, *a.* with black and white stripes; striped. ● **passaggio z.**, zebra crossing.
zebratùra, *f.* black and white stripes (*pl.*). ● **z. stradale**, stripes on a zebra crossing.
zebù, *m.* (*zool., Bos indicus*) zebu.
zécca (1), *f.* mint. ● (*fig.*) **nuovo di z.**, brand-new.
zécca (2), *f.* (*zool.*) tick.
zecchinétta, *f.* (*gioco di carte*) lansquenet.
zecchino, *m.* (*stor.*) sequin: **z. gigliato**, Florentine sequin. ● **oro (di) z.**, pure gold.
ẓèffiro, *V.* **zefiro.**
ẓefir, *m.* (*ind. tess.*) zephyr.
Zèfiro, *m.* (*mitol.*) Zephyrus.
ẓèfiro, *m.* **1** (*vento di ponente*) zephyr **2** (*estens.: brezza*) (light) breeze.
Zelànda, *f.* (*geogr.*) Zeeland.
ẓelànte, *a.* (*coscienzioso*) conscientious, painstaking; (*pieno di impegno, ardente*) fervent, eager, keen, zealous: **essere z. sul lavoro**, to be a conscientious (*o* painstaking) worker; **troppo z.**, too eager (*o* zealous).
ẓelanteria, *f.* eccessive zeal.
ẓelatóre, *m.* (*f. -trice*) zealot.
ẓèlo, *m.* (*impegno, fervore*) zeal, eagerness, keenness, ardour, fervour; (*coscienziosità*) conscientiousness, diligence: **lavorare con z.**, to work with zeal; **z. religioso**, religious zeal;

eccesso di z., excess of zeal.

ẓelòta, m. (*stor.*) Zealot.

ẓelotiṣmo, m. (*stor.*) Zealotry.

zen, a. e m. (*filos., relig.*) Zen.

ẓendàdo, m. (*stor.*) sendal.

ẓènit, m. (*astron. e fig.*) zenith.

ẓenitàle, a. (*astron.*) zenithal; zenith (*attr.*): **telescopio z.**, zenith telescope.

Zenóne, m. Zeno.

ẓénẓero, m. (*bot., Zingiber officinale*) ginger.

ẓeolite, f. (*miner.*) zeolite.

ẓeolìtico, a. (*miner.*) zeolitic.

zeotròpico, a. (*chim.*) – **miscela zeotropica**, zeotrope.

zeòtropo, m. (*chim.*) zeotrope.

zéppa, f. **1** wedge; chock **2** (*edil.*) shim **3** (*tipogr.*) slug **4** (*fig.*: *rimedio*) patch: **mettere una z. su q.c.**, to put a patch on st. **5** (*fig.*: *riempitivo*) pad; padding **6** (*giorn.*) space filler. ● **scarpe con la z.**, wedge-heeled shoes.

Zeppelin (*ted.*), m. invar. (*aeron.*) Zeppelin.

zéppo, a. full (of); crammed (with); stuffed (with); (*gremito*) (jam-)packed, crowded: **un cassetto z. di cianfrusaglie**, a drawer stuffed with odds and ends; **Il cinema era z.**, the cinema was packed; **pieno z.**, packed full (*o* solid); chock-a-block; chock-full: **Il treno era pieno z.**, the train was chock-a-block with people; **un libro pieno z. d'errori**, a book packed with mistakes.

ẓerbino, m. (*stuoia*) doormat.

ẓerbinòtto, m. dandy; fop; coxcomb.

ẓèro, **A** m. **1** (*mat.*) zero*; (*il simbolo*) zero, nought, cipher, o: **un uno seguito da dieci zeri**, a one followed by ten noughts (*o* zeroes); **z. virgola z. due**, point nought two (*GB*); point zero two (*USA*); **una scala che va da z. a cinquanta**, a scale going from zero to fifty **2** (*fis.*) zero; freezing point: **z. assoluto**, absolute zero; **Il termometro segna z.**, the thermometer is at zero; **dieci gradi sotto [sopra] z.**, ten degrees below [above] zero (*o* freezing point) **3** (*telef.*) o (*GB*); zero (*USA*): **Il mio interno è 2230**, my exchange is double two three o (*USA*: zero) **4** (*nei punteggi*) nil; (*tennis*) love: **vincere (per) tre a z.**, to win three-nil (*o* by three to nil); **essere z. a z.**, to be nil-all; **Ha fatto z.**, he hasn't scored at all; **La partita si chiuse sullo z. a z.**, the match ended in a nil-all (*o* goalles, scoreless) draw; (*tennis*) **z.-quindici**, love-fifteen **5** (*fig.*: *persona senza importanza*) nonentity; nobody; zero; cipher **6** (*niente*) nothing; zero; nil; zip (*pop. USA*); zilch (*pop. USA*): **Il contratto non vale uno z.**, the contract is worth nothing (*o* is worthless); **La sua vita vale z.**, his life is worth zero; **Come insegnante non vale z.**, he's no good as a teacher; he's a hopeless teacher; **Non capisce uno z.**, he can't understand a thing; **Quanto a restituirmi i soldi, z.!**, as for paying me back, zilch! (*o* no hope!); **non contare uno z.**, to count for nothing; to be a nonentity; **ridurre le spese a z.**, to cut down expenses to nil; **ridursi a z.**, to be reduced (*o* to be down) to zero; (*di persona*) to have nothing left. ● (*fig.*) **z. via z.**, less than nothing □ **prendere uno z. in latino**, to get a nought in Latin □ **raparsi a z.**, to shave one's head □ (*fig.*) **spaccare lo z.**, to account for every halfpenny □ **sparare a z.**, (*mil.*) to fire at zero elevation, to fire point blank; (*fig.*) to attack violently. **B** a. zero*: **crescita z.**, zero growth; **l'ora z.**, zero hour; **z. punti**, nil; **Il termometro segna z. gradi**, the thermometer shows zero; (*ling.*) **grado z.**, zero degree; (*mil.*) **punto z.**, ground zero.

ẓeta, f. o m. **1** (*lettera*) zed; zee (*USA*); z; Z **2** (*sesta lettera dell'alfabeto greco*) zeta.

ẓetaciṣmo, m. **1** (*ling.*) zeta shift **2** (*med.*) zetacism; faulty pronounciation of Z.

ẓetètico, a. (*filos.*) zetetic.

ẓeugma, m. (*gramm.*) zeugma.

ẓeugmàtico, a. (*gramm.*) zeugmatic.

zeuzèra, f. (*zool., Zeuzera pyrina*) leopard moth.

zia, f. aunt: **la zia Laura**, Aunt Laura; **zia materna [paterna]**, maternal [paternal] aunt.

ẓibaldóne, m. **1** (*mescolanza*) miscellany; mixture **2** (*letter.*) commonplace book **3** (*spreg.*) jumble; hotchpotch, hodgepodge (*USA*).

ẓibellino, m. (*zool., Martes zibellina*; *la pelliccia*) sable; zibeline.

ẓibètto, m. **1** (*zool., Viverra zibetha*) Indian civet; zibet **2** (*profumeria*) civet.

ẓibibbo, m. «zibibbo» (kind of muscat grapes).

ziètta, f. (*fam.*) auntie, aunty.

zifio, m. (*zool., Ziphius cavirostris*) Cuvier's whale.

zigàno, a. e m. (f. **-a**) Tzigane; gypsy: **musica zigana**, Tzigane music.

ẓigèna, m. (*zool., Zygaena filipendula*) forester.

ẓiggurat, m. invar. (*archeol.*) ziggurat, zikkurat.

ẓigodàttilo, a. (*zool.*) zygodactylic; zygodactylous.

ẓigolo, m. (*zool., Emberiza*) bunting: **z. delle nevi** (*Plectrophenax nivalis*), snow-bird; **z. giallo** (*Emberiza citrinella*), yellowhammer; **z. nero** (*Emberiza cirlus*), cirl bunting.

ẓigomàtico, a. (*anat.*) zygomatic.

ẓigomo, m. (*anat.*) zygoma*; (*com.*) cheekbone.

ẓigomòrfo, a. (*bot.*) zygomorphic; zygomorphous.

ẓigòṣi, f. (*biol.*) zygosis*.

ẓigòte, m. (*biol.*) zygote.

ẓigòtico, a. (*biol.*) zygotic; zygote (*attr.*).

ẓigrinàre, v. t. **1** (*pelli*) to grain; to pebble **2** (*mecc.*) to knurl **3** (*monete*) to mill; to reed.

ẓigrinatùra, f. **1** (*di pelli*) graining; pebbling **2** (*mecc.*) knurling **3** (*di monete*) milling; reeding.

ẓigrino, m. **1** (*pelle di squalo e pelle zigrinata*) shagreen **2** (*mecc.*) knurling tool.

ẓigẓàg, m. invar. zigzag: **linea a z.**, zigzag line; **strada a z.**, zigzag; **andare a z.**, to zigzag.

ẓigẓagaménto, m. zigzagging.

ẓigẓagàre, v. i. to zigzag.

ẓimàrra, f. **1** long robe **2** (*scherz.*: *cappotto lungo*) long coat.

ẓimàṣi, f. (*biol.*) zymase.

zìmbalom, m. (*mus.*) cimbalom, cymbalom.

zimbellàre, v. t. **1** to decoy **2** (*fig.*) to entice; to allure.

zimbellatóre, m. (f. **trice**) **1** bird catcher who uses a decoy **2** enticer; allurer.

zimbèllo, m. **1** (*animale da richiamo*) decoy (*anche fig.*) **2** (*oggetto di scherno*) laughing-stock; figure of fun.

ẓimògeno, (*biochim.*) **A** m. zymogen. **B** a. zymogenic.

ẓimologia, f. zymology.

ẓimòtico, a. (*biochim.*) zymotic.

zincàggio, m. (*ind. min.*) Parkes process.

zincàre, v. t. (*metall.*) to zinc; to coat with zinc; to galvanize: **z. a caldo**, to hot-galvanize.

zincàto, **A** a. (*metall.*) coated with zinc; zinc-plated; galvanized. **B** m. (*chim.*) zincate.

zincatùra, f. (*metall.*) zinc-plating; galvanization.

zinco, m. **1** (*chim.*) zinc: **carbonato [ossido] di z.**, zinc carbonate [oxide]; **bianco di z.**, zinc white **2** (*tipogr.*) cut.

zincografia, f. (*tipogr.*) zincography.

zincogràfico, a. (*tipogr.*) zincographic.

zincògrafo, m. (*tipogr.*) zincographer.

zincotipia, f. (*tipogr.*) **1** (*procedimento*) zincography **2** (*copia stampata*) zincotype; zincograph.

zincotipista, m. e f. (*tipogr.*) zincographer.

zingarésca, f. (*mus.*) gypsy (*o* gipsy) song.

zingarésco, **A** a. gypsy, gipsy (*attr.*). **B** m. *V.* **zingarico**.

zingàrico, a. e m. (*ling.*) Gypsy, Gipsy; Romany.

zìngaro, m. (f. **-a**) gypsy, gipsy; Romany. ● **fare una vita da z.**, to lead a wandering life; to live like a gypsy.

ẓinnia, f. (*bot., Zinnia*) zinnia.

zinzino, m. (*fam.*) tiny bit; (*pizzico*) pinch; (*di liquido*) spot, dash, drop: **uno z. di pepe**, a pinch of pepper; **uno z. di whisky**, a drop (*o* a spot) of whisky; **uno z. di pazienza**, a scrap of patience.

zìo, m. uncle: **lo zio Gino**, Uncle Gino; **gli zii** (*lo zio e la zia*), uncle and aunt; **zio materno [paterno]**, maternal [paternal] uncle; (*scherz.*) **lo zio d'America**, a rich uncle.

zip, m. invar. (*chiusura lampo*) zip(-fastener); zipper.

zipolàre, v. t. to peg; to bung.

zìpolo, m. bung; spigot; peg.

ẓiqqurat, *V.* **ziggurat**.

ẓirconàto, m. (*chim.*) zirconate.

ẓircóne, m. (*miner.*) zircon.

ẓircònio, m. (*chim.*) zirconium.

ẓirlàre, v. i. to whistle.

ẓirlo, m. (thrush's) whistle.

zitèlla, f. spinster; unmarried woman; (*spreg.*) old maid.

zitellàggio, m. spinsterhood.

zitellésco, a. spinsterish; oldmaidenish.

zitellóna, f. (*spreg.*) old maid.

zitellóne, m. (*scherz.*) old bachelor; confirmed bachelor.

zittio, m. hissing; booing.

zittire, **A** v. i. **1** (*per disapprovazione*) to hiss; to boo: **Il pubblico cominciò a z.**, the audience began to hiss for silence **2** (*tacere di colpo*) to stop speaking; to fall* silent; to shut* up (*fam.*): **Come mi vide zittì**, when he saw me, he fell silent. **B** v. t. **1** (*per disapprovazione*) to hiss; to boo; to shout down: **Il tenore fu zittito**, the tenor was booed **2** (*fare tacere*) to silence; to hush: **La mia risposta li zittì**, my answer silenced them; **z. un bambino**, to hush a baby.

zitto, a. silent; quiet: **Rimase z. per un po'**, he was silent for a while; **Mi guardò, z. e severo**, he looked at me sternly, without speaking; **stare z.**, to keep (*o* to be) quiet; to hold one's tongue; **Z., sveglierai il bambino**, hush, you'll wake the child; **Sta' z.!**, (be) quiet!; shut up! (*fam.*); **Per farlo stare z. gli diede una caramella**, she gave him a sweet to keep him quiet; **Non possiamo pretendere che stia z.**, we can't expect him to keep his mouth shut; **Zitti tutti!**, silence, everybody!; **z. z.**, quietly; with little fuss; **Se ne uscì z. z.**, he tiptoed out; **Z. su tutto, mi raccomando!**, remember, mum's the word! (*fam.*).

ẓiẓània, f. (*bot., Zizania aquatica*) Indian (*o* wild) rice .

ẓiẓẓània, f. **1** (*bot., Lolium temulentum*) (bearded) darnel; (*nella Bibbia*) tare **2** (*fig.*) discord: **seminare** (*o* **spargere**) **z.**, to sow discord; to make mischief.

zòccola, f. (*spreg.*) whore.

zoccolàio, m. clog-maker.

zoccolàre, v. i. to clatter about (in clogs).

zoccolàta, f. blow with a clog.

zoccolatùra, f. (*archit.*) wainscot; wainscot(t)ing.

zoccolio, m. clattering (of clogs).

zòccolo, m. **1** clog; sabot **2** (*di cavalli, ecc.*) hoof*: **z. fesso**, cloven hoof **3** (*archit.*) base; (*di colonna*) plinth; (*piedistallo*) socle **4** (*di parete*) wainscoat, wainscot(t)ing; (*battiscopa*) skirting board (*GB*), baseboard (*USA*), mopboard (*USA*) **5** (*fis.*) base; socket: **z. di valvola**, tube (*o* valve) base **6** (*agric.*) sod **7** (*fig.*: *base, fondamento*) basis; core; foundation: **z. duro**, hard core. ● (*geol.*) **z. continentale**, continental shelf.

ẓodiacàle, a. (*astron.*) zodiacal: **luce z.**, zodiacal light; **costellazioni zodiacali**, zodiacal constellations; **segno z.**, sign of the zodiac.

ẓodìaco, m. (*astron.*) zodiac: **segni dello z.**,

signs of the zodiac.

zoidiofilìa, *f.* (*bot.*) animal pollination.

zoidiòfilo, *a.* (*bot.*) zoidiophilous; zoophilous.

zoisite, *f.* (*miner.*) zoisite.

zolfanèllo, *m.* **1** sulphur match; vesta **2** (*fig.*: *persona irascibile*) tinderbox: **pigliare fuoco come uno z.**, to be a tinderbox; to be swift to anger; to flare up.

zolfàra, zolfatàra, *f.* sulphur-mine.

zolfatàro, *m.* sulphur miner.

zólfo, *m.* (*chim.*) sulphur, sulfur (*USA*): **bagno di z.**, sulphur bath; **fiori di z.**, flowers of sulphur; **miniera di z.**; sulphur mine; **dare lo z. alle viti**, to sulphur vines. ● (*fig.*) **puzzare di z.**, to hare a whiff of brimstone about one.

zòlla, *f.* **1** clod; (*erbosa*) sod, turf **2** (*di zucchero*) lump **3** (*geol.*) plate.

zollétta, *f.* lump; cube: **z. di zucchero**, lump of sugar; sugar lump; sugar cube; **zucchero in zollette**, lump sugar; sugar in lumps.

zòna, *f.* **1** (*geogr.*, *geol.*) zone: **z. glaciale**, glacial zone; **z. torrida**, torrid zone **2** (*regione*) region, country; (*fascia*) belt; (*distretto*) district; (*area*) area, precinct; (*quartiere*) district, part of (the) town, neighbourhood: **z. montuosa**, mountainous region; **z. boschiva**, wooded country; woodland; **z. residenziale**, residential area; **z. depressa**, depressed area; **z. verde**, parks and gardens area; green belt; **z. pedonale**, pedestrian precinct; **z. di negozi**, shopping area (*o* precinct); **z. industriale**, industrial area; (*in periferia*) industrial estate (*o* site); **Mi piace la z. dove abiti**, I like the part of town where you live **3** (*spazio delimitato*) patch; part; space: **una z. d'ombra**, a patch of shade; a shaded corner; (*in una stanza*) a dark part (*o* corner); **Qui c'è una z. libera**, there is an empty space here; **zone di sereno**, clear patches in the sky **4** (*meteor.*) zone; belt: **z. di alta [bassa] pressione**, high [low] (pressure zone); **z. dei cicloni**, storm belt; **z. di depressione**, trough **5** (*mil.*) zone; area; ground: **z. di guerra**, war zone; **z. neutra**, neutral zone; **z. proibita**, no-go area; **z. morta** (*o* **defilata**), dead ground; **z. di combattimento**, combat zone **6** (*del telegrafo*) tape **7** (*sport*) zone: **difesa a z.**, zone defence **8** (*elab.*) zone; area **9** (*striscia*) band; zone **10** (*lett.*: *fascia*) zone. ● (*fig.*) **z. calda**, hot spot □ (*radio*) **z. d'ascolto**, service area □ (*aeron.*) **z. di atterraggio**, landing area □ **z. di confine**, border zone; frontier territory; (*anche fig.*) borderland □ (*radar*) **z. d'ombra**, blind area □ (*radio*) **z. di silenzio**, blind (*o* dead) spot □ (*autom.*) **z. disco**, restricted parking area □ (*in un appartamento*) **z. giorno**, living area □ **z. fieristica**, fairground □ (*dogana*) **z. franca**, duty-free zone □ (*fig.*) **z. grigia**, grey area □ (*autom.*) **z. per parcheggio**, parking space; parking-lot (*USA*) □ (*in un appartamento*) **z. pranzo**, dinette □ (*mat.*) **z. sferica**, zone □ **z. sismica**, seismic area; seismic belt □ **direttore di z.**, area manager □ **dividere in zone**, to zone □ **fuori z.** (*scomodo*), out of the way; inconvenient □ (*nel gioco del «bridge»*) **in z.**, vulnerable □ **Il negozio dovrebbe essere qui in z.**, the shop should be somewhere around here □ **in z. Cesarini**, (*calcio*) in the last minutes of the match; (*fig.*) at the very last minute, at the eleventh hour, in the nick of time.

zonàle, *a.* zonal; zone (*attr.*); regional; area (*attr.*); district (*attr.*).

zonatùra, *f.* division into zones.

zonizzàre, *v. t.* to zone.

zonizzazióne, *f.* zoning.

zònula, *f.* zonule: (*anat.*) **z. di Zinn**, zonule of Zinn.

zònzo, *vc.* – **andare a z.**, to wander about; to saunter; to stroll; (*per divertirsi*) to gallivant; (*bighellonare*) to loaf about.

zòo, *m. invar.* (*fam.*) zoo*.

zoochìmica, *f.* zoochemistry.

zoocòro, *a.* (*bot.*) zoochorous: **pianta zoocora**, zoochore.

zoòfago, *a.* zoophagus.

zoofilìa, *f.* (*psic.*) zoophilia.

zoòfilo, **A** *m.* zoophile; zoophilist. **B** *a.* zoophilous.

zoofobìa, *f.* (*psic.*) zoophobia.

zoòfobo, *a.* (*bot.*) zoophobous.

zoòforo, *m.* (*archeol.*) zoophorus*.

zoogamète, *m.* (*biol.*) zoogamete.

zoogamìa, e *deriv. V.* **zoidiofilìa**, e *deriv.*

zoogènico, *a.* (*geol.*) zoogenic.

zoogeografìa, *f.* zoogeography.

zooglèa, *f.* (*biol.*) zoogl(o)ea*.

zoografìa, *f.* zoography.

zoolatrìa, *f.* zoolatry.

zoologìa, *f.* zoology.

zoològico, *a.* zoological: **giardino z.**, zoological gardens (*pl.*); zoo (*fam.*).

zoòlogo, *m.* (*f.* **-a**) zoologist.

zoom (*ingl.*), *m. invar.* (*fotogr.*, *TV*) zoom lens.

zoomàre, e *deriv. V.* **zumare**, e *deriv.*

zoometrìa, *f.* zoometry.

zoomorfìsmo, *m.* zoomorphism.

zoomòrfo, *a.* zoomorphic.

zoonòsi, *f.* (*med.*, *vet.*) zoonosis*.

zooplàncton, *m.* (*biol.*) zooplankton.

zoopsìa, *f.* (*psic.*) zooscopy.

zoosafàri, *m. invar.* safari park.

zoosemiòtica, *f.* animal communication science.

zoospòra, *f.* (*biol.*) zoospore.

zootecnìa, *f.* zootechny; zootechnics (*pl. col verbo al sing.*).

zootècnico, **A** *a.* zootechnical; livestock (*attr.*). **B** *m.* (*f.* **-a**) zootechnician.

zoòtoca, *f.* (*zool.*, *Lacerta zootoca vivipara*) viviparous lizard.

zootossìna, *f.* (*biol.*) zootoxin.

zoppìa, *f.* limp.

zoppicànte, *a.* **1** limping; hobbling: **un uomo z.**, a limping man; a man with a limp; **andatura z.**, limp; limping gait; hobble **2** (*estens.*: *instabile*) shaky; unsteady; wobbly; rickety: **un tavolo z.**, a rickety table **3** (*fig.*: *insicuro*) lame; (*debole*) weak: **risposta z.**, lame answer; **È un po' z. in chimica**, he's a bit weak in chemistry. ● **verso z.**, halting line.

zoppicàre, *v. i.* **1** to limp; to walk with (*o* to have) a limp; to hobble: **camminare zoppicando**, to limp; to walk with a limp; **z. con la gamba destra**, to have a limp in one's right leg; **z. un poco [molto]**, to have a slight [a bad] limp **2** (*estens.*: *essere instabile*) to be unsteady (*o* shaky, wobbly): **Questa tavola zoppica**, this table is unsteady **3** (*fig.*: *ottenere scarsi risultati*) to be weak: **z. in latino**, to be weak in Latin **4** (*fig.*: *essere difettoso*) to be unsound (*o* shaky): **Questo ragionamento zoppica**, this argument is unsound.

zoppicóni, *avv.* haltingly; with a limp.

zòppo, **A** *a.* **1** lame; (*zoppicante*) limping: **È z. dalla gamba sinistra**, he is lame in his left leg; **essere leggermente [molto] z.**, to have a slight [a bad] limp; **gamba zoppa**, lame leg; **rimanere z.**, to be lamed; **camminare z.**, to walk with a limp **2** (*estens.*: *instabile*) unsteady; shaky; wobbly; rickety: **un tavolo z.**, a rickety table **3** (*fig.*: *difettoso*) unsound, defective, faulty; (*incompleto*) unfinished, incomplete, hanging: **un ragionamento z.**, an unsound (*o* a shaky) argument; **rima zoppa**, faulty rhyme. ● (*nei giochi*) **correre a piè z.**, to hop. **B** *m.* (*f.* **-a**) lame person; cripple. ● (*prov.*) **Chi va con lo z. impara a zoppicare**, he that dwells next door to a cripple will learn to halt.

zorìlla, *m.* (*zool.*, *Zorilla*) zorilla; zoril.

zoroastriàno, zooroàstrico, *a.* Zoroastran.

zoroastrìsmo, *m.* Zoroastrianism; Zoroastrism.

Zoroàstro, *m.* Zoroaster.

zoster (*lat.*), *a. invar.* – (*med.*) **herpes z.**, herpes zoster; shingles (*pl. col verbo al sing.*).

zoticàggine, zotichézza, *f.* (*spreg.*) boorishness; uncouthness; roughness; rudeness.

zòtico, **A** *a.* boorish; uncouth; rough; rude: **maniere zotiche**, rough manners; (*villane*) rude manners; **È simpatico, ma piuttosto z.**, he is a nice man, but he's rather uncouth; he's a bit of a rough diamond (*fam.*). **B** *m.* (*f.* **-a**) boorish (*o* uncouth) person; boor (*m.*); lout (*m.*).

zoticóne, *m.* (*f.* **-a**) ill-mannered person; boor (*m.*); lout (*m.*).

zózzo, e *deriv. V.* **sozzo**, e *deriv.*

zuàvo, *m.* (*mil.*) zouave. ● **pantaloni alla zuava**, plus fours; knickerbockers.

zùcca, *f.* **1** (*bot.*, *Cucurbita maxima*) pumpkin; gourd: **semi di z.**, pumpkin seeds; **fiori di z.**, courgette flowers **2** (*fig. fam*: *testa*) head; noddle (*fam.*); nut (*fam.*); pate (*fam.*): **Hai battuto la z.?**, did you bang your head?; **Occhio alla z.!**, mind your nut!; **grattarsi la z.**, to scratch one's head; **z. pelata**, bald pate; **È una z. vuota**, he's a blockehead; **Non ha proprio niente in z.**, he's dead from the neck up. ● (*fig.*) **sale in z.**, savvy (*pop.*); gumption (*fam.*): **essere senza sale in z.**, to have no savvy; to lack gumption.

zuccàia, *f.* pumpkin bed.

zuccàta, *f.* (*involontaria*) knock (*o* bang) with the head; (*volontaria*) butt: **dare** (*o* **prendere**) **una z. in q.c.**, to knock (*o* to bang) one's head against st.: **prendere q.c. a zuccate**, to butt into st.

zuccheràggio, *m.* (*enologia*) must-sugar enrichment.

zuccheràre, *v. t.* to sugar; to sweeten.

zuccheràto, *a.* **1** sugared; sweetened; (*dolce*) sweet, sugary **2** (*fig.*) sugary; honeyed: **parole zuccherate**, honeyed words; **tono z.**, sugary tone.

zuccherièra, *f.* sugar bowl; sugar basin.

zuccherière, *m.* **1** (*produttore*) sugar manufacturer **2** (*operaio*) worker in a sugar refinery.

zuccherièro, *a.* sugar (*attr.*): **l'industria zuccheriera**, the sugar industry.

zuccherifìcio, *m.* sugar mill; sugar refinery.

zuccherìno, **A** *a.* sugary; sweet: **sostanze zuccherine**, sugary substances. **B** *m.* **1** (*dolce*) sweet, sweetmeat, sugarplum; (*zolletta di zucchero*) lump of sugar, sugar cube **2** (*fig.*: *favore per ingraziarsi q.*) sweetener; (*contentino*) sop **3** (*fig.*: *cosa molto facile*) trifle; nothing; child's play **4** (*fig.*: *persona dolce*) lamb.

zùcchero, *m.* **1** sugar: **z. a quadretti** (*o* **a zollette**), lump sugar; lumps of sugar (*pl.*); **z. a velo**, icing sugar (*GB*); confectioner's sugar (*USA*); **z. candito**, (sugar) candy; rock candy (*USA*); **z. caramellato**, caramel; **z. cristallizzato**, granulated sugar; **z. di barbabietola**, beet sugar; **z. di canna**, cane sugar; demerara; **z. d'orzo**, barley sugar; **z. filato**, candy floss (*GB*); cotton candy (*USA*); **z. greggio**, raw sugar; **z. in pani**, loaf sugar; **z. in polvere** (*o* **fino**), caster (*o* castor) sugar (*GB*); powdered sugar (*USA*); **z. scuro**, brown sugar; **barbabietola da z.**, sugar beet; **canna da z.**, sugarcane; **pan di z.**, sugar loaf; **rivestito di z.**, sugar-coated; **zolletta di z.**, lump of sugar; sugar lump; sugar cube **2** (*fig.*: *persona dolce*) sweetie, darling; (*persona arrendevole*) lamb: **Sei uno z.!**, you are a sweetie (*o* a darling)!; **Oggi il bambino è stato uno z.**, the baby's been sweetness itself today. ● (*fig.*) **essere tutto z. e miele**, to be all sweetness and light □ **un sorriso tutto z.**, a saccharine smile □ **Questa pera è uno z.!**, this pear is delicious!

zuccheróso, *a.* **1** sugary; sweet **2** (*fig.*) sugary, honeyed; (*spreg.*) sickly, soppy, saccharine, mawkish.

zucchétto, *m.* skullcap; (*eccles.*) zucchetto.

zucchìna, *f.* **zucchìno,** *m.* **1** (*bot.*, *Cucurbita pepo*) (vegetable) marrow **2** (*cucina*) baby marrow; courgette (*GB*); zucchini* (*USA*).

zucconàggine, *f.* **1** (*ottusità*) denseness; dimness; thickheadedness **2** (*caparbietà*) pig-headedness; mulishness.

zuccóne, A *m.* **1** (*pop.*: *testa grossa*) big head **2** (*f.* **-a**) (*fig.*: *persona ottusa*) blockhead; fathead; thickhead; dunce; chump **3** (*f.* **-a**) (*fig.*: *persona caparbia*) pig-headed (*o* mulish) person. **B** *a.* **1** (*ottuso*) dense; dim; thick; thickheaded; slow **2** (*caparbio*) pig-headed; mulish.

zùffa, *f.* fight; brawl; scuffle; set-to; punch-up (*fam.*): **Fuori del bar scoppiò una z.**, a scuffle broke out outside the bar; **gettarsi nella z.**, to join the fight; **z. tra ubriachi**, drunken brawl; **z. generale**, free-for-all (*fam.*); **z. tra cani**, dog fight.

zufolàre, A *v. i.* **1** (*mus.*) to pipe **2** (*fischiare*) to whistle. **B** *v. t.* (*fischiettare*) to whistle.

zufolàta, *f.* **1** (*mus.*) piping **2** (*fischio*) whistle.

zufolìo, *m.* piping; whistling; whistle.

zùfolo, *m.* **1** (*mus.*) flageolet; pipe **2** (*fischio*) whistle.

zulù, A *m.* e *f.* **1** Zulu **2** (*fig. spreg.*: *zotico*) boor; lout. **B** *a.* Zulu.

zumàre, *v. t.* e *i.* (*cinem.*, *TV*) to zoom: **zumare su q.c.**, to zoom in on st.

zumàta, *f.* (*cinem.*, *TV*) zoom: **fare una z.**, to zoom.

zùppa, *f.* **1** (thick) soup: **z. di verdura**, vegetable soup; **z. di pesce**, fish soup **2** (*fig.*: *miscuglio*) medley; (*confusione*) muddle, mess **3** (*fig.*: *cosa noiosa*) bore; drag (*fam.*): **È la solita z.**, it's the same old drag; it's more of the same. ● (*cucina*) **z. inglese**, trifle □ **fare la z. nel vino**, to dip one's bread in wine □ **Se non è z. è pan bagnato**, it's six of one and half a dozen of the other.

zuppétta, *f.* – **fare (la) z.**, to dip (*o* to dunk) biscuits in milk [bread in wine].

zuppièra, *f.* soup tureen.

zùppo, *a.* wet through; soaked; soaking wet; drenched: **z. di pioggia**, (*di persona*) drenched to the skin; (*di cosa*) rain-soaked; **un biscotto z. di vino**, a biscuit drenched in wine.

zurighése, A *a.* of Zürich; from Zürich; Zürich (*attr.*). **B** *m.* e *f.* native of Zürich; inhabitant of Zürich.

Zurigo, *f.* (*geogr.*) Zürich.

zuzzurellóne, zuzzurullóne, *m.* (*f.* **-a**) (*fam.*) happy-go-lucky person; rollicking person.

zwinglianismo, *V.* **zwinglismo.**

zwingliàno, *a.* (*relig.*) Zwinglian.

zwinglismo, *m.* (*relig.*) Zwinglianism.

zwinglista, *m.* e *f.* (*relig.*) Zwinglianist.

SIGLE, ABBREVIAZIONI, SIMBOLI ITALIANI
ITALIAN ACRONYMS, ABBREVIATIONS, SYMBOLS

A *1* (*elettr.*) **ampere**, ampere. *2* (*teatr.*) **atto**, act. *3* **Altezza**, Highness. *4* **Assicurata**, insured (*letter.*). *5* **Alpi**, Alps. *6* **Autore**, author. *7* **alto**, high, tall. *8* **A1, ..., A32, Autostrada 1, ..., 32**, Motorway 1, ..., 32.

a (*mat.*) **ara**, are (a).

AAMS Azienda Autonoma dei Monopoli di Stato, Board of State Monopolies.

AARR (*arald.*) **Altezze Reali**, Royal Highnesses (R.H.).

AAS (*lat.*: *Acta Apostolicae Sedis*) **Atti della Santa Sede**, Acts of the Holy See.

AAST Azienda Autonoma di Soggiorno e Turismo, Local Tourist Board.

ab. abitanti, population (pop.).

abb. abbonamento, subscription.

abbr. *1* **abbreviato**, abbreviated. *2* **abbreviazione**, abbreviation (abbr.).

ABI Associazione Bancaria Italiana, Italian Bankers' Association.

abl. (*gramm.*) **ablativo**, ablative (abl.).

abr. abrogato, abrogated, repealed.

AC Azione Cattolica, Organization for Catholic Action.

a.c. *1* (*comm.*) **assegno circolare**, banker's draft (*GB*); cashier's check (*USA*). *2* **anno corrente**, present year. *3* (*tip.*) **a capo**, new line, new paragraph.

a.C. avanti Cristo, before Christ (BC).

ACC Alta Corte Costituzionale, Supreme Constitutional Court.

Acc. accademia, academy.

acc. *1* (*mus.*) **accelerando**, accelerando (becoming faster) *2* (*gramm.*) **accusativo**, accusative (acc.).

ACI Automobile Club d'Italia, Italian Automobile Association.

ACIS Alto Commissariato per l'Igiene e la Sanità, Office of the High Commissioner of Public Health.

ACLI Associazione Cattolica dei Lavoratori Italiani, Italian Workers' Catholic Association.

AD *1* (*lat.*: *Anno Domini*) **nell'anno del Signore**, in the year of the Lord (AD). *2* (*polit.*) **Alleanza Democratica**, Democratic Alliance.

a.d.r. a domanda risponde, questions and answers.

AeCI Aero Club d'Italia, Italian Aero Club.

AEP Agenzia Europea della Produttività, European Productivity Board.

a.f. (*fis.*) **alta frequenza**, high frequency (HF).

AFI Associazione Filatelica Italiana, Italian Philatelists' Association.

AG *1* **Alberghi per la Gioventù**, Youth Hostels. *2* **Agrigento**.

AGAI Associazione Guide Alpine Italiane, Association of Italian Alpine Guides.

AGCI Associazione Generale delle Cooperative Italiane, Italian Association of Cooperative Societies.

AGESCI Associazione Guide e Scouts Cattolici Italiani, Association of Italian Catholic Scouts and Guides.

agg. (*gramm.*) **aggettivo**, adjective.

AGI Agenzia Giornalistica Italia, Italian News Agency.

AGIP Azienda Generale Italiana Petroli, National Hydrocarbons Authority.

AGIS Associazione Generale Italiana dello Spettacolo, Italian Association for theatrical, cinematographic, etc. activities.

ago. agosto, August (Aug.).

agr., agric. *1* **agricolo**, agricultural. *2* **agricoltore**, farmer. *3* **agricoltura**, agriculture, farming (agr., agric.).

AI Aeronautica Italiana, Italian Air Force.

AIA *1* (*sport*) **Associazione Italiana Arbitri**, Italian Referees' Association. *2* **Associazione Italiana Allevatori**, Italian Association of Breeders.

AIC *1* **Associazione Italiana Calciatori**, Italian Football Association. *2* **Associazione Italiana Cineoperatori**, Association of Italian Cameramen.

AICS (*sport*) **Associazione Italiana Circoli Sportivi**, Italian Association of Sport Clubs.

AIDO Associazione Italiana Donatori di Organi, Italian Organ Donors Association.

AIE Associazione Italiana degli Editori, Italian Publishers' Association.

AIED Associazione Italiana Educazione Demografica, Italian Association for Demographic Education.

AIMA Azienda statale per gli Interventi sul Mercato Agricolo, National Board for Agricultural Market Intervention.

AIRC Associazione Italiana Ricerca sul Cancro, Italian Association for Cancer Research.

AISCAT Associazione Italiana Società Concessionarie Autostrade e Trafori a pedaggio, Italian Association of Toll Motoways and Tunnels Licensees.

AL Alessandria.

ALFA (Romeo) Anonima Lombarda Fabbrica Automobili (Romeo), Lombard Joint Stock Car Factory (Romeo).

alg. algebra, algebra (alg.).

ALITALIA Aerolinee Italiane Internazionali, Italian Airlines.

all. allegato, enclosure.

alt. *1* **altezza**, height. *2* **altitudine**, altitude; on the sea level.

AM *1* (*fis.*) **Modulazione d'Ampiezza**, Amplitude Modulation (AM). *2* (*mil.*) **Aeronautica Militare** (*targa autom.*), Air Force (AF).

a.m. antimeridiano, before noon (a.m.).

amer. americano, American.

AMIU Azienda Municipalizzata Igiene Urbana, Municipal Company for Urban Hygiene.

amm. ammiraglio, admiral.

amm.ne amministrazione, administration.

amm.re amministratore, administrator.

AMNU Azienda Municipalizzata di Nettezza Urbana, Municipal Company for Urban Refuse Collecting.

AN *1* **Ancona**. *2* (*polit.*) **Alleanza Nazionale**, National Alleance.

ANA (*mil.*) **Associazione Nazionale Alpini**, National Mountain Troops Corps Veterans' Association.

ANAS Azienda Nazionale Autonoma delle Strade, State Highways Authority.

ANFI (*polit.*) **Associazione Nazionale (Club) Forza Italia**, National Association of Forza Italia Clubs.

ANFIA Associazione Nazionale fra Industrie Automobilistiche, Motor Industries' National Association.

ang. *1* **angolo**, corner. *2* (*mat.*) **angolo**, angle.

ANIA Associazione Nazionale Imprese Assicuratrici, National Association of Insurance Companys.

ANIC *1* **Associazione Nazionale Industria Chimica**, National Association of Chemical Industries. *2* **Azienda Nazionale idrogenazione Idrocarburi**, National Hydrocarbon Company.

ANICA Associazione Nazionale Industrie Cinematografiche e Affini, Cinematographic and Related Industries' National Association.

ANIE Associazione Nazionale Industrie Elettriche ed elettroniche, National Association of Electrical and electronic Industries.

ANL Accademia Nazionale dei Lincei, Lincei National Academy.

ANM Associazione Nazionale Magistrati, National Association of Judges.

ANMIG Associazione Nazionale Mutilati e Invalidi di Guerra, National Association of Disabled Servicemen.

ANMIL Associazione Nazionale Mutilati e Invalidi del Lavoro, National Associaton of Disabled Workers.

ANPI Associazione Nazionale Partigiani d'Italia, National Association of Italian Partisans.

ANSA Agenzia Nazionale Stampa Associata, Italian Associated Press Agency.

ant. antimeridiano, before noon (a.m.).

AO *1* **Aosta**. *2* (*polit.*) **Avanguardia Operaia**, Workers Avantgarde.

AP *1* (*fis.*) **alta pressione**, high pressure (HP). *2* **Ascoli Piceno**.

API Anonima Petroli Italiana, Italian Petrol Company.

app. appendice, appendix (app.).

apr. aprile, April (Apr.).

APT Azienda di Promozione Turistica, Tourism Promotion Agency.

AQ Aquila.

AR Arezzo.

AR *1* (*arald.*) **Altezza Reale**, Royal Highness. *2* (*trasp.*) **andata e ritorno**, return ticket (*GB*); two-way ticket (*USA*). *3* (*posta*) **Avviso di Ricevimento o Riscossione**, Return Receipt of Letter or Money.

ARA Auto Respiratore ad Aria, Self-Contained Underwater Breathing Apparatus (SCUBA).

Arc. arcivescovo, Archbishop.

Arch. architetto, architect (Arch.).

arch. *1* **archivio**, archives (*pl.*); records office. *2* **architettura**, architecture.

archeol. archeologia, archaeology.

ARCI Associazione Ricreativa Culturale Italiana, Italian Recreational and Cultural Association.

ARI Associazione Radioamatori Italiani, Italian Association of Radio-Amateurs.

arit., aritm. *1* **aritmetica**, arithmetic. *2* **aritmetico**, arithmetical.

arr. (*ferr.*) **arrivo**, arrival (arr.).

art. (*gramm.*) **articolo**, article (art.).

AS (*arald.*) **Altezza Serenissima**, Most Serene Highness.

ASCI Associazione Scoutistica Cattolica Italiana, Association of Italian Catholic Boy Scouts.

ASCOM Associazione Commercianti, Traders Association.

Ass. *1* **assicurata**, insured mail. *2* **Assicurazione**, Insurance.

ASST Azienda di Stato per i Servizi Telefonici, National Telephones State Board.

astr., astron. *1* **astronomia**, astronomy. *2* **astronomo**, astronomer.

AT *1* **Antico Testamento**, Old Testament (OT). *2* (*fis.*) **Alta Tensione**, High Tension (HT). *3* **Asti**.

ATI Aero Trasporti Italiani, Italian Air Freight Line.

atm. *1* **atmosfera**, atmosphere. *2* **atmosferico**, atmospheric.

ATM Azienda Trasporti Municipali, Municipal Transport Company.

atom. (*fis.*) **atomico**, atomic.

att. (*gramm.*) **attivo**, active.

attr. (*gramm.*) **attributo**, attribute (attr.).

AUDITEL Società raccolta e trasmissione dati di Audience Televisiva, (company for collecting and transmitting) Television Popularity Ratings (data) (BARB.).

aus. ausiliare, auxiliary (aux.).

autom. automobilismo, motoring.

AV Avellino.

AVIS Associazione Volontari Italiani del Sangue, Association of Voluntary Italian Blood-Donors.

Avv. avvocato, lawyer.

avv. (*gramm.*) **avverbio**, adverb (adv.).

az. (*comm.*) **azione**, share.

AZ codice Alitalia, International Airline Company Code for Alitalia.

B. *1* (*arald.*) **Barone**, Baron. *2* (*relig.*) **Beato**, Blessed.

BA *1* **Bari**. *2* **Belle Arti**, Fine Arts.

Bar. (*arald.*) **Barone**, Baron.

ba.sa (*arald.*) **baronessa**, baroness.

BAV Biblioteca Apostolica Vaticana, Vatican Apostolic Library.

b.c. (*mus.*) **basso continuo**, thorough bass.

BCI Banca Commerciale Italiana, Italian Commercial Bank.

BEF franco belga, Belgian franc.

BEI Banca Europea degli Investimenti, European Bank for Investments.

b. f. bassa frequenza (*fis.*), low frequency (LF).

BG Bergamo.

B.I. Banca d'Italia, Bank of Italy.

BI Biella.

Bi (*chim.*) **bismuto**, bismuth (Bi).

bibl. *1* **bibliografia**, bibliography (bibliog.). *2* **bibliografo**, bibliographer. *3* **biblioteca**, library. *4* **biblico**, biblical.

bim. *1* **bimestre**, a two-month period. *2* **bimestrale**, bi-monthly. *3* **bimensile**, semi-monthly.

BIN Banca d'interesse nazionale, Bank of National Importance.

biochim. (*chim.*) **biochimica**, biochemistry.

biol. biologia, biology (biol.).

BL Belluno.

BM Banca Mondiale, World Bank.

BN *1* **Benevento**. *2* (*o* **b/n**) **Bianco nero**, black and white (b/w).

BNL Banca Nazionale del Lavoro, National Work Bank.

BO Bologna.

bot. botanica, botanics.

BOT Buono Ordinario del Tesoro, Treasury Bond (TB).

BP (*fis.*) **Bassa Pressione**, Low Pressure (LP).

BR *1* **Banco di Roma**, Bank of Rome. *2* **Brindisi**. *3* **Brigate Rosse**, The Red Brigade.

brev. brevetto, patent (pat.).

bross. brossura, paperback binding.

BS Brescia.

b.ssa (*arald.*) **baronessa**, baroness.

BT *1* (*fis.*) **Bassa Tensione**, Low Voltage (LV). *2* **Buono del Tesoro**, Treasury Bond.

BTE Buono del Tesoro in Euroscudi, Treasury Bond in Ecu.

BTN Buono del Tesoro Novennale, Nine Years Treasury Bond.

BTP Buono del Tesoro Poliennale, Pluriennial Treasury Bond.

BU Bollettino Ufficiale, Official Gazette.

BVM Beata Vergine Maria, Blessed Virgin Mary (BVM).

BZ Bolzano.,

°C (*fis.*) **grado Celsius**, degree Celsius (°C).

C. *1* (*arald.*) **conte**, Count, Earl. *2* (*leg.*) **codice**, code, statute. *3* (*relig.*) **congregazione**, congregation. *4* **Capo**, Cape. *5* (*fis.*) **coulomb**, coulomb.

c centi- (*simbolo e prefisso*), centi-, cent-.

c. *1* (*comm.*) **conto**, account. *2* **corso**, avenue. *3* (*di poema*) **canto**, canto. *4* **circa**, about. *5* (*gramm.*) **congiunzione**, conjunction. *6* **corrente**, current.

CA *1* **Cagliari**. *2* **Cemento Armato**, Reinforced Concrete. *3* **Consorzio Agrario**, Agricultural Consortium. *4* **Contr'Ammiraglio**, Rear Admiral (RA).

c.a. *1* (*fis.*) **corrente alternata**, alternating current (A C). *2* **Corrente Anno**, of this year.

CAA Corte d'Assise d'Appello, Criminal Court of Appeal.

CAAF Centro Autorizzato di Assistenza Fiscale, Authorized Center for Fiscal Assistence.

cab. cablogramma, cable.

cad. cadauno, cach.

CAF (*sport*) **Commissione d'Appello Federale**, Federal Committee of Appeal.

CAI Club Alpino Italiano, Italian Alpine Club.

CAI-post Corriere Accelerato Internazionale postale, International Express post Delivery.

CAMBITAL Ufficio italiano dei cambi, Italian Agency of Foreign Exchange.

can. canale (nelle carte geogr.), **channel** (chan.).

cap. *1* (*mil.*) **capitano**, captain. *2* **capitolo**, chapter.

CAP *1* **Codice di Avviamento Postale**, (GB) postcode, (USA) zip code. *2* **Consorzio Agrario Provinciale**, Provincial Agricultural Consortium. *3* **Centro di Addestramento Professionale**, Job Training Center.

cap.le (*mil.*) **caporale**, corporal.

cap. magg. (*mil.*) **caporal maggiore**, lance corporal.

CAR Centro Addestramento Reclute, Recruit Training Centre.

Card. Cardinale (*relig.*), Cardinal (Card.).

CAREMAR Campania Regionale Marittima, Regional Maritime Company of Campania.

CARIPLO Cassa di Risparmio delle Province Lombarde, Savings Bank of the Lombard Province.

CASM Centro di Alti Studi Militari, High Military Studies' Centre.

cast. castello, Castle (cas.).

cat. catalogo, catalogue.

Cav. Cavaliere (*titolo*).

Cav. Gr. Cr. Cavaliere di Gran Croce (*titolo*).

Cav. Lav. Cavaliere del Lavoro (*titolo*).

Cav. Uff. Cavaliere Ufficiale (*titolo*).

CB Campobasso.

C.C. *1* **Carta Costituzionale**, Constitutional Charter. *2* **Codice Civile**, Civil Code. *3* **Codice di Commercio**, Commercial Code. *4* **Corpo Consolare**, Consular Corps. *5* **Corte di Cassazione**, Court of Cassation. *6* **Corte Costituzionale**, Constitutional Court. *7* **Corte dei Conti**, Supreme State Accounting Court. *8* **Commissione Centrale**, Central Commission. *9* **Carabinieri**, Carabinieri Corps

C/c, c/c, c.c. (*comm.*) **conto corrente**, current account.

c.c. *1* (*elettr.*) **corrente continua**, Direct Current (DC). *2* (*elettr.*) **corto circuito**, short circuit.

CCC Centro Cinematografico Cattolico, Catholic Film Centre.

CCD (*polit.*) **Centro Cristiano Democratico**, Christian Democrats of the Center.

CCI Camera di Commercio Internazionale, International Chamber of Commerce.

CCIAA Camera di Commercio, Industria, Artigianato e Agricoltura, Chamber of Commerce, Industry, Crafts and Agriculture.

CCISS Centro Coordinamento Informazioni Sicurezza Stradale, Center for co-ordinating road safety information.

CCNL Contratto Collettivo Nazionale di Lavoro, National Collective Agreement.

c.c.p. conto corrente postale, current postal account.

CCP Commissione Centrale Prezzi, Central Price Commission.

CCSM (*mil.*) **Comando Corpo di Stato Maggiore**, General Staff Corps Headquarters.

CCT Certificato di Credito del Tesoro, Treasury Certificate.

CD *1* **Comitato Direttivo**, Steering Committee. *2* **Consigliere Delegato**, Managing Director. *3* **Corpo Diplomatico**, (*franc.*: Corps Diplomatique) Diplomatic Corps. *4* **Commissione Disciplinare**, Disciplinary Commission.

C.d'A. *1* (*mil.*) **Corpo d'Armata**, Army Corps. *2* (*leg.*) **Corte d'Appello**, Court of Appeals. *3* (*leg.*) **Corte d'Assise**, Court of Assizes. *4* **Consiglio d'Amministrazione**, Board of Directors. *5* **Consiglio d'Azienda**, Workers Council.

CDC Cooperativa Doppiatori Cinematografici, Film Dubbers Co-operative.

c.d.d. come dovevasi dimostrare, which was to be demonstrated (Q.E.D.).

C.d.G. (*relig.*) **Compagnia di Gesù**, Society of Jesus (SJ).

C.d.L. Camera del Lavoro, Trade Union Headquarters.

CDP Cassa Depositi e Prestiti, Public Development Fund.

C.d.R. *1* **Cassa di Risparmio**, Savings Bank. *2* **Comitato di Redazione**, Editing Board.

C.d.S. *1* **Circolo della Stampa**, Press Club. *2* **Codice della Strada**, Highway Traffic Code. *3* (*polit.*) **Consiglio di Sicurezza**, security Council. *4* **Consiglio di Stato**, Council of State.

CE *1* **Comitato Esecutivo**, Executive Committee. *2* (*polit.*) **Consiglio Europeo**, Council of Europe.

CECA Comunità Europea del Carbone e dell'Acciaio, European Coal and Steel Community (ECSC).

CED *1* **Comunità Europea di Difesa**, European Defense Community (EDC). *2* **Centro Elaborazione Dati**, Data Processing Center.

CEE Comunità Economica Europea, European Economic Community (EEC) (*vedi* UE).

CEEA Comunità Europea per l'Energia Atomica, European Atomic Energy Community (EURATOM).

CEEM Corpo Equipaggi Militari Marittimi, Navy Crew Corps.

CEI Centro Episcopale Italiano, Italian Episcopal Center.

CERN Consiglio Europeo per le Ricerche Nucleari (*Conseil Européen des Recherches Nucléaires*), European Council for Nuclear Research (CERN).

CESIS Comitato Esecutivo per i Servizi d'Informazione e Sicurezza, Executive Committee for Intelligence and Safety.

CF Codice Fiscale, Fiscal Code.

CFL Contratto di Formazione e Lavoro, Work Training Contract.

CFP Certificato di Formazione Professionale, Special Professional Licence.

cfr. confronta, compare (cf.).

CFS Corpo Forestale dello Stato, National Forest Corp.

cg centigrammo, centigramme (cg).

C.G. Console Generale, Consul General (CG).

CGAL Confederazione Generale dell'Agricoltura Italiana, General Association of Italian Agriculture.
CGE Compagnia Generale di Elettricità, General Electric (GE).
CGIA Confederazione Generale Italiana dell'Artigianato, Italian Artisan Crafts Association.
CGIC Confederazione Generale Italiana del Commercio, Italian Commerce Association.
CGII Confederazione Generale Italiana dell'Industria, Italian Industry Association.
CGIL Confederazione Generale Italiana del Lavoro, Italian General Confederation of Labor.
CGS Centimetro, Grammo, Secondo, Centimetre, Gram, Second (CGS).
CGSTC Centro Giovanile Scambi Turistici e Culturali, Youth Centre For Tourism and Cultural Exchanges.
CH Chieti.
CHF franco svizzero, Swiss franc.
chim. 1 chimica, chemistry. 2 chimico, chemist; chemical (*agg.*).
chir. chirurgia, surgery.
CI 1 Credito Italiano, Italian Credit Bank. 2 Corte Internazionale (dell'Aia), International Court (*The Hague*). 3 Carta d'Identità, Identity Card.
C.ia Compagnia (*comm.*), Company.
CIA Confederazione Italiana Agricoltori, Italian Confederation of Farmers.
CICR 1 Comitato Interministeriale per il Credito e il Risparmio, Interdepartmental Committee for Credit and Savings. 2 Comitato Internazionale della Croce Rossa, International Red Cross Committee.
CID Cooperativa Italiana Doppiatori, Italian Co-operative of Dubbers.
CIDA Confederazione Italiana Dirigenti d'Azienda, Italian Confederation of Business Managers.
cif (*comm.*) costo, assicurazione e nolo, cost, insurance and freight (c.i.f.).
CIG 1 Cassa Integrazione Guadagni, Unemployment Benefits Fund. 2 Comitato Italiano Gas, Italian Council of Gas.
CIGA Compagnia Italiana dei Grandi Alberghi, Italian Great Hotels Company.
CIIS Comitato Interparlamentare (e Interministeriale) Informazione e Sicurezzaa, Interparliamentary (and Interdepartmental) Committee for Intelligence and Safety.
CIL (*stor., mil.*) Corpo Italiano di Liberazione, Italian Liberation Corps.
CIM Centro Italiano della Moda, Italian Centre of Fashion.
CIP Comitato Interministeriale per i Prezzi, Committee of Ministers for Prices.
CIPE Comitato Interministeriale per la Programmazione Economica, Committee of Ministers for Economic Planning.
CIR Comitato Interministeriale per la Ricostruzione, Interdepartmental Committee for Reconstruction.
CIRA Centro Italiano di Ricerche Aerospaziali, Italian Center of Aerospace Research.
CISAL Confederazione Italiana Sindacati Autonomi dei Lavoratori, Italian Confederation of Independent Worker's Unions.
CISL 1 Confederazione Italiana Sindacati Lavoratori, Federation of Italian Trade Unions. 2 Confederazione Internazionale dei Sindacati Liberi, International Federation of Free Trade Unions.
CISNAL Confederazione Italiana Sindacati Nazionali Lavoratori, Italian Association of National Trade Unions.
CIT Compagnia Italiana di Turismo, Italian Travel Bureau.
cit citato, cited, quoted.
cl centilitro, centilitre (cl).
CL 1 Commissione Legislativa, Legislative Committee. 2 Caltanissetta. 3 (*polit.*) Comunione e Liberazione, Communion and Liberation.
CLN Comitato di Liberazione Nazionale, National Committee for the Liberation of Italy (during World War II).
CLNAI Comitato di Liberazione Nazionale dell'Alta Italia, Northern Italy Committee of National Liberation (during World War II).
cm 1 centimetro, centimetre (cm). 2 cm^2 centimetro quadrato, square centimetre. 3 cm^3 centimetro cubico, cubic centimetre. 4 corrente mese, of this month.
C.M. Circolare Ministeriale, Ministry Circular Letter.
C. Mezz. Cassa del Mezzogiorno, Fund for the Improvement of Southern Italy.
CN 1 Comitato Nazionale, National Committee. 2 Cuneo. 3 Codice della Navigazione, Navigation Law.
CNA Confederazione Nazionale dell'Artigianato, National Federation of Craftsmen.
CNEL Consiglio Nazionale dell'Economia e del Lavoro, National Council for Economy and Labour.
CNEN Comitato Nazionale per l'Energia Nucleare, National Council of Nuclear Power.
CNGI Commissariato Nazionale della Gioventù Italiana, National Committee for Italian Youth.
CNO Comitato Nazionale Olimpico, National Olympic Committee (NOC).
CNP Comitato Nazionale per la Produttività, National Board for Productivity.
CNR Consiglio Nazionale delle Ricerche, National Council for Scientific Research.
CNRN Comitato Nazionale per le Ricerche Nucleari, National Committee for Nuclear Research.
CNSA Corpo Nazionale Soccorso Alpino, National Alpine Rescue Corp.
CNVVF Corpo Nazionale Vigili del Fuoco, National Fire Brigade.
CO Como.
COBAS Comitato di Base (*organismo sindacale*), Bank and File Committee.
COCER (*mil.*) Consiglio Centrale di Rappresentanza, Central Council of representation.
cod. codice, codex.
CODACONS Coordinamento Delle Associazioni Consumatori, Co-ordination of Consumer Associations.
Col. Colonnello, Colonel (Col.).
COLDIRETTI Confederazione nazionale Coltivatori Diretti, National Confedeation of Farm-owners.
COLF Collaboratrice Familiare, Domestic Help.
coll. collettivo, collective.
comand. (*mil.*) comandante, commander.
COMILITER (*mil.*) Comando Militare Territoriale, Zone of the Interior Headquarters.
COMIT Banca Commerciale Italiana, Italian Commercial Bank.
Comm. 1 commendatore (*titolo*). 2 Commissione, Commission.
comm. 1 commercio, trade 2 commerciale, commercial.
Comm. Uff. commendatore ufficiale (*titolo*).
compar. (*gramm.*) comparativo, comparative.
compl. (*gramm.*) complemento, complement.
CONAD Consorzio Nazionale Dettaglianti, National Consortium of Retailers.
cond. (*gramm.*) condizionale, conditional.
CONFAGRICOLTURA Confederazione Generale dell'Agricoltura Italiana, General Federation of Italian Landowners.
CONFAPI Confederazione Nazionale della Piccola Industria, National Confedeation of Small Industries.
CONFARTIGIANATO Confederazione Generale Italiana dell'Artigianato, General Federation of Italian Artisans and Craftsmen.
CONFCOMMERCIO Confederazione Generale Italiana del Commercio, General Federation of Italian Merchants and Shopkeepers.
CONFEDERTERRA Confederazione Nazionale dei Lavoratori della Terra, National Confederation of Farm Workers.
CONFESERCENTI Confederazione degli Esercenti Attività Commerciali e Turistiche, Confederation of Trade and Tourism.
CONFINDUSTRIA Confederazione Generale dell'Industria Italiana, Italian Manufacturers' Association.
cong. 1 (*gramm.*) congiuntivo, subjunctive (subj.). 2 (*gramm.*) congiunzione, conjunction (conj.).
CONI Comitato Olimpico Nazionale Italiano, Italian National Olympic Committee.
coniug. (*gramm.*) coniugazione, conjugation.
cons. 1 consigliere, councillor. 2 (*comm.*) consigliere, director.
contraz. (*gramm.*) contrazione, contraction.
cont.ssa contessa, countess.
COOP Cooperativa di consumo Italia, Co-operative of Consumer Products Italy.
coop. 1 cooperativa, co-operative society. 2 cooperazione, cooperation.
corr. 1 (*gramm.*) correlativo, correlative. 2 corrispondenza, correspondence. 3 corrispondente, correspondent, corresponding. 4 corrente, current. 5 corretto, corrected. 6 corriere, courier.
cos (*mat.*) coseno, cosine (cos).
cosec (*mat.*) cosecante, cosecant (cosec).
costr. costruzione, construction.
cot (*mat.*) cotangente, cotangent (cot, ctn).
CP 1 Casella Postale, Post(-Office) Box. 2 (*leg.*) Codice Penale, Penal Code. 3 Consiglio Provinciale, District Council. 4 (*polit.*) Cattolici Popolari, Popular Catholics. 5 Capitaneria di Porto, Harbour Office.
c.p. cartolina postale, postcard (p.c.).
CPA 1 Commissione Pontificia di Assistenza, Papal Welfare Commission. 2 Corte Permanente di Arbitrato, Permanent Arbitration Court.
CPC Codice di Procedura Civile, Code of Civil (Law) Procedure (CCP).
CPP 1 Codice di Procedura Penale, Code of Criminal (Law) Procedure (C. Cr. P.). 2 Comitato Provinciale Prezzi, Provincial Prices Committee.
CR Cremona.
CRAL Circolo Ricreativo Assistenziale Lavoratori, Recreational and Welfare Centre for Workers.
CREDIT (*banca*) Credito Italiano, Italian Credit Bank.
CRI 1 Croce Rossa Italiana, Italian Red Cross. 2 Croce Rossa Internazionale, International Red Cross.
Criminalpol Polizia Criminale, Crime Squad.
CRUEI Centro Italiano per le Relazioni Universitarie con l'Estero, Italian Centre for University Relations with Foreign Countries.
CS 1 Collegio Sindacale, Board of Directors. 2 (*mil.*) Comando Supremo, Supreme Headquarters. 3 Consiglio Superiore, High Council. 4 Corte Suprema, Supreme Court (SC). 5 Cosenza.
c.s. come sopra, as above.
CSC Centro Sperimentale di Cinematografia, Experimental Centre for the Italian Cinema.
CSCE Conferenza sulla Sicurezza e la Cooperazione in Europa, Conference on Security and Co-operation in Europe.
CSD (*mil.*) Commissione Suprema di Difesa, Supreme Defense Board.
CSdPI Consiglio Superiore della Pubblica Istruzione, High Board of the Ministry of Education.
CSI 1 Centro Sportivo Italiano, Italian Sport

Centre. **2 Codice Sportivo Internazionale**, International Sport Code.

CSM 1 Consiglio Superiore della Magistratura, Supreme Council of Magistrature **2 Centro di Salute Mentale**, Mental Health Centre.

CSN Consiglio Sanitario Nazionale, National Health Council.

C.so Corso, Street.

CSS Consiglio Superiore di Sanità, Supreme Health Council.

c.ssa (*arald.*) **contessa**, countess.

CT 1 (*sport*) **Commissario Tecnico**, coach. **2 Catania. 3 Certificato del Tesoro**, Treasury Certificate.

c.te conte, count, earl.

c.to conto, account (ac.).

CUF Commissione Unica per il Farmaco, Central Commission of Medicine.

CV (*mecc.*) **cavallo vapore**, horse-power (HP).

c.v.d. come volevasi dimostrare, which was to be demonstrated.

CVL Corpo Volontari della Libertà, Volunteer Corps of Fighters for Liberty (in World War II).

CZ Catanzaro.

d deci- (*simbolo e prefisso*), deci-.

D 1 Domenica, Sunday. **2 Don** (*titolo*). **3** (*ferr.*) **Treno diretto**, through train.

d. diametro, diameter.

da deca- (*simbolo e prefisso*), deca-.

dam decametro, decametre.

dat. (*gramm.*) **dativo**, dative (dat.).

D.C. (*stor.*) **Democrazia Cristiana**, Christian Democratic Party.

d.C. dopo Cristo, in the year of the Lord; Anno Domini (A.D.).

d.c. (*mus.*) **da capo**, repeat from the beginning.

DDT (*chim.*) **diclorodifeniltricloroetano**, dichlorodiphenyltrichloroethane (DDT).

dec. (*med., nelle ricette*) **decotto**, decotion.

Decr. Decreto, decree, ordinance.

deriv. 1 derivazione, derivation. **2 derivato**, derivative. **3** (*comm.*) **derivato**, by-product.

dett. 1 dettaglio, detail, particular. **2 dettagliante**, retailer, retail dealer.

dev. devoto (*nelle lettere*), yours truly.

dev.mo devotissimo (*nelle lettere*), yours truly.

D.G. 1 Direttore Generale, General Manager (GM). **2 Direzione Generale**, Main (Administrative) Office(s). **3 Deo gratias** (*lat.*), **rendiamo grazie a Dio**, thanks be to God.

dg decigrammo, decigramme (dg).

DIA Direzione Investigativa Antimafia, Mafia investigation Department.

dial. dialettale, dialectal.

dic. dicembre, December (Dec.).

difett. (*gramm.*) **difettivo**, defective.

diff. 1 differenza, difference. **2 differente**, different. **3 differenziale**, differential.

DIGOS Divisione Investigazioni Generali e Operazioni Speciali (*Polizia*), General Investigation and Special Operations Department.

dil. (*med., nelle ricette*) **diluito**, diluted.

dim. 1 (*mus.*) **diminuendo**, diminuendo (diminishing). **2** (*gramm.*) **diminutivo**, diminutive.

dipl. diploma, diploma, certificate.

dir. diritto, law.

Dir. 1 Direttore, director, manager. **2 Direzione**, administrative office.

Dir.ce Direttrice, (Lady) Director, Directress, Manageress.

Dir. Gen. 1 Direttore Generale, General Director, General Manager. **2 Direzione Generale**, Main Office.

div. 1 divisione, department. **2** (*comm.*) **dividendi**, dividends. **3** (*mil.*) **divisione**, division. **4** (*mat.*) **divisione**, division.

diz. dizionario, dictionary (dict.).

dl decilitro, decilitre (dl).

DL Decreto Legge, Executive Order.

DM Decreto Ministeriale, Departmental Executive Order.

dm decimetro, decimetre (dm).

DNA Direzione Nazionale Antimafia (*Polizia*), Mafia National Division.

dom. domenica, Sunday (Sun.).

dott. 1 dottore, doctor. **2 dottore** (*laureato non medico*), graduate.

D.P. 1 Decreto Penale, Penal Writ. **2 Decreto Presidenziale**, President's Decree, Presidents' Executive Order. **3 Democrazia Proletaria**, (party for) Proletarian Democracy.

dr. dottore, doctor.

dr.ssa dottoressa, lady doctor.

ds. (*med.*) **destro**, right.

d.ssa duchessa, duchess.

dz. dozzina, dozen.

E 1 (*geogr.*) **Est**, East (E). **2 Treno espresso**, Express Train. **3 Itinerario Europeo**, European Road sign.

EA 1 Ente Autonomo, Independent Body, Autonomous Agency. **2 Energia Atomica**, Atomic Energy.

EAD Elaborazione Automatica dei Dati, Automatic Data Processing (ADP).

EAM Ente Autotrasporti Merci, Freight Transport Board.

EC (*ferr.*) **Eurocity** (train).

ECA Ente Comunale di Assistenza, Municipal Relief Board.

Ecc. Eccellenza, (*in genere*) Excellency; (*a un vescovo*) Lordship.

ecc. eccetera, et cetera, and so on (etc.).

ECG (*med.*) **elettrocardiogramma**, electrocardiogram (ECG).

ed. edizione, edition, publication (ed.).

edit. editore, publisher (ed.).

EE Escursionisti Esteri (*targa autom.*), Foreign Excursionists.

EE.PP. Enti Pubblici, Public Agencies.

eff. 1 (*comm.*) **effetto**, bill, promissory note. **2 effettivo**, effective.

Egr. (**Sig.**) **Egregio** (**Signor**) (*negli indirizzi*), Mr.

E.I. 1 Enciclopedia Italiana, Italian Encyclopaedia. **2 Esercito Italiano**, Italian Army.

elettr. elettricità, electricity.

elettrochim. elettrochimica, electrochemistry.

elettromecc. elettromeccanica, electromechanics.

elettron. elettronica, electronics.

ell. 1 (*gramm.*) **ellissi**, ellipsis. **2** (*gramm.*) **ellittico**, elliptic(al).

Em. (*relig.*) **Eminenza**, Eminence.

Em.mo Eminentissimo (*titolo*), Most Eminent.

EN 1 Educazione Nazionale, National Education. **2 Enna. 3** (*ferr.*) **Euronight** (train).

ENAL Ente Nazionale Assistenza Lavoratori, National Agency for Assistance to Workers.

ENALOTTO Concorso pronostici abbinato al Lotto e gestito dall'ENAL, Lottery run by ENAL.

ENAOLI Ente Nazionale Assistenza Orfani Lavoratori Italiani, National Body of Assistence for Italian Workers' Orphans.

ENAPI Ente Nazionale dell'Artigianato e delle Piccole Industrie, Artisan and Small Industries Authority.

ENBPS Ente Nazionale per le Biblioteche Popolari e Scolastiche, National Organization of Popular and School Libraries.

ENCI 1 Ente Nazionale Cinofilia Italiana, National Association of Italian Cynophilists. **2 Ente Nazionale Cavallo Italiano**, National Association of Italian Horses.

ENDAS Ente Nazionale Democratico di Azione Sociale, Democratic National Association of Social Activity.

ENEA Comitato Nazionale per la ricerca e lo sviluppo dell'Energia Nucleare e delle Energie Alternative, National Council for Nuclear and Alternative Energies.

ENEL Ente Nazionale per l'Energia Elettrica, National Electricity Board.

ENI Ente Nazionale Idrocarburi, National Hydrocarbon Corporation.

ENIC Ente Nazionale Industrie Cinematografiche, National Association of Film Producers.

ENIT Ente Nazionale Italiano per il Turismo, Italian State Tourist Office.

ENPA Ente Nazionale per la Protezione degli Animali, National Society for the Prevention of Cruelty to Animals.

ENPAS Ente Nazionale di Previdenza e Assistenza per i Dipendenti Statali, National Board of Social Insurance and Welfare for Civil Servants.

ENPI Ente Nazionale Prevenzione Infortuni, National Institution for the Prevention of Accidents.

EO Estremo Oriente, Far East (FE).

EPT Ente Provinciale per il Turismo, Provincial Tourist Department.

eq. (*mat.*) **equazione**, equation.

es. esempio, example (ex.).

escl. 1 esclamazione, exclamation. **2 esclamativo**, exclamative.

e segg. e seguenti, and the following ones.

etc. eccetera (*lat.: et cetera*), and so on, and so forth (etc.).

ETI Ente Teatrale Italiano, Board for the Promotion of Theatrical Performances.

ETR Elettrotreno, Electric Train

EU Europa, Europe.

Eu (*chim.*) **europio**, europium (Eu).

euf. eufemismo, euphemism.

EUR Esposizione Universale di Roma, Roman Universal Exhibition (now a residential suburb of Rome).

eur. europeo, European.

EURATOM Comunità Europea per l'Energia Atomica, European Atomic Energy Community (EURATOM).

E.V. 1 Eccellenza Vostra, Your Excellency. **2 Era volgare**, in the year of the Lord, Anno Domini (AD).

°F (*fis.*) **grado Fahrenheit**, degree Fahrenheit (°F).

F 1 (*mus.*) **forte**, loud. **2** (*alle carte*) **fante**, knave, jack. **3** (*chim.*) (*nelle ricette mediche*) **fiat, si faccia**, be it done. **4** (*fis.*) **forza**, force. **5 Femmina**, Female.

f. (*gramm.*) **femminile**, feminine (f.).

FAI 1 Fondo Aiuti Italiani, Italian Aid Fund. **2 Fondo Ambiente Italiano**, Italian National Trust Fund.

FAL (*leg.*) **Foglio Annunzi Legali**, Law Announcements Bulletin.

fam. 1 famiglia, family. **2 familiare**, familiar; colloquial.

farm. 1 farmacia, pharmacy. **2 farmacista**, chemist, pharmacist.

fatt. (*comm.*) **fattura**, invoice (inv.).

FCI Federazione Ciclistica Italiana, Italian Cycle Federation.

f.co (*comm.*) **franco**, free.

FCO Aeroporto Leonardo da Vinci Fiumicino Roma (*codice IATA*), Leonardo da Vinci Airport-Fiumicino, Rome (IATA Code).

FD Filodiffusione, Wire Broadcasting.

F.d.S. (*polit.*) **Fronte dei Socialisti**, Socialist Front.

FE Ferrara.

feb. febbraio, February (Feb.).

FEDERCONSORZI Federazione Italiana dei Consorzi Agrari, Italian Federation of Farmers' Unions.

FEDERMECCANICA Federazione Sindacale dell'Industria Metalmeccanica Italiana, Italian Engineering Union Federation.

FEDERTERRA Federazione dei Lavoratori della Terra, Farm Workers' Trade Union.

fem (*elettr.*) **forza elettromotrice**, electromotive force (emf).

femm. (*gramm.*) **femminile**, feminine.

ferr. **ferrovia**, railway (ry.).

FES **Fondo Europeo di sviluppo**, European Development Fund.

FF.AA. (*mil.*) **Forze Armate**, Armed Forces.

FF, ff *1* (*mus.*) **fortissimo**, very loud. *2* **facente funzione**, acting.

FFF, fff (*mus.*) **fortissimo**, extremely loud.

FGI **Federazione Ginnastica Italiana**, Italian Gymnastics Association.

FI *1* (*polit.*) **Forza Italia**. *2* **Firenze**, Florence.

FIA **Federazione Internazionale Automobilistica**, International Automobile Association.

FIAT **Fabbrica Italiana Automobili Torino**, Italian Motor Works in Turin.

FIB **Federazione Italiana Bocce**, Italian Bowls («Bocce») Association.

FIBS **Federazione Italiana Baseball Softball**, Italian Baseball and Softball Federation.

FIC **Federazione Italiana Canottaggio**, Italian Boating Association

FICC **Federazione Internazionale Circoli Cinema**, International Cinema Clubs Federation.

FIDAL **Federazione Italiana di Atletica Leggera**, Italian Track and Field Association.

FIdC **Federazione Italiana della Caccia**, Italian Shooting and Hunting Association.

FIEG **Federazione Italiana Editori Giornali**, Italian Federation of Newspaper Publishers.

FIEN **Forum Italiano dell'Energia Nucleare**, Italian Forum of Nuclear Energy.

FIFA **Federazione Internazionale del Calcio** (*fr.*: *Fédération Internationale Football Association*), International Football Association.

fig. *1* **figura**, figure. *2* **figurato**, figurative.

FIG **Federazione Italiana Golf**, Italian Golf Association.

FIGC **Federazione Italiana Gioco Calcio**, Italian Football Association.

FIHP **Federazione Italiana Hockey e Pattinaggio**, Italian Hockey and Skating Association.

fil. **filiale**, branch office.

filol. **filologia**, philology.

filos. **filosofia**, philosophy.

FILS **Federazione Italiana Lavoratori dello Spettacolo**, Italian Association of Workers in Theatre, Cinema, Radio and TV.

FIM *1* **Federazione Italiana Metalmeccanici**, Italian Metallurgists and Mechanics Association. *2* **Federazione Italiana Motonautica**, Italian speedboat Racing Association.

FIN **Federazione Italiana Nuoto**, Italian Swimming Association.

fin. *1* **finanza**, finance. *2* **finanziario**, financial.

FINCANTIERI **Società Finanziaria Cantieri Navali**, Shipbuilding Financial Corporation.

FININVEST **Società Finanziaria d'Investimento**, Financial Investment Company.

FINMARE **Società Finanziaria Marittima**, Maritime Transport Financial Corporation.

FINMECCANICA **Società Finanziaria Meccanica**, Mechanical Financial Corporation.

FINSIDER **Società Finanziaria Siderurgica**, Iron and Steel Financial Corporation.

FIOM **Federazione Impiegati e Operai Metallurgici**, Association of Workers in Metallurgical Industries.

FIP **Federazione Italiana Pallacanestro**, Italian Basketball Association.

FIPAV **Federazione Italiana Pallavolo**, Italian Volley-ball Association.

FIPS **Federazione Italiana Pesca Sportiva**, Italian Fishing Association.

FIR *1* **Federazione Italiana Rugby**, Italian Rugby Association. *2* (*mil.*) **Forza d'Intervento Rapido**, Task Force.

FIS **Federazione Italiana Scherma**, Italian Fencing Association.

fis. **fisica**, physics (phys.).

FISC **Federazione Internazionale Sindacati Cristiani**, International Association of Christian Trade Unions.

FISE **Federazione Italiana Sport Equestri**, Italian Equestrian Sports Association.

FISG **Federazione Italiana Sport Ghiaccio**, Italian Association of Sports on Ice.

FISI **Federazione Italiana Sport Invernali**, Italian Winter Sports Association.

FISL **Federazione Internazionale dei Sindacati Liberi**, International Association of Independent Trade Unions.

FISN **Federazione Italiana Sci Nautico**, Italian Water-Skiing Association.

FIT **Federazione Italiana Tennis**, Italian Tennis Association.

FIV **Federazione Italiana Vela**, Italian Sailing Federation.

FIVL **Federazione Italiana Volontari della Libertà**, Italian Association of Fighters for Liberty (in World War II).

f.l.a. (*chim.*) (*lat.*: *fiat lege artis*), **sia fatto a regola d'arte**, be it compounded skilfully.

F.lli (*comm.*) **Fratelli**, Brothers (Bros.).

FLM **Federazione Lavoratori Metalmeccanici**, Engineering Workers Federation.

FLN **Fronte di Liberazione Nazionale**, National Liberation Front.

FM *1* **forza motrice**, driving power. *2* (*fis.*) **Modulazione di Frequenza**, Frequency Modulation (FM).

FMI *1* **Federazione Motociclistica Italiana**, Italian Motorcycling Association. *2* **Fondo Monetario Internazionale**, International Monetary Fund (IMF).

FNSI **Federazione Nazionale della Stampa Italiana**, Italian Press Association.

f.o.b. (*comm.*) **franco a bordo**, free on board (f.o.b.).

fon. **fonetica**, phonetics (phon.).

fot., foto, fotogr. **fotografia**, photography (phot.).

FPI **Federazione Pugilistica Italiana**, Italian Boxing Association.

FPL **Fronte Popolare di Liberazione**, Popular Liberation Front.

fr. *1* **francese**, French (Fr.). *2* (*relig.*) **frà, frate**, friar, brother (Fr.).

FR **Frosinone**.

freq. *1* **frequenza**, frequency. *2* **frequente**, frequent. *3* **frequentemente**, frequently.

FRF **franco francese**, French franc.

FS **Ferrovie dello Stato Società di trasporti e servizi per azioni**, Transport and Services Limited Company, (Italian) State Railways.

FSE **Fondo Sociale Europeo**, European Social Fund.

f.t. **fuori testo**, plate.

f.to **firmato**, signed.

FU **Farmacopea Ufficiale**, Official Pharmacopoeia.

FUCI **Federazione Universitaria Cattolica Italiana**, Association of Italian Catholic University Students.

fut. (*gramm.*) **futuro**, future (fut.).

fut. ant. (*gramm.*) **futuro anteriore**, future perfect.

g **grammo**, gram (g).

g. **giorno**, day (d.).

GA **Giunta Amministrativa**, Municipal Council.

GAP **Gruppo d'Azione Partigiana**, Group of Italian Partisans (during World War II).

G.C. *1* **Gesù Cristo**, Jesus Christ (J.C.). *2* **Gran Croce** (*decorazione*), Grand Cross. *3* **Genio Civile**, Civil Engineers (CE).

G.D. **Granduca**, Grand Duke (GD); **Granducato**, Grand Duchy.

G.d.F. **Guardia di Finanza**, Revenue Guard Corps.

GE **Genova**, Genoa.

Ge (*chim.*) **germanio**, germanium (Ge).

GEI **Giovani Esploratori Italiani**, Italian Boy Scouts.

Gen. *1* **Generale**, General (Gen.). *2* (*Bibbia*) **Genesi**, Genesis (Gen.).

gen. (*gramm.*) **genitivo**, genitive (gen.).

Genn. **gennaio**, January (Jan.).

geod. **geodesia**, geodesy.

geofis. **geofisica**, geophysics.

geogr. **geografia**, geography.

geol. **geologia**, geology.

Geom. **geometra**, land surveyor.

geom. **geometria**, geometry.

ger. (*gramm.*) **gerundio**, gerund.

GG.FF. **Guardie Forestali**, Ranger Corps.

GI **Giudice Istruttore**, Examining Magistrate.

giorn. *1* **giornale**, newspaper. *2* **giornalista**, newspaperman. *3* **giornaliero**, daily.

giov. **giovedì**, Thursday (Thur.).

GIP **Giudice per le Indagini Preliminari**, Preliminary investigation Magistrate.

GIS **Gruppo d'Intervento Speciale** (*Carabinieri*), Special Task Force.

Giu. **giugno**, June (Jun.).

GM *1* **Genio Militare**, Corps of Engineers. *2* **Gran Maestro** (*titolo*). *3* **Guardia Medica**, First Aid Station.

GN *1* **Genio Navale**, Navy Engineers. *2* **Guardia Nazionale**, National Guard.

GNL **Gas Naturale Liquefatto**, Liquefied Natural Gas (L.N.G.).

GO **Gorizia**.

GOI **Grande Oriente d'Italia**, Italian Grand Lodge.

GP *1* **Giunta Provinciale**, District Council. *2* **Gran Premio**, Grand Prix.

GPL **Gas di petrolio liquefatto**, Liquefied Petroleum Gas (LPG).

GPM **Gestione Patrimonio Mobiliare**, Movable Property Management.

GR *1* **Giornale Radio**, Radio News. *2* **Grosseto**.

gram(m). *1* **grammatica**, grammar. *2* **grammaticale**, grammatical.

Gr. Cord. **Gran Cordone** (*titolo*), Grand Cordon.

Gr.Cr. **Gran Croce** (*titolo*), Grand Cross.

Gr. Uff. **Grande Ufficiale** (*titolo*).

GT **Giudice Tutelare**, Tutelary Judge.

GTI (*autom.*) **Gran Turismo Internazionale**, International Saloon Cars.

GU **Gazzetta Ufficiale**, Official Gazette.

H *1* **ospedale**, Hospital. *2* (*fis.*) **henry**, henry (H).

h **etto-** (*simbolo e prefisso*), hecto-.

h. *1* **altezza**, height (h.). *2* **ora**, hour (h).

ha **ettaro**, hectare (ha).

HF (*fis.*) **alta frequenza**, high frequency (HF).

hg **ettogrammo**, hectogramme (hg).

hl **ettolitro**, hectolitre (hl).

HP **cavallo vapore**, Horse Power (HP).

Hz. (*fis.*) **hertz**, hertz (Hz).

I *1* **Italia**, Italy. *2* (*chim.*) **iodio**, iodine (I).

IACP **Istituto Autonomo Case Popolari**, Autonomous Institute for Working Class Houses.

IAD **Istituto Accertamento Diffusione**, Institute for Checking Circulation.

ibid. (*lat.*: *ibidem*) **nello stesso luogo**, in the same place (ib., ibid.).

IC (*ferr.*) **Intercity** (train).

ICCRI **Istituto di Credito delle Casse di Risparmio Italiano**, Credit Institution of Italian Savings Banks.

ICE **Istituto per il Commercio Estero**, Institute for the Promotion of Foreign Trade.

ICI **Imposta Comunale sugli Immobili**, Local Housing Rates.

ICS **Istituto Centrale di Statistica**, Central Statistics Institute.

id. (*lat*: *idem*) **lo stesso**, the same (id.).

id. c.s. **idem come sopra**, ditto as above.

I.d.L. **Ispettorato del Lavoro**, Labour Inspectorate.

idr. *1* **idraulica**, hydraulics. *2* **idraulico**, hydraulic.

IDSC **Istituto Diocesano per il sostentamento del Clero**, Diocesan Clergy Support Institute.

IF **Intendenza di Finanza**, Revenue Office.

IFI **Istituto Finanziario Italiano**, Italian Financial Institute.

IGM **Istituto Geografico Militare**, Military

Survey Office.

ill. illustrazione, illustrato, illustration, illustrated.

Ill.mo (*titolo*) **illustrissimo**, Most Illustrious.

ILOR Imposta Locale sui Redditi, Local Tax on Earnings.

IM Imperia.

IMCTC Ispettorato generale della Motorizzazione Civile e dei Trasporti in concessione, General Control Authority for Civil Traffic and Concession Transport.

IMEO Istituto Italiano per il Medio ed Estremo Oriente, Italian Institute for the Middle and Far East.

IMI Istituto Mobiliare Italiano, Italian Institute for Financing Personal and Real Property.

imper., imperat. (*gramm.*) **imperativo**, imperative (imp., imper.).

imperf. (*gramm.*) **imperfetto**, imperfect (imp., imperf.).

impers. (*gramm.*) **impersonale**, impersonal.

impr. impresa, building contractors.

IMQ Istituto del Marchio di Qualità, Quality Standards Mark Institute.

INA Istituto Nazionale delle Assicurazioni, National Insurance Company.

INADEL Istituto Nazionale per l'Assistenza ai Dipendenti degli Enti Locali, National Board for the Welfare of Employees of Local Authorities.

INAIL Istituto Nazionale per l'Assicurazione contro gli Infortuni sul Lavoro, National Board for the Insurance against Accidents in Industrial Work.

INAM Istituto Nazionale Assicurazione Malattie, National Health Insurance Board.

INAS Istituto Nazionale Assistenza Sociale, National Social Welfare Board.

INCIS Istituto Nazionale Case per gli Impiegati dello Stato, National Institute for Providing Houses for Civil Servants.

ind. industria, industry.

INDA Istituto Nazionale Dramma Antico, Ancient Theatre Institute.

indef. (*gramm.*) **indefinito**, indefinite.

indic. (*gramm.*) **indicativo**, indicative (indic.).

INE Istituto Nazionale Esportazioni, National Institute for the Promotion of Export Trade.

inf. (*gramm.*) **infinito**, infinitive (inf., infin.).

INFN Istituto Nazionale di Fisica Nucleare, National Institute of Nuclear Physics.

in-fol. in folio, folio (fo., fol.).

ing. ingegnere, engineer (eng.).

ing. ingegneria, engineering (eng.).

ing. chim. *1* **ingegneria chimica**, chemical engineering. *2* **ingegnere chimico**, chemical engineer.

ing. civ. *1* **ingegneria civile**, civil engineering. *2* **ingegnere civile**, civil engineer.

ing. ind. *1* **ingegneria industriale**, industrial engineering. *2* **ingegnere industriale**, industrial engineer.

ingl. inglese, English (Eng.).

INPS Istituto Nazionale di Previdenza Sociale, National Institute of Social Insurance.

INSR Istituto Nazionale Studi Romani, National Roman Studies Institute.

INT Istituto Nazionale Trasporti, National Transportation Board.

inter. (*gramm.*) **interiezione**, interjection (int., interj.).

INTERFLORA Associazione Internazionale di Trasmissioni Floreali, Florists Telegraph Delivery Association.

interr. *1* (*gramm.*) **interrogativo**, interrogative. *2* **interrogatorio**, questioning.

intr., intrans. (*gramm.*) **intransitivo**, intransitive (intr., intrans.).

INVIM Imposta sull'Incremento di Valore degli Immobili, Tax on Increases in Real Estate Value.

IP Italiana Petroli S.p.A., Italian Petrol Ltd.

IPC Istituto Professionale per il Commercio, Professional School for Trade.

IPL Ispettorato Provinciale del Lavoro, District Labour Inspectorate.

IPZS Istituto Poligrafico e Zecca dello Stato, The State printing plant and Mint.

IR Treno interregionale, Interregional Train.

Ir (*chim.*) **iridio**, iridium (Ir).

IRCE Istituto per le Relazioni Culturali con l'Estero, Institute for Cultural Relations with Foreign Countries.

IRI Istituto per la Ricostruzione Industriale, Institute for Industrial Reconstruction.

IRPEF Imposta sul Reddito delle Persone Fisiche, Income Tax.

IRPEG Imposta sul Reddito delle Persone Giuridiche, Corporation Tax.

IS Isernia.

ISCO Istituto Nazionale per lo studio della Congiuntura, National Economic Trend Studies Institute.

ISEF Istituto Superiore di Educazione Fisica, Higher School of Physical Training.

ispett. *1* **ispettore**, inspector. *2* **ispettorato**, inspectorate.

ISPI Istituto per gli Studi di Politica Internazionale, Institute for the Studies of International Politics.

ISS Istituto Superiore di Sanità, Health Higher Institute.

ist. istituto, institute.

ISTAT Istituto Centrale di Statistica, Central Statistics Institute.

ISVEIMER Istituto per lo Sviluppo Economico dell'Italia Meridionale, Institute for the Development of the Economy of Southern Italy.

it. italiano, Italian (It.).

ITALSIDER Società Italiana Siderurgica, Italian Steel Company.

ITC Istituto Tecnico Commerciale, Business and Technical School.

ITIS Istituto Tecnico Commerciale Statale, State Technical and Commercial School.

IVA Imposta sul Valore Aggiunto, Value Added Tax (V.A.T.).

k kilo- (*simbolo e prefisso*), kilo-.

kc (*fis.*) **kilociclo**, kilocycle (kc).

kg kilogrammo, kilogramme (kg).

kgm kilogrammetro, kilogrammetre (kgm).

km *1* **kilometro**, kilometre (km). *2* **km^2 kilometro quadrato**, square kilometre. *3* **km^3 kilometro cubico**, cubic kilometre.

km/h kilometri all'ora, kilometres per hour (km.p.h.).

km/s kilometri al secondo, kilometres per second (km.p.s.).

KO (*sport*) **fuori combattimento** (*knock out*) (KO).

kWh (*fis.*) **kilowattora**, kilowatt-hour (kWh).

l litro, litre (*GB*), liter (*USA*) (l).

l. lunedì, Monday (M., Mon.).

LA Lega Araba, Arab League.

lab. laboratorio, laboratory (Lab.).

LAV Lega Anti Vivisezione, Anti-vivisection League.

lat. *1* **latino**, Latin (Lat.). *2* (*geogr.*) **latitudine**, latitude (lat.).

l.c. (*lat.: loco citato*) **luogo citato**, in the place cited (loc. cit.).

LC (*polit.*) **Lotta Continua**, Never Ending Struggle.

LE Lecce.

leg. *1* **legale**, legal. *2* (*mus.*) **legato**, bound.

legg. (*mus.*) **leggero**, soft, light.

lett. letterario, literary (lit.).

letter. letteratura, literature (lit.).

LF (*fis.*) **bassa frequenza**, low frequency (LF).

LI Livorno, Leghorn.

libr. *1* **libraio**, bookseller. *2* **libreria**, bookshop.

LIDU Lega Internazionale dei Diritti dell'Uomo, International League for the Rights of Man (ILRM).

LILA Lega Italiana Lotta all'AIDS, Italian League for the Fight against AIDS.

LIP Laboratorio Igiene e Profilassi, Prophylaxis and Hygiene Laboratory.

LIPU Lega Italiana Protezione Uccelli, Italian Bird Protection Society.

LIT Lira italiana, Italian lira.

LL.AA. Loro Altezze, Their Highnesses.

LL.EE. Loro Eccellenze, Their Excellencies.

LL.EEm. Loro Eminenze, Their Eminencies.

LL.MM. Loro Maestà, Their Majesties.

LL.PP. Lavori Pubblici, Public Works.

LN Luna nuova, novilunio, New Moon.

LN Lega Nazionale, National League.

LNI Lega Navale Italiana, Italian Naval Association.

LO Lodi.

LOC Lega Obiettori di Coscienza, Concientious Objectors League.

loc. cit. (*lat.: loco citato*) **luogo citato**, in the place cited (loc. cit.).

locuz. (*gramm.*) **locuzione**, phrase.

log (*mat.*) **logaritmo**, logarithm (log).

long. (*geogr.*) **longitudine**, longitude (long).

LP Luna piena, Full Moon.

LT Latina.

LU Lucca.

lu., lug. luglio, July (Jul.).

lun. lunedì, Monday (Mon.).

m *1* **metro**, metre (*GB*), meter (*USA*) (m). *2* **m^2 metro quadro**, square metre. *3* **m^3 metro cubo**, cubic metre. *4* **milli-** (*simbolo e prefisso*), milli-.

M. *1* **Monte**, Mount (Mt). *2* **Mare**, sea (s.).

M *1* **Treno metropolitano**, Metropolitan Train. *2* **Metropolitana**, Underground. *3* **morte, abbasso**, down with.

m. *1* (*gramm.*) **maschile**, masculine (m.) *2* **mese**, month (m.). *3* **morto**, dead (d.).

M°. (*mus.*) **Maestro**, Maestro.

Mª. maestra, mistress, school teacher.

MA (*elettr., radio*) **modulazione di ampiezza**, amplitude modulation (AM).

mag. maggio, May.

magg. (*mil.*) **maggiore**, major (maj.).

Mar. *1* (*mil., ufficiale*) **Maresciallo**, Marshal. *2* (*mil., sottufficiale*), **Maresciallo**, Warrant Officer.

mar. *1* **martedì**, Tuesday (Tues.). *2* **marzo**, March (Mar.). *3* **marina**, marine. *4* **marittimo**, maritime.

March. Marchese, Marquis (Marq.).

March.sa marchesa, Marchioness, Marquise.

Mar.llo *1* (*mil., sottufficiale*) **Maresciallo**, warrant officer. *2* (*ufficiale*) **Maresciallo**, marshal.

mar. merc. marina mercantile, merchant marine.

mar. mil. marina militare, Navy.

mart. martedì, Tuesday (Tues.).

MAS motoscafo antisommergibile, motor torpedo-boat (MTB); E-boat.

mat. matematica, mathematics (math.).

MAV Magistrato alle Acque di Venezia, Venetian Water Authority.

MC Macerata.

MCD (*mat.*) **massimo comun divisore**, highest common factor (h.c.f.).

mcd (*mat.*) **minimo comune denominatore**, lowest common denominator (l.c.d.).

MCL Movimento Cristiano dei Lavoratori, Christian Workers Movement.

mcm (*mat.*) **minimo comune multiplo**, lowest common multiple (l.c.m.).

MD Magistratura Democratica, Democratic Magistrature.

ME *1* **Medio Evo**, Middle Ages (MA). *2* **Membro Effettivo**, active member. *3* **Movimento Europeo** (*fr.: Mouvement Européen*), European Movement. *4* **Messina**.

MEC Mercato Europeo Comune, European Common Market (ECM).

mecc. *1* **meccanica**, mechanics. *2* **meccanico**, mechanical.

mecc. raz. meccanica razionale, theoretical mechanics, analytic mechanics.

med. **medicina**, medicine.
Mem. **memorandum**, memorandum, memo.
mens. **mensile**, monthly.
mer., merc. **mercoledì**, Wednesday (Wed.).
metall. *1* **metallo**, metal. *2* **metallurgia**, metallurgy. *3* **metallurgico**, metallurgic, metallurgical.
meteor. **meteorologia**, meteorology.
MF (*fis.*) **Media Frequenza**, Medium Frequency (MF).
MFD (*polit.*) **Movimento Federalista Democratico**, Democratic Federalist Movement.
MFE (*polit.*) **Movimento Federalista Europeo**, European Federalist Movement.
mg **milligrammo**, milligramme (mg).
mi. **miglio**, mile (mi.).
MI **Milano**, Milan.
MIBTEL **Milano Indice Borsa Telematico**, Milan Telematic Stock Exchange Index.
MIF **Mercato Italiano Futures**, Italian Futures Market.
mil. **militare**, military.
Min. *1* **Ministro**, Minister. *2* **Ministero**, Ministry.
min. *1* **minimo**, minimum. *2* **minuto**, minute (min.).
miner. **mineralogia**, mineralogy.
MITAM **Mercato Internazionale del Tessile e dell'Abbigliamento**, International Market of the Textile and Ready-To-Wear Industries.
mitt. **mittente** (*nelle buste*), sender; from.
ml **millilitro**, millilitre (ml).
MLD *1* **miliardo/i**, billion. *2* **Movimento Liberazione della Donna**, Women's Lib Movement (WLM).
MM *1* **Marina Militare** (*targa autom.*), Italian Navy. *2* **Metropolitana Milanese**, Milan Underground.
mm *1* **millimetro**, millimetre (mm). *2* **mm²** **millimetro quadrato**, square millimetre. *3* **mm³, millimetro cubico**, cubic millimetre.
M/N **motonave**, motorship.
MN **Mantova**, Mantua.
MO *1* **Modena**. *2* **Medio Oriente**, Middle East (ME).
mons. (*relig.*) **monsignore**, Monsignore (Mgr.).
MR *1* (*università*) **Magnifico Rettore**, Chancellor. *2* (*relig.*) **Molto Reverendo**, Right Reverend (RR).
ms., MS. **manoscritto**, manuscript.
MS *1* **Movimento Studentesco**, Student Movement. *2* **Massa-Carrara**.
M.sa **marchesa**, Marchioness (March.).
M.se **marchese**, Marquis (Marq.).
MSI (*polit.*) **Movimento Sociale Italiano**, Italian Social Movement.
MST **Malattia Sessualmente Trasmissibile**, Sexually Transmitted Disease (STD).
MT **Matera**.
mus. *1* **musica**, music. *2* **musicale**, musical (mus.).
MXP **aeroporto di Malpensa Milano** (*codice IATA*), Malpensa Airport, Milan (IATA code).
n. *1* **nato**, born (b.). *2* (*gramm.*) **neutro**, neuter. *3* **nome**, name; (*gramm.*) noun (n.). *4* (*comm.*) **nostro**, our; ours. *5* **numero**, number (No.).
N **Nord**, North (N).
NA **Napoli**, Naples.
NAS **Nucleo Anti-Sofisticazioni** (*carabinieri*), Office against the Adulteration of Foodstuffs.
naut. **nautico**, nautical (naut.).
nav. **navale**, naval (nav.).
naz. **nazionale**, national (nat.).
NB **nota bene**, note well (NB).
NCEU **Nuovo Catasto Edilizio Urbano**, New Urban Building Register.
NCT **Nuovo Catasto Territoriale**, New Land Register.
ND *1* (*titolo*) **Nobil Donna.** *2* (*relig.*) **Nostra Donna**, Our Lady.
N.d.A. **Nota dell'Autore**, Author's Note.
N.d.D. **Nota della Direzione** (*in un giornale o rivista*), Editor's Note.
N.d.E. **Nota dell'Editore**, Publisher's Note.
N.d.R. **Nota della Redazione**, Editor's Note.
N.d.T. **Nota del Traduttore**, Translator's Note.
NE **Nord-Est**, North-East (NE).
neg. *1* **negativo**, negative. *2* **negazione**, negation.
neol. **neologismo**, neologism.
NH (*lat.*: *Nobilis Homo*) (*titolo*) **Nobil Uomo**.
NN *1* (*lat.*: *nescio nomen*) **di padre ignoto**, father's name unknown. *2* (*lat.*: *nihil novi*) **niente di nuovo**, nothing new; no news.
NNE (*geogr.*) **Nord-Nord-Est**, North-North-East (NNE).
NNO (*geogr.*) **Nord-Nord-Ovest**, North-North-West (NNO).
NO *1* **Nord-Ovest**, North-West (NW). *2* **Novara**.
NOCS **Nucleo Operativo Centrale di Sicurezza** (*Polizia*), Central Security Task Force of the Police.
nom. (*gramm.*) **nominativo**, nominative (nom(in).).
Nov. **novembre**, November (Nov.).
ns. (*comm.*) **nostro**, our; ours.
NSGC **Nostro Signore Gesù Cristo**, Our Lord Jesus Christ.
NT **Nuovo Testamento**, New Testament (NT).
NU *1* **Nazioni Unite**, United Nations (UN). *2* **Nettezza Urbana**, City Sanitation Department.
num. *1* **numero**, number. *2* **numerale**, numeral.
O (*geogr.*) **Ovest**, West (W).
obb.mo **obbligatissimo** (*nelle lettere*), your obedient servant.
OC (*radio*) **Onde Corte**, Short Waves (SW).
OCD (*relig.*) **Ordine dei Carmelitani**, Order of the Carmelites (*pop.*: the white friars).
OCSE **Organizzazione di Cooperazione e di Sviluppo Economico**, Organization for Economic Co-operation and Development (*in Europe*) (OECD).
O.d.G. **Ordine del Giorno**, order of the day.
OECE **Organizzazione Europea per la Cooperazione Economica**, Organization for European Economic Co-operation (OEEC).
off. **officina**, workshop, shop.
off. mecc. **officina meccanica**, mechanical workshop.
OFM **Ordine dei Frati Minori**, Order of Friars Minor.
ogg. **oggetto**, object.
OIL **Organizzazione Internazionale del Lavoro**, International Labour Organization (ILO).
OL (*radio*) **Onde Lunghe**, Long Waves (LW).
OLP **Organizzazione per la Liberazione della Palestina**, Palestine Liberation Organization (PLO).
OM *1* **Officine Meccaniche** (lorry manufacturers). *2* (*radio*) **Onde Medie**, Medium Waves (MW).
OMM **Organizzazione Meteorologica Mondiale**, World Meteorological Organization (WMO).
OMR (*ordine cavalleresco*) **Ordine al Merito della Repubblica**, (*order of chivalry*) Order to the Merit of the Republic.
OMS **Organizzazione Mondiale della Sanità**, World Health Organization (WHO).
On. **onorevole**, Member of Parliament (MP).
ONB (*stor.*) **Opera Nazionale Balilla**, Fascist Youth Organization.
ONC (*stor.*) **Opera Nazionale Combattenti**, Ex-Soldiers' National Association.
ONMI *1* **Opera Nazionale per il Mezzogiorno d'Italia**, National Organization for the Improvement of Southern Italy. *2* (*stor.*) **Opera Nazionale Maternità e Infanzia**, National Institute for Mother and Child Welfare.
ONO (*geogr.*) **Ovest-Nord-Ovest**, West-North-West (WNW).
onom. **onomastico**, name-day.
ONPI **Opera Nazionale per i Pensionati d'Italia**, National Organization for Italian Pensioners.
ONU **Organizzazione delle Nazioni Unite**, United Nations Organization (UNO).
OO.PP. **Opere Pubbliche**, Public Works.
OO.SS. **Organizzazioni Sindacali**, Trades Union.
op. **opera**, work.
OPA (*borsa*) **Offerta Pubblica d'Acquisto**, Take Over Bid.
op. cit. (*lat.*: *opere citato*) **opera citata**, in the work cited (op. cit.).
OR **Oristano**.
or. *1* **orario**, hourly. *2* (*ferr.*) **orario**, time-table.
orch. **orchestra**, orchestra.
OSO (*geogr.*) **Ovest-Sud-Ovest**, West-South-West (WSW).
Ott. **ottobre**, October (Oct.).
ott. *1* (*mus.*) **ottava**, octave. *2* **ottica**, optics.
OVNI **Oggetto Volante Non Identificato**, Unidentified Flying Object (UFO).
OVRA (*stor.*) **Opera di Vigilanza per la Repressione dell'Antifascismo**, Fascist Secret Police.
P *1* (*autom.*) **Posteggio**, Parking (P). *2* (*ferr.*) **Pendolino** Special Fast Train «Pendolino». *3* **Privatista** (su auto di chi impara a guidare), Beginner Driver.
P. *1* (*relig.*) **Padre**, Father (Fr.). *2* **Papa**, **Pontefice**, Pope. *3* (*geogr.*) **Punta**, Point.
Pa (*fis.*) **Pascal**, Pascal (Pa).
PA *1* **Patto Atlantico**, North Atlantic Treaty Organization (NATO). *2* **Posta Aerea**, Air Mail (AM). *3* **Pubblica Accusa**, Public Prosecutor. *4* **Pubblica Amministrazione**, Public Administration. *5* **Pubblico Accusatore**, Public Prosecutor.
PA **Palermo**.
p.a. *1* (*nei biglietti di visita*) **per auguri**, with best greetings. *2* (*fis.*) **peso atomico**, atomic weight.
PAC **Politica Agricola Comunitaria**, Common Agricultural Policy (CAP).
pag. **pagina**, page (p.).
pagg. **pagine**, pages.
PAN (*aeron.*) **Pattuglia Acrobatica Nazionale**, Italian Aerobatics Team.
par. **paragrafo**, paragraph (par.).
parr. *1* **parrocchia**, parish (church). *2* **parroco**, parish priest; vicar.
part. (*gramm.*) **participio**, participle (part.).
partic. (*gramm.*) **particella**, particle.
pass. *1* (*gramm.*) **passato**, past (p.). *2* (*nelle citazioni*; *lat.*: *passim*) **in diversi luoghi**, passim. *3* (*gramm.*) **passivo**, passive (pass.). *4* **passaporto**, passport.
patol. **patologia**, pathology.
PC *1* (*leg.*) **Parte Civile**, plaintiff. *2* **Piacenza**.
p.c. (*nei biglietti di visita*) *1* **per congedo**, for leave-taking visit. *2* **per congratulazioni**, offering congratulations. *3* **per condoglianze**, offering sympathy.
PCA **Pontificia Commissione di Assistenza**, Papal Welfare Organization.
p.c.c. **per copia conforme**, carbon copy (*o* copies).
PCI (*stor.*) **Partito Comunista Italiano**, Italian Communist Party.
PD **Padova**, Padua.
P.d.A. (*stor.*) **Partito d'Azione**, Action Party.
PDI (*stor.*) **Partito Democratico Italiano**, Italian Democratic Party.
PDIUM (*stor.*) **Partito Democratico Italiano di Unità Monarchica**, Italian Democrat Party of United Royalists.
PDS (*polit.*) **Partito Democratico della Sinistra**, Left Wing Democratic Party.
PdUP (*stor.*) **Partito di Unità Proletaria**,

Party for the Union of Proletarians.

p.e. per esempio, for example (e. g.).

PE *1* **Parlamento Europeo**, European Parliament. *2* **Pescara**.

ped. (*mus.*) **pedale**, pedal (to prolong or mute the sound).

PEN Piano Energetico Nazionale, National Energy Program.

per. *1* **perito**, expert. *2* **periodo**, period.

per. agrim. perito agrimensore, surveyor.

per. art. perito artistico, art expert.

per. call. perito calligrafo, handwriting expert.

per. chim. perito chimico, non-graduate chemist.

per. comm. perito commerciale, commercial expert.

per. elettron. perito elettronico, non-graduate electronics expert.

per. ind. perito industriale, non-graduate engineer.

per. mecc. perito meccanico, non-graduate mechanical engineer.

per. nav. perito navale, ship surveyor.

pers. *1* **persona**, person. *2* **personale**, personal.

per. tecn. comm. perito tecnico-commerciale, estimator.

p. es. per esempio, for example (e. g.).

p. est. per estensione, by extension.

p.f. per favore, please.

PG *1* **Procuratore Generale**, Attorney-General (Att.-Gen.). *2* **Procura Generale**, Attorney-General's Office. *3* (*relig.*) **Padre Generale**, Father General. *4* **Perugia**.

PGR (*relig.*) **per grazia ricevuta**, thanks for grace received.

PI *1* **Pubblica Istruzione**, Public Education. *2* **Pubblico Impiego**, Civil Service. *3* **Pisa**. *4* **Partita IVA**, Value Added Tax Code (VAT Code).

PIL Prodotto Interno Lordo, Gross Domestic Product (GDP).

PIN *1* (*econ.*) **Prodotto Interno Netto**, Net Domestic Product (NDP). *2* **Preminente Interesse Nazionale**, Special National Interest.

P.I. post servizio di Postacelere Interna, First Class Post.

pl. *1* **piazzale**, square (Sq.). *2* (*gramm.*) **plurale**, plural (pl.).

P/L (*ferr.*) **Passaggio a Livello**, level crossing (l.c.).

PLI (*polit.*) **Partito Liberale Italiano**, Italian Liberal Party.

PM *1* **Polizia Militare**, Military Police (MP). *2* (*leg.*) **Pubblico Ministero**, Public Prosecutor.

p.m. pomeridiano, after noon (p.m.).

PMI Piccola e Media Industria, Small and Medium Industry.

PMP (*stor.*) **Partito Monarchico Popolare**, Popular Monarchist Party.

PN Pordenone.

PNF (*stor.*) **Partito Nazionale Fascista**, National Fascist Party.

PNL Prodotto Nazionale Lordo, Gross National Product (GNP).

PNM (*stor.*) **Partito Nazionale Monarchico**, National Monarchist Party.

PNN Prodotto Nazionale Netto, Net National Product (NNP).

PO *1* **Posta Ordinaria**, first class mail. *2* (*stor.*) **Potere Operaio**, Workers Power.

POA Pontificia Opera di Assistenza, Papal Welfare Organization.

poet. poetico, poetic(al) (poet.).

Pol. Polizia, police.

POLFER Polizia Ferroviaria, Railway Police.

polit. *1* **politica**, politics. *2* **politico**, political.

POLSTRADA Polizia Stradale, Highway Police.

pom. pomeridiano, after noon (p. m.).

pont. pontificio, papal.

pop. *1* **popolazione**, population. *2* **popolare**, popular.

Postel Servizio di Posta Elettronica, Electronic Mail Service.

PP. (*relig.*) **Padri**, Fathers.

PP *1* **posa piano** (*sui pacchi*), handle with care. *2* (*comm.*) **porto pagato**, carriage paid. *3* **Profitti e perdite**, Profit and Loss (P/L).

p.p. *1* **pacco postale**, parcel post (p.p.). *2* **per procura**, by proxy (per pro(c).).

PPI (*polit.*) **Partito Popolare Italiano**, Italian Popular Party.

PP.OO.MM. Pontificie Opere Missionarie, Papal Mission Welfare Organization.

PPP (*mus.*) **più che piano**, extremely soft.

PP.TT. Poste e Telecomunicazioni, Post, Telephone and Telegraph Services.

PPT Presidio Psichiatrico Territoriale, Territorial Psychiatric Clinic.

PQ Primo quarto (di Luna), First Quarter (of the Moon).

Pr (*chim.*) **praseodimio**, praseodymium (Pr).

p.r. per ringraziamento, with thanks.

PR *1* (*polit.*) **Partito Radicale**, Radical Party. *2* **Piano Regolatore**, town-planning regulations. *3* **Parma**. *4* **Pubbliche Relazioni**, Public Relations (PR).

PRA Pubblico Registro Automobilistico, Office where Motor Vehicles are Registered.

pred. (*gramm.*) **predicato**, predicate (pred.).

pref. (*gramm.*) **prefisso**, prefix.

prefaz. prefazione, foreword.

prep. (*gramm.*) **preposizione**, preposition (prep.).

pres. presente, present (pres.).

Pres. *1* (*polit.*) **Presidente**, President (Pres.). *2* (*polit.*) **Presidenza**, Presidency (Pres.).

PRI (*polit.*) **Partito Repubblicano Italiano**, Italian Republican Party.

Proc. Gen. (*leg.*) **Procuratore Generale**, Attorney General (Att.-Gen.).

Prof. professore, professor.

Prof.ssa professoressa, lady-teacher, lady-professor.

pron. (*gramm.*) **pronome**, pronoun (pron.).

prop. (*gramm.*) **proposizione**, sentence.

prov. *1* **provincia**, province, district. *2* **provinciale**, provincial. *3* **proverbio**, proverb (prov.).

provv. *1* **provvisorio**, provisional. *2* **provveditore**, (school) superintendent. *3* **provveditorato**, (school) superintendent's office.

PS *1* (*lat.: post scriptum*) **poscritto**, postscript (PS). *2* **Pubblica Sicurezza**, Police. *3* **Pesaro**.

PSDI (*polit.*) **Partito Socialista Democratico Italiano**, Italian Socialist Democratic Party.

PSI (*polit.*) **Partito Socialista Italiano**, Italian Socialist Party.

psic. psicologia, psychology.

PSIUP (*polit.*) **Partito Socialista Italiano di Unità Proletaria**, Italian Socialist Party for the Union of All Workers.

PSU (*stor.*) **Partito Socialista Unificato**, United Socialist Party.

PT *1* **Poste e Telecomunicazioni**, Post and Telecommunications Service. *2* **Polizia del Traffico**, Traffic Squad (of the Police). *3* **Pistoia**. *4* **Polizia tributaria**, Tax Inspectors Office.

PTP Posto Telefonico Pubblico, local telephone office.

PTT Poste, Telegrafi e Telefoni, Post, Telegraph, and Telephone Service.

pubbl. pubblicità, advertising.

PV *1* (*ferr.*) **Piccola Velocità**, ordinary goods service. *2* **Pavia**.

p. v. (mese) prossimo venturo, next month (prox.).

PZ Potenza.

P.za piazza, square (sq.).

q quintale, quintal (q).

q. *1* **quadrato**, square (sq.). *2* **quota**, quota. *3* **qualcuno**, somebody.

q.b. quanto basta, as much as will suffice (q.s., *lat. quantum sufficit*).

q.c. qualche cosa, qualcosa, something.

q.e.d. (*lat.: quod erat demonstrandum*) **come dovevasi dimostrare**, which was to be demonstrated (q.e.d.).

QG (*mil.*) **Quartier Generale**, Headquarters (HQ).

QI Quoziente d'intelligenza, Intelligence Quotient (IQ).

quot. (*comm.*) **quotazione**, quotation (quot.).

q.v. qualche volta, sometimes.

R. *1* (*comm.*) **ricevuta**, receipt. *2* (*nelle lettere e nei pacchi*) **Raccomandata**, Registered. *3* (*relig.*) **Reverendo**, Reverend. *4* (*nel gioco degli scacchi*) **Re**, King.

R *1* **Treno regionale**, Regional Train. *2* (*ferr.*) **Prenotazione**, Reservation.

r (*mat.*) **raggio**, radius (R).

r. (*bibl.*) **recto**, recto.

RA *1* **Registro Aeronautico**, Air Registry. *2* **Regia Accademia**, Royal Academy (RA). *3* **Ravenna**. *4* (*econ.*) **Ritenuta d'Acconto**, Withholding Tax (WT).

racc. raccomandata, registered letter.

rag. ragioneria, accountancy.

Rag. ragioniere, accountant.

RAI Radio Audizioni Italiane (*oggi* RAI-TV), Italian Broadcasting Corporation.

RAI - TV Radiotelevisione Italiana, Italian Radio and Television Corporation.

RAS *1* **Riunione Adriatica di Sicurtà**, United Adriatic Insurance Companies. *2* **Rappresentanza Aziendale Sindacale**, Trade Union Company Representatives.

RAU Repubblica Araba Unita, United Arab Republic (UAR).

RAV (*posta*) **Rimessa Assegni e Vaglia**, Draft and Money Order Remittance.

RC *1* **Reggio Calabria**. *2* (*leg.*) **Responsabilità Civile**, Tort Liability. *3* (*polit.*) **(Partito della) Rifondazione Comunista**, Communist Refoundation Party.

Rc (*mat.*) **radice cubica**, cubic root.

RDT (*stor.*) **Repubblica Democratica Tedesca**, German Democratic Republic.

RE Reggio Emilia.

rec. reciproco, reciprocal.

ref. *1* **referenza**, reference. *2* **referto**, report.

reg. *1* **regione**, region. *2* **regionale**, regional. *3* **regolare**, regular (reg.).

regg. *1* **reggente**, regent. *2* (*mil.*) **reggimento**, regiment.

rel. (*gramm.*) **relativo**, relative (rel.).

relig. *1* **religione**, religion (rel.). *2* **religioso**, religious (rel.).

rep. reparto, department.

Rep. Repubblica, Republic (Rep.).

Rev. (*relig.*) **Reverendo**, Reverend (Rev.).

Rev.mo (*relig.*) **Reverendissimo**, Right Reverend (Rt. Rev.).

RFT Repubblica Federale Tedesca, German Federal Republic.

RG Ragusa.

Rh (*biol., fisiol.*) **fattore Rh**, Rh factor (Rh).

RI *1* **Repubblica Italiana**, Italian Republic. *2* **Rieti**.

ric. (*comm.*) **ricevuta**, receipt (rec.).

rif. riferimento, reference (ref.).

rifl. (*gramm.*) **riflessivo**, reflexive (refl.).

RINA Registro Italiano Navale e Aeronautico, Italian Air and Shipping Registry.

ripr.viet. riproduzione vietata, copyrighted, reproduction forbidden.

RM *1* (*mil. stor.*) **Regia Marina**, Royal Navy (RN). *2* **Ricchezza Mobile**, income (for tax purposes). *3* **Roma**, Rome.

RN *1* (*mil.*) **Riserva Navale**, Navy Reserve. *2* **Rimini**.

RO Rovigo.

ROS Raggruppamento Operativo Speciale (*Carabinieri*), Special Task Force of the Carabinieri.

RP Reverendo Padre, Reverend Father.

Rq. (*mat.*) **radice quadrata**, square root.

RSI (*stor.*) **Repubblica Sociale Italiana**, Italian Social Republic.

RSM Repubblica di San Marino (*targa autom.*), Republic of San Marino.
RSU 1 Rappresentanze Sindacali Unitarie, Trade Union Representatives Organisation. **2 Rifiuti Solidi Urbani**, Solid Urban Refuse.
RSVP si prega di rispondere (*franc., répondez s'il vous plaît*), please reply (RSVP).
RT radiotelegrafia, wireless telegraphy (WT).
RTI Reti Televisive Italiane, Italian Television Networks.
S Sud, (*geogr.*) South (S).
S. San, Santo, Saint (St.).
s secondo (*sost.*), second (s, sec.).
s. 1 sabato, Saturday (Sa., Sat.). **2** (*gramm.*) **sostantivo**, noun (n.).
SA 1 Sua Altezza, His (*o* Her) Highness (HH). **2 Società Anonima**, Joint-stock Company.
SA Salerno.
S.a Signora, Signorina, Mrs or Miss (Ms).
s.a. (*bibl.*) **sine anno**, no year.
sab. sabato, Saturday (Sat.).
S. Acc. (*comm.*) **Società in Accomandita**, Limited Partnership (Ltd.).
S.acc.p.a. (*comm.*) **Società in accomandita per azioni**, partnership limited by shares.
SAI 1 Società Aeronautica Italiana, Italian Aircraft Company. **2 Società Assicuratrice Italiana**, Italian Insurance Company.
SAP 1 (*stor.*) **Squadre d'Azione Patriottica**, Patriotic Action Squads. **2 Sindacato Autonomo di Polizia**, Independent Police Union.
SAR Sua Altezza Reale, His (*o* Her) Royal Highness (HRH).
S.a.s. (*comm.*) **Società in accomandita semplice**, limited partnership.
SBE Silvio Berlusconi Editore, Silvio Berlusconi Publisher.
s.b.f. (*comm.*) **salvo buon fine**, under usual reserve.
SC 1 Sede Centrale, Head Office (HO). **2** (*leg.*) **Suprema Corte**, Supreme Court (SC). **3 Sacro Cuore**, Sacred Heart. **4 Sacro Collegio**, Sacred College. **5 Stato Civile**, Civil Status.
Sc (*chim.*) **scandio**, scandium (Sc).
scherz. 1 (*mus.*) **scherzando**, scherzando (joking, in a joking mood). **2 scherzoso**, joking.
scient. scientifico, scientific.
SCT Soggiorno, Cura e Turismo, Resort, Spa and Tourism.
SCV Stato della Città del Vaticano (*targa autom.*), Vatican City.
s.d. (*bibl.*) **senza data**, no date (n. d.).
s.d.l. (*bibl.*) **senza data o luogo**, no place or date (n. p. or d.).
SDN (*stor.*) **Società delle Nazioni**, League of Nations (L/N).
SE 1 Sua Eccellenza, His Excellency (HE); (*di un vescovo*) His Lordship. **2 Sud-Est**, South-East (SE).
SEAT Società Elenchi Ufficiali degli Abbonati al Telefono, Telephone Directory Publishing Company.
sec 1 (*mat.*) **secante**, secant (sec). **2 secondo** (*sost.*), second.
sec. secolo, century (cent.).
seg. seguente, following (fol.).
segg. 1 seguenti (*pl.*), following. **2 seggiovia**, chair lift.
segr. segretario, secretary.
Segr.to Segretariato, Secretariat(e).
S.Em. Sua Eminenza, His Eminence (HE).
sen (*mat.*) **seno**, sine (sin.).
Sen. senatore, senator (Sen.).
S.E.&O. (*comm.*) **salvo errori e omissioni**, errors and omissions excepted (E. & O. E.).
serg. (*mil.*) **sergente**, sergeant (sergt.).
serg. magg. (*mil.*) **sergente maggiore**, sergeant major.
SERT Servizio Tossicodipendenze, Drug Addict Center.
sett. settembre, September (Sept.).
Sez. Sezione, Section (sec.).
S.G. Sua Grazia, His (*o* Her) Grace (HG).
s.g. secondo grandezza, according to size.
SGC Strada di Grande Comunicazione, Major Communication Road.
SI 1 Siena. 2 Sistema Internazionale (di unità di misura), International System (of unit) (SI).
SIAE Società Italiana Autori ed Editori, Italian Authors' and Publishers' Association.
SID (*mil.*) **Servizio Informazioni della Difesa**, military counter-espionage organization (once, SIFAR).
SIFAR (*stor.*) **Servizio Informazioni Forze Armate**, Military Information Service.
Sig. Signor, Mister (Mr).
Sig.a, Sig.ra Signora, Mistress (Mrs).
Sigg. Signori, Messieurs (Messrs).
Sig.na Signorina, Miss.
SIM (*mil.*) **Servizio Informazioni Militari**, Army Intelligence Service.
sim. 1 simile, similar, alike (sim.). **2 similmente**, similarly (sim.).
sin. sinistra, left (l).
sing. (*gramm.*) **singolare**, singular (sing.).
SIP (*un tempo*, **Società Idroelettrica Piemonte**) **Società Italiana per l'esercizio telefonico** (oggi **Telecom Italia S.p.A.**), Italian Telecommunications.
SIPRA Società Italiana Pubblicità per Azioni, Italian Advertising Ltd.
SIREMAR Sicilia Regionale Marittima, Regional Maritime Company of Sicily.
SIS Servizio Informazioni Sicurezza, Intelligence Security Service.
SISAL Sport Italia Società A responsabilità Limitata, Italian Company of Lotteries.
SISDE Servizio per l'Informazione e la Sicurezza Democratica, Democratic Security Intelligence Service.
SISMI Servizio per l'Informazione e la Sicurezza Militari, Military Security Intelligence Service.
SIULP Sindacato Unitario dei Lavoratori di Polizia, Police Workers Union.
s.l.m. (*geogr.*) **sul livello del mare**, above sea level (asl).
SM 1 (*mil.*) **Stato Maggiore**, General Staff (GS). **2 Sua Maestà**, His (*o* Her) Majesty (HM).
SMD Sistema Metrico Decimale, Metre, Kilogram, Second System.
SME 1 Sistema Monetario Europeo, European Monetary System (EMS). **2 Stato Maggiore Esercito**, Army General Staff.
SMG (*mil.*) **Stato Maggior Generale**, General Staff (GS).
SMI Sua Maestà Imperiale, His (*o* Her) Imperial Majesty (HIM).
SMOM Sovrano Militare Ordine di Malta, Sovereign Military Order of Malta.
sn. sinistra, left.
S.n.c. (*comm.*) **Società in nome collettivo**, general partnership.
SNDA Società Nazionale Dante Alighieri, Dante Alighieri National Cultural Association.
SO Sud-Ovest, South-West (SW).
Soc. (*comm.*) **Società**, Partnership, Company.
sogg. (*gramm.*) **soggetto**, subject.
SORIMA Società Ricuperi Marittimi, Sea Salvage Company.
SOS (*segnale internazionale radiotelegrafico di pericolo*) **«salvate le nostre anime»**, «save our souls» (SOS).
sost. (*gramm.*) **sostantivo**, noun (n.).
SP 1 (*relig.*) **Santo Padre**, His Holiness (HH). **2 Strada Provinciale**, provincial road.
SP La Spezia.
S.p.A. (*comm.*) **Società per Azioni**, Joint-Stock Company.
SPE (*mil.*) **Servizio Permanente Effettivo**, Regular Army.
spec. specialmente, especially (esp.).
Spett., Spett.le (*comm., all'inizio di una lettera*) **Spettabile**, Dear Sir(s).
SPI Società per la Pubblicità in Italia, Company for Advertising in Italy.
SPM (*nelle lettere a mano*) **Sue Proprie Mani**, to be delivered in his (*o* her) own hands.
S.P.Q.R. (*motto di Roma*) **il Senato e il Popolo Romano** (*lat.: Senatus Populusque Romanus*), the Senate and People of Rome.
spreg. spregiativo, derogatory, disparaging.
S.Q. Secondo Quantità (*sul menù*), (price) according to the quantity consumed.
SR Siracusa, Syracuse.
SR (*relig.*) **Sacra Rota**, the Sacred Rota.
SRC. Santa Romana Chiesa, Holy Roman Church.
SRF Servizio Repressione Frodi (alimentari), Department against Alimentary Frauds.
SRI (*stor.*) **Sacro Romano Impero**, Holy Roman Empire (SRI).
S.r.l. (*comm.*) **Società a responsabilità limitata**, Limited Partnership (Ltd).
SS 1 Santa Sede, Holy See. **2 Sua Santità**, His Holiness (HH). **3 Strada Statale**, Main Road. **4** (*relig.*) **Santi**, Saints (SS.). **5** (*relig.*) **Santissimo**, Most Holy (SS.).
s/s piroscafo, steamship.
SSE (*geogr.*) **Sud-Sud-Est**, South-South-East (SSE).
SSN Servizio Sanitario Nazionale, National Health Service (NHS).
SSO (*geogr.*) **Sud-Sud-Ovest**, South-South-West (SSW).
SS.PP. (*relig.*) **Santi Padri**, Holy Fathers.
stat. 1 statistica, statistics. **2 statistico**, statistical. **3 statale**, state.
S.Ten. (*mil.*) **Sottotenente**, Sub-Lieutenant.
STET Società Finanziaria Telefonica, Telephone Financial Corporation.
str. strada, street, road.
SU Stati Uniti, United States (US).
SUA Stati Uniti d'America, United States of America (USA).
succ. 1 successori, successors. **2 succursale**, branch.
suff. (*gramm.*) **suffisso**, suffix (suff.).
sup. superiore, superior (sup.).
superf. 1 superficie, area, surface. **2 superficiale**, superficial.
superl. (*gramm.*) **superlativo**, superlative (superl.).
SV Signoria Vostra, Your Lordship.
SV Savona.
s.v. (*mus.*) **sotto voce**, sotto voce (in an undertone, with subdued sound).
SVI Servizio Italiano Valanghe, Italian Avalance Service.
T (*fis.*) **Tesla**, Tesla (T).
T. (*mus.*) **tutti**, all.
t tonnellata, ton (t).
t. (*bibl.*) **tomo**, tome.
TA Taranto.
T1 traforo del Monte Bianco, Mont Blanc Tunnel.
T2 traforo del Gran San Bernardo, Gran San Bernardo Tunnel.
T3 traforo del Fréjus, Fréjus Tunnel.
tab. tabella, table.
TAC (*med.*) **Tomografia Assiale Computerizzata**, Computerized Axial Tomography (CAT).
TAR Tribunale Amministrativo Regionale, Regional Administrative Court of Law.
TAS Tribunale Arbitrale dello Sport, Arbitral Sports Tribunal.
TASCO Tassa Comunale, Council Tax.
tav. tavola, table.
TAV Treno Alta Velocità, High Speed Train.
T/B (*comm.*) **tratte su banche**, drafts drawn on banks.
tbc, TBC tubercolosi, tuberculosis (T.B.).
TCI Touring Club Italiano, Italian Touring Club.
T.C., T.Col. (*mil.*) **Tenente Colonnello**, Lieutenant Colonel.
TE 1 (*ferr.*) **trazione elettrica**, electrical traction. **2 Teramo.**

teatr. **teatrale**, theatrical.

tecn. *1* **tecnica**, technique. *2* **tecnico**, technical. *3* **tecnologia**, technology.

tecnol. *1* **tecnologia**, technology. *2* **tecnologico**, technological.

ted. **tedesco**, German (Ger.).

tel. *1* **telefono**, telephone (tel.). *2* **telefonia**, telephony.

TELECOM ITALIA SpA **Società Italiana di Telecomunicazioni**, Italian Telecommunication Ltd.

telegr. *1* **telegrafo**, telegraph. *2* **telegrafia**, telegraphy. *3* **telegramma**, telegram.

telev. *1* **televisione**, television. *2* **televisore**, televisor.

Ten. (*mil.*) **Tenente**, Lieutenant (Lieut.).

Ten. Col. (*mil.*) **Tenente Colonnello**, Lieutenant Colonel.

Ten. Gen. (*mil.*) **Tenente Generale**, Lieutenant General.

Ten. Vasc. (*mil.*) **Tenente di Vascello**, Lieutenant (in the navy).

teol. *1* **teologia**, theology. *2* **teologo**, theologian.

terr. *1* **terreno**, land, ground, plot. *2* **territorio**, territory. *3* **territoriale**, territorial. *4* (*mil.*) **territoriale**, home army soldier.

tess. *1* **tessili**, textiles. *2* **tessuti**, fabrics. *3* **tessera**, membership card.

TFR **Trattamento Fine Rapporto**.

tg (*mat.*) **tangente**, tangent (tan.).

TG **TeleGiornale**, Television News.

TGR **Tele Giornale Regionale**, Local Television News.

TGS **Tele Giornale testata Sportiva**, Television Sports News.

TI (*autom.*) **Turismo Internazionale**.

tip. *1* **tipografia**, printing house. *2* **tipografo**, printer.

TMC **Tele Monte Carlo** (*emittente TV*).

TN **Trento**.

TNT (*chim.*) **trinitrotoluene**, trinitrotoluene, trinitrotoluol (TNT).

TO **Torino**.

top. *1* **topografia**, topography. *2* **topografo**, topographer.

TOREMAR **Toscana Regionale Marittima**, Regional Maritime Company of Tuscany.

tosc. **toscano**, Tuscan.

TOTIP **Totalizzatore Ippico**, Horse-race Pools.

TOTOCALCIO **Totalizzatore del (Gioco del) Calcio**, Football Pools.

TP **Trapani**.

TPA **Tutela Patrimonio Artistico**, Artistic Heritage Protection.

tr. (*comm.*) **tratta**, draft (dft.).

TR **Terni**.

trad. *1* **traduttore**, translator (tr.). *2* **traduzione**, translation (tr.).

trans. *1* (*naut.*) **transatlantico**, ocean-going liner. *2* (*gramm.*) **transitivo**, transitive (trans.). *3* (*ferr.*) **transito**, transit.

trib. (*leg.*) **tribunale**, tribunal, law court.

trim. *1* **trimestre**, term. *2* **trimestrale**, quarterly.

TS *1* **Tribunale Supremo**, Supreme Court. *2* **Tribunale Speciale**, Extraordinary Court. *3* **Trieste**.

TSF *1* **telegrafo senza fili**, wireless. *2* **telefono senza fili**, cordless phone.

TU (*leg.*) **Testo Unico**, Unified Code.

TUS **Tasso Ufficiale di Sconto**, Official discount Rate.

TUT (*tel.*) **Tariffa Urbana a Tempo**, Local Call Rate.

TV *1* **Televisione**, Television. *2* **Treviso**.

UC **Ufficiale di Complemento**, Reserve Officer.

UCMEA **Ufficio Centrale di Meteorologia e di Ecologia Agraria**, National Board of Meteorology and Agrarian Ecology.

UD **Udine**.

UDC (*polit.*) **Unione Di Centro**, Center Union.

UDI **Unione Donne Italiane**, Association of Italian Women.

UE **Unione Europea**, European Union.

UEO **Unione dell'Europa Occidentale**, Western European Union (WEU).

UEP **Unione Europea dei Pagamenti**, European Payments Union.

UER **Unione Europea di Radiodiffusione**, European Broadcasting Union (EBU).

uff. *1* **ufficiale**, official. *2* (*mil.*) **ufficiale**, officer. *3* **ufficio**, office, bureau.

UIC *1* **Unione Italiana Ciechi**, Italian Union of the Blind. *2* **Ufficio Italiano Cambi**, Italian Exchange Bureau.

UICC **Unione Internazionale Contro il Cancro**, International Association Against Cancer.

UIL **Unione Italiana del Lavoro**, Italian Federation of Trade Unions.

UITS **Unione Italiana Tiro a Segno**, Italian Rifle Association.

UM **Unione Militare**, Military Union.

UMC **Ufficio Metrico Centrale**, Weights and Measures Office.

UMI *1* (*stor.*) **Unione Monarchica Italiana**, Italian Royalist Union. *2* **Unione Magistrati Italiani**, Italian Magistrates Union.

UNAT **Unione Nazionale Artisti Teatrali**, National Theatre Artists Association.

UNI *1* **Unione Naturisti Italiana**, Italian Naturist Association. *2* **Ente Nazionale Italiano di Unificazione**, Italian National Association for Standardization.

UNICE **Unione delle Industrie della Comunità Europea**, European Community Industrial Union.

UNLA **Unione Nazionale per la Lotta contro l'Analfabetismo**, National Association for the Fight against Illiteracy.

UNUCI **Unione Nazionale Ufficiali in congedo d'Italia**, National Association of Italian Reserve Officers.

UPA *1* **Unione Panamericana**, Pan-American Union. *2* **Utenti Pubblicità Associati**, Advertising Users Associated.

UPIM **Unico Prezzo Italiano di Milano** (*a lower price department store chain*).

UPLMO **Ufficio Provinciale del Lavoro e della Massima Occupazione** (*detto Ufficio di Collocamento*), Provincial Employment Office.

UPT **Ufficio Provinciale del Tesoro**, District Treasury Office.

UPU **Unione Postale Universale**, Universal Postal Union (UPU).

UQ **Ultimo Quarto (di Luna)**, Last Quarter (of the Moon).

URSS (*stor.*) **Unione delle Repubbliche Socialiste Sovietiche**, Union of Soviet Socialist Republics (USSR).

US *1* **Ufficio Stampa**, Press Agency. *2* **Uscita di Sicurezza**, Emergency Exit.

u.s. **ultimo scorso**, last month (ult.).

USL **Unità Sanitaria Locale**, Local Health Authority.

USVI **Unione delle Società Veliche d'Italia**, Association of Italian Sailing Clubs.

UTET **Unione Tipografico-Editice Torinese** (a Publishing House with main offices in Turin).

UTIF **Ufficio Tecnico delle Imposte di Fabbricazione**, Manufacturers Tax Office.

UV **Unione Valdostana** (*franc.*: *Union Valdôtaine*), Aosta Valley Union (Political Party in the Aosta Region).

UVI **Unione Velocipedistica Italiana**, Italian Cycling Association.

UV, Uv (*fis.*) **ultravioletto**, ultraviolet (U.V.).

V. **Via**, Street (St.).

v. *1* **vedi**, see. *2* **venerdì**, Friday (Fr.). *3* (*gramm.*) **verbo**, verb (v.). *4* (*poesia*) **verso**, verse, line. *5* (*bibl.*) **verso**, verso.

VA **Varese**.

val. (*comm.*) **valuta**, currency (cur., cy.).

var. *1* **varietà**, variety. *2* **variabile**, variable. *3* **variante**, variant.

Vat. **Vaticano**, Vatican (Vat.).

vb. (*gramm.*) **verbo**, verb (vb.).

VB **Verbano, Cusio, Ossola**.

VC *1* **Vice Console**, Vice-Consul (V.C.). *2* **Vice Cancelliere**, Vice-Chancellor. *3* **Valor Civile**, Civic Valour. *4* **Vercelli**.

VE *1* **Vostra Eccellenza**, Your Excellency; (*a un vescovo*) Your Lordship. *2* **Venezia**.

V.Ecc. **Vostra Eccellenza**, Your Excellency.

V.Em. **Vostra Eminenza**, Your Eminence.

Ven. **Venerabile**, Venerable (Ven.).

ven. **venerdì**, Friday (Fr.).

ver. (*comm.*) **versamento**, payment (payt.).

Vesc. **Vescovo**, Bishop (Bp.).

vet. *1* **veterinaria**, veterinary science. *2* **veterinario**, veterinary.

vezz. (*gramm.*) **vezzeggiativo**, diminutive form of a noun.

V.F., V.d.F. **Vigili del Fuoco**, Fire Brigade (FB) (targa autom.).

VG **Vostra Grazia**, Your Grace.

VI **Vicenza**.

VIA **Valutazione d'Impatto Ambientale**, Environmental Impact Evaluation.

vic. **vicolo**, alley.

v.le **viale**, avenue (av.); boulevard (Blvd.).

VM *1* **Valor Militare**, Military Valour. *2* **Vostra Maestà**, Your Majesty.

voc. *1* **vocabolo**, word. *2* (*gramm.*) **vocativo**, vocative (voc.).

vol. **volume**, volume (vol.).

voll. **volumi**, volumes.

v.r. **vedi retro**, please turn over (pto, PTO).

vs., Vs. (*comm.*) **vostro**, your; yours (yr.).

V.S. **Vostra Santità**, Your Holiness.

v.s. **vedi sopra**, see above.

V.S.Ill. **Vostra Signoria Illustrissima**, Your Most Illustrious Lordship.

VT *1* **Vecchio Testamento**, Old Testament (O.T.). *2* **Viterbo**.

VU **Vigile Urbano**, Traffic Policeman.

VV.UU. **Vigili Urbani**, Traffic Police.

W *1* (*elettr.*) **watt**, watt (W). *2* **Evviva**, Long live!

WC **gabinetto di decenza**, toilet (wc).

X **Cristo**, Christ (X, X.).

YCI (*sport*) **Yacht Club Italia**, Italian Yacht Club.

ZM (*mil.*) **Zona Militare**, Restricted Military Area.

ZTL **Zona a Traffico Limitato**, Limited Traffic Area.

PRINCIPALI VERBI IRREGOLARI ITALIANI
MAIN IRREGULAR VERBS IN ITALIAN

(Il numero esponente indica la coniugazione cui appartiene il verbo. Per es. **andare**[1], prima coniugazione sul modello di *amare*; **accendere**[2], come *temere*; **apparire**[3], terza coniugazione, come *servire*).

accendere[2], *Pass. rem.*: accesi – *Part. pass.*: acceso.

accludere[2], *Pass. rem.*: acclusi – *Part. pass.*: accluso.

accorgersi[2], *Pass. rem.*: mi accorsi – *Part. pass.*: accortosi.

addurre[2], (*da* addùcere, *tema* adduc-) – *Indic. pres.*: adduco, adduci, *ecc.* – *Pass. rem.*: addussi, adducesti, addusse, adducemmo, adduceste, addussero. – *Fut.*: addurrò, *ecc.* – *Condiz. pres.*: addurrei, *ecc.* – *Part. pass.*: addotto.

affiggere[2], *Pass. rem.*: affissi – *Part. pass.*: affisso.

affliggere[2], *Pass. rem.*: afflissi – *Part. pass.*: afflitto.

alludere[2], *Pass. rem.*: allusi – *Part. pass.*: alluso.

andare[1], *Indic. pres.*: vado (*o* vo), vai, va, andiamo, andate, vanno. – *Fut. semplice*: andrò, andrai, andremo, andrete, andranno. – *Cong. pres.*: vada, vada, vada, andiamo, andiate, vadano. – *Condiz. pres.*: andrei, andresti, andrebbe, andremmo, andreste, andrebbero. – *Imper. pres.*: va (*o* va'), vada, andiamo, andate, vadano. Gli altri tempi si formano regolarmente dal tema *and-* (*L'ausiliare è* essere).

annettere[2], *Pass. rem.*: annettei (*o* annessi) – *Part. pass.*: annesso.

apparire[3], *Indic. pres.*: appaio (*o* apparisco), appari (*o* apparisci), appare (*o* apparisce), appariamo, apparite, appaiono (*o* appariscono). – *Pass. rem.*: apparvi (*o* apparsi), apparisti, apparve (*o* apparse), apparimmo, appariste, apparirono, apparvero (*o* apparsero). – *Cong. pres.*: appaia (*o* apparisca) *per le tre persone singolari*, appariamo, appariate, appaiano (*o* appariscano). – *Imper. pres.*: appari (*o* apparisci), apparite. – *Part. pres.*: apparente – *Part. pass.*: apparso (*L'ausiliare è* essere).

appendere[2], *Pass. rem.*: appesi – *Part. pass.*: appeso.

aprire[3], *Pass. rem.*: aprii (*o* apersi), apristi, aprì (*o* aperse), aprimmo, apriste, aprirono (*o* apersero). – *Part. pass.*: aperto.

ardere[2], *Pass. rem.*: arsi – *Part. pass.*: arso.

aspergere[2], *Pass. rem.*: aspersi – *Part. pass.*: asperso.

assidersi[2], *Pass. rem.*: mi assisi – *Part. pass.*: assiso.

assistere[2], *Pass. rem.*: assistei (*o* assistetti) – *Part. pass.*: assistito.

assolvere[2], *Pass. rem.*: assolsi (*o* assolvei) – *Part. pass.*: assolto.

assumere[2], *Pass. rem.*: assunsi – *Part. pass.*: assunto.

attingere[2], *Pass. rem.*: attinsi – *Part. pass.*: attinto.

bere[2], (*da* bevere, *radice* bev-). – *Indic. pres.*: bevo, bevi, *ecc.* – *Imperf.*: bevevo, *ecc.* – *Pass. rem.*: bevvi, bevesti, bevve, bevemmo, beveste, bevvero. – *Fut.*: berrò, *ecc.* – *Cong. pres.*: beva, *ecc.* – *Condiz. pres.*: berrei, *ecc.* – *Part. pass.*: bevuto.

cadere[2], *Pass. rem.*: caddi. – *Fut.*: cadrò, *ecc.* – *Condiz. pres.*: cadrei, *ecc.* – *Part. pass.*: caduto.

chiedere[2], *Pass. rem.*: chiesi – *Part. pass.*: chiesto.

chiudere[2], *Pass. rem.*: chiusi – *Part. pass.*: chiuso.

cingere[2], *Pass. rem.*: cinsi – *Part. pass.*: cinto.

cogliere[2], *Indic. pres.*: colgo, cogli, coglie, cogliamo, cogliete, colgono. – *Pass. rem.*: colsi – *Part. pass.*: colto.

coincidere[2], *Pass. rem.*: coincisi – *Part. pass.*: coinciso.

comprimere[2], *Pass. rem.*: compressi – *Part. pass.*: compresso.

concedere[2], *Pass. rem.*: concessi (*o* concedei) – *Part. pass.*: concesso (*o* conceduto).

condurre[2], (*da* condùcere, *tema* conduc-). – *Indic. pres.*: conduco, conduci, *ecc.* – *Pass. rem.*: condussi, conducesti, condusse, conducemmo, conduceste, condussero. – *Fut.*: condurrò, *ecc.* – *Condiz. pres.*: condurrei, *ecc.* – *Part. pass.*: condotto.

conoscere[2], *Pass. rem.*: conobbi – *Part. pass.*: conosciuto.

conquidere[2], *Pass. rem.*: conquisi – *Part. pass.*: conquiso.

contundere[2], *Pass. rem.*: contusi – *Part. pass.*: contuso.

convergere[2], *Pass. rem.*: conversi – *Part. pass.*: converso.

correre[2], *Pass. rem.*: corsi – *Part. pass.*: corso.

costruire[3], *Pass. rem.*: costruii (*o* costrussi), costruisti, costruì (*o* costrusse), costruimmo, costruiste, costruirono (*o* costrussero). – *Part. pass.*: costruito (*o* costrutto).

crescere[2], *Pass. rem.*: crebbi – *Part. pass.*: cresciuto.

cuocere[2], *Indic. pres.*: cuocio, cuoci, cuoce, cociamo, cocete, cuociono. – *Pass. rem.*: cossi, cocesti, cosse, cocemmo, coceste, cossero. – *Cong. pres.*: cuocia, cuocia, cuocia, cociamo, cociate, cuociano. – *Imper. pres.*: cuoci, cocete.

dare[1], *Indic. pres.*: do, dai, dà, diamo, date, dànno. – *Pass. rem.*: diedi (*o* detti), desti, diede (*o* diè *o* dette), demmo, deste, diedero (*o* dettero). – *Fut. semplice*: darò, darai, darà, *ecc.* – *Cong. pres.*: dia, dia, dia, diamo, diate, diano. – *Cong. imperf.*: dessi, dessi, desse, dessimo, deste, dessero. – *Condiz. pres.*: darei, daresti, darebbe, daremmo, dareste, darebbero. – *Imper. pres.*: da' (*o* dai), dia, diamo, date, diano. – *Part. pass.*: dato (*L'ausiliare è* avere).

decidere[2], *Pass. rem.*: decisi – *Part. pass.*: deciso.

devolvere[2], *Pass. rem.*: devolvei – *Part. pass.*: devoluto.

difendere[2], *Pass. rem.*: difesi – *Part. pass.*: difeso.

dipendere[2], *Pass. rem.*: dipesi – *Part. pass.*: dipeso.

dipingere[2], *Pass. rem.*: dipinsi – *Part. pass.*: dipinto.

dire[3], (*da* dicere, *radice* dic-) – *Indic. pres.*: dico, dici, dice, diciamo, dite, dicono. – *Imperf.*: dicevo, *ecc.* – *Pass. rem.*: dissi, dicesti, disse, dicemmo, diceste, dissero. – *Fut.*: dirò, *ecc.* – *Cong. pres.*. dica, dica, dica, diciamo, diciate, dicano. – *Condiz. pres.*: direi, diresti, direbbe, diremmo, direste, direbbero. – *Imper. pres.*: di', dite – *Part. pass.*: detto. (*Allo stesso modo si coniugano i composti* **ridire, disdire, contraddire, benedire**, *ecc., ma alla seconda persona sing. dell'imper. pres. hanno la desinenza in* -dici, disdici, maledici, benedici, *ecc.*, eccetto **ridire** *che fa* ridì o ridi').

dirigere[2], *Pass. rem.*: diressi – *Part. pass.*: diretto.

discutere[2], *Pass. rem.*: discussi – *Part. pass.*: discusso.

disperdere[2], *Pass. rem.*: dispersi – *Part. pass.*: disperso.

dissuadere[2], *Pass. rem.*: dissuasi – *Part. pass.*: dissuaso.

distinguere[2], *Pass. rem.*: distinsi – *Part. pass.*: distinto.

divellere[2], *Pass. rem.*: divelsi – *Part. pass.*: divelto.

dividere[2], *Pass. rem.*: divisi – *Part. pass.*: diviso.

dolere o **dolersi**[2], *Indic. pres.*: mi dolgo, ti duoli, si duole, ci doliamo (*o* ci dogliamo), vi dolete, si dolgono. – *Pass. rem.*: mi dolsi, ti dolesti, si dolse, ci dolemmo, vi doleste, si dolsero. – *Fut.*: mi dorrò, *ecc.* – *Cong. pres.*: mi dolga, ti dolga, si dolga, ci doliamo (*o* dogliamo), vi doliate (*o* dogliate), si dolgano. – *Condiz. pres.*: mi dorrei, *ecc.* – *Imper. pres.*: duoliti, doletevi. – *Part. pass.*: dolutosi.

dovere[2], (*da* debère) – *Indic. pres.*: devo (*o* debbo), devi, deve, dobbiamo, dovete, devono (o debbono). – *Fut.*: dovrò, *ecc.* – *Condiz. pres.*: dovrei, *ecc.* – *Cong. pres.*: debba, debba, debba, dobbiamo, dobbiate, debbano.

eccellere[2], *Pass. rem.*: ecclesi – *Part. pass.*: eccelso.

elidere[2], *Pass. rem.*: elisi – *Part. pass.*: eliso.

emergere[2], *Pass. rem.*: emersi – *Part. pass.*: emerso.

ergere², *Pass. rem.*: ersi – *Part. pass.*: erto.

esigere², *Pass. rem.*: esigei (*o* esigetti) – *Part. pass.*: esatto.

esistere², *Pass. rem.*: esistei (*o* esistetti) – *Part. pass.*: esistito.

espellere², *Pass. rem.*: espulsi – *Part. pass.*: espulso.

esplodere², *Pass. rem.*: esplosi – *Part. pass.*: esploso.

evadere², *Pass. rem.*: evasi – *Part. pass.*: evaso.

evolvere², *Pass. rem.*: evolsi – *Part. pass.*: evoluto.

fare², (*da* fàcere, *radice* fac-) – *Indic. pres.*: faccio (*o* fo), fai, fa, facciamo, fate, fanno. – *Cong. pres.*: faccia, *ecc.* – *Pass. rem.*: feci, facesti, fece, facemmo, faceste, fecero. – *Fut.*: farò, *ecc.* – *Condiz. pres.*: farei, *ecc.* – *Imper. pres.*: fa (*o* fa'), fate – *Part. pass.*: fatto. *Nei composti di fare la prima e la terza persona singolare dell'indic. pres. sono accentate*: assuefò, rarefò, *ecc.*, assuefà, rarefà, *ecc.*; *ma per la prima persona sing. è anche usata la forma in* -faccio: assue*faccio*, rare*faccio*, contraf*faccio*, *ecc.* Disfare *fa anche* disfo, disfa *e* soddisfare *può seguire la coniugazione regolare nell'indic. pres.*: soddisfo, soddisfi, *ecc.*) *e fut.* (soddisferò, *ecc.*) *e nel cong. pres.* (soddisfi, *ecc.*).

figgere², *Pass. rem.*: fissi – *Part. pass.*: fitto (*o* fisso).

fingere², *Pass. rem.*: finsi – *Part. pass.*: finto.

flettere², *Pass. rem.*: flettei (*o* flessi) – *Part. pass.*: flesso.

fondere², *Pass. rem.*: fusi – *Part. pass.*: fuso.

frangere², *Pass. rem.*: fransi – *Part. pass.*: franto.

friggere², *Pass. rem.*: frissi – *Part. pass.*: fritto.

fungere², *Pass. rem.*: funsi – *Part. pass.*: funto.

giacere², *Indic. pres.*: giaccio, giaci, giace, giaciamo, giacete, giacciono. – *Pass. rem.*: giacqui. – *Cong. pres.*: giaccia, giaccia, giaccia, giacciamo (*o* giaciamo), giacciate (*o* giaciate), giacciano.

giungere², *Pass. rem.*: giunsi – *Part. pass.*: giunto.

godere², *Fut. semplice*: godrò, godrai, *ecc.* – *Condiz. pres.*: godrei, godresti, *ecc.*

incidere², *Pass. rem.*: incisi – *Part. pass.*: inciso.

incutere², *Pass. rem.*: incussi *e* incutei – *Part. pass.*: incusso.

indulgere², *Pass. rem.*: indulsi – *Part. pass.*: indulto.

infliggere², *Pass. rem.*: inflissi – *Part. pass.*: inflitto.

intridere², *Pass. rem.*: intrisi – *Part. pass.*: intriso.

intrudere², *Pass. rem.*: intrusi – *Part. pass.*: intruso.

invadere², *Pass. rem.*: invasi – *Part. pass.*: invaso.

ledere², *Pass. rem.*: lesi – *Part. pass.*: leso.

leggere², *Pass. rem.*: lessi – *Part. pass.*: letto.

mettere², *Pass. rem.*: misi – *Part. pass.*: messo.

mordere², *Pass. rem.*: morsi – *Part. pass.*: morso.

morire², *Indic. pres.*: muoio, muori, muore, moriamo, morite, muoiono. – *Fut.*: morirò, (*o* morrò), morirai (*o* morrai), *ecc.* – *Cong. pres.*: muoia, muoia, muoia, moriamo, moriate, muoiano. – *Condiz. pres.*: morirei (*o* morrei), moriresti (*o* morresti), *ecc.* – *Part. pass.*: morto.

mungere², *Pass. rem.*: munsi – *Part. pass.*: munto.

muovere², *Indic. pres.*: muovo, muovi, muove, moviamo (*o* muoviamo), movete (*o* muovete), muovono. – *Pass. rem.*: mossi. – *Cong. pres.*: muova, muova, muova, moviamo (*o* muoviamo), moviate (*o* muoviate), muovano. – *Imper. pres.*: muovi, muova, moviamo (*o* muoviamo), movete (*o* muovete), muovano. – *Part. pass.*: mosso.

nascere², *Pass. rem.*: nacqui – *Part. pass.*: nato.

nascondere², *Pass. rem.*: nascosi – *Part. pass.*: nascosto.

nuocere², *Indic. pres.*: noccio (*o* nuocio *e* nuoccio), nuoci, nuoce, nociamo, nocete, nocciono (*o* nuociono *e* nuocciono). – *Pass. rem.*: nocqui, nocesti, nocque, nocemmo, noceste, nocquero. – *Cong. pres.*: noccia (*o* nuocia *e* nuoccia), *per le tre persone singolari*, nociamo, nociate, nocciano (*o* nuociano *e* nuocciano). – *Imper. pres.*: nuoci, nocete. – *Part. pass.*: nociuto.

offendere², *Pass. rem.*: offesi – *Part. pass.*: offeso.

offrire³, *Pass. rem.*: offrii (*o* offersi) – *Part. pass.*: offerto.

parere², *Indic. pres.*: paio, pari, pare, paiamo (*o* pariamo), parete, paiono. – *Pass. rem.*: parvi, paresti, parve, paremmo, parete, parvero. – *Fut.*: parrò, *ecc.* – *Condiz. pres.*: parrei, *ecc.* – *Cong. pres.*: paia, paia, paia, paiamo (*e* pariamo), paiate, paiano. – *Part. pass.*: parso.

percuotere², *Pass. rem.*: percossi – *Part. pass.*: percosso.

perdere², *Pass. rem.*: persi (*o* perdei, perdetti) – *Part. pass.*: perso, perduto.

persuadere², *Pass. rem.*: persuasi – *Part. pass.*: persuaso.

piacere², *Indic. pres.*: piaccio, paci, piace, piacciamo, piacete, piacciono. – *Pass. rem.*: piacqui. – *Cong. pres.*: piaccia, piaccia, piaccia, piacciamo (*o* piaciamo), piacciate, piacciano.

piangere², *Pass. rem.*: piansi – *Part. pass.*: pianto.

piovere², *Pass. rem.*: piovve – *Part. pass.*: piovuto.

porgere², *Pass. rem.*: porsi – *Part. pass.*: porto.

porre², (*da* ponere, *radice* pon-) – *Indic. pres.*: pongo, poni, pone, poniamo, ponete, pongono. – *Cong. pres.*: ponga, ponga, ponga, poniamo, poniate, pongano. – *Pass. rem.*: posi, ponesti, pose, ponemmo, poneste, posero. – *Fut.*: porrò, *ecc.* – *Condiz. pres.*: porrei, *ecc.* – *Imper. pres.*: poni, ponete. – *Part. pass.*: posto.

potere², *Indic. pres.*: posso, puoi, può, possiamo, potete, possono. – *Fut.*: potrò, *ecc.* – *Condiz. pres.*: potrei, potresti, *ecc.* – *Cong. pres.*: possa, *ecc.* – *Imper. pres.*: (manca).

prediligere², *Pass. rem.*: predilessi – *Part. pass.*: prediletto.

prefiggere², *Pass. rem.*: prefissi – *Part. pass.*: prefisso.

prendere², *Pass. rem.*: presi – *Part. pass.*: preso.

presumere², *Pass. rem.*: presunsi – *Part. pass.*: presunto.

proteggere², *Pass. rem.*: protessi – *Part. pass.*: protetto.

pungere², *Pass. rem.*: punsi – *Part. pass.*: punto.

radere², *Pass. rem.*: rasi – *Part. pass.*: raso.

redigere², *Pass. rem.*: redassi – *Part. pass.*: redatto.

redimere², *Pass. rem.*: redensi – *Part. pass.*: redento.

reggere², *Pass. rem.*: ressi – *Part. pass.*: retto.

rendere², *Pass. rem.*: resi (*o* rendei) – *Part. pass.*: reso.

ridere², *Pass. rem.*: risi – *Part. pass.*: riso.

rifulgere², *Pass. rem.*: rifulsi – *Part. pass.*: rifulso.

rimanere², *Indic. pres.*: rimango, rimani, rimane, rimaniamo, rimanete, rimangono. – *Pass. rem.*: rimasi. – *Fut.*: rimarrò, *ecc.* – *Condiz. pres.*: rimarrei, *ecc.* – *Cong. pres.*: rimanga, rimanga, rimanga, rimaniamo, rimaniate, rimangano. – *Part. pass.*: rimasto.

rispondere³, *Pass. rem.*: risposi – *Part. pass.*: risposto.

rodere², *Pass. rem.*: rosi – *Part. pass.*: roso.

rompere², *Pass. rem.*: ruppi – *Part. pass.*: rotto.

salire², *Indic. pres.*: salgo, sali, sale, saliamo, salite, salgono. – *Cong. pres.*: salga, salga, salga, saliamo, salite, salgano. – *Imper. pres.*: sali, salite. – (*L'ausiliare è* essere, *però se il verbo è usato transitivamente si coniuga nei tempi composti con l'ausiliare* avere).

sapere², *Indic. pres.*: so, sai, sa, sappiamo, sapete, sanno. – *Pass. rem.*: seppi, sapesti, seppe, sapemmo, sapeste, seppero. – *Fut.*: saprò, *ecc.* – *Condiz. pres.*: saprei, *ecc.* – *Cong. pres.*: sappia, *ecc.* – *Imper. pres.*: sappi, sappiate.

scegliere², *Indic. pres.*: scelgo, scegli, sceglie, scegliamo, scegliete, scelgono. – *Pass. rem.*: scelsi, scegliesti, scelse, scegliemmo, sceglieste, scelsero. – *Cong. pres.*: scelga, scelga, scelga, scegliamo, scegliate, scelgano. – *Imper. pres.*: scegli, scegliete.

scendere², *Pass. rem.*: scesi – *Part. pass.*: sceso.

scindere², *Pass. rem.*: scissi – *Part. pass.*: scisso.

sciogliere², *Indic. pres.*: sciolgo, sciogli, scioglie, sciogliamo, sciogliete, sciolgono. – *Pass. rem.*: sciolsi, sciogliesti, sciolse, sciogliemmo, scioglieste, sciolsero. – *Cong. pres.*: sciolga,

sciolga, sciolga, sciogliamo, sciogliate, sciolgano. – *Imper. pres.*: sciogli, sciogliete. – *Part. pass.*: sciolto.

scorgere[2], *Pass. rem.*: scorsi – *Part. pass.*: scorto.

scrivere[2], *Pass. rem.*: scrissi – *Part. pass.*: scritto.

scuotere[2], *Pass. rem.*: scossi – *Part. pass.*: scosso.

sedere[2], *Indic. pres.*: sièdo (*o* seggo), sièdi, siède, sediamo, sedete, sièdono (*o* seggono). – *Cong. pres.*: sieda, sieda, sieda (*o* segga, segga, segga), sediamo, sediate, sièdano (*o* seggano). – *Imper. pres.*: siedi, sedete. – *Come* **sedere** *si coniuga il composto* **possedére**. *Altri due composti,* **presièdere** e **risièdere**, *hanno coniugazione regolare e mantengono il dittongo* ie *anche quando non ha l'accento tonico*: presiediamo, presiedete, presiedevo, *ecc.*; risiediamo, risiedevo, risiedendo, *ecc.*

seppellire[3], *Pass. rem.*: seppellito *e* sepolto.

soffrire[3], *Pass. rem.*: soffersi e soffrii – *Part. pass.*: sofferto.

sorgere[2], *Pass. rem.*: sorsi – *Part. pass.*: sorto.

spargere[2], *Pass. rem.*: sparsi – *Part. pass.*: sparso.

spegnere[2], *Pass. rem.*: spensi – *Part. pass.*: spento.

spendere[2], *Pass. rem.*: spesi – *Part. pass.*: speso.

spingere[2], *Pass. rem.*: spinsi – *Part. pass.*: spinto.

sporgere[2], *Pass. rem.*: sporsi – *Part. pass.*: sporto.

stare[2], *Indic. pres.*: sto, stai, sta, stiamo, state, stanno. – *Pass. rem.*: stetti, stesti, stette, stemmo, steste, stettero. – *Fut. semplice*: starò, starai, starà, staremo, starete, staranno. – *Cong. imperf.*: stessi, stessi, stesse, stessimo, steste, stessero. – *Condiz. pres.*: starei, staresti, starebbe, staremmo, stareste, starebbero. – *Imper.*: sta (*o* sta'), stia, stiamo, state, stiano. – (*L'ausiliare è* essere). – *I composti di* **stare** *hanno l'accento sulla prima e sulla terza persona sing. dell'indic. pres.* (ristò, soprastò, sottostò; ristà, soprastà, sottostà) e seguono la coniugazione di **stare**, eccetto **contrastare, restare, sovrastare**, ecc. che seguono la coniugazione regolare.

stringere[2], *Pass. rem.*: strinsi – *Part. pass.*: stretto.

struggere[2], *Pass. rem.*: strussi – *Part. pass.*: strutto.

svellere[2], *Pass. rem.*: svelsi – *Part. pass.*: svelto.

tacere[2], *Indic. pres.*: taccio, taci, tace, taciamo, tacete, tacciono. – *Pass. rem.*: tacqui. – *Cong. pres.*: taccia, taccia, taccia, tacciamo, tacciate, tacciano.

tendere[2], *Pass. rem.*: tesi – *Part. pass.*: teso.

tenere[2], *Indic. pres.*: tengo, tieni, tiene, teniamo, tenete, tengono. – *Pass. rem.*: tenni, tenesti, tenne, tenemmo, teneste, tennero. – *Fut.*: terrò, *ecc.* – *Condiz. pres.*: terrei, *ecc.* – *Cong. pres.*: tenga, tenga, tenga, teniamo, teniate, tengano. – *Imper.*: tieni, tenete.

tergere[2], *Pass. rem.*: tersi – *Part. pass.*: terso.

tingere[2], *Pass. rem.*: tinsi – *Part. pass.*: tinto.

togliere[2], *Indic. pres.*: tolgo, togli, toglie, togliamo, togliete, tolgono. – *Pass. rem.*: tolsi – *Part. pass.*: tolto.

torcere[2], *Pass. rem.*: torsi – *Part. pass.*: torto.

trarre[2], (*da* trahere) *Indic. pres.*: traggo, trai, trae, traiamo, traete, traggono. – *Cong. pres.*: tragga, tragga, tragga, traiamo, traiate, traggano. – *Pass. rem.*: trassi, traesti, trasse, traemmo, traeste, trassero. – *Fut.*: trarrò, *ecc.* – *Condiz. pres.*: trarrei, *ecc.* – *Imper. pres.*: trai, traete. – *Part. pass.*: tratto. – *Tutti gli altri tempi si formano regolarmente dal tema* tra-: traevo, traessi, traendo, *ecc.*

uccidere[2], *Pass. rem.*: uccisi – *Part. pass.*: ucciso.

udire[3], *Indic. pres.*: odo, odi, ode, udiamo, udite, odono. – *Fut.*: udirò (*o* udrò), udirai (*o* udrai), *ecc.* – *Cong. pres.*: oda, oda, oda, udiamo, udiate, odano. – *Condiz. pres.*: udirei (*o* udrei), udiresti (*o* udresti), *ecc.* – *Imper. pres.*: odi, udite.

ungere[2], *Pass. rem.*: unsi. – *Part. pass.*: unto.

uscire[3], *Indic. pres.*: esco, esci, esce, usciamo, uscite, escono. – *Imper. pres.*: esci, uscite.

valere[2], *Indic. pres.*: valgo, vali, vale, valiamo, valete, valgono. – *Pass. rem.*: valsi, valesti, valse, valemmo, valeste, valsero. – *Fut.*: varrò, *ecc.* – *Condiz. pres.*: varrei, *ecc.* – *Part. pass.*: valso.

vedere[2], *Indic. pres.*: vedo (*o* veggo), vedi, vede, vediamo, vedete, vedono (*o* veggono). – *Pass. rem.*: vidi, vedesti, vide, vedemmo, vedeste, videro. – *Fut.*: vedrò, *ecc.* – *Condiz. pres.*: vedrei, *ecc.* – *Cong. pres.*: veda (*o* vegga), *per le tre persone singolari*, vediamo, vediate, vedano (*o* veggano). – *Part. pres.*: veggente. – *Part. pass.*: veduto *o* visto.

venire[3], *Indic. pres.*: vengo, vieni, viene, veniamo, venite, vengono. – *Pass. rem.*: venni, venisti, venne, venimmo, veniste, vennero. – *Fut.*: verrò, *ecc.* – *Cong. pres.*: venga, venga, venga, veniamo, veniate, vengano. – *Condiz. pres.*: verrei, *ecc.* – *Imper. pres.*: vieni, venite. – *Part. pres.*: veniente. – *Part. pass.*: venuto.

vincere[2], *Pass. rem.*: vinsi – *Part. pass.*: vinto.

vivere[2], *Pass. rem.*: vissi, vivesti, visse, vivemmo, viveste, vissero. – *Fut.*: vivrò, *ecc.* – *Condiz. pres.*: vivrei, *ecc.* – *Part. pass.*: vissuto. – (*L'ausiliare è* essere, *però se il verbo è usato con significato transitivo, l'ausiliare è* avere).

volere[2], *Indic. pres.*: voglio, vuoi, vuole, vogliamo, volete, vogliono. – *Pass. rem.*: volli, volesti, volle, volemmo, voleste, vollero. – *Fut.*: vorrò, *ecc.* – *Condiz. pres.*: vorrei. – *Cong. pres.*: voglia, voglia, voglia, vogliamo, vogliate, vogliano. – *Imper. pres.*: vogli, vogliate.

volgere[2], *Pass. rem.*: volsi – *Part. pass.*: volto.

REPERTORI DI TERMINOLOGIA SISTEMATICA
TABLES OF SPECIALIST TERMINOLOGY

Cardinal numbers — Numeri cardinali

Cardinal numbers		Numeri cardinali
nought; zero	0	zero
one	1	uno
two	2	due
three	3	tre
four	4	quattro
five	5	cinque
six	6	sei
seven	7	sette
eight	8	otto
nine	9	nove
ten	10	dieci
eleven	11	undici
twelve	12	dodici
thirteen	13	tredici
fourteen	14	quattordici
fifteen	15	quindici
sixteen	16	sedici
seventeen	17	diciassette
eighteen	18	diciotto
nineteen	19	diciannove
twenty	20	venti
twenty-one	21	ventuno
twenty-two	22	ventidue
thirty	30	trenta
forty	40	quaranta
fifty	50	cinquanta
sixty	60	sessanta
seventy	70	settanta
eighty	80	ottanta
ninety	90	novanta
one hundred	100	cento
one hundred and one	101	centouno
two hundred	200	duecento
three hundred	300	trecento
one thousand	1000	mille
one thousand and one	1001	milleuno
one thousand and one hundred; eleven hundred	1100	millecento
one thousand and two hundred; twelve hundred	1200	milleduecento
two thousand	2000	duemila
ten thousand	10000	diecimila
one hundred thousand	100000	centomila
one million	1000000	un milione
one thousand million; (*USA*) one billion	10^9	un miliardo
one billion; (*USA*) one trillion	10^{12}	un trilione

Ordinal numbers — Numeri ordinali

Ordinal numbers		Numeri ordinali
first	1	primo
second	2	secondo
third	3	terzo
fourth	4	quarto
fifth	5	quinto
sixth	6	sesto
seventh	7	settimo
eighth	8	ottavo
ninth	9	nono
tenth	10	decimo
eleventh	11	undicesimo
twelfth	12	dodicesimo
thirteenth	13	tredicesimo
fourteenth	14	quattordicesimo
fifteenth	15	quindicesimo
sixteenth	16	sedicesimo
seventeenth	17	diciassettesimo
eighteenth	18	diciottesimo
nineteenth	19	diciannovesimo
twentieth	20	ventesimo
twenty-first	21	ventunesimo
twenty-second	22	ventiduesimo
thirtieth	30	trentesimo
fortieth	40	quarantesimo
fiftieth	50	cinquantesimo
sixtieth	60	sessantesimo
seventieth	70	settantesimo
eightieth	80	ottantesimo
ninetieth	90	novantesimo
hundredth	100	centesimo
hundred and first	101	centounesimo
hundred and tenth	110	centodecimo
two hundredth	200	duecentesimo
three hundredth	300	trecentesimo
thousandth	1000	millesimo
two thousandth	2000	duemillesimo
millionth	1000000	milionesimo

Mathematical signs — Segni matematici

	Mathematical signs	Segni matematici
$+$	plus	più
$-$	minus	meno
$\pm$	plus or minus	più o meno
$\times$	multiplied by	(moltiplicato) per
$\div$	divided by	diviso (per)
$=$	is equal to	è uguale a
$\equiv$	is identically equal to	è identicamente uguale a
$\cong$	is approximately equal to	è circa uguale a
$\neq$	is not equal to	è diverso da
$>$	is greater than	è maggiore di
$\gg$	is much greater than	è molto maggiore di
$<$	is less than	è minore di
$\ll$	is much less than	è molto minore di
$\geqslant$	is greater than or equal to	è maggiore o uguale a
$\leqslant$	is less than or equal to	è minore o uguale a
$\cap$	intersection	intersezione
$\cup$	union	unione
$\in$	is an element of	appartiene a
$\Leftrightarrow$	is equivalent to	è equivalente a
$\Rightarrow$	implies	implica
$( )$	parentheses	parentesi (tonde)
$[ ]$	brackets	parentesi quadre
$\{ \}$	braces	graffe
∞	infinity	infinito
$\sqrt{\ }$	(square) root of	radice (quadrata) di
$\sqrt[3]{\ }$	cube root of	radice cubica di
$\parallel$	parallel to	parallelo a
$\perp$	perpendicular to	perpendicolare a
$^\circ$	degrees	gradi
$'$	minutes	minuti
$''$	seconds	secondi
dx	differential of x	differenziale di x
dy/dx	derivative of y with respect to x	derivata di y rispetto a x
$\partial u/\partial x$	partial derivative of u with respect to x	derivata parziale di u rispetto a x
$\lvert x \rvert$	absolute value of x	valore assoluto di x; modulo di x
$\bar{x}$	mean value of x	valor medio di x
$\int$	integral of	integrale (indefinito) di
$\int_b^a$	integral of, between limits b and a	integrale (definito) di, fra i limiti b e a
$n!$	factorial n	n fattoriale
$\mathbf{A} \times \mathbf{B}$	vector product of **A** and **B**	prodotto vettoriale di **A** e **B**
$\mathbf{A} \cdot \mathbf{B}$	scalar product of **A** and **B**	prodotto scalare di **A** e **B**
∇	del; nabla	(operatore) nabla
∇^2	Laplacian operator	laplaciano
Σ	summation of	sommatoria di

Punctuaction marks and special characters — Segni di punteggiatura e altri caratteri

,	comma	virgola
;	semi-colon	punto e virgola
:	colon	due punti
.	full stop; (*USA*) period	punto
?	question mark	punto interrogativo
!	exclamation mark; (*USA*) exclamation point	punto esclamativo
'	apostrophe	apostrofo
" "	quotation marks; quotes; inverted commas	virgolette
( )	brackets; parentheses	parentesi
-	hyphen	trattino
–	en dash	trattino medio
—	em dash	trattone; lineato
/	solidus; slash; slant; virgule	barra (obliqua)
*	asterisk	asterisco
%	percent	percento
&	ampersand	e commerciale
´	acute accent	accento acuto
`	grave accent	accento grave
¨	di(a)eresis; umlaut	dieresi; umlaut
ˆ	circumflex	accento circonflesso
˜	tilde	tilde
¸	cedilla	cediglia

Chemical elements — Elementi chimici

Ac	actinium	attinio
Ag	silver	argento
Al	aluminium, *USA* aluminum	alluminio
Am	americium	americio
Ar	argon	argo(n)
As	arsenic	arsenico
At	astatine	astato
Au	gold	oro
B	boron	boro
Ba	barium	bario
Be	beryllium	berillio
Bi	bismuth	bismuto
Bk	berkelium	berchelio, berkelio
Br	bromine	bromo
C	carbon	carbonio
Ca	calcium	calcio
Cd	cadmium	cadmio
Ce	cerium	cerio
Cf	californium	californio
Cl	chlorine	cloro
Cm	curium	curio
Co	cobalt	cobalto
Cr	chromium	cromo
Cs	caesium, *USA* cesium	cesio
Cu	copper	rame
Dy	dysprosium	disprosio
Er	erbium	erbio
Es	einsteinium	einstenio
Eu	europium	europio
F	fluorine	fluoro
Fe	iron	ferro
Fm	fermium	fermio
Fr	francium	francio
Ga	gallium	gallio
Gd	gadolinium	gadolinio
Ge	germanium	germanio
H	hydrogen	idrogeno
Ha	hahnium	hahnio
He	helium	elio
Hf	hafnium	afnio
Hg	mercury	mercurio
Ho	holmium	(h)olmio
I	iodine	iodio
In	indium	indio
Ir	iridium	iridio
K	potassium	potassio
Kr	krypton	cripto(n), krypton
La	lanthanum	lantanio
Li	lithium	litio
Lr	lawrencium	laurenzio, lawrencio
Lu	lutetium	lutezio
Md	mendelevium	mendelevio
Mg	magnesium	magnesio
Mn	manganese	manganese
Mo	molybdenum	molibdeno
N	nitrogen	azoto
Na	sodium	sodio
Nb	niobium	niobio
Nd	neodymium	neodimio
Ne	neon	neo(n)
Ni	nickel	nichel(io)
No	nobelium	nobelio
Np	neptunium	nettunio
O	oxygen	ossigeno
Os	osmium	osmio
P	phosphorus	fosforo
Pa	protactinium	protoattinio
Pb	lead	piombo
Pd	palladium	palladio
Pm	promethium	prometeo, promezio
Po	polonium	polonio
Pr	praseodymium	praseodimio
Pt	platinum	platino
Pu	plutonium	plutonio
Ra	radium	radio, radium
Rb	rubidium	rubidio
Re	rhenium	renio
Rf	rutherfordium	rutherfordio
Rh	rhodium	rodio
Rn	radon	rado(n)
Ru	ruthenium	rutenio
S	sulphur	zolfo
Sb	antimony	antimonio
Sc	scandium	scandio
Se	selenium	selenio
Si	silicon	silicio
Sm	samarium	samario
Sn	tin	stagno
Sr	strontium	stronzio
Ta	tantalum	tantalio
Tb	terbium	terbio
Tc	technetium	tecnezio, tecnet(i)o
Te	tellurium	tellurio
Th	thorium	torio
Ti	titanium	titanio
Tl	thallium	tallio
Tm	thulium	tulio
U	uranium	uranio
V	vanadium	vanadio
W	tungsten	tungsteno; wolframio
Xe	xenon	xeno(n)
Y	yttrium	ittrio
Yb	ytterbium	itterbio
Zn	zinc	zinco
Zr	zirconium	zirconio

English monetary system
Sistema monetario inglese

(*unità base:* **pound (sterling)**, *sterlina)*

Bronze coins:

(new) penny (1p), un penny
twopence (2p), due pence

Cupro-nickel coins:

fivepence (piece) (5p), cinque pence
tenpence (piece) (10p), dieci pence
twenty-pence (piece) (20p), venti pence
fifty-pence (piece) (50p, £ 0.50), cinquanta pence
one pound (£ 1), una sterlina

Banknotes:

five-pound note (£ 5), cinque sterline
ten-pound note (£ 10), dieci sterline
twenty-pound note (£ 20), venti sterline
fifty-pound note (£ 50), cinquanta sterline

Prima del 15 febbraio 1971, la sterlina era divisa in venti **shillings** (scellini) e lo scellino in dodici **pennies**. Erano in circolazione le seguenti monete:

Copper coins (*fam.:* coppers):

halfpenny (1/2d.), mezzo penny
penny (1d.), penny (*dodicesima parte dello scellino*)
threepence, threepenny bit (3d.), tre pence

Silver coins:

sixpence (6d.), sei pence (*mezzo scellino*)
shilling (1s., 1/–), scellino (*ventesima parte della sterlina*)
florin, two-shilling piece (2 s., 2/–), due scellini
half-crown (2s.6d., 2/6), mezza corona (*due scellini e sei pence*)
crown (5s., 5/–), corona (*cinque scellini*)

Nominal coins:

guinea (£1.1s., 21s.), ghinea (*ventun scellini*)

American monetary system
Sistema monetario americano

(*unità base:* **dollar,** *dollaro)*

Copper coins:

cent (1c.), un centesimo di dollaro
nickel (5c.), cinque centesimi di dollaro

Silver coins:

dime (10c.), dieci centesimi di dollaro
quarter (25c.), venticinque centesimi di dollaro, un quarto di dollaro
half dollar (50c), mezzo dollaro

Banknotes:

Si stampano banconote di $ 1, 5, 10, 20, 50, 100. Si hanno anche tagli speciali di $ 1000, 5000, 10.000

Weights and measures - Pesi e misure

Units of length - Unità di lunghezza

Name	*Symbol*	*Equivalent to*	*Nome italiano*	*Equivalente metrico*
inch	in		pollice	2,54 cm
mil		1/1000 in	millesimo di pollice	25,4 µm
hand		4 in	palmo inglese	10,16 cm
span		9 in	spanna inglese	22,86 cm
foot	ft	12 in	piede	30,48 cm
cubit		18 in	cubito inglese	45,72 cm
yard	yd	3 ft = 36 in	yarda	0,9144 m
fathom	fm	2 yd	braccio inglese	1,8288 m
rod; pole; perch	rd; po	5,5 yd = 1/320 mi	pertica inglese	5,0292 m
(Gunter's) chain	ch	22 yd = 1/80 mi	catena inglese	20,1168 m
furlong	fur	220 yd = 1/8 mi		201,168 m
(statute) mile	mi	1760 yd	miglio (terrestre)	1609,344 m
(Admiralty) nautical mile	naut mi	6080 ft	miglio marino	1853,184 m
international nautical mile	int naut mi	6076,11 ft	miglio marino internazionale	1852 m
league	lea	3 mi	lega inglese	4828,032 m

Units of area - Unità di superficie

Name	*Symbol*	*Equivalent to*	*Nome italiano*	*Equivalente metrico*
square inch	sq in		pollice quadrato	6,4516 cm²
square foot	sq ft	144 sq in	piede quadrato	929,0304 cm²
square yard	sq yd	9 sq ft	yarda quadrata	0,836127 m²
rood	ro	1210 sq yd		1011,714 m²
acre	a	4 ro	acro	4046,86 m²
square mile	sq mi	640 a	miglio quadrato	2,59 km²
township		36 sq mi		93,24 km²

Units of volume - Unità di volume

Name	*Symbol*	*Equivalent to*	*Nome italiano*	*Equivalente metrico*
cubic inch	cu in		pollice cubo	16,387 cm³
cubic foot	cu ft	1728 cu in	piede cubo	28,317 dm³
cubic yard	cu yd	27 cu ft	yarda cuba	0,76455 m³
cord foot		16 cu ft		0,45307 m³
cord		128 cu ft		3,62456 m³

Units of capacity: Imperial Standard (UK) - Unità di capacità: Imperial Standard

Name	Symbol	Equivalent to	Nome italiano	Equivalente metrico
fluid ounce	fl oz	1/160 gal	oncia fluida (*UK*)	28,413 cm^3
gill	gi	5 fl oz = 1/32 gal		142,065 cm^3
pint	pt	4 gi = 1/8 gal	pinta (*UK*)	568,261 cm^3
quart	qt	2 pt = 1/4 gal		1,13652 dm^3
gallon	gal	277,42 cu in	gallone (*UK*)	4,54609 dm^3
peck	pk	2 gal		9,09218 dm^3
bushel	bu	4 pk = 8 gal		36,369 dm^3
quarter		8 bu = 64 gal		290,950 dm^3

Units of capacity for liquid commodities (*USA*) - Unità di capacità per liquidi (*USA*)

Name	Symbol	Equivalent to	Nome italiano	Equivalente metrico
fluid ounce	fl oz	1/128 gal	oncia fluida (*USA*)	29,5736 cm^3
gill	gi	4 fl oz = 1/32 gal		118,294 cm^3
(liquid) pint	pt	4 gi = 1/8 gal		473,176 cm^3
(liquid) quart	qt	2 pt = 1/4 gal		946,353 cm^3
gallon	gal	231 cu in	gallone (*USA*)	3,78541 dm^3
barrel		31,5 gal		119,240 dm^3
oil barrel		42 gal		158,987 dm^3

Units of capacity for dry commodities (*USA*) - Misure di capacità per aridi (*USA*)

Name	Symbol	Equivalent to	Nome italiano	Equivalente metrico
(dry) pint	pt	1/64 bu		0,55061 dm^3
(dry) quart	qt	2 pt = 1/32 bu		1,10122 dm^3
bushel	bu	2150,42 cu in		35,239 dm^3
dry barrel	bbl	105 qt		115,628 dm^3

Units of weight or mass: avoirdupois system - Unità di peso o massa: sistema avoirdupois

Name	Symbol	Equivalent to	Nome italiano	Equivalente metrico
grain	gr	1/7000 lb	grano	64,79891 mg
dram	drm	1/16 oz = 1/256 lb		1,771845 g
ounce	oz	1/16 lb	oncia	28,34953 g
pound	lb		libbra	0,4535924 kg
stone	st	14 lb		6,350294 kg
quarter	qr	2 st = 28 lb		12,70059 kg
cental; short hundredweight	ctl	100 lb		45,35924 kg
long hundredweight	cwt	112 lb		50,80235 kg
short ton	s tn	20 ctl = 2000 lb		907,1848 kg
long ton	tn	20 cwt = 2240 lb		1016,047 kg

Units of weight or mass: troy and apothecaries' systems - Unità di peso o di massa: sistemi troy e apothecaries

Name	Symbol	Equivalent to	Nome italiano	Equivalente metrico
grain	gr	1/5760 lb tr	grano	64,79891 mg.
pennyweight	dwt	24 gr = 1/240 lb tr		1,55517 g
ounce	oz tr	480 gr = 1/12 lb tr	oncia troy	31,1035 g
pound	lb tr	5760 gr	libbra troy	373,242 g

Scales of temperature - Scale di temperatura

Name	Symbol	Nome italiano	Equivalenze
degree Fahrenheit	°F	grado Fahrenheit	$T(°F) = (9/5) \times T(°C) + 32$
degree Celsius	°C	grado centigrado	$T(°C) = (5/9) \times (T(°F) - 32)$

Military ranks - Gradi militari

Questa tavola riporta una corrispondenza lessicale tra i gradi militari italiani, inglesi e statunitensi: non implica, quindi, un'esatta equivalenza tra funzioni o responsabilità. Nelle traduzioni specialistiche è consigliabile mantenere la denominazione della lingua d'appartenenza.

ITALIA	UNITED KINGDOM	UNITED STATES
Esercito	**Army**	**U.S. Army**
Maresciallo d'Italia	Field-marshal	General of the army
Generale d'armata	General	General
Generale di corpo d'armata	Lieutenant-general	Lieutenant-general
Generale di divisione	Major-general	Major-general
Generale di brigata	Brigadier	Brigadier-general
Colonnello	Colonel	Colonel
Tenente colonnello	Lieutenant-colonel	Lieutenant-colonel
Maggiore	Major	Major
Capitano	Captain	Captain
Tenente	Lieutenant	First Lieutenant
Sottotenente	Second Lieutenant	Second Lieutenant
Maresciallo	Warrant Officer	Warrant Officer
Sergente maggiore	Staff Sergeant	Sergeant Major
Sergente	Sergeant	Sergeant
Caporale maggiore	Corporal	Corporal
Caporale	Lance-corporal	Private 1st class
Soldato	Private	Basic Private

ITALIA	UNITED KINGDOM	UNITED STATES
Marina	**Royal Navy**	**U.S. Navy**
Grande ammiraglio	Admiral of the fleet	Fleet Admiral
Ammiraglio d'armata	Admiral	Admiral
Ammiraglio di squadra	Vice Admiral	Vice Admiral
Ammiraglio di divisione	Rear Admiral	Rear Admiral
Contrammiraglio	Commodore	Commodore
Capitano di vascello	Captain	Captain
Capitano di fregata	Commander	Commander
Capitano di corvetta	Lieutenant Commander	Lieutenant Commander
Tenente di vascello	Lieutenant	Lieutenant
Sottotenente di vascello	Sub-Lieutenant	Lieutenant junior grade
Guardiamarina	Acting Sub-Lieutenant	Ensign
Capo	Fleet Chief Petty Officer	Warrant Officer
Secondo capo	Chief Petty Officer	Chief Petty Officer
Sergente	Petty Officer	Petty Officer 1st class
		Petty Officer 2nd class
Sottocapo	Leading Seaman	Petty Officer 3rd class
Comune di 1ª classe	Able Seaman	Seaman
Comune di 2ª classe	Ordinary Seaman	Seaman Apprentice
Comune di 3ª classe	Junior Seaman	Seaman Recruit

ITALIA	UNITED KINGDOM	UNITED STATES
Aviazione	**Royal Air Force**	**U.S. Air Force**
Maresciallo dell'aria	Marshal of the Royal Air Force	General of the Air Force
Generale d'armata aerea	Air Chief Marshal	General
Generale di squadra aerea	Air Marshal	Lieutenant General
Generale di divisione aerea	Air Vice Marshal	Major General
Generale di brigata aerea	Air Commodore	Brigadier General
Colonnello	Group Captain	Colonel
Tenente colonnello	Wing Commander	Lieutenant Colonel
Maggiore	Squadron Leader	Major
Capitano	Flight Lieutenant	Captain
Tenente	Flying Officer	First Lieutenant
Sottotenente	Pilot Officer	Second Lieutenant
Maresciallo	Warrant Officer	Warrant Officer
Sergente maggiore	Flight sergeant	Master Sergeant
Sergente	Sergeant	Staff Sergeant
Primo aviere	Corporal	Sergeant
Aviere scelto		Airman 1st Class
Aviere	Aircraftman	Basic Airman

Afghanistan *Afghanistan* · Albania *Albania* · Algeria *Algeria* · Andorra *Andorra* · Angola *Angola* · Antigua e Barbuda *Antigua and Barbuda* · Arabia Saudita *Saudi Arabia* · Argentina *Argentina*

  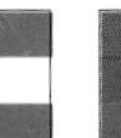  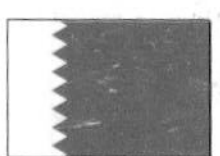  

Armenia *Armenia* · Australia *Australia* · Austria *Austria* · Azerbaigian *Azerbaijan* · Bahama *Bahamas* · Bahrain *Bahrain* · Bangladesh *Bangladesh* · Barbados *Barbados*

   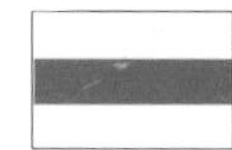  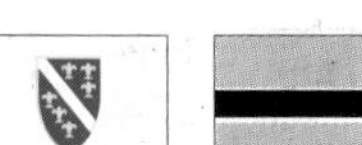

Belgio *Belgium* · Belize *Belize* · Benin *Benin* · Bhutan *Bhutan* · Bielorussia *Byelorussia* · Bolivia *Bolivia* · Bosnia-Erzegovina *Bosnia and Herzegovina* · Botswana *Botswana*

Brasile *Brazil* · Brunei *Brunei* · Bulgaria *Bulgaria* · Burkina Faso *Burkina Faso* · Burundi *Burundi* · Cambogia *Cambodia (Kampuchea)* · Camerun *Cameroon* · Canada *Canada*

      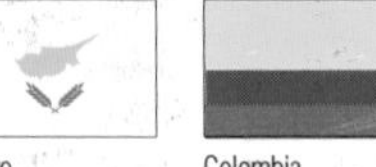

Capo Verde *Cape Verde* · Ceca, Repubblica *Czech Republic* · Centrafricana, Rep. *Central African Republic* · Ciad *Chad* · Cile *Chile* · Cina *China* · Cipro *Cyprus* · Colombia *Colombia*

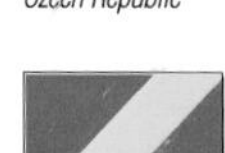           

Comore *Comoros* · Congo *Congo* · Corea del Nord *North Korea* · Corea del Sud *South Korea* · Costa d'Avorio *Ivory Coast* · Costa Rica *Costa Rica* · Croazia *Croatia* · Cuba *Cuba*

   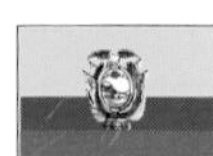          

Danimarca *Denmark* · Dominica *Dominica* · Dominicana, Rep. *Dominican Republic* · Ecuador *Ecuador* · Egitto *Egypt* · El Salvador *El Salvador* · Emirati Arabi Uniti *United Arab Emirates* · Eritrea *Eritrea*

               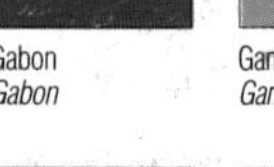 

Estonia *Estonia* · Etiopia *Ethiopia* · Figi *Fiji* · Filippine *Philippines* · Finlandia *Finland* · Francia *France* · Gabon *Gabon* · Gambia *Gambia*

         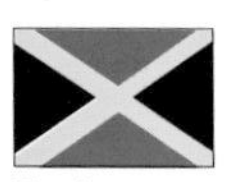    

Georgia *Georgia* · Germania *Germany* · Ghana *Ghana* · Giamaica *Jamaica* · Giappone *Japan* · Gibuti *Djibouti* · Giordania *Jordan* · Gran Bretagna *Great Britain*

Grecia *Greece* · Grenada *Grenada* · Guatemala *Guatemala* · Guinea *Guinea* · Guinea-Bissau *Guinea-Bissau* · Guinea Equatoriale *Equatorial Guinea* · Guyana *Guyana* · Haiti *Haiti*

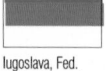

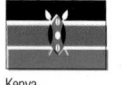

   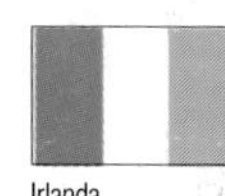  

Honduras *Honduras* · India *India* · Indonesia *Indonesia* · Iran *Iran* · Iraq *Iraq* · Irlanda *Ireland* · Islanda *Iceland* · Israele *Israel*

  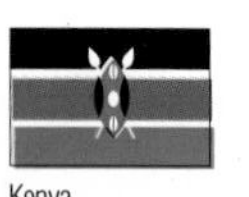   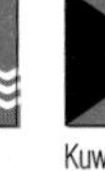 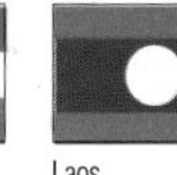  

Italia *Italy* · Iugoslavia, Fed. *Federal Rep. of Yugoslavia* · Kazakistan *Kazakhstan* · Kenya *Kenya* · Kirghizistan *Kyrghyzstan* · Kiribati *Kiribati* · Kuwait *Kuwait* · Laos *Laos*